민중
엣센스
국어사전

제6판
전면 개정판

문학박사 이 희 승 감수
민중서림 편집국 편

사전 전문
민 중 서 림

감수자의 말

한 나라의 문화는 여러 매개체를 통하여 자라고 꽃을 피우게 되는 것이다. 오늘날 각종 매스 미디어를 통해 매일같이 쏟아져 나오는 무수한 새말 새로운 글을 대할 때, 새삼스레 이 중요성을 깨닫게 되는데, 이러한 면에서 말과 글이 맡은 바 그 구실을 온전히 하고, 새 시대의 요청에 따른 기능을 충실히 발휘할 수 있을 때, 문화 발전의 윤활유적 촉진제가 될 수 있다는 것은 재삼 운위할 필요도 없을 것이다. 비근한 예로, 인류와 동물 사회에서 그 현격한 차이를 찾는다면, 문화의 보존 및 발전체로서의 말과 글을 지닌 인류 사회가 오늘날과 같은 경이적인 번영을 누리게 된 반면, 그렇지 못한 저들이 한 치의 진보도 가져오지 못하고 있음은 우리가 보아 익히 아는 바이다.

엄밀히 말하여, 문화라는 것이 전파·흡수·소화·창작의 과정을 거쳐 발달하는 것이며 찬란한 내일을 기약할 수 있는 것이라면, 그 문화의 내용이 담겨진 글자·낱말·술어 등을 면밀히 풀이하여, 그 개념을 정확·분명히 파악하고, 올바르게 사용할 수 있는 조건을 갖추게 하는 것이 사전의 임무일 것이며, 그 나라 문화 발달 척도(尺度)로서의 사전의 구실과 의의(意義)를 재발견하게 되는 것이다.

앞서 본인은 '국어대사전'을 편찬한 데 이어, '포켓 국어사전' 감수(監修)의 임무를 맡아본 일이 있거니와, 사전은 우선 간명(簡明)하고도 광범(廣範)하여야 되며, 알찬 가운데 간편함을 잃지 말아야 하고, 복잡한 속에서 본연의 순수성을 지녀야 할 것임은 본인의 사전 편찬에 임하는 확고한 신념이다. 이제 '엣센스 국어사전'의 감수를 또 맡음에 있어, 그 빈틈없는 면밀성과 상호 유기적인 연락, 그리고 일사불란(一絲不亂)의 체계에 경탄의 마음을 금치 못하면서, 이 사전이 보다 좋은 사전이 되게 하기 위하여, 편찬 당초부터 오늘에 이르기까지 온갖 성의와 노력을 기울여 왔다고 자부하는 터이다.

이 사전이 빛을 보게 됨에 있어, 아무쪼록 우리 언어생활에 이바지되고 유효하게 적용되기를 간절히 기원하는 바이다.

1974년 한글날에

李 熙 昇

일러두기

표제어의 수록 범위

1. 현재 사회에서 널리 쓰는 표준어를 중심으로, 일상생활과 학습·실무에 필요한 고유어·한자어·외래어와 신어·전문어·고어 및 속담·관용구 등을 망라하였다.
2. 인명(人名)·지명(地名)·서명(書名) 등의 고유 명사와 방언, 비표준어는 싣지 않음을 원칙으로 하였다. 다만 흔히 표준어로 잘못 쓰이고 있는 방언이나 비표준어는 수록하였다.
3. 표제어는 단어뿐만 아니라 어미·조사·접사 등의 형식 형태소도 독립 표제어로 올렸다. 이들 형태소가 우리말의 문법적 특질을 이루고 있기 때문이다.
4. 전문어는 둘 이상의 단어로 된 구도 표제어로 올렸다.
5. 전문어 이외의 구는 표제어로 올리지 않았다. 따라서 '떼 짓다, 물 긷다, 밥 짓다, 제사 지내다' 등은 표제어로 제시되지 않으며 쓸 때는 띄어 써야 한다.
6. 복합어는 표제어로 올렸다. 복합어와 구의 구별은 기본적으로 국립국어연구원에서 편찬한 '표준국어대사전'의 처리 방식에 따라 '표제어' 또는 '구'로 구분하여 실었다.

표제어의 제시 방법

1. 표제어는 항목 맨 앞에 고딕체로 제시하였다.
2. 동사와 형용사는 종결 어미 '-다'로 끝나는 기본형을 표제어로 올렸다.
3. 음이 같고 뜻이 다른 단어는 별도의 표제어로, 단어에 뜻이 여럿 있는 경우에는 하나의 표제어로 처리하였다.
4. 명사에 접미사 '-하다'가 붙어서 동사 또는 형용사가 되는 말은, 그 명사의 약물 끝에 약호로만 보였다. 이런 경우에 접미사 '-히'가 붙어서 부사가 될 때에는, 역시 그 다음에 약호로 표시하였다.

   보기 : **연:구** (研究) 명하타 ….   **가:능** (可能) 명하형 ….
           부지런 명하형히부 ….   **정:확** (正確) 명하형히부 ….

5. 간단(簡單), 분명(分明), 상쾌(爽快), 소중(所重), 솔직(率直) 등과 같이 명사로는 쓰이지 않고 '-하다'와 결합한 형태로만 쓰이는 한자어는 '-하다'형을 표제어로 올렸다.

   보기 : **간단-하다** (簡單-) 형여 ….   **솔직-하다** (率直-)[-찌카-] 형여 ….

6. 명사에 접미사 '-롭다' 및 '-스럽다'가 붙어서 형용사가 되는 말에서, 그 부사형 '-로이' 및 '-스레'는 풀이 끝에 부표제어로 올렸다.

   보기 : **슬기-롭다** [-따][-로워, -로우니] 형비 …. 슬기-로이 부
           자랑-스럽다 [-따][-스러워, -스러우니] 형비 …. 자랑-스레 부

7. '-하다' 접미사를 스스로 갖는 표제어에서, 접미사 '-히'가 붙어 부사로 되는 경우에는, 풀이 끝에 부표제어로 올렸다. 다만, 접미사 '-이'가 붙어 부사로 되는 경우에는 따로 표제어로 올렸다.

   보기 : **포근-하다** 형여 …. 포근-히 부
           깨끗-이 부 ….
           깨끗-하다 [-끄타-] 형여 ….

8. 대등한 뜻을 나타내는 접미사 '-거리다', '-대다'와 '-뜨리다', '-트리다' 및 '-스름하

다', '–스레하다'가 붙어서 이루어진 말들은 각각 별도 표제어로 올렸으나 '–거리다, –
뜨리다, –스름하다'가 붙은 말에만 주석을 달고, '–대다, –트리다, –스레하다'가 붙은 말
은 동의어로 처리하였다.

　　보기 : **찰랑–거리다** [자타] ….　　**찰랑–대다** [자타] 찰랑거리다.

　　　　　떨어–뜨리다 [타] ….　　**떨어–트리다** [타] 떨어뜨리다.

　　　　　푸르스름–하다 [형어] ….　　**푸르스레–하다** [형어] 푸르스름하다.

9. 접미사 '–거리다'를 가지는 의태어·의성어의 파생어는 풀이 끝에 부표제어로 실었다.

　　보기 : **중얼–거리다** [자타] …. ㉯종알거리다.

　　　　　중얼–중얼 [부][하][자][타]

10. 뜻을 미루어 알 수 있는 복합어는 따로 올리지 않고, 용례로써 보이기도 하였다.

　　보기 : **고압** (高壓) [명] 1 …. ▢ ∼가스.

　　　　　자매 (姉妹) [명] 1 …. 2 …. ▢ ∼품 / ….

11. 둘 이상의 단어로 된 복합어에는 원칙적으로 붙임표(–)를 붙이되, 한자 결합어 가운데 고
사 성어(故事成語)나 성구(成句), 관용구(慣用句)에는 붙임표를 붙이지 않았다.

　가. 붙임표를 붙인 경우

　　보기 : **늦–잠** [늗짬] [명] ….　　　　　**무르–익다** [–따] [자] ….

　나. 붙임표를 붙이지 않은 경우

　　보기 : **새옹지마** (塞翁之馬) [명] ….　　**동서남북** (東西南北) [명] ….

　표제어의 배열 순서

1. 표제어는 '한글 맞춤법'에서 규정한 사전에 올릴 적의 자모 순서에 따랐다. 고어에 사용되
는 자모를 포함한 전체 자모의 배열 순서는 다음과 같다.

　　초성의 차례

ㄱ ㄲ ㄴ (ㄴㄴ) ㄷ ㄸ ㄸ (ㅭ) ㅁ ㅂ (ㅲ) ㅃ (ㅄ ㅄ ㅵ ㅵ ㅷ) ㅸ) ㅅ (ㅺ ㅼ ㅽ) ㅆ (ㅿ)

ㅇ (ㆁ) ㆆ ㆅ ㆀ ㅈ ㅉ ㅊ ㅋ ㅌ ㅍ ㅎ (ㆅ)

　　중성의 차례

ㅏ ㅐ ㅑ ㅒ ㅓ ㅔ ㅕ ㅖ ㅗ ㅘ ㅙ ㅚ ㅛ (ㆉ) ㅜ ㅝ ㅞ ㅟ ㅠ (ㆌ) ㅡ ㅢ ㅣ (ㆍ ㆎ)

　　종성의 차례

ㄱ ㄲ ㄳ ㄴ ㄵ ㄶ ㄷ ㄹ ㄺ ㄻ ㄼ ㄽ ㄾ ㄿ ㅀ ㅁ (ㅯ) ㅂ ㅄ ㅅ (ㅺ) ㅆ (ㅿ)

ㅇ (ㆁ) ㅈ ㅊ ㅋ ㅌ ㅍ ㅎ

2. 같은 자모의 표제어는 우선 어법의 차례로, 어법이 같은 것은 고유어·한자어·외래어의
차례로, 고유어는 단·장음의 차례 및 현대어·고어의 차례로, 한자어는 한자 획수의 적고
많은 차례로 각각 실었으며, 음과 글자가 같고 뜻이 다른 것은 어깨번호를 붙였다.

　뜻 풀 이

1. 뜻풀이는 간결·명확을 기했으며, 이해를 돕기 위해 주석 끝에 동의어와 용례, 어감의 대
소 강약(大小强弱), 준말, 반대어, 참고어 등을 밝혔다.

2. 한 단어의 뜻이 여럿일 경우에는 원칙적으로 일반적인 것으로부터 **1 2 3**…의 순으로, 이를
다시 세분하여 뜻풀이를 할 때는 ㉠ ㉡ ㉢의 순으로 벌였다. 또, 한 표제 항목을 둘 이상의
품사로 나누어 해설할 때에는 각각 그 품사 표시 앞에 ⊟ ⊟ ⊟…의 번호를 붙였다.

　　보기 : **차리다** [타] 1 …. 2 ….　　　　**하다¹** ⊟[타][어] …. ⊟[자][어] …. ⊟[보동][어] ….

　　　　　–ㄹ 라고 [어미] 1 …. ㉠…. ㉡…. 2 ….

3. 원말과 변화말에 있어서는 그중 하나에만 주석을 달았다.

보기 : **내:인 (內人)** 명 **1** 아낙네. **2** 〔역〕 '나인'의 본딧말.

나:인 명 〔←내인(內人)〕 《역》 궁궐 안에서 ….

논난 (論難) 명 하타 '논란'의 본딧말.

논란 (論難) 〔놀−〕 명 하타 〔←논난〕 여럿이 ….

4. 원말과 준말에 있어서는 원말에 주석을 다는 것을 원칙으로 하였다.

보기 : **놀:²** 명 '노을'의 준말.

노을 명 해가 뜰 무렵이나 …. 준**놀².**

5. 비표준어는 그에 해당하는 표준어를 ☞ 표시 뒤에 보여 주었다.

보기 : **아지랭이** ☞ 아지랑이.   **우뢰** 명 ☞ 우레¹.

6. 연대는 서기(西紀)로, 도량형은 미터법으로 표시함을 원칙으로 하였다.

7. 화학 원소의 주석 끝에는, 〔 〕 안에 원자 번호 · 원소 기호 · 원자량을 보였다.

보기 : **산소 (酸素)** 명 《화》 원소의 하나. …〔8 번 : O : 16〕

8. 전문어 표시 : 주석 첫머리 《 》 안의 전문어 표시는 혼동의 염려가 없는 것은 별도 표시의 약어로, 그 외의 것은 그대로나 그에 가까운 명칭을 사용하였다.

발음의 표시

1. 발음 표시는 문교부에서 제정 고시한 '표준어 규정'(1988.1.19.)의 제2부 '표준 발음법'을 따랐다. 그리고 낱낱의 단어의 발음 표시는 국립국어연구원의 '표준국어대사전'(1999), 남광우 · 이철수 · 유만근 공저 '한국어 표준 발음 사전'(1984), 한국방송공사 편저 '표준 한국어 발음 대사전'(1993) 등을 참고하였다.

2. 표제어 장단음의 표시는 국립국어연구원에서 편찬한 '표준국어대사전'을 따름을 원칙으로 하였다.

3. 원음과 다르게 발음되는 말에는 실제의 표준 발음을 표시하였다.

보기 : **독립 (獨立)** 〔동닙〕 명 하자 ….   **굳이** 〔구지〕 부 ….

넓다 〔널따〕 형 ….   **밟:다** 〔밥따〕 타 ….

싫−증 (−症) 〔실쯩〕 명 ….   **앉다** 〔안따〕 자 ….

4. 연음은 발음을 표시하지 않았다. 따라서 높이다, 먹이, 석유의 발음은 〔노피다〕, 〔머기〕, 〔서규〕이나 본 사전에서는 발음을 따로 보여 주지 않았다.

5. 길게 발음되는 말은 그 글자 오른편에 ':' 표를 질렀다.

보기 : **벌:리다²** 타 ….   **알:다** 〔알아, 아니, 아는〕 타 ….

눈:−보라 명 ….   **소:원 (所願)** 명 하타 ….

6. 두 가지 이상의 발음을 허용하는 말들은 '/'을 이용하여 그 왼쪽에는 원칙적인 발음을, 오른쪽에는 허용하는 발음을 보였다.

보기 : **시계 (時計)** 〔−/−게〕 명 ….   **주의 (主義)** 〔−/−이〕 명 ….

금융 (金融) 〔−늉 / 그뮹〕 명 ….   **검:열 (檢閱)** 〔−녈 / 거멸〕 명 하타 ….

피어−나다 〔−/−여−〕 자 ….   **맛:있다** 〔마딛따 / 마싣따〕 형 ….

7. 외래어와 옛말은 그 음의 장단 및 발음 표시를 하지 않았고, 비표준어 · 방언도 발음 표시를 하지 않았다.

어원의 표시

1. 우리말화된 외국어의 약자는 ( ) 안에 넣어 주고, 그 원어를 보일 경우에는 품사 약물 다음의 〔 〕 안에 묶어서 표시하였다.

보기 : **피시 (PC)** 명 〔personal computer〕 ….

2. 외래어는 ( ) 안에 각각 로마자 · 중국 글자 · 일본 가나를 넣어 주고, 영어 이외의 외래어에서는 원어의 국명을 밝혔다.

보기 : **뉴스** (news) [명] ….　　**게놈** (독 Genom) [명] ….
자장면 (중 炸醬麵) [명] ….　　**우동** (일 うどん) [명] ….

3. 우리말에서 쓰이는 영어, 기타 외국어의 조어(造語)는 두 구성 요소 사이에 '+'를 넣어 이를 표시하였다.

보기 : **애프터-서비스** (after+service) [명] ….　　**핸드-폰** (hand+phone) [명] ….

4. 외국어의 원어와 우리말의 표기가 서로 다를 때에는 '←' 표를 달아 외국어의 원말을 나타내었다.

보기 : **고무** (←프 gomme) [명] ….　　**아파트** (←apartment) [명] ….

5. 취음자(取音字)인 한자(漢字)가 있는 말은 풀이 뒤에 [주의]로 그 한자를 보여 주었다.

보기 : **고의** [-/-이] [명] …. [주의] '袴衣'로 씀은 취음(取音).
장단 [명] …. [주의] '長短'으로 씀은 취음.

용언의 활용

어미 활용을 하는 동사와 형용사 가운데, 활용할 때 어간과 어미의 모습이 달라지는 용언과 학교 문법에서 규칙 활용으로 본 'ㄹ 불규칙', '으 불규칙' 활용을 하는 용언에 대표적인 활용형을 '〔 〕' 안에 보여 주었다.

ㄷ 불규칙 : **묻:다**³ [-따]〔물어, 물으니, 묻는〕 [타ㄷ] ….
ㅂ 불규칙 : **가깝다** [-따]〔가까워, 가까우니〕 [형ㅂ] ….
ㅅ 불규칙 : **짓:다**¹ [짇따]〔지어, 지으니, 짓는〕 [타ㅅ] ….
낫:다³ [낟따]〔나아, 나으니, 나은〕 [형ㅅ] ….
ㅎ 불규칙 : **동그랗다** [-라타]〔동그라니, 동그래서〕 [형ㅎ] ….
러 불규칙 : **이르다**¹〔이르러, 이르니〕 [자러] ….
르 불규칙 : **오르다**〔올라, 오르니〕 [一][자르] ….
여 불규칙 : '하다' 또는 접미사 '-하다'로 끝나는 용언들로 어미 '-아'가 '-여'로 활용하며 활용형을 생략하였다.
우 불규칙 : **푸다**¹〔퍼, 푸니〕 [타우] ….
거라 불규칙 : '가다' 또는 '-가다'로 끝나는 용언들로 활용형을 생략하였다.
너라 불규칙 : '오다' 또는 '-오다'로 끝나는 용언들로 활용형을 생략하였다.
ㄹ 불규칙(ㄹ 탈락 용언) : **날다**¹〔날아, 나니, 나는〕 [一][자] ….
달다⁴〔달아, 다니, 단〕 [형] ….
으 불규칙(으 탈락 용언) : **기쁘다**〔기뻐, 기쁘니〕 [형] ….

관련 어휘

1. 동의어는 뜻풀이 뒤 용례 앞에 보였다.
2. 반대말은 용례 뒤에 '↔' 표로 보였다.
3. 어감이 큰 말, 작은 말, 여린 말, 센 말, 거센 말은 각각 [큰], [작], [여], [센], [거]라는 약물 기호를 사용하여 용례 뒤에 보였다.
4. 표제어와 관련이 있는 참조어는 주석 · 용례 따위의 뒤에 '*' 표로 보였다.
5. 표제어의 준말은 '[준]'이라는 약물로 나타내었다.

속담과 관용구

1. 속담은 그 첫머리에 나오는 말의 표제어 뜻풀이 뒤에 별행으로 **[ ]** 안에 넣어 실었다. 이때 뜻이 둘 이상인 경우에는 ㉠㉡…으로 갈라놓았다.

    보기 : **산** (山) 몡 ….

        [산에 가야 범을 잡는다] ㉠모든 일은 그 요소(要所)를 찔러야 한다.
        ㉡위험을 겪은 뒤에야 일이 성취된다.

2. 관용구는 그 첫머리에 나오는 말 표제어 뜻풀이 뒤나 속담 뒤에 고딕체로 실었다. 이때 뜻이 둘 이상인 경우에는 ㉠㉡…으로 갈라놓았다.

    보기 : **말⁵** 몡 ….

        말(이) 나다 군 ㉠어떤 이야기가 시작되다. ❏이왕 말 난 김에 얘기하겠다. ㉡비밀스러운 일이 다른 사람의 입에 오르내리다. ❏말이 나면 곤란하니까 조심해라.

어법의 표시

1. 문법 체계와 용어는 1985학년도부터 시행하게 된 '통일 학교 문법'에 따랐다.
2. 모든 어휘의 어법은 별도 표시의 부호로써 나타내었다.
3. 외래어는 그 원말의 품사를 돌아보지 않고, 우리말에서의 역할로 보아 품사를 매겼다.

    보기 : **리얼-하다** (real-) 혱여 ….

맞춤법

    고유어와 한자어의 맞춤법은 문교부가 제정 고시한 '한글 맞춤법'(1988.1.19.)을 따랐고, 아울러 국어연구소 편 '한글 맞춤법 해설'(1988.6.30.)을 참고하였다.

외래어의 안글 표시

    원칙적으로 문교부가 제정 고시한 '외래어 표기법'(1986.1.7.)에 따랐으며, 각 낱말의 표기에는 문교부에서 펴낸 '편수 자료 Ⅱ-1 외래어 표기 용례(일반 외래어)'(1987.11.17.)와 국어연구소에서 펴낸 '외래어 표기 용례집(일반 용어)'(1988.8.30.)을 비롯하여, '편수 자료 Ⅱ-2 외래어 표기 용례(지명・인명)'(1987.11.17.), '편수 자료 Ⅱ-3 인문 사회 과학'(1987.11.17.), '편수 자료 Ⅲ 기초 과학'(1987.11.17.), '편수 자료 응용 과학'(1988.6.25.)을 적의 참고하였다. 또한 외국어와 우리말이 결합된 말들의 표기는 국립국어연구원에서 발간한 '표준국어대사전'을 참고하여 나타내었다.

부 록

1. 우리말 어문 규범의 가장 중요한 기준이 되는 '한글 맞춤법'(1988.1.19.)과 '표준어 규정'(1988.1.19.)을 수록하였다. 이 규범집은 당시 문교부에서 제정 고시하여 1989년 3월 1일부터 시행한 것으로 현재 국어의 근본이 되는 규정집이다.
2. 1990년 문화부에서 공표한 '표준어 모음'과 2000년 7월 7일 문화 관광부에서 제정 고시한 '국어의 로마자 표기법'을 수록하였다.
3. 2000년 교육부에서 새로 조정하여 공표한 중학교 및 고등학교 교육용 기초 한자 1,800자와 대법원에서 공표한 인명용 한자를 포함하여 약 3,000자의 표제 한자를 수록한 한자 사전을 실었다.

1. 어 법

명 명사	준 준말
의명 의존 명사	투 접두사
인대 인칭 대명사	미 접미사
지대 지시 대명사	선어미 선어말 어미
수 수사	어미 어미
자 자동사	구 관용구
불자 불완전 자동사	ㄷ ㄷ 불규칙
타 타동사	ㅂ ㅂ 불규칙
불타 불완전 타동사	ㅅ ㅅ 불규칙
보동 보조 동사	ㅎ ㅎ 불규칙
형 형용사	러 러 불규칙
보형 보조 형용사	르 르 불규칙
관 관형사	여 여 불규칙
부 부사	우 우 불규칙
감 감탄사	거라 거라 불규칙
조 조사	너라 너라 불규칙
하자 ――하다 자어	
하타 ――하다 타어	
하자타 ――하다 자타어	
하자형 ――하다 자형어	
하타형 ――하다 타형어	
하형 ――하다 형어	
하형자타 ――하다 형자타어	
히부 ――히 부	

2. 전문어

《가》 가톨릭교	《심》 심리
《건》 건축	《악》 음악
《경》 경제	《어》 어류
《공》 공업・공학	《언》 언어학
《광》 광물・광업	《역》 역사・고제
《교》 교육	《연》 연극・연예
《군》 군사	《윤》 윤리
《기》 기독교	《의》 의학
《논》 논리	《인》 인쇄
《농》 농업	《전》 전기
《동》 동물	《정》 정치
《문》 문학	《조》 조류
《물》 물리	《종》 종교
《미술》 미술	《지》 지리・지학
《민》 민속	《천》 천문
《법》 법률	《철》 철학
《불》 불교	《출》 출판
《사》 사회	《충》 곤충
《생》 생물・생리	《컴》 컴퓨터
《성》 성서	《한의》 한의학
《수》 수학	《해》 해사・항해
《식》 식물	《화》 화학

3. 용 법

〈궁〉 궁중어	〈속〉 속어
〈비〉 비어	〈옛〉 옛말

〈소아〉 소아어   〈학〉 학생어

4. 외래어

그 … 그리스어	일 … 일본어
네 … 네덜란드어	중 … 중국어
독 … 독일어	페 … 페르시아어
라 … 라틴어	포 … 포르투갈어
러 … 러시아어	프 … 프랑스어
산 … 산스크리트어	형 … 헝가리어
아랍 … 아랍어	히 … 히브리어
에 … 에스파냐어	힌 … 힌디어
이 … 이탈리아어	

5. 기 호

( )	표제어의 원어 표시
:	장음 표시(표제어에서 장음 글자의 오른편에 붙임)
[ ]	발음 표시(표제어・한자 다음) 화학 원소의 번호・기호・원자량
〔 〕	용언의 활용형 표시 외래어의 원어 표시 앞말과 대체되는 말에 어원의 표시 고사성어의 출전 표시
-	접사나 어미의 표시 복합어의 표시 발음란에서 변동 없는 부분의 생략 표시
――	표제어 부분의 되풀이 표시
☞	표준어 앞에
←	원말 앞에
(=)	주석 중 일부의 보충 설명
《 》	뜻풀이와 용례에 대한 전체적인 보충 설명 및 기호 표시
( )	사동・피동의 표시
[ ]	속담의 표시
▯	예문 시작 표시
~	예문에서 표제어 부분의 생략
/	여러 예문의 구분
*	발음에서 두 가지 이상의 발음이 있을 때 참고되는 말 앞에
큰	어감이 큰 말 앞에
작	어감이 작은 말 앞에
여	어감이 보통인 말 앞에
센	어감이 센 말 앞에
거	어감이 거센 말 앞에
↔	상대어・반대어 앞에
준	준말 앞에
+	표제어가 우리말에서 쓰는 외래어의 조어(造語)일 때
▬	앞에 있는 말 표제어의 ❶번의 뜻과 뜻이 같을 때
1, 2	앞에 있는 말 표제어 **1, 2**번의 뜻과 뜻이 같을 때

ㄱ (기역) **1** 한글 자모의 첫째. **2** 자음의 하나. 혀뿌리를 높여 연구개에 붙였다가 떼면서 나는 무성 파열음. 받침일 때는 혀뿌리를 떼지 않고 발음함.

ㄱㄴ-순 (-順)[기역니은-]뗑 어떤 차례를 매길 때, 한글 자모의 차례를 따라 매긴 순서. ▫️이름을 ~으로 적다. *가나다순.

ㄱ-자 (-字)[기역짜]뗑 'ㄱ' 자처럼 생긴 모양. ▫️~ 모양의 집.

ㄱ자-자 (-字-)[기역짜-]뗑 'ㄱ' 자 형태의 자. 곱자.

ㄱ자-집 (-字-)[기역짜-]뗑 《건》 용마루가 'ㄱ'자 모양으로 된 집.

가¹ 〖악〗서양 음계의 제 6음. 곧, 라(la). 에이(A, a).

가:² 뗑 **1** 물건의 가장 바깥쪽 부분. ▫️책상 ~. **2** 그릇의 아가리 쪽 언저리. ▫️꿀 항아리 ~에 묻은 꿀. **3** 일부 명사 뒤에 붙어, '주변'의 뜻을 나타내는 말. ▫️호숫~ / 강~ / 벗~.

가:³ (可)뗑하젱 **1** 옳거나 좋음. ▫️이 사람 말도 ~요 저 사람 말도 ~요 한다. **2** 어떤 행위가 허용되거나 가능함. ▫️연소자 관람 ~ / 분할 상환 ~. ▫️~불가(不可). **3** 찬성하는 의사의 표시. ▫️~가 부(否)보다 많다. ↔부(否). **4** 성적을 매기는 등급의 하나('수·우·미·양·가' 다섯 등급 중 가장 낮은 것).

가 (加) 뗑하타 **1** 《수》 '더하기'의 구용어. **2** '가법(加法)'의 준말. **3** '가산(加算)'의 준말. ▫️원금에 이자를 ~하다. ↔감(減).

가 (家) 뗑《법》예전에, 같은 호적에 들어 있는 친족 집단.

가³ 조 **1** 받침 없는 체언에 붙어, 그 말을 주격이 되게 하는 격조사. ▫️해~ 뜬다. **2** 받침 없는 체언에 붙어, 다르게 변하여 감을 나타내는 보격 조사(《그 뒤에 '되다'가 옴). ▫️꽃이 열매~ 된다. **3** 받침 없는 체언에 붙어, 아님을 나타내는 보격 조사(그 뒤에 '아니다'가 옴). ▫️나는 바보~ 아니다 / 상관으로서~ 아니라 선배로서 충고한다. **4** 연결 어미 '-지'나 '-게' 따위에 붙어, 부정의 뜻을 강조하는 보조사. ▫️별로 크지~ 않다 / 길게~ 아니라 널찍이 잡아라. **5** 받침 없는 일부 부사에 붙어, 부정의 뜻을 강조하는 보조사. ▫️도대체~ 돼먹지 않았다 / 원체~ 잘못된 일이다. **6** 보조사 '부터' 뒤에 붙어서, 강조의 뜻을 나타내는 보조사. ▫️너부터~ 틀렸어. *이⁶.

가- (加)⊡ 더하는. 첨가하는. ▫️~지방(地枋)/ ~추렴.

가:- (假)⊡ **1** 임시적인. 시험적인. ▫️~건물 / ~등기 / ~매장. **2** 가짜의. 거짓의. ▫️~문서. *진(眞)-.

-가 (家)뗑 **1** 그 방면에 뛰어난 사람. 또는 그것을 직업으로 하는 사람. ▫️전문~ / 건축~. **2** 특히 그 성질을 가진 사람. ▫️정열~ / 민완~. **3** 집안·가문을 나타내는 말. ▫️록펠러~ / 명문~. **4** 어떤 것을 많이 가지고 있는 사람. ▫️장서~ / 자본~ / 재력~.

-가 (哥)뗑 **1** 성에 붙여 쓰는 말. ▫️저는 김~올시다. **2** 성에 붙여 낮게 일컫는 말. ▫️야, 홍~야.

-가 (街)囘 **1** 도시의 특별한 지역. ▫️유흥~ / 대학~. **2** 큰 동(洞)이나 거리를 다시 나눌 때 쓰는 말. ▫️종로 3~ / 명륜동 1~.

-가 (歌)囘 노래의 이름이나 종류를 나타내는 말. ▫️애국~ / 유행~ / 흥부~.

-가 (價)[까]囘 **1** 일부 명사 뒤에 붙어, '값'의 뜻을 나타내는 말. ▫️적정~ / 최고~ / 상한~. **2** 《화》숫자 뒤에 붙어, 원자가(原子價)를 나타내는 말. ▫️2~ 알코올.

가:가 (可可) 흔히 편지에서, 스스로 생각하여도 우습다라는 뜻으로 쓰는 말.

가:가 (假家) **1** 임시로 지은 집. **2**《역》조선 때, 가게의 하나. **3** '가게'의 본딧말.

가:가-대소 (呵呵大笑)뗑하젱 소리를 내어 크게 웃음.

가가-례 (家家禮)뗑 집집마다 다른 고유의 예법·풍습 따위.

가가-문전 (家家門前)뗑 집집마다의 문 앞. ▫️~을 다니면서 구걸하다.

가가호호 (家家戶戶)⊟뗑 집집. 한 집 한 집. ⊟뭐 집집마다. ▫️~ 태극기가 휘날리다.

가각 (街角)뗑 거리의 한 모서리. 길모퉁이.

가각-본 (家刻本)[-뽄]뗑 개인이 사사로이 펴낸 책.

가:-하다 (苛刻-)[-카카-]혱 인정이 없고 모질다. 가:각-히 [-가키]뭐

가간-사 (家間事)뗑 집안일. ▫️~를 돌보다.

가감 (加減)뗑하타 **1** 더함과 덜함. 더하거나 뺌. ▫️젊은이들의 속내음 ~ 없이 그려 냈다. **2**《수》더하기와 빼기.

가감-례 (加減例)[-녜]뗑《법》형벌을 가중·경감하여야 할 경우에, 그 기준이 되는 원칙.

가감-법 (加減法)[-뻡]《수》 **1** 덧셈과 뺄셈을 하는 방법. **2** 연립 1차 방정식에서, 미지수의 계수(係數)를 곱하거나 나누어 같게 만든 후, 각 변을 더하거나 빼서 그 미지수를 없애는 방법. *소거법.

가감부득 (加減不得)뗑 '가부득감부득'의 준말.

가감승제 (加減乘除)뗑 '더하기·빼기·곱하기·나누기'를 아울러 이르는 말.

가:감지인 (可堪之人)뗑 맡은 일을 감당할 만한 사람.

가:감-하다 (可堪-)혱여 **1** 감당할 수 있다. **2** 견딜 수 있다.

가객 (佳客)뗑 반갑고 귀한 손님.

가객 (歌客)뗑 노래를 잘 짓거나 잘하는 사람. 가인(歌人). 율객(律客).

가갸 반절본문(反切本文)의 첫 두 글자인 가와 갸.

[가갸 뒷다리[뒷자(字)]도 모른다] ㉠문자를 깨우치지 못하여 무식하다는 말. ㉡사리에 어두운 사람을 비웃는 말.

가갸-날 뗑 '한글날'의 처음 이름.

가거 (家居)뗑하젱 **1** 벼슬살이를 하지 않고 집에서 지냄. **2** 시집가지 않고 친부모 집에서 지냄.

가:거 (假居)뗑하젱 가우(假寓).

가거 (街渠)뗑 배수(排水)를 위하여 차도와 인

도의 경계선을 따라 만든 얕은 도랑.

가:거지지(可居之地)【명】 살 만한 곳. 살기 좋은 곳.

가:-건물(假建物)【명】 임시로 지은 건물. ▢공장 뒤편에 ~을 짓다.

가:-검물(可檢物)【명】 병균의 유무나 성분을 검사하기 위하여 거두는 환자의 배설물 따위. ▢설사 환자의 ~을 수거하다.

가:게(假家)〔←가가(假家)〕 **1** 작은 규모의, 물건을 파는 집. 가겟방. 전방(廛房). ▢반찬 ~ / ~를 내다〔차리다〕 / ~가 문을 닫다. **2** 길가・장터 따위에서 임시로 물건을 벌여 놓고 파는 곳.
[가게 기둥에 입춘〔주련〕] 격에 맞지 않는다.

가:게-채【명】 가게로 쓰는 집.

가:겟-방(-房)[-께빵/-겐빵]【명】 **1** 가게로 차려 쓰는 방. **2** 가게1.

가:겟-집[-게찝/-겐찝]【명】 **1** 가게를 벌이고 장사하는 집. **2** 가게로 쓰는 집. *살림집.

가격(加擊)【명】【하타】 손・주먹이나 몽둥이 따위로 때리거나 침. ▢복부를 ~하다.

가격(家格)【명】 그 집안의 대대로 이어 온 품격. 문벌(門閥).

가격(價格)【명】【경】 돈으로 나타낸 상품의 가치. 값. ▢~ 인상 / ~을 올리다 / ~이 저렴하다.

가격 경기(價格景氣)[-경-]【경】 물가가 올라서 경기가 좋아지는 상태. ↔수량 경기.

가격 변:동(價格變動)[-뻔-] 값이 오르거나 내리는 일. ▢~을 조절하다.

가격 연동제(價格連動制)[-경년-]【경】 어떤 상품의 가격이 생산비의 증감에 따라 오르내리도록 조정되는 제도《원유가(原油價) 인상에 따르는 석유 제품 가격의 인상 따위》.

가격 자유화(價格自由化)[-짜~]【경】 물가를 국가가 통제하지 않고 시장 기능에 맡기는 일.

가격 지수(價格指數)[-찌~]【경】 기준 시기의 가격을 100으로 하여 다른 시기의 가격 변동을 지수로 나타낸 수치.

가격 차익(價格差益)【경】 물건을 사고팔 때 가격의 차로 생기는 이익.

가격 카르텔(價格Kartell)【경】 '가격 협정 카르텔'의 준말.

가격 탄:력성(價格彈力性)[-딸-썽]【경】 상품의 가격이 변화할 때 판매량이 어떻게 변화하는가를 나타내는 지표. 판매량의 변화율을 가격의 변화율로 나눈 비율로 표시함. *수요 탄력성.

가격 파:괴(價格破壞) 일상의 상거래 관행을 무시하고 일반 시장 가격보다 훨씬 싼 가격으로 물건을 파는 일《염가 다매의 판매 전략》.

가격-표(價格表)【명】 상품 가격을 적은 일람표.

가격-표(價格標)【명】 일정한 물품에 대한 가격을 적어 놓은 쪽지.

가격 표기 우편물(價格表記郵便物) 속에 든 물건의 가격을 표기한 우편물《분실・손상된 때에 우체국에 손해 배상을 청구할 수 있음》.

가격 현:실화(價格現實化)[-껸련-] 곡물 가격・기름 가격・공공요금 따위 정부가 정책적으로 통제하는 가격을 실제로 형성되는 시가(時價)에 준해서 조정하는 일.

가격 협정 카르텔(價格協定Kartell)[-껴쩡-] 동업자끼리의 경쟁 방지와 시장 독점을 목적으로, 상품 판매 가격의 최저한도를 관계 기업자끼리 협정하여 규제하는 일. ⓒ가격 카르텔.

가:결(可決)【명】【하타】 의안을 합당하다고 인정하여 결정함. ▢만장일치로 ~하다 / 예산안이 심의 ~되다. ↔부결(否決).

가결(加結)[-껼]【역】 **1** 조선 후기, 농토의 단위 면적에 따라 매기는 조세의 비율을 본디보다 더 올리던 일. **2** 수량을 늘려 매긴 땅의 면적. 가복(加卜).

가:-결의(假決議)[-껴릐/-껴리]【명】【하타】 **1** 효력이 불확정한 결의. **2**【법】 주식회사의 정관을 고치기 위한 주주 총회에서, 출석 회원이 정원 미달일 때 임시로 작성하는 결의.

가:경(佳景)【명】 아름다운 경치.

가:경(佳境)【명】 **1** 한창 재미있는 판이나 고비. ▢이야기가 ~으로 접어들다. **2** 경치가 좋은 곳. 묘경(妙境). ▢골짜기마다 ~이다.

가경-자(嘉慶子)【명】 '자두'의 딴 이름.

가경-전(加耕田)【명】 조선 때, 새로 개간하여 아직 토지 대장에 올라 있지 않은 논밭을 이르던 말.

가경-절(嘉慶節)【명】 대종교(大倧敎)에서, 경절 중의 하나. 음력 팔월 보름날.

가:경-지(可耕地)【명】 경작할 수 있는 땅.

가:경-하다(可驚－)【혤이】 (주로 '가경할'의 꼴로 쓰여) 가히 놀랄 만하다.

가계(加計)[-계]【명】【하타】 **1** 통화의 액면과 시가가(時價)가 다를 때, 그 차액을 계산하는 일. **2** 가산(加算)1.

가계(加階)[-계]【명】【하타】【역】 품계를 올리던 일.

가계(加髢)[-계]【명】【하자】 지난날, 부녀가 쪽을 찔 때 다리를 곁들여서 땋던 일.

가계(家戒)[-계]【명】 조상 대대로 내려오는, 한 집안의 규율이나 가정교육 지침. *가규(家規).

가계(家系)[-계]【명】 한 집안의 계통.

가계(家計)[-계]【명】 **1** 집안 살림의 수입・지출의 상태. ▢~가 적자가 되다. **2** 집안 살림을 꾸려 나가는 방도나 형편. 살림살이. 생계(生計). ▢~가 쪼들리다 / 어렵게 ~를 꾸려 나가다.

가계(家契)[-계]【명】 대한 제국 때, 관에서 발급한 집문서.

가계(家鷄)[-계]【명】 집에서 기르는 닭.

가계 경제(家計經濟)[-/-계-] 가정 경제.

가계 보:험(家計保險)[-/-계-]【경】 개인 생활의 안정을 꾀하여 계약하는 보험《생명 보험・화재 보험 따위》.

가계-부(家計簿)[-/-계-]【명】 집안 살림의 수입・지출을 적는 장부. ▢~를 적다.

가계-부기(家計簿記)[-/-계-]【명】 집안 살림의 수입・지출을 기록하는 부기.

가계-비(家計費)[-/-계-]【명】 집안 살림에 드는 비용. ▢~ 지출이 증가하다.

가계 수표(家計手票)[-/-계-] 은행에 가계 종합 예금 계좌를 가진 사람이 그 은행 앞으로 발행하는 소액 수표.

가:-계약(假契約)[-/-계-]【명】【하타】 정식 계약 전에 임시로 맺는 계약. ▢우선 ~이라도 맺어 두자.

가:-계정(假計定)[-/-계-]【명】【경】 부기에서, 아직 확정되지 않은 계정을 장부 정리상 임시로 기장해 두는 계정 과목《가수금(假受金)・가지급금(假支給金)・미결산 계정 따위》.

가계 조사(家計調査)[-/-계-] 국민의 생활 상태를 알아보기 위하여, 각 가구의 수입・지출 따위를 조사하는 일.

가계 종합 예:금(家計綜合預金)[-합녜-/-계-함녜-] 급여 생활자나 소상인이 가계 수

표를 발행하는 조건으로 그 자금으로서 예입하는 예금.

가계-주 (-紬)[-/-계-] 圀 아롱아롱한 뇌문(雷紋)이 있는 중국 비단.

가고 (家故) 圀 집안에 일어난 사고.

가-고-하다 (可考-) 혱예 (주로 '가고할'의 꼴로 쓰여) **1** 참고할 만하다. **2** 생각해 볼 만하다. ▢ 가고할 가치도 없는 견해이다.

가곡 (歌曲) 圀 **1** 노래. **2** 〖악〗리트(Lied). ▢ 슈만 ~. **3** 우리나라 재래 음악의 한 가지.

가곡-집 (歌曲集)[-찝] 圀 가곡을 모아 엮은 책이나 음반. ☞슈베르트 ~.

가:골 (假骨)圀〖의〗뼈가 부러진 자리에 불완전하게 새로 생긴 뼈의 조직.

가공 (加工)圀하타 **1** 원자재나 반제품에 손을 더 대어 새로운 제품을 만드는 일. ▢ 원료를 ~하여 수출하다 / 보석이 정교하게 ~되었다. **2** 〖법〗남의 소유물에 공작을 더하여 새 물건으로 만드는 일.

가-공 (架空)圀하타 **1** 어떤 시설물을 공중에 설치함. **2** 실제로 있는 것이 아니고 상상으로 꾸며 냄. ▢ ~인물을 설정하다.

가-공 무:상 (架空妄想) 圀 터무니없는 상상.

가공 무:역 (加工貿易)〖경〗외국에서 원자재나 반제품을 들여와서 가공하여, 다시 수출하는 방식의 무역.

가공 배상 (加工賠償)〖경〗재화로 배상할 수 없을 때, 대신 기술이나 노동력을 상대국에게 제공하는 배상.

가공-비 (加工費) 圀 물품을 가공하는 데 드는 비용.

가공-사 (加工絲) 圀 천연의 실에 공업적인 처리를 하여 만든 실(금실·은실 따위).

가:공 삭도 (架空索道)[-또] 공중에 건너지른 강철선에 운반차를 달고 사람·물건을 나르는 장치. 고가(高架) 삭도. 공중 삭도. 삭도.

가:공-선 (架空線)圀 가공 케이블.

가공 수입 (加工輸入)〖경〗가공하여 판매나 수출을 목적으로 원자재나 반제품을 수입하는 일.

가공 수출 (加工輸出)〖경〗수입한 원자재나 반제품을 가공하여 재수출하는 일.

가공-식품 (加工食品) 圀 농산물·축산물·수산물 따위 식품을 먹기 편하고 영양과 저장성 따위를 고려하여 가공한 식품(햄·마늘장아찌 따위).

가공-업 (加工業) 圀 상품으로 만들기 위해 재료를 가공하는 산업.

가공 유지 (加工油脂)[-뉴-] 유지를 가공해서 만든 여러 가지 제품(비누·마가린 따위).

가:공 의:치 (架工義齒)〖의〗빠진 이의 좌우에 있는 이를 버팀으로 하여 다리를 놓듯이 해 박는 의치. 가공치. 브리지.

가-공-적 (架空的)圀圀 근거가 없거나 사실이 아닌, 꾸며 낸 (것). ▢ ~(인) 공간 / ~(인) 이야기.

가공-지 (加工紙)圀 윤을 내거나 물을 들이거나 그 밖의 세공을 가한 종이(아트지·인화지·색상지 따위).

가:공 지선 (架空地線)〖전〗송전선의 도선(導線)에 벼락이 떨어지는 것을 막기 위해, 도선 위에 도선과 평행되게 친 접지 전선.

가:공-치 (架工齒)圀〖의〗가공 의치.

가:공 케이블 (架空cable) 전주를 세우고 공중에 가설한 케이블. 가공선.

가공-품 (加工品)圀 원자재나 반제품을 인공적으로 처리한 제품.

가-공-하다 (可恐-) 혱예 (주로 '가공할'의 꼴로 쓰여) 두려워하거나 놀랄 만하다. ▢ 핵무기의 가공할 파괴력.

가:과 (佳果) 圀 맛이 좋은 과실. 가실(佳實).

가:과 (假果) 圀〖식〗헛열매. ↔진과(眞果).

가곽 (街廓) 圀 가로와 가로 사이의 한 구역.

가관 (加冠)圀하자 〖역〗관례(冠禮)를 치르며 갓을 처음 쓰던 일.

가:관 (可觀) 圀 **1** 언행이 보기에 흉해 비웃을 만함. ▢ 거드럭거리는 꼴이 ~이다. **2** 경치 따위가 참으로 참으로 볼 ~이다.

가:관 (假官)圀〖역〗**1** 조선 때, 임시로 임명하던 관원(가승지(假承知)·가감역관(假監役官) 따위). **2** 사변가주서(事變假注書).

가:관-스럽다 (可觀-)[-따][-스러워, -스러우니] 혱圀 꽤 볼 만하다. **가:관-스레** 圀

가:-관절 (假關節)圀〖생〗골절(骨折) 치유 장애의 하나. 골절 부위가 아물어 붙지 않고, 관절처럼 움직이는 상태. 위관절(僞關節).

가:괴-하다 (可怪-) 혱예 (주로 '가괴할'의 꼴로 쓰여) 괴이하게 여길 만하다.

가:교 (架橋)圀하자 **1** 다리를 놓음. ▢ ~ 공사. **2** 서로 떨어져 있는 것을 이어 주는 사물이나 사실. ▢ 사랑의 ~ 역할을 하다.

가:교 (假橋) 圀 임시로 놓은 다리. 임시 다리.

가:교 (駕轎)圀〖역〗**1** 임금이 타던 가마(두 마리의 말이 앞뒤에 메고 감). **2** 쌍가마.

가:교-마 (駕轎馬)〖역〗가교를 메던 말.

가:교-봉도 (駕轎奉導)圀〖역〗가교를 편안히 모사라고 별감들이 큰 소리로 외치며 주의시키던 일.

가:-교사 (假校舍)圀 임시로 쓰는 학교 건물. 임시 교사.

가:-교실 (假教室)圀 임시로 쓰는 교실.

가:-교하다 (可教-) 혱예 (주로 '가교할'의 꼴로 쓰여) 가히 가르칠 만하다.

가:구 (佳句)[-꾸] 圀 잘 지은 글귀.

가구 (家口) 圀 **1** 집안. **2** 집안의 사람 수효. **3** 한 집을 차린 독립적 생계. ▢ 맞벌이 ~가 해마다 늘고 있다. 의圀 수량을 나타내는 말 뒤에 쓰여, 세대를 세는 단위. 세대. ▢ 여러 ~가 세들어 살다.

가구 (家具) 圀 집안 살림에 쓰는 기구(책상·장롱·의자 따위). 집물(什物). ▢ 부엌 ~ / 새 ~를 장만하다 / 신혼집에 ~를 들여놓다.

가구 (街衢)圀 **1** 길거리. **2** 시정(市井)1.

가구-경행 (街衢經行)圀〖불〗고려 때, 민간의 질병과 재액을 물리치기 위하여, 승려들이 향불을 들고 북을 치며, 개경(開京) 거리를 돌아다니면서 불경을 외어 백성을 위해 빌던 행사의 한 가지. 고려 초 이래 연중행사가 되었음.

가:-구물 (架構物)圀 낱낱의 재료를 조립해서 만든 구조물의 총칭.

가구-자 (家蔯子)〖한의〗부추의 씨(성질이 온(溫)하여, 유뇨(遺尿)·몽설(夢泄)·요통(腰痛)·백대하(白帶下) 등에 약재로 씀).

가구-장이 (家具-)圀 가구 만드는 일을 업으로 삼는 사람.

가구-재 (家具材)圀 가구를 만드는 재료(특히, 목재를 이름).

가구-점 (家具店)圀 가구를 파는 가게.

가구-주 (家口主)圀 한 가구의 주장이 되는 사람. 세대주.

가:국 (佳局) 圀 매우 흥미 있고 재미있는 국면(局面).

가국 (家國) 圓 1 자기의 집안과 나라. 가방(家邦). 2 고국. 고향.

가군 (家君) 圓 1 남에게 자기 아버지를 일컫는 말. 가부(家父). 가친(家親). 2 남에게 자기 남편을 일컫는 말. 가부(家夫).

가권 (家券)[-꿘] 圓 집문서.

가권 (家眷) 圓 1 호주나 가구주에게 딸린 식구. 가족. 2 자기 아내의 낮춤말.

가권 (家權)[-꿘] 圓 집안을 다스리는 권리. ＊가장권(家長權).

가:귀-노름 圓하재 가귀대기.

가:귀-대기 圓하재 투전에서, 열다섯 끗 뽑기로 내기하는 노름. 가귀노름.

가규 (家規) 圓 집안의 규율이나 예법. □~가 엄하다. ＊가계(家戒).

가극 (加棘) 圓하재 『역』 귀양 간 사람의 거처 주위에 가시나무를 둘러치던 일. 천극(栫棘).

가:극 (暇隙) 圓 겨를. 여가. 틈.

가극 (歌劇) 圓 오페라.

가극-단 (歌劇團)[-딴] 圓 가극 상연(上演)을 위하여 조직한 단체.

가:근 (假根) 圓 『식』 헛뿌리.

가금 (家禽) 圓 집에서 기르는 날짐승(닭·오리 따위). ↔야금(野禽).

가금 (價金) 圓 물건 값. 대금.

가:금 (假金) 圓 가짜 금.

가급 (加給) 圓하타 정한 액수 이외에 금품을 더 줌. ↔감급(減給).

가-급유 (加給由) 圓하재 『역』 관원에게 준 사가(賜暇)의 기한이 다 찼을 때, 말미를 더 주던 일. ㊟가유(加由).

가급인족 (家給人足) 圓하형 집집마다 생활 형편이 풍족함.

가급 임:금 (加給賃金) 정한 액수 외에 더 주는 임금(시간 외 근무 수당 따위).

가:-적 (可及的)[-쩍] 圓 될 수 있는 대로. 형편이 닿는 대로. □~ 빨리 오너라 / ~이 면 현직을 고용할 것.

가:긍-스럽다 (可矜-)[-따][-스러워, -스러우니] 圓回 가긍한 데가 있다. **가:긍-스레** 圓

가:긍-하다 (可矜-) 圓어 불쌍하고 가엾다. **가:긍-히** 圓

가:기 (佳氣) 圓 자연의 상서롭고 맑은 기운. 서기(瑞氣).

가:기 (佳期) 圓 1 좋은 계절. 양신(良辰). 2 처음 사랑을 맺게 되는 시기.

가:기 (佳器) 圓 1 좋은 그릇. 2 훌륭한 인물을 비유적으로 이르는 말.

가기 (家忌) 圓 집안 조상의 기제사.

가기 (家基) 圓 집터.

가기 (嫁期) 圓 시집갈 만한 나이. □~를 놓치다. ＊혼기(婚期).

가기 (歌妓) 圓 노래를 잘 부르는 기생.

가:기-하다 (可期-) 圓어 (주로 '가기할'의 꼴로 쓰여) 기대나 기약할 만하다.

가까스로 圓 간신히. 겨우. □~ 살아나다 / ~ 위기를 넘기다.

가까워-지다 재 1 가깝게 되다. 2 서로의 사이가 친밀하여지다. □그와 나는 요즘 퍽 가까워졌다.

가까이 一圓 1 가까운 곳. 근처. □철로 ~에서 놀지 말라. 기준에 거의 다다를 정도. □소득의 절반 ~를 세무 당국에 신고하지 않았다. 二圓 1 근처에. 거리가 멀지 않게. □~ 다가오다. 2 서로 사귀는 관계가 친하게. □우리는 형제처럼 ~ 지낸다. 3 일정

한 때를 기준으로. 그때에 약간 못 미치는 상태로. □두 시간 ~ 기다리다 / 나이가 마흔 ~ 되어 보였다. ↔멀리. —-하다 재타어 1 친밀하게 사귀다. □그 사람과 가까이하지 마라. 2 무엇을 즐기거나 좋아하다. □책을 ~. ↔멀리하다.

가깝다 [-따][가까워, 가까우니] 圓回 1 거리나 동안이 짧다. □육지에 가까운 곳 / 가까운 장래에 다시 만나자 / 종말에 ~. 2 성질이나 상태가 비슷하다. □기준에 가까운 품질 / 원숭이는 인간에 ~. 3 어떤 기준에 근접하다. □천만 원 가까운 돈 / 불가능에 / 천여 명에 가까운 관객 / 완성에 ~. 4 교분이 친밀하다. □아주 가까운 사이다. 5 혈연관계가 멀지 않다. □가까운 친척. 6 신변에서 멀지 않다. □가까운 예를 들다. ↔멀다.

가깝디-가깝다 [-따-따][-까까워, -가까우니] 圓回 매우 가깝다.

가꾸다 圓 1 식물을 손질하고 보살피다. □국화를 ~ / 정원을 ~. 2 얼굴이나 몸을 잘 매만져 꾸미다. 치장하다. □얼굴을 예쁘게 ~. 3 좋은 상태로 유지하기 위해 아끼고 잘 보살피다. □고유문화를 잘 가꾸고 발전시키다.

가꾸러-뜨리다 囼 가꾸로 넘어지거나 엎어지게 하다. 흴가꾸러트리다.

가꾸러-지다 재 1 가꾸로 넘어지거나 엎어지다. □술에 취하여 ~. 2 싸움에 지다. 3 〈속〉죽다. 흴거꾸러지다.

가꾸러-트리다 囼 가꾸러뜨리다.

가꾸로 圓 차례나 방향, 또는 형편 따위가 반대로 되게. □옷을 ~ 입다. 흴거꾸로.

가꾸로 박히다 囼 머리를 땅으로 향하고 떨어지다.

가끔 圓 동안이 조금씩 뜨게. 이따금. 종종. □어쩌다 ~ 만나는 친구 / 그는 ~ 왔다.

가끔-가끔 圓 여러 번 가끔.

가끔-가다 圓 가끔가다가.

가끔-가다가 圓 가끔 어쩌다가. 가끔가다. □~ 선생님한테 꾸지람을 듣는다.

가나 (일 かな假名) 圓 일본 고유의 소리글자《모두 50자임》.

가나다-순 (-順) 圓 '가나다…'의 차례를 따라 매기는 순서. ＊ㄱㄴㄷ순.

가나안 (Canaan) 圓 『성』 팔레스타인의 요르단 강 서쪽의 옛 이름. 여호와가 아브라함(Abraham)에게 약속한 이상향. 낙원.

가나-오나 圓 오나가나. □~ 돈 걱정.

가난 圓하형圓부 생활이 넉넉하지 못하고 조들림. 빈곤. □~한 살림 / ~에 찌들다 / ~에서 벗어나다.

[가난 구제는 나라도 못한다] 남의 가난한 살림을 구제하는 것은 끝이 없다. [가난이 죄다] 가난 때문에 죄를 짓거나 불행·고통 따위를 겪게 된다. [가난한 집 신주 굶듯] 줄곧 굶는다. [가난한 집 제사 돌아오듯] 치르기 힘든 일이 자주 닥친다.

가난(이) 들다 囼 ㉠가난하게 되다. ㉡쓸 만한 것이 귀하여져서 구하기 어렵게 되다. □인재(人材)가 가난 들었다.

가난 (家難) 圓 집안의 재난.

가난-뱅이 圓 '가난한 사람'을 낮잡아 일컫는 말.

가난-살이 圓하재 가난한 살림살이. □~에 찌들다.

가납 (加納) 圓하타 『역』 조세나 상납(上納) 따위를 정한 수량보다 더 바침.

가:납 (假納) 圓하타 임시로 바침.

가납 (嘉納) 圓하타 1 권하는 말을 기꺼이 들

음. ▢진언을 ~하시다. **2** 바치는 물건을 고 맙게 받음. ▢헌상물을 ~하다.

가:남 납사니 [-싸-] 圀 **1** 쓸데없는 말을 잘 지껄 이는 사람. **2** 말다툼을 잘 벌이는 사람.

가:-납세 (假納稅) 圀 납세자가 세금에 대 하여 이의를 신청했을 때, 그에 대한 당국의 결정이 내리기 전에 우선 세금을 내는 일.

가내 (家內) 圀 **1** 한 집안. 가족. **2** ~ 경제. **2** 가까운 일가. ▢~ 평안[균안] 하신지요. **3** 한 집의 안. ▢~ 부업으로 살림에 보탬이 되다.

가내 공업 (家內工業) 자기의 살림집을 일터 로 삼아 소규모로 운영하는 공업.

가내 노동 (家內勞動) 업자(業者)로부터 기구· 재료 등을 제공받아, 자기 집에서 가공·제조 하여 다시 업자에게 납품하는 노동 형태.

가내-사 (家內事) 圀 집안일. 가사(家事).

가내 수공업 (家內手工業) 집 안에서 작은 규 모로 생산하는 수공업.

가냘프다 [가냘파, 가냘프니] 圀 **1** 몸 따위가 가늘고 연약하다. ▢가냘픈 몸. **2** 소리가 가 늘고 약하다. 가녀리다. ▢가냘픈 목소리.

가녀리다 圀 몹시 가늘고 약하다. 가냘프다. ▢병든 소녀의 가녀린 몸매.

가년 (加年) 圀하자 나이를 속여 올림.

가년-스럽다 [-따] [-스러워, -스러우니] 圀타 몹시 궁상스러워 보이다. 곤거년스럽다. 가 년-스레 圊

가:-녘 [-녘] 圀 가장자리.

가노 (家奴) 圀 가복(家僕).

가누다 타 **1** 몸이나 정신을 가다듬어 차리다. ▢몸도 가누지 못할 만큼 취하다. **2** 일을 돌 보아 처리하다. ▢어린 나이에 집안일을 잘 ~. 곤거누다.

가느-다랗다 [-라타] [-다라니, -다래서] 圀 圂 [←가늘다랗다] 아주 가늘다. ▢가느다란 실. ↔굵다랗다.

가느스름-하다 圀여 조금 가늘다. ▢가느스름 한 눈매. 가느스름-히 圊

가:-늑골 (假肋骨) [-꼴] 〖生〗 가슴뼈에 붙지 않은 좌우 다섯 쌍의 아래쪽 갈비뼈. 부늑골. ↔진늑골.

가는-귀 圀 작은 소리를 잘 듣지 못하는 귀.

가는귀-먹다 [-따] 짜 작은 소리를 잘 알아듣 지 못할 정도로 귀가 조금 멀다.

가는-눈 圀 **1** 가늘게 생긴 눈. **2** 가늘게 조금 뜬 눈. ▢~을 뜨다.

가는-대 圀 **1** 아기살. **2** 〖歷〗 적진에 격서(檄 書)를 보낼 때 쓰인 화살.

가는-베 圀 가는 올로 곱게 짠 베.

가는-소금 圀 정제를 여러 번 하여, 보드랍고 하얀 소금. ↔굵은소금.

가는-체 圀 올이 가늘고 구멍이 잔 체.

가는-허리 圀 잔허리.

가늘다 [가늘어, 가느니, 가는] 圀 **1** 둘레가 좁 다. 굵지 않다. ▢가는 철사 / 가는 허리. **2** 너비가 좁다. ▢눈을 가늘게 뜨다. **3** 소리가 낮고 약하다. ▢가는 목소리 / 한숨을 가늘게 내쉬다. **4** 촘촘하다. ▢가는 모시. **5** 흔들리 는 정도가 약하다. ▢손끝이 가늘게 떨리다 / 가늘게 뛰는 맥박. **6** 가루 따위의 알갱이가 자디잘다. ▢가는 모래 / 고춧가루를 가늘게 빻다. ↔굵다.

가늘디-가늘다 [-가늘어, -가느니, -가는] 圀 몹시 가늘다.

가늠 圀하타 **1** 목표나 기준에 알맞게 헤아리는 일. ▢총을 잘 ~해 쏘다. **2** 일이 되어 가는 모양이나 형편을 살펴보고 하는 짐작. ▢~ 을 할 수가 없다.

가늠(을) 보다 〖잡다〗 ⑦ ㉠목표를 겨누어 보 다. ㉡사물의 형편을 엿보다. ▢시간을 가늠 보아 조절하다. ㉢무게를 달 때 저울눈의 바 르고 바르지 않음을 보다.

가늠-구멍 [-꾸-] 圀 소총의 가늠자 위쪽에 뚫 어 놓은 작은 구멍. 가늠쇠와 함께 목표물을 조준하는 데 씀. 조문(照門).

가늠-쇠 圀 총의 가늠을 보기 위해 총구 가까 이에 붙인 삼각형의 작은 쇳조각. 조성(照 星). *가늠자.

가늠-자 圀 총을 목표물에 조준할 때 이용하는 장치의 하나. 총구에서 먼 개머리판 쪽, 총신 위쪽에 붙어 있는 쇳조각으로, 가늠구멍이 있음. 조척(照尺). ▢~를 들여다보고 조준을 하다. 〖땅 부분.〗

가늠-좌 (-座) 圀 총포의 가늠자가 달린 밑바

가:능 (可能) 圀하형 할 수 있음. 될 수 있음. 가망이 있음. ▢~할 계획. ↔불가능.

가:능-성 (可能性) [-썽] 圀 앞으로 실현될 수 있는 성질. ▢~을 엿보다 / ~이 희박하다 / 우승의 ~을 한층 높인다. *현실성.

-가니 어미 〈옛〉 -거니.

가닐-거리다 짜 **1** 살갗에 벌레가 살살 기는 것 같이 자리자리한 느낌이 자꾸 나다. **2** 보기에 매우 위태롭거나 단작스러워서 자꾸 마음에 쓰여 자릿자릿하다. 곤그닐거리다. 가닐-가 닐 圊하짜

가닐-대다 짜 가닐거리다.

가다 짜〖거라〗 **1** 앞을 향해 움직이다. ▢가도 가도 끝이 없다. **2** 목적지를 향해 떠나가다. ▢외국으로 가는 배. **3** 학교·군대 따위에 몸 담아 들어가다. 어떤 일에 종사하거나 일을 보러 다니다. ▢학교 갈 나이 / 시청에 ~. **4** 지향(志向)하는 방향으로 나아가다. ▢통일 로 가는 길. **5** 소식·연락·말 따위가 전달되 다. ▢기별이 ~. **6** 기계 따위가 제대로 움직 이다. ▢시계가 고장나서 가지 않는다. **7** 시 선(視線)이 어떤 곳에 쏠리다. ▢눈길이 그에 게만 간다. **8** 도착하다. ▢집에 도달하다. **9** 미국에 가면 전화해라. **9** 피해나 손해 등을 당하게 되다. ▢남에게 피해가 안 가도록 조심하다. **10** 짐작·이해·판단 따위를 하게 되다. ▢동 정이 ~ / 짐작이 ~ / 수긍이 ~ / 이해가 ~. **11** 값이 어느 정도에 이르다. ▢땅 한 평에 얼마나 가나. **12** 어떤 상태나 형편 따위가 계 속되거나 유지되다. ▢이 상태로는 오래 못 간다. **13** 금·주름 따위가 생기다. ▢그릇에 금이 ~ / 주름살이 간 얼굴. **14** 힘·손질·품 따위가 들다. ▢손이 많이 가는 일. **15** 어떤 정도나 차례에 해당되다. ▢당대 으뜸가는 문인. **16** 어떤 때나 지경에 이르다. ▢내년쯤 가서 수출이 가능해지겠다. **17** 시간·세월·날 따위가 경과하다. ▢시간 가는 줄 모르다. **18** 사람이 죽다. ▢저승으로 ~. **19** 불이 꺼 지거나 전기가 나가다. ▢전깃불이 ~. **20** 음 식의 맛 따위가 변하거나 상하다. ▢맛이 ~ / 입맛이 ~. **21** 운수·기세나 재산 따위가 쇠하다. ▢한물 간 옷. ↔오다. 〖타거라〗 **1** 어떤 목적을 위하여 떠나거나 그 과정으로 들어가다. ▢유학을 ~ / 시집을 ~. **2** 어떤 곳을 통과해서 움직이다. ▢산길을 ~. **3** 어 떤 기간을 지속해 나가다. ▢한번 정한 마음 이 사흘을 못 간다. ↔오다. 〖보통거라〗 동사 의 부사형 어미 '-아'나 '-어'의 뒤에 붙어 그 동작이 계속 진행됨을 나타내는 말. ▢실 력을 자꾸 쌓아 ~ / 물가가 해마다 높아 간

다 / 일이 잘되어 간다 / 쉬어 가며 일하다 / 시들어 가는 꽃. ↔오다.
[가는 날이 장날] 어떤 일을 하려는데 뜻하지 않게 공교로운 일을 당함을 나타내는 말. [가는 말에 채찍질] ㉠열심히 하고 있는데도 더 빨리 하라고 독촉함을 가리키는 말. ㉡형편이나 힘이 한창 좋을 때라도 더욱 힘써야 함을 이르는 말. [가는 말이 고와야 오는 말이 곱다] 자기가 남에게 말이나 행동을 좋게 해야 남도 자기에게 좋게 한다는 말. [가는 손님은 뒤꼭지가 예쁘다] 손님 대접하기가 어려운 터에 빨리 돌아가니 고맙게 여긴다는 말. [갈수록 태산(이라)] 갈수록 더욱 어려운 지경에 처하게 되는 경우를 이르는 말.
가다가 [부] 이따금. 간혹. 어쩌다.
가다-가다 [부] '가다가'보다 조금 동안이 뜨게 이따금. ❑~ 좋은 일도 있긴 하다.
가다귀 [명] 참나무 따위의 잔가지로 된 땔나무.
가다듬다 [-따] [타] **1** 정신·생각 따위를 바로 차리거나 다잡다. ❑기억을 가다듬어 대답하다. **2** 태도나 매무새 따위를 바르게 하다. ❑옷매무새를 가다듬고 절을 하다. **3** 목청이나 숨을 고르다. ❑가쁜 호흡을 ~ / 무대에 서기 전에 목청을 ~. **4** 흐트러진 조직이나 대열을 다시 갖추다. ❑전열을 ~.
가-다랑어 (-魚) [명] 〖어〗 고등엇과의 바닷물고기. 길이 1m가량, 방추형으로 살지고 주둥이가 뾰족함. 등은 검은 청자색, 배는 은백색임. 횟감·통조림 따위에 많이 씀.
가:-다루다 [타] 논밭을 갈아서 다루다.
가:다리 [명][하자] 삯을 받고 남의 논을 갈아 주는 일. ❑~를 맡다.
가다-오다 [부] **1** 가고 오는 길에. ❑~ 만난 사람이다. **2** 어쩌다가. 우연히. 오다가다. ❑~ 들르다.
가닥 [一][명] **1** 한곳에서 갈려 나간 낱낱의 올이나 줄. ❑여러 ~으로 꼰 실. **2** 빛이나 흐름 따위의 줄기. **3** ('한 가닥'의 꼴로 쓰여) 아주 약간. ❑한 ~의 희망. [二][의명] 줄이나 줄기를 세는 말. ❑두 ~으로 땋은 머리.
가닥을 잡다 [구] 흩어져 있는 일이나 생각 따위를 정리하다. ❑이야기의 ~.
가닥이 잡히다 [구] 어떤 일이나 생각 따위가 정리되고 방향을 찾다. ❑사태 수습의 가닥이 잡혔다.
가닥-가닥[1] [-까-] [명][부] 여러 가닥. 가닥마다. ❑~ 잘 풀리다.
가닥-가닥[2] [-까-] [부][하형] 물기가 거의 마른 모양. ❑젖은 옷을 널어 ~ 말리다. [큰]거덕거덕. [센]까닥까닥.
가닥가닥-이 [-까다기] [부] 가닥마다. 가닥가닥. ❑머리카락이 ~ 늘어지다.
가닥-수 (-數)[-쑤] [명] 가닥의 수효.
가단 (歌壇) [명] 가인(歌人)들의 사회. 또는 그 모임.
가:단-성 (可鍛性)[-썽] [명] 〖물〗 고체가 외부의 충격에 깨지지 않고 늘어나는 성질.
가-단조 (-短調)[-쪼] [명] 〖악〗 '가' 음을 으뜸음으로 하는 단조.
가:단-주철 (可鍛鑄鐵) [명] 〖공〗 열처리를 해서 가단성을 늘린 주철. 얇으면서도 단단한 주물(鑄物)을 만들 수 있음《자동차나 기계의 부품 따위에 씀》. 가단철.
가:단-철 (可鍛鐵) [명] 가단주철(可鍛鑄鐵).
가담 (加擔) [명][하자] 한편이 되어 일을 함께 함. ❑반핵 운동에 ~하다.
가담 (街談) [명] 거리의 뜬소문. 가담항의.
가담-범 (加擔犯) [명] 방조범.
가담-항의 (街談巷議)[-/-이] [명] 가담(街談).
가당-연유 (加糖煉乳)[-녀뉴] [명] 우유 또는 탈지유에 설탕을 넣고 가열해서 농축한 연유《제과용 재료에 씀》.
가:당-찮다 (可當-)[-찬타] [형] **1** 조금도 사리에 맞지 않다. ❑가당찮은 변명. **2** 쉽사리 감당할 수 없을 만큼 대단하다. ❑가당찮게 춥다. **가:당-찮이** [-차니] [부]
가:당-하다 (可當-) [형][여] **1** 합당하다. ❑가당한 지위. **2** 정도나 수준 따위가 비슷하게 맞다. ❑그에게 가당한 신붓감이다. **가:당-히** [부]
가:대 (架臺) [명] **1** 무엇을 얹기 위하여 밑에 받쳐 세운 받침대. **2** 철도·교량을 받치는 쇠·나무의 튼튼한 구조물. **3** 화학 실험 때, 레토르트 따위를 받치는 기구.
가대 (家垈) [명] **1** 집의 터전. **2** 집터와 그에 딸린 논밭, 산림 따위를 통틀어 이르는 말.
가:대 (假貸) [명][하타] **1** 너그럽게 용서함. **2** 너그럽게 빌려 줌.
가대기 [명] 인부들이 한 손에 쥔 갈고리로 쌀가마니 따위의 윗부분을 찍어 당겨 어깨에 메고 나르는 일. ❑인부들이 쌀가마를 창고로 ~ 치다.
가-대인 (家大人) [명] 남에게 자기 아버지를 높여 이르는 말.
가댁-질 [-찔] [명][하자] 아이들이 서로 잡으려고 쫓고, 쫓겨 달아나며 뛰노는 장난.
가덕 (嘉德) [명] 훌륭한 덕.
가덕-대부 (嘉德大夫)[-때-] [명] 〖역〗 조선 때, 종일품 종친(宗親)의 품계.
가덕-치 (加德-) [명] 예전에, 부산 가덕도에서 만들던 탕건(宕巾).
가도 (加賭) [명][하타] 〖역〗 도조(賭租)의 부과율을 올려 매기던 일.
가도 (家道) [명] **1** 집안의 도덕이나 규율. **2** 한 집안의 살림 형편. 가계(家計).
가:도 (假渡) [명][하타] 운송업자·창고업자들이 선하 증권이나 창고 증권을 나중에 받기로 하고 물품을 먼저 내주는 일.
가:도 (假道) [명][하자] **1** 토목 공사 따위에서, 임시로 낸 길. **2** 다른 나라로 가기 위하여 중간에 있는 나라의 길을 임시로 빌림. 또는 그 길. **3** 어떤 방법을 일시적으로 빌려 씀.
가:도 (街道) [명] **1** 큰 길거리. 가로(街路). **2** 도시와 도시 사이를 잇는 큰길. ❑경춘 ~. **3** 막힘이 없이 탄탄한 진로를 비유적으로 이르는 말. ❑출세 ~를 달리다.
가:-도관 (假導管) [명] 〖식〗 헛물관.
가:도-교 (架道橋) [명] 육교(陸橋)1.
가도다 [타] 〈옛〉 가두다.
가:-도련 (-刀鍊) [명][하타] 도련(刀鍊).
가:-도밋국 (假-)[-미꾹 / -믿꾹] [명] 도미는 넣지 않고 쑥갓만 넣어 도밋국처럼 끓인 국.
가:-도조 (假賭租) [명] 농작물을 수확하기 전에 수확량을 우선 어림해 치르는 도조.
가독 (家督) [명] **1** 집안의 대를 이을 사람. 또는 맏아들의 신분. **2** 〖법〗 구(舊)민법에서, 호주(戶主)의 신분에 딸린 모든 권리와 의무.
가:독-성 (可讀性)[-썽] [명] 인쇄물의 활자 따위가 쉽게 읽히는 정도. ❑~이 떨어지다 / ~이 큰 화면.
가돈 (家豚) [명] 가아(家兒).
가돌리늄 (gadolinium) [명] 〖화〗 희토류 원소의 하나. 새마스카이트(samarskite)에서 추출되는 주석 같은 흰빛의 금속(金屬)으로 산에 녹음. 수은과의 합금은 충치의 구멍을 메우는

데 쓰이며, 텔레비전 화면의 형광체로도 씀.
[64 번: Gd : 157.25]

가:동 (可動) 몡 움직일 수 있음. ▢ ~ 장치.
가동 (呵凍) 몡타 언 것을 입김으로 녹임.
가동 (家僮) 몡 **1** 집안 심부름하는 어린 사내
종. **2** 한 집안의 종.
가동 (街童) 몡 거리에서 노는 아이.
가동 (歌童) 몡 [역] 조선 때, 장악원(掌樂院)
에 속하여, 정재(呈才) 때 노래를 부르던 아
이. 공천(公賤) 중에서 뽑음.
가동 (稼動) 몡하자타 **1** 일을 함. ▢ ~ 인구의
증가. **2** 기계 따위를 움직여 일함. 또는 일하
게 함. ▢ 공장의 기계들이 ~을 멈추다 / 24
시간 공장을 ~하고 있다 / 난방 장치가 ~되
다 / 에어컨을 ~시키다.
가동-가동 囝깁 어린아이에게 가동질을 시킬
때 하는 소리. 囝튀하튀 가동거리는 모양.
가동-거리다 타 가동질을 하다. 가동질을 시
키다.
가:동 관절 (可動關節) [생] 동물의 운동 기능
을 맡은 관절. ↔부동(不動) 관절.
가:동-교 (可動橋) 선박의 통행 따위를 위
하여 다리의 전부 또는 일부를 움직일 수 있
게 만든 다리《승개교·선개교·도개교 따위》.
개폐교(開閉橋).
가동-대다 타 가동거리다.
가:동 댐 (可動dam) [건] 수위·수량(水量)을
조절할 수 있는 수문(水門)을 갖춘 댐. 가동
언(可動堰).
가:동-력 (稼動力) [-녁] 몡 가동하는 능력.
가동-률 (稼動率) [-뉼] 몡 일정 기간 동안의 생
산 설비의 이용 비율. ▢ 불경기로 공장 ~이
점점 떨어진다.
가:동-성 (可動性) [-씽] 몡 움직이거나 옮길 수
있는 성질.
가:동-언 (可動堰) 몡 가동 댐.
가동이-치다 타 가동질을 힘차게 하다.
가동-주졸 (街童走卒) 몡 길거리에서 노는 철
없는 아이나 떠돌아다니는 무리.
가동-질 몡하자타 어린아이의 겨드랑이를 치켜
들고 올렸다 내렸다 할 때, 아이가 다리를 오
그렸다 폈다 하는 짓.
가:두 (假痘) 몡 [의] 종두(種痘)를 맞은 사람
이 가볍게 앓는 천연두.
가:두 (街頭) 몡 시가지의 길거리.
가:두 검:색 (街頭檢索) 범법자들을 잡기 위
해 길거리에서 행인들을 조사하는 일. ▢ 무
장 탈영병을 검거하기 위하여 ~을 벌이다.
가두다 타 **1** 한정된 곳에 집어넣어 밖으로 나
오지 못하게 하다. ▢ 탈옥수를 독방에 ~ / 송
아지를 우리에 ~. **2** 물 따위를 일정한 곳에
괴어 있게 하다. ▢ 논물을 ~.
가:두리 몡 물건의 가에 둘린 언저리.
가:두리 양:식 (-養殖) 그물을 물에 쳐서 구
획을 지어, 그 안에서 물고기 등을 양식하는
방법. ▢ ~장(場).
가:두-모금 (街頭募金) 몡 길을 가는 사람에게
서 기부금을 모으는 일.
가:두-선전 (街頭宣傳) 몡 마이크 장치 따위를
이용하여 거리에서 선전하는 일.
가:두-시위 (街頭示威) 몡 거리에서 벌이는 시
위. 가두데모. ▢ 연일 ~를 벌이다.
가:두-연설 (街頭演說) 몡 길거리에서 벌이는
연설. ▢ ~에 나서다.
가:두-판매 (街頭販賣) 몡 거리에서 벌여 놓고
팔거나 돌아다니며 파는 일. 준가판(街販).
가동-거리다 자타 몸집이 작은 사람이 엉덩잇
짓을 자꾸 하다. 가동-가동 튀하자타

가둥-대다 자타 가둥거리다.
가드 (guard) 몡 **1** 농구의 후위(後衛). **2** 권투·
펜싱 따위에서, 방어하는 일. 또는 그 자세.
3 미식축구에서, 스크럼을 짤 때 센터의 양쪽
에 있는 선수.
가드락-거리다 [-꺼-] 자 자꾸 버릇없이 경망
스럽게 도도히 굴다. 씐거드럭거리다. 옌까
드락거리다. 준가들거리다. **가드락-가드락**
[-꺼-] 튀하자
가드락-대다 [-때-] 자 가드락거리다.
가드-레일 (guardrail) 몡 **1** 철도에서, 바퀴의
탈선 따위를 막기 위해 본선(本線) 레일과 평
행되게 설치한 보조 레일. **2** 차도 가장자리에
쳐 놓은 시설물.
가드-펜스 (guard fence) 몡 차도와 보도의 경
계나 고속도로의 중앙 분리대에 설치한 철망
따위의 시설물.
가득 튀 가득하게. 가득히. ▢ 장내를 ~ 메운
관중들 / 술을 ~ 따르다. 씐그득. 옌가뜩.
가득 (稼得) 몡하타 가동(稼動)하여 어떤 결과
를 얻음.
가득-가득 [-까-] 튀하타튀히튀 각각 모두 가득
한 모양. 씐그득그득. 옌가뜩가뜩.
가득-률 (稼得率) [-뉼] 몡 [경] 가공 무역에
서, 순이익으로 얻게 되는 외화 획득 비율.
가득-하다 [-드카-] 혱여 분량·수효가 한도에
차다. ▢ 극장에는 사람들이 ~. 씐그득하다.
옌가뜩하다. **가득-히** [-드키] 튀. ▢ 한잔 ~
붓다.
가든-가든 튀하형히튀 각각 모두 가든한 모
양. 씐거든거든. 옌가뜬가뜬.
가든그-뜨리다 타 '가든그리다'의 힘줌말.
가든-그리다 타 가든하게 거두어 싸다. ▢ 보
따리를 ~. 씐거든그리다.
가든그-트리다 타 가든그뜨리다.
가든-파티 (garden party) 몡 정원에서 먹고 마
시며 여흥 등을 베푸는 모임. 원유회.
가든-하다 혱여 가볍고 간편한 느낌이 있다.
▢ 가든한 몸차림. 씐거든하다. 옌가뜬하다.
가든-히 튀
가들-거리다 자 '가드락거리다'의 준말. 씐거
들거리다. 옌까들거리다. **가들-가들** 튀하자
가들-대다 자 가들거리다.
가들-거리다 [-꺼-] 자 신이 나서 자꾸 경망
스럽게 굴다. 씐거들먹거리다. 옌까들먹거리
다. **가들먹-가들먹** [-까-] 튀하자
가들먹-대다 [-때-] 자 가들먹거리다.
가들먹-이다 자 젠체하면서 경망스레 행동하
다. 씐거들먹이다.
가들먹-하다 [-머카-] 혱여 거의 가득하다. 씐
그들먹하다.
가등 (加等) 몡하타 **1** 등급을 올림. **2** [역] 형
벌의 등급을 본디 정한 것보다 더 올리던 일.
가등 (街燈) 몡 '가로등(街路燈)'의 준말.
가:-등기 (假登記) 몡하타 [법] 본등기(本登記)
를 할 절차상의 조건이 미비할 때 임시로 하
는 등기.
가디건 몡 ☞ 카디건(cardigan).
가디록 몡 〈옛〉 갈수록.
가뜩 튀 **1** 아주 꽉 차게. 가득이. ▢ 주전자에
물을 ~ 담다. 씐그득. 옌가득. **2** 가뜩이나.
가뜩-가뜩 [-까-] 튀하타튀히튀 각각 모두 가뜩한 모
양. 씐그득그득. 옌가득가득.
가뜩-에 튀 곤란한 위에 또. ▢ 몸이 아픈데 ~
일까지 시킨다.
가뜩-이 튀 **1** 가득1. ▢ 물을 ~ 따라라. **2** 가

뜩이나.

가뜩-이나 图 그러지 않아도 매우. 가뜩. 가뜩이. ◘~ 힘들어 죽겠는데, 왜 또 너까지 말썽이냐.

가뜩-하다 [-뜨카-] 웹⊞ 분량이나 수효가 한도에 꽉 차다. 例가득하다.

가뜩-한데 [-뜨칸-] 图 그렇잖아도 견디기 어려운데 그 위에 더. ◘그뿐인가, ~ 또 도둑까지 맞았네그려.

가뜬-가뜬 图혭图뵘 모두가 다 가뜬한 모양. ㉣거뜬거뜬. 例가든가든.

가뜬-하다 혭⊞ 썩 가볍고 간편한 느낌이 있다. ◘가뜬한 복장을 하다. ㉣거뜬하다. 例가든하다. **가뜬-히** 图

가라간자쪽빅이-물 圐 〈옛〉 몸은 검고 이마와 네 발만 흰 말. 오명마(五明馬).

가라-말 圐〈동〉 털빛이 검은 말.

가라-물 圐〈옛〉

가라사대 𝕭자 말씀하시기를(〈'가로되'의 높임말〉). ㉣공자 ~.

가라-앉다 [-안따] 困 1 뜬 것이 밑바닥에 내려앉다. ◘거센 파도로 배가 ~. 2 마음이나 기운이 고요해지다. ◘흥분이 ~ / 무릎 통증이 ~ / 소란이 ~. 3 숨결·기침 따위가 순해지다. ◘주사를 맞고 기침이 ~. 4 바람·물결 따위가 잠잠해지다. ◘파도가 ~. 5 부기(浮氣)가 내리다. ◘부기가 ~. 6 성하던 것이 활기를 잃다. ◘가라앉은 목소리 / 경기(景氣)가 ~. ㉣갈앉다.

가라-앉히다 [-안치-] 困 〈'가라앉다'의 사동〉 가라앉게 하다. ◘들뜬 마음을 ~ / 격앙된 분위기를 ~. ㉣갈앉히다.

가라오케 (일 からオケ) 圐 노래 없는 오케스트라의 뜻에서, 노래의 반주 음악만을 녹음한 테이프나 음반. 또는 그 장치.

가라지¹ 圐〈식〉 밭에 난 강아지풀. ㉣가랏.

가라지² 圐〈어〉 전갱잇과의 바닷물고기. 길이 30cm 정도이며, 등은 녹색, 배는 흼.

가라치 圐〈역〉 1 정이품 이상의 관원이 출입할 때, 중요 문서를 담아 가지고 다니던 제구. 2 가라치를 끼고 앞서서 다니던 하인.

가라테 (일 からて) 圐 일본 특유의 권법(拳法). 지르기·막기·차기를 기본으로 하는 호신술의 한 가지. 당수(唐手).

가락¹ ㊀圐 1 물레로 실을 자을 때, 실이 감기는 쇠꼬챙이. 가락꼬치. 2 가느스름하고 기름하게 토막진 물건의 낱개. ◘~이 굵다 / ~이 길다. ㊁의 가느스름하고 기름하게 토막진 낱개를 세는 말. ◘엿 다섯 ~.

  가락을 내다 图 옷을 놓을 때, 옷가락을 잘 던져서 마음먹은 것을 엎기도 하고 잦히기도 하다.

가락² ㊀圐 1〈악〉 소리의 길이와 높낮이의 어울림. ◘가야금의 아름다운 ~. 2 일의 솜씨·능률이나 기분. ◘옛날 ~이 되살아나다.

  가락(을) 떼다 图 ㉠풍류를 치다. ㉡신나는 일에 첫 동작을 시작하다.

  가락(이) 나다 图 일하는 기운이나 능률이 오르다.

  가락(이) 맞다 图 노래나 행동이 서로 척척 들어맞다.

가락-가락 [-까-] 图 가락마다. 가락가락이.

가락가락-이 [-까라기] 图 가락가락.

가락-고동 [-꼬-] 圐 물레의 괴머리 기둥에 가락을 꽂기 위해 박은 두 개의 고리.

가락-국수 [-꾹쑤] 圐 가락을 굵게 뽑은 국수

의 하나. 또는 그것을 삶아서 맑은장국에 만 음식.

가락-꿀 圐 방추형(紡錘型).

가락-뿌리 圐〈식〉 방추근(紡錘根).

가락-엿 [-량녇] 圐 가래엿.

가락-옷 [-라돋] 圐 물레로 실을 자을 때, 가락에 끼어 실을 감아 내는 종이 또는 지푸라기.

가락-윷 [-랑늗] 圐 둥글고 곧은 나무토막을 반으로 쪼개어 네 개의 가락으로 만든 윷짝.

가락-잡이 [-짜비] 圐 1 굽은 물렛가락을 바로잡아 주는 사람. 2〈속〉 한쪽 눈이 먼 사람.

가락-지 [-찌] 圐 1 손가락에 켜장으로 끼는 두짝의 고리. 지환(指環). ◘~를 낀 손. *반지. 2 기둥머리를 둘러 감은 쇠테. 편철(片鐵).

가락짓-벌 [-찌뺄 /-전뻘] 圐 상투를 틀 때 감아서 넘기는 제일 큰 고.

가락-토리 圐 물레로 실을 겹으로 드릴 때, 가락의 두 고동 사이에 끼우는 대통.

가란(家亂) 圐혭困 집안의 분란이나 어지러움. ◘~이 가라앉다.

가람 圐 '강'의 예스러운 일컬음.

가람(伽藍) 圐〈불〉 '승가람마(僧伽藍摩)'의 준말.

가람-당(伽藍堂) 圐〈불〉 가람신을 모신 당.

가람-신(伽藍神) 圐〈불〉 절의 수호신.

가랍나무 圐〈옛〉 떡갈나무.

가:랑(佳郞) 圐 1 훌륭한 신랑. 2 참한 소년.

가랑-가랑¹ 图혭图 1 액체가 가장자리까지 찰 듯한 모양. ◘눈물이 ~ 맺히다. 2 국물은 많고 건더기가 적어서 조화되지 않은 모양. 3 물을 많이 마셔서 배 속이 가득 찬 모양. ㉣그렁그렁. ㉥카랑카랑.

가랑-가랑² 图혭困 1 '가르랑가르랑'의 준말. 2 숨결이 곧 끊어질 듯한 모양. 또는 그 숨소리. ◘약한 숨이 ~ 붙어 있다 / ~ 연하게 코를 골다.

가랑-개미 圐 자디잔 개미.

가랑-거리다 困困 '가르랑거리다'의 준말.

가랑-눈 圐 조금씩 잘게 내리는 눈. 분설(粉雪). 세설(細雪). *가랑비.

가랑-니 圐 서캐에서 깨어 나온 지 얼마 안 되는 새끼이.

가랑-대다 困困 가랑거리다.

가랑-머리 圐 두 가랑이로 갈라 땋아 늘인 머리. ◘~를 한 소녀.

가랑-무 圐 밑동이 두세 가랑이로 갈라진 무.

가랑-비 圐 가늘게 내리는 비. 세우(細雨).
  [가랑비에 옷 젖는 줄 모른다] 아무리 사소한 것이라도 거듭되면 무시하지 못할 정도로 된다는 말.

가랑-비녀 圐 나란히 두 가랑이가 진 비녀.

가랑-이 圐 1 원 몸의 끝이 갈라져 벌어진 부분. ◘~를 벌리다. 2 바지 따위에서 다리가 들어가게 된 곳. ◘~가 터지다 / ~를 무릎까지 걷어 올리다.

  가랑이(가) 찢어지다 〈째지다〉 图 ㉠몹시 가난하다. ◘가랑이가 찢어지게 가난하다. ㉡몹시 바쁘거나 하는 일이 힘에 부치다.

가랑이-지다 困 한끝이 가랑이로 갈라지다.

가랑이-표 (-標) 圐〈인〉 '<'의 이름. 문장에서는 '큰말표'로 쓰이고, 수식(數式)에서는 '부등호'로 씀. *거꿀가랑이표.

가랑-잎 [-닢] 圐 활엽수의 마른 잎. ◘~을 긁어 불을 피우다. ㉣갈잎.
  [가랑잎에 불 붙듯] 성질이 조급하고 아량이 적음을 비유한 말. [가랑잎이 솔잎더러 바스락거린다고 한다] 자기의 허물은 생각지 않고 남을 나무란다.

가랓 [-랃] 명 〖식〗 '가라지'의 준말.
가래¹ 🖃명 흙을 떠서 던지는 기구. 🖃의명 가래로 흙을 뜨는 양이나 횟수를 세는 말. ▷한 ~ / 흙 서너 ~를 퍼서 삼태기에 담다.
[가래 터 종놈 같다] 무뚝뚝하고 거칠며 예의를 모른다.
가래² 명 〖생〗 목구멍이나 기관(氣管)에서 나오는 끈적끈적한 분비물. 담(痰). 가래침. ▷~를 뱉다 / ~가 끓다.
가래³ 명 가래나무의 열매. 호두와 비슷하나 먹지 못함. 추자(楸子).
가래⁴ 🖃명 떡·엿 따위를 둥글고 길게 늘여 놓은 토막. ▷떡을 ~로 뽑다. 🖃의명 떡이나 엿의 토막을 세는 말.
가:래⁵ 명 〖식〗 가랫과의 여러해살이풀. 논·늪에 남. 줄기 길이 약 50-60cm, 심장 모양의 잎이 물 위에 뜸. 여름에 황록색 꽃이 핌. 옾갈.
가래-꾼 명 가래질을 하는 사람. 가래질꾼.
가래-나무 명 〖식〗 가래나뭇과의 낙엽 활엽 관목. 산 밑·골짜기에 남. 핵과(核果)는 가을에 익음. 목질(木質)이 단단하여 가구재·조각 재료로 씀. 추목(楸木).
가래다 타 1 맞서서 옳고 그름을 따지다. 2 남의 일을 방해하다.
가래-단속곳 [-꼳] 명 두 가랑이로 된 속치마.
가래-떡 명 둥글려 길고 가늘게 만든 흰떡.
가래-바대 명 단속곳·속곳 따위의 밑을 달 때에 곁에 덧대는 천.
가래-상어 명 〖어〗 수구릿과의 바닷물고기. 길이 약 1m. 아가미구멍이 배 쪽에 있어 상어 무리와 비슷하며. 난태생이며 지느러미는 중국 요리 재료로 귀하게 씀.
가래-소리 명 〖악〗 1 그물로 잡은 물고기를 가래질로 풀어놓으며 부르는 노래. 2 논에서 물을 퍼내거나 흙을 퍼낼 때, 가래질을 하면서 부르는 노래. ┃가락엿.
가래-엿 [-엳] 명 둥글려 길고 가늘게 만든 엿.
가래-질 명하자 〖농〗 가래로 흙 따위를 퍼서 옮기는 일.
가래질-꾼 명 가래꾼.
가래-침 명 1 가래가 섞인 침. 2 가래².
가래-톳 [-톧] 명 허벅다리 윗부분의 림프샘이 부어 켕기고 아픈 멍울. ▷~이 서다.
가랫-날 [-랜-] 명 가래 끝에 끼우는 삽 모양의 쇠(양쪽에 꺾쇠구멍이 있음).
가랫-바닥 [-래빠- / -랟빠-] 명 가래의 몸(위에 긴 자루가 달림).
가랫-밥 [-래빱 / -랟빱] 명 가래질할 때, 가래로 떠낸 흙덩이.
가랫-장¹ [-래짱 / -랟짱] 명 고싸움에서, 고를 어깨에 메고 두 손으로 받칠 때 쓰는 나무.
가랫-장² 명 ☞ 가랫밥.
가랫-장부 [-래짱- / -랟짱-] 명 가래의 자루와 가랫바닥.
가랫-줄 [-래쭐 / -랟쭐] 명 가랫바닥의 양옆에 '맨 줄.
가:량(假量) 명하타 대강 헤아려 짐작함. 어림짐작. ▷그 일은 어떻게 해결해야 할지 ~이 서지 않는다.
-가량(假量) 미 수량을 대강 어림쳐서 나타내는 말. 쯤. ▷열 명~ 모였다 / 식수(食水)가 얼마~ 필요한가.
가랑가랑-하다 형여 얼굴이 야윈 듯하면서도 탄력성이 있고 부드럽다.
가랑-맞다 [-맏따] 형 조촐하지 못하여 격에 어울리지 않다. 옾거랑맞다.
가랑-스럽다 [-따] (-스러워, -스러우니) 형ㅂ 조촐하지 못하여 격에 어울리지 않는 데가

있다. 옾거랑스럽다. 가랑-스레 부
가:량-없다 (假量-) [-업따] 형 1 어림짐작이 없다. 2 어림짐작도 할 수 없을 정도다. ▷높이가 ~. 가:량-없이 [-업씨] 부
가:량-통 (假量-) 명 〖역〗 벼를 평말로 대두 열 말 되게 담은 섬통. ≒마당통.
가:량-하다 (佳良-) 형여 아름답고 착하다.
가:려 (佳麗) 명하여 1 경치·모양 따위가 곱고 새뜻함. 2 여자 얼굴이 아름답고 고움.
가려-내다 타 1 분간하여 추리다. ▷불량품을 ~. 2 잘잘못이나 범인 따위를 밝혀내다. ▷진범을 ~ / 시비를 ~.
가려-듣다 [-따] (-들어, -들으니, -듣는) 타ㄷ 내용을 분간하여 알다. ▷떠도는 소문을 ~.
가려-먹다 [-따] 자타 입에 맞는 음식만 골라서 먹다. 편식(偏食)하다. ▷음식을 가려먹어서는 안 된다.
가려-보다 타 1 분간하여 알아보다. ▷개가 주인을 ~. 2 문제의 본질을 판단하여 알다. ▷
가려움 명 가려운 느낌. ┃물정을 ~.
가려움-증 (-症) [-쯩] 명 가려운 증세. ▷~ 때문에 잠을 이루지 못하다.
가려워-하다 자여 가려움을 느끼다.
가려-잡다 [-따] 타 골라잡다.
가려-지다¹ 자 '가리어지다'의 준말. ▷베일에 가려진 얼굴.
가려-지다² 자 승패나 잘잘못이 드러나다. ▷시비가 / 연장전에서 승부가 ~.
가:려-하다 (可慮-) 형여 걱정이 되어 마음이 편치 않다. 염려되다. 걱정스럽다. ▷과연 가려할 일이로다.
가력 (家力) 명 살림살이를 해 나가는 재력. 터수. ▷~이 넉넉하다.
가력-되다 [-뙤-] 자 개력하다.
가:련-하다 (可憐-) 형여 가엾고 불쌍하다. ▷늙고 병든 가련한 노인. 가:련-히 부 ▷~ 여기다.
가렴 (加斂) 명 〖역〗 조세(租稅) 따위를 정한 액수보다 더 거두어들이던 일.
가:렴 (苛斂) 명하타 조세 따위를 가혹하게 거두어들임.
가:렴-주구 (苛斂誅求) 명 세금을 혹독하게 거두고, 재물을 강제로 빼앗음. ▷~로 백성을 도탄에 빠트리다.
가렵다 [-따] (가려워, 가려우니) 형ㅂ 피부에 긁고 싶은 느낌이 있다. ▷등이 ~ / 가려운 곳을 자꾸 긁다.
[가려운 데를 긁어 주다] 꿈 괴로움이나 불편한 점, 소망 따위를 잘 알아서 풀어 줌을 이르는 말.
가령 (加齡) 명하자 새해가 되어 나이를 한 살 더 먹음.
가:령 (苛令) 명 가혹한 명령.
가령 (家令) 명 〖역〗 대갓집에 딸려 그 집안의 고용인을 부리며 집안일을 관리하던 사람.
가:령 (假令) 부 예를 들면. 이를테면(가정해서 말할 때 쓰는 말). 가사(假使). ▷~ 복권이 당첨된다면 그 돈을 어디에 쓸까.
가례 (家禮) 명 한 집안의 예법.
가례 (嘉禮) 명 1 왕의 성혼(成婚)·즉위 또는 세자·세손·태자의 성혼·책봉 때 하던 예식. 2 경사스러운 예식.
가례-색 (嘉禮色) 명 〖역〗 조선 시대에, 왕이나 왕세자의 가례를 담당하던 부서.
가로 🖃명 좌우로 향하는 방향. 또는 그 길이. ▷옷장의 ~ 너비를 재다 / 직선을 ~로 긋다. ↔세로. 🖃부 좌우의 방향으로. 또는 옆

으로 길게. ▫고개를 ~ 내젓다 / 방에 ~ 드러눕다.

가로 뛰고 세로 뛰다 굇 감정이 북받쳐 이리저리 날뛰다.

가로 지나 세로 지나 굇 이렇게 되든지 저렇게 되든지.

가로(街路)圐 시가지의 도로. 가도(街道).

가로-거치다재 앞에서 거치적거려 일에 방해가 되다.

가로-결圐 널빤지나 종이 따위의, 가로로 난 결. ↔세로결.

가로-글씨圐 글줄을 왼쪽에서 오른쪽 또는 오른쪽에서 왼쪽으로 써 나가는 글씨. 횡서(橫書). ↔세로글씨.

가로-금圐 가로로 그은 금. 가로줄. 횡선. ↔세로금.

가로-길이圐〖불〗자기 힘과 남의 힘. 횡수(橫竪).

가로-꿰지다재 1 물건이 옆으로 꿰지다. ▫가로꿰진 자루. 2 터져서 속의 것이 밖으로 드러나다. 3 성격이나 언동이 빗나가다. ▫가로꿰진 아이를 바로잡아 주다. 4 일이 중도에서 잘못되다. ▫계획이 실수로 ~.

가로-나비圐 피륙 같은 것의 폭의 넓이.

가로-놓다[-노타]태 가로질러 놓다.

가로-놓이다[-노-]재 1〔'가로놓다'의 피동〕가로질러 놓이다. 2 어려움이나 장애가 되는 일 따위가 앞에 버티고 있다. ▫어려운 일이 가로놓여 있다.

가로-누이다태〔'가로눕다'의 사동〕옆으로 눕게 하다. ▫환자를 ~.

가로-눕다[-따]〔-누워, -누우니〕재1 옆으로 눕다. ▫침대에 ~. 2 바닥에 기다랗게 늘어나, 누운 것같이 놓이다.

가로다불재〔'가로되·가론'의 꼴로 쓰여〕'말하다·이르다'의 뜻을 예스럽게 이르는 말.

가로-다지圐 1 가로로 된 방향. ▫~로 놓다. 2 가로지른 물건.

가로닫이[-다지]圐 가로로 여닫게 된 창이나 문. *내리닫이[2].

가로닫이-창(-窓)[-다지-]圐 가로로 여닫게 된 창. 횡창(橫窓).

가로-대圐 1 가로지른 나무 막대기. 가로장. 2 천칭(天秤)의 가로놓인 저울대. 3〖수〗엑스축(X軸). 횡축. ↔세로대. 4 가로새.

가로-등(街路燈)圐 밤에 길을 밝히기 위해 달아 놓은 등. 준가등(街燈).

가로-딴죽圐 씨름·태권도 따위에서, 발로 상대편의 다리를 옆으로 차서 쓰러뜨리는 동작.

가로-띠圐 가로로 두르거나 뻗친 띠. 횡대(橫帶). ↔세로띠.

가로-막(-膜)圐〖생〗횡격막(橫隔膜).

가로-막다[-따]태 1 앞을 가로질러 막다. ▫길을 ~. 2 말·행동이나 일을 하지 못하게 막거나 방해하다. ▫말을 ~. 3 앞이 보이지 않도록 가리다. ▫시야를 ~.

가로-막히다[-마키-]재〔'가로막다'의 피동〕가로막음을 당하다. ▫남북이 38선으로 ~.

가로-맡다[-맏따]태 1 남의 일을 가로채서 맡다. ▫싸움을 ~. 2 남의 일에 참견하다.

가로-무늬[-니]圐 가로로 난 무늬. 횡문(橫紋). ↔세로무늬.

가로무늬-근(-筋)[-니-]圐〖생〗가로무늬가 있는 근육. 마음대로 움직일 수 있음. 횡문근(橫紋筋). ↔민무늬근. *수의근(隨意筋).

가로-변(街路邊)圐 도시의 큰길가. ▫~에

꽃을 심다.

가로-새다재 1 중간에 슬그머니 빠져나가다. ▫수업 중 ~. 2 어떤 내용이나 비밀이 딴 데로 새다. 3 이야기 따위가 딴 방향으로 빗나가다.

가로-서다재 1 옆으로 서다. 2 몹시 놀라거나 화가 나서 눈동자가 한쪽으로 쏠리다.

가로-세로〔圐 가로와 세로. ▫바둑판의 ~의 줄. 〔부 가로로 또는 세로로. 이리저리 여러 방향으로. ▫가로 벋은 도로.

가로-수(街路樹)圐 길을 따라 줄지어 심은 나무. ▫~를 따라 산책을 하다.

가로-쓰기圐 글씨를 가로로 써 나가는 방식. 횡서. ↔세로쓰기.

가로-왈(-曰)圐 한자 부수의 하나('曲'·'會' 등에서 '曰'의 이름).

가로-원(街路園)圐 가로의 교차점 따위에 정원같이 나무를 심어 놓은 곳.

가로-장圐 가로 건너지른 나무. 가로대.

가로-젓다[-절따]〔-저어, -저으니, -젓는〕태(人) 1 가로 방향으로 젓다. 2 거절하거나 부정하거나 의심스럽다는 뜻으로, 손이나 고개를 가로 방향으로 젓다. ▫고개를 가로저으며 부인하다.

가로 좌:표(-座標)〖수〗엑스(X) 좌표. 횡(橫)좌표. ↔세로 좌표.

가로-줄圐 1 가로로 그은 줄. 횡선. ↔세로줄. 2 모를 심을 때 가로로 치는 줄못글.

가로-지圐 1 종이를 뜬 자국이 가로놓인 종이의 결. 또는 그 종이. 2 포목·종이 등의 가로로 넓은 조각. ↔세로지.

가로-지르다〔-질러, -지르니〕태圁 1 가로로 건너지르다. ▫빗장을 ~. 2 어떤 곳을 가로로 지나가다. ▫큰길을 가로질러 ~.

가로-질리다재〔'가로지르다'의 피동〕가로지름을 당하다.

가로-짜기圐〖인〗활자를 가로로 읽도록 짜는 방식. 횡조(橫組). ↔세로짜기.

가로-차다태 가로채다.

가로-채기〖럼〗인터럽트.

가로-채다태 1 옆에서 갑자기 쳐서 빼앗다. ▫보따리를 ~. 2 남의 것을 옳지 못한 방법으로 빼앗다. ▫남의 돈을 ~. 3 남이 말하는 중간에 끼어들어 말을 하지 못하게 하다. ▫사회자의 말을 가로채고 자기 말만 하다.

가로-채이다재태〔'가로채다'의 피동〕가로챔을 당하다. ▫상대 선수에게 공을 ~.

가로-축(-軸)圐〖수〗엑스축(X軸).

가로-타다태 1 길 따위를 가로질러 가다. ▫산길을 가로타고 가다. 2 몸을 모로 하고 타다. ▫자전거 뒷자리에 ~.

가로-퍼지다재 1 옆으로 자라거나 커지다. 2 살이 쪄 퉁퉁해지다. ▫가로퍼진 몸.

가로-획(-劃)圐 글자에서 가로로 긋는 획. ↔세로획.

가로-흔들다〔-흔들어, -흔드니, -흔드는〕태 1 좌우로 흔들다. 2 손이나 머리를 좌우로 흔들어 응하지 않거나 부정하다.

가록(加錄)圐하태〖역〗1 문부(文簿)를 정리할 때, 금액 따위를 추가로 적어 넣던 일. 2 조선 시대, 홍문관(弘文館) 관원을 추천할 때, 명단에서 빠진 사람을 의정부에서 추가로 기입하던 일.

가록(家祿)圐 집안 대대로 물려받는 녹. 세록(世祿).

가:롱성진(假弄成眞)圐 농가성진.

가뢰圐 1〖충〗가룃과 곤충의 총칭. 길쭉하고 광택 있는 까만 갑충으로 뒷날개가 없음. 칸

타리딘을 함유하여 유독하므로, 예로부터 약용함. 토반묘(土斑猫). **2** 길앞잡이2.

가료 (加療)몡 병이나 상처를 치료함.

가루몡 썩 잘고 보드랍게 부수거나 간 것. 분말(粉末). ▣분말 ~ / ~를 곱게 치다 / 마른 고추를 빻아 ~로 만들다 / 설탕 ~를 묻히다. [가루는 칠수록 고와지고 말은 할수록 거칠어진다] 말이 많음을 경계하는 말.

가루 (家累)몡 집안의 근심 걱정이나 여러 가지 번거로운 일.

가루-눈몡 가루 모양의 눈. *함박눈.

가루다재타 **1** 자리를 함께 나란히 하다. **2** 맞서 겨주다. ▣승부를 ~.

가루-모이몡 곡식·생선 등의 가루를 섞어서 만든 짐승의 모이.

가루-받이 [-바지]몡하자 《植》 수분(受粉).

가루-분 (-粉)몡 가루로 된 분. ▣~을 얼굴에 바르다. *물분.

가루-붙이 [-부치]몡 **1** 음식물의 재료가 되는 가루. **2** 가루로 만든 음식. 가루음식.

가루-비누 **1** 가루로 된 비누. **2** 합성 세제(合成洗劑)를 흔히 이르는 말.

가루-사탕 (-砂糖)몡 가루로 된 사탕. 설탕.

가루-약 (-藥)몡 가루로 된 약. 분말약. 산약(散藥). *물약·알약.

가루-우유 (-牛乳)몡 가루로 된 우유. 분유(粉乳).

가루-음식 (-飮食)몡 가루붙이2.

가루-자반몡 메밀가루에 밀가루를 조금 섞고 소금물로 반죽하여 잣가루·후춧가루·석이(石栭) 따위를 섞은 소를 넣고, 넓적하게 빚어서 기름에 지진 짠 반찬. 분(粉)자반.

가루-좀몡 삭은 나무나 메주 따위에 구멍을 뚫어 가루를 내는 벌레.

가루-즙 (-汁)몡 가루를 묽게 푼 물.

가루-집몡 곡식 가루나 약재 등에 생긴 벌레가 거미줄 같은 것을 분비하여 가루를 묻혀 놓고 그 속에서 사는 집.

가루-차 (-茶)몡 차나무의 어린순을 말려 가루로 만든 차. 말차(抹茶). *엽차.

가루-체몡 가루차를 치는 데 쓰는 체.

가르다〔갈라, 가르니〕타 **1** 무엇을 베거나 쪼개다. ▣배를 ~ / 수박을 갈라 먹다. **2** 따로따로 구별되게 하다. ▣크기에 따라 ~ / 편을 ~. **3** 나누다. ▣이익을 반씩 ~. **4** 양쪽으로 헤쳐서 열다. ▣물살을 ~ / 비행기가 허공을 가르며 날아오른다. **5** 승패를 정하다. ▣승부차기로 승부를 ~.

가르랑-거리다재타 가래 따위가 목구멍에 걸려 숨을 쉴 때 가치작거리는 소리가 자꾸 나다. 또는 그런 소리를 자꾸 내다. ㉑그르렁거리다. ㉪가랑거리다. ▣목구멍에서 ~ 가래 걸린 소리가 나다. ㉪가랑가랑.

가르랑-대다재타 가르랑거리다.

가르마몡 이마에서 정수리까지의 머리털을 양쪽으로 가른 금. ▣~를 타다.

가르마-꼬챙이몡 가르마를 타는 데 쓰는 가느다란 꼬챙이.

가르맛-자리 [-마짜-/-맏짜-]몡 가르마를 타서 길이 난 자국.

가르새몡 베틀의 양쪽 채 중간쯤에 맞춘 나무. 가로새.

가르치다타 **1** 지식·기능 따위를 깨닫거나 익히게 하다. ▣음악을 ~. **2** 도리나 바른길을 일깨우다. ▣사람으로서의 도리를 ~. **3** 상대방이 아직 모르는 일을 알도록 일러 주다. ▣비밀을 가르쳐 주다. **4** 타이르며 경계하다.

21 **가리맏**

지각·인식을 높이다. ▣역사가 가르치는 교훈. ㉪갈치다.

가르친-사위몡 독창성이 없고 시키는 대로만 하는 어리석은 사람.

가르침몡 **1** 가르쳐서 알게 하는 일. ▣~을 청하다 / ~을 받다. **2** 가르치는 사항·내용. 교훈. ▣공맹(孔孟)의 ~. **3**《宗》교의(敎義).

가르키다타 ☞ 가르치다. **2** ☞ 가리키다.

가름몡하타 **1** 따로따로 나누는 일. **2** 사물이나 상황을 구별하거나 분별하는 일. ▣선수들의 투지가 승패를 ~한다.

가름-끈몡 책갈피에 끼워, 읽던 곳이나 특정한 곳의 표시로 삼는 끈. 책의 등 쪽에 달려 있음. 보람줄. *서표(書標).

가름-대 [-때]몡 수판의 윗알과 아래알을 가르려고 댄 나무.

가름-솔몡 솔기를 중심으로 하여 시접을 좌우 양쪽으로 갈라 붙인 솔기.

가름-장몡《建》지방·장여 등의 기둥에 박는 촉을 두 갈래로 갈라지게 하는 방식.

가릉-빈가 (迦陵頻伽)몡《佛》불경에 나오는, 사람의 머리에 새의 몸을 한 상상의 새. 히말라야 산에 살며 고운 소리를 낸다고 함. 묘음조(妙音鳥). 비천(飛天). 선조(仙鳥). ㉑빈가(頻伽).

가리[1] 밑이 없는 항발과 비슷하게 대로 엮어 만든 고기 잡는 기구.

가리[2] 몡 ☞ 갈비2.

가리[3] 몡 단으로 묶은 곡식·땔나무 등을 쌓은 더미. [의]볏단·땔나무 등의 스무 뭇을 일컫는 말. ▣볏짚 한 ~.

가리[4] 몡 '가리새'의 준말.
   가리(를) 틀다 句 ㉠잘되어 가는 일을 안되도록 방해하다. ㉡남의 횡재에 무리하게 한몫을 청하다.

가리[5] 몡 벗긴 삼을 말리기 위해 몇 꼭지씩 한데 묶은 것. [의]몡 삼을 넣어 말리려고 몇 꼭지씩 묶은 것을 세는 단위.

가리 (加里)몡《化》'칼리'의 한자음 표기.

가:리 (假吏)몡《歷》그 지방에서 대를 이어 하는 아전이 아니고, 다른 고을에서 온 아전을 일컫던 말. ↔향리(鄕吏).

가리-가리뭐 여러 가닥으로 갈라지거나 찢어진 모양. ▣종이를 ~ 찢다. ㉪갈가리.

가리-개몡 머리맡이나 사랑방의 구석에 치는 두 폭의 병풍. 곡병(曲屛).

가리끼다재 사이에 가려서 거리끼다.

가리-나무몡 땔나무로 긁어모은 솔가리.

가리다[1] 재 보이거나 통하지 않게 막히다. ▣사람에 가려서 안 보인다. 타 보이거나 통하지 않게 가로막다. ▣앞을 ~ / 수건으로 눈을 ~.

가리다[2] 타 **1** 여럿 가운데서 어떤 것을 골라내거나 뽑다. ▣최강자를 ~ / 불량품을 ~. **2** 낯선 사람을 싫어하다. ▣낯을 가리는 아이. **3** 빚·외상값 따위를 셈하여 갚다. **4** 머리를 대강 빗다. **5** 분별하거나 구별하다. ▣흑백을 ~ / 진상을 ~. **6** 음식을 골라 먹다. ▣음식을 가리지 말고 골고루 먹어라. **7** 똥오줌을 눌 데를 누다. ▣아직도 대소변을 못 가린다.

가리다[3] 타 곡식·땔나무 따위의 단을 쌓아 더미를 짓다. ▣날가리를 ~.

가리마 **1** ☞ 가르마. **2** 옛날에 부녀자가 큰 머리 위에 덮어쓰던 검은 헝겊. 차액(遮額).

가리마-꼬챙이몡 ☞ 가르마꼬챙이.

가리맏몡〈옛〉가리맛.

가리-맛 [-맏] 몡 《조개》 가리맛조개. ⤷갈맛·맛.

가리맛-살 [-맏쌀] 몡 가리맛조개의 속에 든 회백색의 살. ⤷맛살.

가리맛-조개 [-맏쪼-] 몡 《조개》 긴맛과의 바닷조개. 길이 10 cm, 높이 3 cm, 폭 2.3 cm 내외로 원통 모양임. 살은 식용하며 한국·일본·중국 등지에 분포함. 가리맛. 토화.

가리-부피 몡 곡식·나뭇단을 쌓아 올린 더미의 부피.

가리비 몡 《조개》 가리빗과의 바닷조개. 부채 모양으로 둥글넓적하며 길이 20 cm, 높이 19 cm, 폭 50 cm 내외로 껍데기는 고랑이 지고 담갈색임. 살은 먹고 껍데기는 세공에 씀. 해선(海扇).

가리사니 몡 1 사물을 판단할 만한 지각. ▢~없는 사람. 2 사물을 분간할 수 있는 실마리. ▢~를 잡을 수 없다.

가리산-지리산 뭐돼자 《속》 갈팡질팡.

가리-새¹ 몡 일의 갈피와 조리. ⤷가리새⁴.

가리-새² 몡 도자기를 만들 때, 그릇의 몸을 긁어 모양을 내는 데 쓰는 고부라진 쇠.

가리-새³ 몡 《조》 노랑부리저어새.

가리-새김 ☞ 갈비새김.

가리어-지다 [-/-여-] 자 무엇이 사이에 가리게 되다. ▢범죄가 비밀에 ~. ⤷가려지다¹.

가리온 몡 털은 희고 갈기가 검은 말.

가리우다 타 ☞ 가리다¹.

가리운몰 몡 〈옛〉 가리온.

가리워-지다 자 ☞ 가리어지다.

가리이다 자 ('가리다**타**'의 피동) 가림을 당하다. ▢산이 안개에 ~.

가리-질 몡허자 가리로 물고기를 잡는 일.

가리키다 타 1 손가락 따위로 지시하거나 알리다. ▢손가락으로 북쪽을 ~ / 시곗바늘이 여섯 시를 ~ / 길을 가리켜 주다. 2 (주로 '…을 가리켜'의 꼴로 쓰여) 특별히 집어서 지적하다. ▢자네 같은 사람을 가리켜 무골호인이라 하네.

가린-나무 몡 《건》 쓰임에 따라 켜 놓은 재목.

가린-병아리 몡 암수를 구별해 놓은 병아리. 감별추(鑑別雛).

가린-스럽다 [-따][-스러워, -스러우니] 형비 다랍고 인색하다. **가린-스레** 뭐

가린-주머니 [-쭈-] 몡 다랍고 인색한 사람을 조롱하여 이르는 말.

가림-담 몡 차면담.

가림-색 (-色) 몡 보호색(保護色).

가마¹ 몡 '가마솥'의 준말.
[가마 밑이 노구솥 밑을 검다 한다] 제 흉은 모르고 남의 흉을 본다.

가마² 몡 숯·질그릇·기와·벽돌 따위를 구워 내는, 아궁이와 굴뚝이 있는 시설. ▢벽돌을 굽는 ~.

가마³ 몡 사람 머리의 정수리나 마소 따위 짐승의 대가리에 소용돌이 모양으로 난 자리. 선모(旋毛).

가:마⁴ 몡 예전에, 한 사람이 안에 타고 둘이나 넷이 들거나 메던, 조그만 집 모양의 탈것. 교군(轎軍). 승교(乘轎). ▢~를 메다 / ~를 타다.
[가마 타고 시집가기는 (다) 틀렸다] 제 격식대로 하기는 틀렸다는 말.
가마(를) 태우다 뭐 그럴듯하게 추어올리다. ▢가마 태워서 어물어물 넘기려 들다.

가마⁵ 몡의 '가마니'의 준말. 몡의 1 갈모·쌈지 따위의 백 개. ▢쌈지 한 ~. 2 '가마니'의 준말. ▢쌀 두 ~.

가마 (加麻) 몡허자 소렴(小殮) 때에 상제가 처음으로 수질(首絰)을 머리에 씀.

가마괴 몡 〈옛〉 까마귀.

가:마-꾼 몡 가마를 메는 사람. 교군꾼.

가마노르께-하다 형여 가마빛을 띠면서 노르께하다. ⤷거머누르께하다.

가마니 (←일 かます) 몡 곡식·소금 등을 담는, 짚으로 만든 섬. ▢~를 치다. ⤷가마. 몡의 물건을 담는 가마니를 세는 말. ▢한 섬은 두 ~다. ⤷가마.

가마니-때기 몡 《속》 헌 가마니 조각. 낡은 가마니의 낱개. ⤷가마때기.

가마득-하다 [-드카-] 형여 1 거리가 아주 멀어 아득하다. ▢가마득한 지평선 너머. 2 아주 오래되어 아득하다. ▢가마득한 옛날. 3 어떻게 해야 할지 막막하다. ▢해결할 방법이 ~. 4 모르거나 기억이 나지 않아 답답하다. ▢그 친구 모습이 가마득한데. ⤷까마득하다. **가마득-히** [-드키] 뭐

가마-때기 몡 '가마니때기'의 준말.

가:마-뚜껑 몡 가마 위에 씌운 덮개.

-가마리 미 명사 뒤에 붙어, 그 말의 대상이 되는 사람임을 나타내는 말. ▢놀림~ / 맷~ / 걱정~ / 웃음~ / 욕~.

가마말쑥-하다 [-쑤카-] 형여 가맣고 말쑥하다. ⤷거머말쑥하다. ⤺까마말쑥하다.

가:마-멀미 몡 가마를 타면 일어나는 어질증.

가무트름-하다 형여 얼굴이 가무스름하고 토실토실하다. ⤷거머무트름하다. ⤺까마무트름하다.

가마반드르-하다 형여 가맣고 반드르르하다. ⤷거머번드르하다. ⤺까마반드르하다.

가마반지르-하다 형여 가맣고 반지르르하다. ⤷거머번지르하다. ⤺까마반지르하다.

가마보코 (일 かまぼこ) 몡 어묵.

가마-솥 [-솓] 몡 크고 우묵한 솥. ⤷가마.
[가마솥 밑이 노구솥 밑을 검다 한다] 제 흉은 모르고 남의 잘못·결함을 흉본다는 말.
가마솥에 든 고기 뭐 꼼짝없이 죽게 된 신세의 비유.

가마솥-더위 [-솓떠-] 몡 가마솥 속처럼 뜨겁고 숨 막히는 더위. * 찜통더위.

가마아득-하다 [-드카-] 형여 '가마득하다'의 본딧말. ▢저 멀리 산 정상이 가마아득하게 보인다. ⤺까마아득하다. **가마아득-히** [-드키] 뭐

가마오디 몡 〈옛〉 가마우지.

가마우지 몡 《조》 가마우짓과에 속하는 새의 총칭. 노자(鸕鷀). ⤷우지. 2 바다가마우지.

가마조싀 몡 〈옛〉 까마종이.

가:마-채 몡 가마를 멜 때 멜빵을 걸고 손으로 들도록 가맛바탕 양편 밑에 지른 기다란 나무.

가마-터 몡 질그릇·사기그릇이나 기와 따위를 굽는 가마가 있던 옛터. 요지(窯址).

가마-통 몡 1 한 가마니에 드는 곡식의 분량. 보통, 대두 닷 말. 2 빈 가마니.

가마-호수 (-戶首) 몡 도자기 가마에 불 때는 사람.

가막- 투 어떤 명사 앞에 붙어 검은색을 띠었음을 나타내는 말. ⤺까막-.

가막-베도라치 [-삐-] 몡 《어》 먹도라칫과의 바닷물고기. 길이는 6.5 cm 정도이고, 세 개의 등지느러미와 큰 빗비늘이 특징임. 수컷은 검고 암컷은 엷은 회색임. 암초가 많은 연안에 삶.

가막-부리 [-뿌-] 몡 제도(製圖)에 쓰는 기구

것처럼 되다. ▣너무나 놀란 나머지 가무러
쳤다. 앤까무러치다.
가무레-하다 휑어 옅게 가무스름하다. ▣속눈
썹이 ~. 좬거무레하다. 앤까무레하다.
가무리다 囲 몰래 훔쳐서 혼자 차지하다. ▣딸
기를 따는 대로 ~.
가무숙숙-하다 [-쑤카-] 휑어 수수하게 검다.
▣얼굴이 가무숙숙하게 타다. 좬거무숙숙하
다. 앤까무숙숙하다.
가무스레-하다 휑어 가무스름하다.
가무스름-하다 휑어 조금 검다. ▣가무스름한
아랫수염. 좬거무스름하다. 앤까무스름하다.
좬가무스름하다. 가무스름-히 튐   「는 잔치.
가무-연(歌舞宴) 圀 노래와 춤으로 흥겹게 노
가무음곡(歌舞音曲) 圀 노래와 춤과 음악. ▣
국상(國喪) 중에는 ~을 삼갈 것.
가무잡잡-하다 [-짜파-] 휑어 약간 짙게 가무
스름하다. ▣가무잡잡한 얼굴. 좬거무접접하
다. 앤까무잡잡하다.
가무족족-하다 [-조카-] 휑어 칙칙하고 고르
지 않게 거무스름하다. 좬거무죽죽하다. 앤
까무족족하다.
가무칙칙-하다 [-치카-] 휑어 산뜻하지 않고
짙게 검다. 좬거무칙칙하다. 앤까무칙칙하다.
가무퇴퇴-하다 휑어 흐리터분하게 가무스름
하다. 좬거무튀튀하다. 앤까무퇴퇴하다.
가무-트리다 囲 가무뜨리다.
가:문(佳文) 圀 잘 지은 아름다운 문장.
가문(家門) 圀 집안과 문중. 또는 그 사회적
지위. ▣~의 명예 / ~을 빛내다 / ~을 일으
키다 / ~의 대를 잇다.   「더럽히다.
가문을 흐리다 집안이나 문중의 명예를
가문(家紋) 圀 한 가문의 표지(標識)로 정한
문장(紋章)(옛날 유럽의 귀족이나 일본 등에
서 볼 수 있음).
가문-비 圀〔식〕가문비나무.
가문비-나무 圀〔식〕소나뭇과의 상록 침엽
교목. 높이는 30 m가량, 나무껍질은 회혹색
에 비늘 모양임. 깊은 산에 나며 재목은 건축
재·펄프 원료 등으로 씀. 가문비.
가:-문서(假文書) 圀 가짜로 꾸며 만든 문서.
가물 圀 가뭄. ▣에 단비 / ~을 타다 / ~이
들다.
[가물에 돌 친다] 가뭄이 들었을 때 강바닥
에 있는 돌을 미리 치워서 물길을 낸다는 뜻
으로, 사전에 미리 준비를 해야 한다는 말.
[가물에 콩 나듯] 일이나 물건이 드문드문
나타난다는 말.
가물-거리다 困 1 작은 불빛 따위가 사라질 듯
말 듯하다. ▣가물거리는 촛불. 2 멀리 있는
물건이 희미하게 보일 듯 말 듯하다. 3 바다
가 눈물과 안개 속에 ~. 3 정신·의식이 있는
둥 없는 둥하다. ▣가물거리는 기억. 좬거물
거리다. 앤까물거리다.
가물-가물 튐재쬉
가물다 [가물어, 가무니, 가무는] 困 오랫동안
비가 오지 않다. ▣날이 몹시 ~.
가물-대다 困 가물거리다.
가물음 圀 ☞ 가뭄.
가물-철 圀 1 가뭄이 계속되는 때. 2 가뭄철.
가물치 圀〔어〕가물칫과의 민물고기. 길이
60 cm가량, 빛은 짙은 암청갈색이며, 배는
흼. 번식기에는 물가의 얕은 곳으로 옮김. 식
용 또는 산모의 보혈용 등으로 씀. 동어(鮦魚).
가뭄 圀 오랫동안 비가 내리지 않아 메마른 날
씨. 가물. ▣~이 들다 / ~ 피해가 심하다 /
오랜 ~ 끝에 단비가 내리다.

가뭄-더위 圀 가뭄으로 더 덥게 느껴지는 여
름날의 더위.
가뭄-철 圀 해마다 으레 가뭄이 드는 계절. 가
물철.
[가뭄철 물웅덩이의 올챙이 신세] 머지않아
죽거나 파멸할 운명인 가련한 신세라는 뜻.
가뭇-가뭇 [-묻까묻] 튐하휑 군데군데 감은 모
양. 좬거뭇거뭇.
가뭇-없다 [-무덥따] 휑 1 눈에 띄지 않다. 2
간 곳을 알 수 없다. 3 흔적이 없다. 가뭇-없
이 [-무덥씨] 튐. ▣~ 사라지다.
가뭇-하다 [-무타-] 휑어 '가무스름하다'의 준
말. 좬거뭇하다. 앤까뭇하다.
가미(加味) 圀하타 1 음식에 양념·식료품·향신
료 등을 넣어 맛이 더 나게 함. ▣냉면에 식
초를 ~하다. 2〔한의〕원 약방문에 다른 약
재를 더 넣음. ▣~ 이중탕(二重湯). 3 다른
요소를 보태어 넣음. ▣법에 인정을 ~하다.
가:미(佳味·嘉味) 圀 1 좋은 맛. 2 맛있는 음
식. 진미(珍味).
가무두에 圀〈옛〉솥두껑.
가:박(假泊) 圀 배가 목적지가 아닌 항구
나 바다에 임시로 머뭄.
가반(加飯) 圀하자타 1 정한 몫 이외에 밥을
더 받음. 또는 그 밥. 2〔불〕더도리.
가:-반교(可搬橋) 圀〔건〕운반이나 조립, 분
해가 간단해서 현장에서 짜 맞출 수 있도록
만든 다리(흔히 군대의 도하 작전에 씀).
가:-발(假髮) 圀 머리털 따위로 머리 모양을 만
들어 쓰거나 붙이는 가짜 머리. ▣~을 쓰다.
가방(家邦) 圀〔건〕'가지방(加地枋)'의 준말.
가방(家邦) 圀 가국(家國)1.
가:방(假房) 圀 겨울에 외풍을 막으려고 방 안
에 장지를 들여 조그맣게 막은 아랫방. 장방.
가방 圀 물건을 넣어 들거나 메고 다니는 휴대
용구(가죽·천이나 비닐 따위로 만듦). ▣여
행 ~ / ~을 들다 / ~을 어깨에 메다 / 서류를
~에 넣다.
가방-끈 圀 가방에 달아 놓은 끈.
가방끈이 길다〔구〕학력이 높다.
가방끈이 짧다〔구〕학력이 낮다.
가:-방면(假放免) 圀하타〔법〕유죄의 증거가
불충분할 때, 새로운 증거가 나타날 때까지
일시적으로 풀어 주는 일.
가:배(佳配) 圀 좋은 배우자.
가배(嘉俳·嘉排) 圀〔역〕신라 유리왕(儒理王)
때에 나라 안의 여자들을 두 편으로 갈라 길
쌈을 겨루어 진 편에서 한가윗날에 음식을
베풀어 놀던 놀이. 가우(嘉優). 가위.
가배-일(嘉俳日) 圀 가윗날.
가배-절(嘉俳節) 圀 가윗날.
가백(家伯) 圀 남에게 자기 맏형을 일컫는 말.
사백(舍伯).
가-백작약(家白芍藥) [-짜냑] 圀〔한의〕집에
서 재배한 백작약.
가벌(家閥) 圀 한 집안의 사회적 지위. 가문
(家門). 문벌(門閥).
가법(加法) 圀〔수〕'덧셈'의 구용어. ↔감법.
가:법(苛法) 圀 가혹한 법령.   「좬가(加).
가법(家法) 圀 한 집안의 법도나 규율.
가벼운-비읍 圀〔언〕옛 자음 'ㅸ'의 이름. 순
경음 비읍.
가벼이 튐 가볍게. ▣그를 ~ 보지 마라 / 조국
을 위해 이 한목숨 ~ 버리겠다.
가:변(可變) 圀 사물의 모양이나 성질이 바뀌
거나 달라질 수 있음. ▣~ 상태. ↔불변.
가변(家變) 圀 집안의 변고.
가:변 비:용(可變費用) 圀〔경〕생산량의 증감

가상(家相)**명** 집의 위치·방향이나 구조 따위에 따라 길흉을 판단하는 풍수(風水)·지술(地術)의 하나.

가:상(假相)**명** 1〖불〗현재의 덧없고 헛된 모습. 이승. ↔진여(眞如). 2〖철〗실재(實在)가 아닌 물상(物象). ↔실상.

가:상(假象)**명** 실물처럼 보이는 거짓 현상. ↔실재.

가:상(假想)**명하타** 사실이 아니거나 사실 여부가 분명하지 않은 것을 사실이라고 가정해서 생각함. ▢~의 세계.

가:상(假像)**명** 1 실물처럼 보이는 거짓 형상. 2〖광〗한 광물이 다른 광물의 결정형을 하고 있는 외형.

가상(街上)**명** 길거리. 길바닥. 노상(路上).

가상(嘉尙)**명하타동하부** 착하고 기특하게 여김. ▢그의 공을 ~하다 / 어린 나이에 그 뜻이 ~하다 / 선행을 ~히 여기다.

가상(嘉祥)**명** 경사스러운 일이 일어날 조짐.

가상(嘉賞)**명하타** 칭찬하여 기림.

가:상-계(可想界)[-계/-게]〖철〗순수히 사유(思惟)될 뿐인 이념적 존재의 세계. →감성계(感性界).

가:상 공간(假想空間)〖컴〗네트워크로 연결된 인터넷 등 통신망에 존재하는 공간.

가:상-극(假想劇)〖연〗어떤 경우를 가상하여 꾸민 연극 또는 희곡.

가:상기억 장치(假想記憶裝置)[-짱-]〖컴〗보조 기억 장치를 주기억 장치의 확장으로 생각하는 기억 장치. 용량에 제한이 있는 실제의 주기억 장치를 용량에 제한이 없는 기억 장치처럼 생각하고 프로그램을 만들 수 있음.

가:상 도서관(假想圖書館)〖컴〗컴퓨터나 텔레비전에서 정보로서 존재하는 도서관. 사용자는 도서관에서 실제로 책을 읽는 것과 같은 경험을 하게 됨.

가상-스럽다(嘉尙-)[-따][-스러워, -스러우니]**형비** 착하고 기특한 데가 있다. ▢네 정성이 참 가상스럽구나. **가상-스레 부**

가:상 운:동(假象運動)〖심〗가현(假現) 운동.

가:상-적(假想敵)**명** 싸움이나 경기의 연습에서, 적으로 간주한 모형이나 사람.

가:상 적국(假想敵國)[-국]〖정〗대외 정책이나 국방 정책 따위를 세울 때, 자기 나라의 안정에 위협이 된다고 판단하여 가상의 적으로 삼는 나라. 예상 적국.

가-상지상(加上之上)**명** 시문(詩文)을 평가할 때, 상지상(上之上) 위에 민간에서 특별히 하나 더 설치했던 등급.

가:상 현:실(假想現實)〖컴〗컴퓨터를 이용해서 어떤 상황을 실제로 겪는 것처럼 모의실험을 할 수 있는 가상의 세계. 곧, 컴퓨터와 사람의 공유 영역(전투기 조종사가 되어 가상의 적들과 싸우는 체험 따위).

가새-모춤(名) 네 움큼을 가위다리 모양으로 어긋나게 묶은 모춤.

가새-뽕〖식〗뽕나무의 한 가지. 잎의 양쪽이 가위의 다리살처럼 터진 뽕.

가새-염(-簾)〖한〗한시(漢詩)를 지을 때 안짝과 바깥짝의 각 짝수 글자 음운의 높낮이가 서로 섞바꾸게 되도록 하는 법.

가새-주리(名) 두 발목과 두 무릎을 동여매고 정강이 사이에 두 개의 긴 몽둥이를 꿰어, 서로 어긋나게 벌려 가며 잡아 젖히던 고문 형벌.

가새-지르다[-질러, -지르니]**타르** 어긋매끼어 엇걸리게 하다.

가새-표(-標)**명** 가위표.

가새-풀〖식〗톱풀.

가:색(假色)**명**〖광〗광물이 그 속에 포함된 다른 물질 때문에 본디 빛깔과 다르게 나타나는 빛깔(수정의 빛깔 따위).

가색(稼穡)**명하자** 곡식 농사.

가삼자비〈옛〉가심. '가시다'의 명사형.

가서(加敍)**명하자타** 계급이 오름. 또는 계급을 더함.

가:서(佳壻)**명** 참하고 훌륭한 사위.

가서(家書)**명** 1 자기 집에서 오거나 자기 집에 보내는 편지. 가신(家信). 2 자기 집의 장서(藏書).

가서(-) '가설랑은'의 준말.

가서-만금(家書萬金)**명** 가서는 만금의 값어치가 있다는 뜻으로, 집에서 온 편지의 반갑고 소중함을 이르는 말.

가:석방(假釋放)[-빵]**명하타**〖법〗징역 또는 금고형을 치르고 있는 사람의 수감 태도가 양호할 때, 형기가 끝나기 전에 행정 처분으로 미리 석방하는 일. ▢~으로 풀려 나오다.

가:석-하다(可惜-)[-카-]**형여** 애틋하게 아깝다. **가:석-히**[-서키]**부**. ~ 여기다.

가:-선(-縇)**명** 1 옷 따위의 가장자리를 다른 형겊으로 가늘게 좁게 돌린 선. ▢~을 두르다. 2 쌍꺼풀진 눈시울의 주름진 금. ▢~이 지다.

가선(加線)**명**〖악〗'덧줄'의 한자 이름.

가:선(架線)**명** 1 전선 따위를 공중에 건너질러 맴. 또는 그렇게 매어 놓은 전선. ▢~ 공사를 하다. 2 전기 철도에서, 전기 기관차나 전차에 전력을 공급하기 위한 전선.

가선-대부(嘉善大夫)**명**〖역〗조선 때, 종이품인 종친(宗親)·의빈(儀賓)·문무관의 품계.

가설(加設)**명하타** 더 설치함. 더 베풂.

가:설(架設)**명하타** 전선이나 교량 따위를 공중에 건너질러 설치함. ▢철교 ~ 공사 / 전선을 ~하다.

가:설(假設)**명하타** 1 임시로 설치함. ▢판자로 ~한 계단. 2 실제 없는 것을 있는 것으로 가정함.

가:설(假說)**명**〖논〗어떤 사실의 원인을 설명하거나 어떤 이론 체계를 연역하기 위하여 설정한 가정(假定). ▢~을 세우다.

가설(街說)**명** 사회에 떠도는 소문이나 평판. 가담(街談). 항설(巷說).

가:설 공사(假設工事)**명** 어떤 축조물의 공사를 하는 동안 사용할 시설물을 임시로 만드는 공사(임시 사무소·창고 따위).

가:설-극장(假設劇場)[-짱]**명** 임시로 꾸며 놓은 극장. ▢~ 앞에 줄어섰다.

가설랑(-) '가설랑은'의 준말.

가설랑-은(-) 글을 읽거나 말을 하다가 막힐 때 중간에 덧붙여 내는 군소리. ▢하나요, 둘이요, ~ 셋이고…. **준**가서·가설랑.

가:성(苛性)**명**〖화〗동식물의 세포 조직이나 여러 가지 물질을 깎아 내거나 삭게 하는 성질.

가성(家聲)**명** 한 집안의 명성.

가:성(假性)**명**〖의〗원래의 질병과는 다르면서 증세는 비슷하게 나타나는 성질. ▢~ 뇌염. ↔진성(眞性).

가:성(假聲)**명** 1 일부러 꾸며 내는 목소리. 2 세청(細聽).

가성(歌聲)**명** 노랫소리.

가:성 근:시(假性近視)〖의〗지나치게 바투 보거나, 장시간 눈을 써서 근시와 비슷한 시력 장애를 일으키는 일종의 굴절성(屈折性)

근시 상태. 위근시(僞近視).

가:-성대 (假聲帶) 〖생〗 진성대(眞聲帶) 위에 있는 좌우 한 쌍의 점막(발성에는 관계가 없으며, 분비액을 내어 성대를 촉촉하게 함).

가:-성명 (假姓名) 명 가짜 이름.

가:-성문 (假聲門) 명 〖생〗 좌우 가성대(假聲帶)의 사이에 있는 틈.

가:성 석회 (苛性石灰)[-쾨] 〖화〗 '수산화칼슘'의 속칭.

가:성 소다 (苛性soda) 〖화〗 '수산화나트륨'의 속칭. ⑥소다.

가:성 알칼리 (苛性alkali) 〖화〗 알칼리 금속의 수산화물의 속칭(알코올에 녹고 수용액은 강한 염기성임).

가:성 알코올 (苛性alcohol) 〖화〗 98％ 이상의 알코올에 금속 나트륨을 섞어 만든 흰 고형체(부식제로 씀).

가:성 칼리 (苛性kali) 〖화〗 '수산화칼륨'의 속칭. 취음 : 가성 가리(加里).

가:성 크루프 (假性croup) 〖의〗 어린아이들이 홍역을 앓을 때 많이 걸리는 병으로, 목이 염증을 일으켜 부으면서 숨쉬기가 어려워지고 목쉰 소리의 기침을 하는 병.

가성 화:합물 (加成化合物)[-함-] 〖화〗 어떤 화합물의 구조에 분자 또는 이온(ion)이 덧붙은 화합물.

가세 (加勢) 명하자 힘을 보태거나 거듦. 〖자연보호 운동은 시민이 ~하여 힘을 더 얻게되었다 / 지원군이 ~하다.

가:세 (苛稅) 명 지나치게 많이 매긴 세금.

가세 (家貲) 명 집세.

가세 (家勢) 명 살림살이의 형세. 터수. 〖~가 기울다 / ~가 펴다.

가세 (嫁稅) 명하자 〖역〗 재난으로 논밭이 매몰되어 세를 받지 못하게 된 경우, 대신 다른 논밭에 세를 더 물리던 일.

가:소 (可笑) 하는 짓이나 꼴이 터무니없거나 같잖아서 우스움.

가:소 (假笑) 명하자 억지로 또는 거짓으로 웃음. 또는 그런 웃음.

가:-소롭다 (可笑-)[-따][-로워, -로우니] 형 ① 같잖아서 우스운 데가 있다. 〖그 노는 꼴이 가소롭기 짝이 없구나. 가:-소로이 甼

가:-소물 (可塑物) 명 소성체(塑性體).

가:-소-성 (可塑性)[-썽] 명 〖물〗 소성(塑性). 〖~ 물질.

가:-소-제 (可塑劑) 명 〖화〗 수지(樹脂) 따위의 가공을 용이하게 하며 탄성·강도를 조절하기 위하여 가해지는 화학 재료.

가:-소-하다 (苛小-) 형어 매우 작다.

가속 (加速) 명하타 속도를 더함. 또는 그 속도. 〖낙하 물질에 ~이 붙다 / 공해 등으로 산림의 황폐화가 ~되고 있다. ↔감속.

가속 (家屬) 명 1 한 집안에 속한 가족. 〖딸린 ~이 많다. 2 '아내'의 낮춤말.

가속-기 (加速器)[-끼] 명 가속 장치.

가속도 (加速度)[-또] 명 1 일의 진행 속도가 차차 더해지는 일. 〖~가 붙다. 2 〖물〗 단위 시간 내에 속도가 증가하는 율. 〖~ 원리.

가속도-계 (加速度計)[-또-/-또계] 명 운동하는 물체의 가속도를 재는 기계.

가속도-병 (加速度病)[-또뼝] 명 〖의〗 속도가 급격히 변화할 때 생물체에 일어나는 장애 《흔히 항공기의 고속 비행 중에 일어남. 현기증·오심(惡心)·구토 따위》.

가속도 운:동 (加速度運動)[-또-] 〖물〗 시간

의 경과에 따라 그 속도를 더하는 물체의 운동. 가속 운동.

가속 입자 (加速粒子)[-소깁짜] 〖물〗 가속 장치에 의해 가속된 양성자·중성자·전자 따위의 입자.

가속 장치 (加速裝置)[-짱-] 명 1 물체의 속도를 증가하기 위한 장치(㉠내연 기관의 기화기(氣化器)에서 실린더로 들어가는 혼합 가솔린의 양을 조정하는 장치). ㉡핵물리학에서, 하전(荷電) 입자를 인공적으로 가속하여 고(高)에너지 입자를 생기게 하는 장치). 가속기(加速器).

가속 펌프 (加速pump) 내연 기관의 기화기(氣化器)의 부속품. 급속한 가속도 운동의 경우에 쓰임됨.

가속 페달 (加速pedal) 액셀러레이터(accelerator). 〖~을 밟다.

가속-화 (加速化)[-소콰] 명하자타 어떤 일이 진행되는 속도를 더하게 됨. 또는 그렇게 함. 〖정보 산업의 추진이 ~하다 / 중소기업의 자금난이 ~되다.

가솔 (家率) 명 집안에 딸린 식구. 〖~을 많이 거느리다.

가솔린 (gasoline) 명 석유의 휘발 성분을 이루는 무색의 투명한 액체(내연 기관의 연료로 쓰고, 도료·고무 공업 등에도 씀). 휘발유. ⑥가스.

가솔린 기관 (gasoline機關) 가솔린을 연료로 하는 내연 기관. 가솔린 엔진. 휘발유 기관.

가솔린 동:차 (gasoline動車) 가솔린 기관으로 움직이는 철도 차량(디젤 기관의 발달로 거의 쓰지 않음).

가솔린 발동기 (gasoline發動機)[-똥-] 가솔린을 연료로 하여 동력을 내는 발동기.

가솔린 엔진 (gasoline engine) 가솔린 기관.

가솔린 자동차 (gasoline自動車) 가솔린을 연료로 하는 자동차. 보통의 자동차를 말하며, 디젤 자동차와의 구별에 씀.

가솔린-차 (gasoline車) 가솔린 기관으로 움직이는 차량(가솔린 자동차와 가솔린 동차 따위). 휘발유차.

가솔-송: (-松) 〖식〗 진달랫과의 상록 관목. 높은 산꼭대기에 나는데 줄기 높이는 20cm 정도. 잎은 뺵뺵이 나며 선형(線形)인데, 뒤로 말림. 여름에 황록색 꽃이 늘어져 핌.

가쇄 (枷鎖) 명 〖역〗 조선 때, 죄인의 목에 씌우던 칼과 발목에 채우던 쇠사슬. 또는 그것을 써서 행함던 형벌.

가:쇄 (假刷) 명하타 〖인〗 교정용으로 찍는 인쇄. 또는 그 인쇄물. 교정쇄.

가수 (加數)[-쑤] 명 〖수〗 1 수효나 수를 늘림. 2 〖수〗 보태는 수. 덧수. ↔피(被)가수.

가수 (枷囚) 명하타 〖역〗 죄인의 목에 칼을 씌워 옥에 가두던 일.

가:수 (假受) 명하타 《금품을 사유가 확정될 때까지》 임시로 받아 둠.

가:수 (假需) 명 '가수요'의 준말. ↔실수(實需).

가:수 (假數) 명 〖수〗 로그(log)에서, 소수점 이하의 부분. ↔진수(眞數)·정수(整數).

가:수 (假睡) 명하자 1 의식이 반쯤 깨어 있는 옅은 잠. 〖~ 상태에 빠지다. 2 잠자리가 아닌 곳에서 잠깐 잠. 가매(假寐).

가수 (歌手) 명 노래 부르는 것을 직업으로 삼는 사람. 〖대중 ~ / 인기 ~.

가:수-금 (假受金) 명 부기에서, 계정이 미정인 상태로 임시로 받아 두는 돈.

가수 분해 (加水分解) 〖화〗 1 무기 염류(鹽類)가 물의 작용으로 산과 알칼리로 분해하는

반응. 용액은 산성 또는 알칼리성을 띠게 됨. 가수 해리(解離). **2** 유기 화합물이 물과 반응하여 알코올과 유기산으로 분해하는 일.

가수 분해 효:소(加水分解酵素)〖화〗생체 내의 가수 분해 반응을 촉매하는 효소의 총칭. 에스테라아제·아밀라아제·카르보히드라아제·프로테아제의 네 군(群)으로 나뉨. 수해(水解) 효소. 히드롤라아제(hydrolase).

가수알-바람뎽 서풍(西風)〖뱃사람 말〗.

가:-수요(假需要)뎽〖경〗당장 수요가 없는데도 가격 인상이나 물자 부족이 예상되는 경우에 일어나는 수요. 아파트 분양에 ~가 몰리다. ↔실수요. ㉰가수(假需).

가:-수요자(假需要者)뎽 가수요로 몰리는 수요자. ↔실수요자.

가수 해:리(加水解離)〖화〗가수 분해1.

가숙(家塾)뎽 개인이 설립한 글방. 사숙.

가:-숭어(假-)뎽 〖어〗 숭엇과의 바닷물고기. 몸길이 1m가량, 등은 잿빛 청색, 배는 흰색임. 숭어와 비슷하나 좀 작음. 식용함.

가스(gas) 뎽 **1** 기체의 총칭. ▢액화 ~ / ~가 발생하다. **2** 연료로 사용하는 기체. ▢~가 새다 / ~가 다 떨어지다 / ~ 밸브를 열다. **3** 사람에게 해를 끼치는 유독한 기체. ▢~를 마시다. **4** 배 속에서 음식물이 부패·발효하여 생기는 기체. ▢ 배 속에 ~가 찼다.

가스-계량기(gas計量器)[-/-게-]뎽〖물〗가스의 소비량을 재는 기구.

가스-관(gas管)뎽 가스가 통할 수 있게 된 관. 가스 파이프.

가스 괴저(gas壞疽)〖의〗흙·먼지·배설물 따위에 있는 가스 괴저균이 상처에 침입하여 일어나는 질병〖환부에 가스가 발생하고 살이 썩어 들어가며 혈압이 낮아짐〗.

가스 기관(gas機關) 가연성 가스의 폭발 연소로 피스톤을 왕복 운동 시켜 동력을 얻는 내연 기관. 가스 발동기. 가스 엔진.

가스-난로(gas煖爐) [-날-]뎽 가스를 연료로 하는 난로. 가스스토브.

가스-등(gas燈)뎽 석탄 가스를 도관(導管)으로 통하게 해서 불을 켜는 등. 가스램프. 와사등(瓦斯燈).

가스라기 ☞ 가시랭이.

가스-라이터(gas lighter) 뎽 액화 가스를 연료로 쓰는 라이터.

가스라이트-지(gaslight紙)뎽 염화은을 유제(乳劑)로 바른 인화지〖감광도가 낮아 밀착 인화에 씀〗.

가스-램프(gas lamp)뎽 가스등(燈).

가스러-지다쟨 **1** 성질이 온순하지 못하고 거칠어지다. ▢가스러진 성격. **2** 잔털 따위가 거칠게 일어나다. ▢거스러지다.

가스-레인지(gas range) 뎽 연료용 가스를 사용하여 음식 따위를 조리하는 기구.

가스-로(gas爐)뎽 가스를 태운 열로 도가니를 달구는 노〖화학 실험 따위에 씀〗.

가스 마스크(gas mask) 유독 가스·연기 등이 호흡기나 눈에 들어오는 것을 막기 위하여 쓰는 마스크. 방독면. 방독 마스크.

가스-맨틀(gas mantle) 가스등의 점화구에 씌우는 그물 모양의 통〖가스의 열로 빛을 발함〗. 맨틀. 백열투.

가스 발생기(gas發生器)[-쌩-] 석탄·나무·숯 따위의 탄소질 연료를 불완전 연소시켜 일산화탄소를 주성분으로 하는 가연성 가스를 내게 하는 장치.

가스-버너(gas burner) 뎽 가스를 연료로 하는 버너. ▢~에 냄비를 올리다.

가스-보일러(gas boiler)뎽 가스를 연료로 물을 끓이는 난방 기구.

가스-봄베(독 Gasbombe)뎽〖화〗고압 가스나 액화 가스 따위를 넣는 원통형 용기.

가스-사(gas絲)뎽 주란사실.

가스 성운(gas星雲)〖천〗주로 기체로 이루어진 은하계 내의 성운. 산광(散光) 성운·암흑 성운 따위가 있음. 가스상(狀)운.

가스-스토브(gas stove)뎽 가스난로.

가스-실(gas-) 뎽 주란사실.

가스-실(gas室)뎽 **1** 흔히 방독면을 쓰는 훈련 등을 시키려고 최루성 가스를 뿌려 둔 방. **2** 독가스로 사형수를 처형하는 방.

가스-액(gas液)〖화〗석탄 가스를 냉각·응축할 때 얻는 수용액〖암모니아가 들어 있으므로 황산암모늄을 만드는 데 씀〗.

가스 연료(gas燃料)[-열-] 가스난로·가스 기관 따위에 쓰이는 연료〖불이 잘 붙고 연기가 나지 않음〗. 기체 연료.

가스 용접(gas鎔接) 아세틸렌·수소 따위를 산소나 공기로 태울 때 나오는 높은 온도의 불꽃으로 쇠붙이를 녹여 이어 붙이는 일. 가스접법.

가스-전(gas田)뎽 천연가스를 산출하는 지역. 천연가스층이 존재하는 지역.

가스 전:구(gas電球) 고온에서 필라멘트가 기체로 되는 것을 막기 위하여, 전구 내부에 질소·아르곤 따위의 가스를 넣은 전구.

가스 전:지(gas電池) 기체(氣體) 전지.

가스-정(gas井)뎽〖광〗천연가스가 나는 유정(油井).

가스 중독(gas中毒) 이산화탄소·일산화탄소 따위의 독 있는 가스를 마심으로써 일어나는 중독.

가스-지지미(gas+일ちぢみ)뎽 주란사실로 짠 쭈글쭈글한 직물.

가스-총(gas銃)뎽 최루 가스 따위의 독 있는 가스를 내뿜는 총. ▢호신용으로 ~를 휴대하다.

가스 카본(gas carbon) 석탄 가스를 만들 때 가스의 일부가 열 때문에 분해되어 레토르트 안에 고착하는 탄소〖순도가 높아 전극(電極)으로 씀〗. 가스탄(炭).

가스 코크스(gas cokes)〖화〗석탄을 건류하여 석탄 가스를 만들 때 생기는 코크스.

가스-탄(gas彈)뎽 '독가스탄'의 준말.

가스-탱크(gas tank)뎽 도시가스나 화학 공업용 가스를 담아 두는, 둥근 공 모양의 시설.

가스 터빈(gas turbine) 압축 공기와 연료를 혼합하여 연소시켜서, 고온 고압의 가스로 터빈을 돌려 동력을 발생시키는 엔진〖제트 엔진 따위》.

가스-통(gas桶)뎽 도시가스 또는 화학 공업용 원료 가스를 저장하는 통.

가스펠뎽〖기〗**1**〔gospel〕복음(福音). **2**〔Gospel〕복음서(福音書).

가스펠 송(gospel song)〖악〗미국 흑인들 사이에 불리는 종교적인 노래. 흑인 영가(靈歌)와 재즈를 기반으로 발생함. 복음 성가.

가스 폭탄(gas爆彈) 독가스와 화약을 함께 넣은 폭탄.

가스-풍로(gas風爐)[-노]뎽 가스를 연료로 하는 풍로.

가스 화학 공업(gas化學工業)[-꽁-]〖공〗주로 천연가스를 원료로 하여 메탄올·암모니아·아세틸렌 따위의 유기 화학 원료를 합성

하는 화학 공업 분야.

가스-확산법 (gas擴散法)[-싼뻡] 기체 확산법.

가스-히터 (gas heater) 圀 가스를 연료로 쓰는 히터.

가슬-가슬 閉[하욍] 1 성질이 온순하지 않고 까다로운 모양. 2 살결이나 물건의 거죽이 매끄럽지 않고 가칠한 모양. ▣ 턱에 수염이 ~ 나다. ⑬거슬거슬. ②까슬까슬.

가슴 圀 1 동물 특히, 포유동물의 몸통의 배와 목 사이의 앞부분. ▣ 떡 벌어진 ~ / ~에 안기다 / ~을 펴다. 2 심장 또는 폐. ▣ 통증을 느끼다 / ~이 두근거리다 / ~으로 가쁘게 숨을 쉬다. 3 마음이나 생각. ▣ ~을 쓸어내리다(안심하다) / ~이 뭉클하다 / ~이 찡하다 / 말이 ~에 와 닿다. 4 옷의 가슴에 해당되는 부분. 옷가슴. ▣ ~에 꽃을 달다 / ~을 풀어헤치다. 5 젖가슴. ▣ ~이 풍만한 여인 / ~이 봉곳하다.

가슴에 맺히다 귄 통절한 원한이나 근심 따위가 가슴에 꽉 차다.

가슴에 못(을) 박다 귄 마음속 깊이 원통한 생각을 맺히게 하다.

가슴에 불이 붙다 귄 감정이 격해지다.

가슴에 새기다 귄 오래도록 잊지 않게 단단히 기억하다.

가슴에 손을 얹다 귄 마음을 가라앉히고 조용히 생각하다.

가슴(을) 앓다 귄 뜻대로 되지 않아 마음의 고통을 느끼다.

가슴을 짓찧다 귄 마음에 심한 고통을 받다.

가슴을 헤쳐 놓다 귄 마음속의 생각을 숨김없이 다 털어놓다.

가슴이 내려앉다 귄 ㉠몹시 놀라거나 맥이 풀리다. ㉡너무 슬퍼서 마음을 다잡기 어렵게 되다.

가슴이 두 근 반 세 근 반 한다 귄 가슴이 매우 세차게 두근거리다. 가슴이 두방망이질을 한다.

가슴이 뜨끔하다 귄 충격을 받아 마음이 깜짝 놀라거나 양심의 가책을 받다.

가슴이 무겁다 귄 슬픔이나 걱정으로 마음이 가라앉다.

가슴이 무너져 내리다 귄 심한 충격으로 마음을 다잡기 힘들게 되다.

가슴이 미어지다 귄 슬픔·감동·고통 등으로 견디기 힘들다.

가슴이 벅차다 귄 기쁨이나 자부심이 마음에 가득 차서 넘치는 듯하다.

가슴이 뻐근하다 귄 걱정이나 한탄 따위로 뿌듯하고 아픈 느낌이다.

가슴(이) 뿌듯하다 귄 만족감으로 그득하여 흐뭇하다.

가슴(이) 설레다 귄 기쁨·기대 또는 불안 등으로 가슴이 두근거리다.

가슴이 섬뜩하다 귄 몹시 놀라서 무섭거나 두려운 느낌이 들다.

가슴(이) 아프다 귄 마음이 몹시 쓰리다. ▣ 가슴 아픈 사연.

가슴이 찔리다 귄 양심의 가책을 받다.

가슴이 찢어지다 귄 슬픔·괴로움·분함 등이 커서 가슴이 째지는 듯한 고통을 느끼다.

가슴이 콩알만 하다(해지다) 귄 불안하고 초조하여 마음을 펴지 못하게 되다.

가슴이 터지다 귄 슬픔·괴로움·미움·분함 따위로 가득 차 견디기 힘든 고통을 느끼다.

가슴-걸이 圀 1 말의 가슴에 걸어 안장에 매는 가죽 끈. 2 소의 가슴에 걸어 멍에에 매는 끈.

가슴검은-도요 圀〔조〕도요과의 새. 논밭에 많으며 비둘기 정도의 크기임. 등은 흑갈색에 흰 얼룩점이 섞여 있고, 가슴과 배는 검은데 겨울에는 흰빛으로 변함.

가슴-골 [-꼴] 圀 가슴 한가운데로 길게 고랑이 진 곳. *등골².

가슴-관 (-管) 圀〔생〕파충류 이상의 척추동물에서, 가슴을 지나는 굵은 림프관.

가슴-동 [-똥] 圀 활터에서 '가슴통'의 일컬음.

가슴-둘레 圀 몸의 가슴과 등을 잰 몸통의 둘레. 흉위(胸圍).

가슴-등뼈 圀〔생〕흉추(胸椎).

가슴-살 [-쌀] 圀 가슴에 붙은 살.

가슴-샘 圀 흉선(胸腺).

가슴-속 [-쏙] 圀 마음속. 심중(心中). 흉중(胸中). ▣ ~ 깊이 묻어 두었던 비화 / ~에 있는 말을 털어놓다.

가슴-앓이 [-스마리] 圀 1 (위염이나 신경 쇠약 따위로) 가슴 속이 켕기고 쓰리며 아픈 증세. 심화통. 2 괴로움으로 마음을 앓는 일.

가슴-지느러미 圀〔어〕물고기의 가슴에 붙은 지느러미. 몸의 균형을 잡거나 헤엄쳐 다니는 데 씀. 협기(頰鰭).

가슴츠레 閉[하욍] 졸리거나 술에 취하여서 눈이 정기가 풀리고 흐리멍덩하며 거의 감길 듯한 모양. ▣ 술에 취한 그녀는 ~한 눈으로 거울을 본다. ⑬거슴츠레.

가슴-통 圀 1 가슴의 앞쪽 전부. ▣ ~이 넓다. 2 가슴둘레의 크기.

가슴-패기 圀〔속〕가슴.

가습-기 (加濕器)[-끼] 圀 수증기를 내어 실내의 습도를 조절하는 전기 기구.

가승 (家乘) 圀 한 집안의 기록《족보·문집 등의 일컬음》.

가:승 (假僧)〔불〕가짜 승려.

가식 圀〈옛〉(식물의) 가시.

가식다 쟤〈옛〉가시다. 변하다.

가시¹ 圀 1 식물의 줄기나 잎에 바늘처럼 뾰족하게 돋아난 부분. ▣ 장미의 ~ / 선인장 ~에 찔리다. 2 물체나 동물의 표면에 가늘고 빳빳하게 돋은 것. ▣ 철조망 ~에 걸리다. 3 물고기의 잔뼈. ▣ 목에 ~가 걸리다. 4 살에 박힌 나무·대 등의 뾰족한 거스러미. ▣ 손가락에 ~가 박히다. 5 사람의 마음을 찌르는 것. ▣ 말 속에 ~가 있다 / ~ 돋친 말로 마음에 상처를 주다.

가시(가) 박히다 귄 말 속에 악의가 있다.

가시가 세다 귄 앙칼지고 고집이 세다.

가시² 圀 음식물에 생긴 구더기. ▣ 된장에 ~가 생기다.

가시³ 圀 가시나무의 열매《도토리와 비슷함》.

가시⁴ 圀〈옛〉계집.

가:시 (可視) 圀 눈으로 볼 수 있음. ▣ ~ 현상 / ~ 상태.

가시-개미 圀〔충〕개밋과의 곤충. 몸길이가 4-6mm 가량으로 흑색인데 암컷의 가슴에는 세 쌍, 뼈마디에는 한 쌍의 가시 모양의 돌기가 있음. 나무줄기의 썩은 부분에 집을 짓고 삶. 뽈개미.

가:시-거리 (可視距離) 圀 1 눈으로 볼 수 있는 목표물까지의 수평 거리. ▣ ~에 들어온 순간 방아쇠를 당기다. 2 방해를 받지 않고 텔레비전 방송을 수상(受像)할 수 있는 거리.

가시-고기 圀〔어〕큰가시고깃과의 바닷물고기. 몸길이는 5cm 정도이고 방추형이며, 등지느러미의 앞부분은 톱날처럼 가시를 이룸. 수컷이 지은 둥근 집에 알을 낳는 습성이 있음.

가:시-광선 (可視光線)〖물〗눈으로 볼 수 있는 보통 광선. ↔불(不)가시광선(不可視光線). ⑥가시선(可視線).

가:시-권 (可視圈)[-꿘]〖명〗볼 수 있는 범위. ▢~에서 벗어나다.

가시-나무〖명〗**1** 가시가 있는 나무. **2**〖식〗참나무과의 상록 활엽 교목. 높이는 16~20m가량이며, 껍질은 적록색임. 봄에 황갈색 꽃이 피고 가을에 도토리 같은 열매 '가시'가 익음. 가구재·땔감 등으로 쓰고 열매는 식용함.

가시내〖명〗'계집아이'의 방언.

가시-눈〖명〗날카롭게 쏘아보는 눈.

가시다⊟〖자〗변해 없어지거나 달라지다. ▢흥분이 ~ / 핏기가 ~. ⊟〖타〗깨끗이 씻다. 부시다. ▢입 안을 ~ / 솥을 ~.

가시-덤불〖명〗**1** 가시가 많은 덤불. ▢~에 긁히다. **2** 가시밭2.

가시-딸기〖명〗〖식〗장미과의 낙엽 활엽 관목. 잎과 줄기에 갈색의 털과 가시가 빽빽이 나 있음. 열매는 수분이 많으며 식용함.

가시랭이〖명〗초목의 가시 부스러기.

가시리〖문〗고려 가요의 하나. 이별을 노래한 것으로 '악장가사(樂章歌詞)'에 실려 있음. 귀호곡(歸乎曲).

가시 면:-류관 (-冕旒冠)[-면-]〖기〗예수가 십자가에 못 박힐 때 로마 병정이 예수를 조롱하기 위하여 가시나무로 만들어 씌웠던 관. ⑥가시관.

가시-밭[-받]〖명〗**1** 가시덤불이 얽혀 있는 곳. **2** 어렵고 험난한 환경 등의 비유. 가시덤불. ▢삶의 ~을 헤쳐 나가다.

가시밭-길[-받낄]〖명〗**1** 가시밭 속의 험한 길. 형로(荊路). **2** 고난이 많은 사업이나 인생 행로(行路)의 비유. ▢험난한 ~을 헤쳐 나가다.

가시-버시〖명〗'부부'의 낮춤말.

가시-복〖어〗복어과의 바닷물고기. 길이 40cm가량, 등은 흑갈색, 배는 흼. 공격을 받으면 배를 불리어 온몸의 가시를 세움.

가시-새〖명〗〖건〗벽 속에 가로 대는 나무오리나 댓가지.

가:시-선 (可視線)〖명〗〖물〗'가시광선'의 준말.

가시-성 (-城)〖명〗탱자나무나 장미 따위의 가시나무로 된 울타리를 비유하여 이르는 말.

가시-섶[-섭]〖명〗가시나무의 섶.

가:시 스펙트럼 (可視spectrum)〖물〗가시광선의 스펙트럼.

가:시-신호 (可視信號)〖명〗기·신호등 따위로 눈에 보이게 만든 신호. ↔음향 신호.

가시-아비〖명〗'장인(丈人)'을 낮잡아 일컫는 말.

가시-어미〖명〗'장모(丈母)'를 낮잡아 일컫는 말.

가시-연 (-蓮)〖명〗〖식〗가시연꽃.

가시연-꽃 (-蓮-)[-꼳]〖명〗〖식〗수련과의 한해살이풀. 연못에 나며 자주색 네잎꽃이 낮에만 핌. 땅속줄기는 식용, 열매는 약용함.

가시연-밥 (-蓮-)[-빱]〖명〗가시연꽃의 열매. 감실(實).

가:시-적 (可視的)〖관〗〖명〗눈으로 직접 확인할 수 있는 (것). ▢~(인) 성과를 거두다.

가시-줄〖명〗가시철사.

가시-철 (-鐵)〖명〗가시철사에 끼우는 가시 모양의 쇠.

가시-철사 (-鐵絲)[-싸]〖명〗가시철을 끼운 철사. 철조망을 만드는 데 씀. 가시철.

가시-톡톡기〖명〗〖충〗가시톡톡깃과의 하등 곤충. 낙엽·돌 밑 따위에 사는데, 길이 2.5cm가량, 온몸에 은백색 비늘조각이 덮여 있고, 뿔 모양의 돌기가 아래쪽에 있어서 이것으로 톡톡 뜀. 날개는 없음. 농작물의 해충임.

가:시-화 (可視化)〖명〗〖하자타〗어떤 현상이나 상태 등이 실제로 눈에 드러나게 됨. ▢정계 개편의 움직임이 ~되다.

가:식 (假植)〖명〗〖하타〗〖농〗모종 따위를 제자리에 심을 때까지 임시로 딴 곳에 심음. ↔정식(定植).

가:식 (假飾)〖명〗〖하타〗**1** 말이나 행동을 거짓으로 꾸밈. ▢~ 없이 말하다. **2** 임시로 장식함.

가:신 (佳辰·嘉辰)〖명〗**1** 좋은 날. 가일(佳日). **2** 좋은 시절. 가절(佳節).

가신 (家臣)〖명〗**1**〖역〗정승의 집안일을 맡아 보던 사람. **2** 큰 정치적 세력을 가진 권력자 가까이에서 그를 섬기고 돕는 사람. ▢~ 그룹 출신이 많이 당선되다.

가신 (家信)〖명〗자기 집에서 온 편지나 소식. 가서(家書).

가신 (家神)〖명〗〖민〗집에 딸려 집을 지킨다는 귀신(《성주대감·지신(地神)·제석(帝釋)·조왕(竈王)·문신(門神)·업신(業神)·터주신(神)·측신(廁神)·마부신(馬夫神)·조상신·삼신(三神) 등). ▢~ 신앙.

가신-제 (家神祭)〖명〗〖민〗민간 신앙 의식의 하나. 일반 가정에서 가신에게 드리는 제사.

가:신-하다 (可信-)〖형여〗믿을 만하다.

가실 (家室)〖명〗**1** 집 안이나 안방. **2** 한집에 사는 가족. **3** 남 앞에서 자기 아내를 점잖게 이르는 말.

가심〖명〗〖하타〗깨끗이 씻는 일.

가심-끌〖명〗〖건〗나무에 뚫은 구멍을 다듬는 데 쓰는 끌.

가심-질〖명〗〖하타〗**1** 깨끗하게 가셔 내는 일. **2**〖건〗가심끌로 다듬는 일.

가십 (gossip)〖명〗신문·잡지에서 유명인의 사생활을 흥미 위주로 다룬 기사. ▢~난(欄) / ~기사가 실리다.

가슴〖옛〗가슴.

가시〖옛〗(식물의) 가시.

가시다〖자〗〖옛〗변하다.

가시야〖부〗〖옛〗다시.

가수멸다〖형〗〖옛〗가멸다.

가아 (家兒)〖명〗남에게 자기의 아들을 낮추어 일컫는 말. 가돈(家豚).

가:아 (假我)〖명〗**1** 오온(五蘊) 화합으로 된 육신인 자기. **2** 가상(假象)을 의미 있게 하는 자아(自我).

가악 (歌樂)〖명〗노래와 풍악.

가압 (加壓)〖명〗〖하자타〗압력을 가함. ↔감압.

가압-기 (加壓機)[-끼]〖명〗제본 공정에서 접지(摺紙)된 인쇄물을 밀착시키기 위해 압력을 가하는 기계.

가:-압류 (假押留)[-암뉴]〖명〗〖하타〗〖법〗채무자의 재산에 대한 강제 집행을 하기 위해 그 재산을 임시로 압류하는 법원의 처분. ▢봉급을 ~하다.

가압수형 원자로 (加壓水型原子爐)[-쑤-]〖물〗경수로(輕水爐)의 하나. 냉각재인 물에 약 150기압의 압력을 가하여 100℃ 이상의 고온으로 하고, 증기 발생기로 증기를 만들어 터빈을 돌리는 방식의 발전용 원자로.

가애 (加愛)〖명〗〖하자〗편지 글에서, 상대방이 자기 몸을 돌봄을 높여 이르는 말.

가애 (嘉愛)〖명〗〖하타〗어여삐 여겨 사랑함.

가:애-하다 (可愛-)〖형여〗사랑할 만하다. 사랑

스럽다.

가액¹ (加額) 명 하자 돈의 액수를 더함. 또는 그런 돈.

가액² (加額) 명 하다 잘 보려고 이마에 손을 얹는다는 뜻으로, 사람을 몹시 기다림을 이르는 말.

가액 (價額) 명 물건의 가치에 상당하는 금액.

가야-금 (伽倻琴) 우리나라 고유의 현악기. 오동나무로 길게 공명판을 만들어 바탕을 삼고, 그 위에 12줄을 맸음. 손가락으로 뜯어 소리를 냄.

가야미 명 〈옛〉개미.

가:약 (可約) 명 《수》약분(約分)할 수 있음. ↔기약(旣約).

가:약 (佳約) 명 1 아름다운 약속. 2 사랑하는 사람과 만날 약속. 3 부부가 되자는 약속. ☐ ～을 맺다.

가얏-고 (伽倻-) 명 《악》가야금.

가양 (家釀) 명 1 집에서 쓸 목적으로 술을 빚음. 2 '가양주'의 준말.

가양-주 (家釀酒) 명 집에서 빚은 술. ☐ ～를 빚다. 준가양.

가:-어사 (假御史) 명 예전에, 가짜로 어사 행세를 하던 사람. 가짜어사.

가언 (假言) 명 《논》어떤 조건을 가정한 말. 가설(假說).

가언 (嘉言·佳言) 명 본받을 만한 좋은 말. 미언(美言).

가:언-적 (假言的) 관 명 《논》어떤 가정·조건 아래에서 말하는 (것). 가설적(假說的). ↔정언(定言的).

가:언적 명:령 (假言的命令) [-정-녕] 《철》칸트 철학에서, 일정한 목적 달성을 조건으로 하는 명령. 가언적 명법. ↔정언적(定言的) 명령.

가:언적 명:법 (假言的命法) [-정-뻡] 《철》가언적 명령.

가:언적 명:제 (假言的命題) [-정-] 《논》어떤 가정(假定) 아래 결론을 주장하는 명제.

가:언적 삼단 논법 (假言的三段論法) [-쌈-뻡] 《논》가언적 판단을 전제로 하는 삼단 논법.

가:언적 판단 (假言的判斷) 《논》조건 또는 원인, 귀결 또는 결과와의 관계를 나타내는 판단(' A 가 B 라면 C 는 D 다' 따위).

가엄 (家嚴) 명 가친(家親).

가:엄-하다 (苛嚴-) 형여 가혹하고 엄격하다.

가업 (家業) 명 1 그 집안의 직업. 2 대대로 물려받은 직업. 세업(世業). ☐ ～을 잇다.

가업 (街業) 명 길거리에서 하는 영업.

가업 (稼業) 명 하자타 《광》가행(稼行).

가:-없다 [-업따] 형 끝이 없다. 헤아릴 수 없다. ☐ 가없는 부모의 은혜. **가:-없이** [-업씨] 부. ☐ ～ 넓고 푸른 가을 하늘.

가여 (駕輿) 명 《역》왕세자나 황태자가 타던 가마.

가:역 (可逆) 명 《물》물질의 상태가 바뀐 다음 다시 본디 상태로 돌아갈 수 있는 것.

가역 (家役) 명 집을 짓거나 고치는 일.

가:역 (假驛) 명 임시로 마련한 철도 정거장.

가:역 반:응 (可逆反應) [-빠능] 《화》화학 반응에서, 두 물질이 반응하여 다른 두 물질이 생길 경우, 이들의 온도·농도를 바꾸면 본디 두 물질로 복귀하는 반응.

가:역 변:화 (可逆變化) [-뺜-] 《물》어떤 물질이 다른 상태로 변화했다가 다시 본디 상태로 되는 경우의 변화. *비(非)가역 변화.

가:역 전:지 (可逆電池) [-전-] 《물》충전(充電)에 의하여 다시 본디 상태로 되돌아갈 수 있는 전지(축전지 따위).

가:연 (可燃) 명 불에 잘 탈 수 있음. ↔불연(不燃).

가:연 (佳宴) 명 경사스러운 연회(宴會). 좋은 잔치.

가:연 (佳緣) 명 1 아름다운 인연. 2 부부나 연인 관계를 맺게 된 인연. ☐ ～을 맺다.

가:연-물 (可燃物) 명 불에 타기 쉬운 물질이나 물건. 가연체.

가:연-성 (可燃性) [-썽] 명 불에 타기 쉬운 성질. 가연질. ↔불연성.

가:연-체 (可燃體) 명 불에 탈 수 있거나 잘 타는 물체. 가연물.

가열 명 《민》광대·걸립패 가운데, 각종 놀이 재주를 익힌 사람(15~20 명으로 구성됨).

가열 (加熱) 명 하다타 1 물질에 열을 가함. ☐ ～ 살균한 우유 제품 / 물을 ～하여 수저를 소독하다. 2 어떤 사건에 열기를 더함. ☐ 선거 유세가 ～되다.

가:열 (假熱) 명 《한의》몸에 열이 있어 양증(陽症) 같으면서도 더운 성질의 약을 써야 내리는 열.

가열-기 (加熱器) 명 《물》증기·가스·전기 등으로 열을 가하는 장치(난로·히터 따위).

가:열-하다 (苛烈-) 형여 싸움이나 경기 따위가 가혹하고 격렬하다. ☐ 가열한 싸움. **가:열-히** 부.

가열-하다 (嘉悅-) 자여 손아랫사람의 경사를 기뻐하다.

가엽 (假葉) 명 《식》헛잎.

가:엽다 [-] [가여워, 가여우니] 형ㅂ 가엾다.

가:엾다 [-엽따] 형 불쌍하고 딱하다. ☐ 가엾게 여기다 / 가엾은 생각이 들다. **가:엾이** [-엽씨] 부. ☐ ～ 여겨 보살피다.

가:-영업소 (假營業所) [-쏘] 명 임시로 차린 영업소.

가:-예산 (假豫算) 명 《법》새 회계 연도 개시까지 예산안 의결이 불가능할 때, 임시로 편성하는 잠정적인 예산. 잠정 예산.

가오리 명 《어》가오릿과의 바닷물고기의 총칭. 몸은 가로로 넓적하고 꼬리가 긴 근해어(近海魚)임. 노랑가오리·전기가오리·홍어 따위가 있음. 요어(鰩魚).

가오리-연 (-鳶) 명 사람이 사는 집. ☐ ～을 띄우다.

가오리-흥정 명 흥정을 중 잘못하여 오히려 값을 올린 흥정.

가옥 (家屋) 명 사람이 사는 집. 전통 ～.

가:옥 (假玉) 명 사람이 만든 가짜 옥.

가:옥 (假屋) 명 임시로 지은 오두막집.

가옥-대장 (家屋臺帳) [-때-] 명 가옥의 상황을 밝히기 위하여 그 소재·번호·종류·면적·소유자 등을 등록하는 장부(帳簿).

가옥-세 (家屋稅) [-쎄] 명 가옥의 소유자에게 부과하던 지방세의 하나. '재산세 가옥분'의 구칭.

가온딕 명 〈옛〉가운데.

가온-음 (-音) 명 《악》음계의 제3음. 장조와 단조를 구별하는 입장에 있는 음. 중음.

가온음자리-표 (-音-標) 명 《악》높은음자리표와 낮은음자리표 사이에 쓰이는 음자리표.

가외 (加外) 명 일정한 기준이나 정도 이외에 더함. ☐ ～ 수입 / ～로 돈이 더 들었다.

가:외 (可畏) 명 두려워할 만함. ☐ 후생(後生)이 ～라.

가욋-돈 (加外-)[-왿똔/-윋똔] 圀 가외로 드는 돈. ▢ ~ 지출이 많다.

가욋-사람 (加外-)[-외싸-/-윋싸-] 圀 필요한 사람 이외의 사람.

가욋-일 (加外-)[-윋닐] 圀 필요 밖의 일. 또는 일정한 일 이외에 하는 일. ▢ 근무를 끝내고 ~을 더 하다.

가요 (歌謠) 圀 **1** '대중가요'의 준말. ▢ ~를 부르다. **2** 민요·동요·유행가 등의 속칭. **3** 악가(樂歌)와 속요.

가요-계 (歌謠界)[--게] 圀 주로, 대중가요에 관한 것을 업으로 삼는 사람들. 곧, 작사가·작곡가·가수 들의 사회. ▢ 상반기 ~를 총정리하다.

가요-곡 (歌謠曲) 圀 【악】 **1** 악장에 맞추어 부르는 속요의 곡조. **2** 대중가요.

가요-문 (哥窯紋) 圀 잘게 갈라진 것처럼 보이는 도자기의 무늬. 가요(哥窯)무늬.

가-요성 (可撓性)[-썽] 圀 【물】 물질의, 구부려 휠 수 있는 성질.

가요-제 (歌謠祭) 圀 새 가요의 발표나 가수의 노래 경연 따위를 베푸는 연예 행사. ▢ 대학 ~.

가-용 (可用) 圀 사용할 수 있음. ▢ ~ 노동력.

가-용 (可溶) 圀 물질이 액체에 잘 녹음.

가-용 (可鎔) 圀 금속이 열에 잘 녹음.

가용 (家用) 圀비 **1** 집에서 필요하여 씀. 또는 그 물건. ▢ ~으로 빚은 술. **2** 집안 살림에 드는 비용. ▢ ~을 절약하다 / ~에 보태 쓰다.

가:용-금 (可鎔金) 圀 【화】 비교적 낮은 온도에서 잘 녹는 합금.

가:용-물 (可溶物) 圀 액체에 잘 녹는 물질.

가:용-성 (可溶性)[-썽] 圀 액체에 녹을 수 있는 성질(물에 소금이 녹는 일 따위). ↔불용성.

가:용 외:환 보:유액 (可用外換保有額) 【경】 외국의 은행 지점에 예치된 외화(外貨)를 제외한 정부의 외환 보유액.

가:용-인구 (可容人口) 圀 식량 소비면에서 본, 지구 상에서 부양이 가능한 인구의 총수.

가:우 (假寓) 圀비 임시로 거처함. 또는 그런 곳. 가거(假居).

가우스 (gauss) 의圀 【물】 독일의 물리학자 가우스가 제창한, 자기력선속의 밀도를 나타내는 단위(기호는 G).

가운 (家運) 圀 집안의 운수. ▢ ~이 기울다 / ~이 열리다.

가운 (gown) 圀 **1** 실내에서 입는 긴 겉옷. **2** 판검사·변호사 등의 법복. **3** 졸업식 따위에 교수·졸업생 들이 입는 예복. **4** 신부·목사 들이 미사나 예배 때 입는 예복. **5** 의사·간호사 들의 위생복.

가운데 圀 **1** 일정한 공간이나 길이가 있는 사물의 어느 한쪽에 치우치지 않은 부분. ▢ 연못 ~ / 도로 ~가 움푹 패다. **2** 양쪽의 사이. ▢ 탁자를 ~ 두고 마주 앉다. **3** 일정한 범위의 안. ▢ 이 책들 ~ 한 권만 집어라. **4** 순서에서, 중간. ▢ 성적이 ~ 정도인 학생. **5** ('-ㄴ'·'-는' 뒤에 쓰여) 어떤 일이나 상태가 이루어지는 범위의 안. ▢ 어려운 ~에도 남을 돕다.

가운데-골 圀 중뇌(中腦).

가운데-귀 圀 중이(中耳).

가운데-뜰 圀 집 안의 건물과 건물 사이에 있는 뜰. 중정(中庭).

가운데-톨 圀 세톨박이 밤의 중간에 있는 밤. ☞가톨.

가운뎃-마디 [-뎬-] 圀 화살의 윗마디와 아랫

마디와의 사이 부분.

가운뎃-발가락 [-뎬빨까-/-뎬빨까-] 圀 다섯 발가락 가운데 셋째 발가락.

가운뎃-소리 [-뎨쏘-/-뎬쏘-] 圀 【언】 한 음절의 가운데에 오는 모음(('말' 에서의 'ㅏ' 따위). 중성(中聲). *첫소리·끝소리.

가운뎃-손가락 [-뎨쏜까-/-뎬쏜까-] 圀 다섯 손가락 가운데 가장 긴 셋째 손가락. 장지(長指). 중지(中指).

가운뎃-점 (-點)[-뎨쩜/-뎬쩜] 圀 【언】 쉼표의 하나. 열거된 여러 단위가 대등하거나 밀접한 관계임을 나타낼 때, 각 단위 사이에 찍는 점(·). 중점(中點).

가운뎃-줄 [-뎨쭐/-뎬쭐] 圀 연의 귀·꽁수·허리의 세 달이 교차되는 중심에 덧붙여 맨 줄.

가운뎃-집 [-뎨찝/-뎬찝] 圀 삼 형제 가운데 둘째인 사람의 집.

-가웃 [-웃] 圀 되·말·자의 수를 셀 때 남는 절반 정도의 뜻을 나타내는 말. ▢ 두 되~.

가:-웅예 (假雄蘂) 圀 【식】 헛수술.

가:-월 (佳月) 圀 아름다운 달. 명월(明月).

가월 (嘉月) 圀 음력 삼월을 달리 이르는 말.

가위¹ 圀 옷감·종이·가죽·머리털 따위를 자르는 기구. 전도(剪刀). 협도(鋏刀). ▢ 색종이를 ~로 오리다 / ~로 바느질감을 마르다. **2** 가위바위보에서, 집게손가락과 가운뎃손가락 또는 엄지손가락을 벌려 내민 것. ▢ ~를 내다 / ~는 보에 이긴다.

가위² 圀 '음력 팔월 보름'을 명절로 일컫는 말. 중추. 추석.

가위³ 圀 꿈에 나타나는 무서운 것. 또는 무서운 내용의 꿈. ▢ ~에 눌리다.

가:위 (可謂) 閉 **1** 가히 이르자면. **2** 과연. 참. 그야말로. ▢ ~ 놀랄 만한 일이로다 / ~ 천하의 절경이다.

가위-눌리다 재 자다가 무서운 꿈에 질려 몸을 마음대로 움직이지 못하고 답답함을 느끼다. ▢ 무서운 꿈에 ~.

가위-다리 圀 **1** 가위의 손잡이. **2** 길쭉한 두 물건을 어긋매껴 'ㅈ' 모양으로 걸친 형상.

가위다리-를 치다 丞 'ㅈ' 모양으로 서로 어긋매껴 놓다.

가위다리-양자 (-養子) 圀비 두 형제에 하나밖에 없는 자식이 아들 둘을 낳았을 때, 그 하나가 종조(從祖)의 양손이 되는 일. 또는 그 양손.

가위다리-차 (-車) 圀 장기에서, 상대편 궁의 한편으로 연거푸 장군을 부르게 된 위치에 있는 두 차.

가위바위보 圀 순서나 승부를 정할 때 손을 내밀어 하는 방법(두 개의 손가락을 편 것을 가위, 주먹을 쥔 것을 바위, 손가락을 모두 편 것을 보로 하고 가위는 보에, 바위는 가위에, 보는 바위에 각각 이기는 것으로 정함).

가위-벌 圀 【충】 가위벌과의 곤충의 총칭. 꿀벌과 비슷하나 더 크고 빛이 짙음. 장미 따위의 나뭇잎을 뜯어 집을 지음.

가위-벌레 圀 ☞집게벌레.

가위-좀 圀 【충】 일자좀나비의 애벌레(배의 잎을 갉아 먹음).

가위-질 圀비 **1** 가위로 자르거나 오리는 일. ▢ 서른 ~로 머리 모양을 맞치르다. **2** 언론 기사나 영화 작품 따위를 검열해서 그 일부분을 삭제하는 일을 비유한 말.

가위-춤 圀 가위를 자꾸 벌렸다 오므렸다 하는 일. ▢ ~을 추는 엿장수.

가위-표(-標)圀 틀린 것을 표하거나, 문장에서 알면서도 일부러 드러내지 않음을 나타낼 때 쓰는 '×' 표의 이름. 가새표. 횡십자. ↔동그라미표.

가윗-날[-윈-]圀 한가윗날. 추석날.

가윗-날[-윈-]圀 가위에서, 물건을 자르는 날카로운 부분.

가윗-밥[-위빱/-윋빱]圀 가위질할 때 베어 내버린 부스러기.

가:유(假有)圀〖불〗인연 화합에 의하여 현실로 나타나 있는 세계. ↔실유(實有).

가율(加律)圀[-역] 형벌을 더함.

가:융-금(可融金)圀 가융금(可鎔金).

가:융 합금(可融合金)[-금] 〖화〗납·주석·카드뮴·비스무트 등과 같이 녹는점이 낮은 금속을 적당한 비율로 섞어 만든, 녹는점이 더욱 낮은 합금(땜납이나 퓨즈 등이 있음). 이융합금(易融合金).

가으-내閈[←가을내] 온 가을 동안 죽. 圀~ 가을걷이로 바쁘다.

가을[1]圀 네 철 가운데 셋째 철《입추부터 입동 전까지》. 圀~ 하늘 / ~을 타다 / ~ 단풍이 곱게 들다. 圀갈.
[가을 중 싸대듯 (한다)] 여기저기 분주하게 돌아다님의 비유.

가을[2]圀[하자]〖농〗가을걷이를 함.

가을-갈이圀[하자]〖농〗가을에 논을 미리 갈아 두는 일. 추경(秋耕). ↔봄갈이. 圀갈갈이.

가을-걷이[-거지]圀[하자]〖농〗가을에 곡식을 거두는 일. 추수(秋收). 圀~들에서 ~가 한창이다. 圀갈걷이.

가을-꽃[-꼳]圀 가을에 피는 꽃《국화·코스모스 따위》. 추화(秋花).

가을-날[-랄]圀 가을철의 날. 추일(秋日).

가을-내閈 ☞ 가으내.

가을-누에[-루-]圀〖농〗가을에 치는 누에. 추잠(秋蠶). 圀~를 치다. *봄누에·여름누에.

가을-맞이[-마지]圀[하자] 가을을 맞이함. 영추(迎秋).

가을-바람[-빠-]圀 가을에 부는, 선선하고 서늘한 바람. 추풍(秋風). 圀갈바람.

가을-밤[-빰]圀 가을철의 밤. 추소(秋宵). 추야(秋夜).

가을-보리圀 가을에 씨를 뿌려 이듬해 초여름에 거두어들이는 보리. 추맥(秋麥). 圀갈보리. *봄보리.

가을-봄圀 가을과 봄. 圀갈봄.

가을-비[-삐]圀 가을철에 내리는 비. 추우(秋雨). 圀~가 개다.
[가을비는 턱 밑에서도 긋는다] ㉠가을비는 잠깐 오다가 곧 그침을 비유하는 말. ㉡잔작정은 순간적이어서 곧 지나가 버림을 비유하는 말.

가을-빛[-삗]圀 가을을 느끼게 하는 자연의 기운. 추색(秋色). 圀~이 완연하다.

가을-살이圀 가을에 입는 옷.

가을-심기[-끼]圀[하자]〖농〗가을에 작물을 심는 일.

가을-일[-릴]圀[하자] 가을걷이하는 일.

가을-장마[-짱-]圀 가을철에 여러 날 계속해서 오는 비.

가을-철圀 계절이 가을인 때. 추절(秋節).

가을-카리圀[하자] ☞ 가을갈이.

가의(加衣)[-/-이]圀 책가위.

가의(加意)[-/-이]圀[하자] 특별히 주의함.

가의(歌意)[-/-이]圀 노래 또는 시가의 뜻.

가의-대부(嘉義大夫)[-/-이-]圀 조선 때,

종이품(從二品) 문무관의 품계.

가:의-하다(可疑-)[-/-이-]圀[여] (주로 '가의할'의 꼴로 쓰여) 의심할 만하다.

가이거 계:수기(Geiger計數器)[-/-게-]〖물〗방사선 입자의 입사(入射)로 일어나는 기체 방전(放電)을 이용하여 그 입자를 검출하는 장치(현재는 별로 쓰지 않음).

가:이동가이서(可以東可以西)圀 이렇게 할 만도 하고 저렇게 할 만도 함. 圀가동가서(可東可西).

가이드(guide)圀 1 관광이나 여행에서 안내를 맡은 사람. 圀여행에 ~가 동행하다. 2 '가이드북'의 준말. 圀인터넷 사용 ~.

가이드-라인(guideline)圀 정책이나 시책 등의 지침. 유도 지표(誘導指標). 圀임금 인상의 ~을 정하다.

가이드-북(guidebook)圀 1 여행 안내서. 관광 안내서. 2 학습이나 상품 등의 정보 따위를 다룬 소개서. 안내 책자. 圀가이드.

가이드-포스트(guidepost)圀 도로 표지(標識).

가이디드 미사일(guided missile) 무선(無線) 유도탄.

가이슬러-관(Geissler管)圀〖물〗진공 방전 실험이나 기체의 스펙트럼에 대한 연구에 쓰는 방전관.

가이아(Gaia)圀 그리스 신화에 나오는 대지(大地)의 여신.

가이-없다圀 ☞ 가없다.

가:인(佳人)圀 1 아름다운 여자. 미인. 圀당대의 재사(才士) ~들. 2 이성으로서 애정을 느끼는 사람.

가인(家人)圀 1 집안 사람. 2 남에게 자기 집 사람 또는 아내를 일컫는 말.

가인(歌人)圀 노래를 잘 부르거나 잘 짓는 사람. 가객(歌客).

가:인-박명(佳人薄命)[-명]圀 아름다운 여자는 수명이 짧음《소식(蘇軾)이 지은 시에서 유래함》. 미인박명.

가:인-재자(佳人才子)圀 아름다운 여자와 재능있는 젊은이.

가:일(佳日·嘉日)圀 1 날씨나 일진 따위가 좋은 날. 圀양춘 ~. 2 경사가 있는 날. 가신(佳辰). 圀임금 탄신의 ~.

가:일(暇日)圀 한가한 날.

가-일과(加一瓜)圀[하자]〖역〗임기가 다 된 관원을 한 임기 더 맡겨 하던 일.

가-일층(加一層)圀閈 한층 더. 더한층. 圀~노력하다 / ~ 분발하다. 圀[하자] 한층 더함. 圀~의 애호를 바랍니다.

가임(家賃)圀 집세.

가입(加入)圀[하자] 단체나 조직 따위에 들어감. 圀~ 신청서 / 정당〔보험〕에 ~하다. ↔탈퇴(脫退).

가입 전:화(加入電話)[-전-] 전화국이 특정한 개인·회사 등과 계약하여 설치하는 전화.

가웃멸다圀〈옛〉가멸다.

가자(加資)圀[하타]〖역〗정삼품 통정대부(通政大夫) 이상의 품계. 또는 그런 품계를 올리던 일.

가:자(架子)圀 1 나뭇가지를 받쳐 세운 시렁. 圀포도 ~. 2〖악〗편종·편경 등을 달아 놓는 틀. 3 갸자.

가산(家産)圀 가산(家産).

가자(家慈)圀 남에게 자기 어머니를 일컫는 말. 가모(家母).

가:자(假子)圀 1 양아들. 2 의붓자식.

가자(嫁資)圀 시집갈 때 드는 비용.

가자(歌者)圀〖역〗정재(呈才)의 한 가지. 또

가:정 (假定) 명하자타 **1** 임시로 정함. **2**〖논〗 사실이 아니거나, 사실인지 아닌지 아직 분명하지 않은 것을 임시로 인정함. 또는 그 인정한 것. 가설(假說).

가:정 (假晶) 명〖광〗광물이 결정의 외형은 유지한 채 내부는 다른 결정형을 나타내는 것.

가정 (駕丁) 명 가마를 메는 사람. 가마꾼.

가정 경제 (家政經濟)〖경〗집안 살림을 합리적으로 운영하는 데에 관한 경제.

가정-과 (家政科)[-꽈] 명 가정생활에 필요한 지식·기술·태도 따위를 가르치는 학교 학과의 하나.

가:정관 (假定款) 명〖법〗주주 총회의 의결을 거치지 않은 회사의 정관.

가정 교:사 (家庭敎師) 남의 집에서 돈을 받고 그 집의 자녀를 가르치는 사람. 口~를 두다 / ~ 노릇을 하다.

가정 교:육 (家庭敎育) 가정에서 집안 어른들의 일상생활을 통해 자녀가 받는 영향이나 가르침. 口~이 반듯하다 / ~을 제대로 받다.

가정-교훈 (家庭敎訓) 명 가훈(家訓).

가정-극 (家庭劇) 명〖연〗홈드라마.

가정-란 (家庭欄)[-난] 명 신문·잡지 등에서 주로 가정생활에 필요한 기사를 싣는 난.

가정 방:문 (家庭訪問)〖교〗교사가 학생의 가정환경을 이해하고 가정과 긴밀한 연락을 갖기 위해, 그 가정을 방문하는 일.

가:정-법 (假定法)[-뻡] 명〖언〗영문법에서, 동사가 의미하는 내용이 가정 내지 요망(要望)인 것을 나타내는 동사의 형태.

가정 법원 (家庭法院)〖법〗가정이나 소년에 관한 사건을 전문으로 다루는 하급 법원(가사(家事) 심판과 조정, 소년 보호 및 호적에 관한 사무를 맡아봄).

가정-부 (家政婦) 명 고용되어 보수를 받고 집안 일을 해 주는 여자. 口~를 두다 / ~를 들이다.

가:정부 (假政府) 명 임시 정부. [부인.

가정-부인 (家庭婦人) 명 가정에서 살림하는

가정-불화 (家庭不和) 명 한집안의 가족들이 화목하지 못함. 口청소년 가출의 주원인은 ~이다.

가정-생활 (家庭生活) 명 **1** 가정에서 하는 생활. **2** 가장(家長)과 그 식구가 한집안을 이루어 하는 생활.

가정 소:설 (家庭小說)〖문〗**1** 가정에서 읽기 좋게 씌어진 소설. **2** 가정생활을 소재로 한 소설.

가정-오랑캐 (家丁-) 명 **1**〖역〗청나라의 사신을 따라온 하인을 낮잡아 이르던 말. **2** 행패를 잘 부리는 사람의 비유.
[가정오랑캐 맞듯] 매를 몹시 맞는다는 뜻.

가정-용수 (家庭用水)[-뇽-] 명 가정에서 일상생활에 쓰는 물. 생활용수.

가정-의 (家庭醫)[-늬] 명 〖의〗한 가족의 모든 병을 지속적으로 진료하고 상담하는 의사라는 뜻에서, 전과(全科) 전문의를 흔히 이르는 말.

가정-의례 (家庭儀禮)[- / -이-] 명 가정에서 치르는 관혼상제에 관한 의례.

가정의례 준:칙 (家庭儀禮準則)[- / -이-] 가정의례에 관한 법률에 따라서 가정의례 의식 절차의 기준을 정한 규칙.

가정-일 (家庭-)[-닐] 명 집안일.

가정 자동화 (家庭自動化)〖컴〗사무 자동화에 상대되는 용어로, 가정에서 컴퓨터 기기·

통신 회선 따위를 이용하여 일상생활을 기능화·효율화하는 일. 방재(防災)·방범·홈뱅킹 따위로 안정성과 편리성 따위를 기대할 수 있음. 홈오토메이션.

가정-적 (家庭的) 관명 **1** 가정생활에 성실한 (것). 口~인 남편. **2** 가정과 같은 분위기가 감도는 (것). 口~(인) 분위기.

가정 전:기 기기 (家庭電氣機器)〖전〗가전제품.

가정-주부 (家庭主婦) 명 주부(主婦).

가정-집 (家庭-)[-찝] 명 개인의 살림집.

가정 통신 (家庭通信) 명〖교〗학생의 교육 지도상 필요한 사항을 교사와 학부모 사이에 주고받는 소식.

가정 파:괴범 (家庭破壞犯)〖법〗단순한 강도 행위를 넘어서 부녀자에게 성폭행을 하여 가정생활을 파괴하는 흉악범.

가정-학 (家政學) 명 가정생활의 모든 문제를 사회생활과의 관계 아래에서 연구하는 학문.

가정 학습 (家庭學習)[-씁]〖교〗학교의 숙제나 기타 과제를 집에서 익히는 일.

가정-환경 (家庭環境) 명 태어나서 자란 집안의 분위기나 조건. 口~이 좋다.

가제 (加除) 명하타 **1** 보탬과 뺌. **2**〖수〗가법과 제법(除法). 덧셈과 나눗셈.

가제 (家弟) 명 남에게 제 아우를 일컫는 말. 사제(舍弟).

가:제 (假製) 명하타 임시로 대강 만듦.

가:제 (假諦) 명〖불〗[←三제] 삼제(三諦)의 하나. 만유(萬有)일체가 모두 공(空)이나 삼라만상의 상(相)은 뚜렷하다고 하는 진리.

가제 (假題) 명 가제목.

가제 (歌題) 명 노래의 제목.

가제 (독 Gaze) 명 부드럽고 성긴 외올 무명베《소독하여 의료용으로 씀》. 거즈.

가:-제목 (假題目) 명 임시로 붙인 제목. 가제(假題).

가:-제본 (假製本) 명하타 책의 내용물을 실이나 철사로 철하고 표지로만 싸서 임시로 매는 제본.

가제-식 (加除式) 명 공책이나 장부 따위의 낱장을 자유로이 끼우고 뺄 수 있는 방식. 口~노트.

가져-가다 [-저-] 타거라 **1** 한 곳에서 다른 곳으로 옮겨 가다. 口이 책을 가져가거라. **2** 어떤 결과나 상태로 끌고 가다. 口바람직한 방향으로 ~.

가져다-주다 [-저-] 타 **1** 가지고 와서 주다. 口책 한 권을 ~. **2** 어떤 결과를 생기게 하다. 口좋은 변화를 ~. 㑇갖다주다.

가져-오다 [-저-] 타너오 **1** 한 곳에서 다른 곳으로 옮겨 오다. 口회사에 차를 ~ / 의자를 가져오너라. **2** 어떤 결과나 상태를 생기게 하다. 口좋은 결과를 ~.

가:조 (佳兆·嘉兆) 명 좋은 낌새. 경사스러운 일이 있을 조짐. 길조(吉兆).

가:-조각 (假爪角) 명〖악〗당비파(唐琵琶)로 향악(鄕樂)을 연주할 때, 오른손의 둘째·셋째·넷째 손가락에 끼우고 줄을 타는 뿔로 만든 두겁.

가:-조기 명 배를 갈라 넓적하게 펴서 말린 조기. 건석어(乾石魚).

가:조-시간 (可照時間) 명 해가 떠서 질 때까지의 시간. ＊일조(日照) 시간.

가:-조약 (假條約) 명 확정 이전에 임시로 체결되고, 비준이나 재가를 거치지 아니한 조약. 잠정 조약.

가:조-율 (可照率) 명 일조 시간에 대한 가조

시간의 비율. *일조율(日照率).

가:-조인 (假調印) 〔명〕〔하타〕〔정〕 외교 교섭에서, 약정된 문서에 정식으로 서명하기에 앞서 그 초안에 임시로 서명하는 일. 예비 조인. ❏조약에 ~하다.

가족 (家族) 〔명〕 1 부부를 중심으로 한집안을 이루는 사람들. ❏~을 부양하다 / 헤어진 ~을 만나다. 2 가족 제도에서, 한집안의 친족.

가족 경제 (家族經濟)〔-경-〕〔경〕 생산에서 소비에 이르는 모든 경제 행위가 가족 안에서 이루어지는 경제 상태. ↔국민 경제.

가족-계획 (家族計劃)〔-계-/-께-〕〔명〕 부부가 자녀의 수나 출산의 간격을 계획적으로 조정하는 일. ❏~을 하다.

가족 관계 등록부 (家族關係登錄簿)〔-꽌-녹뿌/-꽌객-녹뿌〕〔법〕 2008년 호적법 폐지에 따라 호적을 대신하기 위하여 마련한 공문서. 필요에 따라 다섯 가지 종류의 증명서를 발급받을 수 있음.

가족 국가 (家族國家)〔-꾹까〕〔사〕 국가는 하나의 큰 가족이라 주장하여, 가정을 국가 지배의 원리로 하는 국가 유형.

가족-묘 (家族墓)〔-종-〕〔명〕 한집안 식구들의 무덤이 같은 장소에 있는 형태의 묘지.

가족-법 (家族法)〔-뻡〕〔명〕〔법〕 민법의 '친족법'과 '상속법'의 통칭.

가족-사진 (家族寫眞)〔-싸-〕〔명〕 가족이 함께 찍은 사진.

가족-석 (家族席)〔-썩〕〔명〕〔사〕 극장이나 모임 따위에서 가족끼리 앉도록 마련된 자리.

가족 수당 (家族手當)〔-쑤-〕〔사〕 근로자의 생활 보조를 목적으로 하여 부양가족의 수에 따라 본봉 이외에 더 지급되는 수당.

가족-적 (家族的)〔-쩍〕〔관〕〔명〕 1 한 가족에 관한 (것). 2 가족 사이처럼 친밀한 (것). ❏~인 분위기.

가족 제:도 (家族制度)〔-쩨-〕〔사〕 가족의 구성이나 기능, 사회의 규범이나 관습에 따라 체계화된 가족의 형태(《대가족·소가족·핵가족 제도 따위》.

가족-탕 (家族湯)〔명〕 한 가족끼리만 따로 쓰도록 되어 있는 목욕탕.

가족-회의 (家族會議)〔-조쾨-/-조쾌이〕〔명〕 가족끼리의 일이나 회의. ❏~를 열다.

가존 (家尊)〔명〕 자기 자신은 남의 아버지의 존칭.

가좌 (家座)〔명〕 집터의 위치와 경계.

가죄 (加罪)〔명〕〔하타〕 1 죄에 죄가 더함. 2〔역〕형벌을 더함. 가율(加律).

가죄 (嫁罪)〔명〕〔하자〕 죄를 남에게 덮어씌움.

가주 (加州)〔명〕〔지〕 미국의 캘리포니아 주의 음역. ❏남(南) - 대학.

가:주 (佳酒·嘉酒)〔명〕 좋은 술. 미주(美酒).

가:주 (家主)〔명〕 1 한 집안의 주인. 2 집주인.

가:주 (假主)〔명〕 제사에서, 신주 대신으로 만든 신위(神位).

가:주 (假株)〔명〕 '가주권(假株券)'의 준말.

가:-주권 (假株券)〔-꿘〕〔명〕〔경〕 나중에 본주권으로 바꿔 주기로 하고 회사에서 주주에게 임시로 주는 증서. ㉰가권(假株).

가:-주소 (假住所)〔명〕 1 거짓 주소. 2 임시로 정한 주소. 3〔법〕어떤 행위를 한 사람이 그 행위와 관련하여 주소 대신 정한 임시 장소.

가죽〔명〕 1 동물의 몸을 싸고 있는 질긴 껍질. ❏악어 ~ / ~을 벗기다. 2 동물의 몸에서 벗겨 낸 껍질을 다루어서 정제한 것. 피혁(皮革). ❏~ 가방 / ~ 구두 / ~ 표지의 사전. 3 사람의 피부를 낮잡아 이르는 말. ❏얼굴 ~.

가죽-끈〔명〕 가죽으로 만든 끈.

가:-죽나무 (假-)〔-중-〕〔명〕〔식〕 소태나뭇과의 낙엽 활엽 교목. 높이 27m 정도, 여름에 백록색 꽃이 핌. 뿌리껍질은 약으로 씀. 정원수·가로수로 심음. 저목(樗木).

가죽-숫돌〔-쑫똘〕〔명〕 면도칼을 문질러 날을 세우는 가죽 피. 혁지(革砥).

가죽-신〔-씬〕〔명〕 가죽으로 만든 신. 갓신.

가죽-위 (-韋)〔명〕 한자 부수의 하나(《'韜'·'韓' 등에서 '韋'의 이름》.

가죽-점피 (-jumper)〔명〕 가죽으로 만든 점퍼.

가죽-피 (-皮)〔명〕 한자 부수의 하나(《'皺'·'皰' 등에서 '皮'의 이름》.

가죽-혁 (-革)〔-혁〕〔명〕 한자 부수의 하나(《'靴'·'鞴' 등에서 '革'의 이름》.

가중 (加重)〔명〕〔하타〕 1 책임이나 부담 따위를 더 무겁게 함. ❏부담이 ~되다 / 자금 압박을 ~시키다. 2〔법〕여러 번 죄를 저질렀을 때, 형벌을 더 무겁게 하는 일.

가중 (家中)〔명〕 1 한 집의 안. 2 온 집안.

가중-감경 (加重減輕)〔명〕〔법〕 법정형(法定刑)을 법률상 또는 재판상 더 무겁게 하거나 더 가볍게 하는 일.

가중 산:술 평균 (加重算術平均)〔수〕 가중 평균.

가중 처:벌 (加重處罰)〔법〕 형을 더 무겁게 해서 내리는 처벌.

가중-치 (加重値)〔명〕 1 일반적으로 평균치를 산출할 때 개별치(個別値)에 부여되는 중요도. ❏토익 성적에 ~를 부여하다. 2〔경〕어떤 상품이 경제생활에서 차지하는 중요도.

가중 평균 (加重平均)〔수〕 각 수치에 가중치를 곱하여 구한 평균. 가중 산술 평균.

가:중-하다 (苛重-)〔형어〕 정도가 심하고 부담이 커 무겁다. ❏가중한 업무. 가:중-히〔부〕

가중-형 (加重刑)〔명〕〔법〕 법정이 정한 범위를 넘어 더 무겁게 내리는 형벌.

가즈런-하다〔형〕 ☞ 가지런하다.

가즈럽다〔-따〕〔가즈러워, 가즈러우니〕〔형〕 아무것도 없으면서 다 갖춘 듯이 뻐기는 티가 있다.

가증 (加症)〔명〕〔하자타〕 1 어떤 병에 딴 증세가 더해서 일어남. 2 어떤 병이 딴 증세를 일으킴.

가증 (加增)〔명〕〔하자타〕 증가한 데에 더 증가함. 불은 데에다 더 보탬.

가증-률 (加增率)〔-뉼〕〔명〕〔경〕 유가 증권의 액면 또는 납입 가격과 그 이상의 매매 가격과의 차이.

가:증-맞다 (可憎-)〔-맏따〕〔형〕 몹시 괘씸하고 얄밉다. ❏가증맞은 녀석.

가:증-스럽다 (可憎-)〔-따〕〔-스러워, -스러우니〕〔형〕 가증한 데가 있다. ❏가증스러운 배신자. 가:증-스레〔부〕

가:증-하다 (可憎-)〔형어〕 괘씸하고 얄밉다.

가지[1]〔명〕 1 나무나 풀의 원줄기에서 갈라져 벋은 줄기. ❏마른 ~ / ~를 뻗다 / 버드나무 ~를 꺾다. 2 근본에서 갈라져 나간 것. 3〔언〕접사류(接辭類).
[가지 많은 나무에 바람 잘 날이 없다] 자식 많은 어버이는 근심이 끊일 날이 없다.

가지(를) 치다〔구〕 하나의 근본에서 딴 갈래가 생기다.

가지²〔명〕 1〔식〕 가짓과의 한해살이풀. 인도 원산으로 높이는 1m가량, 온몸에 털이 나 있고 잎은 어긋나고 달걀꼴임. 담자색·남색·백색 등의 통꽃이 핌. 2 1의 열매. 흔히 검은 자줏빛으로 길고 구부한 원통 모양이며, 기름에 볶거나 쪄서 반찬으로 씀.

[가지 나무에 목맨다] 몹시 딱하거나 서러워 목맬 나무의 크고 작음을 가리지 않고 죽으려 한다는 뜻으로, 이것저것 가릴 처지가 아님의 비유.

가:지³ 〈비〉 남을 업신여기는 뜻으로 욕하는 말. ㉰거지.

가:지 (可知) 명 알 수 있음. 또는 알 만함. ↔불가지(不可知).

가지 (加持) 명 《불》 **1** 부처와 중생이 하나가 되는 경지로 들어가는 일. **2** 민간에서, 병이나 재앙을 면하려고 부처에게 올리는 기도. ▷ ~ 기도.

가지⁴ 명 **1** 사물을 종류별로 구별하여 헤아리는 말. ▷ 여러 ~ 방법 / 실례를 몇 ~ 들다. **2** 제기차기할 때, 차기 시작해서부터 땅에 떨어지기까지의 동안. ▷ 한 ~에 몇 이나 찼니.

가지-가지¹ ☐團 여러 종류. 여러 가지. ☐쥐미도 ~다. ㉰갖가지·갖갖. ☐판 여러 가지의. 여러 종류의. ▷ 생각이 난다 / ~ 사건이 계속되다. ㉰갖가지·갖갖.

가지-가지² 뭐 나무의 가지마다. ▷ ~에 꽃이 활짝 피었다.

가지가지-로 뭐 온갖 종류로. 여러 가지로. ▷ ~ 속을 썩이다. ㉰갖가지로.

가지-각색 (-各色)[-쌕] 명 여러 가지의 온갖 형태. 가지가지. 각양각색. 종종색색. ▷ 옷차림이 ~다.

가지-고비고사리 명 《식》 고사릿과의 여러해살이풀. 줄기의 높이 60 cm 정도, 다갈색이며 잎자루가 긺. 고비고사리와 비슷.

가지-굴 명 《어》 곰칫과의 바닷물고기. 길이 35 cm 정도, 빛은 자주색. 등과 뒷지느러미의 폭이 넓음.

가:-지급 (假支給) 명하타 《경》 치를 돈 따위의 일부 또는 전액을 기일 전에 임시로 하는 지급. 가불(假拂).

가:지급-금 (假支給金)[-끔] 명 《경》 가지급한 돈. 가불금.

가지기 명 정식 결혼을 하지 않고 다른 남자와 사는 과부나 이혼 여성. 가직(家直).

가지다 타 **1** 손에 쥐다. 몸에 지니다. ▷ 손에 가진 게 뭐냐 / 돈은 얼마나 가졌니. **2** 자기 것이 되게 하다. ▷ 주운 돈을 ~. **3** 직업·자격증 따위를 소유하다. ▷ 새로운 직업을 ~. **4** 마음에 품다. ▷ 야심을 가진 사람 / 호감을 ~ / 좀 더 관심을 가져라. **5** 관련이나 관계를 맺다. ▷ 권한을 ~ / 영향력을 ~ / 긴밀한 협조 관계를 ~. **6** 치르다. 행하다. ▷ 회의를 ~ / 교섭을 ~. **7** 아이나 새끼를 배다. ▷ 아이를 ~. **8** '을(를) 가지고'의 꼴로 쓰여, ㉠수단이나 기구를 나타내는 말. ▷ 참쌀을 가지고 술을 빚다. ㉡무엇을 대상으로 함을 나타내는 말. ▷ 왜 저 애만 가지고 법석이냐. ☐보동 어미 '-아'·'-어' 뒤에서 '가지고'의 꼴로 쓰여, 그 동작이나 상태를 그대로 지니고 있음을 나타내는 말. ▷ 돈을 받아 가지고 왔다 / 저래 가지고는 성공하지 못한다. ㉰갖다.

가지런-하다 혱여 여럿이 고르게 되어 있다. ▷ 하얗고 가지런한 이. **가지런-히** 뭐. ▷ 신발을 ~ 정돈하다.

가-지방 (加地枋) 명 《건》 문설주 안으로 덧댄 문지방. ㉰가방(加枋).

가지-번호 (-番號) 명 차례로 매긴 번호에서 다시 가지를 치듯 갈라져 나간 차례에 매긴 번호(1-1, 1-2, 2-1, 2-2…에서, 뒤 번호 '1'·'2' 따위).

가지-접 (-椄) 명 《농》 접붙이기의 한 가지. 접본에 몇 개의 눈이 달린 다른 나무의 가지를 접붙이는 일. 주로 과수(果樹)에 함. 지접(枝椄).

가지-치기 명하타 《농》 나뭇가지의 일부를 자르고 다듬는 일. 전정(剪定). 전지(剪枝). 정지(整枝).

가직 (家直) 명 가지기.

가직다 [-따] 혱 '가직하다'의 준말.

가직이 뭐 가직하게. ↔멀찍이.

가직-하다 [-지카-] 혱 거리가 좀 가깝다. ▷ 여기서 가직한 거리에 느티나무가 한 그루 있다. ↔멀찍하다. 가직이 뭐.

가질 (家秩) 명 가록(家祿).

가:질 (假質) 명 《역》 병자호란 이후, 청나라에 인질을 보낼 때 대신들이 제 자식이 아니고 남의 자식을 보내던 일.

가:집 (佳什) 명 아름답게 잘 지은 시가(詩歌).

가집 (家什) 명 '가장집물(家藏什物)'의 준말.

가집 (家集) 명 한집안의 가족이나 조상들의 시문집.

가집 (歌集) 명 시가를 모아 엮은 책.

가:-집행 (假執行)[-짱] 명하타 《법》 법원이 직권 또는 당사자의 신청에 따라 미확정인 판결의 취지를 우선 집행하는 일.

가:짓-말 [-진-] 명하자 사실과 다르게 꾸며서 하는 말. ㉰거짓말.

가:짓말-쟁이 [-진-] 명 가짓말을 잘하는 사람. ㉰거짓말쟁이.

가:짓-부렁 [-진뿌-] 명 가짓부렁이. ㉰거짓부렁.

가:짓-부렁이 [-진뿌-] 명 〈속〉 가짓말. ㉰거짓부렁이.

가:짓-부리 [-진뿌-] 명 '가짓말'의 낮춤말. ㉰거짓부리. ㉰가짓불.

가:짓-불 [-진뿔] 명 '가짓부리'의 준말. ㉰거짓불.

가:짓-빛 [-진삗 /-진삗] 명 보랏빛에 파란빛이 연하게 섞인 빛깔. 가지색.

가:짓-수 (-數)[-진쑤 /-진쑤] 명 여러 가지의 수효. ▷ 반찬이 ~만 많구나.

가징 (加徵) 명하타 더 거두어들임.

가줄불 타 〈옛〉 비유함. 견줌. '가줄비다'의 명사형.

가줄비다 타 〈옛〉 비유하다. 견주다.

가:-짜 (假-) 명 진짜처럼 꾸민 것. 진짜가 아닌 것. ▷ 상표 / 서류를 ~로 꾸미다 / ~에 속다. ↔진짜.

가:차 (假借) 명하타 **1** 임시로 빌림. **2** 사정을 보아줌. ▷ 법 앞에선 일호의 ~도 없다. **3** 《언》 한자 육서(六書)의 하나. 뜻은 다르나 음이 같은 다른 글자를 빌려 쓰는 법(호령의 뜻인 '령(令)'을 빌려 현령(縣令)의 '영(令)'으로 쓰는 따위).

가:-차명 (假借名) 명 가명(假名)과 차명(借名). ▷ ~ 계좌.

가:-차압 (假差押) 명하타 '가압류'의 구칭.

가:차-없다 (假借-)[-업따] 혱 조금도 사정을 보아주거나 너그러움이 없다. ▷ 가차없는 처벌. **가:차-없이** [-업씨] 뭐. ▷ ~ 처벌하다.

가:찬 (佳饌·嘉饌) 명 좋은 반찬·요리.

가:찰 (苛察) 명하타 까다롭게 따지어 살핌.

가찹다 혱 '가깝다'의 방언.

가창 (街娼) 명 거리에서 손님을 끄는 창녀.

가창 (歌唱) 명하자 노래를 부름. ▷ ~ 지도.

가창-력 (歌唱力)[-녁] 명 노래를 부르는 능력. ▷ ~이 뛰어나다.

가창-오리 圏 『조』 오릿과의 물새. 날개 길이는 20cm쯤, 수컷의 얼굴에 황색·녹색 무늬가 있어 아름다움. 가을에 날아오는 수렵조임. 되오새.

가:채 (可採) 圏 채굴·채취가 가능함. ▫~ 석탄 매장량.

가:책 (呵責) 圏하타 자기나 남의 잘못에 대하여 꾸짖어 책망함. ▫양심의 ~을 느끼다.

가:책 (苛責) 圏하타 몹시 심하게 꾸짖음.

가:-처분 (假處分) 圏하타 1 임시로 어떤 사물을 처분함. 2 『법』 금전 채권 이외의 특정물의 급부·인도를 보전하기 위하여, 판결이 날 때까지 동산 또는 부동산을 상대방이 처분하지 못하도록 금지하는 잠정적 처분.

가:처분 소:득 (可處分所得) 『경』 세금을 뺀 개인 소득. 개인의 의사에 따라 자유로이 쓸 수 있는 소득.

가:철 (假綴) 圏하타 책·서류를 임시로 대강 매어 둠.

가첨 (加添) 圏하타 덧붙임. 첨가 (添加).

가첨-밥 (加添-)[-빱] 圏 먹을 만큼 먹은 위에 더 먹는 밥. 덧밥.

가첨-석 (加檐石) 圏 비석 위에 지붕처럼 덮어 얹는 돌. 개석 (蓋石).

가첨-잠 (加添-)[-짬] 圏 알맞게 잔 뒤에 더 자는 잠. 덧잠.

가첩 (家牒) 圏 한 집안의 족보.

가:청 (可聽) 圏 들을 만함. 또는 들을 수 있음. ▫~ 지역을 넓히다.

가:청-음 (可聽音) 圏 『물』 귀로 들을 수 있는 범위의 음 《주파수 20~20,000 Hz, 음의 크기 0~130 폰(phon) 사이의 음》.

가체 (加髢) 圏하자 『역』 부인들이 성장 (盛裝)할 때 머리에 큰머리나 어여머리를 얹던 일.

가촌 (街村) 圏 큰길가를 따라 집들이 길게 줄지어 들어서 있는 마을.

가:추 (假椎) 圏 『생』 척추의 일부인 척추 끝의 천추(薦椎)와 미저골의 일컬음.

가-추렴 圏하타 〔←가출렴(加出斂)〕 추렴 뒤에 그것으로 부족할 때 더 추렴하는 일.

가축 圏하타 물품이나 몸가짐 따위를 알뜰히 매만져서 잘 간직하거나 거둠. ▫오래 쓰고도 새것 같으는 ~할 탓이다.

가축 (家畜) 圏 집에서 기르는 짐승《소·말·개·닭 따위》. 집짐승. ▫~을 기르다.

가축 법정 전염병 (家畜法定傳染病) [-뼝쩡저념뼝] 법률로 정하여 놓은 가축의 전염병. 우역(牛疫)·광견병·가축의 유행성 뇌염·결핵병·탄저(炭疽)·콜레라·페스트 따위.

가:-축성 (可縮性)[-썽] 圏 오그라들거나 줄어들 수 있는 성질.

가출 (家出) 圏하자 가정을 버리고 집을 나감. ▫~ 신고 / ~ 소녀의 무작정 상경.

가:-출소 (假出所)[-쏘] 圏하자 『법』 '가석방'을 일반적으로 이르는 말.

가:-출옥 (假出獄) 圏하자 '가석방'의 구칭.

가:취 (佳趣) 圏 1 좋은 취미. 2 재미있는 흥취.

가취 (嫁娶) 圏 시집가고 장가듦. 혼인.

가취 (歌吹) 圏하자 노래를 부르고 관악기를 부는 일.

가취지례 (嫁娶之禮) 圏 혼인의 예식.

가:취-하다 (可取-) 혱여 (주로 '가취할'의 꼴로 쓰여) 취할 만하거나 쓸 만하다.

가:측-치 (可測値) 圏 실제로 측정할 수 있는 수치. 가측값.

가치 圏 〈옛〉 까치.

가치 (假齒) 圏 의치 (義齒).

가치 (價値) 圏 1 값. 값어치. ▫상품 ~ / 화폐

~가 떨어지다. 2 사물이 지니고 있는 의의나 중요성. ▫읽을 만한 ~가 있는 책. 3 『철』 대상이 주관 (主觀)의 요구를 충족시키는 성질. 또는 정신 행위의 목표로 간주되는 진·선·미 따위. ▫미적 ~를 지니다. 4 『경』 욕망을 충족시키는 재화의 중요 정도《사용 가치와 교환 가치가 있음》.

가치 감:정 (價値感情) 『심』 쾌·불쾌·미·추·선·악처럼 가치 인식에 따라 일어나는 감정.

가치 공학 (價値工學) 『경』 제품이나 서비스의 가치를 떨어뜨리지 않고 최저 비용으로 고품질의 제품을 생산하거나 서비스의 질을 높이는 방법을 연구하는 학문.

가치-관 (價値觀) 『심』 인간이 삶이나 세계에 대하여 옳고 그름, 좋고 나쁨 등의 가치를 매기는 관점이나 기준. ▫도덕적 ~ / 올바른 ~을 형성하다 / ~이 바뀌다.

가치-론 (價値論) 圏 1 『철』 가치의 본질, 가치 인식의 문제, 가치와 사실의 관계 등을 다루는 이론. 가치 철학. 2 『경』 재화의 가치, 특히 교환 가치의 본질·성립 조건·증식(增殖) 과정 등을 취급하는 경제학의 한 영역.

가치 법칙 (價値法則) 『경』 마르크스 경제학에서, 상품의 생산과 교환을 규정하는 법칙.

가치 분석 (價値分析) 『경』 생산 관리, 특히 구매(購買) 관리에서, 제품을 구성하는 부품 및 자재의 기능을 분석하여 원가 절감을 피하는 경영 기술.

가치-설 (價値說) 圏 가치 학설.

가치 작-거리다 [-꺼-] 재 거추장스럽게 자꾸 여기저기 걸리거나 닿다. 僆거치적거리다. 쎔까치작거리다. 가치작-거리다. 가치작-거리다 [-까-] 閉하자

가치작-대다 [-때-] 재 가치작거리다.

가치 척도 (價値尺度)[-또] 『경』 상품의 가치를 재는 기준《화폐가 대표적인 척도임》.

가치 철학 (價値哲學) 『철』 가치론(價値論)1.

가치 판단 (價値判斷) 『철』 무엇인가의 가치에 관하여, 각자의 기준으로 내려지는 판단. '이 꽃은 아름답다·거짓말은 나쁘다' 따위.

가치 학설 (價値學說)[-썰] 『경』 재화가 가지는 가치의 본질과 그 결정에 대하여 설명하는 학설. 가치설(價値說).

가친 (家親) 圏 남에게 자기 아버지를 일컫는 말. 가엄(家嚴).

가칠 (加漆) 圏 칠한 위에 더 칠함.

가:-칠 (假漆) 圏하타 1 옻칠이 아닌 인공적으로 만든 니스·페인트 따위의 칠. 2 『건』 단청(丹靑)할 때 애벌로 칠하는 일. 또는 그런 칠.

가칠-가칠 閉하형 여러 군데가 모두 가칠한 모양. ▫피부가 ~ 느껴지다. 僆거칠거칠. 쎔까칠까칠.

가칠-하다 혱여 살이 빠져 살갗이 거칠고 윤기가 없다. ▫독감으로 얼굴이 ~. 僆거칠하다. 쎔까칠하다.

가칫-거리다 [-친꺼-] 재 살갗 따위에 자꾸 조금씩 닿아 걸리다. 僆거칫거리다. 쎔까칫거리다. 가칫-가칫 [-친칫] 閉하자

가칫-대다 [-친때-] 재 가칫거리다.

가칫-하다 [-치타-] 혱여 살갗이 여위고 윤기가 없어 좀 거칠다. 僆거칫하다. 쎔까칫하다.

가:칭 (假稱) 圏하타 어떤 이름을 임시 또는 거짓으로 정하여 부름. 또는 그 이름. ▫~ 녹색 환경당의 발기인 대회.

가쾌 (家儈) 圏 집주름. ▫~와 계약을 맺다.

가타 (伽陀) 圏 『불』 부처의 공덕·교리를 찬미

가ー트[영 garter] 양말이 흘러내리지 않도록 팽팽하게 잡아당겨 주는 기구.

가톨릭(Catholic) 圈 1 가톨릭교. 2 가톨릭교도.

가톨릭-교(—敎) 圈 1 천주교. 2 그리스도교에서, 교황을 교회의 우두머리로 믿는 종파. ↔개신교.

가톨릭-교도(Catholic敎徒) 圈 가톨릭교를 믿는 사람. 천주교도.

가트(GATT) [General Agreement on Tariffs and Trade] 관세와 무역에 관한 일반 협정. 무역 장벽을 없애고 국제 무역과 물자 교류를 늘리기 위하여 1947년 제네바에서 맺은 국제 협정. 1995년 WTO가 출범으로 소 멸됨.

가항 (街巷) 명 길거리.
가:항-성 (可航性)[-썽] 명 선박 따위의 운항할 수 있는 가능성.
가해 (加害) 명하자 남에게 상처를 입히거나 손해를 끼침. ❏ ~ 행동. ↔피해.
가해-자 (加害者) 명 남에게 상처를 입히거나 재산·명예 따위에 해를 끼친 사람. ❏ ~를 수배하다. ↔피해자.
가행 (家行) 명 한 집안의 행실과 품행.
가행 (嘉行) 명 착하고 갸륵한 행동. 선행.
가행 (稼行) 명하자타 〖광〗 광물을 캐는 작업을 진행함. 가업(稼業).
가행 탄:전 (稼行炭田) 〖광〗 현재 채광 작업이 진행 중인 탄광. ↔봉쇄 탄전.
가:향 (佳香) 명 좋은 향기. 가방(佳芳). ❏ ~이 가득하다.
가향 (家鄕) 명 자기 집이 있는 고향.
가헌 (家憲) 명 한 집안의 규율과 법식. 가법(家法).
가:현 (假現) 명하자 〖종〗 신이나 부처가 사람의 형상으로 잠시 이 세상에 나타남.
가:현 운:동 (假現運動) 〖심〗 실지로 움직이지 않는 대상이 어떤 조건에서 움직이는 것같이 보이는 현상. 가상(假象) 운동.
가형 (加刑) 명하자타 형벌을 더함.
가형 (家兄) 명 남에게 자기의 형을 일컫는 말. 사형(舍兄).
가호 (加號) 명 〖수〗 '덧셈표'의 구칭. ↔감호(減號).
가호 (加護) 명하자타 **1** 보호하여 줌. **2** 신이나 부처가 힘을 베풀어 돌보아 줌. ❏ 신의 ~를 빌다 / 하늘의 ~를 입다.
가호 (家戶) ㊀명 호적상의 집. ㊁의명 한 지역의 집 수를 세는 말. ❏ 그 마을은 100여 ~ 정도이다.
가호-력 (加護力) 명 신이나 부처가 보살피고 돌보아 주는 힘.
가:-호적 (假戶籍) 명 〖법〗 예전에, 본적지가 아닌 곳을 임시로 본적지로 정하여 만든 호적을 이르던 말.
가:혹 (苛酷) 명하형히부 몹시 모질고 혹독함. ❏ ~한 시련 / ~하게 부리다.
가홀오다 타 〈옛〉 기울이다.
가:화 (佳話) 명 아름답고 좋은 내용의 이야기.
가화 (家禍) 명 집안에 일어난 재앙.
가:화 (假花) 명 조화(造花).
가화 (嫁禍) 명하자 화(禍)를 남에게 넘겨씌움.
가화 (嘉禾) 명 낟알이 많이 달린 큰 벼.
가:-화류 (假樺榴) 명 화류의 빛과 같이 붉게 칠한 목재.
가화-만사성 (家和萬事成) 명 집안이 화목하면 모든 일이 잘되어 감.
가환 (家患) 명 집안의 근심·걱정이나 병.
가:환 (假鬟) 명 예전에, 부인이 성장(盛裝)할 때 쪽 찐 머리 위에 얹던 큰머리나 어여머리.
가:-환부 (假還付) 명하타 〖법〗 법원에서 증거물로 압수한 물건을 소유자·보관자의 청구에 따라 임시로 돌려줌.
가:-환지 (假換地) 명 〖법〗 토지 구획 정리 사업을 시행할 때, 공사를 하거나 환지 처분을 하기 위해 임시로 하는 환지.
가황 (加黃) 명하자 〖화〗 **1** 생고무에 황을 섞어 가열하여 신장성(伸張性)·탄성(彈性)을 늘리는 일《현재는 쓰이지 않음》. **2** 면실유·어유(魚油) 등의 기름에 황 또는 염화황을 가하여 가열 처리를 하는 일. **3** 황화(黃化) 물감을 만드는 일.
가황 고무 (加黃-) 〖화〗 생고무에 황을 넣고 가열하여 탄성도를 높인 고무. 황화 고무.
가:회 (佳會·嘉會) 명 기쁘고 즐거운 모임.
가회-톱 명 〖식〗 포도과의 낙엽 활엽 덩굴나무. 산에 나는데, 잎은 피침형이고 초여름에 황록색 꽃이 핌. 가을에 희고 둥근 열매를 맺고 뿌리는 백렴(白蘞)이라 하여 약용함.
가획 (加劃) 명하타 글자의 획수를 더함.
가:효 (佳肴·嘉肴) 명 맛이 좋은 안주나 요리. ❏ 옥반(玉盤) ~는 만성고(萬姓膏)라.
가후 (駕後) 명 〖역〗 임금의 거둥 때 수레 뒤에 따르던 시위병. ↔가전(駕前).
가훈 (家訓) 명 집안 어른이 자손들에게 주는 가르침. 가정교훈. ❏ ~을 받들다 / ~으로 삼다.
가휘 (家諱) 명 자기의 부모나 조상의 이름을 부르기를 피하는 일. 또는 그런 이름. 사휘(私諱).
가:흥 (佳興) 명 멋있는 흥.
가:희 (佳姬)[-히] 명 젊고 아리따운 여자. 미희(美姬).
가희 (歌姬)[-히] 명 직업적으로 노래를 부르는 여자. 여자 가수.
가희톱 명 〈옛〉 가회톱.
가희톱플 명 〈옛〉 가회톱.
가히 명 〈옛〉 개[3]1.
가:-히 (可-) 부 **1** (주로 '-ㄹ 만하다', '-ㄹ 수 있다', '-ㅁ직하다' 등과 함께 쓰여) '능히', '넉넉히', '크게 틀림없이'의 뜻을 나타냄. ❏ 부채춤은 ~ 세계에 자랑할 만하다 / ~ 짐작하고도 남을 만한 일. **2** (주로 부정어와 함께 쓰여) '마땅히', '과연', '결코' 등의 뜻을 나타냄. ❏ 이런 경사에 ~ 술과 노래가 없을까.
각 (角) 명 **1** 뿔. ❏ 사슴의 ~이 돋다. **2** 면이 만나 이루는 모서리. ❏ ~이 지다. **3** 〖수〗 두 직선의 한 끝이 서로 만나는 곳. **4** '각도'의 준말. ❏ ~이 크다 / ~을 맞추다. **5** '각성(角星)'의 준말. **6** 〖악〗 동양 음악의 오음(五音)의 하나. **7** 〖악〗 짐승의 뿔로 만든 취악기(吹樂器)의 하나.
각 (刻) ㊀명하타 **1** '조각(彫刻)'의 준말. **2** 새김[1]3. **3** '누각(漏刻)'의 준말. ㊁의명 〖역〗 시간의 단위. 1각은 약 15분임. ❏ 일 ~이 여삼추(如三秋)라.
각 (脚) 명 **1** 다리. 종아리. **2** 짐승을 잡아 고기를 나눌 때, 몇 등분한 것 가운데 한 부분.
　각(을) 뜨다 구 잡은 짐승의 몸을 몇 부분의 각으로 가르다.
각 (殼) 명 껍데기.
각 (閣) 명 높고 큰 집.
각 (覺) 명 〖불〗 법의 본체와 마음의 근본을 깨달아 앎. ❏ ~을 얻다.
각 (各) 관 각각의. 낱낱의. ❏ ~ 학교 / ~ 가정 / ~ 지방.
각- (各) 두 '각각의·낱낱의·따로따로의'의 뜻. ❏ ~살림 / ~추렴 / ~층.
-각 (閣) 미 (일부 명사 뒤에 붙어) '높다랗게 지은 큰 집'임을 나타냄. ❏ 임진~ / 판문~.
각-가속도 (角加速度)[-까-또] 명 〖물〗 각속도가 단위 시간에 변하는 정도.
각-가지 (各-)[-까-] 관명 여러 가지. 많은 종류. 각종. ❏ ~ 물건 / ~ 음식.
각각 (各各)[-깍] ㊀부 제각기. 따로따로. 몫몫이. ❏ 저마다 생각이 ~ 다르다. ㊁명 사람이나 물건의 하나하나. ❏ ~의 의견을 말하다.
각각-으로 (刻刻-)[-까그-] 부 시간의 일각(一刻)마다. 각일각(刻一刻). ❏ ~ 변하는 세계

정세.

각간 (角干)[-깐] 명 《역》 이벌찬(伊伐飡).

각개 (各個)[-깨] 명 하나하나. 낱낱. ▢국민 ~의 자각이 요망된다.

각개 격파 (各個擊破)[-깨-] **1** 명 적을 따로따로 격파함. **2** 목적 달성을 위해 관계자 한 사람 한 사람을 설득함.

각개 약진 (各個躍進)[-깨-찐] 《군》 지형·지물(地物) 등을 이용하여 병사가 개별적으로 돌진함.

각개 전:투 (各個戰鬪)[-깨-] 《군》 병사 개개인이 총검술 따위로 벌이는 전투.

각개 점호 (各個點呼)[-깨-] 《군》 개개인을 대상으로 하는 점검.

각거 (各居)[-꺼] 명하타 가족 관계에 있는 사람들이 따로 떨어져 삶. ▢부부가 ~하다.

각-거리 (角距離)[-꺼-] 명 《물》 관측자로부터 두 물체에 이르는 두 직선이 이루는 각도.

각건 (角巾)[-껀] 명 《역》 정재(呈才) 때, 무동(舞童)이 쓰던 건.

각경-증 (脚硬症)[-껑쯩] 《한의》 다리가 차고 뻣뻣하여 운동이 자유롭지 못한 병증. ↔각연증(脚軟症).

각계 (各界)[-계/-께] 명 사회의 각 방면. ▢~의 전문가 / ~의 의견을 수렴하다.

각계-각층 (各界各層)[-계-/-께-] 명 사회 각 방면의 여러 계층. ▢~의 관심.

각고 (刻苦)[-꼬] 명하타 무엇을 이루기 위해 고생을 견디며 몹시 애를 씀. ▢~의 노력을 기울이다.

각고-면려 (刻苦勉勵)[-꼬면-] 명하타 고생을 무릅쓰고 부지런히 힘씀. ▢~하여 내 집을 장만하다. 준 각려(刻勵).

각고-정려 (刻苦精勵)[-꼬-녀] 명 몹시 애를 쓰고 정성을 들임. ▢~의 결과.

각골 (刻骨)[-꼴] 명하타 고마움 또는 원한이 마음속 깊이 새겨짐.

각골 (脚骨)[-꼴] 명 다리뼈.

각골-난망 (刻骨難忘)[-꼴란-] 명하타 은혜를 뼈에 새길 만큼 커서 잊혀지지 않음.

각골-명심 (刻骨銘心)[-꼴-] 명 마음속 깊이 새겨서 잊지 아니함.

각골-통한 (刻骨痛恨)[-꼴-] 명 뼈에 사무치게 맺힌 원한. 각골지통(刻骨之痛).

각공 (刻工)[-꽁] 명 각수(刻手).

각과 (殼果)[-꽈] 명 《식》 견과(堅果).

각-괄호 (角括弧)[-꽐-] 명 대(大)괄호.

각광 (脚光)[-꽝] 명 **1** 《연》 무대 앞 아래쪽에서 배우를 비추는 광선. 풋라이트(footlight). **2** 사회의 주목을 끄는 일.

각광(을) 받다 관 많은 사람들에게서 주목을 받다. ▢각광을 받고 있는 신인 가수.

각국 (各國)[-꾹] 명 각 나라. ▢ 대표.

각궁 (角弓)[-꿍] 명 쇠뿔·양뿔 따위로 장식한 활. 뿔활.

각궁-반장 (角弓反張)[-꿍-] 명 **1** 물건이 뒤틀어진 형태. **2** 《한의》 중풍으로 얼굴이 비뚤어지거나 반신불수가 된 형태.

각근 (恪勤)[-끈] 명하부 부지런히 힘씀.

각근-면려 (恪勤勉勵)[-끈면-] 명하타 부지런히 힘씀.

각급 (各級)[-끕] 명 여러 급으로 되어 있는 조직체 안에서의 각각의 등급. ▢~ 학교 / ~ 기관장 회의.

각기 (角旗)[-끼] 명 《역》 조선 때, 진중(陣中)에서 방위를 표시하던 군기(軍旗)의 하나. 깃

발은 넉 자의 정사각형이고 각각 방위를 따라 네 모퉁이를 표현하였음.

각기 (刻期)[-끼] 명하타 기한을 분명하게 정함. 각한(刻限).

각기 (脚氣)[-끼] 명 《의》 비타민 B_1의 결핍에서 오는 영양실조 증상. 다리가 붓고 마비되어 맥이 빨라짐. 각기병. 각질.

각기 (各其)[-끼] 명부 각각 저마다. ▢ ~ 자기의 의견을 내세우다 / ~ 딴 생각을 하다.

각-기둥 (角-)[-끼-] 명 《수》 하 직선에 평행하는 셋 이상의 평면과, 이 직선과 만나는 두 개의 평행한 평면으로 둘러싸인 다면체(多面體). 구용어 : 각주(角柱).

각기소장 (各其所長)[-끼-] 명 각자가 지닌 장기(長技).

각다귀 (-따-) 명 **1** 각다귓과의 곤충. 모기와 비슷하나 크기가 더 크고 다리가 긺. 애벌레는 며루라고 하며 벼나 보리의 뿌리를 잘라 먹는 해충임. 한국·일본·중국 등지에 분포함. 꾸정모기. **2** 남의 것을 착취하는 사람을 비유하여 일컫는 말.

각다귀-판 (-따-) 명 서로 남의 것을 뜯어먹으려고 덤비는 판.

각다분-하다 (-따-) 형여 일을 해 나가기가 힘들고 고되다.

각단 (-딴) 명 사물의 갈피와 단서. ▢~이 나다 / 어찌 되는 판인지 ~을 모르겠다.

각단 (角端)[-딴] 명 **1** 하루에 만 리를 가고 각 지방의 말이 통한다는 전설상의 동물. 말과 닮았다고 하는데 두 귀 사이 또는 코 위에 뿔이 하나 있다 함. **2** '기린'을 달리 이르는 말. **3** 뿔의 끝.

각담 (-땀) 명 논밭의 돌·풀을 추려 한편에 나직이 쌓아 놓은 무더기.

각담 (咯痰)[-땀] 명하타 객담(咯痰).

각대 (角帶)[-때] 명 각띠.

각대 (脚帶)[-때] 명 **1** 다리에 동여매는 띠. **2** 다른 것과 구별하기 위하여, 가금류(家禽類)나 날짐승의 발에 두르는 띠《얇은 알루미늄판을 씀》. 다리띠.

각도 (角度)[-또] 명 **1** 《수》 각의 크기. ▢~를 재다 / 구십 도 ~의 허리를 굽히다. 준 각(角). **2** 생각의 방향이나 관점. ▢문제를 다른 ~로 보다 / 여러 ~로 검토하다.

각도 (刻刀)[-또] 명 새김칼.

각도-계 (角度計)[-또-/-또계] 명 각도를 재는 기계. 측각기(測角器).

각도-기 (角度器)[-또-] 명 각도를 재는 도구. 분도기(分度器). ▢전원(全圓) ~.

각-도장 (角圖章)[-또-] 명 **1** 모가 지게 만든 도장. **2** 짐승의 뿔로 만든 도장. 뿔도장.

각두 (殼斗)[-뚜] 명 《식》 깍정이.

각두-정 (角頭釘)[-뚜-] 명 대가리가 둥글지 않고 모가 난 못. 모대갈못.

각-둘 (各-)[-뚤] 명 《민》 윷놀이에서, 양편이 다 두 동임. *각막·각석.

각득 (覺得)[-뜩] 명하타 깨달아 앎.

각등 (角燈)[-뜽] 명 손으로 들고 다니는 네모진 등. 랜턴.

각-띠 (角-)[-띠] 명 《역》 벼슬아치가 예복에 두르던 띠의 총칭. 각대(角帶).

각려 (刻勵)[강녀] 명하타 '각고면려'의 준말.

각력 (角力)[강녁] 명하타 **1** 힘을 서로 겨룸. **2** 씨름1.

각력 (脚力)[강녁] 명 **1** 다릿심. **2** 걷는 힘.

각력-암 (角礫岩)[강녀감] 명 암석의 파편이 결합하여 된 수성암.

각령¹ (閣令)[강녕] 명 《법》 의원 내각제에서,

법률 아래에 있는 최상위 명령. 대통령 중심
제 나라의 대통령령에 해당함.

각령² (閣令)[강녕] 圐 《역》 도자기를 만드는 일
을 맡아보던 공방(工房). 도자기를 굽던 일터.

각로 (脚爐)[강노] 圐 겨울철에 발을 따뜻하게
하기 위하여 이불 안에 넣는 화로.

각론 (各論)[강논] 圐 전체를 구성하는 낱낱에
대한 논설. ❏~으로 들어가다. ＊총론.

각료 (閣僚)[강뇨] 圐 《정》 내각을 구성하는 각
장관. ❏긴급 ~ 회의.

각루 (刻漏)[강누] 圐 물시계.

각루 (刻鏤)[강누] 圐囲佩 나무나 돌, 쇠붙이 따
위에 글자나 그림을 파서 새김.

각리 (榷利)[강니] 圐佩灰 정부가 물품을 전매
하여 이익을 독점함.

각린 (角鱗)[강닌] 圐 《동》 육지에 사는 척추동
물에서 볼 수 있는 비늘 모양의 딱딱한 껍질
로 파충류에 특히 발달하고, 조류의 다리에
서도 볼 수 있음.

각립 (各立)[강닙] 圐佩灰 1 서로 떨어져 갈라
섬. 2 《역》 관아에 속한 하인들이나 단체에
속한 장사치들이 불만을 품고 떼를 지어 이
탈하던 일.

각립 (角立)[강닙] 圐佩灰 1 뛰어남. 2 서로 맞
버티어 굴복하지 않음.

각립-대좌 (角立對坐)[강닙때―] 圐佩灰 서로 맞
서서 버팀.

각립-독행 (各立獨行)[강닙또캥] 圐佩灰 제각기
따로따로 행동함.

각-막 (脚―)[강―] 圐 《민》 윷놀이에서, 양편이
더 딸 동임을 일컫는 말. ＊갈도·걱색.

각막 (角膜)[강―] 圐 《의》 눈알의 겉을 싼 둥근 접시
모양의 얇고 투명한 막.

각막 (殼膜)[강―] 圐 《식》 곡식의 낱알을 덮고
있는 얇은 꺼풀.

각막 궤:양 (角膜潰瘍)[강―퀘―] 圐 《의》 각막의
표면이 헐어 뿌옇게 되고 그 언저리가 충혈
되는 눈병.

각막 백반 (角膜白斑)[강―빽빤] 圐 《의》 각막에
광선이 통하지 못하게 생긴 흰 얼룩점.

각막-염 (角膜炎)[강맘념] 圐 《의》 각막에 염증
이 생겨 각막이 흐려지는 병.

각막-예 (角膜翳)[강맘녜] 圐 《의》 각막이 뿌옇
게 흐려지는 증상.

각막 이식 (角膜移植)[강마기―] 圐 《의》 각막이
흐려서 시력에 장애가 있을 때, 다른 사람의
깨끗한 각막으로 바꾸어 넣는 일.

각명 (刻銘)[강―] 圐佩灰 1 화살의 깃 사이에 활
임자의 성명을 새기거나 씀. 또는 그 이름. 2
나무나 돌, 쇠붙이 따위에 글자나 그림을 새
김. 또는 그 글자나 그림.

각모 (角帽)[강―] 圐 '사각모자'의 준말.

각목 (角木)[강―] 圐 네모지게 깎은 나무.

각목 (刻木)[강―] 圐佩灰 나무를 오리어 새기거
나 파냄.

각목 문자 (刻木文字)[강몽―짜] 圐 《언》 원시 시
대에 쓰던 글자의 하나(나무에 새겨 간단한
수효 따위를 나타냄).

각문 (閣門)[강―] 圐 《역》 1 고려 때, 승선(承
宣) 관계의 일을 맡아보던 관아. 2 합문(閤門).

각물 (各物)[강―] 圐 갖가지 물건.

각물 (殼物)[강―] 圐 《동》 연체동물 가운데 조
가비가 있는 동물.

각박-성가 (刻薄成家)[―썽―] 圐佩灰 몰인정
하도록 인색한 짓을 해서 부자가 됨.

각박-하다 (刻薄―)[―빠카―] 圐圐 1 모나고 인
정이 없다. ❏각박한 세상인심. 2 아주 인색
하다. 3 땅이 거칠고 기름지지 아니하다. ❏

각박한 땅. **각박-히** [―빠키] 圕

각반 (各般)[―빤] 圐 여러 가지. 제반(諸般). ❏
~ 주의 사항.

각반 (脚絆)[―빤] 圐 걸을 때 가든하게 하려고
발목에서 무릎 아래까지 감는 헝겊 띠. ❏~
을 차다 / ~을 풀다.

각반-병 (角斑病)[―빵] 圐 《식》 잎에 갈색·회
색의 다각형의 반점이 생기는 병(강낭콩·보
리·오이·감나무 따위에 많음).

각방 (各方)[―빵] 圐 1 여러 방면. ❏~으로 알
아보다. 2 각각의 편. ❏~과의 협의 / ~의
이해관계가 다르다.

각방 (各房)[―빵] 圐 각각의 방. 따로따로의
방. ❏부부가 ~을 쓰다.

각방-거처 (各房居處)[―빵―] 圐 한집에 살면서
각각 딴 방에서 생활함.

각-배 (各―)[―빼] 圐 1 한 어미에게서 다른 시
기에 태어난 새끼. 2 《속》 배다른 형제 또는
자매. 이복(異腹). ↔한배.

각배 (各拜)[―빼] 圐佩灰 1 모든 사람에게 따로
따로 절함. 2 《불》 시왕(十王)이나 나한(羅
漢)의 각위(各位)에 따로따로 절함.

각배 (角杯)[―빼] 圐 짐승의 뿔로 만든 잔.

각-벌 (各―)[―뻘] 圐 옷이나 서류 등의 따로따
로의 한 벌.

각별 (各別·恪別)[―뻘] 圐圕圚 1 유달리 특
별함. ❏~한 사이 / 관심이 ~하다 / ~히 조
심하다. 2 깍듯함.

각별―나다 (各別―)[―빨라―] 圐 각별하다. ❏우
정이 ~.

각본 (刻本)[―뽄] 圐 조각한 판목으로 인쇄한
책. 판본(版本).

각본 (脚本)[―뽄] 圐 1 《연》 연극의 꾸밈새, 무
대 모양, 배우의 대사 따위를 적은 글. 극본.
2 《연》 '영화 각본'의 준말. 3 어떤 일을 하
려고 미리 짠 계획. ❏~을 꾸미다 / ~대로
되어 가다.

각본-가 (脚本家)[―뽄―] 圐 각본 쓰는 것을 업
으로 삼는 사람. 시나리오 라이터.

각봉 (各封)[―뽕] 圐佩灰 따로따로 봉함.

각-봉투 (角封套)[―뽕―] 圐 네모진 봉투. ❏~
에 넣다.

각부 (各部)[―뿌] 圐 1 각 부분. ❏운동은 신체
~를 발달시킨다. 2 각각의 부. ❏~ 장관을
임명하다.

각부 (刻符)[―뿌] 圐 《역》 부신(符信)에 쓰던 글
씨체로, 팔체서(八體書)의 하나.

각부 (脚夫)[―뿌] 圐 품삯을 받고 먼 길을 걸어
서 심부름을 하는 사람.

각부 (脚部)[―뿌] 圐 다리의 부분.

각분 (各分)[―뿐] 圐佩灰 따로따로 나눔. ❏짐
을 ~하다.

각분 (角粉)[―뿐] 圐 짐승의 뿔을 찧어서 부순
가루(비료로 씀).

각불-때다 (各―)[―뿔―] 灰 《속》 각살림하다.

각-뿔 (角―)[―뿔] 圐 《수》 다각형의 각 변을 밑변으
로 하고, 다각형의 평면 밖에 있는 한 점을
공통의 꼭짓점으로 삼는 여러 삼각형으로 에
워싸인 입체. 구용어 : 각추.

각뿔-대 (角―臺)[―때] 圐 각뿔을 그 밑면에 평
행하는 평면으로 잘라 꼭짓점이 있는 부분을
없앤 나머지 입체. 구용어 : 각추대(角錐臺).

각-사 (各司)[―싸] 圐 '경각사(京各司)'의 준
말.

각-사탕 (角砂糖)[―싸―] 圐 각설탕.

각삭 (刻削)[―싹] 圐佩灰 1 나무나 돌 따위에 글

각왕 (覺王) 명 〖불〗 '불타(佛陀)'의 이칭.
각외 (閣外) 명 내각의 외부.
각외 협력 (閣外協力)[가괴혐녁] 입각은 하지 않고 내각 밖에서 정부에 협력함.
각운 (脚韻) 명 〖문〗 시가(詩歌)에서, 구나 행 끝에 규칙적으로 같은 운을 다는 일. 또는 그 운. *두운(頭韻)·요운(腰韻).
각-운동 (角運動) 명 〖물〗 물체가 한 정직선(定直線)의 주위로 언제나 같은 거리를 지속하며 도는 운동.
각운동-량 (角運動量)[가군-냥] 명 〖물〗 회전하고 있는 물체의 회전축 주위의 관성(慣性) 모멘트에 각속도를 곱한 양.
각원 (各員) 명 각각의 인원.
각원 (閣員) 명 내각을 구성하는 인원. 각료.
각위 (各位) 명 **1** 여러분. ❑내빈 ~/회원 ~께서는 …. **2** 각각의 자리 또는 지위. **3** 각각의 신위(神位).
각유소장 (各有所長) 명 사람마다 장점이나 장기(長技)가 있음.
각유일능 (各有一能)[가규-릉] 명 사람마다 한 가지 재주는 있음.
각의 (閣議)[가긔/가기] 명 내각 회의. ❑~를 소집하다/법안이 ~에서 통과되다.
각이-하다 (各異-) 형여 각각 다르다. ❑생활·풍습이 ~.
각인 (各人) 명 각각의 사람.
각인 (刻印) 명하자 **1** 도장을 새김. **2** 마음이나 기억 속에 뚜렷하게 새겨짐. ❑뇌리에 깊이 ~되다.
각인-각색 (各人各色)[가긴-쌕] 명 사람마다 각기 다름. 각인각양. ❑~의 의견.
각인-각설 (各人各說)[가긴-썰] 명 사람마다 주장하는 설이나 의견이 다름.
각인-각성 (各人各姓)[가긴-썽] 명 사람마다 각기 성이 다름.
각인-각양 (各人各樣) 명 각인각색.
각-일각 (刻一刻) 부 각각(刻刻)으로. 시간이 지남에 따라 점점. ❑~ 변하다/출발 시간이 ~ 다가오다.
각자 (各自)[-짜] ㊀명 각각의 자신. ❑~가 맡은 일에 힘쓰다/~가 겪었던 체험을 말하다. ㊁부 제각기. ❑점심은 ~ 지참할 것/~ 맡은 바 직분을 다하다. 「긴 글자.
각자 (刻字)[-짜] 명하자 글자를 새김. 또는 새
각자 (覺者)[-짜] 명 〖불〗 **1** 자각·각타(覺他)·각행 원만(覺行圓滿)의 세 덕을 갖춘 사람. 곧, 부처. **2** 우주·인생의 진리를 깨달아서 모든 의혹과 번뇌를 버리고 마음의 안정을 찾은 사람. 깨달은이.
각자-도생 (各自圖生)[-짜-] 명하자 제각기 살 길을 도모함.
각자무치 (角者無齒)[-짜-] 명 뿔이 있는 짐승은 이가 없다는 뜻으로, 사람이 여러 가지 복을 겸하지 못함을 이름.
각자 병:서 (各自竝書)[-짜-] 〖언〗 같은 자음 두 글자를 가로로 나란히 붙여 씀. 곧, 'ㄲ·ㄸ·ㅃ·ㅆ·ㅉ·ㆀ·ㆅ·ㅥ' 따위. *합용(合用) 병서.
각잠 (刻簪)[-짬] 명 무늬를 새긴 비녀.
각장 (各葬)[-짱] 명하타 죽은 부부를 각각 딴 자리에 장사 지냄. ↔합장(合葬).
각장 (角壯)[-짱] 명 폭이 넓고 두꺼운 장판지. 각장지.
각재 (角材)[-째] 명 네모지게 켠 재목. 각재목. *통나무.
각저 (角抵·角觝)[-쩌] 명하자 **1** 옛날 중국·고구려의 유희의 하나. 두 사람이 맞붙어 힘을 겨루거나 활쏘기·말타기·기타 다른 여러 가지 기예도 경쟁하였음. 각희(角戲). **2** 씨름1.
각적 (角笛)[-쩍] 명 뿔로 만든 피리. 뿔피리.
각전 (角錢)[-쩐] 명 예전에, 일 전짜리나 십 전짜리 따위의 잔돈을 이르던 말.
각-전궁 (各殿宮)[-쩐-] 명 〖역〗 임금·왕비·동궁·제빈(諸嬪)에 대한 통칭.
각조 (各條)[-쪼] 명 각각의 조목이나 조항. ❑~를 심의하다.
각종 (各種)[-쫑] 명 온갖 종류. 또는 여러 종류. 각가지. ❑~ 운동 경기/~ 성인병이 늘어나다.
각-좆 (角-)[-쫃] 명 뿔·가죽 따위로 남자의 성기처럼 만든 장난감.
각주 (角柱)[-쭈] 명 **1** 〖건〗 네모진 기둥. **2** 〖수〗 '각기둥'의 구칭.
각주 (脚註·脚注)[-쭈] 명 본문 아래쪽에 따로 단 풀이. ❑~를 달다/~를 참조하다. ↔두주(頭註).
각주구검 (刻舟求劍)[-쭈-] 명 배에서 칼을 물속에 떨어뜨리고 뱃전에 빠뜨린 자리를 표시해 두었다가 배가 정박한 뒤에 칼을 찾으려 했다는 고사(故事)에서, 미련하고 융통성이 없음의 비유.
각죽 (刻竹)[-쭉] 명 무늬를 새긴 담배설대.
각지 (各地)[-찌] 명 각 지방. 여러 곳. 각처. ❑~를 돌다/세계 ~를 여행하다.
각지 (各紙) 명 각각의 신문. 여러 신문. ❑~에 보도되다.
각지 (各誌)[-찌] 명 각각의 잡지. 여러 잡지.
각지 (覺知)[-찌] 명하타 깨달아 앎.
각-지기 (閣-)[-찌-] 명 〖역〗 조선 때, 규장각(奎章閣)에서 심부름하던 사람.
각지-하다 (却之-)[-찌-] 타여 주는 것을 받지 아니하고 물리치다. ❑성의를 ~.
각질 (角質)[-찔] 명 〖동〗 동물의 몸을 보호하는 비늘·뿔·털·부리 따위를 형성하는 물질《케라틴이 주성분임》.
각질 (脚疾)[-찔] 명 **1** 다리가 아픈 병. ❑~을 앓다. **2** 각기(脚氣).
각질-층 (角質層)[-찔-] 명 〖생〗 피부 맨 거죽의 층《각화(角化)한 편평(扁平) 세포로 이루어짐》. 각화층(角化層). ㊜각층.
각질 해:면류 (角質海綿類)[-찔-뉴] 〖동〗 뼈가 각질 섬유로 되어 있는 해면동물류. 주로 열대 지방의 바다에 남.
각질-화 (角質化)[-찔-] 명하자 각화(角化)1.
각처 (各處) 명 여러 곳. 각지. ❑~로 뻗어 나가다.
각체 (各體) 명 여러 가지 체《글자체·문체·글씨체 따위》. ❑서예 ~에 다 능하다.
각추 (角錐) 명 **1** 〖수〗 '각뿔'의 구칭. **2** 모난 송곳.
각-추렴 (各-) 명하타 〔←각출렴(各出斂)〕 여러 사람에게서 돈이나 물건을 거둠. 각수렴. ❑~으로 거두다/돈을 ~하다.
각축 (角逐) 명하자 서로 이기려고 경쟁함. ❑~을 벌이다/~이 치열하다.
각축-장 (角逐場)[-짱] 명 각축을 벌이는 곳. ❑양 진영의 ~이 되다.
각축-전 (角逐戰)[-쩐] 명 승부를 다투는 싸움. ❑~이 벌어지다/~을 벌이다.
각출 (各出) 명하자타 **1** 각각 나옴. ❑묘안들이 ~하다. **2** 각각 내놓음. ❑성금을 ~하다.
각출-물 (咯出物) 명 침이나 가래 따위의 총칭.
각층 (各層) 명 **1** 각각의 계층. 여러 계층. ❑사회 ~의 인사를 초대하다. **2** 각각의 등급. ❑

값이 ~에 따라 다르다.

각층(角層)[명]《생》'각질층'의 준말.

각치다[타] **1** 할퀴다. **2** 이런저런 말로 화를 돋우다.

각칙(各則)[명] **1** 각자의 규칙이나 법칙. **2**《법》 법률·규칙·조약 따위에서, 특정한 경우에만 적용되는 것으로 규정한 부분. *총칙.

각침(角針·刻針)[명] 분침(分針).

각탄(覺他)[명]《불》스스로 깨달음과 동시에 다른 사람도 깨닫게 함. ↔자각(自覺).

각태(角胎)[명] 뿔 속의 살.

각-테(角-)[명] 뿔로 만든 안경테. 뿔테. □각테안경.

각통(各通)[명] 편지나 서류 등의 각별.

각통(脚痛)[명] 다리의 아픔. □~을 느끼다.

각통-질[명][하타] 소 장수가 소의 배를 크게 보이게 하려고 억지로 콩물과 물을 먹이는 짓.

각퇴(角槌)[명]《악》편종·편경 따위의 악기를 치는 데 쓰는 뿔방망이. 각추(角槌).

각파(角派)[명] **1** 한 문중의 각각의 파. □~의 자손. **2** 당파·학파의 각각의 파. □여당의 ~ 대표.

각파(脚婆)[명] 탕파(湯婆).

각판(刻板)[명][하타]《인》 **1** 서화를 새기는 널조각. **2** 서화를 널조각에 새김. 판각(板刻).

각판(刻版)[명] '각판본'의 준말.

각판-본(刻版本)[명] 판각본. ⑨각판(刻版).

각패(角牌)[명]《역》정삼품 이하의 문무관이 차던, 검은 뿔로 만든 호패.

각피(角皮)[명]《생》큐티쿨라층(cuticula層).

각피-소(角皮素)[명]《생》큐틴(cutin).

각필(閣筆·擱筆)[명] **1** 쓰던 글을 멈추고 붓을 놓음. **2** 편지 따위에서, 글을 다 쓰고 붓을 내려놓음. □그럼 오늘은 이만 ~하겠습니다.

각하(却下)[가카][명][하타]《법》 **1** 행정법에서, 국가 기관에 대한 행정상 또는 사법상의 신청을 물리치는 처분. **2** 민사 소송법에서, 법원이 당사자나 기타 관계인의 소송에 관한 신청을, 형식적인 면에서 부적법한 것으로 하여 물리치는 재판.

각하(刻下)[가카][명] 시각이 급한 이때.

각하(閣下)[가카][명] **1** 높은 지위에 있는 사람에 대한 경칭. □대통령 ~. **2**《가》주교와 대주교에 대한 경칭.

각-하다(刻-)[가카-][타여] 나무나 돌에 무엇을 새기다.

각한(刻限)[가칸][명][하자] 기한을 정함. 각기(刻期).

각항(各項)[가캉][명] **1** 각 항목. □상기(上記) ~. **2** 각가지. □~ 물종이 없는 게 없다.

각해(覺海)[가캐][명]《불》불교의 세계.

각행(覺行)[가캥][명]《불》부처·보살의 행. 스스로 깨닫고 자비로 행하는 것.

각혈(咯血)[가켤][명][하자]《의》폐병 따위로 폐·기관지 점막 등에서 피를 토함. 객혈(喀血).

각형(角形)[가켱][명] **1** 각이 진 모양. □~으로 만든 상자. **2** '사각형'의 준말. **3** 뿔 모양. □~ 토기(土器).

각호(各戶)[가코][명] **1** 각 집. □~마다 우편함을 달다. **2** 각 가구(家口). □~의 구성원. **3** 호적상의 각 집.

각-혼(各-)[가콘][명]《민》윷놀이에서, 양편이 다 혼동임을 일컫는 말.

각화(角化)[가콰][명][하자] **1**《동》동물 조직의 일부, 특히 표층의 세포가 케라틴화(化)하여 각질층을 만드는 일. **2**《식》잎·줄기·열매 따위의 표피가 굳어지는 일.

각화(刻花)[가콰][명][하자] 도자기에 꽃무늬를 새김. 또는 그 꽃무늬.

각화-증(角化症)[가콰쯩][명]《의》피부의 각질층이 비정상적으로 많아져 딱딱하고 두껍게 변하는 증상(손·발의 티눈이나 못 따위). 각질 증식증.

각희(角戲)[가키][명][하자] **1** 각저1. **2** 씨름1.

각희(脚戲)[가키][명][하자] **1** 두 발로 서로 상대자의 다리를 차서 쓰러뜨리는 경기. 태껸. **2** 씨름1.

간[명][하타] **1** 음식물에 짠맛을 내는 물질(소금·간장·된장 따위). □~을 치다 / 소금으로 ~을 하다. **2** 짠맛의 정도. □~이 맞다 / ~을 맞추다 / ~을 보다.

간도 모르다〔관〕일의 내막을 짐작도 못하다.

간이 오르다〔관〕간이 배어들다. □생선에 간이 올라서 맛이 좋다.

간(干)[명] **1** 예전에, 춤추는 데 쓰던 기구(간척무(干戚舞)나 일무(佾舞)에 무무인(武舞人)이 왼손에 쥐는 장식 있는 방패 같은 물건). **2**《한의》약방문이나 약봉지에 '생강'을 표시하는 뜻으로 쉽게 쓰는 말.

간(刊)[명] 책 따위를 인쇄하여 펴냄. □민중서림 ~ 국어 대사전 / 2006년 ~.

간:(艮)[명] **1** '간괘(艮卦)'의 준말. **2** '간방(艮方)'의 준말. **3** '간시(艮時)'의 준말.

간:(肝)[명] **1**《생》배의 오른쪽 위 횡격막 아래에 접해 있는 암적갈색의 대분비선(大分泌腺)(쓸개즙의 분비, 양분의 저장, 해독 작용 등의 기능을 가짐). 간장(肝臟). **2** 음식으로서의 짐승의 간장. □~을 회쳐 먹다.

[간에 붙었다 쓸개에 붙었다 한다] 지조 없이 형편에 따라 아무에게나 아첨하다. **[간이 뒤집혔나 허파에 바람이 들었나]** 마음의 평정을 잃고 까닭 없이 웃음을 나무라는 말.

간 빼 먹고 등치다〔관〕남을 을러대어 놀라게 해서 재물을 빼앗아 가지다.

간에 기별도 안 가다〔관〕양이 적어 먹은 것 같지 않다.

간에 바람 들다〔관〕하는 행동이 실없다.

간에 차지 않다〔관〕⊙간에 기별도 안 가다. ⓒ마음에 흡족하게 여겨지지 않다.

간을 녹이다〔관〕⊙매우 애타게 하다. ⓒ감언이설이나 애교 따위로 매혹되게 하다.

간(을) 졸이다〔관〕몹시 걱정되고 불안스러워 마음을 놓지 못하다.

간이 녹다〔관〕몹시 놀라거나 실망하거나 애가 타다.

간(이) 떨어지다〔관〕몹시 놀라다. □어이쿠 깜짝야, 간 떨어지겠다.

간(이) 붓다〔관〕지나치게 대담해지다.

간이 오그라들다〔관〕간이 콩알만 해지다.

간이 콩알만 해지다〔관〕몹시 두려워지거나 무서워지다. □혹시 암이 아닌가 해서 간이 콩알만 해졌다.

간(이) 크다〔관〕매우 대담하다. □그는 보기보다 ~.

간¹(間)☐[명] □칸■. ⊖[의명] □칸■. **주의** '초가삼간·윗간·육간대청' 따위는 '간'값다.

간²(間)[의명] **1** 사이. □서울과 인천 ~의 국도. **2** '관계'의 뜻. □부모와 자식 ~의 정. **3** (주로 '간에'의 꼴로 쓰여) '어느 쪽이든 관계없이'의 뜻. □있고 없고 ~에 / 누구든지 ~에.

간³(間)[의명] **1** 길이의 단위. 한 간은 여섯 자로 1.8182m에 해당함. **2** 넓이의 단위. 한 간

은 보통 여섯 자 제곱의 넓이임.

간(澗)〔수관〕 십진급수의 단위의 하나. 구(溝)의 만 배의 수. 곧, 10^{36}.

-간(間)〔미〕**1**'장소'의 뜻. ❏방앗~ / 대장~ / 외양~ / 매갈잇~. **2**'동안'의 뜻. ❏이틀~ / 며칠~ / 한 달~ / 사 년~ / 4 년~ / 다년~. **3**둘의 '사이' 또는 '관계'의 뜻. ❏부부~ / 부자~ / 내외~. **4**'어느 쪽이든 관계없이'의 뜻. ❏좌우~ / 피차~ / 가부~ / 다소~.

간가(間架)〔명〕**1**집의 칸살의 얽이. ❏거실을 중심으로 ~를 차리다. **2**〔문〕글의 짜임새.

간각(刊刻)〔명하타〕❏이 부족하다.

간각(刊刻)〔명하타〕글씨나 그림을 새김.

간:간(衎衎)〔명하형〕〔하부〕**1**기쁘고 즐거움. ❏~하게 웃다. 흐뭇하고 민첩함.

간:간(間間)〔부〕'간간이'의 준말. ❏말소리가 ~ 들리다.

간:간대소(衎衎大笑)〔명하자〕기쁘고 즐거운 기분으로 크게 소리 내어 웃음.

간:간-이(間間-)〔부〕**1**드문드문. 이따금씩. 가끔씩. ❏~ 들려오는 뱃고동 소리 / 그런 일도 ~ 있다. **2**듬성듬성. ❏집이 ~ 있다. 〔준〕간간.

간간짭짤-하다〔형어〕음식이 조금 짠 듯하면서도 입에 맞다. 간간짭짤한 겉절이. 〔큰〕건건찝찔하다.

간간-하다¹〔형어〕**1**마음이 간질간질하게 재미있다. **2**아슬아슬하게 위태롭다. ❏한 점 차이로 간간하게 이기다. **간간-히¹**〔부〕

간간-하다²〔형어〕입맛이 당기게 약간 짠 듯하다. ❏맛이 좀 ~. 〔큰〕건건하다. **간간-히²**〔부〕

간:간-하다(侃侃-)〔형어〕성품이나 행실 따위가 꿋꿋하고 군세다. 강직하다. **간:간-히**〔부〕

간객(看客)〔명〕구경꾼. 관객.

간:-거르다(間-)〔간걸러, 간거르니〕〔타르〕차례에서 하나씩 사이를 거르다. ❏간걸러 격주로 모이다.

간:-거리(間-)〔명하타〕일정한 사이를 걸러 함. ❏사흘 ~로 산에 오르다.

간:거리-장사(間-)〔명〕예전에, 정해진 때를 한 차례씩 걸러서 하던 장사. *뜨내기장사.

간검(看檢)〔명하타〕두루 살펴 검사함.

간:-격(間隔)〔명〕**1**공간적으로 벌어진 거리. 뜬 사이. ❏~이 일정하다 / 옆 사람과의 ~을 좁히다. **2**시간적으로 벌어진 사이. ❏두 시간 ~. **3**사람들의 관계가 벌어진 정도. 틈. ❏~을 두다 / 하찮은 일로 그와는 ~이 생겼다. **4**사물 사이의 관계에 생긴 틈. ❏기대와 현실 사이에 ~이 벌어지다.

간결-미(簡潔美)〔명〕번잡스럽지 않고 간결한 데서 볼 수 있는 아름다움. ❏글에 ~가 돋보이다.

간결-성(簡潔性)〔-썽〕〔명〕간단하고 깔끔한 성질. 간결한 특성.

간결-체(簡潔體)〔명〕〔문〕내용을 간결하고 명쾌하게 나타내는 문체. ↔만연체(蔓衍體).

간결-하다(簡潔-)〔형어〕간단하고 짜임새가 있다. ❏간결한 문장.

간경(刊經)〔명하타〕〔불〕불경을 간행함.

간:경(肝經)〔명〕**1**〔생〕간에 붙은 인대(靭帶). **2**〔한의〕간에 딸린 경락(經絡).

간경(看經)〔명하자〕〔불〕불경을 소리 내지 않고 눈으로 읽음.

간경-도감(刊經都監)〔명〕〔역〕조선 세조(世祖) 때(1461), 불경을 언해(諺解)해서 간행하기 위해 설치한 기관.

간:-경변증(肝硬變症)〔-쯩〕〔명〕〔의〕간의 조직 세포의 장애로 간이 굳어지고 오므라드는

병《복수(腹水)가 차고 빈혈·전신 쇠약 따위를 일으킴》.

간:경-풍(肝經風)〔명〕〔한의〕손발이 뒤틀리고 눈이 뒤집히는 간경의 병.

간경-하다(簡勁-)〔형어〕글이나 말이 간결하고 힘차다. ❏간경한 필치(筆致).

간계(奸計)〔-/-게〕〔명〕간사한 꾀. ❏~를 꾸미다〔부리다〕 / ~에 넘어가다.

간:계(諫戒)〔-/-게〕〔명하타〕윗사람에게 잘못을 고치거나 주의하도록 간함. ❏~의 말씀을 드리다.

간고(艱苦)〔명하형〕〔하부〕**1**가난하고 고생스러움. ❏~한 생활 형편 / ~를 겪어 내다. **2**힘들고 어려움. ❏~한 독립 투쟁.

간:곡-하다(懇曲-)〔-고카-〕〔형어〕간절하고 정성스럽다. ❏간곡히 말씀 / 간곡하게 부탁하다. **간:곡-히**〔-고키〕〔부〕. ❏~ 타이르다 / ~ 청하다.

간곡히다〔형〕〈옛〉간사하다. 교활하다.

간곤-하다(艱困-)〔형어〕가난하고 구차하다. ❏간곤한 집안 살림. **간곤-히**〔부〕

간곳-없다〔-고덥따〕〔형〕갑자기 자취를 감추어 온데간데없다. ❏평소의 온유한 안색은 간곳없고 표독스러운 눈으로 그를 노려보았다. **간곳-없이**〔-고덥씨〕〔부〕

간과(干戈)〔명〕**1**병장기(兵仗器)의 총칭. 간척(干戚). ❏~의 살기가 번쩍이다. **2**전쟁.

간과(看過)〔명하타〕**1**대충 보아 넘김. **2**깊이 유의하지 않고 예사로 내버려둠. ❏~할 수 없는 사태 / 실수를 ~하다.

간:과(諫果)〔명〕'감람(橄欖)'을 예찬하여 이르는 말. 처음에는 맛이 쓰고 떫으나 오래 씹으면 달고 맛이 있으므로, 충고하는 말의 맛과 같은 과실이라는 뜻.

간:관(肝管)〔명〕〔생〕쓸개즙을 쓸개로 운반하는 간 조직 안의 가는 관(管).

간:관(諫官)〔명〕사간원·사헌부의 관원의 통칭. 간신(諫臣). 언관(言官).

간:괘(艮卦)〔명〕〔민〕**1**팔괘의 하나. 상형(象形)은 '☶'으로, 산을 상징함. **2**육십사괘의 하나. '☶' 둘을 포갠 것으로, 아래에서 산이 거듭됨을 상징함. 〔준〕간(艮).

간교(刊校)〔명하타〕교정(校正).

간교(奸巧)〔명하형〕〔하부〕간사하고 교활함. ❏~한 술책 / ~에 넘어가다 / ~를 피우다 / ~하게 굴다.

간교-스럽다(奸巧-)〔-따〕〔-스러워, -스러우니〕〔형타〕간교한 데가 있다. **간교-스레**〔부〕

간구(干求)〔명하타〕바라고 구함. ❏도움을 ~하다 / 사랑을 억지로 ~하다.

간:구(懇求)〔명하타〕간절히 바람. ❏살려 달라고 신에게 ~하다.

간구-하다(艱苟-)〔형어〕가난하고 구차하다. ❏살림이 ~. **간구-히**〔부〕

간-국〔-꾹〕〔명〕짠맛이 우러난 물. 간물.

간국(幹局)〔명〕일을 능숙하게 처리하는 재간과 능력.

간군-하다(艱窘-)〔형어〕가난하고 군색하다. ❏간군한 살림.

간균(桿菌)〔명〕〔생〕막대 모양으로 생긴 세균. 크기는 3-4 미크론. 병원(病原)이 되는 것은 디프테리아균·대장균·페스트균·결핵균 따위임. 막대 박테리아.

간극(間隙)〔명〕**1**사물 사이의 틈. ❏~을 메우다 / 이 생기다. **2**시간이나 때의 틈. ❏닷새 간의 ~이 생기다. **3**사건이나 현상 사이

의 틈. ▣이론과 현실 사이의 ～.
간근 (幹根)圐 줄기와 뿌리.
간:급 (間級)圐 정해진 급과 급 사이에 임시로 매긴 급(級).
간-기 (-氣)[-끼]圐 짠 기운. ▣갯바람 속에 밴 ～.
간기 (刊記)圐 간행물에서, 출판한 때·곳·간행자 등을 적은 부분.
간:기 (疳氣)〔한의〕어린아이가 소화 불량으로 식욕이 떨어지고 얼굴이 해쓱해져, 푸른 젖을 토하고 푸른 대변을 누며 자꾸 우는 증세.
간-기 (間氣)圐 여러 세대에 걸쳐 드물게 있는 뛰어난 기품(氣品).
간:기 (癎氣)[-끼]圐〔한의〕간질.
간:기-인물 (間氣人物)圐 간기를 타고 난 뛰어난 인물.
간나위圐 간사한 사람이나 간사한 짓을 낮잡아 이르는 말.
간나희圐〈옛〉계집아이.
간난 (艱難)圐하圐헤周 **1** 힘들고 고생이 됨. ▣온갖 ～을 겪다. **2** '가난'의 본딧말.
간난-신고 (艱難辛苦)圐 갖은 고초를 다 겪음. ▣온갖 ～ 끝에 성공을 거두다.
간:납 (干納·肝納)圐 간이나 처녑 또는 생선살 따위로 만든, 제사에 쓰는 저냐.
간녀 (奸女)圐 간악한 여자.
간:년 (間年)圐헤圐 한 해를 거름. ▣～마다 개최하다.
간:년-경 (間年耕)圐하圐〔농〕한 해씩 걸러 농사를 지음.
간:념 (懇念)圐 간절한 마음.
간녕-배 (奸佞輩)圐 간녕한 무리. ▣～의 모함에 빠지다.
간녕-하다 (奸佞-)圐헤 간사하고 아첨을 잘하다. ▣간녕한 자를 멀리하다.
간:-농양 (肝膿瘍)圐〔의〕화농균·대장균의 침입으로 간에 고름이 생기는 병.
간:뇌 (肝腦)圐 간과 뇌수. 즉, 육체와 정신.
간:뇌 (間腦)圐 대뇌와 소뇌 사이에 있는 뇌 부분(내장·혈관의 활동을 조절함). 사이골.
간:뇌-도지 (肝腦塗地)圐 참혹한 죽음을 당하여 간과 뇌가 으깨어졌다는 뜻으로, 나라를 위하여 목숨을 돌보지 않고 힘을 다함을 이르는 말.
간:능¹ (幹能)圐 일을 잘하는 재간과 능력. ▣뛰어난 ～.
간:능² (奸能)圐하圐 '간릉'의 본딧말.
간:-니〔生〕젖니가 빠지고 나는 이. 대생치(代生齒).
간다개圐 말 머리에서 고삐에 매는 끈.
간닥-거리다[-꺼-]圐 가로로 조금씩 움직이거나 움직이게 하다. ▣고개를 ～. 圉근덕거리다. 쎈깐닥거리다·깐딱거리다. **간닥-간닥**周하圐
간닥-대다[-때-]圐태 간닥거리다.
간닥-이다圐태 가로로 조금씩 움직이다. 또는 그렇게 되게 하다. ▣바람에 나뭇가지가 ～. 圉근덕이다.
간:단 (間斷)圐하圐 잠시 그치거나 끊어짐.
간단간단-히 (簡單簡單-)周 매우 간단히. 여럿을 다 간단히. ▣주의 사항을 ～ 설명하다.
간단명료-하다 (簡單明瞭-)[-뇨-]圐헤 간단하고 분명하다. ▣간단명료하게 대답해라. 圉간명(簡明)하다. **간단명료-히**[-뇨-]周
간단-반응 (簡單反應)圐〔심〕단일한 자극에

대해 단일한 동작을 하는 반응(감각 반응·근육 반응·자연 반응의 세 가지가 있음).
간단-스럽다 (簡單-)[-따]圐[스러워, -스러우니]圐헤 간단한 데가 있다. **간단-스레**周. ▣복잡한 문제를 ～ 풀다.
간-없다 (間-)[-업따]圐 끊임없다. ▣간단없는 노력. **간:단-없이**[-다넙씨]周. ▣～ 퍼붓는 비.
간단-하다 (簡單-)圐헤 **1** 단순하고 간략하다. ▣간단하고 요령 있는 대답. **2** 간편하고 단출하다. ▣간단한 복장. **3** 단순하고 손쉽다. ▣간단한 문제 / 작업이 간단하지 않다. **간단-히**周. ▣～ 처리하다.
간:담 (肝膽)圐 **1** 간과 쓸개. **2** 속마음.
　간담이 내려앉다쭈 몹시 놀라다.
　간담이 떨어지다쭈 간담이 내려앉다.
　간담이 서늘하다쭈 몹시 놀라서 섬뜩하다.
간:담 (懇談)圐하圐 서로 정답게 이야기함. 또는 그 이야기. ▣～을 나누다.
간:담-상조 (肝膽相照)圐 서로 속마음을 터놓고 친하게 사귐.
간:담-회 (懇談會)圐 서로 터놓고 정답게 이야기를 나누는 모임. ▣기자 ～를 가지다.
간당-거리다圐 간당하다.
간당 (奸黨)圐 간사한 무리. 간도(奸徒). ▣～을 제거하다.
간당 (看堂)圐하圐〔불〕선실(禪室)에서 참선할 때, 참선하는 사람들의 마음을 다잡으려고 행하는 의식.
간당-거리다圐 조금 할가워서 가볍게 자꾸 흔들리다. 圉건덩거리다. **간당-간당**周하圐
간당-대다圐 간당거리다.
간당-이다圐 조금 할가워서 가볍게 흔들리다. 圉건덩이다.
간대 (竿-)[-때]圐 '낚싯대'의 준말.
간대 (奸黨)圐〈옛〉망령.
간:대 (懇待)圐하圐 후히 대접함. 환대.
간대로周 **1** (주로 뒤에 '아니다'·'않다' 따위의 부정어와 함께 쓰여) 그리 쉽사리. ▣삶이란 ～ 되는 것이 아니다 / ～ 그칠 비는 아니다. **2**〈옛〉함부로. 망령되이.
간댕-거리다圐 느슨하게 매달려 있는 작은 물체가 조금 위태롭게 자꾸 흔들리다. ▣단추가 떨어지려고 ～. 圉근뎅거리다. **간댕-간댕**周하圐
간댕-대다圐 간댕거리다.
간댕-이다圐 간댕간댕 흔들리며 움직이다. 圉근뎅이다.
간:-덩이 (肝-)[-덩-]圐[-덩-]〈속〉간(肝).
　간덩이(가) 붓다쭈 터무니없이 배짱을 부리다. ▣만취 상태에서 차를 몰다니, 정말 간덩이가 부은 놈이구나.
　간덩이(가) 크다쭈 웬만한 사물에 놀라지 아니하다. 배짱이 크다.
간데라 (←네 kandelaar)圐 함석 따위로 만든 호롱에 석유를 넣어 켜 들고 다니는 등.
간데-없다[-업따]圐 갑자기 자취를 감추어 온데간데가 없다. **간데-없이**[-업씨]周. ▣조금 전에 사다 놓은 케이크가 ～ 사라졌다.
간데온데-없다[-업따]圐 온데간데없다. **간데온데-없이**[-업씨]周
간도 (奸徒·姦徒)圐 간사한 무리. 간당(奸黨).
간도 (奸盜·姦盜)圐 간악한 도둑.
간:도 (間道)圐 샛길.
간:도 (懇到)圐하圐태 매우 정성을 다하여 빈틈없이 마음을 씀.
간-독 (簡牘)圐 **1** 옛날 중국에서 종이가 없었던 때에 글씨를 쓰던 대쪽과 얇은 나무쪽. **2**

편지. **3** 편지를.
간독-하다 (奸毒)[-]—[-도카-] 혭어 간사하고 독살스럽다. ▢수법이 ~. **간독-히** [-도키] 튀
간:독-하다 (懇篤)—[-도카-] 혭어 정성스럽고 돈독하다. ▢간독한 부탁의 말. **간:독-히** [-도키] 튀
간동-간동 튀혭타 자꾸 간동그리는 모양. ▢ ~ 짐을 꾸리다. 큰건둥건둥. 쎈깐동깐동.
간동-그리다 타 간동하게 수습하다. 큰건둥그리다. 쎈깐동그리다.
간:-동맥 (肝動脈) 명 내장 동맥에서 간(肝) 안으로 들어간 동맥. 간에 영양을 공급함.
간동-하다 혭어 잘 정돈되어 단출하다. ▢옷차림이 ~. 큰건둥하다. 쎈깐동하다. **간동-히** 튀
간두 (竿頭) 명 **1** 장대나 대막대기 따위의 끝. **2** '백척(百尺)간두'의 준말.
간:-두다 타 '그만두다'의 준말.
간두지세 (竿頭之勢) 명 대막대기 끝에 선 것 같은 아주 위태로운 형세.
간드랑-거리다 자타 가늘게 매단 물체가 옆으로 가볍게 자꾸 움직이다. 큰근드렁거리다. **간드랑-간드랑** 튀자타
간드랑-대다 자타 간드랑거리다.
간드러-지다 타 예쁘고 맵시 있게 가늘고 부드럽다. ▢간드러진 웃음소리 / 노래를 간드러지게 부르다. 큰근드러지다.
간드작-거리다 [-꺼-] 자 무엇에 붙어 있는 물체가 가볍게 자꾸 움직이다. 큰근드적거리다. **간드작-간드작** [-깐-] 튀자타
간드작-대다 [-때-] 자 간드작거리다.
간들-거리다 자타 **1** 바람이 부드럽고 가볍게 불다. **2** 사람이 간드러진 태도를 짓다. ▢ 큰건들거리다. **3** 작은 물체가 이리저리 자꾸 흔들리다. 또는 그리 되게 하다. ▢나뭇잎이 바람에 ~. 큰근들거리다. **간들-간들** 튀자타
간들-대다 자타 간들거리다.
간:-디스토마 (肝distoma) 명 흡충류의 편형동물. 길이 6∼20mm, 납작하고 긴 나뭇잎 모양임. 우렁이 따위를 거쳐 제2중간 숙주인 붕어·잉어 등에 기생하고 다시 사람·개·고양이 등의 간에 기생함. 간흡충. 간장디스토마.
간:디스토마-병 (肝distoma病) 명 간디스토마의 기생으로 일어나는 병(설사·빈혈·간비대증·야맹증 등의 증상이 나타남). 간장디스토마병.
간디즘 (Gandhiism) 명 《사》인도의 간디가 반영(反英) 항쟁에 내건 불복종·비협력·비폭력에 의한 무저항주의.
간랍 [갈-] 명 '간납(肝納)'의 변한말.
간략-하다 (簡略)—[갈랴카-] 혭어 간단하고 짤막하다. ▢질문이 ~ / 간략하게 요약하다. **간략-히** [갈랴키] 튀. ▢ ~ 대답하다.
간련 (干連)[갈-] 명타 남의 범죄에 관련됨.
간:-로 (間路)[갈-] 명 샛길. 지름길.
간류 (幹流)[갈-] 명 **1** 본류. 주류. **2** 사조(思潮)의 중심이 되는 줄기.
간:-릉 (幹能)[갈-] 명 재치 있고 능청스러움. ▢ ~을 부리다.
간:-릉-스럽다 (幹能-)[갈-따][-스러워, -스러우니] 혭ㅂ 간릉한 태도가 있다. **간:릉-스레** [갈-] 튀
간리 (奸吏·姦吏)[갈-] 명 간사한 관리.
간린 (慳吝)[갈-] 명하다 몹시 인색함.
-간마 어미 〈옛〉-건마는.
-간마른 어미 〈옛〉-건마는.
간막-국 [-꾹] 명 소의 머리·가슴·등·볼기·염통·뼈·족·허파·간·처녑·콩팥·꼬리 따위를

한 토막씩 다 넣어 소금에 끓인 국.
간-막이 (間-) 명하다 ☞칸막이.
간만 (干滿) 명 간조와 만조. 밀물과 썰물. ▢ ~의 차가 심하다.
간:망 (懇望) 명하다 간절히 바람.
간:명 (肝銘) 명하다 마음속에 깊이 새김.
간명-하다 (簡明—) 혭어 '간단명료하다'의 준말. ▢간명한 해설. **간명-히** 튀
간모 (奸謀) 명 간사한 꾀. 간계(奸計).
간목 (刊木) 명 벌목(伐木).
간목-수생 (乾木水生)[-쑤-] 명 마른나무에서 물이 난다는 뜻으로, 아무것도 없는 사람에게 무엇을 무리하게 내라고 요구함의 비유. 건목수생.
간:-무침 (肝-) 명 소의 간을 저미어 번철에 지진 다음 깨소금을 넣고 무친 반찬.
간묵-하다 (簡默)—[-무카-] 혭어 말수가 적고 태도가 신중하다. ▢사람이 간묵해서 믿음직스럽다. **간묵-히** [-무키] 튀
간:문-맥 (肝門脈) 명 《생》 간과 장에 퍼져 있는 정맥(간과 장에서 두 번 모세 혈관으로 갈라져 나감).
간-물 명 **1** 소금기가 섞인 물. ▢배추에 ~이 배다. **2** 간국.
간물 (奸物·姦物) 명 간사한 인물. 간인(奸人).
간물 (乾物) 명 '건물(乾物)'의 본딧말.
간물-때 명 바다의 썰물이 가장 낮은 때. 간조(干潮). ↔찬물때.
간박-하다 (簡朴—·簡樸—)[-바카-] 혭어 간소하고 순박하다. **간박-히** [-바키] 튀
간:-반 (肝-) 명《의》 기미.
간:-발 (間髮) 명 순간적이거나 아주 적음을 나타내는 말. ▢ ~의 여유도 없다.
간발의 차이 튀 서로 엇비슷할 정도의 아주 적은 차이. ▢~로 금메달을 따다.
간:발 (簡拔) 명하다 여러 사람 가운데 골라 뽑음. 간탁(簡擢).
간:-밤 명 지난밤. ▢ ~에 비가 왔다.
간:방 (艮方) 명《민》 **1** 이십사방위의 하나. 정동과 정북 사이의 방위를 중심으로 한 15° 각도의 안. **2** 팔방의 하나. 정동과 정북 사이의 방위를 중심으로 한 45° 각도의 안. 준간(艮).
간:방 (間方) 명 정동·정서·정남·정북 네 방위의 각 사이. ▢동북 / 서남 ~.
간:-벌 (間伐) 명하다 《농》 나무의 발육을 돕기 위하여 불필요한 나무를 솎아 베어 냄. 솎아베기.
간범 (干犯) 명하다 **1** 간섭하여 남의 권리를 침범함. ▢통수권 ~. **2** 《역》 남의 죄에 관련된 범죄.
간법 (簡法)[-뻡] 명 간단한 방법.
간:-벽 (癎癖) 명 버럭 신경질을 잘 내는 버릇. ▢ ~이 있어 보이는 얼굴.
간병 (看病) 명하다 환자의 곁에서 돌보고 시중을 듦. 병구완. ▢정성 어린 ~으로 건강이 좋아지다.
간:-병 (癎病) 명하자 《의》 어린아이가 경련을 일으키는 병. 경기. 경풍(驚風). 경풍(驚風).
간병-인 (看病人) 명 환자를 보살피는 사람. ▢ ~을 두다.
간본 (刊本) 명 '간행본'의 준말.
간:-봉 (杆棒) 명 몽둥이.
간부 (奸婦) 명 간악한 여자. *독부(毒婦).
간:부 (姦夫) 명 간통한 남자. ↔간부(姦婦).
간:부 (姦婦) 명 간통한 여자. ↔간부(姦夫).
간:부 (間夫) 명 샛서방.

간부(幹部) 명 단체나 기관의 중심되는 자리에서 일을 맡아보는 사람. □~ 간담회 / ~ 사원 / ~를 뽑다.

간부 후보생(幹部候補生)《군》 정규 사관학교 교육 이외의 장교 교육 과정을 밟고 있는 사람.

간:불용발(間不容髮)〔머리털 하나 들어갈 틈도 없다는 뜻〕 **1** 사태가 매우 다급하여 여유가 조금도 없음. **2** 용의주도해서 조금도 빈틈이 없음.

간:빙-기(間氷期) 명《지》 빙하기와 빙하기 사이에 기후가 온화해져서 빙하가 고위도 지방까지 물러갔던 시기《현재는 제4간빙기에 해당함》.

간사(奸詐) 명하형부 나쁜 꾀가 있어 남을 잘 속임. □~한 인간.

간사(幹事) 명하자 **1** 일을 맡아 처리함. □~ 인(人). **2** 단체의 사무를 맡아 처리하는 직임. 또는 그 사람. □동창회 ~.

간:사(諫死) 명하자 죽음을 각오하고 간함.

간사-성(幹事性)[-썽] 명 일을 맡아서 잘 처리하는 솜씨나 소질.

간사-스럽다(奸邪-)[-따][-스러워, -스러우니] 형비 간사한 태도가 있다. **간사-스레** 부

간사-스럽다(奸詐-)[-따][-스러워, -스러우니] 형비 **1** 교활하게 남을 속이는 태도가 있다. **2** 지나치게 붙임성이 있고 아양을 떠는 면이 있다. □간사스러운 목소리를 내다. **간사-스레** 부

간:사위 명 **1** 면밀하고 융통성 있는 수단. □~가 있다〔좋다〕. **2** 자신의 이익을 위하여 쓰는 교묘한 수단.

간사-하다(奸邪-) 형어 교활하고 바르지 못하다. □사람의 마음이란 이토록 간사한 것인가. **간사-히** 부

간:삭(間朔) 명하자 간월(間月).

간산(看山) 명하자 **1** 묏자리를 잡으려고 산을 둘러봄. **2** 성묘(省墓).

간살 명 간사스럽게 아양을 떠는 태도.

　간살을 떨다 관 간사스럽게 아양을 떨다.

　간살을 부리다 관 간사스럽게 아양을 부리다. □상사에게 ~.

간살(間-) 명 ☞칸살.

간살-스럽다[-따][-스러워, -스러우니] 형비 간살을 부리는 태도가 있다. **간살-스레** 부

간살-쟁이 명 간살을 잘 부리는 사람.

간삼조이(干三召二)《한의》 약을 달일 때 넣는 생강 세 쪽과 대추 두 개의 일컬음《간(干)은 '강(薑)'을, 조(召)는 '조(棗)'를 취음으로 하여 쉽게 쓴 것임》.

간상(奸狀) 명 간사한 짓을 하는 모양.

간상(奸商) 명 간사한 짓을 하여 부당한 이익을 보려는 장사. 또는 그런 장사치. □~ 모리배.

간:-상련(艮上連)[-년] 명《민》위의 막대기가 이어져 있다는 뜻으로, 간괘의 상형(象形)인 '☶'을 이르는 말.

간상-배(奸商輩) 명 간상(奸商)의 무리.

간상-세포(杆狀細胞) 명《생》눈의 망막에 있는 막대기 모양의 세포《명암을 식별하는 작용을 함》. 간상체(杆狀體). 간체(桿體).

간상-체(杆狀體) 명 간상세포.

간색(看色) 명하타 **1** 물건의 좋고 나쁨을 알려고 견본 같은 데서 일부분을 봄. **2** 구색을 맞추려고 조금씩 내어 놓은 물건. 감색(監色).

간:색(間色) 명 **1** 빨강·노랑·파랑·흰색과 검정 가운데 둘 이상의 색을 섞어 낸 색. 중간색(中間色). ↔정색²(正色). **2**《미술》두 원색을 혼합해 생기는 색. 제2차색. **3** 그림에서, 명암(明暗)을 조화시키기 위해 칠하는 빛.

간색-대(看色-)[-때] 명 색대.

간서(刊書) 명하자 책을 간행함. 또는 그 간행한 책.

간서(看書) 명하자 책을 눈으로 읽음.

간:-서리목(肝-) 명 소의 간을 넓게 저며 양념해서 꼬챙이에 꿰어 재었다가 구운 음식.

간석(竿石)《건》장명등의 밑돌과 가운데 돌 사이의 받침대 모양의 돌.

간:-석기(-石器)[-끼] 명《역》돌을 갈아서 만든 석기 시대의 석기. 마제(磨製) 석기. * 뗀석기.

간석-지(干潟地)[-찌] 명 밀물과 썰물이 드나드는 개펄. □~를 개간하다.

간선(看-) 명하타 선을 봄.

간:선(間選) 명하타 '간접 선거'의 준말. ↔직선.

간선(揀選) 명하타 가려서 뽑음.

간선(幹線) 명 도로·철도·전신 등의 주요한 선. 본선. ↔ 철도·지선(支線).

간선 도:로(幹線道路) 주요 지점을 잇는 중요한 도로.

간:-선제(間選制) 명 '간접 선거 제도'의 준말. ↔직선제.

간섭(干涉) 명하자타 **1** 남의 일에 부당하게 참견함. □인사(人事)에 ~하다. **2**《물》광파(光波)·음파(音波) 따위의 파동이 같은 점에서 만났을 때 서로 작용하여 강해지거나 약해지는 현상. □~ 현상을 이용하다.

간섭-계(干涉計)[-께 / -꼐] 명《물》광파(光波)의 간섭 현상을 이용하여 빛의 파장·굴절률 따위를 측정하는 장치.

간섭 굴절계(干涉屈折計)[-꿀쩔- / -꿀쪌계]《물》빛의 간섭 현상을 이용하여 빛의 굴절률을 측정하는 장치.

간섭-무늬(干涉-)[-섬-니] 명《물》빛의 간섭 현상으로 나타나는 동심원(同心圓) 모양으로 된 흑백의 줄무늬. 간섭호.

간섭 분광기(干涉分光器)[-뿐-]《물》간섭무늬를 이용해서 분광하는 장치.

간섭-색(干涉色) 명《물》두 개의 백색광이 간섭할 때, 광파(光波)의 조성이 변하기 때문에 나타나는 빛깔.

간성(干城) 명 방패와 성이라는 뜻으로, 나라를 지키는 믿음직한 군대나 인물을 이르는 말. □국토방위의 ~.

간:성(間性) 명《생》**1** 암수의 중간적 성질을 나타내는 생물 개체. **2** 종(種)이 다른 동물을 교배시켜 얻는 동물《말과 당나귀를 교배시켰을 때의 노새 따위》. 중성(中性).

간:성(懇誠) 명하자 간절하고 정성스러움.

간성지재(干城之材) 명 나라를 지키는 믿음직한 인재.

간세(奸細) 명하형히부 간사하고 도량이 적음. 또는 그런 사람.

간:세(間世) 명 여러 대를 통하여 드물게 있음. □~의 인물.

간:세(間稅) 명 '간접세'의 준말.

간세(簡細) 명하자 간략함과 세밀함.

간세지배(奸細之輩) 명 간사한 짓을 하는 사람의 무리. 간세배(奸細輩).

간세지재(間世之材) 명 세상에 드문 인재.

간:-세포(間細胞) 명《생》어떤 조직에서 특유한 역할을 하는 여러 세포군 사이에 끼어

서 다른 기능을 하는 특수 세포(정충(精蟲)의 사이에서 내분비 작용을 하는 세포 따위). 간질(間質) 세포. 중간 세포.

간:소 (諫疏) 몡하타 간하여 상소함.

간소-하다 (簡素-) 몡형여 간략하고 꾸밈이 없다. 간소-히 튀

간소-화 (簡素化) 몡하타 복잡한 것을 간략하게 함. ▫행정의 ~ / 관혼상제의 ~ 운동 / 출입국 심사가 ~되다.

간솔-하다 (簡率-) 몡여 단순하고 솔직하다. 간솔-히 튀

간수 몡하타 물건 따위를 잘 거두어 보호하거나 보관함. ▫옷을 손질해 ~ 하다.

간수 (-水) 몡 습기가 찬 소금에서 저절로 녹아 흐르는 물. 고염(苦塩). 노수(滷水).

간수 (看守) 몡하타 1 보살피고 지킴. 또는 그 사람. 2 교정직 공무원인 '교도(矯導)'의 구칭. 3 철도의 건널목을 지키는 사람.

간수 (間數) 몡 ☞ 칸수

간:수 (澗水) 몡 골짜기에서 흐르는 물.

간슈ㅎ다 타〈옛〉간수하다.

간:승 (竿繩) 몡 일정한 거리마다 눈표를 붙인 노끈(씨를 뿌리거나 모종할 때 심는 간격을 조정하는 데 씀). 못줄.

간-승법 (簡乘法) [-뻡] 몡 수 곱셈을 쉽게 하는 방법. ⋆간제법.

간:시 (艮時) 몡 이십사시의 넷째 시(오전 2시 반에서 3시 반까지). 간인(艮).

간:시 (間時) 몡 십이지(十二支)로 나타내는 하루의 12시를 24시로 나눌 때, 12시 사이사이에 들어가는 각 시(계(癸)·간(艮)·갑·을·손(巽)·병·정·곤(坤)·경(庚)·신(辛)·건(乾)·임(壬)의 열두 시).

간:식 (間食) 몡하타 끼니와 끼니 사이에 음식을 먹음. 또는 그 음식. ▫~으로 삶은 감자를 먹다.

간식 (墾植) 몡하타 개간하여 심음.

간신 (奸臣·姦臣) 몡 간사한 신하. ▫~들의 모함을 받다.

간:신 (諫臣) 몡 1 왕에게 옳은 말로 간하는 신하. 2 간관(諫官).

간신-적자 (奸臣賊子) [-짜] 몡 간사한 신하와 불효한 자식. ⋆난신적자.

간신-하다 (艱辛-) 몡여 힘들고 고생스럽다. 간신-히 튀 가까스로. 겨우. ▫~ 도망치다 / 터져 나오려는 웃음을 ~ 참다.

간실-간실 튀하자 간사한 말과 행동으로 남의 비위를 맞추는 모양. 쎈깐실깐실.

간심 (奸心·姦心) 몡 간사한 마음.

간심 (看審) 몡하타 잘 보아 살핌.

간악 (奸惡) 몡하형히튀 간사하고 악독함. ▫~한 무리들을 제거하다.

간-악골 (間齶骨) [가낙꼴] 몡 위턱 앞부분에 있는 한 쌍의 뼈.

간악-무도 (奸惡無道) [가낭-] 몡하형 간악하고 인도(人道)에 어긋남.

간악-스럽다 (奸惡-) [가낙쓰-따] [-스러워, -스러우니] 몡여 간악한 데가 있다. 간악-스레 [가낙쓰-] 튀

간:암 (肝癌) 몡 의 간에 생기는 암.

간:어제초 (間於齊楚) 몡 약자가 강자 틈에 끼어 괴로움을 받는 것을 가리키는 말.

간:언 (間言) 몡 남을 이간하는 말. ▫중간에서 ~을 놓다.

간언(이) 들다 콴 잘 어울리는 일에 간언이 끼어들다.

간:언 (諫言) 몡 웃어른이나 임금에게 하는 충고. ▫~을 올리다.

간여 (干與) 몡하자 관계하여 참견함. 간예(干預). ▫상관없는 일에 ~하다.

간역 (看役) 몡하자 토목이나 건축 등의 공사를 보살핌.

간:연 (間然) 몡하타 남의 결점을 지적하여 비난함.

간:열 (肝熱) 몡 한의 어린아이가 소화 불량으로 열이 높고 때때로 놀라며 몹시 쇠약해지는 병.

간:열 (簡閱) 몡하타 일일이 가려서 조사함.

간:염 (肝炎) 몡 의 간에 생기는 염증을 통틀어 이르는 말. 주로 음식물과 혈액을 통한 바이러스로 감염되며 발열·황달·소화 장애 따위의 증상을 보임. 간장염. ▫B 형 ~.

간:엽 (肝葉) 몡 좌우 두 개로 나누어진 간의 한쪽 부분(모양이 잎사귀와 같음). 간잎.

간예 (干預) 몡하자 간여(干與).

간:옹 (肝癰) 몡 한의 습열(濕熱)과 열독(熱毒)으로 간에 생기는 종기. 열이 나고 으슬으슬 추움.

간요 (奸妖) 몡하형히튀 간사하고 요망함.

간요 (簡要) 몡하형히튀 1 간략한 요점. 2 간단하고 요령이 있음.

간:요-하다 (肝要-) 몡여 썩 중요하다. 간:요-히 튀

간운보월 (看雲步月) 몡하자 구름을 바라보거나 달빛 아래 거닌다는 뜻으로, 객지에서 가족을 생각함을 이르는 말.

간웅 (奸雄·姦雄) 몡 간사한 영웅. ▫난세의 ~ 조조(曹操).

간:원 (諫院) 몡 역 '사간원(司諫院)'의 준말.

간:원 (懇願) 몡하타 간절히 원함.

간:월 (間月) 몡하자 한 달씩 거름. 격월(隔月).

간위 (奸僞) 몡 간사하고 거짓이 많음.

간:-위축증 (肝萎縮症) [-쯩] 몡 의 간의 조직이 파괴되어 용적이 축소되는 병. 열이 나고 황달이 나타나며 의식을 잃음. 간오갈증.

간:유 (肝油) 몡 대구·명태 따위 생선의 간에서 뽑아낸 맑고 노란 기름(비타민 A·D가 많아 영양제로 씀). 어간유(魚肝油).

간:음 (間音) 몡 언 한 단어 또는 한 어절 안의 두 음이 동화하여 변화한 음. 속소리. 중음(中音).

간:음 (姦淫·姦婬) 몡하자타 부부가 아닌 남녀가 성적 관계를 맺음.

간:음 (幹音) 몡 악 원음(原音) 4.

간:음-범 (姦淫犯) 몡 간음죄가 되는 범행. 또는 그 범인.

간:음-죄 (姦淫罪) [가늠쬐] 몡 간음으로 성립되는 죄. 강간죄·준강간죄·간통죄 및 혼인 빙자 간음죄의 총칭. 遵간죄(姦罪).

간:음-화 (間音化) 몡하자 언 모음 동화의 하나. 한 단어나 한 어절 안의 두 모음이 하나의 중간음으로 변하는 동화 현상. 'ㅏ·ㅓ·ㅗ·ㅜ'가 'ㅣ'가 후행(後行)하여 'ㅐ·ㅔ·ㅚ·ㅟ'로 변하는 경우 따위.

간:의 (簡儀) [가늬/가니] 몡 역 조선 세종 때 만든, 천체의 운행과 현상을 관측하던 기계.

간:의-대 (簡儀臺) [가늬-/가니-] 몡 역 간의를 올려놓고 천문을 관측하던 대.

간:이 (簡易) 몡 일부 명사 앞에 쓰여) 간단하고 편리함. ▫~ 휴게소 / ~ 화장실 / ~ 옷장.

간:이 계:산서 (簡易計算書) [가니-/가니게-]

『경』부가 가치세가 면제된 재화나 용역을 공급할 때, 공급자가 교부하는 계산서의 하나. 발행의 편의를 위하여 공급 받은 사람의 등록 번호·성명·공급 가액 등을 별도로 기재하지 않음.

간:이식 (肝移植)『의』말기의 만성 간 질환 또는 간암 따위의 환자에게 건강한 사람의 간을 옮겨 붙이는 일.

간:이-식당 (簡易食堂)圈 간편한 설비를 갖추고 간단하고 값싼 식사를 제공하는 식당. ¶ ～에서 아침을 때우다.

간:이-역 (簡易驛)圈 설비를 거의 또는 전혀 하지 않고 정거만 하는 역. 간이 정거장.

간:이-주점 (簡易酒店)圈 작은 규모로 간단하고 값싼 술과 안주를 파는 술집.

간:이-화 (簡易化)圈하자타 간단하고 쉽게 됨. 또는 그렇게 되게 함.

간인 (刊印)圈하타 출판물을 인쇄·간행함.

간인 (奸人)圈 간사한 사람. 간물(奸物).

간-인 (間人)圈 간첩(間諜).

간:인 (間印)圈하타 철한 서류의 종잇장 사이마다 걸쳐 도장을 찍음. 또는 그 도장.

간-일 (間日)圈하자 1 하루씩 거름. 2 며칠씩 거름.

간-일-학 (間日瘧)圈『한의』하루거리.

간:-잎 (肝-)[-닙]圈 간엽(肝葉).

간자 圈 어른의 '숟가락'의 높임말.

간:자 (間者)圈 간첩(間諜).

간:자 (諫子)圈 어버이의 잘못을 고치도록 말하는 자식.

간자-말 圈 이마와 뺨이 흰 말.

간자미 『어』가오리의 새끼.

간자-숟가락 [-까-]圈 두껍고 곱게 만든 숟가락. *잎숟가락.

간:작 (間作)圈하자타 1 뽕나무 밭에 감자를 ～하다. 2 '간접 소작'의 준말.

간:작-림 (間作林)[-장님]圈 나무를 베어 낸 다음, 묘목이 자랄 때까지 농작물을 재배하는 숲.

간잔지런-하다 圈어 1 졸리거나 술에 취해 눈시울이 가늘게 처지다. 2 매우 가지런하다. ¶ 간잔지런하게 뜨는 콧수염. 간잔지런-히 閉

간잡이-그림 (間-)圈 건축의 설계도.

간장 (-醬)圈 음식의 간을 맞추는, 짠맛이 나는 흑갈색의 즙액. ¶ ～을 달이다 / ～을 담그다 / 튀김을 ～에 찍어 먹다 / 국에 ～을 치다. 圙장.

간장 (肝腸)圈 1 간장과 창자. 2 애가 타서 녹을 듯한 마음.

　간장을 끓다 閉 몹시 슬프고 애달프다. ¶ 구슬픈 두견 소리 일촌 간장 다 끊는다.

　간장을 녹이다 閉 ㉠감언이설·아양 등으로 상대방의 환심을 사다. ㉡애타게 하다.

　간장을 태우다 閉 몹시 초조하고 불안하게 만들다.

　간장이 타다 閉 조바심과 걱정으로 속이 타는 듯하다. 애가 타다.

간:장 (肝臟)圈『생』간(肝).

간:장 (諫長)圈『역』간관의 우두머리인 '대사간(大司諫)'을 달리 일컫던 말.

간장-독 (-醬-)[-똑]圈 간장을 담아 두는 독.

간:장-디스토마 (肝臟distoma)圈『동』간디스토마.

간:장디스토마-병 (肝臟distoma病)圈『의』간디스토마병.

간장-비지 (-醬-)圈 간장을 달이고 남은 찌꺼기.

간:장 엑스 (肝臟←extract)짐승·어류(魚類)의 간의 유효 성분을 뽑아낸 가루나 액체(영양제로 씀). 간정(肝精).

간:장 제:제 (肝臟製劑)『약』짐승·어류의 간을 저온으로 건조하여 만든 가루(빈혈 치료제·강장제(强壯劑)로 씀).

간:-장지 (間-)圈『건』샛장지.

간:-장지 (簡壯紙)圈 간지(簡紙)를 만드는 두껍고 질이 좋은 한지(韓紙).

간장-쪽박 (-醬-)[-빡]圈 간장독 안에 늘 띄워 놓고 간장을 떠내는 데 쓰는 쪽박. 圙장쪽박.

간재 (奸才)圈 간사한 재주. 또는 그런 재주가 있는 사람.

간:쟁 (諫爭·諫諍)圈하자 어른이나 임금에게 옳지 않거나 잘못된 일을 고치도록 간절히 말함.

간쟈물 〈옛〉간자말.

간쟈수쵹빅 圈 〈옛〉오명마(五明馬).

간적 (奸賊)圈 간악한 도둑. ¶ ～을 치다.

간전 (墾田)圈하자 개간하여 밭을 만듦.

간:절-하다 (懇切-)圈어 무엇을 바라는 마음이 더없이 지성스럽고 절실하다. ¶ 간절한 소원 / 고향에 계신 어머니 생각이 ～ / 바라보는 눈길이 ～. 간:절-히 閉. ¶ ～ 부탁하다.

간:점-선 (間點線)圈 사이사이 점을 찍어 가면서 그은 선(‘-·-·-·’, ‘+·+·+’ 따위).

간:접 (間接)圈 바로 대하지 않고 중간에 세운 사람이나 물건을 통하여 연결되는 관계. ¶ 소식을 간接에 ～으로 전해 듣다. ↔직접.

간:접 강:제 (間接强制)[-깡-]『법』채무를 이행하지 않는 채무자에 대하여, 일정한 기한 내에 채무를 이행하지 않으면 손해 배상을 과할 것을 법원이 명령하여 채무자를 심리적으로 강제하여 채무를 이행하게 하는 방법.

간:접 경험 (間接經驗)[-껑-]『철』직접 체험하지 아니하고, 언어나 문자 따위 중간 매개를 통하여 얻는 경험. ↔직접 경험.

간:접 국세 (間接國稅)[-꾹쎄]『법』국고의 수입이 되는 간접세의 총칭. ↔직접 국세.

간:접 군주제 (間接君主制)[-꾼-]『역』군주가 자기 대리인이나 대리 기관을 통하여 권능을 행사하는 군주 정치 체제. ↔직접 군주제.

간:접 금융 (間接金融)[-끔늉 / -끄뮹]자금의 공급자와 수요자 사이에 은행 등 금융 기관이 개입하는 금융 방식. ↔직접 금융.

간:접 기관 (間接機關)[-끼-]『법』직접 기관으로부터 위임받은 권한을 행사하는 기관. ↔직접 기관.

간:접 논증 (間接論證)[-쩜-]귀류법(歸謬法).

간:접 높임말 (間接-)[-쩜노핌-]『언』높임의 대상과 관계가 있는 인물이나 소유물 등을 높이는 말. ‘계씨(季氏)’·‘진지’ 따위. ↔직접 높임말.

간:접 대:리 (間接代理)[-때-]『법』위탁 판매처럼, 타인의 계산에 따라 자기 이름으로 법률 행위를 하는 일.

간:접 매매 (間接賣買)[-때-]대리업자나 중개자를 통하여 하는 매매.

간:접 무:역 (間接貿易)[-쩜-]『경』제3국이나 외국인·외국 상사를 중개로 행하는 무역.

간:접 민주 정치 (間接民主政治)[-쩜-]국민이 대표자를 통하여 간접적으로 국정에 참여하게 되는 정치.

간:접 민주제 (間接民主制)[-쩜-]유권자가 선출한 대의원을 매개로 국민이 국가 의사의 결정과 집행에 참여하는 민주 제도의 한 형

태. 대표 민주제. 대의 제도. ↔직접 민주제.

간:접 발생(間接發生)[-빵-]〖동〗동물의 개체가 변태(變態)의 과정을 거치는 발생. ↔직접 발생.

간:접 발행(間接發行)[-빨-]〖경〗유가 증권 발행 때, 발행자가 제삼자를 중개로 응모자를 모집하는 일. ↔직접 발행.

간:접-범(間接犯)[-뻠]〖법〗스스로 범죄를 실행하지 않고 타인을 이용하여 간접적으로 범행을 하게 하는 일. 또는 그 범인.

간:접 보:상(間接補償)[-뽀-]간접 손해에 대한 보상. ↔직접 보상.

간:접 분석(間接分析)[-뿐-]〖화〗화학 분석에서, 시료(試料)와 시약(試藥)과의 화학 반응을 간접적으로 분석하거나 간접적인 조작(操作)이나 관계를 이용하여 물질을 분석·정량(定量)하는 일.

간:접 분열(間接分裂)[-부녈]〖생〗유사(有絲) 분열. ↔직접 분열.

간:접-비(間接費)[-삐]〖경〗원가 계산에서, 제조 또는 판매에 관하여 공통으로 소요되는 비용. ↔직접비.

간:접 비:료(間接肥料)[-뼈-]땅속의 유기물을 분해시키거나 양분의 흡수를 촉진하여, 간접적으로 식물의 성장을 돕는 비료(석회·숯가루·소금·망간 따위). ↔직접 비료.

간:접 사격(間接射擊)[-싸-]〖군〗간접 조준에 의한 사격. ↔직접 사격.

간:접 사:인(間接死因)[-싸-]〖법〗죽음에 간접적으로 관계되는 원인. ↔직접 사인.

간:접 선:거(間接選擧)[-썬-]일반 선거인이 먼저 선거 위원을 선정하고, 그 선거 위원이 다시 당선자를 선거하는 일. ↔직접 선거. ⓒ간선.

간:접 선:거 제:도(間接選擧制度)[-썬-]간접 선거의 방식으로 선거를 하는 제도. ↔직접 선거 제도.

간:접-세(間接稅)[-쎄]〖경〗납세자가 사실상 부과된 세금을 내는 것이 아니고, 소비자 등이 부담하게 되어 있는 세(부가 가치세·특별 소비세·주세·직물류세 따위). ↔직접세. ⓒ간세(間稅).

간:접 소권(間接訴權)[-쏘꿘]〖법〗채권자 대위권(代位權).

간:접 소:작(間接小作)[-쏘-]〖농〗소작권을 얻은 사람에게서 다시 소작권을 얻어서 행하는 소작. ⓒ간작(間作).

간:접 손:해(間接損害)[-쏜-]화재 따위의 보험 사고로 인해서 보험 계약자가 간접적으로 입는 손해.

간:접 심:리주의(間接審理主義)[-씸니-/-씸니-이]〖법〗소송을 심리하는 법원이 직접 변론을 듣거나 증거를 조사하지 아니하고, 다른 기관이 행한 변론 및 증거 조사의 결과만을 증거 자료로 삼는 주의. ↔직접 심리주의.

간:접 인용(間接引用)[-뇽]〖언〗문장에서, 다른 사람의 말이나 글 따위를 자기의 말로 바꾸어 나타내는 일(앞뒤에 따옴표를 안 하며, 뒤에 부사격 조사 '고'가 옴). ↔직접 인용.

간:접-적(間接的)[-쩍]〖관〗〖명〗중간에 매개를 통하여 연결하거나 그렇게 되는 (것). □ ~인 영향 / ~으로 들은 얘기 / ~으로 시사하다. ↔직접적.

간:접적 논증(間接的論證)[-쩍-]〖논〗간접적으로 진(眞)임을 증명하는 방법.

간:접 전염(間接傳染)[-쩌념]〖의〗공기나 물 등을 매개로 하여 병이 옮는 일.

간:접 점유(間接占有)[-쩌뮤]〖법〗물건의 소

유자가 남과 법률관계를 맺어 그 물건을 넘겨주는 경우의 점유. 구용어: 대리 점유. ↔직접 점유.

간:접 정:범(間接正犯)[-쩡-]〖법〗정신 이상자나 14세 미만의 연소자 또는 범죄 의사가 없는 다른 사람의 행위를 이용하여 범죄를 발생케 하는 일. 또는 그 범인. ↔직접 정범.

간:접 조:명(間接照明)[-쪼-]빛을 벽·천장 등에 반사시키고 그 반사광을 이용하는 조명. 광선이 부드러워서 실내 조명에 씀. ↔직접 조명.

간:접 조:준(間接照準)[-쪼-]〖군〗눈이나 망원경으로 직접 조준을 할 수 없는 목표물일 경우, 다른 보조 목표물을 정해 조준하는 일. ↔직접 조준.

간:접 증명법(間接證明法)[-쯩-뻡]귀류법(歸謬法).

간:접 책임(間接責任)〖법〗주식회사의 주주나 유한 회사의 사원이 회사 자본에 대한 출자 의무만을 지고 회사 채무에 대해서는 간접적으로만 지는 책임.

간:접 촬영(間接撮影)엑스선(X線) 촬영법의 하나. 가슴 부분을 집단 검진하는 경우, 형광판에 폐를 투영하여 그것을 소형 카메라로 축소 촬영하는 일. ↔직접 촬영.

간:접 추리(間接推理)〖논〗삼단 논법 등과 같이, 둘 또는 그 이상의 판단을 전제로 하여 그 상호 간의 관계로부터 새로운 판단을 내는 추리. ↔직접 추리.

간:접 침:략(間接侵略)[-냑]무력에 의하지 않고 간첩의 침투나 파괴 활동, 내란 책동 등에 의한 간접적인 침략. ↔직접 침략.

간:접 투자(間接投資)〖경〗외국 증권의 장기 취득이나 장기 대부의 형식을 취하는 간접적인 해외 투자. ↔직접 투자.

간:접 화법(間接話法)[-뻡]〖언〗남의 말을 전할 때, 그 말을 그대로 전하지 않고 뜻을 풀어 자기 말로 바꾸어 전하는 화법. ↔직접 화법.

간:접-환(間接換)[-쩐]〖경〗다른 나라의 중계를 통하여 그 양국간의 대차(貸借)를 결제하는 방식. ↔직접환.

간:접 효:용(間接效用)[-쬬-]〖경〗사람의 욕망을 직접 만족시키지는 못하나, 화폐와 같이 다른 것과 교환함으로써 만족시킬 수 있는 재화의 효용. ↔직접 효용.

간:접-흡연(間接吸煙)[-저픈변]〖명〗담배를 피우지 않는 사람이 주위에 있는 흡연자의 담배 연기를 들이마시게 되는 일.

간:정(肝精)〖명〗간장(肝臟) 엑스.

간정(艱貞)〖명〗〖하다〗〖재〗어려움을 견디고 정절을 지킴.

간정-되다〖재〗소란스럽던 일이나 병 따위가 가라앉아 진정되다. □ 약 기운에 병이 ~.

간:-정맥(肝靜脈)〖명〗〖생〗척추동물의 간에 들어온 혈액을 심장으로 보내는 정맥.

간정-하다(乾淨-)〖형〗〖여〗깨끗하고 깔끔하다. 간정-히〖부〗

간정-하다(簡淨-)〖형〗〖여〗간단하고 깨끗하다.

간-제법(簡除法)[-뺍]〖명〗〖수〗나눗셈을 쉽게 하는 방법. 가령 $x \div 5$ 를 $x \times 2 \div 10$ 으로 또는 $x \div 4$ 를 $x \div 2 \div 2$ 로 하는 법 따위. *간승법.

간조(干潮)〖명〗조수가 빠져 바다의 수면이 가장 낮게 된 상태. ↔만조.

간조-선(干潮線)〖명〗〖지〗간조 때의 바다와 육지의 경계선. 저조(低潮)선. ↔만조선.

간종-간종 [부][하타] 계속 간종그리는 모양. ⓒ건중건중.

간종-그리다 [타] 흐트러진 것을 가닥가닥 골라서 가지런하게 하다. 간종이다. ▭책상 위의 서류를 ~. ⓒ건중그리다.

간종-이다 [타] 간종그리다. ⓒ건종이다.

간: 종창 (肝腫脹) 〖의〗 간이 병적으로 커지는 일. 간 비대(肥大).

간:좌 (艮坐) [명] 묏자리·집터 따위가 간방(艮方)을 등진 방향. 또는 그렇게 앉은 자리.

간:좌-곤향 (艮坐坤向) [명] 〖민〗 묏자리·집터 따위가 간방을 등지고 곤방(坤方)을 향한 방향. 또는 그렇게 앉은 자리.

간:-죄 (姦罪) [-쬐] '간통죄·간음죄'의 준말.

간주 (看做) [명][하타] 상태·모양·성질 따위가 그렇다고 여김. ▭동의한 것으로 ~되다 / 그렇다고 ~한다.

간:주 (間柱) [명] 〖건〗 두 기둥 중간에 좀 가는 나무로 세운 기둥. 사잇기둥.

간:주 (間奏) [명] 〖악〗 1 한 곡 중간에 삽입하여 연주하는 일. 2 간주곡2.

간:주-곡 (間奏曲) [명] 〖악〗 1 극 또는 악극의 막간(幕間)에 연주하는 가벼운 곡. 2 두 악곡·가곡·시 낭독 사이에 삽입하는 짧은 기악곡. 간주.

간:-주지 (簡周紙) [명] 예전에, 편지지로 쓰던 두루마리.

간죽 (竿竹) [명] 간죽(間竹).

간:죽 (間竹·簡竹) [명] 담뱃설대.

간증 (干證) [명][하타] 1 〖역〗 예전에, 범죄에 관계있는 증인. 2 〖기〗 자신의 종교적 체험을 고백해서 하나님의 존재를 증명하는 일. ▭~을 행하다 / ~을 듣다.

간:증 (癎症) [-쯩] 간질의 증세.

간지 (干支) [명] 천간(天干)과 지지(地支). 십간(十干)과 십이지(十二支).

간지 (奸智) [명] 간사한 지혜. ▭~에 능하다.

간:지 (間紙) [명] 1 접어서 맨 책의 종이가 얇아 힘이 없을 때, 그 접은 각 장의 속에 넣어 받치는 종이. 2 속장. 3 〖인〗 잘 건조된 인쇄면이 다른 지면이나 인쇄면에 달라붙지 않도록 사이에 끼우는 얇은 종이.

간:지 (諫止) [명][하타] 간하여 어떤 일을 하지 못하도록 말림.

간:지 (懇志) [명] 간곡한 뜻.

간:지 (簡紙) [명] 두껍고 질기며 품질이 좋은 편지지.

간-지다 [형] 1 붙은 데가 가늘어 곧 끊어질 듯하다. ▭가는 덩굴에 간지게 매달린 호박. 2 간드러진 멋이 있다. ▭간지게 넘어가는 노랫가락.

간지라기 [명] 남의 몸이나 마음을 잘 간지럽게 하는 사람.

간지럼 [명] 간지러운 느낌. ▭~을 잘 타다 / ~을 태우다.

간지럽다 [-따] [간지러워, 간지러우니] [형ㅂ] 1 무엇이 살에 닿아 가볍게 스칠 때 자리자리하게 느껴지다. ▭머리카락이 목에 닿아 ~. ⓒ근지럽다. 2 극히 위태하거나 단작스러운 일을 볼 때, 마음이 자리자리하게 느껴지다. ▭낯이 ~ / 간지럽게 아양을 떨다. 3 어떤 일을 하고 싶어 참고 견디기 어렵다. ▭소문을 얘기하고 싶어 입이 간지러웠다.

간지럽-히다 [-러피-] [타] 간질이다.

간지르다 [타] ☞ 간질이다.

간:지-봉 (簡紙封) [명] 간지를 넣는 봉투.

간:지-석 (間知石) [명] 견칫돌.

간직 [명][하타] 잘 간수해 둠. ▭유품을 고이 ~하다 / 선생님 말씀을 마음속에 깊이 ~하다.

간:질 (肝蛭) [명] 〖동〗 간질과의 편형(扁形)동물. 양·소·사람 따위의 간에 기생하는데, 몸은 편평한 나뭇잎 모양, 빛은 회갈색임. 중간 숙주는 우렁이로 목축에 큰 해를 줌.

간:질 (癎疾) [명] 〖한의〗 발작적으로 경련을 일으키고 의식 장애 등의 증상이 나타나는 질환(눈알이 뒤집히고 졸도하여 게거품을 묾). 지랄병. 전간(癲癇). 간기.

간질-거리다 [자] 자꾸 간지러운 느낌이 들다. ⓒ근질거리다. [타] 자꾸 간질이다. **간질-간질** [부][하자형] 1 속셈이 빤하여 얼굴이 ~하다.

간질-대다 [자타] 간질거리다.

간:질-병 (肝蛭病) [-뼝] 간질이 소나 양 따위의 간에 기생하여 생기는 병(간이 비대해지고, 빈혈·수종(水腫)·복수(腹水) 따위의 증상이 일어남).

간:질 세:포 (間質細胞) 간세포.

간질이다 [타] 간지럽게 하다. ▭겨드랑이를 ~ / 발바닥을 ~.

간짓-대 [-지때 / -진때] [명] 긴 대나무 장대. ▭~ 끝에 기를 달다 / ~로 감을 따다.

간:찰 (簡札) [명] 1 간지(簡紙)에 쓴 편지. 2 편지. ▭~이 오가다.

간책 (奸策) [명] 간사한 계책. ▭~을 쓰다.

간:책 (簡冊·簡策) [명] 예전에, 종이 대신에 글씨를 쓰던 대쪽. 또는 그것으로 엮어 맨 책.

간:-처녑 (肝-) [명] 소나 양 따위의 간과 처녑.

간척 (干拓) [명][하타] 호수나 바닷가에 제방을 쌓아 그 안의 물을 빼고 육지를 만드는 일. ▭대규모 ~ 사업을 벌이다.

간척-지 (干拓地) [-찌] [명] 간척 공사를 하여 이룬 땅(경작지·목축지 따위).

간:첩 (間諜) [명] 적이나 경쟁 상대의 정보를 몰래 알아내어 자기편에 보고하는 사람. 간인(間人). 간자(間者). 세인(細人). 세작(細作). 첩자. 스파이. ▭~ 활동 / ~을 검거하다.

간:첩-죄 (間諜罪) [-쬐] 〖법〗 적을 위하여 간첩 행위를 하거나 도와준 범죄.

간첩-하다 (簡捷-) [-쩌파-] [형여] 간단하고 빠르다. **간첩-히** [-처피] [부]

간:청 (懇請) [명][하타] 간절히 청함. ▭~을 물리치다 / ~을 들어주다 / 거듭되는 ~에 못 이겨 도움을 약속하다.

간체-자 (簡體字) [명] 중국에서, 문자 개혁에 따라 1956년 이래 글자체를 간략하게 고친 한자('廣'을 '广'으로 쓰는 따위). 간화자(簡化字).

간초-하다 (艱楚-) [형여] 힘들고 고생스럽다.

간:촉 (懇囑) [명][하타] 간곡히 부탁함.

간추 (看秋) [명][하자] 배메기의 경우에, 지주가 소작인의 추수 상황을 살펴봄.

간-추리다 [타] 1 흐트러진 것을 정돈하다. ▭흩어진 서류를 ~. 2 중요한 점만을 골라서 정리하다. ▭요점을 ~ / 생각을 ~ / 책의 줄거리를 간추려서 말해라.

간출 (刊出) [명][하타] 발간하여 냄.

간:출 (揀出) [명] 여럿 중에서 가려 뽑음.

간-충직 (間充織) [명] 〖생〗 1 척추동물의 발생 과정에서, 형성 중인 기관 사이의 빈 곳을 메우는 조직. 2 해면동물에서 두 층으로 된 체벽 사이를 채우는 중요한 조직. 간엽(間葉).

간취 (看取) [명][하타] 보아서 내용을 알아차림. ▭쉽게 ~될 수 없는 암호.

간:측-하다 (懇惻-) [-츠카-] [형여] 1 매우 딱하

고 가엾다. ▢간측한 사정. **2** 지극히 간절하다. ▢전하의 간측하신 분부. **간:측-히** [-츠키] 閈

간:친 (懇親)**명자** 다정하고 친근하게 지냄.
간:친-회 (懇親會)**명** 친밀하고 다정하게 사귀는 것을 목적으로 하는 회. 친목회.
간:탁 (簡擢)**명타** 인재를 가려 뽑음.
간:탄 (懇歎·懇嘆)**명타** 간곡히 탄원함.
간:탄 (杆太)**명** 강원도 간성(杆城) 앞바다에서 잡히는 명태.
간:택 (揀擇)**명하타** **1** 왕·왕자·왕녀의 배우자를 고름. ▢~에 뽑히다 / 세자빈으로 ~되다. **2** 분간하여 선택함.
간:택 (簡擇)**명하타** 여럿 중에서 골라냄.
간:토-질 (肝土疾)**명** 간디스토마병을 한방에서 이르는 말.
간:통 (姦通)**명하타** 〖법〗 배우자 있는 사람이 배우자 이외의 이성과 성적 관계를 맺는 일. 통간(通姦). ▢~을 저지르다.
간:통-죄 (姦通罪)[-쬐] 〖법〗 간통으로 성립되는 죄. ▢로 고소당하다. 준간죄.
간:투-사 (間投詞)**명** 감탄사.
간특-스럽다 (奸慝-)[-쓰-따][-스러워, -스러우니] 閈 간사하고 사악한 데가 있다. ▢하는 짓이 ~. **간특-스레** [-쓰-] 閈
간특-하다 (奸慝-)[-트카-] 閈 간사하고 사악하다. ▢간특한 술책.
간파 (看破)**명하타** 보아서 속내를 알아차림. ▢속셈을 ~하다 / 정체가 ~되다.
간판 (看板)**명** **1** 회사나 가게 따위에서, 사람들의 눈에 잘 뜨이게 상호·상표명·영업 종목 등을 써서 내건 표지(標識). ▢극장 ~ / 상점 ~을 걸다. **2** 무엇을 대표할 만한 사물이나 사람을 비유한 말. ▢한국 유도의 ~ 스타. **3** 〈속〉 외관·학벌·경력 따위 남 앞에 내세울 만한 것. ▢명문대 출신이라는 ~ / ~으로 사람을 평가하다.
간판을 내리다 句 상점·기관·회사 따위의, 영업이나 활동을 그만두다.
간판을 떼다 句 간판을 내리다.
간:판 (乾版)**명** 사진에서, 세로 12.7 cm, 가로 10 cm 크기의 건판.
간판 (幹-)**명** 일을 능숙하게 처리하는 배포가 는 보짱. ▢~이 크다.
간:-팥 [-판]**명** 밥에 넣어 먹기 위하여 맷돌에 갈아 부순 팥.
간편-셈 (簡便-)**명** 〖수〗 쉽고 편하게 하는 셈. 이를테면, 5×99 를 5×100-5 로 셈하는 등.
간편-하다 (簡便-)閈 간단하고 편리하다. ▢활동하기에 간편한 옷. **간편-히** 閈
간평 (看坪)**명하타** 지주가 도조(賭租)를 매기기 위해 추수하기 전에 실지로 농작물의 풍흉을 살펴봄. 검견(檢見).
간평 도조 (看坪賭租)〈사〉 잡을도조.
간품 (看品)**명하타** 물건의 품질을 살펴봄.
간:-풍 (癎風)**명** 〖한의〗 간질을 일으키는 풍증.
간-피다 자 바닷물에 미역 감고 난 뒤 피부에 소금기가 남게 되다.
간:필 (簡筆)**명** 편지 쓰기에 알맞은, 초필(抄筆)보다 굵은 붓.
간핍-하다 (艱乏-)[-피파-] 閈 매우 가난하다. ▢간핍하게 지내다.
간-하다 타어 **1** 음식에 맛을 내기 위하여 간을 치다. ▢간장으로 미역국을 ~. **2** 생선·채소 따위를 소금에 절이다. ▢고등어를 간하여 냉동실에 보관하다.
간:-하다 (諫-)타어 어른이나 임금에게 잘못을 고치도록 말하다. ▢술을 절제하도록 ~.

간-하다 (奸-)혐어 간사하다.
간행 (刊行)**명하타** 책 따위를 인쇄하여 발행함. 인행(印行). 출판. ▢단편 소설을 모아 책으로 ~하다.
간행 (奸行)**명** 간사한 행동.
간행-물 (刊行物)**명** 간행한 출판물.
간행-본 (刊行本)**명** 간행한 책. 준간본(刊本).
간:헐 (間歇)**명** 얼마 동안의 시간 간격을 두고 되풀이해서 쉬었다 일어났다 함.
간:헐-류 (間歇流)**명** 〖지〗 간헐 하천.
간:헐-열 (間歇熱)[-렬] 〖의〗 간헐적으로 일어나는 신열.
간:헐 온천 (間歇溫泉)〖지〗 간헐천.
간:헐 유전 (間歇遺傳)[-류-] 〖생〗 격세 유전.
간:헐-적 (間歇的)[-쩍] 冠어 일정한 시간 간격을 두고 되풀이되는 (것). ▢~인 발작 / 대포 소리가 ~으로 들리다. ↔연속적.
간:헐-천 (間歇泉)**명** 〖지〗 일정한 기간을 두고 주기적으로 분출하는 온천. 간헐 온천.
간:헐 파행증 (間歇跛行症)[-쯩] 〖의〗 혈관의 기능 마비로 혈액 순환이 나빠지거나 막히기 때문에, 걸음을 조금 걸으면 다리가 땅기고 아프다가 조금 쉬면 낫는 병.
간:헐 하천 (間歇河川)〖지〗 큰비가 올 때만 골짜기를 흐르는 내. 간헐류.
간험-하다 (奸險-)혐어 간악하고 음험하다. ▢간험한 마음을 품다.
간험-하다 (艱險-)혐어 몹시 험난하다.
간협 (奸俠)**명** 간악한 무뢰한.
간호 (看護)**명하타** 환자나 노약자 등을 보살펴 돌봄. ▢어머니의 정성스러운 ~.
간호-법 (看護法)[-뻡] **명** 간호하는 방법.
간호-부 (看護婦)**명** '여자 간호사'의 구칭.
간호-사 (看護師)〖의〗 일정한 법적 자격을 갖추어, 의사를 돕고 환자를 돌보는 사람. 구칭: 간호원(員).
간호-원 (看護員)**명** '간호사(師)'의 구칭.
간호-장 (看護長)**명** '수(首)간호사'의 구칭.
간호 장:교 (看護將校)〖군〗 군대에서, 위생과 간호 업무를 맡은 여군 장교.
간호-조무사 (看護助務士)〖의〗 법정 자격을 가지고, 간호사나 의사의 진료 업무를 보조하는 사람. 구칭: 간호 보조원.
간호-학 (看護學)〖의〗 간호에 관한 이론·응용을 연구하는 학문.
간:혹 (間或)閈 이따금. 간간이. 어쩌다가. 혹간(或間). ▢~ 눈에 띄다 / 일하다 보면 실수도 ~ 있는 법이다. 춘혹(或).
간:혼 (間婚)**명하타** 남의 혼인을 이간질함.
간활-하다 (奸猾-)혐어 간사하고 교활하다. **간활-히** 閈
간활-하다 (奸譎-)혐어 간사하고 음휼하다. ▢간휼한 계략.
간흉 (奸凶)**명하형** 간사하고 흉악함. 또는 그런 사람.
간:-흡충 (肝吸蟲)**명** 〖동〗 간디스토마.
간힐-하다 (奸黠-)혐어 간사하고 꾀가 많다.
간힘 閈 숨 쉬는 것을 억지로 참아 고통을 이기려고 애쓰는 힘. ▢~을 쓰다.
간힘(을) 주다 句 참고 이겨 내려고 간힘을 아랫배에 밀어 밀다.
갈 〈옛〉 갓¹.
갈다 타 〈옛〉 거두다. 걷다.
갇히다 [가치-]자 《'가두다'의 피동》 가둠을 당하다. ▢감옥에 ~ / 폭풍우로 섬에 ~.
갈¹ 閈 〖식〗 '갈대'의 준말.

갈²명〈옛〉칼.

갈³명《건》기둥의 사개나 인방(引枋)의 가름 장 따위의 갈래.

갈(을) 타다관 기둥의 사개나 인방의 가름 장의 갈을 만들다.

갈:⁴명 '가을'의 준말. ▷~ 봄 여름 없이 꽃 이 피네.

갈:⁵명《식》'가래'의 준말.

갈:⁶명《식》1 '갈나무'의 준말. 2 '갈잎'의 준말.

갈碣 지붕돌을 얹지 아니하고 머리 부분 을 둥글게 만든 작은 비석.

갈:-가리부 '가리가리'의 준말. ▷옷이 ~ 찢 기다 / 편지를 ~ 찢다.

갈가위명 인색해서 제 실속만 차리는 사람.

갈갈부자 음식이나 재물에 욕심을 부려 염 치없이 구는 모양. 준걸걸.

갈갈-거리다자 음식이나 재물에 욕심을 부려 자꾸 염치없이 굴다. 준걸걸거리다.

갈갈-대다자 갈갈거리다.

갈:-갈이명하타 '가을갈이'의 준말.

갈강-거리다자 '갈그랑거리다'의 준말. 큰걸 겅거리다. 갈강-갈강부

갈강-대다자 갈강거리다.

갈강-병(褐殭病)[-뼝]명 누에에 생기는 전염 병의 하나. 병균이 붙은 자리가 검어지면서 입으로 수분을 흘리고 설사하다 몸이 누렇게 되어 죽게 됨.

갈개명 괸 물을 빠지게 하거나 경계를 짓기 위해 얕게 판 작은 도랑.

갈개-꾼명 1 종이의 원료인 닥나무 껍질을 벗 기는 사람. 2 남의 일에 훼방 놓는 사람.

갈개-발명 1 연의 좌우 아래쪽 귀퉁이에 붙 는 쐐기 모양의 긴 종잇조각. 2 권세 있는 집 에 붙어 덩달아 세력을 부리는 사람을 비유 적으로 이르는 말.

갈개-질명하자 1 남의 일에 훼방을 놓는 짓. 2 버릇없이 굴거나 사납게 행동하는 짓. 3 맹 수 따위가 이리저리 설치는 짓.

갈강갈강-하다형여 얼굴이 파리하고 몸이 여 위어 보이나 단단하고 굳센 기상이 있다.

갈-거미명《동》갈거밋과 거미의 총칭.

갈건(葛巾)명 갈포로 만든 두건.

갈건-야복(葛巾野服)[-냐-]명 갈건과 베옷으 로 된 옷차림으로, 은사(隱士)나 처사(處士)의 소 박한 옷차림을 이르는 말.

갈:-걷이[-거지]명하자타 《농》'가을걷이'의 준말.

갈게명《동》바위겟과의 하나. 등딱지 길이 2-5cm, 폭 3cm 정도. 개펄이나 갈대밭에 구멍을 파고 삶.

갈겨니명《어》잉엇과의 민물고기. 피라미와 비슷하나 비늘이 작고, 등이 청갈색, 배는 은 백색임. 수컷은 여름에 혼인색(婚姻色)이 매 우 아름다워짐.

갈겨-먹다[-따]타 1 남의 음식을 빼앗아 먹 다. 2 남의 재물을 가로채어 가지다.

갈겨-쓰다[-써, -쓰니]타 글씨를 마구 쓰다. ▷갈겨쓴 편지라서 읽기 어렵다.

갈고(羯鼓)명《악》아악의 타악기. 장구와 거 의 비슷하나, 양 마구리를 말가죽으로 메우 고 대(臺) 위에 올려놓고 두 개의 채로 침(합 주의 소리를 조절함). 양장고.

갈:고-닦다[-닥따]타 학문이나 재주 따위를 힘써 배우고 익히다. ▷갈고닦은 검도 실력 을 발휘하다.

갈-고등어(褐-)명《어》전갱잇과의 바닷물고 기. 길이 40cm 정도. 원통형이며 등이 청록 색, 배는 은백색임. 폭이 넓은 갈색 세로띠가 주둥이 끝에서 꼬리까지 있음. 식용됨.

갈고랑-막대기[-때-]명 한쪽 끝이 갈고랑이 모양으로 생긴 막대기.

갈고랑-쇠명 1 갈고리 모양으로 생긴 쇠. 2 성질이 괴팍하고 꼬부장한 사람을 비유적으 로 이르는 말.

갈고랑-이명 1 끝이 뾰족하고 꼬부라진 물건. 흔히 쇠로 만들어 물건을 걸고 끌어당기는 데 씀. 2 긴 나무 자루에 갈고랑쇠를 박은 무 기. 준갈고리.

갈고리명 '갈고랑이'의 준말.

갈고리-궐(-ㅣ)명 한자 부수의 하나('事': '亅'·'了' 등에서 '亅'을 이름).

갈고리-눈명 눈꼬리가 위로 째져 치켜 올라 간 눈. ▷~으로 쏘아보다.

갈고리-단추명 옷을 맞대어 여밀 때 단추처 럼 쓰는 갈고리 모양의 물건. 호크.

갈고리-달명 초승달·그믐달처럼 갈고리 모양 으로 잇달아 이지러진 달.

갈고리-못[-몯]명 대가리가 'ㄱ' 자 모양으 로 꼬부라진 못. 곡정(曲釘).

갈고리-바늘명 미늘이 없는 갈고리 모양의 낚싯바늘. 은어 낚시에 씀.

갈고리-쇠명《악》장구의 양쪽에 붙인 쇠고 리. 용두쇠.

갈고리-촌충(-寸蟲)명《동》'유구(有鉤)조 충'의 구용어.

갈고쟁이명 가장귀진 나무의 옹이 밑과 우듬 지를 잘라 내고 만든 갈고랑이. 준갈고지.

갈고지명 '갈고쟁이'의 준말.

갈골-하다(渴泪-)형여 일에 파묻혀 몹시 바 쁘다. 갈골-히부

갈공막대(갈-)명〈옛〉늙은이의 지팡이.

갈구(渴求)명하타 간절히 바라며 구함. ▷자 유와 평화를 ~하다.

갈구슬(葛-)명 칡의 열매.

갈그랑-거리다자 가래가 목구멍에 걸려 숨 쉬는 대로 거친 소리가 자꾸 나다. 큰글겅 거리다. 준갈강거리다. 갈그랑-갈그랑 부하자. ▷~ 가래 끓는 소리가 나다.

갈그랑-대다자 갈그랑거리다.

갈근(葛根)명 칡의 뿌리(한약재로 씀). 건갈 (乾葛).

갈근-거리다자 1 음식이나 재물에 대하여 체 면 없이 욕심을 부리다. 2 목구멍에 가래가 붙어 자꾸 간지럽게 가치작거리다. 큰걸근거 리다. 갈근-갈근 부하자

갈근-대다자 갈근거리다.

갈급(渴急)명하형 부족해서 몹시 바람. ▷~한 사정 / 명예에 ~하다 / 돈에 ~이 나다.

갈급령-나다(渴急令-)[-끔녕-]자 몹시 조급 한 마음이 일어나다.

갈급-증(渴急症)[-쯩]명 목이 마른 듯이 몹시 바라는 마음. 준갈증.

갈기명 말·사자 따위의 목덜미에 난 긴 털. ▷말의 ~를 쓸어 주다.

갈기-갈기부 여러 가닥으로 찢어진 모양. ▷ 신문을 ~ 찢다.

갈기다타 1 세게 때리거나 후려치다. ▷따귀 를 ~. 2 날카로운 연장으로 결가지 따위를 후려쳐서 베다. ▷낫으로 나뭇가지를 홱홱 ~. 3 총·대포 따위를 냅다 쏘다. ▷기관총을 드르륵 ~. 4 글씨를 마구 쓰다. ▷갈겨서 쓴 글씨. 5 똥·오줌 따위를 함부로 싸다. ▷마당 에다 오줌을 냅다 ~.

갈깃-머리 [-긴-] 명 상투·낭자·딴머리 따위에서, 원머리에 함께 묶이지 않고 아래로 따로 처지는 머리털.

갈-까마귀 명 『조』 까마귓과의 새. 까마귀보다 약간 작으며, 빛은 검은데 목·배는 흼.

갈-꽃 [-꼳] 명 『식』 '갈대꽃'의 준말.

갈-나무 [-라-] 명 『식』 '떡갈나무'의 준말. ⓐ갈.

갈다¹ [갈아, 가니, 가는] 타 **1** 먼저 것 대신에 다른 것으로 바꾸다. ¶어항의 물을 ~ / 궁이의 연탄을 ~. **2** 어떤 자리에 있는 사람을 다른 사람으로 바꾸다. ¶임원을 ~.

갈-다² [갈아, 가니, 가는] 타 **1** 날카롭게 날을 세우거나, 물건을 닳게 하려고 다른 물건에 대고 문지르다. ¶벼루에 먹을 ~ / 숫돌에 칼을 ~. **2** 잘게 부수려고 단단한 물건에 대고 문지르거나 단단한 물건 사이에 넣어 으깨다. ¶고기를 ~ / 사과를 강판에 ~ / 맷돌에 녹두를 ~. **3** 문질러서 광채를 내다. ¶옥도 갈아야 보석이다. **4** 윗니와 아랫니를 마주 대고 문지르다. ¶이를 바드득~.

갈-다³ [갈아, 가니, 가는] 타 **1** 쟁기 따위로 흙을 파 뒤집다. ¶밭을 ~. **2** 씨앗을 심어 농사짓다. ¶밭에 채소를 ~.

갈-대 [-때] 명 『식』 볏과의 여러해살이풀. 습지나 물가에 나는데 높이 1-3 m, 줄기가 곧고 단단하며 마디가 있음. ⓐ갈.

갈대-국수 [-때-쑤] 명 갈대 뿌리로 가루를 내어 메밀가루와 같이 반죽하여 누른 국수.

갈대-꽃 [-때꼳] 명 갈대의 꽃(흰 털이 많고 솜같이 부드러움). 노화(蘆花). ⓐ갈꽃.

갈대-발 [-때-] 명 갈대 줄기로 엮은 발. ¶~을 치다.

갈대-밭 [-때받] 명 갈대가 많이 난 벌. 노전(蘆田). ⓐ갈밭.

갈대-청 [-때-] 명 갈청.

갈대-잎 [-때닙] 명 갈대의 잎. ⓐ갈잎.

갈데-없다 [-떼업따] 형 (주로 '갈데없는'의 꼴로 쓰여) 오로지 그렇게 될 수밖에 없다. ¶말씨가 갈데없는 경상도 사투리이다. **갈데-없이** [-떼업씨] 부. ¶이제 범인은 ~ 붙잡혔다.

갈도 (喝道) [-또] 명하타 『역』 **1** 지위 높은 사람이 다닐 때, 길을 인도하는 하인이 앞에 서서 소리를 질러 행인을 비키게 하던 일. 또는 그 일을 맡은 하인. **2** 사간원(司諫院)이나 옥당(玉堂)의 관원이 출근할 때, 앞에 서서 길을 치우며 인도하던 하인.

갈도-성 (喝道聲) [-또-] 명 『역』 갈도하는 소리.

갈-돔 (褐-) 명 『어』 갈돔과의 바닷물고기. 길이는 50 cm가량, 노란빛을 띤 회갈색이며 배의 앞쪽이 약간 볼록하게 앞턱에 어긋나가 있음.

갈등 (葛藤) [-뜽] 명 칡과 등나무가 서로 얽히는 것과 같이, 개인이나 집단 사이에 목표·이해관계 따위로 적대시 또는 불화하는 일. 상반(相反)하는 것이 양보하지 않고 대립함. ¶세대 간의 ~ / ~을 빚다 / ~의 골이 깊어가다 / ~과 대립을 해소하다.

갈등(이) 나다 관 서로 갈등이 생기다.

갈라-내다 타 합했던 것을 각각 떼어 내다. ¶흑 알에서 백 알을 ~.

갈라-놓다 [-노타] 타 **1** 합하였던 것을 각각 떨어지게 해 놓다. ¶두 사람 사이를 ~. **2** 각각 떼어 둘 이상의 수로 구분하다. ¶조선 시대를 전기와 후기로 갈라놓는 중대한 사건.

갈라-땋다 [-따타] 타 머리채 따위를 갈라서 가닥을 내어 땋다. ¶머리를 두 갈래로 ~.

갈라-붙이다 [-부치-] 타 둘로 갈라서 이쪽저

쪽에 주다. ¶빛을 대신해서 논밭을 ~.

갈라-서다 자 **1** 관계를 끊고 각각 따로 되다. ¶부부가 ~. **2** 갈라져 따로 서다. ¶동쪽으로 ~. **3** 서로 다른 방향으로 나뉘어 헤어지다. ¶자기 집 쪽으로 각자 ~.

갈라-지다 자 **1** 쪼개지거나 금이 가다. ¶지진으로 땅이 ~ / 한반도가 남북으로 ~. **2** 서로 사이가 멀어지다. ¶형제 사이가 ~.

갈락토오스 (galactose) 명 『화』 단당류(單糖類)의 하나. 백색 결정으로 물에 잘 녹음. 다당류(多糖類)의 구성 성분으로 식물 점액(粘液)이나 우무 속에, 또 이당류(二糖類)인 젖당의 구성 성분으로 포유류의 유즙(乳汁) 속에 함유됨.

갈래 명 **1** 갈라져 나간 부분이나 가닥. ¶문학의 ~ / 한 조상에서 나온 ~들 / ~가 지다. **2** 의 갈라져 나간 부분이나 가닥을 세는 단위. ¶두 ~ 갈림길 / 머리를 두 ~로 땋다.

갈래-갈래 부 갈래마다. 여러 갈래로. ¶철로가 ~ 얽히다.

갈래-꽃 [-꼳] 명 『식』 매화·빚꽃·뽕나무·참나무 등의 꽃같이 꽃잎이 서로 갈라져 있는 꽃. 이판화(離瓣花). ↔통꽃.

갈래꽃-류 (-類) [-꼳뉴] 명 『식』 종자식물 쌍떡잎식물에 속하는 한 아강(亞綱)(갈래꽃부리로 된 종류로서 뽕나뭇과·장미과·참나뭇과·십자화과 등 180여 과가 있음). 이판화류(離瓣花類).

갈래-받침 [-꼳빤-] 명 『식』 여러 개의 꽃잎이 갈라져 있는 꽃의 꽃받침. 이판화악(離瓣花萼). ↔통꽃받침.

갈래-꽃부리 [-꼳뿌-] 명 『식』 꽃의 한 개에 있는 모든 꽃잎이 갈라져 있는 꽃부리(매화·빛꽃 따위). 이판화관(離瓣花冠). ↔통꽃부리.

갈래꽃 식물 (-植物) [-꼳씽-] 명 『식』 쌍떡잎식물의 하나(갈래꽃을 갖는 식물로 무판화 식물의 총칭). 이판화(離瓣花) 식물.

갈래다 자 **1** 혼란스러워 판단을 잡기 어렵게 되다. ¶정신이 ~. **2** 길이 갈리어서 바른길을 찾기 어렵게 되다. **3** 짐승이 갈 바를 모르고 왔다 갔다 하다. ¶밤중에는 짐승들이 갈래니 밖으로 나오지 마라.

갈래-머리 명 양쪽으로 갈라 땋거나 묶은 머리. 또는 그런 머리를 한 사람.

갈력 (竭力) 명하자 있는 힘을 다해 애씀.

갈륨 (gallium) 명 『화』 희유 금속 원소의 하나. 회백색의 고체로 알루미늄과 성질이 비슷함. [31번:Ga:69.72]

갈륨-비소 (gallium砒素) 명 『화』 갈륨과 비소의 화합물. 비소화갈륨. ☞반도체.

갈리다¹ 자 목이 잠기는 쉰 목소리가 나다. ¶목이 갈리도록 응원하다.

갈리다² 자 **1** ('가르다'의 피동) 몇 갈래로 가름을 당하다. ¶표가 ~ / 길이 세 갈래로 ~. **2** 가르는 행편이 되다. ¶의론이 구구하게 ~.

갈리다³ 자 **1** ('갈다'의 피동) 새것으로 갊을 당하다. 자리를 빼앗기다. 교체되다. ¶주인이 ~. **2** 의 ('갈다'의 사동) 새것으로 바꾸게 하다. ¶동생에게 연탄불을 ~.

갈리다⁴ 자 타 **1** ('갈다'의 피동) 문질러 갊을 당하다. ¶분해서 이가 ~ / 먹이 잘 ~. **2** 나무 그릇이 갈이칼에 잘 깎이다. 타 ('갈다'의 사동) **1** 문질러 갈게 하다. **2** 갈이칼로 나무 그릇을 깎아서 만들게 하다.

갈리다⁵ 자 ('갈다³'의 피동) 논밭이 갊을 당하다. ¶경운기를 사용하니 밭이 잘 갈린다.

ㅌ타(《'갈다'의 사동》논밭을 갈게 하다. ▫ 소에게 땅을 ~.

갈릭(garlic) 몡 마늘을 가루로 만든 조미료《주로 고기 요리에 많이 씀》.

갈림-길[-낄] 몡 **1** 몇 갈래로 갈린 길. 기로. ▫ ~에서 헤어지다. **2** 어느 한쪽을 선택해야 할 상황을 비유한 말. ▫ 인생의 ~에 서다 / 선택의 ~에서 망설이다.

갈림-목 몡 여러 갈래로 갈라지는 길목.

갈마(褐磨) 몡〖불〗**1** 업(業)3. **2** 수계(受戒)나 참회 때의 의식.

갈마-들다[-들어, -드니, -드는] 재 갈음하여 들다. 서로 번갈아들다. ▫ 낮과 밤이 ~ / 희비가 ~.

갈마-들이다 타(《'갈마들다'의 사동》갈마들게 하다.

갈마-바람 몡 남서풍《뱃사람 말》.

갈마-보다 타 서로 번갈아 보다. ▫ 두 사람을 갈마보며 동의를 구하다.

갈마-쥐다 타 **1** 한 손에 쥔 것을 다른 손에 바꾸어 쥐다. ▫ 가방을 왼손으로 갈마쥐면서 악수를 청하다. **2** 다른 것으로 바꾸어 쥐다.

갈-말 몡 학술어.

갈-맛[-맏] 몡〖조개〗'가리맛'의 준말.

갈망 몡하타 일을 감당하여 수습하고 처리함. ▫ ~도 못하면서 나서다.

갈망(渴望) 몡하타 목마른 사람이 물을 바라듯이 간절히 바람. 열망. ▫ 배움에 대한 ~ / 통일을 ~하다 / 자유와 평화를 ~하다.

갈매 몡 **1** 갈매나무의 열매《짙은 초록빛이며 팥알만 함》. 서리자(鼠李子). **2** 짙은 초록색. 심녹색(深綠色). 청록.

갈매기 몡〖조〗갈매깃과의 바닷새. 머리와 몸은 대체로 희며 등은 담회색. 다리·부리는 녹황색임. 물갈퀴가 있어 헤엄을 잘 치고 물고기를 잡아먹음. 백구(白鷗).

갈매기-살 몡 돼지 갈비 양쪽의 기름이 없는 고기. 안창고기.

갈매-나무 몡〖식〗갈매나뭇과의 작은 낙엽 활엽수. 골짜기·개울가에서 자라며 높이는 2m까지. 가시가 돋고 늦봄에 꽃이 핌. 나무 껍질·과실은 물감 또는 약재로 씀. 서리(鼠李). 저리(楮李).

갈-멍덕 몡 갈대로 만든 삿갓.

갈모(-帽) 몡〔←갓모〕 예전에, 갓 위에 덮어 쓰는 기름종이로 만든 우비(雨備)《고깔과 비슷하게 생김》. 입모(笠帽).

[갈모 형제라] 갈모의 모양이 위는 뾰족하고 아래는 넓다는 데서, 아우가 형보다 잘났다는 말.

갈모-지(-帽紙) 몡 갈모를 만드는 종이.

갈모-테(-帽-) 몡〔←갓모테〕 갓 없이 갈모를 쓸 때, 갈모를 받치기 위하여 머리에 쓰는 물건.

갈-목 몡 갈대의 이삭.

갈목-비[-뼈] 몡 갈목을 매어 만든 비. (준갈비⁴.

갈무리 몡하타 **1** 잘 챙겨서 간수함. ▫ 도구를 잘 ~하다. **2** 쌓아서 간직하여 둠. ▫ 양식을 ~하다. **3** 마무리.

갈문-왕(葛文王) 몡〖역〗신라 때, 임금의 아버지나 장인 또는 친형제, 여왕의 남편 등에게 주던 봉작.

갈-묻이[-무지] 몡하타〖농〗논밭을 갈아엎어 묵은 그루터기 따위가 묻히게 함.

갈-물 몡 떡갈나무의 껍질에서 얻는 검붉은 물

감.

갈-미 몡〖동〗광삼(光參).

갈민대우(渴民待雨) 몡 가뭄 때 백성이 비를 몹시 기다린다는 뜻으로, 아주 간절히 기다린다는 말.

갈바니 전:기(Galvani電氣)〖물〗금속과 전해질(電解質) 용액 또는 종류가 다른 금속끼리 접촉할 때 생기는 전기.

갈-바람 몡 서풍 또는 남서풍《뱃사람 말》.

갈:-바람²[-빠-] 몡 '가을바람'의 준말. ▫ ~에 흩어지는 낙엽.

갈:-바래다 타 흙 속의 벌레 알 따위를 죽이려고 논밭을 갈아엎어 볕에 쬐고 바람에 쐬다.

갈반(褐斑) 몡 갈색 반점.

갈반-병(褐斑病)[-뼝] 몡〖식〗갈색점무늿병.

갈-밭[-받] 몡 '갈대밭'의 준말.

갈-범(葛-) 몡 ☞ 칡범.

갈병(暍病) 몡〖의〗일사병(日射病).

갈보 몡〈속〉남자를 팔며 천하게 노는 여자.

갈:-보리 몡〖식〗'가을보리'의 준말.

갈:-봄 몡 '가을봄'의 준말.

갈분(葛粉) 몡 칡뿌리를 짓찧어 물에 담근 뒤 가라앉은 앙금을 말린 가루.

갈-붙이다[-부치-] 타 남을 헐뜯어 사이가 멀어지게 하다.

갈비¹ 몡 **1** 소나 돼지, 닭 따위의 가슴통을 이루는 좌우 각 열두 개의 굽은 뼈와 살을 식용으로 일컫는 말. 갈비뼈. ▫ ~를 굽다 / ~를 한 대 뜯다. **2** 갈비씨.

갈비(가) **휘:다** 귄 갈빗대(가) 휘다.

갈비²〖건〗지붕의 앞 추녀 끝에서 뒤 추녀 끝까지의 너비.

갈-비³ 몡 '갈목비'의 준말.

갈비-구이 몡 소나 돼지 따위의 갈비를 양념하여 구운 음식.

갈비-뼈 몡〖생〗늑골1.

갈비-새김 몡 소나 돼지 따위의 갈비에서 발라낸 고기.

갈비-씨(-氏) 몡 몸이 바싹 마른 사람을 놀림조로 이르는 말. 갈비¹.

갈비-찜 몡 소나 돼지 따위의 갈비를 양념하여 찐 음식.

갈비-탕(-湯) 몡 토막 낸 쇠갈비를 넣어 끓인 국. 갈비국.

갈빗-대[-비때 / -빋때] 몡 갈비의 낱낱의 뼈대. ▫ ~ 두 대가 부러지다.

갈빗대(가) **휘:다** 귄 갈빗대가 휘어질 정도로 짐이나 책임이 무겁고 힘에 겹다. 갈비(가) 휘다.

갈사(暍死)[-싸] 몡하자 더위를 먹어 죽음.

갈-산(←gallic酸)〖화〗몰식자·오배자 등의 속에 산 또는 에스테르의 형태로 들어 있고, 배당체로서 널리 식물계에 분포되어 있는 무색의 결정체. 환원력이 강하며 맛은 시고 떫음. 환원제·세척제나 잉크 제조에 씀. 원료: 몰식자산(沒食子酸).

갈-삿갓[-산깐] 몡 쪼갠 갈대를 결어 만든 삿갓. 노립(蘆笠). 우립(雨笠).

갈색(褐色)[-쌕] 몡 검은빛을 띤 주홍색. 다색(茶色). ▫ ~ 머리 / ~ 피부 / 햇볕에 얼굴이 ~으로 그을리다.

갈색-고미(褐色苦味)[-쌕꼬-] 몡 꿀벌이 애벌레를 기르기 위해 벌집 속에 모아 굳혀 놓은 꽃가루.

갈색-목탄(褐色木炭)[-쌕-] 몡 아주 검기 전에 불을 꺼서 갈색으로 구운 숯《갈색 화약의 원료로 씀》.

갈색 인종(褐色人種)[-쌕낀-] 피부색이 갈색

갑다 目 〈옛〉 1 감추다. 간직하다. 2 염습(殮襲)하다.

감:¹ 명 감나무의 열매《가을에 익는데 빛이 붉고 단맛이 남. 껍질을 벗기어 '곶감'을 만들기도 함》. ❑ 떫은 ~ / ~이 열다 / ~이 떨어지다 / 못 먹는 ~ 찔러나 본다.

감:² 曰명 1 물건의 재료 또는 바탕이 되는 사물. 특히, '옷감'의 뜻으로 쓰임. ❑ ~을 끊다 / 구김이 잘 가는 ~ / 이 옷은 ~이 부드럽다. 2《광》'감돌'의 준말. 3《광》'감흙'의 준말. 回의명 옷감의 수를 세는 단위. ❑ 치마한 ~을 뜨다.

감:³ 명 (주로 '내다', '못 내다' 앞에 붙어) 어떤 일을 해 볼 마음을 나타내는 말. ❑ 워낙 벅찬 일이라 ~을 못 내고 있다.

감: (坎)명 1 '감괘(坎卦)'의 준말. 2 '감방(坎方)'의 준말.

감: (感)명 1 느낌이나 생각. ❑ 미진한 ~을 느끼다 / 때늦은 ~이 있다. 2 '감도(感度)'의 준말. ❑ ~이 좋은 전화기 / ~이 멀다.

감(을) 잡다 쥐 눈치로 대강 알아채거나 확신을 가지다. ❑ 재빨리 감을 잡고 도망치다.

감: (監)《군》감실(監室)의 장(長). 헌병~.

-감 미 1 바탕이 되는 재료의 뜻. ❑ 한복~ / 양념~ / 안줏~. 2 어떤 자격에 알맞은 사람이라는 뜻. ❑ 사윗~ / 장군~ / 며느릿~. 3 어떤 일의 대상이 되는 사물이나 도구, 사람의 뜻. ❑ 놀림~ / 장난~ / 놀잇~ / 구경~ / 땔~.

-감 미 ~하거나 느끼는 마음의 뜻. ❑ 거리~ / 친밀~ / 사명~.

감:가 (減價)[-까] 명하타 값을 줄임.

감:가-상각 (減價償却)[-까-]《경》토지를 제외한 고정 자산의 소모나 손상에 따른 가치의 감소를 각 연도에 할당해 계산하여 자산 가격을 감소해 가는 일. ⑩상각(償却).

감:가 소각 (減價消却)[-까-]《경》'감가상각(減價償却)'의 구칭.

감:-하다 (坎坷-·坎坷-·轗軻-)형여 1 때를 만나지 못하여 뜻을 이루지 못하다. 불우하다. 2 가는 길이 험하여 고통이 많다.

감:각 (減却)명하타 덜어 버림. ⑩가산.

감:각 (感覺)명하타 1《생》감각 기관을 통하여 바깥의 어떤 자극을 알아차리는 능력《시각·청각·미각·촉각 따위》. ❑ ~이 둔하다 / ~이 예민하다 / 손발의 ~이 마비되다. 2 사물에 대한 인상이나 느낌. ❑ 유머 ~ / 패션 ~ / 현대 ~에 맞다 / 언어 ~이 뛰어나다.

감:각 감:정 (感覺感情)[-깜-]《감》감각에 따라 일어나는 쾌·불쾌의 감정.

감:각-기 (感覺器)[-끼]《생》시각기·청각기·후각기 따위의 자극을 전달하는 신경과 그것을 지각(知覺)하는 중추. 감각 기관. 감촉 기관.

감:각 기관 (感覺器官)[-끼-]《생》감각기.

감:각 기능 (感覺機能)[-끼-] 몸이 외부의 자극을 감각하는 기능.

감:각-령 (感覺領)[-강녕]《생》감각 작용을 일으키는 대뇌 피질(大腦皮質)의 영역.

감:각-론 (感覺論)[-강논]《철》모든 인식의 근원이 감각에 있다고 주장하는 학설.

감:각 마비 (感覺痲痺)[-강-]《의》지각 신경의 장애로 일어나는 병. 지각 마비.

감:각-모 (感覺毛)[-강-]《생》피부에 특수한 신경 말단을 지니어 외계의 자극, 특히 기계적 자극을 받아들이는 털의 총칭. 포유류의 눈아귀나 입 위쪽의 털, 곤충류의 모상(毛狀) 감각기 따위.

감:각 묘:사 (感覺描寫)[-강-] 문예·미술에

서, 감각에 관한 면에 중점을 두는 기법.

감:각 상실 (感覺喪失)[-쌍-] 자극을 받아도 감각이 일어나지 않는 상태. 감각 탈실.

감:각 세:포 (感覺細胞)[-쎄-]《생》감각 자극을 받아들일 수 있도록 특수화한 상피(上皮) 세포.

감:각 식물 (感覺植物)[-씽-] 외부의 자극에 따라 곧 어떤 반응을 일으키는 식물《함수초 따위》.

감:각 신경 (感覺神經)[-씬-]《생》1 감각 기관이 외계에서 받은 자극을 신경 중추에 전달하는 신경. 지각 신경. 2 중추부에 자극을 전달하는 말초 신경의 총칭. 구심성 신경.

감:각 실어증 (感覺失語症)[-씨러쯩]《의》스스로 말을 할 수는 있으나, 남의 말은 소리를 들을 뿐 뜻을 이해하지 못하는 장애. 베르니케(Wernicke) 실어증. 감각성 실어증.

감:각 온도 (感覺溫度) 인체가 실제로 느끼는 온도. 체감 온도.

감:각 잔류 (感覺殘留)[-짤-] 자극이 없어진 뒤에도 그 감각이 계속되는 현상.

감:각-적 (感覺的)[-쩍] 1 감각이나 자극에 예민한 (것). 2 감각을 자극하는 (것). ❑ ~인 문체 / 광고가 ~이다.

감:각적 인식 (感覺的認識)[-쩌긴-] 감각 또는 감성(感性)에 의한 인식.

감:각-점 (感覺點)[-쩜]《생》피부에 분포되어 압력·온도·통증 등에 반응을 나타내는 점《통점·압점·냉점·온점 따위》.

감:각 중추 (感覺中樞)[-쭝-]《생》감각의 기본이 되는 신경 중추《고등 동물에서는 대뇌 피질에 분포되어 있음》.

감감 早 1 멀어서 아득한 모양. ❑ ~ 멀어져 가다. 2 어떤 사실을 전혀 모르거나 까맣게 잊은 모양. ❑ 약속을 ~ 잊다.

감감-무소식 (-無消息)명 감감소식. ❑ 그때 떠나고는 ~이다. ⑩감감무소식.

감감-소식 (-消息)명 소식이 전혀 없음. 감감무소식. ❑ 외지로 떠난 자식이 ~이다. ⑪감감소식.

감감-하다 형여 1 소식이 없다. ❑ 그 뒤로 소식이 ~. 2 멀어서 아득하다. ❑ 감감한 수평선. 3 전혀 모르거나 아득하다. ❑ 자네가 겪은 사고를 감감하게 몰랐구나. **감감-히** 早

감:개 (感慨)명하자 마음속 깊은 곳에서 배어 나오는 감동이나 느낌. ❑ 어린 표정을 짓다.

감:개-무량 (感慨無量)명하형 마음속에 배어 나오는 감동이나 느낌이 끝이 없음. ❑ 너를 10년 만에 만나니 ~하구나.

감겨-들다 (-들어, -드니, -드는) 자 가까이로 바싹 감기어 오다. ❑ 겨울바람이 몸에 감겨든다.

감:격 (感激)명하자 1 몹시 고맙게 느낌. ❑ ~의 눈물. 2 마음에 깊이 느껴 크게 감동함. 또는 그 감동. ❑ 해방의 ~을 맛보다 / ~과 흥분의 도가니로 화하다.

감:격-스럽다 (感激-)[-쓰-따][-스러워, -스러우니] 형비 감격할 만하다. ❑ 감격스러운 얼굴로 바라보다. **감:격-스레** [-쓰-] 早

감:격-적 (感激的)[-쩍] 관명 감격할 만한 (것). ❑ 이 장면이 가장 ~이다.

감:경 (減輕)명하타 1 줄여 가볍게 함. 2《법》본디 정해진 형벌보다 가벼운 형벌에 처함. ❑ 형(刑)의 ~.

감계 (鑑戒)[-/-계]명 지난 잘못을 거울삼아 다시는 잘못을 되풀이하지 않게 하는 경계.

감고 (甘苦)**圐허타** **1** 단것과 쓴것. 단맛과 쓴맛. **2** 괴로움과 즐거움. **3** 고생을 달게 여김.

감고 (監考)**명[역]** **1** 조선 때, 궁가(宮家)·관아에서 금품·곡식의 출납과 간수에 종사하던 사람. **2** 조선 때, 봉화간(烽火干)을 감독하던 사람. **3** '말감고'의 준말. *관감(監官).

감공 (嵌工)**명** 상감(象嵌) 세공. 또는 그것을 업으로 삼는 사람.

감공-란 (嵌工卵)[-난]**명** 모자이크난(卵).

감과 (甘瓜)**명** 참외.

감과 (坩堝)**명** 도가니¹.

감과 (柑果)**명** 〖식〗 속 열매껍질의 일부가 주머니 모양이고, 속에 액즙이 들어 있는 과실《귤·감자·유자 따위》.

감곽 (甘藿)**명** 〖식〗 미역².

감관 (感官)**명** 감각 기관과 그 작용을 통틀어 이르는 말.

감관 (監官)**명[역]** 궁가(宮家)와 관아에서 돈이나 곡식을 간수하고 출납을 맡아보던 관리. *감고(監考).

감관-미 (感官美)**명** 감각 기관을 통하여 느끼는 아름다움.

감관 표상 (感官表象)**철** 외계의 자극으로 직접 일어나는 의식적인 표상.

감:광 (減光)**명하자** 〖천〗 별이나 태양의 빛이 지구의 대기에 흡수되어 감소하는 현상.

감광 (感光)**명하자** 〖화〗 **1** 물질이 빛을 받아 화학적 변화를 일으키는 일. **2** 사진에서, 필름에 바른 감광제에 빛을 쐬어 잠상(潛像)을 만듦.

감광-계 (感光計)[-/-계]**명** 사진 필름의 감광도를 측정하는 기계.

감:광-도 (減光度)**명** 감광 재료의 감광 능력을 수량적으로 표시한 값《흔히 ISO, ASA 따위로 표시함》. □～가 높다.

감광-렌즈 (感光lens)**명** 햇빛을 받으면 자외선과 반응하여 색깔이 변하는 렌즈.

감광-막 (感光膜)**명** 〖화〗 사진 건판·필름·인화지 표면의 감광제가 말라서 된 얇은 막.

감:광-성 (感光性)[-썽]**명** 〖화〗 브롬화은·요오드화은 같은 물질이 빛을 받아 화학 변화를 일으키는 성질. **2** 〖식〗 감성(感性)의 하나, 빛의 강약의 자극이 되어, 식물 기관에 일어나는 일종의 생장 운동. 빛이 강하면 꽃이 피거나 잎이 수평으로 되고, 빛이 약하면 꽃이 닫혀지거나 잎이 수직으로 되는 따위. 경광성(傾光性).

감:광-약 (感光藥)[-냑]**명** 〖화〗 빛을 받으면 화학적 변화를 일으키는 약품《브롬화은·요오드화은·염화은 따위》.

감:광 유리 (感光琉璃)[-뉴-]**물** 금·은·구리 같은 콜로이드 착색제가 들어 있는 특수 유리.

감:광 유제 (感光乳劑)[-뉴-]**명** 감광제.

감:광 재료 (感光材料)**명** 사진 건판·필름·인화지 등 빛을 받으면 화학적 변화를 일으키는 성질이 있는 재료.

감광-제 (感光劑)**명** 〖화〗 사진 필름·인화지 등의 감광성을 증가시키거나 부여하는 약제《감광약에 젤라틴이나 갓풀 등을 섞어 만듦》. 감광 유제. 사진 유제.

감:광-지 (感光紙)**명** 〖화〗 감광제(感光劑)를 바른 종이《인화지·복사지·청사진 종이 따위》.

감:광-판 (感光板)**명** 〖화〗 감광제를 바른 불연성(不燃性) 유리판이나 셀룰로이드 판《사진 건판·필름 따위》.

감:광 필름 (感光film)〖화〗 불연성(不燃性) 셀룰로이드 판에 감광제를 바른 사진 촬영용 필름.

감:쾌 (坎卦)**명** **1** 팔괘(八卦)의 하나. 상형(象形)은 '☵'으로 물을 상징함. **2** 육십사괘의 하나. 두 개의 괘를 포개 것으로 물이 거듭됨을 상징함. 준감(坎).

감:구 (感球)**명** 〖생〗 하등 척추동물 따위의 피부에 있는 감각 세포의 집단《촉각을 맡음》.

감:구지회 (感舊之懷)**명** 지난 일을 생각하는 마음. □～가 새롭다. 준감회(感懷).

감국 (甘菊)**명** **1** 〖식〗 국화과의 여러해살이풀. 산에 나는데 높이 약 30~60cm, 자홍색이며 가을에 노란 꽃이 핌. **2** 〖한의〗 감국의 꽃을 약재로 이르는 말. 현기증·두통 따위에 씀.

감:군 (減軍)**명하타** 군인의 수를 줄임. □주한 미군의 ～ 계획. ↔증군(增軍).

감군 (監軍)**명[역]** 조선 때, 밤중에 도성(都城)의 안팎을 돌며 군사의 순찰을 감독하던 임시 벼슬.

감:-궂다 [-굳따]**형** 태도나 모습이 불량스럽고 험상궂다. □감궂게 생긴 얼굴.

감귤 (柑橘)**명** 〖식〗 귤·밀감류의 총칭.

감금 (監禁)**명하타** 드나들지 못하도록 일정한 곳에 가둠. □불법 ～/독방에 ～되다.

감:급 (減給)**명하자** 급료나 급여를 정한 것보다 줄여서 줌. ↔가급(加給).

감기 '신감기'의 준말.

감:기 (感氣)**명** 주로 바이러스로 인해 일어나는 호흡기 계통의 병《코가 막히고 코에서 아프며 기침이 나고 열이 오름》. 고뿔. 감모(感冒). □유행성 ～/～에 걸리다/～가 들다/～ 기운이 있다. [감기 고뿔도 남을 안 준다] 매우 인색하다.

감기다¹ **目자** 《'감다'의 피동》 눈이 감아지다. □졸려서 눈이 ～. **目타** 《'감다'의 사동》 눈을 감게 하다. □죽은 자의 눈을 ～.

감기다² **目자** 《'감다'의 피동》 노끈·실 따위가 감아지다. □실패에 감긴 실. **目타** 《'감다'의 사동》 노끈·실 따위를 감게 하다.

감기다³ **目타** 《'감다'의 사동》 **1** 머리·몸을 물에 씻게 하다. □머리를 ～. **2** 머리·몸을 물로 씻어 주다. □멱을 ～/할머니의 머리를 감겨 드리다.

감:-꼬치 **명** 곶감을 꿰는 나무 꼬챙이.

감꼬치 빼 먹듯 🔒 벌지는 못하고 있는 재물을 하나씩 하나씩 축내기만 하는 모양.

감:-나무 **명** 〖식〗 감나뭇과의 낙엽 활엽 교목, 높이 10m가량, 초여름에 담황색 꽃이 핌. 과실은 식용, 나무는 조각·가구재로 씀. [감나무 밑에 누워서 홍시〔연시〕(입 안에) 떨어지기를 기다린다〔바란다〕] 아무 노력도 하지 않고 결과가 좋기만 바람을 비우는 말.

감납 (甘納)**명하타** 기꺼이 승낙함.

감:납 (減納)**명하타** 세금·납부금 따위를 정한 것보다 줄여 냄.

감내 (堪耐)**명하타** 어려움을 참고 견딤. □고생을 ～하다.

감:-내기 **명** 〖민〗 황해도 지방 민요의 한 가지. 도드리장단에 따라 밭에서 일하면서 부르는 농요(農謠)임.

감:-내다 〈속〉 어려운 일 따위를 해내다.

감:-노랗다 〔-라타〕〔감노라니, 감노래서〕**형** 감은빛을 띠면서 노랗다. □감노랗게 변한 늙은 널빤지. 작검누렇다.

감:-노르다 〔감노르러, 감노르니〕**형큰** 감은

빛을 띠면서 노르다. ⑩검누르다.

감ː농 (監農) 몡하타 **1** 농사짓는 일을 보살피고 감독함. **2** 농사짓는 일을 감독하도록 위임받은 직책. 또는 그 직책을 맡은 사람.

감ː는-줄기 몡〖식〗스스로 서지 못하고 다른 물건을 감으면서 벋어 올라가는 덩굴진 줄기. 전요경(纏繞莖).

감능 (堪能) 몡하형 일을 감당할 만한 능력.

감ː다¹ 〔-따〕 타 **1** 아래위 눈시울을 한데 붙이다. 〔눈을 ~. **2** 못 본 체하다. 〔비참한 광경에 눈을 ~. ↔뜨다.

감ː다² 〔-따〕 타 머리·몸을 물에 담가 씻다. 〔머리를 / 멱을 ~.

감ː다³ 〔-따〕 타 **1** 실·끈 따위를 무엇에 말다. 〔붕대를 손에 ~. **2** '입다'의 낮은말. 〔비단옷을 감고 다니면 제일인가. **3** 시계태엽이나 테이프 따위를 작동하도록 돌리다. 〔시계태엽을 ~ / 테이프를 되돌려 ~.

감ː다⁴ 〔-따〕 형 빛이 석탄 빛깔이나 먹빛과 같다. 〔검다². ⑪깜다.

감단 (勘斷) 몡하타 죄를 심리하여 처단함.

감당 (堪當) 몡하타 **1** 일을 맡아서 능히 당해 냄. 〔이 일은 ~하기 어렵다. **2** 능히 견디어 이겨 냄. 〔슬픔을 ~ 못하고 통곡하다.

감ː도 (感度) 몡 **1** 자극에 대하여 느끼는 정도. **2** 필름·라디오·텔레비전 등이 빛이나 전파 등을 느끼는 정도. 〔~가 좋은 라디오. **3** 화약류에서, 폭발을 일으키게 하는 충격·마찰 등에 대한 저항의 크기. ⑥감(感).

감독 (監督) 몡하타 **1** 일·사람 따위를 보살펴 단속함. 또는 그리 하는 사람. 〔시험 ~ / ~이 소홀하다 / 부하를 ~하다. **2** 〖법〗어떤 사람이나 기관이 다른 사람이나 기관을 감시하고 지시·명령 또는 제재를 가하는 일. **3** 연극·영화 등에서, 연기를 직접 지도하는 사람. 〔~ 주연의 일인이역을 맡다. **4** 운동 경기에서, 실전(實戰)을 직접 지도하는 사람. 〔야구 ~.

감독-관 (監督官) 〔-꽌〕 몡 감독하는 직무를 맡은 관리. 〔~을 파견하다.

감독-관청 (監督官廳) 〔-꽌-〕 몡 **1** 하급 관청에 대해 감독권을 가진 상급 관청. **2** 지방 자치 단체나 민간 단체에 대해 감독권을 가진 행정 관청. ⑥감독청.

감독 교ː회 (監督敎會) 〔-꾜-〕 〖기〗감독을 두어 교회를 관할하는 조직의 기독교(감리교회·성공회(聖公會) 따위).

감독-권 (監督權) 〔-꿘〕 몡 〖법〗**1** 감독하는 권리. **2** 상급 관청이 하급 관청을 지휘·명령하고 그 비위를 교정(矯正)하는 권리. **3** 국가가 도·시·군 등 지방 자치 단체를 감독하는 권리. **4** 친권자·후견인이 자식·피후견인에 대해 감독하는 권리.

감독-청 (監督廳) 몡 '감독관청'의 준말.

감돈-탈장 (嵌頓脫腸) 〔-짱〕 몡 〖의〗장·자궁 따위의 복부 내장 기관이, 병적으로 생긴 틈으로 빠져나온 채 원위치로 돌아가지 못하는 상태.

감ː-돌 〔-똘〕 몡 〖광〗어느 정도 이상으로 유용한 광물을 지닌 광석(鑛石). ↔버력². ⑥감.

감ː-돌고기 〔-어〕 몡 잉엇과의 민물고기. 한국 특산종. 돌고기와 비슷한데 길이는 10 cm 가량, 주둥이가 뾰족하고 말굽 모양의 아가리가 주둥이 아래쪽에 붙어 있음. 빛은 암갈색임.

감ː-돌다 〔감돌아, 감도니, 감도는〕 ㉠자 **1** 어떤 둘레를 여러 번 빙빙 돌다. 〔산봉우리에 흰구름이 ~. **2** 생각 따위가 마음에 어려서 거리다. 〔옛 추억이 머릿속에 ~. **3** 분위기·

향기 따위가 주위에 가득 차다. 〔긴장감이 ~ / 따뜻한 분위기가 ~. ㉡타 길이나 물굽이 따위가 모퉁이를 따라 돌다. 〔바위를 감돌아 흐르는 냇물.

감ː-돌아-들다 〔-들어, -드니, -드는〕 타 감돌아서 들어오다.

감ː-돌아-치다 타 힘차게 감돌다.

감ː-돌이 몡 사소한 이익을 탐내어 덤벼드는 사람을 낮잡아 이르는 말.

감ː동 (感動) 몡하자 깊이 느껴 마음이 움직임. 〔~을 불러일으키다 / 깊은 ~을 받다 / 가슴이 터질듯한 벅찬 ~을 느끼다 / 그의 효성이 하늘이 ~하다.

감동-사 (感動詞) 몡 〖언〗감탄사.

감동-유 (-油) 〔-뉴〕 몡 곤쟁이젓에서 짜낸 먹는 기름.

감ː동-적 (感動的) 꽌몡 감동할 만한 (것). 〔~인 장면을 연출하다.

감동-젓 〔-전〕 몡 푹 삭힌 곤쟁이젓.

감ː득 (感得) 몡하타 **1** 느껴서 앎. 〔진리를 ~하다. **2** 영감으로 깨달아 앎.

감ː등 (減等) 몡하타 **1** 등급을 낮춤. 〔비리로 인해 ~되다. **2** 〖역〗은전(恩典)이나 특별한 사정으로 형벌을 가볍게 함.

감ː-때-사납다 〔-따〕 〔-사나워, -사나우니〕 형 ㉣ **1** 사람이 억세고 사납다. 〔사람됨이 무척 ~. **2** 사물이 험하고 거칠다. 〔정붙이고 살기엔 자못 감때사나운 고장이다.

감ː-떡 찹쌀과 곶감의 가루에 잣과 호두를 넣어 경단처럼 만들어서 꿀을 바른 떡.

감ː-또개 몡 꽃과 함께 떨어진 어린 감.

감람 (甘藍) 〔-남〕 몡 〖식〗양배추.

감ː람 (橄欖) 〔-남〕 몡 〖식〗감람나무의 열매. 푸른빛이 나는 타원형의 핵과로 처음에는 맛이 좀 쓰고 떫으나 먹을수록 단맛이 남. 한약 재로 쓰며 씨로는 기름을 짬. 청과(靑果).

감ː람-과 (橄欖果) 〔-남-〕 몡 감람나무의 열매.

감ː람-나무 (橄欖-) 〔-남-〕 몡 〖식〗감람과의 상록 교목. 아시아 열대 지방의 산야에 나는데 높이 40 m가량, 잎이 가죽처럼 두툼하고 거칠며, 봄에 황백색의 다섯잎꽃이 핌. 〖기〗올리브를 한역(漢譯)한 이름.

감ː람-녹색 (橄欖綠色) 〔-남-쌕〕 몡 올리브나무의 잎처럼 누르스름한 짙은 녹색. ⑥감람색.

감ː람-색 (橄欖色) 〔-남-〕 몡 '감람녹색'의 준말.

감ː람-석 (橄欖石) 〔-남-〕 몡 〖광〗철·마그네슘 따위의 규산염으로 된 광물(빛은 감람녹색·백색·회색 따위 여러 가지이고, 투명한 것은 보석으로 씀).

감ː람-암 (橄欖岩) 〔-나맘〕 몡 〖광〗주로 감람석·휘석(輝石) 등으로 이루어지며, 장석을 포함하지 않는 초염기성 심성암(深成岩).

감ː람-원 (橄欖園) 〔-나뭔〕 몡 감람나무를 재배하는 밭.

감ː람-유 (橄欖油) 〔-나뉴〕 몡 **1** 감람의 씨로 짠 기름(식용·약용 및 공업용). **2** 올리브유.

감ː량 (減量) 〔-냥〕 몡하자타 수량이나 무게를 줄임. 〔쓰레기 ~ / 체중 ~에 실패하다. ↔증량(增量).

감ː량 (感量) 〔-냥〕 몡 계기(計器)가 잴 수 있는 가장 적은 양. 〔~ 10 그램.

감ː량 경영 (減量經營) 〔-냥-〕 〖경〗불황에 대처하기 위하여 경비 절감, 인원 축소, 설비 투자의 억제, 차입금의 축소 등의 형태로 기업의 체질 개선을 꾀하는 경영 방식.

감로(甘露)[-노][명] **1** 달콤한 이슬《옛 중국에서, 천하가 태평할 때 하늘에서 내린다 하였음》. **2** 생물에게 이로운 이슬. **3**《불》도리천(忉利天)에 있다는 달콤하고 신령스러운 액체. **4** 여름에 단풍나무·떡갈나무 따위의 잎에서 떨어지는 달콤한 액즙《진드기가 배출한 것임》.

감로-다(甘露茶)[-노-][명]《불》달고 정하게 달여 부처 앞에 올리는 차(茶).

감로-수(甘露水)[-노-][명] **1** 설탕을 달게 타서 끓인 물. **2** 깨끗하고 맛이 좋은 물.

감로-주(甘露酒)[-노-][명] 소주에 용안육·대추·포도·살구씨·구기자·두충·숙지황 등을 넣어 우린 달고 진한 술.

감루(疳瘻)[-누][명]《한의》잔구멍이 생기고 고름이 나는 부스럼. 누창(漏瘡).

감:-루(感淚)[-누][명] 감격의 눈물. □~를 금치 못하다.

감류(柑類)[-누][명] 밀감·등자나무 열매 등의 종류.

감률(甘栗)[-뉼][명] **1** 맛이 단 밤. 단밤. **2** 뜨거운 모래 속에서 익힌 군밤.

감리(監吏)[-니][명]《역》감독하는 일을 맡아 보던 아전.

감리(監理)[-니][명][하타] **1** 감독하고 관리함. □공사 ~ / ~을 맡다. **2**《역》감리서(署)의 우두머리. 감리사(使).

감리-교(監理教)[-니-][명] 기독교 신교의 한 파. 18세기 초 영국에서 창시됨.

감리-사(監理師)[-니-][명]《기》감리 교회의 한 직직. 한 지방의 여러 교회를 감리함.

감리-서(監理署)[-니-][명]《역》조선 말, 개항장(開港場)·개시장(開市場)의 통상 사무를 맡아보던 관아.

감림(監臨)[-님][명][하자] 감독의 임무를 띠고 현장에 나감.

감:-마(減摩·減磨)[명][하자타] **1** 닳아서 줄어듦. **2** 마찰을 적게 함.

감마(그 gamma)[-][명] 그리스 자모의 셋째 글자. 'Γ, γ'로 씀. [-][의] 질량의 단위. 기호는 γ.

감마 글로불린(gamma globulin)《생》혈청에 녹아 있는 단백질 성분의 하나《면역체가 풍부하여 홍역(紅疫)·백일해의 예방에 이것을 주사함》.

감마-선(gamma線)[명]《물》방사성 물질에서 나오는 방사선의 하나. 극히 파장이 짧은 전자파로 물질을 투과하는 힘이 몹시 강한 전자기파《암을 치료하거나 금속의 내부 결함을 탐사하는 따위에 널리 씀》.

감:-마유(減摩油)[명] 윤활유.

감:-마제(減摩劑)[명] 기계의 맞닿는 부분에 발라 매끄럽게 하여 마찰을 적게 하는 물질《활석·기계유 따위》. 윤활제.

감:마 합금(減摩合金)[-끔][명]《화》주석이나 납을 주성분으로 하는 화이트 메탈 및 아연·구리를 주성분으로 하는 합금《마찰이 심한 기계의 베어링 따위의 재료로 씀》.

감:면(減免)[명][하타] **1** 형벌이나 세금·부담 따위를 덜어 주거나 면제함. □세금 ~ / 형을 ~하다. **2** 등급을 낮추어 면제함.

감:면 소:득(減免所得) 중요한 물산(物産)의 증산을 목적으로 과세가 면제되는 소득.

감:명(感銘)[명][하자] 감격하여 마음에 깊이 새김. □~ 깊은 이야기 / ~을 받다.

감:모(減耗)[명][하자] 닳거나 줄어들어 축이 남.

□~가 심하다.

감:모(感冒)[명] 감기(感氣).

감:모(感慕)[명][하타] 마음에 느끼어 사모함.

감목(監牧)[명] 조선 때, 목장을 감독하던 종육품 무관 벼슬. 감목관(官). **2**《가》정식 자립 교구로 설정되기 전에 포교지(布教地) 교구의 교구장인 주교.

감무(監務)[명] **1**《역》고려 중기부터 조선 초기까지 있던 작은 현(縣)의 원. **2**《불》주지 밑에서 절의 사무를 총괄하는 승직(僧職).

감:-물[명] 날감의 떫은 즙《염료나 방부제로 씀》. □~이 들다 / ~을 먹이다.

감미(甘味)[명] 단맛. □~와 산미(酸味).

감미(가) 돌다(자) 단맛이 느껴지다.

감미-롭다(甘味-)[-따][-로워, -로우니][형][ㅂ] **1** 맛이 달거나 달콤하다. □감미로운 과실. **2** 정서적으로 달콤한 느낌이 있다. □감미로운 음악. 감미-로이(부)

감미-료(甘味料)[명] 설탕·사카린·포도당·물엿 따위의 단맛을 내기 위한 조미료.

감미-하다(甘美-)[형][여] 맛이나 느낌이 달콤하고 좋다. □감미한 맛.

감:바리[명] '감발잡귀'의 준말.

감:-발[명][하자] **1** 발감개. □짚신 ~을 풀다. **2** 발감개를 한 차림새.

감:발(感發)[명][하자] 감동하여 분발함. □마땅히 ~하고 힘써 학업에 정진할지어다.

감:발-저귀[명] 잇속을 노리고 눈치 빠르게 달라붙는 사람. ⚡감바리.

감:방(坎方)[명] 팔방의 하나. 정북(正北)을 중심으로 45도의 각도 안의 방위. ⚡감(坎).

감방(監房)[명] 교도소에서, 죄수를 가두어 두는 방. □~에 갇힌 몸 / ~에 가다 / ~ 신세를 지다.

감:배(減配)[명][하타] 배당·배급을 줄임. □식량을 ~하다. →증배.

감:법(減法)[-뻡][명]《수》'뺄셈'의 구용어. ↔가법(加法).

감벽(紺碧)[명] 검은빛을 띤 짙은 청색. □~의 하늘.

감별(鑑別)[명][하타] **1** 살펴보고 구별함. □병아리의 암수를 ~하다 / 위조 지폐를 ~하다. **2** 작품의 가치와 진위를 분별함.

감별-사(鑑別師)[-싸][명] 병아리의 암수나 골동품·보석 따위의 가치를 가려내는 일을 전문으로 하는 사람. □병아리 ~ / 보석 ~.

감병(疳病)[-뼝][명]《한의》젖이나 음식 조절을 잘못하여 어린아이에게 생기는 병. 얼굴이 누렇게 뜨고 몸이 여위며 배가 불러 끓고, 영양 장애나 소화 불량 따위의 증상이 나타남. 감기(疳氣). 감질(疳疾). ⚡감(疳).

감:복(感服)[명][하자] 마음에 깊이 느껴 충심으로 복종함. □뜨거운 교육열에 ~하다 / 세련되고 원숙한 수완에 ~했다.

감:-복숭아[-쑹-][명]《식》장미과의 낙엽 교목. 지중해 원산으로 이른 봄에 붉은 꽃이 피며, 열매는 익으면 갈라지고 쓴맛이 있어 식용할 수 없음. 씨는 기름을 짜서 화장품 원료·기침약으로 씀. 고편도(苦扁桃).

감:봉(減俸)[명][하타] **1** 봉급의 지급액을 줄임. □~ 처분. ↔가봉(加俸). **2** 공무원 징계 처분의 하나. 일정한 기간 동안 보수의 3분의 1 이하를 줄임.

감:분(感憤)[명][하자] 분함을 느낌.

감:분(感奮)[명][하자] 감격하여 분발함.

감:불생심(敢不生心)[-쌩-][명] 감히 엄두도 내지 못함. 감불생의. ＊언감생심.

감:불생의(敢不生意)[-쌩- / -쌩이][명] 감불생

심.

감:-빛 [-삗] 명 잘 익은 감과 같이 붉은 빛. 시색(柹色).

감:-빨다 〔감빨아, 감빠니, 감빠는〕탄 1 감칠맛 있게 빨다. ▷ 알사탕을 ~. 2 이익을 탐내다. ▷ 남의 재물을 감빠는 무리.

감:-빨리다 재 1 ('감빨다'의 피동)감빪을 당하다. 2 입맛이 당기다. 3 이익이 탐나서 욕심이 생기다.

감사 (甘死)명하자 기꺼이 목숨을 바침.

감:사 (敢死)명하자 죽기를 두려워하지 않음. ▷ ~의 정신으로 적을 물리치다.

감:사 (減死)명하타 역 죽을죄를 지은 죄인의 형벌을 감하여 주던 일.

감:사 (感謝)명하형자형타형부 고맙게 여김. 또는 그런 마음. ▷ 편지 / ~ 기도 / ~의 인사를 드리다 / ~의 눈물을 흘리다 / 친구의 후의에 ~하다 / 감사히 주셔서 ~합니다.

감사 (監史)명 역 고려 때, 소부시(小府寺)·군기시(軍器寺)에 딸려 있던 관원.

감사 (監司)명 역 관찰사. ▷ 평양 감사 저 싫으면 그만이다.
[감사 덕분에 비장(裨將) 나리 호사한다] 남의 덕분에 호강함의 비유.

감사 (監寺)명 불 선종(禪宗)에서, 절의 사무를 도맡아 보는 사람. 감주(監主).

감사 (監事)명 1 단체의 서무를 맡아보는 직책. 또는 그 사람. 2 법 법인의 재산이나 업무를 감사(監査)하는 기관. 또는 그 사람. 3 불 삼직(三職)의 하나. 주지와 감무를 도와 절의 재산을 맡아보는 승직(僧職).

감사 (監査)명하타 감독하고 검사함. ▷ 국정을 ~하다.

감:사 (瞰射)명하타 내려다보고 활·총포 따위를 쏨.

감사 (鑑査)명하타 적부(適否)·우열·진위(眞僞) 따위를 살펴서 분별함.

감사-관 (鑑査官)명 물품을 감정하거나 검사하는 관리.

감사 기관 (監査機關)법 1 행정 기관의 사무를 감사하는 기관(감사원 따위). 2 법인의 재산 상황·업무 집행을 감사하는 기관(감사(監事) 따위).

감:-사납다 [-따]〔감사나워, 감사나우니〕형ㅂ 1 생김새나 성격이 억세고 사납다. ▷ 감사납게 생긴 얼굴. 2 논밭 따위가 험하고 거칠다. ▷ 잡초가 우거진 감사나운 밭.

감:사 도배 (減死島配)역 죽을죄를 지은 죄인을 죽이지 않고 섬으로 귀양 보내던 일.

감:사-만만 (感謝萬萬)명 헤아릴 수 없을 정도로 매우 고마움. 감사천만(千萬).

감:사-무지 (感謝無地)명 그지없이 감사함. ▷ 이렇게 도와 주시니 ~로소이다.

감:사-심 (敢死心)명 죽기를 두려워하지 않는 마음.

감사-역 (監査役)명 법 '감사(監事)2'의 구칭.

감사-원 (監査院)명 국가의 세입·세출의 결산 및 공무원의 직무에 관한 감찰을 하는 대통령 직속의 헌법 기관.

감사-원 (監査員)명 감사의 임무를 맡은 사람.

감:사-일 (感謝日)기 1 하나님의 은혜에 감사하는 날. 2 추수 감사절.

감:사-장 (感謝狀)[-짱]명 감사의 뜻을 적어 인사로 주는 글. ▷ ~을 수여하다.

감:사-절 (感謝節)명기 '추수 감사절'의 준말.

감:사 정:배 (減死定配)역 죽을죄를 지은

죄인을 죽이지 않고 귀양 보내던 일.

감:-사지졸 (敢死之卒)명 죽음을 두려워하지 않는 용감한 병졸.

감:사-천만 (感謝千萬)명 감사만만(萬萬).

감:사-패 (感謝牌)명 감사의 뜻을 나타낸 글을 적은 패. ▷ ~를 받다.

감:삭 (減削)명하타 삭감.

감산 (甘酸)명하형 1 맛이 달고 심. 2 즐거움과 괴로움.

감:산 (減産)명하자타 1 생산이 줆. 또는 생산을 줄임. ▷ 쌀 수확량이 작년보다 ~하다. ↔증산. 2 자산(資産)이 줆. 또는 자산을 줄임.

감:산 (減算)명하타 1 빼어 셈함. 2 수 뺄셈. ↔가산(加算).

감:상 (感想)명 마음에 느끼어 일어나는 생각. ▷ 책을 읽은 ~을 글로 쓰다.

감:상 (感傷)명하자 하찮은 자극에도 쉽게 흔들려 마음이 상함. 또는 그런 마음. ▷ ~에 젖다 / ~에 빠지다 / 가슴이 쓰린 듯한 ~과 비애를 맛보다.

감:상 (感賞)명하타 감동하여 칭찬함.

감상 (監床)명하타 귀한 사람에게 올릴 음식상을 미리 검사함.

감상 (鑑賞)명하타 예술 작품을 음미하고 이해함. ▷ 고전 음악을 ~하다.

감:상-록 (感想錄)[-녹]명 느낌이나 생각을 적은 기록.

감:상-문 (感想文)명 감상을 쓴 글.

감:상-벽 (感傷癖)명 조그마한 일에도 쉽게 감상적인 마음이 되는 버릇. ▷ ~이 심하다.

감상 비:평 (鑑賞批評)예술 작품의 아름다움을 이해하여 즐기고 평가하는 것에 중점을 두는 비평.

감상-안 (鑑賞眼)명 예술 작품을 감상하는 안목. ▷ ~이 뛰어나다 / ~을 키우다.

감:상-적 (感傷的)관명 마음이 느끼거나 슬퍼하기 쉬운 (것). ▷ ~인 생각에 빠지다.

감:상-주의 (感傷主義)[-/-이]명 문 지적인 면보다 감상을 강조하여 작품에 나타내려는 주의. 센티멘털리즘.

감새 건 박공 끝을 감싸는 옆판이 있는 걸침기와.

감:-색 (-色)명 잘 익은 감의 빛깔과 같이 붉은색.

감색 (紺色)명 검은빛을 띤 남빛. ▷ ~ 양복.

감:색 (減色)명하자타 1 색이 바램. 또는 색을 바래게 함. ▷ 청바지를 ~해 입다.

감색 (監色)명하타 1 간색(看色)2. 2 역 감관(監官)과 색리(色吏).

감:색-성 (感色性)[-썽]명 사진 건판·필름이, 여러 가지 빛에 감광하는 정도.

감:-생 (減省)명하타 덜어서 줄임.

감:선 (減膳)명하자 역 나라에 변고가 있을 때, 임금이 친히 근신하는 뜻으로 수라상의 음식 가짓수를 줄이던 일.

감선 (監膳)명하타 역 수라상의 음식과 기구를 미리 검사하던 일.

감:-선 (減膳撤樂)역 나라에 변고가 있을 때, 임금이 친히 근신하는 뜻으로 수라상의 음식 가짓수를 줄이고 노래와 춤을 가까이하지 아니하던 일.

감:성 (感性)명 1 자극에 대하여 느낌이 일어나는 능력. 감수성(感受性). 2 철 대상에서 감각되고 지각되어 표상(表象)을 얻게 되는 인간의 인식 능력. ↔오성(悟性).

감:성-계 (感性界)[-/-게]명 감성적 지각(知

覺)을 통해 얻어지는 사물의 총칭. ↔가상계(可想界).

감성-돔 명 〖어〗 감성돔과의 바닷물고기. 몸길이 40cm가량이고, 타원형이며 몸빛은 회흑색(灰黑色)임. 4년생까지는 자웅 동체이고 5년이 지나면 자웅 이체가 됨. 우리나라 중부 이남 및 일본·중국 등지에 분포함. 먹도미.

감:성-론 (感性論)[-논] 명 〖철〗 감성의 인식에 대한 역할이나 타당성을 논하는 인식론의 한 분야.

감:성-적 (感性的) 관명 감성에 관한 (것). 감성이 예민한 (것). ▷ ~ 사고방식 / ~인 언어로 표현하다.

감:성 지수 (感性指數) 감성의 척도. 감정을 다스리고 이해하는 능력을 수치로 나타낸 것. 이큐(EQ). ＊지능 지수.

감:세 (減稅) 명하자타 조세의 액수를 줄이거나 세율을 낮춤. 감조(減租). ▷ 저소득층에 대한 ~. ↔증세(增稅).

감:세 (減勢) 명하자 병세·권세·바람 따위의 세력이 줄어짐.

감:세 국채 (減稅國債) 〖경〗 감세의 특전이 붙은 국채.

감:소 (減少) 명하자타 1 줄어서 적어짐. ▷ 인구 / 세금 부담의 ~. 2 덜어서 적게 함. ▷ 충격을 ~하다. ↔증가.

감:속 (減速) 명하자타 속도를 줄임. 또는 속도가 줆. ▷ 눈길에서는 차를 ~하여 운행해야 한다. ↔가속(加速)·증속(增速).

감:속 기어 (減速gear) 감속 장치에 쓰이는 기어〖톱니 수에 따라 감속함〗. 감속 톱니바퀴.

감:속-동 (減速動)[-똥] 감속 운동.

감:속 운:동 (減速運動) 〖물〗 시간이 지날수록 속도가 점점 줄어지는 운동. 감속동.

감:속 장치 (減速裝置)[-짱-] 기구나 기계의 회전 속도를 늦추는 장치.

감:속-재 (減速材)[-째] 명 〖물·화〗 원자로에서, 핵반응으로 방출되는 중성자의 속도를 떨어뜨리는데 사용하는 물질〖흑연·중수(重水) 따위〗. 열화(劣化)우라늄.

감:손 (減損) 명하자타 줆. 줄임. ▷ 물품이 운송 중 ~하는 경우가 있다.

감:손 우라늄 (減損uranium) 핵연료의 유효 성분인 우라늄 235의 존재비가 사용 전보다 감소한 우라늄〖원자로에서 사용이 끝난 핵연료 따위〗. 열화(劣化)우라늄.

감:쇄 (減殺) 명하자 적어짐. 덜어서 적게 함. ▷ 소비 욕구가 ~되다 / 흥미를 ~시키다.

감:쇠 (減衰) 명하자 힘이나 세력 따위가 점점 줄어 약해짐.

감:쇠 진:동 (減衰振動) 〖물〗 진동체에 저항력이 작용하여, 시간이 지날수록 진폭이 감소되어 가는 진동.

감수 (甘水) 명 맛이 달거나 좋은 물.

감수 (甘受) 명하자타 책망이나 고통 따위를 달게 받아들임. ▷ 비난을 ~하다.

감수 (甘遂) 명 〖식〗 대극과의 여러해살이풀. 높이 30cm가량, 홍자색을 띠고 자르면 흰 즙이 나옴. 여름에 녹황색 꽃이 줄기 끝에 핌. 뿌리에는 독이 있는데 한방에서 약재로 씀.

감수 (淦水) 명 배의 바닥에 괴는 물.

감수 (勘收) 명하자타 자세히 조사하여 압수함.

감:수 (減水) 명하자 강·호수 등의 물이 줆. ▷ 가뭄으로 인한 ~ 현상. ↔증수(增水).

감:수 (減收) 명하자 수입·수확이 줆. ▷ 쌀의 수확량이 ~하다. ↔증수(增收).

감수 (酣睡) 명하자 깊이 단잠을 잠.

감:수 (減數) 명하자 1 뺄셈에서 빼려는 수〖'10－6＝4'에서 '6'이 감수임〗. ↔피(被)감수. 2 돈이나 물품의 수를 줄이거나 뺌.

감:수 (減壽) 명하자 수명이 줆. ▷ 지나친 음주는 ~의 원인이 된다.

감수 (感受) 명하자타 〖심〗 외계의 자극을 감각 신경에 의해 받아들임.

감수 (感崇) 명 고뿔의 빌미.

감수 (監守) 명하자타 감독하고 지킴. 또는 그러한 일을 맡은 사람.

감수 (監修) 명하자타 책의 저술·편찬을 지도·감독함. ▷ 사전을 ~하다.

감:수 분열 (減數分裂) 〖생〗 생식 세포가 형성될 때 일어나는 세포 분열. 반감된 염색체를 가진 정자나 난자는 수정으로 정상적인 수를 갖추게 됨. 생식 세포 분열.

감:수-성 (感受性)[-씽] 명 1 외계의 자극에서 받은 인상으로 행동이 좌우되기 쉬운 경향. ▷ 예민한 ~ / ~이 풍부하다. 2 〖생〗 감성(感性)1.

감숭-감숭 부형 짧은 털이 드물게 나서 가무스름한 모양. ▷ 수염이 ~ 나다. 큰검숭검숭.

감숭-하다 형에 짧은 털이 드물게 나서 가무스름하다. ▷ 턱 밑이 ~. 큰검숭하다.

감시 (監視) 명하자타 경계하여 주의 깊게 지켜봄. ▷ ~를 받다 / ~를 강화하다 / ~의 눈길을 피하다 / ~가 소홀한 틈을 타 도망치다 / 거동이 수상한 자를 ~하다.

감시 (監試) 명 1 '국자감시(國子監試)'의 준말. 2 조선 때, 생원·진사를 뽑던 과거. 사마시(司馬試). 소과(小科).

감시 (瞰視) 명하자타 높은 데서 내려다봄. 부감(俯瞰).

감시-관 (監試官) 명 〖역〗 과거를 치르는 시험장을 감독하던 벼슬.

감시-대 (監視臺) 명 감시자가 위에 올라가서 감시하도록 만들어 놓은 높은 대〖망대(望臺) 따위〗. ▷ ~를 설치하다.

감시-병 (監視兵) 명 감시하는 병사.

감시-원 (監視員) 명 감시하는 사람.

감시-초 (監視哨) 명 일정한 곳에서 적의 동정을 망보는 곳. 또는 그곳의 초병.

감식 (甘食) 명하자타 맛있게 먹음.

감:식 (減食) 명하자 식사의 양이나 횟수를 줄임. ▷ 살을 빼기 위한 ~ / 지방질이 많은 음식을 ~하다.

감식 (鑑識) 명하자타 1 사물의 가치나 진위를 감정하여 식별함. 2 감정하는 식견. 3 범죄 수사상에서, 필적·지문·혈흔(血痕) 따위에 관한 감정과 식별. ▷ ~유전자 / ~지문 ~.

감식-력 (鑑識力)[-싱녁] 명 감정하여 식별하는 능력.

감:식 요법 (減食療法)[-싱뇨뻡] 〖의〗 음식의 섭취량을 줄여 소화 불량·지방 과다증 등을 치료하는 식이 요법.

감:식-주의 (減食主義)[-쭈-/-쭈이] 명 건강을 위해 음식 양을 알맞게 줄이자는 이론.

감:실 (欠實) 명 〔-검실〕 〖한의〗 '가시연밥'의 약명(藥名).

감실 (監室) 명 〖군〗 참모 총장의 지휘를 받는 각 군 본부의 특별 참모 부서〖공병감실·의무감실 따위〗.

감:실 (龕室) 명 1 사당 안에 신주를 모셔 두는 장(欌). 2 〖건〗 닫집. 3 〖가〗 성체(聖體)를 모시는 작은 궤.

감실-감실 부형 조금 가뭇가뭇한 모양. ▷ ~한 눈썹. 큰검실검실.

감실-거리다〔자〕 사람이나 물체 또는 빛 따위가 먼 곳에서 자꾸 어렴풋이 움직이다. ❷검실거리다. **감실-감실**〔부〕하자〕 ▢ 연기가 ~ 피어오르다.

감실-대다〔자〕 감실거리다.

감심(甘心)〔명〕하타〕 괴로움·책망을 달게 여김. 또는 그 마음.

감:심(感心)〔명〕하자〕 깊이 마음에 느낌. ▢친구의 호의에 ~하다 / 선생님의 이야기를 ~해서 경청하다.

감:싸고-돌다〔돌아, -도니, -도는〕타〕 지나치게 편들거나 두둔하여 행동하다. ▢귀엽다고 감싸고돌기만 하다.

감:-싸다〔타〕 1 휘감아 싸다. ▢상처를 붕대로 ~. 2 흉이나 약점을 덮어 주다. ▢허물을 ~ / 약점을 감싸 주다. 3 편들거나 두둔하다. ▢어머니는 늘 동생만 감싼다.

감아-쥐다〔타〕 휘감아 쥐다. ▢머리채를 ~ / 몽둥이를 ~.

감안(疳眼)〔명〕 헐어서 짓무른 눈.

감안(勘案)〔명〕하타〕 참고하여 생각함. ▢사정을 ~하다 / 그런 일을 ~해서 관대히 넘기다.

감:압(減壓)〔명〕하자타〕 압력을 줄임. 압력이 줆. ↔가압(加壓).

감:압 증류(減壓蒸溜)〔가맙쯩뉴〕 진공(眞空) 증류.

감:액(減額)〔명〕하타〕 액수를 줄임. 또는 줄인 액수. ▢수당의 ~의 혜택. ↔증액.

감언(甘言)〔명〕 남의 비위에 들기 좋은 달콤한 말. 미언(美言). ▢~으로 꾀어내다 / ~에 유혹되다. ↔고언(苦言).

감언-이설(甘言利說)〔가머니―〕〔명〕 남의 비위에 맞추어 꾸민 달콤한 말과 이로운 조건을 내세워 꾀는 말. ▢~로 꾀다 / ~에 넘어가다.

감:언지지(敢言之地)〔명〕 거리낌 없이 말할 만한 자리.

감여(堪輿)〔명〕 하늘과 땅. 건곤(乾坤).

감여-가(堪輿家)〔명〕 풍수지리에 대해 공부한 사람.

감역(監役)〔명〕하타〕 1 토목·건축 따위의 공사를 감독함. 2〔역〕'감역관'의 준말.

감역-관(監役官)〔가멱꽌〕〔명〕〔역〕 조선 때, 선공감(繕工監)에 딸리어 토목이나 건축 공사를 감독하던 종구품의 벼슬아치.

감연-하다(欲然-)〔형〕여〕 마음에 차지 않아 서운하다. **감연-히**〔부〕

감:연-하다(敢然-)〔형〕여〕 과감한 데가 있다. **감:연-히**〔부〕 ▢~ 난국에 임하다 / 부정에 ~ 항거하다.

감:열(感悅)〔명〕하타〕 감격하여 기뻐함.

감:염(感染)〔명〕하자타〕 1 나쁜 버릇이나 풍습, 사상 따위에 영향을 받아 물이 듦. ▢악습에 ~되다. 2〔의〕병원체가 몸 안에 들어와 증식하는 일. ▢병균에 ~되다 / 전염병에 ~되다.

감:염 면:역(感染免疫)〔명〕〔의〕 병원체가 체내에 병원체를 갖고 있는 동안 병원체의 침입에 대하여 면역력을 갖는 일.

감:염-성(感染性)〔가몀썽〕〔명〕 미생물이 동물이나 식물의 몸 안에 들어가 증식하는 성질. ▢~ 질병.

감:염-식(減鹽食)〔명〕〔의〕 소금의 양을 적게 한 치료용 음식물. 신장을 튼튼히 하거나 고혈압 따위의 치료에 씀.

감:염-증(感染症)〔가몀쯩〕〔명〕 병원체가 생체(生體)에 옮아 증식해서 일으키는 병의 총칭. 전염병보다 뜻이 넓음.

감영(監營)〔명〕〔역〕 조선 때, 관찰사가 직무를 보던 관아. 영문(營門). ▢경기 ~.

감영-도(監營道)〔명〕〔역〕 감영이 있던 곳.

감:오(感悟)〔명〕하타〕 느껴 깨달음.

감옥(監獄)〔명〕 1 죄인을 가두어 두는 곳. '교도소'의 전 이름. ▢~에 갇히다 / ~에서 풀려나다. 2〔역〕 조선 말에 '감옥서(監獄署)'를 고친 이름.

감옥-살이(監獄-)〔가목싸리〕〔명〕하자〕 1 감옥에 갇혀 지내는 생활. ▢반평생을 ~하다. 2 행동의 자유를 구속당하는 생활을 비유적으로 이르는 말. ▢시집살이가 어찌나 지독한지 ~ 같았소. ❷옥살이.

감옥-서(監獄署)〔가목써〕〔명〕〔역〕 조선 말에 형벌의 집행에 관한 일을 맡아보던 관아.

감옥-소(監獄所)〔가목쏘〕〔명〕〔속〕 감옥2.

감우(甘雨)〔명〕 1 필요할 때 알맞게 내리는 비. 단비. 2 가뭄 끝에 오는 반가운 비.

감:원(減員)〔명〕하타〕 인원수를 줄임. ▢~ 대상에서 제외하다 / ~ 바람으로 직장을 잃었다 / 불경기로 ~되다. ↔증원(增員).

감원(監院)〔명〕〔불〕 암자나 교당(敎堂)을 감찰하는 승려.

감:위(敢爲)〔명〕하타〕 어떤 일을 과감하게 함. 감행. ▢~심(心)이 풍부하다.

감:은(感恩)〔명〕하자〕 은혜를 고맙게 여김. ▢부모님의 노고에 진심으로 ~하다.

감은-약(甘-藥)〔가믄냑〕〔명〕 '아편'의 변말.

감:-음정(減音程)〔명〕〔악〕 완전 음정이나 단음정을 반음 낮춘 음정(완전 5도에서 반음 낮추면 감 5도, 단 3도를 반음 낮추면 감 3도가 됨).

감:읍(感泣)〔명〕하자〕 감격하여 흐느낌. ▢은혜에 ~하여 마지않다.

감:응(感應)〔명〕하자〕 1 어떤 느낌을 받아 마음이 따라 움직임. ▢~이 일어나다 / ~을 주다 / 소리에 민감하게 ~하다. 2 신심(信心)이 부처나 신령에 통함. ▢신의 ~을 받다. 3〔물·전〕 유도(誘導)2.

감:응 신:호기(感應信號機) 컴퓨터를 이용하여, 교통량에 따라 녹색과 적색의 신호를 자동적으로 조절하는 신호기.

감:응 유전(感應遺傳)〔가응뉴―〕〔생〕 동물의 암컷이 다른 계통의 수컷과 교미해서 수태한 경험이 있으면, 그 후에 같은 계통의 수컷과 교미해도 첫번째 수컷의 특징이 새끼에게 유전한다는 설.

감:응 정신병(感應精神病)〔가응―뼝〕〔의〕 다른 정신 이상자의 영향으로 일어나는 정신 장애. 미신적이고 지능이 낮거나 암시성이 강한 사람에게 나타남.

감:응-초(感應草)〔명〕〔식〕 미모사.

감이-상투〔명〕〔민〕 머리를 아랫벌부터 감아 올라가다가 그 끝을 고 속으로 넣어 아래로 빼내게 짜는 상투.

감:인(炭仁)〔명〕〔←검인〕〔한의〕 가시연밥의 알맹이(대하·유정·요통 등에 씀).

감입(嵌入)〔명〕하타〕 장식 따위를 새기거나 박아 넣음. ▢자개를 장에 ~하다.

감자〔명〕〔←감저(甘藷)〕 1〔식〕 가짓과의 여러해살이풀. 칠레 원산으로 세계 각지의 온대 및 한대에서 널리 재배되며 땅속의 덩이줄기는 '감자'라 하는데, 녹말이 많아 식용함. 마령서(馬鈴薯). ▢~가 굵다 / ~를 캐다 / ~를 삶아 먹다.

감자(甘蔗)〔명〕〔식〕 사탕수수.

감자(柑子)〔명〕〔한의〕 홍귤나무의 열매(갈증·주독(酒毒)을 풀고, 위병을 다스림).

감:자 (減資) 명하자 《경》 회사가 자본금의 액수를 줄이는 일. ↔증자(增資).

감자-나무 (柑子-) 명 《식》 홍귤나무.

감자-녹말 (綠末)[-농-] 명 감자의 앙금을 말린 가루.

감자-당 (甘蔗糖) 명 사탕수수로 만든 설탕.

감자-떡 명 감자를 재료로 만든 떡의 총칭.

감자-밥 명 껍질 벗긴 감자를 썰어 넣고 지은 밥. 감저반.

감자-전 (-煎) 명 감자를 얇게 썰어서 기름에 지진 음식.

감자-조림 명 감자를 간장에 조려 만든 반찬.

감자-튀김 명 감자를 썰어서 기름에 튀겨 낸 음식.

감:작 (減作) 명하자 농작물의 수확이 줆.

감:작 (感作) 명하타 《의》 1 생체에 항원(抗原)을 넣어, 그 항원에 대해 민감한 상태로 만드는 일. 2 항원과 항체가 특이하게 결합함.

감작-감작 [-깜-] 부형 검은 점이나 얼룩이 잘게 여기저기 박혀 있는 모양. ◎얼굴에 ~하게 뭔가 생기다. 관검적검적. 쎈깜작깜작.

감:작 백신 (感作vaccine) 《의》 배양한 세균을 죽이거나 독성을 약하게 한 것에 면역 혈청을 넣어 만든 백신. 보통 백신보다 반응이 가볍고 작용이 빠르며, 치료 예방 효과가 훨씬 좋음〈장티푸스·홍역에 씀〉.

감:-잡이 명 1 대문 문장부에 감아 박는 쇠. 2 기둥과 들보를 검쳐 못을 박는 쇳조각. 3 잠자리를 쉽게 쓰는 수건. 4 해금(奚琴)의 맨 아래 원산 밑에 'ㄴ' 자로 구부려 붙인 쇠붙이. 5 심마니들이 '낫'을 이르는 말.

감:-잡히다 [-자피-] 재 남과 시비를 다툴 때, 약점을 잡히다. ◎상대방에게 감잡혀서 말문이 막혔다.

감자-국 [-자꾹 /-장꾹] 명 감자를 넣고 끓인 국. 감자탕(甘藷湯).

감장 명 가만 물감이나 빛깔. 관검정. 쎈깜장.

감장² 명하타 남의 도움을 받지 않고 제힘으로 꾸려 감. ◎네 앞 ~이나 잘 해라.

감장 (甘醬) 맛이 단 간장(곧, 진간장).

감장 (勘葬) 명하타 장사 지내는 일을 끝냄.

감장 (監葬) 명하타 장사 지내는 일을 보살핌.

감장-이 명 1 감장 빛깔을 띤 물건. 2 감장 빛깔이나 물. 관검정이. 쎈깜장이.

감저 (甘藷) 명 《식》 1 '감자'의 본딧말. 2 고구마.

감적 (疳積) 명 《한의》 영양 불량이나 기생충으로 인하여 생기는 어린아이의 빈혈증. 소화가 잘 안 되고 얼굴이 회백색으로 됨.

감적 (監的) 명하자 화살이나 총알이 표적에 맞고 맞지 않음을 살핌.

감적-관 (監的官)[-꽌] 명 《역》 무과(武科)의 활쏘기 시험에서, 화살이 과녁에 맞았는지의 여부를 검사하던 관원.

감적-수 (監的手)[-쑤] 명 《군》 사격장에서, 표적을 조정하고 통제하는 사람.

감적-호 (監的壕)[-저코] 명 《군》 사격장의 표적 근처나 아래에, 총알이 표적에 맞고 맞지 않음을 확인하기 위해 판 참호.

감:전 (敢戰) 명하자 감투(敢鬪).

감전 (酣戰) 명하자 한창 격렬히 벌어진 싸움.

감:전 (感電) 명하자 전기가 통한 도체에 몸의 일부가 닿아 충격을 받음(전기의 양이 많을 때는 화상을 입거나 죽음). ◎젖은 손으로 플러그를 만져 ~되었다.

감:전 (感傳) 명하자 감응하여 전파함.

감:전-사 (感電死) 명하자 감전되어 죽음.

감:점 (減點)[-쩜] 명하타 점수를 줄임. 또는 그 점수. ◎한 문제를 틀리면 5점이 ~된다.

감:접 (-椄) 명 감나무 가지를 다른 나무 그루에 접붙이는 일.

감:-접이 명 피륙을 짤 때 처음과 끝에 올이 풀리지 않도록 휘갑친 부분.

감:정 (感情) 명 느끼어 일어나는 슬픔·기쁨·좋음·싫음 따위 마음이나 심리 상태. ◎ ~에 호소하다 / ~이 풍부하다 / 복받치는 ~을 누르다 / 불쾌한 ~을 드러내다.

　감정을 잡다 관 연기를 하거나 노래를 할 때, 등장 인물의 성격이나 노래의 분위기에 맞는 감정을 소화하여 표현하다.

　감정을 해치다 관 남을 불쾌하게 만들다.

감:정 (憾情) 명 마음에 언짢게 여기어 원망하거나 성내는 마음.

　감정(을) 사다 관 상대방의 감정을 언짢게 만들다. ◎남의 감정을 살 언동은 삼갈 것.

　감정(이) 있다 관 언짢은 마음이 있다. ◎내게 무슨 감정이 있느냐.

　감정(이) 풀리다 관 생겼던 감정이 가라앉다.

감정 (鑑定) 명하타 1 사물의 특성이나 참과 거짓, 좋고 나쁨을 감별하여 결정함. 스감맛 [보석]을 ~하다. 2 《법》 법원의 명령에 따라, 특별한 전문가가 자기의 학술·지능·경험으로 구체적 사실에 응용한 판단을 진술·보고하는 일. ◎필적을 ~하다.

감:정-가 (感情家) 명 다정다감한 사람. 감정에 좌우되기 쉬운 사람.

감정-가 (鑑定家) 명 감정을 잘 하거나 전문적으로 하는 사람.

감정-가 (鑑定價)[-까] 명 감정 가격.

감정 가격 (鑑定價格)[-까-] 명 담보가 될 물건을 평가하여 매기는 가격. 감정가.

감:정-각 (感情覺)[-깍] 명 《심》 신체적인 감각에 따라 일어나는 느낌.

감:정 교:육 (感情敎育) 명 감정의 순화와 융화를 위하여 심미적·도덕적 마음을 향상·발달시킴을 목적으로 하는 교육.

감:정 논리 (感情論理)[-놀-] 명 《논》 논리적인 것처럼 보이지만 실제로는 감정에 따라서 생각이나 판단이 좌우되는 일.

감:정 능력 (感情能力)[-녁] 명 《심》 쾌·불쾌 따위를 느끼는 정신 능력. ↔인식 능력.

감:정 도:착 (感情倒錯) 명 《심》 감정이 평상시나 보통 사람과 다른 상태에 있는 일〈슬퍼해야 할 때에 기쁨을 느끼는 따위〉.

감:정-론 (感情論)[-논] 명 이성에 따르지 않고 감정에 치우친 논리.

감정-료 (鑑定料)[-뇨] 명 감정해 준 일에 대하여 지급하는 수수료.

감:정 미:학 (感情美學) 명 《철》 미의식 활동의 근원이 감정에 있다고 하는 설.

감정-서 (鑑定書) 명 1 《법》 감정의 경과 및 결과를 적은 문서. 2 미술 작품·보석 등의 진짜·가짜 여부를 판단하여 보증하는 문서.

감:정-실금 (感情失禁) 명 《의》 감정 조절 장애의 하나. 사소한 일에도 울고 웃는 증상. 주로 어린아이나 정신 박약자에게 나타남.

감:정-싸움 (憾情-) 명 서로 미워하는 마음으로 벌이는 다툼. ◎사소한 일이 ~으로 번지다〈확대되다〉.

감정-아이 명 월경을 하지 아니하고 밴 아이. 곧, 첫번 배란(排卵) 때에 수정이 되어 잉태된 아이. 준감정애.

감:정 이입 (感情移入) 《철》 예술 작품이나 자

연 대상 따위의 요소 속에 자신의 감정이나 정신을 불어넣어 자기와 대상이 서로 통한다고 느끼는 심적 작용. 감정 수입(收入).

감정-인 (鑑定人) 閔 **1** 감정하는 사람. 감정자(者). **2** 『법』 소송에서, 법원의 명령에 따라 감정을 맡아 하는 전문가.

감-정적 (感情的) 감정에 치우치거나 흥분되어 있는 (것). ▣ ~으로 행동하다. ↔이성적(理性的).

감정 평가 (鑑定評價)[-까] 동산·부동산 기타 재산의 경제적 가치를 판단하여 그 결과를 가격으로 표시하는 일.

감제 (監製) 閔꼬甲 감독하여 제조함.

감제-고지 (瞰制高地) 閔 적의 활동을 살피기에 적합한 고지.

감제-풀 閔 『식』 호장(虎杖).

감-조 (減租) 閔꼬甲 감세(減稅).

감-조 하천 (感潮河川) 『지』 밀물과 썰물의 영향을 받아 염분·수위·속도 따위가 주기적으로 변화하는 하천 및 그 부근.

감죄 (勘罪) 閔꼬甲 죄인을 문초하여 처단함.

감-죄 (減罪) 閔꼬甲 죄를 가볍게 덜어 줌.

감주 (甘酒) 閔 단술.

감주 (監主) 閔 『불』 감사(監寺).

감-중련 (坎中連)[-년] 閔 『민』 감괘(坎卦)의 상형(象形)인 '☵'의 이름.
　　감중련을 하다 句 감괘의 가운데 획이 이어져 불었다는 뜻으로, 입을 다물고 말을 하지 않음을 이르는 말.

감-지 (感知) 閔꼬甲 느끼어 앎. ▣ 상대방의 계획을 ~하다 / 본능적으로 위험을 ~하다.

감-지기 (感知器) 온도·압력·소리·빛 등의 물리량이나 그 변화량을 검출하는 소자(素子). 또는 그 소자를 갖춘 장치. 센서(sensor). ▣ 도난 방지를 위한 ~.

감-지덕지 (感之德之)[-찌] 屈꼬甲 분에 넘치는 듯해서 매우 고맙게 여기는 모양. ▣ 돈을 ~ 받다 / 살아 있다는 것만 해도 ~해야 한다.

감-진기 (感震器) 閔 지진의 유무나 진동의 정도 등을 검사하는 기기.

감진-어사 (監賑御使·監賑御史) 『역』 조선 때, 흉년이 들어 굶주리는 백성을 구제하는 일을 감독하기 위해 파견하던 어사. 감진사.

감질 (疳疾) 閔 **1** 『한의』 감병. **2** 먹고 싶거나 갖고 싶거나 하고 싶어 애타는 마음. **3** 바라는 바에 못 미쳐서 성에 차지 않음.

감질-나다 (疳疾-)[-라-] 薄 먹고 싶거나 가지고 싶어 애타는 마음이 생기다. ▣ 너무 적어 감질난다 / 수돗물이 감질나게 나온다.

감질-내다 (疳疾-)[-래-] 甲 **1** 먹고 싶거나 가지고 싶어 애타는 마음을 품다. **2** 감질이 나게 하다.

감주 閔 〈옛〉 감자(柑子).

감-쪼으다 (鑑-)[감쪼아, 감쪼으니] 甲 웃어른에게 글이나 물건을 살피게 하다.

감쪽-같다[-깐따] 薄 꾸민 일이나 고친 물건이 조금도 알아차리지 못할 정도로 흔적이 없다. ▣ 위장술이 ~. **감쪽-같이**[-까치] 屈. ▣ ~ 속다.

감차 (甘茶) 閔 '단술'을 절에서 이르는 말.

감-차 (減車) 閔꼬甲 차량의 수나 운행 횟수를 줄임. ▣ 노선버스를 ~하다.

감-차 (減差) 閔 병세가 조금씩 나아져 차도가 있음. ▣ ~가 있다 / ~가 보이다.

감찰 閔 〈옛〉 다갈색.

감찰 (監察) 閔 감독하여 살핌. 또는 그런 직무. **2** 행정 기관이 공무원의 비위에 대한 조사, 징계 처분, 수사 기관에 고발하는

것 따위의 직무. **3** 『역』 조선 때, 사헌부의 정육품 벼슬. **4** 단체의 규율과 구성원의 행동을 감독하여 살피는 직임. ▣ 산하 기관을 ~하다.

감찰 (鑑札) 閔 어떤 영업이나 행위를 허가한 표로 관청에서 내주는 증표. ▣ 영업 ~.

감찰 (鑑察) 閔꼬甲 보아 살핌(주로 한문 투의 편지에서 상대방을 높일 때 씀).

감찰-관 (監察官) 閔 감찰의 임무를 맡은 관원.

감찰-료 (鑑札料) 閔 관청에서 내주는 감찰에 대한 수수료.

감찰-사 (監察司)[-싸] 閔 『역』 고려 때, '사헌대(司憲臺)'를 고친 이름.

감-참외 閔 『식』 참외의 한 품종. 속살이 잘 익은 감빛 같고 맛이 좋음.

감창 (疳瘡) 閔 『한의』 **1** 매독으로 음부에 헌데가 생기는 병. **2** 감병(疳病)의 하나. 경핵이나 영양 장애 따위로 피부에 헌데가 생김.

감-창-하다 (感愴-) 薄 어떤 느낌이 가슴에 사무쳐 생각이 일어나다. 감창한 생각이 일어나다.

감채 (甘菜) 閔 『식』 사탕무.

감-채 (減債) 閔꼬甲 빚을 조금씩 갚아서 줄임. ▣ 적립금.

감-채 기금 (減債基金) 『경』 국채·회사채를 갚기 위하여 마련해 놓는 기금.

감천 (甘泉) 閔 물맛이 좋은 샘.

감-천 (感天) 閔꼬甲 지극한 정성에 하늘이 감동함. ▣ 지성이면 ~이라.

감청 (紺靑) 閔 짙고 산뜻한 남빛. 또는 그 물감.

감-청 (敢請) 閔꼬甲 스러움이나 어려움을 무릅쓰고 감히 청함.

감청 (監聽) 閔 『군』 기밀을 보호하고 여러 가지 참고 자료를 얻기 위하여 통화 내용을 엿듣는 일.

감-체 (感涕) 閔꼬재 감격하여 눈물을 흘림. 감읍(感泣).

감-체 (感滯) 閔 『한의』 감기와 겹쳐서 든 체증.

감쳐-물다 [-쳐-] 〈甲〉-무니, -무는 甲 아래위 두 입술을 약간 겹치도록 붙이면서 입을 꼭 다물다. ▣ 입을 ~.

감초 (甘草) 閔 『식』 콩과의 여러해살이 약용 식물. 중국 북부·몽고 원산. 높이는 1 m가량, 여름에 나비 모양의 자줏빛 꽃이 핌. **2** 감초의 뿌리(한방에서 약의 작용을 순하게 하는 데 씀).

감-촉 (感觸) 閔꼬甲재 사물이 피부에 닿아 일어나는 느낌. 만질 때의 느낌. 촉감(觸感). ▣ ~을 느끼다 / ~이 부드럽다 / ~이 좋다 / 피부에 닿는 ~이 까실까실하다.

감-촉 기관 (感觸器官)[-끼-] 『생』 감각기.

감추다 甲 **1** 남이 보거나 찾아내지 못하도록 숨기다. ▣ 서랍 속에 돈을 ~ / 문 뒤로 몸을 ~. **2** 어떤 사실이나 감정 따위를 남이 모르게 하다. ▣ 잘못을 ~ / 기쁨을 감추지 못하다. **3** 어떤 사물·현상 따위가 없어지거나 사라지다. ▣ 자취를 ~ / 종적을 ~.
　　[감출 줄은 모르고 훔칠 줄만 안다] 하나만 알고 둘은 모른다는 말.

감-축 (減縮) 閔꼬재甲 딸리고 줄어서 적어짐. 또는 딸고 줄여서 적게 함. 축감(縮減). ▣ 예산의 ~ / 노사가 인원 ~에 합의하다.

감-축 (感祝) 閔꼬재甲 **1** 감사하며 축하함. **2** 경사를 축하함. ▣ 장관으로 임명되셨다니 ~합니다.

감출혜-몸 (-□-)[-/-혜-] 閔 한자 부수의 하나(匹·區 등에서 '匚'의 이름). 터진에

운담.
감취 (酣醉) 명하자 술에 몹시 취함.
감치 (監置) 명하타 법원이 법정 질서를 어지럽힌 사람을 일정한 장소에 가둠. 또는 그 벌.
감:치다[1] 자 **1** 어떤 사람이나 일이 잊히지 않고 계속해서 마음속에 감돌다. ❑그 일이 머릿속에 감치고 잊혀지지 않는다. **2** 음식의 맛이 맛깔스러워 입에 당기다. ❑새콤한 맛이 혀를 ~.
감:치다[2] 타 **1** 흩것인 바느질감의 맨 가장자리를 실올이 풀리지 않게 안으로 두 번 접어 용수철 모양으로 꿰매 나가다. ❑바짓단을 ~. **2** 두 헝겊의 가장자리를 마주 대고 감아 꿰매다. **3** 휘감아 붙들어 매다. ❑치마를 ~.
감:칠-맛 [-맏] 명 **1** 음식이 입에 당기는 맛. ❑~이 나는 술. **2** 사람의 마음을 끌어당기는 힘. ❑~이 나는 이야기 / 목소리가 ~ 있게 곱다.
감:침-질 명하타 바늘로 감치는 일.
감:탄 (感歎·感嘆) 명하자 마음속 깊이 느끼어 찬탄함. ❑~과 경의를 표하다 / 절로 ~이 나오다 / 그녀의 효성에 ~하지 않는 사람이 없다.
감탄고토 (甘呑苦吐) 명하자 달면 삼키고 쓰면 뱉는다는 뜻으로, 제 비위에 맞으면 좋아하고 맞지 않으면 싫어한다는 말.
감:탄 기원설 (感歎起源說) 〖언〗 말의 기원이 감탄사에 있다고 하는 설.
감:탄-문 (感歎文) 명 〖언〗 말하는 사람이 듣는 사람을 의식하거나 고려하지 않아 독백 상태에서 자신의 느낌을 표현하는 문장. 감탄형 종결 어미로 문장을 끝냄.
감:탄-법 (感歎法) [-뻡] 명 〖언〗 종결 어미에 나타나는 서법(敍法)의 하나. 어떤 사실에 대해 말하는 사람이 마음에 느낀 바를 표현하는 법(('-구나'·'-어라' 따위를 씀)).
감:탄-부 (感歎符) 명 〖언〗 '감탄 부호'의 준말.
감:탄 부호 (感歎符號) 〖언〗 느낌표. ㊣감탄부.
감:탄-사 (感歎詞) 명 **1** 〖언〗 감동·응답·부름·놀람 따위의 느낌을 나타내는 품사. 간투사(間投詞). 감동사. 느낌씨. **2** 감탄한 나머지 토해내는 말. ❑~를 연발하다.
감:탄-스럽다 (感歎-) [-따] 〔-스러워, -스러우니〕 형ㅂ 마음속 깊이 느끼어 탄복할 만하다. ❑그의 효성이 ~.
감:탄-형 (感歎形) 명 〖언〗 느낌을 나타내는, 용언의 종결 어미(('-구나'·'-도다'·'-어라' 따위)). 느낌꼴.
감탕 명 **1** 갖풀과 송진을 끓여 만든 풀((새를 잡거나 나무를 붙이는 데 씀)). **2** 갯가나 냇가 따위에 곤죽처럼 풀어진 진흙. ❑~에서 게를 잡다.
감탕 (甘湯) 명 **1** 엿을 곤 솥을 가셔 낸 단물. **2** 메주를 쑨 솥에 남은 진한 물. **3** 단맛이 나는 국물이나 액체.
감탕-나무 명 〖식〗 감탕나뭇과의 상록 활엽 교목. 산에 나는데 높이는 10 m쯤 되고 잎은 두껍고 윤이 나며 어긋남. 봄에 황록색 꽃이 피며, 재목은 도장·조각 따위의 세공재로 쓰고 껍질에서는 끈끈이를 채취함.
감탕-밭 [-받] 명 곤죽 같은 진흙땅.
감탕-벌 명 곤죽 같은 진흙 벌.
감탕-질 명하자 성행위할 때, 여자가 소리를 내며 몸을 음탕하게 놀리는 짓.
감태 (甘苔) 명 〖식〗 김[1].
감태-같다 [-갇따] 형 머리가 까맣고 윤기가 나다.
감태기 명 〈속〉 감투.
감토 명 〈옛〉 감투.
감:통 (感通) 명하자 느낌이나 생각이 상대방에게 통함.
감:퇴 (減退) 명하자 기세·체력 등이 줄어 약해짐. ❑식욕 ~ / 기억력 ~ / 일할 의욕이 ~하다. ↔증진.
감투 명 **1** 머리에 쓰던 옛 의관의 하나. 말총·가죽·헝겊 따위로 만드는데, 탕건과 비슷하며 턱이 없이 민틋함. **2** 〈속〉 탕건. **3** '복주감투'의 준말. **4** 〈속〉 벼슬이나 지위. ❑~싸움 / ~가 떨어지다.
　감투(를) 벗다 구 〈속〉 벼슬자리를 그만두다.
　감투(를) 쓰다 구 〈속〉 벼슬자리에 오르다.
감:투 (敢鬪) 명하자 용감하게 싸움. 감전(敢戰). ❑~ 정신.
감투-거리 명하자 여자가 남자 위에 올라가 하는 성행위.
감투-밥 명 그릇 위까지 수북하게 담은 밥.
감:투-상 (敢鬪賞) 명 운동 경기에서, 감투 정신을 발휘하여 자기편이 승리하는 데 크게 기여한 선수에게 주는 상.
감투-싸움 명 벼슬자리를 놓고 벌이는 다툼. ❑~이 치열하다.
감투-장이 명 감투를 만들어 파는 사람.
감투-쟁이 명 감투를 쓴 사람.
감투-해파리 명 〖동〗 감투해파릿과의 강장(腔腸)동물. 연안에 떠서 사는데 길이는 10 cm 가량이며, 양쪽에 날개 모양의 돌기가 있어서 감투처럼 보임.
감:-파랗다 [-라타] 〔감파라니, 감파래서〕 형ㅎ 감은빛을 띠면서 파랗다. ❑바닷물이 감파랗게 변했다. ㊔검퍼렇다.
감:-파래지다 자 감파랗게 되다. ❑딸의 사고 소식에 얼굴이 ~. ㊔검퍼레지다.
감:-파르다 〔감파르러, 감파르니〕 형러 감은빛이 나며 파랗다. ㊔검푸르다.
감:파르잡잡-하다 [-짭파-] 형여 파란빛을 띠면서 가무잡잡하다. ㊔검푸르접접하다.
감:파르족족-하다 [-쪼카-] 형여 파란빛이 나면서 가무족족하다. ㊔검푸르죽죽하다.
감패 (甘霈) 명 때맞추어 흡족하게 오는 비.
감:패 (感佩) 명하타 감사하여 잊지 않음.
감:-편 명 껍질을 벗긴 감을 잘게 채 쳐서 짜낸 즙에 녹말과 꿀을 치고 조려서 굳힌 떡. 시병(柿餠).
감:편 (減便) 명하타 항공기·자동차 따위의 교통편의 횟수를 줄임. ↔증편(增便).
감:표 (減標) 명 〖수〗 '뺄셈표'의 구용어. ↔가표(加標).
감표 (監票) 명하자 투표 및 개표를 감시하고 감독함.
감표 (鑑票) 명하타 표의 진짜와 가짜를 가려 알아냄.
감표-인 (監票人) 명 감표의 책임을 맡은 사람.
감풀 명 썰물 때는 보이고 밀물 때는 보이지 않는 비교적 넓고 평탄한 모래톱.
감피 (柑皮) 명 〖한의〗 밀감이나 감자(柑子)의 껍질. 진피(陳皮)의 대용으로 쓰며, 대변을 부드럽게 하고 기침과 담을 다스리는 데 씀.
감:필 (減筆) 명 **1** 한자를 쓸 때, 획수를 줄여 쓰는 일. **2** 〖미술〗 수묵화에서 발달한, 형식적인 면을 극도로 생략하여 사물을 간결하게 나타내는 화법의 하나.
감프ᄅ다 형 〈옛〉 감파르다.

감:하(減下)[명][하타] 1 분량·수량 등을 내리 깎음. 줄여 버림. 2〖역〗감원(減員).
감:하(感荷)[명][하타] 은혜를 감사하게 여김.
감하(瞰下)[명][하타] 내려다봄.
감:-하다(減-) 曰[자]여 적어지다. 줄다. 曰[타]여 줄이다. 덜다. 빼다. ▣1할을 ~ / 빚을 감해 주다.
감-하다(鑑-)[타]여 '보다'의 공대말. 살펴보시다.
감합(勘合)[명]〖역〗조선 때, 발송할 공문서의 한 끝을 원부(原簿)에 겹쳐 대고 그 위에 찍던 도장.
감항-능력(堪航能力)[-녁][명] 배가 안전하게 항해하기 위하여 필요한 인적·물적 준비를 갖춘 능력.
감:행(敢行)[명][하타] 과감하게 실행함. 감위(敢爲). ▣모험을 ~하다.
감:형(減刑)[명][하자타] 1 형벌을 가볍게 함. 2 〖법〗대통령의 사면권(赦免權)에 의해서 일정한 범죄인의 확정된 형의 일부를 감함. ▣사형을 무기 징역으로 ~하다.
감:호(減號)[명] 뺄셈표. ↔가호(加號).
감호(監護)[명][하타] 감독하여 보호함.
감호 조치(監護措置)〖법〗소년 사건을 조사·심판할 때까지 그 소년을 보호자·학교장·병원·소년 감별소 등에 위탁·보호하는 일.
감홍(甘汞)[명] '염화 제일수은'의 약학상의 속칭《흰 가루로 하제(下劑)·이뇨제(利尿劑)로 씀》. 칼로멜(calomel).
감홍-로(甘紅露)[-노][명] 1 평양에서 나는 붉은 소주《지치 뿌리를 꽂고 꿀을 넣어 냄》. 2 소주에 누룩과 약재 따위를 넣어 우린 술. 감홍주.
감홍-주(甘紅酒)[명] 감홍로(甘紅露).
감:화(感化)[명][하자타] 좋은 영향을 받아 생각이나 감정 따위가 바람직하게 변화함. 또는 그리 변하게 함. ▣유교의 ~ / 덕으로 ~시키다.
감:화(鹼化)[명][하자타]〖화〗'비누화'의 구용어.
감:화 교:육(感化教育) 불량하거나 그럴 염려가 있는 청소년을 특별한 시설에 수용하여 감화시키는 보호 교육.
감:화-력(感化力)[명] 감화시키는 힘.
감화문-기(嵌花文器)[명] 꽃무늬 따위의 그림을 새겨 넣은 도자기.
감화보쌈[명] 농어나 숭어 같은 생선을 잘게 칼질하여, 그 위에 양념한 채소를 놓고 말아 쪄서 가로로 썰어 놓은 음식. 취음 : 감화부(甘花富).
감:화-원(感化院)[명]〖법〗보호 처분을 받은 청소년을 수용하여 감화하고 선도하는 기관.
감:환(感患)[명] '감기'의 공대말.
감:회(感懷)[명] 지난 일을 돌이켜 보고 느껴지는 회포. ▣~가 깊다 / 가 새롭다 / ~에 젖다. 2 '감구지회(感舊之懷)'의 준말.
감:획(減劃)[명][하타] 글씨, 특히 한자의 획수를 줄임.
감:-흙[-흑][명] 사금광에서 파낸, 금이 섞인 흙. 金감.
감흥(酣興)[명] 1 술을 마시고 한껏 즐거워함. 주흥(酒興). 2 흥겨움이나 즐거움이 절정에 이른 상태.
감:흥(感興)[명] 마음에 깊이 감동되어 일어나는 흥취. ▣~이 일다 / 시적인 ~을 자아내다.
감:희(感喜)[-히][명][하타] 고맙게 여겨 기뻐함. ---하다[형]여 고맙고 기쁘다.
감:-히(敢-)[부] 1 두려움이나 송구함을 무릅쓰

고. ▣~ 아뢰다. 2 말이나 행동이 주제넘게. ▣뉘 앞이라고 ~ 그런 말을 하느냐. 3 (주로 '못하다'와 함께 쓰여) 함부로. 만만하게. ▣선생님이 어려워서 ~ 얼굴도 못 들다.
값돋다[자]〈옛〉감돌다.
갑(甲)[명] 1 차례나 등급의 첫째. 2 둘 이상의 사물 가운데 그 하나의 이름을 대신해 쓰는 말. ▣이하 피고를 ~, 원고를 을이라 칭한다. 3 천간(天干)의 첫째. 4〖동〗갑각(甲殼). 5 '갑방(甲方)'의 준말. 6 '갑시(甲時)'의 준말. 7〈옛〉갑옷.
갑(匣)[명] 曰[명] 1 작은 상자. ▣반지를 ~에 넣다. 2 형체가 완성된 도자기를 구울 때 담는 큰 그릇. 曰[의명] 작은 상자를 세는 단위. ▣담배 열 ~.
갑(岬)[명]〖지〗곶.
갑가(甲家)[명][-까] 문벌이 높은 집안.
갑각(甲殼)[-깍][명]〖동〗게·새우 따위의 딱딱한 겉껍질. 갑(甲).
갑각-류(甲殼類)[-깡뉴][명]〖동〗절지동물의 한 강(綱). 대개 물속에 살며 딱딱한 등딱지로 덮였음《게·가재·새우 따위》.
갑각-소(甲殼素)[-깍쏘][명]〖생〗키틴(chitin).
갑각-질(甲殼質)[-깍찔][명]〖생〗키틴질.
갑갑궁금-하다[-깝꿍-][형]여 매우 갑갑하고 궁금하다. ▣말에게서 소식이 없어 ~.
갑갑-증(-症)[-깝쯩][명] 갑갑한 증세. ▣~이 나다.
갑갑-하다[-까파-][형]여 1 훤히 트이거나 너르게 퍼지지 않아 옹색하고 답답하다. ▣앞이 막혀 ~. 2 더디거나 지루하여 견디기에 지겹다. ▣더듬거리는 말씨가 ~. 3 가슴이나 배 속이 막힌 듯 불편하다. ▣먹은 게 체했는지 속이 ~. 4 어리석어서 납득시키는 데 진력이 나다. ▣말귀를 알아듣지 못하니 참으로 ~. 갑갑-히[-까피][부]
[갑갑한 놈이 송사(訟事)한다] 제게 필요해서 일을 서두른다는 말.
갑계(甲契)[-계/-계][명] '동갑계(同甲契)'의 준말.
갑골(甲骨)[-꼴][명] 거북의 등딱지와 짐승의 뼈.
갑골(胛骨)[-꼴][명]〖생〗'견갑골(肩胛骨)'의 준말.
갑골 문자(甲骨文字)[-꼴-짜] 거북의 등딱지나 짐승의 뼈에 새긴 중국 고대의 상형 문자. 은허 문자. 갑골문.
갑골-학(甲骨學)[-꼴-][명] 갑골 문자를 연구하는 학문.
갑과(甲科)[-꽈][명]〖역〗조선 때, 과거의 성적 등급의 첫째. 장원·방안(榜眼)·탐화(探花)의 세 등급.
갑근-세(甲勤稅)[-끈쎄][명] '갑종 근로 소득세'의 준말.
갑남을녀(甲男乙女)[감나믈려][명] 갑이란 남자와 을이란 여자의 뜻으로, 평범한 사람들을 이르는 말.
갑년(甲年)[감-][명] 예순한 살 되는 해. 환갑의 해. ▣올해는 아버지의 ~이 되는 해다.
갑노다[갑-][자]〈옛〉값이 비싸다.
갑론을박(甲論乙駁)[감노블-][명][하자] 서로 자기 주장을 내세우고 상대방의 주장을 반박함. ▣~으로 결론을 못 내리다.
갑리(甲利)[감니][명] 갑변(甲邊).
갑문(閘門)[감-][명] 1 운하·방수로 따위에서 수위(水位)를 일정하게 하는 데 쓰는 문. 2

선박을 높낮이의 차가 큰 수면으로 오르내리게 하는 장치. 물문.

갑문식 운:하(閘門式運河)[갑-] 수위(水位)를 조절하는 갑문이 있는 운하(파나마 운하 따위). 유문식 운하.

갑문-항(閘門港)[갑-] 圐 갑문 시설이 되어 있는 항구.

갑반(甲班)[-빤] 圐 갑족(甲族).

갑방(甲方)[-빵] 圐 이십사방위의 하나. 정동(正東)에서 북으로 15도의 방위를 중심으로 15도의 각도 안의 방향. 준갑(甲).

갑배(甲褙)[-빼] 圐하 여러 겹으로 포개어 붙인 종이로 바름.

갑번(甲番)[-번] 圐〖역〗두 편이 번갈아 번을 설 때 먼저 서는 번.

갑번(甲燔)[-뻔] 圐〖역〗왕실에 바치려고 굽던, 특제 다음가는 도자기.

갑변(甲邊)[-뼌] 圐 곱쳐서 받는 높은 이자. 갑리(甲利).

갑병(甲兵)[-뼝] 圐 갑옷을 입은 병사. 갑사(甲士). 갑졸(甲卒).

갑부(甲部)[-뿌] 圐 경부(經部).

갑부(甲富)[-뿌] 圐 첫째가는 부자. 수부(首富). ▢장안의 ～.

갑사(甲士)[-싸] 圐 **1** 갑병(甲兵). **2**〖역〗조선 때, 각 고을에서 뽑혀 서울의 수비를 맡던 의흥위(義興衛)의 군사.

갑사(甲紗)[-싸] 圐 품질이 좋은 사(紗).

갑사-댕기(甲紗-)[-싸-] 圐 갑사로 만든 댕기. ▢～를 드리다.

갑-삼지(甲杉紙)[-쌈-] 圐 쌈지를 만드는 데 쓰는 두꺼운 종이.

갑-삼팔(甲三八)[-쌈-] 圐 품질이 썩 좋은 삼팔주(三八紬).

갑상(甲狀)[-쌍] 圐 갑옷처럼 생긴 모양.

갑상-선(甲狀腺)[-쌍-] 圐〖생〗내분비샘의 하나. 척추동물의 후두(喉頭) 앞 아래쪽에 있음. 티록신을 분비하여 체내의 물질 대사를 촉진함. 목밑샘.

갑상선-암(甲狀腺癌)[-쌍서남] 圐〖의〗갑상선에 발생하는 암(50대의 여성에게 흔히 나타남).

갑상선-염(甲狀腺炎)[-쌍-념] 圐〖의〗후두(喉頭)·상부 기도(氣道)의 감염에 의하여 발생하는 갑상선의 염증.

갑상선-종(甲狀腺腫)[-쌍-] 圐〖의〗갑상선이 붓는 병의 일반적인 호칭.

갑상 연:골(甲狀軟骨)[-쌍년-]〖생〗후두 앞면과 좌우를 둘러싼 넓적하고 모진 연골.

갑석(-石)[-썩] 圐 돌 위에 포개어 얹는 납작한 돌.

갑술(甲戌)[-쑬] 圐〖민〗육십갑자의 열한째.

갑시(甲時)[-씨] 圐 이십사시의 여섯째 시(오전 4시 30분부터 5시 30분까지). 준갑(甲).

갑시다[-씨-] 邳 물이나 바람 따위가 갑자기 목구멍으로 넘어갈 때 숨이 막히다. ▢갈증이 심해도 갑시지 않게 천천히 마셔라.

갑신(甲申)[-씬] 圐〖민〗육십갑자의 스물한째.

갑신-정변(甲申政變)[-씬-] 圐〖역〗조선 고종 21년(1884) 갑신년에 김옥균·박영효 등의 개화당이 민씨 일파를 몰아내고 국정을 쇄신하기 위하여 일으킨 정변.

갑야(甲夜) 圐 '초경(初更)'을 오야(五夜)의 하나로 이르는 말(오후 7시부터 9시까지).

갑연(甲宴)〖甲宴〗圐 '회갑연(回甲宴)'의 준말.

갑엽(甲葉) 圐 갑옷미늘.

갑오(甲午) 圐〖민〗육십갑자의 서른한째.

갑오-개혁(甲午改革) 圐〖역〗조선 고종 31년(1894) 갑오년에 개화당 정권이 정치 제도를 근대적으로 개혁한 일.

갑오-경장(甲午更張) 圐〖역〗'갑오개혁'의 구용어.

갑-오징어(甲-) 圐〖동〗오징어의 하나. 몸통의 길이는 18cm 정도, 다리는 9cm 정도이며, 등에는 흰 가로 줄무늬가 많고 다리는 담적색·담녹색임. 몸속에 뼈처럼 된 석회질의 물질이 들어 있음. 식용하며 뼈는 약용함. 뼈오징어.

갑옷(甲-)[가본] 圐 예전에, 싸움을 할 때 화살·창검을 막기 위해 입던 옷(쇠나 가죽의 미늘을 붙였음). 갑의(甲衣).

갑옷-미늘(甲-)[가본-] 圐 갑옷에 단, 비늘잎 모양의 가죽 조각이나 쇳조각. 갑엽(甲葉). 준미늘.

갑을(甲乙)[가블] 圐 **1** 십간(十干)의 갑과 을. **2** 순서·우열을 나타내는 말. 곧, 첫째와 둘째. ▢～을 가리다. **3** 이름을 모르는 사람이나 사물을 가정해서 하는 말. 이 사람 저 사람, 또는 이것저것.

갑의(甲衣)[가비 / 가비] 圐 갑옷.

갑-이별(-離別)[가비-] 圐하자타 서로 사랑하다가 갑자기 하는 이별.

갑인(甲寅) 圐〖민〗육십갑자의 쉰한째.

갑인-자(甲寅字) 圐 조선 세종 16년(1434) 갑인년에 만든 구리 활자.

갑일(甲日) 圐 환갑날.

갑자(甲子)[-짜] 圐〖민〗육십갑자의 첫째.

갑자기[-짜-] 團 생각할 새도 없이 급히. 별안간. ▢～들이닥치다 / ～ 활기를 띠다. 본급자기.

갑자-사화(甲子士禍)[-짜-] 圐〖역〗조선 연산군 10년(1504) 갑자년에, 연산군의 어머니 윤 씨가 폐위되어 사약을 받고 죽은 일과 윤 씨의 복위(復位) 문제를 둘러싸고 일어났던 사화.

갑작(匣作)[-짝] 圐 독을 굽는 데 사용하는 갑(匣)을 만드는 공장. 모기작(冒器作).

갑작-스럽다[-짝스-따][(-스러워, -스러우니)] 톕ㅂ 생각할 사이 없이 급한 데가 있다. ▢갑작스러운 죽음. 본급작스럽다. **갑작-스레**[-짝쓰-]

갑잡-골[-짭꼴] 圐 가보잡기하는 골패 노름.

갑장(甲仗)[-짱] 圐 갑옷과 창검 등의 병기. 갑철. 병갑(兵甲).

갑-장지문(甲障-門)[-짱-] 圐〖건〗장지문의 덧문으로, 안팎에 종이를 아무렇게나 바른 장지.

갑저-창(甲疽瘡)[-쩌-] 圐〖한의〗손톱 또는 발톱의 눈이 상하여 곪는 부스럼. 감갑창(嵌甲瘡).

갑절[-쩔] ▢圐하타 어떤 수량을 두 번 합침. 배(倍). ▢크기가 ～이다. ▢團 두 번 합친 만큼. ▢남보다 ～ 노력하다.

갑제(甲第)[-쩨] 圐 크고 넓게 썩 잘 지은 집.

갑족(甲族)[-쪽] 圐 가계(家系)가 아주 훌륭한 집안. 갑반(甲班).

갑졸(甲卒)[-쫄] 圐 갑병(甲兵).

갑종(甲種)[-쫑] 圐 갑·을·병 따위로 차례를 매길 때의 그 첫째 종류. 제1종. ▢合격.

갑종 근:로 소:득(甲種勤勞所得)[-쫑글-]〖법〗근로의 제공으로 받는 봉급·보수·수당·상여·연금·퇴직금 등의 소득. 근로 소득세를 원천 징수함.

갑종 근:로 소:득세 (甲種勤勞所得稅)[-종 글-쎄]《법》갑종 근로 소득에 대하여 원천 징수하는 소득세의 하나. ⓒ갑근세.
갑좌 (甲坐)[-좌]몡《민》집터·묏자리 따위의 가방(甲方)을 등진 자리.
갑좌-경향 (甲坐庚向)[-좌-]몡《민》갑방을 등지고 경방을 향한 방향.
갑주 (甲冑)[-주]몡 갑옷과 투구.
갑주 (甲紬)[-주]몡 품질이 아주 좋은 명주.
갑주-어 (甲胄魚)[-주-]몡《동》원시적인 물고기 모양의 화석(化石) 동물의 한 무리. 몸에 빼가 없고 머리와 몸통 앞이 딱딱한 골질 판(骨質板)으로 덮였음. 고생대 데본기(紀)에 번성하였다가 멸종됨.
갑진 (甲辰)[-찐]몡《민》육십갑자의 마흔한 째.
갑찰 (甲刹)몡《불》으뜸가는 큰 절.
갑창 (甲窓)몡 추위나 밝은 빛을 막으려고 미닫이 안쪽에 덧끼우는 미닫이.
갑철 (甲鐵)몡 갑장(甲仗).
갑철-판 (甲鐵板)몡 '장갑판'의 구칭.
갑철-함 (甲鐵艦)몡 '장갑함'의 구칭.
갑충 (甲蟲)몡《충》딱정벌레목(目)의 곤충의 총칭(온몸이 딱딱한 껍데기로 덮인 개똥벌레·딱정벌레·풍뎅이 따위). 개충(介蟲). 딱정벌레.
갑판 (甲板)몡 큰 배나 군함 위의 철판·나무 따위로 깐 평평한 바다. ◘~ 위에 서서 먼 산을 바라보다.
갑판-실 (甲板室)몡 갑판 위에 있는 방.
갑판-원 (甲板員)몡 배에서 갑판에 딸린 일을 하는 선원.
갑판-장 (甲板長)몡《해》1등 항해사의 지시에 따라 갑판원을 지휘하여 정비 따위 선내 작업을 하는 선원.
갑피 (甲皮)몡 창을 대지 않은 구두의 신울.
갑화 (-火)몡 ☞ 도깨비불2.
갑회 (甲膾)[가뢰]몡 소의 내장으로 만든 회.
값 [갑]몡 1 매매에 주고받는 돈. 대금(代金). 가전(價錢). ◘~을 물다 / ~을 치르다. 2 사고팔기 위하여 얻는 액수. 가격. 가격. ◘~을 올리다 / ~이 비싸다 / 물건 ~을 깎다 / 부르는 게 ~이다. 3 어떤 사물의 중요성이나 의의. 가치. ◘남을 위해 봉사하는 ~ 있는 삶을 살다. 4 노력이나 희생에 따른 보람이나 대가(代價). ◘노력한 ~으로 시험에 합격했다. 5 어떤 것에 합당한 노릇이나 구실. ◘배운 ~을 하다 / 비싼 ~을 하다. 6《수》문자나 식이 나타내는 수. 또는 그 수치. ◘x의 ~을 구하다.
[값도 모르고 싸다 한다] 속사정도 모르면서 이러니저러니 말한다.
값(을) 놓다 값을 지정해 말하다. ◘값을 놓기만 하고 사지는 않다.
값(을) 부르다 팔 값이나 팔 값을 말하다. 호가(呼價)하다.
값-가다 [갑까-]짜 '값나가다'의 준말.
값-나가다 [감-]짜 값이 많은 액수에 이르다. ◘값나가는 물건을 도둑맞다. ⓒ값가다.
값-나다 [감-]짜 값나다.
값-높다 [갑놉따]혱 값비싸다.
값-비싸다 [갑삐-]혱 1 값이 비싸다. 값높다. ◘값비싼 옷. 2 들이는 노력이나 공이 많다. ◘값비싼 대가를 치르다. ↔값싸다.
값-싸다 [갑-]혱 1 값이 싸다. 2 가치나 보람이 적고 보잘것없다. ◘값싼 동정은 싫다. ↔값비싸다.
[값싼 갈치자반] 값이 싸면서도 쓸 만한 물

건을 이르는 말.
값-어치 [가버-]몡 값에 해당하는 분량이나 가치. ◘~(가) 있는 일 / 공부한 ~를 하다.
값-없다 [가법따]혱 1 하찮아서 값이 나가지 않다. ◘값없는 일로 시간을 허비했다. 2 너무 귀해 값을 헤아릴 수 없다. ◘값없는 공기 / 아무 데서나 살 수 없는 값없는 물건. 값-없이 [가법씨]뮈
값-있다 [가빋따]혱 많은 가치나 보람이 있다. ◘값있는 물건 / 값있는 생활을 하다.
값-지다 [갑찌-]혱 값이 많이 나갈 가치가 있다. ◘값진 보석 / 값진 희생을 치르다.
값-하다 [가파-]짜여 그 값에 맞는 일을 하다. ◘선생님의 가르침에 값하는 행동.
갓¹ [갇]몡 1 옛날에, 어른이 된 남자가 말총으로 만들어 머리에 쓰던 물건의 하나. 입자(笠子). ◘~을 벗다 / 요즘은 ~을 쓴 사람을 보기 어렵다. 2 갓 모양의 물건(전등의 갓 따위). ◘둥근 ~을 단 전등. 3《식》버섯의 관처럼 된 부분. 균산(菌傘).
갓² [갇]몡《식》겨잣과의 두해살이풀. 겨자의 한 변종. 뿌리잎은 타원형이고 줄기잎은 피침 모양임. 줄기와 잎은 먹으며, 씨는 겨자씨와 같이 쓰나 매운맛이 적고 향기가 있음. 개채(芥菜).
갓³ [갇]몡 '말림갓'의 준말.
갓⁴ [갇]〈옛〉밭.
갓⁵ [갇]〈옛〉아내.
갓⁶ [갇]〈옛〉물건.
갓⁷ [갇]〈옛〉가죽.
갓⁸ [갇]의 고사리·고비 따위의 열 모숨, 굴비 따위의 열 마리를 한 줄로 엮은 것의 단위. ◘조기 두 ~ / 고사리 한 ~.
갓⁹ [갇]뮈 금방. 이제 막. ◘~ 태어난 아기 / ~ 열여덟이 되다 / 기차에서 ~ 내렸다.
갓가비 [갇-]〈옛〉가까이.
갓가수로 [갇-]뮈〈옛〉가까스로.
갓갑다 [갇-]혱〈옛〉가깝다.
갓고로 [갇-]뮈〈옛〉거꾸로.
갓고로디다 [갇-]짜〈옛〉거꾸러지다.
갓-골 [갇꼴]몡 갓을 만드는 데 쓰는 골.
갓골다 [갇-]짜〈옛〉거꾸러지다.
갓괴 몡〈옛〉까꾀.
갓:-길 [가낄/갇낄]몡 고속도로나 자동차 전용 도로의 유효 폭 밖의 가장자리 길. ◘~ 주행 금지.
갓-김치 [갇낌-]몡 갓의 잎과 줄기로 담근 김치. 개저(芥菹).
갓ᄀ로 [갇-]뮈〈옛〉거꾸로.
갓ᄀ롬 [갇-]짜〈옛〉거꾸로 됨. '갓골다'의 명사형.
갓ᄀ리 [갇-]뮈〈옛〉거꾸로.
갓골다 [갇-]짜〈옛〉거꾸러지다.
갓-끈 [갇-]몡 갓에 다는 끈. 입영(笠纓).
갓-나무 [갇-]몡 의자의 뒷다리 맨 위에 가로질러 댄 나무.
갓-나물 [갇-]몡 갓의 잎이나 줄기를 데쳐서 무친 나물.
갓나히 [갇-]〈옛〉계집아이.
갓-난것 [갇-]몡〈속〉갓난아이.
갓난-아기 [갇나나-]몡 태어난 지 얼마 안 된 아기를 귀엽게 일컫는 말. ◘~를 어르다.
갓난-아이 [갇나나-]몡 낳은 지 얼마 안 되는 아이. 갓난이. 신생아. ◘~에게 젖을 물리다. ⓒ갓난애.
갓난-애 [갇나내]몡 '갓난아이'의 준말.

갓난-이[간나니]**명** 갓난아이.

갓ㄴ못**명**〔옛〕가죽 주머니.

갓-대¹[갇때]**명**〔식〕볏과의 여러해살이 나무. 높이 1~2m, 산 중턱 이하의 숲 속에서 나는데 지리산의 특산종임. 죽세공, 특히 조리를 만듦.

갓:-대²[갇때]**명** 횟불채의 양쪽 가에 대는 두꺼운 대쪽.

갓-도래[갇또-]**명** 갓양태의 테두리.

갓-돌[갇똘]**명** 성벽이나 돌담 위에 지붕처럼 덮은 돌.

갓-두루마기[갇두-]**명 1** 갓과 두루마기. **2** 갓을 쓰고 두루마기를 입은 사람. **――하다****자어** 갓을 쓰고 두루마기를 입다.

갓-망건(-網巾)[갇-]**명** 갓과 망건. **――하다****자어** 갓과 망건을 쓰다.

갓-머리[갇-]**명** 한자 부수의 하나(「安」·「宿」 등에서 '宀'의 이름).

갓모[갇-]**명** 사기그릇을 만드는 물레의 밑구멍에 끼우는 자기(磁器)로 된 고리.

갓-모자(-帽子)[갇-]**명** 갓양태 위의 우뚝 솟은 부분. 圏모자.

갓모자-갈이(-帽子-)[간-가리]**명****하자** 갓모자를 갊.

갓모-테[갇-]**명** '갈모테'의 본딧말.

갓-무[갇-]**명**〔식〕무의 한 가지. 잎은 갓 잎 비슷하고 뿌리는 배추 뿌리 비슷함.

갓:-바다[가빠-/갇빠-]**명** 뭍에서 가까운 바다. 🔲이 물고기는 ~에서만 잡힌다.

갓:-밝이[갇빨기]**명** 날이 막 밝을 무렵. 여명(黎明). 🔲새벽 ~에 길을 떠나다.

갓-방(-房)[갇빵]**명** 갓을 만들어 팔거나 고치는 일을 하는 집.

갓-버섯[갇뻐섣]**명**〔식〕송이과의 식용 버섯. 늦여름부터 가을에 걸쳐 산야에 야생하는데, 갓은 갈색이며, 줄기는 속이 빔.

갓-벙거지[갇뻥-]**명** 갓모자의 위가 벙거지 모양으로 둥글게 된 갓(예전에, 융복(戎服)을 입을 때 썼음).

갓붑**명**〔옛〕가죽으로 멘 북.

갓-상자(-箱子)[갇쌍-]**명** 갓집.

갓쓸**명**〔옛〕갓풀.

갓-싸개[갇-]**명** 갓의 겉을 바르는 얇은 모시베. **――하다****타어** 얇은 모시베로 갓의 겉을 바르다.

갓-양[간냥]**명** 갓양태.

갓-양태[간냥-]**명** 갓의 밑둘레 밖으로 둥글넓적하게 된 부분. 갓양. 입첨(笠檐). 圏양·양태.

갓어치**명**〔옛〕가죽 언치.

갓옷**명** 갖옷.

갓-장이[갇짱-]**명** 갓을 만들거나 고치는 일을 업으로 하는 사람.

갓-쟁이[갇쨍-]**명** 갓 쓴 사람.

갓-전(-廛)[갇쩐]**명** 갓을 파는 가게.

갓-집[갇찝]**명** 갓을 넣어 두는 상자. 갓상자.

갓-창옷(-氅-)[갇-옫]**명** 갓과 소창(小氅)옷. **――하다**[갇-오타]**자어** 갓을 쓰고 소창옷을 입다.

갓-철대[갇-때]**명** 갓양태의 테두리에 두른 테. 圏철대.

갓-털[갇-]**명**〔식〕꽃받침의 변형으로, 씨방의 끝에 솜털 같은 털. 관모(冠毛).

갓-판(-板)[갇-]**명** 갓을 만들 때 쓰는 판자.

깑다**타**〔옛〕깎다.

강(江)**명** 넓고 길게 흐르는 큰 물줄기. 🔲얼

었던 ~이 풀리다 / ~에 배를 띄우다.

강 건너 불구경 [구] 자기에게 상관없는 일이라 하여 무시하고 방관하는 모양.

강 건너 불 보듯 [구] 강 건너 불구경.

강(腔)**명**〔생〕몸 안의 빈 곳(구강(口腔)·복강(腹腔) 따위).

강(綱)**명**〔생〕문(門)의 아래, 목(目)의 위인 생물학 분류의 단위(포유강(哺乳綱)·갑각강(甲殼綱) 따위).

강:(講)**명****하타 1** 예전에, 배운 글을 선생이나 시관(試官) 또는 웃어른 앞에서 욈. **2** '강의(講義)'의 준말.

강(을) 바치다 [구] 배운 글을 선생·시관 또는 웃어른 앞에서 외어 읽다. 🔲얼마나 공부가 늘었는지 강을 바쳐 보아라.

강(을) 받다 [구] 자기가 듣는 앞에서 글을 외어 바치게 하다.

강(鋼)**명** 강철(鋼鐵)1.

강-**튀 1** 일부 명사·형용사 앞에 붙어, 아주 호되거나 억척스러움을 나타내는 말. 🔲~추위 / ~다짐 / ~마르다. **2** 일부 명사 앞에 붙어, '그것으로만 이루어진'의 뜻을 나타내는 말. 🔲~굴 / ~조밥 / ~술.

강-(江)**튀** 일부 명사 앞에 붙어, 강에서 나는 것이나 강과 관계되는 것임을 뜻하는 말. 🔲~나루 / ~바람.

강-(強)**튀** '매우 세거나 매우 됨'을 뜻하는 말. 🔲~숯 / ~펀치 / ~행군 / ~염기.

강-가(江-)[-까]**명** 강의 가장자리에 닿은 땅. 강변. 🔲~에서 노닐다 / ~를 거닐다.

강:가(降嫁)**명****하자** 지체가 자기만 못한 사람에게 시집감.

강:간(強姦)**명****하타** 폭행·협박 따위의 수단을 써서 사람을 간음함. 강음(強淫).

강:간(強諫)**명****하타** 힘차게 간함.

강:간-죄(強姦罪)[-쬐]**명**〔법〕사람을 강간함으로써 성립하는 범죄.

강강-수월래(--水越來)**명** '강강술래'의 딴 이름. 圉意'強羌水越來'로 씀은 취함.

강강-술래**명**〔민〕여자들이 손을 잡고 원을 그리며 빙빙 돌면서 추는 민속춤. 또는 그 춤에 맞추어 부르는 노래.

강강-하다(剛剛-)**형어 1** 마음이나 기력이 단단하다. 🔲강강한 성미. **2** 마음이 굳세다. 🔲강강한 의지. **3** 풀기가 세어 빳빳하다. **4** 날씨가 쌀쌀하다. 🔲강강한 초겨울 날씨. **5** 목소리가 높고 날카롭다. 🔲강강한 소리를 빽빽 지르다. **강강-히****튀**

강:개(慷慨)**명****하자** 의롭지 못한 것을 보고 의기가 복받치어 원통하고 슬픔.

강:개-무량(慷慨無量)**명****하형** 원통하고 슬프기가 한이 없음. 🔲~한 기색.

강:개지사(慷慨之士)**명** 세상의 옳지 못한 일에 대하여 의분을 느끼고 탄식하는 사람.

강건-체(剛健體)**명** 딱딱하고 힘찬 문체. ↔우유체(優柔體).

강건-하다(剛健-)**형어 1** 기상이나 뜻이 꿋꿋하고 건전하다. 🔲성품이 ~. **2** 필력·문세(文勢)가 강하고 씩씩하다. 🔲강건한 문체. **강건-히****튀**

강건-하다(剛蹇-)**형어** 굽힘이 없이 꿋꿋하다. 🔲성격이 ~. **강건-히****튀**

강건-하다(剛謇-)**형어** 강직하여 바른말을 하는 데 거리낌이 없다. **강건-히****튀**

강건-하다(康健-)**형어** 윗사람의 기력이 튼튼하고 건강하다. 🔲아버님은 강건하신가. **강건-히****튀**

강건-하다(強健-)**형어** 몸이 튼튼하고 건강하

다. ▢강건한 신체 / 기골이 ~. ↔병약하다.
강건-히 閉

길거리의 평화로운 풍경. **2** 태평한 세월.
강격 (强擊) 몡타 세게 침.
강견 (强肩) 몡 어깨, 특히 야구에서
공을 멀리 던질 수 있는 어깨를 일컬음.
강견-하다 (强堅-·剛堅-) 혱여 세고 단단하다.
강견-히 閉
강경 (强硬·强勁) 혱핫혱 閉투 굳세게 버티어
굽히지 않음. ▢~ 대응 / ~한 태도에 주춤
하다.
강경 (疆境) 몡 경계(疆界).
강·경 (講經) 몡하자 **1**《역》과거의 강경과를
보기 위해 경서(經書) 가운데 몇 가지를 강송
(講誦)함. 명경(明經). **2** 불경을 강독함.
강·경-과 (講經科) 몡《역》조선 때, 경서에 정
통한 사람을 뽑던 과거. ⓒ강과(講科)·경과
(經科).
강·경-급제 (講經及第)[-쩨] 몡《역》강경과에
급제하는 일.
강·경-꾼 (講經-) 몡《역》'강경생'의 낮춤말.
강·경-문관 (講經文官) 몡《역》강경과에 급제
하여 임명된 문관.
강·경-생 (講經生) 몡《역》강경과를 보는 유
생. ⓒ강생(講生).
강경-책 (强硬策) 몡 강경한 방책이나 대책.
▢~을 쓰다.
강경-파 (强硬派) 몡 강경한 의견을 주장하는
파. 경파(硬派). ↔~와 온건파의 대립.
강경-하다 (剛勁-·剛硬-) 혱여 성품이 강직하
다. ▢강경한 성품. **강경-히** 閉
강·계 (降階)[-/-게] 몡하자《역》벼슬의 품계
를 낮춤. 강자(降資).
강계 (疆界)[-/-게] 몡 강토의 경계. 강경(疆
境). ▢~를 정하다.
강고도리 몡 물치다래의 살을 오이 모양으로
뭉쳐서 말린 식료품.
강고-하다 (强固-) 혱여 굳세고 튼튼하다. ▢
의지가 ~. **강고-히** 閉
강골 (强骨) 몡 **1** 단단한 성품. **2** '강골한'의 준
말. ↔약골(弱骨).
강골-한 (强骨漢) 몡 잘 굴하지 않는 기질을 가
진 사람. ⓒ강골.
강공 (强攻) 몡하자 위험을 무릅쓰고 적극적으
로 공격함. ▢~을 퍼붓다 / ~으로 맞서다.
강공-책 (强攻策) 몡 적극적인 공격으로 나가
는 방책. ▢무사 만루에서 ~을 쓰다.
강·과 (講科) 몡《역》'강경과(講經科)'의 준말.
강과-하다 (剛果-) 혱여 굳세고 과감하다. **강
과-히** 閉
강관 (鋼管) 몡 강철로 만든 관. 강철관.
강·관 (講官) 몡《역》강연(講筵) 때 임금에게
강의하던 벼슬.
강괴 (鋼塊) 몡 녹인 강철을 거푸집에 부어 식
힌 강철 덩어리.
강교 (江郊) 몡 강이 흐르고 있는 교외.
강·교-점 (降交點)[-쩜] 몡《천》행성·위성·혜
성 등이 북에서 남을 향해 황도(黃道)의 면을
통과하는 점. 중교점. ↔승교점(昇交點).
강구 (江口) 몡 **1** 강물이 바다로 흘러 들어가는
어귀. 강어귀. **2** 나루1.
강구 (江鷗) 몡 강에서 노는 갈매기.
강·구 (强求) 몡하자 **1** 억지로 구함. **2** 강요.
강구 (鋼球) 몡 강철로 만든 알. 강철알.
강·구 (講求) 몡하자 조사하여 구함.
강·구 (講究) 몡하자 좋은 대책과 방법을 연구
함. ▢비상 대책을 ~되다 / 적절한 방법을 ~
하다.
강구-연월 (康衢煙月) 몡 **1** 태평한 시대의 큰

강국 (强國) 몡 경제력과 군사력이 강한 나라.
강대국. 강방(强邦). ▢**4** 대(大) ~.
강군 (强軍) 몡 **1** 힘이 센 군대. **2** 경기나 운동
에서 실력이 뛰어난 단체.
강-굴 (江-) 물을 타지 않은 살만 모은 굴.
강-굽이 (江-)[-꾸비] 몡 강의 굽이쳐 흐르는
곳. ▢~가 물살이 세다.
강궁 (强弓) 몡 **1** 탄력이 매우 세고 큰 활. ↔연
궁(軟弓). **2** 활의 등급에서, 탄력이 가장 센
등급의 활. 아래로 실궁(實弓)·실중힘·중힘
이 있음.
강·권 (强勸) 몡하자 억지로 권함. ▢술 마시기
를 ~하다 / ~에 못이겨 회(會)에 가입하다.
강권 (强權)[-꿘] 몡 **1** 강한 권력. **2** 국가가 사
법적·행정적으로 갖는 강력한 권력.
강권 발동 (强權發動)[-꿘-똥]《법》법령이 잘
시행되지 않을 경우에 사법권을 강제적으로
행사하는 일.
강권-주의 (强權主義)[-꿘-/-꿘-이] 몡 강권
발동에 의하여 일을 처리하려는 입장.
강-근지친 (强近之親) 몡 도움을 줄 만한 아주
가까운 일가. 강근지족(强近之族).
강기 (剛氣) 몡 굳센 기상. ▢~ 있는 젊은이.
강기 (强記) 몡하자 오래도록 잘 기억함. ▢오
래전의 일을 또렷이 기억하는 ~를 지니다.
강기 (綱紀) 몡 **1** 법과 풍속, 풍습에 대한 기율.
▢나라의 ~를 세우다[바로잡다]. **2** 사람이
지켜야 할 도리와 질서. 강상(綱常)과 기율.
▢남녀의 ~가 어지러워졌다. ─**하다** 타여 법률이나 풍속
의 기율을 세워 나라를 다스리다.
강기-숙정 (綱紀肅正)[-쩡] 몡 법이나 풍속의
기율을 엄하고 바르게 함. ▢~을 단행하다.
강-기슭 (江-)[-끼슥] 몡 강물에 잇닿은 가장
자리 땅. 강안(江岸). ▢~에 배를 대다 / ~
을 따라 거슬러 올라가다.
강-나루 (江-) 몡 강을 건너는 목.
강남 (江南) 몡 **1** 강의 남쪽 지역. **2** 서울에서,
한강 이남 지역을 이름. **3** 중국 양쯔 강 이남
의 땅(흔히 남쪽의 먼 곳이라는 뜻으로 씀).
▢갔던 제비.
강남-상어 (江南-) 몡《어》강남상엇과의 바닷
물고기. 몸이 길고 크며, 몸무게 75㎏ 이상
임. 지느러미는 고급 요리의 재료로 씀.
강남-조 (江南-) 개맨드라미의 씨. 한방(韓方)에서
는 '청상자(靑葙子)'라 하며 강장제로 씀.
강남-콩 (江南-) ☞강낭콩.
강낭-콩 몡《식》콩과의 한해살이 덩굴풀. 여
름에 백색·황갈색·흑색의 씨가 꼬투리 속에
서 여묾. 재배 식물로 식용함.
강냉이 몡《식》옥수수. ▢~를 튀기다.
강녕-하다 (康寧-) 혱여 몸이 건강하고 마음이
편안하다(주로 윗사람에게 씀). ▢선생님 그
간 강녕하셨습니까. **강녕-히** 閉
강노 (强弩) 몡 센 쇠뇌.
강-놈 (江-) 예전에, 서울 변두리 강가 마을
에 사는 사람을 낮게 이르던 말.
강-님-도령 몡《민》무당이 섬기는 신(神)의
하나.
강다리 ▢몡 **1** 물건을 버틸 때 어긋맞게 괴는
나무. ▢~를 괴다. **2**《건》도리 바깥쪽으로
내민 추녀 끝의 처짐을 막기 위해 추녀의 안쪽
위 끝에 비녀장을 하는 단단한 나무. ▢몡 장작
쪼갠 장작의 100개비를 이르는 말. ▢장작
한~.
강-다짐 몡하자 **1** 밥을 국이나 물에 말지 않고

그냥 먹음. □아침밥을 ~으로 떠먹다. 2 덮어놓고 억눌러 꾸짖음. □이유 없이 ~하다. 3 보수를 주지 않고 억지로 남을 부림. □하인을 ~으로 부리다.

강:단 (降壇)圈圀한타 단(壇)에서 내려옴. 하단(下壇). ↔등단(登壇).

강단 (剛斷)圈 1 어떤 일을 야무지게 결정하고 처리하는 힘. □일을 ~ 있게 처리하다. 2 굳세고 꿋꿋하게 어려움을 견디는 힘. □~을 기르다 / ~이 있다 / ~이 세다.

강:단 (講壇)圈 강연이나 강연, 설교 때 올라서게 만든 자리. □~에서 연설하다.

강:단 사회주의 (講壇社會主義)[-/-이] 1870년대에 독일의 대학교수들이 제창한 사회 개량주의의 일컬음.

강단-성 (剛斷性)[-씽]圈 강단이 있는 성질.

강단-지다 (剛斷-)圈 강단성이 있다. □세상을 강단지게 살아가다 / 체격이 강단지게 생겼다.

강달-이 (江達-)圈《어》민어과의 바닷물고기. 길이는 9cm 정도이며, 눈이 크고 등은 밋밋함. 산란기에는 강을 거슬러 올라옴. 강달어(江達魚). 눈강달이.

강-담圈 흙을 쓰지 않고 돌로만 쌓은 담.

강담 (剛膽)圈圀한 담력이 강함.

강:담 (講談)圈圀한타 강연이나 강의하는 말투로 이야기함. 또는 그런 이야기.

강담-돔圈《어》돌돔과의 바닷물고기. 길이 40cm 내외로 온몸에 검은 무늬가 촘촘히 박혀 있고 비늘이 많음. 여름철에 맛이 좋음.

강:당 (講堂)圈 1 강의나 의식 따위를 행할 때 쓰는 건물이나 큰 방. □학교 ~. 2《불》강경(講經)하는 방.

강-대 (江-)圈 예전에, 서울 주변에 있던 강가의 마을들.

강:대 (講臺)圈 책 따위를 올려놓고 강의나 설교를 할 수 있도록 만든 도구.

강대-국 (强大國)圈 병력이 강하고 강토가 넓은 나라. 강국(强國). ↔약소국.

강대-나무圈 선 채로 껍질이 벗겨져 말라 죽은 나무.

강대-하다 (强大-)圈어 1 굳세고 크다. □세력이 ~. 2 국력이 강하고 영토가 넓다. □강대한 나라.

강-더위圈 오랫동안 가물고 볕만 내리쬐는 찌는 더위.

강도 (剛度)圈《물》금속 따위의 단단하고 질긴 정도.

강도 (强度)圈 1 강렬한 정도. □~ 높은 훈련 / 빛의 ~ / 매질의 ~ 등을 늦추다. 2 도가 강함. □~의 근시안. 3《물》전기장(電氣場)·전류·자기화(磁氣化)·전자 방사(電磁放射)·방사능 따위의 양(量)의 세기 또는 크기. 세기.

강:도 (强盜)圈 폭행·협박 등의 수단으로 남의 재물을 빼앗는 도둑. 또는 그런 행위. □은행 ~ / ~를 잡다.

강:도 (講道)圈圀한타 1 도를 강의하거나 설명함. 2 교리를 알기 쉽게 설명함.

강-도래 (江-)圈《충》강도랫과의 곤충. 몸의 길이는 1.5cm가량, 검은 갈색이고 납작하며 연한 황갈색의 날개는 썩 얇음. 늦봄에서 초여름까지 계류(溪流) 근처에서 볼 수 있음. 애벌레는 낚싯밥으로 씀.

강:도-범 (强盜犯)圈《법》강도질을 한 범인. 또는 그 범죄.

강:도-사 (講道師)圈《기》교회에 대한 관리

권은 없이 전도에만 종사하는 교직.

강:도-상 (講道床)[-쌍]圈 강도(講道)할 때, 책이나 원고를 놓고 보기 위하여 앞에 놓는 상. 강대상(講臺床).

강:도-질 (强盜-)圈圀한 폭행이나 협박으로 남의 재물을 빼앗는 짓. □~을 일삼다가 경찰에 붙잡히다.

강:독 (講讀)圈圀한타 글을 읽고 그 뜻을 밝힘. □불교 경전을 ~하다.

강동 (江東)圈 1 강의 동쪽. 2 서울에서, 한강의 동쪽 지역.

강동囲 조금 짧은 다리로 가볍게 뛰는 모양. 센꼉동. 셴깡동.

강동-거리다쟈 1 조금 짧은 다리로 계속해서 가볍게 뛰다. 2 침착하지 못하고 채신없이 경솔하게 행동하다. 쿤겅둥거리다. **강동-강동**囲하쟈

강동-대다쟈 강동거리다.

강동-하다圈어 아랫도리나 속옷이 드러날 정도로 입은 옷이 짧다. □강동한 미니스커트. 쿤겅둥하다. 셴깡동하다.

강-된장 (-醬)圈 건더기를 조금 넣고 된장을 많이 풀어서 진하게 끓인 음식.

강두 (江頭)圈 강가의 나룻배 타는 곳.

강-둑 (江-)[-뚝]圈 강물이 넘치지 않게 쌓아 놓은 둑. 제방(堤防). □~을 쌓다 / ~을 따라 거닐다.

강둑-길 (江-)[-뚝낄]圈 강둑 위로 난 길.

강:등 (降等)圈圀한쟈타 등급(等級)이나 계급이 내려감. 또는 등급(等級)이나 계급을 낮춤. □일 계급 ~ 되다.

강-똥圈 몹시 된 똥.

강락 (康樂)[-낙]圈圀형 몸이 편안하여 마음이 즐거움.

강력 (强力)[-녁]圈《물》핵력(核力)을 종래의 중력(重力)이나 전자기력(電磁氣力)보다 훨씬 강한 힘이라고 하여 일컫는 이름. ↔약력(弱力).

강력-밀가루 (强力-)[-녕-까-]圈 강력분(强力粉).

강력-범 (强力犯)[-녁뻠]圈 흉기나 폭력을 쓰는 범행. 또는 그 범인.

강력-부 (强力部)[-녁뿌]圈 강력범의 단속을 담당하는 검찰청의 한 부서.

강력-분 (强力粉)[-녁뿐]圈 글루텐의 함량에 따라 나눈 밀가루 종류의 하나. 찰기가 강하고, 주로 빵이나 마카로니를 만드는 데 씀. 강력밀가루. ↔박력분(薄力粉).

강력-인견 (强力人絹)[-녀긴-]圈 섬유소의 함유량이 많은 고급 펄프를 사용한, 정련되지 않은 화학 섬유의 하나. 타이어 코드·천막·낙하산 등을 만드는 데 씀.

강력-하다 (强力-)[-녀카-]圈어 1 힘·작용이 세다. □강력한 군비 / 강력하게 추진하다. 2 가능성이 크다. □강력한 우승 후보. 3 완고하다. 쉽게 양보하지 않다. □강력하게 설득하다 / 강력한 입장을 밝히다. **강력-히**[-녀키]囲. ~ 주장하다.

강력-비료 (强烈肥料)[-녈-]圈 효력이 강해서 잘못하면 농작물에 해를 끼치는 비료(황산암모늄 따위).

강렬-하다 (强烈-)[-녈-]圈어 강하고 세차다. □강렬한 펀치 / 강렬한 첫인상 / 충동이 강렬하게 일다. **강렬-히**[-녈-]囲.

강:령 (降靈)[-녕]圈圀한쟈《종》천도교에서, 한울님의 영(靈)이 인간의 몸에 내리는 일.

강령 (綱領)[-녕]圈 1 일의 으뜸이 되는 큰 줄거리. 2 정당·단체 따위가 입장·목적·방침·계

획 또는 운동의 순서 등을 요약해서 열거한 것. ▣행동 ~.

강:론 (講論)[-논] 圏하타 **1** 학술·도의의 뜻을 풀이하여 설명하고 토론함. ▣역사학 ~을 시작하다. **2** 《가》 설교함. ▣신부님의 ~에 귀를 기울이다.

강류 (江流) 圏 강의 흐름.

강류석부전 (江流石不轉)[-뉴-뿌-] 圏 강물은 흘러도 돌은 구르지 않는다는 뜻으로, 환경의 변화에 함부로 휩쓸리지 않는다는 말.

강리 (江籬)[-니] 圏 《식》 꼬시래기.

강:림 (降臨)[-님] 圏하재 신불(神佛)이 인간 세계에 내려옴. 하림(下臨).

강:림-절 (降臨節)[-님-] 圏 그리스도 탄생을 기념하기 위한 준비 행사 기간인 크리스마스 전 4주간. 대림절.

강립 (强立)[-닙] 圏하타 굳세게 세움.

강:마 (講磨·講劘) 圏하타 학문·기술을 강구하고 연마함.

강-마르다 [강말라, 강마르니] 圏 **1** 물기가 없이 바싹 마르다. ▣강마른 논바닥 / 강마른 날씨 / 그릇에 강말라 붙어 있는 밥풀. **2** 살이 없이 몹시 마르다. ▣강마른 얼굴 / 몸이 꼬챙이처럼 ~. **3** 성미가 부드럽지 못하고 메마르다. ▣강마른 성미.

강만 (江灣) 圏 강과 만.

강:매 (强買) 圏하타 강요에 못 이겨 물건을 억지로 삼. 억매(抑買).

강:매 (强賣) 圏하타 물건을 강제로 떠맡겨 팖. 억매(抑賣). ▣불량품을 ~하다 / ~ 행위를 금하다.

강:멱 (降冪) 圏 《수》 '내림차'의 구용어. ↔승멱(昇冪).

강:멱-순 (降冪順)[-쑨] 圏 《수》 '내림차순'의 구용어.

강:명 (講明) 圏하타 연구하여 밝힘.

강명-하다 (剛明-) 圏여 성질이 강직하고 두뇌가 명석하다. **강명-히** 囝

강-모 圏 마른논에 억지로 호미나 꼬챙이로 땅을 파면서 심는 모.

강모 (剛毛) 圏 **1** 뻣뻣하고 억센 털. **2** 포유동물의 딱딱하고 억센 털(돼지털 따위). **3** 《동》 절지동물·환형동물에 생기는 털. **4** 섬유의 길이가 13 cm가량 되는 양털.

강-모래 (江-) 圏 강에서 나는 모래. 강사(江沙).

강-모음 (强母音) 圏 《언》 양성 모음.

강목 圏 **1** 《광》 채광할 때, 감돌이 나오지 않아 헛수고가 되는 작업. **2** 아무런 소득 없이 허탕만 침을 이르는 말.
  강목(을) 치다 囝 ㉠채광(採鑛)에서 감돌의 소득이 없이 허탕을 치다. ㉡아무런 소득 없이 허탕을 치다.

강목 (綱目) 圏 대략적인 줄거리와 자질구레한 조목.

강:목 (講目) 圏 《불》 강독하는 경전(經典)의 명목(名目).

강목-수생 (剛木水生)[-쑤-] 圏 간목수생(乾木水生).

강:무 (講武) 圏하재 **1** 무예를 강습함. **2** 조선 때, 임금의 주관 아래 사냥하며 무예를 닦던 행사(서울에서는 1년에 네 번, 지방에서는 두 번이루어졌음).

강:무-관 (講武館) 圏 무예를 강습하는 집.

강-물 (江-) 圏 강에 흐르는 물. 강수(江水). ▣~이 붇다 / ~이 흐르다 / ~이 넘치다.
  [강물도 쓰면 준다] 굉장히 많은 강물도 쓰면 준다는 뜻으로, 풍부하다고 해서 함부로

헤프게 쓰지 말라는 말.

강:미 (講米) 圏 《역》 조선 때, 글방 선생에게 보수 대신 주던 곡식. 공량(貢糧). 학세(學稅). 학채(學債).

강:밋-돈 (講米-)[-미똔 / -민똔] 圏 《역》 강미 대신 바치던 돈. ▣~을 바치다.

강-바닥 (江-)[-빠-] 圏 강의 밑바닥. ▣~을 준설하다.

강-바람 圏 비는 내리지 아니하고 심하게 부는 바람.

강-바람 (江-)[-빠-] 圏 강에서 부는 바람. 강풍(江風). ▣시원한 ~을 쐬다.

강:박 (强迫) 圏하타 **1** 남의 뜻을 억지로 꺾거나 자기 뜻에 억지로 따르게 함. **2** 마음에 느끼는 심한 압박. ▣입학시험에 대한 ~ 속에 하루하루를 보내다.

강:박-감 (强迫感)[-깜] 圏 마음을 짓누르거나 쫓기는 느낌. ▣~에 시달리다.

강:박 관념 (强迫觀念)[-꽌-] 圏 《심》 의식 속에 떠오른 어떤 관념을 아무리 해도 없앨 수 없는 정신 상태. ▣~에 사로잡히다.

강:박 사고 (强迫思考)[-싸-] 圏 제 스스로가 생각하는 것이 아니고 억눌러도 자꾸 하게 되는 사고.

강:박 상태 (强迫狀態)[-쌍-] 圏 《심》 두렵거나 불쾌한 생각 따위가 마음속에 박혀 있어 아무리 해도 떨쳐버릴 수 없는 상태.

강:박 신경증 (强迫神經症)[-씬-쯩] 圏 《심》 강박 상태를 헤어나지 못하여 생기는 정신이 상증.

강박-하다 (强薄-)[-바카-] 圏여 우악스럽고 야박하다. ▣큰 가뭄이 들어 인심이 강박해졌다. **강박-히** [-바키] 囝

강반 (江畔) 圏 강가의 판판한 땅. 강가. ▣낙동강 ~을 거닐다.

강-밥 圏 국이나 반찬 없이 강다짐으로 먹는 밥. ▣~ 몇 술로 점심을 때우다.

강방 (强邦) 圏 강국(强國).

강-받다 [-받따] 圏 몹시 야박하고 인색하다. ▣강받은 사람 / 강받기로 이름난 구두쇠.

강배 (江-)[-빼] 圏 강에서 쓰는 배(바닥이 평평하게 되어 있음).

강변 (江邊) 圏 강의 가장자리에 닿은 땅. 강가. ▣~을 거닐다.

강:변 (强辯) 圏하자타 이유를 붙여서 굳이 주장하거나 변명함. ▣지고도 지지 않았다고 ~하다.

강변-도로 (江邊道路) 圏 강변을 따라서 낸 도로. ▣~에서 드라이브하다. 준강변로.

강변-로 (江邊路)[-노] 圏 '강변도로'의 준말.

강:병 (-病) 圏 꾀병.

강병 (剛兵) 圏 굳세고 강한 병정. ▣~을 육성하다.

강병 (强兵) 圏 **1** 강한 군사. ▣~을 양성하다. **2** 군비·병력 등을 강화함. ▣~ 육성책.

강보 (襁褓) 圏 포대기. ▣~에 싸인 아기.

강보-유아 (襁褓乳兒) 圏 아직 걷지 못하여 포대기에 싸서 기르는 어린아이.

강-보합 (强保合) 圏 《경》 주가 따위의 시세가 약간 상승한 채로 반락(反落)하지 않고 보합 상태를 유지하는 일. ↔약(弱)보합.

강:복 (降服) 圏 오복(五服)의 복제에 따라, 한 등급 낮은 복을 입게 되는 일.

강:복 (降福) 圏하자 《가》 하느님이 인간에게 복을 내리는 일.

강복-하다 (康福-)[-보카-] 圏여 건강하고 행

복하다. ❏강복한 말년을 보내다.

강북(江北)圀 **1** 강의 북쪽 지역. **2** 서울에서, 한강 이북 지역을 이름. **3** 중국 양쯔 강의 북쪽 지역.

강분(薑粉)圀 생강즙을 가라앉혀 그 앙금을 말린 가루〈양념으로 씀〉.

강비(糠粃)圀 겨와 쭉정이라는 뜻으로, 거친 식사를 이르는 말.

강-비탈(江-)[-삐-]圀 강가의 비탈.

강사(講士)圀 강연을 하는 사람. 연사(演士). ❏~를 초빙하다.

강사(講師)圀 **1** 학원·학교 등에서 강의를 하는 사람. **2** 모임이나 강습회 등에서 강의하는 사람. **3** 대학이나 고등학교 따위에서 위탁을 받아 강의를 하는 사람〈전임 강사와 시간 강사가 있음〉. ❏대학에서 ~로 근무하다. **4** 《불》불법을 강설하는 스승. 경스승.

강사-포(絳紗袍)圀 《역》 조하(朝賀) 때 임금이 입던 예복〈관복과 같되 빛이 붉음〉. 홍포.

강삭(鋼索)圀 여러 가닥의 강철 줄을 합쳐 꼬아 만든 줄. 삭조(索條). 와이어로프. 강선삭(鋼線索).

강삭 철도(鋼索鐵道)[-또] 케이블카.

강산(江山)圀 **1** 강과 산. ❏십 년이면 ~도 변한다. **2** 나라의 영토. ❏해방의 기쁨이 삼천리 ~에 넘치다.

강산(强酸)圀 《화》 산(酸) 가운데 수용액의 해리도(解離度)가 커서 산의 특성인 수소 이온을 많이 발생시키는 산〈염산·질산·황산 따위〉. ↔약산(弱酸).

강산지조(江山之助)圀 산수(山水)의 아름다운 풍경이 사람의 시정(詩情)을 도와 가작(佳作)을 낳게 함.

강산-풍월(江山風月)圀 자연의 아름다운 풍경.

강삼(江蔘)圀 강원도에서 나는 약효가 좋은 인삼.

강상(江上)圀 **1** 강물의 위. ❏~에 배를 띄우다. **2** 강가의 언덕 위.

강-상(降霜)圀ᄒ자 서리가 내림. 또는 그 서리.

강상(綱常)圀 삼강(三綱)과 오상(五常). 곧, 사람이 지켜야 할 도리. ❏~을 바로잡다 / ~을 지키다 / ~을 무너뜨리다.

강상(講床)[-쌍]圀 《불》 강경(講經)하는 책상. 강도상(講道床).

강상-죄인(綱常罪人)圀 예전에, 강상에 어긋나는 행위를 못 박혀 죽음으로써 죄악에서 인류를 구원한 일.

강상지변(綱常之變)圀 강상에 어그러진 재앙이나 사고.

강-새암(江-)☞ 강샘.

강색(鋼色)圀 '강청색(鋼靑色)'의 준말.

강-샘圀ᄒ자 상대의 이성(異性)이 다른 이성을 좋아함을 지나치게 미워하는 샘. 질투. 투기. ❏~을 내다 / ~을 부리다 / ~이 나다.

강-생(降生)圀ᄒ자 신이 인간으로 태어남. 강세(降世). ❏예수 그리스도의 ~.

강-생(講生)圀 《역》 '강경생(講經生)'의 준말.

강-생 구:속(降生救贖)《기》 그리스도가 강생하여 십자가에 못 박혀 죽음으로써 죄악에서 인류를 구원한 일.

강서(講書)圀ᄒ자 글의 뜻을 강론함.

강-석(講席)圀 강의·강연·설교를 하는 자리. 강연(講筵). 강좌(講座). ❏~에 참여하다.

강-석(講釋)圀ᄒ타 강의하여 뜻을 풀이함.

강선(腔線·膛線)圀 《군》 탄환이 회전하면서 나가도록 총모의 구멍 안에 나사 모양으로 판 홈.

강선(鋼船)圀 강철로 만든 배.

강선(鋼線)圀 강철로 만든 줄.

강-설(降雪)圀ᄒ자 눈이 내림. 또는 그 눈.

강설(强雪)圀 세차게 오는 눈. ❏~로 인한 교통마비.

강-설(講說)圀ᄒ타 강론하여 설명함. 강의(講義). ❏~을 듣다.

강-설-량(降雪量)圀 일정한 기간 동안 일정한 곳에 내린 눈의 분량.

강-섬(江-)圀 강 가운데 있는 섬.

강성(剛性)圀 《물》 물체에 압력을 가해도 모양·부피가 변하지 않는 단단한 성질.

강성(强性)圀 강한 성질. ❏~ 발언 / ~ 일변도의 외교 정책.

강성-하다(强盛-)혬어 강하고 왕성하다. ❏강성한 세력.

강성 헌:법(剛性憲法)[-뻡] 경성(硬性) 헌법.

강-섶(江-)[-섭]圀 강줄기나 강기슭의 옆. ❏~으로 난 길.

강-세(降世)圀ᄒ자 강생(降生).

강세(强勢)圀 **1** 강한 세력이나 기세. ❏구기 종목에서 ~를 보이다. **2** 《경》 물가나 주가 따위의 시세가 올라가는 기세. ❏~를 보인 주가. **3** 《언》 어떤 부분을 강하게 발음하는 일. 스트레스. **4** 《악》 악센트2.

강세(强勢語)圀 힘줌말.

강성황(薑桂黃)〈옛〉 감국(甘菊).

강-소주(-燒酒)圀 안주 없이 마시는 소주. ❏~를 마셔 대다.

강-속구(强速球)[-꾸]圀 야구에서, 투수가 던지는 빠르고 강한 공. ❏~ 투수.

강-송(强送)圀ᄒ타 강제로 보냄. ❏밀입국자를 본국으로 ~하다.

강-송(講誦)圀ᄒ타 글을 소리 내어 읽고 욈.

강-쇄(降殺)圀ᄒ자 등급을 깎아내림.

강-쇠(降衰)圀ᄒ자 사회 도덕·문화·국력 따위가 차차 쇠약해짐.

강쇠-바람圀 첫가을에 부는 동풍.

강수(江水)圀 강물.

강-수(降水)圀 비·눈·우박 등으로 지상에 내린 물.

강수(强手)圀 바둑·장기에서, 격렬한 싸움을 거는 수. ❏~로 버티다 / ~를 두다.

강-수(講授)圀ᄒ타 강의하여 가르침.

강-수-량(降水量)圀 비·눈·우박 등으로 일정기간 일정한 곳에 내린 물의 총량. ❏연평균 ~ / ~이 많다 / ~을 측정하다.

강-술圀 안주 없이 마시는 술. ❏빈속에 ~을 마시다.

강-술(講述)圀ᄒ타 학술이나 책의 내용을 강의하여 설명함.

강습(强襲)圀ᄒ자타 **1** 세차게 습격함. 습격을 강행함. ❏적진을 ~하다 / 태풍의 ~으로 큰 피해가 나다. **2** 야구에서, 되게 엄습함. ❏~안타.

강습(講習)圀ᄒ타 일정한 기간 동안 학문과 기예 따위를 배우고 익히도록 가르침. ❏요리 ~를 받다.

강습-생(講習生)[-쌩]圀 강습을 받는 사람.

강습-소(講習所)[-쏘]圀 강습을 하는 곳. ❏영어 ~ / 무용 ~.

강습-회(講習會)[-쐬]圀 강습을 하기 위하여 단기간 설치한 모임. ❏요리 ~ / ~를 열다.

강시(僵屍·殭屍)圀 얼어 죽은 송장.

강시(가) 나다귄 날이 추워서 얼어 죽은 사람이 생기다.

강-식(强食)圀ᄒ타 환자가 몸을 조리하기 위

하여 억지로 먹음.

강:신 (降神)〖민〗 **1** 제사 때, 초헌(初獻)하기 전에 신이 내리게 하는 뜻으로, 향을 피우고 술을 잔에 따라 모사(茅沙) 위에 붓는 일. **2** 주문(呪文)이나 다른 술법으로 신을 내리게 함.

강:신-굿 (降神-)[-굳] 〖명〗〖하자〗 내림굿.

강:신-론 (降神論)[-논] 〖논〗 심령론(心靈論).

강:신-술 (降神術)〖민〗 기도나 주문을 외어 신이 내리게 하는 술법.

강심 (江心)〖명〗 강의 한복판. 또는 그 물속. 하심(河心). □이 물고기는 ～에만 산다.

강심-수 (江心水)〖명〗 **1** 강심에 흐르는 물. **2** 〖역〗 서울의 한강 한가운데서 길어다가 임금에게 올리던 물.

강-심장 (强心臟)〖명〗 웬만한 일에는 놀라거나 겁을 내지 아니하는 대담하거나 유들유들한 성격. 또는 그런 사람.

강심-제 (强心劑)〖명〗 쇠약해진 심장의 기능을 강하게 하는 약. □～주사를 놓다.

강아지〖명〗 **1** 개의 새끼. **2** 주로 어린 자식이나 손자를 귀엽게 이르는 말. □우리 ～, 이리 오너라. **3** 죄수의 은어로 '담배'를 이르는 말. [강아지 똥은 똥이 아닌가?] 다소의 차이는 있어도 본질은 같다.

강아지-풀〖식〗 볏과의 한해살이풀. 들·밭·길가에 나는데, 높이 30~70 cm, 잎은 선형, 여름에 강아지 꼬리 모양의 초록색 꽃이 핌. 구황(救荒)의 은어로 '담배'를 이르는 말. 낭미초(狼尾草), 낭유(稂莠).

강악-하다 (强惡)[-아카-]〖형어〗 억세고 모질다. □인심이 ～.

강안 (江岸)〖명〗 강기슭. □～을 거닐다.

강-알칼리 (强alkali)〖명〗〖화〗 강염기.

강:압 (降壓)〖명〗〖하타〗 전압을 낮춤. □전압을 220 V에서 110 V로 ～하다. ↔승압.

강:압 (强壓)〖명〗〖하타〗 강한 힘으로 내리누름. 강제로 억압함. □일제의 ～에도 굴복하지 않는다.

강:압-적 (强壓的)[-쩍]〖관형〗 남을 강압하는 (것). □～ 수단 / ～으로 일을 시키다.

강애 (江艾)〖명〗〖한의〗 강화도에서 나는 약쑥〔약효가 크다 함〕.

강약 (强弱)〖명〗 **1** 강함과 약함. □소리의 ～. **2** 강자와 약자.

강약부동 (强弱不同)[-뿌-]〖명〗〖형형〗 한편은 강하고 한편은 약하여 상대가 되지 않음. □두 나라가 ～이라 싸움이 되지 않는다.

강약 부호 (强弱符號)[-뿌-]〖악〗 셈여림표.

강어 (江魚)〖명〗 강에서 사는 물고기.

강-어귀 (江-)〖명〗 강구(江口)1.

강역 (疆域)〖명〗 **1** 강토의 구역. □～을 넓히다. **2** 국경.

강:연 (講筵)〖명〗 **1** 강석(講席). **2**〖역〗 임금 앞에서 경서를 강론하던 일.

강:연 (講演)〖명〗〖하타〗 **1** 강의함. **2** 일정한 주제로 청중 앞에서 이야기함. □～을 듣다.

강:연-회 (講演會)〖명〗 강연을 하기 위한 모임.

강열 (强熱)[-녈]〖명〗〖하타〗 강하게 가열함. 또는 그 열.

강-염기 (强塩基)[-념-]〖명〗〖화〗 수용액 가운데 대부분이 전리(電離)하여 수산화물 이온(ion)을 많이 내는 염기(수산화나트륨·수산화칼륨 등). 강알칼리(强alkali). ↔약염기.

강-엿〖명〗 검은엿.

강옥-석 (鋼玉石)[-썩]〖명〗〖광〗 천연의 산화알루미늄 광물(굳기가 금강석 다음임. 보석 연마제로 쓰이고, 붉은 것을 루비, 푸른 것을 사파이어, 노랑·초록·흑색의 것을 에머리라

함). 커런덤. ㉰강옥(鋼玉).

강왕-하다 (康旺)〖형어〗 몸이 건강하고 기력이 왕성하다. □부모님이 강왕하시기를 빌다. **강왕-히** 〖부〗

강:요 (强要)〖명〗〖하자〗 강제로 요구함. 강구(强求). □기부금을 ～하다 / 자백하라고 ～하다 / 복종을 ～받다.

강요 (綱要)〖명〗 강령이 될 만한 요점. 골자(骨子). □정치학 ～.

강요-주 (江瑤珠)〖명〗 **1** '건강요주(乾江瑤珠)'의 준말. **2**〖조개〗 꼬막.

강용 (江茸)〖명〗〖한의〗 강원도에서 나는 녹용.

강용-하다 (剛勇)〖형어〗 굳세고 용감스럽다.

강용-하다 (强勇)〖형어〗 강하고 용감하다.

강:우 (降雨)〖명〗 비가 내림. 또는 그 비. □이번 ～로 가뭄이 해소될 것이다.

강:우-기 (降雨期)〖명〗 비가 많이 내리는 시기. □～에 접어들다.

강:우-량 (降雨量)〖명〗 일정한 기간 동안 일정한 곳에 내린 비의 분량. □～이 많다.

강운 (江韻)〖명〗'강(江)'자에 딸린 운(韻)으로 한시를 짓기가 매우 힘들다는 뜻으로, 하기 어려운 일의 비유.

강-울음 억지로 우는 울음.

강:원 (講院)〖명〗〖불〗 사찰에 설치되어 있는 경학 연구의 전문 교육 기관.

강월 (江月)〖명〗 강에 비친 달.

강유 (剛柔)〖명〗 성품의 굳셈과 부드러움. □～를 겸비한 선비.

강유-겸전 (剛柔兼全)〖명〗 굳세고 부드러운 성품을 겸하여 갖춤.

강-유전체 (强誘電體)[-뉴-]〖명〗〖물〗 전기장(電氣場)이 작지 않아도 자연의 상태로서 이미 분극(分極)을 일으키고 표면상의 전하가 나타나는 물질〔인산칼륨·로셀염 따위〕.

강음 (强音)〖명〗 세게 내는 음. 세게 나오는 음.

강:음 (强淫)〖명〗〖하타〗 강간(强姦).

강:음 (强飲)〖명〗〖하타〗 싫은 술을 억지로 마심. □독주를 ～하다.

강:의 (講義)[-/-이]〖명〗〖하타〗 **1** 글이나 학설의 뜻을 강설함. **2** 대학 등에서, 교수가 학문·연구의 일단을 강설함〔대학 수업 전반의 일컬음〕. □역사 ～ / ～를 듣다 / ～를 맡다 / 철학개론을 ～하다. ㉰강(講).

강:의-록 (講義錄)[-/-이]〖명〗 강의의 내용을 기록한 책. □통신 ～ / ～으로 자습하다.

강:의-실 (講義室)[-/-이-]〖명〗 강의를 하는 데 쓰는 방.

강의-하다 (剛毅)[-/-이-]〖형어〗 강직하고 굳힘이 없다. □강의한 성품. **강의-히** [-/-이-]〖부〗

강:인 (强忍)〖명〗〖하타〗 억지로 참음.

강인-성 (强靭性)[-썽]〖명〗 강인한 성질.

강인-하다 (强靭)〖형어〗 억세고 질기다. □강인한 체력 / 강인한 인상을 풍기다. **강인-히**〖부〗

강일 (剛日)〖명〗〖민〗 일진(日辰)의 천간(天干)이 갑(甲)·병(丙)·무(戊)·경(庚)·임(壬)인 날 〔양(陽)에 해당하는 날이므로 바깥일은 이날 하는 것이 좋다 함. 적일(隻日)〕. ↔유일(柔日).

강-입자 (强粒子)[-짜]〖명〗 서로 강한 상호 작용을 하는 소립자〔양성자·중성자·시그마 입자·델타 입자 따위의 바리온 족과 파이·카파·이타 따위의 중간자 족으로 나뉨〕. 하드론(hadron).

강:잉 (降孕)〖명〗〖하타〗〖가〗 예수가 마리아에게 잉태됨.

강:잉 (强仍) [명][하형][히부] 억지로 참음. 또는 마지못하여 그대로 함. ❑ 얼굴빛을 ~하여 가다듬다 / 슬픔을 억누르며 ~히 웃다.
강:자 (降資) [명][하타] 〔역〕 강계(降階).
강자 (强者) [명] 힘이나 세력이 강한 사람이나 생물. ❑ 유통업계의 새 ~로 떠오르다. ↔약자(弱者).
강-자갈 (江-) [명] 하천에서 채취한 자갈.
강-자성 (强磁性) [명] 〔물〕 물체가 외부 자기장에 의하여 강하게 자기화(磁氣化)되어, 자기장을 없애도 자기화가 남아 있는 성질.
강자성-체 (强磁性體) [명] 〔물〕 강자성을 갖는 물질《철·니켈·코발트 따위》.
강:작 (强作) [명][하타] 억지로 행함. ❑ ~으로 견디다.
강장 (强壯) [명][하형] 몸이 건강하고 혈기가 왕성함. ❑ ~ 식품 / ~한 노인.
강장 (强將) [명] 강한 장수. 맹장(猛將).
강장 (腔腸) [명] 〔동〕 강장동물의 체강(體腔)《고등 동물의 체강과 소화기를 겸함》.
강:장 (絳帳) [명] **1** 붉은 빛깔의 휘장. **2** 스승의 자리. **3** 학자의 서재.
강장 [부] 짧은 다리를 모으고 가볍게 뛰는 모양. [큰]겅정. [센]깡짱. [거]깡창.
강장-거리다 [자] 짧은 다리를 모으고 자꾸 가볍게 뛰다. [큰]겅정거리다. **강장-강장** [부][하자]
강장-대다 [자] 강장거리다.
강장-동물 (腔腸動物) [명] 원시적인 다세포 동물의 하나. 물에서 생활하는데, 몸은 대개 종 모양이거나 원통형이고 강장을 갖추며 입의 주위에 촉수가 있음《말미잘·산호 따위》.
강장-제 (强壯劑) [명] 〔약〕 온몸의 신진대사를 촉진하고 영양을 도와 체력을 증진시키는 약《소화제·보혈제·자양제 따위》.
강장지년 (强壯之年) [명] 몸이 튼튼하고 원기가 왕성한 나이《삼사십 대》.
강재 (江材) [명] 〔한의〕 강원도에서 나는 약재(藥材).
강재 (鋼材) [명] 공업용·건설용으로 사용되는 강철《크게 조강(條鋼)·강판(鋼板)·강관(鋼管) 등으로 나뉨》.
강재 (鋼滓) [명] 제강할 때 생기는 비금속 광물 찌꺼기.
강재 반:제품 (鋼材半製品) 〔공〕 강괴(鋼塊)를 압연하여 적당한 크기로 쪼개 놓은 조각.
강재 이:차 제:품 (鋼材二次製品) 강재를 다시 가공한 제품《철선·못·드럼통 따위》.
강적 (强敵) [명] 강한 적수. 경적(勁敵). ❑ ~과 싸우다 / ~을 만나다.
강전 (强電) [명] **1** 산업용으로 쓰는 대전력(大電力)·고전압(高電壓)·대전류(大電流) 따위의 일컬음. **2** 전기 에너지의 전송 및 기계적 에너지·열(熱)에너지 등의 변환을 다루는 전기 공학의 한 부문. ↔약전(弱電).
강-전해질 (强電解質) [명] 〔화〕 전리도(電離度)가 1에 가까운 전해질《소금·염산 따위》. ↔약전해질.
강:-절도 (强竊盜)[-또] [명] 강도와 절도.
강:점 (强占) [명][하타] 남의 영토·물건이나 권리 따위를 강제로 차지함. ❑ 일제의 한반도 ~ / 남의 점포를 ~하다.
강점 (强點)[-쩜] [명] 남보다 우세한 점. ❑ ~을 살리다 / 민주주의의 ~을 부각시키다. ↔약점(弱點).
강-점결탄 (强粘結炭) [명] 〔광〕 매우 단단하고, 황·인·회분(灰分)이 적은 석탄《제철 공업용으로 씀》.
강:점-기 (强占期) [명] 남의 영토·물건이나 권리 따위를 강제로 차지한 기간.
강정 [명] **1** 술을 친 찹쌀가루 반죽을 손가락 마디만큼씩 썰어서 기름에 튀기고 꿀을 발라, 깨·콩가루·송홧가루 따위를 묻힌 한과. **2** 깨·콩·잣 등을 물엿으로 굳힌 한과.
강정 (江亭) [명] 강가에 있는 정자.
강:정 (降定) [명][하타] 〔역〕 무관(武官)에 대한 징벌의 한 가지. 벼슬을 낮추어 군역(軍役)을 시킴.
강정-밥 [명] 강정을 만들기 위해 찹쌀을 찐 지에밥.
강정-속 [-쏙] [명] 강정의 가루를 묻히기 전의 이름.
강정-제 (强精劑) [명] 남성의 정력을 강하게 하는 약제.
강:제 (强制) [명][하타] 마음에 없는 일을 억지로 시키는 일. ❑ ~ 노동 / ~ 규정 / ~로 빼앗다 / 무허가 건물을 ~로 철거하다 / 자기의 생각을 남에게 ~하다.
강제 (鋼製) [명] 강철로 만든 제품.
강:제 가격 (强制價格)[-까-] 〔경〕 수요자·공급자의 어느 한쪽의 의사로써 강제적으로 정한 가격《공정 가격 따위》.
강:제 격리 (强制隔離)[-경니] 전염병 예방을 위하여 환자의 주거의 자유를 제한하여 일반인에게서 격리시키는 일.
강:제 경:매 (强制競賣) 〔법〕 법원에서, 채무자의 부동산을 압류하고 경매하여 그 대금으로 채권자의 금전 채권을 충당하게 하는 강제 집행.
강:제 경제 (强制經濟) 조세를 징수해서 소비에 충당하는 경제. 국가·지방 자치 단체 등 공법인이 영위하는 경제.
강:제 공채 (强制公債) 〔경〕 국가가 비상시나 재정이 어려울 때, 국민에게서 강제적으로 모집하는 공채. ↔임의 공채.
강:제 관리 (强制管理)[-괄-] 〔법〕 부동산에 대한 강제 집행의 하나. 채권자에게 빌려 준 것을 되돌려 받게 하기 위해 채무자 소유의 부동산의 수익에 대하여 행하는 강제 집행.
강:제-권 (强制權)[-꿘] [명] 강제 수단을 쓰는 행정상의 권리.
강:제 대:류 (强制對流) 통풍이나 그 밖의 힘을 인공적으로 일으키는 대류.
강:제-력 (强制力) [명] **1** 강제하는 힘. **2** 국가가 국민에게 명하여 그 명령을 강제하는 권력.
강:제 매매 (强制賣買) 법의 규정, 행정 처분에 따라 강제적으로 행하는 매매.
강:제-벌 (强制罰) [명] 〔법〕 집행벌(執行罰).
강:제 변:호 (强制辯護) 〔법〕 형사 사건에서 피고인의 의사와는 상관없이, 법원이 국선 변호인을 선임하는 일. 필요적 변호.
강:제 보:험 (强制保險) 〔경〕 국가가 강제적으로 어떤 범위의 사람들에게 가입시키는 보험《자동차 손해 배상 책임 보험·의료 보험 따위》.
강:제-성 (强制性)[-썽] [명] 원하지 않는 일을 억지로 시키는 성질. ❑ ~을 띠다.
강:제 소각 (强制消却) 회사가 주주의 동의 없이 일방적으로 주식을 소멸시키는 일. ↔임의 소각.
강:제 송:환 (强制送還) 밀입국이나 범죄 행위를 한 외국인을 국가 권력으로 강제적으로 돌려보내는 일.
강:제 수사 (强制搜査) 강제 처분으로 행해지는 수사. ↔임의 수사.

강:제 수용 (强制收用) 공권에 의해서 강제적으로 이루어진다는 뜻에서 '공용 징수'를 일컫는 속칭.

강:제 수용 (强制收容) 환자·광인·중독자·부랑인 등을 일정한 기관에 강제적으로 수용하는 일.

강:제 수용소 (强制收容所) 정치적 반대파나 전시 중 외국인의 구금·수용을 목적으로 차려 놓은 수용소.

강:제 예:산 (强制豫算) 〖법〗 1 감독관청이 지방 자치 단체에 대해 강제로 편성하는 예산. 2 국회의 의결을 무시하고 결정하는 예산.

강:제 이:행 (强制履行) 〖법〗 채무자가 채무를 이행하지 않는 경우에 채권자가 고소하여 국가 권력으로 이행하게 하는 일.

강:제 인지 (强制認知) 〖법〗 혼인 외 출생자를 생부나 생모가 인정하지 않을 때 재판으로 인지를 강제하는 일.

강:제-적 (强制的) 관형 본인의 의사를 무시하고 억지로 시키는 (것). □~ 방법 / ~으로 이루어진 합의. ↔자발적.

강:제 절차 (强制節次) 〖법〗 강제 처분으로 행하는 구류나 압수, 수색 따위에 관한 절차.

강:제 조정 (强制調停) 〖법〗 분쟁 당사자에게 조정에 응하는 의무를 지우거나 조정 기관이 작성한 조정안을 수락할 의무를 지워 강제적으로 성립시키는 조정. ↔임의 조정.

강:제 조합 (强制組合) 〖법〗 국가가 강제적으로 설립 또는 가입하게 하는 공공 조합(수해 예방 조합, 토지 구획 정리 사업 조합 등).

강:제 지출 (强制支出) 〖법〗 감독관청의 직권으로 지방 자치 단체가 강제로 지출하게 하는 지출.

강:제 집행 (强制執行)[-지팽] 〖법〗 채무자에 대한 채권자의 청구권을 법률에 의거해, 국가의 강제 수단으로 실현하는 일. 또는 그 절차. 준집행.

강:제 징수 (强制徵收) 〖법〗 공법상의 금전 지급 의무가 이행되지 않을 경우, 이것을 강제로 징수하는 행정상의 집행 방법.

강:제 처:분 (强制處分) 〖법〗 증거 또는 형의 집행을 보전하기 위하여 사람 또는 물건에 대하여 강제적으로 할 수 있는 처분.

강:제 추행죄 (强制醜行罪)[-쬐] 〖법〗 폭행·협박으로 상대자에게 음란한 짓을 한 죄.

강:제 카르텔 (强制Kartell) 〖경〗 국가가 강제로 성립시키는 카르텔(통제 경제·산업 육성·공황 대책 등에 씀).

강:제 통용력 (强制通用力)[-녁] 〖경〗 통화가 법률에 의하여 지급 수단으로 유통될 수 있는 힘.

강:제 통화 (强制通貨) 〖경〗 금(金)의 태환(兌換) 준비 없이 국가가 강제 통용력을 부여하는 통화.

강-조 (强調) 명하타 어떤 부분을 특히 강하게 주장하거나 두드러지게 함. □~ 사항 / 일의 중요성을 ~하다 / 명암을 ~하다.

강-조밥 (强-) 명 좁쌀로만 지은 밥.

강:조-법 (强調法)[-뻡] 〖법〗 수사법의 한 가지. 어떤 내용을 강하고 분명하게 나타내어 읽는 사람에게 뚜렷한 인상이 느껴지게 하는 표현 방법(과장법·반복법·영탄법(詠嘆法) 따위).

강:조 주간 (强調週間) 무엇을 강조하여 그 실천 운동을 널리 펴는 기간. □교통 안전 ~.

강졸 (强卒) 명 강한 졸병. ↔약졸(弱卒).

강:종 (强從) 명하자타 1 마지못하여 따름. 2 억지로 복종시킴.

강:종-받다 (强從-)[-따] 자 남을 억지로 복종

시키다.

강:좌 (講座) 명 1 강석(講席). □~를 만들다. 2〖불〗설법이 불경을 강담하는 자리. 3 대학에서 교수가 맡아 강의하는 학과목. □형법 ~. 4 대학의 강좌 형식을 따른 강습회나 강의록 또는 방송 프로그램 따위. □음악 ~ / 교양 ~.

강주 (强酒) 명 독한 술.

강주 (薑酒) 명 생강을 우린 술. 생강주.

강-주정 (-酒酊) 명하자 일부러 취한 체하고 하는 주정. 건주정.

강죽 (糠粥) 명 겨죽.

강-줄기 (江-)[-쭐-] 명 강물이 뻗어 나간 줄기. □굽이굽이 흐르는 ~.

강중 (江中) 명 1 강 가운데. □~에 떠 있는 배. 2 강의 물속. □~의 물고기.

강중 부 짧은 다리를 모으고 힘 있게 솟구쳐 뛰는 모양. 센깡쭝. 큰겅중.

강중-거리다 자 짧은 다리를 모으고 자꾸 솟구쳐 뛰다. 큰겅중거리다. 센깡쭝거리다. 강중-강중 부하자

강중-대다 자 강중거리다.

강중-증 (强中症)[-쯩] 명 〖한의〗지나친 성교 또는 광불성 약제의 중독으로 일어나는 병. 몸이 야위고 가끔 정액이 저절로 흘러나오고 오줌이 기름처럼 걸어짐.

강즙 (薑汁) 명 생강을 짓찧거나 갈아서 짜낸 즙. 생강즙.

강:지 (降旨) 명하자 〖역〗임금이 교지(敎旨)를 내림.

강지 (剛志) 명 굽히지 않는 굳센 의지.

강직 (江直) 명 강원도에서 나는 직삼(直蔘).

강:직 (降職) 명하자타 직위가 낮아짐. 또는 직위를 낮춤. ↔승직(昇職).

강직 (强直) 명 〖의〗1 근육을 연속적으로 자극할 때, 근육이 지속적으로 크게 수축되는 일. 2 도려낸 근육이 움츠러지고 단단하게 굳어져 탄력을 잃게 되는 현상. 이것은 근육의 죽음을 뜻하는 것임.

강직성 경련 (强直性痙攣)[-썽-년] 〖의〗근육이 한 번에 수축하여 오랫동안 계속되는, 사지를 뻗고 목과 등을 뒤로 젖히는 경련. 긴장성 경련.

강직-하다 (剛直-)[-지카-] 형여 마음이 굳세고 곧다. □강직한 성품. 강직-히 [-지카-] 부.

강진 (强震) 명 강한 지진(벽이 갈라지고 비석 따위가 넘어지며 굴뚝과 토담이 무너짐. 진도(震度)는 5).

강진-계 (强震計)[-/-계] 명 강렬하고 진폭이 큰 진동을 측정하는 진동계.

강진-계 (强震計)[-/-계] 명 강진을 측정하는 기구.

강짜 명하자 〈속〉강샘. 강짜샘. □~를 내다 / ~가 심하다.

강:차 (降車) 명하자 하차(下車)1.

강:착 (降着) 명하자 비행기가 착륙함.

강-참숯 (-숯) 명 다른 나무의 숯이 섞이지 아니한 참숯.

강천 (江天) 명 멀리 보이는, 강 위의 하늘.

강철 (鋼鐵) 명 1 0.035-1.70% 의 탄소가 함유된 철(가단성(可鍛性)이 있으며, 열처리로 강도나 인성이 높아짐. 강(鋼), 철강(鐵鋼). 2 아주 단단하고 굳셈을 비유하는 말. □~ 같은 의지.

강철-봉(鋼鐵棒)명 강철로 된 막대기.

강철-선(鋼鐵線)[-썬]명 강철로 만든 가는 줄. 강철사(絲).

강철-이(鋼鐵-)명 지나가기만 하면 초목이 다 말라 죽는다는 전설상의 악독한 용. [강철이 간 데는 가을도 봄] 운수가 사나운 사람은 가는 곳마다 불행한 사고가 따름.

강철-판(鋼鐵板)명 강철로 만든 철판. 강판(鋼板).

강-청(强請)명하타 무리하게 억지로 청함. ▷~에 못 이겨 동의하다.

강청-색(鋼靑色)명 강철과 같이 검푸른 빛. 준강색(鋼色).

강체(剛體)명《물》어떤 힘으로도 모양과 부피를 바꿀 수 없는 가상적인 물체.

강체 역학(剛體力學)[-여칵]《물》강체에 작용하는 힘과 그 운동과의 관계를 연구하는 학문.

강촌(江村)명 강가의 마을.

강-추위명 눈도 오지 않고 바람도 불지 않으면서 몹시 추운 추위.

강-추위(强-)명 눈이 오고 매운바람이 부는 심한 추위.

강:취(强取)명하타 강탈(强奪).

강치(江-)《동》강칫과의 바다짐승. 태평양 여러 섬 근처에 사는데, 물개·물범과 비슷하며 길이는 2 m가량. 빛은 흑갈색. 잘 때 꼭 한 마리가 망을 봄. 해려(海驢). 해룡(海龍).

강타(强打)명하타 1 세게 침. 2 큰 타격을 가함. ▷폭풍이 서해안을 ~하다. 3 야구나 배구에서, 타자나 공격수가 공을 세게 침. 통타(痛打).

강-타자(强打者)명 1 장타를 잘 치는 선수. 슬러거. 2 타율이 높은 타자.

강:-탄(降誕)명하자 거룩한 사람이 태어남.

강:탄-일(降誕日)명 강탄한 날.

강:탄-절(降誕節)명《불》석가모니의 탄일(誕日)을 축하하는 경절(慶節). 부처님 오신 날〔음력 4 월 8 일〕.

강:탄-제(降誕祭)명 1 위인·존귀한 사람의 생일을 기념하는 잔치. 2《가》크리스마스.

강:탈(强奪)명하타 물건이나 권리를 억지로 빼앗음. 강취(强取). ▷재물을 ~하다 / 돈을 ~당하다.

강태(江太)명 강원도에서 잡히는 명태.

강-태공(姜太公)명《속》〔중국 주(周)나라의 재상 '여상(呂尙)'의 속칭인 '태공망(太公望)'에서 유래한 말〕낚시꾼.

강토(疆土)명 국경 안에 있는 땅. 경토(境土). ▷아름다운 우리 ~.

강파(江波)명 강의 물결.

강파르다[강파라, 강파르니]형ㄹ 1 몸이 야위고 파리하다. 2 성질이 까다롭고 고집이 세다. ▷성미가 강파른 녀석. 3 인정이 메마르고 야박하다. ▷세상 인심이 ~. 4 가파르다. ▷강파른 비탈길.

강파리-하다형 생김새가 강파른 듯하다. ▷강파리한 얼굴.

강:판(降板)명하자 야구에서, 투수가 공을 잘 던지지 못해 경기 도중에 마운드에서 물러나는 일. ↔등판(登板).

강판(鋼板)명 강철판.

강판(薑板)명 감자·과일즙 따위를 내거나 생강·과일 등을 잘게 가는 데 쓰는 기구. ▷사과를 ~에 갈다.

강팔-지다형 성미가 까다롭고 너그럽지 못하

다. ▷강팔진 성격.

강팍-하다(剛愎-)[-파카-]형어 성미가 까다롭고 고집이 세다. **강팍-히**[-파키]부

강-펄(江-)명 강가의 개흙 땅.

강:평(講評)명하타 작품이나 발표회 또는 실습 등의 성과를 평하는 일. 또는 그 비평. ▷~을 듣다.

강포(江布)명 강원도에서 나는 베.

강포-하다(强暴-)형어 우악스럽고 사납다. ▷강포한 침략자의 만행. **강포-히**부

강폭(江幅)명 강의 너비. ▷~을 넓히다.

강-풀명 물에 개지 않은 된풀.
　　강풀(을) 치다판 풀을 먹인 위에 또 된풀을 칠하다.

강-풀(江-)명 강가에 자라는 풀.

강풍(江風)명 강바람.

강풍(强風)명 1 세차게 부는 바람. ▷~에 나뭇가지가 부러지다. 2《기상》센바람.

강풍 경:보(强風警報)기상 정보의 하나. 육상에서 평균 최대 풍속 매초 21 m 이상, 순간 풍속 매초 26 m 이상이 예상될 때에 발표함.

강풍 주:의보(强風注意報)[-/-이-]기상 주의보의 하나. 육상에서 평균 최대 풍속 매초 14-20 m, 순간 풍속 매초 20 m 이상이 예상될 때에 발표함.

강피명《식》가시랭이가 없고 빛이 붉은 피의 하나.

강피-밥명 강피쌀로 지은 밥. ▷~으로 끼니를 때우다.

강피-쌀명 강피의 껍질을 벗겨 낸 쌀.

강피-죽(-粥)명 강피쌀로 쑨 죽. 흉년에 먹음.

강필(鋼筆)명 가막부리.

강하(江河)명 1 강과 하천. 2 중국 양쯔 강과 황허 강.

강:하(降下)명하자타 1 높은 데서 아래로 향하여 내림. ▷비행기가 ~하다. 2 온도·기압 등이 내림. ▷기온이 ~하다.

강-하다(剛-)형어 1 굳고 단단하다. 2 쇠도 너무 강하면 부러진다. 2 성격이 곧고 단단하다. ▷강한 성격. ↔유(柔)하다.

강-하다(强-)형어 1 힘이 세다. ▷강한 어조. 2 수준이나 정도가 높다. ▷자존심이 ~. 3 무엇에 견디거나 대처하는 능력이 뛰어나다. ▷추위에 강한 품종. ↔약하다.

강:하-어(降河魚)명 민물에서 살다가 알을 낳기 위하여 바다로 가는 물고기〔뱀장어·숭어 따위〕. ↔소하어(溯河魚).

강:학(講學)명하타 학문을 닦고 연구함. 여럿이 모여 공통된 주제에 대해 토의하는 일.

강한 상호 작용(强-相互作用)《물》매우 짧은 거리(＝약 10^{-15} m)에 있는 소립자인 기본 입자 사이에 작용하는 상호 작용.

강한-하다(剛悍-·强悍-)형어 마음이나 성질이 굳세고 사납다.

강항(江港)명 강을 낀 항구.

강항-령(强項令)[-녕]명 강직하고 올곧은 사람을 일컫는 말.

강항-하다(强項-)형어 올곧아 여간하여서는 굽히지 아니한다.

강해(江海)명 강과 바다.

강:해(講解)명하타 글이나 학설을 강론하여 해석함. 또는 그 강론과 해석. ▷성리학 ~.

강:행(强行)명하타 1 어려움을 무릅쓰고 행함. ▷빗속에서 경기를 ~하다. 2 강제로 시행함. ▷개혁〔구조 조정〕을 ~.

강:-행군(强行軍)명하자 1 무리함을 무릅쓰고 먼 거리를 급히 가는 행군. ▷~을 떠나다. 2 짧은 시간 안에 끝내려고 무리하게 일을 함.

□날짜에 대려고 ~을 계속하다.

강:행 규정 (强行規定)〖법〗당사자의 의사와는 상관없이 강제적으로 적용되는 법의 규정. ↔임의 규정.

강:행-법 (强行法)[-뻡]명 공익을 위하여 절대 복종을 요구하는 법규(헌법·형법 등). ↔임의법(任意法).

강호 (江湖)명 1 강과 호수. 2 세상. 호해(湖海). 3 예전에, 속세를 떠난 선비가 살던 시골이나 자연. □~에 묻혀 살다.

강호 (强豪)명 실력·힘 따위가 뛰어나고 강한 사람. 또는 그런 집단. □모래판의 새로운 ~ / 축구의 ~인 팀과 경기를 펼치다.

강호-가 (江湖歌)명 속세를 떠나 자연에 묻혀 사는 삶을 읊은 가사·시조 등의 총칭.

강호-객 (江湖客)명 속세를 떠나 자연을 벗 삼아 방랑하는 사람.

강-호령 (-號令)명하자 까닭 없이 꾸짖음. □~이 떨어지다.

강호-연파 (江湖煙波)명 1 강·호수 위에 안개처럼 보얗게 이는 잔물결. 2 자연의 풍경.

강호지락 (江湖之樂)명 자연을 벗 삼아 누리는 즐거움.

강호지인 (江湖之人)명 강호에 묻혀 있는 사람. 곧, 벼슬하지 않은 사람.

강:혼 (降婚)명하자 지체가 높은 사람이 지체가 낮은 사람과 혼인함. 낙혼(落婚). ↔앙혼(仰婚).

강:화 (降火)명하자〖한의〗몸의 화기(火氣)를 약을 써서 풀어 내림. 또는 그런 처방.

강:화 (降話)명 천도교에서, 한울님이 세상 사람에게 내리는 말씀.

강화 (强化)명하타 1 강하게 함. □왕권의 ~ / 국력을 ~ 2 수준이나 정도를 더 높임. □검문검색을 ~되다 / 국제 경쟁력을 ~하다. ↔약화(弱化).

강화 (强火)명 불길이 강하게 일어나는 불.

강:화 (講和)명하자 교전국끼리 싸움을 그만두고 서로 화의함. 구화(媾和). □~ 협상 / ~를 제의하다.

강:화 (講話)명하타 강의하듯이 쉽게 풀어서 이야기함. 또는 그런 이야기. □문장 ~.

강:화 담판 (講和談判)〖정〗서로 싸우던 나라가 강화하기 위하여 만나서 이야기함.

강화도 조약 (江華島條約)〖역〗조선 말 고종(高宗) 13년(1876)에 병자년에 일본과 체결한 12개조의 조약. 한일 간의 수호, 사신 교환, 부산·인천·원산의 개항 등을 내용으로 함. 병자수호조규. 병자수호조약.

강화-목 (强化木)명 베니어합판에 베이클라이트액(液)을 침투시켜 가열한 뒤, 압력을 가해 만든 나무(단단하고 가벼우므로 항공 기재 원료로 씀).

강화-미 (强化米)명 벼를 쪄서 비타민 B가 스며들게 하거나, 포도당 등의 진한 비타민 용액에 백미를 담가서 영양가를 높인 쌀.

강화-식품 (强化食品)명 칼슘·비타민 등의 영양소를 인공적으로 첨가한 식품.

강화 유리 (强化琉璃)유리를 연화(軟化) 온도(500~600℃)로 가열한 뒤, 찬 공기로 급히 식혀 표면을 단단하게 만든 유리.

강:화 조약 (講和條約)〖법〗서로 싸우던 나라끼리 강화하며 맺는 조약.

강:화-체 (講話體)명〖문〗강의하는 투로 쓰여진 문체.

강:화 회:의 (講和會議)[-/-이]강화 조약을 맺기 위한 교전국 간의 회의.

강활 (羌活)명 1〖식〗미나릿과의 여러해살이

풀. 산에 나는데, 줄기는 곧고 2m 이상이며 위에서 가지가 갈리고, 초가을에 작고 흰 꽃이 가지 끝에 핌. 2 강활의 뿌리〖한약 건재(乾材)로 씀〗.

강황 (薑黃)명 1〖식〗생강과의 여러해살이풀. 습지에 나는데, 높이 1m 이상으로 늦봄에 나팔 모양의 꽃이 잎겨드랑이에 핌. 2 강황의 뿌리줄기〖한방에서 약재로 씀〗.

강-회 (-蛔)명 똥에 섞이지 않고 따로 나오는 회충.

강-회 (-膾)명 미나리·파 따위를 데쳐 돌돌 감아 초고추장을 찍어 먹는 음식.

강회 (剛灰)명 산화칼슘.

강:회 (講會)명〖불〗신자가 모여서 행하는 법회(法會).

강희-자전 (康熙字典)[-히-]명 중국 최대의 자전. 청(淸)나라 강희 55년(1716)에 장옥서(張玉書)·진정경(陳廷敬) 등 30인의 학자가 편찬함. 고문(古文) 1,995자와 함께 총자수 49,030자. 42권 12집 239부.

갖〈옛〉가지¹1.

갖-가지 [갇까-]명팬 '가지가지'의 준말. □~ 모양 / ~ 상념에 잠기다.

갖가지-로 [갇까-]팬 '가지가지로'의 준말. □상품을 ~ 진열하다.

갖-갖 [갇갇]명팬 '가지가지'의 준말.

갖다 [갇따]토타 '가지다'의 준말. □가정을 ~ / 자신을 갖고 대답하다. □준 가지어다가.

갖-두루마기 [갇뚜-]명 털가죽으로 안을 댄 두루마기.

갖-바치 [갇빠-]명 예전에, 가죽신 만드는 일을 업으로 삼던 사람.

[갖바치 내일 모레] 약속 날짜를 자꾸 미루는 것을 이르는 말.

갖-신 [갇씬]명 가죽신.

갖-옷 [가돋]명 짐승의 털가죽으로 안을 댄 옷. 모의(毛衣).

갖은 팬 골고루 다 갖춘. 가지가지의. □~ 양념 / ~ 수단을 다 쓰다 / ~ 곤욕을 다 겪다.

갖은-것 [가즌걷]명 온갖 것. □~을 모두 갖추다.

갖은-그림씨 명〖언〗'완전 형용사'의 풀어쓴 말. ↔안갖은그림씨.

갖은-남움직씨 명〖언〗'완전 타동사'의 풀어 쓴 말. ↔안갖은남움직씨.

갖은-돼지시변 명 한자 부수의 하나('豹'·'貓' 등에서 '豸'의 이름).

갖은-등글월문 (-文)명 한자 부수의 하나('殺'·'殿'에서 '殳'의 이름).

갖은-떡 명 1 여러 가지 모양으로 만든 떡. 2 격식과 모양을 갖추어 잘 만든 산병(散餠).

갖은-삼거리 (-三-)명 말의 안장에 장식한 가슴걸이와 여러 가지 부속품. 준삼거리.

갖은-삼포 (-三包)명〖건〗기둥과 기둥 사이에 삼포를 얹은 처마의 꾸밈새.

갖은-색떡 (-色-)명 꽃·새·용 따위의 갖가지 모양을 만들어 붙인 색떡.

갖은-소리 명 1 온갖 소리. □~로 사정하다. 2 골고루 갖추고 있는 체하는 말. □주제넘게 무슨 ~냐.

갖은-움직씨 명〖언〗'완전 동사'의 풀어쓴 말. ↔안갖은움직씨.

갖은-자 (-字)명 같은 글자로서 획을 많게 쓰는 한자('一'·'二'·'三'에 대한 '壹'·'貳'·

'參'따위).

갖은-제움직씨 圏《언》'완전 자동사'의 풀어쓴 말. →안갖은제움직씨.

갖은-책받침 圏 쉬어갈 착(辵) 자의 받침으로 쓰일 때의 이름('辶'으로 변형하여 씀). *책받침.

갖은-꽃집 (-包-) [가즌꽃찝 / 가즌꼳찝] 圏《건》공포(栱包)를 여러 개로 받친 집.

갖-저고리 [갇쩌-] 圏 모피로 안을 댄 저고리.

갖추 [간-] 图 갖게. 고루 갖추어. ▢~ 장만하다 / ~ 차리다.

갖추-갖추 [갇-갇-] 图 여럿이 모두 있는 대로. 골고루 갖추어. ▢~ 장만한 음식.

갖추다 [갇-] 国 1 쓰임에 따라 여러 가지를 미리 골고루 준비하다. ▢여장(旅裝)을 ~ / 자격을 ~ / 서류를 ~ / 몇 개의 외국어 실력을 ~. 2 몸을 가누어 자세를 바로잡다. ▢자세를 ~.

갖추-쓰다 [간-] [-써, -쓰니] 国 1 글자, 특히 한자를 정자(正字)로 쓰다. 2 여러 가지를 빼지 않고 쓰다.

갖춘-꽃 [갇-꼳] 圏《식》꽃받침·꽃잎·암술·수술을 완전히 갖춘 꽃(무궁화·벚꽃 따위). 완전화(完全花). ↔안갖춘꽃.

갖춘-마디 [간-] 圏《악》정규의 박자를 갖추고 있는 마디. 완전 소절(小節). ↔못갖춘마디.

갖춘-잎 [간-닙] 圏《식》잎새·잎자루·턱잎의 세 가지를 갖춘 잎(벚꽃·제비꽃 따위). 완전엽(完全葉). ↔안갖춘잎.

갖-풀 [간-] 圏 쇠가죽을 끈끈하도록 고아 말린 접착제. 아교(阿膠). 아교풀.

갖 圏〈옛〉가죽.

같다 [갇따] 圏 1 서로 다르지 않다. ▢같은 말 / 수입과 지출이 ~. 2 다른 것이 아닌 바로 그것이다. ↔다르다. 3 '-ㄴ 것 -는 것 -을 것 -을 것'의 뒤에 쓰여, 추측이나 불확실한 단정을 나타내는 말. ▢비가 올 것 ~. 4 ('같으면'의 꼴로 쓰여) '…라면'의 뜻으로 가정하여 비교함을 나타내는 말. ▢당신 같으면 / 옛날 같으면. 5 닮거나 비슷하다. 또는 ~다. ▢샛별 같은 눈 / 사람 같은 사람. 6 ('같이·같으니라고'의 꼴로 쓰여) 호령을 하거나 혼잣말로 남을 욕할 때 쓰는 말. ▢나쁜 놈 같으니 / 괘씸한 놈 같으니라고.

같은 값에 귄 이렇게나 저렇게나 마찬가진데. ▢~ 왜 어려운 한자말을 쓸까.

같은 값이면 귄 이러하든 저러하든 마찬가지일 것 같으면.
[같은 값이면 다홍치마] 같은 값이면 품질이 좋은 것을 가진다는 말. [같은 값이면 처녀] 같은 값이면 품질이 좋은 것을 택한다는 말.

같아-지다 困 같게 되다. 닮게 되다. ▢자랄수록 성격이 아버지와 같아진다.

같은-자리 圏《언》'동격(同格)2'의 풀어쓴 말.

같음-표 (-標) 圏《수》'등호(等號)'의 풀어쓴 말.

같이 [가치] 图團 1 같게. ▢이것과 ~ 했다. 2 함께. ▢나와 ~ 가자. 3 바로 그대로. ▢예상한 바와 ~ 사태는 심각하다. 圉 1 체언에 붙어, 그 정도로 어떠하거나 어찌함을 나타내는 부사격 조사. ▢눈~ 희다. 2 때를 나타내는 명사 뒤에 붙어, 그때를 강조하는 부사격 조사. ▢새벽~ 출발하다.

같이-하다 [가치-] 国困 어떤 일을 더불어 하다. 함께하다. ▢운명을 ~ / 일행과 행동을 ~. ↔달리하다.

같-잖다 [갇짠타] 圏 1 하는 짓이 격에 맞지 않 눈꼴사납다. ▢같잖은 놈. 2 초들어 말해야 할 만큼 대단치 않다. ▢같잖은 일을 가지고 뭘 그러나. **같-잖이** [갇짜니] 图. ▢~ 여기다.

같-지다 [갇찌-] 困 씨름에서, 두 사람이 같이 넘어지다.

갚다 [갑따] 国 1 꾸거나 빌린 것을 도로 돌려주다. ▢빚을 ~. 2 은혜·원한 따위를 그에 상당하게 되돌려주다. ▢신세[원수]를 ~.

갚음 圏困 갚는 일. 대갚음.

개¹ 圏 강·내에 바닷물이 드나드는 곳. ▢재 넘고 ~ 건너 갔다 간다.

개² 圏 윷놀이에서, 윷짝이 두 짝은 엎어지고 두 짝은 잦혀진 때의 이름(두 끗임).

개:³ 圏 1《동》갯과의 짐승. 가축으로, 이리·늑대와 비슷하나 성질은 온순하고 영리함. 다양한 품종이 있음. 2 행실이 형편없는 사람을 낮추어 이르는 말. ▢술만 먹으면 ~가 된다. 3 남의 앞잡이가 되어 끄나풀 노릇을 하는 사람을 낮잡아 이르는 말.
[개같이 벌어서 정승같이 먹는다] 천한 일이라도 하면서 부지런히 벌어서 떳떳하게 산다. [개 꼬리 삼 년 두어도 황모 못 된다] 본디 나쁜 것은 좋아지지 않는다. [개 눈에는 똥만 보인다] 어떤 것을 좋아하면 모든 것이 그것같이만 보인다. [개 머루 먹듯] 내용도 모르고 일을 건성건성 날리는 모양. [개 못된 것은 들에 가 짖는다] 된 사람은 쓸데없는 짓을 잘한다. [개 발에 (주석) 편자] 격에 맞지 않아 어울리지 않는 경우의 비유. [개 보름 쇠듯] 명절 같은 날에 제대로 먹지 못하고 지내는 모양. [개 새끼도 주인을 보면 꼬리를 친다] 사람이 개만 도살에서 주인을 몰라보느냐고 나무라는 말. [개 팔자가 상팔자] 놀고 있는 개가 부럽다는 뜻으로, 바쁘고 고생스러울 때 하는 말. [개하고 똥 다투랴] 본성이 포악한 사람은 더불어 견주거나 다툴 수 없다.

개 발싸개 같다 귄《속》보잘것없이 허름하고 빈약하여.

개 발에 땀 나다 귄 해내기 어려운 일을 이루기 위하여 부지런히 움직임을 이르는 말.

개 새끼 한 마리 얼씬 안 하다 귄 사람은 커녕 개 한 마리도 찾아볼 수 없다는 뜻으로, 인적이 전혀 없음을 이르는 말.

개 잡듯 하다 귄 개를 잡을 때처럼 함부로 치고 때리다.

개 콧구멍으로 알다 귄 시시한 것으로 알아 대수롭지 않게 여기다.

개 패듯 하다 귄 함부로 때리고 치다.

개 (蓋) 圏 1 음식 그릇의 뚜껑. 2《역》의장(儀仗)의 하나(모양이 양산(陽繖)과 같음).

개 (個·箇·介) 의명 1 낱낱으로 된 물건의 수효를 세는 말. ▢사탕 한 ~ / 밤 두 ~. 2《광》지금(地金) 열 냥쭝을 단위로 일컫는 말.

개:- 圏 1 참 것이나 좋은 것이 아니고 함부로 된 것이라는 뜻. ▢~꿈 / ~떡 / ~머루. 2 '정도가 심함'의 뜻을 더하는 말. ▢~망신 / ~망나니.

-개 回 어떤 말에 붙어, 도구·물건 또는 사람의 뜻을 나타내는 말. ▢날~ / 덮~ / 지우~ / 코흘리~ / 오줌싸~. *-게'.

개:가 (改嫁) 圏困 시집갔던 여자가 남편이 죽거나 이혼하여 다른 남자에게 시집감. 재가(再嫁). ▢과부가 홀아비에게 ~하다.

개가 (開架) 圏困 도서관에서 열람자에게 서가를 공개하여 자유로이 열람하게 함.

개:가 (凱歌) 圏 '개선가(凱旋歌)'의 준말.

개가를 올리다 🕮 큰 성과를 거두다.

개가-식(開架式)圓 개가제(開架制).

개가-제(開架制)圓 도서관에서, 열람자에게 서가를 개방하여 책을 자유롭게 찾아볼 수 있게 하는 제도. 개가식. ↔폐가제.

개:-가죽圓 1 개의 가죽. 2 〈속〉낯가죽. □~을 쓴 추한 인간들.

개:각(介殼)圓 연체동물의 외투막에서 분비한 석회질이 단단히 굳어서 된 겉껍데기.

개:각(改刻)圓하타 도장이나 조각 따위를 고쳐 새김.

개:각(改閣)圓하자 내각을 개편함. □~ 발표/~을 단행하다.

개:-각충(介殼蟲)圓『충』깍지벌레.

개:간(改刊)圓하타 고쳐 간행함. 개판(改版).

개간(開刊)圓하타 처음으로 간행함. □새 잡지를 ~하다.

개간(開墾)圓하타 버려 둔 거친 땅을 개척하여 처음으로 논밭 따위로 만듦. □황무지를 ~하다.

개간-지(開墾地)圓 개간한 땅. ↔미개간지.

개감-스럽다[-따][-스러워, -스러우니] 圓음식을 욕심껏 먹어 대는 꼴이 흉하다. □게검스럽다. 개감-스레 圓

개:갑(介甲)圓 1 게·거북 등의 단단한 겉껍데기. 2 갑옷.

개:갑(鎧甲)圓 쇠로 된 미늘을 단 갑옷.

개강(開講)圓하타 강의·강습회·강경(講經) 등을 시작함. ↔종강(終講).

개:개(個個·箇箇)圓 하나하나. 낱낱. □~의 사건/~의 물건/~의 사람.

개개다风 1 자꾸 맞닿아 마찰이 일어나면서 표면이 닳거나 벗어지다. □구두 뒤축이 ~. 2 성가시게 달라붙어 손해나게 하다. □내게 개개지 마라.

개개비圓『조』휘파람샛과의 작은 새. 휘파람새보다 조금 크며 등과 날개는 갈색, 배는 회백색인데, 늦은 봄에 날아와 갈대밭에서 '개개개' 하고 시끄럽게 욺.

개개비-사촌(─四寸)圓『조』휘파람샛과의 새. 개개비와 비슷한데 조금 작고, 강가 풀숲에 교묘하게 둥지를 지음.

개개-빌다[─빌어, ─비니, ─비는]风 잘못을 용서하여 달라고 간절히 빌다. □허리를 굽신거리며 ~.

개:개-승복(個個承服)圓하타 지은 죄를 낱낱이 자백함.

개:개-인(個個人)圓 한 사람 한 사람. 낱낱의 사람. □학생 ~의 능력을 발전시키다.

개:개-풀리다风 개개풀어지다2.

개:개-풀어지다风 1 끈끈한 기가 있던 것이 녹아서 풀어지다. 2 졸리거나 술에 취하여 눈의 정기가 없어지다. 개개풀리다. □피로하여 눈이 ~.

개갱(開坑)圓하자『광』광물을 캐기 위해 굴을 뚫음.

개거(開渠)圓 1 위를 덮지 않고 그대로 터놓은 수로(水路). 개수로(開水路). 2 철도나 궤도 밑을 가로 뚫어 도로·운하 등을 통하게 하고 위를 터놓은 작은 도랑. ↔암거(暗渠).

개:걸(丐乞)圓 거지. ──하다ㅈ어 동냥질을 하다.

개:견(犬)圓 한자 부수의 하나(「狀·獻·獸」 등에서 쓰이는 「犬」의 이름).

개:견(概見)圓하타 대충 살펴봄.

개:결-하다(介潔─)圓어 성품이 굳고 깨끗하다. □개결한 선비의 기개. 개:결-히 圓

개경(開京)圓『역』'개성'의 고려 때 이름.

개:고(改稿)圓하자 원고를 고쳐 씀. 또는 그원고.

개:-고기圓 1 개의 고기. 구육(狗肉). 2〈속〉성질이 검질기고 막된 사람.

개:-골圓〈속〉까닭 없이 내는 골. □~이 나다/그 나잇살에 ~일랑 참게.

개골-개골 圓하자 개구리가 잇따라 우는 소리. ㉜개굴개굴.

개골-산(皆骨山)[─싼]圓 '금강산'의 겨울 동안의 별칭.

개-골창圓 수채 물이 흐르는 작은 도랑. 구거(溝渠). □~을 건너뛰다.

개:과(改過)圓하타 잘못을 뉘우치고 고침.

개:과(蓋果)圓『식』과피(果皮)가 가로 벌어져서 위쪽이 뚜껑같이 되는 열매(쇠비름·채송화 따위).

개:과-자신(改過自新)圓하타 개과천선.

개:과-천선(改過遷善)圓하타 지나간 허물을 고치고 착하게 됨. 개과자신.

개:관(改棺)圓하자 이장(移葬)할 때 관을 새로 장만함.

개관(開棺)圓하타 시체를 옮길 때 관의 뚜껑을 엶.

개관(開管)圓 양쪽 끝이 뚫리고 속이 빈 관(피리 따위).

개관(開館)圓하자타 1 도서관·회관·영화관 등의 시설을 차려 놓고 처음으로 문을 엶. □박물관을 ~하다. ↔폐관(廢館). 2 도서관·회관·영화관 따위가 문을 열어 그날의 업무를 시작함. ↔폐관(閉館).

개:관(蓋棺)圓하타 관의 뚜껑을 덮음. 곧, 사람이 죽음을 이름.

개:관(概觀)圓하타 1 대충 살펴봄. □근대사의 ~. 2 그림에서, 윤곽·명암·색채·구도 등의 대체적 모양.

개:관-사정(蓋棺事定)圓 시체를 관에 넣고 뚜껑을 덮은 후에야 비로소 그 사람의 살아있을 때의 가치를 알 수 있다는 말.

개:괄(槪括)圓하타 1 대충 추려 한데 뭉뚱그림. □~적으로 말하다/~해서 설명하다. 2 어떤 개념의 외연(外延)으로 확대하여 보다많은 사물을 포괄하는 개념으로 만드는 일.

개광(開鑛)圓하자『광』광산에서 광물의 채굴을 시작함.

개:교(改敎)圓하자 개종(改宗). □불교에서 기독교로 ~하다.

개교(開校)圓하자 새로 세운 학교에서 수업을 시작함. □우리 학교는 ~한 지 30년이 되었다. ↔폐교(廢校).

개교-기념일(開校記念日)圓 매년 개교한 날짜에 맞추어 기념하는 날.

개:구(改構)圓 1 구조물을 다시 구축함. 2 단체나 조직을 다시 구성함.

개구(開口)圓 1 입을 벌림. 2 입을 열어 말함. ↔함구(緘口).

개구-도(開口度)圓 1 소리를 낼 때 입을 벌리는 정도. 2 말을 하는 횟수.

개구리圓『동』개구릿과·청개구릿과·맹꽁잇과·무당개구릿과에 속하는 동물의 총칭. 올챙이가 자란 것으로, 네 발에 물갈퀴가 있고 울음주머니를 부풀려 소리를 냄.
[개구리 낯짝에 물 붓기] 어떤 처사를 당하여도 태연함. [개구리도 옴쳐야 뛴다] 아무리 급해도 준비하고 주선할 동안이 있어야 한다. [개구리 올챙이 적 생각 못한다] 어렵게 지내던 지난날을 생각지 않고 잘된 때 호

기만 부린다.

개구리-매 閏《조》 맷과의 새. 물가 등 습지에 살며 낮게 날아 뱀·개구리·물새 따위를 잡아 먹음. 몸은 가느스름하고 다리가 긴데, 길들여 꿩사냥에 씀. 궐매.

개구리-미나리 閏《식》 미나리아재빗과의 두해살이풀. 줄기 높이 80 cm 내외인데, 6-7월에 노란 꽃이 취산(聚繖)꽃차례로 줄기 끝에 나고, 수과(瘦果)를 맺음. 습지에 나는데, 한국 각지에 분포함. 독이 있으나 줄기와 잎은 한방에서 씀.

개구리-밥 閏《식》 개구리밥과의 여러해살이물풀. 논·연못에 나는데, 수면에 뜬 엽상체 중앙에서 다수의 가는 수염뿌리가 늘어지고, 여름에 담녹색의 잔꽃이 핌. 부평초.

개구리-자리 閏《식》 미나리아재빗과의 두해살이풀. 줄기 높이 50 cm가량이며, 6월에노란 다섯잎꽃이 줄기 끝과 가지 끝에 하나씩 피고, 길이 10 mm 가량의 수과(瘦果)를 맺음. 논밭이나 고랑에서 자라는데, 매운맛이 있고 독이 있음. 석용예(石龍芮).

개구리-젓 [-전] 閏 개구리의 다리에 붙은 살로 담근 젓.

개구리-참외 閏 박과의 한해살이풀. 참외와 비슷한데 줄기에 털이 있고 껍질은 푸른 바탕에 개구리 등처럼 얼룩얼룩하며, 열매는 붉은빛을 띰.

개구리-헤엄 閏 **1** 머리를 물속에 넣고 치는 헤엄. **2** 평영(平泳).

개-구멍 閏 울타리나 대문 밑에 개가 드나들게 터놓은 구멍. ▢~으로 드나들다.
[개구멍에 망건 치기] 빼앗길까 봐 겁을 먹고 막고 있다가 막던 그 물건까지 잃음. [개구멍으로 통량(統涼)갓을 굴려 낼 놈] 교묘한 수단으로 남을 잘 속이는 사람.

개-구멍-바지 閏 오줌똥을 누기에 편하게 밑을 터서 만든 어린아이의 바지.

개-구멍-받이 [-바지] 閏 남이 개구멍으로 들이밀어 버리고 간 것을 데려와 기른 아이.

개-구멍-서방 [-書房] 閏 정식 혼례를 치르지 않고 남몰래 드나들면서 계집을 보는 짓. 또는 그런 서방.

개구쟁이 閏 지나치게 짓궂은 장난을 하는 아이. ▢~ 짓을 하다.

개국 (開局) 閏ᄒ자 **1** 우체국·방송국 등의 '국'이라는 호칭이 붙는 기관을 개설함. **2** 바둑의 대국(對局)을 시작함.

개국 (開國) 閏ᄒ자 **1** 새로 나라를 세움. **2** 외국과 국교를 처음으로 시작함. ↔쇄국(鎖國).

개국 공신 (開國功臣) [-꽁-] 새로 나라를 세울 때에 공훈이 많은 신하.

개국-시조 (開國始祖) [-씨-] 閏 나라를 처음으로 세운 시조.

개국-주의 (開國主義) [-쭈-/-쭈이] 閏 널리 외국과 사귀어 통상과 문화 교류를 주장하는 주의. ↔쇄국주의.

개굴 (開掘) 閏ᄒ타 땅속에 묻혀 있는 광물 따위를 캐냄.

개굴-개굴 閏ᄒ자 개구리가 잇따라 우는 소리. 웹개굴개굴.

개권 (開卷) 閏ᄒ타 책을 폄.

개-귀-쌈지 閏 아가리를 접은 위로, 개의 귀처럼 생긴 넓적한 조각이 앞으로 넘어와 덮이게 된 쌈지.

개그 (gag) 閏 주로 텔레비전 등에서 관객을 웃기기 위하여 하는 대사나 몸짓.

개그-맨 (gagman) 閏 직업적으로 개그를 하는 사람.

개근 (皆勤) 閏ᄒ자타 일정한 기간 동안 하루도 빠짐없이 출석 또는 출근함.

개근-상 (皆勤賞) 閏 개근한 사람에게 주는 상. ▢~을 받다 / ~을 타다.

개:금 (改金) 閏ᄒ타 《불》 불상(佛像)에 금칠을 함.

개금 (開襟) 閏 열쇠.   └다시 함.

개금 (開襟) 閏ᄒ자 **1** 속마음을 털어놓음. **2** 가슴을 헤쳐 놓음. **3** 돕지.

개:금-불사 (改金佛事) [-싸] 閏 《불》 불상에 금칠을 다시 할 때에 행하는 의식.

개금-셔츠 (開襟shirts) 閏 노타이셔츠.

개금-정 (開金井) 閏 금정틀을 놓고 관을 들여놓을 구덩이를 팜.

개기 (開基) 閏ᄒ타 **1** 공사를 하려고 터를 닦기 시작함. **2** 《불》 개산(開山)1.

개기 (皆旣) 閏 '개기식(皆旣蝕)'의 준말.

개기다 자 《속》 명령이나 지시를 따르지 않고 버티거나 대들다.

개:-기름 閏 얼굴에 번질번질하게 끼는 기름.

개기-식 (皆旣蝕) 閏 《천》 개기 월식·개기 일식의 통틀어. 부분식(部分蝕). 웹개기.

개기 월식 (皆旣月蝕) [-씩] 《천》 월식에서, 달 전체가 지구의 본(本)그림자 속에 들어가 달이 해의 빛을 완전히 받지 못하게 되는 현상. ↔부분 월식.

개기 일식 (皆旣日蝕) [-씩] 《천》 일식에서, 해와 지구 사이에 달이 끼어 해가 완전히 보이지 아니하게 되는 현상. ↔부분 일식.

개-꼴 閏 체면이 아주 엉망이 된 꼬락서니. ▢~이 되도록 망신을 당하다.

개:-꽃 [-꼳] 閏 **1** 먹지 못하는 철쭉을 참꽃에 대하여 일컫는 말. ↔참꽃. **2**《식》 국화과의 한해살이풀. 줄기 높이 30-60cm, 잎은 깃꼴로 완전히 갈라지며, 7-8월에 흰 꽃이 줄기와 가지 끝에 핌. 산에 야생함.

개:-꿀 閏 벌집에 들어 있는 그대로의 꿀. 소밀(巢蜜).

개:-꿈 閏 특별한 내용도 없이 어수선하게 꾸는 꿈.

개:-나리[1] 閏 《식》 물푸레나뭇과의 낙엽 활엽 관목. 높이는 2-3m, 잎은 마주나고, 이른 봄에 잎보다 먼저 노란 네잎꽃이 핌. 흔히 인가 부근에 울타리용으로 심음. 연교(連翹).

개:-나리[2] 閏 《식》 들에 저절로 나는 '나리'의통칭.

개나리-봇짐 ☞ 괴나리봇짐.

개:-나무좀 閏 《충》 개나무좀의 곤충. 길이 5mm가량, 대체로 길고 원통상이며, 몸빛은 암색 띠가 있는 적갈색 또는 흑색임. 유충은 가구·건축재를, 성충은 나뭇가지를 해침.

개:-나발 (-喇叭) 閏 《속》 사리에 전혀 맞지도 않는 가당찮은 소리. ▢그 따위 ~ 같은 소리 하지도 마라.

개나발(을) 불다 꿘 《속》 사리에 맞지 않는 가당찮은 소리를 하다.

개납 (皆納) 閏ᄒ타 조세 등을 모두 바침.

개년 (個年) 의떼 숫자 다음에 쓰여, 연수(年數)를 나타내는 말. ▢10 ~ / 5 ~ 계획.

개:-념 (槪念) 閏 **1** 어떤 사물 현상에 대한 일반적인 지식. ▢아이가 어려서 돈에 대한 ~이 없다. **2** 여러 관념 속에서 공통 요소를 뽑아내어 종합한 하나의 관념. ▢선의 ~을 정의하다.

개:-념-도 (槪念圖) 閏 어떤 일을 설명하기 위하여 이해의 열쇠가 되는 말을 끌어내어, 이들의 상호 관계 따위를 그림으로 알기 쉽게

나타낸 것. ▢ 광합성(光合成)의 ~.

개:념 도:구설(槪念道具說)『철』개념이 환경에 대한 적응 수단으로서 도구와도 같은 역할을 한다는 듀이의 인식론.

개:념-력(槪念力)[-녁]똉 어떤 관념 속에서 공통 요소를 추상(抽象)하여 종합할 수 있는 능력.

개:념-론(槪念論)[-논]똉『철』개념에 관한 논리적 이론. 또는 인식론적 이론.

개:념 법학(槪念法學)[-뻐팍]『법』법률의 해석·적용에 있어서, 그 법률이 논리적으로 완전하게 결합이 없음을 믿고, 법률의 목적이나 현실의 사정을 고려하지 않고 형식 이론만으로 법률 개념을 규정하려는 입장.

개:념 실재론(槪念實在論)[-째-]『철』보편적 개념을 실체적인 것으로 보고 그것을 객관적 실재라고 생각하는 학설(실념론(實念論) 따위).

개:념 인식(槪念認識)『철』개념에 의해서 얻은 인식.

개:념-적(槪念的)관똉 개념을 나타내는 (것). 실재가 아니고 순 이론적인 (것). ▢ ~으로 파악하다.

개:념적 판단(槪念的判斷)『철』1 개념과 개념 사이의 관계를 표현하는 판단. 2 개념을 주어(主語)로 하는 판단.

개:-놈똉 행실이 나쁘거나 매우 못된 사람을 낮추어 이르는 말. ▢ ~의 새끼.

개다¹짜 1 비나 눈이 그치고 구름·안개가 흩어져서 날이 맑아지다. ▢ 날이 ~ / 비가 ~. 2 언짢거나 우울한 마음이 홀가분해지다. ▢ 시름이 ~.

개다²타 가루나 덩이진 것에 물 따위를 쳐서 서로 섞이거나 풀어지도록 저어 으깨거나 이기다. ▢ 떡밥을 ~ / 그림물감을 기름에 ~.

개다³타 1 이부자리 따위를 개켜서 포개어 쌓다. ▢ 담요를 ~. 2 '개키다'의 준말.

개:-다래똉 개다래나무의 열매(식용하거나 약용함).

개:다래-나무똉『식』다래나뭇과의 낙엽 활엽 만목. 깊은 산의 숲 밑에 나는데, 6월에 흰 다섯잎꽃이 피고, 가을에 긴 타원형의 적황색 열매를 맺음. 목료(木蓼). 천료(天蓼).

개:다리-상제(-喪制)똉 예절에 어긋나는 행동을 하는 상제를 낮잡아 이르는 말.

개:다리-소반(-小盤)똉 상다리의 모양이 개의 다리처럼 휜 막치 소반.

개:다리-질똉하짜〈속〉1 방정맞고 얄밉게 하는 발길질. 2 채신없고 얄밉게 구는 짓.

개:다리-참봉(-參奉)똉 예전에, 돈으로 참봉 벼슬을 사서 거드름 피우는 사람을 꼬집어 낮잡아 이르던 말.

개:다리-출신(-出身)[-씬]똉 지난날, 총 쏘는 기술로 무과에 급제한 사람을 경멸하여 일컫던 말.

개답(開畓)똉하짜타 논을 새로 만듦. 또는 그 논. 논풀이. 신(新)풀이. ▢ ~ 공사.

개당(個當)똉뷔 낱낱마다. 하나하나에. ▢ ~ 200원.

개더(gather)똉 천에 홈질을 한 뒤 잡아당겨 만든 잔주름.

개도(開導)똉하짜타 깨우쳐 인도함.

개도-국(開途國)똉 '개발 도상국'의 준말.

개독(開櫝)똉하짜타 제사 때, 신주(神主)를 모신 독을 엶.

개동(開冬)똉 1 초겨울. 2 음력 시월.

개동(開東)똉하짜 1 먼동이 틈. 2 밝을녘. 새벽녘.

개동-군령(開東軍令)[-굴-]똉 1『군』이른 새벽에 내리는 군사 행동 명령. 2 새벽 일찍부터 일을 시작함의 비유.

개:-돼지똉 1 개와 돼지. 또는 개나 돼지. 2 미련하고 못난 사람의 비유. ▢ ~ 같은 녀석 / ~만도 못한 놈.

개:두(蓋頭)똉 1 가첨석(加檐石). 2 너울¹. 3 『역』조선 때의 상복(喪服)의 한 가지. 국상(國喪)에 왕비 이하 나인이 머리에 씀. 여립모(女笠帽). 4 지난날, 다리를 많이 넣어서 틀어 얹던 부인의 머리.

개:두량(改斗量)똉하짜타 말이나 되로 곡식을 다시 됨.

개:-두릅똉 엄나무 가지에 새로 나온 순(나물을 만들어 먹음).

개:-두포(蓋頭布)똉『가』사제가 미사 때 제의(祭衣) 밑에, 목이 드러나지 않게 어깨에 걸치는 긴 네모꼴의 흰 아마포(亞麻布).

개:두환면(改頭換面)똉하짜타 머리와 얼굴을 바꾼다는 뜻으로, 어떤 일의 근본은 고치지 않고 사람만 바꾸어 그 일을 그대로 시킴을 이르는 말.

개룽나모〈옛〉가죽나무.

개:-떡똉 1 노깨나 속나깨 또는 거친 보릿겨 등을 반죽하여 납작납작하게 반대기를 지어 밥 위에 얹어 찐 떡. 2 보잘것없는 것의 비유. ▢ ~ 같은 자식 / ~같이 여기다.

개:떡-수제비[-쑤-]똉 노깨 따위로 만든 수제비.

개:똥똉 1 개의 똥. 2 보잘것없고 천한 것의 비유. ▢ ~ 같다.
[개똥도 약에 쓰려면 없다] 평소에 흔한 것도 막상 소용이 있어 찾으면 없다. [개똥이 무서워 피하나 더러워 피하지] '똥이 무서워 피하나 더러워 피하지'와 같은 뜻.

개똥도 모른다 귀 개똥같이 천하고 흔한 것도 모른다. 아무것도 모른다.

개:똥-갈이똉하짜타『농』개똥 거름을 주어 밭을 갊.

개:똥-밭[-받]똉 1 땅이 건 밭. 2 개똥이 있는 더러운 곳.
[개똥밭에 굴러도 이승이 좋다] 사는 것이 아무리 천하고 고생스러워도 죽는 것보다는 나음을 이르는 말. [개똥밭에 인물 난다] 지체 낮은 집안에서도 훌륭한 인물이 난다.

개:똥-번역(-飜譯)똉〈비〉신통치 않은 엉터리 번역.

개:똥-벌레(-蟲)똉 반딧불이.

개:똥-상놈(-常-)똉〈비〉행세가 아주 더러운 상놈.

개:똥-쇠똉 개똥밭에서 난 가난하고 천한 아이라는 뜻으로 부르는 이름.

개:똥-지빠귀똉『조』지빠귓과의 새. 날개 길이 13 cm, 꽁지 10 cm 정도, 부리는 가늘고 끝이 굽음. 등은 흑갈색이며 배는 흼. 다른 새의 울음소리를 잘 흉내 냄. 곤충과 식물의 씨를 먹음. 티티새. ①지빠귀.

개:똥-참외똉 길가나 들에 저절로 자라서 열린 참외(보통 참외보다 작고 맛이 없음).

개:똥-철학(-哲學)똉〈비〉대수롭지 않은 생각을 철학인 듯이 내세우는 것.

개:-띠똉 술생(戌生).

개:략(槪略)똉하짜타 대강 추려 줄임. 또는 그런 것. 개요(槪要). ▢ ~을 말하다.

개:략-적(槪略的)[-쩍]관똉 대충 추려 줄인 (것). ▢ ~ 설명 / ~인 보고.

개:량(改良)명하타 나쁜 점을 고쳐 좋게 함. ▢품종 ~ / 화장실을 수세식으로 ~하다.

개:량(改量)명하타 다시 측량함.

개:량 목재(-木材)[-째]〖건〗천연의 나무에 기계적·화학적 처리를 한 목재 재료의 총칭(합판·방화 목재 따위).

개:량-복(-服)명 재래의 모양을 새롭게 고쳐서 만든 옷.

개:량-저(改良苧)명 무명실로 모시처럼 짠 여름 옷감.

개량-조개명〖조개〗개량조갯과의 조개. 대합과 비슷하며, 회백색에 황갈색 각피가 덮임. 명주조개.

개:량-종(改良種)명 재래의 것을 개량한 품종. ⇒재래종.

개:량-주의(改良主義)[-/-이]명 사회 개량 주의.

개:량-책(改良策)명 나쁜 점을 고쳐 좋게 하려는 방책.

개:량-품(改良品)명 재래의 품질이나 성능 등을 개량한 물품.

개:량 행위(改良行爲)〖법〗재산의 성질을 변경하지 않는 범위 안에서 재산의 가치를 증가시키는 행위.

개:량-형(改良型)명 나쁜 점을 보완하여 좋게 고친 형태.

개런티(guarantee)명 1 보증. 보증인. 2 출연할 때에 계약에 따라 받는 금액. 출연료.

개:력(改曆)명 1 역법(曆法)을 고침. 2 묵은해를 보내고 새해를 맞이함.

개력-하다[-려카-]자여 산천이 변하여 옛 모습이 없어지다.

개:렴(改殮)명하타 다시 고쳐 염을 함.

개:령(改令)명 한 번 내렸던 명령을 다시 고쳐 내림. 또는 그 명령.

개로(皆勞)명하자 모두 일함. ▢국민 ~.

개로(開路)명하자 1 길을 틈. 2 어떤 일을 새로 시작함.

개:론(槪論)명하타 내용을 대강 추려서 논설함. 또는 그 논설. ▢법학 ~.

개:르다〔갤러, 개르니〕'개으르다'의 준말. ⓒ게르다.

개:름'개으름'의 준말. ⓒ게름.

개:름-뱅이명 '개으름뱅이'의 준말. ⓒ게름뱅이.

개:름-쟁이명 '개으름쟁이'의 준말. ⓒ게름쟁이.

개름-하다형여 귀여우면서도 조금 긴 듯하다. ▢개름한 얼굴.

개리명〖조〗오릿과의 새. 기러기만 한데, 등은 갈색, 가슴은 황화색, 부리가 검고, 다리는 노랑.

개:린(介鱗)명 1 갑각과 비늘. 2 조개와 물고기. 인개(鱗介).

개:립(介立)명하자 1 혼자 힘으로 일을 함. 2 둘 사이에 끼어 섬.

개립(介立)명〖수〗'개입방'의 준말.

개막(開幕)명하자타 1 연극·음악회·행사 등을 시작함. ▢공연의 ~을 알리다 / 하계 올림픽 대회의 ~. 2 어떤 시대나 상황의 시작을 비유적으로 이르는 말. ▢정보화 시대의 ~. ↔폐막.

개:-망나니명 하는 짓이나 성질이 못된 사람을 욕으로 이르는 말.

개:-망신(-亡身)명하자 아주 큰 망신. ▢~을 당하다.

개:-맨드라미명〖식〗비름과의 한해살이풀. 높이 80 cm가량, 여름에 엷은 홍색 꽃이 피며, 한방에서 개과(蓋果)는 '강남조' 또는 '청상자(靑葙子)'라 하여 약용함.

개맹이명 (주로 소극적·부정적인 말과 함께 쓰는 말로) 똘똘한 기운. ▢~가 없는 얼굴 / ~가 풀린 눈.

개:-머루명〖식〗포도과의 낙엽 활엽 만목. 골짜기·개울가에 나는데, 잎은 어긋나고 원심형이며, 여름에 녹색 꽃이 피고 과실은 가을에 익음.

개:-머리명〖군〗총의 밑동을 이룬 넓적한 나무 부분.

개:머리-판(-板)명〖군〗총의 개머리 밑바닥에 붙은, 쇠나 고무 따위로 된 판.

개-먹다[-따]자 개개어서 끊어지게 되다. ▢책 모서리가 개먹어 너덜너덜하다.

개면(開綿)명하자 면사 방적에서, 면화의 섬유를 펴서 짧은 섬유와 티끌 따위를 없애는 일.

개면-기(開綿機)명 면화의 섬유를 펴서 짧은 섬유와 티끌을 떨어 내는 기계.

개:명(改名)명하자 이름을 고침. 또는 그 이름. ▢~ 신고.

개명(開明)명하자 1 사람의 지혜가 열리고 문화가 발달됨. ▢~ 천지 / ~의 물결. 2 해가 뜨는 곳.

개명-꾼(開明-)명 개화기에, 신식 교육을 받아 개명한 사람을 이르던 말.

개명-떡(開明-)명 향료를 섞어 먹통·병에 넣어 파는 먹물.

개모(開毛)명하자〖공〗모사 방적에서, 털의 불순물을 제거하고 각 섬유를 한 가닥씩 펴는 일.

개-모음(開母音)명 저모음(低母音).

개무-하다(皆無-)형여 전혀 없다.

개문¹(開門)명〖민〗팔문(八門) 중의 길(吉)한 문의 하나. 구궁(九宮)의 육백(六白)이 본 자리가 됨.

개문²(開門)명하자 문을 엶. ▢~ 발차(發車). ↔폐문(閉門).

개문-납적(開門納賊)[-쩍]명하자 문을 열어 도둑이 들게 한다는 뜻으로, 스스로 화를 불러들임을 이르는 말.

개문-영입(開門迎入)[-녕-]명하자 문을 열어 반가이 맞아들임.

개:-물(個物)명 개체(個體).

개물-성무(開物成務)명하자 만물의 뜻을 개달아 모든 일을 이룸.

개미'명 연줄을 억세게 하기 위하여 먹이는, 사기·유리의 고운 가루를 부레풀에 탄 물질. ▢연줄에 ~를 먹이다.

개:미²〖충〗개밋과의 곤충의 총칭. 몸은 머리·가슴·배로 뚜렷이 구분되고 허리가 가늚. 여왕(女王)개미·수개미에는 날개가 있으나 일개미에는 없음. 땅속이나 썩은 나무 속에 집을 짓고 집단적 사회생활을 함.
[개미 금탑(金塔) 모으듯] 재물 따위를 부지런히 조금씩 모음. [개미 쳇바퀴 돌듯] 다람쥐 쳇바퀴 돌듯.
개미 새끼 하나 볼 수 없다 ☞ 아무도 찾아볼 수 없다.
개미 새끼 한 마리 얼씬도 못한다 ☞ 경계가 삼엄하거나 출입·접근이 엄격히 금지되어 있다.

개:미-구멍명 1 개미가 뚫은 구멍. 의공(蟻孔). 2 개미집.
[개미구멍으로 공든 탑 무너진다] 조그마한 실수나 방심으로 큰일을 망침을 이르는 말.

개:미-군단 (-軍團)**명** 증권 거래로 재미를 보려고 개미떼처럼 모여들어 덤벼드는, 주로 영세한 개인 투자자들을 이르는 말.

개:미-굴 (-窟)**명 1** 개미가 뚫은 굴. 의혈(蟻穴). **2** 개미집. **3** 복잡하게 얽힌 것을 비유적으로 이르는 말. ▷~ 같은 골목길.

개:미-귀신 (-鬼神)**명**〔虫〕명주잠자리의 애벌레. 길이 1 cm가량. 빛은 회갈색인데, 개미지옥을 파고 그 밑에 숨어 있다가 미끄러져 떨어지는 개미를 잡아먹음.

개:미-누에명 알에서 갓 깨어난 누에.

개:미-떼명 개미들의 떼. ▷~같이 모여들다.

개:미-붙이명〔虫〕개미붙이과의 곤충. 나무굼벵이 등을 잡아먹는 이로운 곤충으로, 몸이 검고 겉날개에 흰 털이 났으며 배는 적갈색임. 곽공충(郭公蟲).

개:미-산 (-酸)**명**〔化〕포름산(酸).

개:미살이-좀벌명〔虫〕개미살이좀벌과의 곤충. 애벌레가 개미의 유충에 기생하는데, 몸의 길이는 5-6 mm. 머리·가슴은 청람색이고 보라색의 금속광택이 남.

개:미-손님명 개미집에서 어린 개미를 먹거나 개미가 흘리는 분비물을 핥아 먹고 사는 곤충의 총칭.

개:미-자리명〔植〕석죽과의 두해살이풀. 밭이나 길가에 남. 높이 10 cm가량. 잎은 가는 피침 모양으로 마주나고, 여름에 흰 꽃이 핌.

개:미-지옥 (-地獄)**명** 개미귀신이 마루 밑이나 양지바른 모래땅에 파 놓고 숨어 있는 깔때기 모양의 구멍.

개:미-집명 개미가 모여 사는 굴. 개미구멍. 개미굴.

개:미-취명〔植〕국화과의 여러해살이풀. 산에 나는데 높이 약 2 m. 잎은 어긋나고 긴 타원형임. 여름·가을에 담자색 꽃이 가지 끝에 핌. 뿌리는 약용, 어린잎은 먹음. 반혼초(返魂草). 자완(紫菀). 탱알.

개:미-탑 (-塔)**명**〔植〕개미탑과의 여러해살이풀. 산·들에 남. 적갈색의 줄기는 높이 20 cm가량. 잎은 마주나고 달걀 모양이며, 여름에 황갈색 꽃이 가지 끝에 핌.

개:미 투자자 (-投資者) 주식 시장에서, '개인 투자자'를 비유하여 이르는 말.

개:미-활기 [-할끼]**명**〔動〕개미활깃과의 포유동물. 라틴 아메리카에 분포함. 몸의 길이 1.5 m가량. 꼬리 길이도 90 cm가량. 온몸이 회흑색의 거친 털로 덮임. 깊은 숲 속에 살며 앞발톱으로 개미집을 파헤쳐 긴 혀로 개미를 핥아 먹음.

개:미-허리명 1 개미의 허리처럼 가는 허리. **2** 한자 부수의 하나('巡·巢' 등에서 '巛'의 이름).

개:-밀명〔植〕들이나 길가에 나는 볏과(科)의 두해살이풀. 밀과 비슷하며, 줄기와 잎은 적갈색을 띰. 줄기는 가늘며 높이는 70 cm가량이고, 5-6월에 적자색의 꽃이 수상(穗狀)꽃차례로 줄기 끝에 남.

개:-밋-둑 [-미뚝 /-민뚝]**명** 개미가 집을 지으면서 파낸 흙가루가 땅 위에 쌓인 둑. 개미의봉. 의봉(蟻封).

개-바자명 갯버들의 가지로 엮어 발처럼 만든 물건.

개:-박하 (-薄荷)[-빠카]**명**〔植〕꿀풀과의 여러해살이풀. 산이나 들에 나는데 높이 60-90 cm이고 잎은 마주나며 백자색 꽃이 취산(聚繖)꽃차례로 핌. 열매는 수과(瘦果)임.

개발 (開發)**명-하타 1** 토지나 천연자원 따위를 개척하여 유용하게 만듦. ▷ 택지 ~ 사업 /

국토의 종합적 ~ / 유전을 ~하다. **2** 지식이나 소질 등을 더 나아지도록 이끄는 것. ▷ 기술 ~ / 잠재되어 있는 능력을 ~하다. **3** 산업이나 경제 등을 발전하게 함. ▷ 산업 ~ / 첨단 산업을 ~하다. **4** 새로운 것을 고안하여 내어 실용화함. ▷ 신제품 ~ / 새로운 프로그램을 ~하다.

개발 교:육 (開發敎育) 문답법을 써서 창의와 자발성을 자극하고 자주적 학습 태도와 습관을 길러 주는 교육. 계발 교육. ↔주입(注入)교육.

개:-발-나물 [-라-]**명**〔植〕미나릿과의 여러해살이풀. 못이나 개울가에 나는데 미나리와 비슷하며 높이 1 m가량. 8월에 흰 꽃이 복산형(複繖形)꽃차례로 줄기 끝에 나고 과실은 타원형이며 둘이 붙어 있음.

개발 도:상국 (開發途上國) '저개발국'의 고친 이름《소득이 적고 주로 1차 산업에 의존하고 있음이 특징》. 저개발국. ⓒ개도국.

개발 독재 (開發獨裁)[-째] 흔히 개발도상국에서, 경제적 발전의 대가로 정치적 자유를 제한하려는 움직임. 권력의 정통성이 없는 권력자가 그의 정치적 독재를 경제 발전으로 정통화하려는 것을 일컬음.

개발 부:담금제 (開發負擔金制)〔法〕택지 개발 등 개발에 따른 이익이 개인에 돌아가 땅값 상승과 부동산 투기가 조장되는 것을 방지하기 위하여 개발 이익의 50 %를 사업 시행자 또는 토지 점유소유자로부터 거둬들이는 제도.

개발-비 (開發費)〔經〕어떤 특정한 지역이나 산업·자원·기술 등을 개발하기 위하여 필요한 비용.

개:-발-사슴명〔動〕발이 개의 발같이 생긴 큰 고라니.

개:-발-새발뮈 개의 발과 새의 발이라는 뜻으로, 글씨를 아무렇게나 갈겨 써 놓은 모양.

개발-은행 (開發銀行)**명**〔經〕개발에 필요한 자금을 공급하는 은행.

개발 이:익 (開發利益)[-리-]〔經〕철도나 도시 기반 시설 따위의 공공사업이 이루어짐으로써, 그 주변의 땅값이나 임대료가 올라서 생기는 이익.

개발 제:한 구역 (開發制限區域)〔法〕도시의 무질서한 확산을 방지하고 도시 주변의 자연환경을 보전하기 위하여 건설 교통부 장관의 지정으로 도시의 개발이 제한되는 구역. 그린벨트. ▷~으로 묶인 지역.

개발-주의 (開發主義)[-/-이]**명** 개발 교육으로 아이들의 지능을 개발하려는 교육상의 입장. ↔주입(注入)주의.

개발 촉진 지구 (開發促進地區)[-찐-] 이용도가 낮은 토지를 국가의 집중적으로 이용하기 위하여 농지·초지·대지(垈地)·공장 부지 등 다른 목적으로 전용 개발할 필요가 있는 지구《국토 교통부 장관이 결정해서 고시함》.

개:-발-코명 개의 발처럼 너부죽하고 뭉툭하게 생긴 코.

개:-밥명 개의 먹이.

개밥에 도토리 꾸 따돌림을 받아 외톨이가 된 처지를 이르는 말.

개:-밥-바라기 [-빠-]**명**〔天〕태백성(太白星).

개방 (開方)**한자**〔數〕제곱근·세제곱근을 계산하여 구함.

개방 (開放)**명-하타 1** 문 같은 것을 열어 놓음. ▷ 등산로 ~ / 고궁을 무료로 ~하다. **2** 금하던 것을 풀어 자유롭게 교류하게 함. ▷ 문호

~ / 시장 ~ / 수입 ~의 폭을 넓히다.

개방(開房)〖명〗〖하자〗 교도소에서, 아침에 일을 시키려고 죄수를 감방에서 내보냄.

개방 경제(開放經濟)〖경〗 외국과의 상품·서비스·자본 등의 거래가 제한되어 있지 아니한 국민 경제.

개방-계(開放系)[-/-계]〖물〗 열린계(系).

개:-방귀〖명〗 개의 방귀. 곧, 천하고 시시한 것의 비유. ⬝어른 말씀을 ~같이 여기느냐.

개방 대:학(開放大學)〖교〗 정상적인 대학 교육의 기회를 놓친 사람들을 위해 특별히 설치한 대학. 교육 시기·연령·장소·학습 방법에 제한을 두지 않는 것이 특징임.

개방 도시(開放都市)〖무장을 완전히 해제한 도시(국제법상 공격이 금지되어 있음). ↔방수(防守) 도시.

개방-법(開放法)[-뻡]〖명〗〖수〗 개방하는 방법. ⓒ개법(開法).

개방 사회(開放社會)〖사〗 교통·통신 등의 발달로 사회 구성원 사이에 정보가 자유롭게 통하는 사회.

개방성 결핵(開放性結核)[-썽-]〖의〗 환자의 가래에 결핵균이 섞여 나오는 폐결핵(전염의 위험성이 큼). ↔폐쇄성 결핵.

개방 요법(開放療法)[-뇨뻡]〖의〗 정신병 환자를 가두지 않고, 병원 안에서 자유로이 행동하도록 하면서 치료하는 방법.

개방-적(開放的)〖관〗〖명〗 개방성이 있는 (것). 터놓고 숨기지 않는 (것). ⬝~인 운영 / ~인 사고방식.

개방 정책(開放政策)〖정〗 다른 나라와 조약을 맺어 자유로이 통상하는 정책. ↔쇄국 정책.

개방-주의(開放主義)[-/-이]〖명〗 못하게 하거나 막았던 것을 자유롭게 개방하자는 주의.

개방 혈관계(開放血管系)[-/-계]〖생〗 절지동물·연체동물에서 볼 수 있는 혈관계. 심장에서 나온 피가 혈관을 거치지 않고 조직 속으로 스며들었다가 심장으로 되돌아옴. ↔폐쇄 혈관계.

개방형 공무원 임:용제(開放型公務員任用制)〖법〗 공무원의 임용을 외부 전문가로 충원하는 제도. 내부적으로 승진 심사나 시험을 통하여 공무원을 충원하는 폐쇄형 공무원 임용제와 대립되는 제도. 개방형 임용제.

개방-화(開放化)〖명〗〖하자〗 금하던 것을 풀고 열게 됨. 또는 그렇게 함. ⬝~ 시대 / 금융 시장의 ~.

개:-백장[-짱]〖명〗 1 개 잡는 것을 업으로 삼는 사람. 2 말이나 행동이 막된 사람을 욕으로 이르는 말. 개백정.

개:-백정(-白丁)[-쩡]〖명〗 개백장.

개버딘(gabardine)〖명〗 날실에 소모사(梳毛絲), 씨실에 소모사 또는 면사를 써서 능직으로 촘촘하게 짠 옷감(신사복·비옷 따위의 감으로 씀).

개벌(皆伐)〖명〗〖하타〗 산림의 나무를 일시에 모두 베어 냄.

개벌(開伐)〖명〗〖하타〗 산림의 나무를 베어 내기 시작함.

개범(開帆)〖명〗〖하자〗 출범(出帆)1.

개법(開法)[-뻡]〖명〗〖수〗 '개방법(開方法)'의 준말.

개:-벼룩〖명〗〖충〗 벼룩과의 곤충. 개의 몸에 붙어사는데, 벼룩 비슷하나 뛰는 힘이 약함.

개벽(開闢)〖명〗〖하자〗 1 세상이 처음으로 생김. ⬝천지가 ~하다. 2 세상이 어지럽게 뒤집힘.

3 '새로운 사태가 열림'을 비유해 이르는 말.

개:-벽(蓋甓)〖명〗〖건〗 전각(殿閣)의 바닥에 까는 벽돌.

개:변(改變)〖명〗〖하타〗 상태·제도·시설 따위를 더 좋게 고쳐 바꿈. 변경. ⬝사회 제도의 ~ / 낡은 시설을 ~하다.

개:별(個別)〖명〗 하나씩 따로 떨어진 것. 따로 따로인 것. ⬝~ 행동 / ~ 심사.

개:별 개:념(個別概念)〖논〗 낱낱이 구별하여 생각하는 개념(사람·집·책 따위). 개체(個體) 개념. ↔집합 개념.

개:-별꽃[-꼳]〖명〗〖식〗 석죽과의 여러해살이풀. 산지의 나무 그늘에 나는데, 줄기 높이 15 cm가량. 잎은 주걱 모양이고 5월에 작은 꽃꼭지 끝에 흰 꽃이 한 송이씩 핌. 어린잎과 줄기는 식용함. 미치광이саша.

개:별 링크제(個別link制)〖경〗 특정 물자의 수출과 연계하여 그에 관련되는 특정 물자의 수입을 허가하는 제도. 상품별 링크제. ↔종합 링크제.

개:별 원가 계:산(個別原價計算)[-벼뀐가-/-벼꿔-]〖경〗 원가 요소를 특정 제품마다 개별적으로 헤아리는 계산 방식(건설업·기계 공업 등에 씀).

개:별-적(個別的)[-쩍]〖관〗〖명〗 다른 것과 상관없이 따로따로인 (것). ⬝~으로 만나다.

개:별 지도(個別指導)1 피교육자의 개인적인 소질·성격·능력·환경에 따라 개별적으로 행하는 교육 지도. 2 교육자와 피교육자가 일대일의 관계에서 이루어지는 개인 지도. ⬝~를 받다.

개:별-화(個別化)〖명〗〖하타〗 개인이나 개체에 따라 달라짐. 또는 다르게 다루어짐. ⬝사회 구성원은 점차 ~되게 마련이다.

개:별 화:물(個別貨物)1~5톤의 화물 자동차 1대를 가진 개인이 개별적으로 면허를 받아 일정한 구역에서 영업 행위를 행하는 운수업 형태.

개병(皆兵)〖명〗 전 국민이 병역 의무를 갖는 일. 국민 개병.

개병-주의(皆兵主義)[-/-이]〖명〗 군인을 모집하는 방법에 개병을 취하는 주의.

개:-보수(改補修)〖명〗〖하타〗 개수와 보수. ⬝아파트 ~ 공사.

개:-복(-福)〖명〗 남의 식복(食福)을 낮추어 이르는 말. ⬝~이 터지다.

개:-복(改服)〖명〗〖하자〗 1 옛날에, 의식 때 관복을 갈아입던 일. 2 변복(變服).

개:-복(開腹)〖명〗〖하자〗〖의〗 수술하기 위해 배를 가르고 엶.

개:-복(蓋覆)〖명〗〖하타〗 덮개를 덮음.

개복 수술(開腹手術)[-쑤-]〖의〗 배를 가르고 배 안에 있는 기관을 치료하거나 혹 따위를 제거하는 수술. 개복술.

개:-복치〖어〗 개복칫과의 바닷물고기. 수면 가까이에서 헤엄치고 다니는 2~4 m의 대어로, 몸은 달걀 모양이고 납작함. 살갗이 두꺼우며 등은 청색, 배는 회백색임.

개:-봉(改封)〖명〗〖하타〗 1 봉한 것을 다시 고쳐 봉함. 2 제후의 영지(領地)를 바꾸어 봉함.

개봉(開封)〖명〗〖하타〗 1 봉한 것을 떼어 엶. ⬝편지를 ~하다. 2 새 영화를 처음으로 상영함. ⬝~ 박두 / 그 영화는 내일 ~한다.

개봉-관(開封館)〖명〗 개봉 영화만을 상영하는 영화관.

개:-봉축(改封築)〖명〗〖하타〗 무덤의 봉분(封墳)을 고쳐 쌓음.

개-부심〖명〗〖하자〗 장마로 큰물이 난 뒤, 한동안

쉬었다가 다시 퍼붓는 비가 명개를 부셔 냄.
또는 그 비.

개:-불 명〔동〕 개불과의 환형(環形)동물. 바
다 밑 모래 속에 'U' 자 모양의 구멍을 파고
사는데, 길이 10-30 cm, 둥근 통 모양으로
황갈색을 띰. 낚싯밥으로 씀.

개:-불상놈 〔-常-〕명 〈비〉 언행이 고약하고
더러운 사람을 욕으로 일컫는 말.

개:-불알-꽃 [-부랄꼳]명 〔식〕 난초과의 여러
해살이풀. 줄기 30 cm가량, 서너 개의 잎이
줄기를 싸고 어긋나게 남. 이른 여름에 개의
불알 모양의 홍자색 꽃이 한 개씩 늘어져 핌.

개비¹ [-□]명 가늘게 조갠 나무토막의 조각이나
기름한 토막의 낱개. □담배 ~. □의명 가늘
고 길게 만든 토막을 세는 단위. □성냥 한
~ / 담배 두 ~.

개비² 명〔공〕 질그릇을 구울 때, 가마 문 앞에
놓아 그릇을 덮는 물건.

개:비 (改備)명하타 헌것을 갈아 내고 다시 장
만하여 갖춤. □새것으로 ~하다 / 생산 설비
가 최신 기계로 ~되었다.

개:-비름 명〔식〕 비름과의 한해살이풀. 논밭·
길가에 나는데, 높이 30 cm가량, 여름에 초
록색의 잔꽃이 핌. 어린잎은 식용함.

개:-비자나무 〔-榧子-〕명〔식〕 주목과의 상
록 침엽 관목. 나무 밑의 습지에 나는데, 봄
에 둥근 꽃이 피고, 가을에 육질의 겉껍질을
가진 타원형의 붉은 과실이 익음. 열매는 먹
거나 기름을 짬.

개빙 (開氷)명하타 봄이 되어 얼음 창고를 처
음으로 엶.

개빙-제 (開氷祭)명〔역〕 음력 2월에 얼음 창
고를 처음 열 때 지내던 제사. 개빙 사한제.

개:-뼈다귀 명 1 개의 뼈다귀. 2 〈속〉 별 볼일
없으면서 끼어드는 사람을 경멸하여 이르는
말. □어디서 굴러먹던 ~야.

개:-뿔 명 〈속〉 아무나 한 것의 비유. □
~이나 아는 게 있어야지. *쥐뿔.
개뿔도 모르다 관 아무것도 모르다.
개뿔도 아니다 관 아무것도 아니다.
개뿔도 없다 관 돈이 명예, 능력 따위를
전혀 갖고 있지 않다.

개사 (開士)명〔불〕 보살이나 고승을 달리 이
르는 말.

개사 (開社)명하자타 1 회사를 처음으로 설립
하고 엶. 2 회사에서 그날의 업무를 시작함.

개사 (開肆)명하자타 가게를 엶.

개:-사곡 (改詞曲)명 이미 있던 노래의 가사를
바꾼 노래.

개:-사망 명하자 남이 뜻밖에 이득을 보거나 재
수가 생겼을 때 비난조로 하는 말.

개-사슴록-변 (-鹿邊)명 [-녹뻔]명 한자 부수의
하나('犯·狂' 등에서 '犭'의 이름).

개:-사초 (改莎草)명하타 무덤의 떼를 갈아입
히는 일.

개:-산 (改刪)명하타 시나 문장 따위의 잘못된
것을 고침.

개산 (開山)명하타 1 절을 처음으로 세
움. 개기(開基). 2 '개산조사'의 준말.

개:-산 (槪算)명하타 1 '어림셈'의 구용어. 2 겉
으로 어림친 수. 개산(槪算).

개산-기 (開山忌)명〔불〕 개산조사의 기일. 또
는 그날의 법회.

개산-날 (開山-)명〔불〕 절을 세운 날.

개산-당 (開山堂)명〔불〕 개산조사의 초상이
나 위패를 모신 당.

개산 법회 (開山法會)[-뻐쾨]〔불〕 개산한 날
을 기념하는 법회.

개산-시조 (開山始祖)명〔불〕 개산조사.

개산-조사 (開山祖師)명〔불〕 절을 처음 세우
거나 종파를 새로 연 사람. 개산시조. 준개산
(開山)·개조(開祖).

개산-탑 (開山塔)명〔불〕 개산조사의 사리나
뼈를 넣어 둔 탑.

개:-살구 명 1 개살구나무의 열매. 맛이 시고
떫음. 2 못난 사람이나 사물 또는 언짢은 일
의 비유.
[개살구도 맛 들일 탓] 모든 일은 자기가 하
기 나름이라는 말. [개살구 지레 터진다] 되
지 못한 사람이 오히려 잘난 체하며 뽐내거
나 남보다 먼저 나섬을 비유적으로 이르는 말.
개살구 먹은 뒷맛 관 씁쓸하고 떨떠름한
뒷맛.

개:-살구-나무 명〔식〕 장미과의 낙엽 활엽 교
목. 산기슭의 양지 및 촌락 부근에 나는데,
높이 5-7 m, 살구나무에 비해 나무껍질에 코
르크층이 발달했음.

개:-살이 (改-)명하자 〈속〉 개가(改嫁).

개-삿기 명 〈옛〉 강아지.

개:-상 (-床)명〔농〕 타작하는 데 쓰는 농기
구. 굵은 통나무 네댓 개를 가로 대어 엮고
다리 넷을 박은 것.

개:상-반 (-床盤)명 개다리소반. □모 떨어진
~에 먹다 남은 콩나물.

개:상-질 (-床-)명하자〔농〕 개상에 볏단이나
밀단을 메어쳐서 이삭을 떠는 일.

개:-새끼 명 〈비〉 성질이나 행실이 못된 사람
을 욕하는 말.

개:-색 (改色)명하타 1 같은 종류의 물건 가운
데 마음에 드는 것으로 바꿈. 2 빛깔을 바꿔
칠함.

개:-서 (改書)명하타 새로 고쳐 씀. □주식의
명의(名義)를 ~하다.

개서 (開書)명하타 편지를 뜯음.

개석 (開析)명〔지〕 풍화·침식 작용으로 지표
의 일부가 깎여 낸 지형을 나타내는 일.

개:-석 (蓋石)명 1〔역〕 무덤의 석실(石室) 위에
덮던 돌. 2 가첨석(加檐石).

개석 대지 (開析臺地)[-때-]〔지〕 침식 작용
에 의해서 골짜기가 많이 생긴 대지.

개석 분지 (開析盆地)[-뿐-]〔지〕 기반 지형
이 침식을 받아 이루어진 분지.

개:-선 (改善)명하타 좋게 고침. □생활을 ~하
다 / 체질을 ~하다 / 무역 수지가 ~되다. ↔
개악(改惡).

개:-선 (改選)명하타 의원이나 임원 등을 새로
뽑음. □임원을 ~하다.

개:-선 (疥癬)명〔의〕 옴¹.

개:-선 (凱旋)명 싸움에서 이기고 돌아옴.
개진(凱陣).

개:선-가 (凱旋歌)명 개선을 축하하는 노래.
준개가(凱歌).

개:-선거 (開船渠)명〔건〕 출입구를 터놓아 조
수가 자유로이 드나드는 독(dock).

개:선-문 (凱旋門)명 싸움에서 이기고 돌아오
는 군사를 환영하고 기념하기 위하여 공원이
나 주요한 도로·광장 등에 세운 문.

개:선-장군 (凱旋將軍)명 1 싸움에서 이기고
돌아온 장군. 2 어떤 일에 성공한 사람을 비
유해서 이르는 말.

개:-선책 (改善策)명 더 좋게 고치는 방법.
□교통 체증에 대한 ~을 마련하다.

개:-선-충 (疥癬蟲)명〔동〕 옴벌레.

개:-설 (改設)명하타 새로 수리하거나 기구(機

構)를 바꾸어 설치함.

개설(開設)〔명〕〔하타〕 **1** 새로 설치함. ◻지점을 ~하다. **2** 은행에서, 새로운 계좌를 마련함. **3** 〔경〕은행에서 신용장을 발행하는 일.

개:설(槪說)〔명〕〔하타〕 내용을 줄거리만 잡아 대강 설명함. 또는 그 책. ◻국어학 ~.

개:성(改姓)〔명〕〔하타〕 성을 바꿈.

개:성(個性)〔명〕 다른 사람이나 개체와 구별되는 고유의 특성. /~이 강하다 / ~을 잘 살리다 / ~이 없는 작품.

개성(開城)〔명〕〔하자〕 **1** 성문을 엶. **2** 적에게 항복함.

개:성 교:육(個性教育)〔교〕각 개인의 개성을 존중하고 재질을 충분히 발휘하게 하려는 교육. ↔획일 교육.

개:성 분석(個性分析)〔교〕학생을 적절하게 지도하기 위해 학생의 개성·기능·건강·가정 환경 등을 조사하고 분석하는 일.

개성-불도(皆成佛道)〔-또〕〔명〕〔불〕누구든지 삼생(三生)을 통하여 불법을 닦으면 부처가 될 수 있다는 말.

개:성 심리학(個性心理學)〔-니-〕〔심〕개인의 심리적 특성에 연구의 주안을 두는 심리학《개인 심리학을 포함함》. 차이 심리학.

개:성-적(個性的)〔관〕개인이나 개체가 독특한 특징을 가지고 있는 (것). ◻~인 특징 / 얼굴이 ~으로 생기다.

개:성 조사(個性調査)〔교〕학생을 적절하게 지도하기 위하여 학생의 개성에 관한 사항을 조사하는 일.

개:세(蓋世)〔명〕〔하자〕 위력·기상이 온 세상을 뒤덮음.

개:세(慨世)〔명〕〔하자〕 세상을 개탄함.

개:세(概勢)〔명〕 대강의 형세.

개:세지재(蓋世之才)〔명〕 온 세상을 뒤덮을 만한 재주. 또는 그런 재주를 가진 사람.

개:세지풍(蓋世之風)〔명〕 세상을 뒤덮을 만큼 뛰어난 풍모.

개소(開所)〔명〕〔하자〕 사무소·출장소 등의 기관을 설치하여 처음으로 사무를 봄. ◻사무소의 ~식을 가지다.

개소(開素)〔명〕〔하자〕 소식(素食)하던 사람이 육식을 시작함.

개소(個所·箇所)〔의명〕 군데. ◻일 ~ / 초소 사오 ~ 등.

개:-소년(改少年)〔명〕〔하자〕갱소년(更少年).

개:-소리(改少年)〔속〕조리 없고 당치 않은 말을 욕으로 이르는 말. ◻~ 마라.
개소리(를) 치다〔구〕당치 않은 말을 마구 지껄이다.

개:소리-괴소리〔명〕〈속〉조리 없이 아무렇게나 지껄이는 말. ◻~ 지껄이다.

개:-소주(-燒酒)〔명〕개고기를 통째로 여러 약재와 함께 고아서 짜낸 액즙. 민간에서 흔히 강장제로 복용함.

개숫-물〔명〕'개숫물'의 준말.

개:수(改修)〔명〕〔하타〕 **1** 고쳐 수정함. **2** 길·건축물·제방 등을 고쳐 닦거나 지음. ◻~ 공사.

개:수(個數·箇數)〔-쑤〕〔명〕 낱개로 셀 수 있는 물건의 수효. ◻~를 세다 / ~가 많다.

개:수(概數)〔명〕'어림수'의 구용어.

개수-대(-臺)〔명〕 부엌에서, 그릇이나 음식물을 씻을 수 있도록 된 대(臺) 모양의 장치. 싱크(sink). ◻~에서 설거지를 하다.

개:-수염(-鬚髯)〔명〕〔식〕곡정초과의 한해살이풀. 논밭·물가에 나는데, 뿌리가 수염 같고

휨. 여름에 잎보다 길게 뻗은 꽃줄기 끝에 누런 흰색의 동글동글한 꽃이 핌. 약용함.

개:수-일촉(鎧袖一觸)〔명〕 갑옷 소매로 한 번 건드린다는 뜻으로, 약한 상대를 쉽게 물리친다는 말. ◻어떤 적이라도 ~이다.

개:-수작(-酬酌)〔명〕〔하자〕 사리에 맞지 않고 쓸데없는 말과 행동. ◻~ 떨지 마.

개수-통(-桶)〔명〕 개숫물을 담는 통. 설거지통.

개:-술(概述)〔명〕〔하타〕 줄거리만 대강 말함. 또는 그런 진술.

개숫-물〔-순-〕〔명〕 음식 그릇을 씻는 물. 설거지물. 줄개수.

개:-승냥이〔명〕 개의 모양과 비슷한 승냥이라는 뜻으로, '늑대'를 이르는 말.

개시(開市)〔명〕〔하자〕 **1** 시장을 열어 매매를 시작함. **2** 장사를 시작한 후로 또는 하루 만에 처음으로 물건을 팔게 됨. 마수걸이. **3** 개점(開店)2.

개시(開示)〔명〕〔하타〕 **1** 열어서 보임. **2** 가르쳐 타이름. **3** 분명히 나타냄.

개시(開始)〔명〕〔하타〕 어떤 일이나 행동 따위를 처음으로 시작함. ◻수업 ~ / 공격 ~.

개시(皆是)〔부〕다. 모두.

개시-장(開市場)〔명〕〔역〕고려·조선 때, 다른 나라와 통상을 허가했던 시장.

개식(開式)〔명〕〔하자〕 의식(儀式)을 시작함. ◻~ 선언. ↔폐식(閉式).

개식-사(開式辭)〔-싸〕〔명〕 의식(儀式)을 시작할 때 하는 인사말. ↔폐식사.

개:신(改新)〔명〕〔하타〕 제도나 관습 따위를 고쳐 새롭게 함. ◻제도 ~.

개신(開申)〔명〕〔하타〕 **1** 내용이나 사정을 밝혀 말함. **2** 자기가 한 일을 윗사람에게 보고함.

개신-거리다〔자〕 게으르거나 기운이 없어 자꾸 맥없이 움직이다. ☞기신거리다. **개신-개신** 〔부〕〔자〕

개:신-교(改新敎)〔명〕〔기〕 프로테스탄트1.

개신-대다〔자〕 개신거리다.

개:심(改心)〔명〕〔하자〕 잘못된 마음을 바르게 고침. ◻~하고 옳은 길로 나서다.

개심(開心)〔명〕〔하자〕〔불〕 지혜를 일깨워 줌.

개심-술(開心術)〔명〕〔의〕 심장을 가르고 내부를 치료하는 수술.

개-싸리〔명〕〔동〕 침엽수 비슷한 각산호류(角珊瑚類)의 강장동물. 만의 얕은 바위에 붙어사는데, 줄기·가지는 흑갈색, 작은 가지는 희며, 군체(群體)는 높이 7~20 cm 임. 줄기는 파이프 세공용으로 씀.

개:-싸움〔명〕 **1** 개끼리의 싸움. **2** 더러운 욕망을 채우려고 벌이는 추잡한 싸움.

개:-씨바리〔명〕〔←개씹앓이〕〈속〉눈에 벌겋게 핏발이 서고 눈곱이 끼며 밝은 데서는 눈을 뜨지 못할 정도로 눈이 부신 눈병.

개:-씹-단추〔-딴-〕〔명〕 헝겊 오리를 좁게 접어 감친 뒤에, 여자의 쪽 찐 머리 모양 비슷하게 만든 단추《적삼 따위에 쓸》.

개:-씹-머리〔-씸-〕〔명〕 소의 양(脾)에 붙은 고기의 하나《양즙(脾汁)을 낼 때 씀》.

개:-씹-옹두리〔명〕 소의 옹두리뼈의 하나.

개:-아(個我)〔명〕 개인으로서의 자아.

개:-악(改惡)〔명〕〔하타〕 고쳐서 도리어 나빠지게 함. ↔개선(改善).

개안(開眼)〔명〕〔하자〕 **1**〔불〕불상을 만든 뒤에 처음으로 불공을 드리는 일. **2**〔불〕불도의 진리를 깨달음. **3** 시력을 되찾는 일.

개안 수술(開眼手術)〔의〕 각막 이식 따위로 눈먼 사람의 눈을 보이게 하는 수술.

개안-처(開眼處)〔명〕 너무 기쁘고 반가워서 눈

이 번쩍 뜨일 지경.

개암 뗑 1 개암나무의 열매. 도토리 비슷하며 맛이 밤과 비슷하다. 진자(榛子). 2 (속살이 찌지 않게 하려고) 매의 먹이 속에 넣는 솜뭉치.

개암(을) 도르다 귀 매가 먹었던 먹이에서 고기는 삭이고 솜뭉치만을 토해 내다.

개암(을) 지르다 귀 매의 먹이에 솜뭉치를 넣어 주다. 티지르다.

개암-나무 뗑 《식》 자작나뭇과의 낙엽 활엽 관목. 산기슭의 양지에 나는데, 높이 2~3m, 봄에 꽃이 피고 가을에 열매를 맺음. 과실은 식용함.

개암-들다〔-들어, -드니, -드는〕 재 해산 뒤에 후더침이 나다.

개암-사탕(-砂糖) 뗑 개암을 속에 넣고 밀가루와 설탕을 겉에 발라 만든 사탕.

개암-장(-醬) 뗑 개암을 넣고 담가서 오래 묵혔다 먹는 간장.

개암-죽(-粥) 뗑 개암을 갈아 만든 즙에 쌀가루를 넣고 쑨 죽.

개아미 〈옛〉 개미.

개양(開陽) 《천》 북두칠성의 여섯째 별.

개:-양귀비(-楊貴妃) 뗑 《식》 양귀비과의 두해살이풀. 높이는 50cm가량으로 전체에 털이 있으며, 잎은 어긋나고 깃 모양으로 갈라짐. 봄에 홍색·자색·백색 꽃이 가지 끝에 핌. 관상용으로 재배함. 우미인초(虞美人草).

개-어귀 뗑 강물이나 냇물이 바다로 들어가는 어귀. 포구.

개:언(槪言) 뗑하타 대강 간추려 말함. 또는 그런 말.

개업(開業) 뗑하자타 1 영업이나 사업을 처음 시작함. 🔲 ~ 인사 / 병원을 ~하다. 2 영업을 하고 있음. 🔲 식당이 ~ 중이다. 3 그날의 영업을 시작함. 🔲 그 서점은 오전 10시에 ~하여 오후 10시까지 영업한다. ↔폐업(閉業).

개업-의(開業醫)〔-어비/-어비〕 뗑 자기 병원을 경영하고 있는 의사.

개:-여뀌 뗑 《식》 마디풀과의 한해살이풀. 들에 나는데, 높이 40cm가량이고 전체에 홍자색을 띰. 잎은 어긋나고 피침 모양이며 여름에 홍자색 꽃이 핌. 마료(馬蓼). 말여뀌.

개:역(改易) 뗑하타 다른 것으로 바꿈.

개:역(改譯) 뗑하타 번역한 것을 고쳐 다시 번역함. 🔲 ~한 성경.

개연(開演) 뗑하타 연설·연주·연극 등을 시작함. ↔종연(終演).

개:연(蓋然) 뗑 확실하지 않으나 그럴 것 같은 상태. ↔필연(必然).

개:연-량(蓋然量)〔-냥〕 뗑 확률.

개:연-론(蓋然論)〔-논〕 뗑 1 《철》 철학 문제를 개연적인 해결에 그치고자 하는 회의론(懷疑論)의 하나. 2 《윤》 어떤 행위가 개연적이라고 옳다고 생각되는 행위는 실행해도 좋다는 도덕률.

개:연-성(蓋然性)〔-썽〕 뗑 절대적으로 확실하지 않으나 아마 그럴 것이라고 생각되는 성질. 🔲 ~이 있다 / ~이 크다〔높다〕. ↔필연성(必然性).

개:연-율(蓋然率)〔-뉼〕 뗑 확률.

개:연-적(蓋然的) 뗑 어떤 일이 일어날 가능성이 꽤 큰 성질인 (것). 🔲 ~인 사건 / ~인 이야기.

개:연적 판단(蓋然的判斷) 《논》 주개념(主概念)과 빈개념(賓概念)과의 관계가 단지 가능하다고 함을 나타내는 판단('갑은 을일 수 있다' 따위). ↔실연적(實然的) 판단·필연적 판단.

개:연-하다(介然-) 혱어 1 기댈 곳 없이 홀로이다. 외따로 있다. 2 굳게 지켜 변함이 없다. 개:연-히 부.

개:연-하다(慨然-) 혱어 억울하고 원통하여 몹시 분하다. 🔲 개연한 어조로 말하다. 개:연-히 부.

개열(開裂) 뗑하자타 열매 따위가 터져 열림(蓋果).

개열-과(開裂果) 뗑 《식》 개과(蓋果).

개염 뗑 부러운 마음으로 시샘하여 탐내는 욕심. 🔲 ~을 내다 / ~을 부리다 / ~이 나다. ⑵게염.

개염-스럽다〔-따〕〔-스러워, -스러우니〕 혱타 보기에 개염이 있다. ⑵게염스럽다. 개염-스레 부.

개-영역(開塋域) 뗑하타 묏자리를 만들기 위해 산을 파헤침.

개:오(改悟) 뗑하자 잘못을 깨닫고 뉘우침.

개오(開悟) 뗑하자 《불》 지혜를 얻어 진리를 깨달음.

개오다 타 〈옛〉 게우다.

개:-오동(-梧桐) 뗑 '개오동나무'의 준말.

개:-오동나무(-梧桐-) 뗑 《식》 능소화과의 낙엽 활엽 교목. 정원수로 심는데, 높이 9m 정도, 잎은 넓은 달걀꼴이며 여름에 담황색 꽃이 피고 가을에 30cm 내외의 삭과(蒴果)가 늘어져 익음. 나막신 재료로 쓰고, 열매와 나무껍질은 약재로 씀. 냇가에서 많이 자람. 노끈. 가목(榎木). ⑵개오동.

개옴 뗑 〈옛〉 개암.

개:-옻나무〔-온-〕 뗑 《식》 옻나뭇과의 작은 낙엽 활엽 교목. 산이나 들에 나는데, 잎은 깃 모양의 겹잎이고 어긋남. 여름에 황록색 꽃이 핌. 즙액은 약용함.

개:와(蓋瓦) 뗑하타 1 지붕에 기와를 임. 2 ☞ 기와.

개:요(槪要) 뗑 대강의 요점. 🔲 경제학 ~.

개:요-도(槪要圖) 뗑 구조나 내용의 개요를 표시한 도면.

개운(開運) 뗑하자 좋은 운수가 열림. 🔲 ~을 빌다.

개운-하다 혱어 1 기분이나 몸이 산뜻하고 시원하다. 🔲 목욕을 하니 몸이 ~. 2 입맛이 산뜻하다. 🔲 개운한 맛 / 개운한 동치미 국물. 개운-히 부.

개울 뗑 골짜기에서 흘러내리는 작은 물줄기. 🔲 ~을 따라 걷다.

개울-가〔-까〕 뗑 개울의 언저리. 🔲 ~에 앉아 빨래를 하다.

개울-물 뗑 개울에 흐르는 물. 🔲 ~이 붇다 / ~에 발을 담그다.

개:원(改元) 뗑하자 1 연호를 고침. 2 왕조·임금이 바뀜.

개원(開院) 뗑하자타 1 학원·병원 등을 차려 문을 처음으로 엶. 또는 업무를 처음으로 시작함. 🔲 ~ 10주년 / 이 병원은 ~한 지 얼마 되지 않았다. 2 국회 등에서 회기를 맞이하여 회의를 엶. ↔폐원(閉院).

개원(開園) 뗑하자타 1 동물원·식물원·유치원 따위를 차려 문을 엶. 2 동물원·식물원 등이 문을 열어 그날의 업무를 시작함.

개원-의(開園醫)〔-워늬/-워니〕 뗑 병원을 개원한 의사.

개월(個月) 의뗑 달을 세는 단위. 🔲 2년 3~.

개위(開胃) 뗑하자 《한의》 약을 써서 위의 활동을 도와 식욕이 나게 함.

개유 (開諭) 〔명〕〔하타〕 사리를 알아듣도록 타이름.

개으르다 〔개을러, 개으르니〕〔형〕 움직이거나 일하기를 싫어하는 성미나 버릇이 있다. ⓐ게으르다. ⓑ개르다.

개으름 〔명〕 개으른 버릇이나 태도. ⬚ ~을 부리다 / ~을 피우다. ⓐ게으름. ⓑ개름.

개으름-뱅이 〔명〕〈속〉개으름쟁이. ⓐ게으름뱅이. ⓑ개름뱅이.

개으름-쟁이 〔명〕 습성과 태도가 개으른 사람. ⓐ게으름쟁이. ⓑ개름쟁이.

개을러-빠지다 〔형〕 몹시 개으르다. ⓐ게을러빠지다. ⓑ갤러빠지다.

개을러-터지다 〔형〕 개을러빠지다. ⓐ게을러터지다. ⓑ갤러터지다.

개을리 〔부〕〔하타〕 개으르게. ⬚ 공부를 ~하다. ⓐ게을리.

개-음절 (開音節) 〔명〕〔언〕 모음으로 끝나는 음절. ↔폐음절(閉音節).

개:의 (介意)[-/-이] 〔명〕〔하타〕 마음에 두고 생각함. ⬚ 남의 말에 ~치 않다.

개:의 (改衣)[-/-이] 〔명〕〔하자〕 옷을 갈아입음. 개착(改着).

개:의 (改議)[-/-이] 〔명〕〔하타〕 **1** 고쳐 의논함. **2** 회의에서 발의한 의안이나 동의(動議)를 고쳐 제의함. 또는 그 의제. ⬚ ~에 대해 반대

개의 (開議)[-/-이] 〔명〕〔하자〕 안건에 대한 토의를 시작함. ⬚ 회의는 오후 2시에 ~한다.

개:의 (概意)[-/-이] 〔명〕 내용의 개략적인 뜻. ⬚ ~를 파악하다.

개:-이 〔명〕〈충〉짐승닛과의 이. 몸길이는 1.5-2mm인데, 개에 기생함.

개인 (改印) 〔명〕 **1** 도장의 모양을 다르게 고침. **2** 신고된 인감을 변경하는 일.

개:인 (個人) 〔명〕 국가나 사회·단체 따위를 구성하는 낱낱의 사람. ⬚ ~ 자격으로 참여하다 / 각기 ~의 자유를 존중하다. ↔단체.

개인 (蓋印) 〔명〕〔하타〕 답인(踏印).

개:인-감정 (個人感情) 〔명〕 **1** 개인들 서로 간의 감정. **2** 집단이나 단체에 대하여, 자신을 먼저 생각하는 마음. ⬚ ~을 배제하다.

개:인 경:기 (個人競技) 개인의 기량과 힘을 겨루는 경기(권투·사격·육상 따위). ↔단체 경기.

개:인 경제 (個人經濟) 〔경〕 개인을 주체로 한 사(私)경제.

개:인 교:수 (個人教授) 개인별 또는 개인을 대상으로 가르침. 또는 그런 일을 하는 사람. ⬚ ~를 받다.

개:인-기 (個人技) 〔명〕 개인의 기술. 특히, 운동 경기에서의 개인의 기량. ⬚ ~가 뛰어나다.

개:인 기업 (個人企業) 〔경〕 (국영 기업이나 회사 기업에 대하여) 개인이 자금을 들여 경영하는 기업.

개:인-별 (個人別) 〔명〕 개인마다 따로. ⬚ ~로 나누다 / 성적을 ~로 관리하다.

개:인-상 (個人賞) 〔명〕 개인에게 주는 상. ↔단체상. ⬚ ~을 주다.

개:인-성 (個人性)[-씽] 〔명〕 개인의 타고난 특유한 성격. ⓐ개성(個性).

개:인-세 (個人稅)[-쎄] 〔경〕 소득세와 개인에 대한 영업세 따위를 흔히 이르는 말.

개:인 소:득 (個人所得) 〔경〕 임금·이윤·이자·연금 등으로 개인이 얻는 소득.

개:인-숭배 (個人崇拜) 〔명〕 독재자를 우상화하고 떠받드는 일.

개:인 신고 (改印申告) 〔법〕 인감을 잃었거나 새 도장으로 인감을 고칠 때, 동사무소나 읍·면사무소에 내는 신고.

개:인 심리학 (個人心理學)[-니-] 〔심〕 개인의 심리 현상에 관하여 연구하는 심리학.

개:인 어음 (個人-) 〔경〕 **1** 개인이 지급인(支給人)으로 되어 있는 어음. ↔은행 어음. **2** 외국환 거래에서, 신용장을 개설하지 아니하고 발행한 어음.

개:인-연금 (個人年金)[-년-] 〔명〕 〔경〕 생명 보험 회사·은행 등이 개인을 대상으로 취급하는 연금 지급형의 보험이나 신탁.

개:인-영업 (個人營業)[-녕-] 〔명〕 개인이 단독으로 경영하는 영업.

개:인-용 (個人用)[-농] 〔명〕 개인이 쓰거나 개인을 위하는 쓸. 또는 그런 것.

개:인용 컴퓨터 (個人用computer)[-농-] 개인이나 가정에서의 이용을 목적으로 한 마이크로컴퓨터. 퍼스널 컴퓨터. 피시(PC).

개:인-위생 (個人衛生) 〔명〕 개인의 건강을 지키기 위한 위생. ↔공중위생.

개:인 윤리 (個人倫理)[-뉼-] 〔명〕 도덕적 원리가 개인 생활에 적용되었을 때의 윤리. ↔사회 윤리.

개:인 의학 (個人醫學) 〔의〕 개인을 직접 대상으로 하여 병의 치료와 건강 관리에 중점을 두는 보통 의학. ↔사회 의학.

개:인-적 (個人的) 〔관명〕 개인과 관계되거나 개인에 한하는 (것). ⬚ ~인 행동〔생각〕 / ~으로는 그 의견에 반대한다.

개:인적 쾌락설 (個人的快樂說)[-썰] 〔윤〕 행위의 목적은 개인의 쾌락에 있고, 개인의 보존·이익·쾌락이 모든 행위의 표준이라고 하는 설.

개:인-전 (個人展) 〔명〕 화가·조각가 등이 자신의 작품을 보이기 위해 개인적으로 개최하는 전람회.

개:인-전 (個人戰) 〔명〕 운동 경기 따위에서, 개인끼리 승부를 겨루는 경기. ↔단체전.

개:인 정보 (個人情報) 〔명〕 개인에 관한 정보. 곧, 성명·주민 등록 번호 등으로 해당 개인을 식별할 수 있는 정보.

개:인 제:도 (個人制度) 〔법〕 개인을 사회 구성의 단위로 하여, 법률상의 권리·의무의 주체가 되게 하는 제도.

개:인-주의 (個人主義)[-/-이] 〔명〕 **1** 〔윤〕 개인의 권위와 자유를 중히 여겨 개인을 기초로 하여 모든 행동을 규정하려는 윤리주의. ↔전체주의. **2** 개인의 자유 활동의 영역이 개인 사이에 침범되지 않음을 이상으로 삼는 주의. **3** 이기주의.

개:인-차 (個人差) 〔명〕 각 개인의 신체적·정신적 능력이나 특성의 차이. ⬚ ~가 크다 / ~를 고려하여 지도하다.

개:인-택시 (個人taxi) 〔명〕 회사 조직이 아닌 개인이 직접 운전하면서 영업 행위를 하는 택시 사업 형태.

개:인 표상 (個人表象) 〔철〕 개인이 가지는 심리적·생리적 표상. 개인 의식. ↔집합 표상.

개:인-플레이 (個人play) 〔명〕 전체의 이익을 돌보지 않고, 또는 전체적으로 협력하지 않고 각 개인이 각자 행동하는 일.

개:인-행동 (個人行動) 〔명〕 단체 경기나 조직에서, 개인의 행동이나 용무를 위하여 전체에서 떨어져 혼자 따로 하는 행동. ⬚ 단체 생활에서 ~은 금물이다.

개:인 혼:영 (個人混泳) 경영(競泳) 종목의 하나. 한 선수가 접영(蝶泳)·배영(背泳)·평영

(平泳)·자유형(自由型)의 차례로 헤엄침. 거리는 200 m·400 m가 있음.
개:인 회:사(個人會社)〖경〗자본이나 주식의 전부 또는 대부분을 개인이 가진 회사.
개:인 휴대 통신 서비스(個人携帶通信service) 휴대용 단말기를 통해 음성·데이터·화상(畵像) 정보를 전달하는 이동 통신 서비스. 피시에스(PCS).
개:입(介入) 명하자 어떤 일에 끼어듦. ❑군사~ / 제삼자의 ~ / 분쟁에 ~하다 / 내가 ~할 문제가 아니다.
개:입-권(介入權)[-꿘] 명〖법〗**1** 지배인·이사·대리상 등이 경업 금지(競業禁止)의 의무를 어긴 거래 행위를 했을 때, 영업주나 회사가 그 거래 행위 요구로 얻은 보수나 이득의 양도를 할 수 있는 권리. **2** 위탁을 받은 위탁 매매인이 위탁 사무를 처리하는 방법의 하나로, 스스로 거래의 상대방이 될 수 있는 권리.
개-입방(開立方)[-빵] 명하타〖수〗'세제곱근풀이'의 구용어. ㊟개립(開立).
개자(芥子) 명 겨자씨와 갓 씨의 통칭.
개-자리[1] 명〖식〗콩과의 두해살이풀. 높이는 30-60 cm, 잎은 어긋나고 겹잎임. 봄에 노란 잔 꽃이 피며, 열매는 용수철 모양의 협과를 맺음《풋거름·목초로 씀》.
개:-자리[2] 명 **1**〖건〗불기를 빨아들이고 연기를 머무르게 하기 위해 방구들 윗목 속에 깊게 파 놓은 고랑. **2** 과녁 앞에 웅덩이를 파 놓고 사람이 들어앉아 화살의 맞고 맞지 않음을 살피는 자리. **3** 강이나 내의 바닥에 푹 들어가 깊어진 곳.
개자리(가) 지다 구 모를 낼 때, 모포기가 한 부분만 성기게 심어져서 층이 지다.
개자-유(芥子油) 명 겨자씨나 갓 씨로 짠 휘발성 기름. 조미료 또는 약용으로 씀.
개자-정(芥子精) 명 개자유를 알코올에 1 : 9의 비율로 혼합한 피부 자극제.
개:자-하다 형여 '개제(愷悌)하다'의 변한말.
개:작(改作) 명하타 작품이나 원고 따위를 고쳐 다시 만들거나 지음. 또는 그 작품. ❑원작을 ~하다.
개:-잘량 명 방석처럼 깔고 앉으려고 털이 붙은 채로 손질하여 만든 개의 가죽. ❑~을 깔고 앉다. ㊟잘량.
개:-잠 명 개처럼 머리와 팔다리를 오그리고 옆으로 누워 자는 잠.
개:-잠(改-) 명 아침에 깨었다가 도로 드는 잠. ❑~을 자다 / ~이 들다.
개:잠-자다 자 개 모양으로 머리와 팔다리를 오그리고 옆으로 누워 자다.
개:잠-자다(改-) 자 아침에 깨었다 다시 자다.
개:-잡년(-雜-)[-잠-] 명 '행실이 더러운 여자'를 욕으로 이르는 말.
개:-잡놈(-雜-)[-잠-] 명 '행실이 더러운 남자'를 욕으로 이르는 말.
개:-장(-醬) 명 '개장국'의 준말.
개:장(改葬) 명하타 **1** 다시 장사 지냄. **2** 이장(移葬).
개:장(改裝) 명하타 **1** 포장·장식 등을 다시 새롭게 꾸밈. ❑~ 공사가 한창이다. **2** 장비나 장치를 새롭게 뜯어고침.
개장(開仗) 명하자 양군의 병장기(兵仗器)의 교전이 개시됨. 곧, 전쟁을 시작함.
개장(開張) 명하타 넓게 벌여 놓음.
개장(開場) 명하자타 **1** 시설을 갖춰 꾸며 놓고 입장을 하게 함. ❑놀이 공원을 ~하다. **2** 증권 거래소·시장 등을 엶. ❑상설 시장이 ~되다. ↔폐장(閉場). **3** 노름판을 엶. **4**〖역〗과장(科場)을 열어 놓음.
개:-장국(-醬-)[-꾹] 명 개고기를 고아 끓인 국. ㊟개장.
개:-장수 명 개를 사고파는 사람.
[개장수도 올가미가 있어야 한다] 무슨 일을 하든지 필요한 준비와 기구가 있어야 한다.
개:재(介在) 명하자 사이에 끼어 있음. ❑억압과 간섭이 ~되다.
개:적(改籍) 명하타〖역〗조선 때, 식년(式年)마다 한성부와 팔도 각 읍의 호적을 고쳐 바로잡던 일.
개:전(改悛) 명하자 잘못을 뉘우치고 마음을 바르게 고쳐먹음. ❑~의 정(情)을 보이다.
개전(開展) 명하자타 **1** 전개(展開). **2** 진보하고 발전함.
개전(開戰) 명하자 **1** 전쟁을 시작함. ❑~ 3일째. ↔종전(終戰). **2** 구세군에서, 전도와 사업을 시작함.
개점(開店) 명하자타 **1** 새로 가게를 엶. 개업. ❑~ 인사. **2** 가게 문을 열고 그날의 영업을 시작함. ❑가게는 10시에 ~합니다. ↔폐점. **3** 가게를 내어 영업하고 있음. ❑~ 성업 중(盛業中).
개점-휴업(開店休業) 명 개점은 하고 있으나 거래가 없어 휴업한 것이나 다름없는 상태.
개:정(改正) 명하타 고쳐 바르게 함. ❑회칙~ / 헌법이 ~되다.
개:정(改定) 명하타 정해져 있던 것을 고쳐 다시 정함. ❑맞춤법이 ~되다.
개:정(改訂) 명하타 책의 잘못된 부분을 고쳐 바로잡음. ❑~ 증보판을 내다.
개정(開廷) 명하자〖법〗재판을 시작하려고 법정을 엶. ❑재판장이 ~을 선포하다. ↔폐정(閉廷).
개:정-안(改正案) 명 개정한 안건. 또는 개정할 안건. ❑~을 상정하다.
개:정-판(改訂版) 명 전에 출판한 책의 내용을 개정하여 다시 출판한 책. ❑~을 내다.
개:정-표(改正表) 명 내용이 바뀌었거나 틀린 곳을 바르게 고친 표.
개:정-하다(介淨-) 형여 산뜻하고 깨끗하다.
개:제(改題) 명하타 제목을 다르게 바꿈. 또는 바꾼 제목.
개:-제비쑥 명〖식〗맑은대쑥.
개:-제주(改題主) 명하타〖민〗신주(神主)의 글자를 고쳐 씀.
개:제-하다(愷悌-·豈弟-) 형여 용모와 기상이 화락하고 단아하다.
개:조(改造) 명하타 조직이나 구조 따위를 고쳐 다시 만듦. ❑집을 ~하다.
개:조(改組) 명하타 조직 따위를 개편함. ❑내각 ~.
개조(開祖) 명 **1** 처음으로 시작하여 그 일파의 원조(元祖)가 되는 사람. **2** '개종조(開宗祖)'의 준말. **3** '개산조사(開山祖師)'의 준말.
개:조(個條·箇條) 의명 낱낱의 조목을 세는 단위. ❑칠 ~로 이루어진 조문.
개:종(改宗) 명하자〖종〗종교를 다른 종교로 바꿔 믿음. 개교(改敎). ❑천주교로 ~하다.
개종(開宗) 명하자〖불〗한 종파를 처음으로 엶.
개:종-자(改宗者) 명 개종한 사람.
개종-조(開宗祖) 명〖불〗한 종파를 처음으로 연 사람. ㊟개조.
개:좆-같다[-졷깓따] 형 〈비〉 사물이 보잘것없거나 여건이 마음에 들지 않다. ❑개좆같은 놈. **개:좆-같이**[-졷까치] 부

개-좆부리 [-존뿌-] 몜 〈비〉 감기. 준개좆불.
개-좆불 [-존뿔] 몜 〈비〉 '개좆부리'의 준말.
개좌(開座·開坐) 몜하타 《역》 예전에, 관원들이 모여 사무를 보던 일.
개:주(介冑·鎧冑) 몜 갑옷과 투구.
개:주(改鑄) 몜하타 고치어 다시 주조함. ▢~활자
개:주지사(介冑之士) 몜 갑옷과 투구를 갖추어 입은 무사(武士).
개-죽음 몜하자 아무 보람이나 가치가 없는 죽음. ▢~을 당하다.
개:준(改悛) 몜 ☞개전(改悛).
개:중(個中·箇中) 몜 (주로 '개중에'의 꼴로 쓰여) 여럿 있는 그 가운데. ▢~에는 쓸 만한 것이 있다 / ~에 몇은 안면이 있다.
개지¹ 《식》 버드나무의 꽃. 버들개지.
개:지²(-) 《불》 초파일에 다는 등(燈)에 모양을 내기 위해, 모서리나 밑에 붙여 늘어뜨린 색실 조각.
개지(開地) 몜 개간한 땅.
개:-지네 《동》 지넷과에 속하는 다족류(多足類)의 하나. 몸길이 4cm 가량. 몸은 23마디로 되어 있고, 마디마다 한 쌍의 발이 있음. 집 근처나 그늘진 곳에 살며 작은 곤충을 잡아먹음. 석오공(石蜈蚣).
개:-지랄 〈비〉 너저분하고 미운 짓거리를 이르는 말. ▢~을 치다.
개:진(改進) 몜하자타 낡은 기술이나 제도 따위가 점차 나아져 발전함. 또는 나아지게 발전시킴.
개진(芥塵) 몜 먼지. 티끌.
개진(開陳) 몜하타 자기의 의견이나 생각 등을 드러내어 말하거나 글로 씀. ▢의견을 ~하다 / 조리 정연하게 논리를 ~하다.
개진(開進) 몜하자 문물이 발달하고 사람의 지혜가 열림.
개:진(凱陣) 몜하자 싸움에 이겨 진영으로 돌아옴. ✽개선(凱旋).
개:-질경이 몜 《식》 질경잇과의 여러해살이풀. 바닷가나 들에 나는데, 잎은 긴 타원형으로 뿌리에서 뭉쳐나고 잎자루가 짧거나 없음. 5~6월에 흰 꽃이 둥그스름하게 긴 수상(穗狀)꽃차례로 핌. 잎과 씨앗은 약용, 어린 잎은 식용함.
개짐 몜 여자가 월경할 때 샅에 차는, 헝겊 등으로 만든 물건. ✽월경대.
개:-짐승 몜 언행이 매우 좋지 않은 사람을 욕하는 말. ▢~만도 못하다.
개:-집 몜 개가 들어가 사는 작은 집.
개:-찜 몜 개고기의 찜. 구증(狗蒸).
개:차(改差) 몜하타 《역》 벼슬아치를 바꿈.
개:차(蓋車) 몜 유개차.
개:-차반 〈비〉 개가 먹는 똥이라는 뜻으로, 말과 행동이 몹시 더러운 사람을 욕하는 말. ▢술만 먹으면 ~이 된다.
개:착(改着) 몜하타 개의(改衣).
개착(開鑿) 몜하타 산을 뚫거나 땅을 파서 도로·운하 등을 냄. ▢증서의 ~ 공사.
개:찬(改撰) 몜하타 책을 다시 고쳐 지음.
개:찬(改竄) 몜하타 글의 뜻을 다르게 하려고 글자나 구절을 일부러 고침. ▢증서의 ~.
개:찰(改札) 몜하타 차표나 입장권 따위를 들어가는 입구에서 조사함. 개표(改票). ▢~시간/ ~을 기다리다 / 입구에서 ~을 하다.
개찰(開札) 몜하타 입찰 결과를 조사함.
개:창(疥瘡) 몜 《한의》 옴¹.

개창(開倉) 몜하타 《역》 관아의 창고를 열고 공곡(公穀)을 내던 일.
개창(開創) 몜하타 처음으로 시작하거나 세움. ▢새로운 왕조를 ~하다.
개창-지(開創地) 몜 처음으로 개척한 땅.
개창-지(開敞地) 몜 앞이 넓게 트이어 전망이 좋은 땅.
개창-하다(開敞-) 혬여 앞이 막히지 않고 탁 트이어 환하다.
개:채(改彩) 몜하타 《불》 불상에 채색을 다시 올림.
개채(芥菜) 몜 겨자와 갓의 총칭.
개척(開拓) 몜하타 **1** 산야·황무지를 일구어 논밭을 만듦. ▢불모지를 ~하다. **2** 영토 따위를 확장함. ▢외국에 식민지를 ~하다. **3** 새로운 분야를 처음으로 열어 나감. ▢신문학의 ~ / 새로운 활로를 ~하다. **4** 막힌 운수나 진로를 틈. ▢운명을 ~하다.
개척-민(開拓民) [-청-] 몜 어떤 곳을 개척하기 위해 이주한 사람. ▢연해주 ~.
개척-사(開拓史) [-싸] 몜 개척하여 온 과정. 또는 그것을 엮은 기록.
개척-자(開拓者) [-짜] 몜 **1** 미개지(未開地)를 개척하는 사람. ▢신대륙의 ~들. **2** 새 분야를 개척하는 사람. ▢국문법 연구의 ~.
개척-지(開拓地) [-쩌] 몜 개척한 땅.
개천(-川) 몜 **1** 개울창 물이 흘러 나가도록 판 내. **2** 내³. ▢물에 발을 담그다.
[개천에서 용 난다] 미천한 집안에서도 인물이 난다.
개천-가(-川-)[-까] 몜 개천의 언저리. 개천 주변. 천변(川邊). 냇가.
개천-절(開天節) 몜 우리나라의 건국을 기념하는 국경일(10월 3일).
개청(開廳) 몜하자타 **1** 새로 설치한 관청이 사무를 보기 시작함. **2** 관청을 새로 설치함.
개:체(改替) 몜하타 기계나 시설 따위를 다른 것으로 바꿈. ▢낡은 수도관을 새것으로 ~하다.
개:체(個體·箇體) 몜 **1** 독립하여 존재하는 낱낱의 물체. 개물(個物). ↔집합체. **2** 《생》 하나의 생물로서 완전한 기능을 갖는 최소의 단위. ↔군체(群體).
개체(開剃) 몜하타 《역》 머리의 가장자리를 깎고 정수리 부분의 머리털만 남겨 땋아 늘이던 머리 모양(몽고의 풍속으로 고려 말에 성행했음).
개:체 개:-념(個體概念) 《논》 개별 개념.
개:체-군(個體群) 몜 《생》 한 장소에서 함께 생활하는 생물 개체의 집단.
개:체 명사(個體名辭) 《논》 개별 개념.
개:체 발생(個體發生) [-쌩] 《생》 개체가 수정란·포자에서 발생하여 완전한 개체로 되기까지의 변태 과정.
개:체 변:이(個體變異) 《생》 같은 종류의 생물의 각 개체 사이에서 일어나는, 유전하지 않는 변이. 방황 변이(彷徨變異).
개:체 접합(個體接合) [-저팝] 《생》 단세포 생물에서, 보통 영양체가 그대로 생식 세포가 되어 서로 접합하는 일. ↔배우자 접합.
개:체-주의(個體主義) [-/-이] 몜 《철》 개체를 실체적인 것으로서 가장 중히 여기며, 보편 또는 전체를 비본질적·파생적인 것으로 보는 입장. ↔보편(普遍)주의.
개:초(蓋草) 몜하타 **1** 이엉. ▢~를 얹다. **2** 이엉으로 지붕을 임.
개:초-장이(蓋草-) 몜 개초하는 것을 업으로 삼는 사람.

개최 (開催) 📖하타 모임·행사 따위를 맡아 준비하여 엶. ❏박람회 ~ / 정상 회담 ~ / 학술 회의를 ~하다.

개:축 (改築) 📖하타 집이나 건물 따위가 허물어지거나 낡아서 다시 고치어 짓거나 쌓음. ❏안채 ~ 공사 / 담장을 ~하다.

개:춘 (開春) 📖 1 다시 돌아온 봄. ❏~을 앞두고 모내기 준비가 한창이다. 2 새해.

개춘 (開春) 📖하타 1 봄철이 시작됨. 2 초봄.

개:충 (介蟲) 📖 갑충(甲蟲).

개:충 (個蟲) 📖 〈동〉 군체(群體)를 구성하는 동물의 한 개체(이끼벌레·히드라 따위).

개:치 (改置) 📖하타 대치(代置).

개치네-쒜 🄶 (감기를 물러가게 하려고) 재채기를 한 뒤에 외치는 소리.

개:칙 (概則) 📖 개략의 규칙.

개:칠 (改漆) 📖하자타 1 칠한 것을 다시 고치어 칠함. 2 글씨를 쓸 때, 한 번 그은 획에 붓을 대어 다시 칠함.

개:칭 (改稱) 📖하타 조직이나 기관 따위의 이름이나 칭호를 고침. ❏형무소가 교도소로 ~되다.

개컬-간 (-間) 📖 윷놀이에서, 개나 걸 둘 중의 하나. ❏~에 아무거나 나오면 상대편 말을 잡을 수 있다.

개컬-뜨기 📖 윷놀이에서, 개나 걸로 상대편의 말을 잡을 수 있는 기회.

개:코-같다 [-갇따] 📖〈비〉형편없다. 개숫같다. ❏글씨가 ~. **개:코-같이** [-가치] 🄿

개:코-망신 (-亡身) 📖하자 아주 큰 망신. 개망신. ❏괜히 나서는 체했다가 ~을 당했다.

개:코-원숭이 📖〈동〉비비(狒狒)1.

개키다 이부자리나 옷 등을 포개어 접다. ❏이불을 ~. 📖개다.

개탁 (開坼) 📖하타 봉한 편지나 서류 따위를 뜯어보라는 뜻으로, 주로 손아랫사람에게 보내는 편지 겉봉에 쓰는 말.

개:탄 (慨歎·慨嘆) 📖하자타 분하거나 걱정스럽게 여기어 탄식함. ❏황금만능의 세태를 ~하다.

개탕 (開鐋) 📖〈건〉 1 장지·빈지·판자 등을 끼우기 위해 판 홈. 2 '개탕대패'의 준말.
개탕(을) 치다 🄿 개탕을 만들다.

개탕-대패 (開鐋-) 📖 개탕을 치는 대패.

개:-털 📖 1 개의 털. ❏이 날리다. 2 〈속〉돈이나 뒷줄이 없는 사람(죄수들의 은어). ❏~ 같은 신세. ↔범털.
개털에 벼룩 끼듯 🄿 좁은 바닥에 많은 것이 득시글득시글 몰려 있는 모양.

개:털-니 [-리] 📖〈충〉짐승털닛과의 기생 곤충. 개털에 기생하며 몸길이 1.5mm가량. 육각형의 머리를 가졌음.

개토 (開土) 📖하자 뫼를 쓰거나 집을 짓기 위하여 땅을 파기 시작함.

개토-제 (開土祭) 📖〈민〉개토하기 전에 토신(土神)에게 올리는 제사. ❏~를 올리다.

개통 (開通) 📖하타 도로·철도·전화 따위가 완성되거나 이어져 통함. ❏지하철이 ~되다.

개통-식 (開通式) 📖 개통할 때 행하는 의식. ❏~을 거행하다.

개:-판 (改-) 📖 씨름 등에서, 승부가 나지 않을 때 다시 판을 벌여 겨룸. 또는 그 판.

개:-판 (改版) 📖하타 1 인쇄에서 원판을 고치어 다시 판을 짬. 또는 그 판. 2 출판물의 내용을 고쳐 판을 새로이 하여 펴냄. 또는 그 출판물. 개간(改刊).

개판 (開版) 📖하타 출판물을 처음으로 찍어 냄 (목판 인쇄에서 쓰던 말).

개:-판 (蓋板) 📖 1 〈건〉 서까래·부연(附椽)·목반자 따위의 위에 까는 널빤지. 2 장롱 따위의 맨 위에 모양을 내려고 댄 나무판.

개:-판-널 (蓋板-) 📖 개판으로 쓰는 널빤지.

개:-패 📖 1 광견병에 대한 예방 접종을 한 표시로 개 주인의 이름 등을 적어 개의 목에 건 표. 2〈속〉명패.

개펄 📖 갯가의 개흙이 깔린 땅. ❏~에서 굴을 캐다. 📖 펄.

개:-편 (改編) 📖하타 1 책 따위를 다시 고치어 편집함. ❏교과서를 ~하다. 2 조직 따위를 고치어 편성함. ❏행정 구역 ~ / 국제 금융 질서 ~을 논의하다.

개:편-안 (改編案) 📖 조직 따위를 고쳐서 다시 편성하자는 안건.

개평 📖 노름이나 내기 따위에서, 남의 몫에서 조금 얻어 가지는 공것. ❏~을 얻다.
개평(을) 떼다 🄿 개평을 얻어 가지다.
개평(을) 뜯다 🄿 졸라서 억지로 개평을 받아내다.

개평 (開平) 📖하타 〈수〉'개평방'의 준말.

개:-평 (概評) 📖하타 비평을 대충 함. 또는 그렇게 한 비평. ❏작품에 대한 ~.

개평-근 (開平根) 📖 〈수〉제곱근풀이.

개평-꾼 📖 개평을 떼는 사람. ❏노름판의 ~.

개-평방 (開平方) 📖하타 〈수〉'제곱근풀이'의 구용어.

개평방-법 (開平方法) [-뻡] 〈수〉제곱근을 구하는 방법.

개:폐 (改廢) [-/-폐] 📖하타 제도나 시설 따위를 고치거나 없애 버림. ❏법률의 ~ / 함부로 ~할 수 없는 규정.

개폐 (開閉) [-/-폐] 📖하타 문 따위를 열고 닫음. ❏자동 ~ 장치.

개폐-교 (開閉橋) [-/-폐-] 📖 가동교(可動橋).

개폐-기 (開閉器) [-/-폐-] 📖 〈전〉스위치.

개폐-문 (開閉門) [-/-폐-] 📖하자 〈역〉조선 때, 감영과 각 고을의 삼문(三門)을 날마다 열고 닫던 일.

개:-표 (改票) 📖하자 차표나 입장권 따위를 입구에서 조사하는 일. 개찰(改札). ❏~ 시간이 1분 남았다.

개:-표 (改標) 📖하자 표지(標紙)를 고쳐 씀.

개표 (開票) 📖하타 투표함을 열고 투표 결과를 조사함. ❏~ 결과 / ~에 들어가다.

개표-구 (開票區) 📖 개표하기 위해 정해진 단위 구역.

개표-소 (開票所) 📖 개표를 행하는 장소. 선거 관리 위원회가 각 개표구의 구청·시청·군청 소재지 등에 설치함.

개-풀 📖 갯가에 난 풀. ❏~을 뜯다.

개:-피[1] 📖 〈식〉볏과의 두해살이풀. 논이나 밭두둑에 나는데, 높이 30~60cm, 잎은 넓은 선형(線形)으로 끝이 뾰족함. 열매는 식용하거나 풀을 쑤는 데에 씀.

개피[2] 📖 개비[1].

개:-피 📖〈속〉무질서하고 난잡한 상태. ❏~을 치다 / ~으로 어지럽다 / 방 안이 ~이다.

개피-떡 📖 흰떡이나 쑥떡을 얇게 밀어 팥·콩 따위의 소를 넣고 반달같이 만든 떡.

개학 (開學) 📖하타 학교에서 방학이나 휴교 따위로 한동안 쉬었다가 다시 수업을 시작함. ❏~ 날짜 / ~을 맞다.

개함 (開函) 📖하타 함이나 상자를 엶. ❏투표함을 ~하다.

개항 (開港) 📖하타 1 외국과 무역을 할 수 있

게 항구를 개방하여 외국 선박의 출입을 허가함. **2** '개항장'의 준말. **3** 간만에 관계없이 언제나 배가 출입·정박할 수 있는 항구. 개구항(開口港). **4** 새로 항구나 공항을 열어 업무를 시작함. ❑ 신공항의 ~이 임박하다.

개항-장 (開港場) 명 외국과 무역을 하도록 개방한 항구 및 공항(空港). ㊟개항.

개항-지 (開港地) 명 개항장.

개:헌 (改憲) 명하타 헌법을 고침.

개:헌-안 (改憲案) 명 〖법〗 개헌하고자 하는 사항을 조항의 형식으로 초안한 문서. ❑ ~을 통과시키다 / ~이 제기되다.

개:-헤엄 명 개가 헤엄치듯이 손바닥을 아래로 엎어 팔을 물속 앞쪽으로 내밀어 물을 끌어당기면서 치는 헤엄.

개:혁 (改革) 명하타 제도나 체제 따위를 새롭게 뜯어고침. ❑ 의식 ~ / 세제를 ~하다.

개:혁-자 (改革者)[-짜] 명 개혁을 하는 사람.

개:혁-파 (改革派) 명 개혁을 주장하고 꾀하는 사람들. ❑ 급진적 ~ / 보수파와 ~.

개:형 (概形) 명 대체로 본 형상.

개:호 (介護) 명하타 곁에서 돌보아 줌. ❑ 환자를 ~하다.

개:호 (改號) 명하타 **1** 시호(詩號)나 당호(堂號)를 고침. **2** 개원(改元)1.

개호 (開戶) 명하타 지게문을 엶.

개호주 명 범의 새끼.

개혼 (開婚) 명하자 여러 자녀 가운데 처음으로 혼인을 치름. 또는 그 혼인. ↔필혼(畢婚).

개:화 (改化) 명하자 악을 고치고 선을 좇음.

개화 (開化) 명하자 **1** 사람의 지혜가 열리고 새로운 사상과 풍속 따위를 받아들여 발전함. ❑ ~의 물결 / ~와 수구의 대립 / ~된 문물을 받아들이다. **2** 〖역〗 갑오개혁 때, 정치 제도가 근대적으로 개혁된 일.

개화 (開花) 명하자 **1** 꽃이 핌. ❑ ~와 결실. **2** 문화·예술 등이 한창 번영함의 비유. ❑ 민족 문화의 ~.

개화-경 (開化鏡) 명 개화기에, '안경'을 일컫던 말. ❑ 그는 삭발에 ~을 낀 모습이었다.

개화-기 (開化期) 명 〖역〗 1876년의 강화도 조약 체결 이후 국권 피탈에 이르기까지, 종래의 봉건적인 사회 질서를 타파하고 근대적 사회로 개혁되어 가던 시기.

개화-기 (開花期) 명 **1** 식물의 꽃이 피는 시기. ❑ ~가 되다. **2** 문화·예술 등이 한창 번영하는 시기의 비유. ❑ ~를 맞다.

개화-당 (開化黨) 명 〖역〗 1884년(=고종 21년), 갑신정변을 일으킨 김옥균(金玉均)·박영효(朴泳孝)·홍영식(洪英植) 등을 중심으로 했던 당파《일본의 힘을 빌려 구제도를 혁신하고 서양 문물 제도를 수입하여 개화한 나라를 만들려고 하였음》.

개화-사 (開化史) 명 〖역〗 문명이 개화되어 온 과정이나 사실의 기록.

개화-사상 (開化思想) 명 〖역〗 조선 말에, 봉건적인 사상·풍속 등을 없애고 근대화를 꾀하려던 사상.

개화 운:동 (開化運動) 〖역〗 조선 말에, 개화당이 주동이 되어 새로운 문명을 받아들이기 위하여 벌이던 사회적 운동.

개화-인 (開化人) 명 개화한 사람.

개화-장 (開化杖) 명 개화기에 '단장(短杖)'을 일컫던 말. ❑ ~을 짚다.

개화-파 (開化派) 명 개화를 주장하는 사람들의 집단.

개활-지 (開豁地)[-찌] 명 앞이 너르게 트인 땅. ❑ 눈앞에 ~가 펼쳐지다.

개활-하다 (開豁-) 형여 **1** 막힘 없이 앞이 트이어 너르다. ❑ 개활한 고원 / 조망이 ~. **2** 도량이 넓고 원만하다. ❑ 인품이 ~.

개황 (開荒) 명 황무지를 개척함.

개:황 (概況) 명하타 대강의 상황. ❑ 사건의 ~ / ~을 알아보다.

개:회 (改悔) 명하타 회개(悔改).

개회 (開會) 명하자타 회의나 모임 따위를 시작함. ❑ ~를 선언하다. ↔폐회(閉會).

개회-사 (開會辭) 명 회의나 모임 따위를 시작할 때 하는 인사말. ↔폐회사.

개회-식 (開會式) 명 회의나 모임 따위를 시작할 때 하는 의식. ❑ 국회 ~. ↔폐회식.

개:획 (改劃) 명하자 다시 붓을 대어 이미 쓴 글씨나 이미 그린 그림을 고침.

개흉 (開胸) 명하자 〖의〗 흉곽 외과 등에서, 가슴 속에 있는 장기를 수술하기 위해 가슴을 가르고 여는 일.

개흉-술 (開胸術) 명 〖의〗 가슴을 가르고 하는 수술.

개:-흘레 명 〖건〗 칸을 늘이거나 벽장을 만들 때, 집의 벽 밖으로 새로 물리어 조그맣게 달아낸 칸살.

개-흙 [-흑] 명 강가나 개천가에 있는 거무스름하고 미끈미끈한 흙.

객 (客) 명 **1** 찾아온 사람. 손. ❑ 낯선 ~이 찾아오다 / 주인과 ~이 거꾸로 되다. **2** 여행길을 가는 사람. 나그네. ❑ 길 가던 ~이 하룻밤 재워 주기를 청하다.

-객 (客) 미 손님이나 사람의 뜻을 나타내는 말. ❑ 관광~ / 입장~ / 불평~.

객거 (客居)[-꺼] 명하자 집을 떠나 객지에서 머물러 삶. 여우(旅寓).

객고 (客苦)[-꼬] 명하자 **1** 객지에서 고생을 겪음. 또는 그 고생. ❑ ~가 심하다 / ~에 시달리다. **2** 쓸데없이 고생을 겪음. 또는 그 고생. ❑ ~를 치르다.

객공 (客工)[-꽁] 명 **1** 임시로 고용한 직공. **2** '객공잡이'의 준말.

객공-잡이 (客工-)[-꽁자비] 명 제품 하나에 일정액의 삯을 받거나, 일하는 시간이나 능률 등에 따라 삯을 받는 사람. ㊟객공.

객관 (客官)[-꽌] 명 〖역〗 **1** 관아의 사무에 직접적인 책임이 없던 벼슬아치. **2** 임시로 일을 보던 다른 관아의 벼슬아치.

객관 (客館)[-꽌] 명 객사(客舍).

객관 (客觀)[-꽌] 명 **1** 〖철〗 주관 작용의 대상이 되는 것. 또는 인식 주관에 대한 인식 내용. **2** 개인의 생각이나 감정에 좌우되지 않고 사실이나 사물을 있는 그대로 보거나 생각하는 것. ↔주관.

객관 묘:사 (客觀描寫)[-꽌-] 〖문〗 객관적으로 있는 그대로 관찰하고 충실히 묘사하는 창작 수법.

객관-성 (客觀性)[-꽌썽] 명 주관의 영향을 받지 않은 객관적 성질. 보편타당성. ❑ 판정의 ~ / ~을 잃은 주장 / ~이 있다 / ~이 결여되어 있다.

객관-식 (客觀式)[-꽌-] 명 **1** 주관을 배제하고 제삼자적 입장을 바탕으로 하는 형식·방식·양식. **2** '객관식 고사법'의 준말. ↔주관식.

객관식 고사법 (客觀式考查法)[-꽌-꼬-뻡] 주관에 따라 평가의 차이가 없도록 하는 시험 방법《문제의 틀리고 맞음을 가리는 진위법(眞僞法), 관련 있는 것끼리 맺는 결합법, 맞는 답을 고르는 선다법(選多法) 등이 있음》.

객관적 테스트. ↔주관식 고사법. ⓒ객관식.

객관-적 (客觀的)[-관-] 관형 제삼자의 입장에서 사물을 보고 생각하는 (것). ◻-인 사고 / ~으로 판단하다. ↔주관적(主觀的).

객관적 가치 (客觀的價値)[-관-까-] 《경》 사람의 주관적 의사와는 상관없이 객관적으로 결정되는 가치. ↔주관적 비평.

객관적 관념론 (客觀的觀念論)[-관-관-논] 《철》 세계의 본질을 주관적 의식과는 독립하여 존재하는 정신적·관념적인 것으로 보고 모든 현상은 이 관념의 나타남이라고 보는 형이상학적 인식론.

객관적 도:덕 (客觀的道德)[-관-또-] 《윤》 1 대부분의 사람들이 공통적으로 지니는 도덕. 2 행위의 결과에 가치를 두는 도덕. ↔주관적 도덕.

객관적 비:평 (客觀的批評)[-관-삐-] 예술 작품에 대하여 일정한 표준을 정하고 그 표준에 따라 하는 비평. ↔주관적 비평.

객관적 사회학 (客觀的社會學)[-관-싸-] 사회적 사실을 객관적인 사물과 같이 연구하는 사회학.

객관적 타:당성 (客觀的妥當性)[-관-썽] 《논》 어떤 판단이 개인의 주관을 초월하여 보편적 가치를 갖는 성질.

객관적 테스트 (客觀的test)[-관-] 객관식 고사법(考査法).

객관-주의 (客觀主義)[-관-/-관-이] 명 1 《법》 형벌은 교육이 아니라 범죄인의 행위나 결과에 대한 대가로서의 응보형(應報刑)이라고 보는 입장. 2 《사》 인식이나 판단의 기준이 객관에 있다고 보는 사상. 3 《철》 실재나 진리는 주관(主觀)과는 독립하여 존재한다고 보는 주의.

객관-화 (客觀化)[-관-] 명하타 1 주관적인 것을 객관적인 것이 되도록 하는 일. 2 경험을 조직하고 통일하여 보편타당성을 가진 지식을 만드는 일.

객귀 (客鬼)[-귀] 명 1 객지에서 죽은 사람의 혼령. 2 잡귀(雜鬼).

객금 (客衾)[-끔] 명 손님용으로 갖추어 둔 이부자리.

객기 (客氣)[-끼] 명 객쩍게 부리는 혈기. ◻-를 부리다 / ~가 나다.

-객꾼 (客-) 명 뜻밖에 참가한 사람을 달갑지 않다는 뜻으로 이르는 말. ◻잔칫집에 ~만 많다.

객년 (客年)[-갱-] 명 지난해.

객-님 (客-)[-갱-] 명 절에서, 객승(客僧)을 존대하여 이르는 말.

객담 (客談)[-땀] 명하타 객설(客說). ◻~을 늘어놓다.

객담 (喀痰)[-땀] 명하타 가래를 뱉음. 또는 그 가래. 각담(喀痰).

객담 검:사 (喀痰檢査)[-땀-] 《의》 객담의 성분을 검사하여 병균의 유무를 알아내는 일.

객동 (客冬)[-똥] 명 지난겨울.

객랍 (客臘)[갱납] 명 구랍(舊臘).

객려 (客慮)[갱녀] 명 마음이 산란해서 생기는 쓸데없는 생각. 잡념.

객례 (客禮)[갱네] 명 손님을 대하는 예의.

객로 (客路)[갱노] 명 여로(旅路).

객론 (客論)[갱논] 명하타 객설(客說).

객리 (客裡)[갱니] 명 객중(客中).

객몽 (客夢)[갱-] 명 객지에서 꾸는 꿈.

객미 (客味)[갱-] 명 객지에서 겪는 고생의 쓰라린 맛.

객반위주 (客反爲主)[-빠뉘-] 명하타 손님이 도

리어 주인 노릇을 함. 주객전도.

객방 (客房)[-빵] 명 손님이 묵는 방. ◻-에 머무르다 / 길손들이 ~을 드나들다.

객비 (客費)[-삐] 명 1 객지에서 들어가는 비용. ◻-를 절약하다. 2 쓸데없는 곳에 드는 비용. ◻-가 많이 나다.

객사 (客死)[-싸] 명하자 객지에서 죽음. ◻-를 당하다 / ~를 면하다.

객사 (客舍)[-싸] 명 나그네들이 묵을 수 있는 객지의 숙소.

객사 (客思)[-싸] 명 객지에서 느끼는 생각.

객상 (客床)[-쌍] 명 손님을 위하여 따로 차리는 밥상.

객상 (客狀)[-쌍] 명 객지에서 지내는 형편.

객상 (客商)[-쌍] 명 고향을 떠나 객지에서 하는 장사. 또는 그 장사하는 사람.

객석 (客席)[-썩] 명 극장 따위에서, 손님이 앉는 자리. ◻-을 메운 관중.

객선 (客船)[-썬] 명 1 손님을 태우는 배. 여객선. 2 다른 곳에서 온 배.

객설 (客說)[-썰] 명하자 객쩍은 말. 객담(客談). 객론(客論). 객소리.

객설-스럽다 (客說-)[-썰-따][-스러워, -스러우니] 형비 말이 객쩍은 데가 있다. 객설-스레 [-썰-] 부

객성 (客星)[-썽] 명 《천》 한때 일시적으로 나타나는 별(혜성·신성 따위).

객세 (客歲)[-쎄] 명 지난해.

객-소리 (客-)[-쏘-] 명하자 객설. ◻~를 늘어놓다.

객수 (客水)[-쑤] 명 1 쓸데없는 비. 2 다른 데서 흘러온 겉물. 3 끼니때 외에 마시는 물.

객수 (客愁)[-쑤] 명 객지에서 느끼는 쓸쓸한 마음. 여수(旅愁). 객한(客恨). ◻-에 젖다 / ~를 달래다.

객-숟가락 (客-)[-쑫까-] 명 1 손님을 대접하는 데 쓰는 숟가락. 2 남의 밥을 빼앗아 먹으려고 들이미는 숟가락. ＊객술.

객-술 (客-)[-쑬] 명 '객숟가락'의 준말.

객-스럽다 (客-)[-쓰-따][객스러워, 객스러우니] 형비 쓸데없고 실없는 데가 있다. 객-스레 [-쓰-] 부

객-승 (客僧)[-씅] 명 《불》 절에 손님으로 잠시 와 있는 승려. ＊객님.

객-식구 (客食口)[-씩꾸] 명 본디 식구 외에 집에서 묵고 있는 사람. 군식구. ◻-가 많다.

객실 (客室)[-씰] 명 1 손님을 거처하게 하거나 접대하는 방. ◻-에 묵다 / 손님을 ~로 모시다. 2 여관·열차·배 따위에서, 객이 드는 방이나 칸. ◻-을 잡다 / 오백여 개의 ~을 갖춘 호텔.

객심 (客心)[-씸] 명 1 객지에서 느끼는 쓸쓸한 마음. 2 딴마음.

객심-스럽다 (客甚-)[-씸-따][-스러워, -스러우니] 형비 몹시 객쩍은 데가 있다. 객심-스레 [-씸-] 부

객아 (客我) 명 《철》 의식하는 자아의 대상이 되는 객관적인 자기. ↔자아(自我).

객어 (客語) 명 1 《언》 목적어(目的語). 2 《논》 빈사(賓辭).

객연 (客演) 명하자 전속이 아닌 배우가 임시로 와서 출연함. 또는 그 출연.

객열 (客熱) 명 합병증으로 말미암아 나는 열.

객요 (客擾) 명 손님이 많아 번거롭고, 마음이 어수선함.

객용 (客用) 명 손님이 쓰는 물건.

객우(客寓)**명**하자 **1** 손님이 되어 몸을 의탁함. **2** 손님이 되어 임시로 머무는 집.

객우(客遇)**명**하타 손님으로 대우함.

객원(客員)**명 1** 어떤 일에 직접적인 책임이나 상관이 없이 참여하는 사람. ▣~으로 참석하다. **2** 어떤 단체의 구성원이 아니면서, 손님 대우를 받으며 참여한 사람. ▣~ 지휘자 / 학교에 ~으로 와 있다.

객원 교:수(客員教授)〖교〗초빙(招聘) 교수.

객월(客月)**명** 지난달.

객유(客遊)**명**하자 나그네가 되어 객지로 돌아다니며 노닒.

객의(客意)[개기 / 개개]**명** 객회(客懷).

객인(客人)**명 1** 손님1. ▣~을 맞다. **2** 객쩍은 사람.

객장(客場)[-짱]**명** 은행이나 증권 회사 등의 점포에서, 고객이 거래 업무를 보는 장소. ▣~이 붐비다.

객장(客裝)[-짱]**명** 여행을 하기 위한 차림.

객-적다(客-)☞ 객쩍다.

객점(客店)[-쩜]**명** 지난날, 길손이 음식이나 술을 사 먹거나 쉬던 집. 여점(旅店).

객정(客情)[-쩡]**명** 객회(客懷).

객정(客程)[-쩡]**명** 객로(客路).

객좌(客座)[-좌]**명** 손님의 좌석.

객주(客主)[-쭈]**명**〖역〗조선 때, 다른 지역에서 온 상인의 숙박을 치르며 물건을 팔거나 흥정을 붙여 주는 일을 하던 영업(주로 곡류·담배·쇠가죽 따위를 다룸). ▣~에 묵다. *여각(旅閣).

객주(客酒)[-쭈]**명** 손님에게 대접하려고 마련한 술.

객주리[-쭈-]**명**〖어〗쥐치복과에 속하는 바닷물고기. 몸길이는 60cm가량. 몸은 긴 타원형으로 납작하며, 회색 바탕에 짙은 회색 점이 퍼져 있음. 식용함.

객주제 가내 공업(客主制家內工業)[-쭈-]〖경〗상인이 부업으로 가내 공업을 하는 농민이나 길드(guild) 소속 수공업자에게 원료·도구 등을 미리 빌려 주어 생산하게 한 뒤, 일정한 삯을 치르고 그 제품의 공급을 독점하는 공업.

객죽(客竹)[-쭉]**명** 손님을 위해서 장만한 담뱃대.

객줏-집(客主-)[-쭈찝 / -쭌찝]**명** 지난날, 객주 영업을 하던 집. ▣~에 묵다 / ~에 들다. [객줏집 칼도마 같다] 얼굴 모양이 이마와 턱이 나오고 눈 아래가 움푹 들어간 것을 비유하여 일컫는 말.

객중(客中)[-쭝]**명** 객지에 있는 동안. 객리(客裏). 교중(僑中). 여중(旅中).

객중-보체(客中寶體)[-쭝-]**명** 객지에 있는 보배로운 몸이라는 뜻으로, 편지에서 객지에 있는 상대편을 높여 이르는 말.

객증(客症)[-쯩]**명**〖한의〗합병증.

객지(客地)[-찌]**명** 자기 고장을 떠나 임시로 있는 곳. ▣~ 생활 / ~로 떠돌다.

객지-살이(客地-)[-찌사리]**명**하자 객지에서 사는 일.

객-쩍다(客-)[-따]**형** 말이나 행동이 쓸데없고 실없다. ▣객쩍은 소리 / 객쩍은 공상 / 객쩍게 시간을 소비하다. **객쩍-이**뷔. ▣~ 행동하다.

객차(客車)**명** '여객 열차'의 준말. ▣~ 량. ↔화차.

객창(客窓)**명** 객창(旅窓).

객창-한등(客窓寒燈)**명** 객창에 비치는 쓸쓸한 등불.

객청(客廳)**명** 제사 때, 손님이 거처하도록 마련한 방이나 대청.

객체(客體)**명 1** 객지에 있는 몸《편지에서 상대방을 높여 이르는 말》. **2**〖법〗의사나 행위가 미치는 대상. **3**〖철〗작용의 대상이 되는 쪽. ↔주체.

객체 높임법(客體-法)[-노핌뻡]〖언〗문장의 주어의 행위가 미치는 대상을 높이는 법(('보다'·'주다'·'말하다'에 대하여 '뵙다'·'드리다'·'여쭈다'를 쓰는 따위).

객초(客草)**명** 손님을 대접하기 위해 마련한 담배. ▣~를 권하다.

객추(客秋)**명** 지난가을.

객춘(客春)**명** 지난봄.

객출(喀出)**명**하타 뱉어 냄.

객침(客枕)**명 1** 손님용의 베개. **2** 객지에서의 외로운 잠자리.

객토(客土)**명** 토질을 개량하기 위해 다른 곳에서 흙을 가져다 논밭에 섞는 일. 또는 그 흙. ▣~를 붓다 / 논에 ~를 하다.

객하(客夏)[개가]**명** 지난여름.

객한(客恨)[개칸]**명** 객수(客愁).

객한(客寒)[개칸]**명** 찬 바람을 쐬어 생기는 오한(惡寒).

객향(客鄕)[개캉]**명** 자기 집을 떠나 머물러 사는 곳. 객지. 타향.

객혈(喀血·咯血·略血)[개켤]**명**하자〖의〗각혈.

객호(客戶)[개코]**명** 다른 지방에서 옮겨 와서 사는 사람의 집.

객화(客火)[개콰]**명** 병중(病中)에 나는 울화.

객-화차(客貨車)[개콰-]**명** 객차와 화차.

객황(客況)[개쾅]**명** 객지에서 지내는 형편.

객회(客懷)[개쾨]**명** 객지에서 느끼는 외롭고 쓸쓸한 심정. 객의(客意). 객정(客情). 여정(旅情). ▣~를 풀다 / ~를 품다.

갤러리(gallery)**명 1** 화랑(畫廊). **2** 골프장에서, 골프 경기를 관람하는 사람.

갤:러-빠지다형 '게을러빠지다'의 준말. ☜겔러빠지다.

갤:러-터지다형 '게을러터지다'의 준말. ☜겔러터지다.

갤런(gallon)의명 용량의 단위《영국에서는 4.545l, 미국에서는 3.785l에 해당함》.

갤럽(gallop)**명** 승마에서, 말이 걸음마다 네 발을 땅에서 모두 떼고 뛰는 일.

갤럽(galop)**명 4** 분의2 박자의 경쾌한 춤. 또는 그 곡.

갤르다형 ☞게르다.

갤:리뷔 '게을리'의 준말. ☜겔리.

갬:-대[-때]**명** 나물 따위를 캐는 데 쓰는 나무 칼.

갬-상추명 잎이 다 자라서 쌈을 싸 먹을 수 있을 만큼 큰 상추.

갭(gap)**명 1** 감정·의견·능력 따위의 차이·격차. ▣세대 간의 ~ / 이상과 현실 사이의 ~이 크다. **2** 물건과 물건 사이의 틈. **3** 산등성이 사이의 깊이 갈라져 들어간 곳. **4**〖컴〗디스크나 시디(CD)에서, 기록 매체와 헤드 사이의 간격. 또는 레코드나 블록 사이에 두는 빈 공간.

갭직-갭직[-찝찝]**뷔**하여 **1** 여럿이 다 갭직한 모양. **2** 몹시 갭직한 모양.

갭직-하다[-찌카-]**형**여 조금 가볍다.

갯-가[개까 / 갣까]**명 1** 바닷물이 드나드는 곳의 가장자리. ▣~에는 해물이 많다. **2** 물이 흐르는 곳의 가장자리. ▣강 ~에 들어서자 발 밑이 촉촉해진다.

갯-가재 [갯까-/갣까-] 〖동〗 갯가잿과의 동물. 연안의 진흙 속에 사는데, 새우 비슷하며 몸길이가 15 cm 정도, 머리 위에 크고 작은 두 쌍의 더듬이와 낫 모양의 다리가 한 쌍 있음.

갯:-값 [개깝/갣깝] 〈비〉 형편없이 싼 값. 똥값. ▢ ~에 넘기다 / ~으로 팔다.

갯-강구 [개깡-/갣깡-] 〖동〗 갯강굿과의 절지동물. 배 안이나 연안의 바위 위에 떼지어 사는데, 몸길이는 3 cm 쯤이며, 등이 황갈색임. 선충(船蟲).

갯-것 [개껃/갣껃] 〖명〗 바닷물이 드나드는 곳에서 나는 물건.

갯-고둥 [개꼬-/갣꼬-] 〖조개〗 갯고둥과의 고둥. 염분의 농도가 높지 않은 자갈밭이나 진흙에 사는데, 길이 3 cm가량, 몸빛은 회색임. [으깨어 닭의 모이나 비료로 쓴다.]

갯-고랑 [개꼬-/갣꼬-] 〖명〗 바닷물이 드나드는 갯가의 고랑. ⓒ갯골.

갯-골 [개꼴/갣꼴] 〖명〗 '갯고랑'의 준말.

갯-길경이 [개낄-/갣낄-] 〖식〗 갯길경잇과의 두해살이풀. 바닷가 모래땅에 나는데, 높이 30-60 cm, 가을에 노란 꽃이 핌.

갯-나리 [갠-] 〖명〗 용골갯고사릿과의 극피동물. 모양이 식물인 참나리와 비슷함. 160-400 m 깊이의 따뜻한 바다 밑의 바위에 붙어사는데, 더러는 자유로이 헤엄치는 것도 있음. 고생대에 많이 번성한 원시 동물임.

갯-내 [갠-] 〖명〗 바닷물이 드나드는 곳에서 나는 짭짤하고 비릿한 냄새. ▢ ~가 어린 [풍기는] 바닷바람.

갯-논 [갠-] 〖명〗 바닷가의 개펄에 둑을 쌓고 만든 논. ▢ ~ 열 마지기.

갯다 [재] 〈옛〉 가 있다. 갔다. 돌아갔다.

갯-다슬기 ☞ 갯고둥.

갯-대 [개때/갣때] 〖명〗 저인망(底引網)을 끌 때, 벼리와 활개 끝 점이 엉키지 않게 대는 나무.

갯-돌 [개똘/갣똘] 〖명〗 1 재래종 벌의 벌통 밑을 받치는 돌. 2 개천에 있는 큼직한 둥근 돌.

갯-둑 [개뚝/갣뚝] 〖명〗 바닷물을 막기 위해 바닷가에 쌓아 놓은 둑.

갯-마을 [갠-] 〖명〗 갯가에 자리잡고 있는 마을. 포촌(浦村).

갯-머리 [갠-] 〖명〗 바닷물이 드나드는 곳의 가장자리.

갯-물 [갠-] 〖명〗 바닷물이 드나드는 곳에 흐르는 물. ▢ ~은 짜다.

갯-바닥 [개빠-/갣빠-] 〖명〗 개천이나 개의 바닥. ▢ 물이 나간 ~은 밭이랑처럼 이랑졌다.

갯-바람 [개빠-/갣빠-] 〖명〗 바닷가에서 육지로 부는 바람. ▢ 건건찝찔한 ~이 불어온다.

갯-바위 [개빠-/갣빠-] 〖명〗 갯가에 있는 바위. ▢ ~에 붙은 굴을 따다.

갯-반디 [개빤-/갣빤-] 〖동〗 갯반딧과의 갑각류. 연안에 삶. 길이 3 mm 정도, 조개 비슷하며 빛은 회백색임. 발광 물질을 내어 바닷물과 닿아 반딧불 같은 파란빛을 냄.

갯-발¹ [개빨/갣빨] 〖명〗 갯가의 개흙 벌.

갯-밭² [개빹/갣빹] 〖명〗 옻판의 도밭 다음의 둘째 밭밭.

갯-버들 [개뻐-/갣뻐-] 〖명〗 1 〖식〗 버드나뭇과의 낙엽 활엽 관목. 개울가에 나며 높이 1-2 m임. 꽃은 3월에 잎보다 먼저 핌. 가지와 잎은 풋거름으로 쓰고, 하천의 방수용으로 적합함. 땅버들. 등류(藤柳). 2 〖동〗 바다조름과의 강장동물. 연안의 바다 속에 사는데, 버드나무 가지 모양의 40 cm 쯤 되는 황갈색 중축(中軸) 좌우에 관 모양의 자갈색 개충(個蟲)이 깃털처럼 끼어 있음. 해류(海柳).

갯-벌 [개뻘/갣뻘] 〖명〗 바닷물이 드나드는 모래톱. ▢ 썰물이 빠지고 ~이 드러났다.

갯-보리 [개뽀-/갣뽀-] 〖식〗 볏과에 속하는 여러해살이풀. 줄기 높이 90 cm가량, 잎은 좁고 길며 끝이 뾰족함. 바닷가에서 자라는데 주로 가축의 먹이로 씀.

갯-사상자 (-蛇床子) [개싸-/갣싸-] 〖식〗 미나릿과의 두해살이풀. 바닷가에 나며, 줄기 높이는 60 cm가량이며, 8월에 흰 꽃이 겹산형꽃차례로 가지 끝에서 피고, 과실은 넓은 타원형임. 뿌리는 한방에서 강장제로 달여서 씀.

갯-산호 (-珊瑚) [개싼-/갣싼-] 〖동〗 산호류의 강장동물. 보통 바위가 많은 해안에 달라붙어 사는데, 골축(骨軸)은 나뭇가지 모양을 이룸. 빛은 홍색 또는 황색으로 아름다움.

갯-솜 [개쏨/갣쏨] 〖동〗 해면(海綿).

갯-어귀 ☞ 개어귀.

갯-완두 (-豌豆) [개완-/갣완-] 〖식〗 콩과의 여러해살이풀. 바닷가 모래땅에 나는데, 줄기는 약 60 cm, 잎은 넓은 타원형이며, 5-6월에 적자색의 꽃이 총상꽃차례로 피고 과실은 협과(莢果)임. 어린싹은 약용함. 개완두.

갯-장어 (-長魚) [개짱-/갣짱-] 〖어〗 갯장어과의 바닷물고기. 뱀장어처럼 몸이 길어 2 m 쯤 되는 것도 있으며, 등은 회갈색, 배는 은백색임. 해만(海鰻).

갯-지네 [개찌-/갣찌-] 〖명〗 갯지렁이.

갯-지렁이 [개찌-/갣찌-] 〖동〗 갯지렁잇과의 환형동물. 지네 비슷한데 납작하고 길이 5-12cm, 빛은 담홍색임. 민물이 흘러 들어 바닷변에 떼 사는데, 낚싯밥으로 씀.

갯-질경이 [개찔-/갣찔-] 〖식〗 질경잇과의 여러해살이풀. 잎은 길이 30 cm, 폭 8 cm가량이고 8월에 백색의 잔 꽃이 원주형의 수상(穗狀)꽃차례로 피고 열매는 삭과(蒴果)임.

갱 (坑) 〖명〗 〖광〗 1 광물을 파내기 위해 땅속을 파 들어간 길. 구덩이. ▢ ~에 들어가는 광부들. 2 '갱도(坑道)'의 준말. 3 사금광에서, 퍼낸 물을 빼기 위해 만든 도랑.

갱을 달다 〖구〗 ⓐ광맥을 따라 갱도를 뚫다. ⓑ사금광에 도랑을 내다.

갱 (羹) 〖명〗 무와 다시마 등을 넣어 끓인, 제사 때 쓰는 국. 메탕.

갱 (gang) 〖명〗 강도. 강도의 무리. ▢ ~ 두목.

갱구 (坑口) 〖명〗 〖광〗 갱도의 입구. 굿문.

갱기 〖명〗 '신갱기'의 준말.

갱:기 (更起) 〖명〗[하자타] 다시 일어나거나 다시 일으킴.

갱기 (饗器) 〖명〗 갱지미.

갱내 (坑內) 〖명〗 〖광〗 광물을 파내기 위해 파 놓은 구멍의 안. ▢ ~에 들어가다. ↔갱외.

갱내 가스 (坑內gas) 〖명〗 광산의 갱 안에 생기는 가스(메탄 가스·질소 가스 따위).

갱내-부 (坑內夫) 〖명〗 〖광〗 광산의 갱 안에서 일하는 인부.

갱내 채:굴 (坑內採掘) 〖광〗 지하의 광상(鑛床)에서 유용 광물을 채굴하는 작업. ↔노천(露天) 채굴.

갱내 화:재 (坑內火災) 〖광〗 석탄의 자연 발화·가스 폭발 등의 원인으로 갱 안에서 발생하는 화재.

갱:년-기 (更年期) 〖명〗 사람이 나이가 들어 몸의 기능에 장애가 나타나는 시기(보통은 45-50세의 시기). ↔청년기.

갱:년기 장애 (更年期障碍) 〖생〗 갱년기에 일

어나는 신체적·생리적 장애(귀울음·발한·두통·수족 냉감 등의 증상이 있음).

갱-단(gang團)團 범죄를 목적으로 조직된 폭력배의 무리. ▣~을 일망타진하다.

갱도(坑道)團 **1**『광』사람이 드나들며 광석이나 자재를 운반하거나 통풍 등의 목적으로 갱 안에 뚫은 길. **2** 땅속으로 뚫은 길. ❀갱(坑).

갱도(秔稻·粳稻)團 메벼. ↔나도(糯稻).

갱-독(更讀)團하타 다시 읽음.

갱동(坑洞)團 방고래.

갱로(坑路)[-노]團『광』갱도(坑道).

갱목(坑木)團『광』갱 안이나 갱도에 버티어 대는 통나무. 동바리.

갱-무꼼짝(更無-)團하타 갱무도리.

갱-무-도리(更無道理)團하형 다시는 어찌할 도리가 없음. 갱무꼼짝.

갱-무-하다(更無-)형여 그 이상 더는 없다.

갱-문(更問)團하타 다시 물음.

갱-문(更聞)團하타 다시 들음.

갱문(坑門)團『광』갱도의 출입구에 설치해 놓은 문. 굿문.

갱미(秔米·粳米)團 멥쌀.

갱-발(更發)團하자 다시 발생함.

갱-봉(更逢)團하자 다시 만남.

갱부(坑夫)團 갱 안에서 채굴 작업에 종사하는 인부. *광부(鑛夫).

갱사(坑舍)團『광』굿막.

갱살(坑殺)團하타 구덩이에 산 채로 넣고 묻어 죽임.

갱-생(更生)團하자타 **1** 거의 죽을 지경에서 다시 살아남. 갱소(更蘇). ▣~ 불능의 난치병/~의 가능성이 거의 없다. **2** 생활 태도나 정신이 본디의 바람직한 상태로 되돌아감. ▣~을 꾀하다 / ~의 길을 걷다. **3** 폐품이나 소용없게 된 물건을 다시 쓸 수 있게 함. 재생(再生).

갱-생-고무(更生-)團 재생고무.

갱-생 보:호(更生保護)團『법』전과자에 대하여 선행을 장려하고, 재범을 방지하는 관찰 보호와 자활을 위한 생업의 지도, 취업 알선 등의 직접 보호를 베푸는 일.

갱-생-사위(更生-)團 죽을 고비를 벗어나서 다시 살아날 수 있는 기회.

갱:생 지도(更生指導)團『사』신체장애자나 범죄자가 사회에 잘 적응하도록 물리적·의학적·심리적·경제적으로 지원하는 일.

갱-선(更選)團하타 다시 선출하거나 선거함.

갱-소(更蘇)團하자 갱생(更生).

갱-소년(更少年)團하자 늙은이의 몸과 마음이 다시 젊어짐.

갱신團하타 (주로 '없다'·'못하다' 따위와 함께 쓰여) 몸을 움직이는 일. ▣기운이 없어 ~을 할 수 없다.

갱-신(更新)團하자타『법』법적인 문서의 효력이나 기간이 끝났을 때, 그 기간을 연장하거나 새로 바꾸는 일. ▣계약 ~ /운전면허를 ~하다. *경신(更新).

갱연-하다(鏗然-)형여 쇠붙이·돌 등의 부딪치는 소리나 거문고 따위를 타는 소리가 맑고 곱다. ▣갱연한 거문고 소리. **갱연-히**團. ▣~을 울리는 산사(山寺)의 종소리.

갱-엿[-녇]團 검은엿.

갱 영화(gang映畵)[-녕-]團 암흑가를 배경으로 하는, 갱의 이야기를 다룬 영화.

갱외(坑外)團 광산이나 탄광의 갱의 밖. ▣~작업. ↔갱내.

갱외-부(坑外夫)團『광』광산의 갱 밖에서 일하는 인부. ↔갱내부.

갱:-위(更位)團하자 물러났던 임금이 왕위에 다시 오름.

갱유(坑儒)團하자타『역』중국의 진시황이 수많은 유생(儒生)을 산 채로 구덩이에 파묻어 죽임.

갱유-분서(坑儒焚書)團『역』분서갱유.

갱정(坑井)團『광』광석의 운반이나 통풍을 위하여, 갱도와 연결하여 수직이나 경사지게 판 갱도.

갱정(更正)團하타 ☞ 경정(更正).

갱정(更定)團하타 ☞ 경정(更定).

갱-조개團 ☞ 가막조개.

갱-죽(羹粥)團 시래기 따위의 채소류를 넣고 멀겋게 끓인 죽.

갱-즙(羹汁)團 국의 국물.

갱-지(更紙)團 표면이 좀 거칠고 품질이 낮은 종이(신문지나 시험지 등에 씀).

갱-지미(羹-)團 놋쇠로 만든 반찬그릇(반병두리보다 좀 작음). 갱기(羹器).

갱-진(更進)團하자타 다시 나아가거나 바침.

갱-짜(更-)團 **1** 한 논다니와 두 번째 성관계를 갖는 일. **2** 두 번째에 해당하는 일.

갱참(坑塹)團 깊고 길게 판 구덩이.

갱충-맞다[-맏따]형 갱충쩍다.

갱충-쩍다[-따]형 행동 따위가 조심성이 없고 아둔하다. 갱충맞다.

갱-탕(羹湯)團 국1.

갱판(坑-)團『광』광산에서 물을 흘려 보내기 위해 만들어 놓은 물길.

갱함(坑陷)團 땅이 꺼져서 생긴 구덩이.

갸기團 얄밉게 보이는 교만한 태도. 교기(驕氣). ▣~를 부리다.

갸:륵-하다[-르카-]형여 착하고 장(壯)하다. ▣갸륵한 마음씨 / 정성이 ~. **갸:륵-히**[-르키]團. ☞ 여기다.

갸름-갸름團형 여럿이 모두 갸름한 모양. ▣~한 손가락. ❀기름기름.

갸름-하다형여 좀 가늘고 긴 듯하다. ▣얼굴이 ~ / 갸름하게 생기다. ❀기름하다.

갸우듬-하다형여 조금 갸웃하다. ▣갸우듬하게 고개를 숙이다. ❀기우듬하다. **갸우듬-히**團. ▣고개를 ~ 하고 아기의 얼굴을 들여다보다.

갸우뚱-거리다자타 물체가 이쪽저쪽으로 기울어지게 자꾸 흔들리다. 또는 그렇게 흔들다. ▣배가 좌우로 ~. ❀기우뚱거리다. ᄲ까우뚱거리다. **갸우뚱-갸우뚱**團하자타형.

갸우뚱-대다자타 갸우뚱거리다.

갸울다〔갸울어, 갸우니, 갸운〕|형 수평이 되지 않고 한쪽이 조금 낮다. ❀기울다. ᄲ까울다. |자 수평이 아니고 한쪽이 조금 낮아지다. ❀기울다. ᄲ까울다.

갸울어-뜨리다타 갸울어지게 하다. ❀기울어뜨리다. ᄲ까울어뜨리다.

갸울어-지다자 한쪽이 갸울게 되다. ❀기울어지다. ᄲ까울어지다.

갸울어-트리다타 갸울어뜨리다.

갸울-이다타《'갸울다圖'의 사동》갸울게 하다. ❀기울이다. ᄲ까울이다.

갸웃[-욷]團하타형 조금 갸운 모양. 또는 갸울인 모양. ▣고개를 ~ 숙이다. ❀기웃. ᄲ까웃.

갸웃-거리다[-욷꺼-]타 고개나 몸을 이쪽저쪽으로 자꾸 갸울이다. ❀기웃거리다. ᄲ까웃거리다. **갸웃-갸웃**[-욷꺄욷]團하타형.

갸웃-대다[-욷때-]타 갸웃거리다.

갸웃-이 튄 갸웃하게. ▯고개를 ∼ 기울이다. ⑩기웃이. 쎈꺄웃이.

갸자 몡 음식을 나르는 데 쓰는 들것(두 사람이 가마를 메듯이 하여 나름). ▯∼에 음식이 가득하다.

갸자-꾼 몡 갸자로 음식을 나르는 사람.

갸푸씨다 짜 〈옛〉 옷·신 따위의 솔기에 다른 띠오리를 끼우다.

갹금 (醵金)[-끔] 몡하짜 여러 사람이 각기 돈을 냄. 또는 그 돈. ▯사원 일동의 ∼.

갹음 (醵飮) 몡하짜 술추렴.

갹출 (醵出) 몡하짜타 한 목적에 대하여 여러 사람이 각기 돈이나 물건을 냄. ▯수재 의연금 ∼ / 돈을 ∼하여 구제 기금을 조성하다.

갈갈 튄하짜 암탉의 알겯는 소리나 갈매기 등이 우는 소리. ▯암탉이 ∼거리고 알 날 자리를 본다. 쎈깔깔.

갈쭉-갈쭉 [-깔-] 튄하형 여럿이 다 보기 좋을 정도로 조금 긴 모양. ⑧길쭉길쭉.

갈쭉스름-하다 [-쓰-] 형어 조금 갈쭉하다. ⑧길쭉스름하다.

갈쭉-하다 형어 갈쭉하게. ⑧길쭉하다.

갈쭉-하다 [-주카-] 형어 폭보다 길이가 좀 길다. ▯갈쭉한 턱. ⑧길쭉하다.

갈쯔막-하다 [-마카-] 형어 좀 넉넉히 갈쯤하다. ⑧길쯔막하다.

갈쯤-갈쯤 튄하형 여럿이 다 꽤 갸름한 모양. ▯∼ 썰다.

갈쯤-이 튄 갈쯤하게. ⑧길쯤이.

갈쯤-하다 형어 매우 갸름하다. ▯갈쯤한 가지를 골라 따다. ⑧길쯤하다.

갈쯕-갈쯕 [-깔-] 튄하형 여럿이 다 길이가 알맞게 긴 듯한 모양. ▯무를 ∼ 썰다.

갈쯕-하다 형어 갈쯕하게. ⑧길쯕이.

갈쯕-하다 [-찌카-] 형어 알맞게 길다. ▯목이 ∼. ⑧길쯕하다.

걔: ㈜ 그 아이. ▯∼가 온다 / ∼한테 물어보려무나.

걘: ㈜ 그 아이는. ▯∼ 예쁘다.

걜: ㈜ 그 아이를. ▯∼ 잡아라.

거: (距) 몡 1 《식》 봉선화·제비꽃 따위의 꽃잎 뒤에 며느리발톱 비슷하게 된 것. 2 《동》 며느리발톱.

거 ㉠의명 '것'의 준말. ▯세상이란 다 그런 ∼지. ㉢지대 '그것'의 준말. ▯∼ 뭣이더라. ㉣㈜ '그것'의 뜻. ▯∼, 참 좋구나.

거² ㈜ 거기. ▯∼ 누구시오.

거:가 (巨家) 몡 1 문벌 높은 집안. 2 거가대족.

거가 (車駕) 몡 1 임금의 수레. 2 임금의 행차. 왕가(王駕).

거가 (居家) 몡 자기 집에 있음.

거:가 (擧家) 몡 온 집안.

거:가-대족 (巨家大族) 몡 지체 높고 번창한 집안. 거실세족. ㈜거족(巨族).

거가지락 (居家之樂) 몡 집에서 시(詩)나 서예 따위로 세월을 보내는 즐거움.

거:각 (去殼) 몡하타 껍데기를 벗겨 버림.

거:각 (巨閣) 몡 크고 웅장한 집.

거:각 (拒却) 몡하타 거절하여 물리침.

거:간 (巨奸) 몡 큰 죄를 저지른 간악한 사람.

거간 (居間) 몡 1 사고파는 사람 사이에 들어 흥정을 붙임. 또는 그 사람. 2 '거간꾼'의 준말. ▯∼ 노릇 / ∼을 넣다 / ∼을 통해서 토지를 팔다.

거간-꾼 (居間-) 몡 거간을 업으로 하는 사람. ㈜거간.

거갑 (居甲) 몡하짜 으뜸가는 자리를 차지함. 거괴(居魁). 거수(居首).

거:개 (擧皆) 몡튄 거의 모두. 대부분. ▯그의 말은 ∼가 허풍이었다 / 어딜 가나 사람은 ∼ 비슷하다.

거거 (車渠·硨磲) 몡 어패류 가운데 가장 큰 종류의 조개. 조가비의 길이가 1 m, 폭 50 cm, 높이 65 cm 가량으로, 깊숙하게 다섯 고랑이 지고 가장자리는 물결 모양을 이룸. 따뜻한 바다의 바위에 붙어 삶.

거:-거년 (去去年) 몡 지지난해. 재작년.

거:-거번 (去去番) 몡 지지난번. 전전번.

거:-거월 (去去月) 몡 지지난달. 전전달.

거:거-익심 (去去益甚)[-씸] 몡하형 갈수록 더욱 심함. 거익심언.

거:-거일 (去去日) 몡 그저께.

거:경 (巨鯨) 몡 큰 고래.

거:골 (距骨) 몡 《생》 복사뼈.

거:공 (擧公) 몡하짜 공적(公的)인 규칙대로 처리함.

거:관 (去官) 몡하짜 《역》 일정한 기간이 차서 다른 관직에 임용됨.

거:관 (巨款) 몡 거액(巨額).

거:관 (巨觀) 몡 볼 만한 큰 구경거리나 경치.

거관 (居官) 몡하짜 관직에 있음.

거:관 (擧棺) 몡하짜 출구(出柩) 또는 하관하기 위해 관을 듦.

거:관-포 (擧棺布) 몡 거관할 때 관을 걸어서 드는 베.

거:괴 (巨魁) 몡 도둑의 두목.

거:구 (巨軀) 몡 큰 몸뚱이. 거체(巨體). ▯육척 장신의 ∼ / ∼의 사나이.

거:국 (擧國) 몡 1 온 나라. 전국. 2 여야를 구별하지 않고 모든 정치 세력을 합치는 것.

거:국 내:각 (擧國內閣)[-궁-] 《정》 특정한 정당이나 정파를 배경으로 하지 않는 내각. 중립 내각. 초연내각.

거:국-일치 (擧國一致) 몡하짜 온 국민이 뭉치어 하나가 됨.

거:국일치 내:각 (擧國一致內閣) 《정》 비상시에 위기를 극복하기 위해 당파가 연합하여 조직한 내각.

거:국-적 (擧國的)[-쩍] 관명 온 국민이 함께 참여하는 (것). ▯온 국민의 ∼ 참여와 지지.

거:근 (去根) 몡하짜 1 뿌리를 없앰. 2 병이나 근심 등의 근원을 없앰.

거:근 (擧筋) 몡 《생》 물건을 들어 올리는 작용을 하는 근육.

거:금 (巨金) 몡 많은 액수의 돈. 큰돈. ▯∼을 들이다 / ∼을 내어 놓다.

거:금 (醵金) 몡하짜 갹금(醵金).

거:금 (距今) 튄 지금으로부터 과거로 거슬러 올라가서. ▯∼ 5백년 전.

거긔¹ 지대튄 〈옛〉 거기.

거긔² 조 〈옛〉 게. 에게.

거:기 (倨氣) 몡 거만한 태도나 기색.

거기 ㉠지대 그곳. ▯∼가 우리 고향이다 / ∼서 뛸 하나. ㉡튄 그곳. ▯∼ 서 있거라. ⑧고기. ㉢인대 상대를 약간 낮추어 이르는 제2인칭 대명사. ▯∼만 좋다면야 딴말이 있겠소.

거기중-하다 (居其中-) 형어 한쪽에 치우치지 않고 중간쯤에 있다.

거꾸러-뜨리다 타 1 거꾸로 엎어지게 하다. 2 세력 따위를 꺾어 힘을 잃게 하거나 무너지게 하다. 3 〈속〉 사람이나 동물 따위를 죽이다. ㈜거꾸러트리다.

거꾸러-지다 짜 1 거꾸로 엎어지다. ▯돌부리

에 걸려 ~. **2** 세력 따위가 힘을 잃거나 꺾이어 무너지다. ▣부패한 정부는 결국 거꾸러지고 만다. **3**〈속〉죽다. ㉺가꾸러지다.

거꾸러-트리다 탄 거꾸러뜨리다.

거꾸로 튀 차례나 방향이 반대로 바뀌게. ▣옷을 ~ 입다 / 시곗바늘을 ~ 돌리다. ㉺가꾸로.

거꾸로 박히다 귀 머리를 아래로 향하고 떨어지다. 거꾸로 떨어지다.

거꿀-가랑이표 (-標) 명〖인〗'>'의 인쇄상의 이름. 문장에서는 '작은말표'로, 수식(數式)에서는 '부등호(不等號)'로 쓰이는 부호. *가랑이표.

거꿀-달걀꼴 명 달걀을 거꾸로 세운 형상. 도란형(倒卵形).

거꿀-삼발점 (-三-點)[-쩜] 명 수식(數式)·인쇄 등에서 '왜냐하면'의 뜻으로 쓰이는 '∵'의 이름.

거나 조 받침 없는 체언에 붙어, 사람·시간·장소·사물 등을 가리지 아니하는 뜻을 나타내는 는 접속 조사. ▣우유~ 홍차~ 다 괜찮다. ㉕건. *이거나.

-거나 어미 용언의 어간에 붙어, 가리지 않는 뜻을 나타내는 연결 어미. ▣보~ 말~ 상관없다 / 맛이 좋~ 나쁘~ 다 먹어라. ㉕-건.

거나-하다 형여 술에 어지간히 취한 상태에 있다. ▣거나하게 취한 얼굴 / 술기운이 거나하게 돌다. ㉺건하다.

거:납 (拒納) 명하타 세금 등을 내기를 거절함.

거:냉 (去冷) 명 [←거랭(去冷)] 약간 데워 찬 기운만 없앰. ▣~한 청주.

거:년 (去年) 명 지난해. 작년.

거년-스럽다 [-따][-스러워, -스러우니] 형태 궁상스러운 데가 있다. ㉺가년스럽다. **거년-스레** 튀

-거뇨 어미〈옛〉-으냐. -느냐. -하느냐.

거누다 타 몸이나 정신을 가다듬어 지탱하다. ▣풀리는 다리를 거누며 언덕을 오르다. ㉺가누다.

거느니다 타〈옛〉거느리다.

거느리다[1] 타 **1** 부양해야 할 손아랫사람들을 데리고 있다. ▣식솔을 ~. **2** 부하나 군대 따위를 통솔하여 이끌다. ▣선수단을 ~ / 군사를 ~. **3** 다른 사람을 데리고 행동하다. ▣주치의가 수련의를 거느리고 회진하다.

거느리다[2] 타〈옛〉건지다. 구제하다.

거느리치다 타〈옛〉건져 내다.

거느림-채 명〖건〗원채나 사랑채에 딸린 작은 집채.

거늑-하다 [-느카-] 형여 모자람이 없어 마음이 흐뭇하다. ▣횡재수가 뻗친 것같이 뱃속이 거늑했다.

-거늘 어미 '이다' 또는 용언의 어간에 붙는 연결 어미. **1** '이미 사실이 이러이러하기에 그에 응하여'의 뜻을 나타냄. ▣시비(柴扉)에 개 짓~ 임만 여겨 나가 보니 / 오늘이 장날이~ 한밑천 잡아야겠다. **2** '이미 사실이 이러이러한데 그와는 딴판으로'의 뜻을 나타냄. ▣그리 일렀~ 이 무슨 실수냐 / 부자이~ 인색하기가 없다.

-거니 어미 '이다' 또는 용언의 어간에 붙는 연결 어미. **1** '이미 이러이러한데'의 뜻을 나타냄. 뒤에는 의문이 딸림. ▣젊었~ 돈 있는 사람이~ 무슨 짓인들 못하랴. **2** 혼자 마음속으로 '이러이러하리라'고 여기는 뜻을 나타냄. ▣지금도 살아 있다 / 사람이 아닌 동물이~ 생각하렴. **2** 동

작이나 상태가 잇따라 되풀이될 때, 각 동사 어간에 붙이는 연결 어미. ▣잡~ 밀~ 높은 메에 올라가니(松江).

-거니와 어미 '이다' 또는 용언의 어간에 붙는 연결 어미. **1** 사리가 상반되는 구절을 잇는 데 씀. ▣나는 그러하~ 너는 왜 그러냐. **2** 이미 있는 사실을 인정하고, 그보다 더한 사실을 말할 때 씀. ▣얼굴도 곱~ 마음씨는 더욱 곱다.

거니-채다 자 낌새를 알아채다. ▣녀석은 거니채고 고개를 꼰다.

거:닐다 [거닐어, 거니니, 거니는] 자 가까운 거리를 이리저리 한가로이 걷다. ▣강가를 거니는 연인 / 공원을 ~.

거느다 타〈옛〉거느리다.

-거눌 어미〈옛〉-거늘. -매. -으매.

-거다 어미〈옛〉-었다. -도다.

거:담 (祛痰·去痰) 명하자 가래를 없어지게 함.

거:담-제 (祛痰劑) 명 가래를 묽게 하여 삭제하는 약.

거:당 (擧黨) 명 한 당의 전체.

거:대 (巨大) 명하형 규모나 크기 따위가 엄청나게 큼. ▣~ 기업 / ~ 시장 / ~한 바위 / 몸집이 ~하다.

거:대-과학 (巨大科學) 명 많은 인원과 조직·예산이 들어가는 대규모의 연구(원자력이나 우주 개발 따위).

거:대 도시 (巨大都市) 인구 천만 정도 되는 큰 도시. 한 나라의 정치·경제·문화 따위에 큰 영향을 미침.

거:대 분자 (巨大分子)〖화〗화학 결합에 의하여 거의 무한 개수(個數)의 원자가 집합하여 있는 분자. 고분자(高分子).

거:대 세:포 (巨大細胞)〖생〗원형질이 풍부하고, 흔히 많은 핵을 포함하는 거대한 세포. 생리적으로 존재하는 외에, 갖가지 병에서 조직속에 나타남.

거:대-증 (巨大症)[-쯩]〖의〗온몸 또는 몸의 일부가 지나치게 커지는 병. 발육기의 성장 촉진은 거인증(巨人症)이 되고, 발육기를 지난 뒤의 성장 촉진은 말단 비대증이 됨. 또, 내장이 이상 발육하는 장기(臟器) 거대증도 있음.

거덕-거덕 [-꺼-] 튀하형 물기나 풀기가 약간 마른 모양. ▣젖은 옷이 ~ 마르다 / 풀 먹인 옷이 ~하다. ㉺가닥가닥. ㉑꺼덕꺼덕.

거덕-치다 형 모양이 상스럽거나 거칠어 어울리지 않다. ㉑꺼덕치다.

거덜[1] 명 (주로 '나다'·'내다'와 함께 쓰여) **1** 재산이나 살림 따위가 여지없이 허물어지거나 없어지는 것. ▣노름으로 살림이 ~ 났다. **2** 옷·신 따위가 다 해지거나 닳아 떨어지는 것. ▣~이 난 작업복. **3** 하려던 일이 여지없이 결딴이 나는 것. ▣가게를 거덜 내다.

거덜[2] 명〖역〗조선 때, 사복시(司僕寺)에서 말을 돌보고 관리해 주던 하인. 至의 '거달(巨達)'로 씀은 취음.

거덜-거덜 튀하형 살림이나 일이 결딴날 듯 위태로운 모양. ▣자금난으로 회사가 ~하다.

거덜-마 (-馬) 명 **1**〖역〗조선 때, 거덜이 타던 말. **2** 걸을 때에 몹시 몸을 흔드는 말.

거:도 (巨盜) 명 큰 도둑. 거적(巨賊).

거:도 (巨濤) 명 큰 파도.

거:도 (鋸刀) 명 자루를 한쪽에만 박아 혼자 당겨 켜는 톱. 톱칼.

거도-선 (居刀船·舸舠船) 명 [←비거도선(鼻居刀船)]〖역〗거룻배와 같게 만든 작고 빠른 병선. 조선 세조 5년(1459)에 만들어, 주로

왜구를 물리치는 데 썼음.

거:도-적 (擧道的)[관]명] 도(道) 전체와 관련된 (것). ¶~ 환영 / 행사를 ~으로 치르다.

거:독 (去毒)[명][하]다 『한의』 약재의 독기를 없애 버림.

거:동 (去冬)[명] 지난겨울.

거:동 (擧動)[명][하]자 1 몸을 움직이는 동작이나 태도. 몸가짐. ¶~이 수상하다 / ~을 주시하다 / ~이 불편하다 / 하루 종일 중노동으로 지쳐 ~할 수조차 없다. 2 '거둥'의 본딧말.

거동궤 (車同軌)[명] '거둥궤서동문'의 준말.

거동궤-서동문 (車同軌書同文)[명] 각 지방의 수레는 너비를 같게 하고, 글은 같은 글자를 쓴다는 뜻으로, 천하가 통일됨을 이르는 말. ◉준거동궤(車同軌)·동문동궤(同文同軌)·서동문(書同文).

거:동-범 (擧動犯)[명] 『법』 주거 침입죄·음란죄·위증죄처럼 결과의 발생이 필요 없이 외부적 거동만으로 성립되는 범죄. 형식범. ↔결과범.

거:두 (巨頭)[명] 국가나 커다란 조직에서, 중요한 지위에 있어 실권이 있으며 영향력이 큰 사람. ¶친일파의 ~ / 학계의 ~.

거:두 (去頭)[명][하]다 머리를 잘라 버림.

거:두 (擧頭)[명][하]자 1 머리를 듦. 2 굽죄임이 없이 떳떳하게 남을 대함. ¶주정뱅이로 소문이 나 ~를 못할 지경이다.

거두다[타] 1 널린 것이나 흩어진 것을 한데 모아들이다. ¶곡식을 ~ / 빨래를 ~. ◉준걷다³. 2 어떤 결과·성과를 올리거나 얻다. ¶승리를 ~ / 큰 성과를 ~. 3 세금·돈 따위를 징수하다. ¶세금을 ~ / 기부금을 거두어 모으다. ◉준걷다³. 4 뒷일을 보살펴 주다. ¶아이를 ~ / 식솔을 ~. 5 모양을 내다. ¶몸을 ~. 6 멈추어 끝을 내다. ¶그는 어제 숨을 거두었다. 7 시체·유해 따위를 수습하다. ¶시신을 ~ / 유해를 ~. 8 벌여 놓거나 차려 놓은 것을 정리하다. ¶이부자리를 ~ / 천막을 거두어 ~. 9 말·웃음 따위를 그치거나 그만두다. ¶웃음을 거두고 정색을 하다 / 겸연쩍은 표정을 거두고 말을 이었다.

거:두-대면 (擧頭對面)[명] 머리를 들어 서로 얼굴을 마주 대함.

거두들다[타]⟨옛⟩ 걸어들다.

거두어-들이다[타] 1 농작물을 수확하다. ¶벼를 ~. 2 말·생각·제안 따위를 취소하다. ¶내뱉은 말은 거두어들일 수가 없다. ◉준거둬들이다.

거두잡다[타]⟨옛⟩ 걸어잡다.

거:두-절미 (去頭截尾)[명][하]타 1 머리와 꼬리를 자름. 2 요점만 간단히 말함. ¶~하고 본론만 말해라.

거두쥐다[타]⟨옛⟩ 걸어쥐다.

거:두 회:담 (巨頭會談) 『정』 강대국의 최고 지도자들이 모여서 하는 회담.

거둠-질[명][하]자타 1 거두어들이는 일. ¶가을이라 ~이 한창이다. 2 물건을 욕심껏 탐내어 가지는 짓.

거:둥[명][하]자 [←거동(擧動)] 임금의 나들이. ¶~을 납시다.

[거둥에 망아지 새끼 따라다니듯 한다] 필요도 없는 사람이 쓸데없이 이곳저곳 따라다닌다.

거:둥-길 [-낄][명] 임금이 거둥하는 길.

[거둥길 닦아 놓으니까 깍정이가 먼저 지나간다] ㉠애써서 이루어 놓은 공이 하찮은 일로 보람 없이 되었음을 이르는 말. ㉡간절히 기다리던 사람은 오지 않고 반갑지 않은 사람이 나타나 기분을 망쳐 놓는 경우를 비유

하는 말.

거둬-들이다[타] '거두어들이다'의 준말.

거드럭-거리다[-꺼-][자] 거만스럽게 잘난 체하며 자꾸 버릇없이 굴다. ¶거드럭거리는 걸음걸이 / 거드럭거리지 말고 겸손해야 한다. ◉준가드락거리다. ◉셈꺼드럭거리다. ☞거들거리다. **거드럭-거드럭**[-꺼-][부][하]자

거드럭-대다[-때-][자] 거드럭거리다.

거:-드렁이[명] 장기 둘 때, 한번 만진 장기짝은 꼭 써야 되는 규정. 들어 내기.

거:드름[명] 거만한 태도.

거드름(을) 부리다[관] 거만한 행동을 짐짓 하다.

거드름(을) 빼다[관] 거만한 태도를 얄밉게 나타내다.

거드름(을) 피우다[관] 거만스러운 태도를 나타내다.

거:드름-스럽다[-따][-스러워, -스러우니][형][L] 보기에 거만한 태도가 있다. ¶거드름스러운 태도. **거:드름-스레**[부]

거:드름-쟁이[명] '거드름 피우는 사람'을 얕잡아 이르는 말.

-거드면[어미] '-거든'과 '-으면'이 합쳐져 추측을 나타낼 때 쓰는 연결 어미(예스러운 표현). ¶혹시나 일이 잘 안되~ 어쩌나.

-거든[어미] 1 가정으로 조건 삼아 말할 때 쓰는 연결 어미. ¶좋~ 가져라 / 사람이~ 부모님 말씀을 들어라. ◉준-건. 2 '하물며'의 뜻으로 말할 때 앞의 구절에 쓰는 연결 어미. ¶개도 은혜를 알~, 하물며 사람이랴 / 열등생이 합격이~ 우등생이야 더 말할 나위 없다. 3 '까닭이 이러이러한데 어찌 결과가 그렇지 아니하랴'의 뜻으로 말할 때, 까닭을 이루는 구절에 쓰이는 연결 어미. ¶그 떠버리가 왔~, 조용할 리가 있나 / 그가 호걸이~ 어찌 겁을 내랴. 4 이상함을 나타내는 느낌으로 쓰는 어미. ¶도무지 까닭을 모르겠~ / 참 알 수 없는 일이~.

거든-거든[부][하]자[부] 1 생각보다 가볍고 충분히 해낼 만큼 쉬운 느낌. ¶짐들을 ~ 들다. 2 마음이 후련하고 상쾌한 느낌. ◉준가든가든. ◉셈꺼든꺼든.

거든그-뜨리다[타] '거든그리다'의 힘줌말. ◉준가든그뜨리다.

거든-그리다[타] 거든하게 거두어 싸다. ◉준가든그리다.

거든그-트리다[타] 거든그뜨리다.

거든-하다[형][여] 1 생각보다 가볍고 충분히 해낼 만큼 쉬운 느낌이다. 2 마음이 후련하고 상쾌하다. ¶일을 해결하고 나니 마음이 ~. ◉셈꺼든하다. **거든-히**[부]

거들 (girdle)[명] 아랫배를 누르고 허리를 조여 몸매를 날씬하게 하는, 여자의 아랫도리 속옷의 하나.

거들-거리다[자] '거드럭거리다'의 준말. ◉준가들거리다. ◉셈꺼들거리다. **거들-거들**[부][하]자

거:들다[거들어, 거드니, 거드는][타] 1 남이 하는 일을 도와주다. ¶이삿짐 나르는 일을 ~. 2 남의 말이나 행동에 끼어들어 참견하다. ¶옆에서 한마디 ~ / 싸움을 ~.

거들-대다[자] 거들거리다.

거들떠-보다[타] (주로 부정어 앞에 쓰여) 아는 체하거나 관심 있게 건너다보다. ¶친구들은 그를 거들떠보지도 않는다.

거들-뜨다[-떠, -뜨니][자] 눈을 위로 크게 치켜뜨다.

-거들랑 [어미] **1** '-거든'과 '-을랑'이 합쳐 된 연결 어미. 가정·조건 삼음을 강조하는 뜻으로 씀. ⬜시험에 붙~ 한턱내게 / 상대가 크렷~ 피하라. **2** 듣는 사람은 모르고 있는 내용을 가르쳐 준다는 뜻을 나타내는 종결 어미. ⬜그때 나는 일선에 있었음. ㉰-길랑.

거들먹-거리다 [-꺼-] [자] 신이 나서 잘난 체하며 자꾸 도도하게 굴다. ⬜입선되었다고 ~. ㉱가들막거리다. ㉲꺼들먹거리다. **거들먹-거들먹** [-꺼-] [부하자]

거들먹-대다 [-때-] [자] 거들먹거리다.

거들-이다 [자] 신이 나서 잘난 체하며 함부로 거만하게 행동하다. ㉱가들막이다.

거듭 [의명] 팔 따위로 한 묶에 거두어들일 만한 분량을 세는 말. ⬜아궁이에 불을 한~ 넣다.

거듭-거듭 [부하타] 흩어져 있거나 널려 있는 것을 자꾸 대강 거두는 모양. ⬜큰 휴지만 ~ 줍다.

거듭 [부] 어떤 일이 되풀이하여. ⬜~ 강조하다 / 술잔이 ~ 오가다. ─-하다 [드파] [타어] 일 따위를 되풀이하여. ⬜실패를 ~ / 해를 ~.

거듭-거듭 [-꺼-] [부] 여러 번 되풀이하여. ⬜~ 당부하다 / 같은 말을 ~ 되되다.

거듭-나다 [-듬-] [자] 《기》 예수를 믿음으로써 영적(靈的)으로 다시 새사람이 되다. 중생(重生)하다.

거듭-남 [-듬-] [명] 《기》 중생(重生).

거듭-닿소리 [-따쏘-] [명] 《언》 '복자음(複子音)'의 풀어쓴 이름.

거듭-되다 [-되-] [자] 어떤 일이나 상황이 계속 생기거나 되풀이되다. ⬜거듭되는 실패 / 어려움이 ~.

거듭-제곱 [-제-] [명하타] 《수》 같은 수·식을 거듭 곱함. 또는 그 값(세제곱·네제곱 따위). 누승(累乘). 멱(冪).

거듭제곱-근 [-根] [-끈] [명] 《수》 제곱근·세제곱근·네제곱근 따위의 총칭. 누승근. 멱근(冪根).

거듭-홀소리 [-드폴쏘-] [명] 《언》 이중 모음.

거뜬-거뜬 [부하형] [부] **1** 생각보다 가볍고 충분히 해낼 만큼 쉬운 느낌. **2** 근심·아픔 따위가 가셔서 후련하고 개운한 느낌. ㉱가뜬가뜬.

거뜬-하다 [어] **1** 생각보다 가볍고 충분히 해낼 만큼 쉬운 느낌이 있다. ⬜밥을 차 사발을 거뜬하게 먹어 치우다 / 몸은 늙었지만 녀석을 거뜬하게 해치울 수 있다. **2** 근심·아픔 따위가 가셔 후련하고 개운하다. ⬜배탈이 거뜬한 게 나았다. ㉱가뜬하다. ㉲거든하다. **거뜬-히** [부]. ⬜한 달은 ~ 살 수 있는 생활비 / ~ 감당해 내다.

-거라 [어미] ('오다'를 제외한 동사의 어간에 붙어) 해라할 자리에 쓰여, 명령의 뜻을 나타내는 종결 어미. '-어라'보다는 예스러운 느낌을 줌. ⬜빨리 가~ / 어서 내려가~ / 가만히 있~ / 많이 먹~ / 일찍 자~ / 거기 좀 앉~. *-너라.

거란 (契丹) [명] 《역》 5세기 중엽 이래 내몽골 지방에서 유목하던 부족(몽골계와 퉁구스계의 혼혈종).

거:란지 [명] '거란지뼈'의 준말.

거:란지-뼈 [명] 소의 꽁무니뼈. ㉲거란지.

거량 [명하자] 《광》 '광(鑛)·걸량(乭糧)'. 아직 정련한 광구나 구덩이를 갖지 못하고 남의 광구나 구덩이의 버력탕 같은 데서 감돌을 고르거나 사금을 채취하여 조금씩 돈을 버는 일.

거랑-금 (-金) [-끔] [명] 거랑하여 모은 황금.

거랑 금점 (-金店) [-끔-] [명] 거랑꾼들이 모여들어 채광하는 금광.

거랑-꾼 [명] 거랑 작업을 하는 사람.

거랑-촌 (-村) [명] 예전에, 몹시 가난한 사람들이 모여 살던 마을이나 구역.

거:래 (去來) [명하타] **1** 돈을 주고받거나 물품을 사고파는 일. ⬜은행 ~ / ~가 틈하다 / ~가 이루어지다 / ~를 트다 / ~가 활발하다 / 물건이 비싼 값에 ~되다 / 오랫동안 ~한 은행에서 대출을 받다. **2** 이웃과의 친분 관계를 이루기 위하여 오고 감. ⬜~가 잦다 / 눈인사나 할 뿐 ~는 없다. **3** 서로 자기의 이익에 도움이 될 사물이나 행위를 교환하는 일. ⬜정치상의 ~. **4** 《역》 사건이 생기는 대로 아랫사람이 윗사람이나 관아에 가서 알리던 일. ⬜~를 올리다.

거:래금 (去來今) [명] 《불》 과거·미래·현재의 삼세(三世).

거:래-량 (去來量) [명] **1** 거래되는 수량. **2** 《경》 증권 거래에서, 시장에서 거래된 주식이나 채권의 액면 가격.

거:래-선 (去來先) [명] 거래처.

거:래-소 (去來所) [명] 《경》 상품·유가 증권 등을 대량으로 거래하는 상설 기관. ⬜증권 ~.

거:래-처 (去來處) [명] 돈이나 물건을 계속 거래하는 상대방. ⬜~에 물건을 배달하다.

거:랭 (去冷) [명하타] '거냉(去冷)'의 본딧말.

거:량 (巨量) [명] **1** 많은 분량. **2** 많이 먹는 음식의 양.

거:량 (-擧揚) [명하타] 《불》 설법할 때, 죽은 사람의 영혼을 불러는 일. 청혼(請魂).

거러치 [명] 〈옛〉 가라지.

거:레 [명하자] 까닭 없이 어정거려 몹시 느리게 움직임. ⬜옷 입고 ~하는 동안에….

거려 (居廬) [명하자] 《민》 상제가 무덤 가까이에 지은 초막에서 거처함.

거령-맞다 [-맏따] [형] 조촐하지 못하여 격에 어울리지 아니하다. ㉱가량맞다.

거령-스럽다 [-따] [-스러워, -스러우니] [형비] 거령맞다. ㉱가량스럽다. **거령-스레** [부]

거:례-법 (擧例法) [-뺍] [명] 앞서 말한 이론을 증명하기 위해 예를 들어 설명하는 수사법.

거:로 (去路) [명] 떠나가는 길.

거:론 (擧論) [명하타] 어떤 사항을 이야기의 주제나 문제로 삼음. ⬜그 문제는 더 이상 ~의 여지나 / 이미 결정된 일을 다시 ~하는 것은 시간 낭비이다.

거루 '거룻배'의 준말.

거루다 [타] 배를 강가나 냇가에 대다.

거:룩-하다 [-루카-] [형어] 성스럽고 위대하다. ⬜거룩한 마음 / 거룩한 뜻 / 거룩하신 하느님. 거:룩-히 [-루키] [부]. ⬜~ 받들다.

거룻-배 [-루빼 / -룯빼] [명] 돛이 없는 작은 배. ⬜~에 화물을 싣다. ㉲거루.

거:류 (去留) [명] **1** 떠남과 머무름. **2** 죽음과 삶. **3** 일이 되고 안됨.

거류 (居留) [명하자] **1** 어떤 곳에 임시로 머물러 삶. **2** 남의 나라 영토에 머물러 삶. ⬜일본에 ~하다.

거류-민 (居留民) [명] 남의 나라 영토에 머물러 사는 사람. ⬜재일(在日) ~.

거류민-단 (居留民團) [명] 거류민이 조직한 자치 단체. ㉲민단(民團).

거류-지 (居留地) [명] 《법》 조약에 의해 한 나라가 그 영토의 일부를 외국인의 거주 및 영업을 위하여 지정한 지역.

거르개 [명] 《화》 여과기(濾過器).

거르기 圈허타 《물》 여과(濾過)1.
거르다¹ 〔걸러, 거르니〕 타르 체나 거름종이 따위를 사용하여 국물을 짜내고 찌끼나 건더기를 밭여 내다. ❑술을 ~.
거르다² 〔걸러, 거르니〕 타르 정해진 차례를 건너뛰다. ❑점심 식사를 ~ 때를 ~ / 하루 걸러 발행되는 신문 / 한 집 걸러 두 번째 집.
거름 圈 비료. ❑~ 구덩이 / ~을 주다 / ~을 치다 / ~을 뿌리다 / 밭에 ~를 내다. ──하다 자타어 논밭에 거름을 주다.
거름-기 〔-끼〕 圈 거름 기운. ❑~ 있는 땅 / ~가 부족하다.
거름 기운 〔-끼-〕 《농》 식물에 나타난 거름의 효과. 거름기. 거름발.
거름 나무 《농》 나중에 썩어서 거름이 되도록 심는 나무.
거름-더미 〔-떠-〕 圈 《농》 거름을 쌓아 놓은 더미.
거름-발 〔-빨〕 圈 《농》 거름의 효과나 기운. ❑감자를 ~을 받아 잘 자란다.
  거름발 나다 코 거름의 효과가 나다.
거름-종이 圈 《화》 액체 속의 찌끼거나 건더기를 걸러 내는 종이. 여과지.
거름 지게 〔-찌-〕 《농》 예전에, 거름을 퍼 나르는 데 쓰던 지게.
거름-집 〔-찝〕 圈 두엄을 넣어 두는 헛간.
거름-통 (-桶) 圈 거름을 퍼 나르는 데 쓰는 통.
거름-풀 圈 《농》 거름으로 쓰려고 벤 풀이나 나뭇잎.
거름-흙 〔-흑〕 《농》 1 기름진 흙. 비토(肥土). 2 거름을 놓았던 자리에서 그러모은 흙.
거리¹ 圈 '길거리'의 준말. ❑복잡한 ~ / ~의 소음 / ~를 헤매다 / ~를 쏘다니다 / ~로 나오다 / ~에 행인들의 왕래가 뜸하다 / 빈손으로 ~에 나앉은 신세가 되다.
거·리 (巨利) 圈 큰 이익.
거·리 (距離) 圈 1 두 곳 사이의 떨어진 정도. ❑~가 멀다 / ~를 좁히다 / ~를 재다. 2 《수》 두 점을 잇는 직선의 길이. 3 사람과 사귀는 데 있어서의 간격. ❑~가 느껴지다 / ~를 두지 말고 지내자. 4 비교하는 두 대상 사이에 느껴지는 차이. ❑이상과 현실 사이의 ~.
거리² 의명 1 감이 되는 재료. ❑일할 ~ / 마실 ~를 내오다. 2 (주로 시간을 나타내는 명사 뒤에 쓰여) 그 시간 동안에 해낼 만한 일. ❑반나절 ~도 안 되는 일. 3 (주로 수를 나타내는 말 뒤에 쓰여) 제시한 수가 처리할 만한 것. ❑한 입 ~밖에 안 된다.
거리³ 의명 1 《민》 무당이 하는 굿의 한 장면. ❑한 ~ 놀다 / 굿 열두 ~. 2 《연》 연극의 한 막. 또는 그 구분. ❑첫째 ~.
거리⁴ 의명 오이·가지 등을 셀 때, 50개를 한 단위로 일컫는 말. ❑오이 두 ~.
-거리 1 날수·달·해를 나타내는 말에 붙어, 어떤 현상이 주기적으로 나타나는 그 동안을 뜻하는 말. ❑하루~ / 이틀~ / 달~ / 해~. 2 어떤 말을 조금 속되게 표현하는 말. ❑떼~ / 짓~ / 패~.
-거리- 罒 의태어·의성어의 어근에 붙어, 그 동작이나 소리가 잇따라 계속됨을 나타내는 말. -대-. ❑방실~ / 위윙~.
거·리-감 (距離感) 圈 사이가 뜬 느낌. ❑~을 주다 / ~이 있다 / ~을 느끼다 / ~을 갖고 있다.
거리-거리 圈부 여러 길거리. 거리마다. ❑~ 사람의 물결 / 가로수가 ~에 늘어서 있다.
거·리 경·주 (距離競走) 스키에서, 5~50 km

사이의 일정한 거리를 달려 걸린 시간으로 승부를 가르는 노르딕 종목.
거·리-계 (距離計) 〔-께〕 圈 거리를 재는 기계(사진기·측량기 등에 씀).
거리-굿 〔-굳〕 圈 길에서 하는 굿.
거리끼다 재 1 일이나 행동 등을 하는 데에 걸려서 방해가 되다. 2 일하는 데 거리끼는 것들을 우선 치우자. 2 꺼림칙하게 마음에 걸리다. ❑마음에 ~ / 양심에 거리끼지 않다 / 거리끼는 것이 많다.
거리낌 圈 1 일이나 행동 따위를 하는 데 걸려서 방해가 됨. ❑혼사가 ~ 없이 진행되다. 2 마음에 걸려서 꺼림칙하게 생각됨. ❑조금도 마음에 ~이 없다 / 양심에 ~을 느끼다.
거리다 타 〈옛〉 건지다.
-거리다 罒 접미사 '-거리-'에 어미 형성 접미사 '-다'가 합친 말. -대다. ❑넘실~ / 출렁~ / 양양~.
거리끼다 재 〈옛〉 거리끼다.
거리-제 (-祭) 圈 《민》 1 음력 정월에 길거리에 있는 장승에게 지내는 제사. 2 상여가 나갈 때에, 거리에서 친척이나 친지가 상여 옆에 제물을 차려 놓고 지내는 제사.
거리치다 타 〈옛〉 구제하다.
거·리-표 (距離標) 圈 1 철도나 도로의 기점으로부터의 거리를 나타내는 표. 2 이정표.
거림길 圈 〈옛〉 갈림길.
거릿-송장 〔-리쏭- / -릳쏭-〕 圈 길거리에서 죽은 사람의 시신.
거릿-집 〔-리찝 / -릳찝〕 圈 길거리에 있는 집. ❑동구 밖 ~.
거롬 圈 〈옛〉 걸음.
거마 (車馬) 圈 수레와 말. 차마.
거마-비 (車馬費) 圈 교통수단을 타고 다니는 데 드는 비용. 교통비. 차비.
거·막 (巨瘼) 圈 고치기 어려운 큰 병.
거·만 (巨萬·鉅萬) 圈 재산·금액 따위가 아주 많음을 이르는 말. ❑~의 부(富) / ~의 돈을 벌다 / ~의 군량을 싣고 가다.
거·만 (倨慢) 圈허형허부 잘난 체하고 남을 업신여김. 교만. 오만. ❑~한 표정 / ~을 부리다 / ~하다. ∼하게 굴다.
거·만-대금 (巨萬大金) 圈 큰 액수의 돈. ❑~을 준다 해도 싫다.
거·만-스럽다 (倨慢-)〔-따〕〔-스러워, -스러우니〕형타 거만한 태도가 있다. ❑거만스러운 태도 / 거만스럽게 굴다. 거·만-스레 분
거·맥 (去脈) 圈허타 《한의》 복령(茯苓) 따위의 살 속에 박힌 누르스름한 줄기를 긁어냄.
거망 圈 '거망빛'의 준말. ❑~이 들다.
거망-빛 〔-삗〕 圈 썩 짙게 검붉은 빛. ∼거망.
거망-옻나무 〔-온-〕 圈 《식》 옻나뭇과의 낙엽 활엽 교목. 늦은 봄에 황록색 꽃이 피고 흰 핵과는 가을에 익음. 열매의 껍질에서 밀랍을 채취함. 황로(黃櫨).
거머누르께-하다 형어 검은빛을 띠면서 누르스름하다. ❑벽가 병이 들었는지 거머누르께하게 변했다. ∼가마노르께하다.
거머-당기다 타 마구 휘감아 당기다. ❑머리채를 ~.
거머-들이다 타 힘차게 휘몰아 들이다. ❑재산을 ~.
거·머리 圈 1 《동》 거머릿과의 환형동물. 몸길이 3~4 cm. 논·못에 사는데 몸이 길고 납작하며, 주둥이와 배 끝에 흡반이 있어 다른 동물을 만나면 흡반으로 그 살에 달라붙어 피

를 빨아 먹음. **2** 남에게 달라붙어 괴롭게 구는 사람. ▣ ~ 같은 탐관오리 / ~같이 따라붙다. **3** 어린아이의 두 눈썹 사이에 있는 살 속의 파랗게 비치는 힘줄.

거:머리-말 图《植》거머리말과의 여러해살이 해초. 잎은 긴 줄 모양으로 길이 50–100 cm. 뿌리줄기와 어린잎은 식용함.

거머-먹다 [-따] 国 마구 휘몰아 먹다. ▣ 며칠 굶은 사람처럼 ~.

거머멀쑥-하다 [-쑤카-] 囫囵 거멓고 멀쑥하다. ▣ 거머멀쑥한 옷차림이 시선을 끈다. 쟁가마멀쑥하다. 쎈꺼머멀쑥하다.

거머무트름-하다 囫囵 얼굴이 거무스름하고 투실투실하다. ▣ 얼굴이 거머무트름해서 호감이 간다. 쟁가마무트름하다. 쎈꺼머무트름하다.

거머번드르-하다 囫囵 거무스름하면서 윤기가 나고 미끄럽다. 쟁가마반드르하다. 쎈꺼머번드르하다.

거머번지르-하다 囫囵 거무스름하고 번지르르하다. ▣ 거머번지르한 가마솥. 쟁가마반지르하다. 쎈꺼머번지르하다.

거머-삼키다 国 마구 휘몰아서 급히 삼키다. ▣ 아이가 과자를 게 눈 감추듯 먹다.

거머-안다 [-따] 国 힘 있게 휘몰아 안다.

거머-잡다 [-따] 国 휘몰아 움켜잡다. ▣ 풀을 한 움큼 ~. 窗검잡다.

거머-쥐다 国 휘감아서 움켜쥐다. ▣ 소매를 ~ / 뜻밖의 행운을 ~. 窗검쥐다.

거머-채다 国 휘몰아 잡아채다. ▣ 낚싯대를 ~ / 좋아하는 여자를 ~.

거:멀 图困国国 '거멀장'의 준말.

거:멀-못 [-몯] 图 나무 그릇 등의 금 간 데나 벌어질 염려가 있는 곳에 거멀장처럼 걸쳐 박는 못.

거:멀-쇠 [-쐬] 图《建》목재를 한데 대어 붙일 때 띠처럼 둘러매어 죄는 쇠.

거:멀-장 图困国国 **1** 나무 그릇의 맞추어 짠 모퉁이에 걸쳐 대는 쇳조각. **2** 물건 사이를 벌어지지 않게 연결시키는 일. 窗거멀.

거:멀-장식 (-裝飾) 图 나무 그릇의 사개나 연귀를 맞춘 자리에 걸쳐 대는 쇠 장식.

거:멀-접이 图 찰수수 가루를 반죽하여 반대기를 지어 삶아서 팥고물을 묻힌 떡.

거:멓다 [-머타] [거머니, 거메서] 囫囵 옅게 검다. 쟁가맣다'. 쎈꺼멓다.

거:메-지다 困 거멓게 되다. ▣ 얼굴이 ~. 쟁가매지다. 쎈꺼메지다.

거:명 (擧名) 图困国 어떤 일과 관련된 사람의 이름을 들어 말함. ▣ ~을 하면서 비판하다.

거:목 (巨木) 图 굵고 큰 나무《큰 인물의 비유로도 씀》. ▣ ~이 쓰러지다《큰 인재(人材)가 세상을 떠나다》 / 아름드리 ~으로 자라다 / 한국 문단의 ~.

거:목 (去皮) 图困国 《한의》약제로 쓰이는 열매의 알맹이를 발라 버림.

거무끄름-하다 囫囵 좀 짙게 거무스름하다. 쟁가무끄름하다. 쎈꺼무끄름하다.

거무데데-하다 囫囵 조금 산뜻하지 않게 거무스름하다. 쟁가무대대하다. 쎈꺼무데데하다.

거무뎅뎅-하다 囫囵 고르지 않게 거무스름하다. 쟁가무댕댕하다. 쎈꺼무뎅뎅하다.

거무레-하다 囫囵 옅게 거무스름하다. ▣ 눈자위가 ~. 쟁가무레하다. 쎈꺼무레하다.

거무숙숙-하다 [-쑤카-] 囫囵 수수하게 검다. 쟁가무숙숙하다.

거무스레-하다 囫囵 거무스름하다.

거무스름-하다 囫囵 조금 검다. ▣ 거무스름한 얼굴. 쟁가무스름하다. 쎈꺼무스름하다. 窗거뭇하다.

거무접접-하다 [-쩌파-] 囫囵 조금 짙게 거무스름하다. 쟁가무잡잡하다. 쎈꺼무접접하다.

거무죽죽-하다 [-쭈카-] 囫囵 고르지 않고 우중충하게 거무스름하다. 쟁가무족족하다. 쎈꺼무죽죽하다.

거무충충-하다 囫囵 어둠침침하게 거무스름하다. ▣ 폐수로 강물이 거무충충해졌다. 쎈꺼무충충하다.

거무칙칙-하다 [-치카-] 囫囵 우중충하게 검다. ▣ 거무칙칙한 옷감. 쟁가무칙칙하다. 쎈꺼무칙칙하다.

거무튀튀-하다 囫囵 흐리터분하게 거무스름하다. ▣ 햇볕에 그을려 얼굴이 ~. 쟁가무퇴퇴하다. 쎈꺼무튀튀하다.

거무하-에 (居無何-) 囝 있은 지 얼마 안 되어 ~. 窗 잠이 들다.

거문-고 图《악》오동나무의 긴 널을 속이 비게 짜고 그 위에 여섯 줄을 친 현악기《술대로 줄을 튀겨 소리를 냄》.
[거문고 인 놈이 춤을 추면 칼 쓴 놈도 춤을 춘다] 처지는 생각지 않고 남의 흉내만 낸다.

거문고-자리 图《천》북쪽 하늘에 있는 별자리의 하나. 백조자리의 서쪽에 있으며 α성은 직녀성임.

거:문-납 (拒門不納) [-랍] 图困国 문을 닫고 사람이나 물건 따위를 들이지 않음.

거:문-성 (巨門星) 图《민》구성(九星)의 둘째 별. 탐랑성(貪狼星)의 다음이고, 녹존성(祿存星)의 위에 있음.

거:물 (巨物) 图 **1** 큰 물건. **2** 세력·학문 따위가 뛰어나 사회적으로 영향력이 큰 사람. ▣ 재계의 ~.

거물-거리다 困 **1** 약한 불빛 따위가 사라질 듯 말 듯 움직이다. ▣ 불이 ~. **2** 멀리 있는 물건이 보일 듯 말 듯 움직이다. **3** 정신이나 기억이 날 듯 말 듯하다. 쟁가물거리다. 쎈꺼물거리다. ▣ 정신이 ~ 하다.

거:물-거물 图困 = 거물거리다.

거:물-급 (巨物級) [-끕] 图 거물의 부류. 또는 그 부류에 속하는 사람. ▣ ~ 인사 / ~이 출마하다.

거물-대다 困 거물거리다.

거뭇-거뭇 [-묻꺼묻] 囝囫囵 군데군데 검은 모양. ▣ ~ 검버섯이 끼다. 쟁가뭇가뭇. 쎈꺼뭇꺼뭇.

거뭇-하다 [-무타-] 囫囵 '거무스름하다'의 준말. 쎈꺼뭇하다.

거믄고 〈옛〉거문고.

거의 图 〈옛〉거미.

거미 图《동》거미목의 절지동물의 총칭. 몸은 머리·가슴·배로 구분됨. 4쌍의 다리가 있고, 항문 근처에 있는 방적 돌기에서 거미줄을 내어 그물처럼 쳐 놓고 벌레가 걸리면 잡아서 양분을 빨아 먹고 삶.
[거미도 줄을 쳐야 벌레를 잡는다] 준비가 있어야 그 결과를 얻을 수 있다.
거미 새끼 흩어지듯 囝 '많은 사람이 순식간에 사방으로 흩어지는 모양'을 비유한 말.

거미-발 图 노리개·반지 등에 보석·진주 등의 알을 물리고 고정시키기 위해 오그리는 삐죽삐죽한 것.

거미-일엽초 (――葉草) 图《植》꼬리고사릿과의 여러해살이 상록초. 높은 산의 석회암 토질에 나는데, 잎 끝이 실 모양으로 뻗어 땅에 붙어 뿌리를 내리고 자람.

거미-줄 명 **1** 거미가 뽑아내는 가는 줄. 또는 그 줄로 친 그물. ▢ ~에 걸린 나방 / ~을 치다. **2** 〖건〗 방구들의 구들장 사이를 진흙으로 바른 줄. **3** 범인을 잡기 위해 쳐 놓은 수사망. ▢ 범인은 경찰이 쳐 놓은 ~을 뚫고 유유히 사라졌다.

거미줄 같다 관 이리저리 배치하거나 늘어놓은 것이 거미줄을 쳐 놓은 것 같다. ▢ 거미줄 같은 도로망.

거미줄(을) 누르다 관 방구들을 놓을 때, 구들장과 구들장 사이에 진흙을 바르다.

거미줄(을) 늘이다 관 죄인을 잡기 위하여 여러 방면으로 수사망을 펴다.

거미줄(을) 치다 관 ㉠거미가 실을 뽑아 집을 짓다. ㉡죄인을 잡기 위하여 수사망을 널리 펴 놓다.

거미-집 명 거미가 벌레를 잡기 위해 거미줄을 쳐서 얽은 그물.

거미-치밀다 [-치밀어, -치미니, -치미는] 짜 부러움과 시새움으로 욕심이 치밀어 오르다.

거미-파리 명 〖충〗 거미파릿과의 곤충. 몸길이 2.5 mm가량. 모양이 거미와 비슷한데, 겨드랑쥐에 기생하며, 몸빛은 황갈색. 겹눈과 날개는 흔적만 남아 있음.

거민 (居民) 명 그 지역에 사는 사람. 주민.

거:반 (去般) 지난번.

거반 (居牛) 명 부 '거지반(居之牛)'의 준말. ▢ 일이 ~ 끝났다 / 그의 말은 ~이 거짓말이다.

거:방-지다 혱 몸집이 크고, 행동이 점잖고 무게가 있다. ▢ 거방진 허우대.

거:배 (擧杯) 명하자 술잔을 높이 들어 마심.

거:백 (去白) 명하자 〖한의〗 귤껍질 따위의 속의 흰 것을 긁어 버림.

거:번 (去番) 지난번.

거:베 명 부대 같은 것을 만드는 아주 굵은 베.

거벽이 부 거법게. ▢ ~ 보다.

거벽 (巨擘) 명 거대한 암벽.

거:벽 (巨擘) 명 학식이나 전문적인 분야에서 뛰어난 사람.

거:벽-스럽다 (巨擘-)[-따][-쓰-따][-스러워, -스러우니] 혱ㅂ 사람 됨됨이가 무게가 있고, 억척스러운 데가 있다. **거:벽-스레** [-쓰-] 부

거법다 [-따][거벼워, 거벼우니] 혱ㅂ **1** 무게가 적다. **2** 그리 심하지 않다. ▢ 거벼운 상처. **3** 경솔하다. ▢ 행동이 ~. **4** 홀가분하다. ▢ 거벼운 마음으로 떠나다. 짠가볍다.

거볍디-거볍다 [-따-따][-거벼워, -거벼우니] 혱ㅂ 매우 거볍다. 짠가볍디가볍다.

거:병 (擧兵) 명하자 군사를 일으킴. ▢ ~하여 반란을 일으키다.

거:보 (巨步) 명 **1** 목표를 향해 크고 힘차게 내디디는 걸음. **2** 큰 공적이나 훌륭한 업적. ▢ 경제 발전에 ~를 남기다.

거보를 내디디다 관 크게 발전하기 시작하다.

거-보시오 감 [←그것 보시오] 일이 자기가 말한 대로 되었을 때, 상대에게 하는 소리. ▢ ~ 내 말이 맞지.

거:봉 (巨峰) 명 **1** 크고 높은 봉우리. **2** 뛰어난 인물을 비유하여 이르는 말. ▢ 학계의 ~.

거-봐 감 거봐라.

거-봐라 감 일이 자기가 말한 대로 되었을 때 아랫사람에게 하는 소리. ▢ ~, 내 말이 맞지 않니.

거:부 (巨富) 명 대단히 많은 재산. 썩 큰 부자. ▢ ~를 쌓다 / 벤처 기업으로 ~가 되다.

거:부 (拒否) 명하자 남의 의견이나 제안 따위를 받아들이지 않고 물리침. ▢ 진술을 완강

히 ~하다.

거:부-감 (拒否感) 명 어떤 것을 꺼리거나 싫어하는 마음. ▢ ~이 들다 / ~이 생기다 / ~을 불러일으키다.

거:부-권 (拒否權)[-꿘] 명 **1** 거부할 수 있는 권리. **2** 입법부를 통과한 의안에 대하여 대통령이 동의를 거절하는 권리. **3** 국제 연합 안전 보장 이사회의 상임 이사국에 부여된, 결의 성립을 방해·거부할 수 있는 권리. 비토.

거:부 반:응 (拒否反應) **1** 〖의〗 남의 조직이나 장기를 이식하였을 때, 면역 반응에 의하여 그 정착(定着)에 장애가 생겨 배제되는 현상. **2** 어떤 사물이나 사람에 대하여 기피하는 감정이나 태도를 나타내는 일. 거절 반응.

거:-부형 (擧父兄) 명하자 (악의를 갖고) 남의 부형을 들추어 말함.

거북 〖동〗 거북과의 파충류의 총칭. 바다나 민물에 사는데, 몸이 거의 타원형으로 납작하고, 등과 배에 단단한 딱지가 있고, 발은 지느러미 모양임. 해귀(海龜).

거북의 털 관 도저히 얻을 수 없는 물건.

거북-귀 (-龜)[-뀌] 명 한자 부수(部首)의 하나(`龜`나 `龜`를 변으로 함). '龜'의 이름).

거북-놀이 [-롤리] 명 〖민〗 추석날 밤에 하는 어린이 놀이의 하나. 수숫대를 벗겨 거북 모양을 만들고 그 속에 몇이 그속에 들어가 집집마다 찾아다니면서 장수·무병을 빌고 동네의 잡귀를 쫓는 놀이.

거북-다리 [-따-] 명ㅂ 거북손.

거북-딱지 [-찌] 명 거북의 등·배에 붙어 있는 단단한 딱지.

거북-복 [-뽁] 명 〖어〗 거북복과의 바닷물고기. 몸길이 11 cm 정도로, 몸은 사각형을 이루고, 머리는 작으며 입은 아래에 붙었음. 몸빛은 황갈색, 수족관의 관상용 어족임.

거:북살-스럽다 [-쌀-따][-스러워, -스러우니] 혱ㅂ 몹시 거북스럽다. ▢ 목에 매고 있는 넥타이가 거북살스럽게 느껴진다. **거:북살-스레** [-쌀-] 부

거:북-선 (-船)[-썬] 명 〖역〗 조선 선조 때 이순신이 만들어 왜적을 물리친 세계 최초의 철갑선(모양이 거북과 비슷함). 귀선(龜船).

거북-손 [-쏜] 명 〖동〗 갑각류의 하나. 바닷가 바위에 붙어 사는데, 몸이 거북의 다리와 비슷하고 석회질의 껍데기로 덮임. 식용 또는 석회질의 비료로 씀. 석겁(石蜌). 거북다리.

거:북-스럽다 [-쓰-따][-스러워, -스러우니] 혱ㅂ 거북한 느낌이 있다. ▢ 속이 ~ / 숨을 쉬기가 ~ / 동생과 한집에서 살기가 ~. **거:북-스레** [-쓰-] 부

거북-이 명 '거북'을 일상적으로 일컫는 말.

거북이-걸음 명 **1** 거북이처럼 아주 느리게 걷는 걸음의 비유. **2** 매우 느리고 굼뜨게 진행되는 일이나 속도의 비유. ▢ 어디서 사고가 났는지 차들이 모두 ~을 하고 있다.

거북이 운:행 (-運行) 자동차 따위가 아주 느리게 움직여 다님을 이르는 말.

거북-점 (-占)[-쩜] 명 **1** 거북의 등딱지를 불에 태워서 그 갈라지는 틈을 보고 길흉을 판단하는 점. 귀점(龜占). **2** 거북패로 보는 점. ▢ ~을 치다. ——**하다** 자어 거북의 등딱지를 태워서 길흉을 판단하다.

거북-패 (-牌) 명 골패 서른두 짝을 다 엎어 거북 모양으로 벌여 놓고 혼자 젖혀 패를 맞추어 보는 놀이. ▢ ~를 떼다 / 잘 떨어지지 않던 ~가 단번에 똑 떨어졌다.

거:북-하다 [-부카-] **형여** 1 몸이 편하지 아니하다. 2 마음이 편하지 아니하다. □어른과 한 방에서 지내기가 ~. 3 뜻대로 말하거나 행동하기 어렵다. 난처하다. □속이 ~ / 몸이 거북해서 가지 못했다.

거분-거분 **부하형** 여럿의 무게가 다 거분한 모양. □발걸음도 ~하다. **짠**가분가분. **쎈**거뿐거뿐.

거분-하다 **형여** 들기 좋을 만큼 가볍다. □푹 쉬었더니 다리가 ~. **짠**가분하다. **쎈**거뿐하다. 거분-히 **부**

거불-거리다 **자타** 격에 맞지 않게 자꾸 까불다. □바람에 촛불이 ~ / 채신없이 다리를 ~. **쎈**꺼불거리다. 거불-거불 **부하자타**. □모깃불이 ~ 타고 있다.

거불-대다 **자타** 거불거리다.

거붐 **명**〈옛〉거북.

거붓-거붓 [-붇꺼붇] **부하형** 모두가 다 거붓한 모양. **짠**가붓가붓. **쎈**거뿟거뿟.

거붓거붓-이 [-붇꺼붇시] **부** 거붓거붓하게. **짠**가붓가붓이. **쎈**거뿟거뿟이.

거붓-이 **부** 거붓하게. **짠**가붓이. **쎈**거뿟이.

거붓-하다 [-부타-] **형여** 거분한 듯하다. □보따리가 거붓해 보여 들어 보니 무거웠다. **짠**가붓하다. **쎈**거뿟하다.

거:비 (巨費) **명** 많은 비용. □~를 쏟아 붓다.

거뿐-거뿐 **부하형** 모두가 다 거뿐한 모양. **짠**가뿐가뿐. **여**거분거분.

거뿐-하다 **형여** 꽤 거분하다. **짠**가뿐하다. **여**거분하다. 거뿐-히 **부**

거뿟-거뿟 [-뿓꺼뿓] **부하형** 여럿이 다 거뿟한 모양. **짠**가뿟가뿟. **여**거붓거붓.

거뿟거뿟-이 [-뿓꺼뿓시] **부** 거뿟거뿟하게. **짠**가뿟가뿟이. **여**거붓거붓이.

거뿟-이 **부** 거뿟하게. **짠**가뿟이. **여**거붓이.

거뿟-하다 [-뿓타-] **형여** 거뿐한 듯하다. **짠**가뿟하다. **여**거붓하다.

거:사 **명** 〔←걸사(乞士)〕 예전에, 노는계집을 데리고 돌아다니면서 노래와 춤을 팔아 돈을 벌던 사람.

거:사 (巨事) **명** 규모나 크기가 매우 큰 일. □~를 벌이다.

거사 (居士) **명** 1 속인(俗人)으로서 법명을 가진 남자. 우바새1. 신사(信士). 2 숨어 살며 벼슬을 하지 않는 선비. 처사(處士). 3〈속〉아무 일도 아니하고 놀고 지내는 사람.

거:사 (擧事) **명** 반란이나 혁명 같은 큰일을 일으킴. □~를 모의하다 / ~에 실패하다 / ~에 차질이 없도록 부하들을 배치했다.

거:사 (去沙) **명** 큰물이 지거나 하여 논이나 밭에 덮인 모래를 걷어 냄.

거:사-비 (去思碑) **명**《역》예전에, 감사나 수령이 갈려 간 뒤에 그 선정(善政)을 기리어 백성이 세운 비.

거:산 (巨山) **명** 크고 높은 산.

거산 (居山) **명** 산속에 삶.

거:산 (擧散) **명하자** 집안 식구나 한곳에 살던 사람들이 모두 뿔뿔이 흩어짐.

거상 ☞톱.

거:상 (巨商) **명** 밑천을 많이 가지고 크게 하는 장사. 또는 그런 사람.

거상 (居常) **명** 일상생활에서의 평상시.

거상 (居喪) **명하자** 1 상중(喪中)에 있음. 춘상(喪). 2〈속〉상복(喪服). □~을 입다.

거:상 (擧床) **명하자** 잔치나 큰손님 대접에, 큰상을 올리기에 앞서 먼저 풍류와 가무를 아룀.

거상(을) 치다 **군** 거상하는 풍악을 치다.

거생 (居生) **명하자** 일정한 곳에 머물러 살아 감.

거서간 (居西干) **명**《역》신라 시조 박혁거세의 왕호. 거슬한.

거:석 (巨石) **명** 매우 큰 돌.

거:석-렬 (巨石列)[-셩녈]**명**《역》선돌 따위가 일정한 간격으로 몇 줄씩 길게 늘어선 거석 기념물.

거:석-문화 (巨石文化)[-성-]**명**《역》고인돌·선돌 등의 유물로 대표되는 신석기 시대 문화의 총칭.

거:선 (巨船) **명** 매우 큰 배.

거:설 (鋸屑) **명** 톱밥.

거:성 (巨姓) **명** 대성(大姓).

거:성 (去姓) **명**《역》조선 때, 대역죄를 저지른 사람을 일컬을 때, 성(姓)은 빼고 이름만을 일컫던 일.

거:성 (巨星) **명** 1〔천〕반지름과 광도가 매우 항성(恒星)〔알데바란·폴룩스 따위〕. ↔왜성(矮星). 2 어떤 분야에서 훌륭한 업적을 남긴 뛰어난 사람. □문단의 ~.

거:성 (去聲) **명** 1 사성의 하나. 가장 높은 소리. 2 한자음의 사성의 하나. 슬픈 듯이 멀리 굽이치는 소리〔이에 딸린 한자는 모두 측자(仄字)임〕. 제삼성.

거:-성명 (擧姓名) **명하자** 성과 이름을 초들어서 말함.

거:섶 [-섭] **명** 1 흐르는 물이 둑에 스쳐서 개개지 못하게 둑의 가에 말뚝을 박고 가로로 결은 나뭇가지. 2 삼굿 위에 덮는 풀. 3 비빔밥에 섞는 나물.

거:세 (巨細) **명** 거대(巨大)함과 세소(細小)함. □~를 가리지 않다.

거:세 (巨勢) **명** 매우 큰 세력.

거:세 (去勢) **명하자** 1 동물의 수컷의 불알을 까버리거나, 암컷의 난소를 들어내어 생식 기능을 없앰. □소를 ~하다. 2 저항이나 반대를 못하도록 세력을 꺾어 버림. □반대 세력을 ~하다.

거:세 (去歲) **명** 지난해. 거년(去年).

거:세 (擧世) **명** 온 세상. □~가 다 아는 사실이다.

거세다 **형** 1 거칠고 억세거나 세차다. □바다의 물결이 ~ / 거센 바람이 불어오다 / 성격이 거세어서 남자들과 싸워도 지지 않는다. 2 목소리가 크고 힘차다. □아이는 큰 소리를 지르며 거센 소리로 엉엉 울었다.

거:세-사 (巨細事) **명** 큰일과 작은 일. □~를 가리지 않다.

거센-말 (-)《언》어감을 거세게 하기 위해 거센소리를 쓰는 말('깜칵하다·팽팽' 따위).

거센-소리 (-)《언》ㅊ·ㅋ·ㅌ·ㅍ 따위와 같은 파열음. 곧, 거센 숨을 따라서 나는 소리. 격음(激音). 기음(氣音). 유기음(有氣音). *된소리.

거소 (居所) **명** 1 살고 있는 곳. 거처. □~를 옮기다. 2〔법〕생활의 본거지는 아니나 얼마 동안 계속 머물러 있는 장소.

거:송 (巨松) **명** 큰 소나무. □~이 울창하게 우거진 숲.

거:수 (巨樹) **명** 매우 큰 나무.

거:수 (居首) **명하자** 거갑(居甲).

거:수 (據守) **명하자** 어떤 곳에 굳세게 자리 잡고 버티어 지킴.

거:수 (擧手) **명하자** 손을 위로 들어 올림. □~로 표결하다.

거:수-가결 (擧手可決) **명** 회의에서 투표 대신

손을 들어 가부를 결정함.
거:수-경례 (擧手敬禮)[-녜] 명하자 오른손을 펴서 모자 챙 옆이나 눈썹 언저리에 갖다 붙여서 하는 경례. ❑ ~를 올리다〔붙이다〕/ 국기에 ~하다. ㉾거수례.
거:수-기 (擧手機) 명 회의에서 가부를 나타낼 때 주견(主見) 없이 남이 시키는 대로 손을 드는 사람을 낮잡아 이르는 말.
거:수-례 (擧手禮) 명하자 '거수경례'의 준말.
거스러미 명 **1** 손거스러미. **2** 나뭇결 등이 얇게 터져 가시처럼 일어나는 부분. ❑ 판자의 ~. **3** 기계의 부품 따위에서, 가공한 뒤에 제품에 그대로 붙어 있는 쇳밥.
거스러-지다 자 **1** 성질이 거칠어지다. **2** 잔털 따위가 거칠게 일어나다. ㉿가스러지다.
거스르다¹ 〔거슬러, 거스르니〕 타르 **1** 남의 뜻이나 명령 따위를 따르지 않고 거역하다. ❑ 부모의 말씀을 ~ / 지시를 ~ / 하늘의 뜻을 ~. **2** 자연스러운 흐름을 따르지 않고 반대되는 길을 잡다. ❑ 시대를 거스르는 구시대의 법 / 바람을 거슬러 나아가다. **3** 순리를 벗어나다. ❑ 도리를 ~. **4** 마음이나 기분을 상하게 하다. ❑ 신경을 ~ / 비위를 ~.
거슬러 올라가다 구 ㉠강 따위를 흐름의 방향과 반대로 올라가다. ❑ 배를 타고 강을 ~. ㉡현재에서 과거로 되돌아가 생각하다. ❑ 옛날로 ~. ㉢사물의 계통을 더듬어 근본으로 되돌아가다. ❑ 그 일의 시초로 거슬러 올라가서 생각하다.
거스르다² 〔거슬러, 거스르니〕 타르 셈할 돈을 빼고 나머지 돈을 돌려주거나 받다. ❑ 잔돈을 거슬러 주다.
거스름 명 '거스름돈'의 준말.
거스름-돈 [-똔] 명 거슬러 주거나 받는 돈. ❑ ~을 내주다. ㉾거스름.
거스리 부 〈옛〉 거스르게. 거슬러.
거스리왇다 타 〈옛〉 거스르다.
거슬-거슬 부하형 **1** 성질이 거친 모양. ❑ ~한 사람. **2** 살결이 거친 모양. ❑ ~한 손바닥. **3** 어떤 물건의 거죽이 매끄럽지 아니하고 거친 모양. ❑ ~한 종이. ㉿가슬가슬. ㉸꺼슬꺼슬.
거슬다 타 〈옛〉 거스르다.
거슬러-태우기 명 〖경〗 증권 거래에서, 인기가 없을 때 사들이고 인기가 좋을 때 파는 일.
거슬리다 자 순순히 받아들여지지 않고 언짢게 느껴지다. ❑ 귀에 ~ / 비위에 ~ / 눈에 거슬리는 간판.
거슬쁘다 타 〈옛〉 거스르다.
거슬한 (居瑟邯) 명 〖역〗 거서간(居西干).
거슯즈다 타 〈옛〉 거스르다.
거슳쁘다 타 〈옛〉 거스르다.
거슴츠레 부하형 졸리거나 술에 취해서 눈에 정기가 없고 거의 감길 듯한 모양. 게슴츠레. ❑ ~한 눈 / 눈을 ~ 뜨다. ㉿가슴츠레.
거:승 (巨僧) 명 이름난 높은 중. ❑ 당대의 ~.
거:시 (巨視) 명 일부 명사 앞에 쓰여, 어떤 대상을 전체적으로 크게 봄. *미시(微視).
거:시 (擧示) 명하타 구체적으로 예를 들어 보임.
거:시 경제학 (巨視經濟學) 〖경〗 국민 소득·투자·소비·물가 수준 등 국민 경제 전반에 걸친 통계량을 토대로, 경기 변동이나 경제 성장 등 사회 전체의 경제 활동의 법칙성을 규명하는 연구 분야. ↔미시 경제학.
거시기 ㊀인대지대 말하는 중에 사람이나 사물의 이름이 얼른 입에서 나오지 않을 때 그 이름 대신으로 쓰는 군말. ❑ ~가 어디 살더라. ㊁감 말하다가 말이 막힐 때나 바로 말하기가 곤란할 때 나오는 소리. ❑ ~, 지금 무엇이라고 했던가. *저거시기.
-거시늘 어미 〈옛〉 -시거늘.
-거시놀 어미 〈옛〉 -시거늘.
-거시니 어미 〈옛〉 -시거니.
-거시니와 어미 〈옛〉 -시거니와.
-거시든 어미 〈옛〉 -시거든.
-거시돈 어미 〈옛〉 -시거든.
거시시-하다 형여 눈이 맑지 않고 침침하다.
-거시아 어미 〈옛〉 -시어야. -어야.
거:시-적 (巨視的) 관명 **1** 사람의 감각으로 식별할 수 있는 정도의 크기인 (것). ❑ ~인 현상 / ~ 물체. **2** 사물에 대하여 전체적으로 파악·이해하는 (것). ❑ ~인 안목. ↔미시적.
거:시-적 (擧市的) 관명 시(市) 전체가 힘을 합하여 하는 (것). ❑ ~ 축하 행사 / ~으로 협력하다.
거:시적 분석 (巨視的分析)[-뿐-] 〖경〗 총체적 개념 특히 국민 소득의 변동을 중심으로, 각각의 상호 의존적인 변동을 분석함으로써 사회 전체의 경제 현상을 거시적으로 파악하는 경제 연구의 분석 방법. ↔미시적 분석.
거:시적 세:계 (巨視的世界)[-쎄-/-쎄게] 맨눈으로 볼 수 있는 물건의 세계. 또는 감각으로 직접 식별할 수 있는 세계.
거시키 인대지대감 ☞ 거시기.
거:식 (擧式) 명하자 식을 올림.
거:식-증 (拒食症)[-쯩] 명 〖의〗 먹는 것을 거부하거나 두려워하는 병적 증상.
거식-하다 [-시카-] 형자여 말하는 중에 형용사나 동사가 얼른 입에서 나오지 않을 때나 바로 말하기가 곤란할 때, 그 대신으로 하는 말. ❑ 힘들면 그냥 누워서 거식해라 / 옷의 빛깔이 거식하지 않니.
-거신 어미 〈옛〉 -으신. -신.
-거신디 어미 〈옛〉 -신지. -으신지.
-거신마른 어미 〈옛〉 -시건마는. -으시건마는.
거:실 (巨室) 명 **1** 큰 방. **2** 거가대족(巨家大族).
거실 (居室) 명 **1** 거처하는 방. 거처방. **2** 가족이 모여서 생활하는 공간. 리빙 룸. ❑ ~에서 텔레비전을 보다.
거:실 (據實) 명하자 사실에 근거를 둠.
거:실-세족 (巨室世族) 명 거가대족.
거:심 (去心) 명하타 〖한의〗 약재로 쓰려고 약초의 줄기나 뿌리의 심을 발라 버림.
거ᄾ리 부 〈옛〉 거스르게. 거슬러.
-거ᅀᅡ 어미 〈옛〉 -어야. -어서야.
거쉬 명 〈옛〉 지렁이.
거싀 부 〈옛〉 거의.
거:악-생신 (去惡生新)[-쌩-] 명하자 〖한의〗 고약 등의 약효가 부스럼이 난 자리의 궂은살을 없애고 새살이 나오게 함.
거:안 (巨眼) 명 커다란 눈.
거:안 (擧案) 명하자 **1** 〖역〗 공회(公會)에 참여하는 벼슬아치가 임금이나 상관에게 명함을 올리던 일. 또는 그 명함. **2** 밥상을 듦.
거:안-제미 (擧案齊眉) 명하자 밥상을 눈썹과 가지런하도록 공손히 들어 남편 앞에 가지고 간다는 뜻으로, 남편을 깍듯이 공경함을 이르는 말.
거:암 (巨岩) 명 매우 큰 바위.
거:애 (擧哀) 명하자 발상(發喪).
거:액 (巨額) 명 아주 많은 액수의 돈. ❑ ~의 예산 / ~의 사례비를 챙기다.
거:야 (去夜) 명 지난밤.
-거야 어미 〈옛〉 -어야. -어서야.

거:약(距躍)圏하자 뛰어오르거나 뛰어넘음.
거:양(擧揚)圏하타 1 높이 들어 올림. 2 칭찬하여 높임.
거:업(擧業)圏〖역〗과거에 응시하던 일.
거여목圏〖식〗콩과의 두해살이풀. 높이 30-60cm. 길가에 남. 줄기가 땅 위로 비스듬히 뻗으며, 잎은 세 잎으로 되고 봄에 노란 꽃이 잎겨드랑이에서 핌. 풋거름·사료용으로 재배됨. 목숙(苜蓿). 개자리. ㈜게목.
거:역(巨役)圏 거창한 역사(役事). 큰 공사.
거:역(拒逆)圏하자타 윗사람의 뜻이나 명령을 어겨 거스름. □부모의 뜻을 ~하다.
거연(居然)凰하圏 1 평안하고 조용한 상태. 2 하는 일 없이 가만히 있어 무료한 모양.
거연-히(遽然-)凰 깊이 생각할 사이도 없이. 갑자기. □~ 생각나다.
거염-벌레圏〖충〗밤나방의 애벌레. 몸길이 3-4cm. 채소의 해충으로 낮에는 흙 속에 있다가 밤에 나와 활동함. 야도충(夜盜蟲).
거엽다圏〈옛〉큼직하고 너그럽고 꿋꿋하다.
거엽다圏〈옛〉큼직하고 너그럽고 꿋꿋하다.
거오다타〈옛〉겨루다.
거:오-스럽다(倨傲-)[-따][-스러워, -스러우니] 거오한 데가 있다. 거:오-스레凰
거:오-하다(倨傲-)圏여 거만스럽고 오만하다. □성격이 거오하고 방자하다.
거:용(擧用)圏하타 사람을 천거하거나 추천하여 씀.
거우(居憂)圏 상중(喪中)임. 기중(忌中).
거:우(擧隅)圏〖교〗공자(孔子)의 교육법. 한 구석을 들어 세 구석을 알게 한다는 뜻으로, 일부를 들어서 전체를 이해시키는 일.
거우다¹타〈옛〉겨루다.
거우다²타 건드려 성나게 하다.
거우듬-하다圏여 좀 기울어진 듯하다. □허리를 거우듬하게 젖히다. ㈜거운하다. 거우듬-히凰
거우로圏〈옛〉거울.
거우로다타〈옛〉기울이다.
거우루圏〈옛〉거울.
거우룻집圏〈옛〉경대(鏡臺).
거우르다〔거울러, 거우르니〕타르 속에 든 것이 쏟아지도록 기울어지게 하다. □주전자를 거울러서 술을 따르다.
거:우-법(擧隅法)[-뻡]圏〖문〗수사법(修辭法)의 하나. 일부를 제시하여 전체를 알리는 일.
거울-하다[-우타-]圏여 '거우듬하다'의 준말.
거울圏 1 물체의 모양을 비추어 보는 물건(보통, 유리 뒤에 수은을 발라 만듦). □~을 들여다보다 / 얼굴을 ~에 비춰 보다. 2 어떤 일을 그대로 비추어 보여 주는 것. □눈은 마음의 ~이다. 3 비추어 보아 모범이나 교훈이 될 만한 사실. □실패를 ~로 삼다.
거울-삼다[-따]타 지나간 일이나 남의 일을 모범으로 삼거나 경계하다. □지난 일을 거울삼아 더욱 분발하자.
거울-집[-찝]圏 1 거울의 뒤와 둘레를 막은 틀. 2 거울을 넣어 두는 물건. 3 거울을 만들거나 수리하거나 파는 집.
거웃¹[-욷]圏 사람의 생식기 주위에 난 털. 음모(陰毛).
거웃²[-욷]圏 논밭을 갈아 넘긴 골(《물갈이에서는 두 거웃, 마른갈이나 밭에서는 네 거웃이 한 두둑임).
거:월(去月)圏 지난달.
거위¹圏〖조〗오릿과의 새. 기러기의 변종으로 몸빛이 희고 목이 길며, 헤엄은 잘 치는데 날지는 못함. 밤눈이 밝아서 개 대신 기름. 가안(家雁). 백아(白鵝). 아조(鵝鳥).
거위²圏〖동〗회충(蛔蟲).
거위-걸음圏 거위가 걷는 것처럼 어기적어기적 걷는 걸음. □아기가 ~을 걷다.
거위-배圏 회충으로 말미암은 배앓이. 충복통(蟲腹痛). 회충증(蛔蟲症). 회통(蛔痛). 횟배. □~를 앓다.
거위-벌레圏〖충〗바구밋과의 곤충. 몸길이는 1cm 정도로, 광택 있는 흑색임. 애벌레는 마른 밤을 파먹으며, 암컷은 나뭇잎을 말아 집을 짓고 그 안에 알을 낳음. 밤바구미.
거위-영장圏〖속〗몸이 야위고 키가 크며 목이 긴 사람.
거위-침圏 가슴 속이 느긋거리면서 목구멍에서 나오는 군침.
거유圏〈옛〉거위¹.
거:유(去油)圏하타 〖한의〗약물의 독성을 완화하기 위하여 약재의 기름기를 빼내 버림.
거:유(巨儒·鉅儒)圏 1 이름난 유학자. 대유(大儒). 석유(碩儒). 홍유(鴻儒). 2 학식이 많은 선비.
거:유(據有)圏하타 일정한 지역을 차지하고 지켜 자기의 것으로 만듦.
거:의(擧義)圏하자 의병을 일으킴.
거:의[-/-이]圏凰 (주로 '거의가'의 꼴로 쓰여) 어느 한도에 매우 가까운 정도(로). □명절을 맞추 상점들은 ~가 문을 닫았다 / 일이 ~ 마무리되다.
거:의-거의[-/-이-이]凰 '거의'보다 그 뜻을 더 강하게 나타낼 때. □~ 다 되었다.
-거이고 어미〈옛〉-것이냐.
거:익(巨益)圏 아주 큰 이익.
거:익(去益)凰 갈수록 더욱.
거:익-심언(去益甚焉)[-씨먼]圏하凰 거거익심(去益甚).
거:인(巨人)圏 1 몸이 유난히 큰 사람. 대인(大人). □키가 2미터가 넘는 ~. 2 신화·전설·동화 따위에 전해 내려오는 초인간적인 거대한 인물. 3 어떤 분야에서 남달리 뛰어난 인물. 위인. □학계의 ~ / ~적인 발자취.
거:인(擧人)圏〖역〗중국에서 관리 등용 시험에 응시하던 사람. 또는 그 합격자.
거:일(去日)圏 지난날.
거:자(巨資)圏 거액의 자본. 대자본. □~를 투입하다.
거:자(擧子)圏〖역〗과거를 보던 선비.
거:자막추(去者莫追)圏 가는 사람은 붙잡지 말라는 말. *내자물거(來者勿拒).
거자-수(-水)圏 곡우(穀雨) 때 자작나무를 찍어서 받은 부유스름하고 달콤한 물(《이뇨(利尿)와 골절의 약으로 씀).
거:자일소(去者日疎)[-쏘]圏 죽은 사람에 대해서는 날이 갈수록 점점 잊어버리게 된다는 뜻으로, 서로 멀리 떨어져 있으면 사이가 점점 멀어짐을 이르는 말.
거:작(巨作)圏 규모가 크고 뛰어난 예술 작품. 대작(大作)1.
거:장(巨匠)圏 그 방면의 기능에 특히 뛰어난 사람. 대가(大家). □당대의 ~ 피카소.
거:재(巨材)圏 1 매우 큰 재목. 2 큰 인물의 비유.
거:재(巨財)圏 썩 많은 재산.
거:재(去滓)圏하타 찌꺼기를 추려 버림.
거재(居齋)圏하자 〖역〗성균관이나 학교에서 숙식하면서 학업을 닦던 일.
거재-두량(車載斗量)圏 물건을 수레에 싣고

말로 된다는 뜻으로, 물건이나 인재 따위가 흔하지 귀하지 않음의 비유. ▢비겁한 놈이 ~으로 많았다.

거재 유생 (居齋儒生) 〖역〗 거재하면서 학업을 닦던 선비. ⓒ재유(齋儒)·재생(齋生).

거저 튀 1 대가나 조건 없이. 무료로. ▢~ 가져라. 2 동작이나 노력 등이 별로 드는 일 없이. ▢사랑은 ~ 얻어지는 것이 아니다. 3 아무것도 가지지 않고. ▢돌잔치에 ~ 갈 수야 없지. *공으로.

거저리 〖충〗 거저릿과의 갑충. 고목·돌 밑에 사는데, 먼지벌레 비슷하며, 애벌레는 원통형이며 곡물을 해침.

거저-먹기 [-끼] 圀 힘들이지 않고 성과를 얻는 일. ▢이런 일은 ~다.

거저-먹다 [-따] 타 힘들이지 않고 어떤 것을 차지하거나 일을 하여 놓다. ▢남의 돈을 거저먹자는 심보다.

거적 圀 1 짚을 두툼하게 엮거나, 새끼로 날을 하여 짚으로 쳐서 자리처럼 만든 물건. ▢~을 덮다 / ~을 깔고 앉다 ▢를 뒤집어쓴 걸인. 2 '섬거적'의 준말.
[거적 쓴 놈 내려온다] 졸려서 눈꺼풀이 내려 감긴다는 말.

거·적 (巨跡·巨迹) 圀 거대한 업적의 발자취. ▢~을 남기다.

거적-눈 [-정-] 圀 윗눈시울이 축 늘어진 눈. ▢~을 둥그렇게 뜨다.

거적-때기 圀 거적의 낱개. 또는 그런 조각. ▢구석에 ~를 깔다.

거적-문 (-門) [-정-] 圀 문짝 대신 거적을 친 문. ▢오뉴월 ~도 아니고 왜 문을 열어 놓고 다니느냐.
[거적문에 돌쩌귀] 격에 맞지 않아 어울리지 않음을 이르는 말.

거적-송장 [-쏭-] 圀 거적으로 싼 송장. 거적 시체. 거적주검.

거적-쌈 [-쌈] 圀 거적으로 시체를 싸서 지내는 장사. ▢~을 하다시피 장례를 치르다.

거적-자리 [-짜-] 圀 거적을 깔아 놓은 자리. ▢는 자리로 쓰다.

거:전 (拒戰) 圀하자 적을 막아서 싸움.

거·절 (拒絕) 圀하타 요구·부탁·물건 따위를 받아들이지 않고 물리침. ▢뇌물을 ~하다 / 제의가 ~당하다.

거·절 반:응 (拒絕反應) 〖생〗 거부 반응.

거·절-증 (拒絕症) [-쯩] 圀 〖의〗 남의 명령이나 요구에 반항하여 반대로 행동하는 정신 분열 증상.

거:절 증서 (拒絕證書) 〖법〗 어음이나 수표를 가진 사람이 지급 또는 인수를 거절당하는 경우에, 그 사실을 증명하기 위해 공증인이나 집행관에게 청구하여 작성하게 하는 공정 증서.

거:점 (據點) [-쩜] 圀 어떤 활동의 근거가 되는 중요한 지점. 또는 ▢~을 분쇄하다.

거접 (居接) 圀하자 잠시 몸을 의탁하여 거주함.

거·정 (巨晶) 圀 〖광〗 화성암이나 변성암에서, 주위의 기질(基質)보다 훨씬 큰 결정(結晶)이나 입자.

거·정 화강암 (巨晶花崗岩) 〖광〗 페그마타이트.

거제 (居第) 圀 거처하는 집. 주택.

거:제 (擧祭) 圀하자 제사를 올림.

거:조 (擧條) 圀 임금에게 아뢰던 조항.

거:조 (擧措) 圀 말이나 행동의 태도. 행동거지. ▢묻는 ~가 예사롭지 않다 / ~가 백척 십도로 달라지다.

---

113   거지

거:조 (擧朝) 圀 온 조정.

거:조-해망 (擧措駭妄) 圀 행동거지가 해괴망측함.

거·족 (巨足) 圀 큰 발걸음이라는 뜻으로, 진보나 발전의 속도·정도가 뚜렷하게 빠름을 일컫는 말. ▢~의 진보를 이루다.

거·족 (巨族) 圀 '거가대족(巨家大族)'의 준말.

거·족 (擧族) 圀 온 겨레. 민족 전체.

거·족-적 (擧族的)[-쩍] 관 圀 온 겨레에 관한 (것). 민족 전체에 관한 (것). ▢~인 행사 / ~인 구국 투쟁.

거·종 (巨鐘) 圀 아주 큰 종.

거·좌 (踞坐) 圀하자 걸터앉음.

거·죄 (巨罪) 圀 대죄(大罪).

거·주 (巨週) 圀 지난주.

거주 (居住) 圀하자 일정한 곳에 자리를 잡고 머물러 삶. 또는 그곳. 주거(住居). ▢국내 ~ 외국인 / ~ 가 일정하다.

거:주 (擧主) 圀 〖역〗 조선 때, 벼슬아치를 임명할 때에 삼망(三望)의 후보자를 천거하던 사람.

거:-주다 타 '그어주다'의 준말.

거주-민 (居住民) 圀 일정한 곳에 거주하는 주민. ▢농촌 지역의 ~이 줄다.

거주-소 (居住所) 圀 거주지. ⓒ주소.

거주 이전의 자유 (居住移轉-自由) [-처늬-/-처네-] 〖법〗 기본 인권의 하나. 국가 안전 보장·공공질서·공공복지에 위반되지 않는 한, 자유로이 거주·이전할 수 있는 자유.

거주-자 (居住者) 圀 일정한 곳에 자리를 잡고 사는 사람.

거주 제:한 (居住制限) 〖법〗 자유를 제한하는 보안 처분의 하나. 일정한 지역 밖에서 임의로 거주함을 제한하는 일.

거주-지 (居住地) 圀 1 거소와 주소. 2 현재 거주하고 있는 장소. 거주소. ▢본적지와 ~ / ~를 옮기다.

거죽 圀 물체의 겉 부분.

거죽-감 [-깜] 圀 옷 따위의 거죽으로 쓰는 감. ↔안감.

거중 (居中) 圀하자 1 중간에 있음. 2 〖역〗 고려·조선 때, 벼슬아치가 도목정사(都目政事)에서 중등(中等)을 맞던 일.

거·중-기 (擧重機) 圀 예전에, 무거운 물건을 들어 올리는 데 쓰던 기계.

거중 조정 (居中調停) 1 중간에 들어 조정함. 2 〖법〗 제삼국이 분쟁 당사국 사이에 들어 분쟁을 평화적으로 해결하는 일.

거즈 (gauze) 圀 가제(Gaze).

거줏 圀튀 〈옛〉 거짓.

거줏-말 圀 〈옛〉 거짓말.

거:증 (擧證) 圀하타 증거를 듦. 사실의 유무를 증명함. 입증(立證). ▢그녀는 그의 소행임을 ~했다.

거:증 책임 (擧證責任) 〖법〗 소송에서, 자기에게 유리한 사실을 주장하기 위해 증거를 들어 법원으로 하여금 심증을 얻게 하는 책임. 입증 책임.

거지 圀 1 남에게 빌어먹고 사는 사람. 걸개(乞丐). 걸인(乞人). 2 남을 천대하고 멸시하는 뜻으로 욕하는 말.
[거지가 도승지를 불쌍타 한다] 불행한 처지에 있으면서 도리어 그렇지 않은 사람을 동정한다. [거지가 말 얻은 격] 자기 몸 하나도 돌보기 힘든 거지가 건사하기 어려운 말까지 가지게 되었다는 뜻으로, 괴로운 중에 더욱

괴로운 일이 생겼음을 이르는 말. [거지도 손
볼 날이 있다] 아무리 가난한 집이라도 손님
을 맞을 때가 있으니 깨끗한 옷가지 정도는
간직해 두어야 한다. [거지 옷 해 입힌 셈]
대가나 보답을 바라지 않고 은혜를 베풂을 이
르는 말.
거지 같다 𝕂〈속〉마음에 들지 않거나, 물
건이나 사람이 좋게 여겨지지 않다. ▢거지
같은 일만 생긴다.
거지 밥주머니 𝕂 이것저것 너절한 것들을
되는대로 섞어서 넣어 둔 것을 이르는 말.
거:지 (巨指) 몡 엄지가락1.
거지 (拒止) 몡하타 항거하여 막음.
거지 (居地) 몡 살고 있는 땅. 거주지.
거:지 (擧止) 몡 '행동거지'의 준말.
거:-지게 몡 길마 양쪽에 하나씩 덧얹고 짐을
싣는 지게.
거지-꼴 몡 거지와 같은 초라한 차림새나 꼴.
▢~이 되다 / 행색은 ~이지만 기백은 대단
하다.
거지-덩굴 몡〖植〗포도과의 여러해살이 덩굴
풀. 산·들에 남. 자주색의 줄기는 모가 지고
다른 나무나 풀에 감겨 벋음. 여름에 황록색
꽃이 핌. 장과(漿果)는 약재로 씀. 오렴매(烏
蘞苺). 오룡초(五龍草).
거지-반 (居之半) 몡부 절반 이상. 거의. ▢일
이 ~ 끝났다. 거반(居半).
거:지-발싸개 몡〈비〉몹시 지저분하며 더럽
고 보잘것없는 물건이나 사람을 욕하여 이르
는 말. ▢~ 같은 놈.
거:지-주머니 몡 열매가 여물지 못한 채로 달
린 껍데기.
거지중천 (居之中天) 몡 허공(虛空).
거:진 (巨鎭) 몡〖역〗조선 때, 절제사(節制使)
와 첨(僉)절제사의 진영.
거:집 (據執) 몡하타 거짓 꾸민 문서를 내세
워 남의 것을 차지하고 돌려주지 않음.
거:짓 [-짇] 몡 사실과 어긋남. 사실이 아닌 것
을 사실같이 꾸밈. 허위. ▢참과 ~ / 증언 /
~을 늘어놓다 / ~으로 자백하다. ↔참.
거:짓-꼴 [-짇-] 몡 거짓으로 꾸민 모양.
거:짓-되다 [-짇뙤-] 휑 사실과 다르다. 진실
되지 아니하다. ▢거짓된 증언 / 거짓되고 허
황한 소문.
거:짓-말 [-진-] 몡하자 1 사실과 다르게 꾸며
말을 함. 또는 그런 말. 망어(妄語). ▢새빨
간 ~ / 터무니없는 ~ / ~이 탄로 나다 / 입에
침도 안 바르고 ~을 해 댄다. ☞정말. 2 (주
로 '거짓말같이'·'거짓말처럼'의 꼴로 쓰여)
전과 딴판임. ▢아이는 수술하고 나서 ~처럼
건강해졌다. ☜거짓말.
거짓말을 밥 먹듯 하다 𝕂 거짓말을 자주
또는 예사로 한다.
거짓말(을) 보태다 𝕂 사실보다 과장하여 말
하다. ▢거짓말 보태서 천 명은 되겠더라.
거:짓말-쟁이 [-진-] 몡 거짓말을 잘하는 사
람. ☜가짓말쟁이.
거:짓말 탐지기 (-探知機)[-진-]〖공〗거짓말
을 하였을 때의 정서 상태에 따라 일어나는
생리적 변화를 측정하여, 거짓인지 아닌지를
알아내는 기계.
거:짓-부렁 [-짇뿌-] 몡 '거짓부렁이'의 준말.
☜가짓부렁.
거:짓-부렁이 [-짇뿌-] 몡〈속〉거짓말. ☜가
짓부렁이. ☜거짓부렁.
거:짓-부리 [-짇뿌-] 몡〈속〉거짓말. ☜가짓

부리. ☜거짓불.
거:짓-불 [-짇뿔] 몡 '거짓부리'의 준말. ☜가
짓불.
거:찰 (巨刹) 몡 큰 절. 대찰(大刹).
거:-참 캄 탄식하거나 어이없을 때 나오는 말.
▢~ 안됐다. *그것참.
거:창-스럽다 (巨創-·巨刱-)[-따][-스러워·
-스러우니] 휑ㅂ 거창한 느낌이 있다. 거:창-
스레 뷔
거:창-하다 (巨創-·巨刱-) 휑예 사물의 규모나
크기가 엄청나게 크고 놀랍다. ▢거창한 계획 /
거창하게 떠벌리다. 거:창-히 뷔
거:처 (去處) 몡 간 곳. 갈 곳. ▢~를 정하다.
거처 (居處) 몡하자 한 군데 정하여 두고 늘 기
거함. 또는 그곳이나 방. ▢~를 옮기다 / ~
를 정하다 / 판잣집에서 임시로 ~하다.
거처-방 (居處房)[-빵] 몡 늘 거처하는 방. 거
실(居室).
거:천 (擧薦) 몡하타 1 천거(薦擧). 2 어떤 일이
나 사람에 대하여 두고 손기
거청-숫돌 [-숟똘] 몡 거센 숫돌.
거:체 (巨體) 몡 거구(巨軀).
거초 (裾礁)[-지] 몡 바다의 섬이나 대륙에 가
까운 얕은 바다에서 육지를 둘러싸듯 발달하
는 산호초.
거:촉 (巨燭) 몡 매우 큰 초.
거:촉 (炬燭) 몡 횃불과 촛불.
거:촉 (擧燭) 몡하자 초에 불을 켜서 듦.
거촌 (居村) 몡 머물러 사는 마을.
거총 (據銃) 몡하타〖군〗사격할 때 목표를 겨
누기 위해 총의 개머리판을 어깨 앞쪽에 댐.
▢그 구령.
거:추 (去秋) 몡 지난가을.
거추-꾼 몡 일을 거추하여 주는 사람.
거추-없다 [-업따] 휑 하는 행동이 어울리지
않고 싱겁다. **거추-없이** [-업씨] 뷔. ▢~ 굴
지 마라.
거추장-스럽다 [-따][-스러워·-스러우니] 휑
ㅂ 1 주체하기가 어렵도록 다루기가 거북하
다. ▢거추장스러운 짐 / 옷이 커서 ~. 2 일
따위가 성가시고 귀찮다. 거:추장-스레 뷔
거추-하다 타예 1 보살펴 거두다. ▢부모가 아
이들을 ~. 2 도와서 주선하다.
거:춘 (去春) 몡 지난봄.
거:출 (醵出) 몡하타 갹출(醵出).
거충-거춤 뷔 일을 대강대강 하는 모양. ▢방
을 쓸다.
거충-거충 뷔 쉽고 빠르게 대강대강 하는 모
양. ▢설거지를 ~ 해치우다.
거:취 (去取) 몡 버리기와 취하기.
거:취 (去就) 몡 1 어디로 가거나 다니거나 하
는 움직임. ▢그의 ~는 누가 아느냐. 2 어떤
사태에 대하여 취하는 입장이나 태도. ▢~
를 분명히 하다.
거츠리 뷔〈옛〉거칠게.
거츨다 휑〈옛〉거칠다. 허황하다.
거치 (據置) 몡하타 1 그대로 둠. 2〖경〗공채·
사채·예금 등을 일정한 기간 상환 또는 지급
하지 않음. ▢5년 ~ 10년 분할 상환의 차관.
거:치 (鉅齒) 몡 톱니.
거치다 〔-自〕 무엇에 걸려서 스치다. ▢돌이 발
길에 ~. *걸치적거리다. 〔-他〕 1 지나는 길
에 잠깐 들르다. ▢유럽을 거쳐 아프리카로
가다. 2 일정한 과정을 밟다. 경유하다. ▢예
선 심사를 ~ / 초등학교를 거쳐 중학교에 입
학하다.
거치렁이 몡 거친 벼.
거치적-거리다 [-꺼-] 자 움직임에 방해되게

자꾸 여기저기 걸리거나 닿다. ⬜거치적거리
는 물건 / 아무것도 거치적거릴 것 없는 자유
인. 《작》가치작거리다. 《센》꺼치적거리다. **거치**
적-거치적 [-꺼-] 《무하자》

거치적-대다 [-때-] 《자》 거치적거리다.

거친-구리 명 《광》 구리의 원광(原鑛)을 녹여
이를 반사로(反射爐)나 전로(轉爐)에 옮겨 산
화·정련한 것(93~99 % 의 구리를 함유함).
조동(粗銅).

거칠-거칠 《무하형》 반드럽지 않고 거친 모양. ⬜
~한 감촉 / ~한 표면 / 표피(表皮)가 ~ 하다.
《작》가칠가칠. 《센》꺼칠꺼칠.

거칠다 [거칠어, 거치니, 거친] 형 1 가루나 모
래알 따위가 곱지 않고 굵다. ⬜거친 떡가루.
2 천 따위의 올이 사이가 성기고 굵다. ⬜거
친 삼베 / 거칠게 짜다. 3 나무나 피부의 결이
곱지 않다. ⬜나뭇결이 ~ / 살결이 ~ / 손이
~. 4 솜씨나 일이 야무지지 못하다. ⬜일이
~ / 문장이 ~ / 솜씨가 ~. 5 논밭이나 무덤
따위가 정리되지 않아 잡풀이 많고 지저분하
다. ⬜밭이 ~ / 거친 땅. 6 말이나 행동, 성질
이 순순하지 않고 난폭하다. ⬜그의 손길을
거칠게 뿌리치다. 7 격렬하다. 세다. 고르지
않다. ⬜거친 물결 / 바람이 ~ / 숨소리가 ~.
8 날씨 따위가 험하고 거세다. ⬜거친 바다 /
날씨가 거칠어 배의 출입이 금지되다. 9 음식
이 입에 맞지 않고 부드럽지 않다. ⬜거친 음
식. 10 손버릇이 나쁘다. ⬜손이 ~.

거칠-하다 형여 살이 빠져 피부나 털이 윤기가
없고 거칠다. ⬜거칠한 피부. 《작》가칠하다. 《센》
꺼칠하다.

거침-새 명 일이나 행동 따위가 중간에 걸리거
나 막히는 상태. ⬜일에 ~가 많다 / ~ 없이
쏘아붙이다.

거침-없다 [-치멉따] 형 일이나 행동 따위가 중
간에 걸리거나 막힘이 없다. ⬜거침없는 말
소리 / 거침없는 행동. **거침-없이** [-치멉씨]
《무》. ⬜~ 떠들어 대다 / 혼사는 ~ 맺어졌다.

거칫-거리다 [-친꺼-] 자 살갗 따위에 자꾸 닿
아 걸리다. 《작》가칫거리다. 《센》꺼칫거리다. **거**
칫-거칫 [-친꺼친] 《무하자》

거칫-대다 [-친때-] 자 거칫거리다.

거칫-하다 [-치타-] 형여 살갗이나 털 따위가
여위고 윤기가 없이 거칠다. ⬜잠을 못 잤는
지 얼굴이 ~. 《작》가칫하다. 《센》꺼칫하다.

거꿀-지다 형 몸집이 크고 부피가 커서 시
원시원하다. ⬜사람됨이 거꿀질 뿐 아니라
허우대도 헌걸차다.

거:탄 (巨彈) 명 1 큰 폭탄. 2 큰 영향이나 파문
을 일으킬 만한 커다란 문젯거리(중요한 성
명·선언 따위). ⬜이번 선언은 정계를 뒤흔드
들 ~이다.

거탈 명 실상이 아닌, 다만 겉으로 드러난 태
도. ⬜~만 보고 사람을 평가하다 / ~을 벗
겨 내다.

거택 (居宅) 명 주택.

거:통 명 1 의젓하고 당당한 생김새. 2 지위는
높되 실권이 없는 처지.

거트 (gut) 명 1 장선(腸線)《양(羊)의 장선으로
는 현악기의 현(絃)을 만듦》. 2 창자.

거:판 (擧板) 명 판들어 버림. 곧, 가산(家
産)을 탕진함.

거:편 (巨篇) 명 크고 무게 있는 내용의 저술.

거:폐 (巨弊) [-/-폐] 명 큰 폐단.

거:폐 (去弊) [-/-폐] 명하타 폐단을 없앰.

거:폐-생폐 (去弊生弊) [-/-폐-폐] 명 폐단을
없애려다가 도리어 다른 폐단이 생김.

거:폐-스럽다 (巨弊-) [-따 /-폐-따] [-스러워,

---

115 거피팥떡

-스러우니] 형타 다루기가 어려워서 큰 폐단
이 됨직하다. ⬜~한 일

거:포 (巨砲) 명 1 큰 대포. 2 야구나 배구 따위
에서, 홈런이나 장타를 잘 치거나 공격력이
뛰어난 선수의 비유.

거:포 (巨逋) 명하타 《역》 관원(官員)이 거액의
공금을 사사로이 쓰던 일.

거푸 《무하타》 잇따라 거듭. ⬜~ 혀를 차다 / ~
술잔을 비우다.

거푸-거푸 《무》 여러 번 거푸. ⬜소주를 ~ 마시
다 / 술잔을 ~ 비우다.

거푸-집 명 1 주물을 부어서 만드는 물건의 바
탕으로 쓰는 모형. 주형(鑄型). 2 몸의 겉모
양을 낮잡아 이르는 말. 3 도배 또는 배접(褙
接)을 할 때, 잘 붙지 아니하고 들뜬 틈.

거푼-거리다 자 1 물체의 한 부분이 바람에 날
려 자꾸 가볍게 흔들리다. 2 자꾸 앉았다 섰
다 하다. **거푼-거푼** 《무하자》

거푼-대다 자 거푼거리다.

거풀 《무하자》 ⇨ 꺼풀.

거풀-거리다 자 물체의 한 부분이 바람에 날
려 좀 느리고 크게 자꾸 흔들리다. **거풀-거**
풀 《무하자》

거풀-대다 자 거풀거리다.

거품 명 1 액체가 기체를 머금어 둥글게 부푼
속이 빈 방울. ⬜비누 ~ / ~이 일다 / ~을
걷어 내다. 2 입가에 내뿜어진, 속이 빈 침방
울. ⬜입가에 ~을 뿜어내며 쓰러지다. 3 일
시적으로 나타났다 곧 사라지는 현상. ⬜~
이 빠진 부동산 경기 / ~을 빼다.

거품(을) 물다 관 몹시 흥분하여 화를 내다.
⬜입에 거품을 물고 덤벼들다.

거품(을) 치다 관 찬 공기 등을 쐬어 거품을
없애다.

거품 경제 (-經濟) 《경》 투기 행위 따위로 일
시적으로 호경기와 이상 시세를 나타내는
경제.

거품-기 (-器) 명 달걀·크림 따위를 휘저어 거
품을 일게 하는 요리 기구.

거품-벌레 명 《충》 거품벌렛과의 곤충. 몸길
이는 1 cm 정도이고, 검은 날개가 모두 황갈
색이며 버드나무의 해충임. 좀매미.

거품 유리 (-琉璃) [-뉴-] 《화》 유리의 일종.
유리 가루에 탄소와 같은 거품제를 넣고 높
은 열을 가하여 부풀어 오르게 한 것《방음·방
열 등에 이용됨》.

거품-제 (-劑) 명 거품을 일게 하는 약제.

거풋-거리다 [-풋꺼-] 자 물체의 한 부분이 바
람에 날려 가볍고 빠르게 자꾸 움직이다. **거**
풋-거풋 [-풋꺼풋] 《무하자》

거풋-대다 [-풋때-] 자 거풋거리다.

거:풍 (巨風) 명 팔풍(八風) 하나. 남풍.

거:풍 (擧風) 명하타 쌓아 두었던 물건을 바람
에 쐼. ⬜이부자리를 ~시키다.

거룹 명 《엣》 1 꺼풀. 2 거푸집.

거:피 (去皮) 명하타 껍질을 벗겨 버림. ⬜~한
팥 / 녹두를 ~하다.

거:피-팥떡 (去皮-) 명 '거피팥떡'의 준말.

거:피-입본 (去皮立本) [-뿐] 명하타 병든 소를
잡아 그 가죽을 팔아서 송아지를 삼.

거:피-팥 (去皮-) [-팓] 명 1 《식》 팥의 한 품종.
껍질이 검푸르고 아롱진 점이 있으며, 얇아
서 벗기기 쉬우므로 떡고물로 씀. 2 거피(去
皮)한 팥.

거:피팥-떡 (去皮-) [-팓-] 명 껍질을 벗긴 팥
으로 고물을 한 시루떡. 《준》거피팥떡.

거:하(去夏)图 지난여름.

거-하다(居-)困에 사람이 일정한 곳에 머물러 살다.

거:-하다휑에 **1** 산이 크고 웅장하다. **2** 나무나 풀이 무성하다. **3** 지형이 깊어 으슥하다. **4** 규모가 매우 크다. ▷거하게 한잔 사다.

거:한(巨漢)图 몸집이 큰 사나이.

거:할-마(巨割馬)图 주둥이가 흰 말.

거:함(巨艦)图 매우 큰 군함.

거:해(巨海)图 큰 바다. 대해(大海).

거해-궁(巨蟹宮)图〖천〗게자리.

거:핵(去核)图하타 **1** 열매의 씨를 뽑아 버림. **2** 씨를 뽑아서 제품이 된 솜.

거:행(擧行)图하타 **1** 명령대로 시행함. ▷분부대로 ~하겠습니다. **2** 식을 치름. ▷졸업식을 ~하다.

거:행-불민(擧行不敏)图하휑 명령을 시행함이 민첩하지 못함.

거:행-사(擧行事)图 **1** 명령대로 시행하는 일. **2** 의식(儀式) 따위를 치르는 일.

거:행지-법(擧行地法)[-찝]图〖법〗혼인을 거행한 곳의 법률《혼인의 형식적 성립 요건의 준거법(準據法)으로 인정됨》.

거향(居鄕)图하자 시골에 삶.

거혈-몰图〈옛〉거할마(巨割馬).

거:화(炬火)图 횃불.

거:화(擧火)图 **1** 횃불을 켬. **2**〖역〗조선 때, 임금에게 직접 아뢰고자 하는 사람이 남산 위에 횃불을 켜서 그 뜻을 알리던 일.

거흠图〈옛〉 악골(顎骨).

걱실-거리다[-씰-]困 성질이 너그러워 말과 행동을 시원스럽게 하다. **걱실-걱실**[-씰-씰]휑하자형. ▷~한 성격.

걱실-대다[-씰-]困 걱실거리다.

걱정[-쩡]图하타 **1** 근심으로 속을 태우는 일. ▷앞날을 ~하다 / ~을 끼치다 / ~이 많다 / 몸이 약해 ~이다 / 잘 지내는지 ~된다. **2** 아랫사람의 잘못을 나무라는 말. ▷부모님께 ~을 듣다.
〔걱정도 팔자〕하지 않아도 될 걱정을 하거나 상관없는 남의 일에 참견하는 사람을 조롱하는 말. 〔걱정을 사서 하다〕하지 않아도 될 걱정을 찾아서 한다는 말.
걱정이 태산이다⑨ 해결해야 할 일이 많거나 복잡해서 걱정이 태산처럼 크다.

걱정-가마리[-쩡까-]图 늘 꾸중을 들어 마땅한 사람.

걱정-거리[-쩡꺼-]图 걱정이 되는 일. ▷~가 많다 / 새로운 ~가 생기다.

걱정-꾸러기[-쩡꾸-]图 **1** 늘 걱정거리가 많은 사람. **2** 늘 남에게 걱정을 많이 끼치는 사람.

걱정-덩어리[-쩡떵-]图 큰 걱정거리.

걱정-스럽다[-쩡-]휑(-스러워, -스러우니)휑 ⑤ 걱정이 되어 마음이 편하지 않은 데가 있다. ▷걱정스러운 얼굴 / 할머니의 병세가 ~. **걱정-스레**[-쩡-]분.

건(巾)图 **1** 헝겊 따위로 만들어 머리에 쓰는 물건의 총칭. **2**〖민〗 '두건(頭巾)'의 준말. ▷상복 입고 ~을 쓰다.

건(件)□图 어떤 특정한 일이나 사건. ▷그 ~에 대하여. □[건]의명 사건·서류·안건 따위를 세는 단위. ▷도난 사건 두 ~.

건(乾)图 **1** '건괘(乾卦)'의 준말. **2** '건방(乾方)'의 준말. **3** '건시(乾時)'의 준말.

건:(腱)图〖생〗힘줄 **1**.

건:(蹇)图〖민〗 '건괘(蹇卦)'의 준말.

건:(鍵)图 **1** 열쇠. **2** 풍금·피아노 따위에서, 손가락으로 치도록 된 물건.

건[죄 '거나'의 준말. ▷승자(勝者)~ 패자(敗者)~ 모두 훌륭했다. ✽이건¹.

건²준 **1** 것은. ▷내~ 좋다. **2** 그것은. ▷~ 잘못이다.

건-(乾)쩝 **1** '마른'·'말린'의 뜻을 나타내는 말. ▷~대구 / ~어물. **2** '액체를 쓰지 아니한'의 뜻을 나타내는 말. ▷~전지 / ~삶이. **3** '겉으로만'의 뜻을 나타내는 말. ▷~울음 / ~주정.

-건어미 **1** '-거나'의 준말. ▷오~ 말~ / 좋~ 나쁘~. **2** '-거든'의 준말. ▷좋~ 사라 / 얘긴 술이 깨~ 해라.

건:가(建價)[-까]图〖경〗 거래소에서, 매매의 약정 가격.

건가(乾價)[-까]图 일꾼에게 술을 베풀 때에, 술을 마시지 못하는 사람에게 술 대신 주는 돈.

건:각(健脚)图 튼튼해 잘 뛰거나 걷는 다리. 또는 그런 다리를 가진 사람. ▷~을 자랑하다 / 이름난 ~들이 모두 참가했다.

건:간-망(建干網)图 바닷가에 말뚝을 박고 둘러치는 그물《밀물 때 물고기가 그 속으로 들어갔다가 썰물 때 걸리게 됨》.

건갈(乾葛)图〖한의〗 갈근(葛根).

건:강(健康)图하휑휑분 정신적·육체적으로 탈이 없고 튼튼함. 또는 그런 상태. ▷~ 상태 / ~을 돌보다 / ~을 지키다 / ~이 악화되다 / ~을 되찾다 / ~하고 예쁘게 자라다.

건강(乾薑)图〖한의〗 생강을 말려서 만든 약재《구토·설사 따위에 씀》.

건:강 관리(健康管理)[-꽐-]图 건강의 유지·증진 및 질병의 예방 따위를 꾀하는 일.

건강-말(乾薑末)图〖한의〗 말린 생강의 가루.

건:강-미(健康美)图 건강한 육체의 아름다움. ▷~가 넘치다.

건:강 보:험(健康保險)〖경〗 질병·상해·해산 따위의 의료를 위하여 든 비용이나 그로 인한 수입 감소를 보상하는 보험.

건:강-식(健康食)图 건강의 유지와 회복을 위해서 특별히 고안된 식사. ▷~ 위주의 식단을 짜다.

건:강-식품(健康食品)图 건강 증진에 유효한 식품의 총칭《자연식품·순정(純正) 식품·강화 식품 이외에 로열 젤리·영양 드링크 따위도 포함됨》.

건-강요주(乾江瑤珠)图 꼬막의 살을 꼬챙이에 꿰어 말린 식품. ⓐ강요주.

건:강 증명서(健康證明書)〖의〗 건강 진단 결과 건강하다는 것을 증명하는 증서.

건:강 진:단(健康診斷)〖의〗 체격·체력·발육·영양·질병 등의 건강 상태에 대하여 자세히 실시하는 검사《병의 조기 발견이나 예방, 건강의 유지 등을 꾀함》. ▷~을 받다.

건:강-체(健康體)图 병이 없고 튼튼한 몸.

건:강-하다(健剛-)휑에 건전하고 강직하다. ▷건강한 의지의 사나이.

건개(乾疥)图〖한의〗 마른옴.

건:건-비궁(蹇蹇匪躬)图하형 임금에게 충성하며 자기의 이익을 돌보지 않음.

건건사사(件件事事)[-껀-]图图분 사사건건. ▷~ 의견이 맞지 않다.

건건-이图 변변하지 않은 반찬. 또는 간단한 반찬.

건건-이(件件-)[-꺼니]분 건(件)마다. 일마다. ▷~ 방해하다.

건건찝찔-하다휑에 **1** 감칠맛이 적고 조금 짜

기만 하다. ❏ 건건찝찔한 국. ㉶간간짭짤하다. **2** 관계는 있으나 가깝지는 않은 것을 농으로 일컫는 말. ❏ 옆집에 살고 있으나 건건찝찔한 사이이다.

건건-하다 형여 맛이 좀 짜다. ❏ 건건한 음식. ㉶간간하다. **건건-히** 부

건견 (乾繭) 명하자 〘농〙 보존하기 좋게 건조하여 번데기를 죽인 고치. 또는 그렇게 하는 일. ↔생견(生繭).

건견-기 (乾繭器) 명 〘농〙 누에고치를 말리는 기계(器械).

건:경-하다 (健勁─) 형여 힘차고 씩씩하다.

건계 (乾季)[─/─게] 명 건조기(乾燥期). ↔우계(雨季).

건:고 (建鼓) 명 〘악〙 아악기의 하나. 네 발이 달린 받침 위에 통이 긴 북을 가로로 올려놓았음. 궁중 조하악(朝賀樂)과 연례악(宴禮樂)에 사용되었고, 우리나라 북 가운데 가장 큼.

건고 (乾固) 명하자 말라서 굳어짐.

건고 (乾枯) 명하자타 생물의 물기가 마름. 또는 물기를 말림.

건곡 (乾谷) 명 물이 마른 골짜기.

건곡 (乾穀) 명 제철에 거두어 말린 곡식.

건곤 (乾坤) 명 **1** 하늘과 땅. 천지(天地). 감여(堪輿). **2** 음양(陰陽)3. **3** 건(乾)과 곤(坤).

건곤-일색 (乾坤一色)[─고닐쌕] 명 하늘과 땅이 한 빛깔임. ❏ 눈이 내려 쌓이니 ~이로다.

건곤-일척 (乾坤一擲) 명 운명과 흥망을 걸고 단판걸이로 승부나 성패를 겨룸. ❏ ~의 혈투를 벌이다.

건:공 (建功) 명하자 나라에 공을 세움.

건공 (乾空) 명 '건공중(乾空中)'의 준말. ❏ 솔개가 ~에 떠돌며 먹이를 찾고 있다.

건공-대매 (乾空─) 명 **1** 실속 없이 건으로 승부를 겨룸. **2** 결과가 무승부로 끝남. **3** (주로 '건공대매로'의 꼴로 쓰여) 아무런 조건도 근거도 없이 무턱대고 함. ❏ 어디 있는지 모르는 사람을 ~로 어떻게 찾습니까.

건공-잡이 (乾空─) 명 허세를 부리는 사람.

건공-중 (乾空中) 명 반공중(半空中). ㉾건공.

건:공지신 (建功之臣) 명 나라에 공을 세운 신하.

건과 (乾果) 명 '건조과(乾燥果)'의 준말.

건과 (愆過) 명 허물². ❏ ~를 뉘우치다.

건-곽란 (乾霍亂)[─광난] 명 〘한의〙 토하거나 설사하지 아니하고 일어나는 곽란.

건괘 (乾卦) 명 〘민〙 **1** 팔괘의 하나. 상형(象形)은 '☰'으로 하늘을 상징함. **2** 육십사괘의 하나. '☰' 둘을 포갠 것으로, 하늘이 거듭됨을 상징함. ㉾건.

건:괘 (蹇卦) 명 〘민〙 육십사괘의 하나. 감괘(坎卦)와 간괘(艮卦)가 거듭된 것으로, 산 위에 물이 있음을 상징함. ㉾건.

건:교-부 (建交部) 명 〘법〙 '건설 교통부'의 준말.

건-교자 (乾交子) 명 마른 음식을 주로 술안주로 차린 교자. ↔식(食)교자.

건:구 (建具) 명 〘건〙 문·창같이 칸을 막기 위해 다는 물건의 총칭. 창호(窓戶).

건구 (乾球) 명 〘물〙 건습구(乾濕球) 습도계에서, 젖은 헝겊으로 싸지 않은 보통 온도계의 구부(球部). ↔습구(濕球).

건:구-상 (建具商) 명 건구를 만들어 파는 가게. 또는 그러한 사람이나 직업.

건-구역 (乾嘔逆) 명 헛구역.

건구 온도계 (乾球溫度計)[─/─게] 〘물〙 건습구(乾濕球) 습도계의 두 개의 수은 온도계에서, 젖은 헝겊으로 구부(球部)를 싸지 않은 온도계.

건:국 (建國) 명하자타 나라를 세움. 또는 나라가 세워짐. 입국(立國). 조국(肇國). ❏ ~ 기념일 / 고조선의 ~ / 주몽(朱蒙)이 고구려를 ~하였다.

건국 (乾局) 명 〘민〙 풍수지리설에서, 집터나 묏자리 부근에 물이 없는 땅의 생김새.

건:국 신화 (建國神話)[─씬─] 나라를 세우게 된 내력에 관한 신화.

건:국 이:념 (建國理念) 나라를 세우는 데 최고 이상으로 삼는 근본 정신. ❏ 우리나라의 ~은 홍익인간이다.

건:국 포장 (建國褒章) 〘법〙 대한민국의 건국에 공로가 많은 사람에게 수여하는 포장.

건:국 훈장 (建國勳章)[─구쿤─] 〘법〙 대한민국 건국에 공로가 많거나 나라의 기초를 공고히 하는 데 기여한 사람에게 수여하는 훈장 《대한민국장·대통령장·국민장의 세 등급이 있음》.

건:군 (建軍) 명하자 군대를 창설함. 창군(創軍). ❏ ~의 정신.

건기 (件記)[─끼] 명 발기.

건기 (乾期) 명 '건조기'의 준말. ↔우기(雨期).

건-깡깡이 명 **1** 일을 하는 데 아무 기술이나 기구가 없이 맨손으로 함. 또는 그런 사람. **2** 아무런 목표나 재주가 없이 살아감. 또는 그런 사람.

건내뛰다 타 〈옛〉 건너뛰다.

건:너 명 **1** 일정한 공간 너머의 맞은편 또는 방향. ❏ 강 ~로 소리치다 / 강 ~를 바라보다 / 길 ~에 영화관이 있다. **2** (공간적·시간적으로) 뛰어넘은 곳이나 때. ❏ 한 입 ~ 소식을 듣다 / 하루 ~ 한 번씩 머리를 감다.

건:너-가다 자타거라 건너서 저쪽으로 가다. ❏ 강을 ~ / 횡단보도를 ~ / 미국으로 ~. ↔건너오다.

건:너-긋다 [─귿따] 〔─그어, ─그으니, ─긋는〕 타ㅅ 여기서 저기까지 직선으로 죽 긋다.

건:너다 타 **1** 어떤 것을 사이에 두고 한편에서 맞은편으로 가다. ❏ 배로 강을 ~. **2** 말이 입에서 입으로 전해지다. ❏ 소문이 한 입 건너고 두 입 건너서 퍼졌다. **3** 끼니·당번·차례 따위를 거르다. ❏ 끼니를 ~.

건:너-다니다 타 어떤 곳을 건너서 왔다 갔다 하다. ❏ 육교를 ~.

건:너다-보다 타 **1** 이쪽에서 저쪽을 바라보다. ❏ 맞은편 산을 ~. **2** 부러워하거나 탐내서 넘보다. ❏ 남의 재산을 ~. ㉾건너보다. [건너다보니 절터라] ㉠겉으로만 보아도 거의 틀림없을 만한 짐작이 든다는 말. ㉡아무리 욕심을 내어도 남의 것이기 때문에 뜻대로 할 수 없다는 뜻.

건:너-대다 타 물을 건너서 맞은편에 대다.

건:너-뛰다 타 **1** 일정한 공간을 사이에 두고 건너편으로 뛰다. ❏ 도랑을 ~. **2** 차례를 거르다. ❏ 재미없는 곳을 건너뛰고 읽었다.

건:너-막다 [─따] 타 한쪽에서 다른 쪽까지 죽 질러서 막다.

건:너-보다 타 '건너다보다'의 준말.

건:너-서다 자타 건너서 맞은편에 옮아 서다. ❏ 철둑을 건너서면 마을이 보인다.

건:너-오다 자타너라 건너서 이쪽으로 오다. ❏ 배를 타고 강을 ~ / 불교가 한국으로 건너온 시기. ↔건너가다.

건:너-지르다 〔─질러, ─지르니〕 타르 긴 물건의 양쪽 끝을 두 곳에 가로 대어 놓다. ❏ 계

곡에 구름다리를 ~.

건:너-지피다 困 강물이 이쪽 끝에서 저쪽 끝까지 꽉 얼어붙다. 건너질리다.

건:너-질리다 困 1 ('건너지르다'의 피동) 건너지펴짐을 당하다. 2 건너피다.

건:너-짚다[-집따] 困 1 팔을 내밀어 멀리 짚다. 2 짐작으로 알아차리다. □함부로 건너짚지 마라.

건:너-편(-便)똉 마주 대하고 있는 저쪽 편. □길 ~에서 기다려라.

건:년-방(-房)똉 대청을 건너 안방의 맞은편에 있는 방.

건:널-목똉 1 철로와 도로가 만나는 곳. □~에는 신호기가 설치되어 있다. 2 강·길·내 따위에서 건너다니게 된 일정한 곳. □~을 지날 때는 좌우를 잘 살펴라.

건:넛-마을[-넌-]똉 건너편에 있는 마을.

건넛마을 불구경하듯 句 강 건너 불구경. * 강(江).

건:넛-방(-房)[-너빵 /-넏빵]똉 건너편에 있는 방.

건:넛-산(-山)[-너싼 /-넏싼]똉 건너편에 있는 산.

[건넛산 보고 꾸짖기] 본인에게 직접 욕하거나 꾸짖기가 거북할 때 다른 사람을 빗대어 간접적으로 꾸짖는다는 말.

건:넛-집[-너찝 /-넏찝]똉 건너편에 있는 집.

건:네다 困 1 남에게 말을 붙이다. □옆 사람에게 말을 ~. 2 돈이나 물건 따위를 남에게 옮겨 주다. □중도금을 ~. 3 ('건너다'의 사동) 건너가게 하다.

건:네-받다[-받따] 困 돈이나 물건 따위를 남에게서 건기어 받다. □형에게서 건네받은 돈으로 밑천을 삼았다. ↔건네주다.

건:네-오다 困 1 돈이나 물건 따위가 남에게서 옮기어 오다. □나에게 커피를 건네오며 기자가 물었다. 2 상대방이 말을 걸거나 말을 □그녀가 내게 말을 자꾸 건네온다.

건:네-주다 困 1 건너게 해 주다. □배로 강을 ~. 2 돈이나 물건 따위를 남에게 옮겨 주다. □아내에게 월급봉투를 ~. ↔건네받다.

건-다짐 똉 속뜻 없이 겉으로만 하는 다짐.

건달(乾達) 똉 1 하는 일도 없이 건들거리는 짓. 또는 그런 사람. □~ 노릇을 하다. 2 아무것도 가진 것 없이 난봉을 부리고 돌아다니는 사람. □~들이 행패를 부린다. 3 아무것도 가진 것이 없는 빈털터리.

건달-꾼(乾達-)똉 건달을 낮잡아 이르는 말.

건달-패(乾達牌)똉 건달들의 무리.

건:담(健啖)똉困 어떤 음식이나 잘 먹고 많이 먹음. 식식(健食).

건:담-가(健啖家)똉 어떤 음식이나 잘 먹고 많이 먹는 사람.

건답(乾畓)똉 1 조금만 가물어도 물이 잘 마르는 논. ↔골답. 2 물이 실려 있지 않은 논. 마른논.

건답 직파(乾畓直播)[-찍-] 《農》 마른논에 물을 대지 않고 씨를 바로 뿌림.

건대(-袋)똉 《佛》 승려가 동냥할 때 쓰는 종이 주머니.

건대(巾帶)똉 상복(喪服)에 쓰는, 삼베로 만든 두건과 띠.

-건대 어미 동사 어간에 붙어, 뒤에 오는 말이 자기가 보거나 듣거나 바라거나 생각하는 따위의 내용임을 미리 밝힐 때 쓰는 연결 어미. □간절히 바라~ / 주위를 살펴보~ / 듣~ 합

격했다지.

건-대구(乾大口)똉 배를 갈라 창자를 빼내고 말린 대구.

-건댄 어미 〈옛〉 -은즉슨.

건더기 똉 1 국물이 있는 음식 속에 들어 있는 국물 이외의 것. □~를 건지다 / ~만 먹고 국물은 남기다. 2 액체에 섞여 있는, 녹거나 풀리지 않은 덩어리. 3 〈속〉 일의 내용. 속내. □말할 ~가 있어야지 / 쥐어짜도 더 나올 ~가 없다.

건덩-거리다 困 달려 있는 물체가 조금 거볍게 자꾸 흔들리다. ◑간당거리다. **건덩-건덩** 閉하짜

건덩-대다 困 건덩거리다.

건덩-이다 困 달려 있는 물체가 조금 거볍게 흔들리다. ◑간당이다.

건데 閉 '그런데'의 준말. □~ 말이야.

건:도(建都)똉하짜 도읍을 세움.

건-독(乾dock)똉 《建》 건선거(乾船渠). ↔습독(濕dock).

건둥-건둥 閉하터 1 건둥하게 수습하는 모양. □물건들을 ~ 치우다. 2 일을 꼼꼼하게 하지 않고 대충대충 해치우는 모양. □책을 ~ 훑어보다. ◑간동간동. ◐껀둥껀둥.

건둥-그리다 困 건둥하게 수습하다. ◑간동그리다. ◐껀둥그리다.

건둥-하다 혱여 흐트러짐이 없이 하나로 정돈되어 시원스럽게 훤하다. ◑간동하다. ◐껀둥하다. **건둥-히** 閉

건드러-지다 目 목소리나 맵시 따위가 아름답고 멋지게 가늘고 부드럽다. □건드러지게 한 곡조 뽑다. ◑간드러지다.

건드렁-타령 똉 술에 취해 건들거리는 동작.

건드렁 타:령[2] 《樂》 서울 지방 민요의 하나 〈처녀들이 돈벌이 나가는 내용임〉.

건드레-하다 혱여 술이 거나하게 취하여 정신이 흐릿하다. □건드레하여 술에 취하다.

건:드리다 目 1 손으로 만지거나 무엇으로 대어 조금 움직이게 하다. □기계를 함부로 건드리지 마라. 2 남의 마음을 상하게 하거나 화나게 하다. □비위를 ~ / 그를 잘못 건드렸다가는 혼난다. 3 부녀자를 꾀어 육체적 관계를 맺다. 4 어떤 일에 손을 대다. □이 일 저 일을 건드려 보다. ◈건들다.

건들-거리다 困 1 싱겁고 멋이 없게 행동하다. □양반이랍시고 건들거리며 걷는다. 2 바람이 부드럽게 살랑살랑 불다. □가을바람이 시원스레 건들거린다. 3 하는 일 없이 빈둥거리다. □어디를 그렇게 건들거리고 돌아다니느냐. ◑간들거리다. **건들-건들** 閉하짜

건들다 [건드려, 건드니, 건드는] 目 '건드리다'의 준말.

건들-대다 困 건들거리다.

건들-마 똉 남쪽에서 불어오는 초가을의 선들선들한 바람.

건들-바람 똉 1 초가을에 선들선들 부는 바람. 2 《地》 풍력 계급 4의 바람. 초속 5.5~7.9 m로 부는 바람. 먼지가 일고 종잇장이 날리며 나무의 잔가지가 흔들림. 화풍(和風).

건들-장마 똉 초가을에 비가 쏟아지다가 금세 개고 또 비가 오다가 다시 개는 장마.

건들-팔월(-八月)똉 건들바람처럼 덧없이 지나간다는 뜻으로, '음력 팔월'의 일컬음.

건듯[-듣]閉 일을 정성껏 하지 않고 빠르게 대강 하는 모양. ◐껀듯.

건듯-건듯[-듣껀-]閉 일을 정성껏 하지 않고 빠르게 대강대강 해치우는 모양. ◐껀듯껀듯.

건등 명 《광》 지표 가까이 있는 광맥의 부분.
건등 (乾等) 명 산통계(算筒契)에서 본디 등수의 알을 빼고 덤으로 또 뽑는 알《얼마의 곗돈을 태워 줌》.
건디다 타 〈옛〉 건지다.
건디쥐다 타 〈옛〉 속여 가지다.
건:-땅 명 기름진 땅.
건뜻 [-뜯] 튀 일에 정성을 들이지 않고 빠르게 대강 하는 모양. ④건듯.
건뜻-건뜻 [-뜯건뜯] 튀 일을 정성껏 하지 않고 빠르게 대강대강 하는 모양. ⬚ 일을 그렇게 ~ 하면 안 된다. ④건듯건듯.
건락 (乾酪) [걸-] 명 치즈.
건락-소 (乾酪素) [걸-쏘] 명 《화》 카세인.
건량 (乾量) [걸-] 명 곡물·과실 같은 마른 물건의 양(量)을 되는 단위《부셸(bushel) 따위》. ↔액량(液量).
건량 (乾糧) [걸-] 명 1 먼 길을 가는 데 가지고 다니기 쉽게 만든 양식. 2 《역》흉년에 죽을 쑤어 주지 않고 대신 주던 곡식.
건류 (乾溜) [걸-] 명하타 《화》석탄 따위의 고체 유기물을 공기를 차단하고 가열(加熱)한 후 차게 식혀 휘발성 화합물과 비휘발성 화합물을 분리하는 일《석탄에서 석탄 가스·타르·코크스 등을 얻는 방법》. ⇒증류(蒸溜).
건:립 (建立) [걸-] 명하타 1 건물·동상·탑 따위를 만들어 세움. ⬚ 쓰레기 소각장 ~을 반대하다 / 기념탑을 ~하다 / 절은 대부분 산중에 ~되어 있다. 2 기관이나 조직체 따위를 새로 조직함. ⬚ 동창회를 ~하다.
-건마는 어미 '이다'나 용언의 어간 뒤에 붙어, 이미 말한 사실과 일치되지 않는 일을 하려 할 때 붙이는 연결 어미. ⬚ 나이는 먹었~ 아직도 철이 없다 / 형제이~ 사이가 나쁘다. ㉦-건만.
-건마론 어미 〈옛〉-건마는.
건:막 (腱膜) 명 《생》막(膜)처럼 얇고 넓은 힘줄.
-건만 어미 '-건마는'의 준말. ⬚ 학자이~ 아는 게 없다 / 알고 있겠~ 모른 척한다.
건:망 (健忘) 명 1 잘 잊어버림. 2 《의》'건망증'의 준말.
건망 (乾網) 명하자 바빠서 낯도 씻지 못하고 망건을 씀. 또는 그렇게 쓴 망건.
건:망-증 (健忘症) [-쯩] 명 《의》기억력의 장애로 보고 들은 것을 금방 잊어버리거나, 어떤 시기 이전의 일을 기억하지 못하는 등의 증상. ⬚ ~이 심하다. ㉦건망.
건면 (乾麵) 명 마른국수.
건명 (件名) 명 1 일이나 물건의 이름. ⬚ ~ 목록. 2 서류의 제목.
건명 (乾命) 명 1 《불》축원문에 쓰는 '남자'를 일컫는 말. 2 《민》토속 신앙이나 점술(占術)에서, '남자가 태어난 해'를 일컫는 말. ↔곤명(坤命).
건-명태 (乾明太) 명 북어(北魚).
건-모 (乾-) 명 《농》1 마른논에 못자리를 하였다가 물을 대거나 비가 온 뒤에 뽑아서 내는 모. 2 마른논에 내는 모.
건목 명 거칠게 대강 만드는 일. 또는 그렇게 만든 물건.
건목(을) 치다 귀 ㉠다듬지 않고 건목만 얼추 만들다. ⬚ 건목 친 재목. ㉡대강 짐작하여 정하다.
건목 (乾木) 명 베어서 바싹 말린 재목.
건목-수생 (乾木水生) [-쑤-] 간목수생.
건목-재 (-材) [-째] 명 《건》산에서 도끼나 톱으로 대강 다듬은 거친 재목.

건몰 (乾沒) 명하타 1 법에 어긋난 물건을 관가에서 빼앗음. 2 남의 돈이나 물건을 빼앗음.
건몰다 〔건몰아, 건모니, 건모는〕 타 일을 정성 들이지 않고 건성건성 빨리 해 나가다. ⬚ 일을 건몰아서 금방 끝내다.
건-몸 명 공연히 혼자서 애쓰며 안달하는 일.
건몸(을) 달다 귀 공연히 혼자서만 애쓰며 안달하다. ⬚ 건몸 다느니 직접 가 봐야겠다.
건-물 명 몸이 허약하거나 병이 들어 공연히 나오는 정액(精液).
건:물 (建物) 명 사람이 살거나, 일을 하거나, 물건을 넣어 두기 위해 지은 집의 총칭. 건축물. ⬚ 콘크리트 ~을 짓다 / 고층 ~이 들어서다 / 네거리에 새 ~이 서다.
건물 (乾物) 명 마른 식품.
건-물 (乾-) 명 (주로 '건물로'의 꼴로 쓰여) 1 쓸데없는 것. ⬚ ~로 애를 태우다. 2 까닭도 모르고 건으로 함. ⬚ ~로 따라다니다. 3 힘 안 들인 일. ⬚ ~로 생긴 돈.
건:물-주 (建物主) 명 건물의 주인.
건-미역 (乾-) 명 마른미역.
건:민 (健民) 명 건전한 국민.
건반 (乾飯) 명 마른밥2. ↔수반(水飯).
건반 (鍵盤) 명 피아노·풍금 따위에서, 손가락으로 치도록 된 부분을 늘어놓은 면. 키보드. ⬚ ~을 두드리다.
건:-반사 (腱反射) 명 《생》근육이 기계적 자극에 따라 반사적으로 수축하는 현상.
건:반 악기 (鍵盤樂器) [-빤까-] 《악》건반이 있는 악기《피아노·풍금 따위》.
건-밤 명 한숨도 자지 않고 뜬눈으로 새운 밤. ⬚ ~을 새우다.
건방 명 잘난 척하거나 주제넘은 태도. ⬚ ~을 떨다 / ~을 부리다 / ~을 피우는 꼴이 가관이다.
건방 (乾方) 명 《민》1 이십사방위의 하나《정서와 정북 사이 한가운데를 중심으로 한 15도의 각도의 안》. 2 팔방의 하나《정서와 정북의 사이 한가운데를 중심으로 한 45도의 각도의 안》. ㉦건(乾).
건방-지다 혱 젠체하며 지나치게 주제넘다. ⬚ 건방진 소리 / 건방지게 굴지 마라.
건배 (乾杯) 명하자 건강·행복 따위를 빌면서 서로 술잔을 들어 술을 마시는 일. ⬚ ~를 들다 / 회사의 발전을 위하여 ~하자.
건:백 (建白) 명하타 관청이나 윗사람에게 의견을 말함. 건언(建言).
건:백-서 (建白書) [-써] 명 건백의 사유를 적은 서류.
건:보 (健步) 명 잘 걷는 걸음.
건복 (乾鰒) 명 '건전복(乾全鰒)'의 준말.
건부-병 (乾腐病) [-뼝] 명 《농》저장 중의 감자나 알뿌리 따위가 갈색으로 썩어 말라 오그라지는 병.
건-부종 (乾付種) 명하타 《농》건파(乾播).
건:-비 (建碑) 명하자 비(碑)를 세움.
건-빨래 (乾-) 명 ☞ 마른빨래.
건-빵 (乾-) 명 딱딱하게 구운 마른과자의 하나《주로 군대의 야전 식량으로 씀》.
건사 명하타 1 일을 시킬 때, 그 일거리를 만들어 줌. 2 제게 딸린 것을 잘 보살피고 돌봄. ⬚ 제 몸뚱아리 하나 ~ 못하는 놈. 3 물건을 잘 거두어 지킴. ⬚ 감자를 썩지 않게 잘 ~하여라.
건:삭 (腱索) 명 《생》심장의 판막(瓣膜)에 붙어 있는 섬유 결합 조직《심실(心室) 수축 때

판막이 밀려가는 것을 막는 작용을 함).

건-살포 (乾-)團 일을 하지도 않으면서 건성으로 살포만 짚고 다니는 사람.

건-삶이 (乾-)[-살미]團하(타)〖농〗 마른논을 써레로 썰거나 나래로 골아 흙을 부드럽게 고르는 일. ↦무삶이.

건삼 (乾蔘)團 잔뿌리와 줄기를 자르고 껍질을 벗겨 말린 인삼. ↦수삼(水蔘).

건-삼련 (乾三連)[-년]〖민〗 건괘(乾卦)의 상형(象形)인 '☰'의 이름.

건삽-하다 (乾澁-)[-사파-]圈어 말라서 윤택이 없고 껄껄하다.

건상 (乾象)團 하늘의 현상이나 일월성신이 돌아가는 현상. 천기(天機).

건-상어 (乾-)團 배를 갈라 내장을 꺼내고 소금을 뿌려서 말린 상어.

건색 (乾色)團 **1** (주로 '건색으로'의 꼴로 쓰여) 가공하거나 손질을 하지 않고 본디 그대로의 재료. **2**〖한의〗 건재(乾材).

건생 (乾生)團하(자)〖식〗 식물이 바위 위・나무 위・모래밭 따위의 마른 곳에서 자람. ↦습생(濕生).

건생 동・물 (乾生動物)〖동〗 사막과 같은 건조한 지역에 적응하여 생활하는 동물(거미・쥐・뱀・낙타 따위). ↦습생 동물.

건생 식물 (乾生植物)[-싱-]〖식〗 사막이나 황야의 바위・나무・모래밭 등 물기가 적은 곳에서 잘 자라는 식물(선인장・이끼 식물 따위). 건식 식물. ↦습생 식물.

건-석어 (乾石魚)團 **1** 가조기. **2** 굴비.

건-선 (健羨)團하(타) 몹시 부러워함.

건선 (乾癬)團〖한의〗 마른버짐.

건-선거 (乾船渠)團〖건〗 큰 배를 만들거나 수리할 때, 배를 넣을 수 있도록 땅을 파서 암벽을 두른 구조물. 수문을 설치하고 바닷물을 넣거나 뺄 수 있게 됨. 건식(乾式) 선거. 건독(乾dock). 드라이 독. ↦건선거.

건-선명 (乾仙命)團〖민〗 점술에서, 죽은 남자의 태어난 해. ↦곤선명(坤仙命).

건:설 (建設)團하(타) **1** 건물이나 시설물 따위를 새로 만듦. □ ~ 공사 / 신도시 ~ / ~ 중인 아파트 / 강 상류에 발전소가 ~되었다 / 쇼핑 센터를 ~하려고 부지를 확보하다. **2** 조직・단체 등을 새로이 이룩함. □ 복지 사회를 ~하다 / 민주주의 국가 ~에 이바지하다. ↦파괴.

건:설 공채 (建設公債)〖경〗 철도・도로의 건설, 전원 개발 사업 같은 건설 사업의 경비를 조달하기 위해 발행하는 공채.

건:설 교통부 (建設交通部)〖법〗 전에 중앙 행정 기관의 하나. 국토 종합 개발 계획의 수립・조정, 국토 및 수자원의 보전・이용・개발 및 개조, 도시・도로・주택의 건설, 해안・하천 및 간척과 육운(陸運)・항공에 관한 사무를 아우름. ⬒건교부.

건:설 기계 (建設機械)[-/-게]〖건〗 토목 건축 작업에 사용되는 기계(포클레인・불도저 따위).

건설방 團 가진 것 없이 오입판에 쫓아다니며 허랑한 짓이나 하는 추잡한 사람.

건:설-업 (建設業)團〖건〗 토목・건축에 관한 공사를 맡아 하는 영업. 토건업(土建業).

건:설 이:자 (建設利子)〖경〗 주식회사가 완전 개업까지 2년 이상 걸릴 때, 정관 규정에 따라 영업에 의한 이익이 없어도 주주에게 배당하는 이자.

건:설-적 (建設的)[-쩍]團團 어떤 일을 좋은 방향으로 이끄는 (것). 생산적. □ ~(이) 제안 / 문제를 ~으로 해결하다. ↦파괴적.

건성 團 **1** (주로 '건성으로'의 꼴로 쓰여) 성의 없이 대충 겉으로만 하는 태도. □ 남의 말을 ~으로 듣다 / 인사를 ~으로 받다 / 그저 ~으로 책을 읽다. **2** 성의 없이 대충 겉으로만 하는. □ ~ 대답하다 / ~ 따라만 다니다.

건성 (虔誠)團 경건한 정성. 지성(至誠).

건성 (乾性)團 **1** 건조한 성질. □ ~ 피부라 늘 푸석푸석하다. **2** 수분을 그다지 필요로 하지 않는 성질. ↦습성.

건성-건성 團 정성을 들이지 않고 대강대강 일을 하는 모양. □ ~ 해치우다.

건성-꾼 團 건성으로 아무 일에나 함부로 간섭하여 덤벙이는 사람.

건성 늑막염 (乾性肋膜炎)[-능망념]〖의〗 늑막 사이에 섬유소가 스며나오는 늑막염(가슴에 동통을 느낌). ↦습성 늑막염.

건성드뭇-이 團 건성드뭇하게.

건성드뭇-하다 [-무타-]圈어 **1** 드문드문 흩어져 있다. □ 흰 수염이 ~. **2** 이따금씩 있다. □ 안부 편지를 건성드뭇하게 받다.

건성-울음 團 정말 우는 것이 아니라 건성으로 우는 울음. 건울음.

건성-유 (乾性油)[-뉴]團〖화〗 공기 중에 두면 산소를 흡수해 말라서 굳어지는 식물성 기름. 페인트・인쇄 잉크・유화 물감 따위의 용제로 씀(들기름・아마인유 따위). 건조유. ↦불(不)건성유. ⬒건유(乾油).

건성-지 (乾性脂)團〖화〗 동물성 기름 가운데 불포화도가 높은 지방산을 함유하는 유지. 공기 중에 놓아두면 산소를 흡수해 말라 버림.

건:송 (健訟)團하(자) 하찮은 일에도 소송하기를 좋아함.

건수 (件數)[-쑤]團 사물이나 사건의 수. □ 교통사고 / ~를 올리다.

건수 (乾水)團 늘 솟는 샘이 아니고 장마 때 땅속에 스몄던 물이 잠시 솟아나서 괴는 물.

건숙-하다 (虔肅-)[-수카-]圈어 경건하고 엄숙하다. 건숙-히. 건숙(虔肅).

건습 (乾濕)團 건조와 습기. 마름과 젖음.

건습-계 (乾濕計)[-계/-게]團〖물〗'건습구 습도계'의 준말.

건습구 습도계 (乾濕球濕度計)[-꾸-또-/-꾸-또게]〖물〗건구(乾球)와 습구(濕球) 온도계를 나란히 놓고, 물이 증발하는 정도를 재어 공기 중의 습도를 측정하는 계기. ⬒건습계(乾濕計).

건습 운:동 (乾濕運動)〖식〗건습의 변화로 생기는 식물의 운동(콩깍지가 마르면 저절로 벌어져 씨앗을 내는 따위).

건:승 (健勝)團하(자) 탈이 없이 건강함. □ ~을 빌다.

건시 (乾柿)團 곶감.

건시나 감이나 관 대동소이하다는 말.

건시 (乾時)團〖민〗이십사시의 스물두째 시(오후 여덟시 반부터 아홉시 반까지). ↦건방(乾方).

건식 (乾式)團 작업 과정에서, 액체나 용제(溶劑)를 쓰지 않는 방식. ↦습식(濕式).

건식 (乾食)團하(타) **1** 음식물을 말려서 먹음. **2** 국 따위가 없이 마른반찬으로 밥을 먹음.

건:식 (健食)團하(타) 음식을 가리지 않고 많이 잘 먹음. 건담(健啖).

건식 구조 (乾式構造)[-꾸-]〖건〗물・회반죽 따위를 쓰지 않고 이미 만들어진 부재를 짜맞추기만 하는 건축 구조(공사 기간이 짧고, 옮기기 쉽고, 겨울에도 시공할 수 있음). ↦

습식 구조.

건식 분석법 (乾式分析法)[-뿐-뻡] 〖화〗 물질에 열을 가하여 말리거나 녹이거나 태워서 열에 대한 반응을 살고 성분을 밝히는 분석법. ↔습식(濕式) 분석법.

건식 선거 (乾式船渠)[-썬-] 〖건〗 건(乾)선거.

건:실-하다 (健實-) 〖형여〗 1 건전하고 착실하다. ¶건실한 청년. 2 몸이 건강하다. ¶건실한 몸. **건:실-히** 〖부〗. ¶∼ 생활하다.

건:아 (健兒) 〖명〗 건강하고 씩씩한 사나이. ¶대한의 ∼.

건:양 (建陽) 〖명〗〖역〗 조선 고종 때의 연호. 조선 시대 최초의 연호로서, 즉위 33년부터 다음해 7월까지의 기간. [1896-1897]

건어 (乾魚) 〖명〗 '건어물(乾魚物)'의 준말.

건-어물 (乾魚物) 〖명〗 생선·조개류 따위를 말린 식료품. ⑥건어.

건:언 (建言) 〖명하타〗 건백(建白).

건열 (乾裂) 〖명〗 1 땅 따위가 말라서 갈라짐. 2 〖지〗 진흙 따위의 얇은 층이 말라서 거북의 등처럼 갈라진 틈.

건:옥 (建玉) 〖경〗 거래소에서, 매매 약정이 된 증권이나 상품으로, 아직 결제되지 않은 물건. 세운살. 홍정옥.

건:용-하다 (健勇-) 〖형여〗 건장하고 용맹하다.

건-울음 (乾-) 〖명〗 건성울음.

건:원 (建元) 〖명하자〗 1 나라를 세운 임금이 연호를 정함. 2〖역〗신라 때에, 법흥왕 23년부터 진흥왕 11년까지 사용했던 연호. [536-550]

건위 (乾位) 〖명〗 남자의 신주나 무덤. ¶∼를 모시다. ↔곤위(坤位).

건:위 (健胃) 〖명하자〗 위를 튼튼하게 함. 또는 튼튼한 위. ¶∼ 약효제.

건:위-제 (健胃劑) 〖명〗 위를 튼튼하게 하는 약제.

건유 (乾油) 〖화〗 '건성유(乾性油)'의 준말.

건육 (乾肉) 〖명〗 말린 고기.

건-으로 (乾-) 〖부〗 1 턱없이. 터무니없이. ¶값을 ∼ 비싸게 부르다. 2 실상이 없이. 공연히. ¶∼ 너털웃음 치다. 3 매나니로. ¶돈도 없이 ∼ 시작하려 들다.

건:의 (建議)[거늬/거니] 〖명하타〗 개인이나 단체가 의견이나 희망을 내놓음. 또는 그 의견이나 희망. ¶∼ 사항 / ∼를 받아들이다 / 건물의 보수를 ∼하다.

건:의-권 (建議權)[거늬꿘/거니꿘] 〖명〗〖법〗의회가 정부에 건의할 수 있는 권리.

건:의-문 (建議文)[거늬-/거니-] 〖명〗 건의하는 내용을 적은 글. ¶∼이 채택되다.

건:의-서 (建議書)[거늬-/거니-] 〖명〗 건의하는 내용을 적은 문서. ¶∼를 제출하다.

건:의-안 (建議案)[거늬-/거니-] 〖명〗〖법〗건의의 초안 또는 의안.

-건이 〖어미〗〈옛〉-았느냐. -었느냐.

건:-자재 (建資材) 〖명〗〖건〗 건축 용재.

건잠 〖명〗〖충〗 곡식의 뿌리를 갉아 먹는 벌레의 하나.

건잠-머리 〖명하자〗 일을 시킬 때, 대강의 방법을 일러 주고 필요한 여러 가지 도구를 챙겨 주는 일.

건장 (乾醬) 〖명〗 마른장.

건:장-하다 (健壯-) 〖형여〗 몸이 튼튼하고 기운이 세차다. ¶건장한 청년. **건:장-히** 〖부〗.

건:재 (建材) 〖건〗 '건축 용재'의 준말.

건:재 (健在) 〖명하자〗 힘이나 능력이 줄어들지 않고 그대로 있음. ¶아직 ∼하다 / ∼를 과시하다.

건재 (乾材) 〖명〗〖한의〗 가공하지 않은 그대로의

121 　　　　　　　　　　　　　　**건조보험**

약재. 또는 법제(法製)하지 않은 원료로서의 약재. 건재(乾在).

건재-국 (乾材局) 〖명〗 '건재 약국'의 준말.

건:재-상 (建材商) 〖명〗 건축 재료를 파는 상점. 또는 그 사람.

건재 약국 (乾材藥局)[-꾹] 주로 건재를 파는 약국. ⑥건재국(乾材局).

건:전 (健全) 〖명하타부〗 1 생각이나 행동 따위가 건실하고 올바름. ¶∼ 가요 / ∼한 판단. 2 건강하고 병이 없음. ¶∼한 신체.

건-전복 (乾全鰒) 〖명〗 말린 전복. ⑥건복(乾鰒).

건:전 재정 (健全財政) 〖경〗 균형 재정.

건-전지 (乾電池) 〖명〗〖화〗 탄소봉을 양극, 아연을 음극으로 하고, 그 사이에 염화암모늄·이산화망간 등을 섞어 넣어 만든 일차 전지(휴대하거나 다루기에 편리함). ↔습전지.

건정 〖명〗 해치우기.

건정-건정 〖부〗 대강대강 빠르게 해치우는 모양. ¶설거지를 ∼ 끝내다.

건:정-하다 (乾淨-) 〖형여〗 1 정결(精潔)하다. 2 일 처리를 잘하여 뒤끝이 깨끗하다.

건:제 (建制) 〖명하타〗 1 제도나 법칙 따위를 설치하고 제정함. 2〖군〗군대에서 편제표에 정해진 조직을 유지함.

건제 (乾製) 〖명하타〗 물기 없이 만듦.

건제 (乾劑) 〖명〗〖화〗'건조제'의 준말.

건제 비:료 (乾製肥料) 〖농〗 멸치·바닷말·닭똥 등을 말려서 만든 비료. 건조(乾燥) 비료.

건제-품 (乾製品) 〖명〗 식료품 따위를 오래 둘 수 있도록 말린 제품. 건조품.

건:조 (建造) 〖명하타〗 배·건물 따위를 설계하여 만듦. ¶조형물 / 유조선을 ∼하다 / 군함이 ∼되다.

건조 (乾燥) 〖명하자타형〗 1 말라서 습기가 없음. ¶피부가 ∼하다. 2 습기·물기가 없어 메마름. 또는 습기·물기를 말려서 없앰. ¶잘 ∼된 목재 / 공기가 ∼하다. 3 분위기·표현·정신 따위가 딱딱하고 버성김. ¶∼한 문제 / 생활이 ∼하다.

건조 (乾棗) 〖명〗 말린 대추.

건조 경:보 (乾燥警報) 기상 경보의 하나. 실효 습도가 25% 이하인 상태가 2일 이상 지속될 것이 예상될 때에 발표함.

건조-과 (乾燥果) 〖명〗 1〖식〗익으면 껍질이 마르는 과실(밤·호두 따위). 2 햇볕이나 열에 말린 과실(곶감·건포도 따위). ⑥건과(乾果).

건조-기 (乾燥期) 〖명〗 기후가 건조한 시기. 건계(乾季). ↔건기.

건조-기 (乾燥器·乾燥機) 〖공〗 물체 속에 들어 있는 물기를 말리는 장치. 드라이어.

건조 기후 (乾燥氣候) 〖지〗 강수량이 증발량보다 적어 매우 건조한 기후. ↔습윤(濕潤) 기후.

건조-대 (乾燥臺) 〖명〗 젖은 물건을 말리려고 설치한 대. ¶∼에 세탁물을 널다.

건조-란 (乾燥卵) 〖명〗 달걀가루.

건조-롭다 (乾燥-)[-따] 〖형ㅂ〗 익으면 -로워, -로우니 무미건조한 느낌이 있다. **건조-로이** 〖부〗.

건조-림 (乾燥林) 〖지〗 기후나 토질이 건조한 땅에 생기는 숲(회양목·야자 숲 따위).

건조-맥아 (乾燥麥芽) 〖명〗 부패균의 번식을 막기 위하여 바짝 말린 엿기름.

건조-무미 (乾燥無味) 〖명하형〗 무미건조.

건:조-물 (建造物) 〖명〗 1 지어 만든 물건. 2 건조한 가옥·창고·건물 따위의 총칭.

건:조-보험 (建造保險) 〖경〗 배를 건조하는 동안 일어나는 여러 가지 위험이나 손해를

보상하는 보험.

건조 비:료(乾燥肥料)〖농〗건제 비료.

건조-세탁(乾燥洗濯)〖명〗드라이클리닝.

건조-식품(乾燥食品)〖명〗신선한 상태의 식품을 자연적 또는 인공적으로 말린 식품(말린 곡류(穀類)·야채류·과일·육류·생선 따위).

건조-야채(乾燥野菜)〖명〗저장과 수송을 효과적으로 하기 위해 살균하여 말린 채소. 건조 채소.

건조 엑스(←乾燥extract)〖약〗동물성·식물성 진액을 말려서 굳힌 약제(藥劑). 건조 엑스트랙트.

건조-열과(乾燥裂果)〖명〗〖식〗열과(裂果).

건조-유(乾燥油)〖명〗〖화〗건성유(乾性油).

건조-장(乾燥場)〖명〗물건을 말리기 위하여 특별히 장치를 한 곳. ▣김 ~.

건조-장(乾燥葬)〖명〗시체를 건조시켜서 처리하는 장례법의 하나(화장·풍장(風葬)·미라장(mirra葬) 따위). ↔습장(濕葬).

건조-제(乾燥劑)〖명〗〖화〗**1** 다른 물질에서 수분을 빨아내는 데 쓰는 흡습성이 강한 물질. 방습제. **2** 건성유 또는 반(半)건성유의 건조성을 증가시키는 데 쓰는 물질(납·망간·코발트 따위). 드라이어. ⓒ건제(乾劑).

건조 주:의보(乾燥注意報)[-/-의-]〖명〗기상 주의보의 하나. 실효 습도가 35% 이하인 상태가 2일 이상 지속될 것이 예상될 때에 발표함.

건조-증(乾燥症)[-쯩]〖명〗〖한의〗땀·침이나 대소변 등이 잘 나오지 않고 피부가 건조해지는 병증.

건조-지(乾燥地)〖명〗토질이 건조한 땅.

건조 지형(乾燥地形)〖지〗건조한 기후로 인하여 내륙 지방에 생기는 지형.

건조-채소(乾燥菜蔬)〖명〗건조야채.

건조-체(乾燥體)〖명〗〖문〗비유나 수사가 없거나 적은, 사실 그대로 나타내는 문체(기사문·설명문 따위). 평명체(平明體). ↔화려체.

건조-폐과(乾燥閉果)[-/-폐-]〖명〗〖식〗폐과(閉果).

건조-품(乾燥品)〖명〗건제품.

건조 혈장(乾燥血漿)[-짱]〖명〗〖의〗여러 사람의 혈액을 섞어 가라앉혀서 위에 뜬 혈장을 냉동·건조시킨 후 가루로 만든 물질(증류수에 풀어 수사함).

건조 효:모(乾燥酵母)〖약〗말린 효모(연한 갈색 또는 연한 노란색으로, 비타민 B 약제·단백질 식품·비료·가축 사료의 원료로 씀).

건:졸(健卒)〖명〗건장한 병졸.

건좌(乾坐)〖명〗〖민〗풍수지리에서, 묏자리·집터 따위의 건방. 곧, 북서쪽을 등진 자리.

건좌-손향(乾坐巽向)〖민〗풍수지리에서, 묏자리나 집터 따위가 북서쪽을 등지고 남동쪽을 바라보는 좌향.

건:주(建株)〖명〗〖경〗**1** 상장주(上場株). **2** 현재 매매가 약정된 주식.

건:주 야:인(建州野人)〖역〗만주에 살던 여진족을 일컫던 말. 건주 여진.

건-주정(乾酒酊)〖명〗술에 취한 체하고 하는 주정. 강주정. ▣~을 피우다.

건중-건중〖부〗〖하타〗건중그리는 모양. ⓐ간종간종.

건중-그리다〖타〗사물을 대강대강 가리고 추려서 가지런히 하다. 건중이다. ⓐ간종그리다.

건중-이다〖타〗건중그리다. ⓐ간종이다.

건즐(巾櫛)〖명〗〖하타〗**1** 수건과 빗. **2** 낯을 씻고 머리를 빗음.

건즐(을) 받들다 〖관〗여자가 아내나 첩으로서

남편을 받들어 모시다.

건지¹〖명〗'건더기'의 변한말.

건지²〖명〗돌을 매달아 물의 깊이를 재는 데 쓰는 줄.

건지다〖타〗**1** 물속에 있거나 떠 있는 것을 집어내거나 끌어낸다. ▣국에서 건더기를 건져 먹다. **2** 어려운 처지에 있던 상황에서 구해 내다. ▣목숨만 겨우 ~. **3** 손해 본 것이나 밑천 따위를 도로 찾다. ▣본전의 일부만 ~.

건-지황(乾地黃)〖한의〗'생(生)건지황'의 준말.

건-직파(乾直播)〖명〗〖하타〗〖농〗건파(乾播).

건착-망(巾着網)[-창-]〖명〗고기잡이 그물의 하나. 두릿그물을 개량한 것인데, 띠 모양의 큰 그물로 고기를 둘러싸고 줄을 잡아당기면 두루주머니의 아가리가 졸라매듯이 되어 고기가 잡힘(다랑어·고등어·가다랑어·정어리 등의 회유어를 잡는 데 씀).

건착-선(巾着船)[-썬]〖명〗건착망으로 고기를 잡도록 설비한 배.

건채(乾菜)〖명〗말린 나물이나 채소.

건:책(建策)〖명〗〖하타〗방책이나 계획을 세움.

건천(乾川)〖명〗조금만 가물어도 이내 물이 마르는 내.

건-청어(乾青魚)〖명〗말린 청어. 관목(貫目).

건체(愆滯)〖명〗〖하타〗〖법〗연체(延滯).

건초(乾草)〖명〗베어서 말린 풀. ▣~ 더미 / ~를 보관하다. ↔생초(生草). ⓐ건초²(草)¹.

건:초(腱鞘)〖명〗〖생〗손발의 힘줄을 칼집 모양으로 싸고 안팎 두 층으로 된 결합 조직(안쪽은 활막층(滑膜層), 바깥쪽은 섬유층임).

건초-열(乾草熱)〖의〗꽃가룻병.

건:축(建築)〖명〗〖하타〗집·성·다리 등을 세우거나 쌓는 따위의 일. ▣~ 시공(施工) / ~ 계획 / 오래전에 ~된 집 / 아파트 / ~하다.

건축(乾縮)〖명〗〖하자〗저장한 곡식이 말라서 그 양이 줄어듦. 또는 그렇게 줄어든 양.

건:축-가(建築家)[-까]〖명〗건축에 대한 전문적인 지식과 기술이 있는 사람.

건:축 공학(建築工學)[-꽁-]〖건〗건축학의 한 부문. 구조·재료·시공법 따위를 연구하는 학문.

건:축 구조(建築構造)[-꾸-]〖건〗여러 가지 건축 재료를 사용하여 건축물을 형성하는 일. 또는 그 구조물.

건:축 구조 역학(建築構造力學)[-꾸-여칵]〖건〗건축물의 뼈대에 생기는 응력이나 변형 따위를 연구하는 학문.

건:축 면:적(建築面積)[-층-]〖건〗건평(建坪).

건:축-물(建築物)[-충-]〖명〗건축한 집이나 시설. 영조물.

건:축-비(建築費)[-삐]〖명〗건축에 드는 비용.

건:축-사(建築士)[-싸]〖명〗국가시험에 합격하고 면허를 받아 건축물의 설계와 공사 감리 따위의 업무를 행하는 사람.

건:축-선(建築線)[-썬]〖건〗공원·도로 등을 침범하지 못하게 정한 건축물의 경계선.

건:축 설계(建築設計)[-쎌-/-쎌게]〖건〗건축에 관한 설계. 건축물의 용도에 따라 형태·구조·재료·설비·공사 방법·비용 등을 종합적으로 결정하고, 공사에 필요한 도면과 시방서(示方書)를 작성하는 일.

건:축 설비(建築設備)[-썰-]〖건〗건축물의 효용을 높이기 위해 설치하는 시설물(조명·난방·급수·배수 따위). ↔건축 주체.

건:축 양식(建築樣式)[-쌍-]〖건〗일정한 지역이나 시대에 나타나는 건축물의 공통된

조형적 특징.

건:축-업(建築業)명 건축 공사를 맡아 하여 소득을 얻는 직업.

건:축 용:재(建築用材)[-쩡녕-]〔건〕건축에 쓰는 여러 가지 재료. 건자재(建資材). 건축 자재. 건축재. ㉰건재.

건:축 의:장(建築意匠)〔건〕건물 안팎의 형태를 설계하는 고안. 건축 디자인.

건:축-재(建築材)[-째]명〔건〕건축 용재(用材).

건:축 주체(建築主體)[-쭈-]〔건〕건축물의 구조를 이루는 주요 부분(온돌·벽·기둥·천장 따위). ↔건축 설비.

건:축-학(建築學)[-추칵]명〔건〕건축에 관한 사항을 연구하는 학문. 조영학(造營學).

건치(乾雉)명 말린 꿩고기(신부가 처음으로 시부모에게 올리는 폐백에 씀).

건칠(乾漆)명 1 마른 옻칠. 2〔한의〕옻나무의 즙을 말려 만든 약재(속병·기생충병·월경 불순·기침 따위에 씀).

건침(乾-)명 마른침. ◻~을 삼키다.

건침(乾浸)명하타 생선에 소금을 뿌려서 간을 함. 또는 그 간.

건탕(巾宕)명 망건과 탕건.

건토 효:과(乾土效果)〔농〕흙을 건조시킴으로써 식물이 잘 자라고 수확량이 느는 현상.

건:투(健鬪)명하자 씩씩하게 잘 싸움. ◻~를 빌다 / 더욱더 ~해 주시기를 바랍니다.

건파(乾播)명하타〔농〕마른논에 볍씨를 뿌려 밭곡식처럼 가꾸다가 물을 대어 주는 농사법. 건부종(乾付種). 건직파. 직파(直播).

건판(乾板)명 1〔화〕사진에 쓰는 감광판의 한 가지. 유리·셀룰로이드 등 투명한 판에 감광액을 발라서 말린 것. 사진 건판. 2〔인〕활자 지형(紙型)을 눌러 만드는 기계.

건:평(建坪)명〔건〕건물이 차지한 밑바닥의 평수. 넓은 뜻으로는, 2층 이상도 포함한 건물 바닥 면적의 합계 평수. 건축 면적.

건:폐-율(建蔽率)[-/-페-]명〔건〕대지 면적에 대한 건물 바닥 면적의 비율.

건포(巾布)명 두건을 만드는 베.

건포(乾布)명 마른 수건이나 헝겊.

건포(乾脯)명 쇠고기나 생선 따위를 얇게 저며 말린 포.

건-포도(乾葡萄)명 포도를 말린 식품.

건포-마찰(乾布摩擦)명 마른 수건으로 온몸을 문지르는 일(피부 건강과 혈액 순환을 좋게 함). *냉수마찰.

건풍(乾風)명 1 건조한 바람. 2 북서풍.

건피(乾皮)명 말린 짐승의 가죽.

건:필(健筆)명 1 힘 있게 글씨를 잘 씀. 또는 그런 사람. 2 글을 잘 짓거나 의욕적으로 씀. 또는 그런 사람. 건호(健毫).

건하(乾芐)명〔한의〕생건지황(生乾地黃).

건하(乾蝦)명 말린 새우.

건:-하다형여 1 아주 넉넉하다. 2 '흥건하다'의 준말. 3 '거나하다'의 준말. 건:-히튀

건:-하다(乾-)형여 '건건(乾乾)하다'의 준말.

건학(乾涸)명하자 1 내나 못의 물이 졸아 마름. 2 물건을 말려서 굳게 함.

건:함(建艦)명 군함을 만듦.

건-합육(乾蛤肉)명 말린 조갯살.

건-해삼(乾海蔘)명 말린 해삼.

건해-풍(乾亥風)명 건방(乾方)이나 해방(亥方)에서 불어오는 바람(북서풍이나 북북서풍을 이름).

건현(乾舷)명 배에 짐을 가득 실었을 때, 물 위로 드러나는 뱃전의 부분.

건현 갑판(乾舷甲板)〔해〕배가 제 한도에 차게 짐을 가득 실을 수 있는 한계를 규정하는 데 기초로 삼는 갑판(보통 상갑판을 말함).

건혈(乾血)명 짐승의 피에서 응고 성분을 제거하여 말린 흑갈색의 가루(속효성의 질소 비료로 씀).

건혈 비:료(乾血肥料)〔농〕건혈로 만든 비료.

건혜(乾鞋)명[-/-혜]명 마른신.

건-호궤(乾犒饋)명하타〔역〕군사들의 노고를 위로할 때, 음식을 베풀어 주는 대신 돈을 주던 일.

건-혼나다(乾魂-)자 괜히 놀라서 혼이 나다.

건-홍합(乾紅蛤)명 말린 홍합.

걸:기[-끼]명 걷는 일. ◻만보(萬步) ~ 운동.

걷나다자타〈옛〉건너다.

걷내-뛰다타〈옛〉건너뛰다.

걷다¹[-따]자 1 구름이나 안개 따위가 흩어져 없어지다. ◻구름이 ~. 2 비가 그치고 맑게 개다. ◻장마가 걷고 햇빛이 들다.

걷:다²[-따][걸어, 걸으니, 걷는]자타◻ 1 두 다리를 번갈아 옮겨 앞으로 가다. ◻밟길을 ~ / 아기가 걷기 시작하다. 2 일정한 방향으로 나아가다. ◻한국 경제가 걸어야 할 길. 3 전문직에 종사하다. ◻교육자의 길을 ~. [걷기도 전에 뛰려고 한다] 쉽고 작은 일도 해낼 능력이 없으면서 어렵고 큰일을 하려고 함을 이르는 말. '기도 못하고 뛰려 한다'와 같은 뜻.

걷다³[-따]타 1 덮거나 가린 것 또는 널려 있는 것을 치우다. ◻상보(床褓)를 ~. 2 늘어진 것이나 펴진 것을 말아 걷거나 치우다. 또는 깔려 있는 것을 접거나 개키다. ◻커튼을 ~ / 돗자리를 ~ / 소매를 ~. 3 '거두다'의 준말. ◻외상값을 ~ / 곡식을 ~.

걷-몰다[건-][걷몰아, 걷모니, 걷모는]타 거듭거듭 빨리 몰아치다. ◻양 떼를 ~.

걷어-들다[-들어, -드니, -드는]타 1 늘어진 것을 걷어서 추켜잡다. ◻옷자락을 ~. 2 거두어서 손에 들다. ◻읽던 책을 걷어들고 나가다.

걷어-들이다타 1 널어 놓은 것을 걷어서 안으로 들이다. ◻빨래를 ~. 2 받을 돈을 받아 모으다. ◻일숫돈을 ~.

걷어-매다타 일을 하다가 중간에서 대충 끝맺다.

걷어-붙이다[거더부치-]타 소매나 바짓가랑이 따위를 말아 올리다. ◻소매를 걷어붙이고 일하다.

걷어-안다[거더-따]타 거두어서 품에 안다. ◻아이를 품에 ~.

걷어-입다[거더-따]타 옷을 되는대로 마구 입다.

걷어-잡다[거더-따]타 1 걷어 올려서 잡다. 2 마음을 도사려 먹다.

걷어-쥐다타 걷어잡아 쥐다. ◻옷자락을 ~.

걷어-지르다[-질러, -지르니]타자 1 옷자락이나 휘장 따위를 걷어 올려서 꽂아 놓다. 2 발로 내질러 차다. ◻옆구리를 ~.

걷어-질리다자 피로하거나 병이 나서 눈까풀이 맥없이 열려지고 눈알이 우묵해지다.

걷어-차다타 1 발로 몹시 세게 차다. ◻물려고 달려드는 개를 ~. 2 저버려 내치다. ◻사귀던 여자를 ~.

걷어-채다자《'걷어차다'의 피동》남에게 걷

어참을 당하다. ▣사귀던 여자에게 ~ / 발길
로 걸어채어 나뒹굴다.

걸어-치다 팀 ☞걸어치우다.

걸어-치우다 팀 1 흩어진 것을 거두어 치우다.
▣이불을 ~. 2 하던 일을 중도에서 그만두
다. ▣사업을 ~.

-걷이 [거지] 몡 1 곡식을 거둬들이는 일. ▣가
을~ / 밭~. 2《건》보가 기둥에 얹히는 곳의
안팎을 깎는 일. ▣도래~ / 소마~.

걷-잡다 [-짭따] 팀 (흔히 '없다'·'못하다'와
함께 쓰여) 한 방향으로 치우쳐 흘러가는 형
세 따위를 바로잡거나 진정시키다. ▣불안한
정국을 ~ / 치미는 분노를 걷잡을 수 없다 /
북받치는 눈물을 걷잡지 못하다.

걷히다 [거치-] 짜 ('걷다'·³'의 피동) 1 구름이
나 안개 따위가 없어지다. ▣안개가 ~. 2 돈·
곡식 따위가 거두어지다. ▣외상값이 잘 걷히
지 않다. 3 가려 있거나 펼친 것이 없어지다.
▣장벽이 ~.

걸¹ 윷놀이에서, 세 짝은 잦혀지고, 한 짝은
엎어진 때의 이름(끗수는 세 끗임).

걸² [옛] 개울. 도랑.

걸³ 것을. ▣준 ~ 도로 빼앗다.

걸가 (乞暇) 몡[하짜] 1 휴가를 청함. 2 휴가를 얻
음. 3 물건을 빌려 씀.

걸거 몡 ☞거지.

걸:개-그림 몡 벽 따위에 걸 수 있도록 괘도
(掛圖) 비슷하게 꾸며 만든 그림.

걸객 (乞客) 몡 지난날, 몰락한 양반으로서 의
관을 갖추고 다니며 얻어먹던 사람.

걸걸 뿌[하짜] 음식이나 재물 따위에 욕심을 부
려 엄치없이 구는 모양. ❀갈갈.

걸걸-거리다 짜 음식이나 재물 따위에 욕심을
부려 자꾸 염치없이 굴다. ❀갈갈거리다.

걸걸-대다 짜 ☞걸걸거리다.

걸걸-하다 혱어 1 목소리가 좀 쉰 듯하면서 우
렁차고 힘차다. ▣걸걸한 목소리. 2 성질이나
행동이 조심스럽지 못하고 거칠다. ▣걸걸한
성미.

걸걸-하다 (傑傑-) 혱어 외모가 헌칠하고 성질
이 쾌활하다. ▣걸걸한 인품.

걸:고-넘어지다 짜 자신과 상관없는 사람을
옭아 넣다. ▣사사건건 남을 ~.

걸과 (乞科) 몡 [역] 소과(小科)에 낙방한
늙은 선비가 시험관에게 자신의 실력을 다시
시험해 달라고 구걸하듯 간청하던 일.

걸교 (乞巧) 몡[하짜] [민] 음력 칠월 칠석날 저
녁에 부녀자들이 견우직녀의 두 별에게 길쌈
과 바느질을 잘하게 하여 달라고 비는 일.

걸구 (乞求) 몡[하짜] ☞구걸(求乞).

걸구 (傑句) 몡[-꾸] 썩 잘 지은 시구(詩句).

걸군 (乞郡) 몡[하짜] [역] 조선 때, 문과 급제자
로서, 늙은 어버이를 모신 가난한 처지를 임
금에게 알려 고향의 수령 자리를 청하던 일.

걸귀 (乞鬼) 몡 1 새끼를 낳은 뒤의 암퇘지. 2
《속》음식을 지나치게 탐하는 사람.
  걸귀(가) 들린 듯이 뭐 음식을 지나치게 탐
  하는 모양. ▣~ 먹어 치우다.
  걸귀 같다 뭐 '게걸스럽게 음식을 탐하다'를
  비유하여 이르는 말.

걸:-그물 몡 물고기 떼가 지나다니는 바다 속
에 피처럼 길게 쳐서 고기가 그물코에 걸리
거나 말려들도록 장치한 그물. 자망(刺網).
자리.

걸근-거리다 1 음식이나 재물 따위를 얻으
려고 체면 없이 자꾸 구차스럽게 굴다. ▣볼

썽사납게 ~. 2 목구멍에 가래 따위가 걸려 자
꾸 근지럽게 거치적거리다. ❀갈근거리다. 걸
근-걸근 뿌[하짜]

걸근-대다 짜 ☞걸근거리다.

걸:-기 몡 유도·씨름 따위에서, 상대의 발이나
팔을 걸어서 넘어뜨리는 기술.

걸기 (傑氣) 몡[-끼] 호걸스러운 기상.

걸-기대 (乞期待) 몡 기대하기 바람.

걸-기-질 몡[하짜] [농] 논바닥을 평평하게 고
르는 일.

걸끼리-지다 혱 몸이 크고 실팍하다. 걸때가
크다. ▣초등학교 아이로는 무척 ~.

걸겅-쇠 몡 [농] 보습의 쇠코 위로 둘러 대어,
두 끝이 앞쪽을 향해 겹쳐진 좁고 긴 쇠.

걸:-낭 (-囊) [-랑] 몡 1 몸에 차지 않고 걸어
두는 큰 주머니나 담배쌈지. 2 걸망. 3《불》
바랑.

걸:다¹ [걸어, 거니, 거는] 팀 1 물건을 매달거
나 늘어지게 걸치다. ▣벽에 액자를 ~ / 메
달을 목에 ~. 2 가장자리를 기대어 걸쳐 놓
다. ▣솥을 ~. 3 회의 같은 데에 올리어 맡
기다. ▣안건을 회의에 ~. 4 돈 따위를 계약·
상금·내기의 담보로 내놓다. ▣계약금을 ~ /
상금을 걸고 공모하다. 5 말·시비나 싸움·수
작 따위를 붙이다. ▣말을 ~ / 연애를 ~ / 재
판을 ~. 6 전화를 하다. 7 문에 빗장을 지
르거나 자물쇠를 채워 열리지 않게 하다. ▣
빗장을 ~ / 대문을 ~. 8 실패했을 때 그것을
희생할 각오로 일을 단행하다. ▣목숨을 걸
고 덤비다. 9 희망·기대 따위를 품다. ▣희망
을 ~. 10 기계 따위를 작동시키다. ▣시동
을 인쇄에 ~ / 자동차의 시동을 ~. 11 기구·
기계 따위를 이용할 수 있도록 한 곳에 차려
놓다. ▣베틀을 ~. 12 '내걸다'의 준말. ▣
국기를 ~. 13 어떤 상태에 빠지도록 하다.
▣최면을 걸어 잠들게 하다. 14 발이나 도구
따위로 상대편을 넘어뜨리려고 하다. ▣발을
걸어 넘어뜨리다.

걸:다² [걸어, 거니, 거는] 혱 1 땅이 기름지다.
▣밭이 ~. ↔메마르다. 2 손으로 쥐는 힘이
잘 되어 가는 듯하다. ▣손이 ~. 3 액체가
묽지 않고 진하다. ▣국물이 ~ / 풀을 걸게
쑤다. 4 음식 따위의 가짓수가 많고 푸짐하
다. ▣잔치가 ~. 5 하는 말이 거리낌이 없이
험하다. ▣입이 ~.

걸:-다랗다 [-라타] [걸다라니, 걸다래서] 혱ㅎ
다른 물질과 섞인 액체가 물기가 적어 된 듯
하다.

걸:-대 [-때] 몡 물건을 높은 곳에 걸 때 쓰는
긴 장대.

걸:-동 [-똥] [광] 두 군데의 광 구덩이가
서로 통하게 되고도 아직 다 통하지 않고 남
아 있는 부분.

걸때 몡 사람의 몸집이나 체격. 또는 그 크기.

걸-뜨다 [걸뜨며, 걸뜨니] 짜 물 위에 뜨지 않고
중간에 뜨다.

걸:-랑 몡 소의 갈비뼈를 싸고 있는 고기.

-걸랑 어미 '-거들랑'의 준말. ▣일이 끝나~
쉬게.

걸량 (-兩) 몡 [←건량] [역] 엽전 꿰미에 백 문
마다 짚으로 매듭을 지어 놓은 표를 이르던
말.

걸량 (乞糧) 몡[하짜] [광] '거량'의 본딧말.

걸량-짚다 (-兩-) [-짐따] [역] 꿰미에 꿴 엽전의
액수를 대강 헤아리다. 걸량걸다.

걸러-내기 몡[하짜] [생] 배설(排泄).

걸러-뛰다 팀 차례의 중간에서 어떤 차례를 거
치지 아니하고 뛰어넘다. ▣과장에서 곧바로

부장으로 ~.

걸레 [명] **1** 더러운 곳이나 물기 등을 닦는 데 쓰는 헝겊《헌옷 따위》. ❑ ~로 훔치다. **2** '걸레부정'의 준말. ❑ ~ 같은 자식.

걸레-받이 [-바지] [명] 장판방을 걸레질할 때, 벽의 굽도리가 더러워지지 않게 굽도리 밑으로 돌아가며 좁게 오려 붙인 장판지.

걸레-부정 (-不淨) [명] 걸레같이 너절하고 허름한 물건이나 사람의 비유. [준]걸레.

걸레-질 [명하타] 걸레로 더러운 것을 훔치는 일. ❑ ~을 여러 번 하다 / ~을 치다.

걸레-쪽 [명] 걸레의 찢어진 쪼가리.

걸레-통 (-桶) [명] 걸레를 담아 두거나 빠는 데 쓰는 통.

걸려-들다 〔-들어, -드니, -드는〕 [자] **1** 그물이나 낚시 따위에 걸리거나 얽혀 잡히다. ❑ 새가 그물에 ~. **2** 붙들리다. ❑ 일제 검거에 ~. **3** 꾐이나 얽어 놓은 계략 등에 빠지다. ❑ 사기에 ~ / 함정에 ~.

걸로 [준] 것으로. ❑ 이왕이면 큰 ~ 고르자.

걸리다[1] [자] **1** 어떤 것이 그곳에 멈추어 있다. ❑ 달이 중천에 ~ / 생선 가시가 목에 ~. **2** 물건에 매달려 있다. ❑ 못에 ~ / 연이 전깃줄에 ~. **3** 그물·낚시 등에 잡히다. ❑ 그물에 ~ / 낚시에 고기가 ~. **4** 꾸며 놓은 구렁에 빠지다. ❑ 덫에 ~ / 계략에 ~. **5** 장래나 운명이 달려 있다. ❑ 장래가 걸린 문제 / 목격자의 말에 내 운명이 걸려 있다. **6** 관계하거나 부딪히다. ❑ 싸움패에 걸리면 달아나라. **7** 꺼림칙하게 여겨지다. ❑ 집안일이 마음에 ~. **8** 병이 들다. ❑ 폐병에 ~. **9** 전화나 목소리가 이쪽으로 오다. ❑ 집에서 전화가 걸려 왔다. **10** 날짜나 시간이 소요되다. ❑ 부산까지 사흘 걸린다. **11** 기계·장치 따위가 움직이기 시작하다. ❑ 시동이 ~ / 제동이 ~. **12** 상금 따위가 붙다. ❑ 현상금이 ~. **13** 단속이나 검문을 받을 처지에 놓이다. ❑ 통금에 ~. **14** 바라던 것이 손에 들어오다. ❑ 공술이라도 걸릴까 하고 기웃거리다.

걸리다[2] [타] 야구에서, 투수가 작전상 일부러 강타자를 볼넷으로 1루에 나아가게 하다.

걸리다[3] [타] **1** 《'걷다[2]'의 사동》 걸음을 걷게 하다. ❑ 어린아이를 ~. **2** 윷놀이에서, 말을 걸밭으로 올리다.

걸리적-거리다 [-꺼-] [자] 거치적거리다.

걸리적-대다 [-때-] [자] 거치적거리다.

걸림-돌 [-똘] [명] 걸어갈 때 방해가 되는 돌의 뜻으로, 일의 장애가 되는 요소를 비유하는 말. ❑ 근대화의 ~.

걸:립 (乞粒) [명하자] **1** 〖민〗 동네에 경비를 쓸 일이 있을 때, 여러 사람들이 패를 짜 각처로 돌아다니며 풍악을 치고 돈이나 곡식을 얻는 일. **2** 〖불〗 절을 중건하는 등 불사에 경비가 필요할 때, 그 비용을 얻는 수단으로 각처로 돌아다니면서 곡식이나 돈을 탁발(托鉢)하는 일. **3** 〖민〗 걸립신.

걸립(을) 놀다 [구] ㉠무당이 굿하는 열두 거리의 한 거리로, 걸립신을 위하는 굿거리를 하다. ㉡걸립의 행사를 하다.

걸립 (傑立) [명하자] 뛰어나게 우뚝 솟음.

걸:립-굿 (乞粒-) [-꾿] [명] 〖민〗 정월 대보름 또는 추석 전후에 각 가정을 방문하여 쳐 주는 집안 고사(告祀)굿.

걸:립-꾼 (乞粒-) [명] 〖민〗 걸립패의 한 사람.

걸:립-상 (乞粒床) [-쌍] [명] 〖민〗 무당이 걸립신을 위해 차려 놓는 허름한 음식상.

걸:립-신 (乞粒神) [-씬] [명] 〖민〗 무속(巫俗)에서 모시는 급이 낮은 신(神)의 하나. 걸립.

걸:립-짚신 (乞粒-) [-찝씬] [명] 〖민〗 무당이 굿할 때 걸립신 앞에 내놓는 짚신.

걸:립-패 (乞粒牌) [명] 〖민〗 걸립을 조직한 무리.

걸말 [명] 〈옛〉 횃대.

걸:-망 (-網) [명] 망태기 모양의 걸머지고 다니는 바랑. 걸낭.

걸:-맞다 [-맏따] [형] 두 편이 서로 어울리다. ❑ 걸맞은 부부 / 옷에 걸맞지 않은 모자 / 덩치에 걸맞지 않게 겁이 많다.

걸머-맡다 [-맏따] [타] 남의 일이나 빚 따위를 대신 책임지다.

걸머-메다 [타] 걸메다. ❑ 총을 어깨에 ~.

걸머-메이다 [타] 《'걸머메다'의 사동》 걸머메게 하다. 걸메이다.

걸머-잡다 [-따] [타] 이것저것을 한데 걸치어 잡다.

걸머-쥐다 [타] 걸치어 움켜잡다. ❑ 코트를 걸머쥐고 급히 나갔다.

걸머-지다 [타] **1** 짐바에 걸어 등에 지다. ❑ 짐을 ~. **2** 책임이나 임무 따위를 떠맡다. ❑ 겨레의 앞날을 걸머질 청년들.

걸머-지우다 [타] 《'걸머지다'의 사동》 걸머지게 하다.

걸-먹다 [-따] [자] '언걸먹다'의 준말.

걸-메다 [타] 한쪽 어깨에 걸쳐 놓다.

걸물 (傑物) [명] **1** 훌륭한 인물. ❑ 재계(財界)를 주름잡는 ~. **2** 뛰어난 물건.

걸:방-석 (-石) [명] 무덤의 상석(床石) 뒤를 괴는긴 돌.

걸-밭 [-빧] [명] 윷놀이에서, 윷판의 돗밭에서 셋째의 말밭.

걸불병행 (乞不竝行) [명] 비럭질은 여럿이 함께 하지 않는다는 뜻으로, 요구하는 사람이 많으면 한 사람도 얻기 어렵다는 말.

걸사 (乞士) [-싸] [명] **1** 〖불〗 승려. **2** '거사'의 본딧말.

걸사 (傑士) [-싸] [명] 뛰어난 인사(人士).

걸:상 (-床) [-쌍] [명] **1** 걸터앉도록 만든 기구《가로로 길어 여러 사람이 늘어앉을 수 있음》. **2** 의자(椅子).

걸:쇠 [-쐬] [명] **1** 문을 잠그기 위하여 빗장으로 쓰는 'ㄱ' 자 모양의 쇠. **2** 다리쇠. **3** 들쇠1.

걸 스카우트 (Girl Scouts) 〖사〗 소녀들의 수양과 사회봉사를 목적으로 하는 세계적인 단체《1912년 미국에서 창시됨》. 소녀단. ↔보이 스카우트.

걸식 (乞食) [-씩] [명하자] 남에게 음식을 빌어먹음. ❑ ~을 다니다.

걸신 (乞神) [-씬] [명] 빌어먹는 귀신의 뜻으로, 음식을 염치없이 지나치게 탐하는 마음을 비유하는 말.

걸신-들리다 (乞神-) [-씬-] [자] 굶주리어 음식에 대한 욕심이 몹시 나다. ❑ 걸신들린 것처럼 먹다.

걸신-스럽다 (乞神-) [-씬-따] 〔-스러워, -스러우니〕 [형ㅂ] 굶주려 음식에 몹시 탐욕스럽다.

걸신-스레 [-씬-] [부]

걸신-쟁이 (乞神-) [-씬-] [명] 음식을 지나치게 탐하는 사람.

걸-싸다 [형] 일이나 동작 따위가 매우 날쌔다.

걸쌈-스럽다 [-따] 〔-스러워, -스러우니〕 [형ㅂ] 남에게 지려고 하지 않고 억척스러운 데가 있다. **걸쌈-스레** [부]

걸쌍-스럽다 [-따] 〔-스러워, -스러우니〕 [형ㅂ] 일솜씨가 뛰어나거나 먹음새가 좋아서 탐스

러운 데가 있다. **걸쌍-스레** 튀

걸씬-거리다 재 겨우 닿을락 말락 하다. ㉕갈
씬거리다. **걸씬-걸씬** 튀하재

걸씬-대다 재 걸씬거리다.

걸씬-하다 재 1 간신히 조금 닿고 말다. ㉕
갈씬하다. 2 어떤 일에 얼굴을 잠깐 비치거나
조금 상관하고 말다.

걸앉다[거란따] 재 '걸어앉다'의 준말.

걸어-가다 재타 거리 1 탈것을 타지 않고 걸어
서 나아가다. ▢학교에 ~ / 친구와 손잡고
~ / 황톳길을 ~. ↔걸어오다. 2 어떤 분야의
일을 계속 해 나가다. ▢교육자의 길을 ~.

걸어-앉다[거러안따] 재 높은 곳에 궁둥이를
붙이고 두 다리를 늘어뜨리고 앉다. ㉥걸앉
다. *걸앉다.

걸어-앉히다[거러안치-] 타 ('걸어앉다'의 사
동) 걸어앉게 하다.

걸어-오다¹ 재타 거리 1 탈것을 타지 않고 걸어
서 오다. ▢이쪽으로 ~ / 빨리 걸어오너라 /
먼 길을 ~. ↔걸어가다. 2 지내 오거나 발전
하여 오다. ▢국문학이 걸어온 길 / 자신이
걸어온 길을 돌이켜 보다.

걸어-오다² 타 말이나 수작 따위를 상대방에
서 먼저 붙여 오다. ▢싸움을 ~.

걸어-총 (-銃) 명 감 〖군〗 소총 세 자루를 총 윗
부분의 총걸이에서 짜 맞추어 삼각(三角)뿔
모양으로 세워 놓는 일. 또는 그 구령.

걸오 명 〈옛〉 거룻배.

걸위다 재 〈옛〉 비끌어매다.

걸음 명 1 두 발을 번갈아 옮겨 놓는 동작.
▢급한 ~ / 빠른 ~ / ~을 재촉하다 / ~을 늦
추다 / ~을 멈추다. 2 내왕하는 일. ▢~이
뜸하다 / 어려운 ~을 하다. 의명 두 발을
번갈아 옮겨 놓는 횟수를 세는 단위. ▢두어
~ 앞서 걷다 / 한 ~ 뒤로 물러서다.

걸음아 날 살려라 관 있는 힘을 다해 빨리
도망침을 이르는 말.

걸음이 가볍다 관 마음이나 몸이 가벼워 걸
음이 날래다.

걸음이 무겁다 관 마음이나 몸이 무거워 걸
음이 느리고 둔하다.

걸음-걸음 명 각 걸음. 또는 모든 걸음. ▢
~을 바르게 걷도록 해라. 튀 '걸음걸음
이'의 준말.

걸음걸음-이 튀 걸음을 걸을 적마다. 걸음마
다. ▢~ 눈물을 뿌리다. ㉥걸음걸음.

걸음-걸이 명 걸음을 걷는 모양새. 걸음발. 걸
음새. ▢경쾌한 ~ / ~가 가볍다 / ~가 가뿐
하다 / ~가 활기차다.

걸음-마 마 명 1 어린아이가 걸음을 익힐 때 발
을 떼어 놓는 걸음걸이. 2 중요한 사업이 막
시작하는 단계. ▢우리나라의 정보화는 아직
~ 단계이다. 감 어린아이에게 걸음을 익
히게 할 때 발을 떼어 놓으라고 하는 소리.

걸음마-찍찍 감 어린아이에게 걸음을 익히게
할 때 발을 떼어 놓으라고 재촉하는 소리. *
걸음마.

걸음-발[거름빨] 명 1 걸음을 걷는 발. ▢~을
놓아 놓다. 2 걸음걸이. ▢~이 빠르다.

걸음발-타다[거름빨-] 재 어린아이가 처음으
로 비틀거리며 걷기 시작하다. 걸음마타다.

걸음-새 명 걷는 모양새. ▢활발한 ~.

걸음-쇠 명 컴퍼스1.

걸음-장 명 〖건〗 들보 위에 동자기둥을 세울
때 밑에 대각선으로 내는 두 개의 촉.

걸음-짐작 명하타 걸음의 수로 거리를 대충 헤

아림. 보측(步測).

걸이 명 씨름에서, 다리로 상대방의 오금을 걸
어 내미는 기술.

-걸이 명 물건을 걸어 두는 기구의 뜻. ▢양복
~ / 옷~.

걸이다 재 〈옛〉 걸리다.

걸인 (乞人) 명 거지.

걸인 (傑人) 명 뛰어난 사람.

걸인-연천 (乞人憐天)[거린년-] 명 거지가 하
늘을 불쌍히 여긴다는 뜻으로, 불행한 처지
의 사람이 행복한 사람을 동정함을 이르는 말.

걸:-입다[-립따] 재 '언걸입다'의 준말.

걸작 (傑作)[-짝] 명 1 매우 훌륭한 작품. 걸작
품. 달작(達作). ↔졸작. 2 우스꽝스럽거나
유별나서 남의 눈에 띄는 말이나 행동. 또는
그런 말이나 행동을 하는 사람. ▢그의 대답
이 ~이었다.

걸작-품 (傑作品)[-짝-] 명 걸작(傑作)1.

걸주 (桀紂)[-쭈] 명 중국 하(夏)나라의 걸왕과
은(殷)나라의 주왕. 곧 천하의 폭군을 비유하
는 말.

걸쨔 (傑-) 명 〈속〉 우스꽝스럽거나 유별나서 남
의 눈에 띄는 사람. ▢그 친구 참 ~인걸.

걸쩍-거리다[-꺼-] 재 시원스럽고 활달하게 행
동하다. 걸쩍-걸쩍. 튀하재

걸쩍-대다[-때-] 재 걸쩍거리다.

걸쩍지근-하다[-찌-] 형 1 음식을 닥치는
대로 먹어 배부르다. 2 말 따위를 함부로 하
여 입이 매우 걸다. ▢걸쩍지근하게 욕을 해
대다.

걸쭉-하다[-쭈카-] 형 1 액체가 묽거나 맑
지 않고 꽤 걸다. ▢걸쭉한 콩국. ㉕갈쭉하
다. 2 농담이나 욕설이 상스럽지만 재미있다.
▢욕설을 걸쭉하게 퍼붓다. 3 목소리가 맑지
않고 탁하다. ▢걸쭉한 목소리. **걸쭉-히**[-쭈
키] 튀

걸:-차다 형 땅이 매우 기름지다.

걸:채 명 소의 길마 위에 덧얹고 곡식 단 따위
를 싣는 농기구.

걸:챗-불[-채뿔/-챈뿔] 명 〖농〗 걸채에 물건
을 넣도록 옹구처럼 달린 물건. 발챗불.

걸출 (傑出) 명하형 남보다 훨씬 뛰어남. 또는
그런 사람. 난사람.

걸:치다 재 1 가로질러 걸리다. ▢빨랫줄이
마당에 걸쳐 있다. 2 일정한 시간·공간·횟수
를 거쳐 이어지다. 미치다. ▢여러 방면에 걸
친 방대한 연구 / 교섭이 이틀에 걸쳐 진행되
다. 3 해나 달이 기울어져 산이나 고개 따위
에 얹히다. ▢서산마루에 걸쳐 있는 해. 타
1 어떤 물체를 다른 물체에 얹어 놓다. ▢의
자에 엉덩이를 살짝 ~ / 다리를 철봉에 ~. 2
옷이나 이불 따위를 아무렇게나 입거나 덮
다. ▢누더기를 ~. 3 〈속〉 기분 좋게 술을
마시다. ▢소주 한잔을 ~. 4 바둑에서, 귀에
둔 상대방의 돌을 공격하다.

걸태-질 명하타 아무 염치나 체면도 없이 재물
을 마구 긁어모으는 짓.

걸터-들이다 타 이것저것 닥치는 대로 휘몰아
들이다.

걸터듬다[-따] 타 이것저것을 되는대로 마구
더듬어 찾다.

걸터-먹다[-따] 타 걸터들어 휘몰아서 먹다.

걸:터-앉다[-안따] 재 어떤 물체에 온몸의 무
게를 실어 걸치고 앉다. ▢마루 끝에 ~.

걸:터-타다 재 소·말 따위의 등에 모로 앉아
두 다리를 늘어뜨리고 타다.

걸티다 타 〈옛〉 걸치다.

걸판-지다 형 ☞ 거방지다.

걸핏-하면 [-피타] 图 조금이라도 일만 있으면 곧. 툭하면. ▯ 뭐가 서러운지 ~ 운다.

걸해(乞骸)图하자 〖역〗 늙은 재상이 벼슬자리에서 물러나기를 임금에게 청원하던 일. 걸해골(乞骸骨).

걸행(傑行)图 남보다 뛰어난 행위.

검:(劍)图 귀신.

검:(劍)图 무기로 쓰는 크고 긴 칼.

검:객(劍客)图 검술에 능한 사람. 검사(劍士).

검:거(檢擧)图하타 〖법〗 법을 어긴 사람을 수사 기관에서 잡음. ▯ 유괴범을 ~하다.

검:견(檢見)图하타 간평(看枰).

검:경(檢鏡)图하타 세균 따위를 현미경으로 검사함.

검:경(檢警)图 검찰과 경찰.

검:공(劍工)图 쇠붙이를 불리어 검을 만드는 사람.

검:관(劍官)图 〖역〗 조선 때, 시체를 검사하던 임시 벼슬.

검:광(劍光)图 칼날의 번쩍거리는 빛.

검:극(劍戟)图 칼과 창. 검삭(劍槊).

검:극(劍劇)图 〖연〗 칼싸움을 내용으로 하는 영화나 연극.

검:기(劍器)图 현악에서, 칼춤에 쓰는 칼.

검기다 目 1 검게 더럽히다. 2 그림의 윤곽에서부터 안쪽으로 차차 진하게 칠하다.

검:기-무(劍器舞)图 칼춤.

검:-기울다 〔검기울어, 검기우니, 검기우는〕 재 검은 구름이 퍼져서 해가 가려지고 날이 차차 어두워지다.

검:난(劍難)图 검으로 말미암은 재난(주로 검에 찔려 죽거나 다치는 따위).

검:납(檢納)图하타 검사하여 받아들임.

검:뇨(檢尿)图하타 〖의〗 오줌의 빛깔이나 탁한 정도 및 단백질·당·세균 등의 유무를 검사함. 소변 검사. ▯ ~기(器).

검:-누렇다 [-러타] 〔검누러니, 검누레서〕형형 검은빛을 띠면서 누렇다. ❀감노랗다.

검:-누르다 〔검누르러, 검누르니〕형目 검은 빛을 띠면서 누르다. ❀감노르다.

검:님 图 신령님.

검:다 [-따] 目 흩어진 물건을 손이나 갈퀴 따위로 긁어모으다.

검:다 [-따] 图 1 빛이 먹빛 같이 어둡고 짙다. ▯ 검게 탄 얼굴. ❀감다. ❀껌다. ↔희다. 2 마음이 정직하지 못하고 엉큼하다. ▯ 검은 셈이 드러나다 / 검은 손길을 뻗치다. 〔검은 고기 맛 좋다 한다〕 ㉠겉모양만 가지고 내용을 속단하지 말라는 뜻. ㉡피부가 검은 사람을 놀리는 말. 〔검은 머리 파뿌리 되도록〕 검던 머리가 파뿌리처럼 허옇게 셀 때까지라는 뜻으로, 오래오래 아주 늙을 때까지를 이르는 말.

검:담(檢痰)图 〖의〗 가래를 검사하여 병균의 유무를 조사하는 일. 가래 검사.

검:당-계(檢糖計)[-/-게]图 〖화〗 용액 중의 당의 농도를 재는 기계. 사카리미터.

검:대(劍帶)图 검을 차기 위하여 허리에 두르는 혁대.

검댕 图 그을음이나 연기가 엉겨서 생기는, 검은 빛깔의 물질. ▯ ~이 앉은 남포등 / 얼굴에 ~이 묻다.

검:덕(儉德)图 검소한 행실이나 마음가짐.

검:덕-귀신(-鬼神)[-뀌-]图 〈속〉 몸·얼굴·옷 따위가 몹시 더러운 사람.

검:도(劍道)图 검술을 닦는 무예의 한 부문. 격검(擊劍). 2 호구(護具)를 몸에 착용하고 죽도(竹刀)로 상대편을 치거나 찔러서 승패

를 겨루는 경기. ▯ ~를 배우다.

검:독(檢督)图 어떤 일의 진행 상황을 검사하고 독려함.

검:-독수리 [-쑤-]图 〖조〗 수리의 하나. 날개 길이는 60 cm가량, 등은 짙은 갈색에 자색 광택이 나고 배와 날개, 꽁지는 흑갈색임. 꽁지 중앙에 흰 띠가 있음. 검둥수리.

검둥-개 图 털빛이 검은 개. 검정개. 〔검둥개는 돼지 편이다〕 '가재는 게 편이다'와 같은 뜻. 〔검둥개 멱 감기듯〕 ㉠어떤 일을 해도 별 효과가 없다는 말. ㉡악인이 제 잘못을 뉘우치지 못함의 비유.

검-둥이 图 1 검둥개를 귀엽게 일컫는 말. 2 살빛이 검은 사람. 3 〈속〉 흑인. ❀껌둥이. ↔흰둥이.

검:-디검다 [-따-따] 圈目 몹시 검다.

검:-뜯다 [-따] 目 1 거머잡고 쥐어뜯다. ▯ 가슴을 ~. 2 남을 바득바득 조르다. ▯ 어머니를 검뜯어 용돈을 타 내다.

검:란(檢卵)[-난]图하타 햇빛·불빛으로 알을 비추어 부화가 잘 되는지를 검사함.

검:량(檢量)[-냥]图하타 물건의 양이나 무게를 재어봄.

검:량-인(檢量人)[-냥-]图 화물을 인도하거나 인수할 때 그 화물의 중량이나 용량을 계산하고 증명하는 사람. *검수인(檢數人).

검:룡(劍龍)[-농]图 〖동〗공룡목의 화석 동물. 쥐라기부터 백악기까지 번성하였는데, 길이는 10 m가량, 등에는 삼각형 모양의 골판(骨板)이 있으며 꼬리에 가시가 있음. 스테고사우루스(stegosaurus).

검:루-기(檢漏器)[-뉘-]图 〖전〗 송전 중인 전선의 누전(漏電) 유무를 검사하는 계기.

검:류(檢流)[-뉴]图하타 전류의 흐름과 세기, 밀물과 썰물의 흐름과 속도 따위를 측정하거나 검사함.

검:류-계(檢流計)[-뉴-/-뉴게]图 〖전〗 매우 약한 전류의 유무나 세기를 측정하는 데 쓰는 기구. 갈바노미터.

검:류-의(檢流儀)[-뉴-/-뉴이]图 〖지〗 밀물과 썰물의 흐르는 속도를 재는 기계.

검:림-지옥(劍林地獄)[-님-]图 〖불〗 16 소지옥(小地獄)의 하나. 불효·불경·무자비한 죄를 지은 사람이 죽어서 떨어지는 지옥. 시뻘겋게 단 쇠알의 과실이 달리고 잎이 칼로 된 나무 숲에서 온몸이 찔리는 고통을 받음. 검수(劍樹)지옥.

검:맥(檢脈)图하자 〖한의〗 진맥(診脈).

검:무(劍舞)图 칼춤. ▯ ~를 추다.

검:문(檢問)图하타 검사하기 위하여 따져 물음. ▯ 불심(不審) ~ / ~을 받다.

검:문-검:색(檢問檢索)图 검사하기 위하여 따져 묻고 검사하여 찾아냄. ▯ ~을 벌이다.

검:문-소(檢問所)图 범죄 수사나 치안 유지를 위하여 군인이나 경찰이 통행인을 막고 검문하는 곳.

검:미(劍眉)图 짙고 또렷한 눈썹.

검:-박하다(儉朴-)[-바카-]형형 검소하고 꾸밈이 없다.

검:-버섯 [-섣]图 주로 노인의 피부에 생기는 거무스름한 점. ▯ ~이 낀 얼굴 / ~이 피다 / ~이 돋다.

검:법(劍法)[-뻡]图 검도에서, 칼을 쓰는 기술이나 방법. 검술. ▯ ~을 익히다.

검:변(檢便)图하자 〖의〗 병원균·기생충의 알·혈액 따위의 유무를 알아보기 위해 대변을

검사함.
검:-복 [명] 〖어〗 참복과의 바닷물고기. 길이는 50 cm가량, 등과 배에 가시가 없고 밋밋하며, 몸에 녹황색의 세로띠가 있음. 성이 나면 공기를 들이마셔 배를 팽창시키고 이를 가는 소리를 냄. 맛은 있으나 맹독이 있음.
검:봉 (劍鋒) [명] 칼의 뾰족한 끝. 칼날의 끝.
검:봉 (檢封) [명][하타] **1** 내용을 검사하여 그 봉투를 봉함. **2** 봉투에 찍힌 봉인(封印)을 검사하는 일.
검:봉-금 (劍鋒金) [명] 〖민〗 육십갑자에서, 임신(壬申)·계유(癸酉)에 붙이는 납음(納音).
검부-나무 [명] 검불로 된 땔나무.
검부러기 [명] 검불의 부스러기.
검부-잿불 [-재뿔 / -잳뿔] [명] 검불이 타고 난 뒤의 잿불.
검부저기 [명] 먼지나 잡물이 뒤섞인 검부러기.
검:분 (檢分) [명][하타] 지켜보면서 검사함.
검불 [명] 마른 풀이나 낙엽, 지푸라기 따위의 부스러기.
검불-덤불 [부] 서로 얼크러지고 뒤섞여서 갈피를 잡을 수 없이 어수선한 모양. ❏일이 ~ 꼬이다.
검:-붉다 [-북따] [형] 검은빛을 띠면서 붉다. ❏검붉은 얼굴 / 검붉은 저녁놀.
검:-붕장어 (-長魚) [명] 〖어〗 먹붕장어과의 바닷물고기. 길이 1 m 이상, 가늘고 길며 원뿔 모양임. 입이 커서 눈 뒤 끝까지 달함. 빛은 검은빛이 짙은 회갈색임.
검:비 (劍鼻) [명] 칼코등이.
검:-뿌옇다 [-여타] 〔검뿌여니, 검뿌예서〕 [형][ㅎ] 검은빛을 띠면서 뿌옇다.
검:사 (劍士) [명] 검객(劍客).
검:사 (檢事) [명] 〖법〗 범죄를 수사하고 공소를 제기하여 형벌의 집행을 감독하는 사법관. 검찰관. ❏담당 ~ / ~에게 불려 가다.
검:사 (檢查) [명][하타] 사실이나 일의 상태나 품질의 구성 성분 따위를 살피고 조사하여 옳고 그름과 낫고 못함을 판단함. ❏소지품 ~ / 적성 ~ / 품질을 ~하다. 「관리.
검:사-관 (檢查官) [명] 검사하는 일을 맡아 하는
검:사 비트 (檢查bit) 〖컴〗 데이터가 전송될 때의 오류를 자동적으로 검출하기 위하여 추가되는 비트.
검:사-소 (檢查所) [명] 검사를 주관하는 기관이나 단체. ❏농산물 ~.
검:사-원 (檢查員) [명] 검사를 맡아 하는 사람. ❏품질 ~.
검:사-인 (檢查人) [명] **1** 검사의 임무를 맡은 사람. **2** 〖법〗 주식회사의 영업·재산 등에 관한 조사를 하기 위해 임시로 두는 감사 기관.
검:사-장 (檢事長) [명] 〖법〗 검사 직급의 하나. 고등 검찰청과 지방 검찰청의 으뜸 검사.
검:사-필 (檢查畢) [명] 검사를 마침. ❏~ 도장을 받다. 「항소.
검:사 항:소 (檢事抗訴) 〖법〗 검사가 제기하는
검:산 (檢算) [명][하타] 계산이 맞는지를 검사함. 또는 그러기 위해 따로 하는 계산. 협산(驗算). ❏~해서 착오가 없도록 해라.
검:상 돌기 (劍狀突起) 〖생〗 가슴뼈의 아래쪽에 튀어나와 있는 뼈《연골인데 중년이 지나면서 점차 단단해짐》.
검새 (鈐璽) [명][하자] 임금의 옥새를 찍음.
검:색 (檢索) [명][하타] **1** 범죄나 사건을 밝히기 위하여 살펴 조사함. ❏~을 당하다. **2** 책이나 컴퓨터에서, 자료를 찾아내는 일. ❏자료를 ~하다.
검:색-어 (檢索語) [명] 주로 인터넷에서 검색하기 위해 찾아본 말.
검:색 엔진 (檢索engine) 〖컴〗 인터넷에서, 사이트들을 검색하기 위한 프로그램.
검:-세다 [형] 성질이 검질기고 억세다.
검:소 (儉素) [명][하형][히부] 사치하지 않고 수수함. ❏~와 절약의 미덕 / 옷차림이 ~하다.
검:속 (檢束) [명][하타] 예전에, 공공의 안전을 해롭게 하거나 죄를 지을 염려가 있는 사람을 경찰에서 잠시 가두던 일.
검수 (黔首) [명] 머리에 아무것도 쓰지 않고 검은 맨머리라는 뜻으로, 일반 백성을 이르는 말. 서민. 여민(黎民).
검:수 (檢水) [명][하자] 물이 좋고 나쁨을 검사함.
검:수 (檢數) [명][하타] 물건의 개수를 헤아리고 검사함.
검:수-기 (檢水器) [명] 검수하는 기계.
검:수-인 (檢數人) [명] 화물을 인수하거나 인도할 때 화물의 개수를 검사하고 증명하는 사람. *검량인.
검:수-지옥 (劍樹地獄) [명] 〖불〗 검림지옥.
검:술 (劍術) [명] 검을 쓰는 기술. 검법(劍法). ❏~의 명인 / ~을 익히다 / ~에 능하다 / ~이 뛰어나다.
검:술-사 (劍術師) [-싸] [명] 검술에 능한 사람.
검숭-검숭 [부][하형] 드물게 난 짧은 털 따위가 거무스름한 모양. [작]감숭감숭.
검숭-하다 [형][여] 드물게 난 짧은 털 따위가 거무스름하다. [작]감숭하다.
검:습-기 (檢濕器) [-끼] [명] 〖물〗 습도계.
검:시 (檢屍) [명][하타] 〖법〗 변사자의 시체를 검사하는 일. 검시(檢視).
검:시 (檢視) [명][하자타] **1** 사실을 조사하여 봄. **2** 시력(視力)을 검사함. **3** 검시(檢屍).
검:시-관 (檢視官) [명] 검시를 하는 관리.
검:시 조서 (檢視調書) 〖법〗 사건을 조사한 후에 그 결과를 기록한 문서.
검실 (芡實) [명] '감실(芡實)'의 본딧말.
검실-거리다 [자] 먼 곳에서 어떤 물체가 자꾸 어렴풋이 움직이다. [작]감실거리다. **검실-검실**[1] [부][하자]
검실-검실[2] [부][하형] 검은 털이 처음으로 나서 거뭇거뭇한 모양. [작]감실감실.
검실-대다 [자] 검실거리다.
검:-쓰다 〔검써, 검쓰니〕 [형] **1** 맛이 비위에 거슬리도록 거세고 쓰다. **2** 마음에 맞지 않아 언짢고 씁쓰레하다.
검:안 (檢案) [명][하타] **1** 뒤에 남은 흔적이나 상황을 조사하고 따짐. **2** 형사 소송의 수사나 검증에 대해서, 검찰관이나 사법 경찰관의 의뢰에 따라 특별한 지식이나 경험을 가진 사람이 임의로 하는 감정(鑑定). **3** 〖역〗 '검안서'의 준말.
검:안 (檢眼) [명][하타] 시력을 검사함.
검:안-경 (檢眼鏡) [명] 〖의〗 특히 망막의 상태와 시력 장애, 굴절 정도 따위를 검사하는 데 쓰는 오목 거울.
검:안-기 (檢眼器) [명] 시력을 검사하는 기계.
검:안-서 (檢案書) [명] **1** 의사의 치료를 받지 않고 죽은 사람의 사망을 확인하는 의사의 증명서. **2** 〖역〗 검시한 기록. [준]검안.
검:압 (檢壓) [명][하자] 압력을 검사함.
검:압-기 (檢壓器) [거맙끼] [명] 〖물〗 **1** 압력계. **2** 기압계. **3** 물질의 증기 압력을 재는 기기. 증기 압력계.
검:약 (儉約) [명][하타] 돈이나 물건·자원 따위를 아껴 씀.

검:약-가 (儉約家)[거략까] [명] 검약하는 사람.
검:역 (檢疫) [명][하타] 〔법〕 전염병의 퍼짐을 막기 위하여, 특히 차량·선박·비행기 및 그 승객·승무원·짐 등에 대해 전염병의 유무를 진단·검사하고 소독하는 일. ❑수입 농산물의 ~/입항한 배를 ~하다.
검:역-관 (檢疫官)[거며관] [명] 〔법〕 검역소에서 검역 사무를 보는 공무원.
검:역-권 (檢疫圈)[거며꿘] [명] 〔법〕 검역을 실시하는 구역의 범위.
검:역-기 (檢疫旗)[거며끼] [명] 검역을 해야 하는 배가 검역항에 들어올 때 신호로 내거는 노란 깃발.
검:역-선 (檢疫船)[거며썬] [명] 〔해〕 검역항에서 배들의 검역을 담당하는 배.
검:역-소 (檢疫所)[거며쏘] [명] 〔해〕 검역 사무를 보기 위해 주요한 항구나 공항에 마련된 관청.
검:역-원 (檢疫員) [명] 검역에 종사하는 사람.
검:역-의 (檢疫醫)[거며긔/거며기] [명] 검역에 종사하는 의사.
검:역 전염병 (檢疫傳染病)[거며쩌념뼝] 〔법〕 검역의 대상으로 지정한 전염병《콜레라·페스트·천연두·발진티푸스·황열(黃熱) 등》.
검:역-항 (檢疫港)[거며캉] [명] 〔법〕 검역이나 소독을 실시하는 특별한 설비를 갖춘 항구나 공항.
검:열 (檢閱)[-녈/거멸] [명][하타] **1** 사람이나 사물을 살펴 검사함. ❑~을 받다. **2** 〔법〕 출판물·영화·우편물 등의 내용을 미리 심사하여 그 발표를 통제하는 일《치안 유지·사상 통제를 위한 조치》. ❑~된 우편물/보도 자료를 ~하다. **3** 〔군〕 군기·교육·작전 준비·장비의 상태, 그 밖의 군사 사항을 살펴보는 일.
검:염-기 (檢塩器) [명] 물속에 들어 있는 염분의 함유량을 검사하는 기계.
검:온 (檢溫) [명][하타] 온도나 체온을 잼.
검:온-기 (檢溫器) [명] 체온계.
검:유-기 (檢乳器) [명] 우유의 좋고 나쁨과 농도 따위를 측정하고 검사하는 기계.
검은가슴-물떼새 [명] 〔조〕 물떼샛과의 새. 논밭에 떼 지어 사는데, 날개 길이 15-19 cm, 꽁지 5 cm 가량, 등은 검은 바탕에 황금색과 백색 반점이 있고, 배 쪽은 흑색이나 겨울에 암갈색으로 변함.
검은-그루 [명] 지난해 겨울에 아무 농작물도 심지 않았던 땅. ↔흰그루.
검은-깨 [명] **1** 검은 참깨. 흑임자(黑荏子). 흑호마. **2** ☞ 주근깨.
검은꼬리-돈피 (-獤皮) [명] 날담비의 털가죽.
검은-담비 [명] 〔동〕 족제빗과의 산짐승. 족제비보다 좀 크고, 빛은 자흑색인데 양쪽 배 아래는 회백색, 턱·가슴에 담황색의 얼룩무늬가 있음. 털가죽은 '잘'이라 하는데 담비의 털보다 부드럽고 값이 비쌈. 산달(山獺). 흑초(黑貂).
검은-데기 [명] 〔식〕 조의 한 품종. 수염이 짧고 줄기가 붉으며 낟알이 검음.
검은-돈 [명] 뇌물 따위와 같이 정당하지 못한 방법으로 주고받는 돈. ❑~의 출처를 추적하다.
검은-돌비늘 [-삐-] [명] 〔광〕 흑운모(黑雲母).
검은등-할미새 [명] 〔조〕 할미샛과의 새. 크기는 참새만 한데 꽁지가 길. 꽁지·머리가 검으며, 이마·가슴·배 쪽은 흼. 겨울에는 등이 잿빛이 됨. 물가에 삶. 검정등할미새.
검은머리-물떼새 [명] 〔조〕 물떼샛과의 새. 날개 길이 20-30 cm, 꽁지 10 cm 정도, 머리·목·등 쪽이 까맣고, 배·허리는 흼. 천연기념물 제326 호. 검은도요. 타국조.
검은머리-방울새 [거믄-쌔] [명] 〔조〕 참샛과의 작은 방울새. 되새 비슷한데, 등은 황록색과 흑갈색의 줄무늬가 있고, 눈가와 꽁지는 검으며, 배쪽은 산뜻한 노란빛임. 수컷은 머리가 검음. 애완용·식용임. 금시작(金翅雀).
검은목-두루미 [거믄-뚜-] [명] 〔조〕 두루밋과의 새. 날개 55 cm 가량, 꽁지 20 cm 가량, 몸은 대체로 잿빛인데, 담황색 날개 끝에 검은 부분이 있고, 머리·목·다리는 흑색, 낯과 목의 측면은 희며, 머리에 검고 거센 털이 있음. 검정두루미. 검정학.
검은-빛 [거믄빋] [명] 검은 빛깔. 흑색.
검은-색 (-色) [명] 검은빛.
검은-손 [명] 속셈이 음흉한 손길. 마수(魔手).
검은-약 (-藥)[거믄냑] [명] **1** '아편'의 은어. **2** 고약.
검은-엿 [거믄녇] [명] 검은빛의 엿《이것을 늘여 여러 번 켜면 흰엿이 됨》. 갱엿.
검은-자 [명] 〔생〕 '검은자위'의 준말.
검은-자위 [명] 〔생〕 눈알의 검은 부분. [준]검은자. *흰자위.
검은-지빠귀 [명] 〔조〕 지빠귓과의 새. 산지에 사는데, 날개 약 10 cm, 꽁지 7 cm 가량, 수컷은 등이 검은색이고 배는 흰 바탕에 삼각형의 흑색 반문이 있으며, 암컷의 등은 갈색이고 목과 가슴은 적갈색에 검정 무늬가 있음.
검은-콩 [명] 빛이 검은 콩. 흑태(黑太). 검정콩.
검은-팥 [거믄팓] [명] 껍질이 검은빛인 팥. 흑두.
검을-현 (-玄) [명] 한자 부수(部首)의 하나《'玆'나 '率' 등에서 '玄'의 이름》.
검을-흑 (-黑) [명] 한자 부수(部首)의 하나《'黜'이나 '黨' 등에서 '黑'의 이름》.
검인 (芡仁) [명] 〔한의〕 '감인'의 본딧말.
검인 (鈐印) [명][하자] 관청에서 쓰는 도장을 찍음.
검:인 (檢印) [명] **1** 서류나 물건을 검사한 표시로 찍는 도장. ❑~을 확인하다. **2** 저자가 저서의 발행 부수를 확인하기 위해 판권장에 찍는 도장.
검인-관 (鈐印官) [명] 〔역〕 조선 때, 과거(科擧)에서 글을 지어 올린 종이에 도장을 찍는 일을 맡아보던 관원. 타인관(打印官).
검:-인정 (檢認定) [명][하타] **1** 검사하여 인정함. **2** 검정과 인정.
검:인정 교:과서 (檢認定教科書) 〔교〕 교육부가 심사하여 적합한 것으로 판정한 교과서.
검:인정-필 (檢認定畢) [명] 검인정을 마침.
검:인-증 (檢印證)[거민쯩] [명] 검사한 표시로 도장을 찍은 종이나 서류.
검:자 (檢字)[-짜] [명] 한자 자전에서, 부수(部首)를 알기 어렵거나 찾기 어려운 한자를 그 총 획수로 찾아보게 배열한 색인.
검:-잡다 [-따] [타] '거머잡다'의 준말.
검:장 (劍匠) [명] 도검을 만드는 장인.
검적-검적 [-껌-] [부][하형] 검은 점이나 얼룩이 굵게 여기저기 박혀 있는 모양. [작]감작감작. [센]껌적껌적.
검:전-기 (檢電器) [명] 〔전〕 물체나 전기 회로 가운데 전기의 유무나 전기량 따위를 검사하는 계기나 장치. 디텍터(detector).
검:접-하다 [-저파-] [자][여] 검질기게 붙잡고 놓지 않다. 또는 꼭 달라붙다.
검정 [명] 검은빛이나 물감. [작]감장. [센]껌정.
검:정 (檢定) [명][하타] **1** 가치·품격·자격 등을 검사하여 결정함. ❑타당성을 ~하다. **2** '검정

고시'의 준말.

검:-고시 (檢定考試)몡 어떤 자격에 필요한 지식·학력·기술의 유무를 검정하기 위해 실시하는 시험. 검정 시험. ▫대학 입학 ~/ ~를 치다. 魯검정(檢定).

검정-말¹ 몡 털빛이 검은 말. 흑마(黑馬).

검정-말² 몡 〔식〕 자라풀과의 여러해살이 물풀. 줄기는 가늘고 뭉쳐나는데 마디가 많고 높이 60cm쯤 됨. 가을에 자주색 꽃이 핌. 연못이나 개울에 남. 검정마름.

검정-말벌 〔충〕 말벌과의 곤충. 몸길이 1.5cm가량, 날개 3cm가량. 검은 바탕에 회백색의 짧은 털이 있으며, 날개는 투명함.

검정-망둑 〔어〕 망둑엇과의 물고기. 민물과 강어귀에 있는 바닷물에 사는데, 몸의 길이는 8~12cm이고, 빛은 어두운 갈색 또는 검은색임. 겨울철에 맛이 좋음.

검정-이 몡 1 검정빛의 물건. 2 검정 물감이나 빛깔. 彎감장이. 솅껌정이.

검:-증 (檢定證)[-쯩] 몡 검정을 마쳤다는 표시로 주는 증서나 증표.

검정-콩 몡 검은콩.

검정-콩알 몡 〔속〕 총알.

검정-풍뎅이 〔충〕 풍뎅잇과의 곤충. 길이 2cm가량의 긴 달걀꼴로, 밤색 또는 흑갈색이며, 자란벌레는 볏나무·사과나무의 잎을 먹고 애벌레는 묘목의 뿌리를 먹음.

검:정-필 (檢定畢)몡 검정을 마침.

검정-하늘소 [-쏘] 〔충〕 하늘솟과의 곤충. 길이 1~2cm, 몸빛이 까맣고 윤이 나며 배에 황갈색 털이 많음. 애벌레는 소나무·편백나무 등의 해충임.

검:조-의 (檢潮儀)[-/-이] 몡 〔지〕 밀물과 썰물에 의한 해면의 오르내림을 측정하는 기계. 검조기(檢潮器).

검:-쥐다 目 '거머쥐다'의 준말.

검:증 (檢證)몡하타 1 검사하여 증명함. ▫~된 가설. 2 〔법〕 법관이 증거 자료나 장소 따위를 실지로 조사함. ▫현장 ~을 하다.

검:증 조서 (檢證調書)〔법〕 법관이나 수사 기관이 검증 결과를 기록한 조서.

검:증 처:분 (檢證處分)〔법〕 검증하는 데 필요한 법규상의 처분.

검:지 (-指)몡 집게손가락.

검:지 (檢地)몡하타 〔전〕 전선과 땅의 절연(絶緣) 상태를 검사함.

검:지 (檢知)몡하타 검사하여 알아냄.

검:진 (檢眞)몡하타 〔법〕 민사 소송에서, 사문서(私文書)를 검사하여 그 진부를 확인함.

검:진 (檢診)몡하타 〔의〕 건강 상태와 질병의 유무를 검사하고 진찰하는 일. ▫정기 ~/~을 받다.

검:진-기 (檢震器)몡 〔공〕 지진계(地震計).

검:-질기다 휑 성질이나 행동이 매우 끈덕지고 질기다. ▫검질기게 따지다.

검:차 (檢車)몡하타 차량의 고장이나 정비 상태를 검사함.

검:-차다 휑 성질이 검질기고 세차다.

검:찰 (檢札)몡 표를 검사(票査).

검:찰 (檢察)몡하타 1 검사하여 사정을 밝힘. 2 〔법〕 범죄를 수사하여 증거를 수집함. 3 〔법〕 검찰청.

검:찰-관 (檢察官)몡 1 〔법〕 검사(檢事). 2 〔군〕 군사 법원에서, 검찰의 직무를 맡아보는 법무관.

검:찰-청 (檢察廳)몡 법무부에 속하여 검찰

사무를 통괄하는 관청(대검찰청·고등 검찰청·지방 검찰청이 있는데, 각각 대법원·고등 법원·지방 법원에 대응함). 검찰.

검:찰 총:장 (檢察總長)〔법〕 대검찰청의 우두머리.

검:척 (劍尺)몡 곱자 한 자 두 치를 8등분하여 나타낸 자(불상(佛像)·도검(刀劍) 따위를 잴 때 씀).

검:척 (檢尺·撿尺)몡하타 윤척(輪尺)으로 통나무의 지름을 잼.

검:첨 (劍尖)몡 칼끝.

검:체 (檢體)몡 〔화〕 시료(試料)로 쓰는 생물.

검:출 (檢出)몡하타 1 〔화〕 화학 분석에서, 시료(試料) 속의 어떤 원소나 성분의 유무를 알아냄. ▫철분을 ~하다/세균이 ~되다. 2 검사하여 찾아냄.

검측-스럽다 [-쓰-따] [-스러워, -스러우니] 휑ㅂ 검측한 데가 있다. ▫검측스럽게 웃다.

검측-스레 [-쓰-] 뷔

검측측-하다 [-츠카-] 휑여 마음이 몹시 검측하다.

검측-하다 [-츠카-] 휑여 1 검은빛을 띠며 어둡고 맑지 않다. 2 음침하고 욕심이 많다.

검:치다 目 1 모서리를 중심으로 좌우 양쪽으로 걸쳐서 접거나 휘어 붙이다. 2 한 물체의 두 곳이나 두 물체를 맞대고 걸쳐서 붙이다.

검:침 (檢針)몡하타 전기·수도·가스 따위의 사용량을 알기 위해 계량기의 눈금을 검사함.

검탄 (黔炭)몡 품질이 나쁘고 화력이 약한 숯. ↔백탄.

검:토 (檢討)몡하타 사실이나 내용을 분석하여 따짐. ▫~를 끝내다/내용을 ~하다/시험 답안지를 ~하다.

검득-하다 (黔黰-)[-트카-] 휑여 음흉하고 간사하다.

검:파 (劍把)몡 칼자루.

검:파 (檢波)몡하타 〔물〕 1 전파가 어떤 곳에 도달해 있는가를 검사함. 2 고주파 전류를 정류하여 신호 전류를 끌어냄.

검:파-기 (檢波器)몡 〔물〕 변조된 전파에서 본디의 신호를 끌어내는 장치(광석 검파기·진공 검파기 등). 디텍터. 라디오디텍터.

검-팽나무 몡 〔식〕 느릅나뭇과의 낙엽 활엽 교목. 한국 특산종으로 산기슭에 나는데, 가을에 까맣고 둥근 핵과가 익음.

검:-퍼렇다 [-러타] [검퍼러니, 검퍼레서] 휑ㅎ 검은 듯 퍼렇다. 彎감퍼렇다.

검:표 (檢票)몡하타 담당 사무원이 차표·배표·비행기표 따위를 조사함. 검찰(檢札). ▫기차표를 ~하다.

검:-푸르다 〔검푸르러, 검푸르니〕 휑目 검은 빛이 나면서 푸르다. ▫검푸른 바다에 외로운 등대. 彎감파르다.

검:-푸르접접-하다 [-쩌파-] 휑여 푸른빛을 띠면서 꺼무접접하다. 彎감파르잡잡하다.

검:-푸르죽죽-하다 [-쭈카-] 휑여 푸른빛이 나면서 거무죽죽하다. 彎감파르족족하다.

검:품 (檢品)몡하타 상품·제품 따위의 품질을 검사함.

검:험 (檢驗)몡하타 1 검사하여 증명함. 2 〔역〕 조선 때, 검관(檢官)이 현장에 나아가 피해자의 시체를 검사하고 검안서를 쓰던 일.

협 (劍俠)몡 검술에 능한 협객.

검:호 (劍豪)몡 검술에 통달한 사람.

검:화 〔식〕 백선(白鮮).

검:환 (劍環)몡 칼코등이.

검:-흐르다 〔검흘러, 검흐르니〕 자ㄹ 액체가 그릇의 전이나 둑 따위에서 넘쳐흐르다.

겁 (劫) 명 〔불〕 천지가 한 번 개벽한 때부터 다음 개벽할 때까지의 동안이란 뜻으로, 계산할 수 없는 무한히 긴 시간. ↔찰나.

겁 (怯) 명 무서워하거나 두려워하는 마음. ❑ ~이 나다 / ~이 많다 / ~을 잔뜩 (집어)먹다 / ~에 질려 얼굴이 하얘지다 / ~도 없이 덤비다.

겁간 (劫姦) [-깐] 명하타 폭력을 써서 부녀자와 성관계를 맺음. 강간. 겁탈(劫奪).

겁겁-하다 (劫劫-) [-꺼파-] 형여 **1** 성미가 급하여 참을성이 없다. **2** 급급(汲汲)하다. **겁겁-히** [-꺼피] 부

겁-결 (怯-) [-껼] 명 겁이 나서 어쩔 줄 모르는 참. ❑ ~에 악 소리를 지르다.

겁기 (劫氣) [-끼] 명 **1** 궁지에 몰린 사람의 얼굴에 나타난 언짢고 근심스러운 기색. **2** 험한 산의 무시무시한 기운.

겁-꾸러기 (怯-) 명 몹시 심한 겁쟁이.

겁-나다 (怯-) [검-] 자 무섭거나 두려워서 주저하는 마음이 생기다. ❑ 밤에 나다니기가 겁난다.

겁나-하다 (怯懦-) [검-] 형여 겁이 많고 나약하다.

겁-내다 (怯-) [검-] 타 무서워 망설이는 마음을 나타내다. ❑ 정의를 위해서는 총칼을 겁낼 그가 아니다.

겁년 (劫年) [검-] 명 재앙이 닥친 해.

겁략 (劫掠·劫略) [검냑] 명하타 위협을 하거나 폭력을 써서 남의 것을 빼앗음. 약탈(掠奪).

겁-먹다 (怯-) [검-따] 자 무섭거나 두려워하는 마음을 가지다.

겁박 (劫迫) [-빡] 명하타 으르고 협박함. 강박(强迫).

겁-보 (怯-) [-뽀] 명 겁이 많은 사람.

겁부 (怯夫) [-뿌] 명 겁이 많은 남자.

겁살 (劫煞) [-쌀] 명 삼살(三煞)의 하나《이 살이 있는 방위를 범하면 살해가 있다 함》.

겁성 (怯聲) [-썽] 명 겁결에 지르는 소리.

겁수 (劫水) [-쑤] 명 〔불〕 세계가 파멸할 때 일어난다는 큰물. ＊겁풍·겁화(劫火).

겁수 (劫囚) [-쑤] 명하타 겁옥(劫獄).

겁심 (怯心) [-씸] 명 겁내는 마음.

겁약-하다 (怯弱-) [거뱌카-] 형여 겁이 많고 마음이 약하다. **겁약-히** [거뱌키] 부

겁옥 (劫獄) 명하타 옥에 갇힌 죄수를 폭력을 써서 빼냄. 겁수(劫囚).

겁운 (劫運) 명 재앙이 낀 운수. 겁회(劫會).

겁-쟁이 (怯-) [-쨍-] 명 겁이 많은 사람.

겁-주다 (怯-) [-쭈-] 자 상대방에게 겁을 먹도록 하다. ❑ 겁주지 말고 말로 하라고.

겁질 명 〈옛〉 껍질.

겁초 (劫初) 명 〔불〕 세상의 시초.

겁탁 (劫濁) 명 〔불〕 오탁(五濁)의 하나《기근과 질병과 전쟁이 연이어 일어나는 일》.

겁탈 (劫奪) 명하타 **1** 남의 것을 폭력으로 빼앗음. **2** 겁간(劫姦). ❑ 폭한에게 ~을 당하다.

겁풍 (劫風) 명 〔불〕 세계가 파멸할 때 일어난다는 큰 바람. ＊겁수(劫水)·겁화.

겁화 (劫火) [거퐈] 명 〔불〕 세계가 파멸할 때 일어난다는 큰불. ＊겁수(劫水)·겁풍.

겁회 (劫會) [거푀] 명 큰 액운. 겁운(劫運).

것 [걷] 의명 **1** 소유격 조사 '의' 또는 관형사(冠形詞)·관형어 뒤에 붙어, 그 물건·사실·현상·성질 등을 나타내는 말. ❑ 형의 ~ / 새로 산 ~과 낡은 ~. **2** 사물·일·현상 따위를 추상적으로 가리키는 말. ❑ 입을 ~ / 좋은 ~. **3** 사람을 얕잡아 이르거나 동물을 이르는 말. ❑ 되지 못한 ~들. **4** ('-ㄹ / 은 것이다'의 꼴로 쓰여) 말하는 이의 확신·결정·결심·추측을 나타내는 말. ❑ 내일은 비가 올 ~이다 / 빨리 왔으면 좋았을 ~을. **5** '-ㄹ' 뒤에 붙어 명령하는 글을 끝맺는 말. ❑ 잔디밭에 들어가지 말 ~ / 손을 깨끗이 씻을 ~. (준)거.

것곶다 타 〈옛〉 꺾꽂이하다.

것구러디다 자 〈옛〉 거꾸러지다.

것구리티다 타 〈옛〉 거꾸러뜨리다.

-것다 [걷따] 어미 ('이다'의 어간, 용언의 어간 또는 어미 '-으시-'·'-었-' 뒤에 붙어) **1** 인정된 동작이나 상태를 다지어 말할 때 쓰는 종결 어미. ❑ 네 마음대로 하였~. **2** 원인이나 조건 등이 충분함을 말할 때에 쓰는 종결 어미. ❑ 실력 있~, 열심히 공부했~, 시험에 떨어질 리가 있나. **3** 경험이나 이치로 미루어 보아 사실이 으레 그러한 것이거나 그러할 것임을 인정하는 종결 어미. ❑ 꽃도 한창이라, 고궁은 사람으로 메워지~.

것모르 부 〈옛〉 까무러져.

것위 명 〈옛〉 지렁이.

것-지르다 [걷찌-] 〔것질러, 것지르니〕 타르 아래에서 위로 거슬러 지르다.

겄다 〈옛〉 ⊟자 꺾어지다. 꺾이다. ⊟타 꺾다.

겄와싀 명 〈옛〉 탕자(蕩子).

겄워싀 명 〈옛〉 개의 한 종류. 요동개.

겅그레 명 솥에 무엇을 찔 때, 찌려는 물건이 물에 잠기지 않도록 물 위에 놓는 나뭇개비 따위. ❑ ~를 놓고 떡을 쪘다.

겅금 명 〔←검금〕 '황산 제일철'을 물감으로 일컫는 말《검정 물감의 매염제로 씀》.

겅더리-되다 자 병을 앓거나 심한 고생을 겪고 난 뒤에 몹시 파리하고 뼈가 앙상하게 되다. (센)껑더리되다.

겅둥 부 긴 다리로 치신없이 가볍게 뛰는 모양. (작)강동. (센)껑뚱.

겅둥-거리다 자 **1** 긴 다리로 치신없이 자꾸 가볍게 뛰다. **2** 침착하지 못하고 자꾸 건성으로 매우 가볍게 행동하다. (작)강동거리다. **겅둥-겅둥** 부하자

겅둥-대다 자 겅둥거리다.

겅둥-하다 형여 아랫도리가 너무 드러날 정도로 입은 옷이 짧다. (작)강동하다. (센)껑뚱하다.

겅성드뭇-이 부 겅성드뭇하게.

겅성드뭇-하다 [-무타-] 형여 많은 수효가 듬성듬성 흩어져 있다.

겅정 부 긴 다리를 모으고 가볍게 내뛰는 모양. (작)강장. (센)껑쩡. (거)껑청.

겅정-거리다 자 긴 다리를 모으고 가볍게 자꾸 내뛰다. (작)강장거리다. **겅정-겅정** 부하자

겅정-대다 자 겅정거리다.

겅중 부 긴 다리를 모으고 힘 있게 높이 솟구쳐 뛰는 모양. (작)강중. (센)껑쭝. (거)껑충.

겅중-거리다 자 긴 다리를 모으고 자꾸 힘 있게 솟구쳐 뛰면서 걷다. (작)강중거리다. **겅중-겅중** 부하자

겅중-대다 자 겅중거리다.

겇 명 〈옛〉 겉. 거죽.

겉 [걷] 명 밖으로 드러난 쪽. 바깥 부분. 표면. 거죽. ❑ ~으로 보기에는 멀쩡하다 / ~으로 빙빙 돌다 / ~을 요란하게 꾸미다 / ~으로는 태연한 척한다 / 사람은 ~만 보고는 모른다. ↔속.

[겉 다르고 속 다르다] 말이나 행동이 서로 달라 됨됨이가 바르지 못함을 이르는 말.

겉- [걷] 투 **1** 수량·정도를 추측하는 명사나 동사에 붙어, 겉만 보고 대략 어림잡는다는 뜻.

□~짐작 / ~잡다. **2** 일부 명사나 동사·형용사 앞에 붙어, 실속은 그러하지 않은데 겉으로만 그렇다는 뜻. □~치레 / ~늙다 / ~약다. **3** 일부 동사 앞에 붙어, 겉으로만 어름어름 적당히 한다는, 대강의 뜻. □~마르다 / ~날리다. **4** 낟알이나 과일을 나타내는 명사의 앞에 붙어, 껍질을 벗기지 아니한 채로 그냥의 뜻. □~보리 / ~수수. **5** 일부 동사 앞에 붙어, 한데 어울리거나 섞이지 않고 따로 한다는 뜻. □~돌다 / ~놀다.

겉-가량(-假量)[걷까-][명][하타] 겉으로만 보고 대강 헤아리는 셈. *속가량.

겉-가루[걷까-][명] 무엇을 빻을 때 먼저 나오는 가루. ↔속가루.

겉-가죽[걷까-][명] 겉을 싸고 있는 가죽. 표피(表皮). 외피(外皮). ↔속가죽.

겉-갈이[걷까리][명][하타] 잡초·해충 따위를 없애려고 추수가 끝난 뒤에 논이나 밭을 갈아 엎는 일.

겉-감[걷깜][명] 옷이나 이불 따위 물건의 겉에 대는 감. ↔안감.

겉-겨[걷껴][명] 곡식의 겉에서 맨 처음 벗긴 굵은 겨. ↔속겨.

겉-고름[걷꼬-][명] '겉옷고름'의 준말.

겉-고삿[걷꼬삳][명] 초가지붕을 일 때, 이엉 위에 걸쳐 매는 새끼. ↔속고삿.

겉-고살[명] ☞겉고삿.

겉-고춧가루[걷꼬추까-/걷꼬춘까-][명] **1** 고추를 빻을 때 먼저 나오는 고추 속살의 가루. **2** 초벌로 대강 빻은 고춧가루.

겉-곡(-穀)[걷꼭][명] '겉곡식'의 준말.

겉-곡식(-穀-)[걷꼭씩][명] 겉껍질을 벗겨 내지 않은 곡식. 피곡. 겉곡식. ⑥겉곡.

겉-귀[걷뀌][명] 외이(外耳).

겉-깃[걷낃][명] 겉으로 나타난 옷깃. ↔안깃.

겉-꺼풀[걷-][명] 겉으로 드러난 꺼풀. □~을 벗기다. ↔속꺼풀.

겉-껍데기[걷-떼-][명] 겉으로 드러난 껍데기. 외각(外殼). ↔속껍데기.

겉-껍질[걷-찔][명] 겉으로 드러난 껍질. □밤의 ~을 벗겨 내다. ↔속껍질.

겉-꾸리다[걷-][자타] **1** 겉모양을 좋게 꾸미다. □새집을 ~. **2** 속에 있는 언짢은 점이 드러나지 않도록 겉만 잘 꾸미다.

겉-꾸림[걷-][명][하자타] 겉만을 그럴듯하게 꾸리는 짓.

겉-나깨[걷-][명] 메밀의 겉껍질 속에 있는 거친 나깨. ↔속나깨.

겉-날리다[걷-][타] 겉만 보일 생각으로 일을 엉터리로 대충대충 하다. □시간이 없다고 일을 겉날려서는 안 된다.

겉-넓이[걷널비][명][수] 물체의 겉면의 넓이. 겉면적. 표면적(表面積).

겉-놀다[걷-][걷놀아, 겉노니, 겉노는][자] **1** 서로 어울리지 않고 따로 놀다. **2** 나사나 못 따위가 잘 맞지 않아 흔들리고 움직이다.

겉-눈[걷-][명] 곱자를 반듯하게 'ㄱ'자 형으로 놓았을 때, 위에서 보이는 쪽에 새겨져 있는 눈금. ↔속눈.

겉-눈²[걷-][명] 조금 떴으나 겉으로는 감은 것처럼 보이는 눈. □~을 감고 자는 체했다.

겉-눈썹[걷-][명] 눈두덩 위에 가로 난 눈썹. ↔속눈썹.

겉-늙다[걷늑따][자] 나이에 비해 늙어 뵈다. □앓고 나더니 십 년이나 겉늙어 보인다.

겉-대¹[걷때][명] 푸성귀의 거죽에 붙은 줄기나

잎. ↔속대¹.

겉-대²[걷때][명] 댓개비의 거죽을 이룬 단단한 부분. ↔속대².

겉-대접(-待接)[걷때-][명] 진정이 아닌, 겉으로만 하는 대접. □그렇듯하게 ~을 하다.

겉-대중[걷때-][명] 겉으로만 보아서 어림친 대중. ↔속대중.

겉-더께[걷때-][명] 몹시 찌든 물체의 맨 겉에 앉은 때. ↔속더께.

겉-돌다[걷똘-][걷돌아, 겉도니, 겉도는][자] **1** 한데 섞이지 아니하고 따로따로 되다. □물과 기름이 ~. **2** 남들과 잘 어울리지 못하고 따로 지내다. □소년은 같은 축에 끼지 못하고 겉돌았다. **3** 바퀴·나사 따위가 헛돌다. □눈길에서 차바퀴가 ~.

겉-뜨기[걷-][명][하타] 대바늘뜨기의 기본적인 뜨기 방법의 하나. 대바늘 두 개를 써서 코를 겉으로만 나오게 뜨는 기법. 메리야스의 겉과 같은 코가 나옴.

겉-뜨물[걷-][명] 곡식을 첫 번에 대강 씻어 낸 뜨물. ↔속뜨물.

겉-마르다[건-][걷말라, 겉마르니][자르] **1** 속에는 물기가 있고 겉만 마르다. **2** 곡식 따위가 제대로 여물기 전에 마르다.

겉-마음[건-][명] 겉으로만 드러나는 진실되지 않은 마음.

겉-막(-膜)[건-][명] 표막(表膜).

겉-말[건-][명][하자] 속마음은 그렇지 않으면서 겉으로만 꾸민 말. ↔속말.

겉-맞추다[걷맏-][타] 속마음으로는 꺼리면서도 겉으로만 잘 발라맞추다.

겉-멋[걷먿][명] 실속 없이 겉으로만 부리는 멋. □~이 들다 / ~을 부리다.

겉-면(-面)[건-][명] 겉으로 드러난 면. 표면. 외면.

겉-모습[건-][명] 겉으로 드러나 보이는 모습. 외용(外容). □~이 그럴듯하다.

겉-모양(-模樣-貌樣)[건-][명] 겉으로 보이는 모양. 외모(外貌). □~은 멀쩡하다 / ~만 보고 평가할 수 없다.

겉-물[건-따][자] 남이 무슨 일을 하는 운김에 덩달아 따르다.

겉-물[건-][명] 잘 섞이지 못하고 위로 떠서 따로 도는 물.
　겉물(이) 돌다[구] 액체의 위에 겉물이 떠서 돌다.

겉-바르다[걷빠-][걷발라, 겉바르니][타르] 속의 잘못된 것을 그대로 두고 겉만 흠없이 꾸미다. □허물을 겉바르다 속이다.

겉-발림[걷빨-][명][하자] 겉만 그럴듯하게 발라 맞춤.

겉-밤[걷빰][명] 껍질을 벗기지 않은 밤. 피율(皮栗). ↔속밤.

겉-버선[걷뻐-][명] 솜버선 겉에 덧신는 홑버선. ↔속버선.

겉-벌[걷뻘][명] 겉에 입는 옷의 각 벌(두루마기·도포 따위). ↔속벌.

겉-벽[걷뼉][명] 껍질을 벗겨 내지 않은 벼.

겉-벽(-璧)[걷뼉][명] 벽의 겉. 겉에 있는 벽. ↔안벽.

겉-보기[걷뽀-][명] 겉으로 보이는 모양새. 외관(外觀). □~와는 달리 마음이 옹졸하다.

겉-보리[걷뽀-][명] **1** 껍질을 벗기지 않은 보리. 피맥(皮麥). **2** 보리를 쌀보리에 상대하여 일컫는 이름. ↔쌀보리.
　[겉보리 단 거꾸로 묶은 것 같다] 모양이 없거나 어설픈 것을 이르는 말. [겉보리 서 말만 있으면 처가살이하랴] ㉠형편이 얼마나

어려우면 처가살이를 하겠느냐는 말. ⓛ처가살이는 할 것이 못 된다는 말.

겉-볼-안 [걷뽀란] 圏 겉을 보면 속까지도 가히 짐작해서 알 수 있다는 말.

겉-봉 (-封) [걷뽕] 圏 **1** 봉투. **2** 편지를 봉투에 넣고 다시 싸서 봉한 종이. **3** 봉투의 거죽.

겉-봉투 (-封套) [걷뽕-] 圏 이중 봉투에서 겉 쪽 봉투. 겉봉. ↔속봉투.

겉-불꽃 [걷뿔꼳] 『화』 불꽃의 가장 바깥 부분(산소 공급이 안쪽보다 잘되어 완전 연소되며, 빛은 약하나 온도는 매우 높음). 산화성 불꽃. 산화염(酸化焰). 외염(外焰). ↔속불꽃. *불꽃.

겉-사주 (-四柱) [걷싸-] 圏 통혼할 때, 임시로 적어 보내는 신랑의 사주. ↔속사주.

겉-살¹ [걷쌀] 圏 얼굴이나 손처럼 옷에 싸이지 않고 늘 겉으로 드러나 있는 살. ↔속살¹.

겉-살² [걷쌀] 圏 쥘부채의 양쪽 가에 든든하게 댄 굵은 살. ↔속살².

겉-섶 [걷썹] 圏 두루마기나 저고리의 겉자락에 댄 섶.

겉-수수 [걷쑤-] 圏 겉껍질을 벗기지 아니한 수수.

겉-수작 (-酬酌) [걷쑤-] 圏 겉만 그럴듯하게 꾸며 남의 비위를 맞추는 수작.

겉-싸개 [걷-] 圏 여러 겹으로 싼 물건의 맨 겉을 싼 싸개. ↔속싸개.

겉-쇠 [걷-] 圏 겉으로 보이는 데 박은 쇄기.
겉쇄기(를) 박다 관 참견하려고 둘의 사이에 끼어들다.

겉-씨껍질 [걷-찔] 『식』 외종피(外種皮). ↔속씨껍질.

겉씨-식물 (-植物) [걷-싱-] 圏 『식』 종자식물을 크게 둘로 나누었을 때의 한 무리. 밑씨가 씨방 안에 있지 않고 벗어져 드러나 있는 식물. 소나무·전나무 등 670여종이 있음. 나자식물. ↔속씨식물.

겉-아가미 [거다-] 圏 겉에 있는 아가미(올챙이 따위의 어릴 때에 머리 양쪽에 있으며, 자라면서 속아가미로 변태함). ↔속아가미.

겉-약다 [건냑따] 휑 실상은 약지 못하면서 겉 보기에만 약다.

겉-어림 [거더-] 圏탄 겉으로만 보고 잡는 어림. ↔속어림.

겉-언치 [거던-] 圏 소 등에 얹는 안장의 양쪽에 붙인 짚방석.

겉-여물다 [건녀-] [걷여물어, 걷여무니, 걷여무는] ⤋짜 곡식이 속은 여물지 못하고 겉으로 보기에만 여물다. ⤋휑 사람이 겉보기로는 올차고 여무진 것 같으나 실상은 무르다.

겉 열매껍질 [건녈-찔] 『식』 '외과피(外果皮)'의 풀어 쓴 말.

겉-옷 [거돋] 圏 겉에 입는 옷. ↔속옷.

겉-옷고름 [거돋꼬-] 圏 겉깃을 여미어 매는 옷고름. ↔안옷고름. ⓐ겉고름.

겉-웃음 [거두슴] 圏 마음에도 없이 겉으로만 웃는 웃음. ▢~을 치다.

겉-잎 [건닙] 圏 푸성귀나 나무의 우듬지의 속잎 겉에 붙은 잎. 겉잎사귀. ↔속잎.

겉-자락 [걷짜-] 圏 **1** 저고리·두루마기·치마 따위를 여몄을 때, 겉으로 나오는 옷자락. ↔안자락. **2** 『건』 단청에서, 기둥머리 바깥쪽에 옷자락처럼 그린 무늬. ↔속자락.

겉-잠 [걷짬] 圏 **1** 깊게 감고 자는 체하는 잠. **2** 깊이 들지 않은 잠. 수잠. 선잠. ▢~들다.

겉-잡다 [걷짭따] 탄 **1** 겉으로만 보고 대강 헤아려 어림잡다. ▢겉잡아서 이틀이면 족하다. **2** ☞겉닮다.

겉-잣 [걷짣] 圏 껍질을 벗겨 내지 않은 잣. ↔실백잣.

겉-장 (-張) [걷짱] 圏 **1** 여러 장 가운데 맨 겉에 있는 종이. **2** 책의 표지. ↔속장.

겉-재목 (-材木) [걷째-] 圏 통나무의 겉 부분. 변재(邊材). ↔속재목.

겉-저고리 [걷쩌-] 圏 여러 겹으로 껴입은 저고리 중에 맨 겉에 입은 저고리. ↔속저고리.

겉-절이 [걷쩌-] 圏 열무·배추 따위를 절여 곧바로 무쳐 먹는 반찬. 생절이. 엄저.

겉-절이다 [걷쩌리-] 탄 **1** 김치를 담글 때 배추의 억센 잎을 부드럽게 하려고 소금을 뿌려 애벌로 절이다. **2** 겉절이를 하다.

겉-조 [걷쪼] 圏 껍질을 벗기지 않은 좁쌀.

겉-짐작 (-斟酌) [걷찜-] 圏탄 겉만 보고 어림하는 짐작. ↔속짐작.

겉-쪽 [걷-] 圏 표면.

겉-창 (-窓) [걷-] 圏 창문 겉에 덧달려 있는 문짝. 덧문. 덧창.

겉-치레 [걷-] 圏탄자 겉만 보기 좋게 꾸민 치레. 눈치레. ▢~뿐이고 실속은 없다. ↔속치레.

겉-치마 [걷-] 圏 여러 겹의 치마를 입을 때 맨 겉에 입는 치마. ↔속치마.

겉-치장 (-治粧) [걷-] 圏탄 겉 부분을 꾸밈. 또는 그 꾸밈새.

겉-칠 (-漆) [걷-] 圏탄 겉에 칠을 함. 또는 그 칠.

겉-켜 [걷-] 圏 여러 층으로 된 것의 겉을 이루고 있는 켜. 표층(表層).

겉-포장 (-包裝) [걷-] 圏 맨 겉을 싸고 있는 포장. 겉으로 드러난 포장.

겉-피 [걷-] 圏 껍질을 벗기지 않은 피.

겉-핥다 [거탈따] 탄 내용을 제대로 파악하지 못하고 겉만 대충 보다. ▢수박 겉핥듯이 / 겉핥기식 공부.

겉-허울 [거터-] 圏 겉으로 드러나 보이는 모양새.

겉-흙 [거특] 圏 **1** 맨 위에 깔린 흙. **2** 표토(表土). 경토(耕土).

게¹ [께:] 『동』 갑각류 십각목(十脚目)의 절지동물의 총칭. 바다 또는 민물에 사는데, 몸이 납작하며 등과 배는 딱지로 덮여 있고, 다섯 쌍의 발 중에 한 쌍은 집게발이며, 옆으로 기어다님. 식용함.
[게도 구럭도 다 잃었다] 아무 소득 없이 도리어 손해를 보았다. [게 새끼는 집고 고양이 새끼는 할퀸다] 타고난 본능은 속일 수 없다. [게 잡아 물에 넣다] 아무 소득 없이 헛수고만 하다.
게 눈 감추듯 관 음식을 허겁지겁 빨리 먹어 치움을 비유하는 말. ▢한 그릇을 ~ 다 먹어 버렸다.

게 (偈) 『불』 가타(伽陀).

게² 의 '우리, 자네, 너희' 등과 함께 쓰여, 살고 있는 곳을 뜻하는 말. ▢우리 ~ 사람들 / 자네 ~는 아무 일 없나.

게³ 지대무 '거기'의 준말. ▢~ 앉아라. ⤋인대 상대자를 좀 얕잡아 일컫는 말. ▢~ 누군가.

게⁴ 조 **1** '에게'의 준말(내·네·제 등 받침 없는 말에 씀). ▢내~ 맡겨라. **2** 〈옛〉에서.

게⁵ 조 **1** '것이'의 준말. ▢살 ~ 많다. **2** 〈옛〉 것에.

-게¹ ㉿ 어떤 말에 붙어, 도구나 연장의 뜻을 나타내는 말. ▢지~ / 집~. *-개.

-게² [어미] 1 하게할 자리에서 동사 및 '있다'의 어간에 붙어서, 무슨 동작을 시키는 종결 어미. ◻많이 먹어 / 자네가 하~. 2 용언의 어간에 붙어서 그 아래에 오는 동사나 형용사의 내용이나 정도를 제한하는 연결 어미. ◻아름답~ 꾸미다 / 지나치~ 술을 마시다. 3 '만일 그리하면 이렇게 되지 않겠느냐'의 뜻을 나타내는 종결 어미. ◻그렇게 되면 좋~. 4 동사 어간에 붙어, 어떤 목표나 행동이 미침을 나타내는 연결 어미. ◻편히 자~ 놔두어라. *-도록. 5 용언의 어간에 붙어, 물음을 나타내는 종결 어미. ◻그러다가 언제 가~ / 얼마나 크~.

게:-감정 [명] 게의 등딱지를 떼고 그 속에 갖은 양념을 넣어 만든 음식.

게:-거품 [명] 1 사람이나 동물이 몹시 흥분하거나 괴로울 때 부걱부걱 나오는 거품 같은 침. ◻~을 물고 열변을 토하다 / ~을 뿜어내며 으르렁댔다. 2 게가 토하는 거품 같은 침.

게걸 [명] 마구 먹으려고 하거나 가지려고 탐내는 마음.
게걸(을) 떼다 [구] 실컷 먹어서 먹고 싶은 마음이 없어지다.

게걸-거리다 [자] 품위 낮은 말로 소리치며 불평스럽게 자꾸 떠들다. 게걸-게걸 [부][자]

게걸-대다 [자] 게걸거리다.

게걸-들다 [-들어, -드니, -드는] [자] 게걸들리다. ◻며칠을 굶었는지 게걸든 사람처럼 순식간에 그릇을 비웠다.

게걸-들리다 [자] 몹시 먹고 싶거나 하고 싶은 욕심에 사로잡히다. ◻게걸들린 것처럼 끊임없이 먹다.

게걸-스럽다 [-따] [-스러워, -스러우니] [형] [비] 1 게걸들린 태도가 있다. 2 ☞게검스럽다. 게걸-스레 [부]

게:-걸음 [명] 게처럼 옆으로 걷는 걸음.
게걸음(을) 치다 [구] ㉠옆으로 걸어 나아가다. ㉡걸음이나 사업이 느리거나 발전이 되지 않다.

게걸-쟁이 [명] 게걸거리기를 잘하는 사람.

게검-스럽다 [-따] [-스러워, -스러우니] [형] [비] 욕심껏 마구 먹으려 대는 태도가 있다. ☞개검스럽다. 게검-스레 [부]

게게 [부] 1 코나 침을 보기 흉하게 흘리는 모양. ◻침을 ~ 흘리다. 2 눈이나 몸에 기운이 없어 축 늘어진 모양. ◻~ 풀어진 눈.

게:-구 (偈句) [-꾸] [명] 《불》 가타(伽陀)의 글귀. 네 구(句)를 한 게(偈)로 하고, 5자나 7자를 한 구로 함. 게문.

게:-구이 [명] 게딱지 속의 장과 짓이긴 게의 살을 한데 버무리어 양념한 것을 그릇에 담아 중탕(重湯)하여 쪄 낸 음식.

게:기 (揭記) [명] [하타] 알리고자 하는 내용을 써서 내어 붙이거나 걸어 두어서 여러 사람이 보게 함. 또는 그 기록.

게-꼬리 [명] 게꽁지.

게:-꽁지 [명] 지식·재주 등이 매우 짧거나 보잘것없음을 이르는 말. ◻~만 한 지식을 내세우다.

-게끔 [어미] '-게²4'보다 센 뜻으로 쓰는 연결 어미. ◻분수에 맞~ 살아야 한다.

-게나 [어미] '-게²1'를 좀 친밀히 쓰는 종결 어미. ◻놀러 오~ / 많이 먹~.

게나-예나 [명] '거기나 여기나'의 뜻. ◻어렵기는 ~ 마찬가지다.

게네 [대] 상대자의 무리를 좀 얕잡아 일컫는

3인칭 복수 대명사. ◻~가 책임져야지.

게놈 (독 Genom) [명] 생물의 생존에 필요한 최소한의 염색체의 한 조(組).

게:-눈 [명] 박공널이나 추녀 끝에 장식으로 새기는 소용돌이 모양의 무늬.

게다 (일 げた) [명] 왜나막신.

게다² [타] 게우다.

게다³ [타] '게다가'의 준말.

게다가 [부] 1 '거기에다가'의 뜻. ◻~ 놓아라. 2 그런데다가. 그 위에. ◻추운 날씨에 ~ 눈까지 왔다. ㉠게다³.

게두덜-거리다 [자] 크고 거친 소리로 자꾸 불평하다. 게두덜-게두덜 [부][자]

게두덜-대다 [자] 게두덜거리다.

게:-딱지 [-찌] [명] 1 게의 등딱지. 2 집이 작고 허술함을 비유하는 말. ◻~ 같은 오막살이 / ~만 한 초가집이 모여 있다.

게뚜더기 [명] 눈두덩 위의 살이 헌데나 상처 자국 때문에 꿰맨 것처럼 된 눈. 또는 그런 눈을 가진 사람.

게라 (일 ゲラ) [명] [galley] [인] 1 조판해 놓은 활자판을 담아 두는 목판. 활자판 상자. 2 조판한 활자판을 교정용으로 인쇄하는 일. 또는 그 인쇄지. 교정쇄(校正刷).

게레-치 [명] [어] 주둥칫과의 난해성 바닷물고기. 길이 15cm 내외, 타원형이며 납작하고, 담회청색인데 배 쪽은 빛깔이 엷음.

게-로 [조] '에게로'의 준말. ◻가고 싶거든 내 ~ 와서 같이 가자.

게:-류 (憩流) [명] 게조(憩潮).

게:르다 [겔러, 게르니] [형][르] '게으르다'의 준말. ◻게르니 게으르냐.

게르마늄 (독 Germanium) [명] 《화》 회백색의 푸슬푸슬한 희유금속 원소. 반도체로서 결정(結晶) 정류기·트랜지스터의 주요 재료로 씀. [32 번 : Ge : 72.59]

게르만 (독 German) [명] 1 아리안 인종의 한 지족. 중유럽 삼림 지대에 살던 미개 민족으로, 4세기경의 대이동 후 동·서·북의 세 갈래로 갈라져 현대에 이름. 2 독일 민족.

게르치 [명] [어] 게르칫과의 심해성 바닷물고기. 길이 50cm 내외. 눈과 입이 큼. 어릴 때 근해나 얕은 곳에 살다가 성어(成魚)가 되면 깊은 곳에서 살며, 산란기에는 얕은 곳으로 옮김. 상피리.

게르트너-균 (Gärtner菌) [명] 《의》 티푸스균에 유사한 균. 집단 식중독 발생의 원인으로 가축이나 야생 동물에 옮아 널리 퍼짐. 장염균.

게:름 [명] '게으름'의 준말. ㉠개름.

게:름-뱅이 [명] '게으름뱅이'의 준말. ㉠개름뱅이.

게:름-쟁이 [명] '게으름쟁이'의 준말. ㉠개름쟁이.

게리맨더링 (gerrymandering) [명] 정당이 자기 당에 유리하게 선거구를 개정하는 일.

게릴라 (에 guerilla) [명] 1 유격전에 참가하는 소규모의 비정규 부대. 유격대. 2 유격전(遊擊戰). 또는 그 전법(戰法).

게릴라-성 (guerilla性) [명] 예기치 못할 정도로 불규칙하게 발생하는 성질. ◻~ 집중 호우가 쏟아지다.

게릴라-전 (guerilla戰) [명] 유격전.

게마인샤프트 (독 Gemeinschaft) [명] 공동 사회. ↔게젤샤프트.

게:-먹다 [-따] 상대편에게 따지고 들다. ◻이놈이 감히 누구한테 게먹는 거야.

게:-목 [명] 《식》 '거여목'의 준말.

게:-목-나물 [-몽-] [명] 거여목의 줄기를 살짝

데쳐 껍질을 벗겨 내고 양념에 무친 나물. 목숙채(苜蓿菜).
게:발톱-표(-標)명 큰따옴표(" ")의 이름. 게발톱점.
게:방(揭榜)명하타 여러 사람이 보게 글을 써서 내다 붙임. 또는 그 글.
게-살명 게의 살. 또는 게의 살을 말린 식품.
게서¹ 조 '에게서'의 준말(받침 없는 말에 씀). ¶내~ 가지고 간 책.
게서² 조 거기에서. ¶ ~ 놀아라.
게:-성운(-星雲)명 『천』황소자리에 있는 성운《팽창 속도가 극히 크며, 질량은 태양의 15배, 지구와의 거리는 약 6,400광년임》.
게:송(偈頌)명 『불』외기 쉽게 게구(偈句)로 지어 부처의 공덕을 찬미하는 노래.
게슈타포(독 Gestapo)명 반나치스 운동 단속을 위해 활동한 나치스 독일의 비밀경찰.
게스트(guest)명 손님이라는 뜻으로, 라디오나 텔레비전 방송 등에 특별히 초대된 출연자. ¶ ~로 나오다.
게슴츠레부하타 거슴츠레.
게:시(揭示)명하타 여러 사람에게 알리기 위해 내걸거나 내붙여 두루 보게 함. 또는 그 글. ¶행사 일정 ~ / 인사 발령이 ~되다.
게:시-글(揭示-)명 인터넷 게시판에 올려 두루 보게 한 글.
-게시리어미 ☞ -게끔.
게:시-문(揭示文)명 게시한 글.
게:시-판(揭示板)명 게시(揭示)를 붙이게 만든 판(板). 게시 사항을 쓰는 판. 알림판. 게판(揭板).
게:식(憩息)명하자 잠깐 쉬어 숨을 돌림.
게:-아재비명 『충』장구애빗과의 곤충. 못·늪에서 이어 물고기·곤충의 애벌레를 잡아 먹고 삶. 길이 4cm 내외로 가늘고 길며, 흙갈색 또는 황갈색임. 맑은 날에는 날기도 함.
게:-알-젓[-절]명 게의 알로 담근 것.
게:-알-탕건(-宕巾)명 아주 곱게 떠서 만든 탕건.
게:양(揭揚)명하타 기(旗) 따위를 높이 걺. ¶국기 ~ / 만국기 ~.
게:양-대(揭揚臺)명 기(旗) 따위를 게양하기 위하여 높이 만들어 놓은 대. ¶국기 ~.
게여목명 〈옛〉거여목.
게염명 부러워하고 시새워서 탐내는 욕심. ㉔개염.
게염(을) 부리다⒢ 게염을 행동에 나타내다.
게염-나다자 게염이 마음에 생기다.
게염-내다타 게염의 마음을 가지다.
게염-스럽다[-따][-스러워, -스러우니]형ㅂ 보기에 게염내는 마음이 있다. ㉔개염스럽다. 게염-스레부.
게엽다형ㅂ 〈옛〉크고 너그럽고 꿋꿋하다.
게우다타 1 먹었던 것을 도로 토하다. 2 옳지 못한 방법으로 차지하였던 남의 재물을 도로 내어 놓다. ¶가로챈 공금을 게워 냈다.
게으르다[게을러, 게으르니]형ㄹ 행동이 느리고 움직이기 싫어하는 성미와 버릇이 있다. ㉔개으르다. ㉒게르다.
게으름명 게으른 버릇이나 태도. ¶ ~을 피우다 / ~을 부리다. ㉔개으름. ㉒게름.
게으름-뱅이명 〈속〉게으름쟁이. ㉔개으름뱅이. ㉒게름뱅이.
게으름-쟁이명 습성이나 태도가 게으른 사람. ㉔개으름쟁이. ㉒게름쟁이.
게우쭈루감 『역』조선 때, 병조 판서·각 영문의 대장·관찰사·병마절도사·수군절도사, 그 밖에 병권을 가진 고관의 행차에서, 호위하

는 순령수(巡令手)가 지나가는 사람에게 길을 비키라고 외치던 소리.
게을러-빠지다형 몹시 게으르다. 게을러터지다. ㉔게을러빠지다. ㉒껠러빠지다.
게을러-터지다형 게을러빠지다. ㉔개을러터지다. ㉒껠러터지다.
게을리부하타 게으르게. ㉔개을리. ㉒껠리.
게을오다타 〈옛〉게으르다.
게을이부〈옛〉게으르게.
게이(gay)명 남자를 사랑하는 남자. 남성 동성애자. →레즈비언.
게이뤼삭-탑(Gay-Lussac塔)명 『화』연실(鉛室) 황산 제조법에서, 마지막 연실로부터 가스 속의 질소 산화물을 회수하기 위하여 마련한, 납을 입힌 탑.
게이지(gauge)명 1 치수·용적·수량 등을 헤아리는 계기(計器). 2 철도의 궤간(軌間). 3 『인』조판의 넓이와 길이의 치수를 정하는 일. 4 편물에서, 일정한 면적 안에 들어가는 코와 단의 수.
게이지 글라스(gauge glass)명 용기(容器) 안에 들어 있는 액체, 특히 기차·기선 등의 보일러 속에 있는 액체의 높이를 알기 위하여 장치하는 유리관.
게이트(gate)명 1 승마에서, 문 모양의 장애물의 총칭. 2 『전』둘 이상의 입력이 일정한 조건을 충족시킬 때만 하나의 출력을 얻는 회로. 3 비행장에서, 승객의 출입을 체크하는 곳. 4 (일부 명사 뒤에 쓰여) 그것과 관련된 추문. 5 경마장에서, 출발점의 칸막이(《출발 신호와 함께 열림》).
게이트-볼(gate+ball)명 3인 또는 5인 편성의 2팀이 T자 모양의 나무망치로 공을 때려 문을 차례로 통과시켜 골대에 맞히는 경기《일본에서 만들어진 고령자용 스포츠》.
게임(game)명 1 일정한 규칙에 따라 승부를 겨루거나 즐기는 놀이. ¶퍼즐 ~ / 컴퓨터 ~ / 오락 시간에 노래와 ~을 즐기다. 2 운동 경기나 시합. ¶야구장에 ~ 보러 가다. 3 경기의 횟수를 세는 단위. ¶당구 한 ~ / 축구를 한 ~ 하다. 4 테니스에서, 먼저 4점을 얻는 경우 또는 듀스 후에 상대자보다 2점을 더 얻는 경우.
게임-광(game狂)명 컴퓨터 따위를 이용하여 전자오락을 열광적으로 즐기는 버릇. 또는 그런 사람.
게임-기(game機)명 소형 컴퓨터를 이용하여 게임을 즐길 수 있도록 만든 전자 장치.
게임-메이커(game maker)명 놀이·경기에서, 실마리를 풀어 가는 중심적인 선수.
게임 포인트(game point)명 탁구·배드민턴 등에서, 승부가 결정되는 중대한 득점.
게:-자리명 『천』황도 십이궁의 넷째 별자리. 쌍둥이자리와 사자자리 사이에 있음. 태양은 매년 7월 하순부터 8월 상순경에 이 별자리를 통과함. 3월 하순의 초저녁에 남중함.
게:-장(-醬)명 1 게젓. 2 게젓을 담근 간장. 3 암게의 딱지 속에 붙은 노란 장.
게:재(揭載)명하타 글이나 그림 따위를 신문·잡지 등에 실음. 등재(登載). ¶학술지에 논문을 ~하다 / 사진도 ~되었다.
게:재비-구멍명 가래·보습 등의 날 위쪽에 나무 바탕을 끼워 맞추는 자리.
게저분-하다형여 너절하고 지저분하다. ㈂게저분하다.
게적지근-하다[-찌-]형여 마음에 게저분한

느낌이 있다. ㉝께적지근하다.

게접-스럽다[-쓰-따][-스러워, -스러우니] 阌田 약간 지저분하고 더럽다. 조금 구접스럽다. **게접-스레**[-쓰-]阜

게:-젓[-젇]阌 끓이거나 식힌 간장이나 소금물에 산 게를 담가 삭힌 음식. 게장.

게정阌 불평을 품고 떠드는 말과 행동. 阛~을 부리다 / ~을 피우다.

게정-거리다囸 게정을 자꾸 부리다. **게정-게정**阜囸困

게정-꾼阌 게정을 부리는 사람.

게정-내다囸 불평스러운 말이나 행동을 나타내다.

게정-대다囸 게정거리다.

게정-머리阌 '게정'을 낮잡아 이르는 말.

게정-스럽다[-따][-스러워, -스러우니]阌田 불평스러운 말과 행동을 드러내는 태도가 있다. **게정-스레**阜

게젤샤프트(독 Gesellschaft)阌 이익 사회. ↔게마인샤프트.

게:-조(憩潮)阌 밀물과 썰물이 바뀔 때에 일어나는 바닷물의 정지 상태. 휴조(休潮). 게류(憩流).

게:-줄阌 줄다리기할 때, 여러 사람이 쥐고 당기도록 굵은 줄의 양쪽에 맨 여러 가닥의 작은 줄. 결줄.

게:-줄-다리기阌 1 여러 사람이 하는 일에 한 몫 끼는 일을 비유하는 말. 2 게줄을 가지고 하는 줄다리기.

게토(이 ghetto)阌 1 유대 인이 사는 지역. 유대 인의 거리. 2 미국에서, 흑인 또는 소수 민족이 사는 빈민 지구.

게:-트림阌困 거만스럽게 거드름 피우며 하는 트림.

게:-판(揭板)阌 1 시문(詩文)을 새기어 누각(樓閣)에 거는 나무 판. 2 게시판(揭示板).

겐㊅ 1 거기는. 阛~ 조용하더라. 2 조사 '게'와 '는'이 합하여 줄어든 말. 阛내~ 없다.

-겐㊅ 1 사는 곳을 나타내는 접미어 '-게'와 보조사 '는'이 합하여 줄어든 말. 阛우리~ 풍년이다. 2 정도를 제한하는 어미 '-게'와 조사 '는'이 합하여 줄어든 말. 阛눈이 부시~ 밝지 않다.

겔(독 Gel)阌화 콜로이드 용액이 유동성을 잃어 약간의 탄성과 견고성을 가져 고체나 반고체 상태로 된 물질(한천·젤라틴·두부 따위).

겔:러-빠지다阌 '게을러빠지다'의 준말. ㉝갤러빠지다.

겔:-터지다阌 '게을러터지다'의 준말. ㉝갤러터지다.

겔렌데(독 Gelände) 阌 정비된 스키장. 스키 연습장.

겔:-리阜 '게을리'의 준말.

겟세마네(Gethsemane)阌성 예수가 처형당하기 전날 최후로 기도 드린 장소(예루살렘의 동쪽 감람산 기슭에 있는 동산).

겟투(get+two)阌 더블 플레이.

-겠-[겓]문어미 1 동사나 '이다'의 어간에 붙어, 미래를 나타내는 선어말 어미. 阛난 여기 있~다. 2 용언이나 '이다'의 어간 또는 어미 '-시-'나 '-았(었)-' 뒤에 붙어, 추측(推測)의 뜻을 나타내는 선어말 어미. 阛그이는 참 좋~네 / 어머니가 기다리시~다. 3 동사나 '이다'의 어간에 붙어, 가능성을 나타내는 선어말 어미. 阛그만한 것이라면 아이들도

들~다. 4 동사나 '이다'의 어간에 붙어, 화자의 의지를 나타내는 선어말 어미. 阛나는 장래에 과학자가 되~다.

겨阌 볏과의 곡식을 찧어 벗겨 낸 껍질의 총칭. [겨 묻은 개가 똥 묻은 개를 나무란다] 자기 결점은 모르고 남의 결점만 나무란다.

겨끔-내기阌 ('겨끔내기로'의 꼴로 쓰여) 서로 번갈아 하기. 阛~로 질문을 던지다.

겨:-냥阌困 1 목표물을 겨눔. 阛~이 빗나가다 / 여름 극장을 ~해 내놓은 공포 영화 / 휴가철을 ~한 기행 서적. 2 어떤 물건에 겨누어 정한 치수와 양식. 견양.

겨냥(을) 대다 곤 ㉠목표물을 겨누어 보다. ㉡활이나 총 따위를 쏠 때에 목표에 맞도록 어림을 잡다.

겨냥(을) 보다 곤 ㉠목적물을 겨냥하여 보다. ㉡실물에 맞는지를 겨누어 맞춰 보다.

겨:-냥-내다囸 실물(實物)에 겨누어 치수와 양식을 정하다.

겨:-냥-대[-때]阌 겨냥내는 데 쓰는 막대.

겨:-냥-도(-圖)阌 건물 따위의 모양·배치를 알기 쉽게 그린 그림.

겨누다囸 1 목표물이 있는 곳의 방향과 거리를 똑바로 잡다. 阛과녁을 향하여 총을 ~. 2 한 물체의 길이·넓이 등을 알기 위해 다른 물체로 마주 대어 보다.

겨드랑阌 '겨드랑이'의 준말.

겨드랑-눈阌식 제눈 중에서 잎의 밑동 부분에 생기는 눈. 보통 잎의 기부(基部) 위쪽에 생기는데 잎꼭지 안쪽에 생기는 일도 있음. 액아(腋芽). ↔끝눈. ㊅결눈².

겨드랑-이阌 1 양편 팔 밑의 오목한 곳. 액와. 2 겨드랑이에 닿는 옷의 부분. ㉛겨드랑.

겨레阌 한 조상의 핏줄을 이어받은 자손들. 민족. ㊅우리 ~ 고유의 문화.

겨레-말阌 한 겨레가 공통으로 쓰는 말.

겨레-붙이[-부치]阌 같은 겨레를 이룬 사람.

겨루기阌 1 태권도에서, 기본 기술과 품세를 조화 있게 활용하여 실전에 응용할 수 있도록 두 사람이 맞서 기량을 겨루는 일(맞추어 겨루기와 자유(自由)겨루기가 있음). 맞서기. 대련(對鍊). 2 자유겨루기.

겨루다囸 서로 버티어 승부를 다투다. 阛자용을 ~ / 실력을 겨뤄 보다.

겨룸阌困 겨루는 일.

겨르로이阜〈옛〉한가로이. 겨를 있게.

겨르르윈〈옛〉한가로운. 겨를 있는.

겨르롭다阌〈옛〉한가롭다.

겨를阌 ('-을 겨를'의 꼴로 쓰여) 일을 하다가 쉬게 되는 틈. 여가. 阛숨 돌릴 ~도 없다. ㊅결.

겨를ㅎ다阌〈옛〉한가하다.

겨릅阌 '겨릅대'의 준말.

겨릅-단[-딴]阌 겨릅대를 묶은 단. ㊅겨름.

겨릅-대[-때]阌 껍질을 벗긴 삼대. ㊅겨름.

겨릅-문(-門)[-름-]阌 겨릅 또는 겨릅발로 만든 사립문.

겨릅-발[-름-]阌 겨릅대로 엮은 발.

겨릅-이엉[-름니-]阌 겨릅대로 엮은 이엉.

겨릅-피(-皮)阌 껍질을 벗기지 않은 삼대.

겨릅-호두(-胡-)[-르포-]阌 껍데기가 얇은 호두.

겨리阌 소 두 마리가 끄는 쟁기. ＊호리.

겨리-질阌困 겨리를 부리어 논밭을 가는 일.

겨린阌[←절린(切隣)]역 살인 사건을 저지른 범인의 이웃에 사는 사람.

겨린(을) 잡다 곤 역 살인범의 이웃 사람이나 범죄 현장 근처로 지나가던 사람을 증

인으로 잡아가다.

겨린(을) 잡히다 〔귀〕《역》살인범의 이웃 사람이나 범죄 현장 근처를 지나가던 사람이 증인으로 불려 가다.

겨릿-소 [-리쏘/-릳쏘] 명 겨리를 끄는 소.

겨르롭외다 혱 〈옛〉 한가롭다.

겨-반지기 [-半-] 명 겨가 많이 섞인 쌀.

겨-범벅 명 쌀가루에 호박을 썰어 넣고 찐 음식.

겨시다 혱 〈옛〉 계시다.

겨우 閉 **1** 어렵게 힘들여. 가까스로. 근근. ▷ 이제야 ～ 졸업 작품을 완성했다 / 그때는 ～ 입에 풀칠이나 할 정도였다. **2** 기껏해야 고작. ▷ 가진 것이 ～ 이것뿐이란 말이냐.

겨우-내 閉 〔←겨울내〕 한겨울 동안 죽. ▷ ～ 산속 절에서 지냈다.

겨우-살이¹ 명 **1** 겨울 동안 입고 먹고 지낼 옷이나 양식 따위. **2** 겨울을 남. 과동(過冬). 월동(越冬).

겨우-살이² 《식》 겨우살이과의 상록 기생 관목. 잎은 혁질로 긴 타원형이고 초봄에 한 두 개의 담황색 꽃이 줄기 끝에 나며, 녹황색 과실이 가을에 익음. 참나무 등에 기생하며 줄기·잎은 약재로 씀.

겨우살이-덩굴 명《식》인동(忍冬)덩굴.

겨우살이-풀 명《식》맥문동(麥門冬).

겨울 명 일 년 네 철의 끝 철. 입동부터 입춘까지의 동안. ▷ ～을 나다 / ～로 접어들다 / 매서운 ～ 추위가 닥쳐오다. 密결.

겨울-나다 [-라-] 재 월동하다.

겨울-날 [-랄] 명 겨울철의 날이나 날씨. 동천(冬天). 동천(冬天).

겨울-눈 [-룬] 명《식》여름이나 가을에 생겨 겨울을 넘기고 그 이듬해 봄에 자라는 싹. 동아(冬芽). 冬여름눈.

겨울-딸기 명《식》장미과의 낙엽 활엽 관목. 잎은 거의 원형, 여름에 흰 꽃이 잎겨드랑이에서 남. 둥근 모양의 과실이 겨울에 익음. 과실은 식용함.

겨울-맞이 명 다가올 겨울을 맞는 일.

겨울-바람 [-빠-] 명 겨울에 부는 찬 바람.

겨울-밤 [-빰] 명 겨울날의 긴 밤. 동야(冬夜).

겨울 방학 [-放學] [-빵-] 학교에서, 몹시 추운 때에 일정 기간 수업을 쉬는 일. 동기(冬期) 방학. 여름 방학.

겨울-비 [-삐] 명 겨울에 내리는 비.

겨울-빛 [-삗] 명 **1** 겨울다운 경치. **2** 겨울임을 느끼게 하는 계절적인 현상. ▷ ～을 드러낸 벌판.

겨울-새 [-쌔] 명 가을에서 겨울에 걸쳐 북쪽에서 날아와 겨울을 보내고, 이듬해 봄철에 다시 북쪽으로 가서 번식하며 여름을 나는 철새《우리나라에서는 기러기·물오리·백조 따위》. 한금. 여름새.

겨울-옷 [-우롣] 명 동복(冬服).

겨울-잠 [-짬] 명《동》동면(冬眠). 여름잠.

겨울-철 명 겨울의 절기. 동계(冬季). 동기. 동절(冬節).

겨울-털 명《동》온대 지방에 사는 포유류(哺乳類)가 가을에서 초겨울에 걸쳐 털갈이를 하고, 이듬해 봄까지 몸을 덮고 있는 털. 동모(冬毛). 여름털.

겨워-하다 타영 힘겹게 여기다. ▷ 지금 맡은 일을 ～.

겨월 명 〈옛〉 겨울.

겨을 명 〈옛〉 겨울.

겨-이삭 명《식》볏과의 한해 또는 두해살이 풀. 들·길가에 나는데 잎은 가는 실처럼 길고 빳빳하며, 봄에 10 cm쯤의 가는 이삭이 나

옴. 담자색 혹은 청색의 잔꽃이 피어, 모양이 겨를 뿌린 것 같음. 사료로 씀.

겨울 명 〈옛〉 겨울.

겨자 명 **1** 《식》십자화과의 한해 또는 두해살이풀. 아시아 원산. 밭에서 재배하며, 높이 1 m가량. 잎은 무 잎과 비슷하나 주글주글함. 봄에 네잎꽃이 누렇게 피고, 씨는 몹시 작으면서 황갈색으로 맵고 향기로워 양념과 약재로 씀. **2** 겨자씨로 만든 양념.

겨자-선 (-膳) 명 배추·무·움파·도라지·편육·돼지고기·전복·해삼·배·밤 등을 잘게 채썰어 양념하고 겨자와 버무려 만든 술안주.

겨자-씨 명 **1** 겨자의 씨. 양념이나 약재로 쓰이 기름을 짬. **2** 몹시 작은 것의 비유.

겨자-채 (-菜) 명 겨자 양념을 한 냉채(冷菜).

겨-죽 (-粥) 명 쌀 속겨로 쑨 죽. 강죽(糠粥).

겨집 명 〈옛〉 **1** 계집. 여자. **2** 아내.

겨집얼이다 재동 〈옛〉 장가들이다.

겨집ᄒᆞ다 재 〈옛〉 **1** 장가들다. **2** 계집질하다.

격 (格) 〔─〕명 **1** 환경이나 사정에 자연스럽게 어울리는 분수나 품위. ▷ ～에 맞다 / ～이 높다 / ～이 떨어지다 / ～이 다르다 / ～에 어울리지 않다. **2** 《언》문장 속에서 체언이나 명사구가 서술어에 대하여 가지는 자격《주격·서술격·목적격·보격·관형격·부사격·호격 따위》. **3** 《논》삼단 논법의 대소 두 전제에 공통으로 포함된 매개념의 위치에 따라 생기는 추론식의 형식. ─의웸 **1** (어미 '-은' ·'-는' 뒤에 쓰여) '셈' ·'식'의 뜻을 나타내는 말. ▷ 엎친 데 덮친 ～ / 다 된 밥에 재 뿌리는 ～ 이다. **2** (일부 명사 뒤에 쓰여) '자격'의 뜻을 나타내는 말. ▷ 대표자 ～ / 주인 ～으로 행세하다. **3** 화투나 윷놀이 따위에서 끗수를 세는 단위. ▷ 다섯 ～.

격(을) 치다 〔귀〕 윷놀이에서, 가까운 밭으로 갈 수 있도록 바라는 끗수를 내다.

격 (檄) 명 격문(檄文)?1.

격 (隔) 명 사이를 가로막는 간격. ▷ 형제간에 ～이 나다.

격(을) 두다 〔귀〕 사람과 사람 사이에 일정한 간격을 두다. ▷ 친구에게 격을 두고 대하다.

격감 (激減) [-깜] 명하자 급격하게 줆. 판매량이 반으로 ～했다. 격증(激增).

격강 (隔江) [-깡] 명하자 강을 사이에 두고 서로 떨어져 있음.

격강-천리 (隔江千里) [-깡철-] 강을 사이에 두고 서로 떨어져 있어서 왕래가 불편함이 천 리나 떨어져 있는 것과 다름없음.

격검 (擊劍) [-껌] 명하자 **1** 장검을 법도 있게 씀. 또는 그 법을 익히는 일. **2** 검도?1.

격고 (擊鼓) [-꼬] 명하자 **1** 북을 침. **2** 《역》임금의 거둥 때, 원통한 일을 상소하기 위해 북을 쳐서 하문(下問)을 기다리던 일.

격고-명금 (擊鼓鳴金) [-꼬-] 명 북을 치고 징을 울림《옛날 전쟁에서, 북을 치면 진격하고 징을 치면 퇴각하였음》.

격구 (擊毬) [-꾸] 명 《역》 **1** 구장(毬場)에서 말을 타거나 걸어 다니면서 막대기로 공을 치던 무예. 또는 그런 운동. 격방(擊棒). **2** 타구(打毬).

격기-하다 (隔期-) [-끼-] 명하영 정해 놓은 날까지의 사이가 가깝다.

격난 (激難) [경-] 명 매우 심한 난관. ▷ 우리의 부모 세대는 많은 ～을 겪으며 살아왔다.

격납-고 (格納庫) [경-꼬] 명 비행기 등을 넣어 두거나 정비하는 건물.

격년(隔年)[경─]몡하자 **1** 사람 사이의 관계에서 한 해 이상 서로 통하지 않고 지냄. **2** 한 해를 거름. 해거리. ▢사내 체육 대회를 ~으로 개최하다.

격년-결과(隔年結果)[경─]몡 해거리2.

격노(激怒)[경─]몡하자 격렬하게 화를 냄. 격분(激忿). ▢무책임한 언동에 ~하다.

격단(激湍)[─딴]몡 매우 세차게 흐르는 여울.

격담(格談)[─땀]몡 격에 맞는 말.

격담(膈痰)[─땀]몡『한의』가슴에 가래가 몰리는 증세. 또는 가슴에 막힌 가래.

격돌(激突)[─똘]몡하자 격렬하게 부딪침. ▢두 팀은 결승에서 ~하게 되었다.

격동(激動)[─똥]몡하자타 **1** 정세 따위가 급격하게 움직임. ▢~기 / ~하는 세계. **2** 몹시 흥분하여 충동을 느낌. 또는 그렇게 되게 함.

격동-적(激動的)[─똥─]몡관몡 매우 격렬하게 움직이고 변화하는 (것). ▢~(인) 리듬.

격-뜨기(格─)몡하자 골패나 화투 따위로 끗수를 맞추어 내기를 하는 노름.

격랑(激浪)[경낭]몡 **1** 거센 파도. 격파. ▢~에 씻긴 바위. **2** 모질고 어려운 시련을 비유하는 말. ▢온갖 ~을 겪었다.

격려(激勵)[경녀]몡하자 마음이나 기운을 북돋우어 힘쓰도록 함. ▢~의 편지 / ~를 아끼지 않다 / 시합을 앞둔 동생을 ~하다.

격려-문(激勵文)[경녀─]몡 격려하는 글.

격려-사(激勵辭)[경녀─]몡 격려하는 말.

격렬-하다(激烈─)[경녈─]혱어 몹시 세차고 사납다. ▢격렬한 논쟁을 벌이다. **격렬-히**[경녈─]분. ▢~ 대항하다.

격례(格例)[경녜]몡 격식이 되어 있는 관례.

격론(激論)[경논]몡하자 격렬한 논쟁. ▢~을 벌이다.

격류(激流)[경뉴]몡 **1** 매우 세차게 흐르는 물. **2** 사회 발전이나 사조 따위의 거센 흐름을 비유하는 말. ▢현대사의 ~에 휘말리다.

격률(格率)[경뉼]몡 **1**『철』준칙(準則). **2**『수·논』논리적으로 분명한 명제 또는 공리.

격리(隔離)[경니]몡하타 **1** 다른 것과 통하지 못하도록 사이를 막거나 떼어 놓음. ▢담으로 ~된 곳. **2** 전염병 환자 등을 따로 옮겨서 떼어 놓음. ▢~ 수용 / 환자를 가족과 ~시키다. **3**『생』생물 개체의 생식 범위가 한정되어 있는 일.

격리 병-동(隔離病棟)[경니─]『의』전염병이 번지지 않도록 전염병 환자를 격리하여 치료하는 병동. 격리 병사.

격리 병-원(隔離病院)[경니─]『의』전염병이 번지지 않도록 전염병 환자를 격리하는 병원.

격리-설(隔離說)[경니─]몡『생』같은 종(種)일지라도 오랫동안 지리적으로 격리되면 서로 다른 종으로 진화가 이루어진다고 하는 학설.

격리 처-분(隔離處分)[경니─]전염병 환자나 범죄인을 강제로 격리하는 행정 처분.

격린(隔隣)[경닌]몡하자 가까이 이웃함. 또는 그런 이웃.

격막(隔膜)[경─]몡 전기 분해에서 양극(兩極)을 가르는 칸막이가 구실을 하는 막.

격막(膈膜)[경─]몡 **1** '횡격막'의 준말. **2** 동물체의 기관이나 조직 따위를 가르고 있는 막.

격멸(擊滅)[경─]몡하타 전쟁이나 전투 따위에서 적을 쳐서 멸망시킴. ▢적은 아군에게 ~되었다.

격무(激務)[경─]몡 몹시 고되고 바쁜 직무. 극무(劇務). ▢~에 시달리다.

격문(檄文)[경─]몡 **1** 널리 일반에게 알려 부추기기 위한 글. 격(檄). 격서(檄書). **2** 급히 여러 사람들에게 알리려고 각처로 보내는 글. ▢~을 띄우다. **3** 군병을 모집하거나, 적군을 달래거나 꾸짖기 위한 글.

격물(格物)[경─]몡 사물의 이치를 연구하여 궁극에 도달함(주자학의 용어).

격물-치지(格物致知)[경─]몡하자 실제 사물의 이치를 연구하여 지식을 완전하게 함(대학의 용어). ⊕격치(格致).

격발(激發)[─빨]몡하자타 기쁨·분노 따위의 감정이 거세게 일어남. 또는 그렇게 되게 함.

격발(擊發)[─빨]몡하타 탄환을 발사하기 위해 방아쇠를 당겨 화약에 불을 붙이는 일.

격벽(隔壁)[─뼉]몡하자 **1** 벽을 사이에 둠. **2** 칸을 막은 벽(특히 배의 내부 칸막이벽).

격변(激變)[─뼌]몡하자 상황 따위가 급격하게 변함. ▢정세의 ~ / ~하는 세계.

격 변화(格變化)[─뼌─]『언』**1** 주로 인도유럽어족의 언어에서, 어미에 의한 격의 변화. **2** 곡용(曲用).

격분(激忿)[─뿐]몡 격노(激怒).

격분(激憤)[─뿐]몡하자 몹시 분개함. ▢~을 누를 길이 없다.

격분(激奮)[─뿐]몡하자 몹시 흥분함.

격살(擊殺)[─쌀]몡하타 무기 따위로 쳐서 죽임. ▢적에게 ~되다.

격상(格上)[─쌍]몡하자타 자격·등급·지위 등의 격이 높아짐. 또는 격을 높임. ▢전무의 ~하다 / 신분이 ~되다. ↔격하(格下).

격상(激賞)[─쌍]몡하타 격찬(激讚).

격상(擊賞)[─쌍]몡하타 '격절탄상(擊節嘆賞)'의 준말.

격색(隔塞)[─쌕]몡 멀리 떨어져 있어 통하지 못하고 막힘.

격서(檄書)[─써]몡 격문(檄文).

격설(鴃舌)[─썰]몡 때까치가 지껄이는 말이라는 뜻으로, 알아들을 수 없는 외국인의 말을 얕잡아 일컫는 말.

격성(激聲)[─썽]몡 몹시 흥분하여 외치는 소리.

격세(隔世)[─쎄]몡하자 **1** 세대를 거름. **2** 심한 변화를 겪어 매우 다르게 느껴지는 세대. ▢~의 느낌.

격세(隔歲)[─쎄]몡하자 **1** 한 해를 거름. 해가 바뀜. **2** 해가 바뀌도록 서로 연락하지 못함.

격세-안면(隔歲顏面)[─쎄─]몡 해가 바뀌도록 오래 만나지 못하다가 만나는 얼굴.

격세 유전(隔世遺傳)[─쎄─]『생』생물의 성질·체질 등의 열성 형질이 일대(一代) 또는 여러 대를 걸러서 나타나는 유전. 간헐 유전. 잠복 유전.

격세지감(隔世之感)[─쎄─]몡 다른 세대를 만난 것처럼 몹시 달라진 느낌. 격세감.

격쇄(擊碎)[─쐐]몡하타 때려 부숨.

격수-벽(隔水壁)[─쑤─]몡 선박의 좌초·충돌에 의한 침수를 막기 위해 배의 내부에 간격을 두어 설치한 벽.

격식(格式)[─씩]몡 격에 맞는 일정한 법식. ▢~을 차리다 / ~을 갖추다 / ~을 따지다 / ~에 얽매이다.

격실(隔室)[─씰]몡 따로 떨어져 있는 방.

격심(隔心)[─씸]몡 격의(隔意).

격심-하다(激甚─)[─씸─]혱어 매우 심하다. ▢격심한 타격. **격심-히**[─씸─]분

격안 (隔岸) 몡하자 언덕으로 사이가 막힘. 또
는 그 언덕.
격앙 (激昂) 몡하자 감정·기운이 거세게 일어나
높아짐. ☐목소리가 ~되다/~해서 언성을 높
이다.
격야 (隔夜) 몡하자 하룻밤을 거름.
격양 (激揚) 몡하자 감정이나 기운이 거세게 일
어나 들날림. 감격하여 분기(奮起)함. ☐~된
목소리.
격양 (擊攘) 몡하타 격퇴(擊退).
격양 (擊壤) 몡하자 중국 상고 때, 민간에서 행
하던 놀이의 하나(일설에는 땅을 치며 태평
을 노래한 일이라 함).
격양-가 (擊壤歌) 몡 풍년이 들어 농부가 태평
한 세월을 기려 불렀다는 노래.
격어 (激語) 몡하자 흥분하여 격하게 하는 말.
격언 (格言) 몡 속담들과 같이 사리에 꼭 들어
맞아 교훈이 될 만한 짧은 말. *금언.
격외 (格外) 몡 격식이나 관례에 벗어나 있음.
또는 그 정도나 사물. 예외(例外).
격원-하다 (隔遠-) 혱 동떨어지게 멀다. 절
원하다.
격월 (隔月) 몡하자 한 달씩 거름. 또는 한 달
을 거름.
격월-간 (隔月刊) 몡 한 달씩 걸러 발간함. 또
는 그런 잡지나 책. *월간(月刊).
격음 (激音) 몡〖언〗거센소리.
격음-화 (激音化) 몡 거센소리되기.
격의 (隔意) [겨긔 / 겨기] 몡 서로 터놓지 않는
속마음. 격심(隔心). ☐~ 없이 대화하다.
격일 (隔日) 몡하자 하루씩 거름. 또는 하루를
거름. ☐~ 근무.
격일-제 (隔日制) [격길쩨] 몡 일 따위를 하루씩
걸러서 하는 제도.
격자 (格子) [-짜] 몡 1 바둑판처럼 가로세로를
일정한 간격으로 직각이 되게 짠 구조나 물
건. 또는 그런 형식. 2 대갓끈의 대통들 사이
에 꿴 둥근 구슬. 3〖물〗그리드(grid). 4
〖화〗결정격자. 5〖물〗회절(回折)격자.
격자 (擊刺) [-짜] 몡하타 칼이나 창 따위로 치
거나 찌름.
격자-무늬 (格子-) [-짜-니] 몡 바둑판처럼 가
로세로 줄이 딘 무늬. 석쇠무늬.
격자-창 (格子窓) [-짜-] 몡 창살을 격자로 짠
창.
격장 (隔牆·隔墻) [-짱] 몡하자 담 하나를 사이
에 두고 이웃함.
격장 (激奬) [-짱] 몡하타 격려하고 장려함.
격장-가 (隔牆家) [-짱-] 몡 담 하나를 사이에
둔 이웃집.
격장지린 (隔牆之隣) [-짱-] 몡 담을 사이에 둔
가까운 이웃.
격쟁 (擊錚) [-쨍] 몡하자 1 징이나 꽹과리를 침.
2〖역〗조선 때, 원통한 일이 있는 사람이 임
금의 거둥 때, 하소연하려고 꽹과리를 쳐 하
문(下問)을 기다리던 일. *신문고(申聞鼓).
격전 (激戰) [-쩐] 몡하자 격렬한 전투. 격렬하
게 싸움. ☐~을 벌이다.
격전-장 (激戰場) [-쩐-] 몡 격전지.
격전-지 (激戰地) [-쩐-] 몡 격렬한 전투를 하
는 싸움터. 격전장(激戰場). ☐~ 순례(巡禮)
행군.
격절 (隔絶) [-쩔] 몡하자 서로 사이가 동떨어져
연락이 끊어짐.
격절 (擊節) [-쩔] 몡하자 두드려 박자를 맞춤.
격절-칭상 (擊節稱賞) [-쩔-] 몡하타 격절탄상.
격절-탄상 (擊節嘆賞) [-쩔-] 몡하타 무릎을 손
으로 치면서 탄복하여 칭찬함. 격절칭상. 춘

격상(擊賞).
격정 (激情) [-쩡] 몡 격렬한 감정. 강렬하고 갑
작스러워 누르기 힘든 감정. ☐~에 사로잡
히다/~을 누르다.
격정-적 (激情的) [-쩡-] 몡관 감정이 격렬하게
일어나는 (것). ☐~ 어조/춤을 ~으로 추다.
격조 (格調) [-쪼] 몡 1 문예에서, 체재에 맞는
격과 운치에 어울리는 가락. ☐~ 높은 시. 2
사람의 품격과 취향. 3 사물 그 자체에 걸맞
은 전체의 구성·태(態).
격조 (隔阻) [-쪼] 몡하자 1 멀리 떨어져 서로 통
하지 못함. 2 오랫동안 서로 소식이 막힘. 적
조. ☐그간 참으로 ~했습니다.
격 조사 (格助詞) [-쪼-] 〖언〗체언 뒤에 붙어
그 체언이 문장의 구성으로서 다른 말에 대
하여 갖는 일정한 자격을 나타내는 조사(주
격 조사·서술격 조사·목적격 조사·보격 조사·
관형격 조사·부사격 조사·호격 조사 따위).
자리토씨.
격주 (隔週) [-쭈] 몡하자 일주일씩 거름. 또는
일주일을 거름. ☐~ 휴무제.
격주-간 (隔週刊) [-쭈-] 몡 한 주씩 걸러 발간
함. 또는 그런 잡지나 책.
격증 (激增) [-쯩] 몡하자 급격하게 늘거나 불어
남. ☐~된 교통량. ↔격감(激減).
격지¹ [-찌] 몡 여러 겹으로 쌓여 붙은 켜.
격지² [-찌] 〈옛〉나막신.
격지 (隔地) [-찌] 몡 멀리 떨어진 지방.
격지 (隔紙) [-찌] 몡 물건을 포개어 쌓을 때 켜
와 켜 사이에 끼우는 종이.
격지-격지 [-찌-찌] 뭐 1 여러 켜로. ☐~ 덧
붙이다. 2 각 켜마다.
격-지다 (隔-) [-찌-] 자 서로 사이가 멀어지다.
격지-자 (隔地者) [-찌-] 몡 1 격지에 있는 사
람. 2〖법〗계약 등에서, 의사 표시를 알 수
있을 때까지 시간을 요하는 관계에 있는 사
람. ↔대화자.
격진 (激震) [-쩐] 몡〖지〗진도 7의 격렬한 지
진. 가옥이 30% 이상 쓰러지고 산이 무너지
며 땅이 심하게 갈라질 정도. 극진.
격짓-돌 [-찓똘-찓똘] 천매암(千枚岩).
격차 (隔差) [-] 몡 빈부·임금·기술 수준 따위의 동
떨어진 차이. ☐소득 ~/생활수준의 ~/~
가 벌어지다/~를 줄이다/빈부 ~가 심화
되다.
격찬 (激讚) 몡하타 대단히 칭찬함. 격상. ☐~
을 아끼지 않다/비평가들의 ~을 받다.
격철 (擊鐵) 몡 공이치기.
격추 (擊追) 몡하타 적을 쫓아가서 침. 추격.
격추 (擊墜) 몡하타 날아가는 적의 비행기를 총
포 또는 미사일을 쏘아 떨어뜨림. ☐적기를
~하다.
격층 (隔層) 몡 한 층씩 거름. 또는 그런 것.
☐승강기를 ~으로 운행하다.
격치 (格致) 몡하자 1 '격물치지(格物致知)'의
준말. 2 품격과 운치.
격침 (擊沈) 몡하타 적의 배를 쳐서 침몰시킴.
☐어뢰에 배가 ~되다/침함을 ~하다.
격침 (擊針) 몡 공이².
격탁 (擊柝) 몡하자 1 딱따기¹. 2 딱따기를 침.
격통 (激痛) 몡 심한 아픔. ☐~을 느끼다.
격퇴 (擊退) 몡하타 적을 쳐서 물리침. 격양(擊
攘). ☐적의 기습 공격을 ~하다/침략군이
~되다.
격투 (擊鬪) 몡하자 서로 맞붙어 치고받고 싸
움. 박전(搏戰). ☐~를 벌이다.

격투(激鬪)〖명〗〖하자〗 격렬하게 싸움.

격투-기(格鬪技)〖명〗 격투를 벌여 승패를 가리는 경기《권투·유도·레슬링·태권도 따위》.

격파(激波)〖명〗 격랑1.

격파(擊破)〖명〗〖하타〗 1 벽돌·기왓장 따위를 머리나 맨발, 맨손으로 쳐서 깨뜨리는 일. ❑~ 시범을 보이다. 2 적부숨. ❑적진이 ~되다 / 적군을 ~하다.

격판(隔板)〖명〗 배에 실은 짐이 이리저리 움직이지 않도록 선창 안에 만든 칸막이 판자.

격하(格下)[겨카]〖명〗〖하자타〗 자격이나 등급, 지위 따위의 격이 낮아짐. 또는 그 격을 낮춤. ❑지위가 ~되다 / 2 위에서 3 위로 ~하다. ↔격상(格上).

격-하다(隔-)[겨카-]〖타여〗 시간이나 공간에 사이를 두다. ❑하루를 ~.

격-하다(激-)[겨카-]〖자여〗 갑자기 화를 내다. 몹시 흥분하다. ❑격한 어조로 꾸짖다.
〔큰〖형여〗 기세나 감정 따위가 급하고 거세다.
〔큰〖성질여〗.

격-하다(檄-)[겨카-]〖자여〗 격문(檄文)을 보내어 떨쳐 일어날 것을 호소하다.

격화(激化)[겨과]〖명〗〖하자〗 격렬하게 됨. ❑감정이 ~되다.

격화-소양(隔靴搔癢)[겨과-]〖명〗 신을 신고 발바닥을 긁는다는 뜻으로, 성이 차지 않음을 이르는 말. 격화파양(隔靴爬癢).

격화-일로(激化一路)[겨과-]〖명〗 자꾸 격렬해져 감. ❑여야 대립은 ~를 달리고 있다.

격회(隔灰)[겨회]〖명〗〖하자〗 관을 묻을 때, 먼저 관의 주위를 석회로 메우는 일.

겪다[격따]〖타〗 1 어려운 일이나 경험될 만한 일을 치르다. ❑갖은 고초를 ~ / 불편을 ~. 2 손님이나 여러 사람을 청해 음식을 대접하다. ❑손님을 ~. 3 사람을 사귀어 지내다. ❑많은 사람을 겪어 보다.

겪-이〖명〗 음식을 차려 남을 대접하는 일.

견(絹)〖명〗 1 얇고 성기며 무늬 없이 희게 짠 깁《밑에 종이를 받쳐 족자·병풍·부채 따위에 씀》. 2 누에고치에서 얻은 섬유. 3 《미술》'견본(絹本)'의 준말.

견가(繭價)[-까]〖명〗 누에고치의 값.

견-각(見却)〖명〗〖하자〗 남에게 거절을 당함. 견퇴(見退).

견갑(肩胛)〖명〗〖생〗 어깨뼈가 있는 자리.

견갑(堅甲)〖명〗 1 튼튼하게 만든 갑옷. 2 단단한 껍데기.

견갑-골(肩胛骨)[-꼴]〖명〗〖생〗 척추동물의 상지골을 몸통에 연결하는 뼈. 어깨 뒤쪽에 있는, 좌우 각 하나의 넓적하고 삼각형인 뼈. 어깨뼈, 주걱뼈. ⑪갑골·견골.

견갑 관절(肩胛關節)[-콴-]〖생〗 견관절(肩關節).

견갑-근(肩胛筋)[-끈]〖명〗〖생〗 어깨뼈 자리에 붙어 있는 근육.

견갑-이병(堅甲利兵)[-감니-]〖명〗 1 튼튼한 갑옷과 날카로운 무기. 2 정병(精兵).

견강(牽強)〖명〗〖하타〗 이치에 맞지 않는 것을 억지로 끌고 감.

견강-부회(牽強附會)〖명〗〖하자〗 사리에 맞지 않은 말을 억지로 끌어다 붙여 자기에게 유리하도록 함.

견강-하다(堅剛-·堅强-)〖형여〗 성질 따위가 매우 굳세고 단단하다.

견개-하다(狷介-)〖형여〗 1 고집이 세어 남의 주장을 용납하는 일이 없다. 2 절개가 매우

굳다.

견결-하다(堅決-)〖형여〗 의지나 태도가 굳세다. 견결-히〖부〗

견경(輕輕)〖명〗 남에게 업신여김을 당함.

견경-하다(堅硬-·堅勁-)〖형여〗 굳고 단단하다.

견고-하다(堅固-)〖형여〗 굳고 튼튼하다. ❑견고한 수비. 견고-히〖부〗

견-곤(見困)〖명〗〖하자〗 곤란을 당함.

견골(肩骨)〖명〗〖생〗 '견갑골(肩胛骨)'의 준말.

견공(犬公)〖명〗 '개'를 의인화하여 일컫는 말.

견과(堅果)〖명〗〖식〗 껍데기가 굳고 단단하며 열매가 익어도 벌어지지 않는 과실류《밤·호두 따위》. 각과(殼果).

견-관절(肩關節)〖명〗〖생〗 견갑골과 상완골 사이에 있는 관절《운동이 가장 자유로운 관절로서 빠지기 쉬움》. 견갑 관절.

견광(狷狂)〖명〗 식견이 좁아 고집이 지나치거나 뜻만 커서 과장이 심한 사람. 광견(狂狷).

견권지정(繾綣之情)〖명〗 마음속에 굳게 맺혀 잊을 수 없는 정.

견권-하다(繾綣-)〖형여〗 깊이 생각하는 정이 살뜰하여 못내 잊을 수 없다.

견-기(見機)〖명〗〖하자〗 1 낌새를 알아챔. 2 기회를 엿봄.

견-기이작(見機而作)〖명〗〖하타〗 기미를 알고 미리 조처함.

견-기지재(見機之才)〖명〗 낌새를 잘 알아채거나 기회를 잘 엿보는 재주. 또는 그런 재주가 있는 사람.

견-당(遣唐)〖명〗〖하타〗 당나라에 사신을 보냄.

견대(肩帶)〖명〗 1 전대(纏帶). 2 《생》 상지대(上肢帶).

견대미〖명〗 실꾸리를 걸을 때 실 가락을 가로 걸치는 작은 나무.

견대-팔(肩帶-)〖명〗 어깻죽지와 팔꿈치 사이의 부분.

견돈(犬豚)〖명〗 1 개와 돼지. 2 평범한 사람.

견두(肩頭)〖명〗 어깨. 또는 어깨 끝.

견디다〖자〗 1 사람이나 생물이 어려운 환경에 굴복하거나 죽지 않고 계속해서 버티는 상태가 되다. ❑그럭저럭 견뎌 가다. 2 쉽게 해어지거나 닳지 않고 원래의 상태를 오래 유지하다. ❑구두가 오래 ~ / 고물차가 얼마나 견딜까. 〔타여〗 잘 참아 내다. 잘 배겨 내다. ❑추위를 잘 견디는 작물 / 더위를 참고 ~.

견딜-성(-性)[-썽]〖명〗 참아서 견뎌 내는 성질. 인내성.

견딜-힘〖명〗 참고 견뎌 내는 힘. 인내력.

견련(牽連·牽聯)[결-]〖명〗 1 서로 얽히어 관련됨. 2 서로 끌어당기어 관련시킴. ✱결련(結連).

　견련(을) 보다(牽-) ㉠서로가 은근히 꺼리거나 겁내다. ㉡서로가 원수같이 미워하다.

견련-범(牽連犯)[결-]〖명〗〖법〗 범죄의 수단이나 결과가 되는 행위가 다른 죄명에도 걸리는 행위《한 개의 죄로 취급, 그중 무거운 형으로 처단함》.

견뢰-하다(堅牢-)[결-]〖형여〗 쉽게 부서지지 않고 단단하다.

견루(堅壘)[결-]〖명〗 방비나 구조가 튼튼하여 쳐부수기 어려운 보루.

견:리-망의(見利忘義)[결- / 견-이]〖명〗〖하자〗 눈앞의 이익을 보면 의리를 잊음.

견:리-사의(見利思義)[결- / 견-이]〖명〗〖하자〗 눈앞에 이익이 보일 때, 먼저 의리를 생각함.

견마(犬馬)〖명〗 1 개와 말. 2 《주로 '견마의'의 꼴로 쓰여》 자기를 극히 낮추어 겸손하게 일컫는 말. ❑~의 노력.

견마 (牽馬) 몡 ☞ 경마.

견마-부 (牽馬夫) 몡 《역》 조선 때, 사복시(司僕寺)의 하례(下隷)로, 긴경마 또는 경마를 잡던 거릴. 견마배(牽馬陪).

견마지로 (犬馬之勞) 몡 윗사람 또는 임금이나 나라에 충성을 다하는 자신의 노력을 겸손하게 일컫는 말. □~를 다하다.

견마지류 (犬馬之類) 몡 개나 말 따위란 뜻으로, 신분이 낮고 천한 사람들을 일컫는 말.

견마지성 (犬馬之誠) 몡 1 임금이나 나라에 바치는 충성. 2 자기의 정성을 겸손하게 낮추어 일컫는 말.

견마지심 (犬馬之心) 몡 임금이나 나라에 충성을 다하는 신하나 백성의 마음.

견마지치 (犬馬之齒) 몡 남에게 자기의 나이를 겸손하게 이르는 말. 견마지년(犬馬之年).

견ː맥 (見脈) 몡하타 1 맥을 진찰함. 진맥. 2 보기만 하고 맥의 상태를 앎.

견면 (繭綿) 몡 누에가 고치를 만들 때 토해 놓은 물질. 고치솜.

견ː모 (見侮) 몡하자 업신여김을 당함.

견모 (絹毛) 몡 1 견사와 모사. 2 견직물과 모직물.

견묘 (犬猫) 몡 개와 고양이.

견묘 (畎畝) 몡 밭의 고랑과 이랑.

견ː문 (見聞) 몡하타 1 보고 들음. 2 보고 들어서 깨닫고 얻은 지식. 문견(聞見). □~을 넓히다 / ~을 쌓다.

견ː문각지 (見聞覺知)[-찌] 몡 《불》 보고 듣고 깨닫고 앎.

견ː문-록 (見聞錄)[-녹] 몡 보고 들은 지식을 적은 글.

견ː문-발검 (見蚊拔劍) 모기를 보고 칼을 뺀다는 뜻으로, 하찮은 일에 너무 크게 성내어 덤빔.

견ː문-일치 (見聞一致) 몡하자 보고 들은 바가 꼭 같음.

견ː물생심 (見物生心) 몡 물건을 보면 가지고 싶은 욕심이 생김.

견박 (肩膊) 《생》 어깨의 바깥쪽 위팔의 윗머리 부분.

견ː반 (見盤) 《광》 예전에 갱(坑) 속에서 사용하던 나침반.

견방 (絹紡) 몡 '견사 방적'의 준말.

견백-동이 (堅白同異)[-똥-] 《논》 중국 전국 시대 공손룡(公孫龍)의 궤변. 곧, 단단하고 흰 돌은 눈으로 보아 흰 것은 알 수 있으나 단단한지는 모르며, 손으로 만져 보았을 때는 그 단단한 것은 알 수 있으나 빛이 흰지는 모르므로, 단단한 돌과 흰 돌은 동일물이 아니라는 것. 견석백마(堅石白馬).

견ː본 (見本) 몡 전체 상품의 품질·효용 등을 알리기 위한 소량의 본보기 상품.

견본 (絹本) 몡 서화에 쓰기 위한 깁 바탕. 또는 깁에 쓰거나 그린 서화. ㉰견(絹).

견ː본 매매 (見本賣買) 《경》 견본을 보고 사고 팔 물건을 고르는 거래.

견ː본-쇄 (見本刷) 몡 《인》 견본으로 쓰려고 하는 인쇄. 또는 그 인쇄물.

견ː본-시 (見本市) 몡 견본 시장.

견ː본 시ː장 (見本市場) 《경》 상품 견본을 진열하여 선전·소개 및 대량 거래를 도모하는 시장. 견본시.

견ː본 주ː택 (見本住宅) 모델 하우스.

견부 (肩部) 몡 어깨 부분.

견ː불 (見佛) 몡 《불》 수행이나 신앙의 힘에 의지하여 불성(佛性)을 깨달음.

견ː불-문법 (見佛聞法) 몡 《불》 눈으로 대자대

비한 부처를 보고, 귀로 오묘한 교법을 들음.

견비 (肩臂) 몡 어깨와 팔.

견비-통 (肩臂痛) 몡 《한의》 어깨나 어깨에서 팔까지의 부분이 아프고 저린 신경통.

견빙 (堅氷) 몡 단단하게 굳은 얼음.

견사 (絹紗) 몡 1 견(絹)과 사(紗). 2 견으로 짠 사(紗).

견사 (絹絲) 몡 깁이나 비단을 짜는 명주실. 비단실. □인조 ~.

견사 (繭絲) 몡 1 누에고치와 실. 2 고치의 실. 생명주실.

견사 방적 (絹絲紡績) 고치실을 원료로 하여 실을 만드는 일. ㉰견방(絹紡).

견ː사생풍 (見事生風) 몡하자 일을 당하면 손바람이 난다는 뜻으로, 일을 빨리 처리함을 이르는 말.

견사-선 (絹絲腺) 몡 《충》 나비목(目)·날도래목(目)의 곤충의 애벌레에 잘 발달되어 있는 한 쌍의 분비선. 고치나 집을 만들기 위하여 실을 분비함. 실샘.

견새 (堅塞) 몡 방비가 튼튼한 요새. 고새.

견설고골 (犬齧枯骨) 개가 말라 빠진 뼈를 핥는다는 뜻으로, 음식이 아무 맛도 없음을 이르는 말.

견성 (犬星) 몡 《천》 남쪽 하늘에 있는 큰개자리와 작은개자리의 두 별자리.

견ː성 (見成) 몡하자 현성(現成).

견ː성 (見性) 몡하자 《불》 모든 망혹(妄惑)을 버리고 자기 본연의 천성을 깨달음.

견ː성 성공 (見性成功) 《불》 자기 본연의 천성을 깨달아 불과(佛果)를 얻는 일.

견ː성-성불 (見性成佛) 몡 《불》 자기 본연의 천성을 깨달아 부처가 됨.

견수 (堅守) 몡하타 튼튼하게 지킴. 고수(固守).

견순 (繭脣) 몡 《한의》 입술이 오그라져 마음대로 입을 벌리지 못하는 급성병. 긴순(緊脣).

견ː습 (見習) 몡하타 '수습(修習)'의 구용어.

견ː습-공 (見習工)[-꽁] 몡 '수습공(修習工)'의 구용어.

견ː습-기자 (見習記者)[-끼-] 몡 '수습기자'의 구용어.

견ː습-사원 (見習社員)[-싸-] 몡 '수습사원'의 구용어.

견ː습-생 (見習生)[-쌩] 몡 '수습생(修習生)'의 구용어.

견ː식 (見識) 몡 견문(見聞)과 학식. 식견(識見). □풍부한 ~ / ~이 넓다 / ~이 많다.

견ː실 (見失) 몡하타 자기도 모르게 잃어버리거나 떠내려 보내 없어짐.

견실-성 (堅實性)[-썽] 몡 하는 일이나 생각, 태도 따위가 믿음직스럽게 굳고 착실한 성질.

견실-주의 (堅實主義)[-/-이] 몡 모든 일을 견실히 하려는 생각이나 태도.

견실-하다 (堅實-) 혱예 튼튼하고 충실하다. 굳고 착실하다. □생각이 ~. 견실-히 튀

견아 (犬牙) 몡 1 《한의》 송곳니(牙子). 2 개의 이빨이란 뜻으로, 사물이 서로 어긋나 맞지 않음을 비유적으로 이르는 말.

견아 방해석 (犬牙方解石) 《광》 개의 이빨 모양으로 뾰족한 결정을 가진 방해석. 견아석(犬牙石).

견아-상제 (犬牙相制) 몡하자 땅의 경계가 서로 어긋나고 뒤섞여 일직선이 되지 않음. 견아상착(相錯).

견ː양 (見樣) 몡하타 겨냥2.

견양지질 (犬羊之質) 몡 개나 양과 같은 소질

이란 뜻으로, 재능이 없이 태어난 바탕을 이르는 말.

견여-금석 (堅如金石)圀 서로 맺은 언약이나 맹세가 금석같이 굳음.

견여-반석 (堅如盤石)圀 기초가 반석같이 튼튼함.

견예 (牽曳)圀하타 견인(牽引).

견:욕 (見辱)圀하자 남에게 욕을 당함. 봉욕.

견용-동물 (牽用動物)圀 소·말처럼 농기구·수레 따위를 끄는 동물.

견우 (牽牛)圀 1 '견우성(牽牛星)'의 준말. 2 《식》 나팔꽃.

견우-성 (牽牛星)圀 《천》 염소자리 베타(β)별. 실시 등급 3등급의 별로, 은하수를 경계로 직녀성과 마주하고 있음. 준견우.

견우-자 (牽牛子)圀 《한의》 나팔꽃의 씨.

견우-직녀 (牽牛織女)[겨누직-]圀 견우와 직녀. 또는 견우성과 직녀성.

견-운모 (絹雲母)圀 〔sericite〕《광》 백운모(白雲母)의 변종(變種)의 한 가지. 백색의 명주실과 같은 광택 또는 진주광택을 지님. 제지(製紙)·도자기·농약 등에 널리 이용됨.

견원지간 (犬猿之間)圀 개와 원숭이의 사이라는 뜻으로, 대단히 사이가 나쁜 관계.

견:위치명 (見危致命)圀 나라가 위급할 때 자기의 몸을 나라에 바침.

견유 (犬儒)圀 1 키니코스학파에 속하는 사람. 2 사회의 모든 기성사실을 멸시하고, 세상을 비꼬며 비뚤어진 눈으로 보는 학자.

견유-적 (犬儒的)圀관 세상을 비꼬며 냉소적으로 보는 것.

견유-주의 (犬儒主義)[겨뉴-/겨뉴-이]圀 시니시즘.

견유-학파 (犬儒學派)[-파]圀《철》키니코스학파.

견:이불식 (見而不食)[겨니-만]圀하자 보고도 먹지 못한다는 뜻으로, 탐나는 것을 이용하거나 차지할 수 없음을 이르는 말.

견:이지지 (見而知之)圀하타 실지로 보고 앎. 보아서 깨달음.

견인 (堅忍)圀하타 굳게 참고 견딤.

견인 (牽引)圀하타 끌어당김. 견예. ▭고장 차량을 ~하다.

견인-력 (牽引力)[겨닌녁]圀 1 끌어당기는 힘. 2 차량을 움직이는 원동력이 되는, 끄는 힘.

견인불발 (堅忍不拔)圀하자 굳게 참고 견뎌 마음이 흔들리지 않음.

견인-자동차 (牽引自動車)圀 짐 실은 차량을 끄는 원동력을 갖추고 있는 자동차(트랙터·레커차(wrecker車) 따위). 견인차.

견인-주의 (堅忍主義)[겨닌-/겨닌-이]圀 욕정 따위를 의지의 힘으로 억제하려는 도덕적·종교적인 주의 주장. 금욕주의.

견인-지구 (堅忍持久)圀하자 굳게 참고 견디어 오래 버팀.

견인-차 (牽引車)圀 1 짐을 실은 차량을 끄는 기관차. 2 견인자동차. 3 앞장서서 여러 사람을 이끌어 가는 사람을 비유하는 말. ▭연구 개발에 ~ 역할을 한 사람.

견인-통 (牽引痛)圀《한의》 근육이 땅기거나 켕겨 아픔. 또는 그 증세.

견인-하다 (堅靭-)톙여 단단하고 질기다.

견잠 (繭蠶)圀 고치를 지은 누에.

견장 (肩章)圀 군인·경찰관 등이 입는 제복의 어깨에 붙이는 표장(관직이나 등급에 따라 다름).

견:적 (見積)圀하타 어떤 일에 들어가는 비용

등을 미리 대강 어림잡아 계산함. 또는 그 계산. ▭~을 내다 / ~을 뽑아서 제출하다.

견:적-서 (見積書)[-써]圀 견적한 것을 적어 넣은 서류.

견-전 (遣奠)圀 '견전제'의 준말.

견:전-제 (遣奠祭)圀《민》 발인할 때, 문 앞에서 지내는 제사. 노전(路奠). 준견전.

견제 (牽制)圀하타 1 한쪽이 지나치게 세력을 펴거나 자유로운 행동을 하는 것을 못하도록 억누름. ▭~ 세력 / 혁신 세력을 ~하다. 2 《군》 적을 자기 쪽에 유리한 지점으로 이끌어서 억누르고 자유행동을 못하게 방해함. 견철(牽掣). ▭~ 사격.

견제-구 (牽制球)圀 야구에서, 도루(盜壘)를 꾀하는 상대편 주자를 아웃시키려고 투수나 포수가 누수(壘手)에게 던지는 공.

견조 (堅調)圀 1 견실한 상태. 2 《경》 주식 시세가 오른 기세나 상태.

견족 (繭足)圀《한의》 손·발의 바닥에 심한 마찰을 받아 꽈리처럼 부푼 물집.

견주 (繭紬)圀 산동주(山東紬).

견주다 톕타 둘 이상의 사물을 질이나 양 따위에서 어떠한 차이가 있는지 알기 위해 맞대어 보거나 비교하다. ▭키를 견주어 보다 / 실력을 ~ / 그와 견줄 만한 사람이 없다.

견줄-비 (-比)圀 한자 부수의 한 가지(《'毘'·'毖' 등에서 '比'의 이름).

견:중 (見重)圀하자 남에게 소중히 여겨짐.

견:증 (見憎)圀하자 남에게 미움을 받음.

견지 圀 낚싯줄을 감았다 풀었다 하는 데 쓰는, 대로 만든 납작한 외짝 얼레.

견:지 (見地)圀 사물을 관찰하는 입장. 관점. ▭거시적인 ~ / 교육적 ~.

견지 (堅持)圀하타 굳게 지니거나 지킴. ▭전통을 ~하다.

견지-낚시 [-낙씨]圀 강이나 개울에서 견지질로 물고기를 낚는 일.

견지-질 圀하자 견지로 물고기를 낚는 일.

견직 (絹織)圀 '견직물(絹織物)'의 준말.

견-직물 (絹織物)[-징-]圀 명주실로 짠 피륙. 준견직(絹織).

견진 (堅陣)圀 굳게 친 진.

견진 (堅振)圀《가》 견진 성사.

견진 성:사 (堅振聖事)《가》 칠성사(七聖事)의 하나. 영세를 받은 신자에게 은총을 더하기 위해 주교가 신자의 이마에 성유를 바르고 성신과 그 칠은(七恩)을 받도록 하는 성사.

견집 (堅執)圀하타 1 꽉 잡고 있음. 2 의견을 바꾸지 않고 굳게 지님.

견짓-살 [-짇쌀 / -진쌀]圀 닭의 겨드랑이에 붙어 있는 흰 살.

견:책 (見責)圀 책망을 당함.

견책 (譴責)圀하타 1 잘못을 꾸짖고 나무람. ▭상사에게 ~을 당하다 / 불량 학생이 ~을 당하다. 2 《법》 공무원 등에 대한 징계 처분의 하나(잘못을 꾸짖고 앞으로 그런 일이 없도록 주의를 주는 것). ▭~ 처분.

견:척 (見斥)圀하자 배척을 당함.

견철 (牽掣)圀하타 견제(牽制).

견:축 (見逐)圀하자 내쫓김을 당함.

견:출 (見黜)圀하자 내쫓김.

견:출-지 (見出紙)[-찌]圀 책이나 서류 따위에서 분류를 목적으로 붙이는 작은 종이.

견치 (犬齒)圀 송곳니.

견:칫-돌 [-치똘 / -친똘]圀《건》 석축을 쌓는 데 쓰는, 사각뿔 모양의 석재. 간지석(間知石).

견:탁 (見濁)圀《불》 오탁(五濁)의 하나. 보는 것으로 말미암아 생기는 더러움.

견:탈 (見奪) 명하타 남에게 빼앗김.
견토지쟁 (犬兎之爭) 명 개와 토끼의 다툼이라는 뜻으로, 양자의 싸움에 제삼자가 이익을 봄을 이르는 말.
견:퇴 (見退) 명하자 거절을 당함. 견각(見却).
견파 (譴罷) 명하타 〖역〗 관원의 잘못을 벌하기 위해 파면하던 일.
견:패 (見敗) 명하자 **1** 남에게 패배를 당함. **2** 실패를 봄.
견폐성 해수 (犬吠性咳嗽) [-썽-/-페썽-] 〖의〗 목을 길게 빼고 목젖 안에서부터 나오는 듯하게 하는 기침《후두염에서 많이 봄》.
견포 (絹布) 명 비단으로 짠 베.
견:학 (見學) 명하타 실지로 현장에 가서 보고 배워 학식을 넓힘. ❑공장 ~을 다녀오다 / 자동차 공장을 ~하다.
견:해 (見害) 명하자 해를 입음.
견:해 (見解) 명 사물이나 현상에 대한 의견이나 생각. ❑피상적인 ~ / ~가 다르다 / 자신의 ~를 밝히다.
견:해-차 (見解差) 명 두 사람 이상의 사이에서 나타나는 생각의 차이. ❑~가 크다 / ~를 좁히다.
견호다 타 〈옛〉 **1** 견주다. **2** 재다.
견혼-식 (絹婚式) 명 결혼 45주년이 되는 날을 축하하는 예식《부부가 비단옷을 선물로 주고받으며 기념함》. *금혼식.
견확-하다 (堅確-) [-화카-] 형여 견고하고 확실하다.
견:회-요 (遣懷謠) 명 〖문〗 조선 광해군 때, 윤선도가 함경도 경원에서 귀양살이하면서 지은 다섯 수의 연시조.
겯 명 〈옛〉 곁.
겯:거니-틀거니 [-꺼-거-] 부 서로 버티고 대항하는 모양.
겯:고-틀다 [-꼬-] [-틀어, -트니, -트는] 타 서로 지지 않으려고 이리 겯고 저리 틀어 짓궂게 버티다.
겯:다[1] [-따] [결어, 결으니, 겯는] 一자ㄷ **1** 기름기 따위가 흠뻑 묻어 배다. ❑때에 결은 옷 / 술에 결은 사람. **2** 한 가지 일을 오래 하여 손에 익다. 二타ㄷ 물건을 기름에 담그거나 발라 흠뻑 묻어 배게 하다. ❑장판지를 기름에 ~.
겯:다[2] [-따] [결어, 결으니, 겯는] 타ㄷ **1** 대·갈대·싸리채 등의 오리로 어긋매끼게 엮다. ❑대오리로 바구니를 ~. **2** 여러 개의 긴 물체가 안 자빠지도록 어긋매끼게 걸어 세우다. ❑비계를 ~. **3** 서로 어긋매끼도록 짜거나 걸치다. ❑어깨를 ~. **4** 실꾸리를 만들기 위해서 실을 어긋맞게 감다. ❑실꾸리를 ~.
겯다[3] [-따] [결어, 결으니, 겯는] 타ㄷ 암탉이 알을 낳을 무렵에 골골 소리를 내다.
겯아래 명 〈옛〉 겨드랑이.
겯-지르다 [-찌-] [겯질러, 겯지르니] 타르 **1** 서로 마주 엇걸리게 걸다. **2** 엇결어 다른 쪽으로 지르다. ❑짐을 겯질러 묶다.
겯-질리다 [-찔-] 자 **1** 《'겯지르다'의 피동》 겯지름을 당하다. **2** 겯지른 상태로 되다. **3** 일이 이리저리 엇결리어 서로 거리끼다. **4** 어떤 일이 힘에 넘쳐 기운이 결리고 질리다.
결[1] 一명 **1** 나무·돌·살가죽·비단 따위의 굳고 무른 조직의 부분이 모여 이룬 바탕의 모양. ❑~이 고운 비단 / ~이 센 나무. **2** '성결'의 준말. ❑~이 고운 사람. **3** '결기'의 준말. ❑~이 솟다. 二의명 **1** (주로 '결에'의 꼴로 쓰여) '때·김·사이·짬' 등의 뜻. ❑어느 ~에 다 해치웠나 / 지나는 ~에 들렀다. **2** '겨를'의 준말. ❑쉴 ~이 없이 바쁘다.
　결을 삭이다 구 성난 마음을 풀어 가라앉히다.
　결(이) 바르다 구 성미가 곧고 바르다. ❑대쪽같이 결이 바른 선비.
　결(이) 삭다 구 성이 난 마음이 풀려 부드러워지다.
결[2] 명 〈옛〉 **1** 물결. **2** '잠결·얼결'의 결.
결:[3] 명 '겨울'의 준말.
결 (缺) 명 빠져서 부족함. ❑20명 정원에 두 명 ~이다.
결 (結) 一명 '결전(結錢)'의 준말. 二의명 〖역〗 조세를 계산하기 위한 논밭의 면적 단위. 목.
-결 미 **1** '얼핏 스쳐 가는 짧은 동안'을 뜻하는 말. ❑꿈~ / 잠~ / 얼떨~. **2** '물·바람' 따위의 높고 낮은 층이 섞여 이룬 상태를 뜻하는 말. ❑물~ / 바람~ / 숨~.
결가 (決價) [-까] 명하타 값을 결정함. 절가.
결가 (結跏) 명하자 〖불〗 '결가부좌'의 준말.
결-가부좌 (結跏趺坐) 명하자 〖불〗 완전히 책상다리를 하고 앉는 가부좌. ↔반가부좌(半跏趺坐). ㊟결가.
결각 (缺刻) 명하자 〖식〗 무 따위의 잎같이 잎의 가장자리가 깊이 패어 듦. 또는 그 형상.
결강 (缺講) 명하자타 강의를 거름. ❑김 교수는 ~하는 일이 없다.
결격 (缺格) [-껵] 명하자 필요한 자격을 갖추고 있지 못함. ❑~ 사유 / ~자 / 사장으로서는 ~이다. ↔적격(適格).
결결-이 부 **1** 어떤 일이 일어나는 그때그때마다. ❑그분을 뵙는 ~ 아버지 생각이 난다. **2** 때때로.
결곡-하다 [-고카-] 형여 생김새나 마음씨가 깨끗하고 여무져서 빈틈없다.
결과 (缺課) 명하자 **1** 과업을 쉼. **2** 학생이 수업이나 강의 시간에 빠짐.
결과 (結果) 명하자 **1** 어떤 원인으로 결말이 생김. 또는 그 상태. ❑좋은 ~가 나오다 / 연구 ~를 발표하다 / 조그만 실수가 치명적인 ~를 초래하다. ↔원인(原因). **2** 내부적인 의지·동작의 표현이 되는 외부적 의지·동작 및 그로 인하여 생기는 영향이나 변화. ↔동기(動機). **3** 열매를 맺음. 또는 그 열매. 결실(結實).
결과 (結裹) 명하타 **1** 물건을 싸서 동여맴. **2** 줄기직 등으로 관을 싼 위에 숙마(熟麻)줄로 밤얽이를 쳐서 동임. 결관(結棺).
결과-기 (結果期) 명 열매를 맺는 시기.
결과-론 (結果論) 명 〖윤〗 어떤 행위를 평가함에 그 결과의 선악 여하에 따라 그 행위의 시비 선악을 판단하고자 하는 도덕론. 결과설. ↔동기론(動機論).
결과-범 (結果犯) 명 〖법〗 살인죄처럼 범죄의 구성 요건이 단지 외부적 동작뿐 아니라 일정한 결과까지를 필요로 하는 범죄. 실질범. ↔거동범.
결과-설 (結果說) 명 〖윤〗 결과론(結果論). ↔동기설(動機說).
결과-적 (結果的) 관명 어떤 원인으로 생기는 결말의 상태로 되는 (것). ❑~으로는 모두 이득을 보았다.
결과적 가중범 (結果的加重犯) [-까-] 〖법〗 고의범(故意犯)에서, 행위자가 예기하지 않았던 중한 결과를 야기시킴으로써 형이 가중되는 범죄.
결과-지 (結果枝) 명 〖식〗 꽃눈이 붙어 개화 결실하는 가지. 발육지.
결과-표 (結果標) 명 귀결부(歸結符).

결관 (結棺) 명하타 결과(結裹)2.

결관-바 (結棺-)[-빠] 명 관을 동일 때 쓰는 바. 결관삭(結棺索).

결관-포 (結棺布) 명 결관바가 없을 때 대신 쓰는 외올베.

결괴 (缺壞) 명하자타 이지러져 파괴됨. 이지러 뜨려 파괴함.

결교 (結交) 명하타 교분을 맺음. 서로 사귐.

결구 (結句)[-꾸] 명 1 문장 특히, 편지의 끝을 맺는 어구. 끝구. 2 한시 등의 끝 구절.

결구 (結球) 명 양배추 같은 야채의 잎이 여러 겹으로 겹쳐져 공 모양을 이룸.

결구 (結構) 명하타 1 얽거나 짜서 만듦. 또는 그 물건. 2 짜서 이루어진 얽이의 모양새.

결구-배추 (結球-) 명 《식》 배추 품종의 하나. 전 세계에 재배되며 둥글게 결구를 이룸.

결국 (結局) 명튀 1 일이 귀결되는 마당. □~은 같은 것이다. 2 형국(形局)을 완전히 갖춤. □튀 1 끝장에 이르러. 마침내. □~ 성공했다. 2 따지고 보면. □환경오염은 ~ 인류 전체의 문제다.

결권 (結卷) 명 1《불》 여러 권으로 이루어진 경전의 마지막 권. 2 여러 권으로 이루어진 책의 마지막 권.

결궤 (決潰) 명하자타 물길이 세어 방죽 따위가 무너짐. 물길이 방죽 따위를 터뜨려 무너뜨림. 궤결.

결근 (缺勤) 명하자타 근무해야 할 날에 출근하지 않고 빠짐. □~이 잦다 / 독감으로 ~하다. ↔출근(出勤).

결근-계 (缺勤屆)[-/-게] 명 결근의 사유를 적어 소속 기관에 제출하는 문서.

결금 (結-)[-끔] 명 《역》 조선 때, 토지의 한 결(結)에 대하여 매기던 조세의 액수. 결가 (結價).

결기 (-氣)[-끼] 명 1 몹시 급한 성질. □~가 나다 / ~를 부리다. 2 단호하게 행동으로 옮겨 맞서는 성미. □~로 맞서다. ☎결1.

결-김 [-낌] 명 (주로 '결김에'의 꼴로 쓰여) 화가 난 나머지. □~에 재떨이를 던지다.

결-나다 [-라-] 자 결기가 일어나다. □결나서 설쳐 대다.

결-내다 [-래-] 자 결기를 내다. 성미를 부리다. □하찮은 일에도 결내는 사람.

결뉴 (結紐)[-류] 명하자타 1 끈을 맴. 얽어 맺음. 2 서약을 함.

결단 (決斷)[-딴] 명하타 딱 잘라 결정하거나 단정을 내림. 또는 그런 결정이나 단정. 단결 (斷決). □~을 내리다 / ~이 서지 않다.

결단 (結團)[-딴] 명하타 단체를 결성함. ↔해단(解團).

결단-력 (決斷力)[-딴녁] 명 결단을 내릴 수 있는 능력. □~ 있는 지도자.

결단-성 (決斷性)[-딴썽] 명 결단력이 있는 성질. □~ 있는 판단.

결단-코 (決斷-)[-딴-] 튀 확신을 가지고 단언하는 모양. 반드시. 꼭. 절대로(대개 부정의 말이 뒤에 옴). □~ 그런 일은 없다. *결코.

결당 (結黨)[-땅] 명하자 1 도당을 맺음. 2 정당을 결성함. □신당이 ~되다.

결-대전 (結代錢)[-때-] 명 《역》 조선 때, 논밭의 조세로 대신 내던 돈.

결두-전 (結頭錢)[-뚜-] 명 《역》 결세에 덧붙여 받던 돈(지금의 부가세 같은 것).

결따-마 (-馬) 붉은빛에 가까운 누른 말.

결-딱지 [-찌] 명 《속》 결증.

결딴 명 1 일이나 사물이 아주 망그러져 도무지 손을 쓸 수 없게 된 상태. 2 살림이 망하여 거덜남.

결딴-나다 자 1 일이나 물건이 망그러져서 도무지 손을 쓸 수 없는 상태가 되다. □시계가 떨어져 ~. 2 살림이 망하여 거덜나다. □집안이 망하여 ~.

결딴-내다 타 ('결딴나다'의 사동) 결딴나게 하다. 망치다.

결락 (缺落) 명하자 한 귀퉁이가 떨어져 나가야 할 것이 빠짐. 또는 빠진 것.

결련 (結連) 명하자타 1 서로 맺어 한데 잇닿음. 2 연결(連結).

결련 (結聯) 명 미련(尾聯).

결련-태 (結連-) 명 '결련 태껸'의 준말.

결련 태껸 (結連-) 여러 사람이 편을 갈라 승부를 겨루는 태껸. ☎결련태.

결렬 (決裂) 명하자 1 갈가리 찢어짐. 2 회담·교섭 등에 서로 간의 의견이 맞지 않아 갈라섬. □협상이 ~되다.

결렴 (結斂) 명하타 《역》 결세에 부가하여 돈이나 곡식을 징수하던 일.

결렴-하다 (潔廉-) 형 결백하고 청렴하다.

결례 (缺禮) 명하자 예의범절에 벗어나는 짓을 함. 또는 예의를 갖추지 못함. 실례(失禮). □지난번의 ~를 용서해 주십시오.

결로 (結露) 명하자 이슬이 맺힘. 물건의 표면에 작은 물방울이 서려 붙음. □현상.

결론 (決論) 명하타 의논의 가부와 시비를 따지어 결정함. 또는 그 결정된 의론.

결론 (結論) 명하타 1 어떤 문제에 관하여 최종적으로 내린 판단. □이 나다 / ~을 내리다 / ~에 도달하다. 2 말이나 글의 끝맺는 부분. 맺음말. □~을 맺다 / 논의의 ~ 부분을 다듬다. 3《논》추론에서 일정한 명제를 전제로 하여 그로부터 이끌어 낸 판단. *서론·본론.

결론-적 (結論的) 관명 결론이 되는 (것). □~인 몇 가지 사실.

결론-짓다 (結論-)[-짇따][-지어, -지으니, -짓는] 타 결론을 내리다. 말이나 글을 끝맺다. □그를 무죄라고 결론짓고 석방했다.

결료 (結了) 명하타 완전히 끝을 맺음. 끝을 맺어 마무름. 종결(終結).

결루 (缺漏) 명하타 1 들어가야 할 것이 빠짐. 또는 그 빠진 것. 부족한 점. 탈락. 궐루(闕漏). 2《불》계율을 지키지 아니함으로써 허물이 밖으로 드러남. 3《불》번뇌.

결리다 자 1 몸의 한 부분이 숨을 쉬거나 움직일 때, 당겨서 딱딱 마치는 것처럼 아프다. □옆구리가 ~. 2 남에게 눌려 기를 펴지 못하다. □그의 위엄에 결려 눈을 내리깔았다.

결막 (結膜) 명 《생》 눈꺼풀의 안과 눈알의 겉을 이어서 싼 무색투명한 얇은 껍질.

결막 반:사 (結膜反射)[-빤-] 결막에 자극을 주면 눈꺼풀이 닫히는 반사.

결막-염 (結膜炎)[-망념] 명 《의》 결막에 생기는 염증(빨갛게 붓고 눈곱이 낌).

결말 (結末) 명 일의 끝. 끝장.

결말-나다 (結末-)[-라-] 자 끝장이 나다. □결말난 일로 괴로워하다.

결말-내다 (結末-)[-래-] 타 결말이 나게 하다. 끝장을 내다.

결말-짓다 (結末-)[-짇따][-지어, -지으니, -짓는] 타 결말이 나도록 만들다.

결맹 (結盟) 명하자 1 맹약을 맺음. 연맹이나 동맹을 결성함. 체맹(締盟). 2 굳은 약속을 맺음.

결-머리 명 《속》 결증. 결딱지.

결명-자(決明子)圓〔한의〕결명차의 씨〔간열(肝熱)·안질·비출혈(鼻出血)에 씀〕.

결명-차(決明茶)圓〔식〕콩과의 한해살이풀. 북아메리카 원산. 높이 1.5m가량. 잎은 거꿀달걀꼴. 여름에 노란 꽃이 핌. 삭과(蒴果)는 약용함. 결명. 마제결명.

결목(結木)圓〔역〕결세로 바치던 무명.

결묵(結墨)圓하타〔건〕목재를 다듬을 때, 먹으로 치수를 표시하는 일.

결문(結文)圓문장의 결말. 또는 그 문구. 말문(末文).

결미(結米)圓조선 때, 논밭의 결(結)에 따라 조세로 바치던 쌀.

결미(結尾)圓 1 글의 끝 부분. 2 일의 끝.

결박(結縛)圓하타 몸이나 손 따위를 마음대로 움직이지 못하게 단단히 묶음. 口범인을 ~하다 / 현행범이 ~되다 / 두 손을 ~당하다.

결박(을) 짓다 굄 결박을 단단히 하다. 口죄인을 결박 지어 끌고 가다.

결발(結髮)圓 상투를 틀거나 쪽을 찜.

결발-부부(結髮夫婦)圓 총각과 처녀가 혼인한 부부.

결백(潔白)圓하형 1 깨끗하고 흼. 2 잘못이나 죄를 저지른 일이 없음. 口~을 입증하다.

결번(缺番)圓 1 그 번호가 있어야 할 곳에 번호가 없음. 또는 그 번호. 口그 전화번호는 ~이다 / 전학으로 ~이 생겼다. 2 당번을 거를 때. 또는 그 사람.

결벽(潔癖)圓 1 남달리 깨끗함을 좋아하는 성질. 口~이 심하다. 2 부정이나 악을 극단적으로 미워하는 성질.

결벽-증(潔癖症)[-쯩]圓 병적으로 깨끗한 것에 집착하는 증상. 口~이 심한 사람.

결별(訣別)圓하자 1 기약 없는 작별. 口친구와 ~하다. 2 관계를 완전히 끊음. 口단호히 ~을 선언하다. *이별.

결별-사(訣別辭)[-싸]圓 결별을 알리는 인사말. 결사(訣辭).

결복(結卜)圓 1 짐작을 묶음. 2〔역〕토지에 매기는 결·짐·뭇의 통칭(通稱).

결복(関服)圓 해상(解喪).

결본(缺本)圓 낙질이 된 책 중의 빠진 책. 궐본(闕本).

결부(結付)圓하타 연관시켜 붙임. 口이론을 현실에 ~하여 말하다 / 금전 문제와 ~시키지 마라.

결빙(結氷)圓하자 물이 얼어 얼음이 됨. 동빙(凍氷). 口~ 구간. ↔해빙.

결빙-기(結氷期)圓 물이 어는 시기.

결빙-점(結氷點)[-쩜]圓〔물〕어는점.

결사(決死)[-싸]圓하자 죽음을 각오하고 있는 힘을 다할 것을 결심함.

결사(訣辭)[-싸]圓 작별의 말.

결사(結社)[-싸]圓하타 여러 사람이 공동의 목적을 이루기 위하여 단체를 만듦. 또는 그 단체. 口~의 자유 / 비밀 ~.

결사(結辭)[-싸]圓 끝맺는 말.

결사-대(決死隊)[-싸-]圓 죽기를 각오하고 결심한 사람들로 이루어진 부대나 무리. 정신대.

결사-반대(決死反對)[-싸-]圓하자타 죽기를 각오하고 반대함. 口신탁 통치 ~.

결사-보국(決死報國)[-싸-]圓하자 죽음 각오를 하고 나라의 은혜에 보답함.

결사-적(決死的)[-싸-]관 일을 행함에 있어 죽음을 각오하는 (것). 口~으로 덤비다.

결사-죄(結社罪)[-싸죄]圓〔법〕반국가적인 행위를 목적으로 하는 단체를 조직·가입함으로써 성립하는 죄.

결산(決算)[-싼]圓하타 1 일정한 기간 내의 수입과 지출을 마감한 계산. 곧, 이익과 손실 또는 흑자와 적자를 계산하는 일. 口1년 ~을 내서 보고하다. 2 일정한 동안의 활동이나 업적들을 종합하여 정리하거나 마무리함. 또는 그 활동이나 업적. 口금년도 문화계를 ~해 보았다. 3 계산을 마감함. 또는 그 계산.

결산-기(決算期)[-싼-]圓 공공 기관이나 회사에서 결산을 하는 시기.

결산 보:고(決算報告)[-싼-]〔경〕결산의 결과를 주주나 채권자 및 일반에 보고하는 일. 또는 그 보고.

결산-서(決算書)[-싼-]圓 일정한 영업 기간의 영업 개황과 재정 상태를 기록한 문서.

결상(結像)[-쌍]圓하자〔물〕어떤 물체에서 나온 광선 따위가 반사·굴절해서 다시 모여 그 물체와 닮은꼴의 상을 만듦.

결석(缺席)[-썩]圓하자 출석해야 할 경우에 출석하지 않음. 궐석(闕席). ↔출석.

결석(結石)[-썩]圓〔의〕몸 안의 장기 속에 생기는 돌 같은 단단한 물질(담석 따위).

결석-계(缺席屆)[-썩꼐 / -썩꼐]圓 결석의 사유를 적어 제출하는 문서.

결석-신고(缺席申告)[-썩씬-]圓 결석했을 때 그 사유를 신고하는 일.

결석 재판(缺席裁判)[-썩째-]〔법〕결석 판결을 내리는 재판. 궐석 재판.

결석 판결(缺席判決)[-썩-]〔법〕민사 소송에서, 원고나 피고 중 한쪽이 구두 변론(口頭辯論)할 기일에 법정에 출두하지 않았을 때, 출두한 한쪽의 신청에 의하여 행하는 판결. 우리나라에서는 이 제도를 인정하지 않음. ↔대석 판결(對席判決).

결선(決選)[-썬]圓하타 1 결선 투표로 당선자를 결정함. 2 마지막 당선자나 입선자를 결정하기 위한 절차. 口~에 오르다 / ~에 진출하다. *예선(豫選).

결선(結船)[-썬]圓하자타 여러 척의 배를 한데 연결함.

결선 투표(決選投票)[-썬-]〔경〕당선에 필요한 표수를 얻은 사람이 없거나 어느 쪽도 당선으로 인정하기 어려운 표수를 얻은 사람이 둘 이상일 때, 그중의 고점자 둘 이상을 뽑아 당선자를 결정하는 투표.

결성(結成)[-썽]圓하타 단체나 조직 따위를 만듦. 口노조를 ~하다 / 협의회가 ~되다 / 주요 야당은 연합 전선 ~을 발표했다.

결성-식(結成式)[-썽-]圓 조직이나 단체 따위를 짜서 만들 때 행하는 의식.

결세(結稅)[-쎄]圓〔역〕고려·조선 때, 토지의 결복(結卜)에 의해 매기던 조세.

결속(結束)[-쏙]圓하타 1 뜻이 같은 사람이 서로 결합함. 口군건하게 ~된 동지들 / 함께 ~을 다짐하다. 2 한 덩이가 되게 묶음. 3 여행이나 출진을 위한 몸단속.

결손(缺損)[-쏜]圓 1 어느 부분이 없거나 불완전함. 모자람. 口엔진에 ~이 생기다. 2 금전상의 손실(수입보다 지출이 많아지는 일). 口~을 보다 / ~을 메우다 / ~이 나다 / ~이 누적되다.

결손 가정(缺損家庭)[-쏜-]圓 미성년자가 있는 가정에서, 사망·이혼·별거 등으로 인하여 부모의 한쪽 또는 양쪽이 없는 가정. 결손 가족.

결손 가족(缺損家族)[-쏜-]圓 결손 가정.

결손-금(缺損金)[-쏜-]圓 일정한 기간 동안

지출이 수입을 초과한 때의 그 초과액.

결손(缺損額)[-쏘넥]**명** 금전상으로 결손을 본 액수.

결순(缺脣)[-쑨]**명** 언청이.

결승(決勝)[-씅]**명하자** 1 최후의 승패를 결정함. 2 '결승전'의 준말. ▯~에 진출하다.

결승 문자(結繩文字)[-씅-짜] 문자가 없었던 옛날에, 새끼에 매듭을 맺어 매듭의 모양과 수로 개념을 나타낸 문자.

결승-선(決勝線)[-씅-] **명** 경주 등에서, 결승을 판가름하는 지점에 그은 선. 골라인.

결승-전(決勝戰)[-씅-] **명** 운동 경기 등에서, 최종적인 승부를 결정하는 싸움. ⓗ결승.

결승-점(決勝點)[-씅쩜] **명** 1 육상·수영 등에서, 마지막 승부가 결정되는 지점. 2 승부를 결정하는 득점. ▯~을 내주다.

결승지정(結繩之政)[-씅-] **명** 글자가 없었던 고대 중국의 정치(결승(結繩)으로 의사를 표했음).

결시(缺試)[-씨]**명하자** 시험 보러 나오지 않음. ▯~ 인원을 파악하다.

결식(缺食)[-씩]**명하자** 끼니를 거름. 궐식.

결식-아동(缺食兒童)[-씨가-]**명** 끼니를 거르는 아동.

결신(潔身)[-씬]**명하자** 몸을 더럽히지 않고 깨끗하게 가짐.

결실(結實)[-씰]**명하자** 1 식물이 열매를 맺음. 또는 그 열매. ▯가을은 ~의 계절이다. 2 일의 결과가 잘 맺어짐. ▯노력의 ~을 거두다 / 사랑이 ~을 맺다.

결실-기(結實期)[-씰-] **명** 열매를 맺는 시기. 결과기(結果期).

결심(決心)[-씸]**명하타** 마음을 굳게 정함. 단단히 마음먹음. 또는 그 마음. ▯굳은 ~ / ~이 서다 / ~이 흔들리다 / 약속만은 지키기로 ~하다.

결심(結審)[-씸]**명하타** 〖법〗 재판의 심리를 끝내고 결판을 지음. 또는 그런 상태.

결심 공판(結審公判)[-씸-] 〖법〗 소송 사건의 심리를 끝내는 공판.

결심-육력(結心勠力)[-씸뉵녁] **명** 마음으로 서로 돕고 힘을 합함.

결안(結案)[-]**명** 〖역〗 1 사법 사건의 처리가 끝난 문서. 2 사형(死刑)을 결정한 문서.

결약(結約)[-]**명하타** 약속을 맺음.

결어(結語)[-] **명** 끝맺는 말.

결여(缺如)[-]**명하타** 마땅히 있어야 할 것이 빠져서 없거나 모자람. ▯예술성이 ~된 작품.

결연(結緣)[-]**명하자** 1 인연을 맺음. 또는 그런 관계. 2〖불〗불문에 드는 인연을 맺음.

결연-하다(結緣-)[-] **형여** 태도가 매우 굳세고 꿋꿋하다. **결연-히** **부**

결연-하다(缺然-)[-] **형여** 모자라서 서운하다. **결연-히** **부**

결옥(決獄)[-]**명하타** 〖역〗 사건을 판결함.

결원(缺員)[-]**명하자** 정원(定員)에서 사람이 빠져 모자람. 또는 그 모자라는 인원. 궐원(闕員). ▯~을 보충하다 / ~이 생기다.

결원(缺圓)[-]**명** 〖수〗 활꼴.

결원(結怨)[-]**명하자** 서로 원수가 되거나 원한을 품음.

결은-신 **명** 물이 새지 않도록 기름을 흠뻑 배게 발라서 결은 가죽신.

결의(決意)[겨릐 / 겨리]**명하자타** 뜻을 정하여

굳게 마음을 먹음. 또는 그 뜻. 결심. ▯~ 대회 / 굳은 ~를 다지다 / 생존권 사수를 ~하다.

결의(決議)[겨릐 / 겨리]**명하타** 회의에서, 의안이나 제의 등의 가부를 결정함. 또는 그 결정 사항. ▯만장일치로 ~되다.

결의(結義)[겨릐 / 겨리]**명하자** 남남끼리 부자·형제 따위 친족의 의리를 맺음.

결의-권(決議權)[겨리꿘 / 겨리꿘]**명** 의결권.

결의 기관(決議機關)[겨릐- / 겨리-] 〖법〗 의결 기관.

결의-문(決議文)[겨리- / 겨리-]**명** 결의한 사항을 적은 글.

결의-안(決議案)[겨리- / 겨리-]**명** 결의에 부칠 의안. ▯~을 채택하다.

결의-형제(結義兄弟)[겨리- / 겨리-]**명** 결의하여 형제의 의를 맺음. 또는 그 형제.

결인(結印)[-]**명** 〖불〗 진언종의 수행자가 수행할 때 손가락 끝을 이리저리 맞붙이는 형식.

결자(缺字)[-짜] **명** 인쇄물 따위에서, 빠진 글자. 탈자(脫字).

결-자웅(決雌雄)[-]**명하자** 승부를 결정함.

결자해지(結者解之)[-짜-]**명하자** 맺은 사람이 풀어야 한다는 뜻으로, 자기가 저지른 일은 자기가 해결해야 한다는 말.

결장(決杖)[-짱]**명하타** 〖역〗 죄인에게 곤장을 치는 형벌을 집행하던 일.

결장(缺場)[-짱]**명하자** 출전해야 할 경기 따위에 나오지 않음.

결장(結腸)[-짱] **명** 〖생〗 대장의 맹장과 직장 사이에 있는 부분(작은창자에서 소화된 음식물에서 수분을 흡수하는 구실을 함).

결장-염(結腸炎)[-짱념] **명** 〖의〗 결장에 생기는 염증.

결재(決裁)[-째]**명하타** 상관이 부하가 제출한 안건을 검토하여 승인함. 재결(裁決). ▯~ 서류 / ~가 나다 / 사장의 ~를 받다 / 국장에게 ~를 올리다.

결재-권(決裁權)[-째꿘]**명** 결재할 수 있는 권한. ▯~을 위임하다.

결재-투표(決裁投票)[-째-]**명** 결정투표.

결전(決戰)[-쩐]**명하자** 승부를 결정짓는 싸움. 결판을 내는 싸움. ▯드디어 ~의 날이 다가왔다.

결전(結錢)[-쩐]**명** 〖역〗 결세로 정한 돈. ⓗ결(結).

결전-지(決戰地)[-쩐-] **명** 승부를 결정짓는 싸움이 벌어지는 곳.

결절(結節)[-쩔] **명** 1 맺혀서 이루어진 마디. 2〖의〗강낭콩만 한 크기로 단단하게 맺혀서 피부 위에 볼록하게 돋아난 것.

결점(缺點)[-쩜] **명** 1 완전하지 못한 점. 단점. 결함. ▯~을 들춰내다. 2 흠절(欠節).

결정(決定)[-쩡]**명하타** 1 행동이나 태도를 결단하여 정함. 또는 그 정해진 내용. ▯마음을 내리다 / 결혼하기로 ~했다 / 다수의 의견에 따르기로 ~을 보다 / 후보자로 최종 ~되다. 2 법원이 행하는 판결 및 명령 이외의 재판.

결정(結晶)[-쩡]**명하자** 1〖광·화〗물질이 일정한 법칙에 따라 몇 개의 평면으로 둘러싸여 규칙적인 형태를 이룬 고체. 또는 그런 고체로 응결하는 일. 2 고심(苦心)·노력 따위가 축적된 결과 훌륭한 형태로 나타난 것. ▯노력의 ~.

결정-격자(結晶格子)[-쩡-짜] **명** 〖화〗 같은 종류의 원자나 분자가 결정 구조를 형성할 때 공간적·주기적으로 규칙적인 배열을 이루어, 이들을 맺는 선이 삼차원적인 격자 모양

이 되는 원자나 분자의 구조. 격자.

결정-계 (結晶系)[-쩡-/-쩡계][명] 〖광〗결정체를 결정축의 수와 위치 및 길이에 따라 종류별로 나눈 것(등축(等軸)·정방(正方)·사방(斜方)·단사(單斜)·삼사(三斜)·육방(六方) 등 여섯 정계(晶系)로 나눔). ⓐ정계(晶系).

결정 광학 (結晶光學)[-쩡-] 결정 안의 빛의 전파 방식을 연구하는 학문.

결정 구조 (結晶構造)[-쩡-] 〖광〗결정을 이루고 있는 원자·분자·이온의 배열 상태.

결정-권 (決定權)[-쩡꿘][명] **1** 결정할 수 있는 권한. ▢~자(者) / 최종 ~을 갖고 있다. **2** 〖법〗보통 합의체의 의결에서 가부가 같은 수인 경우 이를 결정하는 권한.

결정-도 (結晶度)[-쩡-][명] 〖광〗화성암이 마그마로 이루어질 때 냉각에 따라 결정되는 정도. 곧, 화성암 중의 결정질 광물과 유리질 물질과의 비율.

결정-론 (決定論)[-쩡논][명] 〖철〗자연적 여러 현상이나 역사적 사건들, 특히 사람의 의지는 여러 가지 원인에 의하여 전적으로 규정되는 것이며, 선택의 자유와 같은 것이 아니라는 이론. 필연론. ↔비결정론.

결정-립 (結晶粒)[-쩡닙][명] 결정을 이루는 알갱이.

결정-면 (結晶面)[-쩡-][명] 〖광〗결정의 표면을 이루는 면.

결정-수 (結晶水)[-쩡-][명] 〖화〗결정 안에 일정한 비율로 결합되어 있는 물.

결정-시 (決定視)[-쩡-][명][하타] 결정적인 것으로 봄.

결정-적 (決定的)[-쩡-][관][명] 사물이 그렇게 될 것이 거의 확실하여 달라질 가능성이 전혀 없거나 이에 가까운 (것). ▢~ 계기 / 그의 합격은 ~이다.

결정 정:류기 (結晶整流器)[-쩡-뉴-] 〖전〗금속 정류기.

결정-질 (結晶質)[-쩡-][명] 〖화〗결정 상태에 있는 물질. 정질.

결정-짓다 (決定-)[-쩡짇따][-지어, -지으니, -짓는][자타人] 결정되도록 만들다. 결정을 내리다. ▢추진 계획을 ~.

결정-체 (結晶體)[-쩡-][명] **1**〖화〗결정하여 일정한 형체를 이룬 물체. **2** 애쓴 결과로 얻은 보람. ▢최신 과학의 ~.

결정-축 (結晶軸)[-쩡-][명] 〖광〗이상적 결정체의 중심을 지나는 가상선(假想線).

결정-타 (決定打)[-쩡-][명] **1** 야구·권투 따위에서, 시합의 승리를 판가름하는 결정적인 한 번의 타격. ▢~를 노리다 / 마지막 라운드에서 ~를 날리다. **2** 비유적으로, 어떤 일에 결정적 영향을 미치는 하나의 행동. ▢~를 가하다 / ~를 맞다 / 상대편에게 ~를 먹이다.

결정-투표 (決定投票)[-쩡-][명] 양편의 득표수가 같을 때, 의장이나 제삼자가 가부를 결정짓는 투표. 결재투표. 캐스팅 보트.

결정-판 (決定版)[-쩡-][명] 더 이상 수정·증보할 여지가 없도록 완벽한 것으로 내는 출판. 또는 그 출판물.

결정-형 (結晶形)[-쩡-][명] 결정이 나타내는 겉모양. 정형(晶形).

결정-화 (結晶化)[-쩡-][명][하자타] 〖물〗용액·융해물(融解物) 등으로부터 결정성 물질을 형성함. 또는 그렇게 되게 함.

결제 (決濟)[-쩨][명][하타] **1** 일을 처리하여 끝을 냄. **2** 증권이나 대금의 수수(授受)에 의해서 매매 당사자 간의 거래 관계를 끝맺음. ▢수

입 대금의 ~ / 어음의 ~ / 요금이 자동으로 ~되다.

결제 (結制)[-쩨][명][하자] 〖불〗**1** 안거(安居) 제도를 준수함. **2** 안거를 시작함.

결제 (駃騠)[-쩨][명] 〖동〗**1** 버새. **2** 걸음을 잘 걷는 잡종 말의 하나.

결제 (闋制)[-쩨][명][하자] 삼년상을 마침. 결복(闋服). 해상(解喪).

결제-금 (決濟金)[-쩨-][명] 결제하는 데 쓰는 돈. ▢~을 마련하다.

결제 통화 (決濟通貨)[-쩨-] 〖경〗국제간의 결제에 실제로 사용하는 통화(보통 국제 통화가 사용됨).

결-증 (-症)[-쯩][명] 몹시 급한 성미 때문에 일어나는 화증.

결진 (結陣)[-찐][명][하자] **1** 많은 사람이 모여 기세를 올림. **2** 전투에서, 진을 침.

결집 (結集)[-찝][명][하자타] **1** 한데 모여 뭉침. 또는 한데 모아 뭉침. ▢~된 목소리를 내다 / 세력을 ~하다. **2** 〖불〗석가가 죽은 뒤에 제자들이 석가의 언행을 결합·집성하여 경전을 만든 일.

결집-력 (結集力)[-찜녁][명] 한데 모여 뭉치는 힘.

결찌 [명] 연분이 닿는 먼 친척. 결붙이.

결착 (決着·結着)[명] 결말이 완전히 남. ▢~을 내고야 말겠다.

결창 〈속〉내장(內臟).

결창(이) 터지다 ⑦ «내장이 터진다는 뜻으로, 욕하는 말.» ▢결창이 터지고 싶으냐 ⓛ 몹시 분하여 속이 터지다.

결책 (決策)[명][하타] 일을 처리하는 방법을 결정함.

결처 (決處)[명][하타] **1** 결정하여 조처(措處)함. **2**[역] 형벌을 집행하던 일.

결체 (結滯)[명][하자] 〖의〗심장 기능의 이상이나 쇠약으로 맥박이 불규칙하게 되거나, 가끔 박동이 끊어지는 증세.

결체 (結締)[명][하자] 단단히 졸라맴.

결체 (結體)[명][하자] 형체를 결합함. 또는 그 결합한 형체.

결체 조직 (結締組織) 〖생〗결합 조직.

결초-보은 (結草報恩)[명][하자] 죽어 혼령이 되어도 은혜를 잊지 않고 갚음.

결초-심 (結草心)[명] 결초보은하는 마음.

결친 (結親)[명][하자] 친분을 맺음. 서로 사귐.

결-코 (決-)[부] (부정하는 말과 함께 쓰여) 어떤 경우에도 절대로. ▢~ 용납하지 않겠다 / 이것은 ~ 우연한 일이 아니다. ✱결단코.

결탁 (結託)[명][하자] **1** 마음을 결정하여 서로 의탁함. **2** 주로 떳떳하지 못한 일에 마음이 맞아 한통속이 됨. ▢밀수 조직과 ~된 상인 / 기업가와 ~해서 자금을 끌어들이다.

결투 (決鬪)[명][하자] **1** 결판을 내기 위한 싸움. ▢악당과 ~를 벌이다. **2** 원한이나 풀기 어려운 말다툼이 있을 때, 쌍방의 합의하에 힘으로 승부를 결정함. ▢~를 신청하다.

결투-장 (決鬪狀)[-짱][명] 결투를 신청하는 도전장.

결판 (決判)[명][하자] 잘잘못이나 승패를 가려 판정함.

결판-나다 (決判-)[자] 잘잘못이나 승패의 결정이 끝나다.

결판-내다 (決判-)[타] 잘잘못이나 승패의 결정을 끝내다.

결핍 (缺乏)[명][하자] **1** 다 써서 없어짐. 절핍(絶

즈). **2** 있어야 할 것이 없어지거나 모자람. ▣애정의 ~ / 몸 안에 산소가 ~되다.

결하 (決河) 명하자 홍수가 져서 강물이 둑을 무너뜨려 넘쳐흐름.

결하 (結夏) 명 [불] **1** 3개월에 걸친 하안거(夏安居)를 시작하는 일. 곧, 결제(結制). 입제(入制). **2** 하안거(夏安居)의 첫날인 음력 4월 15일. 윤달일 경우는 5월 15일.

결-하다 (決-) 타여 **1** 결정하다. **2** 승부를 내다. ▣자웅을 ~.

결-하다 (缺-) 타여 **1** 갖추지 못하다. **2** 해야 할 일을 하지 않다. ▣강의를 ~. □형여 있어야 할 것이 빠져 있다. 부족하다.

결하지세 (決河之勢) 큰물이 둑을 무너뜨리고 넘쳐흐르는 기세라는 뜻으로, 걷잡을 수 없는 세찬 기세를 이르는 말.

결함 (缺陷) 명 **1** 부족하거나 불완전하여 흠이 되는 부분. ▣기계 ~으로 사고가 났다. **2** 결점(缺點). ▣성격상의 ~.

결합 (結合) 명하자타 둘 이상이 서로 관계를 맺고 합쳐서 하나가 됨. ▣여러 원인이 ~된 사건.

결합-률 (結合律) [-뉼] 명 [수] 결합 법칙.

결합-범 (結合犯) [-뻠] 명 [법] 각각 독립한 범죄가 될, 종류가 다른 둘 이상의 행위를 결합하여 법률상 한 죄로 다루는 범죄(폭행·협박과 도취(盜取)를 강도죄로 하는 따위).

결합 법칙 (結合法則) [-뻡-] 명 [수] *a*, *b*, *c* 를 세 개의 실수 또는 복소수로 할 때 성립하는 법칙의 하나($(a+b)+c=a+(b+c)$ 따위). 결합률(結合律).

결합 생산 (結合生産) [-쌍-] 명 [경] 하나의 생산 과정에서 두 가지 이상의 물품이 생산되는 일(목화와 목화씨, 석탄 가스와 코크스 따위). 결합 공급.

결합-선 (結合線) [-썬] 명 [악] 붙임줄.

결합-수 (結合水) [-쑤] 명 [생] 생체 안의 구성 분자 속에 채워진 물(생명을 유지하는 데에 최소한도로 필요한 물).

결합 재무 제표 (結合財務諸表) [-째-] [경] 대기업 집단의 실질적인 경영 상태를 한눈에 볼 수 있도록 계열사 간 거래를 모두 상계(相計) 처리하고 남은 잔액으로 만든 재무 제표.

결합 조직 (結合組織) [-쪼-] 명 [생] 동물체의 기관 및 이들 사이에 있으며 섬유나 기질(基質)로 이들을 결합하고 지지하는 조직. 연골(軟骨)·경골(硬骨)·혈액(血液)을 포함함. 결조직(結組織). 결체(結締) 조직.

결합-체 (結合體) 명 둘 이상의 서로 다른 개체가 결합하여 이룬 조직체.

결항 (缺航) 명하자 정기적으로 운항(運航)하는 배나 비행기가 출항을 거름. ▣태풍으로 배가 ~되다.

결핵 (結核) 명 **1** [의] 결핵균의 기생으로 국부에 맺히는 작은 결절상(結節狀) 망울. **2** '결핵병'의 준말. **3** [광] 수성암(水成岩) 또는 응회암(凝灰岩)의 용액이 핵의 주위에 침전하여 된 혹 모양 또는 불규칙한 모양의 덩이.

결핵-균 (結核菌) [-균] 명 [의] 결핵병의 병원균. 길이 $1\sim4\mu$, 폭 $0.3\sim0.5\mu$ 정도의 간균(桿菌)으로 저항력과 번식력이 강함.

결핵-병 (結核病) [-뼝] 명 [의] 결핵균에 의해 일어나는 만성 전염병(폐·신장 등의 내장, 뼈·후두 등을 침범함). 티비(TB). ⑥준결핵.

결행 (決行) 명하자 결단하여 실행함. ▣기습 공격을 ~하다.

결혼 (結婚) 명하자 **1** 남녀가 부부 관계를 맺음. **2** [법] 혼인(婚姻). ↔이혼.

결혼-관 (結婚觀) 명 결혼에 관한 견해나 주장.

결혼-기념식 (結婚記念式) 명 결혼 생활을 기념하는 의식. 결혼한 후의 햇수에 따라 지혼식(紙婚式)(1년)·목혼식(木婚式)(5년)·석혼식(錫婚式)(10 년)·은혼식(銀婚式)(25년)·진주혼식(眞珠婚式)(30년)·산호혼식(珊瑚婚式)(35년)·모직혼식(毛織婚式)(40년)·금혼식(金婚式)(50년)·다이아몬드혼식(75년) 따위가 있음.

결혼-기념일 (結婚記念日) 명 결혼한 날을 기념하며 함께 축하하는 날.

결혼-반지 (結婚斑指) 명 결혼의 표상으로 신랑과 신부가 주고받는 반지.

결혼 비행 (結婚飛行) [충] 일정한 기상 조건 하에서 꿀벌·개미·흰개미 따위의 수컷과 여왕벌이나 여왕개미가 일제히 공중으로 날아올라 교미하는 일.

결혼-사진 (結婚寫眞) 명 결혼식 때에 기념으로 찍는 사진.

결혼-상담소 (結婚相談所) 명 결혼에 대한 문제를 상담하거나 중매하는 곳.

결혼-식 (結婚式) 명 부부 관계를 맺는 서약을 하는 의식. 혼례식(婚禮式). 예식. 화촉지전.

결혼-식장 (結婚式場) [-짱] 명 결혼 예식을 올리는 장소. 예식장.

결혼 연령 (結婚年齡) [-녕-] 명 **1** [법] 결혼할 자격이 있는 나이(우리나라 민법에서는 남자만 18세, 여자 만 16세 이상으로 정함). **2** 결혼하는 나이.

결혼-정략 (結婚政略) [-냑] 명 두 집안, 두 나라 사이에 결혼 관계를 맺어 친밀을 도모하려는 정략.

결혼 행진곡 (結婚行進曲) [악] 결혼식에서 신랑·신부가 입장과 퇴장을 할 때에 연주하는 행진곡. 웨딩 마치.

결획 (缺劃) 명하자타 **1** 글자를 쓸 때, 한자의 획을 빠뜨림. **2** 왕이나 귀인의 이름자와 같은 한자를 쓰기를 꺼려 한 획을 일부러 빠뜨리는 일('玄'을 '𤣥'으로 쓰는 따위). 궐획(闕劃).

결효 미:수범 (缺效未遂犯) [법] 범죄를 저질렀으나 아무 결과가 일어나지 않은 행위. 결효범. 종료(終了) 미수범. 실행 미수범.

결후 (結喉) 명 [생] 성년 남자의 목 중간쯤에 후두 연골이 조금 튀어나온 부분. 울대뼈.

겸 (鎌) 명 '겸패(鎌牌)'의 준말.

겸 (兼) 의명 명사나 어미 '-ㄹ' 뒤에 쓰여, 한 가지 일 외에 또 다른 일을 아울러 함을 나타내는 말. ▣아침 ~ 점심 / 산책 ~ 외출했네.

겸공 (謙恭) 명하여 자기를 낮추고 남을 높이는 태도가 있음. ▣~을 잃지 않다.

겸관 (兼官) 명하타 **1** 겸직(兼職). **2** [역] 조선 때, 수령의 자리가 비었을 때 이웃 고을의 수령이 임시로 그 사무를 맡아봄.

겸관 (兼管) 명하타 본래 맡고 있는 관직 외에 다른 관직을 아울러 맡음. 관섭(管攝).

겸괘 (謙卦) 명 육십사괘의 하나로 곤괘(坤卦)와 간괘(艮卦)가 거듭된 것(땅 밑에 산이 있음을 상징). ⑥겸(謙).

겸구 (箝口·拑口·鉗口) 명하자 입을 다물고 하지 않음. 함구(緘口).

겸구-고장 (箝口枯腸) 명 입에 재갈을 물리고 창자를 말린다는 뜻으로, 궁지에 빠져 말을 못함을 이르는 말.

겸구-물설 (箝口勿說) [-썰] 명하타 입을 다물고 말을 하지 않음. 함구물설.

겸근 (謙謹) 명하자 겸손하고 삼감.

겸금(兼金)명 보통의 금보다 값이 배가 되는 질이 좋은 황금.

겸-내취(兼內吹)명 《역》 조선 때, 궁중에서 군악을 연주하던 악대의 이름. 속칭 : 조라치. ⓒ내취.

겸년(歉年)명 흉년(凶年).

겸노-상전(兼奴上典)명 《역》 종이 할 일까지 몸소 하는 가난한 양반을 이르던 말.

겸달(兼達)명하형 어느 것에나 익숙함.

겸대(兼帶)명하타 두 가지 이상의 일을 겸하여 봄. 겸임.

겸덕(謙德)명 겸손한 덕성.

겸두-겸두甲☞ 겸사겸사.

겸렴-하다(謙廉-)[-념-]형여 겸손하고 청렴하다.

겸령(兼領)[-녕]명하타 둘 이상을 한데 아울러 차지함.

겸무(兼務)명하타 한 사람이 동시에 둘 이상의 일을 겸하여 봄. 또는 그 직무.

겸-방어사(兼防禦使)명 1 《역》 조선 때, 수령이 방어사의 직무를 겸함. 2 한 사람이 두 가지 일을 함의 비유.

겸병(兼併)명하타 1 둘 이상을 한데 합쳐 하나로 함. 2 둘 이상을 한데 합쳐 소유함.

겸보(兼補)명하타 본직 이외에 다른 직책을 겸하여 맡김.

겸비(兼備)명하타 두 가지 이상을 아울러 갖추고 있음. □재색 ~ / 학덕을 ~하다 / 미모와 지성을 ~하다.

겸비(謙卑)명하자 자기를 겸손하게 낮춤. 겸하(謙下).

겸사(謙辭)명하자타 1 겸손한 말. 2 겸손하게 사양함.

겸사-겸사(兼事兼事)甲하자 한꺼번에 여러 가지 일을 겸하여 하는 모양. □구경도 하고 볼 일도 보려고 ~ 왔네.

겸사-말(謙辭-)명 《언》 겸양어.

겸상(兼床)명하타 두 사람이 한 상에 마주 앉게 차린 상. 또는 마주 앉아 식사하는 일. □그는 아버지와 ~으로 밥을 먹었다. ↔각상·독상·외상(床).

겸섭(兼攝)명하타 맡은 직무 외에 다른 직무를 겸하여 봄.

겸손(謙遜)명하형희甲 남을 존중하고 자신을 낮추는 태도가 있음. □~한 자세. ↔교만.

겸손-법(謙遜法)[-뻡]명 공손법.

겸수(兼修)명하타 여러 가지를 함께 수련함.

겸-수익(謙受益)명 '겸손하면 이익을 본다'는 말.

겸애(兼愛)명하자 가리지 않고 모든 사람을 똑같이 사랑함.

겸애-교리설(兼愛交利說)명 《윤》 하느님이 만백성을 겸애함과 같이 사람들도 서로서로 똑같이 사랑하고 이롭게 하자는 학설《묵자(墨子)가 주장하였음》. 겸애설(兼愛說). 겸애사상.

겸애-설(兼愛說)명 겸애교리설.

겸양(謙讓)명하자타 겸손한 태도로 양보하거나 사양함. 겸억. □~의 미덕을 갖추다.

겸양-법(謙讓法)[겨먕뻡]명 《언》 공손법.

겸양-사(謙讓辭)명 《언》 겸양어.

겸양-어(謙讓語)명 《언》 자신을 낮춤으로써 상대편을 높이는 말《저희·여쭈다 따위》. 겸사말. 겸양사. *예사말.

겸어(箝語)명하타 남의 입을 막고 말을 하지 못하게 함.

겸어(謙語)명 겸손한 말.

겸억(謙抑)명하자타 겸양(謙讓).

겸업(兼業)명하타 본업 외에 다른 업무를 겸하여 봄. 또는 그 업무.

겸업-농가(兼業農家)[겨멉-]명 농업 이외에 다른 직업을 겸하는 농가.

겸연-스럽다(慊然-)[겨면-따][-스러워, -스러우니]형 좀 겸연한 생각이 있다. **겸연-스레**甲

겸연-쩍다(慊然-)[겨면-따]형 너무 미안하여 낯이 화끈하다. 계면쩍다.

겸연-하다(慊然-歉然)[겨면-]형여 1 미안하여 면목이 없다. 계면하다. 2 쑥스럽고 어색하다.

겸영(兼營)명하타 본업 외에 어떤 영업을 겸하여 경영함.

겸-영장(兼營將)명 《역》 조선 때, 수령이 겸하여 보던 영장(營將).

겸용(兼用)명하타 하나를 가지고 여러 가지로 겸하여 씀. □책상 ~ 테이블 / 한방과 양약을 ~해서 치료를 하다.

겸용(兼容)명하타 도량이 넓음.

겸용-종(兼用種)명 가축·가금으로서, 두 가지 이상의 용도를 겸할 수 있는 품종《달걀과 고기를 얻을 수 있는 닭 따위》.

겸유(兼有)명하타 두 가지 이상을 함께 지님. □미모와 지성을 ~하다.

겸인지력(兼人之力)명 혼자서 능히 몇 사람을 당해 낼 만한 힘.

겸인지용(兼人之勇)명 혼자서 능히 몇 사람을 당해 낼 만한 용기.

겸임(兼任)명하타 두 가지 이상의 직무를 맡아봄. 또는 그 직무. 겸대. ↔전임(專任).

겸임-국(兼任國)명 외교관들이 겸임으로 된 나라.

겸임-지(兼任地)명 관리가 다른 지방의 직무를 겸할 때의 그 지방.

겸자(鉗子)명 《의》 기관·조직·기물 등을 고정시키거나 압박하는 데 쓰는 금속제 외과 수술 용구《모양은 가위와 같되 날이 없음》.

겸장(兼將)명 '겸장군'의 준말.

겸장(兼掌)명하타 두 가지 이상의 일을 함께 맡아봄.

겸-장군(兼將軍)명 장기를 둘 때, 한 번에 두 군데로 되는 장군. ⓒ겸장.

겸전(兼全)명하타 여러 가지를 완전히 갖춤. **-하다**형여 여러 가지가 완전히 갖추어져 있어 훌륭하다.

겸제(箝制·鉗制)명하타 자유롭지 못하게 억누름. □언론을 ~하다.

겸지-겸지(兼之兼之)명하타 ☞ 겸사겸사.

겸지우겸(兼之又兼)명하타 여러 가지를 겸한데 또 겸함.

겸직(兼職)명하타 본디 직무 외에 다른 직무를 겸하여 맡아 함. 또는 그 직무. 겸관(兼官).

겸찰(兼察)명하타 한 사람이 여러 가지 일을 겸하여 보살핌.

겸-치다(兼-)□자 여러 가지 일이 함께 생기다. □타 여러 가지 일을 겸하여 하거나 겸하게 하다.

겸칭(謙稱)명하타 자신을 낮추어 겸손히 이름. 또는 그런 칭호.

겸퇴(謙退)명하자 겸손히 사양하고 물러남.

겸하(謙下)명하자 겸비(謙卑).

겸-하다(兼-)타여 1 본무 외에 다른 직무를 더 맡아 하다. □수상이 외상을 ~. 2 두 가지 이상을 아울러 가지다. □문무를 ~.

겸학(兼學)명하타 여러 학문을 함께 배움.

겸함(兼銜)명하타 《역》 일정한 직책이 있는

관리가 다른 직책을 겸함. 또는 그 직함.

겸행(兼行) **명**〖하타〗 **1** 여러 가지 일을 함께 함. **2** 근무 시간 외에도 일함. 〔주야~〕

겸허(謙虛) **명**〖하함〗〖히부〗 잘난 체하지 않고 겸손한 태도가 있음. 〔~한 태도로 임하다 / 질타를 ~히 받아들이〕

겹 〓**명** (주로 '겹으로'의 꼴로 쓰여) **1** 넓고 얇은 물건이 포개진 것. 또는 그 켜. 〔~으로 꼰 실 / 먼지가 ~으로 쌓이〕 **2** 비슷한 사물이나 일이 거듭됨. 〔~으로 사돈을 맺다 / 불행이 ~으로 닥친〕 ↔홑. 〓**의명** 겹으로 된 것을 세는 단위. 〔두 ~으로 접다〕

겹-간통 (-間通) [-깐-] **명**〖건〗 겹으로 지은 집의 앞 칸과 뒤 칸이 서로 통하게 된 것.

겹-것 [-껀] **명 1** 겹으로 된 물건의 총칭. **2** 겹옷.

겹-겹 [-껍] **명** (주로 '겹겹으로'의 꼴로 쓰여) 여러 겹. 〔~으로 접다〕

겹겹-이 [-껴비] **부** 여러 겹으로 거듭된 모양. 〔~에 에워싸다 / ~옷을 껴입다〕

겹-경사 (-慶事) [-껑-] **명** 둘 이상 겹친 기쁜 일. 〔~가 나다〕

겹-글자 (-字) [-끌짜] **명** 같은 자가 겹쳐 된 글자(('ㄲ·ㅆ·ㅃ'이나 '比·磊' 따위)).

겹-꽃 [-꼳] **명 1**〖식〗 여러 겹의 꽃잎으로 된 꽃. 천엽화(千葉花). 중판화(重瓣花). ↔홑꽃. **2**〖건〗 겹으로 된 꽃무늬.

겹-꽃받침 [-꼳빧-] **명**〖식〗 한 개의 꽃에 둘 이상 겹으로 된 꽃받침. 복악(複萼).

겹-꽃잎 [-꼰닙] **명**〖식〗 여러 겹으로 된 꽃잎. 중판(重瓣). 겹잎. ↔홑꽃잎.

겹-낫표 (-標) [겹낟-] **명**〖언〗 문장 부호의 하나. 「 」의 이름. 책의 제목이나 신문 이름 등을 나타낼 때 씀.

겹-눈 [겸-] **명**〖동〗 곤충·새우·게 등에서 볼 수 있는 눈으로서, 여러 개의 작은 눈이 모여 이루어진 눈. 복안(複眼). ↔홑눈.

겹-다 [-따] [겨워, 겨우니] **형**団 **1** 감정이 거세게 일어나 참기 힘들다. 〔흥에 겨워 춤을 추다. **2** 정도나 양이 지나쳐서 감당하기 어렵다. 〔힘에 겨운 일. **3** 때가 지나거나 늦다. 〔한낮이 겨워서 돌아왔다.

겹-닿소리 [-따쏘-] **명**〖언〗 복자음(複子音).

겹-대패 [-때-] **명** 날 위에 날이 없는 쇳조각을 덧끼워 썩 곱게 깎여지도록 만든 대패. 덧날대패.

겹-도르래 [-또-] **명**〖물〗 고정 도르래와 움직 도르래를 결합해 만든 도르래. 겹활차. 복활차(複滑車).

겹-말 [겸-] **명** 같은 뜻의 말이 겹쳐 된 말(('초가집·처갓집·고목나무' 따위)).

겹-문자 (-文字) [겸-짜] **명** 같은 뜻의 말이나 문자가 겹쳐 이루어진 말(('홀홀 단신·역전 앞·보름밤 십오야(十五夜)' 따위)).

겹-문장 (-文章) [겸-] **명**〖언〗 홑문장이 다른 문장의 한 성분으로 안기어 들어가 있거나 서로 이어지거나 하여 여러 겹으로 된 문장. '안은문장'과 '이어진문장'으로 나뉨. 복문(複文).

겹-바지 [-빠-] **명** 솜을 두지 않고 겹으로 지은 바지. ↔홑바지.

겹-박자 (-拍子) [-빡짜] **명**〖악〗 홑박자를 복합하여서 성립시킨 박자. 4박자·6박자·8박자 등을 말함. 복합 박자.

겹-받침 [-빧-] **명** 다른 두 개의 자음으로 된 받침(('ㄳ·ㄵ·ㄺ·ㅄ' 따위)). *쌍받침.

겹-버선 [-뻐-] **명** 솜을 두지 않고 겹으로 지

은 버선.

겹-벚꽃 [-뻗꼳] **명** 꽃잎이 여러 겹으로 피는 벚꽃.

겹-사돈 (-查頓) [-싸-] **명**〖하자〗 사돈 관계에 있는 사람끼리 또 사돈 관계를 맺은 사이. 또는 그런 사람.

겹-사라지 [-싸-] **명** 형겊·종이를 겹쳐 만들어서 기름에 결은 담배쌈지.

겹산형-꽃차례 (-繖形-) [-싼-꼳-] **명**〖식〗 산형꽃차례의 꽃대 끝에 다시 부챗살 모양으로 갈라져 피는 꽃차례. 복산형 화서.

겹-살림 [-쌀-] **명**〖하자〗 **1** 한 가족이 나뉘어 따로 차리는 살림. 〔직장 관계로 시골과 서울에서 ~을 한다. **2** 본처를 두고 첩을 얻어 따로 차리는 살림.

겹-새끼 [-쌔-] **명** 여러 겹으로 꼰 새끼.

겹-세로줄 [-쎄-] **명**〖악〗 오선(五線) 위에 수직으로 그은 두 개의 세로줄. 굵기가 같은 세로줄은 악곡의 큰 마디가 바뀌는 곳을 표시하며, 오른쪽을 굵게 한 세로줄은 마침을 표

겹-소리 [-쏘-] **명**〖언〗 복음(複音)2. 〔시함.

겹-시름 [-씨-] **명** 겹쳐 일어난 여러 시름.

겹-실 [-씰] **명** 두 올 이상으로 드린 실. 겹올실. 복사(複絲). ↔홑실.

겹-씨 [-씨] **명**〖언〗 복합어(複合語).

겹-씨방 (-房) [-씨-] **명**〖식〗 두 개 이상의 심피(心皮)가 그 가에서 서로 결합하여 된 씨방. 복실자방. 복자방(複子房). ↔홑씨방.

겹-암술 **명**〖식〗 둘 이상의 심피(心皮)로 된 암술. 겹암꽃술. 복자예(複雌蕊). ↔홑암술.

겹-열매 [겸녈-] **명**〖식〗 여러 개의 꽃이 꽃차례를 이루고 성숙해서 하나의 열매처럼 생긴 것(('오디·무화과' 따위)). 복과(複果). 복화과. ↔홑열매.

겹-옷 [-옫] **명** 솜을 두지 않고 거죽과 안을 맞붙여 지은 옷. 겹것. ↔홑옷.

겹-월 **명**〖언〗 겹문장.

겹-이불 [겸니-] **명** 솜을 두지 않고 겹으로 지은 이불. ↔홑이불.

겹이삭-꽃차례 [겸니-꼳-] **명**〖식〗 이삭꽃차례의 하나. 여러 갈래로 갈라진 꽃대에 다시 이삭 모양으로 피는 꽃차례. 보리류(類)에서 볼 수 있음. 복수상 화서(複穗狀花序).

겹-잎 [겸닙] **명**〖식〗 **1** 한 잎자루에 여러 개의 낱 잎이 붙어 겹을 이룬 잎(('탱자나무·아카시아의 잎' 따위)). 복엽(複葉). **2** 겹꽃잎. ↔홑잎.

겹-자락 [-짜-] **명** 양복 저고리나 외투의 섶을 깊게 겹치게 하고, 두 줄로 단추를 단 옷. 더블브레스트. ↔홑자락.

겹-저고리 [-쩌-] **명** 솜을 두지 않고 겹으로 지은 저고리.

겹점 음표 (-點音標) [-쩜-] **명**〖악〗 점음표에 또 한 개의 점이 붙은 음표. 복부점(複附點) 음표.

겹-주름위 (-胃) [-쭈르뮈] **명** 반추위(反芻胃)의 제3실. 벌집위(胃)에서 입으로 되넘긴 것을 씹어 소화시킨 다음 주름위로 보냄. 중판위(重瓣胃).

겹-질리다 [-찔-] **자**団 몸의 근육이나 관절이 제 방향대로 움직이지 않거나 너무 빨리 움직여 다치다. 〔넘어지면서 바닥을 잘못 짚어 팔목이 ~ / 계단을 내려오다 발목을 겹질렸다.

겹-집 [-찝] **명 1** 여러 채가 겹으로 된 집. **2** 한 개의 종마루 아래 방을 두 줄로 들인 집.

겹-집다 [-찝따] **타**団 여러 겹을 겹쳐서 집다.

겹-창 (-窓) **명** 겹으로 짠 창문. 복창. 이중창.

겹-처마 **명**〖건〗 처마 끝의 서까래 위에 짧은

서까래를 잇대어 달아낸 처마.

겹첩 몡 '경첩'의 본딧말.

겹-체 몡 겹 올로 짠 쳇불로 메운 체.

겹쳐-지다 [-쳐-][자] 1 여럿이 서로 덧놓이거나 포개어지다. 2 여러 겹으로 겹쳐진 종이. 2 여러 가지 일이 한꺼번에 일어나다. 2 어려운 일이 ~。

겹총상-꽃차례 (-總狀-)[-꼳-] 몡 《식》 꽃대가 둘 이상으로 갈라지고 끝 갈래 부분에서 총상꽃차례를 이루는 무한(無限)꽃차례의 하나. 복총상 화서(複總狀花序).

겹-치기 몡 두 가지 이상의 일을 겹쳐서 맡아 하는 일. 2 ~로 출연하다.

겹-치다 타자 1 여럿이 포개어지거나 덧놓이다. 2 여러 가지 일이 한꺼번에 일어나다. 2 공휴일이 일요일과 겹쳤다 / 몸살 기운에 감기가 ~. 2 타 여럿을 포개거나 덧놓다. 2 신문을 겹쳐 놓다.

겹-치마 몡 겹으로 된 치마. ↔홑치마.

겹-혼인 (-婚姻)[겨ː본닌] 몡 사돈의 관계에 있는 집안끼리 다시 맺는 혼인.

겹-홑소리 [겨ː폰쏘-] 몡 《언》 이중 모음.

겹-화살괄호 (-括弧)[겨콰-] 몡 《언》 문장 부호의 하나. 《 》의 이름. 책의 제목이나 신문이나 잡지 등을 나타낼 때 씀.

경구다 타 〈옛〉 겨루다.

경기 몡 〈옛〉 겪이. 손님을 겪는 일.

겻다 타 〈옛〉 겨루다.

겻-불 [겯뿔 / 겯뿔] 몡 겨를 태우는 불.

겻-섬 [겯썸 / 겯썸] 몡 겨를 담은 섬.

경 (更) 몡 일몰부터 일출까지를 다섯으로 나누어 일컫는 시간의 이름. 곧, 초경은 오후 7-9시, 이경은 9-11시, 삼경은 11시부터 그 이튿날 오전 1시, 사경은 1-3시, 오경은 3-5시.

경 (庚) 몡 《민》 1 천간의 일곱째. 2 '경방(庚方)'의 준말. 3 '경시(庚時)'의 준말.

경 (卿) ㉠몡 1 《역》 대한 제국 때, 시종원(侍從院)·장례원(掌禮院)·내장원(內藏院)·회계원(會計院)·주전원(主殿院) 등의 으뜸 벼슬. 2 영국에서 나이트작(knight爵)을 받은 이에 대한 경칭. 2 처칠 ~. ㉡인대 임금이 이품(二品) 이상의 관원에 대하여 일컫던 말.

경 (景) ㉠몡 1 '경치(景致)'의 준말. 2 '경황(景況)'의 준말. ㉡의몡 《연》 무대의 같은 장면에서, 등장인물의 교체 따위로 변화가 나타난 장면을 세는 단위. 2 제1~. *막(幕)·장(場).

경 (經) ㉠몡 1 '경서(經書)'의 준말. 2 《불》 '불경(佛經)'의 준말. 3 《기》 기도문. 4 판수가 외는 기도문과 주문(呪文). 5 직물의 날. ↔위(緯). 6 《지》 '경도(經度)'의 준말. 7 《지》 '경선(經線)'의 준말.

경 (境) 몡 지경(地境)2. 2 무아의 ~.

경 (磬) 몡 《악》 경쇠1.

경 (黥) 몡 1 《역》 도둑을 다스리던 형벌의 하나. 2 호된 고통이나 꾸지람.

경을 팔 다발같이 치다 호되게 고통을 겪다.

경 (頃) 의몡 중국의 논밭 넓이를 재는 단위. 1경은 100 묘(畝)(10,000 m²에 상당함).

경 (京) 수몡 조(兆)의 만 배. 곧, 10¹⁶.

경- (輕) 뭔 '가벼운·간편한' 등의 뜻. 2 ~기 관총 / ~공업 / ~음악 / ~양식.

-경 (頃) 몡 어떤 시간이나 날짜에 가까운 때를 일컫는 말. 2 다섯 시~.

경가 (耕稼) 몡하타 경작(耕作).

경 (鏡臺) 몡 경대1.

경-가극 (輕歌劇) 몡 오페레타.

경가-파산 (傾家破産) 몡하자 재산을 모두 없애어 집안 형편이 결딴남.

경각 (頃刻) 몡 눈 깜빡할 사이. 극히 짧은 시간. 경각간. 2 ~을 다투다 / 생명이 ~에 달렸다.

경각 (傾角) 몡 1 《수》 기울기를 나타내는 각. 편각(偏角). 2 《물》 기준으로 하는 평면·직선에 대해 다른 평면·직선이 이루는 각도. 3 《지》 자침의 방향이 수평면과 이룬 각도. 4 행성(行星)의 궤도면과 황도면이 이룬 각도.

경각 (警覺) 몡하타 깨우쳐 깨닫게 함.

경각-간 (頃刻間)[-깐] 몡 경각(頃刻).

경-각사 (京各司)[-싸] 몡 《역》 서울에 있던 관아의 총칭. ⊕각사(各司)·경사(京司).

경-각사 (京各寺)[-싸] 몡 《불》 서울 가까이 있는 모든 절의 총칭.

경-각성 (警覺性)[-썽] 몡 정신을 차리고 주의 깊게 살피어 경계하는 태도. 2 ~을 갖다 / ~이 부족하다.

경-각심 (警覺心)[-씸] 몡 정신을 차리고 조심하는 마음. 2 ~을 일깨우다 / ~이 높다 / ~을 불러일으키다 / 불에 대한 ~을 심어 주다.

경간 (俓間) 몡 건물이나 다리의 기둥과 기둥 사이. 또는 그 거리.

경간 (耕墾) 몡하타 논밭을 일구어 갊.

경간 (驚癎) 몡 《한의》 놀라서 발작하는 간질 《어린아이에게 많이 생김》.

경감 (輕減) 몡하타 부담이나 고통 따위를 덜어서 가볍게 함. 2 세금 부담이 ~되다 / 고통을 ~하다.

경감 (輕勘) 몡하타 죄인을 가볍게 처분함.

경ː감 (警監) 몡 경찰 공무원 계급의 하나 《경정의 아래, 경위의 위임》.

경강 (京江) 몡 1 예전에, 서울의 뚝섬에서 양화(楊花) 나루에 이르는 한강 일대를 이르던 말. 2 경기도와 강원도.

경강 (硬鋼) 몡 《공》 탄소를 0.36~0.80 % 포함하는 탄소강《축(軸)·공구(工具)·레일 등의 재료가 됨》. 고탄소강.

경개 (更改) 몡 《법》 일정한 채무를 소멸시키고 다른 채무를 성립시키는 계약《목적의 변경, 채권과 채무자의 교대 등 세 가지가 있음》.

경개 (梗槪) 몡 전체의 내용을 간단하게 정리한 줄거리. 2 논문의 ~.　　　　「답도록 함.

경개 (景槪) 몡 경치(景致). 2 산천 ~가 아름

경개 (傾蓋) 몡하자 수레를 멈추고 덮개를 기울여 잠시 이야기한다는 뜻으로, 우연히 한 번 보고 서로 친해짐의 비유.

경개-여구 (傾蓋如舊) 몡하형 처음 만나 잠깐 사귄 것이 마치 오랫동안 알고 지낸 사이처럼 가까움.

경ː개-하다 (耿介-) 형여 대세에 휩쓸리지 않고 지조가 굳다.

경거 (輕擧) 몡하자 말이나 행동이 가벼움.

경거-망동 (輕擧妄動) 몡하자 경솔하여 생각 없이 함부로 행동함. 경동(輕動). 2 ~을 삼가라 / ~을 뉘우치다.

경ː건-주의 (敬虔主義)[-/-이] 몡 《종》 17세기 말 독일의 신교(新敎)가 교의(敎義) 중심에 치우치는 데 반대하고, 성서(聖書)를 중심으로 한 체험과 실천을 중시하여 경건한 생활을 하자는 주의.

경건-하다 (勁健-) 형여 1 굳세고 튼튼하다. 2 《미술》 그림이나 글씨의 붓놀림의 기세가 매우 굳세고 힘차다.

경ː건-하다 (敬虔-) 형여 공경하며 삼가고 엄

숙하다. ▣경건한 마음으로 묵념을 올리다.
경:건-히 튀

경겁 (經劫) 몡하재 액운이 사라짐.

경겁 (驚怯) 몡하재 놀라서 겁을 냄. ▣~하는 기색.

경:견 (競犬) 몡하재 개를 경주시켜 승부를 겨루는 일. 또는 그 개. ▣~ 대회 / ~장(場).

경결 (硬結) 몡재 1 단단하게 굳음. 2 《의》 조직이나 그 한 부분이 염증이나 출혈로 결합 조직이 증식하여 단단해짐.

경:경 (耿耿) 튀톙 1 불빛이 깜박거림. ▣촛불이 ~하다. 2 빛이 약하게 환함. 3 마음에 잊히지지 않고 염려됨.

경경 (耕境) 《농》 농산물의 값이 그 생산비와 같아, 경작 여부의 한계에 서 있는 토지. 또는 그 한계. 경작 한계.

경:경-고침 (耿耿孤枕) 몡 근심에 싸여 있는 외로운 잠자리.

경:경불매 (耿耿不寐) 몡 염려되고 잊혀지지 않아 잠을 이루지 못함.

경경열열 (哽哽咽咽) 몡하재 슬픔으로 목이 메어 욺.

경경-하다 (輕輕─) 톙어 말이나 행동이 아주 가볍다. **경경-히** 튀

경계 (經界)[-/-계] 몡 1 옳고 그름이 분명해지는 경계. 2 사물의 경계(境界)1.

경:계 (敬啓)[-/-계] 삼가 말씀을 드린다는 뜻(한문 투의 편지의 첫머리에 쓰는 말). 경계자(敬啓者).

경계 (境界)[-/-계] 몡 1 사물이 일정한 기준에 따라 분간되는 한계. 경계(經界). 2 지역이 구분되는 한계. ▣~ 측량. 3《불》인과의 이치에 따라 스스로 받는 과보.

경:계 (警戒)[-/-계] 몡하재 1 뜻밖의 사고가 생기지 않도록 주의하고 살핌. ▣~의 눈초리 / ~를 늦추다 / ~를 게을리 하지 않다. 2 옳지 않은 행동이나 잘못된 일을 하지 않도록 타일러 주의시킴. ▣지난 고초를 앞날의 ~로 삼다 / 이기주의를 ~하다. 3《군》적의 기습이나 간첩 활동 등의 예기치 못한 침입을 막기 위해 주변을 살피며 지킴. ▣~ 근무를 서다 / 삼엄한 ~를 펼치다.

경계 (驚悸)[-/-계] 몡 《한의》 1 잘 놀라는 증세. 2 놀란 것처럼 가슴이 두근거리는 증세.

경:계-경보 (警戒警報)[-/-계-] 몡 위험을 경계하라고 알리는 경보. 황색경보. ▣~를 발령하다.

경:계-관제 (警戒管制)[-/-계-] 몡 적의 야간 공습에 대비하여, 불빛이 바깥에 비치지 않도록 하는 등화관제. ▣~를 실시하다.

경:계-망 (警戒網)[-/-계-] 몡 경계를 위해 그물처럼 펴 놓은 조직. ▣~을 뚫다 / 물샐틈없는 ~을 펴다.

경:계-색 (警戒色)[-/-계-] 몡 《동》 다른 동물이 함부로 자기를 해치지 못하도록 경계하기 위해, 동물이 가지는 두드러진 몸 빛깔(나비나 독사의 몸 빛깔 따위). ＊보호색.

경계-석 (境界石)[-/-계-] 몡 경계의 표지로 세운 돌. 계석(界石).

경계-선 (境界線)[-/-계-] 몡 경계가 되는 선. ▣~을 긋다.

경:계-선 (警戒線)[-/-계-] 몡 1 적의 침입, 죄인의 도주 따위를 막기 위하여 설정한 지대. ▣~을 치다 / 삼엄한 ~을 뚫다. 2 하천에서, 홍수의 위험 수위를 나타내는 선. ▣강물이 ~을 넘다.

경:계-수위 (警戒水位)[-/-계-] 몡 홍수가 지기 전에 대책을 갖추고 경계해야 할 정도까지 차오른 수위. ▣~에 달하다.

경:계-심 (警戒心)[-/-계-] 몡 경계하여 조심하는 마음. ▣~을 늦추다 / ~을 품다.

경계-인수 (境界因數)[-쑤/-계-쑤] 몡 한 나라의 경계선의 길이를, 그 영토의 면적과 같은 정사각형의 둘레의 길이로 나눈 몫.

경계-표 (境界標)[-/-계-] 몡 경계를 나타내는 표지. 계표.

경:계-표지 (警戒標識)[-/-계-] 몡 조심하라는 뜻을 나타낸 표지(《도로 교차점·굽은 곳·건널목 따위 조심해야 할 곳에 설치함).

경고 (更鼓) 몡《역》 오경(五更)으로 나눈 밤의 시간을 알리려고 치던 북.

경고 (硬膏) 몡 보통 온도에서는 녹지 않으나 체온에는 녹아 피부에 달라붙는, 연고보다 굳은 고약. 플라스터. ↔연고(軟膏).

경:고 (警告) 몡하재 1 조심하거나 삼가도록 미리 주의를 줌. 또는 그 주의. ▣~ 사격 / ~를 무시하다 / 엄중한 ~를 내리다 / 닥칠 위험을 ~하다. 2 운동 경기 따위에서 규칙이나 규범을 어겼을 때 주는 벌칙의 하나. ▣~를 주다 / ~를 두 번 받아 퇴장당했다.

경:고-문 (警告文) 몡 경고하는 글.

경:고-장 (警告狀)[-짱] 몡 경고하는 내용을 적은 서류장. ▣~이 날아오다.

경골 (脛骨) 몡《생》 하지골(下肢骨)의 하나로 하퇴 안쪽에 있는 긴 뼈. 정강이뼈.

경골 (硬骨) 몡 1《생》 경골어류 이상의 척추동물의 내골격(內骨格)을 구성하는 굳고 단단한 뼈(지지 기관·보호 기관·운동 기관의 구실을 함). 굳뼈. ↔연골(軟骨). 2 강직한 사람의 비유.

경골 (頸骨) 몡 목뼈. 경추(頸椎).

경골 (鯁骨) 몡 물고기의 뼈.

경골 (鯨骨) 몡 고래의 뼈.

경골-어류 (硬骨魚類) 몡 《어》 주로 경골로 된 어류(《물고기는 대부분 이에 속함). ↔연골(軟骨)어류.

경골-한 (硬骨漢) 몡 의지가 강해서 자신의 신념을 남에게 좀처럼 굽히지 않는 남자. ↔연─.

경-공양 (經供養) 몡하재 《불》 경전을 새로 쓰거나 간행할 때, 법회(法會)를 엶. 또는 그 법회.

경-공업 (輕工業) 몡 부피에 비하여 무게가 가벼운 물건을 만드는 공업. 섬유·화학·식료품 등 산업이 중심임. ↔중(重)공업.

경-공장 (京工匠) 몡《역》 조선 때, 서울의 궁이나 관아에 속했던 장인(匠人). 무기나 장식품을 만들었음.

경과 (京果) 몡 중국요리에서, 맨 먼저 상에 나오는 호박씨·땅콩·호두 등의 일컬음.

경과 (京科) 몡《역》 서울에서 보이던 과거. 회시(會試)·전시(殿試)가 있음.

경과 (經科) 몡《역》 '강경과(講經科)'의 준말.

경과 (經過) 몡하재 1 시간이 지나감. ▣시일의 ~ 유효 기간이 ~되다. 2 단계·시기·장소를 거침. ▣유년기의 ~. 3 일이 되어 가는 과정. ▣사건 ~ / 수술의 ~가 좋다 / 그동안의 ~를 보고하다.

경과 (輕科) 몡 가벼운 죄나 잘못.

경:과 (慶科) 몡《역》 조선 때, 나라에 경사가 있을 때 보이던 과거.

경과 규정 (經過規定) 《법》 경과법.

경과-법 (經過法)[-뻡] 몡《법》 법령의 제정·개정·폐지의 경우, 구법에서 신법으로의 이행

과정을 원활하게 하기 위해 정한 법규. 시제법(時際法). 경과 규정.

경과-보고 (經過報告) 명 일정한 기간 중 겪거나 진행된 일의 내용을 알리는 보고.

경-과실 (輕過失) 명 『법』 주의를 게을리 하여 이루어지는 가벼운 잘못. ↔중과실.

경과-음 (經過音) 명 『악』 '지남음'의 구용어.

경관 (京官) 명 『역』 경관직. ↔외관(外官).

경관 (景觀) 명 1 경치. 2 지표(地表) 위의 풍경을 특징짓는 여러 요소를 종합한 것(자연 경관·문화 경관으로 구분됨).

경:관 (警官) 명 '경찰관'의 준말.

경관-직 (京官職) 명 『역』 조선 때, 서울에 있던 각 관아의 관원 및 개성·강화·수원·광주(廣州) 등의 유수(留守). 경관. 준경직(京職).

경광 (景光) 명 1 경치. 2 ~이 빼어나다. 2 현상(炎象).

경교 (京校) 명 『역』 '경포교'의 준말.

경교 (景敎) 명 중국 당나라 태종 때, 페르시아인에 의해 중국에 전래한 기독교의 네스토리우스파(Nestorius派).

경교 (經敎) 명 『불』 경문에 나타난 교리.

경-교육 (硬敎育) 명 흥미를 배제하고 노력이나 단련을 중시하는 교육(스파르타 교육이 전형적(典型的)임).

경구 (耕具) 명 땅을 일구고 농사를 짓는 데 쓰는 기구.

경구 (硬球) 명 야구나 테니스 등에서 쓰는 좀 딱딱한 공.

경:구 (敬具) 명 '삼가 아뢰다'의 뜻으로, 편지 맨 끝에 쓰는 한문 투의 말. 경백(敬白).

경구 (經口) 명 1 약 따위를 입으로 먹는 일. 2 세균 따위가 입을 통해서 몸속으로 들어감.

경구 (驚句)[-꾸] 명 진리나 삶에 대한 느낌이나 생각을 간결하고 날카롭게 표현한 말. 캐치프레이즈.

경구 (驚句)[-꾸] 명 '경인구(驚人句)'의 준말.

경구 감:염 (經口感染) 『의』 음식물·손·식기 따위를 통해 병원체가 입을 통해 감염되는 일. 경구 전염.

경-구개 (硬口蓋) 명 『생』 입천장 앞쪽의 단단한 부분. ↔연구개.

경구개-음 (硬口蓋音) 명 『언』 경구개와 혓바닥과의 사이에서 나는 음. 파찰음(破擦音) 'ㅈ·ㅊ·ㅉ' 등이 있음. 구개음. 상악음(上顎音). ↔연구개음.

경구 면:역 (經口免疫) 『의』 백신을 먹어서 면역을 얻는 일(콜레라·장티푸스·적리 등 소화기(消化器) 전염병에 응용됨).

경:구-법 (警句法)[-꾸뻡] 명 글의 효과를 높이기 위해 속담·격언·금언 따위의 경구를 이용해서 표현하는 수사법.

경구-비마 (輕裘肥馬) 명 가벼운 가죽옷과 살진 말이란 뜻으로, 부귀한 사람들의 나들이 차림새를 일컫는 말.

경구 투약 (經口投藥) 입으로 약을 투여함. 경구 투여.

경구 피:임약 (經口避姙藥)[-냑] 먹는 피임약(난자의 배출을 억제함).

경국 (傾國) 명하자 1 나라의 힘을 다 기울임. 2 나라를 위태롭게 함. 3 '경국지색'의 준말.

경국 (經國) 명하자 나라를 다스림. □~의 대업(大業).

경국-제세 (經國濟世)[-쩨-] 명하자 나라를 잘 다스려 백성을 구제함.

경국지색 (傾國之色)[-찌-] 명 임금이 혹하여 나라가 어지러워도 모를 만한 뛰어난 미인. ↔경성지색. 준경국.

경국지재 (經國之才)[-찌-] 명 나랏일을 맡아 다스릴 만한 재능. 또는 그런 능력을 가진 사람. 경국지사(經國之士).

경군 (京軍) 명 『역』 조선 때, 서울의 각 영문(營門)에 속해, 주로 임금을 호위하던 군사.

경궁 (勁弓) 명 센 활. □~을 당기다.

경권 (經卷) 명 1 사서삼경 따위의 경서(經書). 경전. 2 경문(經文)을 적은 두루마리.

경극 (京劇) 명 『연』 청나라 때 시작된, 노래·춤·연극이 혼합된 중국의 전통극. 주로 수호지·삼국지 등의 소설과 전설·전기(傳奇) 등에서 소재를 따서 각본으로 함.

경:근 (敬謹) 명하타 공경하고 삼감.

경근 (頸筋) 명 『생』 목에 있는 여러 근육.

경-금속 (輕金屬) 명 『화』 가볍고 비중이 대개 4~5 이하인 금속(알루미늄·마그네슘·알칼리 금속 따위). ↔중(重)금속.

경:급 (警急) 명 경계해야 할 갑작스러운 사고. □~을 알리는 신호가 울리다.

경기 (京畿) 명 『지』 서울을 중심으로 한 가까운 주위의 지방.

경기 (耕起) 명하타 곡식을 심기 위해 땅을 갈아 일구어 놓음.

경기 (景氣) 명 『경』 매매나 거래에 나타나는 호황·불황 따위의 경제 활동 상태. □~ 부진(不振) / ~가 타다 / ~가 좋다 / ~가 회복되어 내수 시장이 활기를 띠다.

경기 (輕機) 명 '경기관총'의 준말.

경기 (輕騎) 명 경기병.

경:기 (競技) 명하자 운동이나 기술 등에서, 기량과 능력을 겨룸. 또는 그런 일. □~ 규칙 / ~를 관전하다 / ~를 벌이다 / 축구 ~가 열리다 / ~에 출전하다 / 흥미진진한 ~를 펼치다.

경기 (競起) 명하자 서로 앞을 다투어 일어남.

경기 (驚起) 명하자타 놀라서 일어남. 또는 놀라게 해서 일으킴.

경:기 (驚氣)[-끼] 명하자 『한의』 경풍(驚風). □~를 일으키다.

경-기관총 (輕機關銃) 명 『군』 혼자서 들고 다니며 조작할 수 있는 가벼운 기관총. 엘엠지(LMG). 준경기(輕機).

경-기구 (輕氣球) 명 기구(氣球).

경기-까투리 (京畿-) 명 지나치게 약고 되바라진 사람이란 뜻으로, 서울·경기 사람을 낮잡아 이르는 말.

경:기-력 (競技力) 명 운동 경기에서, 기량과 기술을 발휘하는 능력. □~이 뛰어나다 / ~이 크게 향상되다.

경기 변:동 (景氣變動) 『경』 일정한 주기에 따라 경기의 상승·호황·후퇴·불황의 네 국면을 반복하는 경제 변동. 경기 순환.

경기병 (輕騎兵) 명 『군』 민첩하게 활동할 수 있도록 가볍게 무장한 기병. 경기.

경기 순환 (景氣循環) 『경』 경기 변동.

경기 예:측 (景氣豫測) 『경』 경기 변동에 관한 객관적인 자료를 바탕으로, 장래의 경기 변동을 예측하는 일.

경기 입창 (京畿立唱) 『악』 서울·경기 지방을 중심으로 발전한 선소리(놀량·앞산타령·뒷산타령 따위). ↔경기 좌창(坐唱).

경:기-자 (競技者) 명 경기를 하는 사람.

경기 잡가 (京畿雜歌)[-까] 『악』 조선 말기, 서울을 중심으로 경기도 일대에서 공예인·상인·기생들 사이에 불려 온 소리(유산가·적벽가 등 열두 잡가가 있음).

경:기-장 (競技場) 圏 경기를 할 수 있는 설비와 관람석 따위를 갖춘 장소. ◻실내 ~ / 축구 ~.

경기적 실업 (景氣的失業)[-씨럽] 〖경〗 불황기에 생기는 전형적인 실업 형태.

경기 정책 (景氣政策) 〖경〗 경기 변동을 조정하고 불황의 원인을 제거하기 위한 국가 시책.

경기 좌:창 (京畿坐唱)[악] 서울·경기 지방을 중심으로 한 잡가·민요로, 앉아서 부르는 소리. ↔경기 입창.

경기 지수 (景氣指數) 〖경〗 경기 변동을 민감하게 반영하는 자료를 바탕으로 작성한 지수 《경기 예측에 씀》.

경기체-가 (景幾體歌) 圏 〖문〗 고려 중기에서 조선 초기까지 계속되었던 시가. 한문 투의 장가(長歌) 형식으로 양반들의 생활 감정을 읊음(끝에 '景幾 엇더ㅎ니잇고'란 후렴구가 붙음. 한림별곡 따위). 경기하여가(何如歌).

경낙 (輕諾) 圏하타 쉽게 승낙함.

경난 (經難) 圏하자 어려운 일을 겪음. 또는 그 어려움. ◻~을 겪다.

경난-꾼 (經難-) 圏 어려움을 많이 겪어 경험이 많은 사람.

경난-하다 (輕煖-) 휑어 옷 따위가 가볍고 따뜻하다.

경내 (境內) 圏 일정한 지역의 안. ◻절의 ~. ↔경외(境外).

경년 (頃年) 圏 근년(近年).

경년 (經年) 圏하자 해를 지냄.

경년-열세 (經年閱歲)[-녈쎄] 圏 여러 해를 지냄.

경노 (勁弩) 圏 단단하고 튼튼한 활.

경-노동 (輕勞動) 圏 육체적으로 힘이 덜 드는 노동. ↔중노동.

경농 (耕農) 圏하자 논밭을 갈아 농사를 지음. 경작.

경농 (經農) 圏하자 농업을 경영하다. 영농.

경뇌-유 (鯨腦油) 圏 고래 머리의 지방을 압축·냉각하여 뽑아낸 기름.

경:단 (瓊團) 圏 찹쌀수나 찹쌀가루 따위로 반죽을 한 밤톨만 한 크기로 동글게 빚어 삶아 고물을 묻히거나 꿀 등을 바른 떡. 또는 그런 모양의 것. ◻~을 빚다.

경-단백질 (硬蛋白質)[-찔] 圏 〖화〗 물·염류 용액에 잘 녹지 않고 산·알칼리 따위에 잘 분해되지 않는 단백질. 동물의 뼈·피부·손발톱을 이름.

경달 (驚怛) 圏하자 남의 부모나 손위의 가까운 사람이 죽었다는 소식을 듣고 깜짝 놀람.

경답 (京畓) 圏 '경인답(京人畓)'의 준말.

경당 (局堂) 圏 〖역〗 고구려 때, 각 지방에 둔 사학(私學) 기관. 평민층의 자제들에게 경학(經學)·문학·무예 등을 가르쳤음.

경당 (經堂) 圏 〖불〗 경전을 간직하여 두는 집.

경:대 (敬待) 圏하타 공경하여 접대함. ◻손님을 깍듯이 ~하다.

경:대 (鏡臺) 圏 거울을 달아 세운 화장대. 경가. 경경.◻앞에 앉아 머리를 만지다.

경대-시 (經帶時) 〖천〗 경도가 15°의 정수배(整數倍)인 자오선을 기준으로 정한 표준시.

경도 (京都) 圏 서울.

경도 (硬度) 圏 1 굳기. 2〖화〗물속에 칼슘염(塩)이나 마그네슘염이 함유되어 있는 정도. 이들 함유량이 적은 것을 단물, 많은 것을 센물이라 함. 3〖물〗엑스선의 물질 투과도(透過度)의 정도.

경도 (經度) 圏 1 월경(月經). 2〖지〗지구 상의 위치를 나타내는 좌표의 하나《본초 자오선(本初子午線)을 중심으로 동쪽을 동경(東經), 서쪽을 서경(西經)이라 함》. 날도. ↔위도(緯度). ⓒ경(經). ＊경선(經線).

경도 (傾度) 圏 경사도(傾斜度).

경도 (傾倒) 圏하자타 1 기울어 넘어짐. 2 기울여 담긴 것을 다 쏟음. 3 마음을 기울여 사모하거나 열중함. ◻간트에 ~하다 / 불교 사상에 ~되다.

경도 (鯨濤) 圏 경파(鯨波).

경도 (驚倒) 圏하자 몹시 놀라 넘어짐.

경도-계 (硬度計)[-/-게] 圏 〖광〗 광물의 굳기를 재는 기구. 굳기계.

경도-선 (經度線) 圏 〖지〗 경선(經線).

경도-시 (經度時) 圏 〖지〗 본초 자오선(本初子午線)과 다른 지점과의 경도의 차를 시·분·초로 환산한 시간.

경도-차 (經度差) 圏 〖지〗 두 지점 사이의 경도의 차. 경차.

경도-풍 (傾度風) 圏 〖지〗 공기 운동에 대한 저항이 없을 때 등압선(等壓線)에 나란히으로 부는 것으로 생각되는 이론상의 바람.

경독 (耕讀) 圏하자 1 농사짓기와 글 읽기. 2 농사를 지으며 글을 읽음.

경독 (經讀) 圏 〖불〗 경문을 읽음.

경:-돌 (磬-)[-똘] 圏 〖광〗 경석(磬石).

경동 (傾動) 圏 단층(斷層)으로 땅덩어리가 기울어져 움직이는 운동.

경동 (輕動) 圏하자 1 가볍게 행동함. 2 경거망동(輕擧妄動).

경:동 (鏡胴) 圏 망원경·사진기 등의 몸통.

경:동 (鏡銅) 圏 〖광〗 청동의 하나. 구리와 주석을 2:1의 비율로 섞어 만든, 선백색 합금《닦으면 광택이 남. 옛날엔 거울로 썼음》.

경:동 (警動) 圏하타 깨우쳐 격려함.

경동 (驚動) 圏하자 놀라서 움직임.

경-동맥 (頸動脈)[-/-] 圏 〖생〗 목을 거쳐 얼굴이나 머리로 피를 보내는, 대동맥의 분맥.

경동-성 (傾動性)[-썽] 圏 〖식〗 꽃·잎·덩굴 따위가 접촉·빛·열·화학 물질 등의 양적인 차로 자극을 받아 움직이는 현상.

경동 지괴 (傾動地塊) 圏 경동으로 한쪽은 가파른 단층이 되고, 다른 쪽은 완만하게 기울어진 땅덩이.

경라 (輕羅·經羅)[-나] 圏 가볍고 얇은 비단.

경:라 (警邏)[-나] 圏하타 순찰하며 경계함.

경락 (京洛)[-나] 圏 서울.

경락 (經絡)[-나] 圏 〖한의〗 몸 안의 경맥과 낙맥. 이 자리를 침이나 뜸으로 자극하면 병이 낫게 됨.

경:락 (競落)[-나] 圏 〖법〗 경매로 동산 또는 부동산의 소유권을 얻는 일.

경:락-물 (競落物)[-낭-] 圏 〖법〗 경매로 소유권을 얻은 동산 또는 부동산.

경:락-인 (競落人)[-나긴] 圏 〖법〗 경매로 동산이나 부동산의 소유권을 얻은 사람. 경락자.

경랍 (硬蠟)[-납] 圏 〖광〗 구리·은·금·황동(黃銅) 등을 주성분으로 하는, 녹는점이 높은 납땜용 합금의 총칭. 주성분에 따라 은랍(銀鑞)·금랍(金鑞)·양은랍(洋銀鑞) 따위로 불림.

경랍 (鯨蠟)[-납] 圏 〖화〗 고래의 머리나 지육(脂肉)의 기름을 냉각·방치해서 기름기를 뺀 결정성 물질《초 따위의 원료로 씀》. 고래밀.

경랑 (鯨浪)[-낭] 圏 큰 파도.

경략 (經略)[-냑] 圏하타 1 나라를 경영하고 다스림. 2 침략하여 차지한 지방이나 나라를 다스림.

경략-사 (經略使)[-냑싸][명]《역》조선 때, 함북·평북의 국경 지방을 다스리기 위해 둔 임시 벼슬.

경량 (輕量)[-냥][명] 가벼운 무게. ◻~ 골재. ↔중량(重量).

경량-급 (輕量級)[-냥끕][명] 체급 경기에서, 체중이 가벼운 편에 드는 급. ◻~ 유도 선수 / ~ 경기에 출전하다.

경량-품 (輕量品)[-냥-][명] 1 무게가 가벼운 물품. 2 부피에 비해 무게가 적어서, 부피를 기준으로 운임을 계산하는 물품(솜 따위). ↔중량품.

경력 (經力)[-녁][명]《불》경문(經文)이 지닌 공덕의 힘. 경험.

경력 (經歷)[-녁][명]하자] 1 겪어 지내 온 일들. ◻아직 ~이 짧다 / 꾸준히 ~을 쌓다 / 운전 ~이 십 년이다 / 미국 유학 ~이 있다. 2 온갖 일을 겪어 지내 옴.

경력-담 (經歷談)[-녁땀][명] 겪어 지내 온 여러 가지 일에 대한 이야기.

경력-자 (經歷者)[-녁짜][명] 어떤 경력을 가진 사람. ◻~ 우대 / ~를 선발하다.

경력-직 (經歷職)[-녁찍][명] 업무상 경력이 있는 직책이나 직위. ◻~ 사원을 뽑다.

경련 (痙攣)[-년][명] 근육이 별다른 이유 없이 갑자기 수축하거나 떨게 되는 현상(전신성(全身性)·국소성과 지속성·간헐성의 것이 있음). ◻얼굴에 ~이 일다 / ~을 일으키고 쓰러졌다.

경련 (頸聯)[-년][명]《문》한시(漢詩)의 율시(律詩)에서, 제 5·6의 두 구. ∗미련(尾聯)·함련(頷聯).

경련-증 (痙攣症)[-년쯩][명]《의》몸의 일부나 온몸에 경련을 일으키는 증세.

경:-례 (敬禮)[-녜][명]하자] 공경을 나타내기 위해 인사하는 일. 또는 그 인사. ◻~를 받다 / ~에 답하다 / 절도 있게 ~를 붙이다 / 상관에게 ~하다. 춘예(禮). 一갑[군] 상급자나 국기 등에 경의를 표하라는 구령. ◻국기에 대하여 ~.

경:-로 (敬老)[-노][명]하자] 노인을 공경함. ◻~ 잔치 / ~ 사상을 갖도록 지도하다.

경로 (徑路)[-노][명] 1 지나는 길. ◻수송 ~ / 범인의 도주 ~를 추적하다. 2 일이 되어 가는 형편이나 순서. ◻사회의 발달 ~를 더듬다 / 외교 ~를 통해 진의를 알아보다.

경:-로-당 (敬老堂)[-노-][명] 노인을 공경하고 위로하는 뜻에서, 노인들이 모여 여가를 즐길 수 있도록 지은 집.

경:-로-석 (敬老席)[-노-][명] 버스·지하철 등에서, 노인들이 앉도록 마련한 좌석.

경:-로-회 (敬老會)[-노-][명] 노인을 공경하고 위로하는 모임.

경론 (硬論)[-논][명] 강경한 의견 또는 논의.

경론 (經論)[-논][명] 부처의 말을 적은 경(經)과 이를 해석하는 논(論).

경루 (更漏)[-누][명]《역》조선 때, 밤 동안의 시간을 알리는 데 쓰던 물시계.

경루 (經漏)[-누][명]《의》월경이 그치지 않고 계속되는 병.

경:-루 (瓊樓)[-누][명] '궁전'을 아름답게 일컫는 말.

경륜 (經綸)[-뉸][명]하타] 1 포부를 가지고 일을 조직적으로 계획함. 또는 그 포부나 계획. ◻~을 쌓다 / ~이 있는 사람. 2 나라를 다스림. 또는 나라를 다스리는 데 필요한 경험과 능력. ◻천하 ~을 논하다.

경:-륜 (競輪)[-뉸][명]하자] 자전거 경기. ◻~

대회가 열리다.

경륜-가 (經綸家)[-뉸-][명] 정치적이거나 조직적인 일에 수완이 좋은 사람. 경륜지사.

경륜지사 (經綸之士)[-뉸-][명] 경륜가.

경리 (經理)[-니][명]하타] 1 일을 경영하고 관리함. 2 물자의 관리나 금전의 출납 따위를 맡음. 또는 그 부서나 사람. ◻~ 장부 / ~ 사무 / ~를 보다 / ~에 밝다.

경린 (硬鱗)[-닌][명]《어》철갑상어 따위의 비늘. 표면이 단단하며 광택이 있음. 굳비늘.

경마 [명] 남이 탄 말을 몰기 위해 잡는 고삐. **경마(를) 잡다** ㋩ 남이 탄 말의 고삐를 잡고 몰고 가다.
경마(를) 잡히다 ㋩ 경마를 잡게 하다.

경마 (耕馬)[명] 논밭을 가는 데 부리는 말.

경:-마 (競馬)[명]하자] 일정한 거리를 말을 타고 달려 빠르기를 겨루는 경기(마권을 발매해서 도착 순서를 맞힌 사람들에게 환급금을 지급함).

경:-마-장 (競馬場)[명] 경마하는 장소. 마장.

경망 (輕妄)[명]하형][부어] 행동이나 말이 가볍고 방정맞음. ◻~한 짓 / ~을 떨다.

경망-스럽다 (輕妄-)[-따][-스러워, -스러우니][형비] 말이나 행동이 가볍고 방정맞은 데가 있다. **경망-스레** [부]

경:-매 (競買)[명]하타] 같은 종류의 물건을 파는 사람이 여럿일 때, 가장 싸게 팔겠다는 사람에게서 물건을 사들이는 일. ◻~에 붙이다.

경:-매 (競賣)[명]하타] 1 물건을 사겠다는 사람이 여럿일 때, 값을 가장 높게 부르는 사람에게 파는 일. ◻~에 붙이다 / 경매물이 최고가로 ~되었다. 2《법》경매 청구 권리자의 신청으로 법원 또는 집행관이 동산이나 부동산을 공매(公賣) 방법으로 파는 일. ◻~로 집이 넘어가다.

경:-매매 (競賣買)[명]《경》주로 증권 거래소에서, 사는 쪽과 파는 쪽이 모두 복수로서 경쟁하여 이루어지는 매매. ∗경쟁 매매.

경:-매-물 (競賣物)[명] 경매에 부친 물건.

경:-매-인 (競賣人)[명] 경매를 하는 사람.

경맥 (硬脈)[명]《의》혈압이 높아서 강하게 뛰는 맥박. ↔연맥(軟脈).

경-면 (鏡面)[명] 1 거울의 표면. ◻~ 반사. 2 맑고 고요한 수면의 비유.

경:-면-지 (鏡面紙)[명] 반들거리고 광택이 나는 종이.

경멸 (輕蔑)[명]하타] 깔보아 업신여김. ◻~에 찬 눈초리 / ~하는 듯한 웃음.

경:-명 (敬命)[명]하타] 1 천명(天命)을 삼가 받듦. 2 명령을 삼가 공경함.

경명-하다 (傾命-)[형어] 너무 늙어서 목숨이 얼마 남지 않다.

경명행수 (經明行修)[명] 경학에 밝고 행실이 바름. 춘경행(經行).

경:-모 (景慕)[명]하타] 마음속으로 우러러 사모함. ◻~의 마음.

경모 (傾慕)[명]하타] 마음을 다하여 사모함.

경:-모 (敬慕)[명]하타] 존경하고 사모함. ◻~의 정을 간직하다.

경모 (輕侮)[명]하타] 남을 업신여겨 모욕함.

경:-모-심 (敬慕心)[명] 존경하고 사모(思慕)하는 마음.

경목 (耕牧)[명] 경작과 목축.

경:-몽 (警蒙)[명]하타] 어린아이나 어리석은 사람을 깨우쳐 줌.

경묘-하다 (輕妙-)[형어] 경쾌하고 묘(妙)하다.

□경묘한 필치〔솜씨〕. **경묘-히** 툧

경:무 (警務) 뗑 경찰에 관한 사무. □∼ 행정.

경:무-관 (警務官) 뗑 경찰 공무원 계급의 하나(치안감의 아래, 총경의 위임).

경:무-호 (警霧號) 뗑〔해〕 바다에 안개가 짙게 끼었을 때, 안개의 위치를 배에 알리는 음향 신호.

경:문 (景門) 뗑〔민〕 점술에서, 팔문(八門) 중의 길(吉)한 문의 하나. 구궁(九宮)의 화성(火星)이 본자리가 됨. *경문(驚門).

경문 (經文) 뗑 1 〔불〕 불경에 있는 글. 또는 그것을 외우는 글. 2〔민〕 고사를 지내거나 푸닥거리할 때 외는 주문. 3〔기〕 기도할 때 외는 글. 4〔종〕 도교(道敎)의 서적.

경문 (驚門) 뗑〔민〕 점술에서, 팔문(八門) 중의 흉(凶)한 문의 하나. 구궁(九宮)의 금성(金星)이 본자리가 됨. *경문(景門).

경-문학 (硬文學) 뗑〔문〕 논문이나 평론처럼 논리적·분석적이어서 딱딱한 느낌을 주는 문 ∼연(軟)문학.

경-문학 (輕文學) 뗑〔문〕 가볍게 읽을 수 있는 문예 작품.

경물 (景物) 뗑 계절에 따라 달라지는 경치.

경물-시 (景物詩) 뗑〔문〕 계절에 따라 달라지는 경치를 보고 느낀 것을 읊은 시.

경미 (粳米) 뗑 멥쌀.

경미-토 (粳米土) 뗑 모래흙.

경미-하다 (輕微-) 뼹어 가볍고 적어서 대수롭지 않다. □경미한 손실 / 피해가 ∼.

경:민-가 (警民歌) 뗑〔문〕 조선 때, 송강(宋江)이 백성을 훈계하는 뜻에서 지은 16수의 시조. 훈민가(訓民歌).

경박-부허 (輕薄浮虛)[-뿌-] 뗑하형 경조부박(輕佻浮薄). □∼한 성격.

경박-스럽다 (輕薄-)[-쓰-따][-스러워, -스러우니] 뼹ㅂ 말과 행동이 신중하지 못하고 가벼운 데가 있다. □경박스러운 행동.

경박-자 (輕薄子) 뗑 말과 행동이 가볍고 신중하지 못한 사람.

경박-재자 (輕薄才子)[-째-] 뗑 재주는 있으나 경박한 사람.

경박-하다 (輕薄-)[-바카-] 뼹어 말과 행동이 신중하지 못하고 가볍다. □경박한 말투 / 경박하게 굴다. **경박-히** 툧

경:발-하다 (警拔-) 뼹어 착상 따위가 독특하고 뛰어나다.

경방 (庚方) 뗑〔민〕 이십사방위의 하나. 서쪽에서 남으로 15도 되는 방위를 중심으로 한 15도 각도 안. 준경.

경:방 (警防) 뗑 경계하여 지킴.

경:배 (敬拜) 뗑하자 1 존경하여 공손히 절함. 2 신령·부처 등을 숭배함. □신께 ∼를 드리다. 3 공경하여 절함의 뜻으로, 주로 한문 투의 편지 글 끝에 쓰는 말.

경배 (傾杯) 뗑하자 술잔을 기울여 술을 마심.

경:백 (敬白) 뗑 '공경하여 사뢴다'는 뜻으로, 한문 투의 편지 끝에 쓰는 말. 경구(敬具).

경벌 (輕罰) 뗑 가벼운 벌.

경범 (輕犯) 뗑 '경범죄'의 준말.

경범-죄 (輕犯罪)[-쬐] 뗑〔법〕 일상생활에서 흔히 일어나는 가벼운 위법 행위(즉결 심판 대상).

경범죄 처:벌법 (輕犯罪處罰法)[-쬐-뻡]〔법〕 가벼운 위법 행위 및 일상생활에 나타나는 반도의적(反道義的)인 침해 행위에 대한 처벌을 규정한 법률. 즉결 심판을 통해 구류나

과료 따위 가벼운 형을 받음.

경법 (經法) 뗑 1 '대경 대법(大經大法)'의 준말. 2〔불〕 불경에 담긴 가르침.

경변 (硬便) 뗑 되게 나오는 똥. 된똥.

경변 (輕邊) 뗑 저금리. 저변(低邊).

경변-증 (硬變症)[-쯩]〔의〕 결합 조직이 비정상적으로 많이 자라서 장기(臟器)가 딱딱하게 굳는 증세(간경변증·콩팥 경변증 따위).

경보 (頃步) 뗑 반걸음. 반보(半步).

경:보 (競步) 뗑 육상 경기의 하나. 한쪽 발이 땅에서 떨어지기 전에 다른 쪽 발이 땅에 닿게 하여 빨리 걷는 경기. 워킹.

경:보 (警報) 뗑 태풍이나 공습 따위의 위험이 닥칠 때 조심하고 주의하라고 미리 알리는 일. 또는 그 보도나 신호. □∼가 울리다 / 경계 ∼를 발령하다 / ∼가 해제되다. *주의보.

경:보-기 (警報器) 뗑 사고나 위험을 음향이나 광선으로 알리는 장치. □도난 ∼를 설치하다 / ∼가 울리다.

경:복 (景福) 뗑 큰 복.

경:복 (敬服) 뗑하자 존경하여 복종하거나 감복함. □∼하다.

경:복 (敬復·敬覆·敬扑) 뗑 공경하여 답장한다는 뜻으로, 주로 한문 투의 편지 첫머리에 쓰는 말.

경복 (傾覆) 뗑하자타 1 기울어져 엎어짐. 또는 기울여서 뒤집어엎음. 2 뒤짚어엎어져서 망함. 또는 뒤집어엎어서 망하게 함.

경복 (輕服) 뗑 1 가벼운 복장. 2 상례에서, 소공(小功)·시마(緦麻) 따위와 같이 짧은 기간에 입는 상복. ∼중복(重服).

경:복 (慶福) 뗑 경사스럽고 복됨. 또는 그런 일.

경본 (京本) 뗑〔역〕 1 서울에서 유행하던 옷차림. 2 서울에서 출판되던 책.

경부 (京府) 뗑 서울. 경도(京都).

경부 (經部) 뗑 중국 고전을 경(經)·사(史)·자(子)·집(集)으로 나눌 때, 경에 속하는 부류. 갑부(甲部).

경부 (輕浮) 뗑하형 훌툧 '경조부박(輕佻浮薄)'의 준말.

경부 (頸部) 뗑〔생〕 1 목이 있는 부분. 2 목처럼 가늘게 되어 있는 부분.

경:부 (警部) 뗑〔역〕 대한 제국 때, 경무청을 독립시켜 고친 이름.

경분 (輕奔) 뗑〔한의〕 '염화 제일수은'을 한방에서 이르는 말(매독·매독성 피부병·하제 및 외과용 살충제로 씀). 홍분(汞粉).

경:분 뗑 앞을 다투어 달림.

경비 (經費) 뗑 어떤 일을 하는 데 드는 비용. □사업 ∼ / ∼를 절감하다 / ∼를 대다 / ∼를 마련하다 / ∼를 들이다 / 여행 ∼가 많이 들다.

경:비 (警備) 뗑하자 1 침략이나 도난·재난 따위를 대비하여 사고가 나지 않도록 미리 살피고 지킴. □야간 ∼를 서다 / 경계 강화하다 / ∼가 허술하다 / 철통같은 ∼를 펼치다. 2 '경비원'의 준말. □우편물을 ∼에게 맡기다.

경:비-대 (警備隊) 뗑〔군〕 경비 임무를 맡은 부대.

경:비-망 (警備網) 뗑 경비하기 위해 여러 곳에 펼쳐 있도록 연결해 놓은 조직. □삼엄한 ∼ / ∼을 뚫고 도주하다.

경:비-병 (警備兵) 뗑 경비의 임무를 맡은 병사. □∼을 배치하다.

경:비-사 (經費司) 뗑〔역〕 조선 때, 서울 각 관아의 경비 및 부산에 사는 왜인들에게 주던 양식 등을 관리하던 호조(戶曹)의 한 분장.

경:비-선 (警備船) 뗑 바다를 경비하는 데 쓰

는 경찰 선박. 해난 구조·밀수 방지·간첩 검거·해안선 순시 따위를 임무로 함.

경:비-원(警備員)圏 경비의 책임을 맡은 사람. 回~을 채용하다. 준경비.

경:비-정(警備艇)圏 바다나 강을 경비할 때 쓰는 작은 함정. 回경찰 ~.

경:비-함(警備艦)圏 바다를 경비하는 군함. 回해군 ~.

경-비행기(輕飛行機)圏 연습·스포츠·보도 취재·사무 연락 등을 할 때 사용하는 소형의 프로펠러 비행기.

경사(京司)[[역]] '경각사(京各司)'의 준말.

경사(京師)圏 서울.

경사(經史)圏 경서(經書)와 사기(史記).

경사(經師)[[불]] 경스승.

경사(傾斜)圏 1 비스듬히 기울어짐. 또는 그 정도나 상태. 기울기. 回가파른 ~ / ~가 심하다. 2[[지]] 지층면과 수평면이 어떤 각도를 이룸. 또는 그 각도. 回~를 이루다.

경사(經絲)圏 날실. ↔위사(緯絲).

경사(傾瀉)[[하타]][[화]] 액체와 침전물을 분리하는 방법(침전물을 가라앉힌 후 윗물을 기울여 쏟음).

경:사(慶事)圏 축하할 만한 기쁜 일. 回~가 나다 / ~를 치르다.

경:사(警査)圏 경찰 공무원 계급의 하나(경위의 아래, 경장의 위임).

경:사(競射)[[하자]] 사격이나 활쏘기의 실력을 겨룸.

경사-계(傾斜計)[-/-계]圏 1 비행기에 작용하는 가속도의 방향에 대한 경사나 지면에 대해 기체가 기울어진 정도를 재는 계기. 2[[물]]클리노미터.

경-사대부(卿士大夫)圏 조선 때, 영의정·좌의정·우의정 이외의 모든 벼슬아치의 총칭.

경사-도(傾斜度)圏 기울어진 정도. 경도(傾度). 回~가 큰 언덕.

경:사-롭다(慶事-)[-따][-로워, -로우니][[형비]] 축하하며 기뻐할 만하다. 回오늘은 매우 경사로운 날이다. 경:사-로이🄫

경사-면(傾斜面)圏 비스듬히 기울어진 면. 비탈면.

경사-생산(傾斜生産)圏 원자재나 노동력이 부족할 때, 석탄·철·비료 따위의 기초 물자 생산을 우선 확보한 다음 다른 부문의 물자를 생산하는 방식. *집중 생산.

경:사-스럽다(慶事-)[-따][-스러워, -스러우니][[형비]] 즐겁고 기뻐할 만하다. 回결혼이란 참으로 경사스러운 일이다. 경:사-스레🄫

경사 습곡(傾斜褶曲)[-곡][[지]] 축면(軸面)이 기울어지고 양쪽 날개의 경사가 다른 습곡.

경사-의(傾斜儀)[-/-이]圏[[물]]클리노미터.

경사자집(經史子集)圏 중국 서적에서 경서·사서·제자(諸子)·문집(文集)의 총칭.

경사-지(傾斜地)圏 비탈진 땅. 回~에 밭을 일구다.

경사지 농업(傾斜地農業)[[농]] 산비탈을 농사짓는 땅으로 이용하는 농업.

경사-지다(傾斜-)[[자]] 바닥이 한쪽으로 기울어지다. 비탈지다. 回경사진 곳에 주차를 하다.

경사-칭(傾斜秤)圏 경사진 지레의 원리를 이용한 저울. 지레저울.

경산(經産)圏 아이를 낳아 본 경험이 있음. *초산(初産).

경산-부(經産婦)圏 아이를 낳아 본 경험이 있는 부인. *초산부.

경산-절(京山-)[-쩔]圏[[불]] 서울 부근의 산에 있는 절.

경산-중(京山-)[-쭝]圏 경산절의 승려.

경:삼(慶蔘)圏 경상도에서 나는 인삼.

경삼(驚蔘)圏 옮겨 심어야 기른 산삼.

경:삿-날(慶事-)[-산-]圏 경사가 있거나 경사가 있는 것처럼 즐거운 날.

경상(卿相)圏[[역]] 1 육경(六卿)과 삼상(三相). 2 재상(宰相).

경상(經常)圏 일정한 상태로 계속하여 변동이 없음. 回~ 사업비.

경상(輕傷)[[하자]] 조금 다침. 또는 그 상처. 回~이니까 염려하지 마라 / 그저 ~을 입었을 뿐이다. ↔중상(重傷).

경상 거:래(經常去來)[[경]] 1 국제 거래에서, 자본 거래 이외의 부분. 곧, 상품 매매·운임·물물 교환·증여 따위. 2 기업 등이 일상적으로 행하는 거래.

경상 계:정(經常計定)[-/-계-][[경]] 규칙적·계속적으로 반복되는 거래를 나타내는 계정.

경상-비(經常費)圏[[경]] 회계 연도마다 연속적으로 반복해서 지출되는 경비. ↔임시비.

경상 수입(經常收入)[[경]] 회계 연도마다 규칙적으로 반복해서 들어오는 수입(조세·수수료·전매 수입 따위).

경상 수지(經常收支)[[경]] 국제 거래에서, 경상 거래에 따른 수지. 기업에서는 통상의 영업 활동의 과정에서 생기는 수입과 지출의 차액을 말함. 回~ 비율.

경상-적(經常的)관 변함없이 일정한 (것). 回~ 지출.

경상-참(境上斬)[[하타]][[역]] 이웃한 두 나라에 관련되는 죄인을 국경에서 목을 벰.

경-새(更-)圏 밤마다 일정한 시간에 우는 새.

경색(哽塞)[[하자]] 지나치게 소리 내어 울어 목이 멤.

경색(梗塞)圏 1 사물이 소통되지 못하고 막힘. 回금융 ~ / 정국이 ~되다. 2[[의]] 혈액 속의 혈전(血栓) 따위가 혈관을 막는 일. 이로 인하여 혈액 순환이 잘되지 않아 영양 공급이 중단되며 그 부위의 세포 조직이 죽게 됨(심근 경색·뇌경색 따위).

경색(景色)圏 1 경치(景致). 2 정경이나 광경.

경서(經書)圏 유교의 가르침을 적은 책(사서오경 따위). 경적. 준경전.

경:서(慶瑞)圏 경사스러운 조짐.

경석(輕石)圏 [화]속돌.

경:석(磬石)圏 [광] 안산암(安山岩)의 하나(정으로 치면 맑은 소리가 나며 짙은 검은색을 띰). 경돌.

경-석고(硬石膏)[-꼬]圏[[광]] 결정수(結晶水)가 없는 황산칼슘(석고보다 훨씬 단단함). 무수(無水) 석고.

경선(經線)圏[[지]] 지구를 그 양극을 지나는 평면으로 잘랐을 때, 그 평면과 지구 표면이 만나는 가상적인 선. 경도선. 날금. 날줄. 자오선. ↔위선(緯線). 준경.

경선(莖腺)圏[[생]] 목에 있는 림프샘. 목샘.

경선(鯨船)圏 포경선.

경:선(競選)圏 둘 이상의 후보가 경쟁하는 선거. 回~으로 회장을 선출하다.

경선 벡터(經線vector)圏[[물]] 점의 위치 표시에서, 기준점에서 그 점까지 그은 직선을 벡터로 사용한 것. 동경(動徑).

경선 종:창(頸腺腫脹)圏[[의]] 각종 병독으로 목 부위의 림프샘이 붓는 병. *연주창.

경선-하다(輕先--·徑先--)[[형여]] 경솔하게 앞질러 하는 성질이 있다. 경선-히🄫

경성 (京城) [명] **1** 도읍의 성. 서울. **2** 서울의 옛 이름.
경성 (硬性) [명] 단단한 성질. ↔연성(軟性).
경:성 (景星) [명] 서성(瑞星).
경성 (傾性) [명] 〖식〗 식물에 자극을 주었을 때 자극의 방향과 상관없이 일부 기관이 일정한 방향으로 운동을 일으키는 성질. 경화성(傾化性).
경성 (傾城) [명] **1** 성을 기울게 한다는 뜻으로, 나라를 위태롭게 함. **2** '경성지색(傾城之色)'의 준말.
경:성 (警省) [명][하타] 자신의 행동에 대하여 깨우쳐 돌아봄.
경:성 (警醒) [명][하타] 정신을 차려 그릇된 행동을 하지 않도록 타일러 깨우침.
경-성분 (硬成分) [명] 〖물〗 방사선이나 우주선(宇宙線)의 물질을 투과하는 힘이 강한 성분. ↔연(軟)성분.
경성-암 (硬性癌) [명] 〖의〗 암세포가 단단하고 굳은 성질을 띤 암.
경성지색 (傾城之色) [명] 경국지색(傾國之色). [준]경성.
경성 하:감 (硬性下疳) 매독균의 전염으로 음부에 생기는 피부병. ↔연성(軟性) 하감.
경성 헌:법 (硬性憲法)[-뻡] 개정 절차가 일반 법률보다 어렵게 규정되어 있는 헌법. 강성 헌법. ↔연성(軟性) 헌법.
경세 (經世) [명][하자] 세상을 다스림. ❏~의 포부를 가지다.
경:세 (警世) [명][하자] 세상 사람들을 깨우침. ❏~의 문장.
경세-가 (經世家) [명] 세상을 다스리는 사람.
경세-제민 (經世濟民) [명][하자] 세상을 다스리고 백성을 구제함. [준]경제(經濟).
경세지재 (經世之才) [명] 세상을 다스릴 만한 재주. 또는 그런 사람.
경세지책 (經世之策) [명] 세상을 다스려 나가는 방책.
경세-치용 (經世致用) [명] 학문은 세상을 다스리는 데에 유용한 것이어야 한다는 유교의 한 주장. ❏~ 학파.
경소 (京所) [명] 〖역〗 고려·조선 때, 각 지방의 영향력 있는 사람을 같은 고을 사람끼리 서울에 묵게 하여 그 지방의 일을 주선하고 의논하게 하던 곳.
경소 (輕笑) [명][하자타] **1** 가볍게 웃음. **2** 가벼이 생각하여 웃음.
경-소리 (經-)[-쏘-] [명] 불경을 읽거나 외는 소리.
경소-하다 (輕小-) [형][여] 가볍고 보잘것없이 작다. **경소-히** [부]
경솔 (輕率) [명][하형][히부] 말이나 행동이 조심성 없이 가벼움. ❏~을 뉘우치다 / ~하게 처리하다 / ~한 행동.
경:-쇠 (磬-) [명] **1** 〖악〗 옥 따위로 만든 아악기. 경(磬). 석경(石磬). **2** 판수가 경 읽을 때 흔드는 방울. **3** 〖불〗 부처 앞에 절할 때 흔드는 작은 종.
경수 (硬水) [명] 〖화〗 센물. ↔연수(軟水).
경수 (經水) [명] 〖한의〗 월경(月經).
경수 (輕水) [명] 중수(重水)에 대해 보통의 물을 일컫는 말.
경수 (輕囚) [명] 죄가 가벼운 죄수.
경수-로 (輕水爐) [명] 〖물〗 천연수를 감속재와 냉각재로 사용하는 원자로.
경-수소 (輕水素) [명] 〖화〗 수소의 동위 원소 중에서, 질량수(質量數)가 2 또는 3의 중수소에 대해 질량수가 1인 보통의 수소.
경-수필 (輕隨筆) [명] 〖문〗 생활 주변에서 일어나는 사소한 일을 소재로 가볍게 쓴 수필. 감성적·주관적·개인적·정서적 특성을 지니는 신변잡기임. 미셀러니. 연(軟)수필.
경숙 (經宿) [명][하자] 〖역〗 임금이 대궐을 떠나 다른 곳에서 밤을 지냄. 경숙동가(動駕).
경-순양함 (輕巡洋艦) [명] 〖군〗 크기가 작은 순양함.
경술 (庚戌) [명] 〖민〗 육십갑자의 마흔일곱째.
경술 (經術) [명] 경서(經書)에 관한 학문.
경술-국치 (庚戌國恥) [명] 〖역〗 1910 년 8 월 29 일 우리나라의 통치권을 일본에 빼앗기고 식민지가 된 국치(國恥)의 사실을 일컫는 말. 국권 피탈(國權被奪).
경-스승 (經-)[-쓰-] [명] 〖불〗 경문의 뜻을 풀어 가르치는 법사. 강주(講主). 경사(經師).
경승 (景勝) [명] 경치가 좋음. 또는 그런 곳.
경-승용차 (輕乘用車) [명] 엔진 배기량 800 cc 이하의, 소형 자동차보다 작은 자동차. [준]경차(輕車).
경승-지 (景勝地) [명] 경치가 좋은 곳. 경승지지. 보승지. ❏빼어난 ~.
경승지지 (景勝之地) [명] 경승지.
경시 (更始) [명][하타] 고쳐 다시 시작함.
경시 (庚時) [명] 〖민〗 이십사시의 열여덟째 시《오후 4 시 반부터 5 시 반까지》. [준]경(庚).
경시 (京試) [명] 〖역〗 조선 때, 삼 년마다 서울에서 치르던 소과(小科)의 초시(初試).
경시 (輕視) [명][하타] 대수롭지 않게 보거나 업신여김. ❏인명 ~ 풍조 / 전통 문화가 ~되어서는 안 된다. ↔중시(重視).
경:시 (警視) [명] 〖역〗 대한 제국 때, 경찰관의 고등관.
경시-관 (京試官) [명] 〖역〗 조선 후기에, 삼 년마다 각 도에서 과거를 보일 때 서울에서 파견하던 시험관.
경시-서 (京市署) [명] 〖역〗 고려·조선 때, 서울의 시전(市廛)을 관리하고 감독하던 호조 소속의 관아.
경:시-종 (警時鐘) [명] 자명종.
경식 (耕食) [명][하자] 농사를 지어 살아 나감.
경식 (硬式) [명] 야구·테니스에서, 단단한 공을 사용하는 방식. ↔연식(軟式).
경식 야:구 (硬式野球)[-싱냐-] 단단한 공을 사용하는 야구.
경신 (更新) [명][하타] **1** 이미 있던 제도나 기구 따위를 고쳐 새롭게 함. **2** 기록 경기 따위에서, 이미 세운 기록을 깨뜨림. ❏기록이 ~되다 / 주가가 사상 최고치를 ~했다.
경신 (庚申) [명] 〖민〗 육십갑자의 쉰일곱째.
[경신년 글강 외듯 한다] ㉠한 가지 일을 신신부탁한다. ㉡하지 않아도 될 일을 되풀이한다.
경신(을) 새다 [구] 섣달 중의 경신일에 밤을 새다.
경신 (京信) [명] 지난날, 서울에서 온 편지나 소식을 이르던 말.
경:신 (敬信) [명][하타] 존경하여 믿음.
경:신 (敬神) [명][하자] 신을 공경함.
경신 (輕信) [명][하타] 깊이 생각하지 않고 쉽게 믿음.
경:신-숭조 (敬神崇祖) [명] 신을 공경하고 조상을 숭배함.
경:실 (苘實) [명] 〖한의〗 어저귀의 씨《강장제로 씀》.
경심 (傾心) [명][하자] **1** 〖물〗 떠 있는 물체가 기

울어진 상태일 때의 중심. 메타센터. **2** 마음이 쏠림.
경아 (驚訝) [명][하자] 놀라고 의아하게 여김.
경-아리 (京-) [명] 지난날, 서울 사람을 약고 간사하다고 하여 비속하게 이르던 말.
경-아문 (京衙門) [명] 〔역〕 서울의 각 관아.
경-아전 (京衙前) [명] 〔역〕 조선 때, 중앙 관아에 속해 있던 모든 이속.
경악 (經幄) [명] 〔역〕 경연(經筵)1.
경악 (驚愕) [명][하자] 소스라치게 깜짝 놀람. ❏ ~을 금치 못하다 / ~을 느끼다 / 생각지 못한 일에 ~하다.
경악 반:응 (驚愕反應)[-빠능] 〔의〕 갑작스러운 위험이나 충격으로 일어나는 이상 반응 《안면 창백, 몸의 강직, 의식 상실 등이 나타남》. 경악 신경증.
경악-스럽다 (驚愕-)[-쓰-따] 〔-스러워, -스러우니〕 [형][ㅂ] 깜짝 놀랄 만하다. ❏ 경악스러운 일이 벌어지다. **경악-스레** [-쓰-] [부]
경안 (經眼) [명] 〔불〕 불경을 이해할 만한 안목.
경:앙 (景仰) [명][하타] 덕망이나 인품을 사모해 우러러봄. ❏ 사람들의 ~을 받다.
경:앙 (敬仰) [명][하타] 공경하여 우러러봄.
경:애 (敬愛) [명][하타] 공경하고 사랑함. 애경(愛敬). ❏ ~하는 동지 여러분.
경애 (境涯) [명] 처해 있는 환경이나 처지.
경:야 (竟夜) [명][하자] 달야(達夜).
경야 (經夜) [명][하자] **1** 밤을 지샘. **2** 장사 지내기 전에 관 옆에서 가까운 친척이나 친구들이 밤샘을 하는 일.
경-양식 (輕洋食) [명] 간단한 서양식 일품요리.
경:어 (敬語) [명] 상대를 공경하는 뜻의 말. 공대말. 높임말. 존경어. ❏ ~를 깍듯이 쓰다.
경:어-법 (敬語法)[-뻡] [명] 〔언〕 높임법.
경언 (鯁言) [명] 두려움이나 거리낌 없이 바르게 하는 말.
경:업 (競業) [명][하자] 영업상 경쟁함.
경:업 금:지 (競業禁止)[-끔-] 〔법〕 대리상이나 지배인 따위 특정한 지위에 있는 사람이 그 지위를 갖게 해 준 사람과의 경쟁을 금지하는 일. 경업 피지(避止).
경-없다 (景-) [형] ☞ 경황없다.
경역 (境域) [명] **1** 경계가 되는 구역. **2** 경계 안의 지역.
경연 (硬軟) [명] 단단함과 무름.
경연 (硬鉛) [명] 〔화〕 5-10 %의 안티몬을 함유한 납의 합금. 납보다 굳고 강하며 황산에 대한 저항이 큼.
경연 (經筵) [명] 〔역〕 **1** 고려·조선 때, 어전(御前)에서 경서를 강론하게 하던 일. 또는 그 자리. 경악(經幄). 경유(經帷). ❏ ~에 나아가다. **2** '경연청'의 준말.
경:연 (慶宴) [명] 경사스러운 잔치. ❏ ~이 벌어지다 / ~을 베풀다.
경:연 (慶筵) [명] 경사스러운 잔치를 벌인 자리.
경:연 (競演) [명][하타] 연기나 기능 따위의 실력을 겨룸. ❏ 무용 ~ 대회.
경연-관 (經筵官) [명] 고려·조선 때, 경연에 참여하던 관원.
경-연극 (輕演劇)[-년-] [명] 오락과 풍자를 위주로 하는 가벼운 대중 연극.
경연-원 (經筵院) [명] 〔역〕 대한 제국 때, 경적(經籍)과 문한(文翰)의 보관, 시강(侍講)과 대찬(代撰)의 일을 맡아보던 관청.
경연-청 (經筵廳) [명] 〔역〕 조선 때, 경연의 일을 맡아보던 관청. [준]경연.
경:연-회 (競演會) [명] 경연을 목적으로 하는 공연회나 발표회. ❏ ~에 참가하다.

경열 (庚熱) [명] 삼복의 심한 더위. 복열(伏熱). 복염(伏炎). 경염(庚炎).
경열 (哽咽) [명][하자] 몹시 슬프거나 서러워 목이 메도록 흐느껴 욺.
경염 (庚炎) [명] 경열(庚熱).
경염 (硬塩) [명] 암염(岩塩).
경:염 (競艶) [명][하자] 여자들이 모여 아름다움을 겨룸. ❏ ~ 대회.
경-염불 (經念佛)[-념-] [명][하자] 〔불〕 경문을 읽으며 부처의 공덕을 생각함.
경엽 (莖葉) [명] 〔식〕 **1** 줄기와 잎. **2** 줄기에서 나는 잎.
경엽 식물 (莖葉植物)[-씽-] 〔식〕 줄기·잎·뿌리의 구별이 뚜렷한 식물. 관다발을 가지고 있는 양치식물·종자식물 따위. ↔엽상(葉狀) 식물.
경영 (京營) [명] 〔역〕 조선 때, 서울에 있던 훈련도감·금위영·어영청·수어청·총융청 등의 군영(軍營). 경영문.
경영 (經營) [명][하타] **1** 기업이나 사업을 관리하고 운영함. ❏ ~ 능력 / ~의 합리화 / ~이 부실하다 / 회사를 ~하다. **2** 계획을 세워 일을 해 나감. ❏ 천하를 ~하다.
경:영 (競泳) [명][하자] 일정한 거리를 헤엄쳐 그 빠르기를 겨룸. 또는 그런 경기.
경영 관리 (經營管理)[-괄-] 기업 경영에서, 최대의 이윤을 얻기 위해 경영의 조직·작업·재무·인사 따위를 과학적으로 다루는 일.
경영-권 (經營權)[-꿘] [명] 〔경〕 기업가가 자신의 기업체를 경영하는 권리《재산권의 일종임》. ❏ ~을 인수하다.
경영-난 (經營難) [명] 기업이나 사업을 관리하고 운영해 나가는 데 생기는 어려움. ❏ ~에 빠지다 / ~을 타개하다 / ~에 허덕이다 / 심한 ~에 시달리다.
경-영문 (京營門) [명] 〔역〕 경영(京營).
경영 분석 (經營分析) 〔경〕 기업의 경영 실태에 대한 분석. 재무제표나 기업 안팎의 정보를 자료로 해서 기업의 경영 효율·경제 성적·재무 상태 따위를 분석·판단함.
경영-자 (經營者) [명] 〔경〕 기업이나 사업을 관리하고 운영하는 사람이나 기관. ❏ 최고 ~.
경영 전:략 (經營戰略)[-절-] 〔경〕 환경 변화에 대한 기업 활동을 전체적·계획적으로 적응시키는 전략.
경영-주 (經營主) [명] 기업을 경영하는 주인.
경영-진 (經營陣) [명] 기업의 경영을 맡은 사람들의 진용. ❏ ~을 구성하다.
경영 참가 (經營參加) 기업 경영의 민주화의 방식으로서, 근로자나 노동조합이 기업 경영에 참가하는 일.
경영-층 (經營層) [명] 경영을 맡은 계층. ❏ 최고 ~.
경영-학 (經營學) [명] 기업 경영을 경제적·기술적·인간적인 면에서 연구 대상으로 삼고, 기업 활동의 실천 원리를 밝히는 사회 과학. 경영 경제학.
경영 합리화 (經營合理化)[-함니-] 〔경〕 적은 비용으로 생산을 높이기 위해 업무 조직·생산 계획·생산 방법·노무 관리 따위를 개선하는 일.
경:영 환:각 (鏡映幻覺) 〔심〕 자체 환각.
경오 [명] ☞ 경위(涇渭).
경오 (庚午) [명] 〔민〕 육십갑자의 일곱째.
경옥 (硬玉) [명] 알칼리 휘석의 하나. 규산·산화알루미늄·나트륨으로 된 광물. 보통, 옥이라

하며 짙은 푸른빛의 것은 비취옥(翡翠玉)이라 함.

경:옥 (鏡玉) 團 사진기·안경·망원경 등에 쓰는 렌즈.

경:옥 (瓊玉) 圐 아름다운 구슬.

경:옥-고 (瓊玉膏)[-꼬] 圐 《한의》 혈액 순환을 돕는 보약의 하나.

경외 (京外) 圐 1 서울과 지방. 경향(京鄉). 2 서울 밖의 지방.

경:외 (敬畏) 圐하타 공경하면서 두려워함. 외경.

경외 (境外) 圐 일정한 경계의 밖. □~로 몰아내다. ↔경내.

경:외-감 (敬畏感) 圐 공경하면서 두려워하는 감정. □생명에 대한 ~.

경외-서 (經外書) 圐 《기》 경외 성경.

경외 성:경 (經外聖經) 《기》 전거가 확실하지 않아 성경에 수록되지 않은 30여 편의 문헌 《구약 외전과 신약 외전으로 나뉨》. 경외서. 경외 성서. 외전(外典). 위경(僞經).

경:외-심 (敬畏心) 圐 공경하면서 두려워하는 마음. □자연에 대하여 ~을 품다.

경외-장 (京外匠) 圐 예전에, 서울과 지방에서 사기(沙器)를 만들던 장인(匠人).

경용 (經用) 圐 날마다 일정하게 쓰는 비용.

경우 (耕牛) 圐 논밭을 갈 때 부리는 소.

경우 (境遇) 圐 1 사리나 도리. □~가 바른 사람/~가 밝다/~를 따지다/~에 어긋나다. 2 놓여 있는 조건 또는 놓이게 된 형편이나 사정. □만일의 ~에 대비하다/위급한 ~를 당하다/비가 올 ~에는 경기를 연기한다.

경운 (耕耘) 圐 논밭을 갈고 김을 맴.

경운-기 (耕耘機) 圐 동력을 이용하여 논밭을 갈아 일구는 농사 기계.

경원 (耕園) 圐 경작하는 과수원이나 채소밭.

경원 (經援) 圐 '경제 원조'의 준말.

경:원 (敬遠) 圐하타 1 공경하지만 가까이하지는 않음. □사장을 ~하다. 2 겉으로는 공경하는 체하면서 실제로는 꺼리어 멀리함. 경이원지. □엄한 선배를 ~하며 지내다.

경:원-시 (敬遠視) 圐하타 겉으로는 친한 체하면서 실제로는 멀리하고 꺼림칙하게 여김. □잘난 척하는 녀석을 ~하다.

경위 (涇渭) 圐 사리의 옳고 그름과 시비의 분간. □~가 분명하다〔밝다〕/~를 따지다.

경위 (經緯) 圐 1 직물의 날과 씨. 2 '경위도'의 준말. 3 '경위선'의 준말. 4 일이 진행되어 온 과정. □사건의 ~를 설명하다.

경위 (頸圍) 圐 목의 둘레.

경:위 (警衛) 圐하타 1 경계하여 호위함. 또는 그렇게 하는 사람. 2 경찰 공무원 계급의 하나《경감의 아래, 경사의 위》.

경위-도 (經緯度) 圐 경도와 위도. ⬥경위.

경:위-병 (警衛兵) 圐 《역》 임금을 경위하던 군사.

경위-서 (經緯書) 圐 전말서(顚末書).

경위-선 (經緯線) 圐 경선과 위선. ⬥경위.

경:위-원 (警衛院) 圐 《역》 대한 제국 때, 대궐 안팎의 경비를 맡아보던 관아.

경위-의 (經緯儀) [-/-이] 圐 천체나 물체의 고도·방위각을 재는 기계. 세오돌라이트.

경유 (經由) 圐하타 1 어떤 곳을 거쳐 지남. □미국을 ~하여 귀국하다. 2 사무 절차상에서 어떤 부서를 거침. □간부 회의를 ~하다.

경유 (輕油) 圐 1 석유 원유를 증류할 때 얻어지는, 중유(重油)보다 가볍고 등유(燈油)보다 무거운 기름. 디젤 엔진용 연료·기계 세척용

으로 씀. 2 콜타르를 증류할 때 얻어지는 가장 가벼운 기름. 방향족 탄화수소의 혼합물로 벤젠·톨루엔 따위의 원료로 씀.

경유 (鯨油) 圐 고래의 지방 조직이나 뼈에서 얻는 기름《경화유(硬化油)의 원료임》. 고래 기름.

경유-국 (經由國) 圐 거쳐 지나는 나라.

경유-지 (經由地) 圐 거쳐 지나는 곳. □대전이 중간 ~이다.

경육 (鯨肉) 圐 고래의 고기.

경음 (硬音) 圐 《언》 된소리.

경음 (鯨飮) 圐하자 고래가 물을 마시듯이, 술을 아주 많이 마심. □~ 마식(馬食).

경:음 (競飮) 圐하자 술 따위를 많이 마시기를 겨룸. □~ 대회.

경-음악 (輕音樂) 圐 《악》 오락 목적의 대중성을 띤 가벼운 음악《재즈·샹송·팝송 따위》.

경음-화 (硬音化) 圐 《언》 '된소리되기'의 한 자말.

경읍 (京邑) 圐 서울.

경의 (更衣) [-/-이] 圐하자 옷을 갈아입음.

경:의 (敬意) [-/-이] 圐 존경하는 뜻. □~를 표하다〔가지다〕.

경의 (輕衣) [-/-이] 圐 1 가벼운 비단옷. 2 간단한 옷차림.

경의 (經義) [-/-이] 圐 경서(經書)의 뜻.

경의-비마 (輕衣肥馬) [-/-이] 圐 가벼운 비단옷과 살진 말이라는 뜻으로, 호사스러운 차림새를 가리키는 말.

경이 (驚異) 圐 놀랍고 신기하게 여김. □~의 눈으로 바라보다.

경이-감 (驚異感) 圐 놀랍고 신기한 느낌. □~을 불러일으키다/~에 사로잡히다.

경이-롭다 (驚異-)[-따]〔-로워, -로우니〕 휑 놀랍고 신기한 데가 있다. □경이로운 기록. 경이-로이 閉

경이원지 (敬而遠之) 圐하타 경원(敬遠).

경이-적 (驚異的) 瑹 놀랍고 신기하게 여길 만한 (것). □~인 경제 발전.

경이-하다 (輕易-) 閺 1 일 따위가 힘들지 않고 쉽다. 2 대수롭지 않다.

경인 (京人) 圐 서울 사람.

경인 (京仁) 圐 서울과 인천. □~선(線).

경인 (庚寅) 圐 《민》 육십갑자의 스물일곱째.

경인-구 (驚人句)[-꾸] 圐 사람을 놀라게 할 정도의 뛰어난 시구. ⬥경구(驚句).

경인-답 (京人畓) 圐 서울 사람이 소유한, 시골에 있는 논. ⬥경답(京畓).

경인-전 (京人田) 圐 서울 사람이 소유한, 시골에 있는 밭. ⬥경전(京田).

경:-일 (敬日) 圐 《종》 대종교에서, 단군에게 경배(敬拜) 드리는 날이란 뜻으로, 일요일을 일컫는 말.

경:-일 (慶日) 圐 경사스러운 날.

경-입자 (輕粒子)[-짜] 圐 《물》 전자·중성미자·미크론 중간자와 같이 질량이 적은 소립자(素粒子)의 총칭. 렙톤(lepton).

경자 (庚子) 圐 《민》 육십갑자의 서른일곱째.

경자-마지 (庚子-) 圐 《식》 조의 하나. 줄기는 푸르며 이삭은 짧고 까끄라기가 없음.

경자-자 (庚子字) 圐 《역》 조선 세종 때인 경자년(1420)에 만든 구리 활자.

경작 (耕作) 圐하타 땅을 갈아 농사를 지음. 경(耕稼). 경농(耕農). □~ 농가/공동 ~.

경작-권 (耕作權)[-꿘] 圐 《법》 토지를 경작할 수 있는 소작인의 권리.

경작 면:적 (耕作面積)[-쩍-] 《농》 실제로 농사짓는 땅의 넓이.

경작-물 (耕作物)[-장-] [명] 경작하는 농산물.
경작-자 (耕作者)[-짜] [명] 논밭을 갈아 직접 농사를 짓는 사람.
경작-지 (耕作地)[-찌] [명] 농사를 짓는 땅. [준] 경지(耕地).
경작 지주 (耕作地主)[-찌-] 〖농〗 직접 경작하는 지주.
경작 한:계지 (耕作限界地)[-자칸- / -자칸게-] 〖농〗 생산량이 생산 비용과 비슷하여 경작 가치가 거의 없는 땅.
경장 (更張) [명][하타] 1 고쳐서 확장함. 2 정치적·사회적으로 낡은 제도를 고쳐 새롭게 함. 3 거문고의 줄을 팽팽하게 고쳐 맴.
경장 (經藏) [명] 〖불〗 1 삼장(三藏)의 하나인 불경. 2 절에서 불경을 넣어 두는 집.
경장 (輕裝) [명][하자] 홀가분하게 차림. 또는 그 차림새.
경:장 (警長) [명] 경찰 공무원 계급의 하나《경사의 아래, 순경의 위》.
경장-행군 (輕裝行軍) [명] 가벼운 무장(武裝)으로 하는 행군.
경재 (硬材) [명] 활엽수에서 얻은 단단한 목재.
경재 (卿宰) [명] 재상(宰相).
경재-소 (京在所) [명] 〖역〗 조선 초기에, 서울에 두어 중앙 관청과의 연락 사무를 맡던 지방의 출장소.
경:쟁 (競爭) [명][하자] 같은 목적에 대해 이기거나 앞서려고 서로 겨룸. ❑ ~이 붙다 / 치열한 ~을 벌이다 / ~ 관계에 있는 회사.
경:쟁 가격 (競爭價格)[-까-] 〖경〗 1 시장에서 수요자나 공급자가 경쟁함으로써 이루어지는 가격. ↔독점 가격. 2 경쟁 입찰에서 결정된 가격.
경:쟁 계:약 (競爭契約)[- / -게-] 〖법〗 여러 사람을 경쟁시켜 가장 유리한 조건을 제시한 사람과 계약을 맺는 일.
경:쟁-국 (競爭國) [명] 국제적으로 서로 유리한 입장을 차지하려고 다투는 상대국.
경:쟁-력 (競爭力)[-녁] [명] 경쟁할 만한 힘이나 능력. ❑ ~을 기르다 / ~을 키우다 / ~을 갖추다 / ~이 강화되다.
경:쟁-률 (競爭率)[-뉼] [명] 경쟁의 비율. ❑ ~이 세다 / ~이 떨어지다 / 높은 ~을 뚫고 합격하다.
경:쟁-리 (競爭裏)[-니] [명] (주로 '경쟁리에'의 꼴로 쓰여) 경쟁하는 가운데. ❑ ~에 낙찰되었다.
경:쟁 매매 (競爭賣買) 〖경〗 상품 거래에서, 사는 사람과 파는 사람의 어느 한쪽이 다수이거나 모두 다수인 경우, 경쟁하여 이루어지는 매매 행위.
경:쟁-사 (競爭社) [명] 서로 앞서려고 다투는 회사. ❑ ~보다 우수한 제품을 내놓다.
경:쟁-시험 (競爭試驗) [명] 채용·입학에서 뽑을 인원보다 지원자가 많을 때 보이는 시험.
경:쟁-심 (競爭心) [명] 남과 겨루어 이기거나 앞서려는 마음. 경쟁의식. ❑ ~을 북돋우다 / ~이 강한 사람 / ~이 생기다.
경-쟁이 (經-) [명] 〖민〗 재앙을 물리치기 위해서 경(經)을 읽어 주는 사람.
경:쟁 입찰 (競爭入札) 〖경〗 여러 입찰자 가운데 가장 적당한 조건을 내세운 사람을 낙찰자로 정하는 입찰.
경:쟁-자 (競爭者) [명] 같은 목적을 두고 이기거나 앞서려고 서로 겨루는 상대자. 라이벌(rival). ❑ ~가 생기다 / ~를 물리치다.
경:쟁-장 (競爭場) [명] 서로 이기거나 앞서려고 겨루는 곳.
경:쟁-적 (競爭的) [관][명] 앞서거나 이기려고 서로 다투는 (것). ❑ ~ 관계.
경:쟁적 공:존 (競爭的共存)[-꽁-] 〖사〗 둘 이상의 세력이 서로 경쟁을 하며 공존함.
경저-리 (京邸吏) [명] 〖역〗 벼슬아치나 서민으로 서울에 머물러 지방 관청의 사무를 연락하고 대행하던 사람. 경주인(京主人).
경적 (勁敵·勍敵) [명] 강적(强敵).
경적 (經籍) [명] 경서(經書).
경적 (輕敵) [명][하자타] 1 무섭지 않고 만만한 적. 2 적을 얕봄.
경:적 (警笛) [명] 위험을 알리거나 경계를 위하여 소리를 울리는 장치. 또는 그 소리. ❑ ~을 요란하게 울리다.
경적-필패 (輕敵必敗) [명] 적을 얕보면 반드시 패함.
경전 (京田) [명] '경인전(京人田)'의 준말.
경전 (京錢) [명] 〖역〗 대한 제국 말기에, 당오전을 민간에서 셈하던 방법《1전을 닷 돈, 2전을 한 냥으로 치던 셈》.
경전 (勁箭) [명] 강한 화살. 경시(勁矢).
경전 (耕田) [명][하자] 논밭을 갊. 또는 그 논밭.
경전 (經典) [명] 1 변하지 않는 법식과 도리. 2 성인(聖人)이 지은 글. 또는 성인의 말이나 행실을 적은 글. ❑ 유교의 ~. 3 종교의 교리를 기록한 책. ❑ 불교 ~ / 유교 ~.
경전 (經傳) [명] 1 '성경현전(聖經賢傳)'의 준말. 2 경서와 그 해설책.
경전 (輕箭) [명] 가벼운 화살.
경:전 (慶典) [명] 경사를 축하하는 의식.
경:전 (競傳) [명][하타] 앞다투어 전함.
경-전기 (輕電機) [명] 전기 기기·기구 가운데 무게가 적은 것《내구(耐久) 소비재를 주로 하여, 가정용 전기 기구·전구·전지 따위》. ↔중(重)전기.
경전-착정 (耕田鑿井)[-쩡] [명] 밭을 갈고 우물을 판다는 뜻으로, 국민들이 생업에 종사하며 평화로이 산다는 말.
경-전철 (輕電鐵) [명] 수송량과 운행 거리가 기존 지하철의 절반 정도인 경량 전철.
경:절 (慶節) [명] 1 온 국민이 기념하는 경사스러운 날. *국경일. 2 제왕·태자 등의 탄신일.
경점 (更點)[-쩜] [명] 1 〖역〗 조선 때, 북이나 징을 쳐서 알려 주던 시간《하룻밤의 시간을 다섯 경(更)으로 나누고, 한 경은 다시 다섯 점(點)으로 나누어 경에는 북을, 점에는 징을 침》. 2 〖불〗 절에서, 초경·이경·삼경·사경·오경에 맞추어 치는 종.
[경점 치고 문지른다] 일을 그르쳐 놓고 그 잘못을 얼버무리려 한다.
경점 군사 (更點軍士)[-쩜-] 〖역〗 조선 때, 경과 점을 알리는 북이나 징을 치던 군사.
경정 (更正) [명][하타] 1 잘못된 점을 바르게 고침. 2 〖법〗 납세 의무자의 신고가 없거나 신고액이 너무 적을 때, 정부가 과세 표준과 과세액을 변경하는 일.
경정 (更定) [명][하타] 고쳐 정함.
경정 (更訂) [명][하타] 책 따위의 내용을 고쳐 바로잡음.
경:정 (敬呈) [명][하타] 경건하게 드림.
경정 (輕艇) [명] 가볍고 빠른 배.
경:정 (警正) [명] 경찰 공무원 계급의 하나《총경의 아래, 경감의 위》.
경:정 (警政) [명] '경찰 행정'의 준말.
경:정 (競艇) [명][하자] 조정(漕艇).
경-정맥 (頸靜脈) [명] 목의 정맥.

경정 예:산(更正豫算)[-녜-]『經』예산이 확정된 후, 경비의 총액을 늘리지 않는 범위에서 내용이 변경된 예산. ▢추가 ~.

경정-직행(徑情直行)[-지캥] **명**[하타] 예의범절 따위에 얽매이지 않고 곧이곧대로 행함.

경제(經濟) **명**[하자] **1** 인간 생활에 필요한 재화나 용역을 생산·분배·소비하는 모든 활동. 또는 그것을 통하여 이루어지는 사회적 관계. ▢~가 발전하다 / ~가 안정[침체] 되다 / ~를 살리다 / 남북 간의 ~ 교류를 증진시키다 / 현재는 ~ 사정이 허락지 않는다. **2** 돈이나 시간, 노력을 적게 들이는 일. **3**『經』'경제학'의 준말.

경제-가(經濟家) **명 1** 경제에 관한 학식·지식이 있는 사람. **2** 재물을 절약하며 살림을 규모 있게 잘하는 사람.

경제 개발(經濟開發) 산업을 일으켜 국가 경제를 발전시키는 일.

경제 개:혁(經濟改革)『經』이제까지의 경제 제도나 경제 질서를 새로운 것으로 바꾸는 일. ▢~을 추진하다.

경제 객체(經濟客體)『經』경제 활동의 대상이 되는 모든 재화(財貨)와 용역. ↔경제 주체(主體).

경제-계(經濟界)[-/-게]『經』경제 활동에 종사하는 조직체나 개인들의 활동 영역. 특히, 실업가들의 세계.

경제 계:획(經濟計劃)[-/-게-] 한 나라의 경제를 일정한 시기에 일정한 목표에 이르게 하기 위해 세우는 지속적이고 종합적인 계획.

경제 공:황(經濟恐慌) 경제계가 혼란 상태에 빠져 산업이 침체하고 금융 상태가 좋지 않으며 파산자가 발생하는 현상. ⓒ공황.

경제-관념(經濟觀念) **명** 재화나 노력, 시간 따위를 유효하게 쓰려고 하는 생각. ▢~이 희박하다.

경제-권(經濟圈)[-꿘] **명**『經』국제적·국내적으로 경제 활동이 교류되고 있는 일정한 지역. ▢아시아 ~.

경제-권(經濟權)[-꿘] **명** 경제 행위를 주장(主張)하는 권리. ▢~을 쥐고 있다.

경제 기구(經濟機構) 경제에 관한 문제를 전문으로 다루는 정치적·경제상의 기구.

경제-난(經濟難) **명** 경제상의 어려움. ▢~을 겪다 / ~에 봉착하다 / ~을 극복하다 / 극심한 ~에 허덕이다.

경제 단위(經濟單位) 사회 전체의 경제 활동을 구성하는 낱낱의 경제 주체.

경제-력(經濟力) **명** 경제 행위를 해 나가는 힘. 개인의 경우는 수입이나 재산의 정도를, 국가나 기업의 경우는 생산력이나 축적된 자본의 정도를 말함. ▢~이 커지다 / ~을 집중하여 개발하다.

경제-림(經濟林) **명** 임산물의 이용·수익을 목적으로 가꾸는 산림. 공용림(供用林).

경제-면(經濟面) **명 1** 재정·금융·경제에 관한 기사를 싣는 신문의 지면. ▢일간지의 ~. **2** 경제에 관계되는 방면. ▢정치면과 ~을 아울러 관찰했다.

경제 백서(經濟白書)[-써] 정부가 국민에게 발표하는 연차 또는 신년도 경제 분야의 보고서.

경제-범(經濟犯)『法』경제 사범.

경제-법(經濟法)[-뻡] **명** 경제 활동에서 생기는 모순과 폐해를 정책적으로 조정하고 통제하기 위한 법.

경제 변:동(經濟變動) 경제의 성장 과정에서 발생하는 경제 활동 수준의 변동(계절적인 것과 주기적인 것이 있음). ▢~ 요인.

경제 봉쇄(經濟封鎖) 적대국에 대한 경제 제재의 한 방법(몇몇 나라가 연합하여 무역·금융 등 경제적인 거래에 대한 제한이나 금지로 경제 활동을 봉쇄하는 일).

경제 블록(經濟bloc)『經』몇몇 국가가 단결하여 이룬, 배타적인 경제권.

경제-사(經濟史) **명** 경제에 대한 조직 활동의 발전 과정 등을 연구하는 학문.

경제 사:범(經濟事犯)『法』개인·기업·공공단체 또는 국가의 경제적 법익(法益)을 침해하였거나, 그 법익을 침해하려는 범죄. 또는 그런 죄를 범한 사람. 경제범.

경제 사:절(經濟使節) 국제적으로 경제 문제를 해결하기 위하여 파견하는 사절.

경제 사회 이:사회(經濟社會理事會) 국제 연합의 한 상설 기관(국제적인 경제·사회·교육·위생 문제 등에 관한 연구·보고·제안·권고를 행함).

경제-성(經濟性)[-썽] **명** 재물·자원·노력·시간 따위가 적게 들면서도 이득이 되는 성질이나 정도. ▢~을 높이다.

경제 성장(經濟成長) 국민 소득·국민 총생산과 같은 국민 경제의 기본적 지표가 상승하는 일. ▢눈부신 ~을 이루다.

경제 성장률(經濟成長率)[-눌]『經』일정 기간 동안의 국민 소득 또는 국민 총생산의 실질적인 증가율. ⓒ성장률.

경제-속도(經濟速度)[-또] **명** 선박·항공기·자동차 등이 가장 적은 연료 소비로 가장 많은 거리를 갈 수 있는 속도. 경제속력. ▢~로 운행하다.

경제-속력(經濟速力)[-쏭력] **명** 경제속도.

경제 수역(經濟水域) 연안국이 어업과 자원 등을 보유·관할할 수 있는 해역(보통, 연안에서 200 해리까지를 이름). ▢~을 설정하다. ＊전관 수역.

경제 순환(經濟循環)『經』경제 활동에서의 생산·분배·지출의 순환.

경제 원:조(經濟援助) 강대국의 약소국·개발도상국에 대한 경제적 도움. ⓒ경원(經援).

경제 원칙(經濟原則) 가장 적은 비용으로 가장 큰 수익을 얻으려는 경제상의 원칙.

경제-인(經濟人) **명 1** 경제계에서 활약하는 사람. ▢~ 연합회. **2** 경제 원칙에 따라 최대 이윤을 꾀하여 합리적으로 행동하는 인간상. **3** 자신의 경제적인 이득만을 위하여 행동하는 사람.

경제-재(經濟財) **명** 경제적 가치가 있으며 점유나 매매 같은 경제 행위의 대상이 되는 재화. ↔자유재.

경제-적(經濟的) **관형 1** 경제 또는 경제상에 관한 (것). ▢~으로 도움을 주다. **2** 비용·노력·시간을 적게 들이는 (것). ▢~ 집단 / ~인 사람.

경제-전(經濟戰) **명 1** 나라끼리 서로 경제적 이익을 얻기 위하여 하는 싸움. **2** 국제간에 경제 문제로 하는 다툼.

경제 정책(經濟政策) 국민의 경제상의 이익을 보호·증진시키기 위한 국가의 방책.

경제 제:재(經濟制裁) 특정 국가에 대한 경제적인 압박 수단(재외 자산의 동결, 경제 봉쇄 따위).

경제 주체(經濟主體) 가계·기업·정부 따위처럼 경제 활동을 하는 단위. ↔경제 객체(客體).

경제 지리학(經濟地理學) 경제 활동과 지역

적 특성 따위를 연구하는 인문 지리학의 한 분야.

경제 차:관(經濟借款) 경제상의 일을 위한 외국 빚.

경제 철학(經濟哲學) 경제에 관한 구체적이고 현실적인 문제를 확실한 지식 비판에 의하여 근본적으로 해결하려는 학문《광의의 경제학에 속함》.

경제 통:제(經濟統制) 국가나 단체가 국리민복을 증대하기 위하여 공정 가격·배급제 등으로 개인의 경제 활동을 제한하는 일.

경제 투쟁(經濟鬪爭) 근로자가 임금 인상·근로 시간의 단축 등 근로 조건을 개선하여 경제적 이익을 얻기 위해 자본가와 벌이는 투쟁. ✱정치 투쟁.

경제 특구(經濟特區)[-꾸] 《경》 외국의 자본이나 기술을 집중적으로 받아들이기 위하여 설치되는 경제 특별 지구. 참여하는 외국 기업에 대해서는 경제면에서의 여러 가지 혜택이 주어짐.

경제-학(經濟學) 경제 현상을 대상으로 생산·교환·분배의 법칙을 연구하는 사회 과학의 총칭. 이재학. ⓜ경제.

경제 학-사(經濟學史)[-싸] 경제 이론의 발생과 발전 과정을 다루는 역사. 경제학설사.

경제 행위(經濟行爲) 《경》 경제적 욕망을 채우기 위하여 재화나 용역을 획득하고 사용하는 행위《생산·교환·분배·소비 따위》.

경제 협력(經濟協力)[-혐녁] 선진국이 개발도상국에 연불(延拂) 수출·차관 제공·기술 원조 등을 하는 일. ⓜ경협.

경제 협력 개발 기구(經濟協力開發機構)[-혐녁깨-] 개발도상국의 원조, 경제 성장, 세계 무역의 확대 등을 주요 목적으로 1961년에 창설된 국제 협력 기구. 오이시디(OECD).

경조(京兆) 서울. 수도.

경조(京造) '경조치'의 준말.

경조(京調)[-조] 1 서울의 풍속과 습관. 2 서울 특유의 시조 창법. 경제(京制). ✱영조(嶺調)·완조(完調).

경조(硬調)[-조] 1 살 사람이 많아 값이 오르는 일. 2 사진의 원판 인화에서, 감광된 곳과 안 된 곳의 차가 뚜렷한 일.

경:조(敬弔) 명하타 죽은 이를 존경하는 마음으로 조의(弔意)를 표함.

경:조(慶弔) 명하타 1 경사스러운 일과 궂은 일. 2 경사를 축하하고 흉사를 조문(弔問)함.

경:조(慶兆) 기쁜 일이 있을 조짐.

경조(輕漕) 명하자 조정(漕艇). 보트 레이스.

경조부박(輕佻浮薄) 명하형 말이나 행동이 신중하지 못하고 가벼움. 경박부허(輕佻浮虛). □~한 녀석. ⓜ경부.

경:조-비(慶弔費) 축하하거나 조문하는 데에 드는 비용. 경조사비.

경:조-사(慶弔事) 경사스러운 일과 불행한 일. □~를 챙기다.

경:조사-비(慶弔事費) 경조비.

경:조-상문(慶弔相問) 명하자 경사스러운 일은 서로 축하하고 불행한 일은 서로 위문함.

경조-윤(京兆尹) 명 《역》 '한성부 판윤'의 딴이름.

경조-치(京造-) 명 지방 토산물을 서울에서 본떠 만든 물건. ⓜ경조.

경조-토(輕燥土) 명 《농》 푸석푸석해서 갈기 쉬운 흙.

경조-하다(輕佻-) 형여 말이나 행동이 경솔하다. 경조-히 부

경조-하다(輕燥-) 형여 가볍고 건조하다.

경조-하다(輕躁-) 형여 성미가 급하고 행동이 경솔하다.

경종(京種) 명 1 서울에서 생산되는 채소 따위의 종자. 2 서울내기.

경종(耕種) 명하타 논밭을 갈고 씨를 뿌려 가꿈. □전통적으로 ~ 양식.

경종(經宗) 명 《불》 경전에 따라 생긴 종파《화엄종·천태종·법화종 따위》.

경:종(警鐘) 명 1 다급한 일이나 위험을 알리기 위하여 치는 종. □~ 소리 / ~을 두드리다. 2 잘못된 일이나 위험에 대해 경계하여 주는 주의나 충고. □사회에 ~이 되다.
  경종을 울리다 구 다급하거나 위험한 일을 미리 경계하여 주의를 환기시키다. □환경 파괴의 심각성에 대해 ~.

경종 방식(耕種方式) 《농》 농작물의 선택이나 배치, 재배 순서 따위를 자연적 또는 경제적 사정에 맞추어 정하는 방법《화전식(火田式)·혼작식(混作式) 따위》.

경좌(庚坐) 명 집터·묏자리 등이 경방을 등진 방향. 또는 그 자리. 남서쪽을 등진 방향임.

경좌-갑향(庚坐甲向)[-까향] 명 경방을 등지고 갑방을 바라보고 앉는 자리. 남서쪽을 등지고 북동쪽을 바라보는 자리임.

경죄(輕罪) 명 가벼운 죄. ↔중죄(重罪).

경주(傾注) 명하자타 1 물 따위를 붓거나 쏟음. 2 마음이나 힘을 한곳에만 기울임. □전력을 ~하다 / 모든 노력이 ~되어야 성공할 수 있다. 3 강물이 쏜살같이 바다로 흘러 들어감. 4 비가 퍼붓듯 쏟아짐.

경주(輕舟) 명 가볍고 빠른 작은 배.

경:주(競走) 명하자 사람·동물·차 따위가 일정한 거리를 달려 빠르기를 겨룸. 또는 그 경기. □마라톤 ~ / 자동차 ~를 벌이다.

경:주-로(競走路) 명 달리기 경기 따위에서, 선수가 달리도록 정해 놓은 길. 코스.

경:주-마(競走馬) 명 경주에 나가기 위해 특별히 훈련된 말.

경:주-용(競走用) 명 경주하는 데 쓰임. 또는 그런 것. □~ 자동차.

경주인(京主人) 명 경저리(京邸吏).

경중(京中) 명 서울 안.

경중(敬重) 명하타 공경하여 소중히 여김.

경중(輕重) 명 1 가벼움과 무거움. 또는 그 정도. □~을 가리다 / 피해 정도의 ~을 따지다 / 죄의 ~에 따라 처벌하다. 2 중요함과 중요하지 않음. □일의 ~을 가리다 / 사안의 ~을 따지다.

경:중(警衆) 명하자 뭇사람을 깨우침.

경:중-미인(鏡中美人) 명 1 거울에 비친 미인이란 뜻으로, 실속 없는 일을 일컫는 말. 2 경우가 바르고 얌전하다고 하여, 서울·경기도 사람의 성격을 평한 말.

경증(輕症)[-쯩] 명 병의 가벼운 증세. □~ 환자. ↔중증(重症).

경증(驚症)[-쯩] 명 말이나 나귀가 잘 놀라는 성질.

경지(京址) 명 서울이었던 터.

경지(耕地) 명 '경작지'의 준말. □~가 넓다.

경지(境地) 명 1 일정한 경계 안의 땅. 2 학문·예술·인품 따위에서, 일정한 특성과 체계를 갖춘 독자적인 방식. □새로운 ~를 개척하다. 3 몸이나 마음이 어떤 단계에 도달한 상태. 무아의 ~ / 달관의 ~에 이르다 / 도가 높은 ~에 도달하다.

경지 면:적(耕地面積) 경작지의 면적.

경지-산 (硬脂酸) 圐《화》 '스테아르산(酸)'을 흔히 이르는 말.

경지 정:리 (耕地整理)[-니] 농지를 효율적으로 이용하고 수확을 늘리기 위해, 일정한 구역의 농지를 반듯하고 널찍하게 고치고, 배수·관개에 따른 설비를 공동으로 개량하는 일. 농지 정리.

경직 (京職) 圐《역》 '경관직'의 준말.

경직 (耕織) 圐하闐 농사짓는 일과 길쌈하는 일.

경직 (硬直) 圐하闐 1 몸 따위가 굳어서 뻣뻣하게 됨. ▢사후(死後) ～/～된 근육을 풀어 주다. 2 사고방식·태도 따위가 부드럽지 못하여 융통성이 없고 엄격함. ▢～된 분위기를 완화시키다.

경직-성 (硬直性)[-썽] 圐 1 몸 따위가 굳어서 뻣뻣해지는 성질. 2 사고방식·태도 따위가 부드럽지 못하여 융통성이 없고 엄한 성질. ▢관료 정치의～.

경직-하다 (勁直-·硬直-·剄直-)[-지카-] 혱어 의지가 굳고 곧다.

경진 (庚辰) 圐《민》 육십갑자의 열일곱째.

경진 (輕震) 圐 몸으로 느낄 수 있고 창문이 좀 흔들릴 정도의 가벼운 지진(진도는 2).

경:진 (競進) 圐하闐 1 제품·상품 따위의 우열을 가림. 2 컴퓨터 ～ 대회. 2 다투어 앞으로 나아감.

경:진-회 (競進會) 圐 공진회(共進會).

경질 (更迭·更佚) 圐하闐 어떤 직위의 사람을 다른 사람으로 바꿈. ▢장관을 ～하다/～ 사유를 밝히다.

경질 (硬質) 圐 단단하고 굳은 성질. ↔연질.

경질 고무 (硬質-)《화》 신축성이 적고 단단한 고무. 생고무에 30–50％의 황을 더하거나 충전제를 배합하여 만듦(주로 전기 절연체에 씀). 에보나이트(ebonite).

경질 도기 (硬質陶器)《공》 1,200℃ 정도의 열로 굽고 약한 잿물을 발라서 1,000℃의 열로 다시 구운 도기(백색으로 단단하고 굳으며 변기·타일 등에 씀). 장석질(長石質) 도기.

경질-미 (硬質米) 圐 수분이 적고 단단하여 잘 변하지 않는 현미. ↔연질미(軟質米).

경질-유 (輕質油)[-류] 圐 비중이 가볍고 질이 좋은 휘발유 따위의 원유. 비중 측정 단위 35도 이상의 것. *중(重)질유·중(中)질유.

경질 유리 (硬質琉璃)[-류-]《화》 마그네슘·알루미늄 외에 칼륨을 많이 함유하여, 녹는 점이 높고 화학 약품에 강한 유리의 통칭(화학 실험용·전기용으로 씀).

경질 자:기 (硬質瓷器) 900℃ 정도의 높은 열로 굽고 강한 잿물을 바르고 다시 1,400℃ 정도의 열로 구운 자기(조직이 매우 치밀함. 식기·화학용 기구 등에 씀). 장석질(長石質) 자기.

경차 (經差) 圐 경도차(經度差).

경차 (傾差) 圐 자침이 표시하는 방향과 수평면이 이루는 각도. 복각(伏角).

경차 (輕車) 圐 '경승용차'의 준말.

경:차-관 (敬差官) 圐《역》 조선 때, 지방에 임시로 내려보낸 벼슬(주로 전곡(田穀)의 손실을 조사하고 민정을 살핌).

경:찰 (警察)《법》 1 사회의 공공질서를 유지하고 국민의 안전과 재산을 보호하는 일. 또는 그 일을 하는 조직. ▢～에 신고하다/～이 범인 검거에 나서다. 2 '경찰관'의 준말. ▢～에게 길을 묻다/～이 음주 운전 단속을 하다.

경:찰-견 (警察犬) 圐 경찰의 활동을 보조하기 위하여 훈련시킨 개(범인의 추적·체포·인명 구조 등에 씀).

경:찰 공무원 (警察公務員)《법》 경찰 업무에 종사하는 공무원. 경찰관.

경:찰-관 (警察官) 圐 경찰 공무원. 춘경관·경찰.

경:찰 관서 (警察官署) 경찰 행정을 담당하는 관청(경찰청, 각 시도의 지방 경찰청, 경찰서 따위).

경:찰-국가 (警察國家)[-까] 圐 경찰권을 마음대로 행사하여 국민 생활을 감시·통제하는 국가 형태. 경찰국. ↔법치 국가.

경:찰-권 (警察權)[-꿘] 圐 공공질서를 유지하기 위해서, 경찰이 명령하고 강제하여 국민의 자유를 제한하는 국가 권력.

경:찰-력 (警察力) 圐 경찰의 물리적인 힘. ▢시위 현장에 ～을 투입하다.

경:찰 명:령 (警察命令)[-녕] 사회의 안녕과 질서 유지를 위해, 경찰에 관한 사항에 대하여 내리는 행정 명령.

경:찰-범 (警察犯) 圐 경찰 법규·경찰 명령을 어기는 행위. 또는 그 사람.

경:찰 법규 (警察法規)[-뀨] 圐 경찰의 조직 및 직무 마위에 필요한 사항을 규정한 법규.

경:찰-봉 (警察棒) 圐 경찰관이 지니고 다니는 방망이(나무로 만들며 허리에 차고 다님). 경봉(警棒).

경:찰-서 (警察署)[-써] 圐 지방 경찰청의 하부 기구로, 각각 그 관할 구역내의 경찰 사무를 다루는 관서. ▢～에 수상한 사람을 신고하다. 춘서(署).

경:찰-의 (警察醫)[-차릐/-차리] 圐 경찰에 속하여 위생 사무·검시 따위를 맡은 의사. *공의(公醫).

경:찰-차 (警察車) 圐 경찰이 업무를 볼 때 사용하는 차.

경:찰 처:분 (警察處分)《법》 경찰의 목적을 달성하기 위해 행하는 행정 처분(경찰 명령·경찰 허가가 있음).

경:찰-청 (警察廳) 圐 안전 행정부에 속하여 경찰에 관한 사무를 통괄하는 기관. 1991년에 제정된 경찰법에 의거 '치안 본부'가 바뀐 이름임.

경:찰 행정 (警察行政)《법》 경찰의 목적을 달성하기 위하여 행하여지는 국가의 행정. 경정(警政).

경:찰 허가 (警察許可)《법》 사회의 안녕과 질서 유지를 위하여 어떤 행위를 금하고 있을 때, 특정한 경우에만 그 금지를 해제하여, 그 행위가 적법하도록 해 주는 경찰 처분.

경창 (京倉) 圐《역》 조선 때, 서울 한강 가에 있던 각종 관곡(官穀) 창고.

경창 (京唱) 圐《악》 국악에서, 서울에서 특별히 부르는 노래. 또는 그런 곡조.

경채 (硬彩) 圐 짙고 선명한 도자기의 빛깔. 오채(五彩).

경채-류 (莖菜類) 圐 줄기를 주로 먹는 채소류의 총칭. 줄기채소류.

경책 (輕責) 圐하闐 가볍게 꾸짖음.

경:책 (警責) 圐하闐 정신을 차리도록 꾸짖음. ▢～을 맞다.

경:책 (警策)《불》 좌선(坐禪) 때, 졸거나 자세가 흐트러진 사람의 어깨를 쳐서 정신을 차리게 하는 데 쓰는, 대나무나 갈대로 만든 긴 막대기(독경 때에는 죽비(竹篦) 대용으로도 씀).

경처 (景處) 圐 경치가 뛰어난 곳. 명승지.

경척 (鯨尺)圓 피륙을 재는 자의 하나((한 자는 곱자로한 두 치 닷 푼임)).

경천 (景天)圓〖식〗바위솔.

경ː천 (敬天)圓하자 하늘을 공경함.

경ː천-근민 (敬天勤民)圓하자 하늘을 공경하고 백성을 위하여 부지런히 일함.

경천-동지 (驚天動地)圓하자 세상을 몹시 놀라게 함. ♣하나의 대사건.

경ː천-애인 (敬天愛人)圓하자 하늘을 공경하고 사람을 사랑함.

경철 (輕鐵)圓 '경편(輕便) 철도'의 준말.

경ː철 (鏡鐵)圓〖화〗15~30 %의 망간을 함유한 선철. 절단면이 거울처럼 빛남.

경첩圓〔←겹첩〕여닫이문에서, 한쪽은 문틀에, 다른 한쪽은 문짝에 고정하여 문짝이나 창문을 다는 데 쓰는 철물((두 쇳조각을 맞물려 만듦). 접철(摺鐵), 합엽(合葉)

경첩-하다 (勁捷-)[-쩝-]혱 굳세고 날래다.

경첩-하다 (輕捷-)[-쩌파-]혱 1 움직임이 가뿐하고 날쌔다. ♣경첩한 움직임. 2 차림새가 단출하고 홀가분하다.

경ː청 (敬請)圓하타 삼가 청함.

경청 (傾聽)圓하타 귀를 기울여 들음. ♣그의 연설을 ~할 만하다 / 끝까지 ~을 하다.

경ː청 (敬聽)圓하타 공경하는 마음으로 들음.

경청-하다 (輕淸-)혱 1 날씨·빛깔 등이 산뜻하고 맑다. 2 곡조 따위가 맑고 가볍다. 3 음식의 맛이 깨끗하고 시원하다.

경체 (徑遞)圓하자 벼슬의 임기가 끝나기 전에 다른 벼슬로 갈려 감.

경-체조 (輕體操)圓 맨손으로 하거나 가벼운 기구를 사용하는 체조.

경초 (勁草)圓 억센 풀이란 뜻으로, 지조가 꿋꿋한 사람의 비유.

경추 (頸椎)圓 포유류에서, 척추 윗부분의 일곱 개의 뼈. 목등뼈.

경ː축 (慶祝)圓하타 경사스러운 일을 축하함. ♣~ 행사.

경ː축-사 (慶祝辭)[-싸]圓 경사스러운 일을 축하하는 모임에서 공식적으로 하는 인사말.

경취 (景趣)圓 경치.

경측 (傾仄)圓하자 물건이 한쪽으로 기울어짐.

경치 (景致)圓 산이나 들, 바다 따위의 자연계의 아름다운 풍경. 경개(景槪). 경관(景觀). 경광(景光). 경물(景物). 경색(景色). 경취. 풍경. 풍광. 풍물. 〔높〕가 장관이다. ♣준경(景).

경-치다 (黥-)자 1 혹독하게 벌을 받다. 되게 ~ / 경칠 놈 같으니라고. 2 (주로 '경치게'의 꼴로 쓰여) 몹시 심한 상태를 못마땅하게 여기는 말. ♣날씨 치곤 경치게 덥네. 〔경치고 포도청 간다〕심한 고통, 어려운 일을 당할 때에 쓰는 말.

경칠-수 (黥-數)[-쑤]圓 심한 꾸지람을 듣거나 벌을 받을 운수.

경칩 (驚蟄)圓 이십사절기의 하나. 우수(雨水)와 춘분 사이에 있음((양력 3월 5일경. 겨울잠을 자던 벌레나 개구리 따위가 깨어 꿈틀거리기 시작한다는 시기임)).

경ː칭 (敬稱)圓하타 1 공경하는 뜻으로 부르는 칭호((각하(閣下)·선생·귀하 따위)). ♣~을 붙이다. 2 존대의 일컬음. ♣~을 쓰다.

경쾌-하다 (輕快-)혱 움직임·모습·기분 따위가 가볍고 상쾌하다. ♣경쾌한 복장 / 기분이 ~. **경쾌-히**본 ♣발걸음을 ~ 떼다.

경ː탄 (敬歎)圓하자 우러러 감탄함.

경탄 (驚歎)圓하자타 몹시 놀라며 감탄함. ♣~을 자아내다 / ~을 금치 못하다.

경탑 (經塔)圓〖불〗1 불경을 넣고 쌓은 탑. 2 경문을 새긴 탑.

경토 (耕土)圓 1 농작물을 심어 가꾸기 적당한 땅. 2 토질이 부드러워 갈고 맬 수 있는 땅 표면의 흙. 표토(表土).

경토 (境土)圓 강토(疆土).

경토 (輕土)圓 사토(砂土)·양토(壤土)같이 흙이 부드러워 갈기 쉬운 땅.

경통 (經痛)圓 월경 때, 배와 허리 또는 온몸이 아픈 증세.

경퇴 (傾頹)圓하자 낡은 건물 따위가 기울어져 무너짐.

경파 (硬派)圓 강경파. ↔연파(軟派).

경파 (鯨波)圓 큰 물결이나 파도. 경도.

경판 (京板)圓 서울에서 판각함. 또는 그 판각본. ♣~춘향전.

경판 (經板)圓 간행하기 위해서 나무나 금속에 불경을 새긴 판.

경판-각 (經板閣)圓〖역〗조선 후기에, 경판을 수집·보관하던 집.

경판-본 (京板本)圓 서울에서 판각(板刻)한 책. ✽완판본(完板本).

경편 (經-)圓 명주가 경 읽을 때 차려 놓는 떡.

경편 (輕便)圓하여부 가볍고 간단하여 사용하기에 편리함. ♣~ 기중기.

경편 철도 (輕便鐵道)[-또]圓 기관차와 차량이 작고 궤도가 좁은, 규모가 작고 간단한 철도. ♣준경철.

경폐-기 (經閉期)[-/-폐-]圓〖의〗'월경 폐쇄기'의 준말.

경포 (京捕)圓 '경포교'의 준말.

경포 (輕砲)圓 육군의 구경 105 mm 이하, 해군의 구경 12 cm 이하의 화력이 세지 않은 대포. ↔중포(重砲).

경ː포 (警砲)圓 경보를 알리기 위해 쏘는 대포.

경포 (驚怖)圓하자 놀라고 두려워함.

경-포교 (京捕校)圓〖역〗조선 때, 좌우 포도청의 포교. ♣준경교(京校)·경포(京捕).

경-포수 (京砲手)圓〖역〗조선 때, 서울 각 군영의 포수로서 시골에 파견된 사람.

경-폭격기 (輕爆擊機)[-격끼]圓 폭탄이 적게 실리는 기체(機體)가 작고 빠른 폭격기. ↔중폭격기.

경품 (景品)圓 1 상품을 사는 손님에게 곁들여 주는 물품. ♣~ 증정 / ~을 걸다 / 주방용 세제를 ~으로 나누어 주다. 2 어떤 모임에서 제비를 뽑아 선물로 주는 물품. ♣~을 타다.

경품-권 (景品券)[-꿘]圓 당첨이 되면 경품을 받을 수 있는 표. 덧거리표. 복권. ♣~을 모으다.

경풍 (京風)圓 서울 풍속. 경양(京樣). ♣~을 좇다.

경풍 (景風)圓 마파람.

경풍 (輕風)圓 1 가볍게 솔솔 부는 바람. 2〖기상〗남실바람.

경풍 (驚風)圓하자〖한의〗어린아이에게 나타나는 경련을 일으키는 병의 총칭. 경기(驚氣). ♣~을 일으키다.

경피 전염병 (經皮傳染病)[-쩌념뼝]圓〖의〗피부를 통하여 병원체가 들어가 생기는 전염병.

경필 (硬筆)圓 철필 펜.

경ː필 (警蹕)圓〖역〗임금이 거둥할 때 경호하기 위하여 사람의 통행을 금하던 일.

경ː하 (敬賀)圓하여타 공경하여 축하함.

경하 (輕霞)圓 아침이나 저녁의 엷은 노을.

경하

166

경:하(慶賀)〔명〕〔하타〕경사스러운 일을 축하함.
경-하다(輕-)〔형여〕1 무게가 가볍다. 2 가치나 비중 따위가 적다. 3 목숨을 경하게 여기지 마라. 3 말이나 행동이 침착하지 못하다. 4 병·죄·형벌 따위가 대수롭지 않다. ❏병세가 ~ / 경한 상처. ↔중(重)하다. **경-히**〔문〕
경학(經學)〔명〕사서오경을 연구하는 학문.
경학-원(經學院)〔명〕'성균관'의 딴 이름.
경한(輕汗)〔명〕조금 나는 땀. 미한(微汗). 박한.
경한(輕寒)〔명〕가벼운 추위.
경한-하다(勁悍-)〔형여〕사납고 거칠다.
경:합(競合)〔명〕〔하자〕1 서로 맞서 겨룸. ❏치열한 ~을 벌이다. 2〔법〕동일한 사실이나 요건에 대하여 평가 또는 평가의 효력이 중복되는 일. 특히, 형법에서 동일한 행위가 여러 개의 죄명에 해당하는 일.
경-합금(輕合金)〔-끔〕〔명〕〔화〕알루미늄·마그네슘 따위가 주성분인, 비중이 2.5~3.5인 합금. 잘 부식되지 않고 강하여 항공기의 재료로 씀.
경:합-범(競合犯)〔-뻠〕〔명〕〔법〕판결이 확정되지 않은 몇 가지의 죄. 또는 판결이 확정된 죄와 그 판결이 확정되기 전에 범한 죄.
경:해(輕欬·警咳)〔명〕〔하자〕1 인기척으로 내는 헛기침. 2 윗사람의 기침 소리나 말씀.
경해(驚駭)〔명〕〔하타〕뜻밖의 일로 몹시 놀람.
경행(京行)〔명〕〔하타〕서울에 감.
경행(徑行)〔명〕〔하타〕지름길로 감.
경행(經行)〔명〕1 '경명행수(經明行修)'의 준말. 2〔불〕도를 닦음. 행도(行道).
경:행(慶幸)〔명〕경사스럽고 다행한 일.
경향(京鄕)〔명〕서울과 시골. 도비. ❏경향 ~ / 각지.
경향(傾向)〔명〕현상·사상·형세 등이 한쪽으로 기울어짐. 또는 그런 방향. ❏새로운 ~ / 일반적인 ~ / 형식을 중시하는 ~이 있다.
경향-극(傾向劇)〔명〕특정한 주의나 사상의 선전을 위한 극.
경향 문학(傾向文學)〔명〕특정한 주의나 사상을 선전하려는 목적이 뚜렷한 문학.
경향-성(傾向性)〔-쎙〕〔명〕〔심〕현상·사상·행동 따위가 어떤 방향으로 기울어지는 성향.
경향 소:설(傾向小說)〔명〕특정한 주의나 사상을 중심 내용으로 다룬 소설.
경험(經驗)〔명〕〔하타〕1 실제로 해 보거나 겪어 봄. 또는 거기서 얻은 지식이나 기능. ❏산 ~ / 좋은 ~ / ~을 살리다 / 풍부한 ~을 쌓다 / ~이 부족하다. 2〔철〕감각이나 지각을 통해 얻어지는 내용.
경험-가(經驗家)〔명〕어떤 분야에 경험이 많은 사람.
경험 과학(經驗科學)〔명〕경험적 사실을 대상으로 하는 학문. 곧, 실증적인 모든 과학.
경험-담(經驗談)〔명〕자신이 실제로 겪어 본 일에 대한 이야기. ❏군 시절의 ~을 듣다.
경험-론(經驗論)〔-논〕〔명〕1 경험을 바탕으로 한 논의나 견해. 2〔철〕모든 인식은 감각적 경험에 의거하고 또 거기서 생긴다고 보는 입장. 인식에서의 초경험적·이성적(理性的) 계기를 인정하지 않음. 경험주의.
경험-방(經驗方)〔명〕〔한의〕실제로 많이 써서 경험하여 본 약방문.
경험-자(經驗者)〔명〕실제로 경험한 사람.
경험-적(經驗的)〔명〕경험에서 얻어진 지식·인상을 중시하는 (것). ❏~ 판단〔관찰〕.
경험적 개:념(經驗的概念)〔-깨-〕〔철〕순수 개념에 대하여 '사람·동물' 등 감각적 경험

의 범위 안에서 얻은 개념.
경험적 법칙(經驗的法則)〔-뻡-〕〔철〕1 경험적 사실에 의하여 얻은 법칙. 2 인과의 필연적 관계가 확실하지 않은, 경험상 그렇다고 하는 법칙.
경험-주의(經驗主義)〔-/-이〕〔명〕경험론2.
경험 철학(經驗哲學)〔명〕지식의 근원은 경험에 있고, 경험이 지식이 된다고 보는 철학. ↔사변 철학.
경험 커리큘럼(經驗curriculum)〔명〕학생의 생활 경험을 중심으로 하고, 현실 생활 속에서 생긴 흥미·관심·문제 따위를 중심으로 구성하는 교육 과정. ↔교과 커리큘럼.
경혈(經穴)〔명〕〔한의〕14 경맥(經脈)에 속한 혈(穴). 침을 놓거나 뜸을 뜨기에 적당한 자리. ⑪혈(穴).
경혈(經血)〔명〕월경(月經) 때 나오는 피.
경혈(驚血)〔명〕〔한의〕어혈(瘀血)이 엉긴 것으로, 멍든 피를 이르는 말.
경협(經協)〔명〕'경제 협력'의 준말.
경형(黥刑)〔명〕〔역〕죄인의 살에 먹실로 죄명을 써넣던 형벌.
경호(京湖)〔명〕1 경기도·충청도의 병칭. 2 경기도·충청도·전라도의 병칭.
경:호(警號)〔명〕경계의 신호.
경:호(警護)〔명〕〔하타〕위험한 사태에 대비하여 중요한 사람을 가까이에서 보호하는 일. ❏~ 임무를 맡다 / 대통령을 ~하다.
경:호-원(警護員)〔명〕다른 사람의 신변의 안전을 돌보는 일을 임무로 하는 사람. ❏~을 채용하다.
경혹(驚惑)〔명〕〔하자〕놀라서 어찌할 바를 모름.
경혼(驚魂)〔명〕1 몹시 놀라서 얼떨떨해진 정신. 2 놀란 사람의 넋.
경홀-하다(輕忽-)〔형여〕말과 행동이 가볍고 소홀하다. **경홀-히**〔문〕
경화(京華)〔명〕1 서울의 번화함. 2 번화한 서울.
경화(硬化)〔명〕〔하자〕1 단단히 굳어짐. ❏동맥 ~. 2 주장·의견·태도 따위가 강경해짐. ❏야당의 태도가 ~되다. 3 석탄·시멘트 따위가 물을 흡수하여 단단하게 됨. 4 금속에 열처리 따위를 해서 재료를 단단하게 만듦. ↔연화(軟化).
경화(硬貨)〔명〕〔경〕1 금속으로 만든 화폐. 2 금이나 다른 통화와 바꿀 수 있는 화폐(미국의 달러 따위). ↔연화(軟貨).
경화 고무(硬化-)〔화〕에보나이트.
경-화기(輕火器)〔명〕소총·경기관총 등과 같이 비교적 무게가 가벼운 화기. ↔중화기.
경화-병(硬化病)〔-뼝〕〔명〕곤충이나 거미류 등에서 생기는 병의 하나. 균이 기생함으로써 생기는데 죽으면 온몸이 굳어짐.
경:화-수월(鏡花水月)〔명〕겨울에 비친 꽃과 물에 비친 달이라는 뜻으로, 눈에는 보이나 손으로 잡을 수 없는, 말로 표현할 수 없는 미묘한 정취를 비유한 말.
경화-유(硬化油)〔명〕액체 상태의 기름에 수소를 첨가하여 고체 상태의 지방으로 만든 것(초·비누의 원료임).
경화-자제(京華子弟)〔명〕번화한 서울에서 곱게 자란 젊은이라는 뜻으로, 주로 부잣집 자녀를 이르는 말.
경화-증(硬化症)〔-쯩〕〔명〕〔의〕몸의 조직·기관이 비정상적으로 단단하게 변화하는 병(동맥 경화증·간 경화증 따위).
경환(輕患)〔명〕가벼운 질환. ↔중환(重患).
경-환자(輕患者)〔명〕가볍게 다치거나 병에 걸

린 사람. ↔중환자.

경황(景況)[圀] 정신적·시간적인 여유나 형편. 흥황(興況). ▯그런 데 신경을 쓸 ~이 없다. ㉠경(景).

경황(驚惶)[圀][하자] 놀랍고 두려워 당황함.

경황-망조(驚惶罔措)[圀][하자] 놀라고 당황해서 어찌할 줄 모름.

경황-없다(景況-)[-업따][혭] 괴롭거나 바빠 다른 일을 생각할 여유나 흥미가 없다. **경황-없이**[-업씨] ⇨ 지내다.

경훈(經訓)[圀] 경서의 뜻풀이.

경-홀수(輕吃水)[-쑤][圀] 화물을 싣지 않고 항해에 필요한 물건만을 실었을 경우에 배가 물에 잠긴 정도.

경:희(慶喜)[-히][圀][하자] 1 경사스럽게 여겨 기뻐함. 2『불』불법을 듣고 기뻐함.

경희(驚喜)[-히][圀][하자] 뜻밖의 좋은 일에 몹시 놀라며 기뻐함.

경희-작약(驚喜雀躍)[-히자각][圀][하자] 매우 기뻐 날뜀.

경-힘(經-)[圀]『불』경력(經力).

곗[圀]《옛》곗.

곁[곋][圀] 1 어떤 사람·물체 따위의 옆. 또는 공간적·심리적으로 가까운 데. ▯엄마 ~에 다가앉다 / 책상 ~에 책장을 놓다 / 가족들 ~을 떠나다 / 내 ~에 앉아라. 2 가까이에서 도와주거나 보살펴 줄 만한 사람. ▯~이 많다 / ~이 없다.

곁(을) 떠나다 ⇨ 가까이 지내던 사람이 죽다. ▯그 친구가 내 곁을 떠났구나.

곁(을) 비우다 ⇨ 보호하거나 지키는 사람이 없는 상태가 되게 하다. ▯환자의 곁을 비우면 안 된다.

곁(을) 주다 ⇨ 다른 사람으로 하여금 자기에게 가까이할 수 있도록 속을 터 주다. ▯곁을 주지 않는 사람.

곁-[곋][투] 곁에 달렸거나 본디의 몸체에서 갈려 나왔음을 뜻하는 말. ▯~방 / ~가지.

곁-가닥[곋까-][圀] 본디의 가닥에서 갈라진 가닥.

곁-가지[곋까-][圀] 1 원가지에서 돋은 작은 가지. ▯~를 치다. 2 어떤 문제나 사물에서 덜 중요하거나 본질적이지 않은 부분. ▯이야기가 ~로 흘렀다.

곁-간(-肝)[곋깐][圀] 소의 간 곁에 붙어 있는 작고 연한 간(회감으로 씀).

곁-간(-間)[곋깐][圀] 1 집의 본채에 딸려 붙은 칸살. ▯~에 살다. 2 곁방2.

곁-길[곋낄][圀] 1 큰길에서 갈라진 길. ▯~로 빠지다. 2 기본 방향에서 벗어난 다른 방향. ▯이야기가 ~로 새다.

곁-꾼[곋-][圀] 곁에서 남의 일을 거들어 주는 사람.

곁-노(-櫓)[곋-][圀] 배의 옆쪽에 걸고 젓는 노. ▯가 부러지다.

곁노-질(-櫓-)[곋-][圀][하자] 배의 옆에 곁노를 걸고 젓는 일.

곁-눈[곋-][圀] 얼굴을 돌리지 않고 눈알만 옆으로 돌려서 보는 눈.

곁눈(을) 주다 ⇨ ㉠곁눈질로 상대편에게 어떤 뜻을 알리다. ㉡곁눈으로 은근히 정을 나타내다.

곁눈(을) 팔다 ⇨ 주의를 기울여야 할 곳에 신경쓰지 않고 딴 곳에 관심을 보이다. ▯곁눈 팔지 말고 공부해라.

곁-눈²[곋-][圀]『식』잎겨드랑이에서 나오는 싹. 측아(側芽). ＊곡지눈.

곁눈-질[곋-][圀][하자] 1 곁눈으로 보는 짓. ▯

옆의 아가씨를 힐끔 ~하다. 2 곁눈으로 뜻을 알리는 짓.

곁-다리[곋따-][圀] 1 부수적인 것. ▯~만 많고 택할 것이 없다. 2 당사자가 아닌 곁에 있는 사람. ▯신랑 가는 데 ~로 따라가다.

곁다리(를) 끼다[들다] ⇨ 상관없는 사람이 옆에서 말참견하다.

곁-달다[곋딸-][곁달아, 곁다니, 곁다는][타] 덧붙여 달다. ▯방을 한 칸 ~.

곁-동[곋똥][圀] 활터에서, '겨드랑이'의 뜻.

곁-두리[곋뚜-][圀] 농부·일꾼이 끼니 외에 이따금 먹는 음식.

곁-들다[곋뜰-][곁들어, 곁드니, 곁드는][자타] 1 어떤 공간이나 분위기 따위에 끼어들다. ▯춤판에 ~. 2 곁에서 함께 붙잡아 들다. ▯할머니의 짐을 곁들어 주었다. 3 남의 일이나 말을 거들다. ▯남편의 말을 ~.

곁-들이다[곋뜨리-][타] 1 곁에서 거들게 하다. 2 주된 음식에 다른 음식을 어울리게 내어 놓다. ▯고기에 채소를 ~. 3 어떤 일과 어우러질 만한 다른 일을 겸해 하다. ▯시 낭송에 음악을 ~.

곁-따르다[곋-][곁따라, 곁따르니][자타] 어떤 것에 덧붙어서 따르다. ▯싸움에는 늘 사상자가 곁따른다 / 경호원이 요인을 곁따라 보호하고 있다.

곁-땀[곋-][圀] 1 겨드랑이에서 나는 땀. 2 겨드랑이에서 유난히 땀이 많이 나는 병. 액한.

곁땀-내[곋-] ☞ 암내2.

곁-마(-馬)[곋-][圀] 1 두 마리 이상의 말이 마차를 끌 때, 옆에서 끌거나 따라가는 말. 2 장기에서, 궁밭 안의 궁 좌우에 놓인 말.

곁-마기[곋-][圀] 1 예전에, 여자 예복의 하나. 연두나 노랑 바탕에 자줏빛으로 겨드랑이·깃·고름·끝동을 단 저고리. 2 저고리 겨드랑이 안쪽에 자줏빛으로 댄 헝겊.

곁-마름[곋-][圀] 마름의 일을 돕는 사람.

곁-마부(-馬夫)[곋-][圀] 마부를 따라다니며 일을 거드는 사람. ↔원마부.

곁-말[곋-][圀] 바로 말하지 않고 빗대어 하는 말('싱겁다'를 '고드름장아찌 같다'고 하는 따위).

곁-매[곋-][圀] 두 사람이 싸울 때, 곁에서 한쪽을 편들어 치는 매.

곁매-질[곋-][圀][하타] 곁매로 치는 짓.

곁-목밑샘[곋몯밑쌤][圀]『생』부갑상선.

곁-바대[곋-][圀] 홑저고리의 겨드랑이 안쪽에 덧대는 'ㄱ'자 모양의 헝겊.

곁-반(-盤)[곋빤][圀] 궁중에서, 수라상에 곁들이던 작은 상(물그릇 따위를 놓음).

곁-방(-房)[곋빵][圀] 1 안방에 딸린 작은 방. 협실(夾室). 2 남의 집 한 부분을 빌려 사는 방. 부엌방(傍室). 결간. ＊협호(夾戶).

곁방-살이(-房-)[곋빵사리][圀][하자] 남의 집 곁방에서 사는 살림.

곁-방석(-方席)[곋빵-][圀] 세력이 있는 사람을 가까이하는 사람을 이르는 말.

곁-부축[곋뿌-][圀][하타] 1 남의 겨드랑이를 붙들어 걸음을 돕는 일. 부액(扶腋). ▯할머니를 ~하다. ㉠부축. 2 남이 하는 말이나 일을 옆에서 거드는 일.

곁-붙이[곋부치][圀] 촌수가 먼 일가붙이.

곁-뿌리[곋-][圀]『식』고등 식물의 원뿌리에서 갈라져 나간 작은 뿌리. 측근(側根). 옆뿌리. 부근(副根).

곁-사돈(-査頓)[곋싸-][圀] 직접 사돈 간이 아

니고 같은 항렬의 방계 간의 사돈. *친사돈.

곁-상 (-床)[곁쌍]〖명〗한 상에 다 차리지 못해 덧붙여 차리는 작은 상. □주안상을 ~으로 따로 들다.

곁-쇠 [곁쐬]〖명〗제짝이 아니면서 자물쇠에 맞는 열쇠. □~로 자물쇠를 열다.

곁쇠-질 [곁쐬-]〖명〗〖하타〗제짝이 아닌 열쇠로 자물쇠를 여는 짓.

곁-수 [곁쑤]〖명〗'곁시'의 본딧말.

곁-순 (-筍)[곁쑨]〖명〗풀과 나무의 원줄기의 곁에서 돋아나는 순. □대에 ~이 돋다.

곁-쪽 [곁쭉]〖명〗가까운 일가붙이.

곁-쐐기 [곁-]〖명〗쐐기 곁에 덧박는 작은 쐐기.

곁-자리 [곁짜-]〖명〗주된 자리의 좌우 옆 자리.

곁-줄기 [곁쭐-]〖명〗 1 원줄기에서 뻗어 난 부수적인 줄기. 2〖식〗덩굴 식물의 원줄기 곁에서 뻗은 가는 줄기.

곁-집 [곁찝]〖명〗이웃해 붙어 있는 집. [곁집 잔치에 낯을 낸다] 자기 물건은 쓰지 않고 남의 것으로 생색을 낸다는 말.

곁-채 [곁-]〖명〗몸채 곁에 딸린 작은 집채.

곁-콩팥 [곁-판]〖생〗부신(副腎).

곁-피 (-皮)[곁-]〖명〗활의 손잡이 부분을 싼 벚나무의 속껍질.

계: (系)[-/게-]〖명〗 1〖수〗어떤 정리에서 바로 유도되는 명제를 본디의 정리에 대해서 이르는 말. 따름 정리. 2 지질 시대의 기(紀)에 대응하는 지층임을 나타내는 말.

계: (戒·誡)[-/게-]〖명〗 1 죄악을 저지르지 못하게 하는 규정. 2〖불〗불교에 귀의한 사람이 지켜야 할 행동 규범. 3 한문 문체의 하나. 훈계를 목적으로 하는 글.

계: (計)[-/게-]〖명〗합계. 총계. □~를 내다.

계: (係)[-/게-]〖명〗사무나 작업 분담의 작은 갈래. 또는 그 담당자(과(課)의 아래).

계: (癸)[-/게-]〖명〗〖민〗 1 천간(天干)의 열째. 2 '계방'의 준말. 3 '계시'의 준말.

계: (界)[-/게-]〖명〗 1 예부터 있어 온 상호 협조 조직의 한 가지. 여럿이 일정한 목적 아래 일정 액수의 돈이나 물품 따위를 추렴하여 운용함(상포계(喪布契)·혼인계·종계(宗契) 등). 2 금전 융통을 목적으로 일정한 인원으로 구성된 조직. □~ 모임 / ~가 깨지다.
[계 타고 집 판다] 처음에는 이(利)를 보았다가 나중에는 도리어 손해를 본다는 말.
계(를) 타다 〖구〗계에서, 자기 차례가 되어 곗돈을 받다. □계를 타서 혼수를 마련하다.

계: (啓)[-/게-]〖명〗관청이나 벼슬아치가 임금에게 올리는 글.

계 (階)[-/게-]〖명〗 1 벼슬의 등급. 2 '품계(品階)'의 준말.

-계 (系)[-/게-]〖미〗그 계통에 속함의 뜻. □기독교~의 학교 / 독일~의 미국인.

-계 (屆)[-/게-]〖미〗어떤 사실을 신고하는 문서임을 나타내는 말. □결석~ / 사망~.

-계 (係)[-/게-]〖미〗'사무나 작업 분담의 단위'의 뜻. □경리~ / 인사~.

-계 (界)[-/게-]〖미〗그런 사회나 분야를 가리키는 말. □실업~ / 언론~.

-계 (計)[-/게-]〖미〗계량·측정하는 계기의 뜻. □우량~ / 온도~.

계:가 (計家)[-/게-]〖명〗〖하타〗바둑을 다 둔 뒤에 승패를 가리기 위해 집 수를 헤아림. 또는

그런 일. □~ 바둑.

계:간 (季刊)[-/게-]〖명〗 1 잡지 따위의 간행물을 계절에 따라 한 해에 네 번 발간하는 일. 또는 그 간행물. □~ 잡지. 2 '계간지(季刊誌)'의 준말.

계간 (溪澗)[-/게-]〖명〗계류(溪流).

계:간 (鷄姦)[-/게-]〖명〗〖하자〗비역.

계간 공사 (溪澗工事)[-/게-]〖건〗계곡의 침식을 방지하기 위하여 양쪽 기슭을 고정시키는 공사.

계:간-지 (季刊誌)[-/게-]〖문〗계간으로 내는 잡지. 준계간.

계:감 (計減)[-/게-]〖명〗〖하타〗셈을 따져 덜어낼 것을 덜어 냄. 계제(計除).

계:거-기 (計距器)[-/게-]〖명〗〖공〗바퀴가 도는 대로 운행 거리가 나타나게 된 기계.

계견-상문 (鷄犬相聞)[-/게-]〖명〗닭이 울거나 개가 짖는 소리가 들린다는 뜻으로, 인가(人家)가 잇대어 있음의 비유.

계:계승승 (繼繼承承)[-/게게-]〖명〗〖하자〗 1 자자손손이 대를 이어 감. 2 선대에서 하던 일을 후대 사람이 이어받음.

계:고 (戒告)[-/게-]〖명〗〖법〗 1 일정한 기일 안에 행정상의 의무를 이행하도록 서면으로 재촉함. 2 공무원의 가벼운 위법 행위에 대한 징계 처분.

계:고 (啓告)[-/게-]〖명〗〖하타〗상신(上申).

계고 (階高)[-/게-]〖명〗 1 층계의 높이. 2 건물의 층 사이의 높이. 3 품계가 높음.

계:고 (稽古)[-/게-]〖명〗〖하타〗옛일을 자세히 살펴 공부함.

계:고 (稽考)[-/게-]〖명〗〖하타〗지난 일을 돌이켜 자세히 살펴봄.

계:고-장 (戒告狀)[-짱/게-짱]〖명〗〖법〗행정상의 의무 이행을 재촉하는 내용을 담은 문서. □철거 ~ / ~을 발부하다.

계고-직비 (階高職卑)[-뻬/게-뻬]〖명〗〖하형〗품계는 높고 벼슬은 낮음. ↔계비직고.

계곡 (溪谷)[-/게-]〖명〗물이 흐르는 골짜기.

계:관 (桂冠)[-/게-]〖명〗'월계관'의 준말.

계:관 (鷄冠)[-/게-]〖명〗 1 닭의 볏. 2〖식〗맨드라미.

계관-석 (鷄冠石)[-/게-]〖명〗〖광〗비소와 황의 혼합물로 된 고운 등황색의 광석(그림물감·폭죽 따위의 재료로 씀).

계:관 시인 (桂冠詩人)[-/게-]〖문〗영국 왕실에서 뛰어난 시인에게 내리는 명예 칭호.

계:관-없다 (係關-)[-과념따/게과념따]〖형〗아무 관계가 없어 거리낄 것이 없다. **계:관-없이** [-과념씨/게과념씨]〖부〗

계:관-초 (鷄冠草)[-/게-]〖명〗〖식〗맨드라미.

계:관-화 (鷄冠花)[-/게-]〖명〗맨드라미 꽃.

계:교 (計巧)[-/게-]〖명〗요리조리 생각해 낸 교묘한 꾀. □~를 쓰다 / ~를 부리다(꾸미다) / ~에 말려들어 손해를 보다.

계:교 (計較)[-/게-]〖명〗〖하타〗서로 견주어 살펴봄. 교계.

계:구 (戒具)[-/게-]〖명〗피고인이나 죄인의 폭행·도주·자살 따위를 방지하기 위해서 신체를 구속하는 기구(수갑·족쇄·포승 따위).

계구 (鷄口)[-/게-]〖명〗닭의 부리라는 뜻으로, 작은 단체의 우두머리의 비유.

계구-우후 (鷄口牛後)[-/게-]〖명〗소의 꼬리보다는 닭의 부리가 되라는 뜻으로, 큰 단체의 꼴찌보다는 작은 단체의 우두머리가 되는 것이 낫다는 뜻.

계군 (鷄群)[-/게-]〖명〗닭의 무리라는 뜻으로, 평범한 사람의 무리의 비유.

계군-일학 (鷄群一鶴)[-구닐-/계구닐-]圓 군
계일학임.
계:-궁 (計窮)[-/게-]圓[하자] 꾀가 다해 대책이
없음.
계궁 (階窮)[-/게-]圓[하자]《역》조선 때, 당
하관의 자리가 더 올라갈 수 없게 되었다는
뜻으로, 당하 정삼품(堂下正三品)이 됨을 이
름. 자궁(資窮).
계:-궁-역진 (計窮力盡)[-녁진/게-녁진]圓
[하자] 꾀가 다하고 힘을 모두 써서 더 이상 어
찌할 수 없게 됨.
계:-그릇 (戒-)[-를/게-를]圓《불》석가모니
가 마련한 계(戒)를 받을 만한 자격이 있는
사람. 계기(戒器).
계급 (階級)[-/게-]圓 1 지위·관직 따위의 등
급. 圖한 ~ 승진하다/~이 높다. 2 신분·재
산 따위가 비슷한 사람들로 형성되는 집단.
圖유한 ~. 3《사》재산·부(富)와 같은 경제
적 능력, 신분의 높고 낮음, 정치적 지배력의
유무에 따라 구분되는 사회적 집단. 圖~ 혁
명/무산 ~.
계급 국가 (階級國家)[-꾹까/게-꾹까]《사》
국가를 일부 지배 계급이 피지배 계급을 억
압하고 착취하기 위한 기구에 불과하다고 보
는 국가 개념.
계급 독재 (階級獨裁)[-똑째/게-똑째]《사》
어떤 계급이 그 사회에서 가장 유리한 조건
이나 지위에 있어 특권으로 그 사회를 지배
하는 일.
계급 문학 (階級文學)[-금/게금-]《문》계
급 간의 갈등이나 계급 의식을 다루는 문학.
계급 의:식 (階級意識)[-그븨-/게그븨-]
《사》1 어떤 계급의 구성원이 가지는 심리·
태도 따위의 공통적인 경향. 2 자기가 속한
계급의 지위·성격·사명 등을 깨닫고, 또 이
것을 실현하려는 의식. 계급 관념.
계급-장 (階級章)[-짱/게-짱]圓 계급을 나타
내기 위해 옷·모자에 다는 표지.
계급-적 (階級的)[-쩍/게-쩍]판圓 계급과 관
계되는 (것). 圖~인 이해/~ 대립.
계급 제:도 (階級制度)[-쩨-/게-쩨-]《사》1
사회적 지위의 구별에 관한 국가 제도. 2 대
립하는 계급이 있어, 지배·피지배, 착취·피
착취 등의 관계가 있는 사회 제도.
계급-주의 (階級主義)[-쭈-/게-쭈이]圓
《철》역사 발전의 원동력은 계급 간의 투쟁에
있다고 보는 입장. 2 자기가 속한 계급의 이
념에만 충실하고 다른 계급에는 배타적 태도
를 취하는 경향.
계급 투쟁 (階級鬪爭)[-/게-]《사》이해관계
가 다른 지배 계급과 피지배 계급 사이에 일
어나는 대립 투쟁.
계:기 (計器)[-/게-]圓 길이·면적·무게·양 따
위나 온도·시간·강도 따위를 재는 기계나 기
구의 총칭.
계:기 (契機)[-/게-]圓 1 어떤 일이 일어나는
결정적인 원인이나 기회. 圖사건의 ~ / 그
일을 ~로 정치에 대한 관심이 커졌다 / 위기
를 전화위복의 ~로 삼다. 2《철》사물의 운
동이나 변화, 발전의 과정을 결정하는 본질
적인 사정.
계:기 (繼起)[-/게-]圓[하자] 어떤 일이나 현상
이 잇따라 일어남.
계:기-반 (計器盤)[-/게-]圓 계기판.
계:기 비행 (計器飛行)[-/게-]항공기가 목표
가 보이지 않는 구름 속 같은 데서 나침반·
레이더 등의 계기에만 의존하는 비행. 맹목
비행.

계:기 속도 (計器速度)[-또/게-또] 비행기의
속도계에 나타난 속도.
계:기-판 (計器板)[-/게-]圓 기계 장치의 작
동 상태를 알리거나 재는, 눈금을 새긴 판.
계기반.
계:-녀 (季女)[-/게-]圓 막내딸.
계:녀-가 (誡女歌)[-/게-]圓《문》조선 때의
규방 가사. 어머니가 시집가는 딸에게 주는
훈계를 내용으로 함(영남 지방에 전해지며
작가와 연대는 알 수 없음).
계:-단 (戒壇)[-/게-]圓《불》승려가 계를 받
는 단(흔히 흙과 돌로 쌓음). 圖~을 세우다.
계단 (階段)[-/게-]圓 1 오르내리기 위해 건
물이나 비탈에 만든 층층대. 층계. 圖나선식
~ / ~을 올라가다. 2 어떤 일을 이루는 데
밟아야 할 순서. 단계.
계단 경작 (階段耕作)[-/게-]《농》비탈진 땅
을 계단같이 층지게 논밭을 만들어 하는 경
작. 계단갈이.
계단 농업 (階段農業)[-/게-]《농》계단 경작
으로 짓는 농업.
계단 단:층 (階段斷層)[-/게-]《지》같은 종
류의 많은 단층이 나란히 발달하여 계단 모
양을 이룬 것. 층단층.
계단-만 (階段灣)[-/게-]圓《지》함몰(陷沒)
과 침강(沈降) 작용으로 바다 밑이 계단 모양
으로 된 만. *함몰만.
계단-석 (階段席)[-/게-]圓 계단 모양으로 뒤
로 갈수록 높아지게 만든 좌석.
계단-식 (階段式)[-/게-]圓 1 계단을 본뜬 방
식. 圖~ 논. 2 한 단계씩 순서를 밟아서 일
을 이루어 가는 방식. 圖~ 학습법.
계단-참 (階段站)[-/게-]圓 층계참.
계단 채:굴 (階段採掘)[-/게-]《광》광상(鑛
床) 안을 계단형으로 층층이 파 들어가며 채
광하는 일. 층식 채굴.
계:-달 (啓達)[-/게-]圓[하타] 임금에게 의견을
아룀. 계품(啓稟).
계:-주 (桂當酒)[-/게-]圓 계피와 당귀를
소주에 넣어 만든 술.
계:당-주 (桂糖酒)[-/게-]圓 계피와 꿀을 소
주에 넣어 만든 술.
계:-대 (繼代)[-/게-]圓[하타] 대를 이음. 또는
그런 사람. 圖~를 세우다.
계:-도 (系圖)[-/게-]圓 대대의 계통을 나타낸
도표. 성계(姓系). 圖집안의 ~.
계:-도 (啓導)[-/게-]圓[하타] 남을 깨치어 이끌
어 줌. 圖선생님의 ~를 받는다.
계:-도가 (契都家)[-또-/게또-]圓 계(契)의
일을 도맡아 처리하는 집.
계:-소:설 (系圖小說)[-/게-]圓《문》한 가문
이나 한 사회를 전기적·역사적으로 서술한
장편 소설.
계:-독 (啓牘)[-/게-]圓[하타] 개독(開牘).
계돈 (鷄豚)[-/게-]圓 1 닭과 돼지. 2 가축.
계:-동 (季冬)[-/게-]圓 1 음력 섣달. 2 늦겨
울. 만동(晚冬).
계두 (鷄頭)[-/게-]圓 1 닭의 대가리. 2 닭의
볏. 3《식》맨드라미.
계:-라 (啓螺)[-/게-]圓[하타] 조선 때, 임금이
거둥할 때 취타(吹打)를 연주하던 일. 또는
그 음악.
계:-락 (界樂)[-/게-]圓《악》계면조(界面調)
에 속하는 가곡.
계란 (鷄卵)[-/게-]圓 달걀.
계란-골 (鷄卵骨)[-/게-]圓 달걀처럼 이마와

뒤통수가 툭 튀어나온 머리뼈.

계란-덮밥 (鷄卵-)[-덥빱/-게-덥빱]圓 파나 양파 따위를 섞어서 지진 달걀을 밥 위에 씌운 음식.

계란-말이 (鷄卵-)[-마리/게-마리]圓 달걀말이.

계란-밥 (鷄卵-)[-/게-]圓 밥이 끓을 때 달걀을 풀어 넣고 지은 밥.

계란-빵 (鷄卵-)[-/게-]圓 밀가루에 달걀을 넣고 둥글넓적하게 찌거나 구운 빵.

계란-선 (鷄卵膳)[-/게-]圓 달걀을 푼 것과, 다져서 양념하여 볶은 쇠고기를 번갈아 여러 켜로 놓고 중탕하여 익힌 음식.

계란-유골 (鷄卵有骨)[-뉴-/게-뉴-]圓 달걀에도 뼈가 있다는 뜻으로, 운이 없는 사람은 모처럼 좋은 기회를 만나도 역시 일이 잘 안 됨을 이르는 말.

계란-장 (鷄卵醬)[-/게-]圓 달걀이나 오리알을 넣어 삭힌 간장.

계란-주 (鷄卵酒)[-/게-]圓 달걀을 술에 풀고 설탕을 넣은 다음 달걀이 완전히 익지 않게 데운 술((몸이 허할 때 마심)).

계란-지 (鷄卵紙)[-/게-]圓《화》 달걀흰자와 염화암모늄의 혼합물을 바른 양지((사진술 초기의 인화지)).

계:략 (計略)[-/게-]圓 꾀나 수단. 계모(計謀). ▢~을 꾸미다/~에 빠지다.

계:량 (計量)[-/게-]圓 **1** 수량을 헤아림. **2** 부피·무게 따위를 잼. 계측(計測).

계:량 (繼糧)[-/게-]圓자 추수한 곡식으로 한 해 양식을 이어 감. ▢~을 대다.

계:량-기 (計量器)[-/게-]圓 계량하는 데 쓰는 기구. 계기(計器). 미터. ▢수도 ~.

계:량-적 (計量的)[-/게-]관圓 수량을 헤아리는 (것). ▢~ 분석.

계:량-컵 (計量cup)[-/게-]圓 조리할 때, 재료의 분량을 재는 데 쓰는 컵((보통 180 ml, 200 ml, 500 ml, 1 리터, 2 리터들이가 있음)).

계:량-화 (計量化)[-/게-]圓하타 어떤 현상의 성격이나 경향 등을 수량으로 나타냄.

계:려 (計慮)[-/게-]圓하타 헤아려 생각함.

계:련 (係戀)[-/게-]圓하자 사람이나 일에 마음이 끌려 잊지 못함.

계:료 (計料)[-/게-]圓하타 사정이나 형편을 헤아림.

계:루 (繫累·係累)[-/게-]圓하자 **1** 일이나 사물에 얽매임. ▢재판에 ~된 사람. **2** 다른 일이나 사물에 얽매어 당하는 괴로움. **3** 부모·처자·형제 등 딸린 식구 때문에 얽매이는 누.

계류 (溪流·谿流)[-/게-]圓 산골짜기를 흐르는 시냇물. 계간.

계:류 (稽留)[-/게-]圓하타 체류(滯留).

계:류 (繫留)[-/게-]圓하자타 **1** 밧줄 등으로 붙잡아 매어 놓음. ▢배가 안벽에 ~되어 있다. **2** 사건이 해결되지 않고 걸려 있음. ▢법원에 ~ 중인 사건.

계:류-기구 (繫留氣球)[-/게-]圓 강철 줄로 매어 공중에 띄워 두는 기구((광고·관측·신호·정찰 등에 씀)). *자유(自由)기구.

계:류-기뢰 (繫留機雷)[-/게-]圓《군》 강철 줄로 매어 두는 기뢰. *부유(浮遊) 기뢰.

계:류-부표 (繫留浮標)[-/게-]圓 일정한 곳에 매어 띄워 두는 부표.

계:류-선 (繫留船)[-/게-]圓 **1** 부두나 바닷가에 매어 놓은 배. **2** 부두나 잔교(棧橋)에 배를 대는 일을 돕는 배.

계:류-열 (稽留熱)[-/게-]圓《의》 신열이 날 때 하루 체온의 고저 차가 1℃ 이내로 계속 유지되는 고열의 일종.

계:류-장 (繫留場)[-/게-]圓《해》 배를 대고 매어 놓는 장소.

계:류-탑 (繫留塔)[-/게-]圓 비행선·기구를 매어 두기 위한 탑.

계륵 (鷄肋)[-/게-]圓 **1** 닭의 갈비라는 뜻으로, 큰 소용은 없으나 버리기는 아까운 것을 일컫는 말. **2** 몹시 허약한 몸의 비유.

계:리 (計理)[-/게-]圓하타 계산하여 정리함. ▢수입과 지출을 ~하다.

계:리-사 (計理士)[-/게-]圓 '공인 회계사'의 구칭.

계:림 (桂林)[-/게-]圓 **1** 계수나무의 숲. **2** 아름다운 숲. 미림(美林). **3** 문인들의 사회.

계림 (鷄林)[-/게-]圓 **1** 신라 탈해왕(脫解王) 때부터 부르던 신라의 딴 이름. **2** 경주(慶州)의 옛 이름. **3** 우리나라의 딴 이름.

계림-팔도 (鷄林八道)[-또/게-또]圓 우리나라 전체의 일컬음.

계:마 (桂馬)[-/게-]圓 바둑에서, 옆줄부터 한 칸이나 두 칸을 대각선 방향으로 건너 돌을 놓는 일(('日' 자로 놓으면 소(小)계마, '目' 자로 놓으면 대(大)계마라 함)).

계:말 (桂末)[-/게-]圓 계핏가루.

계:면 (界面)[-/게-]圓 **1**《악》'계면조(調)'의 준말. **2** 맞닿은 두 물질의 경계면.

계:면 (誡勉)[-/게-]圓하타 훈계하고 격려함.

계:면-놀이 [-노리/게-노리]圓《민》 무당이 단골집이나 일반 가정을 상대로 계면돌며 하는 것. 계면굿.

계:면-돌다 [-/게-][-돌아, -도니, -도는]자《민》 무당이 쌀이나 돈을 얻으려고 집집마다 돌아다니다.

계:면-떡 [-/게-]圓《민》 무당이 굿을 끝내고 구경꾼에게 돌라주는 떡.

계:면 반:응 (界面反應)[-바능/게-바능]圓《화》 성질이 다른 두 물질이 맞닿는 경계면에서 일어나는 화학 반응.

계:면 장력 (界面張力)[-녁/게-녁]圓《물》 표면(表面) 장력.

계:면-조 (界面調)[-조/게-조]圓《악》 국악에서, 슬프고 애타는 느낌을 주는 음계((양악의 단조(短調)와 비슷함)). ㉰계면.

계면-쩍다 [-따/게-따]훻 '겸연(慊然)쩍다'의 센말. ▢계면쩍게 웃다.

계:면 화:학 (界面化學)[-/게-]圓《화》 성질이 서로 다른 두 물질이 맞닿는 경계면의 물질 상태와 성질을 연구하는 화학의 한 분야. 표면 화학.

계:면 활성제 (界面活性劑)[-썽-/게-썽-]圓《화》 성질이 다른 두 물질이 맞닿을 때, 경계면에 달라붙어 표면 장력(表面張力)을 현저하게 감소시키는 물질((비누·합성 세제(洗劑)·알코올 따위)). 표면 활성제.

계:명 (戒名)[-/게-]圓《불》 **1** 승려가 계(戒)를 받을 때 스승에게서 받는 이름. **2** 법명(法名)2. ↔속명(俗名).

계명 (階名)[-/게-]圓 **1** 계급·품계의 이름. **2**《악》계이름.

계:명 (誡命)[-/게-]圓 종교에서 반드시 지켜야 할 조건. ▢~을 따르다/~을 어기다.

계명 (鷄鳴)[-/게-]圓 **1** 닭이 욺. 또는 그 울음. ▢~에 잠을 깨다. **2** '계명축시(丑時)'의 준말.

계명-구도 (鷄鳴狗盜)[-/게-]圓 비열하게 남을 속이는 하찮은 재주. 또는 그런 재주를 가

진 사람.
계:명-성 (啓明星)[-/게-] [명] 〔천〕 샛별.
계명워리 [-/게-] [명] 행실이 단정하지 못한 여자.
계명-주 (鷄鳴酒)[-/게-] [명] 찐 차좁쌀로 담가서 그 다음날 닭이 우는 새벽녘에 먹을 수 있도록 빚는 술.
계명-창법 (階名唱法)[-뻡/게-뻡] [명] '계이름 부르기'의 한자 이름.
계명-축시 (鷄鳴丑時)[-씨/게-씨] [명] 첫닭이 울 무렵인 축시《새벽 한 시부터 세 시 사이》. [준]계명.
계:모 (季母)[-/게-] [명] 아버지의 막내아우의 아내.
계:모 (計謀)[-/게-] [명] 계략(計略).
계:모 (繼母)[-/게-] [명] 아버지의 후취. 의붓어머니. 후모(後母). ❑~ 밑에서 자라다. *서모(庶母).
계:목 (繫牧)[-/게-] [명][하타] 가축의 목에 적당한 길이의 끈을 매어, 그 범위 안에서 먹이를 먹고 운동하게 하는 사육법. 매어기르기.
계:몽 (啓蒙)[-/게-] [명][하타] 지식 수준이 낮거나 인습에 젖은 사람을 가르쳐서 깨우침. 계명(啓明).
계:몽-대 (啓蒙隊)[-/게-] [명] 계몽하기 위하여 나선 사람들로 조직된 무리.
계:몽 문학 (啓蒙文學)[-/게-] 〔문〕 **1** 인습에서 벗어나도록 깨우쳐, 새로운 지식과 비판 정신을 길러 주려는 문학. **2** 18세기 유럽의, 이지적이고 이성적인 비판력을 중히 여긴 합리주의 문학.
계:몽-사상 (啓蒙思想)[-/게-] [명] 〔철〕 계몽주의.
계:몽 운:동 (啓蒙運動)[-/게-] **1** 어리석고 무식한 사람을 계몽시키려는 운동. **2** 전통적·인습적 편견에서 벗어나 자율적·합리적인 판단력을 갖게 하는 운동《특히 17-18세기 유럽의 합리주의적 개화 운동》.
계:몽 전제 군주 (啓蒙專制君主)[-/게-] 〔역〕 계몽주의의 영향을 받아 국민의 이익을 고려하여 선정을 베풀려고 한 절대 전제 군주《프러시아의 프리드리히 대왕 등》. 계몽 절대 군주.
계:몽-주의 (啓蒙主義)[-/게-이] [명] 〔철〕 16-18세기에 유럽 전역에 일어난, 구시대의 묵은 사상을 타파하려던 혁신적 사상 운동의 입장《프랑스 혁명의 준비적 역할을 함》.
계:몽 철학 (啓蒙哲學)[-/게-] 〔철〕 17-18세기 영국·독일·프랑스 등의 사상계를 휩쓴, 어렵고 까다로운 철리(哲理)를 간단하고 쉽게 풀어 대중적인 보급·교화에 힘쓴 철학.
계:묘 (癸卯)[-/게-] [명] 〔민〕 육십갑자의 마흔 번째.
계:무소출 (計無所出)[-/게-] [명] 백계무책(百計無策).
계:문 (契文)[-/게-] [명] 계약 문서. ❑~을 작성하다.
계:문 (戒文)[-/게-] [명] 〔불〕 계율의 조문.
계:문 (啓門)[-/게-] [명][하자] 제사에서, 술을 다 부은 다음 숟가락을 제삿밥 가운데에 꽂고 젓가락 끝이 동쪽으로 가게 놓은 다음 닫았던 방문을 엶.
계:문 (啓聞)[-/게-] [명][하타] 〔역〕 관찰사·어사 등이 임금에게 글로 아룀.
계:문-왕생 (戒門往生)[-/게-] [명] 〔불〕 계율을 잘 지킨 공덕으로 극락정토(極樂淨土)에 태어남.
계:미 (癸未)[-/게-] [명] 〔민〕 육십갑자의 스무 번째.
계:미-자 (癸未字)[-/게-] [명] 〔역〕 조선 태종 3년(1403) 계미년에 만든 구리 활자.
계:박 (繫泊)[-/게-] [명][하타] 배 따위를 매어 둠.
계:박 (繫縛)[-/게-] [명][하타] 얽어맴. 결박.
계반 (溪畔)[-/게-] [명] 시냇가의 두둑한 곳. 냇가.
계:발 (啓發)[-/게-] [명][하타] 슬기·재능이나 사상 따위를 일깨워 발전시킴. 개발. ❑창의성이 ~되다/소질을 ~하다.
계:발 교:육 (啓發敎育)[-/게-] 개발 교육.
계:방 (季方)[-/게-] [명] 남동생.
계:방 (癸方)[-/게-] [명] 〔민〕 이십사방위의 하나. 정북에서 동으로 15° 되는 쪽을 중심으로 한 15° 각도 안의 방위. [준]계.
계:방 (契房)[-/게-] [명][하타] 〔역〕 **1** 조선 후기에, 공역(公役)의 면제나 다른 도움을 받으려고, 아전에게 돈이나 곡식을 주던 일. **2** 나루 근처의 주민이 뱃삯으로 사공에게 여름에는 보리, 가을에는 벼를 주던 일.
계:방-형 (季方兄)[-/게-] [명] 남의 남동생의 존칭.
계:배 (計杯)[-/게-] [명][하타] 술집에서 먹은 술의 순배(巡杯)나 잔의 수효를 세어서 값을 계산함.
계:배 (繼配)[-/게-] [명] 후실(後室).
계:법 (戒法)[-/게-] [명] 〔불〕 계율의 법칙.
계:변 (計邊)[-/게-] [명][하타] 이자를 계산함.
계:보 (系譜)[-/게-] [명] **1** 조상 때부터의 혈통과 집안 역사를 적은 책. **2** 혈연관계 및 학풍·사조(思潮) 따위가 계승되어 온 연속성. ❑왕실의 ~/~를 잇다/~를 들추다/그리스 로마 신화에 나오는 신들의 ~를 외우다.
계:보 (季報)[-/게-] [명] 계절에 따라 일 년에 네 번 내는 회보(會報) 따위. *계간지.
계:보-기 (計步器)[-/게-] [명] 걸음의 수를 재는 기구. 측보기(測步器). 보도계(步度計).
계:부 (季父)[-/게-] [명] 아버지의 막내아우. *백부(伯父).
계:부 (繼父)[-/게-] [명] 의붓아버지.
계:-부모 (繼父母)[-/게-] [명] 계친자(繼親子)의 관계에 있는 아버지나 어머니. 곧, 계부와 계모.
계:분 (契分)[-/게-] [명] 친한 벗 사이의 두터운 정분(情分). 친분.
계분 (鷄糞)[-/게-] [명] 닭의 똥《질소·인산이 많아 거름으로 씀》.
계:불입량 (計不入量)[-부림냥/게부림냥] [명][하자] 계획이 들어맞지 아니함.
계:비 (繼妃)[-/게-] [명] 임금의 후취인 비(妃).
계비직고 (階卑職高)[-꼬/게-꼬] [명][하형] 품계는 낮고 벼슬은 높음. ↔계고직비.
계:빈 (啓殯)[-/게-] [명][하자] 발인할 때 출관(出棺)하려고 빈소를 엶.
계:-빠지다 (契-)[-/게-] [자] **1** 계알을 뽑을 때 곗돈을 탈 수 있는 알이 나오다. **2** 뜻하지 않은 횡재를 하다.
계:사 (戒師)[-/게-] [명] 〔불〕 **1** 계법을 일러주는 승려. **2** 계법을 받은 승려. **3** 계법을 지키는 승려.
계:사 (癸巳)[-/게-] [명] 육십갑자의 서른째.
계:사 (啓事)[-/게-] [명] 임금에게 사실을 적어 아뢰던 일. 또는 그 서면.
계:사 (啓辭)[-/게-] [명] 논죄(論罪)에 관하여 임금에게 올리던 글.

계:사 (繫辭)[-/ 게-] 1 본문에 딸려 그 말을 설명하는 말. 2 『논』 명제(命題)의 주사(主辭)와 빈사(賓辭)를 연결하여 긍정이나 부정의 뜻을 나타내는 말(「국화는 식물이다」에서 '이다'와 같은 말).

계:사 (繼嗣)[-/ 게-]명하타 계후(繼後).

계사 (鷄舍)[-/ 게-]명 닭의장. 닭장.

계:삭 (計朔)[-/ 게-]명하타 계월(計月).

계:삭 (繫索)[-/ 게-]명하타 밧줄로 물건을 붙들어 맴. 또는 그 밧줄.

계:산 (計算)[-/ 게-]명하타 1 수를 셈하는 것. ▢~이 맞다 / 비용을 ~하다 / 한 달 가게 수입을 ~하다. 2 《수》 수나 식을 처리하여 수치를 구하여 내는 일. 3 어떤 일을 예상 또는 고려함. ▢소요 시간을 ~에 넣다. 4 값을 치름. ▢술값을 ~하다. 5 어떤 일에 대하여 이해득실을 따짐. ▢~된 발언 / ~에 밝다 / ~이 빠르다.

계:산 (桂酸)[-/ 게-]명 《화》 신남산(酸).

계:산-기 (計算機)[-/ 게-]명 계산을 빠르고 정확하게 하기 위하여 사용하는 기기(機器)(주판·전자계산기 따위).

계:산-대 (計算臺)[-/ 게-]명 은행이나 슈퍼마켓·상점 등에서 계산을 하기 위하여 마련한 대(臺).

계:산 도:표 (計算圖表)[-/ 게-]《수》'노모그램'의 구용어.

계:산-서 (計算書)[-/ 게-]명 1 계산에 관한 것을 적은 서류. ▢세금 ~ / 명세가 ~에 명기(明記)되다. 2 물건 값의 청구서. ▢값을 치르고 ~를 받다.

계:산 서류 (計算書類)[-/ 게-]《경》 주식회사의 재산 내용과 영업·수익 상태 등을 명백히 하기 위한 서류(재산 목록·대차 대조표·영업보고서·손익 계산서 따위).

계:산-자 (計算-)[-/ 게-]명 《수》 로그(log)의 원리를 이용해 곱하기·나누기·세제곱근 풀이·제곱근풀이 같은 계산을 간단히 할 수 있는 자 모양의 기구. 고정된 어미자와 움직이는 아들자로 구성됨. 계산척. 셈자.

계:산-적 (計算的)[-/ 게-]관명 1 수를 헤아리는 일에 관한 (것). ▢~인 착오. 2 어떤 일에 대하여 이해득실을 따지는 (것). ▢만사에 ~인 사람.

계:산-척 (計算尺)[-/ 게-]명 《수》 '계산자'의 구용어.

계삼-탕 (鷄蔘湯)[-/ 게-]명 《한의》 어린 햇닭의 내장을 빼고 인삼·대추·찹쌀 따위를 넣어 곤 보약. 삼계탕.

계:상 (計上)[-/ 게-]명하타 1 셈을 하여 올림. 2 예산 편성에 넣음. ▢여비를 ~하다.

계:상 (啓上)[-/ 게-]명하타 윗사람에게 말씀을 올림.

계상 (階上)[-/ 게-]명 계단 위. ↔계하.

계:상 (稽顙)[-/ 게-]명하자 1 이마가 땅에 닿도록 몸을 굽힘. 2 '계상재배(稽顙再拜)'의 준말.

계:상-금 (計上金)[-/ 게-]명 예산 편성에 넣은 금액.

계:상-재배 (稽顙再拜)[-/ 게-]명 머리를 조아려 두 번 절함(상제가 한문 투의 편지 첫머리에 쓰는 말). 춘계상.

계:색 (戒色)[-/ 게-]명하자 여색(女色)을 삼감. 색욕(色慾)을 경계함.

계:서 (繼序)[-/ 게-]명하자 뒤를 이음. 또는 순서를 이음.

계:석 (界石)[-/ 게-]명 경계석(境界石).

계:석 (計石)[-/ 게-]명하타 곡식의 섬 수를 계산함.

계:선 (戒善)[-/ 게-]명하자 《불》 계를 지켜 선근(善根)을 심음.

계:선 (界線)[-/ 게-]명 1 경계나 한계를 나타내는 선. 2 《수》 기선(基線)2.

계:선 (繫船)[-/ 게-]명하타 《해》 선박을 매어 둠. 또는 그 배. ▢~ 작업.

계:선-거 (繫船渠)[-/ 게-]명 《해》 계선 독.

계:선 독 (繫船dock)[-/ 게-]명 《해》 간만의 차가 큰 곳에 수문(水門)을 설치하고 칸막이하여, 배를 계류하는 시설. 습독(濕dock). *부양식(浮揚式) 독.

계:선-료 (繫船料)[-뇨/ 게-뇨]명 《해》 부두 또는 선창에 선박을 대어 두는 값으로 치르는 돈.

계:선 부표 (繫船浮標)[-/ 게-]명 《해》 배가 항만 안에서 닻을 내리지 않을 때, 배를 잡아매려고 바닷물에 띄운 부표.

계:선-안 (繫船岸)[-/ 게-]명 《해》 배를 매어 두는 안벽.

계:선-주 (繫船柱)[-/ 게-]명 《해》 배를 매어 두기 위하여 계선안(繫船岸)·부두·잔교(棧橋) 등에 설비해 놓는 기둥. 춘계주(繫柱).

계:선-환 (繫船環)[-/ 게-]명 《해》 배를 매어 두기 위하여 안벽의 앞부분에 설비해 놓은 쇠고리.

계성 (鷄聲)[-/ 게-]명 닭의 울음소리.

계:세 (季世)[-/ 게-]명 말세(末世)1.

계:세-징인 (戒世懲人)[-/ 게-]명하자 세상 사람들을 경계하고 징벌함.

계:속 (繫屬·係屬)[-/ 게-]명하타 1 매여 딸림. 2 《법》어떤 사건이 소송 중인 일. 소송 계속.

계:속 (繼續)[-/ 게-]┌명하타 1 끊이지 않고 잇달아 나아감. ▢~되는 장마 / 불볕 더위가 ~되다 / 항쟁을 ~하다. 2 끊어졌던 일을 다시 이어 나감. ▢중단된 사업을 다시 ~하다. └부 끊이지 않고 잇따라. ▢인구가 ~ 줄고 있다.

계:속 계:산 (繼續計算)[-쩨-/ 게-께-]《경》 단골에게 외상으로 주다가 한꺼번에 계산하는 일.

계:속-범 (繼續犯)[-뻠/ 게-뻠]명 《법》 범죄 행위가 이미 이루어진 뒤에도 그 상태가 계속되는 범죄(체포 감금죄 등). 또는 그 범인. ↔즉시범(卽時犯).

계:속 변:이 (繼續變異)[-뼈니/ 게-뼈니]《생》 영속 변이(永續 變異).

계:속-비 (繼續費)[-삐/ 게-삐]명 《법》 경비의 총액을 여러 회계 연도에 나누어 계속 지출하는 경비.

계:속-성 (繼續性)[-썽/ 게-썽]명 끊이지 않고 이어 나가는 성질. ▢~ 있는 정책.

계:속 심:의 (繼續審議)[-씨믜/ 게-씨미]《법》 안건을 의회에서 폐회 중에 계속 심의하는 일. 계속 심사.

계:속-적 (繼續的)[-쩍/ 게-쩍]관명 끊이지 않고 이어 나가는 (것). ▢~인 발전.

계:속-치 (繼續齒)[-/ 게-]명 《의》 본디의 치근(齒根)을 바탕으로 해서 인공 치관(齒冠)을 씌운 의치.

계:속-회 (繼續會)[-쏘회/ 게소회]명 《법》 주주 총회에서 의사(議事)를 중지하고 후에 계속할 것을 결의한 경우, 나중에 계속하는 총회. 연기회.

계:손 (系孫)[-/ 게-]명 촌수(寸數)가 먼 손자나 그 후대의 자손. 원손(遠孫).

계:쇄 (繫鎖)[-/계-]圐[하]타] 쇠사슬로 매어 둠. 또는 그 쇠사슬.

계수 [-/계-]圐〈궁〉이불.

계:수 (季嫂)[-/계-]圐 **1** 아우의 아내. 제수 (弟嫂). **2** 형제가 여럿일 경우, 막내의 아내.

계:수 (係數)[-/계-]圐 **1**〖물〗하나의 수량을 여러 양의 다른 함수로 나타내는 관계식에서, 물질의 종류에 따라 달라지는 비례 상수(常數)(팽창 계수 등). **2**〖수〗기호 문자와 숫자로써 된 곱에서, 숫자를 기호 문자에 대하여 일컫는 말.

계:수 (計數)[-/계-]圐 수를 계산함. 또는 그 결과에서 얻은 값. □~에 밝은 사람.

계:수 (桂樹)[-/계-]圐〖식〗계수나무.

계수 (溪水)[-/계-]圐 시냇물.

계:수 (稽首)[-/계-]圐 계상(稽顙).

계:수 (繫囚)[-/계-]圐 옥에 갇힌 죄수.

계:수 (繼受)[-/계-]圐 이어받거나 넘겨받음. □과업을 ~하다.

계:수-관 (計數管)[-/계-]圐〖물〗방사선을 검출하거나 재는 장치(가이거·뮐러 계수관 따위).

계:수-기 (計數器)[-/계-]圐 **1** 수의 기본 관념을 주기 위한 아동 학습 용구(작은 알들을 몇 개의 쇠줄에 꿰어 놓음). **2** 주화 따위를 세는 기계. **3**〖컴〗입력 펄스의 수를 계산하는 회로.

계:수-나무 (桂樹-)[-/계-]圐〖식〗계수나뭇과의 교목. 중국 남부, 동인도에서 남. 높이는 7~10m이며, 봄에 누런빛을 띤 작고 흰 꽃이 잎보다 먼저 핌. 나무껍질은 '계피'라 하여 한약재·과자·요리·향료 따위의 원료로 씀. 제수.

계:수-법 (繼受法)[-뻽/계-뻽]圐〖법〗외국의 법률을 채용하거나 그것에 바탕을 두어 제정한 법률. ↔고유법.

계수-변 (溪水邊)[-/계-]圐 시냇가.

계:수-씨 (季嫂氏)[-/계-]圐 아우의 아내를 대접하여 이르는 말. 제수씨.

계:수-재배 (稽首再拜)[-/계-]圐[하]자] 머리를 조아리어 두 번 절함(한문 투의 편지 첫머리에 씀).

계:수-주인 (界首主人)[-/계-]圐〖역〗조선 때, 서울에 있으면서 각 도의 감영의 일을 맡아보던 사람. 계수번(番).

계:수 화:폐 (計數貨幣)[-/계-페]圐〖경〗일정한 순도·분량·형상으로 주조하여 표면에 가격을 표시한 화폐(단지 그 수만을 헤아려 전하는 화폐를 이름). ↔칭량(稱量) 화폐.

계:술 (繼述)[-/계-]圐[하]타] **1** 조상의 뜻과 사업을 이음. **2** 조상의 업적을 이어받아 그것을 바탕으로 서술함.

계숫-잇 [-숟닏/계숟닏]圐〈궁〉이불에 덧시치던 잇.

계:습 (繼襲)[-/계-]圐[하]타] 조상이나 선인의 뜻이나 사업을 받아 이음.

계승 (階乘)[-/계-]圐〖수〗n이 하나의 자연수일 때, 1에서 n까지의 모든 자연수의 곱을 n에 대하여 일컫는 말($n!$로 나타냄. $n! = 1 \times 2 \times 3 \times \cdots \times n$).

계:승 (繼承)[-/계-]圐[하]타] 조상이나 선임자의 뒤를 이어받음. 승계(承繼). □왕위 ~/ 전통 문화 ~되다 / 민족 문화의 전통을 ~ 하다.

계시 [-/계-]圐〔←결수〕공장(工匠) 밑에서 일을 배우는 제자.

계:시 (癸時)[-/계-]圐〖민〗이십사시의 둘째 시(오전 0시 반부터 1시 반까지). 窶계(癸).

계:시 (計時)[-/계-]圐[하]자] 경기·바둑 따위에서, 경과한 시간을 잼. 또는 그 시간.

계:시 (啓示)[-/계-]圐[하]자] **1** 깨우쳐 보여 줌. **2**〖종〗사람의 지혜로 알 수 없는 진리를 신이 가르쳐 알게 함. 묵시(默示). □신의 ~를 받다.

계:시다 [-/계-]㊀휑 '있다'의 공대말. □어머니는 방에 계신다. ㊁[보]통] '-고' 뒤에 쓰여, 윗사람이 무엇을 진행하고 있음의 공대말. □바느질을 하고 ~. ㊂[보]형] '-아'·'-어' 뒤에 쓰여, 윗사람의 지속적인 상태를 나타내는 공대말. □의자에 앉아 ~.

계:시-록 (啓示錄)[-/계-]圐〖성〗'요한 계시록'의 준말.

계:시 문학 (啓示文學)[-/계-]圐〖문〗후기 유대교 및 초기 기독교 시대에 있었던 종교적 저작(요한 계시록·다니엘서 따위).

계시-백 (鷄屎白)[-/계-]圐〖한의〗닭똥의 흰 부분(중풍·경련·위병 따위에 약재로 씀). 계분백.

계:시 종교 (啓示宗敎)[-/계-]圐〖종〗인간에 대한 신의 은총을 바탕으로 하는 종교.

계:신 (戒愼)[-/계-]圐[하]자] 경계하며 삼감.

계신 (鷄晨)[-/계-]圐 새벽을 알리는 닭의 울음소리.

계:실 (繼室)[-/계-]圐 후실(後室). □~을 들이다.

계:심 (戒心)[-/계-]圐[하]자] 마음을 놓지 않고 경계함.

계:심 (桂心)[-/계-]圐〖한의〗계피 겉껍질 속의 얇고 노란 부분(이질·설사 따위에 약재로 씀).

계:심-통 (悸心痛)[-/계-]圐〖한의〗심장이 울렁거리고 가슴이 답답하며 동통(疼痛)을 일으키는 병.

계:씨 (季氏)[-/계-]圐 남의 남동생을 높여 일컫는 말.

계안 (鷄眼)[-/계-]圐〖한의〗'계안창(鷄眼瘡)'의 준말.

계안-창 (鷄眼瘡)[-/계-]圐〖한의〗티눈. 窶계안.

계:-알 (契-)[-/계-]圐 산통계(算筒契)나 자빠계에서 쓰는, 둥글게 깎은 나무 알(계원의 번호와 이름을 씀).

계:약 (契約)[-/계-]圐[하]타] **1** 약속. 약정(約定). □~ 결혼/~을 이행하다. **2**〖법〗일정한 법률적 효과를 발생시키기 위해 둘 이상의 의사 표시의 합치에 의해 성립하는 법률 행위. □전세 ~을 맺다 / ~이 파기되다 / 수출 ~을 체결하다 / 집을 매매하기로 ~ 하다. **3**〖성〗하나님과 인간 사이에 맺어진 약속.

계:약-금 (契約金)[-금/계-끔]圐〖법〗'계약 보증금'의 준말. □~을 걸다 /~을 치르다.

계:약-급 (契約給)[-급/계-끕]圐〖사〗근로자와 사용자가 노동조합의 개입 없이 정한 임금.

계:약 농업 (契約農業)[-양-/계양-]圐〖농〗상사(商社) 또는 농업 단체 등과 농민 사이에 생산·판매 계약을 맺고, 이에 의하여 농가가 생산하는 방식. *계약 재배(栽培).

계:약 보:증금 (契約保證金)[-뽀-/계-뽀-]圐〖법〗계약 이행의 담보로 당사자의 한쪽이 상대방에게 미리 제공하는 보증금. 계약금. □~으로 매매가의 10%를 주다〔받다〕. 窶계약금.

계:약-서 (契約書)[-써/계-써]圐 계약이 성

립되었음을 증명하기 위하여 작성하는 문서. ▣ 전세 ~ / 매매 ~ / ~를 받다.

계:약-설 (契約說)[−쎨 / 계−쎨]圓 '사회 계약 설'의 준말.

계:약-자 (契約者)[−짜 / 계−짜]圓 계약을 맺은 사람.

계:약 재:배 (契約栽培)[−째− / 계−째−]《농》 생산물을 일정한 조건으로 인수한다는 계약을 미리 맺고 행하는 농산물 재배. ＊계약 농업.

계:약-직 (契約職)[−찍 / 계−찍]圓 일정한 기간 계약을 맺고 근무하는 직위나 직무.

계:약 해:제 (契約解除) [−야캐− / 계야캐−]《법》 현재 효력을 발생하고 있는 계약을 소멸시키는 행위.

계:엄 (戒嚴)[− / 계−]《법》 군사적인 필요나 사회 안녕과 질서 유지를 위해 일정한 지역의 행정권과 사법권의 전부나 일부를 군이 맡아 다스리는 일. ▣ ~을 선포하다.

계:엄-령 (戒嚴令)[−녕 / 계−녕]《법》 국가 원수가 계엄을 선포하는 명령. ▣ ~을 선포하다 / ~을 해제하다.

계:엄-법 (戒嚴法)[−뻡 / 계−뻡]《법》 계엄 선포와 그 시행 및 해제(解除) 등에 관한 사항을 정한 법률.

계:엄 사령관 (戒嚴司令官)[− / 계−]《법》 계엄 지역 안에서 계엄에 관한 업무를 총괄하는 군사령관.

계:엄 지구 (戒嚴地區)[− / 계−]《법》 계엄이 시행되는 지구.

계역 (鷄疫)[− / 계−]圓 닭의 돌림병.

계:열 (系列)[− / 계−]圓 **1** 갈래로 이어지는 계통 또는 조직. ▣ 인문 ~. **2** 《경》 생산·판매·자본·기술·중역 파견 등에 의한 대기업 상호 간 또는 대기업과 중소기업 간에 볼 수 있는 기업 결합. ▣ ~화.

계:열 금융 (系列金融)[−늉 / 계−그뮹]《경》 어떤 재벌계의 은행이 같은 재벌계의 회사 중심으로 융자를 행하고 그 외의 기업에 대해서는 별로 융자를 하지 않는 일.

계:열 기업 (系列企業)[− / 계−]《경》 같은 계열에 있는 기업의 집단. 또는 그 기업.

계:열-사 (系列社)[−싸 / 계−싸]圓 경영주나 사업 계통이 같아서 밀접한 관련이 있는 회사. 계열 회사. ▣ ~ 사장단 회의.

계:열-성 (系列性)[−썽 / 계−썽]圓 계열을 이루는 성질.

계:열 융자 (系列融資)[−륭− / 계−륭−]《경》 은행이 자기 은행과 유대가 깊은 기업에 해 주는 융자.

계:열-화 (系列化)[− / 계−]圓[하][타]《경》 기업 사이에 계열을 이루거나 이루게 함.

계:영 (繼泳)[− / 계−]圓[하][자] 4명이 한 조가 되어 일정한 거리를 차례로 헤엄쳐 빠르기를 겨룸. 또는 그 종목.

계:영-배 (戒盈杯)[− / 계−]圓 과음(過飮)을 경계하기 위하여 만든 잔. 술이 어느 정도까지 차면 새어 나가도록 옆에 구멍이 나 있음. 절주배(節酒杯).

계오 [− / 계−]圓〈옛〉 겨우.

계오다 [자] ☞ 지다⁴.

계:옥 (桂玉)[− / 계−]圓 땔나무는 계수나무와 같고 쌀은 옥(玉)과 같다는 뜻으로, 땔나무와 식량이 귀하고 비쌈을 이르는 말.

계:옥 (繫獄)[− / 계−]圓[하][타] 옥에 가두어 둠.

계:옥지수 (桂玉之愁)[−찌 / 계−찌−]圓 계옥으로 생활하는 근심이라는 뜻으로, 남의 나

라에서 살면서 겪는 괴로움을 이르는 말. 계옥지간(桂玉之艱).

계:−외가 (繼外家)[− / 계−]圓 계모의 친정.

계우 [− / 계−]圓〈옛〉 겨우.

계우 (溪友)[− / 계−]圓 세상을 등지고 산속에서 숨어 사는 벗.

계우다 [자][어]〈옛〉 이기지 못하다.

계:원 (係員)[− / 계−]圓 계(係)에서 일하는 사람. ▣ 호적 담당 ~. 「(契主).

계:원 (契員)[− / 계−]圓 계에 든 사람. ＊계주

계:월 (季月)[− / 계−]圓 **1** 일 년 가운데 마지막 달. '음력 12월'의 딴 이름. **2** 각 계절의 마지막 달(음력 3·6·9·12월).

계:월 (計月)[− / 계−]圓[하][타] 달수를 헤아림. 계삭(計朔).

계:월 (桂月)[− / 계−]圓 **1** 계수나무가 있는 달이란 뜻으로 '달'을 운치 있게 일컫는 말. **2** 음력 8월.

계:위 (繼位)[− / 계−]圓[하][자] 왕위를 이어받음.

계:유 (癸酉)[− / 계−]《민》 육십갑자의 열째.

계유 [민]〈옛〉 겨우.

계:유−정난 (癸酉靖難)[− / 계−]圓《역》 조선 단종(端宗) 계유년(1453)에 수양 대군이 정권을 잡을 목적으로 반대파인 김종서(金宗瑞) 등 여러 고명(顧命) 대신을 숙청한 사건.

계육 (鷄肉)[− / 계−]圓 닭고기.

계:율 (戒律)[− / 계−]圓《불》 계와 율. 불자(佛者)가 지켜야 할 규범. ▣ ~을 범하다. 춘율.

계:율−장 (戒律藏)[−짱 / 계−짱]圓《불》 삼장(三藏)의 하나인 율장.

계:율−종 (戒律宗)[− / 계−]圓《불》 부처의 계율을 실천함을 위주로 하는 종파. 율종(律宗). 남산종.

계:음 (戒飮)[− / 계−]圓[하][자] 술 마시는 것을 삼감. 계주(戒酒).

계−이름 (階−)[− / 계−]圓《악》 음계를 이루는 자리의 이름. 서양 음악의 '도레미파솔라시'와 국악의 '궁상각치우(宮商角徵羽)'가 이에 해당함. 계명(階名). ＊음이름.

계이름−부르기 (階−)[− / 계−]圓《악》 계이름에 따라 소리의 높이나 선율(旋律)을 나타내는 방법. 계명창법(階名唱法). 솔파.

계:인 (契印)[− / 계−]圓 두 장의 문서에 걸쳐 찍어, 그 관련을 증명하는 '계(契)' 자를 새긴 도장. −−하다[자][어] 계인을 찍다.

계:일 (計日)[− / 계−]圓[하][타] 날수를 계산함.

계:일 (癸日)[− / 계−]《민》 일진(日辰)의 천간(天干)이 '계(癸)'인 날(계유(癸酉)·계축(癸丑)·계해(癸亥) 따위).

계:자 (季子)[− / 계−]圓 막내아들.

계:자 (界磁)[− / 계−]圓《물》 장자석(場磁石).

계:자 (啓字)[−짜 / 계짜]圓《역》 임금의 재가(裁可)를 받은 서류에 찍던, '啓' 자를 새긴 나무 도장. 「자식.

계:자 (繼子)[− / 계−]圓 **1** 양자(養子)1. **2** 의붓

계:장 (係長)[− / 계−]圓 계(係)의 책임자. 또는 그 직책.

계:장 (契長)[− / 계−]圓 계의 일을 맡아서 처리하는 책임자.

계:장 (繼葬)[− / 계−]圓[하][타] 조상의 무덤 아래에 잇대어서 자손의 무덤을 씀.

계:쟁 (係爭)[− / 계−]圓[하][자]《법》 문제를 해결하거나 목적물의 권리를 얻기 위해 당사자끼리 법적인 방법으로 다툼.

계:쟁−물 (係爭物)[− / 계−]圓《법》 소송 당사자 사이의 계쟁의 목적물을.

계저주면 (鷄豬酒麵)[− / 계−]圓《한의》 병과 약의 성분에 관련하여 꺼리는 닭고기·돼지고

기·술·밀가루 음식을 아울러 이르는 말.

계:적(繼蹟)[-/ -계-]圐하타 조상의 훌륭한 업적이나 행적을 본받아 이음.

계:전(契錢)[-/ -계-]圐 곗돈.

계전(階前)[-/ -계-]圐 계단의 앞.

계:전(繼傳)[-/ -계-]圐하타 이어 전함.

계:전-기(繼電器)[-/ -계-]圐 어떤 회로의 전류가 끊어지고 이어짐에 따라 회로를 여닫는 장치. 릴레이.

계:절(季節)[-/ -계-]圐 일 년을 봄·여름·가을·겨울의 넷으로 나눈 그 한 동안. 철. ▣신록의 ~ / 가을은 독서의 ~이다.

계:절(階節)[-/ -계-]圐 무덤 앞에 평평하게 만들어 놓은 땅.

계:절(繼絶)[-/ -계-]圐하타 끊어진 것을 다시 이음.

계:절 관세(季節關稅)[-/ -계-]『경』일 년 중 어느 계절에 한하여 높은 세율을 적용하는 관세.

계:절-노동(季節勞動)[-로/ -계-로-]圐 계절에 따라 바쁘고 한가함이 현저하게 차이가 나는 노동(임업·어업·토목 건축업 따위).

계:절 변:동(季節變動)[-/ -계-]『경』계절적인 원인에 따라 매년 규칙적으로 생기는 물가 지수의 변동.

계:절-병(季節病)[-뼝/ -계-뼝]『의』계절에 따라 유행하는 병.

계:절-상품(季節商品)[-/ -계-]圐 일 년 중에 특정한 계절에만 팔리는 물품.

계:절 예:보(季節豫報)[-례-/ -계-례-] 특정 계절의 일기를 미리 알리는 일.

계:절-적(季節的)[-쩍/ -계-쩍]관圐 계절에 따라 영향을 받거나 변화하는 (것). ▣~ 특성 / 수요의 ~ 변동.

계:절적 실업(季節的失業)[-쩍씨럽/ -계-쩍씨럽]『경』계절에 따라 상품 생산이나 수요가 한정된 산업에서 생기는 실업(농한기의 농민이나 겨울철의 제빙업자).

계:절적 취:락(季節的聚落)[-쩍-/ -계-쩍-]『어』어떤 계절에만 이루어졌다가 없어지는 마을.

계:절-존망(繼絶存亡)[-/ -계-]圐하자타 아들이 없어 대가 끊어지게 된 집안이나 왕실에서 양자를 들여 대를 이음.

계:절-품(季節品)[-/ -계-]圐 어떤 계절에만 생산되어 시장에 나오는 물건. 계절상품.

계:절-풍(季節風)[-/ -계-]『지』일정한 지역에 한하여 대륙과 해양의 온도 차로 여름에는 해양에서 대륙으로, 겨울에는 대륙에서 해양으로 방향을 바꾸어 부는 바람. 몬순.

계:절풍 기후(季節風氣候)[-/ -계-]圐 계절풍의 영향을 받아 나타나는 기후.

계:절풍-대(季節風帶)[-/ -계-]『지』계절풍이 부는 지역. 계절풍 지대.

계:절-형(季節型)[-/ -계-]『동』동물이 계절에 따라 나타내는 모양이나 빛깔 따위의 변이(배추흰나비의 날개 크기나 무늬가 봄과 여름에 달라지는 따위).

계:절 회유(季節回遊)[-/ -계-]『어』물고기가 계절에 따라 생활에 적당한 온도의 물을 좇아 이동하는 일.

계:정(計定)[-/ -계-]『경』부기 원장에서, 같은 종류나 명칭의 자산·부채·손익 등의 증감을 계산·기록하기 위해 설정한 단위.

계:정(啓程)[-/ -계-]圐하자 길을 떠나다. 발정(發程).

계:정-계좌(計定計座)[-/ -계-]『경』부기에서, 계정마다 금액의 증감을 차변과 대

변으로 나눠 기록하고 계산하는 자리. ㉣계좌.

계:정 과목(計定科目)[-/ -계-]『경』회계에서, 단위가 되는 각 계정의 이름.

계:제(計除)[-/ -계-]圐하타 계감(計減).

계제(階梯)[-/ -계-]圐 **1** 계단과 사다리라는 뜻으로, 일이 진행되는 순서나 절차를 비유적으로 이르는 말. ▣~를 밟다. **2** 어떤 일을 할 수 있게 된 형편이나 기회. ▣지금은 이것저것 가릴 ~가 아니다. **3** 기계 제조에서, 옆으로 비스듬히 세운 사다리다리.

계제-직(階梯職)[-/ -계-]圐 이력에 따라 차차 올라가는 벼슬.

계:종(繼蹤)[-/ -계-]圐하타 뒤를 이음.

계:좌(癸坐)[-/ -계-]圐 묏자리·집터 등이 계방(癸方)을 등진 방향. 또는 그런 자리.

계:좌(計座)[-/ -계-]圐 **1** '계정계좌'의 준말. **2** '예금 계좌'의 준말.

계:좌-정향(癸坐丁向)[-/ -계-]『민』묏자리·집터가 계방(癸方)을 등지고 정방(丁方)을 바라보는 방향. 또는 그 자리.

계:좌 추적권(計座追跡權)[-꿘/ -계-꿘]『법』금융 기관으로부터 개인이나 법인의 입출금 자료 등을 넘겨받아 자금이 누구에게서 누구에게로 흘러갔는지를 조사할 수 있는 권리.

계:주(戒酒)[-/ -계-]圐하자 계음(戒飮).

계:주(契主)[-/ -계-]『민』무당이, 굿하는 집이나 단골로 다니는 집의 안주인을 일컫는 말. ↔대주(大主).

계:주(契酒)[-/ -계-]圐 계를 조직하고 관리하는 사람. ＊계원.

계:주(契酒)[-/ -계-]圐 곗술.

계:주(繫柱)[-/ -계-]『해』'계선주(繫船柱)'의 준말.

계:주(繼走)[-/ -계-]圐 '계주 경기'의 준말.

계:주 경:기(繼走競技)[-/ -계-]圐 이어달리기.

계:주-생면(契酒生面)[-/ -계-]圐하자 곗술로 생색을 낸다는 뜻으로, 남의 것을 마치 자기의 것처럼 생색냄을 이르는 말.

계:주-자(繼走者)[-/ -계-]圐 이어달리기 경주를 하는 사람. 릴레이 선수.

계:중(契中)[-/ -계-]圐 **1** 계원 전체. **2** 계의 조직 안.

계:지(季指)[-/ -계-]『생』 **1** 새끼손가락. **2** 새끼발가락.

계:지(繫止)[-/ -계-]圐하타 붙들어 매어 놓음.

계:지(繼志)[-/ -계-]圐하자 앞사람의 뜻을 이어받음.

계:진-기(計塵器)[-/ -계-]圐 공기 중에 있는 먼지의 양을 재는 기계.

계:집[-/ -계-]圐〈속〉 **1** 여자. ▣당찬 ~ / 등을 업다. **2** 여편네. ▣~과 자식 / ~을 들이다. ↔사내.
[계집 때린 날 장모 온다] 일이 공교롭게도 안 되어서 낭패를 본다는 말.

계집을 보다 ㈜ 여자를 사귀어 관계를 갖다.

계:집-녀(-女)[-/ -김- / -계집-]圐 한자 부수의 하나('妹'·'姬' 등에서 '女'의 이름). 계집녀변.

계:집-년[-/ -계집-]圐〈비〉계집.

계:집-붙이[-뿌치 / -계-뿌치]圐〈속〉각 부류의 여자들.

계:집-아이[-지바- / -계지바-]圐 어린 여자아이를 낮잡아 일컫는 말. 여아(女兒). ↔사내아이. ㉣계집애.

계:집-애[-지배 / -계지배]圐 '계집아이'의 준말.

계:집-자식 (-子息)[-짜-/ 게-짜-] 몡《속》 1 처자(妻子). ❏~을 거느리다. 2 딸자식.

계:집-종 [-종 / 게-종] 몡 여자 종. 비녀(婢女). ↔사내종.

계:집-질 [-찔 / 게-찔] 몡하자 자기 아내가 아닌 여자와 정을 통하는 일. ❏~을 일삼다. ↔서방질.

계차 (階次)[-/ 게-] 몡 계급의 차례.

계:착 (係着)[-/ 게-] 몡하자 1 마음에 늘 걸려 있음. 2 마음에 새겨 두고 잊지 않음.

계:책 (戒責)[-/ 게-] 몡하타 허물이나 잘못을 꾸짖어 각성하도록 함.

계:책 (計策)[-/ 게-] 몡하타 꾀내 방법을 생각해 냄. 또는 그 꾀낸 방법. ❏~을 꾸미다 / ~을 세우다 / ~을 쓰다 / 좋은 ~이 머리에 떠오르다.

계처 (繼妻)[-/ 게-] 몡 본처가 죽거나 이혼하고 다시 얻은 처.

계천 (溪川)[-/ 게-] 몡 시내와 내.

계천 (溪泉)[-/ 게-] 몡 골짜기에서 솟는 샘.

계:철 (繼鐵)[-/ 게-] 몡《전》 전동기·발전기에서, 자로(磁路)를 형성하고 몸체를 이루는 부분(주강(鑄鋼)·주철(鑄鐵)로 만듦).

계:첩 (戒牒)[-/ 게-] 몡《불》 계(戒)를 받았다는 증서.

계:청 (啓請)[-/ 게-] 몡하타《역》 임금에게 아뢰어 청함. 주청(奏請).

계:체 (稽滯)[-/ 게-] 몡하자타 일이 밀리어 늦어짐. 또는 늦어지게 함.

계:체 (繼體)[-/ 게-] 몡하자 1 조상의 뒤를 이음. 2 임금의 뒤를 이음.

계:체량 (計體量)[-/ 게-] 몡 체급 경기에서, 경기를 하기 전에 선수들의 몸무게를 재는 일. 또는 그 몸무게. 계체(計體). ❏~에 실패하다.

계체-석 (階砌石)[-/ 게-] 몡 무덤 앞에 평평하게 만들어 놓은 장대석.

계:촌 (計寸)[-/ 게-] 몡하타 일가의 촌수를 따짐. 또는 그렇게 하여 친족 관계를 찾음.

계:추 (季秋)[-/ 게-] 몡 1 음력 9월. 2 늦가을.

계:추 (桂秋)[-/ 게-] 몡 1 음력 8월. 2 가을.

계:추리 [-/ 게-] 몡 삼의 겉껍질을 긁어 버리고 만든, 실로 짠 삼베의 하나. 황저포(黃苧布).

계:축 (癸丑)[-/ 게-] 몡《민》 육십갑자의 쉰째.

계:축-자 (癸丑字)[-짜/ 게-짜] 몡 옛 활자의 하나《조선 성종 24년(1493)에 중국에서 들어온 자체를 모방해 만듦》.

계:춘 (季春)[-/ 게-] 몡 1 음력 3월. 2 늦봄.

계:출 (屆出)[-/ 게-] 몡하타 신고(申告).

계:취 (繼娶)[-/ 게-] 몡하자 재취(再娶). ❏~를 얻다.

계:측 (計測)[-/ 게-] 몡하타 물건의 길이나 넓이, 시간 따위를 재거나 계산함. ❏정밀한 ~ / 치수를 ~하다.

계층 (階層)[-/ 게-] 몡 1 사회를 형성하는 여러 층. ❏양반 ~ / 서민 ~ / 상류 ~ / 소외 ~ / ~ 간의 갈등. 2 층계.

계층 구조 (階層構造)[-/ 게-] 1《컴》각 항목이 계층적인 관련성을 갖는 데이터를 표시하는 구조. 2 컴퓨터 통신에서, 다중 통신로를 구성할 때, 다중화 단계를 일컫는 말. 3 한 집단에서 여러 계층 사이의 관계나 조직.

계:칙 (戒飭)[-/ 게-] 몡하타 경계하여 타이름. 규칙(規飭).

계:친 (繼親)[-/ 게-] 몡 계부나 계모.

계:-친자 (繼親子)[-/ 게-] 몡 전처의 자식과

후처 사이. 또는 전남편의 자식과 후부 사이의 관계.

계:칩 (啓蟄)[-/ 게-] 몡하자 봄철을 맞아 동면하던 벌레가 움직이게 됨.

계:칩 (繫蟄)[-/ 게-] 몡하자 자유를 구속당하여 집 안에 들어앉아 있음.

계탕 (鷄湯)[-/ 게-] 몡 닭국.

계:통 (系統)[-/ 게-] 몡 1 체계에 따라 관련된 부분들의 통일적 조직. ❏호흡기 ~ / 소화기 ~. 2 일의 체계나 순서. ❏~을 무시하다 / 보고 ~을 밟다. 3 일정한 분야나 부문. ❏행정 ~의 일을 하다. 4 하나의 공통적인 것에서 갈라져 나온 갈래. ❏같은 품종. 5《생》조상이 갇고 갇은 유전자형을 가진 개체의 모임.

계:통 (繼統)[-/ 게-] 몡하자 임금의 계통(系統)을 이음.

계:통-도 (系統圖)[-/ 게-] 몡 사물의 계통 관계를 표시한 도.

계:통 발생 (系統發生)[-쌩/ 게-쌩]《생》어떤 생물이 원시 상태에서 현재까지 거쳐 온 진화의 과정. ＊개체(個體) 발생.

계:통 분류 (系統分類)[-불-/ 게-불-]《생》생물 진화의 계통에 맞추거나 이를 반영하게 한 생물의 분류법.

계:통-수 (系統樹)[-/ 게-] 몡《생》생물의 발생과 진화의 관계를 나무의 줄기와 가지로 비유하여 나타낸 그림. 계통나무.

계:통 재:배 (系統栽培)[-/ 게-] 몡《생》같은 계통의 생물끼리만 교배하여 재배하는 일.

계:통-적 (系統的)[-/ 게-] 관몡 계통과 관계가 있는 (것). ❏~ 관련성 / ~으로 연구하다.

계:통 출하 (系統出荷)[-/ 게-]《경》농어민이 협동조합 따위의 조직을 통해 생산물을 판매하는 일.

계:투 (繼投)[-/ 게-] 몡하자 야구에서, 이제까지의 투수와 교체해 새 투수가 공을 던지는 일. ❏~ 작전 / 중간 ~.

계:파 (系派)[-/ 게-] 몡 정당이나 집단의 내부에서 출신·연고, 특수한 이권 등에 따라 결합된 배타적 모임. ❏~ 정치.

계:표 (計票)[-/ 게-] 몡하자 표의 수를 셈.

계:표 (界標)[-/ 게-] 몡 경계표. ❏~를 설치하다.

계:품 (啓稟)[-/ 게-] 몡하타《역》 조선 때, 글로 임금에게 아룀.

계:피 (桂皮)[-/ 게-] 몡《한의》계수나무의 껍질《향수나 향료의 원료 및 약제로 씀》.

계:피-산 (桂皮酸)[-/ 게-] 몡《화》신남산(酸). 계산(桂酸).

계:피-수 (桂皮水)[-/ 게-] 몡 증류수에 계피유를 섞은 맑은 액제(피부·점막에 바름).

계:피-유 (桂皮油)[-/ 게-] 몡 계피와 잎을 증류해서 얻은 기름《독특한 방향이 있어 약제·조미료·향료 따위의 원료로 씀》.

계:피-정 (桂皮精)[-/ 게-] 몡 계피유와 알코올을 혼합한 약물《건위제로 씀》.

계피-학발 (鷄皮鶴髮)[-빨-/ 게-빨] 몡 피부는 닭의 살갗같이 거칠고 머리털이 학의 날개처럼 희다는 뜻으로, 노인을 가리키는 말.

계:핏-가루 (桂皮-)[-피까-/ 게-까-] 몡 계피를 곱게 빻은 가루. 계피말(桂皮末).

계:하 (季夏)[-/ 게-] 몡 1 음력 6월. 2 늦여름.

계:하 (啓下)[-/ 게-] 몡하타《역》 임금의 재가(裁可)를 받던 일.

계하 (階下)[-/ 게-] 몡 층계의 아래. ❏~에 꿇어앉다.

계:한 (界限)[-/ 게-] 몡 1 땅의 경계. 2 한계.

ⓒ한(限).

계:합 (契合)[-/-계-] 명하자 부합(符合).

계:해 (癸亥)[-/-계-] 명 〖민〗 육십갑자의 예순번째.

계:행 (戒行)[-/-계-] 명하자 〖불〗 계율을 지켜 닦는 행위.

계:행 (啓行)[-/-계-] 명하자 1 앞서서 끌어 줌. 2 여행길을 떠남.

계:행 (繼行)[-/-계-] 명하자타 1 계속해서 나아감. 2 계속해서 행함.

계:호 (戒護)[-/-계-] 명하자타 1 경계하여 지킴. 2 교도소 안의 보안을 유지함.

계:화 (桂花)[-/-계-] 명 계수나무의 꽃.

계:-화상 (戒和尙)[-/-계-] 명 〖불〗 출가자(出家者)나 재가(在家) 불교도에게 계를 주는 사승(師僧).

계:회 (契會)[-/-계-] 명하자 계 모임.

계:획 (計劃·計畵)[-/-계-] 명하타 앞으로 할 일의 방법이나 절차 등을 미리 생각하여 안(案)을 세우는 일. 또는 그 내용. ▢~을 세우다 / ~을 짜다 / ~을 실천하다 / ~에 차질이 생기다 / 거사를 치밀하게 ~하다.

계:획 경제 (計劃經濟)[-경-/-계-경-] 〖경〗 국가 경제의 전체 부문이 국가 의사에 따라 통일적·계획적으로 이루어지는 구조. *자유 경제.

계:획 도산 (計劃倒産)[-또-/-계-또-] 〖경〗 경영자가 자기 업체를 도산시키는 일. 기업의 경영자가 경영을 계속할 의욕을 잃고 계획적으로 자산을 빼돌리고 도산하는 사기 행위.

계:획-량 (計劃量)[-횡냥 / 계획냥] 명 계획한 분량. ▢~을 완수하다.

계:획-범죄 (計劃犯罪)[-뺌/-계-뺌] 명 내용·방법 따위를 미리 치밀하게 정해서 저지른 죄. ▢치밀하게 준비된 ~.

계:획-서 (計劃書)[-써/계-써] 명 계획한 내용을 적은 문서. ▢~를 작성하다.

계:획-성 (計劃性)[-썽/계-썽] 명 모든 일을 계획하여 처리하려고 하는 성질. ▢~ 없게 일을 진행하다.

계:획-안 (計劃案)[-회간/계획간] 명 계획에 대한 구상. 계획을 적어 놓은 서류. ▢~을 마르다 / ~이 이사회의 승인을 얻어 확정되다.

계:획 자본 (計劃資本)[-짜-/계-짜-] 〖경〗 기업가가 사업을 계획하고 실행할 때 필요로 하는 자본.

계:획-적 (計劃的)[-쩍/-계-쩍] 관명 계획을 미리 세워서 하는 (것). ▢~인 살인수.

계:획-표 (計劃表)[-/-계-] 명 계획을 적은 표. ▢방학 ~를 짜다.

계:후 (季候)[-/-계-] 명 계절과 기후.

계:후 (繼後)[-/-계-] 명하자 양자로 대를 잇게 함. 또는 그 양자. 계사(繼嗣).

계:-힘 (戒-)[-/-계-] 명 〖불〗 계율에 공을 들인 힘.

곕:시다 [-씨-/겝씨-] 자 '계시다'보다 더 높이는 말. ▢김 선생님, 여기 잠깐만 곕시오.

곗:-날 (契-)[곈-/겐-] 명 계원들이 일정한 날 모여 결산하는 날.

곗:-돈 (契-)[곈돈/겐돈/계똔/겐똔] 명 1 계원이 내는 돈. ▢~을 붓다. 2 계에서, 차례가 되어 타는 돈. 3 계에서 소유하고 있는 돈. ▢~을 떼먹다.

곗:-술 (契-)[곈쑬/겐쑬/게쑬/겐쑬] 명 계의 모임에서 마시는 술. 계주(契酒).
[곗술에 낯 내기] 남의 것을 가지고 생색냄을 이르는 말. 계주생면(契酒生面).

고¹ 명 1 옷고름·노끈 따위의 매듭이 풀리지 않게 한 가닥을 고리처럼 맨 것. 2 상투를 틀 때 머리털을 고리처럼 감아 넘긴 것. ▢~를 틀다.

고² 명 〈옛〉 코.

고³ 명 〈옛〉 금(琴).

고 (考) 명 죽은 아버지의 일컬음. ↔비(妣). *현고(顯考).

고 (股) 명 1 〖경〗 '고본(股本)'의 준말. 2 〖수〗 직각 삼각형의 직각을 낀 두 변 가운데 긴 변. *구(勾)·현(弦).

고 (苦) 명 1 괴로움. 2 〖불〗 전세에 지은 업 때문에 받는 심신의 괴로움(〖이고(二苦)·사고(四苦)·팔고(八苦) 따위〗). ↔낙.

고 (庫) 명 곳간.

고 (高) 명 높이.

고 (鼓) 명 〖악〗 북².

고 (膏) 명 식물이나 과일을 끓여서 곤 즙(汁).

고 (蠱) 명 '고괘(蠱卦)'의 준말.

고 (孤) 대 예전에, 임금이나 제후가 스스로를 겸손하게 일컫던 말.

고⁴ 관 이미 말한 것이나 말 받는 사람이 짐작하고 있는 것을 낮잡거나 귀엽게 이르는 말. ▢~ 자식 / ~ 모양 / ~ 꼴 / 녀석 참 귀엽다. ⑪그.

고: (故) 관 이미 세상을 떠난. ▢~ 김○○ 선생 추모식.

고⁵ 조 1 두 가지 이상의 사물을 아울러 설명할 때, 받침 없는 체언 뒤에 쓰이는 접속 조사. ▢개~ 돼지~ / 여기에서~ 저기에서~ 떠들썩하다. *이고·며. 2 종결 어미 '-다'·'-라'·'-냐'·'-냐'·'-마'의 뒤에 붙어서 앞말이 간접 인용임을 나타내는 부사격 조사. ▢가자~ 약속하다 / 도와주마~ 말하다 / 빨리 오라~ 재촉하다.

고:- (古) 접두 '오랜'·'오래된'의 뜻. ▢~서적 / ~시조.

고 (高) 접두 '높은'·'훌륭한'의 뜻. ▢~혈압 / ~성능 / ~소득.

-고 (高) 접미 물질의 양이나 돈의 액수를 나타내는 접미사. ▢생산~ / 판매~.

-고 어미 1 두 가지 이상의 사실 등을 대등하게 잇따라 나타내는 연결 어미. ▢이것은 개~ 저것은 여우다 / 예술은 길~ 인생은 짧다. 2 두 동작을 말할 때, 앞의 동사 어간에 붙는 연결 어미. ㉠뒤 동작에 선행(先行)됨을 나타냄. ▢문을 열~ 들어오다. ㉡뒤 동작의 수단이나 방법을 나타냄. ▢차를 몰~ 가다 / 밥만 먹~ 살 수는 없다. ㉢뒤 동작의 근거·이유·조건 등을 나타냄. ▢너를 믿~ 왔다. 3 동사 어간에 붙어서 '있다' 앞에서 동작의 진행, '나다' 앞에서 동작의 끝남, '싶다' 앞에서 동작의 욕망을 각각 나타내는 연결 어미. ▢글을 쓰~ 있다 / 시험을 치르~ 나다 / 학교에 가~ 싶다. 4 동작·상태 등을 강조하기 위하여 어간을 겹쳐 쓸 때, 앞 어간에 붙는 연결 어미. ▢쌓이~ 쌓인 시름. *-디-. 5 물음이나 항변 따위의 뜻을 나타내는 종결 어미. 손아랫사람에게 씀. ▢남은 일은 누가 하~. *-느냐·-냐.

고:가 (古家) 명 지은 지 오래된 집. 고옥.

고:가 (古歌) 명 옛 노래. 옛 가사.

고:가 (故家) 명 여러 대에 걸쳐 벼슬하며 살아온 집안.

고가 (高架) 명 높이 건너질러 가설하는 것. ▢~ 사다리.

고가 (高價)[-까-] 圆 비싼 가격. 또는 값이 비싼 것. ▣~의 사치품 / 유명 화가의 그림이 ~에 팔리다. ↔저가(低價).

고가 (雇價)[-까-] 圆 품삯.

고가-교 (高架橋) 圆 지상으로 높다랗게 놓은 다리. 구름다리.

고:-가구 (古家具) 圆 오래된 가구.

고:가-대족 (故家大族) 圆 대대로 세도를 누린 큰 집안. 고가세족.

고가 도:로 (高架道路) 땅 위에 높이 지대(支臺)를 건설하고 그 위에 가설한 도로.

고가 레일 (高架rail) 땅 위로 높게 가로질러 만든 철도.

고가 삭도 (高架索道)[-또-] 『건』 가공 삭도.

고가-선 (高架線) 圆 고가 철도.

고:가-세족 (故家世族) 圆 고가대족.

고가-주 (高價株)[-까-] 圆 『경』 상장 주식의 주가 평균보다 주가가 높은 주식.

고가-차 (高架車) 圆 사다리를 갖춘 특수 자동차. ▣고층 아파트 화재에 ~가 출동하다.

고가 철도 (高架鐵道)[-또-] 지상에 높이 받침대를 건설하고 그 위에 가설한 철도.

고가-품 (高價品)[-까-] 圆 값이 비싼 물품.

고각 (高角) 圆『수』올려본각.

고각 (高閣) 圆 높다랗게 지은 집이나 누각.

고각 (鼓角) 圆『역』군중(軍中)에서 호령할 때 쓰던 북과 나발.

고각-대루 (高閣大樓)[-때-] 圆 높고 큰 집.

고각-함성 (鼓角喊聲)[-까-] 圆 적과 싸울 때, 사기를 돋우려고 북을 치고 나발을 불며 아우성치는 소리.

고간 (股間) 圆 샅1.

고간 (固諫) 圆하자 강경히 간함.

고간 (苦諫) 圆하자 어려움을 무릅쓰고 간절히 간함.

고간 (苦艱) 圆하형 간고(艱苦).

고간 (苦懇) 圆하타 몹시 간절히 바람.

고:-간독 (古簡牘) 圆 옛날 현인들의 편지를 실어 엮은 책.

고갈 (枯渴) 圆하자 1 물이 말라 없어짐. ▣지하수가 ~되다. 2 돈이나 물건 같은 것이 거의 없어져 매우 귀해짐. ▣자원의 ~. 3 정서·감정이 메마르게 됨. ▣정서가 ~되다.

고:-갑자 (古甲子)[-짜] 圆『민』옛날 간지(干支)의 이름. 갑(甲)은 알봉(閼逢)을 을(乙)은 전몽(旃蒙), 병(丙)은 유조(柔兆), 정(丁)은 강어(强圉), 무(戊)는 저옹(著雍), 기(己)는 도유(屠維), 경(庚)은 상장(上章), 신(辛)은 중광(重光), 임(壬)은 현익(玄黓), 계(癸)는 소양(昭陽), 갑(甲)은 곤돈(困敦), 축(丑)은 적분약(赤奮若), 인(寅)은 섭제격(攝提格), 묘(卯)는 단알(單閼), 진(辰)은 집서(執徐), 사(巳)는 대황락(大荒落), 오(午)는 돈장(敦牂), 미(未)는 협흡(協洽), 신(申)은 군탄(涒灘), 유(酉)는 작악(作噩), 술(戌)은 엄무(閹茂), 해(亥)는 대연헌(大淵獻)이라 부름.

고개¹ 圆 1 목의 뒤쪽 부분. ▣~가 아프다 / ~가 뻣뻣하다. 2 머리1. ▣~를 갸우뚱하다 / ~를 흔들다.

고개가 수그러지다 囝 존경하는 마음이 일어나다.

고개를 가웃거리다 囝 어떤 일에 대하여 의심스러워하다.

고개(를) 들다 囝 ㉠생각이나 의심이 떠오르다. ㉡차츰 세력을 얻다. 대두(擡頭)하다. ▣사치 풍조가 다시 ~.

고개(를) 숙이다 囝 ㉠절을 하다. ㉡상대에게 굴복하다.

고개(를) 젓다 囝 부정(否定)·거절 등의 뜻을 나타내다.

고개 하나 까딱하지 않다 囝 마음의 동요가 없이 꼼짝도 하지 않다.

고개² 圆 1 산이나 언덕을 넘어 다니게 된 비탈진 곳. 고까부름 ~를 넘다. 2 일의 중요한 고비나 절정의 비유. 3 중년 이후 열 단위만큼의 나이를 일컫는 말. ▣오십 ~를 바라보다.

고개-턱 圆 고개의 마루터기.

고개-티 圆 고개를 넘는 가파른 비탈길.

고개-하다 (孤介-) 圆여 절개가 굳어 속세에 물들지 않다.

고객 (苦客) 圆 귀찮은 손님.

고객 (孤客) 圆 외로운 나그네.

고객 (顧客) 圆 1 물건을 사러 오는 손님. ▣백화점의 ~. 2 단골손님. ▣~이 줄다.

고갯-길 [-개낄 / -갠낄] 圆 고개를 넘는 길. ▣~을 오르다 / ~에 접어들다.

고갯-놀이 [-갠-] 圆 농악무(農樂舞)에서, 벙거지에 달린 상모를 돌리는 연기의 하나.

고갯-마루 [-갠-] 圆 고개에서 가장 높은 자리.

고갯-심 [-개씸 / -갠씸] 圆 목을 지탱하는 고개의 힘.

고갯-장단 [-개짱- / -갠짱-] 圆 고갯짓으로 맞추는 장단.

고갯-짓 [-개찓 / -갠찓] 圆하자 고개를 흔들거나 끄덕이는 짓. ▣~으로 장단을 맞추다.

고갱이 圆 1『식』초목의 줄기 한가운데에 있는 연한 심. 목수(木髓). 수(髓). ▣배추 ~. 2 사물의 핵심.

고-거 代 지대 '고것'의 준말. 圐그거.

고거 (考據) 圆하자 참고하여 근거로 삼음.

고거리 圆 소의 앞다리에 붙은 살.

고:-건물 (古建物) 圆 옛날의 건물. 낡은 건물.

고검 (考檢) 圆하타 『역』법률을 상고하여 자세히 검토하던 일.

고검 (高檢) 圆 '고등 검찰청'의 준말.

고-것 [-걷] 代 지대 1 '그것'을 얕잡거나 귀엽게 일컫는 말. ▣~ 좀 집어라 / ~이 사실인가. 2 '고 사람'을 낮잡아 이르는 삼인칭 대명사. ▣~이 어디로 도망을 갔니. 3 '고 아이'를 귀엽게 이르는 삼인칭 대명사. ▣~ 참 예쁘구나. 圐고거.

고-게 囝 고것이. ▣~ 뭐야. 圐그게.

고:격 (古格) 圆 옛 격식.

고견 (高見) 圆 1 탁월한 의견. 2 남의 의견의 존칭. ▣~을 듣다.

고견 (顧見) 圆하타 1 돌이켜 봄. 2 고호(顧護).

고결 (固結) 圆하자 엉겨서 굳어짐.

고결 (高潔) 圆하형 히부 성품이 고상하고 순결함. ▣성품이 ~하고 강직하다.

고:-경 (告更) 圆하자 『역』조선 때, 대궐에서 누수기(漏水器)를 보고 밤중에 시간을 알리던 일.

고경 (苦境) 圆 괴롭고 힘든 처지나 형편. ↔낙경(樂境).

고계 (苦界) [- / -]圆 『불』괴로움이 있는 세계《지옥·아귀·축생·수라·인간·천상의 육도(六道)를 이름》.

고고 (考古) 圆하타 옛 유물·유적으로 고대의 역사적 사실을 연구하고 고찰함.

고고 (呱呱) 圆 1 아이가 세상에 나오면서 처음 우는 울음소리. ▣~의 소리. 2 값 있고 귀중한 것이 처음으로 발족함을 알리는 소식의 비유.

고고(枯槁)圈[혱혭](히부) **1** 초목이 바짝 마름. **2** 신세 따위가 형편없게 됨의 비유. **3** 야위어서 파리함.

고고(苦苦)圈《불》삼고(三苦)의 하나. 고(苦) 의 인연에서 받는 괴로움.

고고(go-go)圈 로큰롤 음악에 맞춰 몸을 빠르고 격렬하게 흔들며 추는 춤. 또는 그 음악. □~ 댄스.

고고리 圈〈옛〉꼭지.

고고지성(呱呱之聲)圈 고고(呱呱)의 소리. 산성(産聲). □~을 울리고.

고고-하다(孤高-)[혱어] 세상일에 초연하여 홀로 고상하다. □고고한 선비의 모습. 고고-히 閉

고고-학(考古學)圈 유물과 유적을 통하여 옛 인류의 생활, 문화 따위를 연구하는 학문.

고고학-적(考古學的)[-쩍][판][혱] 고고학과 관련이 있는 (것). □~인 가치가 크다.

고곡(古曲)圈 옛 가곡.

고골(枯骨)圈 죽은 뒤에 살이 썩어 없어진 뼈.

고곰圈〈옛〉고금. 학질.

고공(高空)圈 **1** 높은 공중. □~ 정찰. ↔저공(低空). **2** 높이 1,500~2,000 m 위의 하늘.

고공(雇工)圈 **1** 머슴. **2** 품팔이. **3** 고용살이하는 직공.

고공-병(高空病)[-뼝]圈《의》고도(高度) 높은 공중에 신체가 적응하지 못해서 나타나는 병적인 증상. 고도병.

고공-비행(高空飛行)圈 고도(高度) 15,000~20,000 m 이상의 하늘을 비행하는 일. ↔저공(低空)비행.

고공-사(考功司)圈《역》고려·조선 때, 문관의 공과·근태(勤怠)·휴가 등에 관한 사무를 맡아보던 기관.

고공-살이(雇工-)圈(히자) 머슴살이.

고공-심리(高空心理)[-니]圈 비행하는 동안에 일어나는 특수한 심리 상태.

고공-전(高空戰)圈 구기 경기에서, 머리 위로 공을 띄우는 기술을 주로 사용하는 경기.

고공-품(藁工品)圈 짚·풀솔기 등으로 만든 수공품. □농한기에 ~을 제작하다.

고:과(考課)圈(히타) **1** 군인·공무원·학생·회사원 등의 근태(勤怠)·집무 성적·재능 등을 조사하여 보고함. **2**《경》고시(考試).

고:과(告課)圈(히타)《역》하급 관리가 윗사람이나 상사에게 신고하던 일.

고과(孤寡)圈〔圈〕 **1** 고아와 과부. **2** 외로운 과부. 〔印대〕왕후가 자신을 겸손하게 낮추어 이르던 말.

고과(苦果)圈《불》고뇌를 받는 과보. 악업의 과보로서 받는 고뇌.

고:과-장(考課狀)[-짱]圈[-짱]圈《경》은행·회사의 대차 대조표·재산 목록·손익 계산서를 포함한 영업 보고서.

고:과-표(考課表)圈 근무 성적·학업 성적 따위를 기록한 표(表).

고관(考官)圈《역》무과(武科)와 강경과(講經科)를 관장하던 시관(試官).

고:관(告官)圈《역》관아에 고함.

고:관(苦觀)圈(히타)《불》**1** 이 세상을 고(苦)의 세계로 봄. **2** 세상을 비관적으로 봄.

고관(高官)圈 직위가 높은 관리나 벼슬.

고관-대작(高官大爵)圈 지위가 높고 훌륭한 벼슬. 또는 그런 사람의 사람.

고-관절(股關節·胯關節)圈(圈)《생》비구(髀臼)관절. □~에 염증이 생기다.

고광-나무圈《식》범의귓과의 낙엽 활엽 관목. 골짜기에 나는데, 높이 3-4 m이며 초여

름에 흰 꽃이 피고 열매는 9월에 익음. 관상용이며 어린잎은 식용함.

고괘(蠱卦)圈《민》육십사괘의 하나. 간괘(艮卦)와 손괘(巽卦)가 거듭된 것으로 산 아래에 바람이 있음을 상징함. 㽷고괘(蠱).

고:괴-하다(古怪-)[혱어] 예스럽고 괴상하다.

고굉(股肱)圈 **1** 다리와 팔이란 뜻으로, 온몸을 이르는 말. □~의 힘을 다하다. **2** '고굉지신(之臣)'의 준말.

고굉지신(股肱之臣)圈 임금이 가장 믿고 중히 여기는 신하. 㽷고굉.

고:교(故交)圈 고구(故舊).

고교(高校)圈 '고등학교'의 준말. □~ 시절.

고교-생(高校生)圈 '고등학생'의 준말.

고구(考究)圈(히타) 자세히 살펴 연구함. □중세 국어에 ~하다.

고:구(故舊)圈 사귄 지 오래된 친구. □~가 살고 있는 고향.

고구려-오:부(高句麗五部)圈《역》고구려 초기에 있던 5개 부족〔계루부(桂婁部)·순노부(順奴部)·소노부(消奴部)·관노부(灌奴部)·절노부(絶奴部)를 이름〕.

고:구마圈《식》메꽃과의 여러해살이풀. 중앙아메리카 원산으로 따뜻한 지방에서 재배함. 줄기는 땅 위로 길게 뻗으며, 덩이뿌리는 녹말이 많아 식용·공업용으로 씀. 감저(甘藷). □~를 캐다 / ~를 삶다 / ~를 쪄 먹다.

고:구마-술圈 고구마를 고아서 담근 술.

고:구마-엿圈〔-엿〕고구마를 고아서 만든 엿.

고:구마-잎벌레圈〔-입뻘-〕圈《충》잎벌렛과의 곤충. 몸은 달걀꼴, 길이는 6 mm 정도이며, 몸빛은 흑갈색으로 고구마의 해충임.

고:국(故國)圈 **1** (남의 나라에 있는 사람이 일컫는) 조상 때부터 내던 나라. □~의 발전을 기원하다 / ~ 땅을 밟다. **2** 역사가 오래된 나라. **3** 이미 망한 나라.

고군(孤君)圈 **1** 죽은 임금. **2** 죽은 남편.

고군(孤軍)圈 도움을 받지 못하고 고립된 군사나 군대.

고군(雇軍)圈 **1** 삯군. **2**《역》임시로 고용한 군병.

고군-분투(孤軍奮鬪)圈(히자) **1** 도움을 받지 못하는 고립된 군대가 많은 수의 적군과 용감하게 잘 싸움. □~를 벌이다 / ~ 끝에 사지(死地)에서 생환하다. **2** 남의 도움을 받지 않고 혼자 힘으로 힘에 벅찬 일을 잘해 나간다.

고군-약졸(孤軍弱卒)[-냑쫄]圈 **1** 따로 떨어져 고립된 약한 군사. **2** 남의 도움도 없고 힘도 없는 약한 사람의 비유.

고:궁(古宮·故宮)圈 옛 궁전. □~을 산책하다 / 관광객들이 ~을 찾다.

고궁(固窮)圈 곤궁한 것을 당연한 것으로 여기고 잘 견뎌 냄.

고궁-독서(固窮讀書)[-써]圈(히자) 어려운 처지에도 글 읽기를 좋아함.

고궁-하다(孤窮-)[혱어] 외롭고 곤궁하다.

고:귀(告歸)圈(히자) 작별하고 돌아감.

고귀-하다(高貴-)[혱어] **1** 지위가 높고 귀하다. □성품이 ~. **2** 물건 따위가 귀하고 값이 비싸다. **3** 훌륭하고 귀중하다. □고귀한 희생정신.

고:규(古規)圈 옛 법도나 규칙.

고규(孤閨)圈 여성, 특히 과부가 홀로 자는 방. 외로운 잠자리.

고극(高極)圈《지》기온이나 그 밖의 기상 요

소가 장기간에 걸쳐 나타난 최고치.

고극-하다 (苦劇-)[-그카-]〖형〗너무 심하거나 지독하다. **고극-히**[-그키]〖부〗

고근 (菰根)〖명〗〖한의〗줄의 뿌리((위장병·소갈 (消渴) 등의 약제임)).

고근-약식 (孤根弱植)[-냑씩]〖명〗친척이나 돌보는 사람이 없는 사람을 비유하는 말.

고글 (goggles)〖명〗강풍·먼지·광선 따위로부터 눈을 보호하는 데 쓰는 큰 안경((스키나 오토바이를 타거나 등산할 때 씀)).

고금〖명〗〖한의〗말라리아.

고:금 (古今)〖명〗옛날과 지금. 고왕금래(古往今來). ▢~의 명작 / ~을 통하여 가장 위대한 예술품.

고금 (孤衾)〖명〗홀로 덮는 이불. 곧, 혼자 쓸쓸히 자는 잠자리.

고:금-독보 (古今獨步)[-뽀]〖명〗고금을 통틀어 비교할 사람이 없을 만큼 훌륭함.

고:금-동서 (古今東西)〖명〗동서고금.

고:금-동연 (古今同然)〖명〗예나 지금이나 변하지 않고 같음.

고-금리 (高金利)[-니]〖명〗높은 금리. 고리(高利). ▢~의 사채를 쓰다. ↔저금리.

고:금-천지 (古今天地)〖명〗옛날부터 지금에 이르기까지의 온 세상. ▢그런 일이 ~에 어디 있느냐.

고:급 (告急)〖명하자〗급한 상황을 알림.

고급 (高級)〖명하형〗1 물건 따위의 품질이 뛰어나고 값이 비쌈. ▢~의상 / ~음식점 / 예물용 ~ 시계. 2 지위·신분·수준 따위가 높음. ▢~관리 / ~과정 / ~영어 / ~한 문화. ↔저급(低級).

고급 (高給)〖명〗많은 급료나 봉급.

고급 개:념 (高級概念)[-깨-]〖논〗상위(上位) 개념. ↔저급 개념.

고급-문화 (高級文化)[-금-]〖명〗〖사〗귀족의 문화적 전통을 이어받아 소수의 지식인이 생산하고 향유하는 문화(연극·발레·클래식 음악·순수 미술 따위). ✱대중문화.

고급 상징 (高級象徵)[-쌍-]〖문〗작자의 높은 사상이나 깊은 정신세계의 상징.

고급-스럽다 (高級-)[-쓰-따][-스러워, -스러우니]〖형〗品質이 뛰어나고 값이 비싼 듯하다. ▢고급스러운 실내 장식.

고급 언어 (高級言語)〖컴〗사용자가 쉽게 구사할 수 있는 일상 생활어이지만 컴퓨터가 처리하기에는 불편한 언어(베이식·포트란·코볼 따위).

고급 장:교 (高級將校)[-짱-]〖군〗영관급 이상의 장교. ▢~ 출신의 예비역.

고급-화 (高級化)[-그좌]〖명하자타〗品質이 뛰어나고 값이 비싸게 하는 일. 또는 그리 되는 일. ▢제품의 ~에 힘쓰다.

고기¹〖명〗1 먹을거리로 쓰는 온갖 동물의 살. ▢~ 한 근 / ~를 굽다. 2 '물고기'의 준말. ▢~를 낚다 / 다 잡은 ~를 놓치다.
[고기는 씹어야 맛이요, 말은 해야 맛이라] 할 말은 시원히 다 해 버려야 좋다. [고기는 씹어야 맛을 안다] ㉠겉으로만 핥아서는 진미를 모른다. ㉡바로 알려면 실제로 겪어 보아야 한다.

고기 값을 하다 〖구〗몸집에 어울리는 행동을 하거나 제구실을 한다.

고기 맛본 중 〖구〗금지된 쾌락을 뒤늦게 맛보고 재미를 붙인 사람의 비유.

고:기 (古記)〖명〗옛날의 기록.

고:기 (古氣)〖명〗예스럽고 수수한 기운(氣韻).

고:기 (古基)〖명〗옛터.

고:기 (古器)〖명〗옛날의 그릇. 오래된 그릇.

고:기 (故基)〖명〗예전에 자기가 살던 터.

고기 (顧忌)〖명하타〗뒷일을 염려하고 꺼림.

고기²〖대〗지대 그곳. ▢~에 무엇이 있나. ▢부 그곳에. ▢~ 있다. ▢거기.

고기-구이〖명〗쇠고기나 돼지고기 따위를 불에 구운 음식.

고기다 [-기-]〖자〗고 김살이 생기다. ▢타 형겊이나 종이를 비비어 금이 생기게 하다. ▢양복을 ~. ▢구기다. ▢큰꼬기다.

고기-닭 [-닥]〖명〗식용할 목적으로 기르는 닭. 육계(肉鷄).

고기-돼지〖명〗식용할 목적으로 기르는 돼지. 육돈(肉豚).

고기-만두 (-饅頭)〖명〗고기소를 넣어 빚은 만두. 육만두.

고기-반찬 (-飯饌)〖명〗고기로 만든 반찬.

고기-받이 [-바지]〖명〗상인이 고깃배에서 부리는 물고기를 두름으로 받는 일.

고기-밥〖명〗1 물고기에게 주는 밥. 2 미끼.
고기밥(이) 되다 〖구〗물에 빠져 죽다.

고기-붙이 [-부치]〖명〗식용하는 각종 동물의 고기.

고기-서리목〖명〗쇠고기를 넓게 조각을 내어 꼬챙이에 꿰고 양념을 발라 가며 구운 반찬.

고기-소¹〖명〗고기를 다져 양념과 함께 만든 소.

고기-소²〖명〗식용할 목적으로 기르는 소. 육우(肉牛). ✱비육우(肥肉牛).

고기-쌈〖명〗얇게 저민 쇠고기와 처념을 넓게 썰어 양념을 치고 주무른 것에 밥을 싸서 먹는 쌈. 육포(肉包).

고-기압 (高氣壓)〖명〗〖지〗둘레의 기압보다 높은 기압. ▢이동성 ~. ↔저(低)기압.

고기-육 (-肉)〖명〗한자 부수의 하나('胃'·'腐' 따위에서 '肉'의 이름). ✱육달월.

고기작-거리다 [-꺼-]〖타〗고 김살이 나게 자꾸 고기다. ▢종이를 ~. ▢구기적거리다. ▢큰꼬기작거리다. **고기작-고기작** [-꼬-]〖부하타〗

고기작-대다 [-때-]〖타〗고기작거리다.

고기-잡이〖명하자〗1 낚시나 그물 따위로 물고기를 잡음. 어렵(漁獵). ▢~로 생활하다. 2 어부(漁夫).

고기잡이-배〖명〗어선(漁船).

고:기-하다 (古奇-)〖형〗예스럽고 기이하다.

고김-살 [-쌀]〖명〗고기어서 생긴 금. ▢구김살. ▢큰꼬김살.

고깃-간 (-間)[-까간 / -낀깐]〖명〗쇠고기·돼지고기 등을 파는 가게. 푸줏간.

고깃-거리다 [-꺼-]〖자〗고 김살이 생기게 자꾸 고기다. ▢구깃거리다. ▢큰꼬깃거리다. **고깃-고깃¹** [-낀낀]〖부하타〗▢~ 구겨진 옷.

고깃-고깃² [-낀낀]〖명하형〗고기어서 금이 많이 난 모양. ▢~한 천 원짜리 지폐. ▢구깃구깃. ▢큰꼬깃꼬깃.

고깃-관 (-館)〖명〗☞고깃간.

고깃-국 [-끅 / -낀꾹]〖명〗고기를 넣어 끓인 국. 육탕(肉湯). ▢~을 끓이다.

고깃-깃 [-낀 / -낀낀]〖명〗물고기가 모여들도록 물속에 넣어 두는, 잎이 무성한 나뭇가지나 풀포기 따위.

고깃-대다 [-때-]〖타〗고깃거리다.

고깃-덩어리 [-끙-/-낀떵-]〖명〗1 짐승 고기의 덩어리. 육괴. 2〈속〉사람의 몸. ▢큰고깃덩이.

고깃-덩이 [-끙-/-낀떵-]〖명〗'고깃덩어리'의 준말.

고깃-배 [-기빼 /-긴뻬] 圈 어선(漁船). ▢~가 만선으로 돌아오다.

고깃-점 (-點)[-기쩜 /-긴쩜] 圈 고기의 작은 조각. ▢~을 우물거리다.

고깃-집 [-기찝 /-긴찝] 圈 갈비·삼겹살 따위 고기를 주로 파는 음식점.

고: 圈〈소아〉꼬까.

고:-까-신 圈〈소아〉꼬까신.

고:-까-옷 [-옫]〈소아〉때때옷.

고까워-하다 圂图 고깝게 여기다. ▢충고를 고까워하지 마라.

고까-이 圉 고깝게. ▢~ 여기다.

고-까지로 圉 겨우 고만한 정도로. ▢학교에서 ~ 배웠느냐. ⑨그까지로.

고-까짓 [-짇] 冠 겨우 고만한 정도의. ▢일로 화를 내다니. ⑨그까짓. ⑨고깟.

고깔 圈 승려·무당·농악대들이 머리에 쓰는 건(巾)의 하나. 베 조각으로 세모지게 만듦. ▢~ 쓴 여승.

고깔-모자 (-帽子) 圈 고깔 모양으로 생긴 모자의 총칭.

고깔-제비꽃 [-꼳] 圈〈식〉제비꽃과의 여러해살이풀. 산에 나는데, 높이 10 cm 정도, 봄에 큰 자줏빛 꽃이 꽃줄기 끝에 한 개씩 핌.

고깔-해파리 圈〈동〉고깔해파릿과의 해파리. 열대와 온대의 바다 위를 떠다니는데, 남빛을 띠며, 기포체(氣胞體) 밑에 끈 모양의 줄기가 달려 있음.

고깝다 [-따][고까워, 고까우니] 圂图 야속하고 섭섭하여 마음이 언짢다. ▢내 말을 너무 고깝게 듣지 마라.

고깟 [-깓] 冠 '고까짓'의 준말. ▢~ 놈쯤이야. ⑨그깟.

고꾸라-뜨리다 圂 1 고꾸라져 쓰러지게 하다. ▢앞으로 밀어 ~. 2〈속〉죽다. ▢적장을 ~. ⑩꼬꾸라트리다.

고꾸라-지다 圂 1 고부라져 쓰러지다. ▢앞으로 푹 ~. 2〈속〉죽다. ▢적장이 ~. ⑩꼬꾸라지다.

고꾸라-트리다 圂 고꾸라뜨리다.

-고나 어미〈옛〉-구나.

고난 (苦難) 圈 괴로움과 어려움. 고초(苦楚). ▢~에 빠지다 / ~을 겪다 / ~을 이겨 내다.

고-난도 (高難度) 圈 피겨 스케이팅이나 체조, 다이빙 따위에서, 기술적으로 해내기가 매우 어려운 정도. 제 묘기를 보이다.

고난-스럽다 (苦難-)[-따][-스러워, -스러우니] 圂图 고난이 되는 점이 있다. ▢고난스러웠던 생애. **고난-스레** 圉

고내기 圈 자배기보다는 운두가 높고 아가리가 넓은 오지그릇.

고냥 圉 1 고 상태 고대로. ▢~ 놓아두다. 2 고 모양으로 줄곧. ▢~ 앉아 있다. ⑨그냥.

고너리 圈〈어〉멸칫과의 바닷물고기. 몸길이는 20 cm 정도. 정어리와 비슷하나 주둥이가 둥글지 않음. 기름이 많음.

고녀 (高女) 圈 '고등 여학교'의 준말.

고녀 (雇女) 圈 고용살이를 하는 여자.

고녀 (鼓女) 圈 생식기의 기능이 완전하지 못한 여자. ↔고자(鼓子).

고녀 (睪女) 圈 어지자지1.

고녀 (瞽女) 圈 여자 소경.

고년 (高年) 圈 고령(高齡)1.

고년 떼 '그년'을 낮잡아 이르거나 귀엽게 이르는 말. ▢~ 참 예쁘게도 생겼지. ⑨그년. ↔고놈.

고념 (顧念) 圈图函 1 돌보아 줌. 2 남의 허물을 덮어 줌.

고논 (-畓)〈농〉1 봇도랑에서 맨 먼저 물이 들어오는 물꼬가 있는 논. 2 바닥이 깊고 물길이 좋아 기름진 논. 고래실.

고-놈 떼 '그놈'이나 어떤 작은 것을 낮잡아 이르거나 귀엽게 이르는 말. ▢~ 참 잘 생겼다. ⑨그놈. ↔고년.

고농 (古農)〈역〉고려 때, 윷놀이하던 방법의 하나.

고농 (雇農) 圈 고용살이하는 농민.

고-농도 (高濃度) 圈 물체의 성분의 비율이 높은 것. 또는 액체의 용액 정도가 높은 것. ▢~의 용액.

고뇌 (苦惱) 圈图函 괴로워하고 번뇌함. 고민. ▢~에서 벗어나다 / ~를 이겨 내다 / 이상과 현실 사이에서 ~하다.

고누 圈 땅·종이 위에 말밭을 그려, 서로 상대방의 말을 많이 따거나 길을 막음으로써 승부를 겨루는 놀이. 고누두기.

고누-판 (-板) 圈 고누의 말밭을 그린 판.

-고는1 어미 (동사의 어간 등의 뒤에 붙어, '-고는 하다'의 꼴로 쓰여) 같은 동작을 되풀이함을 나타내는 연결 어미. ▢일요일이면 오~ 했었지. ⑥-곤1.

-고는2 어미 앞의 내용이 뒤에 오는 내용의 전제나 조건이 됨을 나타내는 연결 어미((뒤에 부정의 말이 옴)). ▢남에게 빚지~ 못 산다 / 그를 빼놓~ 일이 진행되지 않는다. ⑥-곤2.

고니 圈〈조〉오릿과의 물새. 떼 지어 해만(海灣)·연못에 사는데, 온몸은 흰데, 눈 밑은 노란색임. 부리는 노랗고 다리는 검음. 물속의 풀이나 곤충 따위를 먹고 삶. 천연기념물 제 201호. 백조(白鳥).

고:다 圂 1 고기나 뼈 따위를 뭉그러지도록 삶다. ▢고기를 ~. 2 진액만 남도록 끓이다. ▢엿을 ~. 3 술을 만들다. ▢술을 ~.

고다리 圈 지겟다리 위에 뻗친 가지.

고-다지 圉 고러하도록. 고러한 정도로까지. ▢~ 가고 싶으냐. ⑨그다지.

고단 (高段) 圈 무술·바둑·장기 등에서, 단위가 높음(특히 5 단 이상을 가리킴).

고-단수 (高段數) 圈 수단이나 술수를 쓰는 재간의 정도가 높은 것. 또는 그런 사람. ▢~에 걸려들다.

고단-위 (高單位) 圈 높은 단위. ↔ 항생제.

고단-하다 圂函 몸이 지쳐서 느른하다. ▢몸이 ~ / 고단해서 일찍 잠자리에 들다. **고단-히** 圉

고단-하다 (孤單-) 圂函 단출하고 외롭다. ▢고단한 신세.

고달1 圈 1 칼·창·송곳 등의 몸뚱이가 자루에 박힌 부분. 2 쇠붙이 등의 대롱으로 된 물건의 부리.

고달2 圈 1 점잔을 빼고 거만을 부리는 짓. ▢~을 부리다. 2 말을 하지 못하는 어린애가 성을 내고 몸부림하는 짓.

고-달이 圈 물건을 들거나 걸어 놓기 위하여 노끈 등으로 고리처럼 만들어 놓은 것.

고달프다 [고달파, 고달프니] 圂 대단히 고단하다. ▢고달픈 인생 / 마음이 고달프니 몸도 피곤하다.

고달피 圉 고달프게. ▢~ 잠들다.

고:-담 (古談) 圈 옛날이야기.

고담 (高談) 圈 1 거리낌 없이 큰 소리로 하는 말. ▢~ 대소(大笑)하다. 2 남을 높여 그의 말을 이르는 말.

고담-방언 (高談放言) 圈图函 거리낌 없이 멋

대로 소리를 높여서 말을 함.
고담 준론(高談峻論)[-줄-]**명**[하자] 1 뜻이 높고 바르며 엄숙하고 날카로운 말. 2 잘난 체하며 과장하여 떠벌리는 말.
고담-하다(枯淡-)**형**[여] 서화나 문장, 인품 등의 표현이 꾸밈이 없고 수수하다.
고답(高踏)**명**[하] 지위나 명리를 떠나 속세에 초연함.
고답-적(高踏的)[-쩍]**관명** 속세에 초연하여 현실과 동떨어진 것을 고상하게 여기는 (것). □~인 사고방식.
고답-주의(高踏主義)[-쭈-/-쭈이]**명** 세상의 범속과 접촉을 피하려는 태도.
고답-파(高踏派)**명**[문] 1860년대 프랑스 근대시의 한 유파. 현실과 동떨어진 예술 지상주의를 주장함. 파르나시앵(Parnassien).
고:당(古當)**명** 낡은 당집.
고당(高堂)**명** 1 높게 지은 집. 2 남의 부모의 높임말. □~께서도 평안하시고. 3 남을 높여 그의 집을 이르는 말.
고당-명기(高唐名妓)**명** 이름난 기생.
고대[1]**명** '깃고대'의 준말.
고:대(古代)**명** 1 옛 시대. 고세(古世). 2[역] 역사의 시대 구분에서 원시 시대와 중세의 사이《우리나라는 고조선 때부터 통일 신라 시대까지를 이름》.
고대(苦待)**명**[하] 몹시 기다림. □합격 통지를 ~하다 / 비가 오기를 ~하다.
고대(高大)**명** 높고 큼.
고대(高臺)**명** 1 높은 지대. 2 높이 쌓은 대. □~에 오르다.
고대[2]**부** 지금 막. 바로 곧. □손님들이 ~ 도착하다 / ~ 있었던 물건이 없다.
고대-광실(高臺廣室)**명** 매우 크고 좋은 집.
고:대 국가(古代國家)[-까]〔역〕 역사상 처음으로 출현한 중앙 집권적인 통일 국가(우리나라는 삼국 시대에 형성됨). 2 원시 공산 사회와 중세 봉건 사회의 중간에 해당되는 국가.
고:대 국어(古代國語)〔언〕 국어사에서, 고려 이전의 국어. 특히, 삼국 시대 및 통일 신라 시대의 국어를 일컬음.
고:대-극(古代劇)**명**〔연〕 1 고대에 있었던 고전극. 2 고대를 소재로 한 극.
고:대-로[부] 1 변함없이 그 모양으로. □그 자리에 ~ 서 있거라. 2 그것과 같이. □~ 베끼다. @그대로.
고:대 사회(古代社會) 원시 사회와 봉건 사회의 중간 단계에 있는 사회.
고:대 소:설(古代小說)〔문〕 주로 19세기 이전의, 신소설이 나오기 전의 소설.
고:덕(古德)**명**〔불〕 덕행이 높은 옛 승려.
고덕(高德)**명**[하] 덕이 높음. 또는 그 덕행. □~을 기리다.
고데(일 こて[鏝])**명**[하자] 불에 달구어 머리털을 다듬는, 가위 모양의 쇠 기구. 또는 그 기구로 머리를 다듬는 일.
고도[명]〔궁〕 흰 접저고리.
고:도(古刀)**명** 1 헌 칼. 2 옛날에 만든 칼.
고:도(古都)**명** 옛 도읍. □~의 자취.
고:도(古道)**명** 1 옛날에 다니던 길. 2 옛날의 도의(道義).
고도(孤島)**명** 육지에서 멀리 떨어진 작은 섬. □절해의 ~.
고도(高度)**명**[하] 1 평균 해수면 따위를 기준으로 하여 측정한 대상 물체의 높이. □~ 1

만m 상공을 비행하다. 2 수준이나 정도 따위가 매우 높거나 뛰어남. □문명이 ~로 발달하다 / ~의 훈련을 받다 / ~의 숙련된 기술과 능력을 필요로 하다. 3〔천〕 지평에서 천체까지의 각거리.
고도(高跳)**명**[하자] 높이 뜀.
고도(高蹈)**명**[하자] 1 먼 곳으로 감. 2 은거함.
-고도[어미]('이다'의 어간, 용언의 어간 뒤에 붙어) 어떤 사실이나 느낌을 나타내면서, 그와 상반되거나 다른 특성이 있음을 나타내는 연결 어미. □슬프~ 아름다운 이야기 / 좋~ 좋지 않은 체하다.
고도-계(高度計)[-/-계]**명** 비행기 따위에서 높낮이를 측정하는 기계.
고도리[1]**명** 고등어의 새끼.
고도리[2](高度理)**명**〔역〕 조선 때, 포도청에서 자리개미를 맡아 하던 사람.
고도-병(高度病)[-뼝]**명**〔의〕 고공병.
고도-성장(高度成長)**명** 발전의 속도나 규모가 높은 정도로 빨리 이루어짐. □~을 이루다.
고도 자본주의(高度資本主義)[-/-이]〔경〕 개개의 자본을 합동함으로써 생기는 자본의 새로운 조직 형태.
고도 제:한 지구(高度制限地區)〔지〕 도시 계획 또는 토지 이용에서, 건축물의 높이를 제한하는 특정 지역.
고도-화(高度化)**명**[하자타] 정도 따위가 높아짐. 또는 그것을 높아지게 함. □~된 전자 공업.
고독(苦毒)**명** 고통스러움. 쓰라림.
고독(孤獨)**명**[하][히부] 1 쓸쓸하고 외로움. □~한 노년 생활. 2 부모 없는 어린아이와 자식 없는 늙은이.
고독(蠱毒)**명** 뱀·지네·두꺼비 따위의 독. 또는 이 독이 있는 음식을 먹고 생긴 병(복통(腹痛)·가슴앓이·토혈(吐血)·하혈(下血) 및 얼굴이 푸르락누르락하는 증세를 일으킴).
고독-감(孤獨感)[-깜]**명** 외로움을 느끼는 마음. □~에 젖다.
고독-경(孤獨境)[-경]**명** 고독한 경지.
고독-단신(孤獨單身)[-딴-]**명** 도와주는 사람이 없는 외로운 몸. 고종(孤縱).
고독-지옥(孤獨地獄)[-찌-]**명** 너무도 외로워서 지옥과 같이 느껴지는 심경.
고동[명] 1 기계를 움직여 활동시키는 장치. □수도의 ~. 2 기적 따위의 소리. □배의 ~ 소리. 3 일을 하는 데 가장 중요한 사항이나 계기. □~만 말해라. 4 물렛가락에 끼워 고정시킨, 두 개의 방울 같은 물건.
고동(을) 틀다[구] 기계를 움직이게 하는 장치를 틀다.
고:동(古銅)**명** 1 고대(古代)의 구리. 2 헌 구리쇠. 3 오래된 동전(銅錢).
고동(鼓動)**명** 피가 도는 데 따라 심장이 뜀. □심장의 ~ 소리.
고:-동기(古銅器)**명** 구리쇠로 만든 옛날 그릇이나 물건.
고-동맥(股動脈)**명**〔의〕 대퇴(大腿) 동맥.
고:동-색(古銅色)**명** 1 검누른 빛. 2 적갈색.
고동-치다(鼓動-)[자] 1 심장이 벌떡벌떡 뛰다. 2 희망이나 이상으로 마음이 약동하다. □기대와 두려움으로 가슴이 ~.
고되다[형] 하는 일이 힘에 겨워 괴롭고 힘들다. □일은 고되지만 보람이 있다.
고두(叩頭)**명**[하자] 머리를 조아려 경의를 나타냄. 고수(叩首).
고두리[명] 1 물건 끝이 뭉뚝한 곳. 2 '고두리

살'의 준말. **3** 고두리살을 갖춘 활.

고두리에 놀란 새 관 고두리살을 맞아 놀란 새와 같이, 어찌할 바를 모르고 두려워만 하고 있음을 이르는 말.

고두리-뼈 명 넓적다리뼈의 머리 부분.

고두리-살 명 작은 새를 잡는 데 쓰는 화살(촉 대신에 철사나 대로 테를 만들어 끝에 끼움).

고두-머리 명 도리개 머리에 도리깻열을 매어 끼는 짧은 나무.

고두-밥 명 **1** 아주 된 밥. ◻~을 짓다. **2** ☞ 지에밥.

고두-사죄 (叩頭謝罪) 명하자 머리를 조아려 잘못을 빎.

고두-쇠 명 **1** 협도·작두 등의 머리에 꽂는 끝이 굽은 쇠. **2** 장 문짝 등에 꽂는, 두 쪽으로 된 장식을 맞추어 끼우는 쇠. **3** 《민》 명이 길어진다고 하여 어린아이의 주머니 끈에 다는, 은으로 만든 장식품.

고둥 명 《조개》 소라·우렁이 등 연체동물 복족류(腹足類)에 속하는 조개의 총칭(대개 말려 있는 껍데기를 가지는 종류임).

고드래 명 '고드랫돌'의 준말.

고드래-뿅 명 **1** 예전에, 술래잡기의 술래를 정할 때 세던 맨 끝의 말. ◻하날때, 두알때, 사마중, 날때, 육낭거지, 팔때, 장군, ~. **2** 하던 일이 다 끝났을 때 쓰는 말. ◻그 일도 마침내 ~이다.

고드랫-돌 [-래똘/-랟똘] 명 발이나 돗자리를 엮을 때 날을 감아서 매는 돌. ☞고드래.

고드러-지다 자 마르거나 굳어서 빳빳해지다. ◻떡이 ~. ☞구드러지다. ⨳꼬드러지다.

고드름 명 낙숫물 따위가 흘러내리다가 얼어붙어 공중에 길게 매달린 얼음. 빙주(氷柱). ◻처마 끝에 ~이 달리다.

[고드름 초장 같다] 관 겉으로 보기에는 훌륭하나 실속은 없음을 이르는 말.

고드름-똥 명 **1** 고드름 모양으로 뾰족하게 눈 똥. **2** 방이 매우 추움을 이르는 말.

고드름똥 싸게 춥다 관 고드름똥을 눌 만큼 방이 매우 춥다.

고드름-장아찌 명 말이나 행동이 싱거운 사람을 놀려 이르는 말.

고들개¹ 명 **1** 안장(鞍裝)의 가슴걸이에 다는 방울. **2** 말 굴레의 턱 밑으로 돌아가는, 방울이 달린 가죽.

고들개² 명 소의 처녑에 붙은 너털너털한 고기 (주로 회에 씀).

고들개³ 명 채찍의 열 끝에 굵은 매듭이나 추(錘)같이 달린 물건.

고들개-머리 명 처녑에 고들개가 붙은 두툼한 부분.

고들개-채찍 명 고들개가 달린 채찍.

고들개-철편 (-鐵鞭) 명 《역》 포교가 지니던, 고들개가 달린 철편(자루와 철편이 쇠로 됨). ☞철편.

고들-고들 부하자 밥알 따위가 물기가 적어서 속은 무르고 겉은 말라 있는 상태. ◻밥이 ~하다. ⨥구들구들. ⨳꼬들꼬들.

고들-빼기 명 《식》 국화과의 두해살이풀. 들이나 논밭에 남. 높이 60 cm 정도. 잎은 긴 타원형이고, 여름에서 가을에 걸쳐 노란 꽃이 핌. 어린잎과 뿌리는 먹음. 고채(苦菜).

고듭-싸리 명 《식》 싸리의 하나. 줄기가 단단하고 결이 비비 틀리어 질기며, 마디가 많고 잎이 잚. 껍질은 엷은 갈색을 띰.

고등 (孤燈) 명 외따로 있는 등불.

고등 (高等) 명하자 (흔히 명사 앞에 쓰여서) 등급·수준·정도 따위가 높음. 또는 그런 정도.

◻~ 기술.

고등 (高騰) 명하자 물건 값이 뛰어오름.

고등 감:각 (高等感覺) 《심》 시각과 청각의 두 감각. 고등 감관(感官).

고등 검:찰청 (高等檢察廳) 《법》 고등 법원에 대응하여 설치된 검찰청. ⨬고검(高檢).

고등-계 (高等係)[-/-계] 《역》 일제 강점기에, 한국인의 정치적·사상적 동향을 감시하고 탄압하던 경찰의 한 부서. ◻~ 형사.

고등 고:시 (高等考試) 《법》 행정 고급 공무원·외교관 및 사법관 시보(試補)의 임용(任用) 자격에 관한 고시(1963 년 폐지되고, 현재는 사법 시험과 행정 고등 고시·외무 고등 고시·기술 고등 고시로 구분됨). ⨬고시(高試).

고등 공민학교 (高等公民學校)[-교] 《교》 초등학교나 공민학교를 졸업한 사람에게 중학교 과정의 교육을 실시하던 학교(수업 연한은 1-3 년).

고등 교:육 (高等敎育) 《교》 고도의 전문적 지식 또는 기술을 터득하게 하는 전문대학 이상의 교육.

고등 군법 회:의 (高等軍法會議)[-뻐푀/-/-뻐픠] 《군》 '고등 군사 법원'의 구칭.

고등 군사 법원 (高等軍事法院) 《군》 군사 법원의 하나. 국방부 및 각 군의 본부에 설치하며, 보통 군사 법원의 재판에 대한 항소·항고 사건을 심판함.

고등 동:물 (高等動物) 《동》 복잡한 체제를 갖추고 소화·순환·호흡·비뇨·생식·신경·운동 등의 기관을 가진 동물. ↔하등 동물.

고등-룸펜 (高等Lumpen) 명 지식층·부유층의 실직한 사람. 고등실업자. 고등유민.

고등 무:관 (高等武官) 《역》 일제 강점기에, 육군·해군·공군의 영관급 이상의 무관을 이르던 말.

고등 법원 (高等法院) 《법》 지방 법원의 위, 대법원의 아래인 중급 법원. 지방 법원의 재판에 대한 항소·항고에 대하여 재판함. ⨬고법(高法).

고등 보:통학교 (高等普通學校)[-교] 《역》 일제 강점기에, 한국인에게 중등 교육을 가르치던 4-5 년제의 남자 중등학교. 1940 년에 명칭을 중학교로 고침. ⨬고보(高普).

고등 비행 (高等飛行) 특수한 비행 기술을 부리는 비행(공중제비·스핀(spin) 등).

고등 선원 (高等船員) 《해》 선장을 비롯한 항해사·기관장·기관사·통신사 등의 선박 직원.

고등 수:학 (高等數學) 《수》 고등 대수학(代數學)·미적분·함수론·해석 기하학·추상(抽象) 대수학의 총칭.

고등 식물 (高等植物)[-싱-] 《식》 뿌리·잎·줄기의 세 부분을 갖추고 체제가 복잡하게 발달한 식물. ↔하등 식물.

고등어 명 《어》 고등엇과의 바닷물고기. 몸은 방추형으로 길이 40-50 cm, 등은 녹색, 배는 은백색임. 식용함.

고등 여학교 (高等女學校)[-녀-교] 《역》 일제 강점기에, 중등 교육을 가르치던 4-5 년제의 여자 중학교. ⨬고녀(高女).

고등-유민 (高等遊民)[-뉴-] 명 고등 교육을 받고도 일정한 직업이 없이 놀며 지내는 사람. 고등룸펜. 고등실업자.

고등 재:배 (高等栽培) 《농》 온실·온상 등의 특수 설비를 이용하여 채소·과수 등을 집약적으로 재배하는 방법.

고등 판무관 (高等辦務官) 《정》 피보호국·종

속·피점령국 등에 파견되어 특별 임무를 맡은 관리(특히 외교 사절의 직무와 같은 일을 맡은 사람을 이름).

고등-학교 (高等學校)[-교] 圐 〔교〕 중학교 교육의 기초 위에 중등 교육 또는 실업 교육을 하는 학교(수업 연한은 3년). ㉮고교.

고등-학생 (高等學生)[-쌩] 圐 고등학교에 다니는 학생. ㉮고교생.

고딕 (Gothic) 圐 **1** 〔건〕 '고딕식'의 준말. **2** 〔인〕 활자의 획이 굵은 글자의 체. 고딕체.

고딕 건:축 (Gothic建築) 〔건〕 고딕식으로 된 건축.

고딕-식 (Gothic式) 圐 〔건〕 13-15 세기에 걸쳐 서유럽에서 유행한 건축 양식. 직선적이고 창과 출입구의 위가 뾰족한 아치를 이루고 소박하고 견실함.

고딕-체 (Gothic體) 圐 고딕(Gothic) 2.

고돌개 圐 〈옛〉 고들개.

고라¹ 圐 '고라말'의 준말.

고라² 圐 〈옛〉 소라.

-고라 어미 〈옛〉 -고자 하노라.

고라니 〔동〕 사슴과의 동물. 노루의 일종으로 몸길이 약 90 cm, 등은 적갈색, 배·턱 밑은 흼. 산기슭이나 강가의 갈대밭에 살며, 피는 녹혈 대용으로 씀. 마록(麻鹿).

고라리 圐 '시골고라리'의 준말.

고라-말 圐 등에 검은 털이 난 누른 말.

-고라자 어미 〈옛〉 -게 하고 싶구나.

고락 圐 **1** 낙지의 배. **2** 〔동〕 낙지의 배 속에 든 검은 물. 또는 그 물이 담긴 주머니.

고락 (苦樂) 圐 괴로움과 즐거움. ㉠~을 같이 하다 / ~을 함께 한 전우.

고락간-에 (苦樂間-)[-까네] 閈 괴롭거나 즐겁거나 가릴 것 없이.

고란-초 (皐蘭草) 圐 〔식〕 고란초과의 상록 여러해살이풀. 산지의 벼랑에 나는데, 높이 10-30 cm, 잎은 피침형이고 둥근 홀씨주머니가 잎 뒤쪽에 두 줄로 붙어 있음.

고람 (高覽) 圐㉠ 상대편이 자신을 보아 줌을 높여 이르는 말. ㉠소품이나마 ~하여 주십시오.

고랑¹ ㉠圐 두둑의 사이. 두두룩한 두 땅의 사이. ㉠~을 내다 / 밭에 ~을 파고 거름을 주다. ㉡의圐 밭 따위를 세는 단위. ㉠보리밭한 ~. ㉮골.

고랑² 圐 '쇠고랑'의 준말.

고랑³ 圐 〔궁〕 뒷마루.

고랑-못자리 [-모짜-/-몯짜-] 圐 〔농〕 처음에는 물을 대고 나중에는 모판의 고랑에만 물을 대어 모를 키우는 못자리. 절충못자리.

고랑-물대기 圐 〔농〕 고랑에 물을 넣어 농작물 뿌리에 물을 주는 방법.

고랑-배미 [-빼-] 圐 물길이나 고랑이 있는 논. ㉡의圐 밭고랑·논배미를 세는 단위.

고랑-창 圐 폭이 좁고 깊은 고랑. ㉠~에 빠지다. ㉮골창.

고랑-틀 圐 〔역〕 '차꼬'의 속된 말.

고래¹ ㉠圐 **1** 〔동〕 큰고랫과의 포유동물. 동물 가운데 최대형으로 바다에 사는데, 길이 약 10 m, 방추형이며 피하에는 두꺼운 지방층이 있음. 머리는 크며 눈은 작고 가끔 수면에 떠서 폐호흡을 함. **2** 〈속〉 술을 몹시 많이 마시는 사람. 술고래.

[고래 싸움에 새우 등 터진다] 남의 싸움에 제삼자가 피해를 봄.

고래 등 같다 ㉠ 집이 덩그렇게 높고 크다.

□ 고래 등 같은 기와집.

고래² 圐 '방고래'의 준말.

고:래 (古來) 圐 '자고이래(自古以來)'의 준말.

고래³ 圐 **1** 고리하여. ㉠~ 봐야 득 될 것이 없다. **2** 고리하여. ㉠주체가 ~서야 되겠느냐. ㉮그래².

고래-고래 閈 성이 나서 욕하거나 꾸짖을 때 목소리를 높여 지르는 모양. ㉠~ 고함을 지르다.

고래도 ㉠ **1** 고리하여도. ㉠~ 나를 이기지는 못할 거야. **2** 고리하여도. ㉠아무리 ~ 소용 없다. ㉮그래도.

고:래-로 (古來-) 閈 '자고이래로'의 준말. ㉠~ '암탉이 울면 집안이 망한다'고 했거늘.

고래-상어 圐 〔어〕 고래상어과의 바닷물고기. 길이 10 m 정도, 몸무게가 4-12 톤인 거대한 상어로 흑갈색 바탕에 가는 흰 점이 여기저기 흩어져 있음. 성질이 온순함.

고래서 ㉠ **1** 고리하여서. ㉠~ 네가 이겼느냐. **2** 고리하여서. ㉠마음 씀씀이가 ~야 쓰겠나. ㉮그래서.

고래-수염 (-鬚髥) 圐 고래의 입천장 양쪽에 빗살같이 나란히 있는 섬유성 각질판(角質板). 공예용임. 경수(鯨鬚).

고래-술 圐 매우 많이 마시는 술. 또는 그런 사람.

고래-실 圐 〔농〕 바닥이 깊고 물을 대기에 편리한 기름진 논. 고래실논.

고래야 ㉠ 고리하여야·고려하여야. ㉠계속만 되겠느냐. ㉮그래야.

고래-자리 圐 〔천〕 양자리와 물고기자리의 남쪽 춘분점 가까이에 있는 별자리.

고래-작살 [-쌀] 圐 고래를 잡는 작살(던져서 맞히는 것과 대포로 쏘아 맞히는 것이 있음).

고래-잡이 圐㉠ 고래를 잡는 일. 포경(捕鯨).

고래잡이-배 圐 포경선(捕鯨船).

고:래지풍 (古來之風) 圐 옛날부터 전하여 내려오는 풍속.

고랫-당그래 [-래땅-/-랟땅-] 圐 방고래의 재를 그러내는 작은 고무래.

고랫-등 [-래뜽-/-랟뜽] 圐 〔건〕 구들장을 올려 놓는 방고래와 방고래 사이의 두덩.

고랫-재 [-래-/-랟째] 圐 방고래에 모여 쌓인 재. ㉠고무래로 ~를 그러내다.

고랭-증 (痼冷症)[-쯩] 圐 〔한의〕 **1** 배 속에 뭉치가 있어 늘 싸늘하고 아픈 위장병 증세. **2** 만성 복막염·장결핵·만성 장염 등의 총칭.

고랭-지 (高冷地) 圐 〔지〕 표고(標高)가 600 m 이상으로 높고 한랭한 지대. ㉠~ 채소.

고랭지 농업 (高冷地農業) 〔농〕 표고가 높아 여름철에 서늘한 고원 지대에서 행하는 농업. ＊한랭지(寒冷地) 농업.

고량 (考量) 圐㉠ 생각하여 헤아림. ㉠의의를 ~하다.

고량 (高粱) 圐 〔식〕 수수.

고량 (膏粱) 圐 '고량진미'의 준말.

고량-목 (-木) 圐 〔광〕 광석 찧는 방아에서, 방앗공이끼리 서로 부딪치지 않게 가로나 세로로 질러 놓은 나무.

고량-미 (高粱米) 圐 수수쌀.

고량-소주 (高粱燒酒) 圐 고량주.

고량-자제 (膏粱子弟) 圐 부잣집에서 고량진미만 먹고 귀하게 자라 고생을 전혀 모르는 젊은이.

고량-주 (高粱酒) 圐 수수를 원료로 하여 빚은 중국식 증류주. 배갈. 고량소주.

고량-진미 (膏粱珍味) 圐 기름진 고기와 좋은 곡식으로 만든 맛있는 음식. ㉮고량.

고량-토(高粱土)〔명〕《공》고량토.

고러고러-하다〔형여〕 여럿이 모두 그와 같다. ⬜고러고러한 꼬마 녀석들이 놀고 있다. 흽그러그러하다.

고러다〔준〕 고렇게 하다. ⬜~ 큰일 나지, 조심해라. 흽그러다.

고러루-하다〔형여〕 여럿이 모두 비슷비슷하다. 흽그러루하다.

고러-하다〔형여〕 상태·모양·성질 등이 고와 같다. 고것과 다름없다. 흽고렇다.

고렇다[-러타][고러니, 고래서]〔형동〕'고러하다'의 준말. ⬜고렇고 고런 어린아이들이 마당에서 놀고 있다. 흽그렇다.

고려(考慮)〔명하타〕 생각하고 헤아려 봄. ⬜개인차를 ~하여 평가하다 / 생활환경을 ~해서 집을 사다.

고려(苦慮)〔명하타〕 애써 생각함. 고심(苦心).

고려(高慮)〔명〕 남의 '사려'의 높임말.

고려(顧慮)〔명하타〕 1 지난 일을 돌이켜 생각함. 2 앞일을 걱정함.

-고려〔미〕〈옛〉-구려.

고려 가사(高麗歌詞)《문》고려 시대의 속요. 고려 가요. 고려 속요(俗謠).

고려 가요(高麗歌謠)《문》고려 가사. 흽여요(麗謠).

고려 대:장경(高麗大藏經) 고려 때, 부처의 힘으로 외적의 침입을 물리쳐 나라의 안전을 꾀하고자 간행한 대장경. 현재 남아 있는 것은 해인(海印) 장경으로, 조각된 경판(經板)의 수가 8만여 장이나 되어 '팔만대장경'이라고도 함.

고려-밤떡(高麗-)〔명〕 황밤 가루와 쌀가루를 함께 섞어 꿀물에 반죽하여 찐 떡. 고려율병(高麗栗餅).

고려-석(高麗石)〔명〕 벌레가 파먹은 것처럼 자디잔 구멍이 많은 괴석(怪石)의 하나.

고려-양(高麗樣)〔명〕《역》원(元)나라에서 유행하던 고려의 의복·음식·풍속 등을 원나라에서 일컫던 말.

고려-인삼(高麗人蔘)〔명〕 우리나라에서 나는 인삼의 통칭.

고려-자기(高麗瓷器)〔명〕 고려 시대에 만든 자기《푸른빛·흰빛·붉은빛 등 여러 종류가 있는데 그 가운데 청자(靑瓷)가 가장 유명함》.

고려-장(高麗葬)〔명〕 1 고구려 때, 늙고 병든 사람을 산 채로 구덩이 속에 버려두었다가 죽으면 그 속에 매장하였던 일. 2〈속〉고분(古墳).

고:력(古曆)〔명〕 옛날의 달력.

고력-자기(高力瓷器)[-짜-]〔명〕 유약을 바르지 아니하고 약간 구운 도기에 합성수지를 스며들게 하고, 최고도의 열과 압력을 가하여서 만든 단단한 도자기《철관·연관(鉛管) 따위 대신에 씀》.

고련(苦楝)〔명〕《식》소태나무.

고련-근(苦楝根)〔명〕《한의》소태나무의 뿌리《구충제·지혈제·위장약 등으로 씀》.

고련-실(苦楝實)〔명〕《한의》소태나무의 열매《급성(急性)·열성(熱性)의 병, 방광병·산기(疝氣) 등에 약재로 씀》. 금령자(金鈴子).

고령(古鈴)〔명〕 옛날의 종. 높은 고개.

고령(高齡)〔명〕 1 썩 많은 나이. 고년(高年). 고수(高壽). 퇴령(頹齡). 2 '고령자(高齡者)'의 준말.

고령-가야(古寧伽倻)〔명〕《역》육가야(六伽倻)의 하나. 위치는 확실하지 않음.

고령-자(高齡者)〔명〕 나이가 썩 많은 사람.

고령-토(高嶺土)〔명〕《공》바위 속의 장석(長

石)이 풍화 작용으로 분해되어 생기는 흰색 또는 회색의 진흙《도자기·시멘트 따위의 원료로 씀》. 고량토. 카올린.

고령-화(高齡化)〔명하자〕 노인의 인구 비율이 높은 상태로 나타나는 일. ⬜~ 시대 / 사회가 ~되어 가다.

고령화 사회(高齡化社會) 의학의 발달과 식생활의 향상 등으로 노령 인구의 비율이 점점 높아져 가고 있는 사회.

고:례(古例)〔명〕 예로부터 내려오는 관례. ⬜~에 어긋나다. ↔신례(新例).

고:례(古隸)〔명〕 서예에서, 팔분(八分)에 대하여 보통 예서(隸書)를 이르는 말. ↔금례(今隸).

고:례(古禮)〔명〕 옛날의 예절. ⬜~에 따르다.

고로〔명〕〈옛〉능(綾).

고:로(古老)〔명〕 경험이 많고 옛일을 잘 아는 늙은이. ⬜~에게 여쭙다.

고:로(孤老)〔명〕 외로운 늙은이.

고로(高爐)〔명〕《공》철광석에서 선철(銑鐵)을 만들 때 쓰는, 높은 원통형의 노.

고-로(故-)〔부〕 '그러므로'·'까닭에'의 뜻을 나타내는 말. ⬜거리가 먼 ~ 갈 수 없다.

고로롱-거리다〔자〕 오랜 병으로 몸이 약하여져서 늘 골골거리다. 고로롱-고로롱〔부하자〕

고로롱-대다〔자〕 고로롱거리다.

고로롱-팔십(-八十)[-씹]〔명〕 잦은 병으로 고로롱고로롱하는 사람이 오히려 여든 또는 그 이상까지 삶을 이르는 말.

고:로-상전(故老相傳)〔명하자〕 늙은이들의 말로 전하여 옴.

고로쇠-나무〔명〕《식》단풍나뭇과의 낙엽 활엽 교목. 산의 숲 속에 나는데, 높이 10-15m. 봄에 잎이 나오기 전에 흰 꽃이 먼저 핌. 장식·가구재로 쓰며 나무의 즙은 약용함.

고로-여생(孤露餘生)〔명〕 어려서 부모를 잃은 사람.

고로-재(高爐滓)〔명〕《광》고로에서 제련할 때 나오는 광재(鑛滓).

고로-표(-標)〔명〕 귀결부(歸結符).

고론(高論)〔명〕 1 수준이 높거나 고상한 언론. ⬜~ 탁설. 2 남의 논설이나 이론의 높임말.

고롬〔명〕〈옛〉고름[1].

고-롭다(苦-)〔형〕〈옛〉괴롭다. 수고롭다.

고롱-고롱〔부하자〕 '고로롱고로롱'의 준말.

고료(稿料)〔명〕 '원고료(原稿料)'의 준말. ⬜~를 받다.

고:루(古壘)〔명〕 낡은 보루. 옛 보루.

고루(孤壘)〔명〕 고립된 보루. ⬜~를 지키다.

고루(高樓)〔명〕 높은 다락집.

고루(鼓樓)〔명〕 큰 북을 단 다락집. ⬜~를 세우다.

고루〔부〕 1 고르게. ⬜~ 나누다. 2 두루 빼놓지 않고. ⬜격식을 ~ 갖추다.

고루-거각(高樓巨閣) 높고 큰 다락집.

고루-고루〔부〕 1 모두 고르게. ⬜~ 나누어 먹다. 2 두루두루 빼놓지 않고. ⬜~ 뒤섞다. 흽골고루.

고루-하다(固陋-)〔형여〕 낡은 습관에 젖어 고집이 세고 새로운 것을 잘 받아들이지 않는다. ⬜고루한 사람 / 사고방식이 ~. 고루-히〔부〕

고루-하다(孤陋-)〔형여〕 보고 들은 것이 없어 견문이 좁고 융통성이 없다. ⬜고루한 생각.

고륜(苦輪)〔명〕《불》고뇌가 수레바퀴처럼 돌아설 사이가 없음.

고륜지해 (苦輪之海)몡《불》고뇌가 끊임없이
닥치는 인간 세계.

고르다¹〔골라, 고르니〕目혬 쓸 것이나 좋은
것을 가려내다. ▣머느릿감을 ~ / 하나를 고
르니 나머지가 더 좋아 보인다.
　고르면 쩌 고른다 줜 너무 고르면 쭉정이를
고르는 결과가 된다.

고르다²〔골라, 고르니〕目혬目 1 높낮이·크기·
양 따위의 차이가 없이 똑같다. ▣성적이 ~.
2 상태가 정상적이고 순조롭다. ▣고르지 못
한 날씨. □目혬目 1 높낮이가 없도록 평평하게
만들다. ▣땅을 ~. 2 붓이나 악기 따위가 제
기능을 발휘하도록 다듬거나 손질하다. ▣가
야금을 ~.

고른-값 [-갑]몡《수》평균값.

고른-쌀몡 돌이나 뉘 등 잡것을 골라낸 쌀.
석발미(石拔米).

고른-음 (-音)몡《악》진동이 규칙적이고 높
이가 일정한 음. 악음(樂音).

고름¹몡 종기가 덧나서 생기는 끈끈하고 누르
스름한 액체. 농액(膿液). 농즙(膿汁).

고름²몡 '옷고름'의 준말. ▣~을 매다 / ~이
풀리다.

고름-소리 [-쏘-]몡《언》매개 모음.

고름-집 [-찝]몡 고름이 누렇게 맺힌 곳. ▣~
을 째고 고름을 짜내다.

고리¹몡 1 무엇에 끼우기 위하여 만든 둥근 물
건. 주로 쇠붙이로 만듦. ▣~를 이어서 사슬
을 만들다. 2 '문고리'의 준말. ▣방문 ~ / 문
을 닫고 ~를 걸다. 3 조직이나 현상을 연결
하여 주는 부분이나 이음매. ▣연결 ~ / 정
경 유착의 ~를 끊다.

고리²몡 1 껍질을 벗긴 고리버들의 가지. 키
따위를 만드는 데 씀. 2 고리나 대오리로 결
어 상자같이 만든 물건. 옷 따위를 넣어 두는
데 씀. 고리짝. 유기(柳器). 3 '소줏고리'의
준말. 4 소주 열 사발.

고리³ 위 그 곳으로. ▣~ 가시오. 웬그리².

고리⁴위짜 상태·모양·성질 따위가 고러한
모양. ▣왜 ~ 잠만 잘까. 웬그리¹.

고리 (高利)몡 1 비싼 이자. ▣~의 사채 /
로 빚을 내다. ↔저리. 2 큰 이익.

고리-개몡 고리눈을 가진 개.

고리-눈몡 1 주로 동물에서, 눈동자의 둘레에
흰 테가 돌린 눈. 2 동그랗게 생긴 눈.

고리눈-말몡 눈이 고리눈으로 된 말.

고리눈-이몡 고리눈을 가진 사람이나 동물.

고리다혬 1 썩은 풀이나 달걀 냄새 같다. ▣
고린 냄새. 2 마음씨나 하는 짓이 다랍고 잘
다. ㉮코리다.

고리-대 (高利貸)몡 '고리대금'의 준말.

고리-대금 (高利貸金)몡 1 이자가 비싼 돈. ▣
~을 빌려 오다. 2 부당하게 비싼 이자를 받
는 돈놀이. ▣~으로 돈을 벌다.

고리대금-업 (高利貸金業)몡 고리대금을 업으
로 삼는 일. 고리대업.

고리대금업-자 (高利貸金業者)[-그먭짜]몡
고리대금업을 하는 사람.

고리대 자본 (高利貸資本)《경》고리대금으로
이득을 얻는 자본.

고리-로 위 '고리'의 힘줌말. ▣~ 가지 마
라. 웬그르로. ㉮골로.

고리-마디몡《동》환절(環節).

고리-못 [-몯]몡 대가리가 고리같이 생긴 못.
▣널을 ~을 박아 잇다.

고리-바지몡 가랑이 끝에 발바닥을 걸치는

고리가 달린 바지(본디 스키용의 바지).

고리-받이 [-바지]몡《건》기둥과 문설주 사
이에 가로 건너지른 나무(문을 열어젖힐 때
문고리가 벽에 닿는 것을 막음).

고리-백장 [-짱]몡 1 '고리장이'의 낮춤말. 2
때를 놓쳐 뒤늦게까지 하고 있는 사람을 조
롱하는 말.
　[고리백장 낼모레] 약속 기한을 어기는 것을
욕하는 말.

고리-버들몡《식》버드나뭇과의 낙엽 활엽
관목. 냇가나 들에 나는데, 가지는 껍질을 벗
겨 버들고리·키 등을 만듦.

고리-삭다 [-따]혬 젊은이의 성미나 언행이
생기가 없어 늙은이 같다.

고리-잠 (-簪)몡 부인네의 머리에 꽂는 장식
품의 하나(이쑤시개·귀이개가 고리에 한데
달렸음). ▣머리에 ~을 찌르다.

고리-장이몡 고리버들로 키나 고리짝을 만들
어 파는 것을 업으로 하는 사람. 유기장. 유
기장이.

고리-점 (-點)몡《언》세로쓰기에 쓰는 마침
표(.).

고리-짝몡 1 고리². 2 고리의 낱개.

고리-채 (高利債)몡 비싼 이자로 얻은 빚. ▣
~에 짓눌리다. ↔저리채(低利債).

고리타분-하다혬여 1 냄새가 역겹게 고리다.
▣멸치젓 냄새가 ~. 2 성미나 하는 짓이 새
롭지 못하고 고리타분하다. ▣생각이 ~. 웬
구리터분하다. ㉮고타분하다·골타분하다.

고리탑탑-하다 [-타파-]혬여 매우 고리타분
하다. ▣고리탑탑한 냄새. 웬구리텁텁하다.
㉮고탑탑하다·골탑탑하다.

고린-내몡 고린 냄새. ▣방 안에 ~가 진동하
다. ㉮코린내.

고린-전 (-錢)몡 보잘것없는 푼돈. ▣~ 한 푼
에 치를 떨다.

고릴라 (gorilla)몡《동》유인원과의 큰 짐승.
아프리카 적도 부근 나무숲에 분포함. 성질
은 온순하나 힘이 강하며, 뒷다리로 서면 키
가 약 2m, 무게는 280kg 정도. 팔이 길고 다
리는 짧으며, 입이 크고 눈썹이 없음. 과실·
나무뿌리 따위를 먹음. 대성성(大猩猩).

고림-보몡 1 몸이 약하여 늘 골골하는 사람.
2 마음이 옹졸하고 하는 짓이 고린 사람.

고립 (孤立)몡하자 외따로 홀로 떨어짐. ▣교
통이 끊겨 ~되다 / 적을 ~시키다.

고립 (雇立)몡하자 공역(公役)에 남을 대신 보
내어 치르게 함.

고립 경제 (孤立經濟)[-꼉-]《경》자급자족함
으로써 사회에서의 재화의 수요·공급, 국제
간의 통상 무역이 없는 경제. ↔사회 경제.

고립-꾼 (雇立-)몡 남을 대신하여 공역(公役)
을 치르는 사람.

고립-무원 (孤立無援)[-립-]몡 고립되어 구원
받을 데가 없음. ▣~의 삶.

고립-무의 (孤立無依)[-림-/-립-이]몡 고립
되어 의지할 데가 없음. ▣~의 신세.

고립-어 (孤立語)몡《언》언어의 형태적 분류
의 하나. 어미 변화나 접사(接辭)가 없고, 단
지 관념을 표시하는 말의 글 가운데서의 위
치에 따라 그 직능을 표시하는 언어(중국어·
베트남 어 따위).

고립 의:무 (孤立義務)《법》절대 의무.

고립-적 (孤立的)[-쩍]몡 고립되어 있는
(것). ▣~인 상태.

고립-주의 (孤立主義)[-주-/-쭈-이]몡 다른
나라와 동맹 관계를 맺지 않거나 국제 관계
에 참여하지 않고, 자기 나라의 권리와 이익을

지키려는 외교 성향이나 감정. *쇄국주의.
고립지세(孤立之勢)[-찌-] 명 고립되어 의지할 데 없는 형세.
고립-화(孤立化)[-리퐈] 명하타 고립적인 처지로 됨. 또는 그리 되게 함. ❏~ 정책.
고릿-적[-리쩍/-릳쩍] 명 옛날의 때. ❏~ 얘기는 듣고 싶지 않다.
고ᄅᆞ다 형 〈옛〉 고르다.
고마 명 〈옛〉 첩(妾).
고마(雇馬) 명 〘역〙 조선 때, 시골 관아에서 백성으로부터 징발하던 말.
고마리 명 〘식〙 마디풀과의 한해살이풀. 들·골짜기에 나는데, 높이 70 cm 정도, 잎은 어긋나며 초가을에 붉은 꽃이 핌.
고마문령(瞽馬聞鈴)[-물-] 명 맹목적으로 남이 하는 대로 따라 함을 이르는 말.
고:마움 명 고맙게 여기는 마음. ❏~을 느끼다/~을 글로 표시하다/~을 잊지 않다.
고:마워-하다 자타여 고맙게 여기다.
고:마이 부 고맙게. ❏~ 여기다.
고마-청(雇馬廳) 명 〘역〙 조선 후기에, 관원에게 고마를 내주는 일을 맡아보던 곳.
고마ᄒᆞ다 타 〈옛〉 높이다. 공경하다.
고막 명 ☞ 꼬막.
고막(鼓膜) 명 〘생〙 귓구멍 안쪽에 있는 얇은 막. 공기의 진동에 따라 이 막이 울리어 소리를 내이(內耳) 쪽으로 전달하여 들을 수 있게 하여 줌. 귀청. ❏시끄러워 ~이 터지겠다.
고막(痼瘼) 명 바로잡기 어려운 폐단. 고폐(痼弊).
고막-염(鼓膜炎)[-망념] 명 〘의〙 고막에 일어나는 염증《듣는 데는 큰 지장이 없음》.
고-막이 명하자 〘건〙 **1** '고막이돌'의 준말. **2** 온돌 구조에서, 마루 밑의 터진 곳을 돌이나 흙 따위로 쌓는 일. 또는 그렇게 쌓은 것.
고막이-돌 명 〘건〙 **1** 화방(火防) 밑에 놓는 돌. 준고막이. **2** 중방(中枋) 밑이나 마루 밑의 터진 곳을 막는 돌.
고만(高慢) 명하형 뽐내어 건방짐.
고만[1] 관 '고만한'의 준말. ❏~ 일에 울다니.
고만[2] 부 **1** 고 정도까지만. ❏이제 ~ 해라. **2** 고냥 바로. ❏바쁘니 ~ 가야겠소. **3** 저도 모르는 사이에. 달리 어찌할 수 없이. ❏슬픈 얘기에 ~ 울어 버렸다. 큰그만.
고만고만-하다 형여 여럿이 다 비슷비슷하다. ❏성적이 다 ~. 큰그만그만하다.
고만-두다 타 하려던 일이나 하던 일을 그 정도에서 그치다. 큰그만두다.
고만-스럽다(高慢-)[-따]〔-스러워, -스러우니〕 형ㅂ 교만(驕慢)스럽다. **고만-스레** 부
고만-이다 형 **1** 그것뿐이다. 그것으로 끝이다. ❏돈을 빌려 가더니 그것으로 ~. **2** 마음에 넉넉하다. ❏돈만 있으면 고만이란 말인가. **3** 〈속〉 더할 나위 없이 좋다. ❏마음씨가 ~. 큰그만이다.
고-만큼 부 고만한 정도로. ❏이 일은 ~ 어렵다. 큰그만큼.
고만-하다 형여 상태·모양·성질 따위의 정도가 고러하다. ❏병이 그저 ~. 큰그만하다.
-고말고 어미 긍정의 뜻을 강조하여 쓰는 종결어미. ❏좋~/가~/물론 부자~.
고맘-때 명 고만큼 된 때. 고때쯤. ❏어제 ~. 큰그맘때.
고:맙다[-따]〔고마워, 고마우니〕 형ㅂ 은혜나 신세를 입어 마음이 흐뭇하고 즐겁다. ❏고마운 사람/고맙게 받다.
고:매(故買) 명하타 훔쳐 낸 물건인 줄 알면서 삼《구형법상 용어》. ❏장물을 ~하다.
고매-하다(高邁-) 형여 인격 또는 학식 따위가 높고 빼어나다. ❏고매한 인격.
고면(顧眄) 명하타 잊을 수 없어 돌이켜 봄.
고명 명 음식의 양념이 되면서, 음식의 모양을 꾸미기 위하여 음식 위에 얹거나 뿌리는 것의 통칭. 웃고명. ❏~을 얹다/~을 뿌리다.
고:명(古名) 명 옛 이름.
고명(高名) 명 **1** 높이 알려진 이름. 이름이 높이 남. ❏~은 익히 듣고 있습니다. **2** 남의 이름의 공대말. —**-하다** 형여 이름이나 평판이 높다. ❏고명한 학자.
고명(高明) 명하형 **1** 고상하고 현명함. **2** 식견이 높고 사리에 밝음. **3** 상대편을 높여 일컫는 말.
고명(顧命) 명하타 임금이 유언으로 나라의 뒷일을 부탁함. 또는 그 부탁.
고명-대신(顧命大臣) 명 고명을 받은 대신. 고명지신.
고명-딸 명 아들 많은 집의 외딸. ❏~로 태어나다.
고명사의(顧名思義)[-/-이] 명하자 자신의 명예를 돌이켜 보고 의리에 어긋나는 일이 아닌지 생각함.
고명지신(顧命之臣) 명 고명대신.
고모(姑母) 명 아버지의 누이.
고모도적 명 〈옛〉 좀도둑.
고모-부(姑母夫) 명 고모의 남편. 고숙(姑叔). 인숙(姻叔).
고-모음(高母音) 명 〘언〙 입을 조금 벌리고 혀의 위치를 높여서 발음하는 모음. 한국어의 'ㅣ·ㅟ·ㅡ·ㅜ' 따위. 폐모음.
고:목(古木) 명 오래된 나무. 고목나무.
고목(枯木) 명 말라서 죽어 버린 나무. 고목나무.
  고목 넘어가듯 구 체통에 어울리지 않게 맥없이 쓰러짐의 비유.
  고목에 꽃이 피랴 구 마른나무에 꽃이 피랴.
고목(高目) 명 바둑에서, 귀를 먼저 차지하는 수의 하나. 각 귀의 4선과 5선의 교점(交點).
고목-생화(枯木生花)[-쌩-] 명 말라 죽은 나무에서 꽃이 핀다는 뜻으로, 곤궁한 사람이 뜻밖의 행운을 만남을 비유하는 말. 고목발영(枯木發榮).
고:묘(古墓) 명 옛날 무덤.
고:묘(古廟) 명 오래된 사당.
고:묘(告廟) 명하타 〘역〙 나라·왕실이나 집안에 큰일이 있을 때 그 일을 종묘나 사당에 고하던 일.
고묘-하다(高妙-) 형여 수준이 높고 솜씨가 뛰어나다. ❏그림 솜씨가 ~. **고묘-히** 부.
고무(鼓舞) 명하타 북을 치며 춤을 춘다는 뜻으로, 격려하여 기세를 돋움. ❏응원에 ~되다/사기를 ~하다.
고무(←프 gomme) 명 **1** 고무나무 껍질에서 분비하는 액체로 만든 물질. 탄력성이 강하여 타이어를 만들거나 전기의 부도체로 전선의 피복 등에 널리 씀. **2** '고무지우개'의 준말.
고무-공 명 고무로 만든 공.
고무-공업(-工業) 명 〘공〙 천연고무나 합성 고무 따위를 원료로 해서 갖가지 고무 제품을 만드는 공업.
고무-관(-管) 명 고무로 만든 관.
고무-나무 명 〘식〙 고무를 채취하는 열대 식물. 파라고무나무·인도고무나무 등 종류가 많은데, 특히 파라고무나무가 대표적임.
고무-다리 명 고무로 만든 의족(義足).

고무-도장 (一圖章)〔명〕 고무로 만든 도장. ▢~을 찍다.

고무-딸기〔명〕〔식〕복분자(覆盆子)딸기.

고무-뜨기〔명〕 뜨개질에서, 겉뜨기와 안뜨기를 번갈아 규칙적으로 뜨는 법〔신축성이 필요한 소맷부리·아랫단 따위를 뜨는 데 이용함〕.

고무라기 떡의 부스러기. ⑧고무락.

고무락〔명〕'고무라기'의 준말.

고무락-거리다〔-꺼-〕〔자〕타〕 느리게 조금씩 자꾸 움직이다. ▢아이가 발가락을 ~. ⑧구무럭거리다. ⑩꼬무락거리다. **고무락-고무락**〔-꼬-〕〔부〕〔하〕〔타〕

고무락-대다〔-때-〕〔자〕타〕 고무락거리다.

고무래〔명〕〔농〕곡식을 그러모으거나 펴거나, 밭의 흙을 고르는 데나, 아궁이의 재를 긁어내는 데 쓰는 'ㅜ'자 모양의 기구.

고무래-바탕〔명〕 고무래의 자루를 박게 된 직사각형의 나뭇조각.

고무-바퀴〔명〕 테를 고무로 씌운 자동차 따위의 바퀴.

고무-밴드 (-band)〔명〕 실 모양 또는 띠 모양의 동그란 고무줄〔물건을 묶는 데 씀〕.

고무-보트 (-boat)〔명〕 속에 공기를 넣어 물에 뜨도록 만든, 고무로 만든 작은 배.

고무-신〔명〕 고무로 만든 신.

고무신을 거꾸로 신다⌘〈속〉여자가 사귀던 남자와 관계를 끊다.

고무신-짝〔명〕 1 고무신의 낱개. 2 '고무신'의 낮춤말.

고무-장갑 (-掌匣)〔명〕 고무로 만든 장갑〔의료·진일 등에 씀〕.

고무-적 (鼓舞的)〔관〕〔명〕 힘내도록 격려하여 기세를 돋우는 (것). ▢~인 발언.

고무-종 (-腫)〔명〕〔의〕제3기 매독에 나타나는 변화로, 탄력이 있는 경도(硬度)를 가진 결정성(結晶性) 종양(내장·뼈·피부 등에 생김).

고무-줄〔명〕 고무로 만든 줄. ▢~로 묶다.

고무줄-놀이 [-로리]〔명〕 주로 여자 아이들이, 양쪽으로 잡은 고무줄을 노래에 맞추어 넘으면서 하는 놀이.

고무-지우개〔명〕 고무로 만든 지우개. ⑧지우개.

고무-창〔명〕 두꺼운 고무로 만든 구두의 창. ▢~을 대다.

고무-총 (-銃)〔명〕 탄성이 강한 고무줄로 만든 장난감 총.

고무-풀〔명〕 아라비아고무를 녹여 만든 풀.

고무-풍선 (-風船)〔명〕 얇은 고무주머니 속에 공기나 수소 가스를 넣어 공중으로 뜨게 만든 물건. ▢~을 띄우다. ⑧풍선.

고무-호스 (-hose)〔명〕 피륙에 고무를 입힌 천이나 고무로 만든 호스. ▢~로 물을 뿌리다.

고:-묵 (古墨)〔명〕 1 오래된 먹. 2〔미술〕윤기가 없는 묵색.

고:문 (古文)〔명〕 1 갑오개혁 이전의 옛 글. ↔현대문. 2 과두(蝌蚪) 문자. 3〔문〕중국에서 사륙변려체(四六駢儷體)의 글에 대해, 진한(秦漢) 이전의 실용적인 고체(古體) 산문. →시문(時文).

고문 (叩門)〔명〕〔하자〕 남을 찾아가서 문을 두드림.

고문 (拷問)〔명〕〔하〕〔타〕 숨기고 있는 사실을 강제로 알아내기 위하여 육체적·정신적 고통을 주며 신문함. ▢전기 / ~을 견디다 / 자백을 강요하며 ~하다.

고문 (高文)〔명〕 1 내용이 알차고 문장이 빼어난 글. 2 남의 문장의 공대말.

고문 (高門)〔명〕 1 부귀하고 지체가 높은 집안. 2 남의 집안이나 문중을 높여 이르는 말.

고문 (顧問)〔명〕〔하〕 1 의견을 물음. ▢~에 응하다. 2 어떤 분야에서 전문적인 지식과 풍부한 경험을 가지고 자문에 응하여 의견을 말하는 직책. 또는 그런 직책에 있는 사람. ▢~변호사 / 재정 ~ / 왕실의 ~ 역할을 맡다.

고문-관 (顧問官)〔명〕 1 자문(諮問)에 응해 의견을 말하는 직에 있는 사람. ▢군사 담당 ~. 2 주로 군대에서, 어수룩한 사람을 농조로 이르는 말.

고문-대책 (高文大冊)〔명〕 1 내용이 알차고 문장이 세련된 글. 2 고문전책.

고:-문서 (古文書)〔명〕 옛날의 문서.

고문-전책 (高文典冊)〔명〕 임금의 명으로 지은 국가의 귀중한 저술.

고문 정치 (顧問政治)〔역〕 일제가 한국을 속국으로 삼으려고 고문을 파견해서 정치에 간섭하던 일.

고문-치사 (拷問致死)〔명〕 고문을 지나치게 하여 사람을 죽게 함.

고:-문헌 (古文獻)〔명〕 옛 문헌.

고물[1]〔명〕 인절미·경단 등의 겉에 묻히거나, 시루떡의 켜와 켜 사이에 뿌리는, 팥·콩 등의 가루.

고물[2]〔건〕 1 ☞ 고미. 2 우물마루의 귀틀 두 개 사이의 구역. ▢한 ~ / 두 ~.

고물[3]〔명〕 배의 뒤쪽. 뱃고물. 선미(船尾). ↔이물.

고:-물 (古物·故物)〔명〕 1 옛 물건. 2 헐거나 낡은 물건. ▢~ 시계 / ~ 자동차. 3 쓸모없이 된 사람이나 물건을 농조로 이르는 말.

고물-거리다〔자〕타〕 좀스럽고 느리게 자꾸 움직이다. ⑧구물거리다. ⑩꼬물거리다. **고물-고물**〔부〕〔하〕〔타〕

고:물-단지 (古物-)〔-딴-〕〔명〕 시대에 뒤떨어졌거나 오래되어 쓸모없게 된 물건 따위를 비유적으로 이르는 말.

고물-대〔-때〕〔명〕 두대박이 배에서 고물 쪽에 있는 돛대.

고물-대다〔자〕타〕 고물거리다.

고:물-상 (古物商)〔-쌍〕〔명〕 1 고물을 파는 장사나 장수. 2 고물을 사고파는 가게. 고물가게.

고미〔건〕굵은 나무를 건너지르고, 그 위에 산자를 엮고 진흙을 두껍게 바른 반자.

고미(를) 누르다⌘ 고미를 만들다.

고:미 (古米)〔명〕 묵은쌀. ↔신미(新米).

고미 (苦味)〔명〕 쓴맛1. ↔감미(甘味).

고미가 정책 (高米價政策)〔-까-〕〔정〕 양곡의 수매(收買) 가격을 올려, 농촌 경제의 안정과 농민의 생산 의욕을 돋우고 양곡의 자급자족 시책을 이루려는 정부의 정책.

고미-다락〔건〕고미와 보꾹 사이의 빈 곳.

고미-받이〔-바지〕〔명〕〔건〕고미를 만들기 위하여 천장 한복판에 세로로 놓는 나무.

고미-장지 (-障-)〔명〕〔건〕고미다락의 맹장지.

고미-제 (苦味劑)〔명〕〔약〕쓴맛이 있는 약물의 총칭. 위액의 분비를 많게 하므로 식욕 부진 등에 씀. 고미약(苦味藥).

고미-집〔명〕〔건〕고미다락이 있는 집.

고미-혀〔명〕〔건〕고미받이와 월간(越間)보나 도리 사이에 걸쳐 놓는 평고대나 서까래.

고민 (苦悶)〔명〕〔하〕〔자〕〔타〕 괴로워하고 애를 태움. ▢~을 털어놓다 / 취업 문제로 ~이 많다 / 자금 부족을 ~하다.

고민-거리 (苦悶-)〔-꺼-〕〔명〕 고민의 내용이나 대상. ▢~를 해결하다.

고민-스럽다 (苦悶-)〔-따〕〔-스러워, -스러우

니]囹 고민하는 느낌이 있다. ❏누구 말을 따라야 할지 ~. **고민-스레** 囝

고밀도 집적 회로(高密度集積回路)[-또-쩌뢰-]《컴》여러 개의 집적 회로를 하나의 기판 위에 모은 것. 곧, 엘에스아이(LSI)의 가이름.

고:박-하다(古朴-·古樸-)[-바카-]혱얘 옛 풍미가 있어 질박하다. ❏질그릇에 ~. **고:박-히** [-바키]囝

고:발(告發)명하타 1《법》피해자나 고소권자가 아닌 제삼자가 범죄 사실을 수사 기관에 신고하여 처벌을 요구하는 일. ❏~을 당하다. 2세상에 잘 알려지지 않은 비리·부정 따위를 드러내어 알림. *고소(告訴).

고:발 문학(告發文學)《문》고발정신으로 쓰는 문학.

고:발-성(告發性)[-썽]명 비리나 잘못을 드러내어 알리는 특성. ❏~ 프로그램.

고:발-인(告發人)명 고발을 한 사람.

고:발-장(告發狀)[-짱]명《법》범죄를 고발할 때 내놓는 서류. ❏~을 제출하다.

고:발-정신(告發精神)명 1범죄나 부정을 적극적으로 고발하려는 태도. ❏투철한 ~. 2《문》사회의 모순과 병폐를 들추어 비판하는 문학의 태도.

고:방(古方)명 1《한의》예로부터 전해 오는 좋은 약방문. 2옛날에 행하던 방법.

고방(庫房)명 살림살이를 넣어 두는 방. 광.

고배(苦杯)명 1쓴 술이 든 잔. 2쓰라린 경험의 비유. 쓴잔.

고배를 들다 丟 고배를 마시다.

고배를 마시다 丟 괴롭고 쓰라린 경험을 하다. ❏불합격의 ~.

고배를 맛보다 丟 고배를 마시다.

고배(高排)명하타 과일·음식·떡 등을 그릇에 높이 괴어 담음. 또는 그렇게 괴어 담은 그릇. 고임질. 굄질.

고:백(告白)명하자타 사실대로 숨김없이 말함. ❏사랑의 ~ / 범죄 사실을 ~하다.

고:백 문학(告白文學)[-빽-]명《문》고백하는 형식으로 자기 생활의 과실이나 약점 따위를 그대로 서술한 문학.

고-백반(枯白礬)[-빤]명《약》불에 태워 결정수를 없앤 백반(건조제로 씀).

고:백 성:사(告白聖事)[-썽-]명 고해 성사.

고:백-체(告白體)명 고백하는 형식의 문체.

고범(孤帆)명 고주(孤舟).

고:범(故犯)명《법》일부러 범한 죄. 고의범.

고법(古法)명 옛날부터 전해 오는 법칙.

고법(高法)명《법》'고등 법원'의 준말.

고벽(痼癖)명 아주 굳어져 고치기 어려운 버릇. 깊이 박인 버릇.

고:변(告變)명하자타 1변고를 알림. 2반역을 고발함. ❏쿠데타 음모를 ~하다.

고:별(告別)명하자 작별을 알림. ❏~연(宴) / ~을 알리다.

고:별-사(告別辭)[-싸]명 1전임·퇴직할 때 작별을 알리는 말. 2장례 때 죽은 사람에게 이별을 고하는 말.

고:별-식(告別式)[-씩]명 1전임·퇴직·퇴직 등으로 작별을 알리는 의식. 2죽은 사람의 영혼에 대하여, 친족·친지 등 연고자가 작별을 고하는 의식. ❏~이 엄수되었다.

고:병(古兵)명 1경험과 무공(武功)이 많은 병사. 고참병(古參兵). ↔신병(新兵). 2경험이 많은 사람.

고병(雇兵)명 용병(傭兵).

고보(高普)명《역》'고등 보통학교'의 준말.

고복(皐復)명하자《민》사람이 죽은 뒤에 초혼(招魂)하고 발상(發喪)하는 의식.

고복(顧復)명하타 어버이가 자식을 기름.

고:본(古本)명 1헌 책. 2오래된 책.

고본(股本)명 예전에, 여러 사람이 공동으로 사업을 경영할 때에 각자 내던 밑천. 또는 이 사실을 증명하는 문서. 춘고(股).

고본(稿本)명 원고를 맨 책.

고본-계(股本契)[-/-게]명《경》여러 사람이 일정한 기간에 일정한 금액을 나누어 내고, 이(利)를 늘린 뒤 예정된 날짜에 나누어 갖는 저축계.

고본-금(股本金)명《경》고본의 금액.

고본-주(股本主)명《경》고본의 소유권을 가진 사람.

고봄명〈옛〉고금. 학질.

고봉(孤峰)명 외따로 떨어져 있는 산봉우리.

고봉(庫封)명하타 물건을 곳집에 넣은 뒤, 문을 잠그고 열쇠 구멍을 종이로 봉하고 도장을 찍음.

고봉(高峰)명 높은 산봉우리. ❏알프스의 ~.

고봉(高捧)명 곡식이나 밥 따위를 그릇의 전 위로 수북하게 담음. ❏밥을 ~으로 담다.

고봉-밥(高捧-)[-빱]명 수북하게 담은 밥.

고봉-절정(高峰絶頂)[-쩡]명 높은 산봉우리의 맨 꼭대기. 고봉정상. ❏~에 다다르다.

고봉-준령(高峰峻嶺)[-줄-]명 높이 솟은 산봉우리와 험준한 산마루. ❏~을 넘다.

고:부(告訃)명하자 사람의 죽음을 알림. 부고(訃告).

고부(姑婦)명 시어머니와 며느리. 고식(姑媳). 어이며느리.

고부-간(姑婦間)명 시어머니와 며느리의 사이. ❏~에 갈등이 심하다.

고:부-단사(告訃單使)명《역》국상이 났을 때 이를 알리기 위하여 중국에 보내던 사신 (상사·부사의 구별이 없어 단사라 했음).

고부라-들다[-들어, -드니, -드는]자 안쪽으로 곱아 들어오거나 들어가다. 큰구부러들다. 씬꼬부라들다.

고부라-뜨리다타 고부라지게 하다. ❏등을 ~. 큰구부러뜨리다. 씬꼬부라뜨리다.

고부라-지다자 한쪽으로 휘어지다. ❏허리가 고부라진 노인. 큰구부러지다. 씬꼬부라지다.

고부라-트리다타 고부라뜨리다.

고부랑-고부랑囝혱 여러 군데가 안으로 휘어들어 곱은 모양. 큰구부렁구부렁. 씬꼬부랑꼬부랑.

고부랑-길[-낄]명 고부라진 길. 큰구부렁길. 씬꼬부랑길.

고부랑-이명 고부라진 물건. 큰구부렁이. 씬꼬부랑이.

고부랑-하다혱얘 한쪽으로 휘어들어 곱다. 큰구부렁하다. 씬꼬부랑하다.

고부리다타 한쪽으로 고붓하게 굽히다. 큰구부리다. 씬꼬부리다.

고부스름-하다혱얘 안으로 조금 곱은 듯하다. 큰구부스름하다. 씬꼬부스름하다. **고부스름-히**囝

고부슴-하다혱얘 '고부스름하다'의 준말. 큰구부슴하다. 씬꼬부슴하다. **고부슴-히**囝

고부장-고부장囝혱 여러 군데가 고부장한 모양. 큰구부정구부정. 씬꼬부장꼬부장.

고부장-하다혱얘 1조금 휘움하게 곱다. ❏2m 장신에 약간 ~. 2마음이 조금 틀어져 있다. 큰구부정하다. 씬꼬부장하다.

고-부조 (高浮彫)圓 부조 방법의 하나. 부조한 살이 매우 두껍게 드러나게 한 부조.

고부탕이 圓 피륙의 필을 지을 때, 꺾어 겹쳐 넘어간 곳. 㪡고불.

고:분 (古墳)圓 옛 무덤. ▷~ 벽화 / ~을 발굴하다.

고분 (鼓盆)圓 '아내의 죽음'을 이르는 말.

고분-고분 團하형하무 말이나 행동이 공손하고 부드러운 모양. ▷~ 말을 잘 듣다.

고-분자 (高分子)圓《화》유기 화합물 가운데, 분자량이 1만 이상 수백만 정도인 분자. 섬유·단백질·수지(樹脂)·고무 따위는 그 집합체임.

고분자 화:학 (高分子化學)《화》고분자 화합물을 연구 대상으로 하는 화학의 한 부문.

고분자 화:합물 (高分子化合物)[-함-]《화》분자량이 1만 이상 수백만 정도의 고분자로 이루어진 화합물. 녹말이나 셀룰로오스·단백질·고무 등의 천연 물질과, 합성 고무·합성 섬유·합성수지 등의 인공 제품이 있음.

고분지탄 (鼓盆之嘆)圓 아내의 죽음을 한탄함을 이르는 말.

고분지통 (鼓盆之痛)圓 아내의 죽음을 서러워함을 이르는 말.

고·불 (古佛)圓 1 오래된 불상. 2《역》'명사고불(名士古佛)'의 준말. 3 고승(高僧)·조사(祖師)를 일컫는 말.

고불-거리다 困 이리저리 고부라지다. 㪡구불거리다. 쎈꼬불거리다.

고불-대다 困 고불거리다. 고불-고불 團하자형

고·불-심 (古佛心)[-씸]圓《불》부처의 마음. 천진한 어린아이와 같은 마음을 가진 사람의 도심(道心)을 일컫는 말.

고불탕-고불탕 團하형 여러 군데가 다 고불탕한 모양. 㪡구불텅구불텅. 쎈꼬불탕꼬불탕.

고불탕-하다 형어 굽이가 느슨하게 고부라져 있다. 㪡구불텅하다. 쎈꼬불탕하다.

고불-통 (-桶)圓 흙을 구워서 만든 담배통.

고붓-고붓 [-불꿋-]團하형 여럿이 다 약간 곱은 듯한 모양. 㪡구붓구붓. 쎈꼬붓꼬붓.

고붓-이 團 고붓하게. 㪡구붓이. 쎈꼬붓이.

고붓-하다 [-부타-]형어 조금 고부라져 있다. 㪡구붓하다. 쎈꼬붓하다.

고불 [-불]圓 '고부탕이'의 준말.

고붙-치다 [-붇-]困 고부탕이 지게 접히거나 꺾어 넘겨 겹치다.

고블램 (㟃 Gobelins)圓 색실로 인물이나 풍경 등을 짜 넣어 만든 장식용 벽걸이(프랑스 고블랭 집안에서 만들기 시작함).

고비¹圓 일이 되어 가는 과정에서 가장 긴요한 기회나 막다른 때의 상황. ▷죽을 ~를 넘기다 / 어려운 ~를 맞다 / 추위가 한 ~ 지나다.

고비²圓 편지 등을 꽂아 두는 물건(종이를 주머니나 상자처럼 만들어 벽에 붙임).

고비³ [-]圓《식》고빗과의 여러해살이풀. 산과 들에 나는데, 높이 1m 정도이며, 뿌리줄기는 덩이 모양임. 어린잎과 줄기는 식용하고 뿌리는 약용함.

고비 (叩扉)圓하타 문을 두드린다는 뜻으로, 남의 집을 방문함을 이르는 말.

고:비 (古碑)圓 옛날의 비석.

고:비 (考妣)圓 돌아가신 아버지와 어머니.

고비 (高批)圓 '남의 비평'의 높임말.

고비 (高庇)圓 '남의 비호(庇護)'의 높임말.

고비 (高卑)圓 고귀함과 비천함.

고비 (高飛)圓困자 높이 낢.

고비-고사리 圓《식》고사릿과의 여러해살이 양치류. 산지의 나무 그늘에 나는데, 줄기의 높이는 30cm 정도이며 뿌리줄기는 옆으로 누워서 뻗음.

고비-나물 圓 고비를 데쳐서 우려낸 후 갖은 양념을 하여 볶은 나물 반찬. 미채(薇菜).

고비-늙다 [-늑따]형 지나치게 늙다.

고비-원주 (高飛遠走)圓하자 높이 날고 멀리 달린다는 뜻으로, 종적을 감추려고 멀리 달아남을 이르는 말.

고비-판圓 가장 긴요한 고비의 아슬아슬한 때나 형세.

고빗-사위 [-비싸-/-빋싸-]圓 가장 긴요한 고비의 아슬아슬한 순간.

고빙 (雇聘)圓하타 학식·기술이 높은 사람을 예의를 갖추어 모셔 옴.

고빗 圓〈옛〉굽이. 골짜기.

고뿔圓 감기(感氣).

고삐圓 소의 코뚜레나 말의 재갈에 잡아매어 몰거나 부릴 때 끄는 줄. ▷~를 당기다 / ~를 죄다.

고삐 놓은 말 団 '굴레 벗은 말'과 같은 뜻. *굴레.

고삐를 늦추다 団 감시나 주의를 느그러뜨려 관대하게 대하다.

고빗 圓〈옛〉고이. 곱게.

고:사 (古砂)圓《미술》석간주(石間砂)에 먹을 섞어 만든 검붉은 색(동양화용 채색의 하나).

고:사 (古史)圓 옛 역사.

고:사 (古寺)圓 오랜 역사를 가진 옛 절. 고찰(古刹).

고:사 (古事)圓 옛날의 일. 옛일.

고:사 (古祠)圓 옛 사당.

고:사 (古楂)圓 묵은 등걸이나 그루터기.

고사 (叩謝)圓하타 머리를 조아려 사례함.

고:사 (考査)圓하타 1 자세히 생각하고 조사함. 2 학생들의 학력을 평가하기 위하여 치르는 시험. ▷기말(期末) ~.

고:사 (告祀)圓하자 액운이 없어지고 행운이 오도록 술·떡·고기 등을 차려 놓고 신령에게 비는 제사. ▷~떡 / 상달에 ~를 지냈다.

고:사 (告詞·告辭)圓 의식 때에 상급자가 글로 써서 읽어 축하하거나 훈시하는 말.

고사 (固辭)圓하타 제의나 권유 따위를 굳이 사양함. ▷입각(入閣)을 ~하다.

고사 (孤寺)圓 사람의 발길이 잘 닿지 않는 곳에 외따로 떨어져 있는 절.

고:사 (故事)圓 1 옛날부터 전해 내려오는 유서 깊은 일. 또는 그것을 표현한 어구. ▷~성어(成語). 2 옛날부터 전해 오는 규칙과 정례(定例). ▷~를 따르다. 3 옛일.

고사 (枯死)圓하자 나무나 풀이 말라 죽음.

고사 (苦辭)圓하타 간절히 사양함.

고사 (高士)圓 인격이 고결한 선비.

고사 (庫舍)圓 곳집1.

고사 (庫紗)圓 여름 옷감으로 쓰는 비단의 하나. 약간 두껍고 깔깔하여 풀이 남.

고사 기관총 (高射機關銃)《군》항공기를 쏠 수 있도록 올려본각이 큰 기관총.

고:-사당 (告祠堂)圓《민》집안에 큰일이 있을 때에 그 일을 사당에 고함.

고사리 圓《식》고사릿과의 양치류. 초봄에 싹이 뿌리줄기에서 돋아나는데, 꼭대기가 고불꼬불하게 말리고 흰 솜 같은 털로 온통 덮임. 어린잎은 식용하고, 뿌리줄기에서 녹말을 얻음. 궐채.

[고사리도 꺾을 때 꺾는다] ㉠무슨 일이든

다 해야 할 시기가 있다는 말. ⓒ무슨 일이든
기회를 놓치지 말고 해치우라는 말.

고사리 같은 손 판 '어린아이의 작고 포동
포동한 손'을 일컫는 말.

고사리-삼 몡 『식』 고사리삼과의 양치류. 산
과 들의 나무 그늘에 나는데, 잎은 한새앞.

고:사-반(告祀盤)몡 『민』 걸립패(乞粒牌)에게
베푸는 물건을 차려 놓는 상《쌀·돈·무명실
타래 따위를 올려놓음》.

고:-사본(古寫本)몡 옛날 사람의 손으로 베
껴 써 전해 온 책.

고사-새끼몡 초가집의 지붕을 일 때 먼저 지
붕 위에 잡는 벌이줄.

고-사이튀 어느 때부터 어느 때까지의 매우
짧은 동안. ▢~ 어디 갔다 왔니. ▣그사이.
▣고새.

고:사-장(考査場)몡 시험을 보는 곳.

고사-지(-紙)몡 굴도리를 바르는 종이.

고사-포(高射砲)몡 『군』 항공기를 쏠 수 있도
록 올려본각이 큰 대포.

고사-하고(姑捨-)튀 (주로 '-은'·'-기는'의
뒤에 쓰여) 더 말할 나위도 없이. 그만두고.
커녕. ▢재산은 ~ 목숨까지 잃다.

고삭몡 가구를 짜 맞출 때 사개를 짠 구석을
더욱 튼튼하게 덧붙이는 나무.

고삭-부리[-뿌-]몡 1 음식을 많이 먹지 못하
는 사람. 2 몸이 약하여 병치레가 잦은 사람.

고산(孤山)몡 외따로 있는 산. 이산(離山).

고:산(故山)몡 고향(故鄕).

고산(高山)몡 높은 산.

고산 기후(高山氣候) 『지』 해발 2,000 m 이상
에서 나타나는 산악 기후.

고산-대(高山帶)몡 고산 식물이 자라는,
해발 2,400 m 안팎의 식물 분포 구역.

고산-병(高山病)[-뼝]몡 『의』 높은 산에 올라
갔을 때, 산소의 부족과 기압의 저하로 일어
나는 병《두통·식욕 부진·구토 따위의 증세가
나타남》. 산악병. 등산병.

고산 식물(高山植物)[-물] 『식』 고산에 절
로 나는 식물《여러해살이풀과 키 작은 관목
이 많음》.

고산-유수(高山流水)[-뉴-]몡 1 높은 산과
흐르는 물. 2 미묘한 음악. 특히, 거문고 소
리의 비유. 3 '지기(知己)'의 비유.

고:살(故殺)몡 고의로 사람을 죽임.

고살래몡 『식』 배의 한 품종. 모양이 기름하
고 꼭지 달린 데가 뾰족함.

고삼(苦蔘)몡 『식』 콩과의 여러해살이풀.
산과 들에 나는데, 줄기 높이는 80~100 cm이
며, 여름에 노란 꽃이 줄기와 가지 끝에 핌.
살이 많은 뿌리는 누르스름함. 쓴너삼. 2 『한의』
고삼의 뿌리《황달·말라리아·하혈 등에 약으
로 씀》.

고삼-자(苦蔘子)몡 고삼의 씨.

고삿[-삳]몡 초가지붕을 일 때 쓰는 새끼. ▢겉
~ / 속~.

고:삿-고기(告祀-)[-사꼬-/-삳꼬-]몡 여러
사람의 허물을 혼자 뒤집어쓰고 희생되는 억
울한 사람을 이르는 말.

고상(固相)몡 물질이 고체로 된 상태.
고체상(固體相). *기상(氣相)·액상(液相).

고:상(故上)몡 죽은 귀족의 부인.

고상(苦狀)몡 고생스러운 사정이나 형편.

고상(苦像)몡 『가』 '십자(十字)고상'의 준말.

고상(高翔)몡하재 높이 날아오름.

고상(翶翔)몡하재 1 새가 하늘 높이 빙빙 날
아다님. 2 하는 일 없이 놀며 돌아다님.

고상-고상튀하재 잠이 도무지 오지 않아 누

운 채로 뒤척이며 애쓰는 모양.

고상-하다(高尙-)혱여 인품·학문·예술 등이
품위가 있고 훌륭하다. ▢고상한 취미 / 그의
사람됨에 걸맞게 그가 추구하는 예술도 ~.
고상-히튀

고살[-산]몡 1 촌락의 좁은 골목길. 고샅길.
▢마을 ~으로 접어들다. 2 좁은 골짜기의 사
이. 3 '사타구니'의 비유.

고살-고살[-산꼬살]튀 고살마다.

고살-길[-산낄]몡 고살1.

고-새튀 '고사이'의 준말. ▢~ 가 버렸다.
▣그새.

고:색(古色)몡 1 낡은 빛깔. 2 예스러운 풍치
나 모양.

고색(枯色)몡 초목의 마른 빛깔.

고색(苦色)몡 싫어하거나 꺼리는 눈치. 달갑
게 여기지 않는 눈치.

고:색-창연(古色蒼然)[-현]몡하형 퍽 오래되어 옛
풍치가 그윽함.

고생(苦生)몡하자 어렵고 괴로운 일을 겪음.
또는 그런 생활. ▢갖은 ~을 겪다 / 어려서
~을 모르고 자라다 / ~되는 일이 있더라도
참아 내자.
[고생 끝에 낙이 온다] 어려운 일 뒤에는 반
드시 좋은 일이 생긴다. [고생을 사서 한다]
ⓞ자기가 잘못한 탓으로 하지 않아도 될 고
생을 한다. ⓒ자기 스스로 어려운 일을 맡아
서 고생을 한다.

고생-길(苦生-)[-낄]몡 고생스러운 일이나
생활에서 벗어나기 어려운 형편. ▢험난한
~로 들어서다.

고:생-대(古生代)몡 『지』 지질 시대 구분에
서 선(先)캄브리아대와 중생대 사이의 시대.
곧, 지금부터 약 5억 7천만 년 전부터 2억
4천만 년 전까지의 기간《해초·양치류·무척
추동물이 번성하였음》.

고생-문(苦生門)몡 고생을 겪게 될 운명의 비
유. ▢~이 훤하다 / ~이 열리다.

고:생-물(古生物)몡 『생』 지질 시대에 살아
던 생물. 주로 화석으로 나타남.

고:생물-학(古生物學)몡 『생』 고생물의 형태·
생태·분류·분포 등을 연구하는 학문.

고생-살이(苦生-)몡하자 고생스럽게 겨우 꾸
려 가는 살림살이.

고생-스럽다(苦生-)[-따][-스러워, -스러우
니]형 고생이 되어 괴롭다. **고생-스레**튀

고생-주머니(苦生-)[-주-]몡 늘 고생만 하는
사람. 또는 힘든 일이 매우 많음의 뜻. ▢~
를 차다 / ~를 달다.

고생-티(苦生-)몡 겉으로 드러나 보이는 고
생한 흔적.

고:서(古書)몡 1 옛날의 책. 고서적. ▢~ 수
집. 2 헌 책. 고본(古本).

고서(高書)몡 남의 편지나 저서의 공대말.

-고서어미 '-고2'의 뜻을 세게 나타내는 연
결 어미. ▢돈만 쓰~ 헛되이 돌아왔다.

고:-서적(古書籍)몡 고서(古書)1.

고:서-점(古書店)몡 옛날 책이나 헌 책을 다
루는 서점.

고:-서화(古書畵)몡 옛날의 책과 그림.

고:석(古石)몡 1 이끼가 낀 오래된 돌. 2 괴석
(怪石).

고:석(古昔)몡 오랜 옛날. 옛적.

고석(鼓石)몡 북석(鼓石).

고석(蠱石)몡 『광』 속돌.

고선(考選)몡하타 자세히 검사하여 뽑음.

고:설 (古說) 몡 1 옛날이야기. 2 옛날의 학설.

고설 (高說) 몡 1 견식이 높은 학설. 2 남의 학설의 높임말.

고:성 (古城) 몡 옛 성.

고:성 (古聖) 몡 옛 성인.

고성 (孤城) 몡 1 외딴 성. 2 적군에 포위되어 고립된 성.

고성 (高聲) 몡 높은 목소리. ↔저성(低聲).

고성 (鼓聲) 몡 북을 치는 소리. 북소리.

고성-낙일 (孤城落日) 몡 고립된 성과 지는 해라는 뜻으로, 세력이 다하고 매우 외로운 처지를 이르는 말.

고-성능 (高性能) 몡 뛰어난 기능이나 성능. ▢~ 라디오 / ~ 폭약.

고성-대규 (高聲大叫) 몡하짜 크고 높은 목소리로 부르짖음. 고성대호(大呼).

고성-대질 (高聲大叱) 몡하타 목청을 높여 큰 소리로 꾸짖음.

고성-방가 (高聲放歌) 몡 거리에서 큰 소리를 지르거나 노래를 부르는 짓.

고:성소 (古聖所) 몡 지옥과 천당 사이에 있어, 기독교에 접할 기회가 없었던 사람이나 성세(聖洗)를 받지 못한 어린이·이교도 들의 영혼이 사는 곳. 림보.

고성-준론 (高聲峻論)[-론-] 몡하짜 크고 높은 목소리로 엄숙하게도 날카롭게 말함.

고섶 [-섭] 몡 물건을 넣어 두는 곳이나 그릇에 놓인 곳의 가장 손쉽게 찾을 수 있는 맨 앞쪽. ▢바로 ~에 두고 찾아 헤매다.

고:세 (古世) 몡 고대(古代)1.

고세 (庫稅) 몡 창고를 빌려 쓴 대가로 내는 돈.

고:소 (告訴) 몡하타 『법』 범죄의 피해자 또는 고소권자가 피해 사실을 수사 기관에 신고하여 범인의 법적 처리를 요구함. ▢~·고발 사건이 줄고 있다 / 피해자가 가해자를 경찰에 ~하다. *고발.

고소 (苦笑) 몡하짜 쓴웃음. ▢~를 금할 수 없는 짓을 한다. *실소(失笑).

고소 (高所) 몡 높은 곳. 고처(高處).

고소 공:포증 (高所恐怖症)[-쯩] 『의』 높은 곳에 올라가면 떨어지는 것이 아닌가 해서 무서워하는 증상.

고:소권-자 (告訴權者)[-꿘-] 『법』 고소권을 가진 사람. 범죄의 피해자나 그의 법정 대리인에게 인정함.

고소득 (高所得) 몡 높은 소득. 벌이가 많음. 다소득. ▢~을 올리다 / ~ 업종 / ~자. ↔저(低)소득.

고소득-층 (高所得層) 몡 상대적으로 소득이 많은 계층.

고:소원 (固所願) 몡 본디 바라던 바. ▢불감청(不敢請)이언정 ~이다.
  고소원이나 불감청이다 ⑰ 본디 바라던 바이나, 감히 청하지 못하는 터이다.

고:소-인 (告訴人) 몡 『법』 고소를 한 피해자. 또는 그 법정 대리인.

고:소-장 (告訴狀)[-짱] 『법』 범죄의 피해자가 수사 기관에 제출하는 서류.

고소-하다 휑여 1 볶은 참깨나 땅콩 따위의 맛이나 냄새와 같다. ▢고소한 참기름. 2 미운 사람이 잘못되는 것을 보고 속이 시원하고 재미있다. ▢놈이 벌 받는 게 어찌나 고소한지 …. 고소-히 ⒝

고:속 (古俗) 몡 옛 풍속.

고속 (高速) 몡 '고속도(高速度)'의 준말. ▢~으로 달리다. ↔저속(低速).

고속도 (高速度)[-또] 몡 매우 빠른 속도. ↔저속도(低速度). 夁고속.

고속도-강 (高速度鋼)[-또-] 몡 『공』 내열성이 강해서 고속도에 빠른 속도로 자르거나 깎는, 공구의 재료로 쓰이는 특수강. 夁고속강.

고속 도:로 (高速道路)[-또-] 자동차가 고속으로 달릴 수 있게 만든 자동차 전용 도로. 하이웨이. ▢~가 나들이 차로 꽉 막히다.

고속도 영화 (高速度映畫)[-또-] 고속도로 촬영한 영화《보통 속도로 영사하면 동작이 느리게 보임》.

고속도 촬영 (高速度撮影)[-또촬영] 보통의 영화보다 훨씬 빠르게 촬영해서 표준 속도로 영사하는 영화《빠른 동작을 느리게 해서 자세히 볼 수 있음》.

고속-버스 (高速bus) 몡 고속 도로를 이용하여 빠른 속도로 운행하는 버스.

고:-속요 (古俗謠) 몡 옛날 속요.

고속-철도 (高速鐵道) 몡 고속 철도.

고속 철도 (高速鐵道)[-또] 시속 약 300 km 정도로 운행되는 철도. 주로 전동기로 움직이므로 고속 전철이라고도 함. 고속철.

고손 (高孫) 몡 현손(玄孫).

고솜돝 몡 〔옛〕 고슴도치.

고:송 몡 약이으로 독성을 없애어 다시 전염할 염려가 없는 매독.

고:송 (古松) 몡 오래된 소나무. 노송(老松).

고송 (孤松) 몡 외따로 서 있는 소나무.

고송 (枯松) 몡 말라 죽은 소나무.

고수 (叩首) 몡하짜 머리를 조아리어 존경을 나타냄. 고두(叩頭).

고수 (固守) 몡하타 굳게 지킴. 견수(堅守). 묵수(墨守). ▢전통을 ~하다 / 선두를 ~하다.

고수 (高手) 몡 바둑·장기·무예 등에서 수가 높음. 또는 그 사람. ▢~ 바둑 / 무술의 ~ / ~들의 대전이 벌어지다.

고수 (高壽) 몡 고령(高齡)1.

고수 (鼓手) 몡 북이나 장구를 치는 사람.

고수-공사 (高水工事) 몡 홍수를 막기 위한 하천의 제방 공사.

고수레¹ 몡하짜 들에서 음식을 먹을 때나 무당이 굿을 할 때, 귀신에게 먼저 바친다는 뜻으로 음식을 조금 떼어 던지는 일. ▢찝 고수레할 때 외치는 소리.

고수레² 몡하짜 흰떡을 만들 때, 반죽할 쌀가루에 끓는 물을 훌훌 뿌려서 물기가 고루 퍼져 섞이게 하는 일.

고수레-떡 몡 멥쌀가루로 반죽한 덩이를 시루에 안쳐 찐 흰떡. 설떡.

고수련 몡하타 병구완을 함.

고-수로 (高水路) 몡 보통 때는 말라 있다가 큰물이 날 때만 물이 흐르는, 높은 하천 바닥.

고수-머리 (高水敷地) 몡 곱슬곱슬한 머리털. 또는 그 사람. 곱슬머리.

고수-부지 (高水敷地) 몡 둔치2.

고-수위 (高水位) 몡 호수·강에서, 홍수·만조로 인하여 평균보다 높아진 물의 높이.

고수-증 (高水症)[-쯩] 『한의』 아랫배에서부터 부어오르는 증상.

고숙 (姑叔) 몡 고모부.

고스란-하다 휑여 축나거나 변하지 않고 그대로 온전하다. 고스란-히 ⒝. ▢옛 모습이 ~ 남아 있다 / 도움을 받은 만큼 ~ 베풀다.

고스러-지다 짜 벼·보리 따위가 벨 때가 지나서 이삭이 꼬부라져 앙상하게 되다.

고-스톱 (go+stop) 몡 〈속〉 화투놀이의 한 가지. 흔히, 세 명이 어울려 하는데 점수를 딴 사람이 놀이를 계속하든가 멈출 수 있게 함.

고슬-고슬 [부][하형] 밥이 되지도 질지도 않아 알맞은 모양. ▯ 햅쌀로 지은 밥이 ~하다. ⓡ 구슬구슬.

고슴도치 [명] 〖동〗 고슴도칫과의 동물. 몸길이는 30 cm 정도이고, 꼬리는 3 cm가량임. 몸빛은 질은 갈색인데, 주둥이는 뾰족하고 귀는 작으며 머리와 등에 바늘 같은 흰색의 가시가 빽빽이 남. 적을 만나면 밤송이같이 몸을 웅크림. ⓢ고슴돝.
[고슴도치도 제 새끼가 함함하다면 좋아한다] 칭찬 받을 일이 아니어도 칭찬해 주면 좋아한다. [고슴도치도 제 새끼는 함함하다고 한다] 누구나 제 자식은 다 귀여워한다.

고슴-돝 [돋] '고슴도치'의 준말.
고:습 (故習) [명] 옛날부터의 습관.
고습 (高濕) [명][하형] 습도가 높음.
고승 (高僧) 〖불〗 1 학덕이 높은 승려. 2 지위가 높은 승려.
고:시 (古時) [명] 옛적. 옛날.
고:시 (古詩) [명] 1 고대의 시〖한시(漢詩)에서는 대개 후한(後漢) 이전의 시〗. 2 '고체시(古體詩)'의 준말.
고:시 (考試) [명][하타] 1 공무원 등의 임용 자격을 결정하는 시험. 2〖역〗과거(科擧)의 성적을 살펴서 등수를 정함.
고:시 (告示) [명][하타] 행정 기관에서 일반 국민에게 글로 써서 게시하여 널리 알림. ▯ 양곡수매가의 ~ / 징병 검사 일정이 ~되다.
고시 (顧視) [명][하타] 1 돌아다봄. 2 돌보아 줌.
고:시-가 (告示價) [-까] [명] 고시 가격.
고:시 가격 (告示價格) [-까-] 〖경〗 정부에서 지정하는 가격. 고시가.
-고시라 [미] 〈옛〉-시라.
고시랑-거리다 [자] 못마땅해서 군소리를 좀스럽게 자꾸 하다. ▯ 무에 그리 불만이 많은지 종일 고시랑거린다. ⓢ구시렁거리다. 고시랑-고시랑 [부][하자]
고시랑-대다 [자] 고시랑거리다.
고:-시조 (古時調) [명] 주로 갑오개혁 이전에 창작된 시조를 현대 시조에 대하여 일컫는 말. 옛시조.
고:식 (古式) [명] 옛날의 법식.
고식 (姑息) [명] 당장에는 탈이 없고 편안함.
고식 (姑媳) [명] 고부(姑婦).
고식-적 (姑息的) [-쩍] [관명] 근본적인 대책 없이 임시변통으로 하는 (것). ▯ ~ 수단.
고식지계 (姑息之計) [-찌-/-찌께] [명] 당장 편한 것만 택하는 꾀나 방법. 고식책.
고식-책 (姑息策) [명] 고식지계.
고:신 (告身) [명][역] '직첩(職牒)'의 별칭.
고신 (孤臣) [명] 외로운 몸.
고신 (孤臣) [명] 임금의 신임을 받지 못하는 신하. ▯ ~원루(冤淚).
-고신된 [어미] 〈옛〉-건대. -니까.
고신-얼자 (孤臣孼子) [-짜] [명] 임금의 신임을 받지 못하는 신하와 어버이의 사랑을 받지 못하는 서자(庶子). ⓢ고얼(孤孼).
고신-척영 (孤身隻影) [명] 몸 붙일 곳 없이 떠도는 외로운 몸.
고신-하다 (苦辛-) [형어] 괴롭고 쓰라리다.
고:실 (故實) [명] 전고(典故) 2.
고실 (鼓室) [명] 〖생〗 고막 안쪽에 있는 중이(中耳)의 한 부분. 외벽이 고막으로 되어 있으며, 외이(外耳)가 받은 음향을 내이로 전하는 기관을 갖춤.
고심 (苦心) [명][하자타] 몹시 애를 태우며 마음을

씀. 고려(苦慮). ▯ 취직 문제로 ~하다 / ~ 끝에 택일하다.
고:심-사단 (故尋事端) [명][하자] 일부러 말썽이 될 일을 일으킴.
고심-참담 (苦心慘憺) [명][하자] 몹시 애를 태우고 마음을 쓰며 걱정을 함.
고-싸움 [명] 〖민〗 고싸움놀이.
고싸움-놀이 [명] 〖민〗 대보름 때 전남에서 행하는 민속놀이의 하나. 양편으로 나뉘어 타원형의 고가 달린 굵은 줄을 여러 사람이 메고, 상대편 고를 짓눌러 먼저 땅에 닿게 한 편이 이김. 고싸움.
고아 (孤兒) [명] 부모를 여의거나 부모에게 버림받아 몸 붙일 곳이 없는 아이.
고:-아스럽다 (古雅-) [-따] [-스러워, -스러우니] [형비] 예스럽고 아담하여 멋이 있는 데가 있다. 고:-아스레 [부]
고아-원 (孤兒院) [명] '보육원(保育院)'의 전의 이름.
고:아-하다 (古雅-) [형어] 예스럽고 아담하다. ▯ 고아한 정취.
고아-하다 (高雅-) [형어] 고상하고 우아하다. ▯ 고아한 미인.
고:악 (古樂) [명] 옛 음악. ▯ ~의 보존.
고악 (高嶽) [명] 높고 험한 산.
고안 (考案) [명][하타] 연구하여 새로운 것을 생각해 냄. 또는 그것. ▯ 새로 ~한 전기 기구를 선보이다 / 새 기법이 ~되다 / 쉽고 편리한 방법을 ~하다.
고안 (孤雁) [명] 외기러기.
고안 (苦顔) [명] 괴롭거나 불쾌한 얼굴빛.
고압 (高壓) [명] 1 높은 압력. ▯ ~가스. 2 높은 전압. ▯ ~ 전선〔송전탑〕. ↔저압(低壓). 3 마구 억누름.
고압-계 (高壓計) [-께/-께] [명] 기체나 액체의 높은 압력을 재는 장치.
고압-선 (高壓線) [-썬] [명] 고압의 전기를 보내는 전선. ↔저압선.
고압-적 (高壓的) [-쩍] [관명] 상대방을 억누르려는 (것). ▯ ~(인) 태도.
고애-자 (孤哀子) [인대] 부모를 모두 여읜 사람이, 상중에 자기를 일컫는 말. ＊고자(孤子)・애자(哀子).
고액 (高額) [명] 많은 금액. ▯ ~ 소득자 / ~ 과외 / ~의 급료를 받다. ↔저액(低額).
고액-권 (高額券) [-꿘] [명] 큰 액수의 지폐. ↔소액권.
-고야 [어미] 1 어미 '-고'에 조사 '야'가 합쳐 뜻을 강조하는 연결 어미. ▯ 품행이 저러하~ 누가 신용하겠는가. 2 〈옛〉-구나.
고약 (膏藥) [명] 헐거나 곪은 데에 붙이는 끈끈한 약. 검은엿.
고:약-스럽다 [-쓰-따] [-스러워, -스러우니] [형비] 고약한 데가 있다. ▯ 고약스럽게 생긴 얼굴. 고:약-스레 [-쓰-] [부]
고:약-하다 [-야카-] [형어] 1 맛・냄새 따위가 비위에 거슬리고 역하다. ▯ 고약한 냄새. 2 얼굴 생김새가 흉하거나 험상궂다. ▯ 고약한 인상. 3 성미・언행 따위가 사납다. ▯ 술버릇이 ~ / 고약한 심보. 4 인심・풍속 따위가 도리에 벗어난 데가 있다. ▯ 인심 한번 고약한 군. 5 날씨 따위가 거칠고 사납다. ▯ 고약한 날씨. 6 일이 꼬여 뒤틀리다. ▯ 형편이 고약하게 되었는걸. 고:약-히 [-야키] [부]
고:얀 [관] 언행이나 성미가 아주 못된. ▯ ~ 녀석 같으니라고.

고양 (羔羊)명 '기·가' '어린양'의 구칭.

고양 (高揚)명하타 정신이나 기분 따위를 높이 북돋음. □~된 분위기 / 사기가 ~되다.

고양 (膏壤)명 기름진 땅.

고양-미 (-養米)명《불》'공양미(供養米)'의 변한말.

고양-생제 (枯楊生稊)명 시들었던 버드나무에 다시 싹이 돋아난다는 뜻으로, 늙은 남자가 젊은 여자를 아내로 맞아서 함께 살아갈 수 있음을 이르는 말.

고양이명《동》고양잇과의 짐승. 턱과 송곳니가 특히 발달하였고 눈은 어두운 곳에서도 잘 볼 수 있으며, 발바닥에 살이 많아 다닐 때 소리가 나지 않음. 쥐를 잘 잡음. ⓟ팽이.
[고양이 달걀 굴리듯] 일을 교묘하고 재미있게 해 나가는 모양. [고양이 목에 방울 달기] 실행하기 어려운 것을 공연히 의논함을 이름. [고양이 보고 반찬 가게 지키라는 격이다] 지켜 달라고 부탁했다가 도리어 잃게 됨의 비유. [고양이 앞에 고기반찬] 자기가 좋아하는 것은 남이 손댈 틈 없이 차지해 버린다는 뜻. [고양이 쥐 생각] 속으로는 해칠 마음을 품고 있으면서 겉으로는 생각해 주는 척함의 비유.

고양이 낯짝[이마빼기]**만 하다**군 매우 좁음의 비유.

고양이 소리군 살살 발라맞추는 말.

고양이와 개군 서로 앙숙인 관계.

고양이-소 (-素)명 욕심꾸러기가 청백한 체하거나 흉악한 사람이 착한 체함의 비유.

고양-주 (-養主)명《불》'공양주'의 변한말.

고:어 (古語)명 1 옛말1. □~ 사전. ↔현대어. 2 옛사람이 한 말.

고어 (苦語)명 고언(苦言).

고:언 (古言)명 옛말1.

고:언 (古諺)명 예로부터 전해 오는 속담.

고언 (苦言)명 듣기에는 싫으나 도움이 되는 말. 고어(苦語). ↔감언(甘言).

고:음 (高音)명 큰소리3.

고얼 (孤孽)명 '고신얼자(孤臣孽子)'의 준말.

고역 (苦役)명 몹시 힘들고 고된 일. □~을 치르다[겪다] / ~에 시달리다.

고연-하다 (固然-)혱여 본디부터 그러하다.

고열 (考閱)명하타 상고(詳考)하여 살펴봄.

고열 (苦熱)명 매우 심한 더위. 고염(苦炎).

고열 (高熱)명 1 높은 열. ↔저열(低熱). 2《의》몸의 높은 열. □~로 신음하다 / ~에 시달리다.

고열 반:응 (高熱反應)《화》어떤 물질을 고열로 가열하여 다른 물질로 변화시키는 반응.

고염 (固塩)명 굳어 덩어리진 소금.

고염 (苦炎)명 고열(苦熱).

고염 (苦塩)명 간수.

고엽 (枯葉)명 마른 잎.

고엽-제 (枯葉劑)[-쩨]명 식물의 잎을 인위적으로 떨어뜨리는 약제의 총칭.

고영 (孤影)명 외롭고 쓸쓸해 보이는 그림자. 또는 그러한 모습. □~ 소연(蕭然).

고:옥 (古屋)명 지은 지 오래된 집. 고가(古家). 구옥(舊屋). □쓰러져 가는 ~.

고온 (高溫)명 높은 온도. □~ 다습한 지역. ↔저온(低溫).

고온-계 (高溫計)[-/-계]명《물》높은 온도를 재는 온도계. 고온도계.

고:와 (古瓦)명 1 옛 기와. 2 낡고 묵은 기와.

고와 (高臥)명하자 베개를 높이고 눕는다는 뜻

으로, 벼슬을 하지 아니하고 세속에서 벗어나 삶을 이르는 말.

고:왕-금래 (古往今來)[-내]명 고금(古今).

고외명《옛》아랫도리옷.

고요명 1 조용하고 잠잠한 상태. □깊은 ~에 잠긴 산골 마을. 2《기상》풍력 계급 0의 바람이 없는 상태. 초속 0.0-0.2m.

고:요 (古謠)명 고대의 가요.

고요-하다혱여 1 조용하고 잠잠하다. □고요한 밤. 2 움직임이 없이 잔잔하다. □고요하게 흐르는 강물. 3 조용하고 평화롭다. □고요하게 잠든 아기의 모습. 고요-히튀

고욕 (苦辱)명 견디기 어려운 불명예스러운 일. □~을 치르다.

고욤명 고욤나무의 열매. 감과 비슷하나 크기는 작고 타원형으로, 검붉으며 달면서도 떫음. 소시(小枾).
[고욤이 감보다 달다] 작은 것이 큰 것보다 오히려 낫고 질이 좋다.

고욤-나무명《식》감나뭇과의 낙엽 활엽 교목. 감나무와 비슷하나 작고 여름에 꽃이 피며, 열매인 고욤이 가을에 익음.

고:용 (雇用)명하타 보수를 주고 사람을 부림. □중소기업에 ~된 외국인 노동자 / 여성 근로자를 많이 ~하다.

고용 (雇傭)명하타 삯을 받고 남의 일을 해 줌. □~을 촉진하다.

고용 보:험 (雇傭保險)《사》실직자에게 일정한 실업 급여(給與)를 지급하는 보험. 실직자의 생활 안정과 재취업 촉진 등을 꾀함.

고용-살이 (雇傭-)명 1 남에게 고용되어 사는 일. 2 남의 집 일을 돌보아 주면서 그 집에서 사는 일.

고:용 승계 (雇傭承繼)[-/-계]《경》기업의 인수·합병 따위에서 근로자의 고용 상태가 그대로 유지되는 일. 기업 합병이나 기업 분할의 경우는 고용이 자동으로 보장됨.

고:용-원 (雇傭員)명 1 사용자에게 노무를 제공하는 사람. 2 고용직 공무원.

고:용-인 (雇用人)명 삯을 주고 사람을 부리는 사람. 고용자.

고용-인 (雇傭人)명 삯을 받고 남의 일을 해 주는 사람. 품팔이꾼. 고용자. ⓟ고인(雇人).

고:용-자 (雇用者)명 고용인(雇用人).

고용-자 (雇傭者)명 고용인(雇傭人).

고용 조건 (雇傭條件)[-껀]《사》고용 계약에 규정된 노무(勞務)의 여러 가지 조건. 취업의 방법, 보수, 기타 당사자의 권리와 의무에 관한 조건 따위.

고:용-주 (雇用主)명 삯을 주고 사람을 부리는 주인. 사용자(使用者). ⓟ고주(雇主).

고용직 공무원 (雇傭職公務員)[-꿍-]《법》단순한 노무에 종사하는 특수 경력직 공무원. 고용원. 고원(雇員).

고용-체 (固溶體)명《화》어떤 결정체가 다른 결정체에 녹아들어 고르게 섞인 상태의 고체 혼합물.

고:우 (故友)명 1 사귄 지 오래된 벗. 2 세상을 떠난 벗. □~를 추모하다.

고우 (苦雨)명 궂은비.

고우 (膏雨)명 농작물이 잘 자라게 제때에 내리는 비.

고운 (孤雲)명 1 외따로 떠도는 구름. 2 가난하고 외진 선비의 비유.

고:운-대명 토란의 잎 밑에 붙은 줄거리《주로 국을 끓이는 데 씀》. ⓟ곤대.

고:운-때명 보기에 그리 흉하지 않을 정도로 옷 따위에 조금 묻은 때. □~가 앉다.

고운-야학 (孤雲野鶴)[-냐-] 명 외롭게 떠 있
는 구름과 무리에서 벗어난 학이라는 뜻으
로, 벼슬을 하지 않고 한가로이 숨어 사는 선
비를 비유하는 말.

고:원 (古園) 명 정원. 오래된 정원.
고:원 (故園) 명 1 옛 뜰. 2 고향.
고원 (高原) 명 주위의 지형보다 높은 지대에
펼쳐진 넓은 벌판. ▣~ 지대.
고원 (雇員) 명 고용직 공무원.
고원-하다 (高遠-) 형여 1 높고 멀다. 2 뜻이나
이상이 높고 원대하다.
고월 (孤月) 명 쓸쓸하고 외롭게 느껴지는 달.
고위 (考位) 명 돌아간 아버지와 각 대의 할아
버지의 위패(位牌). ↔비위(妣位).
고위 (高位) 명 1 높은 지위. ▣~ 간부/~ 공
직자. 2 높은 위치. ↔저위(低位).
고위-급 (高位級)[-끕] 명 높은 지위에 해당하
는 급. 또는 그에 해당하는 사람. ▣~ 회담
[인사] / ~으로 구성하다.
고-위도 (高緯度) 명 위도가 높음. 남극과 북극
에 가까운 지방의 위도. ▣~ 지방.
고위-직 (高位職) 명 높은 지위의 직급. 또는
그에 해당하는 사람. ~ 공무원.
고위-층 (高位層) 명 높은 지위에 해당하는 계
층. 또는 그에 해당하는 사람. ▣~ 인사.
고위-하다 (孤危-) 형여 외롭고 위태하다.
고:유 (告由) 명하타 사삿집이나 나라에서 큰일
이 있을 때, 사당이나 신명에게 고함.
고:유 (告諭) 명하타 일러서 깨우침.
고유 (固有) 명하형 본디부터 지니고 있는 특유
한 것. ▣~ 의상/~ 상표/한복 ~의 멋/
우리 ~의 전통문화.
고유 명사 (固有名詞) 특정한 사람이나 사물
의 이름을 나타내는 명사(인명·지명 등). *
보통 명사.
고유 문자 (固有文字)[-짜] 한 나라나 민족이
만들어 써 온 독특한 문자. 고유 글자.
고유-문화 (固有文化) 명 어떤 나라나 민족이
본디 가지고 있는 독특한 문화.
고유-법 (固有法)[-뻡] 명 『법』 한 나라나 민족
의 역사적 흐름 속에서 발생한 관습 따위를
기초로 성립한 법률. ↔계수법(繼受法).
고유-색 (固有色) 명 1 물체가 지닌 본디의 색.
2 『심』 흔히 접하는 사물의 고유한 색이 기억
에 남아 지각에 영향을 주는 색. 곧, 회색 종
이를 은행나무 잎 모양으로 벤 것을 보면 다
소 초록색을 띤 것같이 보이는 말.
고유-성 (固有性)[-썽] 명 어떤 사물이 지닌 고
유한 성질이나 그 사물 특유의 속성. ▣자기
만의 ~을 지니다. ↔우유성(偶有性).
고유 식물 (固有植物)[-씽-] 『식』 어느 특정
지방에서만 나서 자라는 식물.
고유 신:앙 (固有信仰) 어떤 나라나 민족만의
독특한 신앙.
고유-어 (固有語) 명 1 본디부터 해당 언어에
있던 말이나 그것에 기초하여 새로 만들어진
말. 우리말에서는 외래어나 한자어에 상대하
여 이르는 말. 토박이말. 토착어. 2 어떤 고
장 고유의 독특한 말.
고유 운:동 (固有運動) 『천』 천구 위에서 항성
(恒星)의 위치가 오랜 시간이 지나는 동안 여
러 방향으로 조금씩 변하는 운동.
고유 재산 (固有財産) 『법』 상속이나 양도 등
에 따라 취득한 재산과 구별되는, 본디 가지
고 있던 재산.
고유-종 (固有種) 명 『생』 어느 지역에만 있는,
특정한 생물의 종(種). 토착종.
고유 진:동 (固有振動) 자유 진동.

고육 (股肉) 명 넓적다리의 살.
고육지계 (苦肉之計)[-찌-찌게] 명 적을 속
이기 위하여 자신의 괴로움을 무릅쓰고 꾸미
는 계책. 고육책. 고육계.
고육-책 (苦肉策) 명 고육지계.
고율 (高率) 명 높은 비율. ▣~의 관세를 과하
다. ↔저율(低率).
고은 (孤恩) 명하자 배은(背恩).
고은 (高恩) 명 높고 큰 은혜. 홍은(鴻恩).
고을 명 1 『역』 조선 때, 주(州)·부(府)·군(郡)·
현(縣)의 총칭. 2 군아(郡衙)가 있던 곳. 성읍
(城邑). ⑥골.
고을-고을 명 여러 고을. 각 고을. ⑥골골.
고을-모둠 명하자 『민』 책을 읽는 사람들이 하
는 놀이의 하나. 책을 펴서 그 페이지에 있는
글자를 골라 맞추어 고을의 이름을 만들어
서, 많고 적음으로 내기를 하는 놀이. ⑥골모
둠.
고을-살이 명하자 고을의 원 노릇을 하는 생
활. ⑥골살이.
고을-읍 (-邑) 명 한자 부수의 하나('邑'에서
'邑'의 이름). *우부방.
고음 (高吟) 명하타 높은 소리로 읊음. ↔저음
(低吟).
고음 (高音) 명 높은 소리. 높은음. ↔저음.
고-음계 (高音階)[-게] 명 『악』 높은 음계.
고음부 기호 (高音部記號) 『악』 높은음자리
표. ↔저음부 기호.
고-음질 (高音質) 명 높은 수준의 음질.
고:읍 (古邑) 명 옛 고을, 특히 옛날에 군아(郡
衙)가 있던 곳.
고의 [-/-이] 명 1 남자의 여름 한복 홑바지.
단고(單袴). 중의(中衣). 2 속곳. 주의 '袴衣'
로 씀은 취음.
고:의 (古義)[-/-이] 명 1 옛 의의(意義). 2 옛
해석. 3 옛날의 올바른 도리. 고의(古誼).
고:의 (故意)[-/-이] 명 1 일부러 하는 태도나
행동. ▣~냐 과실이냐 / ~로 일을 저지르
다/그렇게 말한 것은 ~가 아니다. 2 『법』
일정한 결과가 발생할 것을 인식하고 그 행
위를 한 경우의 심리 상태. ↔과실(過失).
고의 (故誼)[-/-이] 명 뜻을 굳게 함.
고:의 (故誼)[-/-이] 명 대를 이어 오랫동안
사귄 정.
고의 (袴衣)[-/-이] 명 『가』 수도자가 고행(苦
行)할 때 입는 옷. 산양이나 낙타 털로 짠 옷
으로, 맨살 위에 입음.
고의 (高意)[-/-이] 명 1 높고 뛰어난 뜻. 2 남
의 뜻의 공대말.
고의 (高義)[-/-이] 명 1 높은 도덕과 의리. 2
남의 두터운 인정과 의리의 공대말.
고의 (高誼)[-/-이] 명 1 두터운 정의(情誼). 2
남의 정의(情誼)의 공대말.
고:의-로 (故意-)[-/-이-] 부 어떤 목적을 가
지고 의도적으로. 일부러. 짐짓. ▣~ 의무를
게을리하다.
고의밑 [〈옛〉 속곳방이.
고:의-범 (故意犯)[-/-이-] 명 『법』 죄를 범할
의사를 가지고 저지른 범죄. 또는 그 범인.
고범(故犯). 유의범. ↔과실범.
고:의-적 (故意的)[-/-이-] 명관 일부러 하는
(것). ▣~인 반칙[실수].
고의-적삼 [-쌈/-이-쌈] 명 홑바지와 저고리

❑~ 차림으로 나들이하다.
고의-춤 [-/-이-] [명] 고의의 허리 부분을 접어 여민 사이. ❑~에서 지전 몇 장을 꺼내다. [준]괴춤.
고:이 [부] **1** 정성을 다해서. ❑~ 기른 딸/~ 간직하다. **2** 겉모양 따위가 산뜻하고 아름답게. ❑손수건을 ~ 접다/머리를 ~ 빗다. **3** 편안하고 순탄하게. ❑~ 잠드소서. **4** 그대로 고스란히. ❑유산을 ~ 보전하다. **5** 성질이나 태도가 순순하게.
고이-고이 [부] **1** 매우 곱게. ❑~ 키운 외동딸. **2** 매우 소중하게. ❑추억을 ~ 간직하다. **3** 아주 편안하고 고요하게. ❑~ 잠들다.
고이다 [자][타] 괴다[1·2·3].
고이-댕기 [명] 서북 지방에서, 혼례 때 신부가 드리는 댕기《길이가 길고, 오른쪽 가닥에는 모란꽃 세 송이를, 왼쪽 가닥에는 십장생(十長生)을 수놓았음》.
고이ᄒ다 [형] 〈옛〉 괴이(怪異)하다.
고:인 (古人) [명] 옛날 사람. 석인(昔人). ↔금인(今人).
고:인 (故人) [명] **1** 죽은 사람. ❑~의 명복을 빌다/~을 추모하다. **2** 오래된 벗. ❑오랜만에 ~을 만나다.
고인 (高人) [명] 벼슬을 하지 않고 고결하게 사는 사람.
고인 (雇人) [명] '고용인(雇傭人)'의 준말.
고인 (賈人) [명] 물건을 파는 사람. 장수. 상인.
고인 (瞽人) [명] 맹인.
고인-돌 [명] 선사 시대의 무덤의 한 가지. 큰 돌을 몇 개 둘러 세우고, 그 위에 넓적한 돌을 얹었음. 지석묘(支石墓). 돌멘(dolmen).
고일-계 (高日季)[-/-게] [명] 적도 부근 지역의 해가 높이 있을 때의 계절.
고일-하다 (高逸-) [형][여] 높이 빼어나다.
고임 [명] 굄[2].
고임 (苦任) [명] 어렵고 귀찮은 임무.
고-임금 (高賃金) [명] 높은 임금. ↔저임금.
고임-돌 [-똘] [명] 굄돌1.
고임-목 (-木) [명] 굄목.
고임-새 [명] 굄새.
고임-질 [명][하자] 굄질.
고입 (高入) [명] '고등학교 입학'의 준말. ❑~ 검정고시.
고입 (庫入) [명][하타] 화물을 보통 창고 또는 보세 창고(保稅倉庫)에 보관시키는 일.
고자 [명] **1** '활고자'의 준말. **2** '고자잎'의 준말.
고:자 (古字) [명] 옛 체(體)의 글자.
고:자 (告者) [명] 남의 잘못·비밀을 일러바치는 사람. 고자질하는 사람.
고자 (庫子) [명] 〖역〗 각 군아(郡衙)에서 물품 창고의 출납을 맡아보던 하급 관리.
고자 (鼓子) [명] 생식기가 완전하지 못한 남자. 화자(火者). ↔고녀(鼓女).
고자 (孤子) [인대] 예전에, 아버지가 돌아가시어 상중에 있는 사람이 자기를 일컫던 말. *고애자(孤哀子)·애자(哀子).
고자 (瞽者) [명] 맹인.
-고자 [어미] 동사의 어간에 붙어 욕망의 뜻을 나타내는 연결 어미. ❑여행을 하~ 한다/이야기를 듣~ 왔다.
고자누룩-이 [부] 고자누룩하게.
고자누룩-하다 [-루카-] [형][여] **1** 한참 떠들다가 조용하다. ❑시끌벅적한 시장이 조금 고자누룩해졌다. **2** 몹시 괴롭고 답답하던 병세가 좀 가라앉은 듯하다.
고-자세 (高姿勢) [명] 거만한 태도. ❑~로 나오다[대하다]. ↔저자세.
고자-잎 [-입] [명] 활의 도고지에서 양냥고자까지의 부분. [준]고자.
고:자-쟁이 (告者-) [명] 고자질하는 사람.
[고자쟁이가 먼저 죽는다] 남에게 해를 입히려고 고자질하는 사람이 먼저 해를 입는다.
고자-좆 [-좀] [명] 〈속〉 바둑에서, 찌를 구멍이 있으나 찌르면 되잡히게 되므로 찌르지 못하는 말밭.
고:자-질 (告者-) [명][하자][타] 남의 잘못·비밀을 몰래 일러바치는 짓. ❑친구의 실수를 ~하다/~은 신의를 저버리는 짓이다.
고작[1] [명] 〈속〉 상투.
고작[2] [부] 기껏 따져 보거나 헤아려 보아야. ❑이제 ~ 십 리 걸었다/~ 해야 영어 몇 마디 밖에 알아듣지 못한다/입에 풀칠하는 게 ~이다/~ 한다는 소리가 그거야.
고장 [명] **1** 사람이 많이 사는 지방이나 지역. ❑단풍이 아름다운 ~. **2** 어떤 물건이 특히 많이 나거나 있는 곳. ❑사과의 ~ 대구.
고장 (枯腸) [명] 주린 창자. 빈속.
고장 (苦障) [명] 〖불〗 지옥·아귀·축생의 괴로움.
고:장 (故障) [명] **1** 기계·기구·설비 따위의 기능에 탈이 생기는 일. ❑~이 잦다/자동차가 ~ 나다. **2** 몸에 생긴 탈을 속되게 이르는 말. ❑소화 기관이 ~ 나다.
고장 (高張) [명] 〖생〗 한 용액의 삼투압이 다른 용액의 삼투압보다 높은 것《주로 각종 용액의 농도를 체액·혈액과 비교할 때 씀》. ❑~ 용액. ↔저장(低張).
고장 (藁葬) [명][하타] 시체를 짚이나 거적에 싸서 장사 지냄. 또는 그 장사.
고장-난명 (孤掌難鳴) [명] 〔외손뼉만으로는 소리가 울리지 않는다는 뜻에서〕 **1** 혼자서는 일을 이루기가 어려움. **2** 맞서는 사람이 없으면 싸움이 일어나지 않는다는 뜻. 독장난명(獨掌難鳴).
고장-물 [명] **1** 무엇을 빨거나 씻어 더러워진 물. **2** 헌데·종기에서 고름이 빠진 뒤에 흐르는 진물. [큰]구정물.
고-장애 (高障礙) [명] '고장애물 경주'의 준말.
고장애물 경:주 (高障礙物競走) 육상 경기에서, 남자 장애물 경주의 한 종목. 110 m의 거리에 높이 1.06 m, 폭 1.2 m의 장애물 10개를 차례로 놓고 하나씩 뛰어넘음. 하이 허들. [준]고장애.
고재 [명] 〈옛〉 고자. 활고자.
고재 (高才) [명] 뛰어난 재주. 또는 재주가 뛰어난 사람. 고재(高材).
고재 (高材) [명] **1** 고재(高才). **2** 건강하고 키가 큰 사람.
고쟁이 [명] 한복에 입는 여자 속옷의 하나《속속곳 위, 단속곳 안에 입음》.
고쟈 [명] 〈옛〉 고자(鼓子).
-고쟈 [어미] 〈옛〉 -고자.
고저 (高低) [명] 높낮이. ❑음(音)의 ~/~가 심하다.
고저 (高著) [명] 타인의 저서에 대한 공대말.
-고저 [어미] ☞-고자.
고저-각 (高低角) [명] 사격 목표와 사격자를 이은 직선과 수평을 이루는 각.
고저-자 (高低字) [명] 평측자(平仄字).
고저-장단 (高低長短) [명] 소리의 높고 낮음과 길고 짧음. ❑~이 잘 어우르다.
고저-파 (高低波) [명] 〖물〗 횡파(橫波).
고:적 (古蹟·古跡) [명] **1** 남아 있는 옛 물건이나

건물. **2** 옛 물건이나 건물이 있던 터. 고적. 유적(遺跡). ▫~을 답사하다.

고적 (考績)[─쩍][하타] 관리의 성적을 평가해서 결정함. 고과(考課).

고적 (孤寂)[명][하형][부] 외롭고 쓸쓸함. ▫~한 나날 / ~에 싸이다 / ~을 느끼다.

고적-대 (鼓笛隊)[─때] [명]《악》피리와 북으로 이루어진 의식용 행진용의 음악대.

고적-운 (高積雲) [명] 중층운(中層雲)에서, 백색 또는 회색으로 크고 둥글둥글하게 덩어리진 구름. 높이 2~7km. 높쎈구름. 양떼구름. 적권운.

고:전 (古典) [명] **1** 옛날의 의식이나 법식. **2** 오랫동안 많은 사람에게 널리 읽히고 높이 평가된 저술 또는 작품. ▫~을 읽다. **3** 2세기 이래 그리스·로마의 대표적 저술.

고:전 (古殿) [명] 옛 궁전.

고:전 (古篆) [명] '전자(篆字)'를 이르는 말.

고:전 (古塼) [명] 옛날의 벽돌과 기와.

고:전 (古錢) [명] 옛날 돈. ▫~ 수집.

고전 (苦戰) [명][하자] 몹시 힘들고 어렵게 싸움. 또는 그 싸움. 고투(苦鬪). ▫~ 끝에 승리하다 / ~을 면치 못하다 / ~을 겪다.

고:전-극 (古典劇) [명] **1** 고전의 내용을 주제로 한 극. **2** 고대 그리스·로마에서 발달한 연극. **3** 16~18 세기 이탈리아·프랑스 등지에서 일어난 고전주의 연극.

고:전-기 (告傳旗) [명] 활터의 과녁 가까이에서 화살의 맞음과 떨어지는 방향을 알리는 기.

고:전 문학 (古典文學) 1 예로부터 전해 내려오는 가치 있고 훌륭한 문학. **2** 고전주의의 문학.

고:전 물리학 (古典物理學) 《물》 20 세기의 양자 역학이나 상대성 이론과 같은 현대 물리학에 대하여, 뉴턴 역학(力學)과 맥스웰 전자기학(電磁氣學)을 바탕으로 한 종전의 물리학의 일컬음.

고:전-미 (古典美) [명] 고전적인 아름다움. ▫~를 지니다.

고:전 발레 (古典ballet) 유럽의 전통적 발레를 이르는 말.

고:전-어 (古典語) [명]《언》고전에 쓰인, 후세 언어의 모범이 된 언어《그리스어·라틴어 따위》.

고:전 음악 (古典音樂) 《악》 **1** 경음악에 대하여, 서양의 전통적·예술적인 음악을 이르는 말. **2** 고전파 음악.

고:-전장 (古戰場) [명] 옛 싸움터.

고:전-적 (古典的) [관] **1** 옛날의 의식이나 법식을 따르는 (것). ▫~ 방식을 따르다. **2** 고전이 될 만한 내용과 의의를 가지는 (것). ▫~(인) 작품.

고:전-주의 (古典主義)[─/─이] [명] 고전을 중히 여기고, 그 형식을 규범으로 하는 예술상의 사조(17~18 세기 유럽에서 일어남). 의고(擬古)주의. 상고(尙古)주의.

고:전-파 (古典派) [명] 고전주의를 중히 여기고 실천하는 파. 또는 그런 경향의 사람. ▫~ 작곡가. ↔낭만파.

고:전파 음악 (古典派音樂) 《악》 18 세기 중엽부터 19세기 초엽에 걸쳐 주로 빈(Wien)을 중심으로 번성하였던 음악. 클래식 음악. 고전 음악. 고전주의 음악.

고절 (孤節) [명] 홀로 깨끗하게 지키는 절개. ▫충신의 ~ / ~을 지키다. **2** 서릿발이 내린 추위 속에서도 홀로 피어 절개를 지키는 국화를 비유한 말.

고절 (苦節) [명] 어려운 지경에 빠져도 변하지

197

고정 자산

않고 끝까지 지키는 굳은 절개. ▫우국지사의 ~.

고절 (高節) [명] 높은 절개. ▫충신의 ~.

고절-하다 (高絶─) [형여] 더할 수 없이 높고 뛰어나다. ▫고절한 인품.

고점 (高點)[─쩜] [명] 높은 점수. ▫~을 따다.

고정 (考訂) [명][하타] 옛 문헌의 진위와 이동(異同) 등을 조사해서 밝힘.

고정 (固定) [명][하타] 한번 정한 대로 변경하지 않음. ▫~된 수입 / ~ 출연. **2** 일정한 곳에 붙어 있어 움직이지 않음. ▫액자를 벽에 ~시켰다 / 못을 박아 ~하다 / 시선을 한곳에 ~하다.

고정 (固精) [명][하타] 병자와 허약자의 정력을 강하게 함.

고정 (孤亭) [명] 외따로 떨어져 있는 정자.

고정 (孤情) [명] 괴로운 사정이나 심정.

고:정 (故情) [명] 오랫동안 사귀어 온 정분.

고정-간첩 (固定間諜) [명] 교체되거나 이동하지 않고 일정한 곳에 붙박여 임무를 수행하는 간첩.

고정-관념 (固定觀念) [명]《심》마음속에 늘 자리하여 흔들리지 않는 관념. 고착 관념. ▫~을 깨다 / ~에서 벗어나다.

고정-급 (固定給) [명]《경》일의 성과나 근로 시간 등과는 상관없이 일정한 금액이 고정적으로 지급되는 임금《일급(日給)·주급(週給)·월급(月給) 따위》.

고정 기억 장치 (固定記憶裝置)[─짱─] 《컴》롬(ROM).

고정 도르래 (固定─) 《물》축을 고정시킨 도르래《힘의 방향을 변경시키는 데 씀》. 고정 활차. ↔움직도르래.

고정도 창:법 (固定do唱法)[─뻡] 《악》어떤 조(調)의 곡이든 항상 시(C) 음을 도(do)로 정하고 노래하는 방법.

고정-란 (固定欄)[─난] [명] 신문·잡지 등에서, 어떤 종류의 기사가 고정적으로 실리는 난(欄). ▫~을 두고 독자의 투고를 싣다.

고-정맥 (股靜脈) [명]《생》대퇴(大腿) 정맥.

고정-배기 (孤貞─) 〈속〉마음이 외곬으로 곧은 사람.

고정 부수 (固定部數)[─쑤] 정기 간행물이 과거의 통계로 보아 틀림없이 팔려 나갈 수 있는 최소한의 부수.

고정불변 (固定不變) [명][하형] 고정되어 변함이 없음. ▫~의 진리.

고정-비 (固定費) [명]《경》생산량의 증감과는 상관없이 일정하게 지출되는 비용. 불변 비용. ↔변동비(變動費).

고정-스럽다 (孤貞─)[─따][─스러워, ─스러우니] [형ㅂ] 마음이 외곬으로 곧은 데가 있다. 고정-스레[부]

고정-식 (固定式) [명] 한곳이나 한 형식으로 고정되어 움직일 수 없는 방식. ↔이동식.

고정 악상 (固定樂想)[─쌍] 《악》표제 음악에서 어떤 고정된 관념을 나타내는 선율.

고정-액 (固定液) [명]《생》조직·세포 등을 살아 있을 때의 상태대로 보존하기 위해 그 원형질을 응고시키는 액체《알코올 용액 따위》.

고정 자본 (固定資本) 《경》공장이나 기계 등과 같이 몇 번이고 사용되는 내구 생산재(耐久生産財)를 구입하는 데 사용되는 자본. ↔유동 자본.

고정 자산 (固定資産) 《경》기업의 경영을 위하여 장기적으로 사용할 목적으로 보유하는

자산 및 장기간 다른 목적에 이용할 수 없는 자본적 자산. 고정 재산. ↔유동 자산.

고정 재산 (固定財産)〚經〛고정 자산.

고정-적 (固定的)〔관형〕한번 정한 대로 변경하지 않는 (것). ▢~ 사고방식 / ~인 수입.

고정-주 (固定株)〚經〛주주(株主)가 고정되어 바뀌지 않는 주. ↔부동주.

고정-지 (藁精紙)〔명〕귀리의 짚으로 만든 종이《함경북도에서 생산되며, 우리나라의 명산물이었음》. 황지(黃紙).

고정-틀 (固定-)〔명〕바꾸기 힘들 정도로 굳어 버린 형식이나 관념. ▢사고방식이 ~ 속에 갇히다.

고정-표 (固定票)〔명〕선거 때, 일정한 정당이나 후보자를 지지하는 사람의 표. ▢일정한 ~를 감안하면 승산이 있다. ↔부동표(浮動票).

고정-하다 〔자여〕(주로 손윗사람에게 쓰여) 노여움이나 흥분 따위를 가라앉히다. ▢이제 그만 고정하시지요.

고정-하다 (孤貞-)〔형여〕마음이 외곬으로 곧다. ▢고정하고 어진 성품.

고정-화 (固定化)〔명하자타〕제도·사물 따위를 고정시키거나 고정되게 함. ▢~된 형식.

고정 환:율제 (固定換率制)〔-화뉼쩨〕〚經〛외환의 수급에 따라 수시로 변동하지 않도록 정부가 인위적으로 정한 환율. 공정 환율제. ↔변동 환율제.

고정 활차 (固定滑車)〚物〛고정 도르래.

고:제 (古制)〔명〕옛 제도.

고:제 (告祭)〔명하자〕신에게 고하여 제사를 지냄. ▢~를 올리다.

고제 (苦諦)〔명〕〔←고체〕〚佛〛사제(四諦)의 하나. 현세에서의 삶은 곧 고통이라고 하는 진리를 이름.

고제 (高弟)〔명〕'고족제자(高足弟子)'의 준말.

-고져 〔어미〕〈옛〉-고자.

고조 〔명〕〈옛〉술주자.

고:조 (古祖)〔명〕〚佛〛옛 조사(祖師).

고:조 (古調)〔명〕1 옛날부터 전해 오는 가락. 2 예스러운 곡조.

고조 (苦潮)〔명〕플랑크톤이 갑자기 늘어나 바닷물의 빛깔이 변하는 현상. *적조(赤潮).

고조 (枯凋)〔명하자〕1 말라서 시듦. 2 사물이 쇠하여짐.

고조 (高祖)〔명〕'고조부(高祖父)'의 준말.

고조 (高調)〔명하자타〕1 음의 가락을 높임. 또는 그 높은 가락. 2 감정·분위기 따위가 한창 무르익거나 높아짐. 또는 그런 상태. ▢~된 분위기 / 사기를 ~시키다 / 긴장이 ~되다 / 흥취가 ~에 달하다.

고조 (高潮)〔명〕1 밀물이 들어와 해수면의 높이가 가장 높아진 상태. 2 감정·기세가 가장 높아진 상태. ▢만족감이 ~되다. ↔저조.

고조 (顧助)〔명하타〕돌보아 도와줌.

고조-고 (高祖考)〔명〕돌아가신 고조부.

고-조모 (高祖母)〔명〕고조할머니.

고조목술 〔명〕〈옛〉술주자에서 갓 짜낸 술.

고-조부 (高祖父)〔명〕고조할아버지. 준고조(高祖).

고조-비 (高祖妣)〔명〕돌아가신 고조모.

고조-선 (高潮線)〚地〛만조선(滿潮線).

고조-시 (高潮時)〚地〛만조가 절정에 이른 시각.

고조-파 (高調波)〔명〕기본 주파수의 정수배(整數倍)가 되는 진동수의 사인파(sine波).

고조-하다 (高燥-)〔형여〕땅이 높고 메마르다.

▢고조한 산간 지대.

고조-할머니 (高祖-)〔명〕할아버지의 할머니. 고조모.

고조-할아버지 (高祖-)〔명〕할아버지의 할아버지. 고조부.

고족 (孤族)〔명하〕일가가 적어서 외로움. 또는 그런 집안. ↔번족(蕃族).

고족 (高足)〔명〕'고족제자'의 준말.

고족-사기 (高足砂器)〔-싸-〕〔명〕〚工〛굽이 높은 사기그릇.

고족-상 (高足床)〔-쌍〕〔명〕잔치에 쓰는, 다리가 높은 상. 고족반(高足盤).

고족-제자 (高足弟子)〔-쩨-〕〔명〕학식과 품행이 뛰어난 제자. 준고제(高弟)·고족.

고졸 (高卒)〔명〕'고등학교 졸업'의 준말.

고:-졸하다 (古拙-)〔형여〕기교는 없으나 예스럽고 소박한 멋이 있다. ▢조선 백자는 소박하고 고졸한 멋이 있다. 고:졸-히 〔부〕

고:종 (古鐘)〔명〕옛날에 만든 오래된 종.

고종-하다 (考終)〔명하자〕'고종명'의 준말.

고종 (姑從)〔명〕고모의 자녀. 고종 사촌.

고종 (孤宗)〔명〕한 계통의 성바지 안에서 자손이 번성하지 못한 파.

고종 (孤蹤)〔명〕고독단신(孤獨單身).

고:종 (故縱)〔명하타〕감시하는 사람이 죄수를 일부러 놓아 줌.

고종-매 (姑從妹)〔명〕고종 사촌 누이동생. 고모의 딸.

고종-명 (考終命)〔명하자〕제명대로 살다가 편안히 죽음《오복의 하나》. 영종(令終). 준고종(考終).

고종 사:촌 (姑從四寸)고종(姑從).

고종-시 (高宗柿)〔명〕보통 감보다 작고 씨가 없으며 맛이 닮.

고종-씨 (姑從氏)〔명〕남의 고종 사촌을 높여 부르는 말.

고종-제 (姑從弟)〔명〕고종 사촌인 아우.

고종-형 (姑從兄)〔명〕고종 사촌인 형. 내종형.

고좌 (孤坐)〔명하자〕혼자 외따로 앉아 있음.

고:죄 (告罪)〔명하자〕〚가〛자기가 지은 죄를 하나님이나 사제 앞에서 고백함.

고주 〔명〕'고주망태'의 준말.

고:주 (古註)〔명〕옛 주석. ↔신주(新註).

고주 (孤主)〔명〕실권이 없는 외로운 임금.

고주 (孤舟)〔명〕외로이 떠 있는 배. 고범(孤帆).

고주 (孤注)〔명하자〕노름꾼이 밑천을 한번에 다 걸고 마지막 승패를 겨룸.

고:주 (故主)〔명〕옛 주인.

고:주 (苦主)〔명〕가까운 일가가 살해당하였을 때 이를 고소하는 사람.

고주 (苦酒)〔명〕1 독한 술. 2 쓰고 맛이 없는 술이라는 뜻으로, 남에게 권하는 술을 겸손하게 이르는 말.

고주 (高柱)〔명〕〚建〛한옥에서, 대청 한복판에 다른 기둥보다 높게 세운 기둥.

고주 (雇主)〔명〕'고용주(雇用主)'의 준말.

고주 대:문 (高柱大門)〚建〛솟을대문.

고주-망태 〔명〕술에 몹시 취해서 몸을 가누지 못하는 상태. 또는 그런 사람. ▢~가 되도록 술을 퍼마셨다. 준고주.

고주알-미주알 고주알미주알. ▢~ 캐물다 / ~ 일러바치다.

고주 오:량 (高柱五樑)〚建〛중간에 높은 기둥을 세우고 그것에 동자기둥을 걸어 짠 다섯 개의 보.

고-주파 (高周波)〔명〕〚物〛주파수가 높은 전류나 전파. ▢~ 증폭기. ↔저주파.

고주파-로 (高周波爐)〔명〕고주파 전기로.

고주파 머신 (高周波machine) 고주파 전류로
비닐이나 플라스틱 재료 따위를 가열하여 접
착시키는 기계.

고주파 발전기 (高周波發電機)[-전-]〖물〗고
주파 전력을 발생시키는 발전기〖유도 가열
등의 전원이 됨〗.

고주파 요법 (高周波療法)[-뻡]〖의〗말초 신
경 질환 등에 고주파 전류를 이용한 치료법.

고주파 전:기로 (高周波電氣爐)〖공〗고주파
전류를 써서 물질을 가열하고 용해시키는 용
광로. 고주파로.

고죽 (苦竹)명〖식〗왕대.

고준 (考準)명하타 베낀 책이나 서류를 원본과
대조하여 봄.

고준-하다 (高峻-)형여 산이 높고 험준하다.
□산세가 ~. 고준-히튀

고줏-집 (高柱-)[-주찝 /-준찝]명〖건〗높은
기둥을 세워 지은 집〖집의 복판이 높게 됨〗.

고즈넉-이튀 고즈넉하게. □~가라앉은 분
위기 / ~앉아 있다.

고즈넉-하다[-너카-]형여 1 고요하고 아늑하
다. □고즈녁한 산사 / 설경이 그림처럼 ~. 2
잠잠하거나 다소곳하다. □고즈넉한 표정을
짓고 있다.

고증 (考證)명하타 예전의 사물의 시대·가치·
내용 따위를 옛 문헌·물건 따위에 기초해서
증거를 세워 이론적으로 밝힘. □시대 ~ /
~된 자료.

고증-학 (考證學)명 중국 청나라 때 발전한 학
풍〖옛 문헌에서 확실한 증거를 찾아 경서를
설명하려 함〗.

고지[1](명) 호박·가지·고구마 등을 납작납작하게
또는 가늘고 길게 썰어 말린 것.

고지[2](명) 누룩이나 메주 따위를 디디어 만들
때 쓰는 나무틀.

고지[3](명) 논 한 마지기에 값을 정하여 모내기
에서 마지막 김매기까지 일을 해 주기로 하
고 미리 받는 삯. 또는 그 일.
  고지(를) 먹다〖쓰다〗관 고지를 해 주기로
약속하고 삯을 미리 받아 쓰다.

고지[4](명) 명태의 이리·알·내장의 총칭.

고:지 (告知)명하자타 1 게시·글을 통해 알림.
□단수일을 방송으로 ~하다. 2〖법〗소송법
에서, 법원이 결정 사항이나 명령을 당사자
에게 알리는 일.

고지 (固持)명하타 자신의 의견 따위를 굳게
지님.

고:지 (故地)명 전에 살던 곳.

고:지 (故址)명 예전에 건물·성 등이 있었던
터. 또는 그 자취.

고지 (枯枝)명 말라 죽은 나뭇가지.

고지 (高地)명 1 평지보다 아주 높은 땅. □한
랭한 ~에서 재배한 식물 / 마을이 ~에 자리
잡다. ↔저지(低地). 2〖군〗전략적으로 유리
한 높은 곳의 진지. □~를 탈환하다. 3 이루
어야 할 목표. 또는 그 수준에 이른 단계. □
우승 ~를 정복하다 / 유리한 ~를 차지하다.

고지 (高志)명 1 고상한 뜻. □~를 받들다. 2
남의 뜻의 공대말. 고견(高見). □선생님의
~는 어떠신지요.

고-지기 (庫-)명〖역〗관아의 창고를 보살피
고 지키던 사람.

고지-논명 고지로 내놓은 논.

고지대 (高地帶)명 높은 지대. □~에는 수
동물이 잘 나오지 않는다. ↔저지대.

고지랑-물명 더럽거나 썩은 물. 준구지렁물.

고지-새명 참샛과의 새. 참새보다 약간 큼.
몸빛은 갈색이고 허리와 날개 끝은 흼. 부리

는 짧고 단단함. 울음소리가 고와 애완용으
로 기름. 청작(青雀). 청조.

고:지-서 (告知書)명 관공서에서 어떤 일을
민간에게 알리는 법적인 문서. □납세 ~ /
~가 날아들다.

고지식-하다[-시카-]형여 성질이 외곬으로
곧아 융통성이 없다. □고지식하고 대쪽 같
은 성격.

고지-자리품명 논을 마지기로 떼어 맡고 돈
을 받고 농사지어 주는 일. 준자리품.

고:지-판 (告知板)명 알리기 위한 게시판.

고지혈-증 (高脂血症)[-쯩]〖의〗혈액 중에
콜레스테롤이나 트리글리세리드 등의 지방질
이 정상보다 높은 증세. 고지방 혈증.

고진감래 (苦盡甘來)[-내]성〖성〗고생 끝에 즐
거움이 옴. □~라는 옛말도 있으니 참고 견
디어 보라.

고-진공 (高真空)명〖물〗진공의 정도가 높은
상태.

고질 (姑姪)명 인질(姻姪).

고질 (固質)명 단단한 성질.

고질 (痼疾)명 1 오래되어 고치기 어려운 병.
지병(持病). 2 오래되어 바로잡기 어려운 나
쁜 버릇. □~이 된 도박. 고질병.

고질-병 (痼疾病)[-뼝]명 고질.

고질-적 (痼疾的)[-쩍]명관 1 오래되어 고치기
어려운 (것). □~질병. 2 오래되어 바로잡
기 어려운 (것). □~인 교통 체증.

고집 (固執)명하타 자기 의견을 굳게 내세워
버팀. 또는 그러한 성질. 또는 그것을 부리는〖꺾
다〗/ ~이 세다 / 바득바득 ~을 세우다 / 자신
의 주장을 굽히지 않다.

고집멸도 (苦集滅道)[-짐-또]명〖불〗불교의
근본 교리를 나타내는 말. '고'는 생로병사
의 괴로움이고, '집'은 괴로움의 원인인 번
뇌의 모임이고, '멸'은 괴로움에서 벗어난
열반이고, '도'는 깨달음의 경지에 도달한
수행임. 사제(四諦).

고집불통 (固執不通)[-뿔-]명 고집이 세어 융
통성이 없음. 또는 그런 사람. □~인 녀석을
겨우 달래렸다.

고집-스럽다 (固執-)[-쓰-따][-스러워, -스
러우니]형여 고집을 부리는 데가 있다. 고
집-스레[-쓰-]튀. □~자기의 주장만을 내
세운다.

고집-쟁이 (固執-)[-쨍-]명 고집이 센 사람.
고집통이. 고집통.

고집통-머리 (固執-)명〈비〉고집통이1.

고집통-이 (固執-)명 1 고집이 세어 융통성이
없는 성질. 2 고집쟁이. 고집통.

고즈[1]명〈옛〉술주자.

고즈[2]명〈옛〉먹물1.

고즈기후다명〈옛〉도스르다.

고족후다형〈옛〉단단하다. 굳다.

고-쪽대 1 듣는 이에게 가까운 곳이나 방
향. □~자리에 앉아라. 2 말하는 이와 듣는
이가 이미 알고 있는 곳이나 방향. □이따가
~에서 보자. 준그쪽.

고-쯤튀 고만한 정도. □~은 나도 할 수
있다. 튀 고만한 정도로. □~하고 용서해
줘라 / ~했으면 됐다.

고차 (高次)명〖수〗차수(次數)가 높음《보통 3
차 이상을 말함》.

고차 방정식 (高次方程式)〖수〗3차 방정식보
다 높은 차수를 가진 방정식.

고-차원 (高次元)명 1 차원이 높음《3차원 이

상에 씀). **2** 생각이나 행동이 뛰어나고 높은 수준. ▢ ~의 문제.

고차원-적 (高次元的)〔관〕〔명〕 **1** 3차원 이상의 높은 차원인 (것). **2** 생각이나 행동의 수준이 높은 (것). ▢ ~ 단계 / ~인 문제를 해결하다 / ~ 기술을 연마하다.

고차-적 (高次的)〔관〕〔명〕 수준이나 정도가 높은 (것). ▢ ~(인) 문제.

고착 (固着)〔명〕〔하타〕 **1** 물건 따위가 굳게 들러붙음. **2** 상태나 현상이 굳어져 변하지 않음. ▢ ~된 생활 습관 / 분단의 ~을 막다. **3**〔심〕한번 익힌 행위나 언어가 다른 행위나 언어가 요구되는 데도 반복하여 나타나는 상태.

고착 관념 (固着觀念)[-꽌-]〔심〕 고정(固定)관념.

고착 생활 (固着生活)[-쌩-]〔생〕 어떤 고정된 곳이나 물건 또는 생물체에 붙어서 사는 생활.

고착-제 (固着劑)[-쩨]〔명〕〔화〕 섬유에 매염제나 염료를 고착하게 하는 약제(탄산나트륨·중크롬산칼륨 등이 있음).

고착-화 (固着化)[-차콰]〔명〕〔하타〕 어떤 여건이나 현상이 굳어져서 변하지 않는 상태가 됨. ▢ 분단의 ~.

고:찰 (古刹)〔명〕 오래된 옛 절. 옛 사찰(寺刹). 고사(古寺).

고찰 (考察)〔명〕〔하타〕 어떤 것을 깊이 생각하고 연구함. ▢ 역사적으로 ~되어야 할 문제.

고찰 (高察)〔명〕 남의 고찰(考察)의 공대말.

고:참 (古參)〔명〕 한 직장이나 직위에 오래 머물러 있는 사람. 선임(先任). 선임자. ▢ ~ 사원(사병). ↔신참(新參).

고:참-병 (古參兵)〔명〕 군대에서 오래 복무한 병사. 고병. ↔신병(新兵).

고창 (高唱)〔명〕〔하타〕 **1** 노래나 구호, 만세 등을 큰 소리로 부르거나 외침. **2** 의견을 강하게 주장함.

고창 (鼓脹)〔명〕〔의〕 소화액의 이상(異常)으로 배 속에 가스가 차서 배가 붓는 병.

고창-하다 (高敞-)〔형여〕 지대가 높고 탁 트이어 시원하다. **고창-히** 〔부〕

고채 (苦菜)〔명〕〔식〕 **1** 씀바귀. **2** 고들빼기.

고채-목 〔명〕〔식〕 자작나뭇과의 낙엽 활엽 교목. 고산 꼭대기에 나는데, 여름에 꽃이 핌. 기구재로 씀.

고처 (高處)〔명〕 높은 곳. 고소(高所).

고:천 (告天)〔명〕〔하타〕 하느님께 아룀.

고천 (高天)〔명〕 높은 하늘.

고:천-문 (告天文)〔명〕 예식 때, 하느님께 아뢰는 글.

고:천-자 (告天子)〔명〕〔조〕 종다리.

고:철 (古哲)〔명〕 옛 철인(哲人).

고:철 (古鐵)〔명〕 아주 낡고 오래된 쇠. 또는 그 조각. 헌쇠. ▢ ~ 수집.

고:체 (古體)〔명〕 **1** 글·그림·글씨 따위의 옛 모양이나 양식. **2** 고체시(詩).

고체 (固體)〔명〕 일정한 모양·부피가 있으며, 쉽게 변형되지 않는 물체(나무·쇠·돌 따위). ✽기체·액체.

고:체-시 (古體詩)〔명〕〔문〕 글자와 글귀의 수나 운(韻)에 일정한 법칙이 없는 자유로운 형식의 한시(오언(五言)·칠언·삼언·사언·육언의 구별이 있음). 고체(古體). ↔근체시(近體詩). ⓒ고시(古詩).

고체 연료 (固體燃料)[-열-] 고체로 되어 있는 연료(장작·석탄 따위).

고체 일렉트로닉스 (固體electronics) 반도체의 이용을 중심으로 연구하는 전자 공학.

고체 추진제 (固體推進劑) 고체상의 로켓용 추진제. 흔히, 연료와 산화제를 혼합하여 막대 모양의 고체로 만들어 사용함.

고체-하다 (固締-)〔형여〕 성질이 편협하고 고집스러워 너그럽지 못하다.

고체-화 (固體化)〔명〕〔하자타〕 액체 상태의 물질이 고체로 변함. 또는 그렇게 변하게 함. 고화(固化).

고쳐-먹다 [-처-따]〔타〕 다른 마음을 가지거나 달리 생각하다. ▢ 마음을 고쳐먹고 새사람이 되었다.

고초 (枯草)〔명〕 시들어서 마른 풀.

고초 (苦椒)〔명〕 '고추'의 본딧말.

고초 (苦楚)〔명〕 고난. ▢ 갖은 ~를 겪다 / ~가 심하다.

고초 (藁草)〔명〕 볏짚.

고초 〔부〕〈옛〉 곧추.

고초-균 (枯草菌)〔명〕〔식〕 규조과의 간균(桿菌). 토양·마른풀·된장 등의 거죽이나 우유에서 볼 수 있음. 우유를 응고시키고 녹말을 당화(糖化)하며 유지(油脂)를 분해함. 비병원성(非病原性)임.

고초다 〈옛〉 곧추세우다. 곧게 하다.

고초-만상 (苦楚萬狀)〔명〕 온갖 종류의 어려움과 괴로움.

고촉 (孤燭)〔명〕 쓸쓸하고 외로이 켜 있는 촛불.

고촉 (高燭)〔명〕 밝기의 도수가 높은 촉광.

고촌 (孤村)〔명〕 외따로 떨어져 있는 마을.

고:총 (古塚)〔명〕 오래된 무덤.

고총 (固寵)〔명〕〔하타〕 변함이 없이 총애를 받음.

고죠 〔명〕〈옛〉 고추.

고추 〔명〕 **1**〔식〕 가짓과의 한해살이풀. 줄기 높이 60~90cm, 잎은 긴 달걀꼴에 끝이 뾰족하며 긴 타원형 열매는 녹색인데 익으면서 빨갛게 됨. 매운맛이 있어 양념으로 많이 씀. 당초(唐椒). 번초(蕃椒). ▢ ~를 따다 / ~를 햇볕에 말리다. **2** '고추자지'의 준말.
[고추는 작아도 맵다] 몸집은 작아도 힘이 세거나 하는 일이 야무지다. [고추보다 후추가 더 맵다] ㉠작은 사람이 큰 사람보다 뛰어남의 비유. ㉡뛰어난 사람보다 더 뛰어난 사람이 있음의 비유.

고추 먹은 소리 〔부〕 못마땅하게 여겨 쓸쓸해 하는 소리.

고추 (考推)〔명〕〔하타〕 비교해서 생각함.

고추-감 〔명〕〔식〕 작은 뾰주리감.

고추-기름 〔명〕 라유.

고추-나물 〔명〕〔식〕 물레나물과의 여러해살이풀. 산야에 나는데, 줄기는 30~60cm, 여름에 누런색 꽃이 핌. 어린잎은 식용하고 줄기와 잎은 약용함.

고추-냉이 〔명〕〔식〕 십자화과의 여러해살이풀. 시냇가에 나는데, 땅속줄기는 살이 많은 원주형으로 몹시 매운맛이 있어 향신료로 씀.

고추-바람 〔명〕 살을 에는 듯한 찬 바람의 비유.

고추-박이 〔명〕〔속〕 예전에, 미천한 여자의 남편을 낮추어 이르던 말.

고추-뿔 〔명〕 둘 다 곧게 선 소의 뿔.

고추-상투 〔명〕 늙은이의 자그마한 상투의 비유.

고추-씨 〔명〕 고추의 씨.

고추-자지 〔명〕 어린아이의 조그마한 자지를 귀엽게 일컫는 말. ⓒ고추.

고추-잠자리 〔명〕〔충〕 잠자리의 하나. 수컷의 배는 고추처럼 붉고 날개는 누르스름하면서 투명함. 농촌이나 연못가에 떼 지어 낢. 암컷은 '메밀잠자리'라고도 함.

고추-장(一醬)圈 메줏가루에 질게 지은 밥이나 떡가루를 넣어 버무리고, 고춧가루와 소금을 넣어 담근 매운 장. ▢~을 담그다 / 풋고추를 ~에 찍어 먹다.

고추장-볶이(一醬一)圈 찹쌀고추장에 참기름·설탕 등을 섞어서 되직하게 볶은 반찬. 볶은 고추장.

고추-짱아〈소아〉고추잠자리.

고추-찌圈 몸통이 마치 고추 모양으로 생긴 낚시찌.

고:-축(告祝)圈하타 신명에게 고하여 빎. ▢하늘에 ~을 올리다.

고-출력(高出力)圈 1〔물〕원동기·펌프 따위의 기계나 장치가 만들어 내는 힘이나 동력 따위가 큰 것. 2〔전〕높은 전기 출력.

고춧-가루[-추까-/-춛까-]圈 붉게 익은 고추를 말려 빻은 가루. ▢배추를 ~에 버무리다 / 잇새에 ~가 끼이다.

고춧-잎[-춘닙]圈 고추의 잎사귀.

고충(孤忠)圈 홀로 외로이 바치는 충성.

고충(苦衷)圈 괴로운 심정이나 사정. ▢~을 헤아리다 / ~을 털어놓다.

고취(鼓吹)圈하타 1 북을 치고 피리를 붊. 고무(鼓舞). 2 힘을 내도록 격려해서 용기를 북돋움. 고무(鼓舞). ▢사기를 ~하다 / 학구열을 ~시키다. 3 의견·사상 등을 열렬히 주장해서 불어넣음. ▢애국심을 ~하다 / 충효 사상이 ~되다.

고층(高層)圈 1 여러 층으로 지은 건물의 높은 층. ▢~ 아파트 / ~ 건물. 2 하늘의 높은 곳. ▢~ 기류.

고층 습원(高層濕原)〔지〕무기 염류의 공급이 부족하며 춥고 습기가 많아 물이끼로 덮인 고산 지대.

고층-운(高層雲)圈 중층운(中層雲)에 속하며, 2〜7km의 상공에 널리 떠 있는 잿빛 구름. 높층구름.

고치圈 누에가 실을 토하여 제 몸을 둘러싸서 긴 타원형으로 얽어 만든 집《명주실을 뽑아 내는 원료가 됨》. 누에고치. 잠견(蠶繭).

고치圈 물레질하려고 만든 솜방망이.

고치(高値)圈 비싼 값.

고치(膏雉)圈 살진 꿩.

고치다타 1 헐거나 고장이 난 물건을 손질하여 쓸 수 있게 만들다. 수선하다. 수리하다. ▢시계[차]를 ~. 2 병을 낫게 하다. ▢위장병을 ~. 3 잘못된 일이나 마음을 바로잡다. 교정(矯正)하다. ▢버릇을 ~. 4 틀린 것을 바로잡다. 수정하다. 정정(訂正)하다. ▢답을 ~. 5 제도나 이름 따위를 바꾸다. 변경하다. ▢시간표를 ~ / 상호를 ~. 6 모양이나 위치를 바르게 하다. ▢옷매무새를 ~ / 화장을 ~. 7 처지를 바꾸다. ▢팔자를 ~.

고치-솜圈 견면(繭綿).

고치-실圈 누에가 번데기로 변할 때 제 몸을 둘러싸기 위해 토하는 실《생사의 원료임》.

고치 틀기 누에가 실을 토하여 고치를 만드는 일. 결견(結繭). 영견(營繭).

고:-친(故親)圈 오래전부터 사귀어 온 친한 사람. 옛 친구.

고침(孤枕)圈 홀로 자는 외로운 잠자리.

고침(高枕)圈 1 높은 베개. 2 고침안면.

고침-단금(孤枕單衾)圈 외로운 베개와 홀이불이라는 뜻으로, 홀로 자는 젊은 여자의 잠자리를 이르는 말.

고침-단면(高枕短眠)圈 베개를 높이 베면 오래 자지 못한다는 말.

고침-단명(高枕短命)圈 베개를 높이 베면 오

래 살지 못한다는 말.

고침-사지(高枕肆志)圈 높은 베개를 베고 마음대로 한다는 뜻으로, 하는 일 없이 편안하고 한가하게 지냄을 이르는 말.

고침-안면(高枕安眠)圈 베개를 높이 해서 편안히 잔다는 뜻으로, 근심 없이 편안히 잘 지냄을 이르는 말. 고침(高枕).

고침-한등(孤枕寒燈)圈 외로운 베개와 쓸쓸한 등잔이란 뜻으로, 홀로 자는 쓸쓸한 밤을 이르는 말.

고칫-대[-치때 / -칟때]圈 솜으로 고치를 마는 수수목대 따위.

고:-칭(古稱)圈 옛날에 일컫던 이름.

고침(高枰)圈 저울을 세게 다는 일.

고코으다짜〈옛〉코 골다.

고콜圈 예전에, 불붙은 관솔을 올려놓기 위해 벽에 뚫어 놓은 구멍.

고콜-불[-뿔]圈 고콜에 켜는 관솔불.

고키리圈〈옛〉코끼리.

고타(拷打)圈하타 고문하여 때림.

고타분-하다톈 '고리타분하다'의 준말. ◉구타분하다. **고타분-히**图

고:-탑(古塔)圈 옛 탑.

고탑(高塔)圈 높은 탑.

고탑지근-하다[-찌-]톈 조금 고리탑탑하다. ◉구탑지근하다.

고탑탑-하다[-타파]톈 '고리탑탑하다'의 준말. ◉구탑탑하다. **고탑탑-히**[-타피]图

고:-태(古態)圈 예스럽고 아담해서 수수한 상태. 또는 그런 모습.

고:태(故態)圈 옛 자태.

고:태의-연(古態依然)톈 옛 모습이 변하지 않고 그대로이다. **고:태의연-히**图

고:택(古宅)圈 오래된 집.

고:택(故宅)圈 예전에 살던 집.

고택(膏澤)圈 1 기름진 혜택이란 뜻으로, 남의 은혜와 덕택을 이르는 말. 2 이슬과 비의 혜택. 3 고혈(膏血).

고토(苦土)圈〔화〕'산화마그네슘'의 속명.

고:토(故土)圈 고향의 땅. 고향.

고토(膏土)圈 기름진 땅. 진땅.

고토리圈〈옛〉꼬투리.

고통(苦痛)圈 몸이나 마음의 괴로움과 아픔. ▢~을 겪다 / ~이 심하다.

고통-스럽다(苦痛-)[-따](-파)[-스러워, -스러우니]톈타 몸이나 마음이 괴롭고 아픈 느낌이 있다. ▢심신이 ~. **고통-스레**图. ▢환자가 ~ 몸을 뒤척거린다.

고투(苦鬪)圈하짜 어렵고 힘들게 싸우거나 일함. 고전. ▢온갖 ~ 끝에 성공하다.

고틀란드-기(Gottland紀)〔지〕'실루리아기(Siluria紀)'의 전 이름.

고티圈〈옛〉고치.

고티다타〈옛〉고치다.

고:-판(古版)圈 1 옛날에 간행한 책. 옛 목판. 2 '고판본'의 준말.

고:-판본(古版本)圈 1 옛 목판본의 총칭. 2 신판의 책에 대하여, 그 이전의 책. ◉고판.

고패圈 깃발이나 두레박 따위의 물건을 높은 곳에 달아 올리고 내리는 줄을 걸치는 작은 바퀴나 고리. 녹로(轆轤).

고팻-줄[-패쭐 / -팯쭐]圈 고패에 걸쳐서 오르내리는 줄.

고팽이圈 1 새끼나 줄을 사려 놓은 한 돌림. 또는 그 세는 단위《의존 명사적으로도 씀》. 2 어떤 거리의 한 왕복. 또는 그 세는 단위

《의존 명사적으로도 씀》. ❑한 ~/두 ~. **3** 〔건〕단청에서, 나선형 무늬를 일컫는 말.
고편(苦鞭)[명]〔가〕극기하기 위해 수도자가 자신의 몸을 때리는 채찍.
고-편도(苦扁桃)[명]〔식〕감복숭아.
고평(考評)[명][하타] 시문의 잘 짓고 못 지은 것을 평가해서 결정함.
고평(高評)[명] 남의 평론이나 평가의 높임말. ❑~을 받다.
고폐(痼弊)[-/-페][명] 뿌리가 깊어 고치기 어려운 폐단. 고막(痼瘼).
고푸리다[타] 몸을 앞으로 고부리다. ❑몸을 고푸리고 인사하다. [큰]구푸리다. [센]꼬푸리다.
고:품(古品)[명] 낡은 물품. 옛 물품.
고품위 텔레비전(高品位television) 일반적인 텔레비전보다 훨씬 선명한 화질의 화상을 보여 주는 텔레비전. 화면의 가로와 세로의 비가 4:3에서 5:3인 가로가 긴 대형 화면으로, 주사선이 1,125선임. 하이비전. 에이치디티브이(HDTV).
고:풍(古風)[명] **1** 옛 풍속. **2** 예스러운 풍치나 모습. ❑~이 배어 있는 전통 가옥. **3** 한시(漢詩)의 한 체.
고풍(高風)[명] **1** 높은 곳에서 부는 바람. **2** 고상하고 뛰어난 풍채나 품격. **3** 남의 풍채를 높여 이르는 말.
고:풍-스럽다(古風-)[-따]〔-스러워, -스러우니〕[형][ㅂ] 예스러운 데가 있다. ❑고풍스러운 전통 가옥이 즐비한 민속촌. **고:풍-스레**[부]
고프다〔고파, 고프니〕[형] 배 속이 비어 음식을 먹고 싶다. 시장하다. ❑배가 고파 더 이상 걸을 수 없다.
-고프다〔-고파, -고프니〕[미] 동사 어간에 붙어, '-고 싶다'의 뜻을 나타내는 말. ❑보고픈 얼굴/가고파라 내 고향.
고:필(古筆)[명] **1** 오래된 붓. **2** 옛사람의 필적.
고하(高下)[명] **1** 나이의 많음과 적음. ❑나이의 ~를 가리지 않다. **2** 신분·지위의 높음과 낮음. 위아래. 상하. 귀천(貴賤). ❑신분의 ~를 막론하고…. **3** 품질·내용의 좋음과 나쁨. 우열. ❑성능의 ~. **4** 값이 많음과 적음. ❑값의 ~를 따지지 않다.
고하-간(高下間)[명] (주로 '고하간에'의 꼴로 쓰여) **1** 값이 비싸든 싸든 따지지 않음. ❑값은 ~에 사겠다. **2** 신분·지위가 높든지 낮든지 따지지 않음. ❑지위의 ~에 출입은 안 된다. **3** 나이가 많든 적든 따지지 않음. ❑나이는 ~에 채용하겠다. **4** 품질·내용이 좋든 나쁘든 따지지 않음.
고:-하다(告-)[타][여] **1** 아뢰다. ❑웃어른께 자초지종을 ~. **2** 이르다. 까바치다. ❑잘못을 ~. **3** 알리거나 말하다. ❑작별을 ~.
고:-하다(誥-)[타][여] 윗사람이 아랫사람에게 가르쳐 알리다.
고하-자(高下字)[-짜][명] 평측자(平仄字).
고학(苦學)[명][하자] 학비를 스스로 벌어서 고생하며 배움. ❑~으로 대학을 졸업하다/~하는 학생이 의외로 많다.
고-학년(高學年)[-항-][명] 높은 학년. ❑~ 학생. ↔저학년.
고-학력(高學歷)[-항녁][명] 학력이 높음. ❑~ 보유자들의 취업률이 매우 낮다.
고-학생(苦學生)[-쌩][명] 집안 사정이 어려워서, 학비를 스스로 벌어서 고생하며 공부하는 학생.
고한(枯旱)[명][하자] 가뭄으로 인하여 식물이 말라 죽음.
고한(苦寒)[명] **1** 모진 추위. **2** 추위로 겪는 괴로움.
고한 노동(苦汗勞動)〔사〕장시간 노동이나 저임금 따위와 같은 열악한 노동 조건 아래 혹사당하는 노동.
고한 제:도(苦汗制度) 고한 노동에 의한 노동 착취 제도의 일반적 호칭.
고함(高喊)[명] 크게 부르짖거나 외치는 소리. ❑~을 지르다.
고함(鼓喊)[명][하자] 북을 치고 여럿이 함께 소리를 지름.
고함-지르다(高喊-)〔-질러, -지르니〕[자][르] 큰 소리로 부르짖다. ❑목이 터져라 ~.
고함-치다(高喊-)[자] 크고 세차게 소리치다. ❑고래고래 ~.
고항-하다(高亢-)[형][여] 뜻이 높아 남에게 굽실거리지 않는 태도가 있다.
고해[명]〈옛〉황새.
고:해(告解)[명][하자]〔가〕'고해 성사'의 준말.
고해(苦海)[명]〔불〕괴로움이 끝이 없는 이 세상. ❑인간 ~.
고:해-바치다(告-)[타] 어떤 일을 윗사람에게 말해서 알게 하다.
고:해 성:사(告解聖事)〔가〕일곱 가지 성사의 하나. 세례를 받은 신자가 범한 죄를 뉘우치고 천주님의 대리자인 사제(司祭)에게 고백하여 용서를 받는 일. 고백 성사. [준]고해(告解).
고행(苦行)[명][하자]〔불〕**1** 몸으로 견디기 어려운 일들을 통해 수행을 쌓는 일. ❑석가모니의 ~. **2** 절에서 장차 승려가 되기 위하여 심부름하는 일. 또는 그 사람.
고향(故鄕)[명] **1** 자기가 태어나서 자란 곳. 고산(故山). 고원. ❑내가 살던 ~/~을 떠나다〔찾다〕/~을 그리워하다. **2** 조상 대대로 살아온 곳. ❑선산이 있는 ~으로 성묘를 가다. **3** 마음속 깊이 간직한 그립고 정든 곳. ❑마음의 ~. **4** 어떤 사물이나 현상이 처음 생기거나 시작된 곳. ❑명작의 ~.
고향-길(故鄕-)[-낄][명] 고향으로 가거나 오는 길.
고향-집(故鄕-)[-찝][명] 고향에 있는 집.
고:허(古墟)[명] 오래된 폐허.
고:허(故墟)[명] 옛 성터나 집터.
고헐(苦歇)[명] 오래 앓는 동안 병이 더하였다 덜하였다 하는 일.
고헐(高歇)[명] **1** 값이 올랐다 내렸다 함. **2** 비쌈과 쌈. 고하(高下).
고험(考驗)[명][하타] 신중히 생각해서 조사함.
고험-하다(高險-)[형][여] 산이 높고 험준하다. ❑고험한 산봉우리들.
고:현(古賢)[명] 옛 현인. ❑~의 지혜.
고현-학(考現學)[명]〔사〕현대 사회의 모든 분야에 걸쳐서, 그 유행의 변천을 연구하여 현대의 진상을 규명하려는 학문. ↔고고학.
고혈(膏血)[명] **1** 사람의 기름과 피. **2** 몹시 고생해서 얻은 이익이나 재산을 비유한 말. 고택(膏澤).
고혈을 짜다〔짜내다〕[구] 가혹하게 착취하거나 징수하다. ❑백성의 ~.
고혈-단신(孤孑單身)[명] 피붙이가 전혀 없는 외로운 몸.
고혈당-증(高血糖症)[-땅쯩][명]〔의〕혈액 가운데 포도당의 양이 너무 많아지는 증세.
고-혈압(高血壓)[명] **1** 혈압이 정상보다 높음. **2** '고혈압증'의 준말. ❑~으로 고생하다〔쓰러지다〕. ↔저혈압.

고혈압-증(高血壓症)[-혀랍쯩][의] 혈압이 최고·최저 모두 비정상으로 높은 병적 상태. 보통, 최고 150~160 mmHg 이상, 최저 90~95 mmHg 이상을 말함. ☜고혈압.

고혈-하다(孤孑-)[형여] 가족이나 친척이 없어 외롭다. ☐ 고혈한 신세.

고형(固形)[명] 질이 단단하고 굳은 일정한 형체. ☐ ~ 연료 / ~ 수프.

고형 사료(固形飼料) 낱알 모양으로 굳혀 만든 가축의 먹이. 비타민·무기 염류 등을 배합하고 당밀 등을 점착제로 가해서 만듦.

고형 알코올(固形alcohol)[화] 비누 등에 알코올을 흡수시킨 고형물《휴대용 연료로 쓰임》. 고체 알코올.

고:호(古號)[명] 사람·땅·나라 등의 옛 이름.

고호(顧護)[명][하자] 돌아 줌. 고견(顧見).

고혹(蠱惑)[명][하자] 아름다움이나 매력 따위에 홀려 정신을 못 차림. ☐~을 느끼다.

고혹-적(蠱惑的)[-쩍][관][명] 정신을 못 차릴 정도로 아름답거나 매력적인 (것). ☐~인 자태에 매료되다.

고혼(孤魂)[명] 의지할 곳 없이 떠도는 외로운 넋. ☐ ~수중(水中)~ / ~을 달래다.

고:화(古畫)[명] 옛날의 그림. ☐ ~ 전시회.

고화(固化)[명][하자][하타] 고체화.

고화(枯花)[명] 시들고 마른 꽃.

고화(鼓花)[명][미술] 인화(印花).

고-화질(高畫質)[명] 텔레비전 등의 화면 바탕이 아주 섬세하고 선명한 것. ☐ ~ 텔레비전.

고환(苦患)[명] 고뇌(苦惱).

고환(睾丸)[명][생] 포유류의 음낭 속에 있는 공 모양의 기관. 좌우 한 쌍이 있으며, 정자를 만들고, 남성 호르몬을 분비함. 불알.

고환-염(睾丸炎)[-념][명] 결핵·임질·매독·외상 등의 원인으로 고환에 생기는 염증.

고황(膏肓)[명] 심장과 횡격막의 사이. 이 부위에 병이 생기면 낫기 어렵다고 함.

고황에 들다[관] 병이 몸속 깊이 들어 고치기 어렵게 되다.

고황지질(膏肓之疾)[명] 고황에 들어 고치기 어려운 병.

고:훈(古訓)[명] 옛사람의 교훈.

고훼(枯卉)[명] 말라 죽은 풀과 나무.

고휼(顧恤)[명][하타] 불쌍하게 여겨 돌보거나 도와줌.

고흥(高興)[명] 1 한창 일어나는 흥. 2 고상한 흥취.

고:희(古稀)[-히][명] '일흔 살'을 일컫는 말. ☐ ~를 바라보는 나이.

고:희-연(古稀宴)[-히-][명] 일흔 살이 되는 해에 베푸는 생일잔치. 희연. ☐ ~을 차리다.

곡(曲)[명] 1 '곡조'의 준말. 2 '악곡'의 준말. 3 악곡·노래를 세는 단위《의존 명사적으로도 씀》. ☐ 노래 두 ~을 부르다.

곡(哭)[명][하자] 1 장례나 제사를 지낼 때 소리 내어 욺. 또는 그런 울음. ☐ ~하는 소리가 구슬프다. 2 크게 소리 내어 욺. 또는 그런 울음.

-곡(曲)[미] 어떤 종류의 노래나 악곡임을 나타내는 말. 〈참고〉

-곡[어미]〈옛〉 -고. -고서《받침의 ㄱ은 뜻을 강하게 함》.

곡가(穀價)[-까][명] 곡식의 가격.

곡간(谷澗·谷磵)[-깐][명] 산골짜기에 흐르는 시냇물.

곡경(曲徑)[-꼉][명] 1 꼬불꼬불한 길. 2 개인의 이익을 위하여 취하는 바르지 못한 방법. 사

경(私徑).

곡경(曲境)[-꼉][명] 몹시 힘들고 어려운 지경. 곤경(困境). ☐ ~을 치르다 / ~에 처하다 / ~에서 헤어나다.

곡곡(曲曲)[-꼭][명] 1 굴곡이 많은 산천이나 길의 굽이굽이. ☐ 계류가 ~으로 흐르다. 2 '방방곡곡'의 준말.

곡관(曲管)[-관][명] 팔꿈치 모양으로 굽은 관. 'ㄱ'자 관.

곡-괭이[-꽹-][명] 1 보통의 괭이보다 좁고 기름한 괭이. 2 단단한 땅을 파는 데 쓰는 쇠로 만든 연장. 황새 주둥이 모양의 날을 양쪽으로 길게 내고 가운데 구멍에 긴 자루를 박음.

곡괭이 벼력[-꽹-][-꽝][명] 화약을 쓰지 않고 곡괭이만으로 파낼 수 있는 벼력.

곡굉이침지(曲肱而枕之)[-꽹-][명] 팔을 구부려 베개로 삼고 잠을 잔다는 뜻으로, 가난한 생활을 비유하는 말.

곡구(曲球)[-꾸][명] 1 당구에서, 온갖 묘기로 남을 감탄하게 하면서 치는 방법. 2 야구에서, 커브.

곡귀-하다(穀貴-)[-꾸][형여] 시장에서, 곡식의 공급이 부족하여 값이 비싸다. ↔곡천(穀賤)하다.

곡균(麴菌)[-꾼][명] 누룩곰팡이.

곡기(穀氣)[-끼][명] 낟알기.

곡기를 끊다[관] 음식을 먹지 못하거나 먹지 않다.

곡다(曲茶·穀茶·麴茶)[-따][불] 곡차(曲茶).

곡달(穀疸)[-딸][한의] 곡류를 주로 많이 먹어서 생기는 황달.

곡도[명]☞곡두각시.

곡도(曲道)[-또][한의] 대장(大腸)과 항문.

곡도노롯[명]〈옛〉 꼭두각시놀음.

곡도숑[명]〈옛〉 꼭두서니.

곡두[-뚜][명] 환영(幻影)1.

곡두-선(曲頭扇)[-뚜-][명] 꼽장선.

곡뒤[명]〈옛〉 꼭뒤.

곡론(曲論)[공논][명][하자] 이치에 맞지 않는 이론을 폄. 또는 그 이론. ☐ ~을 주장하다.

곡류(曲流)[공뉴][명][하자] 물이 굽이쳐 흐름. 또는 그 흐름이나 물. ☐ ~를 이루다.

곡류(穀類)[공뉴][명] 쌀·보리 등의 곡食.

곡률(曲律)[공뉼][명][악] 악곡의 선율.

곡률(曲率)[공뉼][명][수] 곡선이나 곡면의 굽은 정도를 나타내는 수.

곡률 반:지름(曲率半-)[공뉼-][수] 곡면이나 곡선의 각 점에서의 구부러진 정도를 표시하는 값《곡률 반지름이 클수록 만곡은 완만함》.

곡률-원(曲率圓)[공뉴뤈][수] 평면 곡선에 접하며, 공통 접선에 대하여 그 곡선과 같은 쪽에 있는 곡률 반지름을 반지름으로 하는 원. 접촉원.

곡륭-산지(曲隆山地)[공뉴-][명][지] 넓은 지역이 완만하게 굽어서 높게 된 산지.

곡림(哭臨)[공님][명][하자] 임금이 죽은 신하를 몸소 조문하던 일.

곡마(曲馬)[-꽁-][명] 길들인 말을 타고 부리는 여러 가지 재주.

곡마-단(曲馬團)[-꽁-][명] 곡마와 그 기술(技術) 및 여러 가지 요술 등을 부리는 흥행 단체. 서커스. ☐ ~의 묘기에 탄성을 지르다.

곡마-사(曲馬師)[-꽁-][명] 곡마를 직업으로 삼는 사람.

곡면

204

곡면(曲面)[공-]〖명〗〖수〗**1** 평면이 아니고 휘어진 면(공·달걀 등의 표면). ↔평면. **2** 해석 기하학에서, 평면을 포함하는 일반적 '면'의 일컬음.

곡면 인쇄(曲面印刷)[공면늬-]〖인〗 연필·주사액용 앰플·맥주병·통조림 등과 같이 원통 또는 접시 모양의 곡면체에 대한 인쇄.

곡면-체(曲面體)[공-]〖명〗 적어도 그 표면의 일부가 곡면으로 된 입체 도형.

곡명(曲名)[공-]〖명〗 악곡의 이름. 곡목. □그 곡의 ~이 무엇이지.

곡목(曲目)[공-]〖명〗〖악〗**1** 노래하거나 연주할 곡명을 적어 놓은 목록. □~을 고르다 / ~ 중에는 애창곡도 들어 있다. **2** 곡명(曲名).

곡물(穀物)[공-]〖명〗 곡식. □~을 재배하다 / ~로 술을 빚다.

곡물-상(穀物商)[공-쌍]〖명〗**1** 곡물을 매매하는 장사. 또는 그 장수. **2** 곡물을 파는 가게. ⓑ곡상.

곡물-식(穀物式)[공-]〖명〗 주로 곡물을 심어 가꾸는 농사. 주곡식(主穀式).

곡물 한:계(穀物限界)[공- / 공-계] 지구 위에서 곡물을 생산할 수 있는 지리적 또는 경제적 한계.

곡미(曲眉)[공-]〖명〗 초승달처럼 가늘고 둥근 눈썹이란 뜻으로, 미인의 눈썹을 이르는 말.

곡반(哭班)[-빤]〖명〗〖역〗 국상(國喪) 때 곡하던 벼슬아치의 반열(班列).

곡배(曲拜)[-빼]〖명〗〖하타〗 임금을 뵙고 절을 함. 또는 그 절. □~를 올리다.

곡법(曲法)[-뻡]〖명〗〖하타〗 법을 본디의 뜻대로 따르지 않고 멋대로 왜곡함.

곡변(曲辯)[-뻔]〖명〗〖하타〗 틀린 것을 옳다고 주장함. 또는 그 말.

곡병(曲屛)[-뼝]〖명〗**1** 머릿병풍. **2** 가리개.

곡보(曲譜)[-뽀]〖명〗 악보(樂譜).

곡복-사신(穀腹絲身)[-뽁싸-]〖명〗 먹는 것과 입는 것. 사신곡복.

곡분(穀粉)[-뿐]〖명〗 곡물을 빻거나 갈아서 만든 가루(쌀가루·보릿가루·밀가루 따위).

곡비(曲庇)[-삐]〖명〗〖하타〗**1** 힘껏 보호하여 줌. 곡호(曲護). **2** 도리를 어기면서 남을 편들고 감싸 줌.

곡비(哭婢)[-삐]〖명〗〖역〗 양반의 장례 때, 곡하며 행렬의 앞에서 가던 여자 종.

곡-빙하(谷氷河)[-삥-]〖명〗〖지〗 골짜기를 따라 흘러내리는 빙하(히말라야·알프스 둥지에 발달됨). 골빙하.

곡사(曲射)[-싸]〖명〗〖하타〗〖군〗 장애물 뒤의 목표를 사격할 때, 굽은 탄도(彈道)로 높이 쏘아 목표물에 맞도록 사격함. 또는 그 사격.

곡사-포(曲射砲)[-싸-]〖명〗〖군〗 포탄이 곡선을 그리며 나가게 쏘는 포(박격포 따위).

곡삼(曲蔘)[-쌈]〖명〗 굵은 꼬리를 꼬부려 말린 백삼. ↔직삼.

곡상(穀商)[-쌍]〖명〗 '곡물상'의 준말.

곡-생초(曲生綃)[-쌩-]〖명〗 명주 생사로 짠 비단의 하나. 씨올을 빛이 다른 두 가지 흰 실로 격자씩 섞바꾸어 짜서 광택이 나는, 품질이 좋은 여름 옷감. 갑생초(甲生綃).

곡선(曲線)[-썬]〖명〗**1** 부드럽게 굽은 선. □~을 그리다. **2**〖수〗점이 평면 위나 공간 안을 연속적으로 움직일 때 생기는 선(좁은 뜻으로는 그 가운데에서 직선이 아닌 것을 이름). ↔직선.

곡선-계(曲線計)[-썬- / -썬게]〖명〗〖지〗 지도 위에서 곡선의 길이를 재는 기구.

곡선-미(曲線美)[-썬-]〖명〗**1** 회화·조각·건축 등에 곡선으로 표현된 아름다움. □우리 도자기에 나타나는 아름다운 ~. ↔직선미. **2** 육체의 곡선에서 나타나는 아름다움.

곡선-식(曲線式)[-썬-]〖명〗〖지〗 지도를 그릴 때, 등고선을 써서 지형의 높낮이를 나타내는 방식.

곡선 운:동(曲線運動)[-썬눈-]〖물〗 물체 따위가 움직이어 곡선을 그리는 운동(원운동·타원 운동·포물선 운동 따위).

곡선-자(曲線-)[-썬]〖명〗〖수〗 운형(雲形)자.

곡선-표(曲線標)[-썬-]〖명〗〖지〗 철도 선로의 좌우에 곡선부가 시작되는 곳이나 끝나는 곳에 세우는 표.

곡설(曲說)[-썰]〖명〗 한쪽으로 치우쳐 바르지 못한 이론.

곡성(曲城)[-썽]〖명〗 성문을 밖으로 둘러 가려서 구부러지게 쌓은 성. 곱은성.

곡성(哭聲)[-썽]〖명〗 곡소리. □~이 서럽게 들려오다.

곡-소리(哭-)[-쏘-]〖명〗 곡하는 소리. 곡성(哭聲). □~가 구슬프게 들리다.

곡-쇠(曲-)[-쐬]〖명〗 곡철(曲鐵)1.

곡수(曲水)[-쑤]〖명〗 굽이굽이 휘돌아서 흐르는 물.
  곡수(를) 놓다〖관〗 곡수를 수놓다.
  곡수(를) 틀다〖관〗 곡수를 그리다.

곡수(谷水)[-쑤]〖명〗 골짜기의 물. 골물.

곡수-연(曲水宴)[-쑤-]〖명〗〖역〗 유상곡수(流觴曲水).

곡수-유상(曲水流觴)[-쑤-]〖명〗〖역〗 유상곡수.

곡식(穀食)[-씩]〖명〗 사람의 식량이 되는 쌀·보리·콩·조·수수 따위의 총칭. 곡물. □~이 잘 여물다.

곡식-알(穀食-)[-씨갈]〖명〗 곡식의 낱개. 낱알. □~을 고르다.

곡신(穀神)[-씬]〖명〗〖민〗 곡식을 맡아 다스린다는 신.

곡심(曲心)[-씸]〖명〗〖하형〗 마음이 곱지 아니하고 비뚬.

곡연(曲宴)〖명〗 지난날, 궁중에서 베풀던 작은 규모의 잔치. □~을 베풀다.

곡예(曲藝)〖명〗 줄타기·곡마·요술·재주넘기 따위 연예의 총칭. 서커스. □공중 ~ / ~를 펼치다.

곡예-단(曲藝團)〖명〗 곡예를 전문으로 하는 흥행 단체.

곡예 댄스(曲藝dance) 곡예 무용.

곡예 무:용(曲藝舞踊) 흥미 위주로 아슬아슬한 묘기를 가미한 춤. 곡예 댄스.

곡예-비행(曲藝飛行)〖명〗 공중에서 비행기로 부리는 여러 가지 재주.

곡예-사(曲藝師)〖명〗 곡예를 업으로 삼는 사람.

곡옥(曲玉)〖명〗 예전에, 옥을 반달 모양으로 다듬어 끈에 꿰어서 장식으로 쓰던 구슬. 곱구슬. 곱은옥.

곡용(曲用)〖명〗〖언〗 체언에 격조사가 붙어 어형(語形)이 바뀌는 일. 격 변화.

곡우(穀雨)〖명〗 이십사절기의 여섯째(청명과 입하 사이로, 양력 4월 20일경나 21일경 봄비가 내려서 온갖 곡식을 기름지게 한다는 시기).

곡읍(哭泣)〖명〗〖하자〗 소리를 내어 섧게 욺.

곡인(穀人)〖명〗 농사짓는 사람. 농군.

곡일(穀日)〖명〗〖민〗 음력 정월 초여드렛날. 농가에서 1년 농사를 점치던 날임.

곡자(曲子·麯子)[-짜]〖명〗 누룩.

곡장(曲牆)[-짱]〖명〗 능·원(園)·묘 따위의 무덤

뒤에 둘러쌓은 나지막한 담.

곡재아(曲在我)[―째―] 圆 잘못이 자기에게 있음. ↔곡재피.

곡재피(曲在彼)[―째―] 圆 잘못이 남에게 있음. ↔곡재아.

곡적(穀賊)[―쩍] 圆『한의』 곡식의 까끄라기가 목구멍에 걸려서 목에 열이 나고 부으며 아픈 병.

곡절(曲折)[―쩔] 圆 **1** 복잡한 사정이나 이유. 까닭. ❏많은 ∼을 겪다 / 거기에는 무슨 ∼이 있을 게다. **2** 글의 문맥 등이 단조롭지 않고 변화가 많음. **3** 구불구불 꺾여 있는 상태.

곡절(曲節)[―쩔] 圆 곡조의 마디.

곡정(曲釘)[―쩡] 圆 대가리가 'ㄱ'자 모양으로 꼬부라진 못. 갈고리못.

곡정(穀精)[―쩡] 圆 곡식의 자양분.

곡정-수(穀精水)[―쩡―] 圆 밥물2.

곡정-초(穀精草)[―쩡―] 圆『식』 곡정초과의 한해살이풀. 얕은 연못이나 논밭에 나는데, 수염뿌리가 나고 줄기는 없으며 잎은 뿌리에서 뭉쳐남. 늦여름에 흰색 꽃이 핌. 한방에서 치통·안질 등을 다스리는 데 씀. 고위까람.

곡제-화주(穀製火酒)[―쩨―] 圆 곡물로 만든 독한 술《위스키 따위》.

곡조(曲調)[―쪼] 圆 음악이나 가사의 가락. ❏슬픈 ∼ / ∼가 아름답다 / 귀에 익은 ∼가 흘러나오다 / 은은한 ∼가 흐르다. ⑥곡·조. ━의□ 곡목을 세는 단위. ❏회식하는 자리에서 한 ∼ 뽑다.

곡종(穀種)[―쫑] 圆 **1** 곡식의 종류. **2** 곡식의 씨앗.

곡좌(曲坐)[―쫘] 圆하재 윗사람 앞에 앉을 때에 공경하는 뜻으로 마주 앉지 않고 옆으로 조금 돌아앉음. ❏∼의 예를 갖추다.

곡주(穀酒)[―쭈] 圆 곡식으로 빚어 낸 술. ↔합성주.

곡지(曲―)〔옛〕 곡지.

곡직(曲直)[―찍] 圆 굽음과 곧음의 뜻으로, 사리의 옳고 그름을 이르는 말. ❏∼을 가리다.

곡진-기정(曲盡其情)[―쩐―] 圆하재 자세한 사정을 다 앎. 또는 사정을 간곡하게 다 말함.

곡진-하다(曲盡―)[―찐―] 혱옛 **1** 마음과 정성이 지극하다. **2** 자세하고 간곡하다. ❏곡진한 사연. **곡진-히**[―쩐―] 囝

곡차(曲茶·穀茶·麯茶)[―] 圆『불』 절에서, 곡식으로 빚은 술을 이르는 말. 곡다.

곡창(穀倉) 圆 **1** 곡식을 저장해 두는 창고. **2** 곡식이 많이 나는 지방. 곡향(穀鄕). ❏한국의 ∼ 호남평야.

곡창(穀脹) 圆『한의』 곡류로 된 음식을 과식하여 헛배가 부른 병.

곡척(曲尺) 圆 곱자.

곡천-하다(穀賤―) 혱옛 곡식이 많이 생산되어 값이 떨어져 헐하다. ↔곡귀하다.

곡철(曲鐵) 圆 **1** 직각형으로 된 쇳조각. 곡쇠. **2**『악』 양금(洋琴)의 줄을 고르는 기구.

곡초(穀草) 圆 온갖 곡식 풀의 이삭을 떨고 남은 줄기《짚·밀짚 따위》.

곡초-식(穀草式) 圆 목장을 갈아서 곡식을 가꾸다 지력이 줄어 곡식이 잘 되지 않을 때 다시 목장으로 이용하는 영농 방식.

곡총(穀總) 圆 국고에 들어가는 곡식의 총액. 또는 그것의 총수량.

곡출(穀出) 圆 거두어들인 곡식의 수량.

곡풍(谷風) 圆 **1** 동풍(東風). **2** 골바람.

곡피(穀皮) 圆 곡물의 껍질.

곡필(曲筆) 圆하타 사실을 바른 대로 쓰지 않고 그릇되게 씀. 또는 그 글.

곡-하다(曲―)[고카―] 혱옛 **1** 사리가 바르지 않다. **2** 고깝다.

곡학(曲學)[고칵] 圆 정도를 벗어난 학문.

곡학-아세(曲學阿世)[고카가―] 圆하재 바른 길에서 벗어난 학문으로 세상 사람들에게 아첨함.

곡해(曲解)[고캐] 圆하타 사실과 어긋나게 잘못 이해함. 또는 그 이해. ❏의도를 ∼하다 / ∼를 받다 / ∼를 일삼다 / 내 의견이 ∼되지 않기를 바란다.

곡향(穀鄕)[고컁] 圆 곡창(穀倉)2.

곡형(曲形)[고켱] 圆 굽은 형상.

곡호(曲護)[고코] 圆하타 곡비(曲庇)1.

곡호-대(曲號隊)[고코―] 圆『역』 곡호수로 조직된 부대.

곡호-수(曲號手)[고코―] 圆『역』 조선 때, 군대에서 나팔을 불던 병정. 곡호병.

곡화(曲畫)[고콰] 圆 정상적이 아닌 방법으로 그린 그림《붓 대신에 종이·헝겊 조각을 사용하거나 완손·발·입 등으로 그린 것》.

곤 圆〔옛〕고니.

곤(坤) 圆『민』 **1** '곤괘(坤卦)'의 준말. **2** '곤방(坤方)'의 준말. **3** '곤시(坤時)'의 준말.

곤(困) 圆『민』 '곤괘(困卦)'의 준말.

-곤 어미 '-고는"의 준말. ❏잊을 만하면 전화가 걸려 오∼ 하였다 / 일요일이면 공원에 나가∼ 하였다.

-곤² 어미 '-고는²"의 준말. ❏너하∼ 안 갈래.

곤 어미〔옛〕-거든.

곤-갈(困竭·困渴) 圆하재 곤궁하여 재물이 다 없어짐.

곤-경(困境) 圆 어려운 경우나 처지. ❏∼에서 벗어나다 / ∼에 처하다 / ∼을 치르다.

곤-고-하다(困苦―) 혱옛 형편이나 처지 따위가 딱하고 어렵다. **곤-고-히**[―] 囝

곤-곤-하다(滾滾―) 혱옛 **1** 흐르는 큰 물이 출렁출렁 넘칠 듯하다. ❏강의 곤곤한 물결. **2** 물이 솟아오르는 모양이 세차다. **곤-곤-히**[―] 囝

곤-골-하다(滾汨―) 혱옛 매우 바쁘다. **곤-골-히**[―] 囝

곤괘(困卦) 圆『민』 육십사괘의 하나. 태괘(兌卦)와 감괘(坎卦)가 거듭된 것. 몸에 물이 없음을 상징함. ⑥곤(困).

곤괘(坤卦) 圆『민』 **1** 팔괘의 하나. 상형은 '☷'인데, 땅을 상징함. **2** 팔괘의 하나. '☷'을 둘로 포갠 것으로, 땅이 거듭됨을 상징함. ⑥곤(坤).

곤-군-하다(困窘―) 혱옛 어렵고 구차하다. **곤-군-히**[―] 囝

곤-궁(困窮) 圆하타히囝 **1** 가난하고 구차함. ❏∼한 살림 / ∼에서 벗어나다. **2** 난처하고 딱함. ❏∼에 처하다.

곤궁(坤宮) 圆 왕후의 궁전.

곤-궁-스럽다(困窮―)[―따] 혱비 (-스러워, -스러우니) 가난하고 구차한 데가 있다. **곤-궁-스레** 囝

곤-급-하다(困急―)[―그파―] 혱옛 곤란하고 급박하다. **곤-급-히**[―그피] 囝

곤-난(困難) 圆하타 ☞ 곤란.

곤-뇌-하다(困惱―) 혱옛 가난에 시달려 고달프다. **곤-뇌-히**[―] 囝

곤-대(困―) '고운대'의 준말.

-곤대 어미〔옛〕-었기에.

곤댓-짓[―대찓―댇찓] 圆하재 뽐내어 우쭐거리며 하는 고갯짓.

곤돌라(이 gondola) 圆 **1** 베니스의 명물인 작

은 배. 길이 9 m, 폭 1.5 m가량인데, 바닥이 평평하고 이물과 고물이 위로 굽었으며, 유람선과 나룻배로 사용함. **2** 고층 건물의 옥상에 설치하여 아래로 늘어뜨려 짐을 오르내리는 시설. **3** 비행선·기구·케이블카 등의 상자 모양의 탈 것.

곤두 图 '곤두박질'의 준말.

곤:두-곤두 캄 어린아이를 손바닥 위에 세울 때 가랑을 맞추기 위하여 내는 소리.

곤두-박다 [-따] 재 높은 곳에서 거꾸로 떨어지다.

곤두-박이다 재《'곤두박다'의 피동》 높은 곳에서 거꾸로 떨어지게 되다.

곤두박이-치다 재 높은 곳에서 거꾸로 떨어지다. 다. ▷땅바닥에 ~.

곤두박-질 [-찔] 명하자 **1** 몸을 번드쳐 갑자기 거꾸로 내리박히는 짓. ▷비행기가 ~하여 추락하다. ⑫곤두. **2** 좋지 않은 상태로 급히 떨어짐의 비유. ▷주가가 ~을 거듭하다.

곤두박질-치다 [-찔-] 재 **1** 몸을 번드쳐 갑자기 거꾸로 내리박히다. **2** 좋지 않은 상태로 급히 떨어지다. ▷시장 점유율이 ~.

곤두-서다 재 **1** 거꾸로 꼿꼿이 서다. ▷머리카락이 ~. **2** 날카롭게 긴장하다. ▷신경이 ~.

곤두세우다 태《'곤두서다'의 사동》 거꾸로 꼿꼿이 서게 하다. ▷촉각을 ~.

곤드기-장원 (-壯元) 명 노름판에서, 승부가 없이 된 노름.

곤드라-지다 재 **1** 술에 취하거나 피곤하여 정신 없이 쓰러져 자다. ▷술에 잔뜩 취해 곤드라졌다. **2** 곤두박질하여 쓰러지다. ⑬군드러지다.

곤드레 뷔하자 '곤드레만드레'의 준말.

곤드레-만드레 뷔하자 술·잠에 몹시 취해 정신을 차리지 못하고 몸을 가누지 못하는 모양. ▷~ 취하다. ⑬곤드레.

곤들-매기 图《어》 연어과의 민물고기. 길이 30 cm가량. 몸은 가늘고 길며 옆으로 납작함. 등은 짙은 갈색으로 흰 점무늬가 흩어져 있고, 배는 은백색임. 강 상류의 맑은 물에 삶. 가어(嘉魚).

곤:란 (困難)[-골-] 명하형형뷔 사정이 매우 딱하고 어려움. 또는 그런 일. ▷~한 문제 / 생활이 ~하다 / ~을 당하다〔겪다〕/ ~에 부딪치다.

곤:란-스럽다 (困難-)[-골-따][-스러워, -스러우니] 형 사정이 매우 딱하고 어려운 데가 있다. **곤:란-스레** [-골-] 뷔

곤로 (일 こんろ) 명 풍로.

곤:룡-포 (袞龍袍)[-골-] 명《역》임금이 입던 정복. 곤복(袞服). ⑬용포(龍袍).

곤:마 (困馬) 명 **1** 지친 말. **2** 바둑에서, 살기 어렵게 된 돌. 그런 말을 살리다.

곤명 (坤命) 명 **1**《불》축원문에서, '여자'를 일컫는 말. **2**《민》점술 따위에서, '여자가 태어난 해'를 일컫는 말. ↔건명(乾命).

곤:박-하다 (困迫-)[-바카-] 형여 일의 형세가 어찌할 수 없을 만큼 절박하다.

곤방 (坤方) 명《민》이십사방위의 하나. 정남과 정서의 한가운데를 중심으로 15도의 범위 안. 팔방(八方)의 하나. 정남과 정서의 한가운데를 중심으로 45도의 범위 안. ⑫곤(坤).

곤방 (棍棒) 명 십팔기(十八技), 무예 이십사반(武藝二十四般) 따위에 속하는 무예의 하나. 또는 그에 쓰는 막대기《이 막대기로 여러 가

지 기술을 부림》.

곤:보 (困步) 명 기운이 없어서 간신히 걷는 걸음.

곤:복 (袞服) 명 곤룡포.

곤:복-하다 (悃愊-)[-보카-] 형여 진실하고 정성스럽다.

곤봉 (棍棒) 명 **1** 체조 용구의 하나. 단단한 나무를 깎아서 병같이 만든 것으로, 리듬 체조에 사용함. **2** 짤막한 방망이.

곤봉 체조 (棍棒體操) 양손에 곤봉을 쥐거나 손가락 사이에 끼고 손목 동작으로 곤봉을 앞뒤 좌우로 돌리는 리듬 체조.

곤:비-하다 (困憊-) 형여 몹시 지쳐 고단하다. 곤핍하다.

곤-삼절 (坤三絶) 명《민》 곤괘의 상형(象形)인 '☷'의 일컬음.

곤-색 (-色) 명《일 紺:こん》 감색(紺色).

곤:색-하다 (困塞-)[-새카-] 형여 **1** 운수가 막혀 살기가 어렵다. **2** 돈의 융통이 막히어 있다. **곤:색-히** [-새키] 뷔

곤-선명 (坤仙命) 명《민》 점술에서, 죽은 여자가 태어난 해. ↔건선명(乾仙命).

곤손 (昆孫) 명 내손(來孫)의 아들. 현손(玄孫)의 손자. 육대손.

곤쇠아비-동갑 (-同甲) 명〈속〉 나이 많고 흉측한 사람.

곤:수 (困睡) 명 곤히 잠. 또는 그런 잠.

곤시 (坤時) 명《민》 이십사시의 열여섯째 시《오후 2시 반부터 3시 반까지》. ⑫곤(坤).

곤신-풍 (坤申風) 명《민》 곤방(坤方)이나 신방(申方)에서 불어오는 바람. 서남풍.

곤:액 (困厄) 명 딱하고 어려운 사정과 재앙이 겹친 불운. ~을 겪다.

곤약 (蒟蒻) 명 **1**《식》 구약나물. **2** 구약나물의 땅속줄기를 가루로 만들어 석회유를 섞어 끓여서 만든 식품.

곤:와 (困臥) 명하자 **1** 고단해서 드러누움. **2** 고단해서 깊이 잠듦. 또는 그 잠.

곤:욕 (困辱) 명 심한 모욕. 또는 참기 힘든 일. ~을 당하다 / 온갖 ~을 겪다.

곤:욕-스럽다 (困辱-)[고뵉쓰-따][-스러워, -스러우니] 형 곤욕을 느끼게 하는 데가 있다. ▷이런 일을 하라니 정말 ~.

곤위 (坤位) 명 여자의 무덤이나 신주(神主). ↔건위(乾位).

곤:위 (壼位·坤位) 명 황후(皇后)의 지위. 곤극(坤極).

곤이 (鯤鮞) 명 **1** 물고기 배 속의 알. **2** 물고기의 새끼.

곤자소니 명 소의 창자 끝에 달린 기름기가 많은 부분.

곤:작 (困作) 명하태 시문을 힘들여 더디 지음.

곤:잠 (困-) 명 몹시 지쳐 깊이 든 잠. ▷~에 들다 / ~에 빠져 세상모른다.

곤장 (棍杖) 명《역》죄를 다스릴 때 볼기를 치던 형구. 또는 그 형벌. ▷~을 치다. *대곤(大棍).

곤장을 내다 쿠 곤장을 치는 것처럼 때려 부수다.

곤쟁이 명《동》 새우의 한 종류. 보리새우와 비슷한데, 그보다 작고 몸이 연함《젓을 담가 먹음》. 노하(滷蝦). 자하(紫蝦).

곤쟁이-젓 [-젇] 명 곤쟁이로 담근 젓. *감동젓.

곤전 (坤殿) 명《역》 중궁전.

곤:절-하다 (困絶-) 명하형 가난하여 몹시 고생스럽다. *곤갈(困竭).

곤:정 (壼政) 명《역》 내전(內殿)의 일.

곤제 (昆弟)〖명〗형제.
곤좌 (坤坐)〖명〗《민》묏자리나 집터 따위가 곤방(坤方)을 등진 좌향. 또는 그런 자리.
곤좌-간향 (坤坐艮向)〖명〗《민》묏자리나 집터 따위가 곤방(=서남)을 등지고 간향(=동북)을 향한 좌향.
곤죽 (-粥)〖명〗1 몹시 질어서 질퍽질퍽한 것. ◻︎밥이 ~이 되다 / 길이 ~이다. 2 일이 엉망진창이 되어 갈피를 잡기 어려운 상태. ◻︎일을 ~으로 만들다. 3 술에 취하거나 피곤하여 몸이 힘없이 늘어진 모습의 비유. ◻︎~이 되도록 술을 마셨다.
곤줄-박이〖명〗《조》박샛과의 새. 텃새로, 야산이나 평지에 사는데, 날개 길이 7~8cm, 머리·목은 검고, 등·가슴·배는 밤색, 날개와 꽁지는 회청색임. 곤줄매기.
곤지〖명〗전통 혼례에서, 새색시가 단장할 때 이마 가운데 연지로 찍는 붉은 점.
곤:지 (困知)〖명〗삼지 (三知)의 하나. 애쓴 다음에 지식을 얻거나 도를 깨달음. 곤이지지(困而知之).
곤지-곤지〖감〗〖하자〗젖먹이에게 왼손 손바닥에 오른손 집게손가락을 댔다 뗐다 하라는 뜻으로 내는 말. 또는 그 동작.
곤:직 (袞職)〖명〗《역》1 임금의 직책. 2 임금을 보좌하던 삼공 (三公)의 직책.
곤충 (昆蟲)〖명〗1 벌레의 속칭. ◻︎새가 ~을 잡아먹는다. 2 곤충류의 동물. ◻︎~ 채집.
곤충-강 (昆蟲綱)〖명〗《충》절지동물의 한 강(綱). 몸은 많은 마디로 되고 머리·가슴·배의 세 부분으로 나뉨. 머리에 각 한 쌍의 촉각·겹눈이 있고 날개가 있는 것과 없는 것의 두 종류가 있는데, 다리는 세 쌍이고 가슴·배의 기문(氣門)으로 호흡함. 암수딴몸으로 난생하며 탈바꿈함. 곤충류.
곤충-류 (昆蟲類)[-뉴]〖명〗《충》'곤충강(綱)'의 관용어.
곤:침 (困寢)〖명〗〖하자〗피곤하여 잠이 깊이 듦. ◻︎~에 빠지다.
곤포 (昆布)〖명〗《식》다시마.
곤:포 (梱包)〖명〗〖하타〗거적이나 새끼 따위로 짐을 꾸려 포장함. 또는 그 짐.
곤:핍-하다 (困乏-)[-피파-]〖형여〗곤비(困憊)하다. ◻︎몸이 ~.
곤:-하다 (困-)〖형여〗1 기운이 없고 나른하다. ◻︎피로가 쌓여 몹시 ~. 2 몹시 고단하여 잠든 상태가 깊다. ◻︎곤한 잠에 빠지다. 3 잠이 오거나 술에 취해서 정신을 가눌 수 없다. 곤:-히〖부〗. ◻︎~ 자다.
곤형 (棍刑)〖명〗《역》곤장에 처하던 형벌. 장형.
곤:혹 (困惑)〖명〗〖하자〗곤란한 일을 당해 어찌할 바를 모름. ◻︎곤혹을 느끼다.
곤:혹-스럽다 (困惑-)[-쓰-따]〖-스러워, -스러우니〗〖형〗곤혹을 느끼게 하는 데가 있다. ◻︎뜻밖의 손님을 맞아 몹시 ~. 곤:혹-스레[-쓰-]〖부〗
곧¹〖명〗〈옛〉곳.
곧²〖부〗1 때를 넘기지 않고 지체 없이. ◻︎~ 떠나라. 2 시간적으로 머지않아. ◻︎입춘이 지났으니 ~ 봄이 오겠지. 3 '바꾸어 말하면'· '즉'의 뜻의 접속 부사. ◻︎이것이 ~ 문명의 이기(利器)니라.
곧³〖조〗명사에 붙어, 앞말을 강조하는 뜻을 나타내는 보조사(에스러운 표현으로 씀). ◻︎밤 ~ 되면 운다.
곧날-대패 [곧-]〖명〗대팻날을 대팻집에서 90도로 끼워서 단단한 나무를 깎는 데 쓰는 대패.
곧다 [-따]〖형〗1 구부러지거나 비뚤어지지 않고

207　　　　　　　　　　　　　　　　　골²

똑바르다. ◻︎쪽 곧은 선 / 곧게 뻗은 도로. 2 마음이나 뜻이 바르다. 정직하다. ◻︎심지가 곧은 사람.
[곧은 나무 쉬[먼저] 꺾인다[찍힌다]] 똑똑하고 강직한 사람이 일찍 죽거나 먼저 도태된다.
곧-바로 [-빠-]〖부〗1 바로 그 즉시. ◻︎학교 졸업 후 ~ 가다. 2 사실대로. ◻︎~ 말하지 못할까. 3 곧은 방향으로. ◻︎~ 내뻗은 길. 4 다른 곳을 거치지 않고. ◻︎학교가 파하면 ~ 집으로 오너라. 5 바로 가까이에. ◻︎모퉁이를 돌면 ~ 가게가 있다.
곧-뿌림〖명〗〖하타〗직파(直播).
곧은-결〖명〗《건》나이테와 직각이 되게 켠 나무의 면에 나타난 결.
곧은-금〖명〗《수》직선(直線)2.
곧은-길〖명〗곧게 뻗어 나간 길.
곧은-바닥〖명〗《광》수직 갱도.
곧은-불림〖명〗〖하타〗지은 죄를 사실대로 말함. 직초(直招).
곧은-뿌리〖명〗《식》원뿌리가 잘 발달하여 땅속으로 곧게 내리는 뿌리(우엉·무·교목 따위). 명근(命根). 직근(直根).
곧은-샘〖명〗《광》수직 갱도.
곧은-줄기〖명〗《식》땅 위로 곧게 자라는 줄기(버드나무·오동나무 따위). 직립경(直立莖).
곧은-창자〖명〗1《생》직장(直腸)1. 2 아주 고지식한 사람의 비유. 3 음식을 먹고 곧 뒤를 보는 사람을 놀림조로 이르는 말.
곧이 [고지]〖부〗바로 그대로. ◻︎~ 알아듣다.
곧이-곧대로 [고지-때-]〖부〗조금도 거짓 없이 사실대로. ◻︎~ 말하다 / ~ 믿다.
곧이-듣다 [고지-따][-들어, -들으니, -듣는]〖타〗남의 말을 그대로 믿다. ◻︎농담을 ~.
곧-이어〖부〗바로 뒤따라. ◻︎~ 출발하다 / ~ 2부가 방송됩니다.
곧잘〖부〗1 제법 잘. ◻︎그는 노래를 ~ 한다. 2 가끔가다 잘. ◻︎~ 넘어지곤 한다.
곧장 [-짱]〖부〗1 곧바로. ◻︎이 길로 ~ 가요. 2 곧이어 바로. ◻︎소식을 듣고 ~ 달려왔다.
곧추〖부〗굽히거나 구부리지 않고 곧게.
곧추다〖타〗굽은 것을 곧게 하다. ◻︎몸을 ~.
곧추-들다 [-들어, -드니, -드는]〖타〗위를 향해 곧추 쳐들다. ◻︎머리를 ~.
곧추-뛰기〖명〗뜀틀에서, 도움닫기를 한 후 발구름을 하고 뜀틀 위에 두 손을 짚으면서 잠시 곧추선 자세를 취했다가 바닥에 내려서는 운동.
곧추-뜨다 [-떠, -뜨니]〖자타〗1 눈을 위로 향하여 뜨다. 2 부릅뜨다.
곧추-서다〖자〗곳곳이 서다. ◻︎머리카락이 ~.
곧추세우다〖타〗('곧추서다'의 사동) 곳곳이 서게 하다. ◻︎바람에 쓰러진 고춧대를 ~.
곧추-안다 [-따]〖타〗어린아이를 곧게 세워서 안다.
곧추-앉다 [-안따]〖자〗곳곳이 앉다.
골¹〖명〗1《생》골수(骨髓)1. 2 '머릿골'의 준말. ◻︎~이 아프다.
골(을) 썩이다〖구〗어떤 일로 몹시 애를 쓰며 골똘히 생각함을 낮추어 이르는 말.
골(이) 비다〖구〗지각이나 소견이 없음을 낮추어 이르는 말. ◻︎골 빈 녀석.
골(이) 빠지다〖구〗머리를 몹시 쓰거나 애를 태움을 낮추어 이르는 말.
골²〖명〗언짢거나 비위가 상하여 벌컥 내는 화. ◻︎~을 내다 / ~이 나다.

골(을) **올리다** 굼 화가 치밀어 오르게 하다.
골이 상투 끝까지 나다 굼 몹시 화가 나다.
골(이) **오르다** 굼 화가 치밀어 오르다.
골³ 圐 모자나 신 또는 부어서 만드는 물건을 만들 때나 만든 뒤에 그 물건의 모양의 테두리를 잡는 틀. ▣ 망건~ / 구둣~.
골(을) **박다** 굼 ㉠제한된 범위 밖을 나가지 못하게 하다. ㉡도.를 넘지 않게 하다.
골(을) **치다** 굼 골로 물건의 모양을 바로잡다. 골(을) 박다.
골⁴ 圐 종이·피륙·나무 따위를 똑같이 나누어 오리거나 접는 금.
골⁵ 圐 〈옛〉 왕골.
골⁶ 圐 〈옛〉 1 관(棺). 2 궤.
골⁷ 圐 〈옛〉 꼴.
골:⁸ 圐 1 골짜기. ▣ ~이 깊어 물이 맑다 / 호랑이 없는 ~에 토끼가 왕이다. 2 물체의 표면에 길게 파지거나 들어간 자국. ▣ 이마에 ~이 깊게 주름이 지다 / 계층 간의 ~이 깊어지다. 3 깊은 구멍. 4 '고랑'의 준말. ▣ ~을 타서 밑거름을 넣다. 5 '골목'의 준말.
골로 가다 굼 〈속〉 죽다.
골(을) **지르다** 굼 밭을 세 번째 갈다.
골(을) **켜다** 굼 통나무를 세로로 켜서 골을 만들다.
골:⁹ 圐 '고을'의 준말.
골(骨) 圐 1 〈생〉 뼈. 2 〈역〉 골품(骨品).
골(goal) 圐 1 축구·농구·핸드볼·하키·럭비 따위에서, 공을 넣으면 득점하게 되는 문이나 바구니 모양의 표적. 2 축구·농구·핸드볼·하키 따위에서, 공을 넣어 득점하는 일. 또는 그 득점. ▣ 한 ~ 차로 이겼다.
-**골** 回 일부 명사 뒤에 붙어, 동네 이름을 나타내는 말. ▣ 대추나뭇~ / 남산~.
골각-기(骨角器)[-끼] 圐 석기 시대에, 동물의 뼈·뿔·엄니 따위로 만든 도구나 장신구(도끼·창·낚시·송곳·바늘 따위). 魯骨기.
골간(骨幹) 圐 1 골격1. 2 사물의 중심이 되는 부분. ▣ ~을 이루다.
골:-**감**圐 〈식〉 감의 한 품종. 꼭지에서 꽃이 붙었던 배꼽 자리에 네 갈래의 골이 짐.
골강(骨腔) 圐 〈생〉 골수가 차 있는 관상골(管狀骨) 속의 빈 부분. 골수강.
골갱이 圐 1 물질 속의 단단한 부분. 2 말이나 일의 중심이 되는 줄거리. 골자.
골:-**걷이**[-거지] 圐하탸 밭고랑의 잡풀을 뽑아 없애는 일.
골검(骨檢) 圐 〈역〉 살인 사건의 시체 또는 변사한 시체의 백골(白骨)을 검시하던 일.
골 게터(goal+getter) 축구·농구 따위에서, 점수를 많이 올리는 선수.
골격(骨格) 圐 1 〈생〉 고등 동물의 체격을 이루고 지탱하게 하며 근육이 붙어 있는 기관. 골간. 뼈대. ▣ ~이 크다 / ~이 좋다 / ~을 갖추다. 2 어떤 사물이나 일의 기본이 되는 틀이나 줄거리. ▣ ~을 짜다 / 건물의 ~이 하나하나 이루어져 간다 / 기본 ~을 그대로 유지하다.
골격-근(骨格筋)[-끈] 圐 〈생〉 골격을 움직이는 근육(모두 가로무늬근으로, 중추 신경의 지배에 따라 몸을 움직임). 뼈대근.
골-결핵(骨結核) 圐 〈의〉 뼈의 조직 속에 결핵균이 옮아서 생기는 병.
골경(骨骾) 圐 1 짐승과 물고기의 뼈. 2 임금에게 서슴없이 직간(直諫)하는 꼿꼿한 신하. 3 입바른 말을 잘하는 사람의 비유.

골계(滑稽)[-/-게] 圐 익살.
골계-극(滑稽劇)[-/-게-] 圐 〈연〉 익살스럽고 우습게 꾸민 연극.
골계-미(滑稽美)[-/-게-] 圐 예술 작품 따위의 익살스러움에서 느껴지는 아름다움.
골계 소:설(滑稽小說)[-/-게-] 〈문〉 익살스러운 내용의 소설. 해학 소설.
골계-화(滑稽畵)[-/-게-] 圐 〈미술〉 익살스럽고 우습게 그린 그림. 광화(狂畵).
골고다(←Golgotha) 圐 〈기〉 신약 성서에 나오는 예루살렘 근교의 언덕(그리스도가 십자가에 못박힌 곳).
골:-**고래** 圐 아궁이의 불길이 온돌을 골고루 덥히도록 여러 갈래로 고랑이 지게 만든 방고래.
골고루 图 '고루고루'의 준말. ▣ ~ 나누다.
골:-**곡**(-谷) 圐 한자 부수의 하나(('谿·谿' 등에서 '谷'의 이름).
골:-**골** 圐 '고을고을'의 준말.
골-골² 图圐쟈 병이 오래되거나 몸이 약해서 시름시름 앓는 모양. ▣ ~하는 마누라 / 병치레하느라고 늘 ~한다.
골-골³ 图圐쟈 암탉이 알겯는 소리.
골골-거리다¹ 쟈 병이 오래되거나 몸이 약해서 시름시름 앓는 자주 앓다.
골골-거리다² 쟈 암탉이 알겯는 소리를 자꾸 내다.
골골-대다¹ 쟈 골골거리다¹.
골골-대다² 쟈 골골거리다².
골골무가(汨汨無暇) 圐 골몰무가(汨沒無暇).
골:-**골살살-이**[-살싸치] 圐 한 군데도 빼놓지 않고 갈 수 있는 곳은 어디든지. ▣ ~ 뒤지다 / ~ 살피다.
골-관절(骨關節) 圐 〈생〉 뼈의 관절. 뼈마디.
골-국[-꾹] 圐 골탕.
골기(骨氣) 圐 1 뼈대와 기질. 2 골상(骨相). 3 서예에서, 힘찬 필력(筆力).
골기(骨器) 圐 1 동물의 뼈·뿔·이빨 따위로 만든 물건. 2 〈역〉 '골각기(骨角器)'의 준말.
골-김[-낌] 圐 (주로 '골김에'·'골김으로'의 꼴로 쓰여) 성이 나는 김. 홧김. ▣ ~에 뺨을 때리다 / ~으로 집을 나왔다.
골-**나다**[-라-] 쟈 노여움이 생기다. 성나다.
골-**내다**[-래-] 쟈 노여움을 나타내다. 성내다. ▣ 그가 끝내는 통에 혼이 났다.
골-네트(goal net) 圐 축구·하키 등에서, 골의 윗면·측면 및 뒤에 친 그물.
골:다[골아, 고니, 고느]탸 잠잘 때 거친 숨결이 콧구멍을 울려 드르렁거리는 소리를 내다. ▣ 코를 ~.
골다공-증(骨多孔症)[-쯩] 圐 〈의〉 뼈의 단백질·무기질이 줄어서, 뼈의 조직이 엉성해지는 증세. 골조송증(骨粗鬆症).
골담-초(-草) 圐 〈식〉 콩과의 낙엽 활엽 관목. 중국 원산. 줄기는 무더기로 나며, 가시가 있음. 봄에 나비 모양의 붉은빛이 도는 노란색 꽃이 잎겨드랑이에서 하나씩 핌. 열매는 협과로 가을에 익음. 관상용.
골:-**답**(-畓) 圐 물이 흔하고 기름진 논. ↔건답(乾畓).
골-대(goal-) 圐 골포스트(goalpost). ▣ 슛이 ~를 맞고 튀어나오다.
골덴 ☞코르덴.
골독-하다(汨篤-)[-또카-] 혱여 '골똘하다'의 본딧말.
골동(骨董)[-똥] 圐 1 골동품1. 2 여러 가지 자질구레한 물건을 한데 섞은 것.
골동-반(骨董飯)[-똥-] 圐 비빔밥.

골동-탄 (骨董炭)[-똥-] 圐 등걸숯.
골동-품 (骨董品)[-똥-] 圐 1 오래되고 희귀한 세간이나 미술품. 골동. ▷ ~을 수집하다 / ~을 감정하다. 2 오래되었을 뿐이고 가치도 쓸모도 없게 된 물건이나 사람의 비유. ▷ 구제 불능의 ~ 취급을 받다.
골든 디스크 (golden disk) 백만 장 이상 팔린 레코드. 또는 미국 레코드 협회에서, 백만 장 이상 팔린 레코드에 대해 상으로 주는 금빛 레코드.
골든-아워 (golden+hour) 圐 청취율이나 시청률이 가장 높은 방송 시간대(오후 7~10시).
골-딱지 [-찌] 圐〈속〉골². ▷ ~가 나다 / ~를 부리다.
골-땅땅이 (骨-) 圐 골패 노름의 하나.
골똘-하다 [형어] [←골똑(汨篤)하다] 한 가지 일에 온 정신을 쏟아 딴 생각이 없다. ▷ 무엇인가 골똘하게 생각하다. 골똘-히 [무]. ▷ ~궁리하다.
골:라-내다 [타] 여럿 중에서 골라 따로 집어내다. ▷ 쌀에서 뉘를 ~.
골-라인 (goal line) 圐 1 결승선. 2 축구나 하키 따위에서, 골포스트를 따라 그은 선. ▷ ~ 아웃.
골:라-잡다 [-따] [타] 1 여럿 중에서 골라 가지다. ▷ 마음대로 ~. 2 여럿 중에서 골라 정하다. ▷ 햇빛이 잘 드는 자리로 ~.
골락-새 [-쌔] [조] 크낙새.
골로 [준] 1 고리로. ▷ ~ 쭉 가거라. 2 고것으로. ▷ ~ 주세요.
골리다 [타] 남을 놀리어 약을 올리거나 골이 나게 하다. ▷ 별명을 부르며 친구를 ~.
골린 (骨鱗) 圐 경골어류의 비늘.
골-마루 圐 1 안방이나 건넌방에 딸린 골방이 좁은 마루. 2 집과 집 사이 또는 집의 가장자리에 잇따라 딸린 골처럼 좁고 긴 마루.
골마지 圐 간장·된장술·김칫국·술·초·김치 등 물기 많은 음식물의 겉면에 생기는 곰팡이 같은 흰 물질. 발만(醱醲). ▷ ~가 끼다.
골막 (骨膜) 圐〈생〉뼈의 겉면을 싸고 있는 결합 조직.
골막-골막 [-꼴-] [무형] 그릇마다 가득 차지 않은 모양. ⊜굴먹굴먹.
골막-염 (骨膜炎)[-망념] 圐〈의〉화농균의 감염이나 매독·유행성 감기·타박상에 의한 자극 등으로 골막에 생기는 염증.
골-막이 [圐하타] 도리 위의 서까래 사이를 흙으로 막는 일. 또는 그 흙.
골막-하다 [-마카-] [형어] 그릇에 거의 차 있다. ⊜굴먹하다.
골-머리 圐〈속〉머릿골2.
골머리(를) 썩이다 [구] 몹시 애를 쓰며 생각에 몰두하다.
골머리(를) 쓰다 [구] 몹시 힘들여 생각하다.
골머리(를) 앓다 [구] 어떻게 해야 좋을지 몰라 생각에 몰두하다. 골치(를) 앓다.
골:-모둠 [圐하타] '고을모둠'의 준말.
골-모판 (-板) 圐 골이 지게 만든 모판.
골:-목 圐 동네 안을 이리저리 통하는 좁은 길. 골목길. ▷ 막다른 ~ / ~으로 접어들다 / ~을 누비고 다니다 / ~에 쌓인 눈을 치우다. ⊛골.
골:-목-골목 [-꼴-] [무] 골목마다. 모든 골목. ▷ ~ 돌아다니다.
골:-목-길 [-낄] 圐 골목. ▷ 좁은 ~ / ~로 들어서다.
골:-목-대장 (-大將)[-때-] 圐 1〈소아〉한 골목 안에서 어린아이들의 우두머리 노릇을 하

는 아이. 2 공개적인 자리에서는 위축되면서 자기보다 약한 사람들 속에서는 기를 펴는 사람.
골:-목-자기 ☞ 골목쟁이.
골:-목-장이 ☞ 골목쟁이.
골:-목-쟁이 [-쨍-] 圐 골목에서 좀 더 깊숙이 들어간 좁은 곳. ▷ ~가 꼬마들로 떠들썩하다.
골몰 (汨沒) [圐하자] [무] 다른 생각을 할 여유 없이 한 일에만 온 정신을 쏟음. ▷ 제 일에만 ~하다.
골몰-무가 (汨沒無暇) 圐 어떤 일에 온 정신을 쏟아 조금도 틈이 없음. 골골무가.
골무 圐 바느질할 때, 바늘귀를 밀기 위해 바늘 쥔 손가락 끝에 끼는 물건.
골무-떡 圐 1 색떡의 밑에 받침으로 쓰는 흰 떡. 2 가락을 짧게 자른 흰떡.
골-문 (goal門) 圐 '골(goal)1'을 문에 비겨 일컫는 말.
골:-물 圐 골짜기에서 흐르는 물. 간수(澗水). 곡수(谷水).
골:-밀이 [圐하자타] 〖건〗1 골변탕으로 밀어 등에 골이 지게 만든 문살이나 미닫이 틀. 2 문살의 등을 오목하게 골이 지도록 밀어 파는 대패. 또는 그런 일.
골밑-샘 [-믿쌤] [圐] 〖생〗뇌하수체.
골-바 (goal bar) 圐 축구의 골포스트 위에 가로지른, 나무나 쇠로 된 대. 크로스바.
골:-바람 [-빠-] 圐 골짜기에서 산 위로 부는 바람. 곡풍(谷風).
골반 (骨盤) 圐 〖생〗허리뼈와 등골뼈에 붙어 배 속의 장기를 싸고 있는 뼈. 엉덩뼈.
골:-방 (-房) 圐 큰방 뒤쪽의 작은방. ▷ ~에 숨다.
골:-배질 [圐하자] 얼음이 얼거나 풀릴 무렵에 얼음을 깨고 뱃길을 만들어 배를 건너게 하는 일.
골-백번 (-百番)[-뻔] 圐 '여러 번'을 강조해 이르는 말. ▷ ~도 넘게 말하다 / 그에게는 ~ 설명해도 소용이 없다.
골뱅이 圐 1 연체동물 복족류(腹足類)에 속하며, 몸이 타래처럼 꼬인 껍데기 속에 들어 있는 동물의 통칭〈다슬기류·우렁이 따위〉. 2 〖컴〗〈속〉메일 주소의 표기에 쓰는 @의 일컬음.
골:-변탕 (-邊鐋) 圐 〖건〗대패의 한 가지. 재목에 골을 파는 데 쓰는 변탕.
골-병 (-病) 圐 겉으로 나타나지 않고 속으로 깊이 든 병. ▷ ~이 들다 / ~을 얻다.
골병-들다 (-病-)[-들어, -드니, -드는] [자] 겉으로 나타나지는 않으나 속으로 깊이 병이 들다. ▷ 계단에서 굴러 온몸에 골병들었다.
골-부림 [圐하자] 함부로 골을 내는 짓. ▷ 아기가 계속 ~만 한다.
골분 (骨粉) 圐 1 지방을 뽑은 동물의 뼈로 만든 가루《비료나 사료로 씀》. 2 시신을 화장하고 남은 뼈를 갈아 만든 가루. 뼛가루.
골분 비:료 (骨粉肥料) 뼛가루로 된 비료. ⊛골비.
골비 (骨肥) 圐 '골분 비료'의 준말.
골:-뿌림 [圐하타] 고랑에 씨를 뿌림. 줄뿌림.
골산 (骨山)[-싼] 圐 나무나 풀은 없고 바위와 돌만으로 이루어진 산.
골:-살이 [圐하자] '고을살이'의 준말.
골상 (骨相)[-쌍] 圐 얼굴이나 머리뼈의 겉으로 나타난 길흉화복의 상. 골기(骨氣). ▷ ~을

보다.

골상-학 (骨相學)[─쌍─] 圀 골상을 보고 그 사람의 성격·운명 등을 판단하는 학문.

골-샌님 (骨─) 圀 1 샌님 티가 몸에 밴 사람. 2 골생원1.

골-생원 (骨生員) 圀 〈속〉 1 옹졸하고 고루한 사람. 골샌님. 골선비. 2 잔병치레로 골골 앓는 사람.

골-선비 (骨─) 圀 〈속〉 1 선비 티가 몸에 밴 사람. 2 골생원1.

골-세포 (骨細胞)[─포] 圀 뼈를 이루는 세포.

골-속 [─쏙] 圀 1 골풀의 속. 한방에서는 '등심 (燈心)'이라 함. 2〔식〕 골풀. 3 '왕골속'의 준말. 4 머릿골의 속.

골:-쇠 圀〔광〕 골짜기 밑바닥에 있는 사금(砂金)의 층.

골수 (骨髓) 圀 1〔생〕 골강에 가득 차 있는 결체질의 물질. 골. 2 마음속 깊은 곳. 뼛골. 뼛속. 3 요점. 골자. 4 사상·종교·일 따위에 깊이 빠져 있거나 추종하는 사람의 비유. ▭ ~ 보수파.

골수에 맺히다 丑 잊혀지지 않고 마음속 깊이 응어리져 있다.

골수에 박히다 丑 생각이나 감정이 마음속 깊이 자리 잡히다. ▭ 증오가 ~.

골수에 사무치다 丑 원한·느낌이 잊을 수 없을 만큼 크다. ▭ 한이 ~.

골수-분자 (骨髓分子)[─쑤─] 圀 조직체에서 가장 핵심이 되는 구성 요원.

골수-염 (骨髓炎)[─쑤─] 圀〔의〕 화농균·외상 등으로 골수에 생기는 염증.

골습 (骨濕)[─씁] 圀〔한의〕 습기 때문에 정강이뼈 속이 저리고 아픈 병.

골-싸다 囤 피륙을 두 쪽의 길이가 같게 접다.

골싹-골싹 [─싹] 甲 꽤 [하휑] 그릇에 거의 다 찬 듯한 모양. 臝굴썩굴썩.

골싹-하다 [─싸카-] 휑 그릇에 거의 다 차 있다. 臝굴썩하다.

골아지 圀〈옛〉 골마지.

골:-안개 圀 골짜기에 끼는 안개(주로 새벽에 낌). 丑 가 자욱하다 / ~에 싸이다.

골없다 휑〈옛〉 꼴사납다.

골 에어리어 (goal area) 축구·하키 등에서, 골문(門) 앞에 마련된 일정한 구역.

골연-증 (骨軟症)[고련쯩] 圀〔농〕 가축병의 하나. 설사를 하고 뼈가 물러지고 등을 둥글게 굽히며 발을 곪.

골-연화증 (骨軟化症)[─련─쯩] 圀〔의〕 뼈조직에서, 비타민 디(D)나 무기질 따위가 부족해서 뼈가 물러지는 증세.

골열 (骨熱) 圀〔한의〕 뼈의 속이 화끈거리는 증상.

골오 甲〈옛〉 고루.

골왕이 圀〈옛〉 우렁이.

골유 (骨油) 圀 골지(骨脂)에서 고체 상태의 지방을 제거한 액체 상태의 기름(알코올 변성제(變性劑)·살충제 등의 원료로 씀).

골육 (骨肉) 圀 1 뼈와 살. ▭ ~에 사무치다. 2 '골육지친'의 준말. ▭ ~의 정.

골육-상잔 (骨肉相殘)[고륙쌍─] 圀[하짜] 가까운 혈족끼리 서로 해치고 죽임. ▭ ~의 참금.

골육-상쟁 (骨肉相爭)[고륙쌍─] 圀[하짜] 가까운 혈족끼리 서로 싸움. 골육상전. ▭ ~의 비극.

골육-상전 (骨肉相戰)[고륙쌍─] 圀[하짜] 골육상쟁(骨肉相爭).

골육-수 (骨肉水)[고륙쑤] 圀 무덤이 있는 산

밑에서 흐르는 물.

골-육종 (骨肉腫)[고륙쫑] 圀〔의〕 뼈조직에 생기는 악성 종양(10 대 소년에게서 많이 발병하며, 정강이뼈 상단에 생김).

골육지친 (骨肉之親)[고륙찌─] 圀 부자·형제 등 가까운 혈육. 준골육.

골인 (goal+in) 圀 1 골 (goal)이나 바스켓에 공이 들어감. 2 경주에서, 결승점에 도착하는 일. ▭ ~ 지점. 3 목표에 도달함. ▭ 결혼에 ~하다.

골자 (骨子)[─짜] 圀 일이나 말의 요점이나 핵심. 골갱이. ▭ 이야기의 ~를 파악하다.

골잡이 (goal─) 圀 축구·농구·하키 등에서, 득점을 많이 올리는 선수.

골재 (骨材)[─째] 圀 콘크리트나 모르타르를 만드는 데 쓰는 모래·자갈 등의 재료. ▭ 천연 ~.

골저 (骨疽)[─쩌] 圀〔의〕 카리에스.

골절 (骨折)[─쩔] 圀〔의〕 뼈가 부러짐. 절골.

골절 (骨節)[─쩔] 圀 뼈마디1.

골절-상 (骨折傷)[─쩔─] 圀 뼈가 부러지는 부상. 또는 그 상처. ▭ ~을 입다.

골조 (骨組)[─쪼] 圀〔건〕 1 건물의 주요 구조체가 되는 뼈대. ▭ ~ 공사. 2 건물 뼈대의 짜임새. ▭ ~가 탄탄하다.

골조 (骨彫)[─쪼] 圀 상아·뼈에 새긴 조각.

골조송-증 (骨粗鬆症)[─쪼─쯩] 圀〔의〕 골다공증(骨多孔症)

골-조직 (骨組織) 圀〔생〕 결합 조직의 하나로, 뼈를 구성하는 조직(연골 조직과 경골 조직이 있음).

골조-풍 (骨槽風)[─쪼─] 圀〔한의〕 충치로 잇몸 주위가 붓고 염증이 생겨 턱뼈까지 몹시 아프게 되는 병.

골지 (骨脂)[─찌] 圀 소·염소 따위의 뼈에서 얻는 지방(脂肪).

골질 (骨質)[─찔] 圀 1 동물의 뼈와 같은 단단한 물질. 또는 그런 성질. 2 동물의 뼈를 구성하는 물질로, 골막과 골수를 제외한 부분.

골짜기 圀 산과 산 사이에 움푹 패어 들어간 곳. 곡지(谷地). ▭ ~가 깊다 / ~마다 시냇물이 흐르다. 준골짝·골.

골짝 圀 '골짜기'의 준말.

골창 圀 '고랑창'의 준말.

골채 圀 골짜기에 있는, 물을 대기가 편한 논.

골-초 (骨草) 圀 1 품질이 나쁜 담배. 2 '담배를 많이 피우는 사람'을 이르는 말.

골치 圀〈속〉 머릿골². ▭ ~가 지끈지끈 쑤시다 / ~를 썩다 / ~가 띵하다.

골치(가) 아프다 丑 성가시고 귀찮아 머리가 아프다.

골치(를) 앓다 丑 골머리(를) 앓다.

골침 (骨針) 圀〔역〕 석기 시대에 사용하던, 사슴·새·물고기 따위의 뼈로 만든 바늘.

골칫-거리 [─치꺼─/─친꺼─] 圀 1 성가시어 처리하거나 다루기 어려운 일. ▭ ~가 생기다. 2 일을 잘못하거나 말썽만 피워 애를 태우게 하는 사람이나 사물. ▭ 말썽만 피우던 ~가 제대로 후에는 어른스러워졌다.

골칫-덩어리 [─치떵─/─친떵─] 圀 골칫덩이.

골칫-덩이 [─치떵─/─친떵─] 圀〈속〉 애를 먹이는 일이나 사람. 골칫덩어리.

골-키퍼 (goalkeeper) 圀 축구·하키·핸드볼 등에서, 골을 지키는 선수. 준키퍼.

골-킥 (goal kick) 圀 1 축구에서, 상대편이 골라인 밖으로 차낸 공을 자기 골 에어리어에서 차는 일. 2 럭비에서, 트라이를 한 후나 상대방 페널티 때, 골(goal)을 겨냥하여 차는 플레이스킥.

골타분-하다 형 '고리타분하다'의 준말.
골탄(骨炭) 명 1 동물의 뼈를, 공기를 차단하고 가열해서 만든 숯. 비료·탈색제 따위로 씀. 2 코크스.
골탑탑-하다 [-따파-] 형 '고리탑탑하다'의 준말.
골탕 명 한꺼번에 되게 당하는 손해나 곤란.
골탕(을) 먹다 구 한꺼번에 크게 손해를 입거나 낭패를 당하다.
골탕(을) 먹이다 구 한꺼번에 크게 손해를 입히거나 낭패를 당하게 하다.
골-탕(-湯) 명 소의 등골·머릿골에 녹말이나 밀가루를 묻혀 기름에 지지고 달걀에 씌워 맑은장국에 넣어 끓인 국. 골국.
골통 명 〈속〉 머리¹.
골통(骨痛) 명 【한의】 과로로 인하여 뼈가 쑤시듯 아프고 열이 오르내리는 병.
골통-대 명 담배통이 굵고 크며 길이가 짧은 담뱃대(나무 따위를 깎거나 흙을 구워서 만듦). ~를 물다.
골:-파 명 【식】 1 백합과의 두해살이풀 또는 여러해살이풀. 높이 20~30cm, 잎이 부드러우며, 파 대용으로 먹음. 2 파의 하나. 잎이 여러 갈래이고 밑동이 마늘 조각같이 붙음.
골판-문(骨板門) 명 【건】 문짝의 틀에 널빤지를 끼워서 만든 문.
골:-판지(-板紙) 명 판지의 한 면 또는 2장의 판지 사이에 골이 진 얇은 종이를 덧붙인 판지(물건의 포장에 씀).
골패(骨牌) 명 검은 나무 바탕에 흰 뼈를 붙이고 여러 가지 수효의 구멍을 판 노름 기구. 또는 그것으로 하는 노름. ~를 떼다. ---하다 자 골패로 노름을 하다.
골편(骨片) 명 뼈의 부스러진 조각. 뼛조각.
골:-편사(-便射) 명 【역】 각 고을에서 활 잘 쏘는 사람을 뽑아 고을끼리 겨루던 일.
골-포스트(goalpost) 명 축구·핸드볼·럭비 따위에서, 골 양쪽에 세운 기둥. 골대.
골품 형 〈옛〉 고픔. '골프다'의 명사형.
골-풀 명 【식】 골풀과의 여러해살이풀. 들·습지에 남. 높이 1m 이상, 잎은 없고 줄기 밑에 암갈색 잎집이 붙고, 초여름에 녹갈색 꽃이 핌. 줄기로 자리를 만듦. 등심초.
골:-풀무 명 풀무의 한 가지. 땅에 긴 네모꼴의 골을 파서 중간에 굴대를 가로 박고, 그 위에 널빤지를 걸쳐 놓고 두 발로 번갈아 널빤지의 양 끝을 디뎌서 바람을 일으킴. 발풀무. ~를 밟다.
골-풀이 명하자 화를 아무에게나 함부로 풀어 버림.
골품(骨品) 명 【역】 신라 때, 혈통에 따라 구분한 신분 제도(진골(眞骨)·성골(聖骨) 따위). 골(骨). 골품 제도.
골프(golf) 명 골프장에서 경기자가 정해진 자리에서 공을 골프채로 쳐서, 잔디밭에 파 놓은 18개의 홀(hole)에 차례로 넣어 가는 구기(공을 친 횟수가 적은 사람이 이김).
골프다 형 〈옛〉 고프다.
골프-장(golf場) 명 골프를 하는 경기장. 골프 링크스(links).
골프-채(golf-) 명 골프공을 치는 채. 클럽.
골필(骨筆) 명 먹지를 대고 복사할 때 쓰는, 촉이 뼈나 쇠 따위로 된 필기구.
골:-함석(-函-) 명 골이 죽죽 지게 만든 함석. ~으로 지붕을 이다.
골해(骨骸) 명 몸을 이루는 온갖 뼈.
골-혹(骨-) 명 【의】 뼈에 생기는 혹.
골홈 명 〈옛〉 옷고름.

골화(骨化) 명하자 석회가 가라앉아서 골조직이 됨. 화골(化骨).
골화 연령(骨化年齡) [-열-] 뼈의 발달 정도에 따라 정하는 연령. 골연령.
골회(骨灰) 명 동물의 뼈.
골회(骨灰) 명 동물의 뼈에서 아교질이나 지방질을 빼고 난 뒤 태워서 얻는 흰 가루. 인(燐)의 제조 원료. 인산 비료로 씀.
골회눈물 명 〈옛〉 고리눈물.
곪기다 자 ☞ 곪기다.
곪:다 [곰따] 자 1 상처에 염증이 생겨 고름이 들게 되다. □상처가 ~. 2 내부에 갈등·모순·부패 등이 쌓여서 터질 정도에 이르다. □갈등이 곪아 터지다.
곬 [골] 명 1 한쪽으로 트여 나가는 방향이나 길. □외~으로만 가다. 2 물고기 떼가 늘 몰려다니는 일정한 길. □연어의 ~. 3 사물의 유래. 4 양재(洋裁)에서, 천이 겹쳐진 부분.
곯다¹ [골타] 타 양에 모자라게 먹거나 굶다. □배를 ~.
곯다² [골타] 자 1 속이 물크러져 상하다. □달걀 곯은 냄새. 2 은근히 해를 입어 골병들다. □객지 생활에 몸이 곯았다.
곯다³ [골타] 형 그릇에 가득 차지 않고 조금 비어 있다. 큰굻다.
곯리다¹ [골-] 타 ('곯다¹'의 사동) 넉넉하지 못하게 먹여 늘 배고프게 하다. □젖이 모자라 아이의 배를 ~.
곯리다² [골-] 타 ('곯다²'의 사동) 1 속이 물크러져 상하게 하다. 2 골병들게 하다.
곯아-떨어뜨리다 [고라떠러-] 타 잠에 곯아떨어지게 하다.
곯아-떨어지다 [고라떠러-] 자 잠이나 술에 몹시 취해서 정신을 잃고 자다. □술에 ~.
곯아-떨어트리다 [고라떠러-] 타 곯아떨어뜨리다.
곰:¹ 명 고기나 생선을 푹 삶은 국. □~을 고다.
곰:² 명 1 【동】 식육류(食肉類) 곰과의 짐승. 깊은 산에 사는데, 몸이 비대하며 꼬리는 짧고 털빛은 검음. 나무에 잘 오르고 헤엄도 잘 치며, 종류에는 동굴 속에서 겨울잠을 잠. 오스트레일리아·아프리카 이외 지역에 널리 분포함. 2 미련하거나 행동이 느린 사람을 조롱하는 말. □미련하기가 ~ 같은 녀석이군. [곰 가재 뒤듯] 느릿느릿 일을 하는 꼴. [곰이라 발바닥을 핥으랴] 먹을 것이 전혀 없어 굶주린다는 뜻. [곰 창(槍)날 받듯] 우둔하여 자기의 행동이 자신을 해침.
곰:³ 명 【식】 '곰팡이'의 준말.
-곰¹ 부사 및 부사형 전성 어미를 가진 용언 뒤에 붙어 뜻을 강조하는 말.
-곰² 미 〈옛〉 -씩.
곰:-거리 [-꺼-] 명 곰국의 재료가 되는 고기나 뼈.
곰:곰 부 곰곰이. □~ 따져 보다.
곰:-곰이 부 여러모로 깊이 생각하는 모양. 곰곰. □지난 일을 ~ 생각하다.
곰:-국 [-꾹] 명 쇠고기나 소의 뼈, 곱창·양(䑋) 등의 국거리를 푹 고아서 끓인 국. 곰탕. □~을 끓이다.
곰기다 자 곪은 자리에 딴딴한 멍울이 생기다.
곰바지런-하다 형에 일을 시원스럽게는 못하지만 꼼꼼하고 바지런하다. □곰바지런한 처녀. 곰바지런-히 부
곰방-대 명 짧은 담뱃대. 단죽(短竹). 짜른대. □~를 입에 물다 / ~를 뻑뻑 빨다.

곰방-메 똉 흙덩이를 깨뜨리거나 씨를 묻는 데 쓰는 농기구(《나무토막에 긴 자루를 박아 'T'자 모양으로 만듦》.

곰배 똉 '곰배팔이'의 준말.

곰배-말 똉 등이 굽은 말.

곰배-팔 똉 꼬부라져 붙어 펴지 못하는 팔. 또 는 팔뚝이 없는 팔.

곰배팔-이 똉 팔이 꼬부라져 붙거나 팔뚝이 없는 사람을 낮잡아 이르는 말. 囹곰배.

곰:-보 똉 얼굴이 얽은 사람.

곰:-보-딱지 [-찌] 똉 얼굴이 몹시 얽은 사람을 조롱하는 말.

곰봇-대 [-보때 /-봇때] 똉 〖광〗 뇌관을 넣기 위해 다이너마이트에 구멍을 뚫거나, 다이너 마이트를 남폿구멍 속으로 밀어 넣는 데 쓰 는 나무 꼬챙이.

곰비-임비 囝 물건이 거듭 쌓이거나 일이 거 듭되는 모양.

곰빗 똉 〈옛〉 뒤.

곰-삭다 [-따] 囝 1 옷 따위가 오래되어 올이 삭고 질이 약해지다. ☐옷이 곰삭아 너덜너 덜해지다. 2 젓갈 따위가 푹 삭다. ☐맛있게 곰삭은 어리굴젓.

곰:-살갑다 [-따] [곰살가워, 곰살가우니] 휑 성질이 부드럽고 다정하다. ☐곰살가운 성품. 囹굼즐겁다.

곰:-살곱다 휑 ☞ 곰살갑다.

곰:-살궂다 [-굳따] 휑 1 태도나 성질이 부드 럽고 다정하다. ☐곰살궂게 굴어 사랑을 받 는다. 2 꼼꼼하고 자세하다.

곰상-곰상 囝휑 1 성질이나 행동이 싹싹하고 부드러운 모양. ☐~ 대하다. 2 성질이나 행 동이 잘고 꼼꼼한 모양.

곰상-스럽다 [-따] [-스러워, -스러우니] 휑囲 1 성질이나 행동이 싹싹하고 부드러운 데가 있다. 2 성질이나 행동이 잘고 꼼꼼한 데가 있다. **곰상-스레** 囝

곰:-솔 똉 〖식〗 해송(海松).

곰실-거리다 囝 작은 벌레 따위가 어우러져 느릿느릿 자꾸 움직이다. 囹굼실거리다. 쎈 꼼실거리다. **곰실-곰실** 囝囝

곰실-대다 囝 곰실거리다.

곰작 囝휑囝 둔하고 느리게 조금 움직이는 모양. 囹굼적. 쎈꼼작·꼼짝.

곰작-거리다 [-꺼-] 囝囲 자꾸 곰작하다. ☐손 을 ~. 囹굼적거리다. **곰작-곰작** [-꼼-] 囝 囲囝囲

곰작-대다 [-때-] 囝囲 곰작거리다.

곰장어 똉 〖어〗 1 꾀장어과의 바닷물고기인 '먹장어'의 딴 이름. 2 ☞갯장어.

곰지락-거리다 [-꺼-] 囝囲 자꾸 곰지락하다. 囹굼지럭거리다. 쎈꼼지락거리다. **곰지락-곰지 락** [-꼼-] 囝囲囝囲

곰지락-대다 [-때-] 囝囲 곰지락거리다.

곰질 囝휑囝囲 '곰지락'의 준말. 囹굼질. 쎈꼼 질.

곰질-거리다 囝囲 '곰지락거리다'의 준말. 囹 굼질거리다. **곰질-곰질** 囝휑囝囲

곰질-대다 囝囲 곰질거리다.

곰:-탕(-湯) 똉 곰국.

곰틀 囝휑囝囲 몸을 이리저리 비틀며 좀스럽게 움직이는 모양. 囹굼틀. 쎈꼼틀.

곰틀-거리다 囝囲 자꾸 곰틀하다. ☐손가락을 ~. 囹굼틀거리다. **곰틀-곰틀** 囝휑囝囲

곰틀-대다 囝囲 곰틀거리다.

곰:-파다 囲 사물이나 일의 속내를 자세히 보 고 따지다.

곰-팡 똉 〖식〗 '곰팡이'의 준말.

곰-팡-내 똉 '곰팡냄새'의 준말. ☐~가 나다 / ~가 풍기다.

곰-팡-냄새 똉 1 곰팡이에서 나는 매캐하고 퀴 퀴한 냄새. ☐~가 심하다. 2 시대에 뒤떨어 진, 고리타분하고 괴벽스러운 행동이나 사상 따위의 비유. ☐~ 나는 설교 / ~ 나는 양반 의 도덕. 囹곰팡내.

곰:-팡-스럽다 [-따] [-스러워, -스러우니] 휑 囲 말이나 행동이 고리타분하고 괴상한 데가 있다. **곰:-팡-스레** 囝

곰:-팡-이 똉 〖식〗 하등 균류의 총칭. 동식물에 기생하며 특히 습할 때 음식물・의복・기구 등 에 남. 포자로 번식함. ☐~가 끼다 / ~가 나 다 / 음식에 ~가 슬었다. 囹곰・곰팡.

곰:-팡이-류 (-類) 똉 균류(菌類).

곰:-피다 囝 곰팡이가 피다.

곱[1] 똉 1 종기・부스럼・헌데 등에 끼는 골마지 모양의 물질. ☐~이 끼다. 2 이질에 걸린 사 람의 대변에 섞여 나오는, 희거나 피가 섞인 점액.

곱[2] 똉휑囲 1 '곱쟁이'의 준말. 2 '곱절'의 준 말. ☐6은 3의 ~이다. 3 〖수〗 둘 이상의 수 또는 식을 곱하여 얻은 수치.

곱[3] 똉 〈옛〉 기름.

곱-걸다 [-껄-] [곱걸어, 곱거니, 곱거는] 囲 1 두 번 겹치어 얽다. ☐이삿짐을 ~. 2 노름・ 내기에서, 돈을 곱으로 걸다.

곱-걸리다 [-껄-] 囝 ('곱걸다'의 피동) 1 두 번 겹치어 얽히다. 2 노름・내기에서, 돈이 곱 으로 걸리다.

곱골외다 囝 〈옛〉 고부라지다.

곱-꺾다 [-꺽따] 囲 1 뼈마디를 꼬부렸다 폈다 하다. ☐팔목을 ~. 2 노래를 부를 때, 꺾이 는 부분을 부드럽게 넘기려고 소리를 낮추었 다가 다시 돋우다.

곱-꺾이 똉 1 뼈마디를 오그렸다가 다시 폈다 하는 일. 2 노래를 부를 때, 꺾이는 부분에서 소리를 낮추었다가 다시 돋우어 부드럽게 넘 기는 일.

곱-꺾이다 囝 ('곱꺾다'의 피동) 곱꺾음을 당 하다.

곱-끼다 囝 종기・부스럼에 곱이 생기다.

곱-나들다 [곰-]-[곱나들어, 곱나드니, 곱나드 는] 囝 종기・부스럼이 자주 곪다.

곱-놓다 [곰노타] 囲 노름에서, 건 돈을 곱으로 다시 걸다.

곱다[1] [-따] 囝 이익을 보려다가 도리어 손해를 보다.

곱다[2] 囝 〈옛〉 곱하다. 배(倍)하다.

곱다[3] [-따] 囝 곱은곱다. 곱아지다.

곱다[4] [-따] 휑 1 신 것이나 찬 것을 먹은 뒤에 이가 시큰시큰하다. 2 손가락・발가락이 얼어 서 감각이 없고 놀리기가 어렵다. ☐손이 곱 아서 입김을 호호 불다.

곱다[5] [-따] 휑 바르지 않고 휘어 있다. ☐등이 곱은 할아버지.

곱:다[6] [-따] [고와, 고우니] 휑囲 1 보기에 산 뜻하고 아름답다. ☐고운 얼굴 / 곱게 단장한 색시. ↔밉다. 2 손질이 맑고 부드럽 다. ☐고운 목소리. ↔거칠다. 3 느낌이 거칠 지 않고 보드랍다. ☐고운 소금 / 가루를 곱 게 치다. ↔거칠다. 4 마음이 상냥하고 순하 다. ☐고운 마음씨. 5 편안하고 순탄하다. ☐

곱게 자라다. **6** (주로 '곱게'의 꼴로 쓰여) 그대로 온전하다. ❑물건을 곱게 쓰다 / 곱게 간직하여라.

곱:다랗다 [-따라타] 〔곱다라니, 곱다래서〕 [형][ㅎ] **1** 얼굴이나 성질이 매우 곱다. ❑곱다랗게 핀 꽃. **2** 축나거나 변하는 것이 없이 그대로 온전하다. ❑처녀 시절의 얼굴을 곱다랗게 간직하다. [준]곱닿다.

곱:다래-지다 [-따-] [자] 얼굴·성질이 곱다랗게 되다.

곱:다시 [-따-] [부] 곱다랗게.

곱:닿다 [-따타] 〔곱다니, 곱대서〕 [형][ㅎ] '곱다랗다'의 준말.

곱-돌 [-똘] [명] 〖광〗 납석. ❑~ 냄비.

곱돌-솥 [-똘솓] [명] 곱돌로 만든 조그마한 솥.

곱돌조대 [명] 〈옛〉 곱돌을 깎아 만든 담뱃대.

곱드러-지다 [-뜨-] [자] 걷어차이거나 부딪히어 엎어지다.

곱-들다 [-뜰-] 〔곱들어, 곱드니, 곱드는〕 [자] 비용이나 재료가 갑절 들다. 곱먹다. ❑도시 살림은 농촌보다도 생활비가 곱든다.

곱-들이다 [-뜨리-] [타] 《'곱들다'의 사동》 재료나 비용을 갑절 들이다.

곱:디-곱다 [-띠-따] 〔-고와, -고우니〕 [형][ㅂ] 아주 곱다. ❑곱디고운 모습.

곱-디디다 [-띠-] [타] 발을 접질리게 디디다. ❑발을 곱디뎌 넘어지다.

곱-똥 [명] 곱이 섞여 나오는 똥.

곱-먹다 [곱-따] [一][타] 곱절로 먹다. [二][자] 곱들다. ❑이 작업은 비용이 곱먹는다.

곱-바 [-빠] [명] 지게의 짐을 얽는 긴 바.

곱-배기 [명] ☞곱빼기.

곱-빼기 [명] **1** 두 번 거듭하는 일. ❑어려움을 ~로 겪다. **2** 음식의 두 몫을 한 그릇에 담은 분량. ❑자장면을 ~로 시키다.

곱사 [-싸] [명] **1** '곱사등'의 준말. **2** '곱사등이'의 준말.

곱사-등 [-싸-] [명] 등뼈가 굽고 혹 같은 뼈가 나온 등. [준]곱사.

곱사-등이 [-싸-] [명] '척추 장애인'을 낮잡아 이르는 말.

곱사등이-춤 [-싸-] [명] 곱사등이처럼 등에 바가지·베개 따위를 넣고 익살스럽게 추는 춤.

곱-사위 [-싸-] [명] 탈춤에서, 외사위와 같은 동작에 한삼을 한 번 올려 뿌리는 춤사위. 겹사위.

곱:살-끼다 [-쌀-] [자] 몹시 보채거나 짓궂게 굴다.

곱:살-스럽다 [-쌀-따] 〔-스러워, -스러우니〕 [형][ㅂ] 곱살한 데가 있다. **곱:살-스레** [-쌀-] [부]

곱:살-하다 [-쌀-] [형][여] 얼굴이나 성미가 예쁘장하고 얌전하다. 곱상하다.

곱-삶다 [-쌈따] [타] 두 번 삶다. ❑빨래를 ~.

곱-삶이 [-쌀미] [명] **1** 두 번 삶아 짓는 밥. **2** 꽁보리밥.

곱삿-병 (-病)[-싸뼝 / -싿뼝] [명] 구루병.

곱-상 (-相)[-쌍] [명] 곱게 생긴 얼굴. 또는 그런 사람. ↔밉상. **—-하다** [형][여] 곱살하다. ❑얼굴이 곱상하게 생긴 젊은이.

곱-새기다 [-쌔-] [타] **1** 남의 말이나 행동 따위를 좋지 않게 해석하거나 잘못 생각하다. 곡해하다. **2** 되풀이하여 곰곰이 생각하다. ❑선생님의 말씀을 곱새겨 보다.

곱새-치기 [-쌔-] [명][하][타] 노름에서, 돈을 곱거는 일. 또는 그런 노름.

곱-셈 [-쎔] [명][하][타] 〖수〗 어떤 수를 곱하여 셈함. 또는 그 셈. ↔나눗셈.

곱셈 기호 (-記號)[-쎔-] 〖수〗 곱셈표.

곱셈-법 (-法)[-쎔뻡] [명] 〖수〗 곱셈의 셈법. ↔나눗셈법.

곱셈 부호 (-符號)[-쎔-] 〖수〗 곱셈표.

곱셈-표 (-標)[-쎔-] [명] 〖수〗 곱하기의 기호 '×'의 이름. 곱셈 기호. 곱셈 부호. ↔나눗셈표.

곱-소리 [-쏘-] [명] 코끼리의 꼬리털《망건·탕건 등을 만드는 데 씀》. [준]곱솔.

곱-솔[1] [-쏠] [명] 박이옷을 지을 때, 솔기를 한 번 꺾어 호고, 다시 또 접어서 박는 일. 또는 그렇게 박은 솔기.

곱솔[2] [-쏠] [명] '곱소리'의 준말.

곱송-그리다 [-쏭-] [타] 놀라거나 겁이 나서 몸을 잔뜩 움츠리다.

곱-수 (-數)[-쑤] [명] 〖수〗 **1** 배수(倍數)2. **2** 승수(乘數).

곱슬-곱슬 [-쓸-쓸] [부][하][형] 털이나 실 같은 것이 고불고불하게 말린 모양. ❑~한 고수머리. [큰]굽슬굽슬.

곱슬-머리 [-쓸-] [명] 고수머리.

곱실 [-씰] [부][하][자][타] **1** 고개나 허리를 가볍게 고푸렸다 펴는 모양. **2** 남에게 아첨하는 뜻으로 좀스럽고 비굴하게 행동하는 모양. [큰]굽실. [센]꼽실.

곱실-거리다 [-씰-] [자][타] **1** 고개나 허리를 자꾸 가볍게 고푸렸다 펴다. **2** 남의 비위를 맞추려고 자꾸 좀스럽고 비굴하게 행동하다. [큰]굽실거리다. **곱실-곱실** [-씰-씰] [부][하][자][타]

곱실-대다 [-씰-] [자][타] 곱실거리다.

곱쌈-솔 [명] 한 번 박은 솔기를, 시접이 싸이도록 접어 위에서 눌러 다시 박은 솔기.

곱-써레 [명] 갈아 놓은 논밭을 가로로 한 번 더 써는 일.

곱-씹다 [-따] [타] **1** 거듭하여 씹다. **2** 말이나 생각 따위를 곰곰이 되풀이하다. ❑그가 한 말을 찬찬히 곱씹어 보다.

곱은-성 (-城) [명] 곡성(曲城).

곱이-곱이 [부] 여러 굽이로 고부라지는 모양. [큰]굽이굽이.

곱자 [-짜] [명] 'ㄱ' 자 모양으로 90도 각도로 만든 자. 곡척(曲尺). 기역자자.

곱작 [-짝] [부][하][타] 머리를 숙이고 몸을 굽히는 모양. [큰]굽적. [센]꼽작.

곱작-거리다 [-짝꺼-] [타] 잇따라 머리를 숙이고 몸을 굽히다. [큰]굽적거리다. **곱작-곱작** [-짝꼽짝] [부][하][타]

곱작-대다 [-짝때-] [타] 곱작거리다.

곱-잡다 [-짭따] [타] 곱으로 셈하여 헤아리다. ❑예산을 곱잡아도 모자라겠다.

곱장-다리 [-짱-] [명] 무릎뼈는 밖으로 벌어지고 정강이는 안으로 휜 다리. *안짱다리·밭장다리.

곱쟁이 [-쨍-] [명] 〈속〉 곱절되는 수량. [준]곱.

곱절 [-쩔] [一][명][하][타] 같은 수량을 몇 번이고 거듭 합침. 또는 그 셈. ❑~ 장사 / 쌀을 ~ 더 수확하다 / 가격을 ~이나 비싸게 부른다. *갑절. [二][의명] (주로 고유어 수 뒤에 쓰여) 배(倍)의 수를 세는 말. ❑두 ~ / 열 ~ / 몇 ~. [준]곱.

곱-창 [명] 소의 작은창자.

곱추 [명] ☞꼽추.

곱-치다 [타] **1** 반으로 접어 합치다. **2** 곱절을 하거나 곱절로 잡아 셈하다. [센]꼽치다.

곱-하기 [고파-] [명][하][타] 〖수〗 곱셈을 하는 일. ↔나누기. *나누기·더하기·빼기.

곱-하다 [고파-] [타][여] 곱절을 하다. ❑2에 5를

곱하면 10이 된다.

곱다〔혱〕〈옛〉곱다.

곳¹〔곧〕〔몡〕 **1** 공간적 또는 추상적인 일정한 자리나 지역. ☐어떤 ~ / 낯선 ~ / 의지할 ~이 없다 / 가슴 깊은 ~에 새기다 / 가는 ~마다 환경을 받다 / 조용한 ~에 머물다 / 배경이 좋은 ~에 자리를 잡다. **2** 일정한 자리나 지역을 세는 단위《의존 명사적으로 씀》. ☐서점 두 ~을 들르다.

곳²〔몡〕〈옛〉꽃.

곳³〔조〕〈옛〉만. 곧. 강세의 조사.

곳간〔庫間〕〔고깐 · 곧깐〕〔몡〕 물건을 간직해 두는 곳. 곳집. ☐~에 쌀가마를 쌓아 두다.

곳간-차〔庫間車〕〔고깐- · 곧깐-〕〔몡〕〈속〉유개 화물차.

곳갈〔몡〕〈옛〉고깔.

곳고리〔몡〕〈옛〉꾀꼬리.

곳-곳〔곧꼳〕〔몡〕 여러 곳. 이곳저곳. 처처(處處). ☐차로 전국 ~을 누비다 / 시내 ~에서 교통 체증이 빚어지다 / 자연보호 운동을 ~에서 벌이다 / 집중 호우로 도로가 ~에서 침수됐다.

곳곳-이〔곧꼬지〕〔閉〕 곳곳마다. ☐앞 산 ~ 진달래로 가득하다.

곳나모〔몡〕〈옛〉꽃나무.

곳답다〔혱〕〈옛〉꽃답다.

곳물〔몡〕〈옛〉콧물.

곳ᄆᆞ루〔몡〕〈옛〉콧마루.

곳몰리〔몡〕〈옛〉콧마루가. '곳ᄆᆞ루'의 주격형.

곳부리〔몡〕〈옛〉꽃부리.

곳숨〔몡〕〈옛〉콧숨.

곳얼음〔몡〕〈옛〉고드름.

곳여의〔몡〕〈옛〉꽃술.

곳-집〔庫-〕〔고찝 · 곧찝〕〔몡〕 **1** 곳간으로 쓰려고 지은 집. 창고. 곳간. 곳집(庫舍). **2** 상엿집.

곳초〔閉〕〈옛〉곧게. 똑바르게.

공:〔몡〕 **1** 고무나 가죽 따위로 둥글게 만들어 차거나 치거나 던지는 운동구. ☐~을 차다 / ~을 던지고 받다. **2**〔數〕구(球). **3** 당구를 칠 때 쓰는, 상아로 만든 알.

공〔工〕〔몡〕'공업'의 준말.

공〔公〕ᄀ〔몡〕 **1** 여러 사람에게 관계되는 국가나 사회의 일. ☐~과 사를 구분하다. ↔사(私). **2** '공작(公爵)'의 준말. ᄃ〔대〕 **1** 당신. 그대. **2** 남자 삼인칭의 공대말.

공〔功〕〔몡〕 **1** '공로'의 준말. ☐~을 다투다 / ~이 크다 / 혁혁한 ~을 세우다. **2** '공력(功力)'의 준말. ☐~이 들다 / ~을 들이다.
  공(을) 닦다〔구〕 노력과 정성을 들이다.
  공(을) 쌓다〔구〕 공을 닦다.

공:〔供〕〔몡〕 **1**〔佛〕불공. **2** 민속 신앙에서, 신에게 정성을 바치는 일.

공〔空〕〔몡〕 **1** 속이 빈 것. 또는 사실이 아닌 것. **2** 영(零). **3** 아라비아 숫자 '0'의 이름. **4** 부호 '0'의 이름. **5**〔佛〕세상의 모든 것은 인연에 따라 생긴 가상(假相)이며, 영구불변의 실체가 없음을 이름.

공:〔貢〕〔몡〕〔하타〕〔歷〕 **1** '공상(貢上)'의 준말. **2** '공물(貢物)'의 준말. **3** '공납'의 준말.

공〔gong〕〔몡〕 **1** 권투 따위에서, 경기의 시작과 종료를 알리는 종. **2**〔樂〕말레이 · 자바 등지에서 발달한, 청동이나 놋쇠로 만든 징 · 바라 같은 악기.

공-〔쏘〕〔튀〕 **1** (일부 명사 앞에 붙어) 힘이나 돈을 들이지 않거나 비어 있음을 나타냄. ☐~것 / ~돈 / ~술 / ~가교. **2** (일부 동사 앞에 붙어) '헛' · '허탕'의 뜻을 나타냄. ☐~돌다 / ~치다.

-공〔工〕〔미〕 (일부 명사 뒤에 붙어) 그 일에 종사하는 사람임을 나타내는 말. ☐인쇄~ / 용접~ / 전기~.

-공〔公〕〔미〕 성(姓)이나 시호(諡號), 관직(官爵) 뒤에 붙어 존대하는 말. ☐고(高)~ / 충무~.

공가〔工價〕〔-까〕〔몡〕 공전(工錢).

공가〔公家〕〔몡〕〔佛〕 승려가 절을 일컫는 말.

공가〔公暇〕〔몡〕 **1** 공무원에게 공식으로 인정되어 있는 휴가. ☐~를 받다 / ~를 얻어 휴양하다. **2** 공무 중의 겨를.

공가〔空家〕〔몡〕 빈집.

공:가〔拱架〕〔建〕 아치(arch)가 완전히 굳을 때까지 허물어지지 않도록 버티는 틀.

공-가교〔空駕轎〕〔몡〕〔歷〕 임금이 타는 정(正)가교보다 앞서 가던 빈 가교.

공각〔空殼〕〔몡〕 곡식이나 열매의 빈 껍질. 조개의 빈 껍데기.

공간〔公刊〕〔몡〕〔하타〕 **1** 공개적으로 간행함. **2** 공적으로 간행함.

공간〔空間〕〔몡〕 **1** 아무것도 없는 빈 곳. ☐넓은 ~ / ~을 차지하다 / ~을 채우다 / ~을 잘 활용하여 가구를 배치하다. **2** 물질 · 물체가 존재할 수 있어 어떤 일이 일어날 수 있는 자리. ☐생활 ~ / 녹지 ~. **3**〔哲〕시간과 더불어 세계를 성립시키는 기본 형식. ☐시간과 ~을 초월하다. ↔시간. **4**〔物〕물질이 존재하고, 여러 현상이 일어나는 장소. **5**〔數〕기하학에서, n개(個)의 독립된 좌표로 결정되는 양(量)의 집합《비(非)유클리드 공간 · 리만 공간 · 벡터(vector) 공간 · 함수 공간 따위》.

공간〔空簡〕〔몡〕 선물이 딸리지 않은 편지.

공간-격자〔空間格子〕〔-짜〕〔몡〕〔物 · 化〕 공간 안에 규칙적으로 배열된 점계(點系)가 형성하는 그물 모양의 격자. 결정격자.

공간 도형〔空間圖形〕〔몡〕 입체 도형.

공간-미〔空間美〕〔몡〕 공간적으로 나타낸 예술품. 곧, 조각 · 건축 따위의 미.

공간-성〔空間性〕〔-썽〕〔몡〕 공간의 특성이나 공간에 대한 관념.

공간-역〔空間閾〕〔-녁〕〔몡〕〔心〕 감각 기관에 동시에 주어진 두 개의 자극을 각각 구분하여 느끼는 최소의 거리.

공간 예:술〔空間藝術〕〔-녜-〕 물질적 소재(素材)를 써서 공간을 구성하는 예술《조각 · 건축 따위》. 조형 예술. ↔시간 예술.

공간-적〔空間的〕〔관몡〕 공간에 관계되거나 공간의 성질을 띤 것. ↔시간적.

공간 지각〔空間知覺〕〔몡〕〔心〕 공간에 있는 물건의 방향 · 위치 · 크기 · 모양 · 거리를 인식하는 심적 경험. 공간각.

공간-파〔空間波〕〔몡〕〔物〕 안테나에서 나와 땅에 닿지 않고 공간을 퍼져 가는 전파.

공:갈〔恐喝〕〔몡〕〔하타〕 **1** 옥박지르며 을러댐. 공하(恐嚇). ☐~과 협박으로 돈을 빼앗다. **2**〔法〕재산상의 불법적인 이익을 얻기 위하여 다른 사람을 협박하는 일. **3**〈속〉거짓말.
  공갈(을) 놓다〔구〕〈속〉을러서 무섭게 하다.
  공갈(을) 때리다〔구〕〈속〉공갈(을) 놓다.

공:갈-죄〔恐喝罪〕〔-쬐〕〔몡〕〔法〕 남을 공갈하여 금품을 들어내거나 재산상의 이익을 얻음으로써 성립하는 죄.

공:갈-치다〔恐喝-〕〔몡〕〈속〉공갈하다.

공:감〔共感〕〔몡〕〔하타〕 남의 의견 · 주장 · 감정 따위에 대하여 자기도 그렇다고 느낌. 또는 그런 기분. ☐~을 느끼다 / ~을 얻다 / ~이 가다 / 많은 ~을 불러일으키다.

공:-감각 (共感覺) 〖명〗《심》 하나의 감각이 동시에 다른 영역의 감각을 불러일으키는 일. 또는 그런 감각.

공:-감-대 (共感帶) 〖명〗 서로 공감하는 부분. □ ~가 형성되다 / ~를 이루다.

공개 (公開) 〖명〗〖하타〗 어떤 사실·내용이나 사물 따위를 여러 사람에게 널리 터놓음. □ 입당 ~ / ~ 사과 / ~ 석상 / 조사 결과가 ~되다 / 진상을 ~하다 / 수사 기록 ~를 거부하다. ↔비공개.

공개-경쟁 (公開競爭) 〖명〗 공개된 자리에서 같은 조건으로 서로 겨루는 일. □ ~ 입찰 / ~으로 사원을 채용하다.

공개 방:송 (公開放送) 방송국의 스튜디오나 강당 따위 방송을 제작하는 자리에 방청객을 모아 놓고 실제의 방송 상황을 직접 보이면서 하는 방송.

공개 법인 (公開法人) 《경》 주식을 증권 거래소에 상장하거나, 모집 설립 또는 공모 증자한 내국 법인.

공개 선:거 (公開選擧) 공개 투표에 의한 선거 제도. 또는 그 방식. ↔비밀 선거.

공개-수사 (公開搜査) 범인의 인상 또는 몽타주 사진을 전국에 공개하여 일반인의 협력을 구하는 경찰의 수사 방법.

공개 시:장 (公開市場) 《경》 아무나 자유롭게 참가하여 자금을 빌려 쓰거나 유가 증권을 매매할 수 있는 시장. □ ~ 조작.

공개 심리주의 (公開審理主義)[-니-/-니-이] 《법》 재판의 공정성을 얻기 위해 소송의 심리 과정과 판결을 공개해야 한다는 태도. ⓒ 공개주의.

공개-장 (公開狀)[-짱] 일반의 비판을 얻고자, 특정인에게 통지할 것을 신문·잡지에 게재하여 일반에게 알리는 글. □ ~이 신문에 실리다.

공개 재판 (公開裁判) 누구나 그 과정을 방청할 수 있도록 허용하는 재판. 공심판(公審判).

공개-적 (公開的) 〖관〗 비밀로 하지 않고 공개하는 (것). □ ~ 비판 / ~ 행사 / ~으로 이의를 제기하다.

공개-주의 (公開主義)[-/-이] 〖명〗 1 비밀로 하지 않고 공개하는 주의. 2 '공개 심리주의'의 준말.

공개 투표 (公開投票) 《법》 선거에서, 투표인의 투표 내용을 제삼자가 알 수 있는 투표 제도. 구술(口述) 투표·거수(擧手) 투표·기립(起立) 투표·기명(記名) 투표 등이 있음. ↔비밀 투표.

공개-회의 (公開會議)[-/-이] 〖명〗 누구에게나 방청을 허용하는 회의.

공:거 (貢擧) 〖명〗〖역〗 중국 고대에서, 각 지방의 우수한 인재를 추천해서 등용하던 제도.

공건 (空件)[-껀] 〖명〗 1 쓸모없는 물건. 2 임자 없이 이리저리 굴러다니는 물건.

공검-하다 (恭儉-) 〖형〗〖여〗 공손하고 검소하다.
  공검-히 〖부〗

공-겁 (空劫) 〖명〗《불》사겁(四劫)의 하나. 이 세계가 파멸해서 일체가 공으로 돌아가 공허의 상태가 계속되는 시기.

공-것 (空-)[-껏] 〖명〗 노력이나 대가 없이 거저 얻은 것. □ ~을 바라다 / 속된 말로 ~을 좋아하면 이마가 벗어진다.
  [공것이라면 비상도 먹는다 ; 공것이라면 양잿물도 마신다] 욕심이 많아서 공것이라면 닥치는 대로 거두어들인다는 말. [공것이라면 사족을 못 쓴다] 공것이라면 체면도 차리지 않고 날뛰는 행동을 놀림조로 이르는 말.

공:격 (攻擊) 〖명〗〖하타〗 1 나아가 적을 침. □ ~ 목표 / 적진에 ~을 퍼붓다 / ~을 저지하다. ↔수비. 2 남을 비난하거나 반대하여 나섬. □ 여론의 집중적인 ~을 받다 / 정부의 실정을 ~하다. 3 운동 경기·오락 등에서 이기기 위한 적극적인 행동. 곧, 최상의 방어이다. ↔방어. 4 소송에서, 원고가 법률상·사실상의 진술 및 증거 신청을 하는 일.

공:격-력 (攻擊力)[-경녁] 〖명〗 공격하는 힘. □ 폭발적인 ~을 보이다.

공:격-성 (攻擊性)[-썽] 〖명〗 공격을 하며 파괴적 행동을 하는 성질.

공:격-수 (攻擊手)[-쑤] 〖명〗 단체 경기에서, 공격을 주로 맡아 하는 선수. ↔수비수.

공:격-적 (攻擊的)[-쩍] 〖관〗 공격하려는 태도를 취하려는 (것). □ ~인 성격〔행동〕.

공:격-진 (攻擊陣)[-찐] 〖명〗 공격을 주임무로 하는 진. 또는 그런 군사나 선수. □ ~이 막강하다.

공결 (公決) 〖명〗〖하타〗 공정하게 결정함. 또는 그런 결정.

공겸 (恭謙) 〖명〗〖하자〗 삼가는 태도로 겸손하게 자기를 낮춤.

공경 (公卿) 〖명〗《역》 1 삼공(三公)과 구경(九卿). 2 고관의 총칭.

공경 (恭敬) 〖명〗〖하타〗〖히부〗 공손히 섬김. □ 부모를 ~하다.

공경-대부 (公卿大夫) 〖명〗《역》삼공·구경·대부의 총칭. 곧, 벼슬이 높은 사람들.

공-경제 (公經濟) 〖명〗 '공공(公共)경제'의 준말. ↔사경제.

공경제적 수입 (公經濟的收入)[-쑤-] 《경》국가나 지방 자치 단체가 개인·기업 따위의 사경제로부터 보상 없이 강제로 거두어들이는 수입.

공계 (空界)[-/-계] 〖명〗 1《불》육계(六界)의 하나. 아무것도 존재하지 않는 세계. 허공계. 2 공간. 공중.

공:계 (貢契)[-쩨/-꼐] 〖명〗《역》 조선 후기에, 나라에 공물을 먼저 바치고 나중에 값을 타내던 계의 총칭.

공고 (工高) 〖명〗 '공업 고등학교'의 준말.

공고 (公告) 〖명〗〖하타〗 1 세상에 널리 알림. □ 구인 ~. 2 국가·공공 단체의 광고 및 게시. □ 선거일이 ~되다.

공고라 〖명〗〖동〗 누른 빛깔의 몸에 주둥이가 검은 말.

공고-문 (公告文) 〖명〗 널리 알리려는 의도로 쓰인 글. □ 게시판에 ~을 붙이다.

공고-하다 (鞏固-) 〖형〗〖여〗 견고하고 튼튼하다. □ 공고한 기반. 공고-히 〖부〗 □ 선거 지반을 ~ 다지다.

공곡 (公穀) 〖명〗 나라나 관청이 소유하는 곡식. ↔사곡(私穀).

공곡-공음 (空谷跫音)[-꽁-] 〖명〗 아무도 없는 쓸쓸한 골짜기에서 울리는 사람의 발자국 소리라는 뜻으로, 쓸쓸할 때에 손님이나 기쁜 소식이 오는 일. 공곡족음.

공곡-족음 (空谷足音)[-쪼금] 〖명〗 공곡공음.

공골-말 〖명〗〖동〗 털빛이 누른 말. 황부루.

공골몰 〖명〗〈옛〉 공골말.

공골-차다 〖형〗 옹골차다.

공공 (公共) 〖명〗 국가나 사회의 구성원에게 두루 관계되는 일. □ ~ 기관 / ~ 생활 / ~의 복지 / ~의 이익을 도모하다.

공공 (空空) 〖명〗 1 비어 있음. 2 이름이나 숫자

대신 쓰는 부호 '○○'의 이름. ▣남녀 ○○
명 모집. 3 『불』일체의 것은 인연에 의한 임
시 화합이므로 공이라 봄. ——하다 圈어 아
무것도 없이 텅 비어 있다.

공공-건물 (公共建物)圈 공공의 용도로 쓰는
건물. 학교·도서관·시민 회관 따위.

공공-경제 (公共經濟)圈 『경』국가 및 공공
단체 따위의 권력 관계를 기본으로 삼는 경
제. 窗공경제.

공공 기업체 (公共企業體) 『경』국가나 지방
자치 단체가 돈을 대고 경영하는 공공을 위
한 기업체. 窗공기업체.

공공 단체 (公共團體) 법령에 따라 국가의 감
독 아래 활동을 하는 법인(지방 자치 단체·
공공 조합·영조물 법인 따위). 공법인(公法
人). 행정 법인.

공공-료 (公共料)[-뇨]圈 공공요금. ▣~ 인상
을 억제하다.

공공-물 (公共物)圈 공중이 다 같이 사용할 수
있는 물건이나 시설(공원·도로·항만 따위).
공공용물. 공공재.

공공 방:송 (公共放送) 공공의 이익을 위하여
하는 방송(시청료로 운영되며, 상업 광고 방
송을 하지 않는 것이 특색임). ↔민간 방송.

공공-복지 (公共福祉)[-찌]圈 사회 구성원 모
두에게 관계되는 복지. 공공복리.

공공-사업 (公共事業)圈 국가나 공공 단체가
공공의 복리를 위하여 경영하는 사업.

공공-성 (公共性)[-쌩]圈 일반 사회 전체에 이
해관계를 미치는 성질.

공공-시설 (公共施設)圈 국가나 공공 단체가
공공의 편의나 복지를 위해 설치한 시설.

공공-심 (公共心)圈 공공의 행복과 이익을 위
하는 마음.

공공연-하다 (公公然-)圈어 숨김이나 거리낌
이 그대로 드러나 있다. ▣공공연한 비
밀. **공공연-히** 튄. ▣~ 상대를 비난하다.

공공-요금 (公共料金)[-뇨-]圈 철도·우편·전
기·가스·수도 등 공익사업에 대한 요금. 공공
료. ▣~의 인상은 물가 인상의 요인이 된다.

공공용-물 (公共用物)[-뇽-]圈 공공물.

공공-장소 (公共場所)圈 공중(公衆)이 공동으
로 이용하는 장소.

공공 재산 (公共財産) 공공 단체의 소유로 되
어 있는 재산.

공공적적-하다 (空空寂寂-)[-쩌카-]圈어 『불』
1 우주 만상은 실체가 없는 공(空)이며, 사유
(思惟)를 초월해 있다. 2 아무것에도 사로잡
히지 않고 무아무심(無我無心)하다.

공공 조합 (公共組合) 『법』공공의 이익을 목
적으로 특수한 사업을 영위하는 사단 법인체
의 조합(상공 회의소·의료 보험 조합 따위).

공공-질서 (公共秩序)[-써]圈 국가나 공중(公
衆)에 두루 관계되는 질서. ▣~를 지키다.

공공 차:관 (公共借款) 『경』정부나 법인이 외
국의 법인이나 정부로부터 외자(外資)를 사
용하거나 자본재·원자재 등을 장기 결제 방
식으로 도입하는 차관.

공공 투자 (公共投資) 도로·항만·다리 등 공공
적인 사회 시설을 정비하고 확충하기 위한,
국가의 재정 자금에 의한 투자.

공과 (工科)[-꽈]圈 대학에서, 공업 생산에 관
한 과학 기술을 전공하는 학과의 총칭.

공과 (工課)圈 공부하는 과정.

공과 (公課)圈 국가나 공공 단체가 국민에게
부과하는 금전상의 부담이나 육체적인 일.

공과 (功過)圈 공로와 과실. 공죄(功罪).

공과-금 (公課金)圈 국가나 공공 단체가 국민
에게 부과하는 금전적인 부담(재산세·전기료·
상하수도 요금·공장용 소득세 등).

공과 대:학 (工科大學)[-꽈-] 공학에 관한 전
문 교육을 베푸는 대학. 窗공대.

공과-상반 (功過相半)圈 공로와 허물이 서로
반반임.

공관 (公館)圈 1 공용 건물. 2 정부 고관의 공
적 저택. 3 '재외공관(在外公館)'의 준말.

공관 (空官)圈 비어 있는 벼슬자리.

공관 (空館)圈하자 『역』조선 때, 성균관 유생
들이 제 주장이 관철되지 않았을 때 일제히
관을 물러나던 일. 권당(捲堂).

공관 (空罐)圈 빈 깡통.

공: 관 복음서 (共觀福音書) 『기』신약 성서 중,
마태·마가·누가의 세 복음서의 총칭.

공관-장 (公館長)圈 외국에 주재하고 있는 한
나라의 책임자. 대사·공사·영사 등.

공교-롭다 (工巧-)[-따][-로워, -로우니]圈
⑤ 뜻밖에 서로 맞거나 틀리는 것이 기이한
듯하다. ▣공교롭게도 모두 출타 중이었다.
공교-로이 튄.

공-교육 (公敎育)圈 국가 기관이나 지방 공공
단체가 베푸는 교육. ▣과외 공부를 막기 위
해서는 ~이 충실해야 한다. ↔사교육.

공교-하다 (工巧-)圈어 1 재치가 있고 교묘하
다. 2 뜻밖에 서로 맞거나 틀리는 것이 기이
하다. **공교-히** 튄.

공-교회 (公敎會)圈 '가톨릭 교회'를 달리 이
르는 말.

공구 (工具)圈 물건을 만들거나 고치는 데에
쓰는 기구나 도구.

공구 (工區)圈 시공 단위(施工單位)로 구분된
공사 구역. ▣지하철 5호선 12 ~.

공:구 (攻究)圈하타 학문·예술 따위를 연구함.

공:구 (恐懼)圈하자 몹시 두려움.

공구-강 (工具鋼)圈 기계 가공용 공구의 재료
가 되는 강철.

공국 (公國)圈 유럽에서, '공(公)'의 칭호를
받은 군주가 다스리던 작은 나라(모나코·리
히텐슈타인 따위).

공군 (空軍)圈 항공기로써 공중 전투 및 폭격
등의 공격·방어를 임무로 하는 군대. *육군·
해군.

공군-기 (空軍機)圈 공군에 딸린 항공기.

공군-력 (空軍力)[-녁]圈 한 나라의 공군의 군
사력.

공군 본부 (空軍本部) 『군』국방부 소속 기관
의 하나. 공군의 최고 사령부. 공군의 편제와
장비, 작전·교육·훈련과 그 밖의 공군에 관한
사항을 관장함.

공군 사:관 학교 (空軍士官學校)[-꾜] 『군』공
군의 정규 장교가 될 사람에게 필요한 교육
을 실시하는 사관 학교(4년제이고 이후사관
학위 및 공군 소위에 임명됨). 窗공사(空士).

공권 (公權)[-꿘] 『법』공법상(公法上)의 권
리(개인·공공 단체 등에 대해 납세·병역 등
의 의무를 이행시키거나 형벌을 과하는 국가
의 권리와, 국가에 대한 참정권·수익권·자유
권 등을 행사하는 개인의 권리로 나뉨). ▣
~ 정지. ↔사권(私權).

공권 (空拳)圈 맨주먹.

공권-력 (公權力)[-꿘녁]圈 『법』국가 또는 공
공 단체가 국민에 대하여 명령하고 강제하는
권력(권력을 행사하는 국가를 가리키는 경우
도 있음). ▣~을 투입하다.

공권 박탈 (公權剝奪)[-꿘-] 사형·무기형의 판

결을 받은 사람에게 공법상 인정된 모든 권리를 빼앗는 일.

공권적 해:석 (公權的解釋)[-꿘저캐-] 〖법〗유권 해석.

공:궐 (空闕)圀 임금이 없는 빈 대궐.

공:궤 (供饋)圀[하타] 윗사람에게 음식을 드림.

공규 (空閨)圀 오랫동안 남편 없이 아내 혼자서 사는 방. 공방(空房). ▫~를 지키다.

공그르다 [공글러, 공그르니] 타여 형겊의 시접을 접어 맞대고서 바늘을 양쪽 시접에서 번갈아 넣어 실 땀이 겉으로 나오지 않게 꿰매다.

공: (孔隙)圀 틈. 구멍.

공극 (空隙)圀 작은 구멍이나 빈틈.

공:극-하다 (孔劇-)[-그카-]혱여 몹시 심하고 지독하다. **공:극-히** [-그키]튀

공근-하다 (恭謹-)혱여 공손하고 조심성이 있다. ▫공근한 태도. **공근-히**튀

공근-하다 (恭勤-)혱여 공손하고 부지런하다. **공근-히**튀

공글리다 타 1 바닥 따위를 단단하게 다지다. 2 일을 틀림없이 마무리하다. 3 흩어져 있는 것을 가지런히 하다.

공금 (公金)圀 1 국가나 공공 단체 소유의 돈. 2 조직이나 모임 구성원 모두가 공동으로 소유하는 돈.

공금 유용 (公金流用)[-뉴-] 공금을 본디 용도 외의 곳에 사사로이 돌려쓰는 일. ▫~으로 파면되다.

공금 횡령 (公金橫領)[-녕] 〖법〗공금을 불법으로 개인의 소유로 함.

공:급 (供給)圀[하타] 1 요구나 필요에 따라 물품 따위를 제공함. ▫수요와 ~ / 전기를 ~하다 / ~이 원활하다 / 재해 지역에 구호품과 의약품을 ~하다 / ~이 수요를 따르지 못하다. 2〖경〗교환 또는 판매의 목적으로 시장에 재화나 용역을 제공함.

공:급 계:약 (供給契約)[-계- / -께-] 〖법〗앞으로 일정한 시기에 목적물의 소유권을 이전할 것을 약속하는 계약.

공:급-량 (供給量)[-냥]圀 공급하는 수량.

공:급-원 (供給源)圀 공급이 이루어지는 본바탕. ▫비타민의 ~ / ~을 차단하다.

공:급-자 (供給者)[-짜]圀 공급하는 사람이나 기관.

공:급-지 (供給地)[-찌]圀 공급하여 주는 곳.

공:급 함수 (供給函數)[-그팜쑤] 〖경〗공급량의 변화가 가격의 변화에 비례함을 나타내는 함수.

공:기圀 1 다섯 개의 작은 돌을 땅바닥에 놓고, 일정한 규칙에 따라 집고 받는 아이들의 놀이. 또는 그 돌. 2 공 따위를 헝겊에 싸서 만든 공 두 개 이상을 가지고 땅에 떨어지지 않게 하나씩 번갈아 가며 공중에 올리며 받는 놀이. 또는 그 공.
공기(를) 놀다囝 공기를 하고 놀다.
공기(를) 놀리다囝 ㉠공기를 가지고 놀리다. ㉡사람을 농락하다.

공기 (工期)圀 공사하는 데 걸리는 기간. ▫~를 단축하다 / ~가 연장되다.

공기 (公器)圀 1 공중의 물건. 2 사회의 개개인에게 영향을 미치는 공공성을 띤 기관. ▫신문은 사회의 ~다.

공기 (空氣)圀 1 지구를 둘러싸고 있는 무색·투명·무취의 기체. 대기(大氣). ▫맑은 ~를 마시다 / ~가 탁하다 / ~의 오염이 심각하다. 2 주위에 감도는 느낌·상태. 분위기. ▫험악한 ~ / 바깥 ~가 심상치 않다.

공기 (空器)圀 1 빈 그릇. 2 위가 넓고 밑이 좁은 작은 그릇(주로 밥을 담아 먹는 데 씀). 3 밥 따위를 공기에 담아 그 분량을 세는 단위《의존 명사적으로도 씀》. ▫밥 두 ~를 게 눈 감추듯 먹어 치웠다.

공기-가스 (空氣gas)圀 공기에 가솔린 따위의 증기를 섞어 만든 가스《등화용 또는 열원(熱源)으로 씀》.

공기 공구 (空氣工具)〖공〗압축 공기를 동력으로 해서 그 팽창력으로 움직이는 공구.

공기-구멍 (空氣-)圀 ▫~을 막다.

공기 기관 (空氣機關)〖공〗열로 팽창시킨 공기나 압축 공기를 원동력으로 쓰는 기관. 기압 기관.

공기 냉:각 (空氣冷却) 내연 기관의 과열을 막기 위하여 실린더와 공기의 접촉 부위를 넓게 만들어 열을 발산·냉각시키는 일. ㉰공랭(空冷).

공:기-놀이圀[하자] 공기를 가지고 노는 아이들의 놀이.

공기 망치 (空氣-)〖공〗압축 공기를 동력으로 하여 목적물을 내려치는 망치. 공기 해머.

공기 브레이크 (空氣brake) ➡에어 브레이크.

공기-뿌리 (空氣-)圀〖식〗땅속에 있지 않고 공기 중에 노출되어 있는 뿌리. 대개 땅위줄기에서 생성함《옥수수·석곡(石斛)·풍란(風蘭) 등에서 봄》. 기근(氣根). *땅위뿌리.

공기 색전증 (空氣塞栓症)[-쩐쯩] 〖의〗정맥으로 공기가 들어가 발생하는 색전증.

공기 세:척기 (空氣洗滌機)[-끼] 오염된 공기를 물을 이용하여 깨끗하게 하는 장치《공기를 냉각·청결하게 하여 실내 온도를 낮춤》.

공기-압 (空氣壓)圀〖물〗자동차 타이어 따위의 안에 있는 공기의 압력. 공기 압력.

공기 압력 (空氣壓力)[-암녁] 1 기압(氣壓). 2 공기압.

공기 압축기 (空氣壓縮機)[-끼] 공기를 대기압 이상의 압력으로 압축하여 압축 공기를 만드는 기계.

공기-액 (空氣液)圀 액체 공기.

공:기업 (公企業)圀 국가 및 지방 자치 단체가 경영하는 기업《철도·수도 따위》. ▫~의 민영화를 추진하다. ↔사기업.

공기 요법 (空氣療法)[-뻡]〖의〗호흡기 환자, 특히 결핵 환자의 호흡을 조종하여 치료하는 방법의 하나. 대기 요법과 공기욕의 두 가지가 있음.

공기-욕 (空氣浴)圀[하자] 알몸으로 신선한 공기를 쐬어 피부의 저항력을 증진시키는 일.

공기 저:항 (空氣抵抗)〖물〗공기 속을 운동하는 물체가 공기로부터 받는 저항.

공기 전염 (空氣傳染)〖의〗공기 중에 떠다니는 병원균이 사람이나 동물의 호흡기를 통해 체내에 들어가 일으키는 전염. 공기 감염. ▫유행성 감기는 ~으로 옮긴다.

공기 제:동기 (空氣制動機) ➡에어 브레이크.

공기-주머니 (空氣-)圀〖생〗조류의 가슴 속에 있어 허파와 통하는 얇은 막의 주머니. 기낭(氣囊).

공기 청정기 (空氣淸淨器) 공기 속의 먼지·세균을 걸러 내는 장치. 공기 정화기.

공기-총 (空氣銃)圀〖물〗공기를 이용하여 탄알을 발사하는 총《새총 따위》.

공기 컨베이어 (空氣conveyer) 곡식 따위의 낟알을 관 속으로 흐르는 공기에 의하여 운반하는 장치.

공기 펌프(空氣pump) **1** 밀폐한 용기 속의 기체를 뽑아 진공 상태를 만드는 펌프. 진공 펌프. **2** 공기를 압축하여 용기 속에 넣는 펌프. 에어 펌프.

공:깃-돌[-기똘 / -긷똘] 圐 공기놀이에 쓰는 밤톨만 한 돌.

공납(公納) 圐 국고로 들어가는 조세.

공·납(貢納) 圐하타 〖역〗백성이 그 지방의 특산물을 조정에 바치던 일. 또는 그 세제(稅制). 납공(納貢). ⓒ공(貢).

공납-금(公納金)[-끔] 圐 **1** 관공서에 의무적으로 내는 돈. ▢∼을 걷다 / ∼이 인상되다. **2** 학생이 학교에 정기적으로 내는 돈. ▢∼을 걷다 / ∼이 인상되다.

공낭(空囊) 圐 **1** 돈이 들어 있지 않은 빈 주머니. **2** 몸에 돈을 지니지 않음을 일컫는 말.

공녀(工女) 圐 공장에서 일하는 여자. 여공. 여직공.

공·노(公怒) 圐하자 함께 성냄. ▢천인(天人)이 ∼할 패륜아.

공-노비(公奴婢) 圐 〖역〗관아에서 부리던 노비. 관노비.

공:놀이 圐하자 공을 가지고 노는 놀이.

공능(功能) 圐 **1** 공적과 재능. **2** 공들인 보람을 나타내는 능력.

공다리 圐 무·배추의 씨를 떨어낸 장다리.

공단(工團) 圐 '공업 단지'의 준말.

공단(公團) 圐 국가적인 사업을 수행하기 위하여 설립된 특수 법인《국민 연금 관리 공단·국민 건강 보험 공단 따위》.

공·단(貢緞) 圐 두껍고 무늬는 없으나, 윤기가 도는 고급 비단.

공담(公談) 圐하자 **1** 공평한 말. **2** 공무(公務)에 관한 말. ↔사담(私談).

공-담(空-) 圐 빈터에 둘러 막은 담. 빈담.

공담(空談) 圐하자 쓸데없거나 실행이 불가능한 이야기.

공답(公畓) 圐 〖역〗나라의 논. ↔사답(私畓).

공당(公堂) 圐 〖역〗공무를 맡아보던 곳. 관아(官衙).

공당(公黨) 圐 당의 정강(政綱)이나 정책을 공개적으로 밝혀 그 활동이 공적(公的)으로 인정되는 정당이나 당파.

공당(空堂) 圐 텅 빈 집이나 마루.

공대(工大) 圐 '공과 대학'의 준말.

공대(空垈) 圐 **1** 집을 지을 빈터. **2** 울 안의 빈 터전. ▢∼에 꽃밭을 가꾸다.

공대(恭待) 圐하타 **1** 공손하게 대접함. ▢노인을 ∼하다. **2** 상대에게 높임말을 씀. ↔하대.

공-대공(空對空) 圐 공중에서 공중으로 향함. ▢∼ 사격 훈련.

공대공 미사일(空對空missile) 〖군〗항공기에서 공중의 목표물을 공격하는 데 쓰는 유도 미사일. 에이에이엠(AAM).

공대-말(恭待-) 圐 상대나 상대에 관계되는 일을 공대하여 이르는 말. 경어. 높임말. ↔예사말.

공-대지(空對地) 圐 공중에서 땅으로 향함. ↔지대공(地對空).

공대지 미사일(空對地missile) 〖군〗항공기에서 땅이나 바다 위의 목표물을 공격하는 데 쓰는 미사일. 에이에스엠(ASM).

공덕(公德) 圐 공중에 대한 도덕. 공중도덕.

공덕(功德) 圐 **1** 공로와 덕행. ▢∼을 쌓다 / ∼을 칭송하다. **2** 〖불〗착한 일을 많이 한 힘. ▢부처의 ∼.

공덕-문(功德文)[-떵-] 圐 〖불〗불사를 위하여 모금하고자 권선문(勸善文)을 지어서 집집마다 돌리고, 시주자의 이름을 적는 책.

공덕-심(公德心)[-씸] 圐 공중도덕을 존중하려는 정신.

공덕-심(功德心)[-씸] 圐 〖불〗남을 위해 좋은 일을 하려는 마음.

공도(公度) 圐 〖수〗같은 종류인 두 개 이상의 양(量)에 공통으로 들어 있는 분량.

공도(公盜) 圐 자신의 직위와 직권을 이용하여 사사로운 이익을 꾀하는 일. 또는 그런 공무원. 공적(公賊). ▢∼를 저지르다.

공도(公道) 圐 **1** 공평하고 바른 도리. **2** 떳떳하고 당연한 이치. **3** 공로(公路). ↔사도(私道).

공도(公稻) 圐 〖역〗관아에서 수납하던 벼.

공·도(孔道) 圐 공자(孔子)가 가르친 도(道).

공:도-동망(共倒同亡) 圐하자 같이 쓰러지고 함께 망함.

공-돈(空-)[-똔] 圐 노력의 대가가 아닌 거저 얻거나 생긴 돈. ▢∼을 바라다 / ∼이 생기다.

공-돌다(空-)(공돌아, 공도니, 공도는)자 **1** 쓰지 않고 남아서 이리저리 굴러다닌다. **2** 성과 없이 헛돈다. ▢바퀴가 ∼.

공·동(共同) 圐하타 여러 사람이나 단체가 함께 일을 하거나, 같은 자격으로 관계를 가짐. ▢∼ 연구 / ∼ 우승 / ∼ 작업 / ∼의 관심사를 논의하다 / 월드컵 축구 대회를 한일 ∼으로 개최하다.

공·동(共動) 圐 '공동 운동'의 준말.

공동(空洞) 圐 **1** 빈 굴. **2** 〖의〗염증이나 괴사(壞死)로 인해 장기(臟器)의 어느 한 부분에 생긴 구멍. ▢결핵으로 허파에 ∼이 생기다.

공·동(恐動) 圐하타 위협적인 말로 사람을 두렵게 함.

공·동 가입 전:화(共同加入電話)[-쩐-] 가까운 거리에 있는 전화 가입자들이 여러 대의 전화기를 한 개의 전화 회선으로 함께 사용하는 전화.

공·동-격(共同格)[-껵] 圐 문장의 주어나 목적어가 다른 체언과 '서로'·'함께'의 관계에 있음을 보이는 격《'와·과·하고' 따위의 조사가 붙음》.

공·동-견(共同繭) 圐 쌍고치.

공·동 경:비 구역(共同警備區域) 유엔군과 남북한의 군이 공동으로 경비를 담당하는 지역. 제이에스에이(JSA).

공·동 관리(共同管理)[-괄-] 〖경〗둘 이상의 사람이나 기관, 단체·국가 등이 하나의 회사나 단체를 함께 관리하는 일.

공·동 기업(共同企業) 〖경〗조합이나 회사처럼 두 사람 이상이 공동으로 경영하는 기업.

공·동 담보(共同擔保)[-뽀] 〖경〗거래omong 가운데 한 사람이 계약을 위반해서 생긴 손해를 공동으로 배상하는 담보. **2** 〖법〗하나의 채권을 담보하기 위해서 여러 개의 물건에 담보권을 설정하는 일.

공·동-답(共同畓) 圐 두 사람 이상이나 마을이 함께 짓는 논.

공·동 대:리(共同代理) 〖법〗두 사람 이상이 하나의 대리권을 공동으로 행사하는 일.

공·동 대:표(共同代表) 〖법〗몇 사람이 공동으로 법인을 대표하는 경우의 대표.

공·동 모의(共同謀議)[- / -이] 두 사람 이상이 공동으로 불법적인 일을 하기로 협의하는 일. 공모(共謀).

공·동 못자리(共同-)[-짜-/-짇짜-] 몇 집 또는 한 마을에서 쓸 모를 공동으로 기르는 못자리.

공:동-묘지(共同墓地)圏 여러 사람이 공동으로 쓰도록 마련한 매장지. ▯~에 안장하다.
공:동 방위(共同防衛) 두 나라 이상이 공동으로 침략의 적을 방어하는 일.
공동 벽돌(空洞甓─)[─똘] 속을 비게 만든 벽돌(무게가 가볍고, 방습(防濕)·방열(防熱)의 효과가 있음).
공:동-변소(共同便所)圏 1 몇 집 또는 한 동네가 공동으로 사용하기 위하여 만들어 놓은 변소. 2 '공중변소'의 별칭.
공:동-보조(共同步調)圏 둘 이상의 사람·단체·나라 따위가 모두 뜻을 모아 서로 일치되는 일을 하는 태도나 방법. ▯~를 취하다.
공:동 보증(共同保證) 하나의 채무에 대해 두 사람 이상이 공동으로 서는 보증.
공:동 사회(共同社會) 가족·촌락처럼 이해관계에 의해서가 아니라 혈연(血緣)·지연(地緣) 등에 의해 자연적으로 맺어진 사회. 게마인샤프트. ↔이익 사회.
공:동 상속(共同相續)〔법〕둘 이상의 재산 상속인이 공동으로 재산을 물려받는 일. ↔단독 상속.
공:동 상속인(共同相續人)〔법〕공동으로 재산을 물려받는 사람.
공:동-생활(共同生活)圏 일정한 시간과 공간에서 여럿이 서로 도우며 사는 생활.
공:동-선(共同線)圏 하나의 전화 회선에 둘 이상의 전화기를 설치시켜 쓰는 전화선.
공:동 선언(共同宣言) 둘 이상의 개인·단체·국가가 서로의 주장이나 방침에 대해서 합의한 사항을 공동으로 발표하는 일. 또는 그 내용. ▯남북 ~을 발표하다.
공:동 성명(共同聲明) 1 둘 이상의 개인이나 단체가 그들 사이에 목적과 관심을 같이 하는 일에 대해서 입장과 견해를 함께 공개적으로 발표함. 또는 그 내용. 2 한 나라의 정부 수뇌가 외국을 방문하였을 때, 그 나라 수뇌와의 회담 내용·특기 사항 등을 발표하는 문서. ▯~을 발표하고 귀국 길에 오르다.
공:동 소:유(共同所有) 두 사람 이상이 하나의 물건을 공동으로 소유하는 일.
공:동 영지(共同領地)[─녕─] 두 나라 이상이 공동으로 통치하는 땅.
공:동 운:동(共同運動) 1 둘 이상의 개인이나 단체가 같은 목적을 이루기 위해서 서로 힘을 모아 벌이는 운동. 2〔의〕의식적인 운동에 따라 무의식적으로 일어나는 다른 운동. ⮓공동(共動).
공:동 원고(共同原告)〔법〕두 사람 이상이 한 사건의 원고가 되었을 때의 그 원고.
공:동 위원회(共同委員會) 한 문제를 공동으로 심의하고 검토하기 위하여 둘 이상의 단체나 국가가 각각 위원을 내어 조직한 위원회. ⮓공위(共委).
공:동 의:무(共同義務) 동일한 일에 대하여 여러 사람이 공동으로 지는 의무.
공:동 작전(共同作戰)[─쩐] 1〔군〕둘 이상의 부대나 국가, 또는 육해공군이 공동을 펼치는 작전. ▯~을 펴다. 2 여러 사람이 힘을 합하여 어떤 일을 함께하는 일.
공:동 저:당(共同抵當)〔법〕동일한 채권을 담보하기 위하여 여러 개의 부동산에 공동으로 설정하는 저당.
공:동-전(共同栓)圏 공동으로 사용하는 수도전. 또는 수도꼭지.
공:동 전:선(共同戰線) 둘 이상의 단체나 나라가 공동의 목적이나 이익을 위해서 공동의 적을 상대하여 함께 대항하는 태도. 또는 그

조직. ▯~을 형성해 대항하다.
공:동 전:지식(共同電池式) 교환국의 전지 하나를 모든 가입자의 전화기의 송화용(送話用)·신호용으로 공동 사용하는 수동 전화 교환 방식. ⮓공전식.
공:동 점유(共同占有)〔법〕하나의 물건에 대해서 둘 이상의 개인·단체·나라가 공동으로 차지하여 가지는 일. ↔단독 점유.
공:동 정:범(共同正犯)〔법〕몇 사람이 공동으로 범죄를 실행한 경우에 그 여러 범인. 또는 그 범죄 행위. ↔단독 정범.
공:동 조계(共同租界)[-/-게] 지난날, 중국의 개항 도시에서 여러 외국이 공동으로 관리하던 외국인 거주 지역. ↔전관 조계.
공:동 주:택(共同住宅) 하나의 건물 안에서 여러 세대가 각각 독립된 생활을 할 수 있게 만들어진 주택.
공:동-체(共同體)圏 1 공동 사회. 2 생활이나 행동, 목적 따위를 같이하는 두 사람 이상의 모임. ⮓민족 ~.
공:동 출자(共同出資)[-짜]〔경〕둘 이상의 사람이나 법인이 공동 사업에 자본을 함께 내는 일.
공:동-탕(共同湯)圏 대중목욕탕.
공:동 판매(共同販賣) 1 판매 조합을 통하여 공동으로 하는 판매. 2 기업체가 자신의 판매하지 않고 공동 판매장을 거쳐서 하는 판매. ⮓공판.
공:동 피:고(共同被告)〔법〕두 사람 이상이 한 사건의 피고가 되었을 때의 그 피고.
공:동 해:손(共同海損)〔법〕해난 때, 선장이 선박과 화물을 같이 구하기 위하여 취한 행동으로 생긴 손해나 비용. ↔단독 해손.
공:동 행위(共同行爲) 두 사람 이상의 합치된 의사로 이루어진 행위.
공동-화(空洞化)圏하자 마땅히 있어야 할 것이 없어져 속이 텅 비게 됨. ▯도심의 ~ 현상 / 결혁으로 인한 폐의 ~.
공득(空得)圏하타 힘을 들이거나 값을 치르지 아니하고 거저 얻음.
공득지물(空得之物)[-찌-]圏 힘이나 돈을 들이지 않고 거저 얻은 것. 공것.
공─들다(功─)〔공들어, 공드니, 공드는〕재 어떤 일을 이루는 데 정성과 노력이 많이 들다. [공든 탑이 무너지랴] 정성으로 이룬 일은 쉽게 깨뜨려지지 않으며 그 결과가 헛되지 않음을 이르는 말.
공─들이다(功─)재 무엇을 이루려고 마음과 힘을 많이 쏟다. ▯작품에 ~ / 공들인 흔적이 곳곳에에 엿보인다.
공─떡(空─)圏 힘들이지 않고 거저 얻은 이익. ▯~이 생기다 / 세상에 ~이란 없다.
공─뜨다(空─)〔공떠, 공뜨니〕재 1 임자 없이 남아돌다. ▯휴가가 취소되어 차표가 공뜨게 생겼다. 2 소문 따위가 근거 없이 떠돌다. ▯공뜬 소문. 3 까닭 없이 마음이 들뜨다.
공:락(攻落)[-낙]圏하타 공격하여 함락시킴. ▯적의 진지를 ~하다.
공란(空欄)[-난]圏 지면에 글자 없이 비워 둔 난. ▯~을 채우다 / ~에 이름을 써넣다.
공:람(供覽)[-남]圏하타 여러 사람이 봄. 또는 여러 사람이 돌려 보게 함. ▯~에 부치다 / 선거인 명부 ~.
공랑(公廊)[-낭]圏〔역〕조선 때, 나라에서 서울 종로 양쪽에 지어 벌인 가게.
공랭(空冷)[-냉]圏 '공기 냉각'의 준말.

공랭-식(空冷式)[-냉-] 총포·엔진 등을 공기로 식히는 방식. □~ 엔진 / ~ 기관총. ↔수랭식(水冷式).

공:략(攻略)[-냑] 〖명〗〖하타〗 적지·적진을 공격하여 빼앗음. □목표 지점을 ~하다.

공:략(攻掠)[-냑] 남을 공격하여 그 소유물을 빼앗음.

공:량(貢糧)[-냥] 강미(講米).

공력(工力)[-녁] 공부하여 쌓은 실력. 또는 공부를 함으로써 갖게 되는 힘.

공력(公力)[-녁] 개인 및 단체를 강제하고 복종시키는 국가 및 사회의 권력.

공력(功力)[-녁] 1 공들이고 애쓰는 힘. □~을 들이다 / ~을 쏟아 만들다. 준공(功). 2 〖불〗불법을 수행하여 얻은 공덕의 힘.

공력(空力)[-녁] 헛되이 들인 힘. 헛심.

공:력-근(共力筋)[-녁끈] 〖생〗서로 같은 방향의 운동을 하는 근육. ↔길항근(拮抗筋).

공렬(功烈)[-녈] 〖명〗뛰어난 공적. 공업(功業).

공로(公路)[-노] 〖명〗많은 사람과 차가 다니는 큰길. 공도(公道).

공로(功勞)[-노] 〖명〗어떤 일에 애쓰거나 이바지한 노력과 수고. 또는 그 결과로서의 공적. □~가 크다 / ~를 치하하다 / ~상(賞) / 건국에 이바지한 ~를 기리다. 준공(功).

공로(空老)[-노] 〖명〗1 아무 일도 한 것이 없이 헛되이 늙음. 2 학식이 있는 선비가 과거에 급제하지 못한 채 늙음.

공로(空路)[-노] 〖명〗'항공로(航空路)'의 준말. □육로로 갔다가 ~로 돌아오다.

공로-자(功勞者)[-노-] 〖명〗어떤 일에 공로가 있는 사람.

공로-주(功勞株)[-노-] 〖명〗〖경〗주식회사에서, 그 회사에 크게 공헌한 사람에게 무상 또는 액면가로 주는 주식.

공론(公論)[-논] 〖명〗〖하타〗 1 여럿이 모여 의논함. 또는 그런 의논. □~에 부치다. 2 공정하게 의논함. 또는 그런 의논. 공의(公議). □~에 따라 일을 처리하다. 3 사회 일반의 공통된 의견. 여론. □~이 분분하다 / ~이 형성되다. ↔사론(私論).

공론(空論)[-논] 〖명〗〖하자〗 헛된 논의를 함. 그 이론이나 논의.

공론-가(空論家)[-논-] 〖명〗실속 없는 헛된 이론이나 논의를 일삼는 사람.

공론-공담(空論空談)[-논-] 〖명〗실속 없는 헛된 이론과 쓸데없는 이야기. □~으로 시간을 허비하다.

공론-화(公論化)[-논-] 〖명〗〖하타〗 여러 사람이 논의하는 대상이 됨. 또는 그렇게 되게 함. □사용 후 핵연료 처리 문제를 ~하다.

공:룡(恐龍)[-농] 〖명〗1 중생대의 쥐라기에서 백악기에 걸쳐 번성하였던 거대한 파충류의 총칭(화석에 의하여 1000여 종이 알려져 있으며, 길이 5~25m, 흔히 뒷다리로 보행함). 디노사우르. 2 규모가 매우 큰 것을 비유적으로 이르는 말.

공루(空淚)[-누] 〖명〗거짓으로 흘리는 눈물.

공류(公流)[-뉴] 〖명〗공공의 이해에 관계되는 유수(流水).

공륜(空輪)[-뉸] 〖명〗〖불〗오륜탑(五輪塔)이나 상륜탑(相輪塔)의 맨 위에 있는 원륜(圓輪).

공리(公吏)[-니] 〖명〗〖법〗1 관리가 아니면서 공무를 맡아보는 사람(공증인·집행관 따위). 2 공공 단체의 사무를 맡아보는 사람.

공리(公利)[-니] 〖명〗공중이나 공공 단체의

익. ↔사리(私利).

공리(公理)[-니] 〖명〗1 일반에 통용되는 도리. □~를 지키다. 2 〖수·논〗자명(自明)한 진리로 인정되어 다른 명제(命題)의 전제가 되는 원리. □수학의 ~.

공리(功利)[-니] 〖명〗1 공명(功名)과 이욕(利慾). □~를 좇다. 2 공로와 이익. 3 〖윤〗이익과 행복.

공리(空理)[-니] 〖명〗사실과 동떨어지거나 쓸데없는 이론.

공:리(貢吏)[-니] 〖명〗〖역〗공물을 상납하는 일을 맡아보던 관리.

공리-공론(空理空論)[-니-논] 〖명〗실천이 따르지 않는 헛된 이론. □~을 일삼는 이론가들.

공리-설(功利說)[-니-] 〖명〗〖윤〗공리주의.

공리-성(功利性)[-니썽] 〖명〗1 어떤 목적을 이루는 데 유용한 성질. 2 공명과 이익만을 추구하는 성질.

공리-적(功利的)[-니-] 〖관〗어떤 일의 효과와 가치를 먼저 생각하는 (것). □~인 생각.

공리-주의(功利主義)[-니- / -니-이] 〖명〗1 자신의 이익과 행복·공명만을 추구하는 경향. 2 쾌락·행복이나 이익 따위를 가치의 기준, 도덕의 기초 또는 인생의 지상 목표로 삼는 학설. 공리설. 실리주의.

공립(公立)[-닙] 〖명〗지방 자치 단체가 설립해서 운영함. 또는 그 시설. □~ 병원. ↔사립(私立).

공:립(共立)[-닙] 〖명〗〖하자타〗 1 나란히 섬. 2 공동으로 세움.

공립 학교(公立學校)[-니팍꾜] 지방 자치 단체가 지방비로 세워서 운영하는 학교.

공막(鞏膜) 〖명〗〖생〗눈알의 겉을 싼 얇은 막. 백막(白膜).

공막-염(鞏膜炎)[-망념] 〖명〗〖의〗공막에 자홍색의 반점이 생기는 눈병.

공막-하다(空漠-)[-마카-] 〖형어〗1 아득히 넓다. □공막한 황야를 헤매다. 2 막연해서 종잡을 수 없다. □공막한 인생 / 공막한 이론.

공매(公賣) 〖명〗〖하타〗 공공 기관이 압류한 재산이나 물건 따위를 경매나 입찰 등의 방법으로 일반에게 공개하여 팖. □~에 부치다.

공매 처:분(公賣處分) 관공서에서 세금 체납자의 재산을 강제로 공매에 부치는 일.

공:맹(孔孟) 〖명〗공자와 맹자.

공:맹지도(孔孟之道) 공자와 맹자가 주장한 인의(仁義)의 도.

공:맹-학(孔孟學) 〖명〗공자와 맹자의 학문. 또는 그것을 연구하는 학문. 유학(儒學).

공:멸(共滅) 〖명〗〖하자〗 함께 사라지거나 멸망함. □~의 위기에 처하다.

공명(功名) 〖명〗〖하자〗 공을 세워 이름이 널리 알려짐. 또는 그 이름. □~을 떨치다 / 부귀와 ~을 누리다.

공:명(共鳴) 〖명〗〖하자〗 1 남의 사상이나 감정·행동 따위에 공감하여 그에 따름. □건설적인 주장에 ~하다. 2 〖물〗발음체(發音體)가 외부 음파(音波)에 자극되어 이와 동일한 진동수의 소리를 내는 현상.

공명(空名) 〖명〗실제에 맞지 않는 명성. 허명(虛名).

공:명-관(共鳴管) 공기를 진동시켜 음의 세기를 높이는 데 쓰는 관.

공:명-기(共鳴器) 특정한 진동수의 소리에만 울리도록 만들어진 기구(음의 종류를 분석하는 데에 씀).

공:명 상자(共鳴箱子) 〖물〗공기를 공명시켜 음의 세기를 높이는 데 쓰는 장치. 음파의 진

동수를 잼(기타의 몸통 따위). 울림 상자.

공명-선거 (公明選擧)圐 부정이 없이 떳떳하고 바른 선거. □~에 앞장서다.

공명-심 (功名心)圐 공을 세워 이름을 널리 드러내려는 마음. □~이 강하다 / ~에 불타다 / 헛된 ~에 사로잡히다.

공명-욕 (功名慾)[-뇩]圐 공을 세워 이름을 널리 드러내려는 욕심.

공명-장 (空名帳)[-짱]圐《역》공명첩.

공명정대-하다 (公明正大-)圐젠 사사로움이 없이 정당하고 떳떳하다. □공명정대한 선거 / 공명정대하게 행동하다. **공명정대-히**匣

공명-지 (空名紙)圐《역》과거를 볼 때 예비로 가지고 가던 시험지.

공명-첩 (空名帖)圐《역》성명을 적지 않은 백지 임명장(돈이나 곡식 따위를 받고 관직을 팔 때 관직 이름은 써 주되 이에 임명된 자는 실무를 보지 않고 명색만 행세하게 됨). 공명장.

공명-하다 (公明-)圐젠 사사로움이나 치우침 없이 공정하고 명백하다. □공명한 처리 / 선거를 공정하게 치르다. **공명-히**匣

공모 (公募)圐하타 일반에게 널리 공개하여 모집함. □주식을 ~하다 / ~에 응모하다 / 생활 체험 수기를 ~하다. *사모(私募).

공:모 (共謀)圐하타 두 사람 이상이 불법적인 행위를 벌이기로 합의함. □~에 가담하다 / ~하여 탈옥하다.

공:모-범 (共謀犯)圐《법》몇 사람이 공동으로 범죄를 계획하고 그중 한 사람에게 범죄를 저지르게 했을 경우의 공범. 공모 공범.

공-모선 (工母船)圐 배 안에 수산물 가공 설비를 갖춘 어선(어획물을 통조림·유지(油脂)를 만드는 따위의 가공을 함).

공:모-자 (共謀者)圐 공모한 사람.

공모-전 (公募展)圐 공개 모집한 작품의 전시회. □~을 열다 / 서예 ~에 입선하다.

공모-주 (公募株)圐 일반에게 널리 투자자를 모집해 발행하는 주식.

공목 (空木·空目)圐 인쇄소에서 활자를 조판할 때, 활자 사이나 행간(行間)을 메우기 위해 끼우는 나무나 납 조각.

공몽-하다 (涳濛-)圐젠 이슬비가 많이 내리거나 안개가 몹시 끼어 보얗고 자욱하다. **공몽-히**匣

공:묘 (孔廟)圐 공자를 모신 사당.

공무 (工務)圐 1 공장에 관한 사무. 2 토목·건축에 관한 일.

공무 (公務)圐 1 여러 사람에 관련된 일. □~로 외출 중이다 / ~가 바쁘다. 2 국가나 공공 단체의 사무. □~ 집행 방해 / ~를 수행하다. ↔사무(私務).

공무-국 (工務局)圐 신문사·출판사 기구의 하나로, 주로 인쇄 공장을 이름.

공무도하-가 (公無渡河歌)圐《문》공후인(箜篌引).

공무-아문 (工務衙門)圐《역》조선 때, 공작·교통·체신·건축·광산 따위에 관한 일을 맡아보던 관아.

공무-원 (公務員)圐 국가 또는 지방 자치 단체의 사무를 맡아보는 사람. 국가 공무원과 지방 공무원으로 크게 구별됨. □고위직 ~ / ~으로 일하다.

공무 집행 방해죄 (公務執行妨害罪)[-지쨍-죄]《법》공무원의 직무를 방해하거나 폭행·협박하였을 때 성립하는 죄.

공문 (公文)圐 '공문서'의 준말. □~을 발송하다 / ~을 띄우다.

공:문 (孔門)圐 공자의 문하. 성문(聖門). □~십철(十哲).

공:문 (孔紋)圐《생》생물의 세포막에 있는 구멍. 세포 사이에 연락을 할 수 있게 함.

공문 (空文)圐 1 실생활에 아무 쓸모없는 글. 2 실제 효력이 없는 법률이나 규칙의 조문. 지상공문(紙上空文).

공:문 (拱門)圐《건》아치.

공-문서 (公文書)圐 공공 기관이나 단체에서 공식으로 작성한 문서. 공첩(公貼). □~ 위조 / ~를 발송하다. ↔사문서. ⓒ공문·공서.

공문서 위조죄 (公文書僞造罪)[-죄]《법》공문서를 거짓으로 만들거나 변조한 죄.

공물 (公物)圐 국가나 공공 단체에 속한 물건(도로·항구 또는 국·공립 학교 따위).

공:물 (供物)圐 신령이나 부처 앞에 바치는 물건. □~을 바치다.

공:물 (貢物)圐《역》궁중이나 나라에 바치던 물건. □~을 거두어들이다. ⓒ공(貢).

공:물-방 (貢物房)圐《역》조선 때, 지방 백성을 대신해서 나라에 공물을 바치고 나중에 그 비용과 이자를 합하여 값을 받던 곳. ⓒ공방(貢房).

공:물-지 (貢物紙)圐《역》조선 때, 지방에서 나라에 바치던 종이(이 종이로 공물을 싸서 중국으로 보냈음).

공:미 (供米)圐 신불(神佛)에 바치는 쌀.

공:미 (貢米)圐《역》공물로 바치던 쌀.

공미리圐《어》학꽁치.

공민 (公民)圐 1 국가 사회의 일원으로 독립 생활을 하는 자유민. 2 시·군·읍·면을 구성원으로 공민권을 가진 사람.

공민 교:육 (公民敎育) 사회 구성원으로서 살아가는 데 필요한 교양을 가르치는 교육.

공민-권 (公民權)[-꿘]圐《법》공민으로서의 권리(국회나 지방 자치 단체의 의회에 관한 선거권·피선거권을 통하여 정치에 참여하는 지위나 자격 따위).

공민-학교 (公民學校)[-교]圐 초등 교육을 받지 못하고 취학 연령을 넘긴 사람에게 초등교육을 실시하던 학교.

공바기圐 씨도리배추를 잘라 낸 뿌리.

공박 (公拍)圐하타《역》대한 제국 때, '경매(競賣)'의 뜻으로 일컫던 말.

공:박 (攻駁)圐하타 남의 잘못을 따지고 공격함. □~을 당하다(받다).

공-밥 (空-)[-빱]圐 제 값을 치르지 않거나 일을 하지 않고 거저 먹는 밥. □~이 생기다.

　공밥(을) 먹다㉿ 마땅히 해야 할 일을 하지 않거나 일을 제대로 하지 않고 보수만 받다.

공방 (工房)圐 1 공예가의 작업장. 2《역》조선 때, 승정원이나 각 지방 관아의 육방 가운데 공예·건축·토목 공사 따위에 관한 일을 맡아보던 부서.

공:방 (孔方)圐 엽전(葉錢).

공:방 (攻防)圐 공격과 방어. □치열한 ~을 벌이다.

공방 (空房)圐 1 사람이 거처하지 않는 빈방. 2 특히 여자가 홀로 자는 방. 공규(空閨).

공:방 (貢房)圐《역》'공물방'의 준말.

공방-살 (空房煞)[-쌀]圐 부부간에 사이가 나쁠 살(그 누가 있다〔들다〕).

공:방-전 (攻防戰)圐 서로 공격하고 방어하는 싸움. □~을 펼치다 / 일진일퇴의 치열한 ~이 벌어지다.

공:방-형 (孔方兄)圐 엽전(葉錢).

공배 (空排) 圏 바둑에서, 양편의 득점에 영향이 없는 빈 밭. ㅁ~수.

공-배수 (公倍數) 圏 〖數〗 두 개 이상의 정수(整數) 또는 정식(整式)에 공통되는 배수. ＊공약수.

공백 (空白) 圏 1 종이나 책 따위의 글씨·그림이 없는 빈 곳. 여백(餘白). ㅁ~을 메우다. 2 아무것도 없이 비어 있음. ㅁ~ 기간 / ~ 상태 / 치안에 ~이 생기다.

공백-기 (空白期)[-끼] 圏 특정한 활동이나 실적이 없는 기간. ㅁ~를 깨다.

공변되다 휑〖옛〗공변되다.

공:벌 (攻伐) 圏하타 공격하여 정벌함. ㅁ적을 ~하다.

공:범 (共犯) 圏하자 〖法〗 1 두 사람 이상이 공모하여 죄를 범함. ㅁ~ 관계 / ~으로 몰다. 2 '공범자'의 준말. ↔단독범.

공:범-자 (共犯者) 圏 〖法〗 함께 계획해서 범죄를 저지른 사람. ㅁ~도 함께 처벌하다. ⑧ 공범.

공:범-죄 (共犯罪)[-쬐] 圏 두 사람 이상이 함께 계획해서 저지른 범죄. ㅁ~로 처벌받다.

공법 (工法)[-뻡] 圏 공사하는 방법. ㅁ현대식 ~ / 다양한 ~을 선보이다.

공법 (公法)[-뻡] 圏 1 〖法〗 국가나 공공 단체 상호 간의 관계나 이들과 개인의 관계를 규정하는 법률《헌법·행정법·형법·국제 공법 따위》. ↔사법. 2 〖數〗 기하학 작도의 기본이 되는 가장 간단한 작도법(作圖法).

공법 (空法)[-뻡] 圏 항공기에 의한 공간의 이용 관계를 규정한 법규의 총칭. 항공법.

공-법인 (公法人)[-뻐빈] 圏 〖法〗 특정한 공공 목적을 위해서 설립한 법인《지방 자치 단체·공공 조합 따위》. ↔사법인.

공법-학 (公法學)[-뻐팍] 圏 공법에 관계된 법리(法理)나 공법의 본질을 연구하는 학문.

공변-되다 휑 행동이나 일 처리가 사사롭거나 치우침이 없이 공평하다. **공변되-이**휑.

공:변-세포 (孔邊細胞) 圏 〖植〗 식물체 안의 기공(氣孔)을 닫고 열어서 수분을 조절하고 내부를 보호하는 반달 모양의 두 개의 세포. 개폐 세포. 주변 세포.

공병 (工兵) 圏 〖軍〗 가교(架橋)·토목·건설·측량·폭파 따위의 임무를 맡고 있는 병과. 또는 그에 속하는 병사. 건설 공병과 야전 공병으로 구분됨. ㅁ~으로 배속되다.

공:병 (共病) 圏 〖醫〗 아내가 임신하면 남편도 발한(發汗)이나 구토 따위의 임신 증세를 일으키는 병.

공병 (空甁) 圏 빈 병. ㅁ파지나 ~을 수거하여 재활용한다.

공병-단 (工兵團) 圏 〖軍〗 건설 공병단과 야전 공병단의 총칭.

공병-대 (工兵隊) 圏 〖軍〗 공병(工兵)으로 편성된 부대.

공-보 (空-)[-뽀] 圏 〖建〗 기둥과 기둥 사이의 벽을 치지 않은 곳에 얹는 보.

공보 (公報) 圏 1 국가 기관에서 국민 일반에게 각종 활동 사항을 널리 알림. 2 지방 자치 단체가 관보(官報)에 준하여 내는 보고. ↔사보(私報). 3 관청 사이의 보고.

공보-관 (公報館) 圏 국가 기관에서 국민 일반에게 알릴 각종 자료를 전시하거나 보도하는 건물. ㅁ국립 ~.

공보-원 (公報院) 圏 국가 또는 지방 자치 단체가 국민 일반에게 일정한 상황이나 정보를 알리기 위해서 설치한 기관.

공보지기 (公輔之器) 圏 재상이 될 만한 인재.

공복 (公服) 圏 〖역〗 지난날, 관원이 평상시 조정에 나아갈 때 입던 제복. 조의(朝衣).

공복 (公僕) 圏 국가나 사회의 심부름꾼이라는 뜻으로, 공무원을 일컫는 말.

공복 (功服) 圏 상복(喪服)의 대공(大功)과 소공(小功)의 총칭.

공복 (空腹) 圏 1 아침에 아무것도 먹지 않은 배. ㅁ~을 채우다. 2 음식을 먹은 지 오랜 시간이 지난 빈속. ㅁ~을 느끼다 / 이 약은 ~에 드십시오.

공부 (工夫) 圏하타 학문이나 기술을 배우고 익힘. ㅁ입시 ~ / ~를 잘하다 / ~가 뒤떨어지다 / ~를 계속하다 / ~를 마치다 / 자기 전에 2시간씩 영어를 ~한다.

공부 (工部) 圏 고려 때, 상서육부의 하나. 공장(工匠)과 영선(營繕)을 맡아보던 관아.

공부 (公簿) 圏 법령의 규정에 따라 관공서에서 작성·비치하는 장부. ㅁ~를 열람한다.

공:부 (貢賦) 圏 〖역〗 지난날, 나라에 바치던 공물(貢物)과 세금.

공부-방 (工夫房)[-빵] 圏 공부를 하기 위하여 따로 마련해 놓은 방.

공부-승 (工夫僧) 圏 불경을 배우거나 수양을 쌓는 승려.

공:-부자 (孔夫子) 圏 '공자(孔子)'의 높임말.

공분 (公憤) 圏 1 공중(公衆)의 분노. 2 공적인 일로 느끼는 분노. ㅁ~을 참지 못하다. ↔사분(私憤).

공:분 (共分) 圏하타 여럿이 함께 나누거나 나누어 맡음. ㅁ업무를 ~하다.

공-분모 (公分母) 圏 〖數〗 공통분모.

공붓-벌레 (工夫-)[-부뻘-／-붇뻘-] 圏 지나치게 공부만 파고드는 사람을 놀림조로 이르는 말.

공비 (工費) 圏 공사비(工事費). ㅁ공기(工期) 단축으로 ~를 절감하다.

공비 (公比) 圏 〖數〗 등비수열이나 등비급수에서, 연속되는 두 항(項) 사이의 비.

공비 (公費) 圏 관청이나 공공 단체의 비용. 공용(公用). ㅁ쓸데없는 ~ 지출을 억제하다. ↔사비(私費).

공:비 (共沸) 圏 〖物〗 액체 혼합물을 증류할 때 일정한 온도에서 액체 혼합물과 증류된 증기의 성분비가 같아지는 현상.

공:비 (共匪) 圏 공산당의 유격대. 적비(赤匪). ㅁ~를 소탕〔토벌〕하다.

공비 (空費) 圏 쓸데없이 사용하는 비용.

공사 (工事) 圏하자 토목·건축 등에 관한 일. ㅁ항만 준설 ~ / ~를 따 내다 / ~를 벌이다 / 지하철 ~가 이달 안에 마무리된다.

공사 (工師) 圏 공인(工人)이나 공장(工匠)의 우두머리.

공사 (公私) 圏 1 공공의 일과 사사로운 일. ㅁ~를 혼동하다. 2 정부와 민간. 관민. 3 사회와 개인.

공사 (公舍) 圏 관사(官舍).

공사 (公事) 圏 관청의 일. 공공에 관계되는 일. ↔사사(私事).

공사 (公使) 圏 외교관의 하나《조약국에 주재해서 자국을 대표하여 외교 사무를 맡은 공무원. 대사의 아래》.

공사 (公社) 圏 〖法〗 국가적 사업을 수행하기 위해 국가가 전액 출자하여 설립하는 공법인. ㅁ한국 방송 ~.

공사 (空士) 圏 '공군 사관 학교'의 준말.

공사 (空事) 圏 헛일.

공:사(供辭)명 〖역〗 지난날, 죄인이 범죄 사실을 진술하던 말. 공초(供招).

공:사(貢使)명 〖역〗 공물을 바치는 일을 맡아 보던 사신.

공사-관(公使館)명 〖법〗 공사가 주재지에서 사무를 보는 공관(公館). 국제법상 본국의 영토로 간주되어 치외 법권이 인정되고 있음.

공사-다망(公私多忙)명하형 공적·사적인 일 등으로 매우 바쁨.

공-사립(公私立)명 공립과 사립.

공사-비(工事費)명 공사에 드는 비용. 공비(工費). ▫️~가 초과되다.

공사-장(工事場)명 공사를 하는 곳. 현장(現場). ▫️~ 감독.

공-사채(公社債)명 공채와 사채(社債).

공-사천(公私賤)명 〖역〗 관가와 사삿집의 종을 아울러 이르던 말.

공사-판(工事─)명 1 공사가 벌어지고 있는 현장. ▫️~ 막노동으로 학비를 마련하다. 2 공사 일에 종사하는 사람들의 사회.

공산(工産)명 '공산물'의 준말.

공산(公算)명 확실성의 정도. 확률. ▫️이길 ~이 크다.

공:산(共産)명 1 재산을 공동으로 관리하고 소유함. 2 '공산주의'의 준말.

공산(空山)명 1 사람이 없는 산중. 2 산이 그려진 화투짝의 하나(8월 또는 여덟 곳을 나타냄).

공:산 국가(共産國家)[─까]명 공산주의를 정치의 이념으로 삼고, 그에 따르는 나라.

공:산-군(共産軍)명 공산주의자들이 조직한 군대. 또는 공산주의 국가의 군대.

공:산-권(共産圈)[─꿘]명 제2차 세계 대전 이후 구소련의 영향 밑에서 공산주의 정권을 세운 나라들.

공:산-당(共産黨)명 공산주의를 제창하고 그 실현을 위하여 조직된 당.

공산-명월(空山明月)명 1 사람이 없는 적적한 산에 외로이 비치는 밝은 달. 2 산과 달을 그린 화투짝의 하나. 3 '대머리'를 놀림조로 이르는 말.

공산-물(工産物)명 공업 생산물(工業生産物). ▫준공산(工産).

공:산-주의(共産主義)[─/─이]명 재산의 사유(私有)를 부인하고 생산 수단의 사회적 공유를 토대로 해서, 자본주의 붕괴와 계급 투쟁에 따른 프롤레타리아 혁명을 주장하는 주의. ▫준공산.

공산-품(工産品)명 공업 생산품. ▫️~의 가격 상승으로 물가가 오르다.

공:살(攻殺)명하타 공격하여 죽임.

공:삼(貢蔘)명 평안북도 강계(江界)에서 공물로 바치던 산삼.

공:삼-차사(貢蔘差使)명 〖역〗 공삼을 거두기 위하여 보내던 차사.

공상(工商)명 1 공업과 상업. 2 장색(匠色)과 상인.

공상(公相)명 삼공(三公)과 재상(宰相). ▫️~의 반열에 들다.

공상(公傷)명 공무를 수행하다 입은 부상. ↔사상(私傷).

공상(功狀)명 공적의 구체적인 내용.

공:상(供上)명하타 〖역〗 토산물을 상급 관청이나 궁중에 바치던 일. 진공(進供).

공상(空床)명 팔걸이와 등받이가 없는 걸상.

공상(空相)명〖불〗만물의 실체가 없는 모양.

공상(空想)명하타 현실적이지 못하거나 실현될 가능성이 없는 것을 막연히 상상함. 또는

그런 생각. ▫️~에 잠기다〔빠지다〕.

공:상(貢上)명하타 〖역〗 나라에 특산물을 바침. ▫준공(貢).

공상-가(空想家)명 공상을 늘 하는 사람.

공상 과학 소:설(空想科學小說)[─쏘─] 과학적인 공상을 상식을 초월한 세계를 그린 소설. 과학 소설. 에스에프(SF).

공상 과학 영화(空想科學映畵)[─항녕─] 〖연〗 특수한 촬영법을 써서 지구의 미래 또는 천체에 관한 공상적인 세계를 사실처럼 나타낸 영화.

공상-놀이명 동무들끼리 모여 장난삼아 치는 놀이.

공상-적(空想的)관명 현실과 동떨어지거나 실현될 가망이 없는 (것). ▫️~ 이론 / ~ 이야기 / 그 구상은 너무 ~이다.

공:상-차사(貢上差使)명 〖역〗 공물을 거두기 위하여 지방으로 보내던 차사.

공:생(共生)명하자 1 서로 도우며 함께 삶. ▫️~ 관계. 2〖생〗종류가 다른 생물이 서로 이익을 주고받으며 공동생활을 하는 일(개미와 진디, 악어와 악어새 따위). 3 서로 다른 두 광물이 같이 이루어져 함께 산출되는 일(방연광과 섬아연광 따위).

공:생 식물(共生植物)[─싱─]〖식〗종류가 다르면서 서로 이익을 주며 함께 살아가는 식물(콩과 식물과 뿌리혹박테리아 따위).

공-생애(公生涯)명 개인의 일생에서 공무나 공공사업에 종사한 기간. ↔사생애.

공서(公書)명 '공문서'의 준말.

공서(公署)명 1 〖역〗 관아(官衙). 2 공공 단체가 그 직무를 맡아보는 사무소.

공:서(共棲)명하자 종류가 다른 동물들이 한곳에서 함께 사는 일(소라게와 말미잘의 생활 따위).

공서 양속(公序良俗)〖법〗공공의 질서와 선량한 풍속. 법률 행위를 판단하는 기준이 되는 사회적 타당성.

공석(公席)명 1 공적인 모임의 자리. ▫️~에서는 사담을 하지 맙시다. 2 공무를 보는 직위. ↔사석(私席).

공:석(孔釋)명 공자와 석가.

공:석(共析)명하타〖화〗공석 변태.

공석(空石)명 벼를 담지 않은 빈 섬.

공석(空席)명 1 비어 있는 자리. 빈 좌석. 2 비어 있는 직위. 결원(缺員). 빈자리. ▫️부회장은 ~ 중이다.

공:석 변:태(共析變態)[─뼌─]〖화〗고용체(固溶體)에서 두 종류 이상의 다른 결정(結晶)을 분리해 내는 일. 공석(共析).

공:석-정(共析晶)[─쩡]명〖화〗고용체(固溶體)에서 석출한 두 가지 이상의 서로 다른 결정의 혼합물. 공석 결정.

공선(公船)명 1 공적인 용무에 쓰는 선박. 2 국가의 공권(公權)을 행사하는 선박(군함·측량선 따위). ↔사선(私船).

공선(公選)명하타 1 일반 국민이 선거로 뽑음. 또는 그 선거. ▫️~을 치르다. 2 공평한 선거.

공선(空船)명 사람을 태우거나 짐을 싣지 않은 빈 배. ▫️~ 항해.

공설(公設)명하타 국가나 공공 단체에서 만들어 세움. ↔사설(私設).

공설 시:장(公設市場)국가나 공공 단체가 설립해서 경영하는 시장.

공설 운:동장(公設運動場)국가나 공공 단체

에서 설립한 운동장.

공:성 (孔性)〖명〗〖물〗물질의 분자 사이에 틈이 있는 성질.

공:성 (孔聖)〖명〗성인(聖人)으로서의 공자.

공성 (功成)〖명〗공이 이루어짐.

공:성 (攻城)〖명〗〖하자〗성이나 요새를 공격함.

공성 (空性)〖명〗〖불〗공(空)의 이치를 체득할 때 나타나는 실성(實性)이라는 뜻으로, '진여(眞如)'를 달리 이르는 말.

공성 (空城)〖명〗사는 사람이나 지키는 군사가 없는 빈 성.

공성-명수 (功成名遂)〖명〗〖하자〗공을 이루어 이름을 크게 떨침. 공성명립.

공성-신퇴 (功成身退)〖명〗〖하자〗공을 이룬 뒤에 그 자리에서 물러남.

공:성-약지 (攻城略地)[-냑찌]〖명〗〖하자〗성이나 요새를 치고 땅을 빼앗음.

공세 (公稅)〖명〗나라에 바치는 세금. ▢～를 납부하다.

공:세 (攻勢)〖명〗공격하는 태세. 또는 그런 세력. ▢～를 취하다 / 질문 ～를 받다 / 평화 ～를 펴다. ↔수세(守勢).

공:세 (貢稅)〖명〗조세. ▢～를 내다.

공소 (公訴)〖명〗〖하자〗〖법〗검사가 특정 형사 사건에 대하여 법원에 그 재판을 청구하는 일.

공:소 (控訴)〖명〗〖하자〗〖법〗'항소(抗訴)'의 구칭.

공소-권 (公訴權)[-꿘]〖명〗〖법〗법원에 공소를 제기할 수 있는 검사의 권리. ▢～을 남용한다는 지적이 있다.

공소 기각 (公訴棄却)〖법〗소송 조건을 갖추지 못하였거나 공소권이 없는 경우에, 법원이 공소를 무효로 하는 재판.

공소 사:실 (公訴事實)〖법〗검사가 공소장에 써넣어 심판을 구하는 범죄 사실. ▢～을 일부 인정하다.

공소 시효 (公訴時效)〖법〗죄를 범한 후, 일정한 기간이 지나면 검사의 공소권이 소멸하여 공소를 제기할 수 없는 제도.

공-소유권 (公所有權)[-꿘]〖법〗공법(工法)에서, 국가나 공공 단체에 의하여 공적으로 사용되는 물건에 대한 지배권.

공소-장 (公訴狀)[-짱]〖명〗〖법〗검사가 공소를 제기할 때 관할 법원에 제출하는 문서. 기소장(起訴狀).

공소-하다 (空疏-)〖형여〗**1** 내용이 빈약하고 짜임이 엉성하다. ▢공소한 글. **2** 텅 비고 드문드문 떨어져 있다.

공손 (公孫)〖명〗**1** 임금이나 제후의 후손. **2** 귀족의 혈통.

공손-법 (恭遜法)[-뻡]〖명〗〖언〗높임법에서 말하는 이가 특별히 공손한 뜻을 나타냄으로써 듣는 이를 높이는 법. 선어말 어미 '-잡-·-삽-·-옵-' 등을 써서 표현함. '받잡고·가옵고' 따위로 주로 문어체의 글이나 옛글에 쓰임. 겸양법.

공손-나무 (公孫樹)〖명〗〖식〗은행나무.

공손-하다 (恭遜-)〖형여〗예의 바르고 겸손하다. ▢공손한 말씨 / 공손한 태도 / 모자를 벗고 공손하게 인사하다. **공손-히**〖부〗. ▢손님을 ～ 모시다.

공수〖명〗무당이, 죽은 사람의 뜻이라고 전하는 말. ▢～를 받다 / ～를 주다.

공수(를) 내리다〖관〗무당이 공수를 전하며 말하다.

공수 (公水)〖명〗공공 목적으로 사용하는 물. ↔사수(私水).

<hr>

공수 (公需)〖명〗〖역〗지난날, 지방 관아에서 쓰던 공적인 비용.

공:수 (攻守)〖명〗공격과 수비. ▢～의 전환이 빠르다.

공:수 (供水)〖명〗물의 공급.

공수 (空手)〖명〗빈손.

공:수 (供需)〖명〗〖불〗절에서, 손님에게 무료로 대접하는 음식.

공수 (空輸)〖명〗〖하자〗'항공 수송'의 준말. ▢재해 지역에 생필품을 ～하다.

공:수 (拱手)〖명〗〖하자〗**1** 왼손을 오른손 위에 놓고 두 손을 맞잡아 공경의 뜻을 나타냄. 또는 그런 예. **2** 팔짱을 끼고 아무 일도 하지 않고 있음.

공:수-간 (供需間)[-깐]〖명〗〖불〗절에서, 음식을 만드는 곳.

공:수 동맹 (攻守同盟)공동의 병력으로 제삼국을 공격하거나 상대편의 공격에 대해 방어할 목적으로 체결하는 두 나라 이상의 동맹.

공수래공수거 (空手來空手去)〖명〗〖불〗빈손으로 왔다 빈손으로 간다는 뜻으로, 재물에 대한 욕심을 부릴 필요가 없음을 이르는 말.

공수-받이[-바지]〖명〗〖민〗무당이 전하는 공수를 듣는 일.

공:수-병 (恐水病)[-뼝]〖명〗〖의〗사람에게 감염된 광견병을 이르는 말(림프샘이 붓고, 경련·호흡 곤란이 생기며, 물을 보기만 해도 공포를 느끼고 경련을 일으킴).

공수 부대 (空輸部隊)**1** 항공기로 수송되어 낙하산을 타고 전투 지역이나 후방에 침투하여 작전을 수행하는 부대. 낙하산 부대. 공정(空挺) 부대. ▢적 후방에 ～를 투하하다. **2** 항공기로 병력·군수 물자 등을 수송하기 위해 편성한 수송기 부대.

공:수-시립 (拱手侍立)〖명〗〖하자〗두 손을 잡고 옆에 선다는 뜻으로, 웃어른을 공경하여 모심을 이르는 말.

공수 작전 (空輸作戰)[-쩐]〖군〗항공기로 병력과 물자를 수송하는 작전.

공수-전 (公須田)〖명〗〖역〗지난날, 관아의 경비에 쓰도록 나누어 주던 토지. 공수위.

공수 특전단 (空輸特戰團)[-쩐-]〖군〗항공기에서 낙하산으로 적지에 침투해서 싸우는 특수 부대.

공-수표 (空手票)〖명〗**1** 은행에 거래가 없거나 거래가 정지된 사람이 발행한 수표. **2** 당좌 거래인이 발행한 수표로서, 잔액이 없어 지급을 거절당한 수표. ▢～를 떼다. **3**〈속〉빈말. 실없는 공약은 ～로 끝났다.

공순-하다 (恭順-)〖형여〗공손하고 온순하다. **공순-히**〖부〗. ▢～ 여쭙다.

공술(空-)[-쑬]〖명〗거저 얻어먹는 술.

공:술 (供述)〖명〗〖하자〗〖법〗진술(陳述).

공:술-서 (供述書)[-써]〖명〗〖법〗진술서.

공술-인 (公述人)〖명〗공청회에서, 이해관계가 있거나 학식·경험 따위에 의해서 의견을 진술하는 사람. ▢～ 자격으로 참석하다.

공:습 (攻襲)〖명〗〖하자〗갑자기 공격하여 침. ▢적의 ～을 받다.

공습 (空襲)〖명〗〖하타〗비행기로 적진이나 적의 영토를 공격하는 일. ▢～에 대비하다.

공습-경보 (空襲警報)[-경-]〖명〗적기가 공습해 왔을 때 발하는 경보(깃발·육성·사이렌·종 따위로 알림). ▢～가 울리다 / ～를 발하다.

공시 (公示)〖명〗〖하타〗**1** 일반에게 널리 알림. **2** 〖법〗공공 기관이 일정한 사실을 공개적으로 게시해서 널리 일반에게 알리는 일. ▢선거기일을 ～하다.

공시 (公試)〖명〗 1 국가에서 행하는 시험. 2 공개적으로 실시하는 시험.

공시-가 (公示價)[─까]〖명〗 정부나 공공 기관에서 공시한 값. □~가 높다.

공:시-당상 (公市堂上)〖역〗 조선 때, 의정부 당상관의 하나〈공계(貢契)와 시전(市廛) 사무를 맡음〉.

공시 송:달 (公示送達)〖법〗 민사 소송에서, 수신인의 주소가 불명할 때 법원 게시판이나 신문에 게시하여 송달한 것과 같은 효력을 발생시키는 방법.

공:시 언어학 (共時言語學)〖언〗 어떤 언어 현상을 한 시대에 한정하여 연구하는 학문. 공시론(共時論). ↔통시(通時) 언어학.

공시 지가 (公示地價)[─까] 건설 교통부에서 공시한 표준지의 단위 면적당 가격.

공시 최고 (公示催告)〖법〗 법원이 주소가 불명한 이해관계인에 대하여, 일정한 기간 내에 신고하지 않으면 권리를 상실한다고 경고하는 재판상의 절차. 법원의 게시판·관보(官報) 따위에 공고함.

공식 (公式)〖명〗 1 공적(公的)인 형식. □~ 방문/ ~ 회담 / ~ 외교 관계를 수립하다. 2 틀에 박힌 방식. □~을 따르다 / 진부하게 ~을 답습하다. 3〖수〗 계산 법칙을 기호로 나타낸 식. 범식(範式). □~을 외우다 / ~에 대입하다.

공:식 (共食)〖명〗 토템이나 숭배 대상에게 제물로 바쳤던 동식물을 함께 나누어 먹던 미개인의 의식.

공식 (空食)〖명〗하타〗 1 노력하지 않고 재물을 얻거나 음식을 거저 얻어먹음. 2〖불〗 절에서 손님에게 음식을 거저 먹임.

공:식-건축 (拱式建築)[─껀─] 〖건〗 출입구의 위를 아치 모양으로 둥글게 만드는 건축 양식.

공식-어 (公式語)〖명〗 1 여러 사람이 함께 두루 쓰는 말. 2 정치상 또는 국민 교육상 표준으로 삼아 쓰는 말.

공식-적 (公式的)[─쩍]〖관명〗 1 틀에 박힌 형식을 취하는 (것). □~(인) 답변. 2 공적(公的)으로 하는 (것). □정부의 ~(인) 입장.

공식-주의 (公式主義)[─쭈─ / ─쭈의]〖명〗 틀에 박힌 원칙에 얽매여 사물을 기계적으로 처리하는 태도.

공식-화 (公式化)[─화]〖명〗하타〗 공적으로 정해진 형식이나 방식이 됨. 또는 그렇게 되게 함. □연례행사로 ~하다.

공신 (公信)〖명〗 1 공공의 신용. 2 공적으로 부여하는 신용.

공신 (功臣)〖명〗 1 나라에 공로가 있는 신하. □건국 ~. 2 비유적으로, 사회나 단체 등에 이바지한 사람이나 사물. □그 선수는 팀의 우승에 이바지한 일등 ~이다.

공:신 (貢臣)〖명〗 공물을 바치는 신하.

공신-력 (公信力)[─녁]〖명〗 1〖법〗 외형적 사실을 신뢰한 사람에 대하여, 설사 그 사실에 진실한 권리가 없을 때도 실제로 있는 경우와 같은 법률상 효력을 주는 효력. 2 사회적으로 인정받을 수 있는 신용. □국가 ~ / 회사의 이미지와 ~이 실추되다.

공-신용 (公信用)〖명〗 국가의 신용.

공신-전 (功臣田)〖역〗 조선 때, 공신에게 주던 세습의 논밭.

공:신-포 (貢身布)〖역〗 조선 때, 관아의 노비가 노역(勞役) 대신 바치던 베나 무명.

공실 (空室)〖명〗 사용하지 않는 빈방.

공심 (公心)〖명〗 공평하여 사사로움이 없는 마

음. 공지(公志). ↔사심(私心).

공심 (空心)〖명〗 1 공복(空腹). 2 물건의 빈 속.

공-심판 (公審判)〖명〗 1 공개 재판. 2〖기〗 최후의 심판.

공아 (公衙)〖명〗〖역〗 관아(官衙).

공안 (公安)〖명〗 공공의 안녕과 질서. □~ 당국 〔기관〕.

공안 (公案)〖명〗 1 공무에 관한 문안(文案). 2 공론에 의해 결정한 안건. 3〖불〗 석가모니의 말과 행동. 4〖불〗 화두(話頭)2.

공안 (公眼)〖명〗 여러 사람의 공정한 눈.

공:안 (供案)〖명〗 조선 때, 죄인을 신문한 내용을 적은 문서.

공-안 (貢案)〖명〗〖역〗 조선 때, 공물(貢物)의 품목·수량을 적던 장부.

공안 소:설 (公案小說)〖문〗 고전 소설의 한 가지. 억울한 일을 당한 백성이 관장(官長)의 올바른 처결로 구원받는다는 줄거리로 되어 있음〈장화홍련전 따위〉.

공:알〖명〗 음핵(陰核).

공:액 (共軛)〖명〗〖수〗 켤레.

공:액-각 (共軛角)[─깍]〖명〗〖수〗 켤레각.

공:액-점 (共軛點)[─쩜]〖명〗〖수〗 켤레점.

공:액 초점 (共軛焦點)[─쩜]〖수〗 켤레 초점.

공약 (公約)〖명〗하타〗 1 공법상의 계약. 2 정부·정당·입후보자 등이 어떤 일에 대하여 국민에게 실행할 것을 약속함. 또는 그 약속. □선거 ~ / 실현 불가능한 ~을 내걸다.

공약 (空約)〖명〗 헛된 약속을 함. 또는 그 약속. □~을 남발하다.

공-약수 (公約數)[─쑤]〖명〗〖수〗 둘 이상의 정수(整數)나 정식(整式)에 공통되는 약수. ＊공배수.

공:양 (供養)〖명〗하타〗 1 웃어른에게 음식을 대접함. □사부모 ~. 2〖불〗 부처 앞에 음식물을 올림. 3〖불〗 절에서, 음식을 먹는 일.

공:양-드리다 (供養─)〖자〗 '공양하다'를 높여 쓰는 말. 불공드리다.

공:양-미 (供養米)〖불〗 부처에게 공양으로 바치는 쌀.

공:양-주 (供養主)〖명〗 1 절에 시주하는 사람. 2 절에서 밥 짓는 일을 하는 사람.

공:양-탑 (供養塔)〖명〗〖불〗 부처에게 공양하는 뜻으로 세운 탑.

공:어 (供御)〖명〗하타〗 임금에게 물건을 바침.

공언 (公言)〖명〗하타〗 1 공평한 말. 2 여러 사람 앞에 명백하게 공개하여 말함. 또는 그렇게 하는 말. □정계 은퇴를 ~하다.

공언 (空言)〖명〗하타〗 1 실행이 없는 빈말. □~을 일삼다. 2 근거나 현실성이 없는 빈말.

공언-무시 (空言無施) 빈말만 하고 실천이 따르지 않음.

공-얻다 (空─)[─따]〖타〗 거저 얻다.

공업 (工業)〖명〗 원료를 가공하여 새로운 물품을 만드는 산업. □~ 제품. 준공(工).

공업 (功業)〖명〗 공적이 뚜렷한 큰 사업. 공렬(功烈). 훈업(勳業).

공업-계 (工業界)[─계 / ─께]〖명〗 공업 방면에 속하는 사회 분야. □평생을 ~에 종사하다.

공업 고등학교 (工業高等學校)[─꼬─꾜] 공업에 관한 전문 기술을 가르치는 실업 고등학교. 준공고(工高)·공업학교.

공업-국 (工業國)[─꾹]〖명〗 공업이 발달하여 산업의 주를 이룬 나라. □선진 ~.

공업 규격 (工業規格)[─꺽] 한국 산업 규격.

공업 단지 (工業團地)[─딴─] 국가나 지방 자치

단체가 구획한 토지에 계획적으로 공장을 유치하여 만든 공장의 집단지. ❏~를 조성하다. ㉣공단(工團).

공업 디자인 (工業design) 공업 제품의 기능적인 면과 미적(美的)인 면을 고루 만족시키도록 고안된 디자인. 산업 디자인.

공업 부:기 (工業簿記)[-뿌-]《경》공업의 회계 처리에 쓰는 응용 부기.

공업 센서스 (工業census) 제조 공업의 실태 조사. 각 업종별 사업소의 수, 종업원 수, 현금 급여 총액, 원재료 사용액, 제품 출하량(出荷量), 부가 가치액 따위에 관한 조사. 공업 통계.

공업 소:유권 (工業所有權)[-쏘-꿘]《법》산업 재산권.

공업 약품 (工業藥品)[-얌꿈-] 공업용으로 많이 쓰는 약품. 황산·염산·수산화나트륨 따위.

공업-용 (工業用)[-엄뇽] 공업에 쓰임. ❏~비누.

공업-용수 (工業用水)[-엄뇽-] 圀 공업의 생산 과정에 쓰는 물.

공업용 텔레비전 (工業用television)[-엄뇽-] 공장·병원·교통 기관 따위에서 여건의 관찰이나 감시 따위에 널리 이용되는 텔레비전. 대부분 유선으로 전송(傳送)됨. 약칭: 아이티브이(ITV).

공업 입지 (工業立地)[-어빕찌] 공업을 경영하는 곳의 자연적·사회적 조건, 또는 그것에 따라 지역을 선정하는 일.

공업 지대 (工業地帶)[-찌-] 공장이 집중적으로 모여 공업 생산이 활발한 지역.

공업 폐:수 (工業廢水)[-/-/-폐-] 공장 폐수.

공업 표준 규격 (工業標準規格) '산업 표준 규격'의 구용어.

공업 학교 (工業學校)[-어팍꾜] 1 공업에 관한 지식과 기능을 가르치는 실업학교의 총칭. 2 일제 강점기 때, 실업학교의 하나《현재의 공업 고등학교에 해당함》. 3 '공업 고등학교'의 준말.

공업-화 (工業化)[-어콰] 圀재타 산업의 중점이 농업·광업 따위의 원시 산업에서 가공 산업으로 옮아가고 제조 공업이 발달하여 가는 현상. ❏~ 정책.

공업 화:학 (工業化學)[-어콰-]《화》제약·야금 등 공업적 제품의 화학적 연구를 하는 응용 화학의 한 분야.

공:여 (供與) 圀재타 물품이나 이익 따위를 제공함. 또는 그 행위. ❏무상 ~.

공역 (工役) 圀 1 토목·건축 공사. 2 공사를 이룩하는 일.

공역 (公役) 圀 국가나 공공 단체가 지우는 의무《병역·부역 따위》.

공:역 (共譯) 圀재타 하나의 책이나 글을 두 사람 이상이 함께 번역함. ❏두 사람이 ~한 추리 소설.

공역 (空域) 圀 어떤 지역의 상공. ❏김포 ~.

공역 주권설 (空域主權說)[-쭈꿘-]《법》국토와 영해의 상공도 영토 주권이 미친다고 주장하는 학설.

공연 (公演) 圀재타 음악·무용·연극 따위를 공개된 자리에서 보이는 일. ❏첫 ~ / 축하 ~ / 연극 ~을 연장하다.

공:연 (共演) 圀재타《연》연극·영화에 함께 출연함. ❏유명 배우와 ~하다.

공연-단 (公演團) 圀 음악·무용·연극 따위를 하는 사람들로 이루어진 단체.

공연-스럽다 (空然-)[-따]〔-스러워, -스러우니〕 톙비 까닭이나 필요가 없어 보이다. ❏공연스러운 걱정. **공연-스레** 團. ❏~ 눈물이 흐르다.

공연-장 (公演場) 圀 음악·무용·연극 따위의 공연을 하는 장소. ❏~을 가득 메운 관객.

공연-하다 (公然-) 톙여 세상이 다 알 만큼 뚜렷하고 떳떳하다. ❏공연한 사실. **공연-히** 團.

공연-하다 (空然-) 톙여 까닭이나 필요가 없다. ❏공연한 트집을 잡다 / 공연한 짓을 하다. ㉣괜하다. **공연-히** 團. ❏~ 심술을 부리다. ㉣괜하다.

공-염불 (空念佛)[-념-] 圀하자 1 입으로만 외는 헛된 염불. 2 실천이나 내용이 따르지 않는 주장이나 말. ❏~로 끝난다.

공영 (公營) 圀하타 국가나 지방 단체에서 경영하거나 관리함. 또는 그 사업. ↔사영(私營).

공:영 (共榮) 圀하자 서로 함께 번영함. ❏인류 ~에 이바지하다.

공:영 (共營) 圀하타 공동으로 경영함. ❏회사를 ~하다.

공영 기업 (公營企業) 지방 자치 단체가 경영하고 관리하는 기업《수도·지하철 따위》. 공영 사업.

공영 방:송 (公營放送) 국가 기관으로부터 독립하여 방송 사업을 경영하되, 영리를 목적으로 하지 않고 시청료를 주요 재원(財源)으로 삼는 방송 기관.

공영 선:거 (公營選擧)《법》국가나 지방 자치 단체가 관리하는 선거.

공영 주택 (公營住宅) 국가나 지방 자치 단체에서 지어 싸게 분양하거나 임대하는 주택.

공예 (工藝) 圀 1 공작(工作)에 관한 예술. ❏도자기 ~. 2 기능과 장식을 조화시켜 직물·염직·칠기·도자기 따위 생활에 필요한 물건을 만드는 일.

공예-가 (工藝家) 圀 공예에 관한 전문적인 기술과 지식을 가진 사람.

공예 미:술 (工藝美術) 실용품에 예술적 가공을 하는 미술《목공·칠공(漆工)·직공·도공(陶工) 따위》.

공예 작물 (工藝作物)[-장-] 비교적 많은 가공을 거쳐야 쓸 수 있는 작물《차·담배·목화 따위》. 특용(特用) 작물.

공예-품 (工藝品) 圀 실용적이면서 예술적 가치가 있게 만든 공작물《칠기·도자기·가구 따위》. ❏민속 ~.

공:옥 (攻玉) 圀 1 옥을 갊. 2 수양을 쌓고 지덕(知德)을 닦음.

공용 (公用) 圀하타 1 공적인 용무. 공무. ❏~으로 출장을 가다. 2 공비(公費). 3 공적인 목적으로 씀. 또는 그런 물건. ❏~ 물품. ↔사용(私用).

공용 (功用) 圀 공효(功效).

공:용 (共用) 圀하타 공동으로 사용함. ❏이 청바지는 남녀 ~이다. ↔전용(專用).

공:용 (供用) 圀하타 준비하여 두었다 씀.

공:용-림 (公用林)[-뇽] 圀 임산물의 이용 등의 이익을 얻기 위해 가꾸는 산림. 경제림.

공:용 면:적 (共用面積) 공동 주택 따위에서, 각 가구가 공동으로 사용하는 부분의 바닥 면적《계단·엘리베이터·출입구 따위》.

공용-물 (公用物) 圀 행정 기관이 사용하는 공물《공물(公物)《건물·집기·비품 따위》.

공:용-물 (共用物) 圀 여러 사람이 공동으로 쓰는 물건. ❏~을 사용한 후 제자리에 놓아 주십시오.

공:용-벽돌 (拱用甓-)[-똘] 圀 홍예문에 쓰는

쐐기 모양의 벽돌.

공용 부:담(公用負擔)《법》국가나 지방 자치 단체가 공익사업의 경영이나 공물(公物)의 보전을 위하여 국민에게 과하는 부담.

공용 수용(公用收用)《법》국가나 지방 단체가 공익사업에 쓰기 위하여 개인의 재산권을 법률에 따라 강제적으로 취득하는 일. 강제 수용. 공용 징수.

공용-어(公用語)명 1 한 나라 안에서 공식적으로 쓰는 언어. 2 국제회의나 기구에서 공식적으로 쓰는 언어. ☞영어는 세계 ~이다.

공용 재산(公用財産) 국가나 지방 자치 단체의 재산. □재정 보전을 위해 ~을 매각하다.

공용 제:한(公用制限)《법》국가의 공익사업을 위해 개인의 특정물에 대하여 소유권을 제한하는 행정 처분.

공용-증(公用證)[─쯩]명 공적인 임무를 띠고 있음을 증명하는 서류.

공용 징수(公用徵收)《법》공용 수용.

공운(空運) 항공기에 의한 여객 및 화물의 운송. ＊해운(海運)·육운(陸運).

공원(工員)명 공장의 노동자. 직공.

공원(公園)명 1 국가나 공공 단체가 공중의 보건·휴양·놀이 따위를 위해 마련한 정원·유원지·동산 따위의 시설. 2 자연 그대로의 상태를 보존하여 관광이나 휴식 장소로 지정한 지역(국립공원 따위).

공원-묘지(公園墓地)명 공원의 기능을 갖춘 공동묘지. ~에 안장하다.

공위(功位)명 1 공훈(功勳)과 지위. 2 공에 따라 얻는 벼슬자리.

공:위(共委)명《법》'공동 위원회'의 준말.

공:위(攻圍)명하타 에워싸서 공격함.

공위(空位)명 1 비어 있는 지위. 2 실권이 없이 이름뿐인 지위.

공유(公有)명 국가나 지방 자치 단체의 소유. ↔사유(私有).

공:유(共有)명하타 두 사람 이상이 한 물건을 공동으로 소유함.

공:유 결합(共有結合)《화》화학 결합의 한 가지. 두 개의 원자가 원자가 전자(原子價電子)를 공동으로 가지면서 결합되는 상태. 등극결합. 무극성(無極性) 결합.

공유-권(公有權)[─꿘]명《법》공법에서, 유체물(有體物)을 완전히 지배할 수 있는 국가의 절대권.

공유-림(公有林)명 국가나 공공 단체가 소유하는 산림. ↔사유림.

공유-물(公有物)명 국가나 공공 단체가 소유하는 물건. ↔사유물.

공:유-물(共有物)명 두 사람 이상이 공동으로 소유하는 물건. ↔전유물(專有物).

공유 수면(公有水面) 국가나 공공 단체의 소유로, 공공의 이익에 제공되는 수면(바다·강·하천 따위).

공유 재산(公有財産) 국가나 공공 단체가 소유하는, 공공의 목적에 사용하기 위한 재산.

공유-지(公有地)명 국가나 공공 단체가 소유하는 땅. 공유토. ↔사유지. ＊국유지.

공:유-지(共有地)명 두 사람 이상이 공동으로 소유하는 땅.

공유-토(公有土)명 공유지(公有地).

공:융-성(共融性)[─썽]명《화》두 가지 물질을 섞을 때 녹는점이 낮아지는 성질.

공:융 혼:합물(共融混合物)[─합─]명《화》혼합 액체를 냉각시킬 때 동시에 생기는 둘 이상의 결정 혼합물. 공정(共晶).

공-으로(空─)부 힘을 들이거나 대가를 치르

지 않고 거저. □옷을 ~ 얻다.

공은(公恩)명《가》모든 사람에게 두루 미치는 하느님의 은혜.

공음(蛩音)명 1 귀뚜라미의 우는 소리. 2 벌레 우는 소리.

공음(跫音)명 사람의 발자국 소리.

공음-전(功蔭田)《역》고려 때, 공신과 오품(五品) 이상의 벼슬아치에게 공을 따져 지급하던 토지.

공의(公義)[─이]명 1 공정한 도의. 2《가》선악을 공평하게 제재(制裁)하는 하느님의 적극적인 품성.

공의(公儀)[─이]명 1 공적인 의식. 2 공개적인 의식.

공의(公醫)[─이]명 전에, 관청의 위촉으로 일정한 구역의 진료와 전염병 예방을 맡아보던 의사.

공의(公議)[─이]명하타 공평한 의론. 공론(公論). □~에 부치다.

공의-롭다(公義─)[─따 / ─이─따][─로워, ─로우니]형 공평하고 의로운 데가 있다. **공의-로이**[─ / ─이─]부

공-의무(公義務)명《법》국민이 일정한 한도의 국가의 통제와 합법적 명령에 복종해야 할 의무(국방·납세·근로·교육의 의무). ↔사의무(私義務).

공의-회(公議會)[─/─이─]명《가》교황이 세계의 추기경·주교·신학자들을 소집하는 종교 회의. 교리·규율 따위를 협의해서 규정함.

공이명 1 절구나 방아확에 든 물건을 찧거나 빻는 기구. 2 탄환의 뇌관을 쳐 폭발하게 하는 송곳 모양의 총포의 한 부분. 격침(擊針).

공이-치기명 총포의 격발 장치의 하나(방아쇠를 당기면 용수철이 늘어나 공이를 쳐서 뇌관을 폭발하게 함). 격철(擊鐵).

공익(公益)명 공공의 이익. ↔사익(私益).

공:익(共益)명 공동의 이익. □마을의 ~을 위해 힘쓰다.

공익 광:고(公益廣告)[─꽝─] 기업이나 단체에서, 공공의 이익을 목적으로 하는 광고.

공:익-권(共益權)[─꿘]명《법》단체의 목적을 달성하기 위하여 사원에게 부여되는 권리(선거권·의결권·업무 집행권 따위). ↔자익권(自益權).

공익 근:무 요원(公益勤務要員)[─끈─] 군복무를 대신하여 일정 기간 동안 공공의 이익을 위해 봉사하는 사람.

공익 단체(公益團體)[─딴─] 사회 공중의 이익을 목적으로 삼는 단체.

공익 법인(公益法人)[─뻐빈] 영리를 목적으로 하지 않고 사회 공중을 위한 사업을 목적으로 하는 법인(사회 교육·자선 사업·학술 등을 위한 재단이나 종교 단체 따위). ↔영리 법인.

공:익-비(共益費)[─삐]명 아파트나 공동 주택 따위에서, 공용으로 쓰는 외등·엘리베이터 따위의 유지를 위하여 각 세대가 부담하는 비용.

공:익 비:용(共益費用)[─삐─]《법》한 사람의 채무자에 대하여 채권자가 여럿일 때, 각자의 공동 이익을 위하여 쓴 비용.

공익-사업(公益事業)[─싸─]명 철도·수도·체신·가스 등의 사업처럼 공익을 위해 벌이는 독점성이 강한 사업.

공익 신:탁(公益信託)[─씬─]《법》종교·자선·학술 따위의 공익을 위한 신탁.

공익 전:당포 (公益典當鋪)[─전─] 공익 법인이나 자치 단체가 공익을 목적으로 경영하는 전당포.

공인 (工人)圈 1〖역〗조선 때, 악생(樂生)과 악공(樂工). 공생(工生). 2 수공업 기술자. 장인.

공인 (公人)圈 1 국가·사회에 영향을 미치는 사람. ▯언론인은 ~으로서 사명감을 가져야 한다. 2 공직에 있는 사람. ↔사인(私人).

공인 (公印)圈 관인(官印).

공인 (公認)圈하타 국가나 사회 또는 공공 단체가 어떤 행위나 물건에 대해 인정함. ▯~ 단체 / ~ 기록 / ~ 9단 / ~을 받다.

공인 (恭人)圈〖역〗조선 때, 정(正)5품 및 종(從)5품 문무관의 아내에게 주던 품계.

공인 노무사 (公認勞務士) 국가가 인정한 자격을 받아, 노동 분야에 전문적 지식과 경험을 제공하여 기업의 노무 관리를 돕는 사람.

공–인수 (公因數)[─쑤]圈〖수〗두 개 이상의 수 또는 식에 공통되는 인수. 공통 인수.

공인 중개사 (公認仲介士) 특별시장·광역시장·도지사가 시행하는 자격 시험에 합격하여 토지·건물 등의 중개를 전문으로 할 수 있는 자격을 획득한 사람.

공인 회:계사 (公認會計士)[─/─게─] 회계에 관한 감사·감정·계산·정리·입안 또는 법인 설립에 관한 회계와 세무 대리 등을 전문적으로 담당할 수 있는 법적 자격을 갖춘 사람.

공–일 (空─)[─닐]圈 1 보수 없이 거저 하는 일. ↔삯일. 2 쓸데없는 일. ▯~로 하루를 보냈다.

공일 (空日)圈 일을 하지 않고 쉬는 날. 휴일. ▯이번 ~에는 집안 대청소를 한다.

공임 (工賃)圈 직공의 품삯. 공전.

공임 (公任)圈 공무에 관한 직책상의 임무.

공자 (公子)圈 지체가 높은 집안의 나이 어린 아들.

공자–왕손 (公子王孫)圈 왕이나 지체가 높은 사람의 자손.

공작 (工作)圈하타 1 기계나 공구 등을 가지고 물건을 만듦. ▯~ 기구 / ~ 재료. 2 어떤 목적을 위해서 미리 일을 꾸밈. ▯~ 정치 / 방해 ~을 펴다.

공:작 (孔雀)圈〖조〗꿩과의 새. 인도 원산. 수컷은 머리 위에 약 10 cm쯤 되는 털이 있고, 부채처럼 펴면 오색 무늬가 찬란한 긴 꽁지가 있음. 암컷은 수컷보다 작고 꼬리가 짧으며 무늬가 없음.

공작 (公爵)圈 오등작(五等爵)의 첫째 작위. ⓐ공(公).

공작–금 (工作金)[─끔]圈 어떤 일을 꾀하여 이루는 데 드는 돈.

공작 기계 (工作機械)[─끼─ / ─끼게]〖공〗기계나 기계 부품을 만드는 기계《선반(旋盤)·연마반(研磨盤) 따위》.

공작–대 (工作隊)[─때]圈 공작 임무를 수행하기 위하여 조직된 집단. 또는 그 대원.

공:작–명왕 (孔雀明王)[─장─]圈〖불〗밀교(密敎)에서, 재앙을 물리치고 중생을 이롭게 한다고 해서 받드는 명왕《머리가 하나에 팔이 넷이며, 공작의 날개와 연꽃 등을 들고 공작의 등에 타고 있음》.

공작–물 (工作物)[─짱─]圈 1 재료에 기계적으로 가공하고 조립하여 만든 물건. 공작품. 2 땅 위나 땅속에 인공을 가하여 제작한 물건《건물·교량·터널 따위》.

공:작–부인 (孔雀夫人)[─뿌─]圈 화려하게 차린 아름다운 여인의 비유.

공:작–석 (孔雀石)[─썩]圈〖광〗초록빛이 나는 보석의 하나《장식물이나 안료(顔料)로 씀》.

공작–선 (工作船)[─썬]圈 1 공작원이 공작 임무를 수행하기 위해 사용하는 배. 2 공작함.

공:작–선 (孔雀扇)[─썬]圈〖역〗조선 때, 나라의 의식에 쓰던 부채. 붉은 색으로 공작을 화려하게 그린 것으로, 자루의 길이가 180 cm쯤 됨.

공작–실 (工作室)[─씰]圈 간단한 기구나 물품을 만들 수 있는 시설을 갖춘 방.

공작–원 (工作員)圈 정당이나 단체의 지령을 받아, 어떤 목적을 이루기 위해서 자기편에 유리하도록 일을 꾸며 활동하는 사람.

공작–함 (工作艦)[─자함]圈〖군〗함대를 따라다니며 선체·기관·병기 따위를 수선하는 배. 공작선.

공장 (工匠)圈〖역〗공방에서 연장으로 물품을 만들던 사람. 장색(匠色).

공장 (工場)圈 일정한 기계를 설치·사용하여 원료나 재료를 가공해서 물건을 만들어 내는 곳. ▯~ 자동차 / ~을 지대 / ~을 세우다 / ~이 가동하다 / ~의 생산 시설을 자동화하다.

공장 (公狀)圈〖역〗수령·찰방(察訪)이 감사·병사(兵使)를 공식적으로 만날 때 관직명을 적어서 내던 편지.

공장 (公葬)圈 공공 단체나 기관에서 주관하는 장례식.

공장 (空腸)圈 1 빈창자. 2〖생〗십이지장에 이어지는 소장(小腸)의 일부로, 회장(回腸)까지의 부분.

공장–공해 (工場公害)圈 공장의 건설이나 작업으로 공장 밖의 세계에 지장을 초래하는 일《소음이나 매연(煤煙) 따위》.

공장 관:리 (工場管理)[─괄─] 공장의 생산 능률을 올리기 위한 과학적·합리적인 운영.

공장 노동자 (工場勞動者) 공장에서 생산에 종사하는 노동자.

공장–도 (工場渡)圈 제품을 공장에서 인도하는 거래 방식. ▯~ 가격.

공장–법 (工場法)[─뻡]圈〖법〗노동력을 보존하기 위하여 공장 노동과 근로자에 관하여 제정한 여러 법률《근로 기준법 따위》.

공장 자동화 (工場自動化) 컴퓨터를 이용하여 공장의 작업을 자동화하는 일《캠(CAM)·캐드(CAD)에 의한 설계, 재료·부품의 운반, 로봇에 의한 조립 따위》.

공장–장 (工場長)圈 공장의 우두머리《공장 노동자들의 근무 상태나 작업 상황을 지휘·감독함》.

공장 재단 (工場財團) 공장에 딸린 토지·건물·기계 등에서 저당권을 목적으로 기업의 담보 능력을 크게 높이기 위해 설정한 재단.

공장 진:단 (工場診斷) 산업의 합리화와 통제경제의 수행을 위해, 공장의 실태를 조사하여 공장 경영 전반의 비판·지도를 구하는 일.

공장 폐:쇄 (工場閉鎖)[─/─폐─] 1 공장의 문을 닫고 일을 쉼. 2 노동 쟁의가 일어났을 때, 기업주가 공장을 일시적으로 폐쇄하여 노동자의 주장을 거부하는 일.

공장 폐:수 (工場廢水)[─/─페─] 공장의 제품 생산 과정에서 생기는 폐수. 공업 폐수.

공:재 (共在)圈하자 두 가지 이상의 사물이나 그 현상이 동시에 존재함. 구재(俱在).

공재 (空財)圈 거저 얻은 재물.

공저 (公邸)圈 특정한 고급 공무원을 위해 나라에서 제공한 저택. 공관. ↔사저(私邸).

공:저(共著)명하타 한 책을 두 사람 이상이 함께 지음. 또는 그렇게 지은 책.

공적(公賊)명 공금이나 공물을 훔친 도둑.

공적(公敵)명 국가나 사회 또는 공중의 적.

공적(功績)명 공로의 실적. ◻~을 기리다 / 불후의 ~을 남기다.

공적(公的)[-쩍]관명 1 공공(公共)에 관계있는 (것). ◻~(인) 생활 / ~(인) 자리에서 사담만 늘어놓다. 2 공변된 (것). ↔사적(私的).

공적(空寂)명하형 《불》 만물은 모두 실체가 없어 생각하고 분별할 것이 없음.

공적 부조(公的扶助)[-쩍뿌-] 국가나 지방 자치 단체가 국민의 최저 한도의 생활을 보장하기 위해, 생활이 곤궁한 국민에게 보호 또는 원조를 행하는 일. 국가 부조.

공적 자:금(公的資金)[-쩍짜-] 【경】 금융 기관이 부실 채권을 감당하지 못할 때나 빚 때문에 문을 닫게 되는 금융 기관 대신 예금을 지급해 주기 위해 정부가 투입하는 돈.

공전(公錢)명 물품을 만드는 품삯. 공가(工價).

공전(公田)명 1 국유의 논밭. ◻~ 공답(公畓). ↔사전(私田). 2 중국의 옛 정전법(井田法)에서, 한복판에 있는 공유의 논밭.

공전(公典)명 공평하게 만든 법률.

공전(公電)명 관청끼리 주고받는 전보. ↔사전(私電).

공전(公轉)명하타 【천】 한 천체가 다른 천체의 둘레를 주기적으로 도는 일. 행성이 태양의 주위를 돌거나 위성이 행성의 주위를 도는 따위. *자전(自轉).

공전(功田)명 《역》 고려·조선 때, 국가에 훈공이 있는 사람에게 내리던 논밭.

공:전(攻戰)명하자 공격하여 싸움. 또는 그러한 전투.

공전(空前)명 (주로 '공전의'의 꼴로 쓰여) 비교할 만한 것이 이전에는 없음. ◻~의 대성황을 이루다 / ~의 히트를 기록했다.

공전(空電)명【물】 1 '공중 전기'의 준말. 2 공중 전기가 일으키는 전자기파의 방해.

공전(空戰)명 【군】 '공중전'의 준말.

공전(空轉)명하자 1 바퀴나 기계 따위가 헛돎. 2 일이나 행동이 헛되이 진행됨. ◻회담이 ~을 되풀이하다.

공전 법규(空戰法規)[-뀨] 공중전에 관한 국제법상의 법규.

공:전-식(共電式)명 【전】 '공동 전지식'의 준말.

공전-절후(空前絕後)명하형 비교할 만한 것이 이전에도 없고 이후에도 없음. 전무후무.

공전 주기(公轉週期)【천】한 천체가 다른 천체의 둘레를 한 바퀴 도는 데 걸리는 시간.

공-절선(公切線)[-썬]명 공접선.

공-접선(公接線)[-썬]명 【수】'공통 접선'의 구용어.

공정(工程)명 1 일이 진척되는 정도. 2 물품을 생산하는 과정에서 거쳐야 하는 하나하나의 작업 단계.

공정(公正)명하형형부 공평하고 올바름. ◻~ 보도 / 선거의 ~ 시비가 붙다.

공정(公定)명하타 1 일반의 공론에 따라 정함. 2 관청에서 정함.

공정(空庭)명 빈 뜰.

공정-가(公定價)[-까]명 '공정 가격'의 준말.

공정 가격(公定價格)【경】공평하고 정당한 가격.

공정 가격(公定價格)【경】국민의 경제생활을 안정시키기 위해 정부가 통제하고 결정한 상품 가격. ⚫공정가(公定價).

공정 거:래(公正去來) 독점 거래나 암거래가 아닌 공정하게 하는 거래.

공정 거:래 위원회(公正去來委員會)【법】국무총리 직속 기관의 하나(기업의 시장 지배·불공정 거래 행위 등을 규제함).

공정 관리(工程管理)[-꽐-] 대량 생산 방식에서, 공정도나 공정표에 따라 계획적으로 제품의 완성에 필요한 순서나 일정(日程) 따위를 관리하는 일.

공정 금리(公定金利)[-니]【경】중앙은행이 거래처인 금융 기관에 대하여 어음 할인이나 대부를 해 줄 때의 이자의 율. 공정 이율.

공정 기록(公正記錄)법률상 공인된 효력이 있는 기록.

공정-도(工程圖)명【공】제작 공정의 정도를 그림으로 풀이한 도표.

공정 부대(空挺部隊)낙하산 부대.

공정 이:율(公定利率)[-니-]【경】공정 금리.

공정 증서(公正證書)【법】1 공무원이 직무상 작성한 서류. 2 당사자의 촉탁에 응하여 공증인이 작성한 민사의 증서. ↔사서 증서.

공정 증서 유언(公正證書遺言)【법】증인 2명의 입회 아래 공증인이 작성한 유언서.

공정 지가(公正地價)[-까] 토지 대장에 등기된 토지 가격.

공정-표(工程表)명【공】한 개의 물품을 가공하는 과정이나 일정을 나타낸 도표.

공정 환:율(公定換率) 정부가 인위적으로 정하여 고정시킨 환시세로, 국제 통화 기금의 평가와 관련된 외환율. ↔변동(變動) 환율.

공:제(共濟)명하타 1 힘을 합하여 서로 도움. 2 함께 일함.

공제(空諦)명 【불】 삼제(三諦)의 하나. 만물은 모두 인연에 따라 생겨, 실(實)은 없고 모두 공(空)이라는 진리.

공:제(控除)명하타 1 일정한 금액이나 수량을 빼냄. ◻월급에서 세금을 ~하다 / 각종 세액 ~를 받다. 2 덤2. ◻5호 반 ~.

공:제 조합(共濟組合)같은 종류의 직업이나 사업에 종사하는 사람들이 상호 부조를 목적으로 회비를 내어 만든 조합.

공조(工曹)명 《역》고려·조선 때, 육조(六曹)의 하나. 산택(山澤)·공장(工匠)·영조(營造) 따위의 일을 맡아 하던 관아.

공조(公租)명 조세(租稅).

공:조(共助)명하타 여럿이 함께 도와주거나 서로 도와줌. ◻수사 ~.

공:조(貢租)명 공물로 바치는 조세.

공조 판서(工曹判書)【역】고려·조선 때, 공조의 으뜸 벼슬《정이품임》.

공:존(共存)명하자 1 두 가지 이상의 사물이나 현상이 함께 존재함. 동존(同存). ◻신구 문화의 ~. 2 서로 도와서 함께 존재함. ◻평화~의 시대.

공:존-공:영(共存共榮)명 함께 존재하고 함께 번영함. 함께 잘 살아감. ◻~의 길로 나가다.

공:존-동생(共存同生)명 함께 생존하고 함께 살아 나감.

공:존 용액(共存溶液)【화】두 액체를 혼합해도 다시 두 액상(液相)으로 분리되는 용액.

공:존-의식(共存意識)[-조늬-/-조니-]명 함께 살고 있다는, 또는 함께 살아 나가야 한다는 의식.

공졸(工拙)명 기교의 능함과 서투름.

공죄(公罪)명【법】국가의 공익을 해한 죄. ↔사죄(私罪).

공죄 (功罪) 图 공로와 죄과. 공과(功過). ▢ ~
가 상반(相半)되다.
공죄-상보 (功罪相補) 图 1 공적이 있으나 죄
과도 있으므로 서로 상쇄됨. 2 죄가 있으나
공이 그것을 보충할 만큼 있으므로 관대히
용서해 줄 만함.
공주 (公主) 图 왕후가 낳은 임금의 딸.
공주 (空株) 图 『경』 공(空)매매로 실제로 주
고받지 않고 거래되는 주식. ↔실주(實株).
공-주련 (空柱聯) 图 글씨나 그림이 없는 주련.
공:-주인 (貢主人) 图 『역』 공물을 대신 바치
고 그 값을 납공자(納貢者)에게 배로 물리던
사람.
공죽 (空竹) 图 객죽(客竹).
공준 (公準) 图 공리(公理)처럼 확실하지는 않
으나 원리로 인정되어 이론 전개에 기초가
되는 명제.
공중 (公衆) 图 사회의 대부분의 사람. 일반 사
람들. 민중(民衆).
공중 (空中) 图 하늘과 땅 사이의 빈 곳. 하늘.
천공(天空). ▢ 새들이 ~을 날아다닌다 / 색색
의 풍선들이 ~으로 떠올랐다.
  공중(에) 뜨다 ⓖ 물건의 수량 따위가 계산
  결과 모자라거나 없어지다. ▢ 십만 원가량의
  돈이 ~.
공중 광:고 (空中廣告) 항공기로 광고 전단을
뿌리거나 기구(氣球)를 띄워서 하는 광고.
공중-권 (空中權)[-꿘] 图 공간의 소유 권리.
토지 소유권의 범위를 넓힌 것으로, 햇빛·공
기를 확보하거나 광고 가치를 보호함.
공중 급유 (空中給油) 급유기(給油機)가 파이
프를 통해서 비행 중인 항공기에 연료를 보
급하는 일. 공중 보급.
공중-누각 (空中樓閣) 图 아무런 근거나 토대
가 없는 가공의 사물이나 생각. 신기루.
공중-도덕 (公衆道德) 图 공중의 이익을 위하
여 지켜야 할 예의나 도덕. 공덕(公德).
공중-물 (空中-) 图 한데에 놓은 그릇에 괸 빗
물. 공중수(水).
공중 방:전 (空中放電) 구름과 대지 사이의 심
한 전위차(電位差)로 공중에 일어나는 방전
현상. 이 때문에 번개와 천둥이 일어남.
공중-변소 (公衆便所) 图 공중을 위하여 길거
리나 공원 같은 데 만들어 놓은 변소.
공중 보:급 (空中補給) 1 『군』 항공기나 낙하
산으로 군사 물품을 투하하여 보급하는 일.
2 공중 급유.
공중-분해 (空中分解) 图 1 비행 중인 비행기
가 고장·폭발 등으로 공중에서 폭파되어 분
해되는 일. 2 계획 따위가 진행 도중에 무산
되는 일.
공중-사진 (空中寫眞) 图 항공기나 기구에서
찍은 사진. 항공사진.
공중 삭도 (空中索道)[-또] 가공 삭도.
공중-선 (空中線) 图 『물』 안테나.
공중 소추주의 (公衆訴追主義)[-/-이] 『법』
형사 사건의 소추권을 피해자를 포함한 일반
공중에게 맡기는 주의.
공중-위생 (公衆衛生) 图 사회 일반의 건강을
보호·증진하기 위한 위생. ▢ ~ 상태를 점검
하다. ↔개인위생.
공중유사 (公中有私)[-뉴-] 图 공적인 일을 해
나가는 중에 개인적인 감정이나 관계에 이끌
리는 일.
공중-전 (空中戰) 图 『군』 항공기끼리 공중에
서 벌이는 전투. 항공전(航空戰). ▢ 치열한

~을 벌이다. ⓒ공전(空戰).
공중 전:기 (空中電氣) 대기 중의 전기장(場)·
이온·전류 따위의 현상의 총칭. ⓒ공전(空電).
공중-전화 (公衆電話) 图 공중이 그때그때 요
금을 내고 쓸 수 있도록 길거리나 일정한 장
소에 설치해 놓은 전화.
공중 정찰 (空中偵察) 『군』 정찰기 따위로 적
의 동정을 살펴서 알아내는 일. 항공 정찰.
공중-제비 (空中-) 图 1 두 손을 땅에 짚고 두
다리를 공중으로 쳐들어서 반대 방향으로 넘
는 재주. 텀블링(tumbling). ▢ ~를 넘다. 2
공중에서 거꾸로 떨어짐.
공중 촬영 (空中撮影) 항공기를 타고 땅 위의
시설이나 지형을 촬영하는 일.
공중 투하 (空中投下) 항공기에서 인원이나 물
자를 떨어뜨리는 일. ▢ 구호물자를 ~하다.
공중파 방:송 (公衆波放送) 지상파 방송.
공중 폭격 (空中爆擊)[-격] 『군』 공중에서 비
행기로 적진에 가하는 폭격. ⓒ공폭(空爆).
공중-회전 (空中回轉) 图 1 체조·곡예 따위에
서, 허공에서 한 바퀴 이상 재주를 넘는 일.
2 비행기 따위가 비행 중에 회전하는 일.
공즉시색 (空卽是色)[-씨-] 图 『불』 이 세상의
모든 것은 실체가 없는 현상에 지나지 않지
만, 그 현상의 하나하나가 그대로 실체라는
말(반야심경에 나오는 말). *색즉시공.
공증 (公證) 图하타 『법』 국가나 공공 단체가
직권(職權)으로 어떤 사실을 공적으로 증명
하는 일(부동산의 취득·이전의 증명, 졸업
증명서 발행 따위).
공증 문서 (公證文書) 『법』 국가나 공공 단체
의 기관이 어떤 사실을 증명하기 위하여 작
성하는 문서(공정 증서·호적 초본 따위).
공증-인 (公證人) 图 『법』 당사자나 관계자의
부탁을 받아 민사에 관한 공정 증서를 작성
하며, 사서(私署) 증서에 인증(認證)을 주는
권한을 가진 사람.
공지 (公志) 图 공심(公心).
공지 (公知) 图하자타 사람들에게 널리 알림.
공:지 (共知) 图하타 여럿이 다 앎.
공지 (空地) 图 1 빈 땅. 빈터. 공처(空處). ▢
~에 채소를 키우다. 2 하늘과 땅.
공지 (空紙) 图 1 아무것도 쓰지 않은 종이. 백
지. 2 쓸데없는 종이.
공지 사:실 (公知事實) 사회 일반이 다 알아
의심할 여지가 없이 명백한 사실.
공지 사:항 (公知事項) 사회 일반에게 널리 알
리는 사항.
공직 (公職) 图 국가 기관이나 공공 단체의 직
무. ▢ ~ 생활 20년이 넘었다.
공직-자 (公職者)[-짜] 图 공직에 종사하는 사
람(공무원·국회의원 등).
공직-하다 (公直-)[-지카-] 혱여 공평하고 정
직하다.
공:진 (共振) 图하자 『물』 1 한 진동체가 다른
진동체에 이끌리어 그와 같은 진동수로 진동
하는 현상. 2 전기 진동의 공명(共鳴) 현상.
공:진-소 (共進所) 图 조선 말엽의 관청의
하나. 식료품에 관한 일을 맡아보았음.
공:진-회 (共進會) 图 각종 산물이나 제품들을
한곳에 모아 놓고 품평하고 전시하는 모임.
경진회(競進會).
공:진 회로 (共振回路) 『물』 전기의 공진 현상
을 일으키는 회로. 동조(同調) 회로.
공-집기 (空-)[-끼] 图하자타 돈을 모아 무엇을
사다 먹는 내기의 하나(사람의 수효대로 금
액을 적은 쪽지를 섞어 놓고, 자기가 집은 쪽
지의 액수에 따라 돈을 내며, ▢표를 집은 사

람은 돈을 내지 않음》. *공짚기.
공-집합 (空集合)[-지팝] 명 〖수〗 원소(元素)를 하나도 갖지 않은 집합. 영집합.
공징이 명 〖민〗 귀신 소리라는 휘파람 소리를 내면서 점치는 여자 점쟁이.
공-짚기 (空-)[-집끼] 명하자 돈을 모아 무엇을 사다 먹는 내기의 하나《사람의 수효대로 돈의 액수를 적어 각각 줄을 하나씩 긋고 가려 놓은다음, 짚은 줄을 따라 적힌 대로 돈을 내는데, '○' 표를 짚은 사람은 돈을 내지 않음》. *공집기.
공짜 (空-) 명 **1** 거저 얻은 물건. **2** 값을 치르지 않음. 무료. ❑~ 구경.
공짜-배기 (空-) 명 '공짜'를 속되게 이르는 말.
공차[1] (公差) 명 〖역〗 관아나 궁가(宮家)에서 파견하던 사자(使者)나 관원.
공차[2] (公差) 명 **1** 〖수〗 등차수열이나 등차급수의 연속되는 두 항의 차. **2** 〖수〗 근삿값에 대한 오차의 한계나 범위. **3** 〖법〗 도량형기의 법정 표준과 실제와의 차로서 법률로 인정하는 범위.
공차 (空車) 명 **1** 빈 차. **2** 돈을 안 내고 타는 차.
공:-차기 명 공을 차며 하는 운동이나 놀이.
공:-차반 (供次飯) 명 〖불〗 절에서 '반찬'의 일컬음.
공:찬 (供饌) 명하타 〖불〗 부처에게 음식을 바침.
공찰 (公札) 명 〖역〗 공함(公函).
공:참-하다 (孔慘-) 형여 매우 참혹하다.
공창 (工廠) 명 **1** 철공물을 만드는 공장. **2** 무기나 함선을 만들거나 수리하는 공장.
공창 (公娼) 명 관청의 허가를 받고 매음 행위를 영업으로 하는 여자. ↔사창(私娼).
공:-채 명 **1** 장치기하는 데 쓰는, 끝이 조금 구붓한 막대기. **2** 공을 치는 채의 총칭《탁구나 테니스의 라켓 따위》.
공채 (公採) 명하타 관청이나 회사 등에서 필요한 사람을 공개적으로 모집하여 채용함. ❑~ 사원.
공채 (公債) 명 국가나 지방 자치 단체가 세출의 재정 자원을 마련하려고 임시로 지는 빚《국채·지방채로 나뉨》. ↔사채(私債).
공-채무 (公債務) 명 공금을 소비하거나 공과금 미납으로 진 빚.
공채-비 (公債費) 명 공채 모집·이자 지급·상환(償還) 따위에 필요한 비용.
공채-증권 (公債證券)[-꿘] 명 〖경〗 국가나 지방 자치 단체가 공채의 채권자에게 교부하는 증권. 공채증서.
공채-증서 (公債證書) 명 공채증권.
공책 (空冊) 명 무엇을 쓸 수 있게 백지로 매어 놓은 책. 필기장. 노트.
공처 (空處) 명 **1** 임자가 없는 빈 땅. **2** 공지(空地)1.
공:처-가 (恐妻家) 명 아내에게 눌려 지내는 남편.
공천 (公薦) 명하타 **1** 정당에서 선거에 출마할 후보자를 공식적으로 추천함. ❑당의 ~을 받다. **2** 여러 사람이 합의해서 추천함. **3** 공정하고 정당하게 추천함.
공첩 (公貼) 명 공문서(公文書).
공첩 (公牒) 명 공적인 일에 관한 편지나 서류.
공청 (公廳) 명 공무를 처리하는 기관. 관청.
공청 (空靑) 명 〖광〗 금동광(金銅鑛)에서 나는, 빛이 푸른 광물《염료·약제로 씀》.
공청 (空廳) 명 헛간.
공청-회 (公聽會) 명 국회나 행정 기관 등이 중요한 안건을 심의하기 위하여 공개 석상에서 이해관계자 또는 학식·경험이 있는 사람에게서 의견을 듣는 모임. ❑~를 개최하다. *청문회.
공:초 (供招) 명하타 〖역〗 조선 때, 죄인이 범죄 사실을 진술하던 일. 공사(供辭). ❑~를 받다.
공총-하다 (倥傯-) 형여 이것저것 일이 많아 바쁘다. **공총-히** 부
공축 (恭祝) 명하타 삼가 축하함.
공:축 (恐縮) 명하자 두려워서 몸을 움츠림.
공:출 (供出) 명하타 지난날, 일제(日帝)가 식량·물자 등을 민간에게 강제로 바치게 한 일.
공-출물 (空出物) 명하자 **1** 밑천이나 힘을 들이지 않고 남의 일에 거저 끼어듦. **2** 쓸데없이 밑천이나 힘을 들임.
공:취 (攻取) 명하타 적의 진지 따위를 공격하여 빼앗음.
공:-치기 명하자 **1** 공을 치고 받는 운동의 총칭. **2** 장치기.
공-치다 (空-) 자타 무슨 일을 하려다가 목적을 이루지 못하고 허탕 치다. ❑비가 와서 오늘 벌이는 공쳤다.
공-치사 (功致辭) 명하자타 남을 위하여 애쓴 것을 생색내며 스스로 자랑함. ❑~를 늘어놓다.
공-치사 (空致辭) 명하자타 빈말로 칭찬함.
공칙-스럽다 [-쓰-따][-스러워, -스러우니] 형ㅂ 일이 공교롭게 잘못된 데가 있다. **공칙-스레** [-쓰-] 부
공칙-하다 [-치카-] 형여 일이 공교롭게 잘못되다. **공칙-히** [-치키] 부
공칭 (公稱) 명하타 **1** 공적으로 이름. 또는 그런 이름. **2** 일반에 드러내어 일컬음.
공칭 능력 (公稱能力)[-녁] 일반에 널리 알려진 무기나 기계 따위의 능력.
공칭 마:력 (公稱馬力) 과세(課稅)하거나 사고팔 때 부르는 엔진의 마력 수.
공칭 자본 (公稱資本) 〖경〗 은행·회사 따위에서 정관(定款)에 적어 등기를 한 자본의 총액.
공:탁 (供託) 명하타 **1** 돈이나 물건을 맡김. **2** 법의 규정에 따라 금전·유가 증권 따위를 공탁소 등에 맡겨 두는 일.
공:탁-금 (供託金)[-끔] 명 〖법〗 공탁한 돈.
공:탁-물 (供託物)[-탕-] 명 〖법〗 공탁한 돈이나 유가 증권.
공:탁-법 (供託法)[-뻡] 명 〖법〗 공탁에 관한 것을 규정한 법률.
공:탁-서 (供託書)[-써] 명 〖법〗 공탁물에 첨부하여 공탁소에 내는 서류.
공:탁-소 (供託所)[-쏘] 명 〖법〗 공탁 사무를 행하는 국가 기관. 지방 법원이나 그 지원(支院)의 소재지에 둠.
공:탈 (攻奪) 명하타 무력으로 쳐서 빼앗음. ❑무기 ~.
공-터 (空-) 명 빈터. ❑~에서 대보름날 쥐불놀이를 하다.
공토 (公土) 명 공공 단체가 소유한 토지.
공:통 (共通) 명하자 여럿 사이에 두루 통용되거나 관계가 있음. ❑~ 과제 / 두 사안의 ~은 무엇인가.
공:통 내:접선 (共通內接線)[-썬] 〖수〗 두 원이 공통 접선에 대하여 서로 반대쪽에 있을 때의 접선. ↔공통 외접선.
공:통-분모 (共通分母) 명 **1** 〖수〗 여러 개의 분모가 서로 다른 분수를 크기가 변하지 않게

통분(通分)한 분모. 2/3과 3/4를 8/12과 9/12로 했을 때의 12. **2** 여럿이 같이 가지고 있는 요소. 1 ~를 찾다.

공ː통-성 (共通性)[-썽] 圐 여럿 사이에 공통되는 성질. 1 민족 문화의 ~.

공ː통-어 (共通語) 圐 【言】 **1** 공통으로 통용되는 말. **2** 표준어. ↔방언.

공ː통 언어 (共通言語) 【컴】 모든 기종의 컴퓨터에 공통으로 쓰이는 프로그래밍 언어. 포트란·코볼·알골 따위가 있음.

공ː통 외ː접선 (共通外接線)[-썬] 【수】 두 원이 공통 접선에 대하여 같은 쪽에 있을 때의 접선. ↔공통 내접선.

공ː통 인수 (共通因數)[-쑤] 【수】 공인수.

공ː통-적 (共通的) 圐 여럿 사이에 두루 통하거나 관계하는 (것). 1 ~(인) 관심사.

공ː통-점 (共通點)[-쩜] 圐 여럿 사이에 두루 통하는 점. ↔차이점.

공ː통 접선 (共通接線)[-썬] 【수】 둘 이상의 곡선이나 곡면이 공유하는 접선.

공ː통-집합 (共通集合)[-지팝] 圐 교집합.

공ː통-항 (共通項) 【수】 공항(公項).

공ː통-현 (共通弦) 圐 평면 위에서 두 개의 원이 만날 때의 교점을 연결하는 선분.

공ː파 (攻破) 圐하타 공격하여 쳐부숨. 1 적진을 ~하다.

공판 (公判) 圐하자 【法】 법원이 기소된 형사 사건을 심리하는 일. 또는 그런 절차.

공ː판 (共販) 圐 '공동 판매'의 준말.

공ː판-장 (共販場) 圐 공동으로 판매하는 장소. 공동 판매장. 1 농산물 ~.

공판-정 (公判廷) 圐 【法】 공판을 행하는 법정. ⊙공정(公廷).

공판 조서 (公判調書) 【法】 공판 절차에 대하여 법원 서기가 작성하는 조서.

공편-하다 (公便-) 혱어 공평하고 편리하다. 공편-히 ⟨튀⟩

공평 (公平) 圐하혱히튀 어느 한쪽으로 치우침이 없이 고름. 1 ~한 배당 / 과세의 ~를 기하다 / 이익을 ~히 노누다.

공평 (公評) 圐 **1** 공정하게 비평함. 1 ~을 받다. **2** 공중(公衆)의 비평.

공평-무사 (公平無私) 圐하혱히튀 공평하고 사사로움이 없음. 1 ~남녀 ~.

공평-성 (公平性)[-썽] 圐 어느 쪽으로도 치우치지 않고 고른 특성. 1 조세 부담의 ~을 높이다.

공포 (公布) 圐하자타 **1** 일반에게 널리 알림. **2** 법령·예산·조약 따위를 일반 국민에게 널리 알림.

공포 (功布) 圐 관(棺)을 묻을 때, 관을 닦는 삼베 형겊.

공포 (空包) 圐 실탄 대신에 나무나 종이로 마개를 하여 쏘는, 소리만 나는 연습용 탄약.

공포 (空胞) 圐 【生】 세포 안의 액포(液胞).

공포 (空砲) 圐 **1** 실탄을 재지 않고 소리만 나게 쏘는 총질. 헛총. **2** 위협하기 위해서 공중을 향해 쏘는 총질. 1 달아나는 범인에게 ~를 쏘다.

공포(를) **놓다** 丑 ㉠공포를 쏘다. ㉡위협을 주다. 공갈하다.

공ː포 (栱包·棋包) 圐 처마의 무게를 받치려고 기둥머리에 짜 맞추어 댄 나무쪽.

공ː포 (貢布) 圐 【歷】 조선 때, 결세(結稅)로 바치던 베.

공포 (恐怖) 圐 무서움과 두려움. 1 ~ 분위기 /

~에 떨다 / 죽음의 ~에 사로잡히다 / ~로 파랗게 질리다.

공ː포-감 (恐怖感) 圐 두렵고 무서운 느낌. 1 ~이 엄습하다 / ~에 휩싸이다 / ~을 불러일으키다.

공ː포-심 (恐怖心) 圐 두려워하고 무서워하는 마음. 1 ~이 일다.

공ː포 정치 (恐怖政治) **1** 가혹한 수단으로 반대파의 세력을 탄압하여 행하는 정치. 공하(恐嚇) 정치. **2** 【歷】 프랑스 혁명 때, 과격 공화주의 당파인 자코뱅파가 행한 탄압 정치.

공ː포-증 (恐怖症)[-쯩] 圐 강박 관념의 하나. 항상 공포·불안을 느끼면서 자기 통제를 하지 못하는 병적 증상.

공ː포-탄 (空砲彈) 圐 탄알 없이 화약만 들어 있는 탄환(예포·신호·훈련 따위에 씀).

공폭 (空爆) 圐하타 【軍】 '공중 폭격'의 준말.

공ː표 (標) 圐 동그라미표.

공표 (公表) 圐하자타 세상에 널리 알림. 1 새 학설이 ~되다.

공표 (空票) 圐 **1** 거저 얻은 입장권이나 차표. **2** 추첨에서 배당이 없는 표.

공ː피-병 (肇皮病)[-뻥] 圐 【醫】 피부가 굳어져 딱딱해지는 피부병.

공ː하 (恭賀) 圐 공경하여 축하함.

공ː하 (恐嚇) 圐하타 공갈. 위협.

공ː-하다 (貢-) 타어 공물(貢物)을 바치다.

공하-신년 (恭賀新年) 圐 근하신년(謹賀新年).

공ː하 정치 (恐嚇政治) 공하 정치1.

공학 (工學) 圐 공업의 이론·기술·생산 따위를 체계적으로 연구하는 학문(전자·전기·기계·항공·토목·컴퓨터 따위의 분야). 1 첨단 ~.

공ː학 (共學) 圐하타 성별이나 민족이 다른 학생들이 한 학교에서 함께 배움. 1 남녀 ~.

공한 (公翰) 圐 공적(公的)인 편지. 1 관계 당국에 ~을 보내다. ↔사한(私翰).

공한-지 (空閑地) 圐 **1** 농사를 지을 수 있는데도 아무것도 심지 않고 놀리는 땅. 1 ~를 줄이다. **2** 집을 짓지 않은 빈터. 1 집 옆 ~에서 토끼를 기르다.

공한지-세 (空閑地稅) 圐 도시의 토지 이용을 높이기 위해, 놀고 있는 대지나 잡종지에 매기는 세금.

공함 (公函) 圐 【歷】 공적인 일에 관하여 주고받던 편지. 공찰(公札).

공함 (空函·空緘) 圐 **1** 빈 상자나 빈 함. **2** 빈 봉투.

공항 (公項) 圐 【수】 급수(級數) 일반에 공통되는 항. 공통항.

공항 (空港) 圐 여객과 짐을 나르는 항공기가 뜨고 내리는 시설을 갖춘 공공용 비행장. 항공항(航空港). 1 인천 ~ / ~ 송영대에 ~에 마중 나가다.

공항-버스 (空港 bus) 圐 공항과 도심, 공항과 역 따위를 왕복하면서 승객을 실어 나르는 버스.

공해 (公海) 圐 어느 나라의 주권에도 속하지 않는, 모든 나라가 공통으로 사용할 수 있는 바다. ↔영해(領海).

공해 (公害) 圐 산업의 발달과 교통량 증가에 따라 사람이나 생물 및 자연이 입는 피해. 자동차의 매연, 공장의 폐수, 쓰레기 따위로 공기와 물이 더러워지고 자연환경이 파괴되는 따위. 1 ~ 추방 가두 운동 / ~가 심각하다.

공해 (空海) 圐 **1** 하늘처럼 가없는 바다. **2** 바다와 같은 창공(蒼空).

공해-병 (公害病)[-뼝] 圐 수질 오염·대기 오염 따위의 공해 때문에 일어나는 병.

공해 산ː업 (公害産業) 대기 오염 및 수질 오

염, 기타 환경 오염의 주된 원인이 되는 산업 《제철 제강 공업·석유 화학 공업 및 펄프 공업 따위》.

공해 어업(公海漁業) 공해에서 행해지는 어업.
공행(公行) 명하자타 1 공무를 수행함. 또는 그런 여행. 2 일반인이 널리 행함. 3 거리낌 없이 공공연히 행함.
공행(空行) 명 헛걸음.
공허(公許) 명하타 관허(官許).
공허-감(空虛感) 명 텅 빈 듯한 허전한 느낌. ¶~을 느끼다 / ~이 찾아들다.
공허-하다(空虛-) 형여 1 속이 텅 비다. ¶마음이 ~. 2 실속이 없이 헛되다. ¶공허한 이야기.
공:헌(貢獻) 명하자 1 힘을 써 이바지함. ¶사회 발전에 ~하다. 2〖역〗공물을 바치던 일.
공현(空弦) 명 시위에 화살을 먹이지 않고 빈활을 쏨.
공:혈(供血) 명하자 〖의〗수혈에 쓰일 혈액을 제공함. 헌혈(獻血).
공형(公兄) 명 '삼공형(三公兄)'의 준말.
공-형벌(公刑罰) 명 〖법〗국가가 가하는 형벌.
공:화(共和) 명 1 여러 사람이 공동으로 일을 함. 2 두 사람 이상이 공동으로 정무(政務)를 시행함. 3 공화 제도. ↔전제(專制).
공:화(供花·供華) 명 부처나 죽은 사람에게 꽃을 바침. 또는 그 꽃.
공:화-국(共和國) 명 주권이 국민에게 있는 나라. 공화 정치를 하는 나라.
공:화 정체(共和政體) 공화 정치를 하는 정치 체제.
공:화 정치(共和政治) 국가의 주권이 국민에게 있고 국민이 선출한 대표자들이 국법에 따라 행하는 정치.
공:화-제(共和制) 명 '공화 제도'의 준말.
공:화 제:도(共和制度) 공화 정치를 하는 정치 제도. 공화제(共和制). 준공화제.
공환(空還) 명하자 목적을 이루지 못하고 헛걸음으로 돌아옴.
공활-하다(空豁-) 형여 텅 비고 매우 넓다. ¶공활한 가을.
공:황(恐惶) 명 두려워 어찌할 바를 모름.
공:황(恐慌) 명 1 급변한 사태에 놀랍고 두려워 어찌할 바를 모르는 상태. 2 '경제 공황'의 준말.
공회(公會) 명 1 공적인 문제를 논의하기 위한 모임. 2 일반 대중의 모임. 3 국제 문제를 해결하기 위하여 열리는 국제 회의.
공회-당(公會堂) 명 일반 대중의 모임을 위하여 세운 건물. ¶회의가 ~에서 열리다.
공-회전(空回轉) 명 기계 따위가 헛도는 일. ¶엔진의 ~.
공효(功效) 명 공을 들인 보람이나 효과.
공후(公侯) 명 1 제후(諸侯). 2 공작과 후작.
공후(箜篌) 명 〖악〗하프와 비슷한 동양의 옛 현악기.
공후-인(箜篌引) 명 〖문〗고조선 때, 곽리자고 (霍里子高)의 아내 여옥(麗玉)이 지은 노래. 물에 빠져 죽은 남편의 죽음을 애도하는 내용. 공무도하가(公無渡河歌).
공훈(功勳) 명 나라나 사회를 위해 세운 큰 공. 훈공(勳功). ¶혁혁한 ~ / ~을 세우다.
공휴(公休) 명 '공휴일'의 준말.
공휴-일(公休日) 명 1 국경일·일요일같이 공적으로 쉬기로 정해진 날. 2 동업자끼리 정한 정기적 휴일. 준공휴.
공:희(供犧)[-히] 명 예전에, 신에게 희생 공물로 바치던 동식물 따위.

공:-히(共-) 부 다 같이. 모두. ¶남녀노소 ~ 즐기는 노래 / 명실 ~ 한국 제일의 첨단 제품을 만들어 내다.
곶 명〈옛〉꽃.
곶(串)[곧] 명 바다 쪽으로 좁고 길게 뻗어 있는 육지의 끝 부분. 갑(岬). 지취(地嘴).
-곶(串)[곧] 명 지명 뒤에 붙어, 바다로 뻗어 나온 곳을 나타내는 말. ¶장산(長山)~.
곶-감[곧깜] 명 껍질을 벗기고 꼬챙이에 꿰어 말린 감. 건시(乾柿). 관시(串柿). 백시. ¶한 접 / ~을 빼 먹다.
곶감 꼬치에서 곶감 빼 먹듯 관 애써 알뜰히 모아 둔 것을 조금씩 헐어 써 없애는 모양.
곶다 타〈옛〉꽂다.
과:[1] 명 〖식〗'과꽃'의 준말.
과:(果) 명 1 결과. 2〖불〗원인에 따른 결과. ↔인(因).
과(科) 명 1 학과나 연구 분야를 구분하는 단위. ¶국어 ~ / ~를 바꾸다 / 그는 무슨 ~에 다닌다더냐. 2 생물학상의 분류 단위 《목(目)의 아래, 속(屬)의 위임》. ¶소나뭇~ / 고양이는 무슨 ~에 속하느냐. 3〖역〗'과거(科擧)'의 준말.
과(課) 명 1 사무 조직의 한 구분《부(部)의 아래, 계(係)의 위》. ¶그는 우리 ~에서 근무하던 사람이다. 2 교과서 따위에서, 내용에 따라 차례로 벌여 놓은 학습의 단위. ¶아홉 번째 ~를 공부한다.
과² 조 1 받침 있는 체언에 붙어, 열거를 나타내는 접속 조사. ¶형~ 아우 / 말~ 소. 2 받침 있는 체언에 붙어, 다른 말과 비교하는 부사격 조사. ¶성격이 불~ 같다 / 그의 말은 사실~ 다르다. 3 받침 있는 체언에 붙어, 함께 함을 나타내는 부사격 조사. ¶김 군~ 같이 가다. *와.
과:-(過) 접 1 '지나친·과도한'의 뜻을 나타내는 말. ¶~보호 / ~소비 / ~적재. 2〖화〗산소가 과다하게 결합한 상태를 나타내는 말. ¶~산화물 / ~인산.
-과(課) 접 '사무 부서'의 뜻을 나타내는 말. ¶총무~ / 관리~.
과:감-스럽다(果敢-)[-따][-따]-스러워, -스러우니] 형비 과단성이 있고 용감한 데가 있다.
과:감-스레 부
과:감-하다(果敢-) 형여 과단성이 있고 용감하다. **과:감-히** 부
과:감-하다(過感-) 형여 지나치다고 느낄 만큼 고맙다. **과:감-히** 부
과객(過客) 명 〖역〗과거를 보러 오거나 보고 돌아가는 선비.
과:객(過客) 명 지나가는 나그네.
과:객-질(過客-)[-찔] 명하자 노자 없이 다니는 나그네 노릇.
과거(科擧) 명 〖역〗지난날, 문무관을 등용할 때 보이던 시험. 과목. 과시(科試). 과제(科第). ¶~ 시험 / ~에 급제하다.
과거(를) 보다 관 과거에 응시하다.
과:거(過去) 명 1 지나간 때. ¶~의 행적 / ~의 역사를 되풀이하다. 2 지나간 일이나 삶. ¶~를 청산하다 / ~를 들추어내다. 3〖언〗시제의 하나로, 지나간 동작이나 상태를 나타냄《용언의 어간에 '-ㄴ·-은'이나 '-았-·-었-' 따위를 더하여 씀》. ¶~ 완료형. ↔현재·미래.
과:거(가) 있다 관 예전에 어둡거나 복잡한 생활을 한 적이 있다.

과:거 (寡居) 명하자 과부로 지냄.

과거리 튀〔옛〕 갑자기. 급히.

과:거 분사 (過去分詞)〔언〕 영어·프랑스 어·독일어 따위에서 동사의 한 변화형(형용사의 성질을 띠며, 완료형 및 수동형을 만듦).

과:거-사 (過去事) 명 지나간 과거의 일. 과거지사. ▣~를 캐내다.

과:거-세 (過去世) 명〔불〕 전생(前生).

과:거 시제 (過去時制)〔언〕 활용어의 시제의 하나. 사건이나 동작이 일어난 시간이, 말하는 사람이 말한 시간보다 앞서 있는 시제(활용어의 종결형 선어말 어미와 관형사형 어미로 나타냄).

과:거 완료 (過去完了)[-왈-]〔언〕 과거 어느 때에 있었거나 행하여졌던 동작을 나타내는 어법. 과거 시제에 선어말 어미 '-었-'을 더하거나 '-아 있었다' 등의 꼴로 씀('한때 서울에 살았었지'·'앉아 있었다' 따위).

과:거-장 (過去帳)[-짱]〔불〕 절에서, 죽은 신도의 법명(法名)·죽은 날짜 따위를 적어 두는 장부. 귀적(鬼籍).

과:거지사 (過去之事) 명 과거사.

과:거 진:행 (過去進行)〔언〕 동사 진행상의 하나. 지나간 어느 때의 동작이 진행 중이었음을 나타내는 어법(語法). '-고 있었다' 따위로 표시됨.

과걸리 튀〔옛〕 갑자기. 급히.

과:격-파 (過激派) 명 과격한 방법으로 주의나 이상을 실현하려는 파. →온건파.

과:격-하다 (過激-)[-껴카-] 형여 지나치게 격렬하다. ▣과격한 운동 / 과격한 성미. 과:격-히 [-껴키] 튀

과:격-화 (過激化)[-껴콰] 명하자 정도가 지나치게 격렬하게 됨. 또는 그렇게 되게 함. ▣시위가 ~ 양상을 보이다.

과:겸-하다 (過謙-) 형여 지나치게 겸손하다. 과:겸-히 튀

과:경-에 (過頃-) 튀 아까. 조금 전에.

과:계 (過計)[-/ -게] 명하자 계획을 잘못 세움. 실책(失策)함.

과골 (踝骨) 명〔생〕복사뼈.

과공 (科工) 명 과문(科文)의 공부.

과:공 (誇功) 명하자 공로를 자랑함.

과:공 (過恭) 명하형히튀 지나치게 공손함. 과공은 비례라 予 지나친 공손은 오히려 예(禮)에 벗어난다.

과공 (課工) 명 날마다 정해 놓고 하는 공부.

과구 (科具) 명〔역〕과장(科場)에서 쓰던 여러 가지 도구.

과:군 (寡君) 명〔역〕다른 나라의 임금이나 고관에 대하여 자기 나라의 임금을 낮추어 일컫던 말.

과그르다 형〔옛〕급하다.

과글리 튀〔옛〕갑자기. 급히.

과:급-기 (過給器)[-끼] 명 내연 기관의 흡입 압력을 높이는 작용을 하는 장치(기관의 출력을 높여 줌).

과:긍 (誇矜) 명하자 자랑하여 뽐냄.

과기 (瓜期) 명 1 기간이 참. 2 여자 나이 15-16세 때. 3〔역〕벼슬의 임기가 끝나는 시기를 이르던 말.

과기 (科期) 명〔역〕과거를 보는 시기. 과시(科時).

과기리 튀〔옛〕갑자기. 급히.

과:-꽃 [-꼳] 명〔식〕국화과의 한해살이풀. 산에 나는데 줄기 높이 30-60cm, 가을에 남자

색이나 청색·홍색 등의 꽃이 핌. 관상용임. 추모란(秋牡丹). 취국.

과남 명 ☞과람(過濫).

과남-풀 명〔식〕용담과의 여러해살이풀. 산지에 남. 높이는 30-60cm, 잎은 마주나고 피침 모양인데, 가을에 짙푸른 꽃이 빽빽이 남. 뿌리는 약용함.

과:납 (過納) 명하자 세금·요금 따위를 납부해야 할 금액보다 많이 내는 일. ▣~한 세금을 환급 받다.

과냉 명 ☞과랭(過冷).

과:-냉각 (過冷却) 명하자 〔물〕 1 액체를 냉각하여 응고점 이하의 온도가 되어도 고체화하지 않고 액상(液相) 그대로 있는 현상. 2 증기의 온도가 내려서 이슬점 이하로 되어도 액화하지 않고 증기압이 포화 기압(飽和氣壓)보다 크게 되는 현상. 과랭(過冷).

과:녀 (寡女) 명 과부.

과:녁 명〔←관혁(貫革)〕 1 활이나 총을 쏘는 연습을 할 때에 목표로 세워 놓은 물건. ▣화살이 ~에 명중하다. 2 겨냥하여 쏘는 목표물의 총칭.

과:녁-빼기 명 조금 떨어져 똑바로 건너다보이는 곳.

과:녁빼기-집 명 조금 떨어져 똑바로 건너다보이는 곳에 있는 집.

과년 (瓜年) 명 1 여자가 혼기에 이른 나이. ▣~의 처녀. 2〔역〕벼슬의 임기가 찬 해.
    과년(이) 차다 予 여자의 나이가 혼인 나이에 꽉 차다.

과:년 (過年) 명하형 여자 나이가 혼인할 시기를 지난 상태에 있음. ▣~한 처녀(딸).

과년 (課年) 명하자 해마다 꼭꼭 함.

과:년-도 (過年度) 명 지난 연도. 작년도. ▣~수출 실적을 보고서로 작성하다.

과:년도 수입 (過年度收入) 지난 연도 수입으로서 현재 연도 예산에 편입한 수입.

과:년도 지출 (過年度支出) 지난 연도에 속하는 경비를 현재 연도 예산에서 지출하는 일.

과:념 (過念) 명하자 지나치게 염려함. 또는 그런 염려. 과려(過慮).

과논 조〔옛〕과는.

과:다 (過多) 명하형히 너무 많음. ▣공급 ~ / ~ 노출 / 식비를 ~히 지출하다. ↔과소.

과:다-증 (過多症)[-쯩] 명 정도에 지나쳐 너무 많은 증상. ↔위산 ~.

과:단 (果斷) 명하타 일을 딱 잘라서 결정함. ▣~을 내리다.

과단 (科斷) 명하타 〔역〕법에 비추어 죄를 판정하던 일.

과:단-성 (果斷性)[-썽] 명 일을 딱 잘라서 결정하는 성질. ▣~ 있는 조치.

과:당 (果糖) 명〔화〕포도당과 함께 과실 속에 들어 있는 당분(흰 가루로 물에 잘 녹으며, 발효하면 알코올이 됨). 프룩토오스(fructose).

과:당 (過當) 명하형 정도가 보통보다 지나침.

과:당 경:쟁 (過當競爭) 같은 업종에 있는 기업 간의 경쟁이 자유 경쟁의 정도를 넘어나 지나쳐서 경쟁 회사가 모두 손해 보는 현상.

과:대 (過大) 명하형히 너무 큼. ▣도시의 ~ 팽창 / 수수료 요구가 ~하다. ↔과소.

과:대 (誇大) 명하자 작은 것을 큰 것처럼 과장함. ▣~ 선전 / ~ 포장 / 자신의 능력을 ~하여 말하다.

과:대-광고 (誇大廣告) 명 상품의 내용 등을 실제보다 과장되게 선전하는 광고.

과:대-망상 (誇大妄想) 명 자기의 현재 상태를 턱없이 크게 과장해서 사실인 것처럼 믿는

일. 또는 그런 생각. ▢~에 빠지다.

과:대-평가(過大評價)[-까] 몡하타 실제 이상으로 높이 평가함. ▢자신의 실력을 ~하다. ↔과소평가.

과:대-황장(過大皇張) 몡하타 사실보다 지나치게 크게 떠벌림.

과:댁(寡宅)[-땍] 몡 '과수댁'의 준말.

과:덕(寡德) 몡하자 덕이 적음. 박덕.

-과더 어미 <옛>-고자.

과:도(果刀) 몡 과일을 깎는 칼.

과:도(過度) 몡하자 정도에 지나침. ▢~한 운동 / ~한 요구 / ~한 욕심을 버리다.

과:도(過渡) 몡 어떤 단계에서 또 다른 단계로 넘어가거나 묵은 것에서 벗어나 새것으로 옮아가거나 바뀌어 가는 도중. ▢~ 체제.

과:도-기(過渡期) 한 단계에서 다른 단계로 넘어가는 도중의 시기. 흔히 사회의 사상과 제도가 확립되지 않고 인심이 불안정한 시기. ▢~ 현상.

과:도기-적(過渡期的) 관몡 과도기의 특징을 나타내는 (것). ▢~ 형태 / ~ 혼란.

과:도 정부(過渡政府) 한 정치 체제에서 딴 정치 체제로 넘어가는 과정의 임시 정부. ▢정파를 망라하여 ~를 구성하다. 준과정(過政).

과:동(過冬) 몡하자 겨우살이. 월동(越冬).

과:동-시(過冬柴) 몡 겨울 땔감으로 준비하는 나무.

과두(裹肚) 몡 염할 때 시체의 배를 싸는 수의의 한 가지.

과두(裹頭) 몡 염할 때 시체의 머리를 싸는 수의의 한 가지.

과:두(寡頭) 몡 적은 수의 우두머리.

과두(蝌蚪) 몡 올챙이.

과두 문자(蝌蚪文字)[-짜] 중국 옛 글자의 하나《글자 모양이 올챙이 같음》.

과두-시절(蝌蚪時節) 몡 개구리가 올챙이였던 시절이라는 뜻으로, 현재가 과거보다 대단히 발전된 경우에, 그 발전되기 전의 과거를 가리키는 말.

과두 정치(寡頭政治) 적은 수의 사람들이 국가의 지배권을 장악한 정치.

과두-체(蝌蚪體) 몡뭄 과두 문자의 글씨체.

과:-똑똑이(過-) 몡 지나치게 똑똑한 사람을 놀아로 이르는 말.

-과라 어미 <옛>-았노라. -었노라.

과락(科落) 몡 여러 학과목 중에서 어떤 과목이 기준 점수에 미치지 못하는 일. 과목낙제. ▢한 과목이라도 ~이 있으면 자격증을 딸 수 없다.

과란 조 <옛> 과는.

과:람(過濫) 몡하형 분수에 지나침.

과:랭(過冷) 몡하자 『물』 과냉각.

과:량(過量) 몡하형 분량이 지나치게 많음. 또는 그런 양. ▢~ 조사(照射) / 비타민 ~ 섭취.

과:려(過慮) 몡하타 정도에 지나치게 염려함. 과념(過念).

과:로(過勞) 몡하자 지나치게 일하여 고달픔. 또는 그 말미암은 지나친 피로. ▢~로 쓰러지다 / ~ 때문에 병이 나다.

과:로-사(過勞死) 몡 과로가 원인이 되어 갑자기 죽는 일.

과료(科料) 몡 『법』 가벼운 죄를 범한 사람에게 물리는 벌금. ▢~ 처분.

과:료(過料) 몡 '과태료(過怠料)'의 구칭.

과루(瓜蔞) 몡 『식』 하늘타리.

과:류(過謬) 몡 과실(過失)1.

과:린(顆鱗) 몡 『식』 솔방울·잣송이 따위와 같은 구과(毬果)의 겉면이 비늘처럼 우툴두툴

한 부분.

과립(顆粒) 몡 1 둥글고 잔 알갱이. 2 『의』 마마나 홍역 따위로 피부에 돋는 것.

과:만(瓜滿) 몡하자 1 여자가 혼인할 나이가 참. 2 『역』 벼슬의 임기가 참.

과:만-하다(過滿-) 혱여 분수에 넘치다. 과분하다. ▢과만한 대우를 받다.

과망(科望) 몡 『역』 과거에 급제하리라는 뭇사람들의 신망(信望).

과명(科名) 몡 1 과거에 급제한 사람들의 이름. 2 동식물 분류에서 과(科)의 이름.

과:목(果木) 몡 『식』 과실나무.

과목(科目) 몡 1 가르치거나 배워야 할 지식 따위를 세분하여 계통을 세운 영역. ▢필수 ~ / 교양 ~ / 내일 수업 받을 ~의 책을 챙기다. 2 『역』 과거.

과목-낙제(科目落第)[-몽-쩨] 몡 과락(科落).

과:목-묘(果木苗)[-몽-] 『식』 과실나무의 묘목.

과:목-밭(果木-)[-빧] 몡 과수원.

과목 출신(科目出身)[-씬] 『역』 과거에 급제하여 벼슬아치가 된 사람.

과:묵(寡默) 몡하형하부 말이 적고 침착함. ▢~한 사람〔성품〕.

과문(科文) 몡 『역』 문과(文科) 과거에서 시험을 보이던 여러 가지 문체(文體)의 글.

과:문(過門) 몡 '과문불입'의 준말.

과:문(寡聞) 몡하형 보고 들은 것이 적음. ▢~한 탓으로 생긴 실수. ↔다문(多聞).

과:문불입(過門不入) 몡하자 아는 사람의 집 문 앞을 지나면서도 들르지 아니함.

과문 육체(科文六體)[-뉵-] 몡 『역』 문과 과거에서 시험을 보이던 여섯 가지 문체《시(詩)·부(賦)·표(表)·책(策)·의(義)·의(疑)》.

과:문-천식(寡聞淺識) 몡하형 보고 들은 것이 적고 배움이 얕음.

과:물(果物) 몡 과실1.

과:물-전(果物廛) 몡 과일을 파는 가게. 모전(毛廛).

과:민(過敏) 몡하형하부 지나치게 예민함. ▢~한 반응을 보이다 / 그녀는 조그마한 소리에도 ~했다.

과:민성 체질(過敏性體質)[-썽-] 물질이나 자극에 대하여 선천적으로 알레르기성인 사람의 체질.

과:민-증(過敏症)[-쯩] 몡 『의』 어떤 약물이나 자극에 보통 사람보다 훨씬 예민하게 반응하는 증상《아나필락시스 따위》.

과:밀(過密) 몡하형 인구나 건물, 산업 시설 따위가 한곳에 지나치게 집중되어 있음. ▢~ 인구 / ~ 교실. ↔과소(過疎).

과:밀 도시(過密都市) 인구가 지나치게 많아, 주택·교육·공해(公害)·교통 등 여러 가지 사회 문제가 일어나는 도시.

과:밀 부:담금제(過密負擔金制) 수도권 등 특정 도시 지역의 인구나 시설의 집중을 막기 위하여 신규 시설에 부담금을 물리는 제도.

과:밀 학급(過密學級)[-끕] 『교』 담당 교사의 수나 규모 시설 등에 비하여 학생 수가 훨씬 많은 학급.

과:박-하다(寡薄-)[-바카-] 혱여 덕이 적고 얕다.

과:반(果盤) 몡 과일을 담는 쟁반.

과:반(過半) 몡 절반이 넘음.

과:반(過般) 몡 지난번. 접때.

과:반-수(過半數) 몡 절반이 넘는 수. ▢출석

자의 ~가 찬성했다.

과:방 (果房)	명 숙설간(熟設間).
　과방(을) 보다 구 과방의 일을 맡아보다.

과방 (科榜)	명〖역〗금방(金榜).

과:방 (過房)	명 일갓집 아들을 양자로 삼는 일.

과:방-자 (過房子)	명 양자(養子)1.

과:병 (果柄)	명〖식〗열매의 꼭지.

과:병 (寡兵)	명 매우 적은 병력.

과:보 (果報)	명〖불〗'인과응보'의 준말.

과:-보호 (過保護)	명하타 과잉보호.

과:부 (寡婦)	명 남편이 죽어서 혼자 사는 여자. 과녀. 과수. 미망인. 홀어미. 홀□큰어머니는 젊어서 ~가 되었다.
　[과부는 은이 서 말이고 홀아비는 이가 서 말이다] 과부는 살림살이가 알뜰하여 경제적으로 걱정이 없지만, 홀아비는 생활이 곤궁하다는 말.

과:부-댁 (寡婦宅)[-땍]	명 '과부'의 높임말. 과수댁.

과:-부적중 (寡不敵衆)[-쭝]	명 중과부적(衆寡不敵).

과:-부족 (過不足)	명 한도에 넘거나 모자람. □~ 없이 꼭 맞음.

과:-부하 (過負荷)	명 전기의 규정량을 초과하는 부하. □~ 전류(電流) / ~가 걸리다.

과분-하다 (過分-)	형어 분수에 넘치게 좋다. 과만하다. □과분한 칭찬 / 이번 인사 발령은 저에게 과분합니다.	**과:분-히** 부

과:불 (過拂)	명하타 한도를 넘어서 지급함.

과:-불급 (過不及)	명하자 능력 따위가 지나치거나 미치지 못함.

과비 (科費)	명 과거를 보는 데 드는 비용.

과:-산화 (過酸化)	명〖화〗산소의 화합물 중에서 보통의 것보다 많은 산소를 가지고 있음을 나타내는 말.

과:산화-나트륨 (過酸化Natrium)	명〖화〗금속 나트륨을 건조한 공기 중에서 가열할 때에 생기는 누르스름한 빛을 띤 흰 가루《표백제·산화제 따위의 원료로 씀》.

과:산화-망간 (過酸化mangan)	명〖화〗이산화망간(二酸化)망간.

과:산화-물 (過酸化物)	명〖화〗산(酸)을 작용시키면 과산화수소를 만드는 화합물《과산화나트륨·과산화바륨 따위》.

과:산화-바륨 (過酸化barium)	명〖화〗산화바륨을 가열할 때 생기는 흰색 가루《과산화수소의 제조 원료·산화제·표백제로 씀》.

과:산화-소다 (過酸化soda)	명〖화〗'과산화나트륨'의 속칭.

과:산화-수소 (過酸化水素)	명〖화〗물 분자에 산소 원자 하나가 더 결합된, 질산과 비슷한 냄새가 나는 무색 액체(3% 가량의 수용액을 만들어 산화제·표백제·소독제 따위로 씀). 이산화수소.

과:산화수소-수 (過酸化水素水)	명〖약〗과산화수소를 물에 녹인 무색 액체(상표명은 옥시풀).

과:산화-질소 (過酸化窒素)	명 ☞ 이산화질소.

과:산화 효:소 (過酸化酵素)	〖화〗유기 산화물이 유기물을 산화할 때 작용하는 효소《동물의 젖·침·간장(肝臟) 따위에 분포함》.

과:상 (過賞)	명하자 지나친 상을 줌. 또는 그 상.

과:석 (-石)	명〖광〗땅 위에 드러난 광맥(鑛脈)에서 노출된 광석.

과:석 (過石)	명 '과인산 석회'의 준말.

과선-교 (跨線橋)	명 철로를 건널 수 있도록 그

위에 건너질러 놓은 다리. 구름다리.

과:세 (過歲)	명하자 설을 쇰.

과:세 (寡勢)	명 적은 인원으로 편성된 미약한 군세(軍勢).

과세 (課稅)	명하타 세금을 매김. □~ 기준 / 특별 소비세를 ~하다.

과세 가격 (課稅價格)[-까-]	세금을 매기는 대상물의 가격.

과세-권 (課稅權)[-꿘]	명 세금을 매기고 거둘 수 있는 권리. 세권.

과세 단위 (課稅單位)	과세 표준의 일정한 수량이나 액수.

과세 물건 (課稅物件)	과세의 대상이 되는 물건이나 행위 및 사실.

과세-율 (課稅率)	명 과세 표준에 따라 세액을 산정하는 법정률. 과율·세율.

과세 표준 (課稅標準)	세금을 매길 때, 세액 산정의 기준이 되는 과세 물건의 수량·가격·품질 따위의 수치(數値).	준과표.

과:소 (過小)	명하형[허부] 지나치게 작음. ↔과대(過大).

과:소 (過少)	명하형[허부] 지나치게 적음. ↔과다(過多).

과:소 (過疏)	명하형[허부] 지나치게 성김. 어느 지역의 인구 따위가 지나치게 적음. □인구 ~ 지역. ↔과밀.

과:소 (寡少)	명하형[허부] 아주 적음.

과:-소비 (過消費)	명 분수에 넘치게 많이 써서 없앰. □~를 조장하다.

과:소-평가 (過小評價)[-까-]	명하타 실제보다 약하거나 낮게 평가함. □그를 ~했다가는 큰코다친다. ↔과대평가.

과:속 (過速)	명하자 자동차 따위의 속도를 너무 빠르게 함. 또는 그 속도. □~ 주행 / ~ 방지 턱 / ~으로 질주하다 / ~ 차량을 단속하다.

과:송 (果松)	명〖식〗잣나무.

과:수 (果樹)	명〖식〗과실나무.

과:수 (果手)	명 바둑·장기 따위에서, 지나치게 욕심을 냄.

과:수 (過手)	명하자 일정한 수를 넘음.

과:수 (寡守)	명 과부.

과수 (夥數)	명 다수(多數).

과:수-댁 (寡守宅)[-땍]	명 과부댁. 준과댁.

과:수-원 (果樹園)	명 과실나무를 재배하는 농원. 과목밭. 준과원(果園).

과:숙 (過熟)	명하자 지나치게 익음.

과시 (科時)	명 과기(科期).

과시 (科試)	명 과거(科擧).

과시 (科詩)	명 과거를 볼 때 짓는 시.

과:시 (誇示)	명하타 1 자랑해 보임. □위세를 ~하다 / 오랫동안 닦은 기량을 ~하다. 2 사실보다 크게 나타내어 보임.

과:시 (課試)	명하자 1 일정한 시기에 정기적으로 보이는 시험. 2 과제를 내어 시험함.

과:시 (果是)	부 과연. □~ 대장부로세.

과:시-적 (誇示的)	관명 자랑하여 보이는 (것). □~으로 행세.

과:식 (過食)	명하타 지나치게 많이 먹음. □잔칫집에서 ~하다 / ~으로 배탈이 나다.

과:신 (過信)	명하타 지나치게 믿음. □자기 능력을 ~한 나머지 일을 그르치고 말았다.

과:실 (果實)	명 1 과수에 열리는 열매. 과물(果物). 2〖법〗원물에서 생기는 수익물《천연 과실과 법정 과실이 있음》. □~ 송값.

과:실 (過失)	명 1 잘못이나 허물. 과류. □~을 눈감아 주다. 2〖법〗어떤 결과의 발생을 부주의로 미리 내다보지 못한 일.	과오(過

誤). ↔고의(故意).

과:실-나무 (果實-)[-라-] 圀 열매를 거두기 위하여 재배하는 나무의 총칭. 과수. 과목. 과실수(果實樹). =과일나무.

과:실-범 (過失犯) 圀 『法』 과실로 성립되는 범죄. 또는 그런 죄를 지은 사람. 무의범(無意犯). ↔고의범.

과:실 상계 (過失相計)[-/-게] 『法』 손해를 입은 사람에게도 과실이 있는 경우 법원이 배상액(賠償額)을 정하는 일.

과:실-상규 (過失相規) 圀 나쁜 행실을 하지 못하도록 서로 규제(規制)함(향약(鄕約)의 네 가지 덕목 중 하나).

과:실-음료 (果實飮料)[-시름뇨] 圀 과실의 즙을 내거나 섞어서 만든 음료(가공한 과즙이나 쥬스 따위).

과:실-주 (果實酒)[-쭈] 圀 과실즙을 발효시켜 만든 술(포도주·매실주 따위).

과:실-즙 (果實汁) 圀 과실에서 짜낸 즙. 실과즙(實果汁).

과:실 책임 (過失責任) 『法』 고의·과실로 생긴 손해에 대해 지는 배상 책임.

과:실 치:사 (過失致死) 『法』 과실 행위로 사람을 죽이는 일.

과:실 치:사죄 (過失致死罪)[-쬐] 『法』 과실로 사람을 죽임으로써 성립하는 죄.

과:실 치:상 (過失致傷) 『法』 과실 행위로 사람을 다치게 하는 일.

과:심 (果心) 圀 열매 속에 씨를 싸고 있는 딱딱한 부분.

과:안 (過雁) 圀 하늘을 날아가는 기러기.

과:액 (寡額) 圀 적은 액수. 소액.

과:야 (過夜) 圀하자 밤을 지새움.

과:약 (寡弱) 圀 적고 약함.

과:약기언 (果若其言)[-끼-] 圀 미리 말하였던 것과 사실이 과연 들어맞음.

과:언 (過言) 圀하다 정도에 지나친 말. □세계적 발명이라 해도 ~이 아니다.

과:언 (寡言) 圀하자 말이 적음. ↔다언(多言).

과업 (課業) 圀 1 마땅히 할 일이나 임무. □당면 ~/~을 완수하다/위험한 ~을 맡기다/통일은 민족적 ~이다. 2 정해진 업무 또는 학업.

과:연 (果然) 圀 1 아닌 게 아니라 정말로. 들은 바와 같이. 과시(果是). □~ 아름답다. 2 참으로. 도대체. □이 책을 읽어 본 사람이 ~ 몇이나 될까.

과:열 (過熱) 圀하자 1 지나치게 뜨거워짐. 또는 그런 열. □엔진이 ~되다/겨울철에는 난로의 ~로 인한 화재가 빈번하다. 2《경》 경기가 지나치게 상승함. □부동산 경기가 ~하다/증권 시장이 ~ 기미를 보이다. 3《물》 액체나 증기 따위를 끓는점 이상으로 가열하여도 끓지 않음. 또는 그런 현상. 4 운동 경기나 선거 등에서 경쟁이 지나치게 치열해짐. □~ 경쟁/대통령 선거가 ~되다.

과:열-기 (過熱器) 《물》 보일러 안의 증기 온도를 끓는점 이상으로 올리는 장치.

과:열-상 (過熱相)[-쌍] 圀 지나치게 활기를 띠는 상태. □아파트 청약이 ~을 빚다.

과:열 증기 (過熱蒸氣) 《물》 끓는점 이상으로 가열된 증기(포화되지 아니한 증기).

과:-염소산 (過鹽素酸) 《化》 염소산의 산화물로 무색의 강한 휘발성 물질. 과염소산칼륨을 진한 황산과 함께 진공(眞空) 상태에서 증류하여 얻음. 산화력이 강하여 폭약 제조에 씀.

과:오 (過誤) 圀 과실(過失). □~를 범하다/~를 저지르다.

과외 (課外) 圀 1 정해진 학과 과정(課程) 이외에 하는 공부. 과외 수업. □~ 공부/~ 교육/~ 열풍/~를 금하다. 2 원래 정해진 범위 이외의 것. □음식을 장만하느라 ~로 많은 돈이 들었다.

과외 독본 (課外讀本)[-뽄] 교과서 이외의 보조 학습용 도서.

과외 수업 (課外授業) 과외1. □방과 후에 ~을 받다.

과외 지도 (課外指導) 정한 과정 이외에 학생들의 학습이나 클럽 활동 따위를 보살펴 주는 일. □~ 교사.

과외 활동 (課外活動)[-똥] 클럽 활동·자치회·연구회처럼 학생들이 정규 교과목 학습 외에 하는 활동.

과욕 (科慾) 圀 과거에 급제하려는 욕망.

과:욕 (過慾) 圀 욕심이 지나침. 또는 그 욕심. □~은 금물이다.

과:욕 (寡慾) 圀하자 욕심이 적음. 또는 그 욕심.

과:용 (過用) 圀하타 지나치게 많이 씀. 또는 그런 비용. □진통제를 ~하다/여행 경비를 ~하다.

과:우 (寡雨) 圀 비가 적음. ↔다우(多雨).

과:원 (果園) 圀 '과수원(果樹園)'의 준말.

과원 (課員) 圀 관청·회사 등의 한 과에서 일하는 사람.

과유 (科儒) 圀 과거를 보는 선비.

과:유불급 (過猶不及) 圀 정도를 지나침은 미치지 못한 것과 같다는 뜻으로, 중용(中庸)이 중요함을 이르는 말. *과불급(過不及).

과:육 (果肉) 圀 1 과일과 고기. 2 열매에서 씨를 둘러싸고 있는 살.

과율 (課率) 圀 '과세율(課稅率)'의 준말.

과:음 (過淫) 圀하자 성교를 지나치게 함.

과:음 (過飮) 圀하타 술을 지나치게 마심. □어젯밤 ~한 탓으로 속이 쓰리다/~으로 간(肝)이 상하다.

과:의-하다 (果毅-)[-/-이-] 휑몓 결단성이 있고 굳세다.

과:인 (寡人) 團団 덕이 적은 사람이라는 뜻으로, 임금이 자기를 낮추어 일컫던 말.

과:인산 석회 (過燐酸石灰)[-서뢰] 《化》 인회석(燐灰石)에 황산을 작용시켜 가용성으로 만든 물질(효과가 빠른 인산 비료의 하나). 㽞과석(過石).

과:인지력 (過人之力) 圀 보통 사람보다 훨씬 센 힘.

과:인-하다 (過人-) 휑몓 덕망·학식·재주·힘 따위가 보통 사람보다 뛰어나다.

과:일 (果-) 圀 사람이 먹을 수 있는 열매. □~로 술을 담그다.
[과일 망신은 모과가 시킨다] 못난 것이 동료를 망신시킬 때만 한다는 말. 어물전 망신은 꼴뚜기가 시킨다.

과일 (科日) 圀 과거를 보는 날.

과:일 (過日) 圀 지난날.

과:일-나무 [-라-] 圀 과실나무.

과:일 (過剩) 圀하자 예정한 수량이나 필요한 수량보다 많음. □인구 ~/ 친절.

과:잉 방위 (過剩防衛) 『法』 정당방위로서 허용되는 한도를 넘어서 상대편에게 피해를 입히는 행위.

과:잉-보호 (過剩保護) 圀하타 부모가 어린아이를 지나치게 감싸고 보호함. □부모의 ~ 속에 자라 이기적이던 아이들. 㽞과보호.

과:잉 생산 (過剩生産) 《경》 수요량보다 생산

량이 지나치게 많은 일. ▣~의 결과 제품 값이 떨어지다.

과:잉-수 (過剩數)[-쑤] 圓 《수》 불완전수의 하나. 어떤 수의 약수의 합이 그 수의 두 배보다 큰 곳. 곧, 12는 그 약수(1·2·3·4·6·12)의 합이 배수의 24보다 크므로 과잉수임. ↔부족수.

과:잉 인구 (過剩人口) 한 나라에서 부양할 수 있는 한도를 넘은 인구.

과:잉 투자 (過剩投資) 《경》 생산 설비의 확장이나 신설 등에 대한 투자가 필요 이상으로 많이 이루어지는 일.

과:잉 피:난 (過剩避難) 《법》 긴급 피난에서, 법률상 허용된 한도 이상으로 남에게 손해를 끼치는 행위.

과자 (菓子) 圓 밀가루나 쌀가루에 설탕·우유 따위를 섞어 기름에 튀기거나 구워서 만든 음식. ▣간식으로 ~ 한 봉지를 다 먹다.

과:작 (寡作) 圓団토 작품 따위를 적게 제작함. ↔다작(多作).

과장¹ (科場) 圓 《역》 과거를 보이던 곳.

과장² (科場) 圓 《민》 과(科)는 동작, 장(場)은 마당의 뜻으로, 가면극에서 나누어진 한 단락. 과정(科程).

과:장 (誇張) 圓団토 사실보다 지나치게 부풀림. ▣~ 광고 / ~된 보도 / 그는 항상 ~하여 말하는 버릇이.

과장 (課長) 圓 관청·회사 따위에서, 한 과의 업무나 직원을 감독하는 직위. 또는 그 직위에 있는 사람.

과:장-법 (誇張法)[-뻡] 圓 수사법의 하나. 사물을 실상보다 지나치게 크거나 작게 나타내는 표현 방법.

과:장-증 (誇張症)[-쯩] 圓 병적으로 사실을 과장하는 증세.

과:적 (過積) 圓団토 '과적재'의 준말. ▣~ 차량을 단속하다.

과:-적재 (過積載)[-째] 圓団토 화물의 정량을 초과하여 실음. ▣~한 화물 트럭이 내리막길에서 구르다. ♣과적.

과전 (瓜田) 圓 외밭.

과전 (科田) 圓 《역》 과전법에서, 그 지위에 따라 관원에게 나누어 주던 토지.

과전-법 (科田法)[-뻡] 圓 《역》 고려 공양왕 때, 국가 재정의 고갈 문제를 해결하기 위하여 이성계·조준 등이 주동이 되어 실시하던 토지 제도.

과전불납리 (瓜田不納履)[-람니] 圓 남의 오이밭에서 신을 고쳐 신지 말라는 뜻으로, 오해받기 쉬운 일은 하지 말라는 말.

과:-전압 (過電壓) 圓 《물》 정해진 규격의 전압보다 높은 전압.

과:점 (寡占) 圓 《경》 몇몇 기업이 어떤 상품 시장의 대부분을 차지하는 상태. ▣~ 주주. *독점(獨占).

과:정 (過政) 圓 '과도 정부(過渡政府)'의 준말.

과:정 (過程) 圓 일의 진행·발전하는 경로. 경과한 길. ▣발달 ~ / 소설은 사건의 전개 ~이 재미있어야 한다.

과정 (課程) 圓 1 맡긴 일의 정도. 2 학교 등에서, 어느 일정 기간에 할당된 학습·작업의 범위. ▣교과 ~ / 3개월 동안의 실습 ~을 마치다. 3 특히 대학 등에서, 교수(敎授)·연구를 위한 전문적 코스. ▣박사 ~을 밟다.

과정-표 (課程表) 圓 《교》 학과 배당표.

과제 (科第) 圓団토 《역》 1 과거(科擧). 2 과거에 급제함. 등제(登第). 등과(登科).

과제 (科題) 圓 《역》 과거를 볼 때에 내주던 글의 제목.

과제 (課題) 圓 처리하거나 해결해야 할 문제. ▣당면한 ~ / ~를 내주다.

과제-장 (課題帳)[-짱] 圓 1 학과의 연구나 예습·복습 따위에 관한 문제를 실은 책. 2 과제를 기록하는 공책.

과:조 (寡照) 圓 농작물에 쪼이는 볕의 양이 적음. ▣~ 현상.

과조 (課租) 圓団토 조세를 부과함.

과:족 (裏足) 圓団토 1 발을 싸맨다는 뜻으로, 앞으로 나아가지 못하거나 일이 진전되지 않음. 2 걸어서 먼 길을 여행함.

과:종 (瓜種) 圓 열매를 식용으로 하는 오이·참외·호박 따위의 씨.

과:종 (果種) 圓 1 과실의 종류. 2 과수의 종류.

과종 (踝腫) 圓 《의》 발뒤축과 복사뼈 사이에 나는 종기.

과:죄 (科罪) 圓団토 죄를 처단함. 단죄(斷罪).

과줄 圓 밀가루를 기름과 꿀에 반죽하여 과줄판에 박아서 기름에 지진 유밀과. 약과.

과줄-판 (-板) 圓 과줄을 박아 내는 틀.

과:중 (過重) 圓団토 한도를 넘음. 과도(過度)함.

과:중-하다 (過重-)[형] 1 너무 무겁다. ▣짐을 과중하게 싣다. 2 힘에 벅차다. ▣과중한 책임[부담]을 지우다. 과:중-히(무)

과:즙 (果汁) 圓 과일을 짜낸 즙. ▣~ 음료.

과:지 (果枝) 圓 과실나무의 가지.

과:징 (過徵) 圓団토 세금을 정한 액수보다 지나치게 많이 거두어들임.

과징-금 (課徵金) 圓 1 국가가 징수하는 금전 중에서 조세를 제외한 것(수수료·벌금 따위). 2 법령에 근거해서 행정 수단으로써 국가가 징수하는 돈. ▣~을 부과하다.

과:차 (科次) 圓 《역》 과거에 급제한 사람들의 성적 등급.

과:차 (過次) 圓 지날결.

과:찬 (過讚) 圓団토 지나치게 칭찬함. 또는 그런 칭찬. ▣~의 말씀이십니다.

과:채 (果菜) 圓 1 과일과 채소. 2 열매채소.

과채 (科債) 圓 《역》 과거를 보기 위하여 얻어 쓴 빚.

과:채-류 (果菜類) 圓 과실을 식용하는 채소의 총칭(오이·수박·참외·토마토·호박 따위). 열매채소류. *근채류(根菜類).

과:추 (過秋) 圓団자 가을을 남.

과:춘 (過春) 圓団자 봄을 남.

과:취 (過醉) 圓団자 술에 몹시 취함.

과:칭 (誇稱) 圓団토 1 뽐내어 말함. 2 사실보다 더 부풀려서 말함. ▣세계 제일이라고 ~하다.

과:칭 (過稱) 圓団토 너무 칭찬함. 과찬(過讚).

과:태 (過怠) 圓 怠慢함. 태만.

과:태-료 (過怠料) 圓 행정상, 가벼운 의무 이행 위반에 대한 벌로 물게 하는 돈(형벌이 아님). ▣~를 내다 / ~를 물다.

과:태 약관 (過怠約款)[-관] 《법》 채무를 이행하지 않음으로써 생기는 손해 배상의 금액을 약정하는, 채권자와 채무자 사이의 계약.

과:판 圓 〔국화판(菊花瓣)〕 여자 머리에 꽂는, 국화 모양의 장식이 달린 꽂이.

과:-판 (-版) 圓 〔국화판(菊花版)〕 국화 모양의 물건을 찍어 내는 데 쓰는 쇠나 나무의 판.

과폐 (科弊) 圓 [-/-폐] 圓 과거(科擧)로 말미암아 일어나는 여러 가지 폐단.

과:-포화 (過飽和) 圓 《물》 1 용액이 어떤 온도

에서 용해도 이상의 용질(溶質)을 함유하고 있는 상태. **2** 증기가 어떤 온도에서 포화 증기압보다 큰 압력을 갖는 상태.

과표 (課標) 명 '과세 표준'의 준말. ▢ ~의 인상으로 세금 부담이 커졌다.

과:품 (果品) 명 여러 가지 과실.

과:피 (果皮) 명 《식》 과실의 껍질.

과:하 (過夏) 명하다자 여름을 남.

과-하다 (科─) 타여 형벌을 지우다. ▢ 벌금을 ~ / 공범자에게도 중죄의 형을 과하였다.

과-하다 (課─) 타여 **1** 세금이나 벌금 따위를 매겨서 내게 하다. ▢ 무거운 벌금을 ~. **2** 일이나 책임 따위를 맡겨서 하게 하다. ▢ 그룹으로 숙제를 ~.

과:-하다 (過─) 형여 정도에 지나치다. 분에 넘치다. ▢ 말씀이 과하십니다 / 씀씀이가 ~ / 그에겐 과한 아내다. **과:-히** 튀 지나치게. ▢ 술을 ~ 마시다 / 그 문제는 ~ 걱정하지 않아도 된다. ▢ 그다지《뒤에 부정의 말이 따름》. ▢ ~ 크지 않다.

과:하-시 (過夏柴) 명 여름 장마철에 때려고 준비해 둔 땔나무.

과학 (科學) 명 보편적인 진리나 법칙의 발견을 목적으로 한 체계적인 지식. 넓은 뜻으로는 학(學)과 같은 뜻이고, 좁은 뜻으로는 자연 과학을 일컬음.

과학 기술부 (科學技術部)[-끼-] 전에 중앙 행정 기관의 하나. 과학 기술 진흥을 위한 종합적 기본 정책의 수립, 기획의 종합과 조정, 기술 협력 따위에 관한 사무를 맡아봄.

과학 기술 정보 통신 위원회 (科學技術情報通信委員會)[-끼-시뉴-] 국회 상임 위원회의 하나. 정보 통신부·과학 기술부 소관 사항을 심의하였음.

과학-만능주의 (科學萬能主義)[-항-/ -항주-이] 명 과학으로 모든 문제를 해결할 수 있다는 주의.

과학 무:기 (科學武器)[-항-] 현대 과학을 응용하여 만든 무기의 총칭《독가스나 미사일·핵폭탄 따위》.

과학-박물관 (科學博物館)[-빵-] 명 자연 과학의 교육·계몽·연구를 돕기 위한 자료를 진열한 박물관.

과학 소:설 (科學小說)[-쏘-] 《문》 공상 과학 소설.

과학 수사 (科學搜査)[-쑤-] 명 지문의 감식·해부 등 과학의 힘을 이용하여 범죄를 수사하는 일. ▢ 범인 검거는 ~의 개가이다.

과학 위성 (科學衛星) 명 천체 관측 따위의 과학적 목적을 위해 지구 또는 우주 공간에 발사된 인공위성.

과학-자 (科學者)[-짜] 명 과학을 전문으로 연구하는 사람. ▢ 자연 ~.

과학-적 (科學的)[-쩍] 관명 과학의 이치나 체계에 맞는 (것). ▢ ~ 방법 / ~ 실재론 / ~ 근거 / ~으로 접근하다.

과학적 사회주의 (科學的社會主義)[-쩍-/ -쩍-이] 역사와 현실 사회의 대한 과학적 인식 위에서 마르크스·엥겔스가 주장한 사회주의.

과학-전 (科學戰)[-쩐] 명 《군》 현대적인 과학 무기를 써서 하는 전쟁.

과학-화 (科學化)[-하콰] 명하다자타 과학적으로 체계화함. ▢ 영농 기술의 ~.

과:-한 (過限) 명 기한이 지남.

과혁지시 (裹革之屍)[-찌-] 명 말가죽에 싼 시체라는 뜻으로, 전쟁에서 싸우다 죽은 사람의 시체.

과:혹-하다 (過酷─)[-호카-] 형여 지나치게 참

혹하다. ▢ 과혹한 처사.

과:화-숙식 (過火熟食)[-씩] 명 지나가는 불에 음식이 익듯이, 특히 그 사람을 위하여 한 것은 아니지만 저절로 혜택을 입게 되는 일.

과ᄒᆞ다 타 〈옛〉 칭찬을 담는다.

곽 (槨) 명 관(棺)을 담는 궤.

곽공 (郭公)[-꽁] 명 《조》 뻐꾸기.

곽공-충 (郭公蟲)[-꽁-] 명 《충》 개미붙이.

곽란 (霍亂·癨亂)[광난] 명 《한의》 음식이 체하여 토하고 설사를 하는 급성 위장병.
[곽란에 약 지으러 보내면 좋겠다] 급히 서둘러야 할 경우에도 미련하여 행동이 매우 둔한 사람을 두고 비꼬는 말.

곽외 (藿耳) 명 미역귀.

곽전 (藿田)[-쩐] 명 바닷가의 미역을 따는 곳.

곽:쥐 [-쮜] 명 〔←곽주(郭走)〕 어린애가 울거나 보챌 때 으르고 달래는 말《예전에 세력을 떨치던 곽준(郭越)의 여덟 형제의 별명》. ▢ 울지 마라, 저기 ~가 온다.

곽탕 (藿湯) 명 미역국.

관 (官) 명 정부나 관청 따위를 이르는 말.
관 물(을) 먹다 귀 국가의 관료로 생활을 하다. 관청 밥(을) 먹다.
관 물(이) 들다 귀 오랜 관리 생활로 관료적인 영향을 받다.

관 (冠) 명 《역》 관복·예복을 입을 때 망건 위에 쓰던 물건.

관:¹ (貫) 명 과녁의 한복판.

관² (貫) 명 '본관'의 준말.

관 (棺) 명 시체를 담는 궤. 관구(棺柩).

관 (款) 명 《법》 **1** 법률문 따위의 조항. **2** 예산·결산 따위의 과목 분류의 하나《항(項)의 위》.

관 (管) 명 **1** 몸 둘레가 둥글고 길며 속이 빈 물건. **2** 《악》 아악기의 하나로, 오죽(烏竹)으로 만든 피리.

관 (館) 명 《역》 **1** '성균관'의 준말. **2** '왜관'의 준말. **3** 서울에서 쇠고기·돼지고기 따위를 전문으로 팔던 가게.

관 (關) 명 전에, 국경이나 요지의 통로에 두어 드나드는 사람과 짐 등을 조사하던 곳.

관: (罐) 명 **1** 양철로 만든 통. **2** 질로 만든 두레박이나 주전자.

관 (觀) 명 도교의 사원.

관³ (貫) 명의 **1** 《역》 쾌. **2** 도량형의 무게의 기본 단위《한 관은 약 3.75 kg》.

-관 (官) 回 일부 명사 뒤에 붙어서, '공적인 직책을 맡은 사람'의 뜻을 나타내는 말. ▢ 감독~ / 경찰~ / 소방~.

-관 (館) 回 어떤 기관이나 건물의 이름을 나타내는 말. ▢ 도서~ / 대사~ / 영화~ / 박물~ / 체육~.

-관 (觀) 回 체계화된 나름대로의 견해를 뜻하는 말. ▢ 인생~ / 국가~.

관가 (官家) 명 《역》 **1** 관리들이 나랏일을 보던 집. **2** 시골 사람들이 그 고을의 수령을 일컫던 말.
[관가 돼지 배 앓는 격] 근심이 있어도 알아주는 사람이 없어 혼자 끙끙 앓음.

관계 (官界) 명 관계(官界). ▢ ~에 지각 변동을 예고하다.

관각 (館閣) 명 《역》 조선 때, 홍문관·예문관·규장각을 통틀어 이르던 말.

관각 (觀閣) 명 망대(望臺).

관각 당상 (館閣堂上)[-땅-] 《역》 조선 때, 홍문관·예문관·규장각의 당상관을 이르던 말《대제학과 제학 따위》.

관감(觀感)冏하타 눈으로 보고 마음으로 느낌.
관:개(灌漑)冏하재 농사에 필요한 물을 끌어 논밭에 대는 일. 관수(灌水). 🔲 ~ 시설.
관:개-용수(灌漑用水)冏 농사에 필요하여 끌어 쓰는 물. 🔲 가뭄으로 ~마저 말랐다.
관:개-지(灌漑地)冏 농사에 필요한 물을 물길을 이용하여 끌어 쓰는 땅.
관객(觀客)冏 공연 따위를 구경하는 사람. 구경꾼. 🔲 우리나라 영화에 ~이 많이 몰린다.
관객-석(觀客席)[-썩]冏 관객이 앉아 구경할 수 있도록 마련한 자리. 객석(客席). 🔲 ~에선 박수가 끊이지 않았다.
관건(關鍵)冏 1 문빗장과 자물쇠. 2 어떤 사물이나 문제 해결의 가장 중요한 부분. 핵심. 🔲 문제 해결의 ~을 쥐고 있다.
관격(關格)冏『한의』먹은 음식이 갑자기 체하여 가슴이 막혀 토하지도 못하고 대소변도 못 보는 위급한 병.
관견(管見)冏 대롱 구멍으로 사물을 본다는 뜻으로, 좁은 소견이나 자기의 소견을 겸손하게 이르는 말.
관결(官決)冏『역』관가의 처분.
관계(官界)[-/-게]冏 국가의 기관이나 관리들로 이루어진 사회. 관가. 🔲 ~에 진출하다.
관계(官契)[-/-게]冏『역』관가에서 증명한 문서.
관계(官階)[-/-게]冏 벼슬의 등급. 관등. 관품(官品).
관계(關係)[-/-게]冏하재 1 둘 이상의 사람·사물·현상 따위가 서로 관련을 맺음. 🔲 선후배 ~/ 노사 ~/ ~를 맺다 / ~를 정상화하다. 2 남녀가 서로 정을 통함. 🔲 불륜 ~/ ~를 가지다. 3 어떠한 사물에 서로 관련을 가짐. 🔲 사건에 ~된 인물. 4 남의 일에 참견함. 5 어떤 방면이나 영역에 관련이 있음. 🔲 교육 ~ 법규 / 수입 ~ 업무에 종사하다 / ~ 기관 대책 회의가 열리다. 6 까닭이나 원인을 나타내는 말. 🔲 사업 ~로 출장을 가다.
관계-관(關係官)[-/-게-]冏 어떤 일에 관련이 있는 관리.
관계 관념(關係觀念)[-/-게-]冏 관계 망상.
관계 대:명사(關係代名詞)[-/-게-]『언』영어 따위의 일부 외국어에서 접속사 구실을 하는 대명사.
관계-되다(關係-)[-/-게-]재 연관되다. 영향을 미치다. 🔲 이 사건은 국가의 운명과 관계되어 있다.
관계 망:상(關係妄想)[-/-게-]『심』아무 근거 없이 주위의 모든 일을 자기와 관계 지으려는 망상. 남이 자기에게 관심을 갖고 있다든지, 자기를 해치려 한다고 생각하는 따위. 관계 관념.
관계 부:사(關係副詞)[-/-게-]『언』영어 따위의 일부 외국어에서 관계 대명사와 접속사의 구실을 겸하는 부사.
관계-사(關係詞)[-/-게-]冏『언』조사(助詞).
관계-식(關係式)[-/-게-]冏『수』수학·과학에서 여러 대상 사이의 관계를 나타내는 식《공식·등식·부등식·방정식 따위》.
관계-어(關係語)[-/-게-]冏『언』조사(助詞).
관계-언(關係言)[-/-게-]冏『언』조사(助詞).
관계-없다(關係-)[-업따 /-게업따]혱 1 서로 관련이 없다. 🔲 그 사건은 나와 관계없는 일

이다. 2 염려할 것 없다. 🔲 비용은 아무래도 ~. 관계-없이[-업씨 /-게업씨]튀
관계-있다(關係-)[-읻따 /-게읻따]혱 서로 관련이 있다. 상관있다. 🔲 그는 이 일에 직접적으로 관계있는 사람이다.
관계-자(關係者)[-/-게-]冏 어떤 일에 관련이 있는 사람. 🔲 ~ 외 출입 금지 / 청와대 고위 ~.
관고(官庫)冏『역』관가의 곳간.
관고(官誥)冏『역』사품 이상인 벼슬의 사령. 교지(敎旨).
관곡(官穀)冏『역』관가의 곡식.
관:곡-하다(款曲-)[-고카-]혱여 매우 정답고 친절하다. 관:곡-히[-고키]튀
관골(䯒骨)『생』하지대(下肢帶)를 이루는 한 쌍의 큰 뼈. 무명골(無名骨). 볼기뼈.
관골(顴骨)『생』광대뼈.
관골-구(䯒骨臼)[-꾸]『생』비구(髀臼).
관골-근(䯒骨筋)[-끈]『생』골반을 이루는 궁둥이뼈를 덮고 대퇴골(大腿骨)의 위쪽에 붙어 있는 근육.
관골-근(顴骨筋)[-끈]『생』안면근(顏面筋)의 하나. 광대뼈에서 뺨을 거쳐 입아귀에 이르는 가는 근육의 다발.
관공-리(官公吏)[-니]冏 관리와 공리.
관공-립(官公立)[-납]冏 관립과 공립.
관공-서(官公署)冏 관청과 공공 기관.
관곽(棺槨)冏 시체를 넣는 속 널과 겉 널.
관곽-장이(棺槨-)[-짱-]冏 관곽을 만들거나 파는 일을 업으로 하는 사람.
관광[1](觀光)冏하재 다른 지방이나 다른 나라의 경치·명소 따위를 구경함. 🔲 ~ 수입 / 해외 ~ / ~ 상품을 개발하다 / 동해안을 ~하고 돌아왔다.
관광[2](觀光)冏하재『역』과거를 보러 감.
관광-객(觀光客)冏 관광하러 다니는 사람. 🔲 외국 ~을 유치하다 / 해외로 나가는 ~이 해마다 늘고 있다.
관광-국(觀光國)冏 관광 사업에 의한 수입이 국민 수입의 주요 부분을 차지하는 국가.
관광-단(觀光團)冏 관광을 목적으로 한 여행 단체. 🔲 ~을 모집하다.
관광-단지(觀光團地)冏 관광지를 중심으로 구획 조성된 지역. 🔲 ~를 조성하다.
관광 도시(觀光都市) 명승지·문화재·위락 시설 따위의 관광 자원이 많이 있는 도시.
관광-버스(觀光bus)冏 관광객을 태우고 다니는 버스. 🔲 ~를 타고 불국사를 다녀왔다.
관광 사:업(觀光事業) 관광을 목적으로 관광객에게 숙박·음식·오락·휴양 또는 서비스 따위를 제공하는 사업.
관광 산:업(觀光産業) 관광에 따르는 교통·숙박·오락 등을 위한 산업. 레저 산업. 🔲 ~을 육성하다.
관광 시:설(觀光施設) 관광에 이용되는 교통·숙박·오락·관람 시설 따위의 총칭.
관광 자원(觀光資源) 관광객이 흥미를 가지고 구경할 만한 자연이나 문화적 관광 대상물. 🔲 ~을 개발하다.
관광-지(觀光地)冏 명승지나 유적지가 많아 관광하기 좋은 곳.
관광-특구(觀光特區)[-꾸]冏 관광지 가운데에서 일정한 범위를 정하여 특권을 부여하는 구역.
관광-호텔(觀光hotel)冏 관광지에 지어 놓은 호텔.
관괘(觀卦)冏 육십사괘의 하나. 손괘(巽卦)와 곤괘(坤卦)가 거듭된 것《바람이 땅 위로 부는

것을 상징함).

관교(官敎)〖역〗조선 때, 사품(四品) 이상의 관직을 임명할 때, 왕의 승인만으로 정식 사령을 내던 일.

관구(棺柩)〖명〗관(棺).

관구(管區)〖명〗**1** '관할 구역'의 준말. **2**〖가〗 대주교의 관할 아래 있는 교회 행정 구역.

관국(觀菊)〖명〗〖하타〗 국화를 보고 즐김.

관군(官軍)〖명〗 예전에, 정부의 정규 군대. 관병. ↔적군(賊軍).

관권(官權)[-꿘]〖명〗**1** 정부의 권력. ▯~ 개입. **2** 관청 또는 관리의 권한. ▯~을 행사하다.

관귀(官鬼)〖명〗〖민〗 점괘(占卦)에서 말하는 육친(六親)의 하나. 이것이 발동하면 재앙이나 궂은 일이 생긴다고 함.

관규(官規)〖명〗 관청의 규칙. 관리에게 적용되는 규칙.

관극(觀劇)〖명〗〖하타〗 연극을 구경함.

관금(官金)〖명〗 정부가 가지고 있는 돈.

관금(官禁)〖명〗 어떤 일에 대한 관청의 금지.

관급(官給)〖명〗〖하타〗 관청에서 금품 등을 줌. 관청에서 지급함. ▯~ 공사.

관기(官妓)〖명〗 지난날, 궁중 또는 관아에 딸려 가무·기악 따위를 하던 기생.

관기(官紀)〖명〗 관리가 복무상 지켜야 할 규율. ▯~가 문란해지다.

관기(官記)〖명〗〖역〗 관직에 임명된 사람에게 주던 사령장.

관기-숙정(官紀肅正)[-쩡]〖명〗〖하타〗 문란한 관청의 규율을 바로잡음.

관남(關南)〖명〗〖지〗 마천령(摩天嶺)의 남쪽 지방(함경남도 일대를 이름).

관납(官納)〖명〗〖하타〗 관청에 납품함. *군납.

관내(管內)〖명〗 관할 구역의 안. ▯~ 경찰서 / ~에 거주하다.

관념(觀念)〖명〗**1** 어떤 일에 대하여 가지는 생각이나 견해. ▯시간 ~이 없다 / 위생 ~이 철저하다. **2**〖불〗 눈을 감고 마음을 가다듬어 부처의 진리를 관찰하고 생각함. **3** 현실과 동떨어진 추상적이고 공상적인 생각. ▯~에 빠지다. **4**〖철〗 어떤 대상을 표시하는 인식이나 의식 내용(선악의 관념, 죽음에 대한 관념 같은 것).

관념-론(觀念論)[-논]〖명〗〖철〗 인식론상의 한 입장. 우리가 인식하려는 세계는 외계 현상계가 아니라 영원불변한 관념 세계라고 하는 이론. 관념주의. ↔실재론.

관념론-적(觀念論的)[-논-]〖관명〗 관념론에 바탕을 두는 (것). ▯~으로 해석하다.

관념 소:설(觀念小說)〖문〗 작가가 얻은 관념에서 출발해 이것을 구체화한 소설.

관념-시(觀念詩)〖문〗 작가의 주관적인 관념으로써 이상과 감정을 읊은 시.

관념 연합(觀念聯合)[-년-]〖심〗 한 관념이 다른 관념을 상기시키는 작용. 연상(聯想).

관념 유희(觀念遊戱)[-뉴히]〖명〗 관념적인 이론에 빠져 즐기는 행위.

관념-적(觀念的)〖관명〗 구체적 현실에 따르지 않는 추상적인 관념과 표상에 치우치는 (것).

관념-주의(觀念主義)[-/-이]〖명〗**1** 객관적인 대상을 주관적 가치에 의해 표현하려는 예술상의 주의. ↔형식주의. **2** 관념론.

관념 형태(觀念形態)〖철〗 이데올로기.

관노(官奴)〖명〗〖역〗 지난날, 관가의 사내종. ↔관비(官婢).

관-노비(官奴婢)〖명〗〖역〗 관가의 노비.

관능(官能)〖명〗**1** 생물의 모든 기관의 기능. **2** 오관 및 감각 기관의 작용. **3** 육체적 쾌감,

특히 성적인 감각을 자극하는 작용. ▯~을 자극하다.

관능-검사(官能檢査)〖명〗 사람의 오감(五感)으로 식료품이나 향료, 화장품 따위의 품질을 평가하는 일.

관능-미(官能美)〖명〗 관능적인 미.

관능 장애(官能障碍)〖생〗 생물 기관(器官)의 작용 장애.

관능-적(官能的)〖관명〗 성적인 감각을 자극하는 (것). ▯~ 묘사 / ~인 몸매.

관능적 문학(官能的文學)[-정-]〖문〗 관능의 자극을 위주로 한 문학.

관능-주의(官能主義)[-/-이]〖명〗〖문〗 감각 기관의 기능이 미와 깊은 관계가 있다고 보고, 관능 중에서 미를 추구하려는 입장.

관능-파(官能派)〖명〗〖문〗 19세기 말, 프랑스와 영국을 중심으로 활동한 퇴폐파 문인들의 총칭(보들레르·랭보·와일드 등).

관-다발(管-)〖명〗〖식〗 양치(羊齒)식물·종자(種子)식물 등의 중요한 조직의 하나. 양분의 통로인 체관부와 물의 통로인 물관부로 이루어져 있음. 관속(管束). 유관속(維管束).

관다발-식물(管-植物)〖명〗〖식〗 관다발을 갖춘 식물의 총칭(양치식물·종자식물 따위). 유관속(維管束)식물.

관:담(款談)〖명〗〖하자〗 마음을 터놓고 이야기함. 또는 그런 이야기.

관-당상(館堂上)〖명〗〖역〗 조선 때, 성균관의 당상(堂上)을 이르던 말.

관대(冠帶)〖명〗〖역〗 '관디'의 본딧말.

관:대(款待)〖명〗〖하타〗 친절히 대하거나 정성껏 대접함. 관접(款接).

관대(寬待)〖명〗〖하타〗 너그럽게 대접함.

관대(寬貸)〖명〗〖하타〗 관서(寬恕).

관대-장자(寬大長者)〖명〗 관후장자.

관대-하다(寬大-)〖형어〗 마음이 너그럽고 크다. ▯관대한 처분. 관대-히〖부〗. ▯~ 용서하다.

-관데〖어미〗 어떤 까닭이나 근거를 캐어들 때, 예스럽게 쓰는 연결 어미(앞에는 의문사가 오며 뒤에는 의문 형식이 옴). -기에. ▯무엇을 보았 ~ 그리 겁을 먹고 있는고 / 네가 무엇이 ~ 그리 뽐내느냐.

관도(官途)〖명〗 관리의 길. ▯~에 오르다.

관:-돈(貫-)[-똔]〖명〗돈 열 냥. 곧 엽전 천 닢.

관동(冠童)〖명〗 관례한 사람과 하지 않은 사람이라는 뜻으로, 남자 어른과 남자 아이를 일컫는 말.

관동(關東)〖명〗〖지〗 대관령 동쪽의 땅. 곧, 강원도. 영동(嶺東).

관동-별곡(關東別曲)〖명〗〖문〗**1** 조선 선조(宣祖) 때, 정철(鄭澈)이 지은 가사. 관동 팔경을 유람하며 읊은 작품. **2** 고려 충숙왕(忠肅王) 때, 안축(安軸)이 지은 경기체가(景幾體歌). 관동 지방의 절경을 보고 읊은 것임. *관서(關西)별곡.

관동-삼(關東蔘)〖명〗 강원도에서 나는 인삼.

관동 팔경(關東八景) 강원도 동해안의 여덟 명승지. 곧, 간성(杆城)의 청간정(淸澗亭), 강릉의 경포대, 고성의 삼일포(三日浦), 삼척의 죽서루(竹西樓), 양양의 낙산사(洛山寺), 울진의 망양정(望洋亭), 통천의 총석정(叢石亭), 평해의 월송정(越松亭)을 이르며 평해의 월송정 대신 흡곡(歙谷)의 시중대(侍中臺)를 치기도 함. 영동 팔경.

관:-동화(款冬花)〖명〗〖한의〗 머위의 꽃줄기(기침, 가래, 숨이 차는 데에 약으로 씀).

관두(官斗)〖명〗〖역〗나라에서 녹봉(祿俸)을 줄 때 쓰던 말(2되 6홉).

관두(關頭)〖명〗가장 중요한 지경. ❑성패(成 敗)의 ~에 서다.

관:-두다〖타〗'고만두다'의 준말. ❑시시한 얘 기 관둬라 / 다니던 회사를 관두고 잠시 쉬는 중이다.

관둔-전(官屯田)〖명〗〖역〗조선 때, 각 진 (鎭)·주·부·군·현 등 지방 관청에 딸린 논밭.

관등(官等)〖명〗관직의 등급. 관계(官階). ❑~ 성명/~이 낮다.

관등(觀燈)〖명〗〖하자〗〖불〗1 음력 4월 8일에 온 갖 등을 달아 석가의 탄생을 기념하는 일. 2 절의 주요 행사 때 등을 밝히는 일.

관등-놀이(觀燈-)〖명〗〖하자〗음력 4월 8일에 하 는 놀이.

관등-연(觀燈宴)〖명〗〖불〗관등(觀燈)할 때 베 푸는 잔치.

관등-절(觀燈節)〖명〗〖역〗석가의 탄일인 음력 4월 8일을 명절로 일컫는 말.

관등-회(觀燈會)〖명〗관등절 행사를 위한 모임.

관디〖명〗〔←관대(冠帶)〕〖역〗옛날 벼슬아치의 공복(公服)(지금은 전통 혼례 때에 신랑이 예 복으로 입음).

관디목-지르다〔-찌-〕〔-질러, -지르니〕〖타〗〖역〗벼슬이 낮은 사람이 높은 사람에게 경 례를 하다.

관디-벗김〔-벋낌〕〖명〗전통 혼례 때, 신랑이 초 례를 마치고 관디를 벗을 때에 갈아입도록 신부 집에서 마련한 옷.

관디-판(-板)〖명〗〖역〗관디를 담는 그릇.

-관디〖어미〗〈옛〉-관데. -기에.

관디옷〖명〗〈옛〉관복. 관복.

관람(觀覽)〖명〗〖하타〗연극·영화·경기·미술 품 따위를 구경함. ❑학교에서 단체로 연극 ~을 하다 / 미술 전시회를 ~하다.

관람-객(觀覽客)〖명〗관람하는 손님.

관람-권(觀覽券)〖명〗관람할 수 있는 입 장권. ❑영화 ~을 예매하다.

관람-료(觀覽料)〖명〗관람하기 위하여 내는 요금(料金).

관람-석(觀覽席)〖명〗관람객이 앉아 구경 할 수 있도록 마련한 좌석. ❑~을 가득 메운 인파.

관력(官力)〖명〗관청이나 관리의 권력.

관련(關聯·關連)〖명〗〖명하자〗서로 관계를 맺어 매여 있음. 또는 그 관계. 연관. ❑~기사/ ~ 보도 / ~ 업체/범죄 조직과 ~된 사건 / 단체들이 거세게 반발하다 / 서로 ~이 깊다.

관련-성(關聯性)〖명-썽〗〖명〗서로 걸리어 얽힌 성질. 서로 관계되는 성질. 연관성. ❑두 사 건은 전혀 ~이 없다.

관련-자(關聯者)〖명〗서로 밀접하게 관련되어 있는 사람. ❑~들이 검찰에 소환되다.

관련-짓다(關聯-)〔-짇따〕〔-지어, -지으니, -짓는〕〖타〗둘 이상의 사람·사물·현상 따위 가 서로 관계를 맺게 하다. ❑우리는 서로 생 각이 다르니 관련짓지 마라.

관령(官令)〖명〗관청의 명령.

관령(管領)〖명〗〖명하타〗1 도맡아 다스림. 2 권 한을 가지고 감독함.

관례(官隸)〖명〗〖역〗지난날, 관가에 속해 있던 하인.

관례(冠禮)〖명〗〖명하자〗〖역〗아이가 어른이 되는 예식(남자는 갓을 쓰고 여자는 쪽을 찜).

관례를 치르다〖구〗관례의 의식을 가져 어른

이 되다.

관례(慣例)〖명〗이전부터 해 내려와서 습 관처럼 되어 버린 일. ❑국제 ~에 따르다 / ~를 깨다.

관례-법(慣例法)〖명-뻡〗〖법〗관습법.

관례-옷(冠禮-)〖명-옫〗풀보기하는 날에, 신부가 시부모를 뵐 때 입는 옷.

관록(官祿)〖명〗〖역〗1 관원에게 주던 봉 급. 2 관직과 봉록. 관봉(官俸).

관:-록(貫祿)〖명〗몸에 갖추어진 위엄이나 권위. ❑~이 붙다 / ~을 보이다 / ~을 자랑하 다 / ~이 몸에 배다.

관료(官僚)〖명〗1 정부의 직업적 관리들. 특히 영향력 있는 고위 관리. ❑~ 사회 / 정 부 고위 ~. 2 같은 관직의 동료.

관료-적(官僚的)〖명관〗관료주의의 경향 이 있는 (것). 일반적으로, 상대편의 의향이 나 입장을 무시하는 형식적·권위주의적인 (것). ❑~ 사고방식 / ~인 태도.

관료 정치(官僚政治)〖명〗1 일부 특권을 가 진 관료가 실권을 쥐고 지배하는 정치. 2 권 위적·형식적·독선적인 정치.

관료-제(官僚制)〖명〗특권을 가진 관료가 국가 권력을 쥐고 지배하는 정치 제도.

관료-주의(官僚主義)〖명〗/ 관-이〖명〗관료 정 치 아래에서 민의를 무시하고 독선적·형식적 이며 권위를 내세우는 태도나 경향.

관:-류(貫流)〖명〗〖명하타〗1 하천 따위가 어떤 지역을 꿰뚫어 흐름. ❑평야를 ~하는 강. 2 어떤 사실이나 현상 따위가 바탕에 깔려 있 음을 비유한 말.

관리(官吏)〖명〗관직에 있는 사람. ❑고급 ~ / 하급 ~.

관리(管理)〖명〗〖명하타〗1 어떤 일을 맡아 처 리함. ❑상품 판매 ~ / 선거 ~에 만전을 기 하다. 2 시설이나 물건의 보존·개량 따위의 일을 맡아 함. ❑아파트 ~ / 품질 ~ / 재산을 ~하다 / ~가 소홀하다. 3 사람을 지휘 감독 함. ❑인사 ~. 4 사람의 몸이나 동식물 따위 를 보살핌. ❑건강 ~ / 피부 ~ / 몸 관리.

관리 가격(管理價格)〖명-까〗〖경〗일부 독과 점 기업이 일정하게 높은 이윤을 획득할 수 있도록 상품의 수요와 공급을 무시하고 정하 는 가격.

관리-관(管理官)〖명〗일반직 국가 공무원 의 직급 명칭. 공무원 중 가장 높은 직위로 1 급임(이사관의 위).

관리-권(管理權)〖명-꿘〗〖법〗남의 재산을 관리할 수 있는 권리.

관리-농(管理農)〖명〗농지 소유자가 관리 인을 두고 경영하는 농업.

관리 대:상 종:목(管理對象種目)〖명〗〖경〗증권 거래에서, 매매는 가능하지만 신용 거 래가 안 되고 대용 증권으로도 활용할 수 없 도록 지정한 증권 종목(특별히 일반 투자자 의 주의를 환기시키기 위해 지정). ⊛관리 종목.

관리 무:역(管理貿易)〖명〗〖경〗정부가 무역 의 총액, 내용, 결제 방식 따위를 직접 관리 하고 통제하는 방식의 무역.

관리-법(管理法)〖명-뻡〗〖명〗어떤 일을 관리하 는 방법. ❑건강 ~.

관리-비(管理費)〖명〗물건이나 시설을 관 리하는 데에 드는 비용. ❑아파트 ~ / ~를 징수하다.

관리-서(管理署)〖명〗〖역〗조선 고종(高 宗) 때, 사찰·산림(山林)·성보(城堡)에 관한 사무를 맡아보던 관아.

관리-인 (管理人)[괄-]圀 **1** 소유자로부터 위탁을 받아 시설을 관리하는 사람. ▢농장 ~ / 아파트 ~. **2** 사법상(私法上) 남의 재산을 관리하는 사람. ▢법정 ~.

관리 종:목 (管理種目)[괄-]『경』'관리 대상 종목'의 준말.

관리-직 (管理職)[괄-]圀 기업 등에서, 경영이나 관리의 직능을 담당하는 직위.

관리 통화 제:도 (管理通貨制度)[괄-]『경』통화 당국이 자유재량으로 물가 수준·외환 시세, 기타의 정책 목표에 맞춰 국내 통화의 유통량을 관리 조정하는 제도. 통제 통화 제도.

관리 행위 (管理行爲)[괄-]『법』남의 재산을 맡아 현상을 유지하며 그 성질을 변경하지 않는 범위 안에서 보존·개량을 꾀하는 행위.

관림 (官林)[괄-]圀 정부 소유의 산림. 관유림.

관립 (官立)[괄-]圀 국가 기관에서 세움. ▢~ 학교.

관마 (官馬)圀 예전에, 관아에 딸려 있던 말.

관망 (冠網)圀[하자] **1** 갓과 망건. **2** 갓과 망건을 갖추어 씀.

관망 (觀望)圀[하다] **1** 형편이나 분위기 따위를 가만히 살펴봄. ▢대세를 ~하다. **2** 풍경 따위를 멀리서 바라봄.

관맥 (關脈)[한의]圀 진찰하는 맥.

관-머리 (棺-)圀 시체의 머리가 놓이는, 관(棺)의 위쪽.

관-멤 (棺-)圀[하자] 시체를 입관한 뒤에 관 속의 빈 곳을 딴 물건으로 메워서 채움.

관면 (冠冕)圀『역』 벼슬하는 것을 일컫던 말.

관면 (寬免)圀[하자] 죄나 허물을 너그럽게 용서함. 관서(寬恕).

관면 (慣面)圀 낯익은 얼굴.

관명 (官名)圀 벼슬 이름. 관직 이름.

관명 (冠名)圀 관례를 치르고 어른이 되면서 새로 지은 이름. ↔아명.

관모 (官帽)圀 예전에 관리가 쓰던, 일정한 규격의 모자.

관모 (冠毛)圀 **1**『식』갓털. **2**『조』도가머리1.

관:-목 (貫目)圀 말린 청어. 관청어.

관목 (關木)圀 문의 빗장. 빗장나무.

관:-목 (灌木)圀『식』나무의 키가 작고, 원줄기와 가지의 구별이 분명하지 아니하며 밑동에서 가지를 많이 내는 나무(진달래·앵두나무 따위). 떨기나무. ↔교목(喬木).

관:목-대 (灌木帶)圀『식』식물의 수직 분포대의 하나. 교목대(喬木帶)의 위, 초본대(草本帶)의 아래에 있으며 온도가 낮아 수목이 잘 자라지 못하고, 애초의 교목도 관목 모양으로 됨. 누운잣나무나 고채목 등이 이 구역에서 남.

관몰 (官沒)圀[하타]『역』관가에서 물건을 몰수하던 일.

관무 (官務)圀 관청의 사무. 또는 관리의 직무. ▢~를 수행하다.

관무량수-경 (觀無量壽經)圀『불』정토삼부경의 하나. 석가모니가 설법한 극락왕생의 가르침으로, 아미타불과 극락의 모양을 말한 내용임.

관-무재 (觀武才)圀『역』조선 때, 임금이 친히 열병한 뒤에 당상관으로부터 그 밑의 군관 및 한량에게 보이던 무과(武科).

관문 (官文)圀'관문서(官文書)'의 준말.

관:문 (慣聞)圀[하타] 익히 들음. 여러 번 들어서 잘 앎.

관문 (關文)圀『역』조선 때, 상관이 하관에게, 또는 상급 관청이 하급 관청에 보내던 공문서.

관문 (關門)圀[하자] **1** 국경이나 요새에 세운 성문(城門). ▢~을 닫다. **2** 경계에 세운 문. **3** 어떤 곳을 가려면 반드시 지나야만 하는 중요한 길목. **4** 돌파하거나 통과하기 어려운 과정. 난관. ▢예선의 ~을 통과하다 / 이백 대 일의 ~을 뚫다.

관-문서 (官文書)圀 공공서에서 작성한 서류. ⓢ관문.

관물 (官物)圀 관청의 물품. 관급품(官給品).

관-물때 (罐-)[罐]圀『화』관석(罐石).

관민 (官民)圀 공무원과 민간인. ▢~이 일치 단결하다.

관-박쥐 (關-)[-쥐]圀『동』관박쥣과에 속하는 박쥐의 하나. 몸빛은 등이 회갈색, 배는 옅은 회백색임. 털이 비단처럼 보드랍고, 귓바퀴가 크고 나는 힘이 강함. 너럴코박쥐. 참관박쥐.

관반-사 (館伴使)圀『역』고려 때, 서울에 묵고 있는 외국 사신을 접대하기 위하여 임시로 임명하던 정삼품 벼슬.

관방 (官房)圀『역』벼슬아치가 일을 보거나 숙직하던 방.

관방 (關防)圀[하자] 국경을 지킴.

관방-학 (官房學)圀『경』16~18세기에 독일·오스트리아에서 발달한 국가 재정에 관한 학문.

관-배자 (←官牌子)圀『역』나라에서 발행한 체포 명령서.

관벌 (官閥)圀『역』 **1** 벼슬자리의 등급. **2** 관작(官爵)과 벌열(閥閱).

관법 (觀法)圀[하자] **1**『불』불법의 진리를 관찰하고 생각함. **2** 인상(人相)을 보는 법.

관변 (官邊)圀 **1** 정부나 관청 쪽. 또는 그 계통. ▢~ 소식통. **2**『역』조선 때, 나라에서 정한 변리(邊利).

관병 (官兵)圀 관군(官軍). ↔사병(私兵).

관병 (觀兵)圀[하자] **1** 군대의 위세를 보임. **2** 열병(閱兵).

관보 (官報)圀 **1**『법』정부가 법령·고시(告示) 등 일반에게 널리 알릴 사항을 인쇄·발표하는 정기 간행물. ▢~에 게재되다. **2** 관공서에서 발송하는 공용 정보.

관복 (官服)圀 **1** 관리의 제복. **2**『역』관디.

관복 (官福)圀 관리로 출세할 운수. 관운(官運). ▢~을 타고나다.

관본 (官本)圀 **1** 정부나 관청에서 펴낸 책. **2** 정부나 관청에서 관리하는 책.

관봉 (官封)圀[하자] **1**『역』관가에서 도장을 찍어 봉하던 일. **2** 나라에서 돈을 주조하여 도장을 찍어 봉함.

관봉 (官俸)圀『역』관록(官祿).

관부 (官府)圀『역』 **1** 조정(朝廷). 정부(政府). **2** 마을. 관아.

관부 (官簿)圀『역』관청의 장부(帳簿).

관북 (關北)圀『지』마천령 북쪽의 지방(함경북도).

관:분 (盥盆)圀『역』나라의 제사 때, 제관이 손을 씻던 물그릇.

관:불 (灌佛)圀『불』 **1** 초파일에, 불상에 향수를 뿌리는 일. **2** '관불회'의 준말.

관:불-회 (灌佛會)圀『불』초파일에, 꽃으로 꾸민 조그만 당집에 불상을 모시고 향수·감차(甘茶) 따위를 불상의 정수리에 뿌리는 행사. ⓢ관불.

관비 (官婢)圀『역』관가에서 부리던 여자 종. ↔관노(官奴).

관비(官費)〔명〕 관청에서 내는 비용. ▷~ 유학생. ▶사비. *국비.

관비(館婢)〔명〕〔역〕 조선 때, 성균관의 재실(齋室)에서 다탕(茶湯)을 드리던 여자 종.

관비-생(官費生)〔명〕 관비로 공부하는 학생. ↔사비생(私費生). *국비생(國費生).

관사(官司)〔명〕〔역〕 마을. 관아(官衙).

관사(官舍)〔명〕 관리가 살도록 관청에서 지은 집. 공사(公舍).

관사(冠詞)〔명〕〔언〕 영어·독일어·프랑스 어 따위에서, 명사 앞에 놓여 단수·복수·성(性)·격(格) 등을 나타내는 품사.

관사(館舍)〔명〕〔역〕 외국 사신을 묵게 하던 집.

관-사람(館−)[−싸−]〔명〕〔역〕 조선 때, 대대로 성균관에 딸리어 있던 사람(쇠고기 장사를 하는 사람이 많았음). 반인(泮人).

관산(關山)〔명〕 1 고향의 산. 2 고향. 3 관문(關門) 주변에 있는 산.

관삼(官蔘)〔명〕 전에, 관가에서 재배하여 쪄서 말린 인삼. ↔사삼(私蔘).

관상(管狀)〔명〕 대롱처럼 생긴 모양. ▷~ 조직 / ~ 신경계.

관상(觀相)〔명〕〔하타〕 사람의 얼굴을 보고 성질이나 운명 따위를 판단함. ▷~을 보다 / ~이 좋다.

관상(觀象)〔명〕〔하자〕 천문·기상을 관측함.

관상(觀賞)〔명〕〔하타〕 취미에 맞는 아름다운 것을 보고 즐김. ▷꽃을 ~하려고 정원에 벚나무를 심었다.

관상-가(觀相家)〔명〕 관상하는 일을 업으로 하는 사람.

관상-감(觀象監)〔명〕〔역〕 조선 때, 천문·지리·역수(曆數)·기후 관측·각루(刻漏) 등의 일을 맡아보던 관아.

관상-대(觀象臺)〔명〕 '기상대(氣象臺)'의 구칭.

관상 동:맥(冠狀動脈)〔생〕 심장에 산소와 영양을 공급하는 좌우 두 줄기의 동맥.

관상-동물(觀賞動物)〔명〕 보면서 즐기려고 기르는 동물.

관상-서(觀相書)〔명〕 관상하는 방법을 써 놓은 책. 상서(相書).

관상-소(觀象所)〔명〕〔역〕 조선 고종 32년(1895)에 관상감을 고쳐서 부르던 곳(순종 융희 원년(1907)에 측후소로 이름을 바꿈).

관상-수(觀賞樹)〔명〕 보면서 즐기기 위하여 심어 가꾸는 나무.

관상-술(觀相術)〔명〕 관상을 보는 방법.

관상-식물(觀賞植物)[−싱−]〔명〕 보면서 즐기려고 심어 가꾸는 나무나 풀.

관상-어(觀賞魚)〔명〕 보면서 즐기려고 기르는 물고기(금붕어·열대어 따위).

관상-용(觀賞用)[−뇽]〔명〕 두고 보면서 즐기는 데 씀. 또는 그런 물건. ▷~ 식물.

관상-쟁이(觀相−)〔명〕〈속〉관상가.

관상 정맥(冠狀靜脈) 포유동물의 심장 벽에 분포하여 우심방(右心房)으로 연결되어 있는 정맥. 관정맥.

관상-화(管狀花)〔명〕〔식〕 꽃잎이 달라붙어 대롱같이 되어 끝만 조금 갈라진 작은 꽃(백일홍·국화 따위).

관생(冠省)〔명〕〔하자〕 인사말을 생략한다는 뜻으로, 편지나 소개장의 첫머리에 쓰는 말. 관략(冠略). ▷~하옵고.

관서(官署)〔명〕 관청과 그 보조 기관의 총칭.

관서(寬恕)〔명〕〔하타〕 너그럽게 용서함. 관대(寬貸). 관면(寬免).

관서(關西)〔명〕〔지〕 마천령 서쪽의 지방(평안 남북도).

관서-별곡(關西別曲)〔명〕〔문〕 조선 명종(明宗) 때, 백광홍(白光弘)이 지은 가사. 평안도 지방의 자연풍물을 두루 돌아보고 그 아름다움을 읊은 것임. *관동별곡(關東別曲).

관서 팔경(關西八景) 평안도에 있는 여덟 군데의 명승지. 곧, 강계(江界)의 인풍루(仁風樓), 의주(義州)의 통군정(統軍亭), 선천(宣川)의 동림폭(東林瀑), 안주(安州)의 백상루(百祥樓), 평양(平壤)의 연광정(練光亭), 성천(成川)의 강선루(降仙樓), 만포(滿浦)의 세검정(洗劍亭), 영변(寧邊)의 약산 동대(藥山東臺)임.

관석(罐石)〔명〕〔화〕 보일러의 파이프에 염류(塩類)가 엉겨 붙어 딱딱하게 된 것. 파이프가 막혀 열전도가 나빠질 뿐만 아니라 폭발하는 경우도 생김. 관물때.

관선(官船)〔명〕 관청 소유의 선박.

관선(官線)〔명〕 국가나 공공 단체에서 설치한 전선이나 철도. ↔사선(私線).

관선(官選)〔명〕〔하타〕 국가 기관에서 뽑음. ▷~이사(理事). ↔민선.

관선 변:호인(官選辯護人)〔법〕 '국선(國選) 변호인'의 구칭.

관설(官設)〔명〕〔하타〕 국가 기관에서 시설함. ↔사설(私設).

관섭(管攝)〔명〕〔하타〕〔역〕 겸관(兼管).

관섭(關涉)〔명〕〔하자〕 무슨 일에 관계하고 간섭함.

관:성(款誠)〔명〕 정답고 극진한 정성.

관성(慣性)〔명〕〔물〕 물체가 외부의 작용을 받지 않는 한 정지 또는 운동 상태를 계속 유지하려고 하는 성질.

관성-자(管城子)〔명〕 '붓'의 이칭(異稱).

관성-장(管城將)〔명〕〔역〕 조선 때, 북한산성을 관리하고 지키던 장수.

관:세(冠歲)〔명〕 관례를 치르는, 남자 나이 20세의 일컬음.

관세(關稅)〔명〕 외국으로부터 수입하거나 가지고 들어오는 물품에 대하여 세관에서 징수하는 세금. ▷~를 물다 / ~를 포탈하다.

관세(觀勢)〔명〕 형세를 살펴봄.

관세 경:찰(關稅警察)〔법〕 밀수(密輸)나 그 밖의 관세법에 관한 범죄를 단속하는 행정경찰. 세관 관리가 이것을 행함.

관세 동맹(關稅同盟)〔경〕 서로 경제적·정치적으로 이해관계가 깊은 둘 이상의 국가가 관세 제도의 통일을 목적으로 맺는 동맹.

관세-사(管稅司)〔명〕〔역〕 조선 말에, 조세·세입의 징수를 관리하던 관청.

관세-사(關稅士)〔명〕 수출입업자의 위탁을 받아 관세법에 의한 절차의 이행과 이의(異議) 신청 등을 대리하는 업무 및 관세에 관한 상담을 행하는 것을 업으로 하는 사람.

관세음-보살(觀世音菩薩)〔불〕 아미타불의 왼편에서 교화를 돕는 보살(중생이 괴로울 때 그 이름을 외면 곧 구제한다고 함). 관자재(觀自在)보살. 윤관음보살·관음. *미륵보살.

관세 장벽(關稅障壁)〔경〕 수입품에 관세를 높게 부과하거나 그 세율을 인상하여 수입을 억제하는 일.

관세 전:쟁(關稅戰爭)〔경〕 관세를 올리거나 기타 관세 정책을 무기로 하여 타국 상품의 수입을 억제하는 데서 생기는 국가 간의 알력.

관세 정:률(關稅定率)[−뉼]〔경〕 관세가 부과·징수되는 비율.

관세 정책(關稅政策) 관세 징수에 관한 나라

의 정책. 국내 산업의 보호 발전, 나라의 재
정 수지, 국민 생활 등을 고려하여 실시함.
관세 조약(關稅條約)〖법〗무역 증진을 위하
여 관세율을 협정하고 조정하는 조약. 관세
동맹과 최혜국 조관(最惠國條款) 따위.
관세-청(關稅廳)명 기획 재정부 소속의 중앙
행정 기관. 관세의 부과·감면·징수와 수출입
물품의 통관, 밀수 단속에 관한 사무를 맡아봄.
관속(官屬)명〖역〗지방 관아(官衙)의 아전과
하인.
관속(管束)명〖식〗관다발.
관:솔명 송진이 많이 엉긴, 소나무의 가지나
옹이. ▢~ 구멍.
관:솔-불[-뿔]명 관솔에 붙인 불.
관쇄(關鎖)명하타 문을 잠금.
관-쇠(館-)[-쐬]명 예전에, 푸줏간을 내고 쇠
고기를 파는 사람을 이르던 말.
관수(官修)명하타 1 정부에서 책을 편집하거
나 수정함. 2 정부에서 어떤 것을 수리하거나
수선함.
관수(官需)명 관청의 수요. ▢~ 물자. ↔민
수(民需).
관수(管守)명하타 맡아서 지킴.
관:수(盥水)명하자 손을 씻음.
관:수(灌水)명하자 관개(灌漑).
관수-미(官需米)명〖역〗지난날, 수령(守令)
의 양식으로 일반 백성에게서 거두던 쌀.
관수-왜(館守倭)명〖역〗조선 때, 부산에 둔
왜관을 관리하던 일본 사람.
관수-해(冠水害)명 농작물이 물속에 잠겨서
생기는 피해.
관숙-하다(慣熟-)[-수카-]형여 1 손이나 눈
에 익숙하다. 2 아주 친밀하다.
관습(慣習)명 어느 일정한 사회 내부에서 오
랫동안 지켜 내려와 일반적으로 인정되고 습
관화되어 온 규범이나 생활 방식. ▢낡은 ~ /
~을 따르다.
관습-법(慣習法)[-뻡]명〖법〗관습에 근거를
두고 성립하는 법. 불문법의 전형으로서 법
원의 관례에 근거를 두는 것과 민간의 관습
에 따라 성립하는 두 가지 경우가 있음. 관례
법. 습관법.
관시(串柿)명 곶감.
관식(官食)명 유치장이나 교도소에 갇혀 있는
사람에게 관청에서 주는 음식. ↔사식(私食).
관심(關心)명하자타 어떤 것에 마음이 끌려
주의를 기울임. 또는 그런 마음이나 주의. ▢
~을 모으다 / ~이 쏠리다 / ~을 돌리다 / 그
의 발걸음이 참석자의 ~을 끌었다.
관심(觀心)명하자〖불〗마음의 본성을 바르게
살피는 일.
관심-거리(關心-)[-꺼-]명 관심사.
관심-도(關心度)명 어떤 것에 마음이 끌려
주의를 기울이는 정도. ▢국민적 ~가 높다.
관심-사(關心事)명 마음을 두고 있는 일. ▢
요즘 동생의 ~는 컴퓨터 게임이다.
관아(官衙)명〖역〗벼슬아치들이 모여 나랏일
을 보던 곳. 벼슬. ▢고을의 ~.
관악(管樂)명〖악〗관악기로 연주하는 음악.
▢~ 합주. ↔현악(絃樂).
관악-기(管樂器)[과낙끼]명〖악〗입으로 불어
서 관내(管內)의 공기를 진동시켜 소리를 내
는 악기. 목관 악기와 금관 악기로 나뉨(피리·
나팔·클라리넷 따위). ↔타악기·현악기.
관악-대(管樂隊)[과낙때]명 금관 악기를 중심
으로 드럼과 작은북을 곁들여서 편성한 악
대. 브라스 밴드. 취주 악대.
관안(官案)명〖역〗조선 때, 벼슬아치의 이름

과 벼슬을 적은 책.
관액(官厄)명 관재(官災).
관약(管籥)명〖악〗생황(笙篁)·단소 따위의
관악기를 이르는 말.
관약(關鑰)명〖역〗궁문(宮門)이나 성문(城門)
의 자물쇠.
관억(寬抑)명하타 1 분노 따위를 너그러운 마
음으로 억제함. 2 너그럽게 생각함.
관엄-하다(寬嚴-)형여 너그러우면서도 엄격
하다.
관업(官業)명 정부에서 직접 경영하는 사업
(우편·전신 따위). ↔민업(民業).
관여(關與)명하자 어떤 일에 관계하여 참여
함. 간예(干預). 간여(干與). ▢회사 경영에
~하다 / 이 일에 더 이상 ~하지 않겠다.
관역(官役)명 1 나라에서 하는 토목·건축 따
위의 공사. 2 지방 관청에서 시키는 부역.
관:역(灌域)명 관개(灌漑)할 수 있는 지역.
관엽 식물(觀葉植物)[과녑씽-]명 잎사귀의 빛깔
이나 모양을 보고 즐기기 위하여 재배하는
식물(단풍나무·고무나무 따위).
관영(官營)명 정부가 하는 사업 경영. 국영.
▢~ 사업. ↔민영(民營)·사영(私營).
관영 요:금(官營料金)[과녕뇨-]명 정부가 경영
하는 기업체에서 정해 받는 요금(전기 요금·
제신 요금·수도 요금 따위). *공공요금.
관옥(冠玉)명 1 관의 앞을 꾸미는 옥. 2 남자
의 아름다운 얼굴을 비유한 말.
관외(官外)명 관할 구역의 밖. ↔관내.
관요(官窯)명〖역〗조선 때, 관아에서 경영하
던 사기 가마. 또는 거기서 만든 도자기.
관욕(官辱)명 관가로부터 받는 욕(체포당하거
나 귀양살이 가는 일 따위).
관:욕(灌浴)명하자〖불〗재(齋)를 올릴 때에
영혼을 정화하는 일.
관용(官用)명 관청에서 쓰기 위한 것. ▢~
차량.
관용(慣用)명하타 습관이 되어 늘 씀. 오랫동
안 써서 굳어진 대로 늘 씀. ▢널리 ~으로
정착되다.
관용(寬容)명하타 너그럽게 용서하고 받아들
임. ▢~을 베풀다.
관용-구(慣用句)[과농꾸]명〖언〗두 개 이상
의 단어로 이루어져 단어들의 뜻 이외의 특
수한 의미를 나타내는 구. 성어(成語). 숙어
(熟語). 관용어.
관용-어(慣用語)명 1 습관적으로 쓰는 말. 2
관용구.
관용-음(慣用音)명〖언〗본래의 음은 아니나
보통 사용되는 한자의 자음(字音).
관용-적(慣用的)명 습관적으로 늘 쓰는 (것).
오랫동안 써서 굳어진 (것). ▢~ 표현.
관용-적(寬容的)명 너그럽게 받아들이는 (것).
관운(官運)명 벼슬을 할 운수. 관복(官福). ▢
~이 트이다.
관원(官員)명 벼슬아치.
관위(官位)명 관리의 직위.
관유(官有)명 관청의 소유. ▢~ 재산. ↔사
유(私有).
관유(寬宥)명하타 관서(寬恕).
관유(寬裕)명하형 마음이 너그러움.
관유(館儒)명〖역〗조선 때, 성균관에서 기숙
하던 유생.
관유-림(官有林)명 관청 소유의 임야. *공유
림·국유림.
관음(觀音)명〖불〗'관세음보살'의 준말.

관음-경(觀音經)명【불】법화경의 보문품(普門品)만을 따로 뽑아서 만든 불경. ＊보문품.

관음-보살(觀音菩薩)명【불】'관세음보살'의 준말.

관음-상(觀音像)명【불】관세음보살의 상(像).

관음-전(觀音殿)명【불】관세음보살을 모신 법당.

관음-죽(觀音竹)명【식】야자과의 상록 관목. 중국 남부 원산으로, 관상용으로 재배함. 줄기는 곧게 자라 가지가 갈라지지 않으며 높이 1~2m, 잎은 겹잎이고 딱딱함. 초여름에 작은 담황색 꽃이 듬성듬성 핌.

관음-증(觀淫症)[과늠쯩]명 변태 성욕의 하나. 다른 사람의 알몸이나 성행위를 훔쳐봄으로써 성적 쾌감을 느끼는 증세.

관음-찬(觀音讚)명【불】관세음보살의 공덕을 찬양하여 부르는 가사(歌詞).

관이명 골패·투전·화투 따위의 노름에서, 먼저 시작하는 사람.

관인(官人)명 관직에 있는 사람. 관리. 벼슬아치. ↔민간인.

관인(官印)명 관청 또는 관직의 도장. ☐문서에 ~을 찍다. ↔사인(私印).

관인(官認)명하타 관청에서 인가함. ☐~ 수증/ ~ 학원.

관인(寬忍)명하타 너그러운 마음으로 참음.

관인-대도(寬仁大度)명 마음이 너그럽고 인자하며 도량이 큼.

관인-하다(寬仁-)형여 마음이 너그럽고 어질다.

관-입(貫入)명하자 1 꿰뚫어 들어감. 2【지】땅속의 마그마가 지층이나 암석을 뚫고 들어감. ☐~ 편마암.

관입(觀入)명하타 마음의 눈으로 대상을 올바로 인식하여 파악함.

관-입-암(貫入岩)명【지】화성암의 하나. 마그마가 지각을 뚫고 들어가서 굳어서 이루어진 암석. 관입암체(貫入岩體).

관자(冠者)명 관례(冠禮)를 치른 사람.

관자(貫子)명 망건에 달아 망건당줄을 꿰는 작은 고리.

관자(關子)명 관문(關文).

관자-놀이(貫子-)명 귀와 눈 사이의 맥박이 뛰는 곳.

관-자재(觀自在)명【불】1 중생을 보는 것이 자유자재여서 그 고난을 잘 살핌. 2 '관자재보살'의 준말.

관자재-보살(觀自在菩薩)명【불】'관세음보살'의 이칭. 준관자재.

관작(官爵)명 관직과 작위.

관장(官長)명【역】시골 백성이 고을 원을 높여 일컫던 말.

관장(管掌)명하타 일을 맡아서 주관함. ☐인사 업무를 ~하다.

관장(館長)명 1 도서관·박물관·전시관 등과 같은 기관의 우두머리. ☐박물관 ~. 2【역】성균관의 으뜸 벼슬.

관-장(灌腸)명하자【의】대변을 보게 하거나 영양물을 공급하기 위해 항문을 통하여 직장이나 대장에 약물을 넣음.

관-장-제(灌腸劑)명【의】관장하는 데 쓰는 액체로 된 약제.

관재(官災)명 관가로부터 받는 재앙.

관재(棺材)명 관을 만드는 재목. 널감.

관재(管財)명하자 재산을 관리함.

관재-인(管財人)명【법】남의 재산, 특히 파산했거나 화의 절차를 밟고 있는 채무자의 재산을 관리하는 사람. 재산 관리인.

관저(官邸)명 장관급 이상의 고관들이 살도록 정부에서 마련한 집. ☐대통령 ~. ↔사저(私邸).

관:적(貫籍)명 1【법】본적지. 2 관향(貫鄕).

관전(官前)명【역】아전이나 하인이 벼슬아치를 높여 일컫던 말.

관전(官錢)명【역】1 나라에서 만든 돈. ↔사전(私錢). 2 관고(官庫)에 있는 돈.

관전(觀戰)명하타 1 전쟁의 실황을 살펴봄. 2 운동 경기나 바둑 대국 따위를 구경함. ☐손에 땀을 쥐며 ~하다.

관전-기(觀戰記)명 관전한 내용이나 느낌 따위를 쓴 기록. ☐바둑 ~.

관전자(關前者)명 수라상 요리의 하나(꿩고기와 쇠고기에 육즙(肉汁)을 쳐 실백자를 띄운 음식).

관전-평(觀戰評)명 경기 따위를 관전하고 나서 하는 평. ☐신문에 ~이 실리다.

관절(關節)명【생】뼈와 뼈가 서로 맞닿아 움직일 수 있도록 연결된 부분. 뼈마디.

관절-강(關節腔)명【생】관절의 두 뼈 사이에 활액(滑液)이 차 있는 공간.

관절 강직(關節强直)【의】관절이 굳어져 운동을 할 수 없게 되는 병.

관절 결핵(關節結核)【의】결핵균이 신체의 다른 부분으로부터 관절에 옮겨 일으키는 병. 결핵성 관절염.

관절 류머티즘(關節rheumatism)【의】감기가 원인이 되어 생기는 류머티즘. 관절이 붓고 쑤시며 운동 장애 등의 증상을 일으킴.

관절-뼈(關節-)명【생】관절을 이루고 있는 뼈. 마디뼈.

관절 신경통(關節神經痛)【의】관절 부위에 일어나는 신경통.

관절-염(關節炎)[-렴]명【의】관절 안에 세균이 들어가 생기는 염증.

관절-하다(冠絶-)형여 가장 뛰어나다.

관점(觀點)[-쩜]명 사물을 관찰할 때, 그 사람이 보는 입장이나 생각하는 각도(角度). 견지(見地). ☐~이 다르다.

관정(官庭)명【역】관가의 앞뜰.

관정(寬政)명 까다롭지 아니하고 너그럽게 다스리는 정치. ↔가정(苛政).

관:정(灌頂)명하타【불】전법·수계(受戒)를 받는 사람의 정수리에 물이나 향수를 뿌리는 일. 또는 그런 의식.

관제(官制)명【법】국가의 행정 조직, 권한 등을 정한 규정. ☐~ 개혁.

관제(官製)명하타 정부에서 만듦. 또는 그렇게 만든 것. ☐~ 데모. ↔사제(私製).

관제(官題)명【역】소송·청원 등에 대해 관아에서 내리던 지령.

관제(管制)명하타 1 관할하여 통제함. 특히, 국가가 필요에 따라 강제적으로 관리하여 통제하는 일. ☐보도 ~ / 최첨단 ~ 시설. 2 '항공 교통관제'의 준말.

관제-염(官製鹽)명 정부에서 제조하는 소금.

관제-엽서(官製葉書)[-써]명 정부에서 만들어 파는 우편엽서. ↔사제엽서.

관제-탑(管制塔)명【의】공항에서, 항공기의 이륙이나 착륙 순서의 지시 및 항공 교통을 관제하는 탑. 항공 관제탑.

관조(觀照)명【불】1 지혜로써 사물의 실상(實相)을 비추어 봄. 2 조용한 마음으로 대상의 본질을 바라봄. ☐삶을 ~할 마음의 여유를 찾다. 3 미학에서, 미(美)를 직접 인식함.

관:조(鸛鳥)명【조】황새.

관족 (管足) 명 『동』 극피(棘皮)동물의 수관계(水管系)에 붙은 대롱과 같이 생긴 발《자유롭게 놀려 몸을 이동하고 숨을 쉼》.

관존-민비 (官尊民卑) 명 관리는 높고 귀하며 백성은 낮고 천하다고 여기는 생각. ▣시대 착오적인 ~ 사상.

관:주 (貫珠) 명 예전에, 글이나 시문을 꿰어서 잘된 곳에 치던 동그라미.

관-주인 (館主人)[-쭈-] 명 『역』 성균관에서 시험 보러 서울에 온 시골 선비가 성균관 근처에 묵던 집. 또는 그 집의 주인.

관-죽전 (官竹田)[-쩐] 명 『역』 조선 때, 나라에서 소유한 대밭.

관:중 (貫中) 명하자 화살이 과녁의 한복판에 맞음.

관중 (觀衆) 명 공연이나 운동 경기 따위를 구경하는 사람들. 대중. 구경꾼. ▣많은 ~이 운집하다 / ~의 환호 속에 입장하다.

관중-석 (觀衆席) 명 관중이 앉는 자리. ▣~을 꽉 메운 수많은 사람들.

관중-하다 (關重-) 형여 중요한 관계가 있다.

관:지 (款識) 명 1 옛날에, 그릇이나 종 같은 데에 새기던 표나 글자. 2 낙관(落款).

관지 (關知) 명 어떤 일에 관여하여 앎.

관직 (官職) 명 관리가 국가로부터 위임받은 일정한 범위의 직무. 또는 그 지위. ▣~ 생활 / ~에서 물러나다.

관진 (關鎭) 명 『역』 국경을 지키던 군영.

관진 (觀診) 명하타 환자의 얼굴을 보고 병세를 진찰함.

관차 (官次) 명 관직의 석차(席次).

관차 (官差) 명 『역』 관아에서 파견하던 아전.

관찬 (官撰) 명하타 관청에서 편찬함. 또는 편찬한 그 책.

관찰 (觀察) 명하타 1 사물을 주의 깊게 살펴봄. ▣~ 기록 / 자연 현상을 ~하다. 2 『역』 '관찰사'의 준말.

관찰-기 (觀察記) 명 관찰한 것을 적은 글.

관찰-도 (觀察道)[-또] 명 『역』 조선 고종 33년(1896)에 나라의 행정 구역을 13도로 나누었을 때, 관찰부가 있던 각 도.

관찰-부 (觀察府) 명 『역』 조선 때, 관찰사가 직무를 보던 관아.

관찰-사 (觀察使)[-싸] 명 『역』 조선 때, 각 도의 으뜸 벼슬. 민정·군정·재정·행정(刑政) 등을 지휘하고 감독하던 종이품 벼슬임. 감사(監司). 도백(道伯). ⓒ관찰.

관찰-안 (觀察眼) 명 사물이나 현상을 관찰하고 식별하는 안목.

관:천 (貫穿) 명하타 꿰뚫는다는 뜻으로, 학문에 정통함을 이르는 말.

관:철 (貫徹) 명하타 끝까지 밀고 나아가 목적을 이룸. ▣초지를 ~하다 / 주장이 ~되다.

관철 (觀徹) 명 사물을 속속들이 꿰뚫어 봄.

관첨 (觀瞻) 명하타 1 여럿이 다 같이 봄. 2 여러 사람이 우러러봄.

관청 (官廳) 명 국가 사무에 관하여 국가 의사를 결정하고 이것을 집행하는 권한을 가진 국가 기관《행정 관청·사법 관청 또는 중앙 관청·지방 관청으로 나눔》.

관청 물(을) 먹다 ⊇ 〈속〉 관 물을 먹다.

관측 (觀測) 명하타 1 자연 현상의 추이·변화를 관찰하고 측정함. ▣천체를 ~하다. 2 사물의 동태를 살피고 추측함. ▣희망적인 ~ / 추이를 ~하다.

관측-경 (觀測鏡)[-꼉] 명 적의 정세를 살피거나 탄환이 떨어진 지점 등을 관측하는 데 쓰는 망원경.

관측-기 (觀測器)[-끼] 명 천문·기상 따위의 자연 현상을 관측하는 데 쓰는 기계《망원경·쌍안경 따위》.

관측-기구 (觀測氣球)[-끼-] 명 1 대기 상태나 포탄의 탄착을 관측하는 데 쓰는 기구. 2 비유적으로, 여론이나 주위의 반응 등을 살피기 위하여 일부러 퍼뜨리는 정보나 의견 따위. ▣~를 띄우다.

관측-소 (觀測所)[-쏘] 명 1 천문·기상 따위의 자연 현상을 관찰하여 기록하고 이들의 움직임을 측정하는 곳. 2 『군』 적의 동정을 살피고 아군의 포 사격을 유도하는 곳.

관측 장:교 (觀測將校)[-짱-] 명 『군』 포병 부대에서, 목표물을 관측하여 아군의 포 사격을 유도하는 임무를 띤 장교.

관측-통 (觀測通) 명 어떤 방면의 동정에 밝은 사람이나 기관.

관치 (官治) 명 '관치행정'의 준말.

관치 금융 (官治金融)[-늉 /-그뮹] 명 『경』 정부가 금융 기관을 장악하고 모든 금융 정책을 주도적으로 펴 나가는 일.

관치-행정 (官治行政) 명 국가의 행정 기관이 직접 맡아 하는 행정. ↔자치 행정. ⓒ관치.

관통 (官桶) 명 곡식을 담는 섬《관두(官斗)로 열다섯 말이 들어감》.

관:통 (貫通) 명하타 꿰뚫음. ▣총알이 가슴을 ~하다 / 산허리를 터널이 ~하다.

관:통-상 (貫通傷) 명 총탄 등이 몸을 꿰뚫고 나간 상처. ▣치명적인 흉부 ~을 입다.

관판 (官版) 명 정부나 관청에서 펴낸 판본이나 책. ＊사판(私版).

관판 (棺板) 명 관(棺)을 만드는 데 쓰는 넓고 긴 널빤지.

관폐 (官弊)[-/-폐] 명 관리가 부정행위를 저질러 끼치는 폐해.

관포지교 (管鮑之交) 명 중국 춘추 시대의 관중(管仲)과 포숙아(鮑叔牙)의 사귐이 매우 친밀하였다는 고사에서 나온 말로, 아주 친한 친구 사이의 다정한 교제를 일컬음.

관품 (官品) 명 『역』 관계(官階).

관풍 (觀楓) 명하자 단풍을 구경함.

관풍-찰속 (觀風察俗)[-쏙] 명하자 풍속을 자세히 살핌.

관하 (管下) 명 관할하는 구역이나 범위. ▣기상청 ~의 각 기상대.

관-하기 (官下記) 명 『역』 지난날, 지방 관리의 회계 장부.

관-하다 (關-) 자여 말하거나 생각하는 대상으로 삼다. ▣풍속에 관하여 연구하다 / 봉급 인상에 관한 안건을 협의하다.

관-하다 (觀-) 타여 살펴보다.

관-하인 (官下人) 명 『역』 관례(官隷).

관학 (官學) 명 1 관립의 학교. ↔사학(私學). 2 국가에서 제정·공인한 학문.

관학 유생 (館學儒生)[-항뉴-] 명 『역』 조선 때, 성균관과 사학(四學)에서 기숙하던 유생.

관-한량 (館閑良)[-할-] 명 『역』 조선 때, 모화관(慕華館)에서 활쏘기를 배우던 무관의 자제들을 이르던 말.

관할 (管轄) 명하타 권한에 의하여 통제하거나 지배함. 또는 그 지배가 미치는 범위. ▣~ 경찰서 / 교육부 ~ 사항.

관할 구역 (管轄區域) 명 관할권이 미치는 구역. ⓒ관구(管區).

관할-권 (管轄權)[-꿘] 명 특정 사건에 대하여 지배할 수 있는 권리.

관할 법원(管轄法院) 특정 사건에 대한 관할권을 갖는 법원.

관할-지(管轄地)圈 관할권이 미치는 지역.

관함(官衡)圈『역』성 뒤에 붙여 부르던 관원의 직함.

관함-식(觀艦式)圈『군』국가적 경사 등에 국가 원수가 해군 함정을 모아 놓고 그 위용을 검열하는 의식.

관:항(款項)圈 **1** 조항이나 항목. **2** 예산서나 결산서 따위의 내용 구분 단위인 관과 항을 아울러 일컫는 말.

관해(官海)圈 관리들의 사회를 바다에 비유하여 일컫는 말.

관행(慣行)圈ⓗ타 **1** 오래전부터 관례가 되어 내려오는 일. ⃝～을 따르다 / 잘못된 ～을 고치다. **2** 되풀이하여 자주 함. 또는 숙달하여 잘함.

관행-적(慣行的)觀 오래전부터 해 오는 대로 하는 (것).

관:향(貫鄕)圈 한 집안의 시조가 난 땅. 본(本). 본관(本貫). 선향(先鄕).

관향-사(管餉使)圈『역』조선 때, 평안도의 군량(軍糧)을 관리하던 관직. 평안 감사가 겸임함.

관허(官許)圈ⓗ타 정부에서 허가함. 또는 그런 허가. ⃝～ 업소 / ～ 학원.

관헌(官憲)圈 **1** 정부·관청의 법규. **2** 예전에, 관청을 이르던 말. **3** 관리. 특히, 경찰 관리를 이르던 말.

관:혁(貫革)圈 '과녁'의 본딧말.

관현(管絃)圈『악』관악기와 현악기.

관현-악(管絃樂)圈『악』관악기·현악기·타악기 따위의 합주 음악.

관현악-단(管絃樂團)[-현악딴]圈『악』관현악을 연주하는 단체. 오케스트라.

관혈적 수술(觀血的手術)[-쩍쑤-]『의』메스로 피부·근육 조직 등을 절개하여 피를 흘려 가며 하는 수술. ↔무혈적(無血的) 수술.

관형(觀形)圈 모습을 살펴봄.

관형-격(冠形格)[-격]圈『언』문법상 체언을 관형어로 만드는 격. 매김자리.

관형격 조:사(冠形格助詞)[-격쪼-]『언』체언 뒤에 붙어서 그 체언을 관형어로 만드는 격조사('의' 하나뿐임).

관형-사(冠形詞)圈『언』체언 앞에 놓여서 그 체언이 가진 뜻을 꾸며 주는 품사. 활용하지 않음. 매김씨. ⑪관사(冠詞).

관형사-구(冠形詞句)圈『언』문장에서, 관형사처럼 체언을 꾸미는 구실을 하는 구.

관형사-형(冠形詞形)圈『언』관형사처럼 체언을 꾸미는 용언의 활용형. 매김꼴.

관형사형 어:미(冠形詞形語尾)『언』관형사형 전성 어미.

관형사형 전:성 어:미(冠形詞形轉成語尾)『언』용언의 어간에 붙어 앞의 말에 대해서는 서술어의 기능을, 뒤의 말에 대해서는 관형어의 기능을 하게 하는 어말 어미. '주는 돈'·'간 곳'·'먹은 사람'·'잘 시간'·'읽을 책' 등에서 '-는'·'-ㄴ'·'-은'·'-ㄹ'·'-을' 따위. 관형사형 어미.

관형-어(冠形語)圈『언』체언 앞에서 체언의 내용을 꾸미는 구실을 하는 문장 성분. 관형사, 체언, 체언에 관형격 조사가 붙은 말, 용언의 관형사형 등이 이에 딸림. 매김말.

관형어-구(冠形語句)圈 문장에서, 관형어의 구실을 하는 구.

관형-어(冠形語)圈『언』문장에서, 관형어의 구실을 하는 절[句]마디. 매김마디.

관형-찰색(觀形察色)[-쌕]圈ⓗ타 **1** 남의 마음을 떠보기 위하여 안색을 자세히 살핌. **2** 사물을 자세히 관찰함.

관형-형(冠形形)圈『언』관형사형(冠形詞形).

관혼(冠婚)圈 관례와 혼례.

관혼상제(冠婚喪祭)圈 관례·혼례·상례·제례의 총칭.

관활-하다(寬闊-)觀 **1** 막힌 데 없이 아주 넓다. **2** 도량이 넓고 성격이 활달하다.

관후장-자(寬厚長者)圈 관후하고 점잖은 사람. 관대장자.

관후-하다(寬厚-)觀 마음이 너그럽고 온후하다. ⃝인품이 ～. **관후-히**튀

괄:괄-하다(-)觀 **1** 성질이 급하고 과격하다. ⃝괄괄한 성미. **2** 목소리 따위가 굵고 거세다. ⃝괄괄한 목소리. **3** 풀 따위가 너무 세다. ㉻괄하다 **괄괄-히**튀

괄:다[괄아, 과니, 관]觀 **1** 불기운이 세다. ⃝불이 괄아서 밥이 눋는다. **2** 성미가 거세고 괄괄하다. **3** 나무의 옹이 부분에 뭉쳐 엉긴 진이 많다. **4** 누긋하거나 부드럽지 못하고 거세다. ⃝베갯잇에 풀을 좀 괄게 먹이다.

괄대(恝待)[-때]ⓗ타 업신여겨 푸대접함. 괄시. ⃝～를 받다.

괄목(刮目)圈ⓗ짜 몰라보게 발전한 데 놀라서 눈을 비비고 다시 봄. ⃝～할 만한 성장.

괄목-상대(刮目相對)[-쌍-]圈ⓗ짜 눈을 비비고 상대편을 본다는 뜻으로, 남의 학식이나 재주가 놀랄 만큼 부쩍 느는 것을 일컬음.

괄발(括髮)圈ⓗ짜 상(喪)을 당한 사람이 성복(成服) 전에 풀었던 머리를 묶음.

괄선(括線)[-썬]圈『언』여러 개의 숫자나 문자를 다른 것과 구별하기 위하여 한데 묶는 표시로 그 위쪽에 긋는 선.

괄시(恝視)[-씨]圈ⓗ타 업신여김. 괄대. ⃝없이 산다고 ～하지 마라.

괄약(括約)圈ⓗ타 **1** 벌어진 것을 오므라지게 함. **2** 모아서 한데 합함.

괄약-근(括約筋)[과략끈]圈『생』항문·요도 등의 주위에 있으며, 수축·이완할 수 있는 고리 모양의 근육.

괄태-충(括胎蟲)圈『동』민달팽이.

괄:-하다(-)觀 '괄괄하다'의 준말.

괄호(括弧)圈 묶음표.

곳자〈옛〉과의.

광:圈 세간이나 그 밖의 여러 가지 물건을 넣어 두는 곳. ⃝[광에서 인심 난다] 제 살림이 넉넉하여야 남을 동정하게 된다.

광[1](光)圈 **1**[의] 빛. **2** 화투의 스무 끗짜리 패.

광[2](光)圈 번지르르하게 빛나는 윤기. 광택. ⃝구두를 ～이 나도록 닦다.

광:(廣)圈 **1** 넓이. **2** 너비. ⃝～이 넓은 피륙.

광:(壙)圈 시체를 묻기 위하여 판 구멍이.

광:(鑛)圈 광물을 파내는 구덩이. 갱(坑).

-광(狂)圈 '열광적으로 정신을 쏟는 사람'의 뜻. ⃝야구~ / 영화~.

-광(鑛)圈 '광석'이나 '광산'의 뜻. ⃝금~ / 우라늄~.

광각(光角)圈『물』두 눈으로 한 점을 볼 때, 두 눈과 그 점을 잇는 두 직선이 이루는 각(원근을 판단함).

광각(光覺)圈『생』빛의 자극으로 일어나는 감각.

광:각(廣角)圈 넓은 각도. 특히, 사진에서 렌즈의 빛을 모으는 각도가 넓은 것.

광:각 렌즈 (廣角lens) 표준 렌즈보다 넓게 찍을 수 있는 렌즈(사각(寫角)이 60도 이상임).

광간-하다 (狂簡-)〖형여〗 뜻은 크나 행위가 그에 따르지 못함을 소홀하고 거칠다.

광객 (狂客)〖명〗 말과 행동이 미친 사람처럼 일상의 도리에서 벗어난 사람.

광:갱 (鑛坑)〖명〗 광물을 캐내기 위하여 판 구멍이. 광점(鑛店).

광:겁 (曠劫)〖명〗『불』지극히 오랜 세월.

광견 (狂犬)〖명〗 미친개.

광견 (狂狷)〖명〗 견광(狷狂).

광견-병 (狂犬病)[-뼝]〖명〗『의』바이러스에 의한 개의 전염병(이 병에 걸린 개에게 물리면 그 침에 의해 전염되며, 림프절이 붓고, 경련·호흡 곤란 따위의 증상을 보임. 특히 물을 마시거나 보기만 하여도 공포를 느낌). 미친갯병. *공수병(恐水病).

광경 (光景)〖명〗 어떤 일이나 현상이 벌어진 모양이나 형편. 口참혹한 ~ / 눈물겨운 ~ / 그 ~은 말로 다 표현할 수 없다.

광:고 (廣告)〖하타〗 1 사람들에게 널리 알림. 2 상품 같은 것의 장점이나 효능 등을 널리 알리는 것. 상업 광고. 口신제품 ~ / 신문에 구인 ~를 내다 / TV를 통해 약품을 ~하다.

광:고 기구 (廣告氣球) 광고하는 글이나 그림을 달아 공중에 띄우는 풍선. 광고 풍선.

광:고 대:리업 (廣告代理業) 신문·방송·잡지 등에 광고를 내는 일을 중개(仲介)하거나 광고를 도맡아서 대리하는 영업. 광고의 기획, 시장 조사, 이벤트의 개최 따위의 업무를 맡아서 함. 광고업(廣告業).

광:고-란 (廣告欄)〖명〗 신문·잡지 등에서 광고를 싣는 지면.

광:고 매체 (廣告媒體) 광고 내용을 소비자에게 전달하는 수단(신문·잡지·라디오·텔레비전·거리 간판 따위).

광:고-문 (廣告文)〖명〗 광고하기 위하여 신문·잡지 따위에 싣는 글.

광:고-성 (廣告性)[-씽]〖명〗 세상에 널리 알리는 성질. 口~ 메일.

광:고-주 (廣告主)〖명〗 광고를 내는 사람.

광:고-지 (廣告紙)〖명〗 광고하는 글이나 그림 따위가 실린 종이. 口집집마다 ~를 돌리다.

광:고-탑 (廣告塔)〖명〗 광고하기 위하여 탑처럼 높이 세운 구조물.

광:고-판 (廣告板)〖명〗 광고하는 글이나 그림 따위를 붙이기 위하여 만든 판.

광:고-하다 (曠古-)〖형여〗 전례(前例)가 없다.

광-공업 (鑛工業)〖명〗 광업과 공업.

광-공해 (光公害)〖명〗 네온사인·야간 조명 등이 공중의 먼지층에 반사되어 기상 관측이 방해받는 따위의 공해. 광해(光害).

광관 (光冠)〖명〗『천』해나 달의 둘레에 나타나는 빛의 테(공기 중의 물방울에 빛이 회절하여 생김).

광:괴 (鑛塊)〖명〗 광석의 덩어리.

광구 (光球)〖명〗『물』육안으로 태양을 볼 때, 둥글게 광채를 내는 부분. 실제로는 일광을 복사(輻射)하는 태양의 표면.

광구 (匡救)〖명하타〗 잘못된 것을 바로잡음.

광-구 (廣求)〖명〗 (인재 등을) 널리 구함.

광:구 (鑛口)〖명〗 광산을 파내는 구멍막이의 입구.

광:구 (鑛區)〖명〗『법』광물의 채굴·시굴을 허가한 구역. 광물을 채굴할 수 있는 구역.

광:궤 (廣軌)〖명〗 궤간이 1.435 m 이상 되는 철도 선로. ↔협궤(狹軌).

광:궤 철도 (廣軌鐵道)[-또] 궤간이 1.435 m 이상 되는 철도. ↔협궤 철도.

광귤-나무 (-橘-)[-라-]〖명〗『식』운향과의 상록 활엽 관목. 초여름에 흰 다섯잎꽃이 피며 잎은 어긋나고 달걀 모양임. 열매는 둥글넓적하며 황적색인데 조미료나 향수의 원료로 사용하고 한방에서 약재로도 씀. *귤나무.

광기 (狂氣)[-끼]〖명〗 1 미친 증세. 口눈에 ~를 띠고 덤벼들다. 2 사소한 일에 화내고 소리치는 사람의 기질. 口~을 부리다.

광기억 장치 (光記憶裝置)[-짱-]〖컴〗 레이저 광선을 이용하여 정보를 기록하는 기억 장치의 총칭(광디스크·홀로그램(hologram)〃·컬러).

광:-꾼 (鑛-)〖명〗『광』1 광원. 2 광업에 종사하는 사람을 낮잡아 이르는 말.

광-나다 (光-)〖자〗 1 빛이 나다. 2 윤이 나다.

광-나무 (光-)〖식〗 물푸레나뭇과의 상록 활엽 교목. 높이는 3-5 m이며, 산기슭에 남. 초여름에 깔때기 모양의 흰 꽃이 가지 끝에 피고, 열매는 쥐똥같이 생겼으며 가을에 까맣게 익음. 한방에서 약재로 씀.

광:내 (壙內)〖명〗 광중(壙中).

광-내다 (光-)〖타〗 광나게 하다.

광녀 (狂女)〖명〗 미친 여자.

광년 (光年)〖의명〗『천』우주 안의 먼 거리를 나타내는 데 쓰는 단위(1광년은 빛이 초속 30만 km의 속도로 1년 동안 나아가는 거리. 9조 4670억 7782만 km임).

광:-다회 (廣多繪)〖명〗 1 넓고 크게 짠 끈목. 2 『역』군사의 융복(戎服)에 쓰던 넓은 띠. *동다회(多繪).

광달-거리 (光達距離)〖명〗 등대 따위의 빛을 육안으로 식별할 수 있는 가장 먼 거리.

광:-달다 (廣달아, 광다니, 광다는)〖자〗 무색 종이로 연(鳶)의 위를 표시하는 꼭지를 붙이다.

광담 (狂談)〖명하자〗 이치에 맞지 않는 허황된 말. 광언(狂言).

광담-패설 (狂談悖說)〖명〗 이치에 맞지 아니하고 도의에 벗어나는 말. 광언망설.

광:-당포 (-唐-布)〖명〗'광둥포(廣東布)'의 변한말.

광:당-포 (廣唐布)〖명〗 광목과 당목. 광당목.

광:대 〖명〗 1 가면극·인형극·줄타기·땅재주·판소리 따위를 하던 직업적 예능인을 통틀어 이르던 말. 2 '연예인'을 낮추어 이르는 말. 3 연극을 하거나 춤을 추려고 얼굴에 물감을 칠하던 일. 4 탈. 〖주의〗'광대'로 씀은 취음.

광:대 (廣大)〖명하타하형〗 넓고 큼. 口~한 면적 / ~하고 펼쳐진 평야.

광:대-나물 (廣大-)〖명〗 꿀풀과의 한해살이풀 또는 두해살이풀. 논밭에 나는데 높이는 25 cm 정도, 잎은 마주나며, 봄에 홍자색 꽃이 잎겨드랑이에서 핌. 어린잎과 줄기는 식용함.

광:대-놀음 (廣大-)〖명〗 정월 대보름날 호남 지방에서 행하는 놀이. 농악대들이 호랑이·토끼 따위의 동물 가면을 쓰고 풍물을 치면서 마을을 돌아다님(악귀를 물리치고 영복(迎福)을 비는 것이라 함).

광:대-등걸 (廣大-)〖명〗 몹시 파리해져서 뼈만 남은 앙상한 얼굴.

광:대-머리 (廣大-)〖명〗 소의 처녑에 얼러붙은 고기. 국거리로 씀.

광:대-무변 (廣大無邊)〖명하형〗 넓고 커서 끝이 없음. 口~한 우주 공간.

광:대-뼈 (廣大-)〖명〗 얼굴 가운데 뺨 위 눈초리 아래로 내민 뼈. 관골. 口~가 튀어나온 얼굴.

광도 (光度)〖명〗 1『물』발광체에서 나오는 빛의 세기. 단위는 칸델라(candela). 2『천』천체의 밝기. 보통 광도 계급으로 나타냄.

광도 (狂濤)圓 미친 듯이 이는 사나운 물결.

광:도 (廣圖)圓 매우 큰 계획.

광도-계 (光度計)[-/-게]圓『물』광원의 광도를 측정하는 기계. 측광기.

광도 계급 (光度階級)[-/-게-]『천』천체의 밝기를 나타내는 계급(육안으로 볼 수 있는 별 가운데 가장 희미하게 보이는 별이 6등급, 그보다 100배 밝은 별이 1등급임).

광:독 (鑛毒)圓 광물을 채굴하거나 제련할 때 생기는 폐기물로 인한 해독. ▢~으로 농작물을 망치다.

광:둥-포 (廣東布)圓 중국 광둥에서 나는 베. 광당포.

광등 (狂騰)圓하짜 걷잡을 수 없는 기세로 시세가 오름.

광-디스크 (光disk)圓 정보 기록 매체의 한 가지. 레이저 광선(laser光線)을 이용하여 정보를 기록·재생하는 원반. 광자기 디스크.

광:--뜨다 〔광떠, 광뜨니〕짜 연의 한가운데에 둥근 구멍을 도려내다.

광란 (狂亂)[-난]圓하짜 미친 듯이 날뜀. ▢~의 도가니.

광란 (狂瀾)[-난]圓 광도(狂濤).

광량 (光量)[-냥]圓『물』일정 시간 안의 광속(光束)의 총량.

광:량 (廣量)[-냥]圓하형 도량(度量)이 넓음. 또는 그런 도량.

광:량 (鑛量)[-냥]圓 땅속에 매장되어 있는 광물의 양.

광력 (光力)[-녁]圓 빛의 밝기. 광도(光度).

광련 (狂戀)[-년]圓 미친 듯이 하는, 지나치게 격렬한 연애.

광림 (光臨)[-님]圓하짜타 '남이 찾아옴'의 높임말. ▢~하여 주시기 복망하나이다.

광-마우스 (光mouse)圓圍 마우스 볼 대신 광센서를 부착하여 위치 정보를 컴퓨터에 입력하는 마우스.

광:-막-하다 (廣漠-)[-마카-]형어 넓고 아득하다. 끝없이 넓다. ▢광막한 황야 / 광막한 대평원을 횡단하다. **광:막-히** [-마키]튀

광망 (光芒)圓 혜성의 꼬리처럼 보이는 빛줄기. 빛살.

광망-하다 (狂妄-)형어 미친 사람처럼 아주 망령되다.

광:망-하다 (曠茫-)형어 한없이 넓고 아득하다. ▢광망한 대해.

광:맥 (鑛脈)圓『광』암석의 갈라진 틈에 유용 광물이 묻혀 있는 부분. 광분이 섞인 물이 암석의 틈에 스며들어 광분이 가라앉아 생김. 쇳줄. 광혈(鑛穴). ▢~을 찾아내다.

광-메모리 (光memory)圓圍 컴퓨터의 보조 기억 장치의 하나. 레이저로 디지털 정보를 쓰거나 읽는 데 씀.

광:면-하다 (廣面-)형어 아는 사람이 많다.

광명 (光明)圓하형 1 밝고 환함(비유적으로도 씀). ▢~을 잃다 / 문제 해결에 한 가닥의 ~이 비치다. 2『불』번뇌·죄악의 암흑을 비추어 신앙상의 지혜를 줌. 3『불』부처·보살의 몸에서 나는 빛.

광명두圓 나무로 만든 등잔걸이.

광명-정대 (光明正大)圓하형히튀 말과 행동이 떳떳하고 정당함.

광명-주 (光明珠)圓 밝게 빛나는 구슬.

광모 (狂慕)圓하타 미칠 듯이 사모함.

광:-목 (廣木)圓 무명실로 당목처럼 너비가 넓게 짠 베. ▢~ 한 필 / ~을 떠 옷을 짓다.

광:목-천 (廣目天)圓『불』사왕천(四王天)의 하나(서쪽의 천국).

광:목천-왕 (廣目天王)圓『불』사천왕의 하나 (수미산에서 서쪽의 천국을 지킴).

광무 (光武)圓『역』대한 제국 고종의 연호. ~ 3년.

광:무 (鑛務)圓 광업에 관한 사무.

광:문 (廣問)圓하타 1 널리 여러 사람에게 물어봄. 2 여러 사람에게 선물함.

광:물 (鑛物)圓『광』천연으로 나는 무기물로서, 질이 고르고 화학 성분이 일정한 물질(금·철·석탄 따위).

광:물-성 (鑛物性)[-썽]圓『광』광물의 성질. 또는 광물로 이루어진 것.

광:물성 색소 (鑛物性色素)[-썽-쏘] 금속 광물을 성분으로 한 색소.

광:물성 섬유 (鑛物性纖維)[-썽서뮤] 석면(石綿)·유리면 등 천연 광물에서 얻어지는 섬유 (방화(防火)·보온(保溫)·내화(耐火)·전기 절연(絶緣) 등의 재료로 씀).

광:물성 염:료 (鑛物性染料)[-썽-뇨] 광물질로 이루어진 염료(황토·녹청·호분 따위).

광:물-유 (鑛物油)[-류]圓 광물성의 기름(석유 따위). 㐀광유.

광:물-질 (鑛物質)[-찔]圓 1『광』광물로 된 물질. 2『생』생리 기능에 필요한 광물성 영양소(칼륨·칼슘·나트륨·인·철 따위).

광:물질 비:료 (鑛物質肥料)[-찔-] 『화』광물질을 성분으로 하는 비료(칠레 초석(硝石)·과인산석회 따위). 광물 비료.

광:물-학 (鑛物學)圓 광물의 성인(成因)·성질·형태·종류·용도 등을 연구하는 과학. 㐀광물학.

광:미 (鑛尾)圓『광』복대기².

광배 (光背)圓『불』회화·조각에서, 불상 뒤에 있는, 광명을 상징하는 장식. 후광(後光).

광배 효:과 (光背效果)『심』평가 행위에서, 대상의 한 방면의 특질이 딴 방면의 특질에까지 미치는 효과. 후광 효과.

광:-범위 (廣範圍)圓 범위가 넓음. 또는 넓은 범위. ▢~한 거래 / ~하게 분포하는 식물 / ~하게 의견을 수렴하다.

광:범-하다 (廣範-)형어 범위가 넓다. ▢광범한 권한. **광:범-히**튀

광병 (狂病)[-뻥]圓 미친병.

광복 (光復)圓하짜타 잃었던 나라와 주권을 되찾음. ▢~을 맞이하다 / 조국의 ~을 위해 목숨을 바친 선열들.

광복-절 (光復節)[-쩔]圓 국경일의 하나. 우리나라가 일본에게 빼앗겼던 주권을 되찾아 해방된 것을 경축하는 날(8월 15일).

광부 (狂夫)圓 미친 사나이.

광:부 (曠夫)圓 1 홀아비. 2 아내에게 충실하지 못한 남편.

광:부 (鑛夫)圓 광산에서 광물을 캐는 노동자.

광분 (狂奔)圓하짜 1 어떤 목적을 이루기 위해 바쁘게 뛰어다님. ▢자신의 이익을 챙기려고 ~하다. 2 미친 듯이 막 달아남.

광:분 (鑛分)圓『광』광물의 성분.

광-분해 (光分解)圓『물』물질이 빛을 흡수하여 둘 이상의 성분으로 분해되는 일.

광비 (光比)圓『천』광도(光度)가 한 등급 다른, 두 천체의 광량(光量)의 비. 1등성은 2등성보다 2.512배 밝음.

광사 (狂死)圓하짜 미쳐서 죽음.

광사 (誑詐)圓하타 거짓말로 속임.

광:사 (鑛砂)圓『광』캐어 낸 광석·석탄 등을 쓸 것과 못 쓸 것을 가려내기 위하여 임시로

저장하여 두는 창고.

광:사 (鑛砂)圐〖광〗광물을 채광·선광·제련할 때 생기는 부스러기.

광:산 (鑛山)圐〖광〗광물을 캐는 곳.

광:산 (鑛産)圐 1 광물의 생산. 2 광산물.

광:산-가 (鑛山家)圐 1 광산에 관한 전문가. 2 광산업을 하는 사업가.

광:산-물 (鑛産物)圐 광산에서 나는 모든 산물. 광산.

광-산업 (光産業)圐 광학 기술을 중심으로 한 광 통신 따위의 산업 분야.

광:산-업 (鑛産業)圐 광산을 경영하는 사업.

광:산-촌 (鑛山村)圐 광산이 있는 마을. 광산에서 일하는 사람이나 그 가족들로 이루어진 마을.

광삼 (光蔘)圐〖동〗광삼과의 극피동물. 얕은 바다에 삶. 해삼 비슷하며, 길이 15~20 cm의 긴 타원형. 빛은 회갈색에 갈색 무늬가 있고, 체벽은 육질임. 중국식 요리에 많이 씀. 갈미.

광상 (匡牀)圐 침상(寢牀).

광:상 (鑛床)圐〖광〗쓸모가 있는 광물이 땅속에 많이 묻혀 있는 부분.

광상-곡 (狂想曲)圐〖악〗카프리치오.

광색 (光色)圐 광채(光彩)1.

광:석 (鑛石)圐 쓸모가 있는 금속 등을 많이 함유하고 있는 광물. ▢~을 채굴하다.

광:석 검:파기 (鑛石檢波器)[-껌-]〖물〗광석과 금속 또는 광석과 광석의 가벼운 접촉에 의하여 고주파를 정류하는 검파 장치.

광:석-광:물 (鑛石鑛物)[-꽝-]圐〖광〗광석.

광:석 라디오 (鑛石radio)圐『물』광석 수신기.

광:석 수신기 (鑛石受信器)[-쑤-]〖물〗진공관을 쓰지 아니하고 광석 검파기를 쓰는 간단한 라디오 수신기. 광석 라디오.

광:석-차 (鑛石車)圐〖광〗광차(鑛車).

광선 (光線)圐 1 빛의 줄기. ▢태양 ~이 내리쪼이다. 2〖물〗광원(光源)으로부터 나오는 빛이 공간을 진행하는 방향, 빛 에너지의 흐르는 경로를 나타내는 선. 빛살.

광선 무:기 (光線武器)〖군〗레이저 광선·적외선·방사선 등을 이용한 무기.

광선-속 (光線束)圐〖물〗광선의 다발. 광속(光束). 빛다발.

광선 요법 (光線療法)[-뇨뻡]〖의〗일광·적외선·자외선 등을 쬐어 병을 치료하는 물리 요법. 방사선요법.

광선-총 (光線銃)圐 탄환 대신 광선을 발사하는 사격 경기용 총. 방아쇠를 당기면 적외선이 나오며, 광선이 표적에 닿으면 전자두뇌의 작동으로 명중 위치가 표시됨.

광설 (狂雪)圐 1 바람에 휘날리며 어지럽게 내리는 눈. 2 철 지나 때늦게 내리는 눈.

광-섬유 (光纖維)圐 실리콘으로 만든 유리 섬유의 일종. 직경 0.1 mm 정도로 머리털처럼 가늘며 광 통신에 이용됨. 광파이버.

광섬유 케이블 (光纖維cable)圐 광섬유로 된 선. 전기 신호가 광선 신호로 바뀌어서 케이블을 통해 전달됨. 광파이버 케이블. ㊀광케이블.

광섬유 통신망 (光纖維通信網)圐 광 통신.

광:세-영웅 (曠世英雄)圐 세상에 보기 드문 영웅.

광:세지재 (曠世之才)圐 세상에 보기 드문 재주. 또는 그런 재주를 가진 사람.

광:세-하다 (曠世-)휑휑 세상에 보기 드물다.

광소 (光素)圐〖물〗광입자(光粒子).

광속 (光束)圐〖물〗1 광선속(光線束). 2 빛의 진행 방향에 수직인 단위 면적을 단위 시간

에 통과하는 빛의 양(단위는 루멘(lumen)).

광속 (光速度)[-또]〖물〗'광속도'의 준말.

광속도 (光速度)[-또]〖물〗진공 속에서 나아가는 빛이나 전자기파(電磁氣波)의 속도(1초에 약 30만 km). ㊀광속.

광쇠 (光-)圐〖불〗염불할 때 북과 함께 치는 쇠.

광-쇠 (光-)圐 쇠붙이 따위에 광을 내는 데 쓰는 연장.

광:수 (廣袖)圐 통이 넓은 소매. 활수(闊袖). ↔첨수(尖袖).

광:수 (鑛水)圐 1 광물질을 많이 포함한 물. 광천(鑛泉)의 물. 2〖광〗광산이나 제련소에서 흘러나오는 광독(鑛毒)이 섞인 물.

광수-차 (光收差)圐 광행차.

광:순 (廣詢)圐휑휑 여러 사람의 의견을 두루 물음.

광시-곡 (狂詩曲)圐〖악〗랩소디.

광신 (狂信)圐휑휑 어떤 종교·주의·사상을 무비판적으로 믿음.

광신-도 (狂信徒)圐 광신자.

광신-자 (狂信者)圐 이성(理性)을 잃고 무비판적으로 종교나 사상 따위를 믿는 사람.

광신-적 (狂信的)휑휑 이성을 잃고 무비판적으로 믿는 (것). ▢~(인) 종말론자.

광심 (光心)圐〖물〗렌즈에 들어가는 광선과 나가는 광선이 평행하게 될 때, 광선의 통로와 광축(光軸)이 서로 만나는 점.

광압 (光壓)圐〖물〗빛 또는 전자기파가 물체의 표면에 닿아서 그것에 미치는 압력.

광:야 (曠野·廣野)圐 1 아득하게 너른 벌판. ▢~ 천 리 / 눈 덮인 ~ / 끝없이 펼쳐진 ~를 헤매다. 2 황야(荒野). ▢삭막한 ~.

광약 (光藥)[-냑]圐 물건을 광내는 데에 쓰는 약품.

광약 (狂藥)圐 사람을 미치게 하는 약이란 뜻으로, 술의 별칭.

광-양자 (光量子)[-냥-]圐〖물〗빛의 요소가 되는 입자. 빛을 진동수와 플랑크의 상수와의 곱과 같은 에너지를 갖는 입자의 집합으로 봄. ㊀광자(光子).

광:어 (廣魚)圐 1〖어〗넙치. 2 짜개어 말린 넙치. ▢~무침.

광언 (狂言)圐 광담.

광언-망설 (狂言妄說)圐 광담패설(狂談悖說).

광:업 (鑛業)圐 광물의 시굴·채굴 및 선광·세광·정련 따위를 하는 사업.

광:업-권 (鑛業權)[-꿘]圐〖법〗등록된 광구에서 광물을 채굴·취득하는 권리.

광:업-소 (鑛業所)[-쏘]圐 광물의 채굴권자가 그 사업에 관한 사무를 보는 곳.

광:업 출원 (鑛業出願) 광업권의 설정을 받고자 당국에 원서를 제출하는 일.

광:역 (廣域)圐 넓은 구역. ▢~ 수사 / ~ 단체장 선거.

광:역 경제 (廣域經濟)[-경-]〖경〗이웃하는 몇몇 나라가 하나로 뭉쳐 하나의 경제권을 형성해, 서로 보완하면서 자급자족을 이룩하는 경제.

광:역 도시 (廣域都市)[-또-]〖사〗인구 과밀 및 산업 집중화 현상을 막고, 도시 주변의 저개발 지역을 개발하기 위하여 넓은 지역에 걸쳐 조성된 도시.

광:역-시 (廣域市)[-씨]圐〖법〗상급 지방 자치 단체의 하나. 도(道)와 동격(同格)으로, 보통의 시(市)가 도의 감독을 받는 데 대하여 직접 중앙의 감독을 받음(현재 인천·부산·대

전·대구·광주·울산이 해당됨).

광·역 자치 단체 (廣域自治團體)[-짜-] 특별시·광역시·도의 상급 지방 자치 단체. ＊기초 자치 단체.

광-역화 (廣域化)[-여콰] 몜하자 지역 범위가 넓어짐. 또는 그렇게 만듦.

광열 (光熱) 몜 빛과 열.

광열 (狂熱) 몜 미친 듯한 열정. 열광.

광열-비 (光熱費) 몜 『경』 난방·조명 등에 쓰이는 전기·가스 등의 비용.

광염 (光焰) 몜 빛과 불꽃.

광염 (光炎) 몜 미친 듯이 타오르는 불길 또는 정열.

광-엽 (廣葉) 몜 넓고 큰 잎. 넓은 잎. 활엽.

광영 (光榮) 몜 영광(榮光).

광예 (光譽) 몜 빛나는 영예.

광요 (光耀) 몜 광채 나다.

광우리 몜 ☞광주리.

광우-병 (狂牛病)[-뼝] 몜 주로 4~5년생 소에게 발생하는 뇌병. 골분 사료 따위에 의해서 감염되며, 뇌에 스펀지처럼 구멍이 생겨 미친 듯이 사나워지고 거동 불안 등의 증상을 보임.

광·운 (廣韻) 몜 한자를 운(韻)에 따라 분류하여 배열하고, 글자마다 음과 뜻을 풀이한 중국의 운서(韻書)《1008년에 간행됨》.

광원 (光源) 몜 『물』 제 스스로 빛을 내는 물체《태양·전구 따위》. 발광체.

광·원 (曠原) 몜 광야(曠野).

광·원 (鑛員) 몜 광산에서 광물을 캐는 노동자.

광·원-하다 (廣遠-) 헹예 넓고 멀다.

광-유 (鑛油) 몜 '광물유(鑛物油)'의 준말.

광음 (光陰) 몜 해와 달, 즉 낮과 밤이라는 뜻으로, 시간이나 세월을 이르는 말.

광음 (狂飮) 몜하자 미친 듯이 술을 마심. 정신없이 술 같은 것을 들이켬.

광음-여류 (光陰如流)[-녀-] 몜 세월이 가는 것이 물의 흐름처럼 빠름.

광음-여전 (光陰如箭)[-녀-] 몜 세월은 쏜 화살과 같아서 한번 지나면 다시 돌아오지 않음.

광·의 (廣義)[-/-이] 몜 어떤 말의 뜻을 확대해서 넓게 보는 뜻. 넓은 의미. ▢~로 언어 / ~로 해석하다. ↔협의(狹義).

광·익 (廣益) 몜하자 널리 일반에게 이익을 베풂. ＊홍익.

광인 (狂人) 몜 미친 사람. 광자(狂者).

광·일 (曠日) 몜하자 하는 일 없이 헛되이 세월을 보냄.

광·일-미구 (曠日彌久) 몜하자 헛되이 세월을 보내며 일을 오래 끎.

광-입자 (光粒子)[-짜] 몜 『물』 빛의 미립자설에서, 광원으로부터 방사된다고 가정하였던 물질적 미립자. 광자(光素).

광자 (光子) 몜 『물』 '광양자'의 준말.

광자 (狂者) 몜 광인(狂人).

광자기 디스크 (光磁氣disk) 몜 『컴』 광디스크.

광자 로켓 (光子rocket) 『물』 우주 공간에서 대량의 빛을 모아 반사경으로 후방에 방사하여 그 광압(光壓)으로 추진하는 로켓. 속도는 광속(光速)보다 약간 늦음. 광파 로켓.

광자위 몜 장롱의 한 부분으로, 마대(馬臺) 앞과 옆에 오려 붙인 널빤지.

광·작 (廣作) 몜하자 농사를 많이 지음.

광·장 (廣場) 몜 **1** 많은 사람이 모일 수 있게 거리에 만들어 놓은, 너른 공간. ▢역전 ~ / 환영 인파가 ~을 가득 메우다. **2** 여러 사람이

뜻을 같이하여 만나거나 모일 수 있는 장소를 비유한 말. ▢만남의 ~ / 대화의 ~.

광·장-하다 (廣壯-) 헹예 규모가 넓고 크다.

광·재 (鑛滓) 몜 『광』 광석을 제련한 후에 남은 찌꺼기. 슬래그(slag).

광저기 몜 『식』 동부.

광적 (光跡) 몜 『물』 빛을 내며 움직이는 물체를 빛으로 찍을 때나 찍었을 때, 그 물체에서 보이는 빛의 줄기.

광적 (狂的)[-쩍] 롼몜 미친 사람과 같은 (것). ▢~인 신도 / ~으로 좋아하다.

광전-관 (光電管) 몜 『물』 광전지의 하나. 광전 효과를 이용하여 빛의 강약을 전류의 강약으로 바꾸는 장치《사진 전송이나 텔레비전 따위에 씀》.

광전 변·환 소자 (光電變換素子) 『물』 광전 효과를 이용하여 빛의 에너지를 전기 에너지로 바꾸는 소자의 총칭《광전관·광전지·태양 전지 따위》.

광-전자 (光電子) 몜 『물』 광전 효과를 일으킬 때 방출되는 자유(自由) 전자.

광-전지 (光電池) 몜 『물』 광전 효과를 이용하여 빛 에너지를 전기 에너지로 바꾸는 장치의 총칭《광전관·태양 전지 등》.

광전-펜 (光電pen) 몜 라이트 펜(light pen).

광-전화 (光電話) 몜 무선 전화의 전파 대신에 광선을 사용하는 전화. 광선 전화.

광전 효·과 (光電效果) 『물』 어떤 종류의 금속이나 반도체 등에 빛을 비추면 전자(電子)를 방출하거나 전기 저항이 변화하거나 기전력(起電力)이 생기는 현상.

광점 (光點)[-쩜] 몜 **1** 빛을 발하는 점. **2** 『천』 '백반(白斑)'의 구칭.

광·점 (廣占) 몜하자 땅을 넓게 차지함.

광·점 (鑛店) 몜 『광』 광갱(鑛坑).

광정 (匡正) 몜하자 잘못 따위를 바로잡아 고침.

광제 (匡濟) 몜하자 잘못 따위를 바르게 고쳐 구제함.

광·제 (廣濟) 몜하자 세상을 널리 구제함.

광조 (狂躁) 몜하자 미쳐서 날뜀.

광조리 몜 〈옛〉 광주리.

광·좌 (廣座) 몜 많은 사람이 앉아 있거나 앉을 만한 넓은 자리.

광주 (鑛主) 몜 광업권을 가진 사람.

광-주기성 (光週期性)[-썽] 몜 『생』 생물이 일조(日照) 시간의 변화에 대하여 반응하는 성질. 식물이 꽃 피고 열매 맺는 시기나 동물의 발육·생식과 밀접한 관련이 있음. 광주성(光週性).

광주리 몜 대·싸리·버들 등으로 엮어 만든 둥근 그릇.

광주리-장수 몜 광주리에 채소·어물·잡화 따위를 담아 머리에 이고 팔러 다니는 사람.

광-주성 (光週性)[-썽] 몜 『생』 광주기성.

광·중 (壙中) 몜 시체를 묻는 무덤의 구덩이 속. 광내(壙內). 광혈(壙穴).

광-중합 (光重合) 몜 『화』 빛의 조사(照射)에 의해 일어나는 중합 반응.

광증 (狂症)[-종] 몜 정신 이상으로 일어나는 미친 증세. 광질.

광·지 (壙誌) 몜 묘지(墓誌).

광질 (狂疾) 몜 『한의』 광증(狂症). 정신병.

광차 (光差) 몜 『천』 **1** 천체에서 일어난 현상을 관측한 시각과 그것이 실제로 일어났던 시각과의 차. **2** 태양 광선이 지구에 도달하는 데 걸리는 시간《약 500초》.

광·차 (鑛車) 몜 『광』 광산에서, 캐낸 광석을 실어 나르는 화차. 광석차.

광채 (光彩)〔명〕**1** 아름답고 찬란한 빛. 광색. 광요. ¶~를 띠다 / ~를 발하다 / 보석에서 ~가 나다. **2** 정기 어린 밝은 빛. ¶~가 돌다 / 두 눈에 ~가 어려 있다.

광:천 (鑛泉)〔지〕광물성·방사성 물질이 많이 들어 있는 샘(약용(藥用) 음료·목욕 치료 등에 이용됨).

광:천-수 (鑛泉水)〔명〕광천의 특성을 지닌 물.

광:천-염 (鑛泉塩)[-념]〔명〕광천의 물을 증발시켜 얻은 염류.

광체 (光體)〔명〕〔物〕발광체.

광축 (光軸)〔명〕〔物〕**1** 렌즈 등의 광학계(光學系)에서 각 면의 중심과 곡률(曲率) 중심을 연결한 선. **2** 이방성(異方性) 결정에서 빛이 복굴절(複屈折)을 나타내지 않는 방향의 축.

광취 (狂醉)〔명하자〕술에 몹시 취함. 만취.

광:층 (鑛層)〔명〕바다나 호수 바닥에 물에 용해되었던 광물 성분이 가라앉아 쌓인 광상.

광치 (狂痴)〔명〕**1** 미치고 어리석음. **2** 미치광이와 백치.

광-케이블 (光cable)〔명〕'광섬유 케이블'의 준말.

광-탄성 (光彈性)〔명〕〔物〕유리·셀룰로이드·합성수지 같은 투명 탄성체에 힘을 가하고 편광(偏光)을 통과시키면 편광판(偏光板)에 아름다운 줄무늬가 나타나는 현상.

광:탐 (廣探)〔명하타〕널리 알아보거나 찾음.

광태 (狂態)〔명〕미친 모양이나 미친 사람 같은 태도. ¶~를 부리다 / 만취해서 ~를 보이다.

광택 (光澤)〔명〕**1** 빛의 반사로 물체의 표면이 번쩍이는 현상. 또는 윤기가 나는 일. 윤. 광(光). ¶구두를 문질러 ~을 내다. **2**〔불〕부처의 광명을 받아 제도됨.

광택-기 (光澤機)[-끼]〔명〕〔工〕마찰을 일으켜 직물·종이 따위를 보드랍게 하거나 광택을 내는 기계.

광택-지 (光澤紙)[-찌]〔명〕기계적으로 마찰을 가하거나 칠을 발라 광택을 낸 종이.

광 통신 (光通信)〔명〕광섬유를 이용하여, 영상이나 음성, 각종 데이터 등의 전기 신호를 빛의 신호로 바꿔 보내는 통신 방식(많은 용량의 정보를 보내거나 장거리 전송이 가능하며, 비교적 잡음이 적음). 광섬유 통신망.

광파 (光波)〔명〕〔物〕빛의 파동이라는 뜻으로 빛을 이르는 말.

광:파 (廣播)〔명하타〕**1** 씨 따위를 넓게 뿌림. **2** 널리 퍼뜨림.

광파 로켓 (光波rocket)〔物〕광자 로켓.

광-파이버 (光fiber)〔명〕광섬유.

광:판 (廣板)〔명〕폭이 넓은 판자.

광패-하다 (狂悖-)〔형여〕미친 사람처럼 말과 행동이 도의에 벗어나고 난폭하다.

광:포¹ (廣布)〔명〕폭이 넓은 삼베.

광:포² (廣布)〔명하자타〕세상에 널리 펴서 알림.

광포 (狂暴)〔명〕미친광이처럼 말과 행동 등이 사납고 난폭함. ¶~한 언동. **광포-히**〔부〕

광:폭 (廣幅)〔명하자〕**1** 넓은 폭. ¶~의 옷감 / ~ 타이어 / ~ 텔레비전. **2** 이유 없이 남의 일에 간섭함.

광-표백 (光漂白)〔명하타〕〔化〕형광 물질의 수용액을 써서 섬유를 표백하는 일.

광풍 (光風)〔명〕**1** 화창한 봄날에 부는 산들바람. **2** 비가 그치고 해가 나온 뒤에 부는 상쾌하고 시원한 바람.

광풍 (狂風)〔명〕미친 듯이 휘몰아치며 사납게 부는 바람.

광풍-제월 (光風霽月)〔명〕**1** 비가 갠 뒤의 시원한 바람과 밝은 달. **2** 마음이 넓고 쾌활하여

아무 거리낌이 없는 인품을 비유하는 말.

광:피 (匡弼)〔명하타〕그릇됨을 고치며 모자라는 것을 보완함.

광:하 (廣廈)〔명〕넓고 큰 집.

광학 (光學)〔명〕〔物〕물리학의 한 부문. 빛의 성질과 현상을 연구하는 학문(기하 광학·물리 광학·분광학 따위).

광학-계 (光學系)[-꼐 / -께]〔명〕〔物〕대상을 가까이 보거나 확대 또는 흩뜨리기 위하여 광원(光源)·렌즈·거울·프리즘 따위를 짜 맞춘 체계. 광학 기기를 만드는 데 씀.

광학 기기 (光學機器)[-끼]〔명〕〔物〕빛의 굴절이나 반사 원리를 응용하여 물체의 상을 얻거나 광속(光束)의 종류를 변경시키는 장치(현미경·망원경·카메라 따위). 광학 기계.

광학 마크 판독기 (光學mark判讀機)[-끼]〔컴〕컴퓨터 입력 장치의 하나. 연필이나 펜으로 표시한 것을 판독하는 장치. 광학식 기호 판독기. 오엠아르(OMR).

광학 무:기 (光學武器)[-항-]〔군〕망원경·잠망경(潛望鏡)·폭격 조준기 등 광학 기기를 응용하여 만든 무기.

광학 문자 판독기 (光學文字判讀機)[-항-짜-끼]〔컴〕입력 장치의 하나. 손으로 쓰거나 인쇄된 문자를 읽어 전기 신호로 바꾸어서 입력시키는 장치. 광학식 문자 판독기. 오시아르(OCR).

광학 바코드 판독기 (光學bar code判讀機)[-끼]〔컴〕바코드를 해독하여 정보를 컴퓨터나 현금 등록기 따위에 입력하는 기계(흔히 백화점이나 슈퍼마켓의 판매대에 설치하여 이용하는 장치).

광학 유리 (光學琉璃)[-항뉴-]〔化〕광학 기기에 사용하는 특수 유리(플린트 유리·크라운 유리 따위).

광학적 이:중성 (光學的二重星)[-쩌기-썽]〔天〕서로 멀리 떨어져 있으나 같은 방향에 있어, 맨눈으로는 하나처럼 보이는 두 개의 별. 복성(複星).

광학 활성 (光學活性)[-하롸썽]〔物〕직선 편광(直線偏光)이 어떤 물질의 용액을 통과할 때, 그 편광면을 오른쪽 또는 왼쪽으로 회전시키는 성질. 선광성(旋光性).

광한 (狂漢)〔명〕미친 사내. 광부(狂夫).

광:한-전 (廣寒殿)〔명〕달 속에 항아(姮娥)가 산다는 가상의 궁전.

광-합성 (光合成)[-썽]〔명〕〔植〕녹색 식물의 엽록체가 빛 에너지를 이용하여 공기 중에서 빨아들인 이산화탄소와 뿌리에서 흡수한 수분으로 탄수화물을 생성하는 작용.

광해 (光害)〔지〕광공해(光公害).

광:해 (鑛害)〔명〕광물 자원의 채굴·제련 과정에서 생기는 공해.

광행-차 (光行差)〔명〕〔天〕지구의 공전·자전으로 천체가 실제 위치보다 벗어나 보이는 일.

광:혈 (鑛穴)〔명〕광구(鑛口).

광:혈 (鑛穴)〔명〕〔鑛〕광맥(鑛脈).

광:협-장단 (廣狹長短)[-짱-]〔명〕넓고 좁음과 길고 짧음. 곧, 너비와 길이.

광:혜-원 (廣惠院)〔명〕〔歷〕조선 때, 일반 백성의 병을 치료하기 위해 세운 한국 최초의 근대식 병원.

광혹 (狂惑)〔명하자〕어떤 것에 미쳐서 반하거나 빠짐.

광:화 (鑛化)〔명하자〕〔鑛〕마그마가 굳을 때 생기는 고온의 기체가 다른 암석에 작용하여

유용한 각종 광석을 생성하는 일.

광-화학 (光化學)圓《물·화》빛을 흡수하는 물질의 화학 반응과 화학 반응에 따른 발광(發光) 현상 따위를 연구하는 화학의 한 분야.

광화학 반:응 (光化學反應)[-빠능]《화》빛에 의하여 일어나는 화학 반응.

광화학 스모그 (光化學smog)《화》자동차 배기가스 등이 태양의 강한 자외선을 받아 광화학 반응을 일으켜 생기는 안개(눈이나 호흡기에 장애를 일으킴).

광환 (光環)圓광관(光冠).

광:활-하다 (廣闊−)圈졩 넓고 막힘이 없이 트여 있다. ▫광활한 대지.

광화 (光華)圓형형 환하고 아름답게 빛남. 또는 그 빛.

광흥 (狂興)圓하자 미친 듯이 흥겨워함.

광:흥-창 (廣興倉)圓《역》고려·조선 때, 관원의 녹봉에 관한 사무를 맡아보던 관아.

광희 (狂喜)[-히]圓하자 미칠 듯이 기뻐함.

괘 (卦)圓《민》**1** 중국 고대의 복희씨가 만들었다는 글자(주역의 골자임). **2** '점괘'의 준말. **괘(가) 그르다**仝 일이 모두 뜻대로 되지 아니하다.

괘 (棵)圓《악》거문고·가야금 등 현악기의 현(絃)을 괴는 받침.

괘冱〈옛〉'과'에 '이'가 겹친 조사.

괘경 (掛鏡)圓 기둥이나 벽에 걸 수 있게 만든 거울.

괘관 (掛冠)圓하자《역》벼슬아치가 벼슬을 내놓고 물러나던 일.

괘괘-떼다팀 '괘괘이떼다'의 준말.

괘괘이-떼다팀 단호히 거절하다. 딱 잘라 거절하다. 㽞괘괘떼다.

괘광-스럽다 [-따][-스러워, -스러우니]졩ㅂ 말과 행동이 엉뚱하고 괴상한 데가 있다. **괘광-스레**뷔

괘념 (掛念)圓하자타 마음에 걸려 잊지 아니함. ▫남이 뭐라고 하든 ~할 필요 없다.

괘-다리적다 [-따]졩 **1** 사람됨이 멋없고 거칠다. **2** 성미가 무뚝뚝하고 퉁명스럽다.

괘달머리-적다 [-따]졩《속》괘다리적다.

괘도 (掛圖)圓 벽에 걸 수 있게 만든 그림이나 지도. ▫~를 걸어 놓고 설명하다.

괘-등 (掛-)圓《광》광맥(鑛脈)이 땅 거죽으로 드러난 부분. 노두(露頭).

괘등 (掛燈)圓 전각이나 누각의 천장에 매다는 등. 걸등.

괘라冱〈옛〉'과'에 '이라'가 겹친 말.

-괘라어미〈옛〉-았노라. -었노라. -겠노라.

괘력 (掛曆)圓 벽이나 기둥에 걸어 놓고 보는 일력이나 달력. 양달력.

괘면 (掛麵)圓 마른국수.

괘방 (掛榜)圓하자《역》**1** 정령(政令)·포고를 붙여 일반에게 보임. **2** 과거 따위에 합격한 사람의 이름을 써 붙임. **3** 익명으로 글을 써 붙임.
괘방(을) 치다仝 비밀을 드러내다.

괘범 (掛帆)圓하자 돛을 닮.

괘불 (掛佛)圓하자《불》**1** 크게 그려 걸어 놓은 부처의 모습. 괘불탱. **2** 부처를 그린 그림을 높이 검.

괘불-탱 (掛佛幀)圓《불》괘불(掛佛)1.

괘사圓 변덕스럽게 익살을 부리며 엇나가는 말이나 짓. ▫~를 떨다 / ~를 부리다.

괘사 (卦辭)圓 점괘를 알기 쉽게 풀어 놓은 글.

괘사 (繼絲)圓 누에고치의 겉가죽에서 뽑아낸,

질이 낮은 명주실.

괘사-스럽다 [-따][-스러워, -스러우니]졩ㅂ 괘사를 부리는 태도가 있다. **괘사-스레**뷔

괘사-직 (繼絲織)圓 괘사로 짠 직물.

괘상 (卦象)圓《민》역괘(易卦)에서 길흉을 나타내는 상(象).

괘서 (卦筮)圓《민》점치는 일.

괘서 (掛書)圓하자 이름을 숨기고 게시하는 글.

괘:선 (罫線)圓 **1** 편지지나 공책 따위에 가로 또는 세로로 일정하게 그은 줄. **2**《인》식자할 때 윤곽용·점선 등의 선 긋는 데 쓰는 기구. ▫가는[굵은] ~.

괘씸-스럽다 [-따][-스러워, -스러우니]졩ㅂ 못마땅하고 밉살스러운 데가 있다. ▫소행이 ~. **괘씸-스레**뷔

괘씸-죄 (−罪)[-쬐]圓 아랫사람이 윗사람의 눈밖에 나는 행동을 하여 받는 미움. ▫~에 걸리다.

괘씸-하다졩졩 사람이 지켜야 할 예절·신의를 안 지켜 못마땅하고 밉살스럽다. ▫괘씸한 녀석. **괘씸-히**뷔

괘의 (掛衣)[-/-이]圓하자타 괘념.

괘이름-간 (卦-間)圓 한자 부수(部首)의 하나('良'·'艮' 등에서 '艮'의 이름).

괘장圓 처음에는 잘 할 듯하다가 갑자기 딴전을 부림. ▫~을 부리다.
괘장(을) 부치다仝 갑자기 엉뚱한 말을 꺼집어내어 일을 안 되게 하다.

괘조 (卦兆)圓《민》점괘에 나타나는 길흉의 현상.

괘종 (掛鐘)圓 괘종시계.

괘종-시계 (掛鐘時計)[-/-계]圓 벽이나 기둥에 걸어 시간마다 종이 울리는 시계. 보통 추가 달려 있음. 괘종. ▫벽에 걸린 ~가 두 시를 알렸다.

괘:지 (罫紙)圓 괘선이 그어져 있는 종이. 인찰지. ▫앞면 ~.

괘효 (卦爻)圓《민》**1** 괘와 효. **2** 육괘(易卦)를 이루는 여섯 개의 획.

괜:-스럽다 [-따][-스러워, -스러우니]졩ㅂ '괜스럽다'의 준말. **괜-스레**뷔

괜시리뷔 ☞ 괜스레.

괜찮다 [-찬타]졩〈←관하지 않다〉**1** 별로 나쁘지 아니하다. ▫작품은 대체로 ~. **2** ('-아도·-어도' 따위와 함께 쓰여) 탈이나 문제, 지장이나 거리낄 것이 없다. 무방하다. ▫멀리 나가도 ~ / 내가 없어도 괜찮겠지 / 질문을 해도 괜찮습니까. **괜찮-이** [-차니]뷔

괜:-하다졩〈주로 '괜한'의 꼴로 쓰여〉'공연하다'의 준말. ▫괜한 말을 했나 보다 / 괜한 소리 하지 마라. **괜:-히**뷔. ▫~ 트집을 잡는다 / ~ 왔네.

괠:다 [괠어, 괠지, 괠]졩《광》광맥 노석(露石)이 치밀하지 못하여 금분이 적은 듯하다.

괭이[1]圓 땅을 파거나 흙을 고르는 데 쓰는 농기구.

괭이[2]圓《동》'고양이'의 준말.

괭:이-갈매기圓《조》갈매깃과의 물새. 동부 아시아 특산종으로, 항구나 강에 떼 지어 다니며 조개·새우를 잡아먹음. 날개 길이는 36cm가량, 몸빛은 백색, 등과 날개는 청회색, 부리는 황록색이며, 고양이처럼 욺.

괭:이-눈圓《식》범의귓과의 여러해살이풀. 산의 습지에 나는데, 초봄에 연한 노란색의 작은 꽃이 피고, 고양이 눈같이 깊게 째진 삭과를 맺음.

괭:이-밥圓《식》괭이밥과의 여러해살이풀. 논밭·길가에 남. 뿌리줄기에 신맛이 있고, 높이 10~30cm, 잎은 거꾸로 된 심장 모양임.

늦여름에 노란 꽃이 핌. 어린잎과 줄기는 식용함. 괴승아.

괭:이-상어 명 〖어〗 괭이상엇과의 연안성 바닷물고기. 길이는 1m 정도. 머리가 크고 살쪄 고양이 비슷함. 몸빛은 다갈색 바탕에 흑갈색 띠가 있으며, 강한 이와 가시가 있음.

괭:이-잠 명 깊이 잠들지 못하고 자주 깨면서 자는 잠.

괭이-질 명하자 괭이로 땅을 파는 일.

괭잇-날 [-인-] 명 괭이의 날.

괭-하다 형여 물체가 환히 비치도록 맑고 투명하다. 센 꽹하다.

괴 〈옛〉 〖동〗 고양이.

괴 (塊) 명 〖한의〗 배 속에 덩어리가 생기는 병. 또는 그 덩어리《여자에게 많이 생김》. ◨ 배 속에 ~가 들다.

괴(를) 배다 군 여자의 배 속에 덩어리가 뭉치는 병이 들다.

괴 (魁) 명 〖천〗 북두칠성의 머리 부분에 있는 네 개의 별.

괴:걸 (怪傑) 명하형 힘이나 재주가 괴이할 정도로 뛰어남. 또는 그런 사람.

괴:겁 (壞劫) 명 〖불〗 사겁(四劫)의 하나. 세계가 무너져 멸망하는 기간.

괴경 (塊莖) 명 〖식〗 덩이줄기.

괴:고 (壞苦) 명 〖불〗 삼고(三苦)의 하나. 즐거운 일이 사라져 괴로움.

괴괴-망측 (怪怪罔測) 말할 수 없이 이상야릇함. ◨ 별의별 ~한 소문이 나돌다.

괴괴-하다 형여 쓸쓸할 정도로 아주 고요하다. ◨ 사방이 쥐죽은 듯이 괴괴하여 벌레 소리 하나 들리지 않는다. **괴괴-히** 부

괴괴-하다 (怪怪-) 형여 괴상하다. 이상야릇하다. **괴괴-히** 부

괴:교-하다 (怪巧-) 형여 괴상하고 교묘하다.

괴:귀 (怪鬼) 명 도깨비.

괴근 (塊根) 명 〖식〗 덩이뿌리.

괴금 (塊金) 명 〖광〗 흙이나 돌 속에서 천연으로 나는 금덩이.

괴:기 (怪奇) 명하형 1 괴상하고 기이함. 기괴함. ◨ ~ 영화. 2 허황되어 믿을 수가 없음.

괴기 (魁奇) 명하형 남보다 뛰어나고 특이함.

괴:기 소:설 (怪奇小說) 〖문〗 기이한 사건이나 현상을 소재로 하여 무서운 분위기와 공포감을 주는 소설.

괴:다¹ 자 움푹한 곳에 액체·가스·냄새 따위가 모이다. 고이다. ◨ 도랑에 빗물이 ~ / 눈에 눈물이 ~.

괴:다² 자 1 술·간장·식초 따위가 발효할 때 거품이 부걱부걱 일다. ◨ 빚어 넣은 술이 ~. 2 화가 나거나 억울해서 속이 부글부글 끓는 듯하다. ◨ 가슴속에서 부글부글 괴고 있는

반발을 억누르다. 3 사람이 많이 모여 북적거리다. ◨ 사람이 괴는 것을 보니 잔치가 있는 모양이다.

괴:다³ 타 1 쓰러지거나 기울지 않도록 밑을 받쳐 안정하게 하다. 고이다. ◨ 턱을 ~ / 장롱다리에 종이를 접어 ~. 2 의식에 쓸 음식 따위를 그릇에 차곡차곡 쌓아 올리다. ◨ 쟁반에 떡을 ~. 3 웃어른의 음식을 조심스레 담다. 4 웃어른의 직함을 받들어 쓰다.

괴:다⁴ 타 유난히 귀여워하고 사랑하다. ◨ 아이는 어미도 제 자식을 더 괴어 키운다.

괴:담 (怪談) 명 무섭고 괴상한 이야기. ◨ ~을 늘어놓다 / ~이 떠돌다.

괴:담-이설 (怪談異說) 명 괴상하고 이상한 이야기.

괴당-하다 (乖當) 형여 정당하지 않다.

괴대 (拐帶) 명하타 남이 맡겨 놓은 물건을 가지고 도망함.

괴덕 명 수선스럽고 실없는 말이나 행동.

괴덕-부리다 [-뿌-] 자 수선스럽고 실없어 미덥지 아니한 짓을 하다.

괴덕-스럽다 [-쓰-따] (-스러워, -스러우니) 형비 말이나 행동이 수선스러워 미덥지 못하고 실없다. **괴덕-스레** [-쓰-] 부

괴:도 (怪盜) 명 수법이 교묘하고 괴상한 도둑. ◨ ~ 루팡.

괴:동 (怪童) 명 괴상한 재주를 가진 아이.

괴락 (壞落) 명하자 무너져 떨어짐.

괴:란 (壞亂) 명하타 풍속 따위를 무너뜨리어 어지럽게 함. ◨ 풍속 ~.

괴:란-쩍다 (愧赧-) [-따] 형 [←괴난(愧赧)쩍다] 창피스러워 얼굴이 뜨거울 정도로 어색하다. ◨ 괴란쩍은 말을 서슴없이 내뱉다.

괴란-하다 (乖亂-) 형여 사리에 어그러져 어지럽다.

괴:란-하다 (愧赧-) 형여 [←괴난(愧赧)하다] 낯이 붉어지도록 부끄럽다.

괴려-하다 (乖戾-) 형여 사리에 어그러져 온당하지 않다.

괴:력 (怪力) 명 놀라울 정도로 뛰어나게 센 힘. 대력(大力). ◨ ~을 발휘하다.

괴로움 명 1 몸이나 마음이 아프거나 불편함. ◨ 마음의 ~을 마음으로 떨쳐 버린다. 2 힘들고 어려움. 3 귀찮음. 성가심. 준괴롬.

괴로워-하다 자여 괴로움을 느끼다. ◨ 부모님께 거짓말을 한 죄책감으로 ~.

괴롬 명 '괴로움'의 준말.

괴롭다 [-따] (괴로워, 괴로우니) 형비 1 몸이나 마음이 편하지 않고 고통스럽다. 2 힘들고 어렵다. 3 성가시다. ◨ 괴롭게 굴지 말게. **괴로-이** 부

괴롭히다 [-로피-] 타 (← '괴롭다'의 사동) 괴롭게 하다. ◨ 엉뚱한 질문으로 사람을 ~.

괴:뢰 (傀儡) 명 1 꼭두각시. 2 망석중이. 3 허수아비.

괴:뢰-군 (傀儡軍) 명 괴뢰 정부의 군대.

괴:뢰-사 (傀儡師) 명 〖민〗 꼭두각시를 놀리는 사람.

괴:뢰 정부 (傀儡政府) 〖정〗 실권 없이 다른 나라의 조종대로 움직이는 정부.

괴리 (乖離) 명하자 서로 등져 떨어짐. 따로따로 갈라짐. ◨ 민심의 ~.

괴리-개념 (乖離槪念) 명 〖논〗 둘 이상의 개념이 그 내포에 있어서 아무런 공통점이 없어 같은 종류에 넣을 수 없는 개념. 이류개념.

괴:망 (怪妄) 명하형 말이나 행동이 괴상망측

함. ❏~을 떨다 / ~을 부리다.

괴:망-스럽다 (怪妄-)[-따][-스러워, -스러우
니] 톙ㅂ 말이나 행동이 괴상하고 망측한 데
가 있다. 괴:망-스레 튀

괴:머리 명 물레의 왼쪽 가로대 끝 부분에 가
락을 꽂게 된 부분.

괴:머리-기둥 명 물레의 괴머리에 박혀 가락
을 끼우게 하는 두 개의 나무.

괴:멸 (壞滅)명하타 조직 따위가 파괴되어 멸
망함. ❏적을 ~하기 위해 총공세를 펼친다.

괴목 (槐木)명 《식》 회화나무.

괴:몽 (怪夢)명 괴상한 꿈.

괴:문 (怪聞)명 괴상한 소문.

괴:물 (怪物)명 1 괴상하게 생긴 물체. ❏~이
나오는 영화. 2 괴상한 사람. ❏그는 학급에
서 ~로 통한다.

괴밀-대 [-밑 때][명][광] 방아확에서 광석을
파낼 때 방앗공이를 괴어 놓는 나무토막.

괴반 (乖反)명하형 어그러져 틀림.

괴:발-개발 튀 고양이의 발과 개의 발이라는
뜻으로, 글씨를 되는대로 아무렇게나 갈겨
써 놓은 모양.

괴발개발 그리다 ⸠ 글씨를 함부로 갈겨쓰다.

괴방 (魁榜)명 《역》 과거의 갑과(甲科)에 첫째
로 급제한 사람. 장원랑(壯元郎).

괴:벽 (怪癖)명 괴이한 버릇. ❏동생은 시험
때면 이빨을 닦지 않는 ~이 있다.

괴벽-스럽다 (乖僻-)[-따][-스러워, -스
러우니] 톙ㅂ 성격 따위가 괴상하고 까다로운
데가 있다. 괴벽-스레 [-쓰-] 튀

괴벽-하다 (乖僻-)[-벼카-] 톙여 성격 따위가
괴상하고 까다롭다. 괴자다롭다. ❏괴벽한
성격. 괴벽-히 [-벼키] 튀

괴:변 (怪變)명 괴상한 재난이나 사고.

괴:병 (怪病)명 괴질1. ❏~이 돌다.

괴:불 명 1 '괴불주머니'의 준말. 2《건》 단청
에서, 주렴에 달린 술 같은 무늬.

괴:불-주머니 [-쭈-] 명 어린아이의 노리개《색
형겊을 귀나게 접어 솜을 넣고 수를 놓아 색
끈을 닮》. ⸠괴불.

괴:사 (怪事)명 괴상한 일.

괴:사 (壞死)명 《의》 생체 내의 조직이나 세포
가 부분적으로 죽는 일. ❏~한 조직은 떼어
내다.

괴:상 (怪狀)명 괴이한 모양.

괴상 (塊狀)명 덩어리로 된 모양.

괴상망측-하다 (怪常罔測-)[-츠카-] 톙여 괴
상하고 이상하다. ❏괴상망측한 머리 모양을
하고 나타난다.

괴상-스럽다 (怪常-)[-따][-스러워, -스러우
니] 톙ㅂ 괴상한 데가 있다. 괴상-스레 튀

괴상야릇-하다 (怪常-)[-냐르타-] 톙여 무엇
이라고 말할 수 없이 이상하고 묘하다. ❏괴
상야릇한 옷차림.

괴상-하다 (怪常-)톙여 이상야릇하다. ❏괴상
한 병이 유행한다 / 뒷산에서 밤마다 괴상한
소리가 들린다. 괴상-히 튀

괴상-하다 (乖常-)톙여 마땅한 도리나 이치에
서 벗어나 있다.

괴:색 (愧色)명 부끄러워하는 얼굴빛. 참색(慙
色).

괴:석 (怪石)명 괴상하게 생긴 돌. 고석(古石).

괴석 (塊石)명 돌멩이.

괴:설 (怪說)명 기괴한 설. 이상한 소문.

괴:성 (怪聲)명 괴상한 소리. ❏~을 지르며
뛰쳐나가다.

괴:손 (壞損)명하타 훼손(毀損).

괴:수 (怪獸)명 괴상하게 생긴 짐승.

괴수 (魁首)명 못된 짓을 하는 무리의 우두머
리. 수괴.

괴실 (槐實)명 회화나무의 열매《한방에서 살충
제·타태제(墮胎劑)로 씀》.

괴악망측-하다 (怪惡罔測-)[-앙-츠카-] 톙여
괴이하고 흉악하기 짝이 없다.

괴악-스럽다 (怪惡-)[-쓰-따][-스러워, -스
러우니] 톙ㅂ 괴이하고 흉악한 데가 있다. 괴
악-스레 [-쓰-] 튀

괴악-하다 (怪惡-)[-아카-] 톙여 말과 행동이
괴이하고 흉악하다.

괴:암 (怪岩)명 괴상하게 생긴 바위.

괴:어 (怪魚)명 괴상하게 생긴 물고기.

괴어-들다 [-/-여-] 〔-들어, -드니, -드는〕 자
모여들다.

괴어-오르다 [-/-여-] 〔-올라, -오르니〕 자러
1 술·간장 따위가 발효하여 거품이 부걱부걱
솟아오르다. ❏매실주가 술병 가득 괴어올랐
다. 2 울분 따위의 감정이 북받쳐 가슴속에서
솟아오르다.

괴:열 (壞裂)명하자 1 허물어지고 갈라짐. 2 일
이 하는 중에 깨어짐.

괴오다 타 〈옛〉 (음식을) 괴다.

괴옴 명 〈옛〉 총애. 굄.

괴외히 튀 〈옛〉 고요히.

괴:우 (怪雨)명 회오리바람으로 휩쓸려 올라간
흙·벌레 등이 섞여 내리는 비.

괴:운 (怪雲)명 괴상하게 생긴 구름.

괴위-하다 (魁偉-)톙여 체격이 장대하고 훌륭
하다. ❏괴위한 용모.

괴이다 자 《'괴다4'의 피동》1 받친 물건에 굄
을 당하다. ❏한쪽 다리를 받쳐 괴인 책상. 2 그릇
위에 괴어 쌓아 올림을 당하다. ❏예쁘게 괴
인 사과.

괴이다² 자 《'괴다4'의 피동》 귀염을 크게 받다.

괴이-쩍다 (怪異-)[-따] 톙 괴이한 느낌이 있
다. ❏괴이쩍은 생각이 든다.

괴이-찮다 (怪異-)[-찬타] 톙 그다지 이상하지
아니하다. ⸠괴찮다.

괴이-하다 (怪異-)톙여 이상야릇하다. ❏괴이
한 차림새. 괴이-히 튀

괴임-새 명 ☞ 굄새.

괴:에다 자 〈옛〉 괴이다. 사랑을 받다.

괴재 (塊才)명 뛰어난 재주. 또는 그런 재주를
가진 사람.

괴:저 (壞疽)명 《의》 신체 조직이 부분적으로
썩어서 생리적 기능을 잃는 일. 탈저.

괴:저-병 (壞疽病)[-뼝]명 《의》 비브리오 불니
피쿠스라는 균이 일으키는 질병. 물고기나
조개의 날것, 또는 상처 난 피부를 통해 옮는
데, 병에 걸리면 살점이 썩어 떨어져 나가는
증상이 나타남.

괴:조 (怪鳥)명 괴상하게 생긴 새.

괴좀-나무 명 《식》 ☞ 구기자(枸杞子)나무.

괴:증 (壞症)[-쯩]명 《한의》 상한병(傷寒病)과
비슷한 병《온독(溫毒)·온역(溫疫)·온학(溫瘧)
이 병발하는 것이 보통임》.

괴:질 (怪疾)명 1 원인을 알 수 없는 괴상한
병. 괴병. ❏~이 번지다. 2 《속》 콜레라.

괴:짜 (怪-)명 《속》 괴상한 사람. ❏~ 취급을
받다.

괴:-찮다 (怪-)[-찬타] 톙 '괴이찮다'의 준말.

괴철 (塊鐵)명 철광을 녹여 한데 뭉쳐 만든 쇠
의 덩어리.

괴:춤 명 '고의춤'의 준말.

괴탄 (怪歎)명하자타 괴상히 여겨 탄식함.

괴:탄 (怪誕) 명하형 괴이하고 헛됨. 또는 그런 이야기.

괴탄 (塊炭) 명 덩이로 된 석탄.

괴토 (塊土) 명 덩이로 된 흙.

괴통 명 창·삽·괭이 등의 자루를 박는 부분.

괴:팍-스럽다 (←乖愎-)[-쓰-따][-스러워, -스러우니] 형ㅂ 괴팍한 데가 있다. ▷괴팍스러운 성미. 괴:팍-스레 [-쓰-] 부

괴:팍-하다 (←乖愎-)[-파카-] 형여 성미가 까다롭고 별나다. ▷괴팍한 성격.

괴패 (壞敗) 명하자 헐고 무너짐.

괴패-하다 (乖悖-) 형여 이치에 벗어나 있다.

괴팩-하다 형 ☞ 괴팍하다.

괴퍅-하다 (乖愎-) 형 ☞ 괴팍하다.

괴:-하다 (怪-) 형여 이상야릇하다. ▷괴한 성격. 괴:-히 부

괴:한 (怪漢) 명 차림새나 거동이 수상한 사나이. ▷~을 물리치다 / ~이 집 앞에서 서성거리고 있다.

괴:행 (怪行) 명 괴이한 행동.

괴:-현상 (怪現象) 명 괴상야릇한 현상.

괴:혈-병 (壞血病)[-뼝] 명 『의』 비타민 C의 결핍으로 일어나는 병(빈혈·쇠약 및 잇몸 출혈 따위).

괴형 (塊形) 명 덩어리로 된 모양. 괴상 (塊狀).

괴:화 (怪火) 명 원인 모르게 일어난 불.

괴:후 (怪候·乖候) 명 괴상 (怪常)하고 변덕이 심한 날씨.

괵 (斛) 명 휘[1].

괵량 (斛量)[꽝냥] 명하타 곡식을 휘로 되는 일.

괵수 (馘首)[-쑤] 명하타 목을 자르는 일. 참수 (斬首).

괵실 (槲實)[-씰] 명 도토리.

괵약 (槲藥·槲若) 명 『한의』 떡갈나무의 잎사귀 《치질·혈리(血痢)·지갈(止渴)·구충(驅蟲)에 약재로 씀》.

굄:[1] 명 유난히 귀엽게 여겨 사랑함. 총애(寵愛). ▷~을 받다.

굄:[2] 명 물건 밑을 받쳐 괴는 일. 또는 그 괴는 물건.

굄:-돌 [-똘] 명 1 물건의 밑을 받쳐 기울어지거나 쓰러지지 않게 괴는 돌. ▷차바퀴에 ~을 받치다. 2 북방식 고인돌에서 덮개돌을 받치고 있는 넓적한 돌. 지석 (支石). ＊고인돌.

굄:-목 (-木) 명 물건의 밑을 받쳐 괴는 나무. 고임목. ▷~을 놓다.

굄:-새 명 1 그릇에 음식을 괴어 놓은 모양. 2 굄질하는 솜씨. 고임새.

굄:-질 명하자 그릇에 떡·과일 따위를 모양을 내어 높이 쌓아 올리는 일. 고임질.

굉걸-하다 (宏傑-) 형여 굉장하고 훌륭하다.

굉굉 (轟轟) 명하형히부 소리가 몹시 요란함. ▷~한 폭음.

굉대-하다 (宏大-) 형여 굉장히 크다. 광대한 건물.

굉도 (宏圖) 명 굉장한 계획.

굉렬-하다 (轟烈-)[-녈-] 형여 울리는 소리가 몹시 사납고 세차다. ▷굉렬하게 울리는 사이렌 소리.

굉모 (宏謀) 명 굉장히 큰 계획.

굉업 (宏業) 명 굉장한 사업. 매우 큰 사업.

굉연-하다 (轟然-) 형여 울리는 소리가 몹시 크고 요란하다. ▷귀청이 터질 듯한 굉연한 폭발음. 굉연-히 부

굉원-하다 (宏遠-) 형여 1 굉장히 넓고 멀다. 2 생각이나 논리 따위가 심오하다.

굉음 (轟音) 명 크게 울리는 소리. ▷귀를 찢는 듯한 ~ 소리 / 20층 건물이 ~을 내며 폭삭

무너졌다.

굉장-스럽다 (宏壯-)[-따][-스러워, -스러우니] 형ㅂ 굉장한 데가 있다. 굉장-스레 부

굉장-하다 (宏壯-) 형여 1 아주 크고 훌륭하다. ▷굉장한 건물. 2 보통 이상으로 대단하다. ▷굉장한 인파 / 굉장한 실력. 굉장-히 부. ▷~ 높은 산 / ~ 빨리 걷다.

굉재 (宏才) 명 뛰어난 재주.

굉재 (宏才) 명 뛰어난 재주를 가진 사람.

굉재-탁식 (宏才卓識)[-씩] 명 큰 재능과 빼어난 식견.

굉홍-하다 (宏弘-) 형여 도량 따위가 너르고 크다.

굉활-하다 (宏闊-) 형여 몹시 크고 넓다. ▷굉활한 대지. 굉활-히 부. ▷~ 펼쳐진 평야.

교:(敎) 명 '종교'의 준말. ▷자네는 무슨 ~를 믿고 있는가.

교:(驕) 명하형 '교만'의 준말.

교:(校) 의명 인쇄 교정(校正)의 횟수를 나타내는 말. ▷4 ~를 보면 OK다.

교(絞) 의명 끈이나 새끼줄 따위의 가닥을 세는 단위. ▷삼(三) ~.

교:가 (校歌) 명 그 학교의 교육 정신·이상·특성 따위가 나타나도록 특별히 제정하여 학생들에게 부르게 하는 노래. ▷전교생이 ~를 제창하다.

교가 (橋架) 명 다리 기둥과 기둥 사이에 가로질러 맞춘 나무나 철근.

교각 (交角) 명 『수』 1 두 선이 교차할 때, 그 사이에 끼인 각. 2 두 원이 만날 때에 교점에서 두 원의 접선이 이루는 각.

교각 (橋脚) 명 『건』 다리의 몸체를 받치는 기둥. ▷105개의 ~으로 이루어진 서해 대교 / 홍수로 ~의 일부가 유실되다.

교:각-살우 (矯角殺牛)[-싸루] 명 소의 뿔을 바로잡으려다가 소를 죽인다는 뜻으로, 결점이나 흠을 고치려다가 수단이나 정도가 지나쳐 일을 그르침.

교간 (喬幹) 명 높고 큰 나무의 줄기.

교감 (交感) 명하자 1 서로 감응함. 서로 마음이 통함. ▷우리는 상대의 눈만 보고도 ~한다. 2 최면술사(催眠術師)가 상대편을 최면시켜 의식을 지배하는 관계.

교:감 (校監) 명 『교』 교장을 도와 학교의 사무나 일을 관리·수행하는 직책. 또는 그 사람.

교감 (矯監) 명 『법』 교정직(矯正職) 국가 공무원 직급 명칭의 하나. 교위(矯衛)의 위, 교정관(矯正官)의 아래로 6급임.

교감 신경 (交感神經) 『생』 고등 동물의 척추 양쪽에 있는 한 쌍의 줄기와 그에 딸린 여러 갈래로 이루어진 신경《호흡·소화·혈액 순환 등을 조절함》.

교갑 (膠匣) 명 쓴 약 따위를 넣어서 먹는 데 쓰는, 아교로 만든 작은 갑. 교낭. 캡슐.

교객 (嬌客) 명 남의 '사위'를 일컫는 말.

교거 (僑居) 명하자 남의 집에 붙어삶. 임시로 거주함. 우거(寓居).

교거 (攪車) 명 씨아.

교거-하다 (驕倨-) 형여 교만하고 거만하다.

교격-하다 (矯激-)[-껴카-] 형여 성질이 굳세고 과격하다.

교결 (交結) 명하자 서로 사귀어 정을 맺음.

교:결-하다 (皎潔-) 형여 1 달빛이 밝고 맑다. ▷달빛이 ~. 2 마음씨가 깨끗하고 맑다. 교:결-히 부

교계 (交界)[-/-계] 몡 땅의 경계. 접경(接境).
교계 (交契)[-/-계] 몡 교분(交分).
교:계 (教界)[-/-계] 몡 종교 사회. 종교계.
  ▢~ 지도자.
교:계 (較計)[-/-계] 몡하타 계교(計較).
교고 (巧故) 몡 교묘한 거짓.
교고 (膠固) 몡하혱 1 아교로 붙인 것 같이 굳음. 2 융통성이 없음.
교곤 (攪棍) 몡 사침대.
교골 (交骨) 몡《생》여자의 치골(恥骨).
교:과 (教科) 몡 학교에서 학생이 배울 내용을 체계적으로 짜 놓은 일정한 분야. ▢~ 담당 선생.
교:과 과정 (教科課程)《교》교육 과정.
교:과-목 (教科目) 몡《교》국어·수학·과학처럼 학교에서 가르치는 과목.
교:과-서 (教科書) 몡 1《교》학교의 교과용이나 주된 교재를 사용하기 위해 편찬한 책. 교본. 2 모범이 될 만한 사실이나 배우고 본받을 만한 책.
교:과-안 (教科案) 몡《교》교과 학습을 지도하기 위한 구체적인 계획.
교:과 커리큘럼 (教科curriculum)《교》과목별로 구성된 교재의 체계. ↔경험 커리큘럼.
교관 (交款) 몡하자 교환(交歡).
교:관 (教官) 몡 1 학교에서 교련을 맡은 교사. 2《군》군사 교육 및 훈련을 담당하는 장교.
교교-백구 (皎皎白駒)[-구] 몡 1 희고 깨끗한 말. 2 성현(聖賢)이 타는 말.
교교-월색 (皎皎月色)[-쌕] 몡 매우 맑고 밝은 달빛.
교교-하다 (皎皎-) 몡에 1 달이 썩 맑고 밝다. ▢교교한 달빛. 2 썩 희고 깨끗하다. 3 매우 조용하다. 교교-히 閉
교구 (交媾) 몡하자 성교(性交).
교구 (狡寇) 몡 교활한 도적.
교구 (校具) 몡 학교에서 쓰는 여러 가지 도구.
교:구 (教具) 몡 학습을 효과적으로 지도하기 위하여 사용하는 온갖 기구(칠판·괘도·모형 따위). *교구(校具).
교:구 (教區) 몡 1《종》포교나 신자의 지도·관리의 편의상 나누어 놓은 구역. 2《가》가톨릭교회를 주교를 중심으로 하여 지역적으로 구분하는 단위. ▢~ 사제.
교군 (轎軍) 몡하자 1 가마⁴. 2 가마를 메는 일. 3 '교군꾼'의 준말.
교군-꾼 (轎軍-) 몡 가마를 메는 사람. 교부(轎夫). 교자꾼. 준교군.
교:궁 (校宮) 몡《역》각 고을에 있는 문묘(文廟). 재궁(齋宮). *교궁(鄉校).
교:권 (教勸) 몡하타 가르쳐 권함.
교:권 (教權)[-꿘] 몡 1 교사로서의 권위와 권리. ▢~ 확립. 2 종교상의 권위와 권력.
교:규 (校規) 몡 학교의 규칙.
교:규 (教規) 몡 교칙(教則)2.
교극 (交戟) 몡 창을 엇갈리게 맞댄다는 뜻으로, 싸움을 이르는 말.
교근 (咬筋) 몡《생》턱의 위에 있어서 아래턱을 앞쪽으로 당기는 근육.
교긍 (驕矜) 몡하타 교만하여 지나치게 자신 있어 함.
교기 (巧技) 몡 교묘한 재주.
교:기 (校紀) 몡 학교의 규율과 질서.
교:기 (校旗) 몡 학교를 상징하는 기.
교기 (嬌氣) 몡 아양을 부리는 태도. 교태.
교기 (驕氣) 몡 교만한 태도. 갸기. ▢~를 부

리다.
교:난 (教難) 몡 종교상의 박해. 또는 그로 인한 고난.
교남 (嶠南) 몡《지》영남(嶺南).
교낭 (膠囊) 몡 교갑(膠匣).
교:내 (校內) 몡 학교의 안. ▢~ 활동 / ~ 방송 / ~ 대강당 / ~ 체육 대회가 열리다. ↔교외(校外).
교녀 (嬌女) 몡 교태를 부리는 여자.
교니 (膠泥) 몡《건》모르타르(mortar).
교:단 (教團) 몡 같은 교리를 믿는 사람들끼리 모여 만든 종교 단체.
교:단 (教壇) 몡 1 교실에서 선생이 강의할 때 올라서는 단. ▢정년 퇴직으로 ~에서 물러나다. 2《교》교육 기관.
  교단에 서다 固 교사 생활을 하다. ▢교단에 선 지 어언 20년이 되었다.
  교단을 떠나다 固 교사 생활을 그만두다.
교:단 문학 (教壇文學)《문》1 교단에서 어떠한 이론 아래 강의하는 문학. 2 예술가가 아닌 교육자들이 창작한 문학.
교:담 (交談) 몡하타 이야기를 주고받음.
교:당 (教堂) 몡《종》종교 단체의 신자들이 모여서 예배를 드리거나 포교를 하는 집.
교대 (交代) 몡하자타 어떤 일을 여럿이 나누어 차례에 따라 맡아 함. 또는 그 사람. 교체. ▢근무 ~ 시간 / 1일 3~로 일을 하다 / 초소 근무를 ~하다.
교:대 (教大) 몡《교》'교육 대학'의 준말.
교대 (絞帶) 몡 상복(喪服)에 띠는 삼베 띠.
교대 (絞臺) 몡《교수대(絞首臺)'의 준말.
교대 (橋臺) 몡《건》다리의 양쪽 끝을 받치는 기둥.
교대 광:상 (交代鑛床)《광》교대 작용으로 해서 생긴 광상.
교대 본위 (交代本位)《경》화폐의 복본위제(複本位制)를 실제의 유통면에서 일컫는 말.
교대-식 (交代式) 몡《수》두 변수의 위치를 바꾸어 놓았을 때 절댓값은 변하지 아니하고 양음(陽陰)의 부호만이 변하는 식.
교대 작용 (交代作用)《광》암석 속에 수용액이나 가스 따위가 스며들어 어떤 성분을 녹여 없애고, 그 대신 다른 물질이 침전(沈澱)하는 일.
교도 (交道) 몡 친구와 사귀는 도리.
교:도 (教徒) 몡 종교를 믿는 사람이나 그 무리. 신도. 신자.
교:도 (教導) 몡하타 1 가르쳐 지도함. 교유(教諭). 2《교》학생의 생활 문제를 지도함.
교:도 (矯導) 몡《법》교정직(矯正職) 국가 공무원 직급 명칭의 하나. 교사(矯士)의 아래로 9 급이다.
교:도-관 (矯導官) 몡《법》교정직(矯正職) 공무원의 통칭.
교:도-소 (矯導所) 몡《법》행형(行刑) 사무를 맡아보는 기관. 징역형·금고형 또는 노역장 유치(勞役場留置)나 구류형을 받은 사람들을 수용함. 구칭: 형무소.
교독 (交讀) 몡하타《기》예배 볼 때 십계명 따위를 목사와 신도가 번갈아 읽음.
교동 (佼童·姣童·嬌童) 몡 미소년(美少年).
교동 (狡童) 몡 교활한 아이.
교동 (驕童) 몡 교만한 아이.
교두 (橋頭) 몡 다리가 있는 근처.
교두-보 (橋頭堡) 몡 1《군》다리를 엄호하기 위해 쌓은 보루. 2《군》적군이 점령하고 있는 강·호수·바다 등의 지역에 설치하는 공격 거점. 후속 부대를 엄호하기도 함. ▢~를 구

축하다. **3** 어떤 일을 하기 위한 발판. ▣중국 시장 진출의 ~.

교란 (攪亂) 명하타 마음이나 상황 따위를 뒤흔들어 어지럽게 함. ▣민심 ~ / ~ 작전 / 적의 통신망을 ~하다.

교:량 (較量) 명 비교하여 헤아려 봄.

교량 (橋梁) 명 다리². ▣~을 가설하다.

교:련 (教鍊) 명하타 **1** 가르쳐 단련시킴. **2**〖군〗전투에 적응하도록 이론이나 기술 따위를 가르치는 기본 훈련. **3** 학생에게 가르치는 군사 훈련.

교:련-관 (教鍊官) 명 〖역〗조선 말에, 현대식 군제(軍制)에 따라 군대를 교련하던 장교.

교령 (交靈) 명하자 죽은 사람의 영혼이 살아 있는 사람과 서로 통함.

교:령 (教令) 명 **1** 임금의 명령. **2**〖가〗교황이나 공의회 등이 제정 공포한 결정이나 규칙《교회법으로서의 효력을 지님》.

교:령 (教領) 명 천도교를 대표하고 교내(教內)를 통할하는 최고의 직위. 또는 그 직위에 있는 사람.

교:료 (校了) 명하타 인쇄물의 교정을 끝냄. 완준(完準). 오케이(OK). ▣책임 ~.

교료(를) 놓다 관 교정을 끝내어 교정쇄에 그 뜻을 적거나 도장을 찍다.

교:료-지 (校了紙) 명 교정을 끝낸 교정지.

교룡 (交龍) 명〖민〗용트림.

교룡 (蛟龍) 명 **1** 전설 속에 나오는 동물의 하나《모양이 뱀과 같다 함》. **2** 때를 못 만나 뜻을 이루지 못하는 영웅호걸을 비유한 말.

교룡-기 (蛟龍旗) 명〖역〗임금의 거둥 때 행렬의 앞에 세우던 큰 기.

교류 (交流) 명하자타 **1**〖물〗교류 전류. ↔직류. **2** 문화·사상 따위가 서로 통함. ▣남북한 문화 ~가 확대되고 있다. **3** 서로 왕래하거나 물건을 주고받음. ▣인사 ~ / 인적·물적 ~의 확대를 꾀하다.

교류-기 (交流機) 명 '교류 발전기'의 준말.

교류 라디오 수신기 (交流radio受信機)〖물〗교류(交流)를 전원(電源)으로 사용하는 라디오 수신기《현재의 수신기는 대개 이것임》. 준교류 수신기.

교류 발전기 (交流發電機)[-쩐-]〖물〗전자 감응 작용을 응용하여 교류 기전력을 발생하게 하는 발전기. 준교류기.

교류 장치 (交流裝置)〖물〗교류 전원으로부터 전류를 정류(整流)시켜 직류 전원을 얻음으로써 전지의 구실을 하게 하는 장치.

교류 전:동기 (交流電動機)〖물〗교류 전류를 전원으로 하는 전동기.

교류 전:류 (交流電流)[-쩔-]〖전〗시간에 따라 크기와 방향이 주기적으로 바뀌는 전류. 교류. 교번 전류.

교:리 (校理) 명〖역〗**1** 조선 때, 홍문관의 정오품 벼슬. **2** 조선 때, 교서관(校書館)·승문원(承文院)의 종오품 벼슬. *옥당(玉堂).

교:리 (教理) 명〖종〗종교상의 이치나 원리.

교:리 문:답 (教理問答) 명 **1**〖종〗종교의 원리나 이치를 묻고 대답하는 일. 또는 교리를 문답체로 기록한 책. **2**〖기〗세례나 학습을 받을 때 주고받는, 교리에 대한 문답.

교:리 신학 (教理神學)〖종〗교의학(教義學).

교린 (交隣) 명 이웃 나라와의 교제.

교린 정책 (交隣政策) 명 **1** 이웃 나라와 화평하게 지내는 정책. **2** 조선 태조가 세운 외교 정책의 하나. 이웃인 여진(女眞)·일본과 화친을 꾀하던 정책.

교림 (喬林) 명 키가 큰 나무들이 우거진 숲.

↔왜림(矮林).

교마 (轎馬) 명 가마와 가마를 끄는 말.

교만 (驕慢) 명하형 잘난 척하고 뽐내며 건방짐. ▣~ 방자한 놈 / ~을 부리다 / ~하지도 비굴하지도 않다. ⇒겸손. 준교.

교만-스럽다 (驕慢-)[-따]〔-스러워, -스러우니〕형탄 교만한 데가 있다. ▣조금도 교만스러운 데가 없다. **교만-스레** 부. ▣~ 굴다.

교맥 (蕎麥) 명〖식〗메밀.

교면 (嬌面) 명 교태를 부리는 얼굴.

교:명 (校名) 명 학교 이름. 학교명.

교:명 (教命) 명〖역〗조선 때, 왕비 또는 세자 등을 책봉(冊封)하던 임금의 명령.

교명 (嬌名) 명 창녀나 기생 따위가 교태로 알려진 명성.

교:명-문 (教命文) 명〖역〗조선 때, 왕비나 세자를 책봉할 때 왕이 가르치는 타이르던 글.

교:모 (校帽) 명 학교에서 정한, 학생들이 쓰는 모자. 학생모.

교목 (校牧) 명 기독교 계열의 학교에서, 종교 교육을 맡아보는 목사.

교목 (喬木) 명〖식〗줄기가 곧고 굵으며 8 m 이상 높이 자라고 위쪽에서 가지가 퍼지는 나무《소나무·향나무 따위》. 큰키나무. ↔관목(灌木).

교목-대 (喬木帶)[-때] 명〖식〗식물의 수직 분포대의 하나《산록대(山麓帶)와 관목대(灌木帶)의 사이에 교목이 많이 자라는 지대》.

교목-세가 (喬木世家)[-쎄-] 명 여러 대에 걸쳐 중요한 지위에 있으면서 나라와 운명을 같이하는 집안.

교목-세신 (喬木世臣)[-쎄-] 명 여러 대에 걸쳐 중요한 지위에 있어 나라와 운명을 같이하는 신하.

교묘-하다 (巧妙-) 형에 **1** 솜씨나 방법 따위가 재치가 있고 약삭빠르다. ▣교묘한 수법을 쓰다. **2** 잘되고 묘하다. ▣교묘한 공예품. **교묘-히** 부. ▣법망을 ~.

교:무 (校務) 명〖교〗학교 운영에 관한 일반 사무.

교:무 (教務) 명 **1**〖교〗학교 수업에 관한 사무. **2**〖종〗종교상의 사무.

교:무-금 (教務金) 명〖가〗교회 유지를 위해 신자들이 의무적으로 교회에 바치는 헌금.

교:무-소 (教務所) 명〖종〗종교상 사무를 맡아보는 곳.

교:무-실 (教務室) 명〖교〗교사들이 수업 준비를 하거나 교무를 보는 사무실.

교:무 주임 (教務主任)〖교〗예전에, 학교에서 교무를 주관하던 교원.

교:문 (校門) 명 학교의 정문. ▣수업이 끝난 아이들이 ~으로 우르르 몰려나오다.
교문을 나서다〔나오다〕 관 학교를 졸업하다.

교:문 (教門) 명 **1** 교회의 문. **2**〖불〗불교의 교의를 연구하는 분야. **3**〖불〗부처의 가르침.

교미 (交尾) 명하자〖동〗번식을 하기 위해 동물의 암수가 교접함. 흘레.

교미 (嬌媚) 명 아리따운 태도로 아양을 부림.

교미-기 (交尾期) 명〖생〗동물이 교미하는 시기. *번식기(繁殖期).

교민 (僑民) 명 외국에 살고 있는 동포. ▣한국어를 모르는 ~ 3세대.

교반 (攪拌) 명하타 휘저어 섞음.

교반-기 (攪拌機·攪拌器) 명 열(熱)의 전도(傳導)가 고루 이루어지게 하거나 골고루 빨리

섞이도록 재료를 뒤섞는 기구나 기계.
교:방 (教坊) 명 〘역〙 **1** 고려 때의 기생 학교. **2** 조선 때, 장악원(掌樂院)의 아악을 맡았던 좌방과 속악을 맡았던 우방.
교:방-가요 (教坊歌謠) 명 〘역〙 조선 때, 길에서 임금을 환영할 때 베풀던 춤과 노래.
교배 (交拜) 명하자 혼인 때, 신랑 신부가 서로 절을 하는 예.
교배 (交配) 명하타 〘생〙 생물의 암수를 인공적으로 수정(受精)시키는 일.
교배-종 (交配種) 명 〘생〙 종류가 서로 다른 생물을 교배시켜 새로 만든 종자. 섞임씨.
교번 (交番) 명하자 번(番)이나 차례를 서로 바꿔 듦. 체번(替番).
교번 전:류 (交番電流)[-절-] 〘물〙 교류 전류.
교:범 (教範) 명 모범으로 삼아 가르치는 기본 법식. ❏ 태권도 ~ / 사격 ~.
교:법 (教法) 명 **1** 〘종〙 교의(教義)《특히, 부처의 가르침》. **2** 가르치는 방법.
교변 (巧辯) 명 재치 있게 하는 교묘한 말.
교병 (交兵) 명하자 교전(交戰).
교병 (驕兵) 명 싸움에 이기고 뽐내는 군사.
교:보 (校報) 명 학생·교직원에게 학교 안팎의 소식들을 알리기 위한 인쇄물.
교:복 (校服) 명 학교에서 학생들이 입도록 정한 제복. ❏ ~ 착용 찬반론 / ~을 맞추다.
교:본 (校本) 명 **1** 교정을 끝낸 책. **2** 고서 등의 전본(傳本)이 몇 가지 있을 때, 그들 본문의 다른 점을 일람할 수 있게 만든 책. 교열본.
교:본 (教本) 명 〘교〙 교과서1. ❏ 음악 ~.
교봉 (交鋒) 명하자 교전(交戰).
교부 (交付·交附) 명하타 **1** 관공서 등에서 서류를 내어 줌. ❏ 증명서 ~ / 보상금 ~ 신청 / 대입 원서의 ~. **2** 〘법〙 물건의 인도(引渡).
교:부 (教父) 명 〘가〙 초기 교회에서 종교상의 교리와 신학을 수립한 지도자 및 저술가.
교부 (轎夫) 명 교군꾼.
교부 공채 (交付公債) 〘경〙 국가가 갚아야 하는 채무의 이행에 대신하여 교부하는 국채. ↔모집 공채.
교부-금 (交付金) 명 **1** 내어 주는 돈. **2** 〘법〙 보조금.
교:부 철학 (教父哲學) 〘철〙 1-8세기경의 초기 교회에서 교리를 합리적·철학적으로 조직하려고 한 철학.
교분 (交分) 명 서로 사귄 정분. 교계. ❏ ~이 두텁다 / ~을 쌓다 / ~을 나누다 / ~이 있다.
교분 (膠分) 명 아교의 성분.
교붕 (交朋) 명 **1** 여자의 동성애(同性愛). **2** 교우(交友).
교:비 (校費) 명 학교에서 쓰는 경비.
교:비-생 (校費生) 명 교비로 공부하는 학생.
교빙 (交聘) 명하자 나라와 나라 사이에 서로 사신을 보냄.
교사 (巧詐) 명하타 남을 교묘하게 속임.
교사 (郊祀) 명 〘역〙 고려·조선 때, 서울의 백 리 밖 들에서 지내던 제사《동지 때는 하늘에, 하지 때는 땅에 지냄》.
교:사 (校舍) 명 학교의 건물. ❏ ~를 신축하다.
교:사 (教師) 명 **1** 학술·기예를 가르치는 스승. **2** 초등학교·중학교·고등학교 및 특수학교에서, 일정한 자격을 가지고 학생을 가르치는 사람. 선생.
교:사 (教唆) 명하타 남을 꾀거나 부추기어 못된 짓을 하게 함. ❏ 살인 ~ 혐의를 받다.
교사 (絞死) 명하자 목을 매어 죽음.
교사 (膠沙·膠砂) 명 바다 밑에 깔린, 개흙이 섞인 모래.
교:사 (矯士) 명 〘법〙 교정직(矯正職) 국가 공무원 직급의 하나. 교도(矯導)의 위, 교위(矯衛)의 아래로 8급임.
교:사 (矯詐) 명 남을 속이거나 기만함.
교:사-범 (教唆犯) 명 〘법〙 공범(共犯)의 하나로 남을 꾀거나 부추기어 범죄를 저지르게 만든 사람. 또는 그 범죄.
교사-스럽다 (巧詐-)[-따] (-스러워, -스러우니) 형ㅂ 남을 교묘하게 속이는 데가 있다. **교사-스레** 부
교:사-죄 (教唆罪)[-쬐] 명 〘법〙 남을 꾀거나 부추기어 죄를 범하게 한 죄.
교사-하다 (驕奢-) 형여 교만하고 사치스럽다.
교사-하다 (驕肆-) 형여 교만하고 방자하다. 교자하다.
교살 (絞殺) 명하타 목을 졸라 죽임. 교수(絞首).
교상 (咬傷) 명하자타 짐승·독사 등에 물려 상처를 입음. 또는 그 상처.
교:상 (教相) 명 〘불〙 **1** 석가모니가 평생 동안 가르친 내용과 형식. **2** 각 종단(宗團)의 교의(教義) 이론.
교상 (膠狀) 명 물질이 아교(阿膠)처럼 끈끈한 상태.
교상-질 (膠狀質) 명 물질이 아교처럼 끈끈한 상태의 바탕.
교색 (驕色) 명 교만한 얼굴빛.
교:생 (校生) 명 〘역〙 향교의 유생(儒生).
교:생 (教生) 명 〘교〙 '교육 실습생'의 준말.
교:생 실습 (教生實習)[-씁] 〘교〙 교육 실습.
교:서 (校書) 명하타 책이나 문서에 잘못된 것이 있는지 살피어 바로잡음.
교:서 (教書) 명 **1** 〘정〙 대통령이 국회나 국민에게 보내는 정책이나 입법에 관한 의견서. **2** 〘가〙 교황이 공식으로 발표하는 신앙과 교리에 관한 서한.
교:서-관 (校書館) 명 〘역〙 조선 때, 경서(經書)의 인쇄와 교정·향축(香祝)·인전(印篆) 등을 맡아보던 관아.
교:서-권 (教書權)[-꿘] 명 〘정〙 미국 대통령의 입법 참여권의 하나로, 교서를 의회에 보내는 권리.
교:설 (教說) 명하타 가르쳐 설명함.
교섭 (交涉) 명하자타 **1** 어떤 일을 이루기 위하여 서로 의논하고 절충함. ❏ 단체 ~ / ~이 결렬되다 / 법적 절차를 통해 ~하다. **2** 관계를 가짐. ❏ 외부와의 ~을 끊다.
교섭 단체 (交涉團體)[-딴-] 〘정〙 국회의 의사 진행에 관한 중요 안건을 협의하기 위하여 의원들이 구성하는 단체. ❏ 원내 ~.
교성 (嬌聲) 명 여자의 간드러지는 소리.
교성-곡 (交聲曲) 명 〘악〙 칸타타(cantata).
교:세 (教勢) 명 종교의 형세. 교단·종단의 세력. ❏ ~를 떨치다.
교세 (矯世) 명하자 세상의 나쁜 것을 바로잡음.
교소 (巧笑) 명 **1** 귀염성 있는 웃음. **2** 아양을 떠는 웃음.
교소 (嬌笑) 명 여인의 요염한 웃음.
교수 (巧手) 명 교묘한 수단이나 솜씨. 또는 그런 수단이나 솜씨가 있는 사람.
교:수 (教授) 명 **1** 대학에서 전문 학술을 가르치고 연구하는 사람. **2** 학문이나 기예를 가르침. **3** 〘역〙 사학(四學)의 유생을 가르치던 벼슬아치. ━-**하다** 타여 전문적인 학문이나 기예를 가르치다. ❏ 국문학을 ~.
교수 (絞首) 명하타 **1** 교살(絞殺). **2** 〘법〙 사형수의 목을 옭아매어 죽임.

교:수-단 (敎授團) [명] 교수들로 조직된 단체. ❑평가 ~.
교수-대 (絞首臺) [명] 교수형을 집행하는 대(臺).
교:수-법 (敎授法)[-뻡] [명] 〔교〕 학문이나 기예를 가르치기 위한 체계적인 지식과 기술.
교:수-안 (敎授案) [명] 〔교〕 교안.
교수-형 (絞首刑) [명] 〔법〕 사형수의 목을 옭아매어 죽이는 형벌. ❑~에 처하다. [준]교형.
교:수-회 (敎授會) [명] 대학의 여러 가지 중요 사항을 심의하기 위해, 교수 등으로 구성된 자치적인 자문 심의 기구.
교순 (交詢) [명][하자] 믿음과 성실로 사귐.
교:습 (敎習) [명][하타] 학문이나 기예 따위를 가르쳐서 익히게 함. ❑운전 ~을 받다 / 외국인에게 국어를 ~하다.
교:시 (校是) [명] 학교의 기본 교육 방침. 또는 그것을 나타내는 짧은 글.
교:시 (敎示) [명][하타] 가르쳐 보임. 또는 가르침. ❑~를 바라옵니다.
교:시 (校時) [의명] 학교에서 수업상 정한 시간의 단위. ❑3~는 국어 시간이다.
교식 (矯飾) [명][하타] 거짓으로 겉만 그럴듯하게 꾸밈.
교식-의 (交食儀)[-시긔 / -시기] [명] 〔천〕 조선 때, 일식·월식을 관측하던 기계.
교신 (交信) [명][하자] 통신을 주고받음. ❑~이 끊기다 / ~ 중에 혼신이 생기다.
교신 (驕臣) [명] 교만한 신하.
교:실 (敎室) [명] **1** 학교에서 수업하는 방. ❑1학년 ~ / ~ 청소 당번 / 아이들의 떠드는 소리가 ~ 밖으로 흘러나왔다. **2** 대학에서, 전공 과목별 연구실. ❑해부학 ~. **3** 어떤 것을 배우는 모임. ❑서예 ~ / 피아노 ~.
교심 (驕心) [명] 교만한 마음.
교아 (驕兒) [명] **1** 버릇없이 자란 아이. **2** 교만한 사람.
교악-하다 (狡惡-)[-아카-] [형여] 교활하고 간악하다. **교악-히** [-아키] [부]
교:안 (敎案) [명] 〔교〕 교사가 교과 지도에 필요한 사항을 적은 예정안. 교수안. 학습 지도안. ❑~을 작성하다.
교:양 (敎養) [명] 학문·지식·사회생활을 바탕으로 이루어지는 품위. 또는 문화에 대한 폭넓은 지식. ❑~을 쌓다 / ~을 갖추다 / ~이 있다 / ~과 지성미를 풍기다. **——하다** [타여] 가르쳐 기르다.
교:양 과목 (敎養科目) 〔교〕 대학에서, 전공 외에 일반교양을 위한 과목.
교:양-물 (敎養物) [명] 교양을 위한 읽을거리나 볼거리.
교:양-미 (敎養美) [명] 교양이 있는 사람한테서 풍기는 아름다움. ❑독서를 통하여 ~를 갖추다.
교:양-서적 (敎養書籍) [명] 교양을 쌓는 데 도움이 되는 서적.
교:양 소:설 (敎養小說) 〔문〕 주인공이 어린 시절부터 어른이 되기까지 자신의 인격을 완성해 가는 성장 과정을 그린 소설.
교:양-인 (敎養人) [명] 교양이 있는 사람. ❑말씨가 ~답지 않다.
교어 (巧語) [명][하자] 교언(巧言).
교어 (鮫魚) [명] 〔어〕 상어.
교언 (巧言) [명][하자] 교묘하게 꾸며 대는 말. 교어(巧語).
교언-영색 (巧言令色)[-녕-] [명] 남의 환심을 사려고 아첨하는 교묘한 말과 보기 좋게 꾸미는 얼굴빛.
교여 (轎輿) [명] 가마와 수레라는 뜻으로, 탈것을 통틀어 이르는 말.
교역 (交易) [명][하타] 주로 나라와 나라 사이에서 물품을 사고팔아 장사함. ❑외국과의 ~ / 일차 산품의 ~이 많다.
교:역 (敎役) [명] 〔기〕 설교·전도·신자 방문 등 종교적 사업을 맡아 하는 일.
교역-국 (交易國)[-꾹] [명] 교역을 하는 나라.
교:역-자 (敎役者)[-짜] [명] 〔기〕 목사·전도사 등 교역에 종사하는 사람의 총칭.
교역 조건 (交易條件)[-쪼껀] 〔경〕 한 나라의 재화와 다른 나라 재화의 수량적 교환 비율. 즉, 수출 상품 한 단위와 교환으로 얻어지는 수입 상품의 단위 수.
교열 (咬裂) [명][하타] 물어뜯어 찢음.
교:열 (校閱) [명][하타] 인쇄물이나 원고 따위의 잘못을 바로잡고 보완함. ❑~을 받다 / 원고를 ~하다.
교:열-본 (校閱本) [명] 〔인〕 교본(校本).
교영 (郊迎) [명][하타] 교외나 성문(城門) 밖에 나가서 맞음.
교오 (驕傲) [명][하형][히부] 잘난 체하고 뽐내며 건방짐. ❑~를 가톨릭에서는 큰 죄악의 하나로 친다.
교왕 (矯枉) [명][하타] 구부러진 것을 바로잡음.
교왕-과직 (矯枉過直) [명][하자] 잘못을 바로잡으려다가 지나쳐 오히려 나쁘게 됨.
교외 (郊外) [명] 도시나 마을과 가깝고, 들이나 논밭이 비교적 많은 곳《도시의 주변 지역》. ❑~ 산책 / ~로 나들이 가다.
교:외 (校外) [명] 학교의 밖. ❑~ 활동. ↔교내(校內).
교:외 교:육 (校外敎育) 〔교〕 학생들이 교외에서의 견학·조사·실습 등의 직접 경험을 통해 지식을 얻도록 하는 교육.
교:외-별전 (敎外別傳)[-쩐] [명] 〔불〕 선종(禪宗)에서, 부처의 가르침을 말이나 글에 의하지 않고 바로 마음에서 마음으로 전하여 진리를 깨닫게 하는 일.
교:외-생 (校外生) [명] 〔교〕 통학하지 않고 방송이나 강의록 따위에 의존하여 일정한 학교 교육을 받는 학생.
교외-선 (郊外線) [명] 도시와 도시의 주변을 연결하는 철도.
교:외 지도 (校外指導) 〔교〕 학생의 교외 생활을 감독하고 지도하는 일.
교용 (嬌容) [명] 교태를 띤 모습.
교우 (交友) [명][하자] 벗을 사귐. 또는 그 사귀는 벗. 교붕. ❑~ 관계가 원만하다.
교:우 (校友) [명] **1** 같은 학교를 다니는 벗. 동창의 벗. **2** 같은 학교의 직원과 졸업생, 재학생을 통틀어 이르는 말.
교:우 (敎友) [명] 같은 종교를 믿는 사람.
교우이신 (交友以信) [명] 〔역〕 세속 오계의 하나. 벗을 사귀는 데 믿음을 바탕으로 함.
교:우-지 (校友誌) [명] 학교에서 교우들의 원고를 모아 발간하는 잡지.
교:우-회 (校友會) [명] 같은 학교의 졸업생·재학생 등이 조직하는 모임. 동창회.
교:원 (敎員) [명] 〔교〕 각급 학교에서 학생을 가르치는 사람을 통틀어 이르는 말.
교:원 검:정 (敎員檢定) 〔교〕 '교원 자격 검정'의 준말.
교원-병 (膠原病)[-뼝] [명] 〔의〕 몸의 결체 조직이 침해를 받는 질환《류머티즘·피부근염·경피증 따위》.
교:원 자격 검:정 (敎員資格檢定)[-껌-] 〔교〕

교원이 되기를 희망하는 사람의 인격·학력·신체 등을 검사하여 자격이 있는 사람을 뽑는 일. ⑥교원 검정.

교:원 자격증(敎員資格證)[─증]〖法〗교원이 될 자격을 인정한 증서.

교원-질(膠原質)〖化〗콜라겐.

교:월(皎月)명 희고 밝게 비치는 달.

교위(巧違)명하타 의외의 일로 공교롭게 기회를 놓침.

교위(巧僞)명하타 교묘히 속임.

교:위(敎委)명『'교육 위원회'의 준말.

교위(矯僞)명하타 속여 꾸밈.

교위(校尉)명〖法〗교정직(矯正職) 국가 공무원 직급 명칭의 하나. 교사(矯士)의 위, 교감(矯監)의 아래로 7급임.

교유(交遊)명하자 서로 사귀어 놀거나 왕래함. ◻문인들과 ~하다.

교:유(敎誘)명 달래어 가르침.

교:유(敎諭)명하타 가르치고 타이름.

교:육(敎育)명 지식과 기술 따위를 가르치며 인격을 길러 줌. ◻의무 ~／엄격하게 ~시키다／열악한 ~ 환경을 개선하다.

교:육-가(敎育家)[─까]명 교육이나 교육 사업에 종사하는 사람.

교:육-감(敎育監)[─깜]명〖敎〗서울특별시·각 광역시 및 각 도 교육 위원회의 사무를 총괄하는 직위. 또는 그 직위에 있는 사람.

교:육 강령(敎育綱領)[─깡녕]〖敎〗교육의 목적과 순서, 방법에 관한 근본 지침.

교:육-계(敎育界)[─계／─꼐]명 교육이나 교육 사업과 관계가 있는 사람들의 사회.

교:육 공무원(敎育公務員)[─꽁─]〖敎〗국·공립의 교육 기관이나 교육 행정 기관 및 연구 기관에 근무하는 교원과 사무직원의 총칭.

교:육 과정(敎育課程)[─꽈─]〖敎〗학교의 교육 목표를 달성하기 위해, 그 내용을 체계적으로 나타낸 교육의 전체 계획. 커리큘럼.

교:육 과학 기술부(敎育科學技術部)[─꽈─끼─]〖法〗'교육부'의 전 이름.

교:육 기관(敎育機關)[─끼─]〖敎〗교육에 관한 일을 맡아보는 곳.

교:육 대:학(敎育大學)[─때─]〖敎〗초등학교 교원 양성을 목적으로 하는 대학. ⑥교대.

교:육 방:송(敎育放送)[─빵─]명 교육을 목적으로 행하는 라디오·텔레비전 방송.

교:육-법(敎育法)[─뻡]명〖法〗교육에 관한 기본법.

교:육-부(敎育部)[─뿌]명〖法〗중앙 행정 기관의 하나. 학교 교육·평생 교육 및 학술 진흥에 관한 사무를 맡아봄.

교:육-비(敎育費)[─삐]명 1 교육에 드는 경비. ◻가계에서 ~ 부담이 너무 크다. 2 교육의 비용으로 교육 재정에 의해서 정부가 지출하는 경비.

교:육-세(敎育稅)[─쎄]명 교육의 질적 향상과 교육 재정의 확충에 필요한 재원을 마련하기 위하여 부과하는 세.

교:육 실습(敎育實習)[─씰씁]〖敎〗대학 등에서, 교직 과정을 마친 사람이 실제로 학교에 나가 직접 현장 실습을 하는 일. 교생 실습.

교:육 실습생(敎育實習生)[─씰씁쌩]명 교육 실습을 하는 학생. ⑥교생(敎生).

교:육 심리학(敎育心理學)[─씸니─]〖敎〗교육의 과정을 심리학적 연구를 목적으로 하는 학문(피교육자의 개성, 교육적 인간관계, 학습 효과의 측정, 특수 아동의 심리, 정신 위생, 교사의 심리 등이 대상이 됨).

교:육-애(敎育愛)명 교육자의 피교육자에 대한 사랑.

교:육 연령(敎育年齡)[─용녕─]〖敎〗피교육자의 교육 수준을 표시하는 나이.

교:육-열(敎育熱)[─용녈]명 교육에 대한 열성. ◻부모의 ~이 높다／자녀에 대한 ~이 유별나다.

교:육 영화(敎育映畵)[─용녕─]〖敎〗지식·정서·오락 등을 목적으로 하는 영화(교재 영화·오락 영화·학술 영화 등이 있음).

교:육 위원회(敎育委員會)〖敎〗서울특별시·각 광역시·도(道)에 설치되어 지방 자치 단체 내의 교육·학예에 관한 사무를 심의·의결하는 기관. 교육위(敎委).

교:육-자(敎育者)[─짜]명 교원으로서 교육에 종사하는 사람.

교:육-장(敎育長)[─짱]명〖敎〗시·군·구의 교육 업무 전반에 관한 사무를 관장하는 최고 직위. 또는 그런 직위에 있는 사람.

교:육-적(敎育的)[─쩍]관명 교육에 관계되거나 교육에 적합한 (것). ◻~ 관점／~인 내용이 담긴 책.

교:육 지수(敎育指數)[─찌─]〖敎〗교육 연령을 생활 연령으로 나누어 백을 곱한 수(연령에 비한 학습의 진도를 나타냄).

교:육-청(敎育廳)[─청]명〖敎〗지방 교육 행정을 담당하는 기관. 특별시·광역시·도(道) 교육청이 있고, 1개 또는 2개 이상의 시·군·자치구를 관할하는 지역 교육청이 있음.

교:육 측정(敎育測定)[─쩡]〖敎〗학습의 효과 및 학습자의 능력이나 인격 따위를 과학적이고 객관적으로 측정하는 일.

교:육 투자(敎育投資)〖敎〗교육에 투입하는 비용. ◻21세기 도약을 위해 ~를 늘리다.

교:육 평:가(敎育評價)[─까]〖敎〗학습자의 학습과 행동 발달 정도를 교육 목표에 비추어 측정·판단하는 일.

교:육-학(敎育學)[─유각]명〖敎〗교육의 본질·목적·내용·방법·제도·행정 등에 관한 이론을 연구하는 학문.

교:육-한자(敎育漢字)[─유칸짜]명 중·고등학교에서 지도하도록 교육 과학 기술부에서 선정한 1,800자의 한자.

교:육 행정(敎育行政)[─유캥─]〖敎〗국가나 지방 자치 단체의 교육에 대한 행정.

교:육 헌:장(敎育憲章)[─유컨─]〖敎〗'국민 교육 헌장'의 준말.

교의(交椅)[─／─이]명 1 의자. 2 제사를 지낼 때 신주(神主)를 모시는, 다리가 긴 의자.

교의(交誼)[─／─이]명 사귀어 친해진 정. 교분. ◻~가 두텁다.

교:의(校醫)[─／─이]명〖敎〗'학교의(學校醫)'의 준말.

교:의(敎義)[─／─이]명〖宗〗어떤 종교에서 진리라고 믿는 가르침. 교리.

교:의-학(敎義學)[─／─이─]명〖宗〗어떤 종교의 교의를 체계적으로 조직·서술한 학문.

교인(交印)명하자 1 차례로 이름을 쓰고 도장을 찍어 공문서를 판결함. 2 뜻을 같이하는 사람들끼리 약속을 굳게 하기 위하여 차례로 이름을 쓰고 도장을 찍음.

교:인(敎人)명 종교를 믿는 사람. ◻불교 ~.

교일-하다(驕佚─·驕逸─)형여 교만하고 방자하여 버릇이 없다.

교자(交子)명 1 교자상(交子床). 2 교자상에 차려 놓은 음식.

교자 (嬌姿)몡 교태(嬌態).
교자 (轎子)몡〖역〗'평교자'의 준말. □~를 문밖에 대령하게 하다.
교자-꾼 (轎子-)몡 교군꾼.
교자-상 (交子床)[-쌍]몡 직사각형으로 된 큰 음식상. 교자(交子). □~에 음식을 차리다.
교자-하다 (驕恣-)혱옘 교사(驕肆)하다.
교잡 (交雜)몡하타 1 서로 한데 어울려 뒤섞임. □만감이 ~하다. 2〖생〗계통·품종·성질이 다른 암수를 교배함. □라이거는 수사자와 암호랑이를 ~한 것이다.
교잡 육종법 (交雜育種法)[-자복쫑뻡]〖생〗교배에 의해 새로운 형질을 형성시키는 품종 개량법.
교잡-종 (交雜種)[-쫑]몡 품종·계통·성질 등이 다른 것을 교배하여 새로이 생겨난 품종.
교장 (巧匠)몡 솜씨가 뛰어난 장인(匠人).
교:장 (校長)몡〖교〗'학교장'의 준말.
교:장 (敎場)몡 1 가르치는 곳. 교실. 2〖군〗군사 교육 또는 군사 훈련을 위한 교육 시설을 갖추어 놓은 곳.
교:재 (敎材)몡〖교〗학문이나 기예 따위를 가르치거나 학습하는 데 쓰이는 재료. □시청각 ~를 마련하다.
교:재-비 (敎材費)몡 교재를 마련하는 데에 드는 비용.
교전 (交戰)몡자 서로 싸움. 병력을 동원하여 전투를 함. 교병. 교봉. 교화(交火). □~상태 / 적과 ~하다.
교:전 (敎典)몡 1〖종〗종교상의 경전이나 법식. 2〖교〗교육의 기본이 되는 법칙. 또는 그 책.
교전 구역 (交戰區域)〖군〗교전국의 병력이 서로 적대 행위를 할 수 있는 구역(흔히 교전국의 영토·영해·영공을 가리킴). 전쟁 구역.
교전-국 (交戰國)몡 1 전쟁에 참가하고 있는 국가. 2 전쟁 상태에 있는 상대국.
교전-권 (交戰權)[-꿘]몡〖법〗1 국가가 전쟁을 할 수 있는 권리. 주권국에만 있음. 2 국가가 교전국으로서 가지는 국제법상의 권리.
교전 단체 (交戰團體)〖법〗교전국으로 인정받은 정치 단체(해방 전선 따위).
교전 법규 (交戰法規)[-뀨]〖법〗전시 국제법에서 교전국의 전투 행위를 규제한 법규.
교전-비 (轎前婢)몡 지난날, 혼례 때 새색시를 따라가던 여자 종.
교절 (交截)몡 1〖수〗두 개의 도형이나 물체가 서로 교차되어 공통된 부분을 갖는 일. 2 두 개념이 부분적으로 공통인 외연(外延)을 갖는 일.
교점 (交點)[-쩜]몡 1〖수〗둘 이상의 선이 서로 만나는 점. 2〖천〗행성·혜성 등의 궤도면이 황도면과 만나는 점.
교점-월 (交點月)[-쩜뭘]〖천〗달이 그 궤도의 한 점에서 떠나 다시 그 점으로 돌아오는 데 걸리는 시간(27일 5시간 5분 35.8초임). 분점월.
교접 (交接)몡자 1 서로 닿아 접촉함. □외계와 ~되다. 2〖동〗성교. 교미.
교접 (膠接)몡자타 꼭 붙음. 또는 그렇게 함. 교착.
교접-기 (交接器)[-끼]몡〖동〗동물이 교접하는 기관. 생식 기관.
교접-완 (交接腕)몡〖동〗오징어·문어 따위 두족류(頭足類) 수컷의 교미 기관.
교정 (交情)몡 서로 사귀는 정. 또는 사귀어 온 정. *교분(交分).
교:정 (校正)몡하타〖인〗교정지와 원고를 대

조해서 틀린 글자, 빠진 글자나 내용 등을 바로잡아 고침. 교합(校合). 교준(校準). □사전 ~을 보다.
교:정 (校訂)몡하타 출판물의 잘못된 글자·글귀를 바르게 고침.
교:정 (校庭)몡 학교의 넓은 뜰이나 운동장. □~을 거닐다 / ~에 개나리가 만발하다.
교:정 (矯正)몡하타 가르치어 바로잡음.
교:정 (敎程)〖교〗1 가르치는 정도. 2 가르치는 방식. 3 교과서. □문법 ~.
교:정 (矯正)몡하타 틀어지거나 굽은 것 또는 결점 등을 바로잡음. □치열 ~ / 척추 ~ / 팔자걸음을 ~하다.
교정 (矯情)몡자 마음속에서 우러나오는 감정을 억눌러 나타내지 않음.
교:정-감 (矯正監)몡〖법〗교정직 국가 공무원 직급 명칭의 하나. 교정관(矯正官)의 위, 교정 부이사관의 아래로 4급 공무원임.
교:정-관 (矯正官)몡〖법〗교정직 국가 공무원 직급 명칭의 하나. 교감(矯監)의 위, 교정감(矯正監)의 아래로 5급 공무원임.
교:정-권 (敎政權)[-꿘]몡〖가〗그리스도에게서 받은 교황권의 하나(신자를 가르치고 다스리는 권리).
교:정 기호 (校正記號)〖인〗인쇄물을 교정할 때 쓰는 기호. 교정 부호.
교:정-료 (校正料)[-뇨]몡 인쇄물의 교정을 보아 주고 받는 삯.
교:정-보다 (校正-)타 인쇄물의 오자·배열·색 따위를 바로잡다.
교:정-본 (校訂本)몡 고서의 문장·어구 등을 후세 사람이 교정하여 출판한 책.
교:정 부:이사관 (矯正副理事官)〖법〗교정직 국가 공무원 직급 명칭의 하나. 교정감(矯正監)의 위, 교정 이사관의 아래로 3급 공무원임.
교:정-쇄 (校正刷)몡〖인〗교정을 보기 위해 임시로 찍어 내는 일. 또는 그 찍어 낸 종이. 가쇄(假刷).
교:정-술 (矯正術)몡 1 몸의 자세가 나쁜 것을 바로잡는 간단한 체조. 2 기계적 작용을 응용하여 골관절(骨關節) 계통의 운동 장애 또는 기형(畸形)을 바로잡는 방법.
교:정-시력 (矯正視力)몡 근시나 원시같이 굴절 이상인 눈에 안경 따위를 써서 얻은 시력.
교:정-약 (矯正藥)[-냑]몡〖약〗약의 쓴맛이나 냄새를 없애기 위하여 섞어 먹는 약(박하·계피 따위). 교미교취제.
교:정-원 (校正員)몡 인쇄소나 출판사에서 교정을 전문으로 보는 사람.
교:정 이:사관 (矯正理事官)〖법〗교정직 국가 공무원 직급 명칭의 하나. 관리관의 아래, 교정 부이사관의 위로 2급 공무원임.
교:정-지 (校正紙)몡〖인〗교정쇄를 한 종이.
교:정 체조 (矯正體操)신체의 변형·운동 장애 등을 정상적으로 바로잡기 위해 하는 가벼운 맨손 체조.
교:정-침 (校正針)몡 지속침(遲速針).
교제 (交際)몡자 서로 사귀어 가까이 지냄. □남녀 ~를 끊다 / ~가 넓다 / ~하던 사람과 헤어지다 / ~를 트다.
교제 (膠劑)몡 아교같이 진득진득한 약제.
교제-가 (交際家)몡 1 교제를 잘하는 사람. 2 교제가 넓은 사람. 사교가.
교제-비 (交際費)몡 교제하는 데 드는 비용.
교제-술 (交際術)몡 교제하는 재주나 수단.

교:조 (教祖)【종】한 종교나 종파를 처음 세운 사람. 교주(教主). 종조(宗祖).

교:조 (教條)【종】종교상의 신조.

교:조-주의 (教條主義)[-/-이]【논】1 종교나 종파의 교조를 맹목적으로 믿으려는 태도. 2 사실을 무시하고 원리·원칙만을 고집하는 태도.

교족-상 (交足床)[-쌍]【민】전통 혼례에서, 나조반을 올려놓는 상.

교졸 (巧拙)【명】1 교묘함과 졸렬함. 2 익숙함과 서투름.

교졸² (校卒)【역】조선 때, 군아(軍衙)에 딸린 군교(軍校)와 나졸.

교:종¹ (教宗)【가】교황을 달리 이르는 말.

교:종² (教宗)【불】1 불교의 종파를 크게 둘로 나누었을 때의 한 종파로서 불교의 교리(教理)를 중시하는 종파. ↔선종(禪宗). 2 조선 세종 6년(1424)에 자은종(慈恩宗)·화엄종(華嚴宗)·시흥종(始興宗)·중신종(中神宗)이 합하여 된 교파.

교:종 본산 (教宗本山)【불】교종의 가장 으뜸 가는 절.

교죄 (絞罪)[-쬐]【명】교수형에 처할 범죄.

교주 (交奏)【명】【악】향악(鄕樂)과 당악(唐樂)을 교대로 연주함.

교:주 (校主)【명】사립학교의 경영주.

교:주 (校注·校註)【명】문장 따위를 교정(校訂)하여 주석을 붙임. 또는 그 주석.

교:주 (教主)【명】1 종교 단체의 우두머리. 2 교조. 3 【불】석가세존.

교주고슬 (膠柱鼓瑟)【명】비파나 거문고의 기러기발을 아교로 붙여 놓으면 가락을 바꿀 수 없다는 뜻으로, 고지식하여 조금도 융통성이 없음을 비유해서 하는 말.

교:준 (校準)【명】【인】교정(校正).

교중 (僑中)【명】객중(客中).

교지 (巧智)【명】교묘한 재주와 지혜.

교지 (狡智)【명】간사한 재주와 꾀.

교:지 (校地)【명】학교가 자리한 땅. 학교 터.

교:지 (校誌)【명】【교】학생들이 교내에서 편집·발행하는 잡지. □~에 낼 시가 실렸다.

교:지 (教旨)【명】1【역】조선 때, 임금이 사품 이상의 벼슬아치에게 주던 사령. 2【종】종교의 취지. 3【교】교육의 취지.

교-지기 (校-)【명】학교나 향교를 지키는 사람. 교직(校直).

교지-하다 (巧遲-)【형여】솜씨는 좋으나 속도가 느리다.

교직 (交織)【명】【타】두 가지 이상의 실을 섞어서 짜는 일. 또는 그 직물.

교:직 (教職)【명】1【교】학생을 가르치는 직무. □~을 맡아보다 / ~을 천직으로 알다. 2【기】교회에서, 신도의 지도와 교회의 관리를 맡은 직무(목사·집사·전도사 등).

교:직 과목 (教職科目)[-꽈-]【교】교직에 관한 전문 과목(교육 원리·교육 심리학·교과 교육법·교육 실습 따위). □~을 이수하다.

교:직-원 (教職員)【명】교직에 종사하는 교원 및 사무직원.

교질 (交迭)【명】【타】서로 돌아가며 바꾸어 대신함. 교체.

교질 (膠質)【명】1 아교처럼 끈끈한 성질. 2【화】콜로이드.

교질 화:학 (膠質化學)【화】콜로이드 화학.

교-집합 (交集合)[-지팝]【명】【수】둘 이상의 집합에서, 각 집합에 공통으로 들어 있는 원소 전체로 이루어진 집합. 공통집합.

교차 (交叉)【명】【하자】서로 엇갈리거나 마주침. □만감이 ~하다 / 철길이 ~하다 / 기대와 격정이 ~하다.

교:차 (較差)【명】최고와 최저의 차《주로 기상 용어로 쓰임》. □밤과 낮의 기온의 ~가 심하다.

교차 개:념 (交叉概念)【논】두 개념이 근본적인 의의는 다르나, 그 외연(外延)의 일부가 같은 개념《소녀와 미인, 군인과 용사 따위》. 교호 개념.

교차-로 (交叉路)【명】여러 도로가 서로 만나 엇갈리는 곳. □교통이 번잡한 ~ / ~에 신호등을 설치하다.

교차-점 (交叉點)[-쩜]【명】도로나 선로가 교차되어 있는 곳.

교착 (交着)【명】【하자】서로 붙음.

교착 (交錯)【명】【하자】이리저리 엇걸려 뒤섞임. 착종(錯綜).

교착 (膠着)【명】【하자】1 단단히 달라붙음. 2 전선(戰線)·교섭 등이 현상을 유지하여 조금도 변동이나 진전이 없음. □~ 국면 / 협상이 ~상태에 빠지다 / 전선이 ~되다.

교착-어 (膠着語)【언】언어의 형태적 유형의 하나. 문법적 기능을 어근과 접사와의 결합 연속으로 나타내는 언어《한국어·일본어 따위》.

교창 (交窓)【명】분합문 위에 가로로 길게 끼우는 채광창. 횡창(橫窓).

교창 (咬創)【명】개 따위의 동물에게 물린 상처.

교천-하다 (交淺-)【형여】사귐이 얕다. 사귄 지얼마 되지 아니하다.

교체 (交替)【명】【하타】사람이나 사물을 다른 사람이나 사물로 바꿈. 교대(交代). □선수 ~ / 세대 ~ / 새정으로 ~하다.

교체 (交遞)【명】【하자타】1 서로 갈마듦. 교질(交迭). 2 교통과 체신.

교체 (橋體)【건】다리의 주체가 되는 부분. 곧, 물 위로 가로 건너지른 뼈대.

교치 (咬齒)【명】【하자】소리를 내어 이를 갊.

교치-하다 (巧緻-)【형여】정교하고 치밀하다.

교치-하다 (驕侈-)【형여】교사(驕奢)하다.

교:칙 (校則)【명】학교의 규칙. □~을 어겨 벌을 받다.

교:칙 (教則)【명】1 가르치는 데 필요한 절차나 규칙. 2 종교상의 규칙. 교규(教規).

교칠 (膠漆)【명】아교와 옻칠이라는 뜻으로, 사귀는 사이가 매우 친밀하여 서로 떨어질 수 없는 관계를 이르는 말.

교칠지교 (膠漆之交)[-찌-]【명】아주 친밀하여 떨어질 수 없는 교분.

교침 (膠枕)【명】화각(畫角)을 대서 만든 베갯모.

교:탁 (教卓)【명】교사가 가르칠 책 따위를 올려놓기 위하여 교단 앞이나 위에 놓은 탁자.

교태 (嬌態)【명】아름답고 아양 부리는 자태. 교자(嬌姿). □~를 부리다 / 갖은 ~로 아양을 떨다.

교태 (驕態)【명】교만한 태도.

교토-기 (攪土器)【명】【농】흙덩이를 부스러뜨리어 부드럽게 하는 농기구.

교통 (交通)【명】【하자】1 자동차·기차·배·비행기 등을 이용하여 사람이 오고 가거나 짐을 실어 나르는 일. □~수륙 ~의 중심지 / ~이 편리하다 / ~이 끊기다 / ~ 사정이 나쁘다 / 출근길의 ~이 혼잡하다. 2 서로 소식이나 정보를 주고받음. 3 여러 사람이나 나라 사이의 교제나 왕래.

교통-경찰 (交通警察)【명】교통의 안전과 질서 유지를 임무로 하는 경찰. 교통순경.

교통-광장 (交通廣場)〔명〕교통이 번잡한 곳에 교통정리나 차량의 흐름을 원활하게 하기 위하여 만들어 놓은 광장.

교통 기관 (交通機關)〔명〕도로·철도 등의 시설과 차량·선박·항공기 따위 운수 기관의 총칭. ▣~의 발달.

교통-난 (交通難)〔명〕교통 기관의 부족 또는 교통의 혼잡으로 소통이 원활하게 이루어지지 않는 일. ▣출퇴근 시간에 ~이 심각하다 / 귀경길에 극심한 ~을 겪다.

교통-도덕 (交通道德)〔명〕교통수단을 이용하거나 오가는 데에 마땅히 지켜야 할 공중 도덕.

교통 도시 (交通都市)《지》교통상 중요한 위치에 있어 교통의 중심지를 이룬 도시.

교통-량 (交通量)[-냥]〔명〕일정한 곳에서 일정한 시간에 왕래하는 사람이나 차량의 수량. ▣~이 증가하다.

교통-로 (交通路)[-노]〔명〕교통에 이용하는 길 《수로(水路)·항공로 및 통신 시설 따위》.

교통-마비 (交通痲痺)〔명〕자연재해나 사고로 교통 기관이 기능을 발휘하지 못하는 상태.

교통-망 (交通網)〔명〕교통로가 이리저리 분포되어 있는 상태를 그물에 비유하는 말.

교통 법규 (交通法規)〔-꾸〕《법》사람·차량 따위가 길을 왕래할 때 지켜야 할 법령 및 규칙. ▣~를 지키다.

교통-비 (交通費)〔명〕1 교통 기관을 이용하는 데 드는 비용. 거마비. ▣~가 많이 든다. 2 자동차 따위의 운행 및 수리에 드는 비용.

교통-사고 (交通事故)〔명〕교통 기관을 이용하는 중에 발생하는 사고. ▣~ 방지 대책 / ~가 빈번하다.

교통-수단 (交通手段)〔명〕사람이나 짐을 옮기는 데 쓰는 수단. ▣지하철은 대도시의 중요한 ~의 하나다.

교통-순경 (交通巡警)〔명〕교통경찰.

교통 신:호 (交通信號)〔명〕교차로나 횡단보도, 건널목 등에서 '가라'·'서라'·'돌아가라' 등의 신호를 나타내는 표시. ▣~를 무시하고 달리다.

교통-안전 (交通安全)〔명〕교통질서와 교통 법규를 잘 지켜 사고가 나지 않도록 함. 또는 그런 일. ▣~에 만전을 기하다.

교통안전 표지 (交通安全標識)교통안전에 필요한 주의·규제·지시 또는 길 위에 표시하는 표지판과 길 위에 표시한 기호·문자·선 등의 표지. ㉰교통 표지.

교통 유발 부:담금 (交通誘發負擔金)백화점이나 예식장, 아파트 단지 등 대도시의 대규모 건물이나 시설물 때문에 새로이 증가하는 교통량의 정도에 따라 부과되는 부담금.

교통-정리 (交通整理)〔-니〕〔명〕왕래가 많은 곳에서 교통의 흐름을 원활하게 하고 사고를 방지하기 위해 사람이나 차의 통행을 정리하는 일.

교통 지도 (交通地圖)《지》철도·도로·항로·항공로 및 통신 따위에 관한 사항을 자세히 표시한 지도.

교통-지옥 (交通地獄)〔명〕심한 교통난을 비유적으로 이르는 말.

교통-질서 (交通秩序)〔-써〕〔명〕사람이나 차가 통행하는 데 마땅히 지켜야 하는 질서.

교통 차:단 (交通遮斷)《법》공중의 안전을 위하여 특정 지역의 교통을 막는 일.

교통 체증 (交通滯症)차량이 많이 밀려 소통이 잘 안 되는 상태.

교통-편 (交通便)〔명〕어디를 오고 가는 데 이용

하는 자동차·기차·배·비행기 등의 교통수단.

교통 표지 (交通標識)'교통안전 표지'의 준말.

교:파 (教派)〔명〕종교의 파. 종파(宗派).

교편 (教鞭)〔명〕선생이 수업하면서 사용하는 가느다란 막대기.

교편(을) 놓다〔관〕학생을 가르치는 일을 그만두다.

교편(을) 잡다〔관〕교사로서 학생을 가르치다.

교:편-생활 (教鞭生活)〔명〕교사로서의 생활.

교폐 (矯弊)〔-/-폐〕〔명〔자〕폐단을 바로잡음.

교포 (僑胞)〔명〕외국에 살고 있는 동포. ▣재일 ~ / 해외 ~ / ~ 사회.

교:풍 (校風)〔명〕그 학교 특유의 기풍. ▣~을 세우다.

교풍 (矯風)〔명〔하〕자〕좋지 않은 풍속이나 습관을 바로잡음.

교-하다 (巧-)〔형〕어〕1 물건을 만드는 솜씨가 교묘하다. 2 말이나 행동이 지나치게 교묘하여 미덥지 않다.

교:하-생 (教下生)〔명〕문하생(門下生).

교:학 (教學)〔명〕1 가르치는 일과 배우는 일. 2 교육과 학문.

교한-하다 (驕悍-)〔형〕어〕교만하고 사납다.

교합 (交合)〔명〔하〕자〕성교(性交).

교합 (咬合)〔명〔하〕자〕1 입을 다물었을 때에 생기는 아랫니와 윗니의 맞물린 상태. 2 아래턱과 위턱이 놓인 상태.

교:합 (校合)〔명〔인〕교정(校正).

교항-하다 (驕亢-)〔형〕어〕교만하고 자존심이 강하다.

교향-곡 (交響曲)〔명〕《악》관현악을 위하여 작곡한, 보통 4악장으로 된 규모가 큰 곡. 심포니(symphony).

교향 모음곡 (交響-曲)《악》관현악용으로 쓰여진 모음곡. 교향 조곡(組曲).

교향-시 (交響詩)〔명〕《악》보통 표제를 가진 독립된 단(單)악장의 관현악곡《문학적이거나 회화적인 내용을 표현함》.

교향-악 (交響樂)〔명〕《악》교향곡·교향시 등 관현악을 위하여 만든 음악의 총칭.

교향악-단 (交響樂團)〔-딴〕《악》교향악을 연주하는 대규모의 관현악단. 심포니 오케스트라.

교향 조곡 (交響組曲)《악》교향 모음곡.

교형 (絞刑)〔명〕'교수형'의 준말.

교혜-하다 (巧慧-)〔-/-혜-〕〔형〕어〕교묘하고도 슬기롭다.

교호 (交互)〔명〔하〕자〕서로 어긋매낌.

교호 (交好)〔명〔자〕서로 사이좋게 지냄.

교호 개:념 (交互概念)《논》교차(交叉) 개념.

교화 (交火)〔명〔하〕자〕교전(交戰).

교:화 (教化)〔명〔하〕타〕1 가르치고 이끌어서 올바른 방향으로 나아가게 함. ▣~ 사업 / ~ 단체 / ~를 펴다 / 불량소년을 ~하다. 2《불》불법으로 사람을 가르쳐 착한 마음을 갖게 함.

교환 (交換)〔명〔하〕타〕1 서로 바꾸거나 주고받음. ▣~ 조건 / 물물 ~ / 의견을 ~하다 / 악수를 ~하다 / 전화나 전신을 통할 수 있도록 사이에서 서로를 이어 줌. 또는 그런 일을 하는 사람. ▣~ 설비 / ~을 불러 국제 통화를 신청하다.

교환 (交歡·交驩)〔명〔하〕자〕서로 친하게 사귀며 즐거움을 나눔. 교관.

교환 가격 (交換價格)〔-까-〕《경》사회 일반의 수요와 공급을 표준으로 한 가격.

교환 가치 (交換價値) 〖경〗 **1** 화폐를 다른 나라의 화폐와 바꿀 때의 가치. ▷달러에 대한 원화의 ～. **2** 일정량의 물품이 다른 종류의 물품과 어느 정도로 교환할 수 있는가 하는 상대적인 가치.

교환 경:기 (交歡競技) 친선 증진을 위해 외국 선수를 초청해 벌이는 경기. ▷한일 고교 ～.

교환 경제 (交換經濟) 〖경〗 경제 주체 사이에 재화를 교환하여 이루어지는 경제.

교환 공문 (交換公文) 〖정〗 조약에 관하여 국가 간의 합의를 약정한 문서.

교환 교:수 (交換敎授) 〖교〗 학술·교육을 통한 친선과 문화 교류를 도모하기 위하여 두 나라의 대학 간에 교수를 파견하여 강의를 행하게 하는 일. 또는 그 교수.

교환-기 (交換機) 〖명〗 '전화 교환기'의 준말.

교환-끝 (交換-) [-끋] 〖경〗 어음 교환소에서 어음 교환을 할 때 생기는 차액.

교환-대 (交換臺) 〖명〗 전화국이나 회사 따위에서, 전화 교환원이 교환 업무를 하는 곳.

교환 렌즈 (交換lens) 〖연〗 목적에 따라 교환해서 쓸 수 있는 카메라용 렌즈(망원 렌즈·광각 렌즈·표준 렌즈 따위).

교환 사채 (交換社債) 〖경〗 기업이 보유 중인 주식 등을 담보로 발행한 채권(채권 소유자는 담보 주식으로 미리 정한 교환 가격을 웃돌면 교환권을 행사하여 주식을 취득할 수 있음). ＊전환 사채.

교환-소 (交換所) 〖명〗 교환하는 일을 맡아보는 기관. ▷어음 ～ / 화폐 ～.

교환 수혈 (交換輸血) 〖의〗 한쪽 혈관에서 피를 뽑아내고 다른 혈관으로는 같은 양의 피를 수혈하는 일.

교환-원 (交換員) 〖명〗 '전화 교환원'의 준말.

교환 학생 (交換學生) [-쌩] 〖교〗 두 나라의 대학 사이에 서로 학생을 파견하여 유학·연구 시키는 일. 또는 그 학생.

교활-하다 (狡猾-) 〖형여〗 간사하고 꾀가 많다. 교활히 하다. ▷교활한 여우. **교활-히** 〖부〗

교:황 (敎皇) 〖명〗 〖가〗 가톨릭교의 최고 지도자인 성직자. 로마 교황.

교:황 대:사 (敎皇大使) 〖가〗 교황청이 외교 관계를 맺고 있는 나라에 파견하는 대사.

교:황-령 (敎皇領) [-녕] 〖명〗 〖가〗 로마 교황이 통치하는 세속적 영역.

교:황 사:절 (敎皇使節) 〖가〗 로마 교황청과 외교 관계를 맺고 있는 나라에 교황청을 대표하여 보내는 주교(主敎).

교:황-청 (敎皇廳) 〖명〗 〖가〗 로마 교황을 중심으로 하는 교회 행정의 중앙 기관(로마의 바티칸 시에 있음).

교:황 황제주의 (敎皇皇帝主義) [-/-이] 〖가〗 교황을 지상(至上)으로 여겨 교권(敎權)의 우위를 주장하는 주의.

교:회 (敎會) 〖명〗 〖기〗 **1** 종교 신앙을 같이하는 이들의 조직체. ▷장로 ～에 다니다. **2** 종교 신앙의 가르침을 선포하며 의식(儀式)을 행하는 건물.

교:회 (敎誨) 〖명하타〗 잘 가르쳐 지난날의 잘못을 깨우치게 함. ▷죄인을 ～하다.

교:회-당 (敎會堂) 〖명〗 〖기〗 종교의 제례·예배·회합 등을 하는 건물.

교:회 음악 (敎會音樂) 〖악〗 기독교와 관계있는 성악·기악의 총칭(미사곡·찬송가·수난곡 따위).

교:회 학교 (敎會學校) [-꾜] 〖기〗 교회에서 주일마다 신도들에게 성경을 가르치고 종교 교육을 베푸는 모임.

교:훈 (校訓) 〖명〗 〖교〗 학교의 교육 이념을 간명하게 표현한 말.

교:훈 (敎訓) 〖명하자타〗 가르치고 깨우침. 또는 그 가르침. ▷실패를 ～으로 삼다 / 이번 일을 통해 많은 ～을 얻었다.

교:훈-적 (敎訓的) 〖관명〗 교훈이 되거나 교훈으로 삼을 만한 (것). ▷～인 내용을 담고 있는 우화.

교힐-하다 (狡黠-) 〖형여〗 교활(狡猾)하다.

구 (勾) 〖명〗 〖수〗 직각 삼각형의 직각을 낀 두 변 가운데 짧은 변.

구 (句) 〖명〗 **1** 〖언〗 둘 이상의 단어가 모여 절이나 문장의 일부분이 되는 말. **2** 〖문〗 시조·시구의 짧은 토막. ▷기구/ 결구.

구: (灸) 〖명〗 뜸². ――하다 〖타여〗 불에 굽다.

구 (矩) 〖명〗 **1** 〖건〗 곱자. **2** 〖천〗 지구에서 볼 때 외행성이 태양과 직각 방향에 있는 현상(동쪽에 있는 것을 상구(上矩), 서쪽에 있는 것을 하구(下矩)라 함).

구 (球) 〖명〗 **1** 공같이 둥글게 생긴 물체. **2** 〖수〗 구면(球面)으로 둘러싸인 입체.

구 (區) 〖명〗 **1** 넓은 지역 따위를 몇으로 나눈 구획. 구역으로 나누다. **2** 〖법〗 서울특별시 및 인구 50만 이상의 시(市)에 둔 행정구획 단위. **3** 행정상 필요에 의해 정해진 특정한 구역 단위(선거구·투표구 등). ▷우리 ～의 입후보자.

구 (毬) 〖명〗 격구나 타구에 쓰는 공(나무·마노 등으로 만듦).

구 (具) 〖의명〗 시체의 수효를 세는 단위. ▷유해(遺骸) 3 ～를 인양하다.

구 (九) 〖수〗 아홉.

구 (溝) 〖수〗 십진급수의 단위의 하나. 양(壤)의 만 배가 되는 수. 간(澗)의 아래.

구:- (舊) 〖투〗 '전날의'·'묵은'·'낡은' 따위의 뜻. ▷～체제. ～신-(新).

-구 (口) 〖미〗 **1** 일부 명사 뒤에 붙어, '작은 구멍'·'구멍이 나 있는 곳'을 나타내는 말. ▷접수-/ 통풍-/ 하수-. **2** 일부 명사 뒤에 붙어, '드나드는 곳'을 나타내는 말. ▷출입-/ 비상-～/ 승-～.

-구 (具) 〖미〗 일부 명사 뒤에 붙어, 기구(器具)나 도구 따위의 물건을 나타내는 말. ▷문방-～/ 등-～.

-구- 〖미〗 자동사를 타동사로 만드는 어간 형성 접미사. ▷돋～다/ 솟～다. ＊-기-·-리-·-이-·-히-.

구:가 (舊家) 〖명〗 **1** 옛날에 살던 집. **2** 오래 대를 이어 온 집안. **3** 한곳에 오래 살아온 집안.

구가 (謳歌) 〖명〗 **1** 많은 사람들이 칭송하여 노래함. ▷태평성대를 ～하다. **2** 행복한 처지나 기쁜 마음 등을 거리낌 없이 나타냄. ▷인생(青春)을 ～하다 / 제2의 전성기를 ～하다.

구가 (衢街) 〖명〗 큰 길거리.

구가마-하다 〖타여〗 곡식을 넣은 가마니를 법식에 맞추어 묶다.

구:각 (口角) 〖명〗 입아귀.

구각 (晷刻) 〖명〗 잠깐 동안.

구:각 (舊殼) 〖명〗 낡은 껍질이란 뜻으로, 시대에 맞지 않은 옛 제도나 관습을 일컫는 말. ▷～에서 탈피하다.

구:각-춘풍 (口角春風) 〖명〗 좋은 말재주로 남을 칭찬하여 즐겁게 하여 줌. 또는 그런 말.

구간 (球竿) 〖명〗 길이가 1.5 m가량 되는 막대기의 양쪽 끝에 공 모양으로 된 나무를 끼운 체조 용구(기구 체조에 씀).

구간 (區間)명 어떤 지점과 다른 지점과의 사이. □공사 ~ / 마라톤의 ~ 기록 / 전철의 ~ 요금제 / 일부 ~의 운행이 중단되다.

구간 (舊刊)명 이전에 나온 책. ↔신간.

구간 (軀幹)명 〖생〗 포유동물의 몸통. 동부 (胴部).

구간-골 (軀幹骨)명 〖생〗 몸통을 구성하는 골격. 몸통뼈.

구간-하다 (苟艱-)형예 몹시 구차하고 가난하다. 구간-히튀

구갈 (口渴)명하형 목이 마름.

구갈-증 (口渴症)[-쯩] 〖한의〗 입 안과 목이 말라 갈증이 나는 증세.

구감 (口疳)명 〖한의〗 입 안이 헐고 터지는 병.

구-감초 (灸甘草)명 〖한의〗 구운 감초.

구강 (口腔)명 〖생〗 입 안(콧속과 목구멍으로 연결되는 부분).

구강-염 (口腔炎)[-념] 〖의〗 구강에 생기는 염증.

구강 위생 (口腔衛生)〖의〗 입 안의 입천장과 혀, 특히 이와 잇몸의 질병 예방과 치료.

구개 (口蓋)명 〖생〗 입천장.

구개-골 (口蓋骨)명 〖생〗 비강의 뒤쪽 벽에 자리 잡은 한 쌍의 납작한 뼈.

구개-음 (口蓋音)명 〖언〗 'ㅈ·ㅉ·ㅊ'처럼 혀와 경구개 사이에서 나는 소리.

구개음-화 (口蓋音化)명하자 〖언〗 구개음이 아닌 자음이 모음 'ㅣ'나 반모음 'ㅣ' 앞에서 구개음으로 변하는 현상('땀받이'가 '땀바지'로, '같이'가 '가치'로, '묻히다'가 '무치다'로 되는 따위).

구거 (鉤距)명 미늘1.

구거 (溝渠)명 개울창.

구걸 (求乞)명하자타 남에게 돈·먹을거리 등을 달라고 빎. □행인에게 돈을 ~하다.

구검 (拘檢)명하타 말과 행동을 함부로 하지 못하도록 타이름.

구겨-지다재 1 구김살이 잡히다. □구겨진 휴지 조각 / 양복이 ~. 2 마음이 언짢게 되다. □자존심이 ~.

구격 (具格)명 격식을 갖춤.

구-결 (口訣)명 〖언〗 한문의 한 구절 끝에 다는 토(叱(하고)·㫃(하며)·厂(에) 따위).

구경 (口徑)명 경치·경기·행동 등을 흥미를 가지고 관심히 봄. □연극 / 좋은 ~이 나다 / 공짜 ~을 하다 / 바깥세상 ~을 하다 / 영화를 ~하러 가다.

구경 (九卿)명 〖역〗 조선 때, 의정부 좌우참찬·육조 판서·한성부 판윤의 아홉 대신.

구경 (九經)명 중국의 고전인 아홉 가지 경서. 주례(周禮)·의례(儀禮)·예기(禮記)·좌전(左傳)·공양전(公羊傳)·곡량전(穀梁傳)·주역·시경·서경, 또는 역·시경·서경·예기·춘추·효경·논어·맹자·주례의 아홉 가지 경서.

구-경 (口徑)명 총·대포·렌즈처럼 원통 모양으로 된 물건의 안의 지름. □대포의 ~ / ~이 큰 렌즈.

구경 (究竟)□팀 1 궁극. 2 사리(事理)를 끝까지 추구하는 일. 팀 끝에 가서는. 결국.

구경 (具慶)명 부모가 모두 살아 있음. 또는 그런 기쁨.

구경 (球莖)명 〖식〗 알줄기.

구-경-가마리 [-까-]명 하는 짓이 우스워 남의 구경거리가 됨. 또는 그 사람.

구-경-감 [-깜]명 구경할 만한 것. 구경거리.

구-경-거리 [-꺼-]명 구경감. □뭇사람의 ~가 되다 / 서커스가 가장 큰 ~였다.

구-경-꾼명 구경하는 사람. □~이 떼를 지어 모여 있다.

구:경-나다재 구경할 만한 일이 생기다.

구:경-비 (口徑比)명 〖물〗 망원경이나 사진기 따위에서, 조리개의 지름으로 렌즈의 초점(焦點) 거리를 나눈 숫값(사진기의 조리개 숫자는 이 수치임).

구:경-스럽다 [-따][-스러워, -스러우니]형비 구경할 만하다. 구:경-스레튀

구:경-증 (口硬症)[-쯩] 〖한의〗 유사 중풍증의 하나(혀가 굳어 입을 잘 놀리지 못하는 어린아이의 병).

구경-하 (具慶下)명 부모가 다 살아 계신 처지.

구계 (九界)[-/-계] 명 〖불〗 십계(十界)에서 불계(佛界)를 제외한 아홉 가지 세계.

구계 (拘繫)[-/-계] 명 붙잡아 매어 둠.

구고 (勾股)명 〖수〗 '직각 삼각형'의 구칭.

구고 (究考)명하타 끝까지 깊이 연구함.

구고 (舅姑)명 시부모.

구-고 (舊故)명 오래전부터의 연고.

구-고 (舊稿)명 전에 써 둔 원고.

구고-전 (勾股田)명 〖역〗 직각 삼각형 모양으로 생긴 논이나 밭.

구고-현 (勾股弦)명 〖수〗 직각 삼각형의 세 변.

구곡 (九穀)명 수수·옥수수·조·벼·콩·팥·보리·참밀·깨의 아홉 가지 곡식.

구-곡 (舊穀)명 묵은 곡식. 작년의 곡식. ↔신곡(新穀).

구곡-간장 (九曲肝腸)[-깐-]명 굽이굽이 서린 창자라는 뜻으로, 깊은 마음속이나 시름이 쌓인 마음속의 비유.

구곡간장을 녹이다 굄 몹시 놀라거나 실망하게 하거나 애를 태우게 해서 간장이 온통 녹아 없어지는 것처럼 만들다.

구곡간장이 녹다 굄 몹시 놀라거나 실망하거나 애가 타서 간장이 온통 녹아 없어지는 것 같다.

구공 (九空)명 아득하고 먼 하늘. 구만리장천(九萬里長天).

구공 (口供)명하타 지은 죄를 자백함.

구-공 (舊功)명 예전에 이룬 공적.

구공-서 (口供書)명 죄를 자백한 것을 적은 글. 공술서.

구공-탄 (九孔炭)명 1 구멍이 뚫린 연탄의 총칭. 구멍탄. 2 '십구공탄'의 준말.

구과 (口過)명 1 말을 잘못한 허물. 2 과도한 말. 지나친 말. 과언(過言). 3 입 냄새. 입내. 구취(口臭).

구과 (毬果)명 소나뭇과 식물의 열매.

구관 (句管·勾管)명하타 맡아 다스림.

구관 (球冠)명 〖수〗 구(球)를 한 평면으로 잘랐을 때, 잘린 구의 구면 부분.

구:관 (舊官)명 앞서 그 자리에 있던 벼슬아치. □~ 사또. ↔신관(新官).
[구관이 명관(名官)이다] ○경험이 많은 사람이 더 낫다. ○먼젓번 사람이 나중 사람보다 낫다.

구:관 (舊慣)명 옛날부터 내려오는 관례.

구:관 (舊館)명 전에 지은 건물. ↔신관.

구:관 (舊觀)명 예전의 모양이나 경치.

구관-복 (具官服)명하자 〖역〗 조선 때, 벼슬아치가 갖추어 입던 관복. 또는 그렇게 입는 일.

구관-조 (九官鳥)명 〖조〗 찌르레깃과의 새. 비둘기와 비슷하며, 날개 길이는 약 16cm, 온몸이 검고 자줏빛 광택이 나며 날개에는 커다란 흰무늬가 있음. 사람의 말을 잘 흉내 냄.

구괘 (姤卦)명 〖민〗 육십사괘의 하나. 건괘(乾

卦)와 손괘(巽卦)가 거듭된 것(하늘과 바람을 상징함). 준구(姤).

구교(溝橋)뗑『건』 1 운하·제방·도로 등의 밑을 가로질러 만든 터널 모양의 지하의 물길. 2 물이 빠지도록 철도 선로 밑에 놓은 작은 다리.

구:교(舊交)뗑 오래된 교제. 또는 오래 알고 지낸 사람. 오랜 친구.

구:교(舊敎)뗑『종』개신교에 대한 가톨릭교의 일컬음. ↔신교(新敎).

구:교-도(舊敎徒)뗑『종』가톨릭교도. ↔신교도(新敎徒).

구:교지간(舊交之間)뗑 오래전부터 사귀어 온 사이.

구구(九九)뗑하타『수』 1 구구법. 2 구구법으로 셈함.

구구(購求)뗑하타 물건을 구하여 삼.

구구(─)　1 닭이나 비둘기 따위가 우는 소리. ─갑 닭이나 비둘기 따위를 부를 때 내는 소리. 꾸꾸. 〔외0‥

구구-단(九九段)뗑 '구구법'의 통칭. ─을

구구-법(九九法)[─뻡]뗑『수』곱셈에 쓰는 공식. 1에서 9까지의 수로 두 수끼리 서로 곱하여 값을 나타낸 것. ─을

구구불일(區區不一)뗑하형 각각 달라 일정하지 아니함.

구구-사정(區區私情)뗑 사소한 개인 사정이나 감정.

구구-생활(區區生活)뗑 겨우겨우 살아 나갈 정도로 넉넉하지 않은 생활.

구구-이(句句─)　구절마다.

구구절절(句句節節)─뗑 모든 구절. ─뷔 구절절이. ─사연이 ～ 마음에 와 닿다 / ～ 옳은 말이다.

구구절절-이(句句節節─)　구절구절마다. ─충정이 담긴 글.

구구절절-하다(句句節節─)형어 편지 따위의 사연이 상세하고 간절하다. ─구구절절한 사연으로 가득 찬 편지.

구구-표(九九表)뗑『수』구구법의 공식을 차례대로 적은 표.

구구-하다(區區─)형어 1 제각기 다르다. ─구구한 억측 / 학설이 ～. 2 떳떳하지 못하고 졸렬하다. ─구구한 마음. 3 쓸데없이 설명이 길다. ─구구한 변명. **구구-히**

구:국(救國)뗑하자 나라를 위기에서 구함. ─～의 영웅 / ～ 운동을 펴다.

구:군(舊軍)뗑 어떤 일에 오래 종사하여 그 일에 익숙한 사람.

구군복(具軍服)뗑하자『역』조선 때, 무관들이 군복을 갖추어 입던 일, 또는 그 군복(병거지를 쓰고 전대띠를 띠고 목화(木靴)를 신고, 환도를 차고 등채를 손에 듦).

구궁(九宮)뗑『민』팔괘의 방위와 그 중앙의 방위를 이르는 말.

구궁-수(九宮數)[─쑤]뗑 음양가(陰陽家)가 구성(九星)을 오행과 팔괘의 방위에 맞추어서 길흉화복을 판단하여 내는 수.

구:권(舊券)[─꿘]뗑 1 전에 발행한 문권. 2 이전 소유주의 소유권을 증명하는 문서(부동산 매매 때 매도 증서에 첨부함).

구:궐(久闕)뗑하자 오랫동안 빠짐.

구귀-가(九歸歌)뗑 구산법 운산을 기억하기 위한, 다섯 글자로 된 45마디의 문구.

구귀-법(九歸法)[─뻡]뗑『수』산가지나 주산으로 구귀가를 응용하여 나눗셈을 하는 방

법. 구귀제법. 귀제(歸除).

구귀-제법(九歸除法)[─뻡]뗑『수』구귀법. 준귀법.

구규(九竅)뗑『한의』눈·코·귀의 여섯 구멍과 입·항문·요도의 세 구멍을 합한 아홉 개의 구멍. 구혈(九穴).

구:규(舊規)뗑 전부터 있는 규칙.

구균(球菌)뗑『식』둥근 모양으로 생긴 세균의 총칭(쌍구균·포도상 구균 따위). 구상균.

구극(仇隙)뗑 원수와 같이 나쁜 사이.

구극(究極)뗑 궁극.

구극(駒隙)뗑 '백구과극(白駒過隙)'의 준말.

구:근(久勤)뗑하자 1 한 가지 일에 오랫동안 힘써 옴. 2 한 직장에 오래 근무함.

구근(球根)뗑『식』알뿌리.

구근-류(球根類)[─뉴]뗑『식』구근 식물.

구근 식물(球根植物)[─싱─]『식』튤립·글라디올러스처럼 알뿌리를 갖는 식물의 총칭. 구근류. 알뿌리 식물.

구금(拘禁)뗑하타『법』피고인 또는 피의자를 교도소·구치소에 가두는 일. ▷불법 ～ / ─된 사람이 풀려나다.

구금-장(拘禁場)뗑『법』피고인 또는 피의자를 가두어 두는 곳.

구:급(救急)뗑하타 1 위급할 때 응급조처를 취함. 2 위급한 상황에서 구해 냄. ─～ 대책을 세우다.

구:급-낭(救急囊)[─금─]뗑 구급약을 넣어 두는 주머니.

구:급-방(救急方)[─빵]뗑 1 위급한 상황에서 구해 내는 방법. 구급책. 2 『한의』위급한 병에 쓰는 약방문.

구:급-법(救急法)[─뻡]뗑『의』응급 치료법.

구:급-상비약(救急常備藥)[─쌍─]뗑 응급 치료를 위해 준비하여 두는 약품(알코올·머큐로크롬·요오드팅크·소화제 따위). ─～을 갖추다.

구:급-상자(救急箱子)[─쌍─]뗑 구급약과 간단한 의료 도구를 넣어 두는 상자.

구:급-약(救急藥)[─금냑]뗑 응급 치료에 필요한 약품. 구급약품.

구:급-약품(救急藥品)[─금냑─]뗑 구급약.

구:급-용(救急用)[─금뇽]뗑 위급한 상황에서 인명을 구조하는 데 쓰임. 또는 그런 용도. ─～ 차량.

구:급-차(救急車)뗑 위급한 환자나 부상자를 신속히 병원으로 실어 나르는 차. 앰뷸런스. ─119로 ～를 부르다.

구:급-책(救急策)뗑『한의』구급방(方)1.

구:급 치료(救急治療) 응급 치료.

구기뗑 1 기름·술 따위를 풀 때 쓰는, 국자보다 작은 기구. 2 (의존 명사적으로 쓰여) 1에 담아 분량을 세는 단위. ─석유 두 ～.

구기(九氣)뗑『한의』기(氣)의 변화에 따라 생기는 아홉 가지 감정의 상태(노여움·두려움·기쁨·슬픔·놀람·그리움·피로·한랭·열).

구:기(口器)뗑 절지동물에서, 음식물을 섭취하는 기관.

구기(拘忌)뗑하타 좋지 않게 여기어 피하거나 꺼림. 사위함.

구기(球技)뗑 공을 사용하는 운동 경기(야구·축구·배구 따위).

구기(颶氣)뗑 계울 듯한 기운. 토기(吐氣).

구:기(舊記)뗑 옛날의 기록. 옛날의 일을 기록하여 놓은 문서.

구:기(舊基)뗑 1 옛 집터. 2 옛 도읍터.

구기다자 일의 진행이나 살림이 순조롭게 되지 아니하고 꼬이고 막히다. ─잘되던 일을

~. [센]꾸기다.
구기다² [一][자] 구김살이 생기다. ❏구기지 않게 조심하다/새 옷이 구길까 조심하다. [二][타] **1** 비비어 금이 생기게 하다. ❏종이를 꼬깃꼬깃 ~. **2** 마음이 언짢아지다. ❏기분을 ~. [작]고기다. [센]꾸기다.
구기박-지르다 [-찌-]〔-질러, -지르니〕[타][르] **1** 몹시 구기지르다. **2** 함부로 구기어 처박다. ❏옷을 아무 데나 ~. [준]구박지르다.
구기-자 (枸杞子) [명] **1**〖식〗구기자나무. **2**〖한의〗구기자나무의 열매《해열·강장제로 씀》.
구기자-나무 (枸杞子-) [명]〖식〗가짓과의 낙엽 활엽 관목. 줄기는 가늘고 회백색이며 가시가 있음. 여름에 자주색 꽃이 피고 가을에 장과가 붉게 익음. 어린잎은 식용하며 열매는 약용함. 구기자.
구기적-거리다 [-꺼-] [타] 구김살이 생기게 자꾸 구기다. [작]고기작거리다. [센]꾸기적거리다.
구기적-구기적 [-꾸-] [부][하타]
구기적-대다 [-때-] [타] 구기적거리다.
구기-지르다 〔-질러, -지르니〕[타][르] 마구 구기다.
구기-차 (枸杞茶) [명] 구기자나무의 열매를 말려서 달인 차. 구기자차.
구김 [명] 구김살. ❏와이셔츠의 ~을 펴다.
구김-살 [-쌀] [명] **1** 구겨져서 생긴 잔금. 구김. ❏~이 가다/옷에 ~이 지다/종이의 ~을 펴다. [작]고김살. **2** (주로 '없다'와 함께 쓰여) 표정이나 마음속에 서린 어두운 그늘. 구김. ❏~ 없이 자라는 아이. **3** 일 따위가 순조롭지 못한 상태. ❏두 나라의 우호 관계에 ~이 지다. [센]꾸김살.
구김-새 [명] **1** 구김살이 진 정도나 모양. ❏~가 심하다. **2** 기가 죽은 태도나 기운. **3** 말이나 글이 이치에 닿지 않아 막히는 모양. ❏~ 없이 말하다. [센]꾸김새.
구깃-거리다 [-긷꺼-] [타] 구김살이 생기게 마구 구기다. [작]고깃거리다. [센]꾸깃거리다. **구깃-구깃¹** [-긷꾸긷] [부][하타]
구깃-구깃² [-긷꾸긷] [부][하형] 구겨져서 금이 많은 모양. ❏~한 바지를 다림질하다. [작]고깃고깃. [센]꾸깃꾸깃.
구깃-대다 [-긷때-] [타] 구깃거리다.
구나 (拘拿) [명][하타] 죄인을 잡음.
구나 (驅儺) [명]〖역〗고려·조선 때, 궁중에서 세말에 악귀로 분장한 사람을 방상시(方相氏)가 쫓던 연극.
-구나 [어미] **1** 형용사의 어간 또는 선어말 어미 '-았-'·'-었-'·'-겠-'에 붙어 해라할 자리에서 혼자 새삼스러운 감탄을 나타내는 종결 어미. ❏달이 밝~/참 잘되었~/참 불쌍하~. *-는구나·-더구나. **2** '-로구나'의 준말. ❏범인이 아니~. [준]-군.
구나방 [명] 말이나 행동이 모질고 사나운 사람을 이르는 말.
구:난 (救難) [명][하타] 재난을 구조함. ❏조난자 ~에 나서다.
구:난-부표 (救難浮標) [명] 구명부표.
구날 (構捏) [명][하타] '구허날무(構虛捏無)'의 준말.
구:내 (口內) [명] 입 안.
구내 (區內) [명] 일정한 구역의 안.
구내 (構內) [명] 큰 건물이나 시설 따위의 안. ❏역 ~에서 만나자. ↔구외(構外).
구내-매점 (構內賣店) [명] 구내에 있는 매점.
구내-방송 (構內放送) [명] 구내에서 하는 방송. ❏~을 통해 공지 사항을 알리다.
구내-선 (構內線) [명] 역 구내에 있는 본선 이외의 선로.
구내-식당 (構內食堂) [-땅] [명] 학교·직장 따위의 구내에 있는 식당.
구:내-염 (口內炎) [명]〖의〗입 안의 점막에 생기는 염증.
구내-전화 (構內電話) [명] 건축물이나 시설물 안에서 내부 통화에 쓰이는 간단한 유선 전화.
구:년 (久年) [명] 오랜 세월.
구:년 (舊年) [명] 지난해. 묵은해. ↔신년(新年).
구:년-묵이 (舊年-) [명] 여러 해 묵은 물건.
구년지수 (九年之水) [명] 중국 요나라 때 9년 동안이나 계속된 큰 홍수에서 유래한 말로, 오랫동안 계속되는 큰 홍수의 일컬음. 구년홍수.
구:년-친구 (舊年親舊) [명] **1** 오랫동안 헤어져 있는 벗. **2** 오랫동안 사귀어 온 벗.
구:눌-하다 (口訥-) [형][여] 말을 자꾸 더듬는 점이 있다. 어눌하다.
구:능 [명] 〔←군웅(軍雄)〕〖민〗무당이 위하는 귀신의 하나《열두 거리 굿에서 아홉째 귀신임》.
구능 놀다 [구] 구능이 나와서 놀아나다.
구니 (拘泥) [명][하자] 어떤 일에 필요 이상으로 마음을 쓰거나 얽매임. 구애.
구:닥-다리 (舊-) [-따-] [명] 오래되고 낡아 시대에 뒤떨어진 사람·사물·생각 따위를 낮잡아 이르는 말. ❏~ 시계/~가 된 양복.
구단 (球團) [명] 프로 야구나 프로 축구 등을 사업으로 하는 단체. ❏~과 선수 사이가 원만하다.
구단-주 (球團主) [명] 구단을 운영하는 사람.
구:달 (口達) [명][하타] 직접 말하여 전달함.
구:담 (口談) [명] **1** 언변. 말솜씨. **2** 이야기.
구담 (瞿曇) [명]〖불〗**1** 인도의 석가 종족의 성(姓). **2** 성도(成道)하기 전의 석가를 이름.
구:답 (口答) [명][하자] 말로 대답함.
구:답 (舊畓) [명] 전부터 있던 논.
구대 (球帶) [명]〖수〗'구띠'의 구용어.
구:대 (舊代) [명] 예전 시대. 지난 시대.
구:-대륙 (舊大陸) [명]〖지〗신대륙 발견 전부터 알려진 유럽·아시아·아프리카의 세 대륙. 구세계. ↔신대륙.
구:대-인 (舊代人) [명] **1** 선대부터 부리던 하인. **2** 한 동네에 대대로 이어 사는 사람.
구더기 [명]〖충〗파리의 애벌레. ❏~가 꾫다/~가 우글거리다/쉰 음식에 ~가 슬었다. [구더기 무서워 장 못 담글까] 방해가 되는 일이 있더라도 마땅히 할 일은 해야 한다.
구:덕 (口德) [명] **1** 말에 나타나는 어질고 너그러운 덕. **2** 성실하고 진실된 말씨.
구덕 (具德) [명][하자] 덕을 갖춤.
구:덕 (舊德) [명] 오래전에 베푼 덕.
구덕-구덕 [-꾸-] [부][하형] 물기 있는 물체의 거죽이 약간 마른 모양. ❏~하게 마른 옷/생조기를 ~ 말리다. [센]꾸덕꾸덕.
구덥다 [-따]〔구더워, 구더우니〕[형][ㅂ] 굳건하고 확실하여 아주 미덥다.
구덩이 [명] **1** 땅이 움푹하게 팬 곳. 또는 땅을 우묵하게 파낸 곳. ❏~를 깊게 파다. **2**〖광〗광물(鑛物)을 파내기 위하여 땅속을 파 들어간 굴. 갱(坑).
구:도 (口到) [명] 독서 삼도(讀書三到)의 하나. 글을 읽을 때에는 입으로 말을 하지 않고 글만 읽어야 함을 이르는 말. *심도(心到)·안도(眼到).
구도 (求道) [명][하자] **1** 종교적 깨달음이나 진리

를 추구함. ❑ ~하는 심정으로 일에 정진하다. **2**〔불〕불법의 정도(正道)를 구함.
구도(構圖) [명]〔미술〕그림에서, 미적 효과를 얻기 위하여 전체적으로 조화되게 배치하는 도면 구성의 짜임새. ❑ ~를 잡다.
구:도(舊道) [명] 전에 만들어진 길.
구:도(舊都) [명] 옛날의 서울. 옛 도읍. ↔신도(新都).
구도-자(求道者) [명] 구도하는 사람.
구독(購讀) [명][하타] 책이나 신문, 잡지 따위를 사서 읽음. ❑ 잡지를 정기 ~하다.
구독-료(購讀料)[-동뇨] [명] 책·신문·잡지 따위를 정기적으로 받아 보기 위하여 치르는 돈. ❑ 신문 ~가 밀리다.
구동(九冬) [명] 겨울철 90 일간.
구동(驅動) [명][하타] 동력을 가해 움직이게 함. ❑ 기관차를 ~하다.
구동-축(驅動軸) [명] 원동기의 회전 동력을 기계의 각 작동 기구(作動機構)에 전달하는 주축(主軸).
구두¹ [명]〔←일 くつ〕주로 가죽으로 발등을 덮게 만든 서양식 신. 양화(洋靴). ❑ ~ 한 켤레 / ~를 닦다 / ~를 맞추다 / ~를 신다.
구두² [명] '구두쇠'의 준말.
구:두(口頭) [명] 마주 대하여 입으로 하는 말. ❑ ~ 계약 / ~ 표결로 정하다 / ~로 약속하다 / ~로 보고하다.
구두(句讀) [명]〔언〕'구두법'의 준말.
구:두 계:약(口頭契約)[-/-게-]〔법〕말로 맺는 계약. ↔서면 계약. *성문 계약.
구두-끈 [명] 구두가 벗겨지지 않게 죄어 매는 끈. ❑ ~을 끄르다.
구두-닦이 [명] 구두를 닦는 일을 직업으로 하는 사람.
구두덜-거리다 [자] 못마땅하여 혼자서 자꾸 군소리를 하다. **구두덜-구두덜** [부][하자]
구두덜-대다 [자] 구두덜거리다.
구두-법(句讀法)[-뻡] [명]〔언〕글을 쓸 때 문장 부호를 쓰는 방법. [준]구두.
구:두 변:론(口頭辯論)[-별-]〔법〕소송 당사자나 대리인이 법정에서 말로 직접 행하는 변론.
구:두 삼매(口頭三昧)〔불〕경문의 글귀만 읽고 참된 선리(禪理)를 닦지 않는 수도(修道). 구두선(口頭禪).
구:두-선(口頭禪) [명] **1** 구두 삼매. **2** 실행이 없는 헛된 말. ❑ ~에 불과하다.
구두-쇠 [명] 돈이나 재물을 쓰는 데 몹시 인색한 사람. 굳짜. ❑ 소문난 ~. [준]구두.
구:두-시험(口頭試驗) [명]〔교〕시험관의 물음에 말로 대답하는 시험. 구술시험. ❑ ~만으로 신입 사원을 채용하다.
구:두 심리(口頭審理)[-니]〔법〕말로 묻고 대답하는 심리. ↔서면(書面) 심리.
구두-약(-藥) [명] 구두에 칠하여 윤이 나고 오래 견디게 하는 약. ❑ ~을 칠하다.
구:두 약속(口頭約束)[-쏙] 말로 맺는 약속.
구:두 위임(口頭委任)〔법〕위임장을 주지 않고 말로 하는 형식의 위임.
구두-점(句讀點)[-쩜] [명]〔언〕글을 마치거나 쉴 때에 찍는 쉼표와 마침표.
구:두-주의(口頭主義)[-/-이] [명]〔법〕민사·형사 소송에서, 말로 의사 표시를 하는 주의. 구술주의. ↔서면(書面)주의.
구:두-질 [명][하자] 방고래에 모인 검댕이나 재를 구둣대로 쑤셔 냄. ❑ ~을 자주 해야 불이 잘 든다.
구두-창 [명] 구두의 밑바닥에 대는 창. ❑ ~이 닳다. *창².
구두-코 [명] 구두의 앞쪽 끝 부분.
구:둔-하다(口鈍-) [형][여] 말하는 것이 더디고 굼뜨다.
구:둣-대 [-두때 / -둗때] [명] 굴뚝이나 방고래의 검댕이나 재 따위를 그러내는 제구.
구둣-발 [-두빨 / -둗빨] [명] 구두를 신고 있는 발. ❑ ~로 차다 / ~에 짓밟히다 / ~ 소리가 나다.
구둣-발길 [-두빨낄 / -둗빨낄] [명] 구두를 신은 상태로 차는 발길.
구둣-방(-房)[-두빵 / -둗빵] [명] 구두를 만들거나 고치거나 파는 가게. 양화점.
구둣-솔 [-두쏠 / -둗쏠] [명] 구두를 닦는 데 쓰는 솔.
구둣-주걱 [-두쭈- / -둗쭈-] [명] 구두를 신을 때, 발 뒤축에 대어 발이 구두에 잘 들어가게 하는 도구. [준]주걱.
구드러-지다 [자] 말라서 뻣뻣하게 굳어지다. ❑ 풀 먹인 빨래가 구드러졌다. [작]고드러지다. [센]꾸드러지다.
구득(求得) [명][하타] 구하여 얻음. ❑ 인터넷을 통해서 정보를 ~하다.
구들 [명]〔건〕'방구들'의 준말.
구들-고래 [명] ☞방고래.
구들-구들 [부][하형] 밥알 따위가 식거나 말라서 속은 무르고 겉은 굳은 상태. [작]고들고들. [센]꾸들꾸들.
구들-더께 [명] 늙고 병들어 방 안에만 들어앉아 있는 사람을 놓으로 일컫는 말.
구들-돌 [-똘] [명] 구들장.
구들-동티 [명] 방구들에서 생긴 동티라는 뜻으로, 별다른 까닭 없이 죽는 것을 놓으로 일컫는 말. ❑ 뒷집에서 ~가 났다.
구들-미 [명] 방구들을 뜯어고칠 때 나오는 재나 탄 흙《거름으로 씀》.
구들-바닥 [-빠-] [명] 장판이나 자리를 깔지 아니한 구들의 맨바닥. ❑ 꺼진 ~을 손질하다.
구들-방(-房)[-빵] [명] 구들장을 놓아 불을 땔 수 있게 만든 방. 온돌방.
구들-장 [-짱] [명] 방고래 위에 놓아 방바닥을 만드는 넓고 얇은 돌. 구들돌.
구들장(을) 지다 [구]〈속〉구들방에 눕다.
구들-재 [-째] [명] 방고래에 앉은 그을음과 재. 구재.
구들-직장(-直長)[-짱] [명] 방 안에만 들어앉아 있는 사람을 놓으로 일컫는 말.
구듭 [명] 귀찮고 괴로운 남의 뒤치다꺼리. ❑ ~을 치다.
구듭-치기 [명] 귀찮고 힘든 남의 뒤치다꺼리를 하는 일.
구등(球燈) [명] 모양이 둥근 등.
구등(篝燈) [명] 바람을 막기 위하여 불어리를 씌운 등.
구디 [부]〈옛〉굳이. 굳게.
구뜰-하다 [형][여] 변변하지 아니한 음식이 맛은 구수하여 먹을 만하다. ❑ 시래깃국이 꽤 ~.
구-띠(球-) [명]〔수〕구(球)를 평행한 두 평면으로 잘랐을 때, 그 사이에 끼인 구면(球面)의 부분.
구라파(歐羅巴) [명]〔지〕'유럽'의 한자말.
구락부(俱樂部)[-뿌] [명] '클럽(club)1'의 한자말.
구:랍(舊臘) [명] 지난해의 섣달. 객랍(客臘).
구:래(舊來) [명] 옛날부터 내려옴. ❑ ~의 폐습을 타파하다.

구:량(口糧)圏〖역〗관아에서, 식구 수효대로 내어 주던 양식.

구량-각(九樑閣)圏〖건〗도리 아홉 개를 쓴 네 칸 넓이의 큰 전각.

구러디다재 거꾸러지다.

구력圏 1 새끼로 그물처럼 눈을 드물게 떠서 만든 물건《오쟁이나 섬처럼 씀》. 2 ☞ 망태기.
[구력의 게 나주겠다] 자기에게 돌아온 좋은 기회나 일을 붙잡지 못하고 놓쳐 버리겠다는 뜻으로, 사람이 변변하지 못하다는 말.

구렁圏 1 땅이 움쑥하게 팬 곳. 구학. □깊은 ~. 2 '빠지면 헤어나기가 힘든 어려운 환경'을 비유하는 말. □절망의 ~에서 헤어나다.

구렁-말圏 털 빛깔이 밤색인 말.

구렁이圏 1 〖동〗큰 뱀의 하나. 집 근처의 담이나 돌무덤에 나타나는데, 길이 150~180cm로 빛은 황적색이고 움직임이 느림. 쥐나 작은 새를 잡아먹음. ⓒ구리. 2〈속〉음흉하고 능글맞은 사람.
[구렁이 담 넘어가듯] 일을 분명하게 처리하지 않고 슬그머니 얼버무려 버림의 비유.

구렁-찰圏 철 늦게 익는 찰벼.

구렁-텅이圏 1 몹시 깊숙하거나 험한 구렁의 모퉁이. 2 한번 발을 들여놓으면 헤어나기 어려운 환경 따위를 일컫는 말. □악(惡)의 ~에 빠지다.

구레圏〈옛〉뱃구레.

구레-나룻[-룯]圏 귀밑에서 턱까지 잇따라 난 수염.

구레미圏 '호랑이'의 심마니말.

구렛-들[-레뜰/-렌뜰]圏 바닥이 낮고 물이 늘 괴어 있어서 기름진 들.

-구려어미 1 동사·형용사의 어간이나 선어말 어미 '-았/-었-' 등에 붙어 하오할 자리에 새삼스러운 감탄을 나타내는 종결 어미. □벌써 갔~. 2 동사 어간에 붙어 상대자에게 좋도록 시킴을 나타내는 종결 어미. □알아서 하~/어서 들어오시~. 3 '-로구려'의 준말. □저기가 설악산이~. *-는구려.

구력(球歷)圏 야구 등 구기(球技) 운동을 해온 경력. □~ 20년의 현역 선수.

구:력(舊曆)圏 태음력.

구:령(口令)圏하자 여러 사람이 같은 동작을 일제히 하도록 지휘자가 호령함. 또는 그 호령. □~을 붙이다/~에 맞추어 행진하다.

구:령(救靈)圏〖가〗신앙으로 영혼을 구원함.

구:령(舊領)圏 지난날의 영토.

구:례(舊例)圏 옛날부터 내려오는 관례.

구:례(舊禮)圏 옛날부터 내려오는 예법.

구로(劬勞)圏하자 자식을 낳아 기르느라고 수고함.

구:로(舊路)圏 옛날부터 있던 길. ↔신작로.

구로(鷗鷺)圏 갈매기와 백로(白鷺).

구로-일(劬勞日)圏 어버이가 자기를 낳느라고 고생한 날이라는 뜻으로, 자기의 생일.

구로지감(劬勞之感)圏 부모의 은덕을 생각하는 마음.

구로지은(劬勞之恩)圏 자기를 낳아 기른 부모의 은혜.

구록(具錄)圏하타 필요한 것을 빠짐없이 모두 기록함.

구:록(舊錄)圏 옛날의 기록. 묵은 기록.

구록-피(狗鹿皮)圏 사슴의 가죽처럼 부드럽게 다룬 개의 가죽.

구:론(口論)圏하자 말로 논쟁함.

구롱(丘壟)圏 1 언덕. 2 조상의 산소.

구:료(救療)圏하타 가난한 병자를 구원하여

치료해 줌.

구료어미 ☞ -구려.

구루(佝僂·痀瘻)圏하자 1 곱사등이. 2 늙거나 병들어 등이 앞으로 꼬부라짐.

구루-마(< くるま(車)]圏〖車〗짐수레. 달구지.

구루-병(佝僂病)[-뼝]圏〖의〗뼈가 물러져 등뼈나 가슴뼈 따위가 굽는 병. 비타민 D의 부족으로 생김. 곱삿병.

구름圏〈옛〉구름.

구류(拘留)圏하타 1 잡아 가둠. 2〖법〗1일 이상 30일 미만의 기간 동안 죄인을 구치소에 가두는 벌. □폭행 혐의로 20일간 ~를 살다/범인이 경찰서에 ~되다.

구류 신:문(拘留訊問)〖법〗사법 기관에서 범죄 혐의가 있는 사람을 구치소에 가두어 두고 하는 신문.

구류-장(拘留狀)[-짱]〖법〗법관이 범죄 혐의가 있는 사람을 구류할 때 발부하는 영장.

구류-장(拘留場)圏〖법〗구류에 처한 범인을 가두어 두는 구치소(拘置所)를 이름.

구류 처:분(拘留處分)〖법〗죄인(罪人)을 구류에 처하는 조치.

구륙(九六)圏 1 양(陽)의 수인 아홉과 음(陰)의 수인 여섯. 2 음양이 어우러져 생기는 만물의 도리.

구륜(九輪)圏〖불〗1 불탑의 노반(露盤) 위, 앙화(仰花)와 수연(水煙) 사이에 있는 아홉 개의 바퀴 모양의 테 장식. 2 상륜(相輪)1.

구르다¹[굴러, 구르니]짜재타 1 데굴데굴 돌며 옮아가다. □비탈에서 굴러 떨어지다. 2 총 따위를 쏠 때 반동으로 뒤로 되튀다. 3 말 따위가 구을 때 굴러 목쉰 소리가 나다. ⓒ굴다. □자타自타 1 하찮게 내버려지거나 널려 있다. □길가에 구르는 낙엽/길 위를 구르는 쓰레기. 2 어떤 곳에 누워서 뒹굴다. □비탈길에서 ~/뛰다가 모래밭을 굴렀다.

구:르다²[굴러, 구르니]타타 밑바닥이 울리도록 바닥에 발을 힘 있게 내리 디디다. □발을 동동 ~.

구르티다타〈옛〉거꾸러뜨리다.

구륵(鉤勒)圏〖미술〗구륵법.

구륵-법(鉤勒法)[-뻡]圏〖미술〗동양화에서, 윤곽을 가늘고 엷은 쌍선(雙線)으로 그리고 그 가운데를 채색하는 법. 구륵. 쌍구(雙鉤). ↔몰골법(沒骨法).

구름圏 공기 중의 수분이 엉기어 물방울이나 얼음 결정이 되어 공중에 떠 있는 것. □~이 떠가다/~이 잔뜩 끼어 있는 하늘.
구름같이 모여들다㋖ 한꺼번에 많이 모여들다. □환영 인파가 ~.
구름(을) 잡다㋖ 뚜렷하지 아니하고 막연하여 걷잡을 수 없음의 비유.

구름-결[-껼]圏 1 구름처럼 슬쩍 지나는 겨를. *바람결. 2 엷고 고운 구름의 결.

구름-금[-끔]圏 도약 운동에서, 구름판의 맨 앞선.

구름-다리圏 길·계곡 등의 위로 공중에 걸쳐 놓은 다리.

구름-마찰(-摩擦)圏〖물〗물체가 어떤 면(面) 위를 굴러갈 때, 그 물체의 운동에 대한 면의 저항력. 회전마찰.

구름-모임圏〖불〗법회에 참석하는 대중이 구름처럼 많이 모여드는 일.

구름-무늬[-니]圏 구름문.

구름-문(-紋)圏 구름 모양으로 된 무늬. 구름무늬. 운문(雲紋).

구름-바다 [-빠-] 圐 바다처럼 넓게 깔린 구름. 운해(雲海).

구름-양 (-量)[-냥] 圐 《기상》 구름이 하늘을 덮고 있는 정도. 구름이 전혀 없을 때를 0으로 하고, 잔뜩 끼었을 때를 10으로 하여 그 정도를 눈대중으로 정함. 운량(雲量).

구름-장 [-짱] 圐 넓게 퍼진 두꺼운 구름 덩이. ▯~이 몰려오다.

구름-집 圐《불》운당(雲堂).

구름-차일 (-遮日) 圐 공중에 높이 친 차일.

구름-판 (-板) 圐 멀리뛰기·뜀틀 운동 따위에서, 뛰어오르기 직전에 발을 구르는 판. 도약판.

구름 圐 마소의 아홉 살.

구릉 (丘陵) 圐 언덕.

구릉-지 (丘陵地) 圐 높이 300m 미만의 완만한 경사면과 골짜기가 있는 지역. ▯온통 목초로 뒤덮인 ~.

구리¹ 圐《화》붉고 윤이 나는 금속 원소. 자연동이나 화합물로 나며 은(銀) 다음으로 전기 및 열을 잘 전달하는 물체임. 연성과 전성이 풍부함. 동(銅). [29번 : Cu : 63.54]

구리²圐《동》'구멍이'의 준말.

구:리 (久痢) 圐《한의》오랫동안 낫지 않고 앓고 있는 이질.

구-리 (究理) 圐𝗵𝗮𝘁 사물의 이치를 캐어 밝힘.

구리 (具利) 圐𝗵𝗮𝘁 구본변(具本邊).

구리가라-용왕 (俱梨伽羅龍王) 圐《불》부동명왕이 변해서 된 용왕(검(劍)을 삼키는 흑룡의 형상을 하고 있음.

구리-귀신 (-鬼神) 圐 지독한 구두쇠를 낮잡아 이르는 말. 동신(銅神).

구리다 톀 1 똥이나 방귀 냄새와 같다. ▯냄새가 지독하게 구리구나. 2 하는 짓이 더럽고 추잡하다. ▯구리게 놀다. 3 행동이 떳떳하지 못하고 의심스럽다. ▯구린 데가 있는지 꽁무니를 뺀다. ㉮쿠리다.

구린 입도 안 떼다 톀 무엇이든 자기 의견을 말해야 할 사람이 입을 다물고 있다.

구리-줄 圐 구리철사로 만든 길고 가는 줄. 동선(銅線).

구리-철사 (-鐵絲)[-싸] 圐 구리로 길고 가늘게 만든 철사. 동사(銅絲).

구리터분-하다 톀㉠ 1 냄새가 역겹게 구리다. ▯구리터분한 입내. 2 하는 짓이나 성미가 깔끔하지 못하고 더럽다. ㉭고리타분하다. ㉲구리터분하다·굴터분하다.

구리텁텁-하다 [-터파-] 톀㉠ 몹시 구리터분하다. ㉭고리탑탑하다. ㉲구텁텁하다·굴텁텁하다.

구리 합금 (-合金)[-끔]《화》구리를 주성분으로 한 합금의 총칭. 놋쇠·청동 따위가 있음. 동합금(銅合金).

구린-내 圐 구리게 나는 냄새. ▯~를 피우다. ㉮쿠린내.

구린내가 나다 톀 어딘가 수상한 데가 있다.

구:림 (久霖) 圐 오랜 장마.

구릿-대 [-때 / -릳때] 圐《식》미나릿과의 여러해살이풀. 골짜기에 남. 뿌리줄기는 살지고 수염뿌리는 많음. 줄기 높이 1.5m 정도. 초가을에 흰 꽃이 피고 열매는 타원형임. 어린잎은 식용하고 뿌리는 약용함.

구릿-빛 [-리삣 / -릳삗] 圐 적갈색. ▯~ 살결.

구마 (驅魔) 圐 마귀를 몰아 내쫓음.

-구먼 어미 ☞ -구면.

구만-리 (九萬里)[-말-] 圐 아득히 먼 거리의

비유. ▯앞길이 ~ 같은 청년 / 기러기 울어 예는 하늘 ~.

구만리-장천 (九萬里長天)[-말-] 圐 아득히 높고 먼 하늘. 구공(九空). 만리장천.

구매 (毆罵) 圐𝗵𝗮𝘁 때리고 욕함.

구매 (購買) 圐𝗵𝗮𝘁 물건 따위를 사들임. 구입. ▯백화점에서 상품을 대량으로 ~하다.

구매 동:기 (購買動機) 《경》소비자가 어떤 상품을 사게 되는 원인.

구매-력 (購買力) 圐 상품을 살 수 있는 재력 (財力). ▯~이 되살아나다.

구매-자 (購買者) 圐 물건을 사는 사람이나 단체. 매주(買主). ↔판매자.

구매 조합 (購買組合) 일상생활에 필요한 물품을 구매 또는 생산하여 조합원에게 싸게 파는 협동조합.

구매-처 (購買處) 圐 보급품이나 용역을 구매하는 기능을 가진 시설이나 부서.

구맥 (瞿麥) 圐《한의》패랭이꽃의 꽃(파혈(破血)·통경(通經)·낙태(落胎)하는 데 씀].

-구먼 어미 형용사의 어간이나 선어말 어미 '-았-'·'-었-'·'-겠-'에 붙어 반말이나 혼잣말로 새삼스런 감탄을 나타내는 종결 어미. ▯많~ / 빨리 왔~ / 꽤 크~ / 좋은 생각이 ~. *-는구먼.

구멍 圐 1 파냈거나 뚫어진 자리. ▯양말에 ~이 나다 / ~이 뚫리다. 2 (주로 '-г 구멍'의 꼴로 쓰여) 어려움을 벗어나는 길. ▯빠져나갈 ~을 찾다 / 살 ~을 찾다 / 도망갈 ~이 없다. 3 허점이나 약점의 비유. ▯범인 수색에 ~이 뚫리다.

[구멍은 깎을수록 커진다] 허물은 변명하고 얼버무리려고 할수록 더욱 드러난다. [구멍 보아 가며 쐐기 깎는다] 형편을 보아 가며 거기에 알맞게 일을 해야 한다.

구멍-가게 [-까-] 圐 조그맣게 차린 가게.

구멍-구멍 圐 여러 구멍. 또는 각각의 구멍.

구멍-새 圐 1 구멍의 생김새. 2 얼굴의 생김새를 낮잡아 일컫는 말.

구멍-탄 (-炭) 圐 여러 개의 구멍이 뚫린 원기둥 모양의 연탄. 구공탄.

구멍-혈 (-穴) 圐 한자 부수(部首)의 하나('空·窓' 등에서 '穴'의 이름).

구메-구메 뭄 남모르게 틈틈이. 새새틈틈. ▯불우한 이웃을 ~ 도와주다.

구메-농사 (-農事) 圐 1 고장에 따라 풍흉(豐凶)이 다른 농사. 혈농(穴農). 2 작은 규모의 농사.

구메-밥 圐 예전에, 옥에 갇힌 죄수에게 벽 구멍으로 몰래 들여보내던 밥.

구:면 (苟免) 圐𝗵𝗮𝘁 재난이나 위험 따위에서 간신히 벗어남.

구면 (球面) 圐 1 구의 표면. 2《수》일정한 점에서 일정한 거리에 있는 점의 자취.

구:면 (舊面) 圐 알고 지낸 지 오래된 처지. 또는 그런 사람. ▯우리는 서로 ~이다. ↔초면.

-구면 어미 ☞ -구먼.

구면-각 (球面角) 圐《수》한 구면 위의 두 개의 대원(大圓)이 이루는 각.

구면-경 (球面鏡) 圐《물》반사면이 둥근 모양으로 된 거울[볼록 거울·오목 거울이 있음]. 구면 거울.

구면-계 (球面計)[-/-게] 圐《물》구면의 곡률 반지름이나 얇은 판의 두께를 측정하는 기계. 구척(球尺). 스페로미터.

구면 기하학 (球面幾何學) 《수》구면 위의 기하학적 도형을 다루는 학문.

구면 다각형 (球面多角形)[-까졍] 《수》세 개

이상의 대원(大圓)의 열호(劣弧)로 둘러싸인 구면의 한 부분.

구면 삼각법 (球面三角法)[-뻡]『수』삼각 함수를 써서 구면 삼각형의 기하학적 관계 및 응용을 연구하는 삼각법.

구면 삼각형 (球面三角形)[-가경]『수』세 개의 대원(大圓)의 열호(劣弧)로 둘러싸인 구면 위의 삼각형.

구면 수차 (球面收差)『물』한 점에서 발사된 광선이 구면경에서 반사하거나 구면 렌즈를 통과한 후 한 점에 모이지 않아 그림자가 선명하지 아니한 현상.

구면 천문학 (球面天文學)『천』천구 위에 투영된 천체의 위치·운동·크기 등을 연구하는 천문학의 한 부분. 위치 천문학.

구면-파 (球面波)『물』한 점이 모든 방향으로 똑같이 퍼져 나가 파면(波面)이 구면으로 된 파동.

구명 (究明)『명하타』사물의 본질·원인 따위를 깊이 연구하여 밝힘. ⬦아직 ~되지 않은 문제가 남아 있다.

구명 (救命)『명하타』사람의 목숨을 구함. ⬦~ 운동을 펼치다 / 조난자가 모두 ~되었다.

구:명 (舊名)『명』고치기 전의 이름. 또는 예전에 부르던 이름.

구명 (驅命)『명』신명(身命).

구:명-구 (救命具)『명』물에 빠진 사람을 구조하는 데 사용하는 기구.

구:명-기 (救命器)『명』산소가 부족한 장소나 유해 가스 속에서 일하는 사람에게 안전한 호흡을 하게 하는 장치.

구:명-대 (救命帶)『명』물 위에 쉽게 뜰 수 있도록 하는, 조끼처럼 입거나 허리·어깨에 착용하는 구명구. 구명대(浮帶).

구:명-도생 (苟命圖生)『명하자』구차스럽게 겨우 목숨만 이어 나감.

구:명-동의 (救命胴衣)[- / -이]『명』구명조끼.

구:명-띠 (救命-)『명』물에 빠져도 몸이 뜨도록 허리에 두르는 띠.

구:명-보트 (救命boat)『명』구명정.

구:명-부대 (救命浮帶)『명』구명대.

구:명-부이 (救命buoy)『명』구명부표.

구:명-부표 (救命浮標)『명』몸을 물 위에 뜨게 하는 기구. 코르크를 방수포(防水布)로 싼 바퀴 모양의 기구. 구난부표. 구명부이.

구:명-삭 (救命索)『명』1 선박이 항행하는 동안 풍파로 말미암아 선체가 심하게 흔들릴 때, 붙잡고 걷거나 물에 빠지지 않게 하려고 갑판 위에 가로세로 늘어 놓는 줄. 2 구명정(救命艇)의 주위나 잠수하는 사람의 몸에 매는 줄. 구명줄.

구:명-정 (救命艇)『명』본선에 싣고 다니다가 본선이 조난한 경우에 인명을 구조하기 위한 보트. 구명보트.

구:명-조끼 (救命-)『명』물에 빠져도 몸이 뜰 수 있도록 만든 조끼. 구명동의.

구목 (丘木)『명』무덤가에 가꾸어 놓은 나무. 묘목(墓木).

구몰 (俱沒)『명하자』부모가 모두 세상을 떠남. ↔구존(俱存).

구묘 (丘墓)『명』무덤.

구묘지향 (丘墓之鄕)『명』선산이 있는 고향.

구무 『명』〈옛〉구멍. 굴.

구무 (構誣)『명하타』터무니없는 일을 꾸며 남을 모함함.

구무럭-거리다 [-꺼-]『자타』몸을 천천히 자꾸 움직이다. ⑧고무락거리다. **구무럭-구무럭** [-꾸-]『부하자타』

구무럭-대다 [-때-]『자타』구무럭거리다.

구문 (口文)『명』흥정을 붙여 주고 그 보수로 받는 돈. 구전(口錢). 두전. ⬦~을 받다.

구:문 (口吻)『명』1 입술. 입. 2 주둥이. 3 말투.

구문 (究問)『명하타』충분히 알 수 있을 때까지 캐어물음.

구문 (具文)『명하자타』실속 없이 문서의 형식만을 갖춤.

구문 (構文)『명』글의 짜임.

구문 (歐文)『명』유럽 사람들이 쓰는 글자나 글.

구:문 (舊聞)『명』전에 들은 소문이나 이야기. ⬦그건 이미 ~이야. ↔초문.

구문-권 (求問權)[-꿘]『명』『법』민사 소송의 구두 변론 중에, 당사자가 상대방의 진술 취지를 확인하기 위하여 재판장에게 필요한 질문을 할 수 있는 권리.

구:문-론 (構文論)[-논]『명』1『논』언어 중의, 기호 간의 형식적 관계만을 취급하는 학문. 기호론의 한 분야임. 2『언』문중(文中)의 말과 말 사이의 일치나 지배 관계를 어법에 따라 취급하는 문법학의 한 부문.

구:물 (舊物)『명』1 옛 물건. ↔신물(新物). 2 대대로 물려 전해 오는 물건.

구물-거리다 『자타』몸을 매우 느리게 자꾸 움직이다. ⑧고물거리다. ⑩꾸물거리다. **구물-구물** 『부하자타』

구물-대다 『자타』구물거리다.

구:미 (口味)『명』입맛. ⬦병이 나서 ~를 잃다 / 수요자의 ~에 맞도록 고안하다.

구미가 나다 ㉓ ㉠입맛이 생기다. ㉡욕심이 나다.

구미가 당기다 ㉓ 구미가 돌다.

구미가 돌다 ㉓ ㉠입맛이 돌다. ㉡욕심이나 관심이 생기다. ⬦구미가 도는 이야기.

구미가 동하다 ㉓ ㉠입맛이 돌아 먹고 싶은 생각이 들다. ⬦매콤하고 달콤한 쫄면을 보니 구미가 동한다. ㉡무엇을 차지하고 싶은 마음이 생기다. ⬦싸고 좋다는 말에 ~.

구미를 돋우다 ㉓ ㉠입맛이 나게 하다. ⬦구미를 돋우는 전채 요리. ㉡관심이나 흥미를 갖게 만들다.

구:미 (口靡)『명』입 안이 헒.

구미 (歐美)『명』1 유럽 주와 아메리카 주. 2 유럽과 미국. 서양.

구:미 (舊米)『명』묵은쌀.

구미속초 (狗尾續貂)『명』〔담비의 꼬리가 모자라 개 꼬리로 이는다는 뜻〕1 벼슬을 함부로 줌. 2 훌륭한 것에 하잘것 것이 뒤를 이음.

구미-초 (狗尾草)『명』『식』강아지풀.

구미-호 (九尾狐)『명』1 오래 묵어 사람을 호린다는 꼬리가 아홉 개 달린 여우. 2 간사하게 아첨을 잘하는 사람. 교활한 사람.

구민 (區民)『명』한 구(區) 안에 사는 사람.

구:민 (救民)『명』어려움에 처해 있는 백성을 구제함.

구:밀복검 (口蜜腹劍)[-껌]『명』입에는 꿀이 있고 배 속에는 칼이 있다는 뜻으로, 말로는 친한 체하나 속으로는 해칠 생각을 가짐을 이르는 말.

구박 (驅迫)『명하타』못 견디게 괴롭힘. ⬦며느리를 ~하다 / 갖은 ~을 받다.

구박-지르다 [-찌-]『-질러, -지르니』『타트』'구기박지르다'의 준말.

구배 (勾配)『명』1『건』흘림. 물매³. ⬦~가 심하다. 2『수』'기울기'의 구용어.

구배-표 (勾配標)『명』철도 선로의 곁에 세워 선

로의 기울기를 나타내는 표지. 기울기표.

구법(句法)[-뻡]〖文〗시문의 구절을 만들거나 배열하는 방법.

구법(求法)몡하짜〖불〗불법(佛法)을 구함.

구법(舊法)[-뻡]몡 예전에 제정한 법률. ↔신법(新法)1.

구-벽(口癖)몡 입버릇.

구-벽토(舊壁土)몡 오래된 바람벽의 흙《논밭의 거름으로 씀》.

구-변(口邊)몡 입가.

구-변(口辯)몡 말솜씨. 언변(言辯). □ ~이 좋다 / ~이 없다.

구변(具邊)몡하타 '구본변(具本邊)'의 준말.

구-머리(口辯)[-뻐] 구변(口辯).

구별(區別)몡 성질이나 종류에 따라 나타나는 차이. 또는 그것을 갈라놓음. □ 하등 생물은 동식물의 ~이 어렵다 / 진짜와 가짜가 ~되다 / 선악을 ~하다 / 출신지를 ~해 분열을 조장하다.

구병(救兵)몡 구원하는 군사. 구원병.

구-병(救病)몡하타 병구완을 함. 간병(看病).

구보(狗寶)몡〖한의〗병든 개의 쓸개 속에 든 결석《폐경(肺經)의 풍독(風毒)·악창(惡瘡) 등에 씀》. 구황(狗黃).

구보(驅步)몡하짜 뛰어감. 달음박질. □ ~로 행군하다.

구-복(口腹)몡 먹고살기 위하여 음식을 섭취하는 일과 배. □ ~을 채우다.

구-복색(具服色)[-쌕]몡하짜 옷을 절차에 맞게 갖춰 입음.

구-복지계(口腹之計)[-찌-/-찌게]몡 먹고살 계책이나 방법. 생계.

구-본(舊本)몡 발행한 지 오래된 책. ↔신본(新本).

구-본변(具本邊)몡하타 본전과 이자를 합함. 구리(具利). 병본리. 준구변(具邊).

구-부득(求不得)몡 구하여도 얻지 못함.

구부득-고(求不得苦)[-꼬]〖불〗팔고(八苦)의 하나. 얻으려 해도 얻지 못하는 고통.

구부러-들다〔-들어, -드니, -드는〕짜 안쪽으로 구부러져 들어오거나 들어가다. □ 물줄기가 들 한복판으로 ~. 짱고부라들다. 쎈꾸부러들다.

구부러-뜨리다타 구부러지게 하다. □ 철근을 ~. 짱고부라뜨리다. 쎈꾸부러뜨리다.

구부러-지다짜 한쪽으로 구붓하게 휘어지다. □ 구불구불 구부러진 산길 / 허리가 ~. 짱고부라지다. 쎈꾸부러지다.

[구부러진 송곳] 쓸모없게 된 것의 비유.

구부러-트리다타 ⇨구부러뜨리다.

구부렁-구부렁뿌하형 여러 군데가 안으로 휘어들어 굽은 모양. 짱고부랑고부랑. 쎈꾸부렁꾸부렁.

구부렁-길[-낄]몡 구부러진 길. 짱고부랑길. 쎈꾸부렁길.

구부렁-이몡 구부러진 물건. 짱고부랑이. 쎈꾸부렁이.

구부렁-하다형여 안으로 휘어들어 굽다. 짱고부랑하다. 쎈꾸부렁하다.

구부리다타 한쪽으로 구붓하게 굽히다. □ 허리를 구부리고 인사하다 / 철사를 ~. 짱고부리다. 쎈꾸부리다.

구부스름-하다형여 좀 굽은 듯하다. □ 어깨가 ~. 짱고부스름하다. 쎈꾸부스름하다. 준구부숨하다. **구부스름-히**뿌

구부숨-하다형여 '구부스름하다'의 준말. 짱

고부숨하다. 쎈꾸부숨하다. **구부숨-히**뿌

구부정-구부정뿌하형 여러 군데가 조금 구부려져 있는 모양. □ ~ 굽은 논길. 짱고부장고부장.

구부정-하다형여 1 휘움하게 굽다. □ 구부정한 자세. 쎈꾸부정하다. 2 불평이 있어 토라져 있다. **구부정-히**뿌

구-북구(舊北區)[-꾸]몡〖생〗생물 지리학상의 한 구역《유럽·아시아 및 아프리카 북부 등 가장 진화된 동식물이 자라는 구역》.

구분(區分)몡하타 일정한 기준에 따라 갈라 나눔. □ 빛깔을 ~하다 / 새것과 헌것으로 ~되다.

구분 구적법(區分求積法)[-뻡]〖수〗도형의 넓이·부피를 구할 때, 그 도형을 여럿으로 구분하여 그 넓이·부피의 총합을 구하여 그 극한으로써 계산하는 방법.

구:분-전(口分田)몡〖역〗고려 때, 자손이 없는 관원이나 전사한 군인의 가족 등에게 품등에 따라 나누어 주던 논밭.

구분-지(區分肢)몡〖논〗어떤 개념에 속해 있으면서 서로 다른 작은 개념들.

구불-거리다짜 이리저리 자꾸 구부러지다. □구불거리는 해안 도로. 짱고불거리다. 쎈꾸불거리다. **구불-구불**뿌하짜형. □ ~한 길을 걸어가다.

구불-대다짜 ⇨구불거리다.

구불텅-구불텅뿌하형 여러 군데가 느슨하게 구부러져 있는 모양. □ ~ 굽은 산길. 짱고불탕고불탕. 쎈꾸불텅꾸불텅.

구불텅-하다형여 느슨하게 굽다. □ 구불텅한 논길. 짱고불탕하다. 쎈꾸불텅하다.

구붓-구붓[-붇꾿]뿌하형 여럿이 다 약간 굽은 듯한 모양. □ ~한 나뭇가지. 짱고붓고붓. 쎈꾸붓꾸붓.

구붓-이뿌 구붓하게. 짱고붓이. 쎈꾸붓이.

구붓-하다[-부타-]형여 조금 굽은 듯하다. 짱고붓하다. 쎈꾸붓하다.

구붗하다형〈옛〉

구:비(口碑)몡 비석에 새긴 것처럼 오래도록 전해 내려온 말이라는 뜻으로, 대대로 말로 전하여 내려오는 것을 이르는 말.

구비(具備)몡하타 필요한 것을 빠진 것 없이 모두 갖춤. □ 서류를 ~하다 / 여러 조건이 ~되다.

구비(廐肥)몡 외양간에서 나는 두엄. 쇠두엄.

구:비-동:화(口碑童話)몡 입에서 입으로 전해 온 동화.

구:비 문학(口碑文學)예로부터 입에서 입으로 전해 온 문학《설화·민요·수수께끼 따위가 이에 속함》. 구승 문학. 구전 문학. 전승 문학.

구빈(救貧)몡 가난한 사람을 구제함.

구빈호다형〈옛〉굽이굽이.

구쁘다[구쁘, 구쁘니]형 배 속이 허전하여 자꾸 먹고 싶다. □ 속이 ~.

구:사(口四)몡〖불〗열 가지 선악 가운데 입으로부터 나오는 망어(妄語)·기어(綺語)·악구(惡口)·양설(兩舌)의 네 가지 악한 구업(口業)과 불망어·불기어·불악구·불양설의 네 가지 선한 구업.

구사(求嗣)몡하타 대(代) 이을 아들을 보려고 첩을 둠.

구사(鳩舍)몡 비둘기의 집.

구사(廐舍)몡 마구간.

구:사(舊師)몡 옛 스승.

구사(驅使)몡하타 1 사람이나 동물을 함부로 몰아쳐 부림. 2 말이나 기교, 수사법 등을 자유자재로 다루어 씀. □6개 국어를 ~하다 /

기교가 조화롭게 ~된 작품.

구:사—대(救社隊) 노사 분규가 일어났을 때, 사용주 쪽에 서서 실력으로 사태를 수습하여 회사를 살리겠다고 결성한 조직체.

구:사상(舊思想) 1 예전의 사상. 2 시대에 뒤떨어진 낡은 사상. ↔신사상.

구사—일생(九死一生)[—쌩] 명하자 (주로 '구사일생으로'의 꼴로 쓰여) 죽을 고비를 여러 차례 넘기고 겨우 살아남. 백사일생. 십생구사. ⬚지진의 참화 속에서 ~으로 살아나다.

구산(九山) 『불』통일 신라 말·고려 초에, 달마(達磨)의 선법(禪法)을 이어 그 문풍을 유지하여 온 아홉 산문(山門).

구:산(口算) 명하타 입으로 계산함. 또는 그런 계산.

구산(丘山) 명 1 언덕과 산. 2 물건이 많이 쌓인 모양.

구산(求山) 명하자 좋은 묏자리를 잡으려고 찾음.

구:산(舊山) 명 1 오래된 무덤 자리. ↔신묘(新墓). 2 조상의 무덤이 있는 곳.

구산—대(丘山臺) 명 높다랗게 쌓인 물건 더미.

구산—문(九山門) 명『불』구산선문.

구산—선문(九山禪門) 명『불』달마 대사의 선법을 이어받은 아홉 교파. 구산문.

구산 조사(九山祖師) 『불』통일 신라 때 구산을 개창(開創)한 아홉 조사.

구살(構殺) 명하타 거짓 사실을 꾸며서 죄로 몰아 죽임.

구살(毆殺) 명하타 때려죽임. 타살(打殺).

구상(口狀) 명 절구처럼 우묵하게 생긴 모양.

구상(求償) 명하타 배상이나 상환을 요구함.

구상(具象) 명 구체(具體). ↔추상(抽象).

구상(球狀) 명 공같이 둥근 모양.

구상(鉤狀) 명 갈고리처럼 꼬부라진 모양.

구상(構想) 명하타 1 어떤 일을 하기에 앞서 하려는 일의 내용·규모·처리 방법 따위를 이리저리 생각함. 또는 그 생각이나 내용. ⬚대응책을 여러모로 ~하다 / 치밀하게 ~된 계획 / 새로운 사업을 ~하다. 2 예술 작품의 구성을 생각함. ⬚~ 단계 / 작품 ~ / 소설의 줄거리를 ~하다.

구상(毆傷) 명하타 때려 상처를 냄.

구상 개:념(具象概念) 『논』구체적 개념.

구상 관절(球狀關節) 『생』가동(可動) 관절의 하나《어깨 관절과 같이 한쪽은 둥근 모양, 다른 한쪽은 절구 모양으로 되어 서로 맞물려 있어 운동이 자유로움》.

구상—권(求償權)[—꿘] 명 『법』 남의 채무를 대신 변제해 준 사람이 채무자에게 갚아 준 돈의 반환을 청구하는 권리.

구상—균(球狀菌) 명 구균(球菌).

구상—나무 명『식』소나뭇과의 상록 침엽 교목. 우리나라 특산종으로 산허리 이상의 높은 곳에서 자람. 건축·가구 재료로 씀.

구상—력(構想力)[—녁] 명 구상하는 능력. ⬚~이 뛰어난 작가.

구상 명:사(具象名詞) 구체 명사.

구상 무:역(求償貿易) 『경』두 나라 사이에 협정을 맺어, 수출과 수입을 물물 교환과 같은 형태로 무역하는 방법. 바터 시스템. 바터제(barter制).

구:상—서(口上書) 명 상대국에 대한 의사 표시를 말로 하지 않고 기록으로 제기하는 외교 문서의 한 형식.

구상—성(具象性)[—썽] 명 구체성. ↔추상성(抽象性).

구상 성단(球狀星團) 『천』수십만 개의 항성

구석장

(恒星)이 공 모양으로 둥글게 모여서 이룬 성단. *산개 성단.

구상—어(具象語) 명 형체를 갖춘 구체적인 사물을 나타내는 말.

구상 예:술(具象藝術)[—네—] 명 형체가 있는 예술《그림·조각·연극 따위》. ↔추상 예술.

구:상유취(口尙乳臭)[—뉴—] 명 입에서 아직 젖내가 난다는 뜻으로, 말이나 하는 짓이 아직 어림을 일컫는 말.

구상—화(具象化) 명하자타 구체화(具體化).

구상—화(具象畫) 명 실제로 있거나 그렇게 상상할 수 있는 사물을 사실적으로 표현하는 그림. ↔추상화.

구상 화:산(臼狀火山) 『지』폭발성 분화로 생긴 화산《산 높이에 비하여 화구(火口)의 지름이 큼》. 호마테(Homate).

구새¹ 명 '구새통'의 준말.

구새(가) 먹다 ⬚ 살아 있는 나무의 속이 썩어 구멍이 뚫리다.

구새² 명 『광』광석 속에 끼어 있는 산화된 판 광물질의 알갱이.

구새—통 명 1 구새 먹은 통나무. 2 나무로 만든 굴뚝《원래 구새가 먹은 나무로 만들었음》. ⑪구새.

구색(求索) 명하타 애써서 찾아냄.

구색(究索) 명하타 연구하고 사색함.

구색(具色) 명 여러 가지 물건을 고루 갖춤. 또는 그런 모양새. ⬚~을 갖추다.

구색(을) 맞추다 ⬚ 여러 가지가 고루 갖추어지게 하다. ⬚구색을 맞추어 장만하다.

구색이 맞다 ⬚ 여러 가지가 고루 갖추어지다. ⬚맥주에는 땅콩과 오징어 안주가 있어야 구색이 맞지.

구:생(苟生) 명하자 구차하게 삶.

구:생(舅甥) 명 1 외삼촌과 생질. 2 장인과 사위.

구서(九暑) 명 여름철 90일간의 더위.

구:서(口書) 명 1 붓을 입에 물고 쓴 글씨. 구필. 2 죄인이 자백한 내용을 받아 적은 서류.

구서(具書) 명 한자를 쓸 때, 글자의 획을 빼지 않고 갖추어 씀.

구서(驅鼠) 명하타 쥐를 잡아 없앰.

구석 명 1 모퉁이의 안쪽. ⬚한쪽 ~에 화장대를 놓다 / ~ 자리에 웅크리고 앉다. 2〈속〉드러나지 아니하고 치우친 곳. ⬚외딴 시골 ~에서 살다. 3 마음이나 사물의 한 부분. ⬚빈 ~ / 사회의 어두운 ~ / 큰소리치는 것을 보니 믿는 ~이 있는 모양이다.

구석—건넌방(—房)[—껀—] 명 건넌방 뒤로 마루가 있고, 거기에 연결되어 있는 방.

구석—구석[—꾸—] 1 부 이 구석 저 구석. 구석마다. ⬚~ 먼지투성이다 / 집 안 ~을 샅샅이 뒤지다 / 전국을 ~ 누비고 다니다.

구석구석—이[—꾸서기] 부 구석구석마다. ⬚있을 만한 곳을 ~ 찾아다니다.

구:—석기(舊石器)[—끼] 『역』구석기 시대에 인류가 만들어 사용한 뗀석기.

구:석기 시대(舊石器時代)[—끼—] 『역』석기 시대의 전기(前期). 대개 70만~1만 년 전에 해당하는 뗀석기를 이용하여 동물을 사냥하거나 나무 열매 등을 채집하여 생활했음. *신석기 시대.

구석—방(—房)[—빵] 명 집의 한 모퉁이에 있는 방. ⬚~에 틀어박혀 지내다.

구석—빼기 명 매우 치우쳐 박힌 구석 자리.

구석—장(—欌)[—짱] 명 방구석에 놓는, 세모지

게 만든 장.

구석-지다[-찌-]혭 한쪽 구석으로 치우쳐 으슥하거나 멀리 떨어져 외지다. ▫구석진 자리 / 구석진 산골 마을.

구-설(口舌)명 시비하거나 헐뜯는 말. ▫남의 ～에 오르다.

구-설(久泄)명 오래도록 낫지 않는 설사.

구-설-수(口舌數)[-쑤]명 남에게 구설을 들을 운수. ▫～가 들다 / ～에 휘말리다 / ～에 오르다.

구성(九成)명 황금을 품질에 따라 10등급으로 나눌 때의 둘째 등급.

구성(九星)명 『민』 **1** 탐랑(貪狼)·거문(巨門)·녹존(祿存)·문곡(文曲)·염정(廉貞)·무곡(武曲)·파군(破軍)·좌보(佐輔)·우필(右弼)의 총칭. 또는 북두칠성과 두(斗) 옆의 존성(尊星)·제성(帝星)을 아울러 일컫는 말. 그 방위(方位)를 괘효(卦爻)에 배당하여 풍수(風水)·택일(擇日)의 길흉(吉凶)을 정함. **2** 풍수지리에서, 산(山)의 모양을 하늘 위의 구성(九星)에 비유하여 일컫는 말.

구-성(久成)명『불』 오랜 세월을 두고 닦아야만 불도를 깨달을 수 있다는 말.

구성(構成)명하타 **1** 몇 가지 부분이나 요소를 조립하여 하나로 만드는 일. 또는 그 결과. ▫～ 성분 / 인적 ～ / 인구의 남녀 ～ 범죄 ～ 요건 / 사회를 ～하는 성원 / 유적 발굴 조사단을 ～하다 / 내각이 새로 ～되었다. **2** 예술에서, 표현상의 소재(素材)를 독자적인 수법으로 조립·배열시키는 일. ▫극적 ～ / ～이 치밀하다 / 시나리오의 ～이 탄탄하다.

구성 개:념(構成概念)『심』과학적인 처리에 따라 조작적으로 만들어진 개념.

구성-력(構成力)[-녁]명 여러 요소들을 유기적으로 배열하거나 서술하는 능력. ▫논리～.

구-성명(具姓名)명하자 성(姓)과 이름을 갖추어 씀.

구성 심리학(構成心理學)[-니-]『심』여러 가지 정신 상태 및 의식 경험의 통일과 구조를 분석하여 연구하고자 하는 심리학.

구성-없다[-업따]혭 격에 맞지 아니하다. **구성-없이**[-업씨]몜. ▫～ 촐싹거리다.

구성 요소(構成要素)[-뇨-]어떠한 사물을 짜 얽어 이루어 놓은, 꼭 필요한 성분(性分).

구성-원(構成員)명 어떤 조직이나 단체를 이루고 있는 사람. ▫가족 ～ / 단체 ～ 사이의 친밀한 유대 관계.

구성 작가(構成作家)[-까] 다큐멘터리·교양·오락 등의 프로그램을 기획하고, 그 내용이 되는 대본이나 출연자들의 대사 원고를 쓰는 방송 작가.

구성-주의(構成主義)[-/-이]명 제1차 대전 후 러시아·독일 등에서 일어난 미술·건축상의 한 주의(사실주의를 배격하고 주로 기하학적 형태의 구성으로 새로운 미(美)를 창조하려 하였음).

구성-지다 천연덕스럽고 구수하며 멋지다. ▫구성진 목소리로 흥타령을 부른다.

구성-체(構成體)명 부분이나 요소들이 모여 일정하게 짜 이룬 물체나 형체.

구성-파(構成派)명 20세기 초에 구성주의적 경향을 띤 예술가들의 한 파.

구세명『광』해면(海綿)처럼 구멍이 숭숭 뚫린 광석.

구:세(救世)명하자 **1** 세상 사람을 구제함. **2**

『기』 인류를 악마의 굴레와 죄악에서 구원함. **3**『불』중생을 고통에서 구함.

구:-세(舊歲)명 묵은 해. 지난해.

구:-세계(舊世界)[-/-계]명『지』구대륙(舊大陸). →신세계.

구:세-군(救世軍)명『기』기독교의 한 파(군대식 조직 밑에서 민중 전도와 교육, 사회사업을 함).

구:-세대(舊世代)명 옛 세대. 낡은 세대. ▫～의 인물. ↔신세대.

구세-동거(九世同居)명 9대가 한집에 산다는 뜻으로, 집안이 화목함의 비유.

구:-세력(舊勢力)명 **1** 옛 세력. **2** 옛 제도나 관습을 그대로 지키고 따르는 세력.

구:세-제민(救世濟民)명하자 어지러운 세상을 구원하고 고통 받는 백성을 구제함. 구세(救世).

구:세-주(救世主)명 **1**『기』인류를 죄악에서 구원하는 예수. 구주(救主). **2**『불』'석가모니'의 딴 이름. **3** 어려움이나 고통에서 구해 주는 사람의 비유. ▫영업부의 ～.

구소(灸所)명 뜸자리.

구-소(舊巢)명 **1** 새 옛 둥우리. **2** 옛 보금자리. 옛집. 고소(古巢).

구-소설(舊小說)명『문』갑오개혁 이전에 나온 소설. 대부분이 비현실적인 공상(空想)의 세계를 표현하여 낭만 소설의 성격을 띰. ↔신소설.

구속(拘束)명하타 **1** 체포하여 신체를 속박함. ▫피의자를 ～하다 / 현행범으로 ～되다. **2** 자유행동을 제한 또는 정지시킴. 행동에 ～을 받다 / 원칙에 ～되다 / ～에서 벗어나다 / 타인의 자유를 ～해서는 안 된다.

구속(球速)명 야구에서, 투수(投手)가 던지는 공의 속도. ▫150 km의 ～을 자랑하다.

구:속(救贖)명하타『기』예수가 십자가의 보혈(寶血)로 인류의 죄를 대신 씻어 구원하는 일. 대속(代贖).

구:속(舊俗)명 옛 풍속. 또는 낡은 풍속.

구속-력(拘束力)[-녁]명『법』법률·규칙·조약 따위에 의해 일정한 행위를 제한 또는 강제하는 효력. ▫～을 상실하다.

구속성 예:금(拘束性預金)[-썽녜-] 금융 기관이 고객에게 대출해 주면서, 대출 금액의 일정 비율을 예입하게 하는 일. 양건 예금(兩建預金).

구속 시간(拘束時間)[-씨-] 노동자가 직장에 출근했다가 퇴근할 때까지의, 휴식 시간을 포함한 노동 시간.

구속 영장(拘束令狀)[-송녕짱]『법』검사의 신청으로 판사가 발부하는, 피의자의 신체를 구속할 수 있는 영장. ▫～을 청구하다 / ～을 발부하다.

구속-자(拘束者)[-짜]명 구속된 사람.

구속 적부 심사(拘束適否審査)[-쩍뿌-]『법』적부 심사.

구:송(口誦)명하타 소리 내어 읽거나 외움. ▫～ 기도 / ～ 시(詩).

구:송-체(口誦體)명 운율이 있어 소리 내어 읽거나 외기 좋게 된 문체. ▫～ 소설.

구송(具)〈옛〉꾸종.

구:-수(口受)명하타 말을 직접 듣고 가르침을 받음.

구:-수(口授)명하타 학문이나 지식 따위를 말로 전하거나 가르쳐 줌.

구수(仇讐)명 원수.

구수(丘首)명〔여우는 죽을 때 살던 산 쪽으로 머리를 둔다는 뜻〕 **1** 자신의 근본을 잊지

않음. **2** 고향을 생각함.

구수(拘囚)[-*명하타*] 죄인을 가둠. 또는 그 죄수. 수금(囚禁).

구수(寇讐)[명] 원수.

구수(鳩首)[명] 비둘기들이 모여 머리를 맞대듯이 여러 사람이 서로 머리를 맞대고 논의하는 일.

구수-닭[-닥][명] 얼룩점이 박힌 닭.

구수-응의(鳩首凝議)[-ㅇ-이][명하타] 구수회의(鳩首會議).

구:수-죽(口數粥)[명] 섣달 스무닷새 날 밤에 쑤어 먹는 붉은 팥죽.

구수지간(仇讐之間)[명] 서로 원수를 진 사이.

구수-하다[형여] **1** 맛·냄새가 비위에 좋다. 구수한 보리차 냄새 / 된장찌개 맛이 ~. **2** 말이나 이야기가 마음을 끄는 맛이 있다. ▢구수한 언변. **3** 마음씨나 인심 따위가 넉넉하고 푸근하다. ▢구수한 시골 인심. ⑧고소하다.
구수-히[부]

구수-회의(鳩首會議)[-ㅇ-이][명하타] 여럿이 머리를 맞대고 의논함. 또는 그런 회의. 구수응의. ▢회사 합병 문제로 연일 ~를 열다.

구:순(口唇)[명] 입술.

구:순-기(口唇期)[명][심] 프로이트가 성 본능(性本能)의 발달을 정신 분석학적으로 나눈 한 기(期). 생후 약 1년간 젖을 빠는 입술의 활동이 생활의 중심이 되는 시기. 구강기.

구:순-성격(口唇性格)[-격][명][심] 성장한 뒤에도 정신적·성적(性的)인 발달이 어렸을 때의 구순기에 그대로 머물러 있는 사람의 성격. 수동적(受動的)이고 의존적임. 구애적(口愛的) 성격.

구순-하다[형여] 서로 사귀거나 지내는 데 의좋아 화목하다. ▢집안이 ~. **구순-히**[부]

구:술(口述)[명하타] 입으로 말함. 구진(口陳). ▢비서에게 편지를 ~하다.

구:술(灸術)[명][한의] 뜸으로써 병을 다스리는 의술을 이름. 구치(灸治).

구:술-시험(口述試驗)[명] 구두시험.

구:술-주의(口述主義)[-/-이][명] 구두주의(口頭主義).

구스베리(gooseberry)[명][식] 범의귓과의 낙엽 소관목. 높이 1 m 정도. 가시가 많고 봄에 흰 다섯잎꽃이 핌. 둥근 황록색 열매는 날로 먹거나 잼을 만들어 먹음.

구슬[명] **1** 보석으로 둥글게 만든 물건. ▢~ 한 꿰미 / ~을 꿰어 목걸이를 만들다. **2** 진주. **3** 사기나 유리로 둥글게 만든 장난감의 하나. ▢~을 치고 놀다.
[구슬이 서 말이라도 꿰어야 보배라] 아무리 좋은 것이라도 쓸모 있게 만들어 놓아야 가치가 있다는 말.

구슬-감기[명] '구슬갱기'의 본딧말.

구슬-갓끈[-갇-][명] 구슬을 길게 꿰어 만든 갓끈.

구슬-갱기[명] 〔←구슬감기〕 짚신 총갱기의 한 가지.

구슬-구슬[부하형] 밥이 질지도 되지도 않고 알맞은 모양. ▢햅쌀밥이 ~ 잘되었다. ⑧고슬고슬.

구슬-덩[명][역] 오색 주렴(珠簾)으로 화려하게 꾸민, 공주나 옹주가 타던 가마.

구슬-땀[명] 구슬처럼 방울방울 맺힌 땀. ▢~을 흘리며 운동에 열중하다.

구슬려-내다[타] 그럴듯한 말로 자꾸 꾀다.

구슬리다[타] **1** 그럴듯한 말로 꾀어 상대의 마음을 움직이다. ▢아이를 아무리 구슬려도 막무가내다. **2** 끝난 일을 이리저리 자꾸 생각

하다. ▢못마땅하게 여기지 말고 잘 구슬려서 생각해라.

구슬려 넘기다[구] 그럴듯한 말로 달래거나 추어올리며 이것저것 갖다가 말하다.

구슬려 대다[구] 자꾸 구슬리다.

구슬려 삶다[구] 구슬려 마음이 솔깃하게 만들다. ▢부하 직원을 자기편으로 ~.

구슬려 세우다[구] 자꾸 구슬려 추어올리다.

구슬-발[명] 구슬을 실에 꿰어 만든 발. 주렴(珠簾).

구슬-사탕(-砂糖)[명] ☞ 알사탕.

구슬-양피(-羊皮)[-량-][명] 구슬 모양으로 말려 오그라든 양털 가죽.

구슬-옥[1](-玉)[명] 구슬을 끈에 꿸 수 있게 가운데에 구멍이 뚫린 작은 공 모양의 옥(玉). 구옥(球玉). 환옥(丸玉).

구슬-옥[2](-玉)[명] 한자 부수의 하나('璧'·'瑩' 등에서 '玉'의 이름).

구슬옥-변(-玉邊)[-스록뼌][명] 한자 부수의 하나('玖'·'珍' 등에서 '王'의 이름).

구슬-치기[명하자] 구슬을 가지고 노는, 아이들의 놀이.

구슬프다[구슬퍼, 구슬프니][형] 처량하고 슬프다. 구슬프게 울다.
구슬피[부] 구슬프게. ▢~ 내리는 비.

구:습(口習)[명] **1** 입버릇. **2** 말버릇.

구:습(舊習)[명] 예로부터 내려오는 낡은 풍속과 습관. ▢~을 타파하다 / ~에 젖다.

구:승(口承)[명하타] 입에서 입으로 전하여 내려옴.

구:승 문학(口承文學) 구비 문학(口碑文學).

구:시(仇視)[명하타] 원수로 여김. 또는 원수같이 대함.

구:시(舊時)[명] 옛날. 왕시(往時).

구:-시가(舊市街)[명] 신시가(新市街)에 대하여 그전부터 있던 시가.

구:-시대(舊時代)[명] 옛 시대. ▢~의 유물 / ~를 극복하다.

구시렁-거리다[자] 못마땅하여 군소리를 자꾸 하다. ▢마땅찮은 표정으로 자꾸 ~. ⑧고시랑거리다. **구시렁-대다**[부하자]

구시렁-대다[자] 구시렁거리다.

구:시심비(口是心非)[명하자] 말로는 옳다 하면서 마음속으로는 그르게 여김.

구시-월(九十月)[명] 구월과 시월. 또는 구월이나 시월.
[구시월 세(細)단풍] 한때는 고우나 금세 흉하게 되는 것.

구:식(舊式)[명] **1** 예전의 형식이나 방식. 구투(舊套). ▢~ 교육 / ~ 결혼을 고집하다. **2** 케케묵어 시대에 뒤떨어진. 또는 그런 것. ▢~ 여성 / ~의 고루한 사고방식에 젖어 있다 / 살림살이가 ~이다. ↔신식.

구:식-쟁이(舊式-)[-쨍-][명] 구식을 고집하는 사람을 낮잡아 이르는 말.

구신(具申)[명하타] 윗사람에게 의견이나 사정·형편 따위를 일일이 아뢰어 바침. ▢출장 결과를 ~하다.

구신(具臣)[명][역] 육사(六邪)의 하나. 아무 구실도 못하고 단지 수효만 채우는 신하. * 육사(六邪).

구:신(狗腎)[명][한의] 개의 자지(음위증(陰痿症)·대하증(帶下症)에 씀). 엘레지.

구:신(舊臣)[명] 옛 신하.

구실[명] **1** 자기가 해야 할 일. ▢제 ~을 다하

다 / 사람 ~을 못하다 / 망령 ~을 톡톡히 하다. **2** 예전에, 조세(租稅)를 통틀어 이르던 말. □~을 물다 / ~을 바치다. **3**〖역〗공공이나 관가의 직무.
구:실 (口實)圈 핑계 삼을 밑천. 변명할 거리. 탁언. □~을 만들다 / 빠져나갈 ~을 찾다 / ~을 삼다 / 감기를 ~로 결근하다.
　구실(을) 붙이다 구 트집을 잡아 시비를 걸다. □애꿎은 사람에게 ~.
구실-아치 圈〖역〗조선 때, 관원 밑에서 일을 보던 사람.
구실재아 (咎實在我)圈 잘못이 자기에게 있음을 스스로 인정하는 말.
구심 (求心)[하]자 **1**〖불〗참된 마음을 찾아 참선(參禪)함. **2**[물] 중심으로 쏠리는 힘.
구심 (球心)圈 구의 중심.
구심 (球審)圈 야구 경기의 주심(포수 뒤에서 볼·스트라이크 등을 판정하며 경기 진행을 주관함). *누심(壘審).
구심-력 (求心力)[-녁]〖물〗물체가 원(圓)운동을 할 때 중심으로 쏠리는 힘. 향심력. ↔원심력.
구심성 신경 (求心性神經)[-씽-]〖생〗말초 신경에서 중추부에 자극을 전달하는 신경. ↔원심성(遠心性) 신경.
구심-운동 (求心運動)圈 중심을 향해 쏠리는 물체나 정신의 운동.
구심-점 (求心點)[-쩜]圈 **1** 중심으로 향하여 쏠리어 모이는 점. **2** 어떤 역할의 핵심적인 인물이나 단체 등을 비유적으로 일컫는 말. □~을 이루다.
구십 (九十)수관 아흔. □~ 년.
구십-춘광 (九十春光)圈 **1** 봄의 석 달, 90일 동안. **2** 90일 동안의 화창한 봄 날씨.
구슈 (舅-)〈옛〉구유.
구시 (舅-)〈옛〉구유.
구아 (球芽)圈〖식〗주아(珠芽).
구아노 (guano)圈 바닷새의 배설물이 해안의 암석 위에 쌓여서 된 덩어리(인산 비료로 씀). 조분석(鳥糞石). 분화석(糞化石).
구아닌 (guanine)圈〖화〗핵산단백질(核蛋白質)의 분해 산물. 물고기의 비늘, 양서류(兩棲類)의 색소 세포(色素細胞), 포유류의 간장이나 췌장 등에 함유되어 있음. 화학 약품·조미료 따위를 만드는 데 씀.
구아슈 (ㄷ gouache)圈 물·아라비아고무 따위를 섞어 만든 불투명한 수채 물감. 또는 그 화법.
구:악 (舊惡)圈 **1** 이전에 잘못한 죄악. 숙악(宿惡). □~이 드러나다. **2** 예전 사회의 악습이나 병폐. □~을 청산하다.
구:악 (舊樂)圈〖악〗아악 따위의 옛 음악.
구안 (具案)[하]타 **1** 초안(草案) 따위를 작성함. **2** 일정한 수단·방법을 갖춤.
구안 (具眼)圈[하]자 사물의 시비를 판단하는 식견과 안목을 갖추고 있음. □~의 인사.
구:안 (苟安)圈[하]자 한때의 편안함을 꾀함.
구:안-괘사 (口眼喎斜)圈[한의] 입과 눈이 한쪽으로 쏠리어 비뚤어지는 병. 구안와사.
구안-마 (具鞍馬)圈 안장을 갖춘 말. 안장말.
구:안-와사 (口眼喎斜)圈[한의] 구안괘사.
구-안장 (具鞍裝)圈[하]자 말에 안장을 갖춤.
구안지사 (具眼之士)圈 안목과 식견을 갖춘 선비.

구:안-투생 (苟安偸生)圈 일시적 편안함을 탐하여 헛되이 살아감.
구애 (求愛)圈[하]자 이성에게 사랑을 구함. □다양한 ~ 작전 / 끈질긴 ~.
구애 (拘礙)圈[하]자 거리끼거나 얽매임. □작은 일에 ~되지 아니하다.
구애적 성:격 (口愛的性格)[-쩍격]〖심〗구순 성격(口脣性格).
구:액 (口液)圈〖생〗침. 타액.
구:약 (口約)圈[하]타 말로 약속함. 또는 그 약속.
구:약 (舊約)圈 **1** 오래전부터의 약속. **2**〖기〗예수가 나기 전에 하나님이 이스라엘 민족에게 준 구원의 약속. **3**'구약 성서'의 준말.
구약-구 (蒟蒻球)[-꾸]圈 구약나물의 알줄기.
구약-나물 (蒟蒻-)[-양-]圈〖식〗천남성과의 여러해살이풀. 재배 식물로 땅속에 큰 알줄기가 있고 여름에 자갈색의 꽃이 핌. 알줄기로 곤약을 만듦. 곤약.
구약-분 (蒟蒻粉)[-뿐]圈 구약구를 말리어 곱게 빻은 가루. 옷감·종이 등을 붙이는 풀을 만들면 곤약을 만드는 재료로 씀. 구약가루.
구:약 성서 (舊約聖書)[-써]〖기〗기독교 경서의 하나. 예수가 나기 전의 이스라엘 민족의 종교 문학과 역사, 하나님의 계시 등을 기록한 것으로, 창세기에서 말라기까지 39권으로 되어 있음. 구약 전서. 준구약.
구:약 시대 (舊約時代)[-씨-]〖기〗하나님이 천지를 창조한 후부터 예수가 나기까지의 율법(律法) 시대.
구:약 전서 (舊約全書)[-쩐-]〖기〗구약 성서.
구:어 (口語)圈〖언〗일상적인 대화에 쓰는 말. 입말. ↔문어(文語).
구:어-문 (口語文)圈〖언〗구어체로 쓴 글. ↔문어문.
구어-박다 [-따]타 **1** 사람을 한곳에서만 지내게 하다. **2** 쇠붙이 따위를, 단단히 끼어 있게 하려고 불김을 쐬어서 박다. **3** 이자 놓는 돈을 한데 잡아 두어 늘리지 아니하다.
구어-박히다 [-바키-]자 ('구어박다1'의 피동) 구어박음을 당하다.
구:어-체 (口語體)圈〖언〗구어로 쓴 글체. □~로 쓴 문장. ↔문어체(文語體).
구언 (求言)圈[하]타〖역〗임금이 신하의 바른말을 널리 구하던 일.
구:업 (口業)圈〖불〗삼업(三業)의 한 가지. 입으로 짓는 죄업.
구:업 (舊業)圈 **1** 예전부터 모은 재산. **2** 전부터 행하여 온 사업.
구역 (區域)圈 갈라놓은 지역. □출입 금지 ~ / 맡은 ~을 순찰하다.
구:역 (舊譯)圈 새로 한 번역에 대하여, 예전의 번역.
구역-나다 (嘔逆-)[-영-]자 토할 것처럼 메스꺼운 느낌이 나다.
구역-증 (嘔逆症)[-쯩]圈 속이 메스꺼워 구역이 나려는 증세.
구역-질 (嘔逆-)[-찔]圈[하]자 욕지기질. □~이 나다 / 코를 막고 ~을 하다.
구:연 (口演)圈[하]타 **1** 동화·야담 따위를 여러 사람 앞에서 가벼운 몸짓을 섞어 가며 이야기함. □'콩쥐와 팥쥐'를 ~하다. **2** 입으로 사연을 말함. 구술(口述).
구:연 (舊緣)圈 옛 인연. 또는 오래전부터 맺어 온 인연. □군대 시절의 ~.
구:연-동화 (口演童話)圈 어린이들을 상대로

이야기를 말로 실감나게 들려주는 동화.
구연-산(枸櫞酸)〔명〕『화』'시트르산'의 구칭.
구:연-세월(苟延歲月)〔명〕〔하〕자〕 구차하게 세월을 보냄.
구연-유(枸櫞油)〔-뉴〕〔명〕 레몬 껍질에서 짜낸 담황색의 휘발성 기름(맛이나 냄새의 교정약(矯正藥)으로 씀).
구-연-증(口軟症)〔-쯩〕〔명〕『한의』 어린아이가 말을 똑똑히 못하는 병증. 어지증.
구:열(口熱)〔명〕 입 안의 더운 기운.
구:-열-대구(舊熱帶區)〔-때-〕〔명〕『동』 생물 지리구(地理區)의 하나(아시아·아프리카 대륙의 열대 지방).
구-영자(鉤纓子)〔명〕『역』 조선 때, 벼슬아치의 갓끈을 다는 데에 쓰던 고리(두 끝이 길고 꼬부라져서 'S' 자와 비슷함. 흔히 은으로 만들고 종이품 이상은 도금한 것을 썼음). ⓒ영자(纓子).
구:오(舊誤)〔명〕 과거의 잘못. 오래된 잘못.
구오-사미(驅烏沙彌)〔명〕『불』 삼사미(三沙彌)의 하나. 7세부터 13세까지의 사미.
구:옥(舊屋)〔명〕 1 고옥. 2 전에 살던 집. 옛집.
구완〔명〕〔하〕타〕〔←구환(救患)〕 병자나 해산한 사람의 시중을 드는 일. ❏산모를 ~하다.
구:왕(舊王)〔명〕 옛 임금. 전의 임금.
구:-왕궁(舊王宮)〔명〕 조선 왕조의 궁전. 또는 그 왕실.
구외(構外)〔명〕 큰 건물이나 시설 따위의 밖. ↔구내(構內).
구요-성(九曜星)〔명〕『민』 낙서(洛書)의 수에 따른 아홉 개의 별. 곧, 일백(一白)·이흑(二黑)·삼벽(三碧)·사록(四綠)·오황(五黃)·육백(六白)·칠적(七赤)·팔백(八白)·구자(九紫)임.
구:우(舊友)〔명〕 사귄 지 오래된 친구. 옛 친구. 고우(故友).
구우-일모(九牛一毛)〔명〕 아홉 마리의 소 가운데 박힌 하나의 털이란 뜻으로, 매우 많은 것 가운데 극히 적은 수를 이르는 말.
구운-석고(-石膏)〔-꼬〕〔명〕『화』 생석고에 열을 가해서 결정수를 없앤 가루 석고(물기가 있으면 다시 굳어지며, 모형이나 분필 따위를 만드는 데 씀). 소석고(燒石膏).
구움-일〔-닐〕〔명〕〔하〕자〕 구움판에 목재를 넣고 말리는 일. ⓒ굼일.
구움-판〔명〕 목재를 구워 말리는 구덩이. ⓒ굼판.
구워-박다〔타〕☞구어박다.
구워-삶다〔-삼따〕〔타〕 여러 가지 수단과 방법을 써서 상대편이 자기의 생각대로 움직이도록 만들다. 삶다. ❏친구를 구워삶아서 빚 보증을 서게 하다.
구:원(久遠)〔명〕〔하〕자〕형〕〔하〕우〕 1 아득히 멀고 오래됨. ❏~의 여인상. 2 영원하고 무궁함. ❏~의 진리.
구원(仇怨)〔명〕 원수.
구:원(救援)〔명〕〔하〕타〕 1 어려움이나 위험에 빠진 사람을 구해 줌. ❏~ 요청 / ~을 청하다 / ~을 받다 / ~의 손길을 내밀다 / 나라를 절망의 구렁에서 ~하다. 2『기』 인류를 죽음·고통·죄악에서 건져 냄. ❏인간을 죄에서 ~하다.
구:원(舊怨)〔명〕 오래전부터 품고 있는 원한. ❏~을 씻고 화해하다.
구:원-겁(久遠劫)〔명〕『불』 지극히 멀고 오랜 과거의 때.
구:원-병(救援兵)〔명〕 구원하기 위해 보내는 군대나 병사. 원병. ❏~을 요청하다.
구:원-불(久遠佛)〔명〕『불』 오랜 옛날로부터의

부처. 곧, 아미타여래.
구:원 투수(救援投手) 야구에서, 이제까지 던지고 있던 투수가 지치거나 위기에 몰렸을 때, 대신 나가서 던지는 투수. 릴리퍼. ❏~가 등판하다 / ~로 나서다.
구월(九月)〔명〕 한 해의 아홉째 달.
구위(球威)〔명〕 야구에서, 투수가 던지는 공의 위력. ❏~가 떨어지다.
구위실〔명〕〈옛〉 구실.
구유〔명〕 마소의 먹이를 담아 주는 그릇. 흔히 큰 나무토막이나 큰 돌을 길쭉하게 파내어 만듦. ❏~에 여물을 주다.
구유(具有)〔명〕〔하〕타〕 성질이나 재능 따위를 갖추고 있음. ❏격조 높은 예술성을 ~한 작품.
구:유(舊遊)〔명〕 1 옛날에 놀던 일. 2 옛날에 함께 놀던 친구.
구유-배 통나무를 파서 구유처럼 만든 자그마한 배.
구육(狗肉)〔명〕 개고기1.
구은(九垠)〔명〕 천지의 끝. 구천(九天)의 끝.
구은(求恩)〔명〕〔하〕자〕 은혜를 구함.
구:은(舊恩)〔명〕 전에 입은 은혜.
구읊다〔자〕〈옛〉 구르다.
구:음(口吟)〔명〕〔하〕자〕타〕 1 시 따위를 읊조림. 2 말을 더듬음.
구:음(口音)〔명〕 입 안을 통하여 몸 밖으로 나오는 소리. 입소리. *비음(鼻音).
구:읍(舊邑)〔명〕 예전에 관아(官衙)가 있었던 고을. 옛 고을.
구의〔명〕〈옛〉 관청.
구의(句義)〔-ㅢ-〕〔명〕 글귀의 뜻.
구의(柩衣)〔-ㅢ-〕〔명〕 출관(出棺)할 때 관 위에 덮는 긴 베(길이가 길고 누런빛임).
구:의(舊誼)〔-ㅢ-〕〔명〕 예전에 친하게 지내던 정의. ❏~를 생각해서 참다.
구의ᄒᆞ다〔자〕〈옛〉 송사하다.
구이¹〔명〕 1 고기나 생선에 양념을 하여 구운 음식. 2 일부 명사 뒤에 붙어, 구운 음식의 뜻을 나타내는 말. ❏갈비~ / 생선~.
구이²〔명〕〈옛〉 관청.
구이(九夷)〔명〕『역』 옛날 중국에서 이르던 동쪽의 아홉 오랑캐.
구이-가마〔명〕 고기나 생선 따위의 구이를 만드는 데 쓰는 가마.
구:이지학(口耳之學)〔명〕 귀로 들은 것을 그대로 남에게 이야기하는, 조금도 자기의 것으로 만들지 못한 학문.
구이-통(-筒)〔명〕 구이가마의 연기를 빼내는 연통(煙筒).
구인(仇人)〔명〕 원수진 사람.
구인(求人)〔명〕〔하〕타〕 일할 사람을 구함. ❏~ 광고를 내다.
구인(拘引)〔명〕〔하〕타〕 1 사람을 강제로 잡아 끌고 감. 2『법』 법원이 신문을 위해서 피고인·증인 등을 일정한 장소에 강제적으로 데리고 가는 일(소환에 응하지 아니한 경우에 한하며, 구속 영장에 의하여 집행함). ❏사건 관계인으로 검찰에 ~되다.
구:인(救人)〔명〕〔하〕자〕 어려운 처지에 놓인 사람을 도움. 또는 도와주는 사람.
구인(蚯蚓)〔명〕『동』 지렁이.
구인(鉤引)〔명〕〔하〕타〕 갈고리로 걸어 잡아당김.
구:인(舊人)〔명〕 1 전부터 알고 지내는 사람. 2 생활 방식이나 사고방식이 구식이어서 새 시대에 맞지 않는 사람. 3 약 15만 년 전 홍적

세 후기에 나타났던 화석 인류. 인류 진화 과정상 원인(猿人)과 신인(新人)의 중간 단계로 네안데르탈인 등이 이에 속함.

구:인 (舊因) 명 오래전부터의 인연.

구인-난 (求人難) 명 일할 사람을 구하기 어려움. 또는 그런 상태. ❑ ~을 겪다.

구인-란 (求人欄)[-난] 명 신문 따위의 구인 광고를 싣는 난(欄).

구-인마 (具人馬) 명하자 마부와 말을 다 갖춤.

구인-장 (拘引狀)[-짱] 명 〘법〙 법원이 피고인 또는 다른 관계인을 구인하기 위하여 발부하는 영장. *구속 영장.

구일 (九日) 명 **1** 아흐레. **2** 음력 9월 9일《예전 명절의 하나》. 중양(重陽).

구일-장 (九日葬) 명 사람이 죽은 뒤 9일 만에 지내는 장사.

구입 명하자 겨우 벌어 지냄. 또는 겨우 되는 벌이.

구입 (購入) 명하타 물건을 사들임. 구매. ❑ ~ 원가 / 물품 ~ / 가구를 ~하다 / 생산가로 제품을 ~하다 / 입장권을 미리 ~하다.

구입-장생 [-짱-] 명하자 겨우 벌어 살아감.

구자 (九紫) 명 〘민〙 음양가가 이르는 화성(火星). 구궁(九宮)에서 그 근본 자리는 남쪽, 곧 이방(離方)임.

구자 (韮子) 명 한방에서, '부추의 씨'를 약재로 이르는 말.

구:자-탕 (口子湯) 명 열구자탕(悅口子湯).

구:작 (舊作) 명 이전에 지었거나 만든 작품. ↔신작(新作).

구장 (九章) 명 조선 때, 임금의 면복(冕服)에 다 놓았던 아홉 가지 수(繡). 의(衣)에는 산(山)·용(龍)·화(火)·화충(華蟲)·종이(宗彝)의 다섯 가지, 상(裳)에는 마름〔藻〕·분미(粉米)·보(黼)·불(黻) 등 네 가지를 수놓았음.

구장 (九臟) 명 심장·비장·간장·신장·폐(肺)·위(胃)·방광·대장·소장(小腸)의 아홉 가지 내장.

구:장 (口帳) 명 〘역〙 호수(戶數)와 인구수를 기록한 책.

구장 (狗醬) 명 개장국.

구장 (毬杖) 명 〘역〙 격구(擊毬)할 때 쓰던 공채. 전체에 오색 칠을 하였음.

구장 (毬場) 명 〘역〙 격구하던 마당.

구장 (球場) 명 축구·야구 등 구기를 하는 운동장. ❑ 축구 전용 ~ / 넓은 ~의 잔디를 관리하다.

구장 (鳩杖) 명 〘역〙 임금이 70세 이상 되는 공신이나 원로대신에게 주던 지팡이《손잡이 꼭대기에 비둘기 모양이 새겨져 있음》.

구장-복 (九章服) 명 〘역〙 조선 때, 구장(九章)을 수놓은 임금의 면복(冕服)《종묘 제례, 즉위, 정초의 하례식, 비(妃)를 맞을 때 등의 의식에 입었음》. *구장(九章).

구:재 명 방고래에 낀 그을음과 재. 구들재.

구재 (九齋) 명 〘역〙 **1** 고려 문종 때, 최충(崔沖)이 제자를 가르치던 아홉 군데의 학당. **2** 조선 세조 12년(1466)에, 경학(經學)을 가르치기 위하여 성균관 안에 설치한 아홉 개의 전문 학과.

구:재 (口才) 명 **1** 말재주. 변재(辯才). **2** 노래를 잘 부르는 재주.

구재 (俱在) 명하자 〘철〙 둘 이상의 사물이 같은 시간에 같은 곳에 있음. 공재(共在).

구:재 (救災) 명하타 재난을 당해 어려운 상황에 처한 사람을 구함.

구:저 (舊著) 명 예전에 쓴 저서.

구저분-하다 형여 더럽고 지저분하다. ❑ 창고가 ~ / 구저분한 복장. **구저분-히** 부. ❑ 자장면을 ~ 먹다.

구적 명 돌·질그릇 등이 삭아서 겉에 일어나는 얇은 조각.

구적 (仇敵) 명 원수.

구적 (求積) 명하타 〘수〙 **1** 넓이·부피를 셈하여 냄. **2** '구적법'의 준말.

구적 (寇賊) 명 국토를 침범하는 외적.

구:적 (舊跡·舊蹟) 명 역사적인 사건이나 사물의 자취가 남아 있는 곳.

구적-계 (求積計)[-꼐 / -께] 명 〘지〙 도면 위의 면적을 구하는 계기.

구적-법 (求積法) [-뻡] 명 〘수〙 넓이와 부피를 계산하는 법. 준구적(求積).

구:전 (口傳) 명하자타 말로 전함. 또는 말로 전하여 내려옴. ❑ ~으로 전해 내려오는 민요 / 비법을 ~하다 / 서민들 사이에서 ~되어 온 설화.

구전 (口錢) 명 구문(口文). ❑ ~을 받다.

구:전 (舊典) 명 **1** 옛날의 법전. **2** 옛날의 문물과 제도.

구:전 (舊錢) 명 옛날 돈.

구전문사 (求田問舍) 명하자 논밭과 살림할 집을 구하는 데만 마음을 쓴다는 뜻으로, 자기 일신상의 이익에만 마음을 쓸 뿐 원대한 뜻이 없음을 일컫는 말.

구:전 문학 (口傳文學) 〘문〙 구비 문학.

구:전 민요 (口傳民謠) 입에서 입으로 전하여 내려온 민요.

구:전성명 (苟全性命) 명하자 구차하게 목숨을 보전함.

구:전-심수 (口傳心授) 명하타 말로 전하고 마음으로 가르친다는 뜻으로, 일상생활을 통하여 저절로 몸에 배도록 가르침을 일컫는 말.

구전지훼 (求全之毁) 명 몸과 마음을 닦아 행실을 온전히 하려고 하다가 도리어 남에게서 듣는 비방(誹謗).

구:전 하:교 (口傳下敎) 〘역〙 임금의 명령을 말로 전하던 일.

구전-하다 (俱全-) 형여 **1** 모두 다 온전하다. **2** 모두 다 갖추고 있다. **3** 부족함이 없이 넉넉하다.

구절 (句節) 명 **1** 한 토막의 말이나 글. ❑ 시의 한 ~을 읊다 / 책에서 좋은 ~을 뽑아 인용하다. **2** 구와 절.

구절-양장 (九折羊腸)[-량-] 명 아홉 번 꼬부라진 양의 창자라는 뜻으로, 꼬불꼬불하고 험한 산길을 일컫는 말.

구절-죽장 (九節竹杖)[-짱] 명 〘불〙 아홉 마디로 이루어진, 승려가 짚는 대지팡이.

구절-초 (九節草) 명 〘식〙 국화과의 여러해살이풀. 산과 들에 저절로 나는데 가을에 홍·백색의 꽃이 핌. 약용함.

구절-판 (九折坂) 명 구절판찬합에 담아 먹는 우리나라 고유의 음식. 둘레의 여덟 칸에 각각 여덟 가지 음식을 담고, 가운데 둥근 칸에는 밀전병을 담아, 둘레에 놓인 음식을 골고루 조금씩 덜어내어 전병에 싸서 먹음.

구절판-찬합 (九折坂饌盒) 명 구절판을 담는 여덟 모가 난 찬합《둥글고 두꺼운 나무 판으로 만들었음》.

구:점 (口占) 명하타 **1** 문서에 의하지 아니하고 말로써 전함. **2** 즉석에서 시를 지어 읊음. 구호(口號).

구점 (句點)[-쩜] 명 구절 끝에 찍는 점.

구:점 (灸點)[-쩜] 명 〘한의〙 **1** 뜸자리. **2** 뜸자리에 먹으로 찍은 점.

구점-원 (九點圓) [명] 〖수〗 삼각형의 각 변의 중점과 꼭짓점에서 대변에 그은 수선의 발과, 각 꼭짓점과 수심을 연결한 중점을 합한 아홉 개의 점을 지나는 원.
구접 [명] 하는 짓이 너절하고 지저분함.
구접-스럽다 [-쓰-따]〔-스러워, -스러우니〕 [형][ㅂ] **1** 너절하고 더럽다. ❏구접스러운 살림살이. **2** 하는 짓이 지저분하다. ❏구접스럽게 굴다. **구접-스레** [-쓰-] [부]
구젓 [명] ☞굴젓.
구정 (九井) [명] 좌우 양쪽에 두 줄을 각각 걸고 한쪽에 열여덟 사람씩 메는 큰 상여.
구:정 (舊正) [명] **1** 음력 설. ❏~을 쇠다. **2** 음력 정월. ↔신정(新正).
구:정 (舊情) [명] 전부터 사귀어 온 정. 옛정. 전정(前情). ❏~을 못 잊다.
구정-물 [명] **1** 무엇을 빨거나 씻어 더러워진 물. ❏수채에 ~을 쏟아 버리다. **2** 헌데나 종기 따위에서 고름이 빠진 뒤에 흘러나오는 물. [작]고장물.
구정-체 (球晶體) [명] **1** 〖식〗 우엉·달리아 따위의 뿌리나 뚱딴지의 덩이줄기의 세포 속에 있는 둥근 모양의 결정. **2** 〖생〗 세포 속의 단백질의 알갱이 속에 있는 작고 둥근 결정.
구:제 (救濟) [명][하타] 재해를 입거나 어려운 처지에 있는 사람을 도와줌. ❏~ 사업 / 난민 ~ / ~를 받다 / 가난에서 ~되다 / 실업자를 ~하다 / 해직된 공무원들이 소청 심사에서 많이 ~되었다 / ~ 불능의 상태에 이르다. [구제할 것은 없어도 도둑 줄 것은 있다] ㉠ 아무리 가난한 집이라도 도둑맞을 물건은 있다는 말. ㉡남을 구제할 생각만 있다면 얼마간이라도 도와줄 것은 있다는 말.
구:제 (舊制) [명] 이전의 제도. 구제도. ↔신제.
구제 (驅除) [명][하타] 해충 따위를 몰아내어 없앰. ❏해충을 ~하다.
구:제-권 (救濟權)[-꿘] [명] 〖법〗 권리를 침해당하였을 때, 법원에 구제를 청구하는 권리. ↔원권(原權).
구:제 금융 (救濟金融)[-늉 / -그뭉] 〖경〗 거래처인 기업이 도산하는 것을 막기 위하여 금융 기관이 정책적으로 지원하는 금융. ❏~의 혜택을 받다.
구:-제도 (舊制度) [명] 구제(舊制).
구:제-비 (救濟費) [명] 구제하는 데 드는 비용. ❏~가 많이 부족하다.
구제비-젓 [-젇] [명] 생선의 내장으로 담근 젓.
구:제-역 (口蹄疫) [명] 소나 돼지 따위의 동물이 잘 걸리는 바이러스성 전염병《입 안의 점막이나 발톱 사이에 물집이 생겨 짓무름》.
구:제-책 (救濟策) [명] 구제할 대책. ❏~을 강구하다.
구:제-품 (救濟品) [명] 재해 따위로 어려운 처지에 있는 사람을 돕기 위하여 보내는 물품. ❏수재민에게 ~을 보내다.
구:조 (久阻) [명][하자] 소식이 오랫동안 막힘.
구:조 (救助) [명][하타] 재난을 당해 곤경에 빠진 사람을 구하여 줌. ❏인명을 ~하다 / 전원 ~되다.
구조 (構造) [명][하타] **1** 여러 부분이나 요소가 어떤 전체를 짜서 이룸. 또는 그렇게 이루는 방법이나 이루어진 얼개. ❏가옥 ~ / 사회 ~ / 컴퓨터의 ~와 기능 / 제품의 ~가 간단하다 / 권력 ~를 개편하다. **2** 구조물.
구-조개 [명] 굴과 조개.
구조-곡 (構造谷) [명] 〖지〗 단층(斷層)·습곡(褶曲) 등의 원인으로 생긴 골짜기.
구조 단구 (構造段丘) 〖지〗 지각(地殼) 변동에 따라 침식 기준면이 변하거나 침식 작용이 부활하면서 생긴 단구.
구:조-대 (救助袋) [명] 고층 건물에 불이 났을 때 인명 구조에 쓰는 긴 자루 모양의 구조 용구. 사람이 이 속으로 안전하게 미끄러져 내려오도록 만들어짐.
구:조-대 (救助隊) [명] 일정한 장비를 갖추고 위험에 빠진 사람이나 물건 등을 구하는 사람들로 조직된 단체.
구:조-막 (救助幕) [명] 화재 때, 높은 곳에서 뛰어내리는 사람을 밑에서 안전하게 받는 데 쓰는 막.
구조-물 (構造物) [명] 〖건〗 일정한 설계에 따라 여러 가지 재료를 얽어서 만든 건물·다리·터널과 같은 시설물. 구조. ❏콘크리트 ~ / 철골 ~ / ~을 철거하다.
구:조-사다리 (救助-) [명] 높은 건물에 불이 나거나 높은 곳에서 위험에 처한 사람을 구출하기 위하여 쓰는 사다리.
구:조-선 (救助船) [명] 해상에서 조난을 당한 사람이나 선박을 구조하는 배.
구조-선 (構造線) [명] 〖지〗 지각 운동 따위로 생긴 규모가 큰 단층선(斷層線).
구조-식 (構造式) [명] 〖화〗 홑원소 물질 또는 화합물의 각 원자(原子)의 결합 상태를 결합선을 써서 도표로 나타낸 화학식(化學式).
구조 역학 (構造力學)[-여칵] 〖공〗 구조물의 강도나 안전성 등을 계산하는 원리와 방법을 연구하는 학문.
구:조-용 (救助用) [명] 구조하는 데 씀. 또는 그런 것. ❏해상 ~ 헬기.
구조-적 (構造的) [관][명] 구조에 관계되는 (것). ❏체제의 ~ 모순 / ~ 무역 불균형 / 건물에 ~인 결함이 있다.
구조적 실업 (構造的失業)[-씨럽] 〖경〗 자본주의의 경제 구조에 따라 발생하는 만성적·장기적인 실업. 만성적 실업.
구조 조정 (構造調整) 기업이나 산업의 불합리한 구조를 개편하거나 축소하는 일. ❏기업들의 ~으로 많은 실업자가 생겼다.
구조-주의 (構造主義)[-/-이] [명] 사회적·문화적 현상을 각각의 요소가 아닌, 심층적인 구조의 틀 속에서 파악하려고 하는 지적 경향.
구조 지진 (構造地震) 〖지〗 지각의 단층 운동으로 생기는 지진.
구조 평야 (構造平野) 〖지〗 지질 시대의 퇴적 지층이 지각 변동을 받지 않고, 수평 상태 그대로 남아 이루어진 평야. 침식 작용으로 표면이 평탄함.
구조-호 (構造湖) [명] 〖지〗 지각의 일부가 가라앉아 생긴 분지에 물이 괴어서 된 호수와 늪.
구조-화 (構造化) [명][하자타] 부분적 요소나 내용이 서로 관련되어 통일된 조직을 이룸. 또는 이루게 함. ❏~된 부정부패.
구족 (九族) [명] **1** 고조로부터 현손(玄孫)까지의 친족의 범위. 자기를 기준으로 직계친은 위로 4대 고조, 아래로 4대 현손까지이며, 방계친은 고조의 4대손인 형제·종형제·재종형제·삼종형제가 포함됨. **2** 외조부·외조모·이모의 자녀·장인·장모·고모의 자녀·자매의 자녀·딸의 자녀 및 자기 동족(同族).
구:족 (舊族) [명] 예로부터 내려오는 지체 높은 집안.
구족-계 (具足戒)[-꼐 / -께] [명] 〖불〗 비구와 비구니가 지켜야 할 계율.
구족-하다 (具足-)[-조카-] [형][여] 구존하다.

구존(俱存)〖명〗〔하자〕 부모가 모두 살아 계심. ▣부모님께서 ~하시다니 경하할 일이로군요. ↔구몰(俱沒).

구존-하다(具存-)〖형어〗 빠짐없이 골고루 갖추어져 있다. 구족하다.

구종(驅從)〖명〗 **1** 말구종. **2** 지난날, 관원을 모시고 다니던 하인. ▣~을 거느리다.

구종(을) **들다** 〔구〕 구종이 되어 말고삐를 잡다.

구-좌(口座)〖명〗〈경〉 '계좌(計座)'의 구칭.

구죵ㅎ다〖타〗〈옛〉 구죵하다.

구주(九州)〖명〗〈역〉 통일 신라 때, 전국을 나눈 아홉 주.

구주(九疇)〖명〗 '홍범구주'의 준말.

구:주(救主)〖명〗〈기〉 구세주1.

구주(歐洲)〖명〗 유럽.

구:주(舊主)〖명〗 **1** '구주인'의 준말. **2** 옛 임금.

구:주(舊株)〖명〗〈경〉 증자(增資)를 통하여 새로 발행한 주식에 대하여 그 이전의 주식. 구주식. ↔신주.

구:-주인(舊主人)〖명〗 옛 주인. ㉰구주.

구죽〖명〗 바닷가에 쌓인 굴 껍데기.

구죽-바위[-빠-]〖명〗 구죽으로 이루어진 바위.

구:중(口中)〖명〗 궁중에서, '입'을 이르던 말. 임금이나 그 직계 왕족에게 썼음.

구중(九重)〖명〗 **1** 아홉 겹이라는 뜻으로, 여러 겹이나 층을 이르는 말. **2** '구중궁궐'의 준말.

구중-궁궐(九重宮闕)〖명〗 문이 겹겹이 달린 깊은 대궐. 구중심처. ㉰구중.

구중-심처(九重深處)〖명〗 구중궁궐.

구-중-약(口中藥)[-냑]〖명〗 입속의 병을 치료하거나 구강 위생에 쓰는 약.

구중중-하다〖형어〗 **1** 습지나 고인 물 등이 더럽고 지저분하다. ▣구중중한 수채. **2** 모양새가 깔끔하지 않고 지저분하다. ▣구중중한 옷.

구즈기〖부〗〈옛〉 우뚝이.

구즉구즉ㅎ다〖형〗〈옛〉 우뚝우뚝하다.

구즉서다〖자〗〈옛〉 우뚝 서다.

구즉ㅎ다〖형〗〈옛〉 우뚝하다.

구:증(口證)〖명〗〔하타〕 말로 하는 증명.

구증(狗蒸)〖명〗 개찜.

구증구포(九蒸九曝)〖명〗〈한의〉 약재를 만들 때 찌고 말리기를 아홉 번씩 하는 일.

구:지(舊地)〖명〗 이전에 차지하고 있던 땅. 구토(舊土).

구:지(舊址)〖명〗 전에 건물이나 구조물 따위가 있던 터. 구기(舊基).

구지내〖조〗 새매의 하나.

구지렁-물〖명〗 썩어서 더러운 물. ㉰고지랑물.

구지레-하다〖형어〗 지저분하게 더럽다. ▣구지레한 옷차림 / 구지레한 세간을 버리고 새로 장만하다 / 홀아비 살림이라 ~.

구지부득(求之不得)〖명〗〔하타〕 구하려고 하여도 얻지 못함.

구지-심(求知心)〖명〗 지식을 갈구하는 마음.

구지졷다〖타〗〈옛〉 꾸짖다.

구직(求職)〖명〗〔하자〕 일자리를 구함. ▣~ 광고 / 경제 불황으로 ~하기가 정말 힘들다.

구:진(口陳)〖명〗〔하타〕 구술(口述).

구:진(久陳)〖명〗〔하자〕 **1** 음식이 오래되어 맛이 변함. **2** 약재(藥材)가 오래되어 약효가 없어짐.

구진(丘疹)〖명〗〈의〉 살갗에 돋아나는 발진.

구진(舊陳)〖명〗 오래 내버려 둔 진살한.

구:진(舊陳)〖명〗 오래 내버려 둔 땅이나 논밭.

구질ㅎ다〖타〗〈옛〉 꾸짖다.

구질(九秩)〖명〗 아흔 살. 90세.

구:질(久疾)〖명〗 앓은 지 오래되어 고치기 어려운 병.

구질(丘垤)〖명〗 작은 언덕.

구질(球質)〖명〗 테니스·탁구 따위에서, 선수가 치거나 던지는 공의 성질. ▣~이 좋다 / ~이 까다롭다.

구질-구질〖부형〗 **1** 상태나 하는 짓 등이 구저분한 모양. ▣~하게 변명을 늘어놓다. **2** 날씨가 맑지 못하고 비나 눈이 내려 구저분한 모양. ▣~한 날씨.

구차(柩車)〖명〗 '영구차'의 준말.

구:차(苟且)〖명〗〔하자〕〔히자〕 **1** 말이나 행동이 당당하거나 떳떳하지 못함. ▣~한 변명은 듣기 싫다. **2** 살림이 몹시 가난함. ▣~하게 살다.

구:차-스럽다(苟且-)[-따]-[-따] [-스러워, -스러우니]〖형어〗 구차한 데가 있다. ▣구차스러운 살림살이. **구:차-스레**〖부〗 ▣~ 변명할 생각은 없네.

구:창(口瘡)〖명〗 입 안에 생기는 부스럼.

구:창(灸瘡)〖명〗 뜸을 뜬 자리가 헐어서 생기는 부스럼.

구채(舊債)〖명〗 묵은 빚. ▣~를 청산하다.

구책(咎責)〖명〗〔하타〕 잘못을 나무람. 꾸짖음.

구처(區處)〖명〗〔하타〕 **1** 사물을 구분하여 처리함. **2** 변통하여 처리함. ▣~가 없다.

구척(矩尺)〖명〗 곱자.

구척(球尺)〖명〗〈물〉 구면계.

구척-장신(九尺長身)[-짱-]〖명〗 아홉 자나 되는 아주 큰 키. 또는 그런 사람.

구천(九天)〖명〗 **1** 가장 높은 하늘. **2** 하늘을 아홉 방위로 나누어 일컬음. **3**〈불〉 대지를 중심으로 하여 도는 아홉 개의 천체. **4** 궁중(宮中).

구천(九泉)〖명〗 땅속 깊은 밑바닥이란 뜻으로, 죽은 뒤에 넋이 돌아간다는 곳. 구천지하(九泉地下). 황천(黃泉). ▣영혼이 ~을 떠돌다.

구:천(久喘)〖명〗〈한의〉 오랜 기침으로 폐가 상하여 숨이 차고 가쁜 증세.

구첩-반상(九-飯床)[-빤-]〖명〗 밥·탕·김치·세 가지 장류(醬類)·찌개·찜 등의 기본 음식에 다 생채·두 가지 생채·두 가지 구이·조림·전류·마른반찬·회류의 아홉 가지 반찬을 갖춘 상차림. *반상.

구:첩-하다(口捷-)[-처파-]〖형어〗 말솜씨가 좋다. ▣구첩한 언변.

구청(區廳)〖명〗 구(區)의 행정 사무를 맡아보는 관청.

구청-장(區廳長)〖명〗 구청의 우두머리.

구:체(久滯)〖명〗〈한의〉 오래된 체증. 묵은 체증. 구체(舊滯).

구체(具體)〖명〗 사람이 감각으로 알 수 있는 형체와 내용을 갖추고 있는 일. 구상(具象). ↔추상(抽象).

구체(球體)〖명〗 공처럼 둥근 형체나 물체.

구:체(舊滯)〖명〗〈한의〉 구체(久滯).

구체 개:념(具體槪念)〖논〗 구체적 개념.

구체 명사(具體名詞)〖언〗 돌·쇠·나무와 같은 구체적인 모습을 갖춘 물건을 나타내는 명사. 구상 명사. ↔추상 명사.

구체-성(具體性)[-썽]〖명〗 구체적인 성질. 구상성. ▣~을 띤 계획.

구체-안(具體案)〖명〗 구체적인 안건이나 방안. ▣~을 마련하다.

구체 음악(具體音樂)〖악〗 뮈지크 콩크레트(musique concrète).

구체-적(具體的)〖관〗〖명〗 **1** 사물이 일정한 형태와 성질을 갖추고 있는 (것). ▣~ 모습. **2** 실제적이고 세밀한 부분까지 포함하고 있는 (것). ▣~인 내용 / ~으로 말하다. ↔추상적.

구체적 개:념(具體的槪念)[-깨-][논] 1 구체적인 대상에 대한 개념. 2 개개의 특수한 사물에 대한 단독 개념. 구상 개념. 구체 개념. *추상적 개념.
구체-화(具體化)[명]하자타] 1 구체적으로 되게 함. 또는 구체적으로 됨. □인식이 보다 ~되다. 2 계획 따위가 실현됨. 또는 그렇게 되게 함. 구상화. □정책을 ~하다 / 양국간의 경제 협력이 ~되다.
구:초(口招)[명] 예전에, 죄인이 신문에 대해 진술함. 또는 그 진술.
구:초(舊草)[명] 1 오래 묵은 담배. 2 오래전에 쓴 초벌 원고.
구촌(九寸)[명] 1 삼종 숙질(三從叔姪) 간의 촌수. □-아저씨. 2 아홉 치.
구추(九秋)[명] 1 삼추(三秋)1. 2 음력 9월을 '가을'이란 뜻으로 이르는 말.
구축(構築)[명][하타] 1 어떤 시설물을 쌓아 올려 만듦. □방어 진지를 ~하다 / 항만 시설이 ~되다. 2 체제·체계 따위의 기초를 닦아 세움. □판매망 ~ / 신뢰를 ~하다 / 초고속 인터넷 통신망을 ~하다.
구축(驅逐)[명][하타] 어떤 세력이나 해로운 것 따위를 몰아 쫓아냄. □사치 풍조를 ~하다 / 금전 만능의 사고는 ~되어야 한다.
구축-함(驅逐艦)[-추캄][명][군] 어뢰를 주요 무기로 하여 적의 주력함·잠수함을 공격하는, 작고 날쌘 군함. 수뢰 구축함.
구춘(九春)[명] 봄의 90일 동안.
구:출(救出)[명][하타] 위험한 상태에서 구하여 냄. □인질을 ~하다 / 조난자의 ~ 작전을 펴다 / 구사일생으로 ~되다.
구출(驅出)[명][하타] 몰아서 내쫓음.
구충(鉤蟲)[명][동] 선충류(線蟲類) 구충과에 속하는 기생충의 통칭. *촌충.
구충(驅蟲)[명] 제충(除蟲).
구충-제(驅蟲劑)[명] 1 몸속의 기생충을 없애는 데 쓰는 약(산토닌 따위). □1년에 한 번은 ~를 복용한다. 2 농작물 따위의 해충을 없애는 약. 살충제.
구:취(口臭)[명] 입에서 나는 좋지 않은 냄새. 입내. □~가 나다.
구치(臼齒)[명] 어금니.
구:치(灸治)[명][하자][한의] 뜸으로 병을 고침.
구치(拘置)[명][하타] 피의자나 범죄자 등을 일정한 곳에 가둠. □구치소에 ~되다.
구치(驅馳)[명][하타] 1 말이나 수레를 몰아 빨리 달림. 2 남의 일을 위하여 힘을 다함.
구치-소(拘置所)[명] 형사 피의자 또는 형사 피고인으로서 구속 영장 집행을 받은 사람을 판결이 내려질 때까지 수용하는 시설. □~에 수감되다.
구침(鉤針)[명] 끝이 갈고리처럼 생긴 바늘.
구:칭(口稱)[명][하타] 입으로 염불 등을 욈.
구:칭(舊稱)[명] 전에 부르던 이름. 옛 칭호.
구:칭-염:불(口稱念佛)[-념-][불] 입으로 외는 염불.
구타(毆打)[명][하타] 사람이나 짐승을 함부로 때리고 침. □~ 사건 / 집단 ~ / 안면을 ~하다.
구:태(舊態)[명] 뒤떨어진 예전 그대로의 모습. □~가 되풀이되다 / ~를 답습하다 / ~를 일신하다 / ~에서 벗어나다.
구태[부] '구태여'의 준말.
구태여[부] (부정어와 함께 또는 반문하는 문장에 쓰여) 애써 굳이. 일부러. □~ 할 필요는 없다. ⓒ구태.
구:태의연-하다(舊態依然-)[형][여] 조금도 변하거나 발전한 데가 없이 옛 모습 그대로이

다. □구태의연한 태도. 구:태의연-히[부]
구:택(舊宅)[명] 1 옛사람이 살던 집. 2 여러 대를 이어 살아온 집.
구터분-하다[형][여] '구리터분하다'의 준말. ⓐ고타분하다. 구터분-히[부]
구팁지근-하다[-찌-][형][여] 냄새 따위가 좀 구리팁팁하다. □구팁지근한 냄새. ⓐ고탑지근하다. 구팁지근-히[-찌-][부]
구텁텁-하다[-터퍼-][형][여] '구리텁텁하다'의 준말. ⓐ고탑탑하다. 구텁텁-히[-터퍼][부]
구토(嘔吐)[명][하타] 1 재래의 형식을 따르는 파. 2 전에 이루어진 파. □신파와 ~의 주도권 싸움. →신파.
구토(嘔吐)[명][하자][한의] 먹은 음식물을 토함. 게움. 토역(吐逆). □~가 나다 / ~가 일어나다 / 식중독으로 심하게 ~하다.
구토-증(嘔吐症)[-쯩][명] 속이 메슥메슥하며 토하고 싶은 증세. □~을 일으키다.
구:투(舊套)[명] 구식(舊式)1.
구트나[부]〈옛〉구태여.
구틔여[부]〈옛〉구태여.
구티다[타]〈옛〉굳히다.
구파(舊派)[명] 1 재래의 형식을 따르는 파. 2 전에 이루어진 파. □신파와 ~의 주도권 싸움. →신파.
구:판(舊版)[명] 전에 만든 책판. 또는 그것으로 찍은 책. □~을 개정하다. →신판(新版).
구판-장(購販場)[명] 조합 따위에서, 생활용품 따위를 공동으로 사서 싸게 판매하는 곳. □농협 ~.
구:폐(舊弊)[-/-폐][명] 전부터 내려오는 폐단. □~을 일소하다.
구포(臼砲)[명][군] 포신이 구경에 비하여 짧고 사각(射角)이 큰 화포.
구푸리다[타] 몸을 앞으로 구부리다. □허리를 ~. ⓐ고푸리다. ⓔ꾸푸리다.
구품(具稟)[명][하타] 일의 내용과 사유(事由)를 갖추어 웃어른께 자세히 아룀.
구풍(颶風)[명] 1 몹시 강한 바람. 2 '열대성 저기압'을 통틀어 이르는 말(발생하는 지역에 따라 태풍·선풍·허리케인·사이클론 등으로 불림). 돌개바람.
구:풍(舊風)[명] 옛 풍습.
구풍-제(驅風劑)[명][한의] 장(腸)에 쌓인 가스를 배출시키는 작용을 하는 약제.
구피(狗皮)[명] 개의 가죽.
구:필(口筆)[명] 붓을 입에 물고 쓰는 글씨.
구하(九夏)[명] 여름철의 90일 동안.
구-하다(求-)[타][여] 1 필요한 것을 찾다. 또는 그렇게 하여 얻다. □구하면 얻을 것이다 / 해답을 ~ / 직업을 ~ / 그런 물건은 구하기 어렵다. 2 상대편이 어떻게 해 주기를 바라다. □양해를 ~ / 용서를 ~.
구:-하다(灸-)[타][여] 1[한의] 쑥으로 뜸을 뜨다. 2 불에 굽다.
구:-하다(救-)[타][여] 1 어려움을 벗어나게 하다. □나라를 ~ / 죽음에서 ~. 2 물건 따위를 주어 어려운 생활 형편을 돕다. □극빈자를 ~. 3 병을 돌보아 낫게 하다. □내 아들을 꼭 구해 주세요.
구학(丘壑)[명] 언덕과 골짜기.
구학(求學)[명] 배움의 길을 찾음.
구학(溝壑)[명] 구렁1.
구:학(舊學)[명] '구학문(舊學問)'의 준말.
구:-학문(舊學問)[명] 서양의 새 학문에 대한 재래의 한학(漢學). →신학문. ⓒ구학.
구:한(舊恨)[명] 오래전부터 품어 온 원한.
구:한-감우(久旱甘雨)[명] 오랜 가뭄 끝에 내리는 단비.

구:-한국 (舊韓國)〖명〗〖역〗대한 제국.

구:-한-말 (舊韓末)〖명〗〖역〗조선 왕조 말기, 국호를 '대한 제국'이라고 일컫던 시절(흔히 1897년부터 1910년까지의 대한 제국 기간을 말함).

구:-한-신감 (舊恨新感)〖명〗예전에 품었던 원한과 지금의 새로운 감회.

구함 (具銜)〖명〗〖하자〗예전에, 수결(手決)과 직함을 갖추어 쓰던 일.

구함 (構陷)〖명〗〖하타〗터무니없는 말로 남을 꾀어 죄에 빠지게 함.

구:-합 (苟合)〖명〗〖하자〗**1** 겨우 모임. **2** 남의 비위를 구차스럽게 맞춤.

구합 (媾合)〖명〗〖하자〗성교(性交).

구핵 (究覈)〖명〗〖하타〗이치나 사실 따위를 깊이 살펴 밝힘.

구:-향 (舊鄕)〖명〗여러 대를 한 고장에서 살아온 향족(鄕族).

구허 (丘墟)〖명〗예전에는 번화하였으나 지금은 쓸쓸하게 변한 곳.

구허-날무 (構虛捏無)〖명〗〖하타〗터무니없는 말을 만들어 냄. ☞구날.

구:-험-하다 (口險-)〖형〗하는 말이 거칠고 막되다. 구:-험-히〖부〗

구현 (具現·具顯)〖명〗〖하타〗어떤 사실을 구체적으로 나타냄. ▫복지 사회 ∼에 힘쓰다 / 이상을 ∼하다 / 사회 정의가 ∼되다.

구현-금 (九絃琴)〖명〗〖악〗줄이 아홉 가닥인 거문고.

구혈 (九穴)〖명〗구규(九竅).

구:-혈 (灸穴)〖명〗〖한의〗뜸을 뜰 수 있는, 몸의 일정한 자리. 뜸자리.

구:-혐 (舊嫌)〖명〗오래된 혐의.

구:-협 (口峽)〖명〗〖생〗구강(口腔)에서 인두(咽頭)에 이르는 부분.

구형 (求刑)〖명〗〖하자타〗〖법〗형사 재판에서, 피고에게 어떠한 형벌을 내려 달라고 검사가 판사에게 요구함. ▫징역 3년을 ∼하다.

구형 (矩形)〖명〗'직사각형'의 구용어.

구형 (球形)〖명〗공처럼 둥근 모양.

구형 (鉤形)〖명〗갈고리처럼 생긴 모양.

구:-형 (舊型)〖명〗구식인 모양. ▫∼ 냉장고. ↔신형.

구형-강 (溝形鋼)〖명〗단면(斷面)이 'ㄷ'자 모양으로 된 강철.

구:-호 (口號)〖명〗**1** 대중 집회나 시위 등에서 어떤 요구나 주장을 나타내기 위해 외치는 간결한 문구. ▫∼를 내걸다 / ∼를 외치며 거리를 누비다 / ∼만 요란하다 / 국산품 애용이 ∼에 그치다. **2** 군호(軍號). **3** 구점(口占)2. **4**〖악〗지난날, 정재(呈才) 때 부르던 치어(致語)의 한 토막. 곧, 여문(儷文)의 한 단(段)이 끝나고 다음에 달리는 시(詩).

구:-호 (救護)〖명〗〖하타〗**1** 재해나 재난 따위로 어려움에 처한 사람을 도와 보호함. ▫난민 ∼ / ∼ 물자 / ∼ 기관 / ∼ 대책 / 이재민 긴급 ∼에 나서다. **2** 병자·부상자를 간호하거나 치료함. ▫정성 어린 ∼ / 부상자를 ∼하다.

구:-호 (舊好)〖명〗옛날의 정분. 또는 예전부터 다정하게 지내던 사이.

구:-호-금 (救護金)〖명〗재해나 재난 따위를 당해 어려움을 겪는 사람을 구조하기 위하여 나라에서 내놓거나 여러 사람이 거둔 돈. ▫∼을 모으다.

구:-호-반 (救護班)〖명〗비상시에, 이재민이나

부상자 등을 구호하기 위하여 임시로 편성한 소규모의 조직.

구:-호-양곡 (救護糧穀)〖명〗극빈자·이재민 등에게 정부가 무상으로 주는 곡식.

구:-호-책 (救護策)〖명〗구호할 방책. ▫∼을 세우다 / ∼이 마련되다.

구:-호-품 (救護品)〖명〗구호하기 위해 보내는 물건. ▫∼을 전달하다.

구혼 (求婚)〖명〗〖하자〗**1** 결혼할 상대자를 구함. ▫∼ 공개. **2** 상대에게 결혼을 청함. ▫∼을 받아들이다.

구화〈옛〉국화.

구:-화 (口話)〖명〗농아(聾啞)들이 교육을 받아 남이 말하는 입술 모양 따위로 알아듣고, 자기도 소리 내어 말하는 일. ＊수화(手話).

구화 (毬花)〖명〗〖식〗공 또는 원뿔 모양의 꽃(소나무·노송나무의 꽃 따위).

구화 (媾和)〖명〗〖하자타〗강화(講和).

구:-화 (構禍)〖명〗〖하자〗화근을 만듦.

구:-화 (舊貨)〖명〗새로 발행된 화폐에 대해서 그 이전의 화폐. 예전 돈.

구화-반자 (菊花-)〖명〗〖건〗국화 무늬를 새기거나 그린 반자.

구:-화-법 (口話法)〖명-뻡〗농아 교육에서, 구화를 가르치거나 구화로써 대화하는 방법. 독순법(讀脣法).

구화-장지 (-障-)〖명〗국화 무늬를 새긴 장지.

구:-활 (久闊)〖명〗〖하자〗오랫동안 소식이 없거나 만나지 못함.

구:-황 (救荒)〖명〗〖하타〗흉년 때에 굶주린 빈민을 도와줌.

구:-황-방 (救荒方)〖명〗흉년이 들어 먹을 것이 없을 때 대용 식물로 굶주림을 면하게 하는 방법.

구:-황 식물 (救荒植物)[-씽-]흉년에 곡식 대신 먹을 수 있는 식물(피·아카시아·쑥 따위). 비황 식물.

구:-황실 (舊皇室)〖명〗대한 제국 때, 황실 집안.

구:-황 작물 (救荒作物)[-짱-]흉년이 든 때 재배하기 적당한 작물(피·감자·메밀 따위).

구:-회 (舊懷)〖명〗지난 일을 생각하고 그리는 마음. 오랜 회포.

구획 (區劃)〖명〗〖하타〗토지 따위를 경계를 갈라 정함. 또는 그 구역. ▫∼을 짓다 / 국도로 ∼되다.

구획 어업 (區劃漁業)〖명〗일정한 수면을 구획해서 경영하는 어업(양식업에 이용됨).

구획 정:리 (區劃整理)[-쩡리]도시 계획 등에서, 토지 이용의 효율을 높이기 위해 토지 경계나 도로 등을 변경·정비하는 일.

구:-휼 (救恤)〖명〗〖하타〗빈민·이재민에게 금품을 주어 구제함. ▫빈민을 ∼하다.

구회 (球戲)[-히]〖명〗공을 가지고 하는 놀이. 특히, '당구'의 일컬음.

국 〖명〗채소·생선·고기 등을 건더기 삼아 넣고 물을 많이 부어 끓인 음식. ▫∼을 끓이다 / ∼에 밥을 말아 먹다. **2** '국물'의 준말. ▫∼을 후루룩 소리 내어 마시다.
[국에 덴 놈 물 보고도 분다] 한 번 혼이 나면 그와 비슷한 것만 보아도 지레 겁을 먹는다는 말.

국¹ (局)〖명〗관청·회사에서 사무를 분담하여 처리하는 곳. ▫흔히 ∼ 밑에 부(部)를 둔다. 〖의〗바둑·장기에서, 승부를 내는 판을 세는 단위. ▫제 3∼에서 불계로 이기다.

국² (局)〖명〗풍수지리에서, 명당을 흐르는 물과 그 주위의 형세가 합하여 이룬 자리.

-국 (局)〖미〗사무를 분담하여 처리하는 기관 또

는 부서의 뜻. ▯편집~ / 업무~.

-국(局) 圓 '나라'의 뜻. ▯공화~ / 약소~.

국가(國家)[-까] 圀 일정한 영토와 그곳에 사는 사람들로 구성되어 통치권을 갖고 있는 공동체. 나라. 방국. ▯민주주의 ~ / 독립 ~.

국가(國歌)[-까] 圀 한 나라의 이상과 정신을 나타내는 것으로 국가에서 제정한 노래. ▯~를 제창(齊唱)하다.

국가 경제(國家經濟)[-까-] 〖經〗 국가 및 공공 단체의 경제.

국가-고시(國家考試)[-까-] 圀 어떤 자격이나 면허를 주기 위하여 국가 기관이 관리·시행하는 시험. 국가시험. ▯~를 준비하다.

국가 공무원(國家公務員)[-까-] 〖法〗 국가의 공적인 업무에 종사하는 사람의 총칭. ＊지방 공무원.

국가-관(國家觀)[-까-] 圀 개인과 사회 및 정치 제도 등을 포괄하는 하나의 나라로서의 국가에 대한 견해의 체계.

국가 관리(國家管理)[-까-팔-] 사회주의 정책에서, 국가 또는 그 기관이 기업의 경영이나 활동에 개입하여 직접 관리하는 일.

국가 권력(國家權力)[-까-궐-] 국가가 정치적 기능을 다하기 위하여 행사하는 물리적인 강제력.

국가 기관(國家機關)[-까-] 국정을 이끌어 가기 위하여 설치한 입법·사법·행정 기관을 통틀어 이르는 말.

국가 기본권(國家基本權)[-까-낀] 〖法〗 국제법상 국가가 마땅히 갖는 기본적 권리(독립권·자기 보존권·자위권(自衛權)·긴급 방위권·평등권·국제 교통권 따위).

국가 긴급권(國家緊急權)[-까-낀] 〖法〗 전시 또는 비상사태에 즈음하여 국가의 어떤 기관이 비상 수단으로써 이를 극복할 수 있는 권한(대통령의 긴급 조치권·계엄 선포권 따위).

국가 배상(國家賠償)[-까-] 국가 또는 공무원이 국민에게 손해를 입혔을 때 국가나 공공 단체가 배상 책임을 지는 일.

국가 법인설(國家法人說)[-까-버빈-] 〖法〗 국가를 통치권의 주체인 공법인으로 보는 학설.

국가 보:상(國家補償)[-까-] 국가 정책의 실시에 의하여 손실을 본 사람에 대하여 특히 국가나 공공 단체가 그 손실을 보상하는 일.

국가 보:안법(國家保安法)[-까-뻡] 〖法〗 국가의 안전과 국민의 생존 및 자유를 확보하기 위하여 제정한 법. ⓒ보안법.

국가 보:훈처(國家報勳處)[-까-] 중앙 행정 기관의 하나. 국가 유공자 및 그 유족에 대한 보훈, 제대 군인 보상 및 보호와 군인 보험에 관한 사무를 맡아봄.

국가 부조(國家扶助)[-까-] 국가나 공공 단체가 생활 능력이 없는 사람에게 최저 한도의 생활을 보장하기 위하여 보호 또는 보조해 주는 일. 국적 부조.

국가 비:상사태(國家非常事態)[-까-] 천재·사변·폭동 등으로 개개의 경찰력으로는 국가의 치안 유지가 곤란한 상태. 비상사태.

국가-사업(國家事業)[-까-] 圀 국가가 직접 경영하는 사업.

국가 사회주의(國家社會主義)[-까- / -까-이] 국가 제도를 유지하면서 사회 개량을 실현하려는 사회주의 사상.

국가 소추주의(國家訴追主義)[-까- / -까-이] 국가 기관인 검사가 당사자가 되어 공소를 제기·유지하는 주의.

국가-시험(國家試驗)[-까-] 圀 국가고시(國家考試).

---

285 국고

국가 안전 보:장 회:의(國家安全保障會議)[-까-] 국가 안전 보장에 관련되는 정책을 수립하는 대통령의 자문 기관.

국가 연합(國家聯合)[-까-] 조약에 의한 여러 국가의 평등한 결합의 하나.

국가 원수(國家元首)[-까-] 한 나라에서 으뜸가는 권력을 지니고 다스리는 사람. 공화국에서는 주로 대통령임(元首).

국가 유:공자(國家有功者)[-까-] 나라를 위하여 공헌하거나 희생한 사람(순국선열·애국지사·전몰군경·상이군인·국가 사회 발전을 위한 특별 공로 순직자 등).

국가 의:사(國家意思)[-까-] 국가가 그 기관을 통하여 표현하는 단체 의사.

국가 자본(國家資本)[-까-] 국가가 국영 기업이나 사기업에 투자하거나 융자하고 있는 자본.

국가 자본주의(國家資本主義)[-까- / -까-이] 국가가 대자본과 결합하여 권력으로 국민의 경제 생활에 통제를 행하는 자본주의 경제 제도.

국가-적(國家的)[-까-] 판圀 1 국가가 관련된 (것). ▯~(인) 배상. 2 국가 전체가 관여하는 (것). ▯~ 행사 / 그의 망명은 ~ 손실이다.

국가 정보원(國家情報院)[-까-] 국내외 보안 정보의 수집·작성·배포, 국가 기밀의 보안, 국가 안보 관련 범죄 수사 등에 관한 업무를 맡아보는, 대통령 직속의 중앙 행정 기관. ⓒ국정원.

국가 주권설(國家主權說)[-까-낀] 주권이 국가 자신에 귀속한다는 설.

국가-주의(國家主義)[-까- / -까-이] 圀 국가의 이익을 국민의 이익에 우선(優先)시키어 국가를 지상(至上)으로 여기는 주의.

국가 책임(國家責任)[-까채김] 국가가 국제법상의 의무를 어겼을 때 지는 책임.

국가 파:산(國家破産)[-까-] 국가가 진 빚을 갚을 수 없게 된 상태. ▯~의 위기를 겪다.

국감(國監)[-깜] '국정 감사'의 준말.

국-거리[-꺼-] 圀 1 국을 끓일 재료(고기·생선·채소 따위). 2 곰국을 끓일 쇠고기·내장 따위 재료의 총칭.

국견(局見)[-껸] 圀 좁은 소견. 단견(短見).

국경(國境)[-꼉] 圀 나라와 나라 사이의 경계. 국계(國界). ▯~을 봉쇄하다 / ~을 지키다.

국경 관세(國境關稅)[-꼉-] 국경을 통과하는 수입 화물에 부과하는 조세.

국경 무:역(國境貿易)[-꼉-] 〖經〗 1 인접국 간의 무역. 2 국경 부근 주민들끼리의 필수품 교환.

국경 분쟁(國境紛爭)[-꼉-] 서로 이웃한 두 나라 사이에서 국경선을 둘러싸고 일어나는 분쟁. ▯~이 잦다.

국경-선(國境線)[-꼉-] 圀 나라와 나라 사이의 경계선. ▯~을 넘다 / ~을 정하다 / ~을 통과하다 / ~에 병력을 배치하다.

국경-일(國慶日)[-꼉-] 圀 국가적으로 경사를 기념하기 위하여 법률로 정한 날. 우리나라에는 삼일절·제헌절·광복절·개천절·한글날이 있음. ▯~에 태극기를 달다.

국계(國界)[-계 / -꼐] 圀 국경.

국고(國庫)[-꼬] 〖經〗 1 재산권의 주체로서의 국가. ▯~ 수입을 늘리다 / ~에 귀속시키다. 2 나라의 수입·지출을 관리하는 기관. 중앙 금고. ▯~ 보조를 받다 / ~에서 지원하다 / ~가 텅 비다.

국고-금 (國庫金)[-꼬-] 圏 《經》 국고에 속하는 현금. 나랏돈.

국고 보:조금 (國庫補助金)[-꼬-] 《經》 산업을 진흥하고 특정한 사업을 육성하기 위하여 국고에서 보조해 주는 돈.

국고 잉:여금 (國庫剩餘金)[-꼬-] 《經》 전년도 세계(歲計) 잉여금에서 그 용도가 정하여지지 아니한 국고금.

국고 준:비금 (國庫準備金)[-꼬-] 《經》 국가가 위급할 때 쓰려고 언제나 국고에 넣어 두는 돈.

국고 차:입금 (國庫借入金)[-꼬-끔] 《經》 국고에 채워 두어야 할 돈이 일시적으로 부족하여 중앙은행에서 빌리는 자금. 『국고채.

국고-채 (國庫債)[-꼬-] 圏 '국고 채권(債券)'

국고 채:권 (國庫債券)[-꼬-꿘] 《經》 국가가 일시적으로 경비를 충당하기 위하여 발행하는 단기의 국채 증권. ⑧국고채.

국-공립 (國公立)[-꽁닙] 圏 국립과 공립.

국광¹ (國光)[-꽝] 圏 나라의 영광이나 영예.

국광² (國光)[-꽝] 圏 《植》 사과의 한 품종. 푸른빛을 띤 붉은빛으로, 단단하여 오래 저장하기에 좋음. 신맛이 덜함.

국교 (國交)[-꾜] 圏 국가 간의 교제. 나라와 나라 사이의 외교 관계. 방교(邦交). □ ~ 수립 / ~를 맺다 / ~를 정상화하다.

국교 (國教)[-꾜] 圏 국가가 지정하여 전 국민이 믿도록 하는 종교. 국가 종교. □불교를 ~로 삼다.

국교 단:절 (國交斷絶)[-꾜-] 나라와 나라 사이의 외교 관계를 끊는 일.

국교-죄 (國交罪)[-꾜쬐] 圏 《法》 국교를 해쳐 간접적으로 국가 존립의 안전을 위협하는 죄 《외국의 국가 원수나 외교 사절을 폭행·위협하거나 외국의 국기를 모독하는 행위 따위》.

국구 (國舅)[-꾸] 圏 '왕비의 아버지'를 일컫던 말.

국군 (國君)[-꾼] 圏 한 나라의 군주. 국왕.

국군 (國軍)[-꾼] 圏 1 국가의 군대. 2 우리나라의 군대. □ ~ 장병 / ~ 용사 / ~을 통수하다.

국군의 날 (國軍-)[-꾸늬-/-꾸네-] 우리나라 군대의 창설과 발전을 기념하여 정한 날 《1956년에 제정. 매년 10월 1일》.

국궁 (國弓)[-꿍] 圏 양궁(洋弓)에 대하여, 우리나라 고유의 활. 또는 활을 쏘는 기술.

국궁 (鞠躬)[-꿍] 圏허재 윗사람이나 위패 앞에서 존경의 뜻으로 몸을 굽힘. □ ~ 배례(拜禮) / ~ 재배(再拜).

국궁-진췌 (鞠躬盡瘁)[-꿍-] 圏허재 마음과 몸을 다하여 나랏일에 이바지함.

국권 (國權)[-꿘] 圏 국가가 행사하는 권력. 곧, 주권과 통치권. □ ~의 회복.

국권 피:탈 (國權被奪)[-꿘-] 《歷》 1910년 8월 29일 일제가 우리나라의 통치권을 빼앗고 식민지로 삼은 일. 『지르다.

국-그릇 [-끄륻] 圏 국을 담는 그릇. □ ~을 엎

국극 (國劇)[-끅] 《演》 1 그 나라 고유의 형식의 연극. 2 우리나라 창극(唱劇)의 일컬음.

국금 (國禁)[-끔] 圏허재 나라에서 법으로 금함. 또는 그런 일. □ ~을 범하다. 『국기일.

국기 (國忌)[-끼] 圏 임금이나 왕후의 제삿날.

국기 (國技)[-끼] 圏 한 나라 특유의 전통적인 운동이나 기예(技藝) 《우리나라의 씨름·태권도, 미국의 야구 따위》.

국기 (國紀)[-끼] 圏 나라의 기강.

국기 (國記)[-끼] 圏 나라에 관한 기록. 또는

나라의 역사를 적은 책.

국기 (國基)[-끼] 圏 나라를 이루거나 유지하는 기초. □ 내란으로 ~가 흔들리다.

국기 (國旗)[-끼] 圏 한 나라를 상징하기 위하여 그 나라의 표지로 정한 기 《우리나라의 태극기, 미국의 성조기 따위》. □ ~를 게양하다 / ~를 달다.

국기 (國器)[-끼] 圏 나라를 다스릴 만한 능력. 또는 그러한 능력을 가진 사람.

국기-일 (國忌日)[-끼-] 圏 국기(國忌).

국난 (國難)[궁-] 圏 나라의 위태로움과 어려움. □ ~을 당하다 / ~을 타개하다 / 일심 단결하여 ~을 슬기롭게 극복하다.

국내 (局內)[궁-] 圏 1 묘지·절 따위의 구역 안. 2 관청이나 회사 조직에서, 국(局)의 안.

국내 (國內)[궁-] 圏 나라 안. 국중(國中). □ ~ 여행 / ~ 사정에 밝은 외국인. ↔국외.

국내 관세 (國內關稅)[궁-] 국내의 어떤 한정된 지역을 출입하거나 통과하는 화물에 부과하는 세금.

국내-법 (國內法)[궁-뻡] 圏 《法》 한 나라의 주권이 미치는 범위 안에서 효력을 가지며 그로 그 나라의 내부 관계를 규율짓는 법. ↔국제법(國際法).

국내-산 (國內産)[궁-] 圏 나라 안에서 생산하는 물건. 내국산. 국산.

국내-선 (國內線)[궁-] 圏 나라 안의 교통과 통신에만 이용되는 선. □ ~에 취항하다. ↔국제선.

국내 소비세 (國內消費稅)[궁-쎄] 국내에서 소비되는 물건에 부과하는 세금 《통행세·주세·물품세 따위》. 내국 소비세.

국내 시:장 (國內市場)[궁-] 《經》 자기 나라에서 만든 생산품이 팔리는 나라 안의 시장. ↔국제 시장.

국-내외 (國內外)[궁-] 圏 나라의 안과 밖. □ ~로 알려지다 / ~에 이름을 떨치다.

국내 우편 (國內郵便)[궁-] 보내고 받는 사람이 다 국내에 있는 우편. ↔국제 우편.

국내-적 (國內的)[궁-] 圏 나라 안에 관계되는 (것). □ ~으로 불경기를 맞다.

국내 정세 (國內情勢)[궁-] 국내의 정치적·경제적·군사적 사정이나 형편. □ ~가 몹시 어수선하다.

국내 총:생산 (國內總生産)[궁-] 《經》 국민 총생산에서 투자 수익 등 해외로부터의 순소득을 제외한 지표. 경제 성장의 대외 비교에 씀. 지디피(GDP).

국-대부인 (國大夫人)[-때-] 圏 《歷》 조선 초기, 임금의 외조모나 왕비의 어머니에게 내리던 봉작 《뒤에 부부인으로 고쳤음》.

국도 (國都)[-또] 圏 한 나라의 수도. 서울.

국도 (國道)[-또] 圏 나라에서 직접 관리하는 도로 《고속 국도와 일반 국도가 있음》. □ 귀성 차량이 ~로 몰리다. ↔지방도.

국-둔전 (國屯田)[-뚠-] 圏 《歷》 고려·조선 때, 수자리를 사는 군사가 경작하여 그 수확을 모두 군자(軍資)에 충당하던 토지. 국둔토(國屯土).

국-둔토 (國屯土)[-뚠-] 圏 《歷》 국둔전.

국란 (國亂)[궁-] 圏 나라 안에서 일어난 난리. □ ~을 당하다 / ~에 직면하다 / ~이 일어나다.

국량 (局量)[궁냥] 圏 남의 잘못을 이해하고 감싸주며 일을 능히 처리하는 힘. 국도(局度). □ ~이 넓다.

국력 (國力)[궁녁] 圏 나라의 힘. □ ~을 기르다 / ~을 신장하다 / 온 ~을 기울이다.

국련 (國聯)[궁년] 圏 '국제 연합'의 준말.
국련-군 (國聯軍)[궁년-] 圏 '국제 연합군'의 준말.
국로 (國老)[궁노] 圏 나라의 원로.
국록 (國祿)[궁녹] 圏 나라에서 주는 녹봉.
국록지신 (國祿之臣)[궁녹찌-] 圏 나라에서 주는 녹봉을 받는 신하.
국론 (國論)[궁논] 圏 국민 또는 사회 일반의 공통된 의견. ◻ ~ 통일 / ~을 모으다 / ~이 비등하다 / ~이 분열되다.
국리 (國利)[궁니] 圏 국가의 이익. 국익(國益).
국리-민복 (國利民福)[궁니-] 圏 국가의 이익과 국민의 행복.
국립 (國立)[궁닙] 圏 나라의 예산으로 세우고 관리함. ↔사립.
국립 공원 (國立公園)[궁닙꽁-] 자연 경치가 뛰어난 지역을 골라서, 그 자연을 보호하며 국민의 보건·휴양 및 정서 생활 향상에 이용하도록 국가에서 지정하여 관리하는 공원.
국립 대:학 (國立大學)[궁닙때-] 국가에서 세워 관리·운영하는 대학.
국립-묘지 (國立墓地)[궁님-] 圏 군인·군무원 또는 국가 유공자의 유해를 안치하고, 국가에서 관리하는 묘지. ◻ ~에 안장하다.
국립 은행 (國立銀行)[궁니븐-] 나라에서 직접 운영하는 은행.
국립-현충원 (國立顯忠院)[궁니편-] 圏 국립묘지를 관리하는 국방부 소속의 외청.
국-말이 [궁마리] 圏 국에 만 밥이나 국수.
국면 (局面)[궁-] 圏 1 어떤 일이 되어 가는 형세나 벌어진 상황. ◻ ~ 전환 / 어려운 ~에 부닥치다 / ~을 타개하다 / 주가가 조정 ~에 접어들었다. 2 바둑·장기의 승패의 변화.
국명 (國名)[궁-] 圏 나라의 이름. 국호.
국명 (國命)[궁-] 圏 1 나라의 명령. ◻ ~을 받들다. 2 나라의 사명. 3 국운(國運).
국모 (國母)[궁-] 圏 임금의 아내나 임금의 어머니를 이르던 말.
국모 (麴母)[궁-] 圏 누룩밑.
국무 (國務)[궁-] 圏 나라의 정무.
국-무당 (國-)[궁-] 圏 《역》 고려·조선 때, 나라의 굿을 하던 무당. 나랏무당.
국무-원 (國務院)[궁-] 구헌법에서, 국무총리와 국무 위원으로 조직되는 합의체로서, 국가의 중요 국책을 의결하던 최고 기관. *내각(內閣).
국무 위원 (國務委員)[궁-] 국정(國政)에 관하여 대통령을 보좌하며 국정을 심의하는 국무 회의의 구성원.
국무 조정실 (國務調整室)[궁-] 중앙 행정 기관의 하나. 국무총리 소속의 보좌 기관으로, 각 중앙 행정 기관 및 국무총리 소속 기관에 대한 지휘·감독, 정책의 조정 및 심사 평가, 기타 국무총리가 특별히 지시하는 사항 등에 관한 사무를 맡아봄.
국무-총리 (國務總理)[궁-니] 圏 대통령을 보좌하고 행정에 관하여 대통령의 명을 받아 중앙 행정 기관의 장을 지휘·감독하는 기관(국회의 동의를 얻어 대통령이 임명함). ◒총리.
국무 회:의 (國務會議)[궁- / 궁-이] 대통령·국무총리 및 국무 위원이 정부의 권한에 속하는 중요 정책을 심의하는 회의(대통령이 의장이 되고 국무총리는 부의장이 됨).
국문 (國文)[궁-] 圏 1 자기 나라에서 쓰는 고유한 글자. 또는 그것으로 쓴 글. ◻ ~을 깨치다. 2 '국문학'의 준말.
국문 (鞠問/鞫問)[궁-] 圏[하타] 《역》 국청(鞠廳)에서 중대한 죄인을 신문하던 일.

국-문법 (國文法)[궁-뻡] 圏 '국어 문법'의 준말.
국문 연:구소 (國文研究所)[궁-년-] 《역》 광무 11년(1907) 7월에 학부(學部) 안에 설치하였던 국문 연구 기관. 주시경(周時經)·지석영(池錫永) 등이 위원이었음.
국-문자 (國文字)[궁-짜] 圏 1 한 나라의 문자. 2 우리나라의 문자.
국-문학 (國文學)[궁-] 圏 1 자기 나라의 문학. 2 우리나라의 문학. 또는 그것을 연구하는 학문. ◒국문.
국문학-사 (國文學史)[궁-싸] 圏 국문학의 발달 과정의 역사. 또는 그 학문.
국-물 [궁-] 圏 1 국·찌개·김치 따위의 음식에서 건더기를 제외한 물. ◻ 찌개 ~ / 김치 ~을 흘리다 / ~을 한 모금 마시다 / ~을 엎지르다. ◒국요. 2 〈속〉 어떤 일의 대가로 생기는 약간의 이득이나 부수입. ◻ ~이 생기는 자리 / ~이 얻어 걸리다.
국물도 없다 ⟨권⟩ 조그마한 이득도 없다.
국민 (國民)[궁-] 圏 국가를 구성하는 사람. 또는 그 나라의 국적을 가진 사람. ◻ ~은 국가의 요소이다.
국민-가요 (國民歌謠)[궁-] 《악》 공통적 정신을 고취하기 위하여 국민 전체가 부를 수 있게 지은 노래.
국민-감정 (國民感情)[궁-] 圏 국민 대부분이 갖는 공통된 감정. ◻ ~이 용납하지 않는다.
국민-개병 (國民皆兵)[궁-] 圏 국민 모두가 병역 의무를 가지는 일.
국민개병 제:도 (國民皆兵制度)[궁-] 국민 모두에게 병역의 의무를 지우는 제도.
국민 경제 (國民經濟)[궁-] 《경》 한 나라를 단위로 하는 경제 활동. 사회 경제.
국민 교:육 (國民敎育)[궁-] 국가가 국민에게 국민으로서의 자질(資質)을 갖추게 하기 위하여 실시하는 교육. 근대 국가의 성립과 함께 생김. 2 의무 교육.
국민 교:육 헌:장 (國民敎育憲章)[궁-유컨-] 우리나라 교육의 지표를 제시한 헌장. 국민 도덕의 기본 방향을 밝히고 국민의 기본 자세를 확립할 것을 내용으로 함. ◒교육 헌장.
국민 국가 (國民國家)[궁-까] 동일 민족 또는 국민이라는 의식을 바탕으로 한 중앙 집권 국가.
국민-대표 (國民代表)[궁-] 圏 전 국민의 대표 자로서의 국회의원.
국민 대:회 (國民大會)[궁-] 국민의 총의를 나타내기 위하여 여러 뜻있는 사람이 때를 정하여 한곳에 모이는 큰 모임.
국민 도:덕 (國民道德)[궁-] 1 국민으로서 모두 지켜야 할 도덕. 2 한 국민의 고유한 도덕.
국민 문학 (國民文學)[궁-] 1 역사적으로 전승되는 그 나라의 국민성을 나타낸 문학. 2 근대 국민 국가의 발생과 더불어 만들어지고 그 국가 의식을 반영하여 다수의 민중에 침투한 문학.
국민 발안제 (國民發案制)[궁-바란-] 국민 투표의 한 형식. 일정수 이상의 국민이 헌법 개정안이나 법률안을 직접 제안하는 제도.
국민 복지 연금 (國民福祉年金)[궁-찌-] 국민연금의 전 이름. ◒국민연금.
국민 생활 (國民生活)[궁-] 1 한 국민의 독특한 생활양식. 2 한 국민의 생활 상태.
국민-성 (國民性)[궁-씽] 圏 한 나라 사람이 공통으로 갖고 있는 성질. ◻ 근면한 ~.

국민 소:득 (國民所得)[궁-] 한 국민 경제 안에서, 일정 기간 동안 생산 활동의 결과로 얻은 최종 생산물의 총액. ❑ ~이 향상되다.
국민 소환 (國民召還)[궁-] 선거 등으로 선출·임명된 국민대표 또는 공무원을 임기가 끝나기 전에 국민의 발의(發議)로 파면·소환하는 제도.
국민 연금 (國民年金)[궁-년-] 늙거나 병들거나 또는 사망했을 때, 사회 보장 제도의 일환으로 정부가 본인이나 가족들에게 주는 연금. 특별법에 의해 연금이 적용되는 공무원·군인·사립학교 교직원을 제외한 18세 이상 60세 미만의 국내 거주 국민을 대상으로 함.
국민-운동 (國民運動)[궁미눈-] 명 국민적 목적을 이루기 위해 국민의 전체 또는 일부가 벌이는 운동.
국민-의례 (國民儀禮)[궁미늬- / 궁미니-] 명 국가의 의식·예식에서 국민으로서 갖추어야 할 격식《국기 배례·애국가 제창·순국선열에 대한 묵념 따위》.
국민 의:무 (國民義務)[궁미늬-] 국민으로서 지켜야 할 공법상의 의무. 납세·교육·국방·근로의 의무.
국민 의회 (國民議會)[궁미늬-] 국민의 대표자로구성되는 의회.
국민-장 (國民葬)[궁-] 명 국가·사회 발전에 이바지한 사람이 죽었을 때 국민 전체의 이름으로 지내는 장례《경비의 일부를 국고에서 보조하기도 함》. *국장(國葬).
국민-적 (國民的)[궁-] 관명 국민 모두와 관련되는 (것). ❑ 남북 통일은 ~(인) 염원이다.
국민 정당 (國民政黨)[궁-] 특정 계급이 아니라 국민 전체의 입장에 설 것임을 표방하는 정당.
국민-정신 (國民精神)[궁-] 명 **1** 그 국민의 공통된 고유한 정신. **2** 나라와 겨레를 위하여 충성을 다하는 정신.
국민 주권설 (國民主權說)[궁-꿘-] 나라의 주권이 국민 전체에 있다는 학설.
국민-주의 (國民主義)[궁- / 궁-이] 명 국민의 이익이나 권위를 지키고 확립하려는 태도나 경향.
국민 주:택 (國民住宅)[궁-] 국가·지방 자치 단체·한국 주택 은행 등이 조달하는 자금으로 지어서, 주택이 없는 국민에게 싼값으로 임대·분양하는 전용 면적 25.7평 이하의 공동 주택. 특히 아파트를 말함.
국민-차 (國民車)[궁-] 명 대다수의 국민이 싼값으로 살 수 있도록 만든 경승용차.
국민 총:생산 (國民總生産)[궁-] 〖경〗 한 나라에서 일정 기간(보통 1년간)에 생산된 재화(財貨) 및 용역의 부가 가치를 시장 가격으로 평가한 총액. 나라의 경제 규모를 재는 척도임. 지엔피(GNP).
국민 투표 (國民投票)[궁-] 국회의원 선거 이외에 나라의 중대한 일에 대하여 국민 전체가 행하는 투표. 일반 투표. ❑ ~에 부치다 / ~로 헌법을 개정하다.
국민 포장 (國民褒章)[궁-] 국민의 복리 증진과 국가 발전에 기여한 사람 및 공익 시설에 많은 재산을 기부한 사람에게 주는 포장.
국민-학교 (國民學校)[궁-꾜] 명 '초등학교'의 구용어.
국민 훈장 (國民勳章)[궁-] 국민의 복지 향상과 국가 발전에 기여한 사람에게 주는 훈장《무궁화장·모란장·동백장·목련장·석류장의 5등급이 있음》.
국-반절 (菊半截)[-빤-] 명 국반판.
국-반판 (菊半版)[-빤-] 명 가로 109mm, 세로 152mm 의 크기로 된 인쇄물의 규격. 국판의 절반 크기임. 국반절.
국-밥 [-빱] 명 더운 국에 밥을 넣은 음식. ❑ ~을 말다.
국방 (國防)[-빵] 명 외적에 대한 국가의 방위. ❑ ~에 힘을 기울이다.
국방 경:비대 (國防警備隊)[-빵-] 1946년 1월에 창설된 우리나라의 군대《오늘날의 국군의 모체가 되었음》.
국방 대학원 (國防大學院)[-빵-하권] 국방부 장관 소속하에 둔 한 연구 기관《각군·정부 기관 등에서 선발된 사람에게 국가 안전 보장에 관한 학술을 교수하며, 이에 관한 사항을 분석·연구함》.
국방-부 (國防部)[-빵-] 명 중앙 행정 기관의 하나. 국방에 관련된 군정(軍政) 및 군령(軍令)과 기타 군사에 관한 사무를 맡아봄.
국방-비 (國防費)[-빵-] 명 국방에 필요한 육해공군의 유지비《넓은 의미로는 전쟁 및 전쟁에 대비하는 경비를 포함함》. ❑ ~를 늘리다 / ~를 평화 목적에 전용하다.
국방-상 (國防相)[-빵-] 명 일부 국가의 국방부 장관을 일컫는 말.
국방-색 (國防色)[-빵-] 명 육군의 군복 빛깔. 카키색이나 진초록색.
국방-성 (國防省)[-빵-] 명 일부 국가에서, 국방에 관한 일을 맡아보는 행정 부서《우리나라의 국방부에 해당함》.
국방 위원회 (國防委員會)[-빵-] 국회 상임 위원회의 하나. 국방부 소관 사항을 심의함.
국방 의원 (局方醫員)[-빵-] 〖역〗 조선 때, 나라에서 제정한 의학을 배운 의원.
국번 (局番)[-뻔] 명 '국번호'의 준말. ❑ 화재 신고는 ~ 없이 119로 한다.
국-번호 (局番號)[-뻔-] 명 전화 교환국의 국명(局名)에 해당하는 번호. 준 국번.
국법 (國法)[-뻡] 명 나라의 법률이나 법규. 방헌. ❑ ~을 준수하다 / ~을 어기다.
국변 (國變)[-뼌] 명 나라의 변란.
국보 (局報)[-뽀] 명 **1** 우체국 사이에 주고받는 전보. **2** 방송국의 방송에 관한 보도.
국보 (國步)[-뽀] 명 나라의 운명. 국운(國運).
국보 (國寶)[-뽀] 명 **1** 나라의 보배. **2** 나라에서 지정하여 법률로 보호하는 문화재. ❑ ~로 지정되다. **3** 〖역〗 국새(國璽)2.
국보-간난 (國步艱難)[-뽀-] 명 나라의 운명이 어지럽고 어려움.
국보-적 (國寶的)[-뽀-] 관명 국보가 될 만한 (것). ❑ ~ 가치가 있는 유물 / ~인 인물.
국본 (國本)[-뽄] 명 나라의 근본. 국기(國基).
국부 (局部)[-뿌] 명 **1** 전체 가운데의 한 부분. 국소(局所). ❑ ~ 수술. **2** 음부(陰部). ❑ ~를 가리다.
국부 (國父)[-뿌] 명 **1** 임금. **2** 건국에 공로가 있어 국민들에게 존경받는 지도자.
국부 (國富)[-뿌] 명 한 나라의 부(富). 국민과 나라가 가진 재화의 총량을 돈으로 평가한 총액.
국부-론 (國富論)[-뿌-] 명 영국의 경제학자 애덤 스미스(Smith, A.)의 저서(著書). 부국론(富國論).
국부 마취 (局部痲醉)[-뿌-] 〖의〗 수술할 자리에만 부분적으로 마취하는 일. 국소 마취. ❑ ~로 간단히 수술하다.
국부 은하군 (局部銀河群)[-뿌-] 〖천〗 우리

은하계를 포함한 주위 35개의 은하 집단. 안드로메다 은하, 마젤란 은하 따위가 이에 속하는데, 지름은 약 700만 광년임.

국부-적 (局部的)[-뿌-] 〖관〗 전체 중의 어느 한정된 부분에만 관계가 있는 (것). ☐~ 현상. ↔일반적.

국부 전:류 (局部電流)[-뿌절-] 〖전〗 전지(電池)의 극판에 불순물이 섞여 있을 때, 그 한 곳을 흐르는 전류.

국비 (國費)[-삐] 명 국고에서 지출하는 비용. ☐~ 유학생.

국비-생 (國費生)[-삐-] 명 나라에서 대 주는 학비로 공부하는 학생. ☐~으로 학업을 마치다.

국빈 (國賓)[-삔] 명 나라의 공식 손님으로 초대를 받는 외국인. ☐~ 대우를 받다 / ~ 자격으로 방문하다.

국사 (國士)[-싸] 명 온 나라에서 높이 받드는 선비.

국사 (國史)[-싸] 명 1 한 나라의 역사. 국승(國乘). 2 우리나라의 역사.

국사 (國使)[-싸] 명 한 나라의 사신.

국사 (國事)[-싸] 명 나라에 관한 일. 또는 나라의 정치에 관한 일. 나랏일. ☐~를 논하다 / ~를 돌보다.

국사 (國師)[-싸] 명 1 한 나라의 스승. 2 임금의 스승. 3 〖역〗 신라 말기부터 조선 초기에 걸쳐 덕이 높은 승려에게 내리던 최고 승직(僧職).

국사-범 (國事犯)[-싸-] 명 〖법〗 나라의 정치상 질서를 문란하게 한 범죄. 또는 그 범인. 정치범.

국산 (國産)[-싼] 명 자기 나라에서 생산함. 또는 그 물건. 국내산. ☐~ 자동차 / ~ 장비 / ~ 영화 / 이것은 ~이 외제보다 품질이 좋다.

국산-품 (國産品)[-싼-] 명 자기 나라에서 생산된 물품. ☐~ 애용 / ~의 품질을 향상시키다.

국산-화 (國産化)[-싼-] 명 하타 필요한 물품을 수입하지 않고 가능한 한 자기 나라에서 생산함. ☐자동차 부품의 완전 ~가 곧 이루어질 것이다.

국상 (國喪)[-쌍] 명 예전에, 국민 전체가 상복(喪服)을 입던 왕실의 초상. 국휼(國恤). ☐~이 나다 / ~을 당하다.

국새 (國璽)[-쌔] 명 1 나라를 대표하는 도장. 2 〖역〗 임금의 도장. 국보(國寶). 어보(御寶). 옥새(玉璽). ⦿대새(璽).

국색 (國色)[-쌕] 명 1 나라 안에서 가장 아름다운 여자. 국향(國香). 2 '모란꽃'을 아름답게 이르는 말.

국서 (國書)[-써] 명 1 한 나라의 원수(元首)가 그 나라의 이름으로 외국에 보내는 문서. 2 한 나라의 역사와 문장 등에 관한 책.

국서 (國壻)[-써] 명 1 임금의 사위. 부마도위(駙馬都尉). 2 여왕의 남편.

국석 (菊石)[-썩] 명 암모나이트(ammonite).

국선 (國仙)[-썬] 명 〖역〗 화랑(花郞).

국선 (國選)[-썬] 명 하타 국가에서 뽑음. ↔민선(民選).

국선-도 (國仙徒)[-썬-] 명 〖역〗 국선의 무리. 곧, 화랑도의 딴 이름.

국선 변:호인 (國選辯護人)[-썬-] 형사 사건의 피고인이 변호인을 선임할 수 없는 경우, 법원이 직권으로 선임하는 변호인. ↔사선변호인.

국성 (國姓)[-썽] 명 성(姓)과 본(本)이 임금과 같은 성(姓).

국세 (局勢)[-쎄] 명 1 어떤 국면에 나타난 형세. 2 어떤 판국으로 되어 가는 형세.

국세 (國稅)[-쎄] 명 국가의 재정을 충당하기 위하여 국민에게 부과하여 징수하는 세금으로 내국세와 관세로 분류(소득세·법인세·주세·교육세 따위). ☐~를 물다. ↔지방세.

국세 (國勢)[-쎄] 명 나라의 형편과 세력. 한 나라의 인구·산업·자원 등의 상태.

국세 조사 (國勢調査)[-쎄-] 명 행정의 기초 자료를 얻기 위하여 정부가 전국적으로 행하는 인구 동태 및 그와 관련되는 조사. 센서스.

국세-청 (國稅廳)[-쎄-] 명 기획 재정부 소속의 중앙 행정 기관. 내국세의 부과·감면 및 징수에 관한 사무를 맡아봄.

국소 (局所)[-쏘] 명 1 국부(局部)1. 2 몸의 관절이 꺾이는 곳.

국소 마취 (局所痲醉)[-쏘-] 〖의〗 국부 마취.

국속 (國俗)[-쏙] 명 나라의 풍속. 국풍(國風).

국수 [-쑤] 명 메밀가루나 밀가루 등을 되게 반죽한 다음, 반죽을 얇게 밀어 가늘고 길게 썰거나 국수틀로 눌러 가늘게 뽑아낸 식품. 또는 그것으로 만든 음식. 면. 면자. ☐~ 가락 / ~를 한 그릇 말아 먹다 / ~를 삶다.

[국수 먹은 배] 실속이 없고 헤프다는 뜻.

[국수 잘하는 솜씨가 수제비 못하랴] 한 가지 일을 능히 잘하는 사람이 그와 비슷한 다른 일을 못할 리가 없다는 뜻.

국수(를) 먹다 ⟳ '결혼식을 올리다'의 곁말.

국수 (國手)[-쑤] 명 1 이름난 의사. 명의. 2 바둑·장기 따위의 실력이 한 나라에서 으뜸가는 사람. ☐바둑계에 여성 ~가 탄생했다.

국수 (國粹)[-쑤] 명 그 나라의 고유한 역사·문화·국민성의 장점.

국수 (國讎)[-쑤] 명 나라의 원수.

국수-맨드라미 [-쑤-] 〖식〗 꽃이 국수 가닥처럼 여러 갈래로 갈라지는 맨드라미.

국수-물 [-쑤-] 명 1 국수 내린 물에 메밀가루를 풀어서 끓인 물. 2 국수를 삶은 물.

국수-버섯 [-쑤-선] 명 〖식〗 싸리버섯과의 버섯. 숲 속에 남. 높이 3~6cm이며 자실체가 누렇고 가지가 없음. 썰어 놓은 국수처럼 자라는데 식용함.

국수-사리 [-쑤-] 명 삶은 국수를 적당한 분량으로 사려 놓은 묶음.

국수-원밥숭이 [-쑤-쑹-] 명 흰밥과 국수를 넣고 끓인 떡국. *원밥수기.

국수-장국 (-醬-)[-쑤-꾹] 명 더운 장국에 만 국수. 온면.

국수-장국밥 (-醬-)[-쑤-꾹빱] 명 국수를 넣어 만든 장국밥. 면장텁반.

국수-전 (國手戰)[-쑤-] 명 한 나라에서 장기나 바둑의 기량이 으뜸가는 사람을 뽑는 대국.

국수-주의 (國粹主義)[-쑤-/-쑤-이] 명 자기 나라의 문화나 전통, 국민적 특수성만을 가장 우수한 것으로 믿고 유지·보존하며 남의 나라 것을 배척하는 주의.

국수-틀 [-쑤-] 명 국수를 눌러 빼는 틀. 제면기.

국순-전 (麴醇傳)[-쑨-] 명 고려 때, 임춘(林椿)이 지은 가상적 전기 설화. 술을 의인화하여 당시의 정치 현실과 인간이 술로 인해 타락하는 모습을 풍자하였음.

국숫-발 [-쑤빨/-쑫빨] 명 국수의 가락. 면발. ☐~이 가늘다.

국숫-분 (-粉)[-쑤뿐/-쑫뿐] 명 국숫분통.

국숫-분통 (-粉桶)[-쑤뿐-/-쑫뿐-] 명 국수틀의 가루 반죽을 넣는 통. 국숫분.

국숫-집 [-쑤찝 /-쑫찝] 명 **1** 국수를 빼 주고 삯을 받는 집. **2** 국수를 파는 음식점. 면옥. ☐~을 내다.

국승(國乘) [-씅] 명 국사(國史)1.

국시(國是) [-씨] 명 국가 이념이나 국가 정책 의 기본 방침. ☐민주주의를 ~로 삼다.

국악(國樂) 명 **1** 그 나라의 고유한 음악. **2** 우 리나라의 고전 음악. ☐~에 심취하다.

국악-기(國樂器) [-끼] 명 국악을 연주하는 데 쓰는 악기(가야금·거문고·장구 따위).

국악-인(國樂人) 명 국악을 전문으로 하는 사 람.

국약 헌:법(國約憲法) [-꺄컨뻡] 복합 국가·연 방 국가를 이룰 때, 여러 국가의 국제적 협 약에 따라 제정되는 헌법. *민정(民定) 헌법· 흠정(欽定) 헌법.

국어(國語) 명 **1** 국민 전체가 쓰는 그 나라의 고유한 말. 나라말. 방어(邦語). **2** 우리나라 말. 한국어.

국어 계:통론(國語系統論) [구거-논 / 구거게-논] 『언』 국어가 어떤 언어와 기원적으로 계 통을 같이하는가에 관한 연구를 하는 학문.

국어 교:육(國語敎育) 국어의 사용·이해·표 현 등을 습득시키기 위한 교육.

국어 국문학(國語國文學) [구거궁-] 국어학과 국문학의 총칭.

국어 문법(國語文法) [구거-뻡] 국어의 문법. 준국문법.

국어-사(國語史) 명 국어의 음운·어휘·어법이 발달 변천하여 온 역사. 또는 그것을 연구하 는 학문.

국어-사전(國語辭典) 명 국어의 낱말을 모아 일정한 순서로 배열하고, 주석 및 어원(語 源)·품사·다른 말과의 관계 등을 밝히고 풀 이한 책.

국어 순화(國語醇化) 『언』 국어를 다듬어 바 르게 쓰는 일(외래어를 가능한 한 고유어로, 비속한 말을 고운 말로, 틀린 말을 표준어 및 맞춤법대로 바르게 쓰는 것 따위).

국어-학(國語學) 명 국어를 과학적으로 연구 하는 학문.

국어학-사(國語學史) [구거-싸] 명 국어학의 발달과 변천 과정의 역사. 또는 그것을 연구 하는 학문.

국역(國役) 명 나라에서 벌이는 토목·건축 따 위의 공사.

국역(國譯) 명하타 다른 나라의 말로 된 글을 자기 나라 말로 번역함. ☐이 소설은 처음으 로 ~되었다.

국역-본(國譯本) [구격뽄] 명 다른 나라 말로 된 것을 우리나라 말로 번역한 책.

국영(國營) 명하타 나라에서 직접 경영함. 관 영. ☐~ 농장. ↔민영(民營)·사영(私營).

국영 기업(國營企業) 『경』 국가가 설립하여 관리하고 경영하는 기업. 국가 기업. *개인 기업.

국영 방:송(國營放送) 국가가 직접 관리하고 운영하는 방송 사업.

국영-사업(國營事業) 명 국가에서 직접 관리· 운영하는 사업.

국왕(國王) 명 나라의 임금. 군주.

국외(局外) 명 어떤 일에 직접 관계가 없음. 또는 그런 지위나 처지.

국외(國外) 명 한 나라의 영토 밖. 나라 밖. ☐~로 추방하다. ↔국내(國內).

국외-범(國外犯) 명 『법』 국외에서 행하여지

는 범죄.

국외-인(局外人) 명 국외자.

국외-자(局外者) 명 벌어지고 있는 어떤 일에 관계가 없는 사람. 국외인. 아웃사이더. ☐~ 로서 방관하다.

국외 주권(國外主權) [구괴-꿘] 국가가 자기 나라의 영역 밖에서 행하는 주권.

국외-중립(局外中立) [구괴-닙] 전쟁을 치 르는 어느 쪽에도 가담하지 않는 일.

국욕(國辱) 명 나라의 치욕. ☐~을 당하다.

국용(國用) 명 **1** 나라의 비용. **2** 나라의 소용.

국운(國運) 명 나라의 운명. 국명. 국보(國步). 국조(國祚). ☐~을 건 전쟁 / ~이 흥성하다.

국원(局員) 명 국장 밑에서 국의 사무를 맡아 보는 직원.

국월(菊月) 명 국화꽃이 피는 달이라는 뜻으 로, 음력 9월을 달리 이르는 말.

국위(國威) 명 나라의 권세와 위력. 나라의 위 엄. 방위. ☐~를 선양하다 / ~를 높이다 / ~ 를 떨치다.

국유(國有) 명 나라의 소유. ☐~ 산업. ↔민 유·사유(私有).

국유-림(國有林) 명 나라에서 소유하고 관리 하는 산림. 국유임야. *민유림(民有林).

국유 재산(國有財産) 나라 소유의 재산.

국유-지(國有地) 명 나라 소유의 토지. ☐~ 를 불하받다. *공유지(公有地).

국유 철도(國有鐵道) [구거-또] 국가가 소유· 경영하는 철도. 준국철(國鐵).

국유-화(國有化) 명하타 국가의 소유로 함. ☐기간산업의 ~ / 토지를 ~하다 / ~된 산업 시설.

국육(鞠育) 명하타 어린아이를 보살펴 기름. 양 육(養育).

국-으로 부 제 생긴 그대로. 또는 자기 주제에 알맞게. ☐~ 가만히 있어라.

국은(國恩) 명 백성이 나라에서 받는 은혜. ☐ ~에 보답하는 길 / ~을 입다.

국음(國音) 명 **1** 그 나라의 고유한 말소리. **2** 우리나라 국어의 말소리.

국익(國益) 명 국가의 이익. 국리(國利). ☐~ 에 기여하다 / ~을 우선하다.

국인(國人) 명 한 나라의 사람. 국민.

국자 [-짜] 명 긴 자루가 달린, 국이나 액체 따 위를 뜨는 기구. ☐~로 물을 떠 마시다 / ~ 로 국물을 퍼 맛을 보다.

국자(國字) [-짜] 명 **1** 우리나라의 문자. 곧, 한 글. 우리글. **2** 그 나라의 언어 표기에 공식적 으로 또는 공통적으로 채용되고 있는 문자. 나라 글자.

국자-가리비 [-짜-] 『조개』 가리빗과의 바 닷조개. 껍데기는 부채와 비슷하고 길이는 12cm가량임. 식용하며 껍데기로는 국자를 만듦.

국자-감(國子監) [-짜-] 『역』 **1** 고려 때, 유 학을 가르치던 최고의 국립 교육 기관. **2** 성 균관(成均館).

국자감-시(國子監試) [-짜-] 『역』 고려 때, 국자감에서 진사(進士)를 뽑던 시험(조선 시 대의 소과(小科)에 해당함). 준감시(監試).

국자-학(國子學) [-짜-] 『역』 고려 때, 국자 감에 속한 고관의 자제를 가르치던 학교.

국장(局長) 명 관청이나 회사 조직에서 한 국(局)의 책임자. ☐부장에서 ~으로 승진 하다.

국장(國章) [-짱] 명 국가의 권위를 나타내는 휘장의 총칭(국기·군기(軍旗)·문장(紋章) 따 위). ☐봉황 무늬의 ~.

국장 (國葬)[-짱] 명하자 **1** 나라에 공로가 많은 사람이 죽었을 때 국비로 지내는 장례. ❑ 전 국민의 애도 속에 ~이 엄수되다. *국민장(國民葬). **2**〖역〗 인산(因山).
국재 (國災)[-째] 명 나라의 재난이나 변고.
국재 (國財)[-째] 명 나라의 재산.
국재 (國齋)[-째] 명〖불〗 왕실에서 비용을 내어 돌아간 임금의 혼이 극락세계로 가도록 기원하는 재(齋).
국저 (國儲)[-쩌] 명 황태자(皇太子).
국적 (國賊)[-쩍] 명 나라를 어지럽히거나 나라에 해를 입히는 역적. ❑ ~이라는 낙인이 찍히다.
국적 (國籍)[-쩍] 명 **1** 국가의 구성원이 되는 자격. ❑ ~을 상실하다 / 귀화해서 ~을 취득하다. **2** 배나 비행기 따위가 소속되어 있는 나라. ❑ ~ 불명의 비행기.
국적-법 (國籍法)[-쩍뻡] 명〖법〗 국적의 취득 및 상실에 관하여 규정한 법률. 우리나라에서는 혈통주의를 원칙으로 하고, 출생지주의를 가미함.
국적 변:경 (國籍變更)[-쩍뼌-]〖법〗 국적을 바꾸는 일. 이미 갖고 있는 국적을 버리고 새 국적을 얻는 일.
국적 상실 (國籍喪失)[-쩍쌍-]〖법〗 국적을 잃음. 한 나라 국민으로서의 공법상(公法上)·사법상의 권리와 의무를 잃는 일.
국적 이탈 (國籍離脫)[-쩌기-]〖법〗 자기나 보호자의 지망에 의하여 자기의 국적을 상실하는 일.
국적 증명서 (國籍證明書)[-쩍쯩-]〖법〗 본국의 관청에서 발급한, 한 나라의 국민임을 확인하는 증명서.
국적 증서 (國籍證書)[-쩍쯩-]〖법〗 선박의 국적·선적항·선적량 따위에 관한 내용을 증명하는 서류.
국적 취:득 (國籍取得)[-쩍-]〖법〗 국적법의 조건을 갖춤으로써 그 나라 국민의 자격과 신분을 얻는 일.
국적 회복 (國籍回復)[-쩌쾨-]〖법〗 국적을 잃었던 사람이 다시 국적을 되찾는 일. 재귀화(再歸化).
국전 (國典)[-쩐] 명 **1** 나라의 법전(法典). **2** 국어로 쓰인, 그 나라에서 출판된 전적(典籍).
국전 (國展)[-쩐] 명 '대한민국 미술 전람회'의 준말. ❑ ~에서 입상하다.
국정 (國定)[-쩡] 명하타 나라에서 정함.
국정 (國政)[-쩡] 명 나라의 정치. 나라를 다스리고 운영하는 행위. ❑ ~에 참여하다.
국정 (國情)[-쩡] 명 나라의 정세나 형편. ❑ ~을 살피다 / ~이 불안해지다.
국정 감사 (國政監査)[-쩡-] 국회가 국정 전반에 관하여 실시하는 감사《상임 위원회별로 매년 정기회 집회 기일의 다음 날부터 20일간 행함》. ㊀국감(國監).
국정 교:과서 (國定敎科書)[-쩡-] 교육 인적자원부에서 편찬한 교과서. *검인정 교과서.
국정 세:율 (國定稅率)[-쩡-]〖법〗 국가가 법률로 정한 관세율. ↔협정(協定) 세율.
국정-원 (國情院)[-쩡-] 명 '국가 정보원'의 준말.
국정 조사 (國政調査)[-쩡-] 국회가 특정한 국정 사안(事案)에 관하여 조사하는 일. ❑ 여야 합의로 ~를 실시하다.
국정 조사권 (國政調査權)[-쩡-꿘] 국회가 특정한 국정 사안(事案)에 관한 조사를 할 수 있는 권리. ❑ ~을 발동하다. ㊀국조권.
국정 홍보처 (國政弘報處)[-쩡-] 전에 국무총리 소속 중앙 행정 기관의 하나. 국정 홍보, 여론 수렴, 정부 발표 등에 관한 사무를 맡아봄.
국제 (國制)[-쩨] 명 **1** 나라의 제도. **2** 국상(國喪) 때의 복제(服制).
국제 (國際)[-쩨] 명 **1** 나라와 나라의 교제. 또는 그 관계. ❑ ~ 친선에 기여하다. **2** 여러 나라에 공통됨. ❑ ~ 규격 / ~ 시세 / ~ 관례. **3** 여러 나라를 포괄하는 것. ❑ ~ 학술 회의 / ~ 육상 대회.
국제 가격 (國際價格)[-쩨까-] 세계의 주요한 거래 시장에서 거래되는 가격.
국제 견:본시 (國際見本市)[-쩨-]〖경〗 각국이 상품의 견본을 진열하고 상담(商談)을 한 뒤에 실물 매매를 꾀하는 시장.
국제-결혼 (國際結婚)[-쩨-] 명 국적이 다른 남녀가 결혼하는 일.
국제 경:기 (國際競技)[-쩨-] 두 나라 이상이 겨루는 운동 경기. ❑ ~에 출전하다.
국제 경:쟁력 (國際競爭力)[-쩨-녁] 국제 시장에서, 한 나라의 산업이나 기업이 경제적으로 경쟁하여 나가는 힘. ❑ ~을 키우다.
국제 경제 (國際經濟)[-쩨-] 국제간에 이루어지는 경제 거래의 총체.
국제-경찰군 (國際警察軍)[-쩨-] 명 **1** 국제법상의 범죄를 방지하기 위하여 여러 나라가 공동으로 조직한 경찰력. **2** 국제 연합 안전 보장 이사회의 지휘 아래, 침략에 대한 여러 나라의 공동 방지 행위를 위하여 미리 준비되는 군사력.
국제 공법 (國際公法)[-쩨-뻡] 국제법. ↔국제 사법(私法).
국제-공항 (國際空港)[-쩨-] 명 국제간을 운항하는 항공기가 이착륙할 수 있도록 정부에서 지정한 공항.
국제-관례 (國際慣例)[-쩨괄-] 명 국제적으로 널리 통용되는 관례. ❑ ~에 따르다.
국제 관세 협정 (國際關稅協定)[-쩨-쩡] **1**〖법〗 국가 간에 맺어진 관세에 관한 협정의 총칭. **2** 가트(GATT).
국제 관습법 (國際慣習法)[-쩨-뻡] 법적 구속력을 갖는 국제 관행.
국제 관행 (國際慣行)[-쩨-] 여러 국가가 상호 간에 관례대로 실행하고 있는 일《법적 구속력은 없음》.
국제-균형 (國際均衡)[-쩨-] 명〖경〗 한 나라의 국제 수지가 균형을 이루는 일.
국제 금리 (國際金利)[-쩨-니]〖경〗 국제 금융 중심지에서의 대표적 금리. ❑ ~는 국내 증권 시장에도 영향을 준다.
국제 금융 시:장 (國際金融市場)[-쩨-늉-/-쩨그뮹-] 국제적인 단기 자금에 대한 수요와 공급이 경합(競合)하는 시장.
국제-기구 (國際機構)[-쩨-] 명 국제적인 목적이나 활동을 위해서 두 나라 이상의 회원국으로 구성하는 조직체. 국제기관.
국제 기능 올림픽 대:회 (國際技能Olympic大會)[-쩨-] 국제 친선을 도모하고 아울러 기능인의 각종 산업 기능을 겨루는 국제 대회《1950년 에스파냐의 수도 마드리드에서 최초로 개최됨》. 기능 올림픽. 국제 직업 훈련 경기 대회.
국제 노동 기구 (國際勞動機構)[-쩨-] 국제적 노동 조건의 개선을 위해 활동하는 국제 연합 전문 기구의 하나《약칭 : ILO》.
국제 노동 헌:장 (國際勞動憲章)[-쩨-] 국제 노동 기구의 정신과 임무를 명시한 헌장.

국제-단위(國際單位)[-쩨다뉘] 圐 실용 단위
의 하나. 국제적으로 통일해서 쓰기 위해 규
정한 단위. 아이유(IU).

국제-단위계(國際單位系)[-쩨다뉘-/-쩨다
뉘게] 圐 《물》 미터법에 따른 측정 단위를 국
제적으로 통일한 체계. 기본 단위로서 길이
에 미터(m), 무게에 킬로그램(kg), 시간에 초
(s), 전류에 암페어(A), 열역학적 온도에 켈
빈(K), 광도에 칸델라(cd), 물질량에 몰(mol)
등 7개의 기본 단위 외에 보조 단위·유도 단
위 등 27가지로 되어 있음. 에스아이(SI).

국제-단체(國際團體)[-쩨-] 圐 여러 나라가
조약에 의하지 아니하고 자발적으로 조직한
단체(국제 올림픽 위원회 따위).

국제 대:차(國際貸借)[-쩨-] 《經》 한 나라와
다른 나라 사이의 국제 거래 결과로 생긴 채
권·채무 관계를 대조한 것.

국제-도시(國際都市)[-쩨-] 圐 외국인이 많이
살거나 외국인의 왕래가 잦은 도시.

국제-무대(國際舞臺)[-쩨-] 한 나라의 범
위를 떠나서 여러 나라에 관계된 활동을 하
는 분야. □외교관으로서 ~에서 활약하다.

국제 무:역(國際貿易)[-쩨-] 여러 국가나 국
민 사이에 이루어지는 무역. □ ~ 수지.

국제 민간 항:공 기구(國際民間航空機構)[-
쩨-] 국제 민간 항공의 안전과 건전한 발전
을 도모하기 위하여 설립한 유엔 전문 기관
의 하나(약칭 : ICAO).

국제 민법(國際民法)[-쩨-뻡] 국제 사법(私
法) 중 민사에 관한 사항을 규정한 법률.

국제 방:송(國際放送)[-쩨-] 1 국제간의 우호
증진과 해외 거주 자국민에게 본국의 소식을
전할 목적으로 하는 방송. 해외 방송. 2 나라
와 나라 사이에 프로그램을 서로 교환하여
방송하는 일.

국제 범:죄(國際犯罪)[-쩨-] 《法》 사회의 일
반적 법익을 침해하는 위법적인 행위(해적
행위·인신 매매·마약 거래 따위). □ ~ 조직
을 적발하다.

국제-법(國際法)[-쩨뻡] 圐 국가 간의 합의에
따라 서로의 관계를 규정하는 법(조약·국제
관습에 의하여 성립함). 국제 공법. ↔국내법.

국제 부:흥 개발 은행(國際復興開發銀行)[-
쩨-바른-] 제2차 세계 대전 후에 경제를 부
흥하고 개발도상국을 개발하기 위하여 설립
한 국제 은행. 아이비아르디(IBRD).

국제 분업(國際分業)[-쩨부념] 《經》 나라와
나라 사이의 분업. 각국은 자기 나라의 생산
능력이나 적성(適性)에 맞는 상품을 생산하
고 그 밖의 상품은 수입함.

국제 분쟁(國際紛爭)[-쩨-] 국제간에 정치·
경제·문화상으로 뜻이 서로 충돌하여 일어나
는 분쟁. 국제적 규모의 분쟁. □ ~에 휘말리
다 / 인종 분쟁이 ~으로 비화하다.

국제 사법(國際私法)[-쩨-뻡] 자국의 사법(私
法)과 외국의 사법과의 적용 범위를 규정하
는 법. ↔국제 공법(公法).

국제 사법 재판소(國際司法裁判所)[-쩨-
쩨-] 조약의 해석, 의무 위반의 사실 유무, 배
상 따위의 국제적 법률 분쟁의 해결을 도모하
는 상설 재판소(네덜란드의 헤이그에 있음).

국제 사회(國際社會)[-쩨-] 여러 국가가 서
로 교류하고 의존하면서 국제적 공동생활을
영위하는 사회.

국제 상업 통신 위성 기구(國際商業通信衛
星機構)[-쩨-시붜-] 통신 위성의 개발·발사·

이용을 목적으로 세워진 세계적인 상업 통신
조직(약칭 : 인텔샛(INTELSAT)).

국제 상품(國際商品)[-쩨-] 세계 시장에서
거래되는 상품.

국제-색(國際色)[-쩨-] 圐 여러 나라의 사람
과 온갖 풍물이 뒤섞여서 이루어지는 분위
기. □ ~이 짙은 도시.

국제-선(國際線)[-쩨-] 圐 국제간의 통신 교
환이나 항공·선박·철도 등의 교통편에 이용
되는 항로. ↔국내선.

국제-성(國際性)[-쩨썽] 圐 국제적인 성질.

국제 수로(國際水路)[-쩨-] 《地》 외국의 선
박이 통행할 수 있도록 국제적으로 개방된
하천·운하·해협 따위의 수로.

국제 수지(國際收支)[-쩨-] 《經》 한 나라가
일정 기간 국제 거래를 통해서 다른 나라와
주고받은 금액의 총액. 또는 그 차액. □ ~가
호전되고 있다.

국제 시:장(國際市場)[-쩨-] 국제적 상품의
수요와 공급이 집중되는 시장. 상품 거래가
국제 규모로 행해지는 시장. 세계 시장. ↔국
내 시장.

국제-어(國際語)[-쩨-] 圐 1 국제적으로 널리
쓰이는 말(영어·프랑스 어·에스파냐 어 따
위). 2 전 세계적으로 공통으로 쓸 수 있도록
인공적으로 만든 말(에스페란토 어 따위).
세계어.

국제 어음(國際-)[-쩨-] 《經》 1 둘 이상의 나
라에서 유통하는 어음. 2 외국환 어음.

국제 연맹(國際聯盟)[-쩨-] 제1차 세계 대전
후 국제 평화의 유지와 협력의 촉진을 목적
으로 세워진 국제 기구(1946년에 해체됨).

국제 연합(國際聯合)[-쩨-] 제2차 세계 대전
후 국제 평화와 안전의 유지와 국제 우호 관계
의 촉진 및 국제 협력을 달성하기 위하여 설
립한 국제 평화 기구(1945년 10월 24일 창
립. 본부는 미국의 뉴욕에 있음). 유엔(UN).
⑥국련(國聯).

국제 연합 교:육 과학 문화 기구(國際聯
合敎育科學文化機構)[-쩨-꾜-꽈학-] 유네스
코(UNESCO).

국제 연합군(國際聯合軍)[-쩨-꾼] 국제 연합
이 국제적 평화와 안전을 유지·회복하기 위
하여 회원국들의 군대로 편성하는 다국적 군
대. 유엔군. ⑥국련군(國聯軍).

국제 연합 식량 농업 기구(國際聯合食糧農
業機構)[-쩨-씽냥-끼-] 식량의 증산, 농민의
생활 개선을 꾀하는 국제 연합의 전문 기구
(본부는 이탈리아 로마에 있음. 약칭 : FAO).

국제 연합 아동 기금(國際聯合兒童基金)[-
쩨-하버-] 유니세프(UNICEF).

국제 연합 안전 보:장 이:사회(國際聯合安
全保障理事會)[-쩨-하반-] 세계 평화와 안전
을 지키고 분쟁을 해결하기 위하여 둔 국제
연합의 주요 기관. 미국·영국·러시아·프랑스·
중국의 5개 상임 이사국과 임기 2년의 10개
비상임 이사국으로 구성함. ⑥안보 이사회. *
거부권.

국제 연합 총:회(國際聯合總會)[-쩨-] 국제
연합의 최고 기관. 모든 회원국으로 구성되
며 토의·권고만 할 뿐, 집행할 권한은 없음.

국제 연합 헌:장(國際聯合憲章)[-쩨-하편-]
국제 연합의 목적·원칙·조직·기능 등을 정한
기본 법규.

국제 영화제(國際映畵祭)[-쩨-] 국제 교류와
영화 산업의 발전 등을 위해 세계 각국에서
출품한 영화를 심사하여 시상하는 행사(베니
스 영화제·칸 영화제 따위).

국제 올림픽 경:기 대:회 (國際Olympic競技大會)[—제—] 국제 올림픽 위원회가 주관하는 국제 경기 대회《1896년 이후 4년마다 한 번씩 열림》.

국제 올림픽 위원회 (國際Olympic委員會)[—제—] 국제 올림픽 경기 대회를 운영·주관하는 단체《1894년에 설립. 약칭: IOC》.

국제 우편 (國際郵便)[—제—] 국제간에 왕래되는 우편. ↔국내 우편.

국제 운:하 (國際運河)[—제—] 《지》 국제 조약에 따라 선박의 자유 항행이 인정된 운하《수에즈 운하·파나마 운하 따위》.

국제 원자력 기구 (國際原子力機構)[—제—끼—] 원자력의 평화적 이용을 촉구하는 국제 연합의 기관《약칭: IAEA》.

국제 유동성 (國際流動性)[—제—썽] 《경》 무역 등의 국제 결제(決濟)를 원활히 하기 위하여 필요한, 외화(外貨)의 준비 보유액과 대외 지급액의 비율《준비 보유액이 많으면 유동성이 풍부하다고 함》.

국제 음성 기호 (國際音聲記號)[—제—] 모든 말소리를 표기할 수 있도록 국제 음성학 협회에서 정한 음성 기호. 국제 음성 자모. 만국 음성 기호.

국제 의회 연맹 (國際議會聯盟)[—제—] 의회 활동으로 해결할 수 있는 국제 문제 등을 연구할 것을 목적으로 하는 각국 국회의원의 연합체《본부는 제네바. 약칭: IPU》.

국제 이:해 (國際理解)[—제—] 세계 인권 선언의 정신에 따라 국가 국민 사이의 인종·종교·성별의 차이를 초월하여 인간으로서 이해하려는 일.

국제 재판 (國際裁判)[—제—] 《법》 국제 분쟁의 당사국에 대하여 국제 재판소가 제삼자의 처지에서 판결을 내리는 재판.

국제 재판소 (國際裁判所)[—제—] 국제 분쟁을 해결하기 위하여 국가 간에 설치하는 재판소《국제 사법 재판소·상설 중재 재판소 따위》.

국제-적 (國際的)[—제—] 판 국가 간의 관계가 있는 (것). 세계적 규모인 (것). □~인 어업 분쟁 / ~인 규모 / ~으로 명성을 날리다.

국제 적십자 (國際赤十字)[—제—씹짜] 국제 적십자 위원회·적십자 연맹 및 각국 적십자사의 총칭《약칭: IRC》.

국제 전:화 (國際電話)[—제—] 국제간에 유선 또는 무선으로 연락하는 전화.

국제 정세 (國際情勢)[—제—] 세계정세. □긴박하게 돌아가는 ~.

국제 정치 (國際政治)[—제—] 주권을 가진 국가 상호 간에 존재하는 정치적 관계.

국제 조약 (國際條約)[—제—] 나라와 나라 사이에 맺는 조약.

국제 조정 (國際調停)[—제—] 《정》 국제 분쟁이 발생하였을 때, 제삼자인 국제기관이 분쟁 당사국 사이에 개입하여 분쟁의 해결을 꾀하는 일. 국제 중재.

국제-주의 (國際主義)[—제—/—제—이] 판 독립한 각 국가가 협조하여 세계 평화와 질서 유지를 실현하려는 입장.

국제 중재 (國際仲裁)[—제—] 《정》 국제 조정(調停).

국제 중재 재판소 (國際仲裁裁判所)[—제—] 국제간의 분쟁을 중재하는 재판소.

국제 지구 관측년 (國際地球觀測年)[—제—층—] 국제 지구 물리 관측년.

국제 지구 물리 관측년 (國際地球物理觀測年)[—제—층—] 세계 각국이 협력하여 전 세계적 규모로 지구 물리학상의 관측 사업을 벌

였던 1957년 7월부터 1958년 12월까지의 기간. 국제 지구 관측년. 아이지와이(IGY).

국제 직업 훈:련 경:기 대:회 (國際職業訓練競技大會)[—제지거풀—] 국제 기능 올림픽 대회.

국제 철도 (國際鐵道)[—제—또] 같은 열차로 국경을 넘어 여러 나라를 다닐 수 있는 철도.

국제 축구 연맹 (國際蹴球聯盟)[—제—구—] 세계 축구를 통괄하는 국제단체. 피파(FIFA).

국제 카르텔 (國際Kartell)[—제—] 《경》 둘 이상의 나라 사이에 협정으로 형성되는, 동일 산업에 대한 경제적 독점 형태《판로 협정, 공급량의 제한과 할당, 가격 협정 따위》.

국제 통신 (國際通信)[—제—] 국제간에 이루어지는 유선·무선의 통신 연락. 만국 통신.

국제 통화 (國際通貨)[—제—] 국제간 거래의 결제(決濟)에 이용되는 통화《미국의 달러와 영국의 파운드 따위》. 기축 통화.

국제 통화 기금 (國際通貨基金)[—제—] 1944년의 브레턴우즈 협정에 따라 그 협정 가맹국의 출자로 1947년에 설립한 국제 금융 결제 기관《주로 환(換)과 단기 금융을 취급하며, 본부는 워싱턴임. 약칭: IMF》.

국제 투자 (國際投資)[—제—] 《경》 외국의 사업에 투자하는 일《투자자가 외국에서 사업을 경영하는 직접 투자와, 외국 회사의 주식이나 공사채(公社債)를 매입하는 간접 투자가 있음》. 해외 투자.

국제 펜클럽 (國際PENClub)[—제—] 문필을 통해 세계 각 국민의 이해를 촉진하고 표현의 자유를 지키기 위해 모인 문필가들의 국제적 단체. 펜클럽.

국제 표준 도서 번호 (國際標準圖書番號)[—제—] 도서나 자료 등에 매기어 국제적으로 통용하는 고유 번호《접두부, 국별 번호, 발행자 번호, 서명 식별 번호, 체크 기호의 차례로, 13자리 숫자로 표시됨. 약칭: ISBN》.

국제 표준화 기구 (國際標準化機構)[—제—] 1946년 나라마다 다른 산업 규격을 국제적으로 조정하고 표준화하기 위하여 영국의 런던에서 설립한 국제기구. 우리나라는 1963년에 가입하였으며, 본부는 스위스의 제네바에 있음. 아이에스오(ISO). 이소(ISO).

국제 하천 (國際河川)[—제—] 여러 나라의 국경이나 영역을 지나는 하천《조약에 따라 외국 선박의 자유 항행이 인정됨. 다뉴브 강·라인 강 따위》.

국제-항 (國際港)[—제—] 명 외국의 선박이 많이 드나드는 큰 항구.

국제 해:협 (國際海峽)[—제—] 《지》 공해(公海)와 공해가 연결되어 선박이나 항공기의 국제적 항행에 이용되는 해협.

국제 형사 경:찰 기구 (國際刑事警察機構)[—제—] 아이시피오(ICPO). 인터폴(Interpol).

국제-호 (國際湖)[—제—] 《지》 두 나라 이상의 영토로 둘러싸인 호수.

국제-화 (國際化)[—제—] 명하자타 국제적인 규모로 되거나 되게 함. □~된 기업 / ~ 시대가 열리다.

국제-환 (國際換)[—제—] 명 《경》 외국환1.

국제-회의 (國際會議)[—제—/—제—이] 명 국제적 이해(利害) 사항을 토의·결정하기 위하여 여러 국가의 대표자가 모여서 여는 회의.

국조 (國祚)[—조] 명 국운(國運).

국조 (國祖)[—조] 명 나라의 시조(始祖).

국조 (國鳥)[—조] 명 그 나라의 상징으로 정한

새《우리나라는 까치, 미국은 흰머리독수리, 영국은 울새, 일본은 꿩 따위). *국화(國花).

국조(國朝)[-쪼]圈 자기 나라의 조정(朝廷).

국조-권(國調權)[-쪼꿘]圈 '국정 조사권(國政調査權)'의 준말.

국족(國族)[-쪽]圈 임금과 같은 본의 성을 가진 사람. 임금의 혈족.

국졸(國卒)[-쫄]圈 '국민학교 졸업'을 줄여서 일컫는 말. ▢~ 이상의 학력.

국주(國主)[-쭈]圈〔역〕나라의 임금. 나라님.

국주한종-체(國主漢從體)[-쭈-]圈 한글이 주가 되고 한문이 보조적으로 쓰인 문체. 우리나라에서 갑오개혁 이후에 일반적으로 쓴 문체임. *한주국종체.

국중(國中)[-쭝]圈 국내(國內).

국지(-紙)[-찌]圈 도련을 치고 남은 종이 부스러기. 제지(蹄紙). [분쟁.

국지(局地)[-찌]圈 한정된 일정한 지역. ▢~

국지-적(局地的)[-찌-]圈₩ 일정한 지역에 한정되는 (것). ▢~인 집중 호우. [말.

국지-전(局地戰)[-찌-]圈 '국지 전쟁'의 준

국지 전:쟁(局地戰爭)[-찌-] 한정된 지역에서 일어나는 전쟁. ↔전면 전쟁. ⊚국지전.

국지-풍(局地風)[-찌-]圈〔기상〕지형이나 수륙(水陸) 분포 따위의 영향을 받아 어떤 지역에만 특징적으로 나타나는 바람《산풍(山風)·곡풍(谷風)·해륙풍 따위). 지방풍.

국창(國唱)圈 나라에서 으뜸가는 명창.

국채(國債)圈 국가가 세입의 부족을 보충하기 위하여 발행하는 채권. ▢~를 발행하다.

국채 증권(國債證券)[-꿘] 국채에 대한 권리를 표시하기 위하여 발행한 증권.

국책(國策)圈 국가가 어떤 목적을 달성하기 위하여 세우는 정책이나 시책. ▢~ 사업 / ~에 따르다.

국책 회:사(國策會社)[-채꾀-] 국가의 발전과 올바른 정책 수행을 위해서 설립된 반관반민(半官半民)의 특수 회사.

국척(國戚)圈 임금의 인척(姻戚).

국척(跼蹐)圈₩ 황송하여 몸을 굽힘. 국축.

국철(國鐵)圈 '국유 철도'의 준말. ▢지하철 ~ 구간. ↔사철(私鐵).

국청(鞫廳)圈〔역〕조선 때, 역적 등의 중죄인을 신문하기 위하여 임시로 설치했던 관아.

국체(國體)圈 **1** 나라의 체면. **2** 주권이 누구에게 있느냐에 따라 구별하는 국가의 형태《민주국체·군주 국체로 나눔).

국초(國初)圈 건국의 초기.

국초(國礎)圈 나라의 기초. 국기(國基).

국축(跼縮)圈₩ 국척(跼蹐).

국치(國恥)圈 나라의 수치. 국욕(國辱).

국치(國恥)를 당하다. [의 치욕.

국치-민욕(國恥民辱)圈 나라의 수치와 국민

국치-일(國恥日)圈 우리나라가 일본에게 국권을 강탈당한 날(1910년 8월 29일).

국-태공(國太公)圈〔역〕흥선 대원군(興宣大院君)의 존칭. ⊚태공(太公).

국태-민안(國泰民安)圈 나라가 태평하고 국민이 살기가 평안함.

국토(國土)圈 나라의 땅. 방토(邦土). ▢~ 개발 / ~를 침범하다.

국토 교통부(國土交通部)〔법〕중앙 행정 기관의 하나. 국토 종합 계획의 수립 및 조정, 국토 및 수자원의 관리, 도시·도로 및 주택의 건설, 육운·철도 및 항공 등에 관한 업무를 맡아봄. 2013년 국토 해양부에서 이름이 바뀜.

국토-방위(國土防衛)圈 적의 침략으로부터 나라를 지킴. ▢~의 임무를 다하다.

국토 해:양부(國土海洋部)〔법〕중앙 행정 기관의 하나. 국토 종합 계획의 수립·조정, 도시·도로 및 주택의 건설, 해안·하천·항만 및 간척, 육운·철도 및 항공, 해양 자원 개발 등에 관한 업무를 맡아보았음. 2013년 국토 교통부로 이름이 바뀜.

국판(菊版)圈 **1** 세로 93 cm, 가로 63 cm의 양지의 크기. **2** 국판 전지를 16 겹으로 접은 책의 크기《세로 21 cm, 가로 14.8 cm임).

국폐(國弊)[-/-페]圈 나라의 폐해나 폐단.

국풍(國風)圈 그 나라 특유의 풍속이나 습관. 국속(國俗).

국학(國學)圈 **1** 자기 나라의 고유한 역사·언어·풍속·신앙 따위를 연구하는 학문. **2**〔역〕고려 때, '국자감'을 고친 이름. **3**〔역〕'성균관'의 예스러운 이름. [학자.

국학-자(國學者)[구칵짜]圈 국학을 연구하는

국한(局限)[구칸]圈₩₩ 범위를 일정한 부분에 한정함. ▢문제의 범위를 ~시키다.

국-한문(國漢文)[구칸-]圈 **1** 한글과 한자. ▢~을 병용하다. **2** 한글에 한자가 섞인 글.

국한문-체(國漢文體)[구칸-]圈 한글과 한자를 섞어 쓰는 글의 체. 국한문 혼용체.

국한문 혼:용(國漢文混用)[구칸-호뇽]圈 한글과 한자를 섞어 씀.

국향(國香)[구캉]圈 **1** 나라에서 제일가는 미인. 국색(國色). **2**〔식〕난초(蘭草).

국헌(國憲)[구컨]圈 나라의 근본 법규. 곧, 헌법. 조헌(朝憲). ▢~ 문란 / ~을 준수하다.

국호(國號)[구코]圈 국명(國名). ▢우리나라의 ~는 대한민국이다. [을 맺다.

국혼(國婚)[구콘]圈 왕실(王室)의 혼인. ▢~

국화(國花)[구콰]圈 한 나라를 상징하는 꽃《우리나라는 무궁화, 영국은 장미, 일본은 벚꽃 따위). 나라꽃.

국화(菊花)[구콰]圈〔식〕국화과의 여러해살이풀. 높이는 1 m 정도이며, 주로 가을에 꽃이 피는데 꽃 모양이나 빛깔은 여러 가지임. 관상용·약용·향료용임.

국화-동(菊花童)[구콰-]圈〔건〕'국화 동자못'의 준말.

국화 동:자못(菊花童子-)[구콰-몯]圈〔건〕 판문이나 난간에 박는 국화 모양으로 생긴 장식 못. 국화판. ⊚국화동.

국화-빵(菊花-)[구콰-]圈 **1** 밀가루를 풀어 국화 모양의 판에 붓고 팥소를 넣어서 구운 풀빵. **2** 서로 얼굴이 매우 닮은 사람을 비유적으로 이르는 말. ▢엄마와 딸이 ~이다.

국화-석(菊花石)[구콰-]圈 **1** 국화 모양의 화석(化石). **2** 암모나이트.

국화-송곳(菊花-)[구콰-곧]圈 날 끝이 국화 모양으로 생긴 송곳. 나사못 대가리가 들어갈 자리를 파는 데 씀.

국화-잠(菊花簪)[구콰-]圈 머리에 국화 모양의 장식이 붙은 비녀.

국화-전(菊花展)[구콰-]圈 여러 가지 국화를 늘어놓고 보이는 전시회.

국화-주(菊花酒)[구콰-]圈 감국(甘菊)의 꽃과 생지황·구기자나무 뿌리의 껍질에 찹쌀을 섞어서 빚은 술.

국화-판(菊花瓣)[구콰-]圈 **1** 국화의 꽃잎. **2** '과판'의 본딧말. **3** 국화 동자못.

국회(國會)[구쾨]圈 **1** 국회 의원으로 조직된 헌법상의 합의제인 입법 기관. **2** 국회 의원들이 국회 의사당에 모여서 하는 회의. ▢임시 ~를 소집하다.

국회-법 (國會法)[구회뻡]圓 국회의 조직·운영 등 기본적 사항에 관해 규정한 법률.
국회 상임 위원회 (國會常任委員會)[구회-이뭐-]『법』상임 위원회2.
국회 의사당 (國會議事堂)[구회-] 국회가 열리는 건물.
국회 의원 (國會議員)[구회-/구회이-] 국민의 대표로서 국회를 이루는 구성원.
국회 의장 (國會議長)[구회-] 국회를 대표하는 국회 의원(국회의 질서를 유지하고 의사(議事)를 진행하며 사무를 감독함).
국회 해:산 (國會解散)[구회-] 의원 내각제 국가에서, 국회가 정부에 대하여 불신임을 결의하였을 때, 정부가 이에 맞서 국회를 해산시키는 일.
국휼 (國恤)[구휼]圓 국상(國喪).
국희 (局戱)[구키]圓 장기나 바둑처럼 판을 차리고 마주 앉아 하는 놀이.
군 (君)□圓『역』조선 때, 왕의 서자의 봉작에 붙이던 존칭. 왕자군(王子君). □의圓 성이나 이름 뒤에 쓰여, 친구나 손아랫사람을 부르는 호칭어. □이 ~. □인대 그대. 자네. □~의 건투를 빈다.
군 (軍)圓 1 '군대'의 준말. □~에 입대하다. 2 '군부'의 준말. □~의 동태 / ~의 지지를 받다. 3 육군의 최고 편성 단위. 군단의 위. 4 '군사령부'의 준말.
군: (郡)圓 1『역』'군아(郡衙)'의 준말. 2 우리나라 행정 구역의 하나. 도(道)의 아래, 읍(邑)·면(面)의 위에 위치함. 3 '군청'의 준말. □~ 서기(書記) / ~에서 나왔습니다.
군:-토 '쓸데없는·가외의'의 뜻. □~말 / ~소리 / ~식구.
-군 (軍)미 '군대'의 뜻. □예비~ / 연합~ / 독립~.
-군 (群)미 '무리·떼'의 뜻. □어선~.
-군 어미 1 '-구나'의 준말. □거 참 좋~ / 잘 됐~. 2 '-구먼'의 준말. □빨리 왔~.
군가 (軍歌)圓 군대의 사기를 북돋우기 위해 부르는 노래. □~를 부르며 행진하다.
군거 (群居)圓하자 1 무리를 지어 삶. □~ 생활. 2『생』군서(群棲).
군:-것 [-걷]圓 없어도 좋을 쓸데없는 것.
군:것-지다 [-걷찌-]휑 없어도 좋을 것이 쓸데없이 있다.
군:것-질 [-걷찔]圓하자 1 끼니 외에 군음식을 먹는 일. 주전부리. □아이들의 ~ 습관. 2〈속〉오입질.
군견 (軍犬)圓 '군용견(軍用犬)'의 준말.
군경 (軍警)圓 군대와 경찰. □~ 합동 수사.
군:경 (窘境)圓 살기가 몹시 어려운 지경.
군-계 (郡界)[-/-게] 군과 군 사이의 경계.
군계-일학 (群鷄一鶴)[-/-게-]圓 닭의 무리 속에 있는 한 마리의 학이라는 뜻으로, 평범한 많은 사람 가운데서 뛰어난 사람을 이름. 계군일학.
군:-계집 [-/-게-]圓 아내 외에 따로 관계하는 여자.
군:-고구마 圓 불에 구워서 익힌 고구마.
군공 (軍功)圓 전쟁에서 세운 공적. 전공. □~을 세우다.
군관 (軍官)圓『역』장교2.
군국 (君國)圓 1 임금과 나라. □~을 위해 싸우다. 2 군주가 통치하는 나라. 군주국.
군국 (軍國)圓 1 군사를 정치 권력의 중심으로 삼고 있는 나라. 군국주의를 추구하는 나라. 2 군사에 관한 일과 나라의 정치.
군국-기무처 (軍國機務處)[-끼-]圓『역』조선

후기에, 정치·군사에 관한 일체의 사무를 맡아보던 관아. 준기무처(機務處).
군국-주의 (軍國主義)[-쭈-/-쭈이]圓 전쟁 준비를 위하여 군비를 강화하고 강한 군사력에 의한 대외적 발전을 국가의 가장 중요한 목적으로 삼는 이념이나 정치 체제.
군권 (君權)[-꿘]圓 군주의 권력. □~을 강화
군규 (軍規)圓 군대의 규율. 군율(軍律).
군규 (軍窺)圓 군사 기밀을 몰래 살핌. 또는 그런 사람.
군:-글자 (-字)[-짜]圓 쓸데없이 더 있는 글자. 준군자.
군기 (軍紀)圓 군대의 규율 및 풍기. □~ 숙정(肅正) / ~ 확립 / ~를 잡다 / ~가 해이해지다 / ~ 위반.
군기 (軍記)圓 전쟁에 대한 이야기를 적은 책. 군서(軍書). 전기(戰記).
군기 (軍氣)圓 군대의 사기. □~를 북돋다.
군기 (軍旗)圓 군의 각 단위 부대를 상징하는 기. □~ 수여식을 거행하다.
군기 (軍器)圓 전쟁에 쓰는 도구나 기구. 병기. □~ 창고 / ~를 소지하다.
군기 (軍機)圓 군사상의 기밀(機密). □~를 누설하다.
군기 (群起)圓하자 1 여러 사람이 떼 지어 일어남. 2 여러 가지 일이 한꺼번에 일어남.
군기-고 (軍器庫)圓 병기를 보관해 두는 창고.
군기-시 (軍器寺)圓『역』고려·조선 때, 병기(兵器)·군기(軍旗) 따위를 만드는 일을 맡아 하던 관아.
군:-기침 圓하자 1 공연히 버릇이 되어서 하는 기침. 2 헛기침.
군납 (軍納)圓하타 인가를 받은 민간 업자가 군에 필요한 물자를 납품하는 일. □두부·단무지 등 부식을 ~하다.
군납-품 (軍納品)圓 군에 납품하는 물품.
군:-내 본래의 제 맛이 아닌 좋지 않은 냄새. □~ 나는 김치.
군:-내 (郡內)圓 고을 안. 또는 한 군의 안.
군노 (軍奴)圓『역』군아(軍衙)에 속한 사내종.
군:-눈 圓 1 안 보아도 좋을 것을 보는 눈. 2 쓸데없는 것에 주의하는 눈.
군눈(을) 뜨다 구 외도(外道)에 눈을 뜨다.
군다리-명왕 (軍茶利明王)圓『불』팔대 명왕(八大明王)의 하나. 남쪽을 지키며, 머리 하나에 팔이 여덟이고 분노의 상(相)을 하고 있으며, 모든 아수라와 악귀를 항복시킨다고 함(군다리는 감로(甘露)의 뜻으로, 증익 경애(增益敬愛)의 덕(德)을 나타냄).
군:-다리미질 圓하타 다리미질할 때, 옷의 후미진 부분이나 끝 부분 같은 데를 따로 잡고 다리는 일.
군단 (軍團)圓 군과 사단 중간의 전략 단위 부대(둘 이상의 사단으로 편성됨).
군단-장 (軍團長)圓 군단을 지휘·통솔하는 최고 지휘관.
군-단지럽다 [-따]〔군단지러워, 군단지러우니〕휑타 마음과 행동이 매우 다랍고 추저분하다. 준군던지럽다.
군-달 圓 윤달.
군담 (軍談)圓 전쟁 이야기.
군담 소:설 (軍談小說) 전쟁에 관한 이야기를 소재로 한 고대 소설의 총칭.
군당 (群黨)圓 1 무리를 이룸. 2 여러 당파.
군대 (軍隊)圓 일정한 규율과 질서를 갖고 편

제된 군인의 집단. ❏~ 생활 / ~에 들어가다. ⓒ군.

군대-식 (軍隊式) 몡 군대처럼 조직적이고 명령 계통이 절대적이며 규율이 엄한 방식. ❏아이들을 ~으로 엄하게 다루다.

군:-더더기 몡 쓸데없이 덧붙은 것. ❏말에는 ~가 많다.

군덕 (君德) 몡 1 군주의 덕. 2 군주로서의 훌륭한 인품이나 덕.

군-던지럽다 [-따] 〔군던지러워, 군던지러우니〕 혱⑪ 마음·행동이 아주 더럽고 추저분하다. ❏하는 짓이 군던지럽기 짝이 없다. ⓐ군단지럽다. ⓒ군지럽다.

군데 의 낱낱의 곳을 세는 단위. ❏여러 ~ / 유리창이 몇 ~ 깨져 있다.

군데-군데 몡冊 여러 군데. 이곳저곳. ❏~를 파 보다 / 새싹이 ~ 돋아나다.

군도 (軍刀) 몡 군인이 허리에 차는 칼. *환도(環刀).

군도 (群島) 몡 무리를 이루고 있는 크고 작은 섬들.

군도 (群盜) 몡 무리를 지은 도둑. 떼도둑.

군:-돈 몡 안 써도 괜찮은 데에다 쓰는 돈.

군두 몡 1 가래의 날을 맞춰 끼우는 넓적한 판. 2 '군두새끼'의 준말.

군:-두드러기 몡 장롱의 문에 네모나 여덟모로 깎아서 문짝의 테두리를 장식한, 가운데 나무.

군두목 몡 한자의 뜻은 상관하지 않고 음과 새김을 따서 물건의 이름을 적는 법《'콩팥을 '豆太'로 적는 따위》. 주의 '軍都目'으로 씀은 취음.

군두-새끼 몡 군둣구멍에 꿰어서 가랫줄을 얼러 매는 새끼. ⓒ군두.

군두-쇠 (軍頭-) 몡 큰 재목을 운반할 때, 재목의 한쪽 머리에 박고 거기에 줄을 매어 끄는, 크고 굵은 쇠고리.

군둣-구멍 [-두꾸-/-둗꾸-] 몡 1 가랫바닥의 양쪽 위에 있는, 군두새끼를 꿰는 구멍. 2 마소의 고삐를 매기 위하여 구유에 뚫어 놓은 구멍.

군드러-지다 쟈 1 술에 취하거나 몹시 피곤해 정신없이 쓰러져 자다. ❏만취하여 길바닥에 ~. 2 곤두박질하여 푹 쓰러지다. ❏계단에서 군드러져 크게 다치다. ⓐ곤드라지다.

군락 (群落) 〔굴-〕 몡 1 많은 부락. ❏~을 이루다. 2 〖식〗 같은 자연 환경에서 자라는 식물군(植物群). ❏습지 식물의 ~.

군란 (軍亂) 〔굴-〕 몡 군사들이 일으키는 난리. 군요(軍擾). ❏~이 일어나다.

군략 (軍略) 〔굴-〕 몡 군대 운용에 관한 방책. 병략(兵略). 전략.

군략-가 (軍略家) 〔굴-까〕 몡 군략을 짜는 사람.

군량 (軍糧) 〔굴-〕 몡 군대의 양식. 병량(兵糧). ❏~을 조달하다 / ~을 비축하다 / ~이 떨어지다.

군량-미 (軍糧米) 〔굴-〕 몡 군대의 식량으로 쓰는 쌀. 군수미(軍需米). 군향미. ❏백 석 / ~를 거두다.

군량-선 (軍糧船) 〔굴-〕 몡 군량을 운반 보급하는 배.

군량-전 (軍糧田) 〔굴-〕 몡 〖역〗 군량을 조달하기 위해 특별히 정한 논과 밭.

군려 (軍旅) 〔굴-〕 몡 1 전쟁터에 나와 있는 군대. 2 전쟁.

군력 (軍力) 〔굴-〕 몡 군사력.

군령 (軍令) 〔굴-〕 몡 1 군대 안에서의 명령. ❏~이 엄하다. 2 국가 원수(元首)가 통수권으로써 군에 내리는 명령.

군령-다짐 (軍令-) 〔굴-〕 몡하쟈 〖역〗 군령을 행하지 못할 때에는 벌을 받겠다는 다짐.

군령-장 (軍令狀) 〔굴-짱〕 몡 〖역〗 군령을 적어 시행하던 문서.

군례 (軍禮) 〔굴-〕 몡 1 군대의 예절. 2 군대에서의 예식. ❏상관에게 ~를 올리다.

군록 (群綠) 〔굴-〕 몡 군청(群靑)과 녹청(綠靑)을 섞어 만든 물감.

군론 (群論) 〔-논〕 몡 〖수〗 군(群)의 이론과 응용에 관하여 연구하는 수학의 한 분야.

군뢰 (軍牢) 〔굴-〕 몡 〖역〗 조선 때, 군대에서 죄인을 다루던 병졸. 뇌자(牢子).

군뢰-복다기 (軍牢-) 〔굴-따-/-따-〕 몡 〖역〗 군뢰가 군장(軍裝)할 때 쓰던 벙거지《붉은 전(氈)으로 족두리와 비슷하게 만들고 앞에 주석으로 만든 '勇' 자를 붙임》. 전립. 주전립.

군림 (君臨) 〔굴-〕 몡하쟈 1 군주로서 그 나라를 거느려 다스림. ❏전제 군주로 ~하다. 2 어떤 분야에서 절대적 세력을 가진 사람이 남을 압도하는 일. ❏산업계에 제일인자로 ~.

군마 (軍馬) 몡 1 군사와 말. 곧, 병력(兵力). 2 군대에서 쓰는 말.

군막 (軍幕) 몡 군대에서 쓰는 장막. ❏~을 치다 / ~ 앞에 집결한 군사.

군막 사찰 (軍幕寺刹) 〔-싸-〕 〖불〗 승장(僧將)이 승병을 거느려 양성하던 절.

군:-만두 (-饅頭) 몡 기름에 지지거나 기름을 발라 불에 구운 만두.

군:-일 몡하쟈 하지 않아도 좋을 때에 쓸데없이 하는 군더더기 말. ❏~ 말고 시키는 대로 해라 / 어려운 부탁을 ~ 없이 받아 주다.

군-매점 (軍賣店) 몡 군인이나 그 가족을 대상으로 부대 안에 마련한 매점. 피엑스.

군맹-무상 (群盲撫象) 몡 여러 소경이 코끼리를 만진다는 뜻으로, 사물을 좁은 소견과 주관으로 잘못 판단함. 군맹평상(群盲評象).

군명 (君命) 몡 임금의 명령. 어명(御命). ❏~을 받다 / ~을 어기다.

군모 (軍帽) 몡 군인이 쓰는 모자.

군목 (軍牧) 몡 군부대에 장교로 배속되어 기독교를 믿는 장병들의 신앙생활에 관련된 일을 맡아보는 목사.

군무 (軍務) 몡 1 군사에 관한 사무. 2 군인으로서 군에 복무하는 일. ❏~에 충실하다.

군무 (群舞) 몡하쟈 여러 사람이 무리를 지어 춤을 춤. 또는 그 춤. ❏~를 추다.

군무-아문 (軍務衙門) 몡 〖역〗 조선 말에 군에 관한 행정 사무를 통할하던 관아.

군무-원 (軍務員) 몡 군무에 종사하는 군인 이외의 공무원. '군속(軍屬)'의 고친 이름.

군문 (軍門) 몡 1 군영의 문. 2 군영의 경내(境內). 병문(兵門). 원문(轅門). 3 군대의 비유. ❏~에 들어가다.

군문-효수 (軍門梟首) 몡 〖역〗 죄인의 목을 베어 군문 앞에 매어 달던 일.

군:-물 몡 1 끼니때 이외에 마시는 물. 2 죽이나 묵 따위에 섞이지 않고 그 위에 따로 떠도는 물. 3 뜨거운 물에 타는 맹물.

군물(이) 돌다 관 물기가 음식과 한데 섞이지 않고 위에 따로 돌다.

군민 (君民) 몡 임금과 백성.

군민 (軍民) 몡 군인과 민간인. ❏~ 합동 구조 작업.

군:민 (郡民) 몡 그 군(郡)에 사는 사람.

군-바리(軍-)圀 '군인'을 낮잡아 이르는 말.
군:박-하다(窘迫-)[-빠카-]혱여 1 몹시 군색하다. ▢군박한 생활. 2 어려운 고비에 부닥쳐 일의 형세가 급하다. 3 적의 공격을 당하여 괴로운 처지에 있다. 군:박-히[-바키]뷘. ▢~ 지내다.
군:-밤圀 날것을 불에 구워 익힌 밤. 외율(煨栗). ▢~ 장수.
[군밤 둥우리 같다] 옷을 입은 맵시가 엉성함을 비유하는 말.
군:-밥圀 1 군식구에게 먹이는 밥. 2 먹고 남은 밥. 대궁. 잔반. 3 끼니때 이외에 따로 짓는 밥.
군방(群芳)圀 1 향기가 있는 아름다운 꽃. 여러 가지 꽃. 2 많은 현자(賢者)나 미인(美人)을 비유하는 말.
군번(軍番)圀〔군〕군인 각자에게 주어지는 일련번호.
군번-표(軍番票)圀 인식표.
군벌(軍閥)圀 1 군인의 파벌. 2 군부를 중심으로 한 정치적 세력.
군법(軍法)[-뻡]圀 군대에서, 군인에게 적용하는 형법. ▢~으로 다스리다.
군 법무관(軍法務官)[-뻐-] 육해공군의 법무 장교. ⒬법무관.
군 법정(軍法廷)[-쩡]圀 군사 법원의 법정.
군법 회:의(軍法會議)[-뻐푀-/-뻐푀이)] '군사 법원'의 이전 말.
군변(君邊)圀 군측(君側).
군병(軍兵)圀 군사(軍士)1.
군보(軍保)圀〔역〕조선 때, 군역(軍役)의 하나. 정군(正軍)으로 나가는 대신에 정군의 비용을 부담했던 보인(保人). 인보.
군보-포(軍保布)圀〔역〕조선 때, 병역을 면제하여 주고 그 대신 받아들이던 삼베나 무명. ⒬군포(軍布).
군복(軍服)圀 군대의 제복.
군복(을) 벗다⿴ 군에서 제대하다. ▢군복을 벗고 복학하다.
군-복무(軍服務)[-뭉-]圀 군대에서 일정 기간 군인이 되어 근무하는 일. ▢~를 마치다.
군봉(軍鋒)圀 1 군대의 선봉. 선진(先陣). 2 군의 위세.
군봉(群峰)圀 우뚝 솟은 여러 산봉우리.
군부(君父)圀 1 임금과 아버지. 2 임금. ↔신자(臣子).
군부(軍部)圀 1 군(軍)의 일을 맡은 기관의 총칭. 2 군의 수뇌부를 중심으로 하여 형성된 세력. ⒬군. 3〔역〕대한 제국 때, 군사 업무를 맡아보던 최고 관청.
군-부대(軍部隊)圀 군인들의 부대. ▢~ 위문 공연.
군부-대신(軍部大臣)圀 대한 제국 때, 군부의 으뜸 벼슬.
군부 독재(軍部獨裁)[-째] 군부가 국가 권력을 도맡아서 강압적으로 다스리는 일. 사실 독재.
군:-부인(郡夫人)圀〔역〕조선 때, 외명부(外命婦)의 봉작(封爵)의 하나. 정일품 왕자군(王子君)과 종일품 종친의 아내에게 내리던 칭호.
군:-불圀 방을 덥게 하려고 때는 불. ▢~을 지피다 / 아궁이에 ~를 넣다.
[군불에 밥 짓기] 어떤 일에 곁따라 다른 일이 쉽게 이루어짐.
군불(을) 때다⿴ ㉠방을 덥게 하려고 불을 피우다. ㉡(속) 담배를 피우다.
군:-불-솥[-솓] 圀 군불 때는 아궁이에 걸리는 솥.

군:-불-아궁이圀 군불을 때는 아궁이.
군:-붓[-붇]圀 글이나 그림에 군더더기로 더 넣거나 그려 넣는 것.
군비(軍備)圀 1 국가 방위를 위한 군사 대비. ▢~를 강화하다. 2 전쟁을 위한 준비. ▢~를 갖추다.
군비(軍費)圀 전쟁 및 군사 일반에 드는 비용. 군사비. ▢~ 감축.
군비 축소(軍備縮小)[-쏘] 전쟁을 피하고 국력이 소비됨을 방지하기 위하여 현재의 군비를 줄이는 일. ⒬군축(軍縮).
군비 축소 회:의(軍備縮小會議)[-쏘-/-쏘-이] 세계 각국의 군비 축소를 협의 또는 협정하기 위하여 열리는 국제 회의. ⒬군축 회의.
군비 확장(軍備擴張)[-짱] 군비를 늘려 국방이나 전쟁 준비에 힘씀. ⒬군확.
군:-빗질[-빋찔]圀하자 자고 일어나 대강 윗머리만 빗는 빗질.
군사(軍士)圀 1 예전에, 군인이나 군대를 이르던 말. 군병. 군졸. 사졸. 용병(戎兵). ▢~를 모으다. 2 부사관 이하의 군인. 병사.
군사(軍史)圀 군대의 역사.
군사(軍使)圀 전쟁 중에, 군의 명령으로 교섭의 임무를 띠고 적군에 파견되는 사람.
군사(軍事)圀 군대·군비(軍備)·전쟁 등에 관한 일. 군무에 관한 일.
군사(軍師)圀 1 예전에, 주장(主將) 밑에서 군기(軍機)를 잡고 군사 작전을 짜던 사람. 2 책략과 수단을 교묘하게 잘 꾸며 내는 사람의 비유.
군사 경계선(軍事境界線)[-/-게-] 군사 분계선.
군사 경:찰(軍事警察) 1 군대 내부의 규율과 질서를 잡기 위하여 헌병이 행하는 명령이나 강제 행위. 2 전시나 사변 때에 그 지구 사령관이 행하는 경찰 행정.
군사 고문(軍事顧問) 군사에 관한 자문(諮問)을 받고 의견이나 조언을 하는 사람. 또는 그런 직책.
군사 교:련(軍事教鍊) 학교에서 실시하는 군사에 관한 교육과 훈련.
군사 교:육(軍事教育) 군인으로서 필요한 정신이나 기술을 가르침. 또는 그 교육.
군사 기밀(軍事機密) 국가의 안전 보장을 위해 지켜야 할 군사에 관한 기밀.
군사 기지(軍事基地) 전략·전술상의 거점이 되는 중요한 군사 시설이 있는 곳.
군사 독재(軍事獨裁)[-째] 군부 독재.
군사 동맹(軍事同盟) 군사 행동에 대해 두 나라 이상이 맺는 동맹.
군:-사람圀 정원 외의 사람. 가욋사람.
군사-력(軍事力)圀 병력·무기·경제력 등을 종합한, 전쟁을 수행할 수 있는 능력. 군력(軍力). ▢~을 강화하다.
군-사령관(軍司令官)圀 육군의 최고 편성 단위 부대인 군을 통솔·지휘하는 최고 지휘관.
군-사령부(軍司令部)圀 군사령관이 지휘·통솔하는, 군의 본부. ⒬군.
군사 법원(軍事法院) 군인·군무원의 범죄에 대해 군 형법을 적용해 군사 재판을 관할하는 특별 형사 법원.
군사 봉쇄(軍事封鎖) 무력을 사용해 적국의 교통이나 수송을 막는 일. ▢~를 단행하다.
군사부(君師父)圀 임금과 스승과 아버지.
군사부-일체(君師父一體)圀 임금·스승·아버지의 은혜는 같다는 뜻.

군사 분계선 (軍事分界線)[-/-계-] 전쟁 중인 쌍방의 협정에 따라 설정한 군사 활동의 한계선. 군사 경계선. ▢~에서 총격전이 있었다.

군사-비 (軍事費)🄜 군비(軍費).

군:-사설 (-辭說)🄜🄗🄐 쓸데없이 말을 길게 늘어놓음. 또는 그 말.

군사 우편 (軍事郵便) 군인·군무원 또는 군함 등에서 보내거나 받는 우편물이 원활하게 취급되도록 마련한 특별 우편 제도. ◉군우.

군사 원:조 (軍事援助) 한 나라의 군사력을 증강시키기 위한 인적·물적·경제적 원조. ▢~를 제공하다. ◉군원(軍援).

군사 위성 (軍事衛星) 군사적 목적으로 이용되는 인공위성. 첩자 정찰용·군사 통신용 등이 있음. 군용(軍用) 위성. ▢~을 발사하다.

군사 재판 (軍事裁判) **1** 군사 법원에서 군법에 따라 하는 재판. **2** 전쟁 범죄인을 심판하기 위하여 하는 국제적인 재판. ◉군재(軍裁).

군사-적 (軍事的)[명]🄗🄐 군대·군비·전쟁 등 군에 관계되는 (것). ▢~ 대응 / ~인 목적.

군사 정권 (軍事政權)[-꿘] 군인들이 중심이 되어 조직한 정권.

군사 정보 (軍事情報) 군사상 필요한 첩보를 해석·평가하여 작성한 적의 상황. ▢~를 빼내다 / ~가 새어 나가다.

군사 정부 (軍事政府) 무력으로 정권을 장악한 군인들이 다스리는 정부. ▢~에서 정권을 민간에 이양하다.

군사-통 (軍事通)🄜 군인이 아니면서 군대 사정에 밝은 사람.

군사-학 (軍事學)🄜 군대·군비 등 전쟁에 관한 모든 부문을 연구하는 학문.

군사 행동 (軍事行動) 군대가 병력 또는 무력으로써 행하는 모든 행동(전투·훈련·부대 이동 따위). ▢~을 억제하다.

군사 혁명 (軍事革命)[-혁-] 병력을 동원하여 일으킨 혁명.

군사 훈:련 (軍事訓鍊)[-훌-] 군사에 관한 지식과 기능을 기르기 위한 훈련.

군산 (群山)🄜 한데 모여 있는 많은 산.

군:-살 🄜 **1** 궂은살. **2** 쓸데없이 찐 군더더기 살. ▢~을 빼다.

군상 (君上)🄜 임금.

군상 (群像)🄜 **1** 떼를 지어 모여 있는 많은 사람들. **2** 그림·조각에서, 많은 인물의 상을 하나의 주제로 표현한 것.

군상-화 (群像畫)🄜 많은 사람을 주제로 하여 그린 그림.

군:-새 🄜 초가지붕의 썩은 곳을 파내고 덧기워 질러 넣는 짚.

군색 (軍色)🄜 〖역〗 군대의 일을 맡은 부서. 또는 그 우두머리.

군:-색-스럽다 (窘塞-)[-쓰-따][-스러워, -스러우니]🄗🄑 보기에 군색한 데가 있다. 군:색-스레 [-쓰-]🄟

군:-색-하다 (窘塞-)[-새카-]🄗🄐 **1** 생활이 딱하고 어렵다. ▢군색하게 살아가다. **2** 일이 떳떳하지 못하고 거북하다. ▢군색한 변명을 늘어놓다. 군:색-히 [-새키]🄟

군생 (群生)🄜🄗🄐 **1** 식물 등이 한데 모여 남. ▢고산 식물이 ~하다. **2** 많은 사람. 또는 모든 생물. **3** 〖생〗 군서(群棲).

군서 (軍書)🄜 **1** 군사상의 일이 기재되어 있는 문서. **2** 군사학에 대한 책.

군서 (群書)🄜 많은 책. 여러 가지 책. 군적.

군서 (群棲)🄜🄗🄐 〖생〗 같은 종류의 동물이 생식·방어·수면 따위를 위하여 한곳에 떼 지어 삶. 군거(群居). 군생.

군선 (軍船)🄜 군대에서 쓰는 배(특히 옛날의 해전(海戰)에 사용하던 전선(戰船)을 이름). 군용선.

군선-도 (群仙圖)🄜 〖미술〗 신선의 무리를 주제로 해서 그린 동양화.

군성 (軍聲)🄜 병정들과 군마(軍馬) 따위가 내는 소란스러운 소리.

군성 (群星)🄜 무리를 이루어 모여 있는 많은 별.

군세 (軍勢)🄜 **1** 군대의 세력이나 형세. ▢막강한 형의 ~ / ~를 확장하다 / ~를 떨치다 / ~를 뻗치다. **2** 군대의 인원수. 병력. ▢~를 긁어모으다.

군소 〖동〗 군소과의 연체동물. 해안에 사는데, 길이 30~40cm, 빛은 자흑색에 회백색의 얼룩무늬가 있음. 머리에는 한 쌍의 촉각이 있고 등에는 외투막으로 싸인 껍데기가 있으며, 다른 물건이 닿으면 자줏빛의 액을 분비하여 몸을 감춤. 고기는 식용함.

군소 (群小)🄜 규모가 그다지 크지 않거나 잘 드러나지 않는 여러 개를 이르는 말. ▢~ 출판사 / ~ 정당이 난립하다.

군:-소리 🄜🄗🄐 **1** 하지 않아도 좋을 쓸데없는 말. 군말. ▢~가 많다. **2** 잠꼬대로 하는 말이나 앓는 사람이 정신없이 하는 말.

군소-배 (群小輩)🄜 소인(小人)의 무리.

군소-봉 (群小峰)🄜 여러 개의 작은 산봉우리.

군속 (軍屬)🄜 '군무원(軍務員)'의 구칭.

군속 (群俗)🄜 많은 사람들. 대중.

군:속-하다 (窘束-)[-소카-]🄗🄐 묶여 있는 것처럼 옴짝달싹 못하게 어렵다.

군:-손질 🄜🄗🄑 **1** 하지 않아도 좋을 쓸데없는 손질. ▢~ 때문에 더 나빠졌다. **2** 쓸데없이 때리는 짓.

군:-쇠 🄜 장롱 등의 한 부분으로, 문쇠 옆에 문쇠와 같이 세로로 댄 나무.

군:-수 (-手)🄜 바둑·장기를 둘 때 쓸데없이 놓는 수.

군수 (軍需)🄜 군사상 필요한 것. *민수(民需).

군:-수 (郡守)🄜 한 군의 행정을 맡아보는 최고 직위. 또는 그 책임자(공선(公選)에 의해 선출되며 임기는 4년임).

군수 경기 (軍需景氣) 군수 산업을 중심으로 하여 재계(財界)가 호황을 누리는 일.

군수 공업 (軍需工業) 군수 물자를 생산하는 공업.

군수 공장 (軍需工場) 군수 물자를 생산·수리하는 공장.

군수 물자 (軍需物資)[-짜] 군비(軍備) 또는 전쟁에 소용되는 온갖 물자. 군수품.

군수-미 (軍需米)🄜 군량미.

군수 산:업 (軍需産業) 방위 산업.

군수-품 (軍需品)🄜 군수 물자.

군승 (軍僧)🄜 군대에 배속되어 불교를 믿는 장병들의 신앙생활과 관련된 일을 맡아보는 승려. *군목(軍牧).

군시럽다 [-따][군시러워, 군시러우니]🄗🄑 벌레 따위가 살갗에 붙어 기어가는 듯한 느낌이 있다. ▢어쩐지 온몸이 ~.

군:-식구 (-食口)[-꾸] 본식구 외에 덧붙어서 얻어먹고 있는 식구. 객식구. 잡식구. ▢~가 많은 집.

군신 (君臣)🄜 임금과 신하.

군신 (軍神)🄜 **1** 전쟁의 신. **2** 군인의 무운(武運)을 지켜 준다는 신. **3** 큰 무공을 세우고

전사한 군인을 높여 이르는 말.
군신(群臣)몡 많은 신하. ⇨기락성같이 늘어선 ~/~들과 국정을 의논하다.
군신-대의(君臣大義)[-/-이]몡 임금과 신하 사이의 의리.
군신-유의(君臣有義)[-뉴-/-뉴이]몡 오륜의 하나. 임금과 신하 사이의 도리는 의리에 있음을 일컫는 말.
군신좌사(君臣佐使)몡『한의』약방문을 내는 데 가장 주되는 군제(君劑)와 그 배합약의 성능에 따라 나누는 신약(臣藥)·좌약(佐藥)·사약(使藥)의 병칭.
군실-거리다재 군시러운 느낌이 자꾸 나다.
　군실-군실 부하자
군실-대다재 군실거리다.
군심(群心)몡 '군중 심리'의 준말.
군아(郡衙)『역』군사에 관한 사무를 맡아 보던 관아.
군:아(郡衙)『역』고을의 수령이 사무를 맡아보던 관아. 준군(郡).
군악(軍樂)몡 군대 의식이나 장병의 사기를 높이는 데 쓰는 음악.
군악-대(軍樂隊)[-때]몡 군악을 연주하기 위하여 조직된 부대.
군역(軍役)몡 1『역』군적에 등록된 신역(身役). 2 군대에서 복역하는 일.
군영(軍營)몡 군대가 주둔하는 곳. 병영.
군영(群泳)명하자 어류 등이 떼 지어 다님. 또는 그 무리.
군왕(君王)몡 임금.
군요(軍擾)몡 군란(軍亂).
군:욕(窘辱)몡 곤욕(困辱).
군용(軍用)몡 군사적 목적에 씀. 또는 그 돈이나 물자. ⇨~ 담요/~ 트럭.
군용(軍容)몡 1 군대의 상태. 군의 사기(士氣)나 기율. 2 군대의 위용이나 장비. 무장.
군용-견(軍用犬)몡 특별한 훈련을 받아 군사적 목적으로 쓰이는 개. 군견.
군용-금(軍用金)몡 군자금1.
군용-기(軍用機)몡 군사적 목적에 쓰는 항공기. 군용 비행기.
군용 도:로(軍用道路)군사상 필요하여 만들거나 지정한 길.
군용 비행기(軍用飛行機)군용기.
군용-선(軍用船)몡 군대에서 쓰는 배. 군선.
군용 수송기(軍用輸送機)주로 군수품이나 군인을 실어 나르는 대형의 군용기.
군용 수표(軍用手票)군표(軍票).
군용 어음(軍用-)☞군표(軍票).
군용 열차(軍用列車)[-녈-]군용 물자나 군인들을 수송하기 위한 특별 열차.
군용 전:신(軍用電信)군사 통신을 위해 특별히 시설한 전신.
군용-지(軍用地)몡 군사적 목적으로 쓰는 땅. ⇨~로 수용되다.
군용 지도(軍用地圖)군사 작전에 쓸 수 있도록 자세하고 특수하게 그린 지도.
군용-차(軍用車)몡 군대에서 쓰는 자동차나 열차. 군용 차량.
군용 차량(軍用車輛)군용차.
군용 철도(軍用鐵道)[-또]군사상의 목적으로 부설한 철도. 군사 철도. ⇨~를 이용해 군수품을 수송하다.
군용-표(軍用票)몡 군표(軍票).
군용-품(軍用品)몡 군대에서 쓰는 물품.
군우(軍友)몡 1『기』구세군(救世軍)에서, '신자'를 이르는 말. 2 전우(戰友).
군우(軍郵)몡 '군사 우편'의 준말.

군웅(群雄)몡 같은 시대에 여기저기에서 일어난 영웅(英雄)들.
군웅-할거(群雄割據)몡하자 많은 영웅들이 서로 지방썩을 차지하여 세력을 다툼.
군원(軍援)몡 '군사 원조'의 준말.
군위(君位)몡 임금의 자리.
군위(軍威)몡 1 군대의 위력. 2 군대의 위신.
군유(裙襦)몡 삼국 시대에 부인들이 입던 치마와 저고리를 이르는 말.
군율(軍律)몡 1 군법에 따라 군에서 다스리는 처벌. 2 군대 내의 규율.
군은(君恩)몡 임금의 은혜. 주은(主恩).
군:-음식(-飮食)몡 끼니때 이외에 가외로 더 먹는 음식(떡·과자 등의 간식(間食) 따위).
군-읍(郡邑)몡 1 옛 지방 제도인 주(州)·부(府)·군(郡)·현(縣)의 총칭. 군현. 2 군과 읍.
군의(軍醫)[구늬/구니]몡 '군의관'의 준말.
군의-관(軍醫官)[구늬-/구니-]몡 군대에서 의사의 임무를 맡고 있는 장교. 준군의.
군인(軍人)몡 육해공군의 군적(軍籍)에 있는 장교·부사관·사병의 총칭. ⇨투철한 ~ 정신.
군:-일(-닐)몡하자 쓸데없는 일.
군:-입(-닙)몡 1 본식구 외에 덧붙어서 얻어 먹는 객식구. 2 '군입정'의 준말.
　군입(을) 다시다 귀 ㉠끼니 외에 군음식을 먹다. ㉡무엇을 먹고 싶어서 입을 다시다.
군:-입정(-닙쩡)몡하자 때 없이 군음식을 입을 다심. 준군입.
군:-입정-질(-닙쩡-)몡하자 때 없이 군음식으로 입을 다시는 일. 준군입질.
군:-입질(-닙찔)몡하자 '군입정질'의 준말.
군:-자(-字)몡 '군글자'의 준말.
군자(君子)몡 1 학식과 덕행이 높은 사람. 2 예전에, 벼슬이 높은 사람을 일컫던 말. 3 예전에, 아내가 자기 남편을 일컫던 말.
군자(軍資)몡 '군자금'의 준말.
군자-감(軍資監)몡『역』조선 때, 군수품의 출납을 맡아보던 관아.
군자-국(君子國)몡 지난날, 중국에서 우리나라를 풍속이 아름답고 예절이 바른 나라라고 이르던 말.
군자-금(軍資金)몡 1 군사상 필요한 자금. 군용금. 2 비유적으로, 어떤 일을 하기 위한 자금. ⇨한잔하려 해도 ~이 없다. 준군자금.
군자-란(君子蘭)몡『식』수선화과의 여러해살이풀. 남아프리카 원산으로 10개 안팎의 잎이 좌우로 나는데, 꽃은 주홍색이고 꽃잎은 녹색을 띰. 관상용 화초임.
군자-삼락(君子三樂)[-낙]삼락(三樂).
군자연-하다(君子然-)재여 군자인 체하다.
군작-미(軍作米)[-장-]몡『역』조선 때, 군포(軍布) 대신에 바치던 쌀.
군:-장(-醬)몡 간장을 떠내면 찌꺼기 된장에 생강·파·후춧가루 따위의 양념을 해서 반죽하고 기름·꿀을 발라 구워서 깨를 뿌린 반찬.
군장(君長)몡 1『역』원시 부족 사회의 우두머리. 2 임금.
군장(軍長)몡『역』원시 부족 사회의 군사 우두머리.
군장(軍裝)몡 1 군인의 복장. 2 군대의 장비. 무장. ⇨~ 검열/~을 꾸리다.
군재(軍裁)몡 '군사 재판'의 준말. ⇨~에 부치다. ↔민재(民裁).
군적(軍籍)몡 군인의 지위·신분을 적은 명부. 병적. ⇨~에 편입되다.
군적(群籍)몡 군서(群書).

군정 (軍丁) 명 《역》 **1** 군적에 있는 지방의 장정. **2** 공역(公役)에 종사하는 장정.

군정 (軍政) 명 《법》 **1** 전쟁·사변 때에 점령지에서 군대가 행하는 임시 행정. 口점령지에 ~을 펴다. ↔민정(民政). **2** 군부가 국가의 실권을 쥐고 행하는 정치.

군정 (軍情) 명 군대 내의 사정이나 형편. 口~을 시찰하다.

군:정 (郡政) 명 군(郡)의 행정.

군정-관 (軍政官) 명 점령 지역에서 군정을 시행하는 장교.

군정-권 (軍政權)[-꿘] 명 군사 행정에 관한 국가의 권한.

군정-청 (軍政廳) 명 점령지에서 군사령관이 군정을 행하는 기관.

군제 (君劑) 명 《한의》 처방에서 가장 주가 되는 약. ＊군신좌사(君臣佐使).

군제 (軍制) 명 군사상의 모든 제도. 병제(兵制).

군:제 (郡制) 명 군정에서 행정상 설정해 놓은 편제·경리 등의 제도.

군조 (群鳥) 명 떼 지어 모인 새.

군졸 (軍卒) 명 군사(軍士). 口~을 거느리다.

군종 (軍宗) 명 군대 안의 종교에 관한 일.

군종 신부 (軍宗神父) 군대에 배속되어 군인·군무원의 신앙생활을 지도하는 신부.

군주 (君主) 명 임금.

군주 (軍主) 명 《역》 신라 때, 각 주(州)의 군대를 통솔하던 으뜸 벼슬.

군:주 (郡主) 명 《역》 조선 때, 왕세자의 정실에서 태어난 딸에게 내리던 정이품 외명부의 품계.

군주-국 (君主國) 명 군주가 세습적으로 국가 원수가 되는 나라.

군주 국체 (君主國體) 군주만을 주권자로 인정하는 국체.

군주 기관설 (君主機關說) 주권의 본체는 국가이고 군주는 그 최고 기관이라는 학설.

군주 신권설 (君主神權說)[-꿘-] 왕권신수설.

군주 전제 (君主專制) 주권의 운용이 군주의 독단에 맡겨지는 정치.

군주 정체 (君主政體) 주권의 운용이 세습적인 군주에 의해 이루어지는 정치 형태. 왕정.

군주-제 (君主制) 명 세습 군주를 국가의 원수로 하는 정치 체제. 군주 제도. ↔공화제.

군주-주의 (君主主義)[-/-이] 명 군주가 아무 제재 없이 정치를 행하는 주의.

군중 (軍中) 명 **1** 군대의 안. **2** 군인의 몸으로 전쟁터에 나가 있는 동안.

군중 (群衆) 명 한곳에 모인 많은 사람의 무리. 口~을 선동하다 / 시위하는 ~을 해산시키다.

군중-대회 (群衆大會) 명 많은 사람이 같은 목적을 가지고 모여 벌이는 대회. 口~가 열리다 / ~에 참석하다.

군중 범:죄 (群衆犯罪) **1** 여러 사람이 참가하여 이룬 범죄(내란죄·소요죄 따위). **2** 군중 심리에 영향을 받아 이루어진 범죄.

군중 심리 (群衆心理)[-니] 《심》 많은 사람이 모여 있을 때 자제력을 잃고 다른 사람의 언동에 휩쓸리는 특이한 심리(충동적이고 무책임한 언동을 하는 경향이 있음). 대중 심리. ㊀군심.

군중 심리학 (群衆心理學)[-니-] 《심》 군중 심리를 연구하는 사회 심리학의 한 분과.

군중-집회 (群衆集會)[-지푀] 명 많은 사람이 같은 목적을 가지고 함께 모여 벌이는 집회. 口대규모 ~를 열다.

군지럽다 [-따]〔군지러워, 군지러우니〕㋵㋫ '군던지럽다'의 준말.

군직 (軍職) 명 군에서의 관직·직무.

군진 (軍陣) 명 군대의 진영.

군집 (群集) 명 **1** 사람이나 동물 등이 떼지어 한곳에 모임. **2** 《생》 생태학에서, 거의 같은 자연환경을 구비한 구역에 생존하는 모든 생물 개체군(個體群). 식물만의 경우를 군락(群落)이라고 함. 군취.

군-짓 [-찓] 명 ㋫㋨ 할 필요 없는 쓸데없는 짓.

군-차자 (裙欌子) 명 고롬.

군:청 (郡廳) 명 군(郡)의 행정 사무를 맡아보는 관청. 또는 그 청사. ㊀군(郡).

군청 (群靑) 명 **1** 고운 광택이 나는 짙은 남색의 광물성 물감. **2** 군청색.

군청-색 (群靑色) 명 고운 광택이 나는 짙은 남색. 군청. 口~의 하늘.

군체 (群體) 명 《생》 같은 종류의 개체가 많이 모여서 조직이 연결되어 생활하는 집단(해면(海綿)·산호 따위). ↔개체.

군총 (君寵) 명 임금의 총애.

군추 (群酋) 명 여러 괴수. 두목들.

군축 (軍縮) 명 ㋫㋨ '군비 축소'의 준말. 口회담을 재개하다. ↔군확.

군취 (群聚) 명 《생》 군집(群集)2.

군측 (君側) 명 임금의 곁. 군변(君邊).

군치리 명 개고기를 안주로 술을 파는 집.

군친 (君親) 명 임금과 어버이.

군-침 명 속이 느긋거리거나 구미가 당겨 입안에 도는 침.

  군침을 돋우다 침이 나게 하다. ㉠식욕이 나게 하다. ㉡이익·재물을 보고 욕심이 생기게 하다.

  군침(을) 삼키다〔흘리다〕 ㉠음식 등을 먹고 싶어서 입맛을 다시다. ㉡이익이나 재물을 보고 몹시 탐을 내다.

  군침(이) 돌다 ㉠식욕이 나다. 口생각만해도 군침이 돈다. ㉡이익이나 재물에 욕심이 생기다. 口그것 참, 군침 도는 이야기군.

군:턱 명 턱 아래로 축 처진 살. 口~이 지다.

군:티 명 물건의 조그마한 흠.

군 판사 (軍判事) 군판관과 함께 군사 법원을 구성하는 재판관.

군평서니 명 《어》 하스돔과의 온대성 바닷물고기. 길이는 20cm가량, 곱새돔과 비슷하나 아가미에 센 가시가 있고 비늘이 작음. 빛은 담회갈색임.

군포 (軍布) 명 《역》 '군보포(軍保布)'의 준말.

군표 (軍票) 명 전쟁 지역이나 점령지에서 쓰는 긴급 통화. 군용 수표. 군용표. ＊본보돌.

군필-자 (軍畢者)[-짜] 명 군역의 의무를 마친 사람. 口~ 우대.

군:핍-하다 (窘乏-)[-피파-] 톙㋨ 몹시 군색하다. 口군핍한 생활. **군:핍-히** [-피퍼] 튀

군함 (軍艦) 명 해군에 소속하여 군사 목적으로 사용하는 배. ㊀함.

군함-기 (軍艦旗) 명 군함임을 표시하는 기.

군합-국 (軍合國)[-꾹] 명 둘 이상의 나라가 국내법과 국제법상으로는 서로 독립을 유지하면서 한 임금 밑에서 결합한 나라.

군항 (軍港) 명 함대의 근거지로서, 군사적 목적으로 특수한 시설을 하여 놓은 항구.

군향 (軍餉) 명 '군향미'의 준말.

군향-미 (軍餉米) 명 군량미(軍糧米). ㊀군향.

군:현 (郡縣) 명 군읍(郡邑)1.

군현 (群賢) 명 여러 현인.

군호 (君號) 명 《역》 임금이 군(君)을 봉할 때 내리던 이름(광해군·연산군 따위).

군호 (軍號) 명 ㋫㋨ **1** 《역》 조선 때, 순라군(巡

邏軍) 간에 주고받아 위험을 막던 암호. **2**
『역』군중(軍中)에서, 나발·기·화살 따위를
이용하여 신호를 보냄. 또는 그 신호. **3** 서로
눈짓이나 말 따위로 몰래 연락함. 또는 그런
신호. 구호(口號).

군호(群豪)圓 많은 호걸.

군혼(群婚)圓 원시 사회에서, 한 무리의 남자
와 한 무리의 여자가 집단적으로 행한 혼인
형태. 집단혼.

군화(軍靴)圓 군인용 구두.

군확(軍擴)圓하재 '군비 확장'의 준말. ↔군
축(軍縮).

군홧-발(軍靴-)[-화빨/-환빨]圓 **1** 군화를 신
은 발. **2** 군인들이 저지르는 폭력의 비유.

군:-획(-劃)圓 본디 글자에는 없는 군더더기
로 붙은 획.

군:획-지다(-劃-)[-찌-]톙 글자에 군획이 붙
어 잘못 쓰여져 있다.

군후(君侯)圓 '제후(諸侯)'의 존칭.

군흉(群凶)圓 **1** 흉악한 무리. **2** 국가나 사회의
변혁을 꾀하는 무리.

굳[옛] 구덩이.

굳건-하다[-껀-]톙여 뜻이나 의지가 군세고
건실하다. ▯굳건한 정신. **굳건-히**[-껀-]囹

굳기[-끼]圓『광』고체, 특히 금속·광물의 단
단한 정도. 여러 기준이 있는데 모스(Mohs)
굳기에서는 활석(滑石)에서 다이아몬드에 이
르는 10종의 광물을 표준으로 삼고 있음. 경
도(硬度).

굳-기름[-끼-]圓 지방(脂肪).

굳다[-따]国톙 **1** 무르지 않고 단단하다. ▯굳
은 땅. **2** 견고하다. 튼튼하다. ▯성문을 굳게
지키다. **3** 뜻이 흔들리거나 바뀌지 않다. ▯
굳은 결심 / 의지가 ~. **4** 부드럽거나 매끄럽
지 않다. ▯굳은 표정. 国자 **1** 근육이나 뼈마
디가 뻣뻣해지다. ▯혀가 굳어 발음이 잘 안
된다 / 시체가 굳어 있다. **2** 몸에 배어 습관이
되다. ▯말버릇이 굳어 버리다. **3** 무른 것이
단단해지다. ▯기름이 ~. **4** 재물 따위가 없
어지지 않고 자기의 것으로 계속 남게 되다.
▯군것질을 하지 않으니 그만큼 돈이 굳는
다. **5** 표정이나 태도 등이 부드럽지 못하고
딱딱해지다. ▯뜻밖의 일에 표정이 돌처럼
굳었다.
[굳은 땅에 물이 괸다] 검소하고 절약하는
결심이 군어야 재산을 모을 수 있다.

굳-비늘[-삐-]圓『어』경린(硬鱗).

굳-뼈[-뼈]圓『생』경골(硬骨)¹.

굳-세다[-쎄-]톙 **1** 굳고 힘이 세다. ▯군센
체력. **2** 뜻한 바를 굽히지 않고 밀고 나아가
는 힘이 있다. ▯군센 의지 / 군세게 살아가다.

굳어-지다闭 굳게 되다. ▯표정이 갑자기 ~ /
심증(心證)이 ~ / 습관으로 ~.

굳은-돌圓『광』굳은 모암(母巖).

굳은-살圓 **1** 잦은 마찰로 손바닥이나 발바닥
에 생긴 두껍고 단단한 살. ▯~이 박이다. **2**
곪으려고 딴딴하게 된 살.

굳이[구지]囹 **1** 단단하게 굳게. ▯~
거절하다. **2** 고집을 부려 구태여. ▯~ 원한
다면 따라가거라.

굳-히기[구치-]圓하재 **1** 유도에서, 누르기·
조르기·꺾기·비틀기 등을 통틀어 일컫는 말.
↔메치기. **2** 경기나 놀이에서, 마지막 승부를
확실하게 결정짓을 수 있는 득점.

굳-히다[구치-]国 **1**《'굳다圓'의 사동》굳게
하다. 엉기어 단단해지게 하다. ▯콘크리트
를 부어 ~. **2**《'굳다圓'의 사동》확고부동한
것으로 하다. ▯승리를 ~ / 기반을 ~ / 제1

| 301 | 굴때장군 |

선발의 입지를 확실히 ~. **3** 바둑에서, 상대
방이 귀에 들어오지 못하도록 지키는 수를
두다. 国양 귀를 ~.

굴圓 **1**『조개』굴과의 조개. 근해 연안에 사는
데 길이 6cm가량. 껍질 안쪽은 흼. 살은 식
용함. 모려(牡蠣). 석화(石花). 굴조개. **2** 굴
의 살.

굴:圓 **1** 땅이나 바위가 깊숙이 팬 곳. ▯
~에서 살다. **2** 산이나 땅속을 뚫어 만든 길.
수도(隧道). 터널. ▯~을 뚫다 / 기차가 ~
속으로 들어가다. **3** 짐승들이 숨어 사는 구
멍. ▯너구리 ~ / 토끼 ~. **4** '소굴'의 준말.

굴-갓[-갇]圓『불』지난날, 벼슬을 가진 승려
가 쓰던 갓(대로 모자 위를 둥글게 만듦).

굴강-하다(屈強-)톙여 **1** 몹시 의지가 굳어
남에게 굽히지 않다. **2** 힘이 몹시 세다.

굴:-개(窟-)圓 썩은 물이 괸 곳의 바닥에 가
라앉는 개흙.

굴거리-나무圓『식』대극과의 상록 활엽 교
목. 잎은 어긋나고 긴 타원형으로 두껍고 크
며 광택이 있음. 가지와 잎은 '만병초'라 하
여 약용함. 숲 속에 남.

굴건(屈巾)圓 상가에서, 상주가 두건 위에 덧
쓰는 건. 굴관(屈冠).

굴건-제복(屈巾祭服)圓 굴건과 제복. ──하
다[-보카-]闭国 굴건을 쓰고 제복을 입다.

굴검(掘撿)圓하타 묻었던 시체를 파내어 검증
함.

굴곡(屈曲)圓하闭 **1** 이리저리 꺾이고 굽음. 또
는 그런 굽이. ▯~이 심한 고갯길. **2** 사람이
살아가면서 겪는 여러 가지 변화. ▯~을 겪
다 / ~ 많은 생애(生涯).

굴관(屈冠)圓 굴건(屈巾).

굴광-성(屈光性)[-썽]圓『식』식물체가 빛의
자극을 받아 나타내는 굴성(屈性). 잎과 줄기
는 빛의 방향으로, 뿌리는 그 반대 방향으로
구부러짐. *향일성(向日性).

굴근(屈筋)圓『생』팔다리를 구부리는 운동을
하는 근육의 총칭. ↔신근(伸筋).

굴기(崛起)圓하재 **1** 산이 불쑥 솟음. **2** 기울어
진 집안에서 큰 인물이 남.

굴기-성(屈氣性)[-썽]圓『식』식물체의 일부
가 공기나 산소의 자극을 받아 일정한 방향
으로 굽는 성질. *굴화성(屈化性).

굴-김치圓 생굴을 넣어 담근 김치.

굴:다¹〔굴어, 구니, 구는〕闭('-게'나 '-이'·
'-히' 따위의 부사형 용언 뒤에 쓰여) 그러하
게 행동하거나 대하다. ▯밉게 ~ / 약삭빠르게
~ / 큰일이나 난 것처럼 ~ / 내게 주는 돈이
아까운 듯이 ~.

굴:다²闭 '구르다'의 준말. ▯아이들이 잔디
밭에서 굴면서 장난을 친다.

굴다³〔-〕〈불〉**1** 입으로 불다. **2** 저주하다.

굴:-다리(窟-)[-따-]圓 굴로 된 길 위로 가로
건너지른 다리.

굴-대[-때]圓『물』수레바퀴의 한가운데에 뚫린 구
멍에 끼워 수레가 바로 놓이게 하는 긴 나무
나 쇠. 축(軸).

굴-대-통(-筒)[-때-]圓 수레바퀴의 한가운데
에 있는, 굴대를 끼우는 구멍. 굴통.

굴:-도리[-또-]圓『건』둥글게 만든 도리. ↔
납도리.

굴-등圓『동』따개비.

굴:-때-장군(-將軍)圓 **1** 몸이 굵고 키가 크며
살빛이 검은 사람을 놀으로 일컫는 말. **2** 옷
이 시커멓게 된 사람을 놀으로 일컫는 말.

굴뚱閣 물레의 몸이 얹힌 굴대.

굴:뚝閣 불을 땔 때에, 연기가 밖으로 빠져나가도록 만든 장치. 연돌(煙突). ㅁ공장∼에서 내뿜는 시꺼먼 연기.

굴:뚝-같다[-갇따]閣 무엇을 하고 싶은 생각이 간절하다. ㅁ가고 싶은 생각이 ∼. 굴:뚝-같이[-까치]閨

굴:뚝-나비[-뚱-]閣《充》 뱀눈나빗과의 곤충. 편 날개의 길이는 수컷이 4cm, 암컷이 7cm가량, 날개 빛깔은 검은 갈색, 이중 고리 무늬가 있음. 댓잎을 먹음.

굴:뚝-새[-째]閣《조》 굴뚝샛과의 작은 새. 여름에는 산지에, 겨울에는 인가의 굴뚝 부근에 삶. 날개 길이는 5cm가량, 몸빛은 진한 갈색, 등 밑과 가슴 아래에 이어지는 검은 갈색의 가로무늬가 있음.

굴:러-가다쩌 1 어떤 곳을 굴러서 가다. ㅁ공이 ∼. 2 일이나 모임 따위가 진행되어 나가다. ㅁ회사가 제대로 ∼.

굴:러-다니다쩌 1 데굴데굴 구르며 왔다 갔다 하다. ㅁ방바닥에 굴러다니는 구슬. 2 사람이 정한 곳 없이 여기저기 자리를 옮겨 다니다. ㅁ어디서 굴러다니던 놈이냐.

굴러-듣다[-따][-들어, -들으니, -듣는]目 떠도는 소문을 얻어듣다. ㅁ뜬소문을 굴러듣고 믿어 버리다.

굴:러-들다[-들어, -드니, -드는]쩌 사람이나 물건이 일정한 곳으로 들어와 자리를 잡다. ㅁ호박이 넝쿨째 굴러들었다.

굴:러-먹다[-따]《속》 여기저기 방랑하며 갖가지 이력을 다 겪다. ㅁ굴러먹을 대로 다 굴러먹은 여자.

굴러 차기 태권도에서, 발 기술의 한 가지. 앞발로 땅을 굴러 몸을 공중에 띄운 뒤, 구르기한 발로 앞차기·옆차기·돌려차기 따위를 하는 동작.

굴렁-대[-때]閣 손에 쥐고 굴렁쇠를 밀어 굴리는, 굵은 철사 토막이나 막대기.

굴렁-쇠閣 어린아이 장난감의 하나(둥근 테 모양의 쇠로, 굴렁대로 굴림). 동그랑쇠. ㅁ∼를 굴리다.

굴레¹閣 1 마소의 목에서 고삐에 걸쳐 얽어매는 줄. ㅁ∼를 씌우다. 2 베틀에서, 바디집을 걸쳐 매는 끈. 3 부자연스럽게 얽매이는 일을 비유적으로 이르는 말. 기반(羈絆). ㅁ의리와 인정의 ∼.

굴레(를) 벗다䷍ 구속이나 통제에서 벗어나 자유롭게 되다.

굴레(를) 쓰다䷍ 일에 얽매여 구속(拘束)을 받게 되다.

굴레(를) 씌우다䷍ 자유롭게 활동하지 못하도록 구속하다.

굴레 벗은 말 ㉠거칠게 행동하는 사람을 이르는 말. ㉡몸이 자유로움을 이르는 말.

굴레²閣 어린아이의 머리에 씌우는 모자의 하나. 뒤에 수놓은 헝겊이 달려 있음.

굴레미閣 나무로 만든 수레바퀴.

굴:리다目 1《'구르다'의 사동》굴러가게 하다. ㅁ구슬을 ∼. 2 돈놀이하다. ㅁ돈을 ∼. 3 아무렇게나 함부로 내버려 두다. ㅁ새 옷을 아무 데나 ∼. 4 나무토막 등을 모나지 않게 둥글게 깎다. ㅁ나무토막 끝을 모나지 않게 ∼. 5 차를 운행하다. ㅁ택시를 굴려 생활하다. 6 생각을 이리저리 곱씹어 하다. ㅁ머리를 굴려 묘안을 짜내다.

굴:림閣쩌目 나무토막 따위를 모나지 않게 깎

는 일.

굴:림-끌閣 나무를 둥글게 파거나 새기는 데 쓰는 끌(날이 안쪽으로 반원을 이룸).

굴:림-대[-때]閣 무거운 물건을 옮길 때, 그 밑에 깔아서 굴리는 둥근 나무나 철제의 원통.

굴:림-대패閣 날의 가운데가 둥그스름하게 들어간 대패. 나무 따위를 모나지 않게 깎는 데 씀.

굴:림-백토(-白土)閣 흙일에 쓰도록 왕모래를 추려 만든 고운 백토.

굴:림-소리閣 설전음(舌顫音).

굴먹-굴먹[-꿀-]閨閣 그릇에 담긴 것이 그득 차지 않고 조금 모자란 듯한 모양. ㅁ유리병에 ∼하게 담긴 과일주. ⓔ골막골막.

굴먹-하다[-머카-]閣阂 그릇에 담긴 것이 그득 차지 않고 조금 모자란 듯하다. ㅁ쌀독에 쌀이 ∼. ⓔ골막하다.

굴-밤閣 졸참나무의 열매(식용함).

굴-밥閣 끓는 밥 위에 생굴을 넣어 섞어서 익힌 밥. 석화반(石花飯).

굴:-법당(窟法堂)[-땅]閣《불》자연 동굴 속에 지은 법당.

굴변(掘變)閣 무덤을 파내어 생긴 재앙이나 사고.

굴복(屈伏)閣쩌 1 머리를 숙이고 꿇어 엎드림. 2 굴복(屈服).

굴복(屈服)閣쩌 힘이 모자라서 복종함. 굴복(屈伏). ㅁ적에게 ∼시키다 / 무력에 ∼하다 / 권력에 ∼될 수는 없다.

굴비閣 소금에 약간 절여 통째로 말린 조기. 건석어. ㅁ∼ 한 두름을 엮다.

굴비-두름閣 굴비 스무 마리를 짚으로 길게 두 줄로 엮은 것.

굴삭-기(掘削機)[-싹끼]閣 굴착기(掘鑿機).

굴성(屈性)[-썽]閣《식》식물이 어떤 자극에 따라 자극이 오는 방향 또는 반대 방향으로 굽는 성질(굴광성(屈光性)·굴지성(屈地性)·굴수성(屈水性) 따위). 향성(向性).

굴:-속(窟-)[-쏙]閣 1 굴의 안쪽. ㅁ기차가 ∼을 지나다. 2 굴처럼 캄캄한 곳. 굴혈. ㅁ방 안이 마치 ∼ 같다.

굴수-성(屈水性)[-쑤썽]閣《식》식물이 물기 있는 곳이나 그 반대쪽으로 자라는 성질. 굴습성(屈濕性).

굴슬(屈膝)[-쓸]閣쩌 1 무릎을 꿇고 절함. 2 남에게 굽혀 복종함.

굴습-성(屈濕性)[-씁썽]閣《식》굴수성.

굴신(屈伸)[-씬]閣쩌 팔·다리 따위를 굽혔다 폈다 함. ㅁ삭신이 쑤시고 아파서 몸을 ∼할 수가 없다.

굴신(屈身)[-씬]閣쩌 1 몸을 앞으로 굽힘. 2 겸손하게 처신함.

굴신 운:동(屈伸運動)[-씨눈-] 몸을 굽혔다 폈다 하는 운동.

굴심(屈心)[-씸]閣쩌 남에게 마음을 굽힘.

굴썩-굴썩[-꿀-]閨閣 그릇에 담긴 것마다 좀 부족하게 찬 듯한 모양. ⓔ골싹골싹.

굴썩-하다[-써카-]閣阂 그릇에 좀 부족하게 차 있다. ⓔ골싹하다.

굴억(屈抑)閣目 억누름.

굴에閣《옛》굴레.

굴왕-신(屈枉神)閣《민》무덤을 지킨다는, 모습이 매우 남루한 귀신.

굴왕신-같다(屈枉神-)[-구짜-][-갇따]閣 찌들고 낡아 몹시 더럽고 보기에 흉하다. ㅁ굴왕신 같은 물건들.

굴욕(屈辱)閣 남에게 억눌리어 업신여김을 받음. ㅁ∼을 참다 / ∼에 시달리다.

굴욕-감 (屈辱感)[구룩깜]圓 굴욕을 당하여 창피한 느낌. ◻~이 치밀다 / ~을 느끼다.

굴욕-적 (屈辱的)[구룩쩍]판圓 굴욕을 당하거나 느끼게 하는 (것). ◻~ 대우를 받다.

굴:-우물 (窟-)圓 한없이 깊은 우물.
[굴우물에 돌 넣기] 제힘으로는 도저히 해낼 수 없는 일을 감히 하려고 함을 이르는 말.
[굴우물에 말똥 쓸어 넣듯 한다] 음식을 가리지 않고 마구 먹는 것을 조롱하는 말.

굴이 (掘移)圓하타 무덤을 파서 옮김.

굴일-성 (屈日性)[구릴썽]圓〔植〕굴광성의 한 가지로, 태양이 자극이 되는 굴성(屈性). 해굽성. *굴광성(屈光性).

굴-장 (-醬)圓 생굴을 넣어서 담근 간장.

굴장 (屈葬)[-짱]圓 시체의 팔다리를 굽힌 자세로 매장하는 일.

굴-저냐 圓 생굴에 밀가루와 달걀을 씌워 기름에 지진 음식.

굴절 (屈折)[-쩔]圓하자 1 휘어서 꺾임. 2 생각·말 등이 어떤 것에 영향을 받아 본래의 모습과 달라짐. ◻좌절로 ~된 감정. 3〔物〕빛이나 소리가 한 매체에서 다른 매체로 들어갈 때 경계면에서 그 방향이 바뀌는 현상.

굴절 (屈節)[-쩔]圓하자 절개나 정조를 굽힘.

굴절-각 (屈折角)[-쩔-]圓〔物〕빛이나 소리가 하나의 매질을 지나 다른 매질로 들어가면서 굴절할 때, 굴절된 파동의 방향과 경계면의 법선이 이루는 각.

굴절-계 (屈折計)[-쩔-/-쩔계]圓〔物〕빛의 굴절률을 재는 계기.

굴절 광선 (屈折光線)[-쩔-]圓〔物〕빛이 하나의 매질에서 다른 매질로 들어갈 때에 입사점에서 방향을 바꾸어서 진행하는 광선.

굴절-률 (屈折率)[-쩔-]圓〔物〕광선이나 전자파가 굴절될 때의 입사각의 사인(sine)과 굴절각의 사인의 비.

굴절 망:원경 (屈折望遠鏡)[-쩔-]〔物〕천체망원경의 하나. 렌즈와 프리즘을 통과하는 빛의 굴절을 이용하는 망원경.

굴절-면 (屈折面)[-쩔-]圓〔物〕광선이나 음파가 굴절하는 매체의 면.

굴절-사다리 (屈折-)[-쩔-]圓 구조(救助) 사다리의 한 가지. 용도에 맞게 여러 모양으로 접을 수 있게 만든 사다리.

굴절-어 (屈折語)[-쩌러]圓 어형과 어미의 변화로써 단어가 문장 속에서 가지는 여러 가지 관계를 나타내는 말(유럽 각국의 말이 이에 속함).

굴-젓 [-젇]圓 생굴로 담근 젓.

굴젓-눈이 [-전누니]圓 한쪽 눈에 백태가 끼어서 보지 못하는 사람을 놀리는 말.

굴-조개 圓〔조개〕굴1.

굴종 (屈從)[-쫑]圓하자 제 뜻을 굽혀 남에게 복종함. ◻인고와 ~의 세월 / 총검 앞에어 절 수 없이 ~하다.

굴지 (屈指)[-찌]圓하자 1 무엇을 셀 때, 손가락을 꼽음. 2 (주로 '굴지의'의 꼴로 쓰여) 여럿 가운데서 손가락을 꼽아 셀 만큼 아주 뛰어남. ◻한국 ~의 실업가.

굴지-성 (屈地性)[-찌썽]圓〔生〕식물체가 중력의 작용에 의하여 일정한 방향으로 굽는 성질.

굴-진 (-津)[-찐]圓 구들장 밑이나 굴뚝 속에 붙은 검고 끈끈한 진.

굴진 (掘進)[-찐]圓하타 굴 모양으로 땅을 파 들어감. ◻터널의 ~ 작업.

굴:-집 (窟-)[-찝]圓 굴처럼 파서 만든 집. ◻~으로 들어가다. *움집.

굴착 (掘鑿)圓하타 땅을 파거나 바위 등을 뚫음. ◻~ 공사.

굴착-기 (掘鑿機)[-끼]圓 흙·강바닥의 토사(土砂)·암석 따위를 파거나 파낸 것을 차에 싣는 기계의 총칭.

굴-참나무 圓〔植〕참나뭇과의 낙엽 활엽 교목. 산기슭이나 산허리의 따스한 곳에서 자라는데, 높이는 25 m가량. 열매는 식용하며 나무껍질은 코르크의 원료로 씀.

굴채 (掘採)圓하타 채굴(採掘).

굴촉-성 (屈觸性)[-썽]圓〔植〕식물이 접촉에 자극을 받아 그 방향으로 굽는 성질. 향촉성.

굴총 (掘塚)圓하타 남의 무덤을 파냄. 발총(發塚).

굴침-스럽다 [-따]〔-스러워, -스러우니〕휑타 어떤 일을 억지로 하려고 애쓰는 태도가 있다. 굴침-스레 튀.

굴칩 (屈蟄)圓하자 때를 못 만나 들날리지 못하고 집에 들어박혀 있음.

굴타리-먹다 [-따]圓자 오이·호박·수박 등이 흙에 닿아 썩은 자리를 벌레가 파먹다. ◻굴타리먹은 과일이 맛이 좋다.

'구리터분하다'의 준말.

굴터분-하다 휑여 '구리터분하다'의 준말.

굴텁텁-하다 [-터파-]휑여 '구리텁텁하다'의 준말.

굴:-통 (-筒)圓 굴 대통.

굴통이 圓 1 겉은 그럴듯하나 속은 보잘것없는 물건이나 사람. 2 씨가 덜 여문 늙은 호박.

굴피 (-皮)圓 1 참나무의 두꺼운 껍질. 2 빈 돈주머니.

굴피-나무 圓〔植〕가래나뭇과의 낙엽 활엽 교목. 산기슭이나 산 중턱의 양지에 자라는데, 높이는 6~10 m. 열매는 누런색을 내는 물감으로 쓰고 나무는 성냥개비를 만듦.

굴피-집 (-皮-)圓 굴피나무·상수리나무·참나무 등의 두꺼운 나무껍질로 지붕을 인 집.

굴-하다 (屈-)자여 어떤 힘이나 어려움에 뜻을 굽히다. ◻실패에도 굴하지 않다 / 권력에 굴하고 말았다 / 사소한 일에 굴하면 안 된다.

굴형 圓〈옛〉구렁. 골. 골목.

굴혈 (屈穴)圓하타 구멍이나 구덩이를 팜.

굴:-혈 (窟穴)圓 1 도둑의 소굴. 2 속속.

굴화-성 (屈化性)[-썽]圓〔植〕식물체 주위에 화학 물질의 농도 차가 있을 때, 농도가 높은 쪽이나 낮은 쪽으로 굴곡하는 성질.

굵:-기 [굴끼]圓 1 부피·둘레의 굵은 정도. ◻~가 다양한 붓. 2 목소리의 높낮이와 크기의 정도.

굵:-다 [국따]휑 1 몸피가 크다. 둘레가 크다. ◻굵은 연필 / 팔뚝이 ~. 2 길이나 행동의 폭이 넓고 크다. ◻선이 굵은 사람 / 굵게 놀다. 3 소리의 울림이 크다. ◻굵은 목소리. 4 살지고 크다. ◻굵은 밤알 / 알이 ~. 5 글자의 획이 뚜렷하고 크다. ◻굵은 활자. ↔가늘다·잘다. 6 천 등의 바탕이 거칠고 투박하다. ◻굵은 베옷. 7 빗방울 등 따위의 부피가 크다. ◻굵은 땀방울이 흘러내리다. ↔가늘다.

굵:-다랗다 [국따라타]〔굵다라니, 굵다래서〕휑ㅎ 매우 굵다. ◻굵다란 새끼줄 / 붓글씨가 ~. ↔가느다랗다.

굵:-은베 [굴근-]圓 굵은 올로 짠 삼베.

굵:-은-소금 [굴근-]圓 알이 굵고 거친 소금. 왕소금. ↔가는소금.

굵직굵직-이 [국찍꾹찌기]튀 굵직굵직하게.

굵직굵직-하다 [국찍꾹찌카-]휑여 여럿이 모두 굵다. ◻세상을 놀라게 한 굵직굵직한 사

건 / 사과가 굵직굵직하게 열렸다.

굵직-이 [국찌기] 图 굵직하게.

굵직-하다 [국찌카-] 혱 꽤 굵다. ❏굵직한 목소리 / 팔다리가 ~ / 글씨를 굵직하게 쓰다.

굶기다 [굼-] 匭 (‘굶다’의 사동) 굶게 하다. ❏끼니를 ~ / 처자식을 굶겨서야 되겠나.

굶:다 [굼따] 匭匭 1 끼니를 먹지 않거나 먹지 못하다. 주리다. ❏점심을 ~ / 전쟁 중에 많은 사람들이 굶어 죽었다. 2 놀이나 오락 따위에서, 자기 차례를 거르다.
[굶기를 밥 먹듯 한다] 자주 굶는다는 말.
[굶어 죽기는 정승 하기보다 어렵다] 아무리 가난한 사람이라도 생명만은 유지하여 갈 수 있다는 말.

굶:-주리다 [굼-] 匭 1 먹을 것이 없어 배를 곯다. ❏헐벗고 ~. 2 어떤 것이 몹시 모자람을 느끼다. ❏사랑에 ~.

굶:주림 [굼-] 图 굶주리는 일. 기아(飢餓). ❏~에서 벗어나다.

굻다 [굴타] 혱 1 그릇에 그득 차지 아니하다. 2 한 쪽이 푹 꺼져 있다. ❏말라서 속이 굻은 밤. ㊀곯다.

굼닐-거리다 匭匭 〔←굼닐거리다〕 자꾸 굼닐다.

굼닐다 [굼닐어, 굼니니, 굼니는] 匚匭 〔←굼닐다〕몸을 구부렸다 일으켰다 하다. 匚匭 몸이 굽어졌다 일어섰다 하다.

굼닐-대다 匭匭 〔←굼닐대다〕굼닐거리다.

굼:-뜨다 [굼떠, 굼뜨니] 혱 동작이 답답할 만큼 느리다. ❏몸집이 커서 하는 짓이 ~. ↔재빠르다.

굼벙 图 〈옛〉굼벵이.

굼벙이 图 〈옛〉굼벵이.

굼:-벵이 图 1《충》매미의 애벌레. 지잠(地蠶). 2《속》동작이 굼뜨고 느린 사물이나 사람. ❏하는 짓이 꼭 ~ 같다.
[굼벵이 천장(遷葬)하듯] 일을 지체하며 빨리 성사시키지 못함을 이르는 말.

굼:-슬겁다 [-따] 〔굼슬거워, 굼슬거우니〕혱匚 성질이 보기보다 너그럽고 부드럽다. ㊀곰살갑다.

굼실-거리다 匭 작은 벌레 따위가 굼뜨게 자꾸 움직이다. ❏구더기가 ~. ㊀곰실거리다. ㊂꿈실굼실 匭匭

굼실-대다 匭 굼실거리다.

굼:-일 [-닐] 图匭匭 ‘구멍일’의 준말.

굼적 匭匭匭 몸을 무겁고 둔하게 움직이는 모양. ㊀곰작. ㊂꿈적·꿈쩍.

굼적-거리다 [-꺼-] 匭匭 몸을 무겁고 둔하게 자꾸 움직이다. ❏손가락 하나 굼적거리기 싫다. ㊀곰작거리다. 굼적-굼적 [-꿈-] 匭 匭匭匭

굼적-대다 [-때-] 匭匭 굼적거리다.

굼지럭 匭匭匭 몸을 천천히 굼뜨게 움직이는 모양. ㊀곰지락. ㊂꿈지럭. ㊉굼질.

굼지럭-거리다 [-꺼-] 匭匭 몸을 천천히 굼뜨게 자꾸 움직이다. ㊀곰지락거리다. ㊂꿈지럭거리다. ㊉굼질거리다. 굼지럭-굼지럭 [-꿈-] 匭

굼지럭-대다 [-때-] 匭匭 굼지럭거리다.

굼질 匭匭匭 ‘굼지럭’의 준말. ㊀곰질. ㊂꿈질.

굼질-거리다 匭匭 ‘굼지럭거리다’의 준말. ㊀곰질거리다. ㊂꿈질거리다. 굼질-굼질 匭匭匭匭

굼질-대다 匭匭 굼질거리다.

굼:-튼튼-하다 혱匚 성질이 굳어서 재물에 대하여 헤프지 않고 튼튼하다.

굼틀 匭匭匭 몸을 이리저리 구부리거나 비틀며 움직이는 모양. ㊂꿈틀.

굼틀-거리다 匭匭 몸을 이리저리 구부리거나 비틀며 자꾸 움직이다. ❏지렁이가 ~. ㊂꿈틀거리다. 굼틀-굼틀 匭匭匭匭

굼틀-대다 匭匭 굼틀거리다.

굼:-판 图 ‘구멍판’의 준말.

굽 图〈옛〉구멍.

굽 图 1 말·소·양 따위 짐승의 발끝에 있는 두껍고 단단한 발톱. ❏채찍을 치자 말은 ~으로 땅을 차며 달렸다. 2 나막신 바닥에 달린 두 개의 발. 3 구두 밑바닥의 뒤축에 붙은 발. ❏~이 높은 구두 / ~을 갈다. 4 그릇 따위의 밑바닥에 붙은 나지막한 받침.

굽-갈래 [-깔-] 图 굽의 갈라진 곳.

굽갈리-장수 [-깔-] 图 지난날, 나막신의 굽을 가는 일을 업으로 삼던 사람.

굽-갈이 [-까리] 图匭匚 구두 따위의 닳은 굽을 새것으로 바꾸어 대는 일.

굽격지 〈옛〉 굽 달린 나막신.

굽:다 [-따] (구워, 구우니) 匭匚 1 불에 익히거나 타게 하다. ❏고기를 구워 먹다. 2 나무를 태워 숯을 만들다. ❏참나무로 숯을 ~. 3 벽돌·도자기 등을 만들 때 가마에 넣고 불을 때다. ❏옹기를 ~. 4 사진의 음화를 인화지에 옮겨 양화로 만들다. ❏사진을 ~. 5 바닷물에 햇볕을 쬐어 소금만 남게 하다. ❏소금을 굽는 염전. 6《컴》빈 콤팩트디스크에 음악이나 영상 따위의 정보를 기록하다. ❏시디를 ~.

굽:다² (구워, 구우니) 匭匚 윷놀이에서, 먼저 놓았던 말 위에 새로 붙여 어우르다. 업다. ❏두 동을 구워서 가다.

굽다³ [-따] 匚匭 한쪽으로 휘어져 있다. ❏활처럼 굽은 산길 / 허리가 굽은 할머니. ❏팔은 안으로 굽는다는 말이 있다.
굽도 젖도 할 수 없다 꾸 형편이 막다른 데 이르러 어찌해 볼 도리가 없다.

굽-다리 [-따-] 图 그릇에 달린 높다란 굽.

굽-달이 [-따리] 图 굽 달린 접시.

굽-도리 [-또-] 图 1 방 안 벽의 밑 부분. ❏~를 대다. 2 굽도리지. ──하다 [-또-] 匭匚 굽도리에 종이를 바르다.

굽도리-지 (-紙) [-또-] 图 굽도리에 바르는 종이. 굽도리. 굽지.

굽-뒤축 [-뛰-] 图 마소 따위의 굽의 뒤축.

굽-바닥 [-빠-] 图 1 굽의 밑바닥. 2 마소 따위의 발뒤축의 단단한 살.

굽-바자 [-빠-] 图 작은 나뭇가지로 엮어 만든 얕은 울타리.

굽-바탕 [-빠-] 图 굽의 질기고 단단한 본바탕.

굽배-성에 [-빼-] 图 쟁기의 한 부분. 구멍 언저리가 불룩 솟아 끝까지 숙어 나간 성에.

굽슬-굽슬 [-쓸-쓸] 匭匭혱 털이나 실 따위가 구불구불하게 말려 있는 모양. ❏털이 ~ 말려 있다. ㊀곱슬곱슬.

굽슬다 图〈옛〉엎드리다.

굽실 [-씰] 匭匭匭匭 1 고개나 허리를 가볍게 구푸렸다 펴는 모양. ❏정중하게 ~ 절을 하다. 2 남의 비위를 맞추느라고 비굴하게 행동하는 모양. ㊀곱실.

굽실-거리다 [-씰-] 匭匭 1 고개나 허리를 자꾸 가볍게 구푸렸다 펴다. ❏허리를 ~. 2 남의 비위를 맞추느라고 자꾸 비굴하게 행동하다. ㊀곱실거리다. ㊂꿉실거리다. 굽실-굽실

[-씰-씰] 『부하자타』

굽실-대다 [-씰-] 『자』 굽실거리다.

굽-싸다 『타』 짐승의 네 발을 모아 얽어매다.

굽어-보다 『타』 1 고개나 허리를 굽혀 아래를 내려다보다. ▷산에 올라 마을을 ~. 2 아랫사람을 도우려고 사정을 살피다. ▷하늘이 ~.

굽어-살피다 『타』 아랫사람을 도우려고 사정을 살피다.

굽이 『명』 1 휘어서 굽은 곳. ▷~가 많은 산길 / 가파른 ~를 돌다. 2 휘어서 굽은 곳을 세는 단위. ▷몇 ~의 산모퉁이를 휘어 돌다.

굽이-감다 [구비-따] 『타』 1 휘어서 감다. 2 물이 굽이에 와서 빙빙 감아 돌다.

굽이-굽이 ▷『명』 여러 개의 굽이. 또는 휘어서 굽은 곳곳. ▷~마다 꽃이 핀 산길. ▷『부』 여러 굽이로 구부러지는 모양. ▷~ 흐르는 강물 / ~ 감도는 길 / 야트막한 산이 ~ 연이어지다. ◁곱이굽이.

굽이-돌다 [-돌아, -도니, -도는] 『자타』 길이나 물줄기 따위가 굽은 데를 굽이쳐 돌다. ▷굽이도는 강물.

굽이-지다 『자』 한쪽으로 구부러져 들다. ▷굽이진 강줄기.

굽이-치다 『자』 물이 힘차게 흘러 굽이가 나게 되다. ▷굽이치는 물결.

굽이-칼 『명』 몸체가 구부러진 칼.

굽적 [-쩍] 『부하타』 머리를 숙이고 허리를 굽히는 모양. ◁곱작. ◁셉쿱적.

굽적-거리다 [-쩍꺼-] 『타』 자꾸 머리를 숙이고 허리를 굽히다. 굽적대다. ◁곱작거리다. ◁셉쿱적거리다. 굽적-굽적 [-쩍꿉쩍] 『부하타』

굽적-대다 [-쩍때-] 『타』 굽적거리다.

굽-정이 [-쩡-] 『명』 1 구부정하게 생긴 물건. 2 극젱이.

굽-죄다 [-쬐-] 『타』 떳떳하지 못하여 기를 펴지 못하다.

굽-죄이다 [-쬐-] 『자』 ('굽죄다'의 피동) 약점이 잡히어 기를 펴지 못하다. ▷굽죄이는 데가 있는지 고개를 못 든다.

굽지 (-紙) [-찌] 『명』 1 굽도리지. 2 ☞ 국지 (-紙).

굽-질리다 [-찔-] 『자』 일이 꼬이거나 막히어 제대로 안되다. ▷재수 없으려니까 자꾸 일이 굽질린다.

굽-창 『명』 짚신이나 미투리의 바닥 뒤쪽에 덧대는 가죽 조각. ▷~을 갈다.

굽-통[1] 『명』 마소의 발굽의 몸통.

굽-통[2] 『명』 화살대 끝 쪽에 대통으로 싼 윗부분.

굽통-줄 [-쭐] 『명』 나래의 번지 가운데서 두 줄로 갈라 봇줄과 함께 꿰어 잡아맨 줄.

굽히다 [구피-] 『타』 ('굽다[3]■'의 사동) 구푸리다. ▷허리를 굽혀 인사하다. 2 뜻·주장 따위를 꺾고 남을 따르다. ▷고집을 ~.

굿[1] [굳] 『명』 하자 1 무당이 노래하고 춤을 추며 귀신에게 치성을 드리는 의식. ▷무당이 ~. 2 여러 사람이 모여 떠들썩하거나 신명 나는 구경거리.
[굿 뒤에 날장구 친다] 일이 끝나거나 결정된 뒤에 이러쿵저러쿵한다. [굿 들은 무당, 재[齋] 들은 중] 매우 좋아하거나 원하던 일을 하게 되어 신이 나서 좋아하는 사람. [굿이나 보고 떡이나 먹지] 남의 일에 쓸데없는 간섭 말고 이익이나 얻자는 뜻. [굿해 먹은 집 같다] 어수선한 일이 끝난 뒤 갑자기 조용하다.
굿(을) 보다 『구』 남의 일에 참견하지 않고 보기만 하다.

굿[2] [굳] 『명』 1 '구덩이'의 변한말. 2 굿단속한

구덩이. 3 뫼를 쓸 때, 널이 들어갈 만큼 알맞게 파서 다듬은 속 구덩이.

굿-거리 [굳꺼-] 『명』 1 〖민〗 무당이 굿할 때에 치는 장단. 2 ☞ 굿거리장단.

굿거리-장단 [굳꺼-] 『명』 〖악〗 농악에 쓰는 느린 4박자의 장단. 일반적인 굿거리와 남도 굿거리가 있음.

굿것 [굳껏] 〈옛〉 귀신. 도깨비.

굿-길 [굳낄] 『명』 광산의 구덩이 안에 파 놓은 길. 갱도.

굿-단속 (-團束) [굳딴-] 『명』 하자 〖광〗 구덩이가 무너지지 않도록 손을 보는 일.

굿-덕대 [굳떡때] 『명』 〖광〗 구덩이의 작업을 감독하는 책임자.

굿-막 (-幕) [굳-] 『명』 〖광〗 광부들이 쉬거나 연장을 보관하기 위하여 구덩이 밖에 지은 작은 집. 갱사(坑舍).

굿-문 (-門) [굳-] 『명』 〖광〗 구덩이의 출입문. 갱구(坑口). 갱문.

굿-반수 [굳빤-] 『명』 〖광〗 굿단속의 책임자.

굿-뱀 [굳뺌] 『명』 뱀의 하나. 흙구덩이 속에 무리를 지어 사는 작은 뱀. 토도사.

굿-복 (-服) [굳뽁] 『명』 〖광〗 굿옷.

굿-옷 [구돋] 『명』 〖광〗 구덩이 속에서 광부들이 일할 때 입는 옷. 굿복.

굿-일 [군닐] 『명』 1 뫼의 구덩이를 파는 일. 2 광산의 구덩이를 파는 일.

굿-중 [굳쭝] 『명』 〖불〗 집집으로 꽹과리를 치고 다니며 시주를 청하는 승려.

굿중-놀이 [굳쭝노리] 『명』 1 굿중패가 꽹과리를 치면서 요란하게 염불을 하는 일. 2 아이들이 시끄럽고 수선스럽게 몰려다니는 일을 비유하여 일컫는 말.

굿중-패 (-牌) [굳쭝-] 『명』 굿중의 무리.

굿-짓다 [굳찓따] [굿지어, 굿지으니, 굿짓는] 『자지』 뫼를 쓸 때에 널이 들어갈 자리를 만들다.

굿-청 (-廳) [굳-] 『명』 〖민〗 굿을 할 때, 총본부가 되는 곳.

굿-판 [굳-] 『명』 굿이 벌어진 판. ▷~을 벌이다.

궁[1] (弓) 『명』 활.

궁[1] (宮) 『명』 1 〖역〗 궁궐. 궁가(宮家). 2 '궁형(宮刑)'의 준말. 3 천구(天球)의 한 구분. * 황도 십이궁. 4 장기에서, 장수 격 되는 말.

궁[2] (宮) 『명』 〖악〗 동양 음악에서, 오음계 가운데 첫째 음.

궁 (窮) 『명』 가난한 상태. 또는 그런 기색. ▷~이 들다 / ~을 떨다.
궁(이) 끼다 『구』 곤궁하게 되다.

궁가 (宮家) 『명』 〖역〗 조선 때, 대군·왕자군·공주·옹주 등 왕족이 살던 궁전. 궁. 궁방.

궁객 (窮客) 『명』 몹시 궁한 처지에 놓인 사람.

궁경 (窮境) 『명』 1 생활이 매우 어려운 지경. ▷~에서 벗어나다. 2 궁지(窮地). ▷~에 몰리다 / ~에 빠지다.

궁계 (窮計) [-/-게] 『명』 궁한 끝에 생각해 낸 계책. 궁책(窮策). 말계(末計).

궁고-하다 (窮苦-) 『형어』 더할 수 없이 괴롭다.

궁곡 (窮谷) 『명』 깊은 산골짜기.

궁곤-하다 (窮困-) 『형어』 생활이 궁하고 어렵다. 곤궁하다. ▷몹시 궁곤한 생활을 하다. 궁곤-히 『부』

궁구 (窮究) 『명』 하자 속속들이 깊이 연구함. ▷사물의 이치를 ~하다.

궁구 (窮寇) 『명』 궁지에 빠진 적.

궁구-막추 (窮寇莫追) 『명』 궁지에 몰린 적이나

원수를 모질게 다루지 말라는 뜻.

궁구-물박(窮寇勿迫)[ः] 곤궁에 빠진 적을 모질게 핍박하지 말라는 말.

궁굴다〔궁굴어, 궁구니, 궁굴〕[ः] 그릇이 겉보기보다 속이 어떠.

궁굴리다[ः] 1 너그러이 생각하다. 2 좋은 말로 구슬리다. ▯ 떼를 쓰는 아이를 잘 ~.

궁굴-채[ः]〔악〕농악에서, 장구를 칠 때 왼손에 쥐고 장단을 치는 채.

궁궁-이(芎藭-)[ः]〔식〕미나릿과의 여러해살이풀. 산이나 골짜기에서 남. 높이는 1.5m가량. 가을에 흰 꽃이 핌. 어린잎은 식용하고, 뿌리는 한방에서 약재로 씀.

궁궐(宮闕)[ः] 임금이 거처하는 집. 궁. 대궐. 궁전. 금중(禁中). 궁금(宮禁). 궁정.

궁극(窮極)[ः] 어떤 과정의 마지막이나 끝. 구극. ▯ ~에 가서는 시간이 모자라 쩔쩔맨다.

궁극-스럽다(窮極-)[-쓰-][ः] [-쓰러워, -스러우니][ः] 끝장을 내고야 말 듯이 태도가 극성스러운 데가 있다. **궁극-스레**[-쓰-][ः]

궁극-적(窮極的)[-쩍][ः][ः] 궁극에 도달하는 (것). ▯ 기업의 ~인 목적은 이익을 남기는

궁극-하다(窮極-)[-그카-][ः] 1 더할 수 없이 간절하다. 2 생활이 매우 빈궁하다. 3 더할 나위 없이 철저하다. **궁극-히**[-그키][ः]

궁글다〔궁글어, 궁그니, 궁글〕[ः] 1 착 달라붙어 있어야 할 물건이 들떠서 속이 비다. 2 벽지가 여기저기 궁글어 속이 허하다. 2 단단한 물체 속의 한 부분이 텅 비다. ▯ 속이 궁근 나무. 3 소리가 웅숭깊다. ▯ 궁근 남자의 목소리.

궁글-막대[-때][ः] 길마의 앞가지와 뒷가지를 꿰뚫어 맞춘 나무.

궁금(宮禁)[ः] 궁궐.

궁금-증(-症)[-쯩][ः] 궁금해서 답답한 마음. ▯ ~을 자아내다 / ~이 풀리다 / ~이 나다 / ~이 더하다.

궁금-하다[ः] 1 무엇이 알고 싶어 마음이 답답하다. ▯ 결과가 ~. 2 속이 출출하여 무엇이 먹고 싶다. ▯ 입이 ~. **궁금-히**[ः]

궁기(窮氣)[-끼][ः] 궁한 기색. ▯ ~가 끼다 / ~에 찌들다 / 얼굴에 잔뜩 ~가 끼다.

궁납(宮納)[ः] 각 궁에 바치던 세(稅).

궁내(宮內)[ः] 대궐의 안. 궐내(闕內). ↔궁외(宮外).

궁내-부(宮內府)[ः]〔역〕조선 말에, 왕실의 일을 맡아보던 관아.

궁녀(宮女)[ः]〔역〕나인.

궁노(弓弩)[ः] 활과 쇠뇌.

궁노(宮奴)[ः]〔역〕궁방(宮房)에 딸리어 있던 사내종.

궁-노루[ः]〔동〕사향노루.

궁노-수(弓弩手)[ः]〔역〕예전에, 활과 쇠뇌를 쏘던 군사.

궁-단속(宮團束)[ः][ः] 장기에서, 궁을 지킴.

궁달(窮達)[ः] 빈궁(貧窮)과 영달(榮達). 궁통.

궁답(宮畓)[ः]〔역〕각 궁에 딸려 있던 논.

궁대(弓袋)[ः] 활집.

궁도(弓道)[ः] 1 활 쏘는 기술을 닦는 일. 2 활 쏘는 데 지켜야 할 도의. 3 활 쏘는 무술. ▯ ~ 대회.

궁도(宮圖)[ः] 바둑에서, 돌이 에워싸고 있는 공간의 모양새. ▯ ~를 넓히다.

궁도(窮途)[ः] 가난하고 어려운 처지.

궁-도련님(宮-)[-또-][ः] 1 예전에, 반지빠르

고 거만한 궁가의 젊은 사람을 일컫던 말. 2 부잣집에서 자라나 세상의 어려운 일을 잘 모르는 사람. 궁도령.

궁-도령(宮-)[-또-][ः] 궁도련님.

궁-동(窮冬)[ः] 겨울의 마지막. 곧, 음력 섣달. 궁음(窮陰).

궁둥-배지기[ः] 씨름에서, 몸을 비틀어 궁둥이를 돌려 대고 다리로 감아 상대편을 넘어뜨리는 기술.

궁둥이[ः] 1 앉으면 바닥에 닿는 엉덩이의 아랫부분. ▯ ~를 걷어차다. 2 옷에서, 엉덩이의 아래가 닿는 부분. ▯ 바지 ~가 해지다. 〔궁둥이에서 비파 소리가 난다〕바쁘게 다니다 보니 조금도 쉴 겨를이 없다는 말.

궁둥이가 가볍다[ः] 한자리에 오래 머물지 못하고 바로 자리에서 일어나다.

궁둥이가 무겁다(질기다)[ः] 동작이 굼뜨고, 한번 앉으면 자리에서 일어날 줄 모르고 오랫동안 앉아 있다.

궁둥이를 붙이다[ः] ㉠궁둥이를 바닥에 대고 앉다. ㉡앉아서 여유를 가지고 쉬다. ㉢생활할 터전을 잡아 안정하다. ▯ 이곳에 궁둥이를 붙이고 산 지 스무 해가 넘었다.

궁둥이-내외(-內外)[ः][ः] 여자가 남자와 마주쳤을 때 슬쩍 돌아서서 피하는 짓.

궁둥이-뼈[ः]〔생〕몸통과 다리를 연결하는 한 쌍의 큰 뼈. 골반(骨盤)을 형성함. 관골(臗骨). 무명골(無名骨).

궁둥잇-바람[-이빠-/-읻빠-][ः] 신이 나서 궁둥이를 흔드는 기세. ▯ ~이 나다.

궁둥잇-짓[-이짇/-읻짇][ः][ः] 걷거나 춤을 출 때 궁둥이를 내흔드는 짓.

궁둥-짝[ः] 궁둥이의 좌우 두 짝.

궁-따다[ः] 시치미를 떼고 판소리를 하다. ▯ 그렇게 궁따고 누가 모를 줄 아느냐.

궁-떨다(窮-)[ः] ▢ ☞궁상떨다.

궁둥-망둥-하다[ः] 궁색하고 너절하다.

궁례(宮隷)[-녜][ः] 각 궁의 하인.

궁료(宮僚)[-뇨][ः]〔역〕동궁(東宮)에 속한 모든 관료.

궁륭(穹窿)[-늉][ः] 1 가운데가 가장 높고 사방 주위가 차차 낮아진 하늘 형상. 2 활이나 무지개처럼 한가운데가 높고 길게 굽은 형상. 아치(arch). 3 둥근 천장. 돔(dome).

궁륭-형(穹窿形)[-늉-][ः] 궁륭(穹窿) 모양.

궁리(窮理)[-니][ः][ः] 1 사물의 이치를 깊이 연구함. 2 마음속으로 이리저리 따져 깊이 생각함. 또는 그 생각. ▯ ~를 짜내다 / ~ 끝에 묘안을 찾아내다 / 대책을 ~.

궁리-궁리(窮理窮理)[-니-니][ः][ः] 몹시 궁리함. 또는 궁리를 거듭함. ▯ ~하다가 잠을 설치다.

궁마(弓馬)[ः] 1 활과 말. 2 궁술과 마술.

궁-무소불위(窮無所不爲)[ः] 궁하면 예의나 염치를 가리지 않고 무엇이든지 다함.

궁문(宮門)[ः] 궁전의 문. 궐문.

궁문(窮問)[ः][ः] 엄중히 따져 물음.

궁민(窮民)[ः] 생활이 어렵고 궁한 백성.

궁박-하다(窮迫-)[-바카-][ः] 몹시 곤궁하다. ▯ 궁박한 농촌 살림 / 재정이 몹시 ~. **궁박-히**[-바키][ः]

궁방(弓房)[ः] 활을 만드는 곳.

궁방(宮房)[ः]〔역〕궁가(宮家).

궁-밭(宮-)[-받][ः] 장기에서, 궁(宮)을 중심으로 한 여덟 개의 밭(그 복판에 궁이 자리잡음). ▯ ~이 허술하다.

궁벽-스럽다(窮僻-)[-쓰-따][ः] [-스러워, -스러우니][ः] 보기에 궁벽한 데가 있다. 궁

벽-스레 [-쓰-] 튀
궁벽-하다 (窮僻-)[-벼카-] 혱 후미지고 으슥하다. ▯궁벽한 시골. **궁벽-히** [-벼키] 튀
궁빈 (宮嬪) 몡 나인.
궁사 (弓士) 몡 활 쏘는 사람. 활량.
궁사 (弓師) 몡 **1** 활을 만드는 사람. **2** 활잡이 3.
궁사 (窮死) 몹시 곤궁하여 죽음. 또는 생활고나 병고(病苦) 따위로 죽음.
궁사 (窮奢) 하혱 매우 호화롭게 사치함. 또는 그런 사치.
궁사-극치 (窮奢極侈) 몡 사치가 극도에 달함. 또는 아주 심한 사치.
궁사-남위 (窮思濫爲) 몡하쟈 궁하면 아무 짓이나 함부로 함.
궁사무척 〔←공사무척(孔蛇無尺)〕 구멍에 들어 있는 뱀은 그 길이를 알 수 없다는 뜻으로, 사람의 마음이나 재주를 헤아리기가 어려움을 일컫는 말.
궁상 (弓狀) 몡 활 모양. 궁형(弓形).
궁상 (窮狀) 몡 어렵고 궁한 상태. 궁태(窮態). ▯~ 좀 떨지 마.
궁상 (窮相) 몡 궁하게 생긴 상격(相格).
궁상각치우 (宮商角徵羽) 몡 〔악〕 오음(五音)의 각 명칭.
궁상-떨다 (窮狀-)[-떨어, -떠니, -떠는] 쟈 궁상이 드러나 보이도록 행동하다. ▯살 만한 형편인데 궁상떤다.
궁상-맞다 (窮狀-)[-맏따] 혱 초라하고 꾀죄죄하다. ▯궁상맞은 얼굴.
궁상-스럽다 (窮狀-)[-따][-스러워, -스러우니] 혱비 보기에 궁상맞은 데가 있다. 궁상스러운 태도. **궁상-스레** 튀. ▯~ 굴지 마라.
궁색 (窮色) 몡 곤궁한 기색. ▯아무리 숨겨도 ~이 완연하다.
궁색 (窮塞) 몡 아주 가난함. ▯~만 면하고 살고 있다.
궁색-하다 (窮塞-)[-새카-] 혱어 **1** 아주 가난하다. ▯궁색한 살림. **2** 말의 이유나 근거 따위가 부족하다. ▯궁색한 답변. **3** 태도나 입장 따위가 떳떳하지 못하다. ▯입장이 궁색하게 되다. **궁색-히** [-새키] 튀
궁-생원 (窮生員) 몡 곤궁한 서생.
궁서 (窮鼠) 몡 쫓겨서 궁지에 몰린 쥐. [궁서가 고양이를 문다] 처지가 궁박해진 사람을 심하게 괴롭히지 말라는 말.
궁설 (窮說) 몡하쟈 궁한 형편을 이야기함. 또는 그 말.
궁성 (宮城) 몡 **1** 궁궐을 둘러싼 성벽. 궁장(宮牆). **2** 임금이 거처하는 궁전. 궁궐.
궁세 (宮稅)[-쎄] 몡 〔역〕 각 국가에서 받아들이던 세(稅).
궁세 (窮勢) 몡 곤궁한 형세나 형편. ▯~에 몰리다 / ~에 빠지다.
궁수 (弓手) 몡 〔역〕 활을 쏘던 군사.
궁수 (窮愁) 몡 곤궁하여 겪는 근심.
궁수 (窮數)[-쑤] 몡 궁핍한 운수. ▯~가 끼다.
궁수-자리 (弓手-) 몡 〔천〕 별자리의 하나. 9월 상순 초저녁에 남중(南中)하는 별자리. 은하계의 중심이 이 방향에 해당함. 사수자리. 인마궁(人馬宮).
궁술 (弓術) 몡 활 쏘는 기술. ▯~ 대회 / ~을 익히다.
궁술-사 (弓術師)[-싸] 몡 활 쏘는 기술을 가르치는 스승.
궁시 (弓矢) 몡 활과 화살. 궁전(弓箭).
궁실 (宮室) 몡 궁전(宮殿) 안에 있는 방.
궁심 (窮心) 몡 이리저리 힘을 다하여 마음을

씀. 용려(用慮). 용심(用心).
궁여일책 (窮餘一策) 몡 궁여지책(窮餘之策).
궁여지책 (窮餘之策) 몡 궁한 나머지 생각다 못해 짜낸 계책. 궁여일책. ▯~으로 되는 대로 둘러댔다.
궁역 (宮域) 몡 궁전의 구역.
궁온 (宮醞) 몡 임금이 하사하던 술.
궁외 (宮外) 몡 궐외. ↔궁내(宮內).
궁의 (弓衣)[-/-이] 몡 활집.
궁인 (弓人) 몡 조궁장이.
궁인 (宮人) 몡 〔역〕 나인.
궁인 (窮人) 몡 빈곤하여 생활이 궁한 사람.
궁인-모사 (窮人謀事) 몡 운수가 나쁜 사람이 일을 꾸민다는 뜻으로, 일이 뜻대로 이루어지지 않음을 일컫는 말.
궁장 (弓匠) 몡 〔역〕 조선 때, 활과 화살을 만드는 일을 맡아 하던 장인.
궁장 (宮庄) 몡 〔역〕 각 궁에 딸렸던 논밭. 궁전(宮田).
궁장 (宮牆) 몡 궁성1.
궁-장식 (宮裝飾) 몡하쟈 장기에서, 궁의 안전을 위해 주위에 포·차·마 등을 배치하는 일.
궁-장이 (弓-) 몡 '조궁장이'의 준말.
궁전 (弓箭) 몡 궁시(弓矢).
궁전 (宮田) 몡 궁장(宮庄).
궁전 (宮殿) 몡 궁궐.
궁절 (窮節) 몡 춘궁기(春窮期). 궁춘(窮春).
궁정 (弓旌) 몡 활과 기(旗).
궁정 (宮廷) 몡 궁궐.
궁정 (宮庭) 몡 궁궐 안의 마당. ▯~에서 연회가 열리다.
궁정-악 (宮廷樂) 몡 궁중에서 연주하는 음악.
궁조 (窮鳥) 몡 쫓겨 도망갈 곳이 없어 곤궁에 처한 새라는 뜻으로, 곤궁에서 헤어날 길이 없는 사람을 이르는 말.
궁주 (弓奏) 몡하쟈 〔악〕 현악기를 활로 켜서 연주함.
궁중 (宮中) 몡 대궐 안. ▯~ 격식 / ~ 요리.
궁중-말 (宮中-) 몡 궁중어(宮中語).
궁중-무 (宮重-) 몡 〔식〕 무의 한 가지. 반쯤 땅 위로 솟음. 살이 연하고 물기가 많고 닮.
궁중 무:용 (宮中舞踊) 궁중에서 연회나 의식 때 추던 춤.
궁중 문학 (宮中文學) 궁궐 안의 생활을 그린 작품. 또는 궁중의 귀인(貴人)이 지은 작품.
궁중-어 (宮中語) 몡 궁중 안에서만 특별히 쓰던 말. '밥'을 '수라', '버선'을 '족건', '똥'을 '매화'라 하는 따위. 궁중말.
궁중 정치 (宮中政治) 궁중의 귀족이나 대신에 의해 행해지는 정치.
궁지 (宮趾·宮址) 몡 궁터.
궁지 (窮地) 몡 매우 곤란하고 어려운 처지. 궁경. ▯~에 몰리다 / ~에 몰아넣다 / ~에서 벗어나다 / ~에 빠지다.
궁진 (躬進) 몡하쟈 사람을 만나러 몸소 나아감.
궁진 (窮盡) 몡하쟈 다하여 없어짐.
궁-차지 (宮差知) 몡 〔역〕 궁가의 사무를 맡아 처리하던 사람.
궁창 (穹蒼) 몡 높고 푸른 하늘. 창천(蒼天).
궁창-분합 (穹蒼分閤) 몡 〔건〕 아래쪽에 널을 댄 네 짝의 분합(가운데 두 짝만 여닫게 됨).
궁책 (窮策) 몡 궁계(窮計).
궁척 (弓尺) 몡 〔역〕 **1** 한량(閑良)1. **2** 신라 때, 활을 쏘던 군사.
궁천극지 (窮天極地)[-찌] 몡 하늘과 땅처럼 끝이 없음.

궁체(弓體)〔명〕활을 쏠 때의 몸의 자세.

궁체(宮體)〔명〕조선 때, 궁녀들이 쓰던 단정하고 아담한 한글 글씨체.

궁초(宮綃)〔명〕엷고 무늬가 둥근 비단의 하나《흔히 댕기의 감으로 씀》.

궁촌(窮村)〔명〕1 가난한 마을. 빈촌(貧村). 2 외따로 떨어진 후미진 마을. ▣~ 벽지.

궁춘(窮春)〔명〕춘궁기. 궁절(窮節).

궁태(窮態)〔명〕궁상(窮狀). ▣~가 드러나다.

궁-터(宮-)〔명〕궁궐이 있던 자리. 궁지(宮趾). ▣유적지에서 새로 ~가 발견되었다.

궁토(宮土)〔명〕〔역〕궁가(宮家)에 속한 땅.

궁통(窮通)〔명〕하자타〕1 성질이 침착하여 생각을 깊이 함. 2 궁달(窮達).

궁-팔십(窮八十)〔명〕강태공이 관직에 오르기까지 80년을 가난하게 산 데서, '가난한 인생'을 일컫는 말. ↔달(達)팔십.

궁폐-하다(窮弊-)〔형여〕→[폐]〔형어〕곤궁하고 피폐하다. 궁폐-히[-/-페-]〔부〕

궁핍(窮乏)〔명〕하형〕허부〕가난하고 구차함. ▣~한 생활 / 시골에서 ~히 지내다.

궁-하다(窮-)〔형어〕1 가난하다. ▣살림이 ~. 2 일이나 물건 따위가 다하여 없다. ▣~. 3 빠져나가거나 피해 나갈 길이나 방법이 없다. ▣갑작스러운 물음에 대답할 말이 궁했다 / 핑계를 대려니 무엇인들 못하랴.
[궁하면 통한다] 매우 궁박한 처지에 이르면 도리어 해결할 길이 생긴다는 말.
궁한 소리〔구〕형편이나 사정이 어려움을 하소연하는 소리.

궁합(宮合)〔명〕혼담이 있는 남녀의 사주를 오행에 맞추어 보아 부부로서의 좋고 나쁨을 알아보는 점. ▣~을 보다 / ~이 좋다.

궁항(窮巷)〔명〕1 좁고 으슥하고 쓸쓸한 뒷골목. 2 외딴 촌구석. 3 '궁한 처지'를 비유하는 말. ▣~에 들다 / ~에 빠지다.

궁행(躬行)〔명〕하타〕몸소 실행함. 친행(親行).

궁향(窮鄉)〔명〕도시에서 멀리 떨어져 있는 외딴 시골.

궁현(弓弦)〔명〕1 활시위. 2 곧게 뻗어 나간 길.

궁협(窮峽)〔명〕깊고 험한 산골.

궁형(弓形)〔명〕1 활처럼 굽은 모양. 2〔수〕'활꼴'의 구용어.

궁형(宮刑)〔명〕〔역〕오형(五刑)의 하나. 생식기를 없애던 형벌. ☞궁(宮).

궁흉-하다(窮凶-)〔형어〕성정(性情)이 매우 음흉하다.

궂기다〔굳끼-〕〔자〕1 상사(喪事)가 나다《'죽다'의 존대어》. ▣할아버지가 ~. 2 일에 헤살이 들어 잘되지 않고 ~는 일마다 ~.

궂다〔굳따〕〔형〕1 비나 눈이 내려 날씨가 나쁘다. ▣궂은 날씨. 2 언짢고 나쁘다. ▣좋고 궂고 가릴 처지가 아니다. 〔자〕눈이 멀다.

궂은-고기〔명〕병 따위로 죽은 짐승의 고기. 진육(珍肉).

궂은-날〔명〕〔민〕재난이나 부정이 있다고 믿어 꺼리는 날.

궂은-비〔명〕끄느름하게 오래 오는 비.

궂은-살〔명〕헌데에 두드러지게 내민 군더더기 살. 군살. 노육(努肉).

궂은-소리〔명〕사람이 죽었다는 소리.

궂은-쌀〔명〕깨끗이 쓿지 않은 쌀.

궂은-일〔-닐〕〔명〕1 언짢고 꺼림칙하여 하기 싫은 일. 진일. ▣~을 도맡아 하다. 2 사람 죽은 데 관계되는 일《시체를 치우거나 장례를 치르는 일》.

[궂은일에는 일가만 한 이가 없다] 상사에는 일가가 서로 도와 초상을 치러 낸다는 말.

궂히다〔구치-〕〔타〕1 죽게 하다. ▣사람을 ~. 2 일을 그르치게 하다. ▣남의 일을 ~.

권(勸)〔명〕어떤 일을 하도록 부추김. 또는 그런 말이나 행동. ▣~에 못 이겨 입후보하다 / 친구의 ~으로 컴퓨터를 배웠다 / 부모의 ~에 따라 법과를 지망했다.
[권에 못 이겨 방립(方笠) 쓴다] 남이 권하는 말이면 무엇이나 좇는 사람을 두고 이르는 말. 권에 띄어 방립 산다.

권(卷)〔의명〕1 책을 세는 단위. ▣한 ~ / 책 두 ~. 2 여러 책으로 된 책의 차례를 나타내는 말. ▣토지 3~을 읽고 있다. 3 한지(韓紙) 20장을 한 묶음으로 하여 세는 단위. ▣창호지 두 ~. 4 영화 필름의 길이의 단위《한 권은 305 m 임》. 릴(reel). ▣필름 열 ~.

-권(券)〔미〕'지폐·증서·표' 따위의 뜻. ▣입장~ / 회수~ / 만 원~.

-권(圈)〔미〕'범위·그 테두리 안'의 뜻. ▣당선~ / 북극~ / 수도~.

-권(權)〔미〕일부 명사 뒤에 붙어, 그 명사가 나타내는 권리나 자격을 나타내는 말. ▣입법~ / 참정~.

권가(權家)〔명〕'권문세가(權門世家)'의 준말.

권간(權奸)〔명〕권세를 가진 간신.

권계(勸戒)〔-/-게-〕〔명〕하타〕1 타일러 훈계함. 2〔불〕불도에 인연이 있는 사람에게 수계(受戒)를 권함.

권계-면(圈界面)〔-/-게-〕〔명〕대류권과 성층권과의 경계면. 대류권 계면.

권고(眷顧)〔명〕하타〕돌봐 줌.

권고(勸告)〔명〕하타〕어떤 일을 하도록 권함. 또는 그런 말. ▣선생님의 ~에 따르다 / 보직에서 물러나도록 ~하다.

권고-사직(勸告辭職)〔명〕권고를 받고 그 직책에서 물러나게 하는 일. 또는 ~을 당하다.

권고지은(眷顧之恩)〔명〕돌봐 준 은혜.

권곡(圈谷)〔명〕〔지〕빙하의 침식 작용으로 반달 모양으로 우묵하게 된 지형. 카르(Kar).

권곡-호(圈谷湖)〔-고코-〕〔명〕〔지〕권곡에 생긴 호수. 카르호(湖).

권교(權敎)〔명〕〔불〕대승의 참다운 이치를 깨닫게 하기 위한 방편으로서 설한 부처님의 가르침. 아함(阿含)·방등(方等)·반야경 등이 있음.

권-구(眷口)〔명〕한집에 사는 식구.

권:권(拳拳)〔부〕참된 마음으로 정성스럽게 지키는 모양.

권:권(眷眷)〔부〕1 가엾게 여겨 늘 돌보아 주는 모양. 2 연모하는 모양.

권:권-복응(拳拳服膺)〔명〕하타〕마음에 새겨 잊어 버리지 않고 간직함.

권:권불망(眷眷不忘)〔명〕하타〕가엾게 여겨 늘 돌보며 생각함.

권귀(權貴)〔명〕하형〕권세가 있고 지위가 높음. 또는 그런 사람.

권내(圈內)〔명〕일정한 범위나 테두리의 안. ▣합격 ~에 들다. ↔권외.

권:념(眷念)〔명〕하타〕돌보아 생각함.

권:농(勸農)〔명〕1 농사를 장려함. ▣~ 정책. 2〔역〕조선 때, 지방의 방(坊)·면(面)에 속하여 농사를 장려하던 직책. 또는 그 사람.

권능(權能)〔명〕1 권세와 능력. ▣신의 ~. 2〔법〕권리를 주장하고 행사할 수 있는 능력.

권:당-질(-)〔명〕하자〕옷 속이 뚫리게 꿰매야 할 것을 양쪽이 들러붙게 잘못 꿰맨 바느질.

권:도(勸導)〔명〕하타〕타일러서 이끎.

권도 (權度)[명] **1** 저울과 자. **2** 좇아야 할 규칙이나 법도.
권도 (權道)[명] 목적 달성을 위해 임기응변으로 취하는 방편. ▢~를 부리다 / ~를 쓰다.
권:독 (勸督)[명하타] 타일러 권하고 감독함.
권:독 (勸讀)[명하타] 책 읽기를 권함.
권두 (卷頭)[명] (주로 '권두에'의 꼴로 쓰여) 책의 첫머리. 권수(卷首). ▢~에 실린 머리글. ↔권말.
권두-사 (卷頭辭)[명] 권두언.
권두-언 (卷頭言)[명] 책의 머리말. 권두사. ↔권말기.
권략 (權略)[궐-][명] 임기응변의 꾀나 모략. 권모(權謀).
권:려 (勸勵)[궐-][명하타] 권하고 장려함.
권력 (權力)[궐-][명] 남을 지배하여 복종시키는 힘. 특히, 국가나 정부가 국민에게 행사하는 강제력. ▢~ 남용 / ~ 강화 / ~을 잡다 / ~을 장악하다 / ~을 쥐다 / ~을 휘두르다.
권력-가 (權力家)[궐-까][명] 권력을 가진 사람. 권력자.
권력-관계 (權力關係)[궐-관- / 궐-관게][명] 〖정〗 합법적으로 권력을 행사하여 성립하는 지배와 복종의 사회관계.
권력 분립 (權力分立)[궐-뿔-] 국가 권력의 남용을 막고 국민의 정치적 자유를 보장하기 위하여 권력을 분산하는 일《삼권 분립(三權分立) 따위》.
권력 분립주의 (權力分立主義)[궐-뿔-주- / 궐-뿔-주이]〖법〗 삼권(三權) 분립의 원칙을 주장하는 주의.
권력-설 (權力說)[궐-썰][명]〖윤〗 도덕의 근거는 권력자의 명령이나 권위에 바탕을 둔다는 학설.
권력 의:지 (權力意志)[궐려긔-] 남을 정복하고 동화하여 스스로 강해지려는 의지《니체 철학의 근본 개념임》.
권력-자 (權力者)[궐-짜][명] 권력가.
권력-층 (權力層)[궐-][명] 권력을 가지고 있는 계층이나 집단.
권력 투쟁 (權力鬪爭)[궐-] 정치권력을 차지하기 위한 투쟁.
권:련 (眷戀)[궐-][명하타] 간절히 생각하며 그리워함.
권:렴 (捲簾)[궐-][명하자] 발을 걷어 올림.
권:로-하다 (倦勞-)[궐-][형여] 일 따위에 싫증이 나고 피로하다.
권뢰 (圈牢)[궐-][명] 짐승을 가두어 두는 우리.
권리 (權利)[궐-][명] **1** 권세와 이익. **2**〖법〗특정한 이익을 주장하거나 누릴 수 있는 법률상의 능력. ▢국민의 자유와 ~ / ~를 누리다 / ~를 침해하다. **3** 일을 자유로이 처리할 수 있는 정당한 힘이나 자격. ▢~를 당당하게 주장하다 / 나는 그것을 행할 ~가 있다. ↔의무.
권리-금 (權利金)[궐-][명]〖법〗 부동산 임대차 계약에서, 장소나 영업상의 특수 이익의 대가로 임대료 이외에 전(前) 영업자나 전 임대인에게 관습상 주는 돈. ▢~이 비싸다.
권리 능력 (權利能力)[궐-녁] 권리의 주체가 될 수 있는 법률적인 자격.
권리-락 (權利落)[궐-][명]〖경〗 회사가 증자를 할 때, 어떤 일정 기일까지의 주주에 대하여 신주를 할당하고, 그 이후의 새로운 주주에게는 이 할당을 받을 권리가 없어지는 일. ↔권리부.
권리-부 (權利附)[궐-][명] 주식 거래에서 신주를 인수할 수 있는 권리가 붙는 일. ↔권리락.

권리-서 (權利書)[궐-][명] 소유권의 등기 서류.
권리 선언 (權利宣言)[궐-서넌]〖역〗 1689년 명예혁명 때, 영국의 의회가 제출한 인민 권리의 선언.
권리-자 (權利者)[궐-][명] 권리를 가진 사람.
권리-주 (權利株)[궐-][명]〖경〗주식회사의 설립·증자 따위 장차 발행될 주식의 인수 권리를 갖는 주.
권리 주체 (權利主體)[궐-]〖법〗법률상 권리를 누릴 인격이 있는 사람. 권리 능력이 있는 사람《자연인과 법인》.
권리-증 (權利證)[궐-증][명]〖법〗등기필증(登記畢證). ▢매매 대금을 완불하고 ~을 인수하다.
권리-질 (權利質)[궐-][명] 채권·주주권·무체 재산권 따위의 재산권을 목적으로 하는 질권(質權).
권리 침:해 (權利侵害)[궐-] 권리의 객체를 훼손하거나 권리의 행사를 방해함으로써 권리의 일부나 전부를 누리지 못하게 하는 일.
권리 행위 (權利行爲)[궐-] 권리자가 권리를 행사하는 행위.
권말 (卷末)[명] **1** 책의 맨 끝. ▢~ 부록. ↔권두. **2** 책의 마지막 권.
권말-기 (卷末記)[명] 책의 맨 끝에 그 책에 대한 사항을 적은 기록. ↔권두언(卷頭言).
권매 (權賣)[명하타] 물건을 도로 무를 수 있도록 약속하고 팔고 사는 일.
권면 (券面)[명] 증권의 금액이나 번호가 적혀 있는 겉면. 액면.
권:면 (勸勉)[명하타] 알아듣도록 권하고 격려하여 힘쓰게 함. ▢학생들에게 독서를 ~하다.
권면-액 (券面額)[명] 권면에 적은 금액. ▢~ 5,000원의 증권.
권모 (權謀)[명] 그때그때의 형편에 따라 꾀하는 계략. 권략(權略).
권모-가 (權謀家)[명] 음모와 권변(權變)을 잘 쓰는 사람.
권모-술수 (權謀術數)[-쑤][명] 목적을 달성하기 위해 모략과 중상 등 온갖 수단과 방법을 쓰는 술책. ▢~의 화신(化身) / ~에 능하다. ⓒ권수·권술(權術).
권문 (權門)[명] '권문세가'의 준말.
권문-귀족 (權門貴族)[명] 권문세가와 귀족.
권문-세가 (權門勢家)[명] 벼슬이 높고 권세가 있는 집안. ⓒ권가·권문.
권문-자제 (權門子弟)[명] 권세가 있는 집안의 자제.
권:배 (勸杯)[명하자] 술잔을 권함.
권번 (券番)[명] 일제 강점기에 있었던 기생들의 조합.
권:법 (拳法)[-뻡][명] **1** 정신 수양과 신체 단련을 위하여 주먹을 놀리어서 하는 운동. **2** 십팔기 또는 이십사반 무예의 하나. ▢~을 익히다.
권변 (權變)[명] 일의 형편에 따라 둘러대어 처리하는 수단.
권병 (權柄)[명] 권력을 가지고 마음대로 사람을 좌우할 수 있는 힘. 또는 그런 신분.
권부 (權府)[명] 권력을 행사하는 관부(官府).
권불십년 (權不十年)[-심-][명] 권세는 십 년을 가지 못한다는 뜻에서, 아무리 권세가 높다 해도 오래가지 못한다는 말. *화무십일홍(花無十日紅).
권:비 (眷庇)[명하타] 돌보아 보호함.
권:사 (勸士)[명]〖기〗신자를 방문하여 신앙심

을 북돋우고 전도하는 교직. 또는 그런 사람.

권:서 (拳書) 圈 붓 대신 주먹으로 먹을 찍어 글씨를 씀. 또는 그 글씨.

권:서 (勸書) 圈 〖기〗매서인(賣書人).

권:선 (捲線) 圈 〖물〗코일(coil).

권:선 (勸善) 圈하타 **1** 착한 일을 하도록 권장함. **2**〖불〗불가에서 시주하기를 청함.

권:선-기 (捲線機) 圈 철선이나 밧줄 따위를 감거나 풀어내는 기계 장치.

권:선-문 (勸善文) 圈 불가(佛家)에서, 권선하는 글발.

권:선-지 (勸善紙) 圈 〖불〗가을 추수 때에 승려가 속가에 두루 돌아다니며 시주하라고 나누어 주는 종이.

권:선-징악 (勸善懲惡) 圈 착한 일을 권장하고 악한 일을 징계함. 口~을 주제로 한 소설. ㉜권징.

권:선-책 (勸善冊) 圈 〖불〗시주한 사람의 이름과 시주한 금액을 적은 책.

권:설 (勸說) 圈하타 타일러 권함. 또는 그 말.

권섭 (權攝) 圈하타 임시로 대리하여 사무를 맡아봄.

권세 (權勢) 圈 권력과 세력. 口~가 등등한 세도가 / ~를 잡다 / ~를 누리다 / ~를 부리다 / ~를 탐하다.

권:속 (眷屬) 圈 **1** 한집안 식구. 口~을 거느리다. **2** '아내'의 낮춤말.

권:솔 (眷率) 圈 한집에 거느리고 사는 식구. 식솔. 口딸린 ~이 많다.

권수 (卷首) 圈 **1** 책의 첫째 권. **2** 권두.

권수 (卷數)[-쑤] 圈 책의 수효.

권:수 (卷鬚) 圈 〖식〗덩굴손.

권수 (權數) 圈 '권모술수'의 준말.

권술 (權術) 圈 '권모술수'의 준말.

권신 (權臣) 圈 권세 있는 신하.

권:애 (眷愛) 圈하타 보살펴 사랑함. 口자식을 ~하다.

권:양-기 (捲揚機) 圈 윈치(winch).

권:언 (勸言) 圈 권하는 말.

권:업 (勸業) 圈하자 산업을 권장함.

권역 (圈域) 圈 어떤 특정한 범위 안의 지역. 口중부권 개발 ~.

권:연 (卷煙) 圈 '궐련'의 본딧말.

권:염 (捲厭) 圈하자 지겨워서 싫증이 남.

권:왕-문 (勸往文) 圈 〖불〗극락세계로 가기를 축원하는 노래. 또는 그런 노래를 적은 책.

권외 (圈外) 圈 일정한 범위나 테두리의 밖. 口경쟁 ~ / 당선 ~로 떨어지다. ↔권내(圈內).

권요 (權要) 圈 권력이 있는 중요한 자리. 또는 그 자리에 있는 사람.

권운 (卷雲) 圈 상층운의 하나로, 흰 머리털이나 나란히 된 가는 실을 같은 구름. 털구름. 새털구름.

권운-층 (卷雲層) 圈 권운이 겹쳐 쌓인 층.

권원 (權原) 圈 〖법〗권리의 원인 또는 어떤 행위를 정당화하는 법률상의 원인.

권위 (權威) 圈 **1** 남을 지휘하거나 통솔하여 따르게 하는 힘. 口~가 서다 / 가장의 ~를 세우다 / ~가 땅에 떨어지다. **2** 일정한 분야에서 사회적으로 인정을 받고 영향력을 끼칠 수 있는 위신. 또는 그런 사람. 口~ 있는 해석 / 사계(斯界)의 ~ / ~가 실추되다.

권위-자 (權威者) 圈 어떤 분야의 탁월한 전문가. 口그는 로마법의 ~다.

권위-주의 (權威主義)[궈뉘- / 궈뷔-이] 圈 권력이나 위력으로 남을 억누르거나 권위에 맹

목적으로 복종하려고 하는 사고방식이나 행동 양식.

권위주의-적 (權威主義的)[궈뉘- / 궈뷔-이-] 관圈 권위를 내세우는 (것). 口~인 사고방식.

권:유 (勸誘) 圈하타 어떤 일 따위를 하도록 권함. 口~를 받다 / 회원 가입을 ~하다.

권:유 (勸諭) 圈하타 권하여 타이름.

권익 (權益) 圈 권리와 그에 따르는 이익. 口~ 옹호 / 소비자의 ~을 보호하다.

권:자-본 (卷子本) 圈 두루마리로 된 책. 또는 그런 장정 방법.

권:장 (勸獎) 圈하타 권하여 장려함. 장권. 口독서를 ~하다 / 에너지 절약이 적극 ~되다.

권:장 가격 (勸獎價格)[-까-] 〖경〗정부가 적당하다고 생각하는 표준을 표시한 가격.

권적-운 (卷積雲) 圈 상층운의 하나로, 희고 작은 구름 덩이가 물고기 비늘처럼 널려 있는 구름. 털쎈구름. 조개구름. 비늘구름.

권점 (圈點)[-쩜] 圈 **1** 글의 요점이나 끝에 찍는 둥근 점. **2** 한자의 사성(四聲) 표시의 점. **3**〖역〗조선 때, 벼슬아치를 뽑을 때 후보자의 이름 밑에 둥근 점을 찍던 일. 또는 그 점. ──**하다** 타 권점을 찍어 관원을 뽑다.

권정 (權定) 圈하타 임시로 결정함.

권좌 (權座) 圈 권세의 자리. 권력을 쥔 지위. 口~에 앉다 / ~에 오르다.

권:주 (勸酒) 圈하자 술을 권함.

권:주-가 (勸酒歌) 圈 술을 권하며 부르는 노래.

권중 (權重) 圈하형 권세가 큼.

권:지 (勸止) 圈하타 권하여 그만두게 함. 또는 그만두도록 해줌.

권지 (權智) 圈 〖불〗부처와 보살의 방편으로 중생을 제도(濟度)하는 지혜. ↔실지(實智).

권질 (卷帙) 圈 권(卷)과 질(帙). 곧, 책.

권:징 (勸懲) 圈 '권선징악'의 준말.

권:찰 (勸察) 圈 〖기〗교인의 가정 형편을 보살피는 직분. 또는 그 사람.

권찰 (權察) 圈하타 임시로 딴 일을 겸함. 또는 겸하여 보살핌.

권:척 (卷尺) 圈 줄자.

권:총 (拳銃) 圈 한 손으로 쏠 수 있게 만든, 짧고 작은 총. 단총(短銃). 피스톨. 口~ 한 자루 / ~을 쏘다 / ~을 겨누다 / 허리에 ~을 차다 / ~을 뽑아 들다.

권총 (權寵) 圈 권세와 총애.

권:총-집 (拳銃-)[-찝] 圈 권총을 넣어 허리에 차고 다니는 주머니.

권추 (圈樞) 圈 '원심(圓心)'의 구용어.

권:축 (卷軸) 圈 **1** 글씨나 그림 등을 표구하여 말아 놓은 축. **2** 족자 아래에 가로지르는 둥글고 긴 막대.

권층-운 (卷層雲) 圈 상층운의 하나로, 푸른 하늘에 흰 새털이나 얇은 솜털처럼 퍼져 있는 구름. 털층구름. 햇무리구름. 솜털구름.

권칭 (權稱) 圈 권형(權衡).

권:태 (倦怠) 圈 어떤 일이나 상태에 시들해져서 생기는 게으름이나 싫증. 口~를 느끼다.

권:태-감 (倦怠感) 圈 어떤 일이나 상태에 시들해져서 싫증이나 게으름이 나는 느낌. 또는 몸이 나른한 느낌.

권:태-기 (倦怠期) 圈 흔히 부부 관계에서, 권태를 느끼는 시기. 口~에 접어든 부부.

권:태-롭다 (倦怠-)[-따][-로워, -로우니] 형 ㅂ 어떤 일에 싫증이 나거나 심신이 나른해져서 느른한 데가 있다. 口권태로운 나날.

권:태-로이 甼

권:태-증 (倦怠症)[-쯩] 圈 권태를 느끼는 증세. 싫증. 口~에 걸리다.

권:토-중래 (捲土重來)[-내] 명하자 1 한 번 패하였다가 세력을 회복하여 다시 쳐들어옴. ❏ ~를 기하고 일단 물러나다. 2 한 번 실패한 일을 의욕있게 다시 함.

권:투 (拳鬪) 명 두 사람이 양손에 글러브를 끼고 상대편 허리 벨트 위의 상체를 쳐서 승부를 겨루는 경기. 복싱. ❏ ~ 선수 / ~ 장갑.

권판 (權判) 명하타 『역』 품계가 높은 사람에게 그 지위보다 낮은 일을 보게 하던 일.

권:패 (卷貝) 명 소라·우렁이처럼 껍데기가 돌돌 말린 조개. 나사조개.

권폄 (權窆) 명하타 좋은 묏자리를 구할 때까지 임시로 장사를 지냄. 또는 그 장사.

권:-하다 (勸-) 자타동 1 어떤 일을 하도록 말하다. 권고하다. ❏ 입원하도록 ~. 2 무엇을 먹거나 이용하라고 말하다. ❏ 술을 ~.

권커니 잣거니 軍 권하거니 마시거니의 뜻으로, 술 따위를 남에게 권하기도 하고 받기도 하면서 계속해서 마시는 모양. ❏ 둘이서 ~ 술을 마시다.

권:학 (勸學) 명하타 학문에 힘쓰도록 권함.

권한 (權限) 명 어떤 사람이나 기관의 권리나 권력이 미치는 범위. ❏ ~을 부여하다 / ~ 밖의 일이다 / 막강한 ~을 행사하다.

권한 대:행 (權限代行) 어떤 권한을 다른 사람이나 기관이 대신 행하는 일. 또는 그 사람. ❏ 대통령 ~.

권:항 (勸降) 명하자 항복하도록 권함.

권형 (權衡) 명 (저울추와 저울대. 곧, 저울이라는 뜻으로) 1 사물의 경중(輕重)을 재는 척도나 기준. 2 사물의 균형. 권도.

권:화 (勸化) 명하타 『불』 1 불교를 믿지 않는 사람을 설득하여 불도에 들게 함. 2 승려가 보시(布施)를 청함.

권화 (權化) 명 『불』 부처나 보살이 중생을 구제하려고 세상에 사람으로 나타나는 일. 또는 그 화신(化身). 분신(分身).

권흉 (權凶) 명 권세를 함부로 휘두르는 흉악한 사람.

궐¹ (闕) 명 궁궐. ❏ ~에 들어가다.

궐² (闕) 명하자타 1 참여하지 않음. 2 자리가 비거나 차례가 빠짐. ❏ ~이 나다. 3 해야 할 일을 아니함.

궐(을) 잡다 軍 제때에 제자리에 없는 것을 세어 두거나 적어 두다.

궐공 (闕供) 명 몸이 허약한 사람의 별명.

궐공 (厥公) 인대 궐자(厥者).

궐과 (闕課) 명하자 날마다 하는 일정한 일을 빠뜨림.

궐기 (蹶起) 명하자 1 벌떡 일어남. 2 여러 사람이 어떤 목적을 이루기 위해 힘차게 일어남. ❏ 압제에 맞서 민중이 ~하다.

궐기 대:회 (蹶起大會) 『사』 여러 사람이 함께 궐기의 뜻을 공식적으로 나타내는 모임. ❏ ~를 갖다 / ~를 열다.

궐-나다 (闕-)[-라-] 자 결원(缺員)이 생기다.

궐남 (厥男)[-람] 인대 '그 남자'를 낮잡아 이르는 말.

궐내 (闕內)[-래] 명 대궐 안. 궁내(宮內). 궁중. ❏ ~에 들다. ↔궐외.

궐-내다 (闕-)[-래-] 자 결원(缺員)이 생기게 하다.

궐녀 (厥女)[-려] 인대 '그 여자'를 낮잡아 이르는 말.

궐랭 (厥冷) 명 『한의』 체온이 내려갈 때에 생기는 온갖 냉증.

궐:련 (卷煙)〔←궐연(卷煙)〕 얇은 종이로 말아 놓은 담배. ❏ ~을 피우다.

궐:련-갑 (-匣)[-갑] 명 〔←권연갑(卷煙匣)〕 1 궐련을 넣어 봉한 종이 갑. 2 궐련을 몸에 지니도록 상자처럼 만든 갑.

궐루 (闕漏) 명하자 결루(缺漏).

궐문 (闕文) 명 문장 가운데 빠진 글자나 글귀. 또는 글자나 글귀가 빠진 문장.

궐문 (闕門) 명 대궐의 문. 금문(禁門).

궐방 (闕榜) 명 1 『역』 고려 때, 어떤 지방에 과거 급제자가 나지 않던 일. 2 해야 할 일을 하지 못함.

궐방(을) 치다 軍 반드시 해야 할 일을 하지 못하다.

궐본 (闕本) 명 결본(缺本).

궐사 (闕仕)[-싸] 명하자 관원이 결근함.

궐사 (闕祀)[-싸] 명하자 제사를 지내지 않거나 지내지 못하여 빠뜨림.

궐석 (闕席)[-썩] 명하자 결석(缺席).

궐석 재판 (闕席裁判)[-썩째-] 『법』 결석(缺席) 재판.

궐식 (闕食)[-씩] 명하자 결식(缺食).

궐실 (闕失)[-씰] 명 할 일을 하지 않은 허물.

궐액 (闕額) 명 미리 정한 액수보다 모자람. 또는 그 액수.

궐외 (闕外) 명 대궐의 밖. ↔궐내.

궐원 (闕員) 명하자 결원(缺員).

궐위 (闕位) 명하자 어떤 직위나 관직 따위가 빔. 또는 그 자리.

궐자 (厥者)[-짜] 인대 '그 사람·그'를 낮잡아 이르는 말. ❏ ~가 뭔데 나서는 거야.

궐제 (闕祭)[-쩨] 명하자 궐사(闕祀).

궐직 (闕直)[-찍] 명하자 숙직이나 일직 따위의 차례에서 빠짐.

궐참 (闕參) 명하자 참여할 일 또는 장소에 빠짐.

궐채 (蕨菜) 명 고사리. 또는 고사리나물.

궐초 (厥初) 명 그 처음. 시초(始初).

궐패 (闕牌) 명 『역』 조선 때, 임금의 상징으로 '궐(闕)'자를 새긴 용무늬 모양의 나무패(그 앞에서 망궐례(望闕禮)를 행함).

궐하 (闕下) 명 '대궐 아래'라는 뜻으로, '임금의 앞'을 이르던 말. ❏ ~를 물러나다 / ~에 엎드리다.

궐향 (闕享) 명하자 궐사(闕祀).

궐획 (闕劃) 명 1 글자의 획을 빠뜨림. 또는 그 글자. ❏ ~이라 읽기 어렵다. 2 문장 가운데 왕이나 귀인의 이름자와 같은 한자를 쓰기를 꺼려 마지막 한 획을 일부러 빠뜨리는 일. 가령 '玄'을 '玄'으로 쓰는 따위.

궐후 (厥後) 명 그 이후.

궤 (几) 명 1 늙어서 중신(重臣)이 벼슬을 그만둘 때 임금이 주면, 팔을 기대는 물건. 2 나라 제사 때 쓰던 탁상의 하나. 3 장사 때 시체와 함께 묻던 물건.

궤 (軌) 명 1 수레의 두 바퀴 사이의 간격. 2 수레바퀴의 자국. 3 어떤 일의 경로.

궤를 같이하다 어떤 방침이나 논리, 사고 방식 따위가 방향을 같이하다.

궤: (櫃) 명 물건을 넣도록 나무 등으로 상자처럼 만든 그릇. 궤짝. ❏ ~에 넣다 / ~를 짜다.

궤 (簋) 명 『역』 종묘(宗廟)·문묘(文廟) 및 그 밖의 나라 제사에 쓰던 기장쌀이나 핍쌀을 담는 제기(祭器).

궤:-간 (軌間) 명 철도 레일의 안쪽 너비.

궤:결 (潰決) 명하자 결궤(決潰).

궤:계 (詭計)[-/-계] 명 간사하게 남을 속이는 꾀. 궤모(詭謀). ❏ ~를 쓰다.

궤:도(軌道)圀 1 레일을 깐 기차나 전차의 길. □~ 위를 달리다 / ~에서 이탈하다. 2 천체가 돌아가는 일정한 길. □달의 ~. 3 일이 진행해 가는 일정한 방향. □~를 벗어나다 / ~를 수정하다 / 정상 ~에 오르다.

궤:도-차(軌道車)圀 궤도 위를 운행하는 차《전차·기차 따위》.

궤:란(潰爛)圀 썩어 문드러짐.

궤란-쩍다[-따]圀 1 행동이 건방지거나 주제넘다. □궤란쩍은 말씀이지만, …. 2 ☞ 괴란쩍다.

궤란-하다(憤亂-)圀어 마음이 어수선하고 뒤숭숭하다.

궤:멸(潰滅)圀어짜타 무너지거나 흩어져 없어짐. □적군이 ~되다 / 대군을 일시에 ~하다.

궤:모(詭謀)圀 궤계(詭計).

궤:배(跪拜)圀어짜 무릎을 꿇고 절함.

궤:범(軌範)圀 어떤 일을 판단하거나 행동하는 데에 본보기가 되는 규범이나 법도.

궤:변(詭辯)圀 1 이치에 맞지 않는 구변(口辯). □~을 늘어놓다. 2《논》상대방의 사고(思考)를 혼란시키거나 판단을 흐리게 하여 거짓을 참인 것처럼 꾸며 대는 논법.

궤:변-가(詭辯家)圀 궤변을 잘하는 사람.

궤:변-학파(詭辯學派)圀《철》소피스트.

궤:복(跪伏)圀어짜 무릎을 꿇고 엎드림. □임금 앞에 ~하다.

궤:붕(潰崩)圀어짜 흩어져 무너짐.

궤:사(詭詐)圀어타 간사스러운 거짓으로 남을 교묘하게 속임.

궤:산(潰散)圀어짜 무너져 흩어짐. 또는 싸움에 져서 흩어져 도망함.

궤:상(机上)圀 책상 위. 탁상(卓上).

궤:상(跪像)圀 무릎을 꿇은 모양의 상.

궤:상-공론(机上空論)[-논] 탁상공론(卓上空論).

궤:상-육(机上肉)[-뉵]圀 도마 위에 오른 고기라는 뜻으로, 어찌할 수 없는 막다른 운명을 이르는 말.

궤:설(詭說)圀 거짓으로 속이는 말.

궤:술(詭術)圀 궤계(詭計).

궤:안(几案)圀 의자·사방침(四方枕)·안석(案席) 등의 통칭.

궤:양(潰瘍)圀《의》피부나 점막에 상처가 생기고 헐어서 출혈하기 쉬운 상태.

궤:언(詭言)圀 간사하게 속여 꾸미는 말.

궤:연(几筵)圀 죽은 사람의 영궤(靈几)와 혼백, 신주(神主)를 모셔 두는 곳. 영실(靈室).

궤:열(潰裂)圀어짜〔←궤렬〕 1 헐거나 해져 찢어짐. 2 무너지고 갈라짐.

궤:장(几杖)圀 1 안석(案席)과 지팡이. 2《역》궤장연(几杖宴) 때, 임금이 70세 이상의 대신에게 하사하던 궤(几)와 지팡이. ∗사궤장(賜几杖).

궤:장-연(几杖宴)圀《역》조선 때, 임금이 70세 이상의 대신에게 안석(案席)과 지팡이를 하사하고 베풀던 잔치.

궤:적(軌跡·軌迹)圀 1 수레바퀴가 지나간 자국. 바큇자국. 2 선인(先人)의 행적. 또는 사람이나 어떤 일의 지나온 흔적. 3《수》'자취 3'의 구용어.

궤:전선(饋電線)圀《전》발전소나 변전소에서, 간선(幹線)이나 전철 등의 가공선(架空線)에 직접 이르는 전선.

궤:조(軌條)圀 기차·전차가 일정한 방향으로 다니도록 깔아 놓은 가늘고 긴 강철재의 길.

궤철. 레일(rail).

궤:좌(跪坐)圀어짜 무릎을 꿇고 앉음.

궤:주(潰走)圀어짜 싸움에 패하여 흩어져 달아남.

궤즉ᄒ다圀〈옛〉우뚝하다.

궤:-지기圀 좋은 것은 모두 고르고 찌끼만 남아서 쓸데가 없는 물건.

궤:-짝(櫃-)圀〈속〉궤(櫃). □사과 ~.

궤:책(詭策)圀 궤계(詭計). □~을 부리다.

궤:철(軌轍)圀 1 차가 지나간 바큇자국. 2 일정한 법식이나 법도. 3 지나간 일의 자취.

궤:철(軌鐵)圀 1 레일의 재료로 쓰이는 철재(鐵材). 2 궤조(軌條).

궤:패(潰敗)圀어짜 무너져 패함.

궤:하(机下)圀 1 책상 아래. 2 편지 겉봉의 받는 사람 이름 뒤에 쓰는 높임말. ∗귀하.

궤:흉(詭譎)圀어형 교묘하고 간사스러움. 또는 교묘한 속임수.

궤:흘(饋恤)圀어타 가난한 사람에게 물건을 주어 구제함.

귀圀 1《생》오관의 하나로 얼굴 좌우에 있어 듣는 기능을 하는 감각 기관. □~에 쟁쟁하다 / ~가 먹다 / 손으로 ~를 막다 / 입을 ~에 대고 속삭이다. 2 '귓바퀴'의 준말. □~가 크다 / ~를 뚫다 / ~를 잡아당기다. 3 '귀때'의 준말. □~가 떨어지다 / ~가 깨진 항아리. 4 모가 난 물건의 모서리. □장롱의 네 ~를 맞추다. 5 바늘의 실 꿰는 구멍. □~에 실을 꿰다. 6 주머니의 양쪽 끝 부분. □주머니의 ~가 닳다. 7 두루마기나 저고리의 섶 끝. 8 '불귀'의 준말. □화승총의 ~에 불을 댕기다. 9 바둑판의 모퉁이 부분. □~에 두 집을 내다. 10 돈머리에 좀 더 붙은 우수리. □~ 달린 만 원.
[귀가 보배라] 얻어들어 아는 것이 많다. [귀에 걸면 귀걸이 코에 걸면 코걸이] 이렇게도 저렇게도 될 수 있다.
귀가 가렵다〔간지럽다〕㉑ 남이 자기에 대한 말을 하는 것 같다.
귀(가) 따갑다㉑ ⊙소리가 날카롭고 커서 듣기에 시끄럽다. □매미 소리가 ~. ⓛ여러 번 들어 듣기가 싫다. 귀(가) 아프다. □마누라의 잔소리가 ~.
귀(가) 떨어진 돈㉑ 가장자리가 떨어져 나간 돈.
귀가 뚫리다㉑ 말을 알아듣게 되다.
귀(가) 밝다㉑ ⊙작게 나는 소리도 잘 구별하여 듣다. ⓛ남이 하는 말을 잘 알아듣다.
귀가 번쩍 뜨이다 ; 귀가 번쩍하다㉑ 들리는 소리에 선뜻 마음이 끌리다.
귀가 솔깃하다㉑ 어떤 말이 그럴듯하게 여겨져 마음이 쏠리다. □결혼 이야기에 ~.
귀(가) 아프다㉑ 귀(가) 따갑다. □그 말은 귀가 아프도록 들었네.
귀(가) 어둡다㉑ 말을 잘 못 알아듣다.
귀(가) 여리다㉑ 속는 줄도 모르고 남의 말을 그대로 잘 믿다. 잘 속아 넘어가다.
귀가 절벽이다㉑ ⊙소리를 전혀 듣지 못하다. ⓛ세상 소식에 어둡다.
귀(를) 기울이다㉑ 남이 하는 말을 주의 깊게 듣다. □두 사람의 밀담에 ~.
귀(를) 세우다㉑ 잘 들으려고 주의를 집중시키다.
귀를 의심하다㉑ 믿을 수 없는 이야기를 듣고, 잘못 들은 것이 아닌가 생각하다.
귀에 거슬리다㉑ 어떤 말이 언짢게 느껴지다. □억센 사투리가 귀에 거슬렸다.
귀에 들어가다㉑ 누구에게 알려지다.

귀에 못이 박이다 [구] 같은 말을 여러 번 들어 싫은 느낌이 들다. ❏ '공부하라'는 말은 귀에 못이 박일 정도로 들었다.
귀(에) 설다 [구] 듣기에 서투르다. ❏ 귀에 선 이야기.
귀(에) 익다 [구] ㉠들은 기억이 있다. ❏ 귀에 익은 목소리. ㉡자주 들어 버릇이 되다.
귀:(貴) [관] 상대편을 높이는 말. ❏ ~ 출판사.
귀:-(貴) [두] '희귀한'·'존귀한'·'값비싼'의 뜻. ❏ ~금속 / ~부인.
귀:가(歸家) [명][하자] 집으로 돌아오거나 돌아감. ❏ ~ 시간이 늦다 / 일찍 ~시키다.
귀:간(貴簡) [명] 상대방의 편지의 높임말. 귀함(貴函).
귀감(龜鑑) [명] 거울로 삼아 본받을 만한 모범. ❏ ~이 되다 / ~으로 삼다.
귀갑(龜甲) [명] 거북의 등딱지.
귀:갓-길(歸家-)[-가낄/-갇낄] [명] 집으로 돌아가거나 돌아오는 길. ❏ ~을 재촉하다.
귀-개 [명] ☞ 귀이개.
귀:객(貴客) [명] 귀한 손님. 귀빈. ❏ ~으로 모시다.
귀:거래(歸去來) [명] 관직을 그만두고 고향으로 돌아감.
귀-걸이 [명] **1** 귀가 시리지 않게 귀를 싸는 물건. 귀마개. **2** 귀고리. ❏ ~를 하다 / ~를 달다. **3** '귀걸이안경'의 준말.
귀걸이-안경(-眼鏡) [명] 안경다리 대신 실로 꿰어서 귀에 걸게 되어 있는 안경. [준]귀걸이.
귀:격(貴格)[-껵] [명] 귀골.
귀:견(貴見) [명] 상대자의 의견을 높이는 말. ❏ ~을 듣고자 합니다.
귀-견줌 [명] 격구(擊毬)를 시작할 때, 장(杖)을 말의 귀와 가지런히 하는 동작.
귀:결(歸結) [명][하자] **1** 어떤 결론이나 결말에 이름. 또는 그 결론이나 결말. ❏ 자연스러운 ~ / ~을 짓다. **2** 〔논〕 가정(假定)에서 미루어 생각해 낸 결과. 결론. 종결. ❏ 논리적 ~.
귀:결-부(歸結符) [명] 수의 계산이나 문제를 풀 때, 귀결된 식의 앞에 쓰는 부호(∴). 결과표. 고로표. *삼발점.
귀:경(歸京) [명][하자] 서울로 돌아오거나 돌아감. ❏ ~ 차량 / ~을 서두르다.
귀:경(歸耕) [명][하자] 벼슬을 버리고 시골로 돌아가 농사를 지음.
귀:경-길(歸京-)[-낄] [명] 서울로 돌아가거나 돌아오는 길. ❏ ~ 차량 행렬이 고속도로를 가득 메웠다.
귀:고(貴稿) [명] 상대편의 '원고'를 높여 이르는 말.
귀-고리 [명] 귓불에 다는 장식품. 귀걸이. ❏ ~를 끼다 / ~를 달다 / ~를 하고 외출하다.
귀:곡(鬼哭) [명] 귀신의 울음.
귀:곡-새(鬼哭-)[-쌔] [명] 음침한 날 밤에 구슬프게 울고 다니는 부엉이. 귀곡조(鬼哭鳥).
귀:곡-성(鬼哭聲)[-썽] [명] **1** 귀신의 울음소리. **2** 귀곡새의 울음소리.
귀:골(貴骨) [명] **1** 귀한 사람이 될 생김새나 체격. 귀격. ❏ ~로 생기다. ↔천골(賤骨). **2** 귀하게 자란 사람.
귀:공(鬼工) [명] 세상에 보기 드문 뛰어난 솜씨.
귀:공(貴公) [인대] 나이가 같은 또래나 손아랫사람에 대한 호칭.
귀:-공자(貴公子) [명] **1** 귀한 집안에 태어난 남자. **2** 생김새나 몸가짐이 의젓하고 고상한 남자. 귀자(貴子).
귀:관(鬼關) [명] 〔불〕 저승으로 들어가는 문. 귀문(鬼門).
귀:관(貴官) [인대] **1** 군대 등에서, 상급자가 하급자를 높여 부르는 말. ❏ ~의 임무는 …. **2** 관리를 높여 부르는 말.
귀:교(貴校) [명] 상대편의 학교를 높여 이르는 말. ❏ ~의 발전을 기원합니다.
귀:교(歸校) [명][하자] 학교로 돌아오거나 돌아감. ❏ ~ 시간.
귀:구(歸咎) [명][하타] 허물을 남에게 씌움.
귀:국(貴國) [명] 상대방의 나라에 대한 존칭. 귀방(貴邦). ❏ ~ 대사관.
귀:국(歸國) [명][하자] 외국에 있던 사람이 자기 나라로 돌아가거나 돌아옴. 환국(還國). 귀조(歸朝). ❏ ~ 길에 오르다 / ~을 서두르다 / 유학 생활이 끝나 ~하다.
귀-글(←句-) [명] 〔문〕 한시(漢詩)처럼 두 마디가 한 덩어리씩 되게 지은 글. ❏ ~을 낭송하다.
귀:금(歸禽) [명] 저녁이면 보금자리로 돌아가거나 돌아오는 새.
귀:-금속(貴金屬) [명] 〔화〕 고온도에서 산화하지 않고, 화학 작용을 거의 받지 않으며 항상 아름다운 광택을 가지는 값비싼 금속(《백금·금·은 따위》). ↔비금속(卑金屬).
귀:기(鬼氣) [명] 소름이 오싹 끼칠 정도로 무서운 기운. ❏ ~가 감돌다.
귀:기(歸期) [명] 돌아가거나 돌아올 기한.
귀-기둥 [명] 〔건〕 건물의 모퉁이에 세운 기둥.
귀꿈-스럽다 [-따] 〔-스러워, -스러우니〕 [형][ㅂ] **1** 어울리지 않고 촌스럽다. **2** 흔하지 않을 정도로 후미지고 으슥하다. ❏ 귀꿈스러운 두메산골. **귀꿈-스레** [부]
귀-나다 [자] **1** 모가 반듯하지 않고 비뚤어지다. ❏ 색종이를 귀나게 접다. **2** 의견이 빗나가서 틀어지다.
귀:-남자(貴男子) [명] **1** 용모·풍채가 뛰어나고 잘생긴 남자. **2** 지체가 높고 귀한 집의 아들.
귀:납(歸納) [명][하타] 〔논〕 개개의 구체적 사실이나 원리에서 일반적인 명제 및 법칙을 유도해 내는 일. ↔연역(演繹).
귀:납-법(歸納法)[-뻡] [명] 〔논〕 귀납적으로 추리하는 방법. ↔연역법.
귀:납-적(歸納的)[-쩍] [관][명] 귀납의 방법으로 추리하는 (것). ❏ ~ 논리 / ~으로 추론하다. ↔연역적.
귀넘어-듣다 [-너머-따] 〔-들어, -들으니, -듣는〕 [타][ㄷ] 주의하지 않고 아무렇게나 듣다. ❏ 선생님의 충고를 ~. ↔귀여겨듣다.
귀:녀(鬼女) [명] **1** 여자 모습의 귀신. **2** 귀신처럼 흉하게 생긴 여자.
귀:녀[1](貴女) [명] **1** 귀한 집안에서 태어난 딸. **2** 특별히 귀염을 받는 딸. ❏ ~로 자라다.
귀:녀[2](貴女) [인대] '당신'의 뜻으로 여자를 높여 부르는 말.
귀:농(歸農) [명][하자] 〔사〕 다른 일을 하던 사람이 그 일을 그만두고 농사를 지으려고 농촌으로 돌아가는 현상. ❏ 일시적 ~ 현상. ↔이농(離農).
귀-느래 [명] 귀가 늘어진 말.
귀-다래기 [명] 귀가 작은 소.
귀-담다 [-따] [타] (주로 '귀담아'의 꼴로 쓰여) 마음에 단단히 새겨 두다. ❏ 그런 농담은 귀담아 둘 필요 없다.
귀담아-듣다 [-다마-따] 〔-들어, -들으니, -듣는〕 [타][ㄷ] 주의하여 잘 듣다. ❏ 상대방의 의견을 ~.
귀:대(歸隊) [명][하자] 〔군〕 자기 부대로 돌아가

거나 돌아옴. ▣~ 시간을 꼭 지켜라 / 비상 사태가 벌어지면 곧바로 ~해야 한다.

귀:댁 (貴宅) 똉 [←귀택] 상대편의 집안의 높임말. ▣~의 자녀.

귀더기 똉〈옛〉 구더기.

귀:도 (歸途) 똉 귀로(歸路).

귀-돌 똉 〖건〗기단(基壇)·지대·석축(石築) 따위의 주춧돌.

귀:동 (貴童) 똉 귀동이.

귀-동냥 똉하타 남이 하는 말 따위를 얻어들음. ▣~으로 배우다.

귀:-동자 (貴童子) 똉 특별히 귀염을 받거나 귀하게 자란 사내아이. ▣~로 자라다.

귀-두 (鬼頭) 똉 〖건〗재앙을 물리치기 위하여 종마루 양쪽 끝에 세운 도깨비 머리 모양의 장식.

귀두 (龜頭) 똉 **1** 귀부(龜趺). **2** 〖생〗음경의 끝부분.

귀둥-대둥 閈하자 말이나 행동을 함부로 하는 모양. ▣~ 지껄이다.

귀:-둥이 (貴-) 똉 특별히 귀염을 받는 아이. 귀동(貴童).

귀때 똉 주전자의 부리처럼 액체를 따를 수 있도록 따로 내밀어 만든 구멍. ▣~가 달린 항아리. ⓒ귀.

귀때-그릇 [-를] 똉 귀때가 달린 그릇.

귀-때기 똉〈속〉귀. ▣~를 갈기다.

귀뚜라미 똉 〖충〗귀뚜라밋과의 곤충. 몸길이는 약 2cm이며, 빛은 흑갈색에 복잡한 얼룩점이 있음. 땅속에서 알로 월동하였다가 8~10월에 나타나 정원·풀밭·부엌 등에 사는데 수컷이 옮. 촉각이 몸보다 긺. ⓒ귀뚜리.

귀뚜리 똉 '귀뚜라미'의 준말.

귀뚤-귀뚤 閈 귀뚜라미가 우는 소리.

귀띔 [-띰] 똉하타 눈치로 알아차릴 수 있도록 미리 슬그머니 일깨워 줌. ▣피하라고 ~해주다.

귀:래 (歸來) 똉하자 돌아옴.

귀:로 (歸路) 똉 돌아가거나 돌아오는 길. 귀정(歸程). ▣~에 오르다 / ~에 들르다.

귀:록 (鬼錄) 똉 〖민〗저승에서, 죽은 사람의 이름을 기록한다는 장부.

귀:룽 똉 귀룽나무의 열매《먹음》.

귀:룽-나무 똉 〖식〗장미과의 낙엽 활엽 교목. 높이 10~15m이며 산골짜기나 개울가에 남. 봄에 희고 잔 꽃이 피고 여름에 검은 핵과가 익음. 열매와 어린잎은 식용하며 작은 가지는 약용함.

귀:-류법 (歸謬法) [-뻡] 똉 〖논〗어떤 명제(命題)가 참임을 증명하는 대신, 그 부정 명제가 참이라고 가정하여 그것의 불합리성을 증명함으로써 본디의 명제가 참인 것을 보이는 간접 증명법.

귀:리 똉 〖식〗볏과의 한해 또는 두해살이풀. 높이 약 90cm. 잎은 가늘고 긺. 열매는 식용 및 사료용으로 쓰임. 연맥(燕麥).

귀:린 (鬼燐) 똉 도깨비불①.

귀-마개 똉 **1** 소음이 들리지 않게 하거나 물이 들어가지 않게 귀를 막는 물건. **2** 귀걸이①.

귀-마루 똉 〖건〗지붕의 모서리에 있는 마루.

귀마루 흘림 〖건〗귀마루의 기울어진 정도.

귀:-마방우 (歸馬放牛) 똉 전쟁에 쓰였던 말과 소를 놓아 보낸다는 뜻으로, 더 이상 전쟁하지 않는다는 말.

귀-막이 똉〈역〉면류관의 양쪽으로 비녀 끝에 구슬을 꿴 줄을 귀까지 늘어뜨린 물건.

귀:매 (歸妹) 똉 '귀매괘'의 준말.

귀:매-괘 (歸妹卦) 똉〈민〉육십사괘(六十四卦)의 하나. 진괘(震卦)와 태괘(兌卦)가 거듭된 것으로. 못 위에 우레가 있음을 상징함. ⓒ귀매(歸妹).

귀-매미 똉 〖충〗귀매밋과의 매미. 길이 약 2cm, 빛은 흑갈색 또는 붉은 갈색임. 날개는 반투명하고 가슴과 배에 귀 모양의 돌기가 있음. 활엽수의 해충임.

귀-머거리 똉 귀가 먹어 소리를 듣지 못하는 사람. 농자(聾者).

[귀머거리 삼 년이요 벙어리 삼 년이라] 여자는 시집가서 남의 말을 듣고도 못 들은 체하고 하고 싶은 말이 있어도 하지 말아야 한다는 뜻으로, 시집살이의 어려움을 이르는 말.

귀머리¹ 똉 앞이마의 머리를 귀 뒤로 넘긴 머리. 또는 귀밑에 난 머리. ▣~가 허옇게 되다 / ~를 쓸어 넘기다.

귀머리² 똉〈옛〉복사뼈.

귀머리-장군 (-將軍) 똉 〖민〗윗머리 양쪽 귀퉁이에 검은 부등변 삼각형을 그린 연.

귀-먹다 [-따] 巫 **1** 귀가 어두워져 소리가 잘 들리지 아니하게 되다. ▣열병을 앓고 귀먹었다. **2** 남의 말을 이해하지 못하다. **3** 그릇에 금이 가서 소리가 털털거리다.

귀:-면 (鬼面) 똉 **1** 귀신의 얼굴. **2** 귀신의 얼굴을 상상하여 만든 탈. **3** 〖건〗사래 끝에 붙이는, 귀신의 얼굴을 그린 장식.

귀:-명 (貴命) 똉 주로 편지 글에서, '당신의 명령'의 높임말. ▣~을 받들겠나이다.

귀:-명 (歸命) 똉하자 삼보(三寶)에 돌아가 몸과 마음을 불도에 의지함.

귀:명-정례 (歸命頂禮) [-녜] 똉 〖불〗 **1** 마음으로 삼보(三寶)에 귀의하여 부처의 발에다 머리를 대고 하는 절. **2** 예불할 때 외는 말.

귀-명창 (-名唱) 똉 판소리를 감상하는 능력을 제대로 갖춘 사람.

귀:-모 (鬼謀) 똉 보통 사람으로는 생각조차 할 수 없는 뛰어난 꾀.

귀모-토각 (龜毛兎角) 똉 거북의 털과 토끼의 뿔이라는 뜻으로, 절대로 있을 수 없는 일을 이르는 말.

귀목 (櫷木) 똉 느티나무의 재목《뒤주·반닫이 등의 재료로 쓰임》.

귀목-나무 (櫷木-) [-몽-] 똉 〖식〗느티나무.

귀:-문 (鬼門) 똉 〖불〗귀관(鬼關). **2** 〖민〗귀성(鬼星)이 있는 방위. 음양가(陰陽家)들이 귀신이 드나든다고 하여 매사에 꺼리는 방위로서 동북방을 가리킴.

귀:-문 (貴門) 똉 **1** 지체가 높거나 부유한 집안. **2** 주로 편지 글에서, 상대편의 집안을 높여 이르는 말.

귀:-물 (貴物) 똉 **1** 귀중한 물건. **2** 드물어서 얻기 어려운 물건.

귀-밑 [-믿] 똉 귀 아래쪽의 뺨 부분. ▣~이 달아오르다.

귀밑이 빨개지다 〖귀〗 부끄러워서 얼굴이 빨개지다.

귀밑-때기 [-믿-] 똉〈속〉귀밑. ▣~가 새파란 놈이 버릇이 말이 아니다.

귀밑-머리 [-믿-] 똉 **1** 이마의 좌우로 갈라 귀 뒤로 넘겨 땋은 머리. **2** 귀밑 가까이에 난 머리털.

귀밑머리(를) 풀다 〖귀〗 처녀 때 땋았던 귀밑머리를 푼다는 뜻으로, 여자가 시집감을 이르는 말.

귀밑머리 마주 풀고 만나다 〖귀〗 예식을 갖추어 결혼하다.

귀밑-샘 [-믿쌤] 뗑 《생》 귓바퀴 아래쪽에서
시작하여 아래턱뼈의 뒤쪽까지 이어져 있는
침샘. 이하선(耳下腺).
귀밑-털 [-믿-] 뗑 살쩍1.
귀박 뗑 나무를 직사각형으로 네 귀가 지게 파
서 자그마하게 만든 함지박.
귀-밝이 [-발기] 뗑 《민》 '귀밝이술'의 준말.
귀밝이-술 [-발기-] 뗑 《민》 음력 정월 대보름
날 아침에 귀가 밝아지라고 마시는 술. 이명
주(耳明酒). ㉰귀밝이.
귀:방 (貴邦) 뗑 귀국(貴國).
귀배-괄모 (龜背刮毛) 뗑 거북 등에서 털을 깎
는다는 뜻으로, 이룰 수 없는 것을 무리하게
하려고 함을 이르는 말.
귀:범 (歸帆) 뗑하자 멀리 나갔던 돛단배가 돌
아옴. 또는 그 배. ㉠돛폭이 불어 ~하기 어
귀법 (句法) 뗑 《문》 ☞ 구법.   └렵겠다.
귀:법 (歸法) [-뻡] 뗑 《수》 '구귀제법(九歸除法)'
의 준말.
귀-벽돌 (-甓-) [-똘] 뗑 《건》 담이나 벽 따위
의 귀퉁이를 쌓을 때 쓰는, 삼각형의 벽돌.
귀별 (龜鼈) 뗑 거북과 자라. 또는 거북의 무리.
귀:보 (貴報) 뗑 남이 보낸 보도나 서면(書面)
의 높임말.
귀:보 (鬼報) 뗑 귀적(鬼籍)에 매인 죄. 또는 그
런 보응(報應).
귀:보 (貴寶) 뗑 귀중한 보물.
귀:복 (歸伏) 뗑하자 귀순하여 항복함.
귀:본 (歸本) 뗑하자 《불》 진적(眞寂)의 본원(本
元)으로 돌아감. 곧, 승려의 죽음.
귀:부 (鬼斧) 뗑 귀신의 도끼라는 뜻으로, 신기
한 연장이나 훌륭한 세공(細工)을 일컫는 말.
귀:부 (鬼附) 뗑하자 스스로 와서 복종함.
귀부 (龜趺) 뗑 거북 모양을 한 비석의 받침돌.
귀:-부인 (貴夫人) 뗑 영(令)부인.
귀:-부인 (貴婦人) 뗑 신분이 높거나 재산이 많
은 집안의 부인.
귀:비 (貴妃) 뗑 《역》 1 조선 초기, 후궁에게 내
리던 가장 높은 지위. 2 고려 때, 비빈(妃嬪)
의 정일품 칭호.
귀:빈 (貴賓) 뗑 귀한 손님. ㉠~ 대접을 받다.
귀:빈-석 (貴賓席) 뗑 귀빈을 위해 특별히 마
련하여 놓은 자리.
귀:빈-실 (貴賓室) 뗑 귀빈을 위하여 특별히
마련한 방. ㉠공항 ~.
귀-빠지다 자 《속》 태어나다.
귀빠진 날 구 자기가 이 세상에 태어난 날.
곧, 생일날.
귀-빼다 빠의 귀 쪽 부분. ㉠~을 올려붙이다.
귀-뿌리 뗑 귓바퀴가 뺨에 붙은 부분. 이근(耳
根). ㉠~가 빨개지다.
귀-사 (-士) 뗑 장기에서, 궁밭의 아래 귀퉁이
에 있는 사.
귀:사 (貴社) 뗑 상대편 회사의 높임말. ㉠~의
구매 요청.
귀살머리-스럽다 [-따] [-스러워, -스러우니]
혱 '귀살스럽다'의 낮은말. 귀살머리-스
레 뛰
귀살머리-쩍다 [-따] 혱 '귀살쩍다'의 낮은말.
귀살-스럽다 [-따] [-스러워, -스러우니] 혱펴
귀살쩍은 데가 있다. 귀살-스레 뛰
귀-살이 뗑하자 바둑에서, 귀에서 삶.
귀살-쩍다 [-따] 혱 일이나 물건 따위가 마구
뒤얽혀 정신이 뒤숭숭하거나 산란하다.
귀:상 (貴相) 뗑 장차 귀한 사람이 될 얼굴 생
김새.
귀-상어 뗑 《어》 귀상엇과의 바닷물고기. 머리
가 양쪽으로 귀와 같이 내밀어 '丁' 자 모양

을 이루고 그 옆쪽에 눈이 박혀 있음. 몸빛은
회색, 성질이 난폭함. 고급 요리 재료로 씀.
당목어. 장목어(樟木魚).
귀:서 (貴書) 뗑 귀함(貴函).
귀:석 (貴石) 뗑 장신구(裝身具)로서 보석 다음
으로 귀하게 여기는 돌(수정·마노 따위).
귀:-석류석 (貴石榴石) [-성뉴-] 뗑 《광》 보석
의 하나. 홍갈색·혈홍색의 아름다운 석류석.
투명함.
귀선 (龜船) 뗑 《역》 거북선.
귀:선 (歸船) 뗑 1 항구로 돌아가거나 돌아오는
배. 2 배에서 내린 사람이 그 배로 다시 되돌
아감.
귀:성 (鬼星) 뗑 《천》 이십팔수(二十八宿)의 스
물셋째 별(남쪽에 있음).
귀:성 (歸省) 뗑하자 객지에서 부모를 뵈러 고
향에 돌아가거나 돌아옴. ㉠~ 차량 / ~ 인파.
귀:성-객 (歸省客) 뗑 귀성하는 여객. ㉠열차
가 ~들로 혼잡하다.
귀:성-길 (歸省-) [-낄] 뗑 고향으로 돌아가거
나 돌아오는 길. ㉠~을 나서다 / ~에 오르다.
귀:성-스럽다 [-따] [-스러워, -스러우니] 혱펴
제법 엇구수한 데가 있다. 귀:성-스레 뛰
귀:성-열차 (歸省列車) [-녈-] 뗑 귀성하는 사
람을 위하여 특별히 운행하는 열차.
귀:성-지다 혱 귀성스럽게 느껴지다.
귀:소 본능 (歸巢本能) 〖동〗 동물이 서식처나
둥지 등에서 멀리 다른 곳으로 갔다가 되돌
아오는 성질(비둘기·제비·개·개미·벌 따위
에서 나타남). 귀소성.
귀:소-성 (歸巢性) [-썽] 뗑 〖동〗 귀소 본능.
귀:속 (歸屬) 뗑하자타 재산이나 권리, 영토 등
이 특정한 사람이나 단체, 국가의 것이 됨.
㉠소유자에게 ~되다 / 수익은 주최자에게 ~
한다.
귀:속 재산 (歸屬財産) [-째-] 1 〖법〗 계약이나
법률에 따라 귀속된 재산. 2 〖역〗 1945년 8
월 9일 이전까지 일본인이 소유했던 재산.
㉰귀재(歸財).
귀:속-주의 (歸屬主義) [-주-/ -쭈이] 뗑 《사》
개인의 사회적 배치는 연령·신분 따위의 속
성으로 결정된다고 생각하는 태도.
귀:속 지위 (歸屬地位) [-찌-] 《사》 사람이 태
어나면서부터 자연적으로 얻게 되는 운명적
인 지위.
귀:수 (鬼祟) 뗑 《민》 귀신의 빌미로 나는 병.
귀:순 (歸順) 뗑하자 적이었던 사람이 반항심을
버리고 복종하거나 순종함. ㉠~ 용사 / ~을
권하다.
귀:신 (鬼神) 뗑 1 죽은 사람의 넋. ㉠~에 홀
리다. 2 미신에서, 사람에게 화복(禍福)을 준
다는 신령. ㉠~에게 빌다. 3 어떤 일에 남보
다 뛰어난 재주가 있는 사람. ㉠수학에는 ~
이다. 4 생김새나 몰골이 몹시 사나운 사람.
㉠산발한 모습이 영락없는 ~ 몰골이다. 5 외
곬으로 어떤 일을 하거나 한곳에만 붙어 있
는 사람의 비유. ㉠살림 ~ 노릇을 하다 / 시
집을 갔으니 그 집안의 ~이 되어야 한다.
[귀신 씻나락 까먹는 소리] 이치에 닿지 않
는 엉뚱하고 쓸데없는 말. [귀신이 곡한다]
신기하고 기묘하다.
귀신도 모르다 구 아주 감쪽같다. ㉠귀신도
모르게 빠져나가다.
귀신이 들리다 구 사람이 영적(靈的)·악귀
적(惡鬼的) 존재에 쓰다.
귀신(이) 씌다 구 사람이 귀신에 홀려서 정

신을 차리지 못하다.

귀:신-같다(-神-)[-갇따] [형] 추측이나 기술, 솜씨 따위가 기막히게 신통할 때 감탄조로 하는 말. ¶귀신같은 솜씨. **귀:신-같이**[-가치] [부] ¶거짓말을 ~ 알아채다.

귀:신-귀(鬼神鬼) [명] 한자 부수의 하나('魅'나 '魅' 등에서 '鬼'의 이름).

귀:신-날(鬼神-) [명] 〖민〗 음력 정월 열엿샛날. 이날에 멀리 나다니면 귀신이 따른다는 속설이 있어 먼 나들이를 삼가고 집에서 쉼. 귀신단오.

귀:신-단오(鬼神端午) [명] 〖민〗 귀신날.

귀:심(歸心) [명][하자] **1** 고향으로 돌아가고 싶은 마음. **2** 진심으로 사모하여 붙좇음.

귀-싸대기 [명] 〈속〉귀와 뺨과의 어름. ¶~를 갈기다.

귀싸대기를 울리다 [구] 귀싸대기를 때리다.

귀-쌈지 [명] 네모나게 만들어 아가리를 접으면 양쪽 볼이 귀가 지게 된 주머니.

귀-안(歸雁) [명] 봄이 되어 북쪽으로 돌아가는 기러기.

귀-앓이[-아리] [명] 〖의〗 귓속이 곪아 앓는 병.

귀:-애(貴愛) [명][하다] 귀엽게 여겨 사랑함. ¶막내딸을 ~하다.

귀-약(-藥) [명] **1** 귀 아픈 데 쓰는 약. **2** 화승총 옆에 재는 화약.

귀얄 [명] 풀이나 옻을 칠하는 데 쓰는 솔.

귀얄-잡이 [명] '텁석부리'를 조롱하는 말.

귀향(歸鄕←귀향歸郷) [역] 고려·조선 때, 죄인을 먼 시골이나 섬으로 보내어, 일정한 기간 그 지역에서만 살게 하던 형벌. ¶~을 보내다 / ~을 살다 / ~이 풀리다.

　귀향(을) 가다 [구] ㉠귀양살이를 가다. ¶죄 없이 ~. ㉡〈속〉높은 지위에서 낮은 지위로 떨어지다.

귀:-양(歸養) [명][하자타] 고향에 돌아가 어버이를 봉양함.

귀양-다리 [명] 예전에, 귀양살이하는 사람을 업신여겨 이르던 말.

귀양-살이 [명][하자] **1**〖역〗귀양 가서 부자유스럽게 지내던 생활. **2** 세상과 동떨어져 외롭고 불편하게 지내는 답답한 생활을 비유하는 말. ¶산골에 묻혀 ~하다.

귀:-어(鬼語) [명] 귀신의 말.

귀에지 [명] ☞귀지.

귀엣-고리 [명] ☞귀고리.

귀엣-말[-엔-] [명][하자] 남의 귀에 대고 소곤소곤하는 말. 귓속말. ¶~로 속삭이다.

귀엣-머리[-엔-] [명] 앞이마 한가운데서 좌우로 갈라 귀 뒤로 넘겨 땋은 머리.

귀여겨-듣다[-따][-들어, -들으니, -듣는] [타] ㉡ 정신 차려서 주의 깊게 듣다. ¶어른 말씀을 귀여겨듣지 않다. ↔귀넘어듣다.

귀여ㅅ골 [명] 〈옛〉귀고리.

귀:여워-하다 [타여] 귀엽게 여기다. ¶외동딸을 유난히 ~.

귀:염 [명] **1** 예쁘거나 애교가 있어 사랑스러움. ¶~을 떨다. **2** 윗사람이 아랫사람을 아끼고 사랑하는 마음. ¶선생님의 ~을 받다.

귀:염-둥이 [명] 아주 귀여운 아이. 또는 매우 귀염성 있는 아이.

귀:염-성(-性)[-썽] [명] 귀염을 받을 만한 성질이나 바탕. ¶~ 있는 얼굴.

귀:염성-스럽다(-性-)[-썽-따][-스러워, -스러우니] [형ㅂ] 귀여운 데가 있다. ¶귀염성스럽게 생긴 아이. **귀:염성-스레**[-썽-] [부]

귀:엽다[-따][귀여워, 귀여우니] [형ㅂ] 예쁘고 사랑스럽다. ¶귀여운 아이 / 인형이 ~.

귀엿골 [명] 〈옛〉귀고리.

귀:영(歸營) [명][하자] 〖군〗 군인이 업무나 휴가 따위로 부대 밖으로 나갔다가 돌아오거나 돌아감.

귀영골 [명] 〈옛〉귀고리.

귀:와(鬼瓦) [명] 〖건〗 귀신의 얼굴을 새긴 기와.

귀:와(歸臥) [명][하자] 돌아가 눕는다는 뜻으로, 벼슬을 내놓고 고향으로 돌아가 한가로이 지냄을 이르는 말.

귀요 [명] 〈옛〉구유.

귀-울림 [명] 〖의〗이명(耳鳴).

귀웅 [명] 도자기를 만드는 곳에서 진흙을 담는 데는 통.

귀웅-젖[-젇] [명] 젖꼭지가 옴폭 들어간 여자의 젖.

귀:원(歸元) [명][하자] 〖불〗 본원(本元)으로 돌아간다는 뜻으로, 죽음을 말함〔주로 승려의 죽음을 뜻함〕.

귀:원-성(歸原性)[-썽] [명] 〖동〗 물고기가 자신이 태어난 곳에 돌아가서 알을 낳는 습성〔연어와 같은 물고기에서 볼 수 있음〕.

귀유 [명] 〈옛〉구유.

귀:의(貴意)[-이] [명] 주로 편지 글에서, '당신의 의견'의 높임말. ¶~에 따르겠습니다.

귀:의(歸依)[-이] [명][하자] **1** 자기 몸을 의지함. ¶인간은 누구나 자연에 ~하게 된다. **2**〖불〗부처와 불법(佛法)과 승가(僧伽)로 돌아가 믿고 의지함. ¶불교에 ~하다.

귀:의-법(歸依法)[-뻡][-이뻡] 〖불〗 **1** 삼귀의(三歸依)의 하나. 불법에 의지하는 일. **2** 귀의할 법문(法文).

귀:의-불(歸依佛)[-/-이-] [명] 〖불〗 **1** 삼귀의(三歸依)의 하나. 부처에 돌아가 의지하는 일. **2** 귀의할 부처.

귀:의-승(歸依僧)[-/-이-] [명] 〖불〗 **1** 삼귀의(三歸依)의 하나. 승가(僧伽)에 돌아가 의지하는 일. **2** 귀의할 절.

귀:의-심(歸依心)[-/-이-] [명] 〖불〗 불도로 돌아가 의지하는 마음.

귀:의-처(歸依處)[-/-이-] [명] 돌아가거나 돌아와 몸을 의지하는 곳.

귀-이(-耳) [명] 한자 부수의 하나('聖·聯·耿' 등에서 '耳'의 이름).

귀:-이개 [명] 귀지를 파내는 기구.

귀:인(貴人) [명] **1**〖역〗조선 때, 왕의 후궁에게 내리던 종일품 내명부의 봉작(封爵). **2** 신분이나 지위가 높고 귀한 사람. ↔천인(賤人).

귀:인-상(貴人相) [명] 신분이나 지위가 높고 귀하게 될 얼굴 생김새. ¶~을 타고나다.

귀:인-성(貴人性)[-썽] [명] 귀인다운 고상한 성질이나 바탕.

귀:인성-스럽다(貴人性-)[-썽-따][-스러워, -스러우니] [형ㅂ] 귀인다운 성질이나 바탕이 있다. **귀:인성-스레**[-썽-] [부]

귀:일(歸一) [명] **1** 여러 갈래로 나뉜 것이 하나로 합쳐짐. **2** 여러 가지 현상이 한 가지 결말이나 결과로 나타남.

귀:일-법(歸一法)[-뻡] [명] 〖수〗 귀일산.

귀:일-산(歸一算)[-싼] [명] 〖수〗 비례식을 쓰지 않고 비례 문제를 푸는 방법.

귀:일-점(歸一點)[-쩜] [명] 나뉘었던 현상이 하나의 결말이나 결과로 끝맺음. 또는 그런 결말이나 결과. ¶~을 찾다.

귀:임(歸任) [명][하자] 근무지로 돌아가거나 돌아옴. ¶출장에서 ~하다.

귀:자(貴子) [명] **1** 남달리 귀염을 받는 아들. **2**

귀공자.

귀-잠(貴才)圀 아주 깊이 든 잠. ▯~이 들다.

귀-재(鬼才)圀 세상에 드문 재능. 또는 그러한 재능을 가진 사람.

귀-재(歸財)圀 '귀속(歸屬) 재산'의 준말.

귀-적(鬼籍)圀『불』과거장(過去帳).

귀-적(歸寂)圀 승려의 죽음.

귀절(句節)☞ 구절(句節).

귀점(龜占)圀 거북점.

귀접-스럽다[-쓰-따][-스러워, -스러우니]圀〔ㅂ〕1 더럽고 지저분한 데가 있다. 2 사람됨이 천하고 비루하여 품격이 없다. **귀접-스레**[-쓰-]囝

귀-접이圀하타 물건의 귀를 깎아 버리거나 접어서 붙임.

귀접이-천장(-天障)(-天-)圀〔건〕 가장자리가 꺾인 천장.

귀-정(歸正)圀하자 그릇되었던 일이 바른길로 돌아옴. ▯~이 나다 / ~을 짓다.

귀-정(歸程)圀 귀로(歸路).

귀-젖[-젇]圀 1 귓속에서 고름이 나오는 귓병. ▯~을 앓다. 2 귀에 젖꼭지처럼 볼록 나온 군살.

귀-제(貴弟)圀 주로 편지 글에서, 상대방의 동생을 높여 이르는 말.

귀-제(歸除)圀《수》 구귀법(九歸法).

귀-제비圀〔조〕 제빗과의 새. 몸길이 19 cm, 몸빛은 등쪽은 광택 있는 흑색, 허리에는 붉은 부위가 있음. 제비보다 날개와 꽁지가 다소 길며 집단으로 둥지를 짓고 삶.

귀-조(歸朝)圀하자 1 외국에 갔던 사신이 본국으로 돌아가거나 돌아옴. 2 귀국.

귀-족(貴族)圀 가문이 좋거나 신분 따위가 높아 정치적·사회적 특권을 가진 계층. 또는 그 계층에 속한 사람. ▯~ 출신. ↔평민.

귀-족 계급(貴族階級)[-꼐-]圀 〔사〕 고대 및 봉건 사회에서, 정치적·사회적 특권을 가진 지배층.

귀-족 문학(貴族文學)[-종-]〔문〕 귀족의 생활과 감정을 표현한 문학(17세기 프랑스에서 성행하였음).

귀-족-어(貴族語)圀〔언〕 주로 귀족 계층에서 쓰는 언어. ↔평민어(平民語).

귀-족 예:술(貴族藝術)[-종네-]圀 귀족 계급을 상대로 한 예술이나 귀족이 제작하는 예술.

귀-족-적(貴族的)[-쩍]관圀 귀족다운 모습과 기풍이 있는 (것). ▯~인 풍채.

귀-족 정치(貴族政治)[-쩡-]〔정〕 소수의 귀족 계급이 권력을 잡고 행하는 정치.

귀-족-제(貴族制)[-쩨]圀〔정〕 귀족이 정치권력을 잡고 행하는 정치 방식.

귀-족-주의(貴族主義)[-쭈-/-쭈이]圀 1 소수의 특권 계층을 지지하거나, 그들만이 정치·경제·사회·문화 따위의 지배자나 참여자가 되어야 한다는 입장. 2 귀족적인 의식이나 행동.

귀-족 학교(貴族學校)[-쪼갸꾜]〔교〕 귀족이나 고위층 인사의 자제들을 위해 특별히 세운 학교.

귀-졸(鬼卒)圀 1 온갖 잡살뱅이 귀신. 2〔불〕염마졸(閻魔卒).

귀-죄(歸罪)圀하타 1 죄를 남에게 떠넘김. 2 죄를 인정하고 형벌을 받음.

귀-주머니圀 네모지게 만들어 아가리께로 절반을 세 골로 접어 아래의 양쪽으로 귀가 나오게 한 주머니.

귀-중(貴中)圀 편지나 물품 따위를 받을 단체나 기관의 이름 뒤에 쓰는 높임말. ▯민중서

림 편집국 ~.

귀-중-본(貴重本)圀 귀중하게 다뤄야 할 책.

귀중중-하다(貴重重-)톄 더럽고 지저분하다. ▯방 안이 ~. **귀중중-히**囝

귀-중-품(貴重品)圀 귀중한 물품. ▯~을 보관하다. 閔귀품.

귀-중-하다(貴重-)톄어 귀하고 중요하다. ▯귀중한 존재 / 귀중한 연구 자료. **귀-중-히**囝. ▯~ 여기는 물건.

귀-지圀 귓구멍 속에 낀 때. ▯~가 많다 / ~를 후비다.

귀지(貴地)圀 상대방이 사는 곳을 높여 이르는 말. 귀처.

귀-지(貴誌)圀 주로 편지 글에서, 상대방이 소속된 기관에서 발행하는 잡지를 높여 이르는 말.

귀-지(貴紙)圀 주로 편지 글에서, 상대방이 소속된 기관에서 발행하는 신문을 높여 이르는 말.

귀-착(歸着)圀하자 1 돌아오거나 돌아가 닿음. ▯부산발 비행기는 12시 ~ 예정임. 2 의논이나 의견 등이 어떤 결론에 다다름. ▯여성 문제로 ~되다.

귀찮다[-찬타]톄 마음에 들지 않고 번거롭거나 성가시다. ▯귀찮게 굴다 / 만사가 다 귀찮구나.

귀찮아-하다[-차나-]타어 귀찮게 여기다.

귀-찰(貴札)圀 귀함(貴函).

귀-책(鬼責)圀 사람의 죄악을 징계하기 위하여 귀신이 내리는 벌을 받음. 귀침(鬼侵).

귀-책(歸責)圀〔법〕 자유의사에 의거한 행위를 그 행위자의 책임으로 결부시키는 일.

귀-책-사유(歸責事由)[-싸-]圀《법》 법률상의 불이익을 부과하기 위하여 필요한 주관적 요건(의사(意思) 능력이나 책임 능력이 있고, 고의나 과실이 있어야 함).

귀-처(貴處)圀 귀지(貴地).

귀-척(貴戚)圀 1〔역〕 임금의 인척(姻戚). 2 상대방의 인척을 높여 이르는 말.

귀-천(貴賤)圀 1 부귀와 빈천. 2 귀함과 천함. 또는 귀한 사람과 천한 사람. ▯신분의 ~을 묻지 마라 / 직업에는 ~이 없다.

귀-천(歸天)圀하자 사람의 죽음.

귀-천(歸泉)圀하자 황천(黃泉)으로 돌아간다는 뜻으로, 사람의 죽음을 이르는 말.

귀-천-상하(貴賤上下)圀 신분의 귀함과 천함. 또는 지위의 높음과 낮음.

귀-천지별(貴賤之別)圀 귀함과 천함의 구별.

귀-청圀 고막(鼓膜). ▯~이 터질 듯한 폭음 / ~이 따갑다.

귀청(이) 떨어지다[관] 소리가 대단히 크다. ▯귀청이 떨어질 것 같은 굉음.

귀-체(貴體)圀 주로 편지 글에서, 상대자의 안부를 물을 때 그 사람의 몸을 높여 이르는 말. ▯~ 평안하십니까.

귀-촉도(歸蜀道)[-또]圀〔조〕 두견이.

귀-추(歸趨)圀 일이 되어 나가는 형편. 귀착하는 곳. 귀취. ▯~가 주목되다.

귀-축(鬼畜)圀 1 귀신과 짐승. 2 야만적이고 잔인한 짓을 하는 사람의 비유. 3 은혜를 모르는 사람의 비유.

귀축축-하다[-추카-]톄어 1 하는 짓이 깔끔하지 않고 더럽다. 2 구질구질하고 더럽다.

귀-취(歸趣)圀 귀추(歸趨).

귀-측(貴側)圀 상대편에 대한 존칭.

귀치-않다톄☞ 귀찮다.

귀:태(貴態)圓 **1** 존귀한 모습이나 태도. ▢ ~가 흐르다 / ~가 나다. **2** 귀여운 태도.

귀:택(歸宅)圓하자 집에 돌아가거나 돌아옴.

귀:토(歸土)圓 흙으로 돌아간다는 뜻으로, 죽음을 이르는 말.

귀토지설(龜兎之說)圓〖문〗'삼국사기'에 나오는 토끼와 거북의 이야기. 후세에 다른 사람이 윤색(潤色)하여 '토생원전(兎生員傳)'·'토끼의 간'·'별주부전' 등의 소설로 꾸몄음.

귀퉁-머리〈비〉귀퉁이3.

귀퉁-배기〈비〉귀퉁이3.

귀퉁이圓 **1** 물건의 뾰쪽 내민 부분이나 모퉁이. ▢ 책상 ~에 걸터앉다. **2** 사물이나 마음의 한구석. ▢ 가슴 한 ~에 슬픔이 밀려왔다 / 마루 ~에 쭈그려 앉다. **3** 귀의 언저리.

귀틀圓〖건〗 **1** 마루청을 놓기 전에 먼저 가로 세로 짜 놓은 틀. **2** 통나무 따위로 가로세로 어긋나게 '井'자 모양으로 짠 틀.

귀틀-마루圓 우물마루.

귀틀-집[-찝]圓 **1**〖건〗큰 통나무를 '井'자 모양으로 귀를 맞추고 틈을 흙으로 메워 지은 집. ▢ ~에 사는 화전민. **2** 원시인이 살던 통나무 집.

귀:-티(貴-)圓 귀하게 보이는 모습이나 태도. ▢ ~가 나다 / ~가 흐르다.

귀판(龜板)圓〖한의〗거북 배 바닥의 껍데기. 학질·설사 등에 효험이 있음.

귀-포(-包)圓 **1** 장기 둘 때에 궁밭의 귀에 놓은 포. **2** 〖건〗귀기둥 위에 받친 공포(栱包).

귀-품(貴品)圓 **1** '귀중품'의 준말. **2** 상대방 물품에 대한 경칭.

귀:하(貴下)▢目 편지에서, 상대방을 높여 상대방 이름 뒤에 쓰는 말. ▢ 김 선달 ~.
目대 상대자를 높여 이름 대신 부르는 말. ▢ ~께서는 어떻게 생각하십니까.

귀:-하다(貴-)阄에 **1** 흔하지 않다. ▢ 아주 귀한 물건. **2** 신분·지위가 높다. **3** 존중할 만하다. ▢ 귀한 손님. **4** 귀염을 받을 만하다. 귀:-히囝. ▢ ~여기다.

귀:한(貴翰)圓 귀한 편지(貴函).

귀:함(貴函)圓 상대자의 편지에 대한 경칭.

귀:함(歸艦)圓하자 자기가 근무하는 군함으로 돌아가거나 돌아옴.

귀:항(歸航)圓하자 항공기나 배가 출발지로 돌아가거나 돌아오는 항해. ▢ ~ 길에 오르다.

귀:항(歸港)圓하자 배가 출발한 항구로 다시 돌아가거나 돌아옴. 중인 어선.

귀:항(歸降)圓하자 싸움에 져서 적에게 항복함. 투항.

귀:향(歸鄕)圓하자 **1** 고향으로 돌아가거나 돌아옴. ▢ ~ 차량으로 붐비는 고속도로. **2**〖역〗'귀양'의 본딧말.

귀:현(貴顯)圓하형 지위가 높고 귀하며 이름이 유명함. 또는 그런 사람.

귀-형(鬼形)圓 귀신의 형상.

귀:형(貴兄)인대 주로 편지 글에서, 상대방을 친근히 높여 이르는 말.

귀:호-곡(歸乎曲)圓〖악〗가시리.

귀:화(鬼火)圓 도깨비불.

귀:화(歸化)圓하자 **1**〖법〗다른 나라의 국적을 얻어 그 나라의 국민이 됨. 향화(向化). ▢ 한국에 ~한 미국人. **2** 임금의 덕에 감화되어 그 백성이 되던 일. **3**〖생〗원산지에서 다른 지역으로 옮겨진 생물이 그곳에 뿌리를 내리어 번식하는 일.

귀:화 생물(歸化生物)〖생〗귀화 동물과 귀화 식물을 통틀어 이르는 말로, 본디 살던 곳에서 다른 지역으로 옮겨 와 적응하여 자라는 생물(흰불나방·미국자리공·황소개구리·이스라엘잉어 따위).

귀:화-인(歸化人)圓 귀화한 사람.

귀:환(歸還)圓하자 떠나 있던 사람이 본디 있던 곳으로 다시 돌아오거나 돌아감. ▢ 고국으로 ~하는 선수들.

귀:회(貴會)圓 상대방의 모임에 대한 경칭.

귀:후-서(歸厚署)圓〖역〗조선 때, 나라의 관곽(棺槨)을 만들고 장례에 관한 사무를 맡아보던 관아.

귀:휴(歸休)圓하자 근무 중이거나 복역 중인 사람이 일정 기간 집에 돌아와서 쉼.

귀:휴-병(歸休兵)圓〖군〗현역 복무 중, 한동안 군대를 떠나 휴가를 허락받은 병사.

귀:휴-제(歸休制)圓〖사〗불황기에 기업이 그 불황을 극복하기 위해 고용 노동자를 단기간 귀휴시키는 제도.

귀흉-귀배(龜胸龜背)圓 안팎곱사등이.

귓-가[귀까 / 귇까]圓 귀의 가장자리.
귓가로 듣다囝 별로 관심없이 듣다.
귓가에 맴돌다囝 귓전에서 사라지지 않고 들리는 듯하다.

귓:-것[귀껃 / 귇껃]圓 이름 없는 '잡귀'를 낮게 이르던 무당의 말.

귓-결[귀껼 / 귇껼]圓 우연히 듣게 된 겨를. ▢ ~에 듣다.

귓-구멍[귀꾸- / 귇꾸-]圓 귀의 밖에서 귀청까지 들어간 구멍. ▢ ~을 막다.
[귓구멍에 마늘쪽 박았나]말을 잘 알아듣지 못하는 사람에게 하는 말.
귓구멍이 넓다囝 남의 말을 곧이 잘 듣다.

귓-달[귀딸 / 귇딸]圓 연의 네 귀에 'X'자 모양으로 엇갈리게 붙이는 대오리.

귓도리圓〖옛〗귀뚜라미.

귓-돈[귀똔 / 귇똔]圓〖역〗전립(戰笠)의 징두리. 색실로 꿰어 다는 매미나 나비 모양의 밀화(蜜花) 뎅이. 영자(纓子) 위에서 색실로 꿰어서 닮.

귓-돌[귀똘 / 귇똘]圓〖건〗머릿돌.

귓돌와미圓〖옛〗귀뚜라미.

귓-등[귀뜽 / 귇뜽]圓 귓바퀴의 바깥쪽. ▢ 머리가 ~을 덮다.
귓등으로도 안 듣는다囝 남의 말을 새겨듣지 않고 들은 체 만 체 하다.
귓등으로 듣다囝 듣고서도 들은 체 만 체 하다.
귓등으로 흘리다囝 남의 말을 귀담아듣지 않고 듣는 둥 마는 둥 하다.

귓-머리圓☞ 귀밑머리.

귓-문(-門)[귄-]圓 **1** 귓구멍의 밖으로 열린 쪽. **2** 화승총에 불을 댕기는 구멍의 아가리.
귓문이 넓다囝 남의 말을 곧이 잘 듣다.

귓-바퀴[귀빠- / 귇빠-]圓〖의〗겉귀의 드러난 부분 전체. 이륜(耳輪). 이각(耳殼).

귓-밥[귀빱 / 귇빱]圓 **1** 귓불¹. **2** 두툼한 ~. **3**☞ 귀지.

귓-병(-病)[귀뼝 / 귇뼝]圓 귀에 생기는 병의 총칭.

귓-불¹[귀뿔 / 귇뿔]圓 귓바퀴의 아래쪽으로 늘어진 살. 귓밥. 이수(耳垂). ▢ ~이 붉어지다 / ~을 붉히다.
귓불만 만진다囝 손쓸 방도가 달리 없어 되는 대로 두고 결과만을 기다린다.

귓-불²[귀뿔 / 귇뿔]圓 총에 화승(火繩)을 대는 신관(信管).

귓-속[귀쏙 / 귇쏙]똉 귀의 안쪽. ▯~에 대고 속삭이다.

귓속-말[귀쏭- / 귇쏭-]똉하자 귀엣말. ▯~을 주고받다 / ~로 소곤거리다.

귓속-질[귀쏙찔 / 귇쏙찔]똉하자 1 귀엣말로 소 곤거리는 짓. 2 남몰래 고자질하는 짓.

귓-전[귀쩐 / 귇쩐]똉 귓바퀴의 가. ▯그녀의 속삭임이 ~을 맴돈다.
   귓전으로 듣다 ⬡ 주의를 기울이지 않고 건 성으로 듣다.
   귓전을 때리다 ⬡ 귀에 세게 들리다.
   귓전을 울리다 ⬡ 가까이에서 소리 나는 듯 하다.

귓-집[귀찝 / 귇찝]똉 추위를 막기 위해 귀를 덮는 물건.

규(圭·珪)똉 1《역》옥으로 만든 홀(笏). 옛날, 중국에서 천자가 제후를 봉하거나 신을 모실 때 썼음. 2 모. 귀퉁이.

규(規)똉 1 각도기·컴퍼스 등의 총칭. 2 원이 나 원형의 물건.

규각(圭角)똉 1 모나 귀퉁이의 뾰족한 곳. 2 사물이 서로 들어맞지 않음. 3 말·뜻이나 행 동 등이 남과 서로 맞지 않음.

규각-나다(圭角-)[-깍-]자 사물이나 뜻, 행 동 등이 서로 맞지 않게 되다.

규간(規諫)똉하타 임금이나 윗사람에게 도리 나 이치로 옳지 못한 일을 고치도록 말함.

규격(規格)똉 1 일정한 규정에 들어맞는 격 식. 2《경》제품의 치수·모양·성능·품질 등 의 일정한 표준. ▯~ 봉투 / ~에 맞는 제품 / ~을 통일하다.

규격-판(規格判)똉 서적·장부·전표 기타 사 무 용지 따위의 크기 기준.

규격-품(規格品)똉 통일된 규격에 맞추어 만 든 물건.

규격-화(規格化)[-껴콰]똉하타 1 공업 제품 등 의 품질·모양·성능 등을 규격에 맞추어 통일 함. ▯부품의 ~. 2 사상·여론 등을 일정한 방향이나 범위에 맞춤. ▯국민의 사고(思考) 를 ~하려는 위험한 발상.

규계(規戒)[-/-계]똉하타 바르게 경계함.

규-괘(睽卦)똉《민》육십사괘(六十四卦)의 하 나. 이괘(離卦)와 태괘(兌卦)가 거듭된 것(불 과 못을 상징함). 규(睽).

규구(規矩)똉 1 그림쇠. 2 '규구준승'의 준말.

규구-법(規矩法)[-뻡]똉《수》어떤 입체를 필 요한 모양으로 만드는 법.

규구-준승(規矩準繩)똉 1 목수가 쓰는 그림쇠· 자·수준기와 먹줄. ⓒ규구. 2 일상생활에서 지켜야 할 법도.

규동-선(硅銅線)똉《전》구리에 주석·아연·규 소를 섞어 만든 전선(電線)(전화선으로 씀).

규례(規例)똉 일정한 규칙과 정하여진 관례. ▯~로 삼다.

규룡(虯龍)똉 몸빛이 붉고 뿔이 돋쳤다는 용 의 새끼.

규리(糾理)똉하타 잘 살펴 처리함.

규면(糾免)똉하타 도면(圖免).

규명(糾明)똉하타 어떤 사실을 캐고 따져서 밝 힘. ▯원인 ~ / 책임 ~ / 의혹이 ~되다 / 사 건의 진상 ~을 촉구하다.

규모(規模)똉 1 사물이나 현상의 크기나 범 위. ▯전국적인 ~ / ~가 큰 공사 / ~를 늘리 다. 2 씀씀이의 계획성이나 일정한 한도 따 위. ▯예산 / 살림을 ~ 있게 꾸려 나가다. 3 본보기가 될 만한 틀이나 제도. 모범. 규 범. ▯격식과 ~를 갖추다.

규목(槻木)똉《식》느티나무.

규문(奎文)똉 학문과 문물.

규문(糾問)똉하타 죄를 따져 물음. ▯죄상을 ~하다.

규문(閨門)똉 규중(閨中).

규문-주의(糾問主義)[-ㅣ-]똉《법》법원이 기소(起訴)를 기다리지 않고, 직권을 이용하 여 직접 그 범죄인을 체포·심리·재판하는 원 칙. ↔탄핵주의.

규방(閨房)똉 1 부녀자가 거처하는 방. 도장 방. 2 안방. 3 침실. 특히, 부부의 침실.

규방 가사(閨房歌辭)《문》내방 가사.

규방 문학(閨房文學)《문》조선 때, 양반 부녀 층에서 이루어진 그들의 생활을 그린 문학.

규벌(閨閥)똉 처의 친척을 중심으로 이루어진 파벌.

규범(規範)똉 1 마땅히 따르고 지켜야 할 본 보기. 2《철》사유(思惟)·의지(意志)·감정 등 이 일정한 이상·목적 등을 이루기 위해 마땅 히 따라야 할 법칙과 원리(논리의 진(眞), 도 덕의 선(善), 예술의 미(美) 등).

규범 과학(規範科學)《철》경험 과학에 대하 여 마땅히 있어야 할 규범을 세우는 학문(논 리학·윤리학·미학 등). 규범 학문. ↔경험 과학.

규범 문법(規範文法)[-뻡]《언》언어생활을 올바르게 하기 위하여, 규칙을 설정하고 그 것을 지키도록 한 문법(대부분의 국어 문법 서는 이에 속함). 실용 문법. 명령 문법. 학 교 문법.

규범-학(規範學)똉《철》규범 과학.

규벽(圭璧)똉 제후가 천자를 만날 때에 지니 던 옥(玉).

규벽(奎璧)똉 1 작은 글자로 박아서 부피를 줄인 경서(經書). 2《역》중국에서, 제후가 천 자를 만날 때 지니던 홀(笏).

규보(跬步)똉 반걸음 또는 반걸음 정도의 가 까운 거리.

규사(硅砂)《광》석영(石英)의 작은 알갱이 로 된 흰 모래(도자기·유리 제조의 원료).

규사(窺伺)똉하타 기회를 엿봄.

규산(硅酸·珪酸)《화》1 규소·산소·수소의 화합물인 약칸산 유리 등을 만드는 데 씀. 2 '이산화규소'의 속칭.

규산-나트륨(硅酸Natrium)《화》규산염의 하나. 탄산나트륨과 석영 가루를 융합해서 얻 는 백색 무취의 고체(접합제·세탁 비누의 배 합제로 씀). 규산소다.

규산-마그네슘(硅酸magnesium)《화》광 물 속에 천연으로 분포된 것(활석(滑石) 따 위의 성분임).

규산-소다(硅酸soda)《화》규산나트륨.

규산-알루미늄(硅酸aluminium)《화》알루 미늄의 규산염(백색 고체로 도자기의 원료 로 씀).

규산-염(硅酸塩)[-념]《화》이산화규소와 금속 산화물로 된 염(지각(地殼)의 대부분을 이루며, 도자기의 원료임).

규산-칼륨(硅酸Kalium)《화》'물유리'의 화학적인 명칭.

규산-칼슘(硅酸calcium)《화》규산염의 하 나. 산화칼슘과 이산화규소가 결합한 화합물 (시멘트의 주성분임).

규석(硅石)《광》규산을 주성분으로 하는, 수 정·마노·부싯돌 따위의 광물(사기·유리의 원 료임).

규석 벽돌(硅石甓-)[-뼉똘]《건》규석에 석 회유를 조금 섞어서 구워 만든 벽돌.

규선-석 (硅線石) 圏『광』변성암 속에 나타나는 가는 기둥 또는 섬유 모양의 광물. 갈색·담녹색·백색으로 유리 광택이 있음《내화물의 원료로 씀》.

규성 (叫聲) 圏 외치는 소리.

규성 (奎星) 圏『천』이십팔수(二十八宿)의 열다섯째 별. ⑨규(奎).

규소 (硅素·珪素) 圏『화』비금속 원소의 하나. 천연적으로는 따로 존재하지 않고, 산화물·규산염으로서 바위·흙 등의 주요 성분을 이룸《트랜지스터·다이오드 따위 반도체를 만드는 데 씀》. 실리콘(silicon). [14 번 : Si : 28.08]

규소-강 (硅素鋼) 圏『광』규소를 1~5% 함유하는 특수강《전기 기계에 사용되는 철판을 만듦》.

규소 수지 (硅素樹脂)『화』규소에 탄소·수소 등의 유기물을 결합시킨 고분자 물질《고도의 내열성·내한성·내습성을 가짐》. 실리콘(silicone). 실리콘 수지.

규수 (閨秀) 圏 1 남의 집 처녀를 점잖게 이르는 말. ⑨양갓집 ~. 2 학문과 재주가 뛰어난 여자.

규시 (窺視) 圏하타 몰래 훔쳐봄. 엿봄. 규견(窺見). 규사(窺伺).

규식 (規式) 圏 정해진 규칙과 격식.

규실 (閨室) 圏 1 규방(閨房). 2 아내.

규암 (硅岩) 圏 규소 성분이 많은 바위.

규약 (規約) 圏 조직체에서, 서로 지키도록 정해 놓은 것. ▷ ~ 위반 / ~을 지키다.

규연-하다 (巋然-) 휑 높이 솟아서 우뚝하다. 규연-히 哣

규운-암 (硅雲岩) 圏『지』차돌과 운모가 주성분으로 된 화강암의 한 가지.

규원 (閨怨) 圏 사랑하는 사람에게서 버림받은 여자의 원한.

규원-가 (閨怨歌) 圏『문』남편의 사랑을 받지 못하고 속절없이 늙어 가는 여인의 정한을 노래한 가사《허난설헌(許蘭雪軒)이 지은 것이라고 함》. 원부가(怨婦歌). 원부사(怨婦詞).

규율 (規律) 圏하타 1 질서나 제도를 유지하기 위해 지켜야 할 행동의 준칙이 되는 본보기. ▷ 엄한 ~ / ~을 지키다 / ~에서 벗어나다. 2 일정한 질서나 차례.

규장 (奎章) 圏 임금이 쓴 글이나 글씨.

규장-각 (奎章閣) 圏『역』조선 정조 때(1776) 설치한, 역대 임금의 글·글씨·고명(顧命)·유교(遺敎) 등과 어진(御眞)을 보관하던 관아.

규전 (圭田) 圏 1 이등변 삼각형처럼 생긴 논밭. 2 수확물로 제사를 지내기 위해 농사짓는 논밭.

규정 (糾正) 圏하타 잘못을 바로잡음.

규정 (規定) 圏하타 1 규칙으로 정함. 또는 그 정해 놓은 것. ▷ 수업 일수는 학칙에 ~되어 있다. 2『법』법령의 조항으로 정해 놓음. 또는 그 조항. ▷ 동법(同法) 제2조 ~에 의거하여 …. 3 내용이나 성격, 의미 따위를 밝혀 정함. 또는 그 정해 놓은 것. ▷ 일의 성격을 ~하다.

규정 (規程) 圏 1 조목별로 정해 놓은 표준. 2 『법』국가 기관의 내부 조직이나 사무 집행 따위를 정한 준칙. ▷ 문서 처리 ~ / 인사 ~.

규정 농도 (規定濃度) 圏 노르말 농도.

규정 명:제 (規定命題)『논』특수한 개념을 일반 개념에 종속시켜 단정한 명제《'춘원은 소설가다' 따위》.

규정-액 (規定液) 圏『화』노르말액.

규정 전:류 (規定電流)『전』-『물』장치에 무리를 주지 않으면서 안전하게 사용할 수 있는 전류의 세기.

규정 종목 (規定種目) 올림픽 경기 따위에서, 선수가 치르도록 미리 정해 진 종목《스키·피겨 스케이트·사격·10종 경기·5종 경기 따위》. *자유 종목.

규정-짓:다 (規定-)[-짇따][-지어, -지으니, -짓는] 타⑤ 1 규칙으로 정하다. ▷ 다수결로 회칙을 ~. 2 성격이나 내용, 의미 따위를 밝혀 정하다. ▷ 사건의 성격을 ~.

규정 타:석 (規定打席) 야구에서, 개인 타격 성적의 순위를 정할 때, 기준이 되는 최소 타석수.

규제 (規制) 圏하타 1 규정(規定)1. 2 규칙이나 규정을 세워 제한함. ▷ 수입을 ~하다 / 비닐 봉투 사용이 ~되다.

규조 (硅藻) 圏『식』규조강에 속하는 식물의 총칭. 유해(遺骸)로서 주로 세포막이 남아 규조토(硅藻土)가 됨.

규조-강 (硅藻綱) 圏『식』갈조(褐藻)식물의 한 강. 바닷물과 민물에 널리 분포하는 플랑크톤으로, 단세포이고 엽록소를 가진 아주 작은 조류(藻類). 세포벽은 서로 겹치는 두 개의 껍질을 가짐. 규조류. 황조(黃藻)식물.

규조-류 (硅藻類) 圏『식』규조강.

규조-석 (硅藻石) 圏『지』규조의 화석을 포함한 돌.

규조-토 (硅藻土) 圏『광』규조가 쌓여서 된 백색·황색·회백색의 흙. 가볍고 무르며, 해저·호수·온천 등에서 산출됨《내화재(耐火材)·흡수제로 씀》.

규준 (規準) 圏 1 본보기가 되는 표준. ▷ ~을 따르다. 2『철』신앙이나 사유, 인식, 평가, 행동 따위에서 규범이 되는 표준.

규중 (閨中) 圏 부녀자가 거처하는 방. 규합(閨閤). 규내(閨內).

규중-부녀 (閨中婦女) 圏 좀처럼 나들이를 하지 않고 집 안에서 살림하고 있는 여자.

규중-심처 (閨中深處) 圏 예전에, 규중의 깊은 곳을 이르던 말.

규중-절색 (閨中絶色)[-쌕] 圏 예전에, 규중에 들어앉아 있는 미인을 이르던 말.

규중-처녀 (閨中處女) 圏 규중에 있는 처녀. 규중처자.

규중-처자 (閨中處子) 圏 규중처녀.

규중칠우-쟁론기 (閨中七友爭論記)[-치루-논-] 圏『문』조선 후기에 간행된 것으로 보이는 작자 미상의 한글 수필. 바늘·자·가위·인두·다리미·실·골무를 일곱 벗으로 등장시켜 인간 사회에 대한 교훈을 주고 있음.

규찬 (圭瓚) 圏『역』조선 때, 종묘(宗廟)와 문묘(文廟), 기타 나라 제사에 쓰던 술잔《옥이나 구리로 만들기도 하고, 은으로 만들어 안에 도금(鍍金)을 하기도 하였음》.

규찰 (糾察) 圏하타 1 죄상(罪狀) 등을 캐고, 자세히 밝힘. 2 질서를 바로잡고 통제함.

규칙 (規則) 圏 1 여러 사람이 지키기로 정한 법칙. ▷ 경기 ~ / ~을 정하다 / ~을 따르다 / ~을 어기다 / ~을 위반하다 / 음운 변화의 ~을 발견하다. 2『법』헌법·법률에 따라 정해지는 제정법의 한 형식. 입법·사법·행정의 각 부에서 제정되며, 국회 인사 규칙·법원 사무 규칙 따위가 있음.

규칙 동:사 (規則動詞)[-똥-] 圏『언』어미가 규칙적인 활용을 하는 동사. ↔불규칙 동사.

규칙 용:언 (規則用言)[-쌍-] 圏『언』어미의 활용이 규칙적으로 이루어지는 동사와 형용

사. ↔불규칙 용언.

규칙-적 (規則的)[-쩍]〖관〗〖명〗 일정한 규칙을 따르고 있는 (것). 질서가 잡혀 있는 (것). □ ~인 식생활 / ~으로 운동하다.

규칙 형용사 (規則形容詞)[-치경-]〖언〗 규칙적인 활용을 하는 형용사. ↔불규칙 형용사.

규칙 활용 (規則活用)[-치콰룡]〖언〗 용언의 어미 활용이 규칙적인 것. 바른끝바꿈. ↔불규칙 활용.

규탄 (糾彈)〖명〗〖하타〗 잘못·허물 등을 밝혀내어 따지고 나무람. □ ~을 받다 / 만행(蠻行)을 ~하다.

규폐 (硅肺)[-/-폐]〖의〗 규폐증(硅肺症).

규폐-증 (硅肺症)[-쯩/-폐쯩]〖명〗〖의〗 광산 등의 공기 유통이 나쁜 곳에서 일하는 사람들이 규산류의 먼지를 오랫동안 마셔서 생기는 폐병(숨이 차고 얼굴빛이 검어지면서 부종이 생기고 식욕이 없어짐).

규합 (糾合)〖명〗〖하타〗 어떤 목적을 이루려고 사람이나 세력을 모음. □ 동지를 ~하다.

규호 (叫號)〖명〗〖하타〗 큰 목소리로 부르짖음.

규화 (硅化)〖명〗〖하자〗 **1** 바위 속에 규산이 스며듦. **2** 생물의 사체(死體)가 규산으로 변화하는 일.

규화 (硅華)〖명〗〖광〗 단백석(蛋白石)의 하나. 규산을 함유한 광천(鑛泉)이 분출하면서 그 구멍 주변에 생기는 함수 규산의 침전물.

규화 (葵花)〖명〗〖식〗 **1** 접시꽃. **2** 해바라기.

규화-목 (硅化木)〖명〗 땅속에 묻혀 규화(硅化)된 나무.

규화-물 (硅化物)〖명〗〖화〗 규소와 그것보다 전기적으로 양성인 금속 원소와의 화합물.

규환 (叫喚)〖명〗〖하자〗 큰 소리로 부르짖음.

규환-지옥 (叫喚地獄)〖명〗〖불〗 팔열 지옥의 넷째. 가마솥에서 삶아지거나 불 속에 던져져 괴로움에 견디지 못하고 울부짖는 다섯.

규회-석 (硅灰石)〖명〗〖광〗 칼슘의 규산염. 짧은 기둥 모양의 결정으로, 백색 유리 또는 진주와 같은 광택이 있음. 열의 변성 작용을 받은 석회암 속에서 산출됨.

균 (菌)〖명〗 **1**〖생〗 '병균'의 준말. **2**〖생〗 '세균'의 준말. **3**〖식〗 '균류'의 준말.

균개 (菌蓋)〖명〗〖식〗 균산(菌傘).

균근 (菌根)〖명〗〖식〗 균류(菌類)가 고등 식물의 뿌리를 둘러싸거나, 내부 조직에 침입하여 특수한 모양을 이루는 뿌리.

균독 (菌毒)〖명〗〖생〗 독균에 포함되어 있는 유독(有毒) 성분.

균등 (均等)〖명〗〖하형〗〖히부〗 고르고 가지런해 차별이 없음. □ ~한 교육 기회 / ~하게 할당하다.

균등 대:표제 (均等代表制)〖정〗 세력의 차이에 상관없이 각 구성 요소에 균등한 수의 대표를 인정하는 제도. ↔비례 대표제.

균등-할 (均等割)〖명〗〖하타〗 **1** 균등하게 나누는 일. 또는 그렇게 나눈 양. **2**〖법〗 지방 세법에서, 납세 의무자에게 주민세를 균등한 액수로 부과하는 일.

균류 (菌類)[귤-]〖명〗〖식〗 엽록소를 갖지 않고 포자로 번식하는 하등 식물의 총칭(버섯류·곰팡이류 따위).

균모 (菌帽)〖명〗〖식〗 균산(菌傘).

균배 (均配)〖명〗〖하타〗 고르게 나눔.

균배 (均排)〖명〗〖하타〗 고르게 배치함.

균분 (均分)〖명〗〖하타〗 고르게 나눔. □ 이익 ~ / 재산을 ~하다.

균분 상속 (均分相續)〖법〗 재산 상속에서, 여러 사람이 상속분을 균등하게 받는 형태.

균사 (菌絲)〖식〗 균류의 본체를 이루는 실모양의 세포(빛이 희며 엽록소를 갖지 않음). □ 버섯의 ~.

균사-체 (菌絲體)〖명〗〖식〗 균사.

균산 (菌傘)〖명〗〖식〗 버섯 위쪽의 우산 모양의 부분. 삿갓. 균모(菌帽). 균개(菌蓋).

균습 (菌褶)〖명〗〖식〗 균산(菌傘) 밑에 있는 우산살 모양의 주름 부분(많은 홀씨주머니에서 홀씨를 냄). 버섯살.

균-시차 (均時差)〖명〗〖천〗 진(眞)태양시와 평균태양시의 차. 시차(時差).

균안-하다 (均安-)〖형어〗 두루 편안하다. 균온(均穩)하다. □ 댁내 균안하시나이까.

균역-법 (均役法)[규녁뻡]〖명〗〖역〗 조선 영조 26년(1750)에 백성의 부담을 덜기 위해 만든 납세 제도. 종래의 양포세(良布稅)를 반으로 줄이고, 그 부족액은 어업세·염세·선박세 등으로 보충하였음.

균역-청 (均役廳)〖명〗〖역〗 조선 말기, 균역법의 실시에 따른 여러 가지 사무를 맡아보던 관아.

균열 (龜裂)〖명〗〖하자〗 **1** 거북의 등딱지 무늬 모양으로 갈라져 터짐. □ 벽에 ~이 생기다. **2** 친한 사이에 틈이 생김. □ 동업자 사이에 ~이 생겼다.

균염-제 (均染劑)〖명〗〖화〗 염색할 때 골고루 염색되도록 넣는 보조 약제.

균영 (菌癭)〖명〗〖식〗 균류가 식물에 기생하여 이룬 혹 같은 것.

균온-하다 (均穩-)〖형어〗 두루 편안하다(흔히 편지에 씀).

균일 (均一)〖명〗〖하형〗 한결같이 고름. 차이가 없음. □ ~ 판매 / ~한 가격으로 팔다.

균일-가 (均一價)[규닐까]〖명〗 품질이나 품종과 상관없이 동일하게 매긴 가격.

균일-제 (均一制)[규닐쩨]〖명〗 값이나 요금에 차이를 두지 않고 고르게 정하는 제도.

균전 (均田)〖명〗〖역〗 **1** 토지를 국가에서 거두어들여 백성들에게 고르게 나누어 주던 제도. **2** 토지 규모에 따라 결세(結稅)를 고르게 매기던 제도.

균전-사 (均田使)〖명〗〖역〗 조선 때, 논밭을 측량하고 품등을 결정하는 일 등을 위해 지방에 파견한 벼슬아치.

균점 (均霑)〖명〗〖하타〗 **1** 고르게 이익이나 혜택을 받음. 균첨(均沾). □ 이익 ~. **2**〖법〗 국제법에서, 다른 나라와 동일한 혜택을 받음.

균제-하다 (均齊-)〖하타〗 고르고 가지런하다.

균조 식물 (菌藻植物)[-싱-]〖식〗 민꽃식물의 하나. 선태류(蘚苔類) 이하의 하등 식물로 균류와 조류(藻類)가 포함됨.

균종 (菌腫)〖명〗〖농〗 세균이 번식해서 생기는 혹 비슷한 것(소·돼지 따위에 생김).

균질 (均質)〖명〗〖하형〗 **1** 성질이나 특성이 고루 같음. 동질(等質). **2** 한 물질에서 어떤 부분을 취해도 성분이나 특성이 일정함.

균질-로 (均質爐)〖명〗〖공〗 핵연료와 감속재(減速材)가 골고루 섞여 있는 원자로.

균질-성 (均質性)[-썽]〖명〗 성분이나 특성이 고루 같은 성질.

균천 (鈞天)〖명〗〖천〗 구천(九天)의 하나. 하늘의 한가운데.

균첨 (均沾)〖명〗〖하타〗 균점(均霑)1.

균체 (菌體)〖명〗 균의 몸뚱이.

균평-하다 (均平-)〖형어〗 **1** 골고루 공평하다. □ 균평한 이익. **2** 한쪽으로 기울거나 우둘투둘하지 않다. **균평-히** 〖부〗

균할(均割)몡하타 똑같이 고르게 나눔. ▢~ 배정.

균핵(菌核)몡〖식〗균사가 식물의 꽃·열매·뿌리 등에 빽빽이 붙어 덩이가 된 것.

균핵-균(菌核菌)[-꾼]몡〖식〗균핵을 이루는 균류.

균핵-병(菌核病)[-뼝]몡 균핵균의 기생으로 생기는 식물 병의 총칭(과수·보리·채소 등에 나타남).

균형(均衡)몡 어느 한쪽으로 치우치지 않고 고름. ▢~ 감각 / ~ 있는 발전 / 몸매가 ~이 잡히다 / ~을 이루다 / ~을 유지하다 / ~이 깨지다 / ~을 잃다.

균형-미(均衡美)몡 균형이 알맞게 잡힌 데서 나타나는 아름다움.

균형 예:산(均衡豫算)[-네-]〖경〗세입과 세출이 균형된 상태를 나타내는 예산. ↔적자(赤字)예산.

균형 재정(均衡財政)〖경〗경상적 지출과 경상적 수입이 같아서 균형을 이루고 있는 재정 상태. ↔적자 재정.

귤(橘)몡 1 귤나무의 열매. 둥글납작하고 붉은 빛임. 맛이 시고 달콤함. 껍질은 말려서 약재로 씀. ▢~을 담은 상자. 2 귤·밀감·유자 따위의 총칭.

귤강-차(橘薑茶)몡 귤병(橘餅)과 편강(片薑)을 넣고 끓인 차.

귤-껍질(橘-)[-찔]몡〖한의〗귤피(橘皮).

귤-나무(橘-)[-라-]몡〖식〗1 운향과의 상록 활엽 교목. 높이 약 4 m. 여름에 흰 다섯잎꽃이 핌. 등황색 열매가 초겨울에 익음. 2 홍귤나무·당귤나무·광귤나무 등의 총칭.

귤병(橘餅)몡 꿀이나 설탕에 조린 귤.

귤-빛(橘-)[-삗]몡 주황과 노랑을 합한 색. 잘 익은 귤의 빛깔을 말함. 귤색. 옐로 오렌지(yellow orange).

귤색(橘色)[-쌕]몡 귤빛.

귤엽(橘葉)몡 귤나무의 잎(약재로 씀).

귤피(橘皮)몡〖한의〗귤의 껍질. 소화를 돕고 기침·설사에 약효가 있음. 귤껍질.

귤피-문(橘皮紋)몡 귤껍질처럼 두툴두툴하게 된 도자기의 무늬.

귤핵(橘核)몡〖한의〗귤의 씨. 허리 아픈 데에 약효가 있음.

귤홍(橘紅)몡〖한의〗귤피의 안쪽에 있는 흰 부분을 긁어낸 껍질. 귤피보다 약효가 강함.

귤화(橘花)몡〖식〗귤나무의 꽃(귤화차의 찻 감으로 씀).

귤화-차(橘花茶)몡 귤나무의 꽃을 말렸다가 달인차.

그인대 '그이'의 준말. ▢~는 훌륭한 선생이다. ▣지대 '그것'의 준말. ▢~와 같은 물건. ▤관 1 자기에게서 좀 떨어져 있는 사물을 가리키는 말. ▢~ 책. 2 이미 말한 것 또는 서로 이미 아는 것을 가리키는 말. ▢~ 이야기는 나중에 하자. 3 확실하지 않거나 밝히고 싶지 않은 것을 가리키는 말. ▢~ 뭐라고 하더라. 쥰고.
[그 나물에 그 밥] 서로 격이 어울리는 것끼리 짝이 되었을 경우를 두고 이르는 말. [그 아버지에 그 아들] 아들이 여러 면에서 아버지를 닮았을 경우를 이르는 말.

그-간(-間)몡뮈 그동안. 그사이. ▢~의 일 / ~의 소식 / ~ 어찌 지냈나.

그-거지대인대 '그것'의 준말(주격 조사 '이'가 붙으면 '그게'가 됨). ▢~ 참 좋다 / 그건 그렇고 / 그게 뭐냐 / ~야 네 말이 옳지 / 바로 그겁니다. 쥰고거. *이거.

그-것[-걷]▢지대 1 자기가 있는 곳에서 조금 떨어져 있는 사물을 가리키는 말. ▢~을 치워라. 2 이미 이야기하여 서로 아는 사물을 가리키는 말. ▢~은 거짓말이다. 쥰그것. ⓡ그·그거. ▣인대 1 '그 사람'을 낮잡아 이르는 말. ▢~이 무얼 안다고. 2 '그 아이'를 귀엽게 이르는 말. ▢~ 참 귀엽게도 생겼네.

그것-참[-걷-]갑 어떠한 일에 대한 느낌을 나타내는 말('좋다·분하다·훌륭하다' 따위의 말이 따름). ▢~ 야단났군. *거참.

그-게줌 그것이. ▢~ 그거지. 쥰그게.

그-곳[-곧]지대 1 그 장소. 거기. ▢~에 갖다 놓아라. 2 상대방이 있는 곳. ▢~ 형편은 어떻습니까. *이곳.

그-글피몡 글피의 다음 날(오늘로부터 나흘 뒤의 날).

그길-로뮈 1 어떤 곳에 도착한 그 걸음으로. ▢만나자마자 ~ 데려왔다. 2 어떤 일이 있은 다음 곧. ▢사고 소식을 듣고 ~ 곧장 병원으로 갔다.

그-까지로뮈 겨우 그만한 정도로. ▢~ 그리 아파하느냐.

그-까짓[-짇]관 겨우 그만한 정도의. ▢~ 것 대단할 것 없다. 쥰고까짓. ⓡ그깟.

그깟[-깓]관 '그까짓'의 준말. ▢~ 놈 없으면 그만이다. 쥰고깟.

그-끄러께몡 그러께의 전해. 3년 전의 해. 삼작년(三昨年).

그-끄저께몡 그저께의 전날(오늘로부터 사흘 전의 날). 삼작일(三昨日). ⓡ그끄제.

그-끄제몡 '그끄저께'의 준말.

그-나마뮈 그것마저도. 그것이나마. ▢낡기는 했지만 ~ 필요할 때가 있을 테지.

그-나저나뮈 '그러나저러나'의 준말. ▢굵고 다니지 마라. ~ 어디 갔다 오느냐.

그-날몡 그 당일. 앞에서 말한 날.

그날-그날몡 하루하루. 매일. ▢~의 일과. ▣뮈 날마다. 매일마다. ▢일기는 ~ 쓰자.

그냥뮈 1 그 모양 그대로. ▢~ 떠나다 / ~ 두다. 2 그대로 줄곧. ▢~ 잠만 자다. 3 대가나 조건 없이. ▢~ 해 본 말이다. 쥰고냥.

그냥-고지몡〖농〗모내기나 초벌 김맬 때, 아침 겯두리와 점심만 얻어먹고 하는 고지.

그냥-저냥뮈 그저 그렇게. 되는대로. ▢돈이 없으니 ~ 살아갈 수밖에.

그:네몡〖민〗가로 뻗은 나뭇가지 따위에 두 가닥의 줄을 매고, 줄 맨 아래에 밑싣개를 걸처 놓고 올라서서 몸을 앞뒤로 움직여 나는 기구. 또는 그 놀이. 추천(鞦韆). ▢~를 타다 / ~를 뒤에서 밀다.

그-네²인대 그 사람들. 그편 사람들.

그:네-뛰기몡 그네에 올라타고 몸을 앞뒤로 움직여 나는 놀이.

그:넷-줄[-네쭐 /-넫쭐]몡 그네에 늘어뜨린 밧줄. ▢~을 매다.

그-녀(-女)인대 그 여자.

그-년인대 자기에게서 좀 떨어져 있는 '여자'를 욕되게 이르는 말. 쥰고년. ↔그놈.

그노시스(그 gnosis)몡〖철〗그리스에서 1~2세기에 나타난 신에 대한 인식. 신과의 융합을 체험하게 하는 신비적 직관(直觀)이나 종교적 인식.

그-놈인대지대 1 자기에게서 좀 떨어져 있는 남자를 낮잡아 이르는 말. ▢~을 데려라가. 2 '그 아이'를 귀엽게 또는 욕되게 이르는

말. ❏~ 참 약군/~ 참 잘생겼다. **3** 어떤 사물을 낮잡아 이르는 말. ❏~의 차가 또 말썽이구나. [작]고놈. ↔그년.
그놈이 그놈이다 [구] 둘 이상의 사람이나 사물을 비교할 때 큰 차이가 없음을 낮잡아 이르는 말.
그느다 〔그너, 그느니〕 [타] 젖먹이가 대소변의 때를 가리다.
그느르다 〔그늘러, 그느르니〕 [타르] 보호하여 돌보아 주다.
그늘 [명] **1** 빛이 가려 어두운 부분. ❏나무 ~/~이 지다. **2** 의지할 만한 대상의 보호나 혜택. ❏부모의 ~에서 벗어나다. **3** 드러나지 않은 곳. ❏형의 ~에 가리다/~에서 묵묵히 봉사하다. **4** 불안이나 불행한 상태. 또는 그 때문에 나타나는 어두운 표정. ❏한 점 ~ 없이 맑은 얼굴/얼굴에 ~이 서리다.
그늘-대 [-때] [명] 거리에서 장사하는 사람이 볕을 가리는 물건.
그늘-말림 [명] 음건(陰乾).
그늘-지다 [자] **1** 빛이 비치지 않다. ❏그늘진 곳에서 놀다. **2** 드러나지 않다. ❏인생의 그늘진 곳. **3** 불행이나 근심으로 마음이나 표정이 흐려지다. ❏얼굴이 늘 그늘져 있다.
그닐-거리다 [자] **1** 살갗에 벌레가 기는 듯이 근지럽고 자릿한 느낌이 나다. **2** 위태롭거나 단작스러워 마음에 자릿자릿하다. [작]가닐거리다. **그닐-그닐** [부하자]
그닐-대다 [자] 그닐거리다.
그-다음 [명] 그것에 뒤미처 오는 때나 자리. ❏~ 사람/~에 서라. [준]그담.
그-다지 [부] **1** 별로. 그리《뒤에 부정의 말이 따름》. ❏~ 나쁘지 않다. **2** 그렇게까지. 그러한 정도로. ❏내 심정을 ~도 모르느냐. [작]고다지.
그-달 [명] 앞에서 이미 이야기한 달. ❏~에는 유난히 전화 요금이 많이 나왔다. *이달.
그-담 [명] '그다음'의 준말. ❏~은 누구냐. [작]고담.
그대 [인대] **1** 친구나 아랫사람을 높여 이르는 말《'자네'보다 좀 높인 말》. ❏~는 누구인고. **2** 주로 글에서, 상대방을 친근하게 이르는 말. ❏내 사랑하는 ~여.
그-대로 [부] **1** 상태나 모양이 변하지 않은 채. 전에 있던 대로. ❏내가 태어난 집이 아직 ~ 남아 있다. **2** 그것과 똑같이. ❏말한 ~ 가서 전해라. **3** 그냥. ❏나를 보고 ~ 지나가더라. [작]고대로. *이대로·저대로.
그-동안 [명] 그사이. 그간. ❏~ 안녕하셨지요.
그득 [부] 그득하게. 그득히. ❏밥을 공기에 ~ 담다. [작]가득. [센]그뜩.
그득-그득 [-끄-] [부하형][히부] 각각 모두 그득한 모양. ❏~ 담다/그릇마다 ~하다. [작]가득가득. [센]그뜩그뜩.
그득-하다 [-드카-] [형여] 분량·수효 등이 넘칠 만큼 많거나 한도에 차 있다. ❏교정에 꽃향기가 ~/방에 책이 ~/강당에 청중이 ~. [작]가득하다. [센]그뜩하다. **그득-히** [-드키] [부]. ❏눈에 ~ 눈물을 머금다.
그들먹-하다 [-머카-] [형여] 일정한 범위 안에 거의 그득하다. ❏뚝배기에 찌개가 ~. [작]가들막하다.
그듸 [인대] 〈옛〉 그대.
그디 [인대] 〈옛〉 그대.
그디업다 [형] 〈옛〉 그지없다.
그딕 [인대] 〈옛〉 그대.
그-따위 [一][명] 그러한 부류의 대상을 얕잡아 이르는 말. ❏~ 녀석은 상대할 가치도 없다. [二][관] (얕잡는 뜻으로) 그러한 부류의. ❏~ 시시한 소리는 그만 해라.
그-때 [명] 그 당시. 전에 말한 때. ❏~ 그는 다섯 살이었다.
그때-그때 [부] 일이 벌어지거나 기회가 주어지는 때마다. ❏~ 상황에 따라 유연하게 대처하다.
그때-껏 [-껃] [부] 그때에 이르기까지. 그때까지. ❏~ 모르고 있었다. *이때껏.
그뜩 [부] 그뜩이. ❏솥에 물을 ~ 붓다. [작]가뜩. [여]그득.
그뜩-그뜩 [-끄-] [부하형] 모두 그뜩한 모양. [작]가뜩가뜩. [여]그득그득.
그뜩-이 [부] 그뜩하게. 그뜩. ❏강당에 사람이 ~ 모였다. [작]가뜩이. [여]그득히.
그뜩-하다 [-뜨카-] [형여] 분량이나 수효가 한도에 꽉 차 있다. ❏쌀이 ~. [작]가뜩하다. [여]그득하다.
그라베 (이 grave) [명] 〔악〕 '매우 느리고 장중하게'의 뜻.
그라비어 (gravure) [명] 〔인〕 사진 제판에 의한 요판(凹版) 인쇄의 하나. 사진이나 그림처럼 농담(濃淡)이 표현됨《대량 인쇄에 적합함》. 사진 요판.
그라우팅 (grouting) [명] 〔건〕 돌 축대나 건축물의 틈 따위에 시멘트나 모르타르 등을 다져 넣어 메우는 일. 그라우트.
그라운드 (ground) [명] 운동장. 경기장. ❏~에 모인 관중.
그라운드 룰 (ground rule) 경기장의 사정으로 정식 규정을 적용할 수 없을 때 임시로 적용하는 경기장 규칙.
그라운드 스트로크 (ground stroke) 테니스에서, 상대방이 친 공이 한 번 땅에 튄 다음에 받아치는 일.
그라운드-시트 (groundsheet) [명] 천막이나 막사 등의 땅바닥에 까는 방수포(防水布).
그라운딩 (grounding) [명] 럭비에서, 트라이할 때와 같이 공을 지면에 누르는 일.
그라인더 (grinder) [명] 〔공〕 연삭기(研削機).
그라치오소 (이 grazioso) [명] 〔악〕 악보에서, '우아하게'의 뜻.
그라칠레 (이 gracile) [명] 〔악〕 악보에서, '우미하게'의 뜻.
그라탱 (프 gratin) [명] 화이트 소스로 무친 고기·야채 등에 담아 치즈와 빵가루를 뿌린 다음 오븐에 구운 요리. ❏마카로니 ~.
그라프 여:포 (Graaf濾胞) 〔생〕 포유류의 난소(卵巢) 안에서 난자(卵子)를 둘러싸고 보호하며, 양분을 공급하는 주머니 모양의 세포군. *여포2.
그란디오소 (이 grandioso) [명] 〔악〕 악보에서, '웅대하게 또는 장쾌하게'의 뜻.
그랑프리 (프 grand prix) [명] 대상(大賞). 최우수상. ❏~ 수상 작품/~를 차지하다.
그래¹ [감] **1** 아랫사람에게 긍정의 뜻으로 대답하는 말. ❏~, 내 곧 갈게. **2** 감탄이나 가벼운 놀라움을 나타내는 말. ❏~, 정말 잘했구나. **3** '아 글쎄'의 뜻. ❏~, 그것도 못한단 말이냐.
그래² [준] **1** 그리하여. ❏~ 봐야 소용없다. **2** 그러하여. ❏성적이 ~선 대학에 못 간다. [작]고래.
그래³ [조] ('-구먼·-군·-지'와 같은 말 뒤에 붙어) 상대방에게 내용을 강조함을 나타내는 보조사. ❏기분이 좋구먼~.

그래그래 圈 '그래'를 강조하는 말. ▢∼ 알았다, 알았어.

그래뉼러당 (granular糖) 몡 〖화〗결이 보드라운 정제 설탕.

그래도 国 1 그리하여도. ▢아무리 ∼ 가망이 없다. 2 그러하여도. ▢∼ 난 네가 좋다 / ∼ 우리 집이 제일이다. 昣고래도.

그래서 国国 앞 내용이 뒤 내용의 원인·근거·조건 따위가 될 때 쓰는 접속 부사. ▢길이 많이 막혔어요. ∼ 늦었어요. 国倨 그리하여서. 그러하여서. ▢밤낮 ∼ 대학에 갈 수 있겠나 / 태도가 ∼ 미움을 샀지. 昣고래서.

　그래서 그런지 国 그런 이유인지는 모르나. 그 때문인지 확실하지 않으나. ▢저녁에 커피를 마셨나. ∼ 잠이 오지 않는다.

그래야 倨 그리하여야. ▢∼ 3만 원도 못 된다 / 늘 ∼ 칭찬을 받지. 昣고래야.

그래포스코프 (graphoscope) 몡 〖컴〗화면에 나타난 데이터를 라이트 펜(light pen) 따위로 수정할 수 있는 수상(受像) 장치.

그래프 (graph) 몡 1 통계의 결과를 한눈에 볼 수 있도록 나타낸 표. ▢∼ 용지(用紙). 2 〖수〗주어진 함수가 나타내는 직선이나 곡선.

그래픽 (graphic) 몡 영상이나 인쇄물에 쓰는 사진이나 그림. 도형.

그래픽 디자이너 (graphic designer) 그래픽 디자인을 전문으로 하는 디자이너.

그래픽 디자인 (graphic design) 〖인〗인쇄 기술의 특성을 이용해 나타내는 시각 디자인(포스터·삽화·광고·표지 등의 평면의 디자인).

그래픽 아트 (graphic art) 1 평면 위에 도형을 만드는 기술의 총칭《회화·글씨·판화·인쇄 등》. 2 〖미술〗수공적인 방법으로 만들고 복제(複製)할 수 있는 도형. 곧, 판화.

그랜 国 그래서는. 그렇게 하여서는. ▢또 깎아 달라니, ∼ 못 판다.

그랜드스탠드 (grandstand) 몡 경마장·운동장에서 정면에 있는 특별 관람석.

그랜드 슬램 (grand slam) 1 야구에서, 만루 홈런. 2 테니스나 골프 등에서, 한 해에 4대 대회에서 모두 이기는 일.

그랜드 오페라 (grand opera) 〖악〗대화까지도 모두 노래와 음악으로 된 가극. 정가극. 대가극.

그랜드 피아노 (grand piano) 〖악〗현(絃)을 수평으로 쳐 놓은 대형 피아노《연주회용임》. *업라이트 피아노.

그램 (gram) 의몡 〖수〗CGS 단위계에서 질량의 기본 단위. 4℃의 물 1cm³의 무게. 기호는 g.

그램당량 (gram當量)[냥] 의몡 〖화〗수소 1.008g의 양 또는 산소 8g의 양과 화합하는 다른 원소의 양을 그램으로 표시한 수.

그램분자 (gram分子) 의몡 〖화〗물질의 분자량을 그램 단위로 나타낸 양. 몰(mole).

그램원자 (gram原子) 의몡 〖화〗원소의 원자량을 그램 단위로 나타낸 양.

그램이온 (gram ion) 의몡 〖화〗이온의 양을 나타내는 단위. 아보가드로수(Avogadro數)와 같은 수의 이온 집단의 질량.

그램중 (gram重) 의몡 〖물〗중력(重力) 단위계의 힘의 단위. 1그램중은 대체로 980 다인에 상당한다.

그램칼로리 (gram calorie) 의몡 칼로리를 킬로그램칼로리와 구별하여 일컫는 말.

그랬다저랬다 [랜따랜따] 倨 그리하였다가

저리하였다가. ▢∼ 변덕이 심하다.

그러게 国 자신의 말이 옳았음을 강조하는 말. ▢∼ 책 좀 읽으라고 했잖아.

그러고 国 '그리하고'의 준말. ▢∼ 저러고 할 것 없다 / ∼ 보니 범인은 너로구나. *이러고.

그러구러 国 우연히 그렇게 되어. ▢김 군과는 ∼ 친구가 되었다. *이러구러.

그러그러하다 혱옌 1 그러하고 그러하다. ▢모두 그러그러한 사람들. 2 그렇고 그래서 별로 특별하지 않다. ▢그 솜씨는 그저 그러그러했다. 昣고러고러하다.

그러께 몡 지난해의 바로 전 해. 재작년. 전전년. ▢∼ 가을에 다녀갔지.

그러나 国 '그렇지마는, 그렇지만'의 뜻의 접속 부사. ▢∼ 값이 좀 비싸다 / ∼ 재미있는 책이다. *연이나. 国倨 그러하나. ▢성질은 ∼ 됨됨이는 괜찮다. 2 그리하나. ▢말은 ∼ 속마음은 다른 것 같다. *이러나.

그러나저러나 国 그것은 그렇다 치고《화제를 돌릴 때》. ▢세상에 별놈 다 있네. ∼ 몹시 시장하구나. 준그나저나. 国倨 그리하나 저리하나. 그러하나 저러하나. ▢∼ 이것은 네 책임이다. *이러나저러나.

그러내다 国 속에 들어 있는 것을 그러당기어 밖으로 내다. ▢아궁이의 재를 ∼.

그러넣다 [너타] 国 사방에 흩어져 있는 것을 그러모아 넣다. ▢흩어진 돈을 포켓에 ∼.

그러니 国倨 '그러하니'의 뜻의 접속 부사. ▢∼ 장차 이 일을 어쩐담. 国倨 그렇게 하니. 그러하니. ▢형이 ∼ 아우도 그렇지 / 형편이 ∼ 어쩌겠나.

그러니까 国倨 '그러하니까'의 뜻의 접속 부사. ▢∼ 내 말대로 해라. 国倨 그러하니까. 그리하니까. ▢네가 자꾸 ∼ 나도 슬퍼진다 / 꼴이 ∼ 남들이 웃지.

그러니만큼 国 '그런 사정이니 마땅히'의 뜻의 접속 부사. ▢너는 장자다. ∼ 더 열심히 노력해야 한다.

그러니저러니 国倨 그러하다느니 저러하다느니. ▢말만 하지 말고 실천을 해라 / ∼ 말이 많다. *이러니저러니.

그러다 国倨 그렇게 하다. ▢∼ 다칠라 / 가라니까 그러네 / ∼가 혼나지. 昣고러다.

그러리 말리 国 그러니저러니 여러 가지로. ▢∼ 결정을 못 내리다.

그러담다 [따] 国 흩어진 것을 한데 모아 담다. ▢낙엽을 가마니에 ∼.

그러당기다 国 흩어져 있는 것을 한데 모아 당기다.

그러데이션 (gradation) 몡 〖미술〗바림.

그러들이다 国 그러당기어 들이다.

그러루하다 혱옌 정도나 형편이 대개 그러하다. 昣고러루하다.

그러면 国倨 '그렇다고 하면'·'그렇게 하면'의 뜻의 접속 부사. ▢∼ 갔다 오마 / 구하라, ∼ 얻을 것이오. 国倨 그리하면. 그러하면. ▢자꾸 ∼ 못써 / 여럿이 다 ∼ 따라야지. 준그럼.

　그러면 그렇지 国 어떤 일이 생각하거나 원했던 대로 됨을 기쁘게 여겨 하는 말. ▢∼, 해서 안 될 리가 있나.

그러면서 国倨 '그렇게 하면서'의 뜻의 접속 부사. ▢∼ 무슨 여러 소리냐. 国倨 그리하면서. 그러하면서. ▢말은 ∼ 행동은 안 그렇군.

그러모으다 [모아, 모으니] 国 흩어져 있는 것을 그러당겨 한데 모으다. ▢돈을 ∼ / 이것저것 ∼.

그러묻다 [따] 国 흩어져 있는 것을 한데 모

아 묻다. ▫숯불을 ~.

그러므로 🔠 '그러한 까닭으로'·'그런고로'의 뜻의 접속 부사. ▫~ 열심히 공부해야 한다.

그러-안다[-따] 🔣 두 팔로 싸잡아 껴안다. ▫모자가 서로 ~. 2 (비유적으로) 어떤 일을 맡다. ▫그 일까지 그러안아서 어떻게 다 처리를 하려는 셈이냐.

그러자 🔠 '그렇게 하자'의 뜻의 접속 부사. ▫~ 그가 고함을 쳤다. ⦅준⦆ 그리자. 그러하자. ▫나도 ~고 했으면 했다.

그러잖아도[-자나-] ⦅준⦆ 그러지 않아도. ▫가려던 참이다 / 이제는 ~ 먹고살 만하다.

그러-잡다[-따] 🔣 그러당겨 붙잡다. ▫잡초를 그러잡고 산을 오르다.

그러저러-하다 🔴 그렇고 저렇다. ▫그러저러한 사연. *이러저러하다.

그러-쥐다 🔣 그러당겨 손에 잡다. ▫손잡이를 ~.

그러-하다 🔴 그와 같다. ▫그러한 것은 많이 보았지. ⦅참⦆고러하다. ⦅준⦆ 그렇다. *이러하다·저러하다.

그러한-즉 🔠 그런 형편이므로. ▫~ 너도 명심해라 / 형편이 ~ 이해해 주어야지. ⦅준⦆ 그런즉·즉.

그럭-저럭[-쩌-] 🔠 1 되어 가는 대로. 그렁저렁. ▫~ 살아가고 있다. 2 어떻게 하다 보니. 어느덧. 그렁저렁. ▫~ 시간이 다 되었다. *이럭저럭.

그런 🔤 '그러한'의 준말. ▫~ 사람 / ~ 사실이었다.

그런-고로 🔠 그러한 까닭으로. ▫~ 일은 끝난 셈이다.

그런-대로 🔠 '그러한 대로'의 준말. ▫수입은 적지만 ~ 산다.

그런데 🔠 🔠 '그러한데'의 의미의 접속 부사. ▫~ 그것은 어떻게 됐지. ⦅준⦆ 건데·근데. ⦅준⦆ 그러한데. ▫너는 ~ 나는 왜 이렇지.

그런즉 🔠 '그러한즉'의 준말. ▫내용이 ~ 이렇게 하자. *이런즉.

그럴-듯하다[-뜨타-] 🔴 1 그렇다고 할 만하다. ▫그럴듯한 의견이네. 2 제법 훌륭하다. ▫그럴듯한 얼굴을 하다 / 야, 그거 참 그럴듯한데.

그럴싸-하다 🔴 그럴듯하다. ▫그럴싸한 핑계 / 아주 그럴싸하게 생겼다.

그럴씨 🔠 ⟨옛⟩ 그러므로.

그럼¹ 🔠 🔠 '그러면'의 뜻의 접속 부사. ▫~ 안녕. ⦅준⦆ 그러면. ▫네가 ~ 나도 하겠다.

그럼² 🔣 그렇지. ~, 여부가 있나.

그렁-거리다 🔣🔣 '그르렁거리다'의 준말. 그렁-그렁¹ 🔠🔣 가래 끓는 소리.

그렁-그렁² 🔠🔴 1 액체가 가장자리까지 괴어 거의 찰 듯한 모양. 2 눈에 눈물이 그득 괸 모양. 두 눈에 눈물이 ~하다. 3 국물은 많고 건더기가 적은 모양. 4 물을 많이 마셔서 배 속에 가득 찬 듯한 모양. ⦅참⦆가랑가랑. 🔠큰크렁.

그렁-대다 🔣🔣 그렁거리다.

그렁-저렁 🔠🔴🔣 그럭저럭. ▫~ 지내지요.

그렇게[-러케] 🔠 '그러하게'의 준말. ▫~까지는 믿지 마라 / ~ 큰 금액은 아니다 / 공부를 ~ 해서는 안 된다.

그렇고말고[그러코말고] ⦅준⦆ '그러하고말고'의 준말로, '물론 그렇다'는 뜻.

그렇다[-러타][그러니, 그래서] 🔴🔣 '그러하다'의 준말. ▫~면 나도 할 말이 있지 / ~고 해서 그만둘 수도 없다. 🔠고렇다.

그렇고 그렇다 🔣 대수롭거나 특별하지 아

니하다. ▫그렇고 그런 소설 / 세상이란 다 그렇고 그런 것이다.

그럴-듯 [-러뜬] 🔠 1 '그러하듯'의 준말. ▫아버지가 ~ 자식들도 부지런하다. 2 그렇게도 몹시. ▫~ 좋아할 수가 없다.

그럴-듯이 [-러트시] 🔠 '그러하듯이'의 준말. ▫모양이 ~ 내용도 아주 그럴싸하구나. *이렇듯이.

그렇잖다[-러찬타] 🔴 '그러하지 아니하다'의 준말. ▫그건 ~.

그렇지 [-러치] 🔣 그렇고 말고. 그러면 그렇지. ▫~, 그게 옳아.

그렇지-마는 [-러치-] 🔠 '그러하지마는'의 뜻의 접속 부사. ▫~ 너는 안 돼.

그렇지-만 [-러치-] 🔠 '그렇지마는'의 준말. ▫~ 이상한데.

그:레 🔣《建》기둥·재목·기와 등을 놓일 자리에 꼭 맞도록 따 내기 위해 바닥의 높낮이에 맞추어 그리는 물건.

그레고리-력 (Gregory曆) 🔣 1582년에 로마 교황 그레고리우스 13세가 종래의 율리우스 (Julius)력을 개량해서 제정한 태양력《지금의 양력은 이것에 의함》.

그레이더 (grader) 🔣《建》땅을 깎아 고르는 토목용 기계.

그레이-칼라 (gray-collar) 🔣《社》화이트칼라와 블루칼라의 중간적인 성격을 띤 근로자의 총칭. 기술 혁신으로 육체노동도 기계화하여 사무직과 생산직의 구별이 없어지면서 생겨난 말《컴퓨터의 오퍼레이터 따위》.

그레이하운드 (greyhound) 🔣《動》이집트 원산의 개의 한 품종. 몸이 가늘고 길며, 주력(走力)·시력(視力)이 발달한 사냥용 개임.

그레인 (grain) 🔣 야드파운드법의 무게 단위. 0.0648g에 해당함. 기호는 gr.

그:레-질 🔣🔣《建》기둥이나 재목 따위에 그 놓일 자리의 바닥의 높낮이를 그레로 그리는 일.

그레코-로만 (Greco-Roman) 🔣 그리스와 로마 양식을 혼합한 예술 양식.

그레코로만 미:술 (Greco-Roman美術) 기원전 1-3세기에 걸쳐 로마 인의 취미에 알맞도록 그리스 인 작가가 로마에서 제작한 그리스적 미술.

그레코로만-형 (Greco-Roman型) 🔣 레슬링에서, 선 자세로 상대편의 허리 윗부분만을 공격하는 종목. *자유형.

그려 🔣 '하게'나 '하오', 또는 합쇼할 자리의 종결 어미에 붙어, 내용을 강조함을 나타내는 보조사. ▫훌륭합니다~ / 크네~ / 갑시다~ / 이제야 돌아왔네~.

그려기 🔣 ⟨옛⟩ 기러기.

그려도 🔠 ⟨옛⟩ 그래도. 오히려.

그려하다 🔣 ⟨옛⟩ 그리워하다.

그령 🔣《植》볏과의 여러해살이풀. 들이나 길가에 나는데 높이 60cm 정도임. 늦여름에 긴 타원형 꽃이 핌. 잎은 밧줄 대용(代用) 또는 편물용으로 씀. 지풍초(知風草).

그로기 (groggy) 🔣 권투에서, 심하게 맞아 몸을 가누지 못하고 비틀거리는 일. ▫~ 상태에 빠지다.

그로스 (gross) 🔣 수량을 나타내는 단위. 1그로스는 12다스. 곧, 144개.

그로테스크-하다 (grotesque-) 🔴 기괴(奇怪)하다.

그루 🔠🔣 나무·곡식 등의 줄기 밑동. 🔠🔣

1 식물 특히 나무를 세는 말. ▯한 ~의 전나무. **2** 한 해에 같은 땅에 농사짓는 횟수를 세는 단위.

그루(를) 갖추다 ⭐ 벼나 보리 따위의 이삭이 고르게 패어 가지런하다.

그루(를) 뒤다 ⭐ 땅을 갈아 그루를 뒤엎다.

그루(를) 들이다 ⭐ 땅을 갈아 그루를 뒤엎고 곡식을 심다.

그루(를) 앉히다 ⭐ 앞으로 할 일에 대해 자리를 바로잡게 하다.

그루(를) 치다 ⭐ 그루를 박아서 가지런하게 하다.

그루(를) 타다 ⭐ 한 논밭에 같은 종류의 곡식을 연거푸 심어서 잘되지 않다.

그루-갈이 몡하타 〖농〗 한 해에 같은 땅에서 두 번 농사지음. 또는 그렇게 짓는 농사. 이모작(二毛作). 근경(根耕). 근종(根種).

그루-되다 재 서너 살 안짝의 어린아이가 늦되다.

그루-박다[-따]타 **1** 물건을 들어 바닥에 거꾸로 탁 놓다. **2** 연의 머리를 아래로 돌려 내려가게 하다. **3** 남을 기를 펴지 못하게 억누르다.

그루-밭[-받] 몡 〖농〗 밀이나 보리를 베어 내고 다른 작물을 심은 밭.

그루-벼 [-벼] 몡 〖농〗 **1** 보리를 베어 낸 논에 심은 벼. **2** 9벼.

그루-빈대 번성기가 지나 힘이 꺾일 무렵에 늦게 생긴 빈대.

그루-빼기 몡 짚단이나 나뭇단 등의 그루가 맞대어서 이룬 바닥.

그루-차례 몡 그루갈이의 횟수.

그루-콩 몡 〖농〗 그루갈이로 심은 콩. ⓑ글콩.

그루-터기 몡 풀이나 나무, 곡식 따위를 베어 내고 남은 밑동. ⓑ소나무 ~에 걸터앉다.

그루-팥[-판] 몡 〖농〗 그루갈이로 심은 팥.

그룹 (group) 몡 **1** 동아리. 집단. 무리. ▯독서 ~ / 선두 ~에서 달리다 / 전체를 두 ~으로 나누다. **2** 계열을 이룬 기업체의 무리. ▯재벌 ~ / 거대한 ~을 경영하다. **3** 분단(分團).

그룹 다이내믹스 (group dynamics) 〖사〗 집단이라는 장(場)을 중력의 장이나 전자기장처럼 힘의 작용으로 생각하여, 구성원의 상호 관계에 작용하는 힘을 연구하는 사회학이나 심리학의 분야. 집단 역학(力學).

그룹-사운드 (group sound) 몡 노래하며 연주도 하는, 3~8명 편성의 연주 그룹.

그룹 학습 (group學習)[-씁] 〖교〗 학습 능력을 높이기 위하여 한 학급을 몇 분단으로 나누어 학습을 진행하는 방법. 분단 학습.

그르 뮈 〈옛〉 그릇. 잘못.

그르다[타] 뮈 〈옛〉 풀다. 끄르다.

그르다² [글러, 그르니] 혱ㅌ **1** 옳지 못하다. ▯옳고 그른 일. **2** 하는 짓이 싹수가 없다. ▯한몫하는 글렀다. **3** 기대하는 대로 될 가망이 없다. ▯일이 제대로 되기는 글렀다.

그르렁-거리다 재타 목구멍 안에 가래가 생겨 숨 쉴 때 거치적거리는 소리가 자꾸 나다. 또는 그런 소리를 자꾸 내다. ㉔가르랑거리다. ⓑ그렁거리다. **그르렁-그르렁** 뮈하자타

그르렁-대다 재타 그르렁거리다.

그르치다 타 잘못해 일을 그릇되게 하다. ▯큰 일을 ~ / 다 된 일을 ~.

그릇¹[-륻] 몡 **1** 음식이나 물건 따위를 담는 기구의 총칭. ▯사발 ~ / 반찬 ~ / ~을 부시다 / ~ 음식을 담다. **2** 일에 처하는 기량(器

량). ▯~이 크다 / 장차 크게 될 ~이다. **3** 그릇에 담긴 수량을 세는 단위. ▯자장면 한 ~. [그릇도 차면 넘친다] 세상의 모든 것은 한번 성하고 차면 다시 쇠하여 준다.

그릇 깨겠다 ⭐ 여자가 얌전하지 못하다.

그릇²[-륻] 뮈하타 그르게. 틀리게. ▯~ 알다 / ~ 전하다.

그릇-되다[-륻뙤-] 재 그르게 되다. 일이 틀리다. ▯그릇된 내용.

그릇-명[-륻-] 〖-皿〗 한자 부수의 하나(('盆·盟' 등에서 '皿'의 이름)).

그릇-박[-륻빡] 몡 그릇을 씻어서 담아 두는 함지박.

그릇-장[-륻짱] (欌)[-륻짱] 몡 그릇을 넣어 두는 장. *찬장.

그리¹ 뮈 **1** 그러하게. ▯~ 알고 기다려라. **2** 그다지. ▯~ 바쁘지 않다.

그리² 뮈 **1** 그곳으로. 그쪽으로. ▯~ 앉으렴 / 내가 ~ 가지. ㉔고리³. *이리·저리.

그리고 뮈 '그리하여'·'또'·'및'의 뜻으로서, 말이나 문장 따위를 병렬로 연결하는 접속 부사. ▯사과도 ~ 배도 좋아한다 / 정직하라. ~ 노력하라.

그리니치-시 (Greenwich時) 몡 영국의 그리니치를 지나는 본초 자오선에서의 지방시(地方時)((전 세계 표준시(標準時)의 기본이 됨)).

그리다¹ 타 사랑하는 마음으로 간절히 생각하다. ▯고향을 ~ / 임을 ~.

그:리다² 타 **1** 사물의 형상을 그림으로 나타내다. ▯고양이를 ~. **2** 사물의 형용이나 감상을 말이나 글로 나타내다. ▯인간의 심리를 적나라하게 그린 작품. **3** 어떤 도형과 닮은꼴을 짓다. ▯공이 포물선을 그리며 날다.

그리도 뮈 그렇게도. 그처럼. 그다지도. ▯어찌 ~ 좋아하나. *이리도.

그리드 (grid) 몡 **1** 삼극 진공관의 한 극. 양극과 음극과의 중간에 장치한 그물꼴의 금속으로 격자(格子)라고도 함. 전자 전류를 제어하는 작용을 함.

그리-로 뮈 '그리²'를 강조하는 말. ▯~ 가라. ㉔고리로. ⓑ글로.

그리마 똥 그리맛과의 절지동물. 마루 밑 등 음습한 곳에 사는데, 길이 약 3cm, 어두운 황갈색에 검은 반점이 있음. 몸은 여러 마디로 되어 있고, 머리에 긴 더듬이가 있음. 긴 다리가 15쌍, 맨 뒷발이 특히 긺.

그리메 몡 〈옛〉 그림자.

그리스 (grease) 〖공〗 기계의 마찰력을 덜기 위해 쓰는 진득진득한 윤활유.

그리스도 (←Christ) 몡 〖성〗 구세주라는 뜻. 예수. 기독(基督).

그리스도-교 (←Christ敎) 몡 〖기〗 기독교.

그리스도 기원 (←Christ紀元) 〖기〗 예수가 탄생한 해를 기점으로 하는 기원. 탄생 전은 BC, 탄생 후는 AD로 표시함. 서력 기원.

그리스 문자 (Greece文字)[-짜] 〖언〗 그리스어를 표기하는 데 쓰는 표음 문자. 페니키아 문자에서 유래되어, 로마자와 러시아 문자의 바탕이 됨. 보통은 24자로 대문자와 소문자가 있음. A α(알파)·B β(베타)·Γ γ(감마)·Δ δ(델타)·E ε(엡실론)·Z ζ(제타)·H η(에타)·Θ θ(세타)·I ι(요타)·K κ(카파)·Λ λ(람다)·M μ(뮤)·N ν(뉴)·Ξ ξ(크시·크사이)·O o(오미크론)·Π π(파이)·P ρ(로)·Σ σ(시그마)·T τ(타우)·Υ υ(입실론)·Φ ϕ(피)·X χ(키)·Ψ ψ(프시·프사이)·Ω ω(오메가). 희랍 문자.

그리스 비극 (Greece悲劇) 〖연〗 기원전 6-5세기에 아테네에서 성행하던 고전 연극. 신화

와 영웅전을 소재로 신과 인간의 대립과 갈등을 통해 장중한 드라마를 탄생시킴.

그리스 신화 (Greece神話) 〖문〗 고대 그리스인이 만들어 낸 신화와 전설. 제우스 및 올림포스의 신들과, 영웅을 비롯한 인간과의 관계를 이야기함.

그리스-어 (Greece語) 圏 〖언〗 인도·유럽 어족의 한 어파. 그리스 본토를 중심으로 그 일대에서 씀. 희랍어.

그리스 정:교 (Greece正教) 〖기〗 그리스 정교회(正教會).

그리스 정:교회 (Greece正教會) 〖기〗 동로마 제국의 국교로서 콘스탄티노플을 중심으로 발전한 예수 교회. 정교회(正教會). 희랍 교회.

그리움 圏 보고 싶어 애타는 마음. 사모의 정. ᄆ~이 사무치다 / ~에 잠을 못 이루다.

그리워-하다 퇘여 보고 싶어하다. 사모하다. ᄆ어머니를 ~.

그리-저리 틧재 1 그러하고 저러하게. 되는 대로. ᄆ~ 하다 보니 이룬 것이 아무것도 없다. *이리저리. 2 무슨 비밀이 있어 우물쭈물 처리하는 모양.

그리-하다 재여 그렇게 하다.

그리-하여 틧 그렇게 하여서. ᄆ~ 두 사람은 의형제가 되었다.

그린 (green) 圏 골프에서, 홀 주변에 있는, 퍼트를 하기 위한 잔디밭.

그린-라운드 (green round) 〖정〗 오염된 지구 환경을 개선하기 위해 환경 문제를 국제 무역 거래와 연계한 다자간(多者間) 협상.

그린-베레 (Green Beret) 〖군〗 대게릴라전을 목적으로 하는 미국 육군의 특수 부대의 속칭(녹색 베레모를 쓴 데서 유래함).

그린-벨트 (greenbelt) 〖법〗 1 개발 제한 구역. ᄆ~ 해제 예정 지역. 2 녹지 지역.

그린-카드 (green card) 圏 푸른색으로 된 신분증. 일반인에 비해 우대하는 뜻이 있는 경우가 많고, 환경 관련 단체나 환경과 관련된 의미로도 씀.

그린-피 (green fee) 圏 골프장의 코스 사용료.

그린피스 (Green Peace) 圏 핵무기 반대와 환경 보호 등을 목표로 활동하는 급진적인 국제 단체(본부는 암스테르담에 있음).

그린피스 (green peas) 圏 〖식〗 완두의 한 품종. 열매가 초록색임. 청완두(靑豌豆).

그릴 (grill) 圏 1 고기나 생선을 굽는 석쇠. 2 즉석에서 구운 고기 따위를 파는 식당. 양식점(洋食店).

그:림 圏 1 물건의 형상을 평면 위에 선 또는 색채를 써서 나타낸 것. 회화(繪畫). ᄆ~을 그리다. 2 매우 아름다운 경치 따위의 비유. ᄆ~ 같은 저녁노을.

그림의 떡 튄 실지로 이용할 수 없거나 차지할 수 없다는 뜻. 화중지병(畫中之餠).

그:림-그래프 (-graph) 圏 〖수〗 그림으로 그린 그래프의 하나.

그:림 글자 (-字) 圏 〖언〗 그림 문자.

그:림 문자 (-文字) 圏 〖언〗 문자 발생 초기에 자기 의사를 표현하기 위한 수단으로 쓰여진 그림(상형 문자보다도 더욱 유치한 단계임). 그림 글자. 회화 문자.

그:림-물감 (-감) 圏 〖미술〗 그림을 그리는 데 사용하는, 색소(色素)와 고착제를 섞어서 만든 물건(서양화·동양화 또는 수채화 물감 등이 있음). 채료(彩料).

그:림-배 圏 그림을 그려서 아름답게 꾸민 배. 화방(畫舫).

그:림-본 (-本)[-뽄] 圏 그림을 그릴 때 본보기

로 쓰는 그림.

그:림-쇠 圏 지름이나 선의 거리를 재는 기구. 규구(規矩).

그:림-씨 圏 〖언〗 형용사.

그:림 연:극 (-演劇)[-년-] 〖연〗 딱딱한 종이에 그린 그림을 상자 모양의 틀 속에 넣고 순서대로 어린이에게 내보이며 극적으로 이야기를 들려주는 놀이.

그:림-엽서 (-葉書)[-녑써] 圏 뒷면에 사진이나 그림 등이 있는 우편엽서. ㉰엽서.

그:림-일기 (-日記) 圏 아동들이 쓰는, 그림을 주로 한 일기.

그:림자 圏 1 물체가 빛을 가려 그 물체의 뒤쪽에 나타나는 검은 그늘. ᄆ~가 지다 / ~가 짙게 깔리다 / ~를 던지다 / ~가 어른거리다 / ~같이 붙어 다니다 / ~처럼 따라다닌다. 2 거울이나 물에 비쳐 나타나는 물체의 모습. ᄆ연못에 달 ~가 비치다. 3 사람의 자취. ᄆ사람의 ~ 하나 얼씬하지 않다. 4 얼굴에 나타나는 근심·걱정 따위. ᄆ얼굴에 어두운 ~가 깃들다.

그림자도 없다 튄 온데간데없다.

그림자를 감추다 튄 자취를 감추어 모습을 나타내지 않다.

그림자조차 찾을 수 없다 튄 온데간데없어 도무지 찾을수 없다.

그:림자-놀이 圏 사람이나 동물 모양을 불빛에 비추어 벽 따위에 그림자가 나타나게 하는 놀이.

그:림자-밟기 [-밥끼] 圏 달밤에 술래가 된 사람이 다른 사람의 그림자를 밟는 어린이 놀이.

그:림-쟁이 圏 〈비〉화가(畫家).

그림제 圏 〈옛〉그림자.

그:림-책 (-冊) 圏 1 어린이를 위해 그림으로 꾸민 책(만화책 따위). 2 그림을 모은 책. 3 그림본으로 쓰는 책.

그:림-첩 (-帖·-牒) 圏 여러 가지 그림이나 그림을 찍은 사진을 한데 묶어 만든 책. 도첩.

그:림-판 (-版) 圏 〖인〗 활판에 쓰는 동판·아연판·목각판 등의 총칭.

그립 (grip) 圏 라켓·배트·골프채 등의 손잡이. 또는 그것을 잡는 방식.

그립다 [-따] 〔그리워, 그리우니〕 형ᄇ 1 그리는 마음이 간절하다. ᄆ그리운 내 고향. 2 아쉽다. 필요하다. ᄆ인정이 ~.

그만¹ 팬 '그만한'의 준말. ᄆ~ 일에 울다니.

그만² 틧 1 그 정도까지. ᄆ~ 해라. 2 그대로 곧. ᄆ그 말에 ~ 화를 내다. 3 자신도 모르는 사이에. ᄆ급히 먹다가 ~ 사레가 들렸다. 4 달리 방법이 없어서. ᄆ~ 울어 버렸다. 5 그 정도로 하고. ᄆ~ 끝냅시다. ㉯고만. *이만.

그만그만-하다 형여 1 여럿이 다 어슷비슷하다. ᄆ그만그만한 나이의 애들. 2 사실이나 내용이 그렇고 그렇다. ᄆ그만그만한 일로 다투다. ㉯고만고만하다. *조만조만하다.

그만-두다 퇘 1 하던 일을 그치고 하지 않다. ᄆ학교를 ~ / 직장을 ~. 2 할 예정이던 것을 하지 않다. ᄆ비가 와서 등산을 그만두다. ㉯고만두다. ㉰간두다.

그만-이다 형 1 그뿐이다. 그것으로 끝이다. ᄆ가면 ~ / 그것만 하면 ~. 2 그것으로 족하다. ᄆ책과 노트만 사 주시면 그만이에요. 3 〈씨〉 더할 나위 없다. 가장 낫다. ᄆ요리 솜씨가 ~. ㉯고만이다.

그만-저만 틧 그저 그만한 정도로. ᄆ~ 해 두

어라. ──하다[혱옘] 그저 그만한 정도이다. 정도가 그저 어슷비슷하다. ◻병세가 ~. * 이만저만하다.

그-만치[명][부] 그만큼. ◻~나 먹었니 / ~ 물러서라. *이만치.

그-만큼[명][부] 그 정도로. ◻~ 타일렀건만 / ~했으면 이제 좀 쉬렴. *이만큼·저만큼.

그만-하다[타옘] 하던 일을 그만 멈추다.

그만-하다²[혱옘] **1** 상태·모양·성질 따위의 정도가 그러하다. ◻아버님 병환이 ~. **2** 웬만하다. ◻사업은 그저 그만합니다. **3** 정도나 수준, 수량 따위가 그것만 하다. ◻그만한 돈은 내게도 있다. ⚑고만하다. *이만하다·저만하다.

그만-때[명] 그만큼 된 때. ◻~가 되면. ⚑고만때. *이만때·저만때.

그망없다[혱]〈옛〉그지없다.

그물[명] **1** 물고기·날짐승 등을 잡으려고 노끈·실 따위로 여러 코의 구멍이 나게 얽은 물건. ◻~을 치다 / ~로 고기를 잡다 / 고기가 ~에 걸리다. **2** 그물코처럼 엮어 만든 물건의 총칭. ◻체의 ~ / 배구공이 ~에 걸리다. **3** 남을 꾀거나 잡기 위한 교묘한 수단과 방법. ◻범인이 ~을 빠져나가다.

[그물에 든 고기] 이미 잡힌 몸이 되어 벗어날 수 없는 신세. [그물이 삼천 코라도 벼리가 으뜸] 아무리 수가 많더라도 주장되는 것이 없으면 소용이 없다.

그물을 던지다[구] 남을 꾀거나 해치려고 수단을 쓰다.

그물-거리다[자] 날씨가 자꾸 흐렸다 개었다 하다. ◻날씨가 온종일 ~. ⚋끄물거리다. **그물-그물**[부][하자]

그물-눈[-룬][명] 그물코.

그물-대다[자] 그물거리다.

그물-막(-膜)[명]〖생〗망막(網膜).

그물-망(-網)[명] 한자 부수의 하나(「罒」이나 「罓」 따위에서 '罒'·'罒' 및 '罓·网' 등의 이름).

그물-맥(-脈)[명]〖식〗쌍떡잎식물에서, 그물처럼 된 잎맥. 망상맥(網狀脈).

그물맥-잎(-脈-)[-닙][명]〖식〗잎맥이 그물처럼 엉켜 있는 잎(배나무·벚나무 따위의 잎). 망상맥잎.

그물-질[명][하자] 그물을 써서 고기를 잡는 일. ◻~을 가다.

그물-채[명] 그물의 양쪽 끝에 매는 긴 대.

그물-코[명] 그물의 구멍. ◻~를 뜨다 / ~가 촘촘하다 / ~가 성기다.

그물-톱[명] 그물을 손으로 뜰 때, 그물코의 크기를 일정하게 하는 데 쓰는 작은 나무쪽.

그물-판(-版)[명]〖인〗사진 동판.

그믈[명]〈옛〉그물.

그믈다[자]〈옛〉까무러지다. 꺼지다.

그믐[명] '그믐날'의 준말. ◻섣달~.

그믐-께[명] 그믐날의 전후 며칠 동안.

그믐-날[명] 음력으로 그달의 마지막 날. ◻사월 ~. ⚑그믐.

그믐-달[-딸][명] 음력으로 매월 그믐께 뜨는 달. ◻이지러진 ~. ↔초승달.

그믐-밤[-빰][명] 음력 그믐날의 밤. 달이 없고 컴컴한 밤.

[그믐밤에 홍두깨 내민다] 생각지 않던 일이 갑자기 일어난다.

그믐-사리[명] 그믐께 잡히는 조기.

그믐-초승(-初-)[명] **1** 그믐과 초승. **2** 그믐께

부터 다음달 초승까지의 사이.

그믐-치[명][하자] 음력 그믐께에 비나 눈이 내림. 또는 그 비나 눈.

그믐-칠야(-漆夜)[명] 음력 그믐께의 몹시 어두운 밤.

그-분[대] '그이·그 사람'의 높임말. ◻~은 어디 계시나.

그-빨로[부] 못된 버릇을 고치지 않고 그대로. ◻~ 굴다가는 혼난다.

그-사이[명] 어느 때부터 다른 어떤 때까지의 그간. ◻~ 안녕하셨습니까 / ~를 못 기다리고 떠나 버렸다. ⚐고사이. ⚑그새.

그-새[명] '그사이'의 준말. ◻~ 별일 없었지. ⚑고새.

그스르다[타]☞그슬리다.

그슬다[그슬어, 그스니, 그스는][타] 불에 쬐어 거죽만 살짝 타게 하다. ◻새우를 불에 ~.

그슬리다[자]타] '그슬다'의 피동형. [타] '그슬다'의 사동형.

그슬음[명] 불에 겉만 약간 타게 하는 일.

그세[명]〈옛〉그윽한 곳.

그스기[부]〈옛〉그윽이.

그스다[타]〈옛〉끌다.

그스름[명]〈옛〉그을음.

그슥하다[혱]〈옛〉그윽하다.

그슴[명]〈옛〉금. 한도.

그슴하다[혱]〈옛〉국한하다.

그악-스럽다[-쓰-따][-스러워, -스러우니][혱][비] 그악한 데가 있다. ◻그악스럽게 퍼붓는 악담. **그악-스레**[-쓰-][부]

그악-하다[-아카-][혱] **1** 장난 따위가 지나치게 심하다. ◻장난이 그악한 애 녀석. **2** 모질고 사납다. ◻그악한 성질. **3** 억척스럽고 끈질기다. ◻여러 식구를 혼자 먹여 살리는 그악한 처녀.

그야[부] 그것이야. ◻~ 물론이지.

그야-말로[부] **1** 정말로. 참으로. ◻~ 힘든 일이었지. **2** '그것이야말로'의 준말. ◻~ 한국 제일이지.

그어-주다[타] **1** 돈·곡식 등에서 얼마를 몫으로 떼어 주다. ◻제 몫으로 백만 원을 ~. **2** 환으로 부치다. ⚑거주다.

그예[부] 마지막에 가서는 그만. 마침내. 필경. ◻~ 울음보를 터뜨렸다.

그우니다[자]〈옛〉굴러다니다.

그우리다[타]〈옛〉구르게 하다. 굴리다.

그울다[자]〈옛〉구르다.

그위[명]〈옛〉관청. 공(公).

그윗일[명]〈옛〉관가(官家)의 일.

그으기[부]〈옛〉그윽이.

그으다[타]〈옛〉끌다.

그윽다[혱]〈옛〉그윽하다.

그윽-이[부] 그윽하게. ◻~ 들리는 새벽 종소리 / 겨울밤이 ~ 깊어 가다.

그윽-하다[-으카-][혱] **1** 깊숙하고 아늑하며 고요하다. ◻그윽한 정취. **2** 뜻이나 생각이 깊다. ◻그윽한 애정. **3** 느낌 따위가 은근하다. ◻그윽한 매화 향기.

그을다[그을어, 그으니, 그으는][자] 햇볕·연기 등을 오래 쐬어 검게 되다. ◻볕에 그은 얼굴 / 천장이 ~. ⚑글다.

그을리다[자][타] 《'그을다'의 사동》 그을게 하다. ◻햇볕에 살갗을 ~. [타] '그을다'의 피동》 ◻햇볕에 그을린 얼굴.

그을음[명] **1** 불에 탈 때 불꽃과 함께 연기에 섞여 나오는 먼지 같은 검은 가루. 연매(煙煤). ◻촛불의 ~. **2** 연기·먼지들이 엉겨 벽·천장 등에 앉은 검은 물질. ◻냄비의 ~.

그음 [명] 〈옛〉 한정(限定).
그-이 [인대] **1** 그 사람. ❑ 내 사랑하는 ~. *이이·저이. **2** 여자가 자기 남편을 다른 사람에게 이르는 말.
그어긔 [지대][부] 〈옛〉 거기.
그에¹ 〈옛〉 거기에. '그'의 처격형(處格形).
그에² [조] 〈옛〉 에게.
그-자 (-者) [인대] '그 사람'을 조금 얕잡아 이르는 말. ❑ ~를 믿지 마라. *이자.
그저 [부] **1** 그대로 사뭇. ❑ ~ 기다리기만 했지. **2** 별로 신기함이 없이. ❑ ~ 그렇지요 뭐. **3** 무조건하고. ❑ ~ 시키는 대로만 해라. **4** 특별한 이유나 목적이 없이. 아무 생각 없이. ❑ ~ 농담으로 한 말이다.
그저께 [명][부] 어제의 전날. [준]그제¹.
그적 [명] 〈옛〉 그때.
그-전 (-前) [명] **1** 얼마 되지 않은 전날. 지난날. ❑ ~ 장관. **2** 퍽 오래된 지난날. 예전. ❑ ~에는 여기도 밭이었다.
그제¹ [명][부] '그저께'의 준말.
그제² [명] 〈옛〉 자국. 흔적.
그제-야 [부] 그때에야 비로소. ❑ 뜸을 들이다 ~ 말문을 열었다.
그-중 (-中) [명] 여럿 가운데. ❑ ~에는 찾는 것이 없다 / 그것이 ~ 쓸 만하다.
그지 [명] 〈옛〉 한(限).
그지-없다 [-업따] [형] **1** 끝이 없다. 한이 없다. ❑ 부모의 사랑은 ~. **2** 이루 다 말할 수 없다. ❑ 민망하기 ~. **그지-없이** [-업씨] [부]
그-쪽 [지대] **1** 그곳이나 그 방향. ❑ ~에 있어라. **2** 말하는 이나 듣는 이가 이미 알고 있는 사람. ❑ ~에서는 좋다고 합니다. **3** 상대편. ❑ ~ 생각은 어떠하오.
그-쯤 [명][부] 그만한 정도(로). ❑ ~이면 예선은 통과하겠다 / ~ 했으면 됐다.
그츠다 [자] 〈옛〉 그치다. 그만두다. 끊다.
그-치 [인대] '그 사람'을 낮추어서 이르는 말. ❑ ~는 아주 망했어.
그치누르다 [타] 〈옛〉 끊어 누르다. 저지하다.
그치다¹ [一][자] **1** 계속되던 일이나 움직임이 멈추거나 끝나다. ❑ 바람이 ~ / 그칠 새가 없다. **2** 어떤 상태에 머무르다. ❑ 구호에 ~ / 8위에 ~. [二][타] 계속되는 움직임을 멈추게 하다. 하던 일을 멈추다. ❑ 울음을 ~.
그치다² [타] 〈옛〉 끊다.
그칠-간 (-艮) [명] 한자 부수의 하나(('良'이나 '艱' 등에서 '艮'의 이름)). 괘이름간.
그칠-지 (-止) [명] 한자 부수의 하나(('正'·'武'·'歷'·'歸' 등에서 '止'의 이름)).
그침-표 (-標) [명] 〔언〕 쌍점(雙點)2.
그토록 [부] 〔←그러하도록〕 그렇게까지. ❑ ~ 사랑하던 그를 떠나보냈다.
그-해 [명] 전에 말했거나 알고 있는 과거의 어느 해, 또는 이야기하려는 어느 해. ❑ ~는 대풍년이 들었었지.
극 (極) [명] **1** 정도가 더할 수 없는 지경. ❑ 화가 ~에 달하다. **2** 〔지〕 지축의 양쪽 끝. 남극과 북극. ❑ 지구의 양~. **3** 〔물〕 전극. 양극과 음극. **4** 〔물〕 자석(磁石)에서 자기력이 가장 센 두 끝. 남극과 북극. **5** 〔수〕 구(球)의 대원(大圓) 및 소원(小圓)의 평면에 수직되는 지름의 양 끝. *극(極)하다.
　극과 극을 달리다 [구] 서로 완전히 다르다. ❑ 논조가 ~.
극 (棘) [명] 〔어〕 물고기의 지느러미를 이루는 단단하고 끝이 날카로운 기조(鰭條).
극 (劇) [명] 연극.
극- (極) [투] '더할 나위 없는'·'정도가 심한'의 뜻. ❑ ~소수 / ~초단파.
극가 (劇歌) [-까] [명] 판소리의 대사(臺詞).
극간 (極諫) [-깐] [명][하타] 온 힘을 다해 간함. 끝까지 간함.
극간-하다 (極奸-) [-깐-] [형여] 몹시 간사하다.
극간-하다 (極艱-) [-깐-] [형여] **1** 몹시 가난하다. **2** 처지나 상태가 몹시 힘들고 어렵다.
극감 (極減) [-깜] [명][하타] 더할 수 없을 정도로 줄임.
극-값 (極-) [-깝] [명] 〔수〕 함수의 극댓값과 극솟값의 총칭. 구칭 : 극치(極値).
극-거리 (極距離) [-꺼-] [명] 〔천〕 천구(天球) 위의 한 점과 극이 이루는 각거리(角距離).
극계 (劇界) [-꼐 / -께] [명] 〔연〕 연극 관계자의 사회. 극단(劇壇).
극-고생 (極苦生) [-꼬-] [명][하자] 고생을 지독하게 함. 또는 그런 고생.
극곤-하다 (極困-) [-꼰-] [형여] 더할 수 없이 매우 곤란하다. 극히 곤궁하다. ❑ 형편이 ~.
극-공명 (極功名) [-꽁-] [명] **1** 지극히 높은 벼슬. **2** 분에 넘치는 벼슬. **--하다** [자여] 매우 높은 벼슬에 오르다.
극공-하다 (極恭-) [-꽁-] [형여] 극히 공손하다.
극관 (極冠) [-꽌] [명] 〔천〕 화성의 두 극 부근에 보이는 흰 곳((얼음과 눈으로 덮인 것으로 생각됨)).
극광 (極光) [-꽝] [명] 〔지〕 남극과 북극 지방의 높은 공중에 나타나는 아름다운 빛의 현상. 오로라(aurora).
극괴-하다 (極怪-) [-꾀-] [형여] 몹시 괴이하다.
극구 (極口) [-꾸] [부] 온갖 말을 다하여. ❑ ~ 칭찬하다 / ~ 변명하다 / ~ 부인하다.
극구 (隙駒) [-꾸] [명] 마치 달리는 말을 문틈으로 본다는 뜻으로, 세월이 빨리 지나감을 일컫는 말.
극구-광음 (隙駒光陰) [-꾸-] [명] 몹시 빨리 지나가는 세월을 비유적으로 이르는 말. ❑ 짧고 짧은 ~.
극궁-하다 (極窮-) [-꿍-] [형여] 몹시 궁색하다. 몹시 가난하다.
극권 (極圈) [-꿘] [명] 〔지〕 지구의 남북 위도로, 66° 33′에서 각각 남 또는 북의 지역을 일컬음((이 권에서는 하루 종일 해가 뜨지 않거나 지지 않는 기간이 있음)).
극-궤도 (極軌道) [-꿰-] [명] 〔천〕 인공위성이 남극과 북극의 상공을 통과하여 지구를 세로로 회전하는 궤도.
극귀-하다 (極貴-) [-뀌-] [형여] 극히 귀하다.
극기 (克己) [-끼] [명][하자] 자기의 감정이나 욕심 따위를 의지로 눌러 이김. ❑ ~ 훈련 / ~할 수 없는 자는 남을 다스릴 수 없다.
극기 (極忌) [-끼] [명][하타] **1** 몹시 꺼림. **2** 극히 미워함.
극기-력 (克己力) [-끼-] [명] 극기하는 힘.
극기-복례 (克己復禮) [-끼봉녜] [명][하자] 욕심을 누르고 예의범절을 따름. [준]극복(克復).
극기-심 (克己心) [-끼-] [명] 극기하는 마음.
극기 주간 (克己週間) [-끼-] 〔기〕 구세군에서, 개인의 욕심을 억누르고 검소한 생활로 얻은 비용을 자선에 이바지하는 것을 목적으로 하는 주간.
극기-주의 (克己主義) [-끼- / -끼-이] [명] 〔윤〕 금욕주의.
극기-파 (克己派) [-끼-] [명] 〔철〕 스토아학파.
극-기후 (極氣候) [-끼-] [명] 〔지〕 극에 가까운 고위도 지역의 기후((기온이 낮고 눈이 많이

내리며, 수목이 거의 자라지 못함).

극난(克難)[극-] 어려움을 이겨 냄. 난관을 극복함.

극난-하다(極難-)[극-] 혱에 대단히 어렵다. 극난한 일.

극남(極南)[극-] 명 남쪽의 맨 끝. 궁남(窮南). ↔극북(極北).

극년(極年)[극-] 명 '국제 지구 관측년(觀測年)'의 구용어.

극년 관측(極年觀測)[극-] 지 극년에 행하는 극지방에 대한 국제적인 협동 관측.

극단(極端)[극-] 명 1 중용을 잃고 한쪽으로 치우친 상태. □~으로 기울다 / 생각이 ~으로 흐르다. 2 일의 진행이 끝까지 미쳐 더나 아갈 수 없는 지경. □사태가 ~으로 치닫다. 3 맨 끄트머리.

극단(劇團)[-딴] 명 연 연극을 전문으로 공연하는 단체. □예술 ~ / 유랑 ~.

극단(劇壇)[-딴] 명 연 1 연극의 무대. 2 연극인의 사회. 극계(劇界).

극단론-자(極端論者)[-딴논-] 명 모든 사물을 극단으로 해석하는 사람.

극단-적(極端的)[-딴-] 명관 한쪽으로 치우치거나 극도에 도달하는 (것). □~인 행동.

극담(劇談)[-땀] 명혱자 1 쾌활한 이야기. 2 격렬한 말. 3 연극에 관한 이야기.

극대(極大)[-때] 명혱 1 더할 수 없이 큼. 2 수 어떤 양이 일정한 법칙에 따라 늘어나다가 더 늘어날 수 없는 점까지 이르렀을 때의 일컬음. ↔극소.

극대 규모 집적 회로(極大規模集積回路)[-때-쩌꾀-] 컴 유엘에스아이(ULSI).

극대-량(極大量)[-때-] 명 지극히 많은 양.

극대-치(極大値)[-때-] 명 수 '극댓값'의 구용어. ↔극소치(極小値).

극대-화(極大化)[-때-] 명혱자타 아주 커짐. 또는 아주 크게 함. □능률의 ~ / 문화 교류를 ~하다.

극댓-값(極大-)[-때깝 / -땐깝] 명 수 어떤 함수가 극대에 이르렀을 때의 값. 구용어 : 극대치. ↔극솟값.

극도(極度)[-또] 명 더할 수 없는 정도. □~로 흥분하다 / 분노가 ~에 달하다 / 신경이 ~로 날카롭다.

극독(劇毒)[-똑] 명 (적은 양으로 목숨을 잃게 할 수 있는) 지독한 독.

극독-약(劇毒藥)[-똑약] 명 극약과 독약.

극동(極東)[-똥] 명 1 동쪽의 맨 끝. 2 지 유럽에서 보아, 아시아의 동쪽에 위치한 지역《한국·중국·일본·필리핀 등》. 원동(遠東). □~ 지역의 평화. *근동.

극-동풍(極東風)[-똥-] 명 지 지구의 자전으로 말미암아 극권(極圈)에서 불어오는 차가운 바람. 주극풍(周極風).

극락(極樂)[긍낙] 명 1 불 아미타불이 살고 있는 세상. 지극히 안락하고 걱정이 없는 행복한 세상. 극락세계. 2 지극히 안락하여 아무 걱정이 없는 경우와 처지.

극락-계(極樂界)[긍낙꼐 / 긍낙께] 명 불 '극락세계'의 준말.

극락-길(極樂-)[긍낙낄] 명 불 극락세계로 가는 길.

극락 만다라(極樂曼陀羅)[긍낙-] 불 극락을 그림으로 나타낸 만다라. 정토 만다라.

극락-발원(極樂發願)[긍낙빠뤈] 명혱자 불 극락에 가기를 원함.

극락-세계(極樂世界)[긍낙쩨- / 긍낙쎄계] 명 준 극락정1.

극락-왕생(極樂往生)[긍나꽝-] 명 불 죽어서 극락세계에 다시 태어남. 왕생극락.

극락-원(極樂願)[긍나뤈] 명 불 극락왕생하고 싶은 소원.

극락-전(極樂殿)[긍낙쩐] 명 불 아미타불을 본존(本尊)으로 모셔 둔 법당.

극락-정토(極樂淨土)[긍낙쩡-] 명 불 아미타불이 살고 있는 정토.

극락-조(極樂鳥)[긍낙쪼] 명 조 풍조과의 새. 부리와 꽁지가 길며, 수컷은 빛깔이 매우 아름답음. 40여 종이 뉴기니 섬의 산림에 분포함. 풍조(風鳥).

극량(極量)[긍냥] 명 1 규정한 최대의 분량. 2 의 극약·독약 등을 위험 없이 한 번 또는 하루에 쓸 수 있는 최대 분량.

극려(克勵·剋勵)[긍녀] 명혱자 개인의 욕심을 버리고 부지런히 힘씀.

극력(極力)[긍녁] 명 있는 힘을 다함. 또는 그런 힘. □~ 반대하다 / ~으로 주장하다 / 나라를 위해 ~하다.

극렬(極烈·劇烈)[긍녈] 명혱자뷔 매우 열렬하거나 맹렬함. □~ 데모 / ~하게 반대하다 / ~로 치닫다.

극렬-분자(極烈分子)[긍녈-] 명 사상이나 언행 등이 과격한 사람을 낮잡아 이르는 말.

극렬-화(極烈化)[긍녈-] 명혱자 지나칠 정도로 맹렬하게 됨.

극론(極論)[긍논] 명혱자타 1 지나치게 심한 말이나 논의. 극언(極言). 2 철저하게 논함. 3 극단적인 이론. 극단론(極端論).

극론(劇論)[긍논] 명혱자타 격렬하게 논쟁하거나 의논함. 또는 그런 논쟁이나 의논.

극류(極流)[긍뉴] 명 지 남북의 양 극지방에서 적도 쪽으로 흐르는 한류(寒流).

극률(劇律)[긍뉼] 명 법 사형에 해당하는 죄를 정한 법률. □~에 처하다.

극명(克明)[극-] 명혱자타형뷔 1 똑똑하게 밝힘. □인류 평등의 대의(大義)를 ~하다. 2 매우 분명함. □4 계절이 ~하다 / ~히 드러난 윤곽.

극모(棘毛)[극-] 명 동 환형동물·윤형동물 따위의 몸 표면에 있는, 굵고 억센 털.

극묘-하다(極妙-)[극-] 혱에 지극히 묘하다. 지묘(至妙)하다.

극무(劇務)[긍-] 명 매우 바쁘고 힘든 사무. 격무(激務). □~에 쫓기다.

극 문학(劇文學)[긍-] 명 문 무대 공연이나 상영을 위한 문학《희곡·각본·시나리오 등》.

극물(劇物)[긍-] 명 극약에 버금가는 정도의 독성이 있는, 의약품 이외의 물질.

극미-하다(極美-)[긍-] 혱에 더할 수 없이 아름답다.

극미-하다(極微-)[긍-] 혱에 더할 수 없이 작거나 적다.

극변(極邊)[-뼌] 명 중심지에서 매우 멀리 떨어진 변두리.

극변(劇變)[-뼌] 명혱자 급격하게 변함. 격변. □~하는 여건.

극변-원찬(極邊遠竄)[-뼌-] 명혱타 먼 변경으로 귀양을 보냄.

극복(克服)[-뽁] 명혱타 1 악조건이나 고생 따위를 이겨 냄. □불황 ~ / 위기 ~ / 시련을 ~하다 / 장애를 ~하다 / 어려움을 ~되다. 2 적을 이겨 굴복시킴.

극복(克復)[-뽁] 명혱자타 1 이기어 도로 회복함. 본디의 형편으로 돌아감. 또는 돌아가게

함. **2** 정도(正道)로 돌아감. 또는 돌아가게 함. **3** '극기복례(克己復禮)'의 준말.

극본(劇本)[-뽄]圓〖연〗각본(脚本).

극북(極北)[-뿍]圓 북쪽의 맨 끝. 궁북(窮北). ↔극남(極南).

극비(極祕)[-삐]圓 '극비밀'의 준말. □~에 부치다.

극비-리(極祕裏)[-삐-]圓 (주로 '극비리에'의 꼴로 쓰여) 아주 비밀스러운 가운데. □~에 진행하다 / ~에 이루어지다.

극-비밀(極祕密)[-삐-]圓 절대 알려서는 안 될 비밀. ㉣극비.

극빈(極貧)[-삔]圓〖하〗圈 몹시 가난함. □~생활 / ~한 가정 / ~했던 시절을 잊지 말자.

극빈-자(極貧者)[-삔-]圓 몹시 가난한 사람. □~ 돕기 캠페인.

극-삼각형(極三角形)[-쌈가켱]圓〖수〗구면(球面) 삼각형의 각 변의 두 극 가운데 맞은쪽 꼭짓점과 같은 쪽의 극을 대원(大圓)의 호(弧)로 이어서 얻은 구면 삼각형.

극상(極上)[-쌍]圓 품질 따위가 아주 좋음. 또는 그 물건. 막상(莫上). 난상(難上). □~의 품질.

극-상등(極上等)[-쌍-]圓 가장 높은 등급. 최상급. □~에 이르다.

극-상품(極上品)[-쌍-]圓 아주 좋은 물건. 최고품. □~을 고르다. ㉣극품.

극서(極西)[-써]圓 서쪽의 맨 끝. ↔극동.

극서(極暑·劇暑)[-써]圓 매우 심한 더위. 혹서(酷暑). 극염(極炎). ↔극한(極寒).

극선(極線)[-썬]圓〖수〗원의 한 점에서 원이나 원뿔 곡선에 두 접선을 그을 때, 그 접선이 이은 선.

극선(極善)[-썬]圓〖하〗圈 **1** 지극히 선량함. **2** 지극히 좋음. ↔극악.

극성(極性)[-썽]圓〖물〗특정한 방향에 따라 양극단에 서로 대응하는 다른 성질을 갖는 일(전극의 양극과 음극, 자석의 남극과 북극 따위).

극성(極星)[-썽]圓〖천〗천구(天球)의 극에 가까운 곳에 있는 항성(恒星)(북극의 북극성).

극성(極盛)[-썽]圓〖하〗圈 **1** 성질이나 행동이 몹시 드세거나 지나치게 적극적임. 또는 그런 것. □~이 달리다 / 모기가 ~을 부리다 / 장난감을 사달라고 아이가 ~이다. **2** 몹시 왕성함. □국력이 ~한 시기 / ~을 누리다.

극성(劇性)[-썽]圓 **1** 극렬한 성질. □~을 띠다. **2** 연극으로서의 성질.

극성-기(極盛期)[-썽-]圓 한창 왕성한 시기. □~를 맞다.

극성-떨다(極盛-)[-썽-][-떨어, -떠니, -떠는]짜 극성부리다.

극성-맞다(極盛-)[-썽맏따]圈 극성스럽다. □극성맞은 여편네.

극성-부리다(極盛-)[-썽-]짜 극성스러운 짓을 하다. 극성떨다.

극성-스럽다(極盛-)[-썽-따][-스러워, -스러우니]圈⑤ 성질이나 행동이 몹시 드세거나 지나치게 적극적인 데가 있다. 극성맞다. □극성스럽게 짖어 대는 개 / 극성스럽게 날뛰다 / 극성스러웠던 그는 늘 1등을 했다. **극성-스레**[-썽-]㈜. ~굴다.

극성 위도법(極星緯度法)[-썽-뻽]〖지〗극성의 고도를 재어 그 지점의 위도를 산출하는 방법.

극성즉패(極盛則敗)[-썽-]圓〖하〗짜 너무 왕성하면 얼마 가지 못해서 패망함.

극성-팬(極盛fan)[-썽-]圓 운동 경기·영화·

음악 따위에 지나치게 적극적이거나 열광적인 애호가. □~에 시달리다.

극-세말(極細末)[-쎄-]圓 극히 곱고 보드랍게 빻은 가루.

극-세포(極細胞)[-쎄-]圓 극체(極體).

극세-하다(極細-)[-쎄-]圈⑥ 극히 잘게나 가늘다.

극소(極小)[-쏘]圓〖하〗圈 **1** 아주 작음. **2**〖수〗어떤 양이 일정하게 줄다가 더 줄 수 없는 점까지 이르렀을 때의 일컬음. ↔극대(極大).

극소(極少)[-쏘]圓〖하〗圈 아주 적음. □~ 분량.

극소 국가(極小國家)[-쏘-까]〖정〗국토가 좁고 인구가 아주 적은 국가(산마리노·모나코·서사모아·리히텐슈타인 따위).

극-소량(極少量)[-쏘-]圓 아주 적은 양. □~의 맹독.

극-소수(極少數)[-쏘-]圓 극히 적은 수. □~에 지나지 않다 / ~의 인원으로 대처하다.

극소-치(極小値)[-쏘-]圓〖수〗'극솟값'의 구용어. ↔극대치(極大値).

극소-화(極小化)[-쏘-]圓〖하〗짜⑤ 아주 작아짐. 또는 아주 작게 함. □휴대 전화의 크기가 점점 ~하고 있다.

극소-화(極少化)[-쏘-]圓〖하〗짜⑤ 아주 적어짐. 또는 아주 적게 함. □낭비의 ~ / 피해를 ~하다 / 폐기물을 ~시키다.

극솟-값(極小-)[-쏘깝 / -쏟깝]圓〖수〗어떤 함수가 극소에 이르렀을 때의 값. 구용어: 극소치(値). ↔극댓값.

극시(劇詩)[-씨]圓〖문〗**1** 희곡 형식으로 된 시(괴테의 '파우스트' 따위). **2** 연극의 요소를 품고 있는, 주로 장편의 시.

극심-스럽다(極甚-·劇甚-)[-씸-따][-스러워, -스러우니]圈⑤ 극히 심한 데가 있다.

극심-스레[-씸-]㈜

극심-하다(極甚-·劇甚-)[-씸-]圈⑥ 극히 심하다. □극심한 추위 / 극심한 자금난을 겪다 / 교통 체증이 ~.

극악(極惡)圓〖하〗圈 **1** 더없이 악함. □~한 범인. **2** 가장 나쁨. □~의 상황. ↔극선(極善).

극악-무도(極惡無道)[-무-]圓〖하〗圈 더없이 악하고 도리에 완전히 어긋남. □~한 만행.

극야(極夜)圓〖지〗고위도(高緯度) 지방에서 오랫동안 해가 뜨지 않고 밤만 계속되는 동안. ↔백야(白夜).

극약(劇藥)圓 **1** 독약보다는 약하나, 적은 분량으로 사람이나 동물을 해치는 약품(산토닌·카페인 따위). **2** 극단적인 해결 방법의 비유. □~ 처방을 내리다.

극양(極洋)圓〖지〗남극 또는 북극에 가까운 해양.

극언(極言)圓〖하〗짜⑤ **1** 극단적으로 말함. 또는 그런 말. 극론(極論). □~을 퍼붓다. **2** 있는 힘을 다해서 말함. □~을 올리다.

극엄-하다(極嚴-)圈⑥ **1** 몹시 엄하다. **2** 극히 엄숙하다.

극열(極熱·劇熱)[-녈]圓〖하〗圈 **1** 매우 심한 열. **2** 몹시 뜨거움. 또는 그런 열기.

극열-지옥(極熱地獄)[-녈-]圓〖불〗팔열(八熱) 지옥의 하나로, '대초열(大焦熱)지옥'의 일컬음.

극염(極炎·劇炎)[-념]圓 극히 심한 더위. 혹서.

극-영화(劇映畫)[긍녕-]圓〖연〗일정한 줄거리를 지닌 영화(기록 영화에 상대하여 일컬음).

극-예술(劇藝術)[긍녜-]圓 무대에서 연출되는 온갖 종류의 연극 예술.

극예-하다(極銳-)〔형여〕 몹시 날카롭다.

극우(極右)〔명〕 극단적으로 보수주의적이거나 국수주의적인 성향. 또는 그런 사람이나 세력. ↔극좌(極左).

극원-하다(極遠-)〔형여〕 몹시 멀다.

극월(極月)〔명〕 섣달.

극월(劇月)〔명〕 일이 많아 바쁜 달.

극위(極位)〔명〕 가장 높은 지위.

극음(劇飮)〔명하타〕 술 따위를 지나치게 많이 마심. *폭음.

극-음악(劇音樂)〔명〕《악》가극 등 극 형식으로 연주되는 음악. 또는 연극을 위한 음악.

극인(棘人)〔명〕 부모상을 당하여 상중에 있는 사람. 상제(喪制).

극-자리표(極─標)〔-짜-〕〔명〕《수》극좌표(極座標).

극작(劇作)〔-짝〕〔명하자〕 연극의 각본을 씀.

극작-가(劇作家)〔-짝까〕〔명〕 연극의 각본을 쓰는 것을 업으로 하는 사람.

극장(劇場)〔-짱〕〔명〕 연극·음악·무용 따위를 공연하거나 영화를 상영할 수 있는 시설을 갖춘 곳.

극-저온(極低溫)〔-쩌-〕《물》 절대 영도(絶對零度)에 가까운 매우 낮은 온도.

극적(劇的)〔-쩍〕〔명〕 **1** 연극의 특성을 띤 (것). ▢~ 효과. **2** 극을 보는 것과 같이 감동적·인상적인 (것). ▢~ 장면 / ~인 순간.

극-전선(極前線)〔-쩐-〕〔명〕《지》 **1** 한대 전선. **2** 한류와 난류가 만나는 경계선. 극기(極氣) 전선.

극점(極點)〔-쩜〕〔명〕 **1** 극도에 다다른 점. **2** 북극점과 남극점.

극-제품(極製品)〔-쩨-〕〔명〕 품질이 매우 좋은 제품.

극젱이〔-쩽-〕〔명〕《농》 농기구의 하나. 쟁기와 비슷하나 보습 끝이 무디고 술이 곧게 내려감(땅을 가는 데 씀). 굽정이.

극존(極尊)〔명〕〔명하탄〕 **1** 지위가 극히 높음. **2** 임금의 존칭.

극-존대(極尊待)〔-쫀-〕〔명하타〕 극진히 높여 대접함.

극-존칭(極尊稱)〔-쫀-〕〔명〕 아주 높여서 일컫는 말.

극좌(極左)〔-쫘〕〔명〕 극단적으로 사회주의적이거나 공산주의적인 성향. 또는 그런 사람이나 세력. ↔극우(極右).

극-좌표(極座標)〔-쫘-〕〔명〕《수》 평면 위의 임의의 점의 위치를, 정점(定點)에서의 거리와 방향으로 나타내는 좌표. 극자리표.

극중-극(劇中劇)〔-쭝-〕〔명〕《연》 연극 속에서 이루어지는 또 하나의 연극.

극중-악인(極重惡人)〔-쭝아긴〕〔명〕 가장 큰 죄를 지은 악한 사람.

극중-하다(極重-)〔-쭝-〕〔형여〕 **1** 극히 무겁다. **2** 병이 매우 위중하다. **3** 죄나 형벌 따위가 몹시 무겁다.

극지(極地)〔-찌〕〔명〕 **1** 끝에 있는 땅. **2**《지》극지방.

극-지방(極地方)〔-찌-〕〔명〕《지》 북극과 남극을 중심으로 한 주변 지역. 극지.

극지-법(極地法)〔-찌뻡〕〔명〕 등산이나 탐험을 할 때, 우선 베이스캠프를 설정하고 차차로 전진 기지를 설치하며 목적지에 이르는 방법.

극지 식물(極地植物)〔-찌싱-〕《식》 삼림 한계선보다 고위도(高緯度)의 한대에 자라는 식물의 총칭《관목(灌木)·초본(草本)·지의류

(地衣類) 따위〕.

극지 항:법(極地航法)〔-찌-뻡〕《항공》 지구의 남·북위 70° 이상의 양 극지(極地) 부근의 항공 항법. 주로 전파나 천체 관측으로 수정을 하면서 비행함.

극직(劇職)〔-찍〕〔명〕 몹시 바쁜 직무. 고되고 힘든 직무.

극진(劇震)〔-찐〕〔명〕《지》 매우 심한 지진. 격진(激震).

극진-하다(極盡-)〔-찐-〕〔형여〕 정성이 더할 나위 없다. ▢효성이 ~ / 극진한 대접을 받다. **극진-히**〔-찐-〕〔부〕 ~ 보살피다.

극찬(極讚)〔명하타〕 매우 칭찬함. 또는 그런 칭찬. ▢입을 모아 ~하다.

극-채색(極彩色)〔명〕 **1** 대단히 짙고 치밀한 채색. ▢~의 현란한 영상. **2** 화려한 복장이나 장식.

극처(極處)〔명〕 더 이상 나아가지 못하는 곳. 맨 끝.

극체(極體)〔명〕《동》 동물의 난모(卵母) 세포가 성숙 분열하여 알이 되는 과정에서 생기는 세 개의 작은 세포《거의 핵만으로 이루어짐》. 극(極)세포.

극-초단파(極超短波)〔명〕《물》 파장이 1 m 이하인 전자파. 레이더 따위에 사용됨. 유에이치에프(UHF). ▷ 방송. *마이크로파.

극치(極多)〔명하타〕 더할 나위 없이 사치함. 또는 그런 사치.

극치(極致)〔명〕 도달할 수 있는 최고의 경지나 상태. ▢자연미의 ~ / ~를 보이다.

극칫(極値)〔명〕 '극값'의 구용어.

극친-하다(極親-)〔명여〕 극히 친하다. ▢극친한 사이. **극친-히**〔부〕 ▢~ 사귀다.

극터듬다〔-따-〕〔타〕 간신히 붙잡고 기어오르다.

극통(極痛·劇痛)〔명〕 **1** 몹시 심한 아픔. ↔둔통. **2** 뼈에 사무치게 맺힌 고통. 지통(至痛). **──하다**〔형여〕 뼈에 사무치게 고통스럽다.

극평(劇評)〔명〕《연》 연극에 대한 비평.

극풍(極風)〔명〕《지》 지구의 양극 권내에서 부는 동풍《지구의 자전에 의해 생김》. 극동풍. 주극풍(周極風).

극피(棘皮)〔명〕《동》 겉몸에 석회질의 가시가 돋친 동물의 껍질.

극피-동물(棘皮動物)〔명〕《동》 동물계의 한 문(門). 바다에 사는데, 몸은 방사상(放射狀)이고 체강(體腔)이 있음. 체벽(體壁)에 어떤 일정한 수의 뼛조각이나 골판으로 둘러싸인 수관계(水管系)가 있어 그 안을 체액이 순환하며, 관족(管足)으로 운동함《갯고사리·성게·불가사리·해삼·광삼(光蔘)·삼천발이 따위〕.

극-하다(極-)〔그카-〕〔자타여〕 더할 수 없는 정도에 이르다. ▢사치를 ~ / 슬픔이 ~. **극-히**〔그키〕〔부〕 대단히. 매우. ▢~ 드문 일.

극-하다(革-)〔그카-〕〔형여〕 병이 위급하다.

극한(極限)〔그칸〕〔명〕 **1** 도달할 수 있는 최후의 단계. 사물의 끝닿은 데. ▢~ 대립 / 노여움이 ~에 달하다. **2**《수》극한값.

극한(極寒·劇寒)〔그칸〕〔명〕 몹시 심한 추위. ↔극서(極暑).

극한-값(極限-)〔그칸깝〕〔명〕《수》 함수에서, 일정한 법칙에 따라 변화하는 수가, 어떤 일정한 수에 한없이 접근할 때의 수. 구칭 : 극한치.

극한 기후(極寒氣候)〔그칸-〕《지》 수목이 전혀 자라지 않을 정도로 기온이 낮은 기후.

극한 상황(極限狀況)〔그칸-〕《철》 더 이상 어찔 수 없도록 막다른 지경에 도달한 상황. 한계 상황. ▢~에서의 인간 심리.

극한-적(極限的)〔그칸-〕〔관〕 어떤 여건이나

행동이 한계에 이른 (것).

극한-치 (極限値)[그칸-] 명 《수》 '극한값'의 구용어.

극한-투쟁 (極限鬪爭)[그칸-] 명 어떤 목적을 이루고자 싸울 수 있는 데까지 힘을 다해 싸우는 일. □~을 벌이다.

극해 (極害)[그캐] 명 몹시 심한 해독.

극형 (極刑)[그켱] 명 가장 무거운 형벌이라는 뜻으로, '사형'을 일컫는 말. □~에 처하다 / ~으로 다스리다.

극화 (劇化)[그콰] 명하타 사건이나 소설 따위를 극의 형식으로 각색하는 일.

극화 (劇畫)[그콰] 명 1 [연]그림 연극. 2 이야기를 그림과 글로 엮은 읽을거리.

극흉-하다 (極凶-)[그큥-] 형여 몹시 흉악하다. 지흉하다.

극희 (劇戱)[그키] 명 광대가 하는 연극.

근 (根) 명 1 부스럼 속에서 곪아 단단하게 된 망울. □~이 빠지다. 2 [식] 뿌리. 3 [화] 기(基). 4 [수] 방정식을 만족시키는 미지수의 값. 5 [수] 거듭제곱근. 6 [불] 어떤 작용을 일으키는 강력한 힘. 육근(六根)의 능력.

근 (筋) 명 [생] 힘줄. 근육.

근 (斤) 의명 저울로 다는 무게의 단위. 고기나 한약재 따위에서는 1근을 600 g으로, 채소 따위에서는 375 g으로 씀.

근 (呀) 의명 양지(洋紙) 한 연(連), 곧 500장의 무게를 나타내는 단위(파운드와 같음).

근: (近) 관 (수량을 나타내는 말 앞에 쓰여) 그것에 거의 가까움을 나타내는 말. □~ 한 달 동안 / ~ 백 리.

근:간 (近刊) 명하타 1 최근에 출판함. 또는 그 간행물. 2 머지않아 곧 출간함. 또는 그 간행물. □~ 예정. *기간(既刊)·미간(未刊).

근:간 (近間) 명 요사이. □~의 동정(動靜).

근간 (根幹) 명 1 사물의 바탕이나 중심이 되는 것. □사상의 ~을 이루다. 2 뿌리와 줄기.

근:간-하다 (勤幹-·勤懇-) 형여 부지런하고 재간이 있다. 근:간-히 문

근거 (根據) 명하자 1 근본이 되는 터전. □~를 확보하다 / 활동의 ~로 삼다 / 생활의 ~를 잃다. 2 의논·의견 등에 그 근본이 되는 사실. □판단의 ~ / ~ 없는 낭설 / 주장의 ~를 대다 / 법에 ~하여 처리하다.

근:거리 (近距離) 명 가까운 거리. □~ 출장. ↔원거리.

근:거리 통신망 (近距離通信網) 사무실·연구실이나 공장 따위에 분산 배치된 컴퓨터를 비롯한 각종 정보 통신 기기를 통신 회선으로 연결하여 정보를 교환하는 정보 통신망. 랜(LAN).

근거-지 (根據地) 명 활동의 터전으로 삼는 곳. □독립 운동의 ~.

근:검 (勤儉) 명하타부 부지런하고 검소함. □~과 절약은 미덕(美德)이니라.

근:검-저축 (勤儉貯蓄) 명하자 부지런하고 알뜰히 생활해서 재물을 모음. □~의 기풍.

근:검-절약 (勤儉節約) 명하자 부지런하고 알뜰하게 재물을 아낌. □~의 정신.

근검-하다 형여 자손이 많아 보기에 복스럽다.

근:경 (近頃) 명 요즈음.

근:경 (近景) 명 1 가까이 보이는 경치. 2 사진이나 그림 등에서, 가까운 곳에 있는 것으로 찍히거나 그려진 대상. ↔원경(遠景).

근:경 (近境) 명 1 일정한 지역에 가까운 곳. 2 가깝거나 비슷한 경우.

근경 (根耕) 명하타 《농》 그루갈이.

근경 (根莖) 명 [식] 뿌리와 줄기. 뿌리줄기.

근:계 (謹啓)[-/-게] 명 '삼가 아룁니다'의 뜻 《한문 투의 편지 첫머리에 쓰는 말》.

근:고 (近古) 명 1 그리 오래되지 않은 옛날. □~에 없던 일. 2 [역] 역사의 시대 구분의 하나. 중고와 근세의 중간 시기.

근:고 (勤苦) 명하자 마음과 힘을 다하여 애씀. 또는 그러한 일.

근:고 (謹告) 명하타 삼가 아뢰거나 알림.

근:고 문학 (近古文學) 《문》 고려 초기부터 훈민정음이 제정되기까지의 약 500년 동안의 문학.

근고-벼력 (根固-) 명 ☞ 보호(保護) 벼력.

근곡 (根穀) 명 1 묵은 곡식. 2 밑절미로 마련해 둔 곡식.

근골 (筋骨) 명 1 근육과 뼈대. 2 체력.

근골 (跟骨) 명 [생] 발꿈치를 이루는 짧은 뼈.

근:공 (勤工) 명하자 부지런히 힘써 공부함.

근:공 (勤功) 명 맡은 일을 부지런히 한 공로.

근관 (根冠) 명 [식] 뿌리골무.

근관 (根管) 명 [생] 이촉 중앙에 있는 대롱 모양의 빈 부분. 치근관(齒根管).

근:교 (近郊) 명 도시에 가까운 변두리 지역. □서울 ~에 살다.

근:교 농업 (近郊農業) 《농》 도시 사람들에게 팔기 위하여 큰 도시 주변에서 채소·꽃 따위를 집약적으로 재배하는 상업성이 높은 농업. *원교 농업.

근:구 (近口) 명하타 푸지게 먹지 않고 먹는 체만 함. 또는 조금 먹음. 접구. 접순(接脣).

근:구 (勤求) 명 [불] 부지런히 수행하여 불도를 구함.

근:국 (近國) 명 이웃에 있는 나라. 가까운 이웃 나라. ↔원국(遠國).

근궁 (芹宮) 명 [역] 문묘(文廟).

근:근 (近近) 부 머지않아(서). 가까운 장래에. □~ 무슨 소식이 있겠지.

근:근 (僅僅) 부 겨우. 근근이.

근:근-득생 (僅僅得生)[-쌩] 명하자 겨우겨우 살아감.

근:근-부지 (僅僅扶持) 명하타 겨우 배겨 나감. 억지로 버티어 감.

근:근-이 (僅僅-) 부 겨우. 간신히. □쥐꼬리만 한 월급으로 ~ 살아가다.

근근자자-하다 (勤勤孜孜-) 형여 매우 부지런하고 정성스럽다. 근:근자자-히 부

근근-하다[1] 형여 좀 아픈 듯하면서 근질근질 가려운 느낌이 있다.

근근-하다[2] 형여 우물이나 못 따위에 괸 물이 가득하다.

근:근-하다 (勤勤-) 형여 매우 부지런하다.

근:기 (近畿) 명 서울에서 가까운 지역. □~ 지방.

근기 (根氣) 명 1 참고 견디는 힘. □~ 있게 일하다. 2 음식이 차지거나 영양이 많아 먹은 뒤 오랫동안 든든한 기운. □밥보다 찰떡이 더 ~가 있다. 3 근본이 되는 힘.

근기 (根基) 명 뿌리를 박은 터전. 근저.

근-긴장 (筋緊張) 명 《의》 근육의 수축 상태가 오래 지속하는 일.

근:년 (近年) 명 1 지나간 몇 해 사이. □~에 없었던 대풍작. 2 가까운 해. 지나간 지 얼마 안 되는 해.

근:념 (勤念) 명하자타 1 친절하고 정성스럽게 돌봄. 2 애쓰고 수고함.

근:농 (勤農) 명하자 농사를 부지런히 지음. 또는 그런 농민.

근:농-가(勤農家)**명** 농사에 부지런한 집안. 또는 그런 사람.

근-단백질(筋蛋白質)[-찔]**명**〔生〕근육의 주성분을 이루는 단백질(미오겐(myogen)·미오신(myosin)의 두 가지가 있음). 근육소.

근-담배(斤-)[-땀-]**명** 예전에, 한 근씩 묶어 팔던 담배.

근-담보(根擔保)**명**〔法〕거래를 계속할 때 생기는 불특정 채권을 일정한 기간, 일정액 범위 안에서 담보하는 일.

근대〔植〕명아줏과의 두해살이 채소. 밭에 재배하며, 줄기는 곧고 높이 150cm 가량으로 초여름에 황록색의 작은 꽃이 핌. 사철 줄기와 잎은 식용함. 군달(莙蓬).

근:대(近代)**명 1** 얼마 지나지 않은 가까운 시대. □~ 건축물. **2** 역사의 시대 구분의 하나. 근고(近古)와 현대의 중간 시대.

근:대 국가(近代國家)[-까]〔역〕중세 말기의 전제 국가가 붕괴된 후, 근대에 성립한 중앙 집권 국가.

근:대 국어(近代國語)〔언〕국어의 역사에서, 17세기 초부터 19세기 말에 걸친 시기의 국어. ＊고대 국어·중세 국어.

근:대-극(近代劇)〔연〕19세기 말엽 유럽에서 일어난 사실주의 연극(사실주의에 바탕을 둔 인생 문제나 사회 문제를 다룸). ↔고전극.

근대다 1 귀찮게 치근덕거리다. **2** 남을 비웃고 조롱하다.

근:대 문학(近代文學)〔문〕**1** 15세기 문예 부흥 이후, 특히 프랑스 혁명 이후에 일어난 문학. **2** 갑오개혁 이후부터 1920년대까지의 신소설·신체시 등 서구의 근대 문예 사조를 유입·반영했던 시기의 문학.

근:대-법(近代法)[-뻡]**명**〔法〕개인주의 및 자유주의를 기초로 하는 근대의 법.

근:대 사:상(近代思想)〔사〕개성을 존중하고 인권과 자유를 추구하며, 평화를 지향하는 르네상스 시대 이후의 사상.

근:대 사회(近代社會)〔사〕봉건적 신분 제도가 무너지고 개인의 자유 및 법 앞에 만인 평등이 실현된 사회. 시민 사회.

근:대 산:업(近代産業)〔경〕산업 혁명 이후에 일어난 산업. 공장을 세우고 기계 기술을 도입하여 분업화한 산업 형태.

근:대-성(近代性)[-썽]**명** 근대에 적합하게 발달된 성질이나 특징.

근:대 소:설(近代小說)〔문〕사실주의나 자연주의에 바탕을 두고 현실과 사회와 인간 문제를 다룬 소설(우리나라에서는 이광수의 '무정'이 그 효시가 됨).

근:대 오:종 경:기(近代五種競技)올림픽 대회의 경기 종목의 하나. 사격·수영(300m 자유형)·펜싱·승마·크로스컨트리의 다섯 가지 종목을 혼자서 하루 한 종목씩 5일간 하며, 종합 득점으로 승부를 겨루는 경기.

근:대-적(近代的)**관명** 근대의 특징이 될 만한 성질이나 경향이 있는 (것). □~인 설비 / 토지 제도를 ~으로 정비하다.

근:대-화(近代化)**명하타** 근대적인 상태가 됨. 또는 그렇게 되게 함. □조국 ~.

근댕-국[-대꾹 /-땐꾹]**명** 근대의 잎으로 끓인 국.

근덕-거리다[-꺼-]**자타** 큰 물체가 조금씩 자꾸 흔들리다. 또는 자꾸 그리 되게 하다. **작**간닥거리다. **센**끈덕거리다·끈떡거리다. 근

덕-근덕[-끈-]**부하자타**

근덕-대다[-때-]**자타** 근덕거리다.

근덕-이다(자타) 큰 물체가 조금씩 가볍게 흔들리다. 또는 그리 되게 하다. **작**간닥이다.

근데(부) '그런데'의 준말. □~ 아까는 어디 갔었니.

근뎅-거리다(자) 느슨하게 달린 물체가 조금 위태롭게 자꾸 흔들리다. **작**간댕거리다. 근**뎅-근뎅**(부하자)

근뎅-대다(자) 근뎅거리다.

근뎅-이다(자) 근뎅근뎅 위태롭게 움직이다. **작**간댕이다.

근:동(近東)〔지〕유럽에서 보아, 가까운 동양의 서쪽 여러 나라(터키·이란·이라크·시리아·레바논·요르단·이스라엘에서 이집트까지를 이름). □~ 산유국. ＊극동.

근:동(近洞)**명** 가까운 이웃 동네. □~에까지 소문이 퍼지다.

근두(筋斗)**명** ☞곤두.

근두박-질(筋斗撲跌)**명하자** ☞ 곤두박질.

근드렁-거리다 매달리던 큰 물체가 조금 가볍고 느리게 천천히 자꾸 흔들리다. **작**간드랑거리다. 근드렁-근드렁(부하자)

근드렁-대다(자) 근드렁거리다.

근드렁-타령(명) 몸을 가누지 못해 근드렁거리는 짓을 놓으로 하는 말.

근드적-거리다[-꺼-]**자** 무엇에 의지하거나 붙어 있는 큰 물체가 천천히 가볍게 자꾸 흔들리다. **작**간작거리다. 근드적-근드적[-끈-]**부하자**

근드적-대다[-때-]**자** 근드적거리다.

근들-거리다(자타) 물체가 이리저리 가볍게 자꾸 흔들리다. 또는 그렇게 되게 하다. **작**간들거리다. 근들-근들(부하자타)

근들-대다(자타) 근들거리다.

근:래(近來)[글-]**명** 가까운 요즈음. □~에 없던 사건.

근량(斤兩)[글-]**명 1** 무게를 나타내는 단위인 근과 냥. **2** '근량쭝'의 준말.

근량(斤量)[글-]**명** 저울로 단 무게. □요래 배도 ~은 많이 나간다.

근량-쭝(斤兩-)[글-]**명** 근과 냥으로 셈한 물건의 무게. **준**근량.

근력(筋力)[글-]**명 1** 일을 능히 감당해 내는 힘. 기력. □~이 좋다. **2** 근육의 힘. □~을 기르다.

근:로(近路)[글-]**명** 가까운 길.

근:로(勤勞)[글-]**명하자 1** 일정한 시간에 정해진 일을 함. □연장 ~. **2** 부지런히 일함. □~의 존귀함을 깨닫다.

근:로 감독관(勤勞監督官)[글-꽌]〔法〕근로 조건의 기준을 확보하기 위하여 노동부와 그 소속 기관에 둔 감독관.

근:로 계급(勤勞階級)[글-/글-게-]〔사〕근로의 대가로 받은 급여(給與)로 생활하는 계급. 노동 계급.

근:로 계:약(勤勞契約)[글-/글-게-]〔法〕근로자와 사용자와 노무 제공과 임금 지급 등을 약속하는 계약. 노동 계약.

근:로-권(勤勞權)[글-꿘]**명**〔法〕노동 능력을 가진 사람이 국가에 대하여 근로 기회의 제공을 요구할 수 있는 권리. 노동권.

근:로 기본권(勤勞基本權)[글-꿘]〔法〕근로자가 그 생존을 확보하기 위하여 헌법이 인정한 기본권(근로권·단결권·단체 교섭권 및 단체 행동 자유권 따위). 노동 기본권.

근:로 기준법(勤勞基準法)[글-뻡]〔法〕근로자의 기본적 생활을 보장하고 향상시키기 위

하여 근로 조건의 기준을 규정한 법.

근:로 대:중(勤勞大衆)[글-] 《사》 육체노동이나 정신노동에 종사하는 모든 사람.

근:로 봉:사(勤勞奉仕)[글-] 《사》 공공의 이익을 위해 대가를 받지 않고 하는 근로.

근:로 소:득(勤勞所得)[글-] 《경》 근로자가 근로를 제공한 대가로 받는 봉급·수당·연금·상여금 따위의 소득. ↔불로 소득.

근:로 소:득세(勤勞所得稅)[글-쎄] 《법》 근로 소득에 대하여 부과하는 세금.

근:로-자(勤勞者)[글-] 명 근로에 의한 소득으로 생활하는 사람. 노동자.

근:로자의 날(勤勞者-)[글-/글-에-] 근로자의 노고를 위로하고, 근무 의욕을 더욱 높이는 뜻에서 제정한 날(5월 1일).

근:로자 재산 형성 저:축(勤勞者財産形成貯蓄)[글-] 《경》 근로자가 장기 계획을 세워 목돈·증권 등의 재산을 만들 수 있도록, 정부가 운영하는 저축 제도(목돈 마련 저축·증권 투자 저축이 있음). 준재산 형성 저축·재형(財形)저축.

근:로자 파:견제(勤勞者派遣制)[글-] 《법》 취업 희망자가 파견 업체와 고용 계약을 한 후, 원하는 업체에 일정 기간 파견되어 일하는 인력 수급 제도(임금은 정식 사원의 80 % 정도임).

근:로 조건(勤勞條件)[글-껀] 《사》 근로자가 사용주에게 노무(勞務)를 제공하는 데 따르는 여러 가지 조건(임금·근로 시간·작업 환경·휴가 등). 노동 조건. □ ~을 개선하다.

근류(根瘤)[글-] 명 《식》 뿌리혹.

근류-균(根瘤菌)[글-] 명 《식》 뿌리혹박테리아.

근류 박테리아(根瘤bacteria)[글-] 《식》 뿌리혹박테리아.

근:리-하다(近理-)[글-] 형여 이치에 거의 맞다. □ 근리한 생각.

근:린(近隣)[글-] 명 1 가까운 곳. □ 이 ~에서 벌채한 목재. 2 가까운 이웃.

근:린-공원(近隣公園)[글-] 명 시민들이 쉽게 이용할 수 있는 조그마한 공원.

근:린-상가(近隣商街)[글-] 명 가까운 곳에 위치한 상가.

근막(筋膜) 명 《생》 근육의 표면을 싸고 있는 결합 조직성의 얇은 막.

근:만(勤慢) 명 부지런함과 게으름. 근태(勤怠).

근맥(根脈) 명 일이 생겨난 유래.

근맥(筋脈) 명 근육과 혈맥. □ ~을 짚다.

근:면(勤勉) 명하자형하부 부지런히 일하며 힘씀. □ ~과 절약 / ~하고 성실한 주부.

근:면-성(勤勉性)[-썽] 명 부지런한 품성. □ ~을 기르다.

근멸(根滅) 명하타 뿌리째 없애 버림. □ 폐습을 ~하다.

근모(根毛) 명 《식》 뿌리털.

근:무(勤務) 명하자형 1 직장에 적(籍)을 두고 직무에 종사함. 근사(勤仕). □ ~ 생활 / ~에 충실하다 / 국가의 일원/군의관으로 ~하다. 2 일직·숙직·당번 따위를 맡아서 함. □ ~ 교대 시간 / ~를 서다 / 야간 ~를 바꾸다.

근:무-자(勤務者) 명 근무하는 사람. □ 야간 ~ / 숙직 ~.

근:무-제(勤務制) 명 《사》 근무와 관련된 제도. □ 주 5일 ~.

근:무-지(勤務地) 명 근무하는 곳. □ ~가 자주 바뀌다.

근:무-처(勤務處) 명 근무하는 기관이나 부서. □ 처음 발령이 난 ~는 서무과였다.

근:묵자흑(近墨者黑)[-짜-] 명 먹을 가까이하면 검어진다는 뜻으로, 나쁜 사람과 사귀면 물들기 쉽다는 말.

근:민(近民) 명 이웃 나라의 백성.

근:민(勤民) 명 1 부지런한 백성. 2 근로 생활을 하는 많은 사람들.

근:방(近方) 명 근처. □ 공원 ~ / 이 ~에서 이상한 소리가 났다.

근:배(謹拜) 명 '삼가 절함'의 뜻(편지 끝 자기 이름 뒤에 쓰는 말). ＊근백.

근:백(謹白) 명 삼가 아룀. ＊근배(謹拜).

근:변(近邊) 명 가까운 주변.

근복(筋腹) 명 《생》 붉고 연하며 탄력성이 있는, 근육의 가운데 부분.

근본(根本) 명 1 사물이 발생하는 근원. 기초. 근저. □ ~ 원인 / ~ 문제를 회피하다 / ~ 뜻을 말하다. 2 자라 온 환경이나 경력. □ ~ 있는 가문 / ~이 좋다 / ~이 미천하다 / ~을 모르다. 3 초목의 뿌리.

근본-법(根本法)[-뻡] 명 《법》 일반적으로 국가의 근본적인 법(헌법). 기본법.

근본-악(根本惡) 명 《철》 칸트(Kant)의 용어로, 인간의 날 때부터 지니고 있는 악.

근본-이념(根本理念)[-니-] 명 어떤 사실의 본바탕이 되는 이념. □ 4·19 혁명의 ~.

근본-적(根本的) 명형 근본을 이루거나 근본이 되는 (것). □ ~ 이유 / ~인 대책을 세우다.

근:봉(謹封) 명 '삼가 봉함'의 뜻(편지 겉봉의 봉한 자리에 쓰는 말). 근함(謹緘).

근부(根部) 명 1 식물의 뿌리 부분. 2 건축물 등의 땅에 박혀 있는 부분.

근비(根肥) 명 《농》 식물의 뿌리 언저리에 주는 비료. 뿌리거름.

근비(筋痺) 명 《한의》 근육이 켕기고 관절통이 나서 걸음을 잘 걷지 못하는 병.

근사(勤仕) 명하자 1 맡은 일에 힘씀. 2 근무(勤務)1.

근사(를) 모으다 구 오랫동안 힘써 공(功)을 들이다.

근:사(近事) 명 일에 공들임. 또는 그 일.

근:사-계산(近似計算)[-/-게-] 명하타 《수》 정확한 수치를 낼 수 없을 때, 이에 가까운 수치를 셈해 내는 일.

근:사-치(近似値) 명 《수》 근삿값.

근:사-하다(近似-) 형여 1 거의 같다. □ 예상이 근사하게 들어맞다. 2 〈속〉 그럴싸하게 괜찮다. □ 겨울 바다 여행은 생각만 해도 ~.

근:삿-값(近似-)[-사깝 / -삳깝] 명 《수》 근사 계산에 의해서 얻어진 참값에 가까운 값. 근사치.

근:상(近狀) 명 요사이의 형편. 근황.

근:상(謹上) 명 삼가 올림(편지 끝에 씀).

근상-엽(根狀葉) 명 《식》 잎이 변태해 뿌리 모양으로 된 것. 물속에서 나는 풀 가운데 부생(浮生)의 식물에서 볼 수 있음.

근생-엽(根生葉) 명 《식》 뿌리잎. 준근엽(根葉).

근:선(謹選) 명하타 삼가 고름.

근-섬유(筋纖維) 명 《생》 힘줄을 구성하는 수축성의 섬유 모양의 세포. 살올실.

근성(芹誠) 명 정성을 다하여 바치는 마음.

근성(根性) 명 1 근로·인내·고통을 견디어 내고자 하는 끈질긴 성질. □ 프로 ~ / 끝까지 해내겠다는 ~이 필요하다. 2 태어날 때부터 지니고 있는 근본 성질. □ ~이 나쁘다. 3 뿌리 깊게 박힌 성질. □ 관리 ~ / 거지 ~.

근:세(近世)圀 1 오래되지 아니한 세상. 2 《역》중세와 현대의 중간 시대《우리나라에서는 조선 시대, 유럽에서는 르네상스에서 현대에 이르기까지의 기간》.

근:세(近世)圀 요사이의 정세나 세력.

근:세-사(近世史)圀《역》근세의 역사. 또는 그것을 적은 책.

근:세-조선(近世朝鮮)圀《역》고려를 이은 조선 시대 500년의 일컬음.

근-세포(筋細胞)圀《생》동물의 몸속에서 수축하는 세포의 총칭.

근:소-하다(僅少─)휑어 아주 적어서 얼마 되지 않다. ▣근소한 차이.

근:무(勤務)圀하자 한 일자리에서 오래 근무함. ▣20년 이상 한자리에서 ～하다.

근:속-급(勤續給)[─끕]圀 근속 기간에 따라 증액되는 임금 부분.

근:속 연한(勤續年限)[─송년─]《사》어떤 일자리에서 계속적으로 근무한 햇수.

근-수(斤數)[─쑤]圀 저울에 단 무게의 수. ▣～를 달다 / ～가 모자라다 / ～가 꽤 나가다.

근-수(根數)[─쑤]圀《수》근호(根號)가 붙은 수($\sqrt{7}$ 따위).

근:수(勤修)圀하타 학문이나 행실 따위를 힘써 부지런히 닦음.

근:시(近侍)圀하자 1《역》근신(近臣). 2 웃어른을 가까이 모심.

근:시(近時)圀 요사이. 이즈막.

근:시(近視)圀 1 가까운 데는 잘 보아도 먼 데는 잘 보지 못하는 눈. 바투보기. 졸보기. ↔원시(遠視).

근:시-경(近視鏡)圀 근시안에 쓰는 오목 렌즈로 만든 안경. ↔원시경.

근:시-안(近視眼)圀 1《의》근시의 눈. 바투보기눈. 졸보기눈. ↔원시안(近視眼). 2 눈앞의 일에만 사로잡혀 앞일을 짐작하는 지혜가 없음의 비유.

근:시안-적(近視眼的)圀圀 앞일이나 사물 전체를 보지 못하고 눈앞의 부분적인 것만 보는 (것). ▣～인 사고방식.

근:신(近臣)圀 임금을 가까이에서 모시던 신하. 근시(近侍). 친신(親臣).

근:신(近信)圀하타 1 최근에 온 편지나 소식. 2 가까이하여 신용함.

근:신(謹身)圀하자 몸가짐이나 행동을 삼감.

근:신(謹愼)圀하자 1 말이나 행동을 삼가고 조심함. ▣～의 뜻을 나타내다. 2 벌로 일정한 기간 등교·집무·출근을 하지 않고 말이나 행동을 삼감. ▣～ 처분을 내리다.

근실-거리다자 조금 가려운 느낌이 자꾸 생기다. 근실-근실튀

근실-대다자 근실거리다.

근:실-하다(勤實─)휑어 부지런하고 착실하다. 근:실-히튀

근심圀하자타 애를 태우거나 불안해하는 마음. 걱정. ▣～이 태산 같다 / 내일을 ～할 필요는 없다 / 연로하신 부모님의 건강이 ～된다.

근심-거리[─꺼─]圀 근심할 만한 일. 걱정거리. 근심사. ▣딸 혼사가 결정되었으니 ～ 하나를 던 셈이다.

근심-사(─事)圀 근심거리.

근심-스럽다[─따](─스러워, ─스러우니)휑ㅂ 근심이 되어 마음이 편하지 않은 데가 있다. 걱정스럽다. ▣근심스러운 표정. 근심-스레튀

근:안(近眼)圀《의》'근시안'의 준말. ↔원안(遠眼).

근압(根壓)圀《식》초목의 뿌리가 땅속에서 흡수한 수분을 관다발의 물관을 통하여 줄기나 잎으로 밀어 올리는 압력. 뿌리압.

근어(根魚)圀《어》해조(海藻)가 무성한 곳에 살며, 멀리 이동하지 않는 물고기의 총칭.

근:언(謹言)圀 '삼가 말씀을 드림'의 뜻《편지 끝에 써서 경의를 표하는 말》.

근:엄-하다(謹嚴─)휑어 매우 점잖고 엄숙하다. ▣근엄한 표정을 짓다. 근:엄-히튀

근:업(近業)圀 1 최근에 지은 작품이나 저술. 2 근래에 하는 사업.

근:역(槿域)圀 무궁화나무가 많은 땅《'우리나라'를 일컫는 말》. 근화향(槿花鄕).

근:연(近緣)圀하자 1 가까운 인연. 2 가까이하여 인연을 맺음.

근:연-종(近緣種)圀《생》생물의 분류에서 가까운 관계인 종류.

근염(筋炎)圀《의》화농균의 전염으로 근육에 염증이 생겨 종창 따위의 증상이 나타나는 질환.

근엽(根葉)圀《식》1 뿌리와 잎. 2 '근생엽'의 준말.

근:영(近詠)圀 최근에 지은 시가(詩歌).

근:영(近影)圀 최근에 찍은 인물 사진. ▣지은이의 ～.

근:왕(勤王)圀하자 임금을 위하여 충성을 다함. ▣～의 의병(義兵).

근원(根源)圀 1 물줄기가 흘러나오기 시작하는 곳. ▣한강의 ～은 태백산이다. 2 사물이 생겨나는 본바탕. ▣사회악의 ～.

근원-둥이(根源─)圀 1 사이가 좋지 않던 부부가 다시 화합하여 낳은 아이. 2 첫날밤에 배어서 낳은 아이.

근원-적(根源的)圀圀 사물이 생겨나는 본바탕이 되는 (것). ▣～으로 과학과 기술은 다른 개념이다.

근원-지(根源地)圀 근원이 되는 곳. ▣폭동의 ～.

근:위(近衛)圀하타 임금을 가까이에서 호위함.

근:위-대(近衛隊)圀《역》대한 제국 때, 궁궐의 호위 및 의장(儀仗)의 임무를 맡았던 군대.

근:위-병(近衛兵)圀《역》임금을 가까이에서 호위하던 군인.

근위축-증(筋萎縮症)[그뉘─쯩]圀《의》오랫동안 근육을 사용하지 않거나 관절 질환·신경 질환 등으로 근육이 점점 오그라드는 병.

근육(筋肉)圀《생》몸의 연한 부분을 이루고 있는 힘줄과 살. 근(筋). 힘살. ▣～을 단련시키다.

근육-노동(筋肉勞動)[그뉴─]圀 육체를 사용해서 하는 노동. 육체노동. ↔정신노동.

근육 류머티즘(筋肉rheumatism)《의》류머티즘의 하나. 근육이 쑤시고 아프며, 감기나 외상 따위가 원인이 됨.

근육-소(筋肉素)[그뉵쏘]圀《생》근단백질(筋蛋白質).

근육 주:사(筋肉注射)[그뉵쭈─]《의》근육이 많은 부위에 놓는 주사.

근육-질(筋肉質)[그뉵찔]圀 1 근육처럼 연하면서도 질긴 성질. ▣～ 조직. 2 근육이 잘 발달된 몸. ▣～의 남자.

근육-통(筋肉痛)圀《의》근육이 쑤시고 아픈 증상.

근음(根音)圀《악》밑음.

근음(筋音)圀《생》힘줄이 오그라들 때 나는 소리.

근:읍(近邑)圀 가까운 고을. 인근에 있는 읍.

근:인 (近因)圓 연관성이 가까운 직접적인 원인. ↔원인(遠因).

근:인 (近姻)圓 가까운 인척(姻戚).

근인 (根因)圓 근본이 되는 원인. ▯사건의 ~.

근:일 (近日)圓 1 요사이. 2 가까운 장래. ▯~개점(開店) / ~ 개봉.

근:일-점 (近日點)[-쩜]圓『천』태양계의 행성·위성·혜성 등이 그 공전(公轉) 궤도 위에서 태양에 가장 접근할 때의 위치. ↔원일점(遠日點). ⓒ근점(近點).

근:일점 거:리 (近日點距離)[-쩜-]『천』근일점과 태양과의 거리.

근:자 (近者)圓圓 요즈음. 요사이. ▯~에 이르러 / ~에 와서 교통사고가 잦다.

근:작 (近作)圓 최근의 작품. ▯노대가(老大家)의 ~.

근잠 圓『농』벼가 잘 여물지 아니하는 병.

근:장-군사 (近仗軍士)圓『역』조선 후기에, 궁문을 경계하고 임금이 거둥할 때에 경호하는 일을 맡던 군사.

근:저 (近著)圓 최근에 지은 책.

근저 (根柢·根底)圓 1 근본1. 2 사물의 밑바탕. ▯작품 ~에 깔린 사상.

근:저당 (根抵當)圓圓『법』장래에 생길 채권의 담보로서 미리 질권이나 저당권을 설정함. 또는 그 저당. ▯~을 설정하다.

근전-도 (筋電圖)圓『의』근육의 활동에 따라 발생하는 전류를 기록한 그래프.

근절 (根絶)圓圓 뿌리째 없애 버림. ▯부정 부패를 ~하다.

근절-책 (根絶策)圓 뿌리째 없애 버리기 위하여 세운 방책. ▯탈세 방지를 위한 ~ / ~을 강구하다.

근:점 (近點)[-쩜]圓 1『의』눈으로 가장 똑똑히 볼 수 있는 가장 가까운 거리. 성인의 정상적인 눈은 약 10cm임. 2『천』근일점이나 근지점처럼 두 천체가 타원 운동을 하고 있을 때 그 천체가 가장 가까이 접근하는 점. 3『천』'근일점'의 준말. 4『천』'근지점'의 준말.

근:점-년 (近點年)[-쩜-]圓『천』지구가 근일점을 통과해 다시 근일점까지 오는 동안의 시간. 또는 태양이 근지점을 통과해 다시 근지점까지 오는 동안의 시간(365일 6시간 13분 53초).

근:점-월 (近點月)[-쩌뭘]圓『천』달이 근지점을 통과해 다시 근지점까지 오는 동안의 시간(27일 13시간 18분 33초).

근:점 이:각 (近點離角)[-쩌미-]『천』태양을 한 초점으로 하여 공전하는 천체에 관하여, 태양에서 보아 근일점의 방향과 천체의 방향이 이루는 각. 진(眞)근점 이각.

근:접 (近接)圓圓 가까이 다가가거나 닿음. ▯~ 사격 / ~ 지원.

근:접 작용 (近接作用)[-짜공]『물』물체 간에 작용하는 힘이 중간에 존재하는 물체나 공간을 통하여 전달되는 현상.

근:접 화:기 (近接火器)[-저콰-]『군』가까운 거리에서 사람을 살상(殺傷)하거나 적진을 파괴하는 화기(기관총·수류탄 따위).

근:정 (謹呈)圓圓 삼가 물품 따위를 드림.

근:정-전 (勤政殿)圓『역』경복궁(景福宮) 안에 있는 정전(正殿). 조선 때, 임금이 조회(朝會)를 행하던 곳임.

근:정-포장 (勤政襃章)圓 일반 공무원·국영 기업체·공공 단체 또는 사회 단체 직원으로서, 직무에 힘써 국리민복에 공적이 뚜렷한 사람에게 주는 포장.

근:정-훈장 (勤政勳章)圓 직무에 힘써 공적이

뚜렷한 공무원에게 주는 훈장(청조(靑條)·황조(黃條)·홍조(紅條)·녹조(綠條)·옥조(玉條)의 5등급이 있음.

근:제 (謹製)圓圓 삼가 짓거나 만듦.

근:조 (謹弔)圓圓 삼가 조상(弔喪)함.

근-조직 (筋組織)圓『생』몸과 각 장기(臟器)의 운동을 맡은 기관(가로무늬근과 민무늬근이 있음).

근:족 (近族)圓 촌수가 가까운 일가. 근친.

근종 (根腫)圓『의』덩어리진 망울이 박힌 부스럼.

근종 (根種)圓圓『농』그루갈이.

근종 (筋腫)圓『의』근육에 생기는 양성(陽性) 종양.

근종 (跟從)圓圓 윗사람을 모시고 뒤를 따라감. 수행(隨行).

근:주 (謹奏)圓圓 1 삼가 임금에게 아룀. 2 삼가 음악을 연주함.

근중-하다 (斤重-)웹ⓐ 1 저울로 단 무게가 무겁다. 2 언행 따위가 무게가 있다.

근:지 (近地)圓 가까운 곳에 있는 땅.

근지럽다 (-따)[근지러워, 근지러우니]웹ⓑ 1 조금 가려운 느낌이 있다. ▯등이 ~. ⓐ간지럽다. 2 어떤 일을 하고 싶어 참고 견디기 어렵다. ▯싸우고 싶어 몸이 근지러우냐.

근-지수 (根指數)圓『수』근호(根號)나 근식(根式)에서 몇 제곱근인가를 나타내는 수($\sqrt[3]{7}$에서의 3 따위).

근:지-점 (近地點)[-쩜]圓『천』1 달이나 인공위성이 궤도에서 지구에 가장 가까울 때의 위치. 2 태양이 지구에서 가장 가까워지는 때의 위치. ↔원지점. ⓒ근점(近點).

근:직-하다 (謹直-)[-지카-]웹ⓔ 신중하고 정직하다. ▯근직한 사람.

근질-거리다 区 1 자꾸 근지러운 느낌이 나다. ▯무좀 때문에 발가락이 ~. ⓐ간질거리다. 2 참을 수 없을 만큼 어떤 일을 몹시 자꾸 하고 싶어하다. ▯비밀을 터뜨리고 싶어서 입이 ~. 근질-근질 우휀区.

근질-대다 区 근질거리다.

근쭝 (斤-)의앱〔-쭝(斤重)〕 근을 단위로 하여 무게를 달 때의 단위. ▯네 ~.

근:착 (近着)圓圓 최근에 도착함. ▯~ 외국 도서.

근참 (覲參)圓圓 1 지위가 높거나 존경하는 사람을 찾아뵙고 인사함. 2『민』부처나 신에 참배함.

근채 (芹菜)圓『식』미나리.

근채 (根菜)圓 뿌리채소.

근채-류 (根菜類)圓 뿌리를 먹는 채소류(파·마늘·당근·무 따위). 뿌리채소류.

근:처 (近處)圓 가까운 곳. 근방. ▯학교 ~에 살고 있다.
근처에도 못 가다 쿄 비교가 되지 않다. 어림도 없다.

근:척 (近戚)圓 가까운 친척.

근:청 (謹聽)圓圓 삼가 청함.

근:청 (謹聽)圓圓 삼가 들음.

근체 (根蔕)圓 사물의 바탕. 근저(根柢). 근본.

근:체-시 (近體詩)圓『문』한시(漢詩)에서, 고체시(古體詩)에 대하여 율시(律詩)와 절구(絶句)의 일컬음. 금체시(今體詩). ↔고체시.

근초 (筋鞘)圓『생』가로무늬근을 싸고 있는 얇은 막.

근:촌 (近寸)圀 가까운 촌수. ↔원촌(遠寸).

근:촌 (近村)圀 가까운 마을. ↔원촌(遠村).

근축 (根軸)〖數〗두 원에 대한 접선의 길이
가 같은 점으로 이루어진 직선.

근치 (根治)圀하타 병을 완전히 고침. ㅁ꾸준
한 치료로 지병을 ~하다 / 암도 언젠가는 ~
할 수 있을 것이다.

근:친 (近親)圀〖生〗성(姓)이 같은 가까운 겨
레. 흔히 팔촌 이내의 일가붙이. 근족(近族).

근친 (覲親)圀하자 1 시집간 딸이 친정에 와서
친정 어버이를 뵘. 2〖佛〗승려가 속가(俗家)
의 어버이를 뵘.

근:친-결혼 (近親結婚)圀 가까운 일가끼리 하
는 결혼. 근친혼.

근:친 교배 (近親交配)〖生〗혈연이 가까운 것
사이의 교배(가축이나 가금(家禽)의 혈통을
보존하거나 품종 개량을 위해 행함).

근:친-상간 (近親相姦)圀하자 근친 사이의 남
녀가 간음하는 일. 상피(相避).

근:친-혼 (近親婚)圀 근친결혼.

근칭 (斤秤)圀 백 근까지 달 수 있는 큰 저울.
대칭.

근:칭 (近稱)圀〖言〗말하는 사람에게 가까이
있는 대상을 가리키는 일. 또는 그런 말(여기ㆍ
이리ㆍ이 따위). *원칭ㆍ중칭.

근:칭 대:명사 (近稱代名詞)〖言〗말하는 사
람에게 가까이 있는 사람ㆍ사물ㆍ처소 따위를
가리키는 대명사(이분ㆍ이것ㆍ여기 등). *원
칭 대명사ㆍ중칭 대명사.

근:타 (勤惰)圀 근태(勤怠)1.

근:태 (勤怠)圀 1 부지런함과 게으름. 근만(勤
慢). 근타(勤惰). 2 출근과 결근.

근표 (根表)圀〖數〗'제곱근표'의 구칭.

근-풀이 (斤-)圀하타 1 물건을 저울로 달아서
근으로 팖. 해근(解斤). 2 물건 한 근에 값이
얼마인가를 계산하여 보는 일.

근:하 (謹賀)圀하타 삼가 축하함.

근-하다 (勤-)혱예 부지런하다.

근:하-신년 (謹賀新年)圀 삼가 새해를 축하한
다는 뜻으로 쓰는 새해의 인사말. 공하(恭賀)
신년.

근:학 (勤學)圀하타 부지런히 학문에 힘씀.

근:함 (謹緘)圀 편지 겉봉의 봉한 자리에 '삼
가 편지를 봉한'의 뜻으로 쓰는 말.

근:해 (近海)圀 육지에 가까운 바다. ㅁ~에서
조업하다. ↔원해(遠海).

근:해-어 (近海魚)圀 근해에서 사는 물고기.
↔원해어(遠海魚).

근:해 어업 (近海漁業) 육지 가까운 바다에서
하는 어업. 연안 어업. ↔원양 어업.

근:해 항:로 (近海航路)[-노]〖海〗육지 가까
운 바다의 뱃길.

근:행 (勤行)圀하타〖佛〗불전에서 독경하거
나 예배하는 일.

근행 (覲行)圀하자 시집간 딸이나 객지에 있는
자식이 어버이를 뵈러 다님.

근호 (根號)圀〖數〗거듭제곱근을 나타내는 기
호. 곧, √ 를 이름.

근:화 (近火)圀 가까운 곳에서 일어난 불.

근:화 (槿花)圀〖植〗무궁화.

근:화-향 (槿花鄕)圀 근역(槿域).

근황 (近況)圀 요사이의 형편. 근상(近狀). ㅁ
회사의 ~ / ~를 묻다.

근:후-하다 (謹厚-)혱예 조심스럽고 중후하
다. ㅁ근후한 인격자.

글圀〈옛〉끝.

글다타 〈옛〉끊다.

글圀 1 어떤 생각이나 말 따위의 내용을 글자
로 나타낸 것. ㅁ~을 짓다 / ~을 쓰다 / ~을
읽다. 2 학문이나 학식. ㅁ~깨나 배웠다는
사람 / ~이 짧다. 3 '글자'의 준말. ㅁ~을
배우다 / ~을 읽을 줄 모르다
[글 속에도 글 있고 말 속에도 말 있다] ㉠말
과 글에 담겨 있는 뜻은 무궁무진함을 비유
하는 말. ㉡쓸 만한 글과 말은 따로 있음을
비유하는 말. [글에 미친 송 생원(宋生員)]
다른 일은 보지 않고 글만 읽고 있는 사람
을 비웃는 말. [글은 기성명(記姓名)이면 족
하다] 글이란 제 성과 이름이나 쓸 줄 알면
된다는 뜻으로, 글공부를 많이 할 필요가 없
다는 말.

글-감 [-깜]圀 글로 쓸 만한 소재. ㅁ~을 고
르다.

글겅-거리다타 '글그렁거리다'의 준말. ㉮갈
강거리다. 글겅-글겅 뷔하자

글겅-대다타 글겅거리다.

글겅이 圀 1 말이나 소의 털을 빗기는, 쇠로 만
든 빗 모양의 기구. 2 싸리로 결어 만든 고기
잡이 도구의 하나. 3 백성의 재물을 긁어 들
이는 벼슬아치를 비유적으로 이르는 말.

글겅이-질 圀하타 1 마소의 털을 글겅이로 빗
기는 일. 2 글겅이로 고기를 훑어 잡는 일. 3
지방 관리나 권세가 백성의 재물을 긁어
들이는 짓.

글게 圀 〈옛〉대패.

글-공부 (-工夫)[-꽁-]圀하자 1 글을 익히거
나 배우는 일. ㅁ늦게 ~에 열중하다. 2 글의
내용은 익히지 않고 형식적으로 하는 공부.

글-구멍 [-꾸-]圀 글을 이해하는 슬기. ㅁ~
이 트이다.

글-귀 [-뀌]圀 글을 듣고 이해하는 능력. ㅁ~
가 밝다 / ~가 어둡다 / ~가 트이다.

글-구 (-句)[-꾸]圀 글의 구나 절. ㅁ~를 적
어 보다.

글그렁-거리다자 거칠게 자꾸 그르렁거리다.
㉮갈그랑거리다. ㉫글겅거리다. 글그렁-글그
렁 뷔하자

글그렁-대다자 글그렁거리다.

글-꼴 圀 글자의 모양새.

글-눈 [-룬]圀 글을 보고 이해하는 능력. ㅁ~
을 뜨다.

글:다[글어, 그니, 그은]자 '그을다'의 준말.

글-동무 [-똥-]圀 같은 곳에서 함께 공부하는
친구. 글동접.

글-동접 (-同接)[-똥-]圀 글동무.

글돌이다타 〈옛〉끌어당기다.

글라디올러스 (gladiolus)圀〖植〗붓꽃과의 여
러해살이풀. 높이 80~100 cm, 알뿌리에서 창
포와 비슷한 잎이 나오며, 여름에 깔때기 모
양의 꽃이 피는데, 백색ㆍ적색ㆍ자색ㆍ황색 등
이 있음. 관상용임. 당창포.

글라스 (glass)圀 유리로 만든 잔.

글라스노스트 (←러 glasnost')圀 정보 공개
('널리 개방하다'의 뜻).

글라이더 (glider)圀〖航空〗발동기 없이 바람
을 타고 날게 된 항공기(출발할 때는 밧줄로
걸어 자동차 등으로 잡아당기어 끎). 활공기
(滑空機).

글라이딩 (gliding)圀 활공. 공중활주.

글래머 (←glamour girl)圀 육체가 풍만하고 성
적 매력이 있는 여자.

글러브 (glove)圀 권투ㆍ야구 따위를 할 때 손
에 끼는 두꺼운 가죽 장갑. *미트(mitt).

글로 준 그리로. ㅁ~ 가세요. *일로ㆍ절로.

글로리아 [명] **1** 〔라 Gloria〕〔기〕 신의 영광을 찬미한 노래. **2** 〔라 gloria〕〔공〕 날실에 명주실, 씨실에 털실을 써서 짠 얇은 피륙(여자의 의복 또는 양산에 많이 씀).

글로벌리즘 (globalism) [명]〔정〕 세계를 하나의 공동체로 만들어, 환경·인구·식량·에너지 따위 문제를 개별 국가 차원이 아닌 전 인류의 협력으로 해결코자 하는 생각이나 운동.

글로벌 브랜드 (global brand) 국제적으로 크게 인정받는 상표.

글로불린 (globulin) [명]〔화〕 생물체에 널리 분포되어 있는 단순 단백질의 하나(동물에서는 혈장이나 난황 따위에, 식물에서는 씨에 많이 함유되어 있음).

글로브 (globe) [명]〔전〕 유리로 만든 공 모양의 조명 기구. 광원(光源)을 둘러싸 밝기를 부드럽게 하기 위해 사용함.

글로빈 (globin) [명]〔생〕 염기성 단백질의 한 가지(헴(=철을 함유하는 색소)과 화합하여 헤모글로빈이 됨).

글로-스타터 (glow starter) [명]〔전〕 점등관(點燈管).

글로켄슈필 (독 Glockenspiel) [명]〔악〕 철금(鐵琴).

글루코오스 (glucose) [명]〔화〕 포도당.

글루탐-산 (←glutamic酸) [명]〔화〕 아미노산의 하나(식물성 단백질 속에 함유되어 있으며, 화학 조미료의 원료로 씀).

글루텐 (gluten) [명]〔화〕 식물의 종자 속에 들어 있는 식물성 단백질의 혼합물(글루탐산의 원료로 씀).

글:리다 [자타] '그을리다'의 준말.

글리사드 (프 glissade) [명] 등산에서, 피켈이나 지팡이를 짚고 몸을 뒤로 비스듬하게 하여 눈 위를 미끄러져 내려오는 일.

글리산도 (이 glissando) [명]〔악〕 피아노나 현악기 따위에서, 비교적 넓은 음역(音域)을 급속히 미끄러지듯 연주하는 방법. 활주(滑奏).

글리세롤 (glycerol) [명]〔화〕 글리세린.

글리세린 (glycerine) [명]〔화〕 지방 또는 유지(油脂)가 가수 분해할 때 생기는 무색투명한 끈끈한 액체(의약품·폭약·화장품 따위의 원료로 씀). 글리세롤.

글리코겐 (glycogen) [명]〔생〕 동물의 간장이나 근육 따위에 들어 있는 탄수화물의 하나(동물의 에너지 대사에 중요한 물질임). 당원질(糖原質).

글-말 [명]〔언〕 글에서만 쓰는 말. 문어(文語). *입말.

글-맛 [-맏] [명] 어떤 문장이 가지는 독특한 운치. 또는 그런 문장에서 느끼는 재미.

글-발 [-빨] [명] **1** 적어 놓은 글. ❏ ~을 남기다. **2** 써 놓은 글자의 생김이나 형식. ❏ ~이 고르다.

글-방 (-房)[-빵] [명] 예전에, 사사로이 한문을 가르치던 곳. 서당. 서재(書齋). 학당. 학방(學房). ❏ 옛날에는 ~에서 글을 배웠다.

글방-물림 (-房-)[-빵-] [명] 세상 물정에 어두운 사람을 놓으로 일컫는 말. 글방퇴물.

글방-퇴물 (-房退物)[-빵-] [명] 글방물림.

글-벗 [-뻗] [명] 글로 사귀는 벗. 문우(文友).

글-속 [-쏙] [명] 학문을 이해하는 정도.

글-쇠 [-쐬] [명] 키(key)4.

글썽 [부하자타형] 눈에 눈물이 그득해 넘칠 듯한 모양. ❏ 눈물이 ~해지다. [작]갈쌍.

글썽-거리다 [자타] 자꾸 글썽이다. ❏ 너무 애처로워 눈물이 ~. [작]갈쌍거리다. **글썽-글썽** [부하자타형]

글썽-대다 [자타] 글썽거리다.

글썽-이다 [자타] 눈에 눈물이 그득하게 고이다. 또는 그렇게 하다. [작]갈쌍이다.

글쎄 [감] **1** 남의 물음이나 요구에 분명치 않은 태도를 나타내는 말. ❏ ~, 내가 할 수 있을까. **2** 자기의 뜻을 다시 강조하거나 고집할 때 쓰는 말. ❏ ~, 내가 아까도 말하지 않았나.

글쎄-다 [감] '글쎄'의 뜻으로, 아랫사람에게 쓰는 말. ❏ ~, 좀 두고 보자꾸나.

글쎄-올시다 [-씨-] [감] '글쎄'의 보통 높임말. ❏ ~, 한번 해 보겠습니다.

글쎄-요 [감] '글쎄'의 높임말. ❏ ~, 잘 모르겠습니다.

글-쓰기 [명] 생각이나 사실 따위를 글로 써서 나타내는 일. ❏ ~를 잘하는 아이.

글-쓰다 〔글써, 글쓰니〕 [자] **1** 글을 짓거나 쓰다. **2** 직업적으로 또는 전문적으로 글을 쓰다. ❏ 글쓰는 사람.

글쓴-이 [명] 글을 쓴 사람. 저자.

글씨 [명] **1** 쓴 글자의 모양. ❏ ~를 예쁘게 써라. **2** 글자. ❏ 잘못 쓴 ~를 지우다. **3** 글자를 쓰는 법. 또는 그런 일. ❏ ~ 연습.

글씨-본 (-本) [명] 글씨 연습을 할 때에 보고 쓰도록 만든 책.

글씨-체 (-體) [명] **1** 글씨를 쓰는 일정한 격식. 한글의 글씨체는 궁체(宮體)가 있고, 한자에는 전서(篆書)·예서(隸書)·해서(楷書)·행서(行書)·초서(草書)의 다섯 방식이 있음. 서체(書體). **2** 글자를 써 놓은 모양새. ❏ ~에 힘이 넘치다.

글안 (契丹) [명]〔역〕 거란(契丹).

글왈 [명] 〈옛〉 **1** 글. **2** 편지.

글-월 [명] **1** 글. 문장. **2** 편지. **3** 〈옛〉 글자.

글월-문 (-文) [명] 한자 부수의 하나('斑'이나 '斌' 등에서 '文'의 이름).

글위 [명] 〈옛〉 그네.

글:음 [명] '그을음'의 준말.

글-자 (-字)[-짜] [명] 말을 적는 일정한 체계의 부호. 글씨. 문자. ❏ 이런 ~는 없어. [준]글.

글자-판 (-字板)[-짜-] [명] 타자기·컴퓨터·계량기 따위에서 글자나 숫자, 기호 등을 배열해 놓은 판. 자판(字板).

글-장 (-帳)[-짱] [명] **1**〔역〕 과거 때, 글을 지어 올리던 종이. 시권(試卷). **2** 글이 적힌 종이.

글-재주 (-才-)[-째-] [명] 글을 잘 터득하거나 짓는 재주. 글재간. 문재(文才). ❏ 뛰어난 ~.

글-제 (-題)[-쩨] [명] 글의 제목. 제목. ❏ ~를 제시하다.

글-줄 [-쭐] [명] **1** 글자를 쓴 줄. ❏ ~을 바꾸다. **2** 약간의 학문. ❏ ~이나 안다고.

글지싀 [명] 〈옛〉 **1** 글 짓는 사람. **2** 글짓기.

글지이 [명] 〈옛〉 **1** 글 짓는 사람. **2** 글짓기. 글 짓는 일.

글-짓기 [-짇끼] [명하자] 글을 짓는 일. 작문(作文). ❏ ~ 대회에서 입상하다.

글-치레 [명하자] 글을 잘 매만져 꾸밈.

글:콩 [명] '그루콩'의 준말.

글-투 (-套) [명] 쓰는 사람에 따라 다르게 나타나는 글의 표현상의 특징. 문투(文套).

글피 [명] 모레의 다음 날. 삼명일(三明日).

글-하다 [자여] **1** 글을 짓다. ❏ 글하는 학생. **2** 학문을 하다.

글히다 [타] 〈옛〉 끓이다.

긁다 [극따] [타] **1** 손톱이나 날카롭고 긴 끝으로 바닥이나 거죽을 문지르거나 붙은 것을 벗겨 없애다. ❏ 가려운 데를 ~ / 밥솥에서 누룽지

를 ~. **2** 갈퀴 따위로 그러모으다. ▣검불을 ~. **3** 남을 헐뜯다. ▣애매한 사람을 ~. **4** 남의 재물을 악독한 방법으로 빼앗아 들이다. **5** 남의 감정·기분 따위를 상하게 하거나 자극하다. ▣비위를 ~. **6** 철필 따위로 등사지에 글을 쓰거나 그림을 그리다. **7** 물건 따위를 살 때 카드로 결제하다. 逾갉다.

[**긁어 부스럼**] 아무렇지도 않은 일을 공연히 스스로 건드려서 일으킨 걱정.

긁어-내다 [글거-] 🔟 **1** 안에 있는 것을 긁어서 꺼내다. **2** 꾀를 써서 부당하게 받아 내다. ▣돈을 ~.

긁어-내리다 [글거-] 🔟 **1** 높은 쪽에서 아래쪽으로 긁다. ▣부스스한 머리를 ~. **2** 실제 이상으로 깎아 헐뜯다. ▣애꿎은 사람을 ~.

긁어-당기다 [글거-] 🔟 긁어서 앞으로 끌어당기다.

긁어-먹다 [글거-따] 🔟 남의 재물을 부정한 방법으로 빼앗아 가지다. ▣남의 돈을 긁어먹을 궁리랑 아예 마라. 逾갉아먹다.

긁어-모으다 [글거-] 🔟 **1** 물건을 긁어서 한데 모으다. ▣낙엽을 ~. **2** 부정한 방법으로 재물을 모아 들이다. ▣탐관오리가 재물을 ~.

긁어-쥐다 [글거-] 🔟 **1** 잘 잡히지 않는 물건을 손톱으로 긁는 것처럼 움켜쥐다. **2** 남의 재물 따위를 빼앗아 자기 것으로 하다.

긁적-거리다 [극쩍꺼-] 🔟 **1** 자꾸 이리저리 문지르다. ▣머리를 ~. 逾갉작거리다. **2** 글이나 그림 따위를 되는대로 자꾸 쓰거나 그리다. ▣아무렇게나 글을 ~. **긁적-긁적** [극쩍꺽쩍] 🔠하타

긁적-대다 [극쩍때-] 🔟 긁적거리다.

긁적-이다 [극쩌기-] 🔟 **1** 이리저리 긁다. ▣머리를 긁적이며 멋쩍게 웃다. **2** 되는대로 글이나 그림 따위를 쓰거나 그리다.

긁죽-거리다 [극쭉꺼-] 🔟 자꾸 무디게 긁다. 逾갉죽거리다. **긁죽-긁죽** [극쭉끅쭉] 🔠하타

긁죽-대다 [극쭉때-] 🔟 긁죽거리다.

긁죽-이다 [극쭈기-] 🔟 무디게 자꾸 긁다.

긁히다 [글키-] 🔟🔟 〈'긁다'의 피동〉 긁음을 당하다. ▣긁힌 자국 / 얼굴을 ~. 逾갉히다.

긇다 🔟 〈옛〉 긇다.

금¹ [금] 🔠하타 물건 값. 가격. ▣~을 매기다.

[**금도 모르고 싸다 한다**] 내용도 모르면서 아는 체한다.

　금(을) 놓다 🔁 물건 값을 부르다.

　금(을) 맞추다 🔁 같은 종류의 물건 값을 맞게 하다.

　금(을) 보다 🔁 물건 값이 얼마나 나가는지 알아보다.

　금(을) 치다 🔁 물건 값을 어림잡아 부르다.

　금(이) 닿다 🔁 물건 값이 사고팔 수 있는 적당한 선에 미치다.

금² [금] 🔠 **1** 긋거나 접거나 한 자국. ▣~을 긋다. **2** 갈라지지 않고 터지기만 한 흔적. ▣장독에 ~이 갔다.

　금(을) 긋다 🔁 한도 또는 한계선을 정하다. ▣금을 그어 놓고 일을 하자.

　금(이) 가다 🔁 친한 사이가 벌어지다. ▣우정에 ~.

금³ [金] 🔠 **1** 〔화〕 황색의 광택이 있는 금속 원소. 연성(延性)·전성(展性)이 풍부하고 산(酸)에 녹지 않으며, 자연 유리(遊離) 상태로 남〔귀금속으로 화폐·장식품 따위에 씀〕. ▣~을 캐다 / ~으로 도금하다. [79 번 : Au : 196.97] **2** 금메달. ▣마라톤에서 ~을 따다.

3 문서에서 돈을 이르는 말. ▣~ 5만 원정. [금이야 옥이야] 애지중지 다루는 모양.

금² [金] 🔠 **1** '금요일'의 준말. **2** 〔민〕 오행(五行)의 하나〔방위로는 서쪽, 계절로는 가을, 색으로는 흰빛에 해당함〕.

금(琴) 🔠 〔악〕 예전에, 궁중에서 사용하던 현악기의 하나〔줄이 일곱이고 거문고와 비슷한 모양임〕.

금- (今) 🔠 '지금의' 뜻. ▣~세기(世紀).

-금 (金) 🔟 **1** 금의 순도를 나타내는 말. ▣24 ~ / 18 ~. **2** '돈'을 나타내는 말. ▣기부~ / 계약~.

금-가락지 (金-) [-찌] 🔠 금으로 만든 가락지. 금반지. 금지환.

금-가루 (金-) [-까-] 🔠 황금의 가루. 또는 황금 빛깔의 가루. 금분(金粉). 금설(金屑).

금각 (金閣) 🔠 **1** 금으로 장식한 누각. **2** 아름답게 꾸민 누각.

금-각대 (金角帶) [-때] 🔠 〔역〕 금으로 무늬를 새겨 넣은 뿔로 만든 띠〔벼슬아치들이 허리에 둘렀음〕.

금감 (金柑) 🔠 〔식〕 금귤(金橘).

금갑 (金甲) 🔠 금속으로 만든 갑옷.

금-값 (金-) [-깝] 🔠 **1** 금의 값. ▣~이 많이 올랐다. **2** 금에 맞먹을 만큼 비싼 값. ▣배추가 ~이다.

금강 (金剛) 🔠 **1** 금강석. **2** 〔불〕 대일여래(大日如來)의 지덕(智德)을 나타낸 말. **3** 몹시 단단해 결코 부서지지 않음. 또는 그런 물건. **4** 금강산. 「의 준말.

금강-경 (金剛經) 🔠 〔불〕 '금강반야바라밀경'

금강-계 (金剛戒) [-/-게] 🔠 〔불〕 일체의 번뇌를 깨뜨리는 계명(戒命).

금강-계 (金剛界) [-/-게] 🔠 밀교의 이대 법문(二大法門)의 하나. 대일여래(大日如來)를 지덕(智德)의 방면에서 설명한 부문. ＊태장계(胎藏界).

금강-력 (金剛力) [-녁] 🔠 〔불〕 금강신(金剛神)이 지니고 있는 것처럼 강대한 힘.

금강-문 (金剛門) 🔠 〔불〕 양쪽에 금강신(金剛神)을 세워 놓은 절의 문.

금강-반야경 (金剛般若經) 🔠 〔불〕 '금강반야바라밀경'의 준말.

금강반야-바라밀경 (金剛般若波羅蜜經) 🔠 〔불〕 반야, 곧 지혜의 견지에서, 모든 존재의 공(空)과 무아(無我)의 이치를 금강의 견고함에 비유한 불경. 준금강경·금강반야경.

금강-불괴 (金剛不壞) 🔠 〔불〕 금강처럼 단단해서 부서지지 아니한.

금강-불자 (金剛佛子) [-짜] 🔠 〔불〕 밀교의 승려가 스스로를 이르는 말.

금강-사 (金剛砂) 🔠 〔공〕 석류석의 가루〔수정이나 대리석을 닦는 데 씀〕. 찬철(鑽鐵).

금강사-숫돌 (金剛砂-) [-숟똘] 🔠 금강사로 만든 숫돌.

금강-산 (金剛山) 🔠 〔지〕 강원도의 북부에 있는 명산〔봄에는 금강산, 여름에는 봉래산, 가을에는 풍악산, 겨울에는 개골산으로 일컬어짐〕. 금강.

[**금강산도 식후경이라**] 아무리 재미있는 일이라도 배가 불러야 흥이 남을 비유.

금강-석 (金剛石) 🔠 〔광〕 보석의 하나〔순수한 탄소로 이루어졌으며, 광물 가운데 가장 단단하고 아름다움〕. 금강. 다이아몬드.

금강-신 (金剛神) 🔠 〔불〕 불교의 수호신으로, 절의 문 양쪽에 세워 놓은 한 쌍의 신장(神將). 금강역사.

금강-심 (金剛心) 🔠 〔불〕 어떤 유혹에도 움직

이지 않는 견고한 신앙심.
금강-야차 (金剛夜叉)[-나-] 圏 〖불〗 오대 명
왕(五大明王)의 하나《북방을 지키고 악귀들
을 항복시킴》.
금강-역사 (金剛力士)[-녁싸] 圏 〖불〗 금강신.
금강-자 (金剛子) 圏 〖식〗 모감주나무의 열매.
염주를 만드는 데 씀.
금강자-염주 (金剛子念珠) 圏 〖불〗 금강자로
만든 염주.
금강-저 (金剛杵) 圏 〖불〗 승려들이 불도를 닦
을 때 쓰는 법구(法具)의 하나《번뇌를 깨뜨리
는 보리심을 상징함》.
금강-좌 (金剛座) 圏 〖불〗 석가가 보리수 밑에
서 도를 이룰 때에 앉았던 자리.
금강-지 (金剛智) 圏 〖불〗 가장 밝고 견고한 지
혜. 곧, 여래의 지혜.
금-개구리 (金-) 圏 〖동〗 개구릿과의 동물. 참
개구리 비슷한데, 길이 9 cm가량. 등은 녹
색, 배는 황적색. 눈가에 금빛 줄이 돌려 있
고 울음주머니가 없으며 우리나라 특산종임.
금갱 (金坑) 圏 〖광〗 금을 캐내는 구덩이.
금경 (金鏡) 圏 1 금으로 장식한 거울. 2 '달'의
비유.
금ː계 (禁戒)[-/-게] 圏하 1 어떤 일을 못하
게 막고 징계함. 2 나쁜 일을 금하는 계율.
금ː계 (禁界)[-/-게] 圏 다니지 못하도록 금하
는 지역이나 경계.
금계-랍 (金鷄蠟)[-/-게-] 圏 '염산키니네'를
달리 이르는 말.
금고 (今古) 圏 지금과 옛날. 이제와 예. 금석.
금고 (金庫) 圏 1 화재나 도난 등의 사고에서,
돈이나 중요 서류를 보관하는 데 쓰는 궤.
□ 어떻게 저런 ~를 털었을까. 2〖법〗 국가나
공공 단체의 현금 출납 기관. 3 공공 목적을
가지는 특수 금융 기관《신용 금고 등》.
금고 (金鼓) 圏 〖역〗 고려·조선 때, 군중(軍中)
에서 지휘하는 신호로 쓰던 징과 북.
금ː고 (禁錮) 圏 1〖역〗 조선 때, 죄과 또는 신
분에 허물이 있어 벼슬에 오르지 못하게 하
던 일. 2〖법〗 자유형의 하나. 교도소에 감금
만 하고 노역(勞役)은 시키지 않는 형. 금고
형(禁錮刑).
금ː고 종신 (禁錮終身) 〖역〗 조선 때, 죄과 혹
은 신분에 허물이 있어 평생 벼슬길에 오르
지 못하던 일.
금ː고-형 (禁錮刑) 圏 〖법〗 금고(禁錮)2.
금곡 (金穀) 圏 돈과 곡식.
금곡 (錦曲) 圏 충청남도 금산(錦山)에서 나는
곡삼(曲蔘).
금골 (金骨) 圏 1 속세를 떠난 범상하지 않은
풍채와 골격. 2 귀중한 물건.
금공 (金工) 圏 금속에 세공을 하는 일. 또는
그 일에 종사하는 사람. 금장(金匠).
금ː과 (禁果) 圏 〖기〗 금단의 열매.
금과-옥조 (金科玉條)[-쪼] 圏 금이나 옥처럼
귀중히 여기어 꼭 지켜야 하는 법칙이나 규
정. □ 근면과 절약을 ~로 삼다.
금관 (金冠) 圏 1 '금량관(金梁冠)'의 준
말. 2〖역〗 '황금 보관(寶冠)'의 준말. 3〖의〗
의치(義齒)의 하나《금으로 치아머리를 모자
처럼 씌움》. 4 금으로 만든 관(冠).
금관 (金管) 圏 1 황금으로 만든 통소. 2 금으로
만든 관(管).
금관-가야 (金官伽倻) 圏 〖역〗 육 가야(六伽倻)
의 하나. 지금의 김해 땅에 있었음. 수로왕이
건국했다고 하며, 한때 육 가야의 맹주(盟主)
로 활약함.
금관 악기 (金管樂器)[-과낙끼] 〖악〗 금속제

341 　　　　　　　　　　　　　　　　**금귤**

의 관악기(管樂器)《트럼펫·트롬본·코넷·호른
따위》.
금-관자 (金貫子) 圏 〖역〗 금으로 만든 관자《정
이품·종이품의 벼슬아치가 달았음》.
금관 조복 (金冠朝服) 〖역〗 조선 때, 벼슬아치
가 입었던 금관과 조복.
금광 (金光) 圏 황금의 광채. 금빛.
금광 (金鑛) 圏 〖광〗 1 금을 캐내는 광산. 금산
(金山). 2 〖광〗 금광석. 금돌.
금-광상 (金鑛床) 圏 〖광〗 금이 묻혀 있는 광상.
금-광석 (金鑛石) 圏 〖광〗 금이 들어 있는 광석.
금광-업 (金鑛業) 圏 금을 캐내는 사업.
금괴 (金塊) 圏 1 금덩이. 2 〖경〗 금화의 바탕이
되는 황금.
금괴 본위제 (金塊本位制) 〖경〗 금 본위제의
하나로 중앙은행이 금을 보유하며, 국내
유통에서는 오로지 대외 지불을 위한 태환
(兌換)에만 지금(地金)을 내어 주는 제도.
금구 (金口) 圏 〖불〗 1 황금빛이 나는 부처의
입. 2 석가의 설법.
금구 (金句)[-꾸] 圏 1 아름다운 구절. 2 훌륭한
격언.
금구 (金釦) 圏 〖미술〗 도자기의 가장자리를 두
른 금빛의 테두리.
금구 (金甌) 圏 1 쇠나 금으로 만든 사발이나
단지. 2 '견고한 사물'의 비유.
금구 (金具) 圏 이부자리.
금ː구 (禁句)[-꾸] 圏 1 노래나 시에서 피하는
어구. 2 남의 감정을 해칠 염려가 있어 말하
기를 피하는 어구.
금구-무결 (金甌無缺) 圏 금이나 쇠로 만든 그
릇처럼 완전하고 결점이 없다는 뜻으로, 국
력이 강하여 다른 나라의 침략을 받지 않음
을 이르는 말.
금구-장 (金毬杖) 圏 〖역〗 고려 때의 의장(儀
杖)의 하나《금칠을 하였음》.
금ː군 (禁軍) 圏 〖역〗 고려·조선 때, 궁중을 지
키고 임금을 호위하던 군대. 금병. 금위(禁
衛). 금위군.
금ː군-별장 (禁軍別將)[-짱] 圏 〖역〗 조선 후기
에, 금군청이나 용호영(龍虎營)에 속한 종이
품의 장수.
금ː군-장 (禁軍將) 圏 〖역〗 조선 후기에, 용호
영(龍虎營)에 속한 정삼품의 무장《모두 일곱
사람임》.
금ː군-청 (禁軍廳) 圏 〖역〗 조선 때, 금군의 일
을 맡아보던 관아.
금권 (金券)[-꿘] 圏 1 금화와 바꿀 수 있는 지
폐. 2 특정한 범위 안에서 화폐로 통용되는
증권.
금권 (金權)[-꿘] 圏 자기가 가진 돈을 이용하
여 부리는 권력. 돈의 위력. □ ~이 난무하다.
금권-만능 (金權萬能)[-꿘-] 圏 돈만 있으면
모두 이룰 수 있다는 일.
금권 정치 (金權政治)[-꿘-] 〖정〗 이권(利權)
과 결부되어 이루어지는 정치.
금ː궐 (禁闕) 圏 궁궐.
금궤 (金櫃) 圏 금으로 만들어 돈 같은 귀중품
을 넣어 두는 궤.
금궤 당귀산 (金櫃當歸散) 〖한의〗 아이 밴 여
자의 원기를 돕는 약.
금규 (錦葵) 圏 〖식〗 당아욱.
금귤 (金橘) 圏 〖식〗 운향과의 상록 관목. 높이
2 m 정도. 귤나무와 비슷한데, 참새 알만 한
과실이 겨울에 익으며, 껍질째 먹는데 달면
서 심. 금감(金柑). 동귤(童橘).

금-극목 (金克木)[-궁-]圓《민》음양오행설에서 금(金)은 목(木)을 이긴다는 뜻.

금기 (今期)圓 이번 시기.

금-기 (金氣)圓《민》가을철의 기운.

금-기 (琴棋)圓 거문고와 바둑.

금:-기 (禁忌)圓하타 **1** 신앙이나 관습으로, 꺼리어 피함. ▢~ 사항 / ~를 깨다. **2**《의》어떤 약이나 치료법이 특정한 환자에게 나쁜 영향이 있는 경우에 사용하지 않는 일.

금-꼭지 (金-)[-찌]圓 머리 부분에 금빛 종이로 꼭지를 둥글게 오려서 붙인 홍초나 홍머리동이의 연(鳶).

금-나다 자 물건 값이 결정되다. 값나다.

금-나비 (金-)圓《충》온몸이 금빛인 나비.

금-난초 (金蘭草)圓《식》난초과의 여러해살이풀. 제방·길가에 남. 높이는 80 cm가량. 잎은 어긋나고 줄기를 감싸며, 봄에 짙은 황색 꽃이 핌.

금:-남 (禁男)圓하자 남자의 출입이나 접근을 금함. ▢~의 집. ↔금녀(禁女).

금납 (金納)圓하타 세금이나 소작료 따위를 돈으로 냄. ↔물납(物納).

금납-세 (金納稅)[-쎄]圓 돈으로 납부하는 세금. ↔물납세(物納稅).

금:-낭 (錦囊)圓 비단으로 만든 주머니.

금:-낭-화 (錦囊花)圓《식》현호색과의 여러해살이풀. 전체가 희읍스름하며, 높이 약 60 cm, 여름에 담홍색 꽃이 피는데 꽃부리는 주머니 모양임. 관상용으로 심음.

금-낮다 [-낟따]톙 물건 값이 싸다. 값싸다. ↔금높다.

금:-내 (禁內)圓 대궐의 안. 궐내(闕內).

금:-녀 (禁女)圓하타 여자의 출입이나 접근을 금함. ↔금남(禁男).

금년 (今年)圓 올해. 금세(今歲). 당세(當歲). ▢~에는 합격하겠지.

금년-도 (今年度)圓 올해의 연도. ▢~ 사업계획을 짜다.

금년-생 (今年生)圓 올해에 낳거나 나온 것.

금-높다 [-놉따]톙 물건 값이 비싸다. 값비싸다. ↔금낮다.

금-니 (金-)圓 금으로 만든 이. 금치(金齒).

금-니 (金泥)圓《미술》금박 가루를 아교풀에 갠 것(書畫에 씀). 이금(泥金).

금니-박이 (金-)圓 금니를 해 박은 사람.

금:-단 (禁斷)圓하타 어떤 행위를 하지 못하게 금함.

금단 (金丹)圓 선단(仙丹).

금:-단-방 (禁斷榜)圓《불》절에 불사(佛事)가 있을 때, 잡인의 출입을 막기 위해 붙이는 글.

금:단의 열매 (禁斷-)[-다늬/-다네-]《기》구약 성서에서, 하나님이 아담과 하와에게 따 먹지 말라고 명한 선악과 나무의 과실. 선악과.

금:-단 증세 (禁斷症勢)《의》알코올·모르핀·니코틴 등에 중독된 사람이 이런 것을 끊었을 때 나타나는 정신상·신체상의 증세. 불면·환각·망상 등의 정신 증상 및 동계(動悸)·동통(疼痛)·구토 따위의 증상을 나타냄. 금단현상.

금:-단청 (錦丹青)圓《건》오색으로 비단같이 현란하게 그린 단청.

금:-단 현상 (禁斷現象)《의》금단 증세.

금당 (金堂)圓《불》절의 본당(本堂)을 이르는 말. 대웅전.

금대 (金帶)圓《역·건》금띠.

금-덩이 (金-)[-떵-]圓 황금의 덩이. 금괴(金塊). ▢이 그림은 ~를 준다 해도 안 판다.

금도 (琴道)圓《악》거문고에 대한 이론과 타는 법.

금:-도 (襟度)圓 남을 포용할 만한 도량. ▢장부의 ~.

금-도금 (金鍍金)圓하타《화》금속 재료의 표면에 금의 얇은 막을 올림.

금독지행 (禽犢之行)[-찌-]圓 짐승과 같은 짓이라는 뜻으로, 친족의 사이에서 일어난 음행(淫行).

금-돈 (金-)圓 금으로 만든 돈. 금화(金貨). [금돈도 안팎이 있다] 아무리 좋고 훌륭한 것도 안과 밖의 구별이 있다는 뜻.

금-돌 (金-)[-똘]圓《광》금이 들어 있는 돌. 금광석. 금석(金石).

금동 (今冬)圓 올겨울.

금-동 (金銅)圓 금도금하거나 금박을 씌운 구리. ▢~ 불상.

금동-불 (金銅佛)圓《불》금도금한 청동(靑銅) 불상.

금-딱지 (金-)[-찌]圓〈속〉껍데기를 금으로 만들었거나 도금한 시계.

금-띠 (金-)圓 **1**《역》조선 때, 정이품의 관원이 공복(公服)에 띠던 띠. **2**《건》단청에서, 기둥의 윗부분을 금빛으로 두른 띠. 금대(金帶).

금란 (金蘭)[-난]圓 친구 사이에 정의(情誼)가 매우 두터운 상태.

금:-란 (禁亂)[-난]圓하자 법을 어기거나 사회를 어지럽히는 것을 법적으로 금지함.

금란(을) 잡다 관 금제(制)를 위반한 사람을 잡다.

금란(을) 치다 관 금제를 위반한 사람을 모조리 잡다.

금란(이) 나다 관 ㉠무엇을 금제하는 명령이 내리다. ㉡금령(禁令)을 범한 사람을 잡으려고 사령(使令)이 나오다.

금란(이) 잡히다 관 금제를 위반한 사람이 잡히다.

금란 가사 (金襴袈裟)[-난-]圓《불》금실로 지은 가사.

금란-계 (金蘭契)[-난-/-난게]圓 뜻이 맞는 벗끼리 모은 친목계.

금:-란-군 (禁亂軍)[-난-]圓《역》조선 후기에, 금란사령이 소속된 군영.

금:-란-사령 (禁亂使令)[-난-]圓《역》조선 때, 금란패를 가지고 다니면서 금제를 위반한 사람을 수색하거나 잡아들이던 사령.

금란지계 (金蘭之契)[-난-/-난-게]圓 친구 사이의 매우 두터운 정. 금란지교.

금란지교 (金蘭之交)[-난-]圓 금란지계.

금:-란-패 (禁亂牌)[-난-]圓《역》조선 때, 금령(禁令)을 내릴 때 금제(禁制) 사항을 적은 나무 패(牌).

금랍 (金鑞)[-납]圓《공》금과 금을 이을 때 쓰는 납·은·구리의 합금.

금량-관 (金梁冠)[-냥-]圓《역》조선 때, 문무관이 조복(朝服)을 입을 때 쓰던 관(앞이마의 양(梁)만 검은빛이고, 그 밖은 모두 금빛임). ⓒ금관(金冠).

금력 (金力)[-녁]圓 돈의 힘. 금전의 위력.

금:-렵 (禁獵)[-녑]圓하타 사냥을 금함.

금:-렵-구 (禁獵區)[-녑꾸]圓 사냥을 하지 못하게 하는 구역.

금:-렵-기 (禁獵期)[-녑끼]圓 사냥을 하지 못하게 하는 기간.

금:-렵-조 (禁獵鳥)[-녑쪼]圓 사냥하여 잡는 것을 금하는 새. ▢~로 지정하다. ↔엽조.

금령(金鈴)[-녕] 圐 금·금속으로 만든 방울.
금:령(禁令) 圐 어떤 행위를 하지 못하게
하는 법령. 금법(禁法).
금례(今隷)[-녜] 圐 보통의 예서(隷書)에 대해
뒤에 완성된 새 서체인 팔분(八分)을 일컫는
말. ↔고례(古隷).
금록-석(金綠石)[-녹썩] 圐 【광】 금록옥(金綠
玉).
금록-옥(金綠玉)[-녹옥] 圐 【광】 베릴륨·알루
미늄으로 이루어진 광물. 얇은 판자 모양의
결정체로 빛은 황색 또는 엷은 녹색인데, 투
명한 부분은 보석으로 씀. 금록석.
금:루(禁漏)[-누] 圐 【역】 궁중의 물시계. 궁루.
금륜(金輪)[-뉸] 圐 【불】 삼륜(三輪) 또는 사륜
(四輪)의 하나. 대지의 상층을 일컫는데, 그
밑에 수륜(水輪)이 있다고 함.
금리(金利)[-니] 圐 【경】 빌려 준 돈이나 예금
따위에 붙는 이자. 또는 그 비율. □~ 인하 /
~를 현실화하다.
금리 생활자(金利生活者)[-니-짜] 圐 【사】 직업
이 없이 주식 배당금·채권·은행 예금의 이자
등으로 생활하는 사람.
금리 정책(金利政策)[-니-] 圐 【경】 중앙은행이
이율을 변동시킴으로써 자금의 수요를 조절
하고 물가 등을 안정시키는 정책.
금:린(錦鱗)[-닌] 圐 비단 같은 비늘이라는 뜻
으로, 아름다운 물고기를 일컫는 말.
금:린-옥척(錦鱗玉尺)[-니녹-] 圐 한 자가량
되는 아름다운 물고기.
금맥(金脈) 圐 1 【광】 금줄². 2 돈줄.
금-메달(金medal) 圐 금으로 만들거나 금으로
도금한 메달(각종 경기에서 우승한 사람에게
줌). □~을 따다 / ~을 목에 걸다 / ~을 휩
쓸다.
금명(今明) 圐團 '금명간'의 준말.
금명-간(今明間) 圐團 오늘 내일 사이. □합격
자는 ~에 발표된다 / ~ 좋은 소식이 있을 거
다. ☺금명.
금명-년(今明年) 圐 금년이나 내년 사이.
금명-일(今明日) 圐 오늘이나 내일 사이. 금명
일간.
금-모래(金-) 圐 1 모래흙에 섞인 금. 사금(砂
金). 2 금빛으로 빛나는 고운 모래.
금목수화토(金木水火土)[-쑤-] 圐 【민】 오행
설에서, 만물을 만들어 내는 다섯 가지 원소.
*금행(五行).
금-몰(金-) 〔포 mogol〕 1 금으로 도금한 장
식용의 가느다란 줄. 2 금실을 가로로, 견사
를 세로로 짠 직물.
금-몸(金-) 圐 【불】 금색신(金色身).
금문(金文) 圐 옛날의 철기(鐵器)·동기(銅器)
등에 새겨진 글.
금문(金門) 圐 1 금으로 장식한 문. 2 대궐 문.
궐문(闕門).
금:문(禁門) 圐 1 출입을 금지한 문. 2 궐문
(闕門).
금-문자(金文字)[-짜] 圐 금자(金字).
금-물(金-) 圐 【미술】 금빛을 내는 도료. □~
을 들이다.
금:물(禁物) 圐 1 해서는 안 되는 일. □작업
중의 방심은 ~이다. 2 【법】 법으로 매매나
사용하지 못하게 하는 물건.
금-물가(金物價)[-까] 圐 【경】 금 시세를 표준
으로 하여 계산하는 물가.
금-바둑쇠(金-)[-쐬] 圐 【역】 조선 효종 때,
북벌(北伐)의 군비로 쓰기 위하여 바둑돌처
럼 만들어 두었던 금과 은.
금박(金箔) 圐 금 또는 금빛 나는 물건을 두드

려 종이처럼 얇게 만든 물건. □~을 입히다.
금박 검:전기(金箔檢電器)[-껌-] 圐 【물】 금속
박 검전기.
금박-금(金箔金)[-끔] 圐 【민】 육십갑자에서,
임인(壬寅)·계묘(癸卯)의 납음(納音).
금박-댕기(金箔-)[-땅-] 圐 금박으로 수복(壽
福) 등의 글자나 꽃·나비 따위의 무늬를 올린
댕기.
금-박이(金-) 圐 옷감 따위에 금빛 가루로 글
자나 무늬를 놓은 것.
금반(今般) 圐 이번.
금:-반언(禁反言) 圐 【법】 영미법(英美法)에
서, 일단 행한 표시나 행위는 번복할 수 없다
는 원칙.
금-반지(金半指) 圐 금으로 만든 반지. 금환.
금발(金髮) 圐 금빛 나는 머리털. □~의 미인.
금방(金房)[-빵] 圐 금은방(金銀房).
금방(金榜) 圐 【역】 과거에 급제한 사람의 이
름을 써서 거리에 붙이던 글.
금:-방(禁-) 圐 1 아무에게나 함부로 전하지
않는 약방문. 2 숨겨 두고 함부로 가르쳐 주
지 않는 술법(術法).
금방(今方) 圐 1 이제 방금. □~ 구워 낸 빵 /
~ 밥을 먹었다. 2 조금 뒤에 곧. □~ 온다 /
~ 눈이 내릴 것 같다. 3 순식간에. □합격 소
식에 ~얼굴이 환해졌다.
[금방 먹을 떡에도 소를 박는다] 아무리 급
해도 순서를 밟아야 한다.
금방-금방(今方今方)團 아주 빨리. □볕이
따가워 빨래가 ~ 마른다.
금-방망이(金-) 圐 금으로 만든 방망이.
금-방아(金-) 圐 【광】 금광에서, 물레방아처
럼 물을 이용해 석금(石金)을 찧는 방아.
금배(金杯) 圐 금으로 만들거나 금도금한 잔이
나 새앙(賞杯).
금-배지(金badge) 圐 1 금으로 만든 배지. 2
국회의원임을 나타내는 배지.
금백(金帛) 圐 금과 비단.
금:백(錦伯) 圐 【역】 조선 때, 충청 감사(監司)
를 달리 이르던 말.
금번(今番) 圐 이번.
금:벌(禁伐) 圐困困 나무의 벌채를 금함.
금:법(禁法)[-뻡] 圐 금령(禁令).
금벽 산수(金碧山水)[-싼-] 圐 【미술】 산봉우리·
바위 따위는 금니(金泥)에 녹즙(綠汁)을 섞어
쓰고, 산석(山石)은 금빛을 써서 화려하게 그
린 산수.
금:변(禁便)圐困困 【의】 대소변(大小便) 누는
것을 금함.
금병(金甁) 圐 금으로 만들거나 금칠을 한 병.
금:병(禁兵) 圐 【역】 금군.
금보(金寶) 圐 【역】 선왕(先王)이나 선비(先妃)
의 추상존호(追上尊號)를 새긴 도장.
금보(琴譜) 圐 【악】 거문고의 악보.
금 본위(金本位) '금 본위 제도'의 준말.
금 본위 제:도(金本位制度) 圐 【경】 금의 일정
량의 가치와 단위 화폐의 가치를 관련시키는
화폐 제도. ☺금본위.
금봉-채(金鳳釵) 圐 금으로 봉황을 새겨 만든
비녀.
금:부(禁府) 圐 【역】 '의금부(義禁府)'의 준말.
금:부-나장(禁府羅將) 圐 【역】 조선 때, 의금
부에서 죄인을 문초할 때에 매질하는 일을
맡아보던 사람.
금:부-도사(禁府都事) 圐 【역】 조선 때, 죄인
을 다스리던 의금부의 한 벼슬.

금-부처 (金-) 명 〖불〗 황금으로 만든 부처. 또는 겉에 금빛 칠을 한 부처. 금불(金佛).

금분 (金分) 명 〖광〗 광석 속에 섞여 있는 금의 분량.

금분 (金盆) 명 **1** 금으로 만든 화분. **2** '달'1'을 달리 일컫는 말.

금분 (金粉) 명 **1** 금가루. **2** 금빛이 나는 가루. ㅁ~을 입히다.

금불 (金佛) 명 〖불〗 금부처.

금불-초 (金佛草) 명 〖식〗 국화과의 여러해살 이풀. 줄기 높이 30~60cm이고 잎은 어긋나며, 7~9월에 노란 설상(舌狀)꽃차례로 핌. 하국(夏菊).

금-붕어 (金-) 명 〖어〗 잉엇과의 민물고기. 붕어를 관상용으로 개량한 사육종임. 모양과 빛깔이 고와 관상용으로 기름. 금어(金魚).

금붕어-꽃 (金-) [-꼳] 명 〖식〗 금어초(金魚草).

금-붙이 (金-) [-부치] 명 금으로 만든 온갖 물건. ㅁ금목걸이·팔찌 등 ~를 도난당했다.

금비 (金肥) 명 돈을 주고 사서 쓰는 비료라는 뜻으로, 화학 비료를 일컫는 말.

금-비 (禁祕) 명[하다] **1** 금하여 비밀로 함. **2** 궁 중의 비밀.

금-비녀 (金-) 명 금으로 만든 비녀. 금잠(金簪). 금채(金釵).

금-빛 (金-) [-삧] 명 황금의 빛깔. 금색. ㅁ~ 찬란한 왕관.

금빛-돌비늘 (金-) [-삧똘-] 명 〖광〗 금빛을 띠고 있는 돌비늘의 한 가지. 금운모(金雲母).

금사 (金砂) 명 **1** 금가루. **2** 금빛 모래. **3** 장식 품에 쓰는 금빛 가루.

금사 (金莎) 명 〖식〗 금잔디2.

금사 (金絲) 명 금실.

금사-망 (金絲網) 명 금빛 나는 실로 얽어서 만든 그물.
[금사망을 썼다] 무엇에 얽혀서 벗어날 수가 없다.

금사-연 (金絲燕) 명 〖조〗 제빗과의 새. 여느 제비보다 작은데, 물고기·해조(海藻) 따위를 물어다가 끈적끈적한 침을 발라 바위틈에 보금자리를 만듦. 이를 연와(燕窩)라 하며 고급 중국 요리에 씀.

금사-오죽 (金絲烏竹) 명 〖식〗 반죽(斑竹)의 하나. 줄기가 가늘고 마디가 툭 불거졌으며 작은 점이 박혀 있음.

금사-작 (金絲雀) 명 〖조〗 카나리아.

금사-향 (金絲香) 명 향낭(香囊)의 한 가지. 은으로 섬새김을 하고 직사각형의 갑을 만든 후에, 겉에 도금(鍍金)을 하고 그 속에 한층 향(漢沖香)을 넣어서 몸에 차게 되어 있음.

금:사-화 (錦賜花) 명 〖역〗 문과에 급제한 사람에게 왕이 내리던, 비단으로 만든 꽃.

금산 (金山) 명 금을 캐내는 광산. 금광.

금:산 (禁山) 명 나라에서 함부로 나무를 베지 못하게 하는 산.

금산-철벽 (金山鐵壁) 명 매우 견고함을 이르는 말.

금-삼 (錦衫) 명 비단으로 만든 적삼.

금:삼 (錦蔘) 명 충청남도 금산에서 나는 인삼 (《곡삼(曲蔘)이며 품질이 매우 좋음).

금상 (今上) 명 현재 왕위에 있는 임금.

금상 (金賞) 명 상의 등급을 금·은·동으로 나누었을 때의 1등 상.

금상 (金像) 명 〖불〗 금빛으로 도금하였거나 금으로 만든, 부처나 보살의 형상.

금:상첨화 (錦上添花) 명 비단 위에 꽃을 보탠

다는 뜻으로, 좋은 일에 또 좋은 일이 더함의 비유.

금상-학 (金相學) 명 〖화〗 금속이나 합금의 결정 조직 및 구조와 금속의 조성(組成)·가공 상태·물성(物性) 따위를 연구하는 학문. 금속 조직학.

금새 명 물건의 값이나 시세. ㅁ~를 알아보다.

금색 (金色) 명 황금같이 누른 빛깔. 금빛.

금:색 (禁色) 명 **1** 교접(交接)을 금함. **2** 〖역〗 임금이 신하의 옷 빛깔을 제한하던 일.

금색-세계 (金色世界) [-쎄-/-쎄게] 명 〖불〗 극락(極樂)2.

금색-신 (金色身) [-씬] 명 〖불〗 금빛 칠을 하여 만든 부처의 몸. 금몸. ㈜금신(金身).

금생 (今生) 명 〖불〗 이승. ＊내생·전생.

금-생수 (金生水) 명 〖민〗 음양오행설에서, 금 (金)에서 물이 남을 이르는 말.

금:서 (禁書) 명 출판이나 판매를 법으로 금지한 책. ㅁ~ 목록.

금석 (今夕) 명 오늘 저녁.

금석 (今昔) 명 지금과 옛날. 금고(今古).

금석 (金石) 명 **1** 쇠붙이와 돌. **2** 대단히 굳고 단단한 것. **3** 〖역〗 '금석 문자'의 준말. **4** 〖광〗 금이 박혀 있는 돌. 금돌.

금석-맹약 (金石盟約) [-성-] 명 금석지약.

금석-문 (金石文) [-성-] 명 〖역〗 '금석 문자'의 준말.

금석 문자 (金石文字) [-성-짜] 〖역〗 종·비석 따위에 새겨진 글자. ㈜금석·금석문.

금석 병:용기 (金石併用期) [-뺑-] 〖역〗 신석기 시대와 청동기 시대와의 중간기(《석기와 금속기를 함께 사용했기 때문》.

금석-제 (金石劑) [-쩨] 명 〖한의〗 '금석지제(金石之劑)'의 준말.

금석-지 (金石誌) [-찌] 명 금석문에 관하여 적은 책.

금석지감 (今昔之感) [-찌-] 지금과 옛날을 비교해 생각할 때, 차이가 너무 심하여 일어나는 느낌. ㅁ~을 금할 수 없다.

금석지교 (金石之交) [-찌-] 명 금석처럼 굳고 변함없는 교분.

금석지약 (金石之約) [-찌-] 명 금석처럼 굳고 변함없는 언약. 금석맹약.

금석지언 (金石之言) [-찌-] 명 교훈이 되는 귀중한 말. 금언(金言).

금석지재 (金石之材) [-찌-] 명 〖한의〗 쇠나 돌 따위의 광물성 약재.

금석지전 (金石之典) [-찌-] 명 금석처럼 변함없는 가치를 지닌 법전.

금석지제 (金石之劑) [-찌-] 명 〖한의〗 쇠나 돌과 같은 광물성 약재를 넣어서 만든 약제. ㈜금석제.

금석-학 (金石學) [-서락] 명 **1** 금석 문자를 연구하는 학문. **2** 현대의 '광물학'에 해당하는 옛날 학문.

금선 (金仙) 명 〖불〗 금빛 나는 신선이라는 뜻으로, '부처'를 이르는 말.

금선 (琴線) 명 **1** 가야금이나 거문고의 줄. **2** 마음속에 깊이 간직한 다감(多感)한 마음.

금설 (金屑) 명 금가루.

금-섭옥 (金鑷玉) 명 금으로 만들거나 금칠을 하여 섭옥잠처럼 만든 비녀.

금성 (金星) 명 〖천〗 수성과 지구의 사이에 있고 태양의 주위를 도는 행성(《초저녁 하늘에 비치면 태백성·장경성(長庚星), 새벽 하늘에 보이면 샛별·명성 등으로 불림).

금성 (金城) 명 쇠와 같이 아주 굳고 단단한 성.

금성 (金聲) 명 **1** 쇳소리. **2** 가을의 느낌을 자아

내는 바람 소리.

금:성 (禁城) 圓 왕이 거처하는 성. 궁성(宮城).

금성옥진 (金聲玉振) [-찐] 圓 1 시가·음악의 아름다운 가락. 2 언론이나 사상 등이 세상에 널리 알려져 존중하는 바가 됨. 3 지덕(智德)을 아울러 갖춘 상태. 4 사물을 집대성함.

금성-철벽 (金城鐵壁) 圓 1 방비가 견고한 성. 금성탕지. 2 견고하고 빈틈이 없는 사물을 비유적으로 일컫는 말.

금성-탕지 (金城湯池) 圓 방비가 견고한 성. 금성철벽.

금세 (今世) 圓 1 〖불〗이승. 2 지금의 세상.

금세 (今歲) 圓 올해. 금년.

금세 匣 지금 바로(('금시(今時)에'가 줄어 변한 말). 口 ~ 나갔는데요.

금-세공 (金細工) 圓 금을 재료로 하는 세공.

금-세기 (今世紀) 圓 지금의 세기. 口 ~의 위대한 시인.

금소 (今宵) 圓 오늘 밤. 금야(今夜).

금속 (金屬) 圓〖화〗특유한 광택이 있고 전성(展性)과 연성(延性)이 풍부하며 열이나 전기를 잘 전도하는 상온(常溫)의 상태에서는 대개 고체인 물질의 총칭. 쇠붙이.

금속 가공 (金屬加工) [-까-]〖공〗금속을 녹여 거푸집에 넣은 것을 압연·단조(鍛造)·선긋기 따위의 소성(塑性) 변형을 가하여 제품을 만드는 일.

금속 결합 (金屬結合) [-껼-]〖화〗금속 원소의 원자가 집합하여 금속 결정을 이루는 화학 결합.

금속 공업 (金屬工業) [-꽁-]〖공〗야금(冶金)을 중심으로 하는 철강 및 비철 금속 재료의 생산 공업.

금속 공예 (金屬工藝) [-꽁-] 1 금속을 가공하는 공예. 2 공예품을 만들기 위한 금속 가공 기술.

금속 공학 (金屬工學) [-꽁-]〖공〗금속의 제련·정제·가공에 관한 이론과 기술을 연구하고 응용하는 학문.

금속 광:물 (金屬鑛物) [-꽝-]〖광〗유용한 금속 원소로 이루어지거나 금속을 함유하고 있는 광물.

금속 광:상 (金屬鑛床) [-꽝-]〖광〗유용한 금속 광석을 산출하는 광상.

금속-광택 (金屬光澤) [-꽝-] 圓 금속류만이 가지고 있는 특유한 광택.

금속-기 (金屬器) [-끼] 圓 금속으로 만든 그릇이나 기구.

금속-박 (金屬箔) [-빡] 圓〖공〗전성(展性)과 연성(延性)이 많은 금속을 종이처럼 얇게 눌러 편 물건(금박·은박·알루미늄박 따위가 있음).

금속박 검:전기 (金屬箔檢電器) [-빡껌-]〖물〗두 장의 금속박 사이에 생기는 전기 반발 작용을 이용한 검전기. 금박 검전기.

금속-분 (金屬粉) [-뿐] 圓 금속을 갈아서 만든 가루(도료와 인쇄 잉크 제조에 씀).

금속 비누 (金屬-) [-삐-]〖화〗지방산의 알칼리 금속염 이외의 금속염으로 된 비누. 물에 잘 녹지 않으며 세척력이 없음(건조제·방수제·화장품·의약품 등으로 씀).

금속-성 (金屬性) [-썽] 圓 1 금속의 특유한 성질. 2 금속과 비슷한 성질.

금속-성 (金屬聲) [-썽] 圓 쇳소리.

금속 압력계 (金屬壓力計) [-쏘감녁꼐 / -쏘감녁께]〖물〗금속의 탄성(彈性)을 이용하여 만든 압력계.

금속-염 (金屬塩) [-쏭념] 圓〖화〗염기와 산이

중화하여 물과 함께 생기는 중성(中性)의 금속 화합물.

금속 원소 (金屬元素)〖화〗단체(單體)로서 금속을 이루는 원소(금·은·구리·알루미늄 따위). ↔비금속 원소.

금속 정:류기 (金屬整流器) [-쩡뉴-]〖물〗반도체와 금속이 서로 접촉하였을 때에, 그 접촉면이 갖는 정류 작용을 이용한 정류기. 결정(結晶) 정류기.

금속-제 (金屬製) [-쩨] 圓 쇠붙이로 만든 물건.

금속 탐지기 (金屬探知機)〖공〗금속이 있는 곳을 알아내는 데 쓰는 기계.

금속-판 (金屬板) 圓 금속으로 만든 판.

금속-품 (金屬品) 圓 금속으로 만든 물품.

금속 피로 (金屬疲勞)〖물〗금속 재료에 되풀이해서 힘이 가해지면 연성(延性)이 감소하는 현상.

금속 화폐 (金屬貨幣) [-소꽈- / -소꽈페]〖경〗금·은·구리 따위로 만든 화폐. ↔지폐.

금속 활자 (金屬活字) [-소콸짜]〖인〗금속으로 만든 활자(활판 인쇄에 씀).

금:송 (禁松) 圓하짜 〖역〗소나무를 베지 못하게 하던 일.

금:송 자내 (禁松字內) 圓 〖역〗조선 때, 서울의 안팎에 있는 산림을 함부로 베지 못하게 정해 놓았던 구역.

금송-화 (金松花) 圓〖식〗국화과의 한해살이풀. 유럽 원산으로 정원에 심는데, 높이 30 cm 가량이고, 잎은 길둥근 피침형임. 여름에 황적색의 두상화가 줄기 끝에 핌. 금잔화.

금-쇠 (-쐬) 圓〖건〗널빤지에 금을 긋는 데 쓰는 연장.

금:수 (禁輸) 圓 수입이나 수출을 금함. 口 ~ 품목 / ~ 조치를 취하다.

금수 (禽獸) 圓 1 날짐승과 길짐승. 곧, 모든 짐승. 2 행실이 무례하고 추잡한 사람. 口 ~만도 못한 놈.

금:수 (錦繡) 圓 수를 놓은 비단.

금:수-강산 (錦繡江山) 圓 비단에 수를 놓은 듯이 아름다운 산천이라는 뜻으로, 우리나라의 산천을 비유한 말. 口 삼천리 ~.

금 수송점 (金輸送點) [-쩜]〖경〗금 본위국(金本位國) 사이에서 환시세의 하락으로 외국환으로 결제하기보다 금을 주고받아 결제하는 것이 유리하게 되는 한계점.

금수어충 (禽獸魚蟲) 圓 새와 짐승과 물고기와 벌레. 곧, 모든 동물.

금슬 (琴瑟) 圓 1 거문고와 비파. 2 '금실(琴瑟)'의 본딧말.

금슬지락 (琴瑟之樂) [-찌-] '금실지락'의 본딧말.

금시 (今時) ㅁ圓 바로 지금. 口효과가 ~에 나타나다. ㅁ匣 곧. 바로. 口집을 나섰는가 싶었는데 ~ 사라졌다.

금-시계 (金時計) [-/-계] 圓 시계의 껍데기를 금으로 만들거나 도금한 시계.

금시-발복 (今時發福) 圓하짜 어떤 일을 한 뒤에 복이 곧 돌아와 부귀를 누리게 됨.

금시조 (金翅鳥) 圓〖불〗가루라(迦樓羅).

금시-초견 (今始初見) 圓 이제야 비로소 처음으로 봄.

금시-초문 (今始初聞) 圓 이제야 비로소 처음으로 들음. 口 그런 소문은 ~이다.

금식 (金飾) 圓하짜 황금으로 꾸밈. 또는 그 꾸민 장식.

금:식 (禁食) 圓하짜 치료나 종교적인 이유 등

으로 일정 기간 음식을 먹지 않음. □~ 기도 / 수술할 환자에게 ~을 시키다.

금신 (金身) 〖불〗 '금색신(金色身)'의 준말.

금신 (金神) 〖민〗 도교나 음양도(陰陽道)에서, 제사를 지내는 신(神)(이 신이 있는 쪽으로 이사를 가거나, 길을 떠나거나, 결혼을 하면 동티가 난다 하여 꺼림).

금실 (金一) 명 1 금빛이 나는 실. 2 금종이를 실처럼 만든 물건. 금사(金絲).

금실 (琴瑟) 〔←금슬(琴瑟)〕 '금실지락(琴瑟之樂)'의 준말. □~이 좋다.

금실지락 (琴瑟之樂)[-찌-] 명 〔←금슬지락〕 부부간의 화목한 즐거움. ⓐ금실.

금-싸라기 (金-) 명 황금으로 된 싸라기라는 뜻으로, 아주 드물고 귀중한 것을 가리키는 말. □~ 땅.

금-압 (禁壓) 명하타 억눌러서 하지 못하게 함.

금액 (金額) 명 돈의 액수. □대출 받은 ~.

금액-란 (金額欄)[그맹난] 명 금액을 적는 난.

금야 (今夜) 명 오늘 밤. 금소(今宵).

금-약 (禁約) 명하타 하지 못하도록 단속함.

금-약 (禁藥) 명 먹지 못하게 하는 약.

금-약관 (金約款)[-냑꽌] 명 〖경〗 장래의 화폐 가치의 변동으로 인한 채권자의 손실을 방지하고자, 공채나 사채의 원금과 이자의 지불을 금화나 금으로 환산한 화폐액으로 갚기로 한 약정(約定).

금-양 (禁養) 명 나무나 풀 따위를 함부로 베지 못하게 하여 가꿈.

금어¹ (金魚) 명 〖어〗 금붕어.

금어² (金魚) 명 〖불〗 불상을 그리는 사람.

금-어 (禁漁) 명하자 물고기류의 번식과 보호를 위해 잡지 못하게 하는.

금-어-구 (禁漁區) 명 물고기류의 번식과 보호를 위해 잡지 못하게 하는 구역.

금-어-기 (禁漁期) 명 물고기류의 번식을 위하여 잡지 못하게 하는 일정한 기간(보통, 산란기(産卵期)).

금어-초 (金魚草) 명 〖식〗 현삼과의 여러해살이풀. 높이 30~90 cm, 여름에 백색·홍색·황색 등의 꽃이 줄기 끝에 이삭을 이루어 많이 피는데, 만지면 금붕어 입처럼 뻐끔뻐끔 열림. 관상용임. 금붕어꽃.

금언 (金言) 명 1 삶의 본보기가 될 귀중한 내용의 짧은 어구. 2 〖불〗 부처의 입에서 나온 불멸의 법어. □~집(集).

금-연 (禁煙) 명하자 1 담배를 피우지 못하게 함. □~ 구역 / 차내에서는 ~입니다. 2 담배를 끊음. 단연(斷煙).

금-연-권 (禁煙權)[그면꿘] 명 〖법〗 남이 피우는 담배 연기의 피해에서 보호될 사회적인 권리.

금-연-석 (禁煙席) 명 담배를 피울 수 없는 좌석.

금-연화 (金蓮花)[-년-] 명 〖불〗 불전에 바치는 황금빛 연꽃.

금염 (金塩) 명 〖화〗 '염화금산나트륨'의 속칭.

금-염화나트륨 (金塩化Natrium) 명 〖화〗 염화금산나트륨.

금-영 (錦營) 명 〖역〗 조선 때, 충청 감사가 직무를 행하던 관아.

금오 (金烏) 명 해. 태양.

금오-신화 (金鰲新話) 명 〖문〗 조선 세조 때, 김시습(金時習)이 지은, 우리나라 최초의 한문 소설.

금오-옥토 (金烏玉兎) 명 해와 달. ⓐ오토(烏兎).

금옥 (金玉) 명 1 금과 옥. 2 금옥관자(金玉貫子). 3 아주 귀중한 것의 비유.

금-옥 (禁獄) 명 〖역〗 옥에 가두어 두던 형벌.

금-옥관자 (金玉貫子)[그목꽌-] 명 금관자와 옥관자. 또는 이를 망건에 붙인 벼슬아치. 금옥(金玉).

금옥-군자 (金玉君子)[그목꾼-] 명 몸가짐이 단정하고 절조(節操)가 굳고 점잖은 사람.

금옥-만당 (金玉滿堂)[그목-] 명 1 금관자나 옥관자를 붙인 벼슬아치들이 방 안에 가득함. 2 현명한 신하가 조정에 가득함.

금옥지세 (金玉之世)[그목찌-] 명 태평한 세상.

금왕지절 (金旺之節) 명 〖민〗 오행(五行)에서, 금기(金氣)가 왕성한 절기(가을).

금-요일 (金曜日) 명 칠요일의 하나. 목요일의 다음. 즌금.

금-욕 (禁慾) 명하자 욕구나 욕망을 억제하고 금함. □~ 생활.

금-욕-적 (禁慾的)[그묙쩍] 관명 금욕을 행하는(것). □~인 분위기.

금-욕-주의 (禁慾主義)[그묙쭈- / 그묙쭈이] 명 정신적·육체적인 욕구나 욕망을 억제해서 종교상·도덕상의 이상을 성취하려는 이념이나 태도. 견인(堅忍)주의. 극기주의. 제욕(制慾)주의. ↔쾌락주의.

금우-궁 (金牛宮) 명 〖천〗 황도(黃道) 십이궁의 둘째(황도상의 경도(經度) 30도부터 60도까지의 사이).

금-운모 (金雲母) 명 〖광〗 금빛돌비늘.

금원 (金員) 명 돈의 수효. 금액.

금원 (禁苑) 명 대궐의 담 안. 궁성 안.

금-원 (禁園) 명 대궐 안의 동산. 비원(祕苑). 어원(御苑).

금월 (今月) 명 이달.

금-위 (禁衛) 명 〖역〗 금군(禁軍).

금-위-대장 (禁衛大將) 명 〖역〗 조선 후기에, 금위영의 주장(主將). 금장(禁將).

금-위-영 (禁衛營) 명 〖역〗 조선 후기에, 서울을 지키던 군영.

금-육-재 (禁肉齋)[그룩째] 명 〖가〗 사순절의 매 금요일과 사순절 첫 수요일에 육식을 끊고 재계(齋戒)하는 일. 소재(小齋).

금융 (金融)[그늉 / 그뮹] 명 1 돈의 융통. 2 경제상 자금의 수요와 공급의 관계.

금융 경색 (金融梗塞)[-늉- / -뮹-] 〖경〗 금융 시장에서 돈의 융통이 잘 되지 않는 상태. 금융 핍박(逼迫).

금융-계 (金融界)[-늉- / -뮹- / -늉게 / 그뮹게] 명 은행·신탁·보험 회사 등 금융업자들의 사회.

금융 공황 (金融恐慌)[-늉- / -뮹-] 〖경〗 신용 관계의 붕괴로 인한 금융 기관의 파산이나 금융 시장의 혼란(좁은 뜻으로는 은행 공황의 일컬음). 신용 공황.

금융-권 (金融圈)[-늉꿘 / 그뮹꿘] 명 금융업과 관련된 기관들이 이루는 사회. □~의 입김이 거세다.

금융 기관 (金融機關)[-늉- / 그뮹-] 〖경〗 자금을 조달하여 기업이나 개인에게 대부하거나 증권 투자 따위를 하는 기관(은행·보험 회사·상호 신용 금고 따위).

금융-단 (金融團)[-늉- / 그뮹-] 명 〖경〗 금융업의 종합체.

금융 시장 (金融市場)[-늉- / 그뮹-] 〖경〗 자금의 대차(貸借) 거래가 이루어지는 시장(국내·국제, 장기·단기 금융 시장 등이 있음).

금융 실명제 (金融實名制)[-늉- / 그뮹-] 〖경〗 은행 예금이나 증권 투자 따위 금융 거래를

실제 이름으로 하여야 하며, 가명이나 무기
명 거래는 인정하지 않는 제도.

금융-업 (金融業)[-늉-/그늉-] 圀 자금 융통
을 목적으로 하는 영업.

금융 자본 (金融資本)[-늉-/-그늉-]『경』 **1** 은
행 자본과 산업 자본이 결합해서 산업계를 지
배할 만한 지반을 세운 독점적 거대 자본. **2**
대부 자본과 은행 자본.

금융 자본주의 (金融資本主義)[-늉-/그늉
-/-늉-]『경』 자본의 소유와 기
능이 분화됨에 따라 신용이 큰 구실을 하고,
은행이 산업 자본을 통합하여 모든 산업과 긴
밀히 융화되고 금융 자본이 경제를 지배하는 자
본주의.

금융 장세 (金融場勢)[-늉-/그늉-]『경』 경제
적인 환경이나 기업의 영업 실적 등과 관계
없이 시중 자금이 주식 시장에 몰려들어 주
가가 상승세를 타는 상황.

금융 정책 (金融政策)[-늉-/그늉-]『경』 정부
또는 중앙은행이 금융 시장을 통하여 자금의
원활한 수급(需給)과 통화 가치의 안정을 도
모하기 위하여 행하는 정책(공개 시장·지급
준비율의 조작 따위가 있음).

금융 채:권 (金融債券)[-늉-뀐/그늉-뀐]『경』
특수 금융 기관이 자금을 조달하기 위하여
특별법에 따라 발행하는 채권.

금융 회:사 (金融會社)[-늉-/그늉-]『경』 기
업의 설립·확장 등에 필요한 자금을 공급하
는 은행 이외의 회사.

금은 (金銀) 圀 금과 은. ↔보석.

금은-방 (金銀房)[-뺑] 圀 금은을 가공하거나
매매하는 가게. 금방(金房). 금은포(金銀鋪).

금은 병:행 본위 제:도 (金銀並行本位制度)
『경』 금과 은의 가치 비율을 자유 시장의 결
정에 맡기고 법으로 정하지 않는 제도.

금은-보배 (金銀-) 圀 금·은·옥·진주 따위의
매우 귀중한 보물. 금은보물(金銀寶物). 금은보화
(寶貨). 금은주옥(珠玉).

금은-보화 (金銀寶貨) 圀 금은보배.

금은 복본위 제:도 (金銀複本位制度)[-그믄-
뽀뉘-]『경』 금과 은을 본위화(本位貨)로 하
고, 다른 화폐를 보조 화폐로 하는 제도.

금은 비:가 (金銀比價)[그믄-까]『경』 금과 은
과의 가치의 비율.

금은-전 (金銀錢) 圀 금은화.

금은-포 (金銀鋪) 圀 금은방.

금은-화 (金銀貨) 圀 금화와 은화. 금은전.

금:의 (錦衣)[그믜/그미] 圀 비단옷.

금:의-야행 (錦衣夜行)[그믜-/그미-] 圀 비단
옷을 입고 밤길을 간다는 뜻으로, 아무 보람
없는 행동을 일컫는 말.

금:의-옥식 (錦衣玉食)[그믜-씩/그미-씩] 圀
비단옷과 흰 쌀밥이라는 뜻으로, 호화롭고
사치스러운 생활을 일컫는 말.

금:의-환향 (錦衣還鄕)[그믜-/그미-] 圀하자
비단옷을 입고 고향에 돌아온다는 뜻으로,
출세하여 고향에 돌아옴. □장원 급제하여
~하다.

금이종 (擒而縱) 圀하타 잡았다가 놓아줌.

금인 (今人) 圀 지금 세상의 사람. ↔고인(古人).

금인 (金刃) 圀 **1** 칼. **2** 날이 있는 쇠붙이.

금인 (金印) 圀 황금으로 만든 도장.

금일 (今日) 圀 오늘. 오늘. / ~ 휴업 / ~의 사회 /
~ 안으로 보고서를 작성하시오.

금-일봉 (金一封) 圀 상금·기부금 등에서, 금
액을 밝히지 않고 종이에 싸서 주는 돈.

금일월병 (金日月屛)[-니뤌-]『역』 이금(泥
金)으로 해와 달을 그린 병풍(옥좌(玉座)에

쳤음)

금-잉어 (金-)[-닝-] 圀『어』 금빛의 비늘이
있는 아름다운 잉어.

금자 (今者) 圀 지금. 요사이. 금시(今時).

금자 (金字) 圀 금박(金箔)이나 금분(金粉)을 올
리거나 이금(泥金)으로 써서 금빛이 나는 글
자. 금문자(金文字). □~를 박다.

금자-가 (金字家) 圀 옷이나 댕기 따위에 금박
으로 글자나 모양을 박아 주는 일을 업으로
삼는 사람. 또는 그 집.

금자동-이 (金子-) 圀 금과 같이 귀하다 하여
'어린아이'를 이르는 말. 금자동(金子童).

금자-탑 (金字塔) 圀 **1** 피라미드. **2** 길이 후세
에 전해질 만한 가치 있는 업적. □~을 세우
다 / ~을 쌓다.

금잔 (金盞) 圀 금으로 만든 술잔.

금-잔디 (金-) 圀 **1** 잡풀이 없이 잘 자란 잔디.
2『식』볏과의 여러해살이풀. 뿌리줄기가 옆
으로 뻗고, 잎의 길이는 2~5 cm, 가을부터
이듬해 봄까지 누런색의 잎이 남. 우리나라
중부 이남에 분포함. 금사(金莎).

금잔-옥대 (金盞玉臺)[-자녹때] 圀 **1** 금으로
만든 술잔과 옥으로 만든 잔대. **2** '수선화'를
아름답게 일컫는 말. 금잔은대.

금잔-은대 (金盞銀臺) 圀 **1** 금으로 만든 술잔
과 은으로 만든 잔대. **2** 금잔옥대2.

금잔-화 (金盞花) 圀『식』 금송화.

금잠 (金簪) 圀 금비녀.

금-잡인 (禁雜人) 圀하자 상관없는 사람의 출
입을 금함.

금장 (金匠) 圀 금공(金工).

금장 (金裝) 圀하타 황금으로 장식함. 또는 그
런 장식. □~을 두르다.

금:장 (禁仗)『역』 죄인을 때리거나 찌르는
데 쓰던, 창 같은 형구.

금:장 (禁將)『역』 '금위대장(禁衛大將)'의
준말.

금:장 (禁葬) 圀하자 어떠한 곳에 송장을 묻지
못하게 함.

금:장 (襟章) 圀 군대·학생 등의 제복의 옷깃에
붙여 계급·소속·학년을 나타내는 휘장(徽章).

금:장-군사 (禁仗軍士)『역』 궁궐을 경비하
고 문에서 보초를 서던 군사.

금장-도 (金粧刀) 圀 **1** 노리개로 쓰는, 금으로
장식한 작은 칼. **2**『역』 나무로 칼 모양을 만
들어 금칠을 한 의장(儀仗)의 한 가지.

금-장식 (金粧飾) 圀하타 금으로 꾸밈. 또는 그
런 장식.

금장-옥액 (金漿玉液) 圀 **1** 신선(神仙)이 먹는
선약(仙藥). **2** 도가(道家)에서, 사람의 침을
이르는 말.

금-장이 (金-) 圀 **1** 금을 세공하는 사람을 낮
잡아 이르는 말. **2**〈속〉금광업을 하는 사람.

금전 (金錢) 圀 **1** 쇠붙이로 만든 돈. **2** 금화. **3**
돈. 화폐. □~을 거래하다.

금:전 (禁轉)『경』 어음이나 수표 따위
의 양도를 금함.

금전 등록기 (金錢登錄器)[-녹끼]『경』 상품
판매의 현금 거래에서, 자동적으로 금전 출
납의 기록을 하는 기계. 캐시 레지스터.

금:전 수표 (禁轉手票)『경』 수표의 발행인 또
는 배서인(背書人)이 배서 양도를 금한다는
뜻을 적은 수표.

금전 신:탁 (金錢信託)『경』 수탁자가 위탁받은
돈을 신탁 계약에 따라 운용하고, 신탁 기간
만기에 원금과 이자를 위탁자에게 돌려주는

신탁.

금:전 어음 (禁轉-) 〖경〗 어음의 발행인 또는 배서인이 배서 양도를 금한다는 뜻을 기재한 어음.

금전-옥루 (金殿玉樓) [-전농누] 〖명〗 규모가 크고 화려하게 지은 전각과 누대.

금전-적 (金錢的) 〖관명〗 돈 또는 경제적인 이익에 관한 (것). ❏ ~인 곤란을 겪다 / 상품의 가치는 ~인 것만으로 따질 수는 없다.

금전-지 (金箋紙) 보자기의 네 귀에 다는 금종이로 만든 장식물(《길례(吉禮)에 씀》). 방승(方勝).

금전 집행 (金錢執行) [-찌빵] 〖법〗 금전 채권에 대한 강제 집행.

금전 채:권 (金錢債權) [-꿘] 〖경〗 금전의 급부를 내용으로 하는 채권.

금전 채:무 (金錢債務) 〖경〗 금전의 지불을 내용으로 하는 채무.

금전 출납부 (金錢出納簿) [-랍뿌] 〖경〗 금전 출납장.

금전 출납장 (金錢出納帳) [-랍짱] 〖경〗 돈이 나가고 들어오는 것을 적는 장부. 금전 출납부. 현금 출납부.

금점 (金店) 〖명〗〖광〗 황금을 파내는 곳. 금광.

금점 (金點) [-쩜] 〖명〗〖물〗 순수한 금의 녹는점 (1,063℃임).

금점-꾼 (金店-) 〖명〗 금광에서 일하는 사람.

금점-판 (金店-) 〖명〗 금광의 일터.

금정 (金井) 〖명〗 금정틀.

금정-옥액 (金精玉液) 〖명〗 예전에, 뛰어나게 효과가 있는 약을 이르던 말.

금정-틀 (金井-) 〖명〗 무덤을 만들 때, 구멍이의 길이와 너비를 정하는 데 쓰는 나무틀. 금정 (金井).

금제 (金製) 〖명〗 금으로 만듦. 또는 그런 물건. ❏ ~ 귀고리.

금:제 (禁制) 〖명하타〗 어떤 행위를 하지 못하게 말림. 또는 그런 법규. ❏ 밀무역을 ~하다.

금:제-물 (禁制物) 〖법〗 금제품(禁制品).

금-제품 (金製品) 〖명〗 금으로 만든 물품.

금:제-품 (禁制品) 〖명〗〖법〗 법령에 따라 소유나 거래가 금지되어 있는 물건(《아편·외설 문서나 그림 따위》). 금제물.

금조 (今朝) 〖명〗 오늘 아침.

금조 (禽鳥) 〖명〗 날짐승.

금:조 (禁鳥) 〖명〗 보호조(保護鳥).

금-조개 (金-) 〖명〗 1 껍데기가 금빛으로 된 조개. 2 자개를 만드는 전복의 껍데기.

금:족 (禁足) 〖명〗 1〖불〗 결제(結制)할 때, 드나드는 것을 금하는 일. 2 규칙을 어긴 벌로 외출을 금하는 일.

금:족-령 (禁足令) [-종녕] 〖명〗 외출을 금하는 명령. ❏ ~을 풀다 / ~을 내리다.

금종 (擒縱) 〖명하타〗 포로로 사로잡음과 용서하여 놓아줌. ❏ ~이 자재(自在)하다.

금-종이 (金-) 〖명〗 금박이나 이금(泥金)을 발라 만든 종이. 금지(金紙).

금주 (今週) 〖명〗 이번 주일. ❏ ~ 일정 / ~에 들어 날씨가 더욱 따뜻해졌다.

금:주 (禁酒) 〖명하자〗 1 술을 마시지 못하게 함. ❏ ~를 법으로 규정하다. 2 술을 끊음. 단음(斷飲). 단주(斷酒). ❏ ~ 운동 / ~를 결심하다.

금준 (金樽) 〖명〗 금으로 만든 술통.

금-준비 (金準備) 〖경〗 중앙은행이 태환(兌換)에 응하기 위해 보유하는 금·지금(地金)·금화. 금화 준비.

금-줄[1] (金-) 〖명〗 1 금으로 만든 줄. ❏ ~로 시곗줄을 하다. 2 금실을 꼬아 만든 줄. ❏ ~을 두른 모자 / 소매에 ~을 달다. 3 금빛 물감 등으로 그은 선. ❏ ~을 긋다.

금-줄[2] (金-) [-쭐] 〖광〗 금이 나는 광맥. 금맥(金脈).

금-줄 (禁-) [-쭐] 〖민〗 인(人)줄. ❏ ~을 치다.

금:중 (禁中) 〖명〗 궁궐의 안. 궁중.

금지 (金地) 〖명〗 금빛의 땅.

금:지 (禁止) 〖명하타〗 하지 못하게 함. ❏ ~ 구역 / 수입 ~ 품목 / 출입을 ~당하다 / 불법 복제가 ~되다 / 외부인의 출입을 ~하다 / 전시장에서 촬영을 ~하다.

금:지 (禁地) 〖명〗 함부로 드나들지 못하게 하는 지역. ❏ ~를 범하다.

금:지 (錦地) 상대방의 거주지에 대한 존칭.

금:지 관세 (禁止關稅) 〖경〗 금지세.

금지금 본위제 (金地金本位制) 〖경〗 금괴(金塊) 본위제.

금:지-령 (禁止令) 〖명〗 금지하는 명령이나 법령. ❏ ~출국 ~ / ~을 내리다.

금:지-법 (禁止法) [-뻡] 〖명〗 1 특정 행위를 하지 못하도록 하는 법. ❏ 독점 ~ 법. 2〖법〗 국제 사법에서, 외국법의 적용을 배제하는 내국법.

금:지-세 (禁止稅) 〖경〗 수입 금지와 같은 효과를 나타내는 보호무역상의 관세. 금지 관세.

금지-옥엽 (金枝玉葉) 〖명〗 1 임금의 자손이나 집안. 2 귀한 자손. ❏ ~으로 자란 아이.

금:지 처:분 (禁止處分) 〖법〗 국가나 행정 관청이 국민에게 특정한 행위를 하지 못하게 명하는 행정 처분.

금:-지품 (禁止品) 〖법〗 생산·수입·소지 등을 금하는 물품.

금-지환 (金指環) 〖명〗 금가락지. ❏ ~을 끼다.

금쪽-같다 (金-) [-간따] 〖형〗 아주 귀하고 소중하다. ❏ 금쪽같은 시간을 허비하다.

금차 (今次) 〖명〗 이번.

금:-찰 (禁察) 〖명〗〖역〗 조선 때, 충청도 관찰사를 달리 이르던 말.

금창 (金瘡) 〖명〗〖한의〗 칼·창·화살 따위로 다친 상처.

금채 (金釵) 〖명〗 금비녀.

금채 (金彩) 〖명〗 채색하는 데에 쓰는 이금(泥金)이나 금가루.

금척 (金尺) 〖악〗 궁중 잔치 때 부르던 노래와 춤의 하나.

금척 대:훈장 (金尺大勳章) [-때-] 〖역〗 대한 제국 때의 최고 훈장.

금철 (金鐵) 〖명〗 1 금과 철. 쇠붙이. 2 견고한 사물의 비유.

금체 (金體) 〖민〗 골상학(骨相學)에서, 인체를 오행(五行)으로 나눌 때 금(金)에 해당하는 체격.

금체-시 (今體詩) 〖명〗〖문〗 근체시(近體詩).

금추 (今秋) 〖명〗 올가을.

금춘 (今春) 〖명〗 올봄.

금:-치산 (禁治産) 〖명〗〖법〗 가정 법원에서, 백치 등의 심신 상실자에게 본인 스스로 재산을 관리·처분하지 못하게 하는 일. ❏ ~의 선고를 받다.

금:치산-자 (禁治産者) 〖명〗〖법〗 가정 법원에서 금치산의 선고를 받은 법률상의 무능력자.

금칠 (金漆) 〖명〗 1 금가루나 금빛이 나는 가루를 바름. 또는 그런 것. ❏ ~이 벗겨지다. 2 금박(金箔) 가루를 아교풀에 개어 섞은 칠(漆). --하다〖자타여〗 금가루나 금빛이 나는 가루를 바르다.

금침 (衾枕) 명 이부자리와 베개. 침구.
금침-장 (衾枕欌) [-짱] 명 자릿장.
금탑 (金塔) 명 [불] 황금으로 만들거나 금을 도입한 탑.
금-테 (金-) 명 금이나 금빛 나는 것으로 만든 테. ¶ ~ 안경.
금파 (金波) 명 1 석양 등이 비쳐 금빛으로 반짝거리는 물결. ¶ ~가 눈부시다. ＊은파(銀波). 2 곡식이 누렇게 익은 들판.
금-파리 (金-) 명 [충] 검정파릿과의 곤충. 길이 약 1cm, 청록색과 황록색의 금속광택이 나며, 꼬리 쪽은 청록색임(썩은 고기나 오물 따위에 알을 슬며 전염병을 옮김).
금-파오다 (金-) 자 [민] 지난날, 음력 정월 열나흗날 저녁에, 가난한 사람이 몰래 서울 종로 거리의 칼이나 패물을 팔던 가게 자리의 흙을 파 오다(그 흙을 부뚜막에 바르면 부자가 된다고 믿었음).
금-팔찌 (金-) 명 금으로 만든 팔찌.
금-패 (金牌) 명 1 금으로 만든 상패. 2 [역] 조선 때, 서리(胥吏)나 노비 따위가 규장각을 출입할 때 내보이던, 이금(泥金)을 발라 만든 나무패.
금-패 (錦貝) 명 [광] 빛깔이 누르고 투명한 호박(琥珀)의 한 가지.
금-패물 (金佩物) 명 1 금으로 만든 패물. 2 옥을 끈에 꿴 것.
금품 (金品) 명 돈과 물품. ¶ ~을 수수하다 / ~을 노리다 / ~을 갈취하다 / ~과 향응을 제공하다.
금풍 (金風) 명 가을바람.
금하 (今夏) 명 올여름.
금:-하다 (禁-) 11 자타어 하지 못하게 말리다. ¶ 출입을 ~ / 통행을 ~. 11 타어 감정 따위를 참거나 억누르다. ¶ 실소(失笑)를 금할 수 없다 / 분한 마음을 금할 길이 없다.
금-해금 (金解禁) 명 [경] 금지한 금의 수출을 다시 자유롭게 함.
금 핵 본위 제:도 (金核本位制度) [-뽀늬-] [경] 금화를 본위 화폐로 하되, 국내에는 유통시키지 않는 금 본위 제도.
금-향색 (錦香色) 명 붉은빛을 띤 검누른 색.
금혁 (金革) 명 병기(兵器).
금혈 (金穴) 명 [광] 금줄에 금이 박혀 있는 곳.
금형 (金型) 명 금속제의 거푸집.
금:-형 (禁刑日) 명 [역] 서울과 지방의 각 아문에서, 고문과 형벌의 결정 및 집행을 하지 않던 날(왕실의 경사·제일(祭日) 등).
금:-혼 (禁婚) 명하자 1 혼인을 하지 못하게 함. ¶ 동성동본 간의 ~은 완화될 추세이다. 2 [역] 세자(世子)·세손의 비(妃)를 간택하는 동안 서민의 결혼을 금하는 일.
금혼-식 (金婚式) 명 서양 풍속에서, 혼인한 지 만 50년 되는 날을 기념하고 축하하는 의식. ＊은혼식.
금홍-석 (金紅石) 명 [광] 적갈색·황적색·청색·흑색 등의 기둥 모양 결정의 광석. 화강암 따위에 박혀 있음(보석으로 이용함).
금화 (金貨) 명 금으로 만든 돈. 금돈.
금:-화 (禁火) 명하자 화재를 방지하고자 불을 사용하는 것을 제한함.
금:-화-벌초 (禁火伐草) 명하자 불을 조심하고 때맞추어 벌초하여 무덤을 잘 가꿈.
금화 본위 제:도 (金貨本位制度) [경] 금화를 본위 화폐로 하는 금 본위 제도.
금화 준:비 (金貨準備) [경] 금준비.
금환 (金丸) 명 [민] 신라 때의 탈춤놀이의 하나. 여러 개의 금칠을 한 방울을 공중에 던졌

다 받는 곡예.
금환 (金環) 명 1 금으로 만든 고리. 2 금반지.
금 환: 본위 제:도 (金換本位制度) [경] 금 핵 본위 제도의 하나(금 본위제 나라의 통화를 일정한 시세로 무제한 매매함으로써 통화와 금의 관련을 유지하는 제도).
금환-식 (金環蝕) 명 [천] 달이 태양의 중앙만을 가려 태양 광선이 달의 주위에 고리 모양으로 나타나는 일식. 고리 일식. 금환 일식. ＊개기식(皆旣蝕).
금회 (今回) 명 이번.
금효 (今曉) 명 오늘 새벽.
금후 (今後) 명부 지금으로부터 뒤. ¶ ~의 과제 / ~ 5년 내지 10년.
급 (級) 11 명 1 '계급'·'등급' 따위의 일컬음. 2 태권도·유도·바둑 따위의 등급(단(段)의 아래). 3 단계. 정도. ¶ 5천 톤 ~의 배. 11 의명 1 옛날에, 전쟁에서 죽인 적의 목을 세던 말. 2 두름. 3 [인] 사식(寫植) 문자나 기호의 크기를 나타내는 단위.
급 (及) 부 '및'의 뜻의 접속 부사.
급- (急) 토 1 '갑작스러운'의 뜻. ¶ 강하 / ~상승 / ~회전. 2 '매우 급한'·'매우 심한'의 뜻. ¶ ~커브 / ~선무.
-급 (級) 미 일부 명사 뒤에 붙어 실력·기술이나 등급 따위의 정도를 나타냄. ¶ 수준~ / 정상~ / 헤비~.
급가 (給暇) [-까] 명하자 [역] 휴가를 줌.
급-가속 (急加速) [-까-] 명 자동차 따위의 속력을 갑자기 높이는 일.
급-각도 (急角度) [-깍또] 명 1 경사가 심한 각도. 2 일의 방향이 갑자기 달라짐.
급감 (急減) [-깜] 명하자 급작스럽게 줄어듦. ¶ ~ 추세 / ~하다. ↔급증.
급-강하 (急降下) [-깡-] 명 1 기온 따위가 갑자기 내림. ¶ 기온이 ~하다. 2 비행기·새 따위가 거의 수직으로 급히 내려옴. ¶ ~ 비행. ↔급상승.
급강하 폭격 (急降下爆擊) [-깡-격] 명 [군] 비행기가 급강하하면서 하는 폭격.
급거 (急遽) [-꺼] 부하형 (하의) 일반 개념.
급거 (急遽) [-꺼] 부하형 (하의) 급히 서둘러. 급작스럽게. ¶ ~ 출동하다.
급격 (急擊) [-격] 명하타 급히 세차게 공격함. 급습.
급격-하다 (急激-) [-껴카-] 형어 변화의 움직임 따위가 급하고 빠르다. ¶ 급격한 변화. 급격-히 [-껴키] 부. ¶ 강물이 ~ 불어났다.
급경 (急境) [-꼉] 명 꽤 위급한 경우. ¶ ~에 처하다.
급-경사 (急傾斜) [-꼉-] 명 몹시 가파른 비탈. 급사(急斜). ¶ ~가 지다 / ~를 이루다.
급-경풍 (急驚風) [-꼉-] 명 [한의] 외계의 자극을 받아 갑자기 일어나는 어린아이의 경풍.
급고 (急告) [-꼬] 명하타 급히 알림.
급구 (急求) [-꾸] 명하타 물건이나 사람을 급히 구함.
급구 (急救) [-꾸] 명하타 급히 구원함.
급급-하다 (汲汲-) [-끄파-] 형어 한 가지 일에 마음이 쏠려 다른 일을 할 마음의 여유가 없다. ¶ 돈벌이에 ~. 급급-히 [-끄피] 부
급급-하다 (岌岌-) [-끄파-] 형어 1 산이 높고 가파르다. 2 형세가 매우 위급하다.
급급-하다 (急急-) [-끄파-] 형어 매우 급하다. ¶ 급급한 성미. 급급-히 [-끄피] 부. ¶ ~ 떠나다.

급기야 (及其也)[-끼-] 부 마지막에 가서는. 마침내는. ❑ ~ 그는 파산하고 말았다.
급난 (急難)[금-] 명 갑자기 닥친 어려운 일.
급단 (急湍)[-딴] 명 물살이 빠른 여울.
급등 (急騰)[-뜽] 명하자 물가나 시세 따위가 갑자기 오름. ❑ 장마로 채소 가격이 ~하다. ↔급락.
급등-세 (急騰勢)[-뜽-] 명 물가나 시세 따위가 갑자기 오르는 기세. ❑ 주식 시세가 ~로 돌아서다. ↔급락세.
급락 (及落)[금낙] 명 급제(及第)와 낙제. ❑ ~의 결정.
급락 (急落)[금낙] 명하자 물가나 시세 따위가 갑자기 떨어짐. ❑ 금리 인상 발표로 주가가 ~하다. ↔급등.
급락-세 (急落勢)[금낙쎄] 명 물가나 시세 따위가 갑자기 떨어지는 기세. ❑ ~를 보이다. ↔급등세.
급랭 (急冷)[금냉] 명하타 **1** 급속히 얼리거나 식힘. **2** 〖화〗 금속을 고온도로 가열했다가 물·기름 등에 급히 식히는 일《경도를 증가시키려고 함》.
급량 (給糧)[금냥] 명하자 **1** 식량을 지급함. **2** 〖역〗 군인에게 양식을 주던 일. **3** 〖역〗 왜인(倭人)이나 야인(野人)이 식량을 구걸하러 오면 양식을 주던 일.
급료 (給料)[금뇨] 명 **1** 고용주가 일에 대한 대가로 지급하는 보수《일급·월급 따위》. ❑ ~ 인상 / ~가 오르다 / ~를 지급하다. **2** 〖역〗 요미(料米)를 주던 일. 요급(料給).
급류 (急流)[금뉴] 명하자 **1** 물이 빠르게 흐름. 또는 그 물. ❑ ~ 타기 / ~에 휩쓸리다 / ~에 떠내려가다 / ~에 휘말리다. **2** 급작스러운 사회 변화 등의 비유. ❑ 시대의 ~를 타다.
급류-수 (急流水)[금뉴-] 명 급히 흐르는 물. 단수(湍水).
급만-성 (急慢性)[금-썽] 명 급성과 만성.
급매 (急賣)[금-] 명하타 물품을 급히 팖.
급매-물 (急賣物)[금-] 명 급히 팔아야 할 물건. ❑ ~이 쏟아져 나오다.
급모 (急募)[금-] 명하타 급히 모집함. ❑ 사원을 ~하다.
급무 (急務)[금-] 명 급히 처리해야 할 일. ❑ 초미(焦眉)의 ~.
급박-하다 (急迫-)[-빠카-] 형여 사태가 조금의 여유도 없이 매우 급하다. ❑ 급박한 국제 정세 / 정국이 급박하게 돌아가다. **급박-히** [-빠키] 부
급-발진 (急發進)[-빨찐] 명 자동차 따위가 정차 상태에서 갑자기 고속으로 출발하여 나아감. ❑ ~ 사고.
급벌-찬 (級伐飡)[-뻘-] 명 〖역〗 신라의 17관등의 아홉째 등급(等級).
급변 (急變)[-뻔] 명하자 **1** 여건이나 상태가 갑자기 달라짐. ❑ ~하는 국제 정세 / 분위기가 ~하다. **2** 별안간 일어난 변고(變故). ❑ ~을 당하다 / ~을 알리다.
급병 (急病)[-뼝] 명 **1** 갑자기 앓는 병. ❑ ~이 나다. **2** 병세가 위급한 병.
급보 (急步)[-뽀] 명하자 급하게 걸음. 또는 그런 걸음.
급보 (急報)[-뽀] 명하타 급히 알림. 또는 그런 소식. ❑ ~를 받다 / ~를 전하다 / ~가 날아들다 / ~를 접하다.
급부 (給付)[-뿌] 명하타 **1** 재물 따위를 대어 줌. **2** 〖법〗 채권의 목적이 되는 채무자의 행위.
급-부상 (急浮上)[-뿌-] 명하자 **1** 갑자기 물의 표면으로 떠오름. ❑ 잠수함이 ~하다. **2** 어떤 일이나 대상이 갑자기 세상에 알려지거나 영향을 끼치게 됨. ❑ 새로운 스타로 ~하다.
급-브레이크 (急 brake) 명 급하게 거는 브레이크. ❑ ~를 밟다.
급비 (給費)[-삐] 명하자 주로 국가나 공공 단체에서 비용 특히 학비 따위를 대어 줌. 또는 그 비용.
급비-생 (給費生)[-삐-] 명 국가·단체·개인 등에서 학비를 받아 공부하는 학생.
급사 (急死)[-싸] 명하자 갑자기 죽음. ❑ ~를 당하다 / 교통사고로 ~하다.
급사 (急使)[-싸] 명 급한 용무로 보내는 사자(使者). 주사(走使). ❑ ~를 보내 전하다.
급사 (急事)[-싸] 명 급히 서둘러야 할 일.
급사 (急斜)[-싸] 명 급경사.
급사 (給仕)[-싸] 명 사동(使童). 사환.
급-사면 (急斜面)[-싸-] 명 경사가 심한 비탈. ❑ ~을 달려 내려가다.
급살 (急煞)[-쌀] 명 〖민〗 **1** 보게 되면 운수가 아주 나빠진다는 별. **2** 갑자기 닥쳐오는 재액(災厄).
급살(을) 맞다 구 별안간 죽다. ❑ 이런 급살을 맞을 놈 봤나.
급살-탕 (急煞湯)[-쌀-] 명 갑자기 닥치는 재난이나 재앙.
급-상승 (急上昇)[-쌍-] 명하자 **1** 별안간 오름. ❑ 인기가 ~하다. **2** 비행기 따위가 갑자기 빠른 속도로 공중으로 올라감. ↔급강하.
급서 (急書)[-써] 명 급한 일을 알리는 편지. ❑ ~를 접하다.
급서 (急逝)[-써] 명하자 높은 분이나 어른이 갑자기 세상을 떠남.
급-선무 (急先務)[-썬-] 명 무엇보다도 먼저 서둘러 해야 할 일. ❑ 경기 회복이 ~다.
급-선봉 (急先鋒)[-썬-] 명 앞장서서 가장 과격한 행동이나 주장을 함. 또는 그런 사람. ❑ 노조 운동의 ~.
급-선회 (急旋回)[-썬-] 명하자 **1** 방향을 급히 바꿈. 급히 돎. ❑ 헬리콥터가 남쪽으로 ~하다. **2** 갑자기 일의 방향이나 태도를 바꿈. ❑ 강경 노선에서 온건 노선으로 ~하다.
급성 (急性)[-썽] 명 **1** 병의 증세가 갑자기 나타나 빠르게 진행하는 성질. ↔만성. **2** 성미가 급함. 또는 그 성질.
급성-병 (急性病)[-썽뼝] 명 〖의〗 갑자기 일어나거나 악화하는 병《급성 맹장염·급성 복막염 따위》. ↔만성병.
급-성장 (急成長)[-썽-] 명하자 매우 빨리 발전함. ❑ 컴퓨터의 발전으로 벤처 기업이 ~해 가고 있다.
급성 전염병 (急性傳染病)[-썽저념뼝] 〖의〗 급성으로 진행하는 전염성 질환《장티푸스·콜레라·이질 따위》.
급소 (急所)[-쏘] 명 **1** 몸 중에서 조금만 다쳐도 생명에 지장을 주는 중요한 부분. ❑ ~를 맞다 / ~를 때리다 / ~를 가격하다. **2** 사물의 가장 중요한 곳. ❑ ~를 찌르는 질문 / 상대의 ~에 일침을 가하다.
급속 (急速)[-쏙] 명하형히부 급하고 빠름. ❑ ~ 냉각 / 선거 관계 재판은 ~을 요한다.
급-속도 (急速度)[-쏙또] 명 매우 빠른 속도. ❑ ~로 발전해 나갔다.
급송 (急送)[-쏭] 명하타 급히 보냄. ❑ 환자를 병원으로 ~하다.
급수 (汲水)[-쑤] 명하자 물을 길음.
급수 (級數)[-쑤] 명 **1** 기술 따위를 우열에 따

라 매긴 등급. 🗌바둑 ~. 2《수》일정한 법칙에 따라 증감하는 수를 일정한 순서로 배열한 수열(數列). 3《인》사식(寫植) 문자나 기호의 크기를 나타내는 말.

급수(給水)[-쑤]명하타 음료수 따위의 물을 공급함. 또는 그 물. 🗌~ 시설 /~ 탱크 /~가 끊기다 / 제한 ~를 실시하다.

급수-관(給水管)[-쑤-]명 각 가정으로 물을 공급하는 상수도의 관. 🗌겨울에는 ~이 잘 터진다.

급수-선(給水船)[-쑤-]명 다른 배나 섬에 식수나 기관 용수를 공급하는 배.

급수 장치(給水裝置)(給水裝置) 수도 배수관으로부터 수요자의 집 안에 이르기까지 물을 공급하는 모든 장치.

급수-전(給水栓)[-쑤-]명 수도꼭지.

급수-지(給水池)[-쑤-]명 수돗물을 공급하기 위하여 만든 저수지.

급수-차(給水車)[-쑤-]명 가물거나 단수되었을 때에, 물을 공급하기 위하여 물탱크를 장치한 차. 물자동차. 물차.

급수-탑(給水塔)[-쑤-]명 1 물을 공급하기 위하여 설치한 철제 탑(물탱크에서 기관차 따위에 직접 급수가 되지 않을 때 사용함). 2 급수에 필요한 수압을 얻기 위하여 설치한 탑 모양의 물탱크.

급습(急襲)[-씁]명하타 갑자기 습격함. 🗌허술한 방비를 틈타 ~하다.

급식(給食)[-씩]명하자 학교나 공장 등에서, 식사를 줌. 또는 그 식사. 🗌전체 학생에게 무료 ~를 하고 있다.

급신(急信)[-씬]명 급한 일을 알리는 통신.

급액(給額)[-액]명 지급액.

급양(給養)명 생존에 필요한 의복·양식 따위를 대어 주며 돌봄.

급업-하다(岌業-)[그버파-]형여 산이 높고 험하다.

급여(給與)명하타 1 돈이나 물건을 대어 주거나 베풀어 줌. 또는 그 돈이나 물건. 🗌실업자에게 생활 보조비를 ~하다. 2 관공서나 회사 등에 근무하는 사람에게 지급되는 급료·수당 따위의 총칭. 급료. 🗌~가 낮다 /~를 지급하다 / 능력에 따라 ~에 차등을 둔다.

급여-금(給與金)명 급여되는 돈.

급여 소:득(給與所得) 급료·임금·연금 및 상여 따위에 의한 소득.

급열(急熱)[그녈]명하타 급히 가열함.

급용(急用)[그뵹]명 1 긴급하게 쓸 일. 2 급한 볼일.

급우(級友)[그부]명 같은 학급에서 배우는 벗. 🗌~와 친하게 지내다.

급원(給源)[그붠]명 공급해 주는 원천. 공급원.

급유(給由)[그뷰]명하자 말미를 잠시 허락해 줌. 여유를 줌.

급유(給油)[그뷰]명하자 1 엔진 따위에 연료를 공급함. 🗌~ 장치 / 자동차에 ~하다. 2 기계에 윤활유를 공급해 마모(磨耗)를 적게 하고 과열을 막음.

급유-기(給油機)[그뷰-]명 날고 있는 비행기에 연료를 공급하는 비행기.

급유-선(給油船)[그뷰-]명 항해 중인 다른 배에 연료를 공급하는 배.

급유소(給油所)[그뷰소]명 주유소.

급자기[-짜-]부 생각할 사이도 없이 매우 급히. 🗌~ 배탈이 났다.

급작-스럽 다[-짝쓰-따][-스러워, -스러우니]형비 생각할 사이도 없이 매우 급하게 일어난 데가 있다. 🗌급작스럽게 비가 내리퍼붓다. 참갑작스럽다. **급작-스레**[-짝쓰-]부

급장(級長)[-짱]명 '반장(班長)'을 전에 일컫던 말.

급-장이[-짱-]명 지난날, '급창(及唱)'을 속되게 일컫던 말.

급전(急傳)[-쩐]명하자타 급히 전함. 또는 급한 전달.

급전(急電)[-쩐]명 급한 일을 알리는 전보나 전화. 🗌~을 받다 /~이 날아왔다.

급전(急錢)[-쩐]명 급히 쓸 돈. 급한 일에 필요한 돈. 🗌~을 마련하다.

급전(急轉)[-쩐]명하자 갑자기 형세가 바뀜. 🗌상황이 ~했다.

급전(給田)[-쩐]명하자《역》고려·조선 때, 각 관청에 나누어 주어 그 소출(所出)로 경비에 충당하게 하던 논밭.

급전(給電)[-쩐]명하자 전기를 실수요자에게 공급하는 일.

급전-선(給電線)[-쩐-]명 1 발전소나 변전소 따위에서 필요한 곳으로 전기를 공급하는 전선. 2 안테나와 송수신기를 연결하여 고주파 전력을 전하는 선로. 피더선(feeder線).

급전-직하(急轉直下)[-전지카]명하자 사태·정세 따위의 변화가 급함. 또는 사태가 급변하여 결말·해결이 가까워짐.

급절-하다(急切-)[-쩔-]형여 사태나 상황 따위가 몹시 다급하다.

급-정거(急停車)[-쩡-]명하자타 차 따위를 급히 세움. 또는 차가 급히 섬. 🗌전동차가 ~하는 바람에 승객들이 앞으로 넘어졌다.

급-정지(急停止)[-쩡-]명하자타 갑자기 멈춤. 또는 갑자기 멈추게 함.

급제(及第)[-쩨]명하자 1《역》과거에 합격하던 일. 🗌장원으로 ~하다. ↔낙방(落榜)·낙제(下第). 2 시험에 합격함. ↔낙제.

급-제동(急制動)[-쩨-]명하자타 갑자기 제동을 걺. 또는 그 제동. 🗌~을 걸다.

급제-생(及第生)[-쩨-]명 급제한 학생. ↔낙제생.

급조(急造)[-쪼]명하타 급히 만듦. 갑자기 만듦. 🗌~된 가설 무대.

급조-하다(急躁-)[-쪼-]형여 성미가 조급하다. **급조-히**[-쪼-]부

급주(急走)[-쭈]명《역》조선 때, 각 역에 배치되었던 주졸(走卒). ——하다자여 급히 달아나다.

급증(急症)[-쯩]명 매우 위급한 병.

급증(急增)[-쯩]명하자 갑자기 늘어남. 🗌여성 흡연자가 ~하고 있다. ↔급감(急減).

급진(急進)[-찐]명하자 1 급히 진행함. 2 목적이나 이상 따위를 급히 실현하고자 함. 🗌~세력 /~ 노선을 걷다. ↔점진(漸進).

급진-적(急進的)[-찐-]관명 목적이나 이상 따위를 급하게 실현하려는 (것). 🗌~ 발전 /~인 사상. ↔점진적.

급-진전(急進展)[-찐-]명하자 빠른 진전. 급속도로 진전함. 🗌협상이 ~하다.

급진-주의(急進主義)[-찐- /-찐-이]명 이상의 실현을 위해 현실의 정치 체제나 사회 제도를 고려하지 아니하고, 급하게 변혁시키려는 주의. ↔점진주의.

급진-파(急進派)[-찐-]명 이상의 실현 따위를 급히 진행시키려는 파. 또는 그 파에 속한 사람.

급차(給次)명 돈을 치러 주어야 함. 또는 그 치른 돈.

급-차선(急車線)명 차선을 갑작스럽게 바꿈.

□~ 변경을 하다.

급찬 (級飡) 圀《역》급벌찬(級伐飡).

급창 (及唱) 圀《역》조선 때, 군아(郡衙)에서 부리던 사내종(원의 명령을 간접으로 받아 큰 소리로 전달하는 일을 맡아보았음).

급채 (給債) 圀하타 돈을 꾸어 줌.

급체 (急滯) 圀하자 갑자기 심하게 체함. 또는 그러한 증세. □~에 걸리다.

급초 (急招) 圀하타 급히 불러옴.

급촉-하다 (急促-)[-초카-] 圀어 매우 촉박하다. 급박하다.

급-출발 (急出發) 圀하자타 자동차·기차 따위 가 갑자기 출발함. 또는 그것을 갑자기 출발 하게 함.

급-커브 (急curve) 圀 길이나 선 따위에서 급 격하게 굽은 부분. □~가 많은 길.

급탄 (給炭) 圀하자 석탄 따위를 공급함. 또는 그 석탄.

급탕 (給湯) 圀하자 뜨거운 물을 공급함. □~ 시설.

급-템포 (急tempo) 圀 빠른 속도. 급속도.

급파 (急派) 圀하타 급히 파견함. □사고 현장 에 구조대를 ~하다.

급-피치 (急pitch) 圀 동작이나 작업 따위의 매 우 빠른 속도. □~를 올리다.

급-하다 (急-)[그파-] 圀어 1 바빠서 우물쭈물 할 틈이 없다. □한시가 ~ / 급한 일로 상경 하다. 2 성미가 팔팔해 잘 참지 못하다. □급 한 성미. 3 병세가 위독하다. □급한 고비를 넘겼다. 4 몹시 서두르거나 다그치는 경향이 있다. □밥을 급하게 먹다 / 일을 급하게 하 다. 5 경사가 가파르다. □급한 언덕길. 6 물 의 흐름이나 일의 진행 속도가 빠르다. □물 살이 매우 ~. **급-히** [그피] 閉. □~ 쓸 돈 / ~ 자동차를 몰고 가다.

[급하기는 우물에 가서 숭늉 달라겠다] 급한 것만 생각하고 절차를 생각하지 못한다. [급 하면 바늘허리에 실 매어 쓸까] 아무리 급해 도 순서는 밟아야 한다. [급히 먹는 밥이 목 이 멘다] 너무 급히 서두르면 실패한다.

급한 불을 끄다 国 우선 절박한 문제를 처리 하여 해결하다.

급행 (急行)[그팽] 圀하자 1 급히 감. 2 '급행 열차'의 준말. □~을 타다. ↔완행(緩行).

급행-권 (急行券)[그팽꿘] 圀 급행요금이 포함 된 열차 승차권.

급행-료 (急行料)[그팽뇨] 圀 1 급행요금. 2 〈속〉일을 빨리 처리해 달라는 뜻으로 비공 식적으로 주는 뇌물. □~를 내고 단시일 안 에 허가를 얻었다.

급행-버스 (急行bus)[그팽-] 圀 정해진 곳 외 에는 정거하지 않고 목적지까지 달리는 버 스. □이번 설에는 ~로 고향에 가자.

급행-열차 (急行列車)[그팽녈-] 圀 큰 정거장 만 정거하며 보통 열차보다 빨리 달리는 기 차. ↔완행열차. 준급행·급행차.

급행-요금 (急行料金)[그팽뇨-] 圀 급행열차에 부가하는, 일반 요금 외에 따로 더 내는 요금.

급행-차 (急行車)[그팽-] 圀 '급행열차'의 준 말.

급혈 (給血)[그펼] 圀하자 수혈에 필요한 혈액 을 공급함.

급환 (急患)[그퐌] 圀 위급한 병환. 또는 그런 환자. □~에 걸리다 / ~을 당하다 / 집안에 ~이 생기다.

급-회전 (急回轉)[그푀-] 圀하자타 갑자기 돎. 아주 빨리 회전함. □고속도로에서의 ~은 금 물이다.

급훈 (級訓)[그푼] 圀 학급에서 교육 목표로 정 한 덕목.

굿[1] [옛] 글씨의 획(畫).

굿[2] [옛] 꼭. 퍽.

굿누르다 [옛] 억누르다. 눌러 끓다.

굿닛 圀 [옛] 끊임과 이음.

굿 : [귿따] 〔그어, 그으니, 긋는〕 国자Ⓐ 비 가 잠깐 그치다. □비가 긋기를 기다리다. 国타Ⓐ 비를 잠시 피해 그치기를 기다리다. □ 처마 밑에서 비를 ~.

긋 : **다**[2] [귿따] 〔그어, 그으니, 긋는〕 타Ⓐ 1 줄을 치거나 금을 그리다. □붉은 볼펜으로 밑줄 을 그었다. 2 성냥개비를 황에 대고 긁치르 다. □성냥을 ~. 3 외상값을 장부에 표시하 다. □긋는 맛에 외상술을 먹는다. 4 경계나 한계 따위를 분명히 짓다. □여당과 정부 사 이에는 분명한 책임의 한계가 그어져 있다.

굿드리 閉 [옛] 구태여. 반드시.

굿다 国 [옛] 1 긋다. 2 이끌다.

굿이다 타 [옛] 기이다. 숨기다.

긍 : **경** (肯綮) 圀 사물의 가장 긴요한 곳.

긍 : **고** (亙古) 圀 옛날까지 걸침.

긍 : **구** (兢懼) 圀하타 삼가고 두려워함.

긍 : **긍업업** (兢兢業業) 圀하자 항상 조심하여 삼감. 또는 그런 모양.

긍 : **긍-하다** (兢兢-) 자어 두려워하고 삼가다. □밤새 ~.

긍 : **련-하다** (矜憐-)[-년-] 圀어 불쌍하고 가엾 다. 궁측하다. **긍** : **련-히** [-년-] 閉

긍 : **-만고** (亙萬古) 圀하자 만고에 걸침.

긍 : **부** (矜負) 圀하자 재능을 자랑하고 자부함.

긍 : **의** (肯意)[- / -이] 圀 수긍(首肯)하는 의사. □~를 표하다.

긍이 圀 보리를 베기 전에 보리밭 고랑 사이에 목화·콩·조 따위를 심는 일.

긍 : **정** (肯定) 圀하타 1 어떤 사실이나 생각에 대하여 옳다고 인정함. □~하는 뜻으로 고 개를 끄덕였다. 2 《논》판단에서 문제가 되고 있는 주어와 술어 관계를 인정하는 일. ↔부 정(否定).

긍 : **정 명** : **제** (肯定命題)《논》주어와 술어와 의 일치를 제시하는 명제.

긍 : **정-문** (肯定文)《언》문장의 서술 형식 중 의 하나. '…은 …이다'처럼 긍정적으로 서 술한 문장.

긍 : **정-적** (肯定的) 쾐圀 어떤 사실이나 생각 따위를 좋게 보거나 옳다고 인정하는 (것). □~인 태도를 보이다. ↔부정적(否定的).

긍 : **정 개** : **념** (肯定的概念)[-깨-]《논》어떤 성질의 존재를 긍정적으로 나타내는 개념. 적극적 개념. ↔부정적 개념.

긍 : **정적 판단** (肯定的判斷)《논》주개념과 빈 개념의 일치를 나타내는 판단('풀은 달다', '지구는 둥글다' 따위). 적극적 판단. ↔부정 적 판단.

긍 : **종** (肯從) 圀하타 즐겨 좋음. 기꺼이 따름.

긍 : **지** (矜持) 圀 자신의 재능이나 능력을 믿음 으로써 가지는 떳떳하고 자랑스러운 마음. 프라이드. □문화 민족으로서의 ~를 갖다.

긍 : **측-하다** (矜惻-)[-츠카-] 圀어 불쌍하고 가 엾다. 긍련하다. **긍** : **측-히** [-츠카-] 閉

긍 : **-하다** (亙-) 자어 걸치다. □다방면에 긍한 재주.

긍 : **휼** (矜恤) 圀하타휘閉 불쌍히 여김. 가엾게 여겨 돌보아 줌.

궂 <명> <옛> 끝.
궂다 ㅡ<자> <옛> 끊어지다. ㅡ<타> <옛> 끊다.
귿 <명> <옛> 끝.
긔¹ ㅡ<지대> <옛> 그것이. ㅡ<인대> <옛> 그이.
긔:² <준> 그이. □~가 누구요.
-긔 <어미> <옛> -게.
긔걸ᄒᆞ다 <타> <옛> 명령하다. 분부하다.
긔다 <타> <옛> 기다<匍>.
긔려기 <명> <옛> 기러기.
긔별 <명> <옛> 기별. 소식.
긔저리다 <명> <옛> 어지르다.
기 (己) <명> 《민》 천간(天干)의 여섯째.
기 (忌) <명> 기중(忌中). 상중(喪中).
기 (紀) <명> 1 법칙. 규칙. 2 기전체(紀傳體) 역사에서, 제왕의 사적(事績)을 기록한 글. 3 《지》 지질 시대를 구분한 단위《대(代)와 세(世)의 사이로 쥐라기·백악기·캄브리아기 따위가 있음》.
기 (氣) <명> 1 활동하는 힘. 또는 뻗어 나가는 기운. □~가 세다 / ~가 살다 / ~가 왕성하다 / ~를 꺾다 / ~가 죽다 / ~가 질리다 / ~가 허하다. 2 숨 쉴 때 나오는 기운. □~가 막히다 / ~가 통하다. 3 막연한 전체적인 느낌. 분위기. □살벌한 ~가 돌다. 4 예전에, 중국에서 15일을 일기(一期)로 하던 명칭《이를 삼분(三分)해 그 하나를 후(候)라 하였음》. 5 《철》 동양 철학에서, 만물을 생성하는 근원이 되는 기운. 원기(元氣). *이기(理氣).
기(가) 꺾이다 <관> 기세가 수그러지다.
기(가) 나다 <관> 의욕이 일거나 기세가 오르다. □기가 나서 덤비는다.
기(가) 차다 <관> 하도 어이가 없어 말이 나오지 않다. □기가 차서 말을 못하겠다.
기를 살리다 <관> 기를 펴고 뽐내도록 만들다. □선수들의 기를 살리기 위해 응원가를 부른다.
기(를) 쓰다 <관> 있는 힘을 다하다. □기를 쓰고 공부하다.
기(를) 펴다 <관> 억눌림이나 곤경에서 벗어나 마음을 편히 가지다. □이제는 좀 기를 펴고 살 수 있겠지.
기 (起) <명> 1 한시(漢詩)의 첫째 구(句). 2 논설문에서 문제를 제기하는 것.
기 (記) <명> 한문 문체의 하나《사적(事蹟)과 경치를 적은 글》.
기 (基) <명> 《화》 화학 반응에서, 다른 화합물로 변화할 때 분해되지 않고 마치 한 원자처럼 작용하는 원자단《메틸기·히드록시기 따위》. ㅡ<의명> 1 무덤·비석·탑 따위를 세는 단위. 2 원자로·유도탄 따위를 세는 단위.
기 (期) <명> 일정한 기간씩 되풀이되는 일의 한 과정. 또는 그를 세는 단위. □같은 ~의 졸업생 / 제3~ 수료생.
기 (旗) <명> 형겊이나 종이 따위에 글자·그림·빛깔 따위를 넣어 어떤 뜻을 나타내거나 특정한 단체를 나타내는 데 쓰는 물건《국기·군기 따위》.
【기 들고 북 첫다】 항복한다는 뜻으로, 실패하여 도저히 다른 가망이 없음을 비유하여 이르는 말.
기 (騎) <명> 말 탄 사람의 수효를 세는 말.
-기- <미> 흔히 ㄴ·ㅁ·ㅅ·ㅈ·ㅊ·ㅌ 등의 받침을 가진 어간에 붙어, 타동사를 피동사나 사동사로, 자동사를 사동사로 만드는 어간 형성 접미사. □신~다 / 안~다 / 남~다 / 숨~다 / 벗~다 / 웃~다 / 찢~다 / 맡~다 / 옮~다. *~구-/~리-¹/~이-/~히-.
-기¹ <미> 동사 및 형용사 어간에 붙어, 명사를

만드는 접미사. □크~ / 사재~ / 달리~.
-기 <미> '느낌·기운'의 뜻을 나타내는 말. □찬~ / 시장~ / 바람~ / 기름~.
-기 (記) <미> 기록의 뜻. □여행~ / 체험~.
-기 (期) <미> 어떤 시기를 몇으로 구분한 그 하나. □사춘~ / 하반~ 결산.
-기 (機) <미> 기계나 장치의 뜻. □기중~ / 발동~ / 폭격~.
-기 (器) <미> 1 기계나 기구의 뜻. □각도~ / 분도~ / 분무~. 2 생물체의 한 기관을 나타내는 말. □소화~ / 생식~ / 호흡~.
-기² <어미> '이다' 또는 용언의 어간에 붙어, 명사 구실을 하게 하는 명사형 어미. □읽~싫다 / 웃~ 시작했다 / 먹~ 좋다 / 딴 사람이~를 바란다. *-ㅁ²·-음².
기가 (起家) <명><하자> 기울어져 가는 집안을 다시 일으킴.
기가 (giga) <의명> 《컴》 기가바이트.
기가-바이트 (gigabyte) <의명> 《컴》 컴퓨터의 데이터 용량을 나타내는 단위. 10억 바이트의 뜻이나, 실제로는 1,024메가바이트. 또는 1,073,741,824바이트임. 기호 : GB. 기가.
기:각 (枳殻) <명> 《한의》 탱자를 썰어 말린 약재《위장을 맑게 하고 대변을 순하게 하는 효과가 있음》.
기각 (掎角) <명><하자> 기각지세(掎角之勢).
기각 (基脚) <명> 《식》 잎사귀의 몸이 잎꼭지에 붙은 부분.
기각 (棄却) <명><하다> 1 버리고 쓰지 아니함. 2 《법》 법원이 소송을 심리한 결과 이유가 없거나 적법하지 않다고 판단하여 도로 물리치는 일. □항소 ~ / 수색 영장을 ~하다.
기각 (旗脚) <명> 깃발2.
기각지세 (掎角之勢) [-찌-] <명> 1 사슴을 잡을 때 사슴의 뒷발을 잡고 뿔을 잡는다는 것으로, 앞뒤에서 적을 몰아침의 비유. 2 두 영웅이 벌이는 세력 다툼의 비유.
기간 (其間) <명> 그사이.
기간 (基幹) <명> 어떤 분야나 부문에서 으뜸이 되거나 중심이 되는 부분. □방위 산업의 ~인 기계 공업.
기간 (旣刊) <명> 이미 간행됨. 또는 그 간행물. □~ 출판물. *근간(近刊)·미간(未刊).
기간 (期間) <명> 어느 일정한 시기의 사이. □시험 ~ / 음주 단속 ~ / 체류 ~을 연장하다 / 계약 ~이 지났다.
기간 (旗竿) <명> 깃대.
기간-급 (期間給) <명> 《경》 일의 분량·성과에 관계없이 일한 기간에 따라서 지급되는 임금《시간급·일급·주급·월급·연봉 따위》.
기간-단체 (基幹團體) <명> 같은 계통에 속한 여러 단체 가운데 그 모체가 되는 단체.
기간-병 (基幹兵) <명> 군대에서 가장 으뜸이 되거나 중심이 되는 병사.
기간-산업 (基幹産業) <명> 《경》 한 나라에서, 산업의 바탕이 되는 중요 산업《화학·제철·기계·광공업·조선 공업 따위》.
기간-요원 (基幹要員) [-뇨-] <명> 어떤 단체나 기관의 핵심이 되는 중요한 인물.
기간-지 (旣墾地) <명> 이미 개간해 놓은 땅. ↔ 미간지(未墾地).
기갈 (飢渴) <명> 배가 고프고 목이 마름.
기갈(이) 들다 <관> ⓐ몹시 굶주려 허기지다. ⓑ가지고 싶어하는 마음이 아주 간절하다.
기갈-나다 (飢渴-)[-라-] <자> 1 허기가 져서 몹시 먹고 싶은 생각이 나다. 2 매우 궁하여 못

견디게 가지고 싶은 마음이 있다.

기갈-임금(飢渴賃金)阅 겨우 살아갈 수 있을 정도의, 아주 적은 임금.

기감(技監)阅 전에, 기술직 2급 공무원의 직급. 지금은 이사관으로 바뀌었음.

기갑(機甲)阅 전차·장갑차 따위와 같이 기동력과 화력을 갖춘 병기로 무장함. 또는 그런 병과(兵科).

기갑-병(機甲兵)[-뼝]阅 기갑 부대에서, 기갑 장비를 다루는 병사.

기갑 부대(機甲部隊)[-뿌-] 전차와 장갑차를 주력으로 삼은 부대.

기갑 사단(機甲師團)[-싸-] 기갑 부대로 편성한 사단. 囗~이 맹공을 가하다.

기강(紀綱)阅 기율과 법도. 囗~ 확립 / ~이 서다 / ~이 해이해지다 / ~을 바로잡다.

기개(氣槪)阅 씩씩한 기상과 꿋꿋한 절개. 囗~가 높다.

기개(幾箇)阅 몇 개.

기-개세(氣蓋世)阅 기세가 대단하여 세상 사람을 압도함.

기객(棋客·碁客)阅 바둑을 두는 사람.

기객(嗜客)阅 어떤 일을 몹시 즐기는 사람.

기거(起居)阅阅困 1 먹고 자고 하는 따위의 일상적인 생활을 함. 또는 그 생활. 囗기숙사에서 ~하다 / 친구와 ~를 같이 하다. 2 손님을 맞기 위하여 일어섬. 3 몸을 뜻대로 움직이며 생활함. 囗~가 불편하다.

기거(寄居)阅阅困 남에게 덧붙어서 삶. 囗친구 집에 ~하고 있다.

기거-동작(起居動作)阅 일상적인 생활에서의 몸의 움직임. 기거동정. 囗~이 부자유스럽다. ㉱기동(起動).

기거-충(寄居蟲)阅《동》 갑각류(甲殼類) 중 십각류(十脚類)에 속하는 동물. 소라·게 따위의 껍데기 속에 붙어삶《속살이게 따위》.

기걸(奇傑)阅阅倾 기상이나 풍채가 남다른 호걸(豪傑).

기걸-스럽다(奇傑-)[-따][-스러워, -스러우니]倾困 풍채가 남다르고 호걸다운 데가 있다. **기걸-스레**覆

기겁(氣怯)阅阅困 갑자기 놀라거나 겁에 질려 숨이 막히는 듯함. 囗~을 하고 놀라다.

기결(起結)阅 1 시작과 결과. 처음과 끝. 2 한시에서, 기구(起句)와 결구(結句).

기결(旣決)阅阅困困 1 이미 결정함. 이결(已決). 囗~ 사항 / ~ 서류. 2《법》재판의 판결을 이미 확정함. ↔미결(未決).

기결-감(旣決監)阅 기결수(旣決囚)를 가두어 두는 곳.

기결-수(旣決囚)[-쑤]阅 확정 판결이 집행되어 자유의 구속을 받고 있는 죄수. ↔미결수.
㊟|현행법에서는 수형자(受刑者)라 이름.

기결-안(旣決案)阅 이미 결정된 안건(案件). ↔미결안.

기경(奇經)阅《한의》인체의 각 기관의 활동을 연락·조절·통제하는 작용을 하는 경락(經絡)《독맥(督脈)·임맥(任脈)·충맥(衝脈)·대맥(帶脈)·음유맥(陰維脈)·양유맥(陽維脈)·음교맥(陰蹻脈)·양교맥(陽蹻脈)의 여덟 가지》. 기경팔맥(奇經八脈).

기경(起耕)阅阅困 묵힌 땅이나 생땅을 일구어 논밭을 만듦.

기경(氣莖)阅《식》땅위줄기.

기경정결(起景情結)《문》한시에서, 네 절(節)의 이름《첫머리를 '기', 기를 이어받아

문장에 멋을 더한 것을 '경', 사색으로 들어가는 것을 '정', 거두어 끝을 맺는 것을 '결'이라 함》. *기승전결(起承轉結).

기경-팔맥(奇經八脈)阅《한의》기경(奇經).

기경-하다(奇警-)倾 뛰어나고 재치가 있다.

기경-하다(機警-)倾 민첩하고 재치가 있다. 囗기경한 풍자와 해학.

기계(奇計)[-/-께]阅 기묘한 꾀. 기책(奇策).

기계(棋界·碁界)阅 장기·바둑을 두는 사람들의 사회. 기단(棋壇).

기계(器械)[-/-께]阅 1 그릇·연장·기구(器具) 따위의 통칭. 囗이발 ~. 2 구조가 간단하며 제조나 생산을 목적으로 하지 아니하고 사용되는 도구의 총칭《의료 기계나 물리·화학의 실험용 기계 따위》.

기계(機械)[-/-께]阅 1 동력을 써서 작업을 하는 장치. 원동(原動)·전도(傳導)·작업(作業)의 세 기구(機構)로 됨. 囗~를 돌리다 / ~를 잘 다루다 / ~를 조작하다. 2 행동이나 생활 방식 따위가 정확하거나 규칙적인 사람의 비유. 3 남의 뜻에 따라 행동하는 일이나 그 사람. 또는 융통성이 없는 사람. 囗돈 벌어 오는 ~로 전락하다.

기계-간(機械間)[-깐/-께깐]阅 기계를 차려 놓은 곳.

기계 공업(機械工業)[-/-께-] 1 공작 기계나 단압(鍛壓) 기계를 사용하여, 각종 기계나 부품을 제작하는 공업. 2 기계를 사용하여 물건을 생산하는 공업. ↔수공업. ㉱기공.

기계 공장(機械工場)[-/-께-] 1 기계를 제작하는 공장. 2 기계를 사용하여 물품을 만드는 공장.

기계 공학(機械工學)[-/-께-] 물리학·역학 등을 기초로, 기계의 설계·사용법·성능 따위를 연구하는 학문.

기계 교:정(機械校正)[-/-께-]《인》교정을 마친 인쇄물을 기계에 올려 인쇄하기 전에 다시 한 번 마지막으로 보는 교정.

기계-국수(機械-)[-쑤/-께-쑤]阅 기계를 사용하여 뽑는 국수. ↔손국수.

기계-기름(機械-)[-/-께-]阅 기계유(油).

기계-끌(機械-)[-/-께-]阅 동력으로 구멍을 파는 끌.

기계-력(機械力)[-/-께-]阅 기계의 힘. 기계가 일하는 능력.

기계-론(機械論)[-/-께-]阅 1《철》모든 현상을 물질적·기계적 법칙에 따라 설명하려는 이론. 기계제론. 메커니즘. ↔목적론. 2《생》모든 생물 현상을 물리적·화학적 법칙에 환원하여 설명하려는 입장. 기계설.

기계론-적(機械論的)[-/-께-]관阅《철》기계론으로 모든 우주 현상을 설명하려는 (것). 囗~ 사고방식 / ~ 세계관.

기계 문명(機械文明)[-/-께-] 기계의 발달로 대량 생산이 행하여져 발전한 근대 문명.

기계 방아(機械-)[-/-께-] 기계의 힘으로 움직이는 방아.

기계 번역(機械翻譯)[-버녁/-께버녁]《컴》인간이 사용하는 자연 언어를 컴퓨터로 번역하는 일.

기계 수뢰(機械水雷)[-/-께-] 바다 속에 부설하여 함선(艦船)이 이것을 건드리면 저절로 터지게 된 수뢰. 부설 수뢰. ㉱기뢰(機雷).

기계-식(機械式)[-/-께-]阅 기계를 이용하는 방식. 囗통신이 ~에서 전자식으로 발전하다.

기계 식자(機械植字)[-짜/-께-짜] 모노타이

프·라이노타이프·인터타이프 따위의 기계로
하는 식자.
기계-실(機械室)[-/-게-]圓 기계를 설치하
여 둔 방.
기계-어(機械語)[-/-게-]圓〔컴〕컴퓨터가
판독하고 실행할 수 있는 언어, 0과 1의 두
숫자의 조합으로 구성됨. 인공어(人工語).
기계-유(機械油)[-/-게-]圓 기계에 치는 기
름(기계의 각 부분, 특히 마찰부에 칠함). 기
계기름.
기계-적(機械的)[-/-게-]冠圓 1 기계를 사
용하여 일을 하는 (것). ♣~인 포장 방식. 2
기계에 관련된 (것). ♣~인 고장. 3 기계처
럼 정확하고 규칙적인 (것). ♣~인 손놀림.
4 인간적인 감정·창의성이 없이 수동적·맹목
적으로 하는 (것). ♣~인 사고방식.
기계적 성:질(機械的性質)[-썽-/-게-썽-]
〔物〕주로, 역학적(力學的)인 관점에서 본 물
질의 성질.
기계적 에너지(機械的energy)[-/-게-]〔物〕
역학적(力學的)에너지.
기계 체조(器械體操)[-/-게-] 철봉·평행봉·
뜀틀·링 따위의 기구를 사용하는 체조. ↔맨
손 체조.
기계-총(機械-)[-/-게-]圓 두부 백선(頭部
白癬).
기계-톱(機械-)[-/-게-]圓〔工〕동력을 이
용하여 톱날을 움직여 물체를 자르는 톱(둥
근톱·띠톱 따위).
기계-통(機械-)[-/-게-]圓 자전거의 제동기
(制動器)《속도를 조절하거나 멈추게 하는 장
치로, 뒷바퀴에 있음》.
기계-화(機械化)[-/-게-]圓ⓗ자타 1 산업에
기계를 도입하여 인간의 노동을 대신하게
함. ♣사무의 ~ / 영농의 ~ / 생산 과정을 ~
하다. 2 사람의 언행이 자주성·창조성을 잃
고 기계적으로 됨. ♣산업의 발달은 인간의
~를 낳았다. 3 전차·장갑차·자동차 따위의
기계를 도입하여 군대의 기동력을 향상시킴.
또는 그렇게 됨. ♣~ 사단.
기계화 농업(機械化農業)[-/-게-] 농업 생
산에서, 사람이나 가축의 노동력 대신 순수
한 기계의 힘을 빌리는 농업 방식.
기계화 부대(機械化部隊)[-/-게-]〔軍〕전
차·장갑차·자주포 따위로 편성된 전투 부대.
기동력이 향상되고 화력이 증강된 근대적 부
대임.
기고(忌故)圓 기제(忌祭)를 지내는 일. 또는
그 제사. ♣~가 들다.
기고(起稿)圓ⓗ타 원고를 쓰기 시작함. ↔탈
고(脫稿).
기고(寄稿)圓ⓗ타 신문사나 잡지사로 원고를
써서 보냄. 또는 그 원고. 기서(寄書). ♣신
문에 글을 ~하다.
기고(旗鼓)圓 전쟁에서 쓰는 기와 북.
기고-가(寄稿家)圓 기고하는 사람. 기서가.
기고-만장(氣高萬丈)圓ⓗ자형 1 일이 뜻대로
잘되어서 뽐내는 기세가 대단함. ♣이겼다고
~해 가지고 우쭐댄다. 2 펄펄 뛸 만큼 몹시
성이 남.
기고-하다(奇古-)혱예 기이하고 예스럽다.
기곡 대:제(祈穀大祭)[-때-]〔歷〕정월 첫 신
일(辛日)에 그해의 풍년을 빌던 나라의 제사.
기골(肌骨)圓 살과 뼈대.
기골(奇骨)圓 남다른 기풍이 있어 보이는 골
격. 또는 그런 골격을 지닌 사람.
기골(氣骨)圓 1 기혈(氣血)과 골격. 2 건장하
고 튼튼한 체격. ♣~이 장대하다.

기관지

기공(技工)圓 1 손으로 가공하는 기술. ♣뛰
어난 ~. 2 기술공.
기:공(妓工)圓〔歷〕궁중에서 음악과 가무(歌
舞)를 하는 창기(唱妓)와 이에 딸린 남악인
(男樂人).
기공(奇功)圓 남달리 특별나게 세운 공로.
기공(記功·紀功)圓 공로를 기념함.
기공(起工)圓ⓗ타 공사를 시작함. ♣~한 지
얼마 안 되는 다리 공사. ↔준공.
기공(氣孔)圓 1〔蟲〕숨구멍 3. 2〔植〕숨구멍 4.
기공(氣功)圓 기해 단전(氣海丹田)의 공력(功
力)이란 뜻으로, 단전호흡의 딴 이름.
기공(機工)圓 '기계 공업'의 준말.
기공-비(記功碑)圓 공훈을 길이 기념하려고
세우는 비.
기공-친(期功親·朞功親)圓 기복(期服)과 공
복(功服)을 입을 만큼 가까운 친척.
기관(汽管)圓 증기(蒸氣)를 보내는, 속이 빈
둥근 쇠통.
기:관(妓館)圓 기생이 있는 요릿집.
기관(汽罐)圓 밀폐된 용기 안에서 물을 끓여
고온·고압의 증기를 발생시키는 장치. 보일
러. 증기관.
기관(奇觀)圓 보기 드문 기이한 광경. 매우
훌륭한 경치.
기관(氣管)圓 1〔生〕척추동물의 목에서 폐로
이어지는, 숨 쉴 때 공기가 통하는 관. 심장
위에서 아래 끝이 두 갈래의 기관지로 갈라
짐. 숨통. 2〔蟲〕곤충류의 호흡 기관. 나뭇
가지 모양의 가느다란 관으로 기문(氣門)을
통하여 외계와 연결됨.
기관(器官)圓〔生〕일정한 모양과 생리 기능
을 갖는 생물체의 부분(운동·감각·영양·생식
등의 기능을 함). ☞호흡 ~.
기관(機關)圓 1 화력·수력·전력 따위 에너지
를 기계적 에너지로 바꾸는 기계의 총칭(증
기 기관·내연 기관 따위). 엔진. 2 어떠한 역
할과 목적을 위하여 설치한 조직. ☞보도 ~ /
첩보 ~. 3〔法〕법인(法人)의 의사를 결정하
고 그것을 실행하는 지위에 있는 개인 또는
그 집단. ♣합의 ~.
기관-고(機關庫)圓 기관차를 넣어 두거나 수
리하는 차고.
기관 단:총(機關短銃) 어깨 또는 허리에 대고
쏠 수 있도록 만든, 작고 가벼운 자동식 또는
반자동식 단총.
기관-사(機關士)圓 열차·선박·항공기 따위의
기관을 맡아보는 사람. 기관수.
기관-수(機關手)圓 기관사.
기관-실(機關室)圓 1 기차·항공기·선박 따위
에서, 추진기를 설치한 방. 2 발전·난방·냉
방·환기·급수 등의 기관을 설치한 방. 3 공장
등에서 주요 원동기를 설치한 방.
기관-원(機關員)圓 1〈속〉정보 기관의 종사
자. ♣~을 감시하고 돌아다니다. 2 선박에
관련된 기능 공무원 직급의 하나.
기관-장(機關長)圓 1 국가 기관의 으뜸 책임
자. 2 기관을 운영하고 수리하는 일을 하는
사람들의 책임자.
기관-지(氣管支)圓〔生〕기관의 아래 끝에서
나뭇가지 모양으로 갈라져서 좌우의 폐에 이
르는 기도(氣道)란 부분.
기관-지(機關紙)圓 한 기관이 그들의 목적을
수행하는 데 필요한 보도·언론을 널리 펴기
위해 발행하는 신문. 기관 신문.
기관-지(機關誌)圓 어떤 개인이나 사회 단체

또는 조직이 그 개인이나 기관의 정신을 널리 펴기 위하여 발행하는 잡지. 기관 잡지.

기관지-염(氣管支炎)〖명〗〖의〗기관지에 생기는 염증. 기관지 카타르.

기관지 천:식(氣管支喘息)〖의〗작은 기관지들이 경련을 하듯 수축되면서 돌발적으로 특유한 호흡 곤란을 일으키는 질병.

기관지 카타르(氣管支catarrh)〖의〗기관지염(炎).

기관지 폐:렴(氣管支肺炎)[-/-폐-]〖의〗기관지염이 폐포(肺胞)에 파급되어 생기는 폐의 염증. 소엽성(小葉性) 폐렴.

기관지 확장증(氣管支擴張症)[-짱쯩]〖의〗기관지가 둥글고 길게 또는 주머니 모양으로 늘어나 그 속에 세균이 머물러 염증을 일으키는 병.

기관-차(機關車)〖명〗객차·화차를 끌고 다니는, 철도 차량의 원동력이 되는 차량《디젤 기관차·증기 기관차 따위》.

기관-총(機關銃)〖명〗자동적으로 탄알이 장전되어서 연속으로 쏠 수 있게 만든 총. 〔〜〕난사하다.

기관 투자(機關投資)〖경〗은행이나 법인 등이 하는 투자.

기관 투자가(機關投資家)〖경〗유가 증권에 대한 투자를 주요 업무의 하나로 하는 법인《은행·보험 회사·투자 신탁 회사 따위》.

기관-포(機關砲)〖명〗기관총 중 구경이 20 mm 이상인 포《주로 항공기용·고사용(高射用)임》.

기괴망측-하다(奇怪罔測-)[-츠카-]〖형여〗괴상하고 기이하기가 이루 말할 수 없다. 〔기괴망측한 옷차림.

기괴-하다(奇怪-)〖형여〗이상야릇하다. 괴상하고 기이하다. 〔기괴한 행동 / 기괴한 암석과 수려한 산봉우리.

기교(技巧)〖명〗〖하다〗기술이나 솜씨가 아주 묘함. 또는 그런 기술이나 솜씨. 〔〜를 부리다 / 표현 〜가 뛰어나다.

기교-면(技巧面)〖명〗기교의 측면.

기교-파(技巧派)〖명〗작품의 내용보다 표현의 형식미를 추구하는 예술 지상주의적 작가의 유파(流派).

기교-하다(奇巧-)〖형여〗기이하고 교묘하다.

기교-하다(機巧-)〖형여〗잔꾀와 솜씨가 매우 교묘하다.

기구(奇句)[-꾸]〖명〗기발한 글귀.

기구(祈求)〖명〗〖하타〗1 원하는 바가 실현되도록 빌고 바람. 2〔가〕'기도'의 구용어.

기구(起句)[-꾸]〖명〗〖문〗1 시나 문장의 첫 구. 수구(首句). 2 한시에서, 절구(絶句)의 첫 구《기승전결의 기에 해당함》.

기구(氣球)〖명〗공기가 통하지 않는 큰 주머니에 공기보다 가벼운 기체인 수소나 헬륨 따위를 넣어서 공중 높이 올리는 물건. 〔〜를 타고 산을 넘다.

기구(寄口)〖명〗남의 집에 붙어사는 사람.

기구(器具)〖명〗1 세간·그릇·연장·기계 따위의 총칭. 〔가정용 주방 〜 / 의료 〜 / 운동 〜 / 실험 〜를 갖추다. 2 의식(儀式)이 예법대로 골고루 갖추어져 있는 형세. 〔〜 있게 장사를 지내다.

기구(冀求)〖명〗〖하타〗몹시 바라고 구함. 희구(希求). 〔평화를 〜하다.

기구(機具)〖명〗기계와 기구.

기구(機構)〖명〗1 어떤 목적을 이루기 위해 구성한 조직이나 기관. 〔행정 〜 개편 / 〜를 축소

하다. 2 기계나 도구의 내부 구조. 〔동력 전달 〜.

기구 관측(氣球觀測)기구를 올리거나 기구로 상공의 기상을 관측하는 일.

기구망측-하다(崎嶇罔測-)[-츠카-]〖형여〗1 산길이 험하기 짝이 없다. 2 운수가 사납기 짝이 없다.

기구-맥(氣口脈)〖명〗〖한의〗팔목에서 뛰는 맥.

기구 위성(氣球衛星)발사 직후 가스로 팽창하는, 기구 모양의 인공위성《텔레비전·전화 등의 중계, 대기 밀도 측정, 측지(測地) 따위에 이용됨》.

기구-주의(器具主義)[-/-이]〖명〗〖철〗듀이(Dewey)가 제창한 설. 사유(思惟)·관념·지식은 인간의 욕구를 실현하기 위한 수단이며 기구라는 주장.

기구 체조(器具體操)아령·곤봉 따위의 기구를 가지고 하는 체조. ↔맨손 체조.

기구-하다(崎嶇-)〖형여〗1 산길이 험하다. 2 인생살이가 순탄하지 못하고 가탈이 많다. 기험(崎險)하다. 〔기구한 운명 / 팔자가 〜.

기국(碁局·棋局)〖명〗1 바둑판 또는 장기판. 2 바둑이나 장기의 국면(局面).

기국(器局)〖명〗사람의 도량과 재간. 기량(器量).

기국-다(杞菊茶)[-따]〖명〗산국화(山菊花)·구기자(枸杞子)·검은깨·작설(雀舌) 따위를 곱게 갈아 소금을 친 뒤에 우유를 넣고 달인다.

기국-법(旗國法)[-뻡]〖법〗배가 소속된 나라의 법률.

기군(欺君)〖명〗〖하자〗'기군망상'의 준말.

기군-망상(欺君罔上)〖명〗〖하자〗임금을 속임. ⓟ 기군.

기굴-하다(奇崛-)〖형여〗외모가 남다르고 허우대가 크다.

기궁-하다(奇窮-)〖형여〗몹시 궁하다.

기권(氣圈)[-꿘]〖명〗지구를 둘러싸고 있는 대기(大氣)의 범위. 대기권(大氣圈).

기권(棄權)[-꿘]〖명〗〖하자타〗권리를 스스로 포기하고 행사하지 않음《흔히 투표·의결(議決)·경기 따위에서 행사함》. 〔부상으로 시합을 〜했다 / 이번 투표에서는 〜하지 말자.

기근(氣根)〖명〗〖식〗공기뿌리.

기근(基根)〖명〗기본(基本).

기근(飢饉·饑饉)〖명〗1 흉년으로 먹을 양식이 없어 굶주림. 기황(饑荒). 〔〜이 들다 / 〜과 질병에 허덕이다. 2 비유적으로, 최소한의 수요에도 따르지 못할 만큼 부족한 현상. 〔사재기로 생필품 〜 현상이 발생하다.

기근 수출(飢饉輸出)기아(飢餓) 수출.

기금(基金)〖명〗어떤 목적이나 사업·행사 따위에 쓸 자금. 〔장학 〜 / 〜을 마련하다.

기급절사(氣急絶死)[-쩔싸]〖명〗〖하자〗기겁하여 까무러침.

기기(汽機)〖명〗증기 기관.

기기(奇技)〖명〗기묘한 기술.

기기(起期)〖명〗1 사물이 시작되는 시기. 2 기간 등의 기산점이 되는 시기.

기기(旣記)〖명〗〖하타〗이미 기록함.

기기(棋器·碁器)〖명〗바둑돌을 넣어 두는 그릇.

기기(器機·機器)〖명〗기구·기계 따위의 총칭. 〔음향 〜 / 컴퓨터 〜.

기기괴괴-하다(奇奇怪怪-)〖형여〗매우 기이하고 괴상하다. 〔기기괴괴한 사건.

기기-국(機器局)〖명〗〖역〗조선 후기에, 병기를 만들던 관아.

기기묘묘-하다(奇奇妙妙-)〖형여〗매우 기이하고 묘하다. 〔기기묘묘한 재간을 부리다.

기기-하다(奇奇-)〖형여〗매우 이상야릇하다.

□ 기기한 형상.

기꺼워-하다 [타여] 기껍게 여기다. □ 그는 고향 소식을 몹시 기꺼워했다. ⓐ기꺼하다.

기꺼이 [부] 기껍게. 기쁘게. □ ~ 승낙하다.

기꺼-하다 [타여] '기꺼워하다'의 준말.

기껍다 [-따] [기꺼워, 기꺼우니] [형ㅂ] 은근히 마음속으로 기쁘다.

기::껏 [-껀] [부] 힘이나 정도가 미치는 한껏. □ ~ 한다는 짓이 그 모양이야.

기::껏-해야 [-껀해-] [부] 아무리 한다고 하여도. □ 이익은 ~ 백 원 정도다.

기-꼭지 (旗-) [-찌] [명] 깃대 꼭대기의 꾸밈새 《장목·창날(鎗刃)·연봉(蓮峰)의 세 가지》.

기-나-길다 [형] (주로 '기나긴'의 꼴로 쓰여) 매우 길다.

기나-나무 (幾那-) [명] [식] 꼭두서닛과의 상록 교목 또는 관목. 높이 약 25 m, 꽃은 담홍색이고, 향기가 있음. 나무껍질은 약으로 씀. 자바·스리랑카 등지에서 재배함. 규나(規那). 킨키나무.

기-나리 황해도와 평안도 일부에서 부르는 민요(民謠)의 하나.

기나-피 (幾那皮) [명] 기나나무의 속껍질을 말린 것(몹시 쓰며, 키니네의 원료, 건위제, 강장제로 씀). 규나피(規那皮).

기-남자 (奇男子) [명] 재주와 슬기가 남달리 뛰어난 사내.

기낭 (氣囊) [명] 1 [생] 조류의 가슴과 배에 있어 폐와 통하는 주머니(그 안에 공기를 드나들게 하여 몸의 무게를 감소시킴). 2 기구나 비행선 따위의 가스를 넣는 주머니.

기내 (畿內) [명] 나라의 서울을 중심으로 사방으로 벋어 나간 行政 구역의 안.

기내 (機內) [명] 비행기의 안. □ ~ 금연.

기내-식 (機內食) [명] 비행기 안에서 제공하는 식사·다과·음료 따위.

기네스-북 (Guinness Book) [명] 영국의 맥주 회사 기네스가 해마다 발행하는, 진기한 세계 기록을 모은 책. □ ~에 오르다.

기:녀 (妓女) [명] 1 기생(妓生). 2 [역] 춤·노래·의술·바느질 따위를 배워 익히던 관비(官婢)의 총칭. 여기(女妓). 연화(烟花).

기녀 (機女) [명] 베 짜는 여자.

기년 (紀年) [명] 일정한 기원(紀元)으로부터 계산한 햇수.

기:년 (耆年) [명] 예순 살이 넘는 나이.

기년 (朞年) [명] '기년복'의 준말.

기년 (朞年·期年) [명] 1 한 돌이 되는 해. 2 기한이 된 해.

기년 (饑年) [명] 흉년.

기년-법 (紀年法) [-뻡] [명] 나라나 민족이 지나온 역사를 계산할 때, 어떤 특정 연도를 기원으로 하여 햇수를 세는 방법.

기년-복 (朞年服) [명] 일 년 동안 입는 상복. ⓐ기년·기복(朞服).

기년-제 (朞年祭) [명] 소상(小祥).

기년체 사:기 (紀年體史記) 연대기(年代記).

기년-학 (紀年學) [명] 연대학(年代學).

기념 (記念·紀念) [명][하다] 뜻 깊은 일이나 훌륭한 인물 등을 오래도록 잊지 아니하고 마음에 간직함. □ ~ 촬영 / ~ 공연 / 삼일절을 ~하는 행사가 열리다 / 생일 ~으로 책을 선물하다 / 결혼 50주년을 ~하다.

기념-관 (記念館) [명] 어떤 뜻 깊은 일이나 위인 등을 기념하기 위하여 세운 건물. 여러 가지 자료나 유품 따위를 진열하여 둠. □ 유관순 ~ / ~을 건립하다.

기념-물 (記念物) [명] 1 기념하는 물건. 또는 기

념하기 위하여 보존하는 물건. 2 기념품.

기념-비 (記念碑) [명] 뜻 깊은 일이나 위인 등을 기념하기 위하여 세운 비. □ 6·25 참전 ~.

기념비-적 (記念碑的) [명] 기념할 만큼 매우 중요한 (것). □ ~인 존재 / ~ 업적.

기념-사 (記念辭) [명] 기념식 따위에서, 기념의 뜻을 표하는 말이나 글. □ 광복절 ~.

기념-사업 (記念事業) [명] 어떤 뜻 깊은 일이나 위인 등을 기념하기 위하여 벌이는 사업.

기념-사진 (記念寫眞) [명] 어떤 일에 대하여 오래도록 잊지 않고 간직하기 위하여 찍는 사진. □ 졸업 ~.

기념-상 (記念像) [명] 어떤 사람의 공적을 잊지 않기 위하여 세운 그 사람의 동상.

기념-식 (記念式) [명] 어떤 일을 기념하기 위하여 행하는 의식.

기념-우표 (記念郵票) [명] 어떤 일을 기념하기 위하여 발행하는 우표.

기념-일 (記念日) [명] 어떤 일을 기념하는 날. □ 결혼 ~.

기념-장 (記念章) [명] 어떤 일을 기념하는 뜻을 나타낸 휘장(그 일에 관련 있는 사람에게 줌). ⓐ기장(紀章).

기념-제 (記念祭) [명] 어떠한 기념을 위한 축제(祝祭)나 추도회.

기념-주화 (記念鑄貨) [명] 뜻깊은 일이나 행사를 기념하기 위해서 특별히 발행한 주화.

기념-탑 (記念塔) [명] 어떤 일을 기념하기 위하여 세운 탑.

기념-패 (記念牌) [명] 어떤 일을 기념하기 위하여 만든 패.

기념-품 (記念品) [명] 기념으로 주고받는 물건. 기념물. □ ~ 가게 / ~을 증정하다.

기념-행사 (記念行事) [명] 어떤 일을 기념하기 위한 행사(체육 대회·강연회·좌담회·전시회 따위).

기뇰 (프 guignol) [명] 손가락으로 놀리는 프랑스 인형극.

기는-가지 [명] [식] 원줄기에서 나서 땅으로 벋어 가며 뿌리가 생겨 땅에 박고 자라는 가지. 포복지(匍匐枝).

기는-줄기 [명] [식] 땅 위로 기어서 뻗는 줄기 (고구마·땅콩·딸기 따위의 줄기). 포복경(匍匐莖).

기능 (技能) [명] 기술적인 능력이나 재능. 기량(技倆). □ ~을 시험해 보다.

기능 (機能) [명] 1 하는 구실이나 작용. □ 심장 ~ / 문학의 사회적 ~ / ~이 다양하다 / 제 ~을 다하다. 2 어떤 기관의 역할과 작용. □ ~을 강화하다 / 행정 ~이 마비되다.

기능 검:사 (技能檢査) [심] 일정한 직업이나 직무를 수행하기에 적합한 성능·지식·기술을 가지고 있는가를 검사하는 적성(適性) 검사의 하나.

기능-공 (技能工) [명] 1 기능이 있는 직공. 2 기계계의 기술 자격을 취득한 사람.

기능-사 (技能士) [명] 기능계 기술 자격 등급의 하나(1급과 2급이 있고, 기능장의 아래, 기능사보의 위임).

기능사-보 (技能士補) [명] 기능계 기술 자격 등급의 하나(기능사의 아래로, 기능계 기술 자격 등급의 맨 아래 등급임).

기능 사회 (機能社會) 일정한 사회적 기능을 수행하기 위해 만들어진 사회 집단(정당·교회·학교 따위). 기능 사회 집단.

기능-성 (機能性) [-썽] [명] 기능이 가지는 역할

과 작용 등의 정도. ▣～이 뛰어나다.

기능 올림픽 (技能Olympic) '국제 기능 올림픽 대회'의 속칭.

기능-장 (技能長) 圀 기능계 기술 자격 등급의 하나(기능사의 위로, 기능계 기술 자격 등급의 맨 위의 등급임).

기능-적 (機能的) 괄圀 기능에 관련된 (것). ▣ 기계를 ～으로 배치하다.

기능-주의 (機能主義)[-/-이] 圀 1『철』실체나 본질보다 기능·작용에 관한 인식이 중요하다고 보는 입장. 2 건축·가구 등의 형태·재료 등은 그 목적과 기능에 따라 설계되어야 한다고 하는 태도. 3《심》의식 또는 심적(心的) 활동을 환경에 대한 적응 기능으로 연구하여야 한다는 입장.

기능-직 (技能職) 圀 기능을 필요로 하는 직업이나 직책. ▣～사원.

기능-키 (機能key) 圀 『컴』 키보드에서, 특별한 기능을 수행시키기 위해 사용하는 키. 숫자나 문자가 아닌, 동작 지시에 사용되는 키.

기니-피그 (guinea pig) 圀 『동』 쥐목(目)에 속하는 작은 짐승. 페루 원산. 쥐와 비슷하며 몸길이 약 25 cm, 꼬리가 없음. 몸빛은 순백색·갈색·흑색 바탕에 담황색의 무늬를 띤 것 등 여러 가지가 있음. 생물학·의학의 실험용으로 널리 쓰이며 흔히 모르모트라 불림.

기다¹ 자타 1 가슴과 배를 아래로 향하거나 바닥에 대고 팔과 다리를 놀려 앞으로 나아가다. ▣ 아기가 엉금엉금 기어 다닌다 / 낮은 포복으로 기어 철조망을 통과하였다. 2 게·가재·벌레·뱀 따위가 발·배 따위를 움직여 나아가다. ▣ 개미가 방 안을 기어 다닌다 / 뱀이 수풀 속을 기어 다닌다. 3〈속〉남에게 눌리어 꼼짝 못하고 비굴하게 굴다. ▣ 사장 앞에서 설설 ～. 4 몹시 느리게 가다. ▣ 빙판길에서 차들이 기고 있다.
[기는 놈 위에 나는 놈이 있다] 잘하는 사람 위에는 그보다 더 잘하는 사람이 있다. [기도 못하고 뛰려 한다] 자기 실력 이상의 일을 하려고 한다.

기:다² 탄 '기이다'의 준말.

기다³ 준 그것이다. ▣～ 아니다 무슨 말을 해야 하지 않느냐.

기:다라니 튀 기다랗게. ▣～ 줄을 서다.

기:다랗다 [-라타][기다라니, 기다래서] 圀宑 매우 길다. 생각보다 퍽 길다. ▣ 기다란 막대기. 쥔기닿다.

기다리다 타 어떤 사람이나 때가 오기를 바라다. ▣ 친구를 ～ / 차례를 기다리며 앉아 있다 / 하루만 더 기다려 주마.

기:다마-하다 圀어 무던히 길다. 쥔기다맣다·기닿다.

기:다맣다 [-마타][기다마니, 기다매서] 圀宑 '기다마하다'의 준말.

기단 (氣團) 圀 수평 방향으로 온도·습도 등이 거의 같게 넓은 범위에 걸쳐 퍼져 있는 공기의 덩이(열대 기단·한대 기단 따위가 있음).

기단 (基壇) 圀 『건』 건축물이나 비석 따위의 기초가 되는 단.

기단 (棋壇·碁壇) 圀 기계(棋界).

기단-석 (基壇石) 圀 기단을 쌓는 돌.

기단-하다 (氣短-) 圀어 1 사람의 체질이 약하고 기력이 아주 미약하다. 2 숨을 쉬는 시간이 짧다.

기담 (奇談·奇譚) 圀 이상야릇하고 재미나는 이야기. 기화(奇話).

기답 (起畓) 圀宑 땅을 일구어 논을 만듦. 작답(作畓).

기:-닿다 [-다타][기다니, 기대서] 圀宑 1 '기다랗다'의 준말. 2 '기다마하다'의 준말.

기:대 圀 『민』 1 무동(舞童)을 따라다니는 여자. 2 무동이 굿을 할 때 음악을 맡는 사람.

기대 (期待·企待) 圀宑타 어떤 일이 이루어지기를 바라고 기다림. 기망(期望). ▣～를 걸다 / ～가 크다 / ～를 모으다 / ～에 보답하다 / ～에 어긋나다 / 주위의 ～를 한 몸에 받다 / 앞날이 ～되다 / 변화를 ～하다.

기대 (騎隊) 圀 '기병대(騎兵隊)'의 준말.

기대 가:능성 (期待可能性)[-썽] 『법』 행위자가 행위 당시에 행위자가 합법적인 행위를 하였다고 기대할 수 있는 가능성(안락사(安樂死)를 살인죄로 취급하지 않음).

기대-감 (期待感) 圀 어떤 일이 이루어지기를 바라고 기다리는 심정. ▣～을 갖다 / ～에 부풀다.

기:대다□타 몸이나 물건을 무엇에 의지하면서 비스듬히 대다. ▣ 난간에 몸을 ～. □자남의 힘에 의지하다. ▣ 부모에게 ～.

기:대-서다 타 몸을 벽 따위에 의지하여 비스듬히 서다. ▣ 창가에 몸을 기대서서 앞산을 바라보다.

기:대-앉다 [-안따] 타 벽 따위에 몸을 의지하여 비스듬히 앉다. ▣ 소파에 몸을 ～.

기대-주 (期待株) 圀 장래 발전할 수 있는 인물의 비유. ▣ 그는 우리 편집실의 ～입니다.

기대-치 (期待値) 圀 1 이루어지리라 기대했던 목표의 정도를 비유적으로 이르는 말. ▣ 이번 성적은 ～에 못 미친다. 2《수》 '기댓값'의 구용어.

기댓:-값 (期待-)[-대깝 / -댄깝] 圀 《수》 어떤 사건이 일어날 때 얻어지는 양과 그 사건이 일어날 확률을 곱하여 얻어지는 가능성의 값. 기대치.

기:덕 (耆德) 圀 나이 많고 덕이 높은 사람.

기도 (企圖) 圀宑타 일을 꾸며 내려고 꾀함. 또는 그런 계획이나 행동. ▣ 암살을 ～하다.

기도 (祈禱) 圀宑타 신명에게 빎. 또는 그런 의식. ▣ 금식 ～ / 하나님께 간절한 ～를 올리다 / 천지신명께 ～하다.

기도 (氣道) 圀 《동》 척추동물이 숨을 쉴 때, 공기가 허파로 들어가는 통로.

기도 (碁道·棋道) 圀 1 바둑·장기를 두는 예절. 2 바둑·장기의 기예.

기도 (期圖) 圀宑타 기약하여 꾀함.

기도 (冀圖) 圀宑타 바라는 것을 이루려고 꾀함.

기도 (일 きど〔木戸〕) 圀 극장이나 유흥업소 따위의 출입구. 또는 그곳을 지키는 사람. ▣ 씨름꾼 같은 ～.
　기도(를) 보다 퀸〈속〉극장이나 유흥업소 따위에서 출입구를 지키다.

기도-문 (祈禱文) 圀 1 기도의 내용을 적은 글. 2《기》주기도문(主祈禱文).

기도-미 (祈禱米) 圀 《종》 성미(誠米) 2.

기도-회 (祈禱會) 圀 《종》 기도를 하기 위한 모임. ▣ 조찬(朝餐) ～.

기독 (基督) 圀 '그리스도'의 음역.

기독 가:현설 (基督假現說)[-까-] 《기》 그리스도는 물질적인 육체와 결합할 수 없는 존재이며, 다만 외관상 육체의 모양을 취하였다고 하는 설.

기독-교 (基督教)[-꾜] 圀 예수 그리스도의 인격과 교훈을 중심으로 하는 종교(구교·신교를 통틀어 일컬으며, 우리나라에서는 특히 신교를 기독교라고도 함). 그

리스도교. 크리스트교. *예수교.

기독교-국(基督敎國)[-꾜-] 명 국민의 대다수
가 기독교를 믿는 나라.

기독교-도(基督敎徒)[-꾜-] 명 기독교인.

기독교-인(基督敎人)[-꾜-] 명 기독교를 믿는
사람. 크리스천.

기독교-회(基督敎會)[-꾜-] 명 기독교를 믿는
사람들의 교단(敎團)의 총칭.

기동(奇童) 명 매우 약빠르고 꾀와 재주가 많
은 아이.

기동(起動) 명하자타 1 몸을 일으켜서 움직임.
ㅁ~을 못하는 환자 / ~이 자유롭다 / 허리를
다쳐 ~이 불편하다 / 몸 기력이 없다. 2
'기거동작'의 준말. 3 시동(始動)2.

기동(機動) 명하자 1 상황에 따라 재빠르게 하
는 행동. 2 《군》 전투에서, 적보다 유리한 곳
으로 부대를 이동시키는 일. ㅁ~ 타격대.

기동-기(起動器) 명 《물》 직류 전동기를 안전
하게 시동(始動)시키기 위한 부속 장치. 시동
기(始動機).

기동-력(機動力)[-녁] 명 1 상황에 따라 재빠
르게 움직이거나 대처하는 능력. ㅁ경기를
하면서 ~이 좋아졌다. 2 전투 상황에서 재빠
르게 이동할 수 있는 능력. ㅁ신속한 ~과 막
강한 화력.

기동 부대(機動部隊) 《군》 기동력이 뛰어난
부대《육군의 기계화 부대나 해군의 기동 함
대 따위》.

기동-성(機動性)[-썽] 명 전략적·전술적 상황
에 따라 재빠르게 움직이거나 대처하는 특
성. ㅁ~이 떨어지다.

기동 작전(機動作戰)[-쩐] 《군》 기동력을 이
용하여 펼치는 작전.

기동 저:항기(起動抵抗器) 《물》 전동기 따위
를 기동시킬 때 쓰는 가감(加減) 저항기.

기동-전(機動戰) 명 《군》 높은 기동력과 화력
및 지형 따위를 이용하여 진지를 이동하면서
전개하는 전투.

기동 전:동기(起動電動機) 회전기나 기관을
가동시킬 때 쓰는 보조 전동기.

기동-차(汽動車) 명 전기나 석유 또는 휘발유
를 쓰는 동력 기관을 장치한 기차. ⓒ동차.

기동 타:격 부대(機動打擊部隊)[-뿌-] 《군》
비상사태에 재빨리 출동하여 대처할 수 있도
록 특별한 훈련을 한 부대.

기동 함:대(機動艦隊) 《군》 특정한 임무 수행
에 필요한 함정(艦艇) 또는 항공기 따위를 갖
춘 함대.

기동 훈:련(機動訓鍊)[-훌-] 《군》 교육·훈련
실적을 시험하기 위하여 실시하는 종합 훈련
의 한 가지《작전 계획에 따라 병력·장비·물
자 따위를 실제로 이동·배치하여 봄》. 기동
연습.

기두(起頭) 명 1 글의 첫머리. 2 일의 맨 처음.
——하다자여 중병이 차차 낫기 시작하다.

기두(旗頭) 명 기의 꼭대기.

기둥 명 1 건축물에서, 주춧돌 위에 세워 보·도
리 따위를 받치는 나무. ㅁ건물의 ~을 세우
다 / 철근 ~으로 받쳐 놓다 / ~ 뒤에 몸을 숨
기다. 2 어떤 물건을 버티는 나무. ㅁ천막
~. 3 장롱이나 책장 따위의 네 귀에 세운 나
무. 4 의지가 될 만한 가장 중요한 사람의 비
유. ㅁ집안의 정신적 ~ / 마음의 ~이 되다 /
어린이는 새 나라의 ~이다.
[기둥을 치면 들보가 운다] 직접 말하지 않
고 간접으로 넌지시 말하여도 알아들을 수가
있다는 말.

기둥-감[-깜] 명 1 기둥을 만드는 재료(材料).

ㅁ~이 될 만한 나무. 2 한 집안이나 단체 또
는 나라를 이끌어 나갈 만한 사람. ㅁ미래를
짊어질 ~.

기둥-머리 명 기둥의 맨 윗부분.

기둥-면(-面) 명 1 《수》 평면 상의 곡선에 따
라, 이 평면에 수직인 직선이 일정 방향을 유
지하면서 그리는 면. 구용어 : 주면(柱面). 2
《물》 결정축의 하나에 평행하여 다른 두 축
의 한쪽 또는 양쪽에 교차하는 결정면.

기둥-목(-木) 명 기둥감이 될 만한 크고 굵은
나무.

기둥-몸 명 기둥의 중간 부분.

기둥-뿌리 명 1 기둥의 맨 밑 부분. 2 사물을
지탱하는 기반의 비유. ㅁ~가 뽑히다 / ~가
흔들리다.

기둥-서방(-書房) 명 기생이나 창기의 영업을
돌보아 주면서 얻어먹고 사는 사내. 기부(妓
夫). 포주(抱主).

기드리다타 〈옛〉 기다리다.

기-드림(旗-) 명 《역》 사명기(司命旗)·인기(認
旗) 등의 중요한 기의 위에 달린 좁고 긴 띠.
기류(旗旒). ⓒ드림.

기득(既得) 명하다 이미 얻음. 이미 차지함. ↔
미득(未得).

기득-권(既得權)[-꿘] 명 《법》 특정한 자연인
또는 법인이 정당한 절차를 밟아 법규에 의
해 얻은 권리. ㅁ~ 계층 / ~을 누리다 / ~을
포기하다.

기들우다타 〈옛〉 기다리다.

기똥-차다형 《속》 기막히다2. ㅁ기똥차게 맛
있다 / 기똥차게 좋은 차.

기라(綺羅) 명 곱고 아름다운 비단. 또는 그
비단으로 지은 옷.

기라-성(綺羅星) 명 밤하늘에 반짝이는 무수
한 별이라는 뜻으로, 신분이 높거나 훌륭한
사람들이 많이 모여 있음을 비유하여 일컫는
말. ㅁ~ 같은 선배.

기략(機略) 명 임기응변의 계략. ㅁ~이 뛰어
난 사람.

기량(技倆·伎倆) 명 기술상의 재능. ㅁ마음껏
~을 발휘하다.

기량(氣量) 명 1 기체의 양. 2 기상(氣象)과 도
량(度量).

기량(器量) 명 사람의 덕량(德量)과 재능.

기러기 명 《조》 오릿과(科) 철새의 총칭. 오리
와 비슷하나 목이 길고 다리가 짧음. 가을에
와서 봄에 북쪽으로 가는 철새. 신금(信禽).

기러기 불렀다 귄 '기러기 펄펄 날아갔다'
라는 노래를 불렀다는 뜻으로, 사람이 멀리
도망가 버렸음을 빗대어 이르는 말.

기러기 한평생 귄 철새처럼 떠돌아다녀 고
생이 장차 끝이 없을 생애.

기러기-발(-발) 명 《악》 현악기의 줄을 고르는 기
구《단단한 나무로 기러기 발 모양과 비슷
하게 만들어서 줄의 밑에 굄》. 금휘(琴徽).
안족(雁足). 안주(雁柱).

기럭-기럭[-끼-] 뮈 기러기가 우는 소리.

기럭-아비 명 전통 혼례에서, 전안(奠雁)할 때
기러기를 들고 신랑 앞에 서서 가는 사람. 안
부(雁夫).

기려(羈旅·羇旅) 명 객지에 머묾. 또는 그런
나그네.

기려-하다(綺麗-) 형여 곱고 아름답다.

기력(汽力) 명 증기의 힘.

기력(氣力) 명 1 정신과 육체의 힘. ㅁ~이 왕
성하다 / ~을 회복하다 / ~이 쇠하다. 2 《물》

압착한 공기의 힘.

기력 (棋力·碁力) 명 장기·바둑의 실력.

기력 (棋歷·碁歷) 명 장기·바둑의 경력.

기로 (岐路) 명 갈림길. ▭생사의 ~에 서다.

기:로 (耆老) 명 예순 살 이상의 노인.

-기로 어미 '이다'나 용언의 어간 등에 붙는 연결 어미. **1** 까닭이나 조건으로 말할 때 쓰는 말. ▭오래 있다가는 배가 고프겠~ 미리 와 버렸소. **2** '아무리 그렇다 하더라도'의 뜻으로 쓰는 말. ▭아무리 독서가 좋~ 밤을 새울까 / 제가 유명한 작가~ 그리 도도할 수 있을까.

-기로서 어미 '-기로서니'의 준말.

-기로서니 어미 '-기로²'의 힘줌말. ▭구름이 조금 끼었~ 설마 비가 오랴 / 철없는 아이~ 이토록 부모의 속을 썩일까. **준**-기로서.

-기로선들 어미 '-기로서니'의 힘줌말. ▭아무리 돈이 많~ 그렇게 거만하랴.

기:로-소 (耆老所) 명 《역》 조선 때, 일흔 살이 넘는 정이품(正二品) 이상의 문관(文官)들을 예우하기 위해 세운 기구. 기사(耆社). 기소(耆所).

기록 (記錄) 명하타 **1** 남길 필요가 있는 사항을 적음. 또는 그런 글. ▭근무 ~ 일지 / 신상 ~ 카드 / 장부에 입출금 내역을 ~하다 / 말을 남기다 / ~을 들추다. **2** 경기 따위의 성적이나 결과에서, 그 최고의 수준. 레코드. ▭세계 ~ / ~을 세우다 / 좋은 ~을 내다 / ~을 경신하다.

기록-경기 (記錄競技) [-경-] 명 기록으로 성적을 평가하는 경기 (달리기·마라톤 따위).

기록-계 (記錄計器) [-계-/-게-] 명 측정된 시시각각의 변화가 기록되는 계기. 기록계.

기록-기 (記錄機) [-끼] 명 시간이나 속력 따위를 자동적으로 기록하는 기계 장치.

기록-문 (記錄文) [-롱-] 명 사실을 기록한 글.

기록 문학 (記錄文學) [-롱-] 사건이나 사실을 충실히 묘사하고 기록하는 문학 형식. 보고 문학. 다큐멘터리.

기록 사진 (記錄寫眞) [-싸-] 미적(美的) 효과를 고려하지 않고 다만 기록을 위하여 만든 사진.

기록 영화 (記錄映畵) [-롱녕-] 실제 사건·상황이나 자연현상을 사실 그대로 찍은 영화. 다큐멘터리 영화.

기록-자 (記錄者) [-짜] 명 기록하는 사람. ▭역사 ~로서의 사관(史官).

기록-적 (記錄的) [-쩍] 관명 **1** 기록에 남아 있거나 남을 만한 (것). ▭~인 흥수. **2** 무엇을 적어서 남겨 두는 (것). ▭~ 측면에서 중요한 일.

기론 (奇論) 명 기이한 논의나 이론.

기롱 (欺弄) 명 속이어 농락함.

기롱 (譏弄) 명하타 실없는 말로 놀림.

기롱-지거리 (欺弄-) 명 기롱하는 짓.

기롱-지거리 (譏弄-) 명 ☞ 농지거리.

기뢰 (機雷) 명 '기계 수뢰'의 준말. ▭~를 부설해 놓다.

기뢰-원 (機雷原) 명 기뢰를 집중적으로 부설한 바다의 구역.

기뢰-정 (機雷艇) 명 기뢰를 부설하거나 거두어 치우는 함정.

기뢰 탐지기 (機雷探知機) 기뢰의 위치를 알아내는 데 사용하는 전기 또는 자기 장치(磁氣裝置).

기:루 (妓樓) 명 창기(娼妓)를 두고 영업하는

집. 창기와 노는 집. 청루(靑樓).

기류 (氣流) 명 **1** 온도나 지형의 차이로 일어나는 공기의 흐름. ▭환절기의 스산한 ~. **2** 항공기 따위가 공중에서 일으킨 바람. 제트 ~. **3** 어떤 일이 진행되는 추세나 분위기. ▭주제를 놓고 회의장 안에는 미묘한 ~가 감돌았다.

기류 (寄留) 명하자 **1** 남의 집이나 다른 곳에 머물러 삶. ▭친척 집에 ~하다. **2** 《법》 본적지 밖에 머물러 있음.

기류 (旗旒) 명 《역》 기드림.

기류-지 (寄留地) 명 기류하고 있는 곳.

기르다 (길러, 기르니) 타 르 **1** 동식물에 양분을 섭취시켜 자라게 하다. ▭양을 ~. **2** 육체나 정신을 단련하여 강하게 하다. ▭기본 체력을 ~. **3** 사람을 보살피면서 가르쳐 키우다. ▭낳은 정 기른 정 / 인재를 길러 내다. **4** 기술이나 버릇 따위를 몸에 익게 하다. ▭인사하는 버릇을 길러라. **5** 병을 제때에 고치지 않아 악화시키다. ▭병원에 가지 않아 병을 길렀다. **6** 머리카락이나 수염 따위를 자라게 내버려 두다. ▭수염을 길게 ~.

기르마 명 《옛》 길마. 안장.

기르스름-하다 형여 좀 기름한 듯하다.

기름 명 **1** 물에 녹지 아니하고 불을 붙이면 잘 타는 액체(식물유·동물유·광물유 따위가 있고, 식용·등화용·의약용·화장용·기계용 따위로 구분). ▭식용 ~ / ~을 따르다 / ~을 붓다 / 머리에 ~을 바르다 / 옷에 ~이 배다. **2** 기계의 움직임을 부드럽게 하려고 마찰 부분에 치는 액체. ▭자전거에 ~을 치다. **3** 석유. 가솔린. ▭~이 나다 / 차에 ~을 넣다. **4** 얼굴이나 살갗에서 나오는 미끈미끈한 액체. ▭~이 번지르르한 얼굴 / 얼굴에 ~이 돌다 / ~이 줄줄 흐르다. **5** 《생》 지방(脂肪). ▭배에 ~이 잔뜩 끼다.

기름(을) 짜다 子 ⊙(속) 착취하다. ▭백성의 기름을 짜는 부패한 관리. ⓒ(속) 자리가 비좁다. ▭버스 안은 기름을 짤 만큼 붐볐다.

기름(을) 치다 子 (속) 뇌물을 써서 일이 원활하게 처리되도록 하다.

기름-걸레 명 **1** 기름을 닦아 내는 걸레. **2** 기름을 적셔서 태운 걸레.

기름-기 (-氣) [-끼] 명 **1** 어떤 것에 섞인 기름 덩이. ▭~ 많은 음식 / ~가 끼다. **2** 윤택한 기운. ▭~가 돌다 / 그의 얼굴은 늘 ~가 흐르고 있다.

기름-기름 부하형 여럿이 모두 기름한 모양. ⓐ개름개름.

기름-나물 명 《식》 미나릿과의 여러해살이풀. 높이는 90 cm가량. 한여름에 흰 꽃이 많이 피며 타원형 과실을 맺음. 어린잎은 구황(救荒) 식물로 식용함.

기름-내 명 기름에서 나는 냄새. ▭~가 물씬 풍기는 작업장.

기름-때 명 기름이 묻고 그 위에 먼지가 앉아서 된 때. ▭~가 앉다.

기름-떡 명 **1** 참깨·들깨 따위 기름 재료를 찧어, 시루에 쪄서 기름을 짤 보자기에 싼 덩어리. **2** 기름에 지지거나 기름을 바른 떡.

기름-병 (-瓶) [-뼝] 명 기름을 담아 놓고 사용하는 병.

기름-복자 [-짜] 명 기름을 될 때 쓰는 그릇. ⓐ복자.

기름-야자 (-椰子) [-냐-] 명 《식》 야자과의 재배 식물. 높이는 20 m가량. 과실은 길이 4 cm가량의 달걀꼴임. 과피(果皮)의 기름은 비누 원료, 배젖은 식용, 종자의 기름은 마가린

의 원료로 씀.
기름-오동 (-梧桐) 명 〖식〗 유동(油桐).
기름-종개 명 〖어〗 기름종갯과의 민물고기. 길이는 10-15 cm, 몸에는 상아색 바탕에 암갈색의 세로띠 또는 무늬가 있음. 얕고 맑은 하천의 모래 속에 살며 강의 밑바닥으로 다니며 놂.
기름-종이 명 기름을 먹인 종이. 유지(油紙).
기름-줄 [-쭐] 명 기름틀로 기름을 짤 때에 기름떡을 빈틈없이 둘러 감는 굵은 줄.
기름-지다 형 **1** 음식 따위에 기름기가 많다. ❑기름진 음식과 따뜻한 잠자리. **2** 살에 기름이 많다. 영양이 좋아 윤기가 있다. ❑기름진 배를 두드리다. **3** 땅이 걸다. ❑기름진 농토.
기름-지옥 (-地獄) 명 〖불〗 죄를 많이 짓고 죽은 사람의 혼을 끓는 기름 가마에 넣는다고 하는 지옥.
기름-채 명 '기름챗날'의 준말.
기름-챗날 [-챈-] 명 기름틀에 붙어 있는 제구. 떡판에 올려 놓은 기름떡을 덮어 눌러 기름을 짜는 길고 두꺼운 널판. ㊟기름채·챗날.
기름-체 명 기름을 받아 거르는 체.
기름-칠 (-漆) 명하자타 **1** 기름을 바르거나 묻힘. ❑반들반들하게 ~을 한 충. **2** 들기름으로 만든 칠. 유칠. **3** 〈속〉 뇌물을 줌.
기름-콩 명 콩나물을 기르는 자디잔 흰 콩.
기름-통 (-桶) 명 기름을 담아 두고 쓰는 통.
기름-통 (-筒) 명 기름을 묻힌 헝겊을 넣어서 연장을 닦는 마디진 대의 토막.
기름-투성이 명 기름이 온통 묻은 모양.
기름-틀 명 콩·참깨·들깨 따위의 식물을 원료로 하여 기름을 짜는 틀. 유자기(油榨機).
기름-하다 형여 좀 긴 듯하다. ❑얼굴이 ~. ㊀갸름하다.
기름-혹 명 살 속에 기름덩이가 뭉쳐서 된 혹. ⌊지류(脂瘤).
기릐 명 〈옛〉 길이.
기리다 타 잘한 일이나 뛰어난 업적·인물 등을 추어서 말하다. ❑고인의 덕을 ~.
기린 (騏驎) 명 하루에 천 리를 달린다는 말. 준마(駿馬).
기린 (麒麟) 명 **1** 〖동〗 기린과의 포유동물. 키는 6 m가량으로 포유동물 중 가장 큼. 목과 다리가 특히 길며, 이마 양쪽에 짧은 뿔이 있음. 아프리카 특산으로 초원에 떼 지어 삶. **2** 성인(聖人)이 세상에 나올 전조로 나타난다는 상상의 상서로운 동물《생명이 있는 것은 밟지도 먹지도 않는다 함》. **3** 〖천〗 기린자리.
기린-아 (麒麟兒) 명 재주와 지혜가 뛰어나 장래가 촉망되는 젊은이.
기린-자리 (麒麟-) 명 〖천〗 북쪽 하늘에 보이는 작은 별자리《밝은 항성이 없어 눈에 잘 띄지 않음》. 기린.
기린-초 (麒麟草) 명 〖식〗 돌나물과의 여러해살이풀. 줄기 높이는 30 cm가량이고, 여름에 노란 꽃이 핌. 어린순은 식용함.
기립 (起立) ㊀명하자 일어섬. ❑~ 표결 / ~ 박수를 보내다 / 모두 ~하시기 바랍니다. ㊁감 일어서라는 구령. ❑일동 ~.
기ᄅᆞ마 명 〈옛〉 길마. 안장.
기마 (騎馬) 명하자 말을 탐. 또는 그 말.
기마-경찰대 (騎馬警察隊) [-때] 명 말을 타고 직무를 수행하는 경찰대. ㊟기마대.
기마-대 (騎馬隊) 명 **1** 말을 타고 근무하는 군인이나 경찰 부대. **2** '기마경찰대'의 준말.
기마-병 (騎馬兵) 명 기병(騎兵).
기마-전 (騎馬戰) 명 **1** 말을 타고 하는 싸움. 기전(騎戰). **2** 말을 타고 하는 싸움을 본뜬 놀이.
기마-행렬 (騎馬行列) [-녈] 명 말을 타고 하는 행렬.
기-막히다 (氣-) [-마키-] 형 **1** 어떠한 일이 하도 엄청나서 어이없다. ❑너무나 기막힌 일이라서 할 말을 잃었다. **2** 어떻다고 말할 수 없을 만큼 좋거나 정도가 높다. ❑맛이 기막히게 좋다 / 기막히게 훌륭한 작품.
기만 (欺瞞) 명하타 남을 속여 넘김. 기망(欺罔). ❑독자를 ~하는 신문 광고.
기만 (幾萬) 수관 몇 만. ❑모인 사람이 ~은 될 거요 / ~ 원 정도로는 안 된다.
기만 득면 (期滿得免) [-등-] 일정한 기한이 차서 의무가 면제(免除)됨.
기만 면:제 (期滿免除) 〖법〗 '소멸 시효(消滅時效)'의 구칭.
기만-수봉 (奇巒秀峰) 명 기이하고 빼어난 산.
기만-적 (欺瞞的) 관명 남을 속여 넘기는 (것). ❑~이고 가혹한 식민 정책. 「의 책략.
기만-정책 (欺瞞政策) 명 속임수로 하는 정치
기말 (期末) 명 어느 기간이나 학기 따위의 끝. ❑~ 결산. ↔기초.
기말 (記末) 인대 자기보다 지위가 낮은 사람에게 자기를 낮추는 말《편지에 씀》.
기말-고사 (期末考査) 명 〖교〗 각 학기 말에 치르는 시험.
기말-시험 (期末試驗) 명 〖교〗 기말고사.
기망 (期望·企望) 명하타 일이 이루어지기를 바람. 기앙(期仰).
기망 (祈望) 명하타 빌고 바람.
기망 (旣望) 명 음력으로 매달 열엿샛날.
기망 (欺罔) 명하타 기만(欺瞞).
기망 (幾望) 명 음력으로 매달 열나흗날 밤. 또는 그날 밤의 달.
기망 (冀望) 명 희망. 소원. **—-하다** 타여 희망이 이루어지기를 바라다.
기맥 (奇脈) 명 〖의〗 숨을 쉬는 데 따라 맥박이 두드러지게 달라지는 부정맥(不整脈).
기맥 (氣脈) 명 **1** 기혈(氣血)과 맥락(脈絡). **2** 서로 통하는 낌새나 분위기. ❑~이 통하다.
기맥-상통 (氣脈相通) [-쌍-] 명하자 마음과 뜻이 서로 통함.
기면 (嗜眠) 명 〖의〗 고열(高熱)·고도의 쇠약·기면성 뇌염 따위로 말미암아 늘 졸거나 잠이 들어 있는 상태.
기면 (旗面) 명 깃발.
기면성 뇌염 (嗜眠性腦炎) [-썽-] 〖의〗 고열을 내며 두통·전신 권태·구토 등이 일어나고 하루 종일 잠들어 있는 상태의 증세를 보이는 유행성 뇌염《음식물을 입에 넣어 주면 먹으면서 잠》.
기:명 (妓名) 명 기생으로서 가지는 딴 이름.
기명 (記名) 명하자 이름을 적음. ❑~으로 투표하여 결정했다. ↔무기명.
기명 (記銘) 명하타 〖심〗 기억 과정에서 새로운 경험을 머릿속에 새기는 일. 「물(器物).
기명 (器皿) 명 살림살이에 쓰는 온갖 그릇. 기
기명 공채 (記名公債) 〖경〗 권리자의 이름을 공채 원부(原簿) 및 증권면에 기입한 공채.
기명-날인 (記名捺印) 명 자기의 성명을 쓰고 도장을 찍음. 서명 날인.
기명-도 (器皿圖) 명 진귀(珍貴)한 그릇 따위를 그린 그림.
기명-력 (記銘力) [-녁] 명 〖심〗 새로운 경험 소재(素材)를 뇌리에 새기는 능력.
기명 사채 (記名社債) 〖경〗 권리자의 이름을 증권면에 기재한 사채.

기명-식 (記名式)〖명〗투표용지나 증권에 권리자의 이름이나 상호(商號)를 적는 방식. ↔무기명식.

기명식 어음 (記名式-)〖경〗특정인이 권리자로 기재되어 있는 어음.

기명 주권 (記名株券)[-꿘]〖경〗주주의 이름을 권면(券面)에 적은 주권.

기명 증권 (記名證券)[-꿘]〖경〗권리자의 이름을 권면에 적은 유가 증권. ↔무기명 증권.

기명 채:권 (記名債券)[-꿘]〖경〗채권자의 이름을 권면에 적은 채권.

기명 투표 (記名投票) 투표하는 사람의 이름을 투표지에 적어 밝히는 투표. ↔무기명 투표.

기모 (奇謀)〖명〗기묘한 꾀. 신기한 꾀.

기모 (起毛)〖명〗〖하타〗직물이나 털실로 짠 것의 표면을 긁어서 보풀이 일게 함.

기모 (氣貌)〖명〗풍채와 용모.

기모-기 (起毛機)〖명〗직물의 털을 긁어서 보풀이 일게 하는 기계.

기모노 (일 きもの)〖명〗일본 고유의 의복.

기모-비계 (奇謀祕計)[- / -게]〖명〗기묘한 꾀와 남이 알 수 없는 비밀의 계략.

기모 직물 (起毛織物)[-징-]〖명〗표면을 긁어서 보풀이 일게 만든 직물《플란넬·벨벳 따위》.

기묘 (己卯)〖명〗〖민〗육십갑자의 열여섯째.

기묘-사화 (己卯士禍)〖명〗〖역〗조선 중종(中宗) 14년(1519)에 일어난 사화. 남곤(南袞)·심정(沈貞) 등의 수구파가 이상 정치를 주장하던 조광조(趙光祖)·김정(金淨) 등의 신진파를 죽이거나 귀양 보낸 사건.

기묘-하다 (奇妙-)〖형어〗생김새 따위가 기이하고 묘하다. 〖참〗기묘한 풍습. **기묘-히**〖부〗

기:무 (妓舞)〖명〗기생이 추는 춤.

기무 (機務)〖명〗중요하고 비밀한 정무(政務).

기무-처 (機務處)〖명〗〖역〗'군국(軍國)기무처'의 준말.

기문 (奇文)〖명〗기묘한 글.

기문 (奇聞)〖명〗이상한 소문.

기문 (氣門)〖명〗〖충〗숨구멍3.

기문 (記文)〖명〗기록한 문서.

기문-벽서 (奇文僻書)[-써]〖명〗기이한 글과 드물고 이상한 책.

기:물 (妓物)〖명〗'기생퇴물(妓生退物)'의 준말.

기물 (棄物)〖명〗버릴 물건. 또는 버린 물건.

기물 (器物)〖명〗기명(器皿). 〖참〗~이 파손되다.

기물-답다 (器物-)[-따]〔-다워,-다우니〕〖형ㅂ〗기물로 쓸 만한 가치가 있다.

기물 손:괴죄 (器物損壞罪)[-쬐]〖법〗남의 물건을 파괴하거나 상하게 하여 그 효용을 해(害)함으로써 성립하는 죄.

기믜〖명〗〈옛〉기미.

기미〖명〗병이나 심한 괴로움 따위로 얼굴에 끼는 노릇한 점. 간증(䵟黶). 〖참〗~가 앉다 / 얼굴에 ~가 새까맣게 끼었다.

기미 (己未)〖명〗〖민〗육십갑자의 쉰여섯째.

기미 (氣味)〖명〗**1** 냄새와 맛. **2** 기분과 취미. 〖참〗~가 통하다. **3**〖한의〗약의 성질과 효능을 판단하는 기준.
　기미를 보다 〖구〗〈궁〉임금에게 올리는 수라나 탕제 같은 것을, 상궁이 먼저 먹어 보아 독이 들어 있는지를 살펴보다.

기미 (幾微·機微)〖명〗낌새. 〖참〗도망칠 ~가 보인다 / 타결의 ~가 보이지 않다.

기미 (期米)〖명〗미두(米豆).

기미-독립운동 (己未獨立運動)[-동니분-]〖명〗〖역〗삼일 운동.

기미-상적 (氣味相適)〖명〗〖하자〗마음이나 취미가 서로 맞음. 기미상합.

기미-상합 (氣味相合)〖명〗〖하자〗기미상적.

기미-채다 (幾微·機微-)〖자〗기미를 알아차리다. 낌새채다.

기민 (飢民·饑民)〖명〗굶주리는 백성.
　기민(을) 먹이다〖주댜〗〖구〗흉년에 굶주리는 백성에게 관청·단체 혹은 개인이 곡식을 나누어 주다.

기민-하다 (機敏-)〖형어〗동작이 날쌔고 눈치가 빠르다. 〖참〗기민한 동작.

기밀 (氣密)〖명〗사방이 꽉 막혀 공기가 통하지 않음.

기밀 (機密)〖명〗드러내서는 안 될 중요한 비밀. 〖참〗~ 사항 / 국가 ~에 속하다 / ~에 붙이다 / ~을 누설하다. ──하다〖형어〗아주 중요하고 비밀하다.

기밀 누:설죄 (機密漏泄罪)[-루-쬐]〖법〗정치상·군사상의 기밀을 외국 또는 적군에게 알려 준 범죄.

기밀-문서 (機密文書)〖명〗기밀에 속하는 내용을 기록한 서류.

기밀-복 (氣密服)〖명〗성층권이나 우주를 비행할 때 입는 특수한 옷.

기밀-비 (機密費)〖명〗지출 내용을 명시하지 않고 기밀한 일에 쓰는 비용.

기밀-실 (氣密室)〖명〗고압(高壓) 실험이나 저압(低壓) 실험 따위를 하기 위해 바깥 공기가 통하지 않게 한 방.

기밀-실 (機密室)〖명〗중요하고 비밀한 일을 다루거나 보관하여 아무나 함부로 드나들지 못하게 한 방.

기박-하다 (奇薄-)[-바카-]〖형어〗운수가 사납고 복이 없다. 〖참〗팔자가 기박한 여인.

기반 (基盤)〖명〗기초가 될 만한 바탕. 기본이 되는 토대. 〖참〗~을 다지다 / 생활 ~을 튼튼히 하다.

기반 (棋盤·碁盤)〖명〗바둑판.

기반 (羈絆)〖명〗**1** 굴레. 또는 굴레를 씌우는 일. **2** 굴레를 씌우듯 자유를 구속하는 일.

기-받이 (旗-)[-바지]〖명〗농악대에서, 농기(農旗)를 드는 기수(旗手).

기발 (起發)〖명〗〖하자〗어린아이가 기어 다니기를 시작함.

기발 (旣發)〖명〗〖하자〗일이 이미 일어남. ↔미발(未發).

기발 (騎撥)〖명〗〖역〗조선 때, 말을 타고 급한 공문을 전하던 사람. 배지(陪持).

기발-하다 (奇拔-)〖형어〗매우 놀랍게 재치가 있고 뛰어나다. 〖참〗기발한 생각이 떠오르다 / 기발하고도 쓸모 있는 작품.

기백 (氣魄)〖명〗씩씩한 기상과 진취적인 정신. 〖참〗~이 넘치다.

기백 (幾百)〖수관〗몇 백. 〖참〗~ 명의 청중.

기-백만 (幾百萬)[-뱅-]〖수관〗몇 백만. 〖참〗~ 명의 병력.

기번 (幾番)〖명〗몇 번.

기범-선 (機帆船)〖명〗기관과 돛을 함께 장치한 비교적 작은 배.

기법 (技法)[-뻡]〖명〗기교와 방법. 〖참〗창작 ~ / 새로운 ~을 터득하다.

기벽 (奇癖)〖명〗이상야릇한 버릇. 남다른 버릇. 〖참〗술 마시면 우는 ~이 있다.

기벽 (氣癖)〖명〗남에게 지거나 굽히지 아니하려는 성질.

기변 (奇變)〖명〗〖하자〗**1** 뜻밖의 난리. **2** 기이하게 변함.

기변 (機變)〖명〗〖하자〗때에 따라 변함. 임기응변.

기변지교(機變之巧)명 때에 따라 쓰는 교묘한 수단.

기별(奇別·奇別)⊟명 《역》 조선 때, 승정원(承政院)에서 처리한 일을 아침마다 적어서 널리 알리던 일. 또는 그것을 적은 종이, 조보(朝報). 조지(朝紙). ⊟명하타 소식을 전함. 또는 소식을 적은 종이. □~을 보내다 / ~이 왔다 / 도착하면 곧 ~해라.

기별 군사(奇別軍士)《역》 조선 때, 승정원에서 반포하는 기별을 돌리던 사람.

기별-서리(奇別書吏)《역》 조선 때, 승정원에서 반포하는 기별을 쓰던 사람.

기병(奇兵)명 적을 기습하는 군대.

기병(奇病)명 기이한 병. □의사도 모르는 ~에 걸리다.

기병(起兵)명하자 군사를 일으킴.

기병(氣病)명 기분이 울적하거나 근심·걱정으로 생기는 병.

기병(騎兵)명 말을 타고 싸우는 군사. 기마병. 기졸(騎卒).

기병-대(騎兵隊)명 기병으로 편성한 부대. 준기대(騎隊).

기보(旣報)명 하타 이미 알림. 또는 그런 보도나 통지.

기보(棋譜·碁譜)명 1 바둑 두는 법을 적은 책. 2 바둑을 두어 나간 기록. □신문에 결승전 ~가 실렸다.

기보(記譜)명하자 《악》 악보를 기록함.

기복(祈福)명 복을 빎.

기복(忌服)명하자 근친(近親)의 상을 당해 상제로서 일을 봄.

기복(起伏)명 1 지세(地勢)가 높아졌다 낮아졌다 함. □토지의 ~이 심하다. 2 세력이 강해졌다 약해졌다 함. □~이 많은 인생 / 감정의 ~이 심하다. 3 예전에, 임금께 상주할 때에 먼저 일어섰다가 다시 몸을 굽히던 일.

기복(朞服)명 '기년복(朞年服)'의 준말.

기복-량(起伏量)[-냥]명《지》 땅의 높낮이의 차(기복량 200 m 이상을 산이라 함).

기복 신:앙(祈福信仰)[-씨낭] 복을 기원함을 목적으로 믿는 미신적인 신앙.

기복-출사(起復出仕)[-싸]명하자 부모의 상중(喪中)에 벼슬에 나아감. 탈정종공.

기본(基本)명 사물·현상·이론·시설 따위의 기초와 근본. □~을 익히다 / ~이 충실하다 / ~ 바탕을 갖추다 / 태권도의 ~ 동작을 시범 보이다 / ~ 원칙에 충실하다.

기본-값(基本-)[-깝]명 디폴트.

기본-권(基本權)[-꿘]명《법》 기본적 인권. □국민의 ~이 보장된 나라.

기본-급(基本給)명 임금의 기본이 되는 급료《여러 가지 수당·상여금 따위를 제외한 것》. 본급(本給). 본봉(本俸). □~이 인상하다.

기본-기(基本技)명 악기 연주나 운동에서, 가장 기초가 되는 기술. □~를 닦다 / ~를 익히다 / ~가 탄탄하다 / ~를 갖추다.

기본 단위(基本單位)《물》 물리적 양을 재는 데 기본이 되는 단위《길이는 미터, 질량은 킬로그램 따위》. *보조 단위·유도 단위.

기본-법(基本法)[-뻡]명 근본법.

기본-법(喜本法)[-뻡]명 목기법(木香法).

기본-수(基本數)명《수》 기수(基數)1.

기본 수:사(基本數詞)《언》 양수사(量數詞).

기본 어:휘(基本語彙)《언》 사용 빈도수의 조사 결과 얻어지는, 생활하는 데 꼭 필요하다고 생각되는 어휘.

기본-요금(基本料金)[-뇨-]명 설비나 서비스 따위를 이용하는 데에 기본적으로 내는 돈

《전화 사용료·택시 승차 요금 따위에 부가됨》. □택시를 타도 ~밖에 안 나온다.

기본-음(基本音)명 1 《물》 물체가 그 고유 진동에 의하여 소리를 낼 경우, 진동수가 가장 적은 음. 기음(基音). 원음(原音). 2 《악》 원음(原音)4.

기본-자세(基本姿勢)명 어떤 일이나 운동을 할 때 기본이 되는 태도나 습관. □일을 할 ~가 되어 있지 않다.

기본 재산(基本財産)《경》 1 어떤 사업을 하는 데 기본이 되는 재산. 2 재단 법인 운영을 하는 데 기본이 되는 재산. 3 지방 자치 단체가 수익을 목적으로 유지하는 재산.

기본-적(基本的)관명 사물의 기본이 되는 성질을 가지고 있는 (것). □~(인) 문제.

기본적 소비재(基本的消費材)[-쏘-] 옷가지나 일용품 같은 생활필수품으로서의 소비재.

기본적 인권(基本的人權)[-저긴꿘]《법》 인간이 인간답게 살기 위해 불가결한 기본적인 권리《개인의 사상·표현·신교(信教) 등의 정신적 자유와 고문·불법 체포 등을 당하지 않는 육체적 자유 및 사유 재산권의 보장 따위》. 기본권.

기본 조직(基本組織)《식》 고등 식물의 껍질과 관다발 이외의 조직의 총칭.

기본-틀(基本-)명 어떤 일의 근본이 되는 틀. □정책의 ~을 확립하다.

기본-형(基本形)명 1 기본이 되는 꼴이나 형식. 기본 형식. 2 《광》 결정계(結晶系)에서, 세 축(軸)을 각각 단위의 길이로 자르, 각 면(面)으로 이루어진 결정. 3 《언》 활용하는 단어에서, 활용형의 기본이 되는 형태《어간에 어미 '-다'를 붙여 나타냄》. 원형(原形).

기봉(奇峰)명 이상하게 생긴 산봉우리.

기봉(起峰)명 여러 산봉우리 가운데 가장 높은 봉우리.

기봉(機鋒)명 예봉(銳鋒)1.

기봉 소:설(奇逢小說)《문》 우연과 요행을 주제로 한 소설.

기부(肌膚)명 사람이나 동물의 몸을 싸고 있는 살가죽 또는 살.

기:부(基部)명 기둥서방.

기:부(寄附)명하타 공적인 일이나 남을 돕기 위하여 돈이나 물건을 내놓음. □모교에 장학금을 ~했다.

기부(基部)명 기초가 되는 부분.

기부(機婦)명 베를 짜는 여자.

기:부-금(寄附金)명 공적인 일이나 남을 도우려고 내놓은 돈. □동문들의 ~으로 체육관을 지었다.

기부 재산(寄附財産)《법》 재단 법인을 설립할 목적으로 내놓은 재산. 출연 재산.

기-부족(氣不足)명《한의》 원기가 모자람. 또는 그런 이유로 생기는 병.

기부 행위(寄附行爲)《법》 일정한 공익 목적을 위하여 재산을 기부하는 행위.

기분(氣分)명 1 마음에 저절로 느껴지는 유쾌함이나 불쾌한 따위의 감정. □~이 좋다 / ~이 날아갈 듯하다 / ~을 풀다 / ~이 내키지 않다 / 그의 말에 ~이 몹시 상했다 / 우리끼리라도 ~ 좀 내자. 2 주위를 둘러싸고 있는 상황이나 분위기. □축제 ~에 휩쓸리다 / 잔치 ~에 들떠 있다. 3《한의》 혈기(血氣)에 대해 원기의 일컬음.

기분 전:환(氣分轉換) 우울·불쾌·슬픔·분노 따위의 부정적인 감정 상태를 좋은 쪽으로

돌림. ▫~으로 한잔하세.

기분-파 (氣分派)團 순간적인 기분에 따라 움직이는 사람.

기비 (基肥)團 밑거름.

기뻐-하다 탄여 기쁘게 여기다. ▫어머니가 기뻐하는 모습을 보고 싶다. ↔슬퍼하다.

기쁘다 〔기뻐, 기쁘니〕團 마음에 즐거운 느낌이 있다. ▫이처럼 기쁜 일은 없다 / 너무 기뻐서 눈물이 난다. ↔슬프다.

기쁨團 즐거운 마음이나 느낌. ▫~의 눈물. ↔슬픔.

기사 (己巳)團 육십갑자의 여섯째.

기사 (技士)團 **1** '운전기사'의 준말. ▫시내버스 ~. **2** 기술계 기술 자격 등급의 하나《기술사의 아래로, 1급과 2급의 두 등급이 있음》. **3** 전에, 기술직 6급 공무원의 직급. 지금의 '주사(主事)'에 해당함.

기사 (技師)團 관청이나 회사에서 전문 지식이 필요한 특별한 기술 업무를 맡아보는 사람.

기사 (奇士)團 기이한 재주를 가진 선비.

기사 (奇事)團 기이한 일.

기사 (記事)명하타 **1** 신문·잡지 등에서, 어떤 사실을 알리는 글. ▫신문 ~ / ~를 쓰다 / ~가 실리다 / 신문에 대문짝만하게 ~가 나다. **2** 사실을 적음. 또는 그 글. ▫삼국사기에 실린 ~.

기사 (記寫)명하타 기록하여 씀.

기사 (棋士·碁士)團 바둑이나 장기를 전문으로 두는 사람.

기사 (幾死)명하자 거의 다 죽게 됨. ▫~ 상태에 이르다.

기사 (機事)團 기밀한 일.

기사 (騎士)團 **1** 말을 탄 무사. **2**〔역〕중세 유럽의 무인(武人) 계급《양가의 자제로 귀족을 따라서 무예를 배우며 충성·염치·의협심을 본분으로 했음》. 나이트(knight).

기사 (騎射)團 말을 타는 일과 활을 쏘는 일.

기사 (飢死·饑死)명하자 굶어 죽음.

기사-광고 (記事廣告)團 물건의 용도와 효능 따위를 기사처럼 써서 내는 광고.

기사-근생 (幾死僅生)명하자 죽을 뻔했다가 겨우 살아남.

기사-도 (騎士道)團 중세 유럽의 기사로서 지켜야 했던 도덕·윤리《용맹·경신(敬神)·예절·명예·인협·충성 등의 덕을 이상으로 함》.

기사-문 (記事文)團〔문〕사실을 보고 들은 그대로 적은 글.

기사-보 (技士補)團 전에, 기술직 7급 공무원의 직급. 지금의 '주사보'에 해당함.

기사 본말체 (紀事本末體) 연대나 인물보다도 사건에 중점을 두어 그 결과와 관계를 연차 순으로 기술하는 역사 서술의 한 형식.

기사-이적 (奇事異跡)團 희한하고 기이한 일.

기사 중 광:고 (記事中廣告) 신문의 기사란에 있는 광고《광고란의 광고보다 요금이 비쌈》.

기사지경 (幾死之境)團 거의 죽게 된 지경.

기사-체 (記事體)團〔문〕기사문 특유의 문체.

기사-화 (記事化)명하타 어떤 사실을 신문이나 잡지·방송의 기사로 만듦. ▫정치인의 비리를 ~하는 영양.

기사-회생 (起死回生)명하자 거의 죽을 뻔하다가 다시 살아남. ▫~하는 영양.

기산 (起算)명하자 언제 또는 어디서부터 계산하기를 시작함. ▫빌려 준 날로부터 ~해서 이자를 계산하다.

기산 (譏訕)명하타 남을 헐뜯어서 말함.

기산-꽃차례 (岐繖-)〔-꼳-〕團〔식〕취산꽃차례의 하나. 꽃대의 꼭대기에 한 개의 꽃이 피고 그 아래에 두 개의 꽃줄기가 생겨 그 꼭대기에 꽃이 달리고, 또 그 아래에 두 개의 꽃줄기가 생겨 여러 층으로 우산처럼 피는 꽃《별꽃·패랭이꽃 따위》. 기산 화서(花序).

기산-일 (起算日)團 기간을 계산하기 시작한 첫째 날.

기산-점 (起算點)〔-쩜〕團 기산을 시작한 시점(時點)이나 지점(地點).

기산지절 (箕山之節)團 굳은 절개.

기산지지 (箕山之志)團 은둔하는 고결한 뜻.

기산 화서 (岐繖花序) 기산꽃차례.

기삿-거리 (記事-)〔-사꺼- / -삳꺼-〕團 신문이나 잡지 따위에 실릴 만한 소재. ▫~를 찾아 뛰어다니다.

기상 (奇想)團 좀처럼 헤아릴 수 없는 기발한 생각.

기상 (起床)명하자 잠에서 깨어 자리에서 일어남. 기침(起寢). ▫매일 아침 6시에 ~한다. ↔취침.

기상[1] (氣相)團 기색(氣色)1.

기상[2] (氣相)團〔화〕물질이 기체로 되어 있는 상태. 기체상.

기상 (氣象)團〔지〕비·눈·바람·안개·구름·기온 등 대기 중에서 일어나는 모든 물리적 현상. ▫고산 지역은 ~ 변화가 심하다. *지상(地象).

기상 (氣像)團 사람이 타고난 올곧은 마음씨와 그것이 겉으로 드러난 모양. ▫씩씩한 ~을 지니고 있다.

기상 (機上)團 비행기의 위. 또는 비행기의 안. ▫~에 오르다.

기상 (鰭狀)團 지느러미와 같은 모양.

기상 개:황 (氣象概況) 한 지방을 중심으로 부근 전반에 뻗친 개괄적 기상의 상황.

기상 경:보 (氣象警報) 기상 현상으로 인해 커다란 재해(災害)가 예상될 때 경고하기 위해 알리는 정보《폭풍 경보·대설 경보 따위》.

기상-곡 (綺想曲·奇想曲)團〔악〕카프리치오.

기상 관측 (氣象觀測) 대기의 상태나 대기 중에서 일어나는 모든 현상을 알기 위하여, 기압·기온·습도·바람·구름 따위의 기상 요소를 측정하는 일.

기상 관측소 (氣象觀測所)〔-쏘〕기상이나 대기 현상 등에 관련된 자연현상을 관측하고 측정하며, 그러한 자료를 기록하고 해석·통보하는 기관《지방 기상청에 속함》.

기상-구 (氣象區)團 기상의 공통성에 따라 나눈 구역.

기상-나팔 (起床喇叭)團 병영이나 기숙사 등에서, 아침에 일어나라는 신호로 부는 나팔.

기상-대 (氣象臺)團 지방 기상청에 속하여, 관할 지역에 대한 기상의 관측·예보, 기후 자료 통계, 기상에 관한 연구를 하는 기관.

기상-도 (氣象圖)團 기상 상태를 나타낸 지도.

기상 레이더 (氣象radar) 대기 중의 빗방울이나 구름의 상태를 관측하여 기상 현상을 탐지하는 레이더.

기상-병 (氣象病)〔-뼝〕團 기상의 변화에 따라 인체에 일어나는 병 증상의 총칭《신경통·류머티즘 따위》.

기상 예:보 (氣象豫報)〔-녜-〕바람·비·구름·눈 등 기상 현상을 예측하여 미리 알리는 일.

기상 요소 (氣象要素)〔-뇨-〕〔지〕기후 요소(氣候要素).

기상 위성 (氣象衛星) 대기권 밖에서 지구 상의 구름을 촬영하여 기상 상태를 관측할 수

있게 한 인공위성.

기상 이변 (氣象異變) 보통 지난 30년 간의 기상과 아주 다른 기상 현상. ▣지구촌 곳곳에 ~으로 인한 피해가 일어나고 있다.

기상-재해 (氣象災害) 图 비·바람·가뭄·벼락·눈사태 등 기상으로 인해 일어나는 재해.

기상 정보 (氣象情報) 『지』 일기 예보·기상 주의보·기상 정보 따위 기상 상태에 관한 지식이나 보도.

기상 주:의보 (氣象注意報) [-/-이-] 폭풍·대설·호우·건조·해일·안개 따위의 기상 현상으로 피해가 예상될 때, 주의시키는 예보.

기상-천외 (奇想天外) 图[하다] 보통 사람이 생각할 수 없는 놀랍고 엉뚱한 생각. ▣~의 묘안 / ~한 사건.

기상-청 (氣象廳) 图 환경부 장관에 속하여, 기상 상태를 관측하고 예보하는 중앙 행정 기관. 아래에 지방 기상청을 둠.

기상 통보 (氣象通報) 대체적인 기상 상황이나 각 지방의 날씨 등을 신문·방송 등을 통해 알리는 보도.

기상 특보 (氣象特報) [-뽀] 기상의 갑작스러운 변화로 재해가 일어날 우려가 있을 때, 특별히 하는 보도.

기상-학 (氣象學) 图 대기 중의 기상 현상을 연구하는 학문의 총칭.

기색 (起色) 图 어떤 일이 일어날 낌새.

기색 (氣色) 图 1 감정의 작용으로 얼굴에 나타나는 기분과 얼굴색. 기상(氣相). ▣노한 ~ / 불쾌한 ~을 보이다 / 놀란 ~이 역력하다 / 당황한 ~을 감추지 못하다. 2 어떤 일이나 행동을 예측할 수 있는 눈치나 낌새. ▣물러날 ~이 보이지 않는다 / 바깥 ~에 귀를 기울이다.

기색 (氣塞) 图[하다] 심한 충격이나 흥분으로 호흡이 일시적으로 멎음. 또는 그런 상태. 중기(中氣).

기색 (基色) 图 원색(原色).

기색 (飢色·饑色) 图 굶주린 얼굴빛.

기색-혼절 (氣塞昏絶) [-쏘군-] 图[하다] 숨이 막혀 까무러침.

기:생 (妓生) 图 잔치나 술자리에서 노래나 춤 또는 풍류로 흥을 돋우는 일을 업으로 삼는 여자. 기녀(妓女). 예기(藝妓).
[기생의 자릿저고리] 외모가 단정하지 못하고 말씨가 간사스러운 사람을 조롱하는 말.

기생 (寄生) 图[하다] 1『생』 다른 생물의 체표(體表)나 체내에 붙어 영양을 섭취하며 생활하는 일. 2 스스로 생활하지 않고 남에게 의지하여 생활함. ▣정치 권력에 ~한 아부꾼들.

기생-근 (寄生根) 图 『식』 다른 식물에 붙어서 그 양분을 섭취하는 기생 식물의 뿌리《겨우살이·새삼의 뿌리 따위》. 기생뿌리.

기생 동:물 (寄生動物) 『동』 다른 동물의 몸에 기생하여 사는 동물.

기생-목 (寄生木) 图 겨우살이[2].

기생-물 (寄生物) 图 기생 생활을 하는 동식물. 기생 생물.

기:생-방 (妓生房) 图 기생의 집.

기생-벌 (寄生-) 『충』 애벌레가 다른 곤충에 기생하는 벌의 총칭. 기생봉.

기생-봉 (寄生蜂) 图 『충』 기생벌.

기생-뿌리 (寄生-) 图 『식』 기생근(寄生根).

기생 식물 (氣生植物) [-싱-] 『식』 나무나 바위에 붙어서 공기 속에서 양분을 흡수하여 생활하는 식물의 총칭《습한 곳에 많음. 석곡(石斛)·풍란(風蘭) 따위》. 착생 식물.

기생 식물 (寄生植物) [-싱-] 『식』 다른 생물체에 기생하는 식물《박테리아·세균·균류(菌類) 따위》.

기:생-여뀌 (寄生-) [-녀-] 图 『식』 마디풀과의 한해살이풀. 방향성(芳香性)이며 줄기 높이는 1.5m 가량이고, 홍색을 띰. 여름에 붉고 작은 꽃이 가지 끝에 핌.

기:생-오라비 (妓生-) 图 옷을 화려하게 차려입거나 몹시 모양을 내고 다니는 남자를 낮잡아 이르는 말.

기:생-집 (妓生-) [-찝] 图 1 기생이 사는 집. 2 기생이 있는 술집.

기생-충 (寄生蟲) 图 1 다른 동물에 기생하며 사는 벌레《회충·십이지장충·촌충 따위》. ▣~ 예방 / ~ 구제(驅除) / ~을 박멸하다. 2 스스로 노력하지 않고 남에게 의지해 살아가는 사람을 낮잡아 이르는 말. ▣사회의 ~ 같은 존재로 살아가다.

기:생-퇴물 (妓生退物) 图 전에 기생 노릇을 하던 여자. 퇴기(退妓). ⓑ기물(妓物).

기생 화:산 (寄生火山) 『지』 큰 화산의 중턱이나 기슭에 새로 분화(噴火)해서 생긴 화산. 측화산(側火山).

기서 (奇書) 图 기이한 내용의 책.

기서 (起誓) 图[하다] 맹세를 함.

기서 (寄書) 图 1 편지를 부침. 또는 그 편지. 2 기고(寄稿).

기서-가 (寄書家) 图 기고가(寄稿家).

기서-인 (寄書人) 图 기서자.

기서-자 (寄書者) 图 편지를 부친 사람. 기서인.

기석 (奇石) 图 기묘하게 생긴 돌.

기석 (碁石·棋石) 图 바둑돌.

기선 (汽船) 图 증기 기관의 힘으로 움직이는 배의 총칭.

기선 (基線) 图 1『지·수』삼각 측량 때, 기준이 되는 직선. 2 『수』 투영도(投影圖)에서 정면(正面)과 평면(平面)의 경계를 나타내는 선. 3 간선(幹線).

기선 (機先) 图 어떤 일이 일어나려고 할 때 또는 남이 손을 대기 전에 먼저 손을 씀. ▣~을 잡다 / ~을 제하다 / ~을 빼앗기다.

기선 (機船) 图 '발동기선(發動機船)'의 준말.

기설 (奇說) 图 기묘한 설.

기설 (旣設) 图[하다] 이미 설립해 놓음. ↔미설.

기성 (奇聲) 图 기묘한 소리. ▣~을 지르다.

기성 (旣成) 图[하다] 1 이미 이루어짐. 또는 그런 것. ▣~ 질서 / 일부 젊은이들은 ~ 문화를 거부하려고 한다. ↔미성(未成). 2 신주(神主)를 만듦. 또는 그런 일.

기성 (期成) 图[하다] 어떤 일을 꼭 이룰 것을 기약하거나 목적함.

기성 (箕星) 图 이십팔수의 일곱째 별.

기성 (棋聖·碁聖) 图 바둑이나 장기에 특히 뛰어난 명수.

기성 광:물 (氣成鑛物) 기성 작용에 의해서 생긴 광물《전기석·형석(螢石) 따위》.

기성-도덕 (旣成道德) 图 현실적으로 사회 일반에 통용되고 있는 도덕적 판단이나 관습.

기성-동맹 (期成同盟) 图 어떤 일을 이루기 위하여 뜻이 같은 사람들이 조직한 동맹.

기-성명 (記姓名) 图[하다] 1 성과 이름을 적음. 2 겨우 자기 이름만 쓸 수 있다는 뜻으로, 학식이 없음을 가리키는 말. ▣이제 ~은 할 수 있겠지.

기성 문단 (旣成文壇) 이미 형성되어 있는 문인들의 사회.

기성-복 (既成服) 명 일정한 기준 치수에 맞추어서 대량으로 미리 만들어 놓고 파는 옷.

기성-사실 (既成事實) 명 이미 이루어진 사실.

기성-세대 (既成世代) 명 현재 사회에서 활동하고 있는 나이가 든 세대.

기성-세력 (既成勢力) 명 이미 이루어진 권세와 힘. 또는 그런 것을 가진 집단.

기성-암 (氣成岩) 명 〖지〗 풍성암(風成岩).

기성-암 (基性岩) 명 〖광〗 염기성암(塩基性岩).

기성-인 (既成人) 명 이미 사회에서 활동하고 있는 나이 든 사람. ▢경직된 ~의 사고방식.

기성 작가 (既成作家) [-까] 이미 문단에서 작가로 이름난 사람.

기성 작용 (氣成作用) 〖광〗 마그마(magma)에서 분리된 휘발성 성분이 이미 굳어진 암석에 닿아 특수한 광물을 만드는 여러 작용.

기성-품 (既成品) 명 이미 만들어진 물건. 또는 미리 일정한 규격대로 만들어 놓고 파는 물건. ↔주문품.

기성-하다 (氣盛-) 형여 기력이 왕성하다.

기성-화 (既成靴) 명 맞춤이 아닌, 미리 만들어 놓고 파는 구두.

기성-회 (期成會) 명 어떤 일을 이루기 위해 뜻을 같이하는 사람들이 조직한 모임.

기세 (氣勢) 명 1 기운차게 뻗치는 형세. ▢~가 등등하다 / ~를 펼치다 / 한창 ~가 오르다 / ~가 한결 누그러지다. 2 '-ㄴ / -ㄹ' 뒤에 쓰여) 남에게 영향을 끼칠 기운이나 태도. ▢당장 싸울 것 같은 ~다 / 조금도 양보할 ~가 없다. 3 증권 시장에서, 거래는 없으면서 값만 형성되는 일.

기세 (棄世) 명 1 세상을 버린다는 뜻으로, 웃어른이 돌아가심을 이르는 말. 별세. 하세(下世). 2 세상을 멀리하여 초탈함.

기세 (欺世) 명 세상을 속임.

기세 (飢歲·饑歲) 명 흉년(凶年).

기세-도명 (欺世盜名) 명 세상 사람을 속이고 헛된 명예를 탐냄.

기세등등-하다 (氣勢騰騰-) 형여 기세가 매우 높고 힘차다. ▢기세등등하게 호령하다.

기세-부리다 (氣勢-) 재 남에게 자기의 기세를 드러내 보이다. 기세피우다.

기세-양난 (其勢兩難) 명형 이럴 수도 저럴 수도 없는 그 형세가 딱함.

기세-피우다 (氣勢-) 재 기세부리다.

기소 (起訴) 명하타 〖법〗 형사 사건에서, 검사가 법원에 공소(公訴)를 제기함. 기송(起訟). ▢살인 혐의로 ~하다 / ~를 당하다.

기소 (欺笑) 명하타 1 남을 속이어 우습게 봄. 2 업신여겨 비웃음.

기소 (譏笑) 명하타 비방하여 웃음.

기소 유예 (起訴猶豫) 〖법〗 범죄의 혐의는 인정하지만 범인의 성격·연령·환경, 범죄의 경중(輕重)·정상(情狀) 및 범죄 후의 정황(情況) 따위를 참작하여, 검사가 공소를 제기하지 않는 일. ▢~로 석방되다.

기소-장 (起訴狀) [-짱] 명 〖법〗 공소장.

기소 편의주의 (起訴便宜主義) [-펴닉-/-펴니-] 〖법〗 형사 소송법상 공소 제기에 대하여 검사의 재량을 허락하고 불기소를 인정하는 제도.

기속 (羈束·羈束) 명하타 1 얽어매어 묶음. 2 강제로 얽어매어 자유를 박탈함.

기속-력 (羈束力) [-쏭녁] 명 〖법〗 한번 결정한 재판은 재판을 한 법원이 스스로 취소·변경할 수 없다는 구속력.

기속 처:분 (羈束處分) 〖법〗 법규를 집행하는 데 있어서 행정청의 재량을 참작하지 않고, 법규에 정해진 대로 구체화하는 처분. ↔재량 처분.

기솔 (騎率) 명하타 말을 타고 부하를 거느림.

기송 (起送) 명하타 1 사람을 보냄. 2 〖역〗 죄인을 호송하던 일.

기송 (記誦) 명하타 1 기억하여 욈. 2 외우고 읽기만 하고, 이해하거나 실천하지 못하는 학문. 기송지학(記誦之學).

기송 (寄送) 명하타 물건을 인편에 부쳐 보냄.

기수 명 〈궁〉 이불(임금 및 그 직계에 씀).

기수 (汽水) 명 〖지〗 바닷물과 민물이 섞여서 염분이 적은 물(강어귀의 바닷물).

기수 (忌數) 명 꺼리어 싫어하는 숫자(동양에서의 4, 서양에서의 13 따위).

기수 (奇數) 명 홀수. ↔우수(偶數).

기수 (氣數) 명 저절로 오고 가고 한다는 길흉화복(禍福)의 운수.

기수 (基數) 명 〖수〗 1 기초로 쓰이는 수(1에서 9까지의 정수(整數)). 기본수. 2 집합의 원소의 수. ＊서수(序數).

기수 (既遂) 명 1 이미 일을 끝냄. 2 〖법〗 어떤 행위가 범죄의 구성 요건을 충족시킴. ↔미수(未遂).

기수 (旗手) 명 1 군대나 단체의 행진 따위에서, 대열의 앞에 서서 기를 드는 사람. ▢~를 앞세우고 입장하다. 2 사회 활동에서 앞장서서 이끄는 사람의 비유. ▢개혁의 ~.

기수 (機首) 명 비행기의 앞머리. ▢~를 남쪽으로 돌리다.

기수 (騎手) 명 경마에 출장(出場)하여 말을 타는 사람.

기수-법 (記數法) [-뺍] 명 숫자를 사용하여 수를 적는 법.

기수-사 (基數詞) 명 양수사(量數詞).

기수 생물 (汽水生物) 〖생〗 기수에서 사는 생물(가막조개·숭어·뱀장어 따위).

기수-채다 재 눈치를 채다.

기수-호 (汽水湖) 명 〖지〗 바다와 연결되어 있어서, 바닷물과 민물이 섞여 있는 호수.

기:숙 (耆宿) 명 늙어서 덕망과 경험이 많은 사람. ▢법조계의 ~.

기숙 (寄宿) 명하자 남의 집에서 먹고 자고 함. ▢친척 집에 ~하고 있다.

기숙-사 (寄宿舍) [-싸] 명 학교나 공장 따위에 딸려 있어 학생이나 직원들이 함께 자고 먹고 사는 집. ▢~에 들다.

기숙-생 (寄宿生) [-쌩] 명 학교의 기숙사에서 기숙하는 학생. ＊통학생.

기술 (技術) 명 1 만들거나 짓거나 하는 재주 또는 솜씨. 기예(技藝). ▢~을 배우다 / ~이 좋다. 2 어떤 일을 효과적으로 할 수 있는 방법이나 수단. ▢운전 ~ / 표현 ~ / 사람 다루는 ~이 좋다. 3 과학 이론을 적용하여 자연을 인간 생활에 유용하도록 변화시키는 방법. ▢최첨단 ~ / ~ 혁신 / 과학 ~ 문명의 발달 / ~을 연마하다.

기술 (奇術) 명 1 기묘한 재주. 2 눈속임으로 재미있게 부리는 재주. 요술.

기술 (記述) 명하타 있는 그대로 열거하거나 기록하여 서술함. 또는 그런 기록. ▢~ 내용 / 6·25의 참상이 ~되어 있는 책 / 역사는 사실을 ~한다.

기술 (既述) 명하타 이미 기술(記述)함. ▢~한 바와 같다.

기술-가 (技術家) 명 기술자.

기술-계(技術界)[-/-계]圖 전문적인 기술에 관련된 분야. ☐~ 고등학교.

기술-공(技術工)圖 기계 따위를 수리·제작하는 기술을 가진 근로자.

기술 교:육(技術敎育) 생산을 위한 기술을 배우게 하는 교육.

기술 도:입(技術導入) 산업과 경제의 발전을 위하여 국가나 기업이 외국에서 개발된 기술을 받아들이는 일.

기술-력(技術力)圖 산업 생산에 쓸 기술적 능력. ☐탄탄한 ~으로 이름이 나다.

기술 문법(記述文法)[-뻡]圖『언』 어떤 시기의 문법 현상을 있는 그대로 기술하는 문법.

기술-사(技術士)[-싸]圖 기술 자격 등급의 하나《고도의 전문 지식과 응용 능력을 갖춘 사람에게 주는 자격으로 기술계 기술 자격의 맨 위의 등급임》.

기술-사(奇術師)[-싸]圖 기술을 부리는 사람. 요술쟁이.

기술 언어학(記述言語學)『언』 어떤 지역의 어느 한 시기의 언어를 역사적인 고려 없이, 과학적으로 기술하는 언어학의 한 분야.

기술-원(技術員)圖 기술에 관한 일에 종사하는 사람.

기술 원:조(技術援助) 선진국의 정부나 기업이 주로 개발도상국에 기술을 제공하는 일.

기술-인(技術人)圖 전문적인 기술을 가진 사람. ☐젊은 ~을 양성하다.

기술-자(技術者)[-짜]圖 어떤 분야에 전문적인 기술을 가진 사람. ☐세계 곳곳에 우리의 ~가 진출해 있다.

기술-적(技術的)[-쩍]관圖 1 기술에 관계가 있는 (것). ☐~인 문제에 직면하다. 2 어떤 일을 요령 있거나 솜씨 있게 처리하는 (것). ☐어려운 문제를 ~으로 풀다.

기술-적(記述的)[-쩍]관圖 사실 그대로 기술하는 일에 관한 (것). ☐이 논문은 ~인 면에서 역사책과 같다.

기술 정보(技術情報)1『공』연구·개발·공학·시험·평가·생산·조업 및 기계의 사용·보전에 관한 정보. 과학 정보를 포함함. 2『군』전쟁에 실제로 이용할 수 있거나 이용하려고 하는 외국 또는 적국의 기술 개발에 관한 정보.

기술 제휴(技術提携) 기업과 기업이 생산 기술 따위를 서로 제공하여 협력하는 일.

기술-직(技術職)圖 1 기술 분야의 직무. 또는 그런 분야에 종사하는 직원. 2『법』일반직 공무원 중에서 공업·광무·농림·물리·보건·선박·수산·시설·통신·항공 및 수로 등에 관련된 직군의 총칭.

기술-직원(技術職員)圖 기술 분야에 종사하는 직원. ↔사무직원.

기술-진(技術陣)[-찐]圖 기술에 관한 일에 참여한 사람들. ☐외국 건설 현장에 우리 ~을 파견하다.

기술 집약형 산:업(技術集約型産業)[-지뱝 경사냄]『경』기술 수준이 높고 기술 혁신의 속도도 빠른 기계 산업.

기술-학교(技術學校)[-꾜]圖 국민 생활에 직접 필요한 직업의 지식·기술을 연마하는 고등학교 정도의 학교.

기술 혁신(技術革新)[-씬]1『경』새로운 기술 도입으로 인하여 일어나는 경제 구조 등의 변혁《원자력의 이용, 석유 화학의 응용, 오토메이션의 발달 등》. 기술 혁명. 이노베이션. 2 생산 기술이 획기적으로 새로워지는 일.

기숫-잇[-순닏]圖《궁》금침(衾枕)을 덮는 흰 보자기.

기스락圖 1 비탈진 곳의 가장자리. 2 초가의 처마 끝.

기스-면(-麵)圖〔중 鷄絲麵〕가늘게 뽑은 밀국수를 닭고기 삶은 국물에 만 중국식 국수.

기슭[-슥]圖 1 비탈진 곳의 아랫부분. ☐뒷산 ~에 있는 집. 2 바다·강 따위의 물과 닿은 땅. ☐배가 강 ~에 닿다.

기습(奇習)圖 이상한 관습이나 풍속.

기습(奇襲)圖하타 1 군대를 몰래 움직여 적을 갑자기 들이쳐 공격함. 또는 그 공격. ☐~ 공격./~ 작전./~을 가하다/아음을 틈타 적을 ~하다. 2 상대가 알아차리기 전에 갑자기 하는 것. ☐~ 한파/~ 시위/예산안을 ~ 통과시켰다.

기습(氣習)圖 풍속과 습관. 풍습.

기습-적(奇襲的)[-쩍]관圖 1 몰래 갑자기 습격하는 (것). ☐~인 침공. 2 남이 알아차리기 전에 갑자기 하는 (것). ☐~으로 친구 집을 방문하다.

기승(奇勝)圖 1 기묘한 경치. ☐천하의 ~. 2 뜻밖에 얻은 승리.

기승(氣勝)圖하형 1 성미가 억척스럽고 굳세어서 좀처럼 남에게 굽히지 않음. 또는 그런 성미. 2 기운이나 힘 따위가 누그러들지 않음. 또는 그 기운이나 힘. ☐유난스레 ~을 떨치던 더위.

기승(을) 떨다 ⇨ 기승(을) 부리다.

기승(을) 부리다 ⇨ ⑦기승스러운 성미를 행동으로 나타내다. ☐개가 기승을 부리며 달려들었다. ⑥기운이나 힘이 좀처럼 누그러들지 않는다. ☐찌는 듯한 무더위가 연일 기승을 부리고 있다.

기승-스럽다(氣勝-)[-따][-스러워, -스러우니]형 1 억척스럽고 굳세어 굽히지 않으려는 데가 있다. ☐기승스러운 아이. 2 기운이나 힘이 좀처럼 누그러들지 않으려는 데가 있다. ☐기승스럽게 내리는 장대비. 기승-스레튀

기승전결(起承轉結)圖 1『문』시문(詩文)을 짓는 격식《시의 첫머리를 기(起), 이를 되받는 것을 승(承), 중간에 뜻을 한 번 바꾸는 것을 전(轉), 전편(全編)을 거두어서 맺는 것을 결(結)이라 함》. 기승전락(起承轉落). 2 논문 따위의 글을 짜임새 있게 짓는 형식. ＊기정정결(起景情結).

기승전락(起承轉落)[-절-]圖『문』기승전결(起承轉結)1.

기시(棄市)圖하타『역』죄인의 목을 베고 그 시체를 길거리에 버리던 형벌.

기시-감(旣視感)圖『심』한 번도 경험한 일이 없는 상황이나 장면이 이미 경험하거나 본 것처럼 느껴지는 일.

기시-기(記時器)圖 전화 통화 시간을 기록하는 기계.

기식(氣息)圖 호흡의 기운.

기식(寄食)圖하자 남의 집에 묵으면서 밥을 얻어먹고 지냄. ☐~ 생활/친척 집에 ~하며 통학하다.

기식-엄엄(氣息奄奄)圖하형 금방이라도 숨이 끊어질 듯 숨결이 약함.

기신(忌辰)圖 '기일(忌日)'을 높여 이르는 말.

기신(起身)圖하자 1 몸을 일으킴. ☐~도 못할 지경이다. 2 몸을 빼쳐 관계를 끊음.

기신(氣神)圖 기력과 정신.

기신-거리다困 게으르거나 기운이 없어 자꾸 힘없이 행동하다. ⑩개신거리다. 기신-기신

囝[하짓]. □ ~ 비탈길을 올라가다.

기신-대다 (氣神-)图 기신거리다.

기신-없다 (氣神-)[-시넙따] 圈 기력과 정신이 온전하지 못하다. **기신-없이** [-시넙씨]图

기-신호 (旗信號)图 기를 사용하여 보내는 신호(수기 신호·군기 신호 따위가 있음).

기실 (其實)□图 (주로 '기실은'의 꼴로 쓰여) 실제의 사정. □ 태연한 척했지만 ~은 입장이 아주 난처했었다. □图 사실상으로, 실제에 있어서. □ ~ 알고 보면 그렇게 화를 낼일이 아니다.

기:실 (枳實)图 지실(枳實)의 잘못.

기실 (氣室)图 1 〖식〗잎의 기공 아래에 있는 세포 사이의 공간. 2 물을 뿜어내는 관(管)과 펌프 사이의 공간.

기심 (欺心)图하짓 자기의 양심을 속임.

기십 (幾十)囹囝 몇 십. □ ~ 명의 학생들.

기-십만 (幾十萬)[-심-]囹囝 몇 십만. □ ~ 명이 서울을 빠져나가다.

기슴디다짓〈옛〉김매다.

기아 (棄兒)图하짓 길러야 할 의무가 있는 사람이 몰래 아이를 내다 버림. 또는 그렇게 버려진 아이.

기아 (飢餓·饑餓)图 굶주림. □ 추위와 ~에 허덕이는 피난민.

기아 부종 (飢餓浮腫) 〖의〗오랫동안에 걸친 영양실조로 몸이 붓는 증세.

기아선-상 (飢餓線上)图 굶어 죽을 지경. □ ~에서 허덕이다.

기아 수출 (飢餓輸出) 〖경〗국민 생활을 되도록 희생하고 국내 소비를 억제하면서까지 수출하여 외화를 획득하려 하는 일. 긴급 수출.

기아 임:금 (飢餓賃金) 겨우 생활이나 이어 갈 정도의 임금.

기:악 (妓樂)图 1 기생과 풍류. 2 기생의 풍류.

기악 (器樂)图 〖악〗악기로 연주하는 음악. ↔ 성악(聲樂).

기악-곡 (器樂曲)[-꼭]图 〖악〗기악 연주를 위하여 지은 곡.

기안 (奇案)图 기묘한 생각이나 계획.

기안 (起案)图하타 초안(草案)을 만듦. 또는 그 초안. □ ~을 올리다 / 행사 계획을 ~하다.

기암 (奇岩)图 기이하게 생긴 바위.

기암-괴석 (奇岩怪石)图 기묘한 바위와 괴상하게 생긴 돌.

기암-절벽 (奇岩絶壁)图 기이한 모양의 바위와 깎아지른 듯한 낭떠러지.

기압 (氣壓)图 대기의 압력(보통 대기의 압력은 지상에서 수은주 76 cm에 해당하므로 760 mmHg을 1기압이라 하며, 1기압은 1013.25 헥토파스칼과 같음).

기압 경도 (氣壓傾度)[-경-] 〖지〗같은 높이의 두 지점의 기압의 차를 그 사이의 거리로 나눈 값(이 경도가 클수록 센 바람이 붊).

기압-계 (氣壓計)[-계/-게] 〖물〗대기의 기압을 측정하는 기계. 검압기.

기압-골 (氣壓-)[-꼴] 〖기상〗일기도에서, 저기압 중심에서 길쭉하게 V 자 또는 U 자 모양으로 벋은 저압부(低壓部)(일반적으로 이 골의 동쪽은 날씨가 나쁨).

기압 배:치 (氣壓配置)[-빼-] 〖기상〗고기압·저기압·기압골·전선 따위의 분포 상태.

기약 (奇藥)图 신기한 약. 기이하게 듣는 약.

기약 (旣約)图 1 이미 되어 있는 약속. 2 〖수〗분수 또는 분수식이 약분되어 있음.

기약 (期約)图하타 때를 정하여 약속함. 또는

그런 약속. □ 재회를 ~하다 / ~도 없이 떠나가다 / 피해 보상이 ~ 없이 미뤄지고 있다.

기약 분수 (旣約分數)[-뿐-] 〖수〗분모와 분자 사이에 공약수가 1뿐이어서 더 이상 약분이 되지 않는 분수.

기약-하다 (氣弱-)[-야카-]圈④ 1 원기(元氣)가 약하다. 2 기백(氣魄)이 약하다. □ 싸울 상대에게 기약한 태도를 보이지 마라.

기양 (祈禳)图하짓 〖민〗재앙은 가고 복이 오라고 빎.

기어 (奇語)图 기언(奇言).

기어 (寄語)图하짓 말을 전해 달라고 부탁함.

기어 (綺語)图 1 교묘하게 꾸며 대는 말. 2 신문·소설 따위에서, 묘하게 수식한 말.

기어 (gear)图 1 톱니바퀴. 2 회전 속도나 방향을 바꾸는 톱니바퀴 장치. □~를 넣다.

기어-가다 [-/-여-]짓 1 기어서 앞으로 나아가다. □ 어린애가 엄마 쪽으로 기어간다. 2 자동차 따위가 매우 천천히 가다. □ 눈 위를 차들이 엉금엉금 기어가고 있다.

기어-들다 [-/-여-][-들어, -드니, -드는]짓 1 기어서 또는 기는 듯한 모습으로 들어오거나 들어가다. □ 구멍으로 기어드는 벌레. 2 남이 모르게 들어오거나 들어가다. □ 의자 밑으로 기어들어 숨다. 3 위축되어 움츠러들다. □ 기가 죽어 목소리가 기어들고 있다. 4 다가들거나 파고들다. □ 엄마 품속으로 기어드는 아이.

기어-오르다 [-/-여-][-올라, -오르니]짓타 ⑤ 1 기어서 또는 기는 듯한 모습으로 높은 곳으로 가다. □ 나무로 ~. 2 오르막 따위를 힘겹게 올라가다. □ 언덕을 힘겹게 ~ / 암벽을 ~. 3 〈속〉윗사람에게 예의에 벗어난 짓을 하다. □ 버릇없이 어른에게 ~.

기어-이 (期於-)图 기어코. □ ~ 해냈구나 / ~ 합격했군.

기어-코 (期於-)图 1 꼭. 틀림없이. 반드시. □ ~ 이기겠다. 2 마침내. □ 그녀는 ~ 울음을 터뜨렸다.

기억 (記憶)图하타 1 지난 일을 잊지 아니함. 또는 그 내용. □ 어린 시절의 ~을 더듬다 / ~을 불러일으키다 / ~이 희미하다 / ~을 되살리다 / ~이 나지 않다 / 오래전 헤어진 친구의 얼굴을 선명하게 ~하다. 2 〖컴〗컴퓨터 안에 필요한 데이터 등을 저장해 두는 일.

기억-나다 (記憶-)[-영-]짓 전의 인상·경험·말 따위가 의식 속에 떠오르다. □ 어제 숫자리에서 한 말이 기억나다.

기억-력 (記憶力)[-영녁]图 기억하는 능력. □ ~이 쇠퇴하다 / ~이 좋다.

기억 매체 (記憶媒體) 〖컴〗대량의 정보를 기억해 두는 장치. 크기는 작고 기억 용량은 커야 하며, 정보의 추가·변경·삭제가 가능해야 함. 자기 디스크·자기 테이프·종이테이프·자기 드럼·하드 디스크·플로피 디스크·광디스크 따위가 있음.

기억 상실 (記憶喪失)[-쌍-] 머리의 타박상이나 精神 충동으로, 그 이전의 어떤 기간 동안의 기억을 잃어버리는 일.

기억 소자 (記憶素子)[-쏘-] 〖컴〗정보·데이터를 기억·저장하는 소자(고밀도 집적 회로나 초고밀도 집적 회로를 주로 씀).

기억-술 (記憶術)[-쑬]图 기억을 쉽게 하는 방법. 기억법.

기억 용량 (記憶容量)[-영냥] 〖컴〗기억 장치가 얼마만큼 기억할 수 있는지를 나타낸 수치. 대개 '바이트·비트' 따위로 나타냄.

기억 장애 (記憶障礙)[-짱-] 기억 능력의 장

애《충격·알코올 중독·치매 따위로 일어남》.

기억 장치 (記憶裝置)[-짱-]『컴』데이터나 명령을 비롯하여 컴퓨터 내부에서 계산 처리된 결과를 기억하는 장치. 주기억 장치와 보조 기억 장치로 구분됨.

기언 (奇言)명 기이한 말이나 이상한 말. 기어(奇語).

기엄-기엄부회자 가만가만 기어가는 모양.

기업 (企業)명하타 『경』영리를 목적으로 생산·판매·서비스 따위의 경제 활동을 계속적으로 하는 조직체《공기업·사기업 따위가 있음》. □~을 확장하다.

기업 (起業)명하자 사업을 새로 일으킴.

기업 (基業)명 1 기초가 되는 사업. 2 대대로 전하여 오는 사업과 재산.

기업 (機業)명 틀을 써서 피륙을 짜는 사업.

기업-가 (企業家)[-까]명 『경』기업에 자본을 대고 그 기업의 경영을 담당하는 사람. □~의 자세.

기업 결합 (企業結合)[-결-]『경』둘 이상의 기업이 경쟁의 제한, 시장의 독점·조절, 경영의 합리화 등을 목적으로 하나의 기업으로 합병하는 일. 기업 합병.

기업 공개 (企業公開)[-꽁-]『경』기업이 그 주식을 주식 시장에 내다 팔아 누구나 그 주식을 산 사람이 주주(株主)가 될 수 있게 하는 일.

기업 그룹 (企業group) 기업 집단.

기업 소:득 (企業所得)[-쏘-]『경』기업가가 경영 활동에서 얻는 이익《총수입에서 생산비를 빼낸 잔액임》.

기업 연합 (企業聯合)[-엄년-]『경』카르텔.

기업-인 (企業人)명 기업을 경영하는 사람.

기업 제휴 (企業提携)[-쩨-]『경』여러 기업이 판매·제품 개발·투자 따위의 여러 가지 기업 활동을 공동으로 하는 일.

기업-주 (企業主)[-쭈]명 기업의 소유자.

기업 진단 (企業診斷)[-찐-]『경』기업의 경영 내용을 조사·분석하여 문제점을 발견하고 합리적인 경영 방법을 제시하는 일.

기업 집단 (企業集團)[-찝딴]『경』주식의 상호 보유, 생산·판매 따위의 영업상의 연계, 융자 등에서 서로 긴밀한 관계를 유지하면서 협조적인 행동을 하는 기업의 무리. 기업 그룹(group).

기업-체 (企業體)명 기업을 경영하는 조직체. □부실한 ~를 정리하다.

기업 통:제 (企業統制)『경』1 기업 독점에 대한 국가의 통제. 2 트러스트·카르텔 등의 독점 기업이 그 위력을 발휘하기 위해 하는 자발적인 통제.

기업 합동 (企業合同)[-어팝똥]『경』트러스트.

기업 합리화 (企業合理化)[-어파니-]『경』생산 설비나 노동력의 낭비를 없애고 기업의 이윤을 높이려는 일.

기업-화 (企業化)[-어퐈]명하자타 기업의 형태를 갖추어 활동하는 일. □~한 언론 / 하루빨리 농업의 ~가 이루어져야 한다.

-기에어미 '이다'나 용언의 어간에 붙어, 원인이나 근거를 나타내는 연결 어미. □클 것 같~ 줄었다 / 힘이 장사이~ 쉽게 이겼다 / 무엇을 하고 놀았~ 손이 그 모양이냐 / 자네가 가르쳐 주~ 대드나 / 네가 알려 주었~ 망정이지 큰일 날 뻔했다.

기여 (其餘)명 그 나머지. 그 이외. 이여(爾餘).

기여 (寄與)명하자 1 도움이 되도록 이바지함. 공헌(貢獻). □국가에 ~하는 바가 크다. 2 물건을 부쳐 줌.

기여-금 (寄與金)명 연금 급여에 소요되는 비용으로, 공무원이 다달이 봉급에서 내는 돈.

기여-도 (寄與度)명 도움이 되도록 이바지한 정도. □~가 크다 / ~가 높다.

기여-보비 (寄與補裨)명하자 이익을 주고 모자람을 보탬.

기역명 『언』한글 자모 'ㄱ'의 이름. □낫 놓고 ~ 자도 모른다.
[기역 자 왼 다리도 못 그린다] 아주 무식함을 이르는 말.

기역 (其亦)명 '기역시(其亦是)'의 준말.

기역-니은[-영-]명 1 'ㄱ'과 'ㄴ'. 2 〈속〉한글. □~도 모르는 사람.

기역니은-순 (-順)[-영-]명 'ㄱㄴㄷ…'의 자모 차례에 따라서 매기는 순서. ㄱㄴ순. 자모순(字母順).

기-역시 (其亦是)[-씨]명 그것도 역시. 그것도 똑같이. ㉰기역(其亦).

기역자-자 (-字-)[-짜]명 곱자.

기역자-집 (-字-)[-짜]명 'ㄱ' 자 모양으로 지은 집. ㄱ자집.

기역자-홈 (-字-)[-짜]명 건물이나 나무 그릇 등을 만들 때에 'ㄱ' 자 모양으로 파낸 홈.

기연 (奇緣)명 기이한 인연. 이상한 인연.

기연 (寄捐)명하타 1 재물을 내어서 남을 도와 줌. 2 내버리고 쓰지 않음.

기연 (機緣)명 1 어떠한 기회로 맺어진 인연. 2 『불』부처의 교화를 받을 만한 인연의 기틀.

기연가-미연가 (其然-未然-)부회형 그런지 그렇지 아니한지 불분명한 모양. □~할 때에는 사전을 보아라. ㉰기연미연·긴가민가.

기연-금 (棄捐金)명 남을 도와 주기 위하여 내놓는 돈. 의연금.

기연-미연 (其然未然)부회형 '기연가미연가'의 준말.

기염 (氣焰)명 불꽃처럼 대단한 기세. 굉장한 호기(豪氣). □~을 토하다.

기염-만장 (氣焰萬丈)명 기세나 호기가 몹시 대단함.

기엽 (氣葉)명 『식』물속에서 나와서 탄소 동화 작용을 하는 수초의 잎《보통 물속의 잎과는 모양이 다름》.

기엽 (旗葉)명 깃발1.

기영 (機影)명 날고 있는 비행기의 모습. 또는 그 그림자. □구름 속에 ~을 감추다.

기예 (技藝)명 갈고 닦은 기술이나 재주 또는 솜씨. □~를 겨루다 / ~를 닦다 / ~를 갖추다 / 끊임없이 ~를 연마하여 달인의 경지에 다다르다.

기예-하다 (氣銳-)형여 기백이 날카롭다.

기온 (氣溫)명 대기의 온도《보통, 지면으로부터 1.5 m 높이에서 잰 온도를 이름》. □~이 높다 / 전국의 ~이 영하로 떨어지다 / 밤 사이에 ~이 많이 내려갔다.

기온 감률 (氣溫減率)[-뉼]『지』기온이 높이에 따라 낮아지는 비율《평균 100 m에 0.5-0.6 ℃ 쯤임》.

기온 역전층 (氣溫逆轉層)[-쩐-]역전층2.

기온 일교차 (氣溫日較差)하루 중 최고 기온과 최저 기온의 차.

기와명 흙이나 시멘트 따위로 만든, 지붕을 이는 데 쓰는 물건. □~를 굽다 / ~를 벗기다 / ~를 올리다 / 지붕에 ~를 이다.
[기와 한 장 아껴서 대들보 썩힌다] 조그마한 것을 아끼다가 오히려 큰 손해를 본다.

기와 (起臥)명하자 일어남과 누움.

기와-와 (-瓦)몡 한자 부수(部首)의 하나('瓶'·'甕' 따위에서 '瓦'의 이름).

기와-장이몡 지붕에 기와를 이는 일을 업으로 삼는 사람. 개와장.

기와-지붕몡 기와를 이은 지붕.

기와-집몡 지붕을 기와로 인 집. 와가(瓦家). 와옥(瓦屋). ▱고래 등 같은 ~.

기완(器玩)몡 보고 감상하기 위하여 모아 두는 기구나 골동품 같은 것.

기왓-가마 [-와까 / -왓까]몡 〔건〕기와를 구워 내는 가마. 와요(瓦窯).

기왓-고랑 [-와꼬 / -왓꼬]몡 〔건〕기와집 지붕에 빗물이 잘 흘러내리도록 골이 진 부분. 와구(瓦溝). ⑥기왓골.

기왓-골 [-와꼴 / -왓꼴]몡 '기왓고랑' 의 준말. ▱~이 묻히도록 많은 눈이 내렸다.

기왓-등 [-와등 / -왓등]몡 〔건〕처마에서 용마루에 이르는 수키와의 윗면.

기왓-장 (-張) [-와짱 / -왓짱]몡 기와의 낱장. ▱태풍에 ~이 날아갔다.

기왕(既往)ⓘ몡 이미 지나간 이전. 그전. 과거. ▱~의 잘못은 따지지 않겠다. ⓛ분 기왕에. ▱가려던 참이었으니 ~에 잘됐다 / ~ 여기까지 왔으니 말이나 들어 봅시다.

기왕-에(既往-)분 이미 그렇게 된 바에. 이왕에. ▱~ 늦었으니 저녁이나 들고 가게.

기왕-이면(既往-)분 어차피 그렇게 된 바에는. 이왕이면. ▱~ 나도 끼어 주렴.

기왕-증(既往症)[-쫑]몡 환자가 지금까지 경험한 질병.

기왕지사(既往之事)몡 이미 지난 일. 이왕지사. ▱~ 그렇게 된 바에야 / ~ 엎질러진 물이다.

기외(其外)몡 그 밖. 기타.

기요(紀要)몡 **1** 요강(要綱)·요령을 적어 놓은 것. **2** 대학·연구소 따위에서 간행하는, 연구 논문을 실은 정기 간행물.

기-요통(氣腰痛)몡 〔한의〕정신적인 원인으로 기혈이 쇠약해져서 허리가 아픈 병.

기요틴(프 guillotine)몡 프랑스 대혁명 때에 쓰였던 죄인의 목을 베는 기구.

기:욕(嗜慾)몡 좋아하고 즐기려는 욕심.

기용(起用)몡ⓗ타 **1** 인재를 높은 자리에 올려 씀. ▱공장장으로 ~하다 / 요직에 ~되다. **2** 면직되거나 휴직한 사람을 다시 불러 씀.

기우(杞憂)몡ⓗ자 〔옛날 기(杞)나라 사람이 하늘이 무너질까 걱정했다는 고사에서 나온 말 : 열자(列子)〕쓸데없는 걱정을 함. 또는 그 걱정. ▱~에 그치다 / ~에 불과하다 / 그 걱정은 ~에 지나지 않았다.

기우(奇偶)몡 기수와 우수.

기우(奇遇)몡ⓗ자 기이한 인연으로 만남.

기우(祈雨)몡ⓗ자 비 오기를 빎.

기우(氣宇)몡 기개(氣槪)와 도량.

기우(寄寓)몡ⓗ자 임시로 남의 집에 몸을 의지하고 지냄.

기우-단(祈雨壇)몡 〔역〕기우제를 지낼 때 쓰던 단.

기우듬-하다ⓗ혱 조금 기웃하다. ⓐ갸우듬하다. ⓢ끼우듬하다. **기우듬-히**ⓦ분

기우뚱 분혱자타 물체가 한쪽으로 기우듬하게 기울어진 모양. 또는 기울게 하거나 기울어지는 모양. ▱배가 ~할 때마다 사람들이 이리저리 쏠리었다 / 벽시계가 ~하게 걸려 있다. ⓢ끼우뚱.

기우뚱-거리다자타 물체가 자꾸 이쪽저쪽으로 기울어지게 흔들리다. 또는 그렇게 흔들다. ▱배가 세찬 파도에 기우뚱거린다 / 커다란 몸집을 기우뚱거리며 느릿느릿 걸어왔다. ⓐ갸우뚱거리다. ⓢ끼우뚱거리다. **기우뚱-기우뚱** 분혱형자타

기우뚱-대다자타 기우뚱거리다.

기우루분 〔옛〕기울게.

기우-제(祈雨祭)몡〔역〕하지(夏至)가 지나도록 비가 오지 않을 때에 비 오기를 빌던 제사. ▱~를 올리다 / ~를 지내다.

기운몡 **1** 하늘과 땅 사이에 가득 차서, 만물이 나고 자라는 힘의 근원. **2** 생물이 살아 움직이는 힘. ▱~이 세다 / ~을 쓰다 / ~을 차리다 / ~이 펄펄 난다. **3** 눈에 보이지는 않으나 몸으로 느끼는 온도·냄새 따위의 감각. ▱맑은 ~이 가득하다 / 봄의 따스한 ~이 감돌다 / 아침저녁으로 가을 ~이 완연하다. **4** 낌새. ▱약 ~이 돌다 / 몸살 ~이 약간 있다.

[기운이 세면 소가 왕 노릇 할까]힘만 가지고는 대중을 다스릴 수 없다.

기운(氣運)몡 어떤 일이 돌아가는 형편. ▱민주화 운동의 ~이 높아지다.

기운(氣韻)몡 문장이나 서화의 아담한 멋.

기운(機運)몡 기회와 운수. ▱화해의 ~이 무르익다.

기운-기(-氣)몡 한자 부수의 하나('氣'·'氛' 따위에서 '气'의 이름).

기운-생동(氣韻生動)몡 기품이 넘침(뛰어난 예술품에 대하여 이르는 말).

기운-차다혱 기운이 넘치고 활발하다. ▱기운찬 목소리 / 걸음걸이가 ~.

기울몡 밀이나 귀리 따위의 가루를 쳐내고 남은 속껍질.

기울(氣鬱)몡ⓗ혱자 〔한의〕마음이 울적하여 가슴이 답답해지는 병. 기울증.

기울-기-표(-標)몡〔수〕수평면에 대한 경사면의 기울어진 정도. 직선이 x 축(軸)과 이루는 각(角)의 탄젠트.

기울기-표(-標)몡 구배표(勾配標).

기울다〔기울어, 기우니, 기운〕ⓘ혱 **1** 비스듬하여 한쪽이 낮아지거나 비뚤어지다. ▱한쪽으로 기운 배. **2** 다른 것과 비교하여 그것보다 못하다. ▱신랑(신부) 쪽이 기우는 혼사. ⓛ자 **1** 생각·마음 따위가 한편으로 쏠리다. **2** 해나 달이 저물어 가다. ▱해가 기울기 시작했다 / 달도 차면 기운다. **3** 형세가 불리해지다. ▱국운이 ~. ⓐ갸울다. ⓢ끼울다. **4** 그러한 경향을 띠다. ▱고전주의로 기운 사람.

기울어-뜨리다타 힘 있게 기울이다. ⓐ갸울어뜨리다. ⓢ끼울어뜨리다.

기울어-지다자 기울게 되다. ▱마음이 그 여자에게 ~ / 대세는 이미 기울어졌다. ⓐ갸울어지다. ⓢ끼울어지다.

기울어-트리다타 기울어뜨리다.

기울-이다타 **1** 일정한 기준에서 한편으로 쏠리게 하다. ▱몸을 앞으로 ~. ⓐ갸울이다. ⓢ끼울이다. **2** 어떤 방향으로 향하게 하다. ▱강연에 귀를 ~. **3** 남기지 않고 총동원하다. ▱심혈을 ~ / 온갖 노력을 ~. **4** 형세를 불리하게 하다. ▱나라를 기울인 미색(美色).

기움-말몡〔언〕보어(補語).

기움-질몡ⓗ타 옷 따위의 해어진 곳에 조각을 대어 깁는 일.

기웃[-읃]분타혱 무엇을 보려고 고개나 몸을 기울이는 모양. 또는 기운 모양. ⓐ갸웃. ⓢ끼웃.

기웃-거리다[-읃꺼-]타 무엇을 보려고 자꾸

고개를 기울이다. ❏ 방 안을 기웃거리며 살펴보다. [작]갸웃거리다. [센]끼웃거리다. **기웃-기웃** [-욷끼욷] [부][하타]

기웃-대다 [-욷때-] [타] 기웃거리다.

기웃-이 [부] 기웃하게.

기원 (技員) [명] 전에, 기술직 8급 공무원의 직급. 지금은 '서기(書記)'로 바뀌었음.

기원 (祈願) [명][하타] 바라는 일이 이루어지기를 빎. ❏ 간절한 ~ / 풍년이 들기를 ~하다.

기원 (紀元) [명] **1** 연대를 계산하는 데 기준이 되는 해. **2** 새로운 출발이 되는 시대나 시기. ❏ 새로운 ~을 긋는 획기적인 사업. **3** 나라를 세운 첫 해.

기원 (起源·起原) [명][하자] 사물이 처음으로 생김. 또는 그런 근원. ❏ 인류의 ~.

기원 (棋院·碁院) [명] **1** 바둑 전문가가 조직하는 단체. 또는 그 집합소. **2** 바둑을 두는 시설이나 장소를 제공하는 일을 업으로 삼는 곳.

기원-보 (技員補) [명] 전에, 기술직 9급 공무원의 직급. 지금은 '서기보'로 바뀌었음.

기원-전 (紀元前) [명] 서력기원이 시작하기 전 《기호 : B.C.》.

기원-정사 (祇園精舍) [명] 〖불〗 옛날 인도 중부 마갈타국(摩揭陀國) 사위성(舍衛城) 남쪽에 있던 절.

기원-후 (紀元後) [명] 서력기원이 시작한 이후 《기호 : A.D.》.

기월 (忌月) [명] 기일이 들어 있는 달.

기월 (期月) [명] **1** 꼭 한 달. **2** 미리 정한 달.

기위 (旣爲) [부] 벌써. 이미.

기유 (己酉) [명] 〖민〗 육십갑자의 마흔여섯째.

기율 (紀律) [명] 사람에게 행위의 표준이 될 만한 질서. 규율. ❏ ~이 해이해졌다.

기은 (棄恩) [명][하자] 〖불〗 속세에 대한 집착을 끊고 진여(眞如)의 길에 들어가는 일.

기은 [형] 〈옛〉 논밭에 잡풀이 무성한.

기음 [명] ☞ 김2.

기음 (記音) [명][하자타] 소리가 진동하는 모양을 표시함.

기음 (氣音) [명] 〖언〗 거센소리.

기음 (基音) [명] 기본음(基本音)1.

기음 문자 (記音文字) [-짜] 〖언〗 표음 문자.

기의 (機宜) [-/-이] [명] 시기와 형편에 알맞음. 시기에 적합함. 시의(時宜).

기이 (期頤) [명] 백 살의 나이. 또는 그 나이의 사람. 기이지수.

기이 (旣已) [부] 이미.

기이다 [타] 일이 드러나지 않도록 남에게 알리지 아니하다. [준]기다.

기이지수 (期頤之壽) [명] 기이(期頤).

기이-하다 (奇異-) [형][여] 기괴하고 이상하다. ❏ 기이한 모습 / 기이한 경험을 하다.

기인 (奇人) [명] 성질·언행이 기이한 사람.

기인 (其人) [명] 〖역〗 고려·조선 때, 지방 향리(鄕吏)의 자제로서 중앙에 볼모로 뽑혀 와서 그 출신 지방 행정의 고문(顧問)을 맡아보던 사람.

기인 (起因) [명][하자] 일이 일어나는 원인. ❏ 어디에서 ~하는 것인지 모른다.

기인 (飢人) [명] 굶주린 사람. 기자(飢者).

기인 (基因) [명][하자] 근본적 원인.

기인 (欺人) [명][하자] 사람을 속임.

기인 (幾人) [명] 몇 사람.

기인 (棄人) [명] **1** 도리(道理)에 벗어난 짓을 하여 버림받은 사람. **2** 폐인2.

기일 (忌日) [명] 사람이 죽은 날. 제삿날. 명일(命日). 기신.

기일 (奇日) [명] 홀수의 날《1일·3일 따위》. 척일.

기일 (期日) [명] **1** 정해진 날짜. 기한이 되는 날. ❏ ~까지 납부하다 / ~을 넘기다. **2** 어떤 일을 하기로 미리 정해 놓은 날. **—-하다** [타][여] 날짜를 기약하다.

기일 (幾日) [명] 며칠. 몇 날.

기입 (記入) [명][하타] 적어 넣음. ❏ 장부에 상세하게 ~하다.

기자 (記者) [명] **1** 신문·잡지·방송 등의 기사를 쓰거나 편집하는 사람. ❏ ~ 회견 / 문화부 ~. **2** 문서의 초안을 잡는 사람.

기자 (飢者) [명] 기인(飢人).

기자 (棋子·碁子) [명] 바둑돌.

기자-감식 (飢者甘食) [명] 배고픈 사람은 음식을 가리지 않고 달게 먹음.

기자-단 (記者團) [명] 같은 지방이나 출입 부처의 기자들로 이루어진 단체.

기자-력 (起磁力) [명] 금속 따위에 자기(磁氣)가 생기게 하는 힘이나 작용.

기자-실 (記者室) [명] 관공서 따위에 마련되어 있는 취재 기자들의 대기실.

기-자재 (機資材·器資材) [명] 기계·기구·자재 따위를 통틀어 이르는 말. ❏ 의료 ~.

기자-쟁선 (棄子爭先) [명] 바둑에서, 살 가망이 없는 돌은 빨리 버리고 선수(先手)를 잡으라는 말.

기자 조선 (箕子朝鮮) 〖역〗 기자와 그 자손들이 단군 조선의 뒤를 이어 다스렸다고 하는 나라《학계에서는 그 실재를 부정함》.

기-잡이 (旗-) [명] 기를 드는 사람. 기수.

기장[1] [명] 〖식〗 볏과의 한해살이풀. 수수와 비슷한 곡류로 이삭은 가을에 익음. 열매는 담황색이고 떡·술·빵·과자 따위의 원료 및 가축의 사료임. 나서(糯黍).

기장[2] [명] 옷의 길이. ❏ ~을 줄이다 / 치마 ~이 짧다.

기장 (技匠) [명] 기술을 가진 사람.

기장 (記章·紀章) [명] '기념장'의 준말.

기장 (記帳) [명][하타] 장부에 적음. 또는 그 장부. ❏ 가계부에 지출 내용을 ~하다.

기장 (旗章) [명] 국기·군기·깃발·교기 따위의 총칭. 기호(旗號)2.

기장 (器仗) [명] 병기와 의장(儀仗).

기장 (機長) [명] 민간 항공기의 승무원 가운데 최고 책임자.

기장-밥 [명] 쌀에 기장을 섞거나, 기장만으로 지은 밥.

기장-쌀 [명] 찧어서 껍질을 벗긴 기장 열매.

기장지무 (旣張之舞) [명] 이미 벌인 춤이란 뜻으로, 시작한 일이므로 중간에 그만둘 수 없다는 말. 벌인춤.

기장-차다 [형] 물건이 곧고도 길다.

기재 (奇才) [명] 아주 뛰어난 재주. 또는 그런 사람. ❏ 천부적인 ~를 지닌 사람.

기재 (記載) [명][하타] 적어서 올림. ❏ ~ 사항 / 수첩에 전화번호가 ~되어 있다.

기재 (器才) [명] 기량(器量)과 재기(才氣).

기재 (器材) [명] 기구와 재료. ❏ 실험용 ~.

기재 (機才) [명] 기민한 재주. 임기응변의 재기(才氣).

기재 (機材) [명] 기계의 재료.

기저 (基底) [명] **1** 기초가 되는 밑바닥. 근저(根底). ❏ 불교 정신이 ~를 이루고 있는 소설. **2** 〖수〗 밑면2.

기저귀 [명] 어린아이의 대소변을 받아 내기 위하여 다리 사이에 채우는 천이나 종이. ❏ ~를 채우다.

기저 상태 (基底狀態) 〖물〗 바닥상태.

기적 (汽笛) 圐 기차나 기선 따위에서, 소리를 내는 신호 장치. 또는 그 소리. ▢~을 울리 며 기차가 도착했다.

기:적 (妓籍) 圐 예전에, 기생의 신분을 공적으 로 등록해 놓던 근거. 또는 기생들을 등록해 놓은 대장. ▢~에서 빼내다.

기적 (奇蹟) 圐 1 상식으로는 생각할 수 없는 아주 기이한 일. ▢한강의 ~ / ~을 바라다 / ~을 행하다 / ~이 일어나다. 2 〖종〗신의 힘 으로 행해졌다고 믿는 일《예수가 기도로 문 둥병·앉은뱅이를 고친 일 따위》.

기적 (棋敵·碁敵) 圐 바둑이나 장기를 두는 사 람끼리 서로 맞서는 적수.

기적-극 (奇蹟劇) 〔—극〕圐 12~14 세기경에 유럽 에서 유행하던 종교극《그리스도·사도·성자 등이 행한 기적이나 사적(事蹟)을 주제로 함》. 신비극.

기적-적 (奇蹟的) 〔—쩍〕관圐 상식으로는 생각 할 수 없이 기이한 (것). ▢~인 경제 성장 / ~으로 다시 살아나다.

기전 (紀傳) 圐 본기(本紀)와 열전(列傳).

기전 (起電) 圐하재 전기를 일으킴.

기전 (棋戰·碁戰) 圐 바둑·장기의 승패를 겨루 는 일. ▢국수(國手).

기전 (騎戰) 圐 말을 타고 하는 싸움. 기마전.

기전-기 (起電機) 圐 〖물〗 정전기 유도(靜電氣 誘導)를 이용하여 전기를 일으키는 기계《마 찰(摩擦) 기전기·유도(誘導) 기전기·전기 쟁 반 따위》.

기전-력 (起電力) 〔—녁〕圐 〖물〗 전위차(電位差) 를 이용하여 전류를 흐르게 하는 힘《실용 단 위는 볼트(volt)》. 동전력, 전동력.

기전-체 (紀傳體) 圐 역사적 인물의 전기(傳記) 를 중심으로 기술하는 역사 편찬의 한 체재 《본기(本紀)와 열전(列傳)이 그 중심이 됨》.

기절 (氣絶) 圐하재 1 한때 정신을 잃음. 실신 (失神). ▢놀란 나머지 ~했다. 2 숨이 끊어 짐. 3 깜짝 놀라 숨이 막힐 지경이 됨.

기절 (氣節) 圐 1 기개와 절조. 2 기후(氣候)1.

기절-초풍 (氣絶—風) 圐하재 몹시 놀라 질겁을 함. ▢~할 광경이 눈에 뜨였다 / 귀신을 본 것처럼 ~했다.

기절-하다 (奇絶—) 휑예 아주 신기하다. 썩 기 이하다.

기점 (起點) 〔—쩜〕圐 어떤 것이 처음으로 일어 나거나 시작하는 곳. ▢이 철도의 ~은 서울 역이다.

기점 (基點) 〔—쩜〕圐 1 기본이 되는 점. 2 측량 을 시작하는 점.

기정 (技正) 圐 전에, 기술직 4급 공무원의 직 급. 지금은 '서기관'으로 바뀌었다.

기정 (汽艇) 圐 증기 기관으로 달리는 비교적 작은 배.

기정 (奇正) 圐 임시로 둘러대는 수단과 원칙적 인 방법.

기정 (起程) 圐하재 길을 떠남.

기정 (旣定) 圐하타 이미 정해져 있음. ▢~의 방침대로 움직이다. ↔미정(未定).

기정 (欺情) 圐 겉으로만 꾸미고 속마음은 드러내지 않음.

기-정맥 (奇靜脈) 圐 〖생〗 가슴 오른편에 있는 정맥.

기정-사실 (旣定事實) 圐 이미 정해진 사실. ▢노모의 죽음을 ~로 받아들이다.

기제 (忌祭) 圐 해마다 사람이 죽은 날에 지내 는 제사. 기제사(忌祭祀).

기제 (旣濟) 圐하재 1 일이 이미 처리되어 끝 남. ↔미제(未濟). 2 '기제괘'의 준말.

기제-괘 (旣濟卦) 〖민〗 육십사괘의 하나로, 감괘(坎卦)와 이괘(離卦)가 거듭된 것《물이 불 위에 있음을 상징함》. 준기제.

기제-론 (機制論) 圐 〖철〗 기계론(機械論)1.

기-제사 (忌祭祀) 圐 기제(忌祭).

기조 (基調) 圐 1 사상·작품·학설 따위의 일관 된 기본적 경향. ▢휴머니즘을 ~로 한 문학 / 현재의 정책 ~를 흔들림 없이 유지하다 / 통 화 정책 ~를 긴축으로 전환하다. 2 〖악〗주 조(主調).

기조 (鰭條) 圐 〖어〗 물고기 지느러미의 뼈대가 되는 줄기.

기조-력 (起潮力) 圐 밀물과 썰물을 일으키는 힘《태양의 기조력은 달의 약 절반임》.

기조-연설 (基調演說) 圐 1 국회·전당 대회·학 회 따위에서 대표가 기본 취지나 정책 등을 설명하는 연설. 2 국제 회의에서 각국 대표가 기본 정책 등을 설명하는 연설.

기족 (旗族) 圐 〖역〗 중국 청나라 때의 만주족 을 이르던 말. 기인(旗人).

기존 (旣存) 圐하재 이미 존재함. ▢~ 시설 / ~제품 / ~ 관념 / ~ 질서를 무너뜨리다 / ~의 통설에 이의를 제기하다.

기졸 (騎卒) 圐 〖군〗 기병(騎兵).

기종 (氣腫) 圐 〖의〗 조직 내에 공기가 침입하 여 팽창 또는 확대되는 상태.

기종 (機種) 圐 1 항공기의 종류. ▢새로운 ~의 전투기. 2 기계의 종류. ▢컴퓨터의 ~이 고급화하다.

기좌 (技佐) 圐 전에, 기술직 5급 공무원의 직 급. 지금은 '사무관'으로 바뀌었음.

기좌 (跪坐) 圐하재 사람을 맞을 때에 예의로 일 어났다가 다시 앉음.

기주 (記注) 圐하타 말과 동작을 기록함.

기주 (起酒) 圐하재 1 술이 괴어 오름. 2 증편 따위를 만들 때 반죽에 술을 부어 부풀게 함.

기주 (基主) 圐 〖민〗 집터의 수호신.

기주 (寄主) 圐 〖생〗 숙주(宿主).

기:주 (嗜酒) 圐하재 술을 좋아함.

기주 식물 (寄主植物) 〔—싱—〕 〖식〗 기생 식물 의 기주가 되는 식물. 숙주 식물.

기-죽다 (氣—) 〔—따〕재 기세가 꺾여 약해지다. ▢성적이 떨어졌다고 기죽지 마라.

기-죽이다 (氣—) 재타 기세를 꺾다. ▢누구를 기죽여 놓을 셈인가 / 애들이 잘못했다고 기 죽이지 마라.

기준 (基準) 〔—〕圐 기본이 되는 표준. ▢심사 ~ / 행동 ~ / ~을 삼다 / 새로운 평가 ~을 적용 하다. 〔—갑〕 군대 따위에서, 열을 지을 때 표준이 되는 사람. ▢우측 1 번 ~.

기준-량 (基準量) 〔—냥〕圐 기준으로 삼는 양.

기준-면 (基準面) 圐 높낮이를 비교할 때의 기 준이 되는 면.

기준-선 (基準線) 圐 무엇을 재거나 그릴 때 기 준이 되는 선.

기준 시가 (基準時價) 〔—까〕 국세청에서 양도 세·상속세의 부과 기준으로 삼기 위해 토지· 건물 및 골프 회원권 등을 대상으로 고시한 값《보통, 시가의 60 % 선임》.

기준 임:금 (基準賃金) 〖경〗 매월 또는 매일, 일정한 노동 시간이나 일의 양에 대해 원칙 적으로 반드시 지급되어야 할 임금《기본급· 가족 수당 따위》.

기준-점 (基準點) 〔—쩜〕圐 계산·측정 따위의 기 준이 되는 점. ▢이곳을 ~으로 잡고 측량을

시작한다.

기준-하다(奇峻-) 톙엙 산의 모양이 기이하고 험준하다.

기준 환:율(基準換率) 〖경〗 외환 시세에서, 특정한 나라의 통화와의 관계가 다른 외환 시세의 산정 기준이 되는 환율.

기중(忌中) 뎽 상중(喪中).

기중(其中) 뎽 그 가운데. 그 속. ▣ ~ 나은 것을 골라라.

기중(期中) 뎽 기일 안. 기한 안.

기중(器重) 뎽엙톙 뛰어난 재주와 기량을 중하게 여김.

기중-기(起重機) 뎽 무거운 물건을 들어 옮기는 기계. 크레인(crane).

기중기-선(起重機船) 뎽 기중기를 장치하여 무거운 물건을 운반하는, 부력(浮力)이 큰 배.

기증(寄贈) 뎽엙톙 선물이나 기념으로 물건의 값을 받지 않고 보내어 줌. 증여(贈與). ▣ ~을 받다 / 평생 모은 돈을 학교에 ~하다.

기지(忌地) 뎽 그루를 타는 땅.

기지(奇地) 뎽 신기한 땅.

기지(奇智) 뎽 기발하고 특출한 지혜.

기지(氣志) 뎽 의기와 의지.

기지(基地) 뎽 1 군대의 보급·수송·통신·항공 등의 기점이 되는 곳. ▣ 군사 ~ / 보급 ~ / 전진 ~ / 전투기구 ~를 이륙하다. 2 행동 반경이 넓은 지역 등에서의 근거지. ▣ 남극 탐험 ~ / 중개 무역 ~로 발전하다.

기지(既知) 뎽엙톙 이미 앎. ▣ ~의 사실. ↔미지(未知).

기지(機智) 뎽 경우에 따라 재치 있게 대처하는 슬기. 위트. ▣ ~를 발휘하여 위기를 모면하다.

기:지개 뎽톙쟈 피곤을 덜기 위해 몸을 쭉 피고 팔다리를 뻗는 일. ▣ ~를 펴다 / 한바탕 늘어지게 ~를 켜다.

기지-국(基地局) 뎽 휴대 전화의 송수신 전파를 중계하는 곳.

기지-사경(幾至死境) 뎽톙쟈 거의 죽을 지경에 이름.

기지-수(既知數) 뎽 1〖수〗 방정식 따위에서, 이미 그 수치를 알고 있는 수. 또는 주어진 것으로 가정하는 수. ↔미지수. 2 일일이 추측할 수 있는 일.

기지-창(基地廠) 뎽 〖군〗 보급품의 조달·정비·저장·분배 등을 맡은 부대. ▣ 병참 ~.

기지-촌(基地村) 뎽 외국군의 기지를 중심으로 형성된 마을.

기직 뎽 왕골 껍질이나 부들 잎을 짚에 싸서 엮은 돗자리.

기직(機織) 뎽톙쟈 1 베틀로 베를 짬. 2 기계로 짠 직물.

기진(氣盡) 뎽톙쟈 기운이 다하여 힘이 없음. ▣ ~하여 쓰러지다.

기진-맥진(氣盡脈盡)[-찐] 뎽톙쟈 기운과 정력을 다 써서 힘이 없어짐. ▣ 강행군에 모두들 ~하였다.

기진-역진(氣盡力盡)[-녁찐] 뎽톙쟈 기진맥진.

기질(奇疾) 뎽 원인 모를 이상한 병.

기질(氣質) 뎽 1 기력과 체질. 2〖심〗 자극에 대한 민감성이나 개인의 성격에서 오는 소질. ▣ 낙천적인 ~ / 보수적인 ~이 강하다 / 예술가적인 ~을 타고나다.

기질(基質) 뎽 〖생〗 효소와 작용하여 화학 반응을 일으키는 물질. 2 세포의 배경을 이루고 세포를 그 안에 싸고 있는, 세포 사이에 있는 물질.

기질(器質) 뎽 타고난 재능이나 성질.

기질-적(氣質的)[-쩍] 관뎽 기질과 관련된 (것). ▣ 고혈압·혐심증 등의 ~ 질환.

기차(汽車) 뎽 기관차에 객차나 화차를 연결하여 철로 위를 운행하는 차량. 화차(火車). 열차. ▣ ~에 오르다 / ~를 타고 여행을 하다 / ~ 시간을 놓치다 / ~가 역구내로 미끄러져 들어오다.

기차(幾次) 뎽 몇 번. 몇 차례.

기-차다(氣-) 헝 1 하도 같잖고 어이가 없어 말이 안 나오다. ▣ 참으로 기찬 노릇이다. 2 〈속〉 말할 수 없을 만큼 좋거나 훌륭하다. ▣ 기차게 맛이 좋다.

기차-표(汽車票) 뎽 기차를 타기 위해 사는 표. ▣ ~를 끊다 / ~를 예매하다.

기착(寄着) 뎽톙쟈 배·비행기 따위가 목적지로 가는 도중 어떤 곳에 잠시 들름. ▣ 하와이행 비행기가 일기가 나빠 괌 섬에 ~했다.

기착-지(寄着地)[-찌] 뎽 목적지로 가는 도중 잠시 들르는 곳.

기찰(箕察) 뎽 〖역〗 조선 때, 평안도의 관찰사.

기찰(畿察) 뎽 〖역〗 조선 때, 경기도의 관찰사. 수찰(水察). 화찰(華察).

기찰(譏察) 뎽톙톙 1 행동을 넌지시 살핌. 2 예전에, 범인을 체포하기 위해 수소문하며 행인을 조사하던 일.

기찰-군관(譏察軍官) 뎽 〖역〗 조선 때, 죄인의 탐정 수사에 종사하던 포도청의 한 벼슬. 기찰포교.

기찻-길(汽車-)[-차낄 / -찯낄] 뎽 기차가 달리는 길. 기차선로.

기창(旗槍) 뎽 〖역〗 1 고려 때, 의장(儀仗)의 하나. 누른빛 또는 붉은빛의 작은 기를 단 창. 단창(短槍). 2 조선 때, 기를 단 창을 가지고 하던 무예.

기창(機窓) 뎽 비행기의 창.

기창(騎槍) 뎽 〖역〗 1 말을 탄 병사가 쓰던 긴 창. 2 말을 타고 달리면서 창을 쓰던 무예.

기채(起債) 뎽 1 빚을 얻음. 빚냄. 2〖경〗 국가나 공공 단체가 공채(公債)를 모집함.

기채 시:장(起債市場) 〖경〗 공사채(公社債)의 발행자와 증권 회사의 결합으로 채권 발행이 이루어지는 추상적인 자본 시장.

기책(奇策) 뎽 일반인이 쉽게 생각해 낼 수 없는 기묘한 계책.

기처(其處) 뎽 그곳.

기척 뎽 사람이 있는 것을 상대에게 전할 의도로 내는 소리나 기색. ▣ 사람들의 ~이 들리다 / 돌아눕는 ~이 나다 / 방 안에 있으면서 ~도 안 한다 / ~도 없이 누워 있다.

기천(氣喘) 뎽 〖한의〗 가슴이 답답하고 숨이 차며 목구멍에서 가래 끓는 소리가 나는 병.

기첩(奇捷) 뎽 뜻하지 아니한 승리.

기청-제(祈晴祭) 뎽 〖역〗 고려·조선 때, 입추(立秋)가 지나도록 장마가 계속될 때, 날이 개기를 빌던 나라의 제사.

기체(氣滯) 뎽 〖한의〗 1 기(氣)의 흐름이 순조롭지 못하여 생기는 병. 2 마음이 편하지 아니하여 생기는 체증.

기체¹(氣體) 뎽 몸과 마음의 형편이라는 뜻으로, 웃어른에게 올리는 편지에서 문안을 여쭐 때 쓰는 말. 기후(氣候).

기체²(氣體) 뎽 〖물〗 공기·산소·수소 따위처럼 분자 사이의 거리가 멀어서 각 분자가 자유로이 유동하므로 일정한 모양과 부피를 갖지 않는 물질(공기·가스 따위).

기체(機體) 뎽 1 기계의 바탕. 2 비행기의 동

체. ▫추락한 ～를 조사하다.

기체 연료(氣體燃料)[-열-] 가스 연료.

기체 전:지(氣體電池)『물』산소·염소·수소 등 기체의 전극 두 개를 조합하여 만든 전지. 가스 전지.

기체 확산법(氣體擴散法)[-싼뻡] 농축 우라늄 제조법의 하나. 천연 우라늄을 가스상(狀)의 육플루오르화(六Fluor化) 우라늄으로 바꾸어 이를 펌프로 가스 확산실에 보내 확산 속도가 빠른 우라늄을 회수함. 가스 확산법.

기체-후(氣體候)몡 기체¹. ▫～ 일향 만강하옵시고.

기초(起草)몡하타 글의 초안(草案)을 잡음. ▫법안을 ～하다. ㉔초(草).

기초(基礎)몡 **1** 사물의 밑바탕. ▫～ 작업 / ～를 닦다 / ～를 다지다 / 낙관론에 ～한 생활 태도 / ～ 실력이 탄탄하다 / 국민의 여론을 ～로 정책을 수립하다. **2** 건조물·구축물 따위의 무게를 받치기 위해 만든 바닥. 토대. ▫튼튼한 ～ 위에 선 건물 / 건물의 ～를 놓다.

기초(期初)몡 어느 기간·기한의 처음. ↔기말(期末).

기초(騎哨)몡 말을 타고 보초를 서는 병사.

기초 공사(基礎工事) 건조물이나 구축물 등이 지탱할 수 있도록 기반을 다지는 공사.

기초 공:제(基礎控除)『경』과세 소득 금액을 산정할 때, 총소득 금액에서 일정한 금액을 공제하는 일. 또는 그 공제 금액.

기초 과학(基礎科學) 공학이나 응용과학의 기초가 되는 자연 과학(수학·물리학·화학·생물학 따위).

기초 대:사(基礎代謝)『생』생물체가 생명을 유지하는 데 필요한 최소한의 에너지 대사.

기초 버력(基礎-) 방파제나 다리를 놓을 때 물속에 기초를 만들기 위해 집어넣는 돌.

기초 사회(基礎社會)『사』혈연(血緣)이나 지연(地緣) 따위를 바탕으로 하여 자연 발생적으로 생겨난 집단. 기초 사회 집단.

기초 산:업(基礎産業)『경』일반 산업의 기초가 되는 산업. 철강업·에너지 산업·기계 공업, 그 밖의 주요 화학 공업 따위. 기간 산업.

기초 생활 보:장 제:도(基礎生活保障制度)『사』가족이나 자신의 힘으로 생계를 유지할 능력이 없는 저소득층에게 국가가 생계와 교육·의료·주거 등의 기본적인 생활을 보장해 주는 제도.

기초-시계(記秒時計)[-/-계] 몡 스톱워치.

기초-식품(基礎食品)몡 단백질·탄수화물·지방질·비타민 C·카로틴·무기질 등 매일 필요로 하는 여섯 종류의 영양소를 각각 함유하는 식품군(群).

기초 운:동(基礎運動) 경기의 전후에 몸을 풀거나 추스르려고 하는, 자연스럽고 유연한 체조.

기초 자치 단체(基礎自治團體) 시·군·구 등의 지방 자치 단체. *광역 자치 단체.

기초-적(基礎的)옌몡 사물의 밑바탕이 되는 (것). ▫～인 지식과 전문적인 기술.

기초-청려(奇峭清麗)[-녀] 몡하옝 산이 가파르고 기이하며 곱다.

기초 체온(基礎體溫)『생』사람의 몸과 마음이 안정된 상태에서 잰 체온(밤에 충분히 자고 아침에 일어나 곧바로 잴 때 잼).

기초-하다(奇峭-)옌여 산이 기이(奇異)하고 가파르다.

기초-화장(基礎化粧)몡 피부를 건강하고 아

름답게 유지하고 본 화장을 효과적으로 하기 위한 기본적 화장.

기초 화장품(基礎化粧品) 기초화장에 쓰이는 화장품(영양 크림·미용액·화장수 따위).

기총(機銃)몡『군』'기관총'의 준말.

기총(騎銃)몡『군』말을 타고 싸우는 기병이 가지는 작은 총.

기총 소:사(機銃掃射)『군』비행기에서 목표물을 향하여 기관총으로 비질하듯이 내쏨.

기추(騎芻)몡『역』조선 후기에, 무과(武科) 초시(初試)에 과하던 무예의 하나. 20 보(步)간격으로 세워 놓은 짚 인형 다섯 개를 말을 타고 달리면서 활로 쏘아 맞히게 함.

기축(己丑)몡『민』육십갑자(甲子)의 스물여섯째.

기축(祈祝)몡하타 빌고 바람.

기축(氣縮)몡하자 두렵거나 무서워서 몸을 움츠림.

기축(基軸)몡 사상이나 조직 따위에서, 토대나 중심이 되는 긴요한 곳.

기축(機軸)몡 **1** 기관이나 바퀴 따위의 굴대. **2** 활동의 중심이 되는 긴요한 곳. **3**『건』마룻대. **4** 시문(詩文)의 체재.

기축 통화(基軸通貨)『경』국제간의 결제나 금융 거래의 기본이 되는 화폐(현재는 미국의 달러, 일본의 엔, 독일의 마르크가 상용됨).

기출(己出)몡 자기가 낳은 자식.

기춤몡〈옛〉기침.

기취(既娶)몡 이미 장가듦. ↔미취(未娶).

기츰몡〈옛〉기침.

기층(氣層)몡『물』대기(大氣)의 층.

기층(基層)몡 어떤 사물의 바탕을 이루는 층.

기치(棄置)몡하타 그 상태 그대로 내버려둠. 방치(放置).

기치(旗幟)몡 **1** 예전에, 군대에서 쓰던 깃발. ▫～가 펄럭이다. **2** 어떤 목적을 위하여 내세우는 태도나 주장. ▫개혁의 ～를 내걸다 / 자주독립의 ～ 아래 일제히 봉기하다. **3** 기에 나타난 표지(標識).

기치-창검(旗幟槍劍)몡 예전에, 군대에서 쓰던 기·창·칼 등의 총칭.

기침몡하자 **1** 기도 점막(氣道粘膜)이 자극을 받아 반사적으로 일어나는 강한 호흡. 해수(咳嗽). ▫～이 나다 / ～이 멎다 / 심한 ～으로 고생했다 / ～할 때마다 가래가 나온다. **2** 목구멍에 걸린 가래를 떼려고 하거나 인기척을 낼 때 일부러 터져 나오게 하는 숨소리. ▫～ 소리를 내다 / ～으로 목소리를 가다듬다.

기침(起枕)몡하자 윗사람이 잠자리에서 일어남. ▫아버지는 아침 일찍 ～하신다.

기침(起寢)몡하자 **1** 기상(起床). **2**『불』밤중에 일어나 부처에 배례하는 일.

기침-쇠(起寢-)몡『불』절에서 아침에 일어날 시간을 알리려고 치는 종. 기침종(起寢鐘).

기타(其他)몡 그 밖. 그 밖의 또 다른 것(부사적으로도 씀). ▫～ 사항.

기타(guitar)몡『악』'8' 자 모양의 나무 공명(共鳴) 상자와, 여섯 가닥의 줄로 된 서양 현악기(독주용·반주용이 있음). ▫～를 치다 / ～를 퉁기며 노래를 한다.

기탁(寄託)몡하타 **1** 부탁하여 맡겨 둠. 2 고 아원에 성금을 ～하다. **2**『법』'임치(任置)'의 구용어.

기탁-금(寄託金)[-끔] 몡 기탁한 돈.

기탄(忌憚)몡하타 어렵게 여기어 꺼림.

기탄-없다(忌憚-)[-탑따] 옝 어려움이나 거리낌이 없다. ▫여러분의 기탄없는 의견을 듣고 싶다. **기탄-없이**[-탑씨] 윈. ▫～ 말

해 보게.

기태(奇態)圈 괴상한 모양. 기이한 형태.

기통(氣筒·汽筒)圈 실린더(cylinder). ❏6~ 자동차.

기특-하다(奇特-)[-트카-]圈어 말이나 행동이 기이하고 귀염성이 있다. 신통하다. ❏기특한 아이 / 오늘은 기특하게도 공부를 하는구나. 기특-히 [-트키]曱

기튼 재어〈옛〉 끼친. 남은《긷다의 활용형》.

기틀圈 어떤 일의 가장 중요한 바탕이나 기초. ❏~을 잡다 / ~을 마련하다 / 나라의 ~을 다지다.
기틀(이) 잡히다 굔 어떤 일의 가장 중요한 부분이 제 기능을 발휘할 수 있게 되다.

기티다 재어〈옛〉 남기다. 끼치다².

기판(基板)圈『전』 전자 부품을 조립하는 프린트판(板). 또는 집적 회로를 배선(配線)하는 판(板).

기판(旗瓣)圈『식』 콩과 식물의 나비 모양 꽃부리의 한가운데에 있는 큰 꽃잎.

기판-력(旣判力)[-녁]圈『법』 확정된 재판의 판단 내용이 이후의 소송에서 법원 및 당사자를 구속하고, 이에 어긋나는 판단이나 주장을 할 수 없게 하는 효력.

기판-쇠圈『불』 절에서 끼니때를 알리기 위하여 치는 종. 기파종.

기평(譏評)圈하타 나무라면서 평론함.

기폐(起廢)[-/-폐]圈하타 관직에서 쫓겨났던 사람을 다시 벼슬에 씀.

기포(起泡)圈하자타 거품이 일어남. 또는 거품을 일게 함.

기포(氣泡)圈 고체나 액체 속에 공기나 다른 기체가 들어가 둥그런 형상을 하고 있는 것. ❏~가 생기다.

기포(氣胞)圈 1『생』폐포. 허파 꽈리. 2『어』물고기의 부레.

기포(飢飽·饑飽)圈 배고픔과 배부름.

기포-성(起泡性)[-씽]圈 액체를 그릇에 넣고 흔들 때 거품이 이는 성질. 거품성.

기폭(起爆)圈 화약이 압력이나 열 따위의 충동을 받아 폭발을 일으키는 현상. ❏~ 장치.

기폭(旗幅)圈 1 깃발. 2 깃발의 나비.

기폭-약(起爆藥)[-퐁냑]圈『화』 약간의 충격으로 쉽게 폭발을 일으키는 화약《뇌홍(雷汞)·뇌은(雷銀) 따위》. 기폭제.

기폭-제(起爆劑)[-쩨]圈『화』 1 기폭약. 2 어떤 일이 일어나는 계기가 되는 것. ❏도쿄 유학생들의 2·8 독립 선언은 3·1 운동의 ~가 되었다.

기표(記票)圈하자타 투표용지에 써넣거나 표시를 함.

기표-란(記票欄)圈 투표용지에 써넣거나 표시를 할 수 있는 칸.

기표-소(記票所)圈 투표장 안에 특별히 마련한, 기표하는 곳.

기품(奇品)圈 진기한 물품.

기품(氣品)圈 고상한 성품이나 품격. ❏~ 있는 여인 / ~이 서리다 / 범접할 수 없는 ~이 느껴지다.

기품(氣稟)圈 타고난 기질과 품성(稟性).

기풍(氣風)圈 1 기상(氣象)과 풍채. 기질. ❏호방(豪放)한 ~. 2 어떤 집단이나 지역 사람들의 공통적인 기질. ❏건전한 사회 ~.

기풍(棋風·碁風)圈 바둑이나 장기를 둘 때 나타나는, 그 사람 특유의 방식이나 개성. ❏공격적 ~.

기피(忌避)圈하타 1 꺼리거나 싫어하여 피함. ❏병역을 ~하다 / 대인 공포증으로 사람들을

~한다. 2『법』 법관이 소송 관계인과 어떤 특수한 관계에 있거나 공정하지 못한 재판을 할 우려가 있을 때, 소송 당사자가 그 법관의 직무 집행을 거부하는 일.

기피(忌避)타〈옛〉 길을 쓰기 시작함.

기피-자(忌避者)圈 기피를 하는 사람. ❏납세 ~ / 병역 ~.

기피-증(忌避症)[-쯩]圈 어떤 사물이나 현상을 꺼리어 피하는 심리. ❏재판 ~이 널리 퍼져 있는 것이 현실이다.

기필(起筆)圈하타 글을 쓰기 시작함.

기필(期必)圈하자타 꼭 이루어지기를 기약함.

기필-코(期必-)曱 꼭. 반드시. 기어코. 기어이. ❏이번 협상은 ~ 성사시켜야 한다 / 에베레스트 등정에 ~ 성공하겠다.

기핍(飢乏·饑乏)圈하자 기근이 들어 먹을 것이 없거나 모자람.

기핍-하다(氣乏-)[-피파-]圈어 기력이 없거나 모자라다.

기하(幾何)圈 1 얼마1. 2『수』 '기하학'의 준말.

기하 광학(幾何光學)『물』 광선의 직진·반사·굴절 따위를 기하학적으로 연구하는 광학의 한 부문. ↔물리 광학.

기하-급수(幾何級數)[-쑤]圈『수』 등비급수(等比級數).

기하급수-적(幾何級數的)[-쑤-]관圈 수가 거듭할 때마다 두 배의 비율로 늘어나는 (것). ❏~으로 불어나는 인구.

기-하다(基-)재어 기초를 두다.

기-하다(忌-)타어 꺼리고 싫어하다. 피하다. ❏대개 윤달에는 결혼을 기한다.

기하다(記-)타어 기입·기록하다.

기-하다(期-)타어 기일을 정하다. ❏24시를 기하여 휘발유 가격을 인상한다. 2 어떤 일을 기약하다. ❏완벽을 ~.

기-하다(奇-)圈어 이상하다. 신기하다. 기묘하다. 기-히曱

기하 평균(幾何平均)『수』 여러 개의 수의 상승적(相乘積)을 그 개수의 거듭제곱근으로 놓은 수. 상승 평균(相乘平均). ↔산술 평균.

기하-학(幾何學)圈『수』 도형 및 공간에 관한 성질을 연구하는 수학의 한 부문. ㉰기하.

기하학-무늬(幾何學-)[-학-니]圈 직선이나 곡선의 교차로 이루어지는 추상적인 무늬.

기하학-적(幾何學的)[-쩍]관圈 기하학에 바탕을 둔 (것). ❏~인 구도.

기하 화:법(幾何畫法)[-뺍]圈 기하학의 원리로 물체의 형상을 정밀하게 그리는 방법.

기:학(嗜虐)圈하타 잔인하고 악독한 일을 즐기는 일.

기한(飢寒·饑寒)圈 굶주리고 헐벗어 배고프고 추움. ❏~에 떨다.

기한(期限)圈하타 1 미리 한정한 시기. ❏유통 ~을 확인하다 / 빚을 ~까지 갚았다 / 제출 ~을 넘기다 / ~이 차다. ㉰한(限). 2 어느 때까지를 기약함.

기한-부(期限附)圈 언제까지의 기한을 붙임. ❏~ 조건으로 채용하다.

기한부 어음(期限附-)『경』 지급 기한이 정해진 어음. 유전스 빌(usance bill).

기한부 채:권(期限附債券)[-꿘]『경』 채무 이행에 관해 기한이 정해져 있는 채권.

기한-제(起寒劑)圈『물』 한제(寒劑).

기함(起陷)圈 땅바닥이 위로 불쑥 솟거나 밑으로 우묵하게 꺼짐.

기함(氣陷)**명-하자** 1 기력이 쇠하여 가라앉음. 2 갑자기 놀라거나 아파서 소리를 지르면서 넋을 잃음. ❏달려드는 개를 보고 ~을 하듯 놀라며 뒤로 물러섰다.

기함(旗艦)**명**『군』함대의 군함 가운데 사령관이 타고 있는 군함.

기합(氣合)**명** 1 어떤 특정한 행동을 하기 위한 정신과 힘의 집중. 또는 그때 지르는 소리. ❏~을 넣다(힘을 내기 위해 소리를 지르다)/ ~이 빠지다/~이 잔뜩 들어가다. 2 〈속〉군대·학교 등의 단체 생활에서 잘못한 사람을 신체적 또는 정신적으로 고통을 주는 일. ❏단체 ~/호된 ~을 받다.

기합-술(氣合術)**[-술]명** 기합을 응용하여 행하는, 보통 이상의 능력을 발휘하는 정신적 술법.

기항(寄航)**명-하자** 비행기가 항행 도중에 목적지가 아닌 공항에 들름.

기항(寄港)**명-하자** 배가 항해 도중에 목적지가 아닌 항구에 들름.

기항-지(寄港地)**명** 기항하는 항구.

기해(己亥)**명**『민』육십갑자의 서른여섯째.

기해(氣海)**명** 1 '대기'를 바다에 비유한 말. 2 『한의』배꼽 아래의 치쯤 되는 곳.

기행(奇行)**명** 기이한 행동.

기행(紀行)**명**『문』여행하면서 보고 듣고 느낀 것을 적은 문장이나 책. ❏금강산 ~.

기행-문(紀行文)**명**『문』여행 중의 보고 듣고 느끼고 겪은 바를 적은 글(일기체·편지 형식·수필·보고 형식 등으로 씀).

기허(氣虛)**명-하형**『한의』원기가 허약한 병리 현상.

기허(幾許)**명** 얼마.

기험-하다(崎險-)**형여** 1 기구(崎嶇)하다. 2 성질이 음험하다.

기-현상(奇現象)**명** 기이한 현상. ❏~을 빚다/~이 벌어지다/하위 팀이 상위 팀을 이기는 ~이 일어났다.

기혈(氣穴)**명**『한의』경혈(經穴). ❏~에 침을 놓다.

기혈(氣血)**명**『한의』원기와 피.

기혐(忌嫌)**명-하타** 꺼리고 싫어함.

기협(氣俠)**명-하형** 호탕한 기상. 용맹스러운 마음. 협기(俠氣).

기형(奇形)**명** 괴이한 형체.

기형(畸形)**명**『생』보통 일반의 정상적인 형태와는 다른 생물의 형태.

기형-괴상(奇形怪狀)**명** 이상야릇한 형상.

기형-아(畸形兒)**명** 신체의 발육이나 기능에 이상이 생겨 정상과는 다른 모습으로 태어난 아이. ❏쌍두(雙頭)의 ~/~를 출산한다.

기형-적(畸形的)**관명** 정상이 아니거나 불완전한 형태인 (것). ❏~인 사회 현상.

기호(記號)**명** 어떠한 뜻을 나타내기 위하여 적는 부호·문자·표시 따위의 총칭. ❏~로 나타내다/~를 사용하다/발음 ~를 달다/ 언어는 사고(思考)를 기록하는 일종의 ~다.

기:호(嗜好)**명-하타** 즐기고 좋아함. ❏~를 파악하다/~에 맞는 음식.

기호(旗號)**명** 1 기신호(旗信號). 2 기의 표장(標章).

기호(畿湖)**명**『지』경기도와 황해도 남부 및 충청남도 북부 지역.

기호(飢戶·饑戶)**명** 흉년으로 인하여 굶는 집.

기호 논리학(記號論理學)**[-놀-]**『논』대수학(代數學)에서처럼, 기호를 활용하여 논리의

구조를 밝히려는 형식 논리학.

기:호료 작물(嗜好料作物)**[-장-]**『농』차(茶)·담배·커피 등 기호품을 생산하는 작물. 기호 작물.

기:호 식품(嗜好食品)**명** 기호품.

기호-어(記號語)**명**『컴』어셈블리 언어.

기호 언어(記號言語)**명**『컴』어셈블리 언어.

기:호-음료(嗜好飲料)**[-뇨]명** 액체 상태로 되어 있어 마실 수 있게 된 기호품(커피·술·차·코코아 따위).

기호지세(騎虎之勢)**명** 호랑이를 타고 달리는 형세라는 뜻으로, 하던 일을 중도에서 그만둘 수 없는 경우를 비유하여 이르는 말.

기:호-품(嗜好品)**명** 영양소는 아니지만 독특한 향기나 맛이 있어 즐기고 좋아하는 음식물(술·차·커피·담배 따위). 기호료. 기호물. 기호 식품.

기호-학(記號學)**명**『언』기호의 꼴·내용·용도 등을 체계적으로 연구하는 학문.

기혼(旣婚)**명-하자** 이미 혼인함. ❏~ 여성. ↔미혼.

기혼-녀(旣婚女)**명** 이미 결혼한 여자.

기혼-자(旣婚者)**명** 이미 결혼한 사람.

기화(奇花)**명** 진귀한 꽃. 기이한 꽃.

기화(奇貨)**명** 1 진귀(珍貴)한 보화(寶貨). 2 ('…을 기화로'의 꼴로 쓰여) 뜻밖의 이익을 얻을 수 있는 기회. ❏단속이 허술함을 ~로 음주 운전을 하다.

기화(奇禍)**명** 뜻밖에 당하는 재난.

기화(奇話)**명** 기담(奇談).

기화(氣化)**명-하자** 고체 또는 액체가 기체로 바뀌는 현상. ❏물이 ~하다.

기화(琪花)**명** 선경(仙境)에 있다는 아름답고 고운 꽃.

기화-기(氣化器)**명** 내연 기관에서, 액체 연료를 기화시켜 폭발성 혼합 가스로 만드는 장치. 카뷰레터.

기화-열(氣化熱)**명**『물』액체가 기화할 때 외부로부터 흡수하는 열량. 보통, 일정 온도에서 1그램의 물질을 기화시키는 데 필요한 열량으로 나타냄. 증발열.

기화-요초(琪花瑤草)**명** 아름다운 꽃과 풀.

기환(奇幻)**명** 1 이상야릇한 변화. 2 이상한 허깨비.

기황(饑荒)**명** 굶주림. 기근.

기회(期會)**명** 정기적인 모임.

기회(機會)**명** 1 어떤 일을 하기에 알맞은 시기나 경우. ❏절호의 ~/~를 노리다/~를 엿보다/~를 잡다/좋은 ~를 놓치다/~를 살리다. 2 겨를이나 짬. ❏우연한 ~/말할 ~도 주지 않다/만날 ~가 거의 없다.

기회-균등(機會均等)**명** 1 누구에게나 같은 기회를 고르게 주는 일. 2 외교 정책에서 통상(通商)·사업 경영 등에 관하여 어떤 특정한 나라에 준 것과 동일한 대우를 다른 나라에도 주는 일.

기회-범(機會犯)**명**『법』우발범(偶發犯).

기회-비용(機會費用)**명**『경』경제 활동에서 어떤 선택을 했을 때 그에 따라 포기하는 다른 선택에서 얻을 수 있는 이익에 대한 평가.

기회-주의(機會主義)**[-/-이]명** 일정한 원칙도 없이 그때그때의 정세에 따라서 자신에게 이로운 쪽으로 행동하는 경향.

기회주의-적(機會主義的)**[-/-이-]관명** 일정한 원칙 없이 그때그때의 정세에 따라 자신에게 이로운 쪽으로 행동하는 (것). ❏~인 성격/그의 ~ 태도는 정말 실망스럽다.

기획(企劃)**명-하타** 일을 계획함. ❏~ 상품/

~ 기사 / 대규모 공연을 ~하다.

기획-사 (企劃社)[—싸] 團 광고·영화·음반 따위를 제작하거나 특정 행사를 맡아서 연출하는 일을 전문으로 하는 회사.

기획-실 (企劃室)[—씰] 團 업무를 기획하는 부서. 또는 그 사무실. ▣ ~에서 짠 안.

기획 재정부 (企劃財政部)[—째—] 중앙 행정 기관의 하나. 경제·재정 정책의 수립과 조정, 예산·기금의 편성과 집행, 화폐·외환·국고·정부 회계·국가 채무 등에 관한 사무를 맡아봄.

기획-전 (企劃展)[—쩐] 團 어떤 일을 꾀하여 계획적으로 여는 전시회.

기효 (其效) 團 기이한 효능. 뛰어난 효험.

기후 (其後) 團 그 뒤. 그 후. ▣ ~ 10년.

기후¹ (氣候) 團 1 [지] 기온·비·눈·바람 따위의 대기 상태(조습(燥濕)·청우(晴雨)·한서(寒暑) 따위). ▣ 온대 / 온화한 ~ / 이상 ~를 보이다 / ~의 변화가 심하다 / ~가 고르지 못하다. 2 1년의 이십사절기와 칠십이후를 통틀어 일컫는 말(기(氣)는 15일, 후(候)는 5일을 뜻함). 기절(氣節).

기후² (氣候) 團 기체(氣體).

기후-구 (氣候區) 團 [지] 기후대를 다시 세분하여 같은 기후의 구(區)로 구분한 것.

기후-대 (氣候帶) 團 [지] 지구 상의 기후 특성이 공통한 지대(열대·아열대·온대·아한대·한대가 있음).

기후-도 (氣候圖) 團 [지] 기후의 지리적 분포를 나타낸 도표(등온선도(等溫線圖)·등우량(等雨量)선도·등압(等壓)선도 따위).

기후 요법 (氣候療法)[—뻡] [의] 풍토와 기후가 좋은 곳에 머무르면서 건강의 증진을 꾀하거나 질병을 치유하는 방법.

기후 요소 (氣候要素) [기상] 기후를 구성하는 여러 요소(일기도(日氣圖)에 기입되는 기압·풍향·풍속·구름량·기온·습도·강수량·일사량·일조 시간 따위가 있음). 기상 요소.

기후 인자 (氣候因子) [기상] 기후 요소의 지리적 분포에 영향을 미치는 인자(위도·표고(標高)·해륙(海陸)의 분포·해류 따위).

기후-조 (氣候鳥) [조] 철새.

기후-형 (氣候型) [기상] 세계 각지의 기후를 공통된 성질에 따라 분류한 것(해양 기후·해안 기후·대륙 기후·산악 기후·고산(高山) 기후·열대 기후·온대 기후·한대 기후 따위).

기휘 (忌諱) [윤문] [허다] 1 꺼리어 싫어함. ▣ ~에 저촉되다(남, 특히 윗사람이 꺼리고 싫어하는 언동을 해서 불쾌감을 삼). 2 꺼리거나 두려워 피함.

기흉 (氣胸) 團 결핵·폐렴 등의 원인으로 폐의 표면에 구멍이 생겨, 흉막강(胸膜腔) 안에 공기 또는 가스가 괸 상태. 이때 폐는 수축되며 호흡 곤란을 일으킴.

긴: (緊) [민] 윷놀이에서, 자기의 말이 상대편의 말을 따라잡을 수 있는 거리. ▣ 걸 ~ / ~이 닿다.

긴가민가-하다 [형여] '기연가미연가하다'의 준말. ▣ 긴가민가하여, 자세히 보았다.

긴간 (緊簡) 團 긴찰(緊札).

긴간-사 (緊幹事) 團 매우 긴요한 볼일. ⊚긴간(緊幹).

긴객 (緊客) 團 매우 친밀한 손님.

긴:-경마 團 의식에 쓰는 말에 다는 긴 고삐. 좌견(左牽).

긴관 (緊關) 團 아주 절실한 관계.

긴급 (緊急) [하다형][하부] 일이 긴요하고도 급함. ▣ ~ 뉴스 / ~ 출동 / ~ 대피 / ~을 요하다 / ~한 전화를 받다 / 재해 대책 회의를 ~히 소

집하다.

긴급 구속 (緊急拘束)[—꾸—] [법] 피의자가 중죄를 범했다고 인정될 만한 이유가 있고, 증거 인멸이나 도망의 우려가 있을 경우, 법원이 발행한 구속 영장 없이 피의자를 구속하는 일.

긴급-권 (緊急權)[—꿘] [법] 급박한 위험을 피하기 위해 다른 나라의 권리 또는 이익을 침해할 수 있는 권리.

긴급-동의 (緊急動議)[—똥—/—똥이] 團 회의에서 아주 긴요하고도 급한 안건이 있을 때, 우선적으로 처리하도록 제안하는 일.

긴급 명:령 (緊急命令)[—금—녕] [법] 국가가 비상사태에 처했을 때 대통령이 긴급 조치를 취하기 위해 발하는 명령.

긴급 발진 (緊急發進)[—빨찐] [군] 기지에서 대기 중인 요격기가 긴급 출격 명령을 받고 재빨리 이륙하는 일.

긴급 방위 (緊急防衛)[—빵—] [법] 정당방위.

긴급 사:태 (緊急事態)[—싸—] [법] 대규모의 재해 또는 소란 등과 같이 수습이 빨리 이루어져야 하는 사태.

긴급 상태 (緊急狀態)[—쌍—] [법] 긴급 피난 또는 정당방위를 성립하는 상태.

긴급 자동차 (緊急自動車)[—짜—] 도로 교통법상, 다른 차량에 대한 우선 통행이 인정되고, 속도 및 앞지르기의 제한을 받지 않는 자동차(소방차·구급차 및 경찰차 따위).

긴급 조정 (緊急調整)[—쪼—] [법] 노동 쟁의가 공익에 관계되거나 국민 경제를 해치거나 국민 생활을 위태롭게 할 경우에 노동부 장관이 결정을 내려 쟁의를 중지시키는 일(이 결정이 내리면 20일 이내에는 쟁의 행위를 재개할 수 없게 됨).

긴급 조:치 (緊急措置)[—쪼—] [법] 내우·외환·천재지변 또는 중대한 경제상의 위기에 처했을 때 긴급히 취하는 조치.

긴급 피:난 (緊急避難) [법] 1 민법에서, 급박한 위험이나 재난을 피하기 위해 부득이 남에게 피해를 주는 행위(손해 배상 책임이 없음). 2 형법에서, 자기나 타인의 생명·재산 따위에 대한 급박한 위험을 피하기 위해 부득이 행한 가해 행위(일정한 범위 안에서 처벌 받지 않음).

긴:-긴 [관] '기나긴'의 준말. ▣ ~ 세월.

긴:긴-날 [—날] 1 길고 긴 날. 2 낮이 밤보다 훨씬 긴 날로 여름날을 일컬음.

긴:긴-낮 [—낟] 1 기나긴 낮. 2 밤보다 훨씬 더 긴 여름의 낮.

긴:긴-밤 [—밤] 1 길고 긴 밤. ▣ 동지 섣달 ~. 2 낮보다 훨씬 더 긴 겨울밤.

긴:긴-해 길고 긴 해. 길고 긴 낮.

긴담 (緊談) 團 긴요하고 긴급한 이야기.

긴:-대 團 장죽(長竹).

긴:-대답 (—對答) [團][하자] '예' 소리를 길게 내어 하는 대답.

긴:-등 團 기다란 언덕의 등성이.

긴:-말 [團][하자] 길게 말을 늘어놓음. 또는 그 말. ▣ ~이 필요 없다 / ~하지 마라.

긴:-맛 [—맏] [조개] 긴맛과의 바닷조개. 얕은 바다의 모래 속에 사는데, 원기둥꼴로 길이는 12 cm 정도이며, 황갈색의 매끈매끈한 껍데기로 덮임. 죽합(竹蛤). ⊚맛.

긴밀-하다 (緊密—) [형여] 관계가 매우 가깝고 밀접하다. ▣ 긴밀한 연락을 취하다. **긴밀-히** [부]. ▣ ~ 협조합시다.

긴박(緊迫) 명 하형 몹시 다급하고 절박함. ▣
~한 국제 정세.

긴박(緊縛) 명하타 꼼짝 못하게 바싹 얽어맴.

긴박-감(緊迫感)[-깜] 명 몹시 긴장되고 급한 느낌. ▣ ~이 감도는 회의장 / ~이 흐르다.

긴-반지름(-半-) 명 〔수〕타원의 중심에서 그 둘레에 이르는 가장 긴 거리. 장반경(長半徑). ↔짧은반지름.

긴-병(-病) 명 앓은 지 오래된 병. 오래 앓는 병. 장병(長病).
[긴병에 효자 없다] 무슨 일이든지 너무 오래 끌면 그 일에 대한 성의가 풀린다.

긴불긴-간에(緊不緊間-) 위 긴요하든지 아니하든지 상관없이.

긴-뼈 명 〔생〕장골(長骨).

긴-사설(-辭說) 명 수다스럽게 늘어놓는 말. ▣ ~을 늘어놓다.

긴-살 명 '볼기긴살'의 준말.

긴-소리 명 1 길게 내는 소리. 장음(長音). 2 '긴말'의 낮은말.

긴-소리-표(-標) 명 〔언〕장음 부호.

긴속(緊束) 명하타 꽉 졸라 묶음. 또는 단단히 구속함.

긴실-하다(緊實-) 형여 아주 긴요하고 절실하다. **긴실-히** 위

긴-업(-業) 명 〔민〕업왕(業王)으로 모신 구렁이. 업구렁이.

긴요-하다(緊要-) 형여 매우 필요하고 중요하다. 긴요한 문제부터 토의합시다. **긴요-히** 위. ▣ 그 돈은 학비에 ~ 쓰겠습니다.

긴용(緊用) 명하타 긴요하게 씀.

긴-의대(-衣襨)[기늬-/기니-] 명 〈궁〉소매가 좁은 네 폭의 장의(長衣).

긴-작 명 싸움에서 쓰는 긴 화살. ↔짧은작.

긴장(緊張) 명하자 1 마음을 가다듬어 정신을 바짝 차림. ▣ -된 얼굴 / ~이 풀리다 / 바짝 ~하다 / ~을 늦추다 / 경기장은 온통 ~과 흥분의 도가니였다. 2 정세나 분위기가 평온하지 않은 상태. ▣ ~이 고조되다 / ~이 높아 가다 / ~을 해소하다 / 군사적 ~을 몰고 오다. 3 〔생〕근육의 지속적인 수축 상태.

긴장-감(緊張感) 명 긴장한 상태나 그 느낌. ▣ 팽팽한 ~이 감돌다.

긴장-도(緊張度) 명 긴장한 정도.

긴장-병(緊張病)[-뼝] 명 〔의〕정신 분열증의 하나. 혼미기(昏迷期)에는 거절 증상·의사 발동의 감소·무표정·근(筋)긴장, 흥분기에는 다변(多辯)·무목적 행동의 되풀이·활발한 환각 등의 이상 증상이 있음.

긴절-하다(緊切-) 형여 매우 필요하고 절실하다. **긴절-히** 위

긴중-하다(緊重-) 형여 꼭 필요하고 중요하다.

긴-지름 명 〔수〕타원 안의 가장 긴 지름. 장경(長徑). ↔짧은지름.

긴-짐승 명 뱀·구렁이 같이 몸이 기다란 짐승의 총칭.

긴찰(緊札) 명 긴요(緊要)한 내용의 편지. 긴간(緊簡).

긴청(緊請) 명하타 긴탁(緊託).

긴촉(緊囑) 명하타 긴탁(緊託).

긴축(緊縮) 명하타 1 바짝 줄임. 2 지출을 크게 줄임. ▣ ~ 생활 / ~ 예산으로 ~.

긴축 예:산(緊縮豫算)[-녜-][충녜-] 〔경〕경비를 절약해 규모를 될 수 있는 한 줄이는 예산.

긴축 재정(緊縮財政)[-째-] 〔경〕주로 인플레이션 억제를 위하여 국가 또는 지방 자치

단체에서 예산 규모를 축소시킨 재정.

긴축 정책(緊縮政策)[-쩡-] 〔경〕경제 안정을 위하여 재정·금융 등을 긴축하는 정책.

긴:-치마 명 발등까지 내려오는 기다란 치마.

긴탁(緊託) 명하타 긴요한 부탁. 긴촉(緊囑). 긴청(緊請).

긴-파람 명 길게 부는 휘파람.

긴-팔원숭이 명 〔동〕원숭잇과의 동물. 미얀마·타이·수마트라의 특산. 몸길이 60cm 정도이고, 꼬리가 없으며 팔이 몹시 길어 나무 위에서 생활하기에 알맞음. 나뭇잎·과실·새알·곤충 등을 먹음. 기번(gibbon).

긴-하다(緊-) 형여 1 꼭 필요하다. ▣ 긴한 물건. 2 매우 간절하다. ▣ 긴한 부탁 / 긴한 볼일이 있다. **긴-히** 위. ▣ ~ 부탁할 일이 있다.

긴한-목 명 1 요해처. 2 생명에 영향을 주기 쉬운 몸의 중요한 부분.

길 명 〈옛〉기둥.

긷:-다 [-따][길어, 길으니, 긷는] 타ㄷ 우물이나 샘 같은 데서 물을 퍼서 그릇에 담다. ▣ 물을 길어서 나르다.

길불휘 명 〈옛〉기둥뿌리.

길[1] 명 1 사람·짐승·배·차·비행기 등이 오고 가는 공간. ▣ ~을 내다 / ~을 건너다 / ~을 잃다 / ~이 막히다. 2 사람으로서 지켜야 할 도리나 임무. ▣ 나라 위한 ~ / 스승의 ~. 3 어느 곳으로 가는 노정(路程). ▣ 천 리나 되는 ~ / 고향으로 가는 ~ / 가던 ~을 멈추다 / ~을 잘못 들다. 4 목표로 하는 방향. ▣ 배움의 ~ / 정상으로 가는 ~ / 근대화의 ~에 들어서다. 5 사람의 삶이나 사회, 역사의 발전 따위가 전개되는 과정. ▣ 출세의 ~을 달리다 / 내가 살아온 ~을 돌아보다. 6 (주로 '-ㄴ'의 꼴로 쓰여) 어떠한 일을 하는 도중(途中)이나 기회. ▣ 돌아오는 ~에 만났다. 7 ('-ㄴ / -ㄹ 길'의 꼴로 쓰여) 방법이나 수단. ▣ 그를 살릴 ~이 없다 / 다른 ~을 찾아보다 / 퇴고할 ~이 막막하다. 8 ('-ㄴ / -ㄹ 길로'의 꼴로 쓰여) 어떤 행동이 끝나자마자 즉시. 바로 이어서. ▣ 회사가 끝나는 ~로 서점에 들르다 / 전화를 받자마자 그 ~로 집을 나섰다.
[길로 가라 하니까 메로 간다] 남의 지시를 듣지 않거나 윗사람의 명령을 어긴다는 말.
[길을 두고 메로 갈까] 더 편리한 곳이 있는데도 불구하고 불편한 곳으로 간다는 말.

길(을) 가다 위 목적지를 향해 이동하다.

길(을) 뚫다 위 방법을 찾아내다.

길을 재촉하다 위 서둘러 빨리 길을 가다.

길이 붇다 위 걸음이 빨라져 지나온 거리가 부쩍부쩍 늘어나다.

길이 어긋나다 위 오고 가는 길이 각각 달라서 만나지 못하다.

길이 없다 위 도리나 방법이 없다《관형사형 전성 어미 '-ㄹ' 뒤에 쓰임》. ▣ 위풍이라곤 찾을 길이 없었다.

길이 열리다 위 해결 방도가 생겨나다. 전망이 보이다.

길[2] 명 1 물건에 손질을 잘하여 생기는 윤기. ▣ ~이 잘 든 장독. 2 짐승을 잘 가르쳐서 부리기 좋게 된 버릇. ▣ ~이 든 소. 3 익숙해진 솜씨. ▣ 차츰 ~이 들겠지.

길[3] 명 물건 품질의 등급. ▣ 윗~ / 아랫~.

길[4] 명 '질(帙)'의 변한말.

길[5] 명 〈옛〉길미. 이자.

길:[6] 명 저고리·두루마기 등의 옷섶과 무 사이에 있는, 옷의 주체가 되는 넓고 긴 폭.

길:[7] 의명 1 길이의 단위《사람의 키 정도의 길

이). ㄴ열 ~ 물속은 알아도 한 ~ 사람의 속은 모른단다. **2** 길이의 단위《여덟 자 혹은 열 자로 including 약 2.4 m 또는 3 m임》.

길-가 [-까] 圓 길의 곁. 길의 양쪽 옆. 노변(路邊). ㄴ~의 가로수 / ~에 차를 세우다.

길-갈래 圓『광』이리저리 통하여 있는 광산 안의 길. 갱도(坑道).

길갓-집 [-까집 /-깐찝] 圓 길가에 있는 집.

길-거리 [-꺼-] 圓 사람이나 차가 많이 다니는 번화한 길. ㄴ~의 상인들 / 를 헤매다 / ~로 나서다 / ~에 인적이 드물다. 준거리.

길거리에 나앉다 句 어떤 사정 때문에 집을 잃고, 살 곳이 없어지다. ㄴ가장이 직장을 잃어 길거리에 나앉게 되었다.

길경 (吉慶) 圓 즐겁고 경사스러운 일.

길경 (桔梗·吉更) 圓『식』도라지.

길괘 (吉卦) 圓 좋은 점괘. ↔흉괘(凶卦).

길-군악 (-軍樂)[-구낙] 圓『문』조선 때, 민요적인 색채를 띤 십이 가사(十二歌詞)의 하나. 행군악(行軍樂). 노요곡(路謠曲). **2**『악』옛 취타곡(吹打曲)의 하나. 임금의 거둥 때나 군대의 행진 때 연주되었음. 노군악(路軍樂). 행군악.

길:-길-이 圓 **1** 성이 나서 빨리 여러 번 뛰는 모양. ㄴ~ 날뛰다. **2** 여러 길이 될 만큼의 높이로. ㄴ~ 쌓이다.

길-꾼 圓 노름 따위에 길이 익어 잘하는 사람.

길-나다 [-라-] 困 **1** 버릇이나 습관이 되어 버리다. **2** 윤기가 나거나 손에 익어 쓰기 좋게 되다. ㄴ자주 닦아 길난 마루.

길-나장이 (-羅將-)[-라-] 圓 **1**『역』수령이 외출할 때에 길을 인도하던 나장. **2** 별 볼일 도 없이 길거리를 돌아다니는 사람의 별명.

길년 (吉年)[-련] 圓 결혼하기 좋은 해. 또는 결혼하기 좋은 남녀의 나이.

길-녘 [-녁] 圓 길옆이나 길 부근. 길이 트인 쪽. ㄴ시장 가는 ~에 꽃밭이 있다.

길-놀이 [-로리] 圓『민』탈춤놀이나 민속놀이 또는 마을굿에서 마을을 돌아 공연 장소까지 가면서 벌이는 놀이. 거리굿.

길-눈¹ [-룬] 圓 길을 찾아가는 눈썰미. ㄴ~이 밝다 / ~이 어둡다.

길:-눈² [-룬] 圓 거의 한 길이나 될 만큼 쌓인 눈.

길:-다¹ [길어, 기니, 기는] 困 머리카락·수염 따위가 자라다. ㄴ짧았던 머리가 길게 자랐다 / 빨리 기는 수염.

길:-다² [길어, 기니, 긴] 톈 **1** 물체의 두 끝이 멀리 떨어져 있다. ㄴ긴 머리 / 길게 늘이다. **2** 시간이 오래다. ㄴ긴 세월 / 역사가 긴 학교. **3** 글이나 말 따위의 분량이 많다. ㄴ긴 이야기. **4** 소리·한숨 따위가 오래 계속되다. ㄴ긴 한숨을 내쉬다.

[길고 짧은 것은 대어 보아야 안다] 대소·승패·우열은 실제로 겨루어 보아야 안다.

길-다랗다 톈 ☞기다랗다.

길-닦이 [-닥끼] 圓하어 길을 고쳐 닦는 일.

길-닿다 톈 ☞기닿다.

길:-동그랗다 [-라타][길동그라니, 길동그래서] 톈ㅎ 모양이 기름하게 동그랗다. 준길동 그렇다.

길:-동글다 [길동글어, 길동그니, 길동근] 톈 모양이 기름하게 동글다. 준길동글다.

길-동무 [-뚱-] 圓 길을 함께 가는 동무. 또는 같은 길을 가는 사람. 길벗. ㄴ~가 생기다 / ~를 만나다 / ~와 ~가 되어 여행을 했다. ──하다 困어 길동무가 되어 동행하다.

길:-둥그렇다 [-러타][길둥그러니, 길둥그레

서] 톈ㅎ 모양이 기름하게 둥그렇다. 준길둥 그렇다.

길:-둥글다 [길둥글어, 길둥그니, 길둥근] 톈 모양이 기름하게 둥글다. 준길둥글다.

길드 (guild) 圓 11세기 이후 유럽의 각 도시에서 발달한, 상공업자의 상호 부조적인 동업 조합.

길-들다 [길들어, 길드니, 길드는] 困 **1** 손질을 잘하여 윤기가 나거나 쓰기 좋은 물건이 되다. ㄴ잘 길든 차. **2** 사람이나 짐승이 잘 따르거나 부리기 좋게 되다. ㄴ잘 길든 강아지. **3** 어떤 일에 익숙하게 되다. ㄴ이제는 사무실 분위기에 길들게 되었다.

길-들이다 [-디-] 佃 **1** 손질을 잘하여 윤기가 나게 하거나 쓰기에 좋은 물건을 만든다. ㄴ새 물건보다 잘 길들여진 물건이 좋다. **2** 사람이나 짐승을 잘 가르쳐서 부리기 좋게 하거나 따르게 만든다. ㄴ말괄량이 길들이기. **3** 어떤 일에 익숙하게 하다.

길:-디-길다 [-길어, -기니, -긴] 톈 매우 길다. 썩 길다.

길라-잡이 [-질-] 〔←길나장이〕 길잡이1.

길래 톈 오래도록 길게. ㄴ나쁜 버릇을 ~ 갖지 마라.

-길래 어미 '-기에'의 구어적 표현.

길례 (吉例) 圓 좋은 전례. ㄴ~에 따른 행사.

길례 (吉禮) 圓『역』**1** 대사(大祀)·중사·소사 등 나라 제사의 예절. **2** 관례나 혼례 등의 경사스러운 예식.

길로틴 圓 ☞기요틴(guillotine).

길마 圓 짐을 싣거나 수레를 끌게 하려고 소의 등에 얹는 안장. ㄴ~를 씌우다 / ~를 지우다.

[길마 무거워 소 드러누울까] ㉠남의 일에 부질없이 걱정함을 비유적으로 이르는 말. ㉡어떤 일을 당하여 힘이 부족할까 두려워 말라는 말.

길-마중 圓 올 사람을 기다리기 위하여 길에 나가 있는 일.

길-맛-가지 [-마까- /-맏까-] 圓 길마의 몸통을 이루는 말굽 모양의 나뭇가지.

길-모퉁이 圓 길이 구부러지거나 꺾어져 돌아간 자리. ㄴ~에 숨어 있는 사람 / ~를 돌다.

길-목¹ [-목] 圓 **1** 큰길에서 좁은 길로 들어서는 어귀. ㄴ학교로 가는 ~ / ~을 돌아 첫째 집이 우리 집이다. **2** 길의 중요한 통로가 되는 어귀. ㄴ~을 지키다 / ~을 막다. **3** 어떤 시기에서 다른 시기로 넘어가는 때.

길-목² [-목] 圓 빗장대 끝의 고리와 몸체에 박힌 두 배목의 구멍이 통하여 자물쇠를 걸어 놓게 된 구멍.

길목³ [-목] '길목버선'의 준말.

길목-버선 [-목-] 圓 먼 길을 가는 데 신는 허름한 버선. 준길목.

길몽 (吉夢) 圓 좋은 조짐이 되는 꿈. 상몽(祥夢). ↔흉몽(凶夢).

길:-물 圓 깊이가 한 길이나 되는 물.

길미 圓 빗돈에 덧붙어 느는 돈. 변리. 이자.

길-바닥 [-닥] 圓 **1** 길의 표면. 노면(路面). ㄴ~에 빗물이 고이다 / ~에 벌렁 자빠지다. **2** 길거리나 길의 위. ㄴ~에 나앉다 / ~에 차를 세우다.

길-바로 曱 길을 옳게 잡아들어서.

길-벌레 [-뻘-] 圓 기어 다니는 벌레. ↔날벌레.

길-벗 [-뻗] 圓 길동무.

길보 (吉報) 圓 좋은 소식. ㄴ~를 기다리다.

길복(吉服)圓 **1** 삼년상(喪)을 마친 뒤에 입는 보통 옷. **2** 혼인 때 신랑 신부가 입는 옷.

길복-벗김(吉服-)[-낌]圓 관디벗김.

길-봇짐(-褓-)[-보찜 / -봇찜]圓 먼 길을 떠날 때에 꾸리는 봇짐. ♢~을 꾸리다.

길사¹(吉士)[-싸]圓 **1** 착하고 어진 선비를 이르는 말. **2** 운수가 트인 사람.

길사²(吉士)[-싸]圓《역》신라 때, 17관등(官等)의 열넷째 등급. 사지(舍知)의 아래, 대오(大鳥)의 위. 사두품(四品)의 관등임. 계지(稽知). 길차(吉次).

길사(吉事)[-싸]圓 관례(冠禮)·혼례 같은 좋은 일.

길상(吉相)[-쌍]圓 복을 많이 받을 얼굴의 생김새. ↔흉상(凶相).

길상(吉祥)[-쌍]圓 운수가 좋을 조짐. 경사가 날 조짐. 상서(祥瑞).

길상-과(吉祥果)[-쌍-]圓 석류(石榴)의 열매.

길상-무늬(吉祥-)[-쌍-]圓 수(壽)·복(福)·부(富)·귀(貴)의 길상의 뜻을 지닌 한자를 이용한 무늬. 길상문(吉祥紋).

길상-문(吉祥紋)[-쌍-]圓 길상무늬.

길상-선사(吉祥善事)[-쌍-]圓 더할 수 없이 기쁘고 좋은 일.

길상-천녀(吉祥天女)[-쌍-]圓《불》중생에게 복덕(福德)을 주는 여신. 길상천.

길서(吉瑞)[-써]圓 좋은 일이 있을 징조. 길상(吉祥).

길성(吉星)[-썽]圓 길하고 상서로운 별. ↔흉성(凶星).

길-섶[-썹]圓 길의 가장자리. ♢~에 핀 꽃.

길-속[-쏙]圓 전문적인 일의 속내. ♢~이 다르다 / ~이 트이다 / 해 보지 않은 일이라 ~을 모른다.

길-손[-쏜]圓 먼 길을 가는 나그네.

길시(吉時)[-씨]圓 길한 시각. 운이 좋은 시각.

길신(吉辰)[-씬]圓 **1** 길한 시절. **2** 길일.

길쌈圓하자 실을 내어 옷감을 짜는 모든 일. ♢~ 솜씨.

길-앞잡이[기랍짜비]圓 **1** ☞길잡이. **2**《충》길앞잡잇과의 곤충. 몸은 원통형이며, 길이는 1cm가량, 광택이 나며 딱지날개는 검은색임. 흔히, 사람의 앞길을 뛰어 날아다녀 이 이름이 있음. 반묘(斑猫). 가뢰.

길어-지다罝 **1** 길게 되다. ♢해가 ~. **2** 동안이 오래다. ♢회의가 ~.

길연(吉宴)圓 경사스러운 잔치.

길-옆[기렵]圓 길의 가장자리. ♢차가 와서 ~으로 비켜서다.

길운(吉運)圓 좋은 운수. ↔액운(厄運).

길월(吉月)圓 운이 좋고 상서(祥瑞)로운 달. 영월(令月).

길-이¹圓 **1** 한 끝에서 다른 한 끝까지의 거리. ♢~가 너무 길다 / ~를 재다. **2** 어떤 때로부터 다른 때까지의 동안. ♢낮의 ~가 길어지다. **3** 문장·논문·소설 따위 글의 분량. ♢작품의 ~ / 원고지 100매 ~의 단편 소설 / 문장의 ~가 길다.

길-이²圓 오랜 세월이 지나도록. ♢이름을 ~ 남기다.

길이-같이[-가치]圓 영원히. ♢~ 빛나리.

길이모-쌓기(기리-싸키)圓《건》벽돌의 긴 면을 가로로 쌓는 일. 장방적(長方積).

길-이불[-리-]圓 여행할 때 가지고 다니기 편리하게 가볍고 얇게 만든 이불.

길인(吉人)圓 성품이 바르고 복스러운 사람.

길일(吉日)圓 운이 좋거나 상서로운 날. ♢~을 택하다〔고르다〕.

길-잡이圓 **1** 길을 인도해 주는 사람이나 사물. 길라잡이. ♢산행의 ~ / ~ 노릇을 하다. **2** 나아갈 방향이나 목적을 이끌어 주는 지침. ♢인생의 ~ / 독서의 ~.

길장(吉仗)[-짱]圓《역》조선 때, 가례(嘉禮)와 의식에 쓰던 의장(儀仗).

길:-장(-長)[-짱]圓 한자 부수의 하나('長·髟' 등에서 '長'의 이름). 죠의 '镸'은 '長'의 고자(古字)임.

길제(吉祭)[-쩨]圓 죽은 지 27개월 만에 지내는 제사.

길-제사(-祭祀)[-쩨-]圓《민》 **1** 포수가 사냥 갈 때 산신(山神)에게 지내는 제사. **2** 먼 길을 떠나는 사람이 가는 길이 편안하기를 빌며 지내는 제사.

길조(吉兆)[-쪼]圓 좋은 일이 있을 낌새. ↔흉조(凶兆).

길조(吉鳥)[-쪼]圓 사람에게 어떤 좋은 일이 생길을 미리 알려 준다는 새.

길흉대흉(吉凶大凶)[-쪽때-]圓《민》점괘·사주풀이·토정비결 따위에서, 신수가 썩 좋을 때는 오히려 아주 불길하다는 말.

길지(吉地)[-찌]圓《민》지덕(地德)이 좋은 집터나 묏자리. 명당(明堂).

길-집[-찝]圓《민》길 근처에 사는 백성들이 강제로 동원되어 번갈아 가면서 나르던 관가(官家)의 집.

길-짐승[-찜-]圓 기어 다니는 짐승의 총칭. ↔날짐승.

길징(吉徵)[-찡]圓 길조(吉兆).

길쭉스름-하다[-쓰-]엥에 조금 길쭉하다. ⑭갈쭉스름하다.

길쭉-이圊 길쭉하게. ♢목을 ~ 빼다.

길쭉-하다[-쭈카-]엥에 조금 길다. ♢길쭉한 얼굴. ⑭갈쭉하다. **길쭉-길쭉**[-낄-]圊하엥 ♢떡을 ~하게 썰다.

길쯔막-하다[-마카-]엥에 조금 넉넉하게 길쯔막하다. ⑭갈쯔막하다.

길쯤-길쯤[-낄-]圊하엥 여럿이 다 꽤 기름한 모양. ♢오이가 ~ 자라고 있다.

길쯤-이圊 길쯤하다.

길쯤-하다엥에 꽤 기름하다. ⑭갈쯤하다.

길찍-길찍[-낄-]圊하엥 여럿이 다 길이가 꽤 긴 듯한 모양. ♢묘목들이 ~ 자랐다.

길찍-이圊 길찍하다.

길찍-하다[-찌카-]엥에 꽤 긴 듯하다. ♢길찍하게 자르다. ⑭갈찍하다.

길:-차다엥 **1** 아주 미끈하게 길다. ♢길차게 자란 보리. **2** 나무가 우거져 깊숙하다. ♢길찬 숲 속.

길-채비圓하자 여행이나 먼 길 떠날 준비.

길-책(-冊)圓 '질책(帙冊)'의 변한말.

길-청(-廳)圓《역》군아(郡衙)에서 구실아치가 일을 보던 곳.

길체圓 한쪽으로 치우쳐 있는 구석진 자리. ♢저 ~에 가 앉아라.

길치圓 남쪽 지방에서 나는 황소《살지고 윤기가 흐르나 억세지 못함》.

길카리圓 가깝지 않은 친척.

길-턱圓 길바닥의 가장자리.

길-품圓 남이 갈 길을 대신 가 주고 삯을 받는 일.
길품(을) 팔다롸 ㉠심부름으로 먼 길을 다녀오고 삯을 받다. ㉡아무런 보람이 없이 헛

길을 걷다.

길품-삯 [-싻] 圈 남이 갈 길을 대신 가고 받는 삯. 보행전.

길-하다 (吉-) 圈어 운이 좋거나 일이 상서롭다. ¶까치가 우니 길한 징조다.

길항 (拮抗) 圈하자 서로 버티어 대항함.

길항-근 (拮抗筋) 〖생〗 서로 반대되는 작용을 동시에 행하는 근육. 즉, 한쪽이 줄어들면 한쪽은 늘어나는 한 쌍의 근육. ↔공력근.

길항 작용 (拮抗作用) 〖생〗 1 생물체의 어떤 현상에 대하여, 두 요인이 동시에 작용하면서 서로 그 효과를 줄이는 작용. 2 여러 종류의 균이 섞여 있을 때, 어떤 균은 발육 조건이 알맞아 증식(增殖)하는 반면, 다른 균은 발육이 억제되는 작용. 대항 작용.

길행 (吉行) 圈 경사스러운 일로 가는 길.

길-허리 圈 길의 중간을 비유한 말.

길-호사 (-豪奢) 圈하자 벼슬아치가 부임하거나 장가·시집갈 때 호사스럽게 차리고 길을 감. 또는 그런 차림.

길흉 (吉凶) 圈 좋은 일과 언짢은 일. ¶~을 점치다.

길-흉사 (吉凶事) 圈 길사와 흉사.

길흉-화복 (吉凶禍福) 圈 길흉과 화복. ¶~을 점치다.

긼ᄀᆞ 〈옛〉 길가.

김:[1] 圈 〖식〗 홍조류(紅藻類)의 해초. 길이 30 cm 정도, 가장자리는 밋밋하나 주름이 짐. 빛은 자줏빛 또는 붉은 자줏빛이며, 바다 속 바위에 이끼 모양으로 붙어 남. 식용하며 널리 양식함. 감태(甘苔). 청태(青苔). 해태(海苔). ¶~을 말리다 / 밥을 ~에 싸서 먹다.

김:[2] 圈 논밭에 난 잡풀. ¶~을 매다.

김:[3] 圈 1 액체가 열을 받아 기체로 변한 것. ¶~이 피어오르다 / ~이 모락모락 나다 / ~을 내다. 2 입에서 나오는 더운 기운. ¶입에서 더운 ~을 내뿜다. 3 맥주나 청량음료 속에 들어 있는 이산화탄소. ¶~이 빠진 맥주. 4 수증기가 찬 기운을 받아 엉긴, 작은 물방울의 덩이. ¶안경에 ~이 끼다 / 유리창에 하얗게 ~이 서리다.
【김 안 나는 숭늉이 덥다】 공연히 떠벌리는 사람보다 침묵을 지키는 사람이 더 무섭고 야무지다.

김:[4] 圈의 ('-은〔는〕 김에'의 꼴로 쓰여) 어떤 일의 기회나 그 바람. ¶화난 ~에 / 가는 ~에 들르다.

김-구이 圈 김에 참기름이나 들기름을 바르고 고운 소금을 뿌려 구운 것.

김-국 [-꾹] 圈 김을 구워 맑은장국에 넣고 끓인 국.

김-내기 圈 〖식〗 증산 작용(蒸散作用).

김-매기 圈 논밭의 잡초를 뽑는 일. 제초(除草). ¶~를 끝내다.

김-매다 圈타 논밭의 잡풀을 뽑아내다. ¶바쁘게 김매는 농부들.

김:-발 [-빨] 圈 1 김을 양식할 때, 김이 붙어 자라도록 하기 위해 바다 속에 세워 두는 발 《대나무를 쪼개어 엮어 놓기도 하고, 나일론 실로 그물처럼 얽기도 함》. ¶~을 엮다. 2 김밥을 말 때 쓰는 발.

김:-밥 [-빱] 圈 김으로 밥과 여러 가지 반찬을 말아 싼 음식. ¶~을 말다 / ~을 싸다.

김:-봇짐 [-보찜 / -볻찜] 圈 김으로 잣 따위를 싸서 기름에 지진 반찬.

김-빠지다 圈 1 음료 따위의 본디의 맛이나 향기가 없어지다. ¶김빠진 콜라. 2 의욕이나 흥미가 없어지다. ¶김빠진 대화.

김:-새다 圈 〈속〉 흥이 깨지거나 맥이 빠져 싱겁게 되다. ¶흥겨운 자리에서 김새는 얘기는 하지 말게.

김:-쌈 圈 김으로 밥을 싼 음식.

김장 圈 겨우내 먹기 위해 김치 따위를 한꺼번에 많이 담가 두는 일. 또는 그 담근 김치. ¶~ 김치 / ~을 담그다 / ~이 익다 / ~때가 되다 / ~이 끝나다.

김장-감 [-깜] 圈 김장에 쓰이는 재료(배추·무·파·마늘 따위). 김장거리. ¶~을 마련하다.

김장-값 [-깝] 圈 김장하는 데 드는 비용. ¶가뭄으로 ~이 많이 들었다.

김장-거리 [-꺼-] 圈 김장감.

김장-독 [-똑] 圈 김장을 해서 담아 두는 독. ¶~을 땅에 묻다. *김칫독.

김장-밭 [-받] 圈 김장에 쓸 무·배추 따위를 심어 놓은 밭. ¶~에서 배추를 뽑다.

김장-철 圈 김장을 담그는 철(늦가을과 초겨울 사이).

김장-파 圈 김장에 쓰려고, 뿌리를 심어서 기른 파(보통 파보다 맛이 독함). 자총(慈葱).

김지이지 圈 〔←金이李이〕 성명이 분명하지 않은 사람들을 두루 이르는 말.

김치 圈 〔←침채(沈菜)〕 무·배추 따위를 소금에 절인 다음 고춧가루·파·마늘·젓갈 따위의 양념을 넣어 버무린 뒤 발효시킨 반찬. ¶익은 ~가 맛이 들다 / ~를 담그다.

김치-말이 圈 김칫국에 만 밥이나 국수 따위.

김치-밥 圈 김치를 잘게 썰어 넣고 그 위에 쌀을 앉혀 지은 밥. ¶~을 짓다.

김치-주저리 圈 청이 달린 채로 소금에 절여 담근 배추김치나 무김치의 잎.

김치-찌개 圈 김치를 넣고 끓인 찌개.

김치-거리 [-치꺼-/-칟꺼-] 圈 김치를 담글 재료(무·배추 따위). ¶~를 다듬다.

김칫-국 [-치꾹/-칟꾹] 圈 1 김치의 국물. 2 김치를 넣어 끓인 국.
【김칫국 먹고 수염 쓴다】 실속은 없으면서 겉으로만 있는 체한다. 【김칫국부터 마신다】 남의 속도 모르고 지레짐작으로 그렇게 될 것으로 믿고 행동한다.

김칫-독 [-치똑/-칟똑] 圈 김치를 담아 두는 독. *김장독.

김칫-돌 [-치똘/-칟똘] 圈 김칫독 안에 김치 포기를 눌러 놓는 넓적한 돌.

깁: 圈 명주실로 바탕을 좀 거칠게 짠 비단.

깁누비다 圈 〈옛〉 깁고 누비다.

깁:-다 [-따] 圈어 기우니 타자 해진 데에 조각을 대고 꿰매다. ¶해진 옷을 ~.

깁:-바탕 [-빠-] 圈 그림을 그리거나 글씨를 쓰거나 수를 놓는 바탕이 되는 깁.

깁:-부채 [-뿌-] 圈 흰 깁을 발라 만든 부채.

깁스 (독 Gips) 圈하자타 1 〖광〗 석고. 2 '깁스 붕대'의 준말. ¶~를 대다 / ~를 풀다 / ~한 다리.

깁스-붕대 (Gips繃帶) 圈 석고 가루를 단단하게 굳혀 만든 붕대(뼈·관절 등의 질환이나 골절 등에 씀). ⓒ깁스.

깁:-실 [-씰] 圈 견사(絹絲).

깁:-창 (-窓) 圈 깁으로 바른 창.

깁:-체 圈 깁으로 쳇불을 멘 체(고운 가루를 치는 데 씀).

깃[1] [긷] 圈 1 외양간·마구간·닭둥우리 따위의 바닥에 까는 짚이나 마른풀. ¶~을 깔다. 2 '부싯깃'의 준말.

깃(을) 주다 쥐 외양간·마구간·닭둥우리 따위의 바닥에 짚이나 마른풀을 깔아 주다.

깃² [긴] 명 **1** 깃털. **2** 가을 ~을 가는 새. **2** 새의 날개. □새들이 ~을 치며 날아오르다 / ~을 펴고 날아가다. **3** 화살에 세 갈래로 붙인 새 날개의 털.

깃³ [긴] 명 **1** '옷깃'의 준말. □양복 ~ / ~을 여미다. **2** 이불의 위쪽에 덧대는 천. □~을 달다.

깃⁴ [긴] 명 어떤 것을 여럿으로 나눌 때, 각자에게 돌아가는 몫.

깃⁵ [긴] 〈옛〉 보금자리. 소굴.

깃-가지 [긷까-] 명 새의 깃대에서 갈라져서 깃털을 내고 있는 작은 관 모양의 가지. 우지(羽枝).

깃-간 (-間)[긷깐] 명 화살에 붙인 깃과 깃의 사이.

깃간-도피 (-間桃皮)[긷깐-] 명 화살의 오늬 아래에서 깃 위까지를 싼 복숭아나무 껍질.

깃간-마디 (-間-)[긷깐-] 명 화살의 깃이 붙은 아랫마디.

깃-갈이 [긷까리] 명하자 새의 묵은 깃이 빠지고 새 깃이 나는 일.

깃거ㅎ다 재 〈옛〉 기뻐하다.

깃-고대 [긷꼬-] 명 옷의 깃을 붙이는 자리. 옷깃의 뒷부분. □~가 울다. ㉠고대¹.

깃-광목 (-廣木)[긷꽝-] 명 잿물에 삶아 바래지 않은 생광목.

깃굼 〈옛〉 기쁨. 기꺼움.

깃그다 재타 〈옛〉 기뻐하다.

깃급-문기 (-給文記)[긷끔-] 명 깃기2.

깃-기 (-記)[긷끼] 명역 **1** 지주(地主)의 이름과 조세액(租稅額)을 적은 장부. **2** 자손이 재산을 상속할 몫을 적은 서류. 깃급문기.

깃기다 타 〈옛〉 기쁘게 하다.

깃깃다 재 〈옛〉 깃들이다.

깃꼴 겹잎 [긷-겸닙] 《식》 잎자루 끝의 양쪽에 두 개 이상의 작은 잎이 새의 깃 모양을 한 겹잎(가시나무·아카시아의 잎 따위). 깃 모양 겹잎. 우상 복엽(羽狀複葉).

깃꼴-맥 (-脈)[긷-] 《식》 잎맥의 하나. 한 주맥의 좌우에 지맥이 벋고 다시 세 맥으로 갈라져 새의 깃 모양을 한 것. 깃모양 맥. 우상맥(羽狀脈).

깃꼴-잎 [긷-립] 명 《식》 새의 깃처럼 생긴 잎. 깃꼴 겹잎과 깃꼴 홑잎이 있음(무궁화나무·느티나무 등). 깃모양 잎. 우상엽(羽狀葉).

깃꼴 홑잎 [긷-혼닙] 《식》 잎의 가장자리가 깊이 찢어져 새의 깃 모양을 한 잎(민들레·무·엉겅퀴 따위의 잎). 깃모양 홑잎. 우상 단엽(羽狀單葉).

깃다¹ [긷따] 재 논밭에 잡풀이 많이 나다.

깃다² [긷따] 재타 〈옛〉 기뻐하다.

깃-달이 [긷따리] 명 **1** 옷깃을 다는 일. **2** 옷깃을 단 솜씨.

깃-당목 (-唐木)[긷땅-] 명 잿물에 삶아 바래지 않은 당목.

깃-대 [긷때] 명 깃털의 굵은 관 모양의 줄기. 우간(羽幹).

깃-대 (旗-)[기때 / 긷때] 명 기를 달아매는 장대. □~를 세우다 / ~가 꺾이다.

깃대-종 (旗-種)[기때- / 긷때-] 명 《생》 어떤 지역의 대표가 되는 동식물의 종(생태계 회복의 개척자적인 이미지를 국제 연합 환경 계획의 뜻으로 형상화한 것).

깃-들다 [긷뜰-][깃들어, 깃드니, 깃드는] 재

1 아늑하게 서려 들다. □어둠이 깃든 방 안 / 봄기운이 ~. **2** 감정·생각·노력 따위가 어리거나 스며 있다. □미소가 깃든 얼굴 / 건전한 정신은 건전한 육체에 깃든다.

깃들-이다 [긷뜨리-] 재 **1** 짐승이 보금자리를 만들어 그 속에 들어 살다. □까치가 나뭇가지에 ~ / 어느 곳에 사람이 살거나 건물 따위가 자리 잡다.

깃-머리 [긴-] 명 소의 양(胖)에 붙은 좁고 두꺼운 고기.

깃-목 (-木)[긴-] 명 바래지 않은 무명베.

깃-발 (旗-)[기빨 / 긷빨] 명 **1** 깃대에 달린, 천이나 종이로 된 부분. 기면(旗面). 기폭(旗幅). □~이 펄럭이다 / ~이 날리다 / ~이 바람에 나부끼다. **2** 깃대의 반대쪽에 있는 기폭의 귀에 붙인 긴 오리. 기각(旗脚). **3** 어떤 사상·목적 따위를 내세우는 태도나 주장. □조국 근대화의 ~ 아래 모인 역군들 / 정의의 ~ 아래 뭉치다.

깃발(을) 날리다 쥐 ㉠기세가 등등하다. ㉡보란 듯이 우쭐거리다.

깃발(을) 들다 쥐 누구라도 앞장서기를 꺼리는 공동의 일에 대표로 나서다.

깃-봉 (旗-)[기봉 / 긷뽕] 명 깃대 끝에 만든 연꽃 모양의 꾸밈새.

깃-옷 [기돋] 명 **1** 졸곡(卒哭) 때까지 입는 생무명의 상복. **2** 우의(羽衣).

깃-우 (-羽)[기두] 명 한자 부수의 하나('翁·翅·翠' 등에서 '羽'의 이름).

깃-저고리 [긷쩌-] 명 깃과 섶을 달지 않은, 갓난아이의 저고리. 배내옷. 배냇저고리.

깃-털 [긴-] 명 깃에 붙어 있는 새의 털. 우모(羽毛).

깃-펜 (-pen)[긴-] 명 옛날에, 깃을 깎아서 만든 펜.

깃ㅎ다 재 〈옛〉 깃들이다.

깆다 재 〈옛〉 남다.

깊다 [깁따] 형 **1** 겉에서 속까지의 거리가 멀다. □깊은 바다 / 깊은 상처를 입다. **2** 수준이 높거나 정도가 심하다. □문학에 조예가 ~. **3** 생각이 가볍지 않고 꽉 차며 신중하다. □생각이 ~ / 사려가 ~. **4** 사귄 정분이 두텁다. □깊은 정을 느끼다. **5** 시간이 오래다. □밤이 ~ / 역사가 깊은 곳 / 가을도 깊었습니다. ↔얕다.

깊-다랗다 [깁따라타][깊다라니, 깊다래서] 형 ㉠ 매우 깊다.

깊-드리 [깁뜨-] 명 바닥이 깊은 논.

깊디-깊다 [깁띠깁따] 형 아주 깊다. □깊디깊은 못[골짜기].

깊숙-이 [깁쑤기] 부 깊숙하게. □모자를 ~ 눌러쓰다 / 산 ~ 들어가다.

깊숙-하다 [깁쑤카-] 형여 깊고 으슥하다. □깊숙한 산골짜기.

깊은-사랑 (-舍廊) 명 여러 사람이 모여 놀게 만든, 음과 같은 방.

깊은-숨 명 심호흡.

깊이¹ 명 **1** 겉에서 속까지의 거리. □바다의 ~ / ~가 깊다 / ~가 얕다 / ~를 재다. **2** 생각이나 사고 따위가 듬쑥하고 신중함. □사람이 ~가 있다. **3** 어떤 내용의 충실성이나 무게. □사고의 ~ / ~ 있는 작품 / 학문의 ~를 더하다.

깊이² 부 **1** 겉에서 속까지의 거리가 멀게. □땅을 ~ 파다 / 산속 ~ 들어가다. **2** 생각이 듬쑥하고 신중하게. □~ 생각하다. **3** 수준이 높거나 정도가 심하게. □~ 사랑하다 / 가슴에 ~ 새기다.

깊이-깊이 [뮈] **1** 겉에서 속까지의 거리가 매우 멀게. ▱ ~ 가라앉다 / 땅속 ~ 묻다. **2** 생각이 아주 듬쑥하고 신중하게. ▱ ~ 생각하다. **3** 수준이 매우 높거나 정도가 심하게. ▱ ~ 결심하다 / 마음속 ~ 간직하다.

ㄱ놀다 [혱] 〈옛〉 가늘다.
ㄱ다돔다 [타] 〈옛〉 가다듬다.
ㄱ드기 [뮈] 〈옛〉 가득히.
ㄱ독하다 [혱] 〈옛〉 가득하다.
ㄱ랏 [몡] 〈옛〉 가라지'. 강아지풀.
ㄱ래 [몡] 〈옛〉 가래.
ㄱ리다 [자타] 〈옛〉 가리다.
ㄱ리욶다 [타] 〈옛〉 가리어 덮다.
ㄱ리티다 [타] 〈옛〉 겁탈하다.
ㄱ르 [몡] 〈옛〉 가루.
ㄱ르비 [몡] 〈옛〉 가랑비.
ㄱ르치다 [타] 〈옛〉 **1** 가르치다. **2** 가리키다.
ㄱ르추다 [자타] 〈옛〉 대신하다.
ㄱ르티다 [타] 〈옛〉 후리어서 치다.
ㄱ롬 [몡] 〈옛〉 강. 호수.
ㄱ믈다 [자] 〈옛〉 가물다.
ㄱ모니 [뮈] 〈옛〉 가만히.
ㄱ문하다 [혱] 〈옛〉 가만하다.
ㄱ몰 [몡] 〈옛〉 가물. 가뭄.
ㄱ몰다 [자] 〈옛〉 가물다.
ㄱ못 [몡] 〈옛〉 신골.
ㄱ새 [몡] 〈옛〉 가위.
ㄱ수라기 [몡] 〈옛〉 까끄라기.
ㄱ술 [몡] 〈옛〉 가을.
ㄱ숨 [몡] 〈옛〉 감. 재료.
ㄱ숨알다 [타] 〈옛〉 가말다.
ㄱ애 [몡] 〈옛〉 가위.
ㄱ오누르다 [자] 〈옛〉 가위누르다.
ㄱ올 [몡] 〈옛〉 고을.
ㄱ외 [몡] 〈옛〉 아랫도리옷.
ㄱ오라기 [몡] 〈옛〉 까끄라기.
ㄱ올 [몡] 〈옛〉 가을.
ㄱ옴 [몡] 〈옛〉 감. 재료.
ㄱ옴알다 [타] 〈옛〉 가말다. 맡아 다스리다.
ㄱ장 [몡] 〈옛〉 가장. 자못.
ㄱ장하다 [타] 〈옛〉 끝까지 하다. 마음대로 하다.
ㄱ재 [뮈] 〈옛〉 가장. 매우.
ㄱ좀 [혱] 〈옛〉 갖음. '곶다'의 명사형.
ㄱ족다 [혱] 〈옛〉 가지런하다.
ㄱ족이 [뮈] 〈옛〉 가지런히.
ㄱ족하다 [혱] 〈옛〉 가지런하다.
ㄱ초 [뮈] 〈옛〉 갖추.
ㄱ초다 [타] 〈옛〉 감추다. 간직하다. 갖추다.
ㄱ티 [뮈조] 〈옛〉 같이.
ㄴ슈 [몡] 〈옛〉 간수.
ㄴ장 [몡] 〈옛〉 간장.
ㄴ [뮈] 〈옛〉 같이.
ㄴ다 [혱] 〈옛〉 같다.
ㄴ혼 [뮈] 〈옛〉 갖게. 갖게.
ㄴ하다 [혱] 〈옛〉 같다.
ㄹ [몡] 〈옛〉 갈대.
ㄹ² [몡] 〈옛〉 가루.
ㄹ가마괴 [몡] 〈옛〉 갈까마귀.
ㄹ거믜 [몡] 〈옛〉 갈거미.
ㄹ다' [타] 〈옛〉 갈다'. 바꾸다.
ㄹ다² [타] 〈옛〉 갈다².
ㄹ며기 [몡] 〈옛〉 갈매기.
ㄹ비 [몡] 〈옛〉 갈비. 겹.
ㄹ밧쓰다 [타] 〈옛〉 나란히 아울러 쓰다.
ㄹ오기 [몡] 〈옛〉 쌍둥이.
ㄹ오다 [자타] 〈옛〉 함께 나란히 하다. 맞서서 견주다.

ㄹ온 [뮈] 〈옛〉 이른바. 말하자면.
ㄹ오다 [타] 〈옛〉 덮비다. 침범하다.
ㄹ청 [몡] 〈옛〉 갈칭. 갈대의 속껍질.
ㄹ포 [뮈] 〈옛〉 겹으로. 거푸. 거듭.
ㄹ히다 [타] 〈옛〉 **1** 가리다. 선택하다. **2** 분별하다. 구별하다.
ㄻ [몡] 〈옛〉 겹. 거듭.
ㄻ다 [타] 〈옛〉 함께 나란히 하다.
ㄹ다' [타] 〈옛〉 감다'.
ㄹ다² [타] 〈옛〉 감다².
ㄹ즈기다 [타] 〈옛〉 깜작이다.
ㄹ족다 [자] 〈옛〉 깜작이다.
ㄹ족하다 [타] 〈옛〉 깜작하다.
ㄱ' [몡] 〈옛〉 가².
ㄱ² [뮈] 〈옛〉 갓⁹. 겨우.
ㄱ고다 [타] 〈옛〉 가쁘게 하다.
ㄱ곰 [뮈] 〈옛〉 가끔. 때때로.
ㄱ그리 [뮈] 〈옛〉 가쁘게.
ㄱ마지 [뮈] 〈옛〉 깨끗이.
ㄱ곳다 [혱] 〈옛〉 깨끗하다.
ㄱ곳하다 [혱] 〈옛〉 깨끗하다.
ㄱ다' [자] 〈옛〉 가빠하다.
ㄱ다² [혱] 〈옛〉 같다.
ㄱ다³ [혱] 〈옛〉 갇다².
ㄱ바하다 [자] 〈옛〉 가빠하다.
ㄱ비 [뮈] 〈옛〉 가쁘게.
ㄱ브다 [혱] 〈옛〉 가쁘다.
ㄱ블기 [몡] 〈옛〉 해가 떠 막 밝을 무렵.
ㄸ다 [자] 〈옛〉 가빠하다. 괴로워하다.
ㄱ [몡] 〈옛〉 가².
ㄱ다 [혱] 〈옛〉 갖다. 골고루 다 있다.

ㄲ [쌍기역] 'ㄱ'을 어울러 쓴 'ㄱ'의 된소리. 목젖으로 콧길을 막고 혀뿌리로 연구개를 막았다가 세게 터뜨려 내는 무성 파열음. 받침일 경우에는 혀뿌리를 떼지 않음.

까까-머리 [몡] 머리를 빡빡 깎은 모양. 또는 그런 사람. ▱ = 고등학생.
까까-중 [몡] 까까머리의 승려. 또는 그런 머리.
까꾸러-뜨리다 [타] **1** 까꾸러지게 하다. **2** 〈속〉 죽이다. ⓐ꺼꾸러뜨리다.
까꾸러-지다 [자] **1** 까꾸로 넘어지거나 엎어지다. **2** 〈속〉 죽다. ⓐ꺼꾸러지다.
까꾸러-트리다 [타] 까꾸러뜨리다.
까꾸로 [뮈] 차례, 방향 또는 형편 따위가 반대로 되게. ▱ = 서다 [곤두박이치다].
까꿍 [감] 어린 아기를 귀여워하며 어를 때 내는 소리.
까:뀌 [몡] 한 손으로 나무를 찍어 깎는 연장.
까끄라기 [몡] 벼·보리 등의 깔끄러운 수염. 또는 그 동강. ⓐ꺼끄러기. ⓦ까라기·까락.
까끌-까끌 [뮈하혱] 자꾸 깔끄럽게 따끔거리는 모양. ⓐ꺼끌꺼끌.
까나리 [몡] 《어》 까나릿과의 바닷물고기. 몸은 원통 모양으로 가늘고 긴데 길이 15~20 cm, 배지느러미가 없음. 등은 회갈색, 배는 은빛임. 4~6월에 산란하며 모래 속에 숨어 삶.
까-놓다 [-노타] [타] (주로 '까놓고'의 꼴로 쓰여) 마음속의 생각이나 비밀을 숨김없이 털어놓다. ▱ 까놓고 말하면.
까다' ▭[자] 몸의 살이나 재물 등이 줄다. ▭[타] **1** 재물 따위를 축내다. **2** 셈에서 빼다. ▱ 원금에서 이자를 ~.
까다² [타] **1** 껍질을 벗기다. ▱ 콩깍지를 ~. **2** 부화하다. ▱ 병아리를 ~. **3** 〈속〉 남을 치거나 때리다. ▱ 정강이를 ~. **4** 〈속〉 결합을 들

추어 비난하다. ❏정부를 호의로 ~. 5〈속〉술병 따위의 마개를 따다. ❏한 병 더 까자. 6〈속〉옷을 벗거나 내려 속살을 드러내다. ❏주사를 맞기 위해 엉덩이를 ~.

까다³[타]〈속〉행동으로 옮기지 않고 말만 앞세워 입을 놀리다. ❏허풍을 ~ / 빵만 까는 놈 / 입만 깐 녀석.

까:다롭다[따][까다로워, 까다로우니]〈형〉〈비〉1 조건이 복잡하거나 엄격해서 다루기가 힘들다. ❏까다로운 규칙 / 문제가 ~. 2 성미나 취향 따위가 별스럽다. ❏식성이 ~ / 사사건건 까다롭게 굴다. **까:다로-이**[부]

까닥[부][하][타] 1 고개 따위를 아래위로 가볍게 한 번 움직이는 모양. ❏시계를 보고 고개를 ~한다. ⓒ끄덕. 2 조금 잘못 움직이거나 그치는 모양. ❏~하면 죽을 뻔했다. ⓒ까딱.

까닥-거리다¹[─꺼─][자][타] 고개 따위를 아래위로 가볍게 자꾸 움직이다. ⓒ끄덕거리다. **까닥거리다¹. 까닥-까닥¹**[부][하][타]

까닥-거리다²[─꺼─][자] 분수없이 잘난 체하며 경망하게 자꾸 움직이다. ⓒ까딱거리다². **까닥-까닥²**[부][자]

까닥-대다¹[─때─][타] 까닥거리다¹.

까닥-대다²[─때─][자] 까닥거리다².

까닥-이다[타] 머리 따위를 아래위로 가볍게 움직이다. ⓒ까딱이다.

까닭[─닥][명] 1 어떤 일이 있게 된 이유나 사정. ❏~ 없이 미워하다 / ~ 모를 불이 나다 / 반대할 ~이 없다. 2 속셈. 꿍꿍이속. ❏~이 붙은 물건.

까닭-수[─닥쑤][명] 까닭으로 삼을 만한 근거. ❏~가 많다 / ~를 찾다.

까대기[명] 벽·담 따위에 임시로 덧붙여 만든 허술한 건조물.

까딱[부] ☞ 까닥.

까-뒤집다[─딥─][자][타] 1 벗겨서 뒤집다. ❏주머니를 까뒤집어 보이다. 2〈속〉눈을 부릅뜨다. ❏눈을 까뒤집고 덤빈다.

까드락-거리다[─꺼─][자] 조금 거만스럽게 잘난 체하며 자꾸 버릇없이 굴다. ❏~까드락거리는 꼴이다. ⓒ꺼드럭거리다. ⓐ가드락거리다. ⓒ까들거리다. **까드락-까드락**[부][하][자]

까드락-대다[─때─][자] 까드락거리다.

까들-거리다[─꺼─][자] '까드락거리다'의 준말. ⓒ꺼들거리다. ⓐ가들거리다. **까들-까들**[부][하][자]

까들-대다[─때─][자] 까들거리다.

까들막-거리다[─꺼─][자] 신이 나서 잘난 체하며 자꾸 얄미울 정도로 버릇없이 행동하다. ⓒ꺼들먹거리다. ⓐ가들막거리다. **까들막-까들막**[부][하][자]

까들막-대다[─때─][자] 까들막거리다.

까딱[부][하][자][타] 1 고개 따위를 아래위로 가볍게 한 번 움직이는 모양. ❏고개를 ~한다. 2 조금이라도 움직이거나 잘못 변동되는 모양. 자칫. ❏~ 잘못했다가는 회사가 망한다 / ~ 실수하면 야단난다. ⓒ끄떡. ⓐ까닥. 3 조금 움직이는 모양. ❏~도 않는다. ⓒ끄떡.

까딱-거리다¹[─꺼─][자][타] 1 고개 따위를 아래위로 가볍게 자꾸 움직이다. 2 작은 물체가 이리저리 자꾸 움직이다. ⓒ끄떡거리다. **까딱-까딱¹**[부][하][자][타]

까딱-거리다²[─꺼─][자] 분수에 맞지 않게 잘난 체하며 경망하게 자꾸 움직이다. ⓒ꺼떡거리다. **까딱-까딱²**[부][하][자]

까딱-대다¹[─때─][자][타] 까딱거리다¹.

까딱-대다²[─때─][자] 까딱거리다².

까딱-수(─手)[─쑤][명] 바둑이나 장기 등에서, 요행을 바라는 얕은 수. ❏~에 넘어가다.

까딱-없다[─따겁따][형] 변동이나 탈이 없이 온전하다. ❏아무리 덤벼도 ~ / 지진에도 ~. ⓒ끄떡없다. **까딱-없이**[─따겁씨][부]

까딱-이다[자][타] 1 고개 따위로 가볍게 움직이다. 2 작은 물체가 이리저리 조금씩 움직이다. ⓒ끄떡이다. ⓐ까닥이다.

까딱-하면[─따카─][부] 조금이라도 그르치면. 자칫하면. ❏~ 큰일 난다.

까땍[부] ☞ 까딱.

까땍-없다[부] ☞ 까딱없다.

까뜨락-거리다[─꺼─][자] 거만스럽게 잘난 체하며 자꾸 버릇없이 굴다. ⓒ꺼뜨럭거리다. **까뜨락-까뜨락**[부][하][자]

까뜨락-대다[─때─][자] 까뜨락거리다.

까라기[명] '까끄라기'의 준말.

까라기-벼[명] 까끄라기가 유난히 긴 벼.

까라-지다[자] 기운이 빠져서 축 늘어지다. ❏몸이 까라져 움직일 수가 없다.

까:락[명] '까끄라기'의 준말.

까랑까랑-하다[형][여] 목소리가 날카롭고 힘이 있다.

까르르[부][하][자] 1 여자나 아이들이 한꺼번에 자지러지게 웃는 소리나 모양. ❏어릿광대 모습에 모두들 ~ 웃어 댔다. 2 아기가 갑자기 자지러지게 우는 소리나 모양.

까르륵[부][하][자] 1 젖먹이가 몹시 자지러지게 우는 소리나 모양. ❏아기가 갑자기 ~하며 울기 시작했다. 2 여자나 아이들이 되바라지게 웃는 소리나 모양.

까르륵-거리다[─꺼─][자] 자꾸 까르륵하다. **까르륵-까르륵**[부][하][자]

까르륵-대다[─때─][자] 까르륵거리다.

까마귀[명] 1《조》까마귓과의 새. 마을 부근에 사는데 몸 전체가 검으며, 울음소리가 흉함. 잡식성으로 어미 새에게 먹이를 물어다 주는 습성이 있음. 자오(慈烏). 한아(寒鴉). 2 몹시 까맣게 된 것을 이르는 말. ❏~발 / ~손. [까마귀 고기를 먹었나] 잘 잊어버리는 사람을 비웃는 말. [까마귀 날자 배 떨어진다] 아무 상관없이 한 일이 공교롭게도 때가 같아 어떤 상관이 있는 것처럼 의심을 받게 되다. 오비이락(烏飛梨落). [까마귀 밥이 되다] 거들 사람이 없이 죽어 버려진다는 말.

까마귀-머루[명]《식》포도과의 덩굴나무. 잎은 포도의 잎과 비슷하나 작음. 여름에 엷은 황록색의 다섯잎꽃이 핌. 열매는 검은 자줏빛으로 신맛이 나며 술을 담금. 산과 들에 저절로 남. 영욱(蘡薁).

까마귀-밥[명] 음력 정월 보름날을 까마귀 제삿날이라 해서 들에 내다 버리는 잡곡밥.

까마귀-손[명] '몹시 까맣게 때가 낀 손'을 비유한 말.

까마득-하다[─드카─][형][여] 1 아주 멀거나 오래되어 아득하다. ❏까마득한 어린 시절. 2 어찌해야 할지 막막하다. ❏실직당하고 보니 살길이 ~. ⓐ가마득하다. **까마득-히**[─드키][부]. ❏~ 올려다보이는 고층 빌딩.

까마말쑥-하다[─쑤카─][형][여] 조금 검으면서 말쑥하고 깨끗하다. ❏까마말쑥한 차림새. ⓒ꺼머멀쑥하다. ⓐ가마말쑥하다.

까마무트름-하다[형][여] 얼굴이 가무스름하고 토실토실하다. ⓒ꺼머무트름하다. ⓐ가마무트름하다.

까마반드르-하다[형][여] 조금 검으면서 윤이 나며 반드르하다. ⓒ꺼머번드르하다. ⓐ가마

반드르하다.

까마반지르-하다 〔형여〕 조금 검으면서 윤이 나며 매우 반지르르하다. ⑪꺼머번지르하다. ㉔까마반지르하다.

까마아득-하다 [-드카-] 〔형여〕 '까마득하다'의 본딧말. ▯ 까마아득한 절벽. ㉔가마아득하다. 까마아득-히 [-드키] 〔부〕

까마-종이 〔명〕 《식》 가짓과의 한해살이풀. 밭이나 길가에서 자람. 높이 60~90 cm, 잎은 달걀꼴이고 여름에 흰 꽃이 피며, 둥근 장과(漿果)가 까맣게 익음. 과실은 식용, 줄기와 잎은 약용함. 용규(龍葵).

까막 〔부〕 검은빛의 뜻. ㉔가막~.

까막-거리다 [-꺼-] 〔자〕 작고 희미한 불빛 따위가 자꾸 꺼질 듯 말 듯 비치다. 〔타〕 작은 눈을 자꾸 가볍게 감았다 떴다 하다. ⑪끄먹거리다. 까막-까막 〔부〕〔자타〕

까막-과부 (寡婦) [-과-] 〔명〕 망문(望門)과부.

까막-관자 (貫子) [-관-] 〔역〕 **1** 당상관이 아닌 벼슬아치나 일반 백성이 쓰던 뿔관자. **2** 당상관이 아닌 벼슬아치를 놀림조로 일컫던 말.

까막-까치 〔명〕 까마귀와 까치. 오작(烏鵲).

까막-눈 [-눈] 〔명〕 **1** 글을 읽을 줄 모르는 사람의 눈. 또는 그런 사람. ▯ 한글을 깨쳐 ~ 신세를 면하다. **2** 어떤 일에 대해서 아무것도 모르는 사람. ▯ 음악에 대해서는 ~이다.

까막눈-이 [-망누니] 〔명〕 글을 읽을 줄 모르는 무식한 사람. 문맹.

까막-대다 [-때-] 〔자타〕 까막거리다.

까막-딱따구리 〔명〕 《조》 딱따구릿과의 새. 크낙새와 비슷한데 빛은 검은색에 수컷은 머리 위와 목 뒤가 적색이며, 암컷은 목 뒤만 붉음. 보호조임. 오탁목(烏啄木).

까막-배자 [-빼-] 〔역〕 지방의 토호(土豪)가 상민(常民)의 돈을 착취하기 위해 호출할 때 먹빛 인장을 찍어 보내던 패지(牌旨).

까막-잡기 [-짬끼] 〔명〕〔허〕 술래가 눈을 수건 따위로 가리고 다른 사람을 잡는 놀이(잡힌 사람이 그다음 술래가 됨).

까망 〔명〕 ☞ 깜장.

까:말다 [-마타] 〔까마니, 까매서〕 〔형〕 **1** 아주 짙게 검다. 매우 검다. ▯ 까만 눈동자 / 까맣게 탔다. **2** 시간이나 거리가 아득하게 멀다. ▯ 까맣게 먼 옛날. **3** 기억이 전혀 없다. ▯ 까맣게 잊다. **4** 아주 많다. ▯ 사람들이 까맣게 모이다. ⑪꺼멓다. ㉔가맣다.

까:매-지다 〔자〕 까맣게 되다. ▯ 햇볕에 까매진 얼굴. ⑪꺼메지다. ㉔가매지다.

까-먹다 [-따] 〔타〕 **1** 껍데기 안에 있는 것을 꺼내 먹다. ▯ 귤〔땅콩〕을 ~ / 도시락을 ~. **2** 밑천을 다 없애다. ▯ 본전까지 다 까먹었다. **3** 〈속〉 어떤 일을 잊어버리다. ▯ 약속을 ~ / 대사를 ~.

까끄름-하다 〔형여〕 어둡게 까무스름하다. ⑪꺼끄름하다. ㉔가끄름하다.

까-무느다 〔타〕 ☞ 까뭉개다.

까무대대-하다 〔형여〕 산뜻하지 못하고 천박스럽게 까무스름하다. ⑪꺼무데데하다. ㉔가무대대하다.

까무댕댕-하다 〔형여〕 고르지 않게 까무스름하다. ⑪꺼무뎅뎅하다. ㉔가무댕댕하다.

까무라-지다 〔자〕 ☞ 까무러지다.

까무라-뜨리다 〔타〕 까무러치게 하다.

까무러-지다 〔자〕 **1** 정신이 흐릿하여 까물까물하여지다. **2** 촛불 따위가 꺼질 듯 말 듯 하게 되다. ⑪꺼무러지다.

까무러-치다 〔자〕 한동안 정신을 잃고 쓰러지

다. 기절하다. ▯ 비보를 듣고 ~ / 까무러칠 정도로 놀라다. ⑪꺼무러치다.

까무러-트리다 〔타〕 까무러뜨리다.

까무레-하다 〔형여〕 옅게 까무스름하다. ▯ 까무레한 얼굴. ⑪꺼무레하다. ㉔가무레하다.

까무숙숙-하다 [-쑤카-] 〔형여〕 수수하고 걸맞게 까무스름하다.

까무스레-하다 〔형여〕 까무스름하다. 〔게 깜다.

까무스름-하다 〔형여〕 조금 깜다. ▯ 얼굴이 ~. ⑪꺼무스름하다. ㉔가무스름하다. ⑫까뭇하다. 까무스름-히 〔부〕

까무잡잡-하다 [-짜파-] 〔형여〕 약간 짙게 까무스름하다. ⑪꺼무접접하다. ㉔가무잡잡하다.

까무족족-하다 [-쪼카-] 〔형여〕 칙칙하고 고르지 않게 까무스름하다. ⑪꺼무죽죽하다. ㉔가무족족하다.

까무칙칙-하다 [-치카-] 〔형여〕 산뜻하지 않고 짙게 깜다. ▯ 까무칙칙한 천장. ⑪꺼무칙칙하다. ㉔가무칙칙하다.

까무퇴퇴-하다 〔형여〕 너저분하고 탁하게 까무스름하다. ▯ 까무퇴퇴한 얼굴. ⑪꺼무튀튀하다. ㉔가무퇴퇴하다.

까물-거리다 〔자〕 **1** 작고 약한 불빛이 사라질 듯 말 듯 움직이다. ▯ 바람에 까물거리는 촛불. **2** 멀리 있는 물건이 보일 듯 말 듯 움직이다. ▯ 별들이 까물거리는 밤. **3** 의식이나 기억이 있는 둥 만 둥 하다. ⑪꺼물거리다. ㉔가물거리다. 까물-까물 〔부〕〔자〕

까물-대다 〔자〕 까물거리다.

까뭇 [까묻] [-묻-] 〔부〕〔형〕 점점이 까무스름한 모양. ▯ 주근깨가 ~ 나 있는 얼굴. ⑪꺼뭇꺼뭇. ㉔가뭇가뭇.

까뭇-하다 [-무타-] 〔형여〕 '까무스름하다'의 준말. ▯ 턱수염이 ~. ⑪꺼뭇하다. ㉔가뭇하다.

까-뭉개다 〔타〕 **1** 높은 데를 파서 깎아 내리다. ▯ 산을 ~ / 언덕을 까뭉개고 길을 내다. **2** 인격이나 문제 따위를 무시하다. ▯ 자존심을 까뭉개는 질책 / 제의를 ~.

까-바치다 〔비〕 비밀을 속속들이 들추어내어 일러바치다. ▯ 자꾸 그러면 선생님한테 까바칠 거야.

까-발리다 〔타〕 **1** 껍데기를 벌려 젖히고 속의 것을 드러내다. ▯ 조개를 ~. **2** 비밀을 속속들이 들추어내다. ▯ 사기꾼의 정체를 ~.

까-밝히다 [-발키-] 〔타〕 드러내어 밝히다. ▯ 정체를 ~ / 진상을 ~.

까부라-지다[1] 〔자〕 **1** 높이나 부피 따위가 점점 줄어지다. ▯ 밤새 두엄 더미가 까부라졌다. **2** 힘이 빠져 몸이 고부라지거나 생기가 없어 나른해지다. ▯ 할머니가 날로 까부라지신다. ⑪꺼부러지다.

까부라-지다[2] 〔자〕 성격 따위가 바르지 않게 되다. ▯ 까부라진 성정(性情).

까부르다 [까불러, 까부니, 까부는] 〔타〕〔르〕 **1** 키를 위아래로 흔들어 티나 검불 따위를 날려 보내다. ▯ 벼를 키로 ~. **2** 키질하듯 위아래로 흔들다. ▯ 우는 아이를 까부르며 달래다. ⑫까불다.

까-부수다 〔타〕 치거나 때리거나 하여 부수다.

까불-거리다 〔자타〕 경망스럽게 자꾸 까불다. ▯ 까불거리면 혼나지. ⑪꺼불거리다. ㉔가불거리다. 까불-까불 〔부〕〔자타〕

까불다 [까불어, 까부니, 까부는] 〔자〕 **1** 가볍고 방정맞게 행동하다. ▯ 이제 그만 까불어. **2** 아래위로 흔들리다. **3** 건방지고 주제넘게 굴다. ⑪꺼불다. 〔타〕 **1** 아래위로 흔들다. ⑪

꺼불다. **2** '까부르다'의 준말.

까불-대다[-때-]**자타** 까불거리다.

까불리다[-따]**타** 재물을 함부로 써 버리다. ▣가진 돈을 모두 노름에 ~.

까불리다²[-따]**재** ('까부르다'의 피동) 까부름을 당하다. ('까부르다'의 사동) 까부르게 하다.

까불-이[-리]**명** 행동이 촐랑거리며 방정맞은 사람을 놀림조로 일컫는 말.

까붐-질[-찔]**명하타** 곡식 따위를 키로 까부는 일. 키질.

까-붙이다[-부치-]**타 1** 완전히 벗겨 드러내다. 까뒤집다. ▣볼기를 ~. **2** 〈속〉 흰자위가 완전히 드러나게 눈을 부릅뜨다.

까슬-까슬[-쓸]**부하형 1** 살결이나 물건의 거죽이 까칠하거나 빳빳한 모양. ▣수염이 ~하게 자랐다. **2** 성질이 순하지 않고 까다로운 모양. ⓔ꺼슬꺼슬. ⓗ가슬가슬.

까실-쑥부쟁이[-뿌-]**명**〔식〕국화과의 여러해살이풀. 산과 들에서 자람. 땅속줄기로 번식하고, 잎은 어긋나며 줄기는 곧음. 높이는 30-60 cm, 가을에 자줏빛 꽃이 가지 끝에 핌. 어린잎은 식용함.

까옥[-부하자] 까마귀가 우는 소리.

까옥-거리다[-꺼-]**자** 까마귀가 우는 소리가 잇따라 나다. 까옥-까옥**부하자**

까옥-대다[-때-] 까옥거리다.

까-이다자 ('까다'의 피동) 남에게 치이거나 깎이다. ⓔ깨다²³.

까지조 1 일이나 상태 따위와 관련된 범위의 끝임을 나타내는 보조사. ▣시청 앞~ 걸어갔다. **2** 시간이나 공간의 한도를 나타내는 보조사. ▣점심때~ 기다려라 / 부산~ 갔었다. **3** '다시 그 위에 더하여'의 뜻을 나타내는 보조사. ▣길이 먼데 차~ 고장 났다. **4** 극단적인 경우를 나타내는 보조사. ▣할 수 있는 데까지 해 보겠다.

까-지다¹자 1 껍질 따위가 벗겨지다. ▣넘어져 무릎이 ~. **2** 재물 따위가 줄어들다. ▣노름판에서 많이 까졌다.

까-지다² 지나치게 약아서 되바라지다. ▣입만 까진 녀석.

까-지르다〔까질러, 까지르니〕**자르** 주책없이 쏘다니다. ▣어디를 그렇게 늦게까지 까질러 다니느냐.

까-집다[-따]**타 1** 거죽을 까서 속의 것이 드러나게 하다. 까뒤집다. **2** 〈속〉 흰자위가 드러나게 부릅뜨다. ▣눈을 ~.

까짓[-진]**관** 별것 아닌. 하찮은. ▣~ 놈 / ~ 영화쯤 안 보면 되지. **감**〔감〕별것 아니라는 뜻으로, 무엇을 포기하거나 용기를 낼 때 하는 말. ▣~, 될 대로 되라지.

-까짓[-진]**집** 대명사 뒤에 붙어 업신여기는 투로 '…만 한 정도의'의 뜻을 나타내는 말. ▣그~ / 저~ / 네~ 놈 따위.

까짓-거[-진꺼]**감** '까짓것'의 준말. ▣~, 될 대로 되라지 / ~, 그럽시다.

까짓-것[-진껀]**감** 별것 아닌 것. ▣~을 가지고 웬 야단이야. **감**〈까짓거. ⓔ까짓. ▣~, 내버려 둬. **감**〈까짓거.

까:치명〔조〕까마귓과의 새. 마을 부근에 사는데 머리와 꽁지는 검고 윤이 나며, 가슴·배는 흼. 높은 나무 위에 마른 가지로 둥지를 지음.
〔까치 배 바닥 같다〕 흰소리를 잘하는 것을 조롱하는 말.

까:치-걸음명 1 두 발을 모아서 뛰는 종종걸음. **2** 발뒤꿈치를 들고 살살 걷는 걸음. ▣~을 치다.

까:치-깨명〔식〕피나뭇과의 한해살이풀. 높이는 90 cm 내외. 잎은 어긋나며 잎자루가 있고 달걀꼴임. 6-9월에 노란색의 꽃이 피고, 좁고 긴 꼬투리 모양의 삭과(蒴果)를 맺음.

까:치-놀명 석양을 받아, 멀리 수평선에서 번득거리는 놀.

까:치-눈명 발가락 밑에 접힌 금이 갈라져 터진 자리.

까:치-돔명〔어〕까치돔과의 바닷물고기. 몸길이 40 cm가량, 등 쪽이 조금 솟은 타원형임. 몸은 자줏빛을 띤 청색, 머리는 흑색임. 우리나라·일본·중국 등지에 분포함.

까:치-두루마기명 까치설빔으로 주로 남자 아이들이 입는 오색 두루마기.

까:치-무릇[-를]**명**〔식〕백합과의 여러해살이풀. 봄에 두 개의 긴 선형(線形)의 잎이 나오고, 꽃대의 꼭대기에 종 모양의 흰 꽃이 핌. 줄기는 약용하며 뿌리는 식용함. 산자고(山茨菰).

까:치-박공(-牌栱)[-꽁]**명**〔건〕대마루의 양쪽 머리에 'ㅅ' 자 모양으로 붙인 널빤지.

까:치-박달명[-딸]**명**〔식〕자작나뭇과의 낙엽활엽 교목. 골짜기 사이에 남. 높이는 15 m 가량, 잎은 어긋나며 타원형 또는 달걀형임. 초여름에 꽃이 피고 가을에 열매가 익음. 재목은 건축·기구재 따위로 씀.

까:치-발¹명 발뒤꿈치를 든 발. ▣~을 딛고 서서 보다.

까:치-발²명 1〔건〕선반의 널빤지를 받치기 위해 버티어 놓는 직각 삼각형으로 된 물건. **2**〔식〕국화과의 한해살이풀. 높이는 70 cm가량이고, 잎은 깃털 모양으로 깊이 갈라졌음. 8-9월에 노란 꽃이 피고, 열매는 수과(瘦果)임. 들에 나는데 잎과 줄기는 약용하고 어린잎은 식용함.

까:치-밥명 까치 따위 날짐승이 쪼아 먹게 따지 않고 몇 개 남겨 두는 감.

까:치-복명〔어〕참복과의 바닷물고기. 몸길이는 70 cm가량, 등은 청색, 배는 흼. 난소와 간에 맹독이 있음.

까:치-선(-扇)**명** 부채 바닥을 '엑스(X)' 자형으로 나누어, 위와 아래는 빨강, 왼쪽은 노랑, 오른쪽은 파랑을 칠하고 가운데는 태극 무늬를 넣은 부채. 태극선.

까:치-설날[-랄]**명**〈소아〉설날의 전날. 곧, 섣달 그믐날.

까:치-설빔명 까치설날에 아이들이 새로 차려 입거나 신는 옷이나 신발.

까치작-거리다자 조금 거추장스럽게 자꾸 여기저기 걸리거나 닿다. ⓔ꺼치적거리다. ⓗ가치작거리다. 까치작-까치작**부하자**

까치작-대다자 까치작거리다.

까:치-저고리명〈소아〉어린아이들이 까치설빔으로 입는 색동저고리.

까:치-집명 1 까치의 둥지. **2** 헝클어진 머리 모양을 비유적으로 이르는 말.

까:치-콩명〔식〕콩과의 한해살이 덩굴풀. 여름에 흰빛 또는 자줏빛의 나비 모양의 꽃이 핌. 가늘고 긴 깍지 속에 든 열매는 식용함. 작두(鵲豆).

까칠-까칠부하형 야위거나 메말라 살갗이나 털이 매우 윤기 없고 거친 모양. ▣앓더니 피부가 ~해졌다. ⓔ꺼칠꺼칠. ⓗ가칠가칠.

까칠-하다형여 야위거나 메말라 살갗이나 털이 윤기 없고 거칠다. ▣얼굴이 까칠하게 마

르다. 圈꺼칠하다. 働가칠하다.

까칫-거리다[-친꺼-] 죄 살갗 따위에 자꾸 닿아 걸리다. 圈꺼칫거리다. 働가칫거리다. **까칫-까칫**[-친-친] 튀하죄

까칫-대다[-친때-] 죄 까칫거리다.

까칫-하다[-치타-] 휑働 살갗이나 털이 야위거나 메말라 윤기가 없이 조금 거칠다. 圈꺼칫하다. 働가칫하다.

까탈 뗑 1 일이 순탄하게 되지 않게 방해하는 일. 2 트집을 잡아 까다롭게 구는 일. ▢ ~을 부리다. 働가탈.

까탈-스럽다 휑 까다롭다.

까탈-지다 죄 복잡하고 까다로운 조건이 생기다. 働가탈지다.

까투리 뗑 암꿩. →장끼.

까팡-돈 뗑 까팡으로 동그랗게 돈 모양으로 만든 어린아이의 장난감.

까팡이 뗑 질그릇의 깨어진 조각.

까풀 뗑 여러 겹으로 된 깝질이나 깝대기의 켜. ▢한 ~ 벗기다. 圈꺼풀.

까풀-지다 죄 까풀을 이루다. 圈꺼풀지다.

깍 튀하죄 까마귀나 까치 따위가 우는 소리.

깍-깍 튀하죄 까마귀나 까치 따위가 자꾸 우는 소리. 圈깍치들이 ~ 울다.

깍깍-거리다[-꺼-] 죄 까마귀나 까치 따위가 우는 소리가 자꾸 나다.

깍깍-대다[-때-] 죄 깍깍거리다.

깍두기[-뚜-] 뗑 무를 네모나게 썰어서, 소금에 절이고 고춧가루 따위의 양념과 함께 버무려 담근 김치.

깍둑-거리다[-뚝꺼-] 태 조금 단단한 물건을 크고 작게 대중없이 자꾸 썰다. 圈꺽둑거리다. **깍둑-깍둑**[-뚝-뚝] 튀하태. ▢오이를 ~ 썰다.

깍둑-대다[-뚝때-] 태 깍둑거리다.

깍둑-썰기[-뚝-] 뗑 무 따위의 채소를 깍두기처럼 네모반듯하게 써는 방법의 하나.

깍듯-이[-뜨시] 튀 깍듯하게. 극진히. ▢ ~ 접대하다.

깍듯-하다[-뜨타-] 휑働 예의범절을 잘 지켜 반듯하다. ▢깍듯하게 대하다 / 어른 대하는 예가 ~.

깍-쟁이[-쟁-] 뗑 1 인색하고 이기적인 사람. ▢너 같은 ~는 처음 본다. 2 몸집이 작고 얄밉도록 약삭빠른 사람. ▢나이는 어려도 여간 ~가 아니다.

깍정이[-쩡-] 뗑 1 《식》 참나무·떡갈나무 등의 열매를 싼 받침. 각두(殼斗). 2 ☞깍쟁이 1.

깍지¹[-찌] 뗑 콩·팥 따위의 꼬투리에서 알맹이를 까 낸 껍질.

깍지²[-찌] 뗑 1 열 손가락을 서로 엇갈리게 바짝 맞추어 잡은 상태. 2 활시위를 잡아당길 때 엄지손가락의 아랫마디에 끼는 뿔로 된 기구. 각지(角指).

깍지(를) 끼다 관 열 손가락을 서로 엇갈리게 바짝 맞추어 끼다.

깍지(를) 떼다 관 깍지를 낀 엄지손가락으로 팽팽하게 당긴 활시위를 놓다.

깍지-벌레[-찌-] 뗑《충》 몸이 깍지 모양이고 납질(蠟質)로 싸인 곤충의 총칭(과수·원예식물의 해충으로 굴깍지벌레·사과깍지벌레·소나무깍지벌레 따위). 개각충. 패각충.

깍짓-동[-찌똥 /-찓똥] 뗑 1 콩·팥의 깍지를 줄기가 달린 채 묶은 단. 2 몹시 뚱뚱한 사람의 몸집을 비유적으로 이르는 말.

깍짓-손[-찌쏜 /-찓쏜] 뗑 깍지를 낀 손.
깍짓손(을) 떼다 관 깍지(를) 떼다. *깍지².

깐-낫[깐낟] 뗑 홍두깨나 방망이 따위를 깎는 데 쓰는 낫.

깎다[깍따] 태 1 칼 따위로 물건의 겉을 싸고 있는 것을 얇게 벗겨 내다. ▢사과를 ~ / 연필을 ~. 2 풀·털 따위를 잘라 내다. ▢머리를 빡빡 ~. 3 값·금액을 줄이다. ▢값을 ~ / 예산을 ~. 4 체면·명예를 상하다. ▢남의 위신을 ~. 5 지위 따위를 빼앗다. ▢벼슬을 ~.

깎아-내리다 태 인격이나 권위 따위를 힘들어서 떨어지게 하다. ▢이 자리에 없다고 그를 깎아내려서야 되겠나.

깎아-지르다[-질러, -지르니] 태리 벼랑 따위가 반듯하게 깎아 세운 듯 가파르다. ▢깎아지른 듯한 절벽.

깎은-서방님[-書房-] 뗑 말쑥하고 단정하게 차린 남자.

깎은-선비 뗑 말쑥하고 단정하게 차린 선비.

깎음-질 뗑하태 나무 따위를 깎아 다듬는 일.

깎이다¹ 죄 《'깎다'의 피동》 깎음을 당하다. ▢바위가 비바람에 ~ / 체면이 ~.

깎이다²태 《'깎다'의 사동》 깎게 하다. ▢아이의 머리를 ~.

깐: 뗑 1 일의 형편이나 기회 따위를 헤아리는 생각 또는 가늠. ▢제 ~에는 잘한 줄 안다. 2 (주로 '깐으로(는)'의 꼴로 쓰여) '~한 것치고는'의 뜻으로, 짐작했던 것과 사실이 다름을 나타냄. ▢하는 ~으로는 정말 모르는 모양이다.

깐깐-오월(-五月) 뗑 해가 길어서 일하기 지루한 달이라는 뜻으로, '음력 오월'을 이르는 말.

깐깐-이 뗑 행동이나 성격 따위가 빈틈이 없고 알뜰한 사람.

깐깐-하다 휑 1 깐질기고 차지다. 2 행동이나 성격 따위가 까다로울 정도로 빈틈이 없고 착실하다. ▢깐깐하게 따지다 / 깐깐한 목소리. 圈끈끈하다. **깐깐-히** 튀

깐닥-거리다[-꺼-] 죄태 작은 물체가 가로로 조금씩 자꾸 흔들리거나 흔들리게 하다. 圈끈덕거리다. 働간닥거리다. 働깐딱거리다.

깐닥-대다[-때-] 죄태 깐닥거리다.

깐동-그리다 태 흐트러짐 없이 말끔히 수습하다. 圈끈동그리다. 働간동그리다.

깐동-깐동 튀하태 깐동그리는 모양. 圈끈둥끈동. 働간동간동.

깐동-하다 휑働 흐트러짐이 없이 정돈되어 단출하다. 圈끈동하다. 働간동하다. **깐동-히** 튀

깐딱-거리다[-꺼-] 죄태 작은 물체가 가로로 조금씩 자꾸 움직이거나 움직이게 하다. 圈끈떡거리다. 働간딱거리다·깐닥거리다. **깐딱-깐딱** 튀하죄태

깐딱-대다[-때-] 죄태 깐딱거리다.

깐-보다 죄 마음속으로 가늠하다. 속을 떠보다. ▢간보고 재다.

깐실-깐실 튀하죄 남의 비위를 맞추면서 간사스럽게 행동하는 모양. 働간실간실.

깐작-거리다[-꺼-] 죄태 1 끈끈해서 자꾸 착착 달라붙다. 2 성질이 깐깐해서 자꾸 검질기게 굴다. 圈끈적거리다. **깐작-깐작** 튀하죄

깐작-대다[-때-] 죄태 깐작거리다.

깐작-이다 죄태 1 끈끈해서 착착 달라붙다. 2 성질이 깐깐해서 검질기게 굴다. 圈끈적이다.

깐족-거리다[-꺼-] 죄 쓸데없는 말을 밉살스럽고 짓궂게 자꾸 지껄이다. 圈깐죽거리다.

깐족-깐족 튀하죄

깐족-대다 [-때-] 困 깐족거리다.
깐족-이다 困 쓸데없는 말을 밉살스럽고 짓궂게 지껄이다. ㉠깐족이다.
깐죽-거리다 [-꺼-] 困 쓸데없는 말을 밉살스럽고 짓궂게 계속 지껄이다. ㉒깐족거리다. 깐죽-깐죽 閅困
깐죽-대다 [-때-] 困 깐죽거리다.
깐죽-이다 困 쓸데없는 말을 밉살스럽고 짓궂게 지껄이다. ㉠깐족이다.
깐-지다 囹 성질이 빈틈이 없고 야무지다. ㉣끈지다.
깐-질기다 囹 깐깐하고 검질기다. ㉠성질이 꽤 ~. ㉣끈질기다.
깐질-깐질 閅囹 매우 깐깐하고 검질긴 모양. ㉣끈질끈질.
깔 몡 '깔색'의 준말.
-깔 젭 몇몇 명사 뒤에 붙어, '상태'·'바탕'의 뜻을 더하는 말. ㉠때~ / 빛~ / 성~ / 태~.
깔-개 몡 눕거나 앉은 곳에 까는 물건.
깔기다 匣 똥·오줌 따위를 아무 데나 함부로 싸다. ㉠개가 오줌을 함부로 ~.
깔깔 閅 되바라진 목소리로 참을 수 없는 듯이 웃는 소리. ㉣껄껄.
깔깔-거리다 困 되바라진 목소리로 참을 수 없는 듯이 자꾸 웃다. ㉣껄껄거리다.
깔깔-대다 困 깔깔거리다.
깔깔-하다 囹 1 감촉이 보드랍지 못하고 까칠까칠하다. ㉠깔깔한 수염(웃감). 2 혓바닥이 깔끄럽고 입맛이 없다. ㉠혀가 ~. 3 목소리나 성미가 보드랍지 못하고 거칠다. ㉣껄껄하다.
깔끄럽다 [-따] [깔끄러워, 깔끄러우니] 囹 1 까끄라기 따위가 살에 닿아서 따끔거리는 느낌이 있다. 2 매끄럽지 못하고 깔깔하거나 까칠까칠하다. ㉣껄끄럽다.
깔끔-거리다 困 까끄라기 따위가 살갗에 닿아 자꾸 깔끄럽게 따끔거리다. ㉣껄끔거리다. 깔끔-깔끔 閅困
깔끔-대다 困 깔끔거리다.
깔끔-하다 囹 1 모양이나 생김새 따위가 매끈하다. ㉠차림새가 ~. 2 솜씨가 야물고 알뜰하다. ㉠두루마기 손질이 아주 ~. 3 성격이 깐깐하고 까다롭다. ㉠깔끔한 성격. ㉣끌끔하다. 깔끔-히 閅
깔다 [깔아, 까니, 까는] 匣 1 바닥에 펴 놓다. ㉠자리를 ~. 2 베개를 깔고 앉다. 3 돈·물건을 여기저기 빌려주거나 팔려고 내놓다. ㉠외상을 ~. 4 눈을 아래로 내리뜨다. ㉠겸연쩍은지 눈을 아래로 깔고 있다. 5 바탕이 되게 하다. ㉠음악을 배경으로 ~. 6 꼼짝 못하게 남을 억누르다. ㉠남을 너무 깔고 뭉개지 마라.
깔딱 閅囹匣 1 목구멍으로 물 따위를 힘겹게 조금 삼키는 소리나 모양. 2 약한 숨이 끊어질 듯 말 듯 하는 소리나 모양. ㉠숨이 ~ 넘어가다. 3 얇고 빳빳한 물체가 뒤집히는 소리나 모양. ㉣껄떡.
깔딱-거리다 [-꺼-] □困 1 목구멍으로 물 따위를 힘겹게 조금씩 삼키는 소리가 자꾸 나다. 2 얇고 빳빳한 물체가 뒤집히는 소리가 자꾸 나다. ㉣껄떡거리다. □困匣 약한 숨이 끊어질 듯 말 듯 하는 소리가 자꾸 나거나 나게 하다. ㉠숨이 ~ / 숨을 ~. ㉣껄떡거리다. 깔딱-깔딱 閅困匣
깔딱-대다 [-때-] □困匣 깔딱거리다.
깔딱-하다 [-따카-] 囹囲 1 눈까풀이 힘없이 열려져 있고 눈알이 폭 들어가 있다. 2 얼이 빠져 있다. ㉣껄떡하다.

깔때기 몡 1 《역》 금부(禁府)의 나장(羅將), 형조(刑曹)의 패두(牌頭), 또는 의식을 차릴 때, 뇌자(牢子)들이 머리에 썼던 건(巾). 2 《역》 기름종이로 접어 만든 군병(군병들이 물 먹는 데 씀). 군지(軍持). 3 액체를 병 따위에 부을 때, 꽂아 놓고 붓는 나팔 모양의 기구. 누두(漏斗). 4〈속〉군뢰복다기.
깔리다 困 1 《'깔다'의 피동》 깖을 당하다. ㉠밑에 깔린 사람 / 낙엽이 깔린 산길. 2 널리 또는 많이 펴져 있다. ㉠구름이 낮게 깔려 있다 / 연못에 얼음이 ~. 3 사상·감정 따위가 드러나지 않고 묻혀 있다.
깔-잖다 [-짠타] 囹 깔밋하지 않다.
깔밋-하다 [-미타-] 囹囲 모양·차림새 따위가 아담하고 깔끔하다. ㉠깔밋한 살림살이 / 성품이 ~. 깔밋-이 閅
깔-보다 匣 얕잡아 보다. ㉠돈이 없다고 ~.
깔-색 (-色)[-쌕] 몡 물건의 빛깔이나 맵시.
깔아-뭉개다 匣 1 눌러서 뭉개다. ㉠이불을 깔아뭉개며 뒹굴다. 2 어떤 일이나 사실을 숨기고 알리지 않거나 처리하지 않고 질질 끌다. ㉠비위 사실을 ~. 3 억눌러 버리거나 무시하다. ㉠자존심을 ~.
깔-유리 (-琉璃)[-류-] 몡 슬라이드 글라스. ↔덮개 유리.
깔-종 [-쫑] 몡 《공》 일정한 무게의 금속 세공품을 만들 때, 재료의 무게에서 얼마나 깔 것인가를 미리 헤아리는 종작. 깔종(을) 잡다 ㉙ 깔종을 헤아려 짐작하다.
깔짝-거리다¹ [-꺼-] 困 썩 얇고 빳빳한 물체가 앞뒤로 반복하여서 뒤집히는 소리가 자꾸 나다. 깔짝-깔짝¹ 閅困
깔짝-거리다² [-꺼-] 匣 자꾸 갉아서 뜯거나 진집을 내다. ㉠쥐가 판자를 ~. ㉣끌쩍거리다. 깔짝-깔짝² 閅困
깔짝-대다¹ [-때-] 困 깔짝거리다¹.
깔짝-대다² [-때-] 匣 깔짝거리다².
깔쭉-거리다 [-꺼-] 困 거칠고 깔끄럽게 따끔거리다. ㉣껄쭉거리다. 깔쭉-깔쭉 閅困
깔쭉-대다 [-때-] 困 깔쭉거리다.
깔쭉-이 몡 가장자리를 톱니처럼 깔쭉깔쭉하게 만든 주화(鑄貨)의 일컬음.
깔찌 몡 밑에 깔아 괴는 물건.
깔-창 몡 신발의 바닥에 까는 물건.
깔-축 몡 조그만 축. ㉠한 푼도 ~을 내지 않는다.
깔축-없다 [-추껍따] 囹 조금도 축나거나 버릴 것이 없다. 깔축-없이 [-추껍씨] 閅. ㉠한 톨의 양식도 ~ 여투다.
깔치 囧〈비〉여자. 특히, 여자 애인.
깜깜 閅 1 아주 까맣게 어두운 모양. 2 어떤 일에 대해 전혀 알지 못하는 상태. ㉠사건에 대해 ~이다.
깜깜-나라 몡 1 아주 깜깜한 어둠. 2 깜깜하게 전혀 모르는 상태. ㉣껌껌나라.
깜깜-무소식 (-無消息) 몡 깜깜소식. ㉠떠난 후로는 ~이다. ㉘감감무소식.
깜깜-부지 (-不知) 몡 깜깜하게 전혀 모름.
깜깜-소식 (-消息) 몡 1 소식이나 연락이 전혀 없는 상태. 깜깜무소식. ㉘감감소식. 2 무슨 일을 깜깜하게 모르는 일.
깜깜-절벽 (-絶壁) 몡 1 이야기가 전혀 통하지 않는 상태. 2 전혀 모르거나 느끼지 못하는 상태. 캄캄절벽. ㉠밤눈이 ~이어서 한 치 앞도 못 보겠다.
깜깜-하다 囹 1 몹시 어둡다. ㉠깜깜한 어둠 속을 응시하다. ㉣껌껌하다. 2 전혀 모르고

있다. □음악에 대해서는 ~. 3 희망이 없는 상태에 있다. □앞일을 생각하니 눈앞이 깜깜하구나. ⑦캄캄하다.

깜냥 몡 스스로 일을 헤아림. 또는 그런 능력. □제 ~에 무얼 하겠다고.

깜냥깜냥-이 튀 저마다의 깜냥대로. 깜냥깜.

깜:다 [-따] 혱 빛깔이 다소 밝고 짙다. 큰껌다. 옏감다.

깜-둥이 몡 1 살빛이 까만 사람. 2 흑인을 낮추어 이르는 말. 큰껌둥이.

깜박 튀혜재타 1 등불이나 별 따위가 잠깐 어두워졌다 밝아지는 모양. 2 기억이나 의식 따위가 잠깐 흐려졌다 밝아지는 모양. □약속을 ~ 잊었네. 3 눈이 잠깐 감겼다 뜨이는 모양. □눈도 ~하지 않는다. 큰끔벅. 쎈깜빡.

깜박-거리다 [-꺼-] 재타 자꾸 깜박하다. □비상등을 깜박거리는 자동차 / 형광등이 ~ / 눈을 깜박거리면서 신호를 한다. 큰끔벅거리다. **깜박-깜박** 튀혜재타

깜박-대다 [-때-] 재타 깜박거리다.

깜박-등 (-燈) [-뜽] 몡 점멸등(點滅燈).

깜박-불 [-뿔] 몡 숯불 따위를 피울 때 꺼질 듯 말 듯 깜박거리는 불.

깜박-이다 [-꺼-] 재 의식이나 기억이 잠깐씩 흐려지다. 큰재타 1 등불이나 별 따위가 잠깐씩 어두워졌다 밝아졌다 하다. 또는 그렇게 되게 하다. 2 눈이 자꾸 감겼다가 뜨였다 하다. 또는 그렇게 되게 하다. 큰끔벅이다. 쎈깜빡이다.

깜부기 몡 1 깜부깃병에 걸려 까맣게 된 이삭. 2 얼굴빛이 까만 사람. 3 '깜부깃숯'의 준말.

깜부기-불 몡 깜부깃숯 따위에서, 불꽃 없이 거의 꺼져 가는 불.

깜부기-숯 [-숟] 몡 나뭇가지를 불에 때고 난 뒤 그것으로 만든 숯.

깜부깃-병 (-病) [-기뼝 / -긷뼝] 몡 『식』 곡식의 이삭이 깜부기균에 의하여 깜부기가 되는 병. 맥각병(麥角病), 흑수병(黑穗病).

깜빡 튀혜재타 1 등불이나 별 따위가 잠깐 어두워졌다가 밝아지는 모양. 2 기억이나 의식이 잠깐 흐려졌다 밝아지는 모양. □~ 잊었다 / ~ 좋다. 3 눈이 잠깐 감겼다 뜨이는 모양. 큰끔뻑.

깜빡-거리다 [-꺼-] 재타 자꾸 깜빡하다. □신호등이 ~ / 놀라서 눈을 ~. 큰끔뻑거리다. 옏깜박거리다. **깜빡-깜빡** 튀혜재타

깜빡-대다 [-때-] 재타 깜빡거리다.

깜빡-이 몡 자동차의 방향 지시등을 달리 이르는 말. 깜빡이등. □~를 켜다.

깜빡-이다 큰재 기억이나 의식 따위가 잠깐씩 흐려지다. 큰재타 1 등불이나 별 따위가 어두워졌다 밝아지다. 또는 그렇게 되게 하다. 2 눈이 잠깐 감겼다 뜨이다. 큰끔뻑이다. 옏깜박이다.

깜작 튀혜재타 눈을 살짝 감았다가 뜨는 모양. □눈도 ~하지 않는다. 큰끔적. 쎈깜짝.

깜작-거리다 [-꺼-] 재타 눈을 자꾸 깜작하다. 큰끔적거리다. 쎈깜짝거리다. **깜작-깜작** 튀혜재타

깜작-깜작 튀혱 까만 점 따위가 여기저기 잘게 박혀 있는 모양. 큰껌적껌적. 옏갂작갂작.

깜작-대다 [-때-] 재타 깜작거리다.

깜작-이 몡 '눈깜작이'의 준말.

깜작-이다 재타 눈을 살짝 감았다 뜨다. 또는 그렇게 되게 하다. □눈을 깜작이며 멍하게 서 있다. 큰끔적이다. 쎈깜짝이다.

깜장 몡 까만 빛깔이나 물감. □~ 고무신. 큰

껌정. 옏감장.

깜장-이 몡 깜장 빛의 물건. 큰껌정이. 옏감장이.

깜짝[1] 튀혜재 갑자기 놀라는 모양. □~ 놀라다. 큰끔쩍.

깜짝[2] 튀혜재타 눈을 살짝 감았다가 뜨는 모양. □눈 ~할 사이. 큰끔쩍[2]. 옏갂작.

깜짝-거리다 [-꺼-] 재 자꾸 갑자기 놀라다. 큰끔쩍거리다[1]. **깜짝-깜짝**[1] 튀혜재

깜짝-거리다[2] [-꺼-] 재타 눈을 자꾸 살짝 떴다 감았다 하다. 큰끔쩍거리다[2]. 옏갂작거리다. **깜짝-깜짝**[2] 튀혜재타

깜짝-대다[1] [-때-] 재 깜짝거리다[1].

깜짝-대다[2] [-때-] 재타 깜짝거리다[2].

깜짝-야 캄 '깜짝이야'의 준말. □아이구 ~.

깜짝-이 몡 '눈깜짝이'의 준말.

깜짝-이다 재타 눈을 살짝 감았다 뜨다. 또는 그렇게 되게 하다. 큰끔쩍이다. 옏갂작이다.

깜짝-이야 캄 깜짝 놀랐을 때 나오는 소리. 준깜짝야.

깜쪽-같다 혱 ☞ 감쪽같다.

깜찌기 몡 '깜찌기실'의 준말.

깜찌기-실 몡 아주 가늘고도 질긴 실.

깜찍-스럽다 [-쓰-따] [-스러워, -스러우니] 혱 깜찍한 데가 있다. □귀엽이가 깜찍스럽고 귀엽다 / 어린 녀석이 깜찍스럽고 지혜롭구나. **깜찍-스레** [-쓰-] 튀

깜찍-이 튀 깜찍하게.

깜찍-하다 [-찌카-] 혱옏 1 몸집이나 생김새가 작고 귀엽다. □깜찍한 모자. 2 생각보다 태도나 행동 따위가 영악하다. □어린애가 아주 ~.

깝대기 [-때-] 몡 1 달걀·조개·밤 따위에서 속을 감싸고 있는 단단한 물질. 2 알맹이를 빼고 남은 것. 큰껍데기.

깝대기(를) 벗기다 귄 ㉠입고 있는 옷을 강제로 벗겨 내다. ㉡지닌 금품을 모두 빼앗다.

깝살리다 [-쌀-] 타 1 찾아온 사람을 따돌리다. 2 재물이나 기회 따위를 흐지부지 다 없애다.

깝신-거리다 [-씬-] 타 고개나 몸을 방정맞게 자꾸 조금 숙이다. 큰껍신거리다. **깝신-깝신** [-씬-씬] 튀타

깝신-대다 [-씬-] 타 깝신거리다.

깝작-거리다 [-짝꺼-] 재 방정맞게 자꾸 까불거나 잘난 체하다. 큰껍적거리다. **깝작-깝작** [-짝-짝] 튀재

깝작-대다 [-짝때-] 재 깝작거리다.

깝죽-거리다 [-쭉꺼-] 재타 1 신이 나서 몸을 자꾸 방정맞게 움직이다. 2 분수에 맞지 않게 자꾸 까불거나 잘난 체하다. 큰껍죽거리다. **깝죽-깝죽** [-쭉-쭉] 튀혜재타

깝죽-대다 [-쭉때-] 재타 깝죽거리다.

깝질 [-찔] 몡 딱딱하지 않은 물체의 겉을 싼 질긴 물질의 켜. 큰껍질.

강[1] (-) 몡 『광』 뇌관(雷管)을 광원들이 일컫는 말.

강[2] 〈속〉 '깡다구'의 준말. □~으로 버티다 / ~이 세다.

강그리 튀 하나도 남김없이. □~ 먹어 치우다 / ~ 잊어버리다.

강그리다 타 일을 수습해서 마무리하다.

강깡-이 몡 『악』 해금(嵇琴).

강다구 몡 〈속〉 악착같이 버티는 힘. □~를 부리다 / ~가 세다. 준깡.

강동-치마 몡 예전에, 여자들이 입던 짧은 치마. □~를 입은 처녀들.

강뚱 튀 조금 짧은 다리로 가볍게 뛰는 모양.

㉣꺙똥. ㉴강똥.

깡똥-거리다 困 **1** 조금 짧은 다리로 가볍게 자꾸 뛰다. **2** 채신없이 경솔하게 행동하다. ㉣껑뚱거리다. ㉴강동거리다. **깡똥-깡똥** 便웨困.

깡똥-대다 困 깡똥거리다.

깡똥-하다 휑어 옷이 아랫도리나 속옷이 드러날 정도로 짧아져 있다. ㉣껑뚱하다. ㉴강동하다.

깡-마르다 〔깡말라, 깡마르니〕휑르 바싹 마르다. □ 깡마른 체격〔몸집〕.

깡-물리다 困〔廣〕 뇌관을 도화선에 잇다.

깡-소주(─燒酒) 몡 ☞ 강소주.

강술 몡 ☞ 강술.

깡-집게 〔─께〕 〔廣〕 뇌관(雷管)과 도화선을 잇는 데 쓰는 집게.

깡짱 便 짧은 다리로 가볍게 내뛰는 모양. ㉣껑쩡. ㉴강짱.

깡짱-거리다 困 짧은 다리로 가볍게 자꾸 내뛰다. ㉣껑쩡거리다. ㉴강장거리다. ㉮깡창거리다. **깡짱-깡짱** 便웨困.

깡짱-대다 困 깡짱거리다.

깡쭝 便 짧은 다리로 힘 있게 솟구쳐 뛰는 모양. ㉣껑쭝. ㉴강쭝.

깡쭝-거리다 困 짧은 다리로 힘 있게 자꾸 솟구쳐 뛰다. ㉣껑쭝거리다. ㉴강쭝거리다. ㉮깡충거리다. **깡쭝-깡쭝** 便웨困.

깡쭝-대다 困 깡쭝거리다.

깡창 便 짧은 다리로 힘 있게 솟구쳐 내뛰는 모양. ㉣껑청. ㉴강창. ㉲깡짱.

깡창-거리다 困 짧은 다리로 자꾸 내뛰다. ㉣껑청거리다. ㉴강창거리다. ㉲깡짱거리다. **깡창-깡창** 便웨困.

깡창-대다 困 깡창거리다.

깡총-하다 휑어 **1** 키가 작은 데 비해 다리가 좀 길다. □깡총한 키. **2** 치마나 바지 따위 옷이 좀 짧다. □깡총한 바지. ㉣껑충하다.

깡총 便 짧은 다리로 힘 있게 솟구쳐 뛰는 모양. ㉣껑충. ㉴강총.

깡총-거리다 困 짧은 다리로 힘 있게 자꾸 솟구쳐 뛰다. ㉣껑충거리다. ㉴강충거리다. ㉲깡충거리다. **깡총-깡총** 便웨困.

깡충-거미 몡〔動〕 깡충거미과에 속하는 거미. 몸빛은 거무스름한 잿빛이며, 거미줄을 치지 않고 인가의 판자·벽에 붙은 파리·곤충 등을 뛰어가서 잡아먹음.

깡충-대다 困 깡충거리다.

깡충-하다 휑어 ☞ 깡총하다.

깡통 (─筒) 몡 **1** 양철로 만든 원기둥 모양으로 된 통조림통 따위의 통. □~을 따다 / 빈 ~을 차다. **2**〈속〉아는 것이 없이 머리가 텅 빈 사람. □저런 ~을 보았나.

깡통(을) **차다** 퀸 빌어먹는 신세가 되다.

깡통-계좌 (─計座)〔─〕〔─계〕〔經〕〈속〉중권사에서 유자해 사들인 주식이나, 대주(貸株)하여 판 주식의 시가 총액이 증거금을 밑도는 계좌. 담보 부족 계좌.

깡패 (─牌) 몡〈속〉폭력을 쓰며 행패를 부리고 나쁜 짓을 일삼는 무리. □~들 사이에 싸움이 벌어졌다.

깨 몡 **1**〔植〕참깨·들깨의 총칭. **2** 참깨의 씨.

깨가 쏟아지다 퀸 특히 부부 사이가, 몹시 아기자기하고 재미가 난다. □깨가 쏟아지는 신접살이.

깨-강정 몡 볶은 깨를 묻힌 강정.

깨갱 便 개가 아프거나 무서워서 길게 지르는 소리.

깨갱 便 개가 아프거나 무서워서 지르는 소리.

㉣끼깅.

깨갱-거리다 困 개가 깨갱 소리를 잇따라 내다. ㉣끼깅거리다. **깨갱-깨갱** 便웨困.

깨갱-대다 困 깨갱거리다.

깨-고물 몡 참깨, 특히 검은깨를 볶아 빻아서 만든 고물. 임자할(荏子末).

깨금-발 몡 한 발을 들고 한 발로 섬. 또는 그런 자세. 깨끼발.

깨끼¹ 便 몹시 여위어 마른 모양. □~ 마른 강아지.

깨깨² 便 어린애가 듣기 싫게 자꾸 우는 소리.

깨-꽃 〔─꼳〕 몡〔植〕 샐비어(salvia).

깨끔-스럽다 〔─따〕〔─스러워, ─스러우니〕휑ㅂ 깨끗하고 아담한 데가 있다. **깨끔-스레** 便.

깨끔-하다 휑어 깨끗하고 아담하다. □방을 깨끔하게 치우다. **깨끔-히** 便.

깨끗-이 便 깨끗하게. □집 안을 ~ 정리하다.

깨끗-하다 〔─끄타〕 휑어 **1** 더럽지 않다. □깨끗한 마음 / 깨끗하게 빤 옷. **2** 가지런히 정돈되어 말끔하다. □깨끗한 방 / 깨끗한 옷매무새. **3** 아무것도 없게 비다. □밥그릇을 깨끗하게 비웠다. **4** 결백하다. □누가 뭐래도 나는 ~. **5** 후유증이 없이 말끔하다. □상처가 깨끗하게 아물다. **6** 마음씨나 행동 따위가 떳떳하고 올바르다. □깨끗한 마음 / 깨끗한 승부. **7** 빛깔 따위가 흐리지 않고 맑다. □깨끗한 하늘.

깨끼 몡 **1** 사(紗)붙이 옷감으로 안팎을 곱솔로 박아 솔기를 곱게 오려 내어 옷을 짓는 일. **2** '깨끼옷'의 준말.

깨끼-겹저고리 〔─쩌─〕 몡 깨끼저고리.

깨끼-바지 몡 깨끼옷으로 된 바지.

깨끼-발 몡 한 발을 들고 한 발로 선 자세.

깨끼-옷 〔─옫〕 몡 옷의 안팎 솔기를 곱솔로 박아 지은 사(紗)붙이의 겹옷. ㉣깨끼.

깨끼-저고리 몡 깨끼옷으로 된 저고리. 깨끼겹저고리.

깨끼-춤 몡 난봉꾼의 멋스러운 춤의 한 가지.

깨나 조 '어느 정도는'의 뜻을 나타내는 보조사. □돈이 있겠다 / 힘이 쓰겠다.

깨:-나다 困㉴ 거리 '깨어나다'의 준말. □잠〔명상〕에서 ~.

깨나른-하다 휑어 몸을 움직이고 싶지 않을 만큼 나른하다. ㉣깨느른하다.

깨:-다¹ 困㉴ 타 **1** 잠·꿈·술기운이 사라져 정신이 맑아지다. □술이 ~ / 잠에서 ~. **2** 배워 지혜가 열리다. □머리가 깬 사람. ─타 **1** 자던 잠을 그치다. □천둥소리에 잠을 ~. **2** ☞ 깨우다.

깨:-다²(《'까다¹·²'의 피동》**1** 알이 깜을 당하다. □알에서 갓 깬 병아리. **2** 살이나 재물 따위가 줄게 되다. **3** '까이다'의 준말.

깨다³ 타 **1** 단단한 것을 조각나게 하다. □접시를 ~ / 얼음을 ~. **2** 일이나 상태 따위를 중간에서 어그러뜨리다. □산통을 ~ / 분위기를 ~ / 혼담을 ~. **3** 어려운 장벽이나 기록 따위를 넘어서다. □기록을 ~ / 인종 차별의 벽을 ~. **4** 이미 이루어진 것을 효력이 없어지게 하다. □원심을 깨고 사건을 고법에 되돌려 보내다. **5** 넘어지거나 맞아서 상처를 내다. □넘어져 무릎을 ~.

깨:-다⁴ 타 (《'까다'의 사동》 알을 까게 하다.

깨-다듬다 困 알아서 마음을 가다듬다.

깨단-하다 困㉴ 오랫동안 생각지 못하던 것을 어떤 실마리로 인하여 깨닫거나 확실히 알다.

깨닫다 〔─따〕 타困〔깨달아, 깨달으니〕타困 **1** 사물의 본질이나 이치 따위를 깨쳐 알게 되다. □이치를 ~. **2** 몰랐던 사정 따위를 느껴

알아채다. ▫잘못을 ~. **3** 앞일을 미리 알아
차리다. ▫닥쳐오는 위험을 깨닫고 피하다.

깨달은-이 몡《불》각자(覺者)2.

깨달음 몡 진리나 이치 따위를 생각하고 궁리
하여 알게 됨. ▫~을 구하다 / ~을 얻고자
고행(苦行)하다.

깨-두드리다 囤 단단한 물체를 두드려 깨뜨리
다. 셴깨두드리다.

깨-떡 몡 떡가루를 시루에 안치고 깨고물을 뿌
려 찐 시루떡. 호마병(胡麻餅).

깨-뜨리다 囤 단단한 물체를 뚜드리어 깨뜨
리다. 囵깨두드리다.

깨뜨러-지다 囝 '깨지다'의 힘줌말.

깨-뜨리다 囝 '깨다'의 힘줌말. ▫그릇을 ~ /
세계 기록을 깨뜨렸다.

깨-물다 〔깨물어, 깨무니, 깨무는〕囤 **1** 위아래
가 맞닿도록 세게 물다. ▫사탕을 ~ / 입
술을 ~. **2** 감정이나 말 따위를 꾹 눌러 참
다. ▫슬픔을 ~.

깨-보숭이 몡 **1** 들깨의 꽃송이에 찹쌀가루를
묻혀서 기름에 튀긴 반찬. **2** ☞ 깨소금. **3** ☞
깨고물.

깨-부수다 囤 **1** 깨어서 부수다. ▫유리창을
~. **2** 잘못된 생각이나 대상 따위를 없애거나
어떤 일을 방해하려 하지 못하게 하다. ▫상
대편의 조직을 ~.

깨-새 몡《조》☞ 박새2.

깨-소금 몡 참깨를 볶아 소금을 치고 빻아 만
든 양념.

깨소금 맛 뙤 남의 불행이 통쾌하고 고소하
다는 말.

깨-알 몡 깨 씨의 낱알. ▫~ 같은 글씨.

깨어-나다 囝 **1** 잠이나 술 따위로 잃었던 의식
을 되찾다. ▫꿈에서 ~ / 마취에서 ~. **2** 생
각에 빠져 있다가 제정신을 차리다. ▫오랜
명상에서 ~. **3** 사회나 생활 따위가 정신적·
물질적으로 발달한 상태로 되다. ▫무지와 가
난에서 ~. 囵깨나다.

깨어-지다 囝 '깨지다'의 본딧말.

깨어진 그릇 뙤 다시 수습하게 망그러
진 사태를 이르는 말.

깨-엿 [-엳] 몡 볶은 깨를 겉에 묻힌 엿.

깨우다 囤《'깨다'의 사동》잠이나 술에서 깨
게 하다. ▫곤히 자는 아이를 ~.

깨우치다 囤 사리를 깨달아 알게 하다. ▫잘못
된 점을 ~.

깨이다 囝 **1**《'깨다'의 피동》자다가 잠이 깸을
당하다. ▫잠에서 ~. **2** ☞ 깨다2¹. 囲囤 ☞
깨다⁴.

깨작-거리다¹ [-꺼-] 囲囤 글씨나 그림을 아무렇
게나 자꾸 잘게 쓰거나 그리다. 囵끼적거리
다. **깨작-깨작¹** 囲하囤

깨작-거리다² [-꺼-] 囲囤 '깨지락거리다'의 준
말. 囵께적거리다. **깨작-깨작²** 囲하囤

깨작-대다¹ [-때-] 囲囤 깨작거리다¹.

깨작-대다² [-때-] 囲囤 깨작거리다².

깨-죽 (-粥) 몡 껍질을 벗긴 참깨에 찹쌀을 섞
어 갈아서 쑨 죽.

깨죽-거리다 [-꺼-] ⃞囝 불분명하게 자꾸 종
알거리다. ⃞囤 음식을 먹기 싫은 듯이 자꾸
되씹다. 囵께죽거리다. **깨죽-깨죽** 囲하囝囤

깨죽-대다 [-때-] 囝囤 깨죽거리다.

깨:-지다 囝 〔←깨어지다〕**1** 단단한 물건이 여
러 조각이 나다. ▫그릇이 ~. **2** 일 따위가
틀어지다. ▫혼담이 ~. **3** 얻어맞거나 부딪쳐
상처가 나다. ▫이마가 ~. **4** 난관이나 기록
따위가 돌파되다. ▫최고 기록이 ~. **5** 분위
기 등이 바뀌어 새로운 상태로 되다. ▫평화

가 ~ / 분위기가 ~. **6**《속》패배하다.

깨지락-거리다 [-꺼-] 囝 먹거나 하는 짓이 마
음에 들지 않는 듯이 게을리 하다. 囵께지럭
거리다. 쥰깨작거리다² ·깨질거리다. **깨지락-**
거리다 囲하囝

깨지락-대다 [-때-] 囤 깨지락거리다.

깨질-거리다 囤 '깨지락거리다'의 준말. 囵께
질거리다. **깨질-깨질** 囲하囝

깨질-대다 囤 깨질거리다.

깨치다¹ 囤 사물의 이치를 깨달아 알다. ▫한
글을 ~.

깨치다² 囤 ☞ 깨뜨리다.

깨-트리다 囤 깨뜨리다. ▫유리창을 ~ / 분위
기를 ~.

깨-풀 몡《식》대극과의 한해살이풀. 논밭이나
길가에 남. 높이는 30cm가량. 잎은 어긋나
고 달걀꼴의 긴 타원형임. 여름에 갈색 꽃이
핌. 어린잎은 식용함. 철현채(鐵莧菜).

깩 囲 몹시 놀라거나 충격을 받아 새되게 외마
디로 지르는 소리.

깩-깩 囲 깩깩거리는 소리. 囵끽끽.

깩깩-거리다 [-꺼-] 囝 '깩' 소리를 자꾸 내
다. 囵끽끽거리다.

깩깩-대다 [-때-] 囝 깩깩거리다.

깩-소리 [-쏘-] 몡 조금이라도 떠들거나 반항
하려는 말이나 태도(뒤에 부정어나 금지하는
말이 따름). ▫~도 내지 못하다. 囵끽소리.
*쨱소리.

깩깩-거리다 [-꺼-] 囝 숨이 차서 목구멍이 벅
찼다가 터져 나오는 소리를 자꾸 내다. 囵낄
끽거리다. **깩깩-깩깩** 囲하囝

깩깩-대다 [-때-] 囝 깩깩거리다.

깰-깰 囲하囝 웃음을 참으면서 입속으로 새되
게 웃는 소리. 囵낄낄. 겐캘캘.

깰깰-거리다 囝 자꾸 깰깰 소리를 내어 웃다.
囵낄낄거리다. 겐캘캘거리다.

깰깰-대다 囝 깰깰거리다.

깻-국 [깨꾹·깯꾹] 몡 참깨를 삶거나 물에 불
려 맷돌에 물을 치면서 갈아 체에 밭은 물.
흔히, 밀국수 따위를 말아 먹음. 지마냉탕(芝
麻冷湯).

깻-묵 [깬-] 몡 기름을 짜낸 깨의 찌꺼기(낚시의
밑밥이나 논밭의 밑거름으로 씀). 유박(油粕).

깻-잎 [깬닙] 몡 깨의 잎사귀. ▫~ 한 묶음.

깽 囲 **1** 몸이 몹시 아프거나 일이 힘에 겨워 괴
롭게 내는 소리. 囵깡·꽁. **2** 강아지가 놀라거
나 아파서 내는 소리.

깽-깽 囲하囝 **1** 몸이 아프거나 힘에 겨워 괴롭
게 자꾸 내는 소리. 囵낑낑·꽁꽁. **2** 강아지
가 놀라거나 아파서 자꾸 짖는 소리.

깽깽-거리다 囝 **1** 몸이 아프거나 힘에 겨워 자
꾸 괴롭게 소리를 내다. 囵낑낑거리다·꽁꽁
거리다. **2** 강아지가 놀라거나 아파서 짖는 소
리를 자꾸 내다.

깽깽-대다 囝 깽깽거리다.

깽깽-매미 몡《충》매밋과의 곤충. 길이는 4cm
가량으로, 검은색 바탕에 황록색 또는 적갈
색의 무늬가 있음. 7~8월에 침엽수림에서 높
은 소리로 욺. 깽깽이.

깽깽이-풀 몡《식》매자나뭇과의 여러해살이
풀. 산에 나는데, 짧은 뿌리줄기에서 둥근 잎
이 무더기로 나고, 이른 봄에 잎이 나오기 전
자홍색 꽃이 줄기 끝에 한 송이씩 핌. 뿌리는
약용함. 조황련(朝黃蓮).

깽비리 몡《속》체구가 작은 사람이나 어린아
이의 낮춤말.

깽-판 명 〈속〉 훼방을 놓거나 망치는 짓. ◘ ~
을 놓다[부리다] / ~을 치다.

꺄룩 튀하어 무엇을 내다보거나 목구멍에 걸린
것을 삼키려고 목을 앞으로 길게 빼는 모양.
큰끼룩[2].

꺄룩-거리다 [-꺼-] 타 자꾸 꺄룩하다. 큰끼룩
거리다[2]. 꺄룩~꺄룩 튀하어

꺄룩-대다 [-때-] 타 꺄룩거리다.

꺄우듬-하다 형어 조금 꺄운 듯하다. 큰끼우
듬하다. 예갸우듬하다. 꺄우듬-히 튀

꺄우뚱 튀하자어 물체가 한쪽으로 조금 꺄우
어진 모양. 또는 꺄울게 하는 모양. 큰끼우뚱.

꺄우뚱-거리다 자타 몸이나 물체가 자꾸 이쪽
저쪽으로 기울어지게 흔들리다. 또는 그렇게
흔들다. 큰끼우뚱거리다. 예갸우뚱거리다.
꺄우뚱-꺄우뚱 튀하자타어

꺄우뚱-대다 자타 꺄우뚱거리다.

꺄울다 [꺄울어, 꺄우니, 꺄운] ㄹ형 비스듬하
여 한쪽이 조금 낮거나 비뚤다. 큰끼울다. 예
갸울다. ━자 비스듬하게 한쪽이 조금 낮아
지거나 비뚤어지다. 큰끼울다. 예갸울다.

꺄울어-뜨리다 타 꺄울어지게 하다. 큰끼울어
뜨리다. 예갸울어뜨리다.

꺄울어-지다 자 비스듬하게 한쪽이 조금 꺄울
게 되다. 큰끼울어지다. 예갸울어지다.

꺄울어-트리다 타 꺄울어뜨리다.

꺄울이다 타 꺄울게 하다. 큰끼울이다. 예갸울
이다.

꺄웃 [-욷] 튀하타형 고개 따위가 한쪽으로 조
금 기울어지는 모양. 큰끼웃. 예갸웃.

꺄웃-거리다 [-욷꺼-] 타 고개 따위를 이쪽저
쪽으로 자꾸 꺄웃 조금씩 꺄울이다. 큰끼웃거리
다. 꺄웃~꺄웃 [-욷-욷] 튀하타형

꺄웃-대다 [-욷때-] 타 꺄웃거리다.

꺄웃-이 [-우시] 튀 꺄웃하게.

깍[1] 튀 짐승 따위가 놀라거나 죽게 될 때 내는
소리.

깍[2] 튀 먹은 음식이 목까지 찬 모양.

깍-깍 튀하자 잇따라 깍 하는 소리.

깍깍-거리다 [-꺼-] 자 깍 하는 소리를 자꾸
내다.

깍깍-대다 [-때-] 자 깍깍거리다.

깍-차다 자 음식을 많이 먹어 목까지 꽉 차다.

깔-깔 튀하자어 암탉·갈매기 따위가 새되게 지르
는 소리. 예깔깔.

깔-하다 [깔카-] 형어 1 공간 따위가 꽉 차서
더 들어갈 수 없다. 2 더 먹을 수 없을 만큼
배가 부르다.

꺼꾸러-뜨리다 타 1 꺼꾸러지게 하다. 2 〈속〉
죽이다. 참까꾸러뜨리다.

꺼꾸러-지다 자 1 거꾸로 넘어지거나 엎어지
다. ◘ 돌부리에 걸려 ~. 2 세력 따위가 힘을
잃거나 꺾여 무너지다. 3 〈속〉 죽다. 참까꾸
러지다.

꺼꾸러-트리다 타 꺼꾸러뜨리다.

꺼꾸로 튀 ☞ 거꾸로.

꺼끄러기 명 벼나 보리 등의 수염. 또는 그 동
강. 참까끄라기. 준꺼러기·꺼럭.

꺼끌-꺼끌 튀하형 표면이 매우 거칠고 껄끄러
운 모양.

꺼끙-그리다 타 겉곡식을 방아에 조금 쓿어 내
다.

꺼:-내다 타 1 안에 들어 있는 것을 손이나 도
구를 이용해 밖으로 내다. ◘ 돈을 ~. 2 이야
기나 생각 따위를 드러내기 시작하다. ◘ 말
을 ~.

꺼:-내리다 타 안의 것을 손이나 도구를 이용
해 꺼내어 아래로 내리다.

꺼:-당기다 타 앞으로 당기다.

꺼덕-꺼덕 튀하형 물기나 풀기가 조금 말라서
뻣뻣한 상태. 참까닥까닥. 예꺼덕꺼덕.

꺼덕-치다 형 모양 따위가 거칠고 막되어 어울
리지 않다. 참까닥치다.

꺼:-두르다 [꺼둘러, 꺼두르니] 타르 움켜잡고
함부로 휘두르다. ◘ 머리채를 ~. 준꺼둘다.

꺼:-둘다 [꺼둘어, 꺼두니, 꺼두는] 타 '꺼두
르다'의 준말.

꺼:-둘리다 자 《'꺼두르다'의 피동》 꺼두름을
당하다. ◘ 멱살이 ~.

꺼드럭-거리다 [-꺼-] 자 거만스럽게 잘난 체
하며 자꾸 버릇없이 굴다. 참까드락거리다.
예거드럭거리다. 준꺼들거리다. 꺼드럭-꺼드
럭 튀하자

꺼드럭-대다 [-때-] 자 꺼드럭거리다.

꺼들-거리다 자 '꺼드럭거리다'의 준말. 참까
들거리다. 예거들거리다. 꺼들-꺼들 튀하자

꺼:-들다 [꺼들어, 꺼드니, 꺼드는] 타 1 잡고
당겨서 추켜들다. ◘ 머리털을 ~. 2 함께 거
들거나 들고 나오다.

꺼들-대다 자 꺼들거리다.

꺼:-들리다 자타 《'꺼들다'의 피동》 꺼듦을 당
하다. ◘ 머리채를 ~.

꺼들먹-거리다 [-꺼-] 자 신이 나서 잘난 체하
며 자꾸 함부로 잘난하게 행동하다. 참까들
먹거리다. 예거들먹거리다. 꺼들먹-꺼들먹 튀
하자

꺼들먹-대다 [-때-] 자 꺼들먹거리다.

꺼:-들이다 타 사람이나 사물을 끌어당겨서
안으로 들이다.

꺼떡-거리다 [-꺼-] 자 분수에 맞지 않게 자꾸
잘난 체하며 경망하게 행동하다. 참까딱거리
다. 꺼떡-꺼떡 튀하자

꺼떡-대다 [-때-] 자 꺼떡거리다.

꺼뜨럭-거리다 [-꺼-] 자 거만스럽게 잘난 체
하며 자꾸 버릇없이 굴다. 참까뜨락거리다.
꺼뜨럭-꺼뜨럭 튀하자

꺼뜨럭-대다 [-때-] 자 꺼뜨럭거리다.

꺼-뜨리다 타 불이나 동력 장치 따위를 잘못
하여 꺼지게 하다. ◘ 촛불을 ~ / 시동을 ~.

꺼:러기 명 '꺼끄러기'의 준말.

꺼:럭 명 '꺼끄러기'의 준말.

꺼리다 타 1 사물이나 일 등이 자신에게 해가
될까 해서 피하거나 싫어하다. ◘ 승낙하기를
~ / 나와 어울리는 것을 꺼려 한다. ━자 개
운치 않거나 언짢은 데가 있어 마음에 걸리
다. ◘ 양심에 꺼리는 일은 없다.

꺼림직-하다 [-치카-] 형어 대단히 꺼림직하
다. 꼐름직하다. ◘ 마음이 ~ / 뒷맛이 ~.

꺼림-하다 형어 마음에 걸려 언짢은 느낌이 있
다. 꼐름하다. ◘ 꺼림한 것을 먹다.

꺼머멀쑥-하다 [-쑤카-] 형어 꺼멓고 멀쑥하
다. 참까마말쑥하다. 예거머멀쑥하다.

꺼머무트름-하다 형어 얼굴이 조금 검고 투실
투실하다. 참까마무트름하다. 예거머무트름
하다.

꺼머번드르-하다 형어 꺼멓고 번드르하다.
참까마반드르하다. 예거머번드르하다.

꺼머번지르-하다 형어 꺼멓고 번지르하다.
참까마반지르하다. 예거머번지르하다.

꺼:멓다 [-머타-] [꺼머니, 꺼메서] 형ㅎ 빛깔이
조금 지나치게 검다. 꺼멓면 외투 / 천장이
꺼멓게 그을리다. 참까멓다[1]. 예거멓다[1].

꺼:메-지다 자 꺼멓게 되다. 참까매지다. 예거
메지다.

꺼무끄름-하다 [형][여] 조금 어둡게 꺼무스름하다. [작]까무끄름하다. [여]거무끄름하다.
꺼무데데-하다 [형][여] 산뜻하지 않게 조금 꺼무스름하다. [작]까무대대하다. [여]거무데데하다.
꺼무뎅뎅-하다 [형][여] 고르지 않게 꺼무스름하다. [작]까무댕댕하다. [여]거무뎅뎅하다.
꺼무레-하다 [형][여] 엷게 꺼무스름하다. [작]까무레하다. [여]거무레하다.
꺼무스레-하다 [형][여] 꺼무스름하다.
꺼무스름-하다 [형][여] 조금 검다. [작]까무스름하다. [여]거무스름하다. [준]꺼뭇하다.
꺼무접접-하다 [-쩌파-] [형][여] 조금 질게 꺼무스름하다. [작]까무잡잡하다. [여]거무접접하다.
꺼무죽죽-하다 [-쭈카-] [형][여] 칙칙하고 고르지 않게 꺼무스름하다. [작]까무족족하다. [여]거무죽죽하다.
꺼무칙칙-하다 [-치카-] [형][여] 산뜻하지 않으면서 질게 검다. [작]까무칙칙하다. [여]거무칙칙하다.
꺼무튀튀-하다 [형][여] 탁하게 꺼무스름하다. [작]까무퇴퇴하다. [여]거무튀튀하다.
꺼물-거리다 [자] **1** 희미한 불빛이 사라질 듯 말 듯 비치다. **2** 멀리 있는 물건이 보일 듯 말 듯 보이다. **3** 의식이 희미하여 정신이 있는 둥 없는 둥 하다. [작]까물거리다. [여]거물거리다. **꺼물-꺼물** [부][하][자형]
꺼물-대다 [자] 꺼물거리다.
꺼뭇-꺼뭇 [-묻-묻] [부][하][형] 점점이 껌은 모양. [작]까뭇까뭇. [여]거뭇거뭇.
꺼뭇-하다 [-무타-] [형][여] '꺼무스름하다'의 준말. [작]까뭇하다. [여]거뭇하다.
꺼벅-거리다 [-꺼-] [타] 머리나 몸을 멋쩍게 자꾸 숙였다 들었다 하다. **꺼벅-꺼벅** [부][하][타]
꺼벅-대다 [-때-] [타] 꺼벅거리다.
꺼:벙-이 [명] '조금 모자란 듯한 사람'을 홀하게 이르는 말.
꺼:벙-하다 [형][여] **1** 모양이나 차림새가 거칠고 엉성하다. **2** 성격이 야무지지 않고 조금 모자란 듯하다. ❑꺼벙하게 생긴 얼굴.
꺼:병이 [명] **1** 꿩의 어린 새끼. **2** 겉모양이 잘 어울리지 않고 거칠게 생긴 사람.
꺼부러-지다 [자] **1** 높이·부피가 차차 줄어지다. **2** 기운이 빠져 몸이 구부러지거나 나른해지다. [작]까부라지다.
꺼불-거리다 [자타] 자꾸 꺼불다. [작]까불거리다. [여]거불거리다. **꺼불-꺼불** [부][하][자타]
꺼불다 (꺼불어, 꺼부니, 꺼부는) [一][자] **1** 위아래로 느릿느릿 흔들리다. **2** 격에 맞지 않게 멋없이 경솔하게 행동하다. [작]까불다. [二][타] 위아래로 느릿느릿 흔들다. [작]까불다.
꺼불-대다 [자타] 꺼불거리다.
꺼슬-꺼슬 [부][하][형] **1** 성질이 매우 거친 모양. **2** 살결이나 물건의 거죽이 매우 꺼칠하거나 빳빳한 모양. ❑~한 베옷. [작]까슬까슬. [여]거슬거슬.
꺼:-오다 [타][너라] 물건을 잡아 쥐고 끌어서 오게 하다.
꺼:-올리다 [타] 물건을 잡아 쥐고 당겨서 위로 올리다.
꺼이-꺼이 [부] 큰 소리로 목이 메일 만큼 요란하게 우는 소리. ❑방바닥을 치며 ~ 통곡한다 / ~ 목 놓아 울다.
꺼지다¹ [자] **1** 불·거품 등이 사라져 없어지다. ❑전등불이 ~. **2** 걸렸던 시동 따위가 죽다. ❑시동이 ~. **3** 〈속〉 (주로 명령형으로 쓰여) 눈앞에서 사라지다. ❑꺼져, 이놈아. **4** 목숨이 끊어지다. ❑꺼져 가는 생명.
꺼지다² [자] **1** 물체의 바닥 따위가 내려앉아 아래로 빠지다. ❑방바닥이 ~ / 땅이 ~. **2** 신체의 일부가 우묵하게 들어가다. ❑피곤해서 눈이 ~.
꺼치적-거리다 [-꺼-] [자] 거추장스럽게 자꾸 여기저기 걸리거나 닿다. [작]까치작거리다. [여]거치적거리다. **꺼치적-꺼치적** [부][하][자]
꺼치적-대다 [-때-] [자] 꺼치적거리다.
꺼칠-꺼칠 [부][하][형] 매우 꺼칠한 모양. ❑~한 감촉. [작]까칠까칠. [여]거칠거칠.
꺼칠-하다 [형][여] 살이 빠지거나 메말라 피부나 털에 윤기가 없고 거칠다. ❑꺼칠하게 여윈 얼굴 / 피부가 ~. [작]까칠하다. [여]거칠하다.
꺼칫-거리다 [-칟꺼-] [자] 살갗 따위에 자꾸 닿아 걸리다. [작]까칫거리다. [여]거칫거리다. **꺼칫-꺼칫** [-칟-칟] [부][하][자]
꺼칫-대다 [-칟때-] [자] 꺼칫거리다.
꺼칫-하다 [-치타-] [형][여] 여위거나 메말라 윤기가 없이 거칠다. [작]까칫하다. [여]거칫하다.
꺼-트리다 [타] 꺼뜨리다.
꺼펑이 [명] 어떤 사물의 위에 덧씌워서 덮거나 가리는 물건의 총칭.
꺼풀 [명] 여러 겹으로 된 껍질이나 껍데기의 켜. ❑~을 벗기다 / 입술이 타서 ~이 일어나다. [작]까풀.
꺼풀-지다 [자] 껍질이나 껍데기 등이 여러 층을 이루다. [작]까풀지다.
꺽 [부] 음식을 먹은 뒤에 트림하는 소리.
꺽-꺽¹ [부] 장끼의 울음소리.
꺽-꺽² [부] **1** 숨이나 말이 목구멍에서 자꾸 막히는 소리. 또는 그 모양. ❑더워서 숨이 ~ 막힌다. **2** 숨이 막힐 정도로 우는 소리. 또는 그 모양. ❑~ 소리를 내며 울다.
꺽꺽-거리다¹ [-꺼-] [자] 장끼가 자꾸 꺽꺽 소리를 내다.
꺽꺽-거리다² [-꺼-] [자] **1** 숨이나 말이 목구멍에서 막히는 소리가 자꾸 나다. **2** 숨이 막힐 정도로 우는 소리가 자꾸 나다.
꺽꺽-대다¹ [-때-] [자] 꺽꺽거리다¹.
꺽꺽-대다² [-때-] [자] 꺽꺽거리다².
꺽꺽-푸드덕 [부][하][자] 장끼가 울며 홰치는 소리.
꺽꺽-하다 [-꺼카-] [형][여] 성질 따위가 억세고 거칠어서 부드러운 맛이 없다.
꺽다리 [-따-] [명] '키꺽다리'의 준말.
꺽두 [-뚜] [명] '꺽두기'의 준말.
꺽두기 [-뚜-] [명] **1** 〈속〉 아이들이나 여자들이 신는, 기름에 결은 재래식 가죽신. **2** 〈비〉 나막신. [준]꺽두.
꺽둑-거리다 [-뚝꺼-] [타] 단단한 물건을 대중없이 크게 자꾸 썰다. [작]깍둑거리다. **꺽둑-꺽둑** [-뚝-뚝] [부][하][타]. ❑무를 ~ 썰다.
꺽둑-대다 [-뚝때-] [타] 꺽둑거리다.
꺽저기 [-쩌-] [명] 〖어〗 농엇과의 민물고기. 쏘가리와 비슷한데, 길이는 약 15 cm이고, 빛은 갈색 바탕에 붉은 가로줄이 있음.
꺽정이 [-쩡-] [명] 〖어〗 둑중갯과의 민물고기. 몸길이는 15 cm 정도이고, 빛은 엷은 갈색임. 머리는 평평하고 입이 크며 아가미 뚜껑에 네 개의 가시가 있음.
꺽죽-거리다 [-쭉꺼-] [자] 혼자 잘난 듯이 몸을 흔들며 자꾸 떠들다. **꺽죽-꺽죽** [-쭉-쭉] [부][하][자]
꺽죽-대다 [-쭉때-] [자] 꺽죽거리다.
꺽지 [-찌] [명] 〖어〗 농엇과의 민물고기. 길이는 25 cm 가량이고 옆으로 납작하며 빛은 회갈색임. 우리나라 특산종으로 하천의 중류에 떼지어 삶.

꺽지다 [-찌-] 혱 억세고 꿋꿋하며 용감하다.

꺾짓-손 [-찌쏜/-찓쏜] 몡 쥐는 힘이 억세어서 호락호락하지 않은 손아귀.

꺾짓손(이) 세다 굔 사람을 휘어잡고 어려운 일을 감당할 만한 수단이 있다.

꺾-기 [꺽끼] 몡 1 유도에서, 상대방의 관절을 꺾거나 비틀어서 움직이지 못하게 하는 기술. 2 '구속성 예금'의 속칭.

꺾-꽂이 [꺽꼬지] 몡하탄 【식】 식물의 줄기나 가지를 잘라 흙에 꽂아 뿌리내리게 하는 일. 삽목(揷木). □뜰에 버드나무를 ~하다.

꺾다 [꺽따] 탄 1 길고 단단한 물체를 휘게 하거나 부러뜨리다. □꽃가지를 ~. 2 방향을 바꾸어 돌리다. □핸들을 ~. 3 얇은 물체를 접어 겹치다. □책상의 귀를 ~. 4 생각이나 기운 따위를 펴지 못하게 하다. □기를 ~/고집을 ~. 5 팔·다리·허리 따위를 구부리거나 굽히다. □몸을 ~. 6《속》술을 마시다. □퇴근길에 한잔 꺾다. 7 경기나 싸움 따위에서 상대를 이기다. □상대 팀을 2대 0으로 ~. □퇴근길에 한잔 꺾자. 7 경기나 싸움 따위에서 상대를 이기다. □상대 팀을 2대 0으로 ~.

꺾-쇠 [꺽쐬] 몡 【건】 'ㄷ' 자 모양의 쇠토막(잇댄 두 개의 나무 따위를 벌어지지 않게 하는 데 씀).

꺾쇠-괄호 (-括弧) [꺽쐬-] 몡 대괄호.

꺾쇠-구멍 [꺽쐬-] 몡 꺾쇠를 박는 구멍.

꺾쇠-묶음 [꺽쐬뭄음] 몡 대괄호.

꺾어-지다 짜 1 단단한 물체가 휘어지거나 부러지다. □작대기가 ~. 2 얇은 물체가 접히다. 3 방향을 바꾸게 되다. □강은 이곳에서 남쪽으로 꺾어진다. 4 생각이나 기운 따위가 제대로 펴지지 못하다. □기세가 ~/뜻이 ~. 5《속》특정한 나이의 절반이 되다. □내일모레면 꺾어진 70이다.

꺾은금 **그림표** (-表) 【수】 꺾은선 그래프.

꺾은-선 (-線) 몡 【수】 여러 가지 길이와 방향을 가진 선분을 차례로 이은 선.

꺾은선 **그래프** (-線graph) 【수】 막대그래프의 끝을 꺾은선으로 연결한 그래프.

꺾은-채 몡 가마 따위의 채의 앞뒤에 가로진 나무. ↔장채.

꺾이다 짜 1《'꺾다'의 피동》꺾음을 당하다. □기가 ~/태풍에 나뭇가지가 ~. 2 기세나 기운 따위가 약해지다. □더위도 한풀 ~. 3 길이 꺾이다. □이 길은 저기에서 오른쪽으로 꺾인다.

꺾임 몡 【물】 굴절(屈折).

꺾임-새 몡 꺾인 모양새.

꺾-자 (-字) [꺽짜] 몡 1 문서의 여백에 '이상(以上)'의 뜻으로 쓰는 'ㄱ' 자 꼴의 부호. 2 글의 줄이나 글자를 지워 버리기 위하여 긋는 줄.

꺾자 놓다 굔 꺾자(를) 치다ⓒ.

꺾자(를) 치다 굔 1 문서의 여백에 꺾자를 그리다. □글의 줄이나 글자를 지워 버리기 위해 꺾자를 그리다. 꺾자 놓다.

껀둥-그리다 탄 하나도 흩어지지 않게 말끔히 수습하다. ㉮깐둥그리다. ㉰건둥그리다.

껀둥-껀둥 뮈하탄 하나도 흩어지지 않게 말끔히 수습하는 모양. ㉮깐둥깐둥. ㉰건둥건둥.

껀둥-하다 혱 흐트러짐 없이 정돈되어 시원스럽다. ㉮깐둥하다. ㉰건둥하다. **껀둥-히** 뮈

껄껄 뮈 우렁찬 목소리로 시원스럽게 웃는 소리. ㉮깔깔.

껄껄-거리다 짜 계속 껄껄 소리를 내다. ㉮깔깔거리다.

껄껄-대다 짜 껄껄거리다.

껄-하다 혱 1 물건의 감촉이 꺼칠꺼칠하다. 2 사람의 성미가 부드럽지 못하고 거칠다. ㉮깔깔하다.

껄끄럽다 [-따] 〔껄끄러워, 껄끄러우니〕혱 1 꺼끄러기 따위가 살에 붙어 따끔거리는 느낌이 있다. 2 미끄럽지 못하고 껄껄하거나 꺼칠꺼칠하다. ㉮깔끄럽다. 3 무난하거나 원만하지 못하고 거북한 데가 있다. □껄끄러운 상대/묻기가 왠지 ~.

껄끄렁-베 몡 올이 굵어서 바탕이 껄껄한 베.

껄끄렁-벼 몡 잘 뭉글리지 않아 꺼끄러기가 많이 섞여 있는 벼.

껄끔 몡 꺼끄러기 따위가 살에 닿아 자꾸 껄끔하게 뜨끔거리다. ㉮깔끔.

껄끔-대다 짜 껄끔거리다.

껄끔-껄끔 뮈하탄 껄끔거리다.

껄떡 뮈하탄 1 목구멍으로 물 따위를 힘겹게 삼키는 소리. 또는 그 모양. □약물을 ~ 삼키다. 2 숨이 끊어질 듯 말 듯하는 소리. 또는 그 모양. □숨이 ~ 넘어가다. 3 얇고 빳빳한 물체의 바닥이 뒤집히는 소리. 또는 그 모양.

껄떡-거리다 [-꺼-] 짜탄 1 목구멍으로 물 따위를 힘겹게 넘기는 소리가 자꾸 나다. 2 빳빳하고 얇은 물체의 바닥이 뒤집히는 소리가 자꾸 나다. ㉮깔딱거리다. 3 먹고 싶거나 갖고 싶어 자꾸 입맛을 다시거나 안달하다. 짜탄 숨이 끊어질 듯 말 듯하는 소리가 자꾸 나다. 또는 그런 소리를 자꾸 내다. □숨이 ~/숨을 ~. ㉮깔딱거리다. **껄떡-껄떡** 뮈짜탄

껄떡-대다 [-때-] 짜 껄떡거리다.

껄떡-이 몡 음식이나 재물 따위에 욕심을 내는 사람.

껄떡-하다 [-떠카-] 혱 1 피로·병·굶주림으로 눈꺼풀이 힘없이 열려 있고 눈알이 우묵하다. 2 얼이 빠져 있다. ㉮깔딱하다.

껄떼기 몡 【어】 농어의 새끼.

껄렁 뮈하혱 1 말이나 행동이 미덥지 못하고 허황된 모양. □모양만 내는 ~한 녀석. 2 사물이 꼴사납고 너절한 모양.

껄렁-껄렁 뮈하혱 1 말이나 행동이 모두 미덥지 못하고 허황된 모양. □뒷거리의 ~한 녀석들. 2 사물이 모두 꼴사납고 너절한 모양.

껄렁-이 몡 됨됨이나 하는 행동이 껄렁껄렁한 사람.

껄렁-패 (-牌) 몡 껄렁껄렁한 사람의 무리.

껄:-머리 몡 【민】 전통 혼례에서, 신부 머리에 크게 땋아서 그 위에 화잠을 꽂고 늘여 대는 덧머리. 신부가 문에 들어서서 대청에 오르는 동안 수종하는 사람이 받들어 대고 따라대.

껄쭉-거리다 [-꺼-] 짜 거칠고 껄껄럽게 뜨끔거리다. ㉮깔쪽거리다. **껄쭉-껄쭉** 뮈하짜

껄쭉-대다 [-때-] 짜 껄쭉거리다.

껌 (←gum) 몡 고무에 설탕·박하·향료 등을 넣어 만든 과자(삼키지는 않고 씹다가 뱉어 버림). □~ 한 통/~을 질겅질겅 씹다/~을 뱉다.

껌껌-나라 몡 아주 껌껌하여 아무것도 볼 수 없는 곳.

껌껌-하다 혱 1 아주 어둡다. □껌껌한 골목. ㉮깜깜하다. 2 마음이 엉큼하고 음흉하다. □속이 껌껌한 사람. ㉮깜깜하다.

껌:다 [-따] 혱 매우 검다. ㉮깜다. ㉰검다.

껌둥-개 몡 털빛이 검은 개.

껌-둥이 몡 1 피부가 검은 사람을 놀림조로 이르는 말. 2 껌둥개를 귀엽게 이르는 말. 3 '흑인'을 낮추어 이르는 말. ㉮깜둥이. ㉰검둥이.

껌벅 뮈하짜탄 끔벅.

껌벅-거리다[-꺼-] 재타 끔벅거리다. 껌벅-껌벅 [부하자타]

껌벅-대다[-때-] 재타 껌벅거리다.

껌벅-이다 재타 끔벅이다.

껌적-껌적 [부하형] 검은 점이 굵게 여기저기 박혀 있는 모양. 참깜작깜작. 여검적검적.

껌정 명 검은 빛깔이나 물감. 참깜장. 여검정.

껌정-이 명 검정 빛깔의 물건. 참깜장이. 여검정이.

껍데기[-떼-] 명 1 달걀·조개 등의 겉을 싼 단단한 물질. 2 굴 ~. 2 속에 무엇을 채우고 그 겉을 싼 것. 2 베개 ~ / ~를 벗기다 / 알맹이는 없고 ~만 남다. 참깝대기. 3 화투에서, 끗수가 없는 패짝. 껍질2.

껍신-거리다[-씬-] 재타 고개나 몸을 방정맞게 자꾸 많이 숙이다. 참깝신거리다. 껍신-껍신 [-씬-씬] [부하자타]

껍신-대다[-씬-] 재타 껍신거리다.

껍적-거리다[-쩍꺼-] 재타 방정맞게 함부로 까불거나 잘난 체하다. 참깝작거리다. 껍적-껍적 [-쩍쩍] [부하자타]

껍적-대다[-쩍때-] 재타 껍적거리다.

껍죽-거리다[-쭉꺼-] 재타 1 신이 나서 몸을 자꾸 방정맞게 움직이다. 2 함부로 자꾸 까불거나 잘난 체하다. 참깝죽거리다. 껍죽-껍죽 [-쭉쭉] [부하자타]

껍죽-대다[-쭉때-] 재타 껍죽거리다.

껍질[-찔] 명 1 딱딱하지 않은 물체의 겉을 싼 질긴 물질의 켜. 2 사과 ~을 벗기다. 2 껍데기. 참깝질.

껍질-눈[-찔룬] 명 《식》 피목(皮目).

-껏 [껃] 끝 1 '있는 대로 다하여'의 뜻. 2 정성 ~ 준비하다 / 힘 ~ 돕다. 2 '그때까지 내내'의 뜻. 2 아직~ / 여태~.

껑거리 명 길마를 얹을 때, 소의 궁둥이에 막대를 가로 대고, 그 양 끝에 줄을 매어 좌우로 잡아매게 된 물건.

껑거리-끈 명 껑거리막대의 양 끝에 맨 줄.

껑거리-막대[-때-] 명 껑거리끈에 매어 마소의 궁둥이에 대는 막대.

껑-까다 재 〈속〉 거짓말을 하다.

껑더리-되다 재 심하게 앓거나 큰 고생을 겪어, 몸이 파리하고 뼈가 앙상하게 되다. 여껑더리되다.

껑뚱 [부] 긴 다리로 치신없이 가볍게 뛰는 모양. 참깡뚱. 여겅둥.

껑뚱-거리다 재 긴 다리로 치신없이 자꾸 가볍게 뛰다. 참깡뚱거리다. 여겅둥거리다. 껑뚱-껑뚱 [부하자]

껑뚱-대다 재 껑뚱거리다.

껑뚱-하다 [형여] 입은 옷이 아랫도리나 속옷이 드러날 만큼 매우 짧다. 참깡뚱하다. 여겅둥하다.

껑짜-치다 [형] 열없고 어색하여 거북하다.

껑쩡 [부] 긴 다리로 가볍게 내뛰는 모양. 참깡짱. 여겅정. 게껑청.

껑쩡-거리다 재 긴 다리로 가볍게 자꾸 내뛰다. 참깡짱거리다. 여겅정거리다. 게껑청거리다. 껑쩡-껑쩡 [부하자]

껑쩡-대다 재 껑쩡거리다.

껑쭝 [부] 긴 다리로 힘 있게 솟구쳐 뛰는 모양. 참깡쭝. 여겅중. 껑쭝-껑쭝.

껑쭝-거리다 재 긴 다리로 힘 있게 자꾸 솟구쳐 뛰다. 참깡쭝거리다. 여겅중거리다. 게껑충거리다. 껑쭝-껑쭝 [부하자]

껑쭝-대다 재 껑쭝거리다.

껑청 [부] 긴 다리로 가볍게 내뛰는 모양. 참깡창. 여겅정. 세껑쩡.

껑청-거리다 재 긴 다리로 가볍게 자꾸 내뛰다. 참깡창거리다. 여겅정거리다. 세껑쩡거리다. 껑청-껑청 [부하자]

껑청-대다 재 껑청거리다.

껑충 [부] 1 긴 다리로 힘 있게 높이 솟구쳐 뛰는 모양. 참깡충. 여겅중. 세껑쭝. 2 순서나 단계를 단번에 많이 건너뛰는 모양. 2 순위가 ~ 뛰다 / 가격이 ~ 뛰다.

껑충-거리다 재 긴 다리로 힘 있게 자꾸 높이 솟구쳐 뛰다. 참깡충거리다. 여겅중거리다. 세껑쭝거리다. 껑충-껑충 [부하자] 1 껑충거리는 모양. 2 망아지가 ~ 뛰다. 2 순서나 단계를 잇따라 건너뛰는 모양. 2 성적이 ~ 뛰어오르다.

껑충-대다 재 껑충거리다.

껑충-이 명 키가 큰 사람을 놀림조로 하는 말.

껑충-하다 [형여] 1 키가 멋없이 크고 다리가 길다. 2 키가 껑충한 녀석. 2 치마나 바지 따위가 꽤 짧다. 참깡충하다.

께 조 '에게'의 높임말. 2 형님~ 바치겠다 / 선생님~ 인사를 하다.

-께¹ 미 그때 또는 장소에서 가까운 범위. 2 그믐~ / 남대문~쯤 갔을 거다.

-께² [어미] 끝 -ㄹ게.

께끄름-하다 [형여] 께적지근하고 꺼림하여 마음이 내키지 않다. 준께끔하다. 께끄름-히 [부]

께끔-하다 [형여] '께끄름하다'의 준말. 께끔-히 [부]

께끼다 타 1 방아질이나 절구질할 때 확의 가로 올라오는 낟알 따위를 안으로 쓸어 넣다. 2 노래나 말을 할 때 옆에서 거들어 잘 어울리게 하다. 3 모르는 것을 옆에서 거들어 일러 주다.

께느른-하다 [형여] 몸을 움직이고 싶지 않을 만큼 느른하다. 2 께느른한 봄날. 참깨나른하다. 께느른-히 [부]

께로 조 '에게로'의 높임말. 2 큰아버지~ 가는 편지.

께름직-하다 [형여] 께름칙하다.

께름칙-하다[-치카-] [형여] 꺼림칙하다.

께름-하다 [형여] 꺼림하다.

께서 조 1 '가'·'이'의 높임말인 주격 조사. 2 아버지~ 하신 말씀. 2 '는'·'도'·'만'·'야' 등의 앞에 붙여 존경의 뜻을 나타내는 보조사. 2 춘부장~는 안녕하신가.

께오서 조 ☞ 께옵서.

께옵서[-써] 조 '께서'의 높임말.

께저분-하다 [형여] 너절하고 지저분하다. 여게저분하다.

께적-거리다[-꺼-] 타 '께지럭거리다'의 준말. 참깨작거리다. 께적-껍적 [부하타]

께적-대다[-때-] 타 께적거리다.

께적지근-하다[-찌-] [형여] 조금 너절하고 지저분하다. 여게적지근하다. 께적지근-히 [-찌-] [부]

께죽-거리다[-꺼-] 자타 볼펑스럽게 자꾸 중얼거리다. 타 음식을 먹기 싫은 듯이 자꾸 되씹다. 참깨죽거리다. 께죽-께죽 [부하자타]

께죽-대다[-때-] 자타 께죽거리다.

께지럭-거리다 타 1 달갑지 않은 음식을 자꾸 억지로 굼뜨게 먹다. 2 달갑지 않은 듯이 자꾸 게으르고 굼뜨게 행동하다. 참깨지락거리다·께질거리다. 께지럭-께지럭 [부하타]

께지럭-대다[-때-] 타 께지럭거리다.

께질-거리다 타 '께지럭거리다'의 준말. 참깨

질거리다. 께질-께질 뭐하타
께질-대다[타] 께질거리다.
껜[준] 조사 '께'와 '는'이 합하여 된 준말. ◻
형님께 ~ 드리지 않았다.
-껜[준] 접미어 '-께'와 '는'이 합해서 이루어
진 준말. ◻다 갔겠다.
껴-들다[껴들어, 껴드니, 껴드는][타] 1 팔로
끼어서 들다. ◻가방을 ~. 2 두 물건을 한데
겹쳐서 들다.
껴-들다[껴들어, 껴드니, 껴드는][자] '끼어
들다'의 준말. ◻남의 일에 껴들지 마라.
껴묻-거리[-무꺼-][명]〔역〕시체와 함께 묻는
패물이나 그릇 및 연장 따위. 부장품(副葬品).
껴-묻기[-끼][명]〔역〕시체와 함께 패물·연장·
그릇 따위를 묻는 일. 부장(副葬).
껴-묻다[-따][자] (주로 '껴묻어'의 꼴로 쓰
여) 다른 것에 함께 끼어 덮이다. ◻내 책이
자네한테 껴묻어 가지 않았나.
껴-묻다[-따][타] 묻은 곳에 다른 것을 또 묻
다. ◻부친의 무덤에 애장품을 ~.
껴-붙들다[-분뜰-][껴붙들어, 껴붙드니, 껴
붙드는][타] 팔로 끼어서 붙들다. ◻두 형사가
피의자를 ~.
껴-안다[-따][타] 1 두 팔로 감싸서 품에 안다.
◻우는 아이를 껴안고 달래다. 2 혼자서 여러
가지 일을 떠맡다. ◻일을 혼자 ~.
껴-얹다[-언따][타] 있는 위에 더 끼워 넣거나
덧붙이다.
껴-입다[-따][타] 옷을 입은 위에 겹쳐서 또 입
다. ◻내복을 ~.
껴-잡다[-따][타] 1 팔로 끼어서 잡다. 2 한데
몰아서 잡다.
꼬기-꼬기[뭐] ☞ 꼬깃꼬깃.
꼬기다[자타] 비벼지거나 접혀서 잔금이 생기
다. 또는 그렇게 하다. 셴꾸기다. 예고기다.
꼬기작-거리다[-꺼-][자타] 꼬김살이 생기게 자
꾸 꼬기다. 셴꾸기작거리다. 예고기작거리
다. 꼬기작-꼬기작[뭐하타]. ◻메모지를 ~ 구
기다.
꼬기작-대다[-때-][타] 꼬기작거리다.
꼬김-살[-쌀][명] 꼬기어서 생긴 금. 셴꾸김살.
예고김살.
꼬깃-거리다[-긷꺼-][타] 꼬김살이 생기게 함
부로 자꾸 꼬기다. 셴꾸깃거리다. 예고깃거
리다. 꼬깃-꼬깃[-긷-긷][뭐하타]. ◻~ 접은
종이.
꼬깃-꼬깃[-긷-긷][뭐하형] 꼬김살이 많이 진
모양. 셴꾸깃꾸깃.
꼬깃-대다[-긷때-][타] 꼬깃거리다.
꼬:-까[명]〈소아〉때때. 고까.
꼬:-까신[명]〈소아〉때때신. 고까신.
꼬:-까옷[-옫][명]〈소아〉때때옷. 고까옷.
꼬꼬[명]〈소아〉닭. [부]암탉이 우는 소리.
꼬꼬댁[뭐하자] 암탉이 놀랐거나 알을 낳은 뒤
에 우는 소리.
꼬꼬마[명] 1 실 끝에 새털이나 종이 오리를 매
어 바람에 날리는 아이들 장난감. 2〔역〕군
졸의 벙거지에 꽂던 붉은 털.
꼬꼬[뭐] '꼬끼오'의 준말.
꼬꾸라-뜨리다[타] 1 꼬부라져 쓰러지게 하다.
2〈속〉죽게 하다. 예고꾸라뜨리다.
꼬꾸라-지다[자] 1 앞으로 꼬부라져 쓰러지다.
2〈속〉죽다. 예고꾸라지다.
꼬꾸라-트리다[타] 꼬꾸라뜨리다.
꼬끼오[뭐] 수탉의 우는 소리. 준꼬꼬.
꼬나-물다[-물어, -무니, -무는][타] '담배나

물부리 따위를 입에 물다'를 낮잡아 이르는
말. ◻담배를 한 대 ~.
꼬나-보다[타] 눈을 모로 뜨고 못마땅한 듯이
노려보다. ◻기분 나쁘게 왜 자꾸 사람을 꼬
나보고 있는 거요.
꼬낙[명] ☞ 코냑.
꼬느다[꼬나, 꼬느니][타] 1 무거운 물건의 한
쪽 끝을 쥐고 치켜 올려 내뻗치다. 2 마음을
잔뜩 가다듬고 벼르다.
꼬:다[타] 1 여러 가닥을 비벼 엇감아서 한 줄이
되게 하다. ◻새끼를 ~. 2 몸·다리·팔 등을
이리저리 뒤틀다. ◻다리를 ~. 3 비꼬다.
꼬다케[뭐] 불이 너무 세지도 않고 꺼지지도 않
은 채 곱다랗게 붙어 있는 모양.
꼬:드기다[타] 1 연줄을 잡아 젖혀서 연이 높이
오르도록 하다. 2 남의 마음을 꾀어 부추기
다. ◻싸움을 하라고 ~.
꼬드러-지다[자] 마르거나 굳어서 빳빳하게 되
다. 셴꾸드러지다. 예고드러지다.
꼬들-꼬들[뭐하형] 밥알이 속은 무르고 겉은 조
금 굳은 모양. ◻밥이 ~ 마르다 /~한 밥을
물에 ~ 말다. 셴꾸들꾸들. 예고들고들.
꼬라-박다[-따][타]〈속〉1 거꾸로 내리박다.
2 돈 따위를 헛되이 써 버리다. ◻장사 밑천
을 노름에 ~.
꼬라박-히다[-바키-][자](《'꼬라박다'의 피동》)
꼬라박음을 당하다. ◻차가 낭떠러지로 ~.
꼬락서니[-써-][명]〈속〉꼴. ◻그런 ~는 보기
도 싫다.
꼬랑이[명] 1 '꼬리'의 낮은말. 2 배추·무 따위
의 뿌리 끝 부분. ◻배추 ~.
꼬랑지[명] '꽁지'의 낮은말.
꼬르륵[뭐하형] 1 배 속이나 대통의 담뱃진 따
위가 끓는 소리. 2 닭이 놀라 지르는 소리. 3
물이나 술 등이 좁은 구멍으로 간신히 빠져
나가는 소리. 4 가래가 목구멍에 걸리어 나는
소리. 셴꾸르륵.
꼬르륵-거리다[-꺼-][자] 자꾸 꼬르륵하다. 셴
꾸르륵거리다. 꼬르륵-꼬르륵[뭐하자].
꼬르륵-대다[-때-][자] 꼬르륵거리다.
꼬리[명] 1 동물의 꽁무니나 몸뚱이의 뒤 끝에
붙어서 조금 나와 있는 부분. ◻~가 짧다 /
~를 흔들다. 2 사물의 한쪽 끝에 길게 내민
부분. ◻배추 ~ / 혜성의 ~ / 비행기의 ~ 날
개 / 치마 ~를 잡고 늘어지다. 3 사람을 찾거
나 쫓아갈 수 있을 만한 흔적. ◻범인의 ~를
잡다. 4 어떤 무리의 끝. ◻행렬의 ~에 따라
가다.
꼬리(가) 길다[관] ㉠못된 짓을 오래 두고 계
속하다. ㉡방문을 꼭 닫지 않고 드나들다.
[꼬리가 길면 밟힌다] 나쁜 짓을 오래 두고
계속하면 결국 들키고 만다는 뜻.
꼬리(를) 감추다[관] 자취를 감추다. 사라지
다.
꼬리(를) 달다[관] ㉠더 보태어 말하다. ㉡조
건을 붙이다.
꼬리(를) 물다[관] 계속 이어지다. ◻소문이
꼬리에 꼬리를 물고 퍼졌다.
꼬리(를) 밟히다[관] 행적을 들키다.
꼬리(를) 사리다[관] 겁이 나서 슬슬 피하거나
움츠리다.
꼬리(를) 잇다[관] 뒤따라 계속되다. ◻자동
차들이 꼬리를 이어 달리다.
꼬리(를) 잡다[관] 약점을 잡다.
꼬리(를) 치다[관]〈속〉유혹하다. 아양을 떨
다. 꼬리(를) 흔들다.
꼬리(를) 흔들다[관] 꼬리를 치다.
꼬리-고사리[명]〔식〕꼬리고사릿과의 여러해살

이풀. 높이는 35cm가량, 뿌리줄기는 짧고, 잎은 깃 모양의 겹잎이며 꼬리처럼 긺. 홀씨 주머니는 잎맥을 따라 붙어 있음.

꼬리-곰탕 (-湯) 圐 소의 꼬리를 토막 내어 물에 넣고 곤 음식. 꼬리곰.

꼬리-깃 圐 ☞ 꽁지깃.

꼬리 날개 비행기의 안정을 유지하고 방향을 바꾸는 역할을 하는, 동체(胴體)의 뒤에 장치한 수직 및 수평의 날개. 미익(尾翼).

꼬리-별 圐 〔천〕 혜성(彗星)1.

꼬리-보 圐 〔건〕 한쪽 끝이 휘어져 도리에 닿 `___는 보.

꼬리-뼈 圐 〔생〕 미골(尾骨).

꼬리-연 (-鳶) 圐 긴 꼬리를 단 연.

꼬리-지느러미 圐 〔어〕 물고기의 꼬리를 이룬 지느러미. 미기(尾鰭).

꼬리-털 圐 짐승의 꼬리에 난 털. 미모(尾毛).

꼬리-표 (-票) 圐 1 철도·배·비행기로 화물을 부칠 때, 목적지나 보내는 사람과 받을 사람의 주소·성명 따위를 적어 그 화물에 달아매는 쪽지. ▣여행 가방에 ~를 붙이다. 2 어떤 사람에게 따라다니는 좋지 않은 평판이나 평가. ▣올챙이 기자의 ~를 떼다 / 꾀보라는 ~를 달고 다니다.

꼬리표(가) 붙다 囝 어떤 인물이나 사물에 좋지 않은 평가가 내려지다.

꼬마 圐 1 어린아이를 귀엽게 이르는 말. 꼬마 둥이. ▣~ 손님 / ~야, 이름이 뭐니. 2 조그마한 것을 귀엽게 이르는 말. ▣~ 자동차 / ~ 요정. 3 키가 작은 사람을 놀림조로 이르는 말.

꼬마-둥이 圐 꼬마1.

꼬막 圐 〔조개〕 돌조갯과의 바닷물조개. 모래 진흙 속에 사는데, 살이 연하여 요리에 많이 씀. 강요주(江瑤珠). 살조개. 안다미조개.

꼬맹이 圐 '꼬마1'을 홀하게 이르는 말.

꼬무락-거리다 [-꺼-] 困困 조금씩 느리게 자꾸 움직이다. ▣갓난아이가 손가락을 꼬무락거린다. ⓒ꼬무럭거리다. ⓝ고무락거리다. 꼬무락-꼬무락 囝困困 ▣발가락을 ~ 움직이다.

꼬무락-대다 [-때-] 困困 꼬무락거리다.

꼬물-거리다 困困 1 좀스럽고 느리게 자꾸 움직이다. ▣송충이가 꼬물거리며 기어가고 있다. 2 몹시 굼뜨고 느리게 행동하다. ▣꼬물거리지 말고 빨리 문 열어라. ⓒ꾸물거리다. ⓝ고물거리다. 꼬물-꼬물 囝困困

꼬물-대다 困困 꼬물거리다.

꼬박[1] 囝 어떤 상태를 고스란히 그대로. 꼬박이. ▣~ 사흘이 걸리다 / 밤을 ~ 새우다. ⓢ꼬빡[1].

꼬박[2] 囝困困 머리나 몸을 앞으로 숙였다가 드는 모양. ⓒ꾸벅. ⓢ꼬빡[2].

꼬박-거리다 [-꺼-] 困 머리나 몸을 앞으로 자꾸 숙였다 들다. ⓒ꾸벅거리다. ⓢ꼬빡거리다. 꼬박-꼬박[1] 囝困困

꼬박-꼬박[2] 囝 1 조금도 어김없이 그대로 계속하는 모양. ▣~ 적금을 붓다 / 집세를 다달이 ~ 물다 / 일기를 매일 ~ 쓰다. 2 남이 시키는 대로 따르는 모양. ▣~ 시키는 대로 하다. ⓒ꾸벅꾸벅. ⓢ꼬빡꼬빡[2].

꼬박-대다 [-때-] 困 꼬박거리다.

꼬박-이 囝 꼬박[1].

꼬박-이다 困 머리나 몸을 앞으로 조금 숙였다가 들다. ⓒ꾸벅이다. ⓢ꼬빡이다.

꼬부라-들다 [-들어, -드니, -드는] 困 안쪽으로 고부라져 들어오거나 들어가다. ⓝ고부러들다.

꼬부라-뜨리다 困 꼬부라지게 하다. ⓒ꾸부러뜨리다. ⓝ고부라뜨리다.

꼬부라-지다[1] 困 한쪽으로 고붓하게 휘어지다. ▣허리가 몹시 ~. ⓒ꾸부러지다. ⓝ고부라지다.

꼬부라-지다[2] 囮 마음이나 성미가 바르지 않다. ▣마음이 ~.

꼬부라-트리다 困 꼬부라뜨리다.

꼬부랑 圐 (일부 명사 앞에 쓰여) 꼬불꼬불하게 휘어짐을 뜻하는 말. ▣~ 산길.

꼬부랑-글자 (-字)[-짜] 圐 1 서투르게 쓴 글씨. 2 〈속〉 영어 따위로 쓴 서양 글자.

꼬부랑-길 [-낄] 圐 꼬부라진 길. ⓒ꾸부렁길.

꼬부랑-꼬부랑 囝囮困 여러 군데가 안으로 휘어들어 곱은 모양. ⓒ꾸부렁꾸부렁. ⓝ고부랑고부랑.

꼬부랑 늙은이 [-느그니] 허리가 꼬부라진 늙은이.

꼬부랑-말 圐 영어 따위의 말을 낮추어 이르는 말.

꼬부랑-이 圐 꼬부라진 물건. ⓒ꾸부렁이. ⓝ고부랑이.

꼬부랑-하다 圐囮 안으로 휘어들어 고붓하다. ▣할머니의 꼬부랑한 허리. ⓒ꾸부렁하다. ⓝ고부랑하다.

꼬부리다 困 한쪽으로 꼬붓하게 굽히다. ▣철사를 ~. ⓒ꾸부리다. ⓝ고부리다.

꼬부스름-하다 圐囮 안으로 곱은 듯하다. ⓒ꾸부스름하다. ⓝ고부스름하다. ⓢ꼬부슴하다. 꼬부스름-히 囝

꼬부슴-하다 圐囮 '꼬부스름하다'의 준말. ⓒ꾸부슴하다. ⓝ고부슴하다. 꼬부슴-히 囝

꼬부장-꼬부장 囝囮困 여러 군데가 꼬부라진 모양. ⓒ꾸부정꾸부정. ⓝ고부장고부장.

꼬부장-하다 囮困 1 꼬부라져 있다. ▣허리가 ~. ⓒ꾸부정하다. 2 마음이 좀 틀어져 있다. ▣그 일로 마음이 늘 ~. ⓝ고부장하다. 꼬부장-히 囝

꼬불-거리다 困 이리저리 꼬부라지다. ▣미로 같이 꼬불거리는 길. ⓒ꾸불거리다. ⓝ고불거리다. 꼬불-꼬불 囝困困 ▣길이 ~하다.

꼬불-대다 困 꼬불거리다.

꼬불탕-꼬불탕 囝囮困 여러 군데가 느슨하게 고부라진 모양. ⓒ꾸불텅꾸불텅. ⓝ고불탕고불탕.

꼬불탕-하다 囮困 느슨하게 꼬부라져 있다. ⓒ꾸불텅하다. ⓝ고불탕하다.

꼬붓-꼬붓 [-붇-붇] 囝囮困 여럿이 다 곱은 듯한 모양. ⓒ꾸붓꾸붓. ⓝ고붓고붓.

꼬붓-이 囝 꼬붓하게. ⓒ꾸붓이. ⓝ고붓이.

꼬붓-하다 [-부타-] 囮囮 조금 곱은 듯하다. ⓒ꾸붓하다. ⓝ고붓하다.

꼬빡[1] 囝 어떤 상태를 고스란히 그대로. ▣밤을 ~ 새우다. ⓝ꼬박[1].

꼬빡[2] 囝囮困 1 머리나 몸을 숙였다가 드는 모양. 2 모르는 사이에 잠이 잠깐 드는 모양. ▣기다리다 ~ 잠이 들다. ⓒ꾸빡. ⓝ고박[2].

꼬빡-거리다 [-꺼-] 困 머리나 몸을 자꾸 숙였다 들다. ⓒ꾸빡거리다. ⓝ꼬박거리다. 꼬빡-꼬빡[1] 囝囮困

꼬빡-꼬빡[2] 囝 1 조금도 어김없이 그대로 계속하는 모양. ▣약속을 ~ 지키다. 2 남이 시키는 대로 잘 따르는 모양. ⓒ꾸빡꾸빡[2]. ⓝ꼬박꼬박[2].

꼬빡-대다 [-때-] 困 꼬빡거리다.

꼬빡-연 (-鳶)[-뼌년] 圐 가오리 모양으로 만들어, 꼬리를 길게 달아 띄우는 연의 한 가지. 가오리연.

꼬빡-이다[태] 머리나 몸을 앞으로 조금 숙였다가 들다. ⓔ꾸뻑이다. ⓝ꼬박이다. 말.

꼬시다[태] '꾀다'를 속되게 이르는 말.

꼬시래기[명]〔식〕꼬시래깃과의 홍조류(紅藻類). 한천(寒天)을 만들 때 우뭇가사리와 섞어 씀. 강리(江籬).

꼬이다[자] 1 일 따위가 순순히 되지 않고 뒤얽히다. ▢일이 복잡하게 ～. 2 비위에 거슬려 마음이 뒤틀리다. ▢심사가 ～.

꼬이다[자]《'꼬다'의 피동》꼼을 당하다. 꼬아지다. ▢실이 ～ / 중풍으로 팔이 ～. ⓔ꾀다.

꼬이다[자] 꾀다'. ▢쓰레기에 파리가 ～.

꼬이다[타] 꾀다'.

꼬임[명] '꾐'의 본딧말. ▢～에 넘어가다.

꼬장-꼬장[부][하][동] 1 가늘고 긴 물건이 곧은 모양. 2 사람됨이 곧고 결백한 모양. ▢성미가 ～한 사람. 3 노인의 허리가 굽지 않고 정정한 모양. ▢늙기는 했지만 아직도 ～하다. ⓔ구정꾸정.

꼬질-꼬질[부][하][동] 1 몹시 뒤틀리고 꼬불꼬불한 모양. 2 옷이나 몸 따위에 때가 많이 낀 모양. ▢옷에 때가 ～하구나.

꼬집다[따][태] 1 손가락이나 손톱으로 살을 집어서 비틀다. ▢허벅지를 꼬집으면서 졸음을 참다. 2 분명하게 집어서 드러내다. ▢딱 꼬집어 물어볼 수가 없다. 3 비위가 상하ေ 비틀어 말하다. ▢남을 꼬집지 마시오.
꼬집어 말하다[구] 분명하게 꼭 집어서 말하다. ▢그렇게 꼬집어 말하지 마라.

꼬집-히다[지피][태]《'꼬집다'의 피동》꼬집음을 당하다. ▢그녀에게 꼬집혀 팔뚝에 멍이 들었다 / 약점을 꼬집히니 화가 나다.

꼬창-모[명]〔농〕논에 물이 부족하여 흙이 굳어서 꼬챙이로 구멍을 뚫으면서 심는 모.

꼬창이[명] ☞꼬챙이.

꼬챙이[명] 가늘고 길면서 끝이 뾰족한 쇠나 나무 따위의 물건. ▢～에 꿰다 / ～로 쑤시다 / ～로 잿더미를 헤집다 / ～처럼 몸이 마르다.

꼬치[명] 1 '꼬챙이'의 준말. 2 어묵·유부 등 꼬챙이에 꿴 음식물. 3 꼬챙이에 꿴 음식물을 세는 단위. ▢곶감 한 ～.

꼬치-꼬치[부] 1 몸이 몹시 여위고 마른 모양. ▢병으로 몸이 ～ 마르다. 2 낱낱이 따지고 캐묻는 모양. ▢～ 캐묻다.

꼬치-백반(-白飯)[-빤][명] 꼬치를 반찬으로 한 백반.

꼬치-삼치[명]〔어〕동갈삼칫과의 바닷물고기. 길이는 1.5m가량이며, 삼치 비슷하나 가늘고 몸은 남청색. 지느러미는 검음.

꼬치-안주(-按酒)[명] 꼬챙이에 꿰어 익힌 술안주.

꼬투리[명] 1 '담배꼬투리'의 준말. 2〔식〕콩과(科) 식물의 열매를 싸고 있는 껍질. ▢～가 벌어지다. 3 어떤 이야기나 사건의 실마리. ▢～를 캐다. 4 남을 해코지하거나 헐뜯을 만한 거리. ▢～가 잡히다 / ～를 잡고 늘어지다.

꼬푸리다[태] 몸을 앞으로 꼬부리다. ⓔ꾸푸리다. ⓝ고푸리다.

꼭[부] 1 단단히 힘을 주어 누르거나 죄는 모양. ▢～ 다문 입술 / ～ 붙잡다. 2 힘들여 참거나 견디는 모양. ▢모욕을 ～ 참다. 3 단단히 숨거나 틀어박히는 모양. ▢방에 ～ 틀어박히다. ⓔ꾹.

꼭[부] 1 어떤 일이 있어도 반드시. ▢약속을

～ 지키다 / ～ 참석해라. 2 조금도 어김없이. ▢몸에 ～ 맞는 옷 / 자매가 ～ 닮다.

꼭-꼭[부] 1 잇따라 또는 야무지게 누르거나 죄는 모양. ▢～ 묶다 / ～ 씹어 먹어라. 2 잇따라 또는 힘을 들여 참거나 견디는 모양. 3 단단히 숨거나 틀어박히는 모양. ▢들키지 않게 ～ 숨다. ⓔ꾹꾹'.

꼭-꼭[부] 어떤 일이 있어도 반드시. ▢월말이 면 어머님께 ～ 용돈을 드린다.

꼭-꼭[부][하][자] 암탉이 알을 슬는 소리.
꼭꼭-거리다[-꺼-][자] 암탉이 알을 슬는 소리를 잇따라 내다.

꼭꼭-대다[-때-][자][타] 꼭꼭거리다.

꼭대기[-때-][명] 1 맨 위쪽. ▢나무〔건물〕～. 2〈속〉여럿 가운데의 우두머리. ▢권력의 ～에 앉다. 3 정수리. ▢～에 피도 마르지 않은 녀석 / 화가 머리 ～까지 치밀다.

꼭두-각시[-뚜-씨][명] 1 여러 가지 이상야릇한 탈을 씌운 인형. 괴뢰. 2 남의 조종에 따라 움직이는 사람이나 조직의 비유. 괴뢰. 망석중이.

꼭두각시-놀음[-뚜-씨노름][명]〔민〕여러 인형을 번갈아 내세우고, 무대 뒤에서 조종하는 민속 연극의 하나. ——하다[자][여] 피동적으로 남의 의사에 따라서만 움직이다.

꼭두-군사(-軍士)[-뚜-][명]〔민〕꼭두각시놀음에 나오는 군사.

꼭두-각시[-뚜-][명] ☞꼭두각시.

꼭두-놀리다[-뚜-][자] 꼭두각시를 놀리다.
꼭두-머리[-뚜-][명] 1 ☞꼭대기. 2 일의 맨처음.

꼭두-새벽[-뚜-][명] 아주 이른 새벽. 꼭두식전. ▢～부터 수선을 떨다.

꼭두서니[-뚜-][명]〔식〕꼭두서닛과의 여러해살이 덩굴풀. 가을에 노란 꽃이 핌. 뿌리에서 물감을 뽑고 어린잎은 식용함. 천초(茜草).

꼭두-식전(-食前)[-뚜-쩐][명] 꼭두새벽.

꼭독-각시 ☞꼭두각시.

꼭뒤[-뛰][명] 1 뒤통수의 한가운데. ▢화가 ～까지 치밀다. 2 활의 도고지가 붙은 뒤.
꼭뒤(를) 누르다[구] 세력이나 힘으로 억누르다. 꼭뒤(를) 지르다.

꼭뒤(를) 눌리다[구] 세력이나 힘에 눌리다. 꼭뒤(를) 질리다.

꼭뒤(를) 지르다[구] ㉠꼭뒤(를) 누르다. ㉡앞질러 가로채서 말하거나 행동하다.

꼭뒤(를) 질리다[구] 꼭뒤(를) 눌리다.

꼭뒤-잡이[-뛰자비][명][하][자] 뒤통수를 중심으로 머리나 깃고대를 잡아채는 짓.

꼭지[-찌][명] 1 잎이나 열매를 지탱하는 줄기. ▢～가 시든 참외 / 고추 ～를 따서 말리다. 2 그릇의 뚜껑이나 기구 따위에 붙은 손잡이. ▢주전자 / 냄비 ～ / ～가 망가진 승도 / ～를 잠그다 / ～를 틀다. 3 종이 연의 가운데에 붙인 표. 4 도리깨의 자루 머리에 꿰어, 열을 걸어 돌게 하는 나무 비녀. 5〔역〕거지나 딴꾼의 우두머리. 꼭지딴. ⒢의⒣ 1 모숨을 지어 잡아맨 긴 물건을 세는 단위. ▢미역 ～. 2 일정한 양으로 묶은 교정쇄를 세는 말. ▢초교 두 ～. 3 실의 길이의 단위《한 꼭지는 20자, 약 6.66m》.
꼭지가 무르다[구] 기회가 무르익다.
꼭지(를) 따다[구] 처음으로 시작하다.

꼭지-각(-角)[-찌-][명]〔수〕삼각형의 밑변에 대하는 각.

꼭지-눈[-찌-][명]〔식〕줄기나 가지 끝의 눈.

꼭지-도둑[-찌-][명] 예전에, 혼인 때 신랑을 따라가는 어린 계집종을 이르던 말.

꼭지-딴[-찌-][명]〔역〕꼭지 5.

꼭지-마리 [-찌-] 圐 물레의 손잡이.

꼭지-미역 [-찌-] 圐 한 줌 안에 들어올 만큼씩 잡아맨 미역.

꼭지-쇠 [-찌-] 〖물〗전구의 소켓에 끼워 넣는, 금속으로 이루어진 부분.

꼭짓-점 (-點)[-찌점/-찓쩜] 圐 1 맨 꼭대기가 되는 점. 2〖수〗각을 이룬 두 직선이 만나는 점. 3〖수〗다면체의 세 개 이상의 면이 만나는 점. 정점(頂點).

꼭짓-집 [-찌찝/-찓찝] 圐 예전에, 빨래터에서 빨래를 삶아 주고 꼭지의 수대로 삯을 받던 집.

꼭:-하다 [꼬카-] 휑어 성질이 차분하고 정직하며 고지식하다.

꼰대 圐 (비) 1 늙은이. 2 아버지. 3 선생.

꼰:-사 (-絲) 圐 명주실을 꼬아 만든 실. 곤사실. *꼰사.

꼰질-꼰질 튀휑 지나치게 좀스럽고 꼼꼼한 모양.

꼲다 [꼰타] 囤 잘잘못을 살펴 평가하다.

꼴¹ 圐 1 사물의 모양이나 생김새. 2 'ㄱ'자로 생긴 책상. 2 사물의 생김새나 됨됨이를 낮잡아 이르는 말. ◘~이 사납다 / 내 ~이 우습다 / ~도 보기 싫다. 3 형편이나 처지를 낮잡아 이르는 말. ◘집안 ~이 말이 아니다 / 누구 망하는 ~을 보고 싶니.
[꼴 보고 이름 짓는다] 무슨 일이든지 분수에 맞게 해야 한다. [꼴에 군밤〔떡〕사 먹겠다] 분수에 맞지 않게 엉뚱한 생각을 하는 경우를 놀림조로 이르는 말.

꼴² 圐 마소에게 먹이는 풀. ◘~ 베러 가다.
[꼴을 베어 신을 삼겠다] 은혜를 잊지 않고 보답하겠다. 결초보은(結草報恩).

-꼴 圙 그 수량만큼 해당한다는 뜻을 나타내는 말. ◘한 개 백 원~/ 열 명에 한 명~.

꼴-간 (-間)[-깐] 圐 꼴을 모아 두는 곳.

꼴-값 [-깝] 圐휑 1〈속〉얼굴값. 2 격에 맞지 않는 아니꼬운 행동. ◘~을 떨다.

꼴같잖다 [-갇짠타] 휑 생김새나 됨됨이가 같잖다. ◘꼴같잖게 으스댄다.

꼴까닥 튀휑자 '꼴깍'의 본딧말. ◙꿀꺼덕.

꼴깍 튀휑자 1 적은 액체나 목구멍이나 좁은 구멍으로 한꺼번에 넘어가는 소리. 또는 그 모양. ◘침을 ~ 삼키다. 敢꼴깍. 2 분함을 억지로 참는 모양. 敢꿀꺽. 3 잠깐 사이에 없어지거나 죽는 모양. ◘~ 숨이 넘어가다 / 해가 ~ 서산을 넘어갔다.

꼴깍-거리다 [-꺼-] 困 자꾸 꼴깍하다. 敢꿀꺽거리다. **꼴깍-꼴깍** 튀휑자

꼴깍-대다 [-때-] 困囤 꼴깍거리다.

꼴꼴¹ 튀휑자 물 따위가 가는 줄기로 몰리어 흐르는 소리. 敢꿀꿀¹.

꼴꼴² 튀휑자 돼지 새끼가 내는 소리. 敢꿀꿀².

꼴꼴-거리다¹ 困 물 따위가 가는 줄기로 몰려 흐르는 소리가 계속 나다. 敢꿀꿀거리다¹.

꼴꼴-거리다² 困 돼지 새끼가 자꾸 꼴꼴 소리를 내다. 敢꿀꿀거리다².

꼴꼴-대다¹ 困 꼴꼴거리다¹.

꼴꼴-대다² 困 꼴꼴거리다².

꼴꼴-하다 휑어 헝겊 따위가 풀기가 남아 조금 뻣뻣하다.

꼴-꾼 圐 꼴을 베는 사람.

꼴-답잖다 [-짠타] 휑 꼴이 무척 흉하다. ◘차림새가 ~.

꼴-등 (-等)[-뜽] 圐 등급의 맨 끝.

꼴딱 튀휑자 1 적은 양의 음식물 따위를 목구멍으로 한꺼번에 삼키는 소리. 또는 그 모양. 敢꿀떡². 2 해가 완전히 지는 모양. ◘해

가 ~ 넘어가다. 3 일정한 시간을 완전히 넘긴 모양. ◘사흘이 ~ 걸리다. 4 넘칠 만큼 꽉 들어찬 모양. ◘목구멍에 ~ 찰 만큼 실컷 먹었다.

꼴딱-거리다 [-꺼-] 困 1 자꾸 꼴딱하다. 敢꿀떡거리다. 2 그릇에 담긴 물이 조금씩 자꾸 넘치다. **꼴딱-꼴딱** 튀휑자

꼴딱-대다 [-때-] 困 꼴딱거리다.

꼴뚜기 圐〖동〗소형의 오징어. 내만(內灣) 얕은 곳에 삶. 길이는 다리 끝까지 20㎝쯤 되고 몸빛은 흰색을 띤 적갈색이며, 몸 표면에 흑처럼 도톨도톨한 것이 돋아 있음.

꼴뚜기-젓 [-전] 圐 꼴뚜기로 담근 젓.

꼴뚜기-질 圐휑자 남을 욕할 때 가운뎃손가락을 펴고 다른 손가락은 모두 꼬부리고 내미는 짓.

꼴랑 튀휑자휑 1 통 따위에 다 차지 아니한 액체가 흔들리는 소리. 2 착 붙지 않고 들떠서 부푼 모양. 敢꿀렁. 亦꼴랑.

꼴랑-거리다 困 1 통 따위에 가득 차지 아니한 액체가 흔들리는 소리가 자꾸 나다. 2 착 달라붙지 않고 부풀어 자꾸 들썩이다. 敢꿀렁거리다. 亦꼴랑거리다. **꼴랑-꼴랑** 튀휑자휑

꼴랑-대다 困 꼴랑거리다.

꼴리다 困 1 음경이 흥분해서 일어나다. 2〈속〉마음에 차지 않아 불끈 화가 치밀다. ◘비위가 ~.

꼴-망태 圐 꼴을 베어 담는 도구(대나무나 짚 덩굴로 만듦). ◙~를 메다.

꼴-머슴 圐 땔감이나 꼴을 베는 일을 하는 어린 머슴.

꼴-불견 (不見) 圐 하는 짓이나 겉모습이 우습고 거슬려 차마 볼 수 없음. ◘사십도 안 되어 배가 나오니 ~이네.

꼴-사납다 [-따] 〔꼴사나워, 꼴사나우니〕 휑타 모양이나 하는 짓이 흉하다.

꼴-싸다 囤 포목의 양쪽 길이를 같게 하여 세로로 접다.

꼴-좋다 [-조타] 휑 꼴불견이다. 꼴사납다(반어적인 표현으로 씀). ◘빈정대더니 꼴좋게 당했다.

꼴짝 튀휑자타 1 질거나 끈기 있는 물건을 주무르거나 밟을 때 나는 소리. 또는 그 모양. 2 눈물을 조금씩 짜내는 모양. 敢꿀쩍.

꼴짝-거리다 [-꺼-] 困타 1 꼴짝 소리가 자꾸 나다. 또는 그런 소리를 자꾸 내다. 2 눈물을 조금씩 짜내듯이 자꾸 흘리다. 敢꿀쩍거리다. **꼴짝-꼴짝** 튀휑자타

꼴짝-대다 [-때-] 困타 꼴짝거리다.

꼴-찌 圐 차례의 맨 끝. ◘간신히 ~를 면하다.

꼴찌락 튀휑자타 질고 물기가 많은 물건을 주무르거나 누르는 소리. 또는 그런 모양. 敢꿀찌럭.

꼴찌락-거리다 [-꺼-] 困타 꼴찌락 소리가 자꾸 나다. 또는 그런 소리를 자꾸 내다. 敢꿀찌럭거리다. **꼴찌락-꼴찌락** 튀휑자타

꼴찌락-대다 [-때-] 困타 꼴찌락거리다.

꼴칵 튀휑자타 액체 따위가 목구멍이나 좁은 구멍으로 한꺼번에 넘어가는 소리. 敢꿀컥. 亦꼴깍.

꼼꼼 튀휑휑어 빈틈이 없이 차분하고 조심스러운 모양. ◘문제를 ~ 생각하다 / ~하게 살피다 / 서류를 ~히 읽다.

꼼꼼-쟁이 圐 1 꼼꼼한 사람. 2 일을 너무 꼼

뜨게 하는 사람.

꼼:-바르다 〔꼼발라, 꼼바르니〕〔형르〕 마음이 좁고 인색하다.

꼼:바리 몡 꼼바른 사람을 낮잡아 이르는 말.

꼼바지런-하다 〔형여〕 꼼꼼하고 바지런하다.

꼼-수 몡 쩨쩨한 수단이나 방법. ◦~를 쓰다.

꼼실-거리다 〔자〕 작은 벌레 따위가 굼뜨게 자꾸 움직이다. ❀꼼질거리다. 여곰실거리다. 꼼실-꼼실 〔부하자〕

꼼실-대다 〔자〕 꼼실거리다.

꼼작-거리다 〔부하자타〕 둔하고 느리게 움직이는 모양. ❀꼼적. 여곰작. 쎈꼼짝.

꼼작-거리다 〔-꺼-〕 〔자타〕 자꾸 꼼작하다. ◦발가락을 ~. ❀꼼적거리다. 쎈꼼짝거리다. **꼼작-꼼작** 〔부하자타〕

꼼작-대다 〔-때-〕 〔자타〕 꼼작거리다.

꼼작-이다 〔자타〕 둔하고 느리게 조금 움직이다. ◦벌레가 ~. ❀꼼적이다. 쎈꼼짝이다.

꼼지락 〔부하자타〕 천천히 좀스럽게 움직이는 모양. ❀꼼지럭. 여곰지락. 쎈꼼찔.

꼼지락-거리다 〔-꺼-〕 〔자타〕 자꾸 꼼지락하다. ❀꼼지럭거리다. 여곰지락거리다. 쎈꼼찔거리다. **꼼지락-꼼지락** 〔부하자타〕

꼼지락-대다 〔-때-〕 〔자타〕 꼼지락거리다.

꼼질 〔부하자타〕 '꼼지락'의 준말. ❀꼼질. 여곰질.

꼼질-거리다 〔자타〕 '꼼지락거리다'의 준말. ❀꼼질거리다. 여곰질거리다. **꼼질-꼼질** 〔부하자타〕

꼼질-대다 〔자타〕 꼼질거리다.

꼼짝 〔부하자타〕 둔하고 느리게 조금 움직이는 모양. ◦~ 말고 거기 있어라. ❀꼼쩍. 여곰작·꼼작.

꼼짝 못 하다 〔구〕 힘이나 위엄 따위에 눌려 조금도 기를 펴지 못하다. ◦꼼짝 못 하고 서 있다. ❀꼼쩍 못 하다.

꼼짝 아니 하다 〔구〕 ㉠조금도 움직이거나 일하지 아니하다. ㉡조금도 자기 뜻을 내세우거나 반항하지 아니하다.

꼼짝-거리다 〔-꺼-〕 〔자타〕 자꾸 꼼짝하다. ❀꼼쩍거리다. 여곰작거리다·꼼작거리다. **꼼짝-꼼짝** 〔부하자타〕

꼼짝-달싹 〔-딸-〕 〔부하자〕 조금 움직이거나 들리는 모양('부정할 때 씀'). ◦~도 않고 앉아 있다 / 범인을 ~ 못하게 묶다.

꼼짝-대다 〔-때-〕 〔자타〕 꼼짝거리다.

꼼짝-없다 〔-짜껍따〕 〔형〕 1 조금도 움직이는 기색이 없다. ❀꼼쩍없다. 2 현재의 상태를 벗어날 방법 따위가 없다. **꼼짝-없이** 〔-짜껍씨〕 〔부〕. ◦~ 당하다.

꼼짝-이다 〔자타〕 둔하고 느리게 조금 움직이다. ❀꼼쩍이다. 여곰작이다.

꼼치 작거나 작은 것.

꼼틀 〔부하자타〕 몸의 한 부분을 꼬부리거나 비틀며 조금 움직이는 모양. ❀꼼틀. 여곰틀.

꼼틀-거리다 〔자타〕 자꾸 꼼틀하다. ❀꼼틀거리다. 여곰틀거리다. **꼼틀-꼼틀** 〔부하자타〕

꼼틀-대다 〔자타〕 꼼틀거리다.

꼽꼽-쟁이 〔-쨍-〕 〔명〕 성질이 잘고 서두르는 사람을 낮잡아 이르는 말.

꼽꼽-하다 〔-꼬파-〕 〔형여〕 조금 축축하다. ❀꿉꿉하다.

꼽다 〔-따〕 〔타〕 1 수를 세려고 손가락을 하나씩 꼬부리다. ◦손가락을 꼽으며 셈하다. 2 골라서 지목하다. ◦전쟁의 고통으로 공포와 굶주림을 꼽았다.

꼽-사리 〔-싸-〕 〔명〕 남이 노는 판에 거저 끼어

드는 일. ◦~를 끼다 / ~를 붙다.

꼽실 〔-씰〕 〔부하자타〕 1 고개나 허리를 가볍게 고푸렸다 펴는 모양. 2 남의 비위를 맞추느라고 조금 비굴하게 행동하는 모양. ❀꿉실. 여곱실.

꼽실-거리다 〔-씰-〕 〔자타〕 자꾸 꼽실하다. ❀꿉실거리다. 여곱실거리다. **꼽실-꼽실** 〔-씰-씰〕 〔부하자타〕

꼽실-대다 〔-씰-〕 〔자타〕 꼽실거리다.

꼽작 〔-짝〕 〔부하자타〕 머리를 숙이거나 몸을 한 번 가볍게 굽히는 모양. ❀꿉적. 여곱작.

꼽작-거리다 〔-짝꺼-〕 〔타〕 자꾸 꼽작하다. ❀꿉적거리다. 여곱작거리다. **꼽작-꼽작** 〔-짝-짝〕 〔부하타〕

꼽작-대다 〔-짝때-〕 〔타〕 꼽작거리다.

꼽장-골 〔-꼴〕 〔명〕 앞부리가 들리고 그 끝이 굽은 가죽신 모양새의 하나.

꼽장-떡 〔-짱-〕 〔명〕 '산병(散餅)'을 달리 이르는 말.

꼽장-선 (-扇) 〔-짱-〕 〔명〕 겉살의 사북 근처에 굽은 뼈나 검은 나무쪽을 붙인 쥘부채. 곡두선(曲頭扇).

꼽재기 〔-째-〕 〔명〕 1 때나 먼지 따위의 더러운 물건. ◦눈 ~. 2 아주 보잘것없고 작은 사물.

꼽추 〔명〕 '척추 장애인'을 낮잡아 이르는 말.

꼽치다 〔타〕 반으로 접어서 한데 겹치다. 여곱치다.

꼽-히다 〔꼬피-〕 〔자〕 ('꼽다'의 피동) 꼽음을 당하다. ◦첫손에 ~ / 우승 후보로 ~.

꼿꼿-이 〔꼳꼬시〕 〔부〕 꼿꼿하게. ◦허리를 ~ 펴고 앉다.

꼿꼿-하다 〔꼳꼬타-〕 〔형여〕 1 휘거나 구부러지지 않고 단단하다. ◦고개를 꼿꼿하게 쳐들다. 2 기개·의지·태도나 마음가짐 따위가 굳세다. ◦꼿꼿한 선비 기질. ❀꿋꿋하다.

꽁 〔부하자타〕 되게 앓는 소리. 또는 아픈 것을 참는 신음 소리. ❀꿍꿍.

꽁² 〔부〕 1 물체가 단단히 언 모양. ◦물이 ~ 얼다. 2 힘주어 단단히 죄어 묶는 모양. ◦짐을 ~ 묶다. 3 ☞ 꼭꼭¹.

꽁꽁-거리다 〔자〕 아프거나 괴로워서 자꾸 앓는 소리를 내다. ❀꿍꿍거리다.

꽁꽁-대다 〔자〕 꽁꽁거리다.

꽁-다리 〔명〕 짤막하게 남은 동강이나 끄트머리. ◦연필 ~ / 담배 ~.

꽁무니 〔명〕 1 〔동〕 짐승이나 새의 등마루뼈의 끝진 곳. 2 엉덩이를 중심으로 몸의 뒷부분. ◦~에 권총을 차다. 3 사물의 맨 뒤나 맨 끝. 뒤꽁무니. 4 여자 ~만 쫓아다닌다.

꽁무니를 따라다니다 〔구〕 이익을 바라고 부지런히 바싹 따라다니다.

꽁무니(를) 빼다 〔구〕 슬그머니 피하여 물러나다. ◦사태가 불리해지자 꽁무니를 뺀다.

꽁무니(를) 사리다 〔구〕 슬그머니 피하려 하거나 달아나려 하다.

꽁무니-바람 〔명〕 뒤쪽에서 불어오는 바람.

꽁무니-뼈 〔명〕 〔생〕 미골(尾骨)².

꽁-보리밥 〔명〕 보리쌀로만 지은 밥.

꽁-생원 (-生員) 〔명〕 매사에 꽁한 사람을 조롱하는 말.

꽁수 〔명〕 연의 방구멍 밑의 부분.

꽁수-구멍 〔-꾸-／-숟꾸-〕 〔명〕 연의 방구멍 아래쪽의 꽁숫달 양쪽에 바싹 뚫어서 연줄을 꿸게 만든 작은 구멍.

꽁수-달 〔-쑫딸／-숟딸〕 〔명〕 연을 만들 때, 가운데에 세로로 붙이는 살.

꽁수-줄 〔-쑫쭐／-숟쭐〕 〔명〕 연의 꽁숫구멍에 꿰어서 꽁숫달에 잡아매어, 비스듬히 올라

와 가운뎃줄과 한군데로 모이는 줄.

꽁알-거리다 困 자꾸 꽁알꽁알하다. 🔁꽁얼거리다.

꽁알-꽁알 图하困 남이 잘 알아듣지 못하게 혼잣말로 불스럽게 자꾸 좀스럽게 말하는 소리. 또는 그 모양. ◘~ 불평이 심하다. 🔁꽁얼꽁얼.

꽁알-대다 困 꽁알거리다.

꽁지 명 새의 꽁무니에 달린 기다란 깃. ◘공작이 ~를 펴다 / 어미 ~에 붙어 다니다.
[**꽁지 빠진 새**[장닭] 같다] 꼴이 초라하다.
꽁지가 빠지게 분 매우 빨리. ◘놈들은 한바탕 난리를 피우고 ~ 도망쳤다.

꽁지-깃 [-긷] 图 1 새의 꽁지와 깃. 2 꽁지를 이룬 깃. 미우(尾羽).

꽁지-머리 명 한쪽 끝이 북채처럼 생긴 나무때기(도래나 물레의 손잡이 따위).

꽁지-부리 명 배의 뒷부분. 고물³.

꽁초 명 피우다 남은 담배 꼬투리. ◘~를 피우다 / 재떨이에 ~가 쌓이다.

꽁:-치 图[어] 꽁칫과의 바닷물고기. 길이는 30 cm 가량이고, 옆으로 납작한 원통형이며 주둥이가 부리같이 길고 뾰족함. 등은 검푸르고 배는 은백색임.

꽁:-하다 크困어 어떤 일을 잊지 아니하고 속으로만 언짢고 서운하게 여기다. ◘걸핏하면 꽁하는 성미. 크형어 마음이 좁아 너그럽지 못하고 말이 없다. ◘그토록 꽁한 사람인 줄이야.

꽂-개 [꼳깨] 명 아이들 놀이의 한 가지. 한 자쯤 되는 나무 막대기를 진흙에 꽂아 깊이 들여보내는 내기.

꽂다 [꼳따] 町 1 박아 세우거나 끼우다. ◘병에 꽃을 ~ / 비녀를 머리에 ~. 2 '뒤꽂다'의 준말. 3 내던져서 거꾸로 박히게 하다. ◘상대를 바닥에 힘껏 ~.

꽂을-대 [꼬즐때] 명 [군] 총포에 화약을 재거나 총열 청소에 쓰는 쇠막대기.

꽂-히다 [꼬치-] 困 ('꽂다'의 피동)꽂음을 당하다. 박아 세움을 당하다. ◘화살이 ~.

꽃 [꼳] 명 1 [식] 꽃식물의 유성(有性) 생식 기관. 모양과 빛깔이 여러 가지이며, 대개 암술·수술·꽃잎·꽃받침의 네 부분으로 되어 있음. 분류 기준에 따라 무피화(無被花)·유피화·갖춘꽃·안갖춘꽃, 통꽃·갈래꽃, 풍매화·충매화 등으로 나뉨. ◘~이 만발하는 계절 / ~이 탐스럽게 피다 / ~을 꺾다 / ~이 지다. 2 꽃이 피는 식물의 총칭. ◘~을 가꾸다 / 정원에 ~을 심다 / 화단에 ~이 가득하다. 3 인기가 많거나 아름다운 여자의 비유. ◘~ 같은 딸 / ~에 둘러싸이다. 4 아름답고 화려한 것의 비유. ◘~ 같은 청춘 / ~ 같은 나이. 5 홍역 따위를 앓을 때, 살갗에 좁쌀처럼 돋아나는 것.
[**꽃이 좋아야 나비가 모인다**] ⊙상품이 좋아야 손님이 많다. ⊙자기가 온전해야 좋은 상대방을 구할 수 있다.

꽃-가게 [꼳까-] 명 꽃집.

꽃-가루 [꼳까-] 명 [식] 수술의 꽃밥 속에 들어 있는 낱알 모양의 생식 세포. 화분(花粉).

꽃가룻-병 (-病) [꼳까루뼝 / 꼳까룻뼝] 명 [의] 꽃가루를 들이마심으로써 일어나는 알레르기성 염증. 비염(鼻炎)·천식(喘息)·결막염·재채기를 수반함. 화분병(花粉病). 건초열(乾草熱). 고초열(枯草熱).

꽃-가지 [꼳까-] 명 꽃이 달린 가지. ◘바람이 불어 ~의 꽃이 많이 떨어졌다.

꽃-게 [꼳께] 명 [동] 꽃겟과의 게. 몸은 푸른

빛을 띤 어두운 자줏빛 바탕에 흰 구름무늬가 있음. 등딱지는 마름모꼴이며 크고 힘이 센 한 쌍의 집게발이 있음. 모래땅에 떼 지어 살며 밤에 활동함. 화해(花蟹).

꽃-구경 [꼳꾸-] 圐하困 만발한 꽃을 보고 즐기는 일. 방화(訪花).

꽃-구름 [꼳꾸-] 명 여러 가지 빛깔을 띤 아름다운 구름. 채운(彩雲).

꽃-국 [꼳꾹] 명 용수 안에 괸 술의 웃국.

꽃-꼭지 [꼳-찌] 명하困 [식] 꽃자루.

꽃-꽂이 [꼳꼬지] 명하困 화초나 나무의 가지를 꽃병 따위에 꽂아 자연미를 나타내는 일. 또는 그 기법. ◘~ 강습회.

꽃-나무 [꼳-] 명 1 꽃이 피는 나무. 화목(花木). 화수(花樹). ◘~를 가꾸다. 2 화초.

꽃-놀이 [꼳노리] 명하困 꽃을 찾아다니며 보고 즐기는 놀이. 화유(花遊).

꽃놀이-패 (-牌) [꼳노리-] 명 바둑에서, 한편은 패(敗)하면 큰 손실을 입고 상대편은 패해도 별 상관이 없는 패.

꽃-눈 [꼳-] 명 [식] 자라서 꽃이 필 눈. 화아(花芽).

꽃-다발 [꼳따-] 명 꽃으로 만든 다발. ◘~을 보내다 / ~을 안기다 / ~을 목에 걸다.

꽃-다지¹ [꼳따-] 명 [식] 오이·가지 등에서 맨 처음으로 열린 열매.

꽃-다지² [꼳따-] 명 [식] 십자화과의 두해살이풀. 산·논밭에 나는데, 줄기 높이는 20~30 cm이고, 온몸에 짧은 털이 빽빽하게 나 봄에 노란 꽃이 줄기 끝에 핌. 어린잎은 식용함.

꽃-달임 [꼳따림] 명 [민] 진달래꽃이나 국화를 따서 전을 부치거나 떡에 넣어 여럿이 모여 먹는 놀이.

꽃-답다 [꼳따-] (꽃다워, 꽃다우니) 형비 (주로 '꽃다운'의 꼴로 쓰여) 꽃과 같이 아름답다. ◘꽃다운 나이 / 전쟁으로 꽃다운 목숨을 잃은 청년들.

꽃-당혜 (-唐鞋) [꼳땅- / 꼳땅혜] 명 여러 빛깔을 넣어 만든 어린아이의 마른신.

꽃-대 [꼳때] 명 [식] 식물의 꽃자루가 붙은 줄기. 화축(花軸).

꽃-덮이 [꼳떠피] 명 [식] 꽃잎과 꽃받침의 총칭. 암술과 수술을 둘러싸서 보호하고 있는 부분. 화피(花被).

꽃-돔 [꼳똠] 명 [어] 농엇과의 바닷물고기. 길이는 20 cm가량이고, 몸은 달걀꼴로 납작하고 짙은 붉은색임. 뒷머리 부분이 솟았으며 주둥이가 짧고 둔하며 눈이 큼.

꽃-돗자리 [꼳짜-] 명 꽃무늬를 놓아 짠 돗자리. 화문석. 🔁꽃자리.

꽃-동산 [꼳똥-] 명 꽃으로 덮인 동산. 화원(花園).

꽃-등 (-燈) [꼳뜽] 명 꽃무늬가 있는 종이로 만든 등.

꽃-등에 [꼳뜽-] 명 [충] 꽃등엣과의 곤충. 길이는 1.5 cm가량이고, 몸빛은 흑갈색, 배는 황적색임. 꽃에 있는 꿀을 빨아 먹고 삶. 애벌레는 더러운 물에 사는데, 꼬리 모양의 돌기가 있어 '꼬리구더기'라고 함.

꽃-뚜껑 [꼳-] 명 [식] 꽃받침과 꽃부리의 외관상 총칭. 화개(花蓋).

꽃-마차 (-馬車) [꼳-] 명 꽃이나 여러 가지 장식으로 꾸민 마차.

꽃-말 [꼳-] 명 꽃의 특징에 따라 상징적 의미를 내포시킨 말(장미는 사랑·애정, 월계수는 영광, 클로버는 근면·행운을 나타내는 것 따

위). 화사(花詞).

꽃-망울 [꼰-] 명 어린 꽃봉오리. □~이 터지
다. ㉵망울.

꽃-맞이 [꼰마지] 명하자 (민) 꽃 필 때 하는
굿. 꽃맞이굿.

꽃-맺이 [꼰매지] 명 꽃이 진 뒤에 바로 맺히는
열매.

꽃-모 [꼰-] 명 '꽃모종'의 준말.

꽃-모종 (-種)[꼰-] 명 옮겨 심기 위하여 가꾼
어린 화초. ㉵꽃모. ---하다 타여 꽃모종을
옮겨 심다.

꽃-무늬 [꼰-니] 명 꽃 모양의 무늬. 화문(花
紋). □~ 원피스 / ~로 수를 놓다.

꽃-물¹ [꼰-] 명 곰국·설렁탕 등의 진한 국물.
국물.

꽃-물² [꼰-] 명 1 꽃을 물감으로 하여 들이는
물. □손톱에 ~을 들이다. 2 불그스레한 혈
색의 비유. □볼에 ~이 들다.

꽃-미투리 [꼰-] 명 삼 껍질을 고운 빛깔로 물
을 들여 무늬를 놓아 삼은 미투리.

꽃-바구니 [꼰빠-] 명 1 화초나 꽃가지 따위를
담는 바구니. 2 화초나 꽃가지 따위를 담아서
꾸민 바구니.

꽃-바람 [꼰빠-] 명 꽃이 필 무렵에 부는 봄바
람. □봄을 시샘하는 ~.

꽃-반지 (-半指)[꼰빤-] 명 꽃으로 반지 모양을
만들어 손가락에 끼는 것.

꽃-받침 [꼰빧-] 명 《식》 꽃의 보호 기관의 하
나. 꽃잎을 받치는데, 보통 녹색이나 갈색임.
악(萼).

꽃-밥 [꼰빱] 명 《식》 꽃의 한 기관. 수술 끝에
붙어서 꽃가루를 만드는 주머니 모양의 부
분. 약(葯).

꽃-방 (-房)[꼰빵] 명 꽃집.

꽃-방석 (-方席)[꼰빵-] 명 꽃무늬를 놓아 짜거
나 수를 놓은 방석.

꽃-밭 [꼰빧] 명 1 꽃을 많이 심어 가꾼 곳. 또
는 꽃이 많이 핀 곳. 화원(花園). □~을 가
꾸다 / ~에 물을 주다. 2 〈속〉 미인 또는 여
자들이 많이 모여 있는 곳. □~에서 놀다 /
젊은 여인들로 ~을 이루다.

꽃밭에 불 지른다 판 ㉠풍류를 모르는 짓을
한다는 말. ㉡인정사정없는 처사를 한다는 말.
㉢한창 행복할 때 재액(災厄)이 들이닥친다
는 말.

꽃-뱀 [꼰뺌] 명 1 《동》 알록달록한 고운 무늬
가 있는 뱀. 2 〈속〉 남자를 성적으로 유혹하
여 금품을 우려내는 여자.

꽃-병 (-瓶)[꼰뼝] 명 꽃을 꽂기 위하여 만든
병. 화병(花瓶).

꽃-보라 [꼰뽀-] 명 떨어져서 바람에 흩날리는
많은 꽃잎.

꽃-봉 [꼰뽕] 명 《식》 '꽃봉오리'의 준말.

꽃-봉오리 [꼰뽕-] 명 1 《식》 망울만 맺히고 아
직 피지 아니한 꽃. □~가 맺히다 / ~를 터
뜨리다. ㉵꽃봉·봉오리. 2 희망에 가득 찬 젊
은이의 비유. □앞날을 짊어질 젊은 ~들 /
한창 피어난 ~ 같은 처녀.

꽃-부리 [꼰뿌-] 명 《식》 꽃의 가장 고운 부분
으로, 한 송이 꽃의 꽃잎 전체를 이르는 말.
화관(花冠).

꽃-분 (-盆)[꼰뿐] 명 화분(花盆).

꽃-불 [꼰뿔] 명 1 이글이글 타오르는 불. 2 축
하하는 뜻으로, 총이나 포로 쏘아 올리는 불
꽃《흑색 화약에 쇳가루 섞은 통에 넣고
불을 붙여 공중으로 쏘면 여러 색깔의 불꽃

꽃-사슴 [꼰싸-] 명 《동》 누런색의 털에 흰 점
이 고루 나 있는 작은 사슴.

꽃-살문 (-門)[꼰쌀-] 명 《건》 문살에 꽃무늬
를 놓아 만든 문.

꽃-살문 (-紋)[꼰쌀-] 명 창이나 문 따위에 꽃
모양으로 새긴 무늬.

꽃-삽 [꼰쌉] 명 꽃 따위를 옮겨 심거나 매만져
가꾸는 데 쓰는 작은 삽.

꽃-샘 [꼰쌤] 명 이른 봄철, 꽃이 필 무렵에
추워짐. 또는 그런 추위.

꽃샘-바람 [꼰쌤-] 명 이른 봄, 꽃이 필 무렵에
부는 쌀쌀한 바람.

꽃샘-잎샘 [꼰쌤닙쌤] 명하자 이른 봄철, 꽃과
잎이 필 무렵에 추워짐. 또는 그런 추위.

[꽃샘잎샘에 반눈을 얼어 죽는다] 음력 이삼
사월의 꽃 피고 잎 날 때도 날씨가 춥다 하여
이르는 말.

꽃샘-추위 [꼰쌤-] 명 이른 봄, 꽃이 필 무렵의
추위.

꽃-소금 [꼰쏘-] 명 간장을 담글 때, 위로 뜬
메줏덩이에 뿌리는 소금.

꽃-소식 (-消息)[꼰쏘-] 명 꽃이 피고 봄이 온
조짐. □남쪽으로부터 ~이 전해 온다.

꽃-소주 (-燒酒)[꼰쏘-] 명 소주를 고아서 맨
먼저 받은 진한 소주.

꽃-송이 [꼰쏭-] 명 《식》 꽃자루 위로 붙은, 활짝
핀 꽃 전체의 일컬음. 2 앞날이 기대되는 어
린 사람을 비유적으로 이르는 말.

꽃-술 [꼰쑬] 명 《식》 꽃의 수술과 암술《꽃의
생식 기관임》. 화수. 화예(花蕊).

꽃-시계 (-時計)[꼰씨-/ 꼰씨게] 명 1 식물의
종류에 따라 꽃이 피고 오므라드는 시간이
다름을 이용하여, 그런 식물을 골라서 꽃이
피는 시각의 순서로 심은 화단. 2 〈소아〉 해
바라기.

꽃-식물 (-植物)[꼰씽-] 명 《식》 '종자(種子)식
물'의 딴 이름.

꽃-신 [꼰씬] 명 1 꽃 모양이나 여러 가지 빛깔
로 예쁘게 꾸민 신발《여자나 어린아이들이
신음》. 2 ☞ 꽃당혜.

꽃-실 [꼰씰] 명 《식》 수술대.

꽃-싸리 [꼰-] 명 《식》 콩과의 낙엽 활엽 관목.
산에 나는데, 여름에 짙은 자줏빛 꽃이 핌《껍
질은 섬유용으로 씀》.

꽃-싸움 [꼰-] 명하자 (민) 1 여러 가지 꽃을
뜯어서, 수효의 많고 적음을 겨루는 장난. 2
꽃이나 꽃술을 맞걸어 당겨서, 끊어지고 끊
어지지 않음으로 승부를 가리는 장난. 화전
(花戰). ㉵꽃쌈.

꽃-쌈 [꼰-] 명하자 (민) '꽃싸움'의 준말.

꽃-씨 [꼰-] 명 화초의 씨앗.

꽃-아카시나무 [꼬다-] 명 《식》 콩과의 낙엽
활엽 관목. 북아메리카 원산의 관상 식물로,
높이는 1m가량임. 봄부터 초여름에 걸쳐 담
홍색의 꽃이 피고 열매는 거의 맺지 않음.

꽃-양배추 (-洋-)[꼰냥-] 명 《식》 십자화과의
해변살이풀. 잎은 오글오글하고 녹색과 붉은
자줏빛·젖빛 등이 잘 조화되어 있어 아름다
움. 원산지는 유럽이며 관상용으로 정원에
많이 심음. 모란채.

꽃-일다 [꼰닐-][꽃일어, 꽃이니, 꽃이는] 자
화학적 작용이나 발효의 과정 따위에서, 한
창 순화된 현상이 나타나 보이다.

꽃-잎 [꼰닙] 명 《식》 꽃부리를 이루고 있는 낱
낱의 조각. 화판(花瓣).

꽃-자동차 (-自動車)[꼰짜-] 명 꽃이나 그림,
전등 따위의 장식물로 꾸민 자동차《주로 기

념 행사나 경축 행사 때 씀》. 꽃차.

꽃-자루 [꼳짜–] [명] 〖식〗 꽃이 달리는 짧은 가지. 화경(花梗). 화병(花柄).

꽃-자리 [꼳짜–] [명] **1** '꽃돗자리'의 준말. ❑~를 깔다. **2** 〖식〗 나무의 꽃이 떨어진 자국.

꽃-전 (–煎)[꼳쩐] [명] **1** 찹쌀가루를 반죽하여 꽃 모양으로 지진 부꾸미. **2** 부꾸미에 대추와 진달래, 국화 따위의 꽃잎을 붙인 떡.

꽃-전차 (–電車)[꼳쩐–] [명] 꽃·그림·전등 따위의 장식물로 꾸민 전차《주로 기념 행사나 경축 행사 때 씀》.

꽃-줄기 [꼳쭐–] [명] 〖식〗 꽃이 달리는 줄기. 화경(花莖).

꽃-집 [꼳찝] [명] 꽃을 파는 집. 꽃가게. 꽃방.

꽃-차 (–車)[꼳–] [명] 꽃자동차.

꽃-차례 [꼳–] [명] 〖식〗 꽃이 줄기나 가지에 붙어 있는 상태. 화서(花序).

꽃-창포 (–菖蒲)[꼳–] [명] 〖식〗 붓꽃과의 여러해살이풀. 높이는 80–95 cm이고, 잎은 칼 모양으로 여름에 붉은 보라색 꽃이 줄기나 가지 끝에 핌. 관상용임.

꽃-철 [꼳–] [명] 꽃 피는 계절.

꽃-치자 (–梔子)[꼳–] [명] 〖식〗 꼭두서닛과의 상록 관목. 높이는 60 cm가량이고, 잎은 긴 타원형으로 마주남. 치자와 비슷하나 잎과 꽃이 작고 여름에 흰 꽃이 핌. 가을에 주홍빛 열매를 맺는데 약이나 염료로 씀.

꽃-턱 [명] 〖식〗 ☞ 꽃받침.

꽃-턱잎 [꼳텅닙] [명] 〖식〗 꽃대나 꽃자루의 밑에 있는 비늘 모양의 잎. 보통은 녹색임. 포(苞). 화포(花苞).

꽃-피다 [꼳–] [자] **1** 어떤 현상이 활짝 드러나다. ❑한바탕 웃음이 꽃피고 있을 때. **2** 어떤 일이 발전하거나 번영하다. ❑민족 문화가 꽃피게 힘쓰자.

꽃-피우다 [꼳–] [타] 《'꽃피다'의 사동》 **1** 어떤 현상이 활짝 드러나게 하다. ❑무용담을 ~ / 사랑을 ~. **2** 어떤 현상을 발전하거나 번영하게 하다. ❑문명의 역사를 ~.

꽈르르 [부][하자] 많은 양의 물이 좁은 구멍으로 급히 쏟아지는 소리. [거]콰르르.

꽈르릉 [부][하자] 폭발물 따위가 터지거나 천둥이 치며 요란하게 울리는 소리.

꽈르릉-거리다 [자] 자꾸 꽈르릉하다.

꽈르릉-대다 [자] 꽈르릉거리다.

꽈:리 [명] **1** 〖식〗 가짓과의 여러해살이풀. 높이는 90 cm가량이고, 잎은 긴 타원형임. 여름에 노르스름한 꽃이 피고, 빨간 장과(漿果)를 맺음. 열매는 아이들이 부는 장난감임. **2** 〖한의〗 수포(水疱).

꽈:배기 [명] **1** 유밀과(油蜜菓)의 한 가지. 밀가루 따위를 반죽하여, 엿가락처럼 가늘고 길게 늘여, 두 가닥으로 꽈서 기름에 튀겨 낸 과자. **2** 사물을 비꼬아서 말하기 좋아하는 사람의 비유.

꽉 [부] **1** 힘을 들여 누르거나 잡거나 묶는 모양. ❑~ 묶어라 / 손을 ~ 잡다. **2** 가득 차거나 막힌 모양. ❑가방에 ~ 채우다. **3** 슬픔이나 괴로움 따위를 드러내지 않으려고 참고 견디는 모양. ❑아픔을 ~ 참다.

꽉-꽉 [부] **1** 잔뜩 힘을 들여서 여러 번 단단히 누르거나 잡거나 묶는 모양. ❑~ 눌러 담다. **2** 모두 다 가득히 차거나 막힌 모양. ❑장마다 옷이 ~ 차 있다.

괄괄 [부][하자] 좁은 구멍으로 많은 양의 물이 급히 쏟아져 흐르는 소리. [큰]펄펄. [거]콸콸.

괄괄-거리다 [자] 괄괄 소리가 자꾸 나다. [큰]펄펄거리다. [거]콸콸거리다.

괄괄-대다 [자] 괄괄거리다.

꽝꽝-하다 [꽉꽈타–] [형][여] 물건 따위가 굳어서 거칠고 단단하다. ❑인절미가 굳어서 ~.

꽝[1] [명] 〈속〉 제비뽑기 등에서, 맞히지 못하여 배당이 없는 것. ❑이번 복권도 ~이다.

꽝[2] [부] **1** 좀 무겁고 딱딱한 물건이 바닥에 떨어지거나 다른 물건에 부딪치는 소리. ❑대문을 ~ 닫다. **2** 대포나 큰 총을 쏘거나 폭발물이 터지는 소리. ❑수류탄이 ~ 하고 터지다. [거]쾅.

꽝-꽝 [부] **1** 단단하고 무거운 물체가 잇따라 바닥에 떨어지거나 다른 물체와 부딪치는 소리. **2** 잇따라 대포나 큰 총을 쏘거나 폭발물이 터지는 소리. ❑대포 소리가 ~ 울리다. [거]쾅쾅. **3** 매우 단단하게 굳어지는 모양. ❑한강이 ~ 얼었다.

꽝꽝-거리다 [자타] 꽝꽝 소리가 자꾸 나다. 또는 그런 소리를 자꾸 내다. [거]쾅쾅거리다.

꽝꽝-나무 [명] 〖식〗 감탕나뭇과의 상록 활엽 관목 또는 작은 교목. 산기슭에 나는데, 높이는 3 m 정도이고, 여름에 흰색의 잔꽃이 피며, 가을에 까만 핵과를 맺음《정원수로 심음》.

꽝꽝-대다 [자타] 꽝꽝거리다.

꽤 [부] **1** 비교적. 매우. ❑~ 많은 돈 / ~ 길다. **2** 제법. 자못. 어지간히. ❑~ 재미있다.

꽤기 [명] '새꽤기'의 준말.

꽥 [부] 성날 때, 남을 겁나게 하거나 놀라게 할 때, 또는 갑자기 충격을 받았을 때, 목청을 높여 날카롭게 지르는 소리. 또는 그 모양. [큰]꿱1.

꽥-꽥 [부][하자] '꽥' 소리를 잇따라 지르는 소리. 또는 그 모양. [큰]꿱꿱.

꽥꽥-거리다 [–꺼–] [자] '꽥꽥' 소리를 자꾸 내다. [큰]꿱꿱거리다.

꽥꽥-대다 [–때–] [자] 꽥꽥거리다.

꽹 [부] 꽹과리나 징 따위를 치는 소리.

꽹과리 [명] 〖악〗 놋쇠로 만든 징 따위 타악기의 하나. 동고(銅鼓). 쟁(錚). 소금(小金). ❑~를 치다.

꽹그랑 [부][하자타] 꽹과리나 징 따위를 가락에 맞추어 치는 소리.

꽹그랑-거리다 [자타] 꽹그랑 소리가 잇따라 나다. 또는 그런 소리를 잇따라 내다. **꽹그랑-꽹그랑** [부][하자타]

꽹그랑-대다 [자타] 꽹그랑거리다.

꽹-꽹 [부][하자타] 꽹과리를 잇따라 치는 소리.

꽹꽹-거리다 [자타] '꽹꽹' 소리가 자꾸 나다. 또는 그런 소리를 자꾸 내다.

꽹꽹-대다 [자타] 꽹꽹거리다.

꽹-나무 [명] 〖식〗 진달랫과의 낙엽 활엽 관목. 숲 속에 나는데, 여름에 분홍색 꽃이 두세 개씩 늘어져 피고, 장과는 가을에 빨갛게 익음. 과실은 식용함. 산앵두나무.

꽹-하다 [형][여] 물체가 더할 수 없이 맑고 투명하다. [여]괭하다.

꾀 [명] 일을 잘 꾸며 내는 묘한 생각이나 수단. ❑~가 많은 사람 / ~를 궁리하다 / ~로 이기다 / ~가 늘다.

꾀가 나다 [구] 일에 싫증이 나다.

꾀-까다롭다 [–따] (꾀까다로워, 꾀까다로우니) [형][ㅂ] 별스럽게 까다롭다. ❑꾀까다로운 성격. [여]괴까다롭다. **꾀-까다로이** [부]

꾀-까닭스럽다 [형] ☞ 꾀까다롭다.

꾀꼬리 [명] **1** 〖조〗 꾀꼬릿과의 새. 휘파람새와 비슷하며, 몸빛은 황색이고 꼬리와 날개 끝은 검음. 맑고 고운 소리를 냄. 황조(黃鳥). **2**

목소리가 고운 사람의 비유. ❏~ 같은 목소리의 주인공.

꾀꼬리-참외 圀《植》누런 참외의 한 종류.

꾀꼴 튀 꾀꼬리가 우는 소리.

꾀꼴-꾀꼴 튀자 꾀꼬리가 잇따라 우는 소리.

꾀 :꾀 튀 얼굴이 바싹 마른 모양. ❏오래 앓아서 ~ 말랐다.

꾀꾀-로 튀 가끔 틈을 타서 살그머니. ❏둘이 ~ 눈을 맞추다.

꾀 :다¹ 자 1 벌레 따위가 수없이 모여들어 뒤끓다. 꼬이다. ❏개미가 ~. 2 사람들이 한 곳에 많이 모여들다. 꼬이다. ❏구경꾼이 ~.

꾀 :다² 자 '꼬이다'의 준말. ❏덩굴이 배배 꾀어 담을 타다.

꾀 :다³ 타 달콤한 말이나 그럴듯한 짓으로 남을 속여 제게 이롭게 끌다. 꼬이다⁴. ❏부잣집 딸을 꾀어서 결혼하다.

꾀-돌이 圀 꾀가 많아 귀염성 있는 어린아이.

꾀-똥 圀 거짓으로 누는 체하는 똥.

꾀-바르다 (꾀발라, 꾀바르니) 혱目 어려운 일이나 난처한 경우를 잘 피하거나 약게 처리하는 꾀가 많다. 약삭빠르다.

꾀-배 圀 거짓으로 앓는 체하는 배앓이.

꾀-병 (-病) 圀혱자 거짓으로 앓는 체하는 병. ❏~을 부리다.

꾀-보 圀 잔꾀가 많은 사람. 꾀만 부리는 사람. 꾀자기. 꾀쟁이.

꾀-부리다 자 어려운 일과 책임 등을 살살 피하다. 꾀쓰다.

꾀-쓰다 (꾀써, 꾀쓰니) 자 1 일이 쉽게 잘 되도록 지혜를 내어 하다. 2 꾀부리다.

꾀어-내다 [-/-여-] 타 꾀를 쓰거나 유혹하여 어느 곳으로 나오게 하다. ❏친구를 술집으로 ~.

꾀어-넘기다 [-/-여-] 타 꾀어서 속아 넘어가게 하다.

꾀어-들다 [-/-여-] 〔-들어, -드니, -드는〕 자 여러 군데에서 모여들다. ❏많은 사람들이 장터에 ~.

꾀음-꾀음 튀타 남을 꾀어 호리는 모양.

꾀이다 자 〔'꾀다'의 피동〕 남에게 꾐을 당하다. ❏장사꾼에 꾀어 비싸게 샀다.

꾀-자기 圀 꾀보.

꾀-잠 圀 거짓으로 자는 체하는 잠.

꾀-쟁이 圀 꾀보.

꾀죄죄-하다 혱자 매우 꾀죄하다. ❏꾀죄죄한 옷차림.

꾀죄-하다 혱자 1 옷차림 따위가 더럽고 궁상스럽다. 2 마음 씀씀이나 하는 짓이 좀스럽고 옹졸하다.

꾀-중방 (-中枋) 圀《建》마루나 대청 귀틀을 끼는 나무.

꾀-퉁이 圀 〈속〉꾀쟁이.

꾀-피우다 자 자신한테만 이롭도록 잔재주를 부리다.

꾀-하다 타 어떤 일을 이루거나 꾸미려고 힘을 쓰다. ❏못된 짓을 ~ / 음모를 ~.

꾐 : 圀 어떤 일을 할 마음이 생기도록 꾀거나 부추기는 일. ❏~에 빠지다.

꾸구리 圀《魚》잉엇과의 민물고기. 몸의 길이는 6~10cm이고, 붉은 황색에 배 쪽은 연하며 황색이 빠른. 우리나라 특산종으로 한강·금강의 돌이 많은 상류에서 삶.

꾸기다¹ 자 일마다 어그러지고, 살림이 꼬이어 구차하게 되다. 윤구기다.

꾸기다² [-] 자 꾸김살이 생기다. ❏셔츠가 ~.

三타 비비거나 우그러뜨리어 구김살을 생기게 하다. ❏옷을 ~. 윤꼬기다. 윤구기다.

꾸기적-거리다 [-꺼-] 타 꾸김살이 생기게 자꾸 꾸기다. 윤꼬기작거리다. 윤구기적거리다. **꾸기적-꾸기적** 튀타

꾸기적-대다 [-때-] 타 꾸기적거리다.

꾸김 圀 꾸김살.

꾸김-살 [-쌀] 圀 1 종이나 피륙 따위가 꾸겨져서 생긴 금. 꾸김. ❏~을 펴다. 윤꼬김살. 2 (주로 '없다'와 함께 쓰여) 표정이나 마음속에 서린 어두운 그늘. 3 일 따위가 순조롭지 못한 상태. 윤구김살.

꾸김살(이) 없다 구 ㉠생활이 쪼들리지 않고 꿋꿋하다. ㉡성격이 찌든 데가 없고 티없이 맑다.

꾸김-새 圀 꾸김살이 진 정도나 모양. 윤구김새.

꾸김-없다 [-기밉따] 혱 숨기거나 음험한 데가 없이 정정당당하다. **꾸김-없이** [-기밉씨] 튀

꾸깃-거리다 [-긴꺼-] 타 꾸김살이 생기게 함부로 자꾸 우그러뜨리다. 윤꼬깃거리다. 윤구깃거리다. **꾸깃-꾸깃¹** [-긴-긴] 튀혱타

꾸깃-꾸깃² [-긴-긴] 튀혱 꾸겨서 금이 많은 모양. 윤꼬깃꼬깃. 윤구깃구깃.

꾸깃-대다 [-긴때-] 타 꾸깃거리다.

꾸꾸 튀 비둘기나 닭 등이 우는 소리. ❏꾑 비둘기나 닭 따위를 부르는 소리. 윤구구.

꾸다¹ 타 꿈을 보다. ❏돼지꿈을 ~.

꾸다² 자 남의 것을 잠시 빌려 쓰다. ❏옆집에서 돈을 꾸다.

〔꾸어 놓은 보릿자루〕 여럿이 웃고 떠드는 자리에서 혼자 묵묵히 앉아 있는 사람.

꾸덕-꾸덕 튀혱 물기 있는 물체의 거죽이 약간 말라서 굳어진 모양. ❏떡이 ~ 마르다. 윤구덕구덕.

꾸드러-지다 자 마르거나 굳어서 뻣뻣하게 되다. 윤꼬드러지다. 윤구드러지다.

꾸들-꾸들 튀혱 밥알 따위가 푹 무르지 않거나 말라서 좀 오돌오돌한 모양. 윤꼬들꼬들. 윤구들구들.

-꾸러기 圀 '어떤 버릇이 많거나 어떤 일을 잘 일으키는 사람'의 뜻. ❏잠~ / 심술~.

꾸러미 圀 1 꾸리어 뭉치어서 싼 물건. ❏열쇠 ~ / 달걀 ~ / 선물 ~를 풀다 / 짐을 ~로 묶다. 三의 물건의 꾸러미를 세는 단위. ❏달걀 세 ~.

꾸르륵 튀혱자 1 배 속이나 대통의 진 등이 끓는 소리. 2 닭이 놀라서 지르는 소리. 3 좁은 구멍에서 액체가 가깝스로 빠져나오는 소리. 4 가래가 목구멍에 걸려 숨을 쉴 때 나는 소리. 윤꼬르륵.

꾸르륵-거리다 [-꺼-] 타 꾸르륵 소리가 자꾸 나다. 윤꼬르륵거리다. **꾸르륵-꾸르륵** 튀혱자

꾸르륵-대다 [-때-] 타 꾸르륵거리다.

꾸리¹ 圀타 실을 감은 뭉치. 실꾸리. 실꾸리. ❏실을 ~. 三의 실 꾸리를 감은 뭉치를 세는 단위. ❏실 열 ~.

꾸리² 圀 소의 앞다리 무릎 위쪽에 붙은 살덩어리. 꾸리살.

꾸리다 타 1 짐이나 물건 따위를 싸서 묶다. ❏이삿짐을 ~. 2 일을 처리해 나가거나 생활을 규모 있게 이끌어 나가다. ❏살림을 꾸려 나가다. 3 집·자리·이야기 따위를 모양 있게 손질하다. ❏이야기를 꾸려 나가다.

꾸무럭-거리다 [-꺼-] 자 몸을 느리게 비틀면서 이리저리 자꾸 움직이다. ❏발가락을 ~. 윤꼬무락거리다. 윤구무럭거리다. **꾸무럭-꾸무럭** 튀혱자타

꾸무럭-대다 [-때-] 자타 꾸무럭거리다.

꾸물-거리다 재타 1 느리게 자꾸 움직이다. ☐구더기가 ~. 2 굼뜨고 게으르게 행동하다. ☐꾸물거리지 말고 빨리 해라. ㉑꼬물거리다. ㉗구물거리다. **꾸물-꾸물** 뮈하재타

꾸물-대다 재타 꾸물거리다.

꾸미 쇠고기의 작은 조각《국·찌개에 넣음》.

꾸미-개 명 옷·돗자리·망건 등의 가장자리를 꾸미는 헝겊 오리.

꾸미-고기 명 찌개나 국에 넣어 잘 끓인 고기 조각.

꾸미기 체조 (體操) 두 사람 이상이 협동해서 통일되고 조화로운 아름다움을 나타내려는 운동.

꾸미다 타 1 물건을 매만지거나 손질하여 모양나게 잘 만들다. ☐겉모양을 ~. 2 있지도 않은 것을 거짓으로 둘러대거나 만들다. ☐꾸며 낸 이야기 / 거짓말을 꾸며 대다. 3 글 따위를 지어서 만들다. ☐서류를 ~. 4 꾀하다. ☐음모를 ~. 5 살림 따위를 차리거나 마련하다. ☐행복한 가정을 ~.

꾸민-잠 (-簪) 명 진주·청강석(靑剛石)·산호 등의 구슬을 박은 비녀의 하나.

꾸민-족두리 [-뚜-] 명 옥판(玉板)을 밑에 받치고 구슬을 꿰어 만든 상투가 한복판에 온 족두리. *민족두리.

꾸밈 명 1 꾸미는 일. 또는 꾸민 상태나 모양. 2 〖언〗 구나 문장에서 다른 성분의 상태·성질·정도 따위를 자세하게 하거나 분명하게 하는 일. 수식.

꾸밈-새 명 꾸민 모양새. ☐집의 ~가 분수에 넘치다.

꾸밈-없다 [-업따] 형 가식이 없이 참되고 순수하다. ☐꾸밈없는 솔직한 태도. **꾸밈-없이** [-업씨] 뮈. ☐~ 나타낸 글.

꾸밈-음 (-音) 명 〖악〗 악곡에 여러 변화를 주기 위하여 음표 또는 꾸밈표에 의하여 꾸며 내는 음. 꾸밈음을 내기 위하여 작은 음표나 글자·그림을 쓰는 것도 있음. 장식음.

꾸벅 뮈하타 졸거나 절할 때, 머리와 몸을 앞으로 숙였다가 드는 모양. ㉑꼬박². ㉚꾸뻑.

꾸벅-거리다 [-꺼-] 졸거나 절할 때, 머리와 몸을 앞으로 자꾸 숙였다가 들다. ㉑꼬박거리다. ㉚꾸뻑거리다. **꾸벅-꾸벅¹** 뮈하타

꾸벅-꾸벅² 1 조금도 어김없이 그대로 계속하는 모양. 2 시키는 대로 순종하는 모양. ㉑꼬박꼬박. ㉚꾸뻑꾸뻑.

꾸벅-대다 [-때-] 타 꾸벅거리다.

꾸벅-이다 타 졸거나 절할 때, 머리와 몸을 앞으로 조금 숙였다가 들다. ㉑꼬박이다. ㉚꾸뻑이다.

꾸부러-들다 [-들어, -드니, -드는] 재 안쪽으로 구부러져 들어오거나 들어가다. ㉑꼬부라들다. ㉗구부러들다.

꾸부러-뜨리다 타 꾸부러지게 하다. ㉑꼬부라뜨리다. ㉗구부러뜨리다.

꾸부러-지다 재 한쪽으로 구붓하게 휘어지다. ☐길이 오른쪽으로 ~. ㉑꼬부라지다. ㉗구부러지다.

꾸부러-트리다 타 꾸부러뜨리다.

꾸부렁-길 [-낄] 명 꾸부러진 길. ㉑꼬부랑길.

꾸부렁-꾸부렁 뮈하타 여러 군데가 안으로 휘어들어 굽은 모양. ㉑꼬부랑꼬부랑. ㉗구부렁구부렁.

꾸부렁-이 명 꾸부러진 물건. ㉑꼬부랑이. ㉗구부렁이.

꾸부렁-하다 형여 안으로 휘어들어 굽다. ㉑꼬부랑하다. ㉗구부렁하다.

꾸부리다 타 한쪽으로 꾸붓하게 굽히다. ☐어

깨를 ~ / 허리를 꾸부려 인사하다. ㉑꼬부리다. ㉗구부리다.

꾸부스름-하다 형여 조금 굽은 듯하다. ㉑꼬부스름하다. ㉗구부스름하다. ㉘구부슴하다. **꾸부스름-히** 뮈

꾸부슴-하다 형여 '꾸부스름하다'의 준말. ㉑꼬부슴하다. ㉗구부슴하다. **꾸부슴-히** 뮈

꾸부정-꾸부정 뮈하형 여러 군데가 꾸부러진 모양. ㉑꼬부장꼬부장. ㉗구부정구부정.

꾸부정-하다 형여 매우 꾸부러져 있다. ☐꾸부정한 자세로 앉다. ㉑꼬부장하다1. ㉗구부정하다. **꾸부정-히** 뮈

꾸불-거리다 재 이리저리 꾸부러지다. ㉑꼬불거리다. ㉗구불거리다. **꾸불-꾸불** 뮈하자형. ☐~한 산길.

꾸불-대다 재 꾸불거리다.

꾸불텅-꾸불텅 뮈하형 여러 군데가 느슨하게 꾸부러져 있는 모양. ㉑꼬불탕꼬불탕. ㉗구불텅구불텅.

꾸불텅-하다 형여 느슨하게 꾸부러져 있다. ㉑꼬불탕하다. ㉗구불텅하다.

꾸붓-꾸붓 [-붇-붇] 뮈하형 여럿이 다 약간 굽은 듯한 모양. ㉑꼬붓꼬붓. ㉗구붓구붓.

꾸붓-이 뮈 꾸붓하게. ㉑꼬붓이. ㉗구붓이.

꾸붓-하다 [-부타-] 형여 약간 굽은 듯하다. ㉑꼬붓하다. ㉗구붓하다.

꾸뻑 뮈하타 졸거나 절할 때, 머리와 몸을 앞으로 숙였다가 드는 모양. ㉑꼬빡². ㉘꾸벅.

꾸뻑-거리다 [-꺼-] 졸거나 절할 때, 머리와 몸을 앞으로 자꾸 숙였다가 들다. ㉑꼬빡거리다. ㉘꾸벅거리다. **꾸뻑-꾸뻑¹** 뮈하타

꾸뻑-꾸뻑² 1 조금도 어김없이 그대로 계속하는 모양. 2 시키는 대로 순종하는 모양. ㉑꼬빡꼬빡. ㉘꾸벅꾸벅².

꾸뻑-대다 [-때-] 타 꾸뻑거리다.

꾸뻑-이다 타 졸거나 절할 때, 머리와 몸을 앞으로 많이 숙였다가 들다. ㉑꼬빡이다. ㉘꾸벅이다.

꾸역-꾸역 뮈 1 한군데로 많은 물건이나 사람이 몰려들거나 나가는 모양. ☐사람들이 공연장으로 ~ 모여들다 / 검은 연기가 ~ 나오다. 2 음식 따위를 한꺼번에 많이 입에 넣고 잇따라 씹는 모양. ☐밥을 ~ 먹다. 3 어떤 마음이 자꾸 생기는 모양. ☐욕심이 ~ 생긴다.

꾸이다 ①재 꿈에 나타나다. ②타 빌려 주다. ㉗꿔다.

꾸정-꾸정 뮈하형 1 회초리 같은 가늘고 긴 것이 굽지 않고 곧은 모양. 2 성미가 곧고 결백하여 남의 말을 듣지 않는 모양. 3 노인의 허리가 굽지 않고 꼿꼿하며 건장한 모양. ㉑꼬장꼬장.

꾸정-모기 명 〖충〗 꾸정모기과의 곤충. 길이는 약 1.5cm이고, 날개는 2cm가량임. 빛은 회갈색이며 날개는 투명하고 다리가 긺. 애벌레는 '며루'라고 하는데 모양이 구더기와 비슷함. 논밭에서 벼·보리의 뿌리를 잘라먹는 해충임. 각다귀.

꾸준-하다 형여 한결같이 부지런하고 끈기가 있다. ☐꾸준한 노력 / 꾸준하게 노력하다. **꾸준-히** 뮈. ☐시종 ~ 일하다.

꾸중 명하타 '꾸지람'의 높임말. ☐아버지께 ~을 듣다.

꾸지 명 〖역〗 병기(兵器)를 꾸민 붉은 털.

꾸지-나무 명 〖식〗 뽕나뭇과의 작은 낙엽 활엽 교목. 닥나무 비슷하며 높이는 10m가량이고, 초여름에 연두색의 작은 꽃이 잎겨드

랑이에서 핌. 열매는 핵과로 9월에 빨갛게 익음. 나무껍질은 종이의 원료로 씀.

꾸지람 [명][하자타] 아랫사람의 잘못을 꾸짖는 말. 꾸중. 지청구. ❑ ~을 듣다 / ~이 떨어지다 / 가끔 엄하게 ~하시던 선생님이 생각나다.

꾸지-뽕 [명] 〖식〗 꾸지뽕나무의 잎.

꾸지뽕-나무 [명] 〖식〗 뽕나뭇과의 낙엽 활엽 교목. 산기슭의 양지 및 촌락 부근에 남. 잎은 양잠 사료이며 열매는 식용함.

꾸짖다 [-짇따] [자타] 아랫사람의 잘못을 엄하게 나무라다. ❑ 거짓말을 하는 아이를 ~.

꾸푸리다 [타] 몸을 앞으로 꾸부리다. (작)꼬푸리다. (여)구푸리다.

꾹 [부] **1** 힘을 주어 누르거나 죄는 모양. ❑ 부은 데를 ~ 눌러 보다 / 입을 ~ 다물다. **2** 온 힘을 다해 참고 견디는 모양. ❑ 모욕을 ~ 참다. **3** 단단히 숨거나 틀어박히는 모양. (작)꼭[1].

꾹-꾹[1] [부] **1** 최대한 많이 담으려고 자꾸 누르거나 죄는 모양. ❑ 밥을 ~ 눌러 담다. **2** 잇따라 또는 몹시 참거나 견디는 모양. ❑ 화를 ~ 참다. **3** 아주 단단히 숨거나 틀어박히는 모양. (작)꼭꼭[1].

꾹-꾹[2] [부] 비둘기의 울음소리.

꾼 [명] 〈속〉 즐기는 일에 능숙한 사람. ❑ 투전판에 모인 ~들 / 낚시 대회에 많은 ~들이 모였다.

-꾼 [미] **1** 어떤 일을 전문적·습관적으로 하는 사람의 뜻. ❑ 노름~ / 씨름~ / 장사~ / 주정~. **2** 어떤 일 때문에 모이는 사람의 뜻. ❑ 일~ / 장~ / 구경~.

꿀 [명] 벌이 먹이로 꽃에서 따다가 저장한 끈끈하고 단 액체. 봉밀(蜂蜜). 청밀(淸蜜). ❑ ~을 빨아먹다 / 벌통에서 ~을 따다 / 인삼을 ~에 재다.

[꿀도 약이라면 쓰다] 이로운 말이라도 충고라면 듣기 싫어한다는 말. [꿀 먹은 벙어리요, 침 먹은 지네라] 마음속의 생각을 나타내지 못하는 사람을 조롱하는 말.

꿀-곽 [-꽉] [명] 벌통에서 떠낸 꿀을 담는 그릇.

꿀꺼덕 [부][하타] '꿀꺽'의 본딧말. (작)꼴까닥.

꿀꺽 [부][하타] **1** 물 같은 액체가 한꺼번에 목구멍이나 좁은 구멍으로 넘어가는 소리. ❑ 물을 ~ 마시다. (거)꿀컥. **2** 분노 따위를 억지로 참는 모양. ❑ 노여움을 ~ 삼키다. (작)꼴깍.

―-**하다** [자여] 남을 속여 재물 따위를 감쪽같이 자기의 것으로 만들다.

꿀꺽-거리다 [-꺼-] [타] 자꾸 꿀꺽하다. (작)꼴깍거리다. **꿀꺽-꿀꺽** [부][하타]. ❑ 술을 ~ 마시다.

꿀꺽-대다 [-때-] [타] 꿀꺽거리다.

꿀꿀[1] [부] 물 따위 액체가 굵은 줄기로 흐르는 소리. (작)꼴꼴[1].

꿀꿀[2] [부][하자] 돼지가 내는 소리. (작)꼴꼴[2].

꿀꿀-거리다[1] [자] 꿀꿀 소리가 계속 나다. (작)꼴꼴거리다[1].

꿀꿀-거리다[2] [자] 돼지가 꿀꿀 소리를 자꾸 내다. (작)꼴꼴거리다[2].

꿀꿀-대다[1] [자] 꿀꿀거리다[1].

꿀꿀-대다[2] [자] 꿀꿀거리다[2].

꿀꿀-이 [명] **1** 〈소아〉 돼지. **2** 욕심이 많은 사람의 비유. 꿀돼지.

꿀꿀이-죽 (-粥) [명] 여러 가지 먹다 남은 음식의 찌꺼기를 한데 섞어 끓인 죽.

꿀-단지 [-딴-] [명] 꿀을 넣어 두는 단지.

꿀-돼지 [-뙈-] [명] 꿀꿀이2.

꿀-떡[1] [명] **1** 떡가루에 꿀이나 설탕물을 내려서 밤·대추 등을 섞어 뿌리고 켜를 지어 찐 떡. **2** 꿀이나 설탕을 섞어서 만든 떡.

꿀떡[2] [부][하타] 음식·약 따위를 한꺼번에 삼키는 소리. 또는 그 모양. (작)꼴딱1.

꿀떡-거리다 [-꺼-] [타] 계속 꿀떡하다. (작)꼴딱거리다. **꿀떡-꿀떡** [부][하타]

꿀떡-대다 [-때-] [타] 꿀떡거리다.

꿀렁 [부][하자형] **1** 물 따위가 그릇 속에 가득 차지 아니하여 흔들려 나는 소리. **2** 착 달라붙지 않고 들떠서 크게 부푼 모양. (작)꼴랑. (거)쿨렁.

꿀렁-거리다 [자] **1** 물 따위가 자꾸 꿀렁 소리를 내며 흔들리다. **2** 착 달라붙지 않고 들뜨고 부풀어서 들썩들썩하다. (작)꼴랑거리다. (거)쿨렁거리다. **꿀렁-꿀렁** [부][하자형]

꿀렁-대다 [자] 꿀렁거리다.

꿀리다 [자] **1** 쭈그러지거나 우그러져 구김살이 지다. **2** 기세나 형편이 옹색하게 되다. ❑ 세력이 ~. **3** 마음이 켕기다. ❑ 꿀리는 데가 있다. **4** 힘이나 능력이 남에게 눌리다. ❑ 아무에게도 꿀리지 않고 살아가겠다.

꿀-맛 [-맏] [명] **1** 꿀의 단맛. **2** 꿀처럼 단 맛의 비유. ❑ 밥맛이 ~이다. **3** 매우 재미있거나 잇속이 있음의 비유. ❑ 신혼 생활이 ~이다.

꿀-물 [명] 꿀을 타서 달게 한 물. 밀수(蜜水).

꿀-밤 [명] 〈속〉 주먹 끝으로 가볍게 머리를 때리는 짓.

꿀밤(을) 먹다 [구] 머리에 꿀밤을 맞다.

꿀-벌 [명] 〖충〗 꿀벌과의 곤충. 등은 짙은 갈색이고 날개는 투명한 회색임. 한 마리의 여왕벌을 중심으로 소수의 수벌과 다수의 일벌이 집단생활을 하며 꿀을 저장해 먹이로 함. 밀봉(蜜蜂). 참벌. (준)벌.

꿀-샘 [명] 〖식〗 꽃이나 잎 따위에서 단물을 내는 조직이나 기관(器官). 밀선(蜜腺).

꿀-수박 [명] 꼭지를 둥글게 도려내고 설탕과 얼음을 넣은 수박. 서과청(西瓜淸).

꿀쩍 [부][하자타] **1** 질거나 끈기 있는 물건을 주무르거나 밟는 소리. 또는 그 모양. **2** 눈물을 조금씩 짜내듯 흘리는 모양. (작)꼴짝.

꿀쩍-거리다 [-꺼-] [자타] **1** 꿀쩍 소리가 자꾸 나다. 또는 그런 소리를 자꾸 내다. ❑ 걸레를 꿀쩍거리며 빨다. **2** 눈물을 자꾸 조금씩 짜내듯이 흘리다. (작)꼴짝거리다. **꿀쩍-꿀쩍** [부][하자타]

꿀쩍-대다 [-때-] [자타] 꿀쩍거리다.

꿀찌럭 [부][하자타] 매우 질거나 끈기 있는 물건을 주무르거나 밟을 때, 또는 병 속 따위에 든 액체가 세차게 흔들릴 때 나는 소리. (작)꼴찌락.

꿀찌럭-거리다 [-꺼-] [자타] 꿀찌럭 소리가 자꾸 나다. 또는 그런 소리를 자꾸 내다. (작)꼴찌락거리다. **꿀찌럭-꿀찌럭** [부][하자타]

꿀찌럭-대다 [-때-] [자타] 꿀찌럭거리다.

꿀컥 [부][하자] 액체나 음식물 따위를 목구멍으로 한꺼번에 넘기는 소리. 또는 그 모양. (작)꼴칵. (센)꿀꺽.

꿀-풀 [명] 〖식〗 꿀풀과의 여러해살이풀. 들에 나는데, 줄기 높이는 30 cm 정도, 잎은 긴 달걀꼴임. 여름에 보라색 꽃이 이삭 모양으로 핌. 한방에서 화하고초(花夏枯草)라 하여 약용함. 어린잎은 식용함.

꿇다 [꿀타] [타] **1** 무릎을 구부려 바닥에 대다. ❑ 무릎을 꿇고 사죄하다. **2** 마땅히 할 차례에 하지 못하고 거르다. ❑ 한 학년을 ~.

꿇리다 [꿀-] [一][타] 《'꿇다'의 사동》 무릎을 꿇게 하다. [二][자] 《'꿇다'의 피동》 꿇음을 당하다.

꿇-앉다 [꾸란따] [자] '꿇어앉다'의 준말.

꿇어-앉다 [꾸러안따] [자] 무릎을 구부려 바닥에 대고 앉다. ❑ 아버지 앞에 꿇어앉아 빌다. (준)

꿇았다.

꿈 명 **1** 잠자는 동안에 깨어 있을 때처럼 여러 가지를 보고 듣고 느끼는 정신 현상. ¶~에 보이다 / 밤마다 ~을 꾸다. **2** 실현시키고 싶은 바람이나 이상. ¶~이 크다 / ~ 많은 소녀 시절 / 청운의 ~을 안고 / ~을 이루다. **3** 공상적인 바람. ¶허황된 ~을 좇다 / 헛된 ~에서 깨어나다. **4** 현실을 떠난 즐거운 상태나 분위기. ¶신혼의 ~.

[꿈보다 해몽] ㉠하찮거나 언짢은 일을 그럴듯하게 생각해서 좋게 풀이함의 비유. ㉡실지 일어난 일보다도 그 해석을 잘함. [꿈에 서방 맞은 격] ㉠제 욕심에 차지 못함. ㉡분명하지 못한 존재. [꿈을 꾸어야 임을 보지] ㉠원인이 없는 결과는 있을 수 없음의 비유. ㉡어떤 일이 이루어질 수 있는 환경이나 여건이 아닌 경우의 비유.

꿈도 못 꾸다 관 전혀 생각도 하지 못하다.
꿈에도 생각지 못하다 관 전혀 생각하지 못하다.
꿈에도 없다 관 생각조차 해 본 일이 없다.
꿈인지 생시인지 관 너무 뜻밖이라 믿어지지 않음을 나타내는 말.
꿈-같다 [-갇따] 형 **1** 하도 기이하여 현실이 아닌 것 같다. ¶꿈같은 이야기. **2** 지난간 일이 오래되거나 닥쳐올 일이 멀어 아득하다. **3** 세월이 덧없고 허무하다. ¶꿈같은 세월.
꿈-같이 [-가치] 부. ¶객지 생활 30년이 ~ 흘러갔다.
꿈-결 [-껼] 명 **1** 꿈을 꾸는 동안. ¶~에 들은 이야기 / 전화벨 소리가 ~같이 들리다 / ~에 어렴풋한 소리에 잠을 깨다. **2** 덧없이 지나는 동안. ¶한 해가 ~같이 흘러간다.
꿈-길 [-낄] 명 꿈속에서 이루어지는 일의 경과. ¶~을 더듬다.
꿈-꾸다 자타 **1** 자는 동안에 꿈이 보이다. **2** 은근히 바라거나 뜻을 세우다. ¶미래를 ~.
꿈-나라 명 **1** 꿈속의 세계. 잠. ¶~로 가다. **2** 실현될 수 없는 환상의 세계. ¶~에서나 있을 일이 벌어지다.
꿈-나무 명 과학이나 예술·체육 등의 분야에 소질이나 재능이 있는 아이.
꿈-땜 명하자 좋거나 궂은 꿈의 조짐을 현실로 때우는 일. ¶~을 톡톡히 하다.
꿈-밖 [-박] 명 꿈에도 생각지 못할 매우 뜻밖의 일. ¶시험에 합격이 되다니 ~이다.
꿈-속 [-쏙] 명 꿈을 꾸는 가운데. 몽중(夢中). ¶~을 헤매다 / ~에 잠기다 / 깊은 ~에 빠져들다 / ~에서 깨어나다.
꿈실-거리다 자 작은 벌레 같은 것이 굼뜨게 자꾸 움직이다. ¶일벌레가 ~. 参꼼실거리다. 예굼실거리다. **꿈실-꿈실** 부하자
꿈실-대다 자 꿈실거리다.
꿈-자리 명 꿈에 나타난 사실이나 징조. 몽조(夢兆). ¶~가 뒤숭숭하다
꿈자리가 사납더니 관 일이 뜻대로 되지 않고 방해되는 것이 끼어들 때 한탄조로 이르는 말.
꿈적 부하자타 몸을 둔하고 느리게 한 번 움직이는 모양. 参꼼작. 예굼적. 센꿈쩍.
꿈적-거리다 [-꺼-] 자타 몸을 둔하고 느리게 자꾸 움직이다. 参꼼작거리다. 예굼적거리다. 센꿈쩍거리다. **꿈적-꿈적** 부하자타
꿈적-대다 [-때-] 자타 꿈적거리다.
꿈적-이다 자타 몸을 둔하고 느리게 움직이다. 参꼼작이다. 센꿈쩍이다.
꿈지러기 명 음식물에서 생긴 구더기.
꿈지럭 부하자타 둔하고 느리게 몸을 움직이

                 꿍꿍¹

는 모양. 参꼼지락. 예굼지럭. 센꿈질.
꿈지럭-거리다 [-꺼-] 자타 둔하고 느리게 자꾸 움직이다. 参꼼지락거리다. 예굼지럭거리다. 준꿈질거리다. **꿈지럭-꿈지럭** 부
꿈지럭-대다 [-때-] 자타 꿈지럭거리다.
꿈질 부하자타 '꿈지럭'의 준말. 参꼼질. 예굼질.
꿈질-거리다 자타 '꿈지럭거리다'의 준말. 参꼼질거리다. 예굼질거리다. **꿈질-꿈질** 부하자타
꿈질-대다 자타 꿈질거리다.
꿈쩍 부하자타 몸을 둔하고 느리게 움직이는 모양. ¶~ 말고 가만히 있어. 参꼼짝. 예굼적·꿈적.
꿈쩍 못 하다 관 남의 힘이나 위세에 눌려 기를 펴지 못하다. ¶권력 앞에서는 꿈쩍 못하는 사람들. 参꼼짝 못 하다.
꿈쩍-거리다 [-꺼-] 자타 몸을 둔하고 느리게 자꾸 움직이다. 参꼼짝거리다. 예굼적거리다·꿈적거리다. **꿈쩍-꿈쩍** 부하자타
꿈쩍-대다 [-때-] 자타 꿈쩍거리다.
꿈쩍-없다 [-쩌겁따] 형 움직이는 기색이 조금도 없다. 参꼼짝없다. **꿈쩍-없이** [-쩌겁씨] 부
꿈쩍-이다 자타 몸을 둔하고 느리게 움직이다. 参꼼짝이다. 예꿈적이다.
꿈쩍-하면 [-쩌카-] 부 조금이라도 움직이면. ¶~ 눈을 흘긴다.
꿈틀 부하자타 몸의 일부를 이리저리 구부리어 움직이는 모양. ¶눈썹을 ~하면서 노려보다. 参꼼틀. 예굼틀.
꿈틀-거리다 자타 몸의 일부를 이리저리 구부리어 자꾸 움직이다. 参꼼틀거리다. 예굼틀거리다. **꿈틀-꿈틀** 부하자타
꿈틀-대다 자타 꿈틀거리다.
꿉꿉-하다 [-꾸파-] 형여 조금 축축하다. ¶옷이 젖어 ~. 参꼽꼽하다.
꿉실 [-씰] 부하자타 남의 비위를 맞추느라고 머리와 몸을 구부리는 모양. 参꼽실. 예굽실.
꿉실-거리다 [-씰-] 자타 남의 비위를 맞추느라고 자꾸 몸을 구부리다. 参꼽실거리다. 예굽실거리다. **꿉실-꿉실** [-씰-씰] 부하자타
꿉실-대다 [-씰-] 자타 꿉실거리다.
꿉적 [-쩍] 부하자타 머리를 숙이거나 허리를 한 번 굽히는 모양. 参꼽작. 예굽적.
꿉적-거리다 [-쩌꺼-] 자타 잇따라 머리를 숙이거나 허리를 굽히다. 参꼽작거리다. 예굽적거리다. **꿉적-꿉적** [-쩍-쩍] 부하자타
꿉적-대다 [-쩍때-] 자타 꿉적거리다.
꿋꿋-이 [꾿꾸시] 부 꿋꿋하게. ¶~ 살아가다.
꿋꿋-하다 [꾿꾸타-] 형여 **1** 물건이 휘거나 구부러지지 않고 썩 단단하다. **2** 기개·의지·태도·마음가짐 따위가 매우 굳세다. ¶꿋꿋한 성격. 꿋꿋하다.
꿍 부 **1** 크고 무거운 것이 떨어지는 소리. **2** 큰 북이나 장구 따위가 울리는 소리. **3** 멀리서 포탄 따위가 터지는 소리. ㉔쿵.
꿍-꽝 부하자타 **1** 대포나 북소리가 크고 작게 섞바뀌어 나는 소리. **2** 마룻바닥 따위를 여럿이 급히 구르는 소리. **3** 단단하고 큰 물건이 서로 부딪히는 소리. ㉔쿵꽝.
꿍꽝-거리다 자타 꿍꽝 소리가 잇따라 나다. 또는 그런 소리를 잇따라 내다. ㉔쿵꽝거리다. **꿍꽝-꿍꽝** 부하자타
꿍꽝-대다 자타 꿍꽝거리다.
꿍-꿍¹ 부하자타 **1** 무거운 것이 잇따라 바닥에

떨어지는 소리. **2** 큰 북이 잇따라 울리는 소리. **3** 멀리서 총포 따위가 잇따라 터지는 소리. ㉜쿵쿵.

꿍-꿍²[부하자] 많이 아프거나 괴로울 때 견디기 힘들어 내는 소리. ㉝꽁꽁.

꿍꿍-거리다¹[자타] 꿍꿍 소리가 자꾸 나다. 또는 그런 소리를 자꾸 내다. ㉜쿵쿵거리다.

꿍꿍-거리다²[자] 많이 아프거나 괴로워서 견디기 힘들어 자꾸 꿍꿍 소리를 내다. ㉝꽁꽁거리다.

꿍꿍-대다¹[자타] 꿍꿍거리다¹.

꿍꿍-대다²[자] 꿍꿍거리다².

꿍꿍-이 명 꿍꿍이셈. ➊무슨 ~로 날 찾아왔니.

꿍꿍이-셈 명 속으로만 우물쭈물하는 속셈. 꿍꿍이. ➊무슨 ~인지 모르겠다.

꿍꿍이-속 명 아주 모를 수작.

꿍꿍이-수작(――酬酌)[명하자] 속을 알 수 없는 모호한 수작.

꿍얼-거리다[자] 자꾸 꿍얼꿍얼하다. ㉝꽁알거리다.

꿍얼-꿍얼[부하자] 남이 잘 알아듣지 못하게 혼잣말로 불만스럽게 자꾸 말하는 소리. 또는 그 모양. ➊~ 말이 많다. ㉝꽁알꽁알.

꿍얼-대다[자] 꿍얼거리다.

꿍:-하다[一][자형] **1** 못마땅한 일에 대해 말없이 속으로 언짢게 여기다. ➋꿍하지 말고 얼른 말해보렴. [二][형] 성격이 활발하지 않고 덤덤하다. ➊말수도 적고 꿍해서 친구가 없다.

꿜꿜[부하자] 많은 양의 물 따위가 좁은 통로로 한꺼번에 쏟아지는 소리. ㉝꽐꽐. ㉜퀄퀄.

꿜꿜-거리다[자] 꿜꿜 소리가 자꾸 나다. ㉝꽐꽐거리다.

꿜꿜-대다[자] 꿜꿜거리다.

꿩 명 〖조〗꿩과의 새. 산과 들에 사는데, 닭과 비슷하나 꼬리가 길. 수컷은 '장끼'라고 하며 머리는 푸른색에 고운 금속 광택이 나며, 목에 흰 줄이 있음. 암컷은 '까투리'라 하여 수컷보다 작고 곱지 못함. 엽조(獵鳥)임. 야계(野鷄).

[꿩 구워 먹은 자리] 어떤 일의 흔적이 전혀 없다는 말. [꿩 대신 닭] 적당한 것이 없을 때 그와 비슷한 것으로 대신한다는 말. [꿩 먹고 알 먹는다] 한 가지 일을 하여 두 가지 이상의 이익을 보게 된다는 말. [꿩 잡는 것이 매다] 실지로 제구실을 해야 한다는 말.

꿩-닭[-닥] 명 털빛이 꿩 같은 닭.

꿩-망태(-網-) 명 사냥할 때, 잡은 꿩을 넣는 망태.

꿩의-다리[-/-에-] 명 〖식〗미나리아재빗과의 여러해살이풀. 산에 나는데, 줄기 높이는 1m 정도이고, 초여름에 연두색의 꽃이 핌. 어린 줄기와 잎은 식용함.

꿩-잡이[명하자] **1** 꿩 사냥. **2** 꿩 잡는 사람.

꿰:다 타 **1** 구멍으로 실 따위를 이쪽에서 저쪽으로 나가게 하다. ➊바늘에 실을 ~. **2** 어떤 물건을 꼬챙이 따위에 맞뚫리게 꽂다. ➊꿰미에 ~. **3** 옷을 입거나 신을 신다. ➊소매에 팔을 ~. **4** 어떤 사정·내용 등을 자세히 알다. ➊동네 사정을 환히 꿰고 있다.

꿰-들다 [꿰들어, 꿰드니, 꿰드는] 타 남의 허물을 들추어내다.

꿰-뚫다[-뚤타] 타 **1** 이쪽에서 저쪽까지 꿰어서 뚫다. ➊총알이 벽을 ~. **2** 일을 속속들이 잘 알고 있다. ➊내막을 꿰뚫어 보다 / 상대의 마음을 정확히 ~.

꿰:-뜨리다 타 문질러서 해지게 하거나 구멍

이 나게 하다.

꿰:-맞추다[-맏-] 타 서로 맞지 않은 것을 적당히 갖다 맞추다. ➊거짓말을 꿰맞추느라 애먹는단다.

꿰:-매다 타 **1** 해지거나 뚫어진 데를 깁거나 얽다. ➊양말을 ~. **2** 어지럽게 벌어진 일을 매만져 탈이 없게 하다.

꿰:-맴-질[명하자] 옷 따위의 해지거나 뚫어진 곳을 바늘로 깁는 일.

꿰:-미 [一] 명 구멍 뚫린 물건을 꿰어 묶는 끈 따위. 또는 꿰어 놓은 것. ➊엽전을 ~로 꿰다. [二][의명] 끈 따위로 꿰어 놓은 것을 세는 단위. ➊엽전 세 ~.

꿰방 명 〖건〗중방 구멍이나 문살 구멍 따위를 아주 내뿜은 구멍.

꿰:-신다[-따] 타 신 따위를 꿰어서 신다.

꿰이다 자 《'꿰다'의 피동》꿰임을 당하다. ➊낚싯바늘에 꿰인 물고기.

꿰:-입다[-따] 타 옷을 입다.

꿰:-지다 자 **1** 내미는 힘으로 약한 부분이 미어지거나 틀어막았던 곳이 밀려서 터지다. ➊옷이 ~ / 자루가 꿰지도록 담다. **2** 안에서 탈이 나서 터지다. **3** 창자가 꿰지는 것처럼 아프다. **4** 잘못되거나 비뚤어지다. ➊심사가 ~.

꿰:-지르다 [꿰질러, 꿰지르니] 타[르] '신다'·'입다'의 낮은말.

꿰:-찌르다 [꿰질러, 꿰찌르니] 타[르] 힘차게 속으로 들이밀어 찌르다.

꿰:-차다 타 〈속〉**1** 제 것으로 만들다. ➊이번 인사 이동에서 한자리 꿰찰 수 있을까. **2** 이성을 데리고 가거나 놀다. ➊옆집 처녀를 꿰차고 도망쳤다.

꿰:-트리다 타 꿰뜨리다.

꽥 부 **1** 성이 나거나 남을 놀라게 할 때 갑자기 목청을 높여 지르는 소리. 또는 그 모양. ㉝꽥. **2** 구역질이 나서 먹은 음식을 토하는 소리. 또는 그 모양.

꽥-꽥[부하자] **1** '꽥' 소리를 잇따라 지르는 소리. 또는 그 모양. ㉝꽥꽥. **2** 구역질이 나서 먹은 음식을 자꾸 토하는 소리. 또는 그 모양.

꽥꽥-거리다[-꺼-][자] **1** 꽥꽥 소리를 자꾸 내다. ㉝꽥꽥거리다. **2** 구역질이 나서 먹은 음식을 자꾸 토하다.

꽥꽥-대다[-때-][자] 꽥꽥거리다.

꽴:-대[-때-] 명 주판의 알을 꿴, 가는 세로대.

뀌:다¹[자타] '꾸이다'의 준말.

뀌:다² 타 방귀를 내보내다. ➊방귀를 ~.

뀌어-주다[-/-여-] 타 돈 따위를 나중에 받기로 하고 빌려 주다. ➊그처럼 많은 돈을 뀌어줄 사람이 있겠나.

끄나불 명 ☞끄나풀.

끄나풀 명 **1** 길지 않은 끈의 나부랭이. **2** 남의 앞잡이 노릇을 하는 사람. ➊경찰의 ~에 걸리다.

끄느름-하다[형여] **1** 날이 흐리어 어둠침침하다. **2** 아궁이에 타는 불이 약하다. 뭉근하다. **끄느름-히** 부

끄다 [꺼, 끄니] 타 **1** 타는 불을 타지 못하게 하다. ➊산불을 겨우 껐다. **2** 전기 장치에 전기가 통하지 않게 스위치를 돌리다. ➊라디오를 ~. **3** 엉거주춤 덩어리로 된 물건을 깨어 헤뜨리다. ➊얼음을 ~. **4** 빚 등을 가리다. ➊다달이 빚을 조금 나가다.

끄덕 [부하자] 고개를 앞으로 가볍게 숙였다가 드는 모양. ㉝까딱1. ㉛끄떡1.

끄덕-거리다[-꺼-] 타 고개를 잇따라 아래위로 가볍게 움직이다. ㉝까딱거리다¹. ㉛끄떡거리다. **끄덕-끄덕** [부하자]

끄덕-대다 [-때-] 타 끄덕거리다.

끄덕-이다 타 머리를 아래위로 가볍게 움직이다. □고개를 ~. 짼까닥이다. 쎈끄떡이다.

끄덩이 명 머리털이나 실 등의 뭉친 끝. □머리 ~를 잡고 싸우다.

끄덱 부 ☞ 끄덕.

끄떡 부타 1 고개 따위를 앞으로 가볍게 한 번 숙였다가 드는 모양. 여끄떡. 2 조금 움직이는 모양. □~도 않는 바위. 짼까딱.

끄떡-거리다 [-꺼-] 자타 1 고개 따위를 아래위로 거볍게 자꾸 움직이다. 2 조금 묵직한 물체가 이리저리 자꾸 움직이다. 짼까딱거리다'. 여끄덕거리다. 끄떡-끄떡 부자타

끄떡-대다 [-때-] 자타 끄떡거리다.

끄떡-없다 [-떠겁따] 형 조금도 움직이지 않거나 아무런 장애도 되지 않는다. 짼까딱없다. 끄떡-없이 [-떠겁씨] 부

끄떡-이다 자타 1 고개 따위를 아래위로 세게 움직이다. 2 물체가 이리저리 조금씩 움직이다. 짼까딱이다. 여끄덕이다.

끄떽 부 ☞ 끄떡.

끄르다 [끌러, 끄르니] 타ᄅ 1 맺은 것이나 맨 것을 풀다. □짐을 ~. 2 잠긴 것이나 채워져 있는 것을 열다. □단추를 ~.

끄르륵 부자 트림하는 소리.

끄르륵-거리다 [-꺼-] 자 끄르륵 소리가 자꾸 나다. 끄르륵-끄르륵 부자

끄르륵-대다 [-때-] 자 끄르륵거리다.

끄리 명 [魚] 잉엇과의 민물고기. 몸의 길이는 30 cm 이상이고, 은빛을 띠며 성질은 포악하고 곤충·갑각류 따위의 유충을 잡아먹음.

끄먹-거리다 [-꺼-] 자타 1 등불 따위가 자꾸 꺼질 듯 말 듯하다. 2 눈을 가볍게 자꾸 감았다 떴다 한다. 짼까막거리다. 끄먹-끄먹 부자타. □등잔불이 바람에 ~한다.

끄먹-대다 [-때-] 자타 끄먹거리다.

끄무러-지다 자 구름이 끼어 날씨가 차차 흐려진다. 「침하다.

끄무레-하다 형 구름이 끼어 날씨가 어두침

끄물-거리다 자 날이 활짝 개지 않고 자꾸 흐려진다. 끄물-끄물 부자. □하늘이 ~하더니 소나기를 퍼붓는다.

끄물-대다 자 끄물거리다.

끄적-거리다 [-꺼-] 타 끼적거리다. 끄적-끄적 부타

끄적-대다 [-때-] 타 끼적거리다.

끄-지르다 [끄질러, 끄지르니] 자ᄅ 〈속〉주책없이 싸다니다. 짼까지르다.

끄:-집다 [-따] 타 끌어서 집다. 집어서 끌다.

끄:집어-내다 타 1 속에 든 것을 끄집어서 밖으로 내다. □주머니에서 돈을 ~. 2 이야기를 시작하다. □결혼 이야기를 ~. 3 약점·잘못을 들추어내다. □남의 허물을 ~. 4 이유나 결과를 찾아내다.

끄:집어-들이다 타 끄집어서 안으로 들이다.

끄트러기 명 1 쓰고 남은 자질구레한 물건. 2 깎아 내거나 끊어 내고 남은 자질구레한 나뭇조각.

끄트머리 명 1 맨 끝 부분. □의자 ~에 걸터앉다. 2 일의 실마리. 단서.

끅 부 트림을 거칠게 하는 소리.

끅-끅 부자 트림을 거칠게 자꾸 하는 소리.

끈 명 1 물건을 묶거나 꿰거나 매는 데 쓰는 가늘고 긴 물건(노·줄·실·가죽 오리 등). □~을 풀다 / ~을 꼬다 / ~을 엮다 / 이삿짐을 ~으로 묶다. 2 옷·보자기 등에 붙어서 그 자체를 잡아매는 데 쓰는 물건. □구두 ~을 매다 / 앞치마의 ~을 풀다. 3 벗줄. 살아갈

길. 4 의지할 만한 연줄. □~을 대다 / 출세의 ~을 잡다 / 세상과의 ~을 끊고 살아가다.

끈(을) 붙이다 丞 살아 나갈 방도를 마련하여 주다.

끈(이) 떨어지다 丞 붙어 살아가던 길이 끊어지다. 밥줄이 끊어지다. [끈 떨어진 뒤웅박; 끈 떨어진 망석중이] 혼자 뒤떨어져 아무 데도 의지할 곳이 없게 됨.

끈(이) 붙다 丞 살아갈 길이 생기다.

끈-기 (-氣) 명 1 물건의 끈끈한 기운. 질기고 차진 기운. □~ 있는 밥. 2 참을성이 있어 견디어 나가는 기질. □은근과 ~ / ~ 있게 버티다 / ~가 모자라다.

끈끈-이 명 작은 새나 벌레 따위를 잡는 데 쓰는 끈끈한 물질.

끈끈이-주걱 명 [植] 끈끈이주걱과의 여러해살이풀. 산이나 들의 습지에 나는데, 줄기 높이는 23 cm 정도임. 잎은 뿌리에서 뭉쳐나는데, 주걱 모양이며 잔털이 있어 끈끈한 액을 내어 작은 벌레를 잡음. 여름에 흰 꽃이 꽃줄기 끝에 핌. 모드라기풀.

끈끈-하다 형 1 끈기가 많아 끈적끈적하다. □끈끈한 송진. 2 몸에 땀이 배거나 때가 끼어 기분이 산뜻하지 않다. □땀이 배어 ~. 3 습기가 있어서 개운하지 않다. □끈끈한 공기. 4 성질이 검질겨서 쌀쌀하지 않다. □끈끈하게 달라붙다. 5 관계가 매우 친밀하다. □끈끈한 유대감. 짼깐깐하다. 끈끈-히 부

끈덕-거리다 [-꺼-] 자타 큰 물체가 가로로 조금씩 자꾸 움직이다. 또는 자꾸 그리 되게 하다. 짼깐닥거리다. 여근덕거리다. 쎈끈떡거리다. 끈덕-끈덕 부자타

끈덕-대다 [-때-] 자타 끈덕거리다.

끈덕-지다 [-찌-] 형 끈기가 있고 꾸준하다. □끈덕지게 물고 늘어지다.

끈떡-거리다 [-꺼-] 자타 큰 물체가 가로로 조금 세게 자꾸 움직이다. 또는 자꾸 그리 되게 하다. 짼깐딱거리다. 여근떡거리다·끈덕거리다. 끈떡-끈떡 부자타

끈떡-대다 [-때-] 자타 끈떡거리다.

끈-목 명 여러 올의 실로 짠 끈의 총칭(대님·허리띠 따위).

끈-술 명 매듭을 맺을 때, 매듭 그 자체의 실로 술을 만들어 늘어뜨린 것.

끈적-거리다 [-꺼-] 자 1 끈끈하여 자꾸 척척 들러붙다. □땀에 젖어 ~. 2 성질이 검질기어 관계한 일에서 손을 떼지 않고 자꾸 검적거리다. 짼깐작거리다. 끈적-끈적 부자타

끈적-대다 [-때-] 자 끈적거리다.

끈적-이다 자 1 끈끈하여 잘 달라붙다. 2 성질이 끈끈하여 검질기게 굴다. 짼깐작이다.

끈지다 형 단념하지 않고 버티어 가는 힘이 있다. □끈지게 조르다.

끈-질기다 형 끈기 있게 질기다. □끈질기게 조르다. 짼깐질기다.

끈질-끈질 부혱 매우 끈기 있게 검질긴 모양. 짼깐질깐질².

끈치-톱 명 나무의 결을 가로로 자르는 톱.

끈:-히 부 끈질기게.

끊기다 [끈키-] 자 ('끊다'의 피동) 끊음을 당하다. □대(代)가 ~ / 대화가 ~ / 돈줄이 ~ / 호수로 도로가 ~.

끊다 [끈타] 타 1 길게 이어진 것을 잘라 따로 떨어지게 하다. □테이프를 ~ / 고무줄을 ~. 2 교제나 관계를 그치다. □소식을 ~ / 거래를 ~. 3 하던 일을 중단하다. □지원을 ~.

4 습관처럼 하던 것을 하지 않다. ▣술·담배를 ~. 5 길 따위를 막다. 차단하다. ▣보급로를 ~. 6 전화 통화 따위를 끝내다. ▣전화를 ~. 7 공급하던 것을 중단하다. ▣가스를 ~ / 전기를 ~. 8 말을 할 때 사이를 두다. ▣딱딱 끊어서 분명히 말하다. 9 목숨을 이어지지 않게 하다. ▣목숨을 ~. 10 옷값·기차표·배표 등을 사다. ▣차표를 ~. 11 수표·어음 등을 발행하다. ▣전표를 ~. 12 목표 지점을 통과하다. ▣100 m를 11초대에 ~.

끊어―뜨리다 [끄너―] 匣 끊어지게 하다. ▣실을 ~.

끊어―지다 [끄너―] 匜 1 이어져 있던 것이 따로 떨어지다. ▣끈이 ~. 2 관계가 이어지지 않게 되다. ▣왕래가 ~. 3 죽게 되다. ▣숨이 ~. 4 중단되거나 차단되다. ▣전화가 ~ / 소식이 ~. 5 길 따위 통로가 막히게 되다. ▣다리가 ~. 6 공급되던 것이 중단되다. ▣수돗물 공급이 ~.

끊어―트리다 [끄너―] 匣 끊어뜨리다.

끊음―표 (―標) [끄늠―] 圀 『악』 스타카토.

끊이다 [끄니―] 匜 (주로 '않다'와 함께 쓰여) 1 계속하거나 이어져 있던 것이 끊이지게 되다. ▣끊이지 않는 논란 / 통행이 끊이지 않다. 2 물건이나 일의 뒤가 떨어져 없어지다. ▣주문이 끊이다.

끊임―없다 [끄니멉따] 圀 (주로 '끊임없는'의 꼴로 쓰여) 계속하거나 이어져 있던 것이 끊이지 않다. 꾸준하다. ▣끊임없는 노력을 기울이다. **끊임―없이** [끄니멉씨] 團. ▣~ 밀려오는 파도.

끌 圀 나무에 구멍을 파거나 다듬는 연장.

끌:개 圀 1 베를 맬 때 실을 켱기는 기구. 2 어떤 물체를 끌어당기는 기구. 견인기.

끌:구멍 [―꾸―] 圀 목재에 다른 나무를 끼우기 위해 끌로 판 구멍.

끌:―그물 [―끄―] 圀 물속에 넣고 끌어당기어 물고기를 잡는 그물의 총칭. 예망(曳網).

끌:기 圀 『컴』 마우스의 버튼을 누른 채 커서를 한 지점에서 다른 지점으로 옮긴 다음, 버튼에서 손을 떼는 동작. 드래그(drag).

끌꺽―거리다 [―꺼―] 匜 먹은 것이 잘 내리지 않아 트림이 자꾸 나다. **끌꺽―끌꺽** 團匜.

끌꺽―대다 [―때―] 匜 끌꺽거리다.

끌끌 團 마땅찮아 혀를 차는 소리.

끌끌 團匜 '끄르륵끄르륵'의 준말.

끌끌―하다 圀 마음이 맑고 바르고 깨끗하다.

끌끔―하다 圀 마음이나 솜씨가 끌끌하고 미끈하다. 웹깔끔하다. **끌끔―히** 團

끌:―낚시 [―락씨] 圀 고깃배로 낚싯줄을 수평으로 끌면서 속임낚시로 수면 가까이에 있는 고기를 낚는 일.

끌:다 [끌어, 끄니, 끄는] 匣 1 바닥에 댄 채로 잡아당기다. ▣신을 ~ / 치맛자락을 ~. 2 꾀어 자기 쪽으로 오게 하다. ▣손님을 ~. 3 시간이나 일을 미루다. ▣시간을 ~. 4 선·관(管) 따위를 더 이어 연결하다. ▣전기와 수도를 ~. 5 인기·관심·주의를 쏠리게 하다. ▣인기를 ~. 6 바퀴 달린 것을 움직이게 하다. ▣자가용차를 ~. 7 이끌다. ▣아이 팔을 끌고 병원에 가다. 8 짐승을 부리다. ▣소를 끌고 가다.

끌러―지다 匜 매어 놓은 것이 풀어지다.

끌:려―가다 匜匣匜 남이 시키는 대로 억지로 딸려 가다. ▣경찰서로 ~.

끌:려―들다 [―들어, ―드니, ―드는] 匜 안으로

끌려 움직이다. ▣교묘한 화술에 ~.

끌:려―오다 匜 마지못해 남이 시키는 대로 따라오다. ▣도살장에 끌려온 소.

끌:―리다 匜 '끌다'의 피동』끌을 당하다. ▣바지가 길어 땅에 끌린다 / 호기심에 끌려 이곳에 왔다.

끌밋―하다 [―미타―] 圀 모양이나 차림새 따위가 깨끗하고 헌칠하다. 웹깔밋하다.

끌:―밥 [―빱] 圀 끌로 파낸 나무 부스러기.

끌:―방망이 圀 끌 머리를 치는 나무 방망이.

끌:어―가다 匣匜 사람이나 동물을 강제로 데리고 가거나 붙잡아 가다. ▣그들은 나를 강제로 끌어갔다.

끌:어―내다 匣 1 끌어서 밖으로 내다. ▣책상을 복도로 ~. 2 사람·짐승을 강제로 나오게 하다. ▣우리에서 돼지를 ~.

끌:어―내리다 匣 낮은 수준이나 지위로 오게 하다. ↔끌어올리다.

끌:어―넣다 [끄러너타] 匣 어떤 일에 개입시키다. ▣아이를 환상의 세계로 끌어넣는 동화.

끌:어―당기다 匣 끌어서 앞으로 당기다. ▣의자를 앞으로 ~.

끌:어―대다 匣 1 돈 따위를 여기저기서 끌어다가 뒤를 대다. ▣회사에 자금을 ~. 2 끌어다가 맞대다. ▣변명을 ~.

끌:어―들이다 匣 꾀어서 자기 쪽으로 오게 하다. ▣친구를 동아리에 ~.

끌:어―매다 匣 각 조각을 끌어대어 꿰매다.

끌:어―안다 [끄러―따] 匣 1 두 팔로 가슴에 당기어 껴안다. ▣목을 끌어안고 울다. 2 일이나 책임을 떠맡다.

끌:어―올리다 匣 높은 수준이나 지위로 올려 주다. ▣성적을 상위권으로 ~. ↔끌어내리다.

끌:―영창 (―映窓) [―령―] 圀 『건』 한짝을 열면 다른 한짝에 붙어서 함께 열리는 미닫이창.

끌적―거리다 [―꺼―] 匣 자꾸 긁어서 뜯거나 진집을 내다. 웹깔짝거리다2. **끌쩍―끌쩍** 團匣.

끌쩍―대다 [―때―] 匣 끌쩍거리다.

끌:―채 圀 멍에목에 가로 대도록 만든 긴 채.

끌탕 圀匜 속을 태우는 걱정.

끎:―음 (―音) [끄름] 圀 『악』 화음의 진행에서, 베이스(base)가 같은 음을 길게 지속하는 것.

끓는―점 (―點) [끌른―] 圀 『화』 액체가 끓는 온도. 1기압에서 물의 끓는점은 100℃. 비등점. ↔어는점.

끓다 [끌타] 匜 1 액체가 뜨거워져서 부글부글 솟아오르다. ▣국물이 끓어 넘치다. 2 지나치게 뜨거워지다. ▣이마가 펄펄 ~. 3 화가 나서 속이 타는 듯하다. ▣가슴속이 ~. 4 소화가 되지 않아 배 속에서 소리가 나다. ▣배속이 ~. 5 가래가 목구멍 속에 붙어서 숨쉬는 대로 소리가 나다. ▣가래 끓는 소리. 6 많이 모여 우글우글하다. ▣쓰레기통에서 파리가 ~. 7 감정·정열 따위가 솟아나다. ▣젊은 피가 ~.

[**끓는 국에 맛 모르다**] 급한 때를 당하면 정확한 판단을 할 수 없다.

끓어―오르다 [끄러―] [―올라, ―오르니] 匜匜 1 물이 끓어서 넘으려고 올라오다. 2 열정·격정 따위가 솟아나다. ▣정열이 ~. 3 목구멍의 가래가 끓어서 위로 올라오다. ▣가래가 ~.

끓이다 [끄리―] 匣 1《'끓다3'의 사동》끓게 하다. ▣속을 ~. 2 음식을 익히다. ▣국을 ~.

끔벅 團匜匣 1 큰 별빛이나 불빛 등이 잠깐 어두워졌다 밝아지는 모양. 2 눈을 잠깐 감았다 뜨는 모양. 웹깜박. 쎈끔빽.

끔벅―거리다 [―꺼―] 匜匣 자꾸 끔벅이다. 웹깜

박거리다. ⑩끔벅거리다. **끔벅-끔벅** 閉하자타
끔벅-대다 [-때-] 자타 끔벅거리다.
끔벅-이다 자타 **1** 큰 별빛이나 불빛 따위가 잠
깐 어두워졌다가 밝아지다. **2** 큰 눈을 잠깐
감았다가 뜨다. 왕깜박이다. ⑩끔뻑이다.
끔뻑-이다 閉하자타 **1** 큰 별빛이나 불빛 따위가 잠
깐 세게 어두워졌다 밝아지는 모양. **2** 눈을
잠깐 감았다 뜨는 모양. ☐눈을 ~하고 신호
를 보내다. 왕깜빡. ⑩끔벅.
끔뻑-거리다 [-꺼-] 자타 자꾸 끔뻑이다. 왕깜
빡거리다. ⑩끔벅거리다. **끔뻑-끔뻑** 閉하자타
끔뻑-대다 [-때-] 자타 끔뻑거리다.
끔뻑-이다 자타 **1** 큰 별빛이나 불빛 따위가 잠
깐 세게 어두워졌다가 밝아지다. **2** 큰 눈을
잠깐 감았다 뜨다. 왕깜빡이다. ⑩끔벅이다.
끔적 閉하자타 큰 눈을 잠깐 감았다가 뜨는 모
양. 왕깜작. ⑩끔쩍².
끔적-거리다 [-꺼-] 자타 자꾸 끔적이다. 또는
자꾸 그리 되게 하다. 왕깜작거리다. ⑩끔쩍
거리다². **끔적-끔적** 閉하자타
끔적-대다 [-때-] 자타 끔적거리다.
끔적-이 圀 눈끔적이.
끔적-이다 자타 큰 눈을 잠깐 감았다가 뜨다.
왕깜작이다. ⑩끔쩍이다.
끔쩍¹ 閉하자 갑자기 놀라는 모양. 왕깜짝¹.
끔쩍² 閉하자타 큰 눈을 잠깐 세게 감았다가
뜨는 모양. 왕깜짝². ⑩끔적.
끔쩍-거리다¹ [-꺼-] 자 자꾸 갑자기 놀라다.
왕깜짝거리다¹. **끔쩍-끔쩍¹** 閉하자
끔쩍-거리다² [-꺼-] 자타 자꾸 끔쩍이다. 또
는 자꾸 그리 되게 하다. 왕깜짝거리다². ⑩
끔적거리다. **끔쩍-끔쩍²** 閉하자타
끔쩍-대다¹ [-때-] 자 끔쩍거리다¹.
끔쩍-대다² [-때-] 자타 끔쩍거리다².
끔쩍-이 圀 눈끔쩍이.
끔쩍-이다 자타 큰 눈을 잠깐 세게 감았다가
뜨다. 왕깜짝이다. ⑩끔적이다.
끔찍끔찍-하다 [-찌카-] 톄여 몹시 참혹함을
느껴 소름이 끼칠 정도로 놀랄 만하다. ☐끔
찍끔찍한 참상.
끔찍-스럽다 [-쓰-따] [-스러워, -스러우니] 톄
国 끔찍한 데가 있다. ☐끔찍스러운 광경. **끔
찍-스레** [-쓰-] 閉
끔찍-이 閉 끔찍하게. ☐나를 ~ 귀여워하시
던 할아버지.
끔찍-하다 [-찌카-] 톄여 **1** 지나치게 크거나
많아서 놀랍다. ☐어제 일은 생각만 해도 ~.
2 진저리가 날 정도로 몹시 참혹하다. ☐끔찍
한 살인 사건. **3** 성의나 정성이 매우 극진하
다. ☐끔찍한 대접을 받다.
끗 [끋] 圀回 **1** 접쳐서 파는 피륙의 접힌 겹을
세는 단위. ☐비단 한 ~. **2** 노름 등에서, 셈
치는 점수. ☐아홉 ~.
끗:다 [끋따] [끄어, 끄으니, 끗는] 타区 잡아 쥐
고 자리를 다른 곳으로 옮기게 하다. ☐밧줄
을 ~.
끗-발 [끋빨] 圀 **1** 노름 따위에서, 좋은 끗수가
잇따라 나오는 기세. ☐~이 나다 / ~이 오
르다. **2** 아주 큰 힘이나 세도. ☐대표 선수로
~을 날리다.
끗발(이) 세다 团 ㉠노름 따위에서, 좋은 끗
수가 잇따라 나오다. ㉡〈속〉 세도나 기세가
당당하다. 끗발(이).
끗발(이) 없다 团 내세울 만한 세력이나 힘
이 없다.
끗발(이) 좋다 团 끗발(이) 세다.
끗-수 (-數) [끋쑤] 圀 끗의 수. ☐~가 많다 /
~가 잘 나오다.

끙 閉 힘든 일을 겪거나 앓는 소리. 왕깽¹·낑.
끙게 圀〔農〕씨를 뿌린 뒤 흙을 덮는 농구.
끙-끙 閉하자 몹시 아프거나 힘에 겨운 일에 부
대껴서 자꾸 내는 소리. ☐~ 앓다 / 말은 못하
고 속으로만 ~ 앓고 있다. 왕깽깽¹·낑낑².
끙끙-거리다 자 자꾸 끙끙 소리를 내다. 왕깽
깽거리다1·낑낑거리다1.
끙끙-대다 자 끙끙거리다.
끙짜-놓다 [-노타] 자 불쾌하게 생각하다.
끝 [끋] 圀 **1** 물건의 가운데에서 가장 먼 곳.
또는 보다 가느다란 쪽이나 내민 쪽의 마지
막 부분. ☐송곳 ~ / 줄기 ~에 꽃이 피다 /
마루 ~에 걸터앉다. **2** 시간적·공간적으로
이어져 있는 사물·행동·상태 따위의 맨 마지
막. 또는 그 다음이나 결과. ☐~을 맺다 / ~
까지 최선을 다하다 / 오랜 교제 ~에 결혼하
다 / 고생 ~에 낙이 온다 / 심사숙고 ~에 결
정을 내리다. **3** 차례의 마지막. ☐~으로 입
장하다. **4**〔언〕 어미. □의面 필(疋). ☐무명
한 ~.
[끝 부러진 송곳] 쓸모가 없어진 존재.
끝 간 데 없다 团 끝이 보이지 않을 정도로
까마득하다.
끝-갈망 [끋깔-] 圀하타 일의 뒤끝을 수습하는
일. ☐을 간신히 ~하다.
끝-걷기 [끋걷끼] 圀하타〔建〕서까래 끝을 훑
어 깎는 일.
끝-구 (-句) [끋꾸] 圀 **1** 시조의 끝 장(章)의 마
지막 구절. **2** 글귀의 맨 마지막 구. **3** 결구(結
句). 낙구(落句).
끝-기도 (-新禱) [끋끼-] 圀〔가〕자기 전이나
모임을 마치기 전에 하는 기도.
끝끝-내 [끋끈-] 閉 '끝내'의 힘줌말. ☐~ 내
말을 듣지 않았다.
끝-나다 [끋-] 자 **1** 일이 다 이루어지다. ☐시
험이 ~. **2** 시간적·공간적으로 이어져 있던
것이 없어지다. ☐방송이 ~. 왕끝장나다2.
끝-내 [끋-] 閉 **1** (주로 부정(否定)을 나타내는
말과 함께 쓰여) 끝까지 내내. ☐~ 말이 없
었다. **2** 끝에 가서 드디어. ☐~ 울음을 터뜨
리고 말았다.
끝내-기 [끋-] 圀하타 **1** 어떤 일의 끝을 맺는
일. 끝마감. **2** 바둑에서, 끝판에 가서 끝마감
으로 바둑점을 놓는 일.
끝-내다 [끋-] 타《'끝나다'의 사동》**1** 일이 다
이루어지게 하다. ☐숙제를 끝내고 놀아라.
2 시간적·공간적으로 이어져 있던 것을 없어
지게 하다. ☐수업을 ~.
끝-눈 [끋-] 圀〔植〕줄기나 가지의 끝에 생기
는 눈. 정아(頂芽). 꼭지눈. ↔겨드랑눈.
끝-단속 (-團束) [끋딴-] 圀하타 일의 끝을 다
잡는 일.
끝-닿다 [끋따타] 团 맨 끝까지 다다르다. ☐하
늘이 끝닿은 곳.
끝-돈 [끋똔] 圀 물건 값의 나머지를 마저 치르
는 돈. 끝전. ☐~을 치르다.
끝-동 [끋똥] 圀 **1** 옷소매의 끝에 이어서 댄 다
른 색의 천. **2** 두절목(頭切木).
끝-마감 [끋-] 圀 끝을 막는 일. 사물을 완
전히 끝마치는 일. 끝내기.
끝-마디 [끋-] 圀 말절(末節).
끝-마무리 [끋-] 圀하타 일의 뒤끝을 수습하여
맺는 일. ☐~를 짓다 / 작업을 ~하다.
끝-마치다 [끋-] 타 일을 끝내어 마치다. ☐숙
제를 겨우 ~.
끝-막다 [끋-따] 타 일의 끝을 내서 더할 것이

없게 하다.

끝막ー음 [끝마금][명][하][타] 일의 끝을 내어 완전히 맺음. 종결.

끝ー말 [끈ー][명] 마지막으로 하는 말. ▢용기를 돋우는 말로 ~을 맺다.

끝말ー잇기 [끈마린끼][명] 낱말 놀이의 하나. 한 사람이 한 낱말을 말하면 다음 사람이 그 말의 긑 음절을 첫소리로 하는 낱말을 불러서 이어 감.

끝ー매듭 [끈ー][명] 끝 부분의 매듭. ▢~을 짓다 / ~을 풀다.

끝ー맺다 [끈맫따][타] 일을 마무리하여 끝내다. ▢말을 끝맺고 눈을 감다.

끝ー머리 [끈ー][명] 맨 끝. ▢의자 ~ / 편지 ~에 부탁하는 말을 적다. ↔첫머리.

끝ー물 [끈ー][명] 과실·푸성귀·해산물 따위를 수확할 때 그 해의 맨 나중에 나는 것. ▢~참외 / ~고추. ↔맏물.

끝ー바꿈 [끋뻐ー][명][하][자] 〖언〗활용(活用)2.

끝ー반지 [끋뻔ー][명] 물건을 여러 몫으로 나눌 때 맨 끝판의 차례.

끝ー빨다 [끋ー][끋빠라, 끝빠니, 끝빤][형] 1 끝이 뾰족하다. 2 집안이 쇠하여 기울어지다.

끝ー소리 [끋쏘ー][명] 〖언〗 1 한 음절의 끝에 나는 자음('말'에서 'ㄹ' 따위). 2 한 단어의 끝에 나는 소리('고기'에서 'ㅣ' 따위). 말음(末音). *가운뎃소리·첫소리.

끝소리 규칙 [ー규칙][명] 〖언〗 말음 법칙.

끝ー손질 [끋쏜ー][명][하][타] 일의 마지막 손질.

끝ー수 (ー數) [끋쑤][명] 〖수〗끝자리에 있는 수.

끝ー신경 [끋씬ー] (ー神經) [명] 〖생〗 말초 신경.

끝ー없다 [끄덥따][형] 한(限)이 없다. 그지없다. ▢끝없는 사막. **끝ー없이** [끄덥씨][부]. ▢~ 펼쳐진 광야.

끝ー일 [끈닐][명] 1 맨 나중의 일. 2 어떤 일을 하고 나서 정리하는 일.

끝ー자리 [끈ー][명] 1 맨 밑의 지위. 2 맨 끝의 좌석. 3 〖수〗숫값의 마지막 자리. 말위(末位).

끝ー장 [끋짱][명] 1 일의 마지막. ▢~에 이르다 / ~에 가서 이기다. 2 〔속〕 실패·죽음 따위를 이르는 말. ▢이 일을 그르치면 우리는 ~이야.

끝장(을) 보다 구 끝장이 나게 하다. ▢그는 일을 시작하면 끝장을 보는 성격이다.

끝장(을) 쥐다 구 뒷일을 맡다.

끝장ー나다 [끋짱ー][자] 1 하는 일이 마무리되다. ▢어쨌든 빨리 끝장나기만 바란다. 2 본디의 상태가 결딴이 나서 무너지다. 끝나다. ▢비밀이 밝혀지면 우리는 끝장난다.

끝장ー내다 [끋짱ー][타]《'끝장나다'의 사동》 1 하는 일을 마무리하다. ▢하던 일이나 끝장내자. 2 본디의 것을 결딴내서 무너뜨리거나 없애다. ▢이제 우리 관계도 끝장내자꾸나.

끝ー전 (ー錢) [끋쩐][명] 끝돈. ▢~을 치르다.

끝ー지다 [끋찌ー][자] 끝에 이르다. 또는 끝에 가까워지다.

끝ー판 [끋ー][명] 1 일의 마지막 판. 종국(終局). ▢일의 ~이 잘 마무리되다. 2 바둑·경기 등에서 마지막 겨루어 결판이 나는 판. ▢~을 이기다.

끼[1] [←기(氣)] 1 〔속〕 연예에 대한 타고난 재능이나 소질. ▢~가 넘치다 / ~를 발휘하다. 2 바람기2. ▢~가 있는 여자.

끼[2] [의] 끼니. ▢~를 거르다. [2][의][명] 끼니를 셀 때 쓰는 말. ▢두 ~를 굶다.

끼고ー돌다 [ー돌아, ー도니, ー도는][타] 상대편

을 무조건 감싸고 변호하다. ▢할머니는 형만 끼고돈다.

끼깅 [부] 강아지가 무섭거나 아플 때 지르는 소리. 郡깽깽.

끼깅ー거리다 [자] 끼깅 소리를 자꾸 내다. 郡깽깽거리다. **끼깅ー끼깅** [부][하][자]

끼깅ー대다 [자] 끼깅거리다.

끼끗ー이 [부] 끼끗하게.

끼끗ー하다 [ー끄타][형][어] 구김살 없이 멀쑥하고 깨끗하다.

끼니 [명] 아침·점심·저녁과 같이 날마다 일정한 시간에 먹는 밥. 또는 먹는 일. 끼. 끼2. ▢~를 거르다 / 두 ~를 굶다 / ~를 챙기다 / 라면으로 ~를 때우다.

끼니ー때 [명] 끼니를 먹을 때. ▢~를 넘기다 / ~가 다가오다.

끼닛ー거리 [ー니꺼ー / ー닏꺼ー][명] 끼니로 할 음식 재료. 조석(朝夕)거리.

끼:다[1] '끼이다'의 준말. ▢한몫 ~ / 틈에 끼어 어울리다.

끼:다[2] [자] 1 안개나 연기 따위가 퍼져서 가리다. ▢구름이 ~. 2 때나 먼지 따위가 엉겨 붙다. ▢옷에 때가 ~ / 눈곱이 ~. 3 이끼·녹 등이 생겨서 엉기다. ▢곰팡이가 ~. 4 어떤 표정이나 기미가 어리어 돌다. ▢수심 낀 얼굴.

끼다[3] [타] 1 '끼우다'의 준말. ▢전구를 ~ / 팔짱을 끼다 / 아기를 끼고 자다. 2 몸에 걸쳐 있도록 꿰거나 걸치다. ▢장갑을 ~. 3 어떤 사물에서 떨어지지 않고 따라 가다. ▢강을 끼고 가다. 4 겹치거나 덧놓다. ▢옷을 끼어 입다. 5 남의 힘을 빌리거나 믿다. ▢기관원을 끼고 부정을 행하다.

끼ー뜨리다 [타] 흩어지게 내던져 버리다. ▢대야의 물을 ~.

끼루룩 [부] 갈매기나 기러기 따위가 우는 소리. 郡끼룩.

끼루룩ー거리다 [ー꺼ー][자] 자꾸 끼루룩 소리를 내다. 郡끼룩거리다. **끼루룩ー끼루룩** [부][하][자]

끼루룩ー대다 [ー때ー][자] 끼루룩거리다.

끼룩[1] [부] '끼루룩'의 준말.

끼룩[2] [명][하][타] 밖을 내다보거나 목구멍에 걸린 것을 삼키려 할 때 목을 길게 앞으로 빼어 내미는 모양. 郡까룩.

끼룩ー거리다[1] [ー꺼ー][자] '끼루룩거리다'의 준말. **끼룩ー거리다** [부][하][자]

끼룩ー거리다[2] [ー꺼ー][타] 밖을 내다보거나 목구멍에 걸린 것을 삼키려고 목을 길게 빼어 앞으로 자꾸 내밀다. 郡까룩거리다. **끼룩ー끼룩**[2] [부][하][자]

끼룩ー대다[1] [ー때ー][자] 끼룩거리다[1].

끼룩ー대다[2] [ー때ー][타] 끼룩거리다[2].

ー끼리 [미] 함께 무리를 짓는 뜻을 나타내는 말. ▢우리 ~ / 여자 ~.

끼리ー끼리 [부] 여럿이 무리를 지어 따로따로. ▢~ 몰려다니다. 郡낄끼리.

끼ー무릇 [ー믈ー][명] 〖식〗반하2(半夏).

끼어ー들기 [ー / ー어ー][명] 차가 옆 차선에 무리하게 비집고 들어서는 일.

끼어ー들다 [ー / ー여ー] 〔ー들어, ー드니, ー드는〕[자] 1 여럿 가운데 들어가 끼다. ▢화투판에 ~. 2 자기와 관계없는 일에 나서거나 참견하다. ▢이 일에 끼어들지 마라. 3 좁은 틈 사이를 헤집고 들어서다. ▢옆 차선에 ~. 郡껴들다.

끼ー얹다 [ー언따][타] 어떤 것의 위로 흩어지게 뿌리다. ▢물을 ~.

끼우ー다 [타] 좁은 사이에 빠지지 않게 밀어 넣다. ▢단추를 ~ / 자물쇠에 열쇠를 끼우고 문을 열다. 2 어떤 틀에 걸려 있도록 꿰거나 꽂

다. ◘카메라에 필름을 ~ / 창문에 유리를 ~. ㈜끼다¹. **3** 한 무리에 섞이거나 덧붙여 들게 하다. ◘잡지에 만화를 끼워 팔다.

끼우듬-하다[형]여 조금 끼운 듯하다. ㈜꺄우듬하다. 예기우듬하다. **끼우듬-히**[부]

끼우뚱[부]하[자타형] 물체가 한쪽으로 끼우듬하게 끼울어진 모양. 또는 그렇게 하거나 끼울어지는 모양. ㈜꺄우뚱. 예기우뚱.

끼우뚱-거리다[자타] 자꾸 물체가 이쪽저쪽으로 끼울어지게 흔들리다. 또는 그렇게 흔들다. ㈜꺄우뚱거리다. 예기우뚱거리다. **끼우뚱-끼우뚱**[부]하[자타형]

끼우뚱-대다[자타] 끼우뚱거리다.

끼울다[끼울어, 끼우니, 끼운]⊟[형] **1** 비스듬하게 한쪽이 낮다. ㈜꺄울다. **2** 다른 것과 비교하여 그것보다 못하다. 예기울다. ⊟[자] **1** 한쪽으로 쏠리다. ㈜꺄울다. **2** 형세가 이전보다 불리해지다. 예기울다.

끼울어-뜨리다[타] 기울어지게 하다. ㈜꺄울어뜨리다. 예기울어뜨리다.

끼울어-지다[자] 끼울게 되다. ㈜꺄울어지다. 예기울어지다.

끼울어-트리다[타] 끼울어뜨리다.

끼울-이다[타] 일정한 기준에서 한쪽으로 쏠리게 하다. ㈜꺄울이다. 예기울이다.

끼웃[-읃][부]하[타형] 고개나 몸 따위를 약간 끼울이는 모양. 또는 조금 끼운 모양. ㈜꺄웃. 예기웃.

끼웃-거리다[-읃꺼-][타] 무엇을 보려고 자꾸 고개나 몸 따위를 끼울이다. ◘남의 집을 끼웃거리지 마라. ㈜꺄웃거리다. 예기웃거리다. **끼웃-끼웃**[-읃-읃][부]하[타형]

끼웃-대다[-읃때-][타] 끼웃거리다.

끼웃-이[부] 끼웃하게.

끼이다¹[자] **1**('끼다'의 피동) 끼워지다. ◘소켓에 전구가 ~지지 않는다. **2** 틈 사이에 박히다. ◘잇새에 고춧가루가 ~. **3** 무리 가운데 섞이다. ◘구경꾼들 틈에 ~. ㈜끼다¹.

끼이다²[타] 사람을 꺼리고 삼가다.

끼익[부]하[자] 자동차 따위가 갑자기 멈출 때 나는 브레이크 소리. ◘택시가 ~하며 멈추다.

끼인-각(-角)[명]《수》두 직선 사이에 끼어 있는 각. 협각(夾角). 예낀각.

끼적-거리다[-쩌-][타] 자꾸 끼적이다. ㈜깨작거리다. **끼적-끼적**[부]하[타]

끼적-대다[-때-][타] 끼적거리다.

끼적-이다[타] 글씨나 그림 따위를 아무렇게나 쓰거나 그리다. ◘도화지에 무엇인가 ~.

끼절-가리[명]《식》승마(升麻).

끼치다¹[자] **1** 살가죽에 소름이 돋다. ◘소름이 ~. **2** 어떤 기운이나 냄새가 덮치는 듯이 확 밀려오다. ◘더운 김이 얼굴에 확 ~.

끼치다²[타] **1** 남에게 폐나 괴로움 따위를 주다. ◘누를 ~ / 수고를 ~ / 부모에게 걱정을 ~ / 보행자에게 불편을 ~ **2** 어떠한 일을 후세에 전하다. ◘사회에 끼친 공로.

끼-트리다[타] 끼뜨리다.

끽[부] 몹시 놀라거나 충격을 받았을 때 힘을 잔뜩 들여 지르는 외마디 소리. ㈜깩.

끽겁(喫怯)[-껍][명]하[자] 몹시 겁을 먹음.

끽경(喫驚)[-경][명]하[자] 몹시 놀람.

끽고(喫苦)[-꼬][명]하[자] 많은 고생을 겪음.

끽긴-사(喫緊事)[-낀-][명] 매우 중요한 일.

끽긴-하다(喫緊-)[-낀-][형] 매우 중요하다.

끽끽[부] 끽끽거리는 소리. ㈜깩깩.

끽끽-거리다[-꺼-][자] '끽' 소리를 자꾸 내다. ㈜깩깩거리다.

끽끽-대다[-때-][자] 끽끽거리다.

끽다(喫茶)[-따][명]하[자] 차를 마심.

끽반(喫飯)[-빤][명]하[자] 밥을 먹음.

끽-소리[-쏘-][명] 조금이라도 떠들거나 반항하려는 말이나 태도《뒤에 반드시 부정이나 금지하는 말이 옴》. ◘~도 못 내다 / ~ 하나 없다 / ~도 못하고 얌전히 앉아 있다. ㈜깩소리. *찍소리.

끽연(喫煙)[명]하[자] 담배를 피움. 흡연.

끽연-실(喫煙室)[명] 담배를 피우기 위하여 마련된 방. 흡연실.

끽-하다[끼카-][자]예 (주로 '끽해야'의 꼴로 쓰여) 할 수 있는 만큼 한껏 하다. ◘끽해야 곰탕밖에 더 사겠으.

낀:-각(-角)[명]《수》'끼인각'의 준말.

낄-끼리[부] '끼리끼리'의 준말.

낄꺽-거리다[-꺼-][자] 숨이 차서 목구멍이 벅찼다가 터져 나오는 소리를 자꾸 내다. ㈜깰깩거리다. **낄꺽-낄꺽**[부]하[자]

낄꺽-대다[-때-][자] 낄꺽거리다.

낄낄[부]하[자] 웃음을 억지로 참아 가면서 내는 소리. ㈜깰깰. ㉡킬킬.

낄낄-거리다[자] 자꾸 낄낄 소리를 내다. ㈜깰깰거리다.

낄낄-대다[자] 낄낄거리다.

김새[명] 일이 되어 가는 형편. 어떠한 일의 야릇한 기틀이나 눈치. ◘~가 수상하다 / ~를 맡다 / ~를 채다 / ~를 알아차리다 / 돌아가는 ~가 심상치 않다.

김새-채다[자] 김새를 알아채다.

김-줄[-쭐][명]《광》광산의 광맥이 거의 끊어진 때, 탐광의 실마리가 되는 가는 줄《광맥을 찾을 때 실마리가 됨》.

낑[부] 몹시 부대끼거나 아파서 괴롭게 내는 소리. ㈜깽¹. ㉡꿍.

낑낑[부] **1** 몹시 아프거나 부대껴서 괴롭게 자꾸 내는 소리. ㈜깽깽¹. ㉡꿍꿍. **2** 어린아이가 조르거나 보채는 소리.

낑낑-거리다[자] **1** 몹시 아프거나 부대껴서 괴롭게 낑낑 소리를 자꾸 내다. ㈜깽깽거리다¹. ㉡꿍꿍거리다. **2** 어린아이가 조르거나 보채면서 낑낑 소리를 자꾸 내다.

낑낑-대다[자] 낑낑거리다.

ㄴ¹ (니은) **1** 한글 자모의 둘째. **2** 자음의 하나. 혀끝을 윗잇몸에 붙였다 떼면서 비강(鼻腔)의 공명을 일으키는 울림소리. 받침으로 쓰일 때는 혀끝을 떼지 않음.

ㄴ² 困 '는'의 준말. ❏난 가오 / 눈이 많이 내리지 않았다.

-ㄴ- 선어미 받침 없는 동사의 어간 등에 붙어, 현재 시제를 나타내는 선어말 어미. ❏본다 / 간다 / 주무신다. *-는-.

-ㄴ¹ 어미 **1** 받침 없는 동사 어간 등에 붙어서 과거 사실을 나타내며, '이다' 또는 하는 형용사 어간에 붙어서는 현재의 상태를 나타내는 관형사형 전성 어미. ❏떠난 사람 / 흰 꽃 / 선생인 그의 형. *-는.-은. **2** 'ㄴ 김에.-ㄴ 듯하다.-ㄴ 체하다'와 같은 관용 표현으로 쓰이는 어미. ❏이왕 나온 김에 놀다 가자 / 물감이 진한 듯하다 / 잘난 체하지 마라.

-ㄴ² 어미 '-너라'의 뜻으로 '오다'의 어간에 붙어서, '-너라'보다 더 친근함을 나타내는 종결 어미. ❏아가, 이리 온.

-ㄴ가 어미 '이다' 또는 받침 없는 형용사 어간에 붙어, 의문의 뜻을 나타내는 종결 어미. ❏얼마나 기쁜가 / 그게 정말인가. **2** ('-ㄴ가 보다.-ㄴ가 하다.-ㄴ가 싶다'의 꼴로 쓰여) 자기 스스로에게 묻는 물음이나 추측을 나타내는 종결 어미. ❏그게 정말인가 / 누구신가 했어요. *-는가.-은가.

-ㄴ걸 어미 '-ㄴ 것을'의 준말로, '이다' 또는 받침 없는 용언의 어간에 붙어, 혼잣말로 가벼운 반발이나 감탄의 뜻을 나타내는 종결 어미. ❏힘든 일인걸 / 벌써 온걸 / 꽤 큰걸. *-는걸.-은걸.

-ㄴ고 어미 '-ㄴ가'의 옛 말투 또는 점잖은 말투. '-ㄴ가'보다 점잖음. ❏뉘 집 갠고 / 얼마나 기쁜고 / 그게 언제인고. *-는고.-은고.

-ㄴ과니 어미 '-ㄴ고 하니'의 준말. ❏그 사람이 누구인과니 바로 내 조카요. *-는과니.-은과니.

-ㄴ다 어미 받침 없는 동사의 어간 따위에 붙어, 동작이 진행 중임을 나타내는 종결 어미. ❏공을 던진다 / 눈이 내린다 / 개가 양 떼를 몬다. *-는다¹.

-ㄴ다² 어미 〈옛〉 -냐. -았느냐.

-ㄴ다고¹ 어미 받침 없는 동사 어간 등에 붙는 어미. **1** 까닭이나 근거를 나타내는 연결 어미. ❏소풍 간다고 좋아하는 아이 / 늘 존다고 나무란다. **2** 자신의 생각·주장 등을 나타내는 종결 어미. ❏내가 널 얼마나 사랑한다고. **3** 의문·반문 등을 나타내는 종결 어미. ❏뭐, 오늘 또 온다고 / 아직도 담배를 피운다고. *-는다고¹.

-ㄴ다고² 어미 [-ㄴ다+고] 받침 없는 동사 어간에 붙어, 간접 인용을 나타내는 연결 어미. ❏아버지께서 오늘 안에는 오신다고 하셨다. *-는다고².

-ㄴ다나 어미 받침 없는 동사 어간에 붙어, 인용되는 내용이 못마땅하거나 귀찮거나 함을 나타내는 종결 어미. ❏아들 따라 이민을 간다나. *-는다나.

-ㄴ다네 어미 '-ㄴ다(고) 하네'가 줄어서 된, 받침 없는 동사의 어간에 붙이는 종결 어미. ❏고향을 찾아간다네. *-는다네.

-ㄴ다느냐 어미 '-ㄴ다고 하느냐'의 준말. ❏언제 온다느냐. *-는다느냐.

-ㄴ다느니 어미 이런다고도 하고, 저런다고도 함을 나타낼 때, 받침 없는 동사 어간에 붙이는 연결 어미. ❏오늘 떠난다느니 내일 떠난다느니 하고 수선이다. *-는다느니.

-ㄴ다는 어미 '-ㄴ다고 하는'의 준말. ❏온다는 소식을 듣다. ⓒ-ㄴ단. *-는다는.

-ㄴ다니 어미 **1** '-ㄴ다느냐'의 준말. ❏언제 온다니. **2** '-다고 하니'의 준말. ❏공부를 잘한다니 기쁘다. *-는다니.

-ㄴ다니까 어미 **1** '-ㄴ다고 하니까'의 준말. ❏오늘 떠난다니까 섭섭해 하더라. **2** 받침 없는 동사의 어간에 붙어, 사실이 그러함을 모르거나 미심쩍어하는 상대방에게 깨우쳐 주는 뜻을 나타내거나 스스로 다짐할 때 쓰는 종결 어미. ❏이따가 준다니까 / 틀림없이 한다니까 / 장난치면 못쓴다니까. *-는다니까.

-ㄴ다마는 어미 받침 없는 동사 어간에 붙어, 어떤 사실이나 내용을 인정하면서 그에 반대되는 내용을 덧붙여 말할 때 쓰는 연결 어미. ❏가기는 간다마는, 승산은 없다. ⓒ-ㄴ다만. *-는다마는.

-ㄴ다마다 어미 〈옛〉 -하자 곧.

-ㄴ다만 어미 '-ㄴ다마는'의 준말. ❏오늘은 그냥 간다만 두고 봐라.

-ㄴ다며 어미 '-ㄴ다면서'의 준말. ❏그를 싫어한다며.

-ㄴ다면서 어미 **1** '-ㄴ다고 하면서'의 준말. ❏떠난다면서 짐꾸리기에 바쁘다. **2** 받침 없는 동사 어간에 붙어, 직접 간접으로 들은 사실을 다짐하거나, 빈정거려 묻는 데 쓰이는 종결 어미. ❏마구 떼를 쓴다면서 / 혼자 해결했단면서. ⓒ-ㄴ다며. *-는다면서.

-ㄴ다손 어미 받침 없는 동사의 어간에 붙어, 주로 '치다·하다'와 함께 쓰여 앞말이 사실임을 인정하면서 양보하는 뜻으로 쓰이는 연결 어미. ❏그가 한다손 치더라도 별수 없소. *-는다손.-다손.

-ㄴ다지 어미 받침 없는 동사의 어간에 붙어, 다짐하거나 묻는 뜻을 나타내는 종결 어미. ❏내일 온다지. *-는다지.

-ㄴ단 어미 **1** '-ㄴ다는'의 준말. ❏벌써 간단 말이오. **2** '-ㄴ다고 한'의 준말. ❏벌써부터 간단 사람이 왜 안 갔소. *-는단.

-ㄴ단다 어미 **1** '-ㄴ다고 한다'의 준말. ❏내일은 비가 온단다. **2** 받침 없는 동사 어간에 붙어, '-ㄴ단 말이다'의 뜻으로 사실을 친근하게 일러 주는 데 쓰는 종결 어미. ❏누나가 시집간단다. *-는단다.

-ㄴ달 어미 '-ㄴ다고 할'의 준말. ❏아침부터 나간달 수야 있나. *-는달.

-ㄴ담 어미 받침 없는 동사 어간에 붙어, '-ㄴ단 말인가'의 뜻으로 스스로에게 물음을 나타내거나 언짢음을 나타내는 종결 어미. ❏이제 이 일을 어찌한담 / 이 많은 숙제를 언제 다 한담. *-는담.

-ㄴ답니다[-답-]어미 '-ㄴ다고 합니다'의 준
말. 🗌서울로 간답니다. *-는답니다.
-ㄴ답디까[-따-]준 '-ㄴ다고 합디까'의 준
말. 모음인 'ㄹ'로 끝난 동사 어간 또는 높임
의 '-시-'에 붙어, 남의 과거 일을 돌이켜
묻는 뜻을 나타냄. 🗌언제 온답디까. *-는
답디까.
-ㄴ답디다[-따-]어미 '-ㄴ다고 합디다'의 준
말. 🗌미국에 간답디다. *-는답디다.
-ㄴ답시고[-씨-]어미 받침 없는 동사의 어간
등에 붙어, 못마땅하여 빈정거릴 때 쓰는 연
결 어미. 🗌범을 그린답시고 고양이를 그렸
다. *-는답시고.
-ㄴ대¹어미 1 '-ㄴ다고 해'의 준말. 🗌갔다
와서 공부한대. 2 주어진 사실에 대한 의문을
나타내는 종결 어미. 🗌언제 온대. *-는대.
-ㄴ대²어미 〈옛〉-니까. -ㄴ즉.
-ㄴ대도준 '-ㄴ다고 하여도'의 준말. 모음이
나 'ㄹ'로 끝난 동사의 어간 또는 높임의 '-
시-'에 붙어, 뒤의 내용이 앞의 내용에 매이
지 않음을 뜻함. 🗌콩으로 메주를 쑨대도 안
믿는다. *-는대도.
-ㄴ대도어미 〈옛〉-니까. -ㄴ즉.
-ㄴ대서어미 '-ㄴ다고 하여서'의 준말. 🗌그
가 온대서 종일 기다렸다. *-는대서.
-ㄴ대서야어미 '-ㄴ다고 하여서야'의 준말.
🗌이제 와서 모른대서야 말이 되나. *-는대
서야.
-ㄴ대야어미 '-ㄴ다고 하여야'의 준말. 🗌제
가 한대야 뾰족한 수가 있나. *-는대야.
-ㄴ댄어미 〈옛〉-ㄴ진대.
-ㄴ댜어미 〈옛〉-구나.
-ㄴ데어미 '이다' 또는 받침 없는 형용사의
어간에 붙는 어미. 1 다음 말을 끌어내기 위
하여, 어떤 사실을 먼저 말하고자 할 때 쓰는
연결 어미. 🗌키는 큰데 힘은 없다 / 네가 무
엇인데 그런 소릴 하니. 2 남의 반응을 기다
리는 태도로 스스로 감탄하는 말을 할 때 쓰
는 종결 어미. 🗌날씨가 꽤 찬데 / 풀기 어려
운 문젠데. *-는데.·-은데.
-ㄴ뎌어미 〈옛〉-구나.
-ㄴ뎌이고어미 〈옛〉-구나.
-ㄴ둥조 1-ㄴ지. 2-ㄴ 듯.
ㄴ들조 받침 없는 체언이나 부사어에 붙어 양
보와 반문을 겸하여 '-라 할지라도 어찌'의
뜻으로 쓰이는 보조사. 🗌낙환들 꽃이 아니
랴 / 넌들 무슨 뾰족한 수가 있겠느냐 / 꿈엔
들 잊으리. *인들.
-ㄴ들어미 '이다' 또는 받침 없는 용언의 어
간에 붙어, 양보와 반문을 겸하여 '-ㄴ다고
할지라도 어찌'의 뜻을 나타내는 연결 어미.
🗌네가 나서 본들 별수 있겠니 / 아무려면 돈
을 쓴들 다 쓰랴. *-은들.
-ㄴ ㄷ로어미 〈옛〉-ㅁ으로.
-ㄴ 건어미 〈옛〉-건대. -는 것은.
-ㄴ돌¹어미 〈옛〉-ㄴ들.
-ㄴ돌²어미 〈옛〉-ㄴ 줄은. -ㄴ 것을.
-ㄴ던어미 〈옛〉-건대.
-ㄴ바어미 받침 없는 어간에 붙어, '하고 보
니까·어떠어떠하니까·하였더니'의 뜻으로,
뒷말을 설명하기 위해 앞말을 미리 제시하는
데 쓰이는 연결 어미. 🗌현장에 가 본바 사실
과 같더라 / 네 죄가 큰바 응당 벌을 받아야
지. *-은바.·-는바.
-ㄴ져이고어미 〈옛〉-ㄴ지고.
-ㄴ즉조 받침 없는 체언에 붙어, '…로 말하
면'의 뜻으로 쓰이는 보조사. 🗌땐즉 봄철이
라 / 글쎈즉 명필이로다. *인즉.

-ㄴ즉어미 '이다' 또는 받침 없는 용언의 어
간에 붙어 앞말이 뒷말의 근거나 이유임을
나타내는 연결 어미. 🗌가 본즉 좋더라 / 들
어 본즉 재미있구나. *-은즉.
-ㄴ즉슨[-쓴]조 'ㄴ즉'의 뜻을 강조하는 보조
사. 🗌애긴즉슨 진담이오. *인즉슨.
-ㄴ즉슨[-쓴]어미 '-ㄴ즉'의 뜻을 강조하는
연결 어미〈예스러운 말〉. 🗌배가 부른즉슨
게으러진다. *-은즉슨.
-ㄴ지어미 '이다' 또는 받침 없는 형용사 어
간에 붙어, 막연한 의문을 나타내는 종결 또
는 연결 어미. 🗌얼마나 기쁜지 모르겠다 /
그 사람이 누군지 아니. *-는지.·-은지.
-ㄴ지고어미 '이다' 또는 받침 없는 형용사
어간에 붙어, 느낌을 강조하거나 감탄하는
종결 어미〈예스러운 말〉. 🗌정말 장한지고.
*-은지고.
-ㄴ지라어미 '이다' 또는 받침 없는 형용사
어간에 붙어, 다음 말의 이유나 전제가 되는
사실을 말할 때 쓰는 연결 어미〈예스러운
말〉. 🗌얌전한지라 칭찬이 자자하오 / 수재인
지라 문제 없소. *-은지라.·-는지라.
나¹명 『악』서양 음악의 7음 체계에서, 일곱
번째 음이름. 계이름 '시'와 같음.
나:²명 '나이'의 준말.
[나 많은 말이 콩 마다할까] 자기가 그것을
매우 좋아한다는 뜻의 말.
나(螺)명 『악』나각(螺角).
나(羅)명 명주실로 짠 피륙의 하나. 가볍고 부
드러우며, 사(紗)와 비슷함.
나(儺)명 『건』연가(煙家).
나(鑼)명 『악』놋쇠로 만든 타악기의 하나〈징
보다 조금 작고 대금보다 큼〉.
나³ㅡ대 자기 스스로를 가리키는 제1인칭
대명사. 조사 '가'가 붙으면 '내'가 됨. 🗌나
와 가까운 친구 / 내가 사는 곳. ↔너. ㅡ명 자
기 자신. 🗌~를 버리고 대의에 살다. ↔남.
[나는 바람 풍(風)해도 너는 바람 풍 해라]
자기는 잘못하면서 남보고는 잘하라고 요
구한다는 뜻. [나 먹자니 싫고 개 주자니 아
깝다] 자기에게 소용이 없으면서도 남에게
주기는 아까워하는 인색한 마음을 말함.
나⁴조 받침 없는 체언이나 부사어에 붙는 보조
사. 1 나열하거나 비교할 때 씀. 🗌예~ 지금
이나 / 너~ 나~ 마찬가지다. 2 예로 들거나
선택하는 뜻으로 씀. 🗌공부~ 하지 / 맛이
어떤가 먹어~ 봅시다. 3 강조하거나 조건을
달거나 양보하는 뜻을 나타냄. 🗌어머니~
만난 듯이 기뻐한다 / 가만히 있으면 밉지~
않지. 4 수량이 많거나 정도를 넘거나 한도에
이르렀음을 나타냄. 🗌두 개~ 사서 무엇하
나. 5 조금 있음을 나타냄. 🗌밭 마지기~
부친다. 6 하게할 자리에서 가벼운 권유나
명령을 나타냄. 🗌이제 그만 가세~. 7 해라
할 자리에서 종결 어미 '-다'에 붙어, 인용
이나 빈정거리는 투로 가벼운 불만을 나타
냄. 🗌노름으로 날밤을 샜다~봐. *이나.
-나어미 1 받침 없는 어간에 붙어, 앞말과 뒷
말의 내용이 서로 다름을 나타내는 연결 어
미. 🗌밤은 기~ 낮은 짧다. 2 (받침 없는 어
간에 붙어, '-나 -나'의 꼴로 쓰여) 동작이
나 상태를 가릴 때 쓰이는 연결 어미. 🗌오
까~ 불조심도 / 오~ 가~ 말썽이다. 3 형용을
과장하기 위하여 어간을 겹쳐 쓸 때, 받침 없
는 어간에 붙는 연결 어미. 🗌기~ 긴 밤 / 크
~ 큰 사업. *-으나.

-나² [어미] 동사 어간이나 '-었-·-겠-' 뒤에서 하게나 해할 자리에 쓰여 물음을 나타내는 종결 어미. ❑언제 돌아오~/지금 뭐하~.
-나³ [어미] '-는가'의 준말. ❑사람은 반드시 먹어야 사~/이제는 잘사~ 보다.
-나⁴ [어미] 〈옛〉-거나.
나가-곤드라지다 [자] **1** 저만치 나아가 곤두박질하여 쓰러지다. ❑도전자가 주먹 한 방에 나가곤드라졌다. **2** 아무렇게나 쓰러져 정신없이 잠들다. ❑술에 취해 정신없이 ~.
나가-넘어지다 [자] **1** 뒤로 물러나면서 넘어지다. ❑뒤로 벌렁 ~. **2** 남의 청이나 요구 등에 응하지 않고 물러나는 태도를 취하다.
나-가다 [一][자][거라] **1** 안에서 밖으로, 속에서 겉으로 가다. ❑들로 ~/밖에 ~. ↔들어오다. **2** 살던 집이나 직장에서 옮기거나 물러나다. ❑그 집에서 나간대/회사에서 나간 지 벌써 두 달이 되었다. **3** 해지거나 찢어지다. ❑구두창이 ~. **4** 일이 어느 정도 진행되다. ❑영어는 몇 과나 나갔니. **5** 모임·운동 경기·선거 따위에 참여·출전·입후보하다. ❑동창 모임에 ~/경기 대회에 ~/회사에 ~. **6** 값 또는 무게 따위가 어느 정도에 이르다. ❑값이 나가는 물건/몸무게가 제법 ~. **7** 전기 공급이 끊어지거나 전깃불이 꺼지다. ❑전기가 ~. **8** 의식이나 정신 따위가 없어지다. ❑정신 나간 사람. **9** 월급이나 비용 따위가 지급되거나 지출되다. ❑한 달 식비가 20만 원이나 나갔다. **10** 팔리다. ❑잘 나가는 물건/집이 ~. **11** 잡지·신문 따위가 출간되다. ❑5월호가 ~. **12** 말·사실·소문 따위가 널리 알려지다. ❑잡지 광고가 방송에 나갔다. **13** 어떤 행동이나 태도를 취하다. ❑저자세로 ~/적극적으로 ~. [二][타][거라] **1** 어떤 곳을 벗어나다. 떠나다. ❑집을 ~. **2** 어떤 일을 하러 가거나 다니다. ❑강의를 ~/산책을 ~. **3** 일자리 따위를 그만두다. ❑회사를 ~. [三][보동][거라] 동사 어미 '-아'·'-어' 뒤에 쓰여, 어떤 일을 계속 진행함을 나타내는 말. ❑비용을 줄여 ~/벽돌을 쌓아 ~/팔이 떨어져 나갈 듯이 아프다.
[나간 놈의 몫은 있어도 자는 놈의 몫은 없다] 게으른 사람에게는 혜택이 돌아가지 않는다는 말. [나갔던 며느리 효도한다] 기대하지 않았던 사람이 뜻밖에 좋은 일을 한다.
나가-동그라지다 [자] 뒤로 물러나면서 넘어져 구르다. [큰]나가둥그러지다. [준]나동그라지다.
나가-둥그러지다 [자] 큰 몸집이 뒤로 물러나면서 넘어져 구르다. ❑마룻바닥에 ~. [작]나가동그라지다. [준]나둥그러지다.
나가-떨어지다 [자] **1** 뒤로 물러나면서 세게 넘어지다. ❑얼음판에서 ~/뒤로 벌렁 ~. **2** 〈속〉 너무 피로하거나 술 따위에 취하여 힘없이 늘어져 눕다. ❑술 몇 잔에 ~. **3** 〈속〉 실패하여 떨어져 나가다. ❑한 번 실패했다고 나가떨어질 수야 없지. [준]나떨어지다.
나가시 [명] 〖역〗 공청(公廳)이나 동네에서 각 집에 부담시켜 거두어들이던 공전(公錢).
나가-쓰러지다 [자] **1** 뒤로 물러나면서 쓰러지다. ❑전봇대에 머리를 부딪히자 힘없이 나가쓰러졌다. **2** 바닥에 걷잡을 수 없이 쓰러지다. ❑소파에 나가쓰러지더니 이내 코를 골았다.
나가-자빠지다 [자] **1** 뒤로 물러나면서 넘어지다. ❑뒷걸음을 치다가 벌렁 ~. **2** 하던 일이나 하기로 한 일을 하지 않고 물러나며 배짱을 부리다. ❑계약을 해 놓고 ~/빚을 지고 ~. [준]나자빠지다.
나각(螺角) [명] 〖악〗 소라의 껍데기로 만든 옛 군대 악기. 법라.
나간-에(那間-) [부] **1** 어느 때쯤에. **2** 그동안에.
나:겁-하다(愞怯-·懦怯-)[-거파-] [형][여] 마음이 약하고 겁이 많다. **나:겁-히** [-거피] [부]
나계(螺階)[-/-게] [명] 나선 계단.
나:국(拿鞫) [명][하타] 지난날, 죄인을 잡아다 국청(鞫廳)에서 신문하던 일.
나-굴다 〔나굴어, 나구니, 나구는〕 [자] **1** 이리저리 마구 뒹굴다. ❑나구는 돌멩이. **2** 물건이 마구 흩어져 뒹굴다. ❑세간이 방 안에 ~.
나귀 [명] 〖동〗 '당나귀'의 준말.
나:균(癩菌) [명] 〖의〗 나병의 병원균.
나그네 [명] 제 고장을 떠나 다른 곳에 머물거나 떠도는 사람. 여객. 길손. 행객(行客). ❑정처 없는 ~/~를 재워 보내다.
[나그네 주인 쫓는 격] 주객(主客)이 전도된다는 뜻.
나그네 세상(世上) [구] 덧없는 세상이라는 뜻.
나그네-새 [명] 〖조〗 북쪽 번식지에서 남쪽 월동지(越冬地)로 왕복하는 도중에 봄·가을 두 차례 한 지방을 지나는 철새《물도요새·떼새 따위》.
나그넷-길 [-네낄/-넫낄] [명] **1** 여행을 하는 길. ❑~에 오르다. **2** 한곳에 정착하지 않고 이리저리 떠도는 길. ❑~을 떠나다.
나근-거리다 [자] 가늘고 긴 물건이 보드랍고 탄력 있게 자꾸 움직이다. ❑실버들이 바람에 ~. [큰]느근거리다. **나근-나근** [부][하자]
나근-대다 [자] 나근거리다.
나긋-나긋 [-근-귿] [부][하형] **1** 매우 보드랍고 연한 모양. ❑~한 아기의 살결. **2** 사람을 대하는 태도가 상냥하고 부드러운 모양. ❑~한 여자. **3** 글이 알기 쉽고 멋이 있는 느낌. ❑~한 문체.
나긋나긋-이 [-근-그시] [부] 나긋나긋하게. ❑어린애가 ~ 말을 잘 듣는다. [준]낫낫이.
나긋-하다 [-그타-] [형][여] **1** 보드랍고 연하다. **2** 사람을 대하는 태도가 상냥하고 친절하다. ❑나긋한 태도. **3** 소리가 은근하고 친근감이 있다. ❑나긋한 휘파람 소리.
-나기 [미] ☞-내기².
나ᄀᆞ내 [명] 〈옛〉 나그네.
나깨 [명] 메밀가루를 체에 쳐낸 속껍질.
나깨-떡 [명] 메밀의 나깨로 만든 개떡.
나깨-만두(-饅頭) [명] 메밀의 나깨로 빚은 만두. ❑색다른 맛의 ~.
나깨-수제비 [명] 메밀의 나깨로 만든 수제비.
나:-꾸러기 [명] '나이배기'를 낮추어 부르는 말.
나꿔-채다 [타] ☞낚아채다.
나나니 [명] 〖충〗 구멍벌과의 곤충. 몸길이 2 cm 정도, 흑색이며 허리가 가늘고 두 마디로 되어 있음. 날개는 투명한데 누르스름함. 여름에 모래땅을 파서 그 속에 살며, 벌레를 잡아 애벌레의 먹이로 함. 나나니벌.
나나니-등에 [명] 〖충〗 재니등엣과의 곤충. 몸길이 1.5 cm 가량으로 가늘고 길며 털이 없고 흑색임.
나나니-벌 [명] 〖충〗 나나니.
나날 [명] 하루하루. 매일. ❑바쁜 ~을 보내다.
나날-이 [부] **1** 날마다. **2** 날로. ❑~ 발전하는 과학.
나노- (nano-) [두] 미터법의 여러 단위의 이름 앞에 붙어, 10억분의 1이라는 뜻을 나타냄《기호는 n》. ❑3~미터/~세컨드《10억분의 1초》.

나노-미터 (nanometer) 의명 빛의 파장을 나타내는 단위. 1 미터의 10 억분의 1 임《기호는 nm》.

나:농(懶農) 명하자 농사일을 게을리 함. 태농(怠農). ↔근농(勤農).

나누기 명하자타《數》나눗셈을 하는 일. ↔곱하기.

나누다 타 1 하나를 둘 이상으로 가르다. ▢사과를 둘로 ~. 2 어떤 대상을 구분하여 분류하다. ▢생물을 동물과 식물로 ~. 3 몫을 분배하다. ▢유산을 ~. 4《數》나눗셈을 하다. ▢10 을 2로 나누면 5 가 된다. 5 음식 따위를 함께 먹다. ▢음식을 한잔 나눕시다. 6 말이나 이야기, 인사 따위를 주고받다. ▢이야기를 ~ / 의견을 ~. 7 즐거움이나 고생 등을 함께하다. ▢슬픔을 나누는 친근한 사이. 8 같은 핏줄을 타고나다. ▢피를 나눈 형제.

나누어-떨어지다 자《數》나눗셈에서, 그 몫이 정수가 되고 나머지가 없게 되다.

나누어떨어짐 명《數》나눗셈에서, 몫이 정수가 되고 나머지가 없게 되는 일.

나누어-지다 자 1 서로 떨어지다. 2 둘 이상의 부류가 되다. 3 분배되다. 4《數》어떤 수가 몇 개의 똑같은 몫으로 갈라지다.

나누이다 자《'나누다'의 피동》나누어지다. ▢청팀·백팀으로 ~. ⚯나뉘다.

나눗-셈 [-눋쎔] 명하자타《數》어떤 수로 다른 수를 나누는 일. 또는 그런 셈. ↔곱셈.

나눗셈-법 [-法] [-눋쎔뻡] 명《數》나눗셈을 하는 방법. ↔곱셈법.

나눗셈-표 [-標] [-눋쎔-] 명《數》나눗셈의 부호인 '÷'의 이름. ↔곱셈표.

나눗-수 (-數)[-눋쑤] 명《數》어떤 수를 나누는 수. 제수(除數). *나머지.

나뉘다 자 '나누이다'의 준말. ▢글이 두 문단으로 ~.

나뉨-수 (-數)[-쑤] 명《數》어떤 수로 나눔을 당하는 수. 피제수(被除數). *나눗수.

나니다 자〈옛〉나다니다.

나닐다 [나닐어, 나니니, 나니는] 자 오락가락하며 날다. ▢꽃밭에 나니는 나비.

-나놀 어미〈옛〉-거늘.

나다¹ 자 1 어떤 것이 발생하거나 일어나다. ▢병이 ~ / 홍수가 ~ / 수염이 ~ / 소리가 ~ / 짜증이 ~. 2 밖으로 드러나다. ▢소문이 ~ / 촌티가 ~ / 이름이 ~. 3 표면으로 흘러나오다. ▢눈물이 ~ / 땀이 ~. 4 물품이 시장에 나오다. ▢장엔 벌써 햅쌀이 났어. 5 어떤 결과로 되다. ▢결론이 ~ / 동이 ~ / 승부가 ~. 6 사람 됨됨이나 생김새가 뛰어나다. ▢그 사람은 역시 난 사람이야. 7 산출하다. ▢금이 많이 나는 광산. 8 신문·잡지 따위에 어떤 내용이 실리다. ▢신문에 ~. 9 태어나다. 출생하다. ▢내가 난 해. 10 시간적·공간적으로 비게 되다. ▢틈이 ~ / 자리가 ~ / 손이 ~. 11 더해지다. 새로 솟다. ▢속력이 / 힘이 ~. 12 어떤 현상이 나타나다. ▢효과가 ~ / 능률이 ~ / 철이 ~. 13 뛰어난 사람이 나오다. ▢열녀가 ~.

나다² 타 1 철이나 기간을 지내다. ▢겨울을 ~ / 일 년을 ~. 2 살림 따위를 따로 차리다. ▢살림을 따로 ~.

나다³ 보통 1 동사의 어미 '-아'·'-어' 뒤에 쓰여, 그 동작이 계속되어 나감을 나타내는 말. ▢손에 익어 ~. 2 동사의 어미 '-고' 뒤에 쓰여, 어떤 행동이나 상태가 끝났음을 나타내는 말. ▢자고 나면 낫겠지 / 어려움을 겪고 ~.

-나다 미 1 일부 명사 뒤에 붙어, 그러한 상태로 되거나 그런 현상이 일어남을 뜻함. ▢병~ / 의심~ / 야단~ / 생각~ / 땀~. 2 일부 명사나 명사성 어근 뒤에 붙어, 그런 성질이 있음을 나타냄. ▢맛~ / 별~ / 엄청~ / 축~.

-나다 미〈옛〉-았다.

나다나다 자〈옛〉나타나다.

나-다니다 자타 밖으로 나가 여기저기 돌아다니다. ▢밤늦게 나다니지 마라.

나다분-하다 형에 1 자질구레한 물건들이 여기저기 너저분하게 널려 있다. 2 말이 갈피를 잡을 수 없이 길고 수다스럽다. ⚯너더분하다. 나다분-히 부

나다잇다 자〈옛〉나타나 있다.

나닥-나닥 [-당-] 부하형 군데군데 고르지 않게 깁거나 덧붙인 모양. ▢~ 기운 누더기.

나단 (羅緞) 명 주란사실과 무명실을 섞어 짠 피륙. ▢~으로 지은 두루마기.

나-단조 (-短調)[-조] 명《악》'나' 음을 으뜸음으로 하는 단조.

나달¹ 명 날과 달. 세월. ▢신혼 재미에 ~ 가는 줄도 모른다.

나달² 명 나흘이나 닷새쯤. ▢한 ~ 걸렸다.

나달-거리다 자 1 여러 가닥이 늘어져 자꾸 흔들리다. ▢치맛자락이 바람에 ~. 2 주제넘게 입을 나불거리다 자꾸 까불다. ⚯너덜거리다. ㉯나랄거리다. 나달-나달 [-라-] 부하자

나달-대다 자 나달거리다.

나:대 (挪貸) 명하타 꾸거나 빌려 온 것을 다시 다른 사람에게 꾸어 주거나 빌려 줌.

나-대다 자 1 채신없이 까불거리며 나다니다. ▢나대지 말고 집에 좀 있어라. 2 나부대다. ▢함부로 나대지 마라.

나-대반 (羅大盤) 명 전라남도 나주(羅州)의 특산물인 큰 소반. *나주반.

나:-대접 (-待接) 명하자 '나이대접'의 준말.

나:-대지 (裸垈地) 명 담이나 건물이 없는 빈 터. ▢넓은 ~를 보유하다.

나:-도 (糯稻) 명《植》찰벼.

나도-박달 [-달] 명《植》단풍나뭇과의 낙엽 활엽 교목. 5월에 자웅 이가(雌雄異家)의 꽃이 핌. 복자기.

나도-밤나무 명《植》나도밤나뭇과의 낙엽 활엽 교목. 골짜기에 나는데, 여름에 황백색 꽃이 피고 가을에 붉은 핵과가 익음.

나도-승마 (-升麻) 명《植》범의귓과의 여러해살이풀. 줄기는 60 cm가량, 늦여름에 담황색 꽃이 피고 삭과(蒴果)가 열림.

나-돌다 [나돌아, 나도니, 나도는] 자타 1 '나돌아다니다'의 준말. ▢그만 나돌고 안으로 들어가렴. 2 소문이나 어떤 물건 따위가 여기저기 나타나거나 떠돌다. ▢가짜가 ~ / 유언비어가 ~. 3 정신이나 기운이 드러나 보이다. ▢입가에 쓴웃음이 ~.

나-돌아다니다 자 여기저기 나가 돌아다니다. ▢밤거리를 ~. ㉯나돌다.

나-동그라지다 자 '나가동그라지다'의 준말. ▢시멘트 바닥에 ~.

나-동그러지다 자 '나가둥그러지다'의 준말.

나-뒤처지다 [-처-] 자 별안간 뒤집히다.

나-뒹굴다 [나뒹굴어, 나뒹구니, 나뒹구는] 자 1 뒤로 물러나면서 넘어져 뒹굴다. ▢발길에 차여 길바닥에 ~. 2 이리저리 마구 뒹굴다. 3 여기저기 어지럽게 널려 있다. ▢길가에 나뒹구는 돌멩이.

나-들다 [나들어, 나드니, 나드는] 困 '드나들 다'의 준말. □술집에 자주 ~.

나들-목 困 인터체인지(interchange).

나들이 困하困 집을 떠나 가까운 곳에 잠시 다 녀오는 일. □친정 ~ / ~할 채비를 차리다 / 날씨가 좋아 ~하는 사람이 많다.

나들이-고누 困 열두밭고누 놀이에서, 나며 들며 고누가 되는 일.

나들이-옷 [-드리옫] 困 나들이할 때에 입는 옷. 외출복. 출입복.

나들이-벌 [-드리뻘 / -드릴뻘] 困 나들이할 때 에 입는 좋은 옷과 신 따위. 난벌.

-나돈 어미 〈옛〉-거든.

나돌 〈옛〉 날과 달. 세월.

나:-떡 困 '나이떡'의 준말.

나-떨어지다 困 '나가떨어지다'의 준말.

나-뜨다 [나떠, 나뜨니] 困 **1** 물 위나 공중에 뜨다. □하늘에 나뜬 애드벌룬 / 연못에 꽃잎 이 나뜨고 있다. **2** 나타나거나 나와서 다니다. □달빛에 나뜬 고운 얼굴.

나라 困 **1** 국가. □~를 세우다 / ~를 다스리 다 / ~를 지키다 / ~ 살림을 맡다. **2** 그 단어 가 나타내는 사물의 세상이나 세계. □신기 한 동화의 ~ / 잠의 ~로 빠져들다.

나라 글자 (-字) [-짜] 국자(國字).

나라-꽃 [-꼳] 困 국화(國花).

나라-님 困 임금.

나라-말 困 국어(國語)1.

나라미 困(어) 물고기의 가슴지느러미를 일상 적으로 일컫는 말.

나라-지다 困 기운이 풀려 온몸이 나른해지 다. ⬛늘어지다.

나라타주 (ㅍ narratage) 困 영화에서, 주인공 이 옛일을 회상하며 이야기하게 하면서, 화 면이나 정경을 이중 화면으로 표현하는 기법.

나락 (奈落·那落) 困 **1** [불] 지옥1. **2** 벗어나기 어려운 절망적 상황을 비유하여 이르는 말. □절망의 ~에 떨어지다.

나란-하다 혬여 여럿이 늘어선 모양이 가지런 하다. □철로와 나란하게 뻗은 길. **나란-히** 믠. □~ 서다.

나란히-고래 困 나란히 놓여 있는 방고래.

나란히-꼴 [수] 평행 사변형.

나란히-맥 (-脈) [식] 잎자루에서 잎몸의 끝까지 서로 나란히 있는 잎맥. 평행맥. *그 물맥.

나랏-돈 [-라돈 / -랄똔] 困 국고금(國庫金).

나랏-무당 [-란-] 困 [역] 국무당.

나랏-일 [-란닐] 困 국사(國事). □~에 너무 무심한 것 같다.

나래[1] 困 [농] 논밭을 반반하게 고르는 데 쓰 는 농기구((써레와 비슷하나 아래에 발 대신 에 널빤지나 철판을 대어 자갈이나 흙 따위 를 밀어내는 데 씀)).

나래[2] 困 배를 젓는 연장((노와 비슷하나 짧고 두 개로 양편을 저음)).

나래[3] 困 **1** '날개'의 문학적 표현. **2** '지느러 미'의 방언.

나:-래 (拿來) 困하타 죄인을 잡아 옴. 나치(拿 致). 나인(拿引).

나래-꾼 困 나래질을 하는 사람.

나래-질 困하타 나래로 논밭을 고르는 일.

나래-회나무 困 [식] 노박덩굴과의 낙엽 활엽 관목. 산기슭이나 골짜기에 나는데 여름에 꽃이 핌.

나레이션 困 ☞ 내레이션(narration).

나력 (瘰癧) 困 [한의] 목·귀의 부근이나 겨드 랑이에 딱딱한 멍울이 생겨 쉽게 삭지 않는 병((결핵성의 것과 그렇지 않은 것이 있음)).

나:례 (儺禮) 困 [역] 민가와 궁중에서, 음력 섣달 그믐날 밤에 잡귀를 쫓기 위하여 베풀 던 의식. 나의(儺儀).

나:례-가 (儺禮歌) 困 [악] 역귀를 쫓기 위하 여 무당들이 부르던 노래.

나루 困 강이나 내 또는 좁은 바닷목에서 배가 건너다니는 곳.

나루-지기 困 나루터지기.

나루-질 困하困 나룻배를 부리는 일.

나루-채 困 [농] 써레몽둥이 앞 양쪽에 박은 나무((그 두 끝에 봇줄을 잡아맴)).

나루-터 困 나룻배가 닿고 떠나는 일정한 곳.

나루터-지기 困 나루터를 지키는 사람. 나루 지기.

나루-턱 困 나루터에서 나룻배를 대는 일정한 곳. □~에 배를 대다.

나룻 [-룯] 困 수염1.

[나룻이 석 자라도 먹어야 샌님] 체면만 차 리다가는 아무것도 하지 못한다.

나룻-가 [-루까 / -룯까] 困 나루터의 근처.

나룻-목 [-룬-] 困 나룻배가 항상 건너다니는 물목.

나룻-배 [-루빼 / -룯빼] 困 나루와 나루 사이 를 건너다니는 작은 배. □~로 강을 건너다.

나르다 [날라, 나르니] 困 사람이나 물건을 다른 데로 옮기다. 운반하다. □석탄을 트럭 으로 ~ / 이삿짐을 ~.

나르시스 (ㅍ Narcisse) 困 [문] 그리스 신화에 나오는 미소년((호수에 비친 자기 모습을 사 랑하다가 빠져 죽어서 수선화가 되었다 함)).

나르시시스트 (narcissist) 困 자기도취형의 사 람. 잘난 체하는 사람.

나르시시즘 (narcissism) 困 자기에게 도취되 어 자신을 병적으로 사랑하는 일.

나른-하다 혬여 **1** 맥이 풀리거나 몸이 고단하 여 기운이 없다. □봄이라 그런지 몸이 ~. **2** 풀기가 없이 보드랍다. ⬛느른하다. **나른-히** 믠. □~ 맥이 풀려 오다.

나름 의믠 명사나 어미 '-기'·'-을' 뒤에 쓰 여, 그 뒷몸이나 사람에 따라 달림을 나타내는 말. □사람 ~ / 생각하기 ~이다 / ~대로 최선을 다했다.

나:-릅 困 소·말·개 따위의 네 살.

나릇 [-를] 困 수레의 양쪽에 있는 긴 채.

나릇-걸이 [-를꺼리] 困 멍에의 양 끝에 있는, 나릇을 거는 부분.

나리[1] 困 [식] **1** 백합. **2** '참나리'의 준말.

나리[2] 困 〈옛〉 나루. 내.

나:-리[3] 困 **1** 지체가 높거나 권세가 있는 사람을 높여 부르는 말. **2** [역] 아랫사람이 당하관 (堂下官)을 높여 부르던 말. □사또 ~. **3** [역] 왕자를 존대하여 부르던 말.

나리-꽃 [-꼳] 困 나리의 꽃. 백합화.

나립 (羅立) 困하困 벌여 늘어섬.

나릿-나릿 [-린-린] 믠하타 **1** 동작이 느리고 굼뜬 모양. **2** 짜임새나 사이가 느슨하거나 성 긴 모양. ⬛느릿느릿.

나마 (奈麻) 困 [역] 신라 17관등 가운데 열한 째 등급. *대사(大舍).

나마 (喇嘛) 困 [불] 라마(lama).

나:-마 (裸馬) 困 안장을 얹지 않은 말.

나마 (羅馬) 困 [지] '로마(Roma)'의 한자음 표기.

나마 (蘿摩) 困 [식] 박주가리.

나마조 받침 없는 체언에 붙어, 만족하지 못

함을 참고 아쉬운 대로 양보함을 나타내는
보조사. ▢ 늦게~ 인사 드립니다. *이나마².
-나마 [어미] '이다' 또는 받침 없는 용언의 어
간에 붙어, '-지만'의 뜻을 나타내는 연결
어미. ▢ 맛은 없으~ 많이 드십시오 / 도와주
지는 못하~ 방해는 하지 않으라. *-으나마.
나마-교 (喇嘛教) [명] 《불》라마교.
-나 마나 받침 없는 어간에 붙어, '그렇게 하
거나 아니하거나, 그것이거나 아니거나 매한
가지, 그러하거나 아니하거나 매한가지'의
뜻을 나타내는 말. ▢ 보~ 합격이다 / 부자~
돈 쓸 데가 없으니 / 찬성이~ 투표권도 없다.
나마-승 (喇嘛僧) [명] 라마승.
나마-자 (蘿藦子) [명] 《한의》새박.
나막-신 [-씬] [명] 앞이나 높은 굽이 있어 비가
오는 날이나 진땅에서 신게 된, 나무를 파서
만든 신. 목리(木履).
나-맥 (裸麥) [명] 《식》쌀보리.
나머지 [명] 1 한도에 차고 남은 부분. ▢ 쓰고
난 ~를 저축하다. 2 일을 하다가 마치지 못
한 부분. ▢ 오늘 못한 ~ 일은 내일 해라. 3
어떤 일의 결과. 끝. ▢ 너무 감격한 ~ 눈물
을 흘렸다. 4 《수》나눗셈에서, 나누어 똑 떨
어지지 않고 남은 수.
나모 (裸木) 〈옛〉나무.
나-목 (裸木) [명] 잎이 떨어져 가지만 앙상하게
남은 나무.
나무 [명] 1 《식》줄기나 가지가 목질로 된 여러
해살이 식물. ▢ ~ 한 그루 / ~가 울창한 숲 /
~를 심다 / ~가 우거지다 / 아름드리 ~를 베
다. 2 집을 짓거나 물건을 만드는 데 재료로
쓰는 재목. ▢ ~ 의자 / ~로 기둥을 세우다.
3 '땔나무'의 준말. ▢ ~를 한 짐 해 오다.
——하다 [자여] 산이나 들에서 땔나무를 마련
하다.
[나무에 오르라 하고 흔드는 격] 남을 꾀어
위험한 곳이나 불행한 처지에 빠지게 함.
나무 (南無) [명] 〔산 Namas : 돌아가 의지함의
뜻〕《불》부처나 경문(經文) 이름의 앞에 붙
이어 절대적인 믿음을 표시하는 말.
나무-거울 [명] 겉모양은 그럴듯하나 실제로는
아무 소용도 닿지 않는 물건.
나무-겉 [-걷] [명] 널빤지 따위의 나무껍질에
가까운 면. 나무거죽. ↔나무속.
나무-굼벵이 [명] 《충》하늘솟과의 애벌레의 총
칭. 나무에 기생하는 하늘소가 나무속에 알
을 깐 것으로 굼벵이 비슷하나 좀 가늘고 주
둥이가 단단하여 나무속을 파먹고 삶(《한약재
로 쓰이는 것이 많음》).
나무-귀신 (-鬼神) [명] 《민》나무에 붙어 있다
는 귀신. 목신(木神).
나무-그루 [명] 나무의 밑동이나 그루터기. ▢
~에 걸터앉다.
나무-깽이 [명] 나뭇가지의 짤막한 토막.
나무-껍질 [-찔] [명] 나무의 껍질. 수피(樹皮).
▢ ~ 같은 손.
나무-꾼 [명] 땔나무를 하는 사람.
나무-눈 [명] 나뭇가지에 싹이 나는 보풀보풀한
부분.
나무-늘보 [명] 《동》나무늘봇과의 짐승. 원숭
이 비슷하며, 털은 길고 거친데, 녹갈색이며
주둥이가 뭉툭함. 네 다리가 길고 끝에 낫 모
양의 큰 발톱이 있음. 열대 밀림 지대의 나무
에 매달려 삶.
나무-다리¹ [명] 나무로 놓은 다리. 목교(木橋).
나무-다리² [명] 나무로 만든 의족(義足).
나무-달굿대 [-구때 / -굳때] [명] 나무로 만든
달굿대. 목저(木杵).

나무-딸기 [명] 1 《식》장미과의 낙엽 활엽 관
목. 산·들에 남. 가시가 빽빽이 나고, 여름에
흰 꽃이 핌. 열매는 털이 많고 가을에 빨갛게
익는데 식용함. 2 나무에 나는 딸기의 총칭.
나무-때기 [명] 조그마한 나뭇조각.
나무라다 [타] 1 잘못을 꾸짖어 알아듣도록 말하
다. ▢ 아들의 잘못을 ~. 2 흠을 지적하여 말
하다. ▢ 나무랄 데 없는 인물.
나무-람 [명하다] 나무라는 말, 또는 그 일. ▢ ~
을 듣다.
나무람(을) 타다 [구] 나무람을 듣고 언짢아하
거나 섭섭해 하다. ▢ 나무람을 잘 타는 아이.
나무-말미 [명] 장마가 잠깐 개어 풋나무를 말
릴 만한 겨를. ▢ 이번 장마는 ~도 없이 계속
되고 있다.
나무-망치 [명] 나무로 만든 망치.
나무-모 [명] 묘목(苗木).
나무-모-밭 [-받] [명] 묘목을 심은 밭.
나무-목 (-木) [명] 한자 부수의 하나(《'東'이나
'梅' 등에서 '木'의 이름).
나무-못 [-몯] [명] 나무로 만든 못. 목정(木釘).
*쇠못.
나무-바리 [명] 승려의 밥그릇으로 쓰는, 나무
로 만든 바리때.
나무-발바리 [명] 《조》나무발바릿과의 새. 날
개 길이 6cm가량, 등은 엷은 회갈색에 희읍
스름한 세로줄의 무늬가 있고 꽁지는 끝이
뾰족함. 나무에 잘 기어다니며 벌레를 잡아
먹는 익조임.
나무-배 [명] 나무로 만든 배. 목선(木船).
나무-벌 [-과] (-나-科) [조] 벌목에 속하는
곤충. 몸은 가늘고 길며 흑색 바탕에 노란 띠
무늬가 있고 머리는 큼. 알은 풀이나 나무속
에 낳음.
나무-부처 [명] 《불》나무를 다듬어 만든 부처.
목불(木佛).
나무-뿌리 [명] 나무의 뿌리. 목근(木根).
나무-삼보 (南無三寶) [명] 《불》불(佛)·법(法)·
승(僧)의 삼보에 돌아가 의지함.
나무-새 [명] 1 여러 가지 땔나무의 총칭. ▢ 겨
울이 오기 전에 ~를 해 놓아야지. 2 나무숲.
나무-새앙쥐 [명] 《동》쥣과에 속하는 들쥐의
한 종류. 우리나라 특산종으로 몸은 작고 나
무에 잘 오르며, 헤엄을 잘 침.
나무-속 [명] 1 나무줄기의 중심부에 있는 연하
고 보풀보풀한 부분. 2 널빤지의 두 면 가운
데 나무 중심부에 가까운 면. ↔나무겉.
나무쇠-싸움 [명] 《민》경상남도 영산에 전승되
는 민속놀이의 하나. 나무로 소의 모양을 만
들어 편을 갈라 서로 겨루어 상대편을 먼저
땅에 주저앉히는 편이 이김. 중요 무형 문화
재 제25호. 쇠머리대기.
나무-숲 [-숩] [명] 나무가 우거진 숲. 나무새.
▢ ~ 속에서 길을 잃다.
나무쑤시깃-과 (-科) [-과 / -꽈] 《충》
딱정벌레목(目)의 곤충. 몸은 대체로 납작하
고 타원형임. 촉각은 짧고 3-4절임.
나무-아미타불 (南無阿彌陀佛) [명] 《불》1 아미
타불에 돌아가 의지한다는 뜻으로, 염불하는
소리. 2 공들인 일이 헛일이 됨을 이르는 말.
▢ 십년공부 ~.
나무-오리 [명] 가늘고 긴 나뭇조각.
나무-장 (-場) [명] 지난날, 땔나무를 팔고 사는
시장을 이르던 말. 시장(柴場).
나무-장수 [명] 지난날, 땔나무를 파는 것을 직
업으로 삼던 사람.

나무-전 (-廛)圈 땔나무를 파는 가게.
나무-접시圈 나무로 만든 접시.
나무-젓가락 [-저까- / -전까-]圈 나무로 만든 젓가락. 목저(木箸).
나무-좀圈〖蟲〗1 나무좀과의 곤충의 총칭. 대개 몸은 작은 원통형이며 머리는 둥근데 평시에는 앞가슴에 감추어 둠. 나무속에 사는 해충임. 2 나무에 붙어서 나무를 파먹고 사는 나무굼벵이·가루좀 등의 총칭. ☺좀.
나무-줄기圈〖植〗나무의 뿌리 위로 벋어서, 가지를 치고 잎이 돋아나게 하는 굵은 부분.
나무-진 (-津)圈 나무를 자르거나 나무껍질에 상처를 내었을 때 나오는 끈끈한 액체. ☐～을 채취하다.
나무-진디圈〖蟲〗나무진딧과의 곤충의 총칭. 나무의 가지나 잎에 엉기어 붙어 진을 빨아 먹는 해충.
나무-집圈 담배통·물부리·물미 따위에 나무나 설대를 맞추어 끼우는 곳.
나무-집게 [-께]圈 나무로 만든 집게.
나무-쪽圈 나무의 조각.
나무-초리圈 나뭇가지의 가느다란 부분.
나무-칼圈 나무를 깎아 만든 칼.
나무 타르 (-tar)〖化〗나무를 건류하여 얻는 흑갈색의 끈끈한 물질(성분은 아세트산·알코올·페놀·톨루엔·물·중유·나무 피치(pitch) 따위. 연료·도료로서, 또는 정제하여 약용 크레오소트 따위를 얻음). 목타르.
나무-토막圈 잘라지거나 부러져 생긴 나무의 동강이.
나무-통 (-桶)圈 나무로 만든 통. 목통(木桶).
나무-틀圈 1 나무로 만든 틀. 2 나무로 된 기구.
나무-판자 (-板子)圈 널빤지.
나무-패 (-牌)圈 나무를 깎아 만든 패. ☐～에 이름을 새기다.
나무-흙손 (-흙손)圈〖建〗나무로 만든 흙손. 미장한 면을 거칠게 할 때 씀.
나:문 (拿問)圈하타 죄인을 잡아다가 심문함.
나문-재圈〖植〗명아줏과의 한해살이풀. 바닷가 모래땅에 나는데 약 1 m의 줄기에 가늘고 긴 잎이 빽빽이 나고, 여름에 녹황색 꽃이 핌. 어린잎은 식용함.
나물圈하자 1 사람이 먹을 수 있는 풀이나 나뭇잎의 총칭. ☐～을 캐다 / ～을 다듬다. 2 채소 따위를 갖은 양념으로 무친 반찬. ☐～을 무치다.
나물-거리 [-꺼-]圈 나물 반찬을 만드는 재료. ☐～를 다듬다.
나물-국 [-꾹]圈 나물을 넣고 끓인 국. ☐～이 입맛을 돋우다.
나물-바구니圈 나물을 캐서 담는 바구니.
나물-밥圈 나물을 섞어서 지은 밥.
나물-범벅圈 곡식 가루에 나물을 넣어서 된 풀처럼 쑨 음식.
나물-볶음圈 나물을 기름에 볶아 만든 반찬.
나물-하다재타 1 나물을 캐거나 뜯다. ☐나물하러 들로 나가다. 2 나물거리를 볶거나 무쳐 반찬으로 먹을 수 있게 만들다.
나뭇-가리 [-까- / -묻까-]圈 땔나무를 쌓은 더미.
나뭇-가지 [-까- / -묻까-]圈 나무의 줄기에서 뻗어 나는 가지. ☐～를 꺾지 마시오 / ～에 잎이 무성하다.
나뭇-간 (-間)[-깐 / -묻깐]圈 땔나무를 쌓아 두는 곳간. ☐～에 땔나무를 쌓다.

나뭇-갓 [-깐 / -묻깐]圈 나무를 가꾸는 말림 갓. 시장(柴場).
나뭇-개비 [-깨- / -묻깨-]圈 가늘고 길게 쪼개진 나뭇조각.
나뭇-결 [-껼 / -묻껼]圈 1 세로로 컨 나무의 표면에, 나이테로 말미암아 나타나는 무늬. 나뭇결이 곱다. 곱게 다듬다. 2 나무의 조직이 이루어진 상태. ☐～이 바르다.
나뭇-고갱이 [-꼬- / -묻꼬-]圈 나무줄기의 한가운데에 있는 연한 부분.
나뭇-광 [-꽝 / -묻꽝]圈 땔나무를 쌓아 두는 광.
나뭇-길 [-낄 / -묻낄]圈 나무꾼들이 나무하러 다녀서 생긴 좁은 산길.
나뭇-단 [-딴 / -묻딴]圈 단으로 묶어 놓은 땔나무. ☐～을 쌓아 두다.
나뭇-더미 [-떠- / -묻떠-]圈 나무를 많이 쌓아서 가려 놓은 더미.
나뭇-동 [-똥 / -묻똥]圈 나무를 큼직하게 묶어 놓은 덩이.
나뭇-등걸 [-뜽- / -묻뜽-]圈 줄기를 베어 낸 나무의 밑동. ☐～에 걸터앉다.
나뭇-바리 [-빠- / -묻빠-]圈 마소의 등에 잔뜩 실어 나르는 나무.
나뭇-잎 [-문닢]圈 나무의 잎. ☐～이 떨어지다 / ～이 쌓이다 / ～이 노랗게 물들다.
나뭇-재 [-째 / -묻째]圈 나무를 태운 재. 목회(木灰). ☐아궁이에서 ～를 긁어내다.
나뭇-조각 [-쪼- / -묻쪼-]圈 나무를 작게 쪼갠 조각.
나뭇-진 (-津)[-찐 / -묻찐]圈 수지(樹脂).
나뭇-짐 [-찜 / -묻찜]圈 땔나무의 짐. ☐지게에 ～을 지다.
나:미 (糯米)圈 찹쌀.
나박-김치 [-낌-]圈 무를 얄팍하고 네모지게 썰어 절인 다음, 고추·파·마늘 따위를 넣고 국물을 부어 담근 김치.
나발圈〔←나팔(喇叭)〕1〖樂〗옛날 악기의 하나(쇠붙이로 긴 대롱같이 만드는데, 위가 빨고 끝이 퍼짐. 군중(軍中)에서 호령·신호용으로 씀). 2 (주로 '…이고 나발이고'의 꼴로 쓰여) 앞말의 내용을 무시하거나 욕으로 이를 때 쓰는 말. ☐돈이고 ～이고 다 싫다.
나발(을) 불다⸤속⸥ ㉠객쩍은 소리나 당치 않은 말을 함부로 떠벌리다. ㉡허풍을 떨다. ㉢술 따위를 병째로 마시다. ㉣어떤 사실을 자백하다. ☐이 사실을 나발 불었다가는 가만두지 않겠다.
나발-대 [-때]圈 1 나발의 몸체. 2 돼지의 입과 코가 달린 부리.
나발-수 (-手)圈〖歷〗군중(軍中)에서 나발을 불던 병사.
나방圈〖蟲〗나비목(目) 나방아목(亞目)의 곤충의 총칭. 나비보다 더 통통하고 쉴 때는 수평으로 날개를 폄. 대개 밤에 활동하며 식물의 잎·줄기를 갉아 먹으며 고치를 만들고 완전 변태를 함. 나방이.
나방-이圈 나방.
나배 (螺杯)圈 소라 껍데기로 만든 술잔.
나배 (羅拜)圈하자 여러 사람이 늘어서서 함께 절함.
나:-배기圈 '나이배기'의 준말.
나뱃뱃-이[-뺃-]튀 나뱃뱃하게.
나뱃뱃-하다[-뺃타-]튀엷 작은 얼굴이 나부죽하고 덕스럽다. ☺너볏볏하다.
나부끼-이다재 젠체하고 함부로 덤비다.
나변 (那邊)圈 1 그곳. 거기. 2 어느 곳. 어디. ☐그 저의가 ～에 있는지 모르겠다.

나볏-이[-] 나볏하게. ❏~ 앉다.
나볏-하다[-벼타-]〖형여〗 몸가짐이나 행동이 반듯하고 의젓하다. ❏나이에 비해 몸가짐이 ~. 튀나볏하다.
나:병(癩病)〖명〗〖의〗한센병(Hansen病).
나:-병원(癩病院)〖명〗나병 환자를 전문적으로 치료하는 의료 시설.
나복(蘿蔔)〖식〗무².
나복-자(蘿蔔子)[-짜]〖한의〗무씨(체한 데나 담을 다스리는 데에 씀).
나복자-유(蘿蔔子油)[-짜-] 무씨기름.
나:부(裸婦)〖명〗벌거벗은 여자.
나:부(懦夫)〖명〗**1** 겁이 많은 사내. 겁부(怯夫). **2** 게으른 사람.
나부끼다〖자타〗가벼운 물체가 바람을 받아 흔들리다. 또는 그렇게 하다. ❏깃발이 바람에 ~ / 머리카락을 ~.
나부-대다〖자〗가만히 있지 못하고 자꾸 설치다. 나대다. ❏흰 나비 한 마리가 나부댄다.
나부대대-하다〖형여〗얼굴이 동그스름하고 나부죽하다. ❏나부대대한 얼굴. 큰너부데데하다. 큰남대대하다.
나부라기〖명〗☞ 나부랭이.
나부라-지다〖자〗힘없이 바닥에 까부라져 늘어지다. ❏주먹 한 방에 맥없이 나부라지고 말았다. 큰너부러지다.
나부랑납작-이[-짜기]〖부〗나부랑납작하게.
나부랑납작-하다[-짜카-]〖형여〗평평히 퍼져 듯하게 납작하다. 큰너부렁넓적하다.
나부랭이〖명〗**1** 실·종이·헝겊 따위의 자질구레한 오라기. ❏종이 ~. 헝겊 ~. **2** 어떤 부류의 사람이나 물건을 낮잡아 이르는 말. ❏세간 ~ / 양반 ~. 큰너부렁이.
나부시〖부〗**1** 천천히 땅으로 내려오는 모양. ❏깃털 하나가 바닥에 ~ 내려앉았다. **2** 고개를 숙이고 공손하게 절하거나 앉는 모양. ❏처녀가 ~ 앉다. 큰너부시.
나부죽-이〖부〗**1** 나부죽하게. **2** 천천히 엎드리는 모양. ❏~ 절을 하다.
나부죽-하다[-주카-]〖형여〗작은 것이 좀 넓고 평평한 듯하다. ❏그릇이[얼굴이] ~. 큰너부죽하다.
나불-거리다〖자타〗**1** 가볍게 나붓거리다. 또는 나붓거리게 하다. ❏나뭇잎이 바람에 ~ / 깃발을 ~. **2**나풀거리다. **3** 입을 가볍게 함부로 자꾸 놀리다. ❏입만 살아 쓸데없이 나불거리며 돌아다닌다. **나불-나불**[-라-]〖부자타〗
나불-대다〖자타〗나불거리다.
나붓-거리다[-붇꺼-]〖자〗얇은 천이나 종이 따위가 자꾸 나부끼어 흔들리다. ❏깃발이 ~. 큰너붓거리다. **나붓-나붓**[-분-분]〖부하자〗
나붓-대다[-붇때-]〖자〗나붓거리다.
나붓-이〖부〗좀 나부죽하게.
나붓-하다[-부타-]〖형여〗좀 나부죽하다. ❏얼굴이 나붓하게 생기다. 큰너붓하다.
나-붙다[-붇따]〖자〗밖에 드러나게 붙다. ❏공고문이 ~.
나비¹〖명〗피륙·종이 따위의 너비.
나비²〖명〗〖충〗나비목의 나비아목의 곤충의 총칭. 가슴에 넓적하고 빛깔이 아름다운 두 쌍의 날개가 있음. 겹눈이 두 개로 있고, 입은 대롱처럼 되어 꽃을 빨기에 알맞음. 애벌레는 채소·나무·풀잎을 갉아 먹는 해충임.
나비³〖명〗고양이를 부를 때 쓰는 말. ❏~야. ~ 온.
나비-가오리〖명〗〖어〗색가오릿과의 바닷물고기. 난해성 태생어로 몸길이 약 65 cm, 폭은

그 2배나 되고 빛이 흑갈색인데 꼬리 부분은 백색 바탕에 흑색 가로띠가 있음. 꼬리의 등 쪽에 짧은 가시가 하나 있음. 식용함.
나비-고기〖어〗나비고깃과의 바닷물고기. 온대성 연안 어종인데 몸길이 약 17 cm로 매우 납작하고, 주둥이가 돌출하였으며 머리는 작음. 관상용 물고기임.
나비-꽃부리[-꼳뿌-]〖식〗다섯 개의 꽃잎으로 되어 모양이 나비와 비슷한 좌우 상칭(左右相稱)의 꽃부리(콩과 식물의 완두 따위에서 볼 수 있음). 접형 화관(蝶形花冠).
나비-나물〖식〗콩과의 여러해살이풀. 산과 들에 나는데 줄기 높이 50 cm 내외이고 잎은 한 마디에서 두 개씩 나고 여름·가을에 나비 모양의 붉은 자줏빛 꽃이 핌. 어린잎과 줄기는 먹음.
나비-난초(-蘭草)〖식〗난초과의 여러해살이풀. 깊은 산에 나는데 높이 10~20 cm가량, 여름에 담홍자색 꽃이 핌.
나비-내기〖농〗누에씨를 받기 위해 고치에서 나방을 나오게 하는 일.
나비-넥타이(-necktie)〖명〗날개를 편 나비 모양으로 고를 내어 접은 넥타이. 보타이.
나비-돔〖어〗나비고깃과의 바닷물고기. 몸길이 약 15 cm, 몸은 원형이며 옆으로 매우 납작함. 몸빛은 회황색인데 머리는 회갈색, 꼬리지느러미는 선황색, 뒤 끝은 흼.
나비-매듭〖명〗나비가 날개를 편 것 같은 모양의 매듭.
나비-목(-目)〖명〗〖충〗절지동물 곤충강의 한 목(目). 두 쌍의 날개가 있고 온몸이 분(粉)과 같은 작은 비늘로 덮여 있음(나비 아목(亞目)·나방 아목의 두 가지로 크게 분류함). 인시류(鱗翅類).
나비-물〖명〗옆으로 쫙 퍼지게 끼얹는 물.
나비-뼈〖명〗〖생〗접형골(蝶形骨).
나비-살이 금좀벌(-金-)〖명〗〖충〗금좀벌과의 곤충. 나비류의 번데기에 붙어살며 암컷의 몸은 약 3 mm, 흑색에 남색 광택이 나고 날개는 투명함.
나비-수염(-鬚髯)〖명〗양쪽으로 갈라 위로 꼬부라지게 한 콧수염.
나비은장-이음(-隱-)[-니-]〖명〗〖건〗나비 모양의 나무쪽으로 목재를 길게 잇는 것.
나비-잠〖명〗갓난아이가 두 팔을 머리 위로 벌리고 자는 잠.
나비-잠(-簪)〖명〗나비 모양으로 만든 비녀(새색시가 예복을 입을 때 머리에 덧꽂음).
나비-잠자리〖명〗〖충〗잠자릿과의 곤충. 배와 편 날개의 길이가 각각 2~7 cm가량, 대부분 흑색이며 겹눈은 적갈색임. 뒷날개는 폭이 넓음. 습지에는 논 위 같은 곳을 나비처럼 낢.
나비-장(-欌)〖건〗재목을 서로 이을 때 쓰는 나비 모양의 나뭇조각.
나비장-붙임(-欌-)[-부침]〖명하자〗나비 모양의 나무쪽으로 쪽 붙임을 하는 일. 또는 그 쪽 붙임.
나비-질〖명하자타〗〖농〗곡식에 섞인 검부러기나 먼지 따위를 날리려고, 키로 부쳐 바람을 일으키는 일.
나비-춤〖명〗**1** 나비가 나는 모양을 흉내 낸 춤. **2** 승무에서, 소매가 긴 옷에 고깔을 쓰고 모란꽃을 쥐고 나비가 나는 모양으로 추는 춤.
나비-치다〖자타〗나비질로 검부러기나 먼지 따위를 날리다. ❏볏단을 ~.
나비 〈옛〉나비².
나빠-지다〖자〗나쁘게 되다. ❏건강이 ~.

나쁘다¹ 〔나빠, 나쁘니〕 형 **1** 좋지 않다. ❏ 기분이 ~ / 안색이 ~ / 날씨가 ~. **2** 건강 따위에 해롭다. ❏ 담배는 건강에 ~. **3** 옳지 않다. ❏ 나쁜 짓 / 나쁜 길로 빠지다 / 거짓말하는것은 나쁜 일이다.
[나쁜 소문은 빨리 퍼진다] 나쁜 일일수록 숨기려 해도 금세 세상에 널리 퍼진다는 말.

나쁘다² 〔나빠, 나쁘니〕 형 먹은 것이 양에 차지 않다. 부족하다. ❏ 밥은 좀 나쁘게 먹어라.
[나쁜 술 먹기는 정승 하기보다 어렵다] 음식, 특히 술은 배에 차지 않게 알맞게 먹기가 어렵다는 말.

나삐 부 나쁘게. ❏ ~ 보다 / ~ 여기다.

나사 (羅紗) 명 〔포 raxa〕 양털에 무명·명주·인조 견사 등을 섞어 두툼하게 짜서 양복감으로 쓰는 모직물의 하나.

나사 (螺絲) 명 **1** 소라처럼 빙빙 비틀려 고랑이 진 물건. 물건을 고정시키는 데 씀. **2** '나사못'의 준말. ❏ ~를 죄다.
나사가 빠지다 구 정신이 없다.
나사가 풀리다 구 정신이 해이해지거나 긴장이 풀리다.

나사 (NASA) 명 〔National Aeronautics and Space Administration〕 미국의 우주 개발 계획을 추진하기 위하여 설립된 정부 기관. 미국 항공 우주국.

나사-골 (螺絲-) 명 나사의 고랑이 진 부분. 나사의 홈. ↔나사산.

나사-돌리개 (螺絲-) 명 나사못을 돌려서 박거나 빼는 기구. 드라이버.

나사-말 (螺絲-) 명 〔식〕 자라풀과의 여러해살이풀. 못이나 흐르는 물속에 나는데, 여름·가을에 담녹색 암꽃이 나사 모양으로 꼬인 실같이 가늘고 긴 꽃자루 끝에 피어 물 위에 뜸. 열대어의 수초로 씀. 나사마름.

나사-못 (螺絲-)[-몯] 명 〔공〕 두 물건을 조여 붙이는 데 쓰는, 한 방향으로 비틀어 박거나 풀 수 있도록 빙빙 돌아가며 홈이 패인 못. 나사정(釘). 준나사(螺絲).

나사못 게이지 (螺絲-gauge)[-몯-] 〔공〕 나사못의 크기를 검사하는 기계.

나사-산 (螺絲山) 명 나사의 솟아 나온 부분. ↔나사골.

나사-선 (螺絲線) 명 나선(螺線).

나사선 운:동 (螺絲線運動) 〔물〕 나선 운동.

나사선 펌프 (螺絲線pump) 〔공〕 나선 양수기.

나사선 프로펠러 (螺絲線propeller) 〔공〕 나선 추진기.

나사-송곳 (螺絲-)[-곧] 명 끝이 나사못 모양으로 된 송곳. 도래송곳.

나사-점 (羅紗店) 명 나사를 팔거나, 나사로 옷을 지어 파는 상점.

나사-조개 (螺絲-) 명 〔조개〕 권패(卷貝).

나사-지 (羅紗紙) 명 나사나 털실의 나부랭이를 기계로 두드려 풀어서 만든, 나사 비슷한 두꺼운 종이《벽지 따위에 씀》.

나사 층층대 (螺絲層層臺) 〔건〕 나선 계단.

나사 컨베이어 (螺絲conveyer) 원통 안의 나사체가 회전하여 가루로 된 물질을 보내는 장치. 스크루 컨베이어.

나사 톱니바퀴 (螺絲-)[-톱-] 〔공〕 두 개의 축이 평행하지 않은 경우에 쓰이는 톱니바퀴《톱니가 나사처럼 되었음》.

나삼 (羅衫) 명 **1** 얇고 가벼운 비단으로 만든 적삼. **2** 전통 혼례 때 신부가 활옷을 벗고 입는 예복.

나-삿니 (螺絲-) 명 나사못이나 볼트 따위에 낸 나사 모양의 이.

나:상 (裸像) 명 〔미술〕 나체상(裸體像).

나상 (螺狀) 명 나선상(螺旋狀).

나:서 (糯黍) 명 〔식〕 기장¹.

나-서다 一자 **1** 앞이나 밖으로 나와서 서다. ❏ 앞으로 불쑥 ~ / 사람들 앞에 ~. **2** 구하던 사람·사물 따위가 나타나다. ❏ 일자리가 ~ / 독지가가 ~ / 혼처가 ~. **3** 어떤 일을 적극적으로 또는 직업적으로 시작하다. ❏ 사회 개혁에 ~ / 정치가로 ~. **4** 어떤 일을 가로맡거나 간섭하다. ❏ 남의 일에 나서지 마시오. 二타 떠나다. 출발하다. ❏ 집을 ~ / 여행을 하기 위해 길을 나섰다.

나:선 (裸跣) 명 벌거벗은 몸과 벗은 발《춥고 배고픔을 이름》.

나:선 (裸線) 명 겉에 아무것도 싸지 않아 쇠줄이 드러난 전선. 알줄.

나선 (螺旋) 명 물체의 겉모양이 소라 껍데기처럼 빙빙 비틀린 것. ❏ ~ 모양으로 된 계단을 올라갔다.

나선 (螺線) 명 **1** 〔수〕 평면상에서의 소용돌이 모양의 곡선. **2** 〔물〕 공간에서의 나사 모양의 곡선. 나사선.

나선 계단 (螺旋階段)[-/-게-] 〔건〕 나사 모양으로 빙빙 돌아 오르내리게 된 계단.

나선-균 (螺旋菌) 명 나선상 균(螺旋狀菌).

나선-상 (螺旋狀) 명 나사 모양으로 빙빙 비틀려 돌아간 모양. 나상(螺狀). 나선형.

나선상 균 (螺旋狀菌) 나선 모양의 커다란 세균《끝에 편모가 있어 활발하게 운동함. 병원성인 것은 바일병(Weil病)·매독·재귀열 따위를 일으킴》. 나선균(螺旋菌).

나선 압착기 (螺旋壓搾器)[-서납-끼] 〔공〕 나선 장치로 물건을 눌러서 짜는 기계.

나선 양수기 (螺旋揚水機)[-냥-] 〔공〕 나선 장치의 작용에 의하여 액체를 높은 곳으로 올리는 펌프. 나사선 펌프.

나선 운:동 (螺線運動) 〔물〕 하나의 축 둘레를 일정한 속도로 회전하면서 축 방향으로 나아가는 운동. 나사선 운동.

나선 은하 (螺旋銀河) 〔천〕 겉보기에 공 모양의 중심부와 그 주위에 나선 모양의 팔이 감겨진 것처럼 보이는 은하《은하계와 안드로메다 은하 따위가 있음》. 와상(渦狀) 성운. *타원 은하.

나선 추진기 (螺旋推進器) 〔공〕 일반 동력선에 쓰이는 추진기. 서너 장의 금속제 날개로 이루어지며, 동력축의 회전에 따라 물속에서 돌며 배에 추진력을 줌. 나사선 프로펠러.

나선 층층대 (螺旋層層臺) 〔건〕 나선 계단.

나선-형 (螺旋形) 명 나선상(狀). ❏ ~ 층계를 걸어 올라갔다.

나성¹ (羅城) 명 **1** 성의 외곽. ❏ ~을 둘러보다. **2** 외성(外城). ❏ ~을 구축하다.

나성² (羅城) 명 〔지〕 '로스앤젤레스'의 음역어.

나:속 (糯粟) 명 〔식〕 차조.

나:속-반 (糯粟飯)[-빤] 명 차조밥.

나:수 (拿囚) 명하타 죄인을 잡아 가둠.

나수 (鑼手) 명 〔역〕 군중(軍中)에서 나(鑼)를 치던 사람.

나수다 타 **1** 내어서 드리다. **2** 높은 자리로 나아가게 하다.

나스닥 (NASDAQ) 명 〔National Association of Securities Dealers Automated Quotations〕 미국 증권업 협회가 장외 거래되는 증권의 시세를 컴퓨터로 알리는 정보 시스템.

나스르르 부하형 가늘고 짧은 보드라운 털이나

풀 따위가 성기게 나 있는 모양. ㈜너스르르.
나슨-하다 혱어 1 잡아맨 끈이나 줄 따위가 늘
어나서 헐겁다. ▢나슨한 빨랫줄. 2 마음이
풀어져 긴장됨이 없다. ▢정신 상태가 ~.
㈜느슨하다. **나슨-히** 분
나슬-나슬 [-라-] 분하혱 가늘고 짧은 털이나
풀 따위가 보드랍고 성긴 모양. ㈜너슬너슬.
나시 (일 なし) 명 '민소매'로 순화.
-나시놀 어미 〈옛〉 -시거늘.
-나시든 어미 〈옛〉 -시거든.
나:신 (裸身) 명 벌거벗은 몸. 벌거숭이. 나체.
알몸. ▢~상(像).
나쎄 명〈속〉그만한 나이. ▢그 ~에 무슨 짓
이람.
나사가다 자 〈옛〉 나아가다.
나사오다 자 〈옛〉 나아오다. 가까이 오다.
나소 분 〈옛〉 나아가.
나소다 타 〈옛〉 낫우다.
나싀 명 〈옛〉 냉이.
나:아 (裸芽) 명 《식》 여름눈.
나아-가다 자거러 1 앞으로 향해 가다. ▢걸
음 앞으로 ~ / 관직에 ~. 2 목적하는 방향
을 향해 가다. ▢통일을 향해 ~. 3 일이 점
점 되어 가다. ▢계획대로 ~. ㈜나가다.
나아-가서 분 그뿐 아니라. 거기에만 머무르
지 않고, 그 일이 미치는 결과로서. ▢일신의
출세로다. ~ 집안의 명예이기도 하다.
나아-지다 자 어떤 일이나 상태가 좋아지다.
▢형편이 ~ / 성적이 ~.
나:안 (裸眼) 명 안경 등을 쓰지 않은 맨눈.
나:안 시:력 (裸眼視力) 명 《의》 5m의 거리에서
맨눈으로 시력 검사표를 바르게 볼 수 있는
최초의 시력.
나-앉다 [-안따] 자 1 안에서 밖으로, 뒤쪽에서
앞쪽으로 앉은 자리를 옮기다. ▢자리를 ~.
2 일정한 곳으로 옮겨 새로이 자리 잡다. ▢
장사를 하기 위하여 길가 쪽으로 ~. 3 하던
일이나 권리를 잃고 물러나다. ▢회장 자리
에서 ~. 4 살 집을 잃고 쫓겨나다. ▢자칫하
면 거리로 내앉게 생겼다.
나:약 (懦弱·軟弱) 명하혱허부 의지가 굳세지
못함. ▢~한 국민성 / ~한 마음.
나:-어리다 자 나이가 어리다.
나-엎어지다 자 갑자기 냅다 엎어지다. ▢밭
바닥에 ~.
나열 (羅列) 명하자타 1 죽 벌여 놓음. ▢미사
여구의 ~ / 어려운 단어만 ~한 문장 / 갖가
지 증상은 ~하다. 2 나란히 줄을 지음. ▢~
해 있는 대오.
나:엽 (裸葉) 명 《식》 영양엽(營養葉).
나-오다 자재너라 1 안에서 밖으로 오다. ▢방
에서 ~. ↔들어가다. 2 속에서 바깥으로 솟
아나다. ▢싹이 ~. 3 어떤 데에 나타나다.
▢모임에 나오지 않다. 4 생산되다. 산출되
다. ▢이 공장에서 나오는 상품. 5 어떤 근원
에서 일어나다. 발생하다. ▢그건 어디서 나
온 얘기요. 6 소속된 단체나 직장 따위에서
물러나다. ▢회사에서 나온 지 두 달 되었다.
7 태도를 취하여 겉으로 드러내다. ▢그가 어
떻게 나올까. 8 일터로 일하러 오다. ▢직장
에 ~. 9 앞으로 내밀다. ▢배가 나온 사람.
10 투신하다. 진출하다. ▢정계에 ~. 11 당
정·표정 따위가 겉으로 나타나다. ▢울음이
~. 12 출생하다. 태어나다. ▢내가 세상에
나온 지도 어언 30년. 13 발견되다. ▢없어
졌던 지갑이 ~. 타재너라 1 어떤 곳을 벗어
나다. ▢집을 ~. 2 졸업하다. ▢대학을 ~.
3 직장을 그만두다. ▢회사를 나와 쉬고 있

다. 4 어떤 목적으로 오다. ▢마중을 ~.
나-오르다 [나올라, 나오르니] 자타 소문 따위
가 퍼져 자꾸 남의 입에 오르내리다.
나온 관 〈옛〉 즐거운.
나왕 (羅王) 명 [←라완(lauan)] 《식》 용뇌향과
의 상록 교목. 또는 그 재목. 필리핀·인도·자
바 등지에서 나는데, 백나왕·적나왕 등 여러
가지가 있음. 가구재·건축재로 쓰임.
나:-요양소 (癩療養所) 명 《의》 나병 환자의
구호와 요양을 목적으로 국가에서 세운 의료
기관. 나병 요양소.
나:용 (挪用) 명하타 돈이나 물건 따위를 잠시
돌려씀.
나우 분 1 좀 많게. ▢밥을 ~ 담아라. 2 정도
가 좀 낫게. ▢~ 접대하다.
나울-거리다 자타 1 물결이 자꾸 굽이져 흐르
거나 움직이다. 2 나뭇잎이 춤추듯이 바
람에 자꾸 나부끼다. ㈜너울거리다. 타 팔
이나 날개 따위를 보드랍게 자꾸 움직이다.
㈜너울거리다. **나울-나울** [-라-] 분하자타
나울-대다 자타 나울거리다.
나위 (羅幃) 명 얇은 비단으로 만든 장막.
나위 의명 더 할 수 있는 여유나 더 해야 할 필
요. ▢더할 ~ 없다 / 의심할 ~ 없는 명백한
사실이다.
나타 (那他) 주 1 아승기(阿僧祇)의 억 배
(億倍). 곧 10^{112} 또는 10^{72}. 2 아승기의 만 배.
곧 10^{60}.
나:으리 명 ☞ 나리[3].
나의 (儺儀) 명 [/-이] 명 1 《역》 나례(儺禮). 2
《민》 산대놀음.
나이[1] 명 사람이나 생물이 세상에 나서 살아온
햇수. 연령. ▢불혹의 ~ / ~가 젊다 / ~가
많다 / ~가 들다 / ~가 지긋하다 / 그의 ~는
올해 서른둘이다. ㈜나.
[나이 젊은 딸이 먼저 시집간다] ㉠나이 적
은 사람이 시집가기 쉽다. ㉡젊은 사람이 사
회에 잘 쓰인다.
나이(가) 아깝다 관 말이나 하는 짓이 그 나
이에 어울리지 않게 유치하다.
나이(가) 차다 관 알맞은 나이에 이르다. 혼
기(婚期)가 되다. ▢나이 찬 처녀.
나이(를) 먹다 관 나이가 많아지다.
나이[2] 명 〈옛〉 냉이.
-나이까 어미 동사 및 '있다·없다·계시다'의
어간에 붙어, '하소서' 체에서 현재의 동작을
묻는 종결 어미(예스러운 표현). ▢어디로
가시~. *-오니까.
-나이다 어미 동사 및 '있다·없다·계시다'의
어간에 붙어, '하소서' 체에서 현재의 동작을
설명하거나 대답하는 종결 어미(예스러운 표
현). ▢용서를 비~ / 간절히 원하옵~. *-오
이다.
나이-대접 (-待接) 명하타 나이 많은 사람을
대접하여 받드는 일. ▢~ 받고 싶으면 그만
한 행동을 하거라. ㈜나대접.
나이-떡 명 《민》 정월 보름에 식구의 나이 수
만큼 숟가락으로 쌀을 떠서 만들어 먹는 떡
(액막이임). ㈜나떡.
나이-배기 명 겉보기보다 나이가 많은 사람을
얕잡아 이르는 말. ㈜나배기.
나이브-하다 (naive-) 혱어 소박하고 천진하
다. ▢성격이 ~.
나이키 (Nike) 명 '니케'의 영어명.
나이-테 명 《식》 나무의 줄기를 가로로 자른
면에 나타나는 바퀴 모양의 테. 해마다 하나

씩 늘어나므로 그 나무의 나이를 알 수 있음. 연륜(年輪). 목리(木理).

나이트-가운 (nightgown)명 여자나 아이들이 잠옷 위에 입는 길고 가벼운 겉옷.

나이트 게임 (night game) 야구·축구 따위의 야간 경기.

나이트-캡 (nightcap)명 잠잘 때에 머리가 형클어지지 않게 쓰는, 그물 모양의 모자.

나이트-클럽 (nightclub)명 술을 마시고 춤을 추며 즐길 수 있는 야간 유흥업소.

나이-티 명 나이에서 풍기는 분위기. ▣아무리 감추려 해도 ~가 난다.

나이팅게일 (nightingale) 명 〔조〕지빠귓과의 작은 새. 모양과 습성은 꾀꼬리와 비슷하며 몸길이는 17cm가량임. 등은 적회색, 배는 황회색, 허리·꽁지는 적갈색임. 우는 소리가 아름다움. 밤꾀꼬리.

나이프 (knife)명 **1** 양식(洋食)을 먹을 때 쓰는 작은 칼. ▣~로 고기를 썰다. **2** 주머니칼.

나:인 (拿人)〔←내인(內人)〕명 〔역〕궁궐 안에서 왕과 왕비를 가까이 모시던 내명부(內命婦)의 총칭. 궁인(宮人). 궁녀.

나인 (拿引)명하타 죄인을 잡아 끌고 옴.

나인 (nine)명 야구에서, 한 팀을 이루는 아홉 명의 선수.

나일론 (nylon)명 〔화〕석탄·물·공기 따위를 원료로 하여 합성수지로 만든 인조 섬유의 하나《비단과 비슷하나 비단보다 가볍고 질김》. ▣~ 끈 / ~ 스타킹.

나:입 (拿入)명하타 죄인을 법정으로 잡아들이는 일.

나잇-값 〔-이깝 / -인깝〕명 나이에 어울리는 말이나 행동을 낮잡아 이르는 말. ▣~도 못한다 / 제발 ~ 좀 해라.

나잇-살 〔-이쌀 / -인쌀〕명 (흔히 '먹다'와 함께 쓰여) '지긋한 나이'를 낮잡아 일컫는 말. ▣~이나 먹어 가지고 그게 무슨 짓인가. 준 낫살.

나올 명 〈옛〉나훌.

나자 (儺者)명 〔역〕나례(儺禮)를 거행하던 방상시(方相氏)·초라니·진자(侲子)·지군(持軍)·소매(小梅) 등의 통칭.

나-자빠지다 자 '나가자빠지다'의 준말. ▣방바닥에 ~ / 이제 와서 못하겠다고 나자빠지면 어떡해.

나자스-말 (라 Najas-)명 〔식〕나자스말과의 한해살이풀. 줄기는 길이가 30cm가량, 잎은 마주나고 선 모양임. 7~9월에 담녹색 꽃이 잎겨드랑이에서 피고 열매는 긴 타원형임. 못·도랑·무논에 나는데, 충북·강원·경기·황해도에 분포함.

나:자-식물 (裸子植物)〔-싱-〕명 〔식〕겉씨식물.

나:장 (裸葬)명하타 관을 물려 내고 송장만을 묻는 일.

나장 (羅將)명 〔역〕**1** 조선 때, 의금부에 속하여 죄인을 매질하는 일과 귀양 가는 죄인을 압송하는 일을 맡아보던 하급 관리. **2** 조선 때, 군아(郡衙)에 속한 사령.

나-장조 (-長調)〔-쪼〕명 〔악〕'나' 음을 으뜸음으로 하는 장조.

나:-전 (-錢)명 〔민〕신이나 부처에게 복을 빌 때, 그 사람의 나이대로 놓는 돈.

나전 (螺鈿)명 광채가 나는 자개 조각을 여러 모양으로 박아 넣거나 붙여서 장식한 공예품. 자개. ▣~ 칠기.

나전 (羅甸)명 〔지〕'라틴(Latin)'의 음역어.

나절 의명 **1** 하루 낮의 절반쯤 되는 동안. **2** 낮의 어느 무렵이나 동안. ▣오전 ~.

나절-가웃 〔-윧〕명 **1** 하루 낮의 4분의 3쯤 되는 동안. **2** 반나절.

나조 명 〈옛〉저녁.

나조-반 (-盤)명 나좃쟁반.

나졸 (羅卒)명 〔역〕조선 때, 군아(郡衙)에 딸렸던 군뢰(軍牢)와 사령의 총칭.

나졸 (邏卒)명 〔역〕조선 때, 포도청에 딸려 밤에 사람의 통행을 금지시키고 순찰을 돌던 병졸.

나좃-대 〔-조때 / -졷때〕명 갈대를 한 자쯤 잘라 묶어 기름을 붓고 붉은 종이로 싸서 초처럼 불을 켜는 물건《납채(納采) 때에 색시 집에서 씀》.

나좃-쟁반 (-錚盤)〔-조쩽- / -졷쩽-〕명 나좃대를 받쳐 놓는 쟁반. 나조반.

나죄 명 〈옛〉저녁.

나죗-해 명 〈옛〉석양. 저녁 해.

나주-반 (羅州盤)명 전라남도 나주에서 만들어 내는 소반. *나대반.

나:중 부 **1** 얼마의 시간이 지난 뒤. ▣~에 알게 된 사실 / 돈은 ~에 갚겠다 / ~에 만납시다 / ~에 놀러 갈게. **2** 먼저 할 것을 다 하고 끝판에 이르러. ▣잘잘못을 따지는 것은 ~ 일이다 / 맨 ~으로 미루다.

[나중 난 뿔이 우뚝하다] 후배가 선배보다 나음을 비유하는 말. [나중에야 삼수갑산을 갈지라도] 일의 결과가 최악의 경우에 이를지라도 우선 하고 싶은 대로 하겠다는 뜻.

나:지 (裸地)명 **1** 맨땅. ▣~를 가꾸고 나무를 심다. **2** 알땅.

나지리 부 자기보다 능력이나 품격이 못하게. ▣~ 보다 / ~ 여기다.

나지막-이 부 나지막하게. ▣~ 중얼거리는 소리가 들렸다.

나지막-하다 〔-마카-〕형여 높이나 소리가 매우 나직하다. ▣나지막한 목소리.

나직 (羅織)명하타 없는 죄를 꾸며 만듦.

나직-이 부 나직하게. ▣~ 불러 보는 옛 노래 / ~ 속삭이다.

나직-하다 〔-지카-〕형여 소리나 위치 등이 조금 낮다. ▣나직한 목소리 / 나직하게 떠 있는 구름. 나직-나직 〔-징-〕부형

나쯔다 자 어른 앞에 나아가다. ▣할아버지 앞에 나쯔아 앉았다.

나찰 (羅刹)명 〔불〕**1** 악귀의 하나. 신통력으로 사람을 매료시켜 잡아먹는다고 함. 후에 불교의 수호신이 되었음. **2** 지옥의 옥졸.

나찰 나라 (羅刹-)〔-라-〕명 〔불〕나찰들이 사는 세계. 나찰국.

나찰-녀 (羅刹女)〔-려〕명 〔불〕여자 나찰. 사람의 고기를 즐겨 먹으며, 큰 바다 가운데 산다고 함.

나:창 (癩瘡)명 〔의〕한센병의 부스럼.

나:체 (裸體)명 알몸. 나신(裸身). ▣~로 모델을 서다.

나:체-상 (裸體像)명 〔미술〕나체를 표현한 형상. 나상. 누드(nude). ▣~을 조각하다.

나:체-화 (裸體畫)명 〔미술〕나체를 그린 그림. ▣~ 모델.

나:출 (裸出)명하자 속의 것이 겉으로 드러남.

나:충 (裸蟲)명 털·날개 따위가 없는 벌레를 통틀어 일컫는 말.

나:취 (拿就)명하타 죄인을 붙잡아 감.

나:치 (拿致)명하타 죄인을 강제로 잡아 옴.

나치스 (독 Nazis)명 히틀러를 당수로 하였던

독일의 파시스트당. 국가 사회주의 독일 노동당. ⓒ나치(Nazi).

나치즘 (Nazism) 몡 나치스의 정치사상 및 지배 체제.

나침 (羅針) 몡 자침(磁針).

나침-반 (羅針盤) 몡 〖물〗 자침(磁針)이 남북을 가리키는 특성을 이용하여 방향을 알 수 있게 만든 기구. 나침의. 나침판. ⓒ침반(針盤).

나침 방위 (羅針方位) 〖지〗 나침반이 가리키는 남북선을 기준으로 측정한 방위.

나침-의 (羅針儀)[-치의/-치미] 몡 나침반.

나침 자오선 (羅針子午線) 〖지〗 나침반이 가리키는 남북을 이은 선.

나침-판 (羅針-) 몡 나침반.

나:타 (懶惰) 몡하형 나태.

나타-나다 자 1 나와서 눈에 뜨이다. ◻별이 ~ / 사고 목격자가 ~. 2 일이 겉으로 드러나다. ◻본성이 ~ / 경기 회복의 조짐이 나타나기 시작했다. 3 생겨나다. 발생하다. ◻효과가 ~ / 새 상품이 ~.

나타-내다 타 나타나게 하다. ◻두각을 ~ / 기쁨을 얼굴에 ~ / 모습을 나타내지 않다 / 자신의 느낌을 잘 나타냈다.

나타냄-표 (-標) 몡 〖악〗 작곡자의 생각대로 연주하도록 낱낱의 음이나 음절의 강약, 음량의 변화 등을 지시하는 기호(포르테·피아노·악센트 등). 발상(發想) 기호.

나탈-거리다 자 1 여러 가닥이 어지럽게 늘어져 자꾸 흔들리다. ◻바람에 긴 머리가 ~. 2 주제넘은 말과 짓을 자꾸 야단스럽게 하다. ⓒ너털거리다. ㉯나달거리다. **나탈-나탈** [-라-] 튄하자

나탈-대다 자 나탈거리다.

나:태 (懶怠) 몡하형 행동·성격 따위가 느리고 게으름. 나타(懶惰). ◻~한 생활〔마음〕 / 타성과 ~에 젖다.

나토 (NATO) 몡 [North Atlantic Treaty Organization] 북대서양 조약 기구.

나토다 타 〈옛〉 나타내다.

나트륨 (독 Natrium) 몡 〖화〗 소금 또는 수산화나트륨을 용해하여 전기 분해로 얻어지는 은백색의 연한 금속 원소. [11 번 : Na : 22.99]

나트륨-램프 (Natrium lamp) 몡 〖전〗 원통형의 유리관 속에 비활성 기체와 나트륨을 넣은 램프(방전시키면 황색의 빛을 내므로 가로등 따위에 씀). 나트륨등(燈).

나트륨-아말감 (독 Natriumamalgam) 몡 〖화〗 나트륨과 수은의 합금(환원제로 씀).

나트륨 유리 (Natrium琉璃) 〖화〗 약간 청록색을 띤, 열에 녹기 쉬운 유리.

나-틀 몡 베실을 뽑아 날아 내는 기구.

나티 몡 1 짐승 모양을 한 일종의 귀신. 2 검붉은 곳.

나티-상 (-相) 몡 귀신같이 망측하고 무시무시한 얼굴.

나팔 (喇叭) 몡 〖악〗 1 금속으로 만든 관악기의 하나. 군대에서, 행진하거나 신호할 때 씀. 2 끝이 나팔꽃 모양을 하고 있는 금관 악기의 총칭.

나팔(을) 불다 귄 ㉠나팔로 소리를 내다. ㉡ 〈속〉 술 따위를 병째로 마시다. 나발(을) 불다. ㉢〈속〉 어떤 사실을 크게 떠들어 선전하다. 나발(을) 불다.

나팔-거리다 자 천·종이 따위가 빠르고 가볍게 자꾸 나부끼다. ⓒ너펄거리다. **나팔-나팔** [-라-] 튄하자

나팔-관 (喇叭管) 몡 〖생〗 1 가운뎃귀의 고실(鼓室)과 인두(咽頭)를 연결하는 나팔 모양의

나후

관. 2 자궁(子宮) 밑의 좌우 양쪽에 있는 나팔 모양의 관. 난소에서 생긴 난자를 자궁으로 보내는 작용을 함. 수란관(輸卵管).

나팔관-염 (喇叭管炎)[-념] 몡 〖의〗 임질균·결핵균과 화농균 따위로 말미암아 자궁의 나팔관에 생기는 염증.

나팔관 임:신 (喇叭管姙娠)[-님-] 〖생〗 자궁외 임신의 하나. 나팔관염으로 수정란(受精卵)이 나팔관 안에 착상하여 된 임신. 난관임신.

나팔-꽃 (喇叭-)[-꼳] 몡 〖식〗 메꽃과의 한해살이 덩굴풀. 열대 아시아 원산. 잎은 심장 모양이면서 세 갈래로 갈라졌음. 여름에 남자색·홍색·흰색 등의 꽃이 핌. 씨는 견우자(牽牛子)라 하여 약용함. 견우(牽牛).

나팔-대다 자 나팔거리다.

나팔-바지 (喇叭-) 몡 아랫단이 나팔 모양으로 넓어지는 바지.

나팔-수 (喇叭手) 몡 나팔을 부는 사람.

나:포 (拿捕) 몡하타 1 죄인을 붙잡는 일. 2 자기 나라 영해를 침범한 배를 붙잡음.

나:포-선 (拿捕船) 몡 나포한 배.

나폴레옹 법전 (Napoléon法典)[-쩐] 〖법〗 나폴레옹 1세의 명으로 편찬된 법전. 민법·민사 소송법·상법·형법·형사 소송법 등의 다섯 가지이며, 평등과 자유를 기본 원칙으로 하여 세계의 시민법에는 큰 영향을 미쳤음.

나푼-거리다 자 얇고 넓은 물체가 바람에 날려 가볍게 자꾸 흔들리다. ⓒ너푼거리다. **나푼-나푼** 튄하자

나푼-대다 자 나푼거리다.

나풀-거리다 자타 얇은 물체가 바람에 날려 가볍게 자꾸 흔들리다. 또는 그렇게 하다. ◻머리카락이 바람에 ~. ⓒ너풀거리다. ㉯나불거리다. **나풀-나풀** [-라-] 튄하자타

나풀-대다 자타 나풀거리다.

나프타 (naphtha) 몡 〖화〗 석유·콜타르(coaltar)·함유(含油) 셰일 등을 증류하여 얻는, 끓는점이 낮은 탄화수소의 혼합물로 이루어진 기름(석유 화학 공업의 원료임).

나프탈렌 (naphthalene) 몡 〖화〗 콜타르를 높은 온도에서 증류해서 분리시킨 비늘 모양의 백색 결정체(합성 화학 공업상의 중요한 원료이며, 장뇌의 대용품으로 방부·방충·방취제로 씀).

나프톨 (naphthol) 몡 〖화〗 무색의 바늘 모양의 결정으로 페놀(phenol)과 비슷한 냄새와 매운맛을 가지는 화합물(피부병약·구충제로 쓰며, 공업용 색소 제조의 중요 원료임).

나한 (羅漢) 몡 〖불〗 '아라한(阿羅漢)'의 준말. ◻십육 ~.

[나한에도 모래 먹는 나한이 있다] 높은 지위에 있으면서도 고생하는 사람이 있다.

나한-전 (羅漢殿) 몡 〖불〗 사찰에서, 십육 나한이나 오백 나한을 모신 집.

나해 (螺醢) 몡 소라젓.

나헤 감 장치기에서, 공이 금 밖으로 나가면 지르는 소리.

나화주 (-燒酒) 〈옛〉 밀수제비.

나:화 (裸花) 몡 〖식〗 무피화(無被花).

나:-환자 (癩患者) 몡 나병에 걸린 사람.

나:획 (拿獲) 몡하타 죄인을 잡거나 그 사람의 물건을 빼앗음.

나후 (羅睺) 몡 〖민〗 구성(九星)의 하나. 해와 달을 가려 일식·월식을 일으킨다고 하는 악마. 나후성(羅睺星).

나후-아수라왕(羅睺阿修羅王)[명]〖불〗인도 아수라왕의 하나. 신장이 칠백 유순(由旬)이며, 그 손으로 해와 달을 가려 일식·월식을 일으킨다고 함.

나후-직성(羅睺直星)[-썽][명]〖민〗제웅직성.

나흗-날[-흔-][명] **1** '초나흗날'의 준말. **2** 넷째 날. ㊤나흘.

나흘[명] **1** 네 날. 사일. ▣ ~ 동안의 여행. **2** 초나흗날.

낙(樂)[명] 즐거움이나 위안. ▣ 인생의 ~ / 고생 끝에 ~이 온다 / 꽃 가꾸기가 유일한 ~이다. ↔고(苦).

낙(駱)[명]〖동〗가리온.

낙가(落痂)[-까][명][하자]〖의〗마마나 헌데가 다 나아서 딱지가 떨어짐. 또는 그 딱지.

낙가(落價)[-까][명][자타] **1** 값이 떨어짐. ▣ 불경기로 인한 ~. **2** 값을 깎음.

낙간(落簡)[명][하자] 책의 원문의 일부가 빠짐.

낙가로[옛] 〈옛〉 낯싯거루.

낙경(樂境)[-껑][명] **1** 안락한 경지나 처지. ↔고경(苦境). **2** 낙토(樂土).

낙과(落果)[-꽈][명] 열매가 익는 도중에 나무에서 떨어짐. 또는 그 열매.

낙과(落科)[-꽈][명][하자] **1** 과거에 떨어짐. 낙방(落榜). **2**〖법〗소송에서 짐. 패소(敗訴).

낙관(落款)[-꽌][명] 글씨나 그림에 작가가 자기 이름이나 호를 쓰고 도장을 찍는 일. 또는 그 이름이나 도장. ▣ ~을 찍다 / ~을 새기다.

낙관(樂觀)[-꽌][명][하자타] **1** 사물의 형편을 좋게 봄. **2** 앞날을 밝고 희망적으로 내다봄. ▣ ~을 불허하는 정세 / 형세를 ~하기는 아직 이르다. ↔비관(悲觀).

낙관-론(樂觀論)[-꽌논][명] 사물을 밝게 보고 앞날에 대하여 희망을 가지는 견해. ▣ ~을 펴다. ↔비관론.

낙관론-자(樂觀論者)[-꽌논-][명] 사물을 낙관적으로 생각하는 사람. ↔비관론자.

낙관-적(樂觀的)[-꽌-][관][명] 사물의 진전을 밝고 희망적으로 보는 (것). ▣ 정세를 ~으로 보다. ↔비관적.

낙관-주의(樂觀主義)[-꽌- / -꽌-이][명] 낙천주의.

낙구(落句)[-꾸][명]〖문〗시부(詩賦)의 끝 구절. 끝구(율시에서는 마지막 두 구를 이름).

낙구(落球)[-꾸][명][하자] 야구에서, 받은 공을 떨어뜨림. ▣ 일루수의 ~가 패인이었다.

낙길(落-)[-낄][명] '낙질(落帙)'의 변한말.

낙낙-하다[낭나카-][형][여] 크기·수효·부피·무게 따위가 조금 크거나 남음이 있다. ▣ 품이 낙낙한 옷. ㉥넉넉하다. **낙낙-히**[낭나키][부]. ▣ ~ 준비하다 / 옷을 ~ 입다.

낙남(落南)[낭-][명][하자] 서울에서 살던 사람이 남쪽 지방으로 이사해 감.

낙농(酪農)[낭-][명]〖농〗젖소나 염소 등을 길러 젖을 짜거나 그 젖으로 버터·치즈 등을 만드는 농업. 낙농업.

낙농-업(酪農業)[낭-][명]〖농〗낙농.

낙농-품(酪農品)[낭-][명] 우유로부터 생산되는 모든 제품(버터·치즈·연유·분유 등). 낙제품.

낙담(落膽)[-땀][명][하자] **1** 일이 뜻대로 되지 않아 마음이 몹시 상함. ▣ ~하지 말게 / ~과 실의의 나날을 보내다 / ~이 이만저만이 아니다. **2** 너무 놀라서 간이 떨어지는 듯함.

낙담-상혼(落膽喪魂)[-땀-][명][하자] 몹시 놀라거나 마음이 상해서 넋을 잃음. 상혼낙담.

낙도(落島)[-또][명] 육지에서 멀리 떨어진 외딴섬. ▣ ~ 어린이들.

낙등(落等)[-뜽][명] **1** 등급이 떨어짐. **2** 다른 것에 비하여 등급이 뒤짐.

낙락-장송(落落長松)[낭낙짱-][명] 가지가 길게 축축 늘어진 키가 큰 소나무.

낙락-하다(落落-)[낭나카-][형] **1** 큰 소나무의 가지가 아래로 축축 늘어져 있다. **2** 여기저기 멀리 떨어져 있다. **3** 남과 서로 어울리지 않다. **4** 작은 일에 얽매이지 않고 대범하다. ▣ 성격이 ~. **낙락-히**[낭나키][부]

낙뢰(落雷)[낭뇌][명][하자] 벼락이 떨어짐. 또는 그 벼락. ▣ ~를 맞아 나무가 쓰러졌다.

낙루(落淚)[낭누][명][하자] 눈물을 흘림. 또는 그 눈물.

낙루(落漏)[낭누][명][하자] 누락(漏落). ▣ 명단에서 이름이 ~되다.

낙마(落馬)[낭-][명][하자] 말에서 떨어짐. ▣ ~하여 다리를 다쳤다.

낙막-하다(落寞-)[낭마카-][형][여] 마음이 쓸쓸하다.

낙망(落望)[낭-][명][하자] 희망을 잃음. ▣ 한 번의 실패에 ~해서는 안 된다.

낙매(落梅)[낭-][명] **1** 떨어지는 매화꽃. **2** 꽃이 진 매화나무.

낙맥(落脈)[낭-][명] 큰 산맥에서 떨어져 나온 산맥이나 산.

낙면(落綿)[낭-][명] 솜을 틀거나 실을 자을 때 생기는 솜 부스러기.

낙명(落名)[낭-][명][하자] 명성이나 명예가 떨어짐. 또는 그 명성이나 명예. ▣ ~을 회복하다. ↔양명(揚名).

낙명(落命)[낭-][명][하자] 목숨을 잃음. 죽음.

낙목(落木)[낭-][명] 잎이 진 나무.

낙목-공산(落木空山)[낭-꽁-][명] 나뭇잎이 다 져서 텅 비고 쓸쓸한 산.

낙목-한천(落木寒天)[낭모콴-][명] 나뭇잎이 다 떨어진, 겨울의 춥고 쓸쓸한 풍경. 또는 그러한 계절. ▣ ~에 핀 국화 한 송이.

낙미지액(落眉之厄)[낭-][명] 눈앞에 닥친 재앙(災殃).

낙반(落磐·落盤)[-빤][명][하자] 광산이나 토목 공사 따위에서 갱내의 암석이나 토사가 무너져 내림. ▣ ~ 사고.

낙발(落髮)[-빨][명] **1** 머리를 깎음. **2** 머리털이 빠짐. ▣ 육십이 넘자 ~이 심해졌다.

낙발-위승(落髮爲僧)[-빨뭐-][명] 머리를 깎고 승려가 됨. 삭발위승(削髮爲僧).

낙방(落榜)[-빵][명][하자] **1** 시험·선거·모집 따위에 떨어짐. ▣ ~의 고배를 마시다. **2**〖역〗과거 시험에 떨어짐. 낙과. ↔급제.

낙방-거자(落榜擧子)[-빵-][명] **1** 과거에 떨어진 선비. **2** 어떤 일에 참여하려다가 제외된 사람.

낙백(落魄)[-빽][명][하자] **1** 넋을 잃음. **2** 영락(零落)2.

낙범(落帆)[-뻠][명][하자] 돛을 내림.

낙법(落法)[-뻡][명] 유도 등에서, 다치지 않고 넘어지는 방법. ▣ ~을 익히다.

낙복-지(落幅紙)[-쪽찌][명]〖역〗과거에 떨어진 사람의 답안지.

낙본(落本)[-뽄][명] 본전에서 밑지거나 손해를 봄. 실본(失本).

낙부(諾否)[-뿌][명] 허락과 거절을 아울러 이르는 말. ▣ ~를 묻다.

낙빈(樂貧)[-삔][명][하자] 가난 속에서도 즐겁게

지냄.

낙사(落仕)[-싸] 명 하자 낙직(落職).

낙사(樂事)[-싸] 명 즐거운 일. 재미 붙일 만한 일.

낙산(落山)[-싼] 명 하자타 1 산에서 내려옴. 또는 물건을 산에서 내림. 2 『광』 광석을 캐어낸 곳에서 금방앗간으로 운반하는 일.

낙산(酪酸)[-싼] 명 『화』 부티르산(酸).

낙산-균(酪酸菌)[-싼-] 명 『화』 부티르산균.

낙-산물(酪産物)[-싼-] 명 젖소나 염소의 젖을 짜서 이를 원료로 만든 제품.

낙살(烙殺)[-쌀] 명 하타 사람을 단근질해 죽임.

낙상(落傷)[-쌍] 명 하자 떨어지거나 넘어져서 다침. 또는 그 상처. ❏ 빙판길에서 ~하여 허리를 다쳤다.

낙서(洛書)[-써] 명 옛날, 중국 하(夏)나라의 우왕(禹王)이 홍수를 다스릴 때, 뤄수이(洛水) 강에서 나온 거북의 등에 씌어 있었다는 45개의 점. 팔괘(八卦)의 법이 이에 의해 만들어졌다 함.

낙서(落書)[-써] 명 하자 1 글자·그림 따위를 장난으로 아무 데나 함부로 쓰거나 그림. 또는 그 글자나 그림. ❏ ~ 금지 / ~를 지우다 / 벽에 ~하다. 2 글을 베낄 때 잘못하여 글자를 빠뜨리고 씀. 낙필.

낙석(落石)[-썩] 명 하자 산 위나 벼랑 따위에서 돌이 떨어짐. 또는 그 돌. ❏ ~으로 길이 막히다 / ~을 조심하시오.

낙선(落選)[-썬] 명 하자 1 선거에서 떨어짐. ❏ ~의 쓴잔을 맛보다. 2 출품한 작품 등이 심사에서 떨어짐. ❏ ~ 작품. ↔ 당선.

낙선-자(落選者)[-썬-] 명 낙선한 사람.

낙설(落屑)[-썰] 명 『의』 표피(表皮)의 각질층이 조각이 되어 떨어지는 현상(비듬 따위).

낙성(落成)[-썽] 명 하자타 건축물의 공사를 다 끝냄. 준공(竣工).

낙성(落城)[-썽] 명 하자 성이 함락됨.

낙성 계:약(諾成契約)[-썽-/-썽게-] 『법』 당사자의 합의만으로 이루어지는 계약(매매·교환·임대차 계약 따위). ↔ 요물(要物) 계약.

낙성-식(落成式)[-썽-] 명 낙성을 축하하는 의식. ❏ ~을 성대하게 치르다.

낙성-연(落成宴)[-썽-] 명 낙성을 축하하는 잔치. ❏ ~을 베풀다.

낙세(落勢)[-쎄] 명 물가 따위가 떨어지는 기세. 내림세. ↔ 등세(騰勢).

낙소(酪素)[-쏘] 명 『화』 카세인.

낙속(落速)[-쏙] 명 물체가 떨어지는 속도.

낙송(落訟)[-쏭] 명 『법』 패소(敗訴).

낙수(落水)[-쑤] 명 낙숫물. ❏ ~ 소리.

낙수(落穗)[-쑤] 명 1 추수 후 땅에 떨어진 이삭. 2 일을 치르고 난 뒷이야기.

낙수-받이(落水-)[-쑤바지] 명 1 낙숫물이 한곳으로 모여 흐르도록 추녀 밑에 댄 홈통. 2 낙숫물을 받는 그릇.

낙숫-고랑(落水-)[-쑤꼬-/-쑫꼬-] 명 1 낙숫물에 팬 고랑. 2 지붕 위에 빗물이 흐르게 된 고랑.

낙숫-물(落水-)[-쑨-] 명 처마 끝에서 떨어지는 빗물이나 눈석임물. 또는 고드름이 녹은 물. 낙수. ❏ 처마 끝에서 ~이 떨어졌다.
[낙숫물이 댓돌을 뚫는다] 작은 힘이라도 끈기 있게 계속하면 성공한다는 말.

낙승(落僧)[-씅] 명 타락한 승려.

낙승(樂勝)[-씅] 명 하자 힘들이지 않고 쉽게 이김. ❏ ~을 거두다 / ~이 예상되다. ↔ 신승(辛勝).

낙심(落心)[-씸] 명 하자 바라던 일을 이루지 못하여 마음이 상함. ❏ ~한 표정 / ~에 빠지다.

---

427 낙장

낙심-천만(落心千萬)[-씸-] 명 하자 마음이 몹시 상함.

낙약(落萼) 명 『식』 꽃잎과 함께 떨어지는 꽃받침. 제때꽃받침.

낙안(落雁) 명 하늘을 날다가 땅에 내려앉는 기러기.

낙약(諾約) 명 하자 계약의 신청을 승낙함.

낙약-자(諾約者)[-짜] 명 『법』 제삼자를 위한 계약에서, 제삼자에 대하여 채무를 부담하는 사람. ↔ 요약자(要約者).

낙양(落陽) 명 석양(夕陽)1.

낙역부절(絡繹不絶)[나격뿌-] 명 하자 연락부절(連絡不絶).

낙역-하다(絡繹-)[나겨카-] 형여 왕래(往來)가 끊임없다.

낙엽(落葉) 명 나뭇잎이 떨어짐. 또는 그 나뭇잎. ❏ ~이 지다 / ~이 바람에 날리다.

낙엽 관:목(落葉灌木)[나겹관-] 『식』 가을에 잎이 떨어져서 봄에 새잎이 나는 관목(진달래·철쭉 따위).

낙엽 교목(落葉喬木)[나겹꾜-] 『식』 가을에 잎이 떨어져서 봄에 새잎이 나는 교목(참나무·밤나무 따위).

낙엽-색(落葉色)[나겹쌕] 명 낙엽과 같은 빛. 흙빛을 황갈색을 띤 빛. 화다(樺茶)색.

낙엽-송(落葉松)[나겹쏭] 명 『식』 전나뭇과의 낙엽 침엽 교목. 줄기 높이는 30m가량, 큰 것은 지름 1m가량이며, 건축재·침목·전주·펄프·선박재 등으로 씀.

낙엽-수(落葉樹)[나겹쑤] 명 『식』 가을에 잎이 떨어졌다가 봄에 새잎이 나는 나무. ↔ 상록수(常綠樹).

낙영(落英) 명 낙화(落花).

낙오(落伍) 명 하자 1 대오(隊伍)에서 처져 뒤떨어짐. ❏ 한 사람의 ~도 없다. 2 사회나 시대의 진보에 뒤떨어짐. ❏ 경쟁에서 ~하다.

낙오-병(落伍兵) 명 『군』 대열에서 뒤에 처진 병사.

낙오-자(落伍者) 명 낙오된 사람. ❏ 그 행군에서 많은 ~가 생겼다 / 인생의 ~.

낙원(樂園) 명 1 안락하게 살 수 있는 즐거운 곳. 이상향. 파라다이스. ❏ ~을 이루다. 2 죽은 뒤의 세계.

낙월(落月) 명 서쪽으로 지는 달.

낙유(酪乳) 명 탈지유에 유산균을 넣어 발효시킨 우유(식이 요법에 많이 씀).

낙의(諾意)[나긔/나기] 명 승낙하는 뜻. ❏ ~를 표명하다.

낙이(樂易) 명 하형 즐겁고 편안함.

낙인(烙印) 명 1 불에 달구어 찍는 쇠도장. 화인(火印). ❏ 말의 엉덩이에 ~을 찍다. 2 다시 씻기 어려운 불명예스러운 판정이나 평가. ❏ 문제아라는 ~이 붙다.

낙인-찍다(烙印-)[나긴-따] 타 벗어나기 어려운 부정적인 평가를 내리다. ❏ 어제의 동지를 오늘은 배신자라고 ~.

낙인-찍히다(烙印-)[나긴찌키-] 자 ('낙인찍다'의 피동) 낙인찍힘을 당하다. ❏ 그는 사기꾼으로 낙인찍혔다.

낙일(落日) 명 서쪽으로 지는 해.

낙자(落字)[-짜] 명 빠진 글자. 탈자(脫字).

낙장(落張)[-짱] 명 1 책의 빠진 책장. 낙정. ❏ ~이 있는 책. 2 화투·트럼프 등에서, 판에 한번 내어 놓은 패.

낙장-거리 [-짱-] 명 하자 네 활개를 벌리고 뒤로 발딱 나자빠짐. (큰)넉장거리.

낙장-본 (落張本)[-짱-] 명 빠진 낙장이 있는 책. ◻파본이나 ~은 바꾸어 드립니다.

낙장불입 (落張不入)[-짱부립] 명 화투·투전·트럼프 따위에서, 판에 한번 내어 놓은 패는 물리기 위하여 다시 집어 들이지 못함.

낙적 (落籍)[-쩍] 명 하자타 1 호적부·학적부 따위에서 이름이 빠짐. 2 기적(妓籍)에서 이름을 뺌.

낙전 (落箭)[-쩐] 명 하자 쏜 화살이 표적에 이르지 못하고 도중에 떨어짐. 또는 그 화살.

낙전 (落錢)[-쩐] 명 공중전화에서 전화기에 남아 있으나 통화할 수 없는 잔돈.

낙전 (樂戰)[-쩐] 명 전쟁이나 운동 경기 따위에서, 수월한 싸움. ◻~ 낙승. ↔고전(苦戰).

낙점 (落點)[-쩜] 명 하타 1 여러 후보 가운데 마땅한 사람을 고름. ◻~을 받다. 2〖역〗조선 때, 관원을 뽑을 때에 임금이 이조에서 추천한 세 후보자 가운데 마땅한 사람의 이름 위에 점을 찍던 일.

낙정 (落丁)[-쩡] 명 낙장(落張)1.

낙정-미 (落庭米)[-쩡-] 명 1 마되질을 하다가 땅에 떨어뜨린 곡식. 2 수고한 끝에 조금 얻어 차지하게 되는 변변치 못한 물건의 비유.

낙제 (落第)[-쩨] 명 하자 1 진학 또는 진급을 하지 못하는 일. ↔급제. ~ 점수. 2 일정한 수준에 미치지 못함. ◻계획안이 모두 ~다. 3 시험이나 검사 따위에 떨어짐. ◻입학시험에 ~하다.

낙제-생 (落第生)[-쩨-] 명 낙제한 학생. ↔제생.

낙제-점 (落第點)[-쩨쩜] 명 1 시험 따위에 합격할 수 없는 점수. ◻~을 받다. 2 일정한 수준이나 기대에 능력이 미치지 못하는 것으로 평가하는 기준을 비유적으로 이르는 말. ◻솜씨가 ~이다.

낙-제품 (酪製品)[-쩨-] 명 낙농품(酪農品).

낙조 (落照)[-쪼] 명 저녁에 지는 햇빛. 석양(夕陽). ◻~가 붉게 타오르다 / 서쪽 하늘이 온통 붉은 ~에 물들었다.

낙조 (落潮)[-쪼] 명〖지〗썰물.

낙종 (落種)[-쫑] 명 하자 논밭에 씨를 떨어뜨려 심음. *파종(播種).

낙종 (諾從)[-쫑] 명 하타 응낙하여 좇음. ◻내 말을 ~할 건가.

낙종 (樂從)[-쫑] 명 하자 즐거이 순종함. ◻새 질서에 ~하다.

낙종-물 (落種-)[-쫑-] 명 못자리할 때에 맞추어 알맞게 내리는 비.

낙죽 (烙竹)[-쭉] 명 대의 표면을 달군 쇠붙이로 지져서 여러 모양을 그리는 일. 또는 그 대.

낙지 [-찌] 명〖동〗낙짓과의 연체동물. 몸길이는 70cm가량으로 여덟 개의 발이 있고 빨판이 많이 붙어 있음. 몸빛은 회색이나 주위의 빛에 따라 바뀌며, 위험이 닥치면 먹물을 뿜으며 도망침. 장어(章魚). 초어(梢魚).

낙지 (落地)[-찌] 명 하자 세상에 태어남. ◻~ 이후 처음 겪는 일.

낙지 (落枝)[-찌] 명 축 늘어진 나뭇가지.

낙지 (樂地)[-찌] 명 낙토(樂土).

낙지-다리 [-찌-] 명〖식〗돌나물과의 여러해살이풀. 들의 습지에 나는데, 줄기는 70cm가량이고 잎은 좁은 피침형임. 초여름에 줄기 끝에 누르스름한 작은 꽃이 이삭 모양으로 피고 열매는 낙지의 다리와 비슷하여. 어린

싹은 식용함.

낙직 (落職)[-찍] 명 하자 벼슬자리에서 떨어짐. 낙사(落仕).

낙진 (落塵)[-찐] 명 핵 실험 따위로 생긴 방사능 물질이 지구 표면에 떨어진 것. 죽음의 재. 방사진. 방사능진.

낙질 (落帙)[-찔] 명 한 질을 이루는 여러 권의 책 가운데 빠진 책이 있음. 산질(散帙). ◻~이 있는 희귀본.

낙질-본 (落帙本)[-찔-] 명 한 질을 이루는 책에 몇몇 권이 빠지고 없어 권수가 갖추어지지 않은 책. ↔완질본.

낙차 (落差) 명 1〖물〗떨어지거나 흐르는 물의 높낮이의 차(수력 발전 등에 이용함). ◻강물의 ~를 수력 발전에 이용하다. 2 높낮이의 차. ◻~가 큰 커브로 타자를 처리했다. 3 시간이나 정도, 수준 따위의 차이. ◻빈부의 ~가 크다.

낙착 (落着) 명 하자 일의 결말이 남. ◻예정대로 ~이 되었다.

낙찰 (落札) 명 하타〖경〗경매나 경쟁 입찰 따위에서, 물건이나 일이 어떤 사람에게 돌아가도록 결정됨. ◻~ 가격 / 최고가로 ~하다.

낙찰-계 (落札契)[-/-계] 명 경쟁 입찰의 형식을 취하는 계. 낙찰자가 곗돈을 타고, 남은 액수는 앞으로 탈 사람에게 분배됨. ◻~에 들다.

낙척 (落拓) 명 하자 불우한 환경에 빠짐.

낙천 (落薦) 명 하자 천거 또는 추천에서 떨어짐. ◻~ 운동을 벌이다.

낙천 (樂天) 명 세상과 인생을 즐겁고 좋게 생각함. ↔염세.

낙천-가 (樂天家) 명 세상과 인생을 즐겁게 생각하며 모든 일을 낙천적으로 여기는 사람. ◻~의 기질. ↔염세가(厭世家).

낙천-관 (樂天觀) 명〖철〗1 낙천주의. 2 사물을 낙천적으로 생각하는 정신의 경향. ↔염세관(厭世觀).

낙천-적 (樂天的) 관 명 세상과 인생을 즐겁고 좋은 것으로 여기는 (것). ◻~ 사고 / ~인 기질. ↔염세적.

낙천-주의 (樂天主義)[-/-이] 명〖철〗세상과 인생을 희망적으로 밝게 보는 생각이나 사상. ◻~자 / ~적인 성격. ↔염세주의.

낙첨 (落籤) 명 추첨에서 떨어짐.

낙체 (落體) 명〖물〗중력에 의해 땅에 떨어지는 물체.

낙치 (落齒) 명 하자 늙어서 이가 빠짐.

낙-치다 (烙-) 타 불로 낙인을 찍다.

낙치-부생 (落齒復生) 명 하자 늙어서 빠진 이가 다시 남.

낙타 (駱駝) 명〖동〗낙타과의 포유동물. 키는 약 2m이고 사막 생활에 알맞게 콧구멍을 자유롭게 여닫을 수 있고, 속눈썹이 빽빽함. 등에는 지방을 간직하는 혹 모양의 육봉(肉峰)이 있어, 며칠 먹지 않아도 견딜 수 있음. 단봉낙타와 쌍봉낙타의 두 종류가 있음.

낙타-지 (駱駝-) 명 낙타의 털로 짠 모직물의 하나(고급 외툿감으로 씀). 캠릿(camlet).

낙탁 (落魄) 명 영락(零落)2.

낙태 (落胎) 명 하자〖의〗1 유산(流産)1. 2 태아를 인위적으로 떼어 내어 없앰. 또는 그 태아. ◻~ 수술.
[낙태한 고양이 상] 몹시 낙담하거나 실망하여 얼굴을 잔뜩 찌푸리고 있음을 비유한 말.

낙태-죄 (落胎罪)[-쬐] 명 하자〖법〗태아를 모체 안에서 인위적으로 죽이거나 조산(早産)시킴으로써 성립하는 죄.

낙토 (樂土) 명 즐겁고 행복하게 살 수 있는 땅. 낙경(樂境). 낙지(樂地). 낙천지. ❏황무지를 ~로 가꾸다.
낙판 (落板) 명하자 〖민〗 윷놀이에서, 윷가락이 판 밖에 떨어지는 일《이때는 무효가 됨》.
낙폭 (落幅) 명 값이 떨어진 폭. ❏~이 크다.
낙필 (落筆) 명하자 **1** 붓을 들어 글씨를 쓰거나 그림을 그림. **2** 낙서(落書)2.
낙하 (落下)[나카] 명하자 높은 데서 떨어짐. ❏~ 훈련 / ~ 지점을 확인하다 / 특공대가 적진에 ~하다.
낙하 (落霞)[나카] 명 낮게 깔린 저녁노을.
낙-하다 (烙-)[나카-] 타여 **1** 달군 쇠붙이로 지져 그림을 그리거나 글자를 쓰다. **2** ☞낙인찍다.
낙하-산 (落下傘)[나카-] 명 **1** 비행 중인 항공기에서 사람이나 물건이 안전하게 땅 위에 내리도록 하는 데 쓰는 우산 모양의 기구. 파라슈트. ❏~을 펴다 / ~을 타고 내려오다. **2** 외부의 힘으로 승진·채용 등의 인사가 행해지는 것의 비유. ❏~ 인사에 대한 불만의 목소리가 터져 나오다.
낙하산 부대 (落下傘部隊)[나카-] 〖군〗 낙하산을 타고 적의 후방에 내려서 싸우는 부대. 공수(空輸) 부대. 공정(空挺) 부대.
낙하-율 (落下律)[나카-] 명 〖물〗 물체의 낙하에 관한 법칙. 어떤 물체도 진공 속에서는 같은 속도로 떨어지고, 낙하 거리는 그 시간의 제곱에 비례하며, 낙하 속도는 그 거리의 제곱근에 비례함.
낙학 (洛學)[나칵] 명 〖철〗 중국 송학(宋學)의 한 파. 정호(程顥)·정이(程頤) 형제의 학파로 그들의 고향이 낙양(洛陽)인 데서 유래함.
낙한 (落汗)[나칸] 명하자 〖한의〗 열병에 땀을 흘려 열이 내림.
낙함 (落頷)[나캄] 명 〖의〗 턱이 어긋나서 위아래의 이가 맞지 않는 일.
낙향 (落鄕)[나컁] 명하자 시골로 거처를 옮기거나 이사함. ❏~을 결심하다 / ~의 길에 오르다 / 향리로 ~하여 여생을 보내다.
낙형 (烙刑)[나켱] 명하타 단근질.
낙혼 (落婚)[나콘] 명하자 강혼(降婚).
낙홍 (落紅)[나콩] 명하자 **1** 낙화(落花). **2** 단풍이 떨어짐.
낙화 (烙畵)[나콰] 명 〖미술〗 나무·대나무·상아 따위의 표면에 인두로 지져서 그린 그림. 또는 그 기법.
낙화 (落火)[나콰] 명 불놀이 따위에서, 높은 곳에서 떨어지는 불.
낙화 (落花)[나콰] 명하자 꽃이 떨어짐. 또는 그 꽃. 낙영(落英). ❏~가 하얗게 깔리다 / 눈송이가 ~처럼 흩날리다.
낙화-난상지 (落花難上枝)[나콰-] 명 한번 진 꽃은 다시 필 수 없다는 뜻으로, 한번 저지른 일은 다시 돌이킬 수 없음.
낙화-생 (落花生)[나콰-] 명 〖식〗 땅콩.
낙화생-유 (落花生油)[나콰-뉴] 명 땅콩을 짜서 만든 기름. 좋은 것은 무색 또는 담황색이며 냄새가 없음《식용·섬유 공업·비누 제조·윤활유 등에 씀》. 땅콩기름.
낙화-유수 (落花流水)[나콰-] 명 **1** 떨어지는 꽃과 흐르는 물이란 뜻으로, 가는 봄의 경치를 말함. **2** 떨어지는 꽃에 정이 있으면 흐르는 물에도 또한 정이 있어 그것을 띄워 흐르기를 바란다는 뜻으로, 남녀가 서로 그리워함을 이르는 말.
낙후 (落後)[나쿠] 명하자 기술·문화나 생활 따위의 수준이 뒤떨어짐. ❏개발 ~ 지역 / ~한 경제 / 시설이 ~되다.
낙후-성 (落後性)[나쿠썽] 명 낙후한 상태. ❏~을 면치 못하다.
낚-거루 [낙꺼-] 명 '낚싯거루'의 준말.
낚다 [낙따] 타 **1** 낚시로 물고기를 잡다. ❏월척을 ~. **2** 꾀나 수단을 써서 이름을 얻다. ❏명성을 낚기 위한 수단. **3** 〈속〉 이성을 꾀다. ❏계집을 ~. **4** 기회나 행운 따위를 얻다. ❏16번 홀에서 다시 버디를 ~. **5** 무엇을 갑자기 붙들거나 잡아채다. ❏머리채를 ~ / 팔을 낚아서 끌고 가다.
낚-대 [낙때] 명 '낚싯대'의 준말.
낚시 [낙씨] 명하자 **1** 미끼를 꿰어 물고기를 잡는 데 쓰는, 작은 바늘로 된 갈고랑이. 낚싯바늘. 조구(釣鉤). ❏~에 물고기가 걸리다 / ~를 물에 드리우다 / ~에 미끼를 갈아 끼우다. **2** '낚시질'의 준말. ❏섬으로 ~하러 가다. **3** 이득을 얻기 위해 사람을 꾀는 데 쓰는 수단의 비유. ❏~에 걸려들다.
　낚시를 던지다 구 남을 꾀어내기 위한 수단을 쓰다.
낚시-걸이[1] [낙씨거리] 명하자타 **1** 남에게 먼저 조금 주고 많은 이익을 얻으려고 꾀하는 짓. **2** 씨름에서, 자기의 다리로 상대편의 다리를 걸어 당기는 기술.
낚시-걸이[2] [낙씨거리] 명 보통 쓰는 낚시 모양의 호미. *등자걸이.
낚시-고사리 [낙씨-] 명 〖식〗 면마과의 여러해살이풀. 산의 바위틈에 나는데, 높이는 10-20 cm이며, 잎은 더부룩하게 땅에서 남. 가운데 잎은 끝이 길게 실 모양으로 뻗고 그 끝에 작은 싹이 낚시 모양으로 남.
낚시-꾼 [낙씨-] 명 **1** 낚시질하는 사람. **2** 낚시질을 업으로 삼는 사람.
낚시-도래 [낙씨-] 명 낚싯줄이 꼬이지 않고 자유로이 돌 수 있게 연결하는 도래. ㊟도래.
낚시-제비꽃 [낙씨-꼳] 명 〖식〗 제비꽃과의 여러해살이풀. 들이나 길가에 자라며 높이 20-30 cm 정도, 봄에 작은 자주색 꽃이 피고, 열매는 삭과를 맺음. 낚시오랑캐꽃.
낚시-질 [낙씨-] 명하자 **1** 낚시로 물고기를 잡는 일. ❏~을 가다. **2** 잔꾀나 옳지 않은 수단으로 남을 손아귀에 넣거나 이익을 얻는 짓. ㊟낚시.
낚시-찌 [낙씨-] 명 물고기가 낚시를 물면 곧 알 수 있도록 낚싯줄에 매달아 물 위에 뜨게 만든 가벼운 물건. 부표(浮標). ❏~를 뚫어지게 보다. ㊟찌.
낚시-터 [낙씨-] 명 낚시질하는 곳. 조대(釣臺). ❏유료 ~.
낚싯-거루 [낙씨꺼- / 낙씯꺼-] 명 낚시질하는 데 쓰는 작은 배. 어주(漁舟). ㊟낚거루.
낚싯-대 [낙씨때 / 낙씯때] 명 낚싯줄을 매는 가늘고 긴 대. 조간(釣竿). ❏~를 드리우다. ㊟낚대.
낚싯-바늘 [낙씨빠- / 낙씯빠-] 명 낚시1.
낚싯-밥 [낙씨빱 / 낙씯빱] 명 **1** 물고기가 물도록 낚시 끝에 꿰는 미끼. ❏~을 낚시에 꿰다 / ~을 물다 / ~으로 지렁이를 쓰다. **2** 남을 속이기 위해 미끼처럼 건네는 물건이나 말. ❏~에 걸리다 / ~을 던지다.
낚싯-배 [낙씨빼 / 낙씯빼] 명 낚시질하는 데 쓰는 배.
낚싯-봉 [낙씨뽕 / 낙씯뽕] 명 낚시가 물속에 가라앉도록 낚싯줄 끝에 다는 작은 납덩이나 돌덩이.

낚싯-줄 [낙씨쭐 / 낙씯쭐] 뎽 낚시를 매어 단 가늘고 긴 줄.

낚아-채다 匥 1 낚싯줄을 힘차게 잡아당기다. 2 무엇을 갑자기 세차게 잡아당기다. □ 머리채를 ~. 3 남의 물건을 재빨리 빼앗거나 가로채다. □ 돈가방을 낚아채 달아났다. 4 남의 말이 끝나자마자 받아서 말하다. □ 남의 말 꼬리를 ~.

낚이다 匦 ((‘낚다’의 피동)) 낚음을 당하다. □ 고기가 잘 낚이지 않는다.

낚¹ 뎽 〈옛〉 1 낚시. 2 갈고랑이.

낚² 뎽 〈옛〉 납세(納稅).

낚다 匥 〈옛〉 낚다.

낚대 뎽 〈옛〉 낚싯대.

낚밥 뎽 〈옛〉 낚싯밥.

낚줄 뎽 〈옛〉 낚싯줄.

난- (珊) 뎽 노리개·반지·비녀 등 장식품의 거미발 속에 물리어 박는 보석·진주 등의 총칭.

난- (亂) 뎽 ‘난리(亂離)’의 준말. □ ~을 피하다.

난 (蘭) 뎽 〖식〗 ‘난초(蘭草)’의 준말. □ ~을 치다((난초를 그리다)) / ~의 향기가 은은하다.

난 (欄) 뎽 1 책·신문·잡지 등의 지면에 글이나 그림 따위를 싣기 위해 마련한 자리. □ 독자투고를 싣는 ~ / 빈 ~을 채우다. 2 신문·잡지 편집상의 구분. 또는 일정한 자리((고유어와 외래어 명사 뒤에 붙음)). □ 어린이~ / 가십~. *란(欄).

난 (欄) 〖불〗 가사(袈裟)의 가장자리에 덧대는 좁은 헝겊.

난 (鸞) 뎽 1 난조(鸞鳥). 2 난령(鸞鈴).

난 됭 나는, ~는 / 좋소 / ~ 가오.

난- (難) 匙 ‘어려운’의 뜻을 나타내는 말. □ ~문제 / ~공사.

-난 囦 ‘어려움’의 뜻을 나타내는 말. □ 생활~ / 취업~ / 주택~.

난-가 (亂家) 뎽 화목하지 못하고 말썽이 그치지 않는 집안.

난가 (難家) 뎽 살림 형편이 어려운 집안.

난가 (鸞駕) 뎽 〖역〗 연(輦).

난-각 (卵殼) 뎽 알껍데기.

난-각-막 (卵殼膜) [-깡-] 뎽 〖생〗 알껍데기의 안쪽에 있는 얇은 막.

난간 (欄干·欄杆) 뎽 〖건〗 층계나 다리의 가장자리에 일정한 높이로 막아 세워 놓은 구조물. □ ~에 기대다.

난간-궁창 (欄干-) 뎽 〖건〗 난간동자 사이에 끼워 막아 놓은 널.

난간-동자 (欄干童子) 뎽 〖건〗 난간에 칸막이한 작은 기둥.

난간-마루 (欄干-) 뎽 〖건〗 난간을 세운 마루.

난간-법수 (欄干法首) [-쑤] 뎽 〖건〗 난간의 양쪽 끝에 크게 세운 동자기둥의 머리.

난감-하다 (難堪-) 匞 1 견디어 내거나 해결하기가 어렵다. □ 살아갈 일이 ~. 2 처지가 매우 딱하다. □ 뒤처리가 ~ / 난감한 처지에 놓이다. 난감-히 閂.

난-개 (爛開) 뎽휑 난발(爛發).

난-개발 (亂開發) 뎽 자연환경을 훼손하는 따위의, 환경 보전에 관한 계획이 없이 마구 행하는 개발.

난거지-든부자 뎽 ‘난거지든부자’의 준말. ↔든거지.

난거지-든부자 (-富者) 뎽 겉보기에는 거지꼴이나 실상은 집안 형편이 부자인 사람. ↔난부자든거지. 준난거지.

난건 (難件) [-껀] 뎽 해내거나 풀어 나가기 어려운 일. □ ~을 해결하다.

난견 됭 〈옛〉 다투어.

난견기 뎽 〈옛〉 겨루기. 경쟁하기.

난-경 (難境) 뎽 어려운 경우나 처지. 곤경. □ ~을 모면하다 / ~에 빠지다 / ~에 처하다.

난계 (蘭契) [-/-게] 뎽 난교(蘭交).

난곡 (難曲) 뎽 연주하거나 부르기에 어려운 곡을 소화하다.

난-공 (亂供) 뎽휑匦 죄인이 심문을 받을 때 거짓말로 꾸며 댐. 난초(亂招).

난공 (難攻) 뎽 운동 경기나 싸움에서, 상대편을 공격하기 어려움. □ ~의 진지.

난공불락 (難攻不落) 뎽 공격하기가 어려워 좀처럼 함락되지 않음. □ ~의 요새.

난-공사 (難工事) 뎽 장애물이 많아서 일하기가 힘든 공사.

난-관 (卵管) 뎽 〖생〗 나팔관(喇叭管).

난관 (難關) 뎽 1 일을 해 나가기 어려운 고비. □ ~에 봉착하다 / ~에 부딪치다 / ~을 무릅쓰다 / ~을 극복하다 / ~을 뚫다. 2 지나가기 어려운 곳. □ ~을 지나가다.

난-관 임:-신 (卵管姙娠) [-님-] 〖의〗 나팔관(喇叭管) 임신.

난-괴 (卵塊) 뎽 〖생〗 물고기·곤충·개구리 따위의 알 덩어리.

난-교 (亂交) 뎽휑匦 상대를 가리지 않고 문란하게 성행위를 함.

난교 (蘭交) 뎽 마음이 통하는 사람끼리의 친밀한 사귐. 난계(蘭契).

난-구 (卵球) 뎽 〖생〗 난세포(卵細胞).

난구 (難句) [-꾸] 뎽 이해하기 어려운 문장이나 구절. □ ~를 해석하다.

난구 (難球) 뎽 야구·테니스·탁구 등에서, 잡기 어렵거나 되받아 치기 어려운 공.

난-국 (亂局) 뎽 어지러운 판국. □ ~을 수습하다 / ~을 헤쳐 나가다.

난국 (亂國) 뎽 질서가 없고 어지러운 나라.

난국 (難局) 뎽 어려운 상황이나 국면. □ 총체적 ~ / ~을 극복하다 / ~을 타개하다 / ~을 슬기롭게 헤쳐 나가다.

난-국 (暖國) 뎽 따뜻한 나라.

난-군 (亂君) 뎽 나라를 어지럽히는 막된 임금. 폭군(暴君). □ ~을 몰아내다.

난-군 (亂軍) 뎽 1 규율이 잡히지 않은 군대. 2 반란군. □ ~이 일어나다.

난기 (卵塊) 뎽휑匥 함부로 팜.

난-기 (暖氣·煖氣) 뎽 따뜻한 기운. □ ~를 쏘이다.

난기 (鸞旗) 뎽 천자(天子)의 기((난령(鸞鈴)으로 장식되어 있음)).

난:-기류 (亂氣流) 뎽 1 〖기상〗 방향과 속도가 불규칙하게 바뀌면서 흐르는 기류. 2 예측할 수 없는 어려운 형세. □ 양당 사이에 ~가 형성되고 있다.

난-낭 (卵囊) 뎽 〖생〗 고둥류 등에 있는 두껍고 튼튼한 난막(卵膜).

난달 뎽 1 길이 여러 갈래로 통한 곳. 2 고누에서, 나들이고누가 되는 말밭.

난-당 (亂黨) 뎽 반란이나 소란을 일으키는 무리. □ ~ 무리를 토벌하다.

난당 (難當) 뎽휑 당해 내기 어려움. □ 그놈 거짓말이 ~이구나.

난-대 (暖帶·煖帶) 뎽 〖지〗 온대 지방 중에서 열대에 가까운, 비교적 온난한 지대((평균 온도는 13~20℃가량임)).

난-대-림 (暖帶林) 뎽 〖지〗 상록 활엽수로 난대 지방에 번식하는 삼림. 아열대림.

난-데 뎽 1 집의 바깥. 2 다른 고장이나 지방.

□그는 ~ 사람이다.
난:데-없다[-업따] 형 갑자기 나와 나온 데를 알 수 없다. □난데없는 고함 소리 / 난데없는 소문. **난:데-없이**[-업씨] 뮈. □~ 나타나다.
난:도 (亂刀) 명하타 칼로 함부로 베거나 침. □~를 치다.
난:도 (亂搗) 명하타 함부로 찧거나 짓이김.
난도 (難度) 명 어려움의 정도. 난이도(難易度). □~ 높은 연기를 해내다.
난:도 (鑾刀) 명[역] 종묘 제사 때에 쓸 짐승을 잡던 칼(날의 끝과 등에 방울이 달렸음).
난:도-질 (亂刀-) 명하타 **1** 칼로 마구 베거나 잘게 다지는 짓. □고기를 ~하다. **2** 어떤 대상을 함부로 대함. □작품이 ~을 당하다.
난독 (難讀) 명하히 읽기 어려움.
난독 (亂讀) 명하타 책의 내용이나 수준 따위를 가리지 않고 닥치는 대로 마구 읽음. 남독(濫讀). □~ 습관.
난-돌 (煖埃) 명 따뜻한 구들방.
난:-동 (亂動) 명하타 질서를 어지럽히며 마구 행동함. 또는 그런 행동. □집단 ~을 부리다 / ~을 피우다.
난:-동 (暖冬) 명 따뜻한 겨울. □이상(異常) ~.
난득-하다 (難得-)[-드카-] 형여 얻거나 구하기 어렵다.
난든-벌 명 나들이옷과 집에서 입는 옷. □~을 장만하다.
난든-집 명 손에 익어서 생긴 재주. □~이라 쉽게 끝낼 수 있을 것이다.
난든집(이) 나다 귀 손에 익숙하여지다.
난등 명[불] 연꽃이나 모란꽃 따위를 만들어 불상 머리 위나 영단(靈壇) 위에 둘러 장식하는 꽃 뭉치.
난:딱 뮈 냉큼 딱. □~ 둘러메다. ▣년떡.
난령 (鑾鈴)[날-] 명 옛날, 중국에서 임금의 수레나 깃발에 달던 방울.
난:-로 (暖爐·煖爐)[날-] 명 석탄이나 석유, 가스 따위의 연료를 때거나 전기를 이용하여 방 안을 덥게 하는 기구. 스토브. □~를 쬐다 / ~에 불을 지피다.
난:롯-가 (暖爐-)[날로까 / 날롣까] 명 난로의 주위. □~에 앉아 불을 쬐다.
난:롯-불 (暖爐-)[날로뿔 / 날롣뿔] 명 난로에 피워 놓은 불. □~을 쬐다.
난:-류 (暖流·煖流)[날-] 명[지] 온도가 높고 염분이 많은 해류. 적도 부근에서 근원을 이루어 차츰 높은 위도로 흘러감. 더운무대. ↔한류(寒流).
난:-류 (亂流)[날-] 명 **1**[지] 바람이 불 때, 지면의 영향과 공기의 마찰 등으로 일어나는 무수한 작은 소용돌이. **2** 선상지(扇狀地)나 넓은 골짜기 따위에서, 물줄의 퇴적물의 영향으로 물이 어지럽게 흐르는 현상. **3**[물] 속도의 크기와 방향이 시간적으로 변하는 유체(流體)의 흐름.
난:-륜 (亂倫)[날-] 명 법에 어긋나는 짓을 함부로 하는 무리.
난:류성 어류 (暖流性魚類)[날-썽-][어] 난류에 적응하는 성질의 어류(해양의 수온이 10~30℃에 있는 고등어·상어·조기 따위).
난:-륜 (亂倫)[날-] 명하자 인륜을 어지럽힘(주로 문란한 남녀 관계를 말함).
난:-리 (亂離)[날-] 명 **1** 전쟁이나 분쟁 따위로 세상이 어지러워진 상태. □~가 터지다 / ~가 나다 / ~를 겪다. **2** 작은 소동. □왜 이 ~냐 / 울고불고 ~를 치다. ▣난(亂).
난:리-판 (亂離-)[날-] 명 몹시 소란하고 어지

러운 자리. 또는 그런 판국. □~이 벌어지다.
난:-립 (亂立)[날-] 명하자 질서 없이 여기저기 난 서넘. □정당의 ~ / 무허가 업소가 ~하다.
난:-마 (亂麻) 명 어지럽게 뒤얽힌 삼실의 가닥이란 뜻으로, 갈피를 잡기 어렵게 뒤얽힌 일이나 세태의 비유. □사건이 ~처럼 얽히다.
난:-막 (卵膜) 명[생] 알을 싼 얇은 막(태아를 싼 얇은 막을 일컫는 경우도 있음).
난:-만 (爛漫) 명하히히뮈 **1** 꽃이 활짝 피어 화려함. □백화가 ~하다. **2** 광채가 강하고 선명함. □봄빛이 ~하다. **3** 주고받는 의견이 충분히 많음. □~한 토론.
난:-만상의 (爛漫相議)[- / -이] 명하타 시간을 두고 충분히 의논함.
난망 (難忘) 명 잊기 어려움. 잊지 못함.
난망 (難望) 명하히 바라기 어려움. 바라지 못함. □기대 ~.
난:-맥 (亂脈) 명 이리저리 흩어져서 질서나 체계가 서지 않는 일. □지휘 체계의 ~이 드러나다.
난면-하다 (難免-) 형여 면하기 어렵다. □난면한 문제.
난:-명 (亂命) 명 숨이 넘어가면서 흐린 정신으로 남기는 유언. ↔치명(治命).
난:-모 (暖帽·煖帽) 명 예전에, 추위를 막기 위하여 쓰던 방한모(아양·조바위·굴레·남바위·만선두리·휘양·풍차·볼끼 따위).
난:목 (-木) 명 외올베. □~을 서너 필 끊다.
난:-무 (亂舞) 명하자 **1** 어지럽게 춤을 춤. 또는 그러한 춤. □백설(白雪)이 ~하다. **2** 함부로 나서서 마구 날뜀. □금권의 ~ / 유언비어가 ~하다.
난문 (難文) 명 이해하기 어려운 문장. 난문장. □이 많은 글.
난:-문 (難問) 명 **1** 대답하기 어려운 질문. □~을 내다. **2** '난문제'의 준말.
난:-문장 (難文章) 명 난문(難文).
난:-문제 (難問題) 명 해결하기 어려운 일이나 사건. □~에 부딪치다. ▣준난문(難問).
난물 (難物) 명 다루거나 처리하기 어려운 물건. 또는 그런 사람. □그는 아주 처리하기 곤란한 ~이다.
난:-민 (亂民) 명 무리를 지어 다니며 안녕과 질서를 어지럽히는 백성. □~을 토벌하다.
난민 (難民) 명 **1** 전쟁이나 재난으로 곤경에 빠진 사람. 이재민(罹災民). □~ 수용소 / ~ 대열을 향해 폭탄을 퍼붓다. **2** 가난하여 생활이 어려운 사람. 궁민(窮民). □~ 구호 활동을 벌이다 / 질병과 기아에 허덕이는 ~이다.
난민 조약 (難民條約) 명[법] 난민의 인권을 보호하기 위하여 여러 가지 권리를 인정할 것을 규정한 조약.
난민-촌 (難民村) 명 난민들이 모여 사는 곳. □~에 구호품을 전하다.
난:-바다 명 육지에서 멀리 떨어진 넓은 바다. 원해(遠海). □~에 떠 있는 배. *배래¹.
난:-반사 (亂反射) 명하자[물] 빛이 울퉁불퉁한 표면에 부딪쳐 사방으로 흩어지는 현상.
난:-발 (亂發) 명하타 **1** 난사(亂射)1. □권총을 ~하다. **2** 남발(濫發). □공약을 ~하다.
난:-발 (亂髮) 명 어수선하게 헝클어진 머리털. □봉두(蓬頭)~.
난:-발 (爛發) 명하자 꽃이 한창 흐드러지게 핌. 난개(爛開). □백화 ~의 계절.
난:-방 (暖房·煖房) 명 방이나 건물 안을 덥게 함. 또는 덥게 한 방. □가스보일러로 ~을

하다 / ~이 되지 않다. ↔냉방(冷房).

난:방 시:설 (暖房施設) 〖건〗 난방 장치.

난:방 장치 (暖房裝置) 〖건〗 방이나 건물 안을 따뜻하게 하는 장치(난로·스팀·히터 따위).

난-발 [-받] 명 지정한 범위 밖의 바닥.

난:백 (卵白) 명 〖생〗 알의 흰자위(주로 단백질과 물로 이루어졌음). ↔난황(卵黃).

난:백-막 (卵白膜) [-빵-] 명 난백의 얇은 막. 흰자막.

난:백-분 (卵白粉) [-뿐] 명 알의 흰자를 말려서 빻은 가루. 난백소.

난:백-소 (卵白素) [-쏘] 명 난백분.

난:백-수 (卵白水) [-쑤] 명 끓인 물을 식혀 달걀흰자를 넣고 굴즙이나 레몬즙과 설탕을 타서 만든 음료.

난-번 (-番) 명 당직 등을 마치고 나오는 차례. 또는 마치고 나오는 사람. ↔든번.

난-벌 명 나들이할 때 착용하는 신이나 옷 따위. 나들잇벌. ↔든벌.

난병 (難病) 명 난치병. ~에 걸리다.

난봉 명 허랑방탕한 짓. 또는 그런 사람. ~이 나다 / ~을 부리다 / ~을 피우다.

난봉 (難捧) 명 꾸어 준 돈이나 물건을 도로 받기가 어려움.

난봉-기 (-氣) [-끼] 명 허랑방탕한 기질. ~가 가득하다.

난봉-꾼 명 허랑방탕한 짓을 일삼는 사람. 난봉쟁이. ~으로 소문이 자자하다.

난봉-나다 (難捧-) 자 꾸어 준 돈이나 물건을 되받지 못하게 되다.

난봉-자식 (-子息) 명 난봉을 피우는 자식. [난봉자식이 마음잡아야 사흘이다] ㉠옳지 못한 일에 한번 빠지면 좀처럼 헤어나기 어렵다. ㉡잘못을 고치고 착한 사람이 되겠다고 하는 결심을 오래 갖지 못한다.

난봉-쟁이 명 난봉꾼.

난-부자 (-富者) 명 '난부자든거지'의 준말.

난부자-든거지 (-富者-) 명 겉으로는 부자 같으나 실속은 거지와 다름없는 사람. ↔난거지든부자. 준난부자.

난:분 (卵粉) 명 달걀을 삶아 말려서 가루로 만든 식품. 달걀가루.

난:분분-하다 (亂紛紛-) 형여 눈이나 꽃잎 따위가 흩날리어 어지럽다. ¶백설이 ~. 난:분분-히 부

난:-분할 (卵分割) 명 〖생〗 난할(卵割).

난:비 (亂飛) 명하자 어지럽게 날아다니거나 돌아다님. ¶온갖 소문이 ~하다.

난:사 (亂射) 명하타 1 총·활 따위를 함부로 마구 쏨. 난발. ¶기관총 ~ 2 광선 따위를 마구 어지럽게 비춤. ¶조명을 ~하다.

난사 (難事) 명 처리하기 어려운 일이나 사건. ¶~를 치르다.

난-사람 명 잘난 사람. 뛰어난 사람.

난사-젓 [-젇] 명 양미리 새끼로 담근 젓갈.

난:산 (亂山) 명 높낮이가 고르지 않게 어지러이 솟은 산들.

난산 (難産) 명하자타 1 아이 낳는 일이 순조롭지 않아 고생함. ¶~으로 고생하다 / 첫아이 때는 지독한 ~이었다. 2 해결하기 어려운 일을 가까스로 이룸을 비유적으로 이르는 말. ¶합의를 이루는 데 ~을 겪다 / ~ 끝에 연립 내각을 출범시키다.

난삼 (襴衫) 명 조선 때, 생원·진사에 합격하였을 때에 입던 예복.

난삽-하다 (難澁-) [-사파-] 형여 말이나 문장

이 어렵고 복잡하며 매끄럽지 못하다. ¶그가 쓴 글은 ~. 난삽-히 [-사피] 부

난:상 (卵狀) 명 달걀꼴1.

난상 (難上) 명 물품이 더할 수 없이 좋은 것. 극상(極上).

난:상 (爛商) 명하타 충분히 의논함. 또는 그런 의논. ¶~을 거듭하다.

난:상-공론 (爛商公論) [-논] 명하타 여러 사람이 모여 충분히 의논함. ¶~을 벌이다.

난:상-토의 (爛商討議) [-/-이] 명하타 충분히 의견을 나누어 토의함. 준난의(爛議).

난:색 (暖色) 명 〖미술〗 보기에 따뜻한 느낌을 주는 빛(노랑·주황·빨강 등). ↔한색(寒色).

난색 (難色) 명 꺼리거나 어려워하는 기색. ¶~을 짓다 / ~을 보이다 / 시장성을 이유로 책 출간에 ~을 표하다.

난:생 (-生) 부 세상에 태어나서 지금까지. ¶~ 본 적이 없다.

난:생 (卵生) 명하자 〖동〗 알을 낳아 새끼를 까는 일(원생동물이나 포유류 외의 동물은 대부분이 이에 속함). ↔태생(胎生).

난:생 동:물 (卵生動物) 〖동〗 물고기·새와 같이 알에서 새끼가 나오는 동물. ↔태생 동물.

난:생-처음 (-生-) 명부 세상에 태어난 후 처음. ¶~ 느껴 본 사랑.

난:생-후 (-生後) 명부 세상에 태어난 이후. ¶이런 망신은 ~ 처음이다.

난:선 (亂線) 명 어지럽게 엉킨 줄.

난선 (難船) 명하자 배가 거친 파도와 바람을 만나 부서지거나 뒤집어지거나 좌초하는 일. 또는 그런 배. ¶~ 구조 / ~을 당하다.

난:세 (亂世) 명 전쟁이나 사회의 무질서 따위로 어지러운 세상. ¶~의 영웅 / ~를 겪다 / ~를 사는 지혜 / ~를 만나다 / ~를 당하다. ↔치세(治世).

난:-세포 (卵細胞) 명 〖생〗 유성 생식을 하는 생물의 암컷이 지닌 생식 세포. 운동성이 없음. 수정 후 발달하여 배(胚)를 형성함. 난구(卵球). 난주(卵珠). ↔정세포(精細胞).

난센스 (nonsense) 명 이치에 맞지 않거나 평범하지 않은 말이나 일. ¶~ 퀴즈.

난:소 (卵巢) 명 〖동〗 동물에서, 암컷의 생식 기관. 난자를 만들어 내고 호르몬을 분비함. 알집. ↔정소.

난소 (難所) 명 험하고 가파른 곳. 왕래가 곤란한 곳. ¶~에 자리 잡은 수양관.

난:소-염 (卵巢炎) 명 〖의〗 난소에 생긴 염증. 임균·화농균·결핵균 따위로 말미암아 일어나며, 열이 나고 아랫배가 묵직하며 아픔.

난:소 호르몬 (卵巢hormone) 〖생〗 여성(女性) 호르몬.

난:속 (亂俗) 명하자 풍속을 어지럽게 함. 또는 어지러운 풍속.

난:수-표 (亂數表) 명 0에서 9까지의 숫자을 불규칙하게 늘어놓은 표(통계 조사에서 표본을 임의로 가려낼 때, 또는 암호를 작성하거나 해독할 때에 이용함).

난:숙 (爛熟) 명하자 1 열매 따위가 무르익음. 2 더할 수 없이 충분히 발달함. ¶~한 문화.

난:시 (亂時) 명 세상이 어지러운 때. ¶~를 당하다.

난:시 (亂視) 명 〖의〗 각막이나 수정체 등의 굴절면이 고르지 않아서 밖에서 들어오는 광선이 망막 위의 한 점에 모이지 않아, 물체가 바로 보이지 않는 눈의 굴절 이상.

난:시-안 (亂視眼) 명 〖의〗 난시인 눈.

난:-시청 (難視聽) 명 산이나 높은 건물 따위의 장애물로 전파가 잘 잡히지 않아 보거나 들

기가 어려움. ▣ ~ 지역 / ~을 해소하다.

난:신 (亂臣)〖명〗 1 나라를 어지럽게 하는 신하.
▣ ~이 들끓는 난세. 2 난시에 나라를 잘 다
스리는 신하.

난:신-적자 (亂臣賊子)[-짜]〖명〗나라를 어지럽
게 하는 신하와 부모의 뜻을 거스르는 자식.
▣ ~를 처벌하다. *간신적자.

난:실 (暖室·煖室)〖명〗 1 따뜻한 방. 2 온실1.

난:심 (亂心)〖명〗 어지러운 마음.

난:안 (赧顔)〖명〗〖하자〗부끄럽거나 창피하여 얼굴
빛이 붉어짐. 또는 그 얼굴. ▣ 마주 보기가
~ 하다.

난안-하다 (難安-)〖형어〗마음 놓기가 어렵다.
난안-히 〖부〗

난어 (難語)〖명〗이해하기 어려운 말. ▣ ~를 나
열하다.

난:언 (亂言)〖명〗막되거나 난삽한 말. ▣ ~을
지껄이다.

난언 (難言)〖명〗〖하형〗입장이 곤란해서 말하기 어
려움. ▣ ~한 표정.

난언지지 (難言之地)〖명〗말하기 곤란한 경우.

난여 (鑾輿)〖명〗〖역〗연(輦).

난역 (難役)〖명〗어려운 역할이나 일. ▣ ~을 맡
다 / ~을 처리하다.

난연-성 (難燃性)[-썽]〖명〗불에 잘 타지 않는
성질. ▣ ~ 소재로 만든 제품.

난:연-하다 (赧然-)〖형어〗부끄러워 얼굴이 붉
어지다. 난:연-히 〖부〗

난:연-하다 (爛然-)〖형어〗눈부시게 빛나다.

난:열 (暖熱)〖명〗따뜻함.

난외 (欄外)〖명〗 1 신문·잡지·책 등의 인쇄된 부
분을 둘러싼 바깥 여백 부분. ▣ ~에 주석을
달다. 2 난간의 바깥.

난외-주기 (欄外註記)〖명〗난외에 기록한 주석
을 통틀어 이르는 말. 난외주.

난:용 (卵用)〖명〗닭·오리 따위에서 알을 얻기
위한 용도.

난:용 (亂用)〖명〗〖하타〗남용(濫用).

난:용-종 (卵用種)〖명〗알을 얻기 위해 기르는
닭의 품종. ↔육용종.

난:운 (亂雲)〖명〗 1 어지러이 떠도는 구름. 2 난
층운(亂層雲).

난:원-세포 (卵原細胞)〖명〗〖생〗동물의 암컷의
배우자를 만드는 근원이 되는 세포. ↔정(精)
원세포.

난:원-형 (卵圓形)〖명〗달걀처럼 한쪽이 갸름하
게 둥근 모양. *타원형.

난월 (蘭月)〖명〗난추(蘭秋).

난:육 (卵育)〖명〗〖하자〗어미 닭이 알을 품듯이,
사람을 품에 안아 고이 기름. 난익(卵翼).

난:의 (暖衣·煖衣)[나늬 / 나니]〖명〗따뜻한 옷.
또는 옷을 따뜻하게 입음.

난의 (難義)[나늬 / 나니]〖명〗이해하기 어려운
뜻.

난의 (難疑)[나늬 / 나니]〖명〗〖하자〗어렵고 의심스
러운 일에 대하여 잘못을 비난하고 따짐.

난:의 (爛議)[나늬 / 나니]〖명〗〖하자〗'난상토의(爛
商討議)'의 준말.

난의-문답 (難疑問答)[나늬- / 나니-]〖명〗어렵
고 의심스러운 일을 서로 묻고 대답함.

난:의-포식 (暖衣飽食)[나늬- / 나니-]〖명〗〖하자〗
따뜻이 입고 배불리 먹음. ▣ 우리의 생활은
~의 연속이다. 난포식(暖飽食).

난이 (難易)〖명〗어려움과 쉬움. ▣ ~의 차.

난이-도 (難易度)〖명〗어려움과 쉬움의 정도.
난도. ▣ 시험 문제의 ~를 조절하다.

난:입 (亂入)〖명〗〖하자〗어지럽게 함부로 들어가거
나 들어옴. ▣ 시위대가 의사당에 ~하다.

난:입 (闌入·攔入)〖명〗〖하자〗허가 없이 함부로 뛰
어 들어감. 천입(擅入).

난:자 (卵子)〖명〗 1〖생〗성숙한 난세포. ↔정자
(精子). 2〖식〗밑씨.

난:자 (亂刺)〖명〗〖하타〗칼이나 창 따위로 마구 찌
름. ▣ 예리한 흉기로 ~를 당하다.

난자 (難字)〖명〗어려운 글자.

난:작 (亂斫)〖명〗〖하타〗 1 잘게 쪼갬. 2 쇠 연장으
로 마구 쪼음.

난작-거리다 [-꺼-]〖자〗썩거나 삭아서 힘없이
자꾸 처지거나 물러지다. 〓는적거리다. 난
작-난작 [-장-]〖부〗〖하자〗

난:작-대다 [-때-]〖때-〗〖자〗난작거리다.

난:잡-스럽다 (亂雜-)[-쓰-따][-스러워, -스
러우니]〖형타〗난잡한 데가 있다. ▣ 이성 관계
가 ~. 난:잡-스레 [-스레-]〖부〗 〓 굴다.

난:잡-하다 (亂雜-)[-자파-]〖형어〗 1 행동이 막
되고 생활이 문란하다. ▣ 생활이 ~. 2 마구
뒤섞여 어수선하고 너저분하다. ▣ 쓰레기가
난잡하게 흩어져 있다. 난:잡-히 [-자피]〖부〗

난장 〖광〗굴이나 구덩이 속에서 하는 허드
렛일.

난-장 (-場)〖명〗 1 정해진 장날 외에 특별히 며
칠간 더 여는 장. 2 한데에 물건을 벌여 놓고
사고파는 장. ▣ ~이 서다.

난장을 트다 〖구〗장을 만들거나 있던 장을 키
우기 위하여, 새로 시장을 열다.

난:장 (亂杖)〖명〗 1〖역〗고려·조선 때, 장형(杖
刑)을 가할 때, 신체의 부위를 가리지 않고
마구 치던 매. 2 마구 때리는 매.

난장(을) 맞다 〖구〗 ㉠마구 얻어맞다. ㉡난장
을 맞을 만하다는 뜻으로, 몹시 못마땅해서
저주하는 말.

난장(을) 치다 〖구〗 ㉠마구 때리다. ㉡난장을
칠 만하다는 뜻으로, 몹시 못마땅해 저주하
는 말. ▣ 난장을 칠, 비는 왜 이리 자주 오나.

난:장 (亂帳·亂張)〖명〗책의 페이지 순서가 잘못
제본되어 있음.

난:장 (亂場)〖명〗 1 '난장판'의 준말. 2〖역〗과
거를 보는 마당에서 선비들이 질서 없이 들끓
어 떠들어 대던 판.

난장(을) 치다 〖구〗함부로 마구 떠들다.

난장-꾼 〖광〗굴이나 구덩이에서 허드렛
일을 하는 사람.

난:장-질 (亂杖-)〖명〗〖하타〗아무 데나 마구 때리
는 짓. 〓 ~을 당하다.

난:장-판 (亂場-)〖명〗여러 사람이 함부로 떠들
거나 뒤엉켜 뒤죽박죽이 된 곳. 또는 그런 상
태. ▣ 회의가 ~이 되다 / ~이 벌어지다 / ~
을 치다. 〓난장(亂場).

난:장-패 (亂場牌)〖명〗남의 판에 끼어들어 난
장판을 만드는 무리.

난쟁이 〖명〗 1 기형적으로 키가 작은 사람. 왜인
(矮人). ↔키다리. 2 보통의 높이나 키보다
아주 작은 사물을 비유적으로 이르는 말.
[난쟁이 교자꾼 참여하듯] 자기 분수에 맞지
않는 일에 주제넘게 나섬을 이르는 말.

난:적 (亂賊)〖명〗세상을 어지럽히는 도둑.

난적 (難敵)〖명〗맞서 싸우기 힘든 상대. ▣ ~을
만나 고전하다.

난:전 (亂廛)〖명〗 1 허가 없이 길에 임시로 벌여
놓은 가게. ▣ ~에 좌판을 벌여 놓다. 2〖역〗
조선 때, 육주비전(六注比廛)에서 파는 물건
을 물래 파던 가게.
[난전 몰리듯 한다] 마구 몰아쳐서 당하는
사람이 정신을 차리지 못하게 되는 것을 비

유하는 말.
난전을 치다 〔句〕〔역〕육주비전에 속한 군졸들이 난전을 단속하여 물건을 빼앗고 사람을 잡아가다.
난-전 (亂箭) [명] 마구 쏟아지는 화살. ▢ ~이 비 오듯 하였다.
난-전 (亂戰) [명][하자] 전투나 운동 경기 따위에서, 마구 뒤섞여 어지럽게 싸움. 또는 그러한 싸움. 혼전(混戰). ▢ ~을 벌이다 / 한바탕 ~을 치르다.
난점 (難點) [-쩜] [명] 처리하거나 해결하기 곤란한 점. 어려운 점. ▢ ~에 부딪치다 / ~을 해결하다.
난-정 (亂政) [명] 어지러운 정치.
난정 (難定) [명][하형] 정하기 어려움.
난정-소 (卵精巢) [명][동] 난자와 정자를 모두 만들어 내는 생식 기관(연체동물 복족류(腹足類)에서 볼 수 있음).
난제 (難題) [명] 해결하기 어려운 문제나 일. 난문제. ▢ 해결해야 할 ~가 산적해 있다.
난-조 (亂調) [명] 정상에서 벗어나거나 조화를 잃은 상태. ▢ 주식 시장이 ~를 보이다.
난조 (鸞鳥) [명] 중국 전설에 나오는 상상의 새. 모양은 닭과 비슷하며, 깃은 붉은빛에 다섯 가지 색이 섞이고, 울음소리는 오음(五音)과 같다고 함. 난(鸞).
난-주 (卵珠) [명][생] 난세포(卵細胞).
난-주 (亂酒) [명][하자] 1 과음해서 행동이 난잡해짐. 2 술을 마구 마심.
난죽 (蘭竹) [명] 1 난초와 대. 2 《미술》동양화의 화제(畫題)로서, 난초의 곡선에 대나무의 직선을 조화시킨 그림. 묵화(墨畫)에 많음.
난-중 (亂中) [명] 난리가 한창 벌어진 동안. 난리 가운데. ▢ ~에 가족을 잃다.
난중지난 (難中之難) [명] 어려운 가운데서도 가장 어려움.
난중-하다 (難重-) [형어] 몹시 어렵고 중대하다.
난증 (難症) [-쯩] [명] 고치기 어려운 병증.
난-지 (暖地·煖地) [명] 따뜻한 곳이나 지방.
난지락-거리다 [-꺼-] [재] 물체가 좀 물크러질 정도로 축 처지거나 물러지다. ⑤는지럭거리다. 난지락-난지락 [-랑-] [부][하자]
난지락-대다 [-때-] [재] 난지락거리다.
난-질 (亂-) [명][하자] 1 여자가 정을 통한 남자와 달아나는 짓. ▢ ~을 나선 여자. 2 술과 색에 빠져 방탕하게 놀아나는 짓.
난질-가다 [재] 1 여자가 정을 통한 남자와 도망치다. 2 연싸움에 도전하다.
난질-거리다 [재] 물크러질 정도로 자꾸 힘없이 처지거나 물러지다. ⑤는질거리다. **난질-난질** [-란-] [부][하자]
난질-꾼 [명] 술과 색에 빠져 방탕하게 놀기를 잘하는 사람.
난질-대다 [재] 난질거리다.
난처-하다 (難處-) [형어] 이럴 수도 없고 저럴 수도 없어 처지가 곤란하다. ▢ 입장이 아주 ~ / 난처하기 그지없다.
난청 (難聽) [명] 1 청각 기관의 장애로 청력(聽力)이 약해지거나 들을 수 없는 상태. ▢ 노인성(老人性) ~. 2 라디오 따위의 방송이 잘 들리지 않는 상태. ▢ ~ 지역.
난청-아 (難聽兒) [명] 귀머거리는 아니나 청력 장애로 학교에서 보통 방법으로는 교육 받기 어려운 아동. ▢ ~를 특별히 지도한다.
난초 (亂招) [명][하자] 난공(亂供).
난-초 (亂草) [명] 1 난잡하게 쓴 초서(草書). 2

마구 갈겨쓴 초고(草稿).
난초 (蘭草) [명] 《식》 난초과의 여러해살이풀. 열대 지방 원산. 관상용으로 재배하며 꽃은 향기가 좋음. ⑥난(蘭).
난추 (蘭秋) [명] '음력 7월'을 달리 이르는 말. 난월(蘭月).
난-추니 [명] 《조》 새매의 수컷. 아골(鴉鶻). ↔ 익더귀.
난-취 (爛醉) [명][하자] 술에 흠뻑 취함. 만취.
난측 (難測) [명][하형] 헤아리기 어려움. 짐작하기 어려움. ▢ 변화가 ~이다.
난-층-운 (亂層雲) [명] 중층운(中層雲)의 하나. 뚜렷한 윤곽 없이 온통 하늘을 뒤덮는 짙은 먹구름(비·눈을 내림). 비층구름. 난운.
난치 (難治) [명][하형] 병이나 버릇 따위를 고치기 어려움.
난치-병 (難治病) [-뼝] [명] 고치기 어려운 병. 난병(難病). ▢ 그는 불행히도 ~에 걸렸다.
난-침모 (-針母) [명] 주인집에 들어가 살지 않는 침모. ↔든침모.
난-타 (亂打) [명][하타] 1 마구 침. ▢ 얼굴을 ~하다. 2 테니스·탁구 따위에서, 카운트나 서브 없이 연습하는 일.
난-타 (嫩惰) [명][하형] 나태(懶怠).
난-타-전 (亂打戰) [명] 1 권투에서, 두 선수가 서로 물러서지 않고 마구 치고 받는 싸움. 2 야구에서, 양 팀이 많은 안타를 서로 주고받으면서 벌어지는 경기. 타격전.
난-탑 (卵塔·蘭塔) [명] 《불》 대좌 위에 달걀 모양의 탑신을 세운 탑. 무봉탑(無縫塔).
난-태생 (卵胎生) [명] 모체 안에서 알이 수정되는 하나 태반(胎盤)이 없어 모체에서 영양을 취하지 못하고 난황(卵黃)을 영양으로 하는 태생(바닷망상어·살무사·우렁이 따위).
난-투 (亂鬪) [명][하자] 서로 덤벼들어 어지러이 싸움. 또는 그런 싸움. ▢ 취객들 사이에 ~가 벌어졌다.
난-투-극 (亂鬪劇) [명] 1 난투가 벌어진 장면. ▢ 집단 ~을 벌이다. 2 난투 장면이 있는 극.
난티-나무 [명] 《식》 느릅나뭇과의 낙엽 활엽 교목. 잎은 어긋나고 길둥근 모양으로 톱니가 있으며, 봄에 담황록색 꽃이 핌. 산골짜기에 자라는데, 나무는 땔감·기구재로 쓰고, 나무껍질은 섬유용·약용으로 씀.
난-파 (暖波) [명] 《기상》 고온의 기단이 흘러들어 그 지역에 맞지 아니하게 기온이 큰 폭으로 급격히 올라가는 현상. ↔한파.
난파 (難破) [명][하자] 배가 항행 중에 폭풍우 등을 만나 부서지다. ▢ 배가 ~ 직전의 위기에 몰렸다 / 배가 풍랑을 만나 ~되었다.
난파-선 (難破船) [명] 항행 중 폭풍우나 그 밖의 장애로 파괴된 배.
난-판-본 (亂版本) [명] 《인》 한 책 안에 목판과 활자판이 섞여 있거나, 동일한 목판본 또는 활자본이라 할지라도 판식·자체 따위가 서로 다른 것들로 섞여 있는 책.
난-포 (卵胞) [명] 《생》 여포(濾胞)2.
난-포 (卵暴) [명] '난폭(亂暴)'의 본딧말.
난-포 자:극 호르몬 (卵胞刺戟hormone) 《생》 뇌하수체(腦下垂體) 전엽(前葉)에서 분비되는 생식샘 자극 호르몬.
난-포 호르몬 (卵胞hormone) 《생》 에스트로겐(estrogen).
난-폭 (亂暴) [명][하형] 〔←난포(亂暴)〕 행동이 몹시 거칠고 사나움. ▢ ~ 운전 / ~하게 굴다.
난폭-성 (亂暴性) [-썽] [명] 난폭한 성질.
난-풍 (暖風·煖風) [명] 따뜻한 바람.
난-필 (亂筆) [명] 1 되는대로 마구 어지럽게 쓴

글씨. **2** 자기가 쓴 글씨를 낮추어 이르는 말.
◻~을 이만 줄입니다.
난:-하다(亂-)〔혱어〕빛깔이나 글씨, 무늬 따위
가 질서가 없이 지나치게 드러나 어지럽고
야단스럽다. ◻옷을 난하게 차려 입다 / 글씨
가 너무 ~.
난-하다(難-)〔혱어〕**1** 어렵거나 힘들다. **2** 곤란
하다.
난:-할(卵割)〔명〕〔생〕단세포인 수정란이 분열
하는 현상. 난분할(卵分割).
난:-할-면(卵割面)〔명〕〔동〕난할된 할구(割球)
와 할구의 경계면.
난함(欄檻)〔명〕난간(欄干).
난:-합(卵盒)〔명〕알합.
난항(難航)〔명〕**1** 폭풍우 등으로 인한 어려운
항행. ◻~이 계속되다 **2** 일이 순조롭게 되
어 가지 않음의 비유. ◻협상은 ~을 거듭하
다 / 영화 제작에 ~을 겪다.
난:-해(卵醢)〔명〕알젓1.
난:-해(暖海·煖海)〔명〕난대 지방의 바다. 따뜻
한 바다.
난해-성(難解性)[-썽]〔명〕이해하기 어려운 특
성. ◻현대 미술의 ~.
난해-하다(難解-)〔혱어〕뜻을 이해하기 어렵다.
풀기 어렵다. ◻난해한 문제 / 그의 시(詩)는
난해하기로 유명하다.
난:-핵(卵核)〔명〕〔생〕난세포의 핵.
난:-행(亂行)〔명〕**1** 난폭한 행동. **2** 난잡하
고 음란한 행동. 추행. ◻집단 ~을 범하다.
난행(難行)〔명하형〕**1** 실행하기 어려움. **2**〔불〕
매우 고된 수행. ↔이행(易行).
난행-고행(難行苦行)〔명〕**1** 여러 가지 고난을
참고 하는 수행. **2** 아주 심하게 고생함.
난행-도(難行道)〔명〕〔불〕자기 힘으로 수행하
여 도를 깨닫는 방법. ↔이행도(易行道).
난향(蘭香)〔명〕난초의 향기. ◻~이 그윽하다.
난:형(卵形)〔명〕달걀꼴.
난형난제(難兄難弟)〔명하형〕누구를 형이라 하
고 누구를 아우라 하기 어렵다는 뜻으로, 두
사물의 낫고 못함을 분간하기 어려움의 비
유. ◻~의 실력.
난:-혼(亂婚)〔명〕원시 사회에서, 정해진 부부
관계가 아닌 무질서하게 행해지던 성적 결
합. 잡혼(雜婚).
난화(蘭花)〔명〕난초의 꽃.
난화지맹(難化之氓)〔명〕바른길로 이끌기 어
려운 백성. 난화지민(難化之民).
난화지물(難化之物)〔명〕바른길로 이끌기가 어
려운 동물이나 사람.
난:-화-하다(暖和-·煖和-)〔혱어〕기후 등이 따
뜻하고 화창하다.
난화-하다(難化-)〔혱어〕바른길로 나갈 수 있
도록 가르치고 이끌기가 어렵다.
난:-황(卵黃)〔명〕〔생〕노른자위1. ↔난백.
난:-황-분(卵黃粉)〔명〕달걀 따위의 노른자위를
말려서 만든 가루.
난:-후(亂後)〔명〕난리가 끝난 뒤. 전란의 뒤.
날:-¹〔명〕곡식의 알.
날²〈옛〉낯.
날:-가리[-까-]〔명〕낟알이 붙은 곡식의 단을
쌓은 더미. ◻벼 ~ / 들판에 군데군데 ~가
쌓여 있다.
날:-가릿-대[-까릿때 /-까릳때]〔명〕〔민〕음력
정월 열나흗날에, 농사가 풍년을 비는 뜻으
로 긴 소나무를 뜰에 꽂아 낟가리처럼 만들
어 놓은 것(다음달 초하룻날에 뽑아 없앰).
낟다〔재〕〈옛〉나타나다.
낟브다〔혱〕〈옛〉나쁘다.

날:-알〔명〕**1** 껍질을 벗기지 않은 곡식의 알맹
이. 곡식알. ◻~을 줍다. **2** 쌀알. ◻~ 하나
라도 아껴라.
날:알-기[나달끼]〔명〕밥·죽·미음 따위와 같
은, 곡식으로 만든 적은 분량의 음식(마땅히
먹어야 할 것을 안 먹거나 못 먹는 경우에
씀). 곡기(穀氣). ◻하루 종일 구걸하고 다녔
지만 ~라고는 구경도 못 했다.
날¹〔㉠명〕**1** 하루 동안. 곧 자정에서 다음 자정
까지의 사이. ◻마지막 ~ / 쉬는 ~ / 같은 ~
태어나다 / 눈물 마를 ~이 없다. **2** 하루의 낮
동안. ◻~이 밝다 / ~이 저물어 어두워지
다 / ~이 새다. **3** '날씨'의 준말. ◻~이 개
다 / ~이 따뜻하다 / ~이 가물다 / 맑은 ~이
계속되다. **4** '날짜'의 준말. ◻~을 정하다.
5 경우. 때. ◻젊은 ~ 한때의 추억 / 아버지
께서 이 소문을 듣는 ~에는 날벼락이 떨어
질 것이다. ㉡〔의명〕고유한 수사 뒤에 쓰여 날
수를 세는 단위. ◻여러 ~ / 스무 ~.
[날 샌 올빼미 신세] 외롭고 의지할 곳 없는
신세.
날(을) 받다 ㉠ 관혼상제(冠婚喪祭)나 이사
때, 길일을 택하기 위하여 날을 가리어 정하
다. ◻날을 받아 고사를 지낸다.
날(을) 잡다 ㉠ 날(을) 받다.
날(이) 들다 ㉠ 눈이나 비가 그치고 날이 개
다. ◻날이 들면 떠나야지.
날(이) 새다 ㉠ 일을 이룰 시기가 이미 지나
가망이 없다. ◻비가 와서 소풍 가기는 날 샌
것 같다.
날²〔명〕칼이나 그 밖의 연장의 가장 날카로운
부분. 물건을 베고 찍고 깎는 데 쓰는 부분. ◻~
을 갈다 / ~이 무디다 / ~이 잘 들다.
날(을) 세우다 ㉠ ㉠연장의 날을 날카롭게
하다. ㉡정신을 집중하다.
날(이) 서다 ㉠ ㉠연장의 날이 날카롭게 되
다. ㉡성격이나 표현 따위가 날카롭다. ㉢바
람 따위의 기세가 매섭다.
날³〔명〕피륙·자리·가마니 등을 짜거나, 짚신·미
투리를 삼거나 할 때에 세로로 놓는 실·새끼·
노끈 따위. ↔씨².
날:-⁴〔접〕나를. ◻~ 따르라.
날-〔투〕**1** 그 물건을 익히거나 말리거나 가공하
지 않았음을 나타내는 말. ◻~것 / ~고기. **2**
'다른 것이 없는'의 뜻. ◻~장구. **3** '장례를
다 치르지 않은'의 뜻. ◻~상가. **4** '지독한'
의 뜻. ◻~강도. *생-.
날-가루〔명〕익히지 아니한 곡식을 빻은 가루.
날-가죽〔명〕무두질하지 아니한 동물의 가죽.
생가죽. 생피(生皮).
날-가지〔명〕**1** 산의 큰 줄기에서 날카롭고 짧게
뻗은 갈래. **2** 잎이 없는 맨가지.
날개-숭어〔명〕〔어〕날가지숭엇과의 바닷물
고기. 몸길이 60 cm 정도이고 긴 타원형임.
머리는 작으며 입은 아래쪽에 있고 몹시 큼.
몸빛은 등 쪽이 회청색, 배 쪽은 은백색임.
식용함.
날-감〔명〕익지 않았거나 우리지 않은 감.
날-강도(-强盜)〔명〕아주 악독한 강도. ◻이런
~ 같은.
날-강목〔명〕〔광〕광물을 채굴하는 데 조금도
얻는 바가 없게 된 헛일. ◻~을 치다.
날개¹〔명〕**1**〔생〕새나 곤충이 날 때에 펴는 부
분. ◻~가 돋다 / ~를 치다 / ~를 펼치다 /
~를 퍼덕이다. **2** 공중에 잘 뜨게 하기 위하
여 비행기의 양쪽 옆에 단 부분. ◻비행기의

은빛 ~가 햇살에 번쩍이다. **3** 어떤 물건에 붙어 바람을 일으키는 데 쓰이는 것. ▣선풍기의 ~. **4** 구두·운동화 따위의 끈을 꿰는 양쪽 부분.

[**날개 부러진 매**] 기운을 못 쓰는 신세가 되었음을 이르는 말. [**날개 없는 봉황**(鳳凰)] 아무 데도 쓸데없고 보람 없게 된 처지.

날개(가) **돋치다** ⑦ ㉠상품 등이 시세를 만나 재빨리 팔리다. ▣신제품을 내놓기 무섭게 날개 돋친 듯 팔려 나가다. ㉡의기가 치솟다. ㉢소문 따위가 빨리 퍼지다.

날-개² [-깨] 윷판의 쩔밭 다음의 둘째 밭.

날개-골풀 명 〖식〗골풀과의 여러해살이풀. 밭이나 들의 습지에 나는데, 높이는 50 cm 정도. 잎은 칼 모양이며 봄에 진한 갈색 꽃이 꽃줄기 끝에 핌. ⓒ날개골.

날개-다랑어 (魚) 명 〖어〗고등엇과의 바닷물고기. 회유성·온수성 어종으로 몸길이 1 m가량. 가슴지느러미가 길고, 등 쪽은 어두운 청색, 배는 흼. 통조림의 원료로 씀.

날개-멸 명 〖어〗날개멸과의 바닷물고기. 몸빛은 연녹색이며 길이는 8 cm 정도로 가늘고 옆으로 납작함. 꼬리지느러미를 뺀 나머지가 지느러미는 긴 실 모양임.

날개-줄고기 명 〖어〗날개줄고깃과의 바닷물고기. 몸길이 길이는 40 cm 정도, 꼬리자루는 길며 입이 배 쪽에 있음. 몸빛은 어두운 회갈색인데, 배 쪽은 엷은 회갈색임.

날개-집 〖건〗부속 건물이 주되는 집채의 좌우로 죽 뻗은 집.

날개-털 명 날짐승의 날개에 난 털. 날개깃.

날갯-죽지 [-개쭉지 /-갠쭉찌] 명 **1** 날개가 몸에 붙어 있는 부분. **2** 〈속〉날개¹.

날갯-짓 [-개찓 /-갣찓] 명 하자 새가 날개를 벌려서 아래위로 움직이는 짓. ▣해오라기가 크게 ~을 하면서 날아오르다.

날-건달 명 지독한 건달. ▣그 사람은 매일 돈이나 타 가는 ~이다.

날-걸 [-껄] 윷판의 쩔밭 다음의 셋째 밭. 곧, 날윷과 날개의 사이. 세밭.

날-것 [-껃] 명 익히거나 말리거나 가공하지 않은 고기·채소 따위. 날짜. ▣~을 잘못 먹고 배탈이 났다.

날-계란(-鷄卵)[-/-게-] 명 익히지 아니한 달걀. 날달걀.

날-고기 명 익히거나 가공하지 않은 고기. 생고기. 생육(生肉).

날고-뛰다 재 비유적으로, 갖은 재주를 다 부리다. ▣제아무리 날고뛰어 봐야 소용없다.

날-고추 명 말리거나 익히지 않은 고추.

날-고치 명 삶지 아니한 고치. 생견. 생고치.

날-공전(-工錢) 명 날마다 계산해 주는 공전. *날삯·일급(日給).

날-귀 [-뀌] 명 대패나 끌 따위 날 끝의 양쪽에 있는 모.

날-근(-斤) 명 한자 부수(部首)의 하나(「斬」이나 「斷」 등에서 「斤」의 이름).

날-금 〖지〗경선(經線). ↔씨금.

날-기와 명 굽지 않은 기와.

날-김치 명 덜 익어 풋내가 나는 김치. 생김치.

날-나다 [-라-] 재 **1** 짚신 따위가 닳아서 날이 보이다. **2** 일이 거덜 나다.

날다¹ [날아, 나니, 나는] 囝재 **1** 몸체가 공중에 떠서 움직이다. ▣새가 무리를 지어 ~. **2** 매우 빨리 움직이다. ▣나는 듯이 달려왔다 / 번개처럼 주먹이 날았다. **3** 〈속〉달아나다.

범인은 벌써 멀리 날았다. 囝타 공중을 떠서 가다. ▣공중을 ~.
[하늘을 ~.
[**나는 새도 깃을 쳐야 날아간다**] ㉠순서를 밟아 나가야만 목적을 달성할 수 있다는 말. ㉡아무리 재주가 많아도 노력을 하지 않으면 그 재능을 발휘할 수 없다는 말. [**나는 새도 떨어뜨린다**] 권세가 당당하다는 말. [**나는 새도 움직여야 난다**] 나는 새도 깃을 쳐야 날아간다. [**날면 기는 것이 능하지 못하다**] 훌륭한 재주가 있는 사람이라도 모든 일을 다 잘하기는 어렵다는 말.

난다 긴다 하다 ⑦ 재주나 능력이 비상한 데가 있다.

날다² [날아, 나니, 나는] 재 **1** 빛깔이 바래어 없어지다. ▣색이 ~. **2** 냄새가 흩어져 없어지다. ▣향수가 ~. **3** 액체가 기체로 되어 줄거나 없어지다. ▣휘발유가 ~.

날다³ [날아, 나니, 나는] 타 **1** 솜으로 실을 만들다. **2** 베나 돗자리 등을 짜려고 틀에 날을 간고르게 벌여 하다.

날-다람쥐 [-따-] 명 **1** 〖동〗날다람쥣과의 동물. 몸길이 35~48 cm, 꼬리 28~39 cm 가량. 꼬리에 긴 털이 술 모양으로 났음. 앞뒷발 사이에는 몸의 피부가 축 늘어져서 된 막이 있어 이것을 펴서 나무에서 나무로 날아다님. 곤충·나무 열매 따위를 먹음. **2** 움직임이 매우 민첩한 사람을 비유적으로 이르는 말.

날-단거리 [-딴-] 명 풀이나 나뭇가지 따위를 베는 대로 곧 묶어 말린 땔나무.

날-달걀 명 날계란.

날-담비 명 〖동〗족제빗과의 동물. 몸길이 약 60 cm, 꼬리는 40 cm 가량임. 몸빛은 엷은 회색, 얼굴과 꼬리는 어두운 갈색임. 우리나라 특산종임.

날-도 [-또] 윷판의 쩔밭 다음 밭.

날-도 (-度) 명 〖지〗경도(經度)2.

날-도둑 명 **1** 몹시 악독한 도둑. 날도적. **2** 날도둑질.

날도둑-질 [-쩔] 명 하타 남의 것을 아무 거리낌 없이 함부로 빼앗는 짓. 날도둑.

날-도래 명 〖충〗날도랫과의 곤충. 몸길이 2-6 cm로 모기와 비슷함. 애벌레는 '물여우'라 하여 물속에 살면서, 모래알·나뭇잎·풀 따위를 얽어매어 실고치의 집을 짓고 집과 함께 떠돌아다니면서 곤충을 잡아먹음. 완전 변태를 하고 여름밤 등불에 날아듦. 물여우나비.

날도래-목 (-目) 명 〖충〗곤충류의 한 목(目). 날개는 두 쌍이 있으며, 가는 털로 덮어 있음. 애벌레는 '물여우'라고 함(날도랫과(科) 등이 이에 속함). 모시류(毛翅類).

날-도마뱀 명 〖동〗날도마뱀과의 파충류. 삼림의 나무 위에 삶. 몸길이 15-40 cm, 꼬리 13 cm 가량. 앞다리와 뒷다리 사이에 늑골이 발달되고 새 날개 모양의 막이 있어서 날아다니며 곤충을 잡아먹음.

날-도적 (-盜賊) 명 날도둑1.

날-돌 명 〈옛〉날과 달. 세월.

날-떠퀴 명 〖민〗그날그날의 운수.

날-뛰다 재 **1** 날 듯이 껑충껑충 높이 뛰다. ▣갑자기 말이 날뛰기 시작했다. **2** 매우 거칠고 세차게 행동하다. ▣그는 술에 취하면 마구 날뛰며 괴성을 지른다. **3** 어쩔 줄 모르고 함부로 행동하다. ▣기뻐 ~.

날뛸-판 명 감정이 거칠어져 어쩔 줄 모르고 막 날뛰는 판국.

날라리 명 **1** 말이나 행동이 어설프고 들떠서 미덥지 못한 사람을 낮잡아 이르는 말. **2** 아무렇게나 날림으로 하는 일. **3** 〈속〉기둥서

방의 은어(隱語). **4** '찌날라리'의 준말. **5** 〔악〕'태평소'의 딴 이름.

날라리-줄〔명〕찌날라리를 낚시찌의 몸통 끝에 연결하는 줄.

날래다〔형〕움직임이 나는 듯이 기운차고 빠르다. ▯몸이 날랜 사람 / 발걸음이 ~.

날려-쓰다☞갈겨쓰다.

날:렵-하다[-려파-]〔형여〕**1** 재빠르고 날래다. ▯날렵하게 몸을 숨기다. **2** 매끈하고 맵시가 있다. ▯선체를 날렵하게 만들다 / 몸매가 ~. **날:렵-히**[-려피]〔부〕

날로¹〔부〕날이 갈수록. 나날이. ▯사업이 ~ 번창하다 / 교통난이 ~ 심해지다.

날로²〔부〕날것 그대로. ▯생선을 ~ 먹다.

날름〔부하자타〕**1** 혀나 손 따위를 날쌔게 내밀었다 들이는 모양. ▯그는 쑥스러워 혀를 ~ 내밀었다. **2** 무엇을 날쌔게 받아 가지는 모양. ▯고기를 ~ 집어 먹다 / 돈을 ~ 가져가다. **3** 불길이 이글거리는 모양. 흰늘름·널름.

날름-거리다〔자타〕**1** 혀나 손을 자꾸 날쌔게 내었다 들였다 하다. ▯뱀이 혀를 ~. **2** 남의 것을 탐내어 자꾸 고개를 내밀고 노리다. **3** 불길이 계속 이글거리며 타오르다. 흰늘름거리다·널름거리다. **날름-날름**〔부하자타〕

날름-대다〔자타〕날름거리다.

날름-막(-膜)〔명〕〔생〕판막(瓣膜).

날름-쇠〔명〕**1** 총의 방아쇠를 걸었다가 떨어뜨리는 쇠. **2** 물건을 퉁겨지게 하려고 장치한 쇠. **3** 무자위의 아래쪽 부분에 있는 밸브.

날리다¹〔타〕〈속〉명성이 드날리게 하다. 명성을 떨치다. ▯한때 날리던 배우.

날리다²〔ㄷ불〕**1**〔'날다'의 사동〕공중으로 날게 하다. ▯연을 ~ / 홈런을 ~. **2** 바람에 나부끼어 이리저리 움직이게 하다. ▯머리카락을 ~ / 부연 먼지를 ~. **3** 빠르게 움직이다. ▯주먹을 ~ / 공중으로 몸을 획 ~. **4** 지녔던 것을 헛되게 잃어버리다. ▯공을 들이지 않고 되는대로 대강대강 처리하다. ▯날려 지은 건물이라 붕괴될 우려가 있다. □자〔'날다'의 피동〕공중으로 날게 함을 당하다. ▯재가 바람에 ~ / 눈발이 ~.

날림〔명〕아무렇게나 대강대강 하는 일. 또는 그렇게 만든 물건. ▯~ 공사 / ~으로 지은 건물. *맞춤.

날림-치〔명〕날림으로 만든 물건.

날-마다〔부〕그날그날. 매일매일.

날-망제〔명〕〔민〕사람이 죽은 뒤 지노귀새남을 하지 못한 혼령을 무당이 이르는 말.

날-목(-木)〔명〕마르지 않은 나무. 생나무.

날-물〔명〕나가는 물.

날물〔명〕〈옛〉큰물. 홍수(洪水).

날-밑[-믿]〔명〕칼날과 칼자루의 사이에 끼워서 손을 보호하는 테.

날-바늘〔명〕실을 꿰지 않은 바늘.

날-바닥〔명〕맨바닥. ▯~에서 자다.

날-바람☞날파람.

날-바탕〔명〕가공하지 않은 본디 그대로의 바탕.

날-반죽〔명하타〕찬물로 하는 반죽. *익반죽.

날-받이[-바지]〔명하자〕〔민〕이사나 결혼 따위의 큰일을 치르기 위해 길일(吉日)을 가려서 정하는 일. ▯이사를 위한 ~를 하다.

날-밤¹〔명〕부질없이 새우는 밤. ▯괜한 걱정으로 ~을 새우다.

날-밤²〔명〕익히거나 말리지 않은, 날것 그대로의 밤. 생률(生栗). 생밤.

날밤-집[-찝]〔명〕밤을 새면서 장사하는 선술집.

날-발[-빨]〔명〕옷판의 맨 끝자리.

날-벌레[-뻘-]〔명〕날아다니는 벌레. 비충(飛

蟲). ▯작은 ~가 눈에 들어가다. ↔길벌레.

날-벼〔명〕갓 베어 내어 마르지 아니한 벼.

날-벼락〔명〕**1** 맑은 날씨에 치는 벼락. **2** 뜻밖에 당하는 불행이나 재난. 생벼락. ▯마음을 탁 놓고 있다가 ~을 맞았군. **3** 호된 꾸지람이나 나무람. ▯그러다가는 ~이 떨어질 거다.

날-변(-邊)[-뻔]〔명〕날수로 셈하는 이자. ▯~으로 빚을 얻다.

날-보리〔명〕갓 베어 내어 마르지 아니한 보리.

날-불한당(-不汗黨)〔명〕남의 재물을 함부로 빼앗는 무리.

날-붙이[-부치]〔명〕날이 서 있는 연장의 총칭《칼·낫·도끼 따위》.

날-비(-飛)[-삐]〔명〕한자 부수(部首)의 하나 《'飜'이나 '飜' 등에서 '飛'의 이름》.

날-빛[-삗]〔명〕**1** 햇빛을 받아서 나는 온 세상의 빛. **2**☞햇빛.

날-사이[-싸-]〔명〕지난 며칠 동안. ▯~ 평안하셨습니까. 준날새. 주의 부사적으로도 씀.

날-삯[-싹]〔명〕그날그날 쳐주는 품값. 일급(日給). *날공전.

날삯-꾼[-싹-]〔명〕날삯을 받고 일하는 사람.

날-삼〔명〕'생마(生麻)'의 순우리말 이름.

날-상가(-喪家)〔명〕아직 초상을 다 치르지 않은 초상집.

날-상제(-喪制)〔명〕아직 초상을 다 치르지 아니한 상제.

날-새[-쌔]〔명〕'날사이'의 준말. ▯~ 안녕하셨습니까. 주의 부사적으로도 씀.

날-생(-生)[-쌩]〔명〕한자 부수(部首)의 하나 《'產'·'甡' 등에서 '生'의 이름》.

날-생선〔명〕말리거나 익히지 않은 생선.

날-성수(-星數)[-썽-]〔명〕〔민〕그날의 운수. 일수(日數). 준날수.

날-소일(-消日)〔명하자〕하는 일 없이 그날그날을 지냄.

날-송장〔명〕**1** 죽은 지 오래되지 않은 송장. **2** 염습(殮襲)을 하지 않은 송장.

날-수(-數)[-쑤]〔명〕**1** 날의 수효. ▯~가 모자라다 / ~를 채우다 / ~가 오래 걸리다 / 일을 한 ~를 계산하다. **2**〔민〕'날성수'의 준말. ▯~를 보다 / ~가 나쁘다.

날-숨[-쑴]〔명〕내쉬는 숨. 호기(呼氣)2. ▯~을 내쉬다. ↔들숨.

날-실¹〔명〕삶지 아니한 실.

날-실²〔명〕피륙을 짤 때, 세로 방향으로 놓인 실. 경사(經絲). ↔씨실.

날-쌀〔명〕생쌀.

날쌍-날쌍〔부하〕여러 군데가 다 날쌍한 모양. 준날씬~날씬하다.

날쌍-하다〔형여〕짜거나 엮은 것의 사이가 좀 뜨다. 준날씬하다.

날쌔다〔형〕동작이 날래고 재빠르다. ▯날쌔게 몸을 피하다.

날씨〔명〕그날의 기상 상태. 일기(日氣). ▯맑은 ~ / ~가 좋다 / ~가 화창하다 / ~가 풀리다 / ~가 고르지 못하다 / 내일의 ~를 예보하다. 준날.

날씬-날씬〔부하형〕여럿이 다 날씬한 모양. 준늘씬늘씬.

날씬-하다〔형여〕**1** 몸이 가늘고 키가 커서 맵시가 있다. ▯날씬한 몸매 / 허리가 ~. **2** 매끈하게 길다. ▯날씬한 다리. 준늘씬하다. **날씬-히**〔부〕

날아-가다〔자타거라〕**1** 공중을 날면서 가다. ▯기러기가 ~ / 북쪽 하늘을 날아가는 철새. **2**

있던 것이 사라지거나 없어지다. ▯꿈이 ~ /
사업 실패로 재산이 몽땅 ~.

날아-놓다[나라노타]囲 여러 사람이 낼 돈의
액수를 정하다. ▯곗돈을 ~.

날아-다니다재타 날아서 이리저리 다니다.
▯새들이 하늘을 ~.

날아-들다[-들어, -드니, -드는]재 1 공중에
떠서 안으로 들다. ▯집 안에 날아든 제비. 2
뜻하지 않은 것이 들이닥치다. ▯연거푸 날
아드는 주먹세례를 피하다 / 난데없이 비보
(悲報)가 ~.

날아-예다困 '날아가다'의 예스러운 말.

날아-오다재타〔너라〕 1 날아서 오다. ▯공이
~. 2 빠르게 움직여 오다. ▯총알이 ~ / 다
짜고짜 주먹이 날아오다. 3 소식 따위가 전하
여 오다. ▯입영 통지서가 집으로 날아왔다.

날아-오르다〔-올라, -오르니〕재타르 날아서
위로 높이 오르다. ▯새가 하늘로 ~.

날연-하다(茶然-)혱여 피곤하여 기운이 없
다. 나른하다.

날염(捺染)명하타 피륙 따위에 무늬를 찍는
방법의 하나(무늬를 새긴 본을 대고 풀 섞은
물감을 발라서 물을 들임).

날오명〈옛〉나룻배.

날옺명〈옛〉나룻. 수염.

날-옺[-륜]명 옺날의 쩰밭 다음의 넷째 밭.
곧, 날밭의 바로 앞자리.

날인(捺印)명하자 도장을 찍음. 날장(捺章).
▯서명 ~을 하다.

날-일[-릴]명 날삯을 받고 하는 일.

날-일(-日)명 한자 부수(部首)의 하나('明'이
나 '晴' 등에서 '日'의 이름).

날-입[-립]명 대팻밥이 빠져나오는 자리로,
대패의 등 쪽에 파인 틈.

날-자명☞날짜.

날-장구[-짱-]명 부질없이 공연히 치는 장구.

날-장판(-壯版)명 기름이 배지 않은 종이로
바른 장판.

날조(捏造)[-조]명하타 사실이 아닌 것을 사
실인 것처럼 거짓을 꾸밈. ▯~ 기사 / 유
언비어 ~ / 기록을 ~하다.

날-종이명 기름을 먹이지 않은 종이.

날-줄[-쭐]명〖지〗경선(經線). ←씨줄.

날지니[-찌-]명 산지니.

날-짐승[-찜-]명 날아다니는 짐승. 금조(禽
鳥). 비금(飛禽). ←길짐승.

날짜[명 1 어떤 일을 하는 데 걸리는 날의 수.
시일(時日). ▯~가 많이 걸리다 / ~가 촉박
하다. 2 어느 날이라고 정한 날. ▯약속 ~ /
결혼 ~를 잡다. 3 어느 연·월·일에 해당하는
그날. 일자(日字). ▯~가 가는 줄도 모르고 지
냈다 / 그는 그저께 ~로 전입해 왔다. ⊛날.

날짜[명 1 날것. 2 고기를 ~로 먹다. 2 일에
익숙하지 못한 사람.

날짜 변:경선(-變更線)〖지〗동경 180°의 선
을 따라 남극과 북극을 잇는 경계선. 이 선을
동쪽으로 넘어가면 하루가 늦어지고, 서쪽
으로 넘어가면 하루가 앞당겨짐. 일부(日附)
변경선. 날짜선.

날짝지근-하다[-찌-]혱여 몹시 나른하다. ⊛
늘쩍지근하다.

날짱-거리다재 쉬엄쉬엄 느리게 행동하다.
⊛늘쩡거리다. **날짱-날짱**퇴하자

날짱-대다재 날짱거리다.

날짬명 뱃간에 깔기 위해 엮은 나뭇가지.

날-쩍명 일을 해서 생기는 이익. 소득(所得).

날치[명 1 날아가는 새를 쏘아 잡는 짓. 2 동
작이 몹시 재빠르고 날쌘 것의 비유. 3 '날치
꾼'의 준말.

날-치[명 날마다 이자를 무는 빚. ＊장치.

날치[어〕날칫과의 온해성 바닷물고기.
몸길이는 30-40cm 정도이며, 입이 작고 눈
이 큼. 가슴지느러미가 매우 커서 날개 모양
을 이루어 바다 위를 2-3m 날아오름. 식용
함. 비어(飛魚).

날-치기명하타 남의 물건을 날쌔게 가로채는
짓. 또는 그런 도둑(비유적으로 씀). ▯돈
가방을 ~당하다 / 법안을 ~로 통과시키다.
＊들치기·소매치기.

날치기-꾼명 날치기를 상습적으로 하는 사람.

날치-꾼명 날아가는 새를 쏘아서 잡는 재주가
있는 사냥꾼. ⊛날치.

날칼-같이퇴 날카로운 짐짓 기세를 떨치다.

날카롭다[-따]〔날카로워, 날카로우니〕혱비 1
끝이 뾰족하거나 날이 서 있다. ▯칼날이 ~.
2 생각하는 능력이 정확하다. ▯날카
로운 관찰력 / 질문이 ~ / 날카로운 머리. 3
모양이나 기세가 매섭다. ▯인상이 ~ / 의견
이 날카롭게 맞서다. 4 성질이 예민하고 신경
질적인 데가 있다. ▯신경이 날카로운 사람.

날카로-이퇴

날캉-거리다재 흠씬 물러서 저절로 자꾸 축
축 늘어져 처지게 되다. ⊛늘컹거리다. 날
캉-날캉퇴하자형

날캉-대다재 날캉거리다.

날캉-하다혱여 너무 물러서 저절로 늘어져
처지게 되다. 또는 그렇게 처질 듯하다. ⊛늘
컹하다.

날-콩명 익히지 아니한 콩.

날큰-거리다재 물러서 자꾸 축축 늘어지게
되다. ⊛늘큰거리다. **날큰-날큰**퇴하자형

날큰-대다재 날큰거리다.

날큰-하다재혱여 물러서 조금씩 늘어지게 되
다. 또는 그렇게 늘어질 듯하다. ⊛늘큰하다.

날큰-히퇴

날탕명 1 아무것도 가진 것이 없음. 또는 그런
사람. ▯그는 ~한테 누가 시집을 오겠니. 2
일을 마구잡이로 함. 또는 그렇게 하는 사람.
▯일을 ~으로 하다.

날-틀명 베를 짤 때, 날을 바로잡는 기구.

날-파람명 1 빠르게 움직일 때 일어나는 바
람. ▯~을 일으키며 들어서다. 2 날쌘 움직
임의 비유.

날파람-둥이명 주책없이 싸다니는 사람.

날-포명 하루 이상이 걸쳐이진 동안. ▯~를
보내고도 일을 끝내지 못했다. 날포·해포.

날-품명 날삯을 받고 하는 일. 일고(日雇)
하다.

　날품(을) 팔다전 하루하루 품삯을 받고 일
하다.

날품-팔이명하자 1 날품을 파는 일. 일용(日
傭). ▯~로 겨우 살아가다. 2 '날품팔이꾼'
의 준말.

날품팔이-꾼명 날삯을 받고 품팔이를 하는
사람. 일공쟁이. ⊛날품팔이.

날피명 가난하고 말이나 행동이 미덥지 못한
사람.

날-피리명 급히 쫓길 때, 물 위로 뛰어오르며
도망가는 피라미.

날호다혱〈옛〉느리다.

날혹조느홋다혱〈옛〉찬찬하고 한가하다.

날-홈명 대팻날이 끼워 있는 홈.

날회다혱〈옛〉천천히 하다.

날회야퇴〈옛〉천천히. 더디게.

낡다[낙따]혱 1 물건 따위가 오래되어 헐고

너절하다. ❏낡은 옷. **2** 생각·제도·문물 따위가 뒤떨어져 새롭지 못하다. ❏낡은 사고방식에 얽매여 있다.

낡은-이 [날그니] 똉 '늙은이'를 얕잡아 이르는 말.

남 똉 **1** 자신 외의 다른 사람. ❏~의 집 / ~의 일에 간섭하지 마라. **2** 일가가 아닌 사람. ❏먼 친척은 이웃의 ~만 못하다. **3** 아무런 관계가 없거나 관계를 끊은 사람. ❏이제 그는 ~이다. →나[3].

[남 떡 먹는데 팥고물 떨어지는 걱정한다] 남의 일에 쓸데없는 걱정을 한다. [남의 다리 긁는다] 자기를 위해 한 일이 뜻밖에 남의 이익만 도모했거나, 남의 일을 제 일로 알고 수고함. [남의 떡에 설 쇤다; 남의 불에 게 잡는다; 남의 바지 입고 새 벤다] 남의 덕택으로 거저 이익을 보게 됨. [남의 말이라면 쌍지팡이 짚고 나선다] 걸핏하면 남에게 시비를 걸고 나선다. [남의 말 하기는 식은 죽 먹기] 남의 허물을 끄집어내어 말하기는 매우 쉽다. [남의 밥에 든 콩이 굵어 보인다] 남이 가진 것은 제 것보다 더 좋아 보인다. [남의 사돈이야 가거나 말거나] 자기에게는 아무런 이해관계가 없어 상관할 필요가 없음. [남의 싸움에 칼 빼기] 자기와는 관계가 없는 일에 공연히 뛰어들어 간섭함. [남의 흉이 한 가지면 제 흉은 열 가지] 자기는 더 많은 결점을 가졌으면서도 남의 흉을 들추어 나쁘게 말함. [남이 눈 똥에 주저앉는다] 남의 잘못으로 죄 없는 사람이 애매하게 해를 입는다. [남이 장 간다고 하니 거름 지고 나선다] 덩달아 남을 모방한다. [남이 친 장단에 엉덩춤 춘다] 줏대 없이 행동하거나 관계없는 일에 덩달아 들뜸. [남 잡이가 제 잡이] 남을 해치려고 한 일이 도리어 자기를 해치는 결과가 됨.

남 (男) 똉 **1** 남자. 사내. →여(女). **2** '남작(男爵)'의 준말.

남 (南) 똉 '남쪽'의 준말. →북(北).

남 (藍) 똉 **1**《식》쪽. **2** '남빛'의 준말.

남- (男) 閈 '남자'의 뜻. →동생 / ~학생.

남가새 똉《식》남가샛과의 한해살이풀. 바닷가의 모래땅에 나는데, 높이 1m가량, 잎은 깃모양 겹잎으로 마주남. 여름에 노란 꽃이 잎겨드랑이에 하나씩 핌. 뿌리와 씨는 약으로 씀. 질려(蒺藜).

남가-일몽 (南柯一夢) 똉 꿈과 같이 헛된 한때의 부귀영화. 남가지몽(南柯之夢).

남간 (南間) 똉《역》조선 때, 의금부 안의 남쪽에 있던, 사형수를 가두던 옥. ＊서간(西間).

남경 (男莖) 똉 남자의 생식기. 남근. 자지.

남경 (南京) 똉《역》고려 때, 사경(四京)의 하나(지금의 서울).

남경-북완 (南梗北頑) 똉 지난날, 남쪽의 사나운 일본과 북쪽의 완악한 야인을 함께 일컫던 말.

남계 (男系) [-/-게] 똉 남자 쪽의 혈통. 부계(父系). ❏지금도 ~ 중심의 가족 제도가 존속되고 있다. →여계(女系).

남계 (南界) [-/-게] 똉《동》동물 지리학상의 한 지역(오스트레일리아 일대를 이름). →북계(北界).

남계 가족 (男系家族) [-/-게-] 똉 부계(父系) 가족. 곧 남계로 이룩된 사회.

남계-친 (男系親) [-/-게-] 똉 남계의 친족. →여계친(女系親).

남공 (男工) 똉 남자 직공. →여공.

남과 (南瓜) 똉《식》호박.

남교 (南郊) 똉 **1** 남쪽의 교외. **2** 지난날, '서울 남대문 밖'을 이르던 말.

남구 (南歐) 똉《지》남유럽. →북구(北歐).

남국 (南國) 똉 남쪽의 나라. ❏~의 정취를 흠뻑 느끼다. →북국(北國).

남군 (南軍) 똉 **1** 남쪽에 위치한 군대. **2**《역》미국의 남북 전쟁 때에 남부의 군대. →북군(北軍).

남궁 (南宮) 똉《역》조선 때, 예조(禮曹)의 딴이름.

남극 (南極) 똉 **1**《물》자침(磁針)이 가리키는 남쪽 끝. **2**《천》지축 또는 천구축(天球軸)의 남쪽 끝. 남극점. ❏~을 탐험하다. →북극.

남극 거:리 (南極距離) [-꺼-]《천》천구(天球)의 남극으로부터 어떤 천체까지의 각거리(角距離). →북극 거리.

남극-계 (南極界) [-꼐 / -계] 똉《생》생물 지리학상의 한 구역(남극 대륙과 주변의 여러 섬 및 남미의 파타고니아를 포함하는 지역). →북극계(北極界).

남극-광 (南極光) [-꽝]《지》남극에 나타나는 극광. →북극광.

남극-권 (南極圈) [-꿘] 똉《지》남위(南緯) 66° 33′으로부터 이남의 남극점을 중심으로 하는 지역(반년 동안은 밤이 계속되며, 반년 동안은 낮이 계속됨). →북극권.

남극-노인 (南極老人) [-긍-] 똉《민》남극성의 화신(化身)(이 별이 나타나면 태평하고, 나타나지 않으면 전란(戰亂)이 있다 함).

남극-노인성 (南極老人星) [-긍-] 똉《천》남극성(南極星). ⓒ노인성.

남극 대:륙 (南極大陸) [-때-]《지》남극을 중심으로 한 대륙(날씨가 몹시 추워 사람은 살지 않고 펭귄·바다표범·고래 따위의 동물이 살며, 식물은 지의류(地衣類)가 있음).

남극-성 (南極星) [-썽] 똉《천》남극 부근 용골자리에 있어, 2월 무렵에 남쪽 지평선 가까이에 잠시 보이는 별. 남극노인성. 수성(壽星).

남극-양 (南極洋) [-긍냥] 똉《지》남극해.

남극-점 (南極點) [-쩜] 똉 남극2.

남극-주 (南極洲) [-주] 똉《지》남극 지방.

남극 지방 (南極地方) [-찌-] 남극을 둘러싼 지역의 일대. 남극주. →북극 지방.

남극-해 (南極海) [-그캐] 똉 남극권 내에 있는 해양의 총칭(1년 내내 얼음에 덮여 있음). 남극양. 남빙양(南氷洋). 남빙해.

남근 (男根) 똉 남자의 생식기. 음경(男莖).

남근 숭배 (男根崇拜) 자연히 또는 인공으로 남근같이 만들어진 것을 생산의 신이나 개운(開運)의 신으로 숭배하는 원시 신앙의 하나.

남:기 (嵐氣) 똉 이내[1].

남기다 囤 '남다'의 사동〕 **1** 나머지가 있게 하다. ❏음식을 ~. **2** 어떤 장소에 남아 있게 하다. ❏고향에 처자를 ~. **3** 시간이 흐른 뒤에까지 전하다. ❏이름을 ~ / 유산을 ~ / 좋은 인상을 ~. **4** 이익을 보게 하다. ❏본전의 갑절을 ~.

남기-북두 (南箕北斗) [-뚜] 똉 남쪽의 기성(箕星)은 쌀을 까불지 못하고, 북쪽의 북두성은 쌀을 되지 못한다는 뜻으로, 이름만 그럴듯하고 실속이 없음을 이르는 말.

남김-없이 [-기범씨] 閈 하나도 빼어 놓음이 없이 죄다. 여유를 남기지 않고 있는 대로 모두. ❏나온 요리를 ~ 먹어 치우다.

남-나중 똉 남보다 나중.

남-날개 똉 사냥꾼이 가지고 다니는, 화약이나

탄알을 넣는 그릇의 총칭.

남-남 (南男) 圀 서로 아무런 관계가 없는 남과 남. ▷~이 되다 / 그들 부부는 헤어지면서 ~으로 되돌아갔다.

남남 (喃喃) 혀를 빨리 놀려 알아들을 수 없게 재잘거림. 또는 재잘거리는 소리가 요란함.

남남-동 (南南東) 圀 남쪽과 남동쪽 사이의 방위(方位).

남남-문제 (南南問題) 圀 대체로 지구의 남쪽에 위치하는 개발도상국들 가운데 비교적 부유한 나라와 최빈국(最貧國) 사이에 생기는 문제《한 나라 안의 부유층과 빈곤층의 대립 문제를 가리키기도 함》. *남북문제.

남남북녀 (南男北女) [-봉-] 圀 우리나라에서, 남쪽 지방은 남자가 잘나고 북쪽 지방은 여자가 아름답다는 말.

남-남서 (南南西) 圀 남쪽과 남서쪽 사이의 방위(方位).

남녀 (男女) 圀 남자와 여자. ▷청춘 ~.

남녀 공:학 (男女共學) 남자와 여자가 같은 학교 또는 같은 학급에서 배움.

남녀-노소 (男女老少) 圀 남자와 여자와 늙은이와 젊은이. 곧, 모든 사람.

남녀-동등 (男女同等) 圀 남녀평등.

남녀-동등권 (男女同等權) [-꿘] 《社》 남녀평등권.

남녀-별 (男女別) 圀 남자와 여자의 구별. ▷좌석 /~로 앉다.

남녀상열지사 (男女相悅之詞) [-찌-] 圀 《文》 남녀의 애정을 주제로 한 고려 가요를 조선 때의 한학자(漢學者)들이 낮잡아 이르던 말.

남녀-악 (男女樂) 圀 남악과 여악.

남녀-유별 (男女有別) 圀 유교 사상에서, 남녀의 사이에는 분별이 있어야 함을 이르는 말.

남녀-종 (男女-) 圀 사내종과 계집종.

남녀-추니 (男女-) 圀 남자와 여자의 생식기를 다 가지고 있는 사람. 반음양(半陰陽). 양성구유(兩性具有). *어지자지.

남녀칠세부동석 (男女七歲不同席) [-쩨-] 圀 유교의 옛 가르침에서, 일곱 살만 되면 남녀 구별을 엄히 하여야 한다는 말.

남녀-평등 (男女平等) 圀 남자와 여자가 사회적으로나 법률적으로 성별에 따라 차별이 없음. 남녀동등.

남녀-평등권 (男女平等權) [-꿘] 圀 남자와 여자가 사회적으로나 법률적으로 성별에 따라 차별이 없이 동등하게 누릴 수 있는 권리. 남녀동등권.

남-녘 (南-) [-녁] 圀 남쪽. ↔북녘.

남노 (男奴) 圀 사내종.

남늦다 [-늗-] 혬 남보다 늦다.

남:다¹ [-따] 困 **1** 나머지가 있게 되다. ▷먹다 남은 밥 / 통장에 돈이 얼마 안 남았다. **2** 떠나지 않고 그대로 있다. ▷학교에 / 당번만 남고 모두 운동장으로 나갔다. **3** 잊혀지지 않거나 뒤에까지 전하다. ▷기억에 남는 이야기 / 역사에 길이 ~. **4** 이익을 보다. ▷많이 남는 장사.

남다² 困 〈옛〉 넘다.

남-다르다 [남달라, 남다르니] 혬르 다른 사람과는 유달리 다르다. ▷남다른 재주 / 어딘가 남다른 데가 있다 / 남다른 노력을 기울이다 / 오가는 정이 ~.

남-달리 團 다른 사람과는 다르게. 남다르게.

▷그는 ~ 총명하다.

남당 (南堂) 圀 〔歷〕 삼국 시대 초기의 정청(政廳). 신라와 백제가 국가 체제를 갖추면서 부족 집회소가 변한 것임.

남대 (南帶) 圀 〔植〕 식물 분포 지역 분류의 하나. 오스트레일리아·뉴질랜드·아프리카 남단·남아메리카 남단을 포함하는 지대《야자류와 각종 원예 식물이 남》. *북대(北帶).

남대 (南臺) 圀 〔歷〕 조선 후기에, 학문과 덕이 뛰어나 이조(吏曹)에서 사헌부 대관(臺官)으로 천거된 사람.

남-대되 團 **1** 남들은 죄다. **2** 남과 같이.

남-대문 (南大門) 圀 **1** 도성(都城)의 정문으로, 남쪽에 있는 문. **2** 서울의 '숭례문(崇禮門)'의 별칭. **3** 〈속〉 양복바지의 앞을 여미는 단추나 지퍼. *남북(南北).

남대문 구멍 같다 用 매우 큰 구멍을 비유하여 일컫는 말.

남대문-입납 (南大門人納) [-님-] 圀 **1** 주소를 알 수 없는 편지나 이름도 모르고 집을 찾는 일을 조롱하는 말. **2** 요령을 알 수 없는 말.

남도 (南道) 圀 경기도 이남에 있는 땅. 곧, 충청도·경상도·전라도·제주도를 통틀어 이르는 말. 남로(南路). 남중(南中). ↔북도(北道).

남도 민요 (南道民謠) 전라도와 경상도 지방의 민요를 통틀어 이르는 말.

남독 (南瀆) 圀 〔歷〕 나라에서 제사 지내던 사독(四瀆)의 하나로, 한강(漢江)을 일컫던 말. *사독(四瀆).

남:-독 (濫讀) 圀國하타 아무 책이나 닥치는 대로 마구 읽음. 난독(亂讀).

남동 (南東) 圀 동쪽과 남쪽 사이의 방위. 동남.

남동-광 (藍銅鑛) 圀 〔鑛〕 동광석(銅鑛石)의 하나. 탄산(炭酸)구리가 주성분임. 단사 정계로 기둥 또는 덩어리 모양이며 푸르고 투명함. 공작석(孔雀石)과 함께 나며, 안료·채료(彩料)의 원료로 씀.

남동-미남 (南東微南) 圀 남동쪽에서 약간 남쪽으로 치우친 방위.

남동-미동 (南東微東) 圀 남동쪽에서 약간 동쪽으로 치우친 방위.

남-동생 (男同生) 圀 남자 동생. ↔여동생.

남동-풍 (南東風) 圀 남동쪽에서 북서쪽으로 부는 바람. 동남풍.

남두 (南斗) 圀 〔天〕 남두육성(南斗六星).

남두-육성 (南斗六星) [-썽] 圀 〔天〕 궁수(弓手)자리의 일부를 차지하는 국자 모양의 여섯 개의 별. 남두(南斗). 두성(斗星).

남록 (南麓) [-녹] 圀 남쪽 기슭.

남:-루 (襤褸) [-누] 圀國하타 **1** 누더기. ▷~를 걸치다. **2** 옷 따위가 낡고 해져서 너절함. ▷~한 옷차림.

남-마구리 (南-) 圀 〔鑛〕 남북으로 뻗은 광맥 구멍이의 남쪽 마구리. ↔북마구리.

남만 (南蠻) 圀 사이(四夷)의 하나. 중국 남쪽에 살던 미개한 민족을 옛 중국인들이 낮잡아 이르던 말.

남만-북적 (南蠻北狄) [-쩍] 圀 남쪽과 북쪽에 있는 오랑캐.

남매 (男妹) 圀 **1** 오빠와 누이. **2** 한 부모가 낳은 남녀 형제.

남매-간 (男妹間) 圀 오빠와 누이 사이.

남면 (南面) 圀國하자 **1** 남쪽으로 향함. **2** 〔歷〕 임금이 앉던 자리의 방향.

남명 (南冥·南溟) 圀 남쪽에 있다는 큰 바다.

남-모르다 [남몰라, 남모르니] 혬르 남이 알지 못하다. ▷남모르는 괴로움 / 남모르게 흘리는 눈물 / 남모르게 만나다.

남-몰래 男 남이 모르게. ▯~ 일을 꾸미다 /
~ 불우 이웃을 돕다.
남무 (男舞) 명 1 남자들이 추는 춤(독무·쌍무·
군무 등의 형식으로 되어 있음). 2 예전에,
기생이 남빛 창의(氅衣)를 입고 추던 춤.
남무 (南無) 명 《불》 나무(南無).
남문 (南門) 명 1 남쪽으로 난 문. 2 성곽의 남
쪽에 있는 문. ↔북문.
남미 (南美) 명 《지》 남아메리카.
남미 대:륙 (南美大陸) 《지》 남아메리카 대륙.
협(峽) 이남의 남아메리카 대륙.
남-미동 (南微東) 명 남쪽에서 약간 동쪽으로
치우친 방위.
남-미서 (南微西) 명 남쪽에서 약간 서쪽으로
치우친 방위.
남바위 명 추울 때 머리에 쓰는 방한구(앞쪽으
로는 이마를 덮고 뒤쪽은 목과 등 사이를 내
리덮으며, 가장자리에 털가죽을 붙였음).
남반 (南班) 명 고려 때, 중류 계급의 반
열(班列)로 액정국(掖庭局)과 내시부(內侍府)
의 벼슬아치의 호칭.
남-반구 (南半球) 명 적도를 경계로 지구를 둘
로 나눈 경우의 남쪽 부분. ↔북반구.
남:-발 (濫發) 명하타 1 법령·지폐·탄환 등을 함
부로 공포(公布)·발행·발사(發射)함. 난발(亂
發). ▯법령을 ~하다 / 신용 카드를 ~하다.
2 어떤 말이나 행동을 함부로 하는 것. ▯외
래어를 ~하다 / 선거 공약을 ~하다.
남방 (南方) 명 1 남쪽. 2 남쪽 지방. 3 '남방셔
츠'의 준말.
남방-노랑나비 (南方-) 명 《충》 흰나빗과의
나비. 편 날개 길이 3~5cm, 날개는 노란색
이고 몸길이 1.5cm가량임. 한 해에 여러 번
발생하며, 애벌레는 콩과 식물의 해충임. ᆢ
노랑나비.
남방 불교 (南方佛敎) 동남아시아 지역의 불
교. 아소카 왕 이후 남인도·스리랑카·미얀마·
타이·인도네시아 등지에 전파되고, 대개 소승
(小乘)에 속하는 불교.
남방-샤쓰 (←南方shirts) 명 남방셔츠.
남방-셔츠 (南方shirts) 명 여름에 양복저고리
대신 입는 얇은 윗옷. 남방샤쓰. ᆢ남방.
남-배우 (男俳優) 명 남자 배우. ↔여배우. ᆢ
남우(男優).
남벌 (南伐) 명하자 무력으로 남쪽 지방을 침.
남정(南征).
남:-벌 (濫伐) 명하타 나무를 함부로 베어 냄.
▯수목의 ~을 금함.
남:-벌 (濫罰) 명하타 이유 없이 함부로 벌을 주
는 일. ↔남상(濫賞).
남:-법 (濫法) [-뻡] 명하자 법을 함부로 쓰거나
어지럽게 함.
남벽 (藍碧) 명 짙은 푸른빛.
남변 (南邊) 명 남쪽 가장자리.
남-병사 (南兵使) 명 《역》 조선 때, 남병영의
병마절도사(兵馬節度使).
남-병영 (南兵營) 명 《역》 조선 때, 함경도의
남도(南道) 병영. 지금의 북청(北靑)에 있었
으며 병마절도사가 맡아 지켰음.
남-보라 (藍-) 명 남색과 보라의 중간색.
남복 (男服) 명 남자의 옷. ──하다 [-보카] 자
타 여자가 남자 옷을 입다.
남-볼썽 명 남을 대하여 볼 면목. 체면. ▯~
사납게 그게 무슨 짓이냐.
남:-봉 (濫捧) 명하타 수량을 함부로 더 받음.
남부 (南部) 명 1 어떤 지역의 남쪽 부분. ▯~
지방. 2 《역》 조선 때, 5부(部)로 나뉘었던
서울 안 구역의 남쪽 부분. 또는 그 구역을

관할하던 관아.
남-부끄럽다 [-따] [남부끄러워, 남부끄러우
니] 형ㅂ 창피하여 남을 대하기가 부끄럽다.
▯남부끄러워 얼굴을 들 수 없다. 남-부끄러
이 부
남-부럽다 [-따] [남부러워, 남부러우니] 형ㅂ
남의 훌륭한 점을 보고 그와 같이 되고 싶다.
남-부럽잖다 [-짠타] 형 '남부럽지 않다'의 준
말로, 형편이 좋아서 남이 부럽지 않을 만하
다. ▯남부럽잖게 사는 집.
남부-여대 (男負女戴) 명하자 남자는 지고 여
자는 인다는 뜻으로, 가난한 사람들이 살 곳
을 찾아 떠돌아다니는 것을 이름.
남북 (南北) 명 남쪽과 북쪽. ▯~ 대화 / ~ 정
상 회담 / ~으로 길게 뻗은 대로.
남북(이) 나다 부 머리통의 앞뒤가 쑥 나오다.
남북-극 (南北極) [-끅] 《지》 남극과 북극.
남북-로 (南北路) [-붕노] 명 남북으로 뻗은 길.
남북-맥 (南北脈) [-붕-] 《광》 남북으로 뻗
은 광맥. 남북줄.
남북-문제 (南北問題) [-붕-] 명 1 주로 북반구
에 속하는 선진국과 남반구에 속하는 개발도
상국 사이의 정치적·경제적 문제를 통틀어
이르는 말. 2 한반도의 남한과 북한 사이에
생기는 정치적·사회적 문제.
남북 전:쟁 (南北戰爭) [-전-] 《역》 미국에서,
노예 제도의 존속을 주장하는 남부와 폐지를
주장하는 북부 사이에 일어난 대전(1861년에
벌어져 1865년에 북부의 승리로 끝남).
남북-조 (南北朝) [-쪼] 명 《역》 위진 남북조 시
대의 남조(南朝)와 북조(北朝).
남북조 시대 (南北朝時代) [-조-] 《역》 중국에
서, 420년 송(宋)나라가 일어난 뒤부터 589
년 수(隋)나라가 천하를 통일하기까지 한족
의 남조와 선비족의 북조가 대립하던 시대.
남북-통일 (南北統一) 명 분단된 남한과 북한
을 하나로 합치는 일. ▯~을 기원하다.
남북 협력 기금 (南北協力基金) [-부켬녁끼-]
《경》 남북 간의 상호 신뢰와 동질성 회복을
위한 인적 교류 및 경제 협력을 촉진할 목적
으로 설치된 기금.
남:-분하다 (濫分-) 형여 분수에 넘치다.
남비 (南-) [←]명 냄비.
남:-비 (濫費) 명하타 낭비.
남빙-양 (南氷洋) [-냥] 명 《지》 남극해.
남빙-해 (南氷海) 명 《지》 남극해.
남-빛 (藍-) [-삗] 명 푸른빛과 자줏빛과의 중간
빛(하늘빛보다 짙음). 남색(藍色). ᆢ남(藍).
*감색(紺色).
남-사당 (男-) 명 《민》 무리를 지어 떠돌아다
니면서 소리나 춤을 팔던 남자.
남사당-놀이 (男-) 명 남사당패가 관객 앞에서
풍물·버나·살판·어름·덧뵈기·덜미의 여섯
가지 놀이를 차례로 펼쳐 보이는 일.
남사당-패 (男-) 명 남사당의 무리.
남사-스럽다 [-따] [-스러워, -스러우니] 형ㅂ
남세스럽다.
남산 (南山) 명 도성의 남쪽에 있는 산.
남산골-딸깍발이 (南山-) [-골-빠리] 명 옛날,
서울 남산골에 살던 선비들이 가난하여 맑은
날에도 나막신을 신었다는 데서, 가난한 선
비를 농으로 비웃어 이르는 말.
남산골-샌님 (南山-) [-골-] 명 가난하면서도
자존심만 강한 선비를 비웃어 이르던 말.
[남산골샌님이 역적 바라듯 한다] ㉠가난한

사람이 분에 넘치는 것을 바란다. ⓒ어려운 처지에 있는 사람은 늘 불평이 많다는 뜻.

남산-수(南山壽)명 남산이 한없이 이 세상에 있듯이, 오래 사는 수명(장수(長壽)를 축원하는 말).

남산-종(南山宗)명『불』계율종(戒律宗).

남:살(濫殺)명하타 죄가 있고 없고를 가리지 않고 사람을 함부로 죽임.

남삼-하다(鬖髿-)혱여 숱이 많은 머리채가 흩어져 내려 치렁치렁하다.

남상(男相)명 남자 얼굴처럼 생긴 여자의 얼굴. ↔여상(女相).
　남상(을) 지르다 団 여자가 남자 얼굴처럼 생기다.

남상(男像)명 그림이나 조각 따위에서 남자의 형상.

남:상(濫賞)명하타 기준을 가리지 않고 함부로 상을 줌. ↔남벌(濫罰).

남:상(濫觴)명 양츠 강(子江) 같은 큰 하천도 그 근원은 술잔을 띄울 만큼 가늘게 흐르는 시냇물이라는 뜻에서, 사물의 처음이나 시작을 일컬음. ▢우편 제도의 ~.

남상-거리다타 욕심이 나서 목을 길게 빼어 늘이고 자꾸 넘어다보다. ▢지나가는 동네 처녀를 힐끔힐끔 남상거렸다. 倒넘성거리다.
　남상-대다타 남상거리다.

남새명 심어서 가꾸는 나물(무·배추·미나리·아욱 등). 채마(菜麻). 채소.

남새-밭[-받]명 남새를 심는 밭. 채소밭. 전포(田圃). 채전(菜田). 포전(圃田).

남색(男色)명 비역. ↔여색(女色).

남색(藍色)명 **1** 남빛. **2** '남색짜리'의 준말.

남색-짜리(藍色-)명 머리를 쪽 찌고 남색 치마를 입은 스무 살 안팎의 새색시. ↔홍색짜리. 倒남색.

남생이명『동』남생잇과의 민물 동물. 냇가나 연못에 사는데 거북과 비슷하나 작고, 네 발에는 각각 다섯 개의 발가락이 있으며 발가락 사이에는 물갈퀴가 있음. 석귀(石龜).
　[남생이 둥에 활소기] ㉠매우 어려운 일을 하려고. ㉡해를 끼치려 하나 끄떡없음.

남상명〈옛〉남생이.

남서(南西)명 남쪽과 서쪽의 사이. 서남.

남서-간(南西間)명 남쪽과 서쪽의 사이가 되는 방위. 서남간.

남서-미남(南西微南)명 남쪽과 서쪽의 중간에서 약간 남쪽으로 치우친 방위.

남서-미서(南西微西)명 남쪽과 서쪽의 중간에서 약간 서쪽으로 치우친 방위.

남서-풍(南西風)명 남서쪽에서 북동쪽으로 부는 바람. 서남풍.

남서-향(南西向)명 북동쪽에서 남서쪽을 정면으로 바라보게 된 방향. 서남향(西南向).

남선북마(南船北馬)[-붕-]명 중국의 남쪽은 강이 많아 배를 이용하고 북쪽은 산이 많아 말을 이용한다는 데서, 늘 쉬지 않고 여행을 하거나 돌아다님을 이르는 말. 북마남선.

남-선생(男先生)명 남자 선생. ↔여선생.

남섬-석(藍閃石)명 소다를 함유하고 있는 각섬석(角閃石). 남색 또는 푸른빛이 나는 결정체(結晶體)로 산(酸)에 강함.

남섬-편암(藍閃片岩)명 남섬석과 석영(石英)을 주성분으로 한 결정 편암.

남성(男性)명 **1** 남자. 특히, 성인 남자를 이름. ▢직장 ~을 대상으로 한 설문 조사. **2**

《언》일부 외국어 문법에서, 단어를 성(性)에 따라 구별할 때 쓰는 말의 하나. ↔여성.

남성(男聲)명 **1** 남자의 목소리. **2**『악』성악에서, 남자의 성부(聲部). 곧, 테너·바리톤·베이스 따위. ↔여성. ▶사중창. ↔여성(女聲).

남성-관(男性觀)명 여성들이 남성에 대해 갖는 견해.

남성-국(南星麴)명『한의』생강즙과 백반(白礬)과 천남성(天南星)을 섞어서 만든 누룩(담(痰)과 풍(風)을 치료하는 데에 씀).

남성 명사(男性名詞)명《언》일부 외국어 문법에서, 성(性)에 따라 갈라놓은 명사 중 남성에 속하는 것.

남성-미(男性美)명 성질·체질 따위에서 나타나는 남자다운 아름다움. ▢~가 넘치다 / ~를 과시하다. ↔여성미.

남성-복(男性服)명 남성들이 입는 옷.

남성-용(男性用)[-뇽]명 남성이 씀. 또는 그런 것. ↔여성용.

남성-적(男性的)관형 남자다운 성격이나 모습을 지닌 (것). ▢~(인) 패기가 넘치다. ↔여성적.

남성-지다(男性-)혱 여자가 남자의 성질과 비슷하다.

남성 합창(男聲合唱)명 남자만으로 하는 합창. ↔여성 합창.

남성 호르몬(男性hormone)명『생』남성의 정소(精巢)에서 분비되는 호르몬.

남세명하자 '남우세'의 준말.

남세-스럽다[-따][-스러워, -스러우니]혱비 '남우세스럽다'의 준말. ▢예전에는 남자가 부엌에 드나드는 일을 남세스럽게 여겼다.
　남세-스레[부

남:소(濫訴)명하타 함부로 소송을 일으킴.

남손(男孫)명 손자(孫子).

남:솔(濫率)명하타 예전에, 고을의 원(員)이 부임할 때 제한된 수 이상으로 가족을 거느리던 일.

남송(南宋)명『역』중국의 송나라가 금나라에 밀려 남쪽으로 내려가 항저우(杭州)에 세운 나라(원나라에 망함).

남수(男囚)명 남자 죄수. ↔여수.

남순-동자(南巡童子)명『불』관세음보살의 왼쪽에 있는 보처존(補處尊).

남-술(男-)명 남자가 쓰는 숟가락. ↔여술.

남-스님(男-)명『불』'남승(男僧)'의 높임말. ↔여스님.

남-스란치마(藍-)명 남빛의 비단 치마.

남승(男僧)명 남자 승려. ↔여승(女僧).

남승(覽勝)명하자 좋은 경치를 구경함.

남:식(濫食)명하타 음식을 가리지 않고 닥치는 대로 먹음.

남실(藍實)명 쪽의 씨(한방에서 약으로 씀).

남실-거리다자타 **1** 물결 따위가 보드랍게 굽이쳐 계속 움직이다. **2** 액체가 가득 차서 넘칠 듯이 찰랑거리다. **3** 탐이 나서 자꾸 살그머니 넘겨다보다. 倒넘실거리다. **남실-남실**[-람-]부뫼타

남실-대다자타 남실거리다.

남실-바람(藍-)명『기상』풍력 계급 2의 바람. 초속 1.6~3.3m로 부는 바람. 얼굴에 느껴지며 나뭇잎이 흔들리고 해면에 잔물결이 일 정도의 바람. 경풍(輕風).

남십자-성(南十字星)[-짜-]명『천』남십자자리에 있는, '十'자 모양으로 이루는 네 개의 별.

남십자-자리(南十字-)[-짜자-]명『천』켄타우루스(Centaurus)자리의 남쪽에 있는 별자리(밝은 별이 많으며, 수성(首星) 이하의 네

별이 '十' 자 모양을 이룸). *남십자성.

남아(男兒)몡 **1** 사내아이. ◻~ 선호 사상. ↔여아. **2** 남자다운 남자. 대장부. ◻씩씩한 대한의 ~.

남아-나다재 끝까지 남다. 또는 제대로 성하게 남다. ◻아이들 장난에 남아나는 물건이 없다.

남아-돌다[-돌아, -도니, -도는]재 사람이나 물건이 아주 넉넉하여 여분이 많이 있다. ◻남아도는 인원 / 시간이 ~.

남-아메리카(南America)몡〔지〕아메리카 대륙의 남쪽 지역. 남미(南美).

남아수독오거서(男兒須讀五車書)몡 남자는 모름지기 다섯 수레에 실을 만한 많은 책을 읽어야 한다는 뜻.

남아일언중천금(男兒一言重千金)몡 남자의 말 한마디는 천금과 같이 무겁고 가치가 있다는 뜻.

남악(男樂)몡〔역〕궁중의 외진연(外進宴)에서 무동(舞童)들이 행하던 춤과 노래.

남안(南岸)몡 강이나 바다의 남쪽 기슭.

남양(南洋)몡〔지〕태평양의 적도를 경계로 하여 그 남북에 걸쳐 있는 지역의 총칭.

남어-좌(南魚座)몡〔천〕물고기자리.

남여(藍興)몡 모양이 의자와 비슷하고 위를 덮지 않은 작은 가마.

남-오미자(南五味子)몡〔식〕목련과의 상록 활엽 덩굴나무. 산기슭의 양지에 나는데, 잎은 어긋나고 봄에 황백색 꽃이 잎겨드랑이에서 하나씩 피며, 가을에 둥근 장과(漿果)가 빨갛게 익음(관상용·제지용으로 재배함).

남-옥저(南沃沮)[나목쩌]몡〔역〕지금의 함경남도에 있었던 예 부족. 함경북도 방면에 있었던 북(北)옥저에 대하여 옥저라고도 함. 뒤에 고구려에 예속되었음.

남왜-북로(南倭北虜)[나뫠붕노]몡〔역〕중국에서, 15~16세기에 명(明)나라를 괴롭히던, 남쪽의 왜구(倭寇)와 북쪽의 몽고(蒙古) 여러 부족을 이르던 말.

남:요(攬要)몡하타 요점을 추림.

남:용(濫用)몡하타 함부로 씀. 난용(亂用). ◻공권력의 ~ / 약물 ~ / 외래어 ~되다 / 직권을 ~하다.

남우(男優)몡 '남배우(男俳優)'의 준말. ◻주연상. ↔여우(女優).

남-우세몡하자 남에게서 비웃음과 놀림을 받게 됨. 또는 그 비웃음과 놀림. ◻그렇게 차리고 나가면 ~를 받기 딱 좋다. ⊛남세.

남우세-스럽다[나무-따][-스러워, -스러우니]형타 남에게 놀림과 비웃음을 받을 만한 데가 있다. ⊛남세스럽다. **남우세-스레**튀. ⊛남세스레.

남-움직씨몡〔언〕타동사(他動詞). ↔제움직씨.

남위(南緯)몡〔지〕적도(赤道)에서 남극 사이에 있는 위도. ↔북위(北緯).

남위-선(南緯線)몡〔지〕적도에서 남극 사이에 있는 위선. ↔북위선(北緯線).

남-유럽(南Europe)몡 유럽 남부 지중해 연안 지역(이탈리아·프랑스 남부·에스파냐 등지를 이름). 남구(南歐).

남:음(濫飮)몡하타 마구 마심.

남의-나이[나믜- / 나메-]몡 환갑이 지난 뒤의 나이를 일컫는 말.

남의-눈[나믜- / 나메-]몡 여러 사람의 시선. 이목.◻~이 두려워 행동을 삼가다.

남의-달[나믜- / 나메-]몡 임신부가 해산할 달로 꼽은 달의 다음 달.

남의달-잡다[나믜-따 / 나메-따]재 아이를 남의달에 낳게 되다.

남의집-살다[나믜-쌀- / 나메-쌀-]〔-살아, -사니, -사는〕재 남의 집안일을 하여 주며 그 집에서 살다.

남의집-살이[나믜-싸리 / 나메-싸리]몡하자 남의 집안일을 해 주며 그 집에 사는 일. 또는 그 사람.

남인(南人)몡〔역〕조선 때, 동인(東人)에서 갈라진 사색당파의 하나. 북인(北人)에 대하여 유성룡(柳成龍)을 중심으로 한 당파.

남인맞다〈옛〉시집가다.

남인종〈옛〉사내종.

남자(男子)몡 **1** 남성(男性)인 사람. ◻~ 친구 / ~ 화장실 / 잘생긴 ~가 문을 밀고 들어왔다 / 사람 부리는 횟손이 어지간한 ~ 뺨친다. ↔여자. **2** 사내다운 사내. 사나이. ◻~답게 생겼다. **3** 한 여자의 남편이나 애인을 이르는 말. ◻~관계가 복잡하다 / 그녀는 아직 ~가 없다.

남자-색(藍紫色)몡 남빛을 띤 보랏빛.

남자-용(男子用)몡 남자가 사용하도록 만들어진 것. ◻~ 변기가 따로 설치되다.

남작(男爵)몡 오등작(五等爵)에서 맨 끝의 작위. 준말 남(男).

남:작(濫作)몡하타 글이나 시 따위를 함부로 많이 지어 냄. ◻시(詩)의 ~.

남장(男裝)몡하자 여자가 남자처럼 차림. 또는 그런 차림새. ◻~을 한 여인.

남적도 해:류(南赤道海流)[-또-]〔지〕태평양·인도양·대서양 상의 남위 10도 부근을 동쪽에서 서쪽으로 흐르는 해류.

남전북답(南田北畓)[-땁]몡 밭은 남쪽에 논은 북쪽에 있다는 뜻으로, 가진 논밭이 여기저기 흩어져 있음을 이르는 말.

남점(南點)[-쩜]몡〔천〕천구의 자오선과 지평선이 남쪽에서 교차하는 점. ↔북점(北點).

남정(男丁)몡 열다섯 살 이상의 나이로 장정(壯丁)이 된 남자. 젊은 남자.

남정(男情)몡 남자의 정(情). 또는 남자의 정욕(情欲). ↔여정(女情).

남정(南征)몡하자 남벌(南伐).

남정-네(男丁-)몡 여자들이 사내를 가리켜 일컫는 말.

남정-북벌(南征北伐)[-뻘]몡하자 남쪽을 정복하고 북을 토벌함.

남정-석(藍晶石)몡〔광〕알루미늄을 주성분으로 하는 삼사 정계(三斜晶系)의 규산 광물. 빛은 남청색 또는 백색. 편마암(片麻岩)과 결정 편암(結晶片岩) 속에 섞여 있음.

남:제(濫製)몡하타 남조(濫造).

남조(南朝)몡〔역〕중국 남북조 시대의 송(宋)·제(齊)·양(梁)·진(陳)의 네 나라를 통틀어 이르는 말.

남:조(濫造)몡하타 품질 등을 생각하지 않고 마구 만들어 냄. 남제(濫製).

남-조선(南朝鮮)몡 광복 후 미군정(美軍政) 때, 중부 이남의 남한을 이르던 말. ↔북조선.

남존-여비(男尊女卑)[-녀-]몡 사회적 지위나 권리에 있어 남자가 여자보다 우대받는 일. ◻~의 사상. ↔여존남비.

남종(南宗)몡 **1**〔미술〕중국 당나라의 왕유(王維)를 원조로 하는 화가의 한 파. **2**〔불〕중국 선종(禪宗)의 한 파(홍인(弘忍)의 제자인 혜능(慧能)을 창시자로 하여 전파됨).

남종-화(南宗畵)몡 산수화의 2대 화풍 가운

데 하나《먹물을 주로 한 간소한 기교로 시적(詩的) 정서를 표현하는 것이 특징임》. ↔북종화(北宗畵). [준]남화.

남좌여우 (男左女右) [명] 〖민〗 음양설에서, 왼쪽은 양이고 오른쪽은 음이라 하여 남자는 왼쪽이 중하고 여자는 오른쪽이 중하다는 말《맥·손금·자리 따위를 볼 때 남자는 왼쪽을, 여자는 오른쪽을 취함》.

남중 (南中) [명][하자] **1** 〖천〗 천체가 자오선을 통과하는 일. 천체의 높이는 이때가 가장 높으며 태양의 남중은 정오(正午)에 해당함. 자오선 통과. **2** 남도(南道).

남중 고도 (南中高度) 〖천〗 자오선 고도.

남중-부 (南中部) [명] **1** 남부와 중부. **2** 남부의 중앙.

남중-일색 (男中一色)[-쌕] [명] 남자의 얼굴이 썩 뛰어나게 잘생김. 또는 그런 사람.

남지 (南至) [명] 동지(冬至)《해가 남회귀선까지 이르기 때문에 일컫는 말》. ↔북지.

남지 (南枝) [명] **1** 남쪽으로 뻗은 나뭇가지. **2** 일찍 피는 매화(梅花)의 가지.

남지 (藍紙) [명] 닭의장풀의 꽃에서 짜낸 남색 물을 들인 종이《예전에 사본용(寫本用) 종이로 썼음》.

남:직 (濫職) [명] 분수에 넘치는 벼슬.

남진 [명] 〈옛〉 남자. 남편.

남진 (南進) [명][하자] 남쪽으로 나아감. ❑ 러시아 제국의 ~ 정책. ↔북진(北進).

남진-계집 [-/-게-] [명] 내외를 갖춘 남의 집 하인.

남진죵 [명] 〈옛〉 사내종.

남짓 [-짇] [의명][하형] 수량이 한도에 차고 조금 남는 정도. ❑ 일 년 ~ 사이에 몰라보게 자랐구나 / 천 명 ~한 학생.

남짓-이 [부] 남짓하게.

남:징 (濫徵) [명][하타] 돈이나 곡식 따위를 마구 징수함.

남족ᄒᆞ다 [형] 〈옛〉 남짓하다.

남-쪽 (南-) [명] 남극을 가리키는 쪽. 동쪽을 향하여 오른쪽. 남녘. 남방. 남측. ❑ ~으로 창을 내다. ↔북쪽. [준]남(南).

남쪽물고기-자리 (南-)[-쫑-꼬-] [명] 〖천〗 10월 중순의 저녁 무렵에 남쪽 하늘에 보이는 별자리. 물병자리의 남쪽에 있음. 남어좌.

남창 (男唱) [명] 〖악〗 **1** 여자가 남자 목소리로 부르는 노래. ↔여창. **2** 남자가 부르는 노래.

남창 (男娼) [명] 남색(男色) 파는 것을 업으로 하는 남자. *면².

남창 (南倉) [명] 〖역〗 조선 후기에, 금위영(禁衛營)과 어영청(御營廳)에 딸려 있던 창고.

남창 (南窓) [명] 남쪽으로 난 창. ↔북창.

남창-여수 (男唱女隨)[-녀-] [명][하자] 남자가 앞에 나서서 서두르고 여자는 그저 따라서 함. ↔여창남수(女唱男隨). *부창부수(夫唱婦隨).

남천¹ (南天) [명] 남쪽 하늘. ↔북천(北天).

남천² (南天) [명] 〖식〗 매자나뭇과의 상록 관목. 중국 원산의 관상용 식물로 높이 2-3m, 잎은 깃모양 겹잎이며 초여름에 작은 백색 여섯꽃잎이 피고 가을에서 겨울에 걸쳐 둥근 열매가 익음. 줄기·잎·열매는 약으로 씀.

남-천축 (南天竺) [명] 오천축(五天竺)의 하나《남쪽 인도를 이름》.

남-철 (藍鐵) [명] 남빛이 나는 쇠.

남-철릭 (藍-) [명] 〖역〗 당상관인 무관이 입던 공복(公服)의 하나. *철릭.

남첩 (男妾) [명] 여자에게 얻어먹으며 잠자리 벗을 해 주는 남자.

남청 (藍靑) [명] 짙은 검푸른 빛.

남초 (南草) [명] 〖식〗 담배.

남촌 (南村) [명] **1** 남쪽에 있는 마을. **2** 조선 때, 서울 안의 남쪽에 있는 동네들을 이르던 말. ↔북촌.

남측 (南側) [명] **1** 서로 마주하고 있을 때, 남쪽에 자리한 쪽. ❑ 북측과 ~의 주장이 팽팽히 맞서다. **2** 남쪽. ↔북측.

남-치 (南-) [명] 남쪽 지방에서 나는 산물(産物) 또는 생물(生物). ↔북치.

남-치마 (藍-) [명] **1** 남빛 치마의 통칭. **2** 〖역〗 여자 예복으로 입던 남빛의 치마.

남침 (南侵) [명][하자] 북쪽에서 남쪽을 침략함. ❑ ~ 야욕 / ~을 감행하다.

남탕 (男湯) [명] 남자만이 사용하는 대중목욕탕. ↔여탕.

남태 (男胎) [명] 〖생〗 사내아이를 낳은 뒤 후산(後産)으로 나오는 태.

남파 (南派) [명][하타] 임무를 주어 남쪽으로 보냄. 특히, 북한에서 남한으로 간첩 따위를 보내는 일. ❑ 특수 임무를 띠고 ~된 공작원.

남편 (男便) [명] 결혼한 남자를 그 아내에 상대하여 이르는 말. 부서(夫壻). ↔아내.
[남편 덕을 못 보면 자식 덕도 못 본다] 시집을 잘못 가면 평생 고생을 면치 못한다.

남편-감 (男便-)[-깜] [명] 남편으로 삼을 만한 남자. ❑ 그는 ~으로 손색이 없다.

남포¹ [명] 도화선 장치를 해 폭발시킬 수 있게 만든 다이너마이트.

남포² [명] '남포등'의 준말.

남포-꾼 [명] 남폿구멍을 뚫어 바위를 터뜨리는 일을 하는 사람.

남포-등 (-燈) [명] 〔lamp〕 석유를 넣어 심지에 불을 켜는, 유리 바람막이가 있는 등잔. 양등(洋燈). [준]남포.

남포-질 [명][하자] 남포를 폭발시켜 바위를 깨뜨리는 일.

남폿-구멍 [-포꾸-/-폳꾸-] [명] 남포를 재이려고 바위에 뚫어 놓은 구멍.

남폿-돌 [-포똘/-폳똘] [명] 남포를 놓아 캐낸 석재(石材).

남폿-불 [-포뿔/-폳뿔] [명] 남포등에 켠 불.

남풍 (南風) [명] 남쪽에서 북쪽으로 부는 바람. ↔북풍(北風). *마파람.

남하 (南下) [명][하자] 남쪽으로 내려감. ❑ 장마전선의 ~로 남부 지방에 폭우가 예상된다. ↔북상(北上).

남학 (南學) [명] 〖역〗 **1** 조선 때, 서울 남쪽에 있던 사학(四學)의 하나. **2** 중국 남북조 때의 남조(南朝)의 학문.

남-학교 (男學校)[-꾜] [명] 남학생만을 가르치는 학교. ↔여학교.

남-학생 (男學生)[-쌩] [명] 남자 학생. ↔여학생.

남한 (南韓) [명] 〖지〗 **1** 광복 후 삼팔선 이남의 한국. 이남. **2** 6·25 전쟁 후 휴전선 이남의 한국. ↔북한.

남-한대 (南寒帶) [명] 〖지〗 지구를 기후에 따라 나눈 지대의 하나로, 남위 66.5° 이남의 지대. 반년은 낮, 반년은 밤이며 몹시 추움. ↔북한대. *남극주.

남항 (南航) [명][하자] 남쪽으로 항행함.

남해 (南海) [명] 남쪽에 있는 바다. ↔북해.

남-해안 (南海岸) [명] 남쪽의 해안.

남행¹ (南行) [명][하자] 남쪽으로 감. ❑ ~ 열차를 타다.

남행² (南行) [명] 〖역〗 음직(蔭職).

남:행 (濫行) 명하자 난잡하게 행동함. 또는 그런 행동. □~을 일삼다.

남행-초사 (南行初仕) 명하자 〖역〗 과거를 거치지 않고 조상의 공으로 처음 벼슬길에 오르던 일.

남향 (南向) 명하자 남쪽으로 향함. 또는 그 방향. □집이 ~이라 볕이 잘 든다.

남향-받이 (南向-)[-바지] 명 남쪽을 바라보고 있어 해가 잘 드는 곳.

남향-집 (南向-)[-찝] 명 남쪽을 향하도록 지은 집.

남향-판 (南向-) 명 남쪽으로 향한 집터나 묏자리 등의 터전.

남:형 (濫刑) 명하타 가리지 않고 함부로 형벌을 가함. □억울하게 ~을 받다.

남혼 (男婚) 명 아들의 혼인. ↔여혼.

남혼-여가 (男婚女嫁)[-녀-] 명하자 아들은 장가들고 딸은 시집간다는 뜻으로, 자녀의 혼인을 이르는 말.

남화 (南畫) 명 〖미술〗 '남종화(南宗畫)'의 준말.

남화-장 (覽火匠) 명 〖공〗 도자기 가마에 때는 불의 정도를 보살피는 일을 맡아보는 사람.

남-황도 (南黃道) 명 〖천〗 적도에 대하여 남쪽으로 23°27′의 경사를 이루는 황도.

남-회귀선 (南回歸線) 명 남위 23°27′의 위선(緯線)《(추분에 적도에 있던 해가 남쪽으로 향하여 이 선의 바로 위를 지나는 날이 동지가 되며, 그 후 다시 북쪽으로 돌아감). 동지선(冬至線)》.↔북회귀선.

남:획 (濫獲) 명하타 물고기·짐승 따위를 가리지 않고 마구 잡음. □치어(稚魚)의 ~.

남흔여열 (男欣女悅)[-녀-] 명하형 부부 사이가 화평하고 즐거움.

낡 명 〖옛〗 나무.

납¹ 명 1 〖화〗 푸르스름한 잿빛의 금속 원소. 금속 중 가장 무겁고 잘 녹으며 전성(展性)이 많아 얇게 만들 수 있음. 금속 그대로나 화합물로서 땜납·연판·활자 합금 등으로 씀. 연(鉛). [32번 : Pb : 207.21] 2 '땜납'의 준말.

납² 명 〖옛〗 원숭이.

납 (臘) 명 '납일(臘日)'의 준말.

납 (蠟) 명 1 밀랍(蜜蠟). 2 백랍(白蠟).

납거 (拉去) 명하타 잡아가 버림.

납-거미 [-꺼-] 명 〖동〗 납거밋과의 거미. 길이 1 cm가량, 몸은 갈색이고 작으며 발은 굵음. 집 안의 벽에 동글납작한 집을 짓는데, 이 집은 창독(瘡毒)의 지혈제로 씀. 벽전(壁錢).

납경 (納經)[-꼉] 명 〖불〗 1 죽은 이의 명복과 현세의 복락을 빌기 위하여 경문을 베껴 바치는 일. 2 순례할 때, 경전(經典) 대신 쌀이나 돈을 바치는 일.

납골 (納骨)[-꼴] 명하자 시체를 화장하여 그 유골을 그릇이나 납골당에 모심.

납골-당 (納骨堂)[-꼴땅] 명 유골을 모셔 두는 곳. □~에 유골을 안치하다. 준골당(骨堂).

납공 (納貢)[-꽁] 명하타 〖역〗 공물을 바침. 공납(貢納).

납-관 (-管)[-꽌] 명 연관(鉛管).

납관 (納款)[-꽌] 명하타 1 온 마음을 다하여 복종함. 2 정의(情誼)를 통함.

납관 (納棺)[-꽌] 명하타 시체를 관에 넣음.

납금 (納金)[-끔] 명하타 세금·공과금 따위의 돈을 바침. 또는 그 돈.

납기 (納期)[-끼] 명 세금·공과금·물품 따위를 내는 기한. □~를 놓치다 / ~ 내에 요금을 내다.

납기-일 (納期日)[-끼-] 명 세금·공과금·물품

따위를 내도록 미리 한정한 날. □~을 지키다 / ~에 맞추다.

납길 (納吉)[-낄] 명하자 신랑 집에서 혼인날을 받아 신부 집에 알리는 일.

납녀 (納女) 명하자 〖역〗 신하가 임금에게 자기 딸을 바침.

납다 (臘茶)[-따] 명 1 작설차(雀舌茶). 2 〖한의〗 납설수(臘雪水).

납대대-하다 [-때대-] 형여 '나부대대하다'의 준말. 흰납데대하다.

납-덩이 [-떵-] 명 납으로 된 덩어리.

납덩이-같다 [-떵-갇따] 형 1 얼굴에 핏기가 없이 하얗게 되어 납덩이의 빛깔 같다. 2 몹시 피로하여 몸이 무겁고 나른하다. □몸이 ~. 3 분위기가 매우 어둡고 밝지 못하다. □장내(場內)에 납덩이같은 침묵이 흘렀다.

납-도리 [-또-] 명 〖건〗 모나게 만든 도리. ↔굴도리.

납도리-집 [-또-] 명 〖건〗 접시받침과 납도리로 된 집.

납-독 (-毒)[-똑] 명 납에 있는 독.

납득 (納得)[-뜩] 명하타 남의 말이나 행동을 잘 알아차려 이해함. □상식으로는 잘 ~되지 않는다 / 잘 설득하여 ~시키다.

납-땜 명하타 땜납으로 쇠붙이를 때우는 일. □금이 간 연장을 ~으로 붙였다 / 부러진 철제 의자의 다리를 ~해서 썼다.

납땜-인두 [-떼-] 명 납땜할 때 쓰는, 인두 모양의 도구. 흰땜인두.

납량 (納涼)[남냥] 명하자 여름에 더위를 피하여 서늘한 기운을 느낌. □~ 특집 드라마.

납량-물 (納涼物)[남냥-] 명 여름철 무더위를 잊을 만큼 서늘한 기운을 느끼게 하는 책이나 영화, 드라마 따위. □~ 시리즈.

납뢰 (納賂)[남뇌] 명하자 뇌물을 바침.

납매 (臘梅)[남-] 명 섣달에 꽃이 피는 매화.

납밀 (蠟蜜)[남-] 명 밀초.

납반 (臘半)[-빤] 명 음력 섣달의 중간.

납배 (拉杯)[-빼] 명 〖공〗 도자기를 만들 때 그릇 몸을 본떠 만드는 일.

납배 (臘杯)[-빼] 명 1 종배(終杯). 2 술잔치를 마침. □자, 이제 그만 ~합시다.

납배 (納拜)[-빼] 명하타 웃어른에게 절하고 봄.

납백 (鉛白)[-빽] 명 자백.

납본 (納本)[-뽄] 명하타 1 발행한 출판물을 본보기로 관계 관청에 제출함. 2 주문받은 책을 가져다줌.

납봉 (蠟封)[-뽕] 명하타 1 구멍이나 틈 따위를 납으로 메우는 일. 2 구멍이나 틈 따위를 납으로 메우는 데 쓰는 납덩이.

납부 (納付·納附)[-뿌] 명하타 세금·공과금 따위를 냄. □ 고지서 / 등록금을 ~하다.

납부-금 (納付金)[-뿌-] 명 납부하는 돈. 납입금. □~을 내다.

납북 (拉北)[-뿍] 명하타 북한으로 강제로 데려감. □ 인사의 송환을 간절히 바라다.

납-빛 [-삧] 명 푸르스름한 잿빛. □그의 얼굴이 ~처럼 창백하다.

납상 (納上)[-쌍] 명하타 웃어른께 바침.

납석 (蠟石)[-썩] 명 〖광〗 기름과 같은 광택이 있고 만지면 양초같이 매끈매끈한 암석과 광물의 총칭. 곱돌.

납석 벽돌 (蠟石甓-)[-썩뼉똘] 납석을 주원료로 하여 만든 벽돌. 불에 타지 않고 잘 견딤.

납설 (臘雪)[-썰] 명 납일(臘日)에 내리는 눈.

납설-수 (臘雪水)[-썰쑤] 명 〖한의〗 납설이 녹

은 물. 살충·해독약으로 씀. 납다(臘茶).

납세 (納稅)[-쎄] 나라에 세금을 냄. 세납. ¶소득세 ~ / ~ 기일을 지키다 / 국민에게는 ~의 의무가 있다.

납세 고:지 (納稅告知)[-쎄-] 『법』 납세 금액·납부 기일 또는 납부 장소 따위를 지정하여 알리는 일.

납세공 (蠟細工)[-쎄-] 납을 재료로 하는 세공. 또는 그 물품.

납세 신고 제:도 (納稅申告制度)[-쎄-] 『법』 납세 의무자가 세무서에 자진 신고하여 거기에 준해서 세금을 내는 제도.

납세-액 (納稅額)[-쎄-] 명 일정한 세율과 과세 표준에 의하여 부과된 조세의 금액.

납세 의:무 (納稅義務)[-쎄-] 『법』 조세를 납부해야 할 국민의 의무.

납세-자 (納稅者)[-쎄-] 명 세금을 내는 사람. 세납자.

납세필-증 (納稅畢證)[-쎄-쯩] 명 세금을 냈음을 증명하는 증서.

납속 (納贖)[-쏙] 명하자 죄를 면하고자 돈을 바침. 속전(贖錢)을 바침.

납속-가자 (納粟加資)[-쏙까-] 명 『역』 조선 때, 흉년이 들거나 병란(兵亂)이 있을 때, 곡식을 많이 바친 사람에게 정삼품의 벼슬을 주던 일. 이름만의 벼슬임.

납속-당상 (納粟堂上)[-쏙땅-] 명 『역』 납속자자로 된 당상. 납속통정(納粟通政).

납송 (蠟松)[-쏭] 명 소나무의 송진(松津)이 많은 부분.

납수 (納受)[-쑤] 명하타 1 수납(受納). 2 소원이나 부탁을 들어줌.

납시다 [-씨-] 자 '나가시다' 또는 '나오시다'의 뜻으로, 주로 임금의 출입 때 쓰던 말.

납신 [-씬] 부하자타 1 허리를 가볍고 재빠르게 구부리는 모양. ¶허리를 ~ 굽히다. 2 입을 재빠르고 경망하게 놀려 말하는 모양.

납신-거리다 [-씬-] 자타 1 입을 재빠르고 경망하게 놀리며 자꾸 재잘거리다. 2 자꾸 허리를 가볍고 빠르게 구부리다. 납신-납신 [-씬-씬] 부하자타

납신-대다 [-씬-] 자타 납신거리다.

납약 (臘藥)[-냑] 명 『역』 조선 때, 납일(臘日)에 즈음하여 임금이 신하에게 나누어 주던 약(청심원 따위). 납제(臘劑).

납양 (納陽) 명하자 볕을 함빡 쬠.

납염 (-染) 명하타 금속 그릇 따위에 땜납을 올림. 납의.

납월 (臘月) 명 음력 섣달의 별칭.

납-유리 (-琉璃)[납뉴-] 명 『화』 플린트(flint) 유리.

납육 (臘肉) 명 1 소금에 절인 돼지고기. 2 『민』 납일에 잡은 산짐승의 고기.

납음 (納音) 명 『민』 궁(宮)·상(商)·각(角)·치(徵)·우(羽)의 오음(五音)을 육십갑자에 배정하여 오행(五行)으로 나타내는 말.

납의 [납늬/납니] 명하타 납염.

납의 (衲衣)[납늬/납니] 명 1 승려가 입는 검은 색의 옷. 2 '가사(袈裟)'의 딴 이름.

납의-촉 (蠟衣燭)[납늬-/납니-] 명 백랍(白蠟)을 겉에 입힌, 쇠기름으로 만든 초.

납일 (臘日) 명 『민』 납향(臘享)하는 날. 동지 뒤의 셋째 미일(未日). 납평. ⓜ납(臘).

납입 (納入) 명하타 세금이나 공과금 따위를 냄. ¶회비를 ~하다 / 국고에 ~되다 / 등록금을 제때에 ~하기 어려웠다.

납입 고:지 (納入告知)[나빕꼬-] 세금이나 공과금 따위를 내는 사람에게 납부하여야 할 금액·기일·장소 따위를 알려 주는 일.

납입-금 (納入金)[나빕끔] 명 납부금(納付金).

납입-액 (納入額) 명 납입한 금액.

납입 자본 (納入資本)[나빕짜-] 『경』 회사의 실질적 자본으로서 활용되는, 주주(株主)가 실제로 납입한 자본금.

납이 명 〈옛〉 나비.

납자 (衲子) 명 『불』 납의(衲衣)를 입고 돌아다니는 승려. 특히 선승(禪僧).

납작 [-짝] 부하타 1 말대답하거나 무엇을 받아먹을 때 입을 재빠르게 딱 벌렸다가 닫는 모양. ¶떡을 ~ 받아먹다. 2 몸을 바닥에 바짝 대고 냉큼 엎드리는 모양. ¶바닥에 ~ 엎드리다 / 놀라서 몸을 ~ 웅크렸다. ⓜ넙적.

납작-감 [-짝깜] 명 모양이 동글납작한 감. 반시(盤柿).

납작-거리다 [-짝꺼-] 타 1 말대답할 때나 무엇을 받아먹을 때에 입을 자꾸 냉큼냉큼 벌렸다 닫았다 하다. ¶입을 ~. 2 몸을 자꾸 냉큼냉큼 바닥에 바짝 대고 엎드리다. ⓜ넙적거리다. 납작-납작¹ [-짝-짝] 부하타

납작-납작² [-짱-짝] 부하형 여럿이 모두 다 납작한 모양. ⓜ넙적넙적.

납작-대다 [-짝때-] 타 납작거리다.

납작-모자 [-짱-] 명 헌팅캡.

납작-보리 [-짝뽀-] 명 기계로 눌러 납작하게 만든 보리. 압맥(壓麥).

납작-붓 [-짝뿓] 명 납작하게 만든 털붓.

납작스레-하다 [-짝쓰-] 형여 납작스럽다.

납작스름-하다 [-짝쓰-] 형여 약간 판판하고 얇으면서 넓다. ⓜ넙적스름하다. 납작스름-히 [-짝쓰-] 부

납작-이 [-짜기] ⊟명 얼굴이 판판하고 넓게 생긴 사람의 별명. ⓜ넙적이. ⊟부 납작하게.

납작이-매듭 [-짜기-] 명 매듭의 기본형(基本形)의 하나. 납작한 모양의 매듭.

납작-잎벌 [-짱닙뻘] 명 『충』 납작잎벌과의 벌. 산란관이 짧고, 애벌레는의 의각(擬脚)이 없음. 소나무·벚나무 등의 해충임.

납작-천장 (-天障)[-짝-] 명 『역』 수직으로 올린 벽 위에 뻔뻔한 돌을 얹은 천장.

납작-코 [-짝-] 명 콧등이 낮고 가로 퍼진 코. 또는 그런 코를 가진 사람. ⓜ넙적코.

납작-하다 [-짜카-] 형여 1 판판하고 얇으면서 약간 넓다. ¶납작한 얼굴. 2 (주로 '납작하게'의 꼴로 쓰여) 기를 펴지 못하는 상태에 있다. ¶잘난 체하는 친구의 콧대를 납작하게 눌러 주고 싶었다. ⓜ넙적하다.

납작-호박 [-짜코-] 명 납작스름하게 생긴 호박.

납전 (拉典)[-쩐] 명 '라틴(Latin)'의 한자음 표기.

납전 (臘前)[-쩐] 명 납일(臘日)의 며칠 전.

납전-삼백 (臘前三白)[-쩐-] 명 납일(臘日) 전에 눈이 세 번 내리는 일(이듬해 풍년이 들 징조로 삼음).

납제 (臘劑)[-쩨] 명 『역』 납약(臘藥).

납조 (臘鳥)[-쪼] 명 납일(臘日)에 잡은 참새(해수 따위에 약으로 씀).

납주 (納主)[-쭈] 명 제사가 끝난 뒤 신주를 감실(龕室)에 들여놓음.

납죽 [-쭉] 부하타 1 무엇을 받아먹거나 말대답할 때 입을 나부죽하게 냉큼 벌렸다 다무는 모양. ¶과자를 ~ 받아먹다. 2 몸을 바닥에 대고 냉큼 엎드리는 모양. ¶~ 엎드려 사과하다 / ~ 절을 올리다. ⓜ넙죽.

납죽-거리다 [-쭉꺼-] 타 1 무엇을 받아먹거나

말대답할 때 입을 냉큼냉큼 벌렸다 다물었다 하다. ❏입을 ~. **2** 몸을 잇따라 나부죽하게 바닥에 대고 냉큼냉큼 엎드리다. ㉣넙죽거리다. **납죽-납죽¹** [-쭉-쭉] 부하타

납죽-납죽² [-쭝-쭉] 부하형 여럿이 모두 다 납죽한 모양. ㉣넓죽넓죽.

납죽-대다 [-쭉때-] 타 납죽거리다.

납죽스름-하다 [-쭉쓰-] 형여 약간 갸쭉하게 넓다. **납죽스름-히** [-쭉쓰-] 부

납죽-이 [-쭈기] ㊀명 **1** 머리나 코가 납죽하게 생긴 사람. **2** 모양이 납죽한 물건. ㉣넓죽이. ㊁부 납죽하게. ❏겁에 질려 식탁 밑에 ~ 엎드리다.

납죽-하다 [-쭈카-] 형여 갸쭉하게 넓다. ㉣넓죽하다.

납 중독 (-中毒)[-쭝-] 〖의〗 납의 독기로 일어나는 병. 복통·빈혈·두통·언어 장애·운동 마비 따위의 증상이 나타남. 연(鉛) 중독.

납지 (蠟地)[-찌] 명 천·종이 등이 납을 올린 듯이 광택 있고 매끄러운 지질(地質).

납지 (蠟紙)[-찌] 명 밀랍·백랍·파라핀 따위를 먹인 종이.

납지 (鑞紙)[-찌] 명 은종이. 석박(錫箔).

납징 (納徵)[-찡] 명하자 납폐(納幣).

납채 (納采) 명하자 〖민〗 신랑 집에서 신부 집에 혼인을 청하는 의례(儀禮)《지금은 '납폐(納幣)'의 뜻으로 통용됨》.

납청-장 (納淸場) 명 평안북도 정주군 납청 시장에서 만드는 국수는 질기다는 데서, 몹시 얻어맞거나 눌려서 납작해진 사람이나 물건의 비유. ❏~이 되게 얻어맞다.

납초 (納草) 명 〖역〗 조선 때, 사관이 평소에 기록한, 실록 편찬의 근본 자료가 되는 원고.

납촉 (蠟燭) 명 밀초.

납-축전지 (-蓄電池)[-쩐-] 명 〖물〗 묽은 황산에 이산화납의 양극판과 납의 음극판을 넣은 축전지. 연축전지(鉛蓄電池).

납치 (拉致) 명하타 강제 수단을 써서 억지로 데리고 감. ❏~를 당하다 / ~극을 벌이다 / 비행기를 ~하다 / 괴한에게 ~되다.

납평 (臘平) 명 납일(臘日).

납평-제 (臘平祭) 명 〖민〗 납향(臘享).

납평-치 (臘平-) 명하자 납일 때 비나 눈이 옴. 또는 그 비나 눈.

납폐 (納幣)[-/-페] 명하자 〖민〗 혼인 때, 신랑 집에서 신부 집으로 예물을 보내는 일. 또는 그 예물《흔히 푸른 비단과 붉은 비단을 보냄》. 납징.

납품 (納品) 명하타 주문받은 물품을 주문한 사람이 원하는 곳에 가져다줌. 또는 그 물품. ❏~ 기일을 지키다 / 백화점에 아동복과 여성복을 ~하다.

납품-가 (納品價)[-까] 명 납품하는 물품의 가격. ❏~를 내리다.

납함 (吶喊)[나팜] 명하자 여럿이 함께 큰 소리를 지름. ❏병사들의 ~ 소리가 산천을 뒤흔들었다.

납함 (納銜·納啣)[나팜] 명하자 명함을 드림.

납향 (臘享)[나팡] 명 〖민〗 납일(臘日)에, 그 한 해에 지은 농사 형편과 그 밖의 일을 여러 신에게 고하는 제사. 납평제(臘平祭).

납형 (蠟型)[나평] 명 밀랍으로 원형을 만들어 그 안팎에 고운 주형토(鑄型土)를 이겨 발라 말린 후, 불 속에 넣어 밀랍을 녹여 없애고 만든 거푸집.

납화 (蠟畵)[나퐈] 명 〖미술〗 고대 이집트·그리스에서 행해진 회화의 기법《백랍에 색채를 넣어 굳힌 고형 물감을 녹여 씀》.

납회 (納會)[나푀] 명 **1** 그해의 마지막 모임. **2** 〖경〗 증권 거래소에서, 그해의 마지막 입회. ↔발회(發會).

낫 [낟] 명 풀·곡식 등을 베는 'ㄱ'자 모양의 연장. ❏숫돌에 ~을 갈다.

[낫 놓고 기역 자도 모른다] 아주 무식함을 이르는 말.

낫:-값 [나깝 / 낟깝] 명 '나잇값'의 준말. ❏~도 못하다.

낫-갱기 [낟깽-] 명 〔←낫감기〕 낫자루에 휘어 감은 쇠.

낫계다 자 〈옛〉 한낮이 막 지나다.

낫계즉만 명 〈옛〉 한낮이 겨운 때.

낫-공치 [낟꽁-] 명 낫의 슴베가 휘어 넘어가는 덜미의 두꺼운 부분.

낫-날 [난-] 명 낫에서 날카롭게 날이 선 부분.

낫낫-이 [난나시] 부 '나긋나긋이'의 준말.

낫낫-하다 [난나타-] 형여 '나긋나긋하다'의 준말.

낫-놀 [난-] 명 슴베가 빠지지 않도록 낫자루에 놀구멍을 꿰어 박는 쇠못. ㊂놀.

낫:다¹ [낟따] 〔나아, 나으니, 낫는〕 자ㅅ 병이나 상처 따위가 고쳐져 몸의 이상이 없어지다. ❏감기가 ~ / 병이 씻은 듯이 나았다.

낫다² 자 〈옛〉 나아가다.

낫:다³ [낟따] 〔나아, 나으니, 나은〕 형ㅅ 서로 견주어 보아 더 좋거나 앞서 있다. ❏오늘 매출액이 어제보다 더 ~ / 보다 나은 대우.

낫-등 [낟뜽] 명 낫의 날에 반대되는 부분.

낫:-살 [나쌀 / 낟쌀] 명 '나잇살'의 준말. ❏~깨나 먹은 사람.

낫우다 타 ☞고치다.

낫:-자라다 [낟짜-] 자 더 잘 자라다. ❏어릴 때 열병을 앓아서 낫자라지 못했다.

낫-자루 [낟짜-] 명 낫에서 손으로 쥐는 자루 부분.

낫:-잡다 [낟짭따] 타 좀 넉넉하게 치다. ❏음식을 낫잡아 준비하다.

낫-질 [낟찔] 명하자 낫으로 풀이나 나무, 곡식 따위를 베는 일. ❏~이 서투르다.

낫-표 (-標)[낟-] 명 〖언〗 문장 부호의 하나. '「 」'의 이름. 소제목, 그림이나 노래·시와 같은 예술 작품의 제목, 상호, 법률, 규정 등을 나타낼 때 씀.

낳다 타 〈옛〉 낚다.

낭 명 〈옛〉 낭떠러지.

낭간 (琅玕) 명 경옥(硬玉)의 한 가지. 암녹색 내지 짙은 벽색이 나는 반투명의 돌《중국산으로, 장식에 많이 씀》.

낭:객 (浪客) 명 허랑하고 실속이 없는 사람.

낭관 (郎官) 명 〖역〗 조선 때, 각 관아의 당하관(堂下官)의 총칭.

낭군 (郎君) 명 예전에, 젊은 아내가 남편을 사랑스럽게 일컫던 말.

낭기-마 (郎騎馬) 명 혼인 때, 신랑이 신부 집에 타고 가는 말.

낭당 (郎幢) 명 〖역〗 신라 진평왕(眞平王) 때 설치되었던 군영(軍營)의 이름.

낭도 (郎徒) 명 〖역〗 화랑도(花郎徒).

낭도 (囊刀) 명 주머니칼.

낭:독 (狼毒) 명 **1** 〖식〗 오독도기2. **2** 〖한의〗 오독도기의 뿌리《약재로 씀》.

낭:독 (朗讀) 명하타 글을 소리 내어 읽음. ❏판결문을 엄숙히 ~하다.

낭:득-허명 (浪得虛名)[-드커-] 명 평판은 좋으나 아무 이득이 없는 일.

낭-떠러지 몡 깎아지른 듯한 언덕. 현애(懸崖). ▣ ~ 아래로 떨어지다.

낭랑-하다 (琅琅-)[-랑-] 웹 옥이 서로 부딪쳐 울리는 소리가 아주 맑다. **낭랑-히** [-낭-] 튄

낭-랑-하다 (朗朗-)[-낭-] 웹 엔 1 소리가 맑고 또랑또랑하다. ▣ 낭랑한 목소리로 노래를 부르다. 2 빛이 매우 밝다. ▣ 달빛이 낭랑한 밤하늘. **낭-랑-히** [-낭-] 튄

낭:만 (浪漫) 몡 현실보다 공상의 세계를 즐기며 매우 정서적·이상적으로 인생을 대하는 일. ▣ 젊은 시절의 꿈과 ~ / 정열과 ~이 넘치다 / ~에 젖다.

낭:만-적 (浪漫的) 꽌몡 현실적이 아니고 환상적이며 공상적인 (것). ▣ ~인 사고방식.

낭:만-주의 (浪漫主義)[-/-이] 몡 19세기 초에 유럽을 휩쓴 예술상의 사조 및 그 운동(고전주의와 합리주의에 반대하고 개성과 감정을 중시함). 로맨티시즘.

낭:만주의-적 (浪漫主義的)[-/-이-] 꽌몡 낭만주의의 특성을 가진 (것). ▣ ~인 성격.

낭:만-파 (浪漫派) 몡 낭만주의를 신봉하는 일파. ↔고전파.

낭:미-초 (狼尾草) 몡 〔식〕 강아지풀.

낭:보 (朗報) 몡 기쁘고 반가운 소식. ▣ 마라톤 우승의 ~가 전해졌다.

낭:비 (浪費) 몡몡핸 재물·시간 따위를 헛되이 씀. 남비(濫費). ▣ 예산을 ~하다 / ~가 심하다 / 그에게 부탁하는 것은 시간 ~일 뿐이다.

낭:비-벽 (浪費癖) 몡 낭비하는 버릇.

낭:비-적 (浪費的) 꽌몡 재물·시간 따위를 헛되이 쓰는 (것). ▣ 사치성 소비재 수입은 ~ 소비를 조장한다.

낭:사 (浪士) 몡 말과 행동이 미럽지 못하고 실하지 못한 사람.

낭:사 (浪死) 몡핸짜 헛된 죽음.

낭상 (囊狀) 몡 주머니처럼 생긴 모양.

낭:선 (狼筅) 몡 〔역〕 조선 때, 십팔기의 하나(보졸이 낭선창을 갖고 하는 무예). 2 '낭선창'의 준말.

낭:선-창 (狼筅槍) 몡 〔역〕 조선 때, 무기의 하나(창대에 9-11층의 가지가 달렸으며, 창대 끝과 가지 끝, 가지 안쪽에 쇠붙이로 된 날카로운 날이 있음. 대나 쇠로 만드는데, 길이는 15자, 무게는 7근임). 준낭선.

낭:설 (浪說) 몡 터무니없는 헛소문. ▣ ~을 퍼뜨리다 / ~을 유포하다 / ~이 파다하다 / 그 소문은 모두 근거 없는 ~이다.

낭성-대 [-때] 몡 〔←낭선(狼筅)대〕 긴 장대.

낭:세포 (娘細胞) 몡 〔생〕 딸세포.

낭속 (廊屬) 몡 남녀 하인배(下人輩)의 총칭.

낭:송 (朗誦) 몡핸 소리를 내어 글을 읽거나 욈. ▣ 시를 ~하다.

낭습-증 (囊濕症)[-쯩] 몡 〔한의〕 불알이 축축한 증세를 이르는 말.

낭:아 (狼牙) 몡 〔한의〕 아자(牙子).

낭:아-초 (狼牙草) 몡 〔식〕 1 콩과의 낙엽 활엽 관목. 들에 나는데, 높이 30-50cm, 여름에 흰색과 붉은 자주색 꽃이 피며, 뿌리는 약용함. 2 짚신나물.

낭:연 (狼煙·狼烟) 몡 봉화(烽火).

낭옹 (囊癰) 몡 〔한의〕 불알에 나는 종기.

낭:월 (朗月) 몡 맑고 밝은 달.

낭:유 (浪遊) 몡핸짜 하는 일 없이 빈둥빈둥 놂.

낭:유-도식 (浪遊徒食) 몡핸짜 하는 일 없이 헛

되이 놀고먹음. 무위도식.

낭:음 (朗吟) 몡핸 시조 따위에 음률을 넣어 소리를 높여 읊음.

낭이 몡 〔옛〕 냉이.

낭:인 (浪人) 몡 일정한 직업이나 거처 없이 떠돌아다니며 빈둥빈둥 노는 사람.

낭일 (曩日) 몡 지난번.

낭자 몡 1 여자의 예장(禮裝)에 쓰는 딴머리의 하나. 쪽 찐 머리 위에 덧대어 얹고 긴 비녀를 꽂음. ▣ ~를 얹다 / ~를 풀다 / ~에 비녀를 꽂다. 2 쪽¹. ▣ ~를 틀다. ──하다짜엔 낭자를 머리에 덧얹다.

낭자 (郎子) 몡 예전에, 남의 집 총각을 점잖게 이르던 말.

낭자 (娘子) 몡 예전에, '처녀'를 높여 이르던 말. ▣ ~는 뉘 댁 따님이오.

낭자 (囊者) 몡 지난번.

낭자-군 (娘子軍) 몡 1 여자로 편성된 군대. 2 여자들만으로 조직된 선수단이나 단체. ▣ 우리 ~이 세계 양궁 대회에서 우승했다.

낭자-머리 몡 쪽 찐 머리.

낭:자-야심 (狼子野心) 이리 새끼는 좀처럼 길들여지지 아니한다는 뜻으로, 신의(信義)가 없는 사람은 쉽게 교화할 수 없음을 비유함.

낭:자-하다 (狼藉-) 웹 엔 1 여기저기 흩어져 어지럽다. ▣ 선혈이 ~. 2 떠들썩하게 시끄럽다. ▣ 낭자한 웃음소리 / 마을에 소문이 낭자했다.

낭잣-비녀 [-자뼈-/-잗뼈-] 몡 낭자에 지르는 쇠 크고 긴 비녀.

낭장 (郎將) 몡 〔역〕 1 고려 때, 중낭장(中郎將) 다음의 정육품 무관의 벼슬. 2 조선 태조 때, 의흥친군(義興親軍)의 십위(十衛)에 딸린 무관의 육품 벼슬.

낭재 (郎材) 몡 신랑감.

낭:적 (浪跡) 몡 정처 없이 떠돌아다닌 자취.

낭종 (囊腫) 몡 〔의〕 진피(眞皮) 안에 주머니 모양의 공동(空洞)이 생기고 그 속에 장액이나 지방이 들어 있는 발진(發疹)의 하나.

낭중 (郎中) 몡 〔역〕 조선 때, 남자 무당을 일컫던 말.

낭중 (囊中) 몡 주머니 속. ▣ ~ 무일푼.

낭중-물 (囊中物) 몡 주머니 속에 들어 있는 물건이란 뜻으로, 자기 수중에 있는 물건을 이르는 말.

낭중지추 (囊中之錐) 몡 주머니 속의 송곳이란 뜻으로, 재능이 뛰어난 사람은 숨어 있어도 남의 눈에 저절로 드러남을 이르는 말.

낭중-취물 (囊中取物) 몡 주머니 속의 것을 집어낸다는 뜻으로, 아주 손쉬운 일의 일컬음.

낭:질 (狼疾) 몡 성품이 워낙 고약하여 쉽게 반성할 수 없음을 일컫는 말.

낭창 (踉蹌) 몡핸 걸음걸이가 비틀비틀함.

낭창-거리다 짜 가는 막대기나 줄 같은 것이 탄력 있게 휘어 자꾸 흔들리다. ▣ 낚싯대가 ~ / 수양버들이 낭창거리며 흔들리다. 준능청거리다. **낭창-낭창** 튄핸짜. ▣ ~ 휘어지는 낚싯대.

낭창-대다 짜 낭창거리다.

낭축-증 (囊縮症)[-쯩] 몡 〔한의〕 중병으로 원기가 허약하여 불알이 오그라드는 증세.

낭충 (囊蟲) 몡 〔동〕 촌충의 유생(幼生). 길이 5mm 내외의 달걀꼴로, 중간 숙주(宿主)의 조직 속에 기생함.

낭:치 (狼齒) 몡 〔한의〕 아자(牙子).

낭탁 (囊槖) 몡몡핸 1 자기의 차지로 만듦. 또는 그런 물건. 2 주머니¹. ▣ ~이 비다.

낭:탕 (茛菪) 圀 《식》 미치광이풀1.

낭:탕-자 (茛菪子) 圀 《한의》 미치광이풀의 씨. 독성이 강함. 치통 및 외과의 마취제로 씀. 천선자(天仙子).

낭:파-초 (狼把草) 圀 《식》 가막사리.

낭:패 (狼狽) 圀하타 일이 실패로 돌아가 매우 딱하게 됨. ▱이것 참 큰 ~로군 / 쉽게 결정하면 ~하기 십상이다.
　낭패(를) 보다 팁 낭패를 당하다.

낭:패-스럽다 (狼狽-)[-따][-스러워, -스러우니] 圀발 일이 실패하거나 잘못될 처지나 상태에 있다. ▱일이 잘못되어 낭패스럽기 짝이 없다. 낭:패-스레 튄.

낭포 (囊胞) 圀 《생》 장기(臟器)의 조직 안에 생긴, 내벽(內壁)이 있고 그 속에 액체가 들어 있는 주머니.

낭핍 (囊乏) 圀하형 지갑이나 주머니가 텅 비어 있음.

낭하 (廊下) 圀 1 행랑2. 2 복도. ▱긴 ~를 걸어 역 광장으로 나섰다.

낭:화 (浪花) 圀 밀국수의 한 가지《보통 국수보다 굵고 넓게 만들어 장국에 넣고 끓임》.

낮 [낟] 圀 1 해가 떠 있는 동안. ▱밤과 ~의 길이 / ~이 짧아졌다 / 시험공부하느라 ~과 밤이 따로 없다. 2 '한낮'의 준말. ▱~에 낮잠을 자다 / ~에는 아직도 햇살이 따갑다.
　[낮에 난 도깨비] 인사불성이고 체면 없는 기괴망측한 사람의 비유.

낮-각다귀 [낟깍따-] 圀 《충》 모깃과의 곤충. 풀밭 속에 사는데, 몸의 길이 6 mm, 날개 길이 4.4 mm 가량이고, 몸빛은 흑갈색에 황백색 광택이 남. 사람·짐승의 피를 빨아 먹음.

낮-거리 [낟꺼-] 圀하자 낮에 하는 성교.

낮결 [낟껼] 圀 한낮부터 해가 저물 때까지의 시간을 둘로 나눈 그 전반(前半).

낮-교대 (-交代)[낟꾜-] 圀하자 밤과 낮으로 패를 지어 교대로 일하는 경우, 낮에 하는 당번. ↔밤교대.

낮다 [낟따] 圀 1 아래에서 위까지의 길이가 짧다. ▱지대가 낮은 곳 / 구두 굽이 ~ / 먹구름이 낮게 깔려 있다. 2 음성이 높지 아니하다. ▱낮은 목소리. 3 정도·지위 또는 능력·수준 따위가 기준이나 보통 정도에 미치지 못하다. ▱문화 수준이 ~ / 낮은 임금 / 계급이 ~. 4 온도·습도·경도(硬度) 따위가 높지 아니하다. ▱혈압이 ~ / 수압이 ~ / 기압이 ~. ↔높다.

낮-대거리 (-代-)[낟때-] 圀하자 《광》 광산에서 광부가 밤낮으로 교대로 일하는 경우에, 낮에 들어가 일하는 대거리. ↔밤대거리.

낮-도깨비 [낟또-] 圀 1 낮에 나타난 도깨비. 2 체면 없이 난잡한 행동을 하는 사람을 비유하여 일컫는 말.

낮-도둑 [낟또-] 圀 1 낮에 물건을 훔치는 사람. 2 체면 없이 욕심 부리는 사람을 비유하여 일컫는 말.

낮-때 [낟-] 圀 한낮을 중심으로 한 한동안. 오간(午間).

낮-말 [낟-] 圀 낮에 하는 말.
　[낮말은 새가 듣고 밤말은 쥐가 듣는다] ⊙ 아무도 안 듣는 데에서라도 말조심하라는 뜻. ⓒ비밀히 한 말도 반드시 남의 귀에 들어가게 된다는 말.

낮-보다 [낟뽀-] 타 '낮추보다'의 준말. ▱가난하다고 낮보지 마라. ↔돋보다.

낮-수라 (-水剌)[낟쑤-] 圀 〈궁〉 임금의 점심을 이르던 말.

낮-술 [낟쑬] 圀 낮에 마시는 술. ▱~에 얼굴

이 불콰하다.

낮아-지다 재 낮게 되다. ▱아시아 시장의 중요성이 ~.

낮은-말 圀 1 낮춤말. 2 낮은 소리로 하는 말. 3 상스럽고 천한 말.

낮은-음 (-音) 圀 저음(低音)1.

낮은음자리-표 (-音-標) 圀 《악》 보표(譜表)에서, '바'음의 자리임을 나타내는 기호, 낮은 성부(聲部)를 나타내는 데 쓰며 '𝄢'로 표시함. 바음기호. 바음자리표. 저음부 기호. ↔높은음자리표.

낮-일 [난닐] 圀하자 낮에 하는 일. ↔밤일.

낮-잠 [낟짬] 圀 낮에 자는 잠. 오수(午睡). ▱~이 들다 / ~에 빠지다 / ~에 떨어지다 / ~을 늘어지게 자다. ↔밤잠.
　낮잠 자다 팁 ⊙해야 할 일은 아니하고 태평히 있다. ⓒ제대로 쓰이지 못하고 내버려져 있다. ▱작아서 입지 못하는 옷가지가 장롱에서 낮잠 자고 있다.

낮-잡다 [낟짭따] 타 1 실제로 지닌 가치보다 낮추어 보다. 2 사람을 대수롭지 않게 여기고 만만히 대하다. ▱그를 낮잡아 보다가는 큰코다친다.

낮-참 [낟-] 圀 일하다가 점심 전후에 잠시 쉬는 동안. 또는 그때 먹는 음식.

낮추 [낟-] 튄 낮게. ▱갈매기들이 끼룩끼룩 울며 ~ 날고 있었다.

낮추다 [낟-] 타 1 ('낮다'의 사동) 낮게 하다. ▱목소리를 ~ / 값을 ~ / 온도를 ~. 2 하대의 말을 쓰다. ▱말씀 낮추십시오. ↔높이다.

낮추-보다 [낟-] 타 남을 자기보다 낮게 보아 업신여기다. ↔도두보다. ⓢ낮보다.

낮춤 [낟-] 圀 《언》 사물이나 사람을 낮추는 뜻으로 이르는 말씨. ↔높임.

낮춤-말 [낟-] 圀 《언》 낮춤으로 된 말《하게·해라 따위》. 낮춘말. ↔높임말.

낮-후 (-後)[나투-] 圀 한낮이 지난 뒤.

낯¹ [낟] 圀 1 눈·코·입 따위가 있는 얼굴의 바닥. 얼굴. ▱~을 씻다 / 좋은 ~으로 대하다. 2 드러내서 남을 대할 만한 체면. 면목. ▱더는 볼 ~이 없다 / 무슨 ~으로 그를 대하나 / 부모님 대할 ~이 없다.
　낯을 붉히다 팁 부끄럽거나 성이 나서 얼굴빛이 붉어지다. 얼굴을 붉히다.
　낯이 깎이다 팁 체면이 손상되다.
　낯(이) 두껍다 팁 염치가 없고 뻔뻔스러우며 부끄러운 줄을 모른다. 낯가죽(이) 두껍다. 얼굴이 두껍다.
　낯(이) 뜨겁다 팁 남 보기가 부끄러워서 얼굴이 빨개지다. 얼굴이 뜨겁다.

낯² [낟] 〈옛〉 낱.

낯-가리다 [낟까-] 재 1 어린아이가 낯선 사람을 대하기 싫어한다. ▱아기가 낯가리고 울고 아무나 잘 따른다. 2 친하고 친하지 아니함에 따라 달리 대우하다. 3 체면을 겨우 세우다.

낯-가림 [낟까-] 圀하자 어린아이가 낯선 사람을 대하기 싫어하는 일. ▱이 아이는 ~이 좀 심하다.

낯-가죽 [낟까-] 圀 1 얼굴의 살가죽. 2 염치없는 사람을 욕할 때, 그런 사람의 얼굴을 일컫는 말.
　낯가죽(이) 두껍다 팁 낯(이) 두껍다. *낯¹.
　낯가죽(이) 얇다 팁 부끄럼을 잘 타다.

낯-간지럽다 [낟깐-따][낯간지러워, 낯간지러우니] 圀발 떳떳하지 못하여 말하거나 듣기에

거북하고 부끄럽다. ▢너무 칭찬을 받으니 ~ / 낯간지러운 말을 하다.

낯-꼴 [낟-] 몡 감정에 따라 달라지는 얼굴의 모양.

낯-꽃 [낟꼳] 몡 얼굴에 드러나는 감정의 표시.

낯-나다 [난-] 짜 생색나다.

낯-내다 [난-] 짜 생색내다. ▢곗술로 ~.

낯-면 (-面) [난-] 몡 한자 부수(部首)의 하나 《頁·䪻》 등에서 '面'의 이름》.

낯-모르다 [난-] (낯몰라, 낯모르니) 짜르 누구 인 줄 모르다. ▢낯모르는 사람 / 웬 낯모를 남자가 찾아왔다.

낯-바닥 [낟빠-] 〈속〉 낯1.

낯-바대기 [낟빠-] 〈속〉 낯1.

낯-부끄럽다 [낟뿌-따] (낯부끄러워, 낯부끄러 우니) 혱비 체면이 안 서서 얼굴 보이기가 부끄럽다. ▢사랑한다고 말하기가 아무래도 낯 부끄러웠다.

낯-빛 [낟삗] 몡 얼굴빛. 안색. ▢~이 달라지 다 / ~을 살피다 / ~이 창백하다 / 걱정스러 운 ~을 짓다 / ~ 하나 변하지 않고 태연자약 하다.

낯-설다 [낟썰-] (낯설어, 낯서니, 낯선) 혱 1 얼굴이 익지 아니하여 어색하다. 2 어떤 사물이 눈에 익지 아니하다. ▢낯 선 땅에 정착해 살다.

낯-알다 [나달-] (낯알아, 낯아니, 낯아는) 짜 얼굴을 기억하고 알아보다.

낯-없다 [나덥따] 혱 마음에 너무 미안하여 대 할 면목이 없다. **낯-없이** [나덥씨] 뮈

낯-익다 [난닉따] 혱 1 얼굴이 눈에 익숙하다. ▢낯익은 얼굴. 2 어떤 사물을 여러 번 보아 서 눈에 익어 친숙한 느낌이 있다. ▢낯익은 거리.

낯-익히다 [난니키-] 타 《'낯익다'의 사동》 얼 굴이 눈에 익숙하도록 여러 번 대하다.

낯-짝 [난-] 몡 〈속〉 낯1. ▢무슨 ~으로 다시 나타났느냐 / 그런 말을 하다니 ~도 두껍다.

낯-판 [난-] 몡 〈속〉 낯1.

낱 [낟] 몡 셀 수 있게 된 물건의 하나하나. ▢ 물건을 ~으로 팔다.

낱-가락 [낟까-] 몡 엿·가래떡 따위의 하나하 나의 가락.

낱-값 [낟깝] 몡 낱개의 값. 단가(單價).

낱-값-표 (-標) [낟깝-] 몡 단가표(單價標).

낱-개 (-個) [낟깨] 몡 따로따로의 한 개 한 개. ▢~로 포장해서 팔다.

낱-개비 [낟깨-] 몡 담배·성냥·장작 따위의 따로따로의 개비. ▢~로 파는 담배.

낱-권 (-卷) [낟꿘] 몡 따로따로의 한 권 한 권. ▢책을 ~으로 사다.

낱-그릇 [낟끄름] 몡 따로따로의 한 그릇 한 그릇.

낱-근 (-斤) [낟끈] 몡 따로따로의 한 근 한 근. ▢고기를 ~으로 팔다.

낱-꼬치 [난-] 몡 따로따로의 하나의 꼬치.

낱-낱 [난낟] 몡 여럿 가운데의 하나하나. 개 개(箇箇).

낱-낱-이 [난나치] 뮈 하나하나 빠짐없이 모두. ▢부정행위를 ~ 들추어내다 / 비리를 ~ 공 개하다.

낱-냥쭝 (-兩-) [난-] 몡 따로따로의 한 냥쭝 한 냥쭝.

낱다 짜 〈옛〉 나타나다.

낱-단 [낟딴] 몡 따로따로의 한 단 한 단.

낱-담배 [낟땀-] 몡 갑에 넣지 않고 낱개비로

파는 담배. 가치담배.

낱-덩이 [낟떵-] 몡 따로따로 된 낱낱의 덩이.

낱-돈 [낟똔] 몡 돈머리를 이루지 못한 한 푼 한 푼의 돈.

낱-돈쭝 [낟똔-] 몡 따로따로의 한 돈쭝 한 돈 쭝.

낱-동 [낟똥] 몡 따로따로의 한 동 한 동.

낱-되 [낟뙤] 몡 따로따로의 한 되 한 되. ▢ 쌀을 ~로 사다.

낱-뜨기 [난-] 몡 낱개로 파는 물건.

낱-마리 [난-] 몡 따로따로의 한 마리 한 마리.

낱-말1 [난-] 몡 따로따로의 한 말 한 말.

낱-말2 [난-] 몡 단어(單語). ▢~ 풀이 / ~ 맞 추기 / 모르는 ~을 사전에서 찾다.

낱-뭇 [난묻] 몡 따로따로의 한 뭇 한 뭇.

낱-벌 [난-] 몡 따로따로의 한 벌 한 벌.

낱-상 (-床) [낟쌍] 몡 따로따로의 한 상 한 상.

낱-섬 [낟썸] 몡 따로따로의 한 섬 한 섬.

낱-셈 [난-] 몡혱타 《數》 개수(箇數)를 하나 하나 세는 셈.

낱소리-글 [낟쏘-] 《언》 음소(音素) 문자.

낱-알 [나달] 몡 하나하나 따로따로의 알.

낱-이삭 [난니-] 몡 하나하나 따로따로의 이 삭. ▢~을 모조리 따다.

낱-자 [낟짜] 몡 필(匹)이 아니고 자로 재어서 한 자 한 자.

낱-자 (-字) [낟짜] 몡 《언》 자모(字母)1.

낱-자루 [낟짜-] 몡 연필·붓·초 따위의 한 자 루 한 자루.

낱-잔 (-盞) [낟짠] 몡 되나 병으로가 아닌, 잔 으로 한 잔 한 잔. ▢술을 ~으로 팔다.

낱-장 (-張) [낟짱] 몡 따로따로의 한 장 한 장.

낱-짐 [낟찜] 몡 따로따로의 한 짐 한 짐.

낱-축 [난-] 몡 종이 등의 하나하나의 축.

낱-켤레 [난-] 몡 낱낱으로의 켤레.

낱-푼 [난-] 몡 돈머리를 짓지 않고 낱으로 한 푼 한 푼.

낱-푼쭝 [난-] 몡 근이나 관으로 세지 않고 낱 으로 한 푼쭝 한 푼쭝.

낱-흥정 [나틍-] 몡짜타 한데 합쳐서 하지 않 고 낱개로 값을 정하는 흥정.

낳:다1 [나타] 타 1 밴 아이나 새끼, 알을 몸 밖 으로 내놓다. ▢쌍둥이를 ~ / 닭이 알을 ~ / 아들딸 낳고 잘산다. 2 어떤 결과를 이루거 나 가져오다. ▢분단의 비극을 ~ / 오늘에서 야 아주 좋은 결과를 낳았다. 3 배출하다. ▢ 그녀는 한국이 낳은 세계적인 성악가이다.

낳:다2 [나타] 타 1 솜·털·삼 껍질 따위로 실을 만 들다. ▢명주실을 ~. 2 실로 피륙을 짜다. ▢무명을 ~.

-낳:이 [나-] 미 어느 곳에서 또는 언제 짠 피륙 이라는 뜻으로, 계절·지역 이름 뒤에 붙이는 말. ▢안동(安東)~ / 한산(韓山)~ / 봄~.

낳:이-하다 [나-] 짜여 피륙 짜는 일을 하다. 길 쌈하다.

내1 몡 물건이 탈 때에 일어나는 부옇고 매운 기운. ▢매캐한 ~ 때문에 눈을 뜰 수 없다 / ~를 마시다. **＊연기** [내 대신 고양이 상] 독살이 나서 얼굴을 표 독하게 찡그림을 비유하는 말.

내2 몡 '냄새'의 준말. ▢밥 타는 ~가 코를 찌 른다 / 향긋한 ~를 풍기다.

내:3 몡 시내보다 크고 강보다는 작은 물줄기. 개천. 근 ~. [내 건너 배 타기] 순서를 뒤집어 하기.

내4 一 인대 주격 조사 '가' 앞에 쓰이는 제1인 칭 대명사. ▢~가 읽은 책 / ~가 먹겠다. 二 준 '나'에 관형격 조사 '의'가 붙

어 줄어든 말. ▯그 시계는 ~ 것이다 / ~ 고
향은 섬이다.

[내가 중이 되니 고기가 천하다] 자기가 필
요하여 구할 때는 귀하더니, 필요 없게 되니
흔하고 천해진다. [내 돈 서 푼은 알고 남의
돈 칠 푼은 모른다] 제 것만 중히 알고 남의
것은 대수롭지 않게 여긴다. [내 딸이 고와야
사위를 고르지] 자기는 부족하고 불완전하면
서 남의 완전한 것만 구하는 것은 부당함을
비유적으로 이르는 말. [내 밑 들어 남 보이기] 자기
스스로 제 약점을 드러냄. [내 밥 먹은 개가
발뒤축을 문다] 자기의 은혜를 입은 사람이
도리어 자기를 해친다. [내 손톱에 장을 지져
라] 무엇을 장담할 때나 강력히 부인할 때 하
는 말. [내 얼굴에 침 뱉기] 자기가 한 말이
나 행동이 스스로를 모욕하는 결과가 됨. [내
코가 석 자] 자기의 어려움이 심하여 남의 사
정을 돌볼 겨를이 없음. [내 할 말을 사돈이
한다] 자기가 하려던 말이나 해야 할 말을 도
리어 남이 한다.

내: (內)〔의명〕 시간·공간 등의 일정한 범위의
안. ▯이 달 ~에 제출해라 / 기한 ~에 끝마
치다 / 당선권 ~에 들다.

내: 〔톼〕 1 '밖으로·밖을 향하여'의 뜻을 나타
내는 말. ▯~가다 / ~걷다 / ~굽다 / ~풍기
다. 2 '힘 있게'의 뜻을 나타내는 말. ▯~던
지다 / ~갈기다.

내-(來)〔톼〕 '앞으로 오는'의 뜻을 나타내는
말. ▯~학기 / ~달 / ~주.

-**내**[1]〔민〕〈옛〉-네. -들.

-**내**[2] 1 기간을 나타내는 명사 뒤에 붙어,
'처음부터 끝까지'의 뜻. ▯여름~ / 겨울~ /
저녁~. 2 때를 나타내는 명사 뒤에 붙어,
'그때까지'의 뜻을 나타내는 말. ▯마침~ /
끝~.

내:-가다〔톼〕〔거라〕 (내어가다의 준말로) 안에서
밖으로 가져가다. ▯밥상을 부엌으로 ~.

내:-각(內角)〔명〕 1〔수〕 한 직선이 각각 다른 점
에서 두 직선과 만날 때, 두 직선 안쪽으로
생기는 각. 2〔수〕 다각형에서, 인접한 두 변
이 안쪽에 만드는 모든 각. 3 야구에서, 본루
를 이분하여 타자가 서 있는 쪽. 인코너. ▯
~을 찌르는 직구. ↔외각(外角).

내:-각(內殼)〔명〕 속껍데기. ↔외각(外殼).

내:-각(內閣)〔명〕 국무 위원들로 구성되어 국가
의 행정을 담당하는 행정 중심 기관. ▯새 ~
의 명단을 발표하다.

내:-각 불신임안(內閣不信任案)〔-뿔씨니만〕
의원 내각제에서, 정부의 전단(專斷)을 막기
위하여 의회가 제출하여 내각을 불신임하는
안건.

내:-각사(內各司)〔-싸〕〔명〕〔역〕 궁궐 안에 있
던 여러 관아.

내:-각제(內閣制)〔-쩨〕〔명〕 의원 내각제.

내:-각 책임제(內閣責任制) 의원(議院) 내각
제. *대통령제.

내:-간(內間)〔명〕 부녀자가 거처하는 곳.

내:-간(內艱)〔명〕 어머니의 상사(喪事). 또는 아
버지를 여의었을 때의 할머니의 상사. 내간
상. 내우(內憂). ↔외간(外艱).

내:-간(內簡)〔명〕 여자들끼리 주고받는 편지. 안
편지. ↔외간(外簡).

내간(來簡)〔명〕 내신(來信).

내:-간-상(內艱喪)〔명〕 내간(內艱).

내:-간-체(內簡體)〔명〕 1 지난날, 부녀자들 사이
에 오가던 편지의 글씨체. 2 고전 문체의 한

가지. 일상의 용어로써 말하듯이 써 나간 일
기·수필 등의 산문 문체.

내:-갈기다〔타〕 1 힘껏 때리거나 치다. ▯뺨을
~. 2 글씨를 공들이지 않고 아무렇게나 마구
쓰다. ▯글씨를 함부로 내갈겨 쓰다. 3 총 따
위를 계속하여 마구 쏘다. ▯적군을 향하여
기관총을 ~. 4 똥·오줌·침 따위를 아무 데나
마구 싸거나 뱉다. 5 말 따위를 함부로 마구
해 대다. ▯허튼소리를 ~.

내:-감(內感)〔명〕〔심〕 '내부 감각'의 준말. 「각.

내:-감각(內感覺)〔명〕〔심〕 내부 감각. ↔외감

내:-감창(內疳瘡)〔명〕〔한의〕 입안 윗잇몸에
나는 부스럼.

내:-강(內剛)〔명〕〔하〕 겉으로 보기에는 유순하나
속마음은 굳세고 단단함.

내:-강(內腔)〔명〕〔생〕 체내의 비어 있는 부분
《복강·흉강 따위》.

내:-강-외유(內剛外柔)〔명〕〔하〕 외유내강.

내:-개(內開)〔명〕 봉해진 편지의 내용.

내:-개(內啓·內概)〔명〕 편지 내용의 요긴한 줄거
리. ▯편지의 ~를 재검토하다.

내객(來客)〔명〕 찾아온 손님. ▯사랑에서 ~을
맞이하다.

내:-걷다〔-따〕〔내걸어, 내걸으니, 내걷는〕〔자〕
앞을 향하여 힘차게 걷다.

내:-걸다〔내걸어, 내거니, 내거는〕〔타〕 1 밖에
내다가 걸다. ▯기를 ~. 2 어떤 문제나 조건
따위를 앞세우거나 내세우다. ▯요구 조건을
~ / 허울 좋은 명분을 ~. 3 목숨·재산·명예
따위의 희생을 무릅쓰다. ▯교직자의 명예를
~ / 승리를 향해 모두 목숨을 내걸고 싸웠다.
⚫걸다.

내:-걸리다〔자〕(‘내걸다’의 피동) 내걸음을 당
하다. ▯협상 조건이 내걸렸다 / 많은 병사들
의 목숨이 내걸린 무모한 전쟁이었다.

내:-결(內決)〔명〕〔하타〕 1 마음속으로 결정함. 2 내
부에서 결정함.

내:-경(內徑)〔명〕 1〔수〕 '안지름'의 구용어. 2
총·포신 따위의 구경.

내:-경험(內經驗)〔명〕〔철〕 자신의 의식으로
얻는 주관적인 경험. ↔외경험.

내:-계(內界)〔-/-게〕〔명〕 1 내부 세계. 2〔철〕
의식의 내면 세계. 곧, 사유·감정의 세계. ↔
외계(外界).

내:-고(內告)〔명〕〔하타〕 개인적으로 통고(通告)함.
또는 비공식적으로 통고함.

내:-고(內顧)〔명〕〔자〕 1 집안일을 살피고 돌봄.
2 집안일이나 처자(妻子)를 생각하여 걱정함.
▯~의 환(患).

내:-고공(耐高空)〔명〕 높은 공중에서 견디는
일. ▯~ 훈련을 하다.

내:-골격(內骨格)〔명〕〔생〕 척추동물의 체내에
서 몸을 지탱하는 뼈대. 「내굽다.

내:-곱다〔-따〕〔자〕 바깥쪽으로 곱아 꺾이다. ⚫

내:-공(內功)〔명〕 오랜 기간 훈련과 경험을 통해
얻어진 힘과 기운.

내:-공(內攻)〔명〕〔의〕 1 병이나 병균이 몸
의 내부에 퍼져 내장의 여러 기관을 침범함.
2 정신상의 결함이나 타격이 겉으로 나타나
지 않고 속으로만 퍼짐.

내:-공(內空)〔명〕〔하자〕 속이 비어 있음.

내:-공(內供)〔명〕 1 '내공목'의 준말. 2 옷 안에
받치는 감. 안깝.

내공(來攻)〔명〕〔하타〕 쳐들어옴.

내공(來貢)〔명〕〔하자〕 외국 또는 속국의 사신이

찾아와서 공물을 바침.

내:공 (耐空)〖항공〗착륙하지 않고 뜬 채로 비행을 계속함.

내-공목 (內供木)[명] 옷의 안감으로 쓰는, 품질이 낮은 무명. 왜난목. ⓟ내공.

내:과 (內科)[-꽈]〖의〗내장의 기관에 생긴 병을 외과적 수술을 하지 않고 고치는 의술의 한 부문. 또는 그러한 치료를 하는 병원의 한 부서. ↔외과.

내:과 (內踝)[명]〖생〗발의 안쪽에 있는 복사뼈. ↔외과(外踝).

내:과-의 (內科醫)[-꽈- /-꽈이][명]〖의〗내과의 병을 전문으로 치료하는 의사.

내:-과피 (內果皮)[명]〖식〗열매 속에서 바로 씨를 싸고 있는 껍질. *외과피·중과피.

내:곽 (內廓·內郭)[명] 안쪽 테두리. ↔외곽.

내:관 (內官)[명]〖역〗1 내시1. 2 백제 때, 중앙 정부의 관리나 관직.

내:관 (內棺)[명] 곽(槨) 속에 넣는 관(棺). 곽을 외관이라 하는 것에 대하여 관을 이르는 말.

내:관 (內觀)[명][하다] 1〖불〗마음을 고요히 하여 자기 자신을 세밀히 관찰함. 2〖심〗자기 관찰. 내성(內省).

내관 (來館)[명][하자타] 영화관·도서관·박물관 따위의 '관(館)'이 붙은 건물이나 기관을 방문함. □~하신 여러분을 환영합니다.

내관 (來觀)[명][하다] 와서 봄.

내:-광목 (內廣木)[명] 성기고 얇게 짠 광목《품질이 낮아 옷의 안감으로 흔히 씀》.

내:교 (內敎)[명]〖불〗불가(佛家)에서, 자가(自家)의 교법인 불교를 이르는 말.

내:-교섭 (內交涉)[명][하자] 정식 교섭에 앞서 상대방의 의사를 알아보는 비공식 교섭.

내:구 (內寇)[명] 내부의 싸움. 내란.

내:구 (內舅)[명] 외숙(外叔)《주로 편지에 씀》.

내구 (來寇)[명][하자] 도적이 쳐들어옴. 또는 그 도적.

내:구 (耐久)[명][하자] 오래 견딤. □~연한(年限)을 넘기다.

내:구-력 (耐久力)[명] 오래 견딜 수 있는 힘. 오래 지속하는 힘. □~이 좋은 제품.

내:구-성 (耐久性)[-썽][명] 오래 견디는 성질. □~이 뛰어난 재료.

내:구 소비재 (耐久消費財) 내구재 가운데에서 오래도록 쓸 수 있는 소비재《자동차·주택·구가·냉장고 따위》.

내:구-재 (耐久財)[명]〖경〗오래도록 쓸 수 있는 재물《흔히 내구 소비재를 이름》.

내:국 (內局)[명] 중앙 관서의 국(局)으로서, 장관·차관의 감독을 직접 받는 국. ↔외국.

내:국 (內國)[명] 1 자기 나라를 다른 나라에 상대하여 일컫는 말. 2 자기 나라 안. ↔외국(外國).

내:국 공채 (內國公債)[-꽁-]〖경〗자기 나라 안에서 채권(債券)이 발행되어 자기 나라 사람을 채권자로 하는 공채. ⓟ내재.

내:국 관세 (內國關稅)[-꽌-]〖경〗국내 관세를 외국의 관세에 상대하여 일컫는 말. 내지 관세(內地關稅).

내:국-민 (內國民)[-꿍-][명] 내국인(內國人).

내:국민 대:우 (內國民待遇)[-꿍-][명] 내국인(內國人) 대우.

내:국-법 (內國法)[-뻡][명]〖법〗외국의 법률에

상대하여 일컫는 자기 나라 법률. ↔외국법.

내:국 법인 (內國法人)[-뻐빈]〖법〗그 나라 법에 의하여 설립되고 그 나라에 주소를 둔 법인. ↔외국 법인.

내:국-산 (內國産)[-싼][명] 국내에서 생산된 물건. 국산. ↔외국산.

내:국-세 (內國稅)[-쎄][명] 관세를 제외한 국세의 총칭.

내:국 소비세 (內國消費稅)[-쏘-쎄]〖법〗국내 소비세.

내:국-인 (內國人)[명] 자기 나라 사람. 내국민. ↔외국인.

내:국인 대:우 (內國人待遇) 외국인을 차별하지 않고 자기 나라 사람과 동등하게 대우하는 일. 자국인 대우. 내국민 대우.

내:국-제 (內國製)[-쩨][명] 국내 제품.

내:국-채 (內國債)[명]〖경〗나라 안에서 모집·발행되고 그 나라의 화폐로써 표시되는 공채나 사채(社債). ↔외국채.

내:국-환 (內國換)[-꽌][명]〖경〗채권과 채무가 그 나라 안에서만 결제되는 환. ↔외국환.

내:-굴리다 [타] 물건 따위를 함부로 다루다.

내:-굽다 [-따][자] 바깥쪽으로 굽어 꺾이다. ⓟ내곱다. →들어굽다.

내:규 (內規)[명] 한 기관 안에서만 시행되는 규정. □회사의 ~를 준수하다.

내:근 (內勤)[명][하다] 회사·관청 등의 직장 안에서 하는 근무. □~사원 /~하는 부서로 옮기다. ↔외근.

내:근-하다 (內近-)[형][여] 부녀자가 거처하는 곳과 가깝다.

내:금 (內金)[명]〖법〗지급해야 할 돈 가운데 미리 지급하는 일부의 돈.

내:-금위 (內禁衛)[명]〖역〗조선 때, 궁중을 지키고 임금을 호위하는 금군(禁軍)의 일을 맡던 관아.

내:금위-장 (內禁衛將)[명]〖역〗조선 때, 내금위의 으뜸 벼슬.

내:-긋다 [-귿따][글따][내그어, 내그으니, 내긋는][타A] 앞이나 밖으로 나가게 줄을 긋다.

내:기 [명][하다] 일정한 약속을 한 상태에서, 돈이나 물건을 걸어 놓고 이기고 짐을 겨루는 일. □~ 바둑 /~를 걸다 /~에 이기다 / 어느 팀이 이기는지 ~하다.

내기 (來期)[명][하자] 1 기한이나 기일이 됨. 2 앞으로 올 기간.

내:기 (耐飢)[명][하다] 굶주림을 견딤.

-내기1[명] 여러 사람이 널리 쓰도록 많이 만들어 내놓은 물건. □전(廛).

-내기2 [명] 1 어떤 지역에서 태어나고 자라서 그 지역의 특성을 지닌 사람을 가리키는 말. □서울~ / 시골~. 2 그러한 특성을 지닌 사람임을 나타내는 말. □풋~ / 보통~ / 신출~.

내:-깔기다 [타] 1 말 따위를 함부로 하다. □아무 데서나 쌍소리 내깔기기가 예사다 / 한마디 툭 ~. 2 오줌이나 침 따위를 함부로 누거나 뱉다. □마룻바닥에 침을 ~ / 오줌을 ~. 3 총 따위를 함부로 아무 데나 쏘다. □기관총을 마구 ~. 4 새끼나 알 따위를 아무 데나 마구 낳다.

내:나 [부] 결국은. □버티던 그도 ~ 굴복하고 말았다.

내:낙 (內諾)[명] '내락(內諾)'의 본딧말.

내-남 [명] 나와 남을 아울러 이르는 말. □~이라 할 것 없이 모두 똑같다.

내남-없이 [-남업씨][부] 나나 다른 사람이나 다 마찬가지로. □~ 서로 도우며 산다.

내:-내 [부] 처음부터 끝까지. 줄곧. □아침 ~ /

~ 그 꼴이다.
내-내년 (來來年)圓 후년(後年)1.
내-내다 짜 **1** 연기를 내다. **2** 냄새를 내다.
내-내월 (來來月)圓 다음다음 달.
내년 (來年)圓 올해의 다음 해. 명년(明年).
내년-도 (來年度)圓 내년의 한 해. □~ 예산
안을 짜다.
내노라-하다 짜 ☞ 내로라하다.
내ː-놓다 [-노타]匣 **1** 어떤 범위 밖으로 옮겨
놓거나 꺼내 놓다. □울타리 밖으로 ~. **2** 간
직했던 것을 드러내 보이다. □내놓고 자랑
할 것이 없다. **3** 가둔 사람이나 짐승 따위를
자유롭게 행동할 수 있도록 밖으로 놓아두
다. □내놓고 키운 닭. **4** 음식 따위를 대접하
다. □손님에게 차와 과일을 ~. **5** 집이나 물
건 따위를 팔려고 남에게 드러내다. □집을
~ / 물건을 좌판에 ~. **6** 생각이나 의견을 제
시하다. □실천 공약을 ~ / 타협안을 ~. **7**
가진 것 또는 차지하고 있던 것을 내주다. □
기부금으로 거액을 ~. **8** 신체나 신체의 일부
를 겉으로 드러내 밖에 두다. □배꼽을 ~. **9** 빼
놓다. □나를 내놓고는 모두 부자다 / 부모조
차 내놓은 자식으로 여기다. **10** 희생을 무릅
쓰다. □목숨을 내놓고 싸우다. **11** 발표하다.
□신제품을 ~ / 신작(新作)을 ~.
내ː-다 짜 연기와 불꽃이 굴뚝으로 나가지 않
고 아궁이 쪽으로 되돌아 나오다.
내ː-다[2] 匣 **1** 안엣것을 밖으로 나오게 하다. □
책상을 밖으로 ~ / 땀을 ~. **2** 밖으로 드러나
게 하다. □이름을 ~. **3** 틈을 만들다. □시
간을 내서 만나다. **4** 차나 배 따위를 출발시
키다. □임시 열차를 ~ / 배를 ~. **5** 제출하
거나 바치다. □세금을 ~ / 원서를 ~ / 이력
서를 ~. **6** 출판물에 기사를 싣다. 또는 책・
신문 따위를 발행하다. □특종 기사를 ~ /
화보집을 ~. **7** 길이나 방 따위를 새로 만들
다. □공원에 산책로를 ~. **8** 구멍이나 자국
따위를 만들다. □송곳으로 구멍을 ~ / 얼굴
에 상처를 ~ / 모래밭에 발자국을 ~. **9** 살
림・가게 따위를 처음 차리다. □분식집을
~ / 아파트에 신접살림을 ~. **10** 편지 따위
를 보내다. □독촉장을 ~. **11** 힘이나 속도
를 더하다. □속력을 ~ / 힘을 ~. **12** 생기거
나 일어나게 하다. □먼지를 ~ / 소리를 ~.
13 음식 따위를 제공하다. □저녁을 ~. **14** 빛
・허가 따위를 얻다. □빛을 내어 사업을 시
작하다. **15** 곡식을 팔다. □쌀을 내어 빚을
갚다. **16** 모종을 옮겨 심다. □모종을 ~. **17**
나오게 하다. 산출하다. **18** 어떤 상태로 만들
거나 그렇게 되게 하다. □박살을 ~.
내ː-다[3] 匣동 동사의 활용 어미 '-아'・'-어'
다음에 쓰여, 그 동작을 제 힘으로 능히 끝냄
을 보이는 말. □상대 팀의 공격을 막아 ~ /
끝까지 이겨 ~ / 땀을 닦아 ~.
내ː-다-보다匣 **1** 안에서 밖을 보다. □창밖을
~. ↔들여다보다. **2** 앞일을 미리 헤아리다.
□장래를 내다보고 계획하다 / 한치 앞을 내
다볼 수 없다.
내ː-다-보이다 짜(〈'내다보다'의 피동〉 **1** 안에
있는 것이 밖에서 보인다. □유리살이 ~. **2** 안
에 있는 것이 안에서 바라보이다. □바다가
내다보이는 창문. **3** 장차 일이 헤아려지다.
□너의 앞길이 훤히 내다보인다. ⑥내다뵈다.
내ː-다-뵈다 짜 '내다보이다'의 준말.
내ː-다지 圓〔건〕기둥 따위에 마주 통하게 뚫
어 판 구멍.
내ː-닫다[-따]〔내달아, 내달으니, 내닫는〕
匣ⓒ 갑자기 힘차게 앞으로 뛰어나가다. □

---

453   **내둘리다**[1]

다급한 마음에 병원까지 한달음에 내달았다 /
골짜기를 ~.
[내닫기는 주막집 강아지라] 누가 찾아오거
나 무슨 일이 생기거나 하면 곧 뛰어나와 참
견하는 사람을 두고 하는 말. 내뛰기는 주막
집 강아지라.
내ː닫이-창 (-窓)[-다지-]圓 창틀을 벽면보다
바깥쪽으로 내밀어 단 창.
내-달 (來-)圓 이달의 다음 달.
내ː-달다 〔내달아, 내다니, 내다는〕匣 **1** 밖이
나 앞쪽에 달다. □간판을 ~ / 깃발을 ~. **2**
한쪽으로 더 이어 붙이다. □방 한 칸을 더
내달아 짓다.
내ː-달리다 짜 힘차게 달리다. □잡히지 않으
려고 필사적으로 ~.
내담 (來談)圓하다 와서 이야기함.
내-당 (內堂)圓 내실(內室)1.
내ː-대각 (內對角)圓〔수〕 **1** 삼각형의 한 외각
에 대해 이웃하지 않는 내각(內角). **2** 다각형
의 한 외각에 대해 그 꼭짓점과 마주 보는 꼭
짓점에서의 내각. 안맞각.
내ː-대다 匣 **1** 함부로 말하거나 거칠게 대하
다. □어른 말에 그렇게 내대는 게 아니다. **2**
상대편의 앞으로 무엇을 불쑥 내밀다. □주
먹을 ~ / 면전에 문서를 ~. **3** 요구나 조건
따위를 상대에게 강력히 제시하다. □제 요
구만 내대고 있다.
내ː-던지다 匣 **1** 아무렇게나 힘차게 던지다.
□화가 나서 시계를 ~. **2** 관계를 끊고 돌아
보지 않다. □직장을 ~. **3** 아무렇게나 말하
다. □심드렁하게 한 마디 내던졌다. **4** 어떤
목적을 위하여 희생하다. □온몸을 ~.
내ː-도 (內道)圓〔불〕 '불도(佛道)'를 일컫는
말. 내교(內敎).
내도 (來到)圓하다짜 **1** 어떤 지점에 와서 닿음.
□신용장 ~. **2** 기회나 사건 따위가 닥쳐옴.
□새로운 세기가 ~하다.
내도 (來島)圓하다짜 섬에 찾아옴.
내ː-도량 (內道場)圓〔불〕 조선 때, 대궐 안에
서 불도를 닦던 집.
내ː-돋다[-따]짜 안에서 겉으로 또는 밖으로
돌아 나오다. □이마에 땀방울이 ~.
내ː-돋치다 짜 세게 내돋다. □이마에 실핏줄
이 내돋쳤다.
내ː-돌리다 匣 **1** 물건을 함부로 내놓아 여러
사람의 손이 가게 하다. □약혼 사진을 ~. **2**
몸의 일부를 휘젓거나 흔들다. □고개
를 이리저리 내돌렸다. **3** 따돌리거나 무시하
다. □못되게 굴어 내돌림을 당하다.
내동 (來同)圓하다짜 와서 모임.
내ː-동댕이치다 匣 아무렇게나 힘껏 마구 내
던지다. □책가방을 바닥에 ~ / 자존심을 ~.
내ː-동헌 (內東軒)圓〔역〕 내아(內衙).
내두 (來頭)圓 지금부터 다가올 앞날. 장래.
전두(前頭).
내ː-두다 匣 바깥쪽이나 앞쪽으로 옮겨 놓다.
□화분을 베란다에 ~ / 김칫독을 밖에 ~.
내ː-두르다 〔내둘러, 내두르니〕匣ⓒ **1** 이리저
리 휘휘 흔들다. □팔을 ~. **2** 남을 자기 마
음대로 이리저리 움직이게 하다. □부하를
심하게 ~.
내두-사 (來頭事)圓 앞으로 닥쳐올 일.
내ː-두-좌평 (內頭佐平)圓〔역〕 백제 때, 재정
을 맡아보던 으뜸 벼슬.
내ː-둘리다[1] 짜 정신이 아찔하여 어지러워지
다. □맴을 돌고 나니 내둘린다.

내:-둘리다² 困 ('내두르다'의 피동) 내두름을 당하다.

내:-드리다 困 (내어 드리다의 준말로) 1 윗사람에게 물건을 꺼내 주다. 🔲서류를 ~. 2 가지고 있거나 차지하고 있는 것을 윗사람에게 양보하다. 🔲노인께 자리를 ~.

내:-들다 [내들어, 내드니, 내드는] 困 1 앞쪽이나 바깥쪽으로 내어서 들다. 🔲신분증을 내들어 보였다. 2 예(例)를 들어 말하다.

내:-디디다 困 1 발을 바깥쪽 또는 앞쪽으로 밟다. 🔲천천히 발을 ~. 2 시작하다. 착수하다. 🔲정계에 발을 ~. 逐내딛다.

내:-딛다 [-따] 困 '내디디다'의 준말. 🔲발을 내딛기가 힘들다 / 사회에 첫발을 ~.

내:-떨다 [내떨어, 내떠니, 내떠는] 困 1 붙은 것이 떨어지도록 밖으로 대고 힘차게 떨다. 🔲흙 묻은 신을 ~. 2 남이 붙잡거나 따르지 못하도록 힘 있게 뿌리치다. 🔲붙잡는 친구를 내떨고 버스에 올라탔다.

내:-뚫다 [-뚤타] 困 이 끝에서 저 끝까지 통하게 하다. 🔲굴을 ~.

내:-뚫리다 [-뚤-] 困 ('내뚫다'의 피동) 내뚫음을 당하다.

내:-뛰다 困 1 힘껏 앞으로 뛰다. 🔲성난 말이 내뛰기 시작했다. 2 빠르게 도망쳐 달아나다. 🔲그는 이미 내뛰고 없었다.
[내뛰기는 주막집 강아지라] 내닫기는 주막집 강아지라.

내:-뿔-성 [-性] [-썽] 圀 1 수줍어하거나 주저하지 않고 활발히 나서는 성질. 2 무슨 일에나 나서서 참견하기 좋아하는 성질.

내:-뜨리다 困 사정없이 힘껏 내던져 버리다. 내트리다.

내:-락 (內諾) 圀[하다] (←내낙(內諾)) 1 비공식적으로 승낙함. 🔲~을 얻다. 2 남몰래 허락함.

내:-란 (內亂) 圀 나라 안에서 정권을 차지하려고 벌이는 큰 싸움. 🔲~을 일으키다 / ~이 일어나다 / ~에 휩싸이다 / 소요가 ~으로 번지다 / ~에 종지부를 찍다.

내:-란-죄 (內亂罪) [-쬐] 圀[法] 정부에 반대하여 무력을 행사함으로써 성립하는 범죄. 정부를 뒤엎으려 하거나, 국토를 함부로 차지하여 독립을 꾀하거나, 헌법을 어지럽히는 폭동을 일으키는 일 따위.

내:-람 (內覽) 圀[하다] 1 남몰래 봄. 2 외부에 공개하지 않고 내부에서만 봄.

내:-량 (耐量) 圀[藥] 약물을 사용하는 경우, 중독은 되지만 죽음은 면할 수 있는 최대의 한계량.

내레이션 (narration) 圀[演] 영화나 연극, 방송극 따위에서, 이야기 형식의 해설.

내레이터 (narrator) 圀[演] 영화·방송극·연극 등에서, 내용이나 줄거리를 해설하는 사람.

내려-가다 [→거라] 困 1 높은 곳에서 낮은 곳으로, 위에서 아래로 가다. 🔲아래층에 ~ / 장마 전선이 남쪽으로 ~. 2 지방으로 가다. 🔲고향으로 ~. 3 음식물이 소화되다. 🔲점심 먹은 것이 아직 내려가지 않았다. 4 값이나 수치·온도 따위가 떨어지다. 🔲기온이 ~ / 물가가 ~. [타거라] 아래쪽으로 옮겨가다. 🔲계단을 ~ / 언덕을 ~.

내려-놓다 [-노타] 困 1 위에 있는 것이나 들고 있는 것을 아래로 놓다. 🔲수화기를 ~ / 짐을 ~. 2 기차나 택시 따위가 사람을 어떤 장소에 옮겨다 주다. 🔲승객을 ~.

내려다-보다 困 1 위에서 아래를 보다. 🔲비행기에서 ~ / 잠든 아이의 얼굴을 ~. 2 자기보다 한층 낮추어 보다. 🔲돈이 없다고 내려다보느냐. ↔올려다보다.

내려-디디다 困 발을 아래로 내려서 밟다. 逐내려딛다.

내려-딛다 [-따] 困 '내려디디다'의 준말.

내려-뜨리다 困 위에 놓인 것이나 손에 쥔 것을 아래로 내리어 떨어뜨리다. 🔲시선을 ~ / 식탁 위의 접시를 내려뜨려 깨다 / 긴 머리를 어깨 위로 ~.

내려-받기 [-끼] 圀 다운로드.

내려-받다 [-따] 困[컴] 컴퓨터 통신망에서 파일이나 자료를 전송받다.

내려-보내다 困 위에서 밑으로 내려가도록 보내다. 🔲아래층으로 ~ / 공문을 ~.

내려-보다 내려다보다.

내려본-각 (-角) 圀[數] 높은 곳에서 낮은 곳의 지점을 바라볼 때, 그 시선과 수평면이 이루는 각. 부각(俯角). ↔올려본각.

내려-서다 困 1 높은 데서 낮은 곳으로 옮아서다. 🔲마당으로 ~ / 계단을 ~ / 매트 위로 ~. 2 낮은 곳으로 가기 위해 높은 곳을 벗어나다. 🔲계단을 ~.

내려-쓰다 [-써, -쓰니] 困 1 모자 따위를 이마보다 아래로 내려서 쓰다. 🔲털모자를 푹 ~. 2 (글씨를) 아래쪽에 쓰다. 🔲제목을 쓰고 이름을 내려쓰시오.

내려-앉다 [-안따] 困 1 먼지·새·비행기 따위가 아래로 내려 앉다. 🔲먼지가 뽀얗게 ~ / 비행기가 ~. 2 낮은 지위에 옮겨 앉다. 3 건물·다리·산 같은 것이 무너지다. 🔲지반이 ~ / 천장이 ~. 4 안개나 어둠 따위가 깔리다. 🔲어둠이 ~.

내려-오다 困[너라] 1 높은 곳에서 낮은 곳으로 오다. 🔲산에서 ~. 2 시골로 떠나오다. 🔲서울에서 내려오신 큰아버지. 3 과거부터 지금까지 전해 오다. 🔲조상 대대로 내려가는가보(家寶). 4 계통을 따라 전해 오다. 🔲상부에서 지시가 ~. [타너라] 아래쪽으로 옮겨 오다. 🔲언덕길을 ~ / 위층에서 의자를 내려오너라.

내려-제기다 困 위에서 마구 두들겨 꺾거나 으스러지게 하다. 「다. 🔲막이 ~.

내려-지다 困 위에 있던 것이 아래로 옮겨져

내려-쫓다 [-쫃따] 困 서울에서 시골로 쫓다. 🔲무작정 상경한 가출 소녀를 고향으로 ~.

내려-찍다 [-따] 困 날붙이로 위에서 아래로 찍다. 🔲도끼로 나무를 ~.

내려-치다 困 위에서 아래로 때리거나 치다. 🔲주먹으로 책상을 ~.

내려-트리다 내려뜨리다.

내:-력 (內力) 圀[物] 1 변형력(變形力). 2 물체 내부에서 서로 작용하는 힘. ↔외력(外力).

내력 (來歷) 圀 1 겪어 온 내력. 🔲살아온 ~을 들려주다. 2 내림. 🔲부지런한 것은 그 집 안의 ~이다.

내:-력 (耐力) 圀 견디는 힘.

내:-력-벽 (耐力壁) [-뼉] 圀[建] 기둥과 함께 건물의 무게를 지탱하도록 설계된 벽.

내로라-하다 困[여] 어떤 분야를 대표할 만하다. 🔲내로라하는 배우들이 모이다.

내룡 (來龍) 圀[民] 풍수지리에서, 종산(宗山)에서 내려온 산줄기. 내맥(來脈).

내:-륙 (內陸) 圀[地] 바다에서 멀리 떨어져 있는 육지.

내:-륙-국 (內陸國) [-꾹] 圀[地] 국토가 바다와 맞닿지 않고 육지에 둘러싸여 있는 나라(스위스·몽골·헝가리 따위).

내:-륙 기후 (內陸氣候) [-끼-] [地] 대륙성 기

후(大陸性氣候).

내:륙 분지(內陸盆地)[-뿐-]〖지〗대륙 내부에 있는 큰 분지.

내:륙 빙하(內陸氷河)[-뼁-]〖지〗대륙 빙하.

내:륙 사구(內陸砂丘)[-싸-]〖지〗대륙 내부의 사막 지역에 발달한 모래 언덕.

내:륙-성(內陸性)[-썽]내륙적인 특성. ▷ ~ 기질. ＊대륙성·도서성(島嶼性)·해양성.

내:륙성 기후(內陸性氣候)[-썽-]〖지〗대륙성 기후.

내:륙성 하류(內陸性河流)[-썽-]〖지〗내륙 하천(河川).

내:륙 유역(內陸流域)[-류뇨-]〖지〗기후가 건조해서 바다로 통하는 하류(河流)가 없는 지역.

내:륙 지방(內陸地方)[-찌-]〖지〗바다에서 멀리 떨어진 지방.

내:륙 탄:전(內陸炭田)〖광〗바다에서 멀리 떨어져 있는 탄전.

내:륙 평야(內陸平野)〖지〗바다에서 멀리 떨어진 육지에 있는 평야. 강우량이 적은 지대가 많음.

내:륙 하천(內陸河川)[-류카-]〖지〗내륙에 있으며 바다로 흘러 들어가지 않는 하천. 내륙호(內陸湖)로 흘러 들거나 중간에서 말라 버림. 내륙성 하류.

내:륙-호(內陸湖)[-류코]〖지〗내륙에 있어서 물이 바다로 흘러 나가는 곳이 없는 호수《사해·카스피 해 따위》.

내:륜-산(內輪山)〖지〗이중 화산의 구화구(舊火口)나 칼데라(caldera) 안에 새로 생긴 원뿔 모양의 화구구(火口丘).

내리 1 위에서 아래로. 2 잇따라 계속. ▷~ 일 년을 놀다. 3 사정없이 마구. ▷~ 짓밟다 / ~ 짓누르다.

내리-갈기다 1 위에서 아래로 후려치다. 2 마구 말하거나 쓰다. ▷글씨를 ~.

내리-글씨 세로글씨.

내리-긋다[-귿따]〔-그어, -그으니, -긋는〕[자] 1 아래쪽으로 줄을 곧게 긋다. ▷금을 ~. 2 계속해 줄을 긋다.

내리-까다 1 위에서 아래로 까다. ▷꼬마가 바지를 내리까고 오줌을 누다. 2〈속〉남의 허물 따위를 들추어 심하게 공격하다.

내리-깔기다 오줌 따위를 위에서 아래로 내쏘다.

내리-깔다〔-깔아, -까니, -까는〕 1 윗눈시울로 눈알을 반쯤 덮고 시선을 아래로 보내다. 2 목소리를 조용하고 낮게 내다.

내리-깔리다 《'내리깔다'의 피동》내리깖을 당하다. ▷졸음으로 눈꺼풀이 ~.

내리-꽂다[-꼳따] 위에서 아래로 힘차게 꽂거나 박다. ▷창을 바닥에 ~.

내리-꿰다 1 위에서 아래로 꿰다. 2 내용이나 사정을 속속들이 알다. ▷사정을 ~.

내리-내리 잇따라 계속. 언제까지나.

내리-누르다〔-눌러, -누르니〕[타] 1 위에서 아래로 힘주어 누르다. ▷부하를 내리누르려고만 하면 안 된다. 3 무거운 분위기나 감정 따위가 심한 압박감을 주다. ▷피로가 온몸을 내리누르다.

내리-눌리다 《'내리누르다'의 피동》내리 누름을 당하다. ▷지진으로 쓰러지는 기둥에 몸이 ~ / 상사에게 내리눌려 꼼짝 못하다.

내리다¹〔자〕 1 높은 데서 낮은 데로 향하여 옮기다. ▷막이 ~ / 물가가 ~. 2 눈·비·서리·이슬 따위가 오다. ▷이슬비가 ~. 3 타고 있던

데서 밖으로 나오다. ▷택시에서 ~ / 버스에서 내려 지하철로 갈아타다. 4 어둠·안개 따위가 짙어지거나 덮이다. ▷땅거미가 ~. 5 먹은 것이 소화되다. ▷체증이 ~. 6 쪘거나 부었던 살이 빠지다. ▷살이 ~. 7 신이 몸에 접하다. ▷신이 내리어 병을 앓는다. 8 뿌리가 나서 땅속으로 뻗어 들어가다. □옮겨 심은 나무가 뿌리가 ~. ↔오르다. ―[타] 1 높은 데서 낮은 데로 옮기다. ▷막을 ~ / 값을 ~. 2 상이나 벌 따위를 윗사람이 아랫사람에게 주다. ▷벌을 ~ / 명령을 ~. 3 판단·결정을 하거나 결말을 짓다. ▷결론을 ~ / 중간 평가를 ~. 4 가루 따위를 체에 치다. ▷밀가루를 체에 ~.

내리다² 〔타〕 단단한 가루나 씨알 같은 것이 몹시 작다.

내리-닫이[-다지]〔-달아, -달으니, -닫는〕[자][타] 1 위에서 아래로 뛰다. 2 힘차게 마구 달리다. ▷무작정 앞으로 ~.

내리-닫이'[-다지] 바지와 저고리를 한데 붙이고 뒤를 터서 똥오줌 누기에 편하게 만든 어린아이의 옷.

내리-닫이²[-다지]〖건〗두 짝의 창문을 서로 위아래로 오르내려서 여닫게 된 창.

내리-덮다[-덥따][타] 위에서 아래를 향하여 덮다. ▷두 눈을 반쯤 내리덮은 눈까풀.

내리-뛰다〔자〕 1 위에서 아래를 향해 뛰어내리다. ▷지붕에서 ~. 2 위에서 아래쪽으로 뛰다. ▷언덕 아래로 ~.

내리-뜨다〔-떠, -뜨니〕[타] 눈을 아래로 향해 뜨다. ▷눈을 지그시 ~. ↔치뜨다.

내리-막 1 내려가는 길이나 땅의 바닥. 2 기운이나 기세가 한창때가 지나 쇠퇴해 가는 판. ▷한창 기승을 부리던 더위도 ~에 접어들었다. ↔오르막.

내리막-길[-낄] 1 내리막으로 된 길. ▷구르다시피 ~을 달려 내려가다. 2 기운이나 기세가 한창때가 지나 약해지는 상태. ▷인생의 ~로 들어서다 / 경제가 ~이다.

내리-매기다[타] 번호나 순서 따위를 앞에서 뒤로 차례차례 매기다. ↔치매기다.

내리-먹다[-따]〔자〕 번호나 순서 따위가 앞에서 뒤로 차례차례 정해지다. ↔치먹다.

내리-몰다〔-몰아, -모니, -모는〕[타] 1 위에서 아래로 몰다. ▷양 떼를 언덕 아래로 ~. 2 사정없이 마구 몰다. ▷차를 ~.

내리-물림[명][하다][타] 옷·재물 따위를 손윗사람이 손아랫사람에게 물려주는 일.

내리-밀다〔-밀어, -미니, -미는〕[타] 위쪽에서 아래쪽으로 밀다. ▷바위를 아래로 ~. ↔치밀다.

내리-박다[-따][타] 1 위에서부터 아래쪽으로 박다. 2 사정없이 마구 박다.

내리-박히다[-바키-]〔자〕《'내리박다'의 피동》내리박음을 당하다.

내리-받다[-따][자][타] 아래쪽으로 향하여 받다. ▷책상에 머리를 ~. ↔치받다.

내리-받이[-바지][명] 비탈진 곳의 내려가는 방향. ▷~ 길. ↔치받이.

내리-밟다[-밥따][타] 위에서 아래로 힘주어 밟다. ▷페달을 ~.

내리-뻗다[-따]〔자〕 1 아래쪽으로 향하여 뻗다. ▷내리뻗은 가지. 2 위에서 아래로 죽 펴다. ▷다리를 ~.

내리-붓다[-붇따]〔-부어, -부으니, -붓는〕〔자〕[타][ㅅ] 1 비·눈 따위가 많이 오다. ▷비가 온종

일 ~. **2** 위에서 아래로 퍼붓다. ❑ 대접에 막걸리를 ~.

내리-붙다 [-붇따] [자] 아래쪽에 붙다. ❑ 괘종시계가 너무 내리붙었다. ↔치붙다.

내리-비추다 [타] 위에서 아래로 비추다. ❑ 손전등으로 ~.

내리-비치다 [자] 위에서 아래로 비치다. ❑ 가로등이 ~.

내리-뻗다 [-따] [자][타] **1** 높은 곳에서 낮은 곳으로 곧게 뻗다. **2** 높은 곳에서 낮은 곳으로 쭉 펴다. ❑ 두 팔을 ~.

내리-사랑 [명] 손아랫사람에 대한 손윗사람의 사랑. ↔치사랑.

[내리사랑은 있어도 치사랑은 없다] 윗사람이 아랫사람을 사랑하기는 해도 아랫사람이 윗사람을 사랑하기는 좀처럼 어렵다는 말.

내리-쉬다 [타] 크게 들이마신 숨을 길게 내뱉다. ❑ 한숨을 길게 ~. ↔치쉬다.

내리-쏘다 [타] 활이나 총을 위에서 아래로 쏘다. ↔치쏘다.

내리-쏟다 [-따] [타] 액체나 낱으로 된 물건을 높은 곳에서 낮은 곳으로 한꺼번에 나오게 하다. ❑ 쌀을 쌀통에 ~.

내리-쏟아지다 [자] **1** 액체나 낱으로 된 물건 따위가 위에서 아래로 한꺼번에 떨어지거나 몰려 나오다. ❑ 장대비가 ~ / 폭포수가 계곡 아래로 ~. **2** 비난·칭찬 따위가 한꺼번에 나오다. ❑ 비난이 ~.

내리-쓰기 [명] 세로쓰기.

내리-쓰다 〔-써, -쓰니〕 [타] 위에서 아래쪽으로 글을 쓰다.

내리-쓸다 〔-쓸어, -쓰니, -쓰는〕 [타] **1** 높은 곳에서 낮은 곳으로 쓸다. **2** 수염 따위를 손으로 어루만지면서 아래로 문지르다.

내리우다 [타] 《'내리다'의 사동》 내리게 하다.

내리-읽다 [-익따] [타] **1** 위에서 아래로 읽다. **2** 쉬지 않고 처음부터 끝까지 글을 다 읽다.

내리-지르다 〔-질러, -지르니〕 [一][자][르] 물·바람 같은 것이 위쪽에서 아래쪽으로 세차게 흐르거나 불다. [二][타][르] 주먹이나 발 따위로 위에서 아래로 힘껏 지르다. ❑ 쓰러진 사람을 구둣발로 ~.

내리-질리다 [자] 《'내리지르다'의 피동》 주먹·발 따위로 세게 얻어맞다.

내리-쪼이다 [자] 내리쬐다.

내리-쬐다 [자] 볕이 세차게 내리비치다. ❑ 햇볕이 쨍쨍 ~.

내리-찍다 [-따] [타] 위에서 아래로 찍다. ❑ 도끼로 장작을 ~.

내리-치다 [一][타] 위에서 아래로 힘껏 때리다. ❑ 손바닥으로 책상을 ~. [二][자] 비바람·번개 따위가 세차게 몰아치다. ❑ 번개가 ~.

내리키다 [타] **1** 위에 있는 것을 아래로 내려지게 하다. **2** 높은 데 있는 것을 낮은 데로 옮기다.

내리-패다 [타] 사정없이 마구 때리다.

내리-퍼붓다 [-붇따] 〔-퍼부어, -퍼부으니, -퍼붓는〕 [一][자][ㅅ] 비·눈 따위가 계속하여 마구 내리다. ❑ 장대비가 ~. [二][타][ㅅ] 물 따위를 위에서 아래로 마구 쏟다.

내리-훑다 [-훌따] [타] **1** 위에서 아래로 내려가면서 훑다. ❑ 냇물 속을 ~. **2** 위에서 아래로 하나하나 빠짐없이 살펴보다. ❑ 행색을 ~. ↔치훑다.

내리-흐르다 〔-흘러, -흐르니〕 [자][타][르] 물 따위가 높은 곳에서 낮은 곳으로 계속 흐르다. ❑ 눈물이 ~ / 물이 계곡을 ~.

내릴-톱 [명] 재목을 세로로 켤 때 쓰는 톱. 세로톱. ↔동가리톱.

내림[1] [명] 혈통적으로 유전되어 내려오는 특성. 내력(來歷). ❑ 과묵한 성격은 그 집 ~이다.

내림[2] [명] 〖건〗 건물의 정면으로 보이는 칸수. ❑ 세 칸 ~.

내림 (來臨) [명][하자] 찾아오심. 왕림(枉臨).

내림-굿 [-꾿] [명][하자] 〖민〗 무당이 되려고 신이 내리기를 비는 굿. 몸굿.

내림-내림 [명] 여러 대를 이어 내려온 내림.

내림-대 [-때] [명] 〖민〗 굿할 때나 경문(經文)을 읽을 때, 무당이 신을 내리게 하는 데 쓰는 소나무나 대나무의 가지.

내림-받다 [-따] [타] 신내림 따위를 입다.

내림-새 [명] 〖건〗 한끝에 반달 모양의 혀가 붙은 암키와. ↔막새.

내림-석 (來臨釋) [명] 〖민〗 무당이 굿을 시작할 때, 공양을 받으라고 신에게 비는 일.

내림-세 (-勢) [명] 시세·물가 따위가 내리는 기세. 하락세. ❑ ~를 보이다 / ~로 돌아서다. ↔오름세.

내림-장 (-醬)[-짱] [명] 간장을 떠낸 뒤에, 남은 된장에 물을 붓고 다시 우린 장.

내림-조 (-調)[-쪼] [명] 〖악〗 내림표로만 나타내는 조. ↔올림조.

내림-차 (-次) [명] 〖수〗 다항식에서, 높은 차(次)의 항에서 낮은 차의 항의 차례로 배열하는 일. 구용어 : 강멱(降冪). ↔오름차.

내림차-순 (-次順) [명] 〖수〗 다항식(多項式)에서, 차수가 높은 항부터 차례로 낮은 차의 항으로 쓰는 일. ↔오름차순.

내림 턱열장 끼움 [-텅녈짱-] 〖건〗 열장 장부촉을 끼워 밑으로 내려 맞추는 일.

내림-표 (-標) [명] 〖악〗 음의 높이를 본위음(本位音)보다 반음 내리는 기호. 악보에 '♭'로 표시함. 플랫(flat).

내립떠-보다 [타] 눈을 아래로 뜨고 노려보다. ❑ 매서운 눈길로 상대를 ~. ↔칩떠보다.

내마 (奈麻) [명] 〖역〗 나마(奈麻).

내:막 (內幕) [명] 일의 속 내용. 속사정. ❑ 사건의 ~ / ~을 캐다.

내:막 (內膜) [명] 〖생〗 체내 기관(器官)의 안쪽의 막.

내:-맡기다 [-맏끼-] [타] **1** 아주 맡겨 버리다. 일임하다. ❑ 운영권을 ~. **2** 되는대로 내버려 두다. ❑ 운명에 ~.

내:-매다 [타] 밖으로 내어 매다.

내:-맺히다 [-매치-] [자] 땀·피 따위가 겉으로 나와 맺히다. ❑ 넘어져 무릎에 피가 ~ / 이마에 내맺힌 땀을 닦다.

내:-먹다 [-따] [타] 속에 있는 것을 밖으로 집어내어서 먹다. ❑ 주머니에서 땅콩을 ~.

내:면 (內面) [명] **1** 물건의 안쪽. **2** 인간의 정신·심리에 관한 면. ❑ 인간의 ~을 들여다보다. ↔외면(外面).

내:면 묘:사 (內面描寫) 〖문〗 소설에서, 인물의 심리나 감정 상태를 묘사하는 일.

내:면-생활 (內面生活) [명] 내적 생활.

내:면-성 (內面性)[-썽] [명] 마음속의 감정이나 심리의 상태나 성향.

내:면-세계 (內面世界)[- / -게] [명] 마음속의 심리나 감정. 내계(內界).

내:면-적 (內面的) [관][명] 내부에 관한 (것). 내용이나 정신에 관한 (것). 내적(內的). ❑ ~ 문제. ↔외면적(外面的).

내:면-화 (內面化) [명][하타] 정신적·심리적으로 마음속에 깊이 자리잡게 함. ❑ 올바른 가치관

을 ~하다.

내:명 (內命) 몡 내밀(內密)한 명령. ▯~을 내리다.

내:명 (內明) 몡 『불』 오명(五明)의 하나. 사물의 원리를 연구하는 학문.

내-명년 (來明年) 몡 후년(後年)1.

내:명부 (內命婦) 몡 조선 때, 왕·왕비·왕세자를 받들어 모시고 궁중의 일을 보며 품계를 가졌던 궁녀(빈(嬪)·귀인(貴人)·소의(昭儀)·숙의(淑儀)·소용(昭容)·숙용(淑容)·소원(昭媛)·숙원(淑媛) 등). ↔외명부(外命婦).

내:명-하다 (內明-) 혱여 겉으로는 어수룩하나 속은 슬기롭다.

내:목 (內目) 몡 『건』 기둥의 안쪽. ↔외목.

내:몰다 〔내몰아, 내모니, 내모는〕 타 1 밖으로 몰아 내쫓다. ▯시대들을 정문 밖으로 ~. ↔들이몰다. 2 냅다 몰다. ▯차를 갑자기 ~. 3 일을 급하게 다그치다. ▯빨리 가자고 ~.

내:-몰리다 邳 (‘내몰다’의 피동) 내몲을 당하다. ▯거리로 내몰린 사람들 / 위기에 ~.

내:무 (內務) 몡 1 국내의 정무(政務). 2 단체나 조직의 내부에서 처리하는 사무.

내:무 (內舞) 몡 『연』 여러 줄로 벌려서 춤출 때, 안쪽 줄에 선 사람들.

내:무-반 (內務班) 몡 병영 안에서 사병 등이 내무 생활을 하는 방.

내:무-부 (內務部) 몡 전에, 행정 각부의 하나. 지방 행정·선거·국민 투표 및 민방위에 관한 사무를 관장하고 지방 자치 단체의 사무를 감독하였음.

내:무 사열 (內務査閱) 『군』 군에서 하는 내무 생활 전반에 관한 검열.

내:무 생활 (內務生活) 『군』 내무반에서 지내는 병사들의 일상생활.

내:무-아문 (內務衙門) 몡 『역』 조선 때, 내무 행정을 맡아보던 관아.

내:무주장 (內無主張) 몡혱형 살림을 맡아 할 안주인이 없음.

내:무-행정 (內務行政) 몡 『법』 사회의 안녕 질서를 유지하고 국민의 복리 증진을 목적으로 하는 행정.

내:문 (內門) 몡 안에 있는 문.

내:-물리다 타 밖으로 내어서 물러나게 하다. ▯대문을 내물리고 마당을 넓혔다.

내미-손 몡 물건을 흥정하러 온, 만만하고 어수룩하게 생긴 사람.

내:밀 (內密) 몡혱형혱부 어떤 일이 겉으로 드러나지 아니함. 또는 그런 일. ▯~한 거래.

내:-밀다 〔내밀어, 내미니, 내미는〕 타 (내어 밀다의 준말로) 1 안에서 밖으로 내보내다. ▯손을 내밀며 악수를 청하다 / 창문 밖으로 얼굴을 ~. 2 남에게 미루다. 3 물리쳐 쫓아내다. 4 의견·주장 등을 계속 내세우다. ▯배짱을 ~.

내:-밀리다 邳 1 밖으로 또는 한쪽으로 쌓여 밀리다. 2 (‘내밀다’의 피동) 밖으로 내밂을 당하다. ▯문밖으로 내밀리면서도 계속 구걸했다. ↔들이밀리다.

내:밀-치다 타 앞이나 밖으로 힘껏 밀다. ▯나를 내밀치고는 줄행랑쳤다.

내:밀-힘 몡 자신 있게 내세우는 기세.

내:-바치다 타 내어서 바치다. ▯조국에 목숨을 내바친 용사.

내박 (來泊) 몡혱자 배가 와서 정박함.

내:-박차다 타 1 힘껏 내차다. ▯대문을 ~. 2 힘 있게 헤쳐 물리치다. 3 강하게 거부하다.

내:-박치다 타 힘껏 집어 내던진다.

내:-반-슬 (內反膝) 몡 『생』 두 다리를 모으고

---

457   내보

섰을 때, 무릎이 바깥쪽으로 굽은 상태의 다리. 오각(O脚).

내:-받다 〔-따〕 타 1 머리나 뿔로 힘껏 받다. 2 남의 주장·말 따위에 맞서 버티다.

내:발 (內發) 몡혱자 외부의 자극 없이 내부에서 자연히 일어남.

내:-발리다 타 마음이나 태도가 겉으로 환히 드러나 보이다. 또는 그리 되게 하다.

내:-발뺌 몡혱자 자기는 어떤 일에 상관이 없음을 스스로 밝히는 일.

내:-발진 (內發疹) 〔-찐〕 몡 『의』 점막에 나타나는 발진.

내:-밟다 〔-밥따〕 타 밖이나 앞으로 옮겨 디디다. ▯발걸음을 사쁜사쁜 ~.

내:방 (內方) 몡 안쪽.

내:방 (內房) 몡 안방2.

내방 (來訪) 몡혱자타 만나기 위하여 찾아옴. ▯~한 손님을 반갑게 맞다.

내:방 가사 (內房歌辭) 『문』 조선 때, 내방의 규수 작가들이 지은 가사 문학. 규방 가사.

내:방-객 (來訪客) 몡 찾아온 손님. ▯~을 맞이하다.

내:-배다 邳 속에서 겉으로 젖어 나오다. ▯겉옷에 땀이 ~.

내:-배엽 (內胚葉) 몡 『생』 다세포 동물의 개체 발생 초기의 배엽 중 안쪽의 배엽(소화관의 주요 부분과 호흡기 따위를 형성함). ↔외배엽(外胚葉).

내:-배유 (內胚乳) 몡 『식』 배(胚)가 자랄 때 영양을 공급하는, 속씨식물 종자의 일부.

내:-백호 (內白虎) 〔-배코〕 몡 『민』 풍수지리에서, 주산(主山)에서 오른쪽으로 갈려 나간 산맥 가운데 가장 안쪽에 있는 산맥. 단백호(單白虎).

내:-뱉다 〔-밷따〕 타 1 입 밖으로 뱉다. ▯침을 ~ / 담배 연기를 ~. 2 마음에 내키지 않는 태도로 불쑥 말하다. ▯그는 퉁명스럽게 한 마디 내뱉었다.

내:버려-두다 타 1 상관하거나 건드리지 않고 그대로 두다. ▯스스로 깨닫도록 내버려두어라. 2 돌보지 않다.

내:-버리다 타 (내어 버리다의 준말로) 1 필요 없게 된 것을 아주 버리다. ▯휴지를 쓰레기통에 ~. 2 관심을 가지지 않고 돌보지 아니하다. ▯목숨을 내버릴 각오가 되어 있다.

내:-버티다 邳타 끝까지 대항하다.

내:번 (耐煩) 몡혱자 번거로움을 참고 견딤.

내:-번지다 邳 액체 따위가 밖으로 스며 나와 번지다. ▯땀이 얼굴에 ~.

내:별-적 (內罰的) 〔-쩍〕 몡 『심』 뜻대로 되지 않거나 어려운 일이 생겼을 때, 자신의 책임으로 생각하는 (것). 자벌적(自罰的). *외별적(外罰的).

내:법 (內法) 몡 『불』 다른 종교에 대한 불법(佛法)의 일컬음.

내:법-좌평 (內法佐平) 〔-좌-〕 몡 『역』 백제 때, 의례(儀禮)를 맡아보던 으뜸 벼슬.

내:벽 (內壁) 몡 『건』 안벽. ↔외벽.

내:변 (內變) 몡 나라 안에서 생긴 변고.

내:병-성 (耐病性) 〔-썽〕 몡 『농』 가축·농작물이 병에 잘 걸리지 아니하거나 또는 병에 강한 성질.

내:-병조 (內兵曹) 몡 『역』 조선 때, 궁중에서 시위(侍衛)·의장(儀仗)의 일을 맡아보던 관아(병조 관리들의 출장소였음).

내:보 (內-) 몡 내포1(內包).

내:보(內報)[명][하][타] 외부에 공개되지 아니하게 은밀히 알림. 또는 그 보고. ▣~를 받다.

내:보(內輔)[명][하][타] 내조(內助).

내보(來報)[명][하][자][타] 1 직접 와서 보고함. 또는 그런 보고. 2 내전(來電)1.

내-보내다[타] 1 밖으로 나가게 하다. ▣자식을 외국으로 ~. 2 일하던 곳이나 살던 곳에서 아주 나가게 하다. ▣식모를 ~. 3 방송 등을 나가게 하다. ▣TV에 광고를 ~. 4 죄수·포로 등을 가둔 상태에서 풀어 주다. ▣죄인을 ~.

내-보다[타] (내어 보다의 준말로) 넣어 두었던 것을 꺼내어 보다.

내-보이다[자타] 《'내보다'의 피동》 속의 것이 드러나 보이다. ▣속운이 ~. [자타]《'내보다'의 사동》 속의 것을 꺼내어 보이다. ▣신분증을 ~ / 초조한 기색을 ~.

내:복¹(內服)[명] 속옷.

내:복²(內服)[명][하][타] 약을 먹음. 내용(內用).

내:복(內腹)[명] 내포¹(內包).

내:복(內福)[명][하][형] 겉보기와는 다르게 속이 실하고 유복함.

내복(來伏)[명][하][자] 와서 굴복함.

내:복-약(內服藥)[-뽕냑][명] 먹는 약. 내용약. ↔외용약.

내:부(乃父)[명] 그이의 아버지. ▣인데 아버지가 자녀에 대하여 쓰는 자칭. 곧, '네 아비·이 아비'의 뜻. 내용(乃翁).

내:부(內附)[명][하][자] 1 은밀하게 내부에서 적에게 들러붙음. 2 내응(內應).

내:부(內部)[명] 1 안쪽의 부분. ▣~ 장치 / 시설 / ~ 수리 중. 2 어떤 조직에 속하는 범위 안. ▣~ 사정에 정통하다 / ~ 방침을 세우다. ↔외부(外部).

내부(來附)[명][하][자] 와서 복종함.

내:부-감(內府監)[명]《역》 고려 때, 궁중의 공예품과 보물을 맡아보던 관아.

내:부 감:각(內部感覺)[심] 신체 내부의 감각《운동 감각·유기 감각·평형 감각 따위》. [준] 내감(內感).

내:부 감사(內部監査)[경] 각 기업체 안에서 스스로 하는 감사.

내:부 기생(內部寄生)[생] 기생 동물이 숙주(宿主)의 몸 안에 붙어 영양분을 취하며 살아가는 일. ↔외부 기생.

내:부 기억 장치(內部記憶裝置)[-짱-][컴] 외부 경로를 사용하지 않고 데이터를 기억하고 추출·기록·해독하는 고속의 대용량 기억 장치. *외부 기억 장치.

내:-부딪다[-딛따][자][타] 앞으로 나가 세게 부딪다. 또는 그리 되게 하다.

내:-부딪뜨리다[-딛-][타] 아주 세게 부딪게 하다.

내:-부딪치다[-딛-][자][타] '내부딪다'의 힘줌말. [준]내부딪다.

내:-부딪트리다[-딛-][타] 내부딪뜨리다.

내:-부딪히다[-디치-][자]《'내부딪다'의 피동》 내부딪음을 당하다.

내:부-시(內府寺)[명]《역》 조선 때, 궁중의 재화의 관리 및 복식(服飾)·포진(鋪陳)·등촉(燈燭) 따위의 출납에 관한 일을 맡아보던 관아.

내:부 에너지(內部energy)[물] 역학적으로 평형 상태를 가진 물체의 내부에 모여 있는 에너지《분자·원자 등 물질 구성 입자(粒子)의 운동 및 위치 에너지를 이름》.

내:부 영력(內部營力)[-녁]《지》 지진·화산

등과 같이 내부의 운동과 작용으로 지각 표면을 변동시키는 힘. 내적(的的) 영력. ↔외부 영력.

내:부자 거:래(內部者去來)《경》 기업과 특별한 관계에 있는 사람이 일반에 공개되지 않은 중요한 정보를 이용하여 주식을 사고파는 일.

내:부-적(內部的)[관][명] 내부에 관계되거나 관련된 (것). ▣~ 갈등이 드러나다 / ~으로는 논의가 끝난 상태다.

내:부적 환경(內部的環境)[-저콴-]《사》 내부의 물리적 환경에 대한 사회적 환경.

내:부 지각(內部知覺)[철] 지각의 주체인 자기 자신의 정신 현상을 지각하는 일.

내:-부치다[타] 부채 따위로 바람이나 불이 앞이나 밖으로 나가게 힘있게 부치다.

내:부-파(內部波)[지] 밀도가 다른 두 개의 유체층 경계면에서 일어나는 파도.

내:분(內分)[명][수] 한 선분(線分)을 그 위의 임의의 한 점을 경계로 하여 두 부분으로 나누는 일. ↔외분.

내:분(內紛)[명] 한 집단이나 조직 안에서 자기편끼리 일으키는 분쟁. ▣~을 겪다 / ~을 일으키다 / 당의 ~을 수습하다.

내:분-비(內分比)[명][수] 어떤 선분을 내분했을 때 내분점에서 좌우로 갈린 선분의 길이의 비. ↔외분비(外分比).

내:분-비(內分泌)[명][생] 몸 안에서 이루어진 내분비물을 도관(導管)을 거치지 않고 내분비샘에서 혈액·림프액·체액 속으로 보내는 작용. ↔외분비(外分泌).

내:분비-물(內分泌物)[명]《생》 내분비 작용으로 분비되는 물질. 호르몬.

내:분비-샘(內分泌-)[명]《생》 내분비 작용을 하는 샘(도관(導管)을 거치지 않고 분비물을 직접 몸속·혈관 속으로 보냄).

내:분비-선(內分泌線)[명]《생》 내분비샘.

내:분비 장애(內分泌障礙)《의》 내분비물이 적거나 많아서 일어나는 신체의 장애.

내:분-선(內分線)[명][수] 한 각을 내분하는 직선.

내:분-점(內分點)[-쩜][명][수] 한 선분을 내분하는 점. ↔외분점.

내:-분치다[타] '내부딪치다'의 준말.

내:불(內佛)[명]《불》 1 절의 본당 이외의 방안에 모신 불상. 2 자기의 거실에 모신 불상.

내:-불다[내불어, 내부니, 내부는][타] 앞이나 밖으로 불다. ▣입김을 ~ / 휘파람을 ~.

내:-붙이다[-부치-][타]《'나불다'의 사동》 앞이나 밖으로 내어 붙이다. ▣게시판에 ~.

내:-비치다[자] 1 빛 따위가 앞이나 밖으로 비치다. ▣불빛이 ~. 2 속의 것이 겉으로 드러나 보이다. ▣속살이 ~. [자타] 1 모습이나 행동을 드러내 보이다. ▣식장에 얼굴만 잠깐 ~. 2 감정·생각이나 의도 따위를 넌지시 나타내다. ▣가당찮은 말을 내비치더라 / 불편한 속내를 ~.

내:빈(內賓)[명] 1 안손님. 2《역》 대궐 잔치에 참예하는 명부(命婦)들.

내빈(來賓)[명] 회장·식장 등에 공식적으로 초대받아 찾아온 손님. ▣~ 축사가 시작되다.

내:빈(耐貧)[명][하][자] 가난을 참고 견딤.

내빈-석(來賓席)[명] 식장(式場) 같은 데서, 내빈을 위해 마련한 자리.

내빙(來聘)[명] 외국의 사신 등이 예물을 가지고 찾아옴.

내:-빼다[자]《속》 달아나다. [준]빼다.

내:-뻗다[-따][자][타] 1 뻗어 나가다. ▣곧추 내

뻗은 길. **2** 내처 뻗대다. ☐자기의 잘못이 아
니라고 ~. 〓타 앞이나 밖으로 뻗다. ☐팔을
힘껏 ~.

내:-뻗치다 자타 세차게 뻗치다. ☐분수가 ~ /
팔을 내뻗쳐 잡다.

내:-뽑다 [-따] 타 **1** 목·팔을 길게 뻗다. **2** 소
리를 높고 길게 내다. ☐한 곡을 ~.

내:-뿌리다 타 앞이나 밖으로 뿌리다. ☐마당
에 물을 ~.

내:-뿜다 [-따] 타 밖으로 뿜다. ☐담배 연기
를 ~ / 술 냄새를 ~.

내:사 (內司) 명 〔역〕 '내수사(內需司)'의 준말.

내:사 (內舍) 명 주로 부녀자가 거처하는 집채.
안채.

내:사 (內事) 명 **1** 내부에 관한 일. **2** 비밀로 덮
어 두는 일.

내:사 (內査) 명하타 겉으로 드러나지 않게 은
밀히 조사함. ☐~를 받다 / ~에 들어가다.

내:사 (內賜) 명 〔역〕 왕이 신하에게 물건
을 내려 주던 일.

내사 (來社) 명하자 회사 따위에 찾아옴. ☐인
사차 ~하다.

내:사-령 (內史令) 명 〔역〕 고려 때, 내사문하
성(內史門下省)의 으뜸 벼슬(종일품).

내:사-면 (內斜面) 명 경사진 면의 안쪽. ↔외
사면(外斜面).

내:사-문하성 (內史門下省) 명 〔역〕 고려 성종
때, 서무(庶務)를 관리하던 최고 아문.

내:-사복시 (內司僕寺) [-씨] 명 〔역〕 조선 때,
궁내의 마구간과 임금이 타는 말, 수레 따위
를 관리하던 관아.

내:산 (內山) 명 자기 마을에서 공동으로 관리
하고 이익을 얻는 산.

내:산 (耐酸) 명 산(酸)에 잘 부식되지 아니하
고 견디어 냄.

내:산-성 (耐酸性) [-썽] 명 산에 잘 견디어 내
는 성질. ☐~이 뛰어나다.

내:-살리다 타 밖으로 좀 두드러져 나게 하다.

내:상 (內相) 명 **1** 남의 아내의 높임말. **2** 조선
때, 내무대신이나 내부대신을 이르던 말.

내:상 (內喪) 명 아낙네의 초상.

내:상 (內傷) 명 **1** 〔한의〕 먹은 것이 위에 걸려
소화되지 않거나 과로·정신 쇠약 따위로 생
기는 병의 총칭. **2** 〔의〕 부딪히거나 떨어져서
몸 안의 장기(臟器) 따위가 상하는 일.

내새 (內鰓) 명 〔동〕 속아가미.

내:색 (-色) 명하타 마음에 느낀 것을 얼굴에
드러냄. 또는 그 낯빛. ☐싫은 ~을 보이다 /
불만을 ~하다.

내:생 (內生) 명하자 〔생〕 포자(胞子) 등이 생
물체 내부에 형성됨.

내생 (來生) 명 〔불〕 죽은 뒤의 생애. *금생(今
生)·전생(前生).

내:서 (內書) 명 안편지.

내서 (來書) 명 내신(來信).

내:서 (耐暑) 명하자 더위를 견디어 냄.

내:선 (內線) 명 **1** 내부의 선. **2** 회사·관청 따위
의 구내에서만 통하는 전화선. ↔외선(外線).

내:섬-시 (內贍寺) 명 〔역〕 조선 때, 각 궁에
올리던 토산물, 이품 이상의 관원에게 주던
술, 일본인·여진인에게 주던 음식·필품(正
木) 따위를 맡아보던 관아. 덕천고(德泉庫).

내:성 (內省) 명하자 **1** 자기를 돌이켜 봄. **2**
〔심〕 자기 관찰.

내:성 (內城) 명 이중으로 쌓은 성에서, 안쪽의
성. ↔외성(外城).

내:성 (耐性) 명 〔의〕 병원균 따위가 일정한 약
물에 대해 나타내는 저항력. ☐~이 생기다.

내:성-균 (耐性菌) 명 〔생〕 항생 물질이나 약
물 따위에 견디어 내는 힘이 강한 세균.

내:성 심리학 (內省心理學) [-니-] 명 〔심〕 의식
(意識) 심리학.

내:성-적 (內省的) 관명 겉으로 나타내지 아니
하고 마음속으로만 생각하는 (것). ☐~이고
과묵한 사람.

내세 (來世) 명 〔불〕 삼세(三世)의 하나. 죽은
뒤에 가서 다시 태어나 산다는 미래의 세상.
*현세·전세(前世).

내세-관 (來世觀) 명 내세에 관한 생각.

내세 사:상 (來世思想) 명 〔종〕 내세에 진정한 인
간의 행복이 있다고 생각하는 종교적 사상.

내:-세우다 타 **1** 나서게 하다. ☐증인으로 ~ /
후보자로 ~. **2** 나와서 서게 하다. ☐반장을
앞줄에 ~. **3** 내놓고 자랑하거나 크게 평가하
다. ☐자신의 업적을 ~ / 어디에 내세워도
부끄럽지 않은 인재. **4** 주장이나 견해를 내세
우거나 주장하다. ☐조건을 ~ / 자기 입장만 ~.

내:-씽기다 타 이 말 저 말을 자꾸 주워대다.
☐쓸데없는 말을 ~.

내셔널리즘 (nationalism) 명 〔사〕 국가의 공동
체적 이념을 강조하고 그 통일·독립·발전을
꾀하는 주의. 국가주의. 민족주의. ☐~을 고
집하다.

내:-소박 (內疏薄) 명하타 아내가 남편을 소박
함. ☐~을 맞다.

내:속 (內屬) 명 한 나라가 다른 나라에 속국이
됨. 또는 외국인이 와서 살면서 복종함. 내부
(內附).

내손 (來孫) 명 현손의 아들《5대손》.

내:-솟다 [-솓-] 자 **1** 밖 또는 바깥으로 솟아
나오다. ☐구름 위로 내솟은 산 / 내솟은 땀
을 닦다. **2** 기운이나 느낌 따위가 힘차게 생
겨 나오다. ☐기쁨이 ~.

내:수 (內水) 명 **1** 나라 안에 있는 하천·호수·
운하 따위. **2** 둑 안이나 늪에 고인 물.

내:수 (內需) 명 국내에서의 수요. ☐~ 시장 /
~ 판매 / ~ 경기가 살아나다 / ~를 늘리다.
↔외수(外需).

내:수 (耐水) 명하자 물이 묻어도 젖거나 배지
않고 잘 견딤.

내:-수도 (內修道) 명 〔종〕 천도교에서, 여자
들이 행하는 특별한 수도.

내:-수면 (內水面) 명 하천·호수·운하 따위의
수면.

내:수면 어업 (內水面漁業) 명 하천·강·호수 따
위 내수면에서 하는 어업.

내:수-사 (內需司) 명 〔역〕 조선 때, 궁중에서
쓰는 쌀·베·잡물·노비 등을 관리하던 관아.

내:수 산:업 (內需産業) 명 〔경〕 국내 시장을 중
심으로 하는 산업. ↔수출 산업.

내:수-선 (內水船) 명 강·호수 등 내수 구역만
을 항행하는 선박.

내:수-성 (耐水性) [-썽] 명 수분이나 습기를 막
아 견디어 내는 성질. ☐~이 강하다.

내:수-용 (內需用) 명 국내에서 소비하기 위한
것. ☐~ 소비재.

내수용체 (內受容體) 명 〔심〕 생체(生體) 내
부의 자극을 감각하여 받아들이는 곳.

내:수-지 (耐水紙) 명 수분이나 습기를 견딜
수 있게 가공한 종이《유지(油紙)·파라핀지·아
스팔트 따위》.

내:수-포 (耐水布) 명 내수성(耐水性)의 가공을
한 천.

내:-순검 (內巡檢) 명 〔역〕 고려 때, 궁중의 순

찰과 경비를 하던 병사.

내:숭(〜−내용(內凶)) 圐혱 겉으로는 순하게 보이나 속으로는 엉큼함. □〜을 떨다 / 〜을 피우다 / 좋아하면서 관심 없는 척 〜이다.

내:숭-스럽다[−따][−스러워, −스러우니] 혱 겉으로는 순하게 보이나 속으로는 엉큼한 데가 있다. **내:숭-스레** 冟. □〜 굴다.

내:-쉬다 囻 숨을 밖으로 내보내다. □안도의 숨을 〜 / 가쁜 숨을 〜. ↔들이쉬다.

내습(來襲)圐혱재囻 습격하여 옴. □〜을 받다 / 한파가 〜하다.

내:습(耐濕)圐 습기에 잘 견딤.

내:습-성(耐濕性)[−썽]圐 습기에 견뎌 내는 성질. □〜이 높은 품종.

내시(內示)圐혱囻 공표하거나 정식으로 통보하기 전에 비밀히 알림.

내:시(內侍)圐〖역〗1 내시부(內侍府) 관원 (고려 의종(毅宗) 이후 환관(宦官)들이 차지함). 내관. 2 불알이 없는 사내(내시부의 관원은 불알이 없는 사람을 시킨 데서 온 말).

내시(來示)圐혱囻 1 와서 알림. 2 상대편에서 편지나 문서 따위로 알림.

내:시-경(內視鏡)圐〖의〗 신체의 내부를 관찰하기 위한 의료 기구의 총칭. 기관지경(氣管支鏡)·위경·복강경 등 검사하는 부위에 따른 종류가 있음.

내:시경 검:사(內視鏡檢査)〖의〗 내시경을 사용하여 신체 내부에 이상이 있는가를 살펴보는 검사.

내:시-부(內侍府)圐〖역〗 조선 때, 궁중의 식사 감독, 왕명의 전달, 수문(守門), 청소 따위의 일을 맡아보던 환관의 관부.

내:식(耐蝕)圐혱재 금속 따위가 부식(腐蝕)이나 침식에 잘 견딤.

내:식-성(耐蝕性)[−썽]圐 부식(腐蝕)이나 침식을 잘 견디어 내는 성질. 또는 그 정도.

내:신(內申)圐혱囻 1 남모르게 비밀히 보고함. 2 상급 학교 진학 때, 지원자의 출신 학교에서 학업 성적·품행 등을 적어 보내는 일. 또는 그 성적. □〜을 산출하다 / 〜만으로 신입생을 뽑다 / 봉사활동을 〜에 반영하다.

내:신(內臣)圐 1 나라 안의 신하. 2 〖역〗 대궐 안에서 임금을 가까이에서 모시던 신하.

내:신(內信)圐 나라 안의 소식. □〜 기자 / 주요 〜 기사.

내:신(內腎)圐〖생〗 신장(腎臟).

내신(來信)圐 다른 사람에게서 온 편지. 내서 (來書).

내:신-서(內申書)圐 1 내신할 사항을 기록하여 보내는 서류. 2 내신 제도에 따라 작성해서 제출된 서류.

내:신 성적(內申成績) 상급 학교가 신입생을 선발하는 데 참고하기 위하여 지원자의 출신 학교로부터 받는, 입학 지원자의 성적·건강·품행·출결석 등에 관한 기록.

내:신 제:도(內申制度)〖교〗 상급 학교의 진학에 하급 학교의 기록을 반영하는 제도.

내:실(內室)圐 1 안방. 내당(內堂). 2 남의 아내의 존칭. 3 영업을 하는 장소에서 주인이 기거하는 방.

내:실(內實)圐 1 내부의 실제 사정. □겉모습과는 달리 〜은 보잘것없다. 2 내적인 가치나 충실성. □〜을 기하다 / 〜을 갖추다 / 외형보다 〜을 다지다.

내:실-화(內實化)圐 내적인 가치나 충실을 다짐. □〜를 꾀하다.

내:심[1](內心)圐 속마음. □〜 감탄하다 / 〜을 털어놓다 / 〜으로 쾌재를 부르다 / 아닌 척하지만 〜 반기는 눈치다.

내:심[2](內心)圐〖수〗 다각형에서, 모든 각의 이등분선이 만나는 점.

내:-쌓다[−싸타]囻 앞이나 바깥쪽으로 나가게 쌓다. □담을 〜.

내:-쏘다 囻 1 거리낌 없이 함부로 날카롭게 말을 하다. □퉁명스럽게 한 마디 〜. 2 화살이나 총 따위를 함부로 쏘다. 3 총이나 화살 따위를 안에서 밖으로 대고 쏘다.

내:-쏟다[−따]囻 1 앞이나 밖으로 쏟아 내다. □눈물을 〜 / 해가 강한 빛을 〜. 2 알고 있던 것이나 생각한 것을 털어놓다. □마음속에 담아 두었던 말을 〜.

내:-씹다[−따]囻 1 음식을 삼키지는 않고 자꾸 씹기만 하다. 2 마음에 내키지 않는 말투로 되는대로 말하다.

내:아(內衙)圐〖역〗 조선 때, 지방 관아에 있던 안채. 내동헌.

내:-아문(內衙門)圐〖역〗 1 통리내무아문. 2 통리군국사무아문.

내:안(內−)圐〖민〗 '내안산'의 준말.

내:-안근(內眼筋)圐〖생〗 눈알의 안에 있는 근육.

내:안산(內案山)圐〖민〗 풍수지리에서, 집터나 묏자리의 맞은편 산 가운데 가장 안쪽에 있는 산. ⊙내안(內案).

내:-앉다[−안따]재 앞이나 밖으로 나와 앉다.

내:-앉히다[−안치−]囻 ('내앉다'의 사동) 앞이나 밖으로 나와 앉게 하다. □키 작은 학생을 앞줄로 〜.

내:알(內謁)圐혱囻 은밀히 찾아가 뵘. 내알현. □〜을 청하다.

내알(來謁)圐혱囻 와서 뵘.

내:압(內壓)圐 어떤 물체의 내부에서 밖을 향하여 가해지는 압력. ↔외압(外壓).

내:압(耐壓)圐 압력에 견딤. 또는 그런 정도. □〜을 높이다.

내:압-병(耐壓瓶)[−뼝]圐〖화〗 가압(加壓) 또는 가열하여 화학 반응을 진행시킬 때 쓰는 유리병.

내:야(內野)圐 1 야구에서, 본루(本壘)·1루·2루·3루를 연결한 선의 구역 안. 2 '내야수'의 준말. ↔외야(外野).

내:야-석(內野席)圐 야구장에서, 본루(本壘)·1루·3루 쪽에 가까운 관람석. ↔외야석.

내:야-수(內野手)圐 야구에서, 내야를 맡아 지키는 선수. ↔외야수.

내:야 안타(內野安打) 야구에서, 타자가 친 공이 내야에 떨어져 이루어진 안타.

내:야 플라이(內野fly) 야구에서, 내야수가 받을 수 있게 떠오르는 공.

내:야 히트(內野hit) 내야 안타.

내:약(內約)圐혱囻 남몰래 넌지시 하는 약속.

내:약(內藥)圐 1 내복약(內服藥). 2〖한의〗 여자의 첫 몸엣것.

내:약-하다(內弱−)[−야카−]혱囻 1 마음과 뜻이 약하다. 2 나라가 안으로 충실하지 못하고 쇠약하다.

내:양(內洋)圐〖지〗 내해(內海). ↔외양(外洋).

내:양-어물전(内魚物廛)圐〖역〗 팔주비전의 하나. 서울 종로에 자리 잡고 있던 어물전.

내:역(內譯)圐 명세(明細)2. □공사비 〜 / 뇌물 수수 〜을 공개하다.

내:연(內緣)圐 1 은밀하고 내밀한 관계. 2〖법〗법적으로 혼인 신고는 하지 않았으나 실질적으로 부부 생활을 하고 있는 관계. □

내:연 (內燃) **명하자** 1 중유(重油)·가솔린 따위의 연료가 실린더 내부에서 폭발·연소하는 일. 2 어떤 사태가 진정되지 않고 계속 급격하게 변동함. ▢노사 갈등이 아직 ~ 상태로 남아 있다.

내연 (來演) **명하자** 다른 지역의 예능인 등이 와서 공연함. ▢발레团의 ~.

내:연 기관 (內燃機關) 『물』실린더 속에 연료를 넣고 연소 폭발 시켜서 생긴 가스의 팽창력으로 피스톤을 움직이게 하는 원동기(原動機)의 총칭. ↔외연 기관.

내:연-성 (耐燃性)[-썽] **명** 불에 잘 견디는 성질. ▢~이 좋다.

내:열 (耐熱) **명** 높은 열을 견디어 냄.

내:열-강 (耐熱鋼) 『공』800~1,200℃의 고열에서도 사용할 수 있는 특수한 강철.

내:열-성 (耐熱性)[-썽] **명** 『공』높은 온도에서도 변하지 않고 잘 견디어 내는 성질.

내:열 유리 (耐熱琉璃)[-류-] 『화』열팽창률이 낮고 온도가 갑자기 변해도 잘 깨어지지 않는 유리《석영 유리·파이렉스 유리 따위》.

내:열 재료 (耐熱材料) 『공』내열성을 가진 고체 재료의 총칭.

내:열 주:철 (耐熱鑄鐵) 『공』크롬·니켈 등을 각각 0.6~1.2% 첨가하여 내열성을 강하게 한 주철《난로 등에 이용됨》.

내:열 합금 (耐熱合金)[-금] 『공』고열에서도 강도와 내식성(耐蝕性)을 유지하는 합금《스텔라이트(stellite)·니크롬(nichrome) 따위》.

내:염 (內焰) **명** 『화』속불꽃.

내:영 (內營) **명** 조선 때, 대궐 안에 있던 병영.

내영 (來迎) **명하타** 와서 맞음.

내:-오다 **타너러** (내어 오다의 준말로) 안에서 밖으로 가져다. ▢과일을 ~.

내:온 (內醞) **명** 임금이 신하에게 내려 주던 술. 법온(法醞).

내:옹 (內癰) **명** 『한의』몸 안에 생기는 종기.

내왈다 **자** 〈옛〉내닫다.

내왕 (來往) **명하자타** 1 사람이나 차가 오고 감. ▢행인의 ~이 잦다 / 거리에 인적이 끊기고 차들의 ~이 뜸. 2 서로 사귀며 오고 가고 함. ▢이웃집과 ~을 트다.

내왕-간 (來往間)[-깐] **명** (주로 '내왕간에'의 꼴로 쓰여) 오고 가는 편. ▢~에 들르다.

내왕-꾼 (來往-) **명** 『불』절에서 심부름을 하는 속인(俗人).

내왕-로 (來往路)[-노] **명** 오고 가는 길.

내:외¹ (內外) **명** 1 안과 밖. 안팎. ▢경기장 ~를 가득 메운 관중. 2 국내와 국외. ▢~ 정세 / 귀빈을 모시다 / 조선의 독립을 ~에 선포하다. 3 부부. ▢김씨 ~가 나란히 걸어가다. 4 어떤 기준에 약간 넘거나 밀한 것. ▢원고지 200자 ~로 쓰시오.

내:외² (內外) **명하자** 모르는 남녀 간에 서로 어려워하여 얼굴을 바로 대하지 않고 피함. ▢그때는 남녀가 엄연히 ~하는 세상이었다.

내:외-간 (內外間) **명** 1 안과 밖의 사이. 2 어떤 표준에 좀 모자라거나 넘치는 정도를 뜻하는 말. 3 부부 사이. ▢~에 금실이 좋다 / ~에 의가 좋다. ❀내외.
[내외간도 돌아누우면 남이다] 부부 사이의 정도 멀어질 수 있다는 말. [내외간 싸움은 칼로 물 베기] 부부 싸움은 칼로 물 베기.

내:외-곽 (內外廓) **명** '내곽'과 '외곽'을 아울러 이르는 말.

내:외-국 (內外國) **명** 자기 나라와 남의 나라.

내:외국-인 (內外國人) **명** '내국인'과 '외국인'을 아울러 이르는 말.

내:외-분 (內外-) **명** '부부'의 높임말.

내:외-사조 (內外四祖) **명** 아버지·할아버지·증조할아버지 및 외할아버지의 총칭.

내:외신 (內外信) **명** 국내 통신과 해외 통신. ▢~ 합동 기자 회견.

내:외-어물전 (內外魚物廛) 『역』육주비전(六注比廛)의 하나. 조선 순조 원년(1801)에 내어물전과 외어물전을 합친 것임.

내:외-종 (內外從) **명** 내종 사촌과 외종 사촌.

내:외지간 (內外之間) **명** 부부간.

내:외-척 (內外戚) **명** 내척과 외척. 본집에서 다른 성의 집으로 시집가거나 장가들어서 된 척당(戚黨).

내:용¹ (內用) 안살림에 드는 비용. 또는 그 씀씀이.

내:용² (內用) **명하타** 내복²(內服).

내:용 (內容) **명** 1 글이나 말 따위에 들어 있는 것. ▢편지의 ~ / 기사 ~이 사실과 다르다. 2 그릇이나 포장 따위의 속에 든 것. ▢~이 알찬 선물 상자. 3 사물의 속내를 이루는 것. 또는 어떤 일의 내막. ▢사건의 ~ / 예산의 ~. 4 『철』사물과 현상의 본질이나 의의. ↔형식.

내:용 (耐用) **명** 기계·시설 따위가 오랫동안 사용에 견디어 냄. ▢~ 연한(年限).

내:용-교과 (內容敎科)[-꽈] **명** 『교』지리·역사·물리·화학 등과 같이 사실적인 지식의 학습을 가르치는 교과.

내:용-물 (內容物) **명** 속에 든 물건이나 물질. ▢소포의 ~.

내:용-미 (內容美) **명** 예술품이 내포하고 있는 아름다움. ↔형식미(形式美).

내:용 심리학 (內容心理學)[-니-] 『심』의식의 내용을 다루는 심리학. 감각 심리학·연상(聯想) 심리학 따위.

내:용-약 (耐用藥)[-냑] **명** 내복약(內服藥).

내:용-재 (耐用財) 『경』장기간에 걸쳐 사용할 수 있는 재화. 가옥·기계·의복 따위. ↔단용재(單用財).

내:용-적 (內容的) **관명** 내용과 관련된 (것). 내용을 이루는 (것). ▢~으로 볼 때 새로운 사실은 없다.

내:용 증명 (內容證明) 『법』1 우체국에서 우편물의 내용을 증명하는 일. 2 '내용 증명 우편'의 준말.

내:용 증명 우편 (內容證明郵便) 『법』우편물의 내용과 발송 사실을 우체국에서 증명하여 주는 제도. 또는 그 우편물. ❀내용 증명.

내:우 (內憂) **명** 1 내간(內艱). 2 나라 안의 걱정. ↔외환(外患).

내:우-외환 (內憂外患) **명** 나라 안팎의 여러 가지 걱정거리. ▢~을 당하다.

내:원 (內苑·內園) **명** 궁궐의 안뜰. 금원(禁苑). ↔외원(外苑).

내원 (來援) **명하타** 와서 도와줌.

내:-원당 (內願堂) **명** 『불』내도량(內道場).

내:월 (來月) **명** 내달.

내유 (來遊) **명하자** 와서 놂.

내:유외강 (內柔外剛) **명하형** 외강내유.

내음 **명** 향기롭거나 나쁘지 않은 냄새《문학적 표현에 쓰임》.

내:응 (內應) **명하자** 내부에서 내밀히 적과 통함. 내부(內附). 내통(內通).

내:-응인 (內鷹人) **명** 『역』궁중의 매사냥꾼.

내:의 (內衣)[-/-이] 圓 속옷.

내:의 (內意)[-/-이] 圓 마음속의 뜻. ▫~를 떠보다.

내:의 (內醫)[-/-이] 圓 《역》 조선 때, 내의원(內醫院)의 의관(醫官).

내의 (來意)[-/-이] 圓 찾아온 뜻. 오게 된 까닭. ▫~를 묻다.

내:의-령 (內議令)[-/-이-] 圓 《역》 고려 때, 내의성의 으뜸 벼슬. 성종 때 내사령(內史令)으로 고침.

내:의-성 (內議省)[-/-이-] 圓 《역》 고려 초에 서무(庶務)를 맡아보던 관아. 성종 때 내사문하성(內史門下省)으로 고침.

내:-의원 (內醫院)[-/-이-] 圓 《역》 조선 때, 삼의원(三醫院)의 하나. 궁중의 의약을 맡아보던 관아.

내:-이 (內耳) 圓 《생》 고막의 속 부분으로, 고막의 진동을 신경에 전하는 곳. 속귀. 안귀. ↔외이(外耳).

내:-이 (內移) 圓 《역》 조선 때, 관찰사·수령 등의 외직에서 내직으로 옮아오던 일.

내:-이-염 (內耳炎) 圓 《의》 내이에 생기는 염증. 미로염(迷路炎).

내:-인 (內人) 圓 1 아낙네. 2 '나인'의 본딧말.

내:-인 (內因) 圓 1 내부에 있는 원인. 2 결과를 생기게 하는 직접적이고 주관적인 원인. ↔외인(外因).

내:-인가 (內認可) 圓 정식으로 인가하기 전에 임시로 내리는 인가.

내:-인용부 (內引用符) 圓 《언》 작은따옴표.

내일 (來日) 圓🔲 1 오늘의 바로 다음 날. 명일(明日). ▫~은 일요일이다 / 오늘 일을 ~로 미루지 마라 / 일이 ~이면 끝난다. 2 다가올 앞날. ▫~을 이끌고 나갈 젊은이들 / 밝은 ~을 기약하자. 🔲🔲 오늘의 바로 다음 날. ▫오늘은 이만하고 ~ 다시 의논하자. 㽕낼.

내일-모레 (來日-) 圓 1 모레. 2 어떤 때가 가까이 닥쳐 있음을 이르는 말. ▫~면 벌써 나이 마흔이다. 㽕낼모레.

내:-입 (內入) 圓🔲 1 궁중에 물건을 들임. 2 갚을 돈의 일부를 먼저 냄.

내:입-금 (內入金)[-끔] 圓 갚을 돈이나 치를 돈의 일부로 먼저 내는 돈.

내:-자 (內子) 圓 남 앞에서 자기 아내를 일컫는 말. 실인(室人).

내:-자 (內資) 圓 《경》 국내의 자본. ▫~를 조달하다. ↔외자(外資).

내자-가추 (來者可追) 圓 이미 지난 일은 어쩔 수 없으나 앞으로의 일은 조심하면 지금까지와 같은 과실을 범하지 않을 수 있음을 이르는 말.

내자-물거 (來者勿拒) 圓 오는 사람을 막지 말라는 말. ＊거자막추(去者莫追).

내:자-시 (內資寺) 圓 《역》 조선 때, 대궐의 식품·직조(織造)·내연(內宴)의 일을 맡던 관아.

내:-장 (內粧) 圓🔲🔲 [건] 집 안을 꾸밈. 또는 그 꾸밈새. ▫공사를 마무리 짓다.

내:-장 (內裝) 圓🔲 내부를 꾸미거나 설비를 갖춤. 또는 그 공사. ▫방음재로 ~하다.

내:-장 (內障) 圓 1 《의》 '내장안(內障眼)'의 준말. 2 《불》 마음속 번뇌의 장애.

내:-장 (內藏) 圓🔲 내부에 가지고 있음. ▫자동 응답 기능이 ~된 전화기.

내:-장 (內臟) 圓 《생》 흉강과 복강 속에 있는 여러 기관의 총칭(호흡기·소화기·비뇨 생식기 및 내분비샘 따위).

내:장 (來場) 圓🔲🔲 골프장·경기장·전시장 등에 들어옴. ▫객들이 몰려들다.

내:장-근 (內臟筋) 圓 《생》 내장의 기관을 이루고 있는 근육.

내:장 긴장형 (內臟緊張型) 《심》 편안하고 명랑하며 사교적인 기질.

내:장-병 (內臟病)[-뼝] 圓 《의》 내장에 일어나는 여러 가지 병.

내:장-사 (內藏司) 圓 《역》 조선 후기에, 왕실에 대대로 전하는 보물·장원(莊園)과 그 밖의 재산을 관리하던 관아.

내:장 신경 (內臟神經) 《생》 교감 신경계에 속하는, 복부 내장을 지배하는 신경.

내:장-안 (內障眼) 圓 《의》 안구 속에 생기는 질병의 총칭. 백태가 끼거나, 안압이 높아서 시력을 잃거나 명암을 가리지 못하는 등의 병(흑내장·백내장·녹내장의 세 가지). 㽕내장(內障).

내:장-학 (內臟學) 圓 《의》 소화기·호흡기·비뇨 생식기 및 내분비 기관을 취급하는 해부학의 한 분야.

내:-재 (內在) 圓🔲 1 어떤 것의 내부에 들어 있음. ▫이론에 ~된 모순. 2 《철》 사물을 규정하는 원인이 그 사물 속에 있음. 3 《철》 정신 작용은 반드시 그 자신 속에 대상을 갖는다는 스콜라(Schola) 학자의 용어.

내:-재봉소 (內裁縫所) 圓 부녀자가 집 안에서 재봉틀을 놓고 삯바느질을 하는 곳.

내:재-비평 (內在批評) 圓 1 《철》 어떤 학설이나 사상에서, 그 전제가 되는 것을 일단 인정하고 나서 하는 비평. 2 《문》 개개의 문학 작품을 주제나 형식·기교 등만을 대상으로 하는 비평. ↔외재(外在)비평.

내:-재성 (內在性)[-썽] 圓 어떤 사물이나 범위 안에 있는 성질.

내:재-율 (內在律) 圓 《문》 시에서, 문장 안에 깃들어 있는 잠재적인 운율. ↔외형률.

내:재-인 (內在因) 圓 《철》 사물의 운동이나 변화 따위의 원인이 자신 안에 있다고 보는 일. 또는 그 원인. 범신론에서, 만물의 생성 소멸의 원인으로서의 신은 세계 안에서 움직인다는 뜻으로 씀.

내:재-적 (內在的)[-쩍] 圓 어떤 현상이 안에 존재하는 (것). ▫~ 요인 / ~ 모순.

내:재-철학 (內在哲學) 圓 《철》 모든 현상의 실재가 모두 의식에 내재하는 것으로 보며, 그 밖의 초월적인 것의 존재를 인정하지 않는 철학.

내:-쟁 (內爭) 圓🔲🔲 한 나라나 집단 안에서 서로 싸움. ▫~이 계속되다.

내:-저항 (內抵抗) 圓 《물》 전지(電池)에서, 내부의 음극에서 양극으로 흐르는 전류에 대한 용액의 저항. ↔외(外)저항.

내:-적 (內賊) 圓 나라나 사회 안의 도둑이나 역적. ▫~을 퇴치하자.

내:-적 (內的)[-쩍] 圓 1 사물의 내부에 관한 (것). ▫~ 원인 / ~인 구조. 2 정신이나 마음의 작용에 관한 (것). ▫~ 고민 / ~인 갈등. ↔외적.

내:적 경험 (內的經驗)[-쩍껑-] 《심》 감정·갈등·고뇌 따위의 정신적 경험.

내:적 생활 (內的生活)[-쩍쌩-] 내적 경험의 생활. 정신 생활.

내:적 연관 (內的聯關)[-쩡년-] 《논》 한 사물의 표상이 논리적으로 다른 사물의 표상을 함축하고 있는 경우의 두 사물의 관계.

내:적 영력 (內的營力)[-쩡녕력] 《지》 내부 영력(內部營力).

내:적 요구 (內的要求)[-쩡뇨-]《심》정신·마음 또는 신체의 내부에 생기는 요구.

내:적 자유 (內的自由)[-쩍짜-]《심》자유 의지(意志)2.

내:전 (內典)명《불》불경. ↔외전.

내:전 (內殿)명 1 왕비의 존칭. 2 안전.

내:전 (內電)명 국내에서만 주고받는 전신.

내:전 (內戰)명 국내의 싸움. 특히 내란. ▢~을 치르다 / 오랜 ~으로 나라가 피폐해지다.

내전 (來電)명하자 1 전보가 옴. 내보(來報). 2 전화가 옴.

내:전-보살 (內殿菩薩)명 알고도 모르는 체하고 가만히 있는 사람을 가리키는 말.

내점 (來店)명하자 가게에 옴.

내:접 (內接)명하자《수》1 원이나 구가 다각형이나 다면체의 모든 변 또는 면에 접하는 일. 2 다각형 또는 다면체의 모든 꼭짓점이 곡선형이나 곡면체 또는 다각형이나 다면체의 둘레 위에 접하는 일. ↔외접(外接).

내:접 다각형 (內接多角形)[-따가켱]《수》원 또는 다각형에 내접하는 다각형.

내:접-원 (內接圓)명《수》다각형의 안에서 원둘레가 다각형의 각 변에 접하는 원. ↔외접원(外接圓).

내:접-형 (內接形)[-쩌평]명《수》내접 다각형(多角形).

내:젓다 [-젇따]〔내저어, 내저으니, 내젓는〕타ㅅ 1 손이나 손에 든 물건 따위를 휘두르다. ▢팔을 ~. 2 고개를 좌우로 흔들다. ▢설레설레 고개를 ~. 3 물 따위를 세게 휘젓다. ▢손가락으로 막걸리를 휘워 ~. 4 물에서 팔이나 노 따위를 젓다. ▢노를 내저어 앞으로 나갔다.

내:정 (內廷)명 궁궐의 안.

내:정 (內定)명하타 1 속으로 작정함. 2 내부적으로 미리 정함. ▢후임자를 ~하다.

내:정 (內政)명 국내의 정치.

내:정 (內庭)명 1 안뜰. 2 안쪽.

내:정 (內情)명 내부의 사정. 안의 정세. ▢~을 살피다. ↔외정.

내:정 간섭 (內政干涉)《정》다른 나라의 정치에 간섭하거나 강압적으로 그 주권을 속박·침해하는 일.

내:정-돌입 (內庭突入)명하자 남의 집 안에 주인의 허락 없이 불쑥 들어감.

내:제 (內題)명 책의 이름을 속표지나 본문의 첫머리에 적음. 또는 그 제목.

내:조 (乃祖)⊟명 그이의 할아버지. ⊟인대 할아버지가 손자를 대하여 쓰는 자칭('네 할아비'라는 뜻으로, 주로 편지 글에서 씀).

내:조 (內助)명하타 아내가 남편을 도움. 내보(內輔). ▢~의 공 / ~를 받다 / ~의 힘이 크다. ↔외조(外助).

내조 (來朝)명하자 외국 사신이 찾아옴.

내:종 (乃終)명부 나중.

내:종 (內從)명 고모의 아들이나 딸. 고종(姑從)을 외종에 상대하여 이르는 말. ↔외종(外從).

내:종 (內腫)명 1《의》내장에 난 종기. ↔외종(外腫). 2 농흉(膿胸).

내:-종피 (內種皮)명《식》외종피(外種皮)의 안쪽에 있는 얇은 껍질. 속씨껍질. ↔외종피.

내:종-형 (內從兄)명 자기보다 나이가 위인, 고모의 아들. 고종형(姑從兄).

내:종-형제 (內從兄弟)명 내종 사촌의 형이나 아우.

내:죵내 부〈옛〉마침내.

내:주 (內周)명 1 안쪽에서 잰 둘레. 2 이중으로 둘러싼 선 등의 안쪽 부분. ↔외주(外周).

내:주 (內奏)명하타 임금에게 은밀히 아룀.

내주 (來住)명하자 와서 삶.

내주 (來週)명 이 다음 주. ▢~ 화요일.

내:-주다 타 1 속에서 꺼내어 주다. 2 서랍에서 편지를 ~. 2 가졌던 것을 남에게 건네주다. ▢거스름돈을 ~ / 챔피언 벨트를 ~. 3 차지하던 자리를 남에게 넘겨주다. ▢셋방을 ~ / 아랫목을 ~.

내:-주방 (內廚房)명《역》조선 때, 대비(大妃)와 중전(中殿)의 수라를 마련하던 곳.

내:-주장 (內主張)명하타 아내가 집안일을 맡아 함. 내주장(內主掌). ▢~이 강한 집안.

내:증 (內症)[-쯩]명 몸 안에 생기는 병.

내:증 (內證)명하타《불》자기 마음속에서 불법(佛法)의 진리를 깨닫는 일.

내:지 (內地)명 1 해안이나 변두리에서 깊숙이 들어간 안쪽 지역. 2 외국이나 식민지에서 본국의 일컬음. 3 한 나라의 영토 안. ↔외지.

내:지 (內旨)명《역》임금의 은밀한 명령.

내:지 (內智)명《불》삼지(三智)의 하나(번뇌를 끊고 자기 무명(無明)을 깨닫는 지혜).

내:지 (乃至)부 1 수량을 나타내는 말 사이에 쓰여, '얼마에서 얼마까지'의 뜻을 나타내는 말. ▢한 달 ~ 석 달. 2 또는. 혹은. ▢서울 ~ 부산에서 많이 소비된다.

내:지 관세 (內地關稅)《경》내국(內國)관세.

내:-지르다〔내질러, 내지르니〕타크 1 주먹·발길·무기 따위를 어떤 대상을 향해 힘껏 뻗치다. ▢허공에 주먹을 ~. 2 소리 따위를 힘껏 끄르다. ▢비명을 ~ / 환호성을 ~. 3〈속〉똥·오줌 따위를 아무렇게나 누다. 4〈속〉아이를 낳다.

내:지-잡거 (內地雜居)[-꺼]명《법》외국인에게 거류지의 제한 없이 국내 어느 곳에서 살도록 허가하는 일.

내:직[1] (內職)명하자 1 흔히 부녀자가 가사의 틈을 타서 하는 삯일. 2 본직(本職) 이외에 갖는 생업. 3 직장에 나가지 않고 집에서 할 수 있는 직업.

내:직[2] (內職)명《역》1 서울에 있는 각 관아의 벼슬. ↔외직(外職). 2 고려·조선 때, 내명부(內命婦)와 외명부(外命婦)의 벼슬.

내:진 (內診)명하자 1《의》여성의 내생식기 또는 장(腸) 내부를 손가락으로 진찰하는 일.

내진 (來診)명하자《의》의사가 환자의 집에 와서 진료함. *왕진(往診).

내:진 (耐震)명하자 지진을 견딤.

내:진 가옥 (耐震家屋)《건》지진을 견디어 낼 수 있게 지은 집.

내:-진연 (內進宴)명《역》조선 때, 내빈(內賓)을 모아 베풀던 궁중 잔치.

내:-집단 (內集團)[-딴]명《사》가치관과 행동양식이 비슷하여 구성원이 애착과 일체감을 느끼는 집단.

내:-짚다[-집따]타 1 앞으로 내밀어 짚다. 2 손·발 따위로 냅다 누르다.

내:-쫓기다[-쫃끼-]타 ('내쫓다'의 피동) 내쫓음을 당하다. ▢직장에서 ~ / 길바닥에 ~.

내:-쫓다[-쫃따]타 1 있는 자리에서 억지로 나가게 하다. ▢부정을 저지른 직원을 직장에서 ~. 2 밖으로 몰아내다. ▢강아지를 ~ / 집 밖으로 ~.

내:-찌르다[내찔러, 내찌르니]타크 앞이나 밖을 향하여 세게 찌르다. ▢창을 ~.

내:차 (內借)명하타 1 몰래 돈을 빌림. 2 받을

돈의 일부를 기일 전에 받음.
내:-차다 匣 발길을 뻗쳐 냅다 차다. ▢ 더워서 이불을 ~ / 공을 담 너머로 ~.
내착 (來着) 匣하자 와서 닿음.
내:찰 (內札) 匣 안편지.
내:채 (內債) 匣 『경』1 '내국 공채'의 준말. 2 몰래 얻어 쓴 빚.
내:처 (內處) 匣하자 안방에 거처함.
내:처 甲 1 하는 김에 끝까지. ▢ 하던 김에 ~ 해 버리다. 2 한결같이 계속해서. ▢ 삼 일 ~ 비가 오다.
내:척 (內戚) 匣 아버지 쪽의 친척. ↔외척.
내:천 (內遷) 匣 『역』 내이(內移).
내청 (來聽) 匣하타 와서 들음.
내:청도 (內聽道) 匣 『생』두개골 가운데에 있으면서 내이(內耳)와 뇌수(腦髓) 사이에 신경을 연락하여 주는 짧은 관(管).
내:청룡 (內靑龍) [-농] 匣 『민』 풍수지리에서, 뒷자리나 집터의 뒷산에서 왼쪽으로 뻗어 나간 산줄기 가운데 가장 안쪽에 있는 줄기. 단(單)청룡. ↔외(外)청룡.
내:촉 (內鏃) 匣 화살촉이 화살대 속으로 들어가 끼어 있는 부분. ↔외촉(外鏃).
내:총 (內寵) 匣 궁녀에 대한 임금의 사랑. 또는 그 사랑을 받는 궁녀. ▢ ~을 받다.
내추 (來秋) 匣 내년 가을.
내춘 (來春) 匣 내년 봄.
내:-출혈 (內出血) 匣 『의』 조직이나 체강(體腔)·복강(腹腔)·흉강(胸腔) 등 몸 안에서 출혈이 일어나는 일. ↔외출혈.
내:측 (內側) 匣 안쪽.
내:측 (內廁) 匣 안뒷간.
내:층 (內層) 匣 내부의 층.
내:치 (內治) 匣 『의』1 약을 먹어 병을 고치는 일. ↔외치(外治). 2 나라 안을 다스리는 일. ↔외교(外交).
내:치 (內痔) 匣 『의』 암치질.
내:-치다 匣 1 강제로 내쫓다. ▢ 임금이 충신을 ~. 2 내던지거나 뿌리치다. ▢ 잡은 손을 내치고는 나가 버렸다.
내:치락-들이치락 甲하자 1 마음이 내켰다 들이켰다 하는 변덕스러운 모양. 2 병세가 더했다 덜했다 하는 모양.
내:칙 (內則) 匣 내부의 규칙.
내:친 (內親) 匣하형 1 아내의 친척. 2 마음속으로 친하게 여김. 3 내척(內戚).
내:친-걸음 匣 1 이왕 일을 시작한 길. ▢ ~이니 이것도 마저 끝내자. 2 이왕 나선 걸음. ▢ ~에 영화관에 다녀왔다.
내:친-김 匣 (주로 '내친김에'의 꼴로 쓰여) 1 이왕 일을 시작한 바람. ▢ ~에 모두 말하겠다. 2 이왕 길을 나선 김. ▢ ~에 친구 집도 들렀다.
내:침 (內寢) 匣하자 남편이 아내 방에서 잠. 또는 그 방.
내침 (來侵) 匣하자타 침입해 옴. ▢ 적의 ~에 대비하다.
내:-켜-놓다 [-노타] 匣 1 물려 옮겨 놓다. ▢ 밥상을 부엌에 ~. 2 일정한 대상이나 범위 밖으로 내놓다. ▢ 그는 하던 일을 내켜놓고 급히 밖으로 나갔다.
내:키다¹ 匣 하고 싶은 마음이 생기다. ▢ 기분이 내키지 않는다.
내:키다² 匣 넓히려고 바깥쪽으로 물리어 내다. ▢ 담을 내켜 쌓다 / 책상을 내키면 책장을 들여놓을 수 있겠다. ↔들이키다.

내:탁 (內托) 匣하자 『한의』 큰 종기를 짼 후에 보약을 먹어 쇠약한 몸을 보하는 일.
내:탄 (耐彈) 匣하자 탄알을 맞아도 뚫어지거나 터지지 않고 능히 견디어 냄.
내:탐 (內探) 匣하자 남모르게 탐색함. ▢ 적정(敵情)을 ~하다.
내:탕-고 (內帑庫) 匣 『역』 조선 때, 임금의 사사로운 재물을 넣어 두던 곳집.
내:탕-금 (內帑金) 匣 『역』 내탕고에 넣어 둔 돈. 내탕전.
내:통 (內通) 匣하자타 1 외부와 남몰래 관계를 가지고 통함. 내응(內應). ▢ 적과 ~하다. 2 몰래 알림. 3 남녀가 몰래 정을 통함. 사통(私通).
내:-트리다 匣 내뜨리다.
내티다 匣 『옛』 내치다.
내:-팽개치다 匣 1 냅다 던져 버리다. ▢ 가방을 ~. 2 돌보지 않고 버려두다. ▢ 처자식을 내팽개치고 떠나다. 3 일 따위에서 손을 놓다. ▢ 집안일은 내팽개치고 낮잠만 잔다.
내:-퍼붓다 [-붇따] (內퍼붓-, 내퍼부으니, 내퍼부어) 匣匣△ 비·눈·욕설 따위를 냅다 퍼붓다. ▢ 우박이 ~ / 허드렛물을 ~ / 불만을 ~.
내:편 (內篇) 匣 주로 중국 서적에서, 저자의 요지를 써 놓은 부분.
내편 (來便) 匣 1 오는 인편. ▢ ~에 보내다. 2 다음 편. ▢ ~에 부치다.
내:평 (內-) 匣 속내.
내:평 (內評) 匣 겉으로 드러나지 않은 평판이나 비평.
내:폐 (內嬖) [-/-폐] 匣 임금에게 사랑을 받는 여자. 내총(內寵).
내:폐-성 (內閉性) [-썽/-폐썽] 匣 『심』 자기 자신 속에 틀어박혀서 현실을 등지는 모양. 자폐성(自閉性).
내:포¹ (內包) 匣 식용으로 하는 짐승의 내장.
내:포² (內包) 匣하타 1 『논』 한 개념이 포함하고 있는 성질의 전체. 개념 속에 들어 있는 속성. ▢ ~가 늘면 외연이 준다. ↔외연(外延). 2 어떤 성질이나 뜻을 속에 품음. ▢ 위험성을 ~하고 있는 계획.
내:포³ (內包) 匣 『건』 건물의 안쪽에 짜인 공포(栱包).
내:포 (內浦) 匣 바다나 호수가 육지 안으로 휘어 들어간 부분.
내:포-량 (內包量) 匣 면적처럼 넓이를 갖고 나타나는 양이 아니고, 빛이나 열처럼 성질의 강도의 차로써 나타나는 양.
내:폭 (耐爆) 匣하자 건축물 따위의 구조물이 폭탄을 맞아도 능히 견디어 냄.
내:폭-성 (耐爆性) 匣 『화』 내연 기관의 실린더 안에서 이상 폭발하는 것을 방지하기 위하여 옥탄가를 높인 가솔린 등의 성질.
내:폭-제 (耐爆劑) [-제] 匣 『화』 가솔린에 첨가하여 이상 폭발을 방지하게 하는 약제(4 에틸납 따위). 앤티노킹제(antinocking劑).
내폴-로 甲 내 마음대로.
내:-풍기다 匣타 냄새 따위가 안에서 밖으로 풍기다. ▢ 고약한 냄새를 ~.
내:피 (內皮) 匣 1 속껍질. ↔외피(外皮). 2 속가죽. 3 『식』 식물 조직의 피층(皮層)과 중심주(中心柱) 사이의 한 줄의 세포층. 4 『동』 동물의 기관(器官) 안쪽을 싸고 있는 조직.
내:핍 (耐乏) 匣하자 궁핍함을 참고 견딤. ▢ ~ 생활 / ~을 겪다.
내:하 (內下) 匣하타 『역』 내사(內賜).
내하 (奈何) 匣 어찌함.
내하 (來夏) 匣 내년 여름.

내하 (來賀) 〔명〕〔하자〕 와서 축하함.
내-학기 (來學期)[-끼] 〔명〕 다음 학기.
내-학년 (來學年)[-항-] 〔명〕 다음 학년.
내한 (來韓) 〔명〕〔하자〕 외국인이 한국에 옴. ▣ ~ 공연 / 사절단의 ~.
내-한 (耐旱) 〔명〕〔하자〕 가뭄을 견딤.
내-한 (耐寒) 〔명〕〔하자〕 추위를 견딤. ▣ ~ 훈련을 받다. ↔내서(耐暑).
내-합 (內合) 〔명〕〔천〕 수성·금성 따위의 내행성 (內行星)이 태양과 지구 사이에 들어와 세 천체가 일직선 위에 놓이는 현상. 하합(下合). ↔외합(外合).
내-항 (內港) 〔명〕〔지〕 항만의 안쪽에 깊숙이 있어 배가 머물러 짐을 싣고 내리기에 편리한 항구. ↔외항(外港).
내-항 (內項) 〔명〕〔수〕 비례식에서, 안쪽에 있는 두 항. a:b=c:d 에서 b 와 c 를 이름. 중항(中項). ↔외항(外項).
내-항 (內航) 〔명〕 국내에서 하는 항행.
내항 (來降) 〔명〕〔하자〕 와서 항복함.
내항 (來航) 〔명〕 항공기나 배로 옴.
내-항-동물 (內肛動物) 〔명〕〔동〕 동물계의 한 문(門). 바다에서만 사는데 몸은 체부(體部)와 병부(柄部)로 구분하고, 체강(體腔)이 없으며 항문은 촉수환(觸手環) 속에 있음. 항문 둘레에 촉수가 있음.
내-항-성 (耐航性)[-썽] 〔명〕〔해〕 항해 중에 닥치는 어떤 상태에도 대응할 수 있는 배의 적합성.
내-해 (內海) 〔명〕 1〔지〕 육지에 둘러싸여 있으면서 해협을 거쳐 대양과 통하는 바다. 2 아주 큰 호수.
내-행 (內行) 〔명〕 부녀자가 여행길에 오름.
내-행성 (內行星) 〔명〕〔천〕 태양계에서, 태양과 지구 사이에 있는 행성(수성·금성 따위).
내-향 (內向) 〔명〕〔하자〕 1 안쪽으로 향함. 2 마음의 작용이 자신에게만 향함. 3 내공(內攻).
내-향성 (內向性)[-썽] 〔명〕〔심〕 정신 활동이 주관에 치우치는 기질. 내성적이고 비사교적인 성질. ↔외향성(外向性).
내-향-적 (內向的) 〔명〕〔관〕 1 안쪽으로 향하는 (것). 2 성격이 내성적이고 비사교적인 (것). ▣ ~ 기질. 3 외적인 면보다는 내적인 면을 추구하는 (것). ▣ ~ 기법.
내-향-지 (內向枝) 〔명〕〔식〕 안쪽으로 뻗는 나뭇가지.
내-허 (內虛) 〔명〕〔하험〕 속이 빔.
내-허-외식 (內虛外飾) 〔명〕〔하자〕 속은 비고 겉치레만 함.
내헌 (來獻) 〔명〕〔하자〕 와서 바침.
내현 (來現) 〔명〕〔하자〕 와서 나타남.
내-형 (乃兄) 〔명〕 1 그이의 형. 2 자기의 형을 이르는 말. 〔관〕인대〕 형이 동생에 대하여 자신을 이르는 말(‘네 형’이라는 뜻으로, 주로 편지 글에서 씀).
내-형제 (內兄弟) 〔명〕 1 외사촌 형제. 2 아내의 형제.
내:-호흡 (內呼吸) 〔명〕〔생〕 호흡의 결과로 체액(體液)과 조직 세포 사이에 행하여지는 가스 교환. ↔외호흡.
내-혼 (內婚) 〔명〕〔사〕 족내혼(族內婚).
내홍 (內訌) 〔명〕 집안이나 나라 안에서 저희끼리 일으키는 분쟁. 내분(內紛). ▣ ~을 겪다.
내:화 (內貨) 〔명〕〔경〕 자기 나라의 화폐. ↔외화(外貨).
내:화 (耐火) 〔명〕〔하자〕 불에 타지 않고 잘 견딤. ▣ ~ 내진(耐震)에 유념하다.
내:화 건:축 (耐火建築) 〔명〕〔건〕 내화 자재를 써서 구조물을 만드는 일. 또는 그런 건축.

내:화 구조 (耐火構造) 〔건〕 불이 나도 잘 타지 않도록 지은 건물의 구조.
내:화-도 (耐火度) 〔명〕〔공〕 내화의 정도를 나타내는 비율.
내:화-물 (耐火物) 〔명〕〔공〕 1 높은 온도에 견디는 비금속 재료의 총칭. 2 높은 온도에서 사용되는 산화물이나 탄소질(炭素質) 등의 요업 제품(내화 벽돌 따위).
내:화 벽돌 (耐火甓-)[-똘] 〔건〕 내화 점토로 구워 만든 벽돌(빛이 희며, 높은 열에 견딜 수 있음). ▣ ~로 만든 가마.
내:화-복 (耐火服) 〔명〕 불에 잘 타지 않는 옷. *석면복.
내:화-성 (耐火性)[-썽] 〔명〕〔공〕 불에 잘 견디는 성질.
내:화 장치 (耐火裝置) 〔건〕 내화 재료를 써서 잘 타지 않도록 만든 장치.
내:화 재료 (耐火材料) 〔건〕 불에 타지 않고 잘 견디는 재료의 총칭(내화 벽돌·내화 점토 따위).
내:화 점토 (耐火粘土) 〔공〕 도자기 가마나 내화 벽돌을 만드는 데 쓰는 흙(고열에 견디는 힘이 강함).
내:-환 (內患) 〔명〕 1 아내의 병. 2 나라 안이나 집안의 걱정. 내우(內憂). ↔외환(外患).
내회 (來會) 〔명〕〔하자〕 1 다음으로 다가오는 모임. 2 와서 만남.
내:-후년 (來後年) 〔명〕 후년(後年)의 다음 해. 후후년.
내:-훈 (內訓) 〔명〕 1 은밀히 하는 훈령이나 훈시. 2 집안의 부녀자들에 대한 훈계나 교훈.
내-휘두르다 〔내휘둘러, 내휘두르니〕 〔타上〕 1 냅다 마구 흔들어 대다. ▣ 주먹을 ~. 2 사람이나 일을 자기 마음대로 마구 다루다. ▣ 권력을 ~.
내흉 (內凶) 〔명〕 ☞ 내숭.
내:-흔들다 〔내흔들어, 내흔드니, 내흔드는〕 〔타上〕 이리저리 마구 흔들다. ▣ 고개를 ~ / 창밖으로 손을 ~.
낼 〔명〕〔부〕 ‘내일’의 준말. ▣ ~ 보자.
낼:-모레 〔명〕〔부〕 ‘내일모레’의 준말.
낼모레 동동 ⬦ 약속한 날짜에 주지 않고 차일피일 미루기만 한다는 말.
냄비 〔명〕 음식을 끓이는 데 쓰는 용구의 하나. 보통 솥보다 운두가 낮고 뚜껑과 손잡이가 있음. ▣ ~에 쌀을 안치다.
냄:새 〔명〕 1 코로 맡을 수 있는 온갖 기운(향내·구린내 따위). ▣ 구수한 ~ / ~를 풍기다 / 옷에 ~가 배다 / 생선 ~가 비리다. 2 어떤 사물·분위기 등의 느낌이나 낌새. ▣ 고리타분한 양반 ~ / 쓰는 말에서 많이 배운 사람 ~가 난다. 㣙내.
냄:새를 맡다 ⬦ 눈치나 낌새를 알아차리다.
냄:새-나다 〔자上〕 1 냄새가 풍겨 코를 자극하다. ▣ 발에서 냄새난다. 2 신선하지 않은 맛이 있다. 3 〈속〉싫증이 나고 밉다. ▣ 운전수 노릇 30년에 자동차만 보아도 냄새난다.
냄:새-피우다 〔자〕 어떤 태도나 낌새를 보이다.
냅다¹ 〔-따〕〔내워, 내우니〕 〔형上〕 연기가 목구멍이나 눈을 쓰라리게 하는 기운이 있다. ▣ 내워서 눈을 뜰 수가 없다.
냅다² 〔-따〕 몹시 빠르거나 세차게. ▣ ~ 던지다 / ~ 걸어차다 / ~ 뛰기 시작하다.
냅-디다 〔-띠-〕 〔타〕 기운차게 앞질러 디디다.
냅-뛰다 〔자〕 냅다 뛰다.
냅-뜨다 〔냅떠, 냅뜨니〕 〔자〕 일에 기운차게 앞

질러 나서다. ▫남보다 냅뜨는 성미 / 어쩐지 냅뜰 마음이 나지 않는다.

냅색 (knapsack)〖명〗쓰지 않을 때는 접어서 주머니에 넣을 수 있는 간단한 배낭.

냅킨 (napkin)〖명〗주로 양식을 먹을 때, 무릎 위에 놓거나 손이나 입을 닦는 데 쓰는 수건이나 종이.

냇:-가 [내까 / 낻까]〖명〗냇물의 언저리. 천변(川邊). ▫~에서 고기를 잡다.

냇-내 [낸-]〖명〗연기의 냄새. 음식에 밴 연기의 냄새. ▫낙엽이 타는 ~.

냇:-둑 [내뚝 / 낻뚝]〖명〗냇가에 쌓은 둑. ▫~을 쌓다.

냇:-물 [낸-]〖명〗내에 흐르는 물. ▫~에 발을 담그다 / ~에서 멱을 감다.

냇:-바닥 [내빠― / 낻빠―]〖명〗내의 바닥. ▫~에 깔린 조약돌 / 가뭄으로 ~이 드러나다.

냇:-버들 [내뻐― / 낻뻐―]〖명〗〖식〗버드나뭇과의 낙엽 활엽 관목. 냇가에 나는데, 봄에 검은 이삭꼴의 꽃이 핌. 녹비용(綠肥用)임.

냉: (冷)〖명〗〖한의〗1 아랫배가 늘 싸늘한 병. 2 냉병. 3 대하(帶下).

냉:- (冷)〖튄〗차가운 또는 그 물질을 차게 했다는 뜻. ▫~가슴 / ~커피.

냉:-가슴 (冷-)〖명〗1〖한의〗몸을 차게 하여 생기는 가슴앓이. 2 혼자서 속으로만 걱정하는 마음.

　냉가슴(을) 앓다 〖귀〗직접 말을 하지 못하고 속으로만 걱정을 하며 속을 썩이다.

냉:-각 (冷却)〖명〗〖하타〗1 식어서 차게 됨. 또는 그렇게 함. ▫~ 처리 / ~ 속도. 2 관계가 멀어지거나 분위기가 차가워짐. ▫~ 정국 / 여야 관계에 ~ 기류가 흐르다.

냉:-각 (冷覺)〖명〗〖생〗피부로 느끼는 차가운 느낌. ↔온각(溫覺).

냉:-각-기 (冷却期)[-끼]〖명〗'냉각기간'의 준말.

냉:-각-기 (冷却器)[-끼]〖명〗1 물체의 열을 인공적으로 없애어 냉동·응결 또는 액화(液化)시키는 기기. 2 기관의 과열을 방지하기 위해 공기나 물을 이용하는 냉각 장치.

냉:-각-기간 (冷却期間)[-끼―]〖명〗1 감정이나 흥분을 가라앉히고 사태를 진정하는 기간. 2 〖사〗노동 쟁의나 정치적 분쟁 따위를 평화적으로 해결하기 위하여 개시 전에 두는 유예 기간. ⊜냉각기.

냉:-각-수 (冷却水)[-쑤]〖명〗과열된 기계를 차게 식히는 데 쓰는 물.

냉:-각-액 (冷却液)〖명〗1 쇠붙이 따위를 깎거나 자를 때 나는 열을 식히는 데 쓰는 액체. 2 발열 반응의 냉매(冷媒)에 쓰는 액체 물질.

냉:각 장치 (冷却裝置)[-짱―]〖명〗1 냉각시키는 장치의 총칭. 2 냉방 장치.

냉:-각-재 (冷却材)[-째]〖명〗〖물〗원자로 속에서 발생하는 열에너지를 없애기 위하여 쓰는 냉각용 재료.

냉:-각-제 (冷却劑)[-쩨]〖명〗냉방기나 냉동기에서, 기화열을 이용해서 냉동시키는 데 쓰는 물질(암모니아·염화메틸 따위).

냉:-각-판 (冷却板)〖명〗냉장고·에어컨 따위에 장치하고, 식혀서 차게 하는 판.

냉:간 압연 (冷間壓延)〖공〗금속을 상온(常溫)에 가까운 온도에서 눌러 늘이는 일. ⊜냉연. *열간 압연.

냉:-갈령〖명〗몹시 인정이 없고 쌀쌀한 태도.

냉:-감 (冷疳)〖명〗〖한의〗감병(疳病)의 한 가지. 열이 나고 입이 마르며, 설사가 나고 점점 여

위는 어린아이의 병.

냉:-감-증 (冷感症)[-쯩]〖의〗결혼한 여성이 성적 욕구가 없는 증상.

냉:-감-창 (冷疳瘡)〖명〗〖한의〗영양 부족으로 입가에 난 부스럼이 점점 뼈까지 퍼지는 어린아이의 병.

냉:-건 (冷-)〖명하타〗냉각시켜서 말림.

냉:-골 (冷-)〖명〗찬 방구들. ▫불을 때지 않아 방바닥이 ~이다.

냉:-과 (冷果)〖명〗설탕물에 절여서 차게 만든 과실(果實).

냉:-과 (冷菓)〖명〗얼음과자.

냉:-과리〖명〗덜 구워져서 불을 붙이면 연기와 냄새가 나는 숯.

냉:-광 (冷光)〖명〗1 찬 느낌의 빛. 2〖물〗물질이 열·엑스선(X線)·방사선(粒子線) 또는 기계적·화학적 따위의 자극을 받아서 열이 없는 빛을 내는 현상(형광과 인광의 둘로 구분됨).

냉:-구들 (冷-)〖명〗차가운 방구들.

냉:-국 (冷-)[-꾹]〖명〗찬국.

냉:-기 (冷氣)〖명〗1 찬 기운. 찬 공기. ▫~가 돌다 / ~가 가시다 / 바닥에서 ~가 스며 올라오다. 2 딱딱하거나 차가운 분위기를 비유한 말. ▫웃음에 싸늘한 ~가 흐르다.

냉:-기류 (冷氣流)〖명〗1 차가운 공기의 흐름. 2 대립하는 세력들 사이의 적대적인 분위기. 정국에 ~가 형성되다.

냉:-꾼 〖☞〗내왕꾼.

냉:-난방 (冷暖房)〖명하타〗냉방과 난방. ▫~ 시설을 완비하다.

냉:-담 (冷淡)〖명하형〗[-휘]1 사물에 흥미나 관심이 없음. ▫정치 문제에 ~한 편이다. 2 동정심이 없고 쌀쌀함. ▫~한 반응 / ~하게 거절하다.

냉:-담 (冷痰)〖명〗〖한의〗팔과 다리가 차고 마비되어서 근육이 군데군데 뭉치어 쑤시고 아픈 병. 한담(寒痰).

냉:-대 (冷待)〖명하타〗푸대접. ▫~를 받다 / ~해서 보내다.

냉:-대 (冷帶)〖명〗〖지〗아한대(亞寒帶).

냉:-돌 (冷突·冷堗)〖명〗불기 없는 찬 온돌방. 냉방(冷房). ▫~에서 자다.

냉:-동 (冷凍)〖명하타〗냉각시켜서 얼림. ▫어류를 ~하다.

냉:-동-기 (冷凍機)〖명〗낮은 온도에서 물건을 차갑게 하거나 얼리는 기계(제빙기(製氷機)·냉장고·냉동고 따위에 사용함).

냉:-동-란 (冷凍卵)[-난]〖명〗장기간 저장하기 위해 냉동한 달걀.

냉:-동-법 (冷凍法)[-뻡]〖명〗〖공〗식료품을 오래도록 보존하거나 운반하기 위하여 얼려서 저장하는 방법.

냉:-동-선 (冷凍船)〖명〗원양 어장에서 잡은 어류를 신선한 상태로 시장에 공급하기 위하여 냉동 시설을 갖춘 배.

냉:-동-식품 (冷凍食品)〖공〗냉동하여 보존·저장하는 식품.

냉:-동-실 (冷凍室)〖명〗식품 따위를 얼려서 보관하는 곳.

냉:-동-어 (冷凍魚)〖명〗부패를 막기 위하여 얼려서 저장한 물고기.

냉:-동-업 (冷凍業)〖명〗1 제빙(製氷)·냉장·식료품 냉동기 등 냉동기를 사용하는 영업의 총칭. 2 식료품을 냉각·동결(凍結)하고 냉장·보관하는 영업.

냉:-동-육 (冷凍肉)[-뉵]〖명〗저장할 목적으로 얼린 고기.

냉:동-차 (冷凍車) 圀 냉동식품 등을 운반하기 위해 냉동 시설을 갖춘 차.

냉:락-하다 (冷落-)[-나카-] 혱예 1 외롭고 쓸쓸하다. 2 서로의 사이가 멀어져서 쌀쌀하다.

냉:랭-하다 (冷冷-)[-랭-] 혱예 1 매우 차갑다. ¶냉랭한 밤공기 / 방바닥이 ~. 2 태도가 몹시 쌀쌀하다. ¶냉랭한 표정 / 냉랭한 분위기 / 냉랭하고 근엄한 태도. 냉:랭-히 [-랭-] 뮈. ¶~ 대꾸하다.

냉:량-하다 (冷涼-)[-냥-] 혱예 약간 차갑고 서늘하다. ¶냉량한 기운.

냉:리 (冷痢)[-니] 『한의』 몸이 차고 습하여 생기는 이질. 배가 아프고 곱똥이 나오며 뒤가 땅기는 병.

냉:매 (冷媒) 圀 열교환기에서 열을 빼앗기 위하여 사용되는 매체(프레온·암모니아 따위).

냉:매 (冷罵) 圀펴찀 쌀쌀하게 꾸짖음.

냉:면 (冷麵) 圀 차게 해서 먹는 국수. 흔히 메밀국수를 냉국이나 김칫국 등에 말거나 고추장 양념에 비벼서 먹음. ↔온면(溫麵).

냉:방 (冷房) 圀 1 불을 때지 않아 추운 방. 찬방. 냉실(冷室). ¶~에서 잠을 자다. 2 실내의 온도를 낮추게 하는 일. ¶~ 시설 / ~이 잘 된 사무실. ↔난방.

냉:방-병 (冷房病)[-뼝] 圀[의] 냉방으로 인하여 일어나는 병. 냉방이 된 실내와 실외의 온도 차가 심해서 인체가 잘 적응하지 못해서 생김(가벼운 감기·몸살·권태 따위의 증상이 보임). 냉방 증후군.

냉:방 장치 (冷房裝置) 실내의 온도를 차갑게 하는 장치.

냉:방 증후군 (冷房症候群) 『의』 냉방병.

냉:-배 (冷-)[-빼-] 『한의』 냉병으로 일어나는 배앓이. 냉복통.

냉:-병 (冷病)[-뼝] 『한의』 하체를 차게 하여 생기는 병의 총칭. 냉증(冷症).

냉:-복통 (冷腹痛) 『한의』 냉배.

냉:비 (冷痺) 『한의』 찬 기운 때문에 손발의 감각이 없어지고 저린 병.

냉:상 (冷床) 『농』 태양의 열로 온도를 유지하면서 땅에 직접 심는 것보다 일찍이 모를 기르는 시설. ↔온상(溫床).

냉:소 (冷笑) 圀펴찀 쌀쌀한 태도로 업신여겨 비웃음. 또는 그러한 웃음. 찬웃음. ¶~를 머금다 / ~를 보내다 / 입가에 ~가 흐른다.

냉:소-적 (冷笑的) 괌圀 쌀쌀한 태도로 업신여겨 비웃는 (것). ¶~ 반응을 보이다 / ~으로 대하다.

냉:소-주의 (冷笑主義)[-/-이] 圀 사물을 냉소적으로 보는 태도. 견유주의(犬儒主義). 시니시즘.

냉:수 (冷水) 圀 찬물. ¶~를 들이켜다.
[냉수 먹고 된똥 눈다] 대단치 않은 재료로 실속 있는 결과를 만들어 낸다는 말. [냉수 먹고 이 쑤시기] 실속은 없으면서 겉으로만 있는 체함을 이르는 말.
냉수 먹고 속 차리다 관 정신 차리다.

냉:수-마찰 (冷水摩擦) 圀 찬물에 적신 수건으로 온몸을 문질러 혈액 순환을 활발하게 하는 건강법. ＊건포마찰.

냉:수-스럽다 (冷水-)[-따][-스러워, -스러우니] 혱예 사람이나 일이 싱겁고 아무 재미가 없다. 냉:수-스레 뮈.

냉:수-욕 (冷水浴) 圀펴찀 찬물로 목욕을 함.

냉:습 (冷濕) 『한의』 냉기와 습기 때문에 나는 병증.

냉:습-하다 (冷濕-)[-스파-] 혱예 차고 습하다. ¶냉습한 공기 / 날씨가 ~.

냉:시 (冷視) 圀펴찀 차가운 눈초리로 봄. 멸시함. ¶~를 극복하다.

냉:신 (冷神) 圀[생] 찬 것을 느끼는 피부 신경. ↔온신.

냉:실 (冷室) 圀 냉방(冷房)1. ↔온실.

냉:안 (冷眼) 圀 차가운 눈초리.

냉:안-시 (冷眼視) 圀펴찀 차가운 눈초리로 봄. 멸시함. ¶반대 의견을 ~하다.

냉:암-하다 (冷暗-) 혱예 차갑고 어둡다. ¶냉암한 장소에 보관하다.

냉:약 (冷藥) 圀 『한의』 상처 부위를 냉각하는 데 쓰는 약.

냉:어 (冷語) 圀펴찀 매정하고 쌀쌀한 태도로 하는 말.

냉:엄-법 (冷罨法)[-빱] 圀[의] 냉찜질.

냉:엄-하다 (冷嚴-) 혱예 1 태도나 행동 따위가 냉정하고 엄하다. ¶냉엄하게 말하다. 2 일이나 상황이 빈틈없고 엄격하다. ¶냉엄한 현실. 냉:엄-히 뮈.

냉:연 (冷延) 圀[공] '냉간 압연(冷間壓延)'의 준말. ＊열연(熱延).

냉:연-하다 (冷然-) 혱예 태도 따위가 쌀쌀하다. ¶냉연한 표정. 냉:연-히 뮈. ¶~ 거절하다.

냉:열 (冷熱) 圀 1 차가움과 더움. 2 냉담과 열렬함.

냉:염-하다 (冷艶-) 혱예 차고 곱다(눈(雪)·자두꽃 따위의 형용).

냉:온 (冷溫) 圀 1 차가운 기운과 따뜻한 기운. ¶~ 겸용. 2 찬 온도.

냉:-온대 (冷溫帶) 圀[지] 아한대(亞寒帶).

냉:-온수기 (冷溫水器) 圀 찬물과 더운물이 나오는 정수기.

냉:욕 (冷浴) 圀펴찀 찬물로 목욕을 함.

냉:우 (冷雨) 圀 찬비.

냉:우 (冷遇) 圀펴찀 푸대접.

냉:육 (冷肉) 圀 쇠고기·돼지고기·닭고기 등을 찌거나 요리하여 식힌 것.

냉이 圀[식] 겨잣과의 두해살이풀. 들·밭에 남. 높이 50 cm가량. 봄에 흰 네잎꽃이 핌. 어린잎과 뿌리는 식용. ¶~를 캐다.

냉이-벌레 圀[충] 방패벌레.

냉:장 (冷藏) 圀펴찀 식료품이나 약품 같은 것의 부패를 막거나 차게 하기 위해서 냉장고 등에 저장하는 일.

냉:장-고 (冷藏庫) 圀 식품 따위를 차게 하거나 부패를 막기 위하여 저온으로 저장하는 상자 모양의 장치.

냉:장 수송 (冷藏輸送) 화물의 변질·부패를 방지하기 위하여, 냉장 시설을 갖춘 냉장차 등으로 화물을 나르는 일.

냉:장-실 (冷藏室) 圀 식품 따위를 낮은 온도에서 저장하는 곳. ¶과일을 ~에 넣어 두다.

냉:장-차 (冷藏車) 圀 육류·어류·어육·냉동식품 등을 운반하기 위해 냉장 시설을 갖춘 화차나 자동차.

냉:재 (冷材) 圀 『한의』 찬 성질을 가진 약재(藥材). 황금(黃芩)·치자(梔子) 따위.

냉:적 (冷積) 圀 『한의』 배 속에 찬 기운이 뭉쳐 아픔을 느끼는 냉병.

냉:전 (冷戰) 圀[정] 무력을 직접 사용하지 않고, 경제·외교·정보 따위를 수단으로 하는 국제간의 대립 상태. ¶동서 진영의 ~ / ~ 시대의 종막. ↔열전.

냉:절 (冷節) 圀 '한식(寒食)'의 딴 이름.

냉:점 (冷點)[-쩜] 圀[생] 피부가 찬 것을 느

끼게 하는 감각점(感覺點). ↔온점(溫點).

냉:정 (冷靜) 圓何剧侵) 감정에 사로잡히지 않고 침착함. 圓~을 잃지 않다 / ~하게 처리하다 / ~히 따지다.

냉:정-스럽다 (冷情~)[-따][-스러워, -스러우니] 剧侵) 냉정한 데가 있다. 圓냉정스럽게 느끼다. **냉:정-스레** 閉. 圓~ 갈라서다.

냉:정-하다 (冷情~) 圓侵) 태도가 정다운 맛이 없고 차갑다. 圓말투 / 냉정하게 거절하다. **냉:정-히** 閉. 圓~ 돌아서다.

냉:제 (冷劑) 圓『한의』성질이 찬 약재. 몸의 열을 내리는 데 씀. 양제(涼劑). 냉재(冷材).

냉:조 (冷嘲) 圓何剧 얕잡아 보고 비웃음.

냉:주 (冷酒) 圓 찬술.

냉:증 (冷症)[-쯩] 圓『한의』냉병(冷病).

냉:지 (冷地) 圓 기후나 토질이 찬 땅.

냉:-찜질 (冷-) 圓何剧) 『의』아픈 곳을 차게 하여 소염·진통의 효과를 얻는 찜질. 냉얼씸.

냉:-차 (冷茶) 圓 얼음을 넣어 차게 만든 찻물.

냉:-채 (冷菜) 圓 차게 만들어 먹는 채.

냉:처 (冷處) 圓何剧 찬 방에 거처함.

냉:천 (冷天) 圓 추운 날씨.

냉:천 (冷泉) 圓 1 찬 샘. 2 온천보다 온도가 낮은 광천(鑛泉). 25℃ 이하 또는 35℃ 이하의 것을 가리킴. ↔온천.

냉:철-하다 (冷徹~) 圓侵) 침착하고 사리에 밝다. 圓냉철한 지성 / 냉철하게 판단하다. **냉:철-히** 閉. 圓~ 분석하다.

냉:-커피 (冷coffee) 圓 얼음을 넣어 차게 만든 커피. 아이스커피.

냉큼 閉 머뭇거리지 않고 가볍게 빨리. 圓~ 먹어 치우다 / ~ 들어오너라. 閨넝큼.

냉큼-냉큼 閉 머뭇거리지 않고 가볍게 잇따라 빨리. 圓잔을 ~ 비우다. 閨넝큼넝큼.

냉:-탕 (冷湯) 圓 찬물이 들어 있는 탕. ↔온탕(溫湯).

냉:-평 (冷評) 圓何剧 1 업신여기거나 비웃는 태도로 비평함. 2 사정을 두지 않고 냉혹한 태도로 비평함.

냉:-풍 (冷風) 圓 가을·초봄의 싸늘한 바람.

냉:-하다 (冷-) 圓侵) 1 싸늘하고 찬 기운이 있다. 圓보일러가 고장 나서 방이 ~. 2『한의』병으로 아랫배가 차다. 3『한의』약재의 성질이 차다.

냉:-한 (冷汗) 圓 식은땀1.

냉:해 (冷害) 圓 농작물이 자라는 도중 여름철의 이상 저온이나 일조량 부족으로 입는 농작물의 피해. 圓~ 대책을 세우다.

냉:혈 (冷穴) 圓 땅의 찬 습기가 스민 무덤 속.

냉:혈 (冷血) 圓 1『한의』찬 기운으로 인해 배속에 뭉친 피. 2『동』동물의 체온이 외부의 온도보다 낮은 상태. ↔온혈(溫血). 3 인정이 없고 차가운 사람의 성품을 비유하여 이르는 말. 圓~ 인간.

냉:혈 동:물 (冷血動物) 『동』변온(變溫) 동물. ↔온혈 동물.

냉:혈-한 (冷血漢) 圓 인정이 없고 냉혹한 남자. 圓피도 눈물도 없는 ~.

냉:혹-하다 (冷酷~)[-호카-] 圓侵) 차갑고 혹독하다. 圓냉혹한 현실 / 냉혹하게 거절하다. **냉:혹-히** [-호키] 閉.

냉:회 (冷灰) 圓 불이 꺼져서 차가워진 재.

냉:-훈법 (冷燻法)[-뻡] 圓『공』식품을 낮은 온도에서 연기에 3-4주 동안 그을려 저장하는 방법.

-나 어미 받침 없는 형용사 및 '이다'의 어간

에 붙어, 해라할 자리에 묻는 뜻을 나타내는 종결 어미. 圓크~ / 배가 고프~ / 무슨 요일이~ / 그게 뭐~. *-으냐-는냐.

-나고 어미 '-냐 하고'의 준말. 圓누구~ 묻나 / 왜 사느~ 묻는다. *-으냐고.

-나는 어미 '-냐고 하는'의 준말. 圓아프~ 물음에 머리를 끄덕이었다 / 뭐~ 물음에 대답을 못했다. *-으냐는.

-난 어미 1 '-냐고 한'의 준말. 圓얼마나 기쁘~ 부러움을 샀다 / 그래도 남자~ 핀잔에 화가 났다. 2 '-냐 하는'의 준말. 圓얼마나 크~ 말이다 / 뭐~ 말이야. *-으냔.

-날 어미 '-냐고 할'의 준말. 圓설탕 없이 쓰~ 수 있느냐 / 이게 친구의 도리~ 수 있어. *-으날.

냠냠 一圓 〈소아〉 맛있는 음식. 二閉 〈소아〉 음식을 맛있게 먹으면서 내는 소리.

냠냠-거리다 재 〈소아〉 1 음식을 맛있게 먹다. 2 음식을 먹으면서 냠냠 소리를 자꾸 내다. 3 더 먹고 싶어하다.

냠냠-대다 재 냠냠거리다.

냠냠-이 圓 〈소아〉 먹고 싶어 하는 음식.

냠냠-하다 타재 1 〈소아〉 음식을 맛있게 먹다. 2 〈속〉남의 것을 가져가다

냥 (兩) 의圓 수사 밑에 쓰이어 돈 또는 중량의 단위를 나타내는 말(한 냥은 한 돈의 열곱). 圓돈 열~ / 은 한 ~.

냥-쭝 (兩-) 의圓 냥의 무게. 圓금 한 ~.

너[1] 때 친구나 손아랫사람에게 쓰는 이인칭 대명사《조사 '가'가 뒤에 붙으면 '네'가 됨》. 圓~는 가거라 / ~를 데리고 갈까 / ~까지 나를 괴롭히니 / 네가 참으렴.

[너는 용빼는 재주가 있느냐] 뾰족한 재주도 없이 남을 흉보는 사람을 핀잔하는 말. [너하고 말하느니 개하고 말하겠다] 말귀를 알아듣지 못하는 상대에게 핀잔을 주는 말.

너 나 할 것 없이 관 누구를 가릴 것 없이 모두. 圓~ 팔을 걷어붙이고 수재민 돕기에 나섰다

너니 내니 하다 관 서로 책임을 지지 않으려고 하다.

너 죽고 나 죽자 관 사생결단으로 맞서 싸울 때 하는 말.

너:[2] 관 돈·말·발·푼 따위의 단위 앞에 쓰여, '넷'의 뜻을 나타내는 말. 圓~ 말 / ~ 푼.

너겁 圓 1 괴어 있는 물에 떠서 몰려 있는 티끌이나 지푸라기·잎사귀 따위. 圓연못에 ~이 켜켜이 앉았다. 2 물가에 흙이 패어 드러난 풀뿌리나 나무의 뿌리.

너구리 圓『동』갯과의 동아시아 특산 동물. 몸의 길이 50-68cm, 꼬리 13-20cm임. 털은 길고 황갈색. 여우보다 작고 살이 쪘으며, 발은 짧고 주둥이는 끝이 뾰족한데 꼬리는 뭉툭함. 모피는 방한용·필모(筆毛)로 씀.

너구리 같다 관 사람됨이 매우 음흉하고 능청스럽다.

너구리(를) 잡다 관 (비유적으로) 닫힌 공간에서 불을 피우거나 담배를 태워 연기를 많이 내다.

너그럽다 [-따][너그러워, 너그러우니] 圓侵) 마음이 넓고 이해심이 많다. 圓너그러운 성품. **너그러-이** 閉. 圓~ 용서하다.

너글-너글 [-러-] 閉何剧) 마음씨가 너그럽고 시원스러운 모양. 圓사람이 ~해서 모두 그를 따른다.

너기다 타 〈옛〉여기다.

너끈-하다 圓侵) 무엇을 하는 데 모자람이 없이 넉넉하다. 圓이 일은 혼자서도 ~. **너끈-히**

뷘. ▯그 사람은 불고기 5인분을 앉은자리에서 ~ 먹어 치운다.

너나-들이 [명][하자] 서로 너니 나니 하고 부르며 터놓고 지내는 사이. ▯그와는 ~하는 사이다.

너나-없이 [-업씨] [부] 너나 나나 가릴 것 없이 모두. ▯~ 생업에 바쁘다.

너널 [명] 추울 때에 신는 커다란 솜 덧버선.

너누룩-이 [부] 너누룩하게.

너누룩-하다 [-루카-] [형][여] 1 떠들썩하던 것이 잠시 조용하다. 2 심하던 병세가 잠시 가라앉다. 3 감정이나 심리가 좀 느긋하다. ▯분이 너누룩하게 가라앉다.

너눅-하다 [-누카-] [형][여] '너누룩하다'의 준말.

너-댓 [수][관] ☞ 네댓.

너더-댓 [-댇] [수][관] 넷이나 다섯가량(의). ▯~ 사람 / ~이 수군거리다.

너더댓-새 [-댇쌔] [명] 나흘이나 닷새가량.

너더댓-째 [-댇-] [수][관] 넷째나 다섯째쯤.

너더분-하다 [형][여] 1 여럿이 뒤섞이어서 어지럽다. ▯집 안이 ~. 2 말이 번거롭고 길다. [참]나다분하다. 너더분-히 [부]

너덕-너덕 [-떡-] [부][하][형] 군데군데 고르지 아니하게 깁거나 덧붙인 모양. ▯벽보가 ~ 붙어 있다. [참]나닥나닥.

너덜-경 [명] '너덜겅'의 준말.

너덜-거리다 [동] 1 주제넘게 함부로 말을 자꾸 지껄이다. 2 여러 가닥이 늘어져서 자꾸 흔들리다. ▯옷이 해져서 너덜거린다. [자]너덜거리다. [가]너덜거리다. 너덜-너덜 [-러-] [부][하][형] ▯옷이 낡아 소매가 ~하다.

너덜-겅 [명] 돌이 많이 흩어져 있는 비탈. 돌너덜. [준]너덜.

너덜-나다 [-라-] [자] 여러 가닥으로 어지럽게 찢어지다.

너덜-대다 [자] 너덜거리다.

너덜코-박쥐 [-쮜] [명] 《동》 관박쥐.

너덧 [-덛] [수][관] 네다섯. ▯~ 개 / ~ 사람 / 친구 ~이 함께 가다.

너도-개미자리 [명] 《식》 석죽과의 여러해살이풀. 높은 산에 나는데, 높이 10-20 cm. 개미자리와 비슷하고 줄기는 무더기로 나고, 잎은 마디에 돌려나며 가을에 흰 꽃이 핌.

너도-나도 [부] 서로 뒤지거나 빠지지 않으려고 모두. ▯~ 구호의 손길을 뻗치다.

너도-밤나무 [명] 《식》 참나뭇과의 낙엽 활엽 교목. 울릉도 특산으로 높이는 20 m가량. 산허리에 나는데 나뭇결이 단단하여 건축재·가구재 따위로 씀.

-너라 [어미] 동사 '오다'나 '오다'로 끝나는 동사의 어간 뒤에 붙어 명령의 뜻을 나타내는 종결 어미. ▯이리 오~.

너라 변:칙 (-變則) 《언》 너라 불규칙 활용.

너라 불규칙 활용 (-不規則活用) [-치콰룡] 《언》 직접 명령하는 동사의 어미가 '-아라'·'-어라'로 되어야 할 것이 '-너라'로 바뀌는 활용. '오다'가 '오너라'로 활용하는 것.

너러바회 [명] 《옛》 너럭바위.

너럭-바위 [-꾀-] [명] 넓고 평평한 바위. ▯~에 짐을 내려놓고 쉬다.

너르다 [널러, 너르니] [형][르] 1 공간이 두루 넓다. ▯너른 들판 / 너르고 시원한 마루. ~솔다². 2 마음을 쓰는 것이나 생각하는 것이 너그럽고 크다. ▯마음이 ~.

너르디-너르다 [-널러, -너르니] [형][르] 몹시 너르다. ▯너르디너른 가을 하늘.

너른-바지 [명] 여자가 한복을 입을 때 치마 속에 입는 속옷의 하나. 단속곳 위에 입으며 앞은 막히고 뒤가 터진 겹바지《흔히, 명주붙이로 지음》.

너름-새 [명] 시원스럽게 일을 떠벌리어 주선하는 솜씨. ▯~를 부리다 / ~가 있다.

너리 [명] 《한의》 잇몸이 헐어 헤지는 병. 너리(가) 먹다 [구] 잇몸이 헐어 이뿌리가 드러나다.

너머 [명] 집이나 산 따위 높은 것의 저쪽. 또는 그 공간. ▯산 ~ / 고개 ~에 있는 마을 / 창 ~로 저녁노을을 바라보다.

너무 [부] 정도나 한계를 훨씬 넘어선 상태로. ▯할 일이 ~ 많다 / ~ 걱정하지 마라 / ~ 멀다 / ~ 좋다 / ~ 예쁘다 / ~ 반갑다.

너무-나 [부] '너무'를 강조하는 말. ▯~ 그립다 / ~ 힘이 든다.

너:무-날 [명] 밀물과 썰물의 차이를 볼 때, 열사흘과 스무여드레를 일컫는 말.

너무-너무 [부] '너무'를 강조하는 말. ▯내용이 ~ 좋다 / 조카가 ~ 귀엽다.

너무-하다 [자][형][여] 말이나 행동을 도에 지나치게 하다. ▯그것은 너무한 처사요 / 너무하다 싶을 만큼 미련하다.

너벅-선 (-船) [-썬] [명] 너비가 넓은 배. 「이.

너벳벳-이 [-벧뼈시] [부] 너벳벳하게. [참]나벳벳.

너벳벳-하다 [-벧뼈타-] [형][여] 큰 얼굴이 너죽하고 덕스럽다. ▯너벳벳하게 생긴 얼굴. [참]나벳벳하다.

너볏-이 [-벼시] [부] 너볏하게. ▯~ 말하다 / ~ 행세하다. [참]나볏이.

너볏-하다 [-벼타-] [형][여] 몸가짐이나 행동이 번듯하고 의젓하다. ▯너볏한 태도 / 말을 제법 너볏하게 건네다. [참]나볏하다.

너부데데-하다 [형][여] 얼굴이 둥그스름하고 너부죽하다. [준]너부데하다. [참]나부데데하다.

너부러-지다 [자] 힘없이 너부죽이 바닥에 까부라져 늘어지다. ▯피곤에 지쳐 ~. [참]나부라지다.

너부렁넓적-이 [-넙쩌기] [부] 너부렁넓적하게. [참]나부랑납작이.

너부렁넓적-하다 [-넙쩌카-] [형][여] 평평하게 퍼진 듯이 넓적하다. ▯너부렁넓적한 바위. [참]나부랑납작하다.

너부렁 [명] 1 헝겊·종이 따위의 자그마한 오라기. 2 어떤 부류 가운데 대단하지 않은 존재. ▯친척 ~. [참]나부랭이.

너부시 [부] 매우 공손하게 머리를 숙여 절하거나 차분하게 앉는 모양. ▯~ 절을 하다. [참]나부시.

너부죽-이 [부] 1 너부죽하게. ▯~ 생기다. 2 천천히 몸을 낮추어 엎드리는 모양. [참]나부죽이.

너부죽-하다 [-주카-] [형][여] 조금 넓고 평평하다. ▯너부죽한 얼굴 / 너부죽한 그릇. [참]나부죽하다.

너불-거리다 [자][타] 1 자꾸 부드럽게 나부끼다. 또는 그리 되게 하다. ▯바람에 깃발이 ~. 2 입을 함부로 자꾸 놀리다. ▯눈치 없이 말을 ~. [참]나불거리다. 너불-너불 [-러-] [부][하][자][타] ~.

너불-대다 [자][타] 너불거리다.

너붓-거리다 [-붇-] [자] 천이나 종이 따위가 자꾸 나부껴 흔들리다. ▯치맛자락이 바람에 ~. [참]나붓거리다. 너붓-너붓 [-분-붇] [부][하][자].

너붓-대다 [-붇때] [자] 너붓거리다.

너붓-이 [부] 좀 너부죽하게.

너붓-하다[-부타-]囫囵 좀 너부죽하다. ▯너붓한 바위. ❀나붓하다.

너빗囵〈옛〉너비. 폭.

너비¹囵 넓이가 있는 물체의 가로로 건너지른 거리. 폭(幅). ▯강의 ～도로의 ～를 두 배로 넓히다.

너비²囲〈옛〉널리. 넓게.

너비-아니囵 얇게 저며 갖은 양념을 해서 구운 쇠고기.

너:삼囵〈植〉쓴너삼·단너삼의 총칭.

너:새囵〈建〉1 지붕의 합각머리 양쪽으로 마루가 지도록 기와를 덮은 부분. 당마루. 2 지붕을 이는 데 기와처럼 쓰는 얇은 돌 조각. 돌기와. 너와.

너:새-기와囵〈建〉합각머리 너새에 얹은 암키와.

너:새-집囵〈建〉얇은 돌 조각으로 지붕을 인 집. 너와집.

너설囵 험한 바위나 돌 따위가 삐죽삐죽 내밀어 있는 곳.

너스래미囵 물건에 쓸데없이 붙어 있는 거스러미나 털 같은 것. ▯～를 잡아뜯다.

너스레囵 1 수다스럽게 떠벌리어 늘어놓는 말이나 짓. ▯～를 떨다／공연히 ～를 부리다. 2 흙구덩이나 그릇의 아가리 또는 바닥에 이리저리 걸쳐 놓는 막대기(그 위에 놓는 물건이 빠지거나 바닥에 닿지 않게 함).

너스르르囲囵 굵고 부드러운 털이나 풀 따위가 길고 성기게 나 있는 모양. ❀나스르르.

너슬-너슬[-러-]囲囵 굵고 긴 풀이나 털 따위가 부드럽고 성긴 모양. ❀나슬나슬.

너싀囵〈옛〉너새².

너:와囵〈建〉1 지붕을 이는 데 쓰는, 나무토막을 쪼개 만든 널빤지. 2 '너새'의 변한말.

너:와-집囵 '너새집'의 변한말.

너울¹囵 예전에, 여자가 나들이할 때 얼굴을 가리기 위하여 쓰던 물건(얇은 검정 깁으로 만들었음). ▯머리에 ～을 쓰다.
[너울 쓴 거지] 배가 몹시 고파 체면 차릴 여지가 없이 된 처지.

너울²囵 바다의 사나운 큰 물결. ▯～이 일다.

너울-가지囵 남과 잘 사귀는 솜씨(붙임성·포용성 따위). ▯～가 좋다.

너울-거리다匸囵 바다의 큰 물결이나 큰 나뭇잎, 풀 따위가 부드럽게 굽이져 움직이다. ❀나울거리다. 匸囮 팔이나 날개 따위를 위아래로 부드럽게 자꾸 움직이다. ▯갈매기가 날개를 ～. ❀나울거리다. 너울-너울 [-러-]囲囵囮

너울-대다匸囵囮 너울거리다.

너울-지다匸囵 멀리 보이는 바다의 물결이 거칠게 넘실거리다. ▯～세차게 너울지는 바다.

너이图 ☞ 넷.

너저분-하다囵囮 질서가 없이 여기저기 마구 널려 있어 어지럽고 깨끗하지 못하다. ▯집안이 ～. 너저분-히囲

너절-너절[-러-]囲囵囮 죽죽 늘어진 물건이 너저분하게 흔들리는 모양. ▯～ 찢어진 청바지／포스터가 ～하게 붙어 있다.

너절-하다囵囮 1 허름하고 지저분하다. ▯너절한 옷차림. 2 하찮고 시시하다. ▯너절한 변명. 너절-히囲

너주레-하다囵囮 좀 너절하다.

너즈러-지다匸囵 너저분하게 흩어지다. 匸囵 여기저기 흩어진 모습이 너저분하다.

너출囵〈옛〉넌출.

너출다囵 1 넌출지다. 2 뻗쳐서 읇다.

너클 볼(knuckle ball)囵 야구에서, 투수가 손가락 끝을 공의 표면에 세워 던지는 볼(거의 회전하지 않고 타자 바로 앞에서 급히 떨어짐). 2 탁구에서, 서브할 때 공을 손톱 따위로 우그리거나 흠을 내서 비정상적으로 튀어 오르는 일(반칙 행위임).

너털-거리다匸 1 여러 가닥이 어지럽게 늘어져 자꾸 흔들린다. 2 주책없은 짓이나 말을 야단스럽게 자꾸 하다. ❀나탈거리다. ▯발을 덜리다. 3 너털웃음을 자꾸 웃다. ▯허공을 쳐다보며 ～. 너털-너털 [-러-]囲囵囮

너털-대다匸 너털거리다.

너털-웃음囵 소리를 크게 내어 시원하고 당당하게 웃는 웃음. ▯～을 치다.

너테囵 얼음 위에 다시 물이 흘러서 여러 겹으로 얼어붙은 얼음.

너트(nut)囵 볼트(bolt)에 끼워 돌려서 물건을 고정시키는, 쇠로 만든 공구(工具).

너펄-거리다匸 큰 천이나 종이 따위가 빠르고 무겁게 자꾸 나부끼다. ▯옷자락이 ～. ❀나팔거리다. 너펄-너펄 [-러-]囲囵囮

너펄-대다匸 너펄거리다.

너푼囲 가볍게 한 번 흔들리는 모양.

너푼-거리다匸 가볍게 흔들리어 자꾸 나부끼다. ▯나뭇잎이 ～. ❀나푼거리다. 너푼-너푼囲囵囮

너푼-대다匸 너푼거리다.

너풀-거리다匸囮 바람에 날려 가볍게 자꾸 움직이다. 또는 그렇게 움직이다. ▯커튼이 ～／머리카락을 ～. ❀나풀거리다. ❀너불거리다. 너풀-너풀 [-러-]囲囵囮

너풀-대다匸囮 너풀거리다.

너피다囵〈옛〉넓히다.

너홀다囵〈옛〉널다². 물어뜯다. 씹다.

너희[-히]囵囮 '너"의 복수. ▯학교에는 ～끼리 가거라.

넉:囵 냥·되·섬·자 따위의 단위 앞에 쓰여 '넷'의 뜻을 나타내는 말. ▯～ 냥／～ 달／～ 섬／～ 자.

넉-가래[-까-]囵 곡식이나 눈 따위를 한곳에 밀어 모으는 데 쓰는 기구(넓적한 나무쪽에 긴 자루를 닮).

넉가래-질[-까-]囵囮囵 1 티끌이나 쭉정이 따위를 날리려고 넉가래로 곡식을 떠서 바람에 날리는 일. 2 넉가래로 곡식·눈 따위를 한곳으로 밀어 모으는 일.

넉-걷이[-꺼지]囵囮囵 오이·호박·수박 따위의 덩굴을 걷어치우는 일.

넉-괭이[-꽹-]囵 밑 날 부분이 넓게 되어 흙을 파 덮는 데 쓰는 괭이.

넉넉-잡다[넝-짭따]囮 수량을 좀 많게 보거나 시간에 여유를 두다. ▯넉넉잡고 오천 원이면 넉넉잠아 일주일이면 끝난다.

넉넉-하다[넝너카-]囵囮 1 크기·수효·부피 따위가 남음이 있다. ▯품이 넉넉한 옷／쌀이 ～／시간이 ～. ❀낙낙하다. 2 살림살이가 여유가 있다. ▯집안이 ～／형편이 ～. 3 도량이 넓다. ▯마음이 ～／사람됨이 ～. 넉넉-히[넝너키]囲.

넉:-동[-똥]囵 윷놀이에 쓰는 네 개의 말. 또는 네 번째 나는 말.
[넉동 다 갔다] 윷동이 말판을 다 돌아 나왔다는 뜻으로, 일이 다 끝나거나 어떤 사람의 신세가 다 되었음을 이르는 말.

넉:동-내기[-똥-]囵 윷놀이에서, 넉동을 다 내야만 이기는 것으로 정한 일.

녁:동-무늬 [-똥-] 圏 윷놀이에서, 넉동을 한 데 어울러 가지고 가는 말.

녁:사-밀 (-四-)[-싸밀] 圏 한자 부수의 하나 (《'罪'나 '罰' 등에서 '㓁'의 이름)).

녁다-쌀 圏 꺼리거나 부끄러운 기색 없이 비위 좋게 구는 짓이나 성미. □ ~을 떨다 / ~을 부리다 / ~을 피우다 / ~이 좋다.

녁살-꾼 [-쌀-] 圏 넉살을 잘 부리는 사람.

녁살-맞다 [-쌀맏따] 혱 넉살이 썩 좋다. □ 넉살맞게 굴다.

녁살-머리 [-쌀-] 圏 〈속〉 넉살.

녁살-스럽다 [-쌀-따][-스러워, -스러우니] 혱 ⓑ 넉살이 좋게 보이다. 넉살-스레 [-쌀-] 用

녁자 [-짜] 圏 도장이 잘 찍히도록 그 밑에 까는 폭신한 사슴 가죽.

녁:자-바기 [-字-][-짜-] 圏 1 네 글자로 된 말. 2 네 글자로 된 시문(詩文).

녁:장-거리 [-짱-] 圏하자 네 활개를 벌리고 뒤로 벌렁 자빠짐. 働낙장거리.

넋 [너] 圏 1 사람의 몸에 있어 마음의 작용을 다스린다고 생각되는 것(《예로부터 몸이 죽어도 영원히 남아 있다고 생각되고 있음》. 혼백. □ ~을 위로하다 / ~을 달래다 / 순국선열들의 ~을 기리다. 2 정신이나 마음. □ ~ 나간 눈으로 건너다보다 / 서커스 구경에 ~이 빠져 있다.
[넋이야 신이야 한다] 하고 싶었던 말을 거침없이 털어놓는다는 말.
넋(이) 나가다 用 혼이 몹시 나서 아무 생각이 없거나 정신을 잃다.
넋(을) 놓다 用 제정신을 잃고 멍한 상태가 되다. □ 넋을 놓고 앉아 있다.
넋(을) 잃다 用 ㉠의식을 잃다. ㉡무엇에 열중하다. □ 넋을 잃고 바라보다.

넋-두리 [넉뚜-] 圏하자타 1 불만을 늘어놓으며 한탄하는 말. □ ~를 늘어놓다. 2 〖民〗 무당이 죽은 사람의 넋을 대신해서 하는 말.

넌 ㈜ 너는. □ ~ 나를 너무 몰라.

넌더리 圏 몹시 싫은 생각. □ ~가 나다 / ~를 내다 / ~를 치다. 働넌덜.

넌더리(를) 대다 用 넌더리가 나게 굴다.

넌덕 圏 너털웃음을 치고 재치 있게 말을 늘어놓는 짓. □ ~을 부리다.

넌덕-스럽다 [-쓰-따][-스러워, -스러우니] 혱 너털웃음을 치며 재치 있게 말을 늘어놓는 재주가 있다. 넌덕-스레 [-쓰-] 用

넌덜 圏 '넌더리'의 준말.

넌덜-거리다 짜 자꾸 넌더리 나게 굴다.

넌덜-대다 짜 넌덜거리다.

넌덜-머리 圏 〈속〉 넌더리. □ ~가 나다 / ~를 내다.

넌떡 圏 넝큼 먹어. □ ~ 물러가라. 働난딱.

넌센스 圏 ☞ 난센스(nonsense).

넌즈시 用 〈옛〉 넌지시.

넌지시 用 드러나지 않게 가만히. □ ~ 떠보다 / ~ 충고하다.

넌출 圏 〖植〗 길게 벋어 나가 늘어진 식물의 줄기(등·다래·칡 따위의 줄기).

넌출-문 (-門) 圏 넉 장의 문이 죽 잇따라 달린 문. 사출문(四出門).

넌출-지다 짜 식물의 덩굴 따위가 길게 치렁치렁 늘어지다.

널:¹ 圏 1 '널빤지'의 준말. 2 널뛰기에 쓰는 널빤지. 널판. □ ~을 뛰다. 3 관(棺)이나 곽(槨)의 통칭. □ ~을 짜다.

널² ㈜ 너를. □ 이젠 ~ 보내겠다.

널:-감 [-깜] 圏 1 널을 만들 재료. 관재(棺材). 2 〈속〉 늙어서 죽을 때가 가까운 사람.

[널감을 장만하다] ㉠죽을 때까지 끝장을 보다. ㉡걸핏하면 떼를 쓰려고 하다.

널:-길 [-낄] 圏 고분(古墳)의 입구에서 시체를 안치한 방까지 이르는 길. 연도(羨道).

널:다¹ [널어, 너니, 너는] 타 볕을 쬐거나 바람을 쐬려고 펼쳐 놓다. □ 빨래를 ~ / 고추를 ~ / 이불을 ~.

널:다² [널어, 너니, 너는] 타 쥐 따위가 이로 쏠아서 부스러기를 늘어놓다.

널:-다리 圏 널빤지로 깔아 놓은 다리.

널:-대문 (-大門) 圏 널빤지로 만든 대문.

널-따랗다 [-라타][널따라니, 널따래서] 혱ⓗ 꽤 넓다. □ 널따란 바위 / 마당이 ~.

널:-뛰기 圏 널의 중간을 괴고 양쪽 끝에 올라서서 번갈아 뛰는 여자들의 놀이.

널:-뛰다 짜 널뛰기를 하다.

널름 用하자타 1 혀끝·손이나 불길이 빨리 내밀었다 들어가는 모양. □ 혀를 ~ 내밀다. 2 재빠르게 받아 가지는 모양. □ 한입에 ~ 먹어 치우다. 働날름.

널름-거리다 짜타 1 혀끝·손이나 불길이 자꾸 빠르게 나왔다 들어갔다 하다. □ 뱀이 혀를 ~ / 불길이 ~. 2 탐을 내어 자꾸 고개를 내밀고 엿보다. 働날름거리다. 널름-널름 用하자타

널름-대다 짜타 널름거리다.

널리 用 1 범위가 넓게. □ ~ 알려지 / ~ 퍼지다. 2 너그럽게. □ ~ 용서하여 주시기 바랍니다.

널리다¹ 타 (('너르다'의 사동)) 너르게 하다.

널리다² 짜 1 (('널다''의 피동)) 넓을 당하다. □ 빨랫줄에 널린 빨래. 2 여기저기 흩어져 놓이다. □ 책들이 여기저기 널려 있다.

널:-마루 圏 널빤지로 깐 마루.

널:-무덤 圏 〖歷〗 구덩이를 파고 시체를 직접 넣거나 관에 넣고 그 위에 흙을 쌓아 올린 무덤. 토광묘(土壙墓). 목관묘(木棺墓).

널:-문 (-門) 圏 널빤지로 만든 문.

널:-반자 [-반-] 圏 〖建〗 널빤지로 짠 반자.

널:-밥 [-빱] 圏 널뛰기할 때, 몸의 무겁고 가벼움에 따라 중간의 굄에서 각기 차지하는 널의 길이.

널:-방 (-房) 圏 〖歷〗 1 조선 때, 예문관의 사초(史草)를 담은 널을 두던 방. 2 무덤 속에서, 주검이 안치되는 방. 현실(玄室).

널:-방석 (-方席)[-빵-] 圏 곡식 따위를 너는 데 쓰는, 짚으로 결은 큰 방석.

널브러-뜨리다 타 너저분하게 널리 퍼뜨리다.

널브러-지다 짜 1 너저분하게 흐트러지거나 흩어지다. □ 장난감들이 널브러져 있다. 2 몸을 추스르지 못하고 축 늘어지다. □ 주먹 한 방에 ~.

널브러-트리다 타 널브러뜨리다.

널:-빈지 圏 한 짝씩 끼웠다 떼었다 하게 만들어진 문(흔히 가게에서 문 대신 씀).

널:-빤지 圏 나무를 판판하고 넓게 켠 큰 조각. □ ~ 한 장 / ~로 궤짝을 짜다 / 바닥에 ~를 깔다. 働널.

널어-놓다 [-노타] 타 죽 널어서 벌여 놓다. □ 빨래를 ~ / 고추를 ~.

널음-새 圏 ☞ 너름새.

널이다 타 〈옛〉 폐를 끼치다. 귀찮게 하다.

널:-장 (-張)[-짱] 圏 낱장의 널빤지.

널:-조각 [-쪼-] 圏 널빤지의 조각.

널:-집 [-찝] 圏 널빤지로 지은 집.

널:-짝 圏 〈속〉 널빤지.

널:-쪽 圏 널조각.

널찍-널찍 [-찡-] 튀핵혱 여럿이 모두 너른 모양. ▣도로를 ~하다 / 간격을 ~하게 떼다.
널찍-이 튀 널찍하게. ▣ 자리를 잡다.
널찍-하다 [-찌카-] 혱여 꽤 너르다. ▣ 널찍한 마당.
널:-판 (-板) 몡 널빤지.
널:-판때기 (-板-) 몡 널빤지.
널:-판자 (-板子) 몡 널빤지. ▣ ~로 칸막이를 하다.
널:-판장 (-板牆) 몡 널빤지로 둘러친 울타리. ⚫판장.
널:-판지 (-板-) 몡 ☞ 널빤지.
널:-평상 (-平床) 몡 널빤지로 만든 평상.
넓다 [널따] 혱 1 면적이 크다. ▣방이 ~ / 넓은 들. 2 너비가 길다. ▣넓은 길 / 통이 넓은 바지. 3 마음이 너그럽다. ▣도량이 ~ / 마음을 넓게 쓰다. 4 범위가 널리 미치다. ▣넓은 식견 / 발이 ~.
넓-다듬이 [넙따드미] 몡 홍두깨에 올리지 않고 다듬잇돌 위에 넓적하게 개켜 놓고 하는 다듬이. *홍두깨다듬이.
넓-둥글다 [넙뚱-] [넓둥글어, 넓둥그니, 넓둥근] 혱 넓죽하고 둥글다. ▣넓둥글게 생기다.
넓디-넓다 [널띠널따] 혱 더할 수 없이 매우 넓다. ▣넓디넓은 세상 / 넓디넓게 펼쳐지다.
넓삐죽-하다 [넙-주카-] 혱여 모양이 넓고 삐죽하다.
넓-살문 (-門) [넙쌀-] 몡 거친 널빤지로 살을 댄 문.
넓은-다대 [널븐-] 몡 갈랑에 붙은 쇠고기《주로 편육에 씀》.
넓이 [널비] 몡 어떤 장소나 물건의 넓은 정도. ▣국토의 ~ / ~가 넓다 / 삼각형의 ~를 구하시오 / 한 평 ~의 땅.
넓이-뛰기 [널비-] 몡 '멀리뛰기'의 구용어.
넓적-넓적 [넙쩡넙쩍] 튀핵혱 여럿이 다 넓적한 모양. ▣떡을 ~하게 자르다. ⚫납작납작.
넓적-다리 [넙쩍-] 몡 다리에서, 무릎 관절 위의 부분. 대퇴.
넓적다리-뼈 [넙쩍따-] 몡 《생》 대퇴골.
넓적다리-잎벌 [넙쩍따~입뻘] 몡 《충》 잎벌과의 벌. 암컷은 길이 9 mm 정도, 빛은 흑색. 다리는 황백색 무늬가 있고 뒷다리는 비교적 넓적함. 애벌레는 오리나무 잎의 해충임.
넓적-부리 [넙쩍뿌-] 몡 《조》 오릿과의 새. 날개 길이 25 cm 정도, 수컷의 어깨 깃은 백·청·흑의 세 빛깔이 나고 암컷은 집오리의 암컷과 비슷함.
넓적-뼈 [넙쩍-] 몡 《생》 넓적다리뼈·척추뼈 같이 평평하고 넓은 뼈.
넓적스레-하다 [넙쩍쓰-] 혱여 넓적스름하다.
넓적스름-하다 [넙쩍쓰-] 혱여 좀 넓적하다. ▣넓적스름한 바위. ⚫납작스름하다. **넓적스름-히** [넙쩍쓰-] 튀
넓적-이¹ [넙쩌기] 몡 얼굴이 넓적하게 생긴 사람의 별명. ⚫납작이.
넓적-이² [넙쩌기] 튀 넓적하게.
넓적-코 [넙쩍-] 몡 콧날이 서지 않고 넓적하게 생긴 코. 또는 그런 코를 가진 사람. ⚫납작코.
넓적-하다 [넙쩌카-] 혱여 편편하고 얇으면서 꽤 넓다. ▣넓적하고 두툼한 손. ⚫납작하다.
넓죽-넓죽 [넙쭉넙쭉] 튀핵혱 여럿이 다 넓죽한 모양. ▣떡을 ~ 썰다. ⚫납죽납죽.
넓죽-이¹ [넙쭈기] 몡 얼굴이 넓죽한 사람의 별명. ⚫납죽이.

넓죽-이² [넙쭈기] 튀 넓죽하게.
넓죽-하다 [넙쭈카-] 혱여 길쭉하고 넓다. ⚫납죽하다.
넓히다 [널피-] 타 ('넓다'의 사동) 넓게 하다. ▣길을 ~ / 견문을 ~ / 방을 ~.
넘겨다-보다 타 1 남의 것을 욕심 내어 마음에 두다. ▣남의 돈을 넘겨다보지 마라. 2 넘어다보다. ▣담장을 ~.
넘겨-듣다 [-따] [-들어, -들으니, -듣는] 타ⓒ 지내듣다.
넘겨-받다 [-따] 타 남이 넘겨주는 것을 받다. ▣자료를 ~ / 경영권을 ~. ↔넘겨주다.
넘겨-쓰다 [-써, -쓰니] 타 남의 허물이나 책임을 자기가 뒤집어쓰다. ▣누명을 ~.
넘겨-씌우다 [-씨-] 타 ('넘겨쓰다'의 사동) 자기의 허물이나 책임을 남에게 덮어씌우다. ▣자기의 실수를 친구에게 ~.
넘겨-잡다 [-따] 타 앞질러서 미리 짐작하다. ▣그 사람이 범인이라고 넘겨잡지 마라.
넘겨-주다 타 물건이나 권리·책임·일 따위를 남에게 건네주거나 맡기다. ▣서류를 ~ / 자리를 ~. ↔넘겨받다.
넘겨-짚다 [-집따] 타 지레짐작으로 판단하다. ▣속을 떠보려고 ~ / 상대방의 말을 거짓말이라고 넘겨짚지 마라.
넘-고-처지다 [-꼬-] 타 한편으로는 기준에 넘치고 다른 한편으로는 미치지 못하다. ▣넘고처지는 신랑감.
넘기다 타 1 ('넘다'의 사동) 넘게 하다. ▣밥을 목구멍으로 ~. 2 낮은 데서 높은 데를 넘어가게 하다. ▣담 너머로 공을 ~. 3 바로 서 있는 것을 쓰러뜨리다. ▣나무를 베어 ~. 4 종잇장 따위를 젖히다. ▣책장을 ~. 5 어떤 기회나 시기를 지나가게 하다. ▣추운 겨울을 ~ / 위기를 ~. 6 재앙을 모면하다. ▣죽을 고비를 ~. 7 권리나 책임 등을 남에게 맡기다. ▣네 일을 남에게 넘기지 마라 / 사건을 검찰에.
넘:-나다 자 분수에 넘치는 짓을 하다.
넘:-나-다니다 자타 넘나들어 다니다. ▣산을 ~ / 외국으로 ~.
넘:-나-들다 [-들어, -드니, -드는] 자타 1 한 계나 경계를 넘어갔다 넘어왔다 하다. ▣국경을 ~ / 사선을 ~. 2 이리저리 들락날락하다. ▣안방과 건넌방을 ~.
넘-나물 몡 원추리의 잎과 꽃으로 무쳐 먹는 나물.
넘:-내리다 자 위아래로 오르락내리락하다.
넘:-노닐다 [넘노닐어, 넘노니니, 넘노니는] 자 넘나들며 한가히 노닐다.
넘:-놀다 [넘놀아, 넘노니, 넘노는] 자 1 넘나들며 놀다. 2 새나 나비 따위가 오르락내리락하며 날다.
넘늘-거리다 자 길게 휘늘어져 자꾸 움직이다. 넘늘-넘늘 [-럼-] 튀핵혱
넘:늘다 [넘늘어, 넘느니, 넘느는] 자 1 점잖음을 지키면서도 흥취 있게 말이나 행동을 하다. 2 점잖은 척하면서 제멋대로 놀아나다.
넘늘-대다 자 넘늘거리다.
넘:늘어-지다 자 제멋대로 길게 휘늘어지다. ▣넘늘어진 수양버들.
넘노물 몡 〈옛〉 넘나물.
넘:다 [-따] 타 자타 1 정한 범위·수량·정도를 초월하다. □한 되가 ~ / 모은 돈이 백만 원을 넘었다. 2 때가 지나가다. ▣나이 40이 ~. 3 가득 차서 나머지가 밖으로 나오다. ▣찌개가 끓어 ~. 4 높은 부분의 위를 지나가거나 경계를 건너 지나다. ▣산을 ~ / 삼팔선을 넘

어 남으로 내려왔다. **5** 고비 따위를 겪어 지나다. ❑고비를 ~/보릿고개를 ~. **6** 건너뛰다. ❑도랑을 ~.
넘드듸다 타 〈옛〉 넘어 디디다.
넘버 (number) 명 번호나 차례. 또는 그 숫자. 차례표. ❑차량 ~.
넘버링 (numbering) 명 넘버링머신.
넘버링-머신 (numbering machine) 명 서류에 대고 누를 때마다 번호가 차례로 찍히는 사무용 기구. 번호기.
넘버-원 (number one) 명 첫째나 으뜸. 또는 그런 사람이나 물건.
넘:-보다 타 **1** 남을 얕잡아 낮추보다. 깔보다. ❑상대를 ~. **2** 어떤 것에 욕심을 내어 마음에 두다. ❑남의 돈을 ~.
넘쁨 자 〈옛〉 넘침. '넘다'의 명사형.
넘띠다 자 〈옛〉 넘치다.
넘성-거리다 타 **1** 자꾸 넘어다보다. **2** 남의 것을 탐내어 갖기 위해 기회를 자꾸 엿보다. ❑도둑이 남의 집을 ~. 작남상거리다. **넘성-넘성** 부하타
넘성-대다 타 넘성거리다.
넘실-거리다 자타 **1** 물결 따위가 부드럽게 자꾸 굽이쳐 움직이다. ❑파도가 ~. **2** 탐이 나서 슬그머니 자꾸 넘어다보다. **3** 액체가 그릇에 그득 차서 자꾸 넘칠 듯 말 듯 하다. 작남실거리다. **넘실-넘실** [-럼-] 부하자타. ❑~ 물결치는 바다.
넘실-대다 자타 넘실거리다.
넘씨다 자 〈옛〉 넘치다.
넘어-가다 자타거라 **1** 바로 선 것이 한쪽으로 기울어지거나 쓰러지다. ❑짚 더미가 ~/열 번 찍어 넘어가지 않는 나무 없다. **2** 때나 시기가 지나가다. ❑점심시간이 ~. **3** 해나 달이 지다. ❑해가 서산으로 ~. **4** 책임·권리·관심 따위가 이쪽에서 저쪽으로 옮겨 가다. ❑소유권이 ~. **5** 속임수에 빠지다. ❑잔꾀에 ~. **6** 다음 차례나 다른 경우로 옮아가다. ❑본론으로 ~/다음 문제로 ~. **7** 음식물이 목구멍을 지나가다. ❑밥이 ~. **8** 종이 따위가 젖혀지다. ❑바람에 책장이 ~. **9** 높은 곳이나 경계를 지나서 가다. ❑담을 ~/국경선을 ~/이 고개만 넘어가면 마을이 나온다. **10** 어떤 상황이 지나다. ❑이 고비만 넘어가면 살 길이 있다. **11** 어떤 일을 처리하고 지나가다. ❑아무리 작은 일이라도 대충 넘어갈 수는 없다.
넘어다-보다 타 **1** 고개를 들어 가리운 물건의 위를 지나서 보다. ❑담 너머로 이웃집을 ~. **2** 어떤 것을 탐내어 마음에 두다.
넘어-뜨리다 타 **1** 바로 선 물건을 쓰러뜨리다. ❑의자를 ~. **2** 남의 권세나 지위를 꺾다. ❑독재 정권을 ~.
넘어-박히다 [-바키-] 자 심하게 넘어져 바닥에 부딪다.
넘어-서다 타 **1** 높은 부분의 위를 넘어서 지나다. ❑고개를 ~. **2** 어려운 상황을 넘어서 지나다. ❑생사의 기로를 ~. **3** 누구를 이기거나 능가하다. ❑이 분야에서는 그를 넘어설 사람이 없다. **4** 일정한 시기나 범위를 넘어서 지나다. ❑자정을 ~. **5** 기준이나 한계를 넘어서 지나다. ❑주량을 ~/예상을 ~.
넘어-오다 자타너라 **1** 저쪽에서 이쪽으로 넘어서 오다. ❑자유를 찾아 국경선을 ~/산을 ~. **2** 바로 선 것이 쓰러져 이쪽으로 오다. ❑짚더미가 ~. **3** 신물이 입으로 나오다. ❑신물이 ~. **4** 책임·권리·관심 따위가 이쪽으로 옮겨 오다. ❑소유권이 나에게 ~. **5** 순서나 시기 따위가 현재 쪽으로 가까이 오다. ❑고려에서 조선으로 넘어오는 과정.
넘어-지다 자 **1** 사람이나 물체가 중심을 잃고 한쪽으로 쓰러지다. ❑돌부리에 걸려 진흙탕에 넘어졌다. **2** 어떤 일에 실패하거나 망하다. ❑회사가 ~.
넘어-트리다 타 넘어뜨리다.
넘쳐-흐르다 [-처-] [-흘러, -흐르니] 자르 **1** 액체가 그릇에 가득 차서 밖으로 흘러내리다. ❑수돗물이 ~. **2** 느낌·기운·힘이 가득 차서 넘치다. ❑매력이 ~/기운이 ~. **3** 사람이나 사물이 많이 있다. ❑거리에 사람들이 넘쳐흐른다.
넘:치다 자 **1** 가득 차서 밖으로 흘러나오다. ❑강물이 ~. **2** 정도를 훨씬 넘도록 많다. ❑박진감 넘치는 경기/분수에 ~/자신감이 ~/기쁨이 넘쳐 싱글벙글하다.
넚디다 자 〈옛〉 넘치다.
넙다 형 〈옛〉 너르다. 넓다.
넙데데-하다 [-떼데-] 형여 '너부데데하다'의 준말. 작납대대하다.
넙적 [-쩍] 부하타 **1** 무엇을 받아먹거나 말대답할 때 입을 넝큼 벌렸다가 닫는 모양. ❑고양이가 생선을 ~ 받아먹다. **2** 몸을 바닥에 대고 넝큼 엎드리는 모양. ❑~ 엎드려 절을 하다. 작납작.
넙적-거리다 [-쩍꺼-] 타 **1** 입을 계속 넓게 벌렸다 닫았다 하다. **2** 몸을 넝큼넝큼 엎드려 바닥에 바짝 대다. 작납작거리다. **넙적-넙적** [-쩡-쩍] 부하타. ❑강아지가 고기를 ~ 받아먹다.
넙적-대다 [-쩍때-] 타 넙적거리다.
넙죽 [-쭉] 부하타 **1** 입을 넝큼 너부죽하게 벌렸다 닫는 모양. ❑술을 ~ 받아 마시다. **2** 몸을 넝큼 바닥에 대고 엎드리는 모양. ❑용서를 빌며 ~ 엎드리다. 작납죽.
넙죽-거리다 [-쭉꺼-] 타 **1** 입을 자꾸 넙죽 벌렸다 오므렸다 하다. **2** 몸을 자꾸 엎드려 바닥에 대다. 작납죽거리다. **넙죽-넙죽** [-쭝-쭉] 부하타
넙죽-대다 [-쭉때-] 타 넙죽거리다.
넙치 명 〖어〗 가자밋과의 바닷물고기. 근해의 모래밭에 사는데, 몸의 길이는 30 cm 가량이고 위아래로 넓적한 긴 타원형임. 두 눈은 몸 왼쪽에 있고 입이 크며 옆줄은 가슴지느러미 위쪽에서 활 모양으로 구부러져 있음. 광어(廣魚). 비목어.
넙치가 되도록 맞다 구 몹시 얻어맞다.
넙치-가자미 명 〖어〗 가자밋과의 바닷물고기. 넙치와 가자미의 중간형으로 몸길이는 10 cm 가량이고 옆으로 납작하며, 두 눈은 몸 왼쪽에 있음.
넙치눈-이 명 **1** 두 눈동자를 넙치의 눈처럼 한 군데로 모으기를 잘하는 사람. **2** 눈을 잘 흘기는 사람을 놀림조로 이르는 말.
넛:- [넏] 두 아버지의 외숙이나 외숙모와 자기와의 관계를 나타낼 때 쓰는 말.
넛:-손자 (-孫子) [넏쏜-] 명 누이의 손자.
넛:-할머니 [너탈-] 명 아버지의 외숙모.
넛:-할아버지 [너타라-] 명 아버지의 외숙.
넝마 명 낡고 해어져서 입지 못하게 된 옷가지 따위. ❑~를 걸친 걸인.
넝마-장수 명 넝마를 사다가 파는 사람.
넝마-전 (-廛) 명 넝마를 파는 가게. 의전.
넝마-주이 명 넝마나 헌 종이 따위를 주워 모으는 사람. 또는 그런 일.

넝마-쪽 圀 넝마의 헝겊 조각.

넝쿨 圀 덩굴.

넣:다 〔너타〕 囤 1 속으로 들여보내다. 圗 가방에 책을 ~ / 호주머니에 손을 ~. 2 다른 것에 섞이나 타다. 圗 커피에 설탕과 프림을 ~. 3 돈을 납부하거나 은행에 입금하다. 圗 통장에 돈을 ~. 4 서류 등을 제출하다. 圗 회사에 이력서를 ~ / 대학에 원서를 ~. 5 수용하다. 圗 강당에 천 명은 넣을 수 있다. 6 어떤 범위 안에 포함하다. 圗 이 문제를 고려에 넣겠다 / 태권도를 올림픽 종목에 ~. 7 단체나 학교, 직장 따위에 들어가게 하다. 圗 아이를 초등학교에 ~. 8 기계 따위가 작동하게 하다. 圗 전원을 ~ / 스위치를 ~. 9 힘을 들이거나 작용을 하다. 圗 압력을 ~ / 어깨에 힘을 ~.

네¹ 圕대 조사 '가' 앞에서만 쓰이는 '너'의 형태. 圗 ~가 했느냐. 匞준 너의. 圗 ~ 이름은 무엇이냐.
[네 콩이 크니 내 콩이 크니 한다] 서로 비슷한 것을 가지고 제 것이 낫다고 다투다.

네² 圕꽌 '넷'의 뜻. 圗 ~ 사람 / ~ 가지.
네 활개(를) 치다 团 ㉠팔다리를 힘있게 휘저으며 걷다. ㉡아주 뽐내며 돌아다니거나 행동하다. 圗 네 활개 치고 다니다.

네³ 圙 존대할 자리에 대답이나 반문하는 말. 圗 ~, 그렇습니다 / ~, 무슨 말씀이신지요.

-네¹ 圙 1 처지가 같은 사람들의 한 무리. 圗 우리~ / 부인~. 2 어떤 집안이나 가족 전체를 들어서 나타내는 말. 圗 친구~ 집.

-네² 圙 용언의 어간에 붙어, 감탄을 나타내거나 같은 연배나 손아랫사람에게 다소 대접하여 말할 때에 쓰는 종결 어미. 圗 그러다 병 나겠~ / 꽃이 참 many~ / 자네만 믿~.

네:-가래 圀〔植〕네가랫과의 여러해살이 수초(水草). 산의 습지 또는 물가에 나는데, 가는 뿌리가 벋어 나가며 부채꼴로 된 네 개의 작은 잎은 '田' 자 모양을 이룸.

네:-거리 圀 한 지점에서 길이 네 방향으로 갈라져 나간 곳. 사거리. 십자로(十字路). 圗 로 ~.

네거티브 (negative) 圀 1 부정적. 소극적. 2 사진의 원판. 음화. 3 반응 검사 등에서, 음성임을 나타내는 말. ↔포지티브(positive).
네거-필름 (nega+film) 圀〔negative film〕음화를 만드는 데 쓰는 필름.

네:-겁 (一劫) 圀〔佛〕사겁(四劫).

네그리-소체 (Negri小體) 圀〔醫〕주로 광견병에 걸린 생체의 뇌신경 세포 내에서 발견되는 소체(광견병의 병원충이라고 함).

네글리제 (프 négligé) 圀 원피스처럼 만든 낙낙한 여성용 실내복. 또는 그런 모양의 잠옷.

네:-기 圙 몹시 못마땅해서 욕하는 말. 圗 ~, 빌어먹을 것.

네:-기둥-안 궁(宮)이나 귀족의 집 안을 일컬음(가마나 수레 따위가 드나들기 쉽게 대문의 네 기둥을 특별히 높게 한 데서 옴).

네:-까짓 〔-진〕圙 '너 따위 하잘것없는'의 뜻으로, 상대편을 경멸하는 말. 圗 ~ 놈이 뭘 안다고. 쥰네깟.

네:-깟 〔-깐〕圙 '네까짓'의 준말.

네:눈-박이 圀 두 눈 위에 흰 점이 있어 얼른 보기에 눈이 넷으로 보이는 개. 네눈이.

네:눈박이-하늘소 〔-바기-쏘〕圀〔蟲〕하늘솟과의 곤충. 밤나무 등의 꽃에 모이는데, 몸길이는 7~13mm이고 적갈색이며, 딱지날개에 네 개의 노란 점이 있음.

네:눈-이 圀 네눈박이.

네:-다리 〔-속〕 뻗거나 오그리고 잘 때의 팔과 다리. 圗 ~ 쭉 뻗고 자다.

네다바이 (일 ねだばい) 圀 남을 교묘하게 속여 금품을 빼앗는 짓.

네:-다섯 〔-섣〕㟜꽌 넷이나 다섯. 圗 바구니에 사과 ~ 개가 담겨 있다.

네:-댓 〔-댇〕㟜꽌 넷이나 다섯. 圗 ~ 사람.

네:댓-새 〔-댇쌔〕圀 나흘이나 닷새가량. 圗 거기 갔다 오려면 ~ 걸릴걸.

네-뚜리¹ 圀 사람이나 물건을 업신여겨 대수롭지 않게 보는 일. 圗 ~로 알다.

네-뚜리² 圀 새우젓 한 독을 네 몫으로 가르는 일. 또는 그 가른 몫.

네:-모 圀 1 네 개의 모. 2〔數〕사각형. 圗 ~를 그리다 / 종이를 ~로 접다.

네:모-꼴 圀 사각형.

네:모-나다 圀 모양이 네모꼴로 되어 있다. 圗 종이를 네모나게 접다.

네:모-반듯하다 〔-드타-〕혭꽌 네모지게 반듯하다. 圗 신문지를 네모반듯하게 접어 놓다.

네:모-뿔 圀〔數〕사각뿔.

네:모-송곳 〔-곧〕圀 둘레가 네모진 송곳.

네:모-지다 혭 네 개의 모서리가 있는 모양으로 생기다. 네모나다. 圗 네모진 창 / 얼굴이 ~.

네무-날 圀 閉 너무날.

네:-미 圙 1 송아지를 부르는 소리. 2〔속〕몹시 못마땅한 때 욕으로 하는 말.

네:-발 圀 짐승의 네 개의 발.
네발(을) 타다 团 네발짐승의 고기를 먹으면 두드러기가 나다.

네:-발-걸음 圀 두 손을 바닥에 짚고 엎드려 기는 일.

네:발-짐승 圀 네 개의 발을 가진 짐승의 총칭(소·말·돼지·개 따위).

네:-방망이 圀 앞뒤로 방망이 넷을 달고 여덟 사람이 메게 된 상여.

네:-밭-고누 〔-받꼬-〕圀 말밭이 넷으로 된 고누 놀이의 하나.

네:벌-상투 圀 고를 네 번 넘겨서 짜는 상투.

네사 유리 (Nesa琉璃) 투명하고 전기를 통할 수 있는 유리. 표면에 산화주석의 얇은 막을 입힌 것으로, 텔레비전의 비디콘이나 신호등 및 자동차·비행기 따위의 방풍 유리로 씀. 전도 유리.

네스토리우스-파 (Nestorius派) 圀〔基〕네스토리우스가 창시한 기독교의 한 파. 그리스도의 신성(神性)과 인성(人性)을 엄격히 구별하여 이단시되었으나 그 교의(教義)는 동방 페르시아 및 멀리 인도·중국에까지 퍼졌고, 중국에서는 경교(景教)라 불리었음.

네슬러 시:약 (Nessler試藥)〔化〕요오드화수은과 요오드화칼륨의 분자 화합물을 수산화칼륨 용액에 녹인 액체(암모니아나 암모늄 이온을 검출하거나 그 분량을 재는 데 씀).

네안데르탈-인 (Neanderthal人) 圀 1856년 독일 네안데르탈의 석회암 동굴에서 두개골이 발견된 화석 인류(지금의 인류와 유인원의 중간 형질을 갖춤).

네오디뮴 (neodymium) 圀〔化〕희토류(稀土類) 원소의 하나. 은백색의 금속으로 늘어나는 성질이 있고 뜨거운 물과 반응하여 수소를 방출함. [60번: Nd: 144.24]

네오-리얼리즘 (neo-realism) 圀 신사실주의.

네오마이신 (neomycin) 圀〔藥〕방사균에서 얻어지는 항생(抗生) 물질의 일종.

네온 (neon) 圀〔化〕희유 기체 원소의 하나. 대기 중에 극소량으로 존재하는 무색·무미·무

취의 기체로 화학적으로 불활성이어서 화합물이 거의 없음. 방전관에 넣으면 아름다운 색을 냄. [10 번 : Ne : 20.183]

네온-등(neon燈) 몡『물』네온을 넣어 방전시키는 진공관(유리관의 양 끝에 전극을 봉입하고, 내부를 진공으로 하여 네온 가스를 넣은 전등).

네온-사인(neon sign) 몡『전』유리를 필요한 모양대로 구부리고 전극을 통한 네온관을 만들어서 여러 가지 빛을 내도록 하는 장치(광고·장식용으로 씀).

네온-전구(neon電球) 몡『전』네온의 음극광을 사용한 엷은 빛을 내는 전구(침실용·표시용 따위로 씀).

네이블-오렌지(navel orange) 몡『식』오렌지의 한 변종. 브라질 원산. 선명한 붉은색의 맛이 좋으며 씨가 없음. 양귤.

네이비-블루(navy blue) 몡 영국 해군 제복과 같은 짙은 감색(紺色).

네이팜(napalm) 몡『화』가솔린의 젤리화제(jelly化劑). 나프텐산알루미늄과 알루미늄 비누와의 혼합물로 휘발유와 반죽하여 소이탄·불꽃탄 같은 폭탄 및 젤리화 연료로 씀.

네이팜-탄(napalm彈) 몡『군』유지 소이탄(油脂燒夷彈)의 하나. 네이팜에 등유·석유 등을 혼합하여 만든 젤리 모양의 고성능 폭탄. 네이팜 탄.

네:잎-갈퀴 [-입꽐-] 몡『식』**1** 콩과의 여러해살이풀. 산에 저절로 나는데, 높이는 30∼80 cm이고, 여름에 나비 모양의 붉은 자줏빛 꽃이 핌. **2** 네잎갈퀴덩굴.

네:잎-갈퀴덩굴 [-입꽐-] 몡『식』꼭두서닛과의 여러해살이풀. 산이나 들에 나는데, 줄기 높이는 30 cm가량이고, 잎은 각 마디에 네 개씩 바퀴 모양으로 달림. 여름에 황록색(黃綠色) 꽃이 가지 끝에 핌.

네:잎-꽃 [-입꼳] 몡『식』꽃잎이 네 개로 된 꽃(무꽃·배추꽃 따위). 사판화(四瓣花).

네-째 주괸몡 ☞ 넷째.

네커치프(neckerchief) 몡 장식용·보온용으로 목에 두르는, 정사각형의 얇은 천. ＊스카프.

네크-라인(neckline) 몡 양복의 목둘레선.

네트(net) 몡 **1** 테니스·배구·탁구·배드민턴 따위에서, 코트 중앙에 가로질러 양쪽 편을 구분하는 데 쓰는 그물. **2** 축구·핸드볼·아이스하키 따위에서, 골문 뒤쪽에 치는 그물.

네트 볼(net ball) 테니스·배구·탁구 등에서, 경기 중이나 서브할 때 넣을 때 공이 네트에 닿고 상대편으로 넘어가는 일. 또는 그 공.

네트 아웃(net+out) 탁구·배구·테니스 따위에서, 네트에 닿은 공이 상대편 코트로 넘어가지 않는 일.

네트워크(network) 몡 **1** 라디오·텔레비전의 방송망. **2**『컴』랜(LAN)·모뎀 등을 이용한 컴퓨터 통신망.

네트워크 컴퓨터(network computer)『컴』개인용 컴퓨터의 다양한 기능 가운데 컴퓨터 통신과 인터넷 기능만을 갖도록 만든 저가형(低價型) 컴퓨터.

네트 인(net+in) 탁구·배구·테니스 등에서, 네트에 닿은 공이 상대편 코트에 넘어가는 일.

네트 터치(net touch) 테니스·탁구·배구 등에서, 경기자의 몸의 일부나 라켓이 네트에 닿는 일(점수를 잃음).

네트 플레이(net play) **1** 테니스에서, 네트에 접근하여 하는 공격적 플레이. **2** 배구에서, 공이 네트에 닿게 하여 토스(toss)하는 일. 계속 2회 칠 수 있음.

네티즌(netizen) 몡 통신망(＝network)과 시민(＝citizen)의 합성어. 인터넷 따위 컴퓨터 통신망을 이용하는 사람.

네프로제(독 Nephrose) 몡『의』신장의 세뇨관에 생기는 병(얼굴이 붓고 오줌에 많은 단백질이 나옴). 신장증(腎臟症).

넥타(nectar) 몡 과일을 으깨어서 만든 진한 주스. □사과 ∼.

넥타이(necktie) 몡 와이셔츠의 깃 밑으로 둘러 매듭을 지어 앞으로 늘어뜨리는 가늘고 긴 천이나 나비 모양으로 매듭을 만드는 천. □∼를 매다 / ∼를 풀다. ⑮타이.

넥타이-핀(necktie+pin) 몡 넥타이를 와이셔츠에 고정시키거나 모양을 내기 위하여 넥타이에 꽂는 핀.

넥톤(necton) 몡『동』유영(游泳) 동물.

넨다-하다 타에 어린아이 또는 아랫사람을 사랑하여 너그럽게 대하다. □넨다하며 키웠더니 영 버릇이 없다.

넨:장 괸엡 '넨장맞을·넨장칠'의 준말.

넨:장-맞을 괸엡 '네 난장(亂杖)을 맞을'의 뜻으로, 못마땅할 때 욕으로 하는 말. □∼ 것. ⑥넨장.

넨:장-칠 괸엡 '네 난장(亂杖)을 칠'의 뜻으로, 못마땅할 때 욕으로 하는 말. □∼ 놈 같으니라고. ⑥넨장.

넵투누스(Neptunus) 몡 **1**『신』로마 신화에 나오는 바다·강·샘을 지배하는 신. 그리스 신화의 포세이돈(Poseidon)에 해당함. **2**『천』해왕성.

넵투늄(neptunium) 몡『화』초우라늄 원소의 하나. 우라늄 방사성 원소로 화학적 성질은 우라늄과 비슷함. 1940년 미국에서 핵실험 중 발견됨. [93 번 : Np : 237]

넵튠(Neptune) 몡『신』'넵투누스(Neptunus)'의 영어명.

넷 : [넫] 주 셋에 하나를 더한 수. 사(四).

넷:-째 주 [넫-] 주괸몡 네 번째의(의). □∼ 딸. ⽸ 네 개째. □벌써 ∼를 먹고 있다.

-녀(女) 미 일부 한자어 뒤에 붙어, 그러한 여성임을 나타냄. □독신∼ / 유부∼ / 약혼∼.

-녀 어미 〈옛〉−냐. −ㄴ가.

녀가다 자 〈옛〉다녀가다.

녀기다 타 〈옛〉여기다.

녀나믄 괸 〈옛〉다른, 남은.

녀느 괸몡 〈옛〉여느. 다른. 다른 사람.

녀늬 〈옛〉다름. 다른 사람.

녀다 자 〈옛〉가다. 다니다.

녀러오다 자 〈옛〉다녀오다.

녀름[1] 몡 〈옛〉여름.

녀름[2] 몡 〈옛〉농사.

녀름외다 자 〈옛〉풍년 들다.

녀름지 몡 〈옛〉농사.

녀름짓다 자 〈옛〉농사짓다.

녀롬 몡 〈옛〉여름.

녀미다 타 〈옛〉여미다.

녀석 의명 **1** 남자를 낮추거나 욕으로 일컫는 말. □나쁜 ∼ / 사내 ∼이 겁이 많군. **2** 사내아이를 귀엽게 일컫는 말. □손자 ∼ / 고 ∼ 참 영리하구나.

녀의 〈궁〉속곳.

녀토다 타 〈옛〉얕게 하다. 옅이다.

녁 의명 〈옛〉녘.

년 의명 여자를 낮잡거나 욕으로 일컫는 말. □못된 ∼. ↔놈.

년(年) 의명 (주로 한자어 뒤에 쓰여) '해'를

세는 단위. ▢오십 ~ / 그와 헤어진 지 삼 ~
이 되었다.

-년(年)〔미〕일부 명사 뒤에 붙어, 그러한 해임
을 나타내는 말. ▢안식~ / 갑자~.

년-놈〔명〕☞연놈.

년도(年度)〔의〕(해를 뜻하는 말 뒤에 쓰여)
일정한 기간 단위로서의 그해. ▢1980~ 졸
업생 / 2005~ 예산안.

년〔명〕〈옛〉누구. 남.

년밤〔명〕〈옛〉연밤.

녇갑다〔형〕〈옛〉옅다.

널구름〔명〕〈옛〉지나가는 구름. 뜬구름.

널-손님〔명〕〈옛〉지나는 손.

넙〔명〕〈옛〉넋.

넙구레〔명〕〈옛〉옆구리.

넙발치〔명〕〈옛〉갈비¹.

녘〔녁〕〔의〕어떤 때의 무렵이나 어떤 방향·지
역을 가리키는 말. 쪽. ▢동틀 ~ / 황혼 ~.

녙다〔형〕〈옛〉옅다.

녜〔명〕〈옛〉예의. 예전.

녜뉘〔명〕〈옛〉옛날. 옛 세상.

녜다〔자〕〈옛〉지내다. 가다.

녯〔명〕〈옛〉옛. 옛적의.

노¹〔명〕실·삼·종이 따위를 가늘게 비비거나 꼰
줄. 노끈. ▢~를 꼬다.
노가 실이 되도록〔속〕끈질기게 조르거나 되
풀이해서 말을 늘어놓는 모양.

노²〔명〕북쪽〔뱃사람 말〕.

노³〔명〕〈옛〉깁. 비단.

노⁴〔부〕'노상'의 준말.

노(奴)〔명〕사내종.

노(弩)〔명〕쇠뇌.

노(櫓)〔명〕물을 헤쳐 배를 나아가게 하는 기구
《단단한 나무의 아래 끝을 얇게 다듬어 만
듦》. ▢~를 젓다.

노(爐)〔명〕**1** 가공할 원료를 넣고 열로 녹이거나
굽거나 하는 시설《용광로·전기로·원자로 따
위》. **2** 불을 피우거나 숯불 등을 담아 두어,
물건을 데우거나 방 안의 공기를 덥게 하는
데에 쓰는 장치. **3** 증기 기관과 같은 가마에
서 연료를 태우는 부분.

노:-(老)〔두〕'늙은'·'나이가 많은'의 뜻. ▢~
총각 / ~부부.

노가(櫓歌)〔명〕〔악〕뱃사공들이 노를 저으면서
부르는 노래. 뱃노래.

노가다(←일 どかた)〔명〕**1** 토목 공사에 종사하
는 막벌이 노동자. **2**〈속〉행동과 성질이 거
칠고 불량한 사람.

노가리¹〔명〕명태 새끼.

노가리²〔명〕하타〕〔농〕흩어뿌리기. ▢~로 뿌리
다.

노가리³〔명〕〈속〉거짓말. ▢~를 까다〔풀다〕.

노가주-나무〔명〕〔식〕노간주나무.

노:각(老-)〔명〕늙어서 빛이 누렇게 된 오이.

노:각(老脚)〔명〕늙은이의 다리나 걸음걸이.

노각-나무〔-강-〕〔명〕〔식〕차나뭇과의 낙엽 활
엽 교목. 산지에 나는데, 여름에 흰 다섯잎꽃
이 핌. 나무는 단단하여 농기구의 재료로 쓰
며, 관상용으로 심음.

노간주-나무〔명〕〔식〕측백나뭇과의 상록 침엽
교목. 산록의 양지에 남. 높이는 10 m 가량이
고, 봄에 녹갈색 꽃이 핌. 달걀 모양의 둥근
열매가 가을에 익는데, 약용·식용·향료로 씀.
노가주나무. 두송(杜松).

노감-석(爐甘石)〔명〕〔광〕황화아연광과 동맥
광(銅脈鑛)에서 나는 철·칼슘·마그네슘 및

적은 분량의 카드뮴 따위가 섞인 광석《한방
에서 안약에 씀》.

노-감투〔명〕노끈으로 만든 감투.

노:갑이을(怒甲移乙)〔-감나-〕〔명〕하자〕어떤 사
람에게서 당한 노염을 다른 사람에게 화풀이
함. 노갑을이.

노-강즙(露薑汁)〔명〕〔한의〕밤이슬을 맞힌 생
강즙《말라리아와 한열(寒熱)에 약재로 씀》.

노:객(老客)〔명〕**1** 늙은 손님. **2** '늙은이'를 얕
잡아 일컫는 말.

노:건-하다(老健-)〔형어〕**1** 늙었으나 몸은 건
강하다. **2** 글이나 글씨체 따위가 노련하고 힘
이 있다.

노 게임(no game) 야구에서, 5 회가 끝나기
전에 비로 인하여 경기를 계속할 수 없을 때,
그 경기를 무효로 하는 일. 또는 그 경기.

노:경(路肩)〔명〕갓길.

노:경(老境)〔명〕늙어서 나이가 많은 때. 늙바
탕. ▢~에 접어들다.

노:계(老鷄)〔-/-계〕〔명〕늙은 닭.

노고〔명〕〈옛〉노구솥.

노:고(老姑)〔명〕할미. 노파.

노:고(老苦)〔명〕〔불〕사고(四苦) 또는 팔고(八
苦)의 하나. 늙어 가는 괴로움.

노고(勞苦)〔명〕하자〕수고하고 애씀. ▢~를 치
하하다 / ~를 위로하다.

노고지리〔명〕〈옛〉종다리.

노:고-초(老姑草)〔명〕〔식〕할미꽃.

노곤-하다(勞困-)〔형어〕피곤하고 나른하다.
▢노곤한 몸을 쉬다 / 몸이 노곤하여 나도 모
르게 잠이 들었다. **노곤-히**〔부〕

노:골(老骨)〔명〕**1** 늙은이의 뼈. **2** 늙은 몸.

노골(露骨)〔명〕숨기지 않고 모두 있는 그대로
드러냄.

노골(顱骨)〔명〕〔생〕두개골.

노골-적(露骨的)〔-쩍〕〔관〕명〕숨기지 않고 있는
그대로 드러낸 (것). ▢~인〔-인〕 표현 / ~으로
불만을 드러내다.

노골-화(露骨化)〔명〕하자〕노골적이 됨. 노골
적으로 함. ▢지역 감정이 ~되다.

노:광(老狂)〔명〕하자〕늙은 나이에 상식에 벗어
난 짓을 함.

노광(露光)〔명〕〔연〕노출(露出)2.

노구〔명〕'노구솥'의 준말.

노:구(老狗)〔명〕늙은 개.

노:구(老嫗)〔명〕노파.

노:구(老軀)〔명〕늙은 몸. ▢~를 이끌고 반핵
시위에 나서다.

노구(爐口)〔명〕**1** 돌과 흙으로 쌓은 부뚜막의
아궁이. **2** 용광로 따위의 아가리.

노구-거리〔명〕둘이 모두 안으로 꼬부라졌으나
하나는 높고, 하나는 낮은 쇠뿔.

노구-메〔명〕〔민〕산천의 신령에게 제사 지내기
위하여 노구솥에 지은 메밥.

노구메 정성(-精誠)〔명〕〔민〕노구메를 놓고 산
천의 신령에 제사 드리는 치성.

노구-솥〔-솥〕〔명〕놋쇠나 구리쇠로 만든 작은
솥《자유로이 옮겨서 따로 걸고 쓸 수 있음》.
▢~을 걸다. ㈜노구.

노:구-쟁이(老嫗-)〔명〕뚜쟁이 노릇하는 노파.

노:국(老菊)〔명〕핀 지 오래되어, 빛이 날고 시
들어 가는 국화.

노국(露國)〔명〕노서아(露西亞).

노군(櫓軍)〔명〕〔역〕전선(戰船)에서 노를 젓는
군사를 이르던 말.

노굴(露掘)〔명〕〔광〕노천굴(露天掘).

노굿〔-굳〕〔명〕콩이나 팥 따위의 꽃.
노굿(이) 일다〔속〕콩이나 팥 따위의 꽃이 피

다. ▯차창 밖으로 노긋이 인 밭이 보였다.
노궁(弩弓)圓〖역〗예궁(禮弓).
노그라-지다邳 **1** 지쳐서 맥이 빠지고 축 늘어지다. ▯격루에 지쳐 ~. **2** 어떤 일에 마음이 쏠려 정신을 못 차리다.
노그름-하다휑여 약간 노글노글하며 묽다. ⑧노그름하다. 노그름-히휜.
노근(露根)圓 땅 위에 드러난 나무뿌리.
노글-노글[-로-]휜휑 좀 무르게 노긋노긋한 모양. ⑧누글누글.
노긋-노긋[-근-근]휜휑 여럿이 다 또는 매우 노긋한 모양. ⑧누긋누긋.
노긋노긋-이[-근-그시]휜 노긋노긋하게. ⑧누긋누긋이.
노긋-이[-귿-]휜 노긋하게. ⑧누긋이.
노긋-하다[-그타-]휑여 **1** 메마르지 아니하고 부드럽다. ▯따뜻한 물에 목욕을 하니 몸이 노긋해졌다. **2** 성질이나 태도가 보드랍고 순하다. ⑧누긋하다.
노-기(老妓)圓 늙은 기생.
노:-기(老氣)圓 **1** 노련한 기운. **2** 늙어 가면서 점점 왕성해지는 기운.
노:-기(怒氣)圓 성난 얼굴빛. 화가 난 기색. 노색(怒色). ▯~를 띠다 / 얼굴에 ~가 서리다.
노:기등등-하다(怒氣騰騰-)휑여 노기가 얼굴에 가득하다.
노:기충천-하다(怒氣衝天-)휑여 노기가 하늘을 찌를 듯하다.
노-깃(櫓-)[-긷]圓 노질할 때, 물속에 잠기는 노의 넓적한 부분.
노깡(←일 どかん)圓〈속〉토관(土管). ▯~을 묻다.
노깨圓 체로 쳐서 밀가루를 뇌고 남은 찌꺼기.
노-끈圓 노¹. ▯~으로 묶다 / ~을 꼬다.
노-나무〖식〗개오동나무.
노내-끈圓 노끈.
노:-녀(老女)圓 늙은 여자.
노:-년(老年)圓 늙은 나이. 만년(晩年). 모년(暮年). ▯~으로 접어들다 / ~에 들어서다.
노:-년-기(老年期)圓 **1** 늙은이가 되어 지내는 시기. ▯~에는 건강에 유념해야 한다. **2**〖지〗지형의 침식 윤회의 마지막 시기.
노노발명-하다(呶呶發明-)타여 여러 말로 구차하게 변명하다.
노:-농(老農)圓 **1** 농사에 경험이 많은 사람. **2** 늙은 농부.
노농(勞農)圓 노동자와 농민.
노-놓치다[-녿-]타 잡았던 죄인을 슬그머니 놓아주다.
노느다〔노나, 노느니〕타 여러 몫으로 가르다. ▯이익을 노나 가지다 / 재산을 노나 주다. ⑧논다.
노느-매기圓하타 여러 몫으로 가르는 일. 또는 그렇게 가른 몫.
노느-몫[-목]圓 여럿으로 가르는 몫.
노느-이다邳(‘노느다’의 피동) 여러 몫으로 나뉘다. ⑧노늬다.
노:는-계집[-/-게-]圓 술과 함께 몸을 파는 일을 직업으로 하는 여자(기생·갈보·색주가 따위). 논다니. 유녀(遊女).
노늬다[-늬-]邳 ‘노느이다’의 준말.
-노니어미 동사 어간이나 시제의 ‘-았(었)-’·‘-겠-’ 등에 붙는 근엄한 문어적 말투의 연결 어미. **1** 앞말이 뒷말의 원인·근거·전제 따위임을 나타냄. ▯오늘은 외출을 허락하노니 마음껏 즐기라. **2** 어떤 사실을 진술하고 이와 관련된 다른 사실을 이어서 설명하는 뜻을 나타냄. ▯내 너희에게 이르~, 내가 말한 대

로 행하라.
-노니어미〈옛〉-나니.
노니다邳〈옛〉노닐다. 놀며 다니다.
노:-닐다〔노닐어, 노니니, 노니는〕邳 한가히 이리저리 다니며 놀다. ▯공원에서 ~.
-노닛가어미〈옛〉-나이가.
노늣-하다휑〈옛〉노르스름하다.
노圓〈옛〉노끈. ⑧노¹.
-노다어미〈옛〉-노라. -는구나.
노다지¹圓 **1**〖광〗캐내려 하는 광물이 많이 묻혀 있는 광맥. ▯~를 캐다. **2** 손쉽게 많은 이익을 얻을 수 있는 일감의 비유. ▯~를 꿈꾸다.
노다지²휜☞언제나.
노닥-거리다[-꺼-]邳 자꾸 노닥이다. ▯친구들과 ~. 노닥-노닥¹[-당-]휜휑.
노닥-노닥²[-당-]휜휑 해지고 찢어진 곳을 여기저기 깁거나 덧붙인 모양. ▯~ 기운 보자기. ⑧누덕누덕.
노-닥다리(老-)圓☞늙다리2.
노닥-대다[-때-]邳 노닥거리다.
노닥-이다邳 조금 수다스럽게 재미있는 말을 늘어놓다. ▯한가하게 노닥이고 있을 시간이 없다.
노:-당익장(老當益壯)[-짱]圓 노익장.
노대(弩臺)圓〖역〗쇠뇌를 쏘기 위해 성 안에 높게 지은 대.
노대(露臺)圓 **1**〖건〗서양 건축에서, 방 바깥에 지붕이 없이 난간을 둘러내게 지은 대. 발코니. 테라스. **2** 공연이나 행사 따위를 하려고 지붕이 없이 판자만 깔아서 만든 무대.
노:-대가(老大家)圓 나이와 경험을 쌓은, 그 방면의 뛰어난 사람. ▯서예의 ~.
노:-대국(老大國)圓 지금은 형세가 기울어졌지만 한때 강했던 큰 나라.
노대-바람〖지〗풍력 계급 10의 바람. 초속 24.5~28.4 m로 부는 바람으로, 나무가 뽑히고 건물이 부서짐. 전강풍(全强風).
노:대-하다(老大-)휑여 **1** 나이가 많다. **2** 나이가 많고 경험이 풍부하며 권위가 있다.
노:-덕(老德)〖불〗‘늙은 승려’의 높임말.
노:-도(怒濤)圓 무섭게 밀려오는 큰 물결(무리를 이루어 무서운 기세로 밀려 나가는 모습의 비유). ▯군중들이 ~처럼 밀려들다.
노:-도(路鼗)〖악〗악기의 하나. 몸통이 긴 작은 북 둘을 긴 자루에 어긋매껴 끼고 북의 허리 양쪽에 긴 쇠줄의 귀 두 개씩 자루를 잡고 흔들면 귀가 북에 부딪쳐 소리가 남.
노도(櫓棹·櫓櫂)圓 노와 상앗대.
노:-독(路毒)圓 먼 길에 지치고 시달려 생긴 피로나 병. ▯~이 쌓이다 / ~을 풀다. ＊여독(旅毒).
노:-돌-나루[-라-]圓 ‘노들나루’의 본딧말.
노동(勞動)圓하邳 **1** 몸을 움직여서 일을 함. ▯~으로 생계를 꾸리다. **2**〖경〗사람이 생활에 필요한 물자를 얻기 위해서 육체적·정신적 노력을 들이는 행위. ▯임금은 ~의 대가이다.
노동 가치설(勞動價値說)〖경〗상품의 가치는 노동량, 곧 노동 시간에 따라 결정된다는 학설. ＊비용설.
노동 강화(勞動强化)〖경〗일정한 시간 안에 노동량을 늘리는 일.
노동 경제학(勞動經濟學)〖경〗노동 시장·임금·노동조합 등 노동 문제를 연구하는 학문.
노동 계급(勞動階級)[-/-게-]〖경〗자본주

의 사회에서, 자본가에게 고용되어 노동력을 제공하고 임금을 받아 생활하는 사람들로 이루어진 계급. 노동자 계급.

노동 계:약 (勞動契約)[-/-게-] 〖법〗 근로 계약.

노동 과:잉 (勞動過剩) 〖경〗 노동력이 수요보다 많이 남는 상태.

노동 과:정 (勞動過程) 〖경〗 사람이 자연에 접해서 생활 수단을 만들어 내는 과정.

노동-권 (勞動權)[-꿘] 〖명〗 근로권(勤勞權).

노동 기본권 (勞動基本權)[-꿘] 〖법〗 근로 기본권.

노동 능률 (勞動能率)[-뉼] 〖경〗 일정한 단위 시간에 같은 양의 노동을 들여 생산물을 만들 수 있는 정도.

노동 단체 (勞動團體) 〖사〗 노동자의 단체.

노동-당 (勞動黨) 〖명〗〖사〗 노동자 계급의 이해를 대변하는 정당.

노동 대:상 (勞動對象) 〖경〗 인간이 노동을 하는 과정에서 작업을 하게 되는 직접적인 대상(토지·산림·지하자원 따위).

노동-량 (勞動量)[-냥] 〖명〗 노동을 한 양.

노동-력 (勞動力)[-녁] 〖경〗 생산품을 만드는 데에 소요되는 인간의 정신적·육체적인 모든 능력.

노동력 인구 (勞動力人口)[-녀긴-] 〖사〗 노동을 할 의지와 능력을 가진 만 14세 이상의 인구. 노동 인구.

노동 문:제 (勞動問題) 〖사〗 노동자와 자본가의 사이에서 일어나는 사회 문제·실업 문제·임금 문제 따위.

노동법 (勞動法)[-뻡] 〖명〗〖법〗 노동자의 근로 관계를 규정하고 노동자의 생활 향상을 목적으로 하는 법의 총칭(노동조합법·노동 쟁의 조정법·근로 기준법·노동 위원회법 따위).

노동 보:험 (勞動保險) 〖경〗 노동자가 질병 따위로 노동 능력을 잃거나 노동 기회를 잃었을 때를 대비한 보험(실업 보험·산업 재해 보상 보험 따위).

노동 보:호법 (勞動保護法)[-뻡] 〖법〗 노동자의 생활을 보호하고 계약 관계의 폐해를 없애기 위해 마련한 법규의 총칭.

노동-복 (勞動服) 〖명〗 노동할 때 입는 활동하기에 편한 옷.

노동-부 (勞動部) 〖명〗〖법〗 중앙 행정 기관의 하나. 근로 조건의 기준, 직업 안정·실업 대책·산업 재해 보상 보험, 근로자의 복지 후생, 노사 관계의 조정 따위의 노동에 관한 사무를 맡아 처리함.

노동 분배율 (勞動分配率) 〖경〗 한 나라의 경제나 특정 사업·기업에서, 생산된 소득 가운데 노동에 대해서 분배되는 임금이나 봉급의 비율.

노동 불안 (勞動不安) 〖경〗 임금 저하나 실업 따위로 말미암아 노동자가 겪는 생활 불안.

노동 비용 (勞動費用) 〖경〗 기업이 노동자 한 명을 1년간 고용하는 데 드는 비용.

노동 삼권 (勞動三權)[-꿘] 〖법〗 헌법에 명시된 노동자의 세 가지 기본 권리(단결권·단체 교섭권·단체 행동권).

노동 삼법 (勞動三法)[-뻡] 〖법〗 근로 기준법·노동조합법·노동 쟁의 조정법의 세 법률.

노동 생산력 (勞動生産力)[-녁] 〖경〗 일정한 단위 시간에 노동력을 들여서 생산되는 생산량.

노동 생산성 (勞動生産性)[-썽] 〖경〗 일정한 단위 시간에 투입된 노동량과 생산량과의 비율.

노동 수단 (勞動手段) 〖경〗 생산 수단 구성 요소의 하나. 건물·도구·기계 따위처럼 노동 과정에서 쓰이는 수단.

노동 시간 (勞動時間) 〖사〗 노동자가 하루에 일하는 시간(1일 8시간, 1주일 44시간).

노동 시:장 (勞動市場) 〖사〗 자본주의 사회에서, 노동력이 상품으로 거래되는 시장.

노동-요 (勞動謠) 〖명〗 노동을 하면서 능률적이며 즐겁게 하기 위하여 부르는 노래.

노동 운:동 (勞動運動) 〖사〗 노동자가 단결하여 자기들의 경제적·사회적 지위의 안정·향상을 확보하려는 운동.

노동 위원회 (勞動委員會) 〖법〗 노동 문제를 중재하고 조절하는 것을 임무로 하는 행정 위원회. 노동부에 중앙 노동 위원회가 있으며 각 시·도에 지방 노동 위원회가 있음.

노동 의:무 (勞動義務) 〖사〗 누구든지 자기가 먹을 것을 벌기 위하여 일해야 한다는 견지에서의 개인 의무.

노동 이동 (勞動移動) 〖사〗 노동 시장에서 노동력이 기업·산업·직업·지역 사이를 이동하는 현상. 호경기에 노동력이 부족하면 이동이 늘고, 불황 따위로 노동력이 과잉되면 이동이 줆.

노동 인구 (勞動人口) 〖사〗 노동력 인구.

노동-일 (勞動日) 〖명〗 노동자가 직장에 출근하여 퇴근할 때까지 하루 일하는 시간을 한 단위로 하여 일컫는 말.

노동 임:금 (勞動賃金) 〖경〗 노동에 대한 보수.

노동-자 (勞動者) 〖명〗 **1** 육체노동을 해서 그 임금으로 살아가는 사람. **2** 노동력을 제공하고 그 보수로 받는 임금·급료 따위의 수입으로 살아가는 사람. 근로자. 〖口〗~의 단체 행동권/~의 권익을 보호한다.

노동자 관리 (勞動者管理)[-괄-] 〖사〗 노동자·노동조합·공장 위원회 따위가 스스로 공장 및 경영을 관리하는 일.

노동 재해 (勞動災害) 〖사〗 산업 재해.

노동 쟁의 (勞動爭議)[-/-이] 〖사〗 노동자와 자본가 사이에서 임금·노동 시간·노동 조건 따위에 관한 이해의 대립으로 일어나는 분쟁. 준쟁의.

노동-절 (勞動節) 〖명〗 '근로자의 날'의 전 이름.

노동 정책 (勞動政策) 〖정〗 정부나 공공 단체가 노동 문제에 대하여 취하는 정책.

노동 조건 (勞動條件)[-껀] 〖사〗 근로 조건.

노동-조합 (勞動組合) 〖명〗〖사〗 노동자가 자주적으로 노동 조건의 유지·개선 및 사회적 지위를 향상시키기 위하여 조직하는 단체. 준노조.

노동조합-주의 (勞動組合主義)[-쭈-/-쭈의] 〖명〗 노동조합의 정치적 기능을 부정하며, 경제적·사회적 지위 향상을 목표로 하는 경제주의적 조합 운동 사상.

노동-판 (勞動-) 〖명〗 육체적 노동으로 생활하는 사람들이 일하는 곳. 〖口〗~에서 막일을 하다.

노동 협약 (勞動協約) 〖법〗 노동조합과 사용자가 서로 대등한 입장에서, 임금·노동 시간 그 밖의 노동 조건에 대하여 맺은 문서상의 협약. 단체 협약.

노동 환경 (勞動環境) 〖사〗 노동자가 일하는 직장의 작업 환경.

노두 (蘆頭) 〖명〗 인삼·더덕·도라지 따위의 뿌리에서 싹이 나오는 대가리 부분.

노두 (露頭) 〖명〗〖광〗 광맥·암석·지층·석탄층 따위가 땅거죽에 드러난 부분.

노:둔-하다 (老鈍-) 〖형〗〖어〗 늙어서 재빠르지 못하고 둔하다. **노:둔-히** 〖부〗

노둔-하다 (魯鈍-·魯鈍-·駑鈍-) 〖형어〗 둔하고 어리석어 미련하다. 노둔-히 〖부〗
노:돗-돌 [-두돌/-둔돌] 〖명〗 말에 오르거나 내릴 때 발돋움에 쓰려고 대문 앞에 놓은 큰 돌. 하마석(下馬石).
노-뒤 (櫓-) 〖명〗 왼쪽 뱃전. ↔노앞.
노드 (node) 〖명〗 데이터 통신망에서, 데이터를 전송하는 통로에 접속되는 하나 이상의 기능 단위.
노-드리듯 [-듣-] 〖부〗 노끈을 드리운 듯 빗발이 죽죽 내리쏟아지는 모양. ▢소나기가 ~ 퍼붓고 있다.
노:-나루 [-라-] 〖명〗 〔←노돌나루〕〖지〗서울 노량진의 옛 이름. ▢르는 말.
노:땅 (老-) 〖명〗 나이가 많은 사람을 낮잡아 이름.
-노라 〖어미〗 1 자기 동작을 위엄 있게 말할 때의 종결 어미. ▢님을 그리~. 2 어떤 사실을 선언하거나 공포할 때 쓰는 종결 어미. ▢목숨이 다하도록 싸우겠~. ∗-로라.
-노라고 〖어미〗 말하는 본인이 자신의 행동에 대하여 '…한다고←노라 하고'의 뜻으로 쓰는 연결 어미. ▢하~ 했는데 이 꼴이오 / 잘 쓴 것인데.
-노라니 〖어미〗 자기의 동작을 말할 때의 연결 어미(←려고 하니까'의 같은 이유·원인·조건의 뜻으로 씀). ▢가~ 갑자기 비가 오더라 / 보고만 있~ 마음이 답답하다.
노라리 〖명〗 건달처럼 건들건들 놀며 세월만 허비하는 짓. 또는 그런 사람을 속되게 이르는 말. ▢~ 생활을 한다.
-노라면 〖어미〗 '하다가 보면 언젠가는'·'계속한다면'의 뜻을 나타내는 연결 어미. ▢열심히 공부하~ 성공할 때가 오겠지.
노라이즘 (Noraism) 〖사〗 남녀 불평등의 인습에 반항해 인간으로서의 여성의 지위를 확립하려는 주의.
노란-묵 〖명〗 ☞노랑묵.
노란-빛 [-빋] 〖명〗 노란 빛깔. ⓐ누런빛.
노란-색 (-色) 〖명〗 노란 색깔. ⓐ누런색.
노란-연두 (-軟豆) [-년-] 〖명〗 노란빛을 띤 연두.
노랑 노란 빛깔이나 물감. ▢~ 물감 / ~ 저고리 / ~ 병아리. ⓐ누렁.
노랑-가오리 〖동〗 색가오릿과의 바닷물고기. 길이는 1 m가량이고, 위아래로 매우 납작하며 오각형임. 꼬리에 긴 가시가 하나 있음. 여름철에 10마리 내외를 태생함.
노랑-가자미 〖어〗 가자밋과의 바닷물고기. 길이는 60 cm 정도임. 눈이 있는 쪽은 암갈색 바탕에 유백색과 흑색의 무늬가 있고 반대쪽은 수컷은 황색, 암컷은 백색에 몇 줄의 흑갈색 무늬가 있음.
노랑-감투 〖명〗 상제(喪制)가 쓰는 두건을 놀림조로 이르는 말.
노랑-나비 〖명〗 〖충〗 흰나빗과의 곤충. 편 날개 길이는 4~6 cm이고, 수컷은 앞뒤 날개의 가장자리에 넓은 흑색 부분이 있고 그 안에 황색 무늬가 있음. 애벌레는 콩과 식물의 해충임.
노랑-돈 〖명〗 1 예전의, 노란 빛깔의 엽전. 2 몹시 아끼는 많지 않은 돈. ▢그 구두쇠가 ~으로 점심을 샀다.
노랑-등에 〖명〗 〖충〗 등엣과의 곤충. 몸길이는 1.5 cm가량이고, 빛은 황갈색이며 등황색의 짧은 털이 배게 나고 금속광택이 남.
노랑-딱새 [-쌔] 〖조〗 딱샛과의 새. 몸의 길이는 11 cm이고, 수컷은 검고 날개에 흰고 큰 무늬가 있으며, 암컷은 등이 짙은 녹색이며 허리에 넓고 누른 띠가 있음.

노랑-만병초 (-萬病草) 〖명〗 〖식〗 진달랫과의 상록 활엽 관목. 높은 산에 나는데, 여름에 노란 꽃이 핌. 관상용이며 잎은 약재임.
노랑-매미꽃 [-꼳] 〖명〗 〖식〗 애기똥풀과의 여러해살이풀. 산의 응달에 나는데, 높이는 30 cm 정도이고, 잎꼭지가 긴 깃꼴겹잎임. 봄에 노란 꽃이 핌.
노랑-머리 노란 빛깔의 머리카락. 또는 그런 머리카락을 가진 사람.
노랑-목 〖명〗 〖악〗 판소리 창법에서, 목청을 떨어 지나치게 꾸며 속되게 내는 노랫소리.
노랑-물 〖명〗 치자를 물에 타서 쑨 녹말물.
노랑-물 〖명〗 노란색의 물감. ▢머리카락에 ~ / 은행잎에 ~이 들기 시작하다.
노랑-바퀴 〖충〗 바퀴².
노랑부리-저어새 〖조〗 저어샛과의 새. 저어새와 비슷한데 몸 길이는 35~40 cm이고, 온몸이 순백색이며 목 앞의 깃만은 담황갈색을 띰. 부리는 회흑색이며 모양은 상하로 평평함. 천연기념물 제205호임. 가리새.
노랑-이 〖명〗 1 속이 좁고 인색한 사람의 별명. 2 노란빛의 물건. 3 털빛이 노란 개.
노랑-지빠귀 〖명〗 〖조〗 지빠귓과의 새. 개똥지빠귀와 비슷한데, 날개 길이는 13 cm 내외로 좀 작고, 몸빛이 일반적으로 엷음.
노랑-촉수 (-觸鬚) [-쑤] 〖어〗 촉수과의 바닷물고기. 연안의 모래펄에 사는데 몸길이는 20 cm가량이고, 모래무지 비슷하게 가늘고 길며 약간 옆으로 납작함. 아래턱에 한 쌍의 노랗고 긴 수염이 있어 미각에 민감함.
노랑-태 〖명〗 ☞ 더덕북어.
노랑-퉁이 〖명〗 〖속〗 얼굴이 핏기 없이 누렇고 부석부석한 사람.
노랑-하늘타리 〖명〗 〖식〗 박과의 여러해살이 덩굴 식물. 산·들·밭두둑에 나는데, 덩이뿌리는 비대하고 줄기는 가늘며 덩굴손은 서너 갈래로 갈라졌음. 잎은 넓은 심장형임. 여름에 흰 꽃이 피고 가을에 과실이 노랗게 익음.
노랑-할미새 〖조〗 할미샛과의 새. 물가에 사는데 참새만 하며, 목과 가슴과 날개는 검은색, 배는 노란색임. 꼬리를 아래위로 흔들어 움직이는 습성이 있음. 해충을 잡아먹는 익조임.
노랑-해당화 (-海棠花) 〖명〗 〖식〗 장미과의 낙엽 활엽 관목. 잎은 깃 모양의 겹잎이며 5월에 노란 꽃이 짧은 가지 끝에 핌. 관상용임.
노랑-회장저고리 (-回裝-) 〖명〗 노란 바탕에 자줏빛 회장을 댄 저고리.
노:랗다 [-라타] 〔노라니, 노래서〕 〖형ㅎ〗 1 밝고 선명하게 노르다. ▢노란 줄 / 은행잎이 노랗게 물들다. ⓐ누렇다. 2 얼굴이 핏기가 없고 노르스름하다. 3 위축되거나 시들어 기세가 꺾여 있다. ▢노란 새싹 / 노랗게 시들다.
노래 〖명〗〖하자타〗 1 가사에 곡조를 붙인 것. 또는 그것을 부름. ▢~를 부르다 / ~를 흥얼거리다. 2 새 등이 지저귀는 소리. ▢새들이 ~를 부른다. 3 운율이 있는 언어로 사상이나 감정을 나타냄. ▢그 시는 자연을 ~하고 있다. 4 같은 말을 자꾸 되풀이해서 졸라 댐. ▢아이가 장난감 로봇을 사 달라고 ~를 부르고 있다.
노:래 (老來) 〖명〗 노년이 된 이래. 늘그막.
노래기 〖명〗 〖동〗 배각류의 절지동물의 총칭. 습한 곳에 모여 삶. 20~30개의 마디로 된 몸통의 각 마디에 두 쌍의 짧은 다리가 있음. 건드리면 둥글게 말리며 고약한 노린내가 남. 백족충(百足蟲). 향랑각시.

[노래기 회도 먹겠다] 염치도 체면도 없이 치사스럽게 구는 사람의 비유.

노래기-강 (-綱) 圐 [動] 절지동물의 한 강 (綱). 머리는 분명하고 더듬이는 한 쌍이며, 각 체절(體節)의 양쪽에 다리가 줄지어 있음 (노래기 등이 이에 속함). 배각류(倍脚類).

노래미 圐 [어] 쥐노래밋과의 바닷물고기. 연안에 사는데, 몸길이는 30~60 cm이고, 머리는 뾰족하며 몸빛은 황색을 띤 갈색이나 암갈색의 불규칙한 무늬가 있음.

노래-방 (-房) 圐 방음이 된 방에서. 비디오 화면에 나타나는 가사를 보면서 음악 반주에 맞추어 노래를 부르도록 꾸며 놓은 업소.

노래-자랑 圐 노래 잘 부르기를 겨루는 대회. 또는 그러한 방송 프로의 하나. 노래잔치.

노래-자이 圐 [역] 신라 때, 노래 부르던 구실 아치.

노래-잔치 圐 1 노래 부르며 즐기는 잔치. 2 노래자랑.

노래-쟁이 圐 〈속〉 가수.

노:래-지다 困 노랗게 되다. ▢ 배가 너무 아파 얼굴이 ~. 몧누레지다.

노래-판 圐 여럿이 모여서 노래를 부르는 판. ▢ ~이 벌어지다 / ~을 벌이다.

노랫-가락 [-래까- / -랟까-] 圐 1 노래의 곡조. ▢구성진 ~. 2 [악] 경기 민요의 하나 〈무당이 굿을 하면서 부르던 소리임〉.

노랫-말 [-랜-] 圐 노래의 내용이 되는 글귀. 가사(歌詞). ▢ ~을 짓다 / ~이 아름답다.

노랫-소리 [-래쏘- / -랟쏘-] 圐 노래를 부르는 소리.

노랭-이 圐 〈방〉 노랑이.

노략 (擄掠) 圐[하타] 떼를 지어 돌아다니며 사람을 해치거나 재물을 빼앗아 감.

노략-질 (擄掠)-[-찔] 圐[하타] 노략하는 짓. ▢ ~을 일삼다.

노:랑 厎 천천히. 느릿느릿.

노:랑-노랑 厎.

노:랑-으로 厎 어정어정 놀면서 느릿느릿.

노-런 (no+run) 圐 야구에서, 주자가 진루하지 못함. 또는 진루해도 득점에 연결되지 않음. ▢노히트 ~.

노려-보다 国 1 매섭게 쏘아보다. ▢무서운 눈으로 ~. 2 눈독을 들여 겨누어 보다. ▢고양이가 쥐를 ~.

노력 (努力) 圐[하자] 목적을 위해서 힘을 다해 애를 씀. ▢ ~을 기울이다 / 각고의 ~을 쏟다 / 첨단 기술 개발에 ~하다.

노력 (勞力) 圐[하자] 1 힘들여 일함. 2 [경] 생산을 위해 쓰는 힘이나 몸과 정신의 활동.

노력 이전 (勞力移轉) [경] 높은 급료의 노동자를 해고하고 낮은 급료의 노동자를 고용해서 임금을 줄이는 일.

노:련-미 (老鍊味) 圐 경험이 많아 어떤 일에 익숙하고 능란한 솜씨. ▢ ~가 있다 / ~를 풍기는 요리사의 손놀림.

노:련-하다 (老鍊-) 圐回 경험이 많아 익숙하고 능란하다. 노숙(老熟)하다. ▢노련한 수법 [손씨] / 노련한 외교가 / 게임 운영이 ~. **노:련-히** 厎

노렴 (蘆簾) 圐 갈대 줄기로 엮어서 만든 발.

노령 (奴令) 圐 [역] 지방 관아의 관노(官奴)와 사령(使令).

노:령 (老齡) 圐 늙은 나이. ▢80세의 ~인데 아직도 정정하다.

노:령화 지수 (老齡化指數) [사] 0 세부터 14

세까지의 어린이 인구에 대한 65세 이상의 노인 인구의 비율.

노로 圐 〈옛〉 노루.

노록 (勞碌) 圐[하자] 쉬거나 게을리 하지 않고 꾸준히 힘을 다함.

노:론 (老論) 圐 [역] 조선 때, 사색당파의 하나. 서인(西人)에서 갈라진 송시열(宋時烈) 등의 일파. ↔소론(少論).

노루 圐 [動] 사슴과의 짐승. 산·구릉 지대에 삶. 사슴과 비슷하나 어깨 높이는 65~86 cm이고, 수컷은 뿔이 세 갈래로 돋았는데, 겨울에 빠졌다가 봄에 다시 남. 꼬리는 흔적만 남아 있음. 겁이 많아 잘 놀라며 빨리 달림. [노루가 제 방귀에 놀라듯] 겁이 많아 하찮은 일에도 잘 놀람의 비유. [노루 피하니 범이 온다] 일이 점점 더 어렵고 힘들게 되다.

노루 꼬리만 하다 厎 매우 짧다.

노루 잠자듯 厎 ㉠깊이 잠들지 못하고 여러 번 깨어남. ㉡조금밖에 못 잤다는 말.

노:루 (老淚) 圐 늙은이의 눈물.

노루-귀 圐 [식] 미나리아재빗과의 여러해살이풀. 산에 나는데, 뿌리줄기는 마디가 있고, 심장형의 잎은 세 갈래로 째졌으며, 봄에 백색 또는 담홍색 꽃이 핌. 약재로 씀.

노루-막이 圐 산의 막다른 꼭대기.

노루-목 圐 노루가 지나다니는 길목. ▢ ~에 몣을 놓다.

노루-발 圐 1 [농] 쟁기의 볏 뒷면 아래쪽에 붙어 있는 삼각형의 구멍이 있는 물건. 2 재봉틀에서, 바느질감을 눌러 주는 두 갈래로 갈라진 부품. 3 [식] '노루발풀'의 준말. 4 장족(獐足).

노루발-장도리 圐 한쪽 끝은 못을 박는 데 쓰고, 다른 한쪽 끝은 못을 빼는 데 쓰도록 만든 장도리.

노루발-풀 圐 [식] 노루발과의 상록 여러해살이풀. 산지에 나는데, 꽃줄기의 높이는 25 cm 정도, 잎은 밑 부분에 모여나며 넓은 타원형임. 여름에 황백색 꽃이 핌. 잎과 줄기는 약용함. 몧노루발.

노루-벌 圐 [충] 살아 있는 노루의 가죽 속에 생겨 가죽을 뚫고 나오는 벌 모양의 날벌레.

노루-삼 圐 [식] 미나리아재빗과의 여러해살이풀. 나무 그늘에 나는데 뿌리줄기는 짧고 수염뿌리가 많음. 높이는 40~70 cm 정도, 잎은 둥근 피침형임. 여름에 흰 꽃이 핌.

노루-오줌 圐 [식] 범의귓과의 여러해살이풀. 높이는 30~70 cm가량이고, 여름에 불그레한 다섯잎꽃이 핌.

노루-잠 圐 깊이 들지 못하고 자주 깨는 잠. ▢ ~을 붙이다.

노루-종아리 圐 1 소반 다리 아래쪽의 새김이 없는 매끈하고 가는 부분. 2 문살에서 가로살은 성기고 세로살은 촘촘한 부분.

노:-류장화 (路柳墻花) 圐 아무나 쉽게 꺾을 수 있는 길가의 버들과 담 밑의 꽃이라는 뜻으로, 창녀나 기생을 이름.

노르께-하다 圐回 곱지도 짙지도 않게 노르다. 노르끄레하다. 노리끼리하다. ▢핏기 없이 노르께한 얼굴. 몧누르께하다.

노르끄레-하다 圐回.

노르끄름-하다 圐回 조금 어둡게 노르스름하다. 노르끄름-히 厎

노르다 [노르러, 노르니] 圐끄 황금 빛깔같이 밝고 선명하다. 몧누르다.

노르딕 종:목 (Nordic種目) 스키 경기에서, 거리 경주·점프·복합의 세 종목의 총칭. 노르딕 경기.

노르마 (라 norma) 圀 『사』 1 개인이나 공장에 할당된 노동이나 생산의 최저 기준량. 2 일반적으로, 근무나 노동의 기준량.

노르만-인 (Norman人) 圀 『역』 스칸디나비아 지방에 살던 게르만의 일족.

노르만 정복 (Norman征服) 『역』 1066년에 노르만 인이 영국을 정복한 사건.

노르말 (독 Normal) 圀圀 『화』 용액의 농도를 나타내는 단위. 1리터의 용액 속에 1g당량의 용질이 녹아 있는 농도를 1노르말이라고 함. 기호는 N.

노르말 농도 (Normal濃度) 『화』 용액 1리터 속에 녹아 있는 용질의 g당량 수. 규정 농도.

노르말-액 (Normal液) 『화』 농도가 몇 노르말인가 정확하게 알려져 있는 시약 용액. 용량 분석에 씀. 규정액.

노르무레-하다 圀 산뜻하지 않고 엷게 노르다. ⑪누르무레하다.

노르스레-하다 圀 노르스름하다.

노르스름-하다 圀 산뜻하고 엷게 노르다. 노릇하다. ❏전을 노르스름하게 부치다. ⑪누르스름하다. 노르스름-히 튀

노르웨이 초석 (Norway硝石) 『화』 질산칼슘.

노른-자 圀 '노른자위'의 준말.

노른-자위 圀 1 알의 흰자위에 둘러싸인 둥글고 노란 부분. ❏달걀의 ~. 2 어떤 사물의 가장 중요한 부분. ❏서울 한복판의 ~ 땅. ⑩노른자.

노름 圀圀 돈이나 재물 따위를 걸고 화투·투전·트럼프 따위로 서로 내기를 하는 일. 도박. ❏~에 빠지다 / ~으로 전 재산을 날리다.

노름-꾼 圀 노름을 일삼는 사람. 도박꾼. 박도 (博徒).

노름-빚 [-삔] 圀 노름으로 진 빚.

노름-질 圀圀 노름을 하는 짓.

노름-판 圀 노름을 벌이는 자리. 잡기판. ❏~에 끼다 / ~에서 돈을 잃다.

노름-패 (-牌) 圀 노름을 일삼는 무리. ❏~에서 벗어나다.

노릇 [-릍] 圀 1 직업이나 직책을 낮잡아 이르는 말. ❏선생 ~. 2 맡은 바 구실. ❏사람 ~ / 주인 ~. 3 어떤 일의 딱한 처지나 형편. ❏귀신이 곡할 ~이다 / 기가 찰 ~이다.

노릇-노릇 [-른-른] 튀하튀 군데군데 노르스름한 모양. ❏~하게 구운 식빵 / 누룽지가 ~하게 눋다. ⑩누릇누릇.

노릇-하다 [-르타-] 圀 노르스름하다. ❏벼이삭이 ~. ⑪누릇하다.

노:리 (老吏) 圀 늙거나 일에 익숙한 아전.

노:리 (老羸) 圀 늙어서 쇠약해짐. 또는 그런 사람.

노리개 圀 1 여자의 한복 저고리의 고름이나 치마허리 따위에 다는, 금·은·주옥 등으로 만든 패물. 2 심심풀이로 가지고 노는 물건.

노리개-첩 (-妾) 圀 젊고 아름다워서 귀엽게 데리고 노는 첩. 화초첩.

노리끼리-하다 圀 노르께하다. ❏노리끼리한 전등 불빛.

노리다¹ 圀 칼로 가로 갈겨 베다.

노리다² 圀 1 눈에 독기를 품고 쏘아보다. ❏화난 눈으로 ~. 2 무엇을 이루려고 기회를 엿보다. ❏기회를 ~ / 약점을 ~ / 재산을 노리고 결혼하다.

노리다³ 圀 1 털이 타는 냄새나 노래기의 냄새처럼 역겨운 냄새가 있다. 2 마음 쓰는 것이 다랍고 인색하다.

노리-쇠 圀 『군』 탄알을 약실에 장전하고, 탄피를 약실에서 빼내는 구실을 하는 장치.

노리착지근-하다 [-찌-] 圀 노린내가 나는 듯하다. ❏고기 굽는 냄새가 ~. ⑩누리척지근하다. ⑮노리치근하다·노착지근하다. 노리착지근-히 [-찌-] 튀

노리치근-하다 圀 '노리착지근하다'의 준말. ⑩누리치근하다. 노리치근-히 튀

노린-내 圀 노래기·양·여우 등에서 나는 노린 냄새. ⑩누린내.

노린내(가) 나다 튀 인색하고 이해타산이 많은 사람의 태도가 나타나다.

노린-동전 (-銅錢) 圀 아주 적은 액수의 돈. 피천. ❏~ 한 푼 없다. *고린전.

노린재 圀 『충』 노린잿과의 곤충. 겉날개는 등황색이고, 배는 흑갈색, 더듬이·머리·가슴은 황색에 다리는 검고 짧은 털이 있음. 오이·참외 따위의 해충임.

노린재-나무 圀 『식』 노린재나뭇과의 낙엽 활엽 관목. 높이는 2-3m이고, 봄에 담황색 꽃이 피고 가을에 잘고 둥근 핵과(核果)가 남빛으로 익음《연장의 자루·판재·지팡이·자 따위의 재료로 씀》.

노림-수 (-數) [-쑤] 圀 기회를 노리고 쓰는 술수. ❏~에 걸려들다.

노립 (蘆笠) 圀 갈삿갓.

노릿-하다 [-리타-] 圀 맛이나 냄새가 약간 노리다. ❏고기가 ~.

노룩 圀 〈옛〉 노루.

노룩다 圀 〈옛〉 노랗다.

노릇 圀 〈옛〉 놀음놀이. 장난.

노릇바치 圀 〈옛〉 광대.

노:마 (老馬) 圀 늙은 말.

노마 (駑馬) 圀 1 느리고 둔한 말. ❏~에 채찍질하다. 2 말하는 이가 자기를 낮추어 이르는 말《둔하고 재능이 모자란다는 뜻》.

노:-마님 (老-) 圀 지체가 높은 집안의 나이 많은 부인을 높여 이르는 말.

노 마크 (no+mark) 운동 경기에서, 수비수가 공격자를 경계하거나 방어하지 않아서 공격자가 마음대로 할 수 있는 상태.

노:망 (老妄) 圀圀자圀 늙어서 망령을 부림. 또는 그런 망령. ❏~한 노인 / ~을 부리다.

노:망-기 (老妄氣) [-끼] 圀 노망이 난 낌새. ❏~가 들다.

노:망-나다 (老妄-) 圀 망령스러운 증세가 나타나다.

노:망-들다 (老妄-) 〔-들어, -드니, -드는〕 圀 망령스러운 증세가 생기다.

노-망태 圀 노망태기.

노-망태기 圀 노로 그물처럼 떠서 만든 망태기. 노망태.

노:매 (怒罵) 圀圀 성내어 욕하고 꾸짖음.

-노매라 圀圀 〈옛〉 -는구나.

노:-면 (路面) 圀 길바닥 1. ❏~이 미끄럽다.

노면 (露面) 圀圀자 얼굴을 드러냄.

노:면 보:수차 (路面補修車) 포장도로를 보수하는 특수 차량. 일정한 지점을 잘라 아스팔트 콘크리트를 살포하고, 롤러로 다짐.

노:면 전:차 (路面電車) 도로에 설치한 레일 위를 운행하는 전차.

노:면 표지 (路面標識) 도로 교통법에 규정된 안전표지의 하나. 도로 사용자가 주의할 사항 따위를 노면에 표시하여 알림.

노명 (奴名) 圀 종의 이름.

노명 (露命) 圀 이슬과 같이 덧없는 목숨.

노:모 (老母) 圀 늙은 어머니. ❏팔순의 ~ / ~를 봉양하다.

노:모 (老耄) 몡 늙어서 정신이 가물가물함.

노모 (墟坶) 몡 〔광〕 석영·운모 등의 가루나 수산화철 등이 뒤섞인 찰흙.

노모그래프 (nomograph) 몡 〔수〕 노모그램.

노모그램 (nomogram) 몡 〔수〕 몇 개의 변수의 관계를 그래프로 나타내어 수치의 계산을 간편하게 하기 위해 쓰는 계산 도표. 노모그래프. 구성어 : 계산 도표.

노:모성 치매 (老耄性癡呆)[-썽-] 〔의〕 노인성 치매.

노:목 (老木) 몡 오래 살아 생장 활동이 활발하지 못한 나무. 고목(古木).

노:목 (怒目) 몡 성난 눈.

노목 (蘆木) 몡 〔식〕 고생대 석탄기(石炭紀)에 무성했던 거대한 목본 양치식물.

노:목-시지 (怒目視之)[-씨-] 몡하타 성난 눈으로 봄.

노무 (勞務) 몡 1 급료를 받으려고 체력 또는 정신력을 들이는 일. 2 노동에 관련된 사무.

노무 관리 (勞務管理)[-팔-] 〔경〕 노동자의 사용을 합리화하고 생산성을 높이기 위하여 사용자가 행하는 관리. *인사 관리.

노:무력-하다 (老無力-)[-려카-] 혱어 늙고 힘이 없다.

노무-배상 (勞務賠償) 몡 남에게 끼친 손해를 돈 대신 기술이나 노력 등으로 갚는 일.

노무-비 (勞務費) 〔경〕 사업주가 근로자의 노동에 대하여 지불하는 대가(對價)와 노무 관리를 위하여 들이는 비용의 총칭. □~를 책정하다.

노:무용-하다 (老無用-) 혱어 늙어서 아무런 쓸모가 없다.

노무-자 (勞務者) 몡 노무에 종사하는 사람. □~로 일하다.

노무 출자 (勞務出資)[-짜] 〔법〕 회사나 조합을 위해 사원이나 조합원이 금전이나 물자 대신 업무 집행이나 노무를 제공하는 일.

노문 (勞問) 몡하타 신하를 위문함.

노:문 (路文) 몡 〔역〕 조선 때, 벼슬아치가 공무로 지방을 여행할 때, 관리가 이를 곳에 날짜를 미리 알리던 공문.
노문(을) 놓다 困 ㉠노문을 보내다. ㉡미리 알리다.

노문 (露文) 몡 러시아 어로 된 글. □~ 국역.

노:물 (老物) 몡 1〈속〉늙어서 쓸모없는 사람. 2 낡고 오래된 물건. 3 늙은 사람이 자기를 낮추어 이르는 말.

노-뭉치 몡 뭉쳐 놓은 노. □~를 풀다.

노박-덩굴 [-떵-] 몡 〔식〕 노박덩굴과의 낙엽 활엽 덩굴나무. 숲 속에서 나는데, 봄에 녹황색 꽃이 피고 가을에 둥근 열매가 익음. 어린잎은 식용하고 열매는 기름을 짜며 나무껍질은 섬유용임.

노-박이다 쟈 ☞ 노박히다.

노박이-로 뷔 1 줄곧 한 가지에만 붙박이로. 2 줄곧 계속적으로. □한여름을 ~ 휴양지에서 보냈다.

노박-하다 (魯朴-)[-바카-] 혱어 어수룩하고 순박하다.

노-박히다 [-바키-] 쟈 1 계속해서 한곳에만 붙박히다. 2 줄곧 한 일에만 골몰하다.

노:반 (路盤) 몡 〔건〕 1 도로를 포장하기 위해 땅을 파고 다져 놓은 땅바닥. 노상(路床). 2 철로의 궤도를 부설하기 위한 토대.

노반 (露盤) 몡 〔건〕 탑의 꼭대기 층에 있는 네모난 지붕 모양의 장식.

노:반 공사 (路盤工事) 〔건〕 노반을 만들기 위해 지반을 다지는 공사.

노:발-대발 (怒發大發) 몡하타 몹시 노하여 펄펄 뛰며 성을 냄. □~하면서 크게 꾸짖다.

노:발-대성 (怒發大聲) 몡 크게 성을 내어 지르는 큰 목소리.

노:방 (路傍) 몡 길가.

노:방-잔읍 (路傍殘邑) 몡 왕래가 잦은 벼슬아치를 대접하느라고 백성들의 생활이 피폐해진 큰길가의 작은 고을.

노방주 (-紬) 몡 중국에서 생산되던 명주의 한 가지.

노방-청 (奴房廳) 몡 〔역〕 지방 관아의 관노들이 출근하여 대기하던 집.

노:방-초 (路傍草) 몡 길가에 난 풀.

노:방-토 (路傍土) 몡 육십갑자(六十甲子)에서, 경오(庚午)와 신미(辛未)에 붙이는 납음(納音).

노배 (奴輩) 몡 놈들. 자식들.

노:배 (老輩) 몡 나이 많은 이들. 또는 늙은이의 무리.

노:-법사 (老法師)[-싸] 몡 〔불〕 법사의 스승. 법옹사(法翁師).

노-벙거지 몡 노끈으로 엮어서 만든 벙거지.

노벨륨 (nobelium) 몡 〔화〕 인공 방사성 원소의 하나. 탄소 이온으로 퀴륨(curium)을 파괴하여 발견함. [102번 : No : 259]

노벨-상 (Nobel賞) 몡 1896년 스웨덴 화학자 노벨의 유언에 따라 인류 복지에 가장 구체적으로 공헌한 사람이나 단체에 주는 상《물리학·화학·생리학 및 의학·문학·평화·경제학 상의 여섯 부문이 있음》.

노:변 (路邊) 몡 길가. □~에 핀 들국화.

노변 (爐邊) 몡 화롯가. 노변(爐邊).

노변-담 (爐邊談) 몡 화롯가에 둘러앉아 한가롭게 주고받는 이야기. 노변담화.

노변-담화 (爐邊談話) 몡 노변담.

노:병 (老兵) 몡 1 늙은 병사. 2 군사에 경험이 많은 병사.

노:병 (老病) 몡 노쇠하여 생기는 병. 노질.

노병 (勞兵) 몡 1 피로한 병사. 2 노동자와 병사.

노-병아 (櫓-) 몡 노질하기 쉽게 배의 노에 걸어 놓은 줄.

노복 (奴僕) 몡 사내종.

노:복 (老僕) 몡 늙은 사내종.

노:복 (勞復) 몡 〔한의〕 중병을 치르고 완쾌되기 전에 과로하여 다시 앓는 일.

노봉 (虜鋒) 몡 적군의 날카로운 칼날.

노봉 (露鋒) 몡 서예에서, 붓끝의 흔적이 나타나도록 쓰는 필법.

노:부 (老父) 몡 1 늙은 아버지. 2 윗사람에게 자기의 늙은 아버지를 낮추어 일컫는 말.

노:부 (老夫) 몡 ㉠늙은 남자. ㉡인대 늙은 남자가 자신을 낮추어 일컫는 말.

노:부 (老婦) 몡 늙은 부인.

노부 (鹵簿) 몡 〔역〕 임금의 거둥 때의 의장(儀仗), 또는 의장을 갖춘 행렬.

노:-부모 (老父母) 몡 늙은 어버이.

노:-부부 (老夫婦) 몡 늙은 부부.

노:-부지둔 (老腐遲鈍) 몡하타 늙어서 느리고 둔함.

노:불¹ (老佛) 몡 1 노자와 석가. 2 도교(道敎)와 불교.

노:불² (老佛) 몡 〔불〕 1 오래된 부처. 2 늙은 승려의 높임말.

노불¹ (露佛) 몡 러시아와 프랑스.

노불² (露佛) 몡 노천(露天)에 모셔 둔 불상. 유불(濡佛).

노브 (knob)^명 문의 손잡이. 문고리.
노브 애자 (knob礙子) 옥내 배선용 애자의 한 가지. 주먹만 한 크기의 도자기 제품.
노비 (奴婢)^명 사내종과 계집종. 종. 비복(婢僕). □∼ 문서.
노:비 (老婢)^명 늙은 여자 종.
노비 (勞費)^명 노동자를 부린 비용. 노임.
노비 (路費)^명 노자(路資). □∼가 부족하다.
노-뻗기 (櫓─)^명 배를 저을 때 물살을 밀어내는 노의 넓적한 부분.
노:사 (老士)^명 **1** 늙은 선비. **2** 늙은 병사.
노:사 (老死)^명 늙어 죽음.
노:사 (老師)^명 **1** 늙은 승려를 높여 이르는 말. **2** 늙은 스승.
노사 (弩師)^명 예전에, 쇠뇌를 쏘던 군사. 또는 쇠뇌를 만들던 사람.
노사 (怒瀉)^{명하자} 세차게 쏟아져 나옴.
노사 (勞使)^명 노동자와 사용자. □∼ 관계 / ∼ 분규 / ∼ 협약.
노사 (勞思)^{명하자} 몹시 근심함.
노사 (勞辭)^명 노고를 위로하는 말.
노사 (磠砂)^명 염화암모늄의 속명.
노사나-불 (盧舍那佛)^명〖불〗삼신불(三身佛)의 하나. 햇빛이 온 세계를 비추듯이 광명으로 이름을 얻은 부처.
노사 문:제 (勞使問題)〖사〗근로자와 사용자 사이에 일어나는 문제.
노:-사미 (老沙彌)〖불〗늙은 사미.
노:사-숙유 (老士宿儒)^명 학식과 덕망이 깊은 나이 많은 선비.
노사정 위원회 (勞使政委員會)〖법〗근로자와 사용자 및 정부가 신뢰와 협조를 바탕으로 노동 정책 및 이와 관련된 사항을 협의하는, 대통령 소속의 기관.
노사 협의회 (勞使協議會)[-혀븨/ -혀비]〖법〗근로자와 사용자가 상호 협조하여 근로자 복지 증진과 기업의 건전한 발전을 도모하기 위해 구성하는 협의 기구.
노사 협조 (勞使協調)[-조]〖사〗근로자와 사용자가 서로 협력과 조화를 꾀하는 일.
노:산 (老産)^{명하자} 나이 많아서 아이를 낳음.
노상 (勞傷)^{명하자} 갖은 고초로 마음에 상처를 입음.
노상 (路上)^명 길바닥. 길 위. □∼ 방뇨.
노:상 (路床)^명 노반(路盤)1.
노상 (魯桑)^명〖식〗뽕나뭇과의 낙엽 활엽 관목. 중국 원산. 잎의 길이는 15-30 cm이고, 짧은 타원형이며 봄누에와 가을누에의 먹이로 씀. 당뽕.
노상 (露霜)^명 이슬과 서리.
노상^부 언제나 늘. 변함없이. □∼ 불평만 한다 / 그는 ∼ 젊어 보인다. 逾노.
노:상-강도 (路上强盜)^명 길 가는 사람을 협박하여 강제로 재물을 빼앗는 짓. 또는 그런 도둑.
노:상-안면 (路上顔面)^명 길에서 만난 적이 있어 아는 정도의 얼굴. □그와는 ∼이 있는 정도다.
노새^명〖동〗수나귀와 암말과의 사이에서 난 변종(變種). 크기는 말만 하나 생김새는 나귀를 닮았음. 몸이 튼튼하고 힘이 세어 무거운 짐과 먼 길에 잘 견딤. 수컷은 생식력이 없음.
노:색 (老色)^명 늙은이에게 알맞은 옷의 빛깔《회색 따위》.
노:색 (怒色)^명 성난 얼굴빛. 노기(怒氣). □얼굴에 ∼을 띠다.
노:생 (老生)^{□명} '늙은이'를 얕잡아 이르는 말. ^{□대} 노인이 자기를 낮추어 이르는 말.

노:서 (老西)^명〖역〗조선 때, 서인(西人)의 한 분파. 공서(功西)의 소장파가 갈려 나간 뒤에 남은 김류(金瑬) 등의 파.
노서아 (露西亞)^명 '러시아'의 음역. 노국(露國).
노서아-어 (露西亞語)^명〖언〗러시아어. 노어.
노석 (鹵石)^명〖화〗염화물·브롬화물·요오드화물의 총칭.
노석 (露石)^명 땅 위로 드러난 돌. □∼에 걸터앉다.
노석 광:물 (鹵石鑛物)[-꽝-]〖광〗염소·브롬·요오드·플루오르·할로겐염 광물을 주성분으로 하는 광물.
노:선 (路線)^명 **1** 버스·기차·비행기 따위가 일정한 두 지점을 정기적으로 오가는 길. □버스 ∼ / 항공 ∼ / 지하철 ∼ / ∼을 증설하다. **2** 일정한 목표를 이루기 위한 견해나 활동 방침. □정치 ∼ / 당의 ∼에 따르다 / 독자적인 ∼을 걷다 / 강경 ∼으로 선회하다.
노:선-도 (路線圖)^명〖지〗도로에 따라 그 주위의 상태를 기록한 지도.
노:선-버스 (路線bus)^명 일정한 노선에 따라 운행하는 버스. □두메산골이라 정기 ∼가 없다.
노:성 (老聲)^명 늙은이의 목소리.
노:성 (怒聲)^명 성난 목소리. □∼을 지르다.
노성 (駑性)^명 둔하고 어리석은 성질.
노성 (櫓聲)^명 노 젓는 소리. 전(轉)하여, 기러기우는 소리.
노-성냥^명 종이로 노를 꼬고 그 끝에 황을 바른 성냥.
노:성-하다 (老成─)^{혱여} **1** 많은 경험을 쌓아 세상일에 익숙하다. **2** 나이에 비하여 어른 티가 나다.
노:소 (老少)^명 늙은이와 젊은이. 소장(少長). □∼를 막론하고.
-노소니^{어미}《옛》-니. -나니.
노:소-동락 (老少同樂)[-낙]^{명하자} 노인과 젊은이가 함께 즐김.
-노소라^{어미}《옛》-노라. -는구나.
노:소-론 (老少論)^명〖역〗노론과 소론.
노:소-부정 (老少不定)^명 늙은이가 꼭 먼저 죽는 것은 아님(죽는 데는 순서가 없음).
노속 (奴屬)^명 종의 무리 또는 족속.
노-손 (櫓─)^명 노의 손잡이. □∼을 잡다.
노:송 (老松)^명 늙은 소나무.
노:송-나무 (老松─)^명〖식〗소나뭇과의 상록 교목. 일본 특산인데 높이는 30-40 m, 지름은 1-2 m이고 잎은 작은 바늘 모양으로 가지에 빽빽이 남. 목재는 광택이 있고 내수력이 강하여 재목으로 용도가 넓음. 편백. 회목.
[노송나무 밑이다] 마음이 음충맞고 우중충함의 비유.
노:쇠 (老衰)^{명하혱} 늙어서 쇠약하고 기운이 없음. □∼한 소를 더 이상 일을 시킬 수 없었다.
노:쇠-기 (老衰期)^명 **1** 늙어서 기운이 쇠잔해진 시기. **2** 사물이 낡고 오래되어 기세가 쇠약해진 시기.
노:수 (老手)^명 노련하고 익숙한 솜씨. 또는 그 사람.
노:수 (老叟)^명 노옹(老翁).
노:수 (老壽)^{명하자} 장수(長壽).
노:수 (老樹)^명 오래된 나무. 고목(古木).
노수 (勞嗽)^명〖한의〗주색(酒色)이 지나쳐 몸이 허약해지고 기침·오한·식은땀·열이 나는

병을 이르는 말.

노:수 (路需)명 노자(路資).

노수 (滷水)명 간수.

노:숙 (老宿)명 **1** 나이가 많아 경험이 풍부한 사람. **2** 학식이 높고 견문이 넓은 사람. **3**〔불〕불도에 수양을 많이 쌓은 승려.

노숙 (露宿)명하자 한데서 잠. 한뎃잠. 한둔. 야숙(野宿).ㅁ산에서 하룻밤을 ~하다.

노숙-자 (露宿者)[-짜]명 길거리나 공원 등지에서 한뎃잠을 자며 생활하는 사람.

노:숙-하다 (老熟-)[-수카-]형여 오랜 경험으로 익숙하다. 노련하다. ㅁ노숙한 솜씨.

노:-스님 (老-)명〔불〕**1** 스승의 스승이 되는 스님. **2** 나이 많은 스님.

노 스모킹 (no smoking) 금연.

노스탤지어 (nostalgia)명 고향이나 지난 시절을 그리는 마음. 〔僧〕.

노:승 (老僧)명 나이가 많은 승려. ↔소승(少

노:-승-발검 (怒蠅拔劍)명하자 성가시게 구는 파리를 보고 칼을 뽑는다는 뜻으로, 사소한 일에 화를 내거나 또는 작은 일에 어울리지 않게 커다란 대책을 세움을 비웃는 말.

노시 (奴視)명하자 종을 대하듯 멸시함. 복시(僕視).

노:시 (老視)명 노안(老眼).

노:신 (老臣)〔一〕명 늙은 신하. 〔二〕인대 늙은 신하가 임금에게 자기를 낮추어 이르는 말.

노:신 (老身)명 늙은 몸.

노신 (勞神)명하자 속을 썩임. 걱정을 함.

노:-신랑 (老新郞)[-실-]명 혼기를 넘겨서 결혼한 나이 많은 신랑. ↔노신부.

노:-신부 (老新婦)명 혼기를 넘겨서 결혼한 나이 많은 신부. ↔노신랑.

노:-실-하다 (老實-)형여 노련하고 성실하다.

노심 (勞心)명하자 마음으로 애를 씀.

노심 (爐心)명〔물〕원자로에서 연료가 되는 핵분열성 물질과 감속재(減速材)가 들어 있는 부분.

노심-초사 (勞心焦思)명하자 몹시 마음을 쓰며 애를 태움. ㅁ거짓이 탄로 날까 ~하다.

노아 (Noah)명〔성〕구약 성서 '창세기'의 홍수 이야기의 주인공(아담의 10대손).

노 아웃 (no out) 야구에서, 공격 측에 아웃이 없는 상태. 무사(無死).

노악 (露惡)명 자기의 결점을 일부러 드러냄.

노안 (奴案)명〔역〕조선 때, 종의 이름을 적어 놓았던 장부.

노:안 (老眼)명 늙어서 시력이 약해진 눈. 노시(老視).

노:안 (老顏)명 노인의 얼굴. 또는 노쇠한 얼굴. ㅁ~을 뒤덮은 백발.

노:안-경 (老眼鏡)명 돋보기1.

노안-도 (蘆雁圖)명〔미술〕동양화에서, 갈대와 기러기를 소재로 그린 그림.

노안-비슬 (奴顏婢膝)명 남에게 굽실거리는 얼굴로 비굴하게 알랑대는 태도.

노:안-유명 (老眼猶明)명 노인의 시력이 오히려 밝음.

노암 (露岩)명 땅 위로 드러난 바위.

노:-앞 (艣-)[-압]명 오른쪽 뱃전. ↔노뒤.

노:앵 (老鶯)명 늦봄에 지저귀는 꾀꼬리.

노:야 (老爺)명 늙은 남자. 노옹(老翁).

노야기 명〔식〕향유(香薷).

노:약 (老弱)명 **1** 늙은이와 연약한 어린이. 노소(老少). **2** 늙은이와 병약한 사람. 노약자.

--하다[-야카-]형여 늙어서 기운이 약하다.

노:약-자 (老弱者)[-짜]명 노약(老弱). ㅁ~ 보호석 / ~에게 자리를 양보하다.

노어 (魯魚)명 노어지오.

노어 (露語)〔언〕러시아 어. 노서아어.

노어 (鱸魚)명〔어〕농어.

노어지오 (魯魚之誤)명 노(魯) 자와 어(魚) 자가 비슷하여 틀리기 쉽다는 데서, 글자를 잘못 쓰기 쉬움을 이르는 말. 노어.

노:여움 명 노여운 마음. 노혐(怒嫌). ㅁ~을 풀다. 준노염.

  노여움(을) 사다 관 다른 사람을 노엽게 하여 자기가 그 영향을 받다. 노염(을) 사다.

노:여워-하다 자타여 화가 치밀 만큼 분해하거나 섭섭해하다. ㅁ내 거짓말에 부모님은 무척 노여워하셨다.

노:역 (老役)명 영화나 연극 따위에서, 노인의 역. ㅁ~을 맡아 열연하다.

노역 (勞役)명하자 괴롭고 힘든 노동. ㅁ~에 시달리다〔종사하다〕.

노역 (露譯)명하타 러시아 어로 번역하는 일. 또는 그런 번역. ㅁ국문 ~.

노:염 명 '노여움'의 준말. ㅁ~을 타다.

  [노염은 호구별성(戶口別星)인가〕노염을 잘 타는 사람을 빗대어.

  노염(을) 사다 관 노여움(을) 사다.

노:엽다 (老葉-)명 늦더위.

노:엽다 [-따]〔노여워, 노여우니〕형타 분하고 섭섭하다. ㅁ너무 노엽게 생각지 마라.

노영 (露營)명하자 야영(野營).

노예 (奴隷)명 **1** 지난날, 권리·자유가 인정되지 않고 남의 지배 밑에서 강제로 일하며 매매·양도의 대상이 되었던 사람. ㅁ~로 삼다 / ~로 팔리다. **2** 권리나 자유를 빼앗겨 자기 의사나 행동을 주장하지 못하고 남에게 부림을 받는 사람. ㅁ식민지의 ~가 되다. **3** 어떤 목적에 얽매여 인격의 존엄성도 저버리는 사람. ㅁ돈의 ~가 된 현대인.

노예 경제 (奴隷經濟)〔사〕노예 제도를 바탕으로 하는 경제 행위와 과정.

노예-근성 (奴隷根性)명 남이 시키는 대로만 하고 자신의 생각으로 행동하지 못하는 성질. ㅁ~에서 벗어나지 못하다.

노예-시 (奴隷視)명하타 노예를 대하듯이 상대방을 업신여김.

노예 제:도 (奴隷制度)〔사〕생산 노동의 담당자가 노예인 사회 제도.

노예제 사회 (奴隷制社會)〔사〕인류 사회의 발전 단계에서, 노예에 의한 노동이 생산의 중심이었던 사회.

노예 해:방 (奴隷解放)〔사〕노예 제도를 없애고 노예에게 자유인으로서의 권리와 능력을 줌.

노예-화 (奴隷化)명하타 노예가 되게 함. ㅁ국민을 ~하는 독재 정치.

노-오라기 명 노끈의 작은 동강. 준노오리.

노-오리 명 '노오라기'의 준말.

노:옥 (老屋)명 낡고 허름한 집.

노옥 (露玉)명 구슬같이 맺힌 이슬.

노:온 (老媼)명 늙은 여자. 노파.

노:옹 (老翁)명 늙은 남자. 노수(老叟).

노와 (露臥)명하자 한데에 그대로 누움.

노:욕 (老慾)명 늙은이가 부리는 욕심. ㅁ~을 부리다.

노:용 (路用)명 여행 비용. 노비(路費).

노:우 (老友)명 늙은 벗. 나이 든 친구.

노:우 (老優)명 **1** 늙은 배우. **2** 노련한 배우.

노:웅 (老雄)명 늙은 영웅.

노:유 (老幼)圀 늙은이와 어린이.
노:유 (老儒)圀 늙은 선비. 또는 늙고 학덕이 높은 학자.
노육 (胬肉)圀 굳은살.
노을圀 해가 뜨거나 질 무렵, 하늘이 햇빛을 받아 벌겋게 비치는 현상. ㅁ저녁~ / ~이 지다 / ~이 붉게 물들다. ㉮놀.
노을-빛 [-삗]圀 노을이 질 때와 같이 불그스름한 빛.
-노이다 어미 〈옛〉-나이다. -옵니다.
노이로제 (독 Neurose)圀 〖의〗 불안·과로·갈등·억압 등의 감정 체험이 원인이 되어 일어나는 신체적 병증(신경증·히스테리 따위).
노이만형 컴퓨터 (Neumann型computer)〖컴〗 노이만(Neumann, J.L.von : 1903~1957)의 원리를 바탕으로 한 컴퓨터. 소프트웨어에 의한 프로그램 내장 방식, 명령의 순차적 실행 따위가 특징이며, 현재 대부분의 컴퓨터가 이런 형태임. ↔비노이만형 컴퓨터.
노이무공 (勞而無功)圀 애쓴 보람이 없음.
노:이불사 (老而不死)[-싸]圀 늙은 나이에 꼴사납고 어지러운 일이 생겨도 마지못해 살아감을 한탄함.
노이즈 (noise)圀〖전〗 전기적·기계적인 이유로 시스템에서 발생하는 불필요한 신호(라디오·텔레비전·레코드 따위의 잡음).
노:-익장 (老益壯)[-짱]圀 늙었지만 의욕이나 기력은 점점 좋아짐. 또는 그런 상태. 노당익장(老當益壯). ㅁ~을 과시하다.
노:인 (老人)圀 나이가 많이 든 늙은 사람. 늙은이. ㅁ팔십이 넘은 ~ / ~을 공경하다.
노:인 (路人)圀 길에 오가는 사람. 행인(行人)¹.
노:인 (路引)圀〖역〗조선 때, 관청에서 병졸이나 보통 장사치에게 내주던 여행권.
노:인-경 (老人鏡)圀 돋보기¹.
노:인-네 (老人-)圀 늙은이. ㅁ~ 취급을 받다.
노:인-병 (老人病)[-뼝]圀〖의〗노인에게 잘 생기는 병(동맥 경화·고혈압·중풍·노인성 치매 따위).
노:인 복지 (老人福祉)[-찌]〖사〗고령자의 복지를 위한 사회 보장 제도(생활 보장·건강 유지·사회 참여 따위).
노:인-성 (老人星)圀〖천〗'남극노인성'의 준말.
노:인성 치매 (老人性癡呆)[-썽-]〖의〗뇌의 노화로 인하여 기억력·이해력이 무디어지고 비이성적인 행동을 하는 정신병.
노:인-자제 (老人子弟)圀 늙어서 낳은 아들.
노:인-장 (老人丈)圀 노인을 높여 이르는 말.
노:인-정 (老人亭)圀 노인들이 모여 쉴 수 있도록 마련해 놓은 정자나 시설.
노일 전:쟁 (露日戰爭)〖역〗러일 전쟁.
노임 (勞賃)圀 노동에 대한 보수. 품삯. ㅁ~ 인상 / ~이 비싸다.
노임 기금설 (勞賃基金說)〖경〗임금 기금설.
노임 철칙 (勞賃鐵則)〖사〗임금 철칙.
노자 (奴子)圀 1 사내종. 2 〖역〗마지기¹.
노자 (勞資)圀 1 노동과 자본금. 2 노동자와 자본가. ㅁ~ 간의 갈등.
노:자 (路資)圀 먼 길을 오가는 데 드는 돈. 노비(路費). 노수(路需). 노전. 여비(旅費). 행비(行費). 행자(行資). ㅁ~가 떨어지다 / ~를 마련하다.
노자 (鸕鷀)圀〖조〗가마우지¹.
노자근-하다 어미 '노작지근하다'의 준말.
노자나-불 (盧遮那佛)〖불〗'비로자나불(毘盧遮那佛)'의 준말.

노:자 성:체 (路資聖體)圀〖가〗죽음이 다가온 신자에게 마지막으로 하는 영성체.
노작 (勞作)圀하자 1 힘들여 일함. 2 애쓰고 노력해서 만든 작품. 역작(力作). ㅁA씨의 ~ 소설 / 오랜 각고 끝에 완성된 ~.
노작-가축 (勞作家畜)[-까-]圀 부지런히 힘들여 일하는 가축(소·말 따위).
노작 교:육 (勞作敎育)[-꾜-]〖교〗학생들의 자발적·능동적인 정신 및 신체의 작업을 중심 원리로 하여 행하는 교육.
노작지근-하다 [-찌-]형여 몸에 힘이 없고 맥이 풀려 나른하다. ㅁ운동 후 목욕을 하니 온몸이 ~. ㉮노자근하다.
노:잣-돈 (路資-)[-자똔 / -잗똔]圀 1 먼 길을 오가는 데 드는 돈. 2 죽은 사람이 저승길에 편히 가라고 상여 등에 꽂아 주는 돈.
노:장 (老壯)圀 노년(老年)과 장년(壯年).
노:장 (老長)圀〖불〗노장중¹.
노:장 (老莊)圀 노자(老子)와 장자(莊子).
노:장 (老將)圀 1 늙은 장수. 2 경험이 많아 노련한 장군. 3 경험을 많이 쌓아 노련한 사람. ㅁ~ 선수.
노:장 (露葬)圀하타〖민〗죽은 처녀·총각의 혼령이 악귀가 되어 화를 미치지 않도록 그 시신을 사람의 왕래가 많은 길에 묻던 일.
노장 (蘆場)圀 갈대밭.
노장 (露場)圀〖지〗기상 관측을 위해 백엽상·우량계·증발계 따위를 설치하는 곳.
노:장 사:상 (老莊思想)〖철〗무위·자연을 도덕의 표준으로 하며, 허무를 우주의 근원으로 삼는 노자(老子)와 장자(莊子)의 사상.
노:장-중 (老長-)〖불〗1 나이가 많고 덕행이 높은 승려. 노장(老長). 2 늙은 승려를 높여 이르는 말.
노:장-학 (老莊學)〖철〗노장 사상을 따르고 그 뜻을 서술하는 학문.
노:적 (露積)圀하타 곡식 따위를 한데에 쌓아 둠. 또는 그런 물건. 야적(野積). ㅁ공터에 석탄을 ~해 두다.
노:적-가리 (露積-)[-까-]圀 한데에 쌓아 둔 곡식 더미. ㅁ마당에 ~를 쌓다.
[노적가리에 불 지르고 싸라기 주워 먹는다] 큰 것을 잃고 작은 것을 아껴의 비유.
노:전 (路奠)圀〖민〗견전제(遣奠祭).
노:전 (路錢)圀 노자(路資).
노전 (蘆田)圀 갈대밭.
노전 (爐殿)圀〖불〗대웅전과 그 밖의 법당을 맡아보는 사람의 숙소. 향각(香閣).
노전 스님 (爐殿-)〖불〗법당에서 아침저녁으로 향불을 받드는 스님.
노점 (癆漸)圀〖한의〗폐결핵의 한의학상의 이름. 폐로(肺勞). 허로(虛勞).
노점 (露店)圀 길가의 한데에 벌여 놓은 가게. ㅁ~ 상인.
노점 (露點)[-쩜]圀〖물〗이슬점.
노점-상 (露店商)圀 길가에 물건을 벌여 놓고 하는 장사. 또는 그런 장사를 하는 사람. ㅁ저녁이 되자 ~이 하나 둘 들어서기 시작한다.
노점 습도계 (露點濕度計)[-쩜-또- / -쩜-또게]〖물〗이슬점 습도계.
노정 (勞政)圀 노동 문제와 관련된 정책이나 행정.
노:정 (路程)圀 1 목적지까지의 거리. 또는 목적지까지 걸리는 시간. 2 거쳐 지나가는 길이나 과정. ㅁ험난한 ~.
노정 (露井)圀 지붕이 없는 우물.

노정 (露呈) 명하타 겉으로 모두 드러내어 보임. ▢~된 한계 / 내부의 불화가 ~되다.

노정-골 (顱頂骨) 명〔생〕 두정골.

노:정-기 (路程記) 명 여행할 길의 거리·경로를 적은 기록.

노:제 (老除) 명하자타 나이가 들어 군에서 제대함. 또는 늙은 군인을 제대시킴.

노:제 (路祭) 명〔민〕 견전제(遣奠祭).

노적 명〈옛〉 노적(露積).

노:조 (怒潮) 명 세차게 밀어닥치는 바닷물.

노조 (勞組) 명〔사〕 '노동조합'의 준말. ▢출판 ~ / ~를 결성하다.

노:졸 (老拙) 명 늙고 못생김.

노졸 (露拙) 명하자 못나고 옹졸함을 드러냄.

노주 (奴主) 명 종과 상전. 주복(主僕).

노:주 (老酒) 명 1 섣달에 담가서 해를 묵혀 떠낸 술. 납주(臘酒). 2 찹쌀·조·기장 따위로 빚는 중국 술의 하나. 라오주. 3 술로 늙은 사람.

노주 (露珠) 명 이슬방울.

노주 (露酒) 명 이슬처럼 받아 내린 증류주라는 뜻으로, 소주(燒酒)의 딴 이름.

노:중 (路中) 명 1 길의 가운데. 2 길을 오가는 동안.

노중-화 (爐中火) 명〔민〕 육십갑자(六十甲子)에서, 병인(丙寅)·정묘(丁卯)의 납음(納音).

노즐 (nozzle) 명〔공〕 대롱 모양으로 되어 끝부분의 작은 구멍에서 액체나 기체를 내뿜는 장치.

노증 (勞症) 명〔한의〕 폐결핵의 옛 명칭.

노지 (露地) 명 지붕 따위로 덮거나 가리지 않은 땅.

노지 재:배 (露地栽培) 〔농〕 채소·꽃 따위의 재배에서, 특수한 가열이나 보온을 하지 않고 밭의 자연적인 조건에서 재배하는 방법.

노:질 (老疾) 명〔의〕 노병(老病).

노질 (駑質·魯質) 명 둔하고 미련한 성질.

노-질 (櫓-) 명하자 노를 저어 배를 부리는 일. ▢~을 멈추다.

노착지근-하다 [-찌-] 형어 '노리착지근하다'의 준말. **노착지근-히** [-찌-] 부

노:처 (老妻) 명 늙은 아내.

노처 (露處) 명하자 한데에서 지냄.

노:-처녀 (老處女) 명 혼인할 나이가 훨씬 지난 처녀. ▢전문직 업종이 늘어남에 따라 ~도 늘고 있다. ↔노총각.

노천 (露天) 명 한데². ▢~ 시장.

노천-강당 (露天講堂) 명 한데에 앉을 수 있는 계단을 만들어 강당 대신으로 쓰는 곳.

노천-굴 (露天掘) 명〔광〕 갱(坑)을 만들지 않고 지표에서 바로 광물을 캐내는 일. 노굴. 노천 채굴.

노천-극장 (露天劇場) [-짱] 명 한데에 임시로 무대를 가설한 극장. 야외(野外)극장. ▢~에서 록 콘서트 공연이 열린다.

노천-상 (露天商) 명 길가에 물품을 진열해 놓고 파는 장사. 또는 그 장수.

노천 수업 (露天授業) 〔교〕 피서나 실습 따위를 위해 한데에서 하는 수업.

노천-온천 (露天溫泉) 명 야외에 목욕 시설을 갖추어 놓은 온천.

노천 채:굴 (露天採掘) 〔광〕 노천굴.

노:체 (老體) 명 늙은 몸.

노체 (露體) 명 알몸을 그대로 드러냄.

노초 (露礁) 명 바다의 수면 위로 솟은 암초.

노:촌 (路村) 명〔지〕 도로를 따라서 발달한 농업 촌락.

노:총 명 일정한 기간 남에게 알리지 않아야 할 일.

　노총(을) 지르다 관 노총을 남에게 알리다.

노총 (勞總) 명〔사〕 '한국 노동조합 총연맹'을 줄여 이르는 말. ▢~ 산하의 각 조합.

노:-총각 (老總角) 명 결혼할 나이가 훨씬 지난 총각. ↔노처녀.

노추 (奴雛) 명 지난날, '종이 낳은 아이'의 낮춤말.

노:추 (老醜) 명하형 늙고 추함.

노:-축 (老-) 명 늙은이 무리.

노출 (露出) 명하자타 1 겉으로 드러나거나 드러냄. ▢감정 ~ / 허점을 ~하다 / 위험에 ~되다 / ~이 심하다. 2 〔연〕 사진술에서, 촬영할 때 필름·건판(乾板) 등의 감광면(感光面)에 적당한 양의 빛을 쬐는 일. 노광(露光). ▢빛의 ~ 을 줄이다.

노출-계 (露出計) [- / -계] 명〔연〕 사진 촬영 때 피사체(被寫體)의 밝기를 측정하여 노출 시간을 정하는 기구.

노출-증 (露出症) [-쯩] 명〔의〕 성적 도착(性的倒錯)의 하나. 특히 성기(性器)를 이성에게 보임으로써 성적·심리적인 만족을 얻는 일.

노출 탄:전 (露出炭田) 〔광〕 땅 거죽에 탄층이 드러나 쉽게 채굴할 수 있는 탄전.

노:췌-하다 (勞悴-) 형어 늙어서 몸이 마르고 핼쑥하다. ▢부모님의 노췌해지신 모습을 보니 가슴이 아프다.

노췌-하다 (勞瘁-) 형어 지치고 힘들어서 몸이 마르고 핼쑥하다.

노:치 (老齒) 명 늙은이의 이.

노:친 (老親) 명 1 늙은 부모. ▢~을 모시다. 2 나이가 지긋한 부인.

노:친-시하 (老親侍下) 명 늙은 어버이를 모시고 있는 처지.

노 카운트 (no count) 테니스·탁구 따위에서, 점수로 치지 않는 일.

노커 (knocker) 명 1 현관문에 달린, 문 두드리는 쇠고리. 2 야구에서, 수비 연습을 위해 공을 쳐 주는 사람.

노-코멘트 (no comment) 명 언급할 말이 없음〈신문 기자 등의 질문에 대해 언급을 회피하는 데 씀〉. ▢~로 일관하다.

노크 (knock) 명하자타 1 방 따위에 들어가기 전에 가볍게 문 따위를 두드림. ▢~ 소리. 2 야구에서, 수비 연습을 하기 위해 공을 침.

노킹 (knocking) 명〔공〕 내연 기관에서, 연료의 이상 폭발.

노-타이 (no+tie) 명 1 '노타이셔츠'의 준말. 2 와이셔츠에 넥타이를 매지 않은 차림.

노타이-셔츠 (no tie+shirts) 명 넥타이를 매지 않고 입는 셔츠. ⓒ노타이.

노-타임 (no+time) 명 야구 경기 따위에서, 쉬고 있는 경기를 다시 시작할 때 심판이 선언하는 말.

노:태 (老態) 명 늙은 모습. 늙은 티. ▢~가 나다.

노-터치 (no touch) 명 야구에서, 누수(壘手)나 야수(野手)가 공을 잡은 글러브로 주자(走者)를 터치하지 못함.

노:퇴 (老退) 명하자 늙어 스스로 관직에서 물러남.

노트 (note) 명하타 1 '노트북'의 준말. ▢강의 ~. 2 어떤 내용을 잊지 않으려고 적음. ▢수업 내용을 ~하다.

노트 (knot) 의명〔해〕 배의 속도를 나타내는 단위. 한 시간에 1해리, 곧 1,852 m를 달리는

속도를 1 노트라 함.
노트-북 (notebook) 圏 **1** 공책. ㉣노트. **2**『컴』
노트북 컴퓨터.
노트북 컴퓨터 (notebook computer)『컴』 대
학 노트 크기의 휴대용 컴퓨터. 노트북.
노틀 (㉠ 老頭兒) 圏〈속〉늙은이.
노:티 圏 좁쌀 따위의 가루를 엿기름에 삭혀
지진 떡.
노:-티 (老-) 圏 늙어 보이는 모양이나 기색.
늙은 티. ▢~가 나다.
노:파 (老婆) 圏 늙은 여자. 할머니. 할멈. 노
구. ▢허리가 구부러진 ~.
노파리 圏 삼·종이·짚 따위로 곤 노로 결은 신
《겨울에 집 안에서 신음》.
노:파-심 (老婆心) 圏 남의 일을 지나치게 걱
정하고 염려하는 마음. ▢~에서 하는 말.
노:폐-물 (老廢物)[-/-폐-] 圏 **1** 낡아서 쓸모
가 없게 된 물건. **2**『생』 생체 안에서 물질
대사(代謝)의 결과로 생겨 몸 밖으로 배출되
는 물질.
노:폐-하다 (老廢-)[-/-폐-] 혱㉗ 낡거나 늙
어서 쓸모가 없다.
노:포 (老鋪·老舗) 圏 대대로 물려 내려오는 점
포(店鋪).
노포 (弩砲)『역』 쇠뇌.
노:폭 (路幅) 圏 도로의 너비. ▢~이 좁다 /~
을 넓히다.
노:표 (路標) 圏 도표(道標).
노 플레이 (no+play) 야구에서, 경기가 정지
된 상태. 또는 그때 행해진 플레이.
노피곰 [〈옛〉높이. 높게.
노:필 (老筆) 圏 **1** 노련한 글씨. **2** 늙은이의 힘
없는 글씨.
노하 (滷蝦) 圏『어』 곤쟁이.
노:-하다 (怒-) 재㉗ '성내다'의 높임말. ▢노
한 목소리 / 불같이 ~.
노-하우 (know-how) 圏『경』 특허되지 않은
기술로서, 기술 경쟁의 유력한 수단이 될 수
있는 정보나 경험 따위의 비밀 기술 정보.
노하유 (滷蝦油) 圏 감동유.
노:학 (老瘧) 圏『한의』 이틀거리.
노:학 (老學) 圏혱재 **1** 늙은 학자. **2** 낡은 학문
을 공부한 학자. **3** 늙어서 배움.
노:한 (老漢) 圏 늙은 사내.
노해 圏 바닷가에 펼쳐진 들판.
노해-작업 (撈海作業)[-海]『해』바닷속에 떠다
니거나 바다 밑에 쌓여 있는 물질을 건져 내
는 일.
노햇-사람 [-해싸-/-핸싸-] 圏 노해에서 사는
사람.
노현 (露見·露顯) 圏타 겉으로 나타내어 보
임. 현로(顯露).
노:혐 (怒嫌) 圏 노여움. ▢~을 타다.
노:형 (老兄) 데 처음 만났거나 그다지 가깝
지 않은 남자 어른들 사이에서, 상대편을 대
접하여 부르는 말.
노:호 (怒號) 圏혱재 **1** 성내어 소리 지름. 또는
그 소리. ▢군중이 ~하고 있다. **2** 바람이나
파도가 세찬 소리를 냄. 또는 그 소리. ▢태
풍의 ~/~하는 바람 소리.
노:혼 (老昏) 圏 늙어서 정신이 흐림.
노:홍소청 (老紅少靑) 장기 둘 때 늙은이는
홍말, 젊은이는 청말로 두는 일.
노:화 (老化) 圏혱재 **1** 나이가 들어 생물의 성
질이나 기능이 쇠퇴함. ▢~ 현상 / ~ 방지.
2『화』 콜로이드 용액이나 고무 따위가 시간
이 경과함에 따라 점성(粘性)·탄성(彈性)과
기타의 성질이 변하는 현상.

노화 (蘆花) 圏『식』 갈대꽃.
노:환 (老患) 圏 '노병(老病)'의 높임말. ▢~
으로 고생하시다.
노:회 (老會) 圏『기』 장로교에서, 각 교구의
목사와 장로의 대표가 모이는 모임.
노회 (蘆薈) 圏『식』 알로에.
노회 (爐灰) 圏 **1** 화로의 재. **2** 원자로의 재.
노:회-하다 (老獪-) 혱㉗ 경험이 많고 교활하
다. 노회한 정치가.
노획 (鹵獲) 圏타 싸워서 적의 군용품을 빼앗
음. ▢~한 전리품.
노획 (擄獲) 圏타 적을 사로잡거나 목을 벰.
▢적장을 ~하다.
노획-물 (鹵獲物)[-횡-] 圏 싸워서 빼앗은 적
군의 물품. 노획품.
노:후 (老朽) 圏혱재 오래되고 낡아 제구실을
하지 못함. ▢~ 차량 / ~ 방지 / ~ 시설.
노:후 (老後) 圏 늙은 뒤. ▢~의 생활 설계 /
~ 대책을 마련하다.
노후-화 (老朽化) 圏타재 오래되거나 낡아서
쓸모없게 됨. ▢~된 시내버스.
노히트 노런 (no-hit+no-run) 야구에서, 투
수가 상대편에 진루는 허용하더라도 한 개의
안타도 내주지 않고 실점도 하지 않는 일.
노호노흐다 혱〈옛〉하늘하늘하다. 간들간
들하다.
녹 (祿) 圏 '녹봉(祿俸)'의 준말.
녹(을) 먹다 데 벼슬아치가 되어 녹을 받다.
녹(을) 圏 **1** 산화 작용으로 쇠붙이의 표면에 생
기는 물질. ▢~을 닦아 내다 /~이 나다 /~
이 슬다. **2** '동록(銅綠)'의 준말.
녹각 (鹿角)[-깍] 圏 **1** 사슴의 뿔. **2** 녹용이 자
라서 그 속의 피의 양이 줄고 털이 뻣뻣하게
되어 굳어진 것(한약재로 씀).
녹각-교 (鹿角膠)[-깍꾜]『한의』 녹각을 고
아서 풀처럼 만든 한약.
녹각-기 (鹿角器)[-깍끼] 圏 사슴뿔로 만든 그
릇·기구·장신구 따위.
녹각-채 (鹿角菜)[-깍-] 圏『식』 청각채(青角
菜).
녹-갈색 (綠褐色)[-깔쌕] 圏 녹색을 띤 갈색.
녹강-균 (綠殭菌)[-깡-] 圏『식』 녹강병의 병
원균(누에의 피부에 붙었다가 누에 몸 안에
서 번식함).
녹강-병 (綠殭病)[-깡뼝] 圏『충』 녹강균의 기
생으로 일어나는 누에의 굳음병의 하나.
녹거 (鹿車)[-꺼] 圏『불』 삼거(三車)의 하나
《연각승(緣覺乘)에 비유한 말》.
녹골 (鹿骨)[-꼴] 圏 사슴의 뼈.
녹골-고 (鹿骨膏)[-꼴-] 圏『한의』 사슴의 뼈
를 곤 진한 국물(보약으로 씀).
녹과 (祿科)[-꽈] 圏『역』 관리의 봉급에 관한
규정.
녹과-전 (祿科田)[-꽈-] 圏『역』 고려 때, 백관
(百官)에게 녹으로 주던 논밭(몽고 병란 후에
생김).
녹권 (祿券)[-꿘] 圏 공신의 훈공(勳功)을 새긴,
쇠로 만든 패.
녹-균 (綠菌)[-꿘] 圏『식』 담자균류(擔子菌類)
에 속하는 곰팡이. 양치(羊齒)식물·종자(種
子)식물에 기생하여 녹병(綠病)을 일으킴.
녹-나다 (綠-)[녹-] 재 녹이 산화해서 빛
이 변하다. 녹슬다. ▢녹난 쇠못.
녹-나무 [농-] 圏『식』 녹나뭇과의 상록 활엽
교목. 산기슭의 양지에 나는데, 봄에 백황색
꽃이 피고 겨울에 장과가 익음. 장뇌의 원료·

선재(船材)로 씀. 장목(樟木). 장수(樟樹).

녹-내(綠-)[녹-] 명 쇠붙이에 생긴 녹의 냄새.
□~가 나다.

녹-내장(綠內障)[녹-] 명 〖의〗과로·수면 부족 등으로 시력이 감퇴되고, 눈동자의 색이 푸르게 보이는 눈병. ＊백내장.

녹녹-하다[녹노카-] 형여 물기나 기름기가 있어 좀 무르며 부드럽다. 큰눅눅하다. **녹녹-히**[녹노키] 부

녹-느러지다[녹-] 재 노긋하게 느러지다.

녹는-열(-熱)[녹-녈] 명 ⇒융해열.

녹는-점(-點)[녹-] 명 〖화〗고체가 녹아서 액체가 되기 시작하는 온도(얼음의 녹는점은 0℃임). 융점. 융해점.

녹니(綠泥)[녹-] 명 1 질은 녹색을 띤 깊은 바다 밑의 진흙. 2 '녹니석'의 준말.

녹니-석(綠泥石)[녹-] 명 〖광〗비늘꼴의 얇은 조각으로 된 초록빛 광물(성분은 규산마그네슘과 알루미늄임). 준녹니.

녹니 편암(綠泥片岩)[녹-펴남] 〖광〗녹니석을 주성분으로 하는 결정 편암.

녹다[-따] 재 1 굳은 물건이 높은 온도에서 물러지거나 물처럼 되다. □얼음이 ~ / 쇠가 ~. 2 결정체 따위가 액체 속에서 풀리다. □물감이 물에 ~ / 설탕이 물에 ~. 3 추워서 굳어진 몸이나 신체 부위가 풀리다. □방이 ~. 4 감정이 누그러지다. □언짢았던 감정이 녹아 버리다. 5 주색잡기에 빠지다. □술에 ~. 6 일에 실패하여 기운을 잃다. □그 사업에서 완전히 녹았다. 7 음식 맛이 부드럽고 맛있다. □생선회가 입 안에서 살살 녹는다. 8 어떤 현상 따위에 스며들거나 동화되다. □우리 정서에 녹아 있는 외국 문화.

녹-다운(knock-down) 명 1 권투에서, 상대편에게 맞아 바닥에 넘어지거나 로프에 의지해 있거나 링 밖으로 나가떨어진 상태. 2 〖경〗'녹다운 수출'의 준말.

녹다운 방식(knock-down方式) 〖경〗녹다운 수출.

녹다운 수출(knock-down輸出) 〖경〗부품을 수출하여 현지에서 조립해서 완성품을 만드는 방식. 녹다운 방식. 준녹다운.

녹두(綠豆)[-뚜] 명 〖식〗콩과의 한해살이풀. 팥과 비슷한데 여름에 담황록색 꽃이 핌. 열매는 둥글고 긴 꼬투리로 되어, 그 속에 팥보다 더 작고 녹색인 씨가 들어 있음.

녹두-대(綠豆大)[-뚜-] 명 〖한의〗녹두의 낱알만 한 환약의 크기.

녹두-묵(綠豆-)[-뚜-] 명 녹두로 쑨 묵의 총칭(녹말묵·제물묵 따위). 청포(淸泡).

녹두-밤(綠豆-)[-뚜-] 명 알이 잘고 동글동글한 밤.

녹두-새(綠豆-)[-뚜-] 명 몸빛이 파랗고 작은 새.

녹두-전병(綠豆煎餠)[-뚜-] 명 빈대떡.

녹두-죽(綠豆粥)[-뚜-] 명 녹두를 삶아 으깨어 체에 걸러 낸 물에 쌀을 넣고 쑨 죽.

녹렴-석(綠簾石)[녹념-] 명 〖광〗변성암 속에 들어 있는 무색 또는 녹색의 알루미늄·칼슘·철의 함수(含水) 규산염 광물.

녹로(轆轤)[녹노] 명 1 고패. 2 〖공〗오지그릇을 만드는 데 쓰는 물레. 돌림판. 3 우산대 위에 있어 살을 모아 펴고 오므리게 하는 대롱 모양의 물건.

녹록-하다(碌碌--·錄錄--)[녹노카-] 형여 1 평범하고 보잘것없다. 2 (주로 뒤에 부정어와

함께 쓰여) 만만하고 호락호락하다. □그는 결코 녹록한 인물이 아니다. **녹록-히**[녹노키] 부

녹림(綠林)[녹님] 명 1 푸른 숲. 2 화적이나 도둑의 소굴을 이르는 말.

녹림-객(綠林客)[녹님-] 명 녹림호걸(豪傑).

녹림-당(綠林黨)[녹님-] 명 화적 떼.

녹림-호객(綠林豪客)[녹님-] 명 녹림호걸.

녹림-호걸(綠林豪傑)[녹님-] 명 화적이나 도둑. 녹림객. 녹림호객.

녹-막이(綠-)[녹마기] 명하자 쇠붙이가 녹이 스는 것을 막는 일. □~ 도료.

녹말(綠末)[녹-] 명 1 감자·고구마·물에 불린 녹두 따위를 갈아서 가라앉힌 앙금을 말린 가루. 2〖화〗식물의 씨앗·줄기·뿌리 등에 들어 있는 탄수화물(광합성에 의해 만들어진 것임). 녹말가루. 전분.

녹말-가루(綠末-)[녹-까-] 명 녹말.

녹말-당(綠末糖)[녹-] 명 〖화〗녹말을 산(酸)으로 가수 분해하여 얻는 당류(糖類)(과자나 의약품 따위를 만드는 데 씀).

녹말 당화소(綠末糖化素)[녹-] 〖화〗녹말 효소(酵素).

녹말료 작물(綠末料作物)[녹-장-] 〖농〗녹말을 얻기 위해서 재배하는 농작물.

녹말-묵(綠末-)[녹-] 명 녹말로 쑨 묵.

녹말-비지(綠末-)[녹-] 명 녹말의 찌꺼기.

녹말-종자(綠末種子)[녹-] 명 〖농〗다량의 저장 녹말을 함유하는 씨(곡류·두류(豆類)의 대부분이 이에 속함). ＊지방종자.

녹말-질(綠末質)[녹-찔] 명 녹말이 많이 들어 있는 물질.

녹말 효:소(綠末酵素)[녹-] 〖화〗녹말을 당(糖)으로 가수 분해하는 반응에서 촉매 역할을 하는 효소(디아스타아제 따위).

녹명(祿命)[녹-] 명 사람이 본디 타고난 운명. 팔자.

녹명(錄名)[녹-] 명하자 이름을 적음.

녹모-색(鹿毛色)[녹-] 명 사슴의 털빛(엷은 다갈색).

녹문(綠門)[녹-] 명 축전 따위에서, 대나무 기둥에 소나무 잎으로 싸서 만든 푸른 문.

녹물(綠-)[녹-] 명 금속의 녹이 우러난 불그레한 물. □~이 들다.

녹미(鹿尾)[녹-] 명 1 사슴의 꼬리. 2 진귀한 음식.

녹미(綠米)[녹-] 명 〖역〗녹봉으로 주던 쌀.

녹미-채(鹿尾菜)[녹-] 명 〖식〗톳.

녹반(綠礬)[-빤] 명 〖화〗황산 제일철의 속칭.

녹발(綠髮)[-빨] 명 검고 윤이 나는 아름다운 머리. 녹빈(綠鬢).

녹-밥[-빱] 명 가죽신의 울과 바닥을 꿰맨 실.

녹변(綠便)[-뼌] 명 젖먹이가 소화 불량 따위로 누는 녹색의 똥. 푸른똥. □아기가 ~을 보다.

녹-병(綠病)[-뼝] 명 식물의 잎이나 줄기에 오렌지색 또는 갈색의 가루가 덩어리로 생기는 병. 수병(銹病). 엽삽병(葉澁病).

녹봉(祿俸)[-뽕] 명 〖역〗관원에게 일 년 또는 계절 단위로 나누어 주던 금품(쌀·콩·보리·명주·베·돈 따위). 봉록. 식록(食祿). 준녹.

녹봉(綠峰)[-뽕] 명 푸른 산봉우리.

녹불첩수(祿不疊受)[-뿔-쑤] 명 〖역〗두 가지 벼슬을 겸한 사람이 한 벼슬의 녹만 받도록 하던 규정.

녹비(鹿-)[-삐] 명 〔←녹피(鹿皮)〕사슴의 가죽. [녹비에 가로왈 자] 사슴 가죽에 쓴 가로왈(曰) 자는 가죽을 아래위로 당기면 일(日) 자

도 된다는 뜻으로, 사람이 일정한 주견 없이 이랬다저랬다 하는 일.

녹비(綠肥)[-삐]**명** 풋거름1.

녹비 작물(綠肥作物)[-삐장-]〖農〗 풋거름 작물.

녹비 종자(綠肥種子)[-삐-]〖農〗 풋거름 작물의 씨.

녹비-혜(鹿-鞋)[-삐- / -삐혜]**명** 사슴 가죽으로 만든, 목이 짧은 남자 신발.

녹빈-홍안(綠鬢紅顔)[-삔-]**명** 윤이 나는 검은 귀밑머리와 발그레한 얼굴이라는 뜻으로, 젊고 아름다운 여자의 얼굴을 이르는 말.

녹사(綠砂)[-싸]**명 1** 해록석(海綠石)이 많이 들어 있는 짙은 녹색의 모래. **2** 거푸집 제작에 쓰는 모래의 일종.

녹사(錄事)[-싸]〖歷〗 조선 때, 의정부·중추원의 구실아치.

녹-사료(綠飼料)[-싸-]**명** 생풀이나 생나무 잎 등으로 하는 가축의 먹이. 풋먹이.

녹사-의(綠蓑衣)[-싸- / -싸이]**명** 도롱이.

녹-새치(綠-)[-쌔-]**명**〖語〗황새칫과의 바닷물고기. 3 m에 달하는 것도 길쭉하고 옆으로 납작하며 주둥이는 창 모양으로 뾰족함. 몸빛은 녹색임.

녹새-풍(綠塞風)[-쌔-]**명** 높새.

녹색(綠色)[-쌕]**명** 파란색과 노란색의 중간색. **□** 짙은 ~.

녹색-등(綠色燈)[-쌕뜽]**명 1** 빛깔이 녹색인 등. **2** 교통 신호등에서, 갈 수 있음을 표시하는 녹색의 등.

녹-색맹(綠色盲)[-쌩-]**명**〖醫〗붉은색과 녹색을 혼동하는 색맹.

녹색 식물(綠色植物)[-쌕씽-]〖植〗엽록소를 가지고 있어 녹색을 띠는 식물.

녹색-신고(綠色申告)[-쌕씬-]〖經〗납세자가 법인세나 소득세를 자진 신고하여 납세하는 일《녹색으로 된 신고 용지를 씀》.

녹색 조류(綠色藻類)[-쌕쪼-]〖植〗녹조식물. ⓒ녹조류.

녹색 혁명(綠色革命)[-쌕켱-]〖農〗품종 개량으로 농작물의 수확을 크게 늘리는 일.

녹설(鹿舌)[-썰]**명 1** 사슴의 혀. **2** 값지고 귀한 음식.

녹수(綠水)[-쑤]**명** 푸른 물.

녹수(綠樹)[-쑤]**명** 푸른 잎이 우거진 나무.

녹수(綠囚)[-쑤]**하다**〖歷〗죄수가 옥에 갇혔을 때 그것이 합당한가를 밝힘.

녹수-청산(綠水靑山)[-쑤-]**명** 푸른 물과 푸른 산. 청산녹수.

녹-슬다(綠-)[-쓸-]〔녹슬어, 녹스니, 녹스는〕**자 1** 쇠붙이가 산화하여 빛이 변하다. **□** 칼이 ~ / 녹슨 못. **2** 상태나 기능이 낡거나 무디어지다. **□** 머리가 ~ / 녹슨 생각.

녹신(鹿腎)[-씬]**명**〖한의〗사슴의 자지《양기(陽氣)를 돕는 데 씀》.

녹신-거리다[-씬-]**자** 맥이 빠져 자꾸 나른하게 되다. **녹신-녹신**[-씬-씬]**부하다**. **◎**사지가 ~하다.

녹신-녹신[-씬-씬]**부하다** 매우 녹신한 모양. **ⓒ**녹신녹신.

녹신-대다[-씬-]**자** 녹신거리다.

녹신-하다[-씬-]**형여** 맥이 빠져 나른하다.

녹신-하다[-씬-]**형여** 질기거나 차진 물체가 좀 무르고 보드랍다. **◎**녹신하다. **녹신-히**[-씬-]**부**

녹-실(綠-)[-씰]**명**〖建〗단청에서, 노란 줄과 나란히 나가는 녹색 줄.

녹실-녹실[-씰록씰]**부하다** 아주 녹실한 모양.

□ 인절미가 ~해 먹기 좋다. **◎**녹실눅실.

녹실-하다[-씰-]**형여** 아주 무르고 말랑하다. **◎**녹실하다.

녹-십자(綠十字)[-씹짜]**명** 재해로부터의 안전을 상징하는 녹색의 십자 표시. **◎** ~ 운동.

녹-쌀 장목수수나 메밀 따위를 갈아서 쌀알처럼 만든 것.
  녹쌀(을) 내다 **자** 장목수수나 메밀 따위를 갈아서 쌀알처럼 되게 하다.

녹아-나다[자] **1** 녹아서 우러나다. **□** 아이스크림이 혀끝에서 ~. **2** 몹시 들복 고생을 하다. **□** 이삿짐 나르느라 ~. **3** 상대편에게 정신을 차리지 못할 정도로 빠지다. **□** 접대부의 손에 ~.

녹아-내리다[자] **1** 녹아서 밑으로 처지다. **□** 얼음이 ~. **2** 비유적으로, 감정 따위가 누그러지다. **□** 애간장이 ~.

녹아-들다[-들어, -드니, -드는]**자 1** 다른 물질에 스며들거나 녹아서 섞이다. **□** 소금이 물에 ~. **2** 사상이나 문화 따위가 융화되다. **□** 불교가 우리 문화 속에 ~.

녹아-떨어지다[자] 몹시 힘들거나 나른해서 정신을 잃고 자다. **□** 밤을 새우더니 녹아떨어졌다.

녹아웃(knockout)**명 1** 권투에서, 선수가 다운되어 10초 안에 경기를 다시 시작하지 못하는 상태. 케이오. **2** 야구에서, 투수가 상대편 타자에게 연타를 맞고 마운드에서 물러나는 일.

녹안(綠眼)**명** 눈동자가 녹색인 눈. *벽안(碧眼).

녹암(綠岩)〖鑛〗녹색의 변성암의 총칭.

녹야(綠野)**명** 푸른 들.

녹야-원(鹿野苑)**명**〖佛〗석가가 도(道)를 이룬 뒤, 처음으로 다섯 사람의 비구(比丘)를 위하여 설법하던 곳. **◎**녹원.

녹양(綠楊)**명** 잎이 푸르게 우거진 버드나무.

녹양-방초(綠楊芳草)**명** 푸른 버드나무와 향기로운 풀.

녹연-석(綠鉛石)**명**〖鑛〗납을 주성분으로 하는 짙은 녹색 또는 황갈색의 인산염(燐酸塩)광물《납을 채취하는 원광(原鑛)임》.

녹엽(綠葉)**명** 푸른 나뭇잎.

녹옥(綠玉)**명 1** 녹색의 구슬. **2**〖鑛〗에메랄드.

녹옥-석(綠玉石)[노곡썩]**명**〖鑛〗에메랄드.

녹용(鹿茸)**명**〖한의〗새로 돋은 사슴의 연한 뿔《보약으로 씀》. **◎**용(茸).

녹우(綠雨)**명** 신록(新綠)의 무렵에 내리는 비.

녹원(鹿苑)**명 1** 사슴을 놓아기르는 뜰. **2**〖佛〗'녹야원(鹿野苑)'의 준말.

녹위(祿位)**명** 녹봉과 벼슬자리.

녹음(綠陰)**명** 푸른 잎이 우거진 나무나 수풀. 또는 그 나무의 그늘. **□** ~의 계절 / ~이 우거지다.

녹음(錄音)**명하다** 음향·음성·음악 등을 테이프·레코드 등에 기록해 넣음. 또는 그 기록한 소리. **□** ~을 듣다 / 노래를 ~하다 / 증언이 ~된 테이프.

녹음-기(錄音器)**명** 녹음하는 기계.

녹음 방:송(錄音放送) 라디오나 텔레비전으로 녹음한 소리를 재생(再生)하여 방송함.

녹음-방초(綠陰芳草)**명** 푸르게 우거진 나무와 향기로운 풀《여름철의 자연경관을 가리키는 말》.

녹음-테이프(錄音tape)**명** 소리를 기록하는 자기(磁氣) 테이프.

녹음-판 (錄音板) 명 녹음해 놓은 소리판.

녹읍 (祿邑) 명 〔역〕 신라 때, 백관(百官)에게 직전(職田)으로 주던 논밭.

녹의 [綠衣][노긔 / 노기] 명 1 녹색 옷(예전에, 천한 사람이 입었음). 2 연두저고리.

녹의 (綠蟻) 명 술구더기.

녹의-홍상 (綠衣紅裳)[노긔- / 노기-] 명 연두저고리에 다홍치마라는 뜻으로, 젊은 여자의 고운 옷차림을 이르는 말.

녹이 (騄耳·綠耳) 명 중국 주(周)나라 목왕(穆王)이 타던 팔준마(八駿馬) 가운데 하나로, 좋은 말의 비유.

녹이다 타 ('녹다'의 사동) 녹게 하다. ◻얼음을[쇠를] ~ / 시린 손을 ~ / 남자의 마음을 살살 ~.

녹자 (綠磁·綠瓷)[-짜] 명 〔공〕 녹색을 띤 자기 ('청자'의 뜻으로 쓰기도 함).

녹자 유리 (綠磁琉璃)[-짜-] 〔공〕 녹자를 이용하여 만든 유리.

녹작지근-하다 [-짝-] 혱여 몸에 힘이 없고 맥이 풀려 몹시 나른하다. 녹지근하다. ◻온종일 걸었더니 온몸이 ~.

녹정-혈 (鹿頂血) 명 〔한의〕 사슴의 머리에서 받은 피(강장제로 씀).

녹조-류 (綠藻類)[-조-] 명 〔식〕 '녹색 조류(藻類)'의 준말.

녹조-식물 (綠藻植物)[-조싱-] 명 〔식〕 엽록소를 가지고 있어 광합성을 하는 조류의 총칭. 녹색 조류. 녹조류.

녹존-성 (祿存星)[-쫀-] 명 구성(九星) 가운데 셋째 별.

녹주 (綠酒)[-쭈] 명 1 녹색의 술. 2 맛 좋은 술. 미주(美酒).

녹주-석 (綠柱石)[-쭈-] 명 〔광〕 육방 정계에 속하는 기둥 모양의 결정을 이루는 광물. 성분은 베릴륨·알루미늄과의 규산염. 녹색·담청색이며 투명하고 광택이 남.

녹주-옥 (綠柱玉)[-쭈-] 명 〔광〕 에메랄드.

녹죽 (綠竹)[-쭉] 명 푸른 대나무.

녹즙 (綠汁)[-쯥] 명 녹색 채소의 잎이나 열매·뿌리 따위를 갈아 만든 즙(칼슘·비타민 따위가 많아 건강식품으로 침).

녹지 (綠地)[-찌] 명 도시에서 미관·공해 방지 등의 목적으로 풀이나 나무를 심은 곳. ◻~조성.

녹지 (錄紙)[-찌] 명 남에게 보이기 위하여 사실의 대강만 추려 적은 종이쪽지.

녹지근-하다 [-찌-] 혱여 녹작지근하다. ◻사지가 ~.

녹지-대 (綠地帶)[-찌-] 명 녹지 지역.

녹지 지역 (綠地地域)[-찌-] 〔사〕 도시 계획에서, 자연환경을 보전하거나 공해를 방지하기 위해 도시의 안이나 그 주변에 조성한 녹지. 그린벨트. 녹지대.

녹지-채 (綠地彩)[-찌-] 명 〔미술〕 녹색 바탕에 오채(五彩)를 베푼 채색. ❀녹채.

녹진-녹진 [-찐-찐] 부혱하 매우 녹진한 모양. ◻~한 엿. ⑧녹진녹진.

녹진-하다 [-찐-] 혱여 1 물기가 조금 있어 녹녹하고 끈끈하다. ◻녹진한 참쌀떡. 2 성질이 보드랍고 끈기가 있다. ◻녹진한 성격. ⑧녹진하다. 녹진-히 [-찐-]

녹차 (綠茶) 명 푸른빛이 그대로 나도록 말린 부드러운 찻잎. 또는 그 찻물.

녹창 (綠窓) 명 1 가난한 여자가 사는 곳. 2 부녀자가 거처하는 방.

녹채 (鹿砦) 명 〔역〕 적의 침입을 막기 위하여 사슴뿔 모양으로 나무토막을 박거나 엮어 놓은 방어물.

녹채 (綠彩) 명 〔미술〕 '녹지채'의 준말.

녹청 (綠靑) 명 〔화〕 염기성 아세트산구리로 만든 녹색의 도료. 또는 그 빛깔.

녹초 명 1 힘이 풀려 늘어진 상태. ◻~가 되도록 술을 마시다. 2 물건이 낡고 헐어서 못 쓰게 된 상태.

녹초(를) 부르다 구 〈속〉 녹초가 되다.

녹초 (綠草) 명 푸른 풀.

녹총 (鹿蔥) 명 〔식〕 원추리.

녹취 (錄取) 명하타 방송 따위의 내용을 녹음하고 옮겨 기록함. ◻~ 테이프.

녹-치 (綠-) 명 잘 말린 푸른 빛깔의 부드러운 찻잎.

녹탕 (鹿湯) 명 사슴 고기로 끓인 국.

녹태 (鹿胎) 명 암사슴의 배 속에 든 새끼.

녹태 (祿太) 명 〔역〕 조선 때, 벼슬아치에게 녹봉으로 주던 콩.

녹태 (綠苔) 명 푸른 이끼.

녹턴 (nocturne) 명 〔악〕 악곡 형식의 하나. 조용한 밤의 분위기를 나타낸 서정적인 피아노곡(쇼팽의 19곡이 가장 유명함). 야상곡.

녹토 (綠土) 명 1 초목이 무성한 땅. 2 〔지〕 근해(近海)의 침전물(녹색을 띠었음). 3 〔광〕 흑운모 따위가 분해되어 생기는 녹색 광물.

녹토비전 (noctovision) 명 〔전〕 공업용 텔레비전의 하나로, 적외선·마이크로파를 이용하여 눈에 잘 보이지 않는 물체를 수상관(受像管)에 나타내는 장치. 암시(暗視) 장치.

녹파 (綠波) 명 푸른 파도.

녹패 (鹿牌) 명 사슴 사냥하는 포수의 무리.

녹패 (祿牌) 명 〔역〕 녹을 받는 사람에게 주던, 종이로 만든 급여표.

녹편 (鹿鞭) 명 〔한의〕 사슴 자지의 힘줄(양기(陽氣)를 돋움).

녹편 (錄片) 명 대강의 내용만 간단하게 적은 쪽지.

녹포 (鹿脯) 명 사슴 고기로 만든 포.

녹풍 (綠風) 명 1 〔한의〕 시력이 떨어지고 머리와 눈알이 아프며 붉고 흰 빛이 어른거리는 눈병. 2 초여름에 푸른 잎 사이를 스쳐 부는 시원한 바람.

녹피 (鹿皮) 명 '녹비'의 본딧말.

녹혈 (鹿血)[노켤] 명 사슴의 피(강장제로 씀).

녹화 (綠化)[노콰] 명하타 산이나 들에 나무를 심어 푸르게 함. ◻산림 ~ / ~ 운동.

녹화 (錄畫)[노콰] 명하자타 비디오테이프 따위에 재생을 목적으로 사물의 모습이나 움직임 따위를 기록함. ◻~ 중계 / 비디오카메라로 행사를 ~하다.

녹화 방:송 (錄畫放送)[노콰-] 녹화해 두었다가 하는 방송. ↔생(生)방송.

녹화 재:생기 (錄畫再生機)[노콰-] 〔공〕 브이시아르(VCR).

녹황-색 (綠黃色)[노쾅-] 명 녹색을 띤 황색.

녹훈 (錄勳)[노쿤] 명하자 훈공을 장부나 문서에 기록함.

논 명 물을 대어 벼를 심어 가꾸는 땅. 답(畓). ◻기름진 ~ / ~ 열 마지기 / ~을 매다 / ~에 모를 심다 / ~을 갈아 씨를 뿌린다.

논 (論) 명 1 〔문〕 한문 문체의 하나. 사리의 옳고 그름에 대해 견해를 밝힌 것. 2 〔불〕 경(經)과 율(律)의 요의(要義)를 모은 것으로 이것을 널리 연구·해석한 것.

-논 어미 〈옛〉 -는.

논가 (論家) 명 〔불〕 논사(論師).

-논가 어미 〈옛〉 -는가.

논-갈이 명해태 논을 가는 일. ↔밭갈이. 「П

논강 (論講) 명해태 〖불〗 경전을 연구하여 토론
함.

논객 (論客) 명 말이나 글로 자기 주장을 잘하
는 사람. 口이럼난 ~.

논거 (論據) 명 이론이나 논리의 근거. 口명백
한 /~가 애매하다.

논결 (論決) 명해태 토론하여 사물의 시비를 결
정함. 口~ 짓다.

논결 (論結) 명해태 의논해서 끝을 맺음.

논경 (論警) 명해태 〖역〗 상관이 아래 관리의 잘
못을 경계함.

논계 (論啓) [-/-게] 명해태 신하가 임금에게 잘
못을 들어 아룀.

논고 (論考·論攷) 명해태 문헌을 고증하여 논술
함(흔히 논문 제목이나 책 이름에 씀).

논고 (論告) 명해태 1 자기의 주장이나 믿는 바
를 논술하여 알림. 口~를 펼치다. 2 〖법〗 형
사 재판에서, 증거 조사가 끝나고 검사가 사
실 및 법률의 적용에 관해 의견을 진술함(이
때 구형을 포함하기도 함). 口검사의 ~.

논-곡 [-꼬/-꼭] 명 벼 포기를 줄지어 심은 둑
과 둑 사이에 골이 진 곳.

논-곡식 (-穀食) [-씩] 명 논에 심어서 나는 곡
식. 답곡(畓穀). ↔밭곡식.

논공 (論功) 명해태 공적의 있고 없음이나 크고
작음 따위를 의논해서 평가함.

논공-행상 (論功行賞) 명 공적에 따라 상
을 주는 일. 口~에 불만을 품다.

논과 (論過) 명해태 잘못을 논함.

논관 (論關) 명 〖역〗 상급 관아에서 하급 관아
에 내리던 경고서(警告書).

논구 (論究) 명해태 사물의 이치를 깊이 따져 논
함. 口지리학의 ~.

논-귀 [-뀌] 명 논의 귀퉁이.

논급 (論及) 명해자 어떤 데까지 미치게 논함.
口남의 사생활에까지 ~하다.

논-길 [-낄] 명 논 사이에 난 좁은 길. 口~을
따라 걷다.

논-꼬 [-꼬] 명 논의 물꼬. 口~를 트다.

논난 (論難) 명해태 '논란'의 본딧말.

논-냉이 〖식〗 십자화과의 여러해살이풀. 물
가에 나는데 높이는 60cm이고, 잎은 타원
형임. 봄에 흰 꽃이 핌. 어린싹은 식용함.

논-농사 (-農事) 명 논에 짓는 농사. 답농(畓
農). 口~가 풍작이다. ↔밭농사.

논:-다 [-따] 태 '노느다'의 준말. 口몫몫이 ~.

논:-다니 명 〖속〗 웃음과 몸을 파는 여자. 노
는계집. 口색줏집의 ~ 신세가 되다.

논-다랑이 [-따-] 명 작은 논배미.

논단 (論壇) 명 1 토론을 하거나 의견을 진술하
는 곳. 口~에 서다. 2 평론가·비평가들의 사
회. 口~의 원로.

논단 (論斷) 명해자태 논해서 판단이나 결론을
내림. 口명쾌한 ~. 「서 말의한다.

논담 (論談) 명해태 사물의 시비 따위를 논의하

논-도랑 [-또-] 명 논에 물을 대거나 논바닥의
물을 빼기 위해 논 가장자리에 낸 작은 도랑.
口~을 치다.

논-두렁 [-뚜-] 명 〖농〗 물이 괴도록 논가를
흙으로 둘러막은 두둑. ──하다回 모내기
전에 논두렁을 튼튼히 하기 위해 다듬고 안
쪽에 흙을 붙여 바르다.

논두렁(을) 베다 귄 빈털터리가 되어 처량하
게 죽다.

논-둑 [-뚝] 명 논의 가장자리에 높고 길게 쌓
아 올린 방죽. 口~에 난 풀.

논란 (論難) [놀-] 명해태 〔←논난〕 여럿이 서로

다른 주장을 벌이며 다툼. 口~을 벌이다 /
~을 빚다 / ~을 불러일으키다 / ~의 여지가
있다 / 잘잘못을 ~할 때가 아니다.

논리 (論理) [놀-] 명 1 사고나 추리 따위를 이
끌어 가는 과정이나 원리. 口형식 ~ / ~가
정연하다 / ~에 맞는 글 / ~의 비약 / 조리 있
게 ~를 펴다. 2 사물 속에 있는 이치. 또는
사물끼리의 법칙적인 연관. 口힘의 ~ / 수요
와 공급의 ~. 3 〖준〗 '논리학'의 준말.

논리-성 (論理性) [놀-썽] 〖논〗 1 논리에 맞
는 성질. 2 논리의 확실성.

논리-어 (論理語) [놀-] 명 〖논·수〗 논리적인 판
단과 관련하여 쓰는 말. '또는'·'그리고'·
'…이면'·'모든'·'…가 아닌' 따위.

논리-적 (論理的) [놀-] 명관 논리에 맞는 (것).
口~ 근거 / ~인 성격.

논리적 사고 (論理的思考) [놀-싸-] 〖논〗 논리
적 형식에 맞는 사고.

논리-주의 (論理主義) [놀-/놀-이] 명 〖철〗 우
주는 이성적·논리적인 것이 지배한다는 형이
상학설(헤겔의 철학). ↔심리주의.

논리-학 (論理學) [놀-] 명 〖논〗 바른 판단과 인
식을 얻기 위해 규범이 될 수 있는 생각의 형
식과 법칙을 연구하는 학문. ㉰논리.

논-마지기 명 얼마 되지 않는 면적의 논.

논-매기 명해태 논의 김을 매는 일.

논-매다 자 논의 김을 매다.

논맹 (論孟) 명 논어(論語)와 맹자(孟子).

논-머리 명 논배미의 한쪽 가.

논문 (論文) 명 1 자기 의견이나 주장을 체계적
으로 적은 글. 2 어떤 문제에 대한 학술적인
연구 결과를 체계적으로 적은 글. 口~ 형식 /
학위(졸업) ~.

논-문서 (-文書) 명 논의 소유권을 밝히는 공
문서. 답권(畓券).

논문-집 (論文集) 명 논문을 모아서 엮은 책.
㉰논문집(論集).

논문-형 (論文型) 명 〖교〗 제목이나 주제를 제
시하고 그에 대해 자유롭게 글을 쓰게 하는
필기시험 문제 형식의 하나.

논-물 명 논에 괴어 있거나 대는 물. 口~을
빼다 / ~를 대다.

논-바닥 [-빠-] 명 논의 바닥. 口가뭄으로 ~
이 갈라지다.

논박 (論駁) 명해태 어떤 주장이나 의견에 대해
잘못된 점을 조리 있게 공격하여 말함. 口상
대편의 논문을 ~하다.

논-밭 [-빧] 명 논과 밭. 전답. 口~ 문서.

논밭-전지 (-田地) [-받쩐-] 명 가지고 있는 모
든 논과 밭. 口~를 팔다.

논-배미 [-빼-] 명 논두렁으로 둘러싸인 논의
하나하나의 구역. ㉰배미.

논-벌 [-뻘] 명 주로 논으로 이루어진 넓고 평
평한 땅. 口~에서는 추수가 한창이다.

논법 (論法) [-뻡] 명 말이나 생각을 논리적으로
전개해 나가는 방법. 口삼단의 ~에 따르다.

논변 (論辯·論辨) 명해태 1 사리의 옳고 그름을
밝혀 말함. 변론. 口명쾌한 ~ / ~이 명확치
않다. 2 의견을 진술함.

논-병아리 [-뼝-] 명 〖조〗 논병아릿과의 철새.
호수나 늪에 살며 크기는 비둘기만 한데, 공
지는 짧고 목이 길며 부리는 가늘고 발에 물
갈퀴가 있음. 잠수를 즐김.

논보 (論報) 명해태 〖역〗 하급 관아에서 상급
관아에 의견을 붙여 보고하던 일. [*보리논.

논-보리 [-뽀-] 명 논에 심은 보리. ↔밭보리.

논봉(論鋒)圏 1 언론이나 평론·논평 따위의 날카롭고 격렬한 말씨. ▢예리한 ~ / ~이 둔해지다. 2 논박의 대상이나 목표. ▢~을 다른 데로 돌리다.

논사(論師)圏〖불〗논장(論藏)에 특별히 통달한 사람. 이론을 만들어 불법(佛法)을 드날리는 사람. 논가(論家).

논설(論說)圏[하타] 어떤 주제에 관하여 자기의 의견이나 주장을 조리 있게 설명함. 또는 그 글. ▢~을 싣다 / ~을 쓰다 / 사건을 ~로 다루다.

논설-란(論說欄)圏 신문이나 잡지 따위에 논설문을 싣는 난(欄). ▢~ 필진.

논설-문(論說文)圏 자기의 생각이나 주장을 체계적으로 밝혀 쓴 글. ▢시사성이 강한 ~.

논설-위원(論說委員)圏 신문사나 방송국 따위의 언론 기관에서, 시사 문제를 논하거나 해설을 맡은 사람.

논송(論訟)圏[하타]〖역〗관아에 청하여 옳고 그름을 다투던 일.

논술(論述)圏[하자타] 자기의 의견을 논리적으로 서술함. 또는 그 글. ▢~ 시험 / ~ 형식.

논-스톱(nonstop)圏 1 자동차·기차·비행기 따위의 탈것이 중간에 서는 곳 없이 목적지까지 감. 직행 운행. ▢서울에서 부산까지 ~으로 가다. 2 어떤 행위나 동작을 계속함. ▢결승점까지 ~으로 달리다.

논스톱 컴퓨터(nonstop computer)〖컴〗1 항상 가동 상태인 컴퓨터. 2 컴퓨터가 고장이 나더라도 자동적으로 진단·수리를 하는 시스템(은행·병원 따위의 컴퓨터에서 채택되는 방식임).

논식(論式)圏〖논〗전제와 결론을 이루는 판단의 질이나 양이 틀림에 따라 생기는 여러 가지 삼단 논법의 형식.

논심(論心)圏[하자타] 마음속의 생각을 터놓고 말함.

논어(論語)圏 공자(孔子)와 그의 제자들의 말과 행동을 기록한 유교의 경전(《사서(四書)》의 하나).

논어-재(論語齋)圏〖역〗조선 때, 논어를 공부하던 성균관(成均館)의 분과.

논열(論列)圏〖역〗죄목을 들추어내어 늘어놓음.

논오(論誤)圏[하타] 잘못을 논함.

논외(論外)圏 논의의 범위 밖. 논의할 가치도 없음. ▢~의 문제.

논의(論意)[노늬 / 노니]圏 논하는 말이나 글의 뜻이나 의도. ▢~를 알 수 없는 글.

논의(論議)[노늬 / 노니]圏[하타] 서로 의견을 내어 토의함. 또는 그런 토의. ▢~의 내용 / ~를 거치다 / ~가 활발하다 / ~가 분분하다 / 대책을 ~하다.

논-일[-닐]圏[하자] 논에서 하는 일. ↔밭일.

논자(論者)圏 이론이나 의견을 내세워 말하는 사람. ▢~에 따라 평가가 다르다.

논장(論藏)圏〖불〗삼장(三藏)의 하나로, 성현들의 해석·부연 따위를 모은 것.

논쟁(論爭)圏[하자타] 서로 다른 의견을 가진 사람들이 말이나 글로 논하여 다툼. 또는 그 논의. 논전(論戰). 논판(論判). ▢열띤 ~ / ~을 벌이다 / ~이 그칠 줄을 모르다.

논저(論著)圏 어떤 문제에 관한 사실이나 견해를 논하여 책이나 논문을 씀. 또는 그 책이나 논문. ▢~ 목록 / 연구 ~.

논전(論戰)圏[하자타] 논쟁. ▢~을 벌이다.

논점(論點)[-쩜]圏 논의나 논쟁 따위의 중심이 되는 문제점. ▢~을 벗어난 설명 / ~을 밝히다.

논점 상위의 허위(論點相違-虛僞)[-쩜- / -쩜-에-]〖논〗문제의 중심을 잘못 파악해서, 엉뚱한 다른 결론을 나타낼 때 생기는 허위. 엉점 무시의 허위.

논정(論定)圏[하타] 논하여 결정함.

논제(論題)圏 1 토론이나 논설·논문 따위의 주제나 제목. ▢토론회의 ~. 2〖역〗과거(科擧)때 출제하던 논(論)의 제목. 3〖역〗하급 관아의 보고에 대하여 상급 관아에서 그 잘못을 지적하여 보내던 훈령. 논훈(論訓).

논조(論調)圏 1 논설이나 글의 투. ▢비난의 ~. 2 논설이나 평론 따위의 경향. ▢신문의 ~.

논죄(論罪)圏[하타] 죄를 논하여 형(刑)을 적용시킴.

논증(論症)圏[하타] 병의 증세를 논술함.

논증(論證)圏 1 옳고 그름을 이유를 들어 밝힘. 또는 그 근거나 이유. ▢~이 불가능하다. 2〖논〗몇 가지 전제를 바탕으로 논리적인 추론에 따라 한 명제가 참이라는 것을 증명하는 일.

논지(論旨)圏 논하는 말이나 글의 기본적인 취지. ▢~가 명확하다.

논지-하다(論之-)[하타] 따져 말하다.

논진(論陣)圏 논쟁이나 토론, 변론 따위를 하는 사람들의 구성이나 배치. ▢~이 막강하다 / ~을 짜다.

논집(論執)圏[하타] 논술하여 고집함.

논집(論集)圏 '논문집'의 준말.

논찬(論贊)圏[하타] 1 업적을 논하여 칭송함. 2 역사적 기록을 토대로 한 전기를 쓴 글의 끝에, 글쓴이가 역사적 사실에 대하여 덧붙인 논평.

논찬(論纂)圏[하타] 의논하여 편찬함. 또는 그런 책.

논책(論責)圏[하타] 잘못을 따져 꾸짖음.

논책(論策)圏 시사 문제 따위를 논한 글. 또는 그런 문제.

논총(論叢)圏 논문을 모은 책.

논-타이틀(nontitle)圏 논타이틀 매치.

논타이틀 매치(nontitle match) 권투·레슬링 따위에서, 선수권을 걸지 않고 벌이는 경기. 논타이틀. 논타이틀전. ⇨타이틀 매치.

논 탄토(이 non tanto)〖악〗악보에서, 다른 말과 함께 쓰여 '너무 …하지 않게'의 뜻.

논 트로포(이 non troppo)〖악〗'너무 심하지 않게', '알맞게'의 뜻.

논틀-길[-낄]圏 논두렁을 따라 난, 꼬불꼬불하고 좁은 길.

논틀-밭틀[-받-]圏 논두렁이나 밭두렁을 따라 꼬불꼬불하고 좁게 뻗은 길.

논파(論破)圏[하타] 남의 이론이나 학설 따위를 논하여 깨뜨림. ▢그릇된 이론을 ~하다.

논판(論判)圏[하타] 1 논의하여 옳고 그름을 가림. 2 논쟁.

논평(論評)圏[하타] 어떤 글이나 말 또는 사건 따위에 대하여 논하여 비평함. 또는 그런 비평. ▢호의적인 ~이 실리다.

논-풀圏 논에 나는 잡풀.

논-풀다[논풀어, 논푸니, 논푸는][자] 1 생땅이나 밭을 처음으로 논으로 만들다. 2〈속〉아기가 기저귀에 오줌을 많이 싸다.

논-풀이圏[하자타] 어떤 땅을 논으로 만드는 일. 신(新)풀이.

논-픽션(nonfiction)圏〖문〗사실에 의거한 작

픽(기록 문학·기록 영화·전기·기행문 따위). ↔픽션.

논-하다 (論-) 〖타여〗 1 의견이나 이론을 조리 있게 설명하다. ▫문학을 ~. 2 옳고 그름을 따져 말하다. ▫시비를 ~.

논핵 (論劾) 〖명하타〗 잘못을 따지고 꾸짖음.

논핵-소 (論劾疏) [-쏘] 〖명〗 〖역〗 남의 잘못을 논해서 꾸짖는 내용을 임금에게 올리던 글.

논훈 (論訓) 〖명하타〗 〖역〗 논제(論題)3.

논-흙 [-흑] 〖명〗 논에 있는 질고 고운 흙(담벼락에 바름). ▫~을 개다.

논힐 (論詰) 〖명하타〗 잘못을 논하여 비난하고 꾸짖음.

놀¹ 〖옛〗 노루.

놀:² '노을'의 준말. ▫~이 붉게 타다.

놀:³ 바다의 사나운 큰 물결(뱃사람의 말). ▫~이 일다 / ~이 치다.

놀:⁴ '낫놀'의 준말.

놀:⁵ 〖충〗 해충의 하나. 벼 뿌리를 파먹는, 작고 흰 벌레.

놀고-먹다 [-따] 〖자〗 하는 일 없이 놀면서 지내다.

놀-구멍 [-꾸-] 〖명〗 낫의 슴베 끝을 구부려 둥글게 한 구멍(슴베가 빠지지 않도록 이 구멍에 낫날을 박음).

놀-금 [-끔] 〖명〗 물건을 살 때, 팔지 않으면 그만둘 셈으로 아주 낮게 부른 값.

놀놀-하다 [-롤-] 〖형〗 털이나 풀 따위가 노르스름하다. ⊜눌눌하다. 놀놀-히 [-롤-] 〖부〗

놀:다¹ (놀아, 노니, 노는) 〖자〗 1 재미있는 일을 하며 즐기다. ▫공을 차면서 ~. 2 일 없이 세월을 보내다. ▫부모의 유산으로 놀고 지내다. 3 어떤 일을 하다가 한동안 쉬다. ▫일요일이라 회사가 논다. 4 들뛰서 마구 활동하다. ▫남의 장단에 ~. 5 물자나 시설 따위가 사용되지 않다. ▫노는 땅 / 노는 돈이 있으면 좀 빌려 주게. 6 박힌 것이 이리저리 움직이다. ▫나사가 ~ / 이가 근들근들 논다. 7 태아가 꿈틀거리다. ▫배 속의 아이가 논다. 8 이리저리 돌아다니다. ▫수족관에서 물고기가 논다. 9 주색을 일삼아 방탕하게 지내다. ▫화류계에서 ~. 10 그렇게 행동하다. ▫시시하게 놀지 마라.

[노는 입에 염불하기] 아무 하는 일 없이 그저 놀기보다는 무엇이든 하는 것이 낫다는 말. [놀기 좋아 넉동 치기] 심심한 때는 소용없는 일이라도 한다.

놀:다² (놀아, 노니, 노는) 〖타〗 1 구경거리가 되는 재주를 부리다. ▫곱사춤을 ~. 2 어떤 일로 이끌고 짐을 겨루다. ▫윷을 ~. 3 방해하는 작용이나 역할을 하다. ▫방해를 ~.

놀:다³ (놀아, 노니, 논) 〖형〗 드물어서 귀하다. ▫대장간에 식칼이 ~.

놀-들다 [놀들어, 놀드니, 놀드는] 〖자〗 놀이 벼를 파먹어서 누렇게 되다.

놀:라다 〖자〗 1 뜻밖의 일로 가슴이 두근거리다. ▫총격 소리에 ~. 2 갑자기 무서움을 느끼다. ▫총소리에 ~. 3 뛰어나거나 신기한 것을 보고 감동하다. ▫박식과 달변에 ~. 4 어이없거나 기가 막히다. ▫녀석의 당돌함에 ~.

놀란 가슴 〖구〗 전에 놀란 적이 있어 별것 아닌 일에도 일어나는 두근거림.

놀란 피 〖구〗 심하게 다쳐서 검게 죽은 피.

놀:라움 〖명〗 놀라운 느낌. ▫~을 금치 못하다. ⊜놀람.

놀:라워-하다 〖자타여〗 놀랍게 여기다.

놀-란흙 [-흑] 〖명〗 한 번 파서 건드린 흙.

놀:람 〖명〗 '놀라움'의 준말.

놀:랍다 [-따] (놀라워, 놀라우니) 〖형타〗 1 굉장하거나 훌륭하다. ▫놀라운 발전상. 2 두렵고 충격적이다. ▫그가 실종되었다니 참으로 ~.

놀래기 〖어〗 양놀래깃과의 바닷물고기. 몸 길이는 20 cm 내외이고 새끼와 암컷의 가슴 지느러미의 기부와, 수컷의 등지느러미에는 검은 점이 있음. 모래 속에서 잠을 자며 겨울에는 동면함.

놀:래다 〖타〗 ('놀라다'의 사동) 남을 놀라게 하다. ▫폭죽을 터뜨려 사람들을 놀래 주다.

놀량 〖악〗 경기(京畿)와 서도(西道) 선소리의 하나.

놀량-목 〖악〗 ☞ 노량목.

놀리다¹ 〖타〗 빨리 빨래를 하기 쉽게 빨다.

놀리다² 〖타〗 1 ('놀다'의 사동) 놀게 또는 쉬게 하다. ▫직공들을 ~. 2 조롱하다. ▫사람을 ~. 3 재주를 부리게 하다. ▫원숭이를 ~. 4 이리저리 움직이게 하다. ▫손발을 ~. 5 함부로 말하다. ▫입 좀 작작 놀려라. 6 기구나 연장을 다루다. ▫젓가락을 부지런히 ~.

놀림¹ 〖명〗 남을 흉보거나 비웃는 짓. ▫~을 당하다.

놀림² 〖명하타〗 놀리어 빠는 빨래.

놀림-가마리 [-까-] 〖속〗 놀림감.

놀림-감 [-깜] 〖명〗 놀림의 대상이 될 만한 것. 또는 그런 사람. ▫~으로 삼다 / ~이 되다.

놀림-거리 [-꺼-] 〖명〗 놀려먹을 만한 거리. 또는 그런 사람. ▫~가 되다.

놀림-조 [-쪼] 〖명〗 놀리는 말투나 태도. 농조(弄調).

놀면-하다 〖형여〗 알맞게 노르스름하다. ⊜눌면하다.

놀부 〖명〗 1 흥부전에 나오는 주인공의 한 사람 《마음씨가 나쁘고 심술궂음》. 2 심술궂고 욕심 많은 사람의 비유.

놀부 심사 〖보〗 인색하고 심술궂은 마음씨.

놀부 타:령 〖악〗 심술궂고 인색한 놀부가 그 아우 흥부를 학대하다가 천벌을 받는 내용의 타령.

놀-소리 [-쏘-] 〖명하자〗 젖먹이가 누워 놀면서 내는 군소리.

놀아-나다 〖자〗 1 방탕해지다. ▫외간 남자와 ~. 2 실속 없이 들뜬 행동을 하다. ▫남의 장단에 잘도 놀아나는구나.

놀아-먹다 [노라-따] 〖자〗 1 하는 일 없이 지내다. ▫졸업 후 3년이 넘도록 ~. 2 방탕하고 불량하게 지내다.

놀애 〖옛〗 노래.

놀음 〖명〗 '놀음놀이'의 준말.

놀음-놀이 〖명하자〗 여럿이 모여 즐겁게 노는 일. ⊛놀음·놀이.

놀음놀이-판 〖명〗 놀음놀이를 하고 있는 자리. ⊛놀음판·놀이판.

놀음-차 〖명〗 1 잔치 때, 기생이나 악공에게 주던 돈이나 물건. 화대(花代). 2 해웃값.

놀음-판 〖명〗 '놀음놀이판'의 준말.

놀이¹ 〖명하자〗 겨울을 지낸 벌이나 새로 태어난 어린 벌들이, 봄날에 떼를 지어 제집 앞에 나와 날아다니는 일.

놀이² 〖명하자〗 1 즐겁게 노는 일. ▫~ 공간 / ~를 즐기다 / ~ 계획을 짜다. 2 '놀음놀이'의 준말. ▫주사위 ~ / 술래잡기 ~.

놀이-기구 (-機構) 〖명〗 놀이동산에 있는, 롤러코스터·모노레일 따위의 탈것을 이르는 말.

놀이-꾼 〖명〗 놀음놀이를 하는 사람.

놀이-대 (-臺)圓 어린아이들이 올라가서 놀
수 있도록 만든 기구.
놀이-동산 圓 돌아다니며 구경하거나 여러 가
지 놀이 시설을 갖추어 놓은 공원이나 유원지.
놀이-딱지 (-紙) [노리-찌]圓 두꺼운 종이에
그림을 그리거나 글을 써서 만든 장난감의
한 가지. ⦰딱지.
놀이-마당 圓 판소리·춤·탈놀음 따위를 하며 노
는 일. 또는 그런 자리. ⬜풍물 ～/～을 펼
치다.
놀이-방 (-房) 圓 만 6세 미만의 어린이를 부
모의 위탁을 받아 돌보는 시설.
놀이-터 圓 아이들의 놀이 시설이 마련되어 있
는 곳. ⬜어린이 ～/～에서 미끄럼틀을 타
고 놀다.
놀이-판 圓 '놀음놀이판'의 준말.
놀잇-배 [노리뻬/노릳뻬]圓 놀음놀이를 하는
배. 유선(遊船).
놀:-지다 圓 큰 물결이 일어나다.
놀:-치다 圓 큰 물결이 사납게 일어나다.
놈[의圓] '사내'의 낮춤말. ⬜나쁜 ～. ↔
년. 2 '사내아이'를 귀엽게 이르는 말. ⬜그
～이 제 아들입니다. 3 동물이나 사물을 홀하
게 이르는 말. ⬜큰 ～/망할 ～의 세상. ㉡圓
적대 관계에 있는 사람이나 무리. ⬜~들은
무기가 많다.
놈² 〈옛〉 보통 사람.
놈-팡이 圓 〈속〉 1 '사내'를 낮잡아 이르는
말. ⬜어떤 ～와 살림을 차린 모양이군. 2 직
업 없이 빈둥빈둥 노는 남자. ⬜~처럼 빈둥
거리며 돌아다니다.
놈-팽이 圓 ☞ 놈팡이.
놉 圓 식사를 제공하고 날삯으로 일을 시키는
품팔이 일꾼. 또는 그런 일꾼을 부리는 일.
⬜~을 사다 /～을 얻다.
놉-겪이 [-껴끼]圓㉮ 놉에게 음식을 주어 일
을 치르는 일.
놉낮-가비 圓 〈옛〉 높낮이. 높고 낮음.
놉-살다 [-쌀-][놉살아, 놉사니, 놉사는]圓
음식을 얻어먹고 날삯으로 품팔이해 살다.
놋 [논]圓 '놋쇠'의 준말.
놋갓-장이 [녿깓짱-]圓 놋그릇 만드는 일을
업으로 삼는 사람. 주장(鑄匠).
놋갓-점 (-店) [녿깓쩜]圓 놋점.
놋-구멍 (櫓-) [노꾸-/녿꾸-]圓 놋좆을 맞추
도록 노의 중간에 낸 구멍.
놋-그릇 [녿끄른]圓 놋쇠로 만든 그릇. 놋기
명. 유기(鍮器). 유기그릇. ⬜~을 닦다.
놋-기명 (-器皿) [녿끼-]圓 놋그릇.
놋-날 [논-]圓 돗자리 따위를 엮을 때 날로 쓰
는 노끈.
-놋다 어미〈옛〉-는구나. -더라.
놋다리-밟기 [녿따-밥끼]圓⺠ 경북 안동·
의성 등지에서, 음력 정월 보름날 밤에 행해
지는 부녀자들의 놀이. 부녀자들이 한 줄로
서서 엎드려 다리를 만들면, 그 위를 공주로
뽑힌 소녀가 노래에 맞추어 밟고 지나감.
놋-대야 [녿때-]圓 놋쇠로 만든 대야.
놋-대접 [녿때-]圓 놋쇠로 만든 대접.
놋-동이 [녿똥-]圓 놋쇠로 만든 동이.
놋-바리 [녿빠-]圓 놋쇠로 만든 바리. ⬜~에
담은 밥.
놋-방울 [녿빵-]圓 놋쇠로 만든 방울.
놋-쇠 [녿쐬]圓〈공〉구리와 아연과의 합금(그
릇이나 장식물을 만듦). 유철. ⦰놋.
놋-숟가락 [녿쑫까-]圓 놋쇠로 만든 숟가락.

⦰놋숟갈.
놋-숟갈 [녿쑫깔]圓 '놋숟가락'의 준말.
놋-요강 [논뇨-]圓 놋쇠로 만든 요강.
놋-점 (-店)[녿쩜]圓 놋그릇을 만드는 공장.
놋갓점.
놋-젓가락 [녿쩌까-/녿쩓까-]圓 놋쇠로 만든
젓가락. ⦰놋젓갈.
놋젓-가락-나물 [녿쩌까랑-/녿쩓까랑-]圓
〈식〉 미나리아재빗과의 여러해살이풀. 숲에
나며, 줄기는 다른 것에 감겨 올라감. 높이는
2m에 달함. 가을에 청자색 꽃이 피고 열매
는 골돌과(蓇葖果)를 맺음. 독이 있고 뿌리는
약용함.
놋-젓갈 [녿쩌깔/녿쩓깔]圓 '놋젓가락'의 준
말.
놋-좆 (櫓-)[노쫃/녿쫃]圓 노를 끼우기 위해
뱃전에 내민 나무못.
놋-칼 [논-]圓 놋쇠로 만든 칼.
농:¹ (弄)圓㉮ '농담'의 준말. ⬜~을 걸다 /
～이 심하다 /～을 주고받다 /～으로 한 말
이다.
농² (弄)《악》노래 곡조의 한 가지.
농 (膿)圓 고름¹. ⬜~을 짜다.
농 (籠)圓 1 버들채나 싸리 따위로 함처럼 만들
어 종이를 바른 상자(《옷 따위를 넣음). 2 같
은 크기의 궤를 2층 또는 3층으로 포개도록
된 가구(《장(欌) 비슷한데 네 기둥과 개판(蓋
板)이 없음). 농장(籠欌). 3 '장롱(欌籠)'의
준말.
농- (濃)앞 1 '진한·농후한·짙은'의 뜻. ⬜~
적갈색 /～황색. 2 '묽은'의 뜻. ⬜~의식.
농가 (農家)圓 농사를 짓는 사람의 집. 또는
그 가정. 농삿집. ⬜시골 ～/～ 부채 /～ 소
득을 늘리다 /～가 옹기종기 모여 있다.
농가 (農歌)圓 '농부가'의 준말.
농:-가성진 (弄假成眞)圓 장난삼아 한 것이 참
으로 한 것과 같이 됨. 가롱성진.
농가-월령가 (農家月令歌)圓《문》농가에서
일 년 동안 할 일을 권농(勸農)을 주제로 해
서 가사(歌辭) 형식으로 만든 노래(《고상안(高
尙顔)이 지은 것이라 함).
농가-진 (膿痂疹)圓《의》고름집이 생겼다가
딱지가 앉는 피부병.
농:-간 (弄奸)圓㉮ 남을 속여 일을 그르치게
하려는 간사한 짓. ⬜~을 부리다 /～에 넘
어가다 /～에 놀아나다.
농:-간-질 (弄奸-)圓 농간하는 짓.
농감 (農監)圓㉮ 지주를 대신하여 소작인을
지도 감독하고 소작료를 받아들이는 일. 또
는 그런 일을 하는 사람. ⬜~을 보다.
농개 (膿疥)圓《의》고름이 들어 있는 옴.
농거 (農車-)圓 농사를 짓는 데 쓰던 수레.
농-게 (籠-)圓〈동〉달랑겟과의 게. 등딱지는
앞이 넓고 뒤가 좁은 사다리꼴이며, 집게발
의 하나는 크고 하나는 작음. 바닷가 진흙 속
에 구멍을 파고 삶. 꽃발게.
농경 (農耕)圓㉮ 논밭을 갈아 농사를 지음.
⬜~ 사회 /～ 생활 /～에 종사하다 / 일찍부
터 ～이 발달하다.
농경-기 (農耕期)圓 농사를 짓는 시기.
농경-문화 (農耕文化)圓 곡물 재배의 농경을
경제 기반으로 삼아 이루어진 문화.
농경-의례 (農耕儀禮)[-ᅵ-/-이-]圓 상고(上古)
때, 농경 사회에서 행해지던 제천(祭天) 의식.
농경-지 (農耕地)圓 농사를 짓는 땅. 경작지.
⬜산지를 개간하여 ～로 만들다.
농고 (農高)圓 '농업 고등학교'의 준말.
농곡 (農穀)圓 농사지은 곡식.

농공(農工) [명] 1 농업과 공업. ❏~ 단지. 2 농부와 직공.
농공(農功) [명] 농사를 짓는 일.
농공-가무(農功歌舞) [명] 〔역〕 삼한(三韓) 때의 의식의 하나《봄에 신에게 풍년을 기원하거나, 추수를 한 후에 감사드리기 위하여 집단적으로 행하던 가무》.
농공-업(農工業) [명] 농업과 공업.
농과(農科)[-꽈] [명] 농업에 관한 학과.
농과 대:학(農科大學)[-꽈-] 〔교〕 농업에 관한 학문을 전공하는 단과 대학. [준]농대.
농:교(弄巧) [명][하자] 지나치게 기교를 부리거나 잔꾀를 씀.
농구(農具) [명] 농사일에 쓰는 기구. 농기(農器). 농기구. ❏~를 손질하다.
농구(膿球) [명] 〔의〕 고름 속에 들어 있는 세포 성분의 총칭《대부분 백혈구임》.
농구(籠球) [명] 다섯 사람씩 두 팀으로 나뉘어, 상대편의 바스켓에 공을 던져 넣어 득점을 겨루는 경기. 바스켓볼.
농구-화(籠球靴) [명] 농구 경기를 할 때 신는 운동화.
농군(農軍) [명] 농사를 짓는 일꾼. 농민.
농궁-기(農窮期) [명] 보릿고개 따위와 같이 농촌이 살기가 가장 어려운 시기. *춘궁기.
농:권(弄權)[-꿘] [명][하자] 권력을 제 마음대로 휘두름. ❏~이 우심하다.
농궤(膿潰) [명][하자] 종기가 곪아 터짐.
농:기(弄技) [명][하자] 재주나 기술을 부림.
농:-기(弄氣)[-끼] [명] 실없고 장난스러운 낌새. ❏~ 어린 목소리.
농기(農期) [명] 농사철.
농기(農旗) [명] 〔민〕 농촌에서 두렛일을 할 때 세우는 기《긴 천에 '농자천하지대본야(農者天下之大本也)'라 먹으로 씀》.
농기(農器) [명] 농구(農具).
농기(農機) [명] '농기계'의 준말. ❏~ 수리.
농-기계(農機械)[-/-게] [명] 〔농〕 농사짓는 데 쓰는 기계《트랙터·경운기·콤바인 따위》. ❏~ 보급. [준]농기.
농-기구(農器具) [명] 농사를 짓는 데 쓰는 기구. 농구(農具). ❏~를 만들다.
농기-맞이(農旗-) [명] 〔민〕 '기세배(旗歲拜)'의 딴 이름.
농노(農奴) [명] 〔사〕 중세 유럽의 봉건 사회에서, 봉건 영주에게 노예처럼 매인 농군.
농노-제(農奴制) [명] 〔사〕 농민이 봉건 지주에게 예속되어 지주의 땅을 경작하고 부역(賦役)과 공납(貢納)의 의무를 지던 사회 제도.
농노 해:방(農奴解放) 〔사〕 농민을 농노의 신분에서 해방시킨 일.
농-녹색(濃綠色)[-쌕] [명] 짙은 녹색.
농뇨(膿尿) [명] 〔의〕 고름이 섞인 오줌.
농:단(壟斷·隴斷) [명][하타] 이익이나 권리를 독차지함. ❏국정(國政)을 ~하다.
농:담(弄談) [명][하자] 실없이 놀리거나 장난으로 하는 말. ❏객쩍은 ~/~ 반 진담 반/~을 던지다/~을 걸다/실없는 ~을 주고받다/~할 기분이 아니다. ↔진담. [준]농(弄).
농담(農談) [명][하자] 농업에 대한 이야기.
농담(濃淡) [명] 짙음과 옅음. 또는 진함과 묽음.
농:담-조(弄談調)[-쪼] [명] 농담으로 하는 말투. ❏~로 말을 건네다.
농대(農大) [명] 〔교〕 '농과 대학'의 준말.
농대-석(籠臺石) [명] 비석의 받침돌.
농도(農道) [명] 농로(農路).
농도(濃度) [명] 1 액체·빛깔·명암 따위의 짙은 정도. ❏소금물의 ~. 2 어떤 성질이나 요소가 깃들어 있는 정도. ❏~ 짙은 농담/사랑의 ~. 3 〔화〕 혼합 기체나 용액 속에 들어 있는 각 성분의 양의 비율.
농독-증(膿毒症)[-쯩] [명] 〔의〕 고름의 균이 피 속에 들어가 몸에 번져 부스럼이 생기는 병. 농혈증.
농-들다(膿-)〔농들어, 농드니, 농드는〕 [자] 곪아 고름이 생기다.
농땡이 [명] 〈속〉 일에 꾀를 부리며 게으름을 피우는 짓. 또는 그런 사람. ❏~를 치다/~를 부리다/저런 ~를 보았나.
농락(籠絡)[-낙] [명][하타] 남을 교묘한 꾀로 속여 제 마음대로 놀리거나 이용함. 뇌롱. ❏~을 당하다/~에 놀아나다.
농란-하다(濃爛-)[-난-] [형][여] 잘 익은 상태이다. ❏농란하게 익은 복숭아.
농람(濃藍)[-남] [명] 짙은 쪽빛.
농량(農糧)[-냥] [명] 농사짓는 동안 먹을 양식.
농로(農老)[-노] [명] 농사에 경험이 많은 사람. 노농(老農).
농로(農路)[-노] [명] 농사에 이용되는 길. 농도(農道). 농삿길. ❏~를 내다/~를 확장하다.
농루(膿漏)[-누] [명] 〔의〕 고름이 계속 흘러나오는 증상.
농류(膿瘤)[-뉴] [명] 〔의〕 화농성 염증으로 생긴 고름이 한군데에 몰려 막혀서 생긴 혹.
농리(農利)[-니] [명] 농사를 지어 생기는 이익.
농림(農林)[-님] [명] 농림업.
농림-부(農林部)[-님-] [명] 전에 중앙 행정 기관의하나. 식량·농촌 개발·농산물 유통 및 축산에 관한 사무를 맡아보았음.
농림-업(農林業)[-니멉] [명] 농업과 임업. 농림.
농림 축산 식품부(農林畜産食品部)[-님-싼-] 중앙 행정 기관의 하나. 농업, 축산업, 식품 관련 업무를 맡아봄.
농림 축산 식품 해:양 수산 위원회(農林畜産食品海洋水産委員會)[-님-싼-사뉘-] 국회 상임 위원회의하나. 농림 축산 식품부와 해양 수산부 소관 사항을 심의함.
농립-모(農笠帽)[-님-] [명] 농민이 여름에 쓰는 밀짚모자나 대팻밥모자.
농마(農馬) [명] 농사일에 부리는 말.
농막(農幕) [명] 농사짓기에 편하도록 논밭 근처에 간단하게 지은 집. 밭집.
농목(農牧) [명] 농업과 목축업.
농목-민(農牧民)[-몽-] [명] 농사와 목축을 생업으로 삼는 사람.
농무(農務) [명] 1 농사일. 2 농업에 관한 사무.
농무(濃霧) [명] 짙은 안개. 대무(大霧). ❏~ 주의보/~가 걷히다.
농묵(濃墨) [명] 진한 먹물.
농민(農民) [명] 농사짓는 일을 생업으로 삼는 사람. 농부(農夫). 농군(農軍). 농인. 전민(田民). ❏자영 ~.
농민 대:중(農民大衆) 〔사〕 노동자와 농민을 비롯한 모든 근로자.
농민 문학(農民文學) 〔문〕 농촌의 자연을 중심으로 농민의 생활상을 그리는 문학.
농민 운:동(農民運動) 〔사〕 농민의 경제적·정치적 이익의 옹호 및 생활수준의 개선을 위하여 조직된 대중 운동.
농민 전:쟁(農民戰爭) 〔역〕 중세 유럽에서, 지배 계급인 귀족과 봉건 영주에 대하여 농민들이 일으킨 반란.
농민-층(農民層) [명] 농사를 직업으로 삼는 사람들의 계층.

농밀-하다 (濃密-) 휑어 **1** 진하고 빽빽하다. **2** 서로 사귀는 정이 두텁고 가깝다. 농밀한 두 사람 사이.

농-바리 (籠-)[-빠-] 휑하자 아이들 놀이의 한 가지. 한 아이의 등에 두 아이가 양쪽에서 서로 다리를 뻗어 발을 잡고 매달려서, 농을 실은 것이라고 하는 장난.

농번 (農繁) 휑 농사일이 바쁨. ↔농한(農閑).

농번-기 (農繁期) 휑 농사일이 매우 바쁜 시기 《모내기·논매기·추수 등을 할 때》. ▢ ~ 일손을 돕다. ↔농한기(農閑期).

농:-법 (弄法)[-뻡] 휑하자 법을 제멋대로 악용함.

농법 (農法)[-뻡] 휑 농사짓는 방법. ▢ 무공해 ~ / 새로운 ~ 을 개발하다.

농:-변 (弄辯) 휑하자 **1** 농으로 하는 말. **2** 수다스럽게 지껄임.

농병 (農兵) 휑 **1** 평시에는 농사를 짓고, 유사시에는 군사가 되는 사람. **2** 농민들로 조직된 군대. 또는 그 군인. *둔전병(屯田兵).

농병 (膿病)[-뼝] 휑 《농》 누에의 피부에 희읍스름하거나 누른빛이 생기고 진물이 흘러서 죽는 전염병. 고름병.

농-병아리 휑 《조》 ☞ 논병아리.

농본 (農本) 휑 농업을 산업의 근본으로 삼는 일. ▢ ~ 정책을 내세우다.

농본-국 (農本國) 휑 농업을 기본 산업으로 삼는 나라.

농본-주의 (農本主義)[-/-이] 휑 농업을 국가 산업의 기본으로 하고, 농민과 농촌을 사회 조직의 기초로 삼으려는 이론.

농부 (農夫) 휑 농사로 업을 삼는 사람. 농부한. 전부.

농부 (農婦) 휑 **1** 농사일을 하는 여자. **2** 농촌의 아낙네.

농부-가 (農夫歌) 휑 《악》 농부들이 즐겨 부르는 노동요. ㉿농부가.

농부-한 (農夫漢) 휑 농부(農夫).

농불 (籠佛) 휑 채롱부처.

농불실시 (農不失時)[-씨] 휑 농사일은 제때를 놓치지 말아야 한다는 말.

농사 (農舍) 휑 **1** 농부의 집. **2** 수확물을 처리하는 막사.

농사 (農事) 휑하자 논밭을 갈아 곡류·채소·과일 등을 심어 가꾸고 거두는 일. ▢ ~ 를 짓다 / ~ 가 잘되다 / 올해 ~ 가 풍년이다. **2** 자녀를 낳아 기르는 일의 비유. ▢ 자식 ~ 를 잘 짓다.

농사-꾼 (農事-) 휑 농사짓는 일을 하는 사람.

농사-력 (農事曆) 휑 자연현상이나 동식물의 상태에 따라 농사짓는 절기를 나타낸 달력.

농사 시험장 (農事試驗場) 휑 농업 발전에 필요한 여러 가지 일을 시험적으로 연구하는 공설 기관. 농업 시험장.

농사-일 (農事-) 휑 농사짓는 일. ▢ ~ 을 거들다 / ~ 에 바쁘다.

농사-짓다 (農事-)[-짇따][-지어, -지으니, -짓는] 휑 농사를 직업으로 삼아 일을 하다. ▢ 땅을 일구어 ~.

농사-철 (農事-) 휑 농사짓는 시기. 농기(農期). 농시. 농절. ㉿농절.

농산 (農産) 휑 '농산물'의 준말.

농산 가공품 (農産加工品) 휑 《농》 농산물에 가공이나 처리를 하여 형태나 성질을 변화시킨 제품 《간장·과실주·밀가루 따위》.

농산-물 (農産物) 휑 농업에 의하여 생산된 물건 《곡식·야채·과실 따위》. ▢ ~ 가공 / ~ 유통 구조의 단순화 / ~ 가격을 안정시키다 / 외국 ~ 이 밀려들다. ㉿농산물.

농산어-촌 (農山漁村) 휑 농촌·산촌·어촌.

농산-업 (農山業) 휑 농업.

농산 자원 (農産資源) 《농》 토지를 경작하여 얻는 자원.

농산 제:조 (農産製造) 《농》 농산물을 가공하여, 차·담배·주스·간장 따위의 제품으로 만드는 일.

농삼-장 [-쌈-] 휑 상자를 넣으려고 삼노를 엮어 만든 망태. 또는 그것을 싸려고 삼노를 엮어서 만든 보. ㉿삼장.

농삿-길 (農事-)[-사낄 / -삳낄] 휑 농사일을 위하여 만든 길. 농로(農路).

농삿-일 (農事-) 휑 농사일.

농삿-집 (農事-)[-사찝 / -삳찝] 휑 농가(農家).

농상 (農桑) 휑 농사일과 누에 치는 일.

농상 (農商) 휑 **1** 농업과 상업. **2** 농민과 상인.

농상-대신 (農商大臣) 휑 《역》 조선 후기, 농상아문의 으뜸 벼슬.

농색 (濃色) 휑 짙은 빛깔. ↔담색(淡色).

농서 (農書) 휑 농사에 관한 책.

농선-지 (籠扇紙) 휑 전라북도 진안군 용담(龍潭)에서 나는, 부채 만드는 종이.

농:-성 (弄聲) 휑 《악》 노래 곡조의 한 가지인 농의 성조(聲調).

농성 (籠城) 휑하자 **1** 적에게 둘러싸여 성문을 굳게 닫고 성을 지킴. **2** 어떤 목적을 위하여 줄곧 한자리를 떠나지 않고 시위함. ▢ 철야 ~ / ~ 애 들어가다 / 연좌 ~ 을 벌이다 / ~ 을 풀다 / 회장실을 점거하고 ~ 하다.

농소-대 〈옛〉 농막(農幕).

농소 (膿巢) 《의》 고름이 피어 있는 곳.

농수-로 (農水路) 휑 농업용수의 수로.

농수-산 (農水産) 휑 농수산업.

농수산-물 (農水産物) 휑 농산물과 수산물. ▢ ~ 가공.

농수산-업 (農水産業) 휑 농업과 수산업. 농수산.

농숙 (濃熟) 휑하자 충분히 익음. ▢ ~ 한 배 / 감자를 ~ 하게 삶다.

농시 (農時) 휑 농사철.

농신 (農神) 휑 《민》 농업을 다스리는 신.

농심 (農心) 휑 농부의 마음. ▢ ~ 을 달래다.

농아 (聾啞) 휑 **1** 듣지 못하고 말하지 못하는 사람. 청각 장애인과 언어 장애인. **2** 청각 장애로 말을 배우지 못해서 된 언어 장애인.

농아 교:육 (聾啞教育) 《교》 농아자에 대한 특별 교육 《수화법·구화법·보청기 따위로 지식과 기술 따위를 가르침》.

농아-자 (聾啞者) 휑 농아인 사람.

농아 학교 (聾啞學校)[-꾜] 《교》 농아자에게 회화의 특별 기술과 지식·기능을 가르치는 학교. *맹아 학교.

농악 (農樂) 휑 《악》 농촌에서, 명절이나 공동 작업을 할 때 행해지는 우리나라 고유의 음악. 나발·태평소·북·장구·꽹과리·징 따위를 불거나 치면서 춤추고 노래함. 풍물놀이.

농악-대 (農樂隊)[-때] 휑 농악을 하는 사람들의 조직적인 집단.

농악-무 (農樂舞)[-앙-] 휑 농악에 맞추어 추는 춤. ▢ ~ 를 추다.

농액 (濃液) 휑 농도가 짙은 액체.

농액 (膿液)[-?] 휑 《의》 고름'.

농약 (農藥) 휑 《악》 농작물에 해로운 벌레·병균·잡초 따위를 없애거나 농작물이 잘 자라게 하는 약품. ▢ ~ 을 치다 / ~ 을 뿌리다.

농양(膿瘍)[명]〖의〗신체 조직의 한 부분에 화농성 염증이 생겨, 그 부분의 세포가 죽고 고름이 몰려 있는 질환. 고름집.

농어[명]〖어〗눈엇과의 바닷물고기. 가을·겨울철에 강 어귀에 산란하여 어려서는 민물에서 살다가 첫겨울에 바다로 나가는데 몸길이는 50~90cm로 길고 옆으로 납작함. 노어.

농어-민(農漁民)[명] 농민과 어민.

농어-촌(農漁村)[명] 농촌과 어촌. ▢~의 근대화 / ~을 개발하다.

농:언(弄言)[명]하[자] 농담으로 하는 말.

농업(農業)[명] 땅을 이용하여 유용한 식물을 재배하거나 유용한 동물을 기르는 산업. 또는 그런 직업. 넓은 뜻으로 농산물 가공이나 임업도 포함함. ▢~근대화 / ~에 종사하다.

농업 경영(農業經營)[-경-][명] 생산 활동으로서 농업을 영위하는 일.

농업 경제(農業經濟)[-경-]〖경〗농산물을 생산하고 소비하는 분야의 경제.

농업 경제학(農業經濟學)[-경-]〖경〗농업에 대하여 경제학적 관점에서 고찰하고 연구하는 학문《응용 경제학의 한 분야임》.

농업 고등학교(農業高等學校)[-꼬-꾜]〖교〗농업에 관한 실업 교육을 행하는 고등학교. ֍농고(農高).

농업 공:황(農業恐慌)[-꽁-]〖경〗농산물의 과잉 생산·수요〔需要〕감퇴 등으로 일어나는 농업 부문의 경제 공황.

농업-국(農業國)[-꾹][명] 농업이 경제 활동의 중심이 되고 주요 산업이 되는 나라.

농업 보:호 관세(農業保護關稅)[-뽀-]〖경〗국내 농산물의 가격을 안정시키고 농산물을 원료로 하는 공업을 보호하기 위하여, 수입 농산물에 부과하는 수입 관세.

농업 부기(農業簿記)[-뿌-]〖경〗농업 경영에 응용하는 부기.

농업 사회(農業社會)[-싸-] 농업이 경제 활동의 중심이 되는 사회.

농업 센서스(農業census)〖농〗국제 연합 식량 농업 기구의 통일적인 조사 계획에 따라 실시되는, 농업에 관한 세계적 규모의 통계 조사.

농업 수리학(農業水利學)[-쑤-]〖농〗지표(地表) 및 지하의 물과 토지와의 관계를 농작물 생육의 입장에서 연구하는 학문.

농업 시대(農業時代)[-씨-]〖경〗생산 방법을 표준으로 하여 경제상의 시대를 나누는 것의 한 단계로, 인류가 농경을 주된 생업으로 하고 어렵(漁獵) 채집을 부업으로 하던 시대.

농업 시험장(農業試驗場)[-씨-]〖농〗농사〔農事〕시험장.

농업 식물(農業植物)[-씽-]〖식〗사람이 심어 재배하는 식물《먹는 식물과 기호(嗜好) 식물이 있음》.

농업-용수(農業用水)[-엄농-]〖농〗농사짓는 데 쓰는 물.

농업 인구(農業人口)〖사〗농업에 종사하는 인구《비농가 인구까지 포함하는 농촌 인구와는 구별됨》.

농업 자본(農業資本)[-짜-]〖농〗농업에 들어가는 산업 자본. ֍농자(農資).

농업 정책(農業政策)[-쩡-]〖정〗농업 경영·농업 재정·농업 인구 등 농업 전반에 걸친 경제 정책.

농업 행정(農業行政)[-어팽-]〖정〗농사의 개량·발달을 꾀하여 농민의 행복과 이익을 유지함을 목적으로 하는 행정.

농업 혁명(農業革命)[-어평-]〖사〗봉건적인

농업 경영에서 근대적인 농업 경영으로의 이행(移行)에 따른 변혁의 총칭.

농업 협동조합(農業協同組合)[-어꿉뽕-]〖농〗농업 생산성 증진과 농가의 소득 증대를 통한 농민의 경제적·사회적 지위 향상을 꾀하기 위하여 전국적으로 조직된 농가 생산생산자의 협동 조직체. ֍농협.

농염(濃艶)[명]하[자] 한껏 무르익은 아름다움. ▢~하고 육감적인 여인의 자태.

농예(農藝)[명]〖농〗1 농사짓는 기술. 2 농업과 원예(園藝).

농예 화:학(農藝化學)〖화〗농업 생산의 화학적 기초를 연구하는 화학의 한 분과. 토양학(土壤學)·비료학·식물 생리 화학·농산 화학·양조학(釀造學)·삼림 화학·축산 화학 등으로 세분됨.

농:와(弄瓦)[명] 와(瓦)는 여자아이의 장난감인 흙으로 만든 실패라는 뜻으로, 딸을 낳는 일. ↔농장(弄璋).

농:와지경(弄瓦之慶)[명] 딸을 낳은 경사. 농와지희(弄瓦之喜). ↔농장지경(弄璋之慶).

농:완(弄玩)[명]하[자] 가지고 놂.

농외-소득(農外所得)[명] 농사를 지어서 생기는 소득 이외의 소득《농지 임대료나 품삯 따위》. ▢~을 올리다.

농요(農謠)[명] 농부들이 농사일을 하면서 부르는 속요(俗謠).

농용(農用)[명] 농사에 씀. 또는 그런 것. ▢~기구.

농용-림(農用林)[-님][명]〖농〗숯·장작·재목 등 농가의 생활 자재나 사료·퇴비 등 영농 자재의 채취를 위하여 이용되는 숲.

농우(農牛)[명] 농사일에 부리는 소.

농운(濃雲)[명] 짙은 구름. 검은 구름.

농원(農園)[명]〖농〗주로 원예 작물을 심어 가꾸는 농장.

농:월(弄月)[명]하[자] 달을 바라보고 즐김.

농음(濃陰)[명] 짙은 그늘. 짙은 녹음.

농이(膿耳)[명]〖의〗귓구멍 속이 곪아 고름이 나는 병.

농-익다(濃-)[-닉따][자] 흠뻑 익다. 무르익다. ▢농익은 복숭아 / 농익은 여인의 몸매 / 분위기가 ~.

농인(農人)[명] 농민(農民).

농자(農者)[명] '농사'·'농업'의 뜻.
  농자 천하지대본(農者天下之大本)[구] '농사는 온 세상 사람들이 생활해 나가는 근본이다'라는 말.

농자(農資)[명] 1 '농업 자본'의 준말. 2 농사일에 드는 비용.

농자(聾者)[명] 귀먹은 사람. 귀머거리.

농작(農作)[명]하[타] 1 농사를 지음. 2 농작물. ▢땀 흘려 지은 ~.

농작-물(農作物)[-장-] 논이나 밭에 심어서 가꾸는 곡식·채소 따위. ▢~ 재배 / ~을 수확하다. ֍작물.

농잠(農蠶)[명] 농사짓기와 누에치기.

농:장(弄璋)[명] 장(璋)은 사내아이의 장난감인 구슬이라는 뜻으로, 아들을 낳는 일. ↔농와(弄瓦).

농장(農莊·農庄)[명] 1 농장 관리를 위하여 농장 근처에 모든 설비를 갖추어 놓은 집. 2 〖역〗고려 말기·조선 초기에 세력가들이 차지하고 있던 넓은 농지.

농장(農場)[명] 농지와 집·농구·가축 및 노동력 등을 갖추고 농업을 경영하는 곳. ▢~ 관리.

농장(濃粧)圓[하자] 짙게 화장을 함. 또는 그 화장. ↔담장(淡粧).

농장(濃醬)圓 진간장.

농장(籠欌)圓[-짱]圓 장롱.

농-장수(籠-)圓 예전에, 근담배를 채롱에 담아 메고 다니며 팔던 사람.

농-장지경(弄璋之慶)圓 아들을 낳은 경사. 농장지희(弄璋之喜). ↔농와지경(弄瓦之慶).

농전(膿栓)圓〖의〗혈관에 고름이 괴는 병.

농절(農節)圓 농사철.

농정(農政)圓 농업에 관한 정책이나 행정. ▢훌륭한 ～을 펼치다.

농-제(弄題)圓 익살스러운 내용을 섞어 쓴 제사(題辭).

농제(農祭)圓 농사가 잘되기를 하늘에 비는 제사.

농:-조(弄調)[-쪼]圓 농으로 하는 말투. 농담조. ▢～로 말하다.

농조(籠鳥)圓 1 새장에 가둬 기르는 새. 2 '농중조'의 준말.

농조(籠彫)圓〖미술〗속을 비게 파서 만든 조각(彫刻).

농조-연운(籠鳥戀雲)圓 새장에 갇힌 새가 구름을 그리워한다는 뜻으로, 속박당한 몸이 자유를 그리워함을 비유적으로 이르는 말.

농주(農酒)圓 농사일을 할 때, 일꾼들을 대접하기 위해 농가에서 빚은 술. *탁배(濁醅).

농중-조(籠中鳥)圓 1 새장 안의 새. 2 얽매여 자유가 없는 몸. ㉠농조(籠鳥).

농즙(濃汁)圓 걸쭉한 즙.

농즙(膿汁)圓 고름¹.

농지(農地)圓 농사짓는 데 쓰는 땅. 농처. 농토. ▢～ 개간 / ～를 경작하다.

농지 개:량(農地改良)〖농〗농지의 이용도를 영구적으로 높이는 일(농지 확장, 수리 시설과 배수 시설의 확충, 경지 정리 따위).

농지 개:량 조합(農地改良組合)〖농〗농지 개량 시설의 유지와 관리, 구획 정리 사업·농지 개량 사업 따위를 효과적으로 수행할 목적으로 설립된 조합.

농지 개:혁(農地改革)〖사〗농촌의 민주화와 농업 경영의 합리화를 위하여 토지 소유권을 부재지주에게서 경작자에게 넘겨, 소작인의 보호에 중점을 두는 개혁.

농:-지거리(弄-)[-찌-]圓[하자] 점잖지 않게 마구 하는 농담. ▢～를 주고받다 / ～를 던지다.

농지 보:전(農地保全)〖농〗홍수·사태·토양 침식 등의 위험에서 농지를 보호하고 토지의 생산력 감퇴를 막는 일.

농지-세(農地稅)[-쎄]圓〖법〗지방세의 하나. 논과 밭을 과세 대상으로 하여 소유자에게 부과함. 논은 갑류 농지세, 특수 작물을 생산하는 밭은 을류 농지세로 구분함.

농지 전:용(農地轉用)〖법〗농지를 택지(宅地)·공장 용지(用地) 등으로 돌려쓰는 일.

농지 정:리(農地整理)[-니] 경지 정리.

농지-조성(農地造成)圓 개간과 간척을 통하여 새로운 농경지를 만드는 일.

농-질산(濃窒酸)[-싼]圓 농도가 짙은 질산.

농-짝(籠-)圓 농의 한짝.

농차(濃茶)圓 진하게 끓인 차.

농찬(農饌)圓 농사철에 일꾼들에게 먹이려고 만든 반찬.

농채(濃彩)圓〖미술〗짙은 색채. 또는 그런 채색법(彩色法).

농처(農處)圓 1 농지(農地). 2 농사를 짓는 곳.

농-철(農-)圓 '농사철'의 준말.

농초(農草)圓 농부가 자기 집에서 쓰려고 가꾼 담배.

농촌(農村)圓 주민의 대부분이 농업에 종사하는 지역이나 마을. ▢～ 사람 / ～ 생활에 익숙해지다 / ～을 떠나 도시로 가다. ↔도시.

농촌 진:흥(農村振興)〖사〗농촌의 생산력과 생활수준을 향상시킴. ㉠농진.

농촌 진:흥청(農村振興廳)→농림 축산 식품부에 속하여, 농촌 진흥을 위한 시험·연구 및 농민의 지도와 농촌 지도자의 훈련에 관한 일을 맡아보는 중앙 행정 기관의 하나.

농촌 활동(農村活動)[-똥]〖사〗대학생들이 농촌에서 농사일을 거들면서 농민의 실정을 체험하는 봉사 활동. ㉠농활.

농축(濃縮)圓[하타] 1 액체를 진하게 또는 바짝 졸임. ▢우라늄 ～. 2 어떤 물질의 농도가 높아지는 현상. ▢인체에 ～되는 오염 물질.

농-축산물(農畜產物)[-싼-]圓 농산물과 축산물. ▢～ 유통 구조.

농축 우라늄(濃縮uranium)〖화〗천연 우라늄보다 우라늄 235의 함유율을 인위적으로 높인 우라늄(원자로의 연료로 씀).

농치다죄 좋은 말로 풀어서 노그라지게 하다. ㉠농치다.

농:-치다(弄-)죄 '농하다(弄-)'를 강조하는 말. ▢농치고 어르다.

농탁(農濁)圓 농사일할 때에 쓰려고 빚은 막걸리. *탁배(濁醅).

농탁-하다(濃濁-)[-타카-]圀혬 액체 따위가 진하고 걸쭉하다. 농탁-히[-타키]囝

농:-탕(弄蕩)圓 남녀가 음탕한 소리와 난잡한 행동으로 마구 놀아 대는 짓. 농탕질.

농탕(濃湯)圓 흐무러지게 흠씬 끓인 국.

농:-탕치다(弄蕩-)죄 남녀가 음탕한 소리와 난잡한 행동으로 마구 놀아 대다.

농토(農土)圓 농사짓는 데 쓰는 땅. 농지. ▢기름진 ～ / 논을 일구다 / 황무지를 개간하여 비옥한 ～로 만들다.

농-투성이(農-)圓 '농부'의 낮춤말.

농:-트다(弄-)〔농터, 농트니〕죄 스스럼없는 사이가 되어 서로 농을 하는 사이가 되다. ▢농트고 지내다.

농:-판(弄-)圓 농이 벌어진 자리. 또는 그런 분위기.

농포(農布)圓 농가에서 쓸 옷감으로 짠 베.

농포(農圃)圓 농작물을 재배하는 밭.

농포(膿疱)圓〖의〗수포가 곪아서 고름으로 차 있는 것.

농포-진(膿疱疹)圓〖의〗화농균의 침입으로 농포가 여기저기 나고 딱지가 앉는 급성 피부스럼.

농:-필(弄筆)圓[하자] 1 참말과 거짓말을 섞어 희롱조로 지은 글. 2 멋을 부려 붓을 흥청거려서 쓴 글씨. 3 사실을 왜곡하여 씀.

농:-하다(弄-)죄타혬 실없는 장난이나 농담을 하다. ㉠궤변을 ～.

농-하다(濃-)圀혬 ☞짙다².

농학(農學)圓 농업상의 생산 기술과 경제와의 원리 및 응용을 연구하는 학문.

농한(農閑·農間)圓 농사일이 그다지 바쁘지 않음. ↔농번(農繁).

농한-기(農閑期)圓 농사일이 바쁘지 않을 때. ▢～에 부업을 하다. ↔농번기(農繁期).

농향(濃香)圓 짙은 향기.

농혈(膿血)圓〖의〗피고름. ▢～을 짜내다.

농혈-리(膿血痢)圓〖의〗이질(痢疾)이나 대장

염에 걸려 피고름이 섞인 똥을 누는 병.

농혈-증 (膿血症)[-쯩] 圏 농독증(膿毒症).

농협 (農協) 圏 '농업 협동조합'의 준말.

농형 (農形) 圏 농사의 잘되고 못된 형편. 연형.

농홍-하다 (濃紅-) 阌闂 짙게 붉다.

농화 (濃化) 阌困困 짙어짐. 짙게 함.

농화 (濃和) 困困 일이 무르녹아 감.

농화-유 (濃化油) 圏 《화》 건성유와 불건성유를 진공 상태에서 가열해 짙고 빽빽하게 한 기름.

농활 (農活) 圏 '농촌 활동'의 준말. □~을 벌이다.

농황 (農況) 圏 농작물이 되어 가는 상황.

농-회색 (濃灰色) 圏 짙은 잿빛.

농후 사료 (濃厚飼料) 《농》 단백질·지방·탄수화물이 풍부한 사료《쌀겨·보리·귀리 따위》. ↔조사료(粗飼料).

농후-하다 (濃厚-) 阌闂 1 맛·빛깔·성분 따위가 매우 짙다. 2 가능성이 다분히 있다. □색이 ~. 3 어떤 경향이나 기색 따위가 뚜렷하다. □혐의가 ~ / 종교적인 색채가 ~.

농흉 (膿胸) 圏 《의》 화농균의 전염으로 흉막강 안에 고름이 차는 병.

높-낮이 [놉나지] 圏 높고 낮음. 고저(高低). □의자의 ~를 조절하다 / ~ 없는 조용한 목소리로 말하다.

높다 [놉따] 阌 1 위로 향한 길이가 길다. □산이 ~ / 굽이 높은 구두 / 천장이 ~. 2 지위나 신분 따위가 위에 있다. □계급이 ~ / 높은 지위에 오르다. 3 단수·수완·재주가 탁월하다. □식견이 ~ / 단수가 ~. 4 명성 따위가 널리 알려져 있다. □이름이 ~. 5 값이 비싸다. □물가가 ~. 6 소리의 진동수가 많다. □높은 소리. 7 온도·비율·연령 따위를 나타내는 숫자가 크다. □열이 ~ / 합격률이 ~. 8 기세가 힘차다. □투지가 ~. ↔낮다.

높-다랗다 [놉따라타] 阌 (높다라니, 높다래서) 阌 썩 높다. □높다란 담에 둘러싸이다.

높다래-지다 [놉따-] 困 높다랗게 되다.

높-드리 [놉뜨-] 圏 1 골짜기의 높은 부분. 2 높고 메말라서 물기가 적은 논밭.

높디-높다 [놉띠놉따] 阌 더할 수 없을 정도로 높다. □높디높은 산.

높-바람 [놉빠-] 圏 된바람.

높새 [놉쌔] 圏 '북동풍'의 뱃사람 말. 녹새풍. 높새바람. □~가 불다.

높새-바람 [놉쌔-] 圏 높새.

높-쌘구름 [놉-] 圏 《지》 고적운(高積雲).

높아-지다 困 높게 되다. □생산성이 ~ / 생활 수준이 ~.

높으락-낮으락 [노프랑나즈-] 囝阌 높낮이가 고르지 않은 모양. □지붕이 ~이다.

높은-기둥 (-柱) 《건》 대청의 한가운데에 다른 기둥보다 높은 기둥.

높은산-노랑나비 (-山-) 圏 《충》 흰나빗과의 곤충. 고산 지대에 사는데 노랑나비와 비슷하며 편 날개 길이 5cm가량. 수컷은 황색, 암컷은 백색임.

높은-음 (-音) 圏 고음(高音). ↔낮은음.

높은음자리-표 (-音-標) 圏 《악》 5선의 제2 선이 사(G)의 음계가 됨을 나타내는 기호. 고음부 기호. 사음자리표. ↔낮은음자리표.

높을-고 (-高) 圏 한자 부수의 하나《'稾·高' 따위에서 '高'의 이름》.

높이 圖 圏 높은 정도. □파도의 ~ / 산의 ~를 측량하다 / 술잔을 이마 ~로 들어 올리다. 圖 囝 높게. □~이 솟은 빌딩 / 해가 ~ 뜨다 / 능력을 ~ 평가하다 / 주가가 ~ 뛰다 / 사기가

~ 오르다 / 꿈을 ~ 갖다.

높이 사다 圏 높이 평가하다. □젊은 사람의 패기와 정열을 ~.

높이다 阌 1 높게 하다. □언성을 ~ / 온도를 ~ / 가능성을 ~ / 안목을 ~ / 사기를 ~. 2 존대하다. □부부끼리 말을 ~. ↔낮추다.

높이-뛰기 圏 달려와서 공중에 가로질러 놓은 막대를 뛰어넘어 그 높이를 겨루는 육상 경기의 하나.

높임 圏 《언》 존칭(尊稱). ↔낮춤.

높임-말 圏 높이어 일컫는 말《아버님·진지·따님·드리다 따위》. 공대말. ↔낮춤말.

높임-법 (-法)[노핌뻡] 圏 《언》 남을 높여서 말하는 법. 문장의 주체를 높이는 주체 높임법과 말을 듣는 상대방을 높이는 상대 높임법으로 나뉨. 경어법. 존대법(尊待法).

높지거니 [놉-] 囝 높직하게. ~ 앉다.

높지막-이 [놉찌마기] 囝 높지막하게. □연을 ~ 띄우다.

높지막-하다 [놉찌마카-] 阌闂 위치가 꽤 높직하다. □높지막한 원두막.

높직-높직 [놉찡놉찍] 囝阌闂 여럿이 다 높직하게. □~한 빌딩들.

높직높직-이 [놉찡놉찌기] 囝 높직높직하게.

높직-이 [놉찌기] 囝 높직하게. □손을 ~ 쳐들다 / 액자를 ~ 걸다.

높직-하다 [놉찌카-] 阌闂 높은 듯하다. □높직한 언덕.

높층-구름 (-層-)[놉-] 圏 고층운(高層雲).

높-푸르다 [놉-][높푸르러, 높푸르니] 阌闂 높고 푸르다. □높푸른 가을 하늘.

높하늬-바람 [노파니-] 圏 '북서풍(北西風)'의 뱃사람 말.

놓다[1] [노타] 阌 1 잡은 것을 잡지 않은 상태로 되게 하다. □붓을 ~. 2 일정한 자리에 두다. □제자리에 놓아라. 3 긴장이나 걱정 따위를 풀어 없애다. □이젠 마음을 놓아라. 4 총알이나 불꽃 따위를 나가게 하다. □총을 ~. 5 불을 지르거나 피우다. □불을 ~. 6 주사나 침 따위를 찌르다. □주사를 ~. 7 연락하는 사람을 중간에 두거나 보내다. □거간을 ~ / 매파를 ~. 8 시설하다. 가설하다. □다리를 ~ / 전화를 ~. 9 참외·수박 등을 심어 가꾸다. □참외를 ~. 10 무엇을 장치하여 짐승이나 물고기 등이 잡히게 두다. □덫을 ~. 11 무늬나 수(繡)를 새기다. □꽃수를 ~. 12 수판 따위로 셈을 하다. □수판을 ~. 13 사려는 값으로 말을 꺼내다. □값을 ~. 14 집·돈·물건 등을 세(貰)나 이자를 붙여 남에게 빌려 주다. □전세를 ~ / 사채를 ~ / 방을 ~. 15 하던 일을 그치다. □일손을 ~. 16 있는 힘을 다하다. □속력을 ~ / 목을 놓아 울다. 17 말을 낮추어서 하다. □말을 놓으시지요. 18 거절하거나 겁주는 말을 하다. □퇴짜를 ~ / 훼방을 ~ / 엄포를 ~. 19 장기나 바둑에서, 돌이나 말을 두다. □석 점을 놓고 두다. 20 문제의 대상으로 삼다. □그 문제를 놓고 갑론을박이 벌어졌다.

놓다[2] [노타] 됼閼 용언의 어미인 '-아'·'-어'·'-라' 다음에 붙어, 이미 된 상태나 형상이 그대로 있음을 뜻하는 말. □논을 갈아 ~ / 문을 열어 ~ / 허풍이 센 사람이라 놓아서 믿기 어렵다.

놓아-가다 [노-] 困 배나 말이 빨리 가다.

놓아-기르다 [노-][-길러, -기르니] 됼 놓아먹이다. □닭을 ~.

놓아-두다 [노~] 目 **1** 들었던 것을 내려 어떤 곳에 두다. ☐ 테이블 위에 ~. **2** 제 마음대로 하게 내버려 두다. ☐ 그냥 ~. 㕑놔두다.

놓아-먹다 [노~따] 困 보살피는 사람 없이 제멋대로 자라다.

놓아-먹이다 [노~머기-] 目 가축을 우리에 가두지 않고 한데 내놓아 기르다. 놓아기르다. ☐ 염소를 ~.

놓아먹인 말 ⚑ 예의나 교양이 없는 사람이나 또는 길들이기 어려운 사람을 일컫는 말.

놓아-주다 [노~] 目 잡히거나 얽매이거나 갇힌 것을 자유롭게 풀어 주다. ☐ 잡은 새를 ~ / 도둑을 ~. 㕑놔주다.

놓여-나다 [노~] 困 잡혔던 상태에서 벗어나다. ☐ 강박 관념에서 ~ / 그녀는 그의 구속에서 놓여났다.

놓이다 [노~] 困 《'놓다'의 피동》 **1** 놓음을 당하다. ☐ 다리가 ~ / 덫이 ~. **2** 얹히어 있다. ☐ 책상 위에 놓인 꽃병. **3** 안심이 되다. ☐ 마음이 놓인다.

놓치다 [녿~] 目 **1** 잡거나 얻은 것을 도로 잃다. ☐ 잡은 고기를 ~. **2** 시간·때를 그냥 보내다. ☐ 혼기를 ~ / 기차를 ~. **3** 듣거나 보거나 느끼어 알 수 있는 것을 지나치다. ☐ 한마디도 놓치지 않고 듣다.

놔-두다 [~] 目 '놓아두다'의 준말. ☐ 가방을 책상 위에 ~.

놔-주다 [~] 目 '놓아주다'의 준말. ☐ 새를 ~.

뇌(腦) 圄 《의》 다세포 동물의 머리 속에 있는 중추 신경계의 주요부(대뇌·소뇌·연수(延髓)로 구분됨). 두뇌. 뇌수. 머릿골.

뇌각(牢却) 圄하目 부탁이나 선물 따위를 아주 물리침.

뇌간(腦幹) 圄 《의》 뇌수 가운데 대뇌 반구(大腦半球)와 소뇌를 제외한 부분(연수·뇌교·중뇌·간뇌가 이에 속함).

뇌감(腦疳) 圄 《한의》 영양이 나쁘거나 허약 체질인 어린아이의 머리에 나는 헌데.

뇌개(腦蓋) 圄 《의》 뇌두개골.

뇌-개골(腦蓋骨) 圄 《의》 뇌두개골.

뇌거(牢拒) 圄하目 딱 잘라 거절함.

뇌격(雷擊) 圄하目 《군》 어뢰로 적의 배를 공격함. 또는 그런 공격.

뇌격-기(雷擊機)[-끼] 圄 《군》 어뢰를 물에 떨어뜨려 적의 배를 공격하는 비행기.

뇌-경색(腦硬塞) 圄 《의》 뇌동맥이 막혀 혈액이 흐르지 못해 뇌 조직이 괴사하는 병. 뇌연화증.

뇌고(惱苦) 圄하혱 심신이 몹시 괴로움.

뇌고(雷鼓) 圄 《악》 천제(天祭)에 쓰는 북.

뇌고(擂鼓) 圄하目 북을 쉴 새 없이 빨리 침.

뇌고-하다(牢固-) 혱에 의지나 요새 따위가 견고하다.

뇌공(雷公) 圄 《민》 뇌신(雷神).

뇌관(雷管) 圄 포탄이나 탄환 따위의 화약을 점화하는 데 쓰는 발화용(發火用) 금속관. ☐ 포탄의 ~ / ~이 터지다.

뇌교(腦橋) 圄 《의》 중뇌와 연수 사이의 뇌(소뇌에 이어져 있고 많은 뇌신경의 핵이 있음).

뇌금(雷金) 圄 《화》 염화금에 암모니아수를 더하여 만든 폭발성 화합물.

뇌 긴장형(腦緊張型) 圄 《심》 신경이 날카롭고 내성적이며 고독을 좋아하는 기질.

뇌까리다 目 **1** 아무렇게나 되는대로 마구 지껄이다. ☐ 똥딴지같은 소리를 ~. **2** 불쾌하게 생각하는 남의 말을 되받아서 자꾸 뇌다. ☐

혼잣말로 ~.

뇌:-꼴-스럽다 [-따] [-스러워, -스러우니] 혱目 보기에 아니꼽고 얄밉고 못마땅한 데가 있다. ☐ 함부로 나대서 ~. **뇌:꼴-스레** 囘

뇌-내압(腦內壓) 圄 《의》 뇌압(腦壓).

뇌-농양(腦膿瘍) 圄 《의》 외상(外傷)이나 그 밖의 이유로 뇌수가 곪는 병.

뇌:다' 目 **1** 지나간 일이나 이미 한 말을 되풀이해 말하다. ☐ 같은 말을 ~ / 이름을 뇌어 보다. **2** 가루를 더 보드랍게 하려고 가는 체에 다시 치다.

뇌:다² 囝 '놓이다'의 준말.

뇌덕(賴德) 圄 남의 덕을 입음. 소덕(所德).

뇌동(雷同) 圄하目 주견 없이 남의 의견을 좇아 함께 어울림.

뇌동-부화(雷同附和) 圄하目 부화뇌동.

뇌-두개골(腦頭蓋骨) 圄 《의》 두골격(頭骨格)의 한 부분(뇌와 청각기를 싸고 있는 여덟 개의 뼈로 이루어져 있음). 뇌개. 뇌개골.

뇌락-장렬(磊落壯烈)[-짱녈] 혱 기상이 쾌활하고 도량이 넓으며 지기(志氣)가 씩씩함.

뇌락-하다(磊落-)[-라카-] 혱에 마음이 너그럽고 작은 일에 얽매이지 않고 의지나 기개가 씩씩하다. ☐ 호방 뇌락한 사람.

뇌:-랄다 [-라타] [뇌라니, 뇌래서] 혱⑤ 생기가 없이 노랗다. ☐ 얼굴이 ~. 㕑뉘렇다.

뇌:래-지다 困 뇌랗게 되다. 㕑뉘레지다.

뇌량(腦梁) 圄 《의》 좌우의 대뇌 반구(半球) 사이를 연결하는 신경 섬유의 큰 집단.

뇌력(腦力) 圄 머리를 써서 생각하는 힘.

뇌력(賴力) 圄하目 남의 힘을 입음.

뇌롱(牢籠) 圄하目 농락(籠絡).

뇌리(腦裏) 圄 생각과 기억이 들어 있는 머릿속. 뇌중. ☐ ~에 깊이 박히다 / ~를 스치고 지나가다 / ~에서 떠나지 않다 / ~에서 사라지다.

뇌막(腦膜) 圄 《생》 두개골 안에 뇌를 싸고 있는 얇은 껍질.

뇌막-염(腦膜炎)[-망념] 圄 《의》 뇌막에 생기는 염증.

뇌명(雷名) 圄 '뇌성대명(雷聲大名)'의 준말.

뇌명(雷鳴) 圄 **1** 천둥소리가 남. 또는 그런 소리. **2** 엄청나게 세고 큰 소리.

뇌문(雷紋·雷文) 圄 **1** 번개무늬. **2** 돌림무늬.

뇌물(賂物) 圄 공적인 책임이 있는 사람에게 특별한 편의 제공의 대가로 주는 부정한 돈이나 물건. ☐ ~ 수수 / ~을 주다 / ~을 쓰다 / ~을 받아먹다 / ~로 매수하다.

뇌변(腦變) 圄 벼락이 떨어져 생기는 변고.

뇌-병(腦病)[-뼝] 圄 뇌에 관한 병의 총칭(넓은 뜻으로는 신경병·정신병도 포함).

뇌-병원(腦病院) 圄 정신 병원.

뇌봉-전별(雷逢電別) 圄하자目 잠깐 만났다가 곧 헤어짐.

뇌-부종(腦浮腫) 圄 《의》 머리의 외상(外傷)이나 뇌종양 때문에 뇌의 세포액이 늘어나 부피가 커진 상태.

뇌-빈혈(腦貧血) 圄 《의》 뇌의 혈액 순환이 나빠져 생기는 병(두통·구역·현기증 따위의 증세가 나타남).

뇌사(牢死) 圄 옥사(獄死).

뇌사(腦死) 圄 《의》 인체의 사망을 확인하는 데 있어서, 뇌의 기능이 완전히 멈추어져 본디 상태로 되돌아가지 못하는 상태.

뇌사-자(腦死者) 圄 뇌의 기능이 완전히 멈추어 죽은 사람.

뇌산(雷酸) 圄 《화》 수소·탄소·질소·산소의 한 원자씩으로 된 시안산(酸)의 이성질체(異性

質體). 불안정한 산으로 독성이 있음.
뇌산-수은 (雷酸水銀) 명《화》뇌홍(雷汞).
뇌살 (惱殺) 명 '뇌쇄'의 본딧말.
뇌석 (雷石) 명《지》낙뢰로 모래가 녹아 뭉쳐져서 이루어진 돌덩이.
뇌성 (雷聲) 명 천둥 치는 소리. ▫~이 울리다.
뇌성-대명 (雷聲大名) 명 1 세상에 널리 드러난 이름. 2 남의 이름을 높여 부르는 말. ▣ 뇌명.
뇌성 마비 (腦性痲痺)《의》뇌가 손상되어 운동 마비를 일으키는 질환의 총칭.
뇌성-목 (雷聲木) 명《식》녹나뭇과의 낙엽 활엽 관목. 산기슭의 양지에 나는데 봄에 황록색 꽃이 피고 가을에 둥근 과실이 까맣게 익음. 지팡이 재료로 씀.
뇌성-벽력 (雷聲霹靂)[-병녁] 명 천둥소리와 벼락. ▫~과 같은 호통 / ~이 치다.
뇌성 소:아마비 (腦性小兒痲痺)《의》태아기(胎兒期)에 뇌출혈·혈관 압박 또는 손상 등으로 뇌의 운동 기능이 마비된 상태.
뇌쇄 (牢鎖) 명하타 자물쇠를 단단히 잠금.
뇌쇄 (惱殺) 명하타 애가 타도록 몹시 괴롭힘. 특히, 여자가 아름다움으로 남자를 매혹시켜 애가 타게 하는 것. ▫옆집 처녀에게 ~를 당하다.
뇌수 (牢囚) 명하타 죄수를 단단히 가둠. 또는 그 죄수.
뇌수 (雷獸) 명 중국의 전설에서 나오는 상상의 괴물(비바람이 불면 사나워져 사람·가축을 해친다 함).
뇌수 (腦髓) 명《생》뇌.
뇌-수면 (腦睡眠) 명《의》수면의 시작이나 잠이 얕을 때의 수면 상태. ↔체수면.
뇌-수종 (腦水腫) 명《의》두개강 안에 많은 양의 뇌척수액이 괴어서 생기는 병(지능의 저하를 초래함).
뇌신 (惱神) 명하타 정신을 어지럽히고 괴롭힘.
뇌신 (雷神) 명《민》우레를 맡고 있는 귀신. 뇌공(雷公).
뇌-신경 (腦神經) 명《생》대뇌의 밑과 연수(延髓)에서 시작해 머리·얼굴 따위에 퍼져 있는 운동 신경과 지각 신경(시신경·후신경·안면신경·미주 신경 등 12쌍으로 이루어짐).
뇌실 (腦室) 명《생》두개골 안에 있는 뇌의 빈 곳(이 안에 뇌척수액이 차 있음).
뇌압 (腦壓) 명《의》뇌 안의 뇌척수액의 압력. 뇌내압(腦內壓).
뇌-압박증 (腦壓迫症)[-빡쯩] 명《의》두개강이 좁아져 뇌압이 높아지므로 일어나는 뇌의 기능 장애(두통·구토·현기증·불면·하품 등의 증상이 나타남).
뇌야기 〈옛〉노야기.
뇌약 (牢約) 명하타 굳게 약속함. 또는 그런 약속. ▫충성을 ~하다.
뇌-연화증 (腦軟化症)[-쯩] 명《의》뇌혈관이 막혀 뇌의 일부에 영양 장애가 일어나서 뇌일혈 비슷한 증상을 나타내는 질환.
뇌-염 (腦炎) 명《의》바이러스 감염이나 물리적·화학적 자극에 따른 뇌의 염증의 총칭. 고열·두통·구토 따위가 나고, 의식 장애·경련을 일으키며 며칠 안에 죽음. 회복되어도 지능 발육이 정지되고 마비 증상이 남음. ▫~모기. *일본 뇌염.
뇌엽 (腦葉) 명 대뇌 반구를 넷으로 나눈 각 부분. 전두엽·두정엽·후두엽·측두엽으로 나눔.
뇌옥 (牢獄) 명 죄인을 가두어 두는 곳. 감옥. 수옥(囚獄).
뇌우 (雷雨) 명 천둥소리와 함께 내리는 비. ▫

~가 퍼붓다 / ~를 만나다.
뇌운 (雷雲) 명 번개·천둥·뇌우 따위를 몰고 오는 구름.
뇌유 (腦油) 명 고래나 돌고래 따위의 머리에서 짠 기름.
뇌은 (雷銀) 명《화》산화은은 암모니아 수용액에 알코올을 더하여 만든 물질(마찰에 의해 폭발하며 기폭약으로 씀).
뇌-일혈 (腦溢血) 명《의》고혈압·동맥 경화 등으로 뇌의 동맥이 터져 뇌 속에 출혈하는 병(대개 죽으며, 회복되어도 반신불수가 됨). 뇌출혈.
뇌자 (牢子) 명《역》군뢰(軍牢).
뇌장 (腦漿) 명 뇌수 속의 점액.
뇌전 (雷電) 명 천둥과 번개.
뇌전-도 (腦電圖) 명《의》뇌파를 기록한 도면.
뇌-전류 (腦電流)[-절-] 명《의》뇌의 신경 세포가 움직일 때 일어나는 약한 전류.
뇌-전색 (腦栓塞) 명《의》심장 내막염·심장 판막증 등에 걸릴 때, 뇌 이외의 부위에서 생긴 혈전(血栓) 등이 뇌혈관을 막아 그 근처의 영양 장애를 일으켜 생기는 질환.
뇌정 (牢定) 명하타 돈정(敦定).
뇌정 (雷霆) 명 뇌정벽력.
뇌정-벽력 (雷霆霹靂)[-병벽] 명하자 천둥과 벼락이 격렬하게 침. 또는 그런 천둥과 벼락. 뇌정.
뇌조 (雷鳥) 명《조》들꿩과의 새. 날개 길이 20 cm가량. 여름에 등·목·가슴에 흑색과 갈색의 가는 가로무늬가 생기나 가을에는 점차 백색으로 변하고, 겨울에는 순백색이 됨.
뇌-졸중 (腦卒中) 명《의》뇌의 갑작스러운 혈액 순환 장애로 말미암은 증상. 의식을 잃고, 손발의 마비·언어 장애·호흡 곤란 등의 증상이 나타남(뇌일혈에 따른 것이 가장 많음). 졸중풍.
뇌-졸증 (腦卒症) 명《의》☞ 뇌졸중.
뇌-종양 (腦腫瘍) 명《의》뇌질과 뇌막에 발생하는 종양의 총칭(두통·구토·경련·마비 등의 증상이 일어남).
뇌:주 (酹酒) 명하자 술을 땅에 부어 강신(降神)을 비는 일. 또는 그 술.
뇌중 (腦中) 명 뇌리(腦裏).
뇌증 (腦症)[-쯩] 명《의》뇌에 나타나는 각종 증상(중병 또는 고열의 질환이 원인이 되어 의식 장애가 일어나는 병증).
뇌지 (雷芝) 명《식》연꽃.
뇌진 (雷震) 명하자 천둥이 울리고 벼락이 침.
뇌-진탕 (腦震盪) 명《의》머리를 크게 부딪치거나 몹시 얻어맞았을 때 일시적으로 뇌가 기능 장애를 일으키는 병(심하면 죽을 수도 있으며, 회복이 되어도 기억 상실·정신 이상이 되기 쉬움).
뇌창 (腦瘡) 명《한의》정수리에 난 부스럼.
뇌-척수 (腦脊髓)[-쑤-] 명 중추 신경계인 뇌와 척수의 합성어.
뇌척수-막 (腦脊髓膜)[-쑤-] 명 뇌와 척수를 싸고 있는 막. 수막(髓膜).
뇌척수막-염 (腦脊髓膜炎)[-쑤망념] 명《의》쌍구균(雙球菌)에 의해 뇌막과 척수막에 생기는 염증. 두통·고열·경련·마비 등을 일으킴(나아도 신경 장애를 남기는 수가 많음). 수막염.
뇌척수-액 (腦脊髓液)[-쑤-] 명 뇌척수막 사이나 뇌실·척수 내강에 차 있는 림프액(외부 충격으로부터 뇌를 보호함).

뇌천(腦天)冏 정수리.

뇌-출혈(腦出血)冏〖의〗뇌일혈(腦溢血).

뇌-충혈(腦充血)冏〖의〗뇌수의 혈관이 충혈하여 일어나는 질환《두통·현기증·경련·의식 장애 따위의 증상이 나타남》.

뇌파(腦波)冏 뇌의 활동에 따라 나오는 전류《뇌의 기능 판정·질병 진단에 이용함》. □~검사.

뇌파-계(腦波計)[-/-계]冏 뇌파의 움직임을 기록하고 검사하는 장치.

뇌풍(腦風)冏〖한의〗풍병(風病)의 하나. 머리가 아프고 어지러운 신경병.

뇌-하다휑연 천하고 더럽다.

뇌-하수체(腦下垂體)冏 간뇌(間腦)의 밑에 있는 내분비샘의 하나《전엽(前葉)·중엽·후엽의 세 부분으로 되어 있고 생식·발육에 밀접한 관계가 있음》. 골밑샘.

뇌-혈(腦血管)冏 뇌 속을 흐르는 혈관.

뇌-혈전증(腦血栓症)[-전쯩]冏〖의〗동맥 경화 따위로 말미암아 뇌의 혈관 속에 핏덩이가 막혀서 뇌가 연화(軟化)되어 생기는 병.

뇌형(牢刑)冏〖역〗주리를 트는 형벌.

뇌홍(雷汞)冏〖화〗수은과 질산에 에틸알코올을 작용시켜 만든 암갈색 분말《작은 충격에도 쉽게 폭발하므로 뇌관 따위의 기폭약에 쓰였으나, 현재는 거의 쓰지 않음》. 뇌산수은(雷酸水銀).

뇌화(雷火)冏 1 천둥과 번개. 2 벼락이 떨어져 일어난 불.

뇌환(雷丸)冏〖식〗대나무 뿌리에 기생하는 버섯《모양은 밤 비슷한데 한약재로 씀》.

뇌후(腦後)冏 1 뒤통수. 2 무덤의 뒤쪽.

뇌후-종(腦後腫)冏〖한의〗뒤통수에 생기는 부스럼.

뇟-보[뇓뽀]冏 사람됨이 천하고 더러운 사람.

-뇨어미〈옛〉

누:(累)冏 정신적으로나 물질적으로 입는 피해나 괴로움. □~가 미치다／~가 되다／~를 끼치다.

누:(漏)冏 1 '누수(漏水)'의 준말. 2 '각루(刻漏)'의 준말.

누:(樓)冏 1 '누각(樓閣)'의 준말. 2 다락집.

누:(壘)冏 베이스(base).

누:인데 1 '누구'의 방언. 2〈옛〉누구.

누:-가(累加)冏 여러 차례에 걸쳐 보탬.

누:-가(累家)冏 대대로 이어 온 집안.

누가(ㅍ nougat)冏 희고 무르게 사탕 비슷한 양과자《흔히 땅콩·밤 따위가 들어 있음》.

누가-복음(--Luke福音)冏〖기〗신약 성서의 제3복음서. 예수의 행적(行蹟) 외에 가르침과 의료에 관한 기사 등이 많이 실려 있음. 바울의 동반자 누가의 저술이라고 함.

누:-각(漏刻)冏 물시계. ㉰각(刻).

누각(樓閣)冏 사방이 탁 트이게 높이 지은 다락집. 대각(臺閣). ㉰누(樓).

누각(鏤刻)冏하타 1 금속·나무에 그림·글씨 등을 아로새김. 2 문장·말을 고치고 다듬음.

누간(壘間)冏 야구에서, 베이스와 베이스와의 사이. 또는 그 거리.

누:-감(累減)冏하타 거듭하여 덜어 냄.

누:-감세(累減稅)[-쎄]冏〖법〗과세물의 수량이 증가하거나 화폐 가치가 올라감에 따라 세율을 낮추어 가는 과세.

누:-거(陋居)冏 1 더럽고 좁은 거처. 2 자기 처소를 낮추어 일컫는 말.

누:-거만(累巨萬)冏 매우 많음. 또는 매우 많

은 액수. □~의 재산.

누:-거만-금(累巨萬金)冏 매우 많은 돈. □~을 준대도 싫다.

누:-거만-년(累巨萬年)冏 매우 오랜 세월.

누:-거만-재(累巨萬財)冏 매우 많은 재산.

누:-견(陋見)冏 1 좁은 생각이나 소견. 2 자신의 생각·의견 따위를 낮추어 이르는 말. 비견(鄙見).

누경(耨耕)冏〖농〗호미만 가지고 하는 경작.

누:-계(累計)[-/-계]冏하타 소계(小計)를 계속하여 덧붙여 계산함. 또는 그 합계. 적산(積算). □경비의 ~/~를 내다.

누:-고(漏告)冏하타 1 비밀을 몰래 빼내어 남에게 알림. 2 어떤 부분을 숨겨 말하지 않음.

누:-고(漏鼓)冏〖역〗시각을 알리기 위하여 치던 북.

누-공(鏤空)冏〖미술〗투조(透彫).

누-공(瘻孔)冏〖의〗부스럼의 구멍.

누공(鏤工)冏 쇠붙이나 도자기에 무늬 따위를 새기는 그 기술자.

누:-관(淚管)冏〖생〗누도(淚道)의 한 부분. 코의 위 끝에 가까운 눈꺼풀의 가장자리에 있는, 아래위의 누선(淚腺)에서 코 쪽으로 향해 벋어 누낭(淚囊)으로 열리는 관. 눈물관.

누-관(樓館)冏 화려한 가옥이나 객사(客舍).

누:-관(瘻管)冏〖의〗몸속의 곪은 곳과 바깥이 서로 통하는 구멍 줄기《고름이 이곳을 통해서 나옴》.

누구인대 1 모르는 사람을 가리키는 말. □저 사람이 ~입니까. 2 막연한 사람을 가리키는 말. □~든지 할 수 있다. 3 가리키는 대상을 밝혀서 말하지 않을 때 쓰는 말. □~를 만나느라고 좀 늦었어. ㉰뉘.

누구-누구인대 '누구'의 복수형.

누군준 누구는. □~주고／~안 주니／~모르나.

누굴준 누구를. □~놀리느냐／~찾니.

누그러-들다[-들어, -드니, -드는]짜 누그러지다. □목소리가 ~／성미가 ~.

누그러-뜨리다타 딱딱한 성질을 누그러지게 하다. 누잦히다. □오기를 ~／험악한 분위기를 ~.

누그러-지다짜 성질·추위·값·병 따위의 정도가 덜해지다. □감정이 ~／표정이 ~／추위가 ~.

누그러-트리다타 누그러뜨리다.

누그름-하다휑연 1 약간 누글누글하다. 2 좀 묽다. ㉰노그름하다. **누그름-히**튀

누그리다타 딱딱한 성질을 누그러지게 하다. □기세를 ~／감정을 ~.

누글-누글[-루글-]튀휑 좀 무르게 누굿누굿한 모양. ㉰노글노글.

누금(鏤金)冏하짜 금속 그릇에 화조(花鳥)·산수(山水) 따위의 무늬를 아로새기는 일.

누굿-누굿[-근-귿]튀휑 매우 누굿한 모양. ㉰노굿노굿.

누굿누굿-이[-근-그시]튀 누굿누굿하게. ㉰노굿노긋이.

누굿-이[-그시]튀 누굿하게. ㉰노굿이.

누굿-하다[-그타-]휑연 1 메마르지 않고 좀 눅눅하다. □비가 내려 땅이 ~. 2 성질이 여유 있고 부드럽다. □누굿한 성질／누굿하게 참고 기다리다. ㉰노굿하다.

누:-기(陋氣)冏 1 탁한 공기. 2 더러운 기운.

누:-기(淚器)冏〖생〗눈물이 나오는 기관. 곧, 누선·누관·누낭·비루관 등의 총칭.

누-기(漏氣)冏 눅눅하고 축축한 물기. □~가 찬 방／~가 차다.

누기(가) 치다 (¬) 축축한 기운이 생기다.
누기다 (¬) 〈옛〉눅이다.
누깔 (몜)〈속〉눈깔. □~ 사탕.
누꿈-하다 (혬) 전염병이나 해충이 심하게 퍼지다가 조금 숙여지다. □병세가 ~. 누꿈-히 (閉)
누:나 (몜) 1 사내아이가 손위 누이를 부르는 말. 2 남남끼리 나이가 적은 남자가 손위 여자를 정답게 이르거나 부르는 말. □옆집 ~.
-누나 (어미) 동사 어간에 붙어서 행동의 진행과 함께 감탄의 뜻을 나타내는 종결 어미. □눈이 내리~ / 이 밤도 깊어 가~.
누:낭 (淚囊)(몜)〈生〉 아래위의 누소관(淚小管)에서 흘러나온 눈물이 모이는 주머니. 눈물주머니.
누:낭-염 (淚囊炎)[-념](몜)〈의〉 결핵·매독·트라코마 등의 원인으로 누도(淚道)가 막혀 누낭에 눈물이 괴고 그 눈물 속에 세균이 번식하여 일어나는 염증.
누:년 (累年·屢年)(몜)(閉) 여러 해. 여러 해 동안. □~에 걸친 가뭄 / ~ 위령제를 지내다.
누:누-이 (屢屢-)(閉) 여러 번. 자꾸. □타이르다 / ~ 당부하다 / ~ 강조하다.
누:님 (몜) '누나'의 높임말.
누다 (¬) 똥이나 오줌을 속에서 몸 밖으로 내어보내다. □오줌을 ~ / 똥을 ~.
누-다락 (樓-)(몜) 다락집의 위층.
누:대 (累代·屢代)(몜) 여러 대. 누세(累世). □~에 걸쳐 살아온 집.
누대 (樓臺)(몜) 누각과 대사(臺榭)와 같은 높은 건물.
누:대-봉사 (累代奉祀)(몜) 여러 대의 조상의 제사를 받드는 일.
누:대-분산 (累代墳山)(몜) 여러 대의 조상의 묘지가 있는 곳.
누더기 (몜) 누덕누덕 기운 헌 옷. 남루. □~를 걸친 거지.
누덕-누덕 [-덩-](閉)(혬) 해지고 찢어진 곳을 여기저기 덧붙이거나 기운 모양. □~ 기운 바지를 입다. (ɔ)노닥노닥.
누덕-바지 [-빠-](몜) 누덕누덕 기운 바지.
누:도 (淚道)(몜) 눈물이 눈에서 코로 흐르는 길. 소누관(小淚管)·누낭(淚囊)·비루관(鼻淚管)으로 이루어졌음. 누로(淚路). 눈물길.
누:도 (屢度)(몜)(閉) 여러 번. 누차.
누:두 (漏斗)(몜) 깔때기3.
누:두상 꽃부리 (漏斗狀-)[-꼳뿌-]〈식〉통꽃부리의 하나. 모양이 깔때기 같은 꽃부리로, 나팔꽃 따위의 것. 누두상 화관. [리.
누:두상 화관 (漏斗狀花冠)〈식〉누두상 꽃부
누드 (nude)(몜) 1 벌거벗은 몸. 2 그림·조각·사진 등의 나체상. □~ 사진.
누드-모델 (nude model)(몜) 회화나 사진 등에 나체를 표현하기 위해 벌거벗은 모델.
누:락 (漏落)(몜)(혬)(자) 마땅히 기록되어야 할 것이 기록에서 빠짐. 또는 빠트림. 낙루(落漏). □장부에 ~이 생기다 / 명단에서 ~되다 / 소득 신고에 ~이 많다.
누:란 (累卵)(몜) 쌓아 놓은 알. 곧, 위태로운 형편의 비유. □~의 위기.
누:란지세 (累卵之勢)(몜) 몹시 위험한 형세.
누:람-자 (漏藍子)(몜)〈한의〉 천오두(川烏頭)의 맨 가장자리에 대추씨같이 잘게 붙은 뿌리. 이질·냉복창(冷腹脹) 등에 약으로 씀.
누런-빛 [-빋](몜) 누런 빛깔. 누런색. □~을 띠다. (ɔ)노란빛.
누런-색 (-色)(몜) 누런 빛깔. 누런빛. □~ 봉투. (ɔ)노란색.

503   누르스름하다

누렁 (몜) 누른 빛깔이나 물감. (ɔ)노랑.
누렁-개 (몜) 털빛이 누런 개. 누렁이. 황구.
누렁-물 (몜) 1 빛이 누런 물. □~이 들다. 2 누르퉁퉁하고 더러운 물. □옷에 ~이 튀다.
누렁-우물 (몜) 물이 맑지 않아서 먹지 못하는 우물. ↔먼물.
누렁-이 (몜) 1 누렁개. 2 누런 빛깔의 물건. (ɔ)노랑이.
누:렇다 [-러타](누러니, 누래서)(혬)(⌐) 매우 누르다. □벼가 누렇게 익어 간다. (ɔ)노랗다.
누렇게 뜨다 (⌐) ㉠오래 앓거나 굶주려서 안색이 누렇게 변하다. □앓더니 얼굴이 누렇게 떴다. ㉡매우 난처한 일을 당해 어쩔 줄 모르고 안색이 누렇게 변하다. □겁에 질려 얼굴이 누렇게 떴다.
누:레-지다 (자) 누렇게 되다. (ɔ)노래지다.
누:로 (淚路)(몜)〈生〉 누도(淚道).
누룩 (몜) 밀을 굵게 갈아 반죽하여서 띄운 술의 원료. 주매(酒媒).
누룩-곰팡이 [-꼼-](몜)〈식〉 누룩곰팡잇과의 자낭균. 균사는 빛이 없고 퍼져서 솜처럼 됨. 양조용·디아스타아제 등의 원료임. 곡균.
누룩-두레 [-뚜-](몜) 도자기 가마를 만들 때 쓰는, 누룩 덩이 같은 흙덩이.
누룩-밑 [-믿](몜)〈동〉 홍국(紅麴)을 만드는 재료《찐 찹쌀밥을 물에 버무려 익힌 뒤에 갈아 재처럼 만듦》. 국모.
누룩-뱀 [-뺌](몜)〈동〉 뱀과의 구렁이. 길이 90cm 정도, 등은 황갈색을 띤 감람색에 흑갈색 가로무늬가 있고, 배의 각 비늘에는 세 쌍의 검은 무늬가 있음. 먹구렁이. 오사.
누룽-지 (몜) 1 솥 바닥에 눌어붙은 밥. 2 ☞눌은밥.
누르기 (몜) 유도에서, 굳히기의 한 가지. 상대편의 상체를 등이 바닥에 닿게 하여 누르는 기술. 누르는 방법에 따라 위누르기·곁누르기·세로누르기·가로누르기로 나뉨.
누르께-하다 (혬) 곱지도 짙지도 않게 누르스름하다. 누리끼리하다. □누르께한 고무신. (ɔ)노르께하다.
누:르다 [눌러, 누르니](¬) 1 물체에 힘이나 무게를 가하다. □초인종을 ~ / 카메라 셔터를 ~. 2 꿈적 못하게 힘이나 규제를 가하다. □권력으로 백성을 누르고 지배하는 시대는 지났다. 3 기분·느낌·심리 작용 등을 억제하다. 참다. □분노를 ~ / 슬픔을 누르고 미소 짓다. 4 경기나 경선 따위에서 이기다. □상대 팀을 ~. 5 국수틀로 국수를 뽑다. □국수를 ~. 6 계속 머물다. □이곳에 눌러 있을 작정이다.
누르다[2] [누르러, 누르니](혬)(⌐) 놋쇠나 금의 빛과 비슷하다. □가을이 되니 나뭇잎이 누르러 보인다. (ɔ)노르다.
누르뎅뎅-하다 (혬)(어) 고르지 않게 누르스름하다. □몹시 여위고 얼굴빛이 ~.
누르디-누르다 [누르러, -누르니](혬)(⌐) 아주 누르다.
누르락-붉으락 [-불그-](閉)(혬)(자) 몹시 성이 나서 얼굴이 누르렀다 붉었다 하는 모양.
누르락-푸르락 (閉)(혬)(자) 몹시 성날 때 얼굴빛이 누르렀다 푸르렀다 하는 모양.
누르무레-하다 (혬)(어) 탁하게 누르다. (ɔ)노르무레하다.
누르미 (몜) '화양누르미'의 준말.
누르스레-하다 (혬)(어) 누르스름하다.
누르스름-하다 (혬)(어) 조금 누르다. □누르스름

한 재생지. [작]노르스름하다. **누르스름-히** [부]
누르죽죽-하다 [-쭈카-] [형][여] 칙칙하고 고르지 않게 누르스름하다. ❏방 안의 벽지가 ~.
누르퉁퉁-하다 [형][여] **1** 산뜻하지 못하게 누르다. ❏누르퉁퉁한 벽지. **2** 붓거나 불어서 핏기가 없이 누르다. ❏얼굴이 누르퉁퉁하게 뜨다.
누른-도요 [명] 〖조〗 도욧과의 새. 날개 길이 18-22 cm 이고, 꽁지와 부리의 길이는 각각 8 cm 정도임. 등은 적갈색에 흑색·회색의 무늬가 있고 발에는 물갈퀴가 없음.
누른-빛 [-빋] [명] 금빛 비슷한 빛깔. ❏~이 도는 블라우스를 사다. [작]노란빛.
누를-황 (-黃) [명] 한자 부수의 하나(('黇·黈' 등에서 '黃'의 이름)).
누름-단추 [명] 눌러서 신호·벨을 울리게 하거나 기계를 작동하게 하는 장치. ❏초인종의 ~. [준]단추.
누름-돌 [-똘] [명] 물건을 꾹 눌러두는 데 쓰는 돌((김칫돌 따위)).
누름-적 (-炙) [명] 고기 따위를 꼬챙이에 꿰고 달걀을 씌워서 번철에 지진 음식. 황적.
누릇-누릇 [-른-릗] [부][하형] 군데군데 누르스름한 모양. ❏벼가 ~ 익어 가다. [작]노릇노릇.
누릇-하다 [-르타-] [형][여] 누르스름하다. [작]노릇하다.
누리[1] [명] '세상(世上)'을 예스럽게 이르는 말. ❏온 ~가 눈으로 덮이다.
누리[2] [명] 〖충〗 메뚜깃과의 곤충. 풀무치와 비슷한데 몸길이 5 cm 정도. 떼를 지어 날아다니며, 농작물에 큰 피해를 주는 해충임.
누리[3] [명] 우박.
누리-꾼 [명] 인터넷 따위 컴퓨터 통신망을 이용하는 사람. 네티즌. 「하다.
누리끼리-하다 [형][여] 누르께하다. [작]노리끼리
누리다[1] [타] 생활 속에서 마음껏 즐기거나 맛보다. ❏영화를 ~ / 장수를 ~ / 인기를 ~.
누리다[2] [형] **1** 누린내가 나다. **2** 기름기가 많아 메스꺼운 냄새가 나다.
누리장-나무 [명] 〖식〗 마편초과의 낙엽 활엽의 작은 교목. 산기슭·골짜기의 비옥한 땅에 남. 높이 2-3 m, 여름에 담홍색 꽃이 피고 가을에 핵과가 익음. 어린잎은 식용, 가지와 뿌리는 약용함.
누리-집 [명] 〖컴〗 홈페이지.
누리척지근-하다 [-찌-] [형][여] 누린내가 조금 나는 듯하다. 누케하다. ❏누리척지근한 냄새. [작]노리착지근하다. [준]누리치근하다·누척지근하다. **누리척지근-히** [-찌-] [부]
누리치근-하다 [형][여] '누리척지근하다'의 준말. [작]노리치근하다. **누리치근-히** [부]
누린-내 [명] **1** 짐승의 고기에서 나는 기름기의 냄새. **2** 동물의 털이 불에 타는 냄새. 조취(臊臭). [작]노린내.
누린내가 나도록 때리다 [구] 심하게 때리다.
누린내-풀 [명] 〖식〗 마편초과의 여러해살이풀. 산이나 들에 나는데 높이 1 m 정도, 여름에 벽자색 꽃이 핌. 불쾌한 냄새가 남.
누릿-하다 [-리타-] [형][여] **1** 맛이나 냄새가 약간 누리다. **2** 산뜻하지 않게 조금 누르다.
누-마루 (樓-) [명] 다락처럼 높게 만든 마루.
누:만 (累萬) [명] 여러 만(萬)이라는 뜻으로, 아주 많은 수를 나타내는 말.
누:만-금 (累萬金) [명] 여러 만 냥의 돈. 많은 액수의 돈. ❏~을 준다 해도 싫다.
누:망 (漏網) [명][하자] 죄인이 법망이나 수사망을 빠져 달아남.
누:망 (縷望) [명] 한 가닥 실낱같이 가늘게 남아 있는 희망.
누:명 (陋名) [명] 억울하게 뒤집어쓴 불명예. 오명(汚名). ❏~을 벗다 / ~을 씌우다 / ~을 쓰다.
누:명 (縷命) [명] 한 가닥 실낱같이 가냘프게 이어지는 목숨. ❏~을 부지(扶持)하다.
누:문 (漏聞) [명][하타] 새어 나온 말을 얻어들음.
누문 (樓門) [명] 다락집 밑의 드나들게 된 문.
누:범 (累犯) [명][하자타] **1** 거듭 죄를 지음. 또는 그런 사람. **2** 〖법〗 금고(禁錮) 이상의 형을 받아 그 집행이 끝나거나 면제를 받은 사람이 3년 안에 다시 금고 이상에 해당하는 죄를 범하는 일.
누:범 가중 (累犯加重) 〖법〗 누범에 대하여 형벌을 더하는 일. 지은 죄에 대한 형기의 두 배까지 가중할 수 있음.
누:보 (屢報) [명][하타] 여러 번 알리거나 보도함.
누비 [명] 두 겹의 천 사이에 솜을 넣고 줄이 죽죽 지게 박는 바느질. 또는 그렇게 만든 물건. ❏~ 솜옷.
누:비-관 (淚鼻管) [명] 비루관(鼻淚管).
누비다 [타] **1** 두 겹의 천 사이에 솜을 두고 줄이 죽죽 지게 호다. ❏팔꿈치를 누빈 점퍼 / 이불을 ~. **2** 이리저리 거리낌 없이 다니다. ❏골목길을 ~ / 전국을 누비고 다니다. **3** '찡그리다'의 속된 말.
누비-옷 [-옫] [명] 누벼서 지은 옷.
누비-이불 [명] 누벼서 지은 이불. ❏~을 덮다 / ~을 시치다.
누비-질 [명][하자] 누비는 일.
누비-처네 [명] 누벼서 만든 처네. ❏~로 아이를 업다.
누비-포대기 [명] 누벼서 만든 포대기.
누비-혼인 (-婚姻) [명] 두 성 사이에 많이 겹쳐 된 혼인.
누:삭 (屢朔) [명] 여러 달.
누:산 (累算) [명] 누계의 계산. 누계(累計).
누:산-기 (累算器) [명] 컴퓨터의 연산 장치에서, 합산(合算)한 결과를 일시적으로 축적하는 레지스터의 한 가지. 어큐뮬레이터.
누상 (壘上) [명] 야구에서, 각 베이스의 위. ❏~에 주자가 나가 있다.
누상 (樓上) [명] 다락 위. ↔누하.
누상-고 (樓上庫) [명] 다락 위에 만든 곳간.
누:선 (淚腺) [명] 눈물샘. ❏~을 자극하다.
누선 (樓船) [명] 다락이 있는 배.
누:선-염 (淚腺炎) [-념] [명] 〖의〗 눈물샘에 생기는 염증.
누:설 (漏泄·漏洩) [명][하자타] **1** 기체나 액체 등이 밖으로 샘. 또는 새게 함. ❏방사능 ~ / 폐수를 ~하다. **2** 비밀이 밖으로 새어 나감. 또는 그렇게 함. ❏정보를 ~하다 / 기밀이 ~되다.
누:설 (縲絏) [명] 〖역〗 죄인을 결박하는 노끈. 포승(捕繩). 오라. 오랏줄.
누:설 전:류 (漏泄電流) [-절-] 〖전〗 절연시켜 놓은 곳에서 새어 흐르는 전류.
누성 (婁星) [명] 〖천〗 이십팔수의 열여섯째 별 ((서쪽에 있음)).
누:세 (累世·屢世) [명] 여러 세대. 누대(累代). ❏우리 집안은 ~에 걸쳐 이 은행나무를 보호하고 있다.
누:세 (累歲·屢歲) [명] 여러 해. 누년(累年).
누:-소관 (淚小管) [명] 누점(淚點)에서 누낭(淚囊)에 이르는 가는 눈물길.
누:속 (陋俗) [명] 천한 풍속. 누습(陋習). ↔양속.

누:송 (淚誦)【명】【하타】눈물을 흘리며 시·노래를 읊거나 부름.

누:수 (淚水)【명】눈물'1.

누:수 (漏水)【명】1 물이 새는 일. 또는 그 새어 나오는 물. □~ 방지. 2 물시계에서 떨어지는 물. ㊧누(漏).

누:수-기 (漏水器)【명】물시계.

누:습 (陋習)【명】옛날부터 내려오는 나쁜 관습. □~을 타파하다.

누:습 (漏濕)【명】【하형】축축한 기운이 스며 있음. □~한 방.

누:승 (累乘)【명】【하타】'거듭제곱'의 구용어.

누:시-누:험 (屢試屢驗)【명】【하타】여러 번 시험하고 여러 번 경험함.

누:실 (陋室)【명】1 더러운 방. 2 자기가 거처하는 방의 겸칭.

누:실 (漏失)【명】【하타】빠뜨려 잃어버림.

누심 (壘審)【명】야구에서, 각 누의 판정을 맡아 보는 심판.

누:-안 (淚眼)【명】1 눈물이 글썽글썽한 눈. 2 【의】병으로 눈물이 늘 나오는 눈.

누:액 (淚液)【명】눈물'1.

누:액 (漏液)【명】【한의】손발·겨드랑이 따위에 땀이 자꾸 나는 병.

누에【충】누에나방의 애벌레. 자벌레와 비슷한데, 몸에 13개의 마디가 있고 검은 무늬가 있음. 네 번 잠자며 그때마다 허물을 벗고, 자란 다음 실을 토하여 고치를 지음. □~를 올리다 /~를 치다.

누에(가) 오르다 ㈜ 누에가 고치를 지으려고 누에섶에 오르다.

누에-고치【명】누에가 번데기로 될 때에 그 바깥 둘레에 만드는 일종의 집《명주실의 원료로 씀》. 잠견.

누에-나방【충】누에나방과의 곤충. 편 날개 길이 4 cm가량이며, 몸빛은 회백색임. 입이 퇴화하여 먹을 수가 없어 교접하여 알을 낳은 뒤 곧 죽음. 애벌레는 누에라 하며 명주실을 얻기 위해 기름.

누에 농사 (-農事)【농】누에를 치는 일. 잠농. 잠작.

누에-늙은이 [-늘그니]【명】누에가 늙은것같이 말라 휘늘어진 사람의 비유.

누에-똥【명】누에의 똥《거름이나 약재로 씀》.

누에-머리【명】산의 형세가 누에 머리 모양으로 쑥 솟은 산꼭대기. 잠두(蠶頭).

누에-섶 [-섭]【농】누에가 고치를 짓도록 마련해 놓는 짚이나 잎나무. 섶. 잠족.

누에-씨【명】【농】씨를 받을 누에의 알. 잠종.

누에 채반 (-盤)【농】누에를 치는 데 쓰는, 싸리나 대오리 따위를 결어서 짠 직사각형 또는 원형(圓形)의 잠구(蠶具). 잠박(蠶箔).

누에-치기【명】【하타】양잠(養蠶).

누에-콩【명】【식】콩과의 여러해살이풀. 높이 40~80cm, 봄에 흰 바탕에 자줏색 무늬가 있는 나비 모양의 꽃이 피며, 꼬투리는 타원형임. 열매는 식용하며, 깍지는 사료로 씀. 잠두(蠶豆).

누역【명】【옛】도롱이.

누역-차조【식】차조의 한 가지.

누:-열-하다 (陋劣-)【형】천하고 더럽다.

누:-옥 (陋屋)【명】1 좁고 지저분한 집. 2 자기 집을 낮추어 일컫는 말. □불편한 ~이나마 하룻밤 주무시고 가시지요.

누:옥 (漏屋)【명】비가 새는 집.

누운-다리【명】베틀다리.

누운-단【명】옷웃의 아랫단. ㊧눈단.

누운-목 (-木)【명】양잿물에 삶은 뒤 물에 빨아

희고 부드럽게 만든 무명. ㊧눈목.

누운-변 (-邊)【명】다달이 갚지 않고 본전과 함께 한꺼번에 갚는 변리. 와변. 장변. ↔선변.

누운-측백 (-側柏)[-빽]【명】【식】지빵나무.

누울-외 (-椳)【명】【건】벽 속에 가로로 대는 외. ↔설외. ㊧눌외.

누워-먹다 [-따]【자】일하지 않고 편하게 놀고 먹다. □어떤 놈은 팔자 좋아 누워먹나.

누:-월 (屢月)【명】여러 달. 누삭(累朔).

누의【명】【옛】누이.

누이【명】남자의 여자 형제. 흔히 나이가 아래인 여자를 이름. ㊧뉘.

[누이 믿고 장가 안 간다] 도저히 불가능한 일을 하려 하고 다른 방책을 세우지 않는 어리석음을 비웃는 말. [누이 좋고 매부 좋다] 쌍방이 다 이롭고 좋다.

누이다'【타】'눕다'의 사동인 '눕히다'의 변한 말로, 눕게 하다. □아기를 담요에 ~ /수술대에 환자를 ~. ㊧뉘다.

누이다'【타】'눌다²'의 사동》이자를 받고 원금은 그냥 빚으로 두다. ㊧뉘다.

누이다³【타》('눌다²'의 사동》피륙을 잿물에 삶아 희고 부드럽게 하다. ㊧뉘다. 【재》('눌다³'의 피동》피륙이 잿물에 삶기어 희고 부드럽게 되다. ㊧뉘다.

누이다⁴【타》('누다'의 사동》오줌이나 똥을 누게 하다. ㊧뉘다.

누이-동생 (-同生)【명】나이 어린 누이. 여동생. 여제(女弟).

누이-바꿈【명】【하자】누이를 처남과 혼인시킴.

누:-일 (累日·屢日)【명】여러 날. 연일(連日). □~ 동안 진로 문제로 고민하다.

누임【명】【하타】피륙을 누이는 일. ㊧뉨.

누:-적 (累積)【명】【하자타】포개져서 쌓임. 포개어 쌓음. 적루. □~된 울분 / 피로가 ~되다.

누:-적 (漏籍)【명】【하자】호적이나 병적, 학적 등의 기록에서 빠짐.

누:-전 (漏電)【명】【전】전기 기구나 전선의 절연이 불량하여 전기가 새어 나감. □~ 차단기 /~으로 불이 나다.

누:-전' (漏箭)【명】물시계의 누호(漏壺) 안에 시간을 알아보도록 세운 화살.

누:-전' (漏箭)【명】어디서 날아왔는지 모르게 날아 와서 사람을 맞힌 적의 화살. 유시(流矢).

누:-점 (淚點)【명】【생】아래쪽 눈꺼풀에 있는, 눈물길의 입구가 되는 부분.

누:점 (漏點)【명】물이 새어서 똑똑 떨어지는 물방울.

누:정 (漏丁)【명】【하타】【역】지난날, 부역에서 빠지려고 나이나 이름을 호적에 올리지 않던 일.

누:정 (漏精)【명】【하자】성행위 없이 무의식 중에 정액이 흘러나오는 일. 또는 그 정액. 유정(遺精).

누:-조 (累祖)【명】여러 대의 조상.

누:-조 (累朝)【명】여러 대를 이어 온 조정이나 왕위.

누:-주 (淚珠)【명】눈물방울.

누주 (樓柱)【명】지름 50cm, 길이 5m 이상의 큰 재목으로 된 뗏목.

누:-증 (累增)【명】여러 차례로 더함. 차차 더하여짐. □채무가 ~되다.

누:증-제 (累增制)【명】어떤 기준에 따라 조금씩 더하는 제도. □범칙금 ~.

누:-지 (陋地)【명】1 누추한 곳. 2 자기가 사는 곳의 겸칭.

누:지다【형】습기를 먹어 축축한 기운이 있다.

□장마철이라 방이 ~.
누:진 (累進) 〖명〗〖하자〗 **1** 지위나 등급 따위가 차차 올라감. **2** 가격이나 수량이 더하여 감에 따라 그에 대한 비율이 점점 높아짐. ＊누퇴 (累退)
누:진 (漏盡) 〖명〗〖하자〗 다 새어 없어짐.
누:진 과세 (累進課稅) 〖법〗 누진 세율에 따라 세금을 높게 부과하는 일.
누:진-세 (累進稅)[-쎄] 〖명〗 〖법〗 과세 물건의 수량 또는 값이 증가함에 따라 점점 높은 세율을 부과하는 조세〖법인세·상속세·소득세 따위〗. ↔비례세·역진세(逆進稅).
누:진 세:율 (累進稅率)[-쎄-] 〖법〗 과세 대상의 금액 또는 수량이 많아짐에 따라 비례 이상으로 점차 증가하는 세율.
누:진-율 (累進率)[-뉼] 〖명〗 가격이나 수량이 증가함에 따라 점점 높아지는 비율.
누:차 (屢次) 〖명〗 여러 차례. 누회. □~에 걸쳐 당부하다. 〖부〗 여러 차례에 걸쳐. 누회. □~ 타이르다 / ~ 강조하다 / ~ 설명하다.
누:창 (漏瘡) 〖명〗 감루(疳瘻).
누척지근-하다[-찌-] 〖형〗 '누리척지근하다'의 준말. **누척지근-히**[-찌-] 〖부〗
누:천 (累千) 〖명〗 여러 천. 썩 많은 수.
누:천 (累遷) 〖명〗〖하자〗 여러 번 옮김.
누:-천년 (累千年) 〖명〗 여러 천 년의 오랜 세월. □~의 역사.
누:최 (漏催) 〖명〗〖하자〗 시계가 때를 재촉함.
누:추 (陋醜)-하다 〖형〗〖어〗 지저분하고 더럽다. □누추한 집 / 차림이 ~. ☞누추하다.
누:출 (漏出) 〖명〗〖하자〗 액체나 비밀 따위가 새어 나옴. □방사능 ~ / 가스가 ~되다 / 기밀을 ~하다.
누:층 (累層) 〖명〗 **1** 여러 층. **2** 서로 평행되게 겹친 지층의 모임.
누치 〖명〗〖어〗 잉엇과의 민물고기. 몸길이는 50cm가량, 잉어와 비슷함. 입가에 한 쌍의 수염이 있고, 몸빛은 은색 바탕에 등은 회색임. 성질이 몹시 급함.
누:-치 (瘻痔) 〖명〗〖의〗 치루(痔瘻).
누케-하다 〖형〗 누리척지근하다.
누타-수 (壘打數) 〖명〗 야구에서, 단타(單打)를 1, 2루타를 2, 3루타를 3, 홈런을 4로 하여 계산한 안타의 총계.
누:탈 (漏脫) 〖명〗〖하자〗 빠져 달아남.
누:태 (漏胎) 〖명〗〖하자〗 〖한의〗 임신한 여자의 음부로 피가 나오며 태아가 움직이는 일.
누:택 (陋宅) 〖명〗 **1** 쓸쓸하고 누추한 집. **2** 자기 집의 겸칭.
누:-토 (累土) 〖명〗〖하자〗 흙을 쌓아 올림. 또는 쌓아 올린 흙.
누:퇴 (累退) 〖명〗〖하자〗 **1** 비율이 차차 내려감. **2** 관위·등급 따위가 차차 내려감. ＊누진.
누:퇴-세 (累退稅)[-쎄] 〖법〗 과세 대상에 일정한 정도까지는 누진 세율을 적용하고 그 이상에는 비례 세율을 적용하는 누진세의 한 형태. ＊누진세.
누:풍 (陋風) 〖명〗 더러운 풍속.
누:하 (淚河) 〖명〗 몹시 흐르는 눈물.
누:하 (樓下) 〖명〗 다락집의 아래. 다락 밑. ↔누상.
누:-하다 (陋─) 〖형〗 '누추하다'의 준말.
누:-한 〖명〗〖누흔(淚痕)〗 도자기 표면에 눈물 자국처럼 잿물이 흘러내린 자국.
누:-항 (陋巷) 〖명〗 **1** 좁고 더러운 거리. **2** 자기가 사는 동네의 겸칭.
누:혈 (漏穴) 〖명〗 〖건〗 물이 흘러내리도록 구멍

을 뚫은 돌. 구멍돌.
누:혈 (漏血) 〖명〗 〖한의〗 피가 나오는 치질.
누:-호 (淚湖) 〖명〗 각막이나 결막 표면을 씻어 내린 눈물이 일단 괴는 부분.
누:-호 (漏戶) 〖명〗 호적에서 빠진 호수.
누:-호 (漏壺) 〖명〗 물시계의 물을 담는 그릇과 물을 받는 그릇의 총칭.
누:회 (屢回) 〖명〗 여러 번. 여러 차례. 회를 거듭함. 누차(屢次). □~에 걸쳐 검토하다.
누:흔 (淚痕) 〖명〗 눈물 자국.
누:-흙다 〖형〗 〈옛〉 마음이 풀리어 게으르다.
눅눅-하다[능누카-] 〖형〗〖어〗 **1** 물기나 기름기가 있어 무르고 부드럽다. □과자가 ~. ☞녹녹하다. **2** 축축한 기운이 있다. □눅눅한 옷 / 습기가 차서 ~. **눅눅-히**[능누키] 〖부〗
눅다[-따] 〖자〗 **1** 단단하거나 뻣뻣하던 것이 무르거나 부드러워지다. □봄비에 땅이 ~. **2** 분위기나 기세 따위가 부드러워지다. □성질이 ~. 〖형〗 **1** 반죽 따위가 무르다. □반죽이 ~. **2** 습기 등이 있어 부드럽다. **3** 성질 등이 너그럽다. □마음이 ~. **4** 값이 싸다. □음식값이 ~. **5** 날씨가 푸근하다. □추위가 눅어 봄 날씨 같다.
눅신-눅신[-씬-씬] 〖부〗〖하형〗 매우 눅신한 모양. □~한 갱엿. ☞녹신녹신.
눅신-하다[-씬-] 〖형〗〖어〗 섬유질의 물체가 질기지 않고 무르고 부드럽다. □눅신하게 반죽하다. ☞녹신하다.
눅실-눅실[-씰룩씰] 〖부〗〖하형〗 썩 무르녹게 눅신한 모양. ☞녹실녹실.
눅실-하다[-씰-] 〖형〗〖어〗 썩 무르녹게 눅신하다. ☞녹실하다.
눅어-지다 〖자〗 **1** 물건이 무르거나 부드러워지다. **2** 성질 등이 누그러지다. □어조가 ~ / 감정이 ~. **3** 분위기나 기세 따위가 누긋해지다. □긴장이 ~ / 추위가 ~.
눅은-도리 〖명〗〖악〗 풍류에서, 곡조의 마디를 늦게 하는 도막.
눅이다 〖타〗 **1** 굳은 물건을 부드럽게 하다. **2** 성질 따위를 풀리게 하다. □노여움을 ~.
눅자치다 〖타〗 〈옛〉 위로하다.
눅-잦히다[-자치-] 〖타〗 누그러뜨리다. □마음을 ~.
눅지근-하다[-찌-] 〖형〗〖어〗 성격 따위가 느긋하고 너그러운 듯하다. □눅지근한 인상을 풍긴다.
눅지다[-찌-] 〖자〗 추운 날씨가 누그러지다.
눅진-거리다[-찐-] 〖자〗 **1** 물기가 약간 있어 눅눅하면서 끈적거리다. **2** 녹슨이 눅진거리는 갱엿을 먹는다. **2** 부드러우면서 끈기 있게 자꾸 들러붙다.
눅진-눅진[-찐-찐] 〖부〗〖하형〗 매우 눅진한 모양. □엿가락이 ~ 늘어지다. ☞녹진녹진.
눅진-대다[-찐-] 〖자〗 눅진거리다.
눅진-하다[-찐-] 〖형〗 물체나 성질이 누긋하고 끈끈하다. □눅진한 성격 / 손바닥에 눅진한 땀이 배다. ☞녹진하다. **눅진-히**[-찐-] 〖부〗
눈[1] 〖명〗 **1** 사람이나 동물의 보는 기능을 맡은 감각 기관. 목자(目子). □~이 맑다 / ~을 뜨다 / ~을 지그시 감다 / ~을 흘기다 / ~이 초롱초롱하다. **2** 시력. □~이 어둡다 / ~이 나빠 안경을 쓰다. **3** 사물을 보고 판단하는 힘. □세상을 보는 ~ / 문학에 ~을 뜨다. **4** 보는 모양이나 태도. □의심에 찬 ~으로 보다 / 부러운 ~으로 바라보다. **5** 시선. 눈길. □사람들의 ~을 끌다 / 보는 ~들이 많다 / ~을 돌리다 / 다른 사람의 ~을 의식하다. **6** 태풍에서 중심을 이루는 부분. □

태풍의 ~.

[눈 가리고 아웅] 얕은수로 남을 속이려 함.

[눈 감으면 코 베어 먹을 세상] 눈을 떠도 코 베어 간다. [눈 뜨고 도둑맞는다] 번번이 알면서도 속거나 손해를 본다. [눈을 떠도 코베어 간다] 인심이 험악하고 믿음성이 없는 세상. [눈을 떠야 별을 보지] 어떤 결과를 얻으려면 실제로 그에 상당한 일을 순서대로 해야 한다는 말.

눈 깜짝할 사이 큰 매우 짧은 동안. □ ~에 일을 끝내다.

눈도 깜짝 안 하다 큰 조금도 놀라지 아니하고 태연하다.

눈 뜨고 볼 수 없다 큰 눈앞의 광경이 참혹하거나 민망할 정도로 아니꼬워 차마 볼 수가 없다.

눈 밖에 나다 큰 신임을 얻지 못하고 미움을 받게 되다.

눈에 거슬리다[걸리다] 큰 보기에 마뜩하지 않아 불쾌한 느낌이 있다.

눈에 거칠다 큰 보기 싫어 눈에 들지 않다.

눈에 넣어도 아프지 않다 큰 어린아이나 여자가 매우 귀여움을 나타내는 말.

눈에 들다 큰 마음에 맞다.

눈에 띄다 큰 ㉠두드러지게 눈에 보이다. ㉡눈에 띄는 결점. ㉡발견되다.

눈에 모를 세우다 큰 성난 눈매로 날카롭게 노려보다.

눈에 밟히다 큰 잊혀지지 아니하고 자꾸 눈앞에 떠오르다. □고향에 계신 부모님 모습이 눈에 밟힌다.

눈에 불을 켜다 큰 ㉠몹시 욕심을 내거나 관심을 기울이다. ㉡화가 나서 눈을 부릅뜨다.

눈에 불이 나다 큰 ㉠뜻밖의 일을 당하여 몹시 화가 나다. ㉡몹시 긴장하여 눈에서 불이 이는 듯하다.

눈에서 번개가 번쩍 나다 큰 얼굴이나 머리 따위에 강한 타격을 받았을 때, 눈앞에 별안간에 캄캄해지며 일순간 빛이 떠올랐다가 사라지다.

눈에 선하다 큰 지나간 일이나 물건의 모양이 눈앞에 보이는 듯하다.

눈에 쌍심지를 켜다 큰 몹시 화가 나서 눈을 부릅뜨다. □눈에 쌍심지를 켜고 대들다.

눈에 어리다 큰 어떤 모습이 잊혀지지 않고 머릿속에 뚜렷하게 떠오르다. □떠나온 고향 마을이 눈에 어린다.

눈에 없다 큰 관심 밖이어서 문제시하지 않거나 업신여기다. 안중에 없다.

눈에 이슬이 맺히다 큰 눈물이 글썽해지다.

눈에 익다 큰 여러 번 보아서 익숙하다. □눈에 익은 모습이다.

눈에 차다 큰 흡족하게 마음에 들다.

눈에 천불이 나다 큰 열기가 날 정도로 눈에 거슬리거나 화가 나다.

눈에 헛거미가 잡히다 큰 ㉠굶어서 기운이 빠져 눈이 아물거리다. ㉡욕심에 눈이 어두워 사물을 바로 보지 못하다.

눈에 흙이 들어가다 큰 죽어서 땅에 묻히다.

눈(을) 맞추다 큰 ㉠서로 눈을 마주 보다. ㉡남녀가 서로 사랑의 눈치를 보이다.

눈(을) 밝히다 큰 주의나 관심을 집중시키다.

눈(을) 붙이다 큰 잠을 잠깐 자다.

눈(을) 주다 큰 ㉠약속의 뜻으로 가만히 눈짓하다. ㉡눈길을 그쪽으로 돌리다.

눈(이) 가다 큰 보는 눈이 향하여지다.

눈(이) 꺼지다 큰 눈이 우묵하게 들어가다.

□눈이 꺼져 수척해 보인다.

눈(이) 높다 큰 ㉠정도 이상의 좋은 것만 찾는 버릇이 있다. ㉡안목이 높다.

눈이 뒤집히다 큰 ㉠환장을 하다. 욕심이 동하여 어쩔 줄을 몰라 하다. ㉡몹시 참혹한 일을 당하여 제정신을 잃다.

눈이 등잔만 하다 큰 놀라거나 성이 났을 때 눈이 휘둥그렇다.

눈(이) 많다 큰 보는 사람이 많다.

눈(이) 맞다 큰 두 사람의 마음이나 눈치가 서로 통하다.

눈(이) 빠지도록 기다리다 큰 몹시 애타게 기다리다.

눈(이) 삐다 큰 뻔한 것을 잘못 보고 있다. □눈이 삐었지, 저런 사람하고 결혼할 생각을 하다니.

눈이 시퍼렇게 살아 있다 큰 멀쩡하게 살아 있다.

눈이 캄캄하다 큰 정신이 아찔하고 생각이 콱 막히다.

눈이 휘둥그레지다 큰 놀라거나 두려워서 눈이 휘둥그렇게 되다.

눈² 몡 《식》 새로 막 터져 돋아나려는 초목의 싹《꽃눈·잎눈 따위》.

눈³ 몡 눈금. □저울의 ~을 속이다.

눈⁴ 몡 1 그물 따위의 구멍. 2 당혜와 운혜 등의 코와 뒤울에, 모양으로 만든 꾸밈새.

눈:⁵ 몡 공중에 떠다니는 수증기가 찬 기운을 만나 얼어서 땅 위로 떨어지는 흰 결정체. □~이 내리다 / ~이 그치다 / ~을 맞다 / ~이 쌓이다 / ~이 녹다 / ~을 쓸다 / ~이 펑펑 쏟아지다 / ~을 뭉쳐 눈사람을 만들다 / ~ 덮인 겨울 산을 오르다.

[눈 오는 날 개 싸다니듯] 눈이 오면 개들이 좋아하고 달려 나와서 돌아다닌다는 뜻으로, 쓸데없이 돌아다니기 좋아함을 비유한 말.

눈-가 [-까] 몡 눈의 가장자리. 눈가장. □~의 주름 / ~에 이슬이 맺히다.

눈-가늠 [-까-] 몡하타 눈으로 어림잡아 목표나 기준에 대어 보는 일.

눈:-가루 [-까-] 몡 눈송이의 부스러진 가루. □창가에서 ~가 날다.

눈-가리개 [-까-] 몡 눈을 가리는 물건《잠잘 때나 눈병이 있을 때 씀》.

눈-가림 몡하자 겉만 꾸며 남의 눈을 속이는 짓. □~으로 일을 하다.

눈-가장 [-까-] 몡 눈가.

눈-가죽 [-까-] 몡 눈두덩의 가죽. □~이 붓다.

눈-감다 [-따] 자 1 목숨이 끊어지다. 2 남의 잘못을 알고도 모르는 체하다. □비위(非違) 사실을 눈감아 주다 / 한 번만 눈감아 달라고 사정하다.

눈-겨냥 몡하타 눈으로 보아 대략 목표를 겨눔. □~해서 맞추다.

눈-겨룸 몡하자 마주 보며 오랫동안 눈을 깜작이지 않기를 겨루는 장난. 눈싸움¹.

눈-결 [-껼] 몡 (주로 '눈결에'의 꼴로 쓰여) 눈에 슬쩍 뜨이는 잠깐 동안. □~에 언뜻 본 듯하다.

눈-곱 [-꼽] 몡 1 눈에서 나오는 진득한 액. 또는 그것이 말라붙은 것. □~이 끼다 / ~을 떼다. 2 아주 작은 물건을 일컫는 말. □인정이라고는 ~만큼도 없다.

눈곱만-하다 [-꼼-] 톙형 보잘것없이 썩 적거나 작다. □눈곱만한 양심도 없다.

눈-곱자기 [-꼽짜-] 몡 《속》 눈곱.

눈-**구덩이** [-꾸-] 圈 눈구멍². ❏미끄러져 ~에 처박히다.

눈-**구름** 圈 1 눈과 구름. 2 눈을 머금은 구름.

눈-**구멍**¹ [-꾸-] 圈 1 눈알이 박혀 있는 구멍. 안공(眼孔). 안과(眼窠). 안와(眼窩). 안확. 2〈속〉눈¹.

눈-**구멍**² [-꾸-] 圈 눈이 많이 쌓인 가운데. 눈구덩이.

눈-**구석** [-꾸-] 圈 코 쪽으로 향한 눈의 구석.

눈굿 圈〈옛〉눈구석.

눈-**금** [-끔] 圈 자·저울 따위에 수나 양 따위를 헤아리기 위하여 새긴 금. 눈. ❏~을 재다 / ~을 속이다.

눈금-**실린더** (-cylinder) [-끔-] 圈〖화〗메스실린더

눈금-**자** [-끔-] 圈 눈금이 매겨진 자.

눈금-**판** (-板) [-끔-] 圈 계량 기구에서 눈금이 새겨져 있는 판.

눈:-**기운** [-끼-] 圈 눈이 올 듯한 낌새.

눈-**기이다** 围 남의 눈을 속이다.

눈:-**길**¹ [-낄] 圈 1 눈이 가는 곳. 눈으로 보는 방향. ❏~이 마주치다 / ~을 돌리다 / ~을 주고받다. 2 주의나 관심의 비유. ❏세계의 ~이 쏠리다 / 따뜻한 ~을 보내다.

눈길을 **거두다** 귀 시선을 딴 데로 돌리다.

눈길(을) **끌다** 귀 시선이 그쪽으로 향하도록 당기다. ❏파격적인 홍보 전략으로 ~.

눈길(을) **모으다** 귀 여러 사람의 시선을 집중시키다. ❏빼어난 미모로 뭇 사내들의 ~.

눈:-**길**² [-낄] 圈 눈이 덮이거나 내리는 길. ❏~에 난 발자국 / ~을 걷다.

눈곰다 配〈옛〉눈감다.

눈-**까풀** 圈 눈알을 덮는 까풀. ❏졸려서 ~이 내려온다. 邕눈꺼풀.

눈-**깔** 圈〈속〉눈¹.

눈깔에 **흙이 들어가다** 귀〈속〉눈에 흙이 들어가다.

눈깔(이) **나오다** 귀〈속〉㉠심하게 꾸지람을 듣다. ㉡대가(代價)가 엄청나게 크다.

눈깔(이) **뒤집히다** 귀〈속〉눈이 뒤집히다.

눈깔(이) **삐다** 귀〈속〉욕심 따위로 눈이 어두워 판단을 그르치다.

눈깔-**귀머리장군** (-將軍) 圈 귀머리장군 삼각형 속에 각각 크고 작은 흰 점이 둘이나 셋씩 있는 연.

눈깔-**머리동이** 圈 먹머리동이의 양쪽에 동그란 흰 점이 하나씩 있는 연.

눈-**깔-바구니** 圈 가는 대오리로 구멍이 많이 나게 겯은 바구니.

눈깔-**사탕** (-砂糖) 圈 엿이나 설탕을 끓여 둥글고 단단하게 만든 사탕. 알사탕.

눈깔-**허리동이** 圈 허리의 좌우 쪽의 넓이 한 치 서너 푼쯤 되는 검은 띠에 크고 동그란 점이 하나씩 있는 연.

눈-**깜작이** 圈 눈을 자주 깜작거리는 사람. ㉺눈끔적이. 邕눈깜짝이. 蚕깜작이.

눈-**깜짝이** 圈 눈을 자주 깜짝거리는 사람. 邕눈끔쩍이. ㉺눈깜작이. 蚕깜짝이.

눈-**꺼풀** 圈 눈을 덮는 꺼풀. 안검. 蚕눈까풀.

눈-**꼬리** 圈 눈의 귀 쪽 가장자리 부분.

눈-**꼴** 圈〈속〉눈의 생김새나 눈의 움직이는 모양. ❏~이 험하다.

눈꼴 **사납다** 圈 [-사나워, -사나우니] 圈围 태도나 행동이 아니꼽다. ❏눈꼴사납게 굴다.

눈꼴-**시다** 圈 하는 짓이 비위에 거슬려 아니꼽다. 눈꼴틀리다.

눈꼴-**틀리다** 圈 눈꼴시다.

눈-**꼽** 圈 ☞눈곱.

눈-**꽃** [-꼳] 圈 나뭇가지에 얹혀 꽃이 핀 것처럼 보이는 눈. ❏~이 피다.

눈-**끔적이** 圈 눈을 자주 끔적거리는 사람. 끔적이. 蚕깜작이. ㉺눈끔쩍이.

눈-**끔쩍이** 圈 눈을 자주 끔쩍거리는 사람. 끔쩍이. 蚕깜짝이. ㉺눈끔적이.

눈-**높이** 圈 1 관측할 때 수평면에서 관측하는 사람의 눈까지의 높이. 2 인식하는 안목의 수준. ❏~를 낮추어 세상을 산다.

눈눈-**이** 囝 사람의 눈마다.

눈-**다랑어** (-魚) 圈〖어〗고등엇과의 바닷물고기. 수심 20~120 m 되는 곳에서 삶. 길이는 2 m가량. 두툼하고 눈이 크며 가슴지느러미가 긺. 식용함.

눈-**단** 圈 '누운단'의 준말.

눈-**대답** (-對答) 圈 눈으로 하는 대답.

눈-**대중** [-때-] 圈围 눈으로 보아 어림잡아 헤아림. 눈어림. 눈짐작. 목측(目測). ❏~으로 3천 명은 되어 보였다.

눈:-**더미** [-떠-] 圈 눈이 많이 쌓여 있는 더미. ❏여기저기 널린 ~.

눈-**덩이** [-떵-] 圈 눈을 뭉쳐 둥글게 만든 덩어리. ❏~를 굴리다.

눈-**도장** (-圖章) [-또-] 圈 눈으로 찍는 도장이라는 뜻으로, 상대편의 눈에 띄는 일. ❏~을 찍다.

눈-**독** (-毒) [-똑] 圈 욕심을 내어 눈여겨보는 기운.

눈독(을) **들이다** 〔올리다〕귀 욕심을 내어 눈여겨보다.

눈독(이) **들다** 〔오르다〕귀 욕심이 나서 눈여겨보다.

눈-**동냥** [-똥-] 圈 곁에서 얻어 보는 일.

눈동냥 **귀동냥** 귀 주위에서 지식이나 견문 따위를 보고 들어 갖게 되는 일.

눈-**동미리** 圈〖어〗양동미릿과의 바닷물고기. 길이가 15 cm가량의 원통형으로 꼬리자루 부분이 조금 옆으로 편평함. 입과 눈이 큼.

눈-**동자** (-瞳子) [-똥-] 圈 눈알 홍채(虹彩)의 한가운데에 있는, 빛이 들어가는 동그랗고 검은 부분(광선의 세고 약함에 따라 홍채가 늘고 줄어서 눈동자를 좁히고 넓힘). 동공(瞳孔). 동자(瞳子). 모자(眸子). 안정(眼睛).

눈-**두덩** [-뚜-] 圈 눈언저리의 두두룩한 곳. ❏~이 붓다 / ~이 꺼지다.

눈-**두덩이** [-뚜-] 圈 눈두덩.

눈두에 [-뚜-] 圈〈옛〉눈두덩.

눈-**딱부리** [-뿌-] 圈 툭 불거지고 큰 눈. 또는 그런 눈을 한 사람. 蚕딱부리.

눈-**딱지** [-찌] 圈 험상궂고 흉한 눈매.

눈-**뜨다** 〔눈떠, 눈뜨니〕围 1 잠을 깨다. ❏제 눈뜰 시간이다. 2 이치나 옳고 그름을 깨달아 알다. ❏문학에 ~ / 이성에 ~.

눈뜬-**장님** 圈 1 눈을 뜨고는 있으나 보지 못하는 사람. 2 글을 모르는 사람.

눈:-**록** (嫩綠) 〔눌-〕圈 연한 녹색.

눈-**망울** 圈 눈알 앞쪽의 두두룩한 곳. 눈동자가 있는 곳. 망울. ❏맑은 ~에 눈물이 괴다.

눈-**매** 圈 눈의 생김새. 눈맵시. ❏고운 ~ / ~가 서글서글하다 / 어머니의 ~를 빼닮다 / ~가 날카롭다.

눈-**맵시** [-씨] 圈 눈매.

눈-**멀다** 〔눈멀어, 눈머니, 눈머는〕凤 1 시력(視力)을 잃다. 눈이 보이지 않게 되다. ❏눈먼 사람. 2 어떤 일에 마음이 쏠리어 이성을 잃다. ❏눈먼 사랑 / 노름에 ~.

〔눈먼 자식이 효자 노릇한다〕도외시하던 사

람에게서 뜻밖의 은혜를 입다. [눈먼 탓이나 하지 개천 나무래 무엇하나] 자신의 부족함을 탓할 것이지 남을 원망할 것이 아니다.
눈먼 돈 관 ㉠임자 없는 돈. ㉡우연히 생긴 공돈.
눈-모시 명 백저(白苧).
눈-목 (-木) 명 '누운목'의 준말.
눈-목 (-目) 명 한자 부수의 하나(('眩'·'眼' 등에서의 '目'의 이름).
눈-물¹ 명 1 눈알 위쪽에 있는 눈물샘에서 나오는 물(늘 조금씩 나와서 눈을 축이며, 감동·자극을 받으면 더 많이 남). ▢눈에 ~이 어리다 / ~을 글썽이다 / ~이 핑 돌다 / ~을 핑 돌다 / 뺨으로 ~이 주르르 흐른다. 2 동정심. ▢피도 ~도 없는 사람.
　눈물(을) 거두다 관 울음을 그치다.
　눈물(을) 삼키다 관 울음을 참다.
　눈물(을) 짜다 관 ㉠눈물을 질금거리며 울다. ㉡억지로 울다.
　눈물이 앞을 가리다 관 눈물이 자꾸 흐르다.
　눈물(이) 없다 관 동정하는 마음이 없다.
눈-물² 명 눈이 녹아서 된 물.
눈물-겹다 [-따][-겨워, -겨우니] 형ㅂ 눈물이 날 만큼 가엾거나 애처롭다. ▢눈물겨운 정경 / 눈물겹도록 감동적인 이야기.
눈물-바다 [-빠-] 명 한자리에 있는 많은 사람이 한꺼번에 우는 일. ▢~가 되다 / ~를 이루다.
눈물-받이 [-바지] 명 눈물이 흘러내리는 곳에 있는 사마귀.
눈물-방울 [-빵-] 명 방울방울 맺히는 눈물. ▢~을 떨구다.
눈물-범벅 명 눈물을 많이 흘린 상태. ▢얼굴이 ~이 되다.
눈물-샘 [-쌤] 명 눈구멍 윗벽 바깥쪽에 있어 눈물이 나는 샘. 누선(淚腺).
눈물-지다 자 눈물이 흐르다.
눈물-짓다 [-짇따][-지어, -지으니, -짓는] 자ㅅ 눈물을 흘리다. ▢어머니 생각으로 ~.
눈:-바람 명 1 눈과 바람. 또는 눈 위로 불어오는 찬 바람. 설한풍. 풍설. 2 심한 고난.
눈:-발 [-빨] 명 힘차게 내리는 눈 줄기. ▢~이 날리다 / ~이 굵어지다.
　눈발(이) 서다 관 눈이 곧 내릴 듯하다.
눈-방울 [-빵-] 명 정기가 있어 총명해 보이는 눈알. ▢초롱초롱한 ~.
눈:-벌판 명 눈이 깔린 땅. ▢~을 헤쳐 나아가다.
눈-병 (-病) [-뼝] 명 눈에 생긴 병. 안병(眼病). 안질.
눈:-보라 명 바람에 불려 휘몰아쳐 날리는 눈. ▢~가 치다 / ~를 헤치고 산을 오르다.
눈-볼대 [-때] 명 《어》 농엇과의 바닷물고기. 길이 30 cm 가량, 빛은 고운 붉은색으로 배쪽은 엷으며, 꼬리지느러미의 가장자리는 검음. 따뜻하고 깊은 바다에 삶.
눈-부시다 형 1 빛이 아름답고 황홀하다. ▢눈부신 옷차림 / 눈부신 아침 햇살. 2 활동이나 업적 따위가 뛰어나다. ▢눈부신 활약 / 눈부신 과학 기술의 발전.
눈-부처 명 눈동자에 비쳐 나타난 사람의 형상. 동인(瞳人). 동자부처.
눈:-비 명 눈과 비.
눈-비음 명하자 남의 눈에 들기 위하여 겉으로만 꾸미는 일.
눈-빛¹ [-삗] 명 1 눈에 나타나는 기색. ▢성난 ~ / ~이 매섭다 / ~으로 마음을 읽다 / 차가운 ~으로 바라보다. 2 눈에서 비치는 빛. ▢

509　　　　눈아

형형한 ~ / ~을 번득이다.
눈:-빛² [-삗] 명 눈의 빛깔과 같이 흰빛. ▢~같이 흰 피부.
눈:-사람 [-싸-] 명 눈을 뭉쳐 만든 사람의 형상. ▢~을 만들다 / ~이 녹다.
눈:-사태 (-沙汰) 명 쌓인 눈이 무너지면서 비탈을 빠른 속도로 미끄러져 내리는 일. ▢~가 나다.
눈-살 [-쌀] 명 두 눈썹 사이에 있는 주름.
　눈살(을) 찌푸리다 관 마음에 못마땅하여 양미간을 찡그리다.
　눈살(을) 펼 새 없다 관 근심·걱정이 가시지 않다.
눈-살피다 자 눈을 돌려서 보다.
눈:-서리 명 눈과 서리.
눈:-석이 명 '눈석임물'의 준말.
눈:-석임 명하자 쌓인 눈이 속으로 녹아서 스러짐.
눈:-석임-물 명 쌓인 눈이 속으로 녹아서 흐르는 물. 설수(雪水). ▢추녀에서 ~이 떨어지다. ㉣눈석이.
눈-섭 명 ⟨옛⟩ 눈썹.
눈:-세계 (-世界) [-/-게] 명 눈이 많이 와 온통 눈으로 덮인 상태.
눈-속임 명하타 남의 눈을 속이는 짓. ▢마술은 일종의 ~이다.
눈-송이 [-쏭-] 명 한데 엉켜 꽃송이처럼 내리는 눈. ▢탐스러운 ~.
눈-시울 [-씨-] 명 눈언저리의 속눈썹이 난 곳. 목광(目眶). ▢~을 적시다 / ~이 뜨거워지다 / ~을 붉히다.
눈-신호 (-信號) 명 눈짓으로 하는 신호. ▢~를 보내다.
눈-싸움¹ 명하자 눈겨룸. ▢~에 이기다. ㉣눈쌈¹.
눈:-싸움² 명하자 눈을 뭉쳐 상대방을 맞히는 장난. 설전(雪戰). ▢~을 벌이다. ㉣눈쌈².
눈-쌈¹ 명 '눈싸움¹'의 준말.
눈:-쌈² 명하자 '눈싸움²'의 준말.
눈:-썰매 명 눈 위에서 타거나 끄는 썰매.
눈:-썰매-장 (-場) 명 눈 위에서 썰매나 그와 비슷한 기구를 탈 수 있도록 시설한 곳.
눈-썰미 명 한두 번 본 것을 곧 그대로 해내는 재주. 목교(目巧). ▢~가 좋다 / ~가 남다르다 / ~가 있어 무엇이든 쉽게 배운다.
눈-썹 명 두 눈두덩 위나 눈시울에 가로로 모여 난 짧은 털. 미모(眉毛).
　눈썹도 까딱하지 않다 관 아주 태연하다.
　눈썹 싸움을 하다 관 졸음이 오는데 자지 않으려고 애쓰다.
눈썹-끈 명 눈썹줄.
눈썹-노리 [-썸-] 명 베틀에서, 눈썹대의 끝부분(눈썹줄이 달려 있음).
눈썹-대 [-때] 명 베틀의 용두머리 두 끝에 앞으로 내뻗친 가는 막대기(그 끝에 눈썹줄이 달림).
눈썹-먹 [-썸-] 명 눈썹을 그리는 데 쓰는 화장품. 눈썹연필.
눈썹-바라지 [-빠-] 명 《건》 약계바라지 짝의 중턱에 가로 박힌 두 개의 작은 들창.
눈썹-줄 [-쭐] 명 베틀에서, 눈썹대 끝에 잉앗대를 거는 줄. 눈썹끈.
눈썹-차양 (-遮陽) 명 처마 끝에 다는 폭이 좁은 차양.
눈-씨 명 쏘아보는 시선의 힘. ▢~가 맵다.
눈:-아 (嫩芽) 명 《식》 새로 나오는 싹.

눈:-안개 명 눈이 올 때 안개가 낀 것처럼 희부옇게 보이는 상태. ❑ ~가 자욱하다.
눈-알 명 시각기(視覺器)인 눈구멍 안에 박힌 공 모양의 기관((내부에 수정체·초자체 따위를 포함하고 있으며, 망막에 물체의 영상을 비치는 구실을 함)). 안구(眼球). ❑ ~을 굴리다 / ~을 부라리다.
눈알(이) 나오다 구 놀라서 눈을 크게 뜨고 보다.
눈알이 뒤집히다 구 〈속〉 몹시 화가 나고 흥분이 되다.
눈알이 빠지도록 기다리다 구 몹시 애태우며 오래 기다리다. 눈이 빠지도록 기다리다.
눈-앞 [누납] 명 **1** 눈으로 보이는 아주 가까운 곳. ❑ ~에 펼쳐진 푸른 바다 / 금강산이 ~에 보인다. **2** 가까운 장래. 안전(眼前). 목전(目前). ❑ ~에 닥치다 / ~에 두다 / ~의 이익만 추구하다.
눈앞이 캄캄하다 구 어찌할 바를 모르다.
눈-약 (-藥)[-냑] 명 눈병의 치료에 쓰는 약. 안약(眼藥).
눈-양태 [-냥-] 명 〖어〗 양탯과의 바닷물고기. 길이 30 cm 정도, 양태와 비슷하나 머리와 눈이 크고 아래턱이 위턱보다 훨씬 길. 빛은 주홍색이고 아래쪽은 빛이 엷음.
눈-어림 명하타 눈대중. ❑ ~으로 대중하다.
눈-언저리 명 눈의 가장자리. 눈가. 안변(眼邊). ❑ ~를 닦다 / ~가 꺼지다.
눈:-얼음 명 **1** 눈과 얼음. **2** 내려 쌓인 눈이 그대로 얼어붙은 얼음.
눈엣-가시 [누네까- / 누넫까-] 명 몹시 미워 항상 눈에 거슬리는 사람. 안중정(眼中釘). ❑ ~ 같은 녀석 / ~로 여기다.
눈여겨-보다 [-녀-] 타 주의 깊게 살펴보다. ❑ 그의 행동을 눈여겨보았다.
눈-여기다 [-녀-] 타 (주로 '눈여겨'의 꼴로 쓰여) 주의 깊게 보다. ❑ 눈여겨 살피다.
눈:엽 (嫩葉) 명 〖식〗 새로 나온 곱고 연한 잎.
눈:-옷 [누놑] 명 산이나 나무 따위에 수북이 덮인 눈의 비유. ❑ ~ 입은 산들.
눈-요기 (-療飢)[-뇨-] 명하자 눈으로 보기만 하면서 어느 정도 만족하는 일. ❑ ~로만 즐기다.
눈-웃음 명 소리 없이 눈으로 웃는 웃음. ❑ ~을 띠다 / 늘 ~을 짓다.
눈웃음-치다 자 남의 마음을 사려고 짐짓 눈으로만 살짝 웃다.
눈-인사 (-人事) 명하자 눈짓으로 가볍게 하는 인사. 목례(目禮). ❑ ~를 나누다 / ~를 보내다 / ~를 주고받다.
눈:-자라기 명 아직 꼿꼿이 앉지 못하는 어린 아이.
눈-자위 [-짜-] 명 눈알의 언저리. 안광(眼眶). ❑ ~가 풀리다.
눈자위(가) 꺼지다 구 죽다.
눈-접 (-椄) 명하타 〖농〗 나뭇가지의 중앙부에 있는 눈을 떼어, 접본의 절개한 곳에 끼우고 묶어 접붙이는 방법. 아접(芽椄).
눈접-칼 (-椄-) 명 〖농〗 눈접할 때 쓰는 칼. 아접도.
눈-정기 (-精氣)[-쩡-] 명 눈의 광채. ❑ ~가 돌다.
눈-정신 (-精神)[-쩡-] 명 **1** 눈에 재주가 나타나 보이는 기운. **2** 눈총기.
눈-주름 [-쭈-] 명 눈가에 잡힌 주름.
눈-짐작 (-斟酌) [-찜-] 명하타 눈대중.
눈-짓 [-찓] 명하자 눈을 움직여 어떤 뜻을 나타내는 짓. ❑ ~을 주고받다 / ~을 보내다 / 들어가라고 ~하다.
눈-짓물이 [-진무리] 명 눈시울이 짓무른 사람의 별명.
눈짓-콧짓 [-찓코찓 / -찓콛찓] 명 온갖 눈짓을 강조하여 이르는 말.
눈-찌 명 흘겨보거나 쏘아보는 눈길. ❑ 증오에 찬 ~.
눈:초 (嫩草) 명 새로 눈이 터서 나온 풀.
눈-초리 명 **1** 귀 쪽으로 째진 눈의 구석. 목자(目眥). ❑ ~가 올라가다 / ~가 처지다. **2** 사물을 볼 때의 눈 모양. ❑ 호기심 어린 ~ / 날카로운 ~로 응시하다.
눈-총 명 눈에 독기를 띠면서 쏘아보는 기운. ❑ ~을 주다 / ~을 피하다 / 따가운 ~을 받다.
눈총(을) 맞다 구 남의 미움을 받다.
눈총(을) 쏘다 구 독기 띤 눈으로 쏘아보다.
눈-총기 (-聰氣) 명 사물을 보아 익히는 눈의 기억력. 눈정신. ❑ ~가 좋다.
눈-치 명 **1** 남의 마음이나 일의 낌새를 알아채는 힘. ❑ ~가 없다 / ~가 빠르다 / ~ 있게 자리를 피하다. **2** 생각이 드러나는 어떤 태도. ❑ ~를 주다 / ~가 이상하다 / 가고 싶어 하는 ~다 / 잠을 못 자고 있는 ~였다.
[눈치가 빠르면 절에 가도 젓갈을 얻어먹는다] 눈치가 있으면 어디를 가도 군색하지 않다는 말.
눈치(를) 보다 구 남의 마음과 태도를 살피다. ❑ 상사의 ~.
눈치(를) 살피다 구 남의 눈치를 엿보다.
눈치-껏 [-껃] 부 남의 눈치를 잘 알아차려서. ❑ ~ 대답하다.
눈치-꾼 명 남의 눈치를 잘 살피는 사람.
눈치-놀음 명 남의 눈치를 보아 가면서 그에 맞추어 행동하는 일.
눈-치레 명하자 실속은 차리지 않고 겉으로만 보기 좋게 꾸미는 일. 겉치레.
눈치-작전 (-作戰)[-쩐] 명 미리 낌새를 보아 자기에게 유리하도록 여러 가지 조치를 취하는 것. ❑ ~이 치열하다.
눈치-채다 타 어떤 일의 낌새나 남의 마음 따위를 알아채다. ❑ 이상한 낌새를 ~.
눈치-코치 명 '눈치'의 힘줌말.
눈치코치도 모른다 구 남의 생각이나 태도를 전혀 알아차리지 못한다.
눈칫-밥 [-치빱 / -칟빱] 명 눈치를 보아 가며 얻어먹는 밥.
눈칫밥(을) 먹다 구 기를 펴지 못하고 불편하게 생활하다.
눈-코 명 눈과 코.
눈코 뜰 사이 없다 구 몹시 바쁘다.
눈코 사이 구 썩 가까운 거리.
눈퉁-멸 명 〖어〗 청어과의 바닷물고기. 길이 30 cm 정도, 가늘고 동글동글하게 길며, 눈에 두꺼운 눈시울이 덮여 있음. 소금에 절여서 말려 먹음.
눈-퉁이 명 〈속〉 눈두덩의 불룩한 곳. ❑ ~가 부어오르다.
눈-트다 〔눈터, 눈트니〕 자 나무나 풀의 싹이 새로 나오다.
눈-표 (-標) 명 눈에 잘 띄도록 한 표. 안표(眼標). ❑ ~를 해 두다.
눈표(가) 나다 구 눈에 잘 띄다.
눈-허리 명 ☞ 코허리.
눈ᄉ시울 명 〈옛〉 눈시울.
눈ᄌᆞᅀᆞ 명 〈옛〉 눈동자.
눉곱 명 〈옛〉 눈곱.

눈마울 〈옛〉 눈망울.

눈믈 명〈옛〉눈물.

눈부텨 명〈옛〉눈부처.

눈ㅈㆍㅅ 명〈옛〉눈동자.

눈믈 명〈옛〉눈물.

눋-내 [눈-] 명 밥 따위가 눌 때 나는 냄새.

눋:다 [-따] [눌어, 눌으니, 눋는] 짜ⓒ 누른빛이 나도록 조금 타다. ❑밥이 눋는 냄새가 구수하다.

눌 준 누구를. ❑~ 원망하랴.

눌눌-하다 [-룰-] 형여 털이나 풀 따위가 누르스름하다. ❑보리가 눌눌하게 익다. 짱놀놀하다. 눌눌-히 [-룰-] 뿐

눌:러-놓다 [-노타] 타 1 무거운 것으로 지질러 두다. ❑오이지를 돌로 ~. 2 함부로 굴지 못하게 하다.

눌:러-듣다 [-따] [-들어, -들으니, -듣는] 타 ⓒ 1 용서하여 듣다. 2 그대로 계속 듣다.

눌:러-먹다 [-따] 타 같은 집에서 계속해서 밥을 먹다. ❑친척 집에서 한 달을 ~.

눌:러-보다 타 1 용서하여 보다. ❑서툰 솜씨를 ~. 2 그대로 계속해서 보다.

눌:러-쓰다 [-써, -쓰니] 타 1 모자 따위를 푹 내려쓰다. ❑모자를 눌러쓴 아이. 2 글씨를 힘주어 쓰다. ❑볼펜을 너무 눌러써서 종이가 찢어졌다.

눌:러-앉다 [-안따] 짜 같은 장소나 직무·직위에 계속 머무르다. ❑영업부장 자리에 ~.

눌:러-자다 짜 계속 머물러 자다.

눌:리다¹ 짜 〈'누르다'의 피동〉 누름을 당하다. ❑지짝에나 /기세에 ~.

눌리다² 타 〈'눋다'의 사동〉 눋게 하다. ❑밥을 ~ / 찬밥을 눌려 누룽지를 만들다.

눌:림-감각 [-感覺] 명 '압각(壓覺)'의 풀어 쓴 말.

눌:림-끈 명 베틀에서, 눌림대에 걸어 베틀다리에 매는 끈. 눌림줄.

눌:림-대 [-때] 명 베틀에서, 잉아 뒤에 있어 날실을 누르는 막대.

눌:림-줄 [-쭐] 명 눌림끈.

눌면-하다 형여 보기 좋을 만큼 약간 누르스름하다. ❑빈대떡을 눌면하게 지지다. 짱놀면하다. 눌면-히 뿐

눌변 (訥辯) 명 더듬거리는 서툰 말솜씨.

눌삽-하다 (訥澁-) [-사파-] 형여 말을 더듬어 듣기에 답답하다.

눌어-붙다 [누러붇따] 짜 1 조금 타서 바닥에 붙다. ❑누룽지가 솥 바닥에 ~. 2 한곳에 오래 머무르다. ❑컴퓨터 앞에 ~.

눌언 (訥言) 명 더듬거리는 말.

눌:-외 (-根) 명 〔건〕 '누울외'의 준말.

눌은-밥 명 솥 바닥에 눌어붙은 누룽지에 물을 부어 불려서 긁어낸 밥.

눌치-볼락 명 〔어〕 양볼락과의 바닷물고기. 몸의 길이는 40 cm 정도이며 배지느러미가 썩 깊. 식용함.

눌-하다 (訥-) 형여 말을 더듬거려 분명하지 않다. ❑눌한 말을 바로잡다.

눕다¹ [-따] [누워, 누우니] 짜타 1 등이나 옆구리를 바닥에 대고 몸을 길게 펴다. ❑침대에 ~. 2 나무나 풀 따위가 쓰러지다. ❑나무가 태풍에 쓰러져 길에 ~. 3 병을 앓게 되다. ❑과로로 자리에 ~.
[누울 자리 봐 가며 발을 뻗어라] 시간·장소나 가능성을 가려 행동하라. [누워서 떡 먹기] 매우 쉬운 일. [누워서 침 뱉기] 남을 해치려고 한 짓이 오히려 자기에게 미침.

눕다² [-따] [누워, 누우니] 짜타 이자는 치르고

원금은 그대로 빚으로 있다.

눕다³ [-따] [누워, 누우니] 타 피륙 따위를 잿물에 삶아서 물에 빨아 희고 부드럽게 하다.

눕히다 [누피-] 타 〈'눕다¹'의 사동〉 누이다. ❑어린애를 ~.

눌다 짜 〈옛〉 눕다¹.

눙치다 짜 1 좋은 말로 마음을 풀어 누그러지게 하다. ❑으르고 ~. 2 어떤 행동이나 말을 문제 삼지 않고 넘기다. ❑자신이 한 말을 없었던 것으로 눙치려고 한다. 짱낭치다.

뉘¹ 명 쓿은쌀 속에 섞인 벼 알갱이.

뉘² 명 자손에게서 받는 덕. ❑늘그막에 ~를 보다.

뉘³ 명 '누이'의 준말.

뉘⁴ 명〈옛〉1 세상. 평생. 2 적. 때.

뉘⁵ 인대 '누구'의 준말. ❑~에게 가느냐.

뉘:⁶ 준 누구의.
[뉘 덕으로 잔뼈가 굵었기에] 남의 은덕으로 자랐음에도 그 은덕을 모름을 이르는 말. [뉘 집에 감 초가 끓는지 밥이 끓는지 아나] 여러 사람의 사정을 다 살피기는 어렵다는 뜻.
뉘 집 개가 짖어 대는 소리냐 ㉠ 자기와는 전혀 상관없는 일이나 말에 무시하여 지껄이라는 말.

뉘누리 명〈옛〉1 물살. 2 소용돌이.

뉘:다 다目 1 '누이다'의 준말. ❑병자를 자리에 ~. 2 '누이다²'의 준말. 3 '누이다³'의 준말. 4 '누이다⁴'의 준말. 5 오줌을 ~. 目짜 '누이다³目'의 준말.

뉘:렇다 [-러타] [뉘러니, 뉘레서] 형ㅎ 생기가 없이 누렇다. ❑앓더니 얼굴이 ~. 짱뇌랗다.

뉘:레-지다 짜 뉘렇게 되다. ❑앓는다더니 얼굴이 쉬레~. 짱뇌래지다.

뉘-반지기 명 뉘가 많이 섞인 쌀.

뉘앙스 (프 nuance) 명 어떤 말에서 느껴지는 느낌이나 인상. ❑'아버지'와 '아빠'라는 말의 ~.

뉘엿-거리다 [-엳꺼-] 짜 1 해가 곧 지려고 하다. 2 속이 메스꺼워 게울 듯하다. 뉘엿-뉘엿 [-연-연] 뿐하짜 ❑해가 ~ 저물다.

뉘엿-대다 [-엳때-] 짜 뉘엿거리다.

뉘엿-하다 [-여타-] 형여 해가 곧 지려고 하는 상태에 있다.

뉘우쁘다 [뉘우뻐, 뉘우쁘니] 형 뉘우치는 생각이 있다.

뉘우치다 타 제 잘못을 스스로 깨닫고 가책을 느끼다. ❑잘못을 ~ / 실수를 ~. 죤뉘읗다.

뉘우침 명 뉘우치는 일.

뉘읗다 [-읃따] 타 '뉘우치다'의 준말.

뉘웃브다 형 〈옛〉 뉘우쁘다.

뉘지근-하다 형 '뉘척지근하다'의 준말.

뉘척지근-하다 [-찌-] 형 맛이나 냄새 따위가 누리다. ❑김치가 오래되어 ~. 죤뉘지근하다.

뉨 명하타 '누임'의 준말.

뉴 (N, ν) 명 〔언〕 그리스 문자의 열셋째 자모.

뉴딜 (New Deal) 명 〔정〕 미국 대통령 루스벨트가 1933 년에 시행한 경제 부흥 정책. 경제 공황에 대처하여 정부가 적극적으로 경기를 조절하여 고용 수준을 향상시켰음.

뉴:똥 명 명주실로 짠 옷감의 하나(빛깔이 곱고 보드라우며 잘 구겨지지 않음).

뉴런 (neuron) 명 신경계를 구성하는 단위. 신경 세포와 신경 돌기로 되어 있으며, 자극을 수용하고 전달하는 기능을 함. 신경원.

뉴로-컴퓨터 (neuro computer) 명 〔컴〕 신경 세포의 동작을 본떠 만든 소자(素子)를 여러

개 결합해 만든 컴퓨터. 패턴 인식·학습·연상 등의 고도의 정보 처리 실행을 목적으로 함.

뉴-룩 (new look) 圏 **1** 최신 복장. **2** 새로운 유행 양식.

뉴 리치 현:상 (new rich現象) 서민층에 확산되고 있는 중류 의식 현상. 중하류급의 수입임에도 스스로 중류라고 여기는 일《중류에 대한 개념과 개개인의 생활수준 인식과의 괴리에서 비롯됨》.

뉴 모드 (new+ㅍ mode) 복식(服飾)에서, 새로운 유행. 또는 그것을 도입한 옷이나 모자 등의 장신구를 이름. 뉴 패션.

뉴 미디어 (new media) 컴퓨터·전자 공학 기술·통신 기술 등의 발달로 새로 등장한 전달 매체. 인터넷·케이블 텔레비전·비디오텍스·문자 다중 방송 따위의 일컬음.

뉴 세라믹스 (new ceramics)《화》순도가 높은 화학 물질이나 인공 광물을 원료로 하여 만든 특수 요업 제품의 총칭.

뉴스 (news) 圏 **1** 신문·방송 등의 보도. 소식.
▣톱 ∼. **2** 일반에게 잘 알려지지 않은 새로운 일.

뉴스-거리 (news-) 圏 뉴스가 되는 소재. ▣∼를 찾다.

뉴스 밸류 (news value) 사건이나 정보 따위의 보도 가치.

뉴스 소스 (news source) 뉴스의 출처. 또는 제공자.

뉴스 영화 (news映畫) 시사적인 사건을 보도하기 위하여 정기적으로 제작·상영하는 기록 영화.

뉴스 캐스터 (news caster) 뉴스를 전하면서 해설도 하는 방송 진행자.

뉴 크리티시즘 (new criticism)《문》1930년대 말 미국에서 일어나 현대 미국의 주류적인 경향을 이루는 심미적 태도를 갖는 문예 비평. 신비평.

뉴클레오시드 (nucleoside) 圏《생》염기와 당(糖)의 환원기가 글리코시드 결합을 한 화합물의 총칭. 핵산(核酸)의 분해물의 하나임. 염기 성분은 푸린(purine) 염기와 피리미딘(pyrimidine) 염기로 이루어짐.

뉴클레오티드 (nucleotide) 圏《생》생체의 중요한 구성 물질의 하나. 유기 염기·당(糖)·인산이 결합한 것《핵산은 뉴클레오티드의 거대 중합체임》.

뉴턴 (newton) 圏《물》힘의 SI 유도 단위의 하나. 질량 1kg의 물체에 작용하여 매초 1m의 가속도를 만드는 힘. 1뉴턴은 10만 다인(dyne)에 해당함.

뉴턴 역학 (Newton力學) [-여칵]《물》뉴턴이 그의 운동의 세 법칙인 관성의 법칙·운동 방정식·작용 반작용의 원리에 기초를 두고 만든 역학 체계. 고전 역학.

뉴트론 (neutron) 圏《물》중성자(中性子).

뉴트리노 (neutrino) 圏《물》중성 미자(微子).

뉴 패션 (new fashion) **1** 새로운 디자인의 가정 용품이나 신제품의 화장품 따위. **2** 최신 유행의 복식용품(服飾品). 뉴 모드.

느근-거리다 困 가늘고 긴 물건이 탄력 있게 자꾸 움직이다. ⑫나근거리다. **느근-느근** 剧 ⊞困

느근-대다 困 느근거리다.

느글-거리다 困 속이 메스꺼워 곧 게울 듯하다. ▣속이 느글거려 음식을 못 먹겠다. **느글-느글** [-르-] 剧⊞자형 ▣멀미를 하는지 배 속이 ∼하다.

느글-대다 困 느글거리다.

느굿-거리다 [-귿꺼-] 困 먹은 것이 내려가지 않고 자꾸 괴는 듯하다. **느굿-느굿** [-귿-귿] 剧⊞하자

느굿-대다 [-귿때-] 困 느굿거리다.

느굿-이 剧 느긋하게. ▣∼ 기다리다 / 마음을 ∼ 먹다.

느굿-하다 [-귿타-] 휑어 마음에 여유가 있다.
▣느긋한 성격 / 느긋한 기분. ⓒ늑하다.

느껍다 [-따] [느꺼워, 느꺼우니] 휑⊞ 어떤 낌이 마음에 북받쳐서 벅차다.

느끼다¹ 困 **1** 서럽거나 감격에 겨워 울다. ▣소리 죽여 느끼는 울음소리가 들리다. **2** 가쁘게 숨을 쉬다.

느끼다² 囘 **1** 감각 기관을 통해 어떤 자극을 깨닫다. ▣추위를 ∼ / 공복감을 ∼. **2** 어떤 감정 따위를 체험하고 맛보다. ▣슬픔을 ∼ / 만족을 ∼. **3** 어떤 사실·책임·필요성 따위를 체험해 깨닫다. ▣책임을 ∼ / 능력의 한계를 ∼ / 돌이켜 보면 느끼는 것이 많다.

느끼-하다 휑어 **1** 비위에 거슬릴 정도로 기름기가 많다. ▣음식이 ∼. **2** 말·행동이 느물거려 비위에 맞지 않다. ▣말을 느끼하게 해서 징그럽다.

느낌 圏 몸의 감각이나 마음으로 느끼는 기운이나 감정. ▣차가운 ∼ / 경쾌한 ∼을 주는 음악 / 무서운 ∼이 ∼이 좋지 않다.

느낌-꼴 圏 '감탄형'의 풀어쓴 말.

느낌-씨 圏 '감탄사'의 풀어쓴 말.

느낌-표 (-標) 圏 [언] 감탄이나 놀람, 부르짖음·명령 등을 강하게 나타낼 때 쓰는 표. '!' 표의 이름. 감탄 부호. 감탄부.

-느냐 어미 동사나 '있다·없다·계시다'의 어간에 붙어, 손아랫사람에게 물음을 나타내는 종결 어미. ▣거기서 무엇을 하∼ / 지금 어디 있∼. ∗-냐¹·-으냐·-으냐.

-느냐고 어미 '-느냐 하고'의 준말. ▣언제 왔∼ 묻더라. ∗-냐고·-으냐고.

-느냐는 어미 '-느냐고 하는'의 준말. ▣죽느냐 사∼ 갈림길. ∗-냐는·-으냐는.

-느냔 어미 **1** '-느냐고 한'의 준말. ▣그리도 많이 먹었∼ 말에 토라진 모양이다. **2** '-느냐고 하는'의 준말. ▣언제 출발하∼ 말에 선뜻 대답을 하지 못했다.

-느날 어미 '-느냐고 할'의 준말. ▣왜 머리를 빡빡 깎았∼ 수는 없다. ∗-날·-으날.

-느뇨 어미 '-느냐'의 예스러운 말투. ▣너는 이제 어디로 가∼.

-느니 어미 동사 어간이나 형용사 '있다·없다·계시다'의 어간에 붙는 어미. **1** 진리나 어떤 사실을 일러 주는 뜻을 나타내는 종결 어미. ▣참는 자에게 복이 있∼. **2** 이러하기도 하고 저러하기도 하거나, 무엇이 있다 없다의 뜻을 나타내는 연결 어미. ▣죽∼ 사∼ 법석을 떨다 / 증거가 있∼ 없∼ 하고 다투다. ∗-니¹.

-느니라 어미 해라할 자리에 쓰여 '-느니'의 뜻을 나타내는 종결 어미. ▣과음하면 실수하∼. ∗-니라.

느닷-없다 [-다썹따] 휑 무엇이 나타남이 전혀 뜻밖이고 갑작스럽다. ▣느닷없는 질문. **느닷-없이** [-다썹씨] 剧. ▣아기가 ∼ 울기 시작했다.

-느라고 어미 '-느라고'의 준말.

-느라고 어미 동사 어간이나 높임의 '-시-'

뒤에 붙어, '하는 일로 말미암아'의 뜻을 나타내는 연결 어미. ❏공부하~ 밤을 새우다.

느럭-느럭 [-렁-] 閉하형 말이나 행동이 매우 느린 모양. ❏~ 걷다.

느런-히 閉 죽 늘어놓은 모양. ❏가로수가 ~ 서 있다.

느렁이 圀 암노루.

느루 圀 한꺼번에 몰아치지 않고 오래도록. **느루 먹다** 冟 양식을 절약하여 예정보다 더 오랫동안 먹다. ❏쌀에 보리를 섞어 ~. **느루 잡다** 冟 ㉠손에 느슨하게 잡다. ㉡가랫줄을 느루 잡고 당기다. ㉢시일이나 날짜를 느직하게 예정하다. ❏일정을 한 보름 느루 잡을 수 없을까.

느루-배기 圀 어린애를 낳은 다음 달부터 월경이 계속 있는 여자. 또는 그런 여자.

느른-하다 형어 1 몸이 피곤하여 힘이 없다. 2 힘없이 부드럽다. 闸나른하다. **느른-히** 閉

느릅나무 〈옛〉 느릅나무.

느릅-나무 [-름-] 圀 〖식〗 느릅나뭇과의 낙엽 활엽 교목. 골짜기나 개울가의 습한 곳에서 남. 높이는 20 m가량, 지름 50 cm가량, 봄에 녹자색 꽃이 핌. 나무는 기구재로 쓰고, 껍질은 약용·식용함.

느리-광이 圀 행동이 느리거나 게으른 사람. 느림보. 늘보.

느리다 형 1 빠르지 못하다. ❏동작이 ~ / 진도가 ~. 2 꼬임이나 짜임이 느슨하거나 성기다. ❏새끼를 느리게 꼬다. 3 지형의 기울기가 급하지 않다. ❏느린 산비탈. 4 성질이 누그러져 야무지지 못하다. [느린 소도 성낼 적이 있다] 무던해 보이는 사람도 화낼 때가 있다.

느리터분-하다 형어 행동이나 성질 따위가 느리고 답답하다. ❏느리터분한 목소리.

느림 圀 장막이나 깃발 따위에 장식으로 늘어뜨리는 좁은 것을 따위.

느림-보 圀 느리광이. ❏~ 거북이.

느릿-느릿 [-린-릳] 閉하형 1 동작 따위가 매우 느린 모양. ❏~ 걷다. 2 꼬임이나 짜임이 느슨하거나 성긴 모양. ❏~ 꼰 새끼. 闸느릿나릿. [느릿느릿 걸어도 황소걸음] 착실하고 꾸준하게 실수 없이 함의 비유.

느릿-하다 [-리타-] 형어 동작 따위가 느린 듯하다. ❏느릿하게 걷다.

느물-거리다 쟈 말이나 행동을 자꾸 능글맞게 하다. ❏느물거리는 태도 / 느물거리며 말을 걸다. **느물-느물** [-르-] 閉하쟈

느물다 [느물어, 느무니, 느무는] 쟈 1 언행을 음흉하게 하다. 2 ☞ 뽐내다.

느물-대다 쟈 느물거리다.

느슨-하다 형어 1 늘어져 헐겁다. ❏허리띠가 ~ / 나사가 느슨하게 죄어 있다. 2 마음이 풀어져 긴장감이 없다. ❏성격이 느슨한 사람 / 분위기가 ~ / 기강이 ~. 闸나슨하다. **느슨-히** 閉

느시 〖조〗 느싯과의 새. 모래땅·들·논밭에 삶. 몸의 길이는 수컷이 1 m, 암컷이 80 cm 가량. 머리·목은 회색, 등은 황갈색 바탕에 검은 가로줄 무늬가 있음. 천연기념물 제206호. 능에. 야압.

느정이 圀 〈옛〉 말린 꽃.

느즈러-지다 쟈 1 졸라맨 것이 느슨하게 되다. ❏옷고름이 ~. 2 기한이 밀리다. 3 마음이 풀리다. ❏느즈러지게 걷다.

느지 閉 〈옛〉 늦게. 느직이.

느지감-치 閉 꽤 늦게. 느지거니. ❏난 ~ 가

겠소.

느지거-니 閉 느지감치. ❏~ 출발하다.

느지막-이 閉 느지막하게. ❏~ 저녁을 먹다.

느지막-하다 [-마카-] 형어 매우 느지막하다. ❏느지막하게 도착하다.

느직-이 閉 느직하게. ❏~ 일어나다.

느직-하다 [-지카-] 형어 1 좀 늦다. ❏느직하게 출발하다. 2 기일에 여유가 있다. ❏마감 시간을 느직하게 잡다. 3 좀 느슨하다. ❏느직하게 매다.

느치 圀 〖충〗 딱정벌레의 하나. 쌀·보리 따위 곡식 가루의 해충인데 길이 6~10 mm로 편평한 직사각형임. 앞가슴은 머리보다 크고 배는 가슴과 폭이 같음.

느치다 他 〈옛〉 늦추다.

느타리 圀 〖식〗 느타릿과의 버섯. 가을에 산림 속 활엽수 마른 나무에 남. 모양은 조개껍데기 비슷하고 빛은 갈색 내지 백색임. 식용함. 느타리버섯.

느타리-버섯 [-섣] 圀 〖식〗 느타리.

느티-나무 圀 〖식〗 느릅나뭇과의 낙엽 활엽 교목. 촌락 부근의 산기슭 및 골짜기에 남. 줄기의 높이는 30 m, 지름 2 m가량인데 봄에 꽃이 피고 가을에 핵과가 익음. 나무는 건축·기구·선박 등의 재료로 쓰고, 어린잎은 식용함. 귀목나무.

느티-떡 圀 쌀가루에 느티나무의 연한 잎을 섞어 찐 시루떡(사월 초파일에 만들어 먹음).

늑간 (肋間) [늑-] 圀 〖생〗 늑골과 늑골 사이.

늑간-근 (肋間筋) [-깐-] 圀 〖생〗 늑골과 늑골을 서로 연결하는 근육(안팎 두 층이 있음).

늑간 신경 (肋間神經) [-깐-] 척수 신경 가운데 늑골 부분에 분포하는 열두 쌍의 신경.

늑간 신경통 (肋間神經痛) [-깐-] 〖의〗 중독·감기·외상(外傷) 등으로 늑골 사이에 있는 신경에 통증이 느껴지는 병.

늑-경골 (肋硬骨) [-경-] 圀 〖생〗 골질(骨質)로 된 늑골의 부분. *늑연골.

늑골 (肋骨) [-꼴] 圀 1 〖생〗 흉곽을 구성하는 활 모양의 뼈(좌우 열두 쌍임). 갈비. 갈비뼈. 2 선체(船體)의 바깥쪽을 형성하는 늑골 모양의 뼈대.

늑골 거:근 (肋骨擧筋) [-꼴-] 〖생〗 흉추(胸椎)의 양쪽에 있는 열한 쌍의 작은 근육. 아래쪽의 늑골에 붙어서 숨 쉬는 작용을 도움.

늑굴 (勒掘) [-꿀] 圀하他 남의 무덤을 강제로 파게 함.

늑-놀다 他 ☞ 능놀다.

늑대 [-때] 圀 1 〖동〗 갯과의 동물. 이리와 승냥이의 중간종. 몸길이 130 cm 정도, 빛은 황갈색, 등에 검은 띠가 있음. 주둥이뼈는 가늘고 길며 앞다리가 짧음. 성질이 사납고 육식성임. 2 여자에게 음흉한 마음을 품은 남자를 비유적으로 이르는 말.

늑막 (肋膜) [늑-] 圀 〖생〗 늑골 안쪽에 있어서 흉곽의 내면과 폐의 표면을 싼 장액막(漿液膜). 흉막(胸膜).

늑막-염 (肋膜炎) [늑망념] 圀 〖의〗 외상(外傷)이나 결핵균의 감염으로 늑막에 생기는 염증《물이 괴는 습성 늑막염과 괴지 않는 건성 늑막염이 있음》. 흉막염.

늑매 (勒買) [늑-] 圀하他 강매(强買).

늑매 (勒賣) [늑-] 圀하他 강매(强賣).

늑목 (肋木) [늑-] 圀 체조에 쓰는 기구. 기둥이 되는 나무 사이에 많은 가로장 나무를 고정시킨 것《몸을 바르게 하는 운동에 씀》.

늑병 (勒兵)[-뼝] 명하타 〖역〗 병사의 대오(隊伍)를 편성하고 점검하던 일.

늑봉 (勒捧)[-뽕] 명하타 빚진 사람에게서 돈이나 물건을 억지로 받아 냄.

늑-연골 (肋軟骨)[능년-] 명 〖생〗 늑골 끝의 연한 뼈. 늑골과 흉골과의 사이를 이음.

늑장 [-짱] 명 당장 해야 할 일이 있는데도 딴 일을 하거나 느릿느릿 꾸물거리는 태도. 늦장. □ ~을 출동 / ~을 피우다 / ~을 부리다.

늑장 (勒葬)[-짱] 명하타 남의 땅이나 남의 동네 근처에 억지로 장사를 지냄.

늑재 (肋材)[-째] 명 선박의 늑골을 이루는 데 쓰는 재료.

늑정 (勒定)[-쩡] 명하타 억지로 작정하게 함.

늑주 (勒住)[-쭈] 명하타 억지로 머무르거나 살게 함.

늑-줄 [-쭐] 명 동여매었으나 좀 느슨해진 줄. **늑줄(을) 주다** 관 엄한 감독을 늦추어 좀 자유롭게 해줌.

늑징 (勒徵)[-찡] 명하타 관원(官員)이 돈·물품을 강제로 징수하거나 징발함.

늑탈 (勒奪) 명하타 폭력이나 위력으로 빼앗음. □ ~이 심하다.

늑표 (勒票) 명 힘이나 권세로 억지로 받아 낸 증서.

늑:-하다 [느카-] 형어 '느긋하다'의 준말.

늑한 (勒限)[느칸] 명 위협에 못 이겨 억지로 승낙한, 빚을 갚을 기한.

늑혼 (勒婚)[느콘] 명하자 억지로 혼인을 함. 또는 그 혼인.

늑흔 (勒痕)[느큰] 명 목을 졸라 죽인 흔적. □ ~을 남기다.

는 조 받침 없는 말에 붙어, 사물을 구별하거나 지정하여 가리키는 뜻을 나타내는 보조사. 주격·보격·목적격·부사격 등으로 씀. □나~너를 사랑한다 / 그 책을 읽어~ 보았소 / 잘은 못해도 빨리~ 하오. ⚠ㄴ. *은.

-는- 선어미 'ㄹ'을 제외한 받침 있는 동사 어간 뒤에 붙어, 현재를 나타내는 시제 표현의 선어말 어미. □ 먹~다 / 읽~다. *-ㄴ-.

-는 어미 동사나 '있다·없다·계시다'의 어간에 붙어, 그 동작이 현재 진행 중임을 나타내는 관형사형 전성 어미. □흐르~ 물 / 밥을 먹~ 사람 / 산에 있~ 나무. *-ㄴ-·-은.

-는가 어미 1 동사나 '있다·없다·계시다'의 어간 또는 '-았-'·'-었-'·'-겠-'·'-시-'의 뒤에 붙어, 스스로의 의심이나 하게할 자리에 쓰여 물음을 나타내는 종결 어미. □언제 가겠~ / 어디 계시~ / 시간 좀 있~. 2 ('-는가 보다'·'-는가 싶다'·'-는가 하다' 등의 꼴로 쓰여) 자문(自問) 또는 추측의 뜻을 나타내는 연결 어미. □ 울고 있~ 보다 / 무슨 일이 있~ 싶어 들렀다 / 오늘은 오~ 했지. *-ㄴ가·-은가.

는개 명 안개보다 조금 굵고 이슬비보다 좀 가는 비.

-는걸 어미 동사나 '있다·없다·계시다'의 어간 또는 '-았-'·'-었-' 등의 뒤에 붙어, 동작이나 상태에 대한 느낌을 나타내는 종결 어미. □생각보다 빨리 가~ / 벌써 왔~ / 자리에 안 계시~. *-ㄴ걸·-은걸.

-는고 어미 '-는가'의 예스러운 또는 점잖은 말투. □왜 오지 않~. *-ㄴ고·-은고.

-는고야 어미 〈옛〉 -는구나.

-는과니 어미 '-는고 하니'의 준말. □위장병에 무엇을 먹~, 죽을 먹어야 하오.

-는구나 어미 '-는'에 '-구나'가 합친 종결 어미. 해라할 자리에 쓰여, 새삼스러운 느낌이나 놀라움을 나타냄. □잘 보이~ / 기어코 해내고야 마~. ⚠-는군.

-는구려 어미 '-는'에 '-구려'가 합친 종결 어미. 하오할 자리에 쓰여, 새삼스러운 느낌이나 감탄의 뜻을 나타냄. □좋은 일 하시~.

-는구료 어미 ☞ -는구려.

-는구먼 어미 '-는'에 '-구먼'이 합친 종결 어미. □일찍 오~. ⚠-는군.

-는군 어미 '-는구나·-는구먼'의 준말.

-는다 어미 'ㄹ'을 제외한 받침 있는 동사 어간에 붙어, 그 동작이나 작용이 현재 진행 중임을 나타내는 종결 어미. □사람이 웃~ / 길을 걷~. *-ㄴ다.

-는다 어미 〈옛〉 -느냐. -는가.

-는다고 어미 'ㄹ'을 제외한 받침 있는 동사 어간에 붙는 말. 1 까닭이나 근거를 나타내는 연결 어미. □남~ 버리지 마라. 2 자신의 생각·주장 등을 나타내는 종결 어미. □책을 얼마나 잘 읽~. 3 의문·반문 등을 나타내는 종결 어미. □누굴 뽑~. *-ㄴ다고.

-는다고 어미 'ㄹ'을 제외한 받침 있는 동사 어간에 붙어, 간접 인용을 나타내는 연결 어미. □무엇이나 잘 먹~ 하더라. *-ㄴ다고.

-는다나 어미 'ㄹ'을 제외한 받침 있는 동사 어간에 붙어, 인용되는 내용이 못마땅함을 나타내는 종결 어미. □나한테만 비밀을 털어놓~. *-ㄴ다나.

-는다네 어미 '-는다(고) 하네'가 줄어서 된, 'ㄹ'을 제외한 받침 있는 동사 어간에 붙는 종결 어미. □건강을 위해 매일 8km씩 걷~. *-ㄴ다네.

-는다느냐 어미 '-는다고 하느냐'가 줄어든 말. □그 책은 언제 읽~. *-ㄴ다느냐.

-는다느니 어미 'ㄹ'을 제외한 받침 있는 동사 어간에 붙어, 이런다고도 하고 저런다고도 함을 나타내는 연결 어미. □새 사람을 뽑~ 안 뽑~ 억측이 구구하다. *-ㄴ다느니.

-는다는 어미 '-는다고 하는'이 줄어서 된, 'ㄹ'을 제외한 받침 있는 동사 어간에 붙는 관형사형 전성 어미. □나무를 심~ 소문. ⚠-는단. *-ㄴ다는.

-는다니 1 '-는다느냐'의 준말. 2 '-는다고 하니'의 준말. □네가 하느님을 믿~ 놀랍구나. *-ㄴ다니.

-는다니까 어미 1 '-는다고 하니까'의 준말. □하루에 50km 걷~ 놀라더라. 2 'ㄹ'을 제외한 받침 있는 동사 어간 및 형용사 '있다'의 어간에 붙어, 사실을 바로 인식하지 못하거나 미심쩍어 하는 상대방에게, 다그쳐 깨우칠 때 쓰는 종결 어미. □빚은 반드시 갚~. *-ㄴ다니까.

-는다마는 어미 'ㄹ'을 제외한 받침 있는 동사 어간에 붙어, 이미 한 동작을 말하면서 뒷말이 그 사실에 구애되지 않음을 나타내는 연결 어미. □먹기는 먹~ 맛은 별로 없다. *-ㄴ다마는.

-는다면서 어미 'ㄹ'을 제외한 받침 있는 동사 어간 및 '있다'의 어간에 붙는 연결 어미. 1 '-는다고 하면서'의 뜻을 나타내는 연결 어미. □불우한 사람을 돕~, 오히려 폐를 끼친다. 2 직접 간접으로 들은 사실을 다짐하거나 빈정거려 묻는 데 쓰는 종결 어미. □뻔뻔히 놀고먹~. *-ㄴ다면서.

-는다손 어미 'ㄹ'을 제외한 받침 있는 동사 어간에 붙어, '치다'와 함께 쓰여 '-는다고

하더라도'의 뜻을 나타내는 연결 어미. ❏빨리 걷~ 치더라도 하루에 백 리요. *‒ㄴ다손‒. ‒다손.

‒는다지[어미] 'ㄹ'을 제외한 받침 있는 동사 어간에 붙어, 다짐하거나 묻는 뜻을 나타내는 종결 어미. ❏언제 집을 짓~. *‒ㄴ다지.

‒는단[연미] 1 '‒는다는'의 준말. ❏말을 잘 많~ 말을 들였네. 2 '‒는다고 한'이 줄어서 된, 받침 있는 동사 어간에 붙는 관형사형 전성 어미. ❏오늘 갚~ 사람이 나타나지도 않네. *‒ㄴ단‒단.

‒는단다 1 '‒는다고 한다'의 준말. ❏조카를 양자로 삼~. 2 'ㄹ'을 제외한 받침 있는 동사 어간에 붙어, '‒는단 말이다'의 뜻으로 사실을 친근하게 서술하는 종결 어미. ❏바싹 말리지 않으면 썩~. *‒ㄴ단다.

‒는달[어미] '‒는다고 할'이 줄어서 된 관형사형 전성 어미. ❏값을 더 깎~ 수가 없구나. *‒ㄴ달.

‒는담[어미] 받침 있는 동사 어간에 붙어서, '어찌 그리한단 말인고'의 뜻을 나타내는 종결 어미. ❏어찌 그리도 호들갑스럽게 웃~. *‒ㄴ담.

‒는답니다[‒담‒][어미] '‒는다고 합니다'의 준말. ❏무엇이든지 잘 먹~. *‒ㄴ답니다.

‒는답디다[‒띠‒][어미] '‒는다고 합디다'의 준말. ❏요즘은 소설만 읽~. *‒ㄴ답디다.

‒는답시고[‒씨‒][어미] 받침 있는 동사 어간에 붙어, '‒는다고'·'‒는다고 하여'의 뜻으로 쓰는 연결 어미. 타인의 행위를 빈정거릴 때, 또는 자신의 행위를 겸손하게 말할 때 씀. ❏나로선 열심히 씻~ 씻었건만 / 도둑을 잡~ 쫓아가 보았다. *‒ㄴ답시고.

‒는대[어미] '‒는다고 해'의 준말. ❏그만 먹~. *‒ㄴ대¹.

‒는대서[어미] '‒는다고 해서'의 준말. ❏웃~ 나쁠 거야 있나. *‒ㄴ대서.

‒는대서야[어미] '‒는다고 해서야'의 준말. ❏그만한 일로 죽~. *‒ㄴ대서야.

‒는대야[어미] '‒는다고 해야'의 준말. ❏고작 읽~ 무협 소설이지. *‒ㄴ대야.

‒는대요[어미] ('ㄹ'을 제외한 받침 있는 동사 어간에 붙어) 1 해요할 자리에서 어미 '‒어요'의 뜻에 더해서 아는 것을 일러바침을 나타내는 종결 어미《주로 어린이들의 말에 씀》. ❏애들이 자꾸 줄을 많~. 2 '‒는다고 해요'가 줄어든 말. ❏꼬마가 책을 자기가 읽~. *‒ㄴ대요‒대요.

‒는데[어미] 동사나 '있다·없다·계시다'의 어간 또는 '‒았‒'·'‒었‒'·'‒겠‒'·'‒시‒'의 뒤에 붙는 어미. 1 다음을 끌어 내기 위해 그와 상반되는 사실을 미리 말할 때 쓰는 연결 어미. ❏너는 가~ 그는 온다 / 밥은 굶~ 반찬이 없소. 2 다음의 의견도 들으려는 태도로 스스로 느낄 때 쓰는 종결 어미. ❏공부는 잘하~ / 꽤 추웠겠~. *‒ㄴ데‒은데.

‒는바[어미] 동사나 형용사 '있다·없다·계시다'의 어간, 또는 '‒았‒'·'‒었‒'·'‒겠‒'·'‒시‒'의 뒤에 붙어, 할 말을 하기 전에 거기에 관계되는 보충 설명을 할 때 쓰는 연결 어미. ❏집을 두 채 짓~, 한 채는 동생에게 주려 하오. *‒ㄴ바.

늚실‒난실[‒란‒][부][하][자] 성적(性的) 충동을 받아 야릇하고도 잡스럽게 구는 모양. ❏한 교태.

늚적‒거리다[‒꺼‒][자] 물체가 자꾸 힘없이 축 처지거나 물러지다. ❏술에 취해 ~. ㉝난죽거리다. **늚적‒늚적** [‒정‒][부][자]. ❏국수발

이 ~ 끊어지다.

늚적‒대다[‒때‒][자] 늚적거리다.

늚적‒이다[자] 물체가 힘없이 축 처지거나 물러지다.

늚정‒거리다[자] ☞ 늚적거리다.

‒는지[어미] 동사나 '있다·없다·계시다'의 어간 또는 '‒았‒'·'‒었‒'·'‒겠‒'·'‒시‒'의 뒤에 붙어, 막연하게 의심을 나타내는 연결 어미 또는 종결 어미. ❏어디 사~ / 돈이 얼마나 있~ / 시험은 잘 보았소~. *‒ㄴ지·‒은지.

‒는지라[어미] 동사나 '있다·없다·계시다'의 어간 또는 '‒았‒'·'‒었‒'·'‒겠‒'·'‒시‒'의 뒤에 붙어, 다음 말에 대한 이유나 원인이 될 만한 사실을 말할 때 쓰는 어미. ❏밤이 깊었~ 천지가 고요하오. *‒ㄴ지라.

늚지럭‒거리다[‒꺼‒][자] 물체가 물크러질 정도로 자꾸 힘없이 축 처지거나 물러지다. ㉝난지락거리다. **늚지럭‒늚지럭** [‒렁‒][부][하][자]

늚지럭‒대다[‒때‒][자] 늚지럭거리다.

늚지렁‒이 끈끈하고 ㅡ질거리는 액체.

늚질‒거리다[자] 물러서 물크러질 듯한 느낌을 자꾸 주다. ㉝난질거리다. **늚질‒늚질** [‒른‒] [부][하][자]

늚질‒대다[자] 늚질거리다.

늚질‒맞다[‒맏‒][맏][형] 말이나 행동이 매우 능청스럽고 능글맞다. ❏늚질맞게 웃다.

는‒커녕[조] '커녕'의 힘줌말로 받침 없는 말에 붙는 보조사. ❏노래~ 춤도 못 춘다 / 사례~ 욕만 먹었다. *은커녕.

늘[부] 언제나. 항상. ❏~ 부르는 노래.

늘그막[명] 늙어 가는 무렵. 늙은 나이. ❏~에 아들을 보다. ㉝늘막. *늙바탕.

늘다[늘어, 느니, 느는][자] 1 본디보다 더 크게, 더 많게, 더 길게 되다. ❏몸무게가 ~ / 수명이 ~ / 수가 ~ / 재산이 ~. 2 재주나 능력 따위가 더하여지다. ❏실력이 ~ / 솜씨가 ~.

늘고 줄고 하다[구] 융통성이 있다.

늘름[부] 혀끝이나 손을 재빠르게 놀리는 모양. ❏혀를 ~ 내밀다 / 삶은 달걀을 ~ 집어 먹다. ㉝날름·널름.

늘름‒거리다[자][타] 1 일이나 손을 재빠르게 놀려 자꾸 먹거나 가지다. ❏혀를 ~. 2 남의 것을 탐내어 자꾸 고개를 내밀고 노리다. ㉝날름거리다·널름거리다. **늘름‒늘름** [부][하][자][타]. ❏혀를 ~ 내밀다 / 주는 대로 ~ 받다.

늘름‒대다[자][타] 늘름거리다.

늘리다[타]《'늘다'의 사동》늘게 하다. ❏재산을 ~ / 씀씀이를 ~ / 투자를 ~ / 학생 수를 ~. *늘이다.

늘보[명] 동작이 뜨고 느린 사람의 별명. 느리광이. 느림보.

늘보‒원숭이[명]《동》로리스(loris).

늘비‒하다[형][여] 죽 늘어놓여 있거나 늘어서 있다. ❏세간이 늘비하게 널려 있다 / 빌딩이 늘비하게 서 있다.

늘‒삿갓[‒삳갇][명] 부들로 만든 삿갓.

늘‒상[‒(常)][부] ⇨늘.

늘썽‒늘썽[부][하][자] 짜임새나 엮음새가 여럿이 성기고 거친 모양.

늘썽‒하다[형][여] 짜이거나 엮인 것의 사이가 뜨다. ㉝날쌍하다.

늘씬[부] 몸을 가누지 못할 정도로 심하게. ❏~ 얻어맞다 / ~ 두들겨 패다.

늘씬‒늘씬[부][하][형] 여럿이 모두 늘씬한 모양. ㉝날찐날찐.

늘씬-하다 〖형여〗 1 몸이 가늘고 키가 커서 맵시가 있다. ▭몸매가 ~ / 다리가 ~. 〈참〉날씬하다. 2 ('늘씬하게'의 꼴로 쓰여) 몸을 가누지 못할 정도로 축 늘어져 있다. ▭늘씬하게 얻어맞다. **늘씬-히** 〖부〗

늘어-나다 〖자〗 길이·부피·수량 따위가 커지거나 길어지거나 많아지다. ▭인구가 ~ / 살림이 ~. ↔줄어들다.

늘어-놓다 [느러노타] 〖타〗 1 줄을 지어 벌여 놓다. ▭한 줄로 ~. 2 여기저기 어수선하게 두다. ▭장난감을 ~. 3 사업을 여러 곳에서 경영하다. ▭업체를 ~. 4 사람을 여기저기 보내어 연락을 짓다. ▭감시병을 곳곳에 ~. 5 말이나 일을 수다스럽게 벌여 놓다. ▭잔소리를 ~ / 넋두리를 ~.

늘어-뗑이 〖명〗 골패로 하는 노름의 일종.

늘어-뜨리다 〖타〗 사물의 한쪽 끝을 아래로 처지게 하다. ▭밧줄을 ~.

늘어-서다 〖자〗 길게 줄지어 서다. ▭매표구 앞에 ~.

늘어-세우다 〖자〗 ('늘어서다'의 사동) 늘어서게 하다. ▭학생들을 ~.

늘어-앉다 [느러안따] 〖자〗 줄을 지어 앉다.

늘어-지다 〖자〗 1 켕기는 힘으로 물체가 길어지다. ▭고무줄이 ~. 2 사물의 끝이 아래로 처지다. ▭늘어진 버들가지. 3 한정된 시간이 더 길게 되다. ▭공연 시간이 ~. 4 기운이 풀려 몸을 가누지 못하다. ▭밤샘을 했더니 몸이 늘어진다. 〈참〉나라지다. 5 근심이나 걱정이 없이 편하게 되다. ▭팔자가 ~.
늘어지게 자다 〖관〗 피로가 풀리도록 실컷 자다. ▭한잠 늘어지게 자고 일어나다.

늘어진-장대 (長-) [느러-때] 〖명〗 〖식〗 십자화과의 두해살이풀. 산·들에 나는데 높이는 1m 이상, 잎은 타원형으로 여름에 흰 꽃이 핌.

늘어-트리다 〖타〗 늘어뜨리다.

늘-움치래기 〖명〗 늘었다 줄었다 하는 물건.

늘이다 〖타〗 1 본디보다 길게 하다. ▭고무줄을 ~. 2 아래로 길게 처지다. ▭발을 아래로 ~. 3 넓게 벌여 놓다. ▭경계망을 ~. * 느리다.

늘임-새 〖명〗 말을 길게 늘이는 태도.

늘임-표 (-標) 〖명〗 〖악〗 음표나 쉼표 위에 붙여서 본디 음보다 두세 배 길게 연주하라는 음악 기호. 부호는 '⌒'. 연음 기호. 연장 기호.

늘-자리 [-짜-] 〖명〗 부들로 짠 돗자리.

늘쩍지근-하다 [-찌-] 〖형여〗 매우 느른하다. ▭늘쩍지근한 비 오는 날의 오후. 〈참〉날짝지근하다.

늘쩡-거리다 〖자〗 쉬엄쉬엄 느리게 행동하다. 〈참〉날짱거리다. **늘쩡-늘쩡** 〖부하자〗

늘쩡-늘쩡² 〖부하자〗 성질이나 됨됨이가 느리고 야무지지 못한 모양.

늘쩡-대다 〖자〗 늘쩡거리다.

늘-채다 〖자〗 예정한 수보다 많이 늘다.

늘컹-거리다 〖자〗 너무 물러서 자꾸 늘어지게 되다. ▭고구마가 ~. 〈참〉날캉거리다. **늘컹-늘컹** 〖부하자형〗

늘컹-대다 〖자〗 늘컹거리다.

늘컹-하다 〖자형여〗 너무 물러서 늘어지게 되다. 또는 그렇게 늘어질 듯하다. 〈참〉날캉하다.

늘큰-거리다 〖자〗 너무 물러서 자꾸 늘어지게 되다. 〈참〉날큰거리다. **늘큰-늘큰** 〖부하자형〗

늘큰-대다 〖자〗 늘큰거리다.

늘큰-하다 〖자형여〗 너무 물러서 늘어지게 되다. 또는 그렇게 늘어질 듯하다. 〈참〉날큰하다.

늘큰-히 〖부〗

늘키다 〖타〗 시원하게 울지 못하고 꿀꺽꿀꺽 참으면서 느끼어 울다.

늘푸른-나무 〖명〗 〖식〗 상록수(常綠樹). ↔갈잎나무.

늘-품 (-品) 〖명〗 앞으로 좋게 발전할 품질이나 가능성. ▭~ 있는 사업.

늙다 [늑따] 〖자〗 1 나이가 많아지다. ▭늙어 갈수록 잔소리가 많아진다. 2 한창때를 지나쇠퇴하다. ▭이젠 늙어서 체력이 예전 같지 않다. ↔젊다. 3 식물 따위가 지나치게 익은 상태가 되다. ▭늙은 호박.
[**늙은 말 콩 마다할까**] 오히려 더 좋아한다. [**늙은 말 콩 더 달란다**] 늙어 갈수록 욕심이 더 많아진다는 말. [**늙은 영감 멀미 잡기**] 몹시 버릇없고 심술궂은 행실의 비유.

늙-다리 [늑따-] 〖명〗 1 늙은 짐승. 2 '늙은이'를 낮잡아 이르는 말.

늙-마 [능-] 〖명〗 '늘그막'의 준말. ▭~를 보내다 / 자식 덕분으로 ~에 호강하다.

늙-바탕 [늑빠-] 〖명〗 늙어 버린 판. 노경. 만경(晚境). 모경(暮境). 쇠경(衰境).

늙수그레-하다 [늑쑤-] 〖형여〗 꽤 늙어 보이다. ▭늙수그레한 중년 남자.

늙숙-이 [늑쑤기] 〖부〗 늙숙하게.

늙숙-하다 [늑쑤카-] 〖형여〗 조금 늙고 점잖은 태도가 있다. ▭늙숙한 신사.

늙으신-네 [늘그-] 〖명〗 '늙은이'의 존칭.

늙은-이 [늘그니] 〖명〗 늙은 사람. 노인. 노인네. ↔젊은이.
늙은이 뱃가죽 같다 〖관〗 물건이 쭈글쭈글한 것의 비유.

늙을-로 (-老) [늘글-] 〖명〗 한자 부수의 하나 (考·者 등에서 '耂·老'의 이름).

늙정이 [늑쩡-] 〖명〗 〈속〉 늙은이.

늙직-하다 [늑찌카-] 〖형여〗 상당히 늙어 보이다.

늙-히다 [늘키-] 〖타〗 늙게 하다. ▭청춘을 고이 ~ / 딸을 처녀로 늙힐 셈이오.

늠다 [늠거, 늠그니] 〖타〗 곡식의 껍질을 벗기다.

늠:렬-하다 (凜烈-·凜冽-) [-녈-] 〖형여〗 추위가 살을 엘 듯이 심하다. 늠연(凜然)하다. **늠:렬-히** [-녈-] 〖부〗

늠:름-스럽다 (凜凜-) [-늠-따] [-스러워, -스러우니] 〖형비〗 늠름한 데가 있다. **늠:름-스레** [-늠-] 〖부〗

늠:름-하다 (凜凜-) [-늠-] 〖형여〗 생김새나 태도가 의젓하고 당당하다. ▭늠름한 모습. **늠:름-히** [-늠-] 〖부〗

늠:름-하다 (懍懍-) [-늠-] 〖형여〗 위태로워서 두렵다. **늠:름-히** [-늠-] 〖부〗

늠실-거리다 〖자타〗 1 물결 따위가 자꾸 부드럽게 움직이다. 2 엉큼하게 속에 딴마음이 있어서 슬몃슬몃 자꾸 넘겨 살피다. **늠실-늠실** [-름-] 〖부하자타〗

늠실-대다 〖자타〗 늠실거리다.

늠:연-하다 (凜然-) 〖형여〗 1 위엄 있고 기개가 있다. 2 늠렬하다. **늠:연-히** 〖부〗

늡늡-하다 [늠느파-] 〖형여〗 성격이 너그럽고 활달하다. **늡늡-히** [늠느피] 〖부〗

능 〖명〗 넉넉하게 잡은 여유. ▭~을 두어 밥을 짓다.

능 (能) 〖명〗 1 재능. ▭놀고먹는 게 ~이 아니다. 2 능력.

능 (陵) 〖명〗 임금·왕후의 무덤. 능묘(陵墓). 능상(陵上). 능침(陵寢). 선침(仙寢). ▭~을 쓰다.

능 (稜) 〖명〗 〖수〗 '모서리'의 구용어.

능 (綾) 〖명〗 얇은 비단의 한 가지.

능가(凌駕)圈하타 능력이나 수준 따위가 비교 대상보다 훨씬 뛰어남. ◘기술력에서 국제 수준을 ~한다.

능가경(楞伽經)圈『불』부처가 능가산(楞伽山)에서 대혜(大慧)보살을 위해 말한 가르침을 모은 대승(大乘) 경전의 하나.

능각(菱角)圈 1 뾰족한 모서리. 2『수』'모서리각'의 구용어.

능간-하다(能幹-)혱여 일을 감당할 만한 능력이나 재간이 있다.

능갈얄밉도록 몹시 능청을 떪. ◘~ 솜씨가 여간이 아니다.

능갈-맞다[-맏따]혱 얄밉게 몹시 능청스럽다. ◘능갈맞은 태도.

능갈-지다혱 능갈맞다.

능갈-치다㉠쟈 교묘하게 잘 둘러대다. ㉡혱 교묘하게 잘 둘러대는 재주가 있다. ◘능갈치게 군다.

능견-난사(能見難思)圈 눈으로 볼 수 있지만 이치를 알기 어려운 일.

능경(稜鏡)圈『물』'프리즘'의 한자말.

능고토-석(菱苦土石)圈『광』마그네사이트.

능곡지변(陵谷之變)[-찌-]圈 언덕과 골짜기가 뒤바뀐다는 뜻으로, 세상일의 극심한 변천을 가리키는 말.

능관(陵官)圈『역』능을 지키던 관원의 총칭.

능-구렁이圈 1『동』뱀과의 동물. 인가 근처·논두렁 등에 흔히 나타나는데, 길이 120cm 정도, 등은 적갈색, 배는 황갈색임. 목에서 꼬리 끝까지 검은 가로띠가 있음. 동작이 느리고 독이 없음. 2 음흉하고 능청스러운 사람의 비유. ◘이 방면에서 뼈가 굵은 ~.
[능구렁이가 되었다] 경우를 다 깨달았으면서도 겉으로는 모르는 체할 만큼 세상일에 익숙해졌다.

능그다[능거, 능그니]타 곡식 낟알의 껍질을 벗기려고 물을 붓고 애벌 찧다.

능글-거리다쟈 음흉하고 능청스럽게 굴다.
능글-능글[-글-]튀하다 ◘~ 웃다.

능글-대다쟈 능글거리다.

능글-맞다[-맏따]혱 능글능글한 태도가 있다. ◘능글맞게 굴다.

능글-스럽다[-따](-스러워, -스러우니)혱바 능글맞은 데가 있다. **능글-스레**튀

능금圈 능금나무의 열매.

능금-나무圈『식』장미과의 낙엽 활엽 교목. 인가 부근에 심으며 한국 특산임. 봄에 흰 꽃이 피고, 여름에 열매가 익는데 사과보다 작고 맛이 떫음.

능금-산(-酸)圈『화』말산.

능-꾼(能-)圈 '능수꾼'의 준말.

능-놀다[능놀아, 능노니, 능노는]타 1 쉬어 가며 천천히 일을 하다. 2 일을 미루어 나가다.

능단(綾緞)圈 능라(綾羅).

능답(陵畓)圈 능에 딸려 있는 논.

능답(陵踏)圈하타 능멸(凌蔑).

능당(能當)圈혱 능히 감당함.

능동(能動)圈 1 제 마음에 내켜서 함. ↔수동(受動). 2『심』의식 상태가 내적 성질에 바탕을 두고 다른 실재로 발전하려는 작용. 3『언』다른 곳에 동작을 미치게 하는 동사의 성질. ↔피동(被動).

능동-문(能動文)圈『언』문장의 서술어가 능동사로 된 문장. '순경이 도둑을 잡았다·책상 위에 연필을 놓았다' 따위. ↔피동문.

능동-사(能動詞)圈『언』주어가 제힘으로 하는 동작을 나타내는 동사. ↔피동사(被動詞).

능동-성(能動性)[-썽]圈 능동적으로 작용하

는 성질. ◘~을 발휘하다. ↔수동성.

능동-적(能動的)圈관 남의 작용을 받지 않고 스스로 작용하는 (것). ◘~인 사고방식 / ~으로 대처하다. ↔수동적(受動的).

능동-태(能動態)圈『언』문장의 주어가 어떤 동작이나 작용을 스스로 하였을 때의 서술어가 취하는 형식. ↔수동태.

능동-형(能動形)圈『언』능동태를 나타내는 동사의 형태. '박다·박이다·박히다' 가운데에서 '박다'의 형태를 말함.

능-두다타 넉넉하게 여유를 두다. ◘능두어 마련하다.

능라(綾羅)[-나]圈 두꺼운 비단과 얇은 비단. 능단. ◘~ 주단(綢緞).

능라-금수(綾羅錦繡)[-나-]圈 명주실로 짠 피륙의 총칭.

능라-장(綾羅匠)[-나-]圈『역』비단을 짜던 직공.

능라-주의(綾羅紬衣)[-나- / -나-이]圈 비단 옷과 명주옷.

능란-하다(能爛-)[-난-]혱여 익숙하고 솜씨가 있다. ◘능란한 솜씨 / 말재주가 ~ / 처세에 ~. **능란-히**[-난-]튀 ◘업무를 ~ 처리하다.

능력(能力)[-녁]圈 1 일을 감당해 내는 힘. ◘~ 있는 사람 / ~을 기르다 / ~을 시험하다 / ~을 인정받다 / ~에 부치다 / 내 ~으로는 힘겨운 일이다. 2『법』법률 행위를 행사할 수 있는 자격《권리 능력·행위 능력·책임 능력·범죄 능력 따위》. 3『심』지성·감성·기억 따위의 정신 현상의 여러 형태나 기능에 대한 가능성.

능력-급(能力給)[-녁끕]圈 근로자의 능력에 따라 지급하는 급여(給與). 연령·기능·학력·경험 등을 기준으로 함. ◘임금을 ~으로 지급하다.

능력 상실자(能力喪失者)[-녁쌍-짜]圈『법』행위 능력자가 금치산이나 한정 치산의 선고를 받아 행위 능력을 잃은 사람.

능력-자(能力者)[-녁짜]圈 1 어떤 일을 능히 감당해 낼 수 있는 사람. 2『법』법률상의 능력을 가진 사람《금치산자·한정 치산자·미성년자는 제외됨》.

능률(能率)[-뉼]圈 1 일정한 시간에 해낼 수 있는 일의 비율. ◘~을 올리다 / ~이 낮다 / ~이 떨어지다. 2『물』모멘트(moment)2.

능률-급(能率給)[-뉼-]圈『경』노동의 능률에 따라서 지급되는 임금(賃金) 형태.

능률-적(能率的)[-뉼쩍]圈관 능률을 많이 낼 거나 능률이 많이 나는 (것). ◘~인 경영.

능리(能吏)[-니]圈 유능한 관리.

능멸(凌蔑·陵蔑)圈하타 업신여겨 깔봄. 능답(陵踏). 능모. ◘~을 당하다 / 감히 나를 ~하다니.

능모(凌侮·陵侮)圈하타 능멸. ◘남을 함부로 ~하지 마라.

능묘(陵墓)圈 1 능과 묘. 2 능(陵).

능문(能文)圈하형 글 짓는 솜씨가 뛰어남. 또는 그 글.

능문-능필(能文能筆)圈 글과 글씨에 모두 능함. 또는 그런 사람.

능변(能辯)圈하형 1 말솜씨가 능란함. 또는 그런 말. 능언(能言). ◘유창한 ~. 2 '능변가'의 준말.

능변-가(能辯家)圈 말솜씨가 능란한 사람. ◘모두들 그를 ~라 말한다. ㉜능변.

능사 (能士) 몡 재능이 있는 사람.

능사 (能事) 몡 **1** 자기에게 알맞아 잘해 낼 수 있는 일. ▣거짓말을 ~로 삼다. **2** (주로 '아니다'와 함께 쓰여) 잘하는 일. ▣어려운 일을 피하는 것만이 ~가 아니다.

능사 (綾紗) 몡 명주실로 짠 얇고 상긋한 비단.

능상 (菱狀) 몡 마름모의 모양.

능상 (能上) 뙹 ~에 향을 피우다.

능서 (能書) 몡하자 글씨를 능하게 씀. 또는 그 글씨. 능필.

능선 (稜線) 몡 산등성이를 따라 죽 이어진 선. ▣~을 타다 / ~을 따라 오르다.

능성어 몡 〖어〗 농엇과의 바닷물고기. 몸길이 40cm가량이고, 빛은 자색을 띤 담회갈색, 옆구리에 일곱 줄의 폭넓은 흑갈색 가로띠가 있음.

능소 (能所) 몡 능이 있는 곳.

능소능대 (能小能大) 몡하혱 모든 일에 두루 능함. ▣~한 사람.

능소니 몡 곰 새끼.

능소-화 (凌霄花) 몡 〖식〗 능소화과의 낙엽 활엽 덩굴나무. 절 부근에 관상용으로 심음. 여름에 넓은 깔때기 모양의 황적색 꽃이 피고 과실은 길고 혁질(革質)임. 능소화나무.

능소화-나무 (凌霄花-) 몡 〖식〗 능소화.

능속 (陵屬) 몡 지난날, 능에 딸린 하인들.

능수 (能手) 몡 일에 능란한 솜씨. 또는 그런 사람. ▣춤의 ~.

능수-꾼 (能手-) 몡 일솜씨가 능란한 사람. 춘능꾼.

능수능란-하다 (能手能爛-)[-난-] 혱어 일 차 위에 익숙하고 솜씨가 좋다. ▣능수능란하게 기계를 다루다.

능수-버들 몡 〖식〗 버드나뭇과의 낙엽 교목. 개울가나 들에 나며, 한국 특산인데 중국·만 주에도 분포함. 잎은 피침형이며 가지의 줄기가 길게 늘어짐. 수사류. 정류.

능숙-하다 (能熟-)[-수카-] 혱어 능하고 익숙하다. ▣능숙한 수완 / 영어에 ~. **능숙-히**[-수키] 뙨

능신 (能臣) 몡 정사(政事)에 능숙한 신하.

능실 (菱實) 몡 마름의 열매.

능실-다식 (菱實茶食) 몡 마름 열매의 가루로 만든 다식.

능-아연석 (菱亞鉛石) 몡 〖광〗 아연 원광(原鑛) 의 하나. 성분은 탄산아연으로, 질은 다소 경질(硬質)임. 빛은 희거나 회색이며 유리 광택 이 남.

능언 (能言) 몡하혱 능변(能辯).

능엄-경 (楞嚴經) 몡 〖불〗 불경의 하나. 선종 (禪宗)의 주요 경전으로, 인연(因緣)과 만유 (萬有)를 설명하였음.

능에 몡 〖조〗 느시.

능역 (陵役) 몡 능에 관한 역사(役事).

능욕 (凌辱·陵辱) 몡하타 **1** 남을 업신여겨 욕보임. 약소 민족을 ~하다. **2** 여자를 강간하여 욕보임. ▣~을 당하다.

능운 (凌雲·陵雲) 몡 **1** 구름을 헤치고 나간다는 뜻으로, 용기가 성함을 이르는 말. **2** 속세를 떠나 초탈(超脫)함.

능원 (陵園) 몡 왕·왕비의 무덤인 능과 왕세자 등의 무덤인 원. 곧, 왕족들의 무덤.

능원-묘소 (陵園墓所) 몡 능이나 원, 묘 등이 있는 곳이.

능위 (稜威) 몡 존엄한 위세. 위광(威光).

능-위전 (陵位田) 몡 능(陵)에 딸린 논밭.

능음 (凌陰) 몡 얼음을 쌓아 두는 곳. 빙실(氷室). 능실(凌室).

능이 (能栮) 몡 〖식〗 굴뚝버섯과의 버섯. 박달나무 따위에 나는데 갓은 크고 넓죽함. 겉은 시커멓고 안은 분홍빛이 나며, 잘게 갈라졌음. 식용함. 능이버섯.

능이-버섯 (能栮-)[-섣] 몡 〖식〗 능이(能栮).

능인 (能仁·能忍) 몡 〖불〗 능하고 어질다는 뜻으로, 석가의 별칭.

능장 (稜杖) 몡 〖역〗 **1** 대궐 문의 출입을 금하기 위해 어긋맞게 세운 둥근 나무. **2** 밤에 순찰을 돌 때 쓰던 기구(길이 150cm쯤 되는 장대 끝에 쇳조각 등을 달아 소리가 나게 함).

능재 (能才) 몡 뛰어난 재능. 또는 그런 재능을 가진 사람.

능쟁이 몡 〖동〗 게의 한 가지. 서리가 온 뒤에 나타남.

능전 (能戰) 몡하자 싸움을 잘함.

능준-하다 혱어 표준에 차고 남아 넉넉하다. ▣저 두 놈은 내가 능준하게 당해 낼 수 있다. **능준-히**[-]

능지 (凌遲·凌遲) 몡하타 '능지처참'의 준말.

능-지기 (陵-) 몡 능을 지키는 사람. ＊능참봉.

능지-처참 (凌遲處斬) 몡하타 〖역〗 머리·몸통·팔·다리를 토막 쳐 죽이던 극형(대역죄를 범한 자에게 내리던 형벌). 춘능지(凌遲).

능직 (綾織) 몡 날실·씨줄이 서로 몇 올씩 건너 뛰어 무늬가 비스듬한 방향으로 나타나게 옷감을 짜는 방식. ▣~ 비단.

능-참봉 (陵參奉) 몡 〖역〗 조선 때, 능을 관리하던 종 구품의 벼슬.
[능참봉을 하니까 거둥이 한 달에 스물아홉 번이라] 모처럼 직업을 잡으나까 별로 생기는 것은 없이 바쁘기만 하다.

능철 (菱鐵·菱鐵) 몡 마름쇠. ▣바닥에 ~을 깔다.

능철-석 (菱鐵石)[-썩] 몡 〖광〗 성분은 탄산철로 삼방 정계에 속하며, 흑갈색이나 공기 속에 오래 두면 까맣게 되는 철의 원광.

능청 몡 마음속은 엉큼하면서 겉으로는 천연스럽게 행동하는 태도. ▣~을 부리다 / 저런 ~ 좀 보게.

능청(을) 떨다 뙨 능청맞게 속이거나 아무 일 없다는 듯이 딴청을 부리다. ▣음흉하게 ~ / 능청을 떨며 못 이긴 척하다.

능청(을) 피우다 뙨 행동에 능청스러움을 나타내다. ▣괜히 능청 피우지 말고 솔직히 털어놓게.

능청-거리다 짜 가늘고 긴 막대기나 줄 따위가 탄력 있게 자꾸 흔들리다. 춴낭창거리다. **능청-능청** 뙨하자

능청-꾸러기 몡 능청을 잘 부리는 사람.

능청-대다 짜 능청거리다.

능청-맞다[-맏따] 혱 얄밉게 능청스럽다. ▣능청맞게 굴다.

능청-스럽다[-따][-스러워, -스러우니] 혱 속으로는 엉큼한 마음을 숨기고 겉으로는 천연스럽게 행동하는 데가 있다. ▣능청스럽게 잡아떼다. **능청-스레** 뙨. ▣~ 둘러대다 / ~ 굴다.

능청-이 몡 능청맞은 사람. ▣고약한 ~.

능침 (陵寢) 몡 능(陵).

능침-전 (陵寢田) 몡 〖역〗 고려 때, 각 능이나 종묘의 보호·관리를 위하여 나라에서 주던 논밭.

능통-하다 (能通-)[형여] 사물의 이치에 환히 통달하다. ▣일 처리가 능통한 사람 / 6개 국어에 ~.

능필 (能筆)[명] 잘 쓴 글씨. 또는 글씨를 잘 쓰는 사람.

능-하다 (能-)[형여] 서투르지 않고 익숙하다. ▣화술이 ~ / 처세에 ~. **능-히**[부]. ▣일을 ~ 해내다.

능학 (凌虐·陵虐)[명][하타] 침범하여 학대함.

능-해자 (陵垓字)[명] 능이 있는 곳의 경계 안.

능행 (陵幸)[명][하자] 임금이 능에 거동함. ▣~을 납시다.

능형 (菱形)[명][수] '마름모'의 구용어.

능화 (能化)[불] 중생을 교화할 수 있는 사람. 곧, 부처나 보살.

능화 (菱花)[식] 마름의 꽃.

능화-문 (菱花紋)[명] 마름모 모양으로 된 기하학적 무늬.

능화-지 (菱花紙)[명] 마름꽃 무늬가 있는 종이.

능화-판 (菱花板)[명] 책 겉장에 마름꽃의 모양을 박아 내는 목판.

능활 (能猾-)[형여] 능력이 있으면서 교활하다. **능활-히**[부]

늦[명]〈옛〉조짐. 늦.

늦-[늘][부] 때의 느슨함을 나타내는 말. ▣~장가 / ~더위 / ~되다 / ~심다.

늦-가을[늗까-][명] 가을이 다 갈 무렵. 계추(季秋). 만추(晚秋). ▣~의 경치.

늦-거름[늗꺼-][명] 1 제때보다 늦게 주는 거름. 2 오래된 후에 효력이 나타나는 비료(퇴비·인분 따위).

늦-겨울[늗껴-][명] 겨울이 다 갈 무렵. 계동(季冬). 만동(晚冬). 모동(暮冬).

늦-과일[늗꽈-][명] 보통 과일보다 늦게 여무는 과일(사과·배·감 따위).

늦-김치[늗낌-][명] 봄철까지 먹을 수 있도록 젓갈을 넣지 않고 담근 김치.

늦-깎이[늗까-][명] 1 나이가 많이 들어서 승려가 된 사람. 2 나이가 많이 들어서 어떤 일을 시작한 사람. ▣나이 사십의 ~ 대학생. 3 남보다 사리(事理)를 늦게 깨달은 사람. 4 과실이나 채소 따위가 늦게 익은 것.

늦다[늗따-][형] 1 일정한 때에 뒤져 있다. ▣예정보다 늦게 도착하다. ↔이르다. 2 어떤 시간이나 기간의 마지막 무렵에 속하여 있다. ▣늦은 가을 / 늦게 일어나다. 3 곡조나 동작 따위의 속도가 느리다. ▣박자가 ~ / 일처리가 ~. ▣자] 어떤 시간 안에 미치지 못하다. ▣기차 시간에 ~ / 늘 출근 시간에 10분 늦는다.

[늦게 배운 도둑이 날 새는 줄 모른다] 뒤늦게 시작한 일에 재미를 붙인 사람이 그 일에 더 몰두하게 된다.

늦-더위[늗떠-][명] 여름이 다 가도록 가시지 않는 더위. 노염. 잔서. ↔일더위.

늦-동이(-童-)[명] ☞늦둥이.

늦-동지(-冬至)[늗똥-][명] 음력 11월 20일이 지나서 드는 동지. ★오동지.

늦-되다[늗뙤-][자] 곡식·열매 따위가 제철보다 늦게 익다. ▣벼가 ~. 2 나이보다 늦게 철이 들다. ▣늦된 아이. ↔일되다. 3 어떤 일이 늦게 이루어지다.

늦-둥이[늗뚱-][명] 1 나이가 많이 들어서 낳은 자식. 2 박력이 없고 모랑모랑하지 못한 사람.

늦-마[늗-][명] '늦장마'의 준말.

늦-모[늗-][명][농] 철 늦게 내는 모. 마냥모. 만앙(晚秧).

늦-모내기[늗-][명][농] 하지가 지난 뒤 늦게

모를 내는 일. 만이앙.

늦-물[늗-][명] 제철보다 늦게 열린 과일이나 늦게 잡힌 고기.

늦-물²[늗-][명] 제철보다 늦게 지는 홍수.

늦-바람[늗빠-][명] 1 저녁 늦게 부는 바람. 2 '빠르지 아니한 바람'의 뱃사람 말. 3 나이 들어 늦게 나는 난봉이나 호기(豪氣). ▣~이 나다 / ~이 들다.

늦-밤[늗빰][명] 철 늦게 여무는 밤. ↔올밤.

늦-배[늗빼][명] 늦게 알을 까거나 낳은 새끼. ▣~를 낳다.

늦-벼[늗뼈][명][농] 늦게 익는 벼. 만도(晚稻). ↔올벼.

늦-복(-福)[늗뽁][명] 1 늘그막에 누리는 복. ▣~이 터지다. 2 뒤늦게 돌아오는 복.

늦-봄[늗뽐][명] 봄이 다 갈 무렵. 계춘(季春). 만춘(晚春).

늦-부지런[늗뿌-][명] 1 늙어서 부리는 부지런. 2 뒤늦게 서두르는 부지런. ▣~을 떨다 / ~이 나서 힘든 줄도 모른다.

늦-뿌리다[늗-][타] 씨앗을 제철보다 늦게 뿌리다. 만파(晚播)하다.

늦-사리[늗-][명][하타] 철 늦게 농작물을 거두는 일. 또는 그 농작물.

늦-새끼[늗째-][명] 1 나이가 많이 들어서 낳은 짐승의 새끼. 2 여러 배 치는 짐승의 늦배의 새끼.

늦-서리[늗써-][명] 제철보다 늦게 내리는 서리. 만상(晚霜).

늦-심기[늗씸기][명] 곡식이나 식물을 제철이 지나서 심는 일.

늦-심다[늗씸따][타] 곡식이나 식물을 제철보다 늦게 심다.

늦-여름[늗녀-][명] 여름이 다 갈 무렵. 계하(季夏). 만하. 모하. ▣~에 웬 무더위냐.

늦은-불[늗-] 1 빗나가거나 잘못 맞은 총알. 2 심하지 않은 곤욕의 비유. ▣아직 ~이라 정신이 일 났다.

늦은-삼절(-三節)[늗-][명] 화살의 상사 위 살대의 셋째 마디.

늦-익다[늗닉따][자] 곡식 따위가 늦게 여물다.

늦-자라다[늗짜-][자] 보통 아이보다 늦게 자라다.

늦-자식(-子息)[늗짜-][명] 나이가 들어 늦게 낳은 자식. ▣~을 보다.

늦-작물(-作物)[늗짱-][명] 1 늦게 가꾸는 작물. 2 다른 종류보다 늦게 여무는 작물.

늦-잠[늗짬][명] 아침 늦게까지 자는 잠. ▣~이 들다 / ~을 자다.

늦잠-꾸러기[늗짬-][명] 늘 아침에 늦게까지 자는 사람. 늦잠쟁이.

늦잠-쟁이[늗짬-][명] 늦잠꾸러기.

늦-잡다[늗짭따][타] 1 시간이나 날짜를 늦추어 헤아리다. ▣늦잡아도 모레까지는 일을 끝내야 한다. 2 시간이나 날짜를 늦추어 정하다. ▣여행 날짜를 ~.

늦-잡죄다[늗짭-][타] 느지막이 다잡거나 독촉하다.

늦-장[늗짱][명] 늑장. ▣~을 부리다.

늦-장(-場)[늗짱][명] 느직하게 보러 가는 장. 또는 거의 다 파할 무렵의 장. ▣~을 보러 가다.

늦-장가[늗짱-][명] 보통 사람보다 늦게 드는 장가. ▣~를 들다 / 나이 40이 넘어서 ~를 가다.

늦-장마[늗짱-][명] 제철이 지난 뒤에 지는 장

마. ▯~가 들다. ㉠늦마.

늦-체 (-滯) [는-] 〔명〕〔하자〕 그리 급하지 않게 체함. *급체(急滯).

늦추 [는-] 〔부〕 **1** 때가 늦게. ▯김장을 ~ 담다. **2** 줄이나 끈 따위를 켕기지 않고 느슨하게. ▯넥타이를 ~ 매다.

늦추다 [는-] 〔타〕 **1** 느슨하게 하다. ▯허리띠를 ~ / 경계심을 늦추지 않다. **2** 시간이나 기일을 뒤로 미루다. ▯개학 날짜를 ~ / 입대를 ~. **3** 느리게 하다. ▯속력을 ~ / 박자를 ~ / 걸음을 ~.

늦-추위 [는-] 〔명〕 겨울이 다 갈 무렵에 드는 추위. ▯~가 기승을 부리다.

늦추-잡다 [는-따] 〔타〕 **1** 시간이나 기한을 늦게 잡다. ▯기한을 ~. **2** 줄이나 끈 따위를 느슨하게 잡다.

늦-하늬 [느타니] 〔명〕 늦하늬바람.

늦하늬-바람 [느타니-] 〔명〕 '서남풍'의 뱃사람 말. 늦하늬.

늦 [는] 〔명〕 앞으로 어찌될 것 같은 징조. 먼저 보이는 빌미. ▯~이 사납다.

늪 [늡] 〔명〕 **1** 땅이 우묵하게 둘려빠지고 늘 물이 괸 곳(호수보다 작고 못보다 큼). 소(沼). **2** 열대 식물로 뒤덮인 ~ / ~에 빠지다 **3** 빠져나오기 힘든 상태나 상황. ▯절망의 ~에 빠지다 / 침체의 ~에서 헤어나다.

늪-지대 (-地帶) [늡찌-] 〔명〕 늪이 많은 지대.

늴리리 [닐-] 〔부〕 퉁소·나발·피리 따위 관악기의 소리를 흉내 낸 소리.

늴리리야 [닐-] 〔명〕〔악〕 경기 민요의 하나. 그 후렴 '늴리리야'에서 온 이름.

늴리리-쿵더쿵 [닐-] 〔명〕 퉁소·나발·피리 따위의 관악기나 장구·꽹과리·북 따위의 타악기가 뒤섞여 내는 소리.

늼큼 [닁-] 〔부〕 머뭇거리지 않고 단번에 빨리. ▯~ 시작하지 못하겠느냐. ㉠냉큼.

늼큼-늼큼 [닁-닁-] 〔부〕 머뭇거리지 않고 잇따라 빨리. ▯~ 받아먹다. ㉠냉큼냉큼.

니¹ 〔명〕〔옛〕 이. 치아.

니² 〔명〕〔옛〕 벼.

니³ 〔명〕〔충〕 이.

니⁴ 〔조〕 받침 없는 체언에 붙어, 여러 사물을 열거할 때 쓰는 접속 조사. ▯사과~ 복숭아~ 배~ 잔뜩 사다. *이니.

-니¹ 〔어미〕 '이다' 또는 받침 없는 용언의 어간에 붙는 연결 어미. **1** 앞으로 하려는 말에 대한 원인을 나타냄. ▯어려운 고비(이)~ 더욱 분발하라 / 봄이 되~ 꽃이 핀다. **2** 어떤 사실을 말할 때 씀. ▯역에 도착하~ 저녁 일곱 시였다 / 정신을 차려 보~ 병원이더군. *-으니¹.

-니² 〔어미〕 '-냐'·'-느냐'에 비해 더 친밀하고 부드럽게 의문을 나타내는 종결 어미. ▯무엇을 하~ / 어디 가~ / 오늘이 무슨 날이~. *-으니³.

-니³ 〔어미〕 '이다' 또는 받침 없는 형용사 어간에 붙어, 하게할 자리에 진리나 으레 있을 사실을 말할 때 쓰는 종결 어미. ▯걸핏하면 비방하는 것은 나쁘~ / 먹게나, 시장이 반찬이~. *-으니².

-니⁴ 〔어미〕 '이다' 또는 받침 없는 형용사 어간에 붙어, '이렇기도 하고 저렇기도 하다'는 뜻을 나타내는 연결 어미. ▯병신이~ 바보~ 욕만 한다 / 내 것이~ 네 것이~ 구별하지 마라 / 나쁘~ 비싸~ 트집을 잡는다. *-으니². -느니.

-니⁵ 〔어미〕〔옛〕 -냐.

니그로 (Negro) 〔명〕 **1** 주로 중부 아프리카를 원주지로 하는 흑인종. 살빛이 검고 입술이 두툼하며 코가 편평하고 고수머리이며 키가 큼. **2** 흑인.

니그로이드 (Negroid) 〔명〕 살빛이 검고 머리털이 꼬불꼬불한 인종(사하라 사막 이남의 아프리카, 인도 남부에 분포함). 흑색 인종.

니글-거리다 〔자〕 먹은 것이 내려가지 아니하여 속이 자꾸 메스껍고 게울 듯하다. ▯속이 ~. **니글-니글** [-리-] 〔부하자〕

니글-대다 〔자〕 니글거리다.

니기 〔부〕〔옛〕 익숙히. 익히.

니기다 〔타〕〔옛〕 **1** 이기다². **2** 익히다.

-니까 〔어미〕 '-니'의 힘줌말. ▯때리~ 울지 어려운 때~ 참자. *-으니까.

-니까는 〔어미〕 '-니까'에 '는'을 더한 힘줌말. ▯찾아가~ 나가고 없었다. ㉠-니깐. *-으니까는.

-니깐 〔어미〕 '-니까는'의 준말. ▯내가 오~ 그 애가 가더라 / 무서운 사람이~ 정신 차려라. *-으니깐.

니다 〔자〕〔옛〕 가다. 〔타〕〔옛〕 이다².

-니라 〔어미〕 '이다' 또는 받침 없는 형용사 어간에 붙어, 해라할 자리에 쓰여 진리나 보통의 사실을 가르쳐 줄 때 예스럽게 쓰는 종결 어미. ▯책은 마음의 양식이~ / 부모의 은혜는 크~ *-으니라.

니러나다 〔자〕〔옛〕 일어나다.

니르다 〔자〕〔옛〕 이르다(至). 〔타〕〔옛〕 **1** 이르다(謂). **2** 잘잘다.

니르리 〔부〕〔옛〕 이르도록. 이르게.

니르바나 (산 nirvāna) 〔명〕〔불〕 열반(涅槃).

니르받다 〔타〕〔옛〕 일으키다.

니를다 〔자〕〔옛〕 이르다¹. 다다르다.

니르다 〔타〕〔옛〕 일으키다.

니마 〔명〕〔옛〕 이마.

니믈리기 〔명〕〔옛〕 재혼한 여자.

니의초다 〔타〕〔옛〕 걸치다. 입다. 여미다.

니블 〔명〕〔옛〕 이불.

니뿔 〔명〕〔옛〕 입쌀.

니스 〔명〕 (varnish) 〔화〕 도료의 한 가지. 수지(樹脂) 등을 용제에 녹여 만든 투명 내지 반투명의 점액(광택이 나며 습기를 방지함). 바니시.

니쏘리 〔명〕 치음(齒音).

니쑤시다 〔자타〕 이따르다.

니오븀 (독 Niobium) 〔명〕〔화〕 니오브(Niob).

니오브 (독 Niob) 〔명〕〔화〕 바나듐족 원소의 하나. 회백색의 금속으로 녹는점이 높고 잘 늘어나고 펴지며, 산·에도 알칼리에도 작용하지 않음. 니오븀 [41 번 : Nb : 92.91]

니은 〔명〕〔언〕 한글 자모 'ㄴ'의 이름.

-니이다 〔어미〕〔옛〕 -습니다. -ㅂ니다.

-니잇가 〔어미〕〔옛〕 -습니까. -ㅂ니까.

-니잇고 〔어미〕〔옛〕 -습니다. -ㅂ니다.

-니이다 〔어미〕〔옛〕 -습니다. -ㅂ니다.

-니잇가 〔어미〕〔옛〕 -습니까. -ㅂ니까.

-니잇고 〔어미〕〔옛〕 -습니다. -ㅂ니까.

니치 산:업 (niche産業) 〔경〕 흔히 등한시하는 기술 또는 연쇄적인 효과를 촉발하는 인터넷 등의 관련 기술을 개발하여, 독창적인 아이디어로 기존 시장을 파고드는 산업.

니커보커스 (knickerbockers) 〔명〕 무릎 근처에서 졸라매어 된 느슨한 반바지(등산이나 골프 따위를 할 때에 입음).

니케 (Nikē) 〔명〕 그리스 신화에 나오는 승리의 여신. *나이키.

니켈 (nickel) 圀 〖화〗 금속 원소의 하나. 천연 광석으로 생산됨. 단단한 은백색 금속이며, 철 비슷하게 잘 늘어나고 펴지고 공기·습기에는 철보다 안정됨. [28 번 : Ni : 58.71]

니켈-강 (nickel鋼) 圀 〖화〗 특수강의 하나. 펄라이트(pearlite) 니켈강과 오스테나이트(austenite) 니켈강의 두 가지가 있으며, 전자는 차량·교량·포신 등에, 후자는 내연 기관·전기 저항선 등에 씀.

니켈 도금 (nickel鍍金) 〖공〗 녹이 슬지 아니하도록 금속 기구의 겉면에 니켈을 얇게 입히는 일.

니켈-동 (nickel銅) 圀 〖화〗 니켈 20 % 와 구리 80 % 의 비율로 섞은 합금(가공하기 쉽고, 화폐 제조용에 씀). *백통.

니켈크롬-강 (nickel-chrome鋼) 圀 〖화〗 니켈 1.0∼3.5 % 와 크롬 0.5∼1.0 % 를 함유하는 강. 강인하고 충돌에 대한 저항성이 강하여, 기계의 부품 등 주로 마멸하기 쉬운 부분에 씀.

니코틴 (nicotine) 圀 〖화〗 담배 중에 2∼8 % 포함되어 있는 무색 휘발성의 액체 알칼로이드(맹독이 있고, 신경·소뇌·연수·척수 등을 자극·마비시킴).

니코틴-산 (nicotine酸) 圀 〖화〗 니코틴의 산화물로, 비타민 B 복합체의 하나(신맛이 나며, 동·식물체에 들어 있음).

니코틴산 아미드 (nicotine酸amide) 〖약〗 니코틴산의 아미드 유도체. 무색·결정성의 분말로, 비타민 B 복합체의 하나.

니코틴-제 (nicotine劑) 圀 〖약〗 니코틴을 유효 성분으로 하는 살충제.

니코틴 중독 (nicotine中毒) 〖의〗 담배를 많이 피워서 일어나는 중독.

니콜 프리즘 (Nicol prism) 〖물〗 빛의 편광을 얻는 데 쓰는 프리즘의 하나. 방해석(方解石) 결정을 적당히 자르고 이에 발삼(balsam)을 접합시킨 것(1828 년 니콜이 발명함).

니크롬 (nichrome) 圀 〖공〗 니켈 60∼90 %, 크롬 10∼30 %, 철 0∼35 %, 망간 1∼2 % 를 함유하는 합금(내열성·내산성(耐酸性)이 강하여 전기의 저항기·전열기에 널리 이용됨).

니크롬-선 (nichrome線) 圀 〖전〗 니크롬으로 만든 도선(전기 저항선·전열선으로 씀).

니트 (knit) 圀 뜨개질하여 만든 옷이나 옷감. 🔲 ∼ 차림.

니트로-구아니딘 (nitroguanidine) 圀 〖화〗 구아니딘을 진한 황산으로 탈수하여 만든 폭발성 물질(연기와 불꽃 없이 폭발하여, 작약(炸藥)·무연 화약의 성분으로 씀).

니트로-글리세린 (nitroglycerin) 圀 〖화〗 글리세롤의 삼질산 에스테르. 발연 질산과 황산의 혼합액 속에 글리세롤을 안개같이 불어 넣어서 만듦(다이너마이트를 만들며, 군용 화약과 공업용 폭발물의 중요 원료임).

니트로-벤젠 (nitrobenzene) 圀 〖화〗 벤젠에 진한 질산의 혼합물을 작용시켜 만드는, 약간 누른빛을 띤 액체(물에 녹지 않고 방향(芳香)이 있으며 증기는 유독함. 용매로 또는 아닐린을 만드는 원료로 씀). 니트로벤졸.

니트로-셀룰로오스 (nitrocellulose) 圀 〖화〗 셀룰로오스의 질산에스테르. 셀룰로오스를 진한 황산 및 진한 질산의 혼합액에서 처리하여 만듦(면화약·필름·셀룰로이드 등의 제조 원료). 질산섬유소.

니트-웨어 (knit wear) 圀 뜨개질하여 만든 옷을 통틀어 이르는 말.

니퍼 (nipper) 圀 〖공〗 펜치의 한 가지. 주로 전선이나 철사를 절단하는 데 쓰는 공구.

니피다 囮 〈옛〉 입히다.

니힐리스트 (nihilist) 圀 허무주의자.

니힐리즘 (nihilism) 圀 허무주의.

닉네임 (nickname) 圀 별명. 이명. 애칭.

닉다 囡 〈옛〉 익다[1].

-닌댄 어미 〈옛〉 -ㄹ진대.

닐곱 囝 〈옛〉 일곱.

닐굽 囝 〈옛〉 일곱.

닐다 囡 〈옛〉 일다[2]. 일어나다.

닐온 囝 〈옛〉 이른바. 말하자면.

닐웨 圀 〈옛〉 이레.

닐위다 囮 〈옛〉 이루다.

닐흔 囝 〈옛〉 일흔. 칠십.

닑다 囮 〈옛〉 읽다.

님[1] 의명 이름 뒤에 쓰여 그 사람을 높여 이르는 말. 🔲 이몽룡 ∼.

님[2] 圀 바느질에 사용하는 토막 친 실을 세는 말. 🔲 한 ∼ / 다섯 ∼.

님[3] 圀 〈옛〉 1 임금. 2 임[1].

-님 의 직위나 신분 및 일부 명사 뒤에 붙어, 존경의 뜻을 나타내는 말. 🔲 선생∼ / 달∼.

님금 圀 〈옛〉 임금.

님비 (NIMBY) 圀 [not in my backyard] 공공의 이익에는 부합하지만 자신이 속한 지역에 이롭지 않은 일에는 반대하는 일.

님프 (nymph) 圀 〖문〗 그리스 신화에서, 언덕·동굴·하천·샘·수목 따위에 있는 여성의 정령들. 요정.

닙 圀 〈옛〉 잎[葉].

닙다 囮 〈옛〉 입다.

닛다 囮 〈옛〉 잇다[續].

닛므음 圀 〈옛〉 잇몸.

닛믜윰 圀 〈옛〉 잇몸.

닛집 圀 〈옛〉 잇몸.

닛금 圀 〈옛〉 능금. 사과.

닞다 囮 〈옛〉 잊다.

닢[1] 圀 〈옛〉 잎[葉].

닢[2] 圀 [의명] 쇠붙이로 만든 돈이나 가마니같이 납작한 물건을 세는 말. 🔲 엽전 두 ∼ / 가마니 다섯 ∼.

-느녀 어미 〈옛〉 -느냐.

-느뇨 어미 〈옛〉 -느뇨. -느냐.

-느니 어미 〈옛〉 -느니. -느냐. -는것은.

느니다 囡 〈옛〉 날아다니다.

-느니라 어미 〈옛〉 -느니라.

-느니이다 어미 〈옛〉 -나이다. -습니다. -ㅂ니까.

-느니이다 어미 〈옛〉 -나이다.

-느니잇가 어미 〈옛〉 -습니까. -나이까. -ㅂ니까.

-느니잇고 어미 〈옛〉 -습니까. -나이까. -ㅂ니까.

-느닛가 어미 〈옛〉 -나이까. -습니까.

-느다 어미 〈옛〉 -나이다. -습니다.

-느다 어미 〈옛〉 -ㄴ다. -는다.

느려가다 囝囮 〈옛〉 내려가다.

느려나다 囡 〈옛〉 번생하다.

느리다 囡 〈옛〉 내리다.

느룻 圀 〈옛〉 나루[津].

느릇 圀 〈옛〉 수레의 채.

느무새 圀 〈옛〉 남새.

느무자기 圀 〈옛〉 나물재.

느물 圀 〈옛〉 나물.

느뭇 圀 〈옛〉 주머니.

느못 圀 〈옛〉 주머니.

ㄴ솟다 困 〈옛〉 날아 솟다.
-ㄴ순다 어미 〈옛〉 -는가. -느냐.
-ㄴ순다 어미 〈옛〉 -는가. -느냐.
ㄴ외 閉 〈옛〉 다시.
ㄴ외야 閉 〈옛〉 다시. 다시는.
-ㄴ이다 어미 〈옛〉 -나이다. -습니다. -ㅂ니다.
ㄴ주기 閉 〈옛〉 나직이.
ㄴ족ᄒ다 혱 〈옛〉 나직하다.
논 조 〈옛〉 는.
-논 어미 〈옛〉 -는.
-논고야 어미 〈옛〉 -는고나.
-논다 어미 〈옛〉 -느냐. -는가.
논호다 目 〈옛〉 나누다.
놀[1] 명 〈옛〉 날 [刃].
놀[2] 명 〈옛〉 나루 [津].
놀[3] 명 〈옛〉 날 [經].
놀가래 명 〈옛〉 가래.
놀개 명 〈옛〉 날개.
놀고기 명 〈옛〉 날고기.

놀나다 혱 〈옛〉 1 날래다. 2 날카롭다.
놀다[1] 困 〈옛〉 날다 [飛].
놀다[2] 目 〈옛〉 날다[3].
놀디새 명 〈옛〉 날기와.
놀살 명 〈옛〉 나는 화살.
놀아이 閉 〈옛〉 천(賤)하게.
놀압다 혱 〈옛〉 천(賤)하다.
놀애 명 〈옛〉 날개.
놀외다 困 〈옛〉 날뛰다.
놀캅다 혱 〈옛〉 날카롭다.
늵다 혱 〈옛〉 낡다.
놃즁싱 명 〈옛〉 날짐승.
놈 명 〈옛〉 1 사람. 놈. 2 남.
놋 명 〈옛〉 낯.
놋가족 명 〈옛〉 낯가죽.
놋갑다 혱 〈옛〉 낯다.
놋곳ᄒ다 困 〈옛〉 성내다.
놋곳 명 〈옛〉 낯빛. 안색(顔色).
놏 명 〈옛〉 낯.
닉 명 〈옛〉 내[1]. 연기.
ㄴㄴ (쌍니은) 〈옛〉 'ㄴ'의 된소리. 혀끝을 윗잇
몸에 단단히 대는 ㄴ 소리.

ㄷ

ㄷ (디귿) 〖언〗 **1** 한글 자모의 셋째 글자. **2** 자음의 하나. 목젖으로 콧길을 막고 혀끝을 윗잇몸에 붙여 막았다 뗄 때 나는 무성 파열음. 받침의 경우에는 혀끝을 떼지 않고 발음함.

ㄷ 불규칙 용:언 (-不規則用言)[-칭뇽-] ㄷ 불규칙 활용을 하는 용언(묻다·걷다·긷다·듣다 따위).

ㄷ 불규칙 활용 (-不規則活用)[-치콰룡] 어간의 끝 'ㄷ'이 모음으로 시작되는 어미 앞에서 'ㄹ'로 변하는 형식('묻다'가 '물어·물으니·묻는'으로 되는 따위).

ㄷ자-집 (-字-)[디귿짜-]〖건〗'ㄷ'자 모양으로 만든 집. 종마루가 'ㄷ'자로 됨.

다¹〖악〗음계의 제 1음인 도(do)의 이름. ▷~단조 / ~장조.

다 (茶)〖궁〗 숭늉.

다:² 〖부 **1** 남거나 빠진 것 없이 모두. 모조리. 전부. ▷'ㄷ'으로 가져라 / 바른대로 ~ 말해라. **2** 어떤 것이든지. ▷양쪽 ~ 좋다. **3** 거의. ▷~ 죽게 되었다. **4** 가벼운 놀람, 새삼스러운 감탄, 은근한 비꼼을 나타내는 말. ▷그런 재미나는 놀이도 ~ 있어 / 별사람 ~ 보겠다. **5** 미래의 일을 부정하는 뜻을 나타내는 말. ▷비가 오니 야유회는 ~ 갔다. 〖판 **1** 있는 것 모두. ▷~들어 어디 갔느냐. **2** 생각할 수 있는 최상의 것. ▷부자면 ~냐, 사람을 이렇게 괄시하다니.

[다 닮은 대갈마치라] 세상 풍파를 겪을 대로 겪어 심지가 굳세고 도무지 어수룩한 데가 없는 사람의 비유. [다 된 죽에 코 풀기] ㉠거의 다 된 일을 망쳐 버림. ㉡남의 다 된 일을 방해함. [다 팔아도 내 땅] 결국에는 제 이익이 된다. [다 퍼먹은 김칫독] ㉠쓸모없이 굶주려서 눈이 움푹 들어간 사람. ㉡쓸모없게 된 물건을 비유하는 말.

다³〖조〗'다가'의 준말. ▷어디나 ~ 두었소.

다⁴〖조〗 서술격 조사 '이다'의, 받침 없는 체언 뒤에서의 생략형. ▷너는 용사~. ＊이다³.

다⁵〖조〗 모음으로 끝난 체언에 붙어, 둘 이상의 사물을 같은 자격으로 열거할 때 쓰는 접속 조사. ▷사과~ 배~ 잔뜩 사다. ＊이다⁴.

다- (多)〖두〗 명사 앞에 붙어, 많음의 뜻을 나타내는 말. ▷~목적 / ~방면 / ~용도.

-다 〖어미〗 **1** 용언의 기본형을 나타내는 종결 어미. ▷가~ / 살~. **2** 형용사의 어간에 붙어, 현재의 상태를 나타내는 종결 어미. ▷맑~ / 아름답~. **3** '-다고'의 준말. ▷돈이 없~ 낙심 마라. **4** '-다가'의 준말. ▷잡았~ 놓치다 / 길을 가~ 친구를 만났다.

-다가 〖어미〗 **1** 계속되던 상태나 동작이 그치고 다른 상태나 동작으로 옮겨 감을 나타내는 연결 어미. ▷흐렸~ 개다 / 잡았~ 놓았다 / 책을 읽~ 깜빡 잠이 들었다. **2** 이유나 원인을 나타냄. ▷그렇게 뽐내~ 큰코다친다. **3** 두 가지 이상의 사실이 번갈아 일어남을 나

타냄. ▷아기가 울~ 웃~ 한다. 窗~다.

다가-가다 〖자〗걷다〗 **1** 어떤 대상 쪽으로 가깝게 옮겨 가다. ▷좀 더 안쪽으로 다가가거나 / 부엌 쪽으로 다가갔다. **2** 어떤 사람과 친해지고자 함을 나타냄. ▷그에게 다가가려는데 틈이 보이질 않는다.

다-가구 (多家口)〖명〗 여러 가구.

다가구 주:택 (多家口住宅)〖건〗 4층 이하의 동당(棟當) 건축 연면적이 660 m²(2백 평)이하이며, 여러 가구가 독립적인 공간을 차지하는 단독 주택의 일종(각기 독립적인 공간을 차지하고 있더라도 소유권은 분할되지 않음). ＊다세대 주택.

다가-놓다 [-노타]〖타〗 어떤 대상이 있는 쪽으로 더 가까이 놓다. ▷책상을 창가 쪽으로 ~.

-다가는 〖어미〗 **1** 한 동작이나 상태의 끝남과 함께 다른 동작이나 상태로 옮겨질 때 쓰이는 연결 어미. ▷공부를 열심히 하~ 또 게으름을 피운다. **2** 어느 동작이나 상태가 계속되면 뒤에 좋지 못한 결과를 가져오게 된다는 뜻으로, 앞 동작을 경계하는 데 쓰이는 연결 어미. ▷이렇게 잠만 자~ 낙제한다 / 그냥 있~ 큰일 나겠다. 窗~다간.

다가-들다 [-들어, -드니, -드는]〖자〗 **1** 사람이나 사물이 있는 쪽으로 더 가까이 가다. ▷화가 나신 아버지에게 다가들어 용서를 빌다. **2** 맞서서 덤벼들다. ▷겁없이 그렇게 ~가는 혼난다.

다가 백신 (多價vaccine)[-까-]〖의〗 두 종류 이상의 병원체(病原體)에 대하여 면역 효과가 있는 백신.

다가-붙다 [-붇따]〖자〗 어떤 대상 쪽으로 더 가까이 붙다. ▷겁이 난 동생은 형의 곁으로 다가붙었다.

다가-서다 〖자〗 어떤 대상 쪽으로 더 가까이 옮겨 서다. ▷소년은 소녀 쪽으로 다가섰다.

다가-앉다 [-안따]〖자〗 어떤 대상 쪽으로 더 가까이 옮겨 앉다. ▷밥상 앞에 ~ / 사이좋게 좀 다가앉아라.

다가-오다 〖자〗너리〗 **1** 어떤 대상 쪽으로 더 가까이 옮겨 오다. ▷이리로 다가오너라. **2** 어떤 일이나 때가 가깝게 닥쳐오다. ▷시험 방학이 ~ / 연말이 다가오면서 일손이 바빠졌다.

다가-채기 〖명〗 씨름에서, 서로 버티고 있다가 갑자기 뒤로 물러서며 상대자를 잡아채어 넘어뜨리는 기술.

다가-함수 (多價函數)[-까-쑤]〖명〗〖수〗 한 독립 변수의 값에 대하여 종속 변수의 값이 둘 이상 정해지는 함수. ↔일가 함수.

다각 (多角)〖명〗 **1** 여러 각. 여러 모. **2** 여러 방면이나 부문. ▷문제점을 ~으로 검토하다.

다각 (茶角)〖명〗하타〗〖불〗 절에서 차를 달여 여러 사람에게 이바지함. 또는 그 일을 맡은 사람.

다각 경영 (多角經營)[-경-]〖경〗 한 경영 주체 밑에 여러 종류의 사업 부문을 동시에 경영하는 일.

다각 기둥 (多角-)[-끼-]〖수〗 밑면이 다각형인 기둥(삼각기둥·사각기둥 따위).

다각-농 (多角農)[-깡-]〖농〗 '다각 농업(多

角農業)'의 준말.
다각 농업 (多角農業)[-강-] 〘농〙 여러 종류의 농작물뿐만 아니라 특용 작물 재배, 축산 따위를 함께 경영하는 농업. 다각 영농. ↔단작(單作) 농업. [준]다각농.
다각-도 (多角度)[-또] [명] **1** 여러 각도. 여러 모. **2** 여러 방면.
다각도-로 (多角度-)[-또-] [부] 여러모로. 여러 방면으로. ❏정국 수습 방안을 ~ 모색하다.
다각 묘:사 (多角描寫)[-강-] 〘문〙 어떤 하나의 대상을 여러 각도로 그려 내는 표현 방법.
다각 무:역 (多角貿易)[-강-] 〘경〙 여러 나라 사이에 행하여지는 무역. 무역과 그 결제를 3개국 이상의 여러 나라와 종합적인 관점에서 전체로서의 균형을 확보할 목적으로 행하는 무역 방식. *삼각 무역·쌍무 무역.
다각-뿔 (多角-) [명] 〘수〙 밑면이 다각형인 뿔체. 각뿔.
다각 영농 (多角營農)[-강녕-] 다각 농업.
다각-적 (多角的)[-쩍] [관][명] 여러 방면이나 부문에 걸친 (것). ❏~ 노력 / ~ 측면 / ~(인) 조사 방법.
다각적 결제 (多角的決濟)[-쩍-쩨] 다각 무역에서, 당사국끼리 채권·채무를 상쇄하여 전체로서 수지 균형을 유지하는 결제 방식.
다각적 통화 상쇄 협정 (多角的通貨相殺協定)[-쩍-쩡] 〘정〙 여러 나라의 다각적 상호 결제에 관한 국제 협정.
다각-점 (多角點)[-쩜] [명] 다각 측량을 위해 기준으로 정한 여러 개의 측점.
다각-집 (多角-)[-찝] [명] 〘건〙 한옥에서, 추녀의 마루가 여러 개로 된 집.
다각 측량 (多角測量)[-충냥] 〘건〙 측량 구역의 각 점을 연결하는 다각선을 설정하여, 그 각 변의 길이와 그 끼인각을 측량하여 점의 위치를 정하는 측량법의 하나.
다각-탑 (多角塔) [명] 〘건〙 탑신(塔身)의 평면이 다각형으로 된 탑.
다각-형 (多角形)[-가켱] [명] 〘수〙 셋 이상의 선분으로 둘러싸인 평면 도형. 다변형.
다각-화 (多角化)[-가콰] [명][하타] 여러 방면이나 부문에 걸치게 함. ❏생산 품목의 ~.
-다간 [어미] '-다가는'의 준말. ❏그렇게 꾸물거리~ 지각하겠다.
다갈-색 (茶褐色)[-쌕] [명] 조금 검은 빛깔을 띤 갈색.
다갈-솥 [-솓] [명] 전이 있는 작고 오목한 솥.
다-감각 (多感覺) [명] 〘생〙 한 군데를 자극했을 때 여러 군데에서 자극을 느끼는 이상 지각(知覺).
다감다정-하다 (多感多情-) [형][여] 다정다감하다. ❏다감다정한 시절.
다감-하다 (多感-) [형][여] 느낌이 많고 감동하기 쉽다. 감정이나 감수성이 풍부하다. ❏그녀는 다감하고 정이 많다.
다겁-하다 (多怯-)[-거파-] [형][여] 겁이 많다.
다-결정 (多結晶)[-쩡] [명] 〘광〙 여러 개의 작은 결정이 임의(任意)의 결정축의 방향으로 집합되어 있는 결정(《천연적인 결정질 물체의 대부분이 이에 속함》). ↔단결정.
-다고 [어미] 종결 어미 '-다'에 인용을 나타내는 조사 '고'가 합친 말. 형용사 어간이나 시제(時制)를 나타내는 어미의 뒤에 쓰임. **1** 간접 인용·원인·근거 등을 나타내는 연결 어미. ❏돈이 많~ 한다 / 잘 했~ 칭찬하다 / 훌륭한 선생이었~ 들었다. [준]-다. **2** 사실이 생각한 것과 다를 때 또는 항변·반문 등을 할 때 쓰이는 종결 어미. ❏뭐, 제가 다 했~ / 그게 얼마나 크~ / 그가 범인이었~ / 아니 또 먹겠~ / 난 또 큰일이라도 났~. *-ㄴ다고·-는다고.
다공 (多孔) [명][하형] 구멍이 많음.
다공-도 (多孔度) [명] 〘물〙 다공질 물질에서, 전체 부피에 대한 구멍 부분의 부피 비율.
다공-질 (多孔質) [명] **1** 작은 구멍이 많이 있는 물질. ❏~ 벽돌. **2** 단단하지 못하고 푸석푸석하게 생긴 바탕.
다과 (多寡) [명] 수효의 많음과 적음. 다소.
다과 (茶菓) [명] 차와 과자. ❏~를 내오다.
다과-회 (茶菓會) [명] 차와 과자 따위를 베푸는 간단한 모임. ❏~에 참석하다.
다관 (茶館) [명] 중국 사람들의 사교장(《서민들은 이곳에서 차를 마시거나 점심을 먹고, 상인들은 정보를 교환하는 곳으로 이용함》). 다루(茶樓). 다사(茶肆).
다관 (茶罐) [명] **1** 차를 끓여 담는 그릇. **2** 차관(茶罐).
다구 (茶臼) [명] 차를 가는 맷돌.
다구 (茶具) [명] 차제구(茶諸具).
다국적-군 (多國籍軍)[-쩍꾼] [명] 여러 나라의 국적을 가진 군인들로 조직된 군대. ❏~의 일원으로 참가하다.
다국적 기업 (多國籍企業)[-쩍끼-] 〘경〙 여러 나라에 계열 회사를 가지고 세계적 규모로 활동하는 거대 기업. 세계 기업. 국제 기업.
다그다 〔다가, 다그니〕 [타] **1** 어느 대상 쪽으로 가까이 옮기다. ❏칠판 쪽으로 다갔다. **2** 시간이나 날짜를 정한 때보다 앞당기다. ❏계획보다 이틀 다가 끝내다.
다그-치다 [타] **1** 일이나 행동 따위를 빨리 끝내려고 몰아치다. ❏일손을 ~. **2** 빨리 말을 하도록 몰아붙이다. ❏오지 않겠다는 이유를 다그쳐 물었지만 묵묵부답이다.
다극 (多極) [명] **1** 극(極)이 많음. ❏~ 진공관. **2** 중심이 되는 세력이 없고 여러 세력이 대립하고 있는 상태를 이름. ❏~ 외교.
다극-관 (多極管)[-꽌] [명] 〘물〙 전극 수가 네 개 이상인 진공관. 다극 진공관.
다극-화 (多極化)[-그콰] [명] 국제 정치상의 힘의 분포에서 세력의 중심이 여러 갈래로 나누어지는 것. ❏지금은 미국·소련의 양극 체제에서 벗어난 ~ 시대이다.
다금-바리 [명] 〘어〙 농엇과의 바닷물고기. 농어와 비슷하나 몸길이가 1m 정도에 이르며, 비늘이 작고 등은 자줏빛을 띤 담청색, 배는 은백색임. 깊은 바다에 살며 맛이 좋음.
다금-유 (茶金釉)[-뉴] [명] 질이 연한 석간주(石間硃) 잿물(《도자기의 표면을 오톨도톨하게 만듦》). 사금석유(沙金石釉).
다급 (多級) [명] 전교 학생을 두 학급 이상으로 나눠 짠 학급. ↔단급(單級).
다급-스럽다 [-쓰-따] 〔-스러워, -스러우니〕 [형][ㅂ] 보기에 몹시 급한 데가 있다. ❏천천히 해도 되니까 다급스럽게 굴지 마라. **다급-스레** [-쓰-] [부]. ❏~ 뛰쳐나오다.
다급-하다¹ [-그파-] [타][여] 끌어당겨 자기가 차지하다.
다급-하다² [-그파-] [형][여] 일이 바싹 닥쳐서 매우 급하다. ❏다급한 목소리로 부르다. **다급-히** [-그피] [부]. ❏그녀는 전화를 받고 ~ 나갔다.
다기 (多岐) [명][하형] **1** 여러 갈래. **2** 여러 방면에 걸침. *다방면.
다기 (多氣) [명][하형] 여간한 일에는 두려움이 없

이 마음이 단단함. ▫그는 보기보다 ~하다.

다기(茶器)〖명〗 1 차제구(茶諸具). 2〖불〗부처 앞에 맑은 물을 떠 놓는 그릇.

다-기능(多技能)〖명〗 여러 가지의 기능. ▫~ 믹서 / ~ 전화기.

다기-망양(多岐亡羊)〖명〗〔달아난 양을 찾는데 길이 여러 갈래로 갈려 양을 잃음〕 1 학문의 길이 다방면으로 갈려 진리를 얻기 어려움. 2 방침이 많아 도리어 갈 바를 모름.

다기-지다(多氣-)〖형〗 마음이 야무지고 당차다. ▫그는 키는 작아도 성격은 아주 다기진 사람이다.

다기-차다(多氣-)〖형〗 다기지다.

다기-하다(多技-)〖형여〗 여러 가지 기예에 능하다. ▫그는 다기한 재능을 가졌다.

-다나〖어미〗 형용사의 어간이나 시제를 나타내는 선어말 어미 뒤에 붙어, 어떤 사실에 대해 흥미가 없다거나 빈정거리는 태도로 전달할 때 반말 투로 이르는 종결 어미. ▫자기는 보고 왔~ / 전에는 착한 사람이었~. *-라나.

다나에(Danae)〖명〗 그리스 신화에 나오는 여신. 아르고스(Argos)의 왕인 아크리시오스(Akrisios)의 딸(제우스의 아들 페르세우스(Perseus)를 낳음).

다난-하다(多難-)〖형〗 재난이나 어려운 일이 많다. ▫다난했던 한 해가 저물다.

다남(多男)〖명〗〖하형〗 아들이 많음. 또는 많은 아들. 다남자.

다낭-하다〖형〗☞ 당양(當陽)하다.

-다네〖어미〗 형용사 어간 및 시제를 나타내는 선어말 어미 '-겠-'·'-았-'·'-었-'·'-였-' 뒤에 붙어, 말하는 이가 이미 알고 있는 사실을 듣는 이에게 설명하는 뜻을 나타내는 종결 어미. ▫그곳은 매우 춥~ / 이제 막 돌아왔~. *-ㄴ다네·-라네.

다녀-가다〖자타거라〗 어느 곳에 왔다가 가다. 어느 곳을 들렀다가 가다. ▫큰아버지께서 금방 다녀가셨습니다.

다녀-오다〖타너라〗 어느 곳에 갔다 오다. 어느 곳을 들렀다가 오다. ▫학교에 다녀오겠습니다 / 휴가를 ~.

다년(多年)〖명〗 1 여러 해. 2 다년간.

다년-간(多年間)〖명부〗 여러 해 동안. 다년. ▫~의 노력으로 훌륭한 결실을 맺었다.

다년-생(多年生)〖명〗〖식〗 여러해살이. *일년생.

다년생 식물(多年生植物)[-싱-]〖식〗 여러해살이식물.

다년생 초본(多年生草本)〖식〗 여러해살이풀. ⍩다년초. *일년생 초본.

다년-초(多年草)〖명〗〖식〗 다년생 식물.

다-년호(大年號)〖명〗〔-대년호〕〖역〗 지난날, 임금이 즉위한 해에 붙이던 칭호. ⍩연호.

다뇨-증(多尿症)[-쯩]〖명〗〖의〗 오줌의 분비와 횟수가 병적으로 많은 증세.

-다느냐〖어미〗 '-다고 하느냐'의 준말. ▫얼마나 비싸~ / 언제부터 거기 있었~. ⍩-다니.

-다느니〖어미〗 형용사 어간 및 '-았-'·'-었-'·'-겠-'의 뒤에 붙어, 이러하다 하기도 하고 저러하다 하기도 함을 나타내는 연결 어미. ▫크~ 작~ 의견이 분분하다 / 갔었~ 안 갔었~ 야단들이다 / 점심을 먹겠~ 안 먹겠~ 심술을 부린다.

-다는〖어미〗 '-다고 하는'의 준말. ▫좋~ 물건 / 꼭 오겠~ 약속을 하다.

다는-목〖명〗〖악〗 판소리 창법에서, 떼지 않고 계속 붙여서 내는 목소리.

다능-하다(多能-)〖형〗 여러 가지에 능하다.

재주가 많다.

-다니[1]〖어미〗 1 용언의 어간에 붙어, 이상하거나 의심되는 점을 되짚어 물을 때 쓰이는 종결 어미. ▫그 사람이 죽~ 믿어지지 않는다. 2 '-다고 하니'의 준말. ▫좋~ 대체 얼마나 좋은가. 3 '-다느냐'의 준말. ▫나를 언제 보았~.

-다니[2]〖어미〗〈옛〉-더니.

-다니까〖어미〗 1 '다고 하니까'의 준말. ▫예쁘~ 신이 나는 모양이다. 2 형용사 어간 및 '-았-'·'-었-' 뒤에 붙어, 사실이 그러함을 인식하고 있지 못하거나 미심쩍어하는 상대에게 다그쳐서 깨우쳐 주는 뜻을 나타내는 종결 어미. ▫그 책이 가장 재미 있~ / 정말 보았~ / 그렇지 않~.

다니다〖-따〗〖자〗 1 일정한 곳을 정하여 놓고 드나들다. ▫병원에 ~. 2 어떤 곳에 들러서 오다. ▫오는 길에 큰댁에 다녀온 오너라. 3 직장·학교 따위에 일과로 갔다 오다. ▫회사에 ~ / 제대 후 복학해서 학교에 다닌다. 4 왔다 갔다 하다. 지나가고 지나오고 하다. ▫사람들이 많이 다니는 길이라 혼잡하다. 〖타〗 1 어떤 곳을 오고 가다. ▫밤거리를 ~ 도둑을 만났다 / 서울과 인천 간을 다니는 버스. 2 어떤 목적이 있어 왔다 갔다 하다. ▫사냥을 ~ / 출장을 자주 다닌다.

다니엘 습도계(Daniell濕度計)[-또-/-또계] 1820년에 영국의 화학자·기상학자 다니엘이 발명한 이슬점 습도계.

다니엘 전:지(Daniell電池) 1836년에 영국의 다니엘이 발명한 전지. 유리 용기에 원통을 놓고, 그 안에 황산아연 용액과 아연판을, 외부에 황산구리 용액과 구리판을 넣은 것(기전력(起電力)은 약 1.1V임).

다닐-행(-行)〖명〗 한자 부수의 하나('術·街' 등에서 '行'의 이름).

다님〈옛〉 달님.

다다(ㅍ dada)〖명〗 1 '다다이스트'의 준말. 2 '다다이즘'의 준말.

다다〖부〗 1 아무쪼록 힘닿는 데까지. ▫책은 ~ 많이 읽어라. 2 오직. 단지. ▫너는 ~ 공부만 하면 된다.

다다귀-다다귀〖부형〗 꽃·열매 등이 곳곳에 많이 붙은 모양. ▫앵두가 ~ 붙어 있는 앵두나무 / 꽃송이가 가지마다 ~ 피어 있다. ⍩더더귀더더귀. ⍩다닥다닥.

다다기〖명〗〖식〗 '다다기찰'의 준말.

다다기-외〖식〗 눈마다 열리는 오이. 다다기오이.

다다기-찰〖명〗 늦게 익는 찰벼의 한 가지. ⍩다다기.

다다르다〔다다라, 다다르니〕〖자〗 1 목적한 곳까지 이르러 닿다. ▫도서관에 ~. 2 어떤 수준이나 기준에 이르러 미치다. ▫절정에 ~ / 강한 척했지만 그의 체력은 한계에 다다른 듯 보였다.

다다미(-ㅡ たたみ〔疊〕)〖명〗 일본식 돗자리(속에 짚을 두껍게 넣은 것으로 방에 깖).

다다미-방(-ㅡたたみ房)〖명〗 다다미를 깐 방.

다다이스트(dadaist)〖명〗 다다이즘을 주장하거나 신봉하는 사람. ⍩다다.

다다이즘(dadaism)〖명〗 제1차 세계 대전 직후에 차라(Tzara) 등을 중심으로 유럽에서 일어난 예술 운동. 일체의 제약을 거부하고 기존의 모든 질서를 파괴하는 무방향의 운동이며, 극단적인 반이성(反理性)주의임(초현실

주의로 이행하였음. '다다'란 아무 뜻이 없다는 말). ㉡다다.

다다-익선(多多益善)[−썬] 명 많을수록 더욱 좋음. ▣돈이 꼭 ～만은 아니다.

다다-하다(多多−)형여 매우 많다.

다닥-냉이[−냉−] 명〖식〗십자화과의 두해살이풀. 들에 남. 줄기 높이 30−60 cm, 잎은 어긋나며 피침 또는 선 모양이고. 5−7월에 흰 꽃이 핌. 어린싹은 식용하고 씨는 약용함.

다닥-다닥[−따−] 무하타 '다다귀다다귀'의 준말. ▣감나무에 감이 ～ 붙었다 / 산동네에는 판잣집들이 ～ 붙어 있다. ㉡더덕더덕.

다닥-뜨리다짜 서로 닿아서 마주치다. ▣길모퉁이에서 그녀와 다닥뜨려 넘어졌다.

다닥-치다짜 1 서로 마주쳐 닿거나 부딪치다. ▣앞차와 ～. 2 일이나 사건 따위가 바싹 닥치다. ▣약속 날짜가 ～.

다닥-트리다타 다닥뜨리다.

다단(多段) 명 여러 단.

다단계 판매(多段階販賣)[−/−계−]〖경〗판매 조직을 피라미드식으로 확대하여 가는 특수한 판매 방식(소비자를 판매원으로 가입시키는 과정이 되풀이됨). 멀티 상법. 피라미드식 판매.

다단-식(多段式) 명 여러 단으로 나누어 하는 방식. ▣펌프.

다단식 로켓(多段式rocket)〖물〗로켓의 기체(機體)를 몇 부분으로 나누고 연료를 소비하여 필요 없게 된 부분은 차례로 분리시켜 나가는 방식의 로켓.

다-단조(−短調)[−조]〖악〗'다' 음을 으뜸음으로 하는 단조.

다단 증폭기(多段增幅器)[−끼]〖공〗여러 단으로 되어 있는 증폭기.

다단-하다(多端−)형여 일의 갈래나 가닥이 많다. ▣사건이 복잡하고 ～.

다달-거리다타 입에서 말이 얼른 나오지 아니하여 자꾸 더듬다. ▣다달거리지 말고 좀 알아듣게 말해라. ㉡더밀거리다. **다달-다달** 무하타

다달-대다타 다달거리다.

다달-이무 [←달달이] 달마다. 매월. 매달. ▣～ 내는 세금 / ～ 열리는 모임.

다담(茶啖)〖불〗손님 대접을 위해 내놓는 다과(茶菓) 따위. 차담.

다담-상(茶啖床)[−쌍] 명 1 손님 대접을 위하여 음식을 차린 상. 차담상. 2 다담.

다당-류(多糖類)[−뉴]〖화〗가수 분해에 의하여 한 분자에서 두 개 이상의 단당류(單糖類)를 생성하는 탄수화물의 총칭.

다대[1] 명 해어진 옷에 덧대고 깁는 헝겊 조각.

다대[2] 명 쇠고기에서, 양지머리의 배꼽 위에 붙은 고기(편육으로 씀).

다대[3] 명〈옛〉되[2].

다대기(←일 たたき) 명 끓는 간장이나 소금물에 마늘·생강 따위를 다져 넣고 고춧가루를 뿌려 끓인 다음, 기름을 쳐서 볶은 양념. 얼큰한 맛을 내는 데 씀.

다대-수(多大數) 명 대다수.

다대-하다(多大−)형여 많고 크다. ▣국어 발전에 다대한 업적을 남기다.

다도(茶道) 명 차를 달여 손님에게 대접하거나 마실 때의 예법.

다독(多讀)하타 많이 읽음. ▣좋은 글을 쓰려면 ～이 필요하다.

다독-거리다[−꺼−] 타 1 흩어진 물건을 그러

모아 잇따라 가볍게 두드려 누르다. ▣화롯불을 ～. 2 어린아이를 달래거나 귀여워함을 가만가만 두드리다. ▣우는 아기를 다독거려 재우다. 3 남의 약점을 어루만져 따뜻이 감싸고 달래다. ▣말썽을 피우는 동생을 다독거려 학원에 보냈다. **다독-다독**[−따−] 무하타

다독-대다[−때−] 타 다독거리다.

다독-이다타 1 흩어지기 쉬운 물건을 모아 가볍게 두드려 누르다. 2 아기를 재우거나 달랠 때 가볍게 가만가만 몸을 두드리다. ▣아기를 다독여 재우다. 3 남의 약점을 어루만져 따뜻이 감싸고 달래다.

다-되다형 일 따위가 완전히 그르친 상태에 있다. ▣그 집안은 운이 다된 것 같다.

다드래기 명〖악〗농악에서, 매우 빠른 빠르기로 몰아가는 채의 가락.

다듬-거리다타 1 무엇을 찾거나 알아내려고 손으로 이리저리 자꾸 만져 보다. ▣서랍 속을 다듬거리며 찾다. 2 잘 모르는 길을 이리저리 찾아가다. ▣밤길을 다듬거리며 가다. 3 똑똑히 알 수 없는 일을 이리저리 생각해 가면서 말하다. ▣기억을 ～. 4 글을 읽는 데 자연스럽게 내리읽지 못하고 군데군데 자꾸 막히다. ▣다듬거리며 책을 읽다. 5 말이 자꾸 막혀 순하게 나오지 않다. ㉡더듬거리다. ㉬따듬거리다. **다듬-다듬** 무하타

다듬다[−따] 타 1 매만져서 맵시를 내다. ▣머리를 ～. 2 필요 없는 부분을 떼어 내고 깎고 들어 버리다. ▣파를 ～. 3 거친 바닥이나 거죽을 매끄럽게 고르게 하다. ▣시멘트 바닥을 ～. 4 다듬질을 하다. ▣모시를 ～. 5 글 따위를 짜임새 있게 손질하다. ▣원고를 ～.

다듬-대다타 다듬거리다.

다듬-이 명하타 1 '다듬이질'의 준말. ▣사라져 가고 있는 ～ 소리. 2 다듬잇감. ▣멀리서 들려오는 ～ 두드리는 소리.

다듬이-벌레 명〖충〗다듬이벌렛과의 작은 곤충. 몸길이는 6 mm가량. 더듬이가 매우 긴데 검정색이며 머리는 붉은 갈색이고 가슴은 윤이 나는 검정색, 배는 검은 갈색임.

다듬이-질 명하타 옷감 따위를 반드럽게 하기 위하여 방망이로 두드리는 일. ▣～ 소리. ㉢다듬이·다듬질.

다듬이-포대기 명 다듬잇감을 싸는 포대기.

다듬잇-감[−드미깜 /−드민깜] 명 다듬이질을 할 옷이나 옷감 따위. ▣～을 다듬잇돌 옆에 갖다 놓아라.

다듬잇-돌[−드미똘 /−드민똘] 명 다듬이질을 할 때 밑에 받치는 돌.

다듬잇-방망이[−드미빵− /−드민빵−] 명 다듬이질을 할 때 쓰는 두 개의 나무 방망이.

다듬잇-방석(−方席)[−드미빵− /−드민빵−] 명 다듬잇돌 밑에 까는 방석.

다듬잇-살[−드미쌀 /−드민쌀] 명 다듬이질로 알맞게 되어서 옷감에 생기는 풀기와 윤기. ▣～이 퍼지다 /～이 잡히다.

다듬작-거리다[−꺼−] 타 느릿느릿 자꾸 다듬거리다. ㉡더듬적거리다. **다듬작-다듬작**[−따−] 무하타

다듬작-대다[−때−] 타 다듬작거리다.

다듬-질 명하타 1 새기거나 만든 물건을 마지막으로 매만져 손질하는 일. 2 '다듬이질'의 준말.

다디-달다[−달아, −다니, −단]형 1 매우 달다. ▣다디단 사탕. 2 베푸는 정 따위가 매우 두텁다.

다딜다타〈옛〉찌르다. 들이받다.

다돋다타〈옛〉다다르다.

다듬다 [타] 〈옛〉 다듬다.

다따가 [부] 도중에 갑자기. 별안간. ❑밥 먹다 말고 ~ 웬 과자 타령이냐.

다떠위다 [자] 많은 사람이 한데 모여 시끄럽게 떠들고 들이덤비다. ❑서로 사인을 받겠다고 다떠위는 바람에 주인공은 정신이 없다.

다라니 (陀羅尼) [명] 〔불〕 **1** 범문(梵文)으로 된 긴 구(句)를 번역하지 않고 그대로 읽거나 외는 일. 또는 그 구나 주문. 총지(總持). **2** 다라니주(呪).

다라니-주 (陀羅尼呪) [명] 〔불〕 범문 그대로의 간단한 문구.

다라-수 (多羅樹) [명] 〔식〕 야자과의 상록 교목. 열대 지방에 분포하며 높이는 20-30 m, 둘레는 약 2 m 정도임. 잎은 길이가 3 m가량으로 손바닥 모양의 겹잎인데 모여 남. 암수딴그루로 꽃은 육수꽃차례로 핌. 목재는 건축재, 수액(樹液)은 설탕의 원료, 잎은 부채·우산·모자·종이 등을 만드는 데 씀.

다라-엽 (多羅葉) [명] 〔식〕 다라수의 잎.

다:라지다 [형] 됨됨이가 야무지고 여간한 일에는 겁내지 아니하다. ❑아이가 안차고 ~.

다라진-살 [명] 가늘고 무거운 화살.

다락 [명] 〔건〕 **1** 부엌 천장 위에 이 층처럼 만들어서 물건을 두게 된 곳. ❑꿀단지를 ~에 두다. **2** 다락집.

다락-같다 [-깓따] [형] **1** 물건값이 매우 비싸다. **2** 덩치나 규모가 매우 크다. **다락-같이** [-까치] [부]. ❑물가가 ~ 오르다.

다락-다락 [-따-] [부] 자꾸 대들어 귀찮게 조르는 모양. ❑~ 졸라 댄다. [큰]더럭더럭.

다락-마루 [-랑-] [명] 다락처럼 높게 만들어 놓은 마루.

다락-방 (-房) [-빵] [명] 다락처럼 높은 곳에 만들어 꾸민 방. ❑~에서 공부하다.

다락-장지 (-障-) [-짱-] [명] 다락에 달린 미닫이문.

다락-집 [-찝] [명] 〔건〕 사방을 볼 수 있도록 높은 기둥 위에 벽이 없이 마루를 놓아 지은 집. 누각(樓閣).

다란 (茶蘭) [명] 〔식〕 홀아비꽃댓과의 상록 활엽 관목. 높이 30-70 cm. 관상용으로 온실에 심는데, 잎은 차나무 잎과 비슷하고 여름에 황록색 꽃이 핌.

다람-쥐 [명] 〔동〕 **1** 날다람쥐·하늘다람쥐 등의 총칭. **2** 다람쥣과의 동물. 쥐와 비슷하나 등에 다섯 줄의 검은 선이 있고, 몸길이는 12-15 cm, 꼬리는 11-12 cm 임. 등은 황갈색, 배 부분은 백색, 귀가 작음. 밤·도토리·곤충 따위를 먹고, 나무를 잘 타며 겨울에는 나무 구멍에서 삶.

[다람쥐 쳇바퀴 돌듯] 한없이 반복하나 결말이 없음. 즉, 발전이 없고 제자리걸음만 한다는 뜻.

다람쥐-꼬리 [명] 〔식〕 석송과의 상록 여러해살이풀. 높은 산에 나며 높이는 15 cm 정도, 줄기는 가늘고 다람쥐 꼬리같이 바늘 모양의 잔잎이 많음.

다:랍다 [-따] 〔다라워, 다라우니〕 [형ㅂ] **1** 때나 찌꺼기 따위가 끼어 깨끗하지 못하다. ❑그 다라운 발 좀 치워라. **2** 몹시 인색하다. ❑싼 밥 한 끼 사 주면서 다랍게 아까워한다. [큰]더럽다.

다랑-귀 [명] 두 손으로 붙잡고 매달리는 짓.

다랑귀(를) 뛰다 [구] ㉠두 손으로 붙잡고 매달리어 놓지 않으려 한다. ㉡남에게 매달리어 몹시 조르다.

다랑-논 [명] 다랑이로 된 논. 다랑전.

다랑-어 (-魚) [명] 〔어〕 고등엇과의 외양성(外洋性) 회유어(回游魚). 온대성 해역에 살며 길이는 3 m 정도, 무게는 약 350 kg에 달함. 등은 청흑색, 배는 회백색, 살은 암적색으로, 겨울철에 맛이 좋음. 참다랑어.

다랑이 [명] 비탈진 산골짜기 같은 곳에 있는, 층층으로 된 좁고 작은 논배미.

다랑-전 (-田) [명] 다랑논.

-다랗다 [-라타] 〔-다라니, -다래서〕 [미ㅎ] 형용사의 어간에 붙어, 그 뜻을 좀 더 분명히 나타내는 말. ❑굵~ / 높~. [준]-닿다.

다래[1] [명] **1** 다래나무의 열매. **2** 아직 피지 않은 목화의 열매.

다래[2] [명] **1** 시신을 넣는 관(棺)의 천판(天板)과 지판(地板) 사이에 끼우는 양옆의 널. **2** '말다래'의 준말.

다래끼[1] [명] **1** 아가리가 좁고 바닥이 넓적한 바구니. 대·싸리 등을 결어서 만듦. ❑~에 옥수수를 담다. **2** 물건을 다래끼에 담아 그 분량을 세는 단위.

다래끼[2] [명] 〔의〕 눈시울에 나는 작은 부스럼. 눈이 발갛게 붓고 곪음. 안검염(眼瞼炎).

다래-나무 [명] 〔식〕 다래나뭇과의 낙엽 활엽 덩굴나무. 깊은 산에 나는데, 초여름에 흰 다섯잎꽃이 핌. 열매 '다래'는 가을에 녹황색으로 익는데 맛이 닮. 줄기로는 지팡이를 만들고, 열매는 식용하거나 약용함. 등리(藤梨).

다래-다래 [부하형] 작은 물건이 많이 매달려 있거나 늘어져 있는 모양. ❑풋고추가 ~ 열려 있다. [큰]드레드레.

다량 (多量) [명] 많은 분량. ❑물품을 ~으로 구입하다 / 세균이 ~ 검출되다 / 중금속 물질을 ~ 함유하다. ↔소량.

다령-관 (多靈觀) [명] 한 인간이 여러 영혼을 갖는다고 믿는 관념. 복령관(複靈觀).

다례 (茶禮) [명] 차례(茶禮).

다로 (茶爐) [명] 차를 달이는 데 쓰는 화로.

다로기 [명] 가죽으로 지은 긴 버선《가죽에 붙은 털이 안이 되도록 지은 것으로, 추운 지방에서 신발 대신 신기도 함》. 피말(皮襪).

다루 (茶樓) [명] 다관(茶館).

다루다 [타] **1** 일을 처리하다. ❑그는 다루기 힘든 일도 척척 해낸다. **2** 기계나 물건 따위를 움직이거나 부리다. 취급하다. ❑물건을 소중히 ~ / 악기를 잘 ~. **3** 빳빳하고 거친 물건을 부드럽게 매만져 쓰기 좋게 하다. ❑가죽을 ~. **4** 사람이나 짐승을 거느려 잘 따르게 부리다. ❑부하를 잘 ~. **5** 소재나 대상으로 삼다. ❑교통 문제를 크게 다룬 기사.

다룸-가죽 [명] 다루어서 부드럽게 만든 가죽. 숙피(熟皮).

다르다 〔달라, 다르니〕 [형르] **1** 서로 같지 않다. ❑취미가 다른 사람 / 살아온 환경이 서로 ~. ↔같다. **2** 두드러지게 표 나는 데가 있다. ❑역시 천재라 다르군.

다름 아닌 [구] 다른 어떤 것이 아니라 바로. ❑우승자는 ~ 자네일세.

다름(이) 아니라 [구] '다른 까닭이 있는 게 아니라'·'말하자면'의 뜻. ❑자네를 부른 것은 ~ 점심이나 같이하고 싶어서일세.

다르랑 [부] 코를 고는 소리. [큰]드르렁.

다르랑-거리다 [자타] 코를 나직이 자꾸 골다. [큰]드르렁거리다. **다르랑-다르랑** [부하자타]

다르랑-대다 [자타] 다르랑거리다.

다르르[1] [부] **1** 작은 물건이 편편한 바닥 위를 미끄럽게 구르는 소리. ❑창문을 ~ 열다. **2** 작

은 물건이 약하게 흔들려 떠는 모양. ▣풍풍지가 ~ 떨린다. ㉿드르르¹. ㉚따르륵¹.

다르르²〔튄〕 어떠한 일에 능통하여 막힘이 없이 잘하는 모양. ▣그 아이는 몇 편의 동시를 ~외고 있다. ㉿드르르². ㉚따르르².

다르륵〔튄〕 작은 물건이 일정하게 구르다가 딱 멎는 소리.

다르륵-거리다〔-꺼-〕〔재〕 다르륵 소리가 자꾸 나다. **다르륵-다르륵**〔-따-〕〔튄〕〔하〕〔자〕

다르륵-대다〔-따-〕〔자〕 다르륵거리다.

다른〔관〕 1 특정한 사물·장소·경우가 아닌 딴. ▣~ 사람 / 여기는 위험하니 ~ 데 가서 놀아라. 2 보통의. 여느. ▣슬픔을 딛고 ~ 때처럼 열심히 일하다.

다름-없다〔-럽따〕〔형〕 비교해 보아 다른 점이 없다. ▣이 물건은 진짜나 ~. **다름-없이**〔-르멉씨〕〔튄〕. ▣평소와 ~ 생활하다.

다릅-나무〔-름-〕〔명〕〔식〕 콩과의 낙엽 활엽 교목. 높이 약 15m 정도. 산에 나며 4월에 나비 모양의 흰 꽃이 피고, 길이 5cm 내외의 꼬투리가 10월에 열림. 목재는 기구·농구재, 껍질은 물감용·섬유용으로 씀.

다리¹〔명〕 1 동물의 몸통 아래에 붙어서 딛고 서서 걷고 뛰는 일을 맡은 신체의 부분. ▣~가 길다 / ~에 쥐가 나다 / ~를 치료하다. 2 물건 아래 붙어 물건이 직접 땅에 닿지 않게 하거나 물건을 높이 있게 하기 위하여 버티어 놓은 부분. ▣책상 ~가 꽤 높다. 3 안경알의 테와 연결되어 귀에 걸게 된 길다란 부분. ▣안경 ~가 부러지다.

다리(를) 뻗고 자다〔판〕 걱정과 시름을 잊고 편히 자다. ▣집 문제가 해결되어 다리를 뻗고 잘 수 있겠다.

다리²〔명〕 1 강·개천 또는 언덕과 언덕 사이에 건너다닐 수 있도록 걸쳐 놓은 시설. 교량. ▣한강 ~를 건너다 / 시내에 ~를 놓다 / 불어난 강물로 ~가 끊기다. 2 중간에 거치는 단계. ▣몇 ~ 거쳐 그의 소식을 들었다. 3 사물이나 사람 사이를 이어 주는 역할. 【다리 아래서 원을 꾸짖는다】 말을 직접 하지 못하고 들리지 않는 곳에서 불평이나 욕을 한다.

다리(를) 건너다〔판〕 말이나 물건 따위가 어떤 사람을 거쳐 다른 사람에게로 넘어가다. ▣그 말이 몇 다리를 건너서 내게 들어왔다.

다리(를) 놓다〔판〕 상대와 관련을 짓기 위하여 사이에 딴 사람을 넣다. ▣중간에서 다리를 놓아 두 사람을 맺어 주었다.

다리를 잇다〔판〕 끊어진 친척관계를 다시 맺어 통하게 되다. ▣남북 간에 끊어진 ~.

다리³〔명〕 예전에, 여자의 머리숱을 많아 보이게 하기 위해서 덧넣었던 딴머리. 월자(月子). ▣~를 드린 머리.

다리 기술(-技術) 씨름에서, 다리나 발목으로 상대의 다리를 걸거나 수 넘어뜨리는 기술(안다리 걸기·밭다리 걸기·발등걸이 따위).

다리-꼭지〔-찌〕 여자의 머리에 드리는 다리를 맺은 꼭지.

다리다〔타〕 다리미로 옷이나 천 따위의 구김이나 주름을 문질러 펴다. ▣바지를 다려 입다.

다리-몽둥이〔명〕〈속〉 다리¹.

다리미〔명〕 다리미질하는 데 사용하는, 쇠붙이로 바닥을 매끄럽게 만든 기구. 바닥을 뜨겁게 달구어 씀. ▣~로 옷을 다리다.

다리미-질〔명〕〔하〕〔타〕 다리미로 옷이나 천 따위를

다리는 일. ㉿다림질.

다리미-판(-板)〔명〕 다리미질할 때 밑에 받치거나 까는 판. ㉿다림판.

다리-밟기〔-밥끼〕〔명〕〔하〕〔자〕〔민〕 정월 대보름날 밤에 다리를 밟던 풍속(열두 다리를 밟으면 그해의 액을 면한다고 함). 다리밟이. 답교(踏橋).

다리-밟이〔-밥비〕〔명〕〔하〕〔자〕 다리밟기.

다리-뼈〔명〕〔생〕 다리를 이루는 뼈(넓적다리뼈·정강이뼈·종아리뼈가 있음). 각골(脚骨). 퇴골(腿骨).

다리-살〔-쌀〕〔명〕〔생〕 넓적다리의 안쪽.

다리-속곳〔-꼳〕〔명〕 고유 의복의 한 가지. 여자의 옷차림에서 치마의 가장 안에 받쳐 입는 속옷.

다리-쇠〔명〕 화로 위에 걸치고 냄비나 주전자 따위를 올려놓는 쇠로 만든 기구.

다리-씨름〔명〕〔하〕〔자〕 두 사람이 마주 앉아 같은 쪽 다리의 정강이 안쪽을 서로 걸어 대고 옆으로 넘기는 놀이. 발씨름.

다리아랫-소리〔-래쏘-〕〔-랟쏘-〕〔명〕 답답하지 아쉬울 때 남에게 동정을 얻으려고 굽신거리거나 애걸하며 하는 말. 각하성(脚下聲).

다리우리〔명〕〈옛〉 다리미.

다리 운:동(-運動) 맨손 체조의 하나. 다리를 굽혔다 폈다 하는 따위의, 다리를 움직여서 하는 운동.

다리-재간(-才幹)〔명〕 씨름에서, 다리를 쓰는 기술.

다리-통〔명〕 다리의 둘레. ▣~이 굵다 / ~이 가늘다.

다리-품〔명〕 길을 걷는 데 드는 노력. ▣마중 나갔다가 괜히 ~만 팔리고 왔다.

다리품(을) 팔다〔판〕 ㉠길을 많이 걷다. ▣공연히 갔다가 다리품을 판 꼴이 되었다. ㉡품삯을 받고 먼 길을 걸어서 다녀오다. ▣몇 푼이라도 벌기 위해 ~.

다리 훑치기 씨름에서, 오른쪽 다리를 상대방의 다리 사이로 넣어 상대방의 오른쪽 다리를 걸고 끌어당겨 넘어뜨리는 기술.

다림〔명〕 어떤 물체가 수평(水平)인가 또는 수직(垂直)인가를 헤아려 보는 일.

다림(을) 보다〔판〕 ㉠어떠한 것을 겨냥 대고 살펴보다. ▣줄을 치고 다림을 보아서 측량하다. ㉡이해관계를 노려 살펴보다. ▣이리저리 다림을 보아서 사업을 시작하다.

다림-방(-房)〔명〕 ☞ 푸줏간.

다림-줄〔-쭐〕〔명〕 다림을 볼 때 쓰는 줄.

다림-질〔명〕〔하〕〔타〕 '다리미질'의 준말.

다림-추(-錘)〔명〕 다림줄에 달아 늘이는 추.

다림-판(-板)〔명〕 1 어떤 물체가 기울나 않고 수평인지를 살펴보는 기구. 2 '다리미판'의 준말.

다릿-골〔-리꼴〕〔-릳꼴〕〔명〕 다리뼈 속의 골.

다릿골(이) 빠지다〔판〕 길을 많이 걸어서 다리가 몹시 피로하고 힘이 없다.

다릿-독〔-리똑〕〔-릳똑〕〔명〕 배가 불룩하고 매우 큰 독.

다릿-돌〔-리똘〕〔-릳똘〕〔명〕 개울이나 내를 건너기 위해 징검다리로 놓은 돌. ▣~을 밟고 시냇물을 건넜다.

다릿-마디〔-린-〕〔명〕 다리의 뼈마디. ▣~가 쑤시고 아파서 더는 못 걷겠다.

다릿-목〔-린-〕〔명〕 다리가 놓여 있는 길목. ▣~에서 그녀를 기다렸다.

다릿-심〔-리씸〕〔-릳씸〕〔명〕 다리의 힘. ▣~이 세다 / ~이 없다. 「는 동작

다릿-짓〔-리찓〕〔-릳찓〕〔명〕〔하〕〔자〕 다리를 움직이

다르다[형]〈옛〉다르다.

-다마는[어미] 종결 어미 '-다'에 조사 '마는'이 겹치어, '-지마는'의 뜻을 나타내는 연결 어미. ❑그는 간~ 좀 무섭다 / 맛있어 보인~ 배가 불러 먹지 못하겠다. ㊤-다만.

-다마다[어미] -고말고. ❑좋~ / 기쁘~.

다:만[부] 1 '오직 그뿐'의 뜻. ❑~ 죽음이 있을 뿐. 2 그 이상은 아니라도. ❑~ 얼마라도 빌려 주세요. 3 앞의 말을 받아 조건부로 이와 반대되는 말을 할 때에 그 말머리에 쓰는 접속 부사. 단(但). ❑가도 좋다. ~ 고생은 각오해야 한다.

-다만[어미] '-다마는'의 준말. ❑좋기는 좋~ 값이 너무 비싸다.

다만치[부]〈옛〉다만.

다망(多忙)[명][하형] 매우 바쁨. ❑공사 ~하신 중에도 왕림해 주셔서 감사합니다.

다망(多望)[명][하형] 소망하는 바가 많음.

다매(多賣)[명][타] 많이 팖.

다매(茶梅)[명]『식』동백나무.   「간~.

-다며[어미] '-다면서'의 준말. ❑내일 고향에

다면(多面)[명] 1 면이 많음. 2 여러 방면. ❑그의 재주는 ~에 걸쳐 있다.

-다면[어미] '다 하면'의 준말. ❑간~ 보내라 / 네 생각이 정 그렇~ 네 뜻대로 해라.

다면-각(多面角)[명]『수』셋 이상의 평면이 한 점에 모여 이룬 뾰족한 각.

-다면서[어미] (형용사 어간 및 '-겠'·'-었'·'-았'·'-였' 따위의 미래나 과거를 나타내는 선어말 어미에 붙어) 1 '-다고 하면서'의 뜻을 나타내는 연결 어미. ❑수고했~ 위로해 주다 / 가겠~ 왜 안 가나. 2 직접 또는 간접으로 들은 사실을 다짐하거나 빈정거려 묻는 데 쓰이는 종결 어미. ❑먹기 싫~ / 형편이 좋아졌~ / 입원하고 있었~, 그래 지금은 어떤가. ㊤-다며.

다면-성(多面性)[-썽][명] 여러 방면에 걸친 성. 여러 가지 성질. ❑현대 사회의 ~.

다면-적(多面的)[-쩍][관][명] '다방면적'의 준말.

다면-체(多面體)[명]『수』네 개 이상의 평면 다각형으로 둘러싸인 입체 도형. 평면의 수효에 따라 사면체·육면체 따위가 있음.

다모(茶母)[명]『역』지난날, 관청의 식모 노릇을 하던 천비. 주로 차를 끓여 대는 일을 맡아 했음.

다모-객(多謀客)[명] 잔꾀가 많은 사람. 꾀를 잘 부리는 사람.

다모-작(多毛作)[명]『농』한 경작지에서 한 해에 종류가 다른 농작물을 세 번 이상 경작하여 수확하는 일.

다모-증(多毛症)[-쯩][명] 몸에 거센 털이 지나치게 많이 나는 질환.

다모-하다(多毛-)[형여] 몸에 털이 많다.

다:목[명]『식』콩과의 상록 교목. 동인도 원산으로 따뜻한 곳에서 재배함. 높이 약 5m, 줄기에 가시가 있고 봄에 나비 모양의 누런 꽃이 핌. 목재는 활을 만드는 재료로 쓰고, 속의 붉은 부분은 홍색 물감을 만들거나 한약재로, 뿌리는 황색 물감을 만드는 데 씀.

다:-목다리[-따-][명] 찬 기운을 쐬어 살빛이 검붉게되다리.

다-목적(多目的)[-쩍][명] 여러 가지 목적. 여러 가지 목적을 겸함. ❑~ 공용. 공구.

다목적 댐(多目的dam)[-쩍-]『건』여러 가지 목적, 즉 수력 발전·농공 용수·상수도·홍수 방지·관광지 등 많은 용도를 겸한 댐. ❑충주 댐은 ~이다. ↔단일 목적 댐.

다문(多聞)[명][하형] 1 보고 들은 것이 많음. ↔

과문(寡聞). 2 『불』많은 법문을 외어 지닌 것이 많음.

다문-다문[부][형] 1 시간이 잦지 않게. 이따금. ❑그는 ~ 찾아왔다. 2 공간적으로 배지 않게. 띄엄띄엄. ❑논에 허수아비들이 ~ 서있다. ㊤드문드문.

다문-박식(多聞博識)[-씩][명][하형] 보고 들은 것이 많고 지식이 넓음. ❑그는 ~해서 존경을 받는다.

다문-천(多聞天)[명]『불』사왕천(四王天)의 하나. 다문천왕이 다스린다고 하는 수미산 중턱 북쪽의 하늘 나라.

다문천-왕(多聞天王)[명]『불』사천왕(四天王)의 하나. 황색 몸으로 칠보장엄의 갑옷을 입고 왼손에 보탑, 오른손에 몽둥이를 들고 북쪽의 하늘 나라를 지킴(복덕을 보호. 야차와 나찰을 통솔함). 비사문천왕(毘沙門天王).

다-문화(多文化)[명] 서로 국적이나 인종이 다른 사람들이 모여 이루어가는 생활 문화. ❑~ 가정 / ~ 정책.

다물다[다물어, 다무니, 다무는][타] 윗입술과 아랫입술 또는 그와 같이 된 두 쪽의 물건을 마주 대다. ❑그는 오래도록 입을 꼭 다문 채 말이 없다.

다물-다물[부] 물건이 무더기무더기로 쌓여 있는 모양. ❑노적가리가 들판 여기저기에 ~

다므사리[명]〈옛〉더부살이.   「쌓여 있다.

다미-씌우다[-씨-][타] '안다미씌우다'의 준말. ㊤더미씌우다.

다-민족(多民族)[명] 여러 민족. ❑미국은 ~으로 구성된 국가이다.

다믄[부]〈옛〉다만.

다못[부]〈옛〉더불어.

다믄[부]〈옛〉다만.

다박-나룻[-룯][명] 다보록하게 난 짧은 수염. 다박수염.

다박-머리[-까-][명] 어린아이의 다보록하게 난 짧은 머리털. 또는 그런 머리털을 가진 아이. ❑~의 또래 아이들이 딱지치기를 하며 놀고 있다. ㊤더벅머리.

다박-수염(-鬚髥)[-쑤-][명] 다박나룻.

다반(茶飯)[명] '항다반(恒茶飯)'의 준말.

다반(茶盤)[명] 찻그릇을 담는 쟁반. 차반.

다반-사(茶飯事)[명] '항다반사'의 준말. ❑결근을 ~로 한다.

다발[명] 꽃이나 푸성귀, 돈 따위의 묶음. ❑장미꽃과 안개꽃을 ~로 지어 판다 / 가방에서 돈을 ~로 꺼내 놓다. 드의의 꽃이나 푸성귀, 돈 등의 묶음을 세는 말. ❑장미꽃 한 ~.

다발(多發)[명][하자] 1 많이 일어남. ❑사고 ~ 지역. 2 발동기의 수가 많음. ❑~ 항공기가 착륙했다.

다발-기(多發機)[명] 엔진을 둘 이상 장비한 항공기. *단발기·쌍발기.

다발-나무[-라-][명] 다발로 묶은 땔나무.

다발-성(多發性)[-썽][명] 1 여러 가지가 함께 일어나는 성질. 2 『의』두 곳 이상의 신체 부분에 동시에 병이 일어나는 성질.

다발-식(多發式)[-씩][명] 항공기에서, 세 개 이상의 발동기를 가지는 구조.

다방(茶房)[명] 1 사람들이 이야기를 나누거나 쉴 수 있게 꾸며 놓고, 차나 음료 따위를 판매하는 영업소. 다실. 찻집. 커피숍. ❑~에서 그녀를 기다렸다. 2 『역』조선 때, 궁중에서 약을 조제하여 바치던 부서. '약방'의 전이름.

다-방면 (多方面)圓 여러 방면. 많은 곳. ❏~에 걸친 활약 / ~에 재능이 있다.

다방면-적 (多方面的)판圓 여러 방면에 걸쳐 있는 (것). ⓤ다면적.

다-받다 [-받따]閉 길이가 몹시 짧다. 매우 가깝다. ❏자라처럼 다받은 목.

다배 현:상 (多胚現象)〖生〗한 개의 배(胚)가 분열하여 두 개 이상의 개체가 발생하는 현상《사람의 일란성 쌍생아도 이에 해당함》.

다번 (多煩)圓閑閉 1 매우 번거로움. 2 번거로이 많음.

다변 (多辯)圓閑閉 말이 많음.

다변 (多變)圓閑閉 변화가 많음. 또는 많은 변화. ❏~하는 주식 시장.

다변-가 (多辯家)圓 입담 좋게 말을 많이 하는 사람. ❏정치가 중에는 ~가 많다.

다변-형 (多邊形)圓〖數〗다각형.

다변-화 (多邊化)圓閑자타 일의 방법이나 양상이 다양하고 복잡해짐. 또는 그렇게 만듦. ❏~하는 소비자의 취향 / 세계 무역은 갈수록 ~하고 있다.

다병 (多兵)圓 병사가 많음. 또는 많은 병사.

다병-하다 (多病-)圓閑 몸에 병이 많거나 병치레가 잦다. ❏어머니는 다병한 누이 때문에 늘 걱정이시다.

다보록-다보록 [-따]閉閑 여럿이 다 다보록한 모양. ⓤ더부룩더부룩.

다보록-이 閉 다보록하게. ❏벌써 보리가 ~자라 있다. ⓤ더부룩이.

다보록-하다 [-로카-]閑 풀, 작은 나무, 머리털 따위가 빽빽하게 나서 위가 소복하다. ❏다보록한 수염. ⓤ더부룩하다.

다보-여래 (多寶如來)圓〖佛〗동방의 보정(寶淨) 세계에 나타났다는 부처《석가모니가 영취산에서 법화경을 설법할 때에, 땅속에서 다보탑과 함께 솟아 소리를 질러 석가모니의 설법이 참이라고 증명하였다 함》.

다보-탑 (多寶塔)圓〖佛〗2-3단으로, 밑은 방형, 위는 원형 또는 팔각형이며 그 위에 상륜(相輪)을 얹은 탑의 이름《다보여래의 원으로 석가가 다보여래의 사리를 탑 속에 봉안하였다는 데서 이 이름이 유래함》.

다복 (多福)圓閑閉 복이 많음. 또는 많은 복. ❏~한 가정을 이루다 / 새해에도 ~하시기를 바라겠어요.

다복-다남 (多福多男)[-따-]圓 복이 많고 아들이 여럿이라는 뜻으로, 팔자가 좋음을 이르는 말.

다복-다복 [-따-]閉閑 풀·나무 등이 여기저기 한데 뭉쳐 다보록하게 있는 모양. ❏뒷산에 쑥이 ~ 돋아 있다. ⓤ더북더북.

다복쑥 圓〖옛〗다복쑥.

다복-솔 [-쏠]圓〖植〗가지가 다보록하게 많이 퍼진 어린 소나무. ❏무덤가에 ~이 둘러 있다.

다복-스럽다 (多福-)[-쓰-따][-스러워, -스러우니]閑터 복이 좀 많다. ❏다복스러운 집안. **다복-스레** [-쓰-]閉

다복-이 閉 '다보록이'의 준말.

다복-하다 [-보카-]閑 '다보록하다'의 준말.

다봇 圓〖옛〗다복쑥.

다부 (多夫)圓 한 여자가 둘 이상의 남편을 가짐. ↔다처(多妻).

다-부닐다 [다부닐어, 다부니니, 다부니는]자 바싹 다붙어서 붙임성 있게 굴다. ❏아무래도 딸이 아들보다 다부닐게 군다.

다부지다 閑 1 벅찬 것을 능히 이겨 낼 힘과 강단이 있다. ❏마음을 다부지게 먹다. 2 생김새가 옹골차다. ❏키는 작아도 몸은 ~. 3 일을 해내는 솜씨 따위가 빈틈이 없고 야무지다. ❏살림꾼인 그녀는 회사 일도 다부지게 잘한다.

다북-쑥 圓 쑥.

다-분야 (多分野)圓 여러 분야. ❏그의 활동은 ~에 걸쳐 있다.

다분-하다 (多分-)閑터 분량이나 비율이 많다. ❏가능성이 ~ / 그는 예술가적 소질이 ~. **다분-히** 閉. ❏이곳은 또다시 사고가 날 가능성이 ~ 있다.

다-불과 (多不過)閉 많다고 해도 고작. ❏모인 사람이 ~ 열 명 안팎이다.

다불-다불 閉閑 어린아이의 머리털이 늘어진 모양.

다붓-다붓 [-분다붇]閉閑 여럿이 다 다붓한 모양. ❏아이들이 ~ 모여서 놀고 있다.

다붓-이 閉 다붓하게.

다붓-하다 [-부타-]閑터 사이가 매우 가깝게 붙어 있다.

다-붙다 [-붇따]자 사이가 뜨지 않게 바싹 다가붙다. ❏바짝 다붙어 앉아 있다.

다-붙이다 [-부치-]터 '다붙다'의 사동》서로 다붙게 하다. ❏중매쟁이가 두 남녀를 다붙여 앉혔다.

다비 (多肥)圓 1 거름이 많음. 2 거름을 많이 필요로 함.

다비 (茶毘)圓閑터〖佛〗불에 태운다는 뜻으로, 시체를 화장(火葬)하는 일을 이르는 말《육신을 본디 이루어진 곳으로 돌려보낸다는 의미가 있음》.

다비 농업 (多肥農業)〖農〗수확량을 증가시키려고 비료를 많이 주어 짓는 농사 방법.

다비성 작물 (多肥性作物)-씽장-〖農〗거름을 많이 주어야 수확이 많은 작물.

다비-소 (茶毘所)圓〖佛〗화장터.

다빡 閉 깊이 생각하지 않고 경솔하게 대뜸 행동하는 모양. ❏~ 약속을 하고는 후회하고 있다. ⓤ더뻑.

다빡-거리다 [-꺼-]자 앞뒤를 헤아리지 아니하고 자꾸 경솔하게 행동하다. ⓤ더뻑거리다. **다빡-다빡** [-따-]閉閑자

다빡-대다 [-때-]자 ⓤ다빡거리다.

다뿍 閉閑 분량이 다소 정도나 범위를 넘는 모양. ❏밥을 ~ 담다. ⓤ드뿍.

다뿍-다뿍 [-따-]閉閑 여럿이 모두 다뿍 넘치는 모양. ⓤ드뿍드뿍.

다볼 터〖옛〗다함(盡).

-다사 圓〖옛〗-답게. -대로.

다사 (多士)圓 1 여러 선비. 2 많은 인재.

다사 (多思)圓閑터 1 많은 생각이나 느낌. 2 많이 생각함.

다사 (多謝)圓閑터 1 깊이 감사함. 2 깊이 사과함. 대죄.

다사-다난 (多事多難)圓閑 여러 가지 일이 많기도 하고 어려움도 많음. ❏~했던 한 해를 보낸다.

다사-다단 (多事多端)圓閑 여러 가지 일이나 까닭이 뒤얽혀 복잡함. ❏~했던 사건을 마무리하다.

다사-다망 (多事多忙)圓閑 일이 많아 몹시 바쁨. ❏~하신 중에 왕림하여 주신 내빈께 감사드립니다.

다사-롭다 [-따][-로워, -로우니]閑터 조금 따뜻한 기운이 있다. ❏다사로운 햇살. ⓦ다사롭다. **다사-로이** 閉

다사-스럽다 (多事−)[−따]〔−스러워, −스러우니〕[형⊞] 1 쓸데없는 일에 간섭하기를 좋아하다. ▣사소한 일에 다사스럽게 신경 쓰지 마라. 2 바쁜 데가 있다. 다사-스레[튀]

다사-제제 (多士濟濟) 여러 선비가 모두 훌륭함. 훌륭한 인재가 많음.

다사-하다[형④] 조금 따뜻하다. ▣다사한 봄볕. ⑪다스하다.

다사-하다 (多事)[형] 일이 많다. ▣올해도 다사했던 한 해였다.

다산 (多産)[명][하자] 1 아이 또는 새끼를 많이 낳음. 2 물품을 많이 생산함. ▣한 가지 품목을 ~함으로써 일의 능률을 올렸다.

다산-계 (多産系)[−/−게][명] 새끼나 알을 많이 낳는 동물의 품종 계통. ▣레그혼종은 ~ 품종이다.

다산 염기 (多酸塩基)[−념−] 〖화〗 수산화칼슘·수산화비스무트와 같이 한 분자 안에 히드록시기를 둘 이상 가지고 있는 염기.

다산-형 (多産型) 아이 또는 새끼를 많이 낳거나 많이 낳게 생긴 체격.

다상 (多相)[명] 여러 개의 상(相).

다상 교류 (多相交流)〖물〗주파수는 같으나 위상을 달리하는 둘 이상의 교류 방식.

다-상량 (多商量)[−량][명] 많이 생각함(글을 잘 짓기 위한 요령을 말할 때 흔히 쓰는 말). ▣다문(多聞) 다독(多讀) ~.

다색 (多色)[명] 여러 가지 빛깔. 많은 빛깔. *단색(單色).

다색 (茶色)[명] 1 갈색. 2 차의 종류.

다색-성 (多色性)[−쎙] 〖물〗편광(偏光)이 결정체를 통과할 때, 편광의 진동 방향에 따라 빛을 달리하는 현상.

다색 인쇄 (多色印刷)〖인〗세 가지 이상의 색을 겹쳐 박는 인쇄의 총칭. *단색 인쇄.

다색 인쇄기 (多色印刷機)〖인〗다색 인쇄를 하는 기계.

다색-판 (多色版)〖인〗여러 가지 색으로 인쇄하는 판. *단색판.

다색-훈 (多色暈)[−새군][명]〖광〗흑운모(黑雲母) 등에 방사성 광물이 포함되어 있을 때, 그 주위에 생기는 여러 가지 색깔의 반점.

다생 (多生)[명] 1 많이 남. 2〖불〗육도(六道)를 윤회하면서 차례로 태어나는, 헤아릴 수 없이 많은 세상.

다서 (多書)[명] 여러 책.

다선 (多選)[명] 선거를 통해 어떤 직위에 세 번 이상 선출됨. ▣~ 의원.

다섯 [−선][수관] 넷에 하나를 더한 수효. ▣~ 사람 / 잎이 ~인 꽃잎.

다섯-모 [−선−][명] 물체의 둘레에 이루어진 다섯 개의 모. 또는 그런 모양. 오각(五角).

다섯목-가래질 [−선−까−][명] 다섯 사람이 하는 가래질.

다섯목-한카래 [−선모칸−]〖농〗다섯목가래질을 하기 위하여 채운 사람의 수.

다섯무-날 [−선−][명] 무수기로 볼 때, 음력 열나흗날과 스무아흐렛날을 일컫는 말.

다섯잎-꽃 [−선닙꼳][명]〖식〗다섯 장의 꽃잎으로 이루어진 꽃(무궁화·복숭아꽃·벚꽃 따위). 오판화(五瓣花).

다섯-째 [−선−][명] 다섯 개째. ▣사과를 ~ 먹는다. □[수관] 넷째의 다음 차례. 또는 그런 차례의. ▣달리기에서 ~로 들어왔다 / ~ 줄에 서 있었다.

다섯-콩 [−선−][명]〈소아〉공기1.

다성부 음악 (多聲部音樂) 서로 독립한 선율을 이룬 두 개 이상의 성부의 조합으로 이루

어진 대위법적 음악. 다성 음악. 폴리포니.

다성 음악 (多聲音樂)〖악〗다성부 음악.

다성 잡종 (多性雜種)[−종] 여러 쌍의 대립 유전자를 가진 부모 사이에서 생긴 잡종(멘델의 법칙이 적용되지 않음). ↔단성 잡종.

다세 (多世)[명] 많은 시대. 많은 연대.

다세 (多勢)[명] 많은 인원. 많은 세력.

다-세대 (多世帶)[명] 많은 세대. 여러 세대.

다세대 주:택 (多世帶住宅)〖건〗4층 이하로서 동당(棟當) 건축 연면적이 660㎡(2백평)이하인 공동 주택(여러 가구가 저마다 소유권을 갖는 일정한 독립적인 공간을 차지함). *다가구 주택.

다-세포 (多細胞)[명]〖생〗한 생물체 내에 세포가 여럿임. ↔단세포(單細胞).

다세포 동:물 (多細胞動物)〖동〗많은 세포로 개체를 이룬 동물(거의 모든 동물이 이에 속함). ↔단세포 동물.

다세포 생물 (多細胞生物)〖생〗많은 세포로 한 개체를 이룬 생물(세균류 따위를 제외한 대부분의 동식물은 이에 속함). ↔단세포 생물.

다세포 식물 (多細胞植物)[−싱−]〖식〗많은 세포로 개체를 이룬 식물(일부 규조류 따위를 제외한 대부분의 식물이 이에 속함). ↔단세포 식물.

다소 (多少)□[명] 1 분량이나 정도의 많음과 적음. ▣~를 막론하고 주문을 받다 / 사람마다 능력에 ~의 차이는 있다. 2 조금이긴 하지만 어느 정도의 양. ▣~나마 도움이 되었으면 좋겠다. □[부] 어느 정도로. ▣마음이 놓이다 / ~ 시간이 걸리다 / 학교가 ~ 멀다 / 그녀는 ~ 야위었다.

다소 (茶素)[명]〖화〗카페인.

다소-간 (多少間)□[명] 얼마간. ▣~의 의견 차이. □[부] 얼마만큼. 약간. ▣~ 기대에 미치지 못하다 / 용서를 비니 마음이 ~ 풀린다.

다소곳-이 [부] 다소곳하게. ▣무릎에 두 손을 얹고 ~ 앉아 있다.

다소곳-하다 [−고타−][형④] 1 고개를 좀 숙이고 말이 없다. ▣다소곳한 자세로 앉아 있다. 2 온순한 태도가 있다. ▣엄마의 말씀을 다소곳하게 따르다.

-다소니 [어미]〈옛〉−더니.

다-소득 (多所得)[명] 벌이가 많음. 또는 많은 벌이. 고소득. ▣부업으로 ~을 올렸다.

-다소라 [어미]〈옛〉−더라.

다소불계 (多少不計)[−/−게][명][하자] 많고 적음을 헤아리지 아니함. ▣~하고 선뜻 주는 대로 받았다.

-다손 [어미] 형용사의 어간이나 선어말 어미 '-았-'·'-었-'·'-겠-' 뒤에 붙는 종속적 연결 어미. 주로 '치다'·'하다'와 함께 쓰여, '어떠한 상태에 있더라도 어떠한 동작을 하더라도'의 뜻을 나타냄. ▣아무리 적~ 치더라도 그만하면 되겠지 / 밤새워 일을 한~ 쳐도 기일에 끝낼 수는 없겠지. *-ㄴ다손·-는다손·-더라손.

다솔 (多率)[명][하자] 1 많은 사람을 거느림. 2 식구를 많이 거느림.

다솔-식구 (多率食口)[−꾸][명][하자] 많은 식구를 거느림. ▣~라서 힘겹게 산다.

다수 (多數)[명][하자] 수효가 많음. 또는 많은 수효. ▣~의 의견에 따르다.

다수 강:화 (多數講和)〖정〗패전한 한 나라와 그 상대국의 대부분 간에 성립된 강화.

다수-결 (多數決)[명] 회의에서 많은 사람의 찬

반에 따라 가부를 정함. ▢~로 정하다 / ~
의 원칙을 따르기로 했다.

다수-당 (多數黨)〔명〕 의회에서 의석을 많이 차
지한 정당. ▢~의 강점을 최대한 이용하다.
↔소수당.

다수 대:표제 (多數代表制)〔정〕다수의 지지
를 받은 사람이 곧 전체 의사를 대표한다고
보아, 이를 당선자로 결정하는 선거 방법.

다수 정당제 (多數政黨制) 의회 정치 국가에
서, 정당이 여럿으로 분립된 체제. ⊕다당제.

다수-파 (多數派)〔명〕 어떤 모임이나 단체에서
의견이 갈릴 때 많은 수를 차지하는 파. ▢~
는 소수파의 의견도 존중해야 한다.

다-수확 (多收穫)〔명〕 많은 수확. ▢종자 개발
로 ~을 꾀하다.

다수확 작물 (多收穫作物)[─짱─]〔농〕일정한
면적에서 다른 작물에 비하여 더 많은 수확
을 얻을 수 있는 농작물.

다스〔의명〕〔←dozen〕 물건 열두 개를 한 묶음
으로 세는 단위. 타(打). ▢연필 한 ~.

다스름〔명〕〔악〕국악을 합주할 때, 연주에 앞
서 그 악기의 소리의 가락을 고르기 위하여
짧은 곡조를 연주하는 일. 또는 그 악곡. 우
조(羽調) 다스름과 계면조(界面調) 다스름이
있음. 조음(調音). **주의** ‘다爲音'으로 씀은
취음(取音).

다스리다〔타〕 **1** 나라·사회·집안의 일을 보살피
거나 맡아 하다. ▢나라를 ~. **2** 어떤 목적에
따라 잘 정리하거나 다루어 처리하다. ▢살
을 다스림은 곧 부(富)를 다스림이다. **3** 어지
러운 일이나 상태를 수습하여 바로잡다. ▢
난세를 ~. **4** 죄에 대해 벌을 주다. ▢죄인을
법으로 ~. **5** 병을 고치다. ▢냉찜질로 열을
~. **6** 몸이나 마음을 가다듬어 바로잡다. ▢
감정을 다스린 다음 이야기하자.

다스-하다〔형여〕 좀 다습다. ▢다스한 봄 햇살.
⊕드스하다. ⊗다사하다. ⊛따스하다.

다슬기〔명〕〔조개〕 다슬깃과의 고둥. 하천·연못
에 삶. 길이 약 3 cm, 지름 1.2 cm가량. 나사
모양의 껍데기는 황갈색 또는 흑갈색인데 때
로는 방울 얼룩무늬가 있음. 폐디스토마의
제 1 중간 숙주임. 삶아서 속의 살을 먹음.

다습〔명〕 마소의 다섯 살을 일컫는 말.

다습 (多濕)〔명〕〔하다〕 습기가 많음. ▢고온(高溫)
~한 기후.

다습다[─따]〔다스워, 다스우니〕〔형ㅂ〕 알맞게
따뜻하다. ⊗드습다. ⊛따습다.

다시〔부〕 **1** 하던 것을 되풀이하여 또. 거듭 또.
▢~ 한 번 해라 / ~ 갔다 오너라. **2** 고쳐서
또. 새로이 또. ▢~ 만들어라. **3** 하다가 그
친 것을 잇대어 또. ▢~ 일을 시작하자. **4**
있다가 또. 뒤에 또. ▢내일 ~ 만납시다.
[대기 긴지 아니한다고 이 우물에 똥을 눌
까] 자기 지위나 지체가 월등해졌다고 전 것
을 다시 보지 않을 듯이 괄시할 수는 없다.

다시 (多時)〔명〕 장시간.

다시-곰〔부〕〔옛〕 다시금.

다시금〔부〕 ‘다시'의 힘줌말. ▢다 먹을 수 있
겠냐고 ~ 묻다.

다시다〔타〕 **1** 음식을 먹거나 또는 먹는 것처럼
입을 놀리다. ▢입맛을 ~. **2** (주로 ‘무엇·아
무것' 등과 함께 쓰여) 음식을 조금 먹다.
▢무엇을 다실 게 있어야지.

다시마〔명〕〔식〕 갈조류에 속하는 바닷말. 북방
추운 바다에 분포함. 뿌리로 바위에 붙어사
는데, 길이 2~4 m, 폭 20~30 cm, 황갈색 또

는 흑갈색의 넓은 띠 모양으로 바탕이 두껍
고 미끄러우며 약간 주글주글한 무늬가 있
음(식용하며 공업용 요오드의 원료로 이용
됨). 곤포(昆布).

다시마-산자 (─饊子)〔명〕 튀각산자.

다시마-쌈 〔명〕 깨끗하게 씻은 다시마로 싸 먹
는 쌈. 곤포(昆布)쌈.

다시마-일엽초 (一葉草)〔명〕〔식〕 고란초과의
여러해살이풀. 다시마와 비슷한데, 산속의
큰 나무 위나 바위 등에 붙어살며, 봄에 높이
10~30 cm의 혁질(革質)·선형의 잎이 달림.
⊕일엽초.

다시마-자반 〔명〕 ☞ 부각.

다시마-장아찌〔명〕 잘게 썬 다시마에 북어 도
막이나 멸치를 섞어서 간장에 조린 반찬.

다시마-조림〔명〕 다시마장아찌.

다시마-튀각〔명〕 다시마를 기름에 튀긴 반찬.

다시맛-국[─마꾹 / ─맏꾹]〔명〕 다시마를 넣고
끓인 국. 곤풋국. 곤포탕.

다시-없다[─따]〔형〕 그보다 더 나은 것이 없
을 만큼 완전하다. ▢다시없는 기회를 놓칠
수 없다. **다시-없이**[─업씨]〔부〕. ▢그 사람은
~ 순하다.

다시-증 (多視症)[─쯩]〔명〕〔의〕하나의 물체가
여러 개로 보이는 증세.

-다시피〔어미〕 용언의 어간이나 높임의 ‘-시-'
따위에 붙어, ‘그것과 같이'·‘그와 다름없
이'의 뜻을 나타내는 연결 어미. ▢보~ 완전
하다 / 먹여 살리~ 하였네 / 아시~ 그는 가
난합니다 / 연구실에서 살~ 했다.

다식 (多食)〔명〕〔하다〕 음식을 많이 먹음.

다식 (多識)〔명〕〔하다〕 많이 알고 있음. 학식이 많
음. 박식(博識). ▢그는 매우 ~하여 아는 것
이 많다.

다식 (茶食)〔명〕 유밀과의 하나(녹말·송화·승검
초·황밤·검은깨 등의 가루를 꿀이나 조청에
섞어 다식판에 박아 냄).

다식-과 (茶食菓)[─꽈]〔명〕 밀가루·꿀·기름·생
강즙·소주 따위를 반죽해 다식판보다 큰 판
에 박아 내서 기름에 지져 만든 약과.

다식-증 (多食症)[─쯩]〔명〕〔의〕음식을 많이 먹
어도 배부른 감을 느끼지 못해 지나치게 많
이 먹는 증세(정신박약자에게 많음).

다식-판 (茶食板)〔명〕 다식을 박아 내는 틀.

다시 〔부〕 ‘다시는'의 준말. ▢~ 보고 싶지 않
다 / ~ 그런 짓 하지 마라.

다신-교 (多神敎)〔명〕〔종〕 여러 신을 인정하고
이를 믿는 종교. ▢원시 종교는 대부분 ~이
다. ↔일신교(一神敎).

다실 (茶室)〔명〕 다방(茶房).

다심 (多心)〔명〕〔하다〕〔히부〕 마음이 놓이지 않아
지나치게 생각하거나 걱정이 많음.

다심-스럽다 (多心─)[─따]〔스러워, ─스러우니〕
〔형ㅂ〕 보기에 다심한 데가 있다. **다심-스레**〔부〕

-다스니〔어미〕〔옛〕 ─더니.

다스리다〔타〕〔옛〕 다스리다.

-다스이다〔어미〕〔옛〕 ─시더이다. ─시옵니다.

다슴〔명〕〔옛〕 의로 맺은 자식이나 어버이.

다숫〔수〕〔옛〕 다섯.

다액 (多額)〔명〕 많은 액수. ↔소액.

다야〔명〕〔옛〕 대야.

다양 (多樣)〔명〕 여러 가지 모양이나 양식. **━━
하다**〔형여〕 모양이나 양식이 여러 가지로 많
다. ▢다양한 무늬 / 상품의 종류가 ~.

다양-성 (多樣性)[─썽]〔명〕 다양한 특성. ▢사회
문화의 ~. 「↔과언(寡言).

다언 (多言)〔명〕〔하다〕 말이 많음. 또는 여러 말.

다언-혹중 (多言或中)[─쭝]〔명〕〔하자〕 말을 많이

하다 보면 그중에 때로 맞는 말도 있음.
다연(茶煙)圓 차를 달일 때 나는 연기.
다염기-산(多鹽基酸)圓『화』 염기와 중화하여 금속으로 치환(置換)할 수 있는 수소를 두 개 이상 가진 산(이염기산·삼염기산 따위가 있음).
다연㊅〈옛〉 대여섯.
다예(多藝)圓 여러 가지 예능. ──하다㊀ 여러 가지 기예에 능하다.
다:오㊀圓타 해라할 자리에 쓰여, 듣는 이에게 무엇을 청하는 말. ☐물을 줘 / 나를 좀 도와 ~. ㊁보통 동사 어미 '-아'·'-어'에 쓰이어, 상대편에게 그 일을 하여 줄 것을 요구하거나 간곡히 바라는 뜻의 불완전 보조 동사. ☐더우니 에어컨 좀 틀어 ~ / 벽에 못 좀 박아 ~. *달라.
-다오어미 형용사의 어간이나 선어말 어미 '-았-'·'-었-'·'-ㄴ(는)-' 뒤에 붙어서, 어떤 사실을 설명하되 좀 대접하거나 친근한 맛을 나타내는 종결 어미. ☐옛날에는 제법 잘살았~ / 그렇게는 못 한~.
다옥-하다[-오카-]㊀ 초목 따위가 무성하다.
다올-대[-때]圓 베의 날을 풀기 위해 도투마리를 밀어서 넘기는 막대기.
다왈다타〈옛〉 다그치다.
다욕(多辱)圓하㊀ 욕됨이 많음.
다욕(多慾)圓하㊀ 욕심이 많음. 또는 그 욕심.
다용(多用)圓 많이 씀. 쓰임이 많음.
다-용도(多用途)圓 여러 가지 쓰임새. ☐광을 ~ 공간으로 쓰고 있다.
다용도-실(多用途室)圓 주택이나 아파트에서 여러 가지 용도로 쓸 수 있게 만든 방.
다우(多雨)圓하㊀ 비가 많이 내림. 또는 많은 비. ↔과우(寡雨).
다우 메탈(Dow metal)『화』 경합금(輕合金)의 한 가지. 마그네슘·구리·아연·망간 따위를 섞어서 만든 것으로 가볍고 강하여 항공기·자동차 등에 씀.
다운(down)圓하자타 1 가격이나 수량 따위를 내림. ☐가격을 ~시키다. 2 권투에서, 상대 선수의 주먹을 맞고 쓰러짐. ☐훅을 맞고 그대로 ~되다. 3〈속〉완전히 지쳐서 떨어짐. ☐술 한 잔에 ~되다. 4『컴』컴퓨터 시스템에 문제가 생겨서 작동이 일시적으로 중단됨. ☐시스템이 ~되다.
다운로드(download)圓하㊀『컴』컴퓨터 통신 망을 통하여 파일을 전송받는 일. 멀리 떨어져 있는 다른 컴퓨터나 전자 게시판에서 필요한 파일을 받음. *업로드.
다운사이징(downsizing)圓 1『경』기업의 업무나 조직의 규모를 축소하는 일. 2『컴』대형의 범용(汎用) 컴퓨터로 구축한 시스템을 소형 컴퓨터 시스템으로 바꾸는 일.
다운 증후군(Down症候群)『의』 선천성 정신 박약의 일종. 염색체의 수가 정상인보다 한 개 더 많은 것이 원인임. 몽고증(蒙古症).
다원(多元)圓 1 근원이 많음. 또는 많은 근원. 2『수』 미지수가 여러 개 있음. ↔일원.
다원(茶園)圓 차나무를 재배하는 밭.
다원-론(多元論)[-논]圓『철』세계를 구성하는 여러 가지의 본원적인 독립된 실재를 인정하고 세계의 본원은 이 다수의 실재에 있다고 하는 세계관. *이원론·일원론.
다원 방:송(多元放送)두 개 이상의 방송국에서 방송되는 내용을 하나의 프로그램으로 연결하여 내보내는 방송. ☐~으로 개표 실황을 보냈다.
다원 방정식(多元方程式)『수』두 개 이상의

미지수를 가지는 방정식.
다원-적(多元的)㊀圓 사물을 형성하는 근원이 많은 (것). ☐~ 민주주의.
다원적 국가론(多元的國家論)[-꾸까-]『정』국가 주권의 유일성에 반대하여 각 단체의 복수 주권을 주장하는 학설. 다원적 국가관.
다원-화(多元化)圓하㊀ 사물을 형성하는 근원이 여럿이 됨. 또는 여럿이 되게 함. ☐~된 현대 사회.
다위니즘(Darwinism)圓『생』영국의 생물학자인 다윈이 주장한 생물 진화론. 자연도태와 적자생존을 바탕으로 진화를 설명함. 다원주의.
다육(多肉)圓하㊀ 식물의 잎이나 줄기, 과일에 살이 많음.
다육-경(多肉莖)[-경]圓『식』수분이 많아 살이 두툼하게 된 식물의 줄기(선인장 따위).
다육-과(多肉果)[-꽈]圓『식』살과 즙이 많아서 익은 후에도 마르지 않는 열매. 액과(液果). 장과(漿果). 육과(肉果). 살찐열매.
다육 식물(多肉植物)[-씽-]『식』식물체의 저수(貯水) 조직이 발달하여 잎이나 줄기 속에 많은 수분을 가지고 있는 식물. 다장(多漿) 식물.
다육-엽(多肉葉)[-용녑]圓『식』수분이 많아 두툼하게 살이 오른 식물의 잎. 살찐잎.
다육-질(多肉質)[-찔]圓 살이 많은 성질이나 품질.
다음圓 1 어떤 차례의 바로 뒤. ☐~ 순서 / ~ 토요일 / ~은 내 차례다 / ~ 역에서 내린다. 2 말이나 글에서 바로 뒤따라오는 것. ☐~ 글을 읽고 물음에 답하시오. 3 버금. ☐부장 ~으로 높다. 4 나란히 있는 사물의 바로 인접한 것. ☐빨간 기와집 ~이 우리 집이다. 5 어떤 일이 끝난 뒤. ☐합격한 ~에 만나자. 6 일정한 시간이나 시일이 지난 뒤. ☐에 또 보자. 7(주로 '…이 아닌 다음에야' 꼴로 쓰여) '…이 아니고서야'의 뜻으로 그 아닌 사실을 강조하는 말. ☐바보 아닌 ~에야 모를 리가 없다. ㊤담.
다음(多淫)圓하㊀ 과도한 음사(淫事). 음욕이 지나치게 왕성함.
다음(多飮)圓하타 술을 많이 마심.
다음-가다자 기준으로 삼는 품위나 차례의 다음 자리를 차지하다. 버금가다. ☐장관 다음가는 지위에 오르다.
다음-날圓 정하여지지 않은 미래의 어떤 날. 훗날. ☐~ 꼭 찾아뵙겠습니다.
다음-다음圓 다음의 다음. ☐~이 네 차례다. ㊤담담.
다음-번(-番)[-뻔]圓 다음에 오는 차례. 또는 다른 기회. ☐~에는 용서하지 않겠다.
다음-자(多音字)[-짜]圓『언』둘 이상의 음가를 갖는 문자(金(금·김), 度(도·탁) 따위).
다음자리-표(-音-標)圓『악』 가온음자리표.
다-음절(多音節)圓『언』음절의 수가 셋 이상으로 된 것. ☐로 된 말.
다음절-어(多音節語)圓『언』세 음절 이상으로 된 말.
다의(多義)[-/-이]圓하㊀ 한 단어나 표현이 여러 개의 의미를 가짐. 또는 그런 의미.
다의(多疑)[-/-이]圓하㊀ 의심이 많음.
다의-어(多義語)[-/-이]圓『언』두 가지 이상의 뜻을 가진 단어('다리'에 사람이나 짐승의 다리라는 뜻과 책상의 다리와 같이 사물의 아랫부분을 가리키는 뜻이 있는 경우).
-다이㊀〈옛〉―답게. ―되게. ―대로.

다이내믹-하다 (dynamic–) 〖형여〗 움직임이 있으며 힘이 있다. 역동적이다. ▢율동이 ~.

다이너마이트 (dynamite) 〖명〗 〖화〗 니트로글리세린을 규조토·목탄·면화약 등에 흡수시켜 만든 폭약(1866년 스웨덴의 노벨이 발명함). ▢굴을 뚫기 위해 ~를 터뜨렸다.

다이너모 (dynamo) 〖명〗 〖전〗 발전기.

다이너모미터 (dynamometer) 〖명〗 동력계.

다이너미즘 (dynamism) 〖명〗 1 〖철〗 역본설(力本說). 2 〖미술〗 기계나 인간의 힘찬 움직임을 회화나 조각에 표현하려는 미술상의 한 주의.

다이렉트 메일 (direct mail) 상품 따위를 선전하기 위하여, 특정의 고객층에게 우편으로 보내는 편지나 카탈로그 따위.

다이렉트 스파이크 (direct spike) 배구에서, 상대편에서 넘어온 공을 토스하지 않고 바로 스파이크로 하는 일.

다:-이를까 〖감〗 분명하고 옳아서 자세한 말을 할 필요가 없다는 뜻으로 쓰는 말. ▢~, 부모님의 깊은 사랑.

다이버 (diver) 〖명〗 잠수부.

다이빙 (diving) 〖명〗〖하자〗 1 높은 곳에서 물속으로 뛰어드는 일. 또는 그렇게 하는 수상(水上) 경기(하이 다이빙과 스프링보드 다이빙의 2종이 있음). ▢공중에서 세 번 회전하면서 ~하다. 2 비행기의 급강하. ▢비행기가 ~하며 폭탄을 투하했다.

다이빙-대 (diving臺) 〖명〗 다이빙을 할 수 있게 일정한 높이에 만들어 놓은 대. 다이빙 보드(diving board).

다이빙 보드 (diving board) 다이빙대.

다이빙 패스 (diving pass) 럭비에서, 스크럼 하프가 패스를 멀리 하기 위해 몸을 앞으로 내던지듯 점프해서 하는 패스.

다이스 (dice) 〖명〗 서양 주사위. 또는 서양 주사위로 하는 놀이(두 개 내지 다섯 개의 주사위로 함).

다이아몬드 (diamond) 〖명〗 1 〖광〗 금강석. ▢~ 반지를 끼다. 2 야구장의 내야. ▢~에서 펼쳐지는 백구의 향연. 3 마름모의 붉은 무늬가 있는 트럼프 패. ⓟ다이어.

다이아몬드 게임 (diamond game) 여섯 꼭짓점을 가진 다이아몬드 모양의 선을 그은 말판에서, 세 사람이 각각 자기 말밭에 있는 말을 건너편 자기 말밭에 먼저 이동시키기를 겨루는 놀이.

다이아몬드 비트 (diamond bit) 〖공〗 다이아몬드를 날카롭게 만들어 박아 넣은, 땅을 뚫는 데 쓰이는 날(주로 석유 시추에서 암반층을 뚫을 때 사용됨).

다이아몬드-혼식 (diamond婚式) 〖명〗 결혼 후 60주년, 미국에서는 75주년이 되는 해에 행하는 축하식. 회혼례(回婚禮).

다이아진 (diazine) 〖명〗〖약〗 '술파다이아진'의 준말.

다이어그램 (diagram) 〖명〗 1 도표. 2 열차 운행표. ⓟ다이아. 3 행사 예정표 또는 진행표.

다이어리 (diary) 〖명〗 1 한 장씩 넘기면서 날짜별로 간단한 메모를 할 수 있도록 종이를 묶어 놓은 것. 2 그날그날에 겪은 일이나 감상을 적는 장부. 일기장.

다이어토닉 (diatonic) 〖명〗〖악〗 임시음이 없는 온음.

다이어트 (diet) 〖명〗 체중을 줄이거나 미용·건강을 위해서 먹는 음식의 양과 종류를 조절하는 일. 식이 요법. ▢지나친 ~는 건강을 해친다.

다이얼 (dial) 〖명〗 1 계기류의 눈금판. ▢~을 돌려 캐비닛을 열다. 2 자동 전화기의 숫자판. ▢전화기의 ~을 돌리다. 3 라디오의 주파수를 맞추는 손잡이. ▢~을 연속극에 맞추다.

다이얼 게이지 (dial gauge) 〖공〗 평면의 요철(凹凸), 축(軸)의 중심의 편재(偏在) 등을 검사하는 측정기.

다이얼로그 (dialogue) 〖명〗 1 문답. 대화. 회화(會話). 2 대화극(對話劇). ↔모놀로그(monologue).

다이오드 (diode) 〖명〗〖물〗 양극과 음극이 있는 이극 진공관 또는 반도체(半導體)(정류기·검파기 등에 씀).

다이옥신 (dioxine) 〖명〗〖화〗 플라스틱이나 쓰레기를 태울 때 발생하는, 독성이 강한 유기 염소 화합물. 암을 유발하거나 기형아 출산의 원인이 됨.

다이제스트 (digest) 〖명〗 1 적요. 2 흥미 있는 읽을거리를 요약해 편집한 잡지.

다이 캐스팅 (die casting) 〖공〗 구리·알루미늄·주석·납 등의 주물용 합금을 녹여, 강철제 거푸집에 압력을 가하여 눌러 넣는 주조법. 대량 생산하므로 자동차·사진기 따위의 부품이나 톱니바퀴를 만드는 등에 널리 쓰임.

다인 (dyne) 〖의명〗〖물〗 힘의 시지에스(CGS) 단위. 질량 1g의 물체에 작용하여 1초 동안에 1cm의 가속도를 내는 힘. 질량 1g의 물체에 작용하는 중력의 크기는 약 980 다인. 기호: dyn.

다일 (多日) 〖명〗 여러 날.

다일레이턴시 (dilatancy) 〖명〗〖화〗 입자가 강력하고 급격한 외력(外力)에 의해서 액체를 흡수하여 부풀어 굳어지는 현상(바닷가의 모래 위를 걸을 때 밟은 자리가 갑자기 물기를 잃는 것처럼 보이는 따위). 레이놀즈 현상(Reynolds現象).

다임 (dime) 〖의명〗 미국 은화의 단위. 달러의 1/10에 해당하는 10센트.

다잊다 〖타〗〖옛〗 부딪다. 치다.

다웃다 〖자타〗〖옛〗 다하다. 없애다.

다웂없다 〖형〗〖옛〗 다함이 없다. 무궁하다.

다-자녀 (多子女) 〖명〗〖하형〗 자녀가 많음. 또는 많은 자녀.

다-자손 (多子孫) 〖명〗〖하형〗 자손이 많음. 또는 많은 자손.

다-자엽 (多子葉) 〖명〗〖식〗 하나의 싹이 틀 때, 세 개 이상의 떡잎이 생기는 일. 뭇떡잎.

다자엽-식물 (多子葉植物)[-씽-]〖명〗〖식〗 하나의 배(胚)에 떡잎을 세 개 이상 가진 식물(소나무 따위). 뭇떡잎식물.

다자엽 종자 (多子葉種子)[-종-]〖식〗 하나의 밑씨에 떡잎을 세 개 이상 가진 씨. 뭇떡잎씨앗.

다자인 (독 Dasein) 〖명〗〖철〗 본질적 존재에 대한 구체적·개별적 존재. 생존. 정재(定在). ↔조자인(Sosein).

다작 (多作) 〖명〗〖하타〗 1 작품을 많이 지음. ▢~을 남기다. ↔과작. 2 농산물이나 물품을 많이 만듦. ▢이제는 ~보다 질적 향상을 꾀해야 한다.

다잡다[-따]〖타〗 1 손으로 단단히 잡다. ▢펜을 다잡고 그동안 소홀히 했던 글쓰기를 시작했다. 2 감독을 철저히 하여 통제하다. ▢아이들을 다잡아 공부시키다. 3 헝되거나 들뜬 마음을 가라앉혀 바로잡다. ▢마음을 다잡고 공부에만 열중하다. 4 어떤 사실을 꼭 집어

내다. ❏지금의 상황을 한마디로 다잡아 설명할 수 없다.

다잡-이 【명】【하타】 늦추어진 것을 바싹 잡아 죄는 일. ❏마음을 굳게 ∼하다 / 말썽꾸러기들의 ∼에는 체벌도 필요하다.

다장-근 (多漿根) 【명】【식】 당근·무·고구마와 같이 즙액이 풍부한 뿌리.

다장-식물 (多漿植物)[-싱-] 【명】【식】 줄기와 잎이 살지고 그 안에 수분을 많이 저장하고 있어 건조에 잘 견디는 식물(선인장 따위). 저수 식물(貯水植物).

다-장조 (-長調)[-쪼] 【명】【악】 '다' 음을 기본음으로 하는 장조. 시(C)장조.

다재 (多才) 【명】【하형】 재주가 많음. ❏여러 방면에 ∼한 사람.

다재다능-하다 (多才多能-) 【형여】 재주가 많고 능력이 풍부하다. ❏그는 하늘이 낸 다재다능한 예술가이다.

다재-다병 (多才多病) 【명】 재주가 많은 사람은 흔히 몸이 약하고 잔병이 많다는 말.

다저녁-때 【명】 저녁이 다 된 때. ❏아침에 나가더니 ∼가 되어서야 돌아올까.

다적 (茶積) 【한의】 차를 너무 좋아하여 인이 박이도록 즐겨서 나중에는 마른 차를 그대로 씹어 먹게 되는 병.

다전-선고 (多錢善賈) 【명】 밑천이 넉넉하면 장사를 잘할 수 있다는 말.

다점 (多占) 【경】 자유 경쟁과 독점의 중간에 일어나는 상품 매매의 한 형태(상품의 공급자나 수요자가 많은 상품을 쌓아 두고 가격을 인위적으로 결정하는 경우).

다점 (多點)[-쩜] 【명】【하형】 1 점수가 많음. 또는 그 점수. 2 점(點)이 많음. 또는 그 점.

다점 (茶店) 【명】 다방.

다정 (多情) 【명】【하형】【부】 1 정이 많음. ❏∼한 눈길을 보내다. 2 친분이 두터움. ❏∼한 친구 / ∼히 어깨를 감싸 안았다.

다정 (多精) 【생】 한 개의 난자에 많은 정자가 들어가는 현상. ↔단정(單精).

다정 (茶亭) 【명】 1 간단한 다방. 2 다정자.

다정 (茶精) 【화】 카페인.

다정다감-하다 (多情多感-) 【형여】 정이 많고 감정이 풍부하여 감동하기 쉽다. ❏다정다감한 소녀의 속삭임.

다정-다한 (多情多恨) 【명】【하형】 애틋한 정도 많고 한스러운 일도 많음. ❏∼했던 지난날의 세월.

다정-불심 (多情佛心)[-씸] 【명】 정이 많고 자비로운 마음.

다정 수정 (多精受精) 【생】 수태(受胎) 과정에서, 하나의 난자에 두 개 이상의 정자가 들어가서 이루어지는 수정(파충류·조류 따위).

다정-스럽다 (多情-)[-따][-스러워, -스러우니] 【형】 다정한 데가 있다. ❏다정스러운 여인 / 다정스럽게 지내다. **다정-스레** 【부】. ❏∼ 웃다.

다정-자 (茶亭子) 【명】 차를 마시는 데 쓰는 기구를 벌여 놓는 탁자. 다정(茶亭).

다정큼-나무 【명】【식】 장미과의 상록 활엽 관목. 높이는 2-4m, 바닷가 산기슭 양지바른 곳에 나며, 여름에 흰 다섯잎꽃이 피고 열매는 둥근데 가을에 까맣게 익음(관상용이며 나무껍질은 그물을 염색하는 데 씀).

다-조 (-調)[-쪼] 【명】【악】 '다' 음을 으뜸음으로 하여 구성된 곡조.

다조 (多照) 【명】【하형】 주로 농작물에 볕이 쬐는 시간이 많음.

다조-기 (多照期) 【명】【농】 주로 농작물에 볕이

쬐는 시간이 많은 시기.

다조-성 (多調性)[-씽] 【악】 서로 다른 몇 개의 조성(調性)을 사용하여 작곡하는 음악의 기법. 새로운 화음을 얻는 것이 특색으로 20세기에 들어와 널리 쓰임.

다조지다 일이나 말을 바싹 죄어 다그치다. ❏형사가 범인을 ∼. ⓐ다죄다.

다족 (多足) 【명】【하형】 발의 수효가 많음. 또는 많은 발.

다족 (多族) 【명】【하형】 친족이 많음. 번족.

다족-류 (多足類) 【명】【동】 다지류.

다족-하다 (多足-)[-쪼카-] 【형여】 많고 넉넉하다.

다종 (多種) 【명】【하형】 종류가 많음. 또는 많은 종류.

다종 (茶鍾) 【명】 1 옛날에 차를 따라 마시던 그릇(꼭지 달린 뚜껑이 있고, 잔대의 굽이 퍽 높음). 2 찻종.

다종-다양 (多種多樣) 【명】【하형】 종류나 모양이 여러 가지로 많음. ❏진열대에 ∼한 물품들이 선보이고 있다.

다종-다 [-쫑-] 【타】 '다조지다'의 준말.

다죳-치다 [-쫃-] 【타】 '다조지다'의 힘줌말.

다-좇다 [-쫃따] 【타】 다급히 좇다. ❏범인의 뒤를 ∼.

다죄 (多罪) 【명】【하형】 1 죄가 많음. 2 무례하거나 지나친 말을 했을 때에 깊이 사과한다는 뜻으로 쓰는 말. ❏多謝. ❏망언 ∼.

다-죄다 【타】 다잡아 죄다. ❏수도꼭지를 ∼.

다중 (多重) 【명】 여러 겹. ❏∼ 포장을 하다.

다중 (多衆) 【명】 많은 사람. 뭇사람.

다중 방:송 (多重放送) '다중식 방송'의 준말.

다중 불해산죄 (多衆不解散罪)[-쬐] 【법】 폭행·협박 또는 손괴의 목적으로 많은 사람이 집합하여, 그를 단속하는 공무원으로부터 3회 이상의 해산 명령을 받고도 해산하지 않음으로써 성립하는 죄.

다중-성 (多重星) 【명】【천】 육안으로 볼 때, 두 개 이상의 별이 서로 가까이에 있거나 같은 방향에 있어 하나처럼 보이는 별(이중성·삼중성·사중성 따위).

다중식 방:송 (多重式放送)[-빵-] 【명】 한 주파수로 두 개 이상의 프로그램을 동시에 내보내는 라디오·텔레비전의 방송. ⓐ다중 방송.

다중 처:리 (多重處理) 【컴】 1 여러 개의 처리 장치를 가진 컴퓨터 시스템에서, 하나는 시스템을 제어하고 다른 것들은 그것을 보조하는 기능을 하게 하는 처리 방식. 2 시분할 방식으로 여러 프로그램이나 그 부분들을 동시에 처리하는 일.

다중 통신 (多重通信) 한 통신 전송로의 회선을 사용하여 수많은 통신로를 구성하는 유선 통신 및 무선 통신의 방식.

다즙 (多汁) 【명】【하형】 식물의 열매·잎·줄기 따위에 물기가 많음.

다즙-사료 (多汁飼料)[-싸-] 【명】 물기가 많은 사료(돼지감자·호박·무 따위).

-다지[1] '이' · '그' · '저' 따위의 말 뒤에 붙어서, '…에 이를 정도까지'란 뜻을 나타내는 부사 형성 접미사. ❏그∼ 예쁘지 않다 / 저∼ 마음 좋아해서.

-다지[2] 【어미】 1 다짐하거나 묻는 뜻을 나타내는 반말 투의 종결 어미. ❏얼마 전에 시집갔∼ / 웬 날씨가 이렇게 춥∼. 2 '-다고 하지'의 준말. ❏그를 좋아한다∼ 그래.

다지다[1] 【타】 1 누르거나 밟거나 쳐서 단단하게

하다. ▫ 땅을 ~ / 오이를 소금에 절인 다음 돌로 다져 놓다. **2** 마음이나 뜻을 단단히 가다듬다. ▫ 마음을 다져 먹다 / 결의를 ~. **3** 기초나 터전을 튼튼히 하다. 강화하다. ▫ 기반을 ~. **4** 일에 뒷말이 없도록 단단히 확인하다. ▫ 꼭 오라고 몇 번씩 ~.

다지다² 固 고기나 채소 따위를 여러 차례 칼질하여 잘게 만들다. ▫ 양념을 ~ / 쇠고기를 ~.

다지-류 (多肢類) 閱 〖동〗 절지동물에 속하는 한 무리. 머리에 한 쌍의 더듬이가 있고 몸통은 여러 마디로 되었으며, 마디마디 한두 쌍의 발이 붙어 있음. 자웅 이체(雌雄異體)인데, 대개는 동물성 먹이를 먹음《지네·노래기 따위》. 다족류.

다지르다 〔다질러, 다지르니〕 固里 다짐받기 위하여 다지다. ▫ 약속을 반드시 지키라고 단단히 ~.

다지-선택법 (多枝選擇法)〔-뻡〕 閱 〖교〗 다항(多項) 선택법.

다지-증 (多指症)〔-쯩〕 閱 〖생〗 손가락이나 발가락의 수효가 정상보다 많은 기형《육손이 따위》.

다지-하다 (多智-) 彫 지혜가 많다. 〔따위〕.

다직-하다 〔-지카-〕 彫叶 (주로 '다직하면'·'다직해서'·'다직해야'의 꼴로 쓰여) '기껏 한다고 하면'·'기껏 많이 잡아서'·'기껏해야'의 뜻을 나타냄. ▫ 다직해야 서너 명을 테지.

다질리다 困 ('다지르다'의 피동) 다지름을 당하다.

다짐 閱하자타 **1** 이미 한 일이나 앞으로 할 일이 틀림없음을 확인하거나 강조하여 말함. ▫ 담배를 끊겠다고 ~을 하다 / 필승을 ~하다 / 성공을 ~하다. **2** 마음이나 뜻을 굳게 가다듬고 정함. ▫ 다시는 만나지 않겠다고 ~하다 / 열심히 공부하겠다고 마음속으로 ~했다.

다짐(을) 두다 곳 틀림이 없도록 단단히 다짐을 하다.

다짐(을) 받다 곳 단단히 다져서 확실한 대답을 받다. ▫ 꼭 갚겠다는 다짐을 받고 돈을 빌려 주었다.

다짐-기 (-記)〔-끼〕 閱 다짐을 적은 서류. 다짐글. 다짐장.

다짐-장 (-狀)〔-짱〕 閱 다짐기.

다짜-고짜 閟 다짜고짜로.

다짜고짜-로 閟 옳고 그름을 가리지 아니하고 단박에 들이덤벼서. ▫ ~ 죄인 취급을 하다.

다채-롭다 (多彩-)〔-따〕〔-로워, -로우니〕 彫비 **1** 여러 가지 색채가 어울려 호화롭다. ▫ 옷감이 ~. **2** 여러 계획이 한데 조화되어 화려하다. ▫ 다채로운 축하 행사. 다채-로이 튀.

다채-유 (多彩釉) 閱 〖미술〗 청자·백자를 만들 때 쓰는 여러 빛깔의 잿물.

다채-하다 (多彩-) 彫叶 다채롭다.

다처 (多妻) 閱 한 남자가 둘 이상의 아내를 가짐. ↔다부(多夫).

다축 (多畜) 閱 가축이 많음. ▫ ~ 농가.

다취미-하다 (多趣味-) 彫叶 취미가 많다. 다취하다. ▫ 그는 다취미해서 돈에 궁하다.

다취-하다 (多趣-) 彫叶 다취미하다.

다층 (多層) 閱 여러 층. 많은 층. ▫ ~ 건물 / 석탑의 웅장한 자태.

다층-림 (多層林)〔-님〕 閱 나뭇가지나 나뭇잎이 무성하게 난 부분이 둘 이상의 층으로 이루어진 숲. *단층림.

다층-탑 (多層塔) 閱 탑신(塔身)이 여러 층으로 된 탑.

다치다 困固 **1** 부딪치거나 맞거나 하여 몸에 상처를 입다. ▫ 머리를 ~. **2** 남의 명예나 체면에 해를 끼치다. ▫ 그 사람은 다치지 마라. **3** 남의 재산에 손해를 끼치다. ▫ 절대로 공금을 다쳐서는 안 된다.

다카―디아스타아제 (일 たか+독 Diastase) 閱 〖화〗 일본의 생화학자 다카미네 조키치(高峰讓吉)가 누룩곰팡이에서 만들어 낸 황백색을 띤 효소제(酵素劑)의 상표명.

다 카포 (이 da capo) 〖악〗 악보에서, 처음부터 되풀이하여 연주하라는 뜻. 반시(反始)기호《약호 : DC》.

다 카포 알 피네 (이 da capo al fine) 〖악〗 악보에서, 처음부터 되풀이하여 끝 표시가 있는 기호까지 연주하라는 뜻.

다 카포 형식 (da capo形式) 〖악〗 다 카포를 이용한 악곡의 형식《미누에트·행진곡 따위》.

다쿠앙 (일 たくあん〔澤庵〕) 閱 단무지.

다큐멘터리 (documentary) 閱 실제로 일어난 사건의 전개에 따라 구성된, 기사(記事)·소설·영화·방송 프로 따위. 실록(實錄).

다큐멘터리 영화 (documentary映畵) 기록(記錄) 영화.

다크 스테이지 (dark stage) 인공 광선만을 사용하는 암실(暗室) 촬영소. 다크 스튜디오.

다크 스튜디오 (dark studio) 다크 스테이지.

다크 오픈 (dark open) 연극에서, 조명이나 불을 끈 상태에서 막(幕)을 여는 일《약호 : DO》. ↔라이트 오픈.

다크 체인지 (dark change) 막을 내리지 않은 채 무대를 어둡게 하여 장면을 바꾸는 일. 암전(暗轉). ↔라이트 체인지.

다크 커튼 (dark curtain) 연극에서, 조명이나 불을 끈 다음 막을 내리는 일. ↔라이트 커튼.

다크-호스 (dark horse) 閱 **1** 경마(競馬)에서, 의외의 결과를 가져올지도 모를, 그 실력이 확인되지 않은 말. ▫ 어느 말이 ~인지 알 수 없지. **2** 인물·수완 등은 확실하지 아니하나 유력하다고 지목되는 경쟁 상대. ▫ 이름도 모르던 선수가 ~로 떠오를 줄이야.

다탁 (茶卓) 閱 차를 마실 때 사용하는 탁자.

다탄두 각개 유도 미사일 (多彈頭各個誘導missile)〔-깨-〕 대륙 간 탄도 미사일의 탄두에 여러 개의 탄두를 적재한 전략 미사일. 대기권 재돌입 후 탄두를 한 개씩 분리하여 발사하게 되어 있음. ㉰다탄두 미사일.

다탄두 미사일 (多彈頭missile) '다탄두 각개 유도 미사일'의 준말.

다탕 (茶湯) 閱 **1** 찻물. **2** 차·과자·과일 등의 간단한 음식.

다태 (多胎) 閱 〖생〗 포유동물에서, 한 개의 난자가 수정된 뒤에 둘 이상으로 분리되어 별개의 개체로 되는 일.

다태 동-물 (多胎動物) 한 배에 여러 마리의 새끼를 낳는 동물《돼지·개 따위》.

다태-아 (多胎兒) 閱 〖의〗 다태 임신으로 된 태아《서로 공통의 양막(羊膜)을 씀》.

다태 임-신 (多胎妊娠) 〖의〗 한 배에 둘 이상의 태아를 갖는 임신.

다투다 困固 **1** 서로 옳고 그름을 주장하여 따지며 우기다. 시비를 하다. ▫ 언성을 높여 ~. **2** 승부를 겨루다. 경쟁하다. ▫ 선두를 ~. **3** (시간·공간을 나타내는 명사와 함께 쓰여) 늦추거나 내어줄 수 없다. ▫ 1분 1초를 다투는 판국 / 한 치의 땅을 다투는 국지전(局地戰).

다툼 閱하자타 다투는 일. ▫ 권력 ~을 하다.

다툼-질 閱하자 다투는 짓. ▫ ~을 일삼다.

다트¹(dart) 명 양재(洋裁)에서, 몸의 볼륨을 나타내기 위해 허리나 어깨 따위의 일정한 부분에 주름을 잡아서 솔기가 겉에 나타나지 않게 꿰맨 부분.

다트²(dart) 명 점수가 매겨져 있는 불(bull)이라는 둥근 표적에 창을 던져 승패를 겨루는 서양 놀이(표적을 약 6피트 높이에 걸어 놓고 9피트 거리에서 창을 던짐).

다티 튀〈옛〉달리. 따로.

다티다 재〈옛〉스치다.

다팔-거리다 재 1 짧은 머리털 따위가 날려서 자꾸 흔들리다. 2 소녀의 긴 머리가 바람에 ~. 2 들떠서 침착하지 못하고 자꾸 경망스럽게 행동하다. 2 다팔거리지 말고 얌전히 앉아 있어라. 彎더펄거리다. 다팔-다팔 튀재

다팔-대다 재 다팔거리다.

다팔-머리 명 다팔다팔 날리는 머리털. 2 ~의 소녀. 彎더펄머리.

다포-농업(多圃農業) 명 농토를 경작지·휴경지·목초 재배지 등으로 나누어 몇 년에 한 번씩 엇바꿔 경영하는 농업.

다포-약(多胞葯) 명 《식》 향나무·낙엽송의 꽃밥과 같이 몇 이상의 약포(葯胞)로 된 꽃밥. ↔단포약.

다폿-집(多包-)[-포찝 · 폳찝] 《건》 공포(拱包)를 여러 개로 받친 집.

다품종 소량 생산(多品種少量生産) 《경》여러 가지 종류의 제품을 조금씩 생산하는 방식(소비자의 다양한 기호에 맞추기 위함이 주목됨임).

다프네 (Daphne) 명 그리스 신화에 나오는 요정. 하신(河神)의 딸로 아폴론의 구애를 물리치고 도망쳐 월계수로 변했다 함.

다:-하다 国재여 1 다 없어지다. 계속하지 못하게 되다. 같이 나다. 2 힘이 ~ / 목숨이 다하도록 싸우다. 国타여 1 마음이나 힘 또는 필요한 물자를 있는 대로 다 들이다. 2 최선을 ~ / 정성을 ~. 2 계속하던 일을 끝내어 마치다. 2 책임을 ~ / 자식된 도리를 ~.

다한-증(多汗症)[-쯩] 명 《의》 땀이 지나치게 많이 나는 증세.

다한-하다(多恨-) 형여 여러 가지로 한이 많다. 원한이 많다.

다항 선:택법(多項選擇法)[-뻡] 한 문제에 여러 개의 답을 늘어놓고 정답을 고르게 하는 시험 방식. 다지선택법.

다항-식(多項式) 《수》 '+' 또는 '-'로 몇 개의 단항식을 이어 놓은 정식. ↔단항식.

다핵 도시(多核都市)[-또-] 도시 기능을 달리하는 여러 개의 도시가 모여 하나로 형성된 큰 도시.

다핵 세:포(多核細胞)[-쎄-] 두 개 이상의 핵을 가진 세포.

다행(多幸)명하형부 뜻밖에 일이 잘되어 운이 좋음. 2 ~한 일이다 / 그만하길 불행 중 ~이다 / ~히 다친 사람은 없다. 魯행복.

다행-다복(多幸多福)명하형 운이 좋고 복이 많음. 2 건강을 되찾고 사업까지 번창하니 정말 ~한 사람이다.

다행-스럽다(多幸-)[-따][-스러워, -스러우니]형비 다행한 데가 있다. 2 무사하다니 ~. 다행-스레형

다혈(多血) 명 1 몸 안에 피가 많음. 2 감정의 변화가 심하고 쉽게 격동함.

다혈구 혈증(多血球血症)[-쯩] 명 《의》 혈액 속에 적혈구·혈장(血漿)이 정상보다 증가해 있는 상태.

다혈-증(多血症)[-쯩] 명 《의》 혈액 속에 적혈

구의 양이 병적으로 증가하는 증상. 맥박이 빨라지고 호흡 곤란과 구토감을 일으키며 혈압이 올라가는데, 중년 남자에게 흔히 옴.

다혈-질(多血質)[-찔] 명 《심》 감정의 움직임이 빨라서 자극에 민감하고 흥분을 잘하지만 오래가지 못하며, 성급하고 인내력이 적은 기질. 2 ~인 사람. ↔점액질(粘液質).

다혈-한(多血漢) 명 다혈질의 사나이. 2 그는 ~이라 작은 일에도 참지 못한다.

다형(多形) 명 《광》 동질 이상(同質異像).

다형 변:정(多形變晶) 《광》 광물질이 같은 화학 조성(組成)을 가지면서, 큰 압력이나 마그마의 접촉을 받아서 다른 모양의 결정형을 이루는 일.

다형-화(多形花) 명 《식》 같은 종류의 다른 그루는 한 나무 안에서 형태가 다른 두 가지 이상의 꽃이 피는 꽃(국화·수국 따위).

다호(茶壺) 명 차(茶)를 담아 두는 단지.

다호라 형〈옛〉같아라. 다워라.

다홍(-紅) 명 다홍색.

다홍-빛(-紅-)[-삗] 명 다홍색.

다홍-색(-紅色) 명 빨강에 노랑이 약간 섞인 질고도 산뜻한 붉은색. 다홍. 다홍빛.

다홍-실(-紅-) 명 다홍색으로 물들인 실.

다홍-치마(-紅-) 명 1 다홍빛 치마. 홍상(紅裳). 2 신부는 녹색 저고리에 ~를 입었다. 2 위의 절반은 희고 아래의 절반은 붉게 칠해 만든 연. 魯홍치마.

다화(茶話) 명 차를 마시며 하는 이야기.

다화-과(多花果)[-꽈] 명 《식》 겹열매. ↔단화과(單花果).

다화-성(多化性)[-썽] 명 《충》 한 해에 세 번 이상 알을 까는 누에 품종의 성질. *일화성(一化性)·이화성(二化性).

다화-잠(多化蠶) 명 《충》 다화성의 누에(누에의 한 품종으로 중국 남부나 인도 등지에서 치며, 고치는 가락 모양임).

다화-회(茶話會) 명 차를 마시며 이야기를 나누는 모임.

다황화-물(多黃化物) 명 《화》 황화알칼리 수용액을 방치하거나, 황화알칼리 수용액에 황을 녹여서 만드는 화합물. 물에 잘 녹으며 산을 넣으면 황이 분리되어 나옴.

다회(多繪) 명〈옛〉실로 땋아서 만든 띠.

-다히 명〈옛〉-처럼. -같이.

다히다¹ 타〈옛〉짐승을 잡다.

다히다² 타〈옛〉대다.

닥¹ 명 1 《식》 '닥나무'의 준말. 2 종이 원료로 쓰는 닥나무 껍질.

닥² 튀 1 금이나 줄을 힘 있게 긋는 모양. 또는 그 소리. 2 금을 ~ 긋다. 2 적은 양의 물이 갑자기 얼어붙는 모양. 또는 그 소리. 3 물이 ~ 얼어붙다. 3 작고 단단한 물건을 거세게 긁는 모양. 또는 그 소리. 2 솥 밑바닥을 ~ 긁다. 彎득.

닥-굿[-꾿]명 껍질을 벗기기 위하여 닥나무를 찌는 구덩이. --하다[-꾸타]재여 구덩이에 닥나무를 찌다.

닥-나무[닥-] 명 《식》 뽕나뭇과의 낙엽 활엽 관목. 산기슭 양지나 밭둑에서 자람. 높이 5m가량, 초가을에 뱀딸기와 비슷한 열매가 붉게 익음. 껍질은 제지용, 열매는 약재, 어린잎은 식용됨. 彎닥.

닥다그르르[-따-]튀재 1 작고 단단한 물건이 딱딱한 다른 물건에 부딪치며 굴러가는 소리. 또는 그 모양. 2 구슬들이 ~ 소리를

내며 굴러 나왔다. **2** 천둥이 가까운 데서 갑자기 울리는 소리. ⓑ덕더그르르. ⓒ딱따그르르.

닥다글-닥다글 [-따-따-] 튀 하 자 **1** 작고 단단한 물건이 딱딱한 다른 물건에 잇따라 부딪치며 굴러가는 소리. 또는 그 모양. **2** 천둥이 가까운 데서 갑자기 잇따라 울리는 소리. ⓑ덕더글덕더글. ⓒ딱따글딱따글.

닥-닥 [-딱] 튀 **1** 금이나 줄을 자꾸 힘 있게 긋는 모양. 또는 그 소리. ❑유리 조각으로 마루를 ~ 긁다. **2** 적은 양의 물이 갑자기 얼어붙는 모양. 또는 그 소리. **3** 작고 단단한 물건을 소리가 나도록 자꾸 긁는 모양. 또는 그 소리. ❑누룽지를 ~ 긁다. ⓑ득득.

닥들여-오다 [-뜨려-] 자 어떤 일이 갑자기 바짝 다가오다.

닥-뜨리다 자 닥쳐오는 일에 마주 서다. 직면하다. ❑난관에 ~. 三國 함부로 다조치다. 닥트리다.

닥스훈트 (독 Dachshund) 몡『동』허리가 길고 다리가 짧은, 독일산의 사냥개.

닥작-닥작 [-짝딱짝] 튀 하 **1** 먼지나 때 따위가 좀 두껍게 군데군데 끼어 있는 모양. ❑장롱 위에 먼지가 ~하다. ⓑ덕적덕적.

닥-종이 [-쭝-] 몡 닥나무 껍질을 원료로 하여 만든 종이. ❑은 인형을 만들다.

닥지-닥지 [-찌-찌] 튀 하 **1** 때나 먼지 따위가 많이 끼거나 오른 모양. ❑때가 ~ 낀 손. ⓑ덕지덕지.

닥-채 껍질을 벗겨 낸 닥나무의 연한 가지나 줄기.

닥쳐-오다 [-처-] 자 어떤 일이나 사물 따위가 가까이 다다라 오다. ❑시험 날짜가 ~/위험이 ~.

닥치다 자 일이나 사물이 가까이 다가르다. ❑예고도 없이 재난이 ~/겨울이 ~.
닥치는 대로 튀 이것저것 가릴 것 없이 마구. ❑물건을 ~ 집어던진다.

닥치다² 타 입을 다물다. 말을 그치다《주로 명령조로 씀》. ❑입 닥치고 시키는 대로 해라.

닥터 (doctor) 몡 **1** 박사. ❑~ 코스를 밟다. **2** 의사.

닥터 스톱 (doctor stop) 권투 경기에서, 선수의 부상으로 경기를 계속 진행할 수 없다고 의사가 인정할 때, 심판이 경기를 끝맺는 일.

닥-트리다 자 타 닥뜨리다.

닥-풀 몡『식』아욱과의 한해살이꽃. 높이 1-2m, 잎은 5-7 갈래로 째짐. 여름에 담황색 다섯잎꽃이 피고, 열매는 타원형으로 표면에 거친 털이 나 있음. 뿌리는 굵고 긴데 물에 우리면 끈끈한 진이 나와 풀을 갤 풀같이 됨. 황촉규(黃蜀葵).

닦다 [닥따] 타 **1** 때·먼지 따위의 더러운 것을 없애려고 문지르거나 씻어 깨끗이 하다. ❑마루를 ~/창문을 ~. **2** 문질러 윤기를 내다. ❑구두를 ~. **3** 거죽의 물기를 훔치다. ❑눈물을 ~/책상 위에 엎질러진 커피를 ~. **4** 길 따위를 내다. ❑고속 도로를 ~. **5** 평평하게 고르고 다지다. ❑터를 ~. **6** 학문이나 기술 따위를 힘써 배우다. ❑학문을 ~/도를 ~. **7** 기초·토대 따위를 개척하여 튼튼히 하다. ❑기초를 ~. **8** 품행이나 도덕을 다스려 바르게 하다. ❑행실을 ~/마음을 ~. **9** '닦달하다'의 준말.
[닦은 방울 같다] 영리하고 똑똑한 어린아이를 이르는 말.

닦달 [닥딸] 몡 하 자 타 **1** 몰아대서 다그침. ❑내는 담배를 끊으라고 매일 ~한다. **2** 물건을 손질하고 매만짐. ❑이 가구는 ~만 잘하면 다시 쓸 수 있겠다.

닦달-질 [닥딸-] 몡 하 자 타 **1** 남을 몹시 윽박질러 다그치는 일. ❑~에 시달려 초주검이 되다/사실대로 말하라고 ~하다. **2** 물건을 손질하고 매만지는 일. ❑이미 고장난 시계 ~에 시간 낭비 그만 해라.

닦아-대다 타 언성을 높여 사리를 따져 가며 핀잔을 주다. 남의 허물을 들추어내어 몹시 나무라다.

닦아-세우다 타 꼼짝 못하게 나무라다. ❑다시는 거짓말을 하지 말라고 ~/부하의 잘못을 ~.

닦음-질 몡 하 타 깨끗하게 닦는 일.

닦이다 《'닦다'의 피동》**1** 닦음을 당하다. ❑깨끗이 닦인 유리창. **2** '훌닦이다'의 준말. ❑상관에게 몹시 ~.

닦이-쟁이 몡 닦이질을 업으로 하는 사람.

닦이-질 몡 하 타 낡은 집이나 헌 재목을 닦아서 깨끗하게 하는 일. ❑낡은 집을 ~하여 새집으로 만들었다.

단:¹ 몡 짚·땔나무·푸성귀 따위의 묶음. ❑짚을 ~으로 묶어 낟가리를 쌓다. 의 짚·푸성귀 따위의 묶음을 세는 단위. ❑볏짚 한 ~/시금치 두 ~/열무 한 ~.

단² '옷단'의 준말.

단 (段) 몡 **1** 신문이나 책 따위 인쇄물의 지면을 가로나 세로로 나누는 구분. ❑을 나누다. **2** 바둑·유도·태권도 등의 잘하는 정도의 등급. ❑태권도의 ~을 따다. **3** 사다리·계단 따위의 턱을 이룬 하나하나의 부분. ❑~단 높다/~을 세어 보다. 三의 **1** 지면의 구획의 단위. ❑3~ 표제의 기사. **2** 바둑·유도·검도·태권도 따위의 등급의 단위. ❑바둑 5~/태권도 3~. **3** 계단의 낱개를 세는 단위. ❑계단을 한 번에 세 ~씩 뛰어올랐다. **4** 단보(段步). **5** 자동차의 변속 기어의 단계를 나타내는 말. ❑4~ 기어/기어를 1~에 넣다.

단: (短) 몡 화투에서, 같은 종류의 띠 석 장을 갖춘 약《홍단·초단·청단 따위》.

단 (緞) 몡 '비단'의 준말.

단 (壇) 몡 **1** 제사를 지내기 위하여 흙이나 돌로 쌓은 터. ❑~을 쌓고 제를 지내다. **2** 강의·행사·의식 따위를 하기 위해 주변보다 높게 만들어 놓은 자리. ❑강의를 하려고 ~에 오르다.

단: (斷) 몡 **1** 결단. ❑~을 내리다. **2**『불』불교에서, 번뇌 따위를 끊고 죽음에 대한 공포를 없애는 일.

단 (單) 몡 단지. 겨우. 오직. ❑~ 하나밖에 없는 아들/~ 며칠이라도 묵어 가시오.

단: (旦) 튀 예외나 조건이 되는 말을 덧붙일 때 쓰는 접속 부사. 다만. ❑쉬어도 좋다. ~, 시간 안에 일은 마쳐야 한다.

단- (短) 튀 일부 명사 앞에 붙어, '짧음'을 뜻함. ❑~거리/~시일. ↔장-(長).

-단 (團) 미 '단체'의 뜻. ❑청년~/소년~.

-단 어미 '-다고 한', '-다고 하는', '-다는'의 준말. ❑없~ 말인가/정말 온~ 말인가.

단:가 (短歌) 몡 **1** 짧은 형식의 시가. 흔히, 시조를 일컬음. ↔장가(長歌). **2**『악』판소리를 부르기 전에 목을 풀기 위해 부르는 짧은 노래《'죽장망혜'·'만고강산' 따위》.

단가 (單價) [-까] 몡 물건 한 단위의 값. 낱개의 값. ❑~를 매기다/~가 높다.

단가 (團歌) 몡 어떤 단체가 제정하여 부르는

노래. ❑우렁찬 소년단의 ~ 소리.

단가(檀家)**명**『불』절에 시주하는 사람의 집.
단가-살이(單家-)**명하자** 식구가 적어 단출한 살림. 단가살림.
단가-표(單價標)[--까-]**명** 부기나 계산서 등에서 단가를 표시할 때 쓰는 부호(숫자 앞에 @를 씀).
단각(丹殼)**명** 홍소피(紅樹皮).
단:-각(短角)**명** '단각과'의 준말.
단:-각-과(短角果)[-꽈]**명** 열과(裂果)의 한 가지. 장각과(長角果)보다 짧고 넓으며 작매(꽃다지 열매·말냉이 열매 따위). **준**단각.
단:-간(短簡)**명** 내용이 간단한 편지.
단:-간(斷簡)**명** '단편잔간(斷編殘簡)'의 준말.
단간-방(單間房)**명** 단칸방.
단간-살림(單間-)**명** ☞ 단칸살림.
단간-살이(單間-)**명** ☞ 단칸살이.
단:-간-잔편(斷簡殘編)**명** 단편잔간(斷編殘簡).
단갈(袒褐)**명하자** 옷을 어깨에 엇멤.
단:-갈(短碣)**명** 무덤 앞에 세우는, 작고 머리가 둥근 빗돌.
단-감(명** 단감나무의 열매(단단하며 맛이 좋음). 감시(甘柿).
단감-나무(-명)『식』단감이 열리는 나무(감나무의 개량 품종).
단강(鍛鋼)**명**『공』쇠를 정련해서 거푸집에 넣어 덩어리를 만든 다음 프레스 따위로 두드리거나 눌러 일정한 형체로 만든 강철. * 주강.
단개(單個)**명** 단 한 개.
단거(單擧)**명하자** 여러 명 중에서 단 한 사람만을 추천함.
단:-거리(명** 1 단으로 묶어 말린 잎나무. 2 큰 단으로 흥정하는 땔나무.
단-거리(單-)**명** 오직 그것 하나뿐인 재료. ❑ 레퍼토리. 2 단벌. ❑ 양복을 세탁소에 보냈다.
단:-거리(短距離)**명** 1 짧은 거리. ❑~ 통학은 걸어서 하자. ↔장거리(長距離). 2 '단거리 달리기'의 준말.
단:거리 경:영(短距離競泳)**명** 수영 경기의 하나(50~200m의 거리를 헤엄침).
단:거리 경:주(短距離競走)**명** 단거리 달리기.
단:거리 공:격 유도탄(短距離攻擊誘導彈)**명** 최대 사정거리 1,100km 이하의 공격용 공대지(空對地) 미사일.
단:거리 달리기(短距離-)**명** 달리기 경기 종목의 하나. 짧은 거리를 전력으로 달려 속도를 겨루는 운동으로서 100m·200m·400m 달리기 종목이 있음. 단거리 경주. **준**단거리.
단거리-서방(-書房)**명** 여러 애부(愛夫) 중 가장 마음에 드는 애부.
단:거리 선:수(短距離選手)**명** 단거리 달리기나 단거리 경영을 하는 선수.
단:거리 이착륙기(短距離離着陸機)[-창뉵끼] 에스톨(STOL機).
단:거리 탄:도 유도탄(短距離彈道誘導彈)**명** 사정거리 80~1,000km 되는 유도탄.
단거리-흥정(명하자)지난날, 뱃사공이 터주를 위하는 데 쓰려고, 납으로 만든 작은 다리미·가위·인두 따위를 사던 일.
단건(單件)**명** 단벌.
단걸음-에(單-)**부** 내친걸음을 멈추지 않고 단숨에. ❑~ 다녀오너라.
단:-검(短劍)**명** 길이가 짧은 칼. 단도(短刀). ❑~을 휘두르다.
단-것[-껏]**명** 맛이 단 음식(사탕·과자류 따

---

539 단골집

위). ❑~은 충치의 원인이다.
단:-견(短見)**명** 1 좁은 소견. 2 자기 의견이나 생각을 겸손하게 일컫는 말. ❑부끄러움을 무릅쓰고 저의 ~을 말씀드리지요.
단견(斷見)**명**『불』세상만사가 무상하듯 사람도 죽으면 몸과 마음이 모두 없어진다고 주장하는 그릇된 견해. ↔상견(常見).
단결(團結)**명하자** 많은 사람이 한데 뭉침. 단합. ❑~하면 큰 힘이 생긴다.
단결(斷決)**명하타** 결단(決斷).
단결(斷結)**명**『불』세상 번뇌를 끊음.
단결-권(團結權)[-꿘]**명** 근로자가 사용자 또는 그 단체와 대등한 지위에서 근로 조건을 교섭하기 위하여 노동조합을 조직하고 단결할 수 있는 권리.
단:-결에(부** 1 일이 식지 않았을 판에. ❑~ 결판을 내다. 2 좋은 기회가 지나기 전에. 단김에.
단-결정(單結晶)[-쩡]**명**『광』전체를 통하여 고르게 규칙적으로 연결된 격자(格子) 구조를 가진 결정. ↔다(多)결정. *쌍정(雙晶).
단:-경(短經)**명**『수』'짧은지름'의 구용어.
단:경(斷經)**명하자**『한의』여자가 병이 들거나 일정한 나이가 되어 월경이 아주 끊어짐. 또는 그런 현상.
단경-기(端境期)**명** 철이 바뀌어 묵은 것 대신 햇것이 나오는 때. **준**단경.
단계(段階)[-게]**명** 일이 나아가는 과정. 순서. ❑시작 ~에 불과하다 / 마무리 ~에 이르다 /~를 밟다.
단:-계(短計)[-게]**명** 얕은꾀. 졸렬한 꾀. ❑그런 ~는 통하지 않는다.
단계-석(端溪石)[-/-게-]**명** 중국의 광둥 성 돤시(端溪) 지방에서 나는 벼룻돌. 돌의 질이 단단하고 치밀하며 무거움.
단계-연(端溪硯)[-/-게-]**명** 단계석으로 만든 벼루(돌결이 아름다é워 매우 귀히 여김).
단계-적(段階的)[-/-게-]**관명** 차례를 따라 밟아 가는 (것). ❑일을 ~으로 하다 / 사업을 ~으로 추진하다.
단고(單袴)**명** 남자의 홑바지. 고의.
단:-곡(短曲)**명** 짧은 악곡.
단:-곡(斷穀)**명하자** 신앙·기원 등을 목적으로 곡류를 끊고 먹지 않음.
단골[1]**명**『건』 1 기와지붕을 일 때 쓰는 반 동강의 기와. 2 도리 등에 얹힌 서까래와 서까래 사이.
단골[2]**명** 1 늘 정해 놓고 거래하는 곳. 단골집. ❑~가/~을 정하다 /~로 드나들다. 2 단골손님. ❑그 가게에는 ~이 많다. 3 '단골무당'의 준말.
단:-골(短骨)**명**『생』손발의 작은 뼈처럼, 길이·넓이·두께가 거의 같은 작은 뼈.
단골 마루(건』이 층 이상인 집에서 아래층 지붕의 위에 있는 마루.
단골-무당(민』굿할 때, 늘 단골로 불러 쓰는 무당. **준**단골.
단골-벽(-壁)**명**『건』도리에 얹힌 서까래 끝의 사이에 바른 벽.
단골-서리(-書吏)**명**『역』관원이 항상 관아의 사무를 맡기던 이조(吏曹) 또는 병조(兵曹)의 서리.
단골-손님(명** 늘 정해 놓고 거래하는 손님. 단골. ❑~과는 외상 거래를 한다 /~이 많다. ↔뜨내기손님.
단골-집[-찜]**명** 단골.

단골-판(-板)[명]〖건〗서까래와 서까래 사이를 막는 널빤지.

단공(鍛工)[명][하타] 금속을 단련함. 또는 그런 일을 하는 기술자.

단공-로(鍛工爐)[-노][명] 대장간에서 쇠를 가열하는 노. 단열로(鍛熱爐).

단공-장(鍛工場) 연철(鍊鐵)·강철의 소재를 필요한 형태로 대강 만드는 작업장.

단과(單果)[명]〖식〗홑열매.

단과 대:학(單科大學)[-꽈-] 한 가지 계통의 학부로만 구성된 대학(공과 대학·의과 대학 따위). ↔종합 대학.

단:과-지(短果枝)[명]〖식〗열매를 맺는, 길이 10 cm 이하의 짧은 가지.

단관(單冠)[명]〖조〗홑으로 된 닭의 볏. 홑볏.

단-관절(單關節)[명]〖생〗어깨나 다리의 관절과 같이 두 개의 뼈로 구성된 관절. ↔복관절.

단광(單光)[명]〖물〗단색광.   [(複關節).

단광(團鑛)[명]〖광〗광석의 가루나 작은 알갱이를 덩어리로 굳힌 광물.

단괴(團塊)[명] 퇴적암 속에서 어떤 특정의 성분이 농축·응집되어 주위와는 다르게 단단해진 덩어리.

단:교(斷交)[명][하자] **1** 교제를 끊음. 절교. □친구와 ~하다. **2** 나라와 나라 사이의 외교 관계를 끊음. □두 나라가 ~를 선언하다.

단:교(斷郊)[명][하자] 교외를 가로질러 나감.

단:교 경:주(斷郊競走) 크로스컨트리.

단구(段丘)[명]〖지〗강물이나 바닷물의 침식, 땅의 융기, 흙·모래·자갈의 퇴적으로 강·호수·바다의 연안에 생긴 계단식 지형. □해안 ~가 형성되다 / 해안 ~를 효율적으로 이용하다.

단구(單球)[명]〖생〗백혈구의 하나. 혈액 속에 있는 둥글고 큰 세포(강한 식균 작용이 있음).

단구(單鉤)[명] 서예에서, 붓을 쥐는 방법의 하나(엄지와 집게손가락으로 붓대를 잡고 가운뎃손가락으로 가볍게 받침). 단구법. ↔쌍구(雙鉤).

단:구(短句)[명] 한시에서, 사륙문이나 장편시의 글자 수가 적은 글귀.

단:구(短晷)[명] 짧은 해라는 뜻으로, 짧은 낮을 이르는 말.

단:구(短軀)[명] 단신(短身).

단:구(斷口)[명] **1** 단면. **2**〖광〗결정 광물의 쪼개져 갈라진 면 이외의 불규칙한 면.

단구-법(單鉤法)[-뻡][명] 단구(單鉤).

단국(丹國)[명] 맛이 단 국물.

단국-지(單局地)[-찌][명] 전화국이 하나뿐인 도시. ↔복국지(複局地).

단군(檀君)[명] 우리 민족의 국조(國祖)로 받드는 태초의 임금. 단군왕검.

단군-교(檀君敎)[명] 단군(檀君)을 신봉하는 종교(대종교(大倧敎) 따위).

단군-기원(檀君紀元)[명] 단군이 즉위한 해인 서력 기원전 2333 년을 원년으로 하는 우리나라의 기원. (준)단기(檀紀).

단군-왕검(檀君王儉)[명] 단군.

단군 조선(檀君朝鮮)[역] 단군이 기원전 2333 년에 아사달(阿斯達)에 도읍하고 건국한 고조선.

단-굴절(單屈折)[-쩔][명]〖물〗입사 광선에 대하여 굴절광이 하나밖에 없는 굴절 현상.

단권(單卷)[명] '단권책'의 준말.

단권-책(單卷冊)[명] 한 권으로 이루어진 책. (준)단권(單卷).

단궤(單軌)[명] '단선 궤도'의 준말.

단궤 철도(單軌鐵道)[-또] **1** 하나의 궤도로 상행과 하행 열차가 모두 운행하는 철도. ↔복궤(複軌). **2** 모노레일.

단:-귀틀(短-)[명]〖건〗장귀틀과 장귀틀 사이를 가로지른 짧은 귀틀.

단극 전:위(單極電位)[-쩌뉘]〖물〗고체·액체·기체 등의 홑원소 물체와 그 이온을 포함하는 용액과 접촉시킬 때 그 경계면에 나타나는 전위. 전극 전위.

단근(單根)[명] **1**〖식〗외줄로 뻗은 뿌리. 홑뿌리. ↔복근(複根). **2**〖수〗방정식에서 하나만 가지는 근. **3**〖화〗한 원자로 된 기.

단:근-질(명][하타] 쇠를 불에 달구어 죄인의 몸을 지지는 형벌. 낙형(烙刑).

단:금(斷金)[명][하형] 쇠라도 자를 만큼 굳고 강하다는 뜻으로, 교분이 아주 두터움을 이르는 말.

단금(鍛金)[명] 쇠를 불에 달구어 두드려 펴서 여러 가지 형태로 만드는 일.

단:금-우(斷金友)[명] 교분이 매우 두터운 벗.

단:금지계(斷金之契)[-/-게][명] 지극히 친밀한 우정.

단:금지교(斷金之交)[명] 우의가 두터운 벗 사이의 교분.

단급(單級)[명] 여러 학급 또는 학년을 몰아서 한 학급으로 편성한 학급.

단기(段棋·段碁)[명] 바둑에서, 유단자의 실력을 갖춘 솜씨. 또는 그런 솜씨를 가진 사람. 단바둑.

단기(單技)[명] 단 한 가지의 재주.

단기(單記)[명][하타] **1** 낱낱이 따로 기입함. **2** 그 것 하나만을 기입함. **3**〖법〗'단기 투표'의 준말. *연기(連記).

단기(單機)[명] **1** '단일 기계'의 준말. **2** 한 대의 비행기. □~로 출격하다.

단기(單騎)[명] 혼자 말을 타고 감. 또는 그 사람. □화랑 관창은 ~로 적진에 뛰어들었다.

단:기(短氣)[명][하형] **1**〖한의〗기가 가슴에 몰려 숨이 차고 기운과 담력이 떨어지는 증세. **2** 성질이 너그럽지 못하고 조급함. 또는 그런 성질.

단:기(短期)[명] 단기간. □~ 강습을 마치다. ↔장기.

단기(團旗)[명] 어떤 단체나 모임을 상징하는 기. □보이 스카우트 ~.

단기(檀紀)[명] '단군기원'의 준말.

단:기(斷機)[명] 단기지계(斷機之戒).

단:-기간(短期間)[명] 짧은 기간. 단기(短期). □그 공사는 ~에 끝났다. ↔장기간(長期間).

단:기 거:래(短期去來)[경] '단기 청산 거래'의 준말.

단:기 공채(短期公債)〖경〗보통 1년 이내에 상환할 것을 정하고 모집하는 공채.

단:기 금리(短期金利)[-니]〖경〗갚아야 할 기한이 1년 이내인 대출에 대하여 지급되는 이자(利子).

단:기 금융(短期金融)[-늉/-금늉]〖경〗상환 기한이 짧은 단기 자금의 융자. 보통 1년 이내의 경우를 말함(콜 론(call loan)·어음 할인·어음 대부 따위). ↔장기 금융.

단:기 대:부(短期貸付)〖경〗상환 기한이 짧은 대부. 보통 1년 이내를 말함.

단기명(單記名)[명] 단기 투표.

단기명 투표(單記名投票)〖법〗단기 투표. ↔연기명 투표.

단기 무기명 투표(單記無記名投票) 투표용지에 선거인의 이름은 적지 않고 피선거인

하나만을 적는 투표 방식.

단:기 사채(短期社債)〖경〗단기 자금이 필요할 때 회사에서 발행하는 채권. ▢상환 기간 3년의 ~를 발행하다.

단:기 시효(短期時效) 짧은 기간에 끝나는 시효. 대개 3년 이하임.

단:기 신:탁(短期信託)〖경〗보통 5년 이하인 단기간의 신탁.

단:기 어음(短期-)〖경〗일정한 시일에 지급되는 정기 출급 어음(그 기한이 30일·60일·90일인 어음).

단:기 예:보(短期豫報)〖기상〗2-3일간을 대상으로 하는 일기 예보. ↔장기 예보.

단:기 자금(短期資金)〖경〗보통 1년 미만의 기간 동안 대출되고 차입되는 자금.

단:기 자본(短期資本)〖경〗1 기업 운영 자본 가운데 짧은 기간 내에 갚아야 하는 자본. 2 기업에 단기적 투입되어 운용되는 자본.

단:기-전(短期戰) 짧은 기간에 승패를 판가름하는 싸움. ↔장기전.

단:기지계(斷機之戒)[-/-게]〖맹자가 수학(修學) 도중 집으로 돌아왔을 때 그의 어머니가 짜던 베틀의 실을 끊어 훈계하였다는 데서, 학문을 중도에서 그만둠은 짜던 베의 날을 끊는 것과 같다는 말.

단:기 차:입금(短期借入金)[-금]〖경〗결산일 또는 그 다음날부터 시작하여 지급 기한이 1년 미만인 차입금.

단:기-채(短期債)〖명〗상환하는 기간이 짧은 빚. ↔장기채.

단:기 청산 거:래(短期淸算去來)〖경〗증권 거래소에서, 매매 약정을 한 날부터 7일 이내에 결제하는 거래 방법. ⚫단기 거래.

단기 투표(單記投票)〖법〗선거인이 투표용지에 후보자 중 한 사람의 이름만 적어서 하는 투표. ⚫단기.

단:김-에⚪ 단결에.

단-꿈〖명〗1 달콤한 꿈. ▢~을 꾸다. 2 달콤한 희망. ▢~에 부풀어 있었다.

단나(檀那·旦那)〖불〗1 시주(施主). 2 보시(布施).

단:-나무〖명〗단으로 묶은 땔나무.

단:-내〖명〗1 물건이 높게 눌을 때 나는 냄새. ▢냄비에서 ~가 난다. 2 몸의 열이 몹시 높을 때, 입이나 콧구멍에서 나는 냄새. ▢이마는 펄펄 끓고 입에서는 ~가 심하게 났다.

단-너삼〖식〗황기(黃芪).

단념(丹念)〖명〗성심(誠心).

단:념(短念)〖명〗〖불〗단주(短珠).

단:념(斷念)〖명〗하다 품었던 생각을 끊음. 미련 없이 잊어버림. 체념. ▢그녀를 ~하다.

-단다〖어미〗1 '-다고 한다'의 준말. ▢선물을 받고 몹시 기뻐~. 2 형용사 어간 또는 선어말 어미 '-(으)시-'·'-았-'·'-었-'·'-겠-' 따위에 붙어, 이미 알고 있는 사실을 친근하게 일러 줄 때 쓰는 종결 어미. ▢아주 아름답구/ 벌써 먹었구.

단:-무타(斷無他)〖명〗하다 오직 한 가지 신념으로 갈라 다른 마음이 없음.

단:단-상약(斷斷相約)〖명〗하다 굳게 약속함.

단단-하다〖형〗1 무르지 않고 매우 굳다. ▢땅이 ~. 2 속이 차서 야무지고 실속이 있다. ▢살림이 ~. 3 약하지 않고 튼튼하다. ▢몸이 ~. 4 헐겁거나 느슨하지 않다. ▢단단하게 묶어라. 5 보통 정도보다 심하다. ▢감기가 단단하게 걸렸다. 6 뜻이나 생각이 매우 강하다. ▢마음이 단단하게 들어 있다. **단단-히**⚫1 단단하게. 2 묶다. 2 엄중히. ▢~ 단속하다. 3 크게. 몹시. ▢~ 꾸지람 듣다.

---

②든든하다. ⓔ딴딴하다.
[단단한 땅에 물이 괸다] 아끼고 쓰지 않는 사람에게 재물이 모인다.

단답-형(單答型)[-다형]〖명〗〖교〗간단하게 단어나 문장으로 답을 적도록 하는 필기시험 문제 형식의 하나.

단당(段當)〖명〗농토 1단보(段步)에 대한 수확이나 비료 등의 양. ⚫~ 수확량이 늘어나다.

단당-류(單糖類)[-뉴]〖화〗가수 분해로는 더 이상 간단한 화합물로 분해되지 않는 당류의 총칭. 포도당·과당·락토오스 따위.

단-대목(單-)〖명〗1 명절이나 큰일이 바싹 다가온 때. ▢설날 ~. 2 어떤 일이나 고비에 바싹 가까워져서 매우 중요하게 된 단계나 자리. ▢~에 와서 일이 틀어지다. ⚫단목.

단:도(短刀)〖명〗짧은 칼(보통 길이 약 30cm 이하로 한쪽에만 날이 서 있음). 단검(短劍). ↔장도. 「의 행법.

단도(檀度)〖명〗〖불〗육도(六度)의 제일인 보시

단도(檀徒)〖명〗〖불〗시주를 하는 사람들.

단-도목(單都目)〖명〗〖역〗수령이 고을을 잘 다스리지 못하면 첫 번 임기 심사 때 파면되던 일.

단도-직입(單刀直入)〖명〗하다 1 혼자서 칼을 휘두르며 거침없이 적진으로 쳐들어간다는 뜻으로, 여러 말을 늘어놓지 아니하고 요점을 바로 말함을 이르는 말. ▢~으로 따져 묻다. 2 [붙여] 생각과 분별과 말에 거리끼지 않고 진실의 경계로 바로 들어감.

단도직입-적(單刀直入的)[-지겁쩍]〖관〗여러 말을 늘어놓지 아니하고 요점을 바로 말하는 (것). ▢~으로 묻다 / 나는 그의 ~인 질문에 잠시 당황하였다.

단독(丹毒)〖의〗헌데나 다친 곳으로 세균이 들어가 생기는 급성 전염병(열이 오르고 살가죽이 붉게 붓고 차차 퍼져 쑤시고 아픔).

단독(單獨)〖명〗1 단 한 사람. 혼자. ▢~인터뷰에 성공하다 / ~ 선두에 나서다 / ~으로 일을 처리하다. 2 단 하나. ▢빈터에 ~ 건물이 서 있다.

단독 강:화(單獨講和)[-깡-] 한 나라가 그 동맹국에서 떨어져 나와 단독으로 상대국과 강화하는 일. ↔전면(全面) 강화.

단독 개:념(單獨槪念)[-깨-]〖논〗개별 개념. ↔일반 개념.

단독 경제(單獨經濟)[-경-]〖경〗개인·가족·공동 단체 등과 같이 낱낱이 독립하는 경제 단위.

단독 관부(單獨官府)[-관-]〖법〗단독 기관.

단독 기관(單獨機關)[-끼-]〖법〗행정 각부의 장관, 각 도의 지사처럼 단 한 사람으로 조직된 기관. 단독 관부. ↔합의 기관.

단독 내:각(單獨內閣)[-동-] 한 정당에 의하여 구성되는 내각. *연립 내각.

단독-범(單獨犯)[-뻠]〖법〗단독 정범.

단독 법원(單獨法院)[-뻐원]〖법〗단독 판사로 조직된 법원(한 사람의 판사가 단독으로 재판권을 행사함). ↔합의제 법원.

단독 상속(單獨相續)[-쌍-] 유산 상속에서, 한 사람의 상속인이 단독으로 유산을 물려받는 일. ↔공동 상속.

단독 심리(單獨審理)[-씸-]〖법〗단독 재판에서 한 사람의 판사가 심리하는 일.

단독-일신(單獨一身)[-도긔씬]〖명〗일가친척이 없는 단지 혼자의 몸.

단독 재판(單獨裁判)[-째-]〖법〗한 사람의

판사에 의하여 행해지는 재판. ↔합의 재판.

단독 점유(單獨占有)[-쩌뮤] 『법』 하나의 물건을 한 사람이 단독으로 차지하는 일. ↔공동 점유.

단독 정당제(單獨政黨制)[-쩡-] 공인된 단일 정당 이외의 다른 정당의 존립을 허용하지 않는 정당 정치의 형태.

단독 정:범(單獨正犯)[-쩡-] 『법』 단독으로 범죄 구성 요건에 해당하는 행위를 할 사람. 또는 그 행위. 단독범. ↔공동 정범.

단독-제(單獨制)[-쩨] 圖 1 한 사람의 재판관에 의하여 재판권이 행사되는 제도. 2 한 사람의 공무원으로 하나의 관청을 이루는 제도. ↔합의제(合議制).

단독 주:택(單獨住宅)[-쭈-] 한 채씩 따로따로 지은 집. ▢~에 산다 / ~은 뜰이 있어 좋다. *공동 주택.

단독 책임(單獨責任) 『법』 개인이나 법인이 혼자 지는 책임. ▢그 일은 어디까지나 나의 ~에 속하는 일이오.

단독 판사(單獨判事) 『법』 혼자서 재판권을 행사하는 판사.

단독 해:손(單獨海損)[-도캐-] 『법』 항해 중의 사고에 의하여 입은 선박이나 화물의 손해를 선주나 화주가 혼자 부담하는 해손. ↔공동 해손.

단독 행동(單獨行動)[-도캉-] 『법』 어떤 단체나 타인과의 관계없이 제 마음대로 하는 행동.

단독 행위(單獨行爲)[-도캥-] 『법』 1 당사자 한쪽만의 의사 표시에 의하여 성립되는 법률 행위. 2 국가·공공 단체가 행정권을 가지고 행하는 일방적인 의사 표시.

단독 회:견(單獨會見)[-도꾀-] 쌍방이 서로 단독으로 회견하는 일.

단-돈 圖 '약간의 돈'·'극히 적은 돈'의 뜻. ▢내게는 지금 ~ 십 원도 없다.

단(丹銅) 구리에 적은 양의 아연을 넣은 합금(성형(成形)이나 가공이 쉬워 건축용 장식이나 장신구로 씀).

단(單)- 圖一 圖[民] 윷놀이에서의 한 동.

단동-기관(單動機關) 圖 피스톤의 한쪽 면에만 증기의 압력이나 가스 폭발 압력이 작용하여 운전되는 왕복식 기관.

단동-내기(單-) 圖[民] 단동치기.

단동-무늬(單-) 圖[民] 윷놀이에서, 단 한 동만 가는 말.

단동-불출(單-不出) 圖[하자] 圖[民] 윷놀이에서, 한 동도 내지 못하고 짐.

단동-치기(單-) 圖[民] 윷놀이에서, 단동만으로 승부를 가리는 방식. 단동내기.

단:-두(短頭) 圖 머리 모양의 하나. 머리의 길이가 100에 대하여 81 이상의 머리. 거의 원에 가까우며 한국인·일본인·몽골 인 등의 머리가 이에 해당함. *장두.

단:-두(斷頭) 圖[하다] 목을 자름.

단:두-대(斷頭臺) 圖 죄인의 목을 자르는 형틀. ▢~에 오르다 / ~의 이슬로 사라지다. *기요틴.

단-둘 圖 단 두 사람. ▢~만의 비밀 / ~이 오붓하게 지내다.

단디 圖〈옛〉 단지.

-단디면 圖[미]〈옛〉 -다 할 것 같으면.

단락(段落)[달-] 圖 1 일이 다 될 끝. ▢우선 그 일부터 ~을 맺는다. 2 글을 내용상으로 끊어서 구분한 하나하나의 토막. ▢이 글은

크게 세 ~으로 나뉜다.

단락(을) 짓다 圖 일이 다 되게 끝을 맺다. ▢귀찮은 문제를 ~.

단:-락(短絡)[달-] 圖[하타] 『전』 전기 회로의 두 점 사이를 저항(抵抗)이 작은 도선으로 접속함. 쇼트.

단란-하다(團欒-)[달-] 圖[어] 1 가족의 생활이 매우 원만하다. ▢단란한 가족. 2 여럿이 함께 즐겁게 지내고 화목하다. ▢단란하게 지내다 / 단란한 분위기.

단란-제(單欒體)[달-] 圖 『화』 단위체.

단:-려(短慮)[달-] 圖 생각이 짧음. 또는 짧은 생각. ▢~를 탓하다.

단려-하다(端麗-)[달-] 圖[어] 행실이 단정하고 겉모양이 아름답다. ▢단려한 여인.

단련(鍛鍊)[달-] 圖[하타] 1 쇠붙이를 불에 달구어 두드려서 단단하게 함. ▢쇠붙이의 ~을 위해 연이어 망치로 두드리다. 2 몸과 마음을 굳세게 함. ▢체력 ~ / 심신을 ~하다. 3 어떤 것을 반복하여 익숙하게 함. ▢농사일에 ~되다 / 같은 동작을 반복적으로 ~하다. 4 귀찮거나 괴로운 일로 시달림. ▢관가에 끌려가 혹독한 ~을 받다.

단령(團領)[달-] 圖 『역』 조선 때, 깃을 둥글게 만든 공복(公服).

단:-록(短簏)[달-] 圖 길지 않은 산기슭.

단류 전:신(單流電信)[달-] 『전』 직류 전류를 끊었다 이었다 하는 것을 신호로 삼아 통신하는 전신 방법의 하나.

단리(單利)[달-] 圖 『경』 원금에 대하여만 치는 이자. *복리(複利).

단리-법(單利法)[달-뻡] 圖 『경』 원금에 대하여만 이자를 계산하는 방법.

단립(團粒)[달-] 圖 『지』 개개의 미세한 흙 알갱이가 모여 덩어리를 이룬 토양.

단-마비(單痲痺)[달-] 圖 『의』 얼굴이나 팔다리 가운데 어느 한 부위에만 일어나는 운동 마비.

단막(單幕) 圖 『연』 희곡이나 연극에서, 하나의 막으로 이루어지는 형식.

단막-극(單幕劇)[-끅] 圖 『연』 한 막으로 극적인 사건을 구성한 연극.

단:-막극(短幕劇)[-끅] 圖 『연』 나누어진 단락이 적고 짧은 연극. ↔장막극.

단말(端末) 圖 1 끄트머리. 끝. 2 통신망에서 연결되는 끝 부분.

단말-기(端末機) 圖 『컴』 중앙 처리 장치에 연결되어 필요한 정보를 입력하거나 출력하는 기능을 지닌 장치. ▢데이터 통신 시스템에 사용하는 ~.

단:-말마(斷末摩) 圖 1 『불』 숨이 끊어질 때의 모진 고통. ▢~의 비명을 지르다. 2 죽을 때. 임종.

단:말마-적(斷末摩的) 圖圖 숨이 끊어질 때처럼 몹시 고통스러운 (것). ▢~인 비명이 정적을 깨뜨렸다.

단:-맛[-맏] 圖 설탕·꿀 따위의 당분이 있는 것의 맛. 감미(甘味). ▢~이 나다.
[**단맛 쓴맛 다 보았다**] 세상의 온갖 일을 다 겪었다는 말. 산전수전 다 겪었다.

단망(單望) 圖 『역』 조선 때, 관원의 후보자를 선정하여 상재(上裁)를 주청(奏請)할 때 세 사람을 추천하지 못할 경우에, 한 사람만을 주청하던 일.

단:-망(斷望) 圖[하자타] 희망이 끊어짐. 또는 희망을 끊어 버림.

단-매(單-) 圖 한 번 때리는 매. 대매[1]. ▢~에 고꾸라뜨리다.

단:-면(斷面) 圖 1 물체의 자른 면. 베어 낸 면.

□나무의 ~을 살펴보다. **2** 어떤 전체 현상의 부분적인 면. □인생의 ~ / 사회의 한 ~을 나타내다.

단:면-도(斷面圖)몡 제도에서, 물체의 내부 구조를 분명하게 나타내기 위하여 절단한 것으로 가정한 단면을 그린 그림.

단:면-상(斷面相)몡 단면의 생김새.

단:면-적(斷面積)몡 단면의 면적.

단:멸(斷滅)몡하재 끊어져 멸망함.

단:명(短命)몡하형 **1** 목숨이 짧음. □~한 사람. **2** 조직 따위가 오래가지 못함. □~ 내각으로 끝나다.

단:명-구(短命句)[-꾸]몡 글 뜻에 쓴이의 목숨이 짧으리라는 조짐이 드러나 보이는 글귀.

단-명수(單名數)몡수 단 하나의 단위의 이름으로 표시되는 명수. □1분 50초를 ~로 고치면 110초다. ↔복명수(複名數).

단명 어음(單名-)몡경 어음의 발행인·수취인·지급인이 모두 같은 사람인 경우에 발행하는 어음.

단모(旦暮)몡 **1** 아침과 저녁. 조석. **2** 어떤 시기가 절박한 상태. 또는 목숨이 얼마 남지 않은 것.

단:모(短毛)몡 짧은 털. 잔털.

단-모금(單-)몡 (주로 '단모금에'의 꼴로 쓰여) 단지 한 모금. □약을 ~에 마시다.

단-모음(單母音)몡언 발음 도중에 입술 모양이나 혀의 위치가 달라지지 않는 모음《우리말에서는 'ㅏ·ㅓ·ㅗ·ㅜ·ㅡ·ㅣ·ㅐ·ㅔ·ㅚ·ㅟ' 따위》. ↔이중 모음.

단목(丹木)몡식 다목.

단목(單-)몡 '단대목'의 준말.

단목(椴木)몡식 피나무.

단목(檀木)몡식 박달나무.

단-무지몡 무로 담근 일본식 짠지《시들시들하게 말린 통무를 소금을 섞은 쌀겨에 묻고 돌로 눌러서 담금》.

단:무타려(斷無他慮)몡하형 다른 걱정을 할 필요가 조금도 없음.

단문(袒免)몡민 시마(緦麻) 이하의 복(服)에서, 두루마기의 오른쪽 소매를 벗고 머리에 사각건(四角巾)을 쓰는 상례.

단문(單文)몡언 홑문장. ✽복문(複文)·중문(重文).

단:문(短文)몡하형 **1** 짧은 글. ↔장문. **2** 글을 아는 것이 넉넉하지 못함. □할아버지는 ~이지만 말솜씨는 뛰어나다.

단문(端門)몡 정전(正殿)의 앞에 있는 정문.

단:문(斷紋)몡공 문편(紋片).

단문-고증(單文孤證)몡 한 쪽의 문서, 한 개의 증거라는 뜻으로, 불충분한 증거를 이르는 말.

단문-친(袒免親)몡 상례 때 단문복을 입는 친족. 종고조부·고대고모·재종 증조부·재종 증대고모·삼종 조부·삼종 대고모·삼종 백숙부·삼종 고모·사종 형제자매의 총칭.

단:-물[-물]몡 **1** 민물. **2** 단맛이 나는 물. ↔짠물. **3** 알짜나 실속이 다 빠진 부분. □~만 빨아먹다. **4** 《화》 칼슘이나 마그네슘 등 광물질이 섞여 있지 않거나 조금 섞여 있는 물. 연수(軟水). ↔센물.

단-물²몡 어떤 대상이 가지고 있는 본디의 색. □이 빠진 옷.

단-물(單-)몡 맏물.

단물-고기[-꼬-]몡 민물고기.

단물-나다[-라-]재 옷 따위가 낡아 바탕이 해지게 되다. □단벌 양복이 ~.

단:미(斷尾)몡하재 《동》 병의 예방이나 맵시를 내기 위하여 가축의 꼬리를 자름.

단-바둑(段-)몡 유단자의 실력을 갖춘 바둑. 또는 그런 실력을 갖춘 사람.

단박몡 (주로 '단박에'의 꼴로 쓰여) 그 자리에서 바로. □~에 먹어 치우다.

단-반경(短半徑)몡수 짧은반지름. ↔장반경(長半徑).

단발(單發)몡 **1** 총알이나 포탄의 한 발. □~에 쏘아 맞히다. **2** '단발총'의 준말. **3** 발동기가 하나인 것. **4** 어떤 일이 단 한 번만 일어남. □~로 그치다.

단:발(短髮)몡 짧은 머리털. ↔장발.

단:발(斷髮)몡하재 **1** 머리털을 짧게 자름. 또는 그 머리털. □~한 소녀. **2** 여자의 뒷머리를 짧게 자른 모양.

단발-기(單發機)몡 발동기를 하나만 장치한 비행기.

단:발-령(斷髮令)[-녕] 《역》 조선 고종 때(1895) 11월, 을미개혁의 일환으로 상투 풍속을 없애고 머리를 짧게 깎도록 한 명령.

단:발-머리(斷髮-)[-머-]몡 단발한 머리. 또는 그런 머리를 한 사람. □~의 소녀 / ~를 나풀거리다.

단발-성(單發性)[-썽]몡 **1** 어떤 일이 단 한 번만으로 그치는 성질. **2** 《의》 병이 한때에 한곳에만 발생하는 성질.

단발-식(單發式)[-씩]몡 항공기 등에서, 발동기 한 대를 장치하는 방식.

단발 장치(單發裝置)《군》 총을 쏠 때마다 탄환을 한 발씩 약실에 재게 된 장치.

단발-총(單發銃)몡《군》 한 발씩 장전하여 발사하게 된 총. ↔연발총. ☜단발.

단-밤몡 감률(甘栗).

단-밥몡 입맛이 당겨 달게 먹는 밥. □~에 살찌다.

단방(單方)몡 **1** '단방문'의 준말. **2** 더없이 신통한 효험이 있는 약. **3** '단방약'의 준말.

단-방(單放)몡 (주로 '단방에'의 꼴로 쓰여) **1** 단 한 방의 발사. □~에 맞히다. **2** 뜸들 때의 단 한 자리. **3** 단번. □~에 쓰러지다〔끝내다〕.

단-방(單房)몡 하나밖에 없는 방. □~살이.

단:방(斷房)몡하재 방사(房事)를 끊음.

단:방-문(單方文)몡《한의》 한 가지 약만으로 처방한 방문(方文). ☜단방.

단:방-약(單方藥)[-냑]몡 단 한 가지 약재. ☜

단방-치기(單放-)몡하타 **1** 어떤 일을 한 번에 해치움. **2** 마지막의 단 한 번.

단-배몡 입맛이 당겨 음식을 달게 많이 먹을 수 있는 배. □~를 곯리다〔주리다〕.

단배(單拜)몡하재 한 번 하는 절.

단배(團拜)몡하재 여럿이 모여 한꺼번에 절을 함. 또는 그 절.

단배-식(團拜式)몡 단체 등에서, 여럿이 모여 한꺼번에 절을 하는 의식. □신년 ~.

단:-배추몡 단으로 묶어 파는 덜 자란 배추. □~로 사 오너라. ↔통배추.

단:백(蛋白)몡 **1** 알의 흰자위. 난백. **2** 단백질로 된 물건.

단:백-광(蛋白光)[-꽝]몡《물》 물체 내부에 들어온 광선이 산란되어 나타나는 산광(散光). 물체의 밀도 등으로 굴절률이 고르지 않을 때 생김. 유광(乳光).

단:백-뇨(蛋白尿)[-뇨]몡《의》 질환 등에 의

하여 일정량 이상의 단백질이 섞여 나오는 오줌(병적인 것과 과격한 운동 후 나타나는 생리적인 것이 있음).

단:백 분해 효:소 (蛋白分解酵素)[-뿐-] 『생』 단백 소화 효소.

단백-사위 [-싸-] 圏 『민』 윷놀이에서, 마지막 고비에 이편에서 던지는 윷을 던져 이기지 못하면, 상대쪽에서 도만 나도 이기게 될 때 이편의 말.

단:백-색 (蛋白色)[-쌕] 圏 내부 반사로 말미암아 생기는 광물의 유백색(乳白色). 오팔의 빛깔이 대표적임.

단:백-석 (蛋白石)[-썩] 圏 『광』 덩어리 또는 종 모양으로 산출되는 반투명 또는 불투명한 함수 규산의 광물. 귀(貴)단백석은 보석으로서 장식품 등으로 씀. 오팔(opal).

단:백 소화 효:소 (蛋白消化酵素)[-쏘-] 『생』 단백질을 소화하여 아미노산으로 분해하는 효소의 총칭. 위액 중의 펩신, 췌액 중의 트립신, 장액 중의 에렙신 따위가 있음. 단백 분해 효소.

단:백-유 (蛋白乳)[-뱅뉴] 圏 카세인을 첨가하여 단백질의 함량을 늘린 우유.

단:백-질 (蛋白質)[-찔] 圏 『생』 아미노산이 펩티드 결합하여 생긴 고분자 화합물. 탄소·산소·수소·질소 등의 원소를 함유하고, 세포의 원형질을 이루는 주성분으로, 3대 영양소가운데 하나. 프로테인(protein). 흰자질.

단:백질 공학 (蛋白質工學)[-찔-] 『공』 유전자의 재결합을 이용하여 새 기능을 가진 단백질과 대체 고분자를 만들어 내는 공학.

단:백질 대:사 (蛋白質代謝)[-찔-] 『생』 단백질이 아미노산으로 분해되거나, 아미노산에서 단백질이 합성되는 일.

단:백질 합성 (蛋白質合成)[-찔-썽] 『화』 아미노산을 중합(重合)시켜 단백질을 만드는 일. 생체 내 합성과 생체 외 합성이 있음.

단-백호 (單白虎)[-배코] 圏 『민』 내백호.

단번 (單番) 圏匣 단 한 번(에). 단방. □ ~의 기회 / ~에 쓰러뜨리다 / ~으로 끝내다 / ~이기다 / ~해치우다.

단-벌 (單-) 圏 1 오직 한 벌의 옷. □ ~ 신사. 2 오직 그것 하나뿐인 물건이나 재료.

단벌-가다 (單-) 囷 오직 그것 하나뿐으로, 그보다 나은 것은 없다. □ 단벌가는 인물.

단벌-치기 (單-) 圏 오직 한 벌만의 옷으로 지냄. 또는 그런 사람. □ ~ 신사일세.

단별 (段別) 圏 어떤 단계나 단락을 단위로 나눈 구별.

단:병 (短兵) 圏 가까운 거리에서 싸울 때 쓰이는 병기(칼·창 따위). ↔장병(長兵).

단:병-접전 (短兵接戰)[-쩐] 圏 창이나 칼 따위의 단병으로 적과 맞부딪쳐 싸움. □ ~을 벌이다.

단보 (段步) 의囷 논밭의 면적의 단위. 1단보는 300평(우리라 넓을 때 씀). 단(段).

단복 (單複) 圏 1 단수와 복수. 2 단식과 복식.

단복-고창 (單腹鼓脹)[-꼬-] 圏 『한의』 배가 몹시 붓는 병.

단-본위 (單本位) 圏 단본위제.

단본위-제 (單本位制) 圏 『경』 단일한 금속을 본위 화폐로 하는 화폐 제도. 단본위. ↔복본위제(制).

단-봇짐 (單褓-)[-보찜 /-볻찜] 圏 썩 간단하게 차린 봇짐. □ ~을 꾸리다.

단봉-낙타 (單峰駱駝) 圏 『동』 낙타의 일종. 아라비아 등지에 분포함. 높이 2 m 정도, 등의 혹은 하나이며 발이 길고 털이 짧음. 보통 담갈색이며, 발바닥이 부드럽고 두꺼워 사막에서 걷기에 알맞음. 단봉약대.

단봉-약대 (單峰-) [-냑때] 圏 『동』 단봉낙타.

단-분수 (單分數)[-쑤] 圏 『수』 분모나 분자가 모두 정수형으로 된 분수. ↔번분수.

단분자-층 (單分子層) 圏 『화』 두께가 1분자밖에 안 되는, 고체 또는 액체 표면에 생긴 층. 일분자층.

단-불 圏 한창 괄게 타오르는 불.

단:-불용대 (斷不容貸) 圏囷匣 단연코 용서하지 않음. 단불요대.

단-비 圏 꼭 필요한 때 알맞게 오는 비. □ 농사에 ~는 고마운 존재이다.

단비 (單比) 圏 『수』 단식으로 된 비('2:3'·'5:4' 따위). ↔비례(複比).

단비 (團匪) 圏 1 떼 지어 다니는 비적. 2 『역』 중국 청나라 말기의 의화단(義和團)의 비적무리.

단-비례 (單比例) 圏 『수』 단식의 비례. 단순한 비례 관계($a:b=c:d$ / 3:5=9:15 따위). ↔복비례(複比例).

단사 (丹砂) 圏 『광』 주사(朱砂).

단사 (單舍) 圏 '단사리별(單舍利別)'의 준말.

단사 (單絲) 圏 외올로 된 실. 홑실.

단사 (簞食) 圏 대나무로 된 도시락에 담은 밥.

단사-두갱 (簞食豆羹) 圏 변변치 못한 음식.

단-사리별 (單舍利別) 圏 흰 설탕 65 %를 순수한 증류수 35 %에 녹여 만든 무색무취의 시럽(약제의 조미료로 씀). ↔당사(糖舍).

단사-자리 (丹絲-) 圏 오라로 묶었던 자국.

단사 정계 (單斜晶系)[- / -게] 圏 『광』 결정의 세 축 가운데 둘은 경사지게 만나고, 그 셋의 하나는 그것과 직각으로 만나, 세 축의 길이가 각각 다른 결정계.

단사-표음 (簞食瓢飮) 圏 1 도시락밥과 표주박에 든 물이라는 뜻으로, 소박한 생활의 비유. 2 청빈한 생활. 준단표.

단사-호장 (簞食壺漿) 圏 1 도시락밥과 병에 넣은 마실 것이라는 뜻으로, 넉넉하지 못한 사람의 거친 음식물의 비유. 2 백성이 군대를 환영하기 위하여 갖춘 음식.

단:산 (斷産) 圏囷匣 1 아이를 낳던 여자가 아이를 낳지 못하게 됨. 2 아이를 낳지 않음. □ 가족 계획으로 ~하다.

단산-꽃차례 (團繖-次例)[-꼳-] 圏 『식』 취산(聚繖)꽃차례의 한 변태. 꽃꼭지 없는 작은 꽃이 많이 뭉쳐나는 꽃차례(삼지닥나무·수국(水菊) 따위). 단산 화서.

단산 화서 (團繖花序) 『식』 단산꽃차례.

단-살 (單-) 圏 오직 한 대의 화살. □ 꿩을 ~에 맞혔다.

단삼 (丹蔘) 圏 1 『식』 꿀풀과의 여러해살이풀. 산에 나는데 줄기는 보라색을 띠고 높이는 60 cm 내외, 잎은 넓은 타원형임. 5-6월에 푸른 보라색 꽃이 핌(뿌리는 약재로 씀). 2 단삼의 뿌리로 길이 20 cm가량, 껍질은 붉고 속은 자줏빛임(보혈제로 여자에게 좋음).

단삼 (單衫) 圏 적삼. □ 눈물이 ~을 적시다.

단-상 (單相) 圏 1 '단상 교류'의 준말. 2 『생』 세포의 감수 분열에서, 염색체 수가 반으로 된 상태('n'으로 나타냄). ↔복상(複相).

단:상 (短喪) 圏 삼년상의 기한을 줄여 한 해만 상복을 입는 일.

단상 (壇上) 圏 교단·강단 등의 단 위. □ ~에 오르다. ↔단하.

단:-상 (斷想) 圏囷囷 1 단편적인 생각. □ ~을

수첩에 적다. **2** 생각을 끊음.

단상 교류 (單相交流)〖물〗단 하나의 위상(位相)을 가진 교류《가정 전등선과 같은 보통 교류를 말함》. ⊙단상.

단색 (丹色)圈 붉은색.

단색 (單色)圈 한 가지 빛깔. ▫옷을 ~으로 입다.

단색-광 (單色光)[-꽝]圈〖물〗단일한 색으로 된 광선《스펙트럼에 의해 그 이상 분해되지 않는 광선》. 단광(單光).

단색 인쇄 (單色印刷)〖인〗한 가지 색으로 하는 인쇄. 또는 그 인쇄물. *다색 인쇄.

단색-판 (單色版)圈〖인〗한 가지 색으로 인쇄한 판. *다색판(多色版).

단색-화 (單色畵)[-쌔화]圈〖미술〗한 가지 색으로 그린 그림《연필화·목탄화·콩테화·모필화 따위》. 모노크롬.

단생-보험 (單生保險)〖경〗어떤 계약의 피보험자가 한 사람인 생명 보험. ↔연생(聯生)보험.

단서 (丹書)圈 **1** 바위나 돌에 새긴 글. 또는 붉게 새겨 쓴 글씨. **2** 조서(詔書).

단:서 (但書)圈 법률 조문이나 문서 따위에서, 본문 다음에 그에 대한 조건이나 예외 따위를 나타내는 글. ▫~ 조항 / ~를 붙이다 / ~를 달다.

단서 (端緒)圈 문제를 해결하는 방향의 첫 부분. ▫결정적 ~ / ~를 잡다 / ~를 남기다 / 사건의 ~를 찾다.

단:서-법 (斷敍法)[-뻡]圈〖언〗표현 기법에서, 접속어를 생략하여 구와 구의 관계를 끊고 문장을 강조하는 수사《왔노라, 싸웠노라, 이겼노라 따위》.

단석 (旦夕)圈 **1** 아침과 저녁. **2** 시기나 상태 따위가 위급한 모양. ▫운명이 ~에 이르다.

단석 (單席)圈 **1** 외겹의 돗자리. **2** 단 한 겹만 깐 자리.

단석 (端石)〖광〗'단계석(端溪石)'의 준말.

단선 (單線)圈 **1** 외줄. **2** '단선 궤도'의 준말.

단선 (團扇)圈 깁이나 종이 따위로 된 둥근 부채. 둥글부채.

단:선 (斷線)圈하타 **1** 줄이 끊어짐. 또는 줄을 끊음. **2** 전선이나 선로가 통하지 않게 됨. ▫~으로 암흑 세계가 되다.

단선 궤:도 (單線軌道) 하나의 궤도를 오가는 열차가 함께 사용하는 철도선. 단선 철도. ⊙단궤·단도.

단-선율 (單旋律)圈〖악〗하나의 성부로 이루어진 선율.

단선-적 (單線的)관圈 단순한 것에 관한 (것). ▫~ 사고.

단선 철도 (單線鐵道)[-또] 단선 궤도(軌道). ⊙단철.

단설 (單設)圈하타 **1** 하나만을 장만함. **2**〖민〗신주(神主)〕하나만을 모시고 제사 지냄.

단성 (丹誠)圈 진심에서 우러나온 뜨거운 정성. 단정(丹精).

단성 (單性)圈〖생〗생물이 암수 어느 한쪽의 생식 기관만을 가지는 일. ↔양성(兩性).

단성 (單聲)圈〖악〗남성 또는 여성 어느 한쪽의 목소리. ↔혼성(混聲).

단성 결실 (單性結實)[-씰]〖식〗단위(單爲)결실.

단성부 음악 (單聲部音樂)〖악〗주요한 성부에 대하여 다른 것이 종속적인 지위에서 반주하도록 구성된 화성적(和聲的) 음악. 모노포니.

단성 생식 (單性生殖)〖생〗단위(單爲) 생식.

단성 잡종 (單性雜種)[-종]〖생〗멘델식 유전을 하는 한 쌍의 대립 형질 사이의 잡종. ↔다성(多性) 잡종.

단성 합창 (單聲合唱)〖악〗남성이나 여성의 어느 한쪽의 목소리만으로 하는 합창. 동성합창. ↔혼성 합창.

단성-화 (單性花)圈〖식〗한 꽃에 수술 또는 암술만 갖춘 꽃《소나무·밤나무·뽕나무·은행나무 따위》. 홑성꽃. ↔양성화(兩性花).

단세 (單稅)圈 한 가지 조세만을 인정하는 일. ↔복세(複稅).

단-세포 (單細胞)〖생〗한 생물체 안에 단하나의 세포가 있는 것. 단포(單胞). 홑세포. ↔다(多)세포.

단세포 동:물 (單細胞動物)〖동〗한 개체가 한 세포로 된 동물《아메바·짚신벌레 따위》. ↔다세포 동물.

단세포 생물 (單細胞生物)〖생〗한 개체가 한 세포로 된 생물. 가장 낮은 단계임《아메바·짚신벌레·박테리아 따위》. ↔다세포 생물.

단세포 식물 (單細胞植物)[-싱-]〖식〗한 개체가 한 세포로 된 식물《클로렐라·반달말 따위》. ↔다세포 식물.

단세포-적 (單細胞的)관圈 생각이 얕고 단순한 (것). ▫~ 사고〔논리〕.

단:소 (短小)圈하圈 짧고 작음. ▫아이의 몸집이 ~하다.

단:소 (短所)圈 단점. 단처(短處).

단:소 (短簫)圈〖악〗향악기(鄕樂器)에 속하는 피리의 한 가지《대로 만들며 퉁소보다 좀 짧고 가늘며 구멍은 앞에 넷, 뒤에 하나 있음》. ▫~를 불다.

단소 (壇所)圈 제단이 있는 곳.

단속 (團束)圈하타 **1** 주의를 기울여 다잡거나 보살핌. ▫집 안팎을 ~하다 / 부하 직원들을 ~하다. **2** 규칙이나 명령·법령 따위를 지키도록 통제함. ▫음주 운전 ~ 강화 / 속도 위반 ~ / ~을 벌이다 / ~에 걸리다 / 불량 식품을 ~하다.

단:속 (斷續)圈하자타 **1** 끊어졌다 이어졌다 함. **2** 끊었다 이었다 함.

단-속곳 (單-)[-꼳]圈 여자의 속곳. 고쟁이 위에 덧입고 그 위에 치마를 입음.

단:속-기 (斷續器)[-끼]圈〖물〗직류를 교류로 바꾸는 인버터의 하나. 전자석이나 유도 코일 등을 전기 회로 속에 끼워 회로를 단속시키는 장치.

단속-망 (團束網)[-송-]圈 규칙이나 법령·명령 따위를 지키도록 통제하는 체계나 짜임새. ▫~을 피하다 / ~에 걸려들다.

단속-반 (團束班)[-빤]圈 규칙이나 법령·명령 따위를 지키도록 통제하기 위하여 조직한 반. ▫~을 투입하다.

단:속-음 (斷續音)圈 끊어졌다 이어졌다 하는 소리. ▫사이렌의 ~.

단:속-적 (斷續的)관圈 끊어졌다 이어졌다 (것). ▫~으로 들리는 개 짖는 소리.

단-손 (單-)圈 (주로 '단손에'·'단손으로'의 꼴로 쓰여) **1** 단지 한 번 쓰는 손. ▫~들어 올리다. **2** 혼잣손. ▫~으로 5남매를 키우다.

단:-솥 [-솓]圈 불에 달아 뜨거운 솥.
[솥에 물 붓기] 형편이 이미 기울어 아무리 도와주어도 보람이 없음.

단수 (段數)[-쑤]圈 **1** 바둑이나 유도 따위의 단의 수. **2** 수단이나 술수를 쓰는 재간의 정

도. ☐~가 높다 / ~가 보통이 아니다 / ~가 한 수 위다.

단수(單手)圓 바둑에서, 한 수로 상대의 돌을 잡게 된 상태. ☐~에 몰리다 / ~로 몰다.

단수(短袖)圓 짧은 소매.

단수(短壽)圓하형 '단명(短命)'의 높임말.

단수(單數)圓 1 단일한 수. 홀수. 2〖언〗하나의 사람·사물을 나타내는 명사나 또는 그 명사를 받는 동사·형용사·관형사 따위의 형식. ☐삼인칭 ~ 현재.

단ː수(端數)[-쑤]圓 1〖수〗'끝수'의 구용어. 2 우수리.

단ː수(斷水)圓하타 1 물길이 막힘. 또는 그 물길을 막음. 2 수도의 급수가 끊어지거나 급수를 끊음. ☐~ 예고 / 일부 지역은 ~하다.

단ː수로(短水路)圓 수영에서, 25~50m의 짧은 코스. →장수로(長水路).

단수 여권(單數旅券)[-꿘]〖법〗한 번만 사용할 수 있는 일반 여권. ↔복수(複數) 여권.

단순(丹脣)圓 여자의 붉고 아름다운 입술. 연지 바른 입술.

단순(單純)圓하형하부 1 복잡하지 않고 간단함. ☐~ 작업 / ~한 짜임새 / ~하게 여기다. 2 외곬으로 순진하고 어수룩함. ☐어린아이처럼 ~하다. 3 제한이나 조건이 없음. ☐~한 육체노동.

단순 개ː념(單純概念)〖철〗더는 분석될 수 없는 단순한 개념(좋다·나쁘다·사람·사과 따위). ☐복합적 개념.

단순 노동(單純勞動)〖사〗특별한 기술이 없어도 할 수 있는 간단한 노동. ✱숙련노동.

단순 누ː진율(單純累進率)[-뉼]〖경〗하나의 과세 표준에 대하여, 단일 세율을 적용하여 세액을 정하는 누진 세율.

단순 단ː백질(單純蛋白質)[-찔]〖화〗가수분해하여 아미노산(酸)만으로 이루어진 단백질의 총칭(알부민·글로불린 따위).

단순림(單純林)[-님]圓 한 종류의 나무로만 이루어진 숲. ↔혼합림(混合林).

단순 사회(單純社會)〖사〗사회적 분업·분화가 이루어지지 않아 개인의 기능이 분화되지 않고 전체 속에서 기능이 수행되는 사회. ↔복합 사회.

단순 산ː술 평균(單純算術平均)〖수〗단순 평균.

단순 상품 생산(單純商品生産)〖경〗생산자가 자신의 생산 수단과 노동력을 가지고 직접 상품을 만드는 일.

단순 설립(單純設立)〖경〗발기인이 정관을 작성하고 모든 주식을 인수함으로써 완료되는 회사의 설립. 발기 설립(發起設立).

단순-성(單純性)[-썽]圓 단순한 성질이나 특질. ☐어린이 같은 ~에 호감이 더 간다. ↔복잡성.

단순 승인(單純承認)〖법〗상속인이 피상속인의 권리와 의무의 무제한한 승계를 인정하는 일. ☐~은 가장 일반적인 상속 형태이다. ↔한정 승인.

단순 온천(單純溫泉)〖지〗25℃ 이상의 온도를 유지하며 물 1kg에 유리 탄산 및 고형 성분의 함유량이 1,000mg 이하인 온천.

단순-음(單純音)〖물〗상음(上音)이 섞이지 않은 단일 진동수의 음(소리굽쇠를 가볍게 두들겼을 때의 소리 따위). 단음. 순음.

단순 음표(單純音標)〖악〗민음표.

단순-장(單純葬)圓〖민〗한 번 장사 지내고

그치는 장사 예법.

단순 재ː생산(單純再生産)〖경〗투자를 추가하지 않고 같은 규모로 되풀이하는 생산. ✱축소 재생산·확대 재생산.

단순 치매(單純癡呆)〖심〗나이가 들면서 점차 지적 능력이 약해지는 정신 지체의 하나.

단순 평균(單純平均)〖수〗몇 개의 수를 합하여 그 개수로 나눈 수. 단순 산술 평균. ✱가중(加重) 평균.

단순-호치(丹脣皓齒)圓 붉은 입술과 흰 이의 뜻으로, 아름다운 여자의 비유. ☐양귀비의 ~를 그 누가 따르랴.

단순-화(單純化)圓하타 단순하게 됨. 또는 그렇게 되게 함. ☐보고 양식은 ~할수록 좋다.

단-술圓 쌀밥에 엿기름가루를 우린 물을 부어서 삭힌 뒤 끓인 음식. 감주(甘酒).

단숨-에(單-)본 쉬지 않고 곧장. ☐맥주를 ~들이켜다 / ~ 일을 해치우다.

단승(單勝)圓 '단승식(單勝式)'의 준말.

단승-식(單勝式)圓 경마·경륜 등에서, 1착만을 맞히는 방식. 또는 그 투표권(券). ㉰단승-식. ✱복승식.

단ː시(短視)圓 1 소견이 좁아 앞일을 내다보지 못함. 사물을 관찰하는 시야가 좁음. 2〖의〗근시안.

단ː시(短詩)圓〖문〗짧은 형식의 시.

단ː시(短蓍)圓〖민〗'단시점(短蓍占)'의 준말. →蓍시.

단ː-시간(短時間)圓 짧은 시간. ☐~에 해치우다. ↔장시간.

단ː-시일(短時日)圓 짧은 시일. ☐~에 끝내다. ↔장시일.

단ː시-점(短蓍占)[-쩜]圓〖민〗솔잎 등을 뽑아서 간단하게 치는 점. ㉰단시(短蓍).

단ː-시조(短時調)〖문〗3장 6구 45자 내외로 이루어진 시조. 평시조(平時調).

단ː-시조(單時調)〖문〗한 주제로 한 수(首)를 이룬 시조. 또는 그런 형식.

단식(單式)圓 1 단순한 방식이나 형식. 2〖경〗'단식 부기'의 준말. 3 '단식 경기'의 준말. 4 '단승식(單勝式)'의 준말. 5〖인〗'단식 인쇄'의 준말.

단ː식(斷食)圓하자 일정한 기간 의식적으로 음식을 먹지 않음. 절식. 절곡(絶穀). ☐~농성.

단식 경ː기(單式競技)[-경-]〖테니스·탁구·배드민턴 따위에서, 일대일로 겨루는 경기. ↔복식 경기. ㉰단식.

단ː식-기도(斷食祈禱)[-끼-]圓 어떤 목적을 이루기 위해 일정한 기간 단식을 하면서 하는 기도.

단ː식 동맹(斷食同盟)[-똥-]〖사〗어떤 목적을 달성하기 위해 집단적으로 단식하는 일.

단식 부기(單式簿記)[-뿌-]〖경〗다른 계정과 관련 없이 기록자가 임의로 단순한 장부를 기입하는 일(소기업의 회계·가계부 따위에 채용됨). ↔복식 부기. ㉰단식.

단식-성(單食性)〖동〗한 종류의 생물만을 먹는 동물의 습성.

단ː식 요법(斷食療法)[-싱뻡]〖의〗일정한 기간 단식하여 위장병·당뇨병 등을 치료하는 요법. 절식(絶食) 요법.

단식 인쇄(單式印刷)〖인〗특수한 타자기로 박은 원지로 평판 사진판으로 만들어 찍는 오프셋 인쇄.

단ː식-재(斷食齋)[-째]圓〖가〗사순절이 시작되는 수요일과 성주간(聖週間)의 예수 수난 금요일에 아침을 굶고 재계하는 일. '대재(大

齋)'의 고친 이름.

단:식 투쟁(斷食鬪爭)〖사〗어떤 요구를 관철시키기 위하여 단식을 하면서 벌이는 투쟁. ▢무기한 ~으로 들어가다.

단식 화:산(單式火山)[一시콰一]〖지〗화구(火口)가 하나인 원뿔꼴의 화산. *복식 화산.

단신(單身)〖명〗(주로 '단신으로'의 꼴로 쓰여) 혼자의 몸. 홀몸. ▢~ 상경 / ~으로 세파를 헤쳐나가다.

단:신(短信)〖명〗**1** 간략하게 쓴 편지. **2** 짤막하게 전하는 뉴스. ▢해외 ~을 전하다.

단:신(短身)〖명〗작은 키의 몸. 작은 키. 단구(短軀). ▢강감찬 장군도 ~이었다고 한다. ↔장신(長身).

단신-복엽(單身複葉)〖식〗홑잎새겹잎.

단신-총(單身銃)〖명〗총신이 하나인 엽총.

단실(單室)〖명〗하나 있는 방.

단실 자방(單室子房)[一짜]〖식〗홀씨방.

단심(丹心)〖명〗속에서 우러나오는 정성스러운 마음. ▢논개의 일편~.

단심-가(丹心歌)〖명〗〖문〗고려 말 포은(圃隱) 정몽주(鄭夢周)가 훗날 태종이 된 이방원의 '하여가(何如歌)'에 답하여 지은 시조(고려에 대한 충절을 읊은 것임).

단아(單芽)〖명〗〖식〗홑눈2.

단아-하다(端雅一)〖형여〗단정하고 아담하다. ▢단아한 기품 / 용모가 ~.

단악(丹堊)〖명〗**1** 붉은 칠을 한 벽. **2** 붉은빛의 벽토(壁土).

단:악(斷惡)〖명하자〗〖불〗악한 일과 악한 행동을 끊음.

단:악-수선(斷惡修善)[다낙쑤一]〖명〗〖불〗악업을 끊고 선업을 닦아서 선도(善道)에 들어가는 일.

단안(單眼)〖명〗**1** 외눈. **2**〖동〗홑눈1.

단:안(斷岸)〖명〗강이나 바닷가의 깎아 세운 듯한 벼랑.

단:안(斷案)〖명하타〗**1** 어떤 생각을 딱 잘라 결정함. 또는 그 생각. ▢~을 내리다. **2**〖논〗삼단 논법에서, 전제로부터 미루어 얻은 결론.

단-안경(單眼鏡)〖명〗한쪽 눈에만 대고 보는 안경 또는 망원경. 모노클. ↔쌍안경.

단안 시:야(單眼視野)〖심〗한쪽 눈만으로 그 위치를 바꾸지 않고 보는 바깥 세계의 범위. ↔양안(兩眼) 시야.

단압(鍛壓)〖명하타〗〖공〗금속 재료를 단련하거나 압연함.

단애(斷崖)〖명〗깎아 세운 듯한 낭떠러지. 절애(絶崖). ▢험준한 ~.

단:야(短夜)〖명〗여름날의 짧은 밤.

단야(鍛冶)〖명하타〗금속을 불에 달구어 벼림. 대장일.

단약(丹藥)〖명〗선단(仙丹).

단양(端陽)〖명〗〖민〗단오(端午).

단어(單語)〖명〗〖언〗자립적으로 쓸 수 있는 말이나 이에 준하는 말. 또는 그 말의 뒤에 붙어 문법적 기능을 나타내는 말. 낱말. ▢영어 ~를 외우다.

단어 문자(單語文字)[다너一짜]〖언〗한 글자가 하나의 단어가 되는 문자(한자와 같은 표의 문자 따위).

단언(端言)〖명하자〗바른말을 함. 또는 그 말.

단:언(斷言)〖명하타〗주저하지 않고 딱 잘라 말함. ▢~을 내리다 / 네 생각이 옳다고만 ~하지 마라.

단:언-적(斷言的)〖관〗〖논〗정언적(定言的).

단엄침중(端嚴沈重)〖명하형〗단정하고 엄숙하며 침착하고 무게가 있음. ▢언제나 ~하신

선생님.

단엄-하다(端嚴一)〖형여〗단정하고 엄숙하다. ▢늘 단엄하신 할아버지의 모습.

단:여(短欄)〖명〗[←단려]〖건〗기둥 윗머리의 사개통에 들보나 도리를 받치기 위해 먼저 얹는 짧은 나무. 단연(短椽).

단-여의(單女衣)[一녀一/一녀의]〖궁〗홑으로 지은 속속곳.

단역(端役)〖명〗〖연〗연극이나 영화에서, 대수롭지 않은 역. 또는 그 역을 맡은 사람. ▢~배우 / ~을 맡아 열연하다.

단:연(短椽)〖명〗〖건〗단여(短欄).

단:연(端硯)〖명〗'단계연(端溪硯)'의 준말.

단:연(斷煙)〖명하자〗담배를 끊음. 금연(禁煙).

단:연(斷然)〖부〗확실히 단정할 만하게. ▢~ 우세하다 / ~ 으뜸이다.

단-연고(單軟膏)〖명〗〖약〗밀랍 또는 식물성 기름으로 만든 누른빛의 연고.

단:연-코(斷然一)〖부〗'단연'의 힘줌말. ▢~ 반대하다 / ~ 앞서다.

단:연-하다(斷然一)〖형여〗태도가 굳세고 꿋꿋하다. ▢단연한 결의. **단:연-히**〖부〗. ▢~ 뛰어나다.

단열(單列)〖명〗[←단렬] 한 줄. 외줄.

단:열(斷熱)〖명하자〗〖물〗열의 전도(傳導)를 막음. ▢~ 효과 / ~이 잘된 집.

단열 기관(單列機關)〖공〗실린더가 한 줄로 되어, 한 개의 크랭크축으로 동력을 전달하도록 된 기관.

단:열-로(鍛熱爐)〖명〗〖공〗단조로(鍛工爐).

단:열 벽돌(斷熱甓一)[다녈一똘]〖건〗노(爐)·가마 따위의 내화(耐火) 벽돌 바깥쪽에 열의 손실을 막기 위해 덧붙이는 벽돌.

단:열 변:화(斷熱變化)〖물〗외부와의 열의 출입이 없이 행하여지는 물질의 팽창·수축 따위의 변화 상태. ↔등온(等溫) 변화.

단:열 시:공(斷熱施工)〖건〗가옥 등 건축물의 열의 손실을 막기 위해 단열재를 사용하는 공사.

단:열 압축(斷熱壓縮)〖물〗단열 상태에서 물체의 부피가 압축되는 일.

단:열-재(斷熱材)[다녈째]〖명〗〖건〗열을 차단하거나 보온할 목적으로 쓰는 재료(석면(石綿)·유리 섬유·코르크·규조토(硅藻土) 따위).

단:열 팽창(斷熱膨脹)〖물〗단열 상태에서 물체의 부피가 팽창하는 일.

단엽(單葉)〖명〗**1**〖식〗홑잎. **2**〖식〗홑꽃잎. **3** 잎사귀 하나를 도안화한 무늬. **4** 단엽 비행기. ↔복엽.

단엽-기(單葉機)[다녑끼]〖명〗'단엽 비행기'의 준말. ↔복엽기(複葉機).

단엽 비행기(單葉飛行機)[다녑삐一]〖명〗양쪽 날개가 하나씩으로 된 비행기. ↔복엽 비행기. 준 단엽기(單葉機).

단영(丹楹)〖명〗붉게 칠한 기둥. 단주(丹柱).

단예(端倪)〖명하타〗**1** 일의 시초와 끝. **2** 추측하여 앎. **3** 맨 끝. 한이 없는 가.

단오(端午)〖명〗〖민〗우리나라 명절의 하나. 음력 5월 5일로 그네뛰기·씨름 등을 함. 단양(端陽). 단옷날. 수릿날. 중오절(重午節).

단오-떡(端午一)〖명〗단옷날 수리취를 넣어 둥글게 만든 절편.

단오 마늘(端午一)〖한의〗단오에 캔 마늘(약용으로 좋다 함).

단오 부적(端午符籍)〖민〗단옷날 문기둥에 붙여 액을 물리치는 부적. 준단오부(符).

단오 부채 (端午–) 〖역〗 조선 때, 임금이 단옷날 신하들에게 나누어 주던 부채. 단오선(端午扇).

단오-장 (端午粧) 명 〖민〗 단옷날에 머리에 꽂는 노리개.

단오-절 (端午節) 명 〖민〗 단오를 명절로 일컫는 말.

단:옥 (斷獄) 명하타 중한 범죄를 처단함.

단옷-날 (端午–)[다논–] 명 〖민〗 단오.

단용-재 (單用財) 명 〖경〗 한 번의 사용으로 소모되는 재화《생산용 원자재·식량·연료 따위》. ↔내용재(耐用財).

단:운 (斷雲) 명 조각조각 끊어진 구름.

단원 (單元) 명 **1** 어떤 주제나 내용을 중심으로 묶은 학습 단위. ❑ 교과 ~의 마무리. **2** 단일한 근원이나 실체. **3** 〖철〗 모나드(monad).

단원 (團員) 명 어떤 단체의 구성원. ❑ 합창단 ~을 뽑다.

단원 (團圓) 명 희곡·연극·소설 따위의 결말이나 끝.

단원-론 (單元論)[다눤논] 명 **1** 〖철〗 일원론(一元論). **2** 〖생〗 생물은 모두 한 조상에서 나왔다고 하는 학설. 단원설(說).

단원-제 (單院制) 명 〖법〗 국회를 상하 양원으로 나누지 않고 하나만 두는 제도. 단원 제도. ↔양원제.

단원 제:도 (單院制度) 〖정〗 단원제. ↔양원 제도.

단원-하다 (團圓–) 형여 **1** 둥글둥글하다. **2** 가정이 원만하다.

단원 학습 (單元學習)[다눤–씁] 학습 단원을 미리 짜 놓고, 거기에 따라 진행하는 학습.

단월 (端月) 명 음력 '정월'의 딴 이름.

단위 (段位) 명 바둑·장기·무도 등에서, 기량을 나타내는 단의 등급《급(級)보다 높음》.

단위[1] (單位) 명 **1** 〖수〗 수량을 나타낼 때 기초가 되는 기준《미터·킬로그램·초 따위》. ❑ 화폐 ~ / 무게의 ~ / 천 ~의 숫자 / 천문학적인 ~의 돈이 오가다. **2** 조직 따위를 구성하는 기본적인 한 덩어리. ❑ 1년 ~로 계약하다 / 일주일 ~로 보수를 지급하다 / 가정은 사회 구성의 기본 ~이다. **3** 일정한 학습량. 흔히 학습 시간을 기준으로 정함. ❑ 국어 5~.

단위[2] (單位) 명 〖민〗 하나의 위패.

단위 결과 (單爲結果) 〖식〗 단위 결실.

단위 결실 (單爲結實)[다뉘–씰] 〖식〗 속씨식물에서, 수정되지 않았는데도 어떤 자극으로 씨방이 발달해서 씨 없는 열매가 생기는 현상《밀감·파인애플·포도 따위》. 단성 결실. 단위 결과.

단위-계 (單位系) [다뉘– / 다뉘게] 명 〖물〗 길이·질량·시간·전류 등의 물리량을 나타내는 기본 단위와 이의 조합으로 만들어지는 유도 단위, 필요에 따라 선정되는 보조 단위로 이루어지는 단위 집단《국제 단위계·CGS 단위계·MKSA 단위계 따위가 있음》.

단위 노동조합 (單位勞動組合) 〖사〗 연합 단체를 구성하는 개개의 노동조합.

단위 면:적 (單位面積) 〖물〗 어떤 단위계에서 크기가 1인 넓이. 단위 넓이.

단위 부대 (單位部隊) 〖군〗 편제에 따라 구성된 하나하나의 부대.

단위 상점 (單位商店) 〖경〗 한두 가지 상품을 중점적으로 다루는 상점. ↔백화점.

단위 생식 (單爲生殖) 〖생〗 수컷과 암컷이 수정하지 않고 단독으로 새 개체를 만드는 생식법《꿀벌·물벼룩·진딧물·약모밀·껄껄이풀·민들레 따위》. 단성(單性) 생식.

단위-제 (單位制) 명 〖교〗 학습량을 단위수로 계산하여, 일정한 단위수를 마치면 수료나 졸업하는 제도. ＊학점제.

단위-체 (單位體) 명 〖화〗 화학 반응으로 고분자 화합물을 만들 때 단위가 되는 물질《폴리에틸렌에서의 에틸렌 등》. 모노머. 단량체.

단:음 (短音) 명 짧게 나는 소리. ↔장음.

단음 (單音) 명 **1** 〖물〗 단순음(單純音). **2** 〖악〗 단일한 가락만을 내는 소리. **3** 음성의 최소 단위《ㅏ·ㅓ·ㅗ·ㅜ·ㅡ·ㅣ·ㅐ·ㅔ·ㅚ·ㅟ, ㄱ·ㄴ·ㄷ·ㄹ·ㅁ·ㅂ·ㅅ·ㅇ·ㅈ·ㅊ·ㅋ·ㅌ·ㅍ·ㅎ, ㄲ·ㄸ·ㅃ·ㅆ·ㅉ》. 홑소리. ↔복음.

단:음 (斷音) 명하자 **1** 내던 소리를 끊음. **2** 〖언〗 자음의 하나《숨이 발음과 동시에 끊어지는 소리》.

단:음 (斷飮) 명하자 술을 끊음. 단주(斷酒). 금주(禁酒).

단:-음계 (短音階)[다늠– / 다늠게] 명 〖악〗 둘째 음과 셋째 음 사이의 음정과, 다섯째 음과 여섯째 음 사이의 음정이 반음인 음계. 마이너(minor). ↔장음계.

단:음 기호 (斷音記號) 〖악〗 스타카토.

단음 문자 (單音文字)[다늠–짜] 〖언〗 각 글자가 자음과 모음으로 분석할 수 있는 단음을 나타내는 글자《한글의 자모와 알파벳은 이에 해당함》.

단-음악 (單音樂) 명 〖악〗 한 개의 선율을 주로 해서 여기에 화성이 수반되는 음악.

단음절-어 (單音節語) 명 〖언〗 한 음절로 된 단어《소·말·닻 따위》.

단:-음정 (短音程) 명 〖악〗 장(長)음정을 반음 낮춘 음정《단2도·단3도·단6도·단7도 따위가 있음》.

단:음 주법 (斷音奏法)[다늠–뻡] 〖악〗 낱낱의 음을 끊어서 연주하는 법.

단의 (單衣)[다늬 / 다니] 명 **1** 홑옷. **2** 속곳.

단:의 (短衣)[다늬 / 다니] 명 짧은 옷.

단-익공 (單翼工·單翼栱)[다닉꽁] 명 〖건〗 전각이나 궁궐처럼 포살미한 집의 기둥 위에 얹히는, 한 개의 촛가지가 달린 나무.

단인 (端人) 명 **1** 단정한 사람. **2** 〖역〗 조선 때, 정·종팔품 문무관의 아내에게 주던 외명부의 품계.

단일 (單一) 명하형 **1** 단 하나. ❑ ~ 품목 / ~ 후보 / 남북한 ~팀 / ~한 언어를 사용하다. **2** 복잡하지 않음. ❑ ~ 구성의 단편 소설. **3** 다른 것이 섞이지 않음. ❑ ~ 성분.

단:일 (短日) 명 겨울의 짧은 해.

단일 경작 (單一耕作) 〖농〗 한 농경지에 한 종류의 농작물만 심어 가꾸는 일. 단작(單作).

단일 경제 (單一經濟) 〖경〗 한 자연인이 주체가 된 경제.

단일-국 (單一國) 명 〖법〗 단일 국가. ↔복합국(複合國).

단일 국가 (單一國家)[다닐–까] 〖법〗 하나의 나라가 단일 주권으로 자립하고 있는 국가. 단일국. ↔복합 국가.

단일 기계 (單一機械)[다닐– / 다닐–게] 〖공〗 가장 간단한 구조의 기계《지레·도르래·톱니바퀴 따위》. ㊟단기(單機).

단일 기판 컴퓨터 (單一基板computer) 〖컴〗 하나의 기판(基板) 위에 중앙 처리 장치·램(RAM)·롬(ROM)·입출력 포트(port) 따위를 모두 장치한 컴퓨터.

단일-란 (單一卵) 명 〖동〗 난세포 안에 난황(卵黃)을 모아 두고 있는 알. ↔복합란.

단일 목적 댐 (單一目的dam)[다늘-쩍-] 한 가지 목적과 용도를 위해 만든 댐(발전·농업·수도용 따위). ⇔다목적(多目的) 댐.

단일-물 (單一物) 하나만으로 독립된 한 개체를 이루는 물건.

단일 민족 (單一民族) 〖政〗 단일한 인종으로 구성되어 있는 민족.

단일 변:동 환:율 (單一變動換率) 〖經〗 외환 (外換) 거래에서 환율을 고정해 놓지 않고, 그날그날의 환시장에서 정해지는 시세를 환율로 삼는 일.

단일-성 (單一性)[다닐썽] 단일한 성질이나 상태. □민족면에서 ~을 유지하다.

단일 식물 (短日植物)[다닐싱-] 〖植〗 일조 시간이 일정할 경우 이하가 되어야 하는 식물(벼·옥수수·국화 따위). ↔장일(長日) 식물.

단일신-교 (單一神敎)[다닐씬-] 〖宗〗 여러 신의 존재를 인정하면서 그 가운데 특히 한 신을 가장 높이 숭배하는 교.

단일-어 (單一語) 〖言〗 하나의 실질 형태소로 된 말(밥·도토리 등). ↔복합어(複合語).

단일 진:자 (單一振子) 〖物〗 단진자.

단일 현운동 (單一弦運動) 〖物〗 단진동(單振動). ⓒ단현운동.

단일-화 (單一化)[-쩌타] 하나로 됨. 또는 그렇게 만듦. □계통의 ~ / 여러 기구를 ~하다.

단일 환:율 (單一換率) 〖經〗 통화 환율을 하나의 공정(公定) 환율로 고정시킨 환율.

단자 (單子) 1 부조나 선물 따위의 품목과 수량을 적은 종이. □봉투에 ~를 넣다. 2 혼인할 사람의 사주를 적은 문서. 3〖철〗 모나드(monad).

단자 (單字)[-짜] 〖言〗 1 단어를 표시한 글자. 2 한자의 낱낱의 글자.

단:자 (短資) 〖經〗 금융 기관이나 증권 회사 간의 단기성 자금. 콜(call).

단자 (端子) 전기 기계나 기구 따위에서, 전력을 끌어들이거나 보내는 데 쓰는 회로의 끝 부분. 터미널. □입력 ~ / ~를 꽂다.

단자 (團養) 찹쌀가루로 만든 떡에 팥소를 넣고 꿀을 발라 고물을 묻힌 둥근 떡. 경단.

단자 (緞子) 광택이 있고 두꺼운, 무늬 있는 수자(繻子) 조직의 견직물.

단자-론 (單子論) 〖철〗 모나드론(monad論).

단-자방 (單子房) 〖植〗 홑씨방.

단:자 시:장 (短資市場) 〖經〗 상업 어음의 할인 및 단기 자금이 거래되는 시장(할인 시장과 콜 (call) 시장이 있음).

단:자-업자 (短資業者)[-짜] 〖經〗 콜 자금의 대차·중개, 어음의 매매·중개, 외국환의 인터뱅크, 환거래 중개 따위의 일을 주업무로 하는 사람.

단-자엽 (單子葉) 〖植〗 외떡잎. ↔복자엽.

단자엽-식물 (單子葉植物)[-씽-] 〖植〗 외떡잎식물.

단-자예 (單雌蕊) 〖植〗 홑암술.

단-자음 (單子音) 〖言〗 홀로 소리나는 자음 《ㄱ·ㄴ·ㄷ·ㄹ·ㅁ·ㅂ·ㅅ·ㅇ·ㅈ·ㅎ·ㄲ·ㄸ·ㅃ·ㅆ·ㅉ의 열다섯》. 홑닿소리. 홑자음. ↔복자음 (複子音).

단자 전:압 (端子電壓) 〖전〗 발전기·전동·전동기 따위의 전기 에너지를 소비하는 장치의 단자 사이에 나타나는 실제의 전압.

단:자 회:사 (短資會社) 〖經〗 '단기 금융 회사'의 속칭.

단작 (單作) 〖농〗 단일 경작.

단작-노리개 (單作)[-장-] 한 가닥의 술이 있는 노리개. *삼작노리개.

단작 농업 (單作農業)[-장-] 〖農〗 한 종류의 농작물을 재배하는 농업. ↔다각(多角) 농업.

단:작-스럽다 [-쓰-따][-스러워, -스러우니] 彨彫 하는 짓이 치사스럽고 더러운 데가 있다. □저렇게 단작스러운 녀석일 줄이야. ⓒ던적스럽다. 단:작-스레 [-쓰-] 彫

단잔 (單盞) 1 한 잔. □~에 취하다. 2 제사 때 단헌(單獻)으로 드리는 잔.

단-잠 달게 곤히 자는 잠. □~에 빠지다 / ~을 깨우다.

단장 (丹粧)[하다타 1 얼굴·머리·옷차림 따위를 곱게 꾸밈. □곱게 ~한 신부. 2 건물·거리 따위를 손질하여 꾸밈. □새로 ~한 집.

단-장 (短長) 1 짧고 긺. 2 단점과 장점. 장단 (長短).

단:장 (短杖) 짧은 지팡이. □~을 짚은 노신사.

단:장 (短牆) 낮고 작은 담. □~을 넘다.

단장 (端裝)[하다타 단정하게 차림.

단장 (團長) '단(團)' 자가 붙은 단체의 우두머리. □대표단 ~ / 친선 방문단 ~.

단:장 (斷章) 1 한 체계로 묶지 않고 몇 줄씩의 산문체로 토막을 지어 적은 글. 2 〖악〗 짧은 기악의 소곡.

단:장 (斷腸) 몹시 슬퍼 창자가 끊어지는 듯함. □~의 이별.

단장-고 (丹粧-) 사냥하는 매의 몸에 꾸미는 치장.

단:장-곡 (斷腸曲) 애끊는 듯이 몹시 슬픈 곡조.

단:장-목 (短杖木) 〖역〗 죄인을 고문하는 데 쓰던 몽둥이.

단:장-적구 (斷章摘句)[-꾸] 고전(古典)이나 원서(原書)의 일부를 인용한 글이나 구.

단:장 취:의 (斷章取義)[- -이] 〖문〗 남이 쓴 문장이나 시의 한 부분을 그 문장이나 시의 전체의 뜻을 고려하지 않고 인용하는 일.

단:재 (短才)[하다재 재능이 변변하지 못함.

단:재-기 (斷裁機) 재단기(裁斷機).

단-적 (端的)[-쩍] 곧바르고 명백한 (것). □~인 사실 / ~으로 표현하다.

단전 (丹田) 1 배꼽 아래로 한 치 다섯 푼 되는 곳. 아랫배에 해당하며 여기에 힘을 주면 건강과 용기를 얻는다고 함. 2 '삼단전(三丹田)'의 준말.

단전 (單傳) 〖佛타 1 단지 그 사람에게만 전함. 2〖불〗 글이나 말로가 아니라 마음에서 마음으로 전해 주는 일.

단:전 (短箭) 짧은 화살.

단:전 (斷電)[하다자 전기의 공급이 중단됨. 또는 그렇게 함. □~ 조치 / ~ 지역 / ~으로 불편을 겪다.

단:전 (斷箭) 부러진 화살.

단전-호흡 (丹田呼吸) 단전으로 숨을 쉬는 정신 수련법의 하나.

단:절 (短折)[하다자 1 일찍 부러짐. 2 젊은 나이에 죽음. 요절(夭折).

단:절 (斷折)[하다타 꺾거나 부러뜨림. 절단.

단:절 (斷絶)[하다타 1 관계나 교류를 끊음. 절단. □국교를 ~하다. 2 흐름이 연속되지 않음. □후사(後嗣)가 ~되다 / 대화가 ~되다. 두절(杜絶).

단:절 (斷截·斷切) 〖하다자타 끊어지거나 잘라 버림.

단:점 (短點)[-쩜] 모자라거나 흠이 되는 점. 결점. 단처(短處). □~을 들추다 / ~을

고치다 / ~을 보완하다 / ~을 극복하다. ↔ 장점.

단접(鍛接)**명**하타**《공》** 금속의 접합할 부분을 달구어 망치로 때리거나 압력을 가해서 붙임. 또는 그런 방법.

단:-접기[-끼]**명**하자 치마나 소매 따위의 단을 접는 일.

단정(丹頂)**명《조》** '단정학(丹頂鶴)'의 준말.

단정(丹精)**명** 단성(丹誠).

단정(單精)**명《생》** 수정(受精)할 때, 한 개의 난자에 한 개의 정자가 들어가는 일. ↔다정(多精).

단:정(短艇)**명** 보트(boat)2.

단:정(斷定)**명**하타 딱 잘라 판단하고 결정함. □~을 내리다[짓다].

단정(斷情)**명** 정이나 사랑을 끊음.

단정-꽃차례(單頂-次例)[-꼳-]**명《식》** 꽃대의 꼭대기에 한 개의 꽃이 붙는 꽃차례(목련·개양귀비·튤립 따위). 단정 화서.

단:정-적(斷定的)**관** 딱 잘라 판단하고 결정하는 (것). □~인 평가 / ~ 판단 / ~으로 말하다.

단:정-코(斷定-)**부** 딱 잘라 말해서. □~ 는 성공할 것이다.

단정-하다(端正-)**형어** 얌전하고 바르다. 그 품행이 ~. 단정-히**부**. □의자에 ~ 앉다.

단정-하다(端整-)**형어** 깨끗이 정리되어 가지런하다. □단정한 책상. 단정-히**부**.

단정-학(丹頂鶴)**명《조》** 두루미. ⊗단정.

단정 화서(單頂花序)**《식》** 단정꽃차례.

단조(單調)[-쪼]**명《악》** 단음계로 된 곡조. 마이너(minor). ↔장조.

단조(鍛造)**명**하타**《공》** 금속을 불에 달구어 두드리거나 눌러서 필요한 형체로 만듦.

단조-공(鍛造工)**명** 금속의 단조 작업을 맡아 하는 직공.

단조 기계(鍛造機械)[- / -게]**《공》** 금속 재료에 힘을 가해 여러 가지 모양의 물건을 만드는 기계.

단조-롭다(單調-)[-따][-로워, -로우니]**형어** 단조한 느낌이 있다. □단조로운 생활[일상]. 단조-로이**부**.

단조 작업(鍛造作業)**《공》** 금속 재료를 해머로 두들기거나 프레스로 눌러서 필요한 형태로 만드는 금속 가공 작업(높은 온도에서 금속 재료가 늘어나는 성질을 이용한 것임).

단조-품(鍛造品)**명** 단조하여 만든 물품.

단족(單族)**명** 세력이 없고 외로운 집안.

단족-국(單族國)[-꾹]**명** 단일 민족으로 구성된 국가. 단일 민족 국가.

단:종(斷種)**명《생》** **1** 인위적으로 생식 능력을 없앰. **2** 씨가 끊어짐.

단-종선(單縱線)**명《악》** 세로줄.

단:종 수술(斷種手術)**《의》** 유전성 병자에 대해 단종시킬 목적으로 생식 기능을 없애는 수술. 우생수술.

단-종진(單縱陣)**명《군》** 세로 방향으로 외줄로 친 진(陣).

단좌(單坐)**명**하자 혼자 앉음.

단좌(單座)**명** 단 하나의 좌석. □~ 전투기.

단좌(端坐)**명**하자 단정하게 앉음. □~하고 설법을 듣다.

단좌(團坐)**명**하자타 여러 사람이 둥글게 모여 앉음.

단:죄(斷罪)**명**하자타 **1** 죄를 처단함. □~의 대상 / ~를 받다. **2** 죄로 단정함. □~의 증거.

단주(丹朱)**명 1** 붉은빛. **2《광》** 진사(辰砂).

단주(丹柱)**명** 붉은 칠을 한 기둥. 단영(丹楹).

단주(單舟)**명** 한 척의 배.

단:주(短珠)**명《불》** 54개 이하의 구슬을 꿰어 만든 짧은 염주. 단념(短念). □~를 굴리다.

단주(端株)**명** 짧은 배. □~를 타다.

단주(端株)**명《경》** 거래 단위에 미달하는 수의 주(보통 10주 미만).

단:주(斷酒)**명**하자 술을 끊음. □~를 단단히 결심하다.

단:주-적(斷奏的)**명**하타**《악》** 스타카토.

단:주-법(斷奏法)[-뻡]**명《악》** 선율을 끊는 것처럼 연주하는 방법의 한 가지.

단죽(單竹)**명** 곰방대.

단중-하다(端重-)**형어** 단정하고 정중하다. □단중한 자세 / 행동이 ~. 단중-히**부**.

단지명 목이 짧고 배가 부게 조그마한 항아리. □꿀 / 고추장을 ~에 담그다.

단지(段地)**명** 층이 진 땅. □~ 재배를 하다.

단:지(短枝)**명** 초목의 짧은 가지.

단:지(短智)**명**하형 지혜가 짧음. 또는 짧은 지혜.

단지(團地)**명** 주택·공장 등이 집단을 이루고 있는 일정한 구역. □아파트 ~를 조성하다.

단:지(斷指)**명**하자 **1** 손가락을 자름. **2** 예전에, 가족의 병이 위중할 때 제 손가락을 깨물거나 잘라 그 피를 먹게 하던 일. **3** 굳은 결심의 표시로 손가락을 깨물거나 자름. 또는 그런 일. □~하여 의형제를 맺다.

단:지(斷趾)**명《역》** 형벌로 발뒤꿈치를 자르던 일.

단지(但只)**부** 다만. 오직. 자신 있는 과목은 ~ 국어밖에 없다.

단:지럽다[-따][단지러워, 단지러우니]**형어** 말이나 행동이 다랍다. □단지럽게 굴다. ⊗던지럽다.

단:지-증(短指症)[-쯩]**명《의》** 손가락이나 발가락이 병적으로 짧은 증상. 단순히 짧은 경우와 뼈에 결손이 있는 경우가 있음.

단-진동(單振動)**명** '단진동 운동'의 준말.

단진동 운:동(單振動運動)**《물》** 점이 일정한 원둘레 위를 같은 속도로 운동할 때, 임의의 지름 위에 생기는 정사영(正射影)의 왕복 운동. 단일 현운동. ⊗단진동.

단-진자(單振子)**명《물》** 작고 무거운 물체를 가볍고 튼튼한 줄에 매달아 자유롭게 흔들리도록 만든 장치.

단-집합(單集合)[-지팝]**명《수》** 한 개의 원소로 된 집합. 단위 집합.

단짝명 서로 뜻이 맞거나 매우 친해서 늘 함께 어울리는 사이. 단짝패. □둘이 ~으로 지내다 / ~이 있다는 것은 즐거운 일이다.

단짝-패(-牌)**명** 단짝.

단차(單差)**명**하타**《역》** 벼슬아치를 임명할 때 한 사람만을 추천받아 뽑던 일.

단:찰(短札)**명 1** 짧게 쓴 편지. **2** 자기 편지의 겸칭.

단참(單-)**명** (주로 '단참에'·'단참으로'의 꼴로 쓰여) 쉬지 않고 곧장 계속함. □~에 뛰어오다.

단창(單窓)**명** 겉창이 없는 외겹 창. □~이라 바람이 새어 들어온다.

단:창(短槍)**명** 짧은 창.

단-채유(單彩釉)**명** 한 가지 빛깔의 유약(釉)

藥)이나 채색으로 된 자기(청자(靑瓷)·백자 따위).

단:처(短處)〔명〕 부족하거나 모자라는 점. □~를 지적하다 / ~를 버리고 장처를 취하다. ↔장처(長處).

단:척(短尺)〔명〕 한 필의 자수에 차지 못한 피륙의 길이.

단:천-하다(短淺-)〔형여〕 지식이나 지혜 등이 짧고 얕다.

단철(單鐵)〔명〕 '단선 철도'의 준말.

단철(鍛鐵·煆鐵)〔명하자〕 1 쇠를 불리어 단련함. 2〔공〕연철(鍊鐵).

단철-장(鍛鐵場·煆鐵場)〔명〕 대장간.

단:첨(短檐)〔명〕〔건〕끝이 짧은 처마.

단청(丹靑)〔명하타〕 대궐이나 절 등의 벽·기둥·천장 따위에 여러 가지 빛깔로 그림과 무늬를 그림. 또는 그 그림이나 무늬. □~을 입히다 / ~이 아름답다.

단-청룡(單靑龍)〔명〕〔농〕내(內)청룡.

단청-집(丹靑-)〔명〕〔건〕단청을 한 집.

단:-청판(短廳板)〔명〕〔건〕마룻바닥에 까는 짧은 널.

단체(單體)〔명〕〔화〕홀원소 물질.

단체(團體)〔명〕 1 같은 목적으로 모인 사람들의 일정한 조직체(법인·정당 따위). □친목 ~ / 이익 ~ / ~에 가입하다 / ~를 결성하다. 2 여러 사람이 모여서 이루어진 집단. □~ 관람 / ~ 생활 / ~ 사진을 찍다.

단체 경:기(團體競技) 단체를 이루어 승부를 겨루는 경기(배구·농구·축구 따위). ↔개인 경기.

단체 경:주(團體競走) 두 사람 이상을 한 팀으로, 모든 선수가 동시에 달려 각각의 선수가 얻은 점수를 단체별로 합쳐서 순위를 정하는 경기.

단체 교섭(團體交涉)〔사〕노동조합의 대표자가 노동 조건의 유지·개선을 위해 사용자와 하는 교섭.

단체 교섭권(團體交涉權)〔-꿘〕〔법〕단체 교섭을 할 수 있는 권리. □~은 헌법에 보장되어 있다.

단체-법(團體法)〔-뻡〕〔법〕단체의 조직·운영에 대해 규정한 법규의 총칭.

단체 보:험(團體保險) 집단이나 단체의 대표자를 계약자로 하며, 그 단체의 구성원이 포괄적으로 피보험자가 되는 보험.

단체 분리(單體分離)〔-불-〕〔광〕선별하려는 광물을 광석에서 가려내는 일.

단체-상(團體賞)〔명〕단체에 주는 상. □~을 받다. ↔개인상.

단체 수술(單體-)〔식〕같은 꽃 안의 수술이 서로 붙어서 한 몸으로 된 것(동백꽃 따위). 단체 웅예.

단체 연금(團體年金)〔사〕종업원의 퇴직 연금 제도. 사업주가 보험 회사와 계약하여 그 보험료의 전부 또는 일부를 부담하는 제도.

단체 웅예(單體雄蕊)〔식〕단체 수술.

단체 자치(團體自治)〔정〕지역 자치 단체가 중앙 정부에서 독립하여 그 지역의 행정 사무를 처리하는 일.

단체-전(團體戰)〔명〕단체 사이에 행하여지는 경기. □~에서 우승하다. ↔개인전.

단체-정신(團體精神)〔명〕개인보다 단체를 중히 여기는 정신.

단체 행동(團體行動) 개인적이 아닌 단체로서 하는 행동.

단체 행동권(團體行動權)〔-꿘〕〔법〕노동 삼권의 하나. 근로자가 사용자에 대하여 근로

조건 개선 따위의 주장을 관철하기 위한 쟁의 행위를 할 수 있는 권리.

단체 협약(團體協約)〔법〕단체와 단체 또는 단체와 개인 사이에 맺어지는 특수한 계약.

단초(端初)〔명〕일이나 사건의 시작. 실마리. □문제 해결의 ~를 제공하다.

단:-촉(短-)〔명〕〔건〕돌기가 짧은 장부촉.

단:촉 꺾쇠(短-)〔-쩍쐬〕〔건〕한쪽 끝만 구부러지고 뾰족한 꺾쇠. 다른 쪽은 곧고 넓적하며 못 박는 구멍이 있음.

단:촉-하다(短促-)〔-초카-〕〔형여〕1 시일이 촉박하다. 2 결혼 날짜가 ~. 2 음성이 짧고 급하다.

단출-하다〔형〕☞ 단출하다.

단:총(短銃)〔명〕1 짤막한 총. 2 권총.

단총-박이〔명〕짚의 속대로 꼰 총을 박아 감은 짚신.

단추¹〔명〕1 옷 따위의 두 폭이나 두 짝을 한데 붙였다 떼었다 하는, 옷고름이나 끈 대신 쓰는 물건. □~를 끼우다 / ~를 달다 / ~를 채우다 / ~가 떨어지다. 2 '누름단추'의 준말. □~를 누르다 / ~를 잘못 건드리다.

단추²〔명〕단으로 묶은 푸성귀.

단추-매듭〔명〕한복에서, 좁은 끈을 단추처럼 맺어서 고름 대신 쓰는 매듭.

단:축(短軸)〔명〕1 〔수〕짧은지름. ↔장축. 2 〔광〕사방 정계(斜方晶系)에 속하는 결정(結晶)의 짧은 축.

단:축(短縮)〔명하타〕시간·거리 따위가 짧게 줄어듦. 또는 그렇게 줄임. □거리 ~ / 공정을 ~하다.

단:축 노동(短縮勞動)〔-동〕〔사〕실업 구제 대책의 하나. 불경기에 실업자의 발생을 방지하기 위하여 근로자 1인당의 노동 시간을 단축하는 일.

단:축-키(短縮 key)〔명〕〔컴〕컴퓨터의 키보드에서, 특정 기능을 수행하도록 지정한 키.

단출-하다〔형여〕1 식구나 구성원이 적어 홀가분하다. □단출한 식구. 2 일이나 차림새가 간편하다. □단출한 차림. 단출-히〔부〕

단춧-고〔명〕☞ 단추고리.

단춧-고리〔-추꼬- / -춘꼬-〕〔명〕단추를 끼우게 된 고리.

단춧-구멍〔-추꾸- / -춘꾸-〕〔명〕단추를 끼우게 된 구멍. □~이 헐겁다.

단충(丹忠)〔명〕마음에서 우러나오는 충성.

단충(丹衷)〔명〕마음에서 우러나오는 정성.

단취(團聚)〔명하자〕집안 식구나 친한 사람들끼리 화목하게 모임.

단층(單層)〔명〕1 단 하나의 층. □~ 목조 건물. 2 '단층집'의 준말. □아담한 ~.

단:층(斷層)〔명〕〔지〕지각(地殼) 변동으로 지층이 갈라져 어긋나는 현상. 또는 그런 지형.

단:층-곡(斷層谷)〔명〕〔지〕지표에 드러난 단층면이 침식되어 이루어진 골짜기.

단층-림(單層林)〔-님〕〔명〕수관(樹冠)이 고르게 된 숲. *다층림.

단:층-면(斷層面)〔명〕〔지〕단층으로 말미암아 서로 어그러진 두 지반의 경계면.

단:층 분지(斷層盆地)〔지〕단층 운동으로 지각의 일부가 주변보다 낮아진 분지.

단:층 산맥(斷層山脈)〔지〕양쪽이 모두 단층으로 형성된 산맥.

단:층 산지(斷層山地)〔지〕단층으로 인해 한쪽이 높게 형성된 산지.

단:층-애(斷層崖)〔명〕〔지〕단층면이 드러나

있는 낭떠러지.
단:층 운:동 (斷層運動) 〔지〕 지각의 강한 횡압력으로 지반이 한쪽은 솟고 한쪽은 가라앉아 단층이 생기는 운동.
단:층 지진 (斷層地震) 〔지〕 단층과 밀접한 관계가 있다고 생각되는 지진.
단층-집 (單層-)[-찝] [명] 단층으로 된 집. [준]단층.
단:층 촬영 (斷層撮影) 〔의〕 엑스선 검사의 하나. 폐(肺) 질환이나 장기(臟器)의 진단을 위해 몸의 한 단면을 촬영하여 조직의 변화를 알아보는 검사법.
단:층 해:안 (斷層海岸) 〔지〕 단층으로 형성된 해안《깎아지른 듯한 절벽을 이룸》.
단:층-호 (斷層湖) [명] 〔지〕 단층 운동으로 오목하게 꺼진 땅에 이루어진 호수.
단칠 (丹漆) [명] 붉은 칠.
단:침 (短針) [명] **1** 짧은 바늘. **2** 시침. ↔장침.
단칭 (單稱) [명] **1** 간단한 명칭. **2** 특히 하나만을 일컬음. ↔복칭(複稱).
단칭 명:제 (單稱命題) 〔논〕 단칭 판단.
단칭 판단 (單稱判斷) 〔논〕 정언적(定言的) 판단의 양에 의한 분류의 하나. 단칭을 주사(主辭)로 하는 판단. 단칭 명제.
단-칸 (單-) [명] 단 한 칸. ❑ ~ 사글셋방.
단칸-방 (單-房)[-빵] [명] 한 칸인 방. ❑ ~에 신혼살림을 차리다.
[단칸방에 새 두고 말할까] 한집안 식구처럼 가까운 사이에 무슨 비밀이 있겠느냐는 말.
단칸-살림 (單-) [명][하자] 단칸방에서 사는 살림. 단칸살이. ❑ ~으로 시작하다.
단칸-살이 (單-) [명][하자] 단칸살림.
단-칼 (單-) [명] (주로 '단칼에'·'단칼로'의 꼴로 쓰여) 단 한 번 쓰는 칼. 또는 단 한 번의 뜻. ❑ ~로 베다 / ~에 두 동강을 내다 / 일을 ~에 매듭짓다.
단타 (單打) [명] 야구에서, 1루까지 갈 수 있는 안타. 일루타. ❑ ~를 잘 치는 선수.
단:타 (短打) [명] 야구에서, 주자의 진루를 위해 배트를 짧게 쥐고 정확하게 때리는 타격. ↔장타(長打).
단-탕건 (單宕巾) [명] 관이나 갓을 쓰지 않고 탕건만 쓰는 차림새.
단-통 (單-) [명] (주로 '단통에'·'단통으로'의 꼴로 쓰여) 그 자리에서 곧장 하는 것. ❑ ~에 들통 나다 / ~으로 끝장나다.
단통-총 (單筒銃) [명] 쏠 때마다 탄알을 재는, 총열이 하나인 엽총.
단-틀 (單-) [명] 몸체가 하나인 기계나 설비.
단:파 (短波) [명] 〔물〕 파장(波長)이 10-100 m, 진동수가 3-30 메가헤르츠의 전자기파(電磁氣波). 원거리 무선 전신·대외 방송 등에 씀.
단:파 방:송 (短波放送) 3-30 메가헤르츠의 전파를 사용하는 방송. 원격지를 위한 국내 방송이나 해외 방송 등에 씀.
단:파 송:신기 (短波送信機) 〔전〕 단파 신호를 보내는 송신기.
단:파 수신기 (短波受信機) 〔전〕 단파 신호를 받는 수신기.
단:파 요법 (短波療法)[-뻡] 〔의〕 단파를 이용하여 신경·관절·뼈·피부 등의 병을 치료하는 방법.
단-파의 (單罷議)[-/-이] [명][하타] 한 번 의논해서 곧 정해 버림.
단:-파장 (短波長) [명] 〔물〕 단파의 파장.
단-판 (單-) [명] 단 한 번에 승부를 가르는 판. ❑ 승부를 ~에 끝내다.
단판 (單瓣) [명] 〔식〕 홑꽃잎. ↔중판(重瓣).
단판 (端板) [명] 〔생〕 운동 신경이 말단의 근육 섬유와 접하는 부분.
단판-걸이 (單-) [명] 한 판으로 승부를 겨루는 일. ❑ ~로 자웅을 겨루다.
단판-씨름 (單-) [명] 단 한 번에 승부를 가르는 씨름. ❑ ~으로 승부를 내다.
단판-화 (單瓣花) [명] 〔식〕 홑꽃. ↔중판화.
단-팥묵 [-판-] [명] 팥을 삶아 앙금을 낸 다음, 설탕·우무를 넣고 조려서 굳힌 일본식 과자.
단-팥죽 (-粥)[-판쭉] [명] 팥을 삶아 으깨어 설탕을 넣고, 찹쌀 새알심을 넣은 음식. ❑ 동지에 ~을 쑤어 먹다.
단패 (單牌) [명] **1** 단짝. **2** 둘로만 된 짝패.
단패 교군 (單牌轎軍) 〔역〕 지난날, 교대할 사람이 없이 단 두 사람이 한 패로 가마를 메고 가던 교군.
단:편 (短篇) [명] 〔문〕 **1** 짤막하게 지은 글. 소편(小篇). **2** '단편 소설'의 준말. ❑ ~을 발표하다〔읽다〕. ↔장편(長篇).
단:편 (斷片) [명] **1** 여럿으로 끊어지거나 쪼개진 조각. ❑ 토기의 ~이 발견되었다. **2** 전체 중의 한 부분. ❑ 체험의 ~.
단:편 (斷編·斷篇) [명] 〔문〕 내용이 연결되지 않고 따로 떨어진 짧은 글.
단:편 소:설 (短篇小說) 〔문〕 길이가 짧은 형태의 소설. 인생의 단면을 독자적 관점으로 파악해서 간결하게 표현하면서 단일 주제로 단일 효과를 노림《보통 200 자 원고지 70 매 정도》. ❑ ~ 작가 / 모파상의 ~. [준]단편. * 중편 소설·장편 소설.
단:편 영화 (短篇映畫)[-녕-] 〔연〕 상영 시간이 40-50 분인 짧은 영화.
단:편-잔간 (斷編殘簡) [명] 〔문〕 떨어지고 빠져서 완전하지 못한 글이나 책 따위. 단간잔편(斷簡殘編). [준]단간(斷簡).
단:편-적 (斷片的) [관][명] 전체에 걸치지 않고 한 부분에 국한된 (것). ❑ ~(인) 지식 / ~으로 말하다.
단:편-집 (短篇集) [명] 〔문〕 단편 소설을 모아 엮은 책. ❑ ~을 내다.
단:평 (短評) [명] 짧고 간단한 비평. ❑ 시사 ~ / 문예 전반에 대한 ~.
단포 (單胞) [명] 〔생〕 단세포(單細胞).
단포-약 (單胞葯) [명] 〔식〕 한 개의 약포(葯胞)로 된 꽃밥《목화·부용 따위》. ↔다포약.
단표 (簞瓢) [명] '단사표음'의 준말.
단표-누항 (簞瓢陋巷) [명] 도시락과 표주박과 누추한 마을이란 뜻으로, 소박한 시골 살림 또는 청빈한 선비의 생활을 비유하는 말.
단-표자 (單瓢子) [명] 한 개의 표주박.
단풍 (丹楓) [명] **1** 늦가을에 식물의 잎이 붉고 누르게 변하는 일. 또는 그렇게 변한 잎. ❑ ~이 들다 / ~이 곱게 물들다 / ~이 지다. **2** 〔식〕 '단풍나무'의 준말.
단풍-나무 (丹楓-) [명] 〔식〕 단풍나뭇과의 낙엽 활엽 교목. 높이 10 m 정도, 골짜기에 남. 잎은 손바닥 모양인데 6-7 갈래로 깊게 째어졌음. 관상용으로 널리 가꿈. [준]단풍.
단풍-놀이 (丹楓-) [명][하자] 단풍이 든 가을의 아름다운 경치를 바라보며 즐기는 일. ❑ 근교로 ~를 가다.
단풍-마 (丹楓-) [명] 〔식〕 맛과의 여러해살이 덩굴풀. 높이 1-2 m, 산에 남. 잎은 심장형인데 세 갈래로 갈라졌음. 여름에 담황록색의 꽃이 드문드문 피고 삭과는 원형으로 세 개의 날개가 있음.

단풍-잎 (丹楓-)[-닙] [명] **1** 단풍이 든 잎. ❑ 가을날에 빛나는 ~. **2** 단풍나무의 잎.
단풍-취 (丹楓-) [명] 〖식〗 국화과의 여러해살이 풀. 산지에 흔히 자라는데, 줄기 높이 35–80 cm. 줄기는 곧고 잎은 잎자루가 길고 손바닥 모양이며, 여름에 흰 꽃이 이삭 모양으로 핌. 어린잎은 식용함.
단피-화 (單被花) [명] 〖식〗 꽃받침이나 꽃부리의 어느 한쪽을 갖추지 못한 꽃《뽕나무·밤나무의 꽃 따위》.
단:필 (短筆) [명] 서투른 글씨.
단필-정죄 (丹筆定罪) [명] 〖역〗 지난날, 의율(擬律)의 서면에 임금이 주필(朱筆)로 그 죄형을 정해 기록하던 일.
단하 (丹霞) [명] 붉은빛의 운기(運氣).
단하 (壇下) [명] 교단·강단 등의 단 아래. ↔단상(壇上).
단학-흉배 (單鶴胸背)[-하큥-] [명] 〖역〗 당하관 문관의 관복에 붙이던, 한 마리의 학을 수놓은 흉배.
단합 (團合) [명][하자] 한데 뭉침. 단결. ❑ ~ 대회 / 온 국민이 ~하다.
단항 (單桁) [명] 〖건〗 양쪽 끝만 받친 배다리.
단항-식 (單項式) [명] 〖수〗 숫자와 몇 개의 문자의 곱으로 이루어진 식. 곧, 한 개의 항으로 이루어짐《$5ax^3y \cdot 6x^2y^6$ 따위》. ↔다항식.
단행 (單行) [명][하자] **1** 한 번만 하는 행동. **2** 혼자서 하는 행동. **3** 혼자서 감. 또는 혼자 하는 여행.
단:행 (斷行) [명][하타] 결단하여 실행함. ❑ 개각을 ~하다 / 개혁이 ~되다.
단행-범 (單行犯) [명] 〖법〗 단 한 번의 위법 행위로 성립된 범죄. 또는 그런 범인.
단행-법 (單行法)[-뻡] [명] 〖법〗 특수한 사항에 관하여 제정된 법률.
단행-본 (單行本) [명] 한 권으로 된 책. ❑ ~으로 출간되다.
단향 (壇享) [명] 단(壇)에서 지내는 제사.
단향 (檀香) [명] **1** 〖식〗 '단향목'의 준말. **2** 단향목의 목재.
단향-목 (檀香木) [명] 자단(紫檀)·백단 등 향나무의 총칭. [준]단향.
단헌 (單獻) [명] 제사 지낼 때 세 번 올릴 술잔을 한 번만 올리는 일.
단:현 (斷絃) [명][하자] **1** 현악기의 줄이 끊어짐. 또는 그 줄. **2** 아내의 죽음을 비유.
단현-운동 (單弦運動) [명] 〖물〗 '단일 현운동'의 준말.
단형 시조 (單形時調) 〖문〗 한 수(首)로 하나의 작품을 이룬 시조. 단시조(單時調). *연시조(聯時調).
단:호-하다 (斷乎-) [형][여] 결심이나 태도·입장 따위가 과단성 있고 엄격하다. ❑ 단호한 태도. **단:호-히** [부]. ❑ ~ 거절〔반대〕하다.
단호-흉배 (單虎胸背) [명] 〖역〗 당하관 무관의 관복에 한 마리의 호랑이를 수놓은 흉배.
단혼 (單婚) [명] 일부일처의 결혼. ↔복혼(複婚).
단:혼 (斷魂) [명] 넋이 끊길 정도로 애통함. 단장(斷腸).
단홍-빛 (丹紅-)[-삗] [명] 붉은 빛깔.
단:화 (短話) [명] 짤막한 이야기.
단:화 (短靴) [명] 목이 없거나 짧아 발목 아래로 오는 구두. ↔장화.
단화-과 (單花果) [명] 〖식〗 홑열매. ↔복화과(複花果).
단환 (團環) [명] 배목이 달린 둥근 문고리.
단황 (丹黃) [명] 붉은빛과 누른빛.
단황-란 (端黃卵)[-난] [명] 노른자위가 알의 한 쪽 가에 치우쳐 있는 알《양서류·조류·어류 따위의 알》.
단회 (團會) [명] 원만한 모임.
닫다[1] [-따]〔달아, 달으니, 닫는〕 [자][ㄷ] 빨리 뛰어가다. ❑ 전속력으로 ~.
[닫는 데 발 내민다] 어떤 일에 열중하는데 남이 중간에서 방해함의 비유. [닫는 말에도 채를 친다] '달리는 말에 채찍질'과 같은 뜻. *달리다[1].
닫다[2] [-따] [타] **1** 열려 있는 것을 제자리로 도로 가게 하다. ❑ 문을 ~ / 서랍을 ~. **2** 영업이나 운영하던 것을 잠시 또는 아주 그만두다. ❑ 벌써 가게를 닫았군 / 부도가 나서 회사 문을 ~. **3** 말을 그만두고 입을 다물다. ❑ 입을 굳게 ~.
닫아-걸다 〔-걸어, -거니, -거는〕 [타] 문·창 따위를 닫고 잠그다. ❑ 방문을 ~.
닫-줄 [명] 〈옛〉 닻줄.
닫-집 [-찝] [명] 〖건〗 궁전 안의 옥좌 위나 법당의 불좌 위에 만들어 다는 집의 모형.
닫-치다 [타] 문·창·뚜껑 등을 세차게 닫다. ❑ 대문을 급히 ~.
닫-히다 [다치-] [자] 《'닫다[2]'의 피동》 열렸던 것이 닫아지다. ❑ 늘 닫혀 있는 창문.
닫힌-회로 (-回路)[다친-] [명] 〔closed circuit〕 〖전〗 전류가 순환하여 계속 흐르는 회로. 폐로(閉路). 폐회로(閉回路).
달[1] [一][명] **1** 〖천〗 지구의 위성. 햇빛을 반사하여 밤에 밝은 빛을 냄. 표면에 많은 분화구가 있고 대기는 없으며, 공전 주기는 27.32일, 반지름은 1,738 km임. ❑ ~이 뜨다 / ~이 지다 / ~ 밝은 밤 / ~이 두둥실 떠오르다 / 구름에 ~ 가듯이 가는 나그네. **2** 한 해를 열둘로 나눈 것의 하나. ❑ ~이 가고 해가 바뀌다. **3** 임신 기간. ❑ ~이 차지 않아 해산을 하다. **4** 달빛. ❑ ~이 밝다 / ~이 비치다. [二][의명] 달을 한 단위로 세는 단위. ❑ 석 ~ 열흘 / 한 ~ 만에 만나다.
[달도 차면 기운다] 세상의 온갖 것이 한번 성하면 다시 쇠한다. [달 보고 짖는 개] 남의 일을 알지 못하고 떠들어 대는 어리석은 사람.
달(이) 차다 [구] ㉠보름달이 되다. ㉡아이를 배어 낳을 때가 되다.
달:[2] [명] 〖식〗 달뿌리풀.
달:[3] [명] 연 만드는 데 쓰는 대오리.
-달 [어미] '-다고 할'의 준말. ❑ 싫~ 사람이 어디 있소.
달가닥 [부][하자타] 작고 단단한 물건이 맞부딪치는 소리. ❑ 옆방에서 ~ 소리가 난다. [큰]덜거덕. [센]딸가닥. [준]달각.
달가닥-거리다 [-꺼-] [자타] 자꾸 달가닥하다. 또는 그런 소리를 자꾸 내다. ❑ 달가닥거리며 설거지를 하다. [큰]덜거덕거리다. [센]딸가닥거리다. [준]달각거리다. **달가닥-달가닥** [-딸-] [부][하자타]
달가닥-대다 [-때-] [자타] 달가닥거리다.
달가당 [부][하자타] 작고 단단한 물건이 부딪치는 소리. ❑ 뚜껑이 ~ 땅에 떨어지다. [큰]덜거덩. [센]딸가당. [준]달강.
달가당-거리다 [자타] 자꾸 달가당하다. 또는 그런 소리를 자꾸 내다. ❑ 바람에 창문이 ~. [큰]덜거덩거리다. [센]딸가당거리다. **달가당-달가당** [부][하자타]
달가당-대다 [자타] 달가당거리다.
달각 [부][하자타] '달가닥'의 준말.
달각-거리다 [-꺼-] [자타] '달가닥거리다'의 준

말. **달각-달각**[-딸-] 튀하자타

달각-대다[-때-] 자타 달각거리다.

달-감(-甘) 명 한자 부수의 하나(‘甘’·‘甛’ 등에서 ‘甘’의 이름).

달갑다[-따](달가워, 달가우니) 형 1 마음이 흡족하다. ◻달갑지 않은 손님. 2 거리낌이나 불만이 없다. ◻벌을 달갑게 받다.

달갑잖다[-찮타] 형 달갑지 않다.

달강 튀하자타 ‘달가당’의 준말.

달강-달강[강] 어린애를 데리고 시장질할 때 노래 끝에 벌여 부르는 후렴.

달강어(達江魚) [-어] 명 성댓과의 바닷물고기. 몸길이 약 30cm로 가늘고 길. 머리가 모나고 가시가 많음. 몸은 잔비늘로 덮였으며 등은 고운 주홍색이고 배는 흼. 달궁이.

달개[1] 건 원채의 처마 끝에 잇대어 집을 늘여 짓거나 차양을 달아 지은 의지간(倚支間). ◻~를 만들어 창고를 내다.

달개[2] 명 역 금관 따위에 반짝거리도록 매단 얇은 쇠붙이 장식.

달개비 명 식 닭의장풀.

달개-집 명 건 1 원채에 달아낸 달개로 된 집. 2 몸채의 뒤편 모서리에 낮게 지은 외양간.

달걀 명 〔←닭의 알〕 닭이 낳은 알. ◻~ 꾸러미/~을 삶다/~을 한 판을 사다.
  [달걀도 굴러 가다 서는 모가 있다] ㉠어떤 일이든지 끝날 때가 있다. ㉡좋게만 대하는 사람도 성낼 때가 있다. [달걀로 바위 치기] 소용없는 저항. [달걀로 치면 노른자위] 가장 중요한 부분이다.

달걀-가루[-까-] 명 달걀의 알맹이를 말려서 만든 가루.

달걀-귀신(-鬼神) 명 달걀 모양으로 생겼다는 귀신.

달걀-꼴 명 1 달걀 모양. 난상(卵狀). 난형(卵形). 2 식 잎 모양의 한 가지. 달걀을 세로로 자른 면처럼 한쪽이 넓고 갸름하게 둥근 모양. 난형(卵形).

달걀-노른자[-로-] 명 1 달걀 속의 흰자위가 둘러싸고 있는 노란 부분. ◻~가 덜 익은 반숙. 2 사물의 가장 중요한 부분. ◻이 지역은 서울에서 ~에 해당한다.

달걀-말이[-리] 명 달걀을 넓적하게 부쳐서 돌돌 만 반찬.

달걀-흰자[-힌-] 명 달걀 속에서 노른자를 싸고 있는 흰 부분.

달-거리 명 1 한 달에 한 번씩 앓는 열병. 2 월경(月經).

달견(達見) 명 1 사리에 밝은 견문과 학식. ◻~을 가진 사람. 2 뛰어난 의견. ◻~을 듣다.

달-고기 명 어 달고깃과의 바닷물고기. 몸길이 약 50cm에 몹시 납작하며 작고 둥근 비늘로 싸임. 빛은 회갈색을 띤 은백색, 옆구리에 검은 반점이 있음. 점도미.

달고질 명 옛 달구질.

달곰삼삼-하다 형여 달고 싱거운 듯하게 맛있다.

달곰새금-하다 형여 단맛이 나면서 신맛이 있다. ㉘달콤새콤하다.

달곰쌉쌀-하다 형여 달면서 쓴맛이 있다.

달곰씁쓸-하다 형여 단맛이 나면서 쓰다.

달곰-하다 형여 감칠맛있게 달다. 튀달금하다. ㉘달콤하다. **달곰-히** 튀

달관(達官) 명 높은 벼슬이나 관직.

달관(達觀) 명하자타 1 사물에 통달한 식견이

나 관찰. ◻철학적인 ~을 갖다. 2 세속을 벗어난 활달한 식견이나 인생관. ◻~의 경지에 이르다.

달굿(達-) 건 땅을 다지는 데 쓰는 연장.

달구다 타 1 불에 대어 뜨겁게 하다. ◻쇠를 ~. 2 불을 때어 방 등을 뜨겁게 하다. ◻구들장을 ~.

달-구리[1] 명 〔←닭울이〕 새벽의 닭이 울 무렵.

달구리[2] 식 한식 때 심는 올벼의 하나. 수염이 없고 엷은 황색임.

달구지 명 1 소나 말이 끄는 짐수레. ◻~를 끌다〔몰다〕/~에 짐을 싣다. 2 달구지의 수로써 거기에 실린 분량을 세는 단위. ◻볏단 두 ~/두엄 세 ~.

달구지-풀 명 식 콩과의 여러해살이풀. 높이 30cm가량. 작은 잎 다섯 개가 달구지의 바퀴살처럼 한곳에 흩어져 남.

달구-질 명하다 달구로 집터나 땅을 다지는 일. ◻무덤 터를 ~.

달구-치다 타 꼼짝 못하게 몰아치다. ◻생사람을 ~.

달굿-대 [-구때 · -굳때] 명 땅을 다지는 데 쓰는 대가 달린 몽둥이.

달궁이 명 어 달강어(達江魚).

달그락 튀하자타 작고 단단한 물건이 부딪쳐 맞닿는 소리. ㉘덜그럭. ㉛딸그락.

달그락-거리다[-꺼-] 자타 자꾸 달그락하다. 또는 그런 소리를 자꾸 내다. ㉘덜그럭거리다. ㉛딸그락거리다. **달그락-달그락**[-딸-] 튀하자타

달그락-대다[-때-] 자타 달그락거리다.

달그랑 튀하자타 얇고 작은 쇠붙이가 따위가 맞닿아 울리는 소리. ㉘덜그렁. ㉛딸그랑.

달그랑-거리다 자타 자꾸 달그랑하다. 또는 그런 소리를 자꾸 내다. ㉘덜그렁거리다. ㉛딸그랑거리다. **달그랑-달그랑** 튀하자타

달그랑-대다 자타 달그랑거리다.

달근달근-하다 형여 재미있고 마음에 들다.

달금-하다 형여 감칠맛 있게 달다. ㉘달곰하다. ◻달금-히 튀

달기(達氣) 명 1 활달하고 명랑한 기운. ◻~에 차다. 2 보기에 환하여 장차 높고 귀하게 될 기색.

달기-살 명 소의 다리 안쪽에 붙은 고기(주로 찌갯거리로 씀). 죽바디.

달기-씨깨비 명 닭의장풀.

달-나라[-라-] 명 달을 지구처럼 하나의 세계로 여기어 일컫는 말. 월세계.

달-님[-림] 명 달을 의인화하여 높여 이르는 말. ↔해님.

달:다[1] 〔달아, 다니, 다는〕 자 1 음식 따위가 너무 끓어 지나치게 익다. ◻국이 너무 달았다. 2 몹시 뜨거워지다. ◻다리미가 ~. 3 안타깝거나 조마조마하여 마음이 타다. ◻애가 ~. 4 살이 얼어서 붉게 부르터 터지다.

달다[2] 〔달아, 다니, 다는〕 타 1 물건을 매어 늘어뜨리다. ◻처마에 풍경을 ~. 2 물건을 일정한 곳에 붙이다. ◻훈장을 ~. 3 가설하다. ◻전화를 ~. 4 글이나 말에 설명을 덧붙이다. ◻주석을 ~. 5 토를 붙이다. ◻한자에 훈(訓)을 ~. 6 셈을 기록하다. ◻장부에 외상값을 ~. 7 윷판에서 처음으로 말을 놓다. ◻말을 ~. 8 매달아 놓고 때리다. ◻새신랑을 ~. 9 저울에 얹어 무게를 헤아리다. ◻쇠고기를 한 근 ~.
  [달고 치는데 안 맞는 장사가 있나] 장사라도 여러 사람이 함께 몰아 대면 당할 수 없음의 비유.

달:다³ ☐[훑탄] (주로 '달라·다오'의 꼴로 쓰여) 남에게 무엇을 청하다. ❏아기가 젖 달라고 보챈다. ☐[보통] 동사 어미 '-어'·'-아' 등의 뒤에 쓰여, 상대편에게 그 일을 해 줄 것을 청하는 뜻의 불완전 보조 동사. ❏보증을 서 달라고 하다 / 책 좀 빌려 달라.

달다⁴ [달아, 다니, 단] 🅗 1 꿀이나 설탕의 맛과 같다. ❏커피를 달게 타다. 2 입맛이 당기게 맛이 좋다. ❏저녁을 달게 먹었다. 3 즐거운 느낌이 있다. ❏그대의 친절을 달게 받겠다. ↔쓰다.
[달면 삼키고 쓰면 뱉는다] 사리의 옳고 그름이나 신의를 돌보지 않고 이익만 꾀한다.
달다 쓰다 말이 없다 ☞ 아무런 반응도 나타내지 않다.

달달 🅟 작은 바퀴 따위가 단단한 바닥을 구르는 소리. 🔼덜덜¹.
달달² 🅟 춥거나 무서워 몸을 떠는 모양. ❏무서운 이야기에 ~ 떨다. 🔼덜덜².
달달³ 🅟 1 콩·깨 등을 휘저으며 볶거나 맷돌에 가는 모양. ❏깨를 ~ 볶다. 2 사람을 못 견디게 구는 모양. ❏아이가 엄마를 ~ 들볶다. 3 물건을 마구 들쑤시며 뒤지는 모양. ❏옷장을 ~ 뒤지다. 🔼들들.
달달-거리다¹ 🅕 작은 바퀴 따위가 단단한 바닥을 구르는 소리가 자꾸 나다. 또는 그런 소리를 자꾸 내다. 🔼덜덜거리다¹.㊀딸딸거리다.
달달-거리다² 🅕 춥거나 무서워 몸이 자꾸 떨리다. 또는 그렇게 하다. ❏너무 무서워서 ~. 🔼덜덜거리다².
달달-대다¹ 🅕 달달거리다¹.
달달-대다² 🅕 달달거리다².
달-대 [─때] 🅜 달풀의 줄기(갈대의 줄기와 비슷함).
달덕 (達德)[─떡] 🅜 사람이 마땅히 지녀 행해야 할 덕.
달-덩이 [─떵─] 🅜 1 둥근 달. 2 둥글고 환하게 생긴 사람의 얼굴을 비유하여 이르는 말. 달덩어리.
달도 (達道)[─또] 🅜🅐 1 사람이 마땅히 지켜야 할 도. 2 도에 통달함. ❏~의 경지에 다다르다.
달-동네 (─洞─)[─똥─] 🅜 산등성이나 산비탈 등의 높은 곳에 가난한 사람들이 모여 사는 동네. 산동네. ❏~ 소녀 가장.
달디-달다 🅗 ☞ 다디달다.
달-떡 🅜 달 모양으로 둥글게 만든 흰 떡.
달:-뜨다 [달떠, 달뜨니] 🅕 마음이 가라앉지 않고 들썽거리다. ❏봄이 오니 마음이 ~. 🔼들뜨다.
달:라 ☐[훑탄] 불완전 동사 '달다'의 명령형(해라 할 자리에 씀). ❏자유 아니면 죽음을 ~. ☐[보통] 동사 어미 '-아'·'-어' 따위 뒤에 쓰여, 상대편에게 그 일을 해 줄 것을 요구하는, '해라'체의 명령형 불완전 보조 동사. ❏내게도 보여 ~ / 이제 그만 끝내고 나가 ~. *표시.
달:라다 🅰 달라고 하다. ❏새 양복을 해 ~.
달라-붙다 [─분따] 🅕 1 끈기 있게 찰싹 붙다. ❏껍이 옷에 ~. 2 붙좇아 따르다. ❏여자가 ~. 3 가까이 대들다. ❏내기를 하자고 ~. 4 한 군데에만 붙어 있다. ❏책상에 달라붙어 공부만 하다. 🔼들러붙다.
달라-지다 🅕 전과는 다르게 되다. ❏달라지는 농촌 / 시대 (분위기) 가 ~ / 가치관이 ~.
달랑¹ 🅟 1 작은 방울 따위가 한 번 흔들리는 소리. 또는 그 모양. ❏방울이 ~ 울리다. 2

침착하지 못하고 가볍게 행동하는 모양. 🔼딸랑¹. 3 가진 것이나 딸린 것이 적거나 하나만 있는 모양. ❏배낭 하나만 ~ 들고 나서다. 4 여럿 가운데 하나만 남은 모양. ❏커다란 방에 혼자 ~ 남았다. 🔼덜렁³.
달랑² 🅟 갑자기 놀라거나 겁이 나서 가슴을 뜨끔하게 올리는 모양. ❏놀라서 가슴이 ~ 내려앉다. 🔼덜렁⁴. 🔼딸랑².
달랑-거리다 🅕 1 작은 방울 소리가 자꾸 나다. 또는 그런 소리를 자꾸 내다. ❏방울이 바람에 ~. 2 침착하지 못하고 자꾸 가볍게 행동하다. 🔼덜렁거리다. 🔼딸랑거리다.
달랑-게 🅜 〖동〗 달랑겟과의 게. 해안의 얕은 모래땅 속에 삶. 등딱지는 폭 약 3 cm, 길이 2.5 cm 가량으로 모래 빛깔임. 집게발은 한쪽이 크고 소리를 냄.
달랑-달랑² 🅟🅗 물품 따위가 얼마 남지 않은 모양. ❏월말이 가까워 용돈이 ~ 한다.
달랑-대다 🅕 달랑거리다.
달랑-쇠 🅜 침착하지 못하고 몹시 까부는 사람. 달랑쇠.
달랑-이다 🅕 1 작은 방울이나 매달린 물체 따위가 흔들리는 소리가 나다. 또는 그런 소리를 내다. ❏문에 단 방울이 ~. 2 침착하지 못하고 가볍게 행동하다. ❏잠시를 못 참고 ~. 🔼덜렁이다.
달래 🅜 〖식〗 백합과의 여러해살이풀. 높이 20~50 cm, 숲 속에 나며 땅속에 둥근 모양의 흰 비늘줄기가 있고 잎은 가늘고 긴 대롱 모양임. 식용함.
달래-달래 🅟 간들간들 걷거나 행동하는 모양. ❏송아지가 ~ 어미 소를 따라간다. 🔼들레들레. ㊀탈래탈래.
달러 (dollar) 🅜 1 미국의 돈. ❏~를 사다 / ~의 가치가 하락하다. 2 '외화(外貨)'의 비유. ❏~를 벌어들이다. 3 미국이나 캐나다 등지의 화폐 단위(기호는 $). 불(弗).
달러 박스 (dollar box) 〖경〗 수출 따위로 외화를 벌게 해 주는 물건. 또는 그 사람.
달러 불안 (dollar不安) 〖경〗 미국 달러가 국제 통화로서 신용이 떨어지는 데 따른 불안.
달러 지역 (dollar地域) 〖경〗 미국 달러를 통화로 삼거나 자국 통화 가치를 달러에 연계해서 달러로 대외 거래를 하는 지역. 달러 블록 (dollar bloc).
달러-환 (dollar換) 🅜 〖경〗 액면 금액이 미국의 화폐 단위로 표시된 환.
달려-가다 🅕🅰🅖 뛰어가다. ❏언덕길을 ~ / 급보를 받고 ~.
달려-들다 〔─들어, ─드니, ─드는〕 🅕 1 무섭게 덤비다. ❏눈을 부릅뜨고 ~. 2 갑자기 달려와 안기거나 매달리다. ❏엄마 품에 ~. 3 어떤 일에 적극적으로 다가가 임하다. ❏모두 달려들어 짐을 옮긴다.
달려-오다 🅕🅰🅖 뛰어오다. ❏먼 길을 ~ / 숨을 헐떡이며 ~.
달력 (─曆) 🅜 1년 중의 시령(時令). 곧, 날짜를 따라 월·일·이십사절기·요일·행사일 등의 사항을 적어 놓은 것. 캘린더. 월력(月曆).
달리 🅟 다르게. ❏~ 어쩔 도리가 없다.
달리기 🅜🅗🅰 일정한 거리를 빨리 달리는 것을 겨루는 일. 경주. ❏~ 시합.
달리다¹ ☐🅕🅰 《'닫다'의 사동》 빨리 또는 뛰어

가게 하다. ▫말을 ~. 【자】빨리 가다. 뛰어
가다. ▫전속력으로 ~.
[달리는 말에 채찍질] ㉠기세가 한창 좋을
때 힘을 더 가함의 비유. ㉡힘껏 하는데도 더
하라는 때 쓰는 말.
달리다²【자】 1 매이거나 달리다. ▫달린 식구가
많다. 2 어떤 관계에 좌우되다. ▫합격 여부
는 노력에 달렸다. 3 열매가 맺히다. ▫배나
무에 배가 200개나 ~. 4 '달다²'의 피동.
달리다³【자】 재물이나 기술·힘 따위가 모자라
다. ▫일손이 ~ / 자금이 ~.
달리다⁴【자】 1 나른하여 기운이 없어지다. 2 피
곤하여 눈이 뒤로 당기게 되다.
달리아 (dahlia)【명】〖식〗국화과의 여러해살이
풀. 줄기는 흰 가루가 있고 높이 40~200
cm, 땅속에 알뿌리가 많음. 품종에 따라 백
색·홍색·자색 등의 크고 아름다운 꽃이 줄기
끝에 핌. 관상용임. 멕시코 원산.
달리-하다【타여】 사정이나 조건 따위를 서로 다
르게 가지다. ▫의견을 ~. ↔같이하다.
달릴-주 (-走)【명】 한자 부수의 한 가지('赴'
'起'·'趙' 등에서 '走'의 이름).
달립-문골 (-門-)【림-꼴】【명】〖건〗돌쩌귀가
달린 쪽의 울거미 문골.
달마 (達磨)【명】〔산 dharma〕〖불〗법·진리·본체·
궤범(軌範)·이법(理法)·교법(教法) 따위의 뜻.
달-마중【명하자】(Mation)
달마티안 (Dalmatian)【명】〖동〗개 품종의 하나.
키 48~59 cm, 몸무게 21~23 kg. 순백색 바탕
에 검정 또는 갈색의 얼룩점이 있음. 애완견
으로 기르다. 오스트리아·이탈리아에서는 사
냥개로도 사용하였음.
달마티카 (라 dalmatica)【명】〖가〗장엄 미사나
대례 미사 때 부제(副祭)가 입는 제의(祭衣).
달막-거리다【-꺼-】【자타】 자꾸 달막이다. 달막
대다. ㉥들먹거리다. ㈜달막거리다. **달막-달
막**【-딱】【부하자타】
달막-대다【-때-】【자타】 달막거리다.
달막-이다【-기-】【자】 1 묵직한 물건이 들렸다 내
려앉다 하다. 2 마음이 조금 설레다. 3 어깨
나 궁둥이가 아래위로 움직이다. 4 값 따위의
변동 상태를 지속하다. ▫물가가 달막이기
시작하다. 【타】 1 묵직한 물건을 들었다 놓았
다 하다. 2 남의 마음을 설레게 하다. 3 어깨·
궁둥이를 위아래로 움직이다. ▫흥이 나서
어깨를 ~. 4 남을 들추어 말하다. ▫죄 없는
사람을 달막이지 마시오. ㉥들먹이다. ㈜달
막이다.
달망-이【명】〖광〗돌에 폭약 구멍을 뚫을 때,
꽂고 메로 치는 쇠막대기.
달-맞이【명하자】〖민〗음력 정월 보름날 저녁에
횃불을 들고 산이나 들에 나가 달이 뜨기를
기다려 맞이하는 일(달을 먼저 본 사람이 길
하고 흔히 아들을 낳는다고 함).
달맞이-꽃【-마지꼳】【명】〖식〗바늘꽃과의 두해
살이풀. 화원에서 재배함. 높이 60 cm가량.
잎은 가늘고 길며 끝이 뾰족함. 여름에 큰 백
색 꽃이 저녁때 피었다가 이튿날 아침에 시
들어 오므라짐.
달-머슴【명】 1 한 달을 한정하여 머슴살이하는
일. 또는 그 머슴. 2 매월 그달의 품삯을 정
하고 하는 머슴살이. 또는 그 머슴.
달목【명】〖건〗수평을 유지하기 위해 천장을 보
꾹에 달아맨 나무쪽.
달-무늬【-니】【명】 초승달 모양의 무늬.
달-무리【명】 달 언저리에 둥글게 둘린 구름 같

은 테. ▫~가 지다.
달문 (達文)【명】 1 익숙한 솜씨로 잘 지은 글. 2
문맥이 분명하고 세련된 문장.
달-물【명】 달마다 값을 치르고 사 마시는 물.
▫~을 대다.
달-밑【-믿】【명】 솥 밑의 둥근 부분.
달:-바자【명】 달뿌리풀로 엮어 만든 바자.
달-발【명】 달뿌리풀로 엮어 만든 발.
달-밤【-빰】【명】 달이 떠서 밝은 밤. 월야(月夜).
▫배꽃이 흩날리는 ~이면 추억에 잠긴다.
달밤에 체조하다【관】 격에 맞지 않은 짓을 함
을 핀잔하는 말.
달-변 (-邊)【-뻔】【명】 달로 계산하는 이자. 월리
(月利). 월변(月邊).
달변 (達辯)【명】 능숙해서 막힘이 없는 말솜씨.
▫그의 ~은 따를 사람이 없다.
달변-가 (達辯家)【명】 말을 막힘이 없이 능숙하
게 잘하는 사람.
달-별【명】〖천〗 1 달과 별. 2 위성(衛星).
달병 (疸病)【-뼝】【명】〖한의〗황달(黃疸).
달보드레-하다【혀여】 조금 달콤하다. ㈜들부드
레하다.
달본 (達本)【명】〖역〗세자가 섭정할 때, 판서
(判書)·병사(兵使)·감사(監司)·제조(提調)가
세자에게 올리던 문서. 신본(申本).
달-불이【명】〖민〗농가에서 음력 정월 열나흗날
저녁에 콩 열두 알에 열두 달을 표시하여 수
수깡 속에 넣어 우물에 넣었다가 그 콩의 불
은 정도로 그달의 가뭄과 비옴을 점치는 일.
월자(月滋).
달-빛【-삧】【명】 달에서 비쳐 오는 빛. 월색(月
色). 월광(月光). ▫~을 받다.
달뿌리-풀【명】〖식〗볏과의 여러해살이풀. 연못·
강변에 남. 갈대와 비슷한데 높이 1.5~3 m,
마디에 잔털이 많고 덩굴져 번성함. 초가을
에 띠와 같은 꽃이 핌. 달. 달풀.
달사 (達士)【-싸】【명】 이치에 밝아 사물에 얽매
이지 않는 사람.
달-삯【-싻】【명】 한 달을 단위로 계산하는 품삯.
*월급.
달상 (達相)【-쌍】【명】 귀하고 높은 인물이 될 상.
달성 (達成)【-썽】【명하타】 목적한 바를 성취함.
▫목표를 ~하다.
달 세뇨 (이 dal segno)【악】 도돌이표의 하나.
※(세뇨)로 돌아가서 연주하라는 뜻으로서,
'Fine'이나 '𝄐'에서 연주를 마침.
달소 (達宵)【-쏘】【명】 달야(達夜).
달-소수【명】 한 달이 좀 지나는 동안. ▫~가
지나도 답장이 없다.
달-쇠【명】〖건〗문짝 등을 달아매기 위한 갈고
랑쇠.
달-수 (-數)【-쑤】【명】 달의 수효. 월수(月數).
▫~가 덜 차다.
달식 (達識)【-씩】【명】 사리에 밝은 견문과 학식.
달싹【부하자타】 1 붙어 있던 물건이 쉽게 떼들
리는 모양. 2 어깨나 엉덩이 따위가 가볍게
한 번 들리는 모양. 3 마음이 들떠서 움직이
는 모양. ㈜들싹.
달싹-거리다【-꺼-】【자타】 자꾸 달싹이다. ㈜들
싹거리다. ㈜달싹거리다. **달싹-달싹**【-딱-】
【부하자타】
달싹-대다【-때-】【자타】 달싹거리다.
달싹-배지기【-빼-】【명】 씨름에서, 발뒤축만 들
릴 정도로 배지기를 하는 기술.
달싹-이다【자타】 1 가벼운 물건이 떠들렸다 내
려앉다 하다. 또는 그렇게 되게 하다. ▫물
이 끓어 주전자 뚜껑이 ~. 2 어깨나 궁둥이
따위가 가볍게 들렸다 놓였다 하다. 또는 그

렇게 되게 하다. **3** 마음이 들떠서 움직이다. 또는 그렇게 하다. ⓟ들썩이다. ⓢ딸싹이다.

달싹-하다[-싸카-] ⓗ여 붙어 있던 가벼운 물건이 조금 떠들려 있다. ⓟ들썩하다.

달아 ⓗ〈옛〉달라. 달라서.

달아-나다 ⓩ거리 **1** 빨리 내닫다. ▯뒤도 돌아보지 않고 ~. **2** 없어지거나 떨어지다. ▯입맛이 ~ / 잠이 ~. **3** 위험을 피하여 도망치다. ▯범인이 ~.
[달아나는 노루 보고 얻은 토끼를 놓았다] 지나치게 욕심을 부리다가 도리어 손해를 본다는 말.

달아-내다 ⓣ 덧내어 늘이다.

달아-매다 ⓣ **1** 드리워지도록 높이 잡아매다. ▯나무에 그네를 ~. **2** 달아나지 못하게 고정된 물건에 묶다. ▯개를 기둥에 ~ / 말뚝에 고삐를 ~.

달아-보다 ⓣ **1** 저울로 무게를 재다. ▯몸무게를 ~. **2** 사람의 드레를 시험해 보다. ▯인품을 ~.

달아-오르다〔-올라, -오르니〕 ⓩ르 **1** 쇠붙이 등이 뜨거워지다. ▯쇠가 ~. **2** 얼굴이나 마음 따위가 화끈해지다. ▯흥분으로 ~. **3** 분위기나 상태가 고조되다. ▯선거 열기가 ~.

달애다 ⓣ〈옛〉달래다.

달야(達夜) ⓜⓗⓩ 밤을 새움. 밤샘. 경야(竟夜). 달소(達宵).

달언(達言) 사리에 맞는 말.

달-월(-月) ⓜ 한자 부수의 하나(('朝'·'有' 등에서 '月'의 이름)).

달음박-질[다름-찔] ⓜⓗⓩ 급히 뛰어 달려감. ▯~로 사라지다. ⓒ달음질.

달음박질-치다[다름-찔-] ⓩ 힘 있게 급히 뛰어 달려가다. ▯달음박질쳐 달아나다. ⓒ달음질치다.

달음-질 ⓜⓗⓩ **1** 빨리 뛰어 달려감. ▯녀석의 ~은 도저히 따를 수가 없다. **2** '달음박질'의 준말.

달음질-치다 ⓩ '달음박질치다'의 준말.

달의(達意) [다릐 / 다리] ⓜ 자기 의사를 잘 드러내서 그 뜻이 상대방에게 충분히 통함.

달이 ⓟ〈옛〉달리.

달이다 ⓣ 끓여서 진하게 만들다. ▯장을 ~. **2** 약제에 물을 부어 끓이다. ▯보약을 ~.

달인(達人) ⓜ **1** 학문이나 기예 따위에 뛰어난 사람. 달자(達者). ▯~의 경지에 이른 솜씨. **2** 사물의 이치에 통달한 사람. ▯~의 풍모.

달인-대관(達人大觀) ⓜ 달인은 사물의 전체를 잘 헤아리고 관찰하여 바르게 판단한다는 말.

달자(達者) [-짜] ⓜ 달인(達人)1.

달자(韃子) ⓜ 서북변의 오랑캐 사람((몽골 족을 중국의 명나라에서 일컫던 말)).

달작(達作) [-짝] ⓜ 걸작(傑作)1.

달장[-짱] ⓜ 거의 한 달이 되는 기간. ▯~이 걸리다.

달-장간(-間) [-짱-] ⓜ 거의 한 달 동안.

달-장근(-將近) [-짱-] ⓜ 지난 날짜가 거의 한 달이 되는 일. ▯떠난 지 ~이 되다.

달재(達才) [-째] ⓜ 사물에 통달한 재주. 또는 그런 사람.

달제-어(獺祭魚) [-쩨-] ⓜ 수달이 물고기를 잡아다가 제사 지내듯 사방에 늘어놓는다는 뜻으로, 시문을 지을 때 많은 책을 벌여 놓고 참고함을 비유하는 말.

달존(達尊) [-쫀] ⓜ 세상 사람이 모두 존경할 만한 사람.

달-증(疸症) [-쯩] ⓜ 〔한의〕황달.

달-집 [-찝] ⓜ〔민〕달맞이할 때 불을 질러 밝게 하기 위해 생소나무 가지 등을 묶어 쌓은 나무 무더기.

달짝근-하다 [-찌-] ⓗ여 조금 달콤한 맛이 있다. ▯포도주의 달짝근한 맛. ⓟ들쩍근하다. ⓐ달착근하다. **달짝지근-히** [-찌-] ⓟ

달차근-하다 ⓗ여 '달착근하다'의 준말.

달착지근-하다 [-찌-] ⓗ여 조금 달콤한 맛이 있다. ▯들척지근하다. ⓢ달짝지근하다. ⓒ달차근하다. **달착지근-히** [-찌-] ⓟ

달창-나다 ⓩ **1** 물건을 오래 써서 해지거나 구멍이 뚫리다. ▯구두가 ~. **2** 많던 물건이 조금씩 써서 없어지게 되다. ▯쌀이 ~.

달-첩(-妾) ⓜ 한 달에 얼마씩 받고 몸을 파는 여자.

달첩-질(-妾-) [-찔] ⓜⓗⓩ 여자가 달첩 노릇을 하는 일.

달초(撻楚) ⓜⓗⓣ 부모나 스승이 훈계를 목적으로 회초리로 볼기나 종아리를 때리는 일. ▯아버지의 ~로 잘못을 뉘우치다.

달:치다 ⓩⓣ **1** 지나치도록 뜨겁게 달다. ▯쇠붙이가 ~. **2** 바싹 졸아들도록 끓이다. ▯탕약을 ~.

달카닥 ⓟⓩⓣ 작고 단단한 물건이 맞부딪치는 소리. ▯문을 ~하고 잠그다. ⓒ덜커덕1. ⓐ달칵.

달카닥-거리다 [-꺼-] ⓩⓣ 자꾸 달카닥하다. 또는 그런 소리를 자꾸 내다. ▯달구지가 자갈길을 달카닥거리며 간다. ⓒ덜커덕거리다. ⓐ달칵거리다. **달카닥-달카닥** [-딱] ⓟⓩⓣ

달카닥-대다 [-때-] ⓩⓣ 달카닥거리다.

달카당 ⓟⓩⓣ 작고 단단한 물건이 부딪쳐 울리는 소리. ▯커피포트 뚜껑이 바닥에 ~ 떨어진다. ⓒ덜커덩. ⓐ달캉.

달카당-거리다 ⓩⓣ 자꾸 달카당하다. 또는 그런 소리를 자꾸 내다. ⓒ덜커덩거리다. ⓐ달카당거리다. **달카당-달카당** ⓟⓩⓣ

달카당-대다 ⓩⓣ 달카당거리다.

달칵 ⓟⓩⓣ '달카닥'의 준말. ⓒ덜컥.

달칵-거리다 [-꺼-] ⓩⓣ '달카닥거리다'의 준말. **달칵-달칵** [-딱] ⓟⓩⓣ

달칵-대다 [-때-] ⓩⓣ 달칵거리다.

달캉 ⓟⓩⓣ '달카당'의 준말. ⓒ덜컹.

달캉-거리다 ⓩⓣ '달카당거리다'의 준말. **달캉-달캉** ⓟⓩⓣ

달캉-대다 ⓩⓣ 달캉거리다.

달콤새큼-하다 ⓗ여 달콤하면서 조금 새큼하다. ▯주스 맛이 ~. ⓐ달금새큼하다.

달콤-하다 ⓗ여 **1** 감칠맛이 있게 달다. ▯달콤한 초콜릿. ⓐ달금하다. ⓐ달곰하다. **2** 아기자기하거나 간드러진 느낌이 있다. ▯달콤한 말로 속이다. **3** 편안하고 포근하다. ▯달콤한 잠에 빠지다. **달콤-히** ⓟ

달큼-하다 ⓗ여 맛이 꽤 달다. ▯배 맛이 시원하고 ~. ⓐ달금하다. ⓐ달곰하다. **달큼-히** ⓟ

달통(達通) ⓜⓗⓩⓣ 사물의 이치에 정통함. ▯문학 이론에 ~하다.

달-팔십(達八十) [-씹] ⓜ 호화로운 삶을 뜻하는 말((중국의 강태공이 80살에 정승이 되어 호화롭게 살았다는 데서 유래함)). ↔궁팔십.

달팽이 ⓜ〔동〕달팽잇과의 연체동물. 나선형의 껍데기를 지고 다니며, 암수한몸으로 알을 낳음. 머리에 두 개의 촉각이 있고 그 끝에 명암만 판별하는 눈이 있음.

달팽이 눈이 되다 관 핀잔을 받거나 겁이 나서 움찔하고 기운을 펴지 못하다.

달팽이 뚜껑 덮는다 관 입을 꼭 다문 채 좀처럼 말을 하지 않다.

달팽이-관(-管)명〖생〗척추동물의 내이(內耳)에 있는 달팽이 모양으로 생긴 관. 소리를 듣는 데 관계가 있음. 와우관(蝸牛管).

달-포명 한 달 이상이 되는 동안. 삭여(朔餘). ▢~가 지나다.

달:-풀명〖식〗달뿌리풀.

달:-품¹명 한 달에 얼마씩 품삯을 받기로 하고 파는 품. ▢~을 팔아 생활하다.

달:-품²명 달뿌리풀의 꽃.

달-피나무명〖식〗피나뭇과의 낙엽 활엽 교목. 높이 20m가량. 6월에 꽃이 산방꽃차례로 달리고, 9월에 둥근 열매가 익음. 재목은 가구를 만들고, 껍질은 새끼 대용으로 씀.

달필(達筆)명 아주 잘 쓰는 글씨. ▢~이 그를 더욱 돋보이게 한다. ↔악필.

달-하다〔자타여〕1 일정한 표준·수량·정도에 이르다. ▢절정에 ~ / 10만에 달하는 인파. 2 일정한 곳이나 어떤 상태에 다다르다. ▢목적지에 ~ / 인기가 절정에 ~. 3 목적 따위를 이루다.

달호타〈옛〉다루다. 다스리다. 부리다.

달효(達孝)명 하늘같은 지극한 효도.

달히다타〈옛〉달이다.

닭[닥]명〖조〗꿩과의 새. 가축으로 기르며, 머리에 붉은 볏이 있고 날개는 퇴화하여 잘 날지 못함. 수컷은 털빛이 고우며 때를 맞춰 울고 암컷은 알을 낳음. 품종이 많음. ▢~을 치다 / ~이 모이를 쪼아 먹다.
[닭 소 보듯, 소 닭 보듯] 서로 보기만 하고 덤덤한 모양. 서로 아무 관심이 없는 사이임.
[닭 잡아먹고 오리발 내놓기] 옳지 못한 일을 저질러 놓고 엉뚱한 수작으로 속여 넘기려고 함. [닭 쫓던 개 지붕 쳐다보듯] 애써 하던 일이 실패로 돌아가거나 남보다 뒤떨어져 어찌할 도리가 없이 됨.

닭-게[닥께]명 닭겟과의 게. 등딱지는 길이 10cm, 폭 8cm가량이고, 빛은 붉은데 바늘 모양의 가늘고 뾰족한 가시로 덮여 있음. 바늘꽃방석게.

닭-고기[닥꼬-]명 닭의 살코기.

닭-고집(-固執)[닥꼬-]명 고집이 센 사람을 조롱하는 말. ▢저 친구 또 ~을 부리는군.

닭-곰[닥꼼]명 닭을 고아서 만든 국.

닭-곰탕(-湯)[닥꼼-]명 닭을 고아 만든 국에 밥을 만 음식.

닭-국[닥꾹]명 닭고기와 무 조각을 함께 넣고 끓인 맑은장국. 계탕(鷄湯).

닭-김치[닥낌-]명 닭의 내장을 빼고 그 속에 다진 쇠고기, 채로 썬 표고, 석이를 두부와 함께 양념하여 넣고 삶은 다음, 건져서 고기를 뜯고 속에 든 것을 헤트려, 햇김칫국을 섞은 닭국물에 넣어 간을 맞추고 얼음을 띄운 음식. ▢삼복더위에 먹는 ~는 별미이다.

닭-둥우리[닥뚱-]명 1 둥우리처럼 만든 닭의 어리. 2 둥우리로 된 닭의 보금자리.

닭-똥[닥-]명 닭이 배설한 똥. 계분(鷄糞). ▢~ 같은 눈물을 흘리다.

닭-똥집[닥-찜]명 닭의 모래주머니.

닭-띠[닥-]명〖민〗닭해에 태어난 사람의 띠. 유생(酉生).

닭-백숙(-白熟)[닥빽쑥]명 닭을 튀해서 털과 내장을 빼고 맹물에 통째로 푹 삶은 음식((흔히 영계를 씀).

닭-살[닥쌀]명 1 닭의 살가죽처럼 오톨도톨한 피부. 2〈속〉소름. ▢~이 돋는다.

닭-서리[닥써-]명 몇 사람씩 떼를 지어 남의 집 닭을 훔쳐 먹는 장난.

닭-싸움[닥-]명하자 1 닭, 특히 싸움닭끼리 싸우게 해서 승부를 겨루는 구경거리. 2 한쪽 발을 손으로 잡고, 외다리로 뛰면서 상대를 밀어 넘어뜨리는 놀이. 준닭쌈.

닭-쌈[닥-]명하자 '닭싸움'의 준말.

닭-유(-酉)[댱뉴]명 한자 부수의 하나(('醉'·'酊'·'醫' 등에서 '酉'의 이름).

닭의-어리[달긔- / 달게-]명 나뭇가지나 싸리 등으로 엮은, 닭을 넣어 두는 물건.

닭의-장(-欌)[달긔- / 달게-]명 1 닭을 가두어 두는 장. 2 밤에 닭이 들어가 자게 만든 장치. 닭장.

닭의장-풀(-欌-)[달긔- / 달게-]명〖식〗닭의장풀과의 한해살이풀. 줄기는 마디가 크고 잎은 가늘고 길며 끝이 뾰족함. 7~8월에 푸른색의 꽃이 핌. 한방에서 약재로 쓰며 어린잎과 줄기는 식용함. 달개비.

닭의-홰[달긔- / 달게-]명 닭의장이나 닭의어리 속에 가로질러 닭이 앉게 된 나무.

닭-장(-欌)[닥짱]명 닭의장.

닭장-차(-欌車)[닥짱-]명〈속〉1 경찰이나 교도소의 호송차(닭의장처럼 차창에 철망을 둘러침). 2 죄인이 ~에 실려 가다. 2 전투경찰대 등의 대기차(待機車).

닭-홰추다[닥홰-]자 새벽에 닭이 홰를 치며 울다.

닭-점(-占)[닥쩜]명〖민〗닭을 잡아서 그 뼈나 눈을 보고 치는 점.

닭-죽(-粥)[닥쭉]명 닭고기를 넣고 쑨 죽.

닭-찜[닥-]명 닭을 잘게 토막 쳐서 양념을 하여 국물이 바특하게 푹 삶은 찜.

닭-튀김[닥-]명 닭을 토막 내고 밀가루를 묻혀 기름에 튀긴 음식.

닮:다[담따]타 1 서로 비슷하게 생기다. ▢외할머니를 ~. 2 어떤 것을 본떠 그와 같아지다. ▢부모를 닮아야 예의가 바르다.

닮은-꼴[달믄-]명 1〖수〗크기만 다르고 모양이 같은 둘 이상의 도형. 상사형(相似形). 2 모습이나 모양 등이 흡사한 일. ▢남매가 ~이다.

닮음[달믐]명〖수〗두 개의 기하학 도형이 서로 대응하는 각(角)과 변의 길이의 비가 같은 일. 상사(相似).

닮음 변:환(-變換)[달믐-]명〖수〗도형 F에서 도형 F'로의 변환에서, F와 F'가 닮은꼴일 때의 일컬음. 상사(相似) 변환.

닮음-비(-比)[달믐-]명〖수〗닮은꼴에서 대응하는 두 선분의 비. 상사비(相似比).

닳:다[달타]자 1 오래 써서 낡아지거나 줄어들다. ▢신발이 ~. 2 액체 등이 졸아들다. ▢국이 너무 닳았구나. 3 피부가 얼어 붉어지다. ▢추위에 닳은 피부. 4 세파에 시달리거나 어려움을 많이 겪어 약아지다. ▢너무 닳아 구멍이 다 됐다.

닳고 닳다 관 세상에 시달려서 약아빠지다. ▢닳고 닳은 녀석.

닳아-먹다[다라-따]형〈속〉세파에 시달리거나 어려운 일을 많이 겪어서 성질이나 생각 따위가 몹시 약아지다.

닳아-빠지다[다라-]형 세파에 시달리거나 어려움을 많이 겪어서 성질이나 생각 따위가 몹시 약다.

담¹명 집 둘레나 공간을 흙·돌·벽돌 따위로 둘

러막는 것. ▫︎~을 쌓다 / ~을 두르다 / ~을 뛰어넘다.

담 구멍을 뚫다 ㉿ 도둑질하다.

담:² 圀 빗에 빗기는 머리털의 결. ▫︎~이 좋다.

담:³ 圀 '다음'의 준말.

담:⁴ 圀 《한의》 창병(瘡病).

담:(毯) 짐승의 털을 물에 빨아 짓이겨 평평하고 두툼하게 만든 조각《담요 따위의 재료로 씀》.

담: 圀 1 《생》 가래². ▫︎~이 생기다. 2 《의》 몸의 분비액이 순환하다가 삐거나 접질린 부위에 응결되어 걸리고 아픈 증상. ▫︎~이 들다 / 옆구리에 ~이 결리다. 3 《한의》 '담병(痰病)'의 준말.

담:(曇) 圀 구름이 끼어 날이 흐린 현상.

담:(膽) 圀 1 《생》 쓸개. 2 '담력(膽力)'의 준말. ▫︎~이 크다.

담:-(淡) 圁 빛이 엷음을 나타내는 말. ▫︎~홍색 / ~청색.

-담(談) 回 '이야기'의 뜻. ▫︎경험~ / 여행~.

-담 어미 '-단 말인가'의 뜻을 나타내는 종결어미. ▫︎무에 그리 좋~.

담가(譚歌) 圀 《악》 전설·신화·역사 등의 이야기를 재료로 지은 가곡.

담가(擔架) 圀 들것.

담-가라 圀 《동》 털빛이 거무스름한 말.

담:-갈색(淡褐色)[-쌕] 圀 옅은 갈색.

담:결(痰結) 圀 《한의》 가래가 목구멍에 뭉쳐 붙는 병.

담:-결석(膽結石)[-썩] 圀 《의》 담석(膽石).

담:-관(膽管) 圀 《생》 '수담관(輸膽管)'의 준말.

담:괴(痰塊) 圀 《한의》 담이 살가죽 속에 뭉쳐서 생긴 멍울.

담:교(淡交) 圀 사심이 없는 깨끗한 사귐. 담수지교.

담구(擔具) 圀 어깨에 메고 물건을 나르는 기구의 총칭.

담그다 〔담가, 담그니〕 圉 1 액체 속에 넣다. ▫︎더운물에 발을 ~. 2 술·김치·장·젓갈 등을 만드는 재료를 버무리거나 물을 부어, 익거나 삭도록 그릇에 넣다. ▫︎김치를 ~ / 아갓젓을 ~.

담금-질 圀圉 1 《공》 쇠를 달구었다가 찬물에 담그다. ▫︎~로 쇠를 단단하게 만들다. 2 훈련을 끊임없이 시킴을 비유하는 말. 3 낚시를 물에 담갔다가 건졌다가 하는 일.

담:-기(膽氣)[-끼] 圀 담력. ▫︎체구는 작아도 ~가 있다.

담기다 圂 1 ('담다'의 피동) 그릇에 물건이 담아지다. ▫︎광주리에 담긴 과일. 2 생각이나 감정이 들어 있다. ▫︎정성이 담긴 선물 / 애정이 담기어 있는 눈빛.

담:-꾼(擔-) 圀 무거운 물건을 틀가락으로 메어서 나르는 품팔이꾼.

담:낭(膽囊) 圀 《생》 쓸개.

담:낭-염(膽囊炎)[-념] 圀 《의》 쓸개즙의 배설에 장애가 생긴 경우, 쓸개 또는 장에서 세균에 감염되어 일어나는, 쓸개의 염증.

담:-녹색(淡綠色)[-쌕] 圀 엷은 녹색. 연둣빛.

담:다[-따] 圉 1 어떤 물건을 그릇 따위에 넣다. ▫︎술을 병에 ~ / 휴지를 쓰레기통에 ~. 2 욕설 따위를 입에 올리다. ▫︎입에 담지 못할 욕설. 3 그림이나 글 따위에 나타내다. ▫︎사상을 담은 작품. 4 품거나 가지다. ▫︎선님의 말씀을 가슴에 ~.

담:-다음 '다음다음'의 준말.

담:담-하다(淡淡-) 혷ㅇ 1 차분하고 평온한 다. ▫︎담담한 표정 / 심정이 ~. 2 빛깔이 엷

고 맑다. ▫︎담담한 달빛. 3 말없이 잠자코 있다. ▫︎담담하게 앉아 있다. 뎐: **담:-히** 圁

담당(擔當) 圀圉 1 어떤 일을 맡음. ▫︎~ 과목 / ~ 구역 / 판매 ~ / 청소를 ~하다. 2 담당자를 만나 의논하다.

담당-관(擔當官) 圀 중앙 행정 기관의 장(長)을 보좌하여 정책의 기획 및 연구 조사를 맡아보는 공무원.

담당-자(擔當者) 圀 어떤 일을 맡은 사람. 담당. ▫︎~에게 문의하시오.

담:대-심소(膽大心小) 문장을 지을 때, 기개나 뜻은 크게 가지되 주의는 세심해야 한다는 말.

담:대-하다(膽大-) 혷ㅇ 겁이 없고 배짱이 두둑하다. ▫︎담대한 사람. 뎐: **담:대-히** 圁. ▫︎~

담:-두시(淡豆豉) 圀 《한의》 찐 콩을 발효시켜 겉에 생긴 곰팡이를 볕에 말려 털어 버린 것《열성병(熱性病)에 씀》.

담:략(膽略)[-냑]《한의》 1 담력과 지략. ▫︎~이 뛰어난 사람. 2 대담하고 꾀가 많음.

담:력(膽力)[-녁] 圀 겁이 없고 용감한 기운. 담기(膽氣). ▫︎~을 기르다 / 전신에 ~이 서리다. 뎐담(膽).

담:-록(淡綠)[-녹] 圀 엷은 녹색. 연두색. 담록색(淡綠色).

담론(談論)[-논] 圀圉 이야기를 주고받으며 논의함. 논담(論談). ▫︎~을 벌이다.

담륜-자(擔輪子)[-뉸-] 圀 《동》 환형동물이나 연체동물에서 볼 수 있는 유생(幼生)《팽이 비슷하며 둘레에 섬모(纖毛)의 테가 둘렀음》.

담:-묵(淡墨) 圀 진하지 않은 먹물 또는 먹빛.

담:-미(淡味) 圀 진하거나 느끼하지 않은 맛.

담바고(옛) 圀 '담배'.

담바귀 타:령(악) 영남 지방에서 많이 불리는, 담배에 대한 민요.

담박-질[-찔] 圀 '달음박질'의 준말.

담:-박하다(淡泊-·澹泊-)[-바카-] 혷ㅇ 1 욕심이 없고 마음이 깨끗하다. ▫︎세상사에 ~. 2 맛이 느끼하지 않고 산뜻하다. ▫︎담박한 채소류.

담:-반(膽礬) 圀 《광》 삼사 정계(三斜晶系)의 결정으로 약재로 쓰는 황산구리《푸른 유리 광택이 남》.

담방¹ 圁圂圉 작고 가벼운 물건이 물에 떨어져 잠기는 소리. ▫︎조약돌이 ~ 소리를 내며 물속으로 가라앉다. 뎐담벙¹.

담방² 圁 달뜬 행동으로 아무 일에나 함부로 서두르는 모양. 뎐담벙².

담방-거리다¹ 圂圉 담방 소리가 잇따라 나다. 또는 그런 소리를 잇따라 내다. 뎐담벙거리다¹. **담방-대다¹** 圂圉

담방-거리다² 圂 달뜬 행동으로 아무 일에나 자꾸 함부로 서둘러 뛰어들다. ▫︎녀석이 너무 담방거린다. 뎐담벙거리다². **담방-담방²** 圁圂

담방-대다¹ 圂圉 담방거리다¹.

담방-대다² 圂 담방거리다².

담방-이다 圂 달뜬 행동으로 아무 일에나 함부로 서둘러 뛰어들다. 뎐담벙이다.

담:배 圀 1 《식》 가짓과의 한해살이풀. 높이 1.5~2 m, 잎은 가늘고 길며 끝이 뾰족한데 매우 크고 어긋나게 남. 여름에 담홍색의 꽃이 핌. 잎은 '담배', 그 성분 속의 니코틴은 농업용 살충제로 씀. 남아메리카 원산. 2 담뱃잎을 말려서 만든 기호품《살담배·잎담

배·궐련 따위). 남초. □~ 한 대 / ~ 한 개
비 / ~를 피우다 / ~를 끊다 / ~를 한 모금
빨다.

담:배-꼬투리 圀 마른 담뱃잎의 단단한 줄기.

담:배-꽁초 圀 피우다 남은 작은 담배 도막.
꽁초.

담:배-물부리 [-뿌-] 圀 담뱃대로 담배를 피울
때 입에 물고 빠는 자리에 끼우는 물건.

담:배-밤나방 圀〔蟲〕밤나방과의 곤충. 몸길
이 1.5 cm, 편 날개 3 cm가량, 빛은 회갈색.
날개에 갈색 무늬가 있음. 애벌레는 누에와
비슷한데 녹색·황갈색·녹갈색을 띠며 농작물
의 해충임.

담:배-벌레 圀〔蟲〕담배밤나방의 애벌레.

담:배-설대 [-때] 圀 담배통과 물부리 사이에
끼워 맞추는 가는 대. 준설대.

담:배-쌈지 圀 잎담배나 살담배를 넣고 다니
는 주머니.

담:배-질 圀하자 담배를 자꾸 피우는 짓. □어
느새 ~이라니.

담:배-칼 圀 잎담배를 써는 데 쓰는 칼.

담:배-통 (-桶) 圀 1 담배설대 아래에 맞추어
담배를 담는 통. 2 살담배를 넣어 두는 통.

담:배-풀 圀〔植〕국화과의 두해살이풀. 들판
에 자생하며 높이 80 cm가량, 잎은 담뱃잎과
비슷하나 작음. 가을에 노란 꽃이 피고 열매
는 촌충 구제약으로 씀. 여우오줌풀.

담:배-합 (-盒) 圀 담배를 담아 놓는 그릇《나
무·돌·쇠 따위로 만듦》. 담뱃서랍.

담:백-하다 (淡白-) [-배카-] 圀어 담박(淡泊)
하다. □담백한 맛.

담:뱃-갑 (-匣) [-배깝 / -뺃깝] 圀 담배를 담는
작은 갑. 또는 담배를 포장한 갑. □~만 한
사진기.

담:뱃-값 [-배깝 / -뺃깝] 圀 1 담배의 가격.
□~이 오르다. 2 담배를 살 돈. □~이 떨어
지다. 3〈속〉약간의 사례금. □~ 정도면 될
거야.

담:뱃-귀 [-배뀌 / -뺃뀌] 圀 담뱃잎을 마지막
으로 딸 때, 잎자루에 붙여서 함께 떼어 내는
줄기 부분.

담:뱃-낫 [-밷낟] 圀 담뱃귀를 따는 데 쓰는 작
은 낫.

담:뱃-대 [-배때 / -뺃때] 圀 담배를 피우는 데
쓰는 기구《담배통·담배설대·물부리로 이루
어짐》.

담:뱃-불 [-배뿔 / -뺃뿔] 圀 1 담배에 붙은 불.
□~을 끄다 / ~에 데다. 2 담배에 붙일 불.
□~ 좀 빌려 주세요.

담:뱃-순 (-筍) [-배쑨 / -뺃쑨] 圀 담배의 길게
돋은 싹.

담:뱃-재 [-배째 / -뺃째] 圀 담배가 타고 남은
재. □~를 떨다.

담:뱃재-떨이 [-배쩨떠리 / -뺃쩨떠리] 圀 담뱃
재를 떠는 연장. 준재떨이.

담:뱃-진 (-津) [-배찐 / -뺃찐] 圀 담배에서 우
러나는 진.

담:-벼락 [-뼈-] 圀 1 담이나 벽의 드러난 부분.
□~에 부딪히다. 2 담이나 벽 따위의 총칭.
□~이 무너지다. 3 미련하여 사물을 아주 이
해하지 못하는 사람의 비유. □~이라서 통
해야 말을 하지.
[담벼락하고 말하는 셈이다] 도무지 이해할
줄 모르는 사람과는 말해야 소용없다.

담-벽 (-壁) ☞ 담벼락.

담:-벽 (淡碧) 圀 담벽색.

담:-벽-색 (淡碧色) [-썍] 圀 엷은 푸른색.

담:-병 (痰病) [-뼝] 圀〔한의〕몸의 분비액이
큰 열을 받아서 일어나는 병의 총칭. 담증.
준담(痰).

담보 (擔保) 圀하타 1 맡아서 보증함. 2〔법〕채
무 불이행 때 채무의 변제를 확보하는 수단
으로 미리 채권자에게 제공하는 것《물적 담
보와 인적 담보의 두 종류가 있음》. 보증. □
집을 ~로 돈을 빌리다.

담보 가격 (擔保價格) [-까-]〔經〕담보물의
시가와 그에 대한 대부금의 비율.

담보 계:약 (擔保契約) [-/-게-]〔法〕담보자
가 어떤 일에 관하여 피담보자에게 손해를
끼치지 않을 것을 약정하는 계약.

담보-권 (擔保權) [-꿘] 圀〔法〕채무자가 채무
를 이행하지 않을 때 채권자가 그 이행을 확
보하는 권리.

담보 대:부 (擔保貸付)〔經〕담보부 대부.

담보-물 (擔保物)〔法〕담보로 제공하는 물
건. 담보품.

담보 물권 (擔保物權) [-꿘]〔法〕채권 담보를
목적으로 하는 물권《유치권·질권·저당권의
총칭》.

담보부 공채 (擔保付公債)〔法〕담보를 붙여
발행하는 공채.

담보부 대:부 (擔保付貸付)〔法〕은행이 담보
물을 잡고 행하는 대부. 담보 대부.

담보부 사채 (擔保付社債)〔經〕회사가 담보
를 제공하고 발행하는 사채.

담보 조약 (擔保條約)〔法〕조약국의 한쪽이
조약 내용 실행에 관하여, 특히 담보 또는 보
장을 상대국에게 약속하는 조약.

담보 책임 (擔保責任)〔法〕담보하여 생기는
책임. 2 계약 당사자에게 공급 교부한 목적물
에 흠이 있을 때 부담하는 손해 배상과 그 밖
의 책임.

담보 청구권 (擔保請求權) [-꿘]〔法〕특약(特
約) 또는 법률의 특별 규정에 따라 담보의 제
공을 청구할 수 있는 권리.

담보-품 (擔保品)〔法〕담보물.

담:-복 (禫服) 圀 상중인 사람이 담제(禫祭) 뒤
길제(吉祭) 전에 입는 옷.

담봇-짐 圀 '괴나리봇짐'의 방언.

담뵈 圀〔옛〕담비.

담부 (擔負) 圀하타 짐을 등에 지고 어깨에 멤.

담부지역 (擔負之役) 圀 1 짐을 지는 일. 2 막
벌이 일.

담북-장 (-醬) [-짱] 圀 1 메줏가루에 쌀가루·
고춧가루를 섞고 생강을 이겨 넣어 소금을
쳐서 익힌 된장. 2 청국장.

담불 圀 마소의 열 살. □~ 소 두 마리.

담불[2] 圀 1 높이 쌓은 곡식이나 나무 무더기.
二의명 벼 백 섬을 세는 단위. □벼 한 ~.

담비 圀〔動〕족제빗과의 동물. 족제비와 비슷
한데 몸의 길이가 수컷은 50 cm, 암컷은
40 cm, 꼬리는 20 cm가량, 황갈색이나 겨울
에는 담색(淡色)으로 변함. 다리는 짧고 발은
검음. 모피가 귀함. 산달.

담빡 囝 깊은 생각이 없이 가볍게 행동하는 모
양. □그러한 말을 ~ 믿지 마라.

담뿍 囝하자 1 넘칠 정도로 가득한 모양. □꿀
을 ~ 떠서 종지에 담다. 2 먹물이나 칠 따위
를 가득히 묻힌 모양. □붓에 먹물을 ~ 묻히
다. 준듬뿍.

담뿍-담뿍 [-땀-] 囝하자 모두 담뿍하게. 여러
곳에 담뿍한 모양. □~ 푸다. 준듬뿍듬뿍.

담뿍-이 囝 담뿍하게. □밥을 ~ 담다.

담:-사 (禫祀) 圀 담제(禫祭).

담상-담상 【부형】 드물고 성긴 모양. ▢쑥이 ~ 돋기 시작한다. ⊜듬성듬성.

담:색 (淡色) 【명】 엷은 빛깔. ↔농색(濃色).

담:물잠자리 (淡色-)[-쌩-] 【명】《충》물잠 자릿과의 잠자리. 배 길이 4.8 cm, 뒷날개 4.1 cm가량, 배와 가슴은 검은 녹색인데 수컷 은 성숙하면 흰 가루가 덮임. 날개는 투명하 고 담색색임. ▢물잠자리.

담석 (儋石) 【명】 **1** 한두 섬의 곡식이라는 뜻 으로, 얼마 되지 않는 곡식을 이르는 말. **2** 얼 마 되지 않는 분량의 비유.

담:석 (膽石) 【명】《의》 사람·소·양의 수담관(輸 膽管)·담낭에 생기는 결석(結石).

담:석-증 (膽石症) 【종】【명】《의》 쓸개관이나 쓸 개주머니에 결석이 생겨 통증을 몹시 느끼는 병. 담석통.

담석지록 (儋石之祿)[-찌-] 【명】 얼마 되지 않는 봉록(俸祿).

담:석-통 (膽石痛) 【명】《의》 담석증.

담:성 (痰聲) 【명】 가래가 목구멍에서 끓는 소리.

담세 (擔稅) 【명】하자】 조세를 부담함.

담세 능력 (擔稅能力)[-녁] 【명】 조세를 부담할 수 있는 능력.

담세-자 (擔稅者) 【명】 세금을 부담하는 사람. 납 세의 의무를 지는 사람.

담소 (談笑) 【명】하자】 웃으면서 이야기함. ▢~를 나누다 / ~를 즐기다.

담소-자약 (談笑自若) 【명】 걱정스럽거나 놀라운 일이 있어도 보통 때와 같이 태연함. 언소자 약(言笑自若).

담:소-하다 (淡素-) 【형어】 담담하고 소박하다.

담:소-하다 (膽小-) 【형어】 겁이 많고 배짱이 없 다, ~담대하다.

담:수 (淡水) 【명】 민물. ↔함수(鹹水).

담수 (湛水) 【명】하자】 **1** 괸 물. **2** 저수지나 댐 등 에 물을 채우는 일.

담:수 (痰祟) 【명】《한의》 원기가 부족하여 보고 듣는 감각, 말하고 행동하는 것 따위가 비정 상적인 병증.

담:수 (痰嗽) 【명】《한의》 위 속의 습담(濕痰)이 폐로 올라갈 때는 기침이 나고 가래가 나올 때는 기침이 그치는 병.

담수 (潭水) 【명】 깊은 못이나 늪의 물.

담:-수란 (淡水卵) 【명】 물수란.

담:수 양:식 (淡水養殖) 【명】 민물에서 다시마·조 개·굴 따위를 기우는 일. 민물 양식.

담:수-어 (淡水魚) 【명】【어】 민물고기. ↔함수 어.

담:수 어업 (淡水漁業) 【명】 민물고기를 길러 식용 으로 공급하는 어업.

담:수-조 (淡水藻) 【명】《식》 민물에서 자라는 조 류(藻類). 민물말.

담:수-호 (淡水湖) 【명】《지》 담수가 모여서 된 호수. 1 ℓ 가운데 0.5 g 이하의 염분을 함유하 는 호수.

담:수-화 (淡水化) 【명】하자타】 바닷물이 소금기 가 줄어 민물이 됨. 또는 그렇게 만듦.

담 (痰濕) 【명】《한의》 질병의 원인으로 담 (痰)과 습(濕)이 함께 나타나는 일.

담시 (譚詩) 【명】《문》 발라드(ballad)1.

담시-곡 (譚詩曲) 【명】《악》 발라드(ballad)3.

담:식 (淡食) 【명】하자】 **1** 싱겁게 먹음. **2** 느끼한 음식보다 담박한 음식을 좋아함.

담심 (潭心) 【명】 깊은 못의 중심이나 바닥.

담심-하다 (潭深-) 【형어】 **1** 물이 깊다. **2** 학문이 깊다.

담-쌓다 [-싸타] 【자】 **1** 담을 만들다. **2** 관계나 인연을 끊다. ▢술하고는 담쌓을수록 좋다 /

그녀는 이웃과 담쌓고 지낸다.

담쌓고 벽 친다 【귀】 좋게 사귀던 사이를 끊고 서로 멀리한다.

담쑥 【부】 손으로 탐스럽게 쥐거나 팔로 정답게 안는 모양. ▢~ 껴안다. ⊜듬쑥.

담쑥-담쑥 [-땀-] 【부】 자꾸 손으로 탐스럽게 쥐 거나 팔로 정답게 안는 모양. ⊜듬쑥듬쑥.

담아-내다 【타】 **1** 용기나 그릇 따위에 담아 내놓 다. ▢과일을 ~. **2** 글 속에 어떤 내용을 나 타내다. ▢문학은 총체적 현실을 담아낸다.

담:아-하다 (淡雅-) 【형어】 맑고 아담하다.

담:액 (膽液) 【명】《생》 쓸개즙.

담:약-하다 (膽弱-)[-야카-] 【형어】 겁이 많고 담력이 약하다. 담소하다. ▢사내 녀석이 담 약해서 걱정이다.

담:연 (淡煙) 【명】 엷게 낀 연기나 안개.

담:연 (痰涎) 【명】 가래와 침.

담:연-하다 (淡然-) 【형어】 욕심이 없고 깨끗하 다. 담:연-히【부】

담:염 (淡塩) 【명】하타】 얼간1.

담예 (擔舁) 【명】하타】 가마나 상여 따위를 어깨 에 멤.

담-:요 (毯-)[-뇨] 【명】 털 따위로 만들어 깔거나 덮게 된 요. 담자(毯子). 모포. ▢~를 덮다 / ~를 깔다.

담:용 (膽勇) 【명】 담력과 용기. ──하다【형어】 대 담하고 용맹스럽다. ▢담용한 인물.

담:운 (淡雲) 【명】 엷고 맑게 낀 구름.

담:월 (淡月·澹月) 【명】 으스름달.

담임 (擔任) 【명】하타】《교》 **1** 어떤 학급이나 학년 을 맡아서 말아봄. 또는 그 사람. **2** '담임 교사·담임 선생'의 준말. ▢고 3 ~을 맡다.

담임 교:사 (擔任教師) 【교】 초등학교·중학교· 고등학교 등에서, 한 반의 학생을 전적으로 책임지고 말아서 지도하는 교사. 담임 선생. ⊜담임.

담:임 선생 (擔任先生) 담임 교사. ⊜담임.

담:자 (淡姿) 【명】 아담하고 말쑥한 모습.

담자균-류 (擔子菌類)[-뉴] 【명】《식》 진균류의 한 강(綱)《몸은 다세포의 균사가 모여서 이루 어지며, 유성 생식 때 특별한 포자낭(胞子囊) 을 형성함》.

담:-자색 (淡紫色) 【명】 엷은 자줏빛.

담-장 (-牆) 【명】 담. ▢~을 두르다〔치다〕.

담:장 (淡粧) 【명】하자】 수수하고 엷게 화장함.

담:장이 【명】 '토담장이'의 준말.

담:-쟁이1 (瘡-) 【명】 창병(瘡病)이 있는 사람.

담-쟁이2 【명】《식》 '담쟁이덩굴'의 준말.

담:-쟁이 (痰-) 【명】 담병(痰病)이 있는 사람을 낮잡아 이르는 말.

담쟁이-덩굴 【명】《식》 포도과의 낙엽 활엽 덩 굴나무. 바위 밑이나 숲 속에 나는데 부착근 으로 수목 등에 기어오름. 초여름에 담녹색 꽃이 피고 가을에 자줏빛 장과가 익음. 한국· 일본·대만 등지에 분포함. ⊜담쟁이.

담:제 (禪祭) 【명】 대상(大祥)을 치른 다음다음 달에 지내는 제사.

담:제-인 (禪制人) 【명】 대상(大祥)을 치른 뒤, 담제를 지낼 때까지 상중(喪中)에 있는 사람.

담:종 (痰腫) 【명】《한의》 담이 한군데로 몰리어 생기는 종기.

담:즙 (膽汁) 【명】《생》 쓸개즙.

담:즙-산 (膽汁酸)[-싼] 【명】《생》 쓸개즙의 주요 성분의 하나. 빌산성(bile酸).

담:즙-질 (膽汁質) 【명】《심》 행동·동작·정 서 따위의 움직임이 활발하며 진취력이 강하

고 인내력이 강한 반면, 고집이 세고 거만한 태도가 있는 기질.

담:-증(痰症)[-쯩]圐『한의』담병(痰病).

담:-차다(膽-)圐 겁이 없고 대담하다. ▣담 찬 녀석.

담-채(淡彩)圐 엷은 채색.

담-채(淡菜)圐『조개』1 진주담치. 2 홍합.

담-채-화(淡彩畵)圐『미술』물감을 엷게 써 서 그린 그림.

담-천(痰喘)圐 가래가 끓어서 숨이 참.

담:-천(曇天)圐 1 구름이 끼어 흐린 하늘. 2 구 름이 하늘 면적의 70 % 이상 낀 날씨.

담-청색(淡靑色)圐 엷은 청색. ⓒ담청.

담:-체(痰滯)圐『한의』담이 몰려 한곳에 뭉쳐 서 생긴 병.

담:-초자(墨硝子)圐『공』젖빛 유리.

담총(擔銃)圐하困 어깨에 총을 멤.

담:-타(痰唾)圐 가래와 침. 가래 섞인 침.

담타기圐 1 남에게 넘겨씌우거나 남에게서 받 은 허물이나 걱정거리. 2 억울한 누명이나 오 명. ⓒ덤터기.

　담타기(를) 쓰다 ☞ 담타기를 넘겨 받다.

　담타기(를) 씌우다 ☞ 담타기를 남에게 덮어 씌우다.

담-틀圐『건』흙담을 쌓는 널로 된 틀.

담판(談判)圐하困 쌍방이 의논하여 옳고 그름 을 판단함. ▣~을 짓다 / ~을 벌이다.

담:-하다(淡-)圐困 1 빛깔이 엷다. 2 욕심이 적다. 3 맛의 성격. 3 맛이 느끼하지 않다.

담합(談合)圐하困 1 입찰자가 상의하여 입찰 가격을 미리 정하는 일. ▣업자 간의 ~. 2 서로 의논해서 합의함. ▣~하여 해결하다.

담:-해(痰咳)圐 1 가래와 기침. 2 가래가 나오 는 기침.

담-향(淡香)圐 엷은 향기.

담호호지(談虎虎至)圐 호랑이도 제 말 하면 온다는 뜻으로, 이야기에 오른 사람이 마침 그 자리에 나타남을 이르는 말.

담:-홍색(淡紅色)圐 엷은 붉은색.

담:-화(淡畵)圐 엷게 채색한 그림.

담:-화(痰火)圐 1 담으로 말미암아 나는 열 또는 답답한 증세. 2 가래가 심하게 나 오는 병.

담화(談話)圐하困 1 서로 이야기를 주고받음. ▣~를 나누다. 2 한 단체나 공직자가 어떤 일에 대하여 의견이나 태도를 공식적으로 밝 히는 말. ▣~를 발표하다.

담화-문(談話文)圐 공직자가 어떤 문제에 대 한 견해나 태도를 밝히기 위해 공식적으로 발표하는 글. ▣대통령이 ~을 발표하다.

담화-체(談話體)圐『문』평소에 이야기하는 형식으로 쓴 문체.

담:-황색(淡黃色)圐 엷은 노랑.

담:-흑색(淡黑色)[-쌕]圐 엷은 검정.

답(畓)圐 논.

답(答)圐하困 1 '대답'의 준말. ▣묻는 말에 아무 ~이 없다. 2 '해답'의 준말. ▣~이 맞 다 / 다음의 물음에 ~하시오. 3 '회답'의 준 말. ▣편지에 ~을 보내다 / 성원에 ~하다.

답간(答簡)[-깐]圐하困 답장(答狀).

답결(畓結)[-껼]圐 논에 대한 세금.

답곡(畓穀)[-꼭]圐 논에서 나는 곡식.

답교(踏橋)[-꾜]圐하困『민』다리밟기.

답구(踏臼)[-꾸]圐 디딜방아.

답권(畓券)[-꿘]圐 논문서.

답-글(答-)[-끌]圐 댓글.

답농(畓農)[답-]圐 논농사.

-답니까[답-]어미 1 의문을 나타내는 합쇼체 의 종결 어미. ▣왜 그렇게 일찍 갔~. 2 '- 다고 합니까'의 준말. ▣뭘 먹겠~.

-답니다[답-]어미 1 알고 있는 사실을 알려 주는 합쇼체의 종결 어미. ▣아주 건강하~. 2 '-다고 합니다'의 준말. ▣내일 온~.

-답다[-따]〈다워, -다우니〉圄困 어떤 자격 이 있음을 의미하는 접미사 '-답-'이 붙어서 형용사를 만드는 말. ▣남자~ / 꽃다운 나이 / 여자다운 행동.

답답-이[-따비]圐 사리에 어둡고 둔하여 생 각이나 행동이 갑갑해 보이는 사람. ▣이런 ~를 봤나.

답답-증(-症)[-땁쯩]圐 가슴속이 갑갑하거나 안타까워 죄어드는 듯한 느낌. ▣~이 풀리 다 / 너무 모르니 ~만 난다.

답답-하다[-따파-]圐困 1 병·근심으로 애가 타고 갑갑하다. ▣가슴~. 2 숨을 쉬기가 가쁘다. ▣방 안의 공기가 너무 ~. 3 시원한 느낌이 없다. 4 고지식하여 딱하다. ▣하는 짓이 ~. 답답-히[-따피]囝

-답디까[-띠-]어미 '-다고 합디까'의 준말. ▣얼마나 크~.

-답디다[-띠-]어미 '-다고 합디다'의 준말. ▣고비를 넘겼~.

답례(答禮)[답녜]圐하困 남에게서 받은 예를 말·동작·물건 따위로 갚는 일. ▣~의 선물 / ~의 인사말.

답무(踏舞)[답-]圐하困 발장단을 맞추면서 춤 을 춤. 또는 그런 춤.

답방(答訪)[-빵]圐하困 남의 방문에 대한 답 례로 방문함. 또는 그런 방문.

답배(答-)[-빼]圐하困 신분이 낮은 사람에게 답장을 보냄. 또는 그 답장.

답배(答杯)[-빼]圐하困 술잔을 받고 그에 대 한 답례로 술잔을 건넴. 또는 그 술잔.

답배(答拜)[-빼]圐하困 절을 받고 그 답례로 절을 함. 또는 그런 절.

답변(答辯)[-뼌]圐하困 물음에 대하여 밝혀 대 답함. 또는 그런 대답. ▣~을 회피하다.

답변-서(答辯書)[-뼌-]圐 1 물음에 답변하는 글. 2『법』민사 소송에서, 피고가 소장(訴 狀)에 답변을 적어서 제출하는 문서.

답보(答報)[-뽀]圐하困 응답으로 보고함. 또 는 그런 보고. 회보.

답보(踏步)[-뽀]圐하困 제자리걸음. ▣교육 정책은 아직 ~ 상태이다.

답사(答謝)[-싸]圐하困 보답하는 의미로 사례 를 함. 또는 그 사례.

답사(答辭)[-싸]圐하困 1 회답을 함. 또는 그 런 말. 2 식장에서 환영사나 환송사 따위에 답함. 또는 그런 말. ▣졸업생의 ~.

답사(踏査)[-싸]圐하困 현장에 가서 보고 듣 고 조사함. ▣현지 ~ / 고적 ~를 떠나다.

답삭[-싹]囝 왈칵 달려들어 물거나 움켜잡는 모양. ▣손을 ~ 쥐다. ⓒ덥석.

답삭-거리다[-싹꺼-]困 자꾸 왈칵 달려들어 물거나 움켜잡다. ▣고양이가 쥐를 ~. ⓒ덥 석거리다. ㉮답삭거리다. **답삭-답삭**[-싹땁 싹]囝하困

답삭-대다[-싹때-]困 답삭거리다.

답산(踏山)[-싼]圐하困 무덤 자리를 잡으려고 산을 돌아봄.

답살(踏殺)[-쌀]圐하困 밟아서 죽임.

답살다困〈옛〉첩첩이 쌓다.

답서(答書)[-써]圐하困 답장. ▣문의에 ~하 다 / ~가 오다 / ~를 쓰다.

답습 (踏襲)[—씁] 명하타 예로부터 해 오던 방식이나 수법을 좇아 그대로 행함. ❑인습을 ~하다.
-답시고 [—씨—] 어미 형용사의 어간 및 선어말 어미 '-았-'·'-었-'·'-겠-' 뒤에 붙어서, '-다고'의 뜻으로, 스스로 그러함을 자처하는 꼴을 빈정거리는 연결 어미. ❑조금 더 안~ 뻐기다.
답신 (答申)[—씬] 명하자 **1** 상부나 상사의 물음에 대해 의견이나 사실을 진술해 보고함. 또는 그런 보고. **2** 자문 기관이 행정 관청의 물음에 대해 의견을 진술함. 또는 그런 진술.
답신 (答信)[—씬] 명하자 회답으로 통신이나 서신을 보냄. 또는 그 통신이나 서신. ❑~이 오다 / ~을 쓰다 / ~을 보내다.
답신-서 (答申書)[—씬—] 명 관청 따위에서 묻는 물음에 대해 답신하는 글.
답신-안 (答申案)[—씨난] 명 질문에 대한 답신의 안건.
답-쌓이다 [—싸—] 자 **1** 한군데로 들이덮쳐 쌓이다. ❑답쌓이는 낙엽. **2** 사람이나 사물 따위가 한꺼번에 몰리다. ❑가게에 손님이 ~.
답안 (答案) 명 문제에 대한 해답. 또는 해답을 쓴 종이. ❑시험 ~을 작성하다 / ~을 제출하다.
답안-지 (答案紙) 명 답안을 썼거나 쓰는 종이. 답지. ❑~를 작성하다 / 그의 ~는 완벽했다.
답언 (答言) 명하자 대답으로 말함. 또는 그런 말. 답사(答辭).
답월 (踏月) 명하자 달밤에 거닒. 또는 그런 걸음.
답읍 (答揖) 명하자 답례로 읍(揖)함. 또는 그런 읍.
답인 (踏印) 명하자 관인(官印)을 찍음.
답작-거리다 [—짝꺼—] 자 자꾸 답작이다. ❑답작거리기를 좋아하는 사람. 큰덥적거리다. **답작-답작** [—짝땁짝] 부하자
답작-대다 [—짝때—] 자 답작거리다.
답작-이다 [—짜기—] 자 **1** 무슨 일에나 참견하다. **2** 남에게 붙임성 있게 굴다. 큰덥적이다.
답장 (答狀)[—짱] 명하자 회답하는 편지. 답간(答簡). ❑~을 고대하다.
답전 (答電)[—쩐] 명하자 전보로 회답함. 또는 그 전보. ❑~을 치다.
답주 (畓主)[—쭈] 명 논의 임자.
답지 (答紙)[—찌] 명 답안지.
답지 (遝至)[—찌] 명하자 한군데로 몰려듦. ❑주문이 ~하다.
답찰 (答札) 명하자 답장(答狀).
답척 (踏尺) 명하타 묘지의 거리를 잴 때 줄을 땅에 붙이고 치수를 헤아림. ↔부척(浮尺).
답청 (踏青) 명하자 **1** 봄에 파랗게 난 풀을 밟으며 거니는 일. 청답. **2** 청명절에 교외를 산책하며 자연을 즐기는 중국 풍속.
답청-절 (踏青節) 명 삼짇날.
답측 (踏測) 명하타 현장에 가서 측량함. 또는 그런 측량. ❑건축 예정지를 ~하다.
답치기 명 질서 없이 함부로 덤벼들거나 생각 없이 하는 짓.
 답치기(를) 놓다 구 질서 없이 함부로 덤벼들다.
답토 (畓土) 명 논으로 된 토지. 논.
답통 (答通) 명하자 통문에 대하여 회답함. 또는 그런 회답. ❑~을 내다.
답파 (踏破) 명하타 험한 길이나 먼 길을 끝까지 걸어서 돌파함. ❑설악산을 ~하다.
답품 (踏品) 명하타 〖역〗 답험(踏驗).
답험 (踏驗)[다펌] 명하타 〖역〗 논밭에 가서 농작(農作)의 상황을 실지로 조사하던 일. 답품(踏品).
답호 (褡褸)[다포] 명 〖역〗 조선 때, 벼슬아치가 입던 관복의 하나. 소매가 없는 조끼형으로 밑이 긺.
닷[1] 명 〈옛〉 탓. 까닭.
닷[2] [닫] 관 돈·말·냥 따위의 단위 앞에 쓰여, '다섯'의 뜻을 나타내는 말. ❑~ 냥 / ~ 말.
닷곱 [닫꼽] 명 다섯 홉.
 [닷곱에 참녜, 서 홉에 참견] 사소한 일에까지 간섭하다.
닷곱-되 [닫꼽뙤] 명 다섯 홉들이 되.
닷곱-장님 [닫꼽짱—] 명 반 장님이라는 뜻으로, 시력이 아주 약한 사람을 일컬음.
닷분 [닫뿐] 명 다섯 푼. 한 치의 반을 일컬음.
닷새 [닫쌔] 명 **1** 다섯 날. ❑떠난 지 ~가 지나다. **2** '초닷샛날'의 준말. ❑오월 ~가 어머니 생신이다.
닷샛-날 [닫쌘—] 명 **1** 다섯째 날. **2** '초닷샛날'의 준말. ❑음력 오월 ~이 단옷날이다.
닰다 타 〈옛〉 닦다.
당 명 '망건당'의 준말.
당 (唐) 명 〖역〗 중국 수나라 다음에 일어난 왕조. [618-907]
당 (堂) 명 **1** '당집'의 준말. ❑~을 세우다. **2** 대청(大廳). **3** 큰 절의 문 앞에, 그 절의 이름난 승려를 세상에 알리기 위해 세우는 기. **4** 〖불〗 신불 앞에 세우는 기의 하나. **5** 서당.
당 (幢) 명 **1** 〖악〗 궁중 무용인 헌천화(獻天花) 춤에 쓰던 기의 하나. **2** 신라 때의 영문. 군(軍)의 한 단위. **3** 〖불〗 법회 등의 의식이 있을 때, 절의 문 앞에 세우는 기.
당 (糖) 명 〖화〗 **1** 물에 녹아 단맛을 내는 탄수화물. **2** '당류(糖類)'의 준말. **3** '자당(蔗糖)'의 준말.
당 (黨) 명 **1** 무리. 동아리. **2** 친족과 인척을 이르는 말. **3** 정당(政黨). **4** 붕당(朋黨).
당 (當) 관 **1** '그·바로 그·이·지금의' 등의 뜻. ❑~회사의 제품입니다. **2** 그 당시의 나이를 나타내는 말. ❑~ 25세의 신체 건강한 청년.
당- (堂) 두 사촌 형제나 오촌 숙질 관계를 뜻하는 말. ❑~고모 / ~질부.
-당 (當) 미 '앞에·마다' 등의 뜻. ❑마리~ 천 원 / 일 인~ 만 원씩 거두다.
당가 (唐家) 명 〖건〗 닫집.
당가 (當家) 명하자 **1** 이 집. 그 집. **2** 집안일을 주장해 맡음.
당각 (當刻) 부 그 시각에 곧바로. 즉각.
당간 (幢竿) 명 〖불〗 당(幢)을 달아 세우는 대.
당간 지주 (幢竿支柱) 당간을 받쳐 세우는 두 개의 기둥. ❑절 입구에 ~만 남아 있다.
당-감이 명 '당감잇줄'의 준말.
당감잇-줄 [—가미쭐 / —가믿쭐] 명 짚신이나 미투리의 총에 꿰어 줄이고 늘이는 끈. 준당감이.
당겨-쓰다 [—써, —쓰니] 타 돈이나 물건 등을 미리 끌어다가 쓰다. ❑다음 달 월급을 ~.
당경 (唐鏡) 명 중국 당나라 때에 금속으로 만든 거울.
당고 (堂鼓·唐鼓) 명 중국의 현대극, 주로 무극(武劇)에 사용하는 큰 북의 하나.
당고 (當故) 명하자 부모의 상(喪)을 당함. 당상(當喪). 조간(遭艱). 조고(遭故).
당-고금 (唐—) 명 이틀거리.
당-고모 (堂姑母) 명 종고모를 친근하게 일컫는 말. ❑~는 아버지의 사촌 누이다.

당고모-부 (堂姑母夫) 〔명〕 종고모부를 친근하게 일컫는 말.

당과 (糖菓) 〔명〕 캔디(candy).

당관 (唐官) 〔명〕 〔역〕 조선 때, 중국 명나라에서 우리나라에 파견하던 관원.

당구 (撞球) 〔명〕 우단을 깐 네모난 대 위에서 상아나 플라스틱으로 만든 붉은 공과 흰 공을 큐로 쳐서 맞히어 승부를 가리는 실내 오락. 〔~를 치다〔즐기다〕.

당구 (鐺口) 〔불〕 절에서 밥을 짓는 큰 솥.

당구-공 (撞球-) 〔명〕 당구를 칠 때 쓰는 공(상아나 플라스틱으로 만듦). 당구알.

당구-대 (撞球臺) 〔명〕 당구용의 대(높이 90 cm 정도 되는 직사각형의 평평한 바닥에 우단을 깔았음.

당구-봉 (撞球棒) 〔명〕 큐(cue)1.

당구-장 (撞球場) 〔명〕 당구를 치는 곳(당구에 필요한 시설을 갖추고 요금을 받는 영업 장소).

당-구혈 (-久穴) 〔-구-〕 〔광〕 폐광의 갱도 (坑道).

당국 (唐國) 〔명〕 1 중국의 당나라. 2 '중국'의 일 컬음.

당국 (當局) 〔명〕〔하자〕 어떤 일을 직접 맡아봄. 또 그 기관. 〔-관계 ~ / ~에 신고하다.

당국 (當國) 〔명〕〔하자〕 1 바로 이 나라. 바로 그 나라. 2 당사국. 3 나라의 정무를 맡음.

당국-자 (當局者) 〔-짜〕 〔명〕 그 일을 맡아보는 자리에 있는 사람. 〔~의 의견.

당-굿 (堂-) 〔-꾿〕 〔민〕 '도당굿'의 준말.

당권 (黨權) 〔-꿘〕 〔명〕 당의 주도권. 〔~을 잡다〔장악하다〕.

당궤 (唐机) 〔명〕 1 중국에서 만든 책상. 2 중국 풍의 책상.

당귀 (當歸) 〔명〕 〔한의〕 승검초의 뿌리(부인병의 약제로 씀).

당귀-주 (當歸酒) 〔명〕 1 소주에 승검초의 뿌리와 잎을 넣고 꿀을 넣어 담근 술. 2 승검초를 으깨어 담근 술.

당귀-차 (當歸茶) 〔명〕 승검초의 어린순을 따뜻한 꿀물에 넣은 차.

당규 (黨規) 〔명〕 정당의 규칙. 당칙. 〔~를 정하다.

당그랗다 〔-라타〕 〔당그라니, 당그래서〕 〔형〕 1 홀로 우뚝 솟아 있다. 〔~상에 김치 사발만 당그랗게 놓여 있다. 2 큰 건물의 안이 텅 비어 쓸쓸하다. 〔큰덩그렇다.

당극 (幢戟) 〔명〕 〔역〕 기(旗)가 달린 창(槍).

당근 〔명〕 〔식〕 미나릿과의 한해살이 또는 두해살이풀. 꽃줄기 높이 1~1.5 m로 거친 털이 있음. 여름에 흰 꽃이 줄기 끝에 피고, 뿌리는 긴 원추형으로 적황색이며 맛이 달콤하고 향기가 있음. 홍당무.

당금 (唐錦) 〔명〕 지난날, 중국에서 나던 비단.

당금 (當今) 〔명〕〔부〕 바로 지금. 바로 이제. 〔~의 정세 / ~ 잠든 아이.

당금-같다 (唐錦-) 〔-갇따〕 〔형〕 매우 보배롭고 귀하다.

당금-아기 (唐錦-) 〔명〕 아주 귀중하게 여기면서 키우는 아기.

당금지지 (當禁之地) 〔명〕 다른 사람이 뫼를 쓰지 못하게 하는 땅.

당기 (當期) 〔명〕 1 이 시기. 2 어떤 법률 관계를 연·월·주 따위로 나눈 경우에 현재 지내고 있는 기간. 〔~ 손익.

당기 (黨紀) 〔명〕 당의 규율. 〔~를 지키다.

당기 (黨旗) 〔명〕 그 정당을 상징하기 위하여 그

당의 표지로 쓰는 기.

당기다 〔타〕 1 끌어 가까이 오게 하다. 〔그물을 ~ / 의자를 당기고 앉아라. 2 줄을 팽팽하게 하다. 〔활시위를 ~. 3 정한 시일을 앞으로 끌다. 〔결혼 날짜를 ~. 4 어떤 방향으로 잡아끌다. 〔방아쇠를 ~. 〔자〕 1 마음이 무엇에 끌리다. 〔호기심이 ~. 2 입맛이 돋우어지다. 〔입맛이 당기는 계절.

당-길문 (-門) 〔명〕 밖에서 잡아당겨 열 수 있게 만든 문.

당길-손 〔-쏜〕 〔명〕 대팻집의 아래쪽에 붙은 손잡이.

당길-심 (-心) 〔-씸〕 〔명〕 자기에게로만 끌어당기려는 욕심. 〔~이 생기다.

당김-음 (-音) 〔명〕 〔악〕 같은 음높이의 센박과 여린박이 연결되어 셈여림의 위치가 바뀌는 일. 싱커페이션.

당-까마귀 (唐-) 〔조〕 떼까마귀.

당-나귀 (唐-) 〔동〕 말과의 짐승. 말과 비슷하나 작고 앞머리의 긴 털이 없음. 귀는 길고 털은 단색으로 황갈색·회록색 등이 많고, 입 주위나 배는 백색임. 병에 대한 저항력이 강하여 부리기에 적당함. ⓒ나귀.
[당나귀 귀 치레] 쓸데없고 어울리지 않는 치레. 〔당나귀 하품한다고 한다〕 당나귀가 우는 것을 보고 하품하는 줄 안다는 뜻으로, 귀머거리의 판단 능력을 조롱하는 말.

당나귀-기침 (唐-) 〔명〕 당나귀의 울음소리와 같은 소리를 내면서 하는 기침(백일해나 오래된 감기를 앓을 때에 자주 생김).

당-나발 (唐-) 〔명〕 1 보통 것보다 좀 큰 나발. 2 흐뭇하여 헤벌어진 입을 놀림조로 이르는 말. 〔칭찬을 받자 입이 ~이 되었다.

당나발(을) 불다 〔구〕 〈속〉 터무니없는 거짓말을 하다.

당내 〔명〕 1 자신이 살아 있는 동안. 2 벼슬을 하고 있는 동안.

당내 (堂內) 〔명〕 1 팔촌 이내의 일가. 2 불당·사당 따위의 안.

당내 (黨內) 〔명〕 당의 내부. 〔~에서 조용히 해결합시다.

당내-지친 (堂內至親) 〔명〕 팔촌 이내의 가까운 친척. ⓒ당내친.

당내-친 (堂內親) 〔명〕 '당내지친'의 준말.

당년 (當年) 〔명〕 1 일이 있는 바로 그해. 또는 올해. 〔~ 신수 / ~ 18세. 2 그 나이나 연대. 〔내 오십 ~에 저런 꼴은 처음이다.

당년-작 (當年作) 〔명〕 그해에 거두어들인 농작물. 〔~ 쌀.

당년-초 (當年草) 〔명〕 1 한해살이풀. 2 한 해밖에 쓰지 못하는 물건의 비유.

당년-치 (當年-) 〔명〕 그해에 나거나 만든 물건. 〔~ 농산물.

당년-치기 (當年-) 〔명〕 한 해 동안밖에 쓰지 못하는 물건. 〔~ 제품.

당노 〔명〕 말의 허리에 치레로 꾸미는 물건.

당뇨 (糖尿) 〔명〕 1 포도당이 많이 섞인 병적인 오줌. 2 당뇨병. 〔~로 고생하다.

당뇨-병 (糖尿病) 〔-뼝〕 〔의〕 당뇨가 오랫동안 계속되는 병. 당뇨. 〔~은 합병증이 위험.

당-단백질 (糖蛋白質) 〔-찔〕 〔화〕 탄수화물과 단백질이 결합한 복합 단백질.

당-봉사 (唐奉事) 〔명〕 청맹과니.

당-닭 (唐-) 〔-딱〕 〔명〕 1 꿩과의 닭의 하나. 몸이 매우 작고 날개는 땅에 닿아 발이 안 보임. 볏이 크고 꽁지가 길. 애완용으로 기름. 중국 원산. 2 키가 작고 똥똥한 사람의 별명.

당당 (堂堂) 〔부하형히부〕 **1** 의젓하고 드레진 모습이나 태도. ▢ 체구가 ~하다. **2** 거리낌 없이 떳떳한 태도. ▢~한 권리 / ~히 싸워라. ▢~하다. **3** 형세나 위세가 대단한 모양. ▢기세가 ~하다 / 세도가 ~하다.

당당 (鐺鐺) 〔부〕 쇠붙이로 된 그릇·판·악기 따위를 가볍게 쳤을 때 맑게 울리는 소리. ▢~하는 바라 소리.

당대 (當代) 〔명〕 **1** 그 시대. ▢조선 ~ 최고의 문장가. **2** 지금 이 시대. 당조(當朝). ▢ ~ 최고의 배우. **3** 사람의 한평생. ▢~에 모은 재산.

당대-발복 (當代發福) 〔명하자〕 풍수지리에서, 어버이를 좋은 묏자리에 묻어 곧 부귀를 누리게 됨.

당도 (當到) 〔명하자〕 어떤 곳에 다다름. ▢목적지에 ~하다.

당도 (糖度) 〔명〕 음식물에 들어 있는 당분의 양을 백분율로 나타낸 것. ▢~가 높다.

당도리 〔명〕 바다로 다니는 큰 나무배.

당돌-하다 (唐突-) 〔형어〕 **1** 올차고 도랑도랑해서 꺼리는 마음이 없다. ▢당돌한 모습 / 당돌하게 나서다. **2** 윗사람에게 대하는 것이 버릇없고 주제넘다. ▢당돌하게 대들다. **당돌-히** 〔부〕

당동벌이 (黨同伐異) 〔명하자〕 옳고 그름을 가리지 않고 뜻이 맞는 사람끼리는 한패가 되고, 그렇지 않은 사람은 물리침.

당두[1] (當頭) 〔명〕 가까이 닥침. 임박함. 박두(迫頭). ▢시험 날이 ~하다.

당두[2] (堂頭) 〔명〕〔불〕 **1** 절의 주지. 또는 주지의 거처. **2** 절에서, '그 자리' 또는 '그곳'이란 뜻으로 쓰는 말.

당-두루마리 (唐-) 〔명〕 당지(唐紙)로 만든 두루마리. 당주지(唐周紙).

당락 (當落) 〔명〕 당선과 낙선. ▢선거의 ~이 판가름 나다 / ~으로 희비가 엇갈리다 / ~에 영향을 미치다.

당랑 (堂郞) 〔명〕〔역〕 같은 관아에 있는 당상관과 당하관.

당랑 (螳螂) 〔명〕〔충〕 사마귀[2].

당랑-거철 (螳螂拒轍) 〔명〕 제 분수를 모르고 강적에게 반항함('장자'에 나오는 말로, 중국 제나라의 장공(莊公)이 사냥을 나가는데 사마귀가 앞발을 들고 수레바퀴를 멈추려 했다는 데서 유래함). 당랑지부.

당랑-력 (螳螂力) 〔명녁〕 사마귀가 수레바퀴를 막는 힘이란 뜻으로, 아주 미약한 힘이나 병력.

당랑-재후 (螳螂在後) 〔명〕 눈앞의 욕심에만 눈이 어두워, 뒤에 닥칠 위험을 깨닫지 못함(매미를 덮치려는 사마귀가 자기 뒤에는 참새가 노리고 있음을 몰랐다는 데서 유래함).

당랑지부 (螳螂之斧) 〔명〕 당랑거철.

당래 (當來) 〔명〕〔불〕 내세.

당래지사 (當來之事) 〔명〕 마땅히 닥쳐올 일.

당래직 (當來之職) 〔명〕 신분에 알맞은 벼슬이나 직분. 또는 마땅히 차례에 올 벼슬이나 직분.

당략 (黨略) 〔명〕 당파나 정당의 계략이나 정략. ▢~을 세우다.

당량 (當量) 〔명〕〔화〕 수소 1 원자량이나 산소 8 원자량과 직접 또는 간접으로 대등하게 화합하는 다른 원소의 물질질량. 화학 당량.

당량 농도 (當量濃度) 〔명─녕─〕〔화〕 용액의 단위. 용액 내에 포함되는 어떤 물질의 당량수. 노르말 농도.

당로 (當路) 〔명〕〔노〕〔명하자〕 **1** 정권을 잡음. **2** 중요

한 지위나 직분에 있음. **3** '당로자'의 준말. ▢~에 진정하다.

당로-자 (當路者) 〔노─〕〔명〕 중요한 지위나 직분에 있는 사람. ⑨당로.

당론 (黨論) 〔─논〕〔명〕 **1** 정당의 의견이나 논의. ▢~이 일치되다 / ~을 정하다. **2**〔역〕 조선 때, 동인·서인, 남인·북인, 대북·소북, 노론·소론 등으로 갈리어 서로 대립하던 일.

당료 (黨僚) 〔─뇨〕〔명〕 한 정당에서 핵심적인 직책을 맡은 사람.

당료 식물 (糖料植物) 〔─뇨싱─〕 설탕의 원료가 되는 식물.

당류 (糖類) 〔─뉴〕〔화〕 물에 잘 녹으며 단맛이 있는 탄수화물. ⑨당.

당류 (黨類) 〔─뉴〕〔명〕 같은 무리에 드는 사람들.

당륜 (黨倫) 〔─뉸〕〔명〕 당의 윤리.

당률 (當律) 〔─뉼〕〔명〕 범죄에 해당하는 형법.

당리 (棠梨) 〔─니〕〔명〕〔식〕 팥배.

당리 (黨利) 〔─니〕〔명〕 당의 이익. ▢~만 꾀하다 / ~를 버리다.

당리-당략 (黨利黨略) 〔─니─냑〕〔명〕 당리와 당략. ▢~만을 일삼다 / ~에 얽매이다.

당-마루 (堂─) 〔명〕 너새1.

당-먹 (唐─) 〔명〕 중국에서 만든, 질 좋은 먹. 당묵(唐墨).

당면 (唐麵) 〔명〕 녹말가루로 만든 마른 국수(주로 잡채의 재료가 됨). 분탕(粉湯). 호면(胡麵). ▢~을 삶다 / ~을 붓다.

당면 (當面) 〔명하자〕 바로 눈앞에 당함. ▢~과제 / 위기에 ~하다. **2** 대면.

당-멸치 (唐─) 〔명〕〔어〕 당멸칫과의 열대성 바닷물고기. 몸길이는 30 cm 정도로 가늘고 길며 옆으로 납작함. 눈이 크고 비늘은 벗겨지기 쉬운 둥근 비늘임. 몸빛은 등 쪽은 회청색, 배 쪽은 은백색임. 식용됨.

당명 (黨命) 〔명〕 정당에서 당원에게 내리는 명령. ▢~을 어기다 / ~에 따르다.

당-모시 (唐─) 〔명〕 중국에서 나는 모시(폭이 넓고 올이 톡톡함). 당저(唐紵). 당포. 백당포(白唐布).

당목 (唐木) 〔명〕 되게 드린 무명실로 폭이 넓고 바닥을 곱게 짠 피륙의 하나. 당목면. 서양목. 생목. 양목.

당-목 (撞木) 〔명〕 절에서 종이나 징을 치는 나무 막대.

당목 (瞠目) 〔명하타〕 당시(瞠視).

당-목면 (唐木綿) 〔명─〕 〔명〕 당목(唐木).

당목-어 (撞木魚) 〔명〕〔어〕 귀상어.

당무 (當務) 〔명하타〕 직무를 맡음. 또는 맡은 현재의 직무. ▢~를 보다.

당무 (黨務) 〔명〕 당의 사무. ▢~를 맡다.

당무-자 (當務者) 〔명〕 어떤 직무를 직접 맡아보는 사람. 실무자.

당묵 (唐墨) 〔명〕 당먹.

당미 (糖米) 〔명〕 수수쌀.

당밀 (糖蜜) 〔명〕 사탕무나 사탕수수에서 사탕을 뽑아내고 남은 검은빛의 즙액. 사탕밀.

당밀-주 (糖蜜酒) 〔─주〕〔명〕 당밀을 발효하고 증류해서 만든 술. 럼(rum).

당방 (當方) 〔명〕 이쪽. 우리 쪽.

당배 (黨輩) 〔명〕 함께 어울리는 무리들.

당백 (當百) 〔명〕 '당백전'의 준말.

당-백사 (唐白絲) 〔─싸〕〔명〕 **1** 중국에서 나는 흰 명주실. **2** 당백사로 만든 연줄.

당백-전 (當百錢) 〔─쩐〕〔명〕〔역〕 조선 고종 때 발행한, 한 푼이 엽전 백 푼과 맞먹던 돈(경

복궁을 지을 때 만들었음). ㉪당백.

당-버들(唐-)[-뻐-] 圀 《식》 버드나뭇과의 낙엽 활엽 교목. 냇가에 나는데 높이 15~20 m, 나무껍질은 회색 또는 회갈색, 잎의 뒤가 흰빛을 띰(가로수·제지용 따위에 씀).

당번(當番) 圀하재 어떤 일을 차례로 돌아면서 맡음. 또는 그 사람. ▯청소 ~ / ~을 서다 / ~을 짜다. ↔비번(非番).

당벌(黨閥) 圀 같은 당파의 사람들이 단결해서 다른 당파를 배척하는 일. 또는 그런 목적으로 이루어진 당파.

당보(塘報) 圀《역》 당보수(塘報手)가 높은 곳에서 적의 동정을 기로 알리던 일.

당보(黨報) 圀 1 당에서 내는 신문이나 잡지. 2 당 내부의 소식.

당보-군(塘報軍) 圀 당보수.

당보-기(塘報旗) 圀《역》 조선 때, 당보수가 적의 동정을 알릴 때 쓰던 기(한 자 평방의 누런색임).

당보-수(塘報手) 圀《역》 척후의 임무를 맡아보던 군사. 당보군.

당보 포:수(塘報砲手)《역》 총으로 무장하고 척후의 임무를 맡아보던 군사.

당본(唐本) 圀 당책(唐冊).

당봉(撞棒) 圀 큐(cue)1.

당부(當付) 圀하자타 말로 단단히 부탁함. 또는 그런 부탁. ▯~의 말 / ~를 드리다 / 협조를 ~하다.

당부(當否) 圀 옳고 그름. 마땅함과 마땅하지 않음. ▯~를 가리다.

당-부당(當不當) 圀 정당함과 부정당함. ▯~을 따지다.

당부-악(唐部樂) 圀 당악(唐樂)2.

당분(糖分) 圀 당류(糖類)의 성분. ▯~의 농도.

당분-간(當分間) 圀閈 앞으로 얼마 동안. ▯~은 걱정할 것이 없다 / ~ 여기서 지내겠다.

당붕(黨朋) 圀 붕당(朋黨).

당비(黨比) 圀 같은 무리끼리 서로 가깝고 두터이 사귀는 일. ▯~을 다지다.

당비(黨費) 圀 1 정당을 운영하는 데 드는 비용. ▯~를 모으다. 2 당원이 자신이 속한 정당의 규정에 따라 당에 내는 돈. ▯~를 내다.

당-비름(唐-)[-뻐-] 圀《식》 색비름.

당-비상(唐砒霜)[-뻐-] 圀 중국에서 나는 비상. 당신석(唐信石).

당-비파(唐琵琶) 圀《악》 오동나무로 짠 타원형의 몸에 네 줄과 열두 기둥으로 된 비파.

당-뽕(唐-)[-] 圀《식》 뽕나무. 뽕나무.

당사(唐絲) 圀 중국에서 나는 명주실.

당사(堂舍) 圀 큰 집과 작은 집.

당사(當社) 圀 이 회사. ▯~에서는 직원을 늘리겠습니다.

당사(當事) 圀하자 어떤 일에 직접 관계함.

당사(黨舍) 圀 정당의 사무실로 쓰는 건물.

당사-국(當事國) 圀《법》 국제간의 분쟁이나 교섭 사건 따위에서 그 사건에 관계가 있는 나라. 당국. ▯~ 간의 직접 대화가 필요하다.

당사-자(當事者) 圀 1 어떤 일에 직접 관계가 있는 사람. 당인. 당자. ▯피해 ~ / 사건 ~ 끼리 해결하다. 2《법》 어떤 법률 행위에 직접 관계하는 사람.

당사자 능력(當事者能力)[-녁]《법》 민사 소송법에서, 소송의 당사자가 될 수 있는 법적인 능력.

당사자-주의(當事者主義)[-/-이]《법》 형사 소송에서, 법원이 소송의 주도권을 당사자에게 주는 소송 형식.

당사자 참가(當事者參加)《법》 소송의 계속(繫屬) 중에 제삼자가 당사자로 참가하는 일. ↔보조 참가.

당-사주(唐四柱)[-싸-] 圀 중국에서 유래한, 그림으로 사주를 보는 법.

당사주-책(唐四柱冊)[-싸-] 圀 사주점을 칠 때 근거로 삼는 책. 점괘에 따른 길흉화복을 그림으로 나타냈음. 당화적(唐畵籍).

당-사향(唐麝香)[-싸-] 圀《한의》 중국에서 나는 사향.

당삭(當朔) 圀하자 1 달이 있는 바로 그달. 2 아이 밴 여자가 해산할 달을 맞음. 또는 그달. 당월(當月).

당산(堂山) 圀 토지나 마을의 수호신이 있다는 산이나 언덕(대개 마을 근처에 있음).

당산(當山) 圀 1 이 산. 그 산. 2 이 절. 그 절. 당사(當寺).

당산(糖酸) 圀《화》 육탄당(六炭糖)의 일위(一位)와 육위(六位)의 히드록시기(基) OH가 산화되어 생긴 이염기산(二塩基酸). 125℃에서 녹는, 무색 결정임.

당산-굿(堂山-)[-굳] 圀《민》 당산에서 마을을 위해 제사를 지낼 때, 농악을 연주하며 노는 굿.

당산-제(堂山祭) 圀 당산(堂山)에서 산신에게 지내는 제사. ▯~를 지내다.

당-삼채(唐三彩) 圀《공》 중국 당나라 때, 녹색·남색·황색의 세 가지 빛깔의 유약으로 그림이나 무늬를 나타낸 도자기.

당상(堂上) 圀 1 대청의 위. 그 위. 2《역》 조선 때, 문관은 정삼품 명선(明善)대부·봉순(奉順)대부·통정(通政)대부, 무관은 절충(折衝)장군 이상의 벼슬. 3《역》 아전들이 자기의 상관을 일컫던 말.

당상(當喪) 圀하자 당고(當故).

당상-관(堂上官) 圀《역》 당상인 벼슬아치.

당상-수의(堂上繡衣)[-/-이] 圀《역》 당상관으로 암행어사가 된 사람.

당서(唐書) 圀 당책(唐冊).

당서(當署) 圀 그 서리. ▯~에서 대답하다.

당선(當選) 圀하자 1 선거에서 뽑힘. ▯~ 소식 / ~을 축하하다 / 국회의원에 ~되다. 2 심사나 선발에서 뽑힘. 입선(入選). ▯~ 소감 / 신춘문예에 ~하다 / 현상 공모에 ~되다. ↔낙선.

당선-권(當選圈)[-꿘] 圀 선거나 심사 또는 선발에서 당선될 가능성이 있는 범위 안. ▯~에 들다 / ~에서 멀어지다.

당선 무효(當選無效) 당선자가 선거법 위반 따위로 당선이 무효가 되는 일. ▯불법 활동이 들통 나 ~가 되다.

당선-사례(當選謝禮) 圀 당선자가 당선되게 해 준 선거인에게 감사의 뜻을 나타내는 일. ▯가가호호를 돌며 ~을 하다.

당선 소송(當選訴訟)《법》 낙선자가 당선의 효력에 이의가 있을 때 제기하는 소송.

당선-자(當選者) 圀 선거나 심사, 선발 따위에서 뽑힌 사람. ▯대통령 ~ / 일등 ~.

당선-작(當選作) 圀 대회나 공개 모집 따위에서 여러 작품 가운데 우수하여 뽑힌 작품. ▯신춘문예 ~.

당성(黨性)[-씽] 圀 소속 정당을 위해 적극적으로 활동하는 충실성. ▯~이 강하다[의심스럽다].

당세(當世) 圀 1 그 시대. 그 세상. ▯~의 풍류가. 2 지금의 세상. ▯~의 풍조.

당세(當歲) 圀 올해. 그해.

당세 (黨勢)〔명〕 당이나 당파의 세력 또는 기세. ▢ ~를 확장하다.

당세-풍 (當世風)〔명〕 1 그 시대의 풍조. 2 지금 세상의 풍조.

당소 (當所)〔명〕 연구소·영업소·출장소 따위 '소' 자가 붙는 기관이 스스로를 일컫는 말. ▢ ~는 학술연구소입니다.

당속 (糖屬)〔명〕 설탕에 졸여서 만든 음식.

당송 (唐宋)〔명〕 중국의 당나라와 송나라.

당송 팔대가 (唐宋八大家)[-때-] 중국 당송 시대의 여덟 명의 뛰어난 문장가(당의 한유(韓愈)·유종원(柳宗元), 송의 구양수(歐陽修)·왕안석(王安石)·증공(曾鞏)·소순(蘇洵)·소식(蘇軾)·소철(蘇轍)). 당송 팔가. 준팔대가.

당수〔명〕 곡식 가루에 술을 쳐서 미음처럼 쑨 음식. ▢ ~를 쑤다.

당수 (唐手)〔명〕 일본의 '가라테'를 한자음으로 읽은 이름.

당수 (黨首)〔명〕 정당의 우두머리. ▢ ~를 선출하다 / ~에 취임하다.

당-수복 (唐壽福)〔명〕 백통(白銅)에 은이나 오금(烏金)으로 '수(壽)'나 '복(福)' 자를 새겨 넣어 만든 담뱃대.

당숙 (堂叔)〔명〕 '종숙'의 친근한 일컬음.

당-숙모 (堂叔母)[-숭-]〔명〕 당숙의 아내. '종숙모'의 친근한 일컬음.

당승 (唐僧)〔명〕 1 당나라 때의 승려. 2 중국 승려.

당시 (唐詩)〔명〕 당나라 때의 시인이 지은 시(이 때 5언·7언의 율시(律詩)와 절구(絶句) 같은 근체시(近體詩)의 양식이 완성됨).

당시 (當時)〔명〕 일이 있었던 그때. ▢사건 발생 ~ / ~의 국제 정세 / 그는 회상하는 듯이 ~의 충격으로 병원에 입원하다.

당시 (瞠視)〔명〕〔하타〕 놀라거나 괴이쩍게 여겨 눈을 휘둥그렇게 뜨고 바라봄. 당목(瞠目).

당시 (黨是)〔명〕 당의 기본 방침. ▢ ~를 따르다.

당시-승상 (當時丞相)〔명〕 권세 높은 사람을 일컫는 말.

당신 (當身)〔대〕 1 부부가 서로 상대방을 일컫는 말. ▢여보, ~에게 미안하오. 2 맞서 싸울 때 상대편을 낮잡아 이르는 이인칭 대명사. ▢~이 뭔데 참견이야. 3 하오할 자리에 상대되는 사람을 일컫는 말. ▢~은 누구십니까. 4 옷차림을 높이어 일컫는 말(제삼인칭으로 씀). ▢아버님 생전에 ~께서 아끼시던 장서.

당-신석 (唐信石)〔명〕 당비상(唐砒霜).

당실-거리다〔자〕 신이 나서 계속 흥겹게 춤을 추다. 똑덩실거리다. **당실-당실**〔부〕〔하자〕 ▢ ~ 춤을 추다.

당실-대다〔자〕 당실거리다.

당실-하다〔형여〕 건축물 따위가 맵시 있게 높다. 똑덩실하다.

당싯-거리다 [-신끼-]〔자〕 어린아이가 누워서 팔다리를 춤을 추듯이 잇따라 귀엽게 움직이다. 똑덩싯거리다. **당싯-당싯** [-신땅싯]〔부〕〔하자〕

당싯-대다 [-신때-]〔자〕 당싯거리다.

당-아욱 (唐-)〔명〕〔식〕 아욱과의 두해살이풀. 정원에 심는데 높이 1m가량이고 거친 털이 있음. 잎은 손바닥 모양이며 3~7 갈래로 째졌음. 초여름에 담홍색이나 백색 다섯잎꽃이 핌. 관상용임.

당악 (唐樂)〔명〕〔악〕 1 중국 당나라 때의 음악. 2 중국 음률에 의거하여 제정한 풍류. 당부악(唐部樂). ↔향악(鄕樂).

당-악기 (唐樂器)[-끼]〔명〕 1 중국 당나라 때의

악기. 2 당악을 연주하는 악기(퉁소·적(笛)·비파·아쟁(牙箏)·피리·장구 따위).

당야 (當夜)〔명〕 그날 밤. 즉야(卽夜).

당약 (唐藥)〔명〕〔한의〕 한방약(漢方藥).

당약 (當藥)〔명〕〔한의〕 자주쓴풀의 뿌리와 줄기를 말린 한약재. 고미제(苦味劑)로 씀.

당양지지 (當陽之地)〔명〕 햇볕이 잘 드는 밝고 따뜻한 땅.

당양-하다 (當陽-)〔형어〕 양지바르다.

당업-자 (當業者)[-짜]〔명〕 그 사업을 직접 경영하는 사람.

당연 (唐硯)〔명〕 중국에서 만든 벼루.

당연-시 (當然視)〔명〕〔하타〕 당연한 것으로 여김.

당연지사 (當然之事)〔명〕 당연한 일. ▢나이 들어 늙는 것은 ~가 아닌가.

당연- (當然-)〔명〕 일의 앞뒤 사정을 놓고 볼 때 마땅히 그러하다. ▢당연한 결과가 아닌가. **당연-히**〔부〕 ▢그렇게 입고 나가면 ~ 추울 것이다.

당연-하다 (瞠然-)〔형어〕 놀라거나 괴이쩍어 눈이 휘둥그렇다. **당연-히**〔부〕

당오 (唐午)〔명〕 '당오전'의 준말.

당-오동 (唐梧桐)〔명〕〔식〕 마편초과의 낙엽 활엽 관목. 인가 근방에 관상용으로 심는데 높이 1~3 m, 잎은 오동나무 잎과 비슷하며 여름과 가을에 노란 꽃이 핌. 가을에 둥근 핵과가 홍자색으로 익음.

당오-전 (當五錢)〔명〕〔역〕 다섯 푼이 엽전 백 푼과 맞서던 돈. 조선 고종 20년(1883)에 만들었음. 당오(當五).

당오-평 (當五坪)〔명〕〔역〕 당오전(當五錢)의 값어치가 떨어져서, 엽전 한 냥과 당오전 닷 냥이 같은 값으로 된 셈평. 준당평(當坪).

당용 (當用)〔명〕〔하타〕 당장 필요한 일에 씀. ▢ ~일기.

당우 (唐虞)〔명〕 중국의 도당씨(陶唐氏)와 유우씨(有虞氏)(요순(堯舜) 시대를 말함).

당우 (堂宇)〔명〕 정당(正堂)과 옥우(屋宇)라는 뜻으로, 큰 집과 작은 집을 일컫는 말.

당우 (黨友)〔명〕 1 같은 당에 속한 사람. 2 당원이 아니면서 밖에서 그 당파를 돕는 사람.

당우-삼대 (唐虞三代)〔명〕 요순 시대와 하(夏)나라·은(殷)나라·주(周)나라의 삼대를 합쳐서 일컫는 말.

당원 (黨員)〔명〕 1 당적을 가진 사람. 2 당파를 이룬 사람. 당인(黨人).

당-원질 (糖原質)〔명〕 글리코겐.

당월 (當月)〔명〕〔하자〕 1 바로 그달. ▢이 일은 늦어도 ~까지는 끝내야 한다. 2 당삭2.

당위 (當爲)〔명〕 1 마땅히 그렇게 하거나 되어야 하는 것. 2〔윤〕 마땅히 있어야 하는 것. 또는 마땅히 행해야 하는 것.

당위 법칙 (當爲法則)〔철〕 마땅히 행하여야 할 법칙.

당위-성 (當爲性)[-씽]〔명〕〔윤〕 마땅히 그렇게 하거나 되어야 할 성질. ▢반드시 해야 할 ~이 있는가.

당위-적 (當爲的)〔관명〕 마땅히 그렇게 하거나 되어야 하는 (것). ▢ ~ 이유 / ~인 임무.

당위-학 (當爲學)〔명〕〔철〕 윤리학·논리학·미학(美學)과 같이 규범의 법칙을 연구하는 학문.

당유 (糖乳)〔명〕 연유(煉乳).

당의 (唐衣)[-/-이]〔명〕 조선 때, 여자 예복의 하나(겉은 초록색, 안은 담홍색, 깃과 고름은 자줏빛으로 가슴에 봉황을 수놓은 흉배가 있

고 앞자락이 짧고 뒷자락이 깊). 당저고리.
당의(糖衣)[-/-이]图 환약이나 정제의 변질을 막고, 먹기 쉽게 하기 위해 겉을 당분이 든 얇은 막으로 싼 것.
당의(黨意)[-/-이]图 당의 의사. ▣~를 따른다.
당의(黨議)[-/-이]图 **1** 당에서 내세우는 의견. ▣~를 준수한다. **2** 당의 결의.
당의-정(糖衣錠)[-/-이]图 먹기 쉽게 겉에 단 물질을 입힌 정제나 환약.
당인(唐人)图 중국 사람을 일컫던 말.
당인(當人)图 당사자(當事者)1.
당인(黨人)图 당원(黨員).
당일(當日)图 바로 그날. 즉일(卽日). ▣개회식 ~/~에 다녀오다/사건 ~의 행적이 묘연하다.
당일-치기(當日-)图[하타] 일이 있는 바로 그날 하루에 해 버리는 일. ▣~로 고향에 다녀오다.
당자(當者)图 **1** 바로 그 사람. ▣~에게 물어 보아라. **2** 당사자1.
당장(堂長)图[역] 서원에 속해 있던 사내종.
당장(當場)▣图 바로 그 자리. ▣~에 결판을 내자/효과가 ~에 나타났다. ▣튀 바로 그 자리에서. 곧. ▣~ 갈 곳이 없다 / ~ 먹기엔 곶감이 달다 / ~ 여기를 떠나라.
당장-법(糖藏法)[-뻡]图 잼·젤리·과일 따위의 식품을 설탕 또는 포도당·과당을 섞어서 저장하는 방법.
당재(唐材)图[한의] 중국산 또는 중국을 통하여 들어온 약재. ↔초재(草材).
당쟁(黨爭)图[하자] 당파를 이루어 서로 싸움. 당파 싸움. ▣~은 우리 역사의 치욕이다.
당저(唐紵·唐苧)图 당모시.
당-저고리(唐-)[唐-]图 당의(唐衣).
당적(唐笛)图[악]☞ 소금(小笒).
당적(黨籍)图 당원으로 등록되어 있는 문서. ▣~을 옮기다/당에서 제명되어 ~을 잃었다.
당전(堂前)图 대청의 앞.
당절(當節)图 당철.
당점(當店)图 이 점포. 이 상점. ▣~에서는 아동복만 취급합니다.
당정(黨情)图 당의 사정. ▣~을 파악하다.
당정(黨政)图 여당과 정부. ▣~ 협의회.
당제(當劑)图 그 병에 맞는 약제.
당조(唐朝)图 당나라의 조정이나 왕조.
당조(當朝)图 **1** 지금의 조정. **2** 현재의 왕조. **3** 당대(當代)2.
당조짐图[하타] 정신을 차리도록 단단히 단속하고 경계함. ▣입조심을 ~하다.
당좌(當座)图[경] '당좌 예금'의 준말.
당좌 계:정(當座計定)[-/-게-]『경』부기에서, 당좌 예금의 예입·인출·차월·대월의 발생과 소멸을 기록하고 정리하는 계정.
당좌 대:부(當座貸付)『경』미리 기한을 정하지 않고 은행에서 요구할 때나 돈을 빌린 사람이 갚고자 할 때 갚기로 하고 돈을 빌려 주는 일.
당좌 대:월(當座貸越)『경』은행이 일정 기간과 일정 금액을 한도로 하여 거래선이 당좌 예금 잔액 이상으로 수표를 발행할 수 있게 하는 일. 또는 그 초과금. ⤷대월.
당좌 비:율(當座比率)『경』당좌 자산의 합계액을 유동 부채의 합계액으로 나눈 백분율.
당좌 수표(當座手票)『경』당좌 예금자가 그 예금을 기초로 하여 그 은행 앞으로 발행하

는 수표.
당좌 예:금(當座預金)『경』기한을 정하지 않고 예금자의 청구에 따라 지급하는 예금. ⤷당좌.
당좌 차:월(當座借越)『경』당좌 대월을 차주(借主) 쪽에서 이르는 말.
당주(堂主)图 지난날, 나라의 기우제 따위에서 기도를 맡아 하던 소경 무당.
당주(當主)图 당대의 호주. 현재의 주인.
당주(幢主)图[역] 신라 때, 군대의 편성 단위인 당을 통솔하던 무관 벼슬.
당-주지(唐周紙)[-쭈-]图 당두루마리.
당줄图 '-줄'의 '망건당줄'의 준말.
당중(當中)图[하타] 물건이나 장소의 가운데가 되는 곳. 또는 그렇게 되게 함.
당지(唐紙)图 중국에서 만든 종이의 하나(표면은 황색이며 거칠고 잘 찢어지나 먹물을 잘 흡수함).
당지(當地)图 바로 그곳. ▣~의 소식에 따르면…… / ~의 사정에 어둡다.
당-지기(堂-)图 서당이나 당집을 맡아 지키는 사람. 당직.
당지다짜 눌려 단단히 굳어지다.
당-지질(糖脂質)图[화] 당이 들어 있는 복합지질(무정형의 흰 가루임).
당직(當直)图[하자] 근무하는 곳에서 숙직이나 일직 따위의 당번이 됨. 또는 그 차례가 된 사람. ▣~를 서다.
당직(堂直)图 당지기.
당직(當職)图 **1** 이 직업이나 직무. **2** 현재의 직업이나 직무. **3** 직무를 맡음.
당직(黨職)图 **1** 당에서 맡는 직책. ▣~에서 물러나다. **2** 당직자.
당직-자(黨職者)[-짜]图 당의 직책을 맡은 사람. 당직. ▣~를 교체하다.
당직-청(當直廳)图[역] 조선 때, 의금부에 속하여 소송 사무를 맡아보던 관아.
당직-하다(戇直-)[-지카-]혱여 하는 말이 충성스럽고 곧다.
당질(堂姪)图 '종질'을 친근하게 일컫는 말. ▣~을 친아들처럼 여긴다.
당질(糖質)图 당분이 들어 있는 물질. **2** 『화』탄수화물 및 그 유도 물질의 총칭.
당-질녀(堂姪女)[-려]图 '종질녀'를 친근하게 일컫는 말. ▣~를 친딸처럼 사랑한다.
당-질부(堂姪婦)图 '종질부'를 친근하게 일컫는 말.
당-질서(堂姪壻)[-써]图 '종질서'를 친근하게 일컫는 말.
당-집(堂-)[-찝]图 서낭당 따위처럼 신을 모셔 두는 집. ▣서낭당은 서낭신을 모시는 ~이다. ⤷당(堂).
당차(當次)图[하자] 순번에 따라 돌아가는 차례를 당함.
당차(當差)图[하자][역] 조선 때 형벌의 하나. 신분에 따라 노역을 달리 부과하던 일.
당차다혱 나이나 몸집 등에 비하여 하는 짓이나 마음이 야무지고 올차다. ▣당찬 각오/당차게 생긴 사람.
당착(撞着)图[하자] **1** 말이나 행동 따위의 앞뒤가 서로 맞지 않음. ▣~에 빠지다. **2** 서로 맞부딪침.
당-찮다(當-)[-찬타]혱 말이나 행동이 이치에 마땅하거나 적당하지 않다. ▣당찮은 말은 하지 마라.
당참(堂參)图[역] **1** 새로 수령(守令)이 되어 가거나 고을을 옮길 때 도당(都堂), 곧 의정부에 가서 신고하던 일. **2** '당참채'의 준말.

당참-전 (堂參錢)몡 〔역〕 당참채.

당참-채 (堂參債)몡 〔역〕 조선 때, 새로 수령이 되어 가거나 고을을 옮길 때 이조(吏曹)에 바치던 예물. 당참전. ⍟당참.

당창 (唐瘡)몡 〔한의〕 매독.

당-창포 (唐菖蒲)몡 〔식〕 글라디올러스.

당-채련 (唐-)몡 1 중국산의 나귀 가죽. 2 때가 묻어 반들반들한 옷의 비유.

당책 (唐冊)몡 중국에서 박아 펴낸 책. 당본(唐本). 당서(唐書).

당처 (當處)몡 1 그 자리. 2 이곳.

당천 (當千)몡하자 한 사람이 천 명을 당함. □~의 기백.

당철 (當-)몡 꼭 알맞은 시절. 당절(當節). 제철. □~을 만나다.

당첨 (當籤)몡하자 제비에 뽑힘. □복권에 ~되다.

당첨-금 (當籤金)몡 복권·행운권 따위의 추첨에서 당첨자가 받게 되는 돈.

당청 (唐靑)몡 중국산의 푸른 물감.

당체 (唐體)몡 1 한자 글씨체의 하나. 가로 그은 획은 가늘고, 내리그은 획은 굵음. 2〔인〕 명조체.

당초 (唐草)몡 덩굴무늬.

당초 (唐椒)몡 〔식〕 고추. □고추 ~ 맵다지만 시집살이 더 맵다구.

당초 (當初)몡 일이 생긴 처음. 애초. □~의 결심이 흔들리다.

당초-무늬 (唐草-)[-늬] 몡 덩굴무늬.

당초-문 (唐草紋)몡 덩굴무늬.

당초-와 (唐草瓦)몡 〔건〕 덩굴무늬를 그려 넣은 기와.

당초-회 (唐草繪)몡 〔미술〕 만달.

당최 몡 (부정적인 뜻의 말과 함께 쓰여) 도무지. 영. □네 말은 ~ 알아들을 수가 없구나.

당-추자 (唐楸子)몡 호두.

당춘 (當春)몡하자 봄을 맞음. 봄이 됨.

당치다 몡 꼭꼭 다지다. □다져지고 당쳐진 엄숙한 성정.

당칙 (黨則)몡 당의 규칙. 당규(黨規).

당코 몡 여자 저고리 깃의 뾰족하게 내민 끝.

당-탄 (唐-)몡 씨를 뽑지 않은 당태.

당탑 (堂塔)몡 당과 탑. 전당과 탑묘.

당-태 (唐-)몡 중국에서 나는 솜.

당파 (撞破)몡하자 쳐서 깨뜨림.

당파 (鏜鈀)몡 〔역〕 1 십팔기의 하나. 보졸이 당파창으로 하던 무예. 2 '당파창'의 준말.

당파 (黨派)몡 1〔역〕 조선 때, 붕당(朋黨)·정당의 나누인 갈래. 2 정치적 목적이나 주의·주장·이해를 같이하는 사람들이 뭉쳐 이룬 단체나 모임. 파당.

당파 싸움 (黨派-) 당파를 지어 서로 다투는 일. 당쟁(黨爭).

당파-창 (鏜鈀槍)몡 〔역〕 끝이 세 갈래로 갈라진 창. ⍟당파(鏜鈀).

당판 (唐板)몡 중국에서 새긴 책판. 또는 그것으로 박은 책.

당판 (堂板)몡 마루청.

당-팔사 (唐八絲)[-싸] 몡 중국에서 만든, 여덟 가닥으로 드린 실로 곤 노끈.

당평 (當坪)몡 〔역〕 '당오평'의 준말.

당평-전 (當坪錢)몡 〔역〕 당오평으로 환산(換算)한 돈.

당폐 (黨弊)[-/-폐]몡 1 당파 싸움으로 말미암아 생기는 폐단. 2 당의 폐단.

당포 (唐布)몡 중국에서 들어온 목면포(木綿布). 당모시.

당품 (當品)몡 〔역〕 조선 때 정이품·종이품에 상당한 벼슬을 종이품에, 종이품·정삼품에 상당한 벼슬을 정삼품에 임명하던 일.

당풍 (黨風)몡 당의 기풍. □~ 쇄신.

당-피리 (唐-)몡 〔악〕 당악기의 하나(구멍은 여덟 개인데 한 구멍은 뒤에 있음).

당필 (唐筆)몡 중국에서 만든 붓.

당하 (堂下)몡 1 대청의 아래. 2〔역〕 조선 때, 문관은 정삼품인 창선(彰善)대부·정순(正順)대부·통훈(通訓)대부 이하, 무관은 어모(禦侮)장군 이하의 벼슬. 3 '당하관'의 준말.

당하 (當-)몡 어떤 일을 당한 그때 또는 그 자리.

당하-관 (堂下官)몡 〔역〕 당하의 품계에 있는 벼슬아치. ⍟당하.

당-하다 (當-)□몡형어 사리에 맞거나 가능하다. □당치도 않은 말씀 / 이런 처지에 그런 옷이 당할까. □자어 1 어떤 형편이나 때에 이르거나 처하다. □막상 눈앞에 당하면 어찌할 수 없다. □불을 입거나 놀림을 받다. □누구에게 당했느냐. □타어 1 능히 이겨 내다. □혼자서 두셋을 ~. 2 좋지 않은 일 따위를 겪다. □사고〔피해·화〕를 ~.

-당하다 (當-)□몡어 동작을 나타내는 명사에 붙어 그 동작이 수동적임을 보이는 동사를 이루는 말. □거절~ / 무시~.

당하-수의 (堂下繡衣)[-/-이]몡 당하관으로 암행어사가 된 사람.

당학 (唐學)몡 1 당(唐)나라 때의 학문. 2 중국의 학문.

당한 (當限)몡하자 1 기한이 닥쳐옴. 또는 그 기한. 2〔경〕 청산 거래에서, 그달의 월말에 받기로 하는 약정의 매매. *선한(先限)·중한.

당한 (唐寒)몡하자 추위가 닥침. 또는 그 추위.

당-하라 (唐荷蘭)[-나]몡 중국산(産)의 하라. 생향라.

당해 (當該)몡 일부 명사 앞에 쓰여 바로 그 사물에 관련됨을 나타내는 말. □~ 기관 / ~ 사항.

당헌 (棠軒)몡 〔역〕 '선화당(宣化堂)'의 예스러운 말.

당헌 (黨憲)몡 정당의 강령이나 기본 방침. □~을 따르다〔어기다〕.

당-형제 (堂兄弟)몡 종형제.

당혜 (唐鞋)[-/-혜]몡 울이 깊고 작은, 앞뒤에 덩굴무늬 따위를 새긴 가죽신의 하나.

당호 (當號)몡 1 당우(當宇)의 호. 2 호(號)▪.

당호 (幢號)몡 〔불〕 스승에게 법맥을 이어받을 때 받는 법호.

당혹 (當惑)몡하자 어떤 일을 당하여 어찔 줄을 모름. 또는 그런 감정. □~을 금치 못하다 / ~한 표정을 짓다.

당혼 (當婚)몡하자 혼인할 나이가 됨. □~의 딸자식.

당홍 (唐紅)몡 중국산의 자줏빛을 약간 띤 붉은 물감.

당화 (唐畫)몡 1 당나라 때의 그림. 2 중국 사람이 그린 중국풍의 그림.

당화 (糖化)몡하타자 〔화〕 녹말 따위 다당류를 효소나 산의 작용으로 가수 분해해서 단당류 또는 이(二)당류로 변화시키는 반응. 또는 그렇게 되는 일.

당화 (黨禍)몡 당파 싸움으로 생기는 재앙과 피해. □~로 입은 피해.

당-화기 (唐畫器)몡 1 채화를 그린 중국산의 사기그릇. 2 중국산의 청화 자기(靑華瓷器)를

본떠 만든 그릇.

당-화적 (唐畵籍) 명 당사주책(唐四柱冊).

당황 (唐惶·唐慌) 명하자히부 〔←창황(愴惶)〕 놀라거나 다급하여 어찌할 바를 모름. ❑ ~한 기색이 역력하다.

당회 (堂會) 명 〖기〗 장로교 등에서, 교회 안의 목사와 장로가 모이는 회합.

당쉬 명 〈옛〉 당수.

당아리 명 〈옛〉 1 깍정이. 2 딱지. 껍데기.

당의야지 명 〈옛〉 버마재비. 사마귀.

닻다 [닫따] 타 '다지다'의 준말.

닻 [닫] 명 배를 고정시키기 위하여 줄에 매어 물에 던지는 제구. ❑ ~을 내리다.

닻을 감다 구 하던 일을 그만두고 단념하다.

닻을 올리다 구 어떤 일을 시작하거나 시작하려 하다.

닻을 주다 구 ㉠닻줄을 풀어 닻을 물속에 넣다. ㉡일정한 곳에 머물다.

닻-가지 [닫까-] 명 닻 끝에 달린 갈고리.

닻-고리 [닫꼬-] 명 닻줄을 매는, 쇠붙이로 된 둥근 고리.

닻-꽃 [닫꼳] 명 〖식〗 용담과의 두해살이풀. 산지에 남. 높이는 30–60 cm, 잎은 긴 타원형이며 마주남. 여름에 담황색의 네잎꽃이 닻 모양으로 핌.

닻-나비 [단-] 명 〖충〗 뿔나비나방.

닻-낚시 [단낙씨] 명 배를 고정해 놓고 배에서 하는 낚시.

닻-돌 [닫똘] 명 나무로 만든 닻을 가라앉게 하기 위해 매다는 돌.

닻-벌레 [닫뻘-] 명 〖동〗 닻벌렛과의 갑각동물. 길이 7–9 mm 미만으로 막대기 모양이며 황록색으로 투명함. 머리 부분에 닻 같은 두 쌍의 돌기가 생겨 그것으로 민물고기의 아가미와 입에 붙어 기생함.

닻-별 [닫뻘] 명 '카시오페이아자리'의 별칭.

닻-장 [닫짱] 명 닻채의 윗부분에 닻줄을 매도록 가로 박은 나무.

닻-줄 [닫쭐] 명 닻을 매단 줄.

닻-채 [닫-] 명 닻의 자루가 되는 부분.

닻-혀 [다텨] 명 닻가지의 끝.

닿:다[1] [다타] 자 1 사물이 서로 맞붙다. ❑ 서로의 손이 ~. 2 어떤 곳에 이르다. ❑ 3시까지 제주도에 ~. 3 어떤 정도나 범위에 미치다. ❑ 거기까지 생각이 닿을 줄이야. 4 어떤 세력을 의지할 수 있게 되다. ❑ 고위층에 줄이 ~. 5 감명 깊거나 절실하게 느껴지다. ❑ 그의 말이 가슴에 와 ~. 6 정확히 맞다. ❑ 이치에 ~.

닿:다[2] 타 〈옛〉 땋다.

-닿다 [다타] [-다니, -대서] 미ㅎ '-다랗다'의 준말. ❑ 커~ / 곱~.

닿-소리 [다쏘-] 명 〖언〗 자음. ↔홀소리.

닿치다 [닫-] 자 물체가 세차게 서로 닿다.

대[1] ㊀명 1 식물의 줄기. ❑ 수수의 ~. 2 가늘고 긴 막대. ❑ ~가 휘다. 3 '담뱃대'의 준말. 4 자루[2]. 5 자기의 뜻을 굽히지 않으려는 의지. ❑ ~가 세다 / ~가 곧다 / ~가 약하다. ㊁의명 1 담배통에 담배를 담는 분량. 또는 담배를 피우는 횟수를 세는 단위. ❑ 담배 한 ~. 2 주사나 침을 맞는 횟수를 세는 단위. ❑ 주사를 한 ~ 맞다. 3 쥐어박거나 때리는 횟수를 세는 단위. ❑ 꿀밤 한 ~.

대[2] 명 〖식〗 볏과의 여러해살이 상록 교목. 줄기는 꼿꼿한데 속이 비고 마디가 있음. 땅속줄기는 가로 벋어 마디마다 뿌리털과 순이 남. 드물게 황록색 꽃이 피는데 꽃이 핀 다음에는 말라 죽음. 건축용·세공용으로 쓰며 순은 식용함.

대: (大) 명 큼. 큰 것. ❑ ~를 살리기 위해서는 소를 희생하지 않으면 안 될 때가 있다.

대: (代) ㊀명 1 한 집안에서 이어 내려오는 혈통과 계보. ❑ ~를 잇다 / ~가 끊기다. 2 임금의 치세. ❑ 세종 ~. ㊁의명 1 사람의 나이를 십 년 단위로 끊어 나타내는 말. ❑ 십 ~ 소녀 / 70~ 노인. 2 가계나 지위를 이어받은 순서를 나타내는 말. ❑ 오 ~ 할아버지 / 삼~째 내려오는 가보 / 16~ 국회의원.

대 (垈) 명 '대지(垈地)'의 준말.

대: (隊) ㊀명 1 〖군〗 군사들이나 군대처럼 편성된 무리(《중대·민방위대 따위》). 2 '대오(隊伍)'의 준말. ㊁의명 편성된 무리를 세는 말. ❑ 제1~ 수비, 제2~는 공격을 맡다.

대: (對) ㊀명 1 같은 종류로 이루어진 짝. ❑ 같이 ~를 이루다. 2 비교하거나 대조할 때의 상대. ❑ 일에서는 둘은 서로 ~가 된다. ㊁의명 1 두 짝으로 한 벌이 되는 물건을 세는 말. ❑ 주련(柱聯) 한 ~. 2 사물과 사물의 대비나 대립을 나타내는 말. ❑ A팀 ~ B팀의 경기.

대[1] (臺) 명 1 높이 쌓은 곳. ❑ ~를 쌓다. 2 물건을 받치거나 올려놓는 것의 총칭. ❑ 촛~.

대[2] (臺) 의명 탈것이나 기계 따위를 셀 때 쓰는 말. ❑ 자동차 한 ~ / 컴퓨터 한 ~.

대 관 길이를 나타내는 의존 명사 '자' 앞에 쓰여 '다섯'의 뜻을 나타내는 말. ❑ 그 천을 ~자만 떠 오너라.

대- 두 관형사 '한'과 같은 뜻으로 쓰이는 말. ❑ ~번에 알아보다.

대:- (大) 두 '큰'의 뜻. ❑ ~학자 / ~찬성.

대- (對) 두 '그것에 대한'·'그것에 대항하는' 의 뜻을 나타내는 말. ❑ ~국민 사과 / ~미 수출.

-대 (代) 미 1 '값'의 뜻. ❑ 도서~ / 신문~ / 양곡~. 2 지질 시대를 나타내는 말. ❑ 고생~ / 신생~.

-대 (帶) 미 '띠 모양의 부분'이나 '지대'의 뜻을 나타내는 말. ❑ 화산~ / 주파수~.

-대 (臺) 미 값 또는 수의 뒤에서 그 대강의 범위를 나타내는 말. ❑ 수십억~의 재산.

-대 어미 '-다 하여'의 준말. ❑ 어제 갔~요.

대:가 (大加) 명 〖역〗 고구려 때, 각 부(部)의 부족장을 일컫던 말.

대:가 (大家) 명 1 학문·기술에 조예가 깊은 사람. 거장(巨匠). 대방가. ❑ 한국화의 ~. 2 대대로 번창한 집안. ❑ ~도 몰락을 겪게 마련이다. 3 큰 집.

대:가 (大駕) 명 임금이 타는 수레. 승여(乘輿). 어가(御駕).

대:가 (代價) [-까] 명 1 물건을 산 대신의 값. 대금. ❑ ~를 지불하다. 2 일을 하고 받는 보수. ❑ 노동의 ~. 3 어떤 일을 하여 생기는 희생이나 손해. 또는 노력이나 희생으로 얻는 결과. ❑ 노력의 ~를 얻다 / 패배의 ~를 치르다.

대:가 (貸家) 명 셋집.

대:가 (對價) [-까] 명 자기의 재산이나 노력 따위를 다른 사람에게 이용하게 하고, 그 보수로서 얻는 재산상의 이익. ❑ 수고의 ~.

대가 (臺駕) 명 전날, 고귀한 사람이 타는 탈것을 이르던 말.

대:-가극 (大歌劇) 명 〖악〗 그랜드 오페라.

대:-가다 자거라 1 정한 시간에 목적지에 이르다. ❑ 약속한 시간에 ~. ↔대오다. 2 배를 '오른쪽으로 저어 가다'의 뱃사람 말.

대:-가람(大伽藍)명 큰 절.

대가리¹명 **1**〈속〉머리. ❏~가 아프다 / ~를 쥐어박다. **2** 동물의 머리. ❏삶은 돼지 ~ / 생선 ~. **3** 주로 길쭉한 물건의 앞이나 윗부분. ❏못 ~ / 콩나물 ~.

[대가리를 잡다가 공지를 잡았다] 큰 것을 바라다가 작은 것밖에 얻지 못하였다. [대가리에 쉬슨 놈] 어리석고 둔한 사람의 비유.

대가리가 터지도록[터지게] 싸우다 ⬆ 몹시 심하게 때리고 조서 싸우다.

대가리를 싸고 덤비다 ⬆ 모든 힘을 다하여 덤비다.

대가리에 피도 안 마르다 ⬆〈속〉아직 어리다. ❏대가리에 피도 안 마른 녀석이 어느새 담배질이야.

대가리²명〈옛〉껍질.

대:-가야(大伽倻)명〔역〕경상북도 고령 땅에 있던 육(六) 가야의 하나. 대가야국.

대:-가연-하다(大家然-)자여 그 방면에 뛰어난 사람인 체하다. ❏문학에 ~.

대:-가족(大家族)명 **1** 가족이 많음. ❏9인 가족이면 ~이다. **2** 직계·방계의 친족 및 노비 등을 포함한 가족(전근대 사회에서 볼 수 있었음). ❏~ 제도.

대:가족-주의(大家族主義)[-주-/-쭈-]명 집단이나 경영에서 전체 구성원을 한가족으로 여기고 단결해서 그 단체의 이익을 꾀하려는 사상.

대:-각¹(大角)명〔동〕사슴의 수컷.

대:-각²(大角)명〔건〕너비 30 cm 이상인 네모진 재목.

대:-각³(大角)명〔역〕군중(軍中)에서 호령할 때 또는 군악과 아악을 연주할 때 쓰던 관악기. 주라(朱喇).

대:-각(大覺)명하자〔불〕**1** 도를 크게 깨달음. 또는 그 사람. **2** '부처'의 딴 이름.

대:-각(對角)명〔수〕한 변이나 한 각과 마주 대하고 있는 각. 맞각.

대각(臺閣)명 **1** 누각(樓閣). **2** 정치하는 관청. **3**〔역〕조선 때, 사헌부·사간원의 총칭.

대각부하자타 작고 단단한 물건이 가볍게 부딪치거나 부러지는 소리. 큰데걱. 센대깍·때각·때깍.

대:-각간(大角干)[-깐]명〔역〕신라 때의 벼슬 이름(태(太)대각간의 아래, 각간의 위).

대각-거리다[-꺼-]자타 대각 소리가 자꾸 나다. 또는 그런 소리를 자꾸 내다. 큰데걱거리다.

대각-대각[-깨-]부타 대각거리다.

대각-대다[-때-]자타 대각거리다.

대:-각 묘:사(對角描寫)[-강-]〔문〕대상과 반대되는 각도로 묘사함으로써 그 대상을 드러내는 문예 기술.

대:-각-선(對角線)[-썬]명〔수〕다각형에서 서로 이웃하지 않는 두 각의 꼭짓점을 잇는 직선. 또는 다면체에서 같은 면에 있지 않은 두 꼭짓점을 잇는 직선. 맞모금.

대:-각-세존(大覺世尊)[-쎄-]명〔불〕'불타'의 존칭.

대:-각-수(大角手)[-쑤]명〔역〕군악대에서 대각을 불던 병사.

대:-간(大奸·大姦)명 아주 간악한 사람.

대간(臺諫)명〔역〕조선 때, 사헌부·사간원의 벼슬의 총칭.

대:-간-사충(大奸似忠)명 아주 간사한 사람은 아첨하는 수단이 매우 교묘하여 마치 크게 충성하는 사람과 같아 보임.

대갈명 말굽에 편자를 박을 때 쓰는 징.

대:-갈(大喝)명하자 큰 소리로 꾸짖음.

대갈-마치명 **1** 대갈을 박는 작은 마치. **2** 온갖 어려움을 겪어 아주 야무진 사람의 비유.

대갈-못[-몯]명 대가리가 큰 쇠못.

대갈-빼기[-빼-]〈비〉머리¹.

대:-갈-일성(大喝一聲)[-가릴썽]명 크게 외쳐 꾸짖는 한마디의 소리.

대갈-통명〈속〉머리통.

대:-감(大監)명 **1**〔역〕조선 때, 정이품 이상의 벼슬아치의 존칭. **2** 무당이 굿을 할 때 신을 높여 부르는 말.

대:-감(大鑑)명 그 한 책만으로 어느 부문 전체에 대한 대강의 지식을 얻을 수 있게 엮은 책. ❏미술 ~.

대:-감-굿(大監-)[-굳]명하자 대감놀이.

대:-감-놀이(大監-)명하자〔민〕무당이 터주 앞에서 벌이는 굿(재앙을 물리치고 복을 빎). 대감굿. ✽대감제.

대:-감-독(大監督)명 **1** 많은 경험으로 감독의 일을 잘하는 사람. **2** 성공회 최고의 성직.

대:-감-마님(大監-)명 높은 자리에 있는 벼슬아치를 높여 부르던 말.

대:-감-상(大監床)[-쌍]명〔민〕무당이 굿할 때, 대감에게 올리는 제물을 차린 상.

대:-감-제(大監祭)명〔민〕무당이 대감이라는 신에게 지내는 제사. ✽대감놀이.

대:-갑석(臺甲石)[-썩]명 기단·중앙 부분을 이루는 돌 위에 덮는 돌.

대-갓끈[-간-]명 가는 대의 토막을 꿰고 구슬로 격자를 쳐서 만든 갓끈. 죽영(竹纓).

대-갓-집(大家-)[-가찝/-간찝]명 대대로 세력이 있고 재물이 많아 번창한 집안. ❏~ 맏며느리.

대:-강(大江)명 큰 강.

대:-강(大綱)명 '대강령'의 준말. ❏대충. 부 기본적인 부분만으로. 대충. ~ 짐작하다.

대:-강(代講)명하자타 남을 대신하여 강의나 강연을 함.

대:-강당(大講堂)명 **1** 크고 넓은 강당. ❏~에서 선거를 치르다. **2**〔불〕불경을 배우는 큰 강당.

대:-강-대강(大綱大綱)부 적당히 간단하게. 대충대충. ❏시간이 없어 ~ 마무리하다.

대:-강령(大綱領)[-녕]명 **1** 기본적인 부분만을 따 낸 줄거리. 준대강(大綱). **2** 정당·노동조합 따위에서, 그 단체의 입장이나 목적·운영 방침·규범 따위를 간단히 요약한 것.

대강이명〈속〉머리. ❏모~를 자르다.

대:-강-장류(大江長流)[-뉴]명 크고 긴 강.

대:-강풍(大强風)명〔기상〕큰센바람.

대:-갚음(對-)명하자 남에게 받은 은혜나 원한을 그대로 갚음. ❏수모당한 ~을 하다.

대:-개(大槪)명 **1** 대부분. ❏그가 말한 내용은 ~는 정확하다. **2** 기본적인 줄거리. 부 그저 웬만한 정도로. 일반적인 경우에. ❏휴일이면 ~ 등산을 한다 / 그 일에 대해서는 ~ 알고 있다.

대:-개(大蓋)부 일의 큰 원칙으로 말하건대.

대:-개념(大槪念)[-녕]명〔논〕삼단 논법에서 결론의 술어가 되는 개념. ↔소개념.

대:-객(待客)명하자타 손님을 대접함.

대:-객(對客)명하자타 손님을 마주 대함.

대:-객-초인사(對客初人事)명 손님을 대하면 먼저 담배를 권하는 일을 이름.

대:-거(大擧)명하자 **1** 많은 사람이 한꺼번에 들고일어남. **2** 크게 서둘러서 일함. **3** 널리 인재를 천거함. 부 한꺼번에 많이. ❏식장

에 유명 인사들이 ~ 참석하다.

대:거 (帶鉅)圀 띠톱.

대:거 (貸去)圀[하타] 남이 꾸어 감.

대:-거리 (代-)圀[하자] 일을 시간과 순서에 따라 교대로 바꾸어 함. 또는 그 일.

대:-거리 (對-)圀[하자] 상대편에게 언짢은 기분이나 태도로 맞서서 대듦. 또는 그런 말이나 행동. □감히 내게 ~하다니.

대-걸레圀 자루걸레.

대:검 (大劍)圀 큰 칼. □~을 뽑다. ↔소검.

대:검 (大檢)圀[법]'대검찰청'의 준말.

대:검 (帶劍)圀[하타] 1 칼을 참. 또는 그 칼. 2 [군] 소총 끝에 꽂는 칼. 총검.

대:-검찰청 (大檢察廳)圀[법] 대법원에 대응하여 설치된 최고 검찰 기관(장(長)은 검찰총장). 준대검.

대:겁 (大怯)圀[하자] 크게 두려워함.

대-것기 [-걷끼]圀 무수기를 볼 때 6일과 21일을 일컫는 말.

대:-게 (-)圀[동] 물맞이겟과의 게. 우리나라에서는 가장 큰 게로 답적색을 띰. 암컷은 훨씬 작고 붉게 산란함. 바다참게.

대:견 (對見)圀[하타] 서로 마주 봄.

대견-스럽다 [-따]〔-스러워, -스러우니〕혱ㅂ 보기에 대견한 데가 있다. □일등을 하다니 대견스럽기도 해라. **대견-스레**튀

대견-하다혱여 흐뭇하고 자랑스럽다. □어린아이가 그런 일을 했다니 정말 대견하구나. **대견-히**튀

대:결 (代決)圀[하타] 다른 사람을 대신하여 결재함. 또는 그런 결재.

대:결 (對決)圀[하자] 1 양자(兩者)가 맞서서 우열이나 승패를 가림. □세기의 ~을 벌이다. 2 [법] 법정에서 원고와 피고를 마주 불러 놓고 심판하는 일.

대:겸 (大歉)圀 흉년이 크게 듦.

대:겸-년 (大歉年)圀 흉년이 크게 든 해.

대:경 (大經)圀 1 사람이 지켜야 할 큰 도리. 2 [불] 가장 근본이 되는 경전. 3 예기(禮記)와 춘추좌씨전(春秋左氏傳).

대:경 (大慶)圀 큰 경사.

대:경 (大驚)圀[하자] 크게 놀람.

대:경-대:법 (大經大法)圀 공명정대한 큰 원리와 법칙. 경법(經法).

대:경-소괴 (大驚小怪)圀[하자] 몹시 놀라서 좀 이상하게 여김.

대:경-실색 (大驚失色)[-쌕]圀[하자] 몹시 놀라 얼굴빛이 하얗게 질림. □심청의 말에 심 봉사는 ~을 하였다.

대:-경주인 (大京主人)圀[역] 고려·조선 때, 경주인을 대신해 매를 맞던 사람.

대:계 (大戒)[-/-게]圀[불] 비구(比丘)와 비구니(比丘尼)가 지켜야 할 구족계(비구는 250계(戒), 비구니는 348계가 있음). □~를 받다.

대:계 (大系)[-/-게]圀 1 대략적인 체계. 2 하나의 주제 밑에 중요한 계통을 세워 엮은 책. □한국사 ~.

대:계 (大計)[-/-게]圀 큰 계획. □국가의 ~를 세우다 / 미래를 위한 ~.

대:계 (大薊)[-/-게]圀[한의] 엉겅퀴의 뿌리(지혈제나 외과약으로 씀).

대계 (臺啓)[-/-게]圀[역] 조선 때, 사헌부·사간원에서 벼슬아치의 잘못을 임금에게 보고하던 말.

대:계-수 (大溪水)[-/-게-]圀[민] 육십갑자

에서, 갑인(甲寅)과 을묘(乙卯)에 붙이는 납음(納音).

대:고 (大故)圀 1 어버이의 상사(喪事). 2 큰 사고.

대:고 (大賈)圀 크게 장사하는 사람.

대:고 (大鼓)圀 1 큰 북. 2 [악] 나무나 금속으로 되어 가죽을 메우고 방망이로 쳐서 소리를 내는 북.

대:고튀 무리하게 자꾸. □~ 조르다.

대-고리圀 대오리로 결어서 만든 고리.

대:-고모 (大姑母)圀 아버지의 고모. 고모할머니. 왕고모.

대:고모-부 (大姑母夫)圀 대고모의 남편. 고모할아버지.

대:-고풍 (大古風)圀[문] 칠언(七言) 팔구(句)로 되고 운을 달지 않은 우리나라 특유의 한시체(漢詩體).

대:곡 (大哭)圀[하자] 큰 소리로 곡함.

대:곡 (對曲)圀[하자][지] 방향이 다른 두 산맥의 끝이 서로 이어지는 부분에서 갑자기 꼬부라짐. 또는 그런 현상.

대:곤 (大棍)圀[역] 조선 때, 곤장의 하나. 길이 5자 6치, 너비 4치 4푼, 두께 6푼가량 됨. *곤장(棍杖).

대공圀[건] 들보 위에 세운, 마룻보를 받치는 짧은 기둥.

대:공 (大工)圀 솜씨가 훌륭한 장인(匠人).

대:공 (大公)圀 1 유럽에서, 군주(君主) 집안의 남자를 이르는 말. 2 유럽에서, 작은 나라의 군주를 이르는 말.

대:공[1] (大功)圀 1 큰 공적. 2 대훈로(大勳勞).

대:공[2] (大功)圀 오복(五服)의 하나. 종친의 상사에 9개월간 입는 복제(服制). 대공복.

대:공 (大空)圀 크고 넓은 공중. 천공(天空). □~을 날다.

대:공 (對共)圀 공산주의나 공산주의자를 상대함. □~ 사찰.

대:공 (對空)圀 지상에서 공중의 목표물을 상대함. □~ 사격. ↔대지(對地).

대:공-국 (大公國)圀 유럽에서, 대공이 다스리는 나라(룩셈부르크 따위).

대:공 미사일 (對空missile)[군] 공중 목표에 대하여 사용하는 미사일의 총칭. □~로 적 항공기를 격추시키다.

대:공 방어 (對空防禦)[군] 공중으로부터의 적의 공격을 지상이나 해상에서 방어함.

대:공-복 (大功服)圀 대공[2].

대:-공사 (大公使)圀 대사와 공사.

대:공 사격 (對空射擊)[군] 공습하여 온 적기에 사격함.

대:-공원 (大公園)圀 규모가 큰 공원. □어린이 ~.

대:공-지정 (大公至正)圀[하형] 매우 공변되고 지극히 올바름.

대:공지평-하다 (大公至平-)혱여 공명정대하다.

대:공-친 (大功親)圀 종형제 자매·중자부(衆子婦)·중손(衆孫)·중손녀·질부(姪婦)와 남편의 조부모·백숙부모·질부 등의 겨레붙이.

대:공-포 (對空砲)圀[군] 지상이나 해상에서 공중 목표를 사격하는 포.

대:공 화:기 (對空火器)圀[군] 공중의 목표물을 떨어뜨리기 위하여 만든 화기. □~가 일제히 불을 뿜다.

대:-공황 (大恐慌)圀[경] 세계적 규모로 일어나는 경제 및 금융 공황(특히, 1929년의 세계 공황).

대:과 (大科)명〖하자〗〖역〗 1 과거(科擧)의 문과
(文科)를 소과(小科)에 대하여 일컫던 말. ↔
소과. 2 '대과 급제'의 준말.
대:과 (大過)명 1 큰 허물이나 잘못. □~ 없
이 소임을 다하다 / ~를 저지르다. 2〖민〗
'대과괘(大過卦)'의 준말.
대:―과거 (大過去)명〖언〗 과거의 어느 시점
보다 더 앞선 시점에서 과거의 시점까지 계
속됨을 나타내는 시제('우리는 공원에 갔었
었다'의 '~었었다' 따위).
대:과―괘 (大過卦)명〖민〗 육십사괘의 하나.
태괘(兌卦)와 손괘(巽卦)가 거듭된 것(못물이
나무를 멸함을 상징함). ☞대과.
대:과 급제 (大科及第)[―쩨―]〖역〗'문과 급제'
를 장하게 일컫던 말. ☞대과(大科).
대:관 (大官)명〖역〗 1 대신(大臣). 2 높은 벼
슬 또는 그 벼슬에 있는 사람.
대:관 (大觀)명〖하타〗 1 크고 넓게 전체를 내다
봄. 또는 그런 관찰. □시국을 ~하다. 2 뛰
어난 경치.
대:관 (代官)명 대리로 일하는 관리.
대:관 (貸館)명 공연이나 행사를 위해 극
장이나 경기장 등 관련 시설을 빌림.
대관 (臺官)명〖역〗 조선 때, 사헌부의 대사헌
(大司憲) 이하 지평(持平)까지의 벼슬아치를
이르던 말.
대:관 (戴冠)명〖하자〗 대관식에서, 임금이 왕관
을 받아 씀.
대:관―식 (戴冠式)명 유럽에서, 제왕이 왕관
을 쓰고 왕위에 올랐음을 널리 알리는 의식.
대:관절 (大關節)명 여러 말할 것 없이 요점
만 말하건대. 도대체. □~ 어찌 된 일이냐.
대:괄호 (大括弧)명〖인〗 문장 부호의 한 가
지인 '〔 〕' 모양의 묶음표. 묶음표 안의 말이
바깥 말과 음이 다르거나 묶음표 안에 묶음
표가 있을 때에 씀(낱말〔單語〕 따위). 각괄호.
대:광 반:응 (對光反應) 빛의 세기에 따라 눈
동자의 크기가 자율적으로 조절되는 현상.
대:괴 (大塊)명 1 큰 덩어리. 2 지구(地球). 3
하늘과 땅 사이의 대자연.
대:괵 (大斛)명 ㉠곡식 스무 말을 되는 그릇.
㉡의명 곡식 스무 말 되는 분량을 나타내는
대:교 (大敎)명〖불〗'화엄경'의 칭호. 〔단위.
대:교 (大橋)명 규모가 큰 다리.
대:교¹ (對校)명〖하자〗 학교끼리 대항하는 일.
□~ 경기가 벌어지다.
대:교² (對校)명〖하자〗 대조하면서 교정(校正)을
보는 일.
대:―교구 (大敎區)명〖가〗 대주교가 관할하는
교구.
대:―교사 (大敎師)명〖불〗 태고종(太古宗)에
서, 일대 불교(一代佛敎)의 교리를 전공하고,
법랍(法臘)이 24 하(夏) 이상의 승려에게
주는 최고의 법계(法階). 〔사람.
대:교 학인 (大敎學人)〖불〗 화엄경을 배우는
대구 (大口)명〖어〗 대구과의 한대성 바닷물고
기. 몸길이는 70~75 cm이고, 머리와 입이 몸
시 름. 몸빛은 담회갈색에 배 쪽이 흼. 식용
하며, 간은 간유의 원료로 씀.
대:구 (帶鉤)명〖역〗'띠고리'의 구용어.
대:구 (對句)[―꾸]명〖문〗 비슷한 어조나 어세
를 가진 것으로 짝을 맞춘 시의 글귀(주로 한
시(漢詩)에 많이 씀).
대구루루 부 작고 단단한 물건이 단단한 바닥
에서 구르는 소리. 또는 그 모양. □구슬이
마룻바닥에서 ~ 구른다. 웬데구루루. 쎈때
구루루.
대:―구법 (對句法)[―꾸뻡]명〖언〗 비슷한 어조

나 어세를 가진 어구를 짝 지어 표현의 효과
를 나타내는 수사법.
대:―구치 (大臼齒)명〖생〗 뒤어금니.
대구―탕 (大口湯)명 대구로 끓인 국.
대구―포 (大口脯)명 대구를 얇게 저며서 말린
포육.
대:―구품 (大九品)명〖불〗 가사(袈裟) 여든한
벌을 만드는 일.
대구―횟대 (大口―)[―회때 /―휏때]명〖어〗 둑
중갯과의 바닷물고기. 길이가 30 cm 내외. 원통
형으로 가늘고 길며 머리가 크고, 몸빛은 암
갈색임. 식용함.
대:국 (大局)명 1 일이 벌어진 대체적인 형편
이나 상황. 2 바둑이나 장기 따위에서, 전체
적인 승부의 형세. □~이 기울다.
대:국 (大國)명 1 국력이 강하거나 국토가 넓
은 나라. ㉠경제 ~. ↔소국(小國). 2 지난날,
우리나라에서 중국을 부르던 말.
대:국 (對局)명〖하자〗 1 어떤 형편이나 시국(時
局)에 맞서 봄. 2 마주 앉아 바둑이나 장기를
둠. □최고수와 ~하다.
대:국―적 (大局的)[―쩍]관명 큰 판국이나 대체
적인 관국에 따르는 (것). □~ 차원.
대:―국주의 (大國主義)[―쭈―/―쭈의]명 국제
관계에서, 강대국이 경제력이나 군사력을 바
탕으로 약소국을 압박하는 태도.
대:군 (大君)명 1〖역〗 조선 때, 정궁(正宮)이
낳은 아들. □양녕 ~. 2〖역〗 고려 때, 종친
의 정일품 벼슬. 3 '군주'를 높여 일컫는 말.
대:군 (大軍)명 많은 병사로 이루어진 군대.
대병(大兵). □백만 ~.
대:군 (大郡)명 지역이 넓고 인구가 많은 군.
대:군 (大群)명 큰 무리. □메뚜기의 ~.
대:―군물 (大軍物)명〖역〗 기치(旗幟)·창검(槍
劍) 따위의 여러 가지를 다 갖춘 군진(軍陣)
의 물건.
대굴―대굴 부하자 작은 물건이 잇따라 구르는
모양. □공이 ~ 구르다. 웬데굴데굴. 쎈때굴
때굴.
대궁명 먹다가 밥그릇 안에 남긴 밥. 잔반.
대:궁 (大弓)명 예궁(禮弓).
대:궁 (對宮)명 장기에서, 양쪽의 궁 사이에
다른 장기짝이 놓이지 않고 직접 맞서게 놓
인 궁progl.
대:궁―장군 (對宮將軍)명 장기에서, 대궁이
된 경우에 부르는 장군(이 장군을 받지 못하
면 비기게 됨).
대:권 (大卷)명 쪽 수가 많거나 부피가 큰 책.
대:권 (大圈)[―꿘]명 1〖수〗 대원(大圓)2. 2
〖지〗 지구 표면에 그린 대원.
대:권 (大權)[―꿘]명 국가 원수가 국토와 국민
을 통치하는 헌법상의 권한. □~을 잡다.
대:권 코스 (大圈course)[―꿘―]〖지〗 지구의
대권을 따르는 길.
대:권 항:로 (大圈航路)[―꿘―노]명 대권 코스를
따라 설정한 항로.
대:궐 (大闕)명 궁궐. □~ 같은 집.
대:규 (大叫)명하자 크게 소리쳐 부르짖음.
대:규모 (大規模)명 범위가 넓고 큼. □~ 공
장 / ~ 집회. ↔소규모.
대:규환―지옥 (大叫喚地獄)명〖불〗 팔열 지옥
의 하나. 규환지옥 가운데서 고통이 가장 심
해서 큰 소리로 울부짖는다고 함(살생·도둑
질·음행을 하거나 술 먹고 거짓말한 사람들
이 간다고 함).
대그락 부하자타 작고 단단한 물건이 맞닿는

소리. ㈜데그럭. ㈜때그락.
대그락-거리다[-꺼-] 【자타】 대그락 소리가 자꾸 나다. 또는 그런 소리를 자꾸 내다. ㈜데그럭거리다. **대그락-대그락**[-때-] 【부】【하】【자타】
대그락-대다[-때-] 【자타】 대그락거리다.
대그르르 【부】【형】 가늘거나 작은 물건들 가운데서 조금 굵거나 큰 모양. ㈜디그르르. ㈜때그르르.
대-그릇[-륻] 【명】 대로 만든 그릇. 죽기(竹器).
대:극 (大戟) 【명】 1 【식】 대극과의 여러해살이풀. 산과 들에 남. 줄기 높이 80 cm 가량, 잔털이 났음. 잎은 가늘고 길며 끝이 뾰족함. 한여름에 녹황색의 잔꽃이 핌. 버들옷. 2 【한의】 대극의 뿌리. 맛이 단 극약으로 대소변을 통하게 함.
대:극 (大極) 【명】 임금의 지위.
대:극 (對極) 【명】 반대의 극.
대:극-적 (對極的)[-쩍] 【관형】 극과 극으로 맞서 있는 (것).
대:근 (代勤) 【명】【하타】 대신하여 근무함.
대근-하다 【형】【어】 견디기 힘들다.
대글-대글 【부】【형】 가늘거나 작은 물건들 가운데 몇 개가 좀 굵거나 큰 모양. ㈜디글대글. ㈜때글때글.
대:금¹ (大金) 【명】 많은 돈. ㅁ~을 모으다.
대:금² (大金) 【명】 큰 징².
대:금 (大笒) 【명】【악】 저의 하나(삼금(三笒) 중 가장 큼. 독주·합주에 두루 씀).
대:금 (大禁) 【명】【하타】 전국적으로 엄히 금함. 또는 그 일.
대:금 (代金) 【명】 물건의 값으로 치르는 돈. 값. 대가(代價). ㅁ신문 ~을 치르다 / ~을 선불하다.
대:금 (貸金) 【명】【하자】 1 돈을 꾸어 줌. 또는 그 돈. 2 돈놀이함. 또는 그 돈.
대:금 교환 (代金交換) 【경】 '대금 교환 우편'의 준말.
대:금 교환 우편 (代金交換郵便) 【경】 수취인에게 우편물을 전하고 돈을 받아서 물품 발송인에게 보내 주는 특수 우편 제도. ㈜대금교환.
대:금 상환 (代金相換) 【경】 대금을 받음과 동시에 물건을 상대방에게 넘겨주는 일.
대:금-업 (貸金業) 【명】 돈놀이를 하는 영업.
대:금 추심 (代金推尋) 【경】 은행이 고객 등의 의뢰에 의해 수수료를 받고 어음·수표·배당금·예금 증서의 현금 추심을 하는 일.
대:급 (貸給) 【명】【하타】 빌려 줌. 대여.
대:기 (大忌) 【명】【하타】 매우 꺼리거나 싫어함.
대:기 (大起) 【명】 한사리.
대:기 (大氣) 【명】 1 지구를 둘러싸고 있는 기체층. 공기. ㅁ신선한 ~를 들이마시다. 2 【천】 천체의 표면을 둘러싸고 있는 기체.
대:기 (大朞) 【명】 죽은 지 두 돌 되는 제사. 대상(大祥).
대:기 (大期) 【명】 아이를 낳을 달. 해산달. 임월(臨月). [준말].
대:기 (大旗) 【명】【역】 '대오방기(大五方旗)'.
대:기 (大器) 【명】 1 큰 그릇. 2 뜀됨이나 도량이 큰 사람. ㅁ미완의 ~ / ~의 풍모가 엿보인다. 3 신기(神器)1.
대:기 (待機) 【명】【하자】 1 때나 기회를 기다림. 2 【군】 전투 준비를 마치고 명령을 기다림. 3 공무원의 대명(待命) 처분. ㅁ~ 발령.
대:기 (對機) 【명】【하자】【불】 1 설교를 듣는 사람. 2 선가(禪家)에서, 스승이 학인(學人)의 질문

에 대답함.
대:기 (對鰭) 【어】 물고기의 몸 양측에 있어 쌍을 이루는 지느러미. ↔수직기(垂直鰭).
대:기-권 (大氣圈)[-꿘] 【지】 지구 둘레를 싸고 있는 대기의 범위(밑에서부터 대류권(對流圈)·성층권(成層圈)·중간권(中間圈)·권(熱圈)으로 구분함). 기권(氣圈).
대:기 대:순환 (大氣大循環) 【지】 대기가 지구 상에서 대규모로 일정한 순환과 혼합을 계속하는 현상(태양의 열 작용, 지구 자전의 영향 따위로 일어남).
대:-기록 (大記錄) 【명】 세우기 대단히 어려운 기록. ㅁ마라톤에서 ~을 세우다.
대:기-만성 (大器晩成) 【명】 크게 될 사람은 늦게 이루어진다는 말. ㅁ입지전적 인물에 ~형이 많다.
대:기 명:령 (待機命令)[-녕] 1 【군】 언제든지 출동할 수 있도록 준비하고 기다리라는 명령. ㅁ~을 내리다. 2 【법】 공무원을 직책이 없는 상태에 두는 인사 발령. 대명.
대:기-소 (待機所) 【명】 기다리는 곳. ㅁ환자 ~.
대:기 속도 (對氣速度)[-또] 공기에 대한 항공기의 속도. *대지 속도.
대:기-수 (大旗手) 【명】 조선 때, 대기치(大旗幟) 따위를 받쳐 들던 군사.
대:기-실 (待機室) 【명】 기다리는 사람을 위하여 마련한 방이나 장소. ㅁ신부 ~ / 병원 ~에서 기다리다.
대:기-압 (大氣壓) 【명】【물】 대기의 압력.
대:기-업 (大企業) 【명】 자본금이나 종업원의 수가 많은 큰 규모의 기업. ㅁ~보다는 중소기업을 활성화시켜야 한다.
대:기 오:염 (大氣汚染) 인공적으로 배출되어 인간 생활에 나쁜 영향을 주는 매연·먼지·일산화탄소 따위의 물질이 공기와 섞이는 일(이산화탄소의 증가에 따른 지구의 온난화, 프레온 가스에 의한 오존층의 파괴 따위가 문제시되고 있음). ㅁ~으로 오존층이 파괴되었다.
대:기 요법 (大氣療法)[-뻡] 【의】 환자에게 신선한 공기를 마시게 하여 병을 고치려는 요법. 공기 요법.
대:기 조석 (大氣潮汐) 기압의 변화로 나타나는 대기의 진동 현상.
대:기-차 (大氣差) 【천】 천체가 눈에 보이는 방향과 실제 방향과의 차(대기 중에서의 광선의 굴절에 따름).
대:기치 (大旗幟) 【명】【역】 조선 때, 진중(陣中)에서 방위를 표시하던 기.
대:-기후 (大氣候) 【명】 지구 전체에 그 특성이 대규모로 나타나는 기후(기후대·계절풍 기후·대륙 기후 따위)에 생물의 지리적 분포에 큰 영향을 미침).
대:길 (大吉) 【명】【하형】 운이 썩 좋음. 매우 길함. ㅁ신수가 ~하다.
대깍 【부】【하자타】 작고 단단한 물건이 가볍게 부딪치거나 부러지는 소리. ㈜데꺽. ㈜대각. ㈜때깍.
대깍-거리다[-꺼-] 【자타】 대깍 소리가 자꾸 나다. 또는 그런 소리를 자꾸 내다. ㈜데꺽거리다. ㈜때깍거리다. **대깍-대깍**[-때-] 【부】【하자타】
대깍-대다[-때-] 【자타】 대깍거리다.
대-껍질[-찔] 【명】 죽피(竹皮).
대-꼬챙이 【명】 대나무로 만든 꼬챙이. ㅁ은행을 ~에 꿰다.
대꼬챙이로 째는 소리를 한다 團 소리를 날카롭게 지르다.
대:꾸 【명】【하자】 '말대꾸'의 준말.

대-꾼-하다[형] 눈이 쑥 들어가고 생기가 없다. ❏몸이 앓더니 눈이 ~. ㈜대꾼하다. ㈜때꾼하다.

대끼다¹[자] 1 무슨 일에 많이 시달리다. ❏백화점에서 손님들에게 ~. 2 여러 가지 일을 겪어 단련되다. ❏장바닥에서 ~.

대끼다²[타] 애벌 찧은 보리나 수수 따위에 물을 쳐 가면서 마지막으로 깨끗이 찧다.

대:나(大儺)[명][역] 조선 때, 관상감(觀象監)이 주장(主掌)하여 섣달그믐 전날 밤 궁중에서 악귀를 쫓아내던 행사.

대:-나마(大奈麻)[명][역] 신라 십칠 관등의 열 번째 등급(중(重)대나마에서 구중(九重)대나마까지 아홉 단계가 있음).

대-나무[명] 대를 목본으로 일컫는 말.

대-나물[명][식] 석죽과의 여러해살이풀. 산과 들에 남. 줄기 높이 1m가량. 잎은 가늘고 길며 끝이 뾰족함. 초여름에 흰 꽃이 핌. 잎은 식용하고 뿌리는 약재로 씀.

대-나방[명][충] 솔나방과의 곤충. 편 날개 길이 약 5cm, 앞날개는 적갈색인데 은백색 또는 담황색의 점이 두 개 있음. 애벌레는 대나무·참억새 등의 해충임.

대:나-의(大儺儀)[-/-이][명][역] 대나를 행하던 의식.

대-낚[-낙][명] 대낚시.

대-낚시[-낙씨][명] 낚싯대를 써서 하는 낚시질. 대낚.

대:난(大難)[명] 큰 재난.

대:남(對南)[명] (일부 명사 앞에 쓰여) '남한에 대한'의 뜻을 나타내는 말. ❏~ 공작 / ~ 방송. ↔대북.

대:납(代納)[명][하][자][타] 1 남을 대신해서 바침. ❏세금을 ~하다. 2 다른 물건으로 대신 바침. ❏현물로 ~하다.

대:-납회(大納會)[-나푀][명][경] 증권 거래소에서, 그 해에 마지막으로 여는 입회(立會). ↔대발회.

대:-낮[-낟][명] 환히 밝은 낮. 백일(白日). 백주(白晝).
[대낮에 도깨비에 홀렸나] 도무지 이해가 가지 않는 일이라는 말.

대-내(大內)[명] 임금이 거처하는 곳. ❏임금이 ~로 들다.

대내(隊內)[명] 부대나 군대의 안.

대:내(對內)[명] 내부나 국내에 대(對)함. ❏~ 문제. ↔대외.

대-내리다[자][민] '손대 내리다'의 준말.

대:내-외(對內外)[명] 나라와 사회의 안과 밖에 대한 것. ❏~ 정세.

대:내-적(對內的)[관][명] 내부나 국내에 관련되는 (것). ❏~ 활동 / ~인 문제. ↔대외적.

대:내 주권(對內主權)[-꿘] 국가가 국내 사항에 대하여 다른 나라의 간섭을 받지 않고 자유로이 행사하는 권리.

대:녀(代女)[명][가] 성세 성사나 견진 성사를 받을 때, 후견인을 약속받은 여자. *대모(代母)1.

대:년(待年)[명][하][자] 약혼한 후에 결혼할 해를 기다림.

대:년-군(待年軍)[명][역] 조선 때, 군역(軍役)에 있는 사람이 사정으로 복무하지 못할 경우, 그 뒤를 이을 16세 미만의 남자.

대:-년호(大年號)[명][역] '다년호(大年號)'의 본딧말.

대:-놀음[명] 기생이 풍악을 갖추어 노는 놀음.

대-농(一籠)[명] 대로 엮어 만든 농짝.

대:농(大農)[명] 1 대규모의 농업. 2 호농(豪

農). *소농·중농.

대:-농(大籠)[명] 크게 만든 장롱.

대:-농가(大農家)[명] 농사를 크게 짓는 집.

대-농갱이[명][어] 동자갯과의 민물고기. 하천의 모래펄에 삶. 길이 40-50cm, 암갈색 바탕에 얼룩무늬가 있음. 식용함.

대:-농장(大農場)[명] 규모가 큰 농장.

대:-농지(大農地)[명] 농사를 크게 짓는 땅.

대-놓고[-노코][부] 사람을 앞에 놓고 거리낌 없이 함부로. ❏~ 욕을 하다.

대:뇌(大腦)[명][생] 척추동물의 뇌의 일부(뇌의 대부분을 차지하며 정신 작용·지각·운동·기억력 따위를 맡은 중추 기관임). 큰골.

대:뇌 생리학(大腦生理學)[-니-][생] 대뇌의 기능을 연구하는 생리학의 한 분야.

대:뇌 수질(大腦髓質)[생] 대뇌 피질 밑에 있는 신경 섬유의 집단.

대:뇌 피질(大腦皮質)[생] 대뇌 반구의 표면을 둘러싸고 있는 회백질의 얇은 층(많은 주름과 홈이 있음).

대님[명] 한복 바지를 입은 뒤에 그 바짓가랑이 끝을 접어서 발목에 졸라매는 끈. ❏~을 치다 / ~을 풀다 / ~을 풀다.

대:다¹[자] 1 정한 시간에 이르다. ❏기차 시간에 ~. 2 (주로 '대고'의 꼴로 쓰여) 무엇을 목표로 해서 겨누거나 향하다. ❏하늘에 대고 침 뱉기.

대:다²[타] 1 서로 닿게 하다. ❏귀에 수화기를 ~. 2 비교하다. 견주다. ❏키를 대어 보다. 3 연결되게 하다. ❏전화를 대어 주다. 4 대면(對面)시키다. ❏그 사람을 대어 주오. 5 의지하다. ❏기대다. ❏등을 ~. 6 빗겨을 서게 하다. ❏항구에 배를 ~. 7 노름·내기 따위에서 돈을 걸다. ❏만 원을 ~. 8 어떤 곳에 물을 끌어들이다. ❏논에 물을 ~. 9 돈이나 물건 따위로 뒤를 보살피다. ❏학비를 ~. 10 공급하다. ❏단골집에 물건을 ~. 11 사실을 드러내어 말하다. ❏증거를 ~. 12 이유나 구실을 들어 보이다. ❏핑계를 ~.

대:다³[보동] 동사의 어미 '-아'·'-어'의 다음에 쓰여, 정도의 심함을 나타내는 말. ❏마구 먹어 ~ / 몰아 ~.
-대다[미] -거리다.

대다리[명] 구두창에 갑피(甲皮)를 대고 맞꿰매는 가죽 골.

대:-다수(大多數)[명] 1 거의 모두 다. ❏~가 찬성하다. 2 대단히 많은 수.

대:단(大緞)[명] 한단(漢緞).

대:-단나(大檀那)[명][불] 큰단나.

대:-단원(大單元)[명] 단원 학습에서, 비교적 시간이 오래 걸리는 단원. *소단원.

대:-단원(大團圓)[명] 1 일의 맨 끝. 대미(大尾). ❏~을 장식하다. 2 영화나 연극 따위에서, 사건의 실마리를 풀어 결말을 짓는 마지막 장면. ❏~의 막을 내리다.

대:단-찮다[-찬타][형] '대단하지 아니하다'의 준말. ❏대단찮게 여기다 / 대단찮은 일. 대:단찮-이[-차니][부]

대:단-하다[형] 1 매우 심하다. ❏엄살(고집)이 ~. 2 크거나 많다. 엄청나다. ❏대단한 인기. 3 아주 중하다. ❏병이 ~. 4 매우 중요하다. ❏대단한 직책을 맡다. 5 뛰어나다. ❏노래 실력이 ~. 대:단-히[부]. ❏~고 맙습니다.

대:담(大談)[명][하][자] 큰 장담. 큰소리.

대:담(大膽)[명][하][형][히][부] 담력이 크고 용감함.

□~한 행동 / 일을 ~하게 처리하다.

대-담(對談)몡하자 마주 대하고 말함. 또는 그 말. □~을 나누다 / 선생님과 ~하다.

대:담-스럽다(大膽-)[-따][-스러워, -스러우니]혱日 대담한 데가 있다. □대담스러운 행동. 대:담-스레甼

대:답(對答)몡하자 **1** 묻는 말에 답함. □선생님의 질문에 아는 대로 ~하다. **2** 부름에 응함. □불러도 아무 ~이 없음. **3** 실마리나 해답. □책 속에 인생의 ~이 있다. ⊗답.

대-당(大唐)몡 '당나라'의 존칭.

대:당 관계(對當關係)[-/-계]『논』형식 논리학에서, 주사(主辭)와 빈사(賓辭)가 같고, 질과 양이 다른 두 판단의 진위 관계. 대당.

대:당-하다(對當-)혱여 서로 걸맞아 낫고 못함이 없다.

대:대(大帶)몡〔역〕**1** 남자의 심의(深衣)와 여자의 원삼(圓衫)에 띠던 넓은 띠. **2** 제복(制服)에 매는, 무늬 없는 비단 띠.

대:대(大隊)몡 **1**〔역〕지난날, 군사 50명으로 이루어진 한 떼를 일컫던 말. **2**〔군〕군대 편성 단위(4개 중대로 편성됨). □~ 병력. **3** 공군 부대 편성의 단위. 보통 4-5개 편대로 구성됨. 전대의 아래, 편대의 위임. **4** 많은 사람으로 조직된 한 개의 단체.

대:대(代代)몡 거듭된 여러 대. 세세(世世). [대대 곰사등이] 아비의 잘못을 대대로 닮는다는 말.

대:-대로(大對盧)몡〔역〕고구려의 십이 관등 가운데 첫째 등급(국사(國事)를 전체적으로 관리함).

대-대로 형편이 되어 가는 대로. □걱정 말고 ~ 하세.

대:대-로(代代-)甼 여러 대를 계속하여. □~ 살아오다.

대:대손손(代代孫孫)몡 대대로 이어 내려오는 자손. 세세손손. □~ 번영을 누리다.

대:대-장(大隊長)몡〔군〕대대를 지휘하고 통솔하는 지휘관(영관급의 장교로 임명됨).

대:대-적(大大的)관 범위나 규모가 썩 큰 (것). □~인 행사 / ~으로 선전하다.

대:대표 전:화(代代表電話) 보통 10회선 이상 가입한 전화의 대표 전화.

대:덕(大德)몡 **1** 넓고 큰 인덕. 또는 그런 덕을 지닌 사람. **2**〔불〕부처. **3**〔불〕덕이 높은 승려.

대:도(大刀)몡 큰 칼.

대:도(大度)몡하혱 도량이 큼. 큰 도량.

대:도(大都)몡 대도시(大都市).

대:도(大盜)몡 큰 도둑. ↔소도(小盜).

대:도(大道)몡 **1** 큰길. **2** 행정 구획에서, 큰 도(道). **3** 사람이 마땅히 지켜야 할 바른 도 □인륜 ~ / 천하의 ~.

-대도어미 형용사 어간이나 '-었-', '-겠-' 뒤에 붙어, '-다고 하여도'의 뜻의 연결 어미. □좋~ 그러네.

대:-도구(大道具)몡 '세트4'의 구칭.

대:-도시(大都市)몡 지역이 넓고 인구가 많으며, 정치적·경제적·문화적 활동의 중심이 되는 도시. □~로의 인구 집중.

대:도시-권(大都市圈)[-꿘] 대도시를 포함해서 그와 밀접한 관계가 있는 주변 지역.

대:도호-부(大都護府)몡〔역〕고려·조선 때, 지방 행정 구획의 하나.

대도히甼〈옛〉모두. 통틀어. 대체로.

대도흔디甼〈옛〉통틀어.

대-독몡 다릿골독.

대:독(大毒)몡 아주 독한 독물.

대:-독(代讀)몡하자 축사나 식사 따위를 대신 읽음. □답하문을 ~하다.

대:-관(代官)[-꽌]〔역〕조선 때, 임금이 몸소 보이는 과거에서 임시로 임명하던 정삼품(正三品) 이하의 시험관.

대돈-변(-邊)[-뻰] 돈 한 냥에 대하여 한 달에 한 돈씩 계산하는 비싼 변리.

대:동몡 푸줏간에서 고기를 파는 사람.

대:동¹(大同)몡하자 **1** 비슷비슷함. □처지가 ~하다 / 그들은 성격이 ~하여 서로 잘 맞는다. **2** 큰 세력이 하나로 합함. **3** 온 세상이 번영하여 화평하게 됨.

대:동²(大同)〔역〕삼세(三稅)의 하나. 토지에 따라 쌀·무명 따위를 바치게 하던 제도.

대:동(大東)몡 우리나라를 동방의 큰 나라란 뜻으로 일컫는 말.

대:동(大洞)몡 **1** 큰 동네. **2** 한 동네의 전부.

대:동(帶同)몡하타 함께 데리고 감. □학생을 ~하고 가정 방문을 하다.

대:동-단결(大同團結)몡하자 여러 집단이나 사람이 어떤 목적을 이루려고 크게 한 덩어리로 뭉침. □민족의 ~로 국난을 극복하다.

대:-동맥(大動脈)몡 **1**〔생〕심장에서 온몸에 피를 보내는 동맥의 본줄기. 큰동맥. ↔대정맥. **2** 교통의 중요한 간선로 따위의 비유. □철도명의 ~.

대:동맥-판(大動脈瓣)몡〔생〕대동맥이 시작되는 곳에 있는, 초승달과 비슷한 판(피가 심장으로 역류하지 못하도록 방지함).

대:동-목(大同木)몡〔역〕조선 때, 대동법(大同法)에 따라 쌀 대신 거두던 포목.

대:동-미(大同米)몡〔역〕조선 때, 대동법에 따라 거두던 쌀.

대:동-법(大同法)[-뻡]몡〔역〕조선 중엽에 현물로 바치던 공물(貢物)을 쌀로 통일해서 바치게 하던 법.

대:동-보(大同譜)몡 한 성씨에 딸린 모든 파(派)의 족보를 한데 모아 엮은 족보.

대:-동사(代動詞)몡〔언〕영어에서, 같은 동사의 반복을 피하기 위하여 대신 쓰는 동사(do 따위).

대:동 사:목(大同事目)〔역〕조선 때, 대동법 실시에 따른 규정.

대:동-선(大同船)몡〔역〕조선 때, 대동미를 운반하던 관아의 배.

대:동-소이(大同小異)몡하혱 거의 같고 조금 다름. 서로 비슷비슷함. □먼젓번의 의견과 ~하다.

대:동지론(大同之論)몡 여러 사람의 공론.

대:동지역(大同之役)몡 모든 사람이 다같이 하는 부역(賦役).

대:동지환(大同之患)몡 모든 사람이 다같이 겪는 환난.

대되甼〈옛〉모두. 대저.

대두(大斗)몡 열 되들이 말. □~ 한 말. *소두(小斗).

대:두(大豆)몡〔식〕콩.

대두(擡頭)몡하자 **1** 어떤 세력이나 현상이 나타남. □신흥 세력이 ~하다. **2** 글을 쓸 때, 경의(敬意)를 나타내기 위하여 줄을 바꾸어 쓰되, 다른 줄보다 몇 자 올리거나 비우고 쓰는 일.

대두리몡 **1** 큰 다툼이나 시비. □경기에서 ~가 벌어지다. **2** 일이 크게 벌어진 판. □농담 끝에 ~로 번졌다.

대:-두박(大豆粕)몡 콩깻묵.

대:두-유(大豆油) 명 콩기름.

대:둔-근(大臀筋) 명 〖생〗 궁둥이에 있는 큰 근육《골반 뒷면에서부터 비스듬히 아래 바깥쪽을 향해 대퇴골 상부에 붙음》.

대:득(大得) 명 뜻밖에 좋은 결과를 얻음. □장사에서 ~을 보다.

대:-들다〔대들어, 대드니, 대드는〕짜 요구하거나 반항하느라고 맞서서 달려들다. □물불을 가리지 않고 ~.

대-들보(大-)〔-뽀〕명 1 〖건〗큰 들보. 대량(大樑). 2 한 나라나 집안을 이끌어 나갈 만큼 중심이 되는 중요한 사람의 비유. □집안의 든든한 ~가 되다.

대:등(大登) 명하자 큰 풍년이 듦.

대:등(代登) 명하자 대신 등장하거나 나타남.

대:등(對等) 명하형 서로 견주어 높고 낮음이 나 낫고 못함이 없이 비슷함. □~의 관계 / 실력이 ~하다.

대:-등거리 명 대로 엮어 만든 등거리.

대:등-문(對等文) 명 〖언〗대등한 절(節)들로 짜인 글.

대:등-법(對等法)〔-뻡〕명 〖언〗의미적으로 서로 대등한 두 문장을 연결 어미로 연결하여 접속문을 만드는 방법.

대:등적 연결 어:미(對等的連結語尾)〔-정년-〕명 〖언〗의미적으로 대등한 두 절(節)을 이어 주는 연결 어미《'산은 높고 물은 맑다.'에서의 '-고' 따위》. ＊종속적 연결 어미.

대:등-절(對等節) 명 〖언〗한 문장 안에서 대등적 연결 어미로 이어져, 대등한 자격을 가지고 있는 절《'뭉치면 살고 흩어지면 죽는다.' 따위》. 대립절(對立節).

대:등 조:약(對等條約) 국제적으로 양쪽의 권리와 의무가 대등한 조약.

대:-뚫이〔-뚜리〕명 막힌 담뱃대를 뚫는 외벌 노 차위의 물건.

대뜰 명 댓돌에서 집채 쪽으로 난, 좁고 긴 뜰.

대뜸 뷔 이것저것 생각할 것 없이 그 자리에서 곧. □~ 잔소리부터 하다.

대:란(大亂) 명하자 1 크게 어지러움. □교통 ~을 가중시키다. 2 크게 일어난 사건. 큰 난리. □~이 일어나다.

대:략(大略) 명 1 큰 모략. 2 대강의 줄거리. □~의 사정을 살펴보다 / ~의 경과를 보고하다. 二뷔 대충 어림잡아서. 대강. □그동안의 경과는 ~ 다음과 같다 / 설명을 ~ 끝내다.

대:략-적(大略的)〔-쩍〕관형 대강의 줄거리로 이루어진〔것〕. □~ 내용 / ~인 설명.

대:량(大量) 명 1 많은 분량이나 수량. □~ 주문 / 제품을 ~ 수출하다 / 상품을 ~으로 구입하다. 2 큰 도량.

대:량(大樑) 명 〖건〗대들보1.

대:량-목(大樑木) 명 대들보로 쓸 만한 큰 재목.

대:량 살상 무:기(大量殺傷武器)〔-쌍-〕〖군〗일시에 수많은 인명을 해칠 수 있는, 가공할 파괴력을 가진 무기. 일반적으로 핵무기·생화학 무기 따위를 이름.

대:량 생산(大量生産) 〖경〗기계를 이용해서 똑같은 제품을 대량으로 만들어 내는 일. □공정의 단순화가 ~을 가능케 하였다. 준양산(量産).

대:력(大力) 명 대단히 강한 힘. 또는 그런 힘이 있는 사람.

대:련(對聯) 명 1 〖문〗시문 따위에서, 대(對)가 되는 연(聯). 2 대문이나 기둥 따위에 써 붙이는 대구(對句).

대:련(對鍊) 명하자 태권도·유도 따위에서, 기

본형을 익힌 뒤 두 사람이 상대하여 공격과 방어의 기술을 연습함.

대:렴(大殮) 명하자 소렴한 다음날, 시신에 옷을 거듭 입히고 이불로 싸서 베로 묶는 일.

대:렴-금(大殮衾) 명 대렴에 쓰는 이불.

대:렵(大獵) 명 1 수렵한 것이 많음. 2 큰 규모의 사냥.

대:령(大領) 명 〖군〗영관급의 으뜸 계급《중령의 위, 준장의 아래임》.

대:령(大靈) 명 1 근본이 되는 신령. 2 위대한 신령.

대:령(待令) 명하자타 1 지시나 명령을 기다림. 2 준비하고 기다림. □차를 ~하다.

대:령-목수(待令木手)〔-쑤〕명 〖역〗조선 때, 호조(戶曹)에 속하여 국가의 역사(役事)를 맡던 목수.

대:례(大禮) 명 1 조정의 중대한 의식. 2 혼인을 치르는 큰 예식. □~를 치르다.

대:례 미사(大禮Missa) 〖가〗대미사.

대:례-복(大禮服) 명 〖역〗국가의 중대한 의식 때 벼슬아치가 입던 예복.

대:로(大老) 명 존경받는 어진 노인.

대:로(大怒) 명하자〔一대노(大怒)〕크게 화를 냄. □할아버지가 크게 ~하셨다.

대:로(大路) 명 폭이 넓고 큰 길. □~로 나서다 / ~를 활보하다. ↔소로(小路).

대:로(大鷺) 명 큰 백로(白鷺).

대:로(代勞) 명하타 남을 대신하여 수고함. 또는 그런 수고.

대로三조 1 그 모양과 같이. □사실~ 말해라 / 그~ 두어라. 2 따로따로. 각각. □나는 나~ 하겠다. 三의존 1 그 모양과 같이. □본 ~ 글을 쓴다. 2 …하는 바와 같이. □원하는 ~ 이루어지다. 3 …을 좇아서. □시키는 ~ 하다. 4 할 때마다. □나오는 ~ 먹어 치우다. 5 …하는 즉시. □날이 밝는 ~ 떠나겠다. 6 '상태가 몹시 심함'의 뜻을 나타냄. □지칠 ~ 지친 몸.

대로-변(大路邊) 명 큰길 옆. 큰길 가까이. □~에 즐비한 상점들.

대:록(大祿) 명 많은 녹봉(祿俸).

대:록(大綠) 명 〖공〗청자를 만드는 데 사용하는 푸른 잿물《몸에 덧입히는 약으로 씀》.

대:록(帶綠) 명 녹색을 띰.

대:론(對論) 명하자 1 마주 대하고 하는 의론. 2 대항하여 하는 의론.

대론(臺論) 명 〖역〗사헌부(司憲府)와 사간원(司諫院)에서 하던 탄핵.

대롱 명 통(筒)으로 된 가는 대의 토막.

대롱-거리다 짜 작은 물건이 매달려 가볍게 흔들리다. 큰디룽거리다. **대롱-대롱** 뷔하자

대롱-대다 짜 대롱거리다.

대:뢰(大牢) 명 〖역〗나라에서 제사를 지낼 때, 제물로 소를 통째로 바치던 일.

대:료(大僚) 명 〖역〗조선 때, 보국(輔國) 이하의 벼슬아치가 정승을 일컫던 칭호.

대:루(對壘) 명하자 〖군〗보루를 구축하고 적군과 상대하는 일.

대:루-원(待漏院) 명 〖역〗조선 때, 이른 아침에 입궐하는 사람이 대궐 문이 열리기를 기다리던 곳. 대루청.

대:루-청(待漏廳) 명 대루원.

대:류(對流) 명 〖물〗액체나 기체가 열을 받아 아래위로 뒤바뀌면서 움직이는 현상.

대:류-권(對流圈)〔-꿘〕명 〖지〗대기권의 가장 낮은 층. 극지방에서 고도 약 8km, 적도 지방에서

약 18 km 이하, 곧 성층권 이하의 범위.

대:류권 계:면 (對流圈界面)[-꿘-/-꿘계-] 〖기상〗 대류권과 성층권의 경계면. 보통 온도 감소율이 급속히 변화하는 것이 특징임. 권계면(圈界面).

대:류 방:전 (對流放電) 〖물〗 반대의 전기를 띤 두 개의 금속판을 마주 세울 경우, 그 사이에 전기를 띤 입자가 양쪽으로 이동해서 전기가 없어지는 현상.

대:류 전:류 (對流電流)[-절-] 〖물〗 전기를 띤 물질이 운동할 때, 그 물질에 나타나는 전류 《기체 또는 액체 속의 이온 전류를 가리킴》. 휴대 전류.

대:륙 (大陸) 똉 **1** 넓은 면적을 가지고 해양의 영향이 내륙부에까지 직접 미치지 않는 육지 《유라시아·아프리카·남아메리카·북아메리카·오스트레일리아·남극의 6대륙》. **2** 유럽 대륙을 영국에 상대해서 이르는 말.

대:륙 간 유도탄 (大陸間誘導彈)[-깐-] '대륙 간 탄도 유도탄'의 준말.

대:륙 간 탄:도 유도탄 (大陸間彈道誘導彈)[-깐-] 한 대륙에서 다른 대륙까지 날아가 공격할 수 있는 장거리 탄도 미사일. 아이시비엠(ICBM). ⓒ대륙 간 유도탄.

대:륙 기단 (大陸氣團)[-끼-] 〖기상〗 대륙에서 발생하는 건조한 기단《한대성과 열대성이 있음》.

대:륙 기후 (大陸氣候)[-끼-] 〖기상〗 대륙성 기후.

대:륙 대지 (大陸臺地)[-때-] 〖지〗 대륙 내부에 넓은 면적에 걸쳐 펴져 있는 높고 반반한 평지.

대:륙-도 (大陸島)[-또] 똉 〖지〗 대륙의 일부가 단층(斷層)·수식(水蝕)으로 분리되거나, 바다 밑의 융기(隆起)에 의하여 생긴 섬. 분리도. ⓒ육도.

대:륙-목도리담비 (大陸-)[-륭-또-] 똉 〖동〗 족제빗과에 속하는 담비의 하나. 여우와 비슷한데 길이 95 cm가량. 빛은 흑색이고, 목에 백색 또는 담황색 무늬가 있음. 만주날담비.

대:륙 문학 (大陸文學)[-륭-] 〖문〗 **1** 넓은 대륙을 무대로 하여 새로운 건설적 세계를 개척한 소설. **2** 유라시아 대륙에서 이루어진 문학 작품.

대:륙-법 (大陸法)[-뻡] 똉 독일과 프랑스를 중심으로 발달한 유럽 대륙의 법《로마법의 직접적인 영향을 받았으며 성문법(成文法)이 중심임》. ↔영미법.

대:륙 봉쇄령 (大陸封鎖令)[-뽕-] 〖역〗 나폴레옹 일세가 영국에 경제적 타격을 주기 위해 영국과 유럽 대륙과의 통상을 금지시킨 명령.

대:륙-붕 (大陸棚)[-뿡] 똉 〖지〗 대륙이나 큰 섬 주위의 바다 깊이가 평균 200 m까지의 완만한 경사면. 육붕(陸棚).

대:륙 빙하 (大陸氷河)[-삥-] 〖지〗 대륙의 넓은 지역을 덮는 빙하. 설선(雪線)이 극히 낮은 지역에 형성되어 서서히 해안으로 이동함.

대:륙 사면 (大陸斜面)[-싸-] 〖지〗 대륙붕에서 대양저(大洋底)에 이르는 경사면. 평균 경사도는 2~4°로 해면 아래 200-3000 m.

대:륙-성 (大陸性)[-썽] 똉 대륙적인 성질. 곧, 민족성으로는 인내력이 강하고, 기후는 기온의 차가 심함. ⽥ ~ 기질. ↔해양성.

대:륙성 기후 (大陸性氣候)[-썽-] 〖기상〗 대륙의 영향을 강하게 받는 기후. 맑은 날이 많

고 강수량이 적으며, 기온의 일교차 및 연교차가 심함. 내륙 기후. 내륙성 기후. 대륙 기후. ↔해양성 기후.

대:륙 이동설 (大陸移動說) 〖지〗 대륙이 수평으로 이동한다는 생각에 기초를 두고 지각(地殼)의 성립을 설명하려는 학설.

대:륙-적 (大陸的)[-쩍] 관똉 **1** 대륙에만 있는 (것). ⽥ ~ 특징. **2** 도량이나 기백 따위가 웅대한 (것). ⽥ ~ 기질.

대:륙-판 (大陸板) 똉 대륙붕의 가장자리에서 해저에 이르는 가파른 경사면.

대:륜 (大倫) 똉 인륜(人倫)의 대도(大道).

대:륜 (大輪) 똉 **1** 큰 테. **2** 꽃 따위의 송이가 큰 것.

대:륜-선 (大輪扇) 똉 둥그랗게 펴서 걸살을 맞물려면 양산이 되는 큰 접부채.

대:리 (大利) 똉 큰 이익. ⽥ ~를 보다.

대:리 (代理) 똉[하타] **1** 남의 일을 대신 처리함. 또는 그 사람. ⽥ ~ 시험 / ~ 근무 / ~ 출석. **2** 회사에서 사원보다는 높고 과장보다는 아래인 직위. ⽥ ~로 승진하다. **3** 〖법〗 어떤 사람이 본인을 대신해서 의사 표시를 하거나 제삼자로부터 의사 표시를 받음으로써 직접 본인에게 법률 효과가 발생하는 일《법정(法定) 대리·임의(任意) 대리 따위》. **4** 〖역〗 대청(代廳).

대:리 공사 (代理公使) **1** 외무부 장관이 상대국의 외무부 장관에게 보내는 신임장을 가지고 파견되는 외교 사절. **2** 공사가 직무를 수행할 수 없을 때 일시적으로 그 직무를 대신하는 외교관.

대:리-관 (代理官) 똉 다른 관리를 대신해서 직무를 처리하는 관리.

대:리 교환 (代理交換) 〖경〗 어음 교환소의 가맹 은행이 비가맹 은행의 위탁을 받아 그 대리인이 되어 어음이나 수표를 교환하는 일.

대:리-권 (代理權)[-꿘] 〖법〗 대리인의 법률 행위가 곧바로 본인에게 효력을 발생하도록 본인이 대리인에게 부여한 지위 또는 자격.

대:리 기명 (代理記名) 대리인이 본인을 대신하여 증거 문서 따위에 기명하는 일.

대:리-모 (代理母) 똉 불임 부부 또는 자식 낳기를 원하는 독신자를 위하여, 대신 아기를 낳아 주는 여자. ＊씨받이.

대:리-상 (代理商) 똉 〖경〗 독립된 상인으로서 어떤 회사의 위탁을 받아 그 거래를 대리 또는 매개하는 일을 해 주는 사람.

대:리-석 (大理石) 〖광〗 석회암이 높은 열과 강한 압력을 받아 재결정한 암석. 흰 빛깔의 순수한 것은 건축용·조각용 따위에 씀. 마블. ⽥ 바닥을 ~으로 깔다.

대:리 소송 (代理訴訟) 〖법〗 대리인을 시켜서 하는 소송.

대:리-업 (代理業) 똉 대리상(代理商)의 영업.

대:리 의:사 (代理意思) 〖법〗 법률 행위의 효과를 본인에게 귀속시키려는 대리인의 의사.

대:리-인 (代理人) 똉 **1** 다른 사람을 대신하는 사람. **2** 〖법〗 남을 대신하여 의사 표시를 하거나 제삼자로부터 의사 표시를 받을 권한을 가진 사람. 법정 대리인과 임의(任意) 대리인이 있음.

대:리-자 (代理者) 똉 대리권이 있는 사람.

대:리-전쟁 (代理戰爭) 강대국들이 자신들의 이익을 위해 다른 두 나라 사이의 싸움에 개입해서, 전쟁을 하는 나라들이 마치 강대국을 대신하여 전쟁하는 것처럼 보이는 상황을 비유적으로 이르는 말.

대:리-점 (代理店) 똉 일정한 회사 따위의 위

탁을 받아 거래를 대리하거나 매개하는 일을 하는 가게.

대:리 점유 (代理占有) '간접 점유'의 구용어. ↔자기 점유.

대:리 판사 (代理判事) 〖법〗 담당 판사가 어떤 사고나 사건 처리가 불가능할 때 그 사건을 대신 담당하는 판사.

대:리 행위 (代理行爲) 〖법〗 민법에서, 본인을 위하여 대리인이 행하는 행위.

대:림 (待臨) 〖가〗 1 예수 그리스도의 강림(降臨)을 기다림. 2 '대림절'의 준말.

대림-끝 [-끋] 〖명〗 활의 아래아귀와 받을오금의 사이.

대:림-목 (大林木) 〖명〗 〖민〗 육십갑자에서, 무진(戊辰)과 기사(己巳)에 붙이는 납음(納音).

대:림-절 (待臨節) 〖가〗 예수의 탄생을 축하하기 위한 행사의 준비 기간으로 크리스마스 전 4주간의 일컬음. 강림절. 준대림.

대:립 (代立) 〖명〗〖하자〗 공역(公役)에 다른 사람을 대신 보내는 일.

대:립 (對立) 〖명〗〖하자〗 1 서로 반대되거나 모순됨. 또는 그런 관계. 2 서로 맞서거나 버팀. 또는 그런 상태. 대치(對峙). □세대 간의 ~ / 의견 ~을 보이다.

대:립 의:무 (對立義務) 〖법〗 권리와 대립하는 의무. ↔고립 의무.

대:립 인자 (對立因子) 〖생〗 대립 형질을 지배하는 유전자.

대:립-적 (對立的)[-쩍] 〖관명〗 서로 반대되거나 모순되는 (것). □ ~ 입장 / ~인 경쟁의식.

대:립적 관계 (對立的關係)[-쩍관- / -쩍관게] 〖언〗 독립성이 있는 두 말이 모여 복합어를 이루거나, 그 두 말이 접속될 때 동등하게 결합되는 관계.

대:립적 범:죄 (對立的犯罪)[-쩍 뻠-] 〖법〗 대향범(對向犯).

대:립-절 (對立節) [-쩔] 〖명〗 〖언〗 대등절(對等節). ↔종속절(從屬節).

대:립 형질 (對立形質)[-리평-] 〖생〗 멘델의 법칙에 따라, 대립하여 유전하는 우성(優性) 형질과 열성(劣性) 형질.

대릿골-독 ☞ 다릿골독.

대:마 (大馬) 〖명〗 바둑에서, 많은 점으로 넓게 자리를 잡은 말. □ ~을 공격하다〔잡다〕.

대:마 (大麻) 〖명〗[삼]4.

대:-마구종 (大馬驅從) 예전에, 대가(大家)에 딸린 마부의 우두머리.

대-마루 〖명〗 1 지붕에서 가장 높게 마루진 부분. 2 '대마루판'의 준말.

대마루-판 〖명〗 일이 되고 안 되는 것과 이기고 지는 것이 결정되는 마지막 끝판. 준대마루.

대:마-불사 (大馬不死)[-싸] 〖명〗 바둑에서, 대마는 쉽게 죽지 않음을 이르는 말.

대:-마비 (對痲痺) 〖의〗 다리나 팔 등이 좌우 대칭으로 운동 마비를 일으키는 상태.

대:마-사 (大麻絲) 〖명〗 베실.

대:마-유 (大麻油) 〖명〗 삼씨기름.

대:마-인 (大麻仁) 〖한의〗 삼씨의 알맹이를 한방에서 이르는 말(맛이 달며 강장제로 씀).

대:마-초 (大麻草) 〖명〗 환각제로 쓰는 삼의 이삭이나 잎. □ ~를 피우다.

대:-막리지 (大莫離支)[-망니-] 〖명〗 〖역〗 고구려 후기의 으뜸 벼슬.

대:-만원 (大滿員) 〖명〗 혼잡을 이룰 정도로 사람이 가득 참. □ ~의 성황을 이루다.

대말 〖명〗 아이들이 말놀음할 때, 두 다리를 걸터타고 끌고 다니는 대막대기. 죽마(竹馬).

대:망 (大望) 〖명〗 큰 희망. □ ~을 품다.

대:망 (大蟒) 〖명〗 〖동〗 이무기.

대:망 (待望) 〖명〗〖하타〗 기다리고 바람. □ ~의 새해가 밝았다.

대:매1 단 한 번 때리는 매.

대:매2 〖명〗〖하타〗 노름이나 내기 따위에서, 승부를 마지막으로 결정하는 일.

대:매 (大罵) 〖명〗〖하타〗 몹시 욕하며 크게 꾸짖음.

대:-매출 (大賣出) 기한을 정해서 대대적인 선전을 하면서 많은 물건을 싸게 팔거나 경품을 붙여 팖. □ 염가(연말) ~.

대:맥 (大麥) 〖명〗〖식〗 보리.

대:맥 (代脈) 〖명〗〖하자〗 〖한의〗 의사 대신 맥을 짚는 일. 또는 그 사람.

대:맥 (帶脈) 〖명〗 〖한의〗 기경(奇經)의 하나.

대:맥-장 (大麥醬)[-짱] 〖명〗 보리와 검은콩으로 쑨 메주로 담근 간장.

대:-맹선 (大猛船) 〖명〗 〖역〗 조선 때, 수영(水營)에 속하였던 전선(戰船). 3층의 큰 배로서 사면에 창이 나 있음.

대:-머리 머리털이 많이 빠져 벗어진 머리. 또는 그런 사람. 독두(禿頭).

대:-머리 (大-) 〖명〗 일의 가장 중요한 부분. 대두뇌(大頭腦).

대:-머릿장 (大-欌)[-릳짱 / -릳짱] 〖명〗 매우 크게 만든 머릿장.

대:면 (大面) 〖명〗 〖연〗 신라 때의 가면극의 하나. 황금빛 탈을 쓰고 구슬 달린 채찍으로 귀신 쫓는 시늉을 하며 추는 춤.

대:면 (對面) 〖명〗〖하자타〗 얼굴을 마주 보고 대함. 당면(當面). 면대(面對). □ 첫 ~ / 그와는 처음 ~이다.

대:면 통행 (對面通行) 인도와 차도의 구분이 없는 도로에서, 보행자와 차량이 마주쳤을 때 통행하는 방식(사람은 좌측통행, 차 따위는 우측통행을 함).

대:명 (大名) 〖명〗 1 널리 알려진 훌륭한 이름이라는 뜻으로, 남의 이름을 높여 이르는 말. 고명(高名). 2 큰 명예.

대:명 (大命) 〖명〗 임금의 명령. 천명(天命). □ ~을 받다.

대:명 (代命) 〖명〗〖하타〗 1 횡액(橫厄)에 걸려 남의 죽음을 대신함. 2 대살(代殺).

대:명 (待命) 〖명〗〖하타〗 1 관원이 과실이 있을 때, 상부의 처분 명령을 기다림. 2 대기 명령.

대명 (臺命) 〖명〗 1 귀인의 명령. 2 남의 말을 높여 이르는 말.

대:-명매 (大明梅) 〖명〗 〖식〗 매실나무의 하나 (꽃이 한 겹으로 붉게 핌).

대:-명사 (大名辭) 〖명〗 〖논〗 대개념(大槪念)을 언어로 나타낸 것.

대:-명사 (代名詞) 〖명〗 〖언〗 1 사람이나 사물의 이름을 대신 나타내는 말. 또는 그런 말들을 가리키는 품사. 2 사람이나 사물의 특색을 나타내는 것의 비유. □ 꽃은 미의 ~이다.

대:-명일 (大名日) 〖명〗 큰 명절날.

대:-명제 (大命題) 〖명〗 어떤 문제에 대한 가장 기본이 되는 논리적 주장이나 판단을 언어나 기호로 나타낸 것. □ ~는 대회의 성공적인 완수이다.

대:-명죽 (大明竹) 〖명〗 〖식〗 볏과의 대. 높이는 160 cm 정도, 잎은 어긋나고 긴 피침 모양이고 껍질은 자줏빛을 띤 녹색임. 줄기로는 퉁소나 피리를 만들고 관상용으로 재배함.

대:명-천지 (大明天地) 아주 밝은 세상. □ ~에 이런 일이 일어나다니……

대:명 휴직 (待命休職) 공무원의 신분을 유지

시키면서 퇴직을 전제로 대명 기간을 정해서 그 기간 중 휴직급을 주는 제도.

대:모(大母)〔명〕 할아버지와 같은 항렬인, 유복지친 외의 할머니뻘 되는 친척의 여자.

대:모(大謀)〔명〕 모의(謀議).

대:모(代母)〔명〕 **1**〔가〕 성세(聖洗)·견진(堅振) 성사를 받은 종교상의 여자 후견인. *대녀. **2** 어머니의 구실을 대신하는 여자. 〔누〕~가 불우 청소년들을 돌보다. **3** 어떤 분야에서, 오랫동안 활동해서 영향력이 가장 큰 여자의 비유. ↔대부(代父).

대:모(瑇瑁·瑇瑁)〔명〕 **1**〔동〕 바다거북과에 딸린 바다거북의 하나. 열대·아열대의 바다에 삶. 몸의 길이는 보통 60cm이고 황색 바탕에 암갈색 무늬가 있음. 모래 속에 알을 낳음. **2** '대모갑'의 준말.

대:모-갑(瑇瑁甲)〔명〕 대모의 등과 배를 싸고 있는 껍데기. 준대모.

대:모-갓끈(瑇瑁-)[-끈]〔명〕 대모갑과 구슬 같은 것을 번갈아 꿰어 만든 갓끈.

대:모-관자(瑇瑁貫子)〔명〕 대모 껍데기로 만든 관자.

대:모-테(瑇瑁-)〔명〕 대모갑으로 만든 안경테.

대:모-풍잠(瑇瑁風簪)〔명〕 대모 껍데기로 만든 풍잠.

대:모한〔관〕 대체의 줄거리가 되는 중요한. 〔누〕 ~ 것부터 말하면 다음과 같다.

대목〔명〕 **1** 설이나 추석 따위의 명절을 앞두고 경기(景氣)가 가장 활발한 시기. 〔누〕추석 ~ / 한철을 만나다. **2** 일의 어떤 특정한 부분이나 대상. 〔누〕주목할 만한 ~ / 미흡한 ~이 너무 많다 / 중요한 ~에 이르다. **3** 이야기나 글 따위의 특정한 부분. 〔누〕대사 한 ~ / 춘향가 한 ~을 부르다.

대:목(大木)〔명〕 **1** 큰 건축물을 잘 짓는 목수. **2** 목수(木手).

대목(臺木)〔명〕〔식〕 접본(椄本).

대목-장(-場)[-짱]〔명〕 큰 명절을 앞두고 서는 장. 〔누〕설밑 ~.

대-못〔-몯〕〔명〕 대나무를 깎아 만든 못. 죽정(竹釘).

대:-못(大-)[-몯]〔명〕 길고 굵은 못. 큰못. 〔누〕~을 치다 / 벽에 ~을 박다.

대못-박이[-몯빠기]〔명〕 몇 번이나 가르쳐도 깨닫지 못하는, 아주 어리석은 사람의 비유.

대:몽(大夢)〔명〕 크게 길한 꿈.

대:묘(大廟)〔명〕〔역〕 종묘(宗廟).

대:무(大霧)〔명〕 짙게 낀 안개. 농무(濃霧).

대:무(代務)〔명〕[하자타] 대무(代辦)1.

대:무(隊舞)〔명〕〔악〕 여러 열을 지어서 군무(群舞)를 할 때 연주하는 무악.

대:무(對舞)〔명〕[하자][악] 마주 서서 춤을 춤. 또는 그 춤.

대:무-인(代務人)〔명〕 사무를 대신 맡는 사람.

대:무지년(大無之年)〔명〕 아주 심한 흉년.

대문(大文)〔명〕 **1** 주해가 있는 글의 본문. **2** 몇 줄이나 몇 구로 이루어진 글의 동강이나 단락. 〔누〕이 글은 두 ~으로 이루어진다.

대:문(大門)〔명〕 큰 문. 집의 정문. 앞대문. [대문 밖이 저승이라] ㉠사람은 언제 죽을지 모른다는 말. ㉡머지않아 곧 죽게 될 것임의 비유. [대문이 가문(家門)] 가문이 아무리 높아도 가난해서 집채나 대문이 작으면 위엄이 없어 보인다는 말.

대:문(大紋)〔명〕 큰 무늬.

대문(帶紋)〔명〕 띠무늬.

대문(臺聞)〔명〕 **1** 고귀한 사람이 들음. **2** '듣는다'는 뜻의 높임말.

대:문-간(大門間)[-깐]〔명〕 대문을 여닫기 위한 대문의 안쪽에 있는 빈 곳.

대문대문-이(大文大文-)〔부〕 글의 대문마다. 〔누〕책을 읽으면서 ~ 밑줄을 긋다.

대:문-띠(大門-)〔명〕 대문짝에 가로 대고 못을 박는 네모지고 긴 나무.

대:-문자(大文字)[-짜]〔명〕 서양 글자에서, 큰 체로 된 글자. 영어 따위에서 글의 첫머리나 고유 명사의 첫 자 따위에 쓰는 글자. 대자(大字). ↔소문자.

대:문장(大文章)〔명〕 썩 잘 지은 훌륭한 글. 또는 그 글을 짓는 사람. 〔누〕당대(當代)의 ~.

대:문-짝(大門-)〔명〕 대문의 문짝. 〔누〕~처럼 크다 / ~이 떨어지다 / ~을 박차고 나가다.

대:문짝-만하다(大門-)[-짱-]〔형〕〔어〕 매우 크다는 뜻을 과장하여 익살스럽게 이르는 말. 〔누〕대문짝만한 안내 광고 / 신문에 기사가 대문짝만하게 나다 / 벽에 대문짝만하게 낙서를 하다.

대:문-채(大門-)〔명〕 대문에 붙어 있는 집채.

대:물(大物)〔명〕 큰 물건.

대:물(代物)〔명〕 대신해서 쓰는 물건.

대:물(貸物)〔명〕 빌려 준 물건.

대:물-경(對物鏡)〔명〕〔물〕 대물렌즈.

대:물 담보(對物擔保)〔법〕 특정한 재산으로 채무 이행을 보증하는 일(질권이나 저당권 따위). ↔대인(對人) 담보.

대:물-렌즈(對物lens)〔명〕〔물〕 현미경·망원경 따위에서 물체에 가까운 쪽의 렌즈. 대물경. ↔접안(接眼)렌즈.

대:-물리다(代-)〔타〕 사물이나 가업 따위를 자손에게 물려주어 이어 나가다. 〔누〕집을 아들에게 ~.

대:-물림(代-)〔명〕[하자타] 사물이나 가업 따위를 자손에게 남겨 주어 이어 나감. 또는 그런 물건. 〔누〕~을 받다.

대:물 변:제(代物辨濟)〔법〕 민법에서, 채무자가 채권의 목적물 대신 다른 물건으로 채무를 소멸하는 일. 대상(代償).

대:물부리(-뿌리)〔명〕 대로 만든 담배 물부리.

대:물-세(對物稅)[-쎄]〔법〕 물세(物稅).

대:물 신:용(對物信用)〔법〕 담보물 따위와 같이 물적이고 것에 바탕을 둔 신용(질권·저당권에서의 신용 따위). ↔대인 신용.

대:미(大米)〔명〕 쌀.

대:미(大尾)〔명〕 맨 마지막. 대단원(大團圓). 〔누〕축제의 ~를 장식하다.

대미(黛眉)〔명〕 눈썹먹으로 그린 눈썹.

대:-미사(-Missa)〔명〕〔가〕 주요한 주일이나 축일 등에 성대하게 행하는 미사. 대례 미사.

대:민(對民)〔명〕 민간인을 상대함. 〔누〕~ 지원[봉사].

대-바구니〔명〕 대로 엮어 만든 바구니.

대-바늘〔명〕 대로 만든, 끝이 곧고 뾰족한 뜨개 바늘. 죽침(竹針).

대-바라기〔명〕 끝물에 따 들이지 못해 서리를 맞고 말라 버린 고추나 목화송이. 〔누〕~ 고추.

대:박(大-)〔명〕 큰 이득이나 성공·행운 따위의 비유. 〔누〕~이 터지다 / ~을 터뜨리다.

대:박(大舶)〔명〕 **1** 큰 배. **2** 물건의 비유.

대:반(大半)〔명〕 태반(太半).

대:반(大盤)〔명〕 **1** 큰 소반. 큰 목판. **2** 푸짐하게 차린 음식.

대:반(對盤)〔명〕 전통 혼례에서, 신랑·신부 되는 후행(後行) 온 사람을 접대하는 일. 또는 그 일을 맡은 사람.

대반 앉다 귄 대반의 역할을 하다.
대:-반석 (大盤石) 몡 1 넓고 편평한 큰 바위. 2 견고해서 움직이지 않는 든든한 사물의 비유. ¶회사를 ~ 위에 올려놓다.
대-반석 (臺盤石) 몡 돌탑 기단(基壇)의 밑바닥에 깐 반석.
대:-반야 (大般若) 몡 『불』'대반야바라밀다경'의 준말.
대:-반야경 (大般若經) 몡 대반야바라밀다경.
대:반야-바라밀다경 (大般若波羅蜜多經)[-바냐-따-] 『불』반야를 설명한 여러 경전을 집성한 책. 대승(大乘) 불교의 근본 사상을 설명한 것으로 총 600권임. 대반야경. ⓐ대반야.
대-받다 [-따] 卧 남의 말에 반항하여 들이대다. ¶어른이 하는 말을 ~니 무례하구나.
대:-받다 (代-)[-따] 卧 1 앞사람의 일이나 사물을 뒷사람이 이어받다. 2 선대(先代)의 업을 자손이 이어받다. ¶농사일을 ~.
대-발 몡 대를 엮어서 만든 발. 죽렴(竹簾). ¶~을 늘어뜨리다.
대:-발회 (大發會) 몡 증권 거래소에서, 일 년 중 처음으로 갖는 입회. '발회'의 미칭(美稱). ↔대납회.
대:방 (大方) 몡 1 『한의』작용이 강한 약을 한 번에 많이 써서 중병을 다스리는 약방문. 2 대방가.
대:방 (大邦) 몡 큰 나라. 대국(大國).
대:방 (大房) 몡 1 큰 방. 2 『불』큰방. 3 남의 어머니·할머니의 높임말. ¶~ 마님.
대:방-가 (大方家) 몡 문장이나 학술이 뛰어난 사람. 대가(大家). 대방(大方).
대:방광불-화엄경 (大方廣佛華嚴經) 『불』화엄경의 정식 이름. 부처가 광대무변하게 일체의 중생(衆生)과 사물을 포함하고 있어, 마치 향기 높은 꽃으로 장식되어 있는 것과 같다는 뜻.
대:-방상 (大方狀) 몡 큰 상여. 대여(大輿).
대:-방전 (大方甎) 몡 『건』성벽이나 담 등을 쌓는 데 쓰는 네모반듯한 벽돌.
대-밭 [-받] 몡 대를 심은 밭. 대가 많이 자라고 있는 땅. ¶마을 뒤로 ~이 우거졌다.
대:배 (大杯) 몡 큰 술잔. 대백(大白).
대:배 (大拜) 몡하자 『역』의정(議政) 벼슬을 임명받음을 이르던 말.
대:-배심 (大陪審) 몡 『법』배심제에서, 정식 기소를 위한 배심. 기소(起訴) 배심.
대:백 (大白) 몡 대배(大杯).
대:백 (戴白) 몡하자 흰머리가 많이 남. 또는 그런 노인.
대:-백의 (大白衣)[-배긔 / -배기] 몡 『불』백의관음.
대:번 (代番) 몡하자 남을 대신하여 번을 듦. 또는 그 번.
대번-에 ⺆ 대번에. ¶그는 ~ 나를 알아봤다.
대번에 ⺆ 서슴지 않고 단숨에. 한번에 곧. 대번. ¶~ 알아채다.
대:범 (大犯) 몡 큰 범죄.
대:범 (大凡) ⺆ 무릇.
대:범-스럽다 (大泛-)[-따]〔-스러워, -스러우니〕薃卧 대범한 데가 있다. 대:범-스레 ⺆. ¶~ 행동하다.
대:범-하다 (大泛-) 薃여 성격이나 태도가 사소한 것에 얽매이지 않으며 너그럽다. ¶대범한 성격. 대:범-히 ⺆
대:법 (大法) 몡 1 가장 중요한 법규. 대율(大律). 2 '대법원'의 준말.
대:법² (大法) 몡 『불』1 부처의 가르침의 높임

말. 2 '대승(大乘)'을 달리 이르는 말.
대:-법관 (大法官)[-꽌] 몡 『법』대법원의 구성원으로 사법권을 행사하는 법관. 대법원장의 제청에 따라 대통령이 국회의 동의를 얻어 임명함. 임기는 6년임.
대:법관 회:의 (大法官會議)[-꽌- / -꽌-이] 『법』대법관으로 구성되는 합의 기관. 대법원장을 의장으로 해서 판사의 임명에 대한 동의, 대법원 규칙의 제정과 개정, 판례의 수집과 간행 따위를 의결함.
대:-법원 (大法院) 몡 『법』우리나라의 최고 법원. 대법원장과 대법관으로 구성되며 상고 및 항고 사건과 선거 소송 따위 사건을 중심(終審)으로 재판함. ⓐ대법.
대:법원-장 (大法院長) 몡 『법』대법원의 장(長)이며, 사법부의 수장(首長). 대통령이 국회의 동의를 얻어 임명하며, 법관의 임용·보직·퇴직 등을 대통령에게 제청함.
대:법원 판사 (大法院判事) 『법』'대법관'의 구칭.
대:-법정 (大法廷)[-쩡] 몡 『법』대법관 3분의 2 이상으로 구성되는 대법원의 재판 기관. ↔소법정.
대:-법회 (大法會)[-뾔] 몡 『불』경전(經典)을 강론하는 규모가 큰 법회.
대:벽 (大辟) 몡 지난날, '사형(死刑)' 또는 '중형(重刑)'을 이르던 말.
대:변 (大便) 몡 사람의 똥. ¶~이 마렵다 / ~과 소변을 가리지 못하다. ↔소변.
대:-변 (大辯) 몡 뛰어난 말솜씨. 능변. 달변.
대:변 (大變) 몡 큰 변화. 큰 사변.
대:변 (代辨) 몡하자 1 남을 대신하여 변상함. 2 남을 대신하여 사무를 처리함.
대:변 (代辯) 몡하자 어떤 개인이나 단체를 대신해서 그의 의견·태도 등을 책임지고 말함.
대:변 (待變) 몡 병이 몹시 심하여 살아날 가망이 없게 됨을 이르는 말.
대:변 (貸邊) 몡 『경』복식 부기에서, 장부상의 계정계좌 오른쪽(자산의 감소, 부채나 자본의 증가 등을 기입함). ↔차변(借邊).
대:-변 (對邊) 몡 『수』다각형에서, 한 변이나 한 각과 마주 대하고 있는 변. 맞변.
대:변 (對辯) 몡하자 대응하여 말함.
대:변-보다 (大便-) 囨 똥을 누다. 뒤보다.
대:변불리 (大便不利) 몡하자 대변이 고르지 못하거나 시원하게 잘되지 않음.
대:변불통 (大便不通) 몡하자 심한 변비로 대변이 잘 나오지 않음.
대:변-인 (代辯人) 몡 어떤 사람이나 단체를 대신하여 의견이나 태도를 발표하는 일을 맡은 사람. 대변자. ¶정부 ~.
대:변-자 (代辯者) 몡 대변인. ¶민의의 ~.
대:변-장자 (代辯長者) 몡 『불』지장보살 오른쪽에 모셔 두는 보살.
대:변-지 (代辯紙) 몡 어떤 기관의 의견과 입장, 태도 등을 대변하는 신문이나 잡지. ¶정부 ~. *기관지(機關紙).
대:별 (大別) 몡하자 크게 나눔. ¶주제를 둘로 ~하다. ↔소별.
대:병 (大兵) 몡 대군(大軍). ¶백만 ~을 거느린 장수 / 적의 ~이 침입하다.
대:병 (大柄) 몡 큰 권력. ¶~을 쥐다.
대:병 (大病) 몡 몹시 위중한 병. 중병(重病). ¶~이 들다.
대:보 (大寶) 몡 1 귀중한 보물. 2 『역』임금의 도장.

대보 (臺輔)뗑 〔역〕 옛 중국에서, 천자(天子)를 보좌하던 삼공(三公)을 일컫던 말.

대:―보다 타 서로 견주어 보다. ¶ 키를 ~.

대:―보름 (大―)뗑 '대보름날'의 준말.

대:―보름날 (大―)뗑 〔민〕 음력 정월 보름날을 명절로 이르는 말. 상원(上元). ⰵ대보름.

대:―보살 (大菩薩)뗑 〔불〕 지덕이 가장 뛰어난 보살.

대:―보-탕 (大補湯)뗑〔한의〕 십전대보탕.

대:―복 (大福)뗑 큰 복.

대:―복덕 (大福德)[―떡]뗑 큰 복덕.

대:―본 (大本)뗑 **1** 크고 중요한 근본. **2** 같은 종류의 물건 가운데에서 가장 큰 본새.

대:―본 (貸本)뗑타 돈을 받고 책을 빌려 줌. 또는 그 책. 세책(貰冊).

대본 (臺本)뗑〔문〕 **1** 연극·영화의 각본. ¶ 연극 ~. **2** 어떤 토대가 되는 책. ¶ 영문판을 ~으로 하여 번역하다.

대:―본원 (大本願)뗑〔불〕 부처가 중생을 제도하려는 큰 염원.

대:―봉 (大封)뗑 크고 넓은 봉토(封土).

대:―봉 (代捧)뗑하타 꾸어 준 돈이나 물건 대신에 다른 것으로 받음.

  대봉(을) 치다 큐 다른 것으로 대신 채우다.

대:―부 (大父)뗑 할아버지와 항렬되는, 유복친(有服親) 이외의 남자 친척.

대:―부 (大夫)뗑 〔역〕 고려·조선 때에, 벼슬 품계에 붙이던 칭호. ¶ 통정(通政)~.

대:―부 (大富)뗑 큰 부자. 재물이 썩 많은 부자.

대:―부 (代父)뗑 **1**〔가〕 성세(聖洗) 성사나 견진(堅振) 성사를 받는 남자의 종교상의 남자 후견인. **2** 어떤 분야에서 오랫동안 활동해서 영향력이 가장 큰 남자의 비유. ↔대모(代母).

대:―부 (貸付)뗑하타 **1** 은행 따위에서, 이자와 기한을 정하고 돈을 빌려 줌. ¶ 은행 ~를 받다. **2** 어떤 물건을 되돌려 받기로 하고 다른 사람에게 빌려 주어 쓰게 함.

대:―부-금 (貸付金)뗑 이자와 기한을 정하고 빌려 주는 돈.

대:―부등 (大不等)뗑 아름드리의 큰 나무. 또는 그런 재목.
  [대부등에 겉낫질이라] 큰 세력에 대해 힘이 아주 작은 것을 비유하여 이르는 말.

대:―부모 (大父母)뗑 조부모.

대:―부모 (代父母)뗑〔가〕 대부와 대모.

대:―부분 (大部分)ㅡ뗑 반이 훨씬 넘는 수효나 분량. ¶ 십대가 청중의 ~을 차지한다. ㅡ쁜 거의 모두. ¶ 내 의견에 ~ 찬성했다.

대:―부 신:탁 (貸付信託)〔경〕 신탁 은행이 증권을 발행하여 모은 자금을 대부해서 그 이익을 증권 소유자에게 분배하는 제도.

대:―부 이:자 (貸付利子)〔경〕 증권·어음 따위를 담보로 금전을 대부할 때 받는 이자.

대:―부인 (大夫人)뗑 **1** 남의 어머니를 높여 일컫는 말. 모당(母堂). 자당(慈堂). **2**〔역〕 천자(天子)를 낳은 부인.

대:―부 자본 (貸付資本)〔경〕 산업가나 상업 종사자에게 꾸어 주어 이자를 받으려는 목적으로 운용하는 자본.

대:―부-항 (大父行)뗑 할아버지 항렬.

대:―부호 (大富豪)뗑 재산이 매우 많고 세도가 있는 부자.

대:―북 (大北)뗑〔역〕 조선 선조 때, 북인(北人)의 한 당파. ↔소북(小北).

대:―북 (對北)뗑 '북한에 대한'의 뜻을 나타내는 말. ¶ ~ 정책〔방송〕. ↔대남(對南).

대:―분 (大分)뗑하자타 크게 나눔.

대:―분수 (帶分數)[―쑤]뗑〔수〕 정수와 진분수의 합으로 이루어진 수(2⅓ 따위).

대:―불 (大佛)뗑 큰 불상.

대:―불-개안 (大佛開眼)뗑 **1**〔불〕 불상을 만들어 다 이루어져 갈 때 베푸는 의식. **2** 최후의 완성.

대:―불경 (大不敬)뗑 대단히 큰 무례. 특히, 왕실에 대한 불경.

대:―불 공:양 (大佛供養)〔불〕 큰부처에게 음식이나 꽃 따위를 바치는 일.

대:―불-전 (大佛殿)[―쩐]뗑〔불〕 큰부처를 모신 전당.

대:―붕 (大鵬)뗑 하루에 9만 리나 난다는 상상의 큰 새(곤(鯤)이라는 물고기가 변해 되었다고 함).

대―비뗑 가는 댓개비 따위로 만든 비.

대:―비 (大妣)뗑 마당 제단을 대를 쓰는 큰 비.

대:―비 (大妃)뗑〔역〕 선왕의 후비(后妃).

대:―비 (大悲)뗑〔불〕 **1** 중생의 괴로움을 구제하려는 부처의 큰 마음. ¶ 대자(大慈)~. **2** 관세음보살.

대:―비 (對比)뗑하타 **1** 서로 맞대어 비교함. **2**〔심〕 서로 다른 성질의 것을 나란히 놓았을 때, 그 차이가 두드러지게 드러나는 현상. **3** 회화에서, 상반되는 형태·색을 나란히 배치하는 일. ¶ 두 색깔의 ~.

대:―비 (對備)뗑하자타 어떤 일에 대응해 미리 준비함. 또는 그런 준비. ¶ 노후 ~ / 만일의 사태에 ~하다.

대:―비 가격 (對比價格)[―까―]〔경〕 일정한 기간 어떤 생산물의 가격 변동을 밝히기 위하여 기준으로 설정하는 가격.

대:―비-각 (大悲閣)뗑〔불〕 관세음보살의 불상을 모신 불당.

대:―비-관음 (大悲觀音)뗑〔불〕 관세음보살.

대:―비-보살 (大悲菩薩)뗑〔불〕 '관세음보살'을 달리 이르는 말.

대:―비-자 (大悲者)뗑〔불〕 크게 자비로운 사람이란 뜻으로, 여러 부처와 보살을 통틀어 이르는 말. 특히 관세음보살을 일컬음.

대:―비 착시 (對比錯視)[―씨]〔심〕 대상의 크기나 모양, 색채의 대비로 일어나는 기하학적 착시 현상(두 도형에서 큰 것에 이웃하는 도형은 작게 보이는 것 따위).

대:―비-책 (對備策)뗑 앞으로 일어날지도 모르는 어떤 일에 대응하기 위한 방책. ¶ 수출 부진을 타개할 ~ / 홍수에 대한 ~ / 만일을 위한 ~을 세우다.

대:―비 현:상 (對比現象)〔심〕 시간적으로나 공간적으로 가까운 다른 자극의 영향으로 먼저 받은 자극의 감수성이 변하는 현상.

대:―빈 (大賓)뗑 높이 받들어 모셔야 할 귀한 손님. 큰손님.

대―빗 [―삗]뗑 대나무로 만든 빗. 죽비(竹箆). 죽소(竹梳).

대빗 (davit)뗑 닻을 끌어 올리거나 배 옆에 달린 보트를 달아 올리고 내리기 위한 기둥.

대뿌리뗑〈옛〉댑싸리.

대뽁뗑〈옛〉대쪽.

대범뗑〈옛〉큰 범. ¶ 믈 우흿 대버믈(龍歌 87章).

대:―사 (大士)뗑 **1** 부처나 보살을 일상적으로 이르는 말. **2**〔불〕 불법에 귀의해 믿음이 두터운 사람.

대:―사 (大寺)뗑 대찰(大刹).

대:―사 (大祀)뗑 조선 때, 임금이 친히 지내던 제사. 종묘·영녕전(永寧殿)·원구단(圓丘壇)

사직단에서 지냈음.

대:사(大事)圆 1 큰일. ▢~를 치르다. ↔소사(小事). 2〈속〉대례(大禮).

대:사(大使)圆 '특명 전권 대사'의 준말. ▢주미(駐美) ~.

대:사(大師)圆〔불〕1 부처와 보살을 높여 이르는 말. 2 나라에서 높은 선사에게 내리던 이름. ▢사명(四溟) ~. 3 승려를 높여 이르는 말.

대:사(大舍)圆〔역〕신라 때의 십칠 관등의 열두째 등급.

대:사(大蛇)圆 큰 뱀.

대:사(大赦)圆困 일반 사면.

대:사(大寫)圆困 클로즈업.

대:사(代射)圆困〔역〕무과 시예(試藝)를 남에게 대신 치르게 하던 일. 또는 그런 부정행위.

대:사(代謝)圆 '물질대사'의 준말.

대사(臺詞·臺辭)圆〔연〕연극이나 영화 따위에서 배우가 하는 말(대화·독백·방백 따위). ▢연극 ~ / ~를 외우다.

대사(臺榭)圆 높고 큰 누각이나 정자.

대:-사간(大司諫)圆〔역〕조선 때, 사간원의 으뜸 벼슬(정삼품임).

대:-사객(待使客)圆困㉦〔역〕외국 사신과 객인을 접대하던 일.

대:-사공(大司空)圆〔역〕조선 때, '공조 판서'를 중국 주(周)나라 때의 사공 벼슬에 빗대어 이르던 말.

대:사-관(大使館)圆 대사가 주재국에서 공무를 처리하는 기관. 또는 그런 청사(廳舍). ▢주미 한국 ~.

대:-사구(大司寇)圆〔역〕조선 때, '형조 판서'를 중국 주나라 때의 사구 벼슬에 빗대어 이르던 말.

대:사 기능(代謝機能)〔생〕세포 속의 원형질이 노폐물을 내보내고 새로 영양분을 섭취해서 그 부족을 채우는 작용.

대:-사도(大司徒)圆〔역〕조선 때, '호조 판서'를 중국 주나라 때의 사도 벼슬에 빗대어 이르던 말.

대:사-령(大赦令)圆 대사하라는 국가 원수의 명령.

대:사-례(大射禮)圆〔역〕임금이 성균관에 거동하여 옛 성인에게 제향(祭享)하고 나서 활을 쏘던 의식.

대사리圆〔조개〕다슬기.

대-사립圆 대나무로 엮어 만든 사립문.

대:-사마(大司馬)圆〔역〕조선 때, '병조 판서'를 중국 주나라 때의 사마 벼슬에 빗대어 이르던 말.

대:-사문(大沙門)圆〔불〕1 '석가모니여래'를 달리 일컫는 말. 2 '승가(僧伽)'를 이르던 말. 3 '비구(比丘)'의 높임말.

대:-사성(大司成)圆 고려·조선 때, 성균관의 으뜸 벼슬(정삼품임).

대:사-전(大赦典)圆 나라에서 베푸는 대사의 특전.

대:-사전(大辭典)圆 수록한 단어가 많고 내용이 풍부하여 부피가 큰 사전. ▢새 국어 ~을 만들다.

대:-사제(大司祭)圆 1〔기〕사제의 우두머리이며 근원인 예수 그리스도를 달리 일컫는 말. 2〔기〕대제사장(大祭司長). 3〔가〕5세기경부터 생긴 성직으로, 한 도시의 가장 높은 사제(주교의 출타 중이나 공석 시에 권례와 행정을 대행함).

대:-사헌(大司憲)圆〔역〕고려·조선 때, 사헌

부의 으뜸 벼슬(종이품임). ㉦대헌.

대:-산(大蒜)圆〔식〕마늘.

대:-살(代殺)圆困㉦ 살인자를 사형에 처함. 대명(代命).

대:-살년(大殺年)[-련]圆 대단한 흉년. ↔대유년.

대살-지다囫 몸이 강파르고 야무져 보이다. ▢대살진 외모답게 깐깐하다.

대:-살판(大-)圆 활쏘기에서, 화살 50대를 쏘아 25대를 과녁에 맞히는 일.

대-삼작-노리개(大三作-)[-장-]圆 부인이 차는 노리개의 하나. 대삼작.

대-삿갓[-삳깐]圆 1 승려가 쓰는 삿갓. 2 속대로 엮어 만든 삿갓.

대:상(大祥)圆 사람이 죽은 지 두 돌 만에 지내는 제사. 대기(大朞). 상사(祥事). ▢할아버지의 ~을 지내다. *소상(小祥).

대:-상(大商)圆 장사를 크게 하는 상인. ▢굴지의 ~.

대:상(大喪)圆 임금의 상사(喪事).

대:상(大賞)圆 여러 가지 상 중에서 가장 큰 상. 그랑프리. ▢영예의 ~을 수상하다.

대:상(代償)圆困㉦ 1 남에게 끼친 손해를 대해 다른 것으로 대신 물어 줌. 대물 변제. 2 남을 대신하여 갚아 줌.

대상(帶狀)圆 좁고 길어서 띠같이 생긴 모양. 띠꼴. ▢~을 이루고 있다.

대:-상(貸上)圆〔경〕정부가 국고금의 부족을 메우기 위하여 일정 금액을 일시(一時) 또는 장기로 중앙은행에서 빌리는 일.

대상(隊商)圆 사막 지방에서, 낙타나 말에 물품을 싣고 떼를 지어 먼 곳을 다니면서 장사하는 상인의 집단. 카라반.

대상(臺上)圆 1 높은 대의 위. ↔대하(臺下). 2 한인이 주인을 높여 부르던 말.

대:상(對象)圆 1 어떤 일의 상대 또는 목표나 목적이 되는 것. ▢연구 ~ / 과세 ~ / 비난의 ~ / 관심의 ~이 되다. 2〔철〕정신 또는 인식의 목적이 되는 것.

대:상 감:정(對象感情)〔심〕대상의 성질을 알고 느끼는 감정.

대:상 개:념(對象概念)〔철〕사물 및 대상을 나타내는 개념으로 판단의 주사(主辭)가 될 수 있는 개념. ↔속성 개념.

대:상-금(貸上金)圆 국고금이 부족할 때에 중앙은행이 정부에 빌려 주는 돈.

대상 도시(帶狀都市)圆 한 줄의 도로를 따라 띠처럼 길쭉하게 이루어진 도시.

대:상-론(對象論)[-논]圆〔논〕정신 작용이 지향하는 대상의 본질을 연구하는 학문.

대:상-물(對象物)圆 대상이 되는 물건.

대:상부동(大相不同)圆困㉦ 조금도 비슷하지 않고 아주 다름.

대:상 수입(代償輸入)어떤 사정이나 행위의 결과로 끼친 손해를 보상하기 위하여 물건을 수입하는 일.

대:상-애(對象愛)圆〔심〕리비도(libido)가 자기 이외의 대상으로 향하여 나타나는 사랑을 이르는 말. ↔자기애(自己愛).

대-상자(-箱子)圆 대오리로 결어 만든 상자.

대:상-자(對象者)圆 대상이 되는 사람이나 집단. ▢그는 조사 ~이다.

대상 포진(帶狀疱疹)〔의〕바이러스의 감염으로 일어나는 수포성 질환(몸에 띠 모양으로 수포가 생기며 열이 남).

대:상 행동(代償行動)〔심〕자기가 요구하는

바를 얻지 못했을 경우, 그 목표물 대신에 그것과 기능이 비슷한 다른 목표물을 얻음으로써 마음의 긴장을 해소시키려는 적응 동작.

대:생 (對生) **명하자** 〖식〗 마주나기.

대:생-치 (代生齒) **명** 젖니가 빠진 다음에 대신 나는 이. 간니.

대:서 (大書) **명하타** 글씨를 두드러지게 크게 씀. 또는 그 글씨.

대:서 (大暑) **명** 1 몹시 심한 더위. 2 이십사절기의 하나. 소서(小暑)와 입추(立秋) 사이에 들며 일 년 중 가장 무더운 시기임. 양력으로 7월 23일경.

대:서 (代序) **명하자** 다른 사람을 대신하여 서문을 씀. 또는 그 서문.

대:서 (代書) **명하타** 1 다른 사람을 대신하여 문서 따위를 써 주는 일. 2 대필(代筆).

대:서 (代署) **명하타** 남을 대신하여 서명함.

-대서 **어미** '-다고 하여서'의 준말. □ 배가 고프~ 밥을 많이 주었다.

대:-서다 **자** 1 뒤를 잇달아 서다. 2 바짝 가까이 다가서다. 3 대들어 맞서다.

대:서-방 (代書房)[-빵] **명** 대서소.

대:서-사 (代書士) **명** 대서인.

대:서-소 (代書所) **명** 대서를 영업으로 하는 곳. 대서방. □ 사법 ~.

-대서야 **어미** '-다고 하여서야'의 준말. □ 그깟 일로 그만두~ 쓰나.

대:서-업 (代書業) **명** 남의 부탁을 받아 관공서에 낼 서류 등을 대신 써 주는 직업.

대:서-인 (代書人) **명** 남의 부탁을 받아 관공서에 제출할 서류를 써 주는 것을 업으로 하는 사람. 법무사(法務士)와 행정사(行政士)의 구별이 있음. 대서사.

대:서-특필 (大書特筆) **명하타** 어떤 사실이나 사건을 특히 두드러지게 글자를 크게 쓴다는 뜻으로, 어떤 기사에 큰 비중을 두어 다룸. 특필대서. □ 신문에 ~로 게재되다.

대:석 (貸席) **명** 돈을 받고 빌려 주는 좌석.

대석 (臺石) **명** 받침돌.

대:석 (對石) **명** 한 마지기의 논에서 벼 한 섬이 나는 일.

대:석 (對席) **명하자** 자리를 마주하거나 같이함.

대:석 판결 (對席判決) 〖법〗 민사 소송에서, 소송 당사자의 쌍방이 모두 출석한 자리에서 심리하여 내리는 판결. 대심(對審) 판결. ↔ 결석 판결.

대:선 (大仙) **명** 1 뛰어난 신선. 2 〖불〗 '석가여래'를 달리 이르는 말.

대:선 (大船) **명** 큰 배. □ 인천항에는 ~이 많이 정박한다.

대:선 (大選) **명** 1 〖역〗 고려·조선 때, 승과에 입격(入格)한 사람에게 주던 법계. 2 '대통령 선거'를 줄여 이르는 말. □ ~에서 압도적인 표차로 당선되다.

대:선 (大禪) **명** 〖불〗 선종(禪宗)의 초급 법계.

대:-선거구 (大選擧區) **명** 두 사람 이상의 의원을 선출하는 선거구.

대:-선배 (大先輩) **명** 1 일정한 분야에 먼저 들어서서 활동해, 경험이 많고 능력이 있는 사람. □ 그는 직장 ~이다. 2 자신이 나온 학교를 오래전에 나온 사람. □ 그는 우리보다 15년 먼저 학교를 나온 ~이다.

대:-선사 (大禪師) **명** 〖불〗 선종(禪宗)의 가장 높은 법계.

대:설 (大雪) **명** 1 이십사절기의 하나《양력 12월 7일경. 이 무렵에 눈이 가장 많이 내린다

고 함》. 2 아주 많이 내린 눈. 장설(壯雪). □ ~로 교통이 두절되다.

대:설 경:보 (大雪警報) 기상 정보의 하나. 24시간 적설량이 20 cm 이상 예상될 때에 발표함《산지의 경우는 24시간 적설량 30 cm 이상일 때 내림》.

대:설 주:의보 (大雪注意報)[- / -이-] 기상 주의보의 하나. 24시간 적설량이 5 cm 이상 예상될 때에 발표함.

대:성 (大成) **명하자** 크게 이루어지거나 성취함. 또는 그런 성과. □ ~한 인물.

대:성 (大姓) **명** 1 집안이 번성한 성씨. 2 지체가 높은 집안의 성씨. 거성(巨姓).

대:성 (大盛) **명하자** 크게 번성함.

대:성 (大聖) **명** 1 지극히 거룩한 사람. 2 '공자'를 높이어 이르는 말. 3 석가처럼 올바른 깨달음을 얻은 사람을 높이어 이르는 말.

대:성 (大聲) **명** 큰 목소리. □ ~일갈(一喝).

대:성-가문 (大姓家門) **명** 후손이 번성하고 세력이 있는 집안.

대:성공 (大成功) **명하자** 큰 성공. 또는 크게 성공함. □ 예상보다는 ~이다.

대:성당 (大聖堂) **명** 〖가〗 교구의 중심이 되는 성당. 주교좌성당.

대:성-마 (戴星馬) **명** 이마에 흰 털의 점이 마치 별처럼 박힌 말.

대:성-성 (大猩猩) **명** 〖동〗 고릴라.

대:성-악 (大晟樂) **명** 〖악〗 중국 송나라 때의 음악《고려·조선 시대 아악의 기초가 됨》.

대:성-전 (大成殿) **명** 문묘 안에 공자의 위패를 모신 전각.

대:-성전 (大聖殿) **명** 〔라 basilica〕 〖가〗 종교적 특권이 주어진 성 베드로 대성전, 요한 라테라노 대성전 등 일곱 성당의 일컬음《원래는 초기 기독교회의 직사각형 성당의 이름》.

대:성지행 (戴星之行) **명** 타향에서 어버이의 부음(訃音)을 받고 밤을 새워 집으로 돌아가는 길.

대:성-질호 (大聲叱呼) **명하자** 큰 목소리로 꾸짖음. 대성일갈.

대:성-통곡 (大聲痛哭) **명하자** 큰 소리로 목놓아 슬피 욺. □ 모친의 부음을 듣자마자 ~하며 쓰러졌다.

대:-성황 (大盛況) **명** 매우 큰 성황. 또는 몹시 성대한 판. □ ~을 이루다.

대:세 (大勢) **명** 1 일이 진행되어 가는 결정적인 형세. □ ~를 파악하다 / ~를 따르다 / ~는 이미 우리 편으로 기울어졌다. 2 큰 권세. □ ~을 쥐다. 3 병이 위급한 상태.

대:세 (代洗) **명** 〖가〗 사제를 대신하여 예식을 생략하고 세례를 베푸는 일.

대:세지-보살 (大勢至菩薩) **명** 〖불〗 아미타불의 오른쪽에 있는 보살. 지혜문을 맡고 있으며 삼도의 중생을 제도하는 무상한 힘이 있다고 하는 보살.

대:소 (大小) **명** 사물의 크고 작음. 큰 것과 작은 것. □ ~의 점포가 죽 늘어서 있다.

대:소 (大笑) **명하자** 크게 웃음. □ 앙천(仰天) ~하다.

대:소 (代訴) **명하타** 소송 당사자를 대신하여 소송함.

대:소 (對訴) **명하자타** 맞고소.

대:소-가 (大小家) **명** 1 집안의 큰집과 작은집. 2 본처의 집과 첩의 집. 또는 본처와 첩.

대:소-경중 (大小輕重) **명** 1 큰 것과 작은 것 또는 가벼운 것과 무거운 것이라는 뜻으로, 중요한 것과 덜 중요한 것이나 기본적인 것과 부차적인 것을 아울러 뜻하는 말. □ ~을

가릴 틈이 없었다. **2** 여러 가지로 다양함. ▣ ~의 집안일을 도맡아 처리하다.

대:-소기 (大小朞)명 대소상(大小祥).
대:-소댁 (大小宅)[一땍]명 '대소가'의 높임말.
대:-소동 (大騷動)명 큰 소동. ▣한바탕 ~이 벌어지다.
대:-소민 (大小民)명 벼슬아치와 일반 백성을 합친 모든 백성.
대:-소변 (大小便)명 똥과 오줌. 대소피. ▣~을 못 가리다.
대:-소-사 (大小事)명 크고 작은 모든 일. ▣집안 ~를 도맡다.
대:-소상 (大小祥)명 대상과 소상. 대소기.
대:-소수 (帶小數)명 〔수〕정수 부분이 0이 아닌 소수(3.14 따위).
대:-소-역 (大小疫)명 **1** 천연두와 홍역. **2** 살아 가면서 겪는 크고 작은 어려운 일.
대:-소-월 (大小月)명 큰달과 작은달.
대:-소-인원 (大小人員)명 높고 낮은 모든 벼슬아치.
대:-소장 (大小腸)명 대장과 소장.
대:-소종 (大小宗)명 한 종파(宗派)의 대종과 소종.
대-소쿠리 명 대로 결어 만든 소쿠리. ▣나물을 씻어서 ~에 받쳐 말리다.
대:-소-피 (大小避)명 '대소변'을 완곡하게 이르는 말.
대:-속 (代贖)명하타 **1** 〔기〕예수가 십자가의 보혈(寶血)로 인류의 죄를 대신 씻어 구원한 일. **2** 남의 죄를 대신하여 당하거나 대신 속죄(贖罪)함.
대:-손 (大損)명 큰 손해.
대:-손 (貸損)명 외상 매출금·대출금 등을 돌려 받지 못하여 손해를 보는 일.
대:-손 준:비금 (貸損準備金)〔경〕대손 충당금(貸損充當金).
대:-손 충당금 (貸損充當金)〔경〕부기에서, 외상 매출금·대출금 가운데 회수 불능이 예상될 때에는 그 선적 채권이 속하는 과목마다 회수 불능 예상 금액을 공제하는 형식으로 기재하게 되는데, 이때의 회수 불능 예상 금액을 이름. 준:대손 충당비금.
대:-솔 (大一)명 큰 소나무. 대송(大松).
대솔 (帶率)명하타 **1** 영솔(領率). **2** '대솔하인'의 준말.
대:-솔-장작 (大一長斫)명 대송장작.
대:-솔-하라지 (大一)명 큰 소나무의 가지를 잘라서 패 놓은 장작.
대솔-하인 (帶率下人)명하자 **1** 귀한 사람을 모시고 다니는 하인. **2** 하인을 거느림. 준대솔.
대:-송 (大松)명 대솔.
대:-송 (代送)명하타 다른 것으로 대신 보냄. 체송(替送). ▣상품을 ~하다.
대:-송 (代誦)명하타 〔가〕정규의 기도문 대신에 간략한 다른 기도문을 욈.
대:-송 (對訟)명하자 〔법〕응소(應訴).
대:-송-작 (大松斫)명 큰 소나무를 잘라서 팬 장작. 대솔장작.
대:-수 (大一)〔一大事〕중요한 일. 대단한 일. 최상의 일《주로 부정문이나 의문문에 씀》. ▣돈벌이만 잘하면 ~냐.
대:-수 (大水)명 큰물․3.
대:-수 (大壽)명하자 장수(長壽).
대:-수 (大綬)명 무궁화 대훈장·수교 훈장·건국 훈장의 1, 2등급 및 각종 1등급의 훈장을 받은 이의 어깨에서 허리에 걸쳐 드리우는 넓고 큰 띠.
대:-수 (大數)명 **1** 큰 수. **2** 대운(大運)1. **3** 소

수(小數)에 대해 1보다 큰 수를 일컫는 말. **4** 물건의 수가 많음.
대:-수 (代囚)명하타 〔역〕죄인을 가두지 못할 사정에 처했거나 진범인을 잡지 못하였을 경우, 그 관계자나 근친자(近親者)를 대신 가두어 두던 일.
대:-수[1] (代數)명 '대수학'의 준말.
대:-수[2] (代數)[一쑤]명 세대(世代)의 수효.
대:-수 (對手)명 적수(敵手).
대:-수 (對數)명 〔수〕'로그(log)'의 구용어.
대수 (臺數)[一쑤]명 차·기계 따위의 수. ▣화물차보다 승용차 ~가 많다.
대:-수 곡면 (代數曲面)[一공一]명 〔수〕삼차원에서, 한 개의 대수 방정식의 자취가 나타내는 곡면.
대:-수 곡선 (代數曲線)[一썬]명 〔수〕'로그 곡선'의 구용어.
대:-수 기하학 (代數幾何學)명 〔수〕대수 방정식의 자취·대수 곡면·로그 곡선에 대해 연구하는 해석 기하학의 한 부문.
대:-수-롭다 (一따)[一로워, 一로우니]형ㅂ 〔←대사(大事)롭다〕중요하여 여길 만하다《부정하는 말 또는 의문문에 흔히 씀》. ▣대수롭지 않은 일에 화를 내다. 대:-수-로이甲. ▣~여기지 않다.
대:-수 방안지 (對數方眼紙)〔수〕'로그 모눈종이'의 구용어.
대:-수 방정식 (代數方程式)〔수〕몇 개의 미지수에 관하여 두 개의 대수식을 등호(等號)로 연결한 방정식.
대:-수 법칙 (大數法則)〔수〕대수의 규율성에 의해 나타나는 법칙. 동전을 열 번이나 스무 번 정도로 던졌을 때에 그 표면이 나타나는 비율은 각각 다르나, 이것을 몇 천 번 또는 몇 만 번 던지면 그 중에 동전의 표면이 나타나는 비율은 거의 일정해진다는 경험 법칙.
대:-수술 (大手術)명하타 〔의〕대규모로 하는 수술. ▣심장 수술은 ~이다.
대:-수-식 (代數式)〔수〕대수의 가·감·승·제·멱(冪)·근(根)의 여섯 기호 중 몇 개로 연결된 식.
대:-수-척 (對數尺)명 〔수〕'로그자'의 구용어.
대:-수-표 (對數表)명 〔수〕'로그표'의 구용어.
대:-수-학 (代數學)명 〔수〕숫자 대신에 문자를 기호로 사용하여 수의 성질이나 관계 따위를 연구하는 학문.
대:-수 함:수 (對數函數)[一쑤]명 〔수〕'로그 함수'의 구용어.
대:-숙청 (大肅淸)명 큰 규모의 숙청. ▣그는 집권을 하자마자 ~을 단행했다.
대-순 (一筍)명 죽순(竹筍).
대:-순환 (大循環)명하자 〔생〕심장의 좌심실(左心室)에서 대동맥으로 흐르는 피가 온몸을 돈 뒤 대정맥을 통해서 우심방으로 들어오는 순환 계통. 체(體)순환.
대-숲 (一숲)명 대로 이루어진 숲. 죽림(竹林).
대:-습-상속 (代襲相續)[一쌍一]명 〔법〕법정 상속권자가 어떤 사유로 상속권을 상실하였을 경우, 그의 직계 비속이 대신 상속하는 일.
대:-승 (大乘)명 〔불〕소승 불교가 개인의 해탈에 힘쓰는 데에 대하여, 인간 전체의 평등과 성불(成佛)을 이상으로 삼는 교리(소승처럼 소극적·형식적이 아니고 적극적·활동적임). ↔소승(小乘).
대:-승 (大勝)명하자 싸움이나 경기에서 크게

이김. 대승리. 대첩(大捷). ❏한국 선수가 ~을 거두다. ↔대패(大敗).

대:승(代承) 명하타 대를 이음.

대:승-경(大乘經) 명『불』대승의 교법을 해설한 다섯 가지의 불경. 곧, 화엄경(華嚴經)·대집경(大集經)·반야경(般若經)·법화경(法華經)·열반경(涅槃經) 대승 오부(大乘五經). ⇒소승경(小乘經).

대:승-교(大乘敎) 명『불』대승 불교. ↔소승교(小乘敎).

대:-승리(大勝利)[-니] 명하자 겨루어서 크게 이김. 또는 그런 승리. 대승. ❏아군이 ~를 거두었다.

대:승 불교(大乘佛敎)『불』대승의 교리를 기본 이념으로 하는 불교《삼론(三論)·법상(法相)·화엄·천태·진언·율(律)·선종 따위가 있음》. 대승교. ↔소승 불교.

대:-승-적(大乘的) 관명 부분적인 것이나 개인적인 것에 얽매이지 않고, 보다 높고 큰 관점에서 판단하고 행동하는 (것). 대국적. ❏~견지. ↔소승적.

대:-승정(大僧正) 명『불』승려가 오를 수 있는 가장 높은 벼슬.

대:시(待時) 명하자 때를 기다림.

대시(臺侍) 명『역』대간(臺諫)으로서 임금을 가까이에서 모시는 일을 맡아보던 직분. 또는 그런 사람.

대시(dash) 명하타 1 돌진. 역주. 2 구와 구 사이에 넣는 '-'의 접속 기호. 줄표. 3 수학 등에서의 '′'의 기호. --하다 자어 일을 적극적으로 추진하다. ❏그녀에게 한번 대시해 볼까.

대:-식[1](大食) 명하타 1 아침·저녁의 끼니. 2 음식을 많이 먹음. 3 '대식가'의 준말. ↔소식(小食).

대:-식[2](大食) 명『역』아바스 왕조(Abbas王朝) 때의 사라센(Saracen)을 중국 당나라에서 부르던 이름.

대식(帶蝕) 명 해나 달이 이지러진 채로 뜨거나 지는 현상.

대:식(對食) 명하타 마주 앉아서 먹음.

대:-식-가(大食家)[-까] 명 음식을 남달리 많이 먹는 사람. ❏그는 키는 작아도 ~이다. 준대식(大食).

대:-식구(大食口)[-꾸] 명 많은 식구. 식구가 많음. ❏홍부네는 ~였다.

대:-식-한(大食漢)[-시칸] 명 '음식을 많이 먹는 사나이'를 낮잡아 이르는 말.

대:신(大臣) 명 1『역』의정(議政)을 통틀어 이르는 말. 2『역』조선 고종(高宗) 때, 궁내부(宮內府) 각부의 으뜸 벼슬. 3 군주국(君主國)에서 장관(長官)을 이르는 말. 대관(大官). [대신 댁 송아지 백정 무서운 줄 모른다] 남의 권력만 믿고 안하무인 격인 사람의 비유.

대:-신(大神) 명 1 무서운 귀신《천동대신이나 지동대신 따위》. 2 《원시 종교나 신화 등에 나타나는》 오직 하나인 최고의 신. 3 '무당'을 낮추어 이르는 말.

대:신(代身) 명하자타 1 남의 구실이나 책임을 떠맡음. ❏내 ~ 인사를 전해 다오 / 아버지를 ~해서 아들이 상을 받다. 2 어떤 행동이나 사물, 상태를 다른 것으로 갈아 채움. ❏대답 ~에 고개를 끄덕이다 / 가벼운 목례로 인사를 ~하다. 준대(代).

대신(臺臣) 명『역』사헌부(司憲府)의 대사헌 이하 지평(持平)까지에 이르는 관원을 통틀

어 이르던 말.

대:실(貸室) 명 세를 받고 방을 빌려 줌. 또는 그 방.

대:-소망(大失所望) 명하자 바라던 것이 아주 허사가 되어 크게 실망함.

대:심(對審) 명하타 『법』소송의 양쪽 당사자를 출석하게 하여 심리함. 또는 그런 심리(審理). 민사 소송에서는 구술 변론(口述辯論), 형사 소송에서는 공판 기일의 절차를 뜻함.

대:심 판결(對審判決) 대석 판결.

대-싸리 명『식』☞댑싸리.

대:아(大牙) 명 뒤어금니.

대:아(大我) 명 1『철』우주의 유일·절대의 본체. 2『불』우주의 본체로서 참된 나.

대:아(大雅) 명 1 나이가 비슷한 친구나 문인에 대하여 편지 겉봉의 상대편 이름 밑에 써서, '높게' 정도의 뜻을 나타내는 말. 2 시경육의(六義)의 하나. 큰 정치를 읊은 정악(正樂)의 노래.

대:아(大衙) 명『역』지방관으로 있는 아버지나 형에게 편지할 때 겉봉에 그 고장 이름 아래 쓰던 말.

대:-아라한(大阿羅漢) 명『불』아라한 중에서 지위나 덕이 가장 높은 사람.

대:-아찬(大阿飡) 명『역』신라 때, 17관등(官等)의 다섯째 등급《파진찬(波珍飡)의 아래, 아찬(阿飡)의 위》.

대:악(大惡) 명 매우 못된 짓. 또는 그런 짓을 하는 사람.

대:악(大嶽·大岳) 명 크고 험한 산.

대악(碓樂) 명『악』신라 자비왕 때, 백결 선생(百結先生)이 방아 찧는 소리를 시늉하여 지었다고 하는 노래. 지금은 전하지 아니함.

대:악-무도(大惡無道)[-양-] 명하형 아주 악독하고 사람의 도리에 어긋나 막됨. ❏~한 죄를 범하다.

대:-악절(大樂節)[-쩔] 명『악』큰악절.

대:안(代案) 명 어떤 안을 대신하는 다른 안. ❏~ 학교 / ~을 내놓다 / ~을 제시하다 / ~을 마련하다 / 새로운 ~을 찾다.

대:안(對岸) 명 강이나 호수 따위의 건너편에 있는 기슭이나 언덕. ❏~을 보듯 하다.

대:안(對案) 명하자 1 책상이나 밥상 등을 사이에 두고 마주 대하여 앉음. 2 어떤 일에 대처할 방안. ❏~을 마련하다.

대안(臺顏) 명 존안(尊顏).

대:안렌즈(對眼lens) 명『물』접안렌즈(接眼lens).

대:안-하다(大安-) 형어 아주 평안하다《나이가 비슷한 친구 사이에 주고받는 편지에서, 안부를 물을 때 씀》. ❏그간 대안하신지.

대암-풀 명『식』자란(紫蘭).

대:액(大厄) 명 몹시 사나운 운수. ❏~이 닥치다 / ~을 당하다.

대야 명 물을 담아 얼굴이나 손발 따위를 씻을 때 쓰는 둥글넓적한 그릇. 세면기. ❏~에 발을 담그다.

-대야 어미 '-다고 하여야'의 준말. ❏공부를 한~ 책을 사 주지.

대:약(大約) 명 사물의 골자. 대요(大要).

대:양(大洋) 명 세계의 해양 가운데에 특히 넓고 큰 바다《태평양·대서양 따위》.

대:양(對揚) 명 임금의 명을 받들어 그 뜻을 백성에게 널리 알리는 일.

대:양-도(大洋島) 명『지』대륙과는 관계없이 처음부터 따로 떨어져 있는 섬《하와이·울릉도·독도 따위가 이에 속함》. 준양도.

대:양-만(大洋灣) 명『지』대양에 바로 면하

여 있는 만.

대:양 문화 (大洋文化) 내해(內海) 문명의 뒤를 이어 대서양·태평양을 중심으로 발달한 바다 중심의 문화.

대:양-저 (大洋底) 명 『지』 1 크고 넓은 바다의 바닥. 바다 밑. 2 '대양'이라 불리는 바다의 깊은 바다.

대:양-주 (大洋洲) 명 『지』 오세아니아(Oceania).

대:어 (大魚) 명 큰 물고기.
대어를 낚다 관 ㉠매우 규모가 크거나 가치 있는 것이 걸리다. ㉡사람의 선발 등에서, 능력이나 실력이 뛰어난 사람을 얻다.

대:어 (大語) 명하지 큰소리3.

대:어 (大漁) 명 물고기가 많이 잡힘. 풍어(豊漁). ↔불어(不漁).

대:어 (對語) 명하지 1 직접 상대하여 하는 말. 대언(對言). 2 의미상 서로 대응이 되는 말.

대:언 (大言) 명하지 큰소리3.

대:언 (代言) 명하지 1 남을 대신하여 말함. 2 『역』 고려 때, 왕명을 하달(下達)하는 일을 맡아보던 벼슬. 승지를 고친 이름.

대:언 (對言) 명하지 마주 대하여 말함. 대어(對語). 口~하기가 거북하다.

대:언-장담 (大言壯談) 호언장담.

대:업 (大業) 명 1 큰 사업. 口조국 통일의 ~. 2 나라를 세우는 일. 홍업(洪業).

대:여 (大輿) 명 왕실의 초상을 치를 때 쓰던 큰 상여. 대방상. 口~꾼. ↔소여.

대:여 (貸與) 명하타 빌려 주거나 꾸어 줌. 대급. 口~금(金) / 각종 용품을 ~해 주다.

대:여 금고 (貸與金庫) 은행 등의 금융 기관에서 대형 금고 속에 설치하여 고객에게 이용케 하는 작은 금고.

대:여-료 (貸與料) 명 빌려 쓰는 물건에 대하여 무는 요금. 口사무실 ~가 밀리다.

대:-여섯 [-선] 주관 다섯이나 여섯가량(의). 口~ 명이 덤벼들다 / ~이 기다리고 있었다 / ~ 명밖에 모이지 않았다. ㉰대엿.

대:여섯-째 [-선-] 주 다섯째나 여섯째.

대:여-점 (貸與店) 명 돈을 받고 일정 기간 동안 특정한 물품을 빌려 주는 가게. 口책 ~.

대:역 (大役) 명 1 책임이 무거운 직책이나 직무. 口어린 나이에 회사의 ~을 맡다. 2 '대역사(大役事)'의 준말.

대:역 (大逆) 명 왕권을 침해하거나 임금이나 부모를 죽이는 따위의, 국가나 사회를 어지럽히는 큰 죄. 口~의 죄를 범하다.

대:역 (代役) 명하지 1 연극이나 영화에서 어떤 배우의 배역을 다른 사람이 대신 맡아 하는 일. 또는 그 사람. 口~을 쓰다. 2 지난날, 돈을 받고 다른 사람을 대신하여 신역(身役)을 치르던 일.

대:역 (對譯) 명하타 원문과 번역문을 대조할 수 있게 나란히 나타내는 일. 또는 그 번역.

대:역-무도 (大逆無道) [-영-] 명하형 대역으로 사람의 도리에 몹시 어그러짐. 또는 그런 행위. 대역부도.

대:역-부도 (大逆不道) [-뿌-] 명하형 대역무도(大逆無道).

대:-역사 (大役事) [-싸] 명 매우 큰 토목이나 건축 따위의 공사. ㉰대역.

대:역-세 (代役稅) [-쎄] 명 『역』 조선 때, 신역(身役)이나 군역 대신 베로 바치던 조세.

대:역-죄 (大逆罪) [-쬐] 명 대역을 범한 죄. 口국가의 기밀을 훔치는 ~를 저지르다.

대:역-토 (大驛土) 명 『민』 육십갑자에서, 무신(戊申)과 기유(己酉)에 붙이는 납음(納音).

587 　　　　　　　　　　　　　　대외 주권

대:연 (大宴) 명 큰 잔치. 口~을 베풀다.

대:-연습 (大演習) 명 『군』 많은 병력과 장비를 동원하여 벌이는 군사 연습.

대:열 (大熱) 명 1 고열(高熱). 2 매우 심한 더위. 대서(大暑).

대:열 (大閱) 명하타 『역』 왕이 몸소 군대를 정렬시켜 검열함. 열무(閱武).

대:열 (隊列) 명 1 줄을 지어 늘어선 행렬. 口~의 선두에 서다 / ~을 벗어나 행진하다 / ~에서 이탈하다 / ~이 흐트러지다. 2 어떤 활동을 할 목적으로 모인 무리. 口민주화의 ~ / 혁명의 ~에 가담하다.

대:열-하다 (大悅-) 자타어 매우 기뻐하다. 口합격 소식에 ~.

대:-염불 (大念佛) 명 『불』 많은 사람이 모여 큰 소리로 하는 염불.

대:-엿 [-연] 주관 '대여섯'의 준말.

대:엿-새 [-열째] 명 닷새나 엿새가량. 口금방 ~가 지나갔다.

대:엿샛-날 [-열쌘-] 명 닷새나 엿새째의 날.

대:영 (代詠) 명하지 다른 사람을 대신하여 시가(詩歌)를 읊음. 또는 그 시가.

대:오 (大鳥) 명 『역』 신라 때, 십칠 관등의 열다섯째 등급.

대:오 (大悟) 명하지 1 『불』 번뇌에서 벗어나 진리를 크게 깨달음. 2 크게 깨달음. 똑똑히 이해함.

대오 (隊伍) 군대의 항오(行伍). 군대 행렬의 줄. 口~를 맞추다 / ~를 지어 나아가다. ㉰대(隊).

대:오-각성 (大悟覺醒) [-썽] 명하지 진실을 깊이 깨닫고 올바르게 정신을 가다듬음. 口그는 ~하여 새사람이 되었다.

대:-오공 (大蜈蚣) 명 『동』 왕지네.

대:-오다 자너라 정한 시간에 맞추어 오다. 口제 날짜에~. ↔대가다.

대-오리 명 가늘게 쪼갠 댓개비. 口~로 바구니를 엮는다.

대:-오방기 (大五方旗) 명 『역』 조선 때, 진중(陣中)에서 방위를 나타내던 기치(旗幟). 주작기·청룡기·등사기(騰蛇旗)·백호기·현무기(玄武旗)의 다섯 가지로 됨. ㉰대기.

대:오-철저 (大悟徹底) [-쩌] 명 『불』 1 크게 깨달아서 번뇌의 의혹이 없어짐. 2 우주(宇宙)의 대아(大我)를 남김없이 모두 앎.

대:옥 (大屋) 명 큰 집.

대:옥 (大獄) 명 중대한 사건으로 여러 사람이 감옥에 갇히게 되는 일.

대:-완구 (大碗口) 명 『역』 조선 때, 쇠나 돌로 만든 둥근 탄알을 넣어 쏘던 큰 화포(火砲).

대:왕 (大王) 명 1 '선왕'의 높임말. 2 훌륭하고 뛰어난 임금을 높여 일컫는 말.

대:왕-대:비 (大王大妃) 명 왕의 살아 있는 할머니를 이르는 말.

대:외 (對外) 명 외부 또는 외국에 대함. 口~문제 / ~ 원조. ↔대내(對內).

대:외-비 (對外祕) 명 직무 수행상 외부를 상대로 알려지지 않도록 비밀로 함. 口이 개발 계획은 ~이다.

대:외-용 (對外用) 명 외부 또는 외국에 대하여 씀. 또는 그런 용도. ↔대내용.

대:외-적 (對外的) 관명 외부나 외국을 상대로 하는 (것). 口~인 위신. ↔대내적.

대:외 주권 (對外主權) [-꿘] 외국과의 관계에서 다른 나라의 간섭을 받지 않고 독립적으로 평등한 자격자로서 행동할 수 있는 권리.

대:외 투자 (對外投資)〖경〗외국에 대한 자본의 투자. 해외 투자.

대:요 (大要)圏 대략의 줄거리. ▢사건의 ~.

-대요 어미 '-다고 해요'가 줄어든 말. 1 듣거나 본 사실을 인용하여 말함. ▢잘 생각나지 않는~. 2 듣거나 본 사실을 인용하여 그것이 사실인지 아닌지를 묻는 것을 뜻함. ▢그럼, 왜 그런 말을 했~.

대:욕 (大辱)圏 큰 치욕. ▢지난 축구 시합에서 당한 ~을 잊을 수 없다.

대:욕 (大慾·大欲)圏 큰 욕망이나 관심. ▢~은 무욕(無慾)과 같다 / 너무 ~을 부려서는 안 된다.

대:용 (大用)圏하타 1 큰 벼슬에 등용함. 2 크게 씀.

대:용 (大勇)圏 큰 용기.

대:용 (代用)圏하타 다른 것의 대신으로 씀. 또는 그 물건. ▢책을 베개~으로 쓰다.

대:용 (貸用)圏하타 빌려 씀. 차용.

대:-용량 (大容量)[-냥]圏 아주 큰 용량. ▢~의 세탁기.

대:용량 기억 장치 (大容量記憶裝置)[-냥-짱-]〖컴〗컴퓨터 내부의 주기억 장치에 비하여 매우 큰 기억 용량을 가지는 기억 장치. 디스크·테이프·드럼 따위가 있음.

대:용-물 (代用物)圏 어떤 것의 대신으로 쓰는 물건. ▢현금의 ~이 수표이다.

대:용-식 (代用食)圏 주식 대신으로 먹는 음식. ▢빵은 밥의 ~으로 먹는다.

대:용-작 (代用作)〖농〗1 대파(代播). 2 대용 작물.

대:용 작물 (代用作物)[-짱-] 심으려던 곡식을 심을 수 없어 대신 심는 농작물. 대용작.

대:용 증권 (代用證券)〖경〗금전 대신 사용할 수 있는 증거금·담보 등에 제공할 수 있는 유가 증권.

대:용-품 (代用品)圏 어떤 물품을 대신하여 쓰는 물품. 대품(代品). ▢천연 모피 ~으로 인조 모피를 쓴다.

대우圏 이른 봄에 보리나 밀을 심은 밭의 이랑이나 이랑 사이에 콩이나 팥 따위를 드문드문 심는 일. ▢~콩 / ~팥.

대우(를) 파다[내다]⬚ 다른 작물을 심은 밭이랑에 콩이나 팥 등을 심다.

대:우 (大愚)圏하행 몹시 어리석음. ↔대지(大智).

대:우 (大憂)圏 1 큰 근심. 2 부모의 상(喪). 친상(親喪).

대:우 (大雨)圏 큰비. ↔소우(小雨).

대:우 (待遇)圏하타 1 어떤 사회적 관계에서 대하는 태도나 방식. ▢차별 ~ / 부당한 ~를 받다. 2 직장 따위에서 받는 보수의 수준이나 지위. ▢~가 좋다 / ~를 개선하다. 3 예의를 갖추어 대함. ▢귀빈 ~ / 융숭한 ~를 받다. 4 직위를 나타내는 말 뒤에 붙어, 그에 준하는 대접을 받는 직위임을 나타냄. ▢부장 ~ / 이사 ~.

대:우 (對偶)圏 1 둘이 서로 짝을 지음. 또는 둘을 서로 짝을 짓게 함. 2〖논〗어떤 명제에 대해 그 종결의 부정을 가설로 하고, 가설을 부정한 것을 종결로 한 명제의 일컬음.

대:-우법 (對偶法)[-뻡]〖수〗수사법(修辭法)에서, 어떤 두 개의 사물을 상대시켜 대립의 미(美)를 나타내는 표현 방법.

대:-우주 (大宇宙)〖철〗자아(自我)를 소우주라 이르는 데 대해 실제의 우주를 일컫는

말. 마크로코스모스.

대:운 (大運)圏 1 몹시 좋은 운수. 대수(大數). ▢~이 트이다. 2 하늘과 땅 사이에 돌아가는 길흉화복의 운수. ▢~을 만나다.

대-울圏 대울타리.

대-울타리圏 1 굵은 대나무를 쪼개서 걸어 만든 울타리. 2 대를 촘촘히 심어 만든 울타리. 대울. 죽리.

대:웅 (大雄)〖불〗'부처'의 덕호(德號).

대:웅-성 (大熊星)〖천〗큰곰자리의 별.

대:웅-전 (大雄殿)〖불〗석가모니불을 본존(本尊) 불상으로 모신 법당. [참고] 대웅전을 '아미타불'을 본존으로 하는 '극락전(極樂殿)', '비로자나불'을 봉안(奉安)하는 '대적광전(大寂光殿)'과 함께 삼대 불전(佛殿)의 하나임.

대:웅-좌 (大熊座)〖천〗큰곰자리.

대:원 (大圓)圏 1 큰 원. 2〖수〗어떤 구(球)를 그 중심을 통하는 평면으로 자른 단면의 원. 또는 그 둘레. 대권(大圈). ↔소원(小圓).

대:원 (大願)圏 1 큰 소원. ▢~을 이루다. 2〖불〗부처가 중생을 구하고자 하는 서원(誓願)이나, 중생이 부처가 되려는 서원.

대:원 (代員)圏 남을 대신하여 사무를 보는 사람.

대:원 (代願)圏하타 1 남을 대신하여 원함. 2 남을 대신하여 신불(神佛)에게 비는 일. 또는 그 사람.

대원 (隊員)圏 부대나 집단을 이루고 있는 사람. ▢탐험대 ~.

대:원경-지 (大圓鏡智)〖불〗사지(四智)의 하나. 큰 거울에 삼라만상이 그대로 비치듯이 원만하고 분명한 지혜.

대:원-군 (大院君)〖역〗왕위를 이을 적자손이 없어 왕족 중에서 왕위를 이어받았을 경우, 그 왕의 친아버지에게 봉(封)하던 직위. ▢흥선(興宣) ~.

대:원-근 (大圓筋)〖생〗겨드랑이의 근육.

대:원 본존 (大願本尊)〖불〗부처 없는 세상에서 모든 중생을 제도하고 나중에 부처가 되겠다는 대원(大願)을 지니고 있는 지장보살(地藏菩薩)을 이르는 말.

대:-원수 (大元帥)〖군〗국가의 전군(全軍)을 통솔하는 최고 계급인 원수(元帥)를 높이어 일컫는 칭호.

대:-원칙 (大原則)圏 근본이 되는 가장 중요한 원칙. ▢~을 지키다.

대:월 (貸越)圏〖경〗'당좌 대월'의 준말.

대:월-금 (貸越金)圏 당좌 대월을 한 돈.

대:-월지 (大月氏)[-찌]圏〖역〗기원전 3세기경, 중앙아시아 아무 강(Amu江) 유역에 터키 계통의 민족이 세운 나라(당시 불교 문화의 중심지였음).

대:월-한 (貸越限)圏〖경〗은행이 거래선과 협의하에 정한 당좌 대월의 최고액.

대:위 (大位)圏 매우 높은 관위나 지위. ▢~에 오르다.

대:위 (大尉)圏〖군〗위관(尉官)의 으뜸 계급(중위(中尉)의 위, 소령(少領)의 아래).

대:위 (代位)圏하자〖법〗제삼자가 타인의 법률상의 지위를 대신하여 그가 가진 권리를 얻거나 행사하는 일.

대위 (臺位)圏〖역〗삼공(三公)의 지위.

대:위덕 (大威德)〖불〗'대위덕명왕(大威德明王)'의 준말.

대:위덕-명왕 (大威德明王)[-덩-]〖불〗오대 명왕(五大明王)의 하나. 서쪽을 지키며 독사(毒蛇)·악룡(惡龍)이나 원적(怨敵)으로부터

중생을 지켜 준다고 함. [준]대위덕.
대:위-법 (對位法)[-뻡] [명] **1** 각각 독립하여 진행하는 많은 선율을 동시에 결합시켜 하나의 조화된 곡을 이루는 기법. **2** 영화 따위에서, 한 화면에 다른 화면이 더해져서 통일된 한 영상을 나타내는 기법.
대:위 변:제 (代位辨濟) 〔법〕 제삼자가 채무를 갚음으로써 채무자에 대한 채권을 취득하는 일. 대위 판제.
대:위 소권 (代位訴權)[-꿘] 〔법〕 채권자 대위권(債權者代位權).
대:위 판제 (代位辦濟) 〔법〕 대위 변제.
대:유 (大有) [명] '대유괘(大有卦)'의 준말.
대:유 (大儒) [명] 학식이 높은 선비. 거유(巨儒).
대:유-괘 (大有卦) [명] 육십사괘의 하나. 이괘(離卦)와 건괘(乾卦)가 거듭된 것으로, 불이 하늘에 있음을 상징함. [준]대유(大有).
대:유-년 (大有年) [명] 크게 풍년이 든 해. ↔대살년.
대:유-법 (代喩法)[-뻡] [명] 수사법에서, 비유법의 한 가지. 사물의 한 부분이나 그 속성을 들어서 전체나 자체를 나타냄(('백의의 천사'로 간호사를, '요람에서 무덤까지'로 태어나서 죽을 때까지를 나타내는 따위)).
대:-유행 (大流行) [명][하자] 한때 사회에 널리 퍼져 떠돎. 또는 그런 것. ❑올해는 개량 한복이 ~이다 / 요즘 일본 독감이 ~하고 있다.
대:-윤도 (大輪圖) [명] 방위를 가리키는 큰 윤도.
대:-윤차 (大輪次) [명] 〔역〕 과거에 떨어진 사람에게 다시 보이던 시험.
대:율 (大律) [명] 대법¹(大法)1.
대:은 (大恩) [명] 넓고 큰 은혜.
대:은 교:주 (大恩敎主) 〔불〕 '석가모니'를 높이어 이르는 말.
대:음 (大飮) [명][하타] 술을 많이 마심. 또는 그런 사람.
대:음 (對飮) [명][하자타] 대작(對酌).
대:음-극 (對陰極) [명] 〔물〕 이온 엑스선관(ion X線管) 등의 초기 엑스선관에서 음극의 반대쪽인 양극을 이르는 말.
대:읍 (大邑) [명] 주민과 산물이 많고 땅이 넓은 고을. 웅읍(雄邑). ↔소읍.
대:응 (對應) [명][하자] **1** 어떤 일이나 사태에 알맞은 조치를 취함. ❑법적 ~. **2** 어떤 두 대상이 주어진 어떤 관계에 의하여 서로 짝을 이루는 일. 또는 그렇게 함. ❑문장의 구성 요소들이 서로 ~ 관계를 이루다. **3** 〔수〕 두 집합의 원소끼리 서로 짝을 이루는 것. 또는 합동을 이루는 두 도형이 서로 포개어지는 부분.
대:응-각 (對應角) [명] 〔수〕 두 도형이 닮은꼴이거나 합동일 때, 서로 대응하는 자리에 있는 각. 짝진각.
대:응-변 (對應邊) [명] 〔수〕 두 도형이 닮은꼴이거나 합동일 때, 서로 대응하는 자리에 있는 변. 짝진변.
대:응 수출 (對應輸出) 〔경〕 원료·기재 따위의 수입자가 그 수입 물품 대금만큼의 외화(外貨)를 벌기 위하여 하는 수출.
대:응 원리 (對應原理)[-월-] 〔물〕 양자론에서, 어떤 종류의 양(量)은 고전 물리학의 양과 기본적으로 다른데도 불구하고 그 사이에 대응이 있어 양자 수가 클 때는 각각 그 사이에서의 방정식은 같게 된다는 원리. 보어(Bohr)가 고전 양자론(古典量子論)을 성립시킬 때 인용한 원리임.
대:응-점 (對應點)[-쩜] [명] 〔수〕 두 도형이 닮은꼴이거나 합동일 때, 서로 대응하는 두 점. 짝진점.
대:응-책 (對應策) [명] 어떤 일이나 사태에 대하여 취하는 방책. ❑환경 공해에 대한 ~을 마련하다.
대:의 (大衣)[-/-이] [명] 〔불〕 비구(比丘)가 입는 삼의(三衣)의 하나. 가사 중에서 가장 큰 것으로, 설법을 하거나 걸식할 때 입음.
대:의 (大意)[-/-이] [명] 대강의 뜻. 대의(大義). 대지(大旨). ❑글의 ~를 파악하다.
대:의 (大義)[-/-이] [명] **1** 사람으로서 마땅히 행해야 할 큰 도리. ❑~를 따르다. **2** 대의(大意).
대:의 (大疑)[-/-이] [명][하타] 크게 의심함. 또는 큰 의심이나 의혹.
대:의 (大醫)[-/-이] [명] 의술이 뛰어난 의사. 명의(名醫).
대:의 (代議)[-/-이] [명] **1** 여러 사람을 대표하여 나온 사람들끼리의 논의. **2** 선거를 통하여 선출된 의원이 국민의 의사를 대표하여 정치를 논의하는 일.
대:의 기관 (代議機關)[-/-이-] 대의원이 정사(政事)를 논의하는 기관. ❑국회는 나라의 ~이다.
대:의-멸친 (大義滅親)[-/-이-] [명][하자] 큰 도리를 지키기 위해서는 부모나 형제도 돌보지 않음.
대:의-명분 (大義名分)[-/-이-] [명] **1** 사람이 마땅히 지켜야 할 도리나 본분. 떳떳한 명목. ❑~을 지키다. **2** 어떤 일을 꾀하는 데 내세우는 마땅한 구실이나 이유. ❑~을 내세우다 / ~ 없이 그런 행동을 해서는 안 된다.
대:의-원 (代議員)[-/-이-] [명] 정당이나 단체의 대표로 선출되어, 토의나 의결에 참가하는 사람. ❑학급 ~ / 노조 ~.
대:의 정치 (代議政治)[-/-이-] 대의 제도에 따라서 행하는 정치. 곧, 국민의 대표를 정무에 참여하게 하는 정치.
대:의-제 (代議制)[-/-이-] [명] 대의 제도.
대:의 제:도 (代議制度)[-/-이-] 의회를 열어 국민의 대표로 하여금 정치에 참여하게 하는 제도. 대의제.
대:의-충절 (大義忠節)[-/-이-] [명] 국민으로서 국가에 충성하는 절의(節義).
대:-이동 (大移動) [명] 많은 사람이 한꺼번에 움직여 자리를 옮기는 일. ❑설과 추석만 되면 민족 ~이 벌어진다.
대:-이름씨 (代-) [명] 〔언〕 대명사(代名詞).
대:인 (大人) [명] **1** 거인(巨人). **2** 어른. 성인(成人). ❑~ 요금. ↔소인(小人). **3** '대인군자'의 준말. ❑~의 풍모를 갖추다. **4** 높은 관직에 있는 사람. **5** 남의 아버지를 높여 이르는 말. **6** 남을 높여 이르는 말.
대:인 (代人) [명][하자] 남을 대신함. 또는 그런 사람. 대리인.
대:인 (代印) [명][하자] 남을 대신해 도장을 찍음. 또는 그 도장.
대:인 (待人) [명][하자] 사람을 기다림. 또는 무엇을 기다리는 사람.
대:인 (對人) [명][하자] 남을 대함. ❑그는 ~ 관계가 원만하다.
대:인-군자 (大人君子) [명] 말과 행실이 바르고 점잖으며 덕이 높은 사람. ❑그는 ~답다. [준]대인(大人).
대:인-권 (對人權)[-꿘] [명] 〔법〕 특정한 사람에게만 주장할 수 있는 권리((채권 따위)).
대:-인기 (大人氣)[-끼] [명] 대단한 인기. ❑프

로 축구가 ~를 누리고 있다.

대:-인(待人難)圓 약속한 시간에 오지 않는 사람을 기다리는 안타까움과 괴로움.

대:인 담보(對人擔保)〖법〗사람의 신용을 채권의 담보로 하는 일(보증 채무·연대 채무 따위). ↔대물 담보.

대:-인물(大人物)圓 훌륭한 기량·성격을 갖춘 사람. 뛰어난 사람. 위인(偉人).

대:인 방어(對人防禦) 농구나 축구 따위에서, 각 선수가 상대 팀의 선수 한 사람씩을 맡아 수비하는 일. 맨투맨 디펜스. *지역 방어.

대:인 신:용(對人信用)〖법〗채권자가 채무자의 인물·지위 등을 믿고 따로 담보물을 취하지 않는 일.

대:인 주권(對人主權)[-꿘]〖법〗사람에게 행사되는 나라의 으뜸 권력. ↔영토 주권.

대:-일수(大一數)[-쑤]圓 예전에, 열전 일만 냥을 이르던 말(당오평(當五坪)으로는 오만 냥을 말함).

대:일-여래(大日如來)[-려-]圓〖불〗진언 밀교(眞言密敎)의 본존(本尊)(대우주의 실상을 체현하는 근본 부처로, 그 광명이 온 우주를 밝히며, 덕성이 해와 같다 하여 이르는 말).

대:일-조(對日照)[-조]圓〖천〗태양과 반대 방향의 밤하늘에 희미하게 보이는 빛.

대:임(大任)圓 아주 중대한 임무. 〔〕~을 완수하다 / ~을 맡게 되다.

대:임(代任)圓하타 남을 대신하여 임무를 처리함. 또는 그 사람.

대:입(大入)圓 '대학 입학'을 줄여 이르는 말. 〔〕그는 ~ 준비를 하느라 바쁘다.

대:입(代入)圓하타 1 어떤 것을 대신하여 다른 것을 넣음. 2〖수〗어떤 수식의 변수를 특정한 숫자나 문자로 바꾸어 넣는 일.

대:입-법(代入法)[-뻽]〖수〗어떤 특정한 수치 대신에 다른 수나 문자를 넣어 연립 방정식을 푸는 방법.

대-자(-尺)圓 대나무로 만든 자. 죽척(竹尺).

대-자(大字)圓 1 큰 글자. 대문자. 2 팔과 다리를 양쪽으로 크게 벌린 모습. 〔〕방 안에 큰 ~로 드러누웠다.

대:-자(大慈)圓하자 1 큰 자비가 있음. 또는 그런 마음. 2〖불〗부처가 중생을 사랑하는 마음이 큼. ~하신 부처님.

대:-자(代子)〖가〗성세 성사나 견진 성사를 받은 남자로서, 그의 신앙생활을 후견하는 대부(代父)에 대하여 이르는 말.

대:-자(代赭)圓 1 대자석으로 만든, 갈색을 띤 가루 모양의 천연 안료. 2 '대자석'의 준말. 3 석간주.

대자(帶子)圓 직물의 한 가지. 곧 실로 너비가 좁고 길이는 길며 두껍게 짠 것. 또는 그 직물로 짠 허리띠.

대자(帶磁)圓하자〖물〗자기화(磁氣化).

대:-자(對自)圓〖철〗다른 것과의 관계에 의하여 자기를 자각하고 자기 자신과 대립하는 일. ↔즉자(卽自).

대:-자녀(代子女)〖가〗대자와 대녀를 아울러 이르는 말.

대:-자-대:비(大慈大悲)圓〖불〗넓고 커서 끝이 없는 자비. 특히, 관세음보살이 중생을 사랑하고 불쌍히 여기는 마음. 대자대비.

대-자리(-席)圓 가늘게 쪼갠 댓개비로 엮어 만든 자리. 죽석(竹席).

대:-자보(大字報)圓 대형의 벽신문이나 벽보(중국에서 비롯되었음). 〔〕대학가에 ~가 나붙어 있다.

대:-자본(大資本)圓 큰 액수의 자본. 〔〕댐 건설에 ~이 필요하다.

대:-자본가(大資本家)圓 자본이 아주 많은 사람. 〔〕그는 호남 굴지의 ~이다.

대:자-석(代赭石)圓〖광〗점토를 많이 함유하고 적철광이 주성분인 붉은빛의 광물. 안료용 및 한방 약재로 씀. 철주. 토주(土朱). 혈사(血師). 준대자(代赭)·자석.

대:-자연(大自然)圓 넓고 큰 자연. 위대한 자연. 〔〕~의 섭리 / ~의 품에 안기다.

대:-자재(大自在)圓 1 속박이나 장애를 받지 않고 자유로운 것. 커다란 자유. 2 '대자재천'의 준말.

대:자재-천(大自在天)圓〖불〗대천(大千)세계를 주재하는 신. 준대자재·자재천.

대:작(大作)圓하타 1 뛰어난 작품. 〔〕~을 남기다 / 그 영화는 불후의 ~이다. 2 내용이 방대하고 규모가 큰 작품. 〔〕~을 구상하다. 3 바람·구름·아우성 따위가 크게 일어남. □폭풍이 ~하다.

대:작(大斫)圓 굵은 장작. ↔소작.

대:작(大爵)圓 높은 작위. □고관·~.

대:작(代作)圓하타 1 남을 대신하여 작품을 만듦. 또는 그런 작품. 2 대파(代播).

대:작(對酌)圓하자타 마주 대하고 술을 마심. 대음(對飮). □친구와 ~하다.

대:작-물(代作物)[-짱-]圓 1 대신하여 만든 물건이나 지은 작품. 2 대파(代播)한 곡식.

대:작-자(代作者)[-짜]圓 남을 대신하여 물건을 만들거나 글을 짓는 사람.

대:장 '대장장이'의 준말.

대:장(大壯)圓 '대장괘'의 준말.

대:장(大莊)圓 넓은 논밭.

대:장(大將)圓 1 한 무리를 대표하는 책임 있는 사람. 〔〕~ 노릇을 하다. 2 어떤 일을 잘하거나 몹시 즐기는 사람. □거짓말 ~ / 싸움 ~ / 그는 지각 ~이다. 3 육해공군의 장관(將官)의 가장 높은 급. 4〖역〗도성을 지키던 각 영의 장수.

대:장(大腸)圓〖생〗소장의 끝에서 항문에 이르는 소화 기관(식물성 섬유의 소화와 수분의 흡수를 맡아봄). 큰창자.

대:장(大檣)圓 기선에서 두 개의 돛대 중 뒤쪽의 것(선주(船主)의 기(旗)를 다는 데 씀).

대:장(代將)圓〖역〗남의 책임을 대신하여 출전(出戰)한 장수.

대:-장(帶仗)圓하자타 무기를 몸에 지님.

대장(隊長)圓 한 부대를 이끄는 책임 있는 사람. □소방대 ~ / 남극 탐험대의 ~으로 활약하다.

대장(臺長)圓 1〖역〗조선 때, 사헌부의 장령(掌令)과 지평(持平)을 달리 이르던 말. 2 기상대·천문대와 같이 '대(臺)'자가 붙는 기관의 책임자.

대장(臺狀)圓〖인〗신문의 한 면을 조판한 뒤에 준장(準張)과 맞추어 보기 위해 간단히 박아 내는 것.

대장(臺帳)圓 1 어떤 근거가 되도록 일정한 양식으로 기록한 장부나 원부. 2 상업상의 모든 계산을 기록한 원부. □출납 ~.

대:장-간(-間)[-깐]圓 풀무를 차려 놓고 쇠를 달군 후 두드려서 온갖 연장을 만드는 곳. 단철장. 야장간.

대:-장경(大藏經)圓〖불〗불교를 통틀어 모은 책. 경장(經藏)·율장(律藏)·논장(論藏) 등 모든 불경을 모아 놓은 책. 일체경. 준장경(藏經).

대:장경 목판 (大藏經木版)〖불〗대장경을 새긴 목판. 우리나라에는 합천(陜川) 해인사에서 보존하고 있음.

대:-장괘 (大壯卦) 〖명〗육십사괘의 하나. 진괘(震卦)와 건괘(乾卦)가 거듭된 것으로, 우레가 하늘에 있음을 상징함. 준대장(大壯).

대:장군 (大將軍) 〖명〗1〖군〗무관을 대표하는 책임 있는 사람. 2〖역〗고려 때, 종삼품의 무관 벼슬(상(上)장군의 아래, 장군의 위). 3 팔장신(八將神)의 하나.

대:장-균 (大腸菌) 〖생〗사람 또는 포유류의 창자 속에 있는 세균의 하나(막대기 모양으로 길이 약 2~4μ이며, 운동성이 있음. 보통 병원성은 없으나, 때로는 방광염·신우염 등의 원인이 되기도 함).

대:-장기 (大將旗) 〖역〗대장이 군대를 지휘할 때 쓰던 기.

대:-장부 (大丈夫) 〖명〗건장하고 씩씩한 사내. ↔졸장부. 준장부.

대:장선 (大長線) 〖건〗마루 밑의 장선을 받치고 있는 나무.

대장-세 (臺帳稅) 〖명〗납세 의무자·과세 대상·과세 표준 등을 조세 대장에 기재해 두고, 그에 의거하여 과세하는 세금.

대:장-아메바 (大腸amoeba) 〖명〗〖동〗사람의 대장에 기생하는 세균(이질아메바와 비슷하며 장점막에 침입하지 않고 대장 안에서 증식함. 병원성은 없음).

대:장-염 (大腸炎) [-념] 〖명〗〖의〗대장에 나타나는 염증(아랫배가 살살 아프고 설사를 함). 대장 카타르.

대:장-인 (大將印) 〖역〗장수가 갖던 도장.

대:장-일 [-닐] 〖명〗대장간에서 쇠를 달군 후 두드려서 연장 따위를 만드는 일.

대:장-장이 〖명〗대장일을 업으로 삼는 사람. 야공(冶工). 야장(冶匠). ▢~의 힘찬 망치질 소리가 들린다. 준대쟁이.
[대장장이 집에 식칼이 놀다] 어떤 물건이 흔하게 있을 듯한 곳에 많지 않거나 없음을 이르는 말.

대:-장정 (大長征) 〖명〗1 큰 규모로 멀리 정벌을 떠나는 일. ▢최영 장군이 명(明)나라를 치고자 ~에 올랐다. 2 시간이 많이 걸리는 큰 일이나 행사. ▢남극 탐험의 ~을 계획하다.

대장-준 (臺狀準) 〖명〗〖인〗신문 등의 대형 인쇄면을 조판한 뒤에 박아 낸 대장에 대하여 교정을 보아 놓은 종이를 가지고 다시 대어 보는 교정.

대:장 카타르 (大腸catarrh) 〖의〗대장염.

대:장-패 (大將牌) 〖역〗포도대장(捕盜大將)이 차던 패.

대:재 (大才) 〖명〗뛰어난 재주. 또는 그런 재주를 가진 사람. ↔소재(小才).

대:재 (大材) 〖명〗1 거대한 재목이나 석재(石材). 2 큰 인물.

대:재 (大災) 〖명〗큰 재앙. 심한 재앙.

대:재 (大齋) 〖명〗1〖가〗'단식재(斷食齋)'를 일컫던 말. 2〖불〗절에서 재를 지내고 음식을 베풀어 승려들을 공양하는 일.

대:쟁 (大箏) 〖명〗〖악〗당악기(唐樂器)에 속하는 현악기의 하나(윗면은 오동나무, 뒷면은 밤나무로 만듦. 중국에서 전래된 15현의 악기를 우리나라에서 13현으로 변조함).

대:저 (大著) 〖명〗내용이 방대하고 규모가 큰 저서. ▢~를 남기다.

대:저 (大抵) 〖명〗대체로 보아. 대컨. 무릇. ▢교육은 나라의 백년지계이다.

대-저울 〖명〗대에 눈금이 있고 추가 매달려 있

──────────────────

는 저울(대의 한쪽에 물건을 얹는 접시나 고리가 있고 그 가까이에 손잡이가 있음).

대:-저택 (大邸宅) 〖명〗매우 크고 으리으리한 집. ▢~을 지어 허세를 부리다.

대:적 (大賊) 〖명〗1 크게 떼를 지은 도둑. 2 매우 큰 잘못을 저지른 죄인.

대:적 (大敵) 〖명〗수가 많고 세력이 강한 적. 큰 적수. ▢~과 맞서다 / 그 나라는 지형적으로 ~에 둘러싸인 형상이다.

대:적 (對敵) 〖명〗〖자타〗1 적과 마주 대함. 2 적·세력·힘 등에 서로 맞서서 겨룸. 또는 그 상대. ▢~할 상대가 없다.

대:적 방조 (對敵幇助) [-빵-] 적에 대하여 중립국이 방조하는 일.

대:적-색 (帶赤色) [-쌕] 〖명〗붉은빛을 띤 색깔.

대:전 (大全) 〖명〗〖하〗1 완전히 갖추어 모자람이 없음. 2 어떤 분야에 관한 것을 빠짐없이 넣어 편찬한 책. ▢요리법 ~. 3 언해본(諺解本)에 대한 원본임을 일컫는 말. ▢논어 ~.

대:전 (大典) 〖명〗1 나라의 큰 의식(儀式). ▢민족의 ~인 전국 체육 대회가 열리다. 2 중대한 법전.

대:전 (大殿) 〖명〗1 임금이 거처하는 궁전. 2 '대전마마'의 준말.

대:전 (大篆) 〖명〗한자 서체(書體)의 하나. 중국 주나라 때, 태사 주가 만듦. 전주.

대:전 (大戰) 〖명〗〖자타〗여러 나라가 싸우는 규모가 큰 전쟁. ▢제이 차 세계 ~.

대전 (坮田) 〖명〗1 텃밭. 2 집터와 밭.

대:전 (帶電) 〖명〗〖하〗〖자타〗어떤 물체가 전기를 띰. 또는 그런 현상. 하전(荷電).

대:전 (對戰) 〖명〗〖하〗서로 맞서 싸움. 경기 따위에서 맞서 겨룸. ▢강적과 ~하다.

대:전-료 (對戰料) [-뇨] 〖명〗프로 권투나 프로 레슬링 따위의 시합을 하는 대가로 받는 돈. 파이트머니.

대:전-마마 (大殿媽媽) 〖명〗'임금'을 높이어 일컫는 말. 준대전(大殿).

대:전-승전색 (大殿承傳色) 〖명〗〖역〗임금의 명령을 전달하던 내시부(內侍府)의 한 벼슬. 대전승전빗.

대:-전제 (大前提) 〖명〗삼단 논법에서 대개념을 포함한 첫째 전제. ↔소전제.

대:전차 무:기 (對戰車武器) 〖군〗적의 전차나 장갑차를 공격하는 데 쓰는 무기.

대:전차 미사일 (對戰車missile) 〖군〗적의 전차나 장갑차를 공격하는 데 쓰는 미사일. 에이티엠(ATM).

대:전차-포 (對戰車砲) 〖군〗적의 전차나 장갑차를 공격하는 데 쓰는 포.

대:전차-호 (對戰車壕) 〖명〗〖군〗전차나 장갑차의 전진을 막으려고 판 구덩이. 한번 빠지면 쉽게 나오지 못함.

대전-체 (帶電體) 〖명〗전기를 띠고 있는 물체.

대:전-표 (對戰表) 〖명〗대진표(對陣表).

대:절 (大節) 〖명〗1 대의를 위하여 목숨을 바쳐 지키는 절개. 2 크게 빛나는 절조.

대:점 (貸借) 〖명〗'전세(專貰)'의 구칭.

대:점 (貸店) 〖명〗'대점포'의 준말.

대:점 (對點) [-쩜] 〖명〗〖수〗원(圓)이나 구(球)의 지름의 양 끝에 있는 한 쌍의 점.

대:-점포 (貸店鋪) 〖명〗가게를 세놓음. 또는 세놓은 가게. 준대점.

대:접¹ 위가 넓적하고 운두가 낮은 그릇(국이나 숭늉 따위를 담는 데 씀). 주의 '大楪'으로 씀은 취음.

대ː접² 圀 소의 사타구니에 붙은 고기. 대접살.

대ː접(待接)圀하타 **1** 음식을 차려서 손님을 모심. 圇진수성찬을 차려 ~하다. **2** 마땅한 예로써 대함. 圇사람 ~/ ~이 융숭하다/ ~이 소홀하다/ 깍듯이 ~/ 극진한 ~을 받다.

대ː접-감[-깜] 圀 매우 굵은 종류의 동글납작한 감.

대ː접-무늬[-늬-니] 圀 대접만큼 크고 둥글게 놓은 비단의 무늬.

대ː접-받침[-빧-] 《건》 기둥머리의 장식으로 끼우는, 대접처럼 넓적하고 네모진 나무. 대접소로(小櫨). 주두(柱枓).

대ː접-살[-쌀] 圀 대접².

대ː접-쇠 圀 문짝 부가 들어가는 문둔테 구멍의 가에 박는 말굽 모양의 쇠.

대ː접-자루[-짜-] 圀 대접에 붙은 쇠고기의 한 가지. 구이에 씀.

대ː정(大定)圀하타 일을 딱 결단하여 정함.

대ː정(大政)圀《역》해마다 음력 섣달에 행하던 대규모의 인사(人事) 행정.

대ː정(大釘)圀 큰못.

대ː정-각(對頂角)圀 '맞꼭지각'의 구용어.

대ː정맥(大靜脈)圀《생》몸 안에 흘어져 있는 피를 모아 심장의 우심방으로 들여보내는 굵은 혈관. ↔대동맥.

대ː정자(大正字)圀 서양 글자의 활자체의 하나. 정자로 된 큰 글자로, 흔히 인쇄물의 글자 첫머리에 씀.

대ː정-코(大定-)閝 기어이. 단연코 꼭.

대ː제(大帝)圀 '황제'를 높이어 일컫는 말. 圇피터 ~.

대ː제(大祭)圀 **1**《역》조선 때, 종묘·사직·영녕전에서 지내던 큰 제사. 대제사. 대향(大享). **2** 성대히 지내는 제사.

대ː-제사(大祭祀)圀《역》대제(大祭)1.

대ː-제사장(大祭司長)圀《기》구약 시대에, 하나님께 제사 지내는 일을 맡아보던 성직자(聖職者). 대제사.

대ː-제전(大祭典)圀 **1** 큰 규모로 열리는 문화·예술·체육 따위의 행사. 圇인류 화합의 ~. **2** 성대한 제사 의식. 圇민족의 ~.

대ː-제학(大提學)圀《역》조선 때, 홍문관·예문관의 정이품의 으뜸 벼슬. 문형(文衡). 주문(主文).

대ː조(大棗)圀 대추.

대ː조(大朝)圀《역》왕세자가 섭정하고 있을 때의 '임금'을 일컫던 말. **2** 초하루와 보름날 아침에 모든 문무백관들이 임금에게 문안을 드리고 결재를 받던 큰 조회.

대ː조(大潮)圀 한사리. 사리(小潮).

대ː조(對照)圀하타 **1** 둘 이상을 맞대어 봄. 비준(比準). 圇장부를 ~하다 / 번역을 원문과 ~하다. **2** 서로 반대되거나 달라서 대비됨. 圇둘의 성격이 선명한 ~를 이루다.

대ː조-법(對照法)[-뻡]圀《문》서로 반대되는 대상이나 내용을 내세워 그 대상이나 내용을 강조하는 수사법(修辭法)('인생은 짧고 예술은 길다' 따위).

대ː조-적(對照的)뉀 서로 달라서 대비되는 (것). 圇~ 생활 방식 / 두 사람은 성격이 아주 ~이다.

대ː조-전(大造殿)圀 서울 창덕궁(昌德宮) 안에 있는 곤전(坤殿)의 정당(正堂).

대ː조-차(大潮差)圀 한사리 때의 간만(干滿)의 높이의 차를 평균한 값.

대ː조-표(對照表)圀 비교하기 쉽게 대조하

놓은 표. 圇대차(貸借) ~.

대ː-족(大族)圀 자손이 많고 세력이 있는 집안.

대ː-졸(大卒)圀 '대학 졸업'의 준말. 圇~ 학력.

대ː종(大宗)圀 **1** 대종가의 계통. **2** 사물의 주류(主流). 圇반도체·자동차 등이 수출품의 ~을 이룬다. **3** 사물의 근본. 圇자비는 불교 사상의 ~이다. **4** 어떤 분야의 가장 권위 있는 대가. 圇그는 서양 철학의 ~이다.

대ː-종(大鐘)圀 큰 종.

대ː-종가(大宗家)圀 동성동본의 일가 가운데 시조의 제사를 받드는 가장 큰 종가. 圇~의 며느리로서 집안 살림을 다잡다.

대ː-종계(大宗契)[-/-계]圀 문중에서 같은 종파 사람들이 집안일을 돕거나 종파의 일을 하려고 모여 맺는 계.

대ː종-교(大倧敎)圀《종》단군 숭배 사상을 기초로 하여, 조화신(造化神)인 환인(桓因), 교화신(教化神)인 환웅(桓雄), 치화신(治化神)인 환검(桓儉)의 삼위일체인 '한얼님'을 신앙적 대상으로 존중하는 우리나라 고유의 민족 종교. 단군교.

대ː-종백(大宗伯)圀《역》'예조 판서'를 달리 일컫던 말.

대ː-종사(大宗師)圀 **1**《종》대종교에서, '도를 통하여 깨달음을 얻은 사람'을 높이어 이르는 말. **2**《불》조계종(曹溪宗)에서, 비구(比丘) 법계(法階)의 1급. **3**《불》태고종(太古宗)에서, 선정(禪定)을 닦은 승려의 법계(法階)의 1급.

대ː-종손(大宗孫)圀 대종가의 맏자손.

대ː-종중(大宗中)圀 5대 이상의 선조에서 갈린 자손들의 집안.

대ː좌(對坐)圀하자 마주 앉음. 圇양당 당수가 오랜만에 ~하여 시국담을 나누었다.

대좌(臺座)圀《불》불상을 올려놓는 대(臺).

대ː죄(大罪)圀 크나큰 죄. 거죄. 圇~를 짓다.

대ː죄(待罪)圀하자 죄인이 처벌을 기다림. 圇조용히 근신하며 ~하는 태도를 보이다.

대ː-주(大主)圀 **1** 무당이, 굿하는 집이나 단골로 다니는 집의 바깥주인을 일컫는 말. ↔계주(季主). **2** 여자가 자기 집의 바깥주인을 이르는 말.

대ː-주(大洲)圀 매우 넓은 육지. 대륙. 圇오대양(五大洋)과 육(六)~.

대ː-주(大柱)圀 방아의 굴대를 떠받치고 있는 大 네 기둥.

대ː-주(大酒)圀 호주(豪酒).

대ː-주(大註)圀 경서(經書)나 그 밖의 문헌에서 원문과 같은 크기의 글자로 단 주해.

대ː주(代走)圀하자 야구에서, 누상(壘上)에 나가 있는 선수를 대신하여 다른 선수가 주자가 되는 일.

대ː주(貸主)圀 돈이나 물건을 빌려 준 사람. ↔차주(借主).

대ː주(貸株)圀《경》고객이 신용 거래를 통해 증권 회사로부터 주식을 대여받는 일. 또는 그 주식.

대ː-주교(大主教)圀《가》관구(管區)를 주관하는 최고 성직. 또는 그 직에 있는 사람.

대ː- 주다㉠ **1** 끊이지 않게 잇대어서 도와주다. **2** 방향이나 주소 따위를 가르쳐 주다. 圇범인의 집을 ~. **3** 그릇이나 자루 따위를 갖다 대거나 벌리어 물건을 넣게 하다. 圇자루를 ~.

대ː주-자(代走者)圀 야구에서, 누상(壘上)에 나가 있는 주자를 대신하여 주자가 된 사람. 핀치 러너. 圇~로 나왔다가 후속 안타로 득점을 올리다.

대:-주주 (大株主) 명 한 회사의 주식 가운데 많은 몫을 가지고 있는 주주. ❏그 젊은이가 이 회사의 ~이다.

대-죽 (-竹) 명 한자 부수(部首)의 하나(《'笠'·'箱' 등에서 '竹'의 이름》).

대:-줄거리 (大-) 명 어떤 사실의 중요한 골자. 대줄기.

대중 명하타 **1** 겉으로 대강 어림잡아 헤아림. ❏거리를 ~해 보다. **2** 어떠한 표준이나 기준.
대중(을) 삼다 구 어림짐작의 기준이나 표준으로 삼다.
대중(을) 잡다 구 어림짐작으로 헤아려 짐작하다. ❏대중 잡아 계산해 보다 / 무슨 말인지 대중을 잡을 수가 없다.
대중(을) 치다 구 어림짐작으로 셈치다.

대:중 (大衆) 명 **1** 수많은 사람의 무리. ❏~의 지지를 얻다. **2** 사회의 대다수를 이루는 사람들. ❏근로 ~의 생활을 보장해야 한다. **3** 〖불〗 많이 모인 승려. 또는 비구(比丘)·비구니(比丘尼)·우바새(優婆塞)·우바이(優婆夷)의 사부(四部)를 통틀어 이르는 말.

대:중-가요 (大衆歌謠) 명 〖악〗 널리 대중들이 즐기어 부르는 노래. 일반 대중의 흥미를 위주로 한 노래. 가요곡. 준가요.

대:중-공양 (大衆供養) 명하타 〖불〗 신자가 여러 승려들에게 음식을 차려 대접하는 일.

대:중 과세 (大衆課稅) 수입이 적은 근로자 등 일반 대중의 부담이 되는 조세(《소비세·소득세 따위》).

대:중-교통 (大衆交通) 명 버스·지하철 따위 여러 사람이 이용하는 교통.

대중-말 명 〖언〗 표준어(標準語).

대:중 매체 (大衆媒體) '대중 전달 매체'의 준말.

대:중-목욕탕 (大衆沐浴湯) 명 일반 대중이 함께 이용할 수 있는 목욕탕. 공동탕. 준대중탕.

대:중 문학 (大衆文學) 〖문〗 대중을 대상으로 하여 이루어지는 문학. *순수 문학.

대:중-문화 (大衆文化) 명 대중이 이루는 문화. 일반 대중의 기호나 욕구에 맞게 대량으로 만들어진 문화. ❏~ 속으로 급속히 파고들다.

대:중 사회 (大衆社會) 대중의 힘에 의해 이루어지는 사회(《대중의 정치 참여 기회가 증대함과 동시에, 개성의 상실·정치적 무관심·현실 도피 등의 현상이 나타남》).

대:중-산림 (大衆山林) [-살-] 명 〖불〗 절의 크고 작은 일들을 승려들의 결의에 따라 처리하는 절.

대중-석 (臺中石) 명 탑에서, 기단(基壇)의 중간 부분을 이루는 돌.

대:중-성 (大衆性) [-썽] 명 일반 대중이 다 같이 가까이 느끼고 즐기며 좋아할 수 있는 성질. ❏~이 결여된 작품.

대:중 소:설 (大衆小說) 〖문〗 대중을 대상으로 한 흥미 위주의 소설.

대:중-식당 (大衆食堂) [-땅] 명 대중이 싼값으로 간편하게 이용할 수 있도록 마련된 식당.

대:중 심리 (大衆心理) [-니] 〖심〗 군중 심리.

대중-없다 [-업따] 형 **1** 미리 헤아려 짐작할 수가 없다. ❏그는 하는 짓이 대중없어 믿을 수가 없다. **2** 어떠한 기준이나 표준을 잡을 수가 없다. ❏귀가 시간이 ~. **대중-없이** [-업씨] 부. ❏술을 ~ 마시다.

대:중-오락 (大衆娛樂) 명 대중의 흥미를 위주로 하는 오락. 또는 대중이 즐겨 하는 오락.

대:중 운:동 (大衆運動) 공동 목적을 위해 다수인이 하나가 되어 행하는 집단적 활동을 통틀어 이르는 말.

대:중-음악 (大衆音樂) 명 대중을 대상으로 하는 음악.

대:중 작가 (大衆作家) [-까] 〖문〗 대중 소설을 쓰는 사람.

대:중 잡지 (大衆雜誌) [-찌] 일반 대중을 대상으로 하는, 흥미를 위주로 한 잡지.

대:중-적 (大衆的) 관명 대중을 중심으로 한 (것). 대중에게 쉽게 받아들여지는 (것). ❏~인 노래.

대:중 전달 (大衆傳達) 매스컴.

대:중 전달 매체 (大衆傳達媒體) 매스 미디어. 준대중 매체.

대:중 조작 (大衆操作) 〖사〗 사회 통제의 한 양식. 권력자가 교묘한 방법으로 대중을 조종하여 궁극적으로 자기의 원하는 목적이나 방향으로 이끄는 일.

대:중-처소 (大衆處所) 명 〖불〗 많은 승려가 모여 수행하는 절.

대:중-탕 (大衆湯) 명 '대중목욕탕'의 준말.

대:중-판 (大衆版) 명 대중을 상대로 대량으로 발행하는, 값이 싼 출판물.

대:중-화 (大衆化) 명하자타 대중 사이에 널리 퍼져 친근하게 됨. 또는 그렇게 되게 함. ❏국악의 ~ / 휴대 전화가 ~되다.

대:증 (對症) 명하자 병의 증세에 따라 알맞은 처리를 하는 일.

대:증 (對證) 명하타 서로 마주하여 증거를 내세우거나 증거 조사를 함.

대:-증광 (大增廣) 명 〖역〗 왕실에 큰 경사가 있을 때 임시로 보이던 과거.

대증-식 (帶證式) 명 〖논〗 대소 전제(前提) 중 한쪽 또는 양쪽에 이유가 덧붙여져 있는 삼단 논법.

대:증 요법 (對症療法) [-뇨뻡] 〖의〗 병이 생기는 원인과 관계없이 겉으로 나타난 증상에 따라 적절히 치료하는 법. ↔병인(病因) 요법.

대:지 (大旨) 명 말이나 글의 대강의 내용이나 뜻. 대의(大意).

대:지 (大地) 명 **1** 대자연의 넓고 큰 땅. ❏봄비가 ~를 촉촉이 적셨다. **2** 좋은 묏자리.

대:지 (大志) 명 마음에 품은 큰 뜻. 홍지(鴻志). ❏젊은이들은 ~를 품고 산다.

대:지 (大指) 명 엄지손가락.

대:지 (大智) 명 아주 뛰어난 슬기. 매우 지혜로움. ↔대우(大愚).

대:지 (代指) 명 〖한의〗 손가락 끝에 나는 심한 부스럼.

대지 (垈地) 명 집터로서의 땅. ❏~ 면적. 준대.

대:지 (帶紙) 명 지폐나 서류 따위를 둘러 감아 매는 좁고 긴 종이 오리. 띠종이.

대:지 (貸地) 명 세를 받고 빌려 주는 땅.

대:지 (對地) 명 공중에서 지상의 목표물을 상대함. ❏전투기의 ~ 공격. ↔대공(對空).

대지 (臺地) 명 〖지〗 주위보다 높고 넓은 면적의 평평한 땅.

대지 (臺紙) 명 그림이나 사진 따위를 붙이는 데 쓰는, 바탕이 되는 두꺼운 종이. ❏~ 작업이 끝나면 필름 작업에 들어간다.

대:지 공:격 (對地攻擊) 공중에서 땅 위의 목표물을 향하여 하는 공격.

대-지르다 〔대질러, 대지르니〕 자르 찌를 듯이 대들다. ❏그는 경찰에게 대지르며 검문에 불응했다.

대:지 속도 (對地速度) [-또] 지면이나 해면에 대한 비행기의 속도. 실속(實速). *대기(對

氣) 속도.

대:-지주 (大地主) 명 지주 중에서도 토지를 많이 가진 사람.

대:지 측량 (大地測量)[-측낭] 지구를 회전 타원체 또는 구체(球體)로 보고 하는 측량. ↔ 평면 측량.

대-지팡이 명 대로 만든 지팡이. 죽장(竹杖).

대:직 (大職) 명 높은 직위. □ ~을 맡다.

대:직 (代職) 명하타 다른 사람의 일을 대신 맡음. 또는 그런 직책.

대:진 (大陣) 명 많은 군사로 크게 친 진영.

대:진 (大震) 명 큰 지진.

대:진 (代診) 명하타 담당 의사를 대신해 진찰함. 또는 그런 사람.

대:진 (代盡) 명 제사 지내는 대(代)의 수효가 다함. 친진(親盡).

대:진 (對陣) 명하자 1 적과 마주 대하여 진을 침. □ 강을 사이에 두고 ~하다. 2 놀이나 운동 경기에서, 서로 편을 갈라 맞섬. □ ~을 추첨으로 결정하다.

대:진-표 (對陣表) 명 운동 경기 따위에서, 서로 겨룰 상대와 경기 진행의 순서를 정하여 나타낸 표. 대전표. □ 금주의 프로 야구 ~.

대:질 (對質) 명하자 서로 엇갈린 말을 하는 사람들을 마주 대하여 진술하게 함. □ 공범자를 ~시키다.

대-질리다 자 ('대지르다'의 피동) 대지름을 당하다. □ 무례한 사람들에게 ~.

대:질 신:문 (對質訊問) 【법】 원고·피고·증인 등의 진술이나 증언이 서로 다를 때, 재판장이 증인이나 당사자를 서로 대면시켜 따져 묻는 일.

대:질 심문 (對質審問) 【법】 원고·피고·증인들을 대면시켜 그들에게 서면이나 말로 진술할 기회를 주는 일.

대:-집행 (代執行)[-찝행] 【법】 행정법에서의 강제 집행의 하나. 행정 관청에서 명령한 행위를 의무자가 이행하지 않을 때, 행정 관청이 의무자를 대신하여 이를 행하거나 제삼자에게 시키고 그 비용을 의무자 부담으로 하는 일. 대체 집행.

대-짜 (大-) 명 큰 것. □ 냄비를 ~로 사다.

대짜-배기 (大-) 명 대짜인 물건. 그중 제일 큰 것. □ ~로 굴비나 몇 마리 사 오게.

대-쪽 명 1 대를 쪼갠 조각. 댓조각. 2 성품이나 절개 따위가 곧은 것을 비유하여 이르는 말. □ 그 양반은 성미가 ~ 같다.

대:차 (大車) 명 1 소 두 필이 끄는 큰 수레. 2 '대차륜'의 준말.

대:차 (大差) 명 큰 차이. □ 상상했던 것과 ~ 없다. ↔소차(小差).

대:차 (大借) 명하자 약차(藥借)의 한 가지. 아주 독한 약을 먹고 힘을 굳세게 하는 일.

대:차 (貸借) 명하타 1 꾸어 주거나 꾸어 옴. 차대(借貸). □ 은행에서 자금을 ~하다. 2 【경】 부기의 대변과 차변. 3 차주(借主)가 대주(貸主)의 것을 이용하다 뒤 그것을 반환해야 하는 계약을 통틀어 이르는 말.

대-차다 형 성미가 꿋꿋하며 세차다. □ 대차게 나가다.

대:차 대:조표 (貸借對照表) 【경】 일정한 시점에서의 재정 상태를 알 수 있게 나타낸 표(차변에는 자산, 대변에는 부채와 자본을 기재함).

대:-차륜 (大車輪) 명 1 큰 수레바퀴. 2 양손으로 철봉을 잡고 원을 그리듯이 도는 기계 체

조의 하나. 준대차(大車).

대차-매듭 명 끈으로 채반처럼 맺은 매듭.

대:차 액수 (貸借差額) 【경】 대변과 차변과의 차이 나는 액수.

대:찬 (大讚) 명하타 크게 칭찬함. 또는 큰 칭찬.

대:찬 (代撰) 명하타 【역】 제찬(制撰).

대:찰 (大札) 명 남의 편지를 높이어 이르는 말.

대:찰 (大刹) 명 【불】 규모가 아주 크거나 이름난 절. 거찰(巨刹). 대사(大寺).

대:-창 (-腸) 명 소 따위 큰 짐승의 대장(大腸).

대-창 (-槍) 명 대를 깎아 만든 창. 죽창(竹槍).

대:창 (大漲) 명하자 강물이나 개울물 따위가 몹시 불어 넘침.

대:-창옷 (大氅-)[-옫] 명 【역】 향리가 입던 웃옷(두루마기에 큰 소매가 달렸음).

대:책 (大冊) 명 면수가 많은 책. 또는 큰 저술.

대:책 (大責) 명하타 몹시 꾸짖음. 또는 큰 꾸지람.

대:책 (對策) 명 1 어떤 일에 대처할 계획이나 수단. □ ~을 강구하다 / ~을 마련하다 / 대책이 안정을 ~을 세우다. 2 【역】 조선 때, 시정(時政)의 문제를 제시하고 그 대책을 논의하게 한 과거 시험 과목의 한 가지.

대:처 (大處) 명 도회지(都會地).

대:처 (帶妻) 명하자 1 아내를 둠. 2 【불】 대처승(帶妻僧).

대:처 (對處) 명하자 어떤 일에 대하여 적당한 조치를 취함. □ 사고에 ~하다 / 강력한 ~ 방안을 제시하다.

대:처네 명 쌓아 놓은 이불 위를 덮는 보.

대:처-승 (帶妻僧) 명 【불】 아내를 두고 살림을 하는 승려. 대처. 화택승. ↔비구승.

대:척 (對蹠) 명 어떤 일에 정반대가 됨. □ ~자(者) / 서로 ~될 견해.

대:척-적 (對蹠的)[-쩍] 관명 서로 정반대가 되는 (것). □ 성격이 서로 ~이다.

대:척-점 (對蹠點)[-쩜] 명 【지】 지구 표면 상의 한 지점에 대하여, 그 지점과 지구의 중심점과를 연결하는 선 위에 있는 반대쪽의 지구 표면에 있는 지점. 대척지.

대:척-지 (對蹠地)[-찌] 명 【지】 대척점.

대:천 (大川) 명 큰 내. 또는 이름난 내.

대:천 (大闡) 명 【역】 문과 급제.

대:천 (戴天) 명 하늘을 머리에 이었다는 뜻으로, 세상에 살아 있음을 비유하여 이르는 말.

대:-천문 (大泉門) 명 【생】 머리의 한가운데에서 전두골(前頭骨)과 두정골(頭頂骨) 사이에 있는 가장 큰 천문.

대:-천사 (大天使) 명 【가】 아홉 계급의 천사 가운데 하급에 속하는 천사(미카엘, 가브리엘, 라파엘이 유명함).

대:-천지원수 (戴天之怨讎) 명 불공대천.

대:첩 (大捷) 명하자 크게 이김. 대승(大勝). □ 행주~.

대:-청 명 대나무 줄기 속의 안벽에 붙은 얇고 흰 꺼풀.

대:-청 (大廳) 명 한옥에서, 몸채의 방과 방 사이에 있는 큰 마루. 대청마루. 당(堂). 준청.

대:-청 (代聽) 명 【역】 왕세자가 왕을 대신하여 정치를 행하던 일. 대리(代理).

대청 (臺廳) 명 【역】 조선 때, 궁중에서 사헌부나 사간원의 벼슬아치들이 임금에게 아뢸 일을 의논하던 곳.

대:청-마루 (大廳-) 圀 대청(大廳).
대:청소 (大淸掃) 圀하타 대규모로 하는 청소.
  ▢ 봄맞이 ~.
대:체 (大體) 一圀 어떤 일이나 내용의 기본이 되는 큰 줄거리. ▢ ~ 를 말해 보아라. 一閉 도대체. 대관절. ▢ ~ 어찌 된 일인가.
대:체 (代替) 圀하타 다른 것으로 바꿈. ▢ 새것과 ~ 하다.
대:체 (對替) 圀하타 《경》 어떤 계정의 금액을 다른 계정에 옮겨 적는 일.
대:체 계:정 (對替計定)[-/-게-] 《경》 어떤 금액을 한 계정에서 다른 계정으로 대체하는 일. 또는 그 계정.
대:체-로 (大體-) 閉 1 대강의 요점만 말해서. ▢ ~ 잘된 편이다. 2 전체를 보아서. 또는 일반적으로. ▢ 요즘 사람들은 옛날 사람들에 비해서 ~ 수명이 더 길다.
대:체-물 (代替物) 圀 일반 거래에서, 같은 종류로서 크기·무게·형태 따위가 같고 값이 않으면 다른 물건으로 바꿀 수 있는 물건(쌀·화폐 따위). ↔부대체물.
대:체 식량 (代替食糧)[-싱냥] 기존의 식량을 대신할 새로운 식량.
대:체 에너지 (代替energy) 기존의 에너지를 대신할 수 있는 새로운 에너지원(원자력·액화 천연가스·태양열 따위). ▢ 세계 각국이 ~의 개발에 힘을 기울이고 있다.
대:체 원칙 (代替原則) 같은 성질의 물건을 생산할 때, 비용이 적게 드는 생산 요소를 비용이 많이 드는 그것에 대신하는 원칙.
대:체 의학 (代替醫學) 현대 의학적 치료 방법 이외의 모든 질병 치료법을 이르는 말(민간 요법·식이 요법·단식 요법 따위).
대:체-재 (代替財) 《경》 서로 대신 쓸 수 있는 관계에 놓인 두 가지 물건(쌀과 밀가루, 만년필과 연필, 버터와 마가린 따위).
대:체 저:금 (對替貯金) 《경》 우편 저금의 절차에 따라서 예금 가입한 사람과 거래하는 먼 곳의 다른 사람이 그곳의 우체국을 통하여 그 예금 가입자가 있는 우체국의 계좌에 대체할 수 있도록 하는 저금.
대:체-적 (大體的) 관圀 일이나 내용의 기본인 큰 줄거리로 된. ▢ 낯씨가 ~ 으로 좋다.
대:체 전표 (對替傳票) 《경》 금액을 옮겨 적을 때 쓰는 전표. 대체 입금 전표와 대체 출금 전표가 있음.
대:체-제 (代替製) 圀 대신하여 사용할 수 있는 제품. ▢ ~ 를 개발하다.
대:체 집행 (代替執行)[-지팽] 《법》 대집행.
대:체 효:과 (代替效果) 《경》 어떤 상품의 가격이 오르내릴 때에, 그 대체재의 수요량이 따라 움직여 수요와 공급의 균형을 맞추는 일.
대:체 휴일제 (代替休日制) 공휴일이 주말과 겹칠 경우 그다음 첫 번째 평일에 하루를 더 쉬게 하는 제도.
대초 圀 〈옛〉 대추[1].
대:초 (大草) 圀 1 크게 흘리어 쓴 글씨. 2 로마자의 필기체로 된 대문자. ↔소초(小草).
대:초열-지옥 (大焦熱地獄)[-열-] 圀 팔열(八熱) 지옥의 일곱째. 뜨거운 불길로 고통을 당하는 지옥으로 초열지옥보다 고통이 더 심함.
대:-초원 (大草原) 圀 매우 너른 풀밭. 대평원. ▢ ~에서 양 떼들이 한가로이 풀을 뜯고 있다.
대:촌 (大村) 圀 큰 마을.
대:총 (大塚) 圀 규모가 큰 무덤.
대:-총재 (大冢宰) 圀 《역》 '이조 판서'를 달리 이르던 말.
대초 圀 〈옛〉 대추[1].
대:추[1] 圀 1 대추나무의 열매. 익으면 빛이 붉

---

595   대침

고 맛이 달며, 속에 단단한 씨가 들어 있음. 2 《한의》 말린 대추. 맛이 달고 성질이 따뜻해 영양을 돕고 위를 편하게 함. 대조(大棗). 목밀(木蜜).
대:추[2] 圀 남이 쓰다가 물려준 물건. ▢ 이 옷은 언니의 ~를 줄여 입은 것이다.
대:추 (大酋) 圀 야만인의 세력이 큰 부족이나 씨족의 우두머리.
대:추-나무 圀 《식》 갈매나뭇과의 낙엽 활엽 교목. 촌락 및 밭둑에 남. 높이 5 m 정도, 6월에 황록색 꽃이 피고 열매인 대추가 초가을에 익음. 열매는 식용하거나 약용함. 목질이 매우 단단함. 조목(棗木).
  [대추나무 방망이다] 모질고 단단하게 생긴 사람의 비유. [대추나무에 연 걸리듯] 여기저기에 빚을 많이 지고 있음의 비유.
대:추-미음 (-米飮) 圀 대추와 찹쌀을 푹 삶아 체에 걸러서 만든 미음.
대:추-벼 圀 《식》 늦벼의 하나(까끄라기가 없고 빛이 붉음).
대:추-씨 圀 대추의 씨처럼 키는 작으나 야무지고 단단하여 빈틈이 없는 사람의 비유.
대:추-초 (-炒) 圀 대추를 폭 쪄서 꿀과 기름, 계핏가루를 치고 버무린 과자.
대:축 (大畜) 圀 '대축괘'의 준말.
대:축 (對軸) 圀 대폭(對幅).
대:축-괘 (大畜卦)[-꽤] 圀 육십사괘의 하나. 간괘(艮卦)와 건괘(乾卦)가 위아래로 거듭된 것으로, 하늘이 산 가운데 있음을 상징함. 준 대축(大畜).
대:-축일 (大祝日) 《가》 로마 교회력에 따른 14개 축일. 예수 성탄 대축일·예수 부활 대축일 따위. 구용어는 '대첨례'.
대:-축척 (大縮尺) 《지》 지도의 축소율을 5만분의 1 이내로 하여 좁은 지역을 자세하게 나타낸 것.
대:춘 (待春) 圀하자 봄을 기다림.
대:출 (貸出) 圀하타 돈이나 물건 따위를 빌려 줌. ▢ 도서 ~ / 신용 ~ / 은행에서 ~을 받다.
대:출-액 (貸出額) 圀 대출해 준 돈의 액수.
대:출 이:자 (貸出利子)[-리-] 圀 대출한 돈에 대한 이자.
대:출 초과 (貸出超過) 《경》 오버론(overloan).
대:충 (代充) 圀하타 다른 것으로 대신 채움.
대충 閉 〔←대총(大總)〕 1 어림잡아. ▢ ~ 열 개쯤 될 것이다. 2 대강. ▢ 일이 ~ 끝났다.
대충-대충 閉 일이나 행동을 적당히 하는 모양. 대강대강. ▢ ~ 보아 넘기다.
대:충-자금 (對充資金) 《경》 제2차 세계 대전 후 미국의 원조 물자를 받은 나라의 정부가 이것을 국내에 팔아 얻은 국내 화폐 자금.
대:취 (大醉) 圀하자 술에 몹시 취함. 만취.
대:-취타 (大吹打) 《악》 취타와 세악(細樂)을 대규모로 갖춘 군악. 임금의 거둥이나 군대의 행진 때 연주함.
대:치 (代置) 圀하타 다른 것으로 바꾸어 놓음. 개치(改置). ▢ 수판을 계산기로 ~하다.
대:치 (對峙) 圀하자 서로 맞서서 버팀. ▢ 강을 사이에 두고 서로 ~하고 있다.
대:치 (對置) 圀하타 마주 놓음.
대:치-하다 (大熾-) 圀어 기세가 크게 성하다. ▢ 돌림병이 ~.
대:-칙서 (大勅書)[-써] 圀 《가》 원형의 납 도장으로 봉인한 교황의 공식 문서(중대한 문제들을 다룬 추기경단 전체 회의의 의결 사항임).
대:침 (大針) 圀 큰 바늘. ↔소침.

대:**침** (大鍼)圓 끝이 약간 둥글고 긴 침.
대:**칭** (大秤)圓 (백 근까지 달 수 있는) 큰 저울. 근칭(斤秤).
대:**칭** (對稱)圓 1〔언〕제이 인칭. 2〔수〕점·선·면 또는 이것들로 된 도형이 어떤 기준되는 점·선·면을 중심으로 서로 맞서는 자리에 놓이는 경우. 3 미적 형식 원리의 하나. 수직축을 중심으로 좌우가 서로 상응하는 일. 시머트리.
대:**칭 대:명사** (對稱代名詞)〔언〕제이 인칭 대명사.
대:**칭 도형** (對稱圖形)〔수〕하나의 점이나 직선 또는 평면을 중심으로 양쪽에 자리한 두 도형이 대칭될 때의 두 도형. 맞선꼴. 맞섬도형. 준대칭형.
대:**칭-률** (對稱律)[-뉼]圓〔수〕‘$a=b$이면 $b=a$’인 관계를 일컫는 말.
대:**칭-면** (對稱面)圓〔수〕두 도형이 한 평면을 사이에 두고 대칭일 때, 그 평면을 이르는 말. 맞선면. 맞섬면.
대:**칭 배:사** (對稱背斜)〔지〕양측의 지층이 반대 방향으로 경사가 지고 그 대응 경사의 정도가 같은 배사 구조. 맞비탈.
대:**칭-식** (對稱式)〔수〕어떤 수식 중에 나오는 두 문자의 앞뒤 차례를 바꾸어 놓아도 그 값은 전혀 변함이 없는 대수식(a^2+ab+b^2은 a, b의 대칭식). 맞선식. 맞섬식.
대:**칭 위치** (對稱位置)〔수〕두 도형이 대칭 요소에 의하여 대칭을 이루는 자리. 맞선 자리. 맞섬 자리.
대:**칭 이동** (對稱移動)〔수〕도형을 점·선·면에 대해 대칭이 되도록 옮기는 일.
대:**칭-점** (對稱點)[-쩜]圓 대칭 중심.
대:**칭 중심** (對稱中心)〔수〕점대칭(點對稱)에서 대칭의 중심이나 정점(定點). 대칭점.
대:**칭-축** (對稱軸)〔수〕두 도형이 한 직선을 사이에 두고 대칭을 이룰 때의 그 직선. 맞선면. 맞섬면.
대:**칭-형** (對稱形)〔수〕‘대칭 도형(對稱圖形)’의 준말.
대-**칼** 대나무로 만든 칼. 죽도(竹刀).
대**컨**圓 대체로 보아서. 무릇. 대저(大抵). □~ 모든 일에는 순서가 있는 법이다.
대:**타** (代打)圓하타 1 야구에서, 중요한 시점에서 정식 타자를 대신하여 침. ‘대타자’의 준말. □~를 내보내다.
대:**타-자** (代打者)圓 야구에서, 대타를 하는 사람. 핀치 히터. 준대타.
대:**-타협** (大妥協)圓 거의 정반대로 맞서 있는 의견이나 주장을 서로 크게 양보하여 맞춤. □ 팽팽히 맞서던 양측이 ~을 보았다.
대:**탁** (大卓)圓 남을 대접하기 위해 썩 잘 차린 음식상. 또는 그렇게 잘하는 대접.
대:**탈** (大頉)圓 매우 큰 사고. □~이 나다.
대-**테** 대를 쪼개서 결어 만든 테.
대:**토** (代土)圓하타 1 땅을 팔고 대신 장만한 다른 땅. 2 땅을 서로 바꿈. 3 지주가 소작인이 부치던 땅을 떼고 대신 주는 땅.
대:**-톱** (大-)圓 1 큰 동가리톱. 2 큰톱.
대-**통** (-桶)圓 담뱃대의 담배 담는 부분. 담배통. □~에 담배를 다져 넣다.
　〔대통 맞은 병아리 같다〕남에게 얻어맞거나 의외의 일을 당하여 정신이 멍한 것을 비유적으로 이르는 말.
대-**통** (-筒)圓 1 쪼개지 않고 짤막하게 자른 대의 토막. 2 죽통(竹筒).

대:**통에 물 쏟듯 하다** 函 말을 거침없이 잘함을 이르는 말.
대:**통** (大通)圓하자 어떤 일이나 운수가 크게 트임. □ 운수 ~.
대-**통** (大桶)圓 1 큰 통. 2 소금을 많이 담은 큰 섬.
대:**통** (大統)圓 왕위를 계승하는 계통. 황통(皇統). □~을 잇다.
대:**통령** (大統領)[-녕]圓 공화국의 원수《모든 행정을 통할하고 국가를 대표함》.
대:**통령 거:부권** (大統領拒否權)[-녕-뀐]〔법〕대통령이 의회에서 가결된 법률안에 서명을 거부할 수 있는 헌법상의 권리.
대:**통령-령** (大統領令)[-녕녕]圓 대통령이 발하는 명령《헌법이 부여한 권한으로 법률과 동일한 효력을 가짐》.
대:**통령-제** (大統領制)[-녕-]圓 대통령을 중심으로 국정이 운영되는 정부 형태. 또는 통치 구조. 대통령 중심제. *내각 책임제.
대:**통령 중심제** (大統領中心制)[-녕-] 대통령제(大統領制).
대-**운** (大運)圓 크게 트인 운수.
대:**퇴** (大腿)圓〔생〕넓적다리.
대:**퇴-골** (大腿骨)圓〔생〕넓적다리의 뼈. 사람의 뼈 중에서 가장 큼. 넓적다리뼈.
대:**퇴-근** (大腿筋)圓〔생〕넓적다리에 딸린 근육. 넓적다리 근육. 넓적다리 힘줄.
대:**퇴 동:맥** (大腿動脈)圓〔생〕다리로 피를 보내는 동맥《연필만 한 굵기임》. 고동맥.
대:**퇴 사:두근** (大腿四頭筋)圓 사두고근.
대:**퇴 이:두근** (大腿二頭筋)〔생〕대퇴의 뒤쪽에 있는 긴 근육. 이두고근.
대:**퇴 정맥** (大腿靜脈)〔생〕대퇴 동맥보다 안쪽에 있는 정맥. 다리의 피를 모아 심장으로 보냄. 고정맥.
대:**-투매** (大投賣)圓하타 대대적인 투매.
대:**-파** (大-)圓 줄기가 굵고 긴 파.
대:**파** (大破)圓하자타 1 크게 부서짐. □ 풍랑으로 배가 ~하다. 2 적을 크게 처부숨. □ 적군을 ~하다.
대:**파** (代播)圓하타〔농〕모를 내지 못한 논에 다른 곡식을 심는 일. 대용갈이. 대용작. 대작(代作). □~ 작물.
대:**판** (大-)□圓 1 ‘대판거리’의 준말. □ 잔치를 ~으로 차리다. 2 큰 도량. □圓 ‘대판거리로’의 뜻. □ 남편과 ~ 싸우다.
대:**판** (大板)圓 장롱 따위의 밑바닥에 대는 큰 널조각.
대:**판** (大版)圓 1 글자체가 큰 책판. 2 인쇄물의 크기가 큰 판《사륙 배판·타블로이드판 따위가 있음》.
대:**판** (代辦)圓하타 1 남을 대신하여 일을 처리함. 대무(代務). 2 남을 대신하여 갚음.
대:**판-거리** (大-)圓 크게 차리거나 벌어진 판. □~로 싸움이 벌어졌다. 준대판.
대:**패**圓〔공〕나무를 곱게 밀어 깎는 연장. □~로 밀다.
대:**패** (大敗)圓하자 1 싸움이나 경기 따위에서 크게 짐. □ 우리는 야구 시합에서 ~했다. ↔대승(大勝). 2 크게 실패함.
대:**패-아가리**圓 대패질이 나오는 구멍.
대:**패-질**圓하타 대패로 나무를 밀어 깎는 일.
대:**팻-날** [-팬-]圓 대패에 끼우는 쇠 날.
대:**팻-밥** [-팯밥]/[-팯빱]圓 대패질할 때 깎이어 나온 얇은 나뭇오리. 포설(鉋屑).
대:**팻밥-모자** (-帽子)[-팯밥-]/[-팯빱-]圓 대팻밥처럼 얇게 깎은 나뭇조각을 잇대어 꿰매서 만든 여름 모자.

대:팻-손 [-패쏜/-팯쏜] 명 대팻집 위쪽에 가로로 댄 손잡이.

대:팻-집 [-패찝/-팯찝] 명 대팻날을 박게 된 나뭇틀.

대:팻집-나무 [-패찜-/-팯찜-] 명 《식》 감탕나뭇과의 낙엽 활엽 교목. 산허리의 숲 속에 남. 높이 6~9m. 나무껍질은 회백색으로 녹색을 띰. 5월에 녹색 꽃이 피고 열매는 10월에 붉은 색으로 익음. 나무는 세공재로 쓰고 어린잎은 식용함.

대:평-소 (大平簫) 명 《악》 태평소.

대:평-원 (大平原) 명 1 넓고 큰 평평한 들. 2 대초원. ◻말을 타고 ~을 달리다.

대:폐 (大弊) [-/-폐] 명 큰 폐해(弊害).

대:포 명 1 큰 술잔. 2 술을 별 안주 없이 큰 그릇으로 마시는 일. 3 '대폿술'의 준말. ◻~나 한잔하세.

대:포 (大砲) 명 1 화약의 힘으로 포탄을 멀리 내쏘는 무기. ◻~를 포차(砲車)로 끌고 가다. ⓒ포. 2 '거짓말'이나 '허풍'을 빗대어 이르는 말.

대포(를) 놓다 ☞ 허풍을 치거나 터무니없는 거짓말을 하다.

대:포-알 (大砲-) 명 대포의 탄알. 포탄.

대:포-쟁이 (大砲-) 명 '거짓말쟁이' 또는 '허풍선이'를 빗대어 이르는 말.

대:폭 (大幅) 띄 넓은 범위. 큰 정도. ◻예산을 ~으로 삭감했다 / ~의 개각을 단행하다. ㄹ폐 썩 많이. ◻내용을 ~ 수정하다 / 가격을 ~ 인하하다. ↔소폭(小幅).

대:폭 (大爆) 명하타 대규모로 폭격함.

대:폭 (對幅) 명 한 쌍의 서폭(書幅)이나 화폭 (畫幅). 대축(對軸).

대:폭-적 (大幅的) [-쩍] 판명 수나 양, 금액 따위의 차이가 매우 큰 (것). ◻~인 개편 / ~ (인) 임금 인상.

대:폿-술 [-포쑬/-폳쑬] 명 큰 술잔으로 마시는 술. ⓒ대포.

대:폿-잔 (-盞) [-포짠/-폳짠] 명 대폿술을 마실 때 쓰는 큼직한 잔.

대:폿-집 [-포찝/-폳찝] 명 대폿술을 전문으로 파는 집.

대:표 (代表) 명하타 1 개인이나 단체를 대신하여 그의 의사(意思)나 성질을 외부에 나타냄. 2 '대표자'의 준말. 3 전체를 표시할 만한 한 가지 사물 또는 한 부분.

대:표-권 (代表權) [-꿘] 명 대표하는 권한.

대:표-단 (代表團) 명 대표로 뽑힌 사람들로 이루어진 무리. ◻통상 ~을 파견하다.

대:표 민주제 (代表民主制) 간접 민주제.

대:표 번호 (代表番號) 여러 전화번호 가운데, 교환대의 구실을 하는 번호.

대:표-부 (代表部) 명 정식으로 국교를 맺지 않은 나라 또는 국제기구 등에 설치하는 재외 공관의 하나(그 공관장은 특명 전권 대사 또는 특명 전권 공사임).

대:표 사원 (代表社員) 합명 회사의 각 사원, 합자(合資) 회사의 각 무한 책임 사원, 주식 회사의 대표 이사, 유한(有限) 회사의 이사의 일컬음. 회사의 영업에 속하는 모든 행위에 대하여 회사를 대표함.

대:표-음 (代表音) 명 《언》 어떤 자음이 받침으로 쓰일 때 제 음가대로 소리 나지 않고 그와 비슷한 소리로 나는데, 그 비슷한 소리를 이르는 말(받침에서 'ㅋ·ㄲ'이 'ㄱ'으로, 'ㅅ·ㅈ·ㅊ·ㅌ'이 'ㄷ'으로, 'ㅍ'이 'ㅂ'으로 소리 나는데 'ㄱ·ㄷ·ㅂ'을 이름).

대:표 이:사 (代表理事) 주주 총회의 결의나

이사회에서 선임되어 회사를 대표하는 이사.

대:표-자 (代表者) 명 여러 사람이나 단체를 대표하는 사람. ◻그는 우리 마을의 ~이다. ⓒ대표.

대:표-작 (代表作) 명 개인이나 한 시대를 대표할 만한 가장 잘된 작품.

대:표-적 (代表的) 판명 어떤 집단이나 분야를 대표할 정도로 전형적이거나 특징적인 (것). ◻근대 소설의 ~ 작품.

대:표 전:화 (代表電話) 둘 이상의 가입 전화 회선을 대표하는 것으로 정하여, 그 전화가 통화 중일 때 자동적으로 다른 회선에 이어지도록 된 전화.

대:표-직 (代表職) 명 기관이나 정당 따위에서, 전체를 대표하는 직책이나 직위.

대:표-치 (代表値) 명 대푯값.

대:표-값 (代表-) [-표깝/-푣깝] 명 어떤 통계 자료 전체를 대표하는 하나의 수치. 평균값·중앙값·모드 등이 있음. 대표치.

대-푼 (-) 돈 한 푼이라는 뜻으로, 아주 적은 돈을 이르는 말.

대-푼거리질 명하자 땔나무나 물건을 푼거리로 사들이는 일. 푼거리질.

대푼-변 (-邊) [-뼌] 명 백분의 일로 치르는 변리. 일 푼의 변리.

대푼-짜리 (-) 돈 한 푼 값에 해당하는 물건이라는 뜻으로, 값어치 없는 물건을 이르는 말.

대푼-쭝 명 한 푼의 무게.

대:품 (代-) 명 받은 품 대신에 갚아 주는 품.

대:품 (代品) 명 대용품.

대:풍 (大風) 명 《기상》 큰바람.

대:풍 (大豐) 명 곡식이 썩 잘되어 수확이 많음. 또는 그러한 해. ◻~을 기원하다 / ~이 들다. ↔대흉(大凶).

대:-풍류 (-風流) [-뉴] 명 대나무로 만든 관악기가 중심이 된 연주 형태. 또는 그런 음악. *줄풍류.

대:풍-수 (大風樹·大楓樹) 명 《식》 산유자과의 낙엽 활엽 교목. 동인도 원산으로, 높이가 20m 이상임. 줄기는 가늘고 잎은 광택이 나며 노란 꽃이 핌. 씨는 약용함.

대:풍-자 (大風子·大楓子) 명 《한의》 대풍수 열매의 씨(문둥병·매독 등의 약으로 씀).

대:풍-창 (大風瘡) 명 《한의》 문둥병.

대:피 (待避) 명하자 위험이나 재해를 입지 않게 일시적으로 피함. ◻~ 훈련.

대:피-선 (待避線) 명 단선(單線) 철로에서, 열차가 서로 엇갈릴 때 한쪽이 피할 수 있게 에다 부설한 선로.

대:피-소 (待避所) 명 비상시에 대피할 수 있도록 만들어 놓은 곳.

대:피-용 (待避用) 명 위험이나 피해를 입지 않도록 일시적으로 피하는 데에 씀. 또는 그런 것.

대:피-호 (待避壕) 명 적의 공습 때, 폭탄의 파편 등을 피하기 위해서 파 놓은 구덩이.

대:필 (大筆) 명 1 큰 붓. 2 썩 잘 쓴 글씨. 또는 글씨를 잘 쓰는 사람. 3 크게 쓴 글씨.

대:필 (代筆) 명하타 남을 대신하여 글씨나 글을 씀. 또는 그 글씨나 글. 대서(代書). ◻편지를 ~하다. ↔자필.

대:하 (大河) 명 1 큰 강. 2 중국의 황허 강.

대:하 (大廈) 명 넓고 큰 집. 광하(廣廈).

대:하 (大蝦) 명 《동》 보리새웃과의 하나. 몸길이는 30cm 정도이며, 몸빛은 연한 회색임. 우리나라·중국 등지에 분포함. 왕새우.

대:하(帶下)圀〖의〗1 여자 생식기에서 나오는 희거나 붉은 점액. 냉(冷). 2 '대하증'의 준말.

대:하(貸下)圀하타〖경〗정부가 경제 발전과 국제 수지 개선 등을 위해, 민간에 융자하도록 금융 기관에 돈을 빌려 줌. 또는 그런 일.

대하(臺下)圀 대의 아래. ↔대상(臺上).

대:하-고루(大廈高樓)圀 규모가 큰 집과 높은 누각. 곧, 웅장한 건물.

대:-하다(對-)짜타어 1 마주 보다. □서로 굴을 ~. 2 상대하다. 응하다. □물음에 대하여 대답하다. 3 접대하다. □손님을 친절하게 ~. 4 대상으로 하다. 관하다. □정치에 대한 국민의 관심이 높아지다.

대:하-드라마(大河drama)圀 여러 대에 걸친 시대 배경과 많은 인물이 등장하는 규모가 매우 큰 방송 드라마.

대:하-소설(大河小說)圀〖문〗사람들의 생애나 가족의 역사 등을 사회적·시대적 배경과 함께 넓은 시야로 그리는 대장편 소설의 한 형식《언제 그칠지 모르는 큰 강과 같은 느낌을 주는 데서 이르는 말》. □'토지(土地)'는 박경리가 쓴 ~이다.

대:하-증(帶下症)[-쯩]圀〖의〗대하가 많이 흘러내리는 증상을 하나의 병증으로 보아 일컫는 말. 냉증(冷症). ⑥대하.

대:학¹(大學)圀 고등 교육의 중심을 이루는 기관으로, 학문의 이론이나 응용을 연구하고 가르치는 학교《단과 대학·종합 대학의 두 종으로 대별되며, 특수한 목적의 교육 전문 대학 등이 있으며 수업 연한은 2년에서 4년까지임》.

대:학²(大學)圀 사서(四書)의 하나. 공자(孔子)의 가르침을 정통으로 나타낸 유교(儒敎)의 경전.

대:학-가(大學街)[-까]圀 1 대학 주변의 거리. 2 대학을 중심으로 하여 이루어진 사회. □~에서 널리 퍼진 소문.

대:-학교(大學校)[-꾜]圀 지난날, 종합 대학을 단과 대학과 구별하여 이르던 말.

대:학-교수(大學敎授)[-꾜-]圀 대학에서 학문을 연구하고 가르치는 사람.

대:학 병:원(大學病院)[-뼝-]〖의〗의과 대학에 딸린 병원.

대:-학사(大學士)[-싸]圀〖역〗1 고려 때, 보문각·홍문관·수문전·집현전의 종이품 으뜸 벼슬. 2 조선 초기, 예문 춘추관의 정이품 벼슬. 3 중국 명나라·청나라 때의 내각의 장관.

대:학-생(大學生)[-쌩]圀 대학에 다니는 학생.

대:학 수학 능력 시험(大學修學能力試驗) 대학 교육에 필요한 수학 능력을 측정하기 위하여 교육부에서 해마다 실시하는 시험. ⑥수능(修能).

대:학 예:과(大學豫科)[-향녜꽈] 예전에, 대학에서 학부에 들어가기 전의 과정《2년제》.

대:학-원(大學院)圀 대학을 졸업한 사람이 학문을 더욱 깊이 연구하는 과정.

대:학-인(大學人)圀 대학에 몸담고 있는 대학생·대학교수 등을 통틀어 이르는 말.

대:학-자(大學者)[-짜]圀 학식이 아주 뛰어나고 학문적 업적이 많은 학자.

대:학-촌(大學村)圀 대학 주변에 형성되어 있는 마을.

대:한(大汗)圀〖역〗몽골 민족의 황제에 대한 칭호. 1206년에 칭기즈 칸에게 처음으로 이 칭호가 붙음.

대:한(大旱)圀 큰 가뭄.
[대한 칠 년 비 바라듯] 몹시 간절히 바란다는 뜻.

대:한(大寒)圀 1 지독한 추위. 2 이십사절기 중 마지막 절후. 소한(小寒)과 입춘(立春) 사이로 양력 1월 20일경에 듦. 한 해의 가장 추운 때임.

대:한(大韓)圀 1 '대한 제국'의 준말. 2 '대한민국'의 준말.

대:한-민국(大韓民國)圀〖지〗우리나라의 국호. 준대·한. 약대·한·국.

대:한민국 약전(大韓民國藥典)[-냑쩐] 국가에서 제정한 의약품에 관한 법전. ⑥약전.

대:한민국 임시 정부(大韓民國臨時政府)〖역〗1919년 4월에 상하이(上海)에서 조직 선포한 한국의 임시 정부《그 후 충칭(重慶)으로 옮겼다가 1945년 본국으로 입국 후에 해체됨》. 상하이 임시 정부.

대:한불갈(大旱不渴)圀하자 아무리 가물어도 물이 마르지 않음.

대:한 제:국(大韓帝國)〖역〗조선 고종 34년(1897) 10월부터 1910년 8월 국권 피탈 때까지의 우리나라 국호. ⑥대한·한·한국.

대:함(大艦)圀 큰 군함.

대:합(大蛤)圀〖동개〗백합과의 바닷조개. 강물과 만나는 해변의 진흙 모래밭에 사는데 껍데기의 길이는 8cm, 높이는 6cm, 폭은 4cm가량이며, 빛은 회백갈색, 안쪽은 흼. 맛이 좋고 껍데기는 바둑돌로 쓰거나 태워서 석회를 만듦. 대합조개.

대:합-실(待合室)[-씰]圀 역·병원 등의 공공시설에서, 손님이 쉬며 기다릴 수 있도록 마련한 곳. □공항 ~.

대:합-젓(大蛤-)[-쩓]圀 대합의 살로 담근 젓. 대합젓.

대:합-조개(大蛤-)[-쪼-]圀〖조개〗대합.

대:해(大蛤醢)[-하圀]대합젓.

대:항(對抗)圀하자타 1 서로 맞서서 버티어 겨룸. □학년 ~ 배구 경기. 2 서로 상대하여 덤빔. □적이 곧바로 ~해 왔다.

대:항-력(對抗力)[-녁]圀 1 맞서서 버티는 힘. 2〖법〗이미 성립된 권리관계를 다른 사람에게 내세울 수 있는 힘.

대:항-로(對抗路)[-노]圀〖군〗요새전(要塞戰)에서, 공격하는 편에서 갱도(坑道)를 뚫는 데 대항하기 위하여 방어하는 편에서 만드는 갱도.

대:항 연:습(對抗演習)[-년-]〖군〗군대를 양편으로 갈라 한편을 적군으로 가정하고 행하는 전투 훈련.

대:항 요건(對抗要件)[-뇨껀]〖법〗이미 성립된 권리관계를 다른 사람에 대하여 주장하는 데에 필요한 조건.

대:항-전(對抗戰)圀 주로 운동 경기에서, 서로 대항하여 승부를 겨루는 일.

대:항-책(對抗策)圀 대항할 방법이나 꾀.

대항(大缸)〈옛〉큰 항아리.

대:해(大害)圀 큰 손해. 큰 재해. □유조선이 폭풍우로 ~를 입었다.

대:해(大海)圀 넓고 큰 바다. 거해(巨海). □~로 나아가다/망망한 ~를 바라보다.

대:해-수(大海水)圀〖민〗육십갑자에서, 임술(壬戌)과 계해(癸亥)에 붙이는 납음(納音).

대:해-일적(大海一滴)[-쩍]圀 창해일속(滄海一栗).

대:행¹(大行)圀 큰 덕행.

대:행²(大行)圀〖역〗임금이나 왕비가 죽은

뒤, 시호(諡號)를 정하기 전에 이르던 칭호.
☐ ~ 대왕.
대-행 (代行) 몡하타 1 남을 대신하여 행함. ☐
업무를 ~하다. 2 남을 대신하여 어떤 권한이
나 직무를 행하는 사람. ☐ 대통령 권한 ~.
대-행-사 (代行社) 몡 어떤 행사 기획이나 광
고 제작 따위를 대신해 주는 회사.
대:-행성 (大行星) 몡 태양계의 여덟 개의 행
성 가운데 특히 목성(木星)·토성(土星)·천왕
성(天王星)·해왕성(海王星)의 일컬음. 대유성
(大遊星). 대혹성(大惑星). ↔소행성(小行星).
대:-행진 (大行進) 몡 특수한 목적을 위하여
많은 사람들이 줄을 지어 앞으로 나아감.
대:-향 (大享) 몡 대제(大祭)1.
대:-향 (大饗) 몡 예전에, 특별한 경축 행사에
임금이 베풀던 성대한 잔치.
대:-향 (對向) 몡하타 1 마주 봄. 2 반대 방향에
서 달려옴. ~차(車).
대-향범 (對向犯) 몡 [법] 범죄의 성립에 있
어 상대방을 필요로 하는 범죄(간통죄·수뢰
죄 따위). 대립적 범죄.
대:-헌 (大憲) 몡 1 '대사헌'의 준말. 2 천
도교의 교법. 3 큰 법규.
대:-헌장 (大憲章) 몡 [역] 마그나 카르타.
대:-혁명 (大革命) [-몡-] 몡 1 ~으
로 새 정부가 들어섰다. 2 '프랑스 대혁명'의
준말.
대:현 (大賢) 몡 매우 어질고 지혜로운 사람.
대:-협곡 (大峽谷) [-꼭] 몡 큰 골짜기.
대:-형 (大兄) 一몡 1 대종교(大倧敎)에서, 사교
(司敎)·정교(正敎)의 교직을 가진 사람을 붙
이어 이르는 말. 2 고구려 때의 오품관의 벼
슬. 二인대 편지에서, 벗을 높여 이르는 말.
대:형 (大刑) 몡 1 무거운 형벌. 2 무거운 죄.
대:형 (大形) 몡 사물의 형체·규모가 큼. ↔소
형(小形).
대:-형 (大型) 몡 같은 종류의 물건 가운데서 큰
규모에 속하는 것. ☐ ~ 차량 / ~ 냉장고. ↔
소형(小型).
대형 (隊形) 몡 여러 사람이 줄지어 정렬한 형
태. ☐ 산개(散開) ~ / ~을 짜다.
대:-형기 (大型機) 몡 몸체가 큰 비행기(수송
기·여객기 따위).
대:형 자동차 (大型自動車) 크기가 큰 자동차.
승용차는 배기량 2,000cc 이상, 화물 자동차
는 적재 정량 5톤 이상, 버스는 36인승 이상
의 것을 이름. ⓒ대형차.
대:-형주 (大型株) 몡 자본금의 규모가 비교적
큰 회사의 주식. ↔소형주.
대:형-차 (大型車) 몡 '대형 자동차'의 준말.
대:형-화 (大型化) 몡하자타 사물의 형체나 규
모가 크게 됨. 또는 크게 함. ☐ 은행의 ~를
꾀하다.
대:호 (大戶) 몡 살림이 넉넉하고 식구가 많은
집안.
대:-호 (大呼) 몡하타 큰 소리로 부름.
대:호 (大虎) 몡 큰 호랑이.
대:호 (大豪) 몡 큰 부자.
대:호 (對壕) 몡 [군] 적의 사격을 피하고 포
적의 진지를 공격할 수 있도록 판 구덩이.
대:호-지 (大好紙) 몡 품질이 좀 낮은, 넓고 긴
한지(韓紙)의 하나.
대:혹 (大惑) 몡하자 몹시 반함.
대:-혹성 (大惑星) [-썽] 몡 대행성(大行星).
대:혼 (大婚) 몡 [역] 임금이나 왕세자의 혼인.
대:-혼란 (大混亂) [-놀-] 몡 큰 혼란. ☐ 교통
사고로 거리는 ~이 일어났다.
대:-홍수 (大洪水) 몡 큰 홍수. ☐ 노아의 ~.

대:-화 (大火) 몡 큰 화재. 큰불. ↔소화.
대:화 (大禾) 몡 가화(嘉禾).
대:화 (大禍) 몡 큰 재앙. ☐ ~를 당하다.
대화 (帶化) 몡하자 식물의 줄기 따위가 좁고 길
게 띠 모양으로 변하는 일.
대:화 (對話) 몡하자 마주 대하여 이야기를 주
고받음. 또는 그 이야기. ☐ 남북 ~ / ~를 나
누다 / ~의 광장을 마련하다.
대:화-교 (大華敎) 몡 [종] 수운(水雲) 최제우
(崔濟愚)를 교조로 하는 동학 계통의 한 종교.
대:화-극 (對話劇) 몡 [연] 몸짓이나 표정보다
대화가 중심이 되는 극.
대:화-만담 (對話漫談) 몡 두 사람 이상이 대
화하는 형식으로 하는 만담.
대:화-문 (對話文) 몡 대화의 형식으로 이루어
진 글.
대:화-물 (大貨物) 몡 화물 열차로 운송되는,
대량 또는 무거운 화물. ↔소화물.
대:화-방 (對話房) 몡 컴퓨터 통신망에서, 여
러 사용자가 모니터 화면을 통하여 대화를
나누는 곳.
대:화-법 (對話法) [-뻡] 몡 1 대화하는 방법. 2
[철] 소크라테스의 진리 탐구 방법. 상대방
에게 질문을 던져 스스로 무지(無知)를 깨닫
게 함으로써 사물에 대한 올바른 개념에 도
달하게 함.
대:-화상 (大和尙) 몡 [불] 승려를 높여 일컫
는 말. '화상(和尙)'보다 더 높이는 말임.
대:화-자 (對話者) 몡 1 서로 이야기를 주고받
는 사람. 2 [법] 상대방이 의사 표시를 하면
바로 깨달아 알 수 있는 상태에 있는 사람.
↔격지자(隔地者).
대:화-체 (對話體) 몡 두 사람이 맞대어 말하
는 형식을 취한 문체.
대:화-편 (對話篇) 몡 대화 형식으로 쓰여진
저서(著書).
대:환 (大患) 몡 1 큰 근심이나 재난. 2 큰 병
환. 대병(大病).
대:-환영 (大歡迎) 몡하타 크게 환영함. 또는
그런 환영. ☐ ~을 받다.
대:-황 (大黃) 몡 [식] 여뀟과의 여러해살이풀.
시베리아 원산으로 산골짜기의 습지나 냇가
의 밭에 재배함. 줄기는 1.5m가량, 속이 비
고 잎은 굵고 크며 황색인데 약
용임. 7~8월에 황백색 꽃이 핌.
대:-황신 (大皇神) 몡 [종] 한배검.
대:회 (大會) 몡 1 어떤 행사를 위해 많은 사람
이 모이는 큰 모임이나 회의. 성대한 회합.
☐ 전당 ~ / 궐기 ~가 열리다. 2 실력이나 재
주 따위를 겨루는 큰 모임. ☐ 세계 선수권 ~ /
올림픽 ~ / ~를 개최하다 / ~에 참가하다.
대:회-사 (大會辭) 몡 어떤 대회를 시작하면서
주관하는 사람이 하는 연설.
대:회-장 (大會場) 몡 대회를 여는 곳.
대:회전 경:기 (大回轉競技) 비탈진 코스의
중간 중간에 세워 둔 30개 이상의 깃대 사이
를 통과하면서 활강하는 속도로 승부를 겨루는
스키 경기.
대:-회향 (大茴香) 몡 목란과(木蘭科) 식물의
열매.
대:회향-유 (大茴香油) [-뉴] 몡 대회향을 증류
하여 얻은 기름(비누·치약 등의 향료로 씀).
대:효 (大孝) 몡 1 지극한 효도 또는 지극한 효
자. 2 편지에서, 부모의 상중(喪中)에 있는
사람에게 그 사람을 높이어 이르는 말.
대:효 (大效) 몡 큰 효험. ☐ ~을 얻다.

대-후 (待候) 圀하타 웃어른의 명령을 기다림.

대-후비개 담뱃대의 대통 속을 후비는 데 쓰는 조그만 쇠갈고리.

대:-훈 (大訓) 圀 **1** 본받을 만한 훌륭한 교훈. **2** 임금이 백성에게 주는 훈시(訓示)를 높여 이르는 말.

대:-훈 (大勳) 圀 **1** '대훈로'의 준말. **2** '대훈위'의 준말.

대:-훈 (帶勳) 圀하자 훈위(勳位)나 훈장을 가지고 있음.

대:-훈로 (大勳勞)[-훌-] 圀 국가에 대한 큰 공로. 대공(大功). ㊀대훈.

대:-훈위 (大勳位) 圀 가장 높은 훈위. ㊀대훈.

대:-휴 (代休) 圀 공휴일에 일한 대신으로 얻는 휴가.

대:-흉 (大凶) 圀 **1** 심한 흉년. ↔대풍. **2** 큰 흉작. ㉥~이 들다 / 가뭄으로 인한 ~으로 농민들의 시름만 더하다.

대:-흉-근 (大胸筋) 圀 〖生〗 척추동물의 가슴에 있는 삼각형의 큰 근육(팔 운동이나 호흡 운동에 관계함. 조류에서 특히 발달함).

대:-흉일 (大凶日) 圀 매우 언짢은 날.

대흑 (黛黑) 圀 눈썹을 그리는 먹.

대:-흑-색 (帶黑色)[-쌕] 圀 검은빛을 띤 빛깔.

대:-흥 (大興) 圀하자 크게 번성하여 일어남.

대:-희 (大喜)[-히] 圀하자 큰 기쁨. 또는 크게 기뻐함.

댁 (宅) ㊀圀 **1** 남의 집이나 가정의 높임말. ㉥선생님 ~은 조금 더 크십니까. **2** 예전에, 양반이 하인에게 자기 집을 일컫던 말. ㊁인대 상대를 높여, 직접 부르지 않고 완곡하게 이르는 말. ㉥은 뉘시오.

-댁 (宅) ㊁ **1** 아내라는 뜻을 나타내는 말. ㉥처남~. **2** 부인의 친정 동네 이름 뒤에 붙어, 그곳에서 온 부인이라는 뜻으로 쓰는 칭호. ㉥수원~.

댁-내 (宅內)[댕-] 圀 남의 집안을 높여 이르는 말. ㉥~가 다 평안하십니까.

댁-네 (宅-)[댕-] 圀 '동년배나 손아랫사람의 아내'를 이르는 말.

댁대구루루 [-때-] 圀 **1** 작고 단단한 물건이 떨어져서 구르는 소리. 또는 그 모양. ㉥구슬이 ~ 굴러 가다. **2** 우레가 가까운 곳에서 갑자기 세차게 울리는 소리. ㉣덱데구루루. ㉤땍대구루루.

댁대굴-댁대굴 [-때-때-] 뿐하자 작고 단단한 물건이 떨어져서 다른 물건에 잇따라 부딪치면서 굴러 가는 소리. 또는 그 모양. ㉥공이 ~ 굴러 떨어지다. ㉣덱데굴덱데굴. ㉤땍때굴댁굴.

댁-대령 (宅待令)[-때-] 圀하자 대갓집에 대령하다시피 늘 붙어 있는 것.

댁-사람 (宅-)[-싸-] 圀 큰 살림집에 늘 가까이 자주 드나드는 사람.

댁-하인 (宅下人)[댁카-] 圀 큰 살림집에서 부리는 하인.

댄디즘 (dandyism) 圀 겉치레·허세 따위로 멋을 부리려는 경향. 문학에서는 정신적 귀족주의의 경향으로 나타남.

댄서 (dancer) 圀 **1** 무용가. **2** 손님과 춤을 추는 것을 직업으로 하는 여자.

댄스 (dance) 圀 주로 남녀의 사교를 위한 서양식 춤. ㉥~ 교습소.

댄스-파티 (dance party) 圀 무도회(舞蹈會).

댄스-홀 (dance hall) 圀 무도장(舞蹈場).

댐 (dam) 圀 발전·수리(水利) 따위의 목적으로 강이나 바닷물을 막아 두려고 쌓은 둑. ㉥다목적 ~ / ~을 건설하다.

댐:-나무 圀 나무로 만든 기구에 마치질을 할 때 마치 자국이 안 나도록 두드리는 곳에 덧대는 나무토막.

댑-싸리 圀 〖植〗 명아줏과의 한해살이풀. 높이 1.5 m 정도, 가지가 많음. 잎은 가늘고 길며 끝이 뾰족함. 한여름에 연한 녹색 꽃이 피며 줄기는 비를 만듦. 〔댑싸리 밑의 개 팔자〕 남부러울 것 없고 마음 편한, 늘어진 팔자라는 뜻.

댑싸리-비 圀 댑싸리로 만든 비.

댓 [댇] ㊀관 '다섯가량(의)'의 뜻. ㉥~ 마리 / 논 ~ 마지기 / 학생 ~이 모여 있다.

댓-가지 [대까 / 댇까-] 圀 대나무의 가지.

댓가치 圀 ☞댓개비.

댓-개비 [대깨 / 댇깨-] 圀 대를 쪼개어 잘게 다듬은 개비.

댓-고리 [대꼬- / 댇꼬-] 圀 옷 따위를 넣도록 대오리로 만든 고리.

댓-고의 〈옛〉죽은 껍질.

댓-구멍 [대꾸- / 댇꾸-] 圀 대통의 구멍.

댓:-글 (對-)[대끌 / 댇끌] 圀 인터넷 게시판 따위에서 어떤 글에 대해 대답하거나 덧붙인 글. ㉥~을 달다.

댓-닭 [대딱 / 댇딱] 圀 〖鳥〗 닭의 한 종류. 몸이 크고 뼈대가 튼튼하며 근육이 발달되었음. 힘이 세어 싸움닭으로 기르며 알을 많이 낳지 못함.

댓-돌 (臺-)[대똘 / 댇똘] 圀 **1** 집채의 낙숫물이 떨어지는 곳 안쪽으로 돌려 가며 놓은 돌. 첨계(檐階). 뒷돌. **2** 섬돌. ㉥에 신발을 벗어 놓다.

댓두러기 圀 〈옛〉늙은 매.

댓딜위 圀 〈옛〉때찔레.

댓무수 圀 〈옛〉무.

댓-바람 [대빠- / 댇빠-] 圀 **1** 어떤 일이나 때를 당하여 지체하지 않고 당장. ㉥그 소식을 듣자마자 ~으로 달려왔다. **2** 단 한 번. ㉥도둑놈을 ~에 때려눕혔다. **3** 아주 이른 시간. ㉥아침 ~부터 자는 사람을 깨우다.

댓-살-배기 [댇쌀-] 圀 다섯 살쯤 된 어린이.

댓:-새 [댇쌔] 圀 닷새가량. ㉥일이 ~ 걸릴 예정이다 / ~ 전부터 몸이 편찮으시다.

댓-속 [대쏙 / 댇쏙] 圀 대의 속. 또는 그 속의 부스러기.

댓-잎 [댇닙] 圀 대나무의 잎. 죽엽.

댓-조각 [대쪼- / 댇쪼-] 圀 대를 쪼갠 조각. 대쪽. 죽편(竹片).

댓-줄기 [대쭐- / 댇쭐-] 圀 대나무의 줄기.

댓-진 (-津)[대찐 / 댇찐] 圀 담뱃대 속에 낀 진. 〔댓진 먹은 뱀〕 담뱃진을 뱀이 먹으면 즉사하므로, 이미 운명이 다한 사람의 비유.

댓진 구새 (-津-)[대찐- / 댇찐-] 〖鑛〗 댓진같이 검은 윤택이 나는 구새.

댓-집 [대찝 / 댇찝] 圀 담배설대에 맞추게 된 담뱃대 물부리와 대통의 굵은 구멍.

댓:-째 [댇-] ㊀쥐관 순서가 다섯 번째쯤 되는 차례(의).

-댓자 [댇짜] 어미 형용사 어간이나 어미 '-었-'·'-았-' 뒤에 붙어, '-다 하였자'의 뜻을 나타내는 연결 어미. ㉥갔~ 별수 없다.

댕 뿐 얇고 큰 쇠붙이의 그릇이나 종을 가볍게 칠 때에 나는 소리. ㉣뎅. ㉤땡.

댕:-가리 圀 씨가 달린 채 말리는 장다리.

댕:-가리-지다 휑 여간한 일에는 놀라지 않을 정도로 깜찍하고 야무지다.

댕강 뿐하자타 **1** 여지없이 부러지거나 잘려 나

가는 모양. **2** 하나만 외따로 남아 있는 모양. ◻벽에 액자만이 ~ 걸려 있다. 倒댕겅. 쉔땡강.

댕강-거리다 困団 자꾸 댕강 소리가 나다. 또는 자꾸 그런 소리를 내다. 倒댕겅거리다. 쉔땡강거리다. **댕강-댕강** 困困团

댕강-나무 명 〖식〗 인동과의 낙엽 활엽 관목. 산기슭 양지에 남. 줄기는 피침 모양 또는 긴 타원형임. 5월에 담홍색 꽃이 가지 끝에 뭉쳐나며, 열매는 9월에 익음. 관상용으로 재배하며 우리나라 특산종임.

댕강-대다 困団 댕강거리다.

댕그랑 困困困困 작은 방울·풍경 따위가 흔들리거나 부딪쳐서 나는 소리. ◻방울이 ~ 울리다. 倒댕그렁. 쉔땡그랑.

댕그랑-거리다 困団 자꾸 댕그랑 소리가 나다. 또는 그런 소리를 자꾸 내다. 倒댕그렁거리다. 쉔땡그랑거리다. **댕그랑-댕그랑** 困困団

댕그랑-대다 困団 댕그랑거리다.

댕글-댕글 困困团 책을 막힘없이 줄줄 잘 읽는 소리. 또는 그 모양. 倒뎅글뎅글.

댕기 명 여자의 길게 땋은 머리 끝에 드리는 헝겊이나 끈. ◻~를 드리다.

댕기다 困 불이 옮아 붙다. ◻옷자락에 불이 ~. 団困 불을 옮아 붙게 하다. ◻등잔에 불을 ~.

댕기-물떼새 명 〖조〗 물떼샛과의 새. 날개 길이 22cm 정도, 부리는 2-2.8cm. 머리에 5-7cm의 댕기 모양의 긴 털이 솟아 있으며, 등은 금록색, 가슴은 흼. 50여 마리씩 떼를 지어 다님. 금렵조(禁獵鳥). 푸른도요.

댕기-풀이 명困困 예전에, 관례(冠禮)를 지낸 사람이 벗들에게 한턱내던 일.

댕기-흰죽지 [-한-찌] 명 〖조〗 오릿과의 새. 머리에 댕기 모양의 털이 달렸으며 대체로 검은빛임. 늦가을에 우리나라 근해에 와서 떼를 지어 활동함.

댕-댕¹ 困困団 작은 종이나 그릇 따위의 쇠붙이를 잇따라 두드릴 때 나는 소리. 倒뎅뎅. 쉔땡땡.

댕댕² 困困團 **1** 힘이나 세도 따위가 센 모양. **2** 켕기어서 팽팽한 모양. **3** 속이 옹골찬 모양. 倒딩딩.

댕댕-거리다 困団 작은 종이나 그릇 따위의 쇠붙이를 두드리는 소리가 잇따라 나다. 또는 그런 소리를 잇따라 내다. 倒뎅뎅거리다. 쉔땡땡거리다.

댕댕-대다 困団 댕댕거리다.

댕댕-이 명 '댕댕이덩굴'의 준말.

댕댕이-나무 명 〖식〗 인동과의 낙엽 활엽 관목. 높은 산의 습지에 남. 높이 1-2m. 늦봄에 꽃자루가 거의 없는 담황색 꽃이 피고 열매는 검게 익으며 식용함.

댕댕이-덩굴 명 〖식〗 새모래덩굴과의 여러해살이 덩굴풀. 산기슭 양지나 밭둑에 나는데, 줄기는 목질에 가깝고 잔털이 나 있으며 다른 물체에 감겨 벋음. 초여름에 황백색의 작은 꽃이 피고, 둥글고 푸른 핵과가 10월에 익음. 뿌리는 약용하고 줄기는 바구니 만드는 재료로 씀. 상춘등(常春藤). 倒댕댕이.

댕댕이-바구니 명 댕댕이덩굴의 줄기로 결어 만든 바구니.

댕돌-같다 [-갇따] 휑 물체나 몸이 돌과 같이 썩 야무지고 단단하다. **댕돌-같이** [-가치] 団

댱곶 명 〈옛〉 긴 가지. 긴 날개.

댱가돌다 困 〈옛〉 장가들다.

더 団 **1** 보다 많이. ◻조금만 ~ 주십시오. **2** 보다 오래. ◻~ 두고 보자. **3** 보다 심하게.

◻날씨가 ~ 추워지다. **4** 더욱. ◻~ 노력하다 / ~ 곱다.

-더- 선어미 '이다' 또는 용언의 어간 및 어미 '-으시-'·'-었-'·'-겠-' 등의 뒤에, 또는 어미 '-라'·'-냐'·'-니'·'-구나'·'-구려' 등의 앞에 붙어, 과거에 경험하여 알게 된 사실을 객관적으로 회상하는 뜻을 나타내는 선어말 어미. ◻책을 읽―라 / 참 예쁘―라.

더-가다 困 일정한 정도에서 더 많이 가다.

더구나 団 '더군다나'의 준말. ◻비가 오는데 ~ 바람까지 분다.

-더구나 어미 '이다' 또는 용언의 어간 따위의 뒤에 붙어, 해라할 자리에 지난 일을 알리거나 회상하여 느낌을 나타낼 때에 쓰는 종결 어미. ◻노래를 꽤 잘 부르~ / 신부가 생각보다 참하~. 준―더군.

-더구려 어미 '이다' 또는 용언의 어간 따위의 뒤에 붙어, 하오할 자리에 지난 일을 알리거나 회상하여 느낌을 나타낼 때 쓰는 종결 어미. ◻달이 밝~ / 꽃이 곱기도 하~ / 그가 바로 사장이~. *―구려.

-더구먼 어미 '이다' 또는 용언의 어간 따위의 뒤에 붙어, 혼잣말이나 반말에서, 지난 일을 회상하여 느낌을 나타내는 종결 어미. ◻빨리도 달리~ / 그는 의사~. 준―더군.

-더군 어미 **1** '더구나'의 준말. **2** 정말 우습 ~ / 멋있는 사람이~. **2** '―더구먼'의 준말. ◻아이가 귀엽~ / 높은 산이~.

더군다나 団 이미 있는 사실에 더하여. 그뿐만 아니라. ◻그는 고아이며 ~ 몸마저 불구(不具)다. 준더구나.

더그레 명 〖역〗 조선 때, 각 영문의 군사, 마상재군(馬上才軍), 사간원의 갈도(喝道), 의금부의 나장(羅將) 등이 입던 세 자락의 웃옷. 호의(號衣). **2** 단령(團領)의 안에 받치는 감.

더그매 명 지붕과 천장 사이의 빈 공간.

더그아웃 (dugout) 명 야구 경기장에서, 반지하식처럼 되어 있는 선수 대기소.

더금-더금 団 조금씩 자꾸 더 보태는 모양. ◻동전을 저금통에 ~ 모아 두다. 쉔떠끔떠끔.

더기 명 고원의 평평한 땅. 倒덕földe.

더껑이 명 걸쭉한 액체의 거죽에 엉겨 굳은 꺼풀. ◻깨죽에 ~가 앉다. **2** ☞ 더께.

더께 명 몹시 찌든 물건에 앉은 거친 때. ◻새카만 ~가 앉다.

더끔-더끔 団 조금씩 자꾸 더 보태는 모양. ◻빚을 ~ 지다. 쉔떠끔떠끔.

-더냐 어미 '이다' 또는 용언의 어간 따위의 뒤에 붙어, 해라할 자리에 지난 일을 회상하여 물을 때에 쓰는 종결 어미. ◻그것이 그리 좋~ / 재미있~ / 어떤 사람이~. 준―던·-더니·-디.

더넘 명 넘겨 맡은 걱정거리.

더넘바람 명 초가을에 서늘하게 부는 바람.

더넘-스럽다 [-따][-스러워, -스러우니] 휑団 쓰기에 알맞은 정도 이상으로 크다. 다루기에 버거운 데가 있다. **더넘-스레** 団

더넘-차다 휑 쓰기에 알맞은 정도 이상이어서 벅차다.

-더뇨 어미 '이다' 또는 용언의 어간 따위의 뒤에 붙어, 해라할 자리에 쓰여 의문을 나타내는 종결 어미('-더냐'보다 예스러운 말임). ◻그 애가 얼마나 착하~.

더느다 [더너, 더느니] 団 끈·실 따위를 두 가닥을 내어 겹으로 드리다. ◻실을 ~.

-더니¹ 어미 '-더냐'의 준말.

-**더니**² 어미 '이다' 또는 용언의 어간 따위의 뒤에 붙는 연결 어미. 1 지난 사실이 어떤 원인이나 조건이 됨을 나타내는 말. ▢무덥─ 소나기가 온다 / 뛰어왔─ 숨이 가쁘다. 2 지금의 사실이 과거의 경험으로 알았던 사실과 다름을 나타내는 말. ▢전에는 황무지─ 지금은 옥토가 됐다 / 저이는 가난하─ 열심히 일하여 부자가 됐네. 3 지난 사실을 말하고 이어 그와 관련된 다른 설명을 하게 하는 말. ▢밥을 먹고 나~ 말도 없이 나가 버렸다.

-**더니**³ 어미 '이다' 또는 용언의 어간 따위의 뒤에 붙어, 해라할 자리에 지난 일을 회상하여 일러 주거나 감상조로 말할 때에 쓰는 종결 어미. ▢전에는 잘 살~.

-**더니라** 어미 '이다' 또는 용언의 어간 따위의 뒤에 붙어, 해라할 자리에 과거의 일을 회상하여 일러 줄 때에 쓰는 종결 어미. ▢전에는 자주 왔~ / 저것이 내가 다닌 학교이~.

-**더니-마는** 어미 '-더니²'의 힘줌말. ⓒ-더니만.

-**더니-만** 어미 '-더니마는'의 준말.

-**더니이까** 어미 '이다' 또는 용언의 어간 따위의 뒤에 붙어, 윗사람이 경험한 사실을 돌이켜 묻는 뜻을 나타내는 의문형 종결 어미. ▢그렇게 이쁘~.

-**더니이다** 어미 '이다' 또는 용언의 어간 따위의 뒤에 붙어, 지난 일을 돌이켜 생각하면서 정중하고 예스러운 뜻을 나타내는 서술형 종결 어미. ▢인물은 썩 빼어나~.

-**더니잇가** 어미 〈옛〉-ㅂ디까.

더-더구나 뮈 '더더군다나'의 준말.

더-더군다나 뮈 '더군다나'의 힘줌말. ▢아무한테도 얘기하지 마. ~ 엄마한테는 절대로 안 돼. ⓒ더더구나.

더더귀-더더귀 뮈형 꽃이나 열매 따위가 곳곳에 많이 붙어 있는 모양. 卣다다귀다다귀. ⓒ더덕더덕.

더더-기 뮈 '더덕'의 방언.

더더리 몡 말을 더듬는 사람.

더-더욱 뮈 '더욱'의 힘줌말.

더덕 몡〔식〕 초롱꽃과의 여러해살이 덩굴풀. 깊은 산에 남. 줄기는 감겨 올라가고, 길이 2m 이상임. 잎은 타원형임. 8~9월에 자색 꽃이 핌. 살이 많고 독특한 냄새가 나는 뿌리는 식용하거나 약용함.

더덕-구이 [-꾸-] 몡 더덕을 껍질을 벗기고 물에 담그거나 대쳐 쓴맛을 우려내고, 납작하게 두들겨 양념을 발라 구운 음식.

더덕-더덕 [-떠-] 뮈형퇑 1 '더더귀더더귀'의 준말. ▢분을 ~ 바르다 / 얼굴에 여드름이 ~ 하다. 2 지저분하게 여기저기 기운 모양. 卣다닥다닥.

더덕-바심 [-빠-] 몡형짜 더덕을 두드려 잘게 바수는 일.

더덕-북어 (-北魚) [-뿌거] 몡 얼부풀어 더덕처럼 마른 북어. 살이 연하며 맛이 좋음. 황태.

더덜-거리다 타 분명하지 않은 목소리로 말을 자꾸 더듬다. ▢말을 더덜거리는 것이 흠이다. 卣다달거리다. 더덜-더덜 뮈형퇑

더덜-대다 타 더덜거리다.

더덜뭇-이 뮈 더덜뭇하게.

더덜뭇-하다 [-무타-] 형에 결단성이나 다잡는 힘이 모자라다.

더덜-없이 [-럼씨] 뮈 더하거나 덜함이 없이. ▢~ 꼭 맞다.

더-덜이 몡 더함과 덜함.

더덩실 뮈 1 팔이나 다리 따위를 가볍게 흔들며 춤을 추는 모양. ▢~ 춤을 추다. 2 가볍게 위로 떠오르는 모양. ▢달이 ~ 떠오르다. ⓒ두둥실.

더데 몡 화살촉 중간의 둥글고 두두룩한 부분. 2 '더뎅이'의 준말.

더뎅이 몡 부스럼 딱지나 때가 거듭 붙어 된 조각. ▢~가 앉다. ⓒ더데.

더뎌두다 타 〈옛〉맡겨 두다. 던져 두다.

더-도리 몡형타〔불〕절에서 음식을 몫몫이 나눠 다음 남은 것을 다시 돌면서 나누는 일. 또는 그 음식. 가반(加飯).

더두어리다 재 더듬거리다.

-**더든** 어미 〈옛〉-거든. -으면.

더듬-거리다 재타 1 눈으로 보지 않고 손으로만 찾으려고 자꾸 이리저리 더듬다. ▢어둠 속에서 스위치를 찾느라 ~. 2 잘 알지 못하는 길을 이리저리 찾으며 가다. ▢집을 찾느라고 이 골목 저 골목을 ~. 3 기억이 뚜렷하지 않은 일을 이리저리 생각해 보다. 4 말이 자꾸 막혀서 술술 나오지 않다. ▢그는 긴 장하면 말을 더듬거린다. 5 글을 읽을 때 술술 내리읽지 못하고 자꾸 군데군데 막히다. 卣다듬거리다. 倒떠듬거리다. 더듬-더듬 뮈

더듬다 [-따] 타 1 잘 보이지 않는 것을 손으로 만져 보며 찾다. ▢어둠 속에서 벽을 더듬어 스위치를 찾다. 2 말을 하거나 글을 읽을 때 자꾸 막히다. ▢말을 ~. 3 희미한 일이나 기억을 애써 생각해 내려고 하다. ▢기억을 ~. 4 똑똑히 알지 못하는 것을 짐작하여 찾다. ▢선인들의 발자취를 ~.

더듬-대다 재타 더듬거리다.

더듬-이 몡 '말더듬이'의 준말.

더듬-이² 몡〔충〕촉각(觸角).

더듬이-질 몡형타 자꾸 더듬는 짓. ⓒ더듬질.

더듬적-거리다 [-꺼-] 재타 느릿느릿 자꾸 더듬거리다. 卣다듬작거리다. 倒떠듬적거리다. 더듬적-더듬적 [-떠-] 뮈형퇑

더듬적-대다 [-때-] 재타 더듬적거리다.

더듬-질 몡형타 '더듬이질'의 준말.

더디 뮈 늦게. 느리게. ▢시간이 ~ 간다 / 심부름 간 아이가 ~ 온다.

더디다¹ 타 〈옛〉던지다.

더디다² 움직임이나 일에 걸리는 시간이 오래다. 느리다. ▢발걸음이 ~ / 일이 ~.

더디-더디 뮈 몹시 느리게.

-**더라** 어미 '이다' 또는 용언의 어간 따위의 뒤에 붙어, 해라할 자리에 지난 일을 회상하거나 감상조로 말할 때 쓰는 종결 어미. ▢멉~ / 깨고 나니 꿈이~.

-**더라고** 어미 '이다' 또는 용언의 어간 따위의 뒤에 붙어, '하다'와 함께 쓰여 간접 인용을 나타내는 연결 어미. ▢둘이 같이 가~ 합니다 / 그는 훌륭한 선생이~ 하면돼.

-**더라도** 어미 '이다' 또는 용언의 어간 따위의 뒤에 붙어, '-어도'·'-아도'보다 더 강한 가정(假定)이나 양보의 뜻을 나타내는 연결 어미. ▢설령 그렇다 하~ 나는 한다 / 땅이 무너지~ 버티겠다 / 그녀가 아무리 미인이~ 나는 싫다.

-**더라면** 어미 '이다' 또는 용언의 어간 따위의 뒤에 붙어, 과거의 일을 실제와 다르게 가정하거나 희망해 보는 말투로 쓰는 연결 어미. ▢갔~ 좋았을 것을 / 내가 당사자이었~ 어떻게 했을까. ⓒ-더면.

-**더라손** 어미 '이다' 또는 용언의 어간 따위의 뒤에 붙어, '치다'와 함께 쓰여 과거에 일어

난 상태가 사실임을 인정하여 양보하는 뜻으로 쓰는 연결 어미. ◻아무리 날래~ 치더라도 제빌만은 못한다. *-다손·-라손.

-더랍니까 [-람-] 어미 '-더라고 합니까'의 준말. ◻그가 정말 부자~. *-랍니까.

-더랍니다 [-람-] 어미 '-더라고 합니다'의 준말. ◻훌륭한 학자~. *-랍니다.

-더랍디까 [-띠-] 어미 '-더라고 합디까'의 준말. ◻볼 만한 경치~. *-랍디까.

-더랍디다 [-띠-] 어미 '-더라고 합디다'의 준말. ◻멋있는 신사~. *-랍디다.

-더래 어미 '-더라고 해'의 준말. ◻예쁘~ / 사랑했~.

더러[1] 튀 1 전체 가운데 얼마큼. ◻사람이 ~ 모였더라. 2 이따금 드물게. ◻ 만난다.

더러[2] 조 '에게'·'에 대하여'·'보고'의 뜻으로 쓰이는 부사격 조사. ◻그 사람~ 물어보오. ◻~ 싸울 때도 있다.

더러 튀 '더러'를 강조하여 이르는 말. ◻~ 싸울 때도 있다.

더러봄 몡 〈옛〉 더러움.

더러빗다 타 〈옛〉 더럽히다.

더:러움 몡 더러운 것이나 더러워지는 일. ◻~을 잘 타는 옷. ㉰더럼.

더:러워-지다 짜 1 때가 묻어 지저분해지다. ◻옷이 ~. 2 옳지 않은 것이 생겨 추악해지다. ◻네 행실이 더러워졌구나. 3 정조를 잃다. ◻몸이 ~. 4 명예가 떨어지다. ◻너 때문에 가문이 더러워졌다.

더러이다 타 〈옛〉 더럽히다.

더럭 튀 한꺼번에 많이. 갑자기 세게. ◻겁이 ~ 나다 / 의심이 ~ 생기다.

더럭-더럭 [-떠-] 튀 잇따라 귀찮게 조르는 모양. ◻어머니를 ~ 조르다. ㉰다락다락.

더:럼 몡 '더러움'의 준말. ◻흰 옷이라 ~을 잘 탄다.

더:럽다 [-따] [더러워, 더러우니] 혱ㅂ 1 때나 찌꺼기 따위가 있어 지저분하다. ◻더러운 발로 방에 들어오다. 2 말과 행동이 순수하지 못하거나 인색하다. ◻더러운 인간. 3 못마땅하거나 불쾌하다. ◻더럽고 치사해서 못 견디겠다. 4 (주로 '더럽게'의 꼴로 쓰여) 순조롭지 않거나 고약하다. ◻일이 더럽게 되어가는구나. 5 (주로 '더럽게'의 꼴로 쓰여) 정도가 심하거나 지나치다. ◻날씨 한번 더럽게 춥네. ㉰드럽다.

더:럽히다 [-러피-] 타 1 《'더럽다'의 사동》 더럽게 하다. 2 정조·명예·위신 따위를 떨어뜨리다. ◻가명(家名)을 ~. 3 침해하여 짓밟거나 욕되게 하다. ◻남의 나라 땅을 마음대로 ~. ㉰드레다.

더:럽다 혱 〈옛〉 더럽다.

더:레다 타 '더럽히다'의 준말.

더리다 혱 1 격에 맞지 않아 마음에 달갑지 않다. 2 싱겁고 어리석다. 3 마음이 다랍고 야비하다.

더미 몡 많은 물건이 한데 모여 쌓인 큰 덩어리(비유적으로도 씀). ◻장작 ~가 무너지다 / 쓰레기 ~가 잔뜩 쌓여 있다.

더미 (dummy) 몡 1 축구나 럭비에서, 공격할 때 상대의 수비를 속이고 빠져나가는 기술. 2 사람 대역(代役)의 인형(영화의 트릭의 한 가지). 3 양복점이나 양장점에서 선전을 위해 견본으로 걸어 놓는 마네킹(mannequin). 4 사격·총검술의 연습용 표적 인형. 5 동일 기업에서 편의상 별개의 이름을 쓰는 회사.

더미-씌우다 [-씨-] 타 남에게 허물·책임 등을 넘겨 씌우다. ◻책임을 친구에게 ~. ㉰다미씌우다.

더버기 몡 한군데에 무더기로 쌓이거나 덕지덕지 붙은 상태. 또는 그런 물건. ◻흙 ~.

더벅-거리다 [-꺼-] 짜 힘없는 걸음으로 느릿느릿 걸어가다. *터벅거리다. **더벅-더벅** [-떠-] 튀짜

더벅-대다 [-때-] 짜 더벅거리다.

더벅-머리[1] [-벙-] 몡 더부룩하게 흩어진 머리털. 또는 그런 머리털을 가진 사람. ◻~ 총각. ㉰다박머리.

더벅-머리[2] [-벙-] 몡 지난날, 웃음과 몸을 팔던 천한 여자.

더부룩-더부룩 [-떠-] 튀혱 머리털이나 풀, 나무 따위가 여럿이 다 거칠게 수북한 모양. ◻수염이 ~하게 자라다.

더부룩-이 튀 더부룩하게. ㉰더북이.

더부룩-하다 [-루카-] 혱여 1 머리털이나 풀, 나무 등이 거칠게 수북하다. ◻머리가 더부룩하게 자랐다. 2 소화가 잘 안 되어 배속이 거북하다. ◻배가 ~.

더부-살이 몡하짜 1 남의 집에서 지내면서 일을 해 주고 삯을 받음. 또는 그런 사람. ◻~ 신세 / 남의 집 ~로 허드렛일을 하며 지내다. 2 남에게 얹혀사는 일. ◻언니 집에서 ~로 얹혀 지내다.
〔더부살이가 환자(還子) 걱정〕상관없는 일에 쓸데없이 하는 걱정.

더북-더북 [-떠-] 튀혱 풀·나무 등이 곳곳에 아주 거칠게 수북한 모양. ㉰다복더복.

더북-이 튀 '더부북이'의 준말.

더북-하다 [-부카-] 혱여 퍽 더부북하다. ◻마당에 풀이 더북하게 자랐다.

더불다 티불짜 '함께'·'같이'·'한가지로'의 뜻. ◻자연과 더불어 지내다 / 친구와 더불어 낚시를 가다. 티불타 데리다. ◻자식을 더불고 개가하다.

더브늄 (Dubnium) 몡 〔화〕 5족(族)에 속하는, 인공 방사성 원소의 하나. 아메리슘(Am)에 입자(粒子)를 충돌시켜 얻음. 반감기(半減期)는 1~4초임. 〔105 번: Db : 262〕

더브러 튀 〈옛〉 더불어.

더블 (double) 몡 1 '겹'·'이중'·'두 갑절'의 뜻. ◻좌석이 ~로 예약되다. 2 위스키 등의 양의 단위(약 60㎖). ◻위스키를 ~로 마시다. 3 '더블브레스트'의 준말.

더블다 짜타 〈옛〉 더불다. 데리다.

더블 드리블 (double dribble) 농구에서 한 차례의 드리블이 끝난 후 패스나 슛을 하지 않고 다시 드리블하는 반칙.

더블 바순 (double bassoon) 〔악〕 콘트라파고토(contrafagotto).

더블-베드 (double bed)몡 두 사람이 누워 잘 수 있는 침대. *싱글베드.

더블 베이스 (double bass) 〔악〕 콘트라베이스(contrabass).

더블 보기 (double bogey) 골프에서, 한 구멍에서의 타수(打數)가 기준 타수보다 2타 많은 일. ◻~를 범하다.

더블-브레스트 (←double-breasted) 몡 겹자락. ㉰더블. *싱글브레스트.

더블 스코어 (double score) 운동 경기에서, 한편의 점수가 다른 편의 두 배인 것. ◻~로 이기다.

더블 스틸 (double steal) 야구에서, 두 사람의 주자가 동시에 도루에 도루하는 일. 중도(重盜).

더블유비시 (WBC) 몡 〔World Boxing Council〕 세계 권투 평의회《WBA의 자문 기관으로

발족하였으나, 의견 대립으로 WBA에서 따로 독립하여 세계 챔피언을 공인하고 있음. 본부는 멕시코시티에 있음).

더블유비에이 (WBA) 圏 〔World Boxing Association〕세계 권투 협회〔전미(全美) 권투 협회(NBA)의 후신〕. 세계 챔피언이나 타이틀 매치의 공인, 랭킹 작성을 맡음. 본부는 하와이의 호놀룰루에 있음).

더블유에이치오 (WHO) 圏 〔World Health Organization〕세계 보건 기구.

더블유에프티유 (WFTU) 圏 〔World Federation of Trade Unions〕세계 노동조합 연맹.

더블유티오 (WTO) 圏 〔World Trade Organization〕세계 무역 기구.

더블 캐스트 (double cast) 〔연〕두 배우가 같은 배역을 맡아 번갈아 가며 출연하는 일.

더블 클릭 (double click) 〔컴〕마우스의 단추를 연이어 두 번 누르는 일. 주로 프로그램을 실행시키는 명령과 같은 기능을 함. ＊ور리.

더블 파울 (double foul) 농구나 배구 따위에서, 양 팀의 두 선수가 거의 동시에 반칙을 저지르는 일.

더블 펀치 (double punch) 권투에서, 한 주먹으로 두 번 연달아 치는 일.

더블 폴트 (double fault) 배구나 테니스에서, 주어진 서브 두 번을 다 실패하는 일.

더블 플레이 (double play) 야구나 소프트볼에서, 두 사람의 주자를 한꺼번에 아웃시키는 일. 병살(倂殺). 겟투(get two).

더블헤더 (doubleheader) 圏 야구에서, 같은 팀이 같은 날 같은 구장에서 두 번 계속하여 경기하는 일. 연속 경기.

더빙 (dubbing) 圏하타 1 대사만 녹음된 테이프에 음악·효과음 따위를 더하여 녹음하는 일. 2 외국어로 된 영화의 대사를 다른 언어로 바꾸어 다시 녹음하는 일.

더뻑 图 앞뒤를 헤아리지 않고 마구 행동하는 모양. ❏뜨거운 냄비를 ~ 잡았다가 손을 데었다. 셴다뻑.

더뻑-거리다 [-꺼-] 짜 앞뒤를 헤아리지 않고 경솔하게 자꾸 불쑥불쑥 행동하다. 셴다빡거리다. **더뻑-더뻑** [-떠-] 图하자.

더뻑-대다 짜 더뻑거리다.

더뿌룩-하다 휑어 ☞ 더부룩하다.

더뷔 图 〈옛〉더위.

더뷔 图 〈옛〉덥게. 크게.

더-새다 타 길을 가다가 어느 곳에 들어가서 밤을 지내다. ❏그날은 시골 오두막에서 밤을 더셌다.

-더시니 어미 〈옛〉-시더니. -으시더니.

-더시다 어미 〈옛〉-시더라. -으시더라.

-더신 어미 〈옛〉-시던. -으시던.

-더신가 어미 〈옛〉-시던가. -으시던가.

더-아니 图 '더욱 아니'의 준말. ❏~ 좋은가.

더-없다 [-업따] 휑 (주로 '더없는'의 꼴로 쓰여) 더할 나위가 없다. ❏더없는 행복 / 이렇게 와 주시니 더없는 영광입니다.

더-없이 [-업씨] 图 더할 나위 없이. ❏~ 좋은 친구 / ~ 아름다운 경치.

더옥 图 〈옛〉더욱.

더우기 图 ☞ 더욱이.

더욱 图 갈수록 더 심하게. 점점 더. ❏병세가 ~ 악화되었다 / 변명을 들으니 ~ 화가 난다.

더욱-더 [-떠-] 图 한층 더. '더욱'의 힘줌말. ❏~ 아름다워지다.

더욱-더욱 [-떠-] 图 점점 더 정도가 높게. 갈

수록 더욱. ❏지병이 ~ 심해 간다.

더욱-이 图 그 위에 더. 게다가. ❏몸집도 작지만 ~ 몸도 약하다.

더운-갈이 圏하자 날이 몹시 가물다가 소나기가 왔을 때에, 그 물로 논을 가는 일.

더운-무대 圏 〔지〕난류(暖流). ↔찬무대.

더운-물 圏 따뜻하게 데워진 물. 온수(溫水). ↔찬물.

더운물 베개 〔의〕환자의 체온을 조절하기 위하여 더운물을 넣어 쓰는 고무 베개.

더운-밥 圏 갓 지어 따뜻한 밥. 온반(溫飯). ↔찬밥.

더운-색 (-色) 圏 난색(暖色).

더운-약 (-藥) [-냑] 圏 〔한의〕속을 덥게 하는 성질이 있는 약.

더운-점심 (-點心) 圏 새로 지은 따뜻한 점심.

더운-찜질 圏하자 〔의〕더운물이나 약물로 하는 찜질. 혈관을 확장시켜 혈액 순환을 빠르게 하고 염증을 분산시켜 아픔을 덜게 함. 온찜질. 온엄법(溫罨法).

더운-피 圏 〔동〕바깥의 기온보다 온도가 높은 동물의 피. 온혈(溫血). ↔찬피.

더움 타 〈옛〉더함. 가함. '더으다'의 명사형.

더위 圏 여름날의 더운 기운. ❏찌는 듯한 ~ / ~가 기승을 부리다 / ~를 식히다 / ~가 풀 꺾이다. ↔추위. —-하다 자어 더위를 견디지 못하고 앓다.

[**더위 먹은 소 달만 보아도 헐떡인다**] 어떤 것에 한 번 혼이 나면 그와 비슷한 것만 보아도 겁을 낸다.

더위(가) 들다 관 더위(를) 먹다.

더위(를) 먹다 관 더위 때문에 병이 생기다. 더위(가) 들다.

더위(를) 타다 관 더위를 몹시 견디기 어려워하다.

더위(를) 팔다 관 더위팔기를 하다.

더위-잡다 [-따] 타 높은 데에 오르려고 무엇을 끌어 잡다.

더위-팔기 圏 〔민〕음력 정월 보름날 이른 아침에 아는 사람을 만나면 그의 이름을 불러 대답하면, '내 더위' 또는 '내 더위 사 가게'라고 말하는 일. 그러면 그해 여름에 더위를 타지 않는다고 함. 매서(賣暑).

더으다 자 〈옛〉더하다.

-더이 어미 〈옛〉'-더니이까'의 준말. ❏그가 무슨 말을 하-.

-더이다 어미 〈옛〉'-더니이다'의 준말.

-더이다 어미 〈옛〉-ㅂ디다.

더치다 一자 나아가던 병세가 더하여지다. 병이 도지다. ❏찬바람을 쐬어 감기가 ~. 二타 덧들이다. ❏자는 아이를 더쳐서 울린다.

더치페이 (Dutch+pay) 圏 비용을 각자 부담하는 일. 각추렴.

더킹 (ducking) 圏 권투에서, 윗몸을 이리저리 움직여서 상대방의 공격을 피하는 일. ❏~ 모션을 취하다.

더펄가히 圏 〈옛〉더펄개.

더펄-개 圏 온몸에 긴 털이 더부룩하게 나서 더펄거리는 개.

더펄-거리다 짜 1 더부룩한 털이나 머리카락 같은 것이 출렁거리듯 흔들리다. 2 들떠서 자꾸 되는대로 행동하다. 셴다팔거리다. **더펄-더펄** 图하자.

더펄-대다 짜 더펄거리다.

더펄-머리 圏 더펄거리는 머리털. 또는 그런 머리털을 가진 사람. ❏~ 총각. 셴다팔머리.

더펄-이 圏 성미가 침착하지 못하고 덜렁대는 사람.

더품 〈옛〉 거품.

더-하기[-]〔하타〕〔수〕 더하는 일. 덧셈. 보태기. ↔빼기.

더-하다 〔一자여〕 본디보다 심해지다. ◻병세가 갈수록 ~. 〔一타여〕 더 늘리거나 많게 또 크게 하다. ◻1에 3을 ~. ↔빼다. 〔三형비〕 (비교하여) 한쪽이 더 많거나 심하다. ◻게으르기로 말하자면 그가 ~.

더할 나위 없다 〔구〕 더 이상 뭐라고 말할 것이 없다. 최상(最上)이다.

더-한층(-層)〔부〕 더욱더. 한층 더. ◻녹차는 ~ 부드럽고 은근한 맛이 있다.

덕¹〔명〕 1 나뭇가지 사이나 양쪽에 버티어 놓은 나무 위에 막대기나 널을 걸쳐서 맨 시렁. 2 물 위에서 낚시질할 수 있도록 발판 모양으로 만든 대(臺).

덕²〔명〕 '더기'의 준말.

덕³〔명〕 〈옛〉 언덕.

덕(德)〔명〕 1 인간으로서의 도리를 행하려는 어질고 올바른 마음이나 훌륭한 인격. ◻~이 높은 사람 / 겸양의 ~을 갖추다 / ~을 함양하다. 2 은혜. ◻선배의 ~을 입다 / ~을 베풀다. 3 덕택. ◻원님 ~에 나발 분다 / 염려해 주신 ~입니다. ◻적선(積善)으로 ~을 쌓다 / 부처님의 ~을 찬양하다.

덕(을) 보다 〔구〕 남에게서 이득이나 혜택을 얻다. ◻오히려 그에게서 덕을 보게 되었다 / 시세가 올라 덕을 본 상인이 많다.

덕(이) 되다 〔구〕 이익이나 도움이 되다.

덕교(德教)[-꾜]〔명〕 덕으로 사람을 착한 길로 이끄는 가르침.

덕금(德禽)[-끔]〔조〕 닭.

덕기(德氣)[-끼]〔명〕 1 어질고 도타운 마음씨. 2 덕스러운 얼굴빛.

덕기(德器)[-끼]〔명〕 너그럽고 어진 도량과 재능. 또는 그것을 갖춘 사람.

덕-낚시[덕낙씨]〔명〕 물속에 설치한 덕을 타고 하는 낚시질.

덕담(德談)[-땀]〔명〕〔하자〕 남이 잘되기를 비는 말. ◻~을 나누다 / ~을 주고받다. ↔악담.

덕대¹[-때]〔명〕〔하자〕 겨우 비바람을 가릴 정도로 덕을 매어 그 위에 아이의 시체를 올려놓고 용마름을 덮어 허술하게 장사를 지냄. 또는 그 무덤.

덕대²[-때]〔명〕〔광〕 광산의 주인과 계약을 맺고 그 광산의 일부를 맡아 채광하는 사람. 〔주의〕 '德大'로 씀은 취음.

덕대-갱(-坑)[-때-]〔명〕〔광〕 덕대가 맡아 광물을 캐는 구덩이.

덕더그르르[-때-]〔부하자〕 1 크고 단단한 물건이 다른 단단한 물체에 떨어져서 잇따라 구르는 소리나 모양. ◻산 위에서 큰 돌멩이가 ~ 굴러 내려오다. 2 천둥이 가까운 거리에서 갑자기 세게 부딪치는 듯이 일어나는 소리. 〔센〕딱따그르르. *워더그르르.

덕더글-덕더글[-때-때-]〔부하자〕 1 크고 단단한 물건이 딱딱한 바닥에 잇따라 부딪치며 굴러 가는 소리. 2 천둥이 가까운 거리에서 갑자기 잇따라 울리는 소리. 〔센〕딱따글딱따글.

덕량(德量)[덕냥]〔명〕 어질고 너그러운 마음씨나 생각.

덕론(德論)[덕논]〔명〕〔윤〕 덕의 본질·종류·실천 방법 따위에 관하여 체계적인 고찰을 하는 학문.

덕망(德望)[덕-]〔명〕 덕행으로 얻은 명망. ◻~을 쌓다 / ~이 높은 스승.

덕목(德目)[덕-]〔명〕 충(忠)·효(孝)·인(仁)·의(義) 따위의 덕을 분류하는 명목.

덕목-주의(德目主義)[덕-주-/덕-쭈이]〔명〕 일상생활에 필요한 모든 덕을 조직적으로 가르침으로써 교육을 받는 사람이 도덕적 행위를 하게 하려는 입장.

덕문(德門)[덕-]〔명〕 덕망이 높은 집안.

덕분(德分)[-뿐]〔명〕 베풀어 준 은혜나 도움. 덕택(德澤). ◻~에 잘 쉬었다 / ~에 배불리 먹었습니다.

덕-불고(德不孤)[-뿔-]〔명〕 덕이 있는 사람은 외롭지 않다는 뜻으로, 덕을 베풀며 사는 사람은 반드시 세상에서 인정을 받게 됨을 이르는 말.

덕색(德色)[-쌕]〔명〕 남에게 조금 도움을 베푼 것을 자랑하는 말이나 태도.

덕색-질(德色-)[-쌕찔]〔명〕〔하자〕 덕색을 나타내는 짓.

덕석[-썩]〔명〕 추울 때에 소의 등을 덮어 주는 명석. 우의(牛衣).

덕석-밤[-썩-]〔명〕 크고 넓적하게 생긴 밤.

덕석-잠[-썩짬]〔명〕 덕석을 덮고 자는 잠이라는 뜻으로, 불편하게 자는 잠을 이르는 말.

덕성(德性)[-썽]〔명〕 어질고 너그러운 성질. ◻~을 갖추다 / ~을 기르다.

덕성(德星)[-썽]〔명〕 1〔천〕 목성(木星). 2 상서로운 표시로 나타나는 별. 서성(瑞星). 3 현인(賢人)을 비유하여 이르는 말.

덕성-스럽다(德性-)[-썽-따]〔-스러워, -스러우니〕〔형비〕 성질이 어질고 너그러운 데가 있다. 덕성이 있는 듯하다. ◻덕성스럽게 생긴 처녀. 덕성-스레[-썽-]〔부〕

덕-스럽다(德-)[-쓰-따]〔덕스러워, 덕스러우니〕〔형비〕 어질고 너그러운 데가 있다. 덕-스레[-쓰-]〔부〕

덕-아웃〔명〕 ☞ 더그아웃(dugout).

덕업(德業)[덕-]〔명〕 덕스러운 사업이나 업적. ◻~을 쌓다 / 선생님의 ~을 기리다.

덕업-상권(德業相勸)[더겁쌍-]〔명〕 향약의 네 덕목 중의 하나. 좋은 일은 서로 권하여 장려해야 함을 이름. *향약.

덕용(德用)[더-]〔명〕 1 덕이 있고 응용의 재주가 있음. 2 쓰기 편하고 이로움.

덕용-품(德用品)[더-]〔명〕 쓰기에 편하고 이로운 물건.

덕우(德友)[더-]〔명〕 1 착하고 어진 마음으로 사귀는 벗. 2 덕이 있는 벗.

덕육(德育)[더-]〔명〕 교육의 3 대 요소 가운데 하나. 인격을 닦고 덕성을 기르는 교육. *체육(體育)·지육(智育).

덕-윤신(德潤身)[더-]〔명〕 덕은 몸을 윤택하게 한다는 뜻으로, 사람이 덕이 있으면 그 인격이 저절로 남의 눈에 드러나 보임을 이르는 말.

덕음(德音)[더-]〔명〕 1 도리에 맞는 말. 2 좋은 평판. 3 임금의 말. 4 상대편을 높이어 그의 편지나 안부를 이르는 말.

덕의(德義)[더긔/더기]〔명〕 1 사람으로서 마땅히 지켜야 할 도덕상의 의무. 2 덕성과 신의.

덕의-심(德義心)[더긔-/더기-]〔명〕 덕의를 소중히 여기는 마음.

덕인(德人)[더-]〔명〕 덕이 높은 사람.

덕장[-짱]〔명〕 생선 따위를 말리기 위하여 덕을 매어 놓은 곳. 또는 그 덕. ◻~에서 황태가 건조되고 있다.

덕적-덕적[-쩍쩍]〔부하형〕 먼지나 때 따위가 좀 두껍게 껴 있는 모양. 〔센〕닥작닥작.

덕정(德政)[-쩡]〔명〕 덕으로 다스리는 어질고 바른 정치. ◻~을 베풀다.

덕조 (德操)[-쪼] 圐 변함없는 굳은 절개.

덕지-덕지 [-찌-찌] 厡厡 1 때나 먼지 따위가 많이 낀 모양. 2 어지럽게 여러 겹으로 붙어 있거나 바른 모양. ❏얼굴에 분을 ~ 바르다. ❹당지덕지.

덕치-주의 (德治主義)[-/-이]圐 덕으로 백성을 지도·교화함을 정치의 요체로 하는 중국의 옛 정치 이념.

덕택 (德澤)圐 남에게 끼친 덕이나 혜택. 덕분. ❏보살펴 주신 ~으로 잘살고 있습니다.

덕풍 (德風)圐 덕이 널리 펴져 미침.

덕행 (德行)[더캥] 圐 어질고 너그러운 행실. ❏~을 쌓다 / ~을 닦다.

덕화 (德化)[더콰] 圐厡 덕행으로 교화시킴. 또는 그 교화. ❏~만민을 ~하다.

덖다 [덕따] 困 때가 묻어 몹시 찌들다.

덖다 [덕따] 囤 약간 물기 있는 음식들을 타지 않을 정도로 볶아서 익히다.

-던¹ 어미 '이다'의 어간, 용언의 어간 또는 어미 '-으시-'·'-었-'·'-겠-' 등의 뒤에 붙어, 지난 일을 돌이켜 생각하거나 일이 완결되지 못함을 나타내는 관형사형 전성(轉成) 어미. ❏같이 공부하~ 친구 / 먹~ 밥 / 존경의 대상이~ 그 시인.

-던² 어미 '이다'의 어간, 용언의 어간 또는 어미 '-으시-'·'-었-'·'-겠-' 뒤에 붙어, 지난 일을 회상하여 묻는 뜻을 나타내는 종결 어미. '-더냐'의 준말. ❏그녀가 왔~ / 친절하게 대하여 주~.

-던가 어미 '이다'의 어간, 용언의 어간 또는 어미 '-으시-'·'-었-'·'-겠-' 뒤에 붙는 어미. 1 하게할 자리에 쓰여, 스스로 지난 일을 물을 때 쓰는 종결 어미. ❏그것이 좋~ 나쁘~ / 수석 합격자는 누구~. 2 지난 일에 대한 의문을 나타내는 연결 어미. ❏얼마나 많~ 모르겠소 / 내가 본 것이 무슨 영화이~ 생각이 안 난다. *-던고.

-던걸 어미 (←-던 것을) '이다'의 어간, 용언의 어간 또는 어미 '-으시-'·'-었-'·'-겠-' 뒤에 붙어, 지난 일을 돌이켜 보며 자기 생각으로는 이러하다고 가볍게 반박하거나 감탄할 때 쓰는 종결 어미. ❏말을 잘 하~ / 이제 담배도 안 피우~ / 참으로 미인이~.

-던고 어미 '이다'의 어간, 용언의 어간 또는 어미 '-으시-'·'-었-'·'-겠-' 뒤에 붙는 종결 어미. 1 하게할 자리에 쓰여, 스스로 지난 일에 대해 물을 때 예스러운 말투로 쓰는 말. ❏얼마나 좋~ / 사귈 만한 친구이~. 2 지난 일에 대해 일반적으로 의심할 때 예스러운 말투로 쓰는 말. ❏어디로 가~ 잘 모르겠소 / 어디서 온 사람이~ 잘 모르겠소. *-던가.

-던다 어미 〈옛〉 -던가. -았느냐.

-던데 어미 '이다'의 어간, 용언의 어간 또는 어미 '-으시-'·'-었-'·'-겠-' 뒤에 붙는 어미. 1 다음 말을 끌어내기 위해 관련될 만한 사실을 먼저 돌이켜서 말할 때 쓰는 연결 어미. ❏아까 그 사람이 오~ 왜 안 보이나 / 매우 너그러워 보이는 선생님~ 교수법은 어떻던가. 2 다른 사람의 의견을 듣고자 하는 태도로 스스로 감탄하여 보일 때 쓰는 종결 어미. ❏구변이 좋~ / 듣던 대로의 훌륭한 사람이~.

-던덴 어미 〈옛〉 -던들. -더라면.

-던들 어미 '이다'의 어간, 용언의 어간 또는 어미 '-으시-'·'-었-'·'-겠-' 뒤에 붙어, 현재의 결과와 반대되는 어떤 사실을 가정하

여 이것을 희망할 때 쓰는 연결 어미. ❏더 공부 했~ 합격했을걸 / 게임에 충실한 선수이었~ 지지는 않았을 텐데.

-던지 어미 용언의 어간 또는 높임의 '-시-'나 시제의 '-았[었]-'에 붙어, 지난 일에 대해 말하기 위하여 그 사실이 있게 된 어떤 상황을 미리 나타내는 데 쓰는 종속적 연결 어미. ❏그의 의견을 따랐~ 일이 순조롭게 술술 풀렸다. *-ㄴ바·-는바.

던 :적-스럽다 [-쓰-따] [-스러워, -스러우니] 圐囲 하는 짓이 보기에 치사하고 더러운 데가 있다. ❹단작스럽다. **던** :적-스레 [-쓰-] 厡

던져-두다 [-저-] 囤 1 물건을 던진 채 그대로 두고 돌아보지 아니하다. ❏아이는 가방을 던져두고 다시 밖으로 나갔다. 2 하던 일 따위를 그만두고 다시 손을 대지 않다. ❏집안일은 던져두고 밖의 일에만 신경 쓴다.

-던지 어미 '이다'의 어간, 용언의 어간 또는 어미 '-으시-'·'-었-'·'-겠-' 뒤에 붙는 연결 어미. 1 지난 일을 돌이켜서 막연하게 의심을 나타낼 때 쓰는 말. ❏얼마나 되~ 생각이 안 난다 / 그 아이가 뉘 집 아이였~ 잘 모르겠다. 2 (주로 '어찌나[어떻게나] -던지'의 꼴로 쓰여) 지난 일을 돌이켜보면서 그것이 다른 어떤 사실을 일으키게 하는 원인이 됨을 나타낼 때 쓰는 말. ❏어찌나 좋았~ 정중정중 뛰었다. *-ㄴ지·-는지.

던지기¹ 圐囲 씨름에서, 상대자를 들어 앞으로 던지는 기술(상대자가 약할 때 많이 씀).

던지기² 圐 필드 경기에서, 포환던지기·원반던지기·창던지기 따위를 통틀어 이르는 말. 투척 경기(投擲競技).

던지다 囤 1 물건을 손으로 공중을 향해 날려보내어 다른 곳에 다다르게 하다. ❏공을 ~. 2 어떤 것을 향하여 말이나 눈길을 보내거나 주다. ❏질문을 ~ / 의혹의 눈길을 ~. 3 표명하다. ❏깨끗한 한 표를 ~. 4 영향을 주거나 문제를 일으키다. ❏화제를 ~ / 파문을 ~. 5 어떤 환경에 자기 몸을 뛰어들게 하다. ❏정계에 몸을 ~.

[**던져 마름쇠**] 익숙하지 않은 사람이 오히려 실패하기 쉽다는 경우를 비유하는 말.

던 :지럽다 [-따] [던지러워, 던지러우니] 圐 말이나 행실이 더럽다. ❹단지럽다.

던질-낚시 [-락씨] 圐 낚싯줄 끝에 낚싯봉을 달아 멀리 던져서 낚는 낚시 방법의 한 가지. 릴낚시.

덜 圐 〈옛〉 덧. 동안. 잠시.

덜덜ㅎ다 圐 〈옛〉 떳떳하다. 늘 그러하다.

덜 : 厡 어떤 기준이나 정도가 약하게. 또는 그 아래로. ❏~ 익은 감 / 빨래가 ~ 말랐다.

덜거덕 厡囷 크고 단단한 물건이 맞닿아서 나는 소리. ❏대문이 ~ 열린다. ❹달가닥. ❷떨거덕. ❷덜걱.

덜거덕-거리다 [-꺼-] 困囤 자꾸 덜거덕 소리가 나다. 또는 자꾸 덜거덕 소리를 나게 하다. ❹달가닥거리다. ❷떨거덕거리다. ❷덜걱거리다. **덜거덕-덜거덕** [-떨-] 厡囷囤

덜거덕-대다 [-때-] 困囤 덜거덕거리다.

덜거덩 厡囷囤 단단하고 두꺼운 물건이 맞닿아 둔하게 울려 나는 소리. ❏철문이 ~ 닫혔다. ❹달가당. ❷떨거덩. ❷덜겅.

덜거덩-거리다 困囤 자꾸 덜거덩 소리가 나다. 또는 자꾸 덜거덩 소리를 나게 하다. ❹달가당거리다. ❷떨거덩거리다. ❷덜겅거리다. **덜거덩-덜거덩** 厡囷囤

덜거덩-대다 困囤 덜거덩거리다.

덜걱 厡囷囤 '덜거덕'의 준말.

덜걱-거리다[-꺼-] 巫邼 '덜거덕거리다'의 준말. 덜걱-덜걱[-떨-] 튀하巫邼

덜걱-대다[-때-] 巫邼 덜걱거리다.

덜걱-마루[-정-] 圐『건』긴 널조각으로 아무렇게나 만들어 디디는 대로 덜걱덜걱 소리가 나는 마루. 세덜걱마루.

덜겅 튀하巫邼 '덜거덩'의 준말.

덜겅-거리다巫邼 '덜거덩거리다'의 준말. 덜겅-덜겅 튀하巫邼

덜겅-대다 巫邼 덜겅거리다.

덜그럭 튀하巫邼 단단하고 큰 물건이 부딪치거나 서로 스쳐서 나는 낮고 좀 무거운 소리. ❏부엌에서 ~하는 소리가 났다. 짠달그락. 세떨그럭.

덜그럭-거리다[-꺼-] 巫邼 자꾸 덜그럭 소리가 나다. 또는 자꾸 덜그럭 소리를 나게 하다. ❏덜그덕거리며 설거지를 하다. 짠달그락거리다. 세떨그럭거리다. 덜그럭-덜그럭[-떨-] 튀하巫邼

덜그럭-대다[-때-] 巫邼 덜그럭거리다.

덜그렁 튀하巫邼 단단하고 큰 물건이 가볍게 맞부딪치거나 서로 스쳐서 울려 나는 소리. ❏대장간에서 ~ 소리가 났다. 짠달그랑. 세떨그렁.

덜그렁-거리다巫邼 잇따라 덜그렁 소리가 나다. 또는 잇따라 덜그렁 소리를 나게 하다. 짠달그랑거리다. 세떨그렁거리다. 덜그렁-덜그렁 튀하巫邼

덜그렁-대다巫邼 덜그렁거리다.

덜께기 圐 늙은 수꿩.

덜:다[덜어, 더니, 더는] 邼 1 일정한 수량이나 정도에서 얼마를 떼어서 줄이거나 적게 하다. ❏짐을 ~ /냄비에 담긴 국을 덜어 먹다. 2 어떤 상태나 행동의 정도를 적게 하다. ❏수고를 ~ /걱정을 ~.

덜덜[1] 튀 단단한 바닥 위를 수레바퀴 따위가 구를 때 나는 무거운 소리. 또는 그 모양. 짠달달[1]. 세떨떨.

덜덜[2] 튀 무섭거나 추워서 몸을 몹시 떠는 모양. ❏날씨가 워낙 추워서 턱이 ~ 떨렸다. 짠달달[2].

덜덜-거리다[1] 巫邼 단단한 바닥 위를 큰 바퀴 따위가 굴러 가는 소리가 잇따라 나다. 또는 그런 소리를 자꾸 내다. ❏낡은 자동차가 덜덜거리며 지나간다. 짠달달거리다[1]. 세떨떨거리다.

덜덜-거리다[2] 巫邼 춥거나 무서워서 몸을 자꾸 떨다. 짠달달거리다[2].

덜덜-대다[1] 巫邼 덜덜거리다[1].

덜덜-대다[2] 巫邼 덜덜거리다[2].

덜:-되다 톈 사람 됨됨이가 모자라고 건방지다. ❏덜된 녀석 / 덜된 수작을 부리다.

덜:-떨어지다 톈 쇠약하거나 아직 떨어지지 않았다는 뜻으로, 나이에 비해 하는 행동이나 말이 어리고 미련하다.

덜렁 튀 조금 묵직한 물체가 느리게 흔들리면서 서로 닿아 울리는 소리. 준덜렁.

덜령[1] 圐『역』'단령(團領)'의 변한말.

덜렁[2] 튀 '덜러덩'의 준말.

덜렁[3] 튀 1 큰 방울 따위가 한 차례 흔들려 무겁게 나는 소리. 또는 그 모양. 2 침착하지 못하고 거볍게 행동하는 모양. 세떨렁[1]. 3 가진 것이나 딸린 것이 적거나 단 하나만 남아 있는 모양. 준덜렁[2].

덜렁[4] 튀하巫 갑자기 놀라거나 충격을 받아서 가슴이 뜨끔하게 울리는 모양. ❏가슴이 ~ 내려앉다. 짠달랑[2]. 세떨렁[2].

덜렁-거리다巫邼 1 큰 방울 따위가 흔들리는

소리가 자꾸 나다. 또는 그런 소리를 자꾸 내다. 2 침착하지 못하고 자꾸 거볍게 행동하다. ❏공연히 덜렁거리며 거리를 돌아다니다. 짠달랑거리다. 세떨렁거리다. 덜렁-덜렁 튀하巫邼

덜렁-대다巫邼 덜렁거리다.

덜렁-말 圐 함부로 덜렁거리는 말. 괄당마(光唐馬).

덜렁-쇠 圐 침착하지 못하고 덤벙거리는 사람. 덜렁이. 덜렁꾼. 짠달랑쇠.

덜렁-이 圐 덜렁쇠.

덜렁-이다 邼 1 큰 방울 따위가 흔들리어 소리가 나다. 또는 그런 소리를 내다. 2 침착하지 못하고 거볍게 행동하다. 짠달랑이다.

덜레-덜레 튀 건들건들 걷거나 행동하는 모양. ❏빈손으로 ~ 돌아오다. 짠달래달래.

덜름-하다 톈어 1 아랫도리가 드러나도록 옷의 길이가 짧다. ❏덜름한 양복바지. 2 건물 따위가 어울리지 않게 홀로 우뚝하다.

덜리다 巫 《'덜다'의 피동》 덜어지다. 덜하게 되다. ❏각자의 부담이 ~.

덜:-먹다[-따] 巫 하는 짓이 온당하지 못하고 제멋대로 나가다.

덜미[1] 圐 '뒷덜미'와 '목덜미'를 아울러 이르는 말. ❏찬바람이 불어 ~가 시리다.

[덜미에 사잣밥을 짊어졌다] 생사의 기로에 처하였다.

덜미를 넘겨짚다 관 남의 속을 떠보다.

덜미를 누르다 관 몹시 재촉하거나 몰아세우다. ❏약점을 잡고 덜미를 누른다.

덜미(를) 잡히다 관 ㉠뒷덜미를 잡히어 행동의 자유를 잃다. ㉡못된 일 따위를 꾸미다가 발각되다. ㉢쉽게 보던 일이 뜻밖의 어려움 따위로 제대로 안 풀리다.

덜미(를) 짚다 관 ㉠덜미잡이를 하다. ㉡덜미를 잡아 누르듯이 몹시 재촉하다.

덜미[2] 圐『민』남사당패의 여섯째 놀이로, '꼭두각시놀음'을 이르는 말.

덜미-쇠 圐『민』남사당패에서, 꼭두각시놀음을 하는 사람 중의 우두머리.

덜미-잡이 圐하巫 사람의 뒷덜미를 잡고 끌어가는 짓. ❏~를 당하다.

덜밋-대문(-大門)[-미때-/-밋때-] 圐 집의 대청 뒤쪽에 있는 대문.

덜커덕[1] 튀하巫邼 크고 단단한 물건이 맞부딪쳐 나는 소리. ❏문이 ~ 닫히다. 짠달카닥[1]. 준덜컥.

덜커덕[2] 튀하巫邼 잘못하여 탈을 내거나 남몰래 무슨 짓을 하다가 발각되는 모양. ❏면허도 없이 운전하다가 ~ 사고를 내다. 짠달카닥[2]. 준덜컥.

덜커덕-거리다[-꺼-] 巫邼 자꾸 덜커덕 소리가 나다. 또는 그런 소리를 자꾸 나게 하다. ❏덜커덕거리며 문이 열리는 소리가 들렸다. 짠달카닥거리다. 준덜컥거리다. 덜커덕-덜커덕[-떨-] 튀하巫邼

덜커덕-대다[-때-] 巫邼 덜커덕거리다.

덜커덩 튀하巫邼 단단하고 속이 빈 큰 물건이 부딪쳐 울리는 소리. 짠달카당. 준덜컹.

덜커덩-거리다巫邼 자꾸 덜커덩 소리가 나다. 또는 그런 소리를 자꾸 나게 하다. ❏고물차가 덜커덩거리며 간다. 짠달카당거리다. 준덜컹거리다. 덜커덩-덜커덩 튀하巫邼

덜커덩-대다巫邼 덜커덩거리다.

덜컥[1] 튀하巫邼 '덜커덕[1·2]'의 준말.

덜컥[2] 튀하巫 갑작스레 놀라거나 겁에 질려 가

슴이 내려앉는 듯한 모양. ❏겁이 ∼ 나다.
덜컥-거리다 [─꺼─] 困困 '덜커덩거리다'의 준말. **덜컥-덜컥** [─떡] 困困困
덜컥-대다 [─때─] 困困 덜컥거리다.
덜컹 [부하困] '덜커덩'의 준말.
덜컹 부하困 갑자기 놀라거나 겁에 질려서 가슴이 몹시 울렁거리는 모양. ❏문소리에도 가슴이 ∼한다.
덜컹-거리다¹ 困困 '덜커덩거리다'의 준말. **덜컹-덜컹¹** 부하困困
덜컹-거리다² 困 갑자기 놀라거나 겁에 질려 가슴이 몹시 울렁거리다. **덜컹-덜컹²** 부하困
덜컹-대다¹ 困困 덜컹거리다¹.
덜컹-대다² 困 덜컹거리다².
덜퍽-부리다 [─뿌─] 큰 소리로 떠들며 몹시 심술을 부리다.
덜퍽-스럽다 [─쓰─따][─스러워, ─스러우니] 형困 멀퍽진 데가 있어 보이다. **덜퍽-스레** [─쓰─] 부
덜퍽-지다 [─찌─] 형 푸지고 탐스럽다. ❏떡을 덜퍽지게 담아 오다.
덜:-하다 형困 어떤 기준이나 정도보다 약하거나 적다. ❏어제보다 아픔이 ∼ / 단맛이 ∼ / 추위가 한결 ∼.
덞기다 困 〈옛〉 물들이다.
덞다 困 〈옛〉 물들다.
덤: 圀困 1 물건을 사고팔 때, 제 값어치 외에 조금 더 얹어 주거나 받는 물건. ❏∼을 많이 받다. 2 바둑에서 흑을 쥐고 두는 쪽이 이겼을 경우, 이긴 돌의 수에서 일정한 수를 접어 주는 일. 공제(控除). ❏∼을 치르고 반 집을 이겼다.
덤덤-하다 형困 1 마땅히 말할 자리에서 아무 말도 없이 조용하다. ❏그는 아무 의견도 없이 덤덤하게 앉아만 있었다. 2 일을 당하여도 아무 느낌도 없이 그저 예사롭다. ❏그는 덤덤한 표정으로 나를 맞았다. 3 음식의 맛이 심심고 밍밍하다. 困담담하다. **덤덤-히** 부
덤:-받이 [─바지] 여자가 전 남편에게서 배거나 낳아서 데리고 들어온 자식.
덤벙¹ 困困 크고 무거운 물건이 물속으로 떨어져 들어가는 소리. ❏바닷속으로 ∼ 뛰어들다. 困담방¹. 큰텀벙.
덤벙² 부 들뜬 행동으로 아무 일에나 함부로 덤비거나 서두르는 모양. ❏쉬운 일이라 생각하고 ∼ 뛰어들면 큰코다친다. 困담방².
덤벙-거리다¹ 困困 잇따라 덤벙 소리가 나다. 또는 그런 소리를 잇따라 내다. 困담방거리다¹. 큰텀벙거리다¹. **덤벙-덤벙¹** 부하困困
덤벙-거리다² 困 침착하지 못하고 어쩔 줄 몰라 허둥거리다. 困담방거리다². **덤벙-덤벙²** 부하困
덤벙-대다¹ 困困 덤벙거리다¹.
덤벙-대다² 困 덤벙거리다². ❏급하다고 덤벙대지 말고 침착해라.
덤벙-이다 困 들뜬 행동으로 아무 일에나 함부로 뛰어들다. 困담방이다.
덤벼-들다 [─들어, ─드니, ─드는] 困 1 함부로 대들거나 달려들다. ❏개가 사납게 덤벼든다. 2 어떤 일을 이루려고 적극적으로 뛰어들다. ❏여럿이 덤벼들어 일을 순식간에 해치웠다.
덤부렁-듬쑥 부하형 수풀이 우거지고 그윽한 모양.
덤불 圀 어수선하게 엉클어진 수풀.
[덤불이 커야 도깨비가 난다] 무슨 일이나

조건이 갖추어져야 성사가 된다.
덤불-김치 圀 무청이나 배추의 지스러기로 담근 김치.
덤불-숲 [─숩]圀 덤불이 들어찬 수풀.
덤불-지다 困 덤불을 이루다.
덤불-혼인 (─婚姻)圀하困 인척 관계의 사람끼리 하는 혼인.
덤비다 困 1 함부로 대들거나 달려들다. ❏철없이 ∼. 2 침착하지 못하고 서두르다. ❏덤비지 말고 차근차근히 해라. 3 아무 일에 적극적으로 뛰어들다.
덤뻑 부 깊은 생각이 없이 무턱대고 덤비는 모양. ❏∼ 나서다 낭패 보다.
덤터기 圀 1 남에게 넘겨씌우거나 넘겨 맡는 큰 걱정거리나 허물 따위. 2 억울한 누명이나 오명. **덤터기(를) 쓰다** 归 ㉠남의 걱정거리를 넘겨 맡다. ㉡억울한 누명이나 오명을 쓰다. **덤터기(를) 씌우다** 归 덤터기를 쓰게 하다.
덤턱-스럽다 [─쓰─따][─스러워, ─스러우니] 형困 매우 투박스럽게 크고 푸진 데가 있다. **덤턱-스레** [─쓰─] 부
덤프-차 (dump車)圀 덤프트럭.
덤프-트럭 (dump truck)圀 짐받이의 한쪽을 들어 올려 짐을 한꺼번에 쏟아 내릴 수 있게 만든 화물 자동차. 덤프차.
덤핑 (dumping)圀 〔經〕 새로운 판로를 개척하기 위해 생산비보다 낮은 가격으로 상품을 파는 일. 투매(投賣). ❏소비자에게 ∼ 공세를 펴다.
덤핑 방지 관세 (dumping防止關稅) 〔法〕 외국의 덤핑으로 인한 국내 시장의 혼란을 방지하기 위하여 부과되는 높은 비율의 부가(附加) 관세. 덤핑 관세.
덥:다 [─따][더워, 더우니] 형困 1 높은 열기를 느끼다. ❏날씨가 ∼ / 지금이 한창 더운 때다 / 더위서 잠을 잘 수가 없다. ↔춥다. 2 물체에 열기가 있다. ❏더운 밥. ↔차다.
덥석 [─썩] 부 왈칵 달려들어 닝큼 움켜잡거나 입에 무는 모양. ❏아기를 ∼ 안다 / 사과를 한 입 ∼ 베어 먹었다. 困담삭.
덥석-거리다 [─썩꺼─] 归 자꾸 손에 움켜잡거나 입에 물다. 困담삭거리다. **덥석-덥석** [─썩떡썩] 부하归. ❏배가 고픈지 주는 대로 ∼ 받아먹는다.
덥석-대다 [─썩때─] 归 덥석거리다.
덥수룩-하다 [─쑤루카─] 형困 더부룩하게 많이 난 수염이나 머리털이 어수선하게 덮여 있다. ❏초췌한 얼굴에 수염까지 ∼.
덥적-거리다 [─쩍꺼─] 困 1 무슨 일에나 함부로 간섭하다. ❏주제넘게 남의 일에 덥적거리지 마라. 2 자꾸 남에게 붙임성 있게 굴다. 困닥작거리다. **덥적-덥적** [─쩍떡쩍] 부하困
덥적-대다 [─쩍때─] 困 덥적거리다.
덥적-이다 [─쩌기─] 困 1 남의 일에 참견하다. 2 남에게 붙임성 있게 굴다. 困닥작이다.
덥절덥절-하다 [─쩔─쩔─] 형困 말이나 행동 따위가 붙임성이다.
덧¹ [덛] 圀 얼마 안 되는 퍽 짧은 시간. ❏어느 ∼ 시간이 다 되었다.
덧² [덛] 圀 빌미나 탈. ❏상처에 물이 들어가 ∼이 났다 / 그 말이 ∼이 되어 싸우게 되었다.
덧- [덛] 归 '거듭'·'더함'의 뜻을 나타내는 말. ❏∼니 / ∼저고리.
덧-가지 [덛까─] 圀 1 쓸데없이 더 난 나뭇가지. 2 필요 없는 군더더기를 비유적으로 이르는 말.
덧-거름 [덛꺼─]圀 농작물이 자랄 때 밑거름

을 보충하기 위하여 더 주는 거름. 보비(補肥). 웃거름. 추비(追肥). ▷ ~을 주다.

덧-거리 [덛꺼-] **명**`하타` **1** 일정한 수량 외에 덧붙이는 물건. **2** 없는 사실을 지나치게 불려 말하는 일.

덧거리-질 [덛꺼-] **명**`하타` 덧거리하는 짓.

덧-거칠다 [덛꺼-] [덧거칠어, 덧거치니, 덧거친] **형** 일이 순조롭지 못하거나 까탈이 많다.

덧-걸다 [덛껄-] [덧걸어, 덧거니, 덧거는] **타** 걸어 놓은 것 위에 다시 또 걸다.

덧-걸리다 [덛껄-] **자** **1** ('덧걸다'의 피동) 걸리어 있는 것 위에 겹쳐 걸리다. **2** 한 가지 일에 다른 일이 겹치다.

덧-걸이 [덛꺼리] **명** 씨름에서, 상대편의 다리를 자기의 다리로 바깥쪽에서 걸어 당기면서 가슴으로 밀어 상대편의 몸을 밀어 넘어뜨리는 공격 기술.

덧-게비 [덛께-] **명** 이미 있는 것에 덧대거나 덧보탬. 또는 그런 일이나 물건.

덧게비-치다 [덛께-] **자** **1** 다른 것에 덧싯어 덮어 얼리다. **2** 남의 연이 서로 얼린 위에 더 덮어 얼리다. ▷ 딴 아이의 연 위에 내 연을 덧게비쳤다.

덧-그림 [덛끄-] **명** 그림 위에 얇은 종이를 덮어 대고 본떠 그린 그림.

덧-깔다 [덛-] [덧깔아, 덧까니, 덧까는] **타** 깔아 놓은 것 위에 겹쳐 깔다. ▷ 요 위에 담요를 덧깔고 자다.

덧-나다¹ [던-] **자** **1** 병이나 상처 따위를 잘못 다루어 상태가 더 나빠지다. ▷ 종기가 ~. **2** 노염이 일어나다. 또는 한마디 실수로 그의 마음을 덧나게 했다. **3** 어떤 자극을 받아 정상적인 상태를 잃다. ▷ 입맛이 ~.

덧-나다² [던-] **자** 나란히 또는 제자리를 벗어나서 나다. ▷ 고르게 난 이 위에 새 이가 ~.

덧-날 [던-] **명** 대팻날 위에 덧얹어 끼우는 날.

덧날-막이 [던-마기] **명** 대패의 덧날 위에 가로 끼운 쇠붙이.

덧-내다 [던-] **타** ('덧나다'의 사동) 덧나게 하다. ▷ 병을 ~.

덧-널 [던-] **명** <속> 곽(槨).

덧-놓다 [던노타] **타** 놓은 것 위에 겹쳐 놓다.

덧-눈 [던-] **명**[식] 겨드랑눈의 하나. 한 잎겨드랑이에 여러 개의 잎눈이 생기는 경우, 가장 크고 정상적인 것의 옆 또는 아래나 좌우 양옆에 나는 잎눈. 부아(副芽).

덧-니 [던-] **명** 이가 난 줄의 곁에 겹으로 난 이(배냇니를 제때에 뽑지 않아 생김).

덧니-박이 [던-마기] **명** 덧니가 난 사람.

덧-대다 [던때-] **타** 댄 위에 다시 겹쳐 대다. ▷ 해진 바지에 헝겊을 덧대고 깁다.

덧-덮다 [덛떱따] **타** 덮은 위에 다시 겹쳐 덮다. ▷ 홑이불 위에 모포를 ~.

덧-두리 [덛뚜-] **명** 물건을 서로 바꿀 때에 그 값을 서로 따져 모자라는 금액을 채워서 내는 돈. 웃돈.

덧-들다 [덛뜰-] [덧들어, 덧드니, 덧드는] **자** 선잠이 깬 채 다시 잠이 잘 들지 않다. ▷ 잠이 덧들어 밤을 꼬박 새우다.

덧-들이다 [덛뜨리-] **타** **1** 남을 건드려서 노하게 하다. **2** 병 따위를 덧나게 하다. **3**('덧들다'의 사동) 잠을 덧들게 하다.

덧-문 [-門] [던-] **명** **1** 겉창. **2** 원래의 문짝 걸쪽에 덧단 문을 통틀어서 이르는 말.

덧-묻다 [던-따] **자** 묻은 것 위에 겹쳐 묻다.

덧-물 [던-] **명** 강이나 호수 따위의 얼음 위에 괸 물.

덧-바르다 [덛빠-] [덧발라, 덧바르니] **타**[르] 바

른 것 위에 겹쳐 바르다. ▷ 더러워진 벽에 페인트를 ~.

덧-바지 [덛빠-] **명** 속바지 위에 덧입는, 통이 넓은 큰 바지.

덧방-나무 [덛빵-] **명** 수레의 양쪽 가장자리에 덧댄 나무.

덧-버선 [덛뻐-] **명** **1** 버선 위에 겹쳐 신는 큰 버선. **2** 양말 위에 겹쳐 신거나 맨발에 신는, 목 없는 버선.

덧-보태다 [덛뽀-] **타** 보탠 것 위에 겹쳐 보태다. ▷ 원금에 밀린 이자까지 덧보태어 갚으려니 벅차다.

덧-뵈기 [덛뾔-] **명**[민] **1** 탈. **2** 탈놀음.

덧뵈기-쇠 [덛뾔-] **명**[민] 탈놀음꾼의 우두머리.

덧뵈기-춤 [덛뾔-] **명**[민] 탈을 쓰고 굿거리장단에 맞춰 추는 춤. 경상남도 지방의 들놀이나 오광대(五廣大) 등에서 춤.

덧-붙다 [덛뿓따] **자** **1** 어떤 물건 위에 겹쳐·붙다. **2** 군더더기나 덧붙이로 딸려 있다. ▷ 언니 집에 덧붙어 살다.

덧-붙이 [덛뿌치] **명** **1** 물건이 겹쳐 붙는 일. 또는 그런 물건. **2** 사람이 군더더기로 딸려 있는 일. 또는 그 사람.

덧-붙이다 [덛뿌치-] **타** ('덧붙다'의 사동) **1** 있는 위에 더 붙게 하다. **2** 말에 더 보태어 말하다. ▷ 덧붙여서 말한다면.

덧-빗 [덛삗] **명** 이발기의 밑바닥에 덧끼는 빗 모양의 쇠(머리를 얼마간의 길이로 남겨 두고 깎으려 할 때 씀).

덧-뿌리다 [던-] **타** 씨앗 따위를 뿌린 뒤에 다시 더 뿌리다.

덧-새벽 [덛쌔-] **명**[건] 방바닥이나 벽, 천장에 발랐던 새벽이 상했을 때, 그 위에 덧바르는 새벽.

덧-셈 [덛쎔] **명**`하타`[수] 더하기. ↔뺄셈.

덧셈-법 (-法) [덛쎔뻡] **명**[수] 덧셈을 하는 방법. ↔뺄셈법.

덧셈-표 (-標) [덛쎔-] **명**[수] 덧셈법의 부호인 '+'를 이르는 말. 가표(加標). 덧셈 부호. ↔뺄셈표.

덧-소금 [덛쏘-] **명** 소금으로 절일 때, 맨 위에 소복이 뿌려 얹어 놓는 소금. ▷ ~을 치다.

덧-수 (-數) [덛쑤] **명**[수] 가수(加數)2.

덧-신 [덛씬] **명** 신 위에 덧신는 신.

덧-신다 [덛씬따] **타** 신은 위에 겹쳐 신다.

덧-쓰다 [덛-] [덧써, 덧쓰니] **타** 쓴 위에 겹쳐 쓰다. ▷ 헬멧 위에 철모를 ~.

덧-씌우다 [덛씨-] **타** ('덧쓰다'의 사동) 씌운 위에 겹쳐 씌우다. ▷ 죄를 ~.

덧-양말 (-洋襪) [던냥-] **명** 신은 양말 위에 겹쳐 신는 목이 짧은 양말.

덧-양판 [던냥-] **명** 대패질할 때, 양판 위에 겹쳐 놓고 쓰는 좁고 길쭉한 나무.

덧-얹다 [더던따] **타** 얹은 위에 겹쳐 얹다. ▷ 이 물건은 얹은 돈을 덧얹어야 살 수 있다.

덧-없다 [더덥따] **형** **1** 세월이 속절없이 빠르다. ▷ 덧없는 세월. **2** 헛되고 허전하다. 무상하다. ▷ 덧없는 인생. **3** 확실하지 않다. 근거가 없다. ▷ 덧없는 말만 한다. **덧-없이** [더덥씨] **부**. ▷ ~ 흘러가는 세월.

덧-옷 [더돋] **명** 옷 위에 겹쳐 입는 옷. ▷ ~을 입고 작업에 임하다.

덧-입다 [던닙따] **타** 입은 옷 위에 더 겹쳐 입다. ▷ 양복 위에 코트를 ~.

덧-장판 (-壯版) [덛짱-] **명** 헌 장판 위에 덧바

르는 장판.

덧-저고리 [덛쩌-] 圀 저고리 위에 겹쳐 입는 저고리.

덧-정 (-情)[덛쩡] 圀 더 끌리는 마음. ◻～ 없이 행동하다

덧-줄 [덛쭐] 《악》 보표(譜表)에서, 오선의 아래나 위에 필요에 따라 더 긋는 짧은 선. 가선(加線).

덧-창 (-窓)[덛-] 圀 겉창. ◻～을 젖히자 햇살이 밝게 들어왔다.

덧-칠 (-漆)[덛-] 圀자타 1 칠한 데에 겹쳐 칠하는 칠. ◻그림에 ～을 하다. 2 그릇을 굽기 전에, 고운 진흙을 푼 물에 담가서 겉면에 얇은 막을 입히는 일.

덧-토시 [덛-] 圀 토시 위에 겹쳐 끼는 토시.

덧-폭 (-幅)[덛-] 圀 도포(道袍) 뒷자락에 덧댄 딴 폭.

덩 圀 《역》 공주나 옹주가 타던 가마.

덩-거칠다 [덩거칠테, 덩거치니, 덩거친] 톙 1 풀이나 나무의 덩굴이 뒤얽혀 거칠다. 2 사람의 생김새나 행동 따위가 매우 거칠다. ◻얼굴은 덩거칠게 보여도 성품은 곱다.

덩굴 圀《식》 땅바닥으로 벋거나 다른 것에 감겨 오르는 식물의 줄기. 넝쿨. ◻수박 ～ / 칡이 ～을 벋다.

덩굴-걷이 [-거지] 圀자타 1 덩굴을 걷어치우는 일. 2 덩굴을 걷을 때에 따 낸 열매.

덩굴-나무 [-라-] 圀《식》 칡·등나무 등과 같이 덩굴지어 벋어 나가는 나무. 만목(蔓木). *덩굴풀.

덩굴 뒤집기 [-끼] 《농》 오이나 호박 따위의 덩굴을 뒤집는 일(열매를 크게 하는 데 도움이 됨).

덩굴-무늬 [-니] 圀 여러 가지 덩굴풀이 꼬여서 벋어 나가는 모양을 한 무늬. 덩쿨무늬. 당초. 당초문.

덩굴-성 (-性)[-썽] 圀《식》 식물의 줄기가 덩굴지어 벋는 성질. 만성(蔓性).

덩굴성 식물 (-性植物)[-썽-] 《식》 덩굴 식물.

덩굴-손 圀《식》 다른 물건에 감기어서 줄기를 지탱하게 하는 가는 덩굴. 권수(卷鬚).

덩굴 식물 (-植物)[-싱-] 《식》 줄기가 다른 물체에 감기거나 덩굴손 따위로 다른 물체에 감겨 벋어 올라가는 식물(호박·오이·나팔꽃·칡·고구마 따위). 덩굴성 식물. 만성(蔓性)식물.

덩굴-장미 (-薔薇) 圀《식》 장미과의 덩굴성 낙엽 관목. 줄기에 가시가 있어 예로부터 산울타리로 심는데, 잎은 깃꼴 겹잎으로 가장자리에 가는 톱니가 있음. 초여름에 주로 붉은 꽃이 핌.

덩굴-줄기 圀《식》 덩굴로 된 줄기. 만연경(蔓延莖). 만경(蔓莖).

덩굴-지다 圀 식물의 줄기가 덩굴이 되어 가로 벋다.

덩굴-치기 圀 식물의 쓸모없는 덩굴을 잘라 내는 일(주로 열매를 크게 하기 위하여 함).

덩굴-풀 圀《식》 나팔꽃·수세미 따위와 같이 줄기가 덩굴지어 벋는 풀. 만초(蔓草). *덩굴나무.

덩그렇다 [-러타][덩그러니, 덩그레서] 톙ㅎ 1 홀로 높이 솟아 드러나 있다. ◻초가집 사이에 덩그러니 기와집이 서 있다. 2 넓은 공간이 텅 비어 쓸쓸하다. 衢당그랗다.

덩-달다 圀 (주로 '덩달아'·'덩달아서'의 꼴

로 쓰여) 사정도 모르고 남을 좇아서 하다. 아무 생각 없이 따라 나서다. ◻영문도 모르고 덩달아 큰소리를 치다.

덩더-꿍 圀하자타 1 북이나 장구를 두드릴 때 나는 흥겨운 소리. 2 덩달아 덤비는 모양. 덩더꿍-덩더꿍 團하자타

덩-더럭 團 장구를 울리는 소리.

덩덕새-머리 [-쌔-] 圀 빗질을 하지 않아 더부룩한 머리.

덩덩 團하자타 북이나 장구 따위를 칠 때 나는 소리.
[덩덩하니 굿만 여겨] 무엇이 얼씬만 해도 구경거리인 줄 알고 출썩거리는 짓을 비유하는 말.

덩-덩그렇다 [-러타] 톙 매우 덩그렇다.

덩두렷-하다 [-러타] 톙어 매우 덩실하고 두렷하다. ◻보름달이 덩두렷하게 떠오르다.

덩둘-하다 톙어 1 매우 꿈뜨고 어리석다. 2 어리둥절하여 멍하다.

덩드럭-거리다 [-꺼-] 圀 1 잘난 체하며 자꾸 함부로 굴다. 2 신이 나서 자꾸 떠들썩하게 놀다. 덩드럭-덩드럭 [-떵-] 團하자

덩드럭-대다 [-때-] 圀 덩드럭거리다.

덩실 團 신이 나서 팔다리를 한 차례 크고 흥겹게 놀리는 모양. ◻합격 소식을 듣고 ～ 춤을 추다.

덩실-거리다 圀 신이 나서 팔다리를 놀리며 계속 춤추다. 衢당실거리다. 덩실-덩실 團하자타

덩실-대다 圀타 덩실거리다.

덩실-하다 톙어 건물 따위가 웅장하게 높다. 衢당실하다.

덩싯-거리다 [-싣거-] 圀 편히 누워서 팔다리를 잇따라 가볍게 움직이다. 衢당싯거리다. 덩싯-덩싯 [-싣떵싣] 團하자

덩싯-대다 圀타 덩싯거리다.

덩어리 圀 1 뭉쳐서 크게 이루어진 것. ◻진흙 ～ / 바위 ～ / ～가 지다 / 얼음 ～가 녹아 물이 되다. 2 여럿이 모여서 뭉친 떼. ◻온 국민이 한 ～가 되어 응원을 하다. 3 뭉쳐서 이루어진 것을 세는 단위. ◻수박 한 ～. 4 일부 명사 뒤에 붙어, 어떤 성질을 가진 사람이나 사물을 나타내는 말. ◻골칫～ / 심술～.

덩어리-지다 圀 덩어리가 되다.

덩이 圀 1 작은 덩어리. ◻밀가루 ～ / ～를 이룬 꽃술. 2 일부 명사 뒤에 붙어, 그러한 성질을 가지거나 그러한 일을 일으키는 사람이나 사물을 나타내는 말. ◻골칫～ / 심술～. 3 (의존 명사처럼 쓰여) 작게 뭉쳐서 이루어진 것을 세는 단위. ◻주먹밥 한 ～ / 떡 두 ～.

덩이-덩이 圀 여러 덩이. ◻호박이 ～ 열리다.

덩이-뿌리 圀《식》 저장(貯藏)뿌리의 한 종류. 식물의 뿌리가 비정상적으로 살이 쪄 덩이 모양으로 된 것(고구마·무·달리아 따위). 괴근(塊根).

덩이-줄기 圀《식》 땅속줄기가 가지를 치고 그 끝에 양분을 저장하여 살이 찐 것(감자·토란·돼지감자 따위). 괴경(塊莖).

덩이-지다 圀 한데 뭉쳐 덩이를 이루다.

덩저리 圀 1 뭉쳐서 쌓인 물건의 부피. ◻～가 크다. 2 〈속〉 덩치. 몸집.

덩치 圀 몸의 부피. 몸집. ◻～만 큰 녀석.

덩칫-값 [-치깝 / -친깝] 圀 덩치에 어울리는 말과 행동. ◻사람이 ～도 못하다니.
　　덩칫값(을) 하다 団 힘이나 체격에 맞게 제구실을 하다.

덩쿨 圀 ☞ 덩굴.

덩크 숫 (dunk shoot) 농구에서, 높이 뛰어올라 바스켓 위에서 공을 내리꽂듯이 던져 넣는 일.

덫 [덛] 閱 **1** 짐승을 꾀어 잡는 기구의 한 가지. **2** 남을 헐뜯거나 손해를 끼치기 위한 교활한 꾀의 비유.
[덫에 치인 범이요, 그물에 걸린 고기라] 꼼짝없이 막다른 처지에 몰린 형세가 되었음을 이르는 말.

덮-개 [덥께] 閱 **1** 덮는 물건. ▣ ~로 싸다 / 자동차 ~를 씌우다. **2**《불》착한 마음을 가리는 탐욕이나 성내는 마음. **3** 덮어 가리는 물건. 뚜껑. ▣ 항아리 ~.

덮개 유리 (-琉璃) [덥깨-] 커버 글라스. ↔깔유리.

덮-그물 [덥끄-] 閱 덮어씌워 물고기를 잡는 그물. 쟁이 따위가 이에 해당되는데, 물이 얕은 곳에서 주로 씀.

덮다 [덥따] 卧 **1** 뚜껑을 씌우다. ▣ 솥뚜껑을 ~. **2** 가리어 감추다. ▣ 허물을 덮어 주다. **3** 위로부터 얹어 씌우다. ▣ 담요를 덮어 주다. **4** 펼쳐진 책 따위를 닫다. ▣ 책을 덮어 놓고 나가 놀다. **5** 한정된 범위나 공간, 지역을 휩싸다. ▣ 석양 하늘을 덮은 구름.

덮-두들기다 [덥뚜-] 卧 사랑스러워 어루만지며 두들기다. ▣ 우는 아기를 덮두들기어 재우다.

덮-밥 [덥빱] 閱 더운밥에 고기·생선·채소 따위의 꾸미를 얹은 밥. ▣ 고기~ / 생선~.

덮어-놓다 [더퍼-] (반드시 '덮어놓고'의 꼴로 쓰여) 사정이나 형편을 따지지 않다. ▣ 덮어놓고 설치다 / 덮어놓고 화를 내다.
[덮어놓고 열녁 당 금] 내용을 살피지 않고 아무렇게나 판단함.

덮어-쓰다 [-써, -쓰니] 卧 **1** 억울하게 누명을 쓰다. ▣ 죄를 ~. **2** 위로부터 써서 가리다. ▣ 이불을 ~. **3** 먼지·가루·물 따위를 온몸에 뒤집어쓰다. ▣ 눈을 덮어쓰고 있는 먼 산 / 흙먼지를 ~.

덮어-씌우다 [더퍼씌-] 《'덮어쓰다'의 사동》 덮어쓰게 하다. ▣ 책임을 남에게 ~.

덮을-아 (-襾) 한자 부수(部首)의 하나《'要'·'覆' 등에서 '襾'의 이름》.

덮이다 짜 《'덮다'의 피동》 **1** 드러난 것에 다른 것이 얹혀져 보이지 않게 되다. ▣ 눈으로 덮인 산. **2** 가리워서 숨기어지다. ▣ 사건의 진상이 의문에 덮여 있다.

덮쳐-누르다 [덥쳐-] [-눌러, -누르니] 卧 **1** 한꺼번에 들이닥쳐 누르다. ▣ 반항하는 범인을 ~.

덮쳐-들다 [덥쳐-] [-들어, -드니, -드는] 짜 들이닥쳐 모여들다. ▣ 경찰들이 범인한테 덮쳐들었다.

덮쳐-잡다 [덥쳐-따] 卧 한꺼번에 들이닥쳐 잡다. ▣ 아이는 재빠르게 개구리를 덮쳐잡았다.

덮쳐-쥐다 [덥쳐-] 卧 한꺼번에 들이닥쳐 쥐다. ▣ 동생은 욕심껏 사탕을 덮쳐쥐었다.

덮치기 [덥-] 閱 새를 잡는 데 쓰는 큰 그물.

덮치다 [덥-] [-] 짜 여러 가지 좋지 않은 일이 한꺼번에 닥치다. ▣ 엎친 데 덮친 격으로 바람까지 분다. [-] 卧 **1** 들이닥쳐 위에서 누르다. ▣ 거센 파도가 어선을 ~. **2** 뜻밖에 또는 갑자기 잡거나 들이치다. ▣ 독수리가 병아리를 ~.

데 의 閱 **1** 곳. 처소. ▣ 올 ~ 갈 ~ 없는 사람. **2** 경우. 처지. ▣ 아픈 ~에 먹는 약. **3** 일. 것. ▣ 노래 부르는 ~ 는 소질이 있다.

데- 졉 **1** 몇몇 동사 앞에 붙어, 완전하지 못함을 뜻하는 말. ▣ 삶다 / ~알다. **2** 형용사

앞에 붙어, '몹시·매우'의 뜻으로 쓰는 말. ▣ ~바쁘다 / ~사납다.

-데 어미 '이다' 또는 용언의 어간 등에 붙는 종결 어미. **1** 하게할 자리에 지난 일을 회상하여 말할 때 쓰는 말. ▣ 시장엔 아직도 참외가 있~ / 아직도 교감이~. **2** 해라할 자리에서 지난 일을 생각하고 물을 때 쓰는 말. ▣ 그 사람 아직도 뚱뚱하~ / 큰 짐승이~. *-던가.

데걱 皁 짜卧 크고 단단한 물건이 가볍게 부딪쳐 나는 소리. 큰대각. 센떼꺽.

데걱-거리다 [-꺼-] 짜卧 잇따라 데걱 소리가 나다. 또는 잇따라 데걱 소리를 나게 하다. 큰대각거리다. 센떼꺽거리다. 데걱-데걱 [-꺼-] 皁짜卧.

데걱-대다 [-때-] 짜卧 데걱거리다.

데구루루 皁 크고 단단한 물건이 단단한 바닥에서 구르는 모양. 또는 그 소리. 큰대구루루. 센떼꾸루루.

데굴-데굴 皁짜 크고 단단한 물건이 계속하여 구르는 모양. 큰대굴대굴. 센떼굴떼굴.

데그럭 皁짜卧 여러 개의 단단한 물건이 서로 부딪쳐 나는 소리. 큰대그락. 센떼그럭.

데그럭-거리다 [-꺼-] 짜卧 자꾸 데그럭 소리가 나다. 또는 그런 소리를 자꾸 내다. 큰대그락거리다. 센떼그럭거리다. 데그럭-데그럭 [-떼-] 皁짜卧.

데그럭-대다 [-때-] 짜卧 데그럭거리다.

-데기 졉 일부 명사 뒤에 붙어, '그와 관련된 일을 하거나 그런 성질을 가진 사람'을 얕잡아 이르는 말. ▣ 부엌~ / 새침~ / 소박~.

데꺽 皁짜卧 **1** 단단하고 큰 물건이 가볍게 부딪쳐 나는 소리. 큰대깍. 여데꺽. **2** 서슴지 않고 곧. ▣ ~ 승낙하다 / 일을 ~ 해치우다. 센떼꺽.

데꺽-거리다 [-꺼-] 짜卧 자꾸 데꺽 소리가 나다. 또는 그런 소리를 자꾸 내다. 큰대깍거리다. 센떼꺽거리다. 데꺽-데꺽 [-떼-] 皁짜卧.

데꺽-대다 [-때-] 짜卧 데꺽거리다.

데꾼-하다 졩어 몹시 지쳐 눈이 쑥 들어가고 퀭하다. ▣ 며칠 앓더니 눈이 ~. 큰대꾼하다. 센떼꾼하다.

데니어 (denier) 의 생사·인조 견사·나일론사 등의 실의 굵기를 나타내는 단위《길이 450m의 실이 0.05g일 때 1 데니어라고 함》.

데님 (denim) 질긴 무명실로 짠 튼튼한 능직의 면직물《가구의 덮개나 작업복에 씀》.

데:다 [-] 짜 몹시 놀라거나 심한 고통을 겪어 진저리가 나다. ▣ 그 일에는 정말 데었다. [-] 짜卧 불이나 뜨거운 것에 피부를 상하다. 또는 그렇게 하다. ▣ 난로에 손을 ~ / 뜨거운 물을 쏟아 발을 데었다.
[덴 소 날뛰듯 한다] 불에 덴 소가 이리저리 뛰며 날뛰듯 한다는 뜻으로, 물불을 가리지 않고 함부로 날뛰는 모양을 이르는 말.

데다² 卧 ☞ 데우다.

데데-하다 졩어 변변치 못하여 보잘것없다. ▣ 데데한 사람 / 데데한 소리만 한다.

데-되다 짜 됨됨이가 제대로 잘 이루어지지 못하다. ▣ 데된 것은 돌려 주어라.

데드라인 (deadline) 閱 **1** 최후의 선. 최후의 한계. **2** 신문·잡지 따위의 원고를 마감하는 시간. 마감. ▣ ~을 넘기다.

데드마스크 閱 ☞ 데스마스크(death mask).

데드 볼¹ (dead ball) 구기에서, 경기가 일시 중지된 상태.

데드 볼² (dead+ball) 야구에서, 투수가 던진 공이 타자의 몸에 닿는 일. 사구(死球).

데드볼 라인 (deadball line) **1** 직사각형 경기 장의 짧은 쪽의 두 끝줄. **2** 럭비에서, 골라인 뒤쪽으로 25야드 이내에 골라인과 나란히 그은 선.

데드 히트 (dead heat) 경마·경주·경영(競泳) 등에서, 둘 이상의 경기자가 동시에 결승점에 닿아 우열을 가릴 수 없는 일.

데려-가다 태(거라) 함께 거느리고 가다. ❏아이를 집으로 ~/동생을 놀이터에 데려가서 놀았다. ↔데려오다.

데려-오다 태(너라) 함께 거느리고 오다. ❏친구를 집에 ~. ↔데려가다.

데리다 톤(타) ('데리고'·'데리러'·'데려'의 꼴로 쓰여) 아랫사람이나 동물 따위를 자기 몸 가까이 있게 하거나 따라다니게 하다. ❏항상 개를 데리고 다니다/아이를 데리러 유치원에 가다/아이를 학교에 데려다 주다.

데릭 기중기 (derrick起重機) 철물 구조의 높은 기둥과 그 밑에 비스듬히 달린 팔로 된 기중기. 팔 끝에는 갈고리나 버킷이 있어 짐을 수평이나 수직으로 운반하는 데 씀(흔히 뱃짐을 싣는 데 사용함). 부앙기중기.

데릴-사위 [-싸-] 명 처가에서 데리고 사는 사위. 예(女)壻(예서), 췌서(贅壻). ❏~를 들이다.

데릴사윗-감 [-싸위깜/-싸윋깝] 명 **1** 데릴사위로 삼을 만한 사람. **2** 말과 행동이 썩 얌전한 남자를 비유적으로 이르는 말. **3** 남의 귀염을 받지 못할 사람을 조롱하여 이르는 말.

데림-추 (-錘) 명 주견이 없이 남에게 딸려 다니는 사람을 조롱하여 이르는 말.

데마 (←demagogy) 명 '데마고기'의 준말.

데마고그 (demagogue) 명 선동 정치가. 자파(自派)를 위한 선동 연설가.

데마고기 (demagogy) 명 **1** 사실과 반대되는 선동적인 선전. ❏~를 퍼뜨리다. **2** 밑도 끝도 없는 인신 공격. 중상. ⑥데마.

데면-데면 부(하)(히부) **1** 성질이 꼼꼼하지 않아서 행동이 신중하지 않거나 조심성이 없는 모양. ❏~한 사람이라 실수가 많다. **2** 붙임성이 없고 덤덤한 모양. ❏~하게 대하다.

데모 (demo) 명(하)자 **1** 시위운동. **2** 컴퓨터에서, 프로그램이나 하드웨어의 성능을 보여 주기 위한 시범.

데:-밀다 [데밀어, 데미니, 데미는] 태 밖에서 안으로 들여 밀다.

데-바쁘다 [데바빠, 데바쁘니] 형 몹시 바쁘다. ❏데바쁘게 일을 하다.

데본-기 (Devon紀) 명(地) 지질 시대 고생대 중 네 번째인 실루리아기와 석탄기 사이의 시대(양서류·육상 식물을 출현함).

데뷔 (프 début) 명(하)자 일정한 활동 분야에 처음 나타나는 일. 첫 등장. ❏~ 작품/은막에 ~하다.

데뜨다 자 (옛) 뜨다¹.

데-삶기다 [-삼-] 자 ('데삶다'의 피동) 완전히 삶겨지지 않다. ❏콩나물이 ~.

데-삶다 [-삼따] 태 덜 삶다.

데생 (프 dessin) 명 **1** 소묘(素描). **2** 밑그림¹.

데-생각 명(하)자 되기로 어설프게 하는 생각.

데-생기다 형 생김새나 성품의 됨됨이가 완전하게 이루어지지 못하여 못나게 생기다.

데설-궂다 [-굳따] 형 성질이 털털하고 걸걸하여 꼼꼼하지 못하다. ❏아들이라 좀 데설궂은 편이다.

데설-데설 부(하)(형) 성질이 털털하여 꼼꼼하지 못한 모양.

데스-마스크 (death mask) 명 죽은 사람의 얼굴을 본떠 만든 탈.

데스크 (desk) 명 **1** 신문사 편집국에서, 각 부서의 책임자. **2** 호텔이나 병원 등의 접수처.

데스크톱 (desktop) 명 '데스크톱 컴퓨터'의 준말.

데스크톱 컴퓨터 (desktop computer) (컴) 책상 위에 올려놓고 쓸 수 있는 크기의 소형 컴퓨터. 흔히, 개인용 컴퓨터나 마이크로 컴퓨터와 같은 뜻으로 쓰며, 회계 업무·사무 관리·문서 처리 따위의 사무 자동화에 씀. ⑥데스크톱. ＊노트북 컴퓨터·랩톱 컴퓨터.

데시-그램 (decigram) 의명 무게의 단위. 1데시그램은 1그램의 10분의 1임(기호 : dg).

데시기다 태 먹고 싶지 않은 음식을 마지못해 먹다.

데시-리터 (deciliter) 의명 부피의 단위. 1데시리터는 1리터의 10분의 1임(기호 : dl).

데시-미터 (decimeter) 의명 길이의 단위. 1데시미터는 1미터의 10분의 1임(기호 : dm).

데시-벨 (decibel) 의명 (물) **1** 전기 통신에서 전류의 증감, 또는 전압의 증감을 나타내는 단위. **2** 소리의 세기를 표준음의 세기에 비교한 수량의 단위(기호 : dB).

데시-아르 (deciare) 의명 넓이의 단위. 1데시아르는 1아르의 10분의 1. 곧, $10m^2$임(기호 : da).

데-식다 [-따] 자 힘이나 맥이 빠지다. ❏의욕이 ~.

데-알다 [데알아, 데아니, 데아는] 태 자세히 모르고 대강 또는 반쯤만 알다. ❏데알아가 전방지기만 하다.

데억-지다 [-찌-] 형 정도에 지나치게 크거나 많다. ❏설밥을 데억되게 마련하다.

데우다 태 식었거나 찬 것에 열을 가하여 덥게 하다. ❏물을 ~/찌개를 ~.

데유 (-油) 명 (←石油(塗油)) 걸쭉하게 끓인 들기름(갈모·담배쌈지 따위에 기름을 먹이는 데 씀).

데이지 (daisy) 명 (식) 국화과의 여러해살이풀. 유럽 원산의 관상용 화초. 잎은 주걱 모양이며, 봄부터 가을에 걸쳐 백색·홍색·홍자색 등의 꽃이 줄기 끝에 핌.

데이터 (data) 명 **1** 이론을 세우는 데 바탕이 되는 자료. ❏~ 수집. **2** 관찰이나 실험, 조사로 얻은 사실이나 정보. **3** (컴) 프로그램을 운용할 수 있도록 기호와 숫자 따위로 나타낸 자료. ❏~ 관리.

데이터 뱅크 (data bank) (컴) 많은 자료를 컴퓨터에 입력해 두고 이용자의 필요에 따라 검색하거나 이용할 수 있게 보관하는 기관. 정보은행.

데이터베이스 (database) 명 많은 자료를 저장해 두고 여러 가지 형태로 이용할 수 있도록 한 프로그램. 또는 그 자료.

데이터 처:리 장치 (data處理裝置) 주로 컴퓨터에 의하여 데이터의 분류·대조·집계 등을 행하는 장치.

데이터 통신 (data通信) 중앙 컴퓨터와 단말 장치를 전화·전신 회선에 연결하여 정보를 교환할 수 있게 해 놓은 체제.

데이트 (date) 명(하)자 이성과의 만남. 또는 그 약속. ❏~를 신청하다.

데-익다 [-따] 자 푹 무르게 익지 않고 설익다. ❏시루떡이 ~.

데:치다 태 **1** 끓는 물에 슬쩍 익히다. ❏시금

치를 ～/오징어를 ～. **2** 단단히 혼을 내어 풀이 죽게 하다.

데카-그램 (decagram) [의명] 1 그램의 10 배에 해당하는 무게의 단위《기호 : dag》.

데카당 (프 décadent) [명] **1** 19세기 말엽, 주로 프랑스를 중심으로 하여 일어난 문예상의 한 흐름. 회의적 사상의 영향에 따라 탐미적·퇴폐적·병적인 것을 즐김. **2** 데카당파의 문인·예술가. **3** 퇴폐적이며 자포자기적인 사람.

데카당 문학 (décadent文學) 퇴폐 문학.

데카당스 (프 décadence) [명] 19세기 말에 프랑스를 중심으로 유럽 전역에 퍼진 풍조로서 퇴폐적인 문화에 미적(美的) 동기를 구하는 관능주의를 이르던 말. 퇴폐주의.

데카르 (decare) [의명] 1 아르의 10 배에 해당하는 넓이의 단위.

데카-리터 (decaliter) [의명] 1 리터의 10 배가 되는 부피의 단위《기호 : dal》.

데카-미터 (decameter) [의명] 1 미터의 10 배가 되는 길이의 단위《기호 : dam》.

데칼린 (Decalin) [명] 〖화〗 나프탈렌에 수소를 작용시켜 만드는 무색의 액체《용제(溶劑)·발동기의 연료 등으로 씀》.

데칼코마니 (프 décalcomanie) [명] 〖미술〗 초현실주의 회화 기법의 하나. 종이 위에다 물감을 두껍게 칠하고 그 위에 종이를 덮어 찍거나 반으로 접어 눌렀다가 폈을 때 나타나는 대칭적·환상적 효과를 이용한 표현 방법.

데크레셴도 (이 decrescendo) [명] 〖악〗 **1** 점점 여리어지는 음. 또는 그런 음절. **2** '점점 여리게' 의 뜻《기호 : ＞; 약호 : dec., decresc.》. ↔크레셴도(crescendo).

데타셰 (프 détaché) [명] 〖악〗 바이올린·비올라 따위의 현악기에서, 활을 현에서 떼지 않고 음절(音節)을 분리하여 연주하는 일. 분리음(分離音).

데탕트 (프 détente) [명] 〖정〗 긴장 완화. 특히 국제 관계에서의 긴장 완화.

데퉁-맞다 [-맏따] [형] 매우 데퉁스럽다.

데퉁-바리 [명] 데퉁스러운 사람.

데퉁-스럽다 [-따] [-스러워, -스러우니] [형][ㅂ] 말과 행동이 거칠고 엉뚱하며 미련한 데가 있다. ❏묻는 말에 데퉁스럽게 대꾸하다. **데퉁-스레** [부]

데퉁-하다 [형][여] 말과 행동이 거칠고 엉뚱하며 미련하다.

데티다 [타] 〈옛〉 데치다.

데포르마시옹 (프 déformation) [명] 회화나 조각 따위에서, 대상을 의식적으로 확대하거나 변형시켜 묘사함으로써 오히려 작품의 본질을 명확히 하거나 미적 효과를 올리려는 표현 기법.

데포르메 (프 déformer) [명] 어떤 대상의 형태가 달라지는 일. 또는 달라지게 하는 일.

데포-제 (depot劑) [명] 약효를 오랫동안 지속시키기 위한 주사제.

덱 (deck) [명] **1** 갑판. **2** 기차나 전차의 바닥 또는 승강구의 발판. **3** 〖컴〗 주어진 작업이나 목적을 위해서 천공한 카드의 한 묶음.

덱-데구루루 [-떼-] [부] **1** 크고 단단한 물건이 단단한 바닥에 부딪치면서 빨리 굴러 가는 소리. 또는 그 모양. **2** 천둥이 먼 곳에서 갑자기 세게 울리는 소리. [작]댁대구루루. [센]떽데구루루.

덱데굴-덱데굴 [-떼-떼-] [부][하자] 크고 단단한 물건이 단단한 바닥에 잇따라 부딪쳐 튀면서 굴러 가는 소리. 또는 그 모양. [작]댁대굴댁대굴. [센]떽데굴떽데굴.

덱스트린 (dextrin) [명] 〖화〗 녹말을 산·열 또는 효소를 써서 가수 분해 할 때 맥아당이나 포도당이 되지 못한 갖가지 중간 생성물을 통틀어 이르는 말《보통, 백색 또는 황색의 가루로 아라비아고무의 대용으로 쓰거나 인지·우표 등을 붙이는 데 씀》. 호정(糊精).

덴:-가슴 [명] 몹쓸 재난을 겪고 잊혀지지 않아 사소한 일에도 항상 놀라는 심정.

덴겁-하다 [-거파-] [자][여] 뜻밖의 일로 놀라 몹시 허둥지둥하다.

덴덕-스럽다 [-쓰-따] [-스러워, -스러우니] [형][ㅂ] 좀 더러운 생각이 들어 마음이 개운하지 못하다. **덴덕-스레** [-쓰-] [부]

덴덕지근-하다 [-찌-] [형][여] 매우 덴덕스럽다.

덴:-둥이 [명] **1** 불에 데어서 얼굴이나 몸에 상처가 많이 난 사람을 낮잡아 이르는 말. **2** 미운 사람을 욕으로 이르는 말.

덴-바람 [명] 된바람1.

델리카토 (이 delicato) [명] 〖악〗 '섬세하고 아름다운 기분으로' 의 뜻.

델린저 현:상 (Dellinger現象) 〖물〗 27일 또는 54일을 주기로 10분 내지 수십 분 동안 급격히 일어나는 단파 통신의 장애 현상.

델타 (그 Δ, δ) [명] 그리스 문자의 넷째 자모.

델타 (delta) [명] 〖지〗 삼각주(三角洲).

델타 변:조 (delta變調) 펄스 변조의 하나. 전파의 진폭을 아주 적은 일정값으로 증감시킬 때 나타나는 양(+) 또는 음(−)의 펄스를 이용하여 데이터 신호·음성 신호·영상 신호 따위를 부호화하는 방법.

델타-선 (delta線) [명] 〖물〗 전기를 띤 입자가 빠른 속도로 물질을 통과하면서 이온화 작용을 할 때 만들어지는 2차 전자선 가운데 운동 에너지가 큰 전자선.

델타 함:수 (delta函數) [-쑤] 〖수〗 수학의 적분 함수의 한 가지. 변수나 함수의 변량을 나타냄《영국의 이론 물리학자 디랙이 도입》.

뎀뿌라 (일 てんぷら) [명] 튀김¹.

뎅 [부] 큰 종이나 쇠붙이로 된 큰 그릇 따위를 칠 때 무겁게 울리어 나는 소리. [작]댕. [센]뗑.

뎅걸-뎅걸 [부][하자] 벽이나 문을 사이에 두고 들리는 여러 사람의 떠드는 소리. 또는 그 모양.

뎅겅 [부][하자타] **1** 큰 물방울이 쇠붙이 따위에 떨어지는 소리. [작]댕강. [센]뗑겅. **2** 좀 굵거나 큰 것이 여지없이 부러지거나 잘리어 나가는 소리.

뎅겅-거리다 [자타] 뎅겅 소리가 자꾸 나다. 또는 그런 소리를 자꾸 내다. [작]댕강거리다. [센]뗑겅거리다. **뎅겅-뎅겅** [부][하자타]

뎅겅-대다 [자타] 뎅겅거리다.

뎅그렁 [부][하자타] 큰 방울이나 풍경 따위가 흔들리거나 부딪칠 때 나는 소리. [작]댕그랑. [센]뗑그렁.

뎅그렁-거리다 [자타] 잇따라 뎅그렁 소리가 나다. 또는 그런 소리를 잇따라 내다. [작]댕그랑거리다. [센]뗑그렁거리다. **뎅그렁-뎅그렁** [부][하자타]

뎅그렁-대다 [자타] 뎅그렁거리다.

뎅글-뎅글 [부][하형] 책을 줄줄 막힘 없이 잘 읽는 소리. 또는 그 모양. [작]댕글댕글.

뎅뎅 [부][하자타] 큰 종이나 쇠붙이로 된 그릇을 잇따라 두드릴 때 나는 소리. ❏수업을 알리는 종소리가 ～ 울렸다. [작]댕댕. [센]뗑뗑.

뎅뎅-거리다 [자타] 자꾸 뎅뎅 소리가 나다. 또는 그런 소리를 자꾸 내다. [작]댕댕거리다. [센]뗑뗑거리다.

뎅뎅-대다 재타 뎅뎅거리다.

더¹ 〈옛〉저¹.

더² 인대 〈옛〉저².

더고리 명 〈옛〉딱따구리.

더기 명 제기.

더러ᄒᆞ다 형 〈옛〉저러하다.

더르다 형 〈옛〉짧다.

더링공 무 〈옛〉저렇게.

더피 명 〈옛〉접대.

덜 명 〈옛〉절.

뎝대 명 〈옛〉전동(箭筒).

뎝시 명 〈옛〉접시.

덩 조 〈옛〉이연정. 이지마는. 이나.

덩바기 명 〈옛〉정수리. 꼭대기.

뎨¹ 〈옛〉저 사람. 제가.

뎨² 지대 〈옛〉저기.

도¹ 명 〔민〕 윷놀이에서의 한 끗. 윷가락을 던 져서 네 짝 중에서 한 짝만 잦혀진 것을 이르 는 말. ▢~가 나오다.

도(度) 명 **1** 어떠한 정도나 한도. ▢~가 지 나친 행동 / 농담이 ~를 넘다. **2** 거듭되는 횟 수. ▢만남의 ~를 거듭할수록 정(情)도 깊어 간다. 의 ❑의 **1** 각도의 단위. 직각의 90분의 1. **2** 온도의 단위. ▢섭씨 100~. **3** 횟수를 세 는 단위. ▢2~ 인쇄. **4** 〔지〕지구의 경도나 위도를 나타내는 단위. ▢동경 125~ 북위 37~. **5** 〔악〕음정(音程)을 나타내는 단위.

도:¹(道) 명 **1** 마땅히 지켜야 할 도리(道理). ▢~에 어긋난 행동은 삼가야 한다. **2** 종교적 으로 깊이 깨달은 이치. 또는 그런 경지. ▢ ~를 깨치다. **3** 무술이나 기예 따위를 행하는 방법. ▢검술에~ 가 트이다.

도:²(道) 명 **1** 우리나라 지방 행정 구역의 하 나. **2** 도청(道廳).

도(이 do) 명 〔악〕장음계의 첫째 음이나 단음 계의 셋째 음의 계이름.

도² 조 보조사의 하나. **1** 이미 어떤 것이 포함 되고 그 외에 더함의 뜻을 나타냄. ▢철수~ 좋은 아이다 / 너~ 함께 가자 / 나~ 배가 고 프다. **2** 놀라움이나 감탄, 실망 따위의 뜻을 나타냄. ▢좋기는, 재미~ 없었는걸 / 참외가 많기~ 하다 / 달~ 밝구나. **3** 두 가지 이상의 사물·사실을 아우르거나 열거할 때에 씀. ▢ 너~ 나~ 공부하자 / 즐기~ 하고 배~ 고프 다. **4** 보통 이하 또는 예상 이하의 뜻을 나타 냄. ▢그 사람은 집~ 없소. **5** 보통 이상 또 는 예상 이상의 뜻을 나타냄. ▢천 명~ 더 된다. **6** 특정한 사물을 들어 그것과 유사한 사물이 다른 데도 있음을 암시할 때 씀. ▢오 늘~ 춥다 / 여기~ 좋군. **7** 양보의 뜻을 나타 냄. ▢삼등차~ 좋소 / 오늘 안 되면 내일~ 괜찮다.

도-(都) 명 '우두머리'의 뜻. ▢~편수 / ~목 수 / ~원수.

-도(度) 미 어떤 해의 뒤에 붙어 그 해의 연도 를 표시하는 말. ▢2000년~ / ~말.

-도(徒) 미 일부 명사 뒤에 붙어, '사람·무리' 의 뜻. ▢법학~ / 화랑~.

-도(島) 미 '섬'의 뜻. ▢제주~ / 강화~.

-도(圖) 미 '그림·도형'의 뜻. ▢미인~ / 산수 ~ / 설계~.

도가(都家) 명 **1** 같은 장사를 하는 상인들이 모여 계(契)나 장사에 대한 의논을 하는 집. **2** 세물전(貰物廛). **3** 도매상. ▢술~.

도가(棹歌) 명 뱃노래.

도:가(道家) 명 **1** 중국 선진(先秦) 때, 노자와

장자의 허무·무위(無爲)의 설을 따르던 학자 를 통틀어 이르는 말. 도문(道門). **2** '도가자 류(道者者流)'의 준말.

도(道歌) 명 **1** 도덕과 훈계의 뜻이 담긴 교 훈적인 짧은 노래. **2** 시천교(侍天教)에서, 의 식(儀式) 때 부르는 노래.

도:가(導駕) 명 〔역〕임금이 거둥할 때 길을 쓸고 황토(黃土)를 깔던 일.

도가(가) **뜨다** 구 도가를 하려고 벼슬아치가 나오다.

도가니 명 **1** 〔공〕쇠붙이를 녹이는 그릇(단단 한 흙이나 흑연 따위로 고아서 우묵하게 만 듦). 감과(坩堝). **2** 여러 사람의 감정이 아주 흥분하거나 긴장된 상태를 비유적으로 이르 는 말. ▢흥분의 ~에 빠지다 / 불안과 공포 의 ~로 몰아넣다. **3** '무릎도가니'의 준말. **4** 소의 볼기에 붙은 고기.

도가니-탕(-湯) 명 소의 무릎도가니와 양지머 리를 함께 넣고 푹 끓인 국.

도가-머리 명 **1** 〔조〕새의 머리에 길고 더부룩 하게 난 털. 또는 그런 털을 가진 새. 관모 (冠毛). **2** 머리털이 차분히 가라앉지 않고 부 스스 일어선 것을 놀림으로 이르는 말.

도:가자-류(道家者流) 명 도교를 믿고, 그 도 닦는 사람. 준도가·도류.

도:각(倒閣) 명하자 반대파가 들고일어나 집권 내각(內閣)을 넘어뜨리는 일. ▢~ 운동을 벌 이다.

도감(島監) 명 〔역〕대한 제국 때, 울릉도를 다스리던 벼슬. 또는 그 벼슬아치.

도감(都監) 명 **1** 〔역〕국장(國葬)·국혼(國婚) 따위의 일이 있을 때 설치하던 임시 관아. **2** 〔불〕절에서 돈·곡식 등을 맡아보는 직책. 또 는 그 사람.

도감(圖鑑) 명 비슷한 사물의 차이를 한눈에 식별할 수 있도록 사진·그림을 모아서 설명 한 책. 도보. 준도류.

도-감고(都監考) 명 〔역〕**1** 감고(監考)의 우두 머리. **2** 말감고의 우두머리.

도-감관(都監官) 명 〔역〕조선 때, 궁방전(宮 房田)에서 곡식을 거두어들이는 일을 감독하 던 서리(胥吏)의 우두머리.

도감 당상(都監堂上) 〔역〕도감의 일을 지휘 하고 감독하던 벼슬. 또는 그 벼슬아치.

도-감사(都監寺) 명 〔불〕선사(禪寺)에서 절의 모든 사무를 감독하는 사람. 도사(都寺).

도감 포:수(都監砲手) 〔역〕조선 때, 훈련도 감(訓練都監)에 딸린 포수.

[도감 포수의 오줌 짐작이라] 분명치 않은 일을 짐작으로 믿고 한다는 뜻으로, 낭패 하기 쉽다는 말.

도갓-집(都家-)[-가찝 / -간찝] 명 **1** 도가로 삼은 집. **2** 말을 만들어서 도매하는 집.

[도갓집 강아지 같다] 사람을 많이 치러 봐 서 온갖 일에 눈치가 썩 빠르다.

도강(渡江) 명하자 강을 건넘. 도하(渡河).

도강(盜講) 명하자 정식으로 수강 신청을 하지 않고 강의를 몰래 강의듣는 일.

도강(都講) 명하자타 **1** 글방에서, 여러 날 동 안 배운 글을 훈장 앞에서 한꺼번에 외던 일. **2** 군사(軍事)를 강습(講習)함.

도강-선(渡江船) 명 강을 건너는 데 이용하는 나룻배.

도강 작전(渡江作戰)[-쩐] 〔군〕도하(渡河) 작전.

도개 명 〔공〕질그릇 등을 만들 때, 그 그릇의 속을 두드려서 매만지는 데 쓰는 조그마한 방망이.

도개-교 (跳開橋) 명 큰 배가 다리 밑으로 지나갈 수 있도록 다리의 한쪽 또는 양쪽이 위로 들리게 만든 다리.
도갱이 명 짚신이나 미투리의 뒤축에서 돌기총까지 건너간 줄.
도거 (逃去) 명하자 도망하여 물러감.
도거리 명 **1** 따로따로 나누지 아니하고 한데 합쳐 몰아치는 일. ❏일을 ~로 맡다. **2** 되사거나 되팔지 않기로 약속하고 물건을 사고파는 일. ❏물건을 ~로 흥정하다.
도검 (刀劍) 명 칼이나 검을 아울러 이르는 말.
도결 (都結) 명 〔역〕 조선 후기에, 고을 아전이 공전(公錢)이나 군포(軍布)를 축내고 그것을 메우기 위하여 결세(結稅)를 올려 받던 일.
도:경 (道經) 명 도교(道敎)의 경전.
도:경 (道警) 명 각 도에 둔 지방 경찰청.
도경 (圖經) 명 산수의 지세(地勢)를 그림으로 그려 설명한 책.
도:계 (到界)[-/-게] 명하자 〔역〕 조선 때, 감사(監司)가 임지에 부임하던 일.
도:계 (道界)[-/-게] 명 도와 도의 경계.
도:계 (道啓)[-/-게] 명 〔역〕 각 도의 감사(監司)가 임금에게 아뢰어 바치던 글.
도고 (都庫·都賈) 명하타 물건을 도거리로 맡아서 파는 일. 또는 그렇게 하는 개인이나 조직.
도고지 명 심고가 닿는 활의 양 끝 부분.
도:고-하다 (道高-) 형여 **1** 도덕이 높다. **2** 스스로 도덕이 높은 체하여 뽐내다.
도곤 조 〈옛〉 보다도.
도공 (刀工) 명 칼을 만드는 사람. 도장(刀匠).
도공 (陶工) 명 옹기장이.
도공 (圖工) 명 **1** 그림 그리기와 물건 만들기를 아울러 이르는 말. **2** 화공(畵工). **3** 제도공(製圖工).
도:과 (倒戈) 명하자 창을 거꾸로 한다는 뜻으로, 자기편 군사가 반란을 일으켜 적과 내통함을 일컫는 말.
도:과 (道科) 명 〔역〕 조선 때, 각 도의 감사에게 명하여 그 도에서 보이던 과거. 도시(道試).
도관 명 〈옛〉 도가니1.
도관 (陶棺) 명 〔역〕 고대에 점토로 만들어 썼던 관(棺). 옹관. 와관(瓦棺).
도:관 (道冠) 명 도사(道士)가 쓰는 건(巾).
도:관 (道觀) 명 도교(道敎)의 사원(寺院).
도:관 (導管) 명 **1** 〔식〕 물관(管). **2** 액체나 증기 따위를 통하게 하는 관.
도광 (韜光) 명하자 **1** 빛을 감추어 밖으로 새어 나가지 않게 함. **2** 가지고 있는 재능이나 학식을 감추어 남에게 알리지 않음.
도광-지 (塗壙紙) 명 장사 지낼 때, 무덤 속의 네 벽에 대는 흰 종이.
도:괴 (倒壞) 명하자타 넘어지거나 무너짐. 또는 넘어뜨리거나 무너뜨림. 도궤. ❏부실 공사로 ~ 위험에 처한 교량.
도괴 (掉拐) 명 씨아손.
도:교 (道敎) 명 〔종〕 황제(黃帝)·노자(老子)를 교조로 하는 중국의 다신적 종교《자연과 신선 사상, 음양오행설 등이 중심이 됨》. 도학(道學). 현문(玄門).
도:구 (倒句)[-꾸] 명 〔문〕 뜻을 강조하기 위하여 어순(語順)을 뒤바꾸어 놓은 글귀《'가자, 집으로'·'나쁘다, 너는' 따위》.
도구 (渡口) 명 나루.
도:구 (道具) 명 **1** 일에 쓰는 여러 가지 연장. ❏가재 ~ / 취사 ~ / 청소 ~ / 세면 ~ / 인간은 ~를 사용하는 동물이다. **2** 어떤 목적을 이루기 위한 수단이나 방법. ❏출세의 ~로 삼다 / 문학을 정치의 ~로 이용하다. **3** 〔불〕 불도를 닦는 데 쓰는 기구《불상(佛像)·바리때 따위》.
도구 (搗臼) 명 절구.
도구 (賭具) 명 노름판에서 쓰는 물건《골패·화투·투전 따위》.
도:구-화 (道具化) 명하자타 도구가 됨. 또는 그렇게 함.
도국 명 〈옛〉 본. 모범.
도국 (島國) 명 섬나라.
도국 (都局) 명 〔민〕 음양가에서, 산에 둘러싸여서 이루어진 땅의 모양을 이르는 말.
도굴 (盜掘) 명하타 **1** 〔광〕 광업권이 없는 사람이 몰래 광물을 캐내는 일. **2** 고분 따위를 허가 없이 파헤쳐 유물을 훔치는 일. ❏많은 문화재들이 ~당하고 있다.
도굴-꾼 (盜掘-) 명 고분 따위를 몰래 파헤쳐 유물을 훔치는 일을 직업적으로 하는 사람.
도:궤 (倒潰) 명하자타 도괴.
도규 (刀圭) 명 **1** 예전에, 가루약을 뜨던 숟가락. **2** 의술(醫術).
도규-가 (刀圭家) 명 의술(醫術)에 능한 사람. 의사(醫師).
도규-계 (刀圭界)[-/-게] 명 의사들의 사회.
도규-술 (刀圭術) 명 의술(醫術).
도그르르 부 작고 무거운 것이 대번에 구르는 모양. ❏구슬이 ~ 구르다. 큰두그르르. 센또그르르.
도그마 (dogma) 명 **1** 독단(獨斷)2. **2** 〔종〕 교회에서 부동(不動)의 진리로 인정되는 교리(敎理)·교의(敎義)·교조(敎條) 따위를 통틀어 이르는 말.
도:극-경 (倒戟鯨)[-껑] 명 〔동〕 범고래.
도근-거리다 자타 매우 놀라거나 겁이 나서 가슴이 자꾸 뛰다. 큰두근거리다. **도근-도근** 부하자타
도근-대다 자타 도근거리다.
도근-점 (圖根點)[-쩜] 명 〔건〕 평판(平板) 측량의 기초가 되는 측점(測點).
도근 측량 (圖根測量)[-층냥] 도근점의 위치를 결정하기 위하여 하는 측량.
도글-도글 부 작고 단단한 물건이 자꾸 굴러가는 모양. 큰두글두글. 센또글또글.
도금 (淘金) 명하자 사금(沙金)을 일어서 금을 골라냄.
도:금 (鍍金) 명하자타 금·은·니켈·크롬·주석 등의 얇은 금속 막을 다른 쇠붙이에 입히는 일《녹스는 것을 막거나 장식을 위해서 함》. ❏은으로 ~한 숟가락.
도:금-액 (鍍金液) 명 전기 도금을 할 때 사용하는 금속 염류(金屬塩類)의 수용액.
도급 (都給) 명 어떤 공사의 완성 날짜·양·비용 따위를 미리 정하고 도맡거나 도맡아 하게 하는 일. ❏~을 맡다 / ~을 주다.
도급 계:약 (都給契約)[-꼐-/-께-] 일의 도급에 대해 맺는 계약. 청부 계약.
도급-금 (都給金)[-끔] 명 도급인이 주문자로부터 받는 돈. 청부금.
도급-기 (稻扱機)[-끼] 명 벼훑이.
도급-업 (都給業) 명 주업자로부터 어떤 일을 주문받아 하는 일. 청부업.
도급업-자 (都給業者)[-그법짜] 명 도급으로 일을 맡은 사람.
도급-인 (都給人) 명 도급을 주는 사람. 청부인.
도:기 (到記) 명 〔역〕 **1** 조선 때, 모임에 모인 사람의 이름을 적어 놓던 장부. **2** 조선 때, 성균관 유생의 출석을 보기 위하여 식당에

드나든 횟수를 적던 책.

도기(陶器)〖명〗〖공〗오지그릇.

도기(都妓)〖명〗〖역〗기생의 우두머리. 행수 기생(行首妓生).

도기(賭技)〖명〗〖하자〗노름.

도깨-그릇[-륻]〖명〗독·항아리·중두리 따위의 그릇을 통틀어 이르는 말. ⑥독그릇.

도깨비〖명〗동물이나 사람의 형상을 하고서 비상한 힘과 괴상한 재주를 가져 사람을 호리기도 하고 짓궂은 장난이나 험상궂은 짓을 많이 한다는 잡된 귀신. 망량.

[도깨비도 수풀이 있어야 모인다] 무슨 일이든 의지할 곳이 있어야 이루어진다는 뜻. [도깨비를 사귀었나] 까닭 모르게 재산이 부쩍부쩍 늘어감을 이르는 말. [도깨비 사건 셈이라] 귀찮게 늘 따라다님을 이르는 말. [도깨비 달밤에 춤추듯] 싱겁게 거드럭거리며 멋없게 구는 모양. [도깨비 대동강(大同江) 건너듯] 일의 진행이 눈에는 잘 안 띄나 그 결과가 빨리 나타남을 이르는 말. [도깨비 땅 마련하듯] 실속 없이 헛된 일만 하는 것을 이르는 말. [도깨비 수키왓장 뒤집] 쓸데없이 늘 이것저것 뒤지는 모양.

도깨비 살림〖귀〗있다가도 금방 없어지는 불안정한 살림살이를 이르는 말.

도깨비 장난 같다〖귀〗하는 짓이 분명하지 않아서 갈피를 잡을 수 없음을 이르는 말.

도깨비-놀음〖명〗갈피를 잡을 수 없도록 괴상하게 되어 가는 일.

도깨비-바늘〖명〗〖식〗국화과의 한해살이풀. 잎은 마주나며 깃 모양으로 갈라지고, 8-10월에 가지나 줄기 끝에 노란 꽃이 핌. 열매에 갈고리 같은 털이 있어 다른 물체에 잘 붙음. 귀침초(鬼針草).

도깨비-방망이〖명〗도깨비가 가지고 다닌다는 방망이. 이것을 두드리면 뭣이든지 원하는 것이 나온다고 함.

도깨비-불〖명〗어두운 밤에 묘지나 습지 또는 고목(古木) 등에서 인(燐)의 작용으로 번쩍거리는 푸른빛의 불빛. 귀린(鬼燐). 음화(陰火). 인화(燐火). ❷까닭 모르게 일어난 화재. 귀화(鬼火). 신화(神火).

도꼬마리〖명〗〖식〗국화과의 한해살이풀. 줄기 높이 1.5 m가량. 8-9월에 노란 꽃이 핌. 수과는 타원형이고 갈고리가 있어 다른 물체에 붙음《약재로 씀》. 창이(蒼耳).

도꼬마리-떡〖명〗도꼬마리 잎을 쌀가루에 섞어서 만든 시루떡. 창이병(蒼耳餠).

도꼬마리-벌레〖명〗〖충〗명충나방과의 곤충. 도꼬마리 줄기에 기생함《부스럼 치료에 씀》.

도-꼭지(都-)[-찌]〖명〗〈속〉어떤 방면에서 가장 으뜸이 되는 사람.

도:끼〖명〗나무를 찍거나 패는 연장의 하나《쐐기 모양의 큰 쇠 날의 머리 부분에 구멍을 뚫어 단단한 나무 자루를 박아 만듦》.

[도끼가 제 자루 못 찍는다] 제 허물을 제가 알아서 고치기는 어렵다. [도끼 가진 놈이 바늘 가진 놈을 못 당한다] 도끼같이 큰 무기를 가지고 있다고 하여 상대방의 사정을 봐주다가는 도리어 바늘 가진 사람에게 진다는 말. [도끼를 베고 잤나] 밤잠을 편히 못 자고 일찍 일어난 경우에 이르는 말.

도:끼-나물〖명〗절에서, 쇠고기 따위의 육류를 이르는 말.

도:끼-눈〖명〗분하거나 상대가 미워서 매섭게 쏘아보는 눈. ▢~을 뜨고 노려보다.

도:끼-벌레〖명〗〖충〗방아벌레.

도:끼-별〖건〗산판에서 도끼로 대강 다듬어 제재한 목재.

도:끼-질〖명〗〖하자〗도끼로 나무 따위를 찍거나 패는 일.

도:끼-집〖명〗연장을 제대로 쓰지 않고 거칠게 건목만 쳐서 지은 집.

도나-캐나〖귀〗❶무엇이나. ❷되는대로 마구. ▢~ 지껄이는 소리.

도난(盜難)〖명〗도둑을 맞는 재난. ▢~ 경보기 /~을 당하다.

도남(圖南)〖명〗붕새가 남쪽을 향해 날개를 펴고 날아가려고 한다는 뜻으로, '웅대한 일을 꾀함'을 비유적으로 이르는 말.

도남의 날개〖귀〗어느 곳에 가서 큰 사업을 해 보겠다는 계획.

도:내(道內)〖명〗한 도(道)의 구역 안.

도:-내기〖건〗❶창틀 위쪽의 홈통을 창짝 넣이보다 더 깊이 파낸 고랑《창을 끼우거나 빼낼 때 쉽게 하기 위해 만듦》. ❷중방 따위를 드릴 때, 기둥 한쪽에 중방 운두보다 훨씬 깊게 파낸 골구멍.

도넛(doughnut)〖명〗밀가루·베이킹파우더·설탕·달걀 따위를 섞은 반죽으로 둥글거나 고리 모양으로 만들어 기름에 튀긴 서양 과자.

도넛-판(doughnut板)〖명〗지름이 7인치가량 되는 음반. 흔히, 1분간 45회전함《현재는 생산되지 않음》. 이피판(EP盤).

도넛 현:상(doughnut現象) 도시 중심부의 땅값이 높아 거주하는 사람이 적어지는 반면, 도시 주변의 인구가 크게 늘어나는 현상.

도:념(道念)〖명〗❶도덕적인 관념. ❷도를 배우려는 마음.

도:뇨(導尿)〖명〗〖하자〗〖의〗방광 속에 괴어 있는 오줌을 카테터(Katheter)로 뽑아내는 일.

도-능득(徒能讀)〖명〗〖하타〗글의 뜻은 잘 모르고 무작정 읽기만 잘함.

도니다〖자〗〈옛〉돌아다니다.

도닉(逃匿)〖명〗〖하자〗도망쳐서 숨음.

도:-닐다〖도닐어, 도니니, 도니는〗〖자〗가장자리를 빙빙 돌아다니다.

-도다〖어미〗〈옛〉-구나.

도:다녀-가다〖자〗〖거란〗왔다가 지체 없이 돌아가다.

도:다녀-오다〖자〗〖너란〗갔다가 지체 없이 돌아오다.

도다리〖명〗〖어〗가자밋과의 바닷물고기. 몸은 납작하고 마름모꼴인데, 길이는 약 30cm, 두 눈은 몸의 오른쪽에 모여 있고 입이 작음. 황갈색과 암갈색의 무늬가 산재함.

도닥-거리다[-꺼-]〖타〗잘 울리지 않는 물체를 가볍게 두드리는 소리를 잇따라 내다. ▢ 할머니께서 귀엽다며 내 등을 도닥거려 주셨다. **도닥-도닥**[-또-]〖부하타〗

도닥-대다[-깨-]〖타〗도닥거리다.

도:달(到達)〖명〗〖하자〗목표로 정한 곳이나 어떤 수준에 이르러 다다름.

도:달(導達)〖명〗윗사람이 모르는 사정을 아랫사람이 때때로 넌지시 알려 줌.

도:달-점(到達點)[-쩜]〖명〗도착한 지점이나 최후에 다다른 결과.

도:달-주의(到達主義)[-/-이]〖명〗〖법〗민법에서, 의사 표시가 상대방에게 도달되었을 때 그 효력이 발생한다는 주의. 수신주의. ↔발신(發信)주의.

도담-도담〖부〗어린애가 아무 탈 없이 잘 자라는 모양.

도담-스럽다[-따]〖-스러워, -스러우니〗〖형하〗

도담한 데가 있다. **도담-스레** 閉

도담-하다 閉어 탐스럽고 야무지다.

도당(徒黨) 떼를 지어 일을 꾸미는 무리를 얕잡아 이르는 말. ▷반역 ~을 소탕하다.

도당(都堂) **1**《역》 조선 때, '의정부(議政府)'를 달리 이르던 말. **2**《민》 마을의 수호신을 모시고 제사 지내는 당.

도당-굿(都堂-)[-꿋] 圀《민》 동네 사람들이 도당에 모여 복을 비는 굿. ㉿당굿.

도당-록(都堂錄)[-녹] 圀《역》 홍문관에서 교리(校理)나 수찬(修撰)을 임명할 때, 부제학 이하의 관리가 후보자를 골라 올린 명단에 영의정 등이 다시 적격자를 골라 권점(圈點)을 찍어 임금에게 올리던 기록.

도-대체(都大體) 閉 '대체'보다 더욱 힘을 주어 강조하는 말. 대관절. ▷~ 어떻게 된 셈이냐.

도:덕(道德) 圀 **1** 인륜의 대도(大道). 인간으로서 마땅히 지켜야 할 도리 및 그에 맞는 행위. ▷교통 ~을 잘 지키자. **2** 도(道)와 덕(德)을 설파한 데서, 노자의 가르침을 일컫는 말.

도:덕-가(道德歌)[-까] 圀 조선 중종 때, 주세붕(周世鵬)이 지은, 교훈이 담긴 시가.

도:덕-계(道德界)[-계 / -꼐] 圀《윤》 도덕률(道德律)이 완전히 실현된 세계.

도:덕 과학(道德科學)[-꽈-] 圀 도덕과 관련된 사실을 사회적 사실과 관련시켜 해명하려는 학문(프랑스의 사회학자인 레비브륄(Lévy-Bruhl)이 주창한 것임).

도:덕-관(道德觀)[-꽌] 圀 도덕에 관한 관점이나 입장.

도:덕-관념(道德觀念)[-꽌-] 圀 도덕에 관한 관념이나 생각. ▷~이 투철한 사람.

도:덕 관세(道德關稅)[-꽌-] 《경》 사치품의 수입을 억제하기 위해 높은 세율을 부과하는 관세.

도:덕 교:육(道德敎育)[-꾜-] 圀 도덕적인 품성을 기르기 위한 교육. 사회에서 이상(理想)으로 여기는 규범에 적응할 수 있도록 훈련·지도함.

도:덕-군자(道德君子)[-꾼-] 圀 도학군자.

도:덕-률(道德律)[-뉼] 圀《윤》 도덕적 행위의 규준(規準)이 되는 법칙. 도덕법.

도:덕-법(道德法)[-뻡] 圀《윤》 도덕률.

도:덕 사회학(道德社會學)[-싸-] 圀 도덕 현상을 사회학적인 사실로 연구하는 학문.

도:덕-성(道德性)[-썽] 圀 **1** 도덕적인 품성. ▷~이 문란한 사회. **2** 칸트의 윤리학에서, 도덕률에 대한 존경심을 가지고 의무적으로 이루어진 행위가 가진 가치.

도:덕-심(道德心)[-씸] 圀 **1** 도덕을 중요하게 여겨 지키고 받들어 행하려는 마음. **2** 선악·정사(正邪)를 판별하여 선을 행하려는 마음.

도:덕 원리(道德原理)[-궐-] 圀《철》 도덕과 관련된 행위를 규제하는 최고의 근본 원리.

도:덕 의:무(道德義務)[-더긔- / -더기-] 《윤》 도덕 현상에 관해 선악·정사(正邪)를 분별하고, 정선(正善)을 행하여야 할 의무.

도:덕-의식(道德意識)[-더긔- / -더기-] 《윤》 도덕 현상에 대해 선악·정사(正邪)를 분별하고, 정선(正善)을 지향하며 사악을 멀리하려는 의식.

도:덕 재:무장 운:동(道德再武裝運動)[-째-]《사》 엠아르에이(MRA) 운동.

도:덕-적(道德的)[-쩍] 圀 도덕에 의하여 사물을 판단하려고 하는 (것). 또는 도덕에 적합한 (것). ▷~으로 가치 있는 행동.

도:덕 철학(道德哲學)《철》 도덕의 근본 원리

를 연구하는 철학.

도도다 탄《옛》 돋우다.

도로록-도로록[-또로-] 閉ㅎ형 여럿이 모두 가운데가 조금 솟아서 볼록한 모양. ㉿두두룩두두룩. ㉿도록도록.

도로록-이 閉 도로록하게. ㉿도독이.

도로록-하다[-로카-] 閉어 가운데가 조금 솟아 볼록하다. ㉿두두룩하다. ㉿도독하다.

도:도-하다 閉어 잘난 체하여 주제넘게 거만하다. ▷도도하게 굴다. **도:도-히** 閉

도도-하다(陶陶-) 閉어 매우 화락하다. ▷취흥(醉興)이 ~. **도도-히** 閉

도도-하다(滔滔-) 閉어 **1** 물이 그들먹하게 퍼져 흐르는 모양이 힘차다. ▷도도하게 흘러가는 강물. **2** 말하는 모양이 거침없다. ▷도도하게 웅변을 토하다. **3** 벅찬 감정이나 주흥 따위를 막을 길이 없다. ▷주흥이 도도해지다. **도도-히** 閉

도독(荼毒) 圀 **1** 씀바귀의 독. **2** 심한 해독.

도독(都督) 圀《역》 통일 신라 때, 각 주(州)를 다스리던 으뜸 벼슬.

도독(盜讀) 圀ㅎ탄 남의 것을 몰래 훔쳐 읽음. ▷친구의 일기를 ~하다.

도독-이 閉 '도로록이'의 준말.

도독-도독[-또-] 閉ㅎ형 '도로록도로록'의 준말.

도독-하다[-도카-] 閉어 **1** 조금 두껍다. ▷도독한 입술. **2** '도로록하다'의 준말. ▷주머니가 ~. ㉿두둑하다.

도돌이-표(-標) 圀《악》 마침마디줄에 2개의 점을 찍은 표. 악곡의 어느 부분을 되풀이하여 연주하거나 노래하라는 뜻(‖, ‖, D.C., D.S. 따위). 리피트. 반복 기호.

도두(渡頭) 圀 나루.

도두 閉 위로 돋우어 높게. ▷담을 ~ 쌓다 / 뜰에 어린나무를 ~ 심다.

도두-뛰다 짠 힘껏 높이 뛰다. ▷두 발로 ~.

도-령령(都領領) 圀 도령 가운데의 우두머리.

도두-보다 탄 실상보다 더 좋게 보다. ▷자기 것은 도두보는 것이 인간의 심리다. ↔낮추보다.

도두-보이다 짠 도두보게 되다. ▷남의 것은 도두보이는 법이다. ㉿도두뵈다·돋보이다·돋뵈다.

도두-뵈다 짠 '도두보이다'의 준말.

도두-치다 탄 실제보다 더 많게 셈을 치다.

도둑 圀 남의 것을 훔치거나 빼앗는 짓. 또는 그런 짓을 하는 사람. 도적. ▷대낮에 ~이 들다 / ~을 맞다 / ~이 담을 넘어 들어오다 / ~을 잡다.

[도둑을 맞으려면 개도 안 짖는다] 운수가 나쁘면 될 일도 안 된다 [도둑의 씨가 따로 없다] 본디부터 타고난 도둑은 없다. [도둑이 제 발 저리다] 죄를 지으면 마음이 조마조마하다.

도둑-고양이[-꼬-] 圀 주인 없이 아무 데나 돌아다니며 몰래 음식을 훔쳐 먹는 고양이. ▷~한테 생선을 맡기는 꼴이다.

도둑-글[-끌] 圀 남이 배우는 옆에서 몰래 듣고 배우는 글. ▷가난하여 ~로 글을 깨치다.

도둑-놈[-동] 圀 '도둑'의 낮춤말.

[도둑놈 개 꾸짖듯] 남이 알까 두려워서 입속으로 중얼거림을 이르는 말. [도둑놈 개에게 물린 셈] 자기의 잘못 때문에 봉변을 당하여도 아무 말도 못함. [도둑놈 딱장 받듯] 남을 몹시 윽대김을 이르는 말. [도둑놈 소 몰

듯] 당황하여 황급히 서두르는 모양.

도둑놈 볼기짝 같다 句 매 맞은 엉덩이처럼 얼굴이 시푸르죽죽한 사람을 이르는 말.

도둑놈 부싯돌만 한 놈 句 하잘것없는 놈이라고 얕잡아 이르는 말.

도둑-눈 [-둥-] 圀 밤에 사람이 모르는 사이에 내린 눈.

도둑-맞다 [-동맏따] 㢋 물건 따위를 도둑에게 잃거나 빼앗기다.

[도둑맞고 사립 고친다] 시기를 놓치고 때늦게 준비함을.

도둑-장가 [-짱-] 圀 남에게 알리지 않고 몰래 드는 장가.

도둑-질 [-찔] 圀㢋 남의 것을 훔치거나 빼앗는 짓. 도적질.

[도둑질을 해도 손발이 맞아야 한다] 무엇이든지 서로 뜻이 잘 맞아야 성취할 수 있다.

도둑질해 보다 句 남이 모르게 흘깃흘깃 훔쳐보다.

도둑-합례 (-合禮)[-두캄녜] 圀 어른들 모르게 저희끼리 지내는 합례.

도둔 (逃遁) 圀㢎 몰래 도망하여 숨음.

도둔부득 (逃遁不得) 圀 몰래 도망하여 숨어도 피할 길이 없음.

도드라-지다 ☐㢐 1 가운데가 조금 볼록하게 나와 있다. ☐도드라져 보이는 눈. 2 겉으로 드러나서 또렷하다. ☐그녀의 새까만 머리가 도드라져 보인다. ☐㢑㢐 1 도드록하게 내밀다. ☐도드라져 있는 입술. 2 겉으로 또렷하게 드러나다. ㉪두드러지다.

도-드리 圀〔악〕국악 장단의 한 가지. 6박 1장단인데, 한 장단을 둘로 치는 리듬과 셋으로 치는 리듬이 있다.

도드미 圀 구멍이 널찍한 체.

도득 (圖得) 圀㢑㢎 꾀하여 얻음.

도듬 圀〔건〕화류(樺榴) 같은 나무로 꾸민 벽장문 따위의 가장자리의 테두리.

도등 (挑燈) 圀㢑㢎 등잔의 심지를 돋우어 불을 더 밝게 함.

도-등 (導燈) 圀 항구나 좁은 수로에서 안전 항로를 표시하는 등.

도떼기-시장 (-市場) 圀 정상적 시장이 아닌 일정한 곳에서, 상품·중고품·고물 따위의 도산매·투매·비밀 거래가 이루어지는 질서가 없고 시끌벅적한 시장. ☐~처럼 혼잡하다 / ~은 새벽부터 붐빈다.

도-뜨다 [도뜨, 도뜨니] 㢐 말과 행동이 어른스럽다. ☐동생은 나보다 도떠서 은근히 미워진다 / 그 애는 나이에 비해 ~.

도라지 圀〔식〕초롱꽃과의 여러해살이풀. 산야에 나는데, 높이는 60~100cm, 잎은 긴 달걀꼴임. 7~8월에 종 모양의 흰색이나 하늘색 꽃이 핌. 뿌리는 먹기도 하고 한방에서 거담이나 진해의 약재로도 씀. ㉪도랏.

도-락 (道樂) 圀 1 도(道)를 깨달아 스스로 즐기는 일. 2 재미나 취미로 하는 일. 3 술·여자·도박 같은 유흥에 취하여 빠지는 일. ☐~을 일삼아 가산을 탕진했다. 4 색다른 것을 좋아하는 일.

도란 (독 Dohran) 圀 무대 화장용으로 사용하는 기름기 있는 분(粉).

도란-거리다 圀 여럿이 나직한 목소리로 서로 정답게 이야기하다. ㉪두런거리다. **도란-도란** 㢎㢎.

도란-대다 㢐 도란거리다.

도:란-형 (倒卵形) 圀 달걀을 거꾸로 세운 모

양. 거꿀달걀꼴.

도랏 圀〈옛〉도라지.

도랑 圀 폭이 좁은 작은 개울. ☐~을 건너다 / ~을 치다 / ~에서 가재를 잡다.

[도랑에 든 소] 도랑 양편의 풀을 다 먹을 수 있는 소라는 뜻으로, 풍족한 형편에 놓인 사람을 일컫는 말. [도랑 치고 가재 잡는다] ㉠일의 순서가 뒤바뀌어 애쓴 보람이 나타나지 않다. ㉡한 번의 노력으로 두 가지 소득을 본다는 말.

도랑도랑-하다 㢐㢐 말이나 행동 등이 아주 똑똑하고 거리낌이 없다. ㉪또랑또랑하다.

도랑방자-하다 (跳踉放态-) 㢐㢐 말이나 행동 등이 거리낌이 없고 제멋대로이다.

도랑이 圀 개의 살가죽에 생기는 옴과 비슷한 피부병.

도랑-창 圀 지저분하고 더러운 물이 흐르는 도랑. ☐~에서 악취가 난다. ㉪도둑창.

도랑-치마 圀 무릎이 드러날 만큼 짧은 치마.

도랒 [-랃] 圀〔식〕'도라지'의 준말. ☐~나물 / ~생채.

도래¹ 圀 1 문이 저절로 열리지 않도록 하는 데 쓰는 갸름한 나뭇개비로 만든 메뚜기. 2 마소의 고삐가 자유로이 돌 수 있도록 하기 위해, 굴레 또는 목사리와 고삐 사이에 쇠나 나무로 만들어 단 고리 비슷한 물건. 3 '낚시도래'의 준말. 4 '도래걸쇠'의 준말.

도래² 圀 둥근 물건의 둘레.

도:래 (到來) 圀㢎 어떤 시기나 기회가 닥쳐 옴. ☐새 시대의 ~ / 정보화 시대가 ~하다.

도래 (渡來) 圀㢎 1 물을 건너서 옴. 2 외국에서 건너옴. ☐중국 문물의 ~.

도래-걷이 [-거지] 圀㢎 〔건〕기둥에 짜여지는 보 어깨의 안통을 옴파서 기둥을 휩싸면서 하는 방식.

도래-걸쇠 [-쐬] 圀 〔건〕문기둥에 붙여 문이 열리지 않게 하는 쇠붙이. ㉪도자래.

도래-떡 圀 초례상(醮禮床)에 놓는 큼직하고 둥근 흰떡.

[도래떡이 안팎이 없다] 두루뭉술하여 어떻다고 판단을 내리기가 어렵다.

도래-매듭 圀㢑㢎 두 줄을 어긋매껴서 두 층으로 맺은 매듭.

도래-목정 [-쩡] 圀 소의 목덜미 위쪽에 붙은 몹시 질긴 고기.

도래-방석 (-方席) 圀 짚으로 둥글게 짠 방석. 주로 곡식을 널어 말리는 데 씀.

도래-샘 圀 빙 돌아서 흐르는 샘물. 도래샘물.

도래-솔 圀 무덤가에 죽 둘러선 소나무. ☐무덤둘이 ~에 둘려 있다.

도래-송곳 [-곧] 圀 1 붓두껍의 반쪽같이 반달 모양으로 생긴 송곳(이쪽저쪽에서 비틀면서 큰 구멍을 내는 데 씀). 2 나사송곳.

도래-인 (渡來人) 圀 바다를 건너 외부에서 들어온 사람.

도람직-하다 [-지카-] 㢐㢐 '도리암직하다'의 준말.

도:량 (度量) 圀㢑㢎 1 너그러운 마음과 깊은 생각. ☐~이 넓다. 2 길이를 재는 자와 양이 되는 되. 3 재거나 되거나 하여 사물의 양을 헤아림.

도량 (跳梁) 圀㢑㢎 거리낌 없이 함부로 날뛰어 다님. ☐도둑들이 ~하다.

도:량 (道場) 圀 〔불〕불도를 닦는 곳.

도:량-교주 (道場敎主) 圀 〔불〕'관세음보살'을 높여 일컫는 말.

도량-스럽다 (跳梁-)[-따][-스러워, -스러우니] 㢐㢑 함부로 날뛰어 버릇이 없는 데가 있

다. 도량-스레 🖫

도:량 창옷 (道場氅-)[-옫]〖불〗'두루마기'를 일컫는 말.

도:량-천수 (道場千手)〖불〗도량을 돌며 천수경(千手經)을 외는 일.

도:량-형 (度量衡)〖명〗자와 되와 저울의 총칭.

도:량형-기 (度量衡器)〖명〗길이·부피·무게를 재는 기구(자·되·저울 따위).

도:량형 원기 (度量衡原器) 도량형의 통일과 정확을 기하기 위하여 그 기본 단위의 기준으로서 제작하여 보존되는 기구. 미터 원기.

도려-내다 🗈 사물의 한 부분을 둥글게 베거나 잘라내다. ▯사과의 썩은 부분을 ~.

도려-빠지다 🗈 한 곳을 중심으로 그 근방이 도려낸 것처럼 빠져나가다. ⬀두려빠지다.

도:력 (道力)〖명〗도를 닦아서 얻은 힘. ▯~이 높은 승려.

도:련 〖명〗두루마기나 저고리 자락의 끝 둘레.

도:련 (刀鍊)〖명〗〖하타〗종이의 가장자리를 가지런히 베는 일. ▯~을 치다.

도련-님 〖명〗1 '도령'의 존칭. 2 결혼하지 않은 시동생을 높여 일컫는 말.

도련님 천량 🗊 아껴서 모은 오붓한 돈.

도:련-지 (搗鍊紙)〖명〗다듬이질을 하여 반드럽게 한 종이.

도:련-칼 (刀鍊)〖명〗도련 치는 데 쓰는 칼.

도련하다 〖형〗〈옛〉동그랗다.

도렷-도렷 [-럳또렫]〖부〗〖하형〗1 여럿이 다 도렷한 모양. 2 매우 도렷한 모양. ⬀두렷두렷. ⬀또렷또렷.

도렷-이 〖부〗도렷하게.

도렷-하다 [-려타-]〖형〗⒜ 엉클어지거나 흐리지 않고 낱낱이 분명하다. ▯지난 일을 도렷하게 기억하고 있다. ⬀두렷하다.

도:령[1] 〖명〗〖민〗무당이 지노귀를 할 때, 죽은 사람의 명복을 비느라고 문을 세우고 돌아다니는 의식. ▯~을 돌다.

도:령[2] 〖명〗총각을 대접하여 일컫는 말. ▯누구 집 ~인지 참 잘생겼다. 🖻주🖻 '도슁'으로 씀은 취음.

도령 (都令)〖역〗도승지(都承旨).

도:령-귀신 (-鬼神)〖명〗〖민〗총각으로 죽은 귀신. 몽달귀.

도:령-당혜 (-唐鞋)[- / -혜]〖명〗예전에, 나이가 좀 많은 사내아이들이 신던 가죽신.

도:령-차 (-車)〖명〗장기의 '졸(卒)'을 놀림조로 일컫는 말.

도로 (徒勞)〖명〗〖하자〗헛되이 수고함. 보람 없이 애씀. ▯~에 그치다.

도:로 (道路)〖명〗사람이나 차가 다닐 수 있도록 만든 좀 넓은 길. ▯유료 ~ / ~를 닦다 / ~를 넓히다 / ~가 뚫리다 / ~가 막히다.

도로 〖부〗1 향하던 쪽에서 거꾸로 향하여. ▯가던 길을 ~ 돌아오다. 2 또다시. ▯중단했던 일을 ~ 시작하다. 3 본디와 같이 다시. 먼저와 다름없이. ▯~ 제자리에 놓다.

도:로 경:주 (道路競走) 1 일반 도로에서 빨리 달리기를 겨루는 경기(경보·마라톤 따위). 2 자전거 경기의 한 가지(주로 포장된 도로에서 함).

도:로-교 (道路橋)〖명〗도로와 도로를 연결하기 위하여 놓은 다리.

도로래 〖명〗〈옛〉땅강아지.

도:로-망 (道路網)〖명〗그물과 같이 여러 갈래로 복잡하게 얽힌 도로의 체계. ▯~을 넓히다 / ~를 확충하다.

도로-무공 (徒勞無功)〖명〗〖하형〗헛되이 애만 쓰고 공을 들인 보람이 없음.

도로-무익 (徒勞無益)〖명〗〖하형〗헛되이 수고만 하고 아무런 이로움이 없음.

도:로-변 (道路邊)〖명〗도로의 양쪽 가. 길가. ▯~에 차를 대다.

도:로 원표 (道路元標) 도로 노선의 기점·종점 또는 경유지를 표시하는 표지.

도:로-율 (道路率)〖명〗도시나 일정 지역의 총면적에서 도로가 차지하는 비율.

도:로 표지 (道路標識) 원활한 교통 소통과 도로 사용자의 편의를 위하여 행정 구역 간의 경계, 목표지까지의 거리, 방향이나 방면의 가리킴, 시설물 안내 등을 알리는 표지. 교통 안전 표지. 도로 표지판. 가이드포스트.

도로혀다 🗈 〈옛〉돌이키다.

도록 (都錄)〖명〗사람이나 물건의 이름을 적은 목록.

도록 (盜錄)〖명〗〖하타〗남의 글이나 문헌을 허락 없이 그대로 따거나 훔쳐서 기록함.

도록 (圖錄)〖명〗1 자료로서의 그림·사진 등을 모은 책. 2 그림·사진 등을 곁들인 기록.

-도록 〖어미〗용언의 어간에 붙어, '-ㄹ 수 있게'·'-게 하기 위하여'·'-ㄹ 때까지' 등의 뜻을 나타내는 종속적 연결 어미. ▯늦~ 공부하다 / 내일 입~ 해 주시오 / 시험 기간에 늦지 않~ 특히 유의해라.

도론 (徒論)〖명〗쓸데없는 논쟁.

도롱-고리 〖명〗〖식〗여름에 익는 조의 하나(줄기와 열매가 희읍스름하고 까라기가 없음).

도롱뇽 〖명〗〖동〗도롱뇽과의 양서류. 몸길이가 15cm가량. 낙엽 밑이나 땅속에 살며 작은 벌레를 잡아먹음. 1-4월에 논·연못가의 풀밭에 나와 산란함. 산초어.

도롱이 〖명〗우장(雨裝)의 하나. 짚이나 띠 따위로 촘촘히 엮어, 흔히 농촌 사람들이 일할 때 허리나 어깨에 걸쳐 두름. 사의. 녹사의. ▯~를 쓰다.

도롱태[1] 〖명〗사람이 끌거나 밀도록 된 간단한 나무 수레.

도롱태[2] 〖명〗〖조〗새매.

도뢰 (圖賴)〖명〗〖하자〗잘못이나 일을 저지르고 그 허물을 남에게 덮어씌움.

도료 (塗料)〖명〗물체 겉에 발라 썩지 않게 하거나 아름답게 하는 재료(니스·페인트 따위). ▯방수 ~ / ~를 입히다 / ~를 칠하다 / 여기저기 ~가 벗겨지다.

도루 (盜壘)〖명〗〖하자〗야구에서, 주자가 수비수의 허점을 틈타 다음 누로 가는 일. 스틸(steal). ▯2루로 ~하다.

도루-마 (-麻)〖명〗중국에서 나던 베의 하나(여름 옷감으로 썼음).

도루-묵 〖명〗〖어〗도루묵과의 바닷물고기. 몸길이는 15-26cm로 넓적하며 입과 눈이 큼. 등은 황갈색, 배 쪽은 은백색으로, 비늘이 없음. 목어(木魚). 은어(銀魚). 환맥어(還麥魚).

도류 (徒流)〖명〗〖역〗도형(徒刑)과 유형(流刑)을 아울러 일컫던 말.

도:류 (道流)〖명〗'도가자류(道家者流)'의 준말.

도류-안 (徒流案)〖명〗〖역〗도형과 유형에 처할 사람들의 이름과 형량 따위를 적은 책.

도륙 (屠戮)〖명〗〖하타〗사람이나 짐승을 무참하게 마구 죽임. 도살(屠殺). ▯~을 내다 / ~이 나다.

도르다[1] [돌라, 도르니]🗈🖪 먹은 것을 게우다. 토하다. ▯뱃멀미로 먹은 것을 모두 ~.

도르다[2] [돌라, 도르니]🗈🖪 몫몫이 나누어 따로따로 보내 주다. ▯신문을 집집에 ~ / 돌

떡을 이웃에 ~.

도르다³〔돌라, 도르니〕**타르** 1 어떤 대상의 둘레를 빙 둘게 하다. 2 윗목에 병풍을 돌라 치다. 2 돈 따위를 변통하다. ◻친척끼리 돈을 돌라 쓰다. 3 그럴듯한 말로 사람을 속이다. ◻말을 이리저리 돌라서 ~. ⬭도르다.

도르래¹명 장난감의 하나〔얇고 갸름한 대쪽의 복판에 자루를 박아 두 손바닥으로 비비다가 날리거나, 붓두껍 같은 데 꽂고 자루에 실을 감아 양쪽으로 돌림〕.

도르래²명〖물〗홈을 판 바퀴 둘레에 줄을 걸어, 이것을 돌려서 물건을 움직이는 장치. 활차(滑車). ◻~로 두레박을 끌어 올리다.

도르르¹⬭ 말렸던 종이 따위가 풀렸다가 절로 다시 말리는 모양. ◻달력을 펴니 도로 ~ 말린다. ⬭두르르¹. ⬯또르르¹.

도르르²⬭ 작고 동그란 물건이 굴러 가며 가볍게 울리는 소리, 또는 그 모양. ◻구슬이 ~ 구르다. ⬭두르르². ⬯또르르².

도르리명하타 1 여러 사람이 차례로 돌려 가며 음식을 내어 함께 먹는 일. ◻오늘은 국수와 부침개 ~를 하다. 2 똑같게 나누어 주거나 고루 돌라 주는 일.

도리명〖건〗서까래를 받치기 위하여 기둥과 기둥 위에 건너지르는 나무.

도리(桃李)명 1 복숭아와 자두. 2 남이 천거한 어진 사람의 비유.

도:리(道里)명 이정(里程).

도:리(道理)명 1 사람이 마땅히 행하여야 할 바른 길. ◻~에 어긋나다 / ~를 지키다 / 자식 된 ~를 다하다. 2 방도(方道)와 길. ◻어찌할 ~가 없다 / 알 ~가 없다 / 살아갈 ~를 찾다.

도리(闍梨)명〖불〗1 승려에게 덕행을 가르치는 스승. 2 고려 때, 고귀한 집의 아들로서 승려가 된 아이를 대접하여 부르던 말.

도리-금(-金)명〖역〗조선 때, 정이품과 종이품 벼슬아치의 관모에 붙이던 금대자(金貫子). 환금(還金).

도리기명하타 여러 사람이 낸 돈으로 음식을 마련하여 나누어 먹는 일. ◻국수 ~ / 삼계탕 ~ / 술 ~.

도리깨명 1〖농〗곡식의 낟알을 떠는 데 쓰는 농구〔장대 끝에서 너 개의 휘추리를 꿰어 달아 휘돌려 가며 침〕. 연가(連枷). 2〖역〗'쇠도리깨'의 준말.

도리깨-꼭지[-찌]명 도리깻장부의 끝에 도리 깻열을 잡아매게 된 작은 나무 비녀.

도리깨-질명하타 도리깨로 곡식을 두드려 낟알을 떠는 일. ◻~로 콩을 털다.

도리깨-채명 도리깻장부.

도리깨-침명 너무 먹고 싶어서 저절로 삼켜지는 침. ◻꿀단지를 보고 ~을 삼키다.

도리깨-열[-깻녈]명〖농〗도리깻장부에 달려 곡식 이삭을 후려치는 휘추리. 자편(子鞭).

도리깻-장부[-깟짱-/-깻짱-]명 도리깨의 자루인 긴 막대기. 도리깨채.

도리다타 1 어떤 한 부분을 베어 내거나 파 내다. ◻사과의 상한 곳을 ~ / 가위로 종이를 ~. 2 글이나 장부의 어떤 줄에 꺾자를 쳐서 지워 버리다.

도리-도리〔말〕 1 어린아이가 머리를 좌우로 흔드는 동작. ◻~ 하며 깔깔 웃는다. 〔말감〕 어린아이에게 도리질을 시킬 때 쓰는 말. ◻~ 짝짜꿍.

도리-머리명하자 1 머리를 좌우로 흔들어 거

절이나 싫다는 뜻을 표하는 짓. ◻~를 치다 / ~를 흔들다. 2 도리질.

도리-목(-木)명 도리로 쓰는 재목.

도리반-거리다타 어리둥절하여 눈을 크게 뜨고 여기저기를 휘둘러보다. ⬭두리번거리다. **도리반-도리반**⬭타

도리반-대다타 도리반거리다.

도리-사(-紗)명 중국에서 생산되는 베의 하나. 도루마보다 올이 고움.

도리스-식(Doris式)명〖건〗도리스 사람들이 창시한 고대 그리스 건축 양식의 하나〔간소하나 장중미(莊重美)가 있고 기둥이 짧고 굵으며 만두 모양의 기둥머리 장식 따위가 그 특색임〕. 도리스 양식.

도리암직-하다[-지카-]형여 동그스름하고 나부죽한 얼굴에 키가 자그마하고 몸맵시가 있다. ⬯도리암직이. ◻되암직하다·되암직하다.

도리어⬭ 1 오히려. ◻빌기는커녕 ~ 손해만 봤다. 2 반대로. ◻죄지은 놈이 ~ 화를 낸다. 3 차라리. ◻~ 죽느니만 못하다. ⬯되레.

도리-옥(-玉)명〖역〗조선 때, 정일품 및 종일품 벼슬아치의 관모에 붙이던 옥관자(玉貫子). 환옥(環玉).

도리-질명 말귀를 겨우 알아듣는 어린아이가 어른이 시키는 대로 머리를 좌우로 흔드는 재롱. 도리머리. ◻~을 치다.

도리채명〖옛〗도리깨.

도:리-천(忉利天)명〖불〗육욕천(六慾天)의 둘째 하늘〔수미산(須彌山) 꼭대기에 있는데, 중앙에 제석천(帝釋天)이 있으며, 그 사방에 8개씩의 성이 있음. 모두 33천(天)이 됨〕. 삼십삼천.

도리-칼명〖역〗'행차칼'의 별칭.

도린-곁[-곁]명 사람의 왕래가 드문 외진 곳.

도림명 묶임표.

도림-장이명 도림질을 업으로 삼는 사람.

도림-질명하타 실톱으로 널빤지를 오리거나 새겨서 여러 가지 모양을 만드는 일. ◻~할 나무를 찾다 / 널빤지를 ~.

도:립(倒立)명하자 물구나무를 섬.

도:립(道立)명 시설 따위를 도에서 세워 운영함. ◻~ 도서관 / ~ 공원으로 지정되다.

도:립 운:동(倒立運動)명 몸의 단련을 위하여 물구나무서기를 하는 운동.

도록혀⬭〖옛〗도리어.

도록혀⬭〖옛〗도리어.

도마명 식칼질할 때에 밑에 받치는, 나무 따위로 만든 두꺼운 토막이나 널조각. [도마에 오른 고기] 어찌할 수 없이 된 운명을 비유한 말.

도-마름(都-)명 여러 마름을 거느리는 우두머리 마름.

도마-뱀명〖동〗도마뱀과의 동물. 풀밭에 사는데 몸의 길이는 약 12cm가량이고 원통형임. 몸은 비늘로 덮이고 네 발은 짧고 다섯 발가락이 있음. 꼬리가 긴데 위험을 당하면 저절로 끊어졌다가 새로이 남. 석룡자(石龍子). 석척(蜥蜴).

도마빕얌명〖옛〗도마뱀.

도마-질명하타 도마 위에서 요리할 재료를 놓고 식칼로 썰거나 다지는 일.

도막명 1 짧고 작은 동강. ◻나무 ~ / 동강동강 ~을 내다. 2 짧고 작은 동강을 세는 단위. ◻생선 두 ~.

도막-도막[-또-]〔명〕 도막 하나하나. 또는 도막마다 모두. ◻새끼 ~을 잇다. 〔부〕 여러 도막으로 끊는 모양. ◻무를 ~ 썰다.

도막-이 圀 시골의 지주나 늙은이.
도말 (塗抹) 圀하타 1 발라서 가림. ▫페인트로 ~하다. 2 이리저리 임시변통으로 발라맞추어 꾸밈. ▫뻔한 사실을 ~하다.
도마-밥 [-마빱/-맏빱] 圀 도마질할 때에 생기는 부스러기.
도망 (逃亡) 圀하자 피하여 달아남. 좇겨 달아남. 도주(逃走). ▫~을 가다 / ~을 치다 / 죄를 짓고 ~을 다니다.
도망 (悼亡) 圀하타 죽은 아내를 생각하여 슬퍼함.
도망 (稻芒) 圀 벼의 까끄라기.
도망-가다 (逃亡-) 자거타 피해 달아나다. 좇겨 달아나다. 도망치다.
도망-꾼 (逃亡-) 圀 몰래 도망치는 사람. [도망꾼의 봇짐] 크고 어수선하게 꾸민 봇짐을 흉보아 비유하는 말.
도망-질 (逃亡-) 圀하자 피하여 달아나는 짓.
도망질-치다 (逃亡-) 자 도망가는 짓을 하다. ⊛도망치다.
도망-치다 (逃亡-) 자 '도망질치다'의 준말.
도맡-기다 [-맏끼-] 타 ('도맡다'의 사동) 도맡게 하다. ▫아내에게 살림을 ~.
도-맡다 [-맏따] 타 모든 책임을 혼자서 떠맡다. ▫어머니가 생계를 ~ / 힘든 일을 도맡아 처리하며.
도매 (都賣) 圀하타 생산자로부터 상품을 받아 소매상을 상대로 여러 개를 한 단위로 해서 파는 일. ▫의류 ~를 전문으로 하다. ⊛망자집.
도매 (盜賣) 圀하타 남의 물건을 훔쳐 팖. 투매.
도매-가 (都賣價) [-까] 圀 도매가격.
도매-가격 (都賣價格) [-까-] 圀 도매로 파는 가격. 도매가. 도매금. *소매가격.
도매-금 (都賣金) [-금] 圀 1 도매가격. 2 (주로 '도매금으로'의 꼴로 쓰여) 각각의 차이에도 불구하고 모두 같은 무리로 취급받음을 비유하여 이르는 말. ▫~으로 욕을 먹다.
도매-상 (都賣商) 圀 물건을 도매로 파는 장사. 또는 그런 가게나 장수. 도가(都家). ▫과일 ~ / 의류 ~. *소매상.
도매 시:장 (都賣市場) 도매상들이 모여 장사하는 시장. *소매 시장.
도매-업 (都賣業) 圀 물건을 도매로 사고파는 일을 하는 업. *소매업.
도매-점 (都賣店) 圀 물건을 도매로 파는 가게. *소매점.
도메인 이름 (domain-) 『컴』 인터넷에 접속된 컴퓨터의 위치를 나타내는 주소의 이름. 숫자로 되어 있는 아이피(IP) 주소를 알아보기 쉬운 영문 약자로 바꾼 것임("민중서림"의 경우, www.minjungdic.co.kr로 나타내는데, www.는 주 컴퓨터의 이름, minjungdic.은 기관의 이름, co.는 기관의 유형, kr는 국가 이름임). *아이피 주소.
도면 (刀麵) 圀 1 칼싹두기. 2 칼국수.
도면 (圖免) 圀하타 책임이나 할 일을 면하려고 애를 쓰거나 꾀함. 규면(規免).
도면 (圖面) 圀 토목·건축·기계·토지·임야 등의 구조나 설계 따위를 제도기를 써서 기하학적으로 나타낸 그림. 도본(圖本). ▫설계 ~을 그리다.
도명 (刀銘) 圀 칼이나 검(劍)에 새겨 놓은 제작자의 이름이나 글.
도명 (徒命) 圀 기약 없는 목숨. 또는 아무 소용이 없는 목숨.
도명 (逃命) 圀하자 목숨을 보존하기 위하여 피

해서 달아남.
도명 (盜名) 圀하자 1 남의 이름을 몰래 가져다 씀. 2 명실 없이 이름을 얻음.
도모 (圖謀) 圀하타 어떤 일을 이루려고 수단과 방법을 꾀함. ▫동료 간의 친목을 ~하다.
도목-정사 (都目政事) [-쩡-] 圀 『역』 매년 음력 유월과 섣달에 벼슬아치의 성적을 평가하여 벼슬을 떼거나 올리던 일.
도무 (蹈舞) 圀하자 수무족도(手舞足蹈).
도-무덤 (都-) 圀 『역』 전사한 병사의 시체를 한데 몰아서 묻던 무덤.
도무지 (뮌) 1 이러니저러니 할 것 없이 아주. ▫~ 반성의 빛이 없다 / ~ 맛이 없다 / 타일러도 ~ 듣지 않는군. 2 이것저것 할 것 없이 모두. ▫무슨 영문인지 ~ 모르겠다.
도:문 (到門) 圀하자 1 문 앞에 다다름. 2 『역』 과거에 급제하여 홍패(紅牌)를 받아서 집에 돌아오던 일.
도:문 (倒文) 圀 도어(倒語).
도:문 (道門) 圀 1 도가(道家)1. 2 불도(佛道).
도:문-잔치 (到門-) 圀 『역』 과거에 급제한 사람이 집에 돌아와 베풀던 잔치.
도:미 (-어) 『어』 도밋과의 바닷물고기의 총칭. 몸의 길이는 40-50 cm 정도이며, 몸은 타원형으로 납작하고 대부분 붉은빛을 띰. 대개 바다 밑바닥에서 삶(참돔·감성돔·붉돔·황돔·청돔 따위). ⊛돔.
도미 (掉尾) 圀하자 1 꼬리를 흔듦. 2 끝판에 더욱 활약함. ▫~를 장식하다.
도미 (渡美) 圀하자 미국으로 건너감. ▫~ 유학생 / 회의 참석차 ~하다.
도미 (稻米) 圀 입쌀.
도미넌트 (dominant) 圀 『악』 딸림음.
도미노 (domino) 圀 1 상아로 만든 28장의 패를 가지고 노는 서양 놀이. 2 어떤 사태가 원인이 되어 주변으로 비슷한 사태가 확산되는 일. ▫부도 기업의 ~ 현상. 3 가장무도회에서 쓰는 복면 두건. 또는 두건이 달린 외투.
도미노 이:론 (domino理論) 세워 놓은 도미노의 골패짝 중에서 하나가 넘어지면 줄지어 넘어지듯이, 어떤 지역이 공산화되면 인접 지역도 차례로 공산화된다는 이론. *역(逆)도미노 이론.
도민 (島民) 圀 섬에서 사는 사람. 섬사람.
도:민 (道民) 圀 그 도(道) 안에서 사는 사람.
도:밋-국 [-미꾹/-밋꾹] 圀 도미에 쑥갓과 양념을 넣어 끓인 국.
도:박 (到泊) 圀하자 항구나 일정한 곳에 배가 이르러서 머무름.
도박 (賭博) 圀하자 1 돈이나 재물을 걸고 서로 따먹기를 다투는 짓. 노름. 돈내기. ▫~을 벌이다 / ~에 빠지다 / ~을 상습적으로 하다 / ~으로 재산하다. 2 요행수를 바라고 위험한 일이나 거의 가능성이 없는 일에 손을 대는 일. ▫위험한 ~을 걸다 / 그 사업은 ~이나 다름없다.
도박-꾼 (賭博-) 圀 도박을 상습적으로 하는 사람. 노름꾼.
도박-단 (賭博團) [-딴] 圀 노름하기 위해 모인 사람들로 이루어진 조직이나 단체.
도박-장 (賭博場) [-짱] 圀 노름을 하는 장소.
도박-죄 (賭博罪) [-쬐] 圀 『법』 재물을 걸고 노름을 함으로써 이루어지는 죄.
도반 (桃盤) 圀 '선도반(仙桃盤)'의 준말.
도발 (挑發) 圀하타 남을 집적거려 일을 일으킴. ▫~ 행위를 일삼다.

도발-적(挑發的)[-쩍] 판명 1 남을 집적거려 일을 일으키는 (것). 🔲~ 행동 / ~인 자세. 2 색정(色情)을 자극하는 (것). 🔲~인 복장.

도방(都房) 역 고려 때, 경대승(慶大升)· 최충헌(崔忠獻)이 신변 보호를 위하여 둔 사병(私兵) 기관.

도-방(道傍) 명 길가.

도-배(到配) 명하자 역 귀양을 가는 죄인이 유배지에 도착함.

도배(徒配) 명하타 역 도형(徒刑)에 처한 뒤에 귀양을 보냄.

도배(徒輩) 명 함께 어울려 나쁜 짓을 하는 패거리. 떨거지. 🔲폭력 ~들이 날뛴다.

도배(島配) 명하타 역 죄인을 섬으로 귀양보냄. 배도(配島).

도배(塗褙) 명하타 도배지로 벽이나 반자 등을 바름. 🔲천장을 ~하다.

도배-장이(塗褙-) 명 도배하는 일을 업으로 삼는 사람.

도배-지(塗褙紙) 명 도배하는 데 쓰는 종이.

도:백(道伯) 명 1 역 관찰사. 2 도지사(道知事)를 예스럽게 일컫는 말.

도벌(盜伐) 명 산의 나무를 몰래 벰. 도작(盜斫). 🔲국유림을 ~하다.

도범(盜犯) 명 도둑질을 함으로써 성립하는 죄. 또는 그 범인.

도법(刀法)[-뻡] 명 조각이나 판화 따위에서, 칼을 사용하는 방법.

도법(圖法)[-뻡] 명 '작도법(作圖法)'의 준말.

도벽(盜癖) 명 물건을 훔치는 버릇. 🔲~이 심하다 / ~으로 망신당하다.

도벽(塗壁) 명하자 벽에 종이나 흙을 바름.

도병(刀兵) 명 병기와 군사.

도보(徒步) 명하자 자전거나 차 따위를 타지 않고 걸어감. 🔲~ 여행을 즐기다.

도보(圖譜) 명 같은 종류의 동식물의 그림을 모아서 분류하여 설명한 책. 도감. 🔲조류 ~.

도보장수 명 옛 도붓장수.

도보-전(徒步戰) 명 군 기병(騎兵)이 말을 타지 않고 걸어 다니며 싸우는 것.

도:복(道服) 명 1 도사(道士)가 입는 옷. 도의(道衣). 2 태권도나 유도, 검도 등의 무도 수련 때 입는 운동복. 🔲태권도 ~.

도본(圖本) 명 도면(圖面).

도봉(盜蜂) 명 양봉에서, 꽃에서 꿀을 얻지 않고 남의 벌통에서 꿀을 도둑질해 오는 꿀벌. 도둑벌.

도:부[1](到付) 명하자 공문(公文)이 도달함.

도:부[2](到付) 명하자 장사치가 이리저리 떠돌아다니며 물건을 팖.

도부(를) 치다 판 장사치가 물건을 팔러 다니다.

도부(都府) 명 서울.

도:부-꾼(到付-) 명 〈속〉도붓장수.

도:부동(道不同) 명하형 사람마다 닦는 도가 서로 같지 않음.

도북(圖北) 명 지도 상의 북쪽 방향.

도:불습유(道不拾遺) 명 나라가 태평하고 풍습이 아름다워 백성이 길에 떨어진 물건도 주워 가지지 아니함('한비자(韓非子)'의 '외저설(外儲說)'에 나오는 말임).

도:붓-장사(到付-)[-부짱-/-붇짱-] 명하자 물건을 가지고 이곳저곳 돌아다니며 파는 일. 행고. 행상(行商). ↔앉은장사.

도:붓-장수(到付-)[-부짱-/-붇짱-] 명 물건을 가지고 이곳저곳 돌아다니며 장사하는 사람. 도부꾼. 행상인.

도붓장수 개 후리듯 관 마구 후려치는 모양을 비유적으로 일컫는 말.

도비(徒費) 명하자 헛되이 씀.

도비(都鄙) 명 서울과 시골. 경향(京鄕).

도사(都寺) 명 불 도감사(都監寺).

도:사(道士) 명 1 도를 닦는 사람. 2 도교를 믿고 수행하는 사람. 3 불 불도를 닦아 깨달은 사람. 또는 승려. 4 속 무슨 일에 도가 트여서 썩 잘하는 사람. 🔲그는 연예 정보 수집에 ~이다.

도:사(道師) 명 시천교(侍天敎)의 신앙을 통일하며 포덕(布德)하는 사람.

도:사(導師) 명 1 불 부처·보살의 통칭. 2 법회(法會)나 장의(葬儀)에서 여러 승려를 거느리고 의식을 행하는 승려.

도-사공(都沙工) 명 사공의 우두머리.

도-사교(都司敎) 명 대종교(大倧敎)에서, 가장 덕망이 있는 사람으로서 그 교를 주장(主掌)하는 교직(敎職).

도:사리 명 1 바람이나 병 따위로 나무에서 떨어진 풋과일. 2 못자리에 난 어린 잡풀.

도사리다 자타 1 두 다리를 꼬부려서 서로 어긋맞겨 앉다. 🔲방 한가운데에 도사리고 앉다. 2 들뜬 마음을 가라앉히다. 🔲마음을 도사리고 안정을 되찾다. 3 긴장된 상태로 기회를 엿보다. 🔲산속에는 적의 잔당이 도사리고 있다. 4 일이나 말의 끝에 탈이 생기지 않도록 조심하여 감추다. 🔲그는 자신이 없는지 말끝을 도사렸다. 5 앞으로 일어날 일의 기미가 숨어 있다. 🔲곳곳에 위험이 도사리고 있다.

도:산(到山) 명하자 장사를 지낼 때 상여가 산소에 이름.

도산(逃散) 명하자 뿔뿔이 도망쳐 흩어짐. 🔲한 번 싸워 보지도 않고 ~하다.

도:산[1](倒産) 명하자 기업 등이 재산을 잃고 망함. 파산. 🔲불경기로 ~하다.

도:산[2](倒産) 명하타 의 산모가 출산할 때, 아이의 발이 먼저 나옴. 역산(逆産).

도산-매(都散賣) 명하타 도매와 산매. 🔲~를 겸하다.

도산-십이곡(陶山十二曲) 명 문 조선 명종 때, 이황(李滉)이 지은 12수의 연시조(때를 만나 사물을 느끼는 감흥과 자신의 학문 수양에 대해 읊음).

도살(屠殺) 명하타 1 도륙(屠戮). 2 고기를 먹으려고 가축을 잡아 죽임.

도살(盜殺) 명하타 1 남몰래 사람을 죽임. 암살(暗殺). 2 가축을 허가 없이 몰래 잡음.

도살-장(屠殺場)[-짱] 명 소나 돼지 따위의 가축을 도살하는 곳. 도축장. 도수장. 🔲소가 ~으로 끌려가다.

도-상(途上) 명 1 길 위. 2 일이 진행되는 과정. 중도. 도중. 🔲개발 ~. 국가 ~.

도-상(道上) 명 길 위. 노상(路上).

도-상(道床) 명 1 철도 따위의 궤도에서, 침목(枕木)이 받는 차량의 하중(荷重)을 노반(路盤)에 고루 분포시키기 위하여 깔아 놓은 자갈 따위의 층. 2 길바닥.

도상(圖上) 명 지도나 도면의 위. 🔲~ 작전 / ~ 실습.

도상(圖像) 명 특히 기독교 미술 작품에서, 일정한 종교적·신화적 주제의 의의를 지니고 제작된 미술품에 나타난 인물 또는 형상.

도상 연:습(圖上演習)[-년-] 군 지도 상에서 실시하는 군사 연습.

도색(桃色) 명 1 복숭아 빛깔과 같은 연한 분

흥빛. 2 남녀 사이에 얽힌 색정적인 일. ▣ ~ 잡지 / ~ 사진을 몰래 팔다.

도색 (塗色) 몡하타 물체에 색을 칠하여 입히는 일. ▣ ~ 작업.

도색 영화 (桃色映畵) [-생녕-] 남녀 사이의 음란한 내용을 위주로 하여 찍은 영화.

도:생 (倒生) 몡하자 거꾸로 생겨남.

도생 (圖生) 몡하자 살기를 도모함.

도서 (島嶼) 몡 크고 작은 섬들. ▣ ~ 지방 / 남해에는 수많은 ~들이 있다.

도:서 (道書) 몡 도교에 관한 책.

도서 (圖書) 몡 1 서적. 책. ▣ ~ 대출 / ~ 출판 / ~ 전시회 / ~를 간행하다. 2 글씨·그림·서적 등의 총칭.

도서 (圖署) 몡 도서 (圖書)에 찍는 도장.

도서-관 (圖書館) 몡 많은 도서를 모아 두고 일반 사람이 볼 수 있게 만든 시설. ▣ 시립 ~ / ~을 개관하다 / ~에서 관련 자료들을 찾아보다.

도:-서다¹ 재 1 바람이 방향을 바꾸다. ▣ 북풍이 남동풍으로 ~. 2 가던 길에서 돌아서다. ▣ 가던 길을 도서서 오다. 3 해산할 때 태아가 자리를 바꾸어 돌다. 4 해산한 뒤에 젖멍울이 풀리고 젖이 나기 시작하다.

도:-서다² 재 부스럼·마마 따위의 고름이 좀 나아서 꺼덕꺼덕해지다.

도서 목록 (圖書目錄) [-몽녹] 소장 (所藏)·전시 (展示)·재고 (在庫) 중의 책이나 출판한 책의 제목·저자·출판 연월일 따위를 정리하고 분류하여 작성한 목록.

도서-실 (圖書室) 몡 도서를 모아 두고 일반 사람들이 볼 수 있게 하는 방.

도석 (悼惜) 몡하타 죽은 사람을 애석하게 여겨 슬퍼함.

도:석 (道釋) 몡 도교와 불교.

도:석-화 (道釋畵) [-서콰] 몡 동양화에서, 도교·불교와 관련된 신선·부처·고승 등의 인물을 그린 그림.

도선 (徒善) 몡하자 한갓 착하기만 하고 주변성이 없음.

도선이 불여악 (不如惡) 그 도선은 악함만 못하다는 뜻으로, 너무 어리석고 착하기만 하여 주변성이 조금도 없다는 말.

도선 (渡船) 몡 나룻배.

도:선 (導船) 몡하자 항구나 내해 (內海) 등의 수역을 출입·통과하는 선박에 탑승하여 그 배를 안전한 수로로 안내하는 일. 수로 안내.

도:선 (導線) 몡 전기의 양극 (兩極)을 이어 전류를 통하게 하는 쇠붙이 줄.

도:선-사 (導船士) 몡 도선사 자격증을 가지고 일정한 도선구에서 도선 업무에 종사하는 사람. 수로 안내인. 파일럿 (pilot).

도:선-장 (渡船場) 몡 나루터.

도설 (圖說) 몡하타 그림을 넣어 설명함. 또는 그런 책.

도:섭 주책없이 수선스럽고 능청맞게 변덕을 부리는 짓. ▣ ~을 떨다.

도섭(을) 부리다 그 ㉠수선스럽고 능청맞게 변덕을 부리다. ㉡모양을 바꾸어 다른 모습으로 변하다.

도섭 (徒涉) 몡하타 물을 걸어서 건넘.

도섭 (渡涉) 몡하타 물을 건너다.

도:섭-스럽다 [-쓰-따] [-스러워, -스러우니] 혭 주책없이 수선스럽고 능청맞게 변덕을 부리는 데가 있다. **도:섭-스레** [-쓰-] 뭄

도성 (都城) 몡 1 서울. ▣ ~을 옮기다 / ~이 함락하다. 2 도읍 둘레에 쌓은 성곽. ▣ 반월성은 백제 ~으로 중요한 요새였다.

도성 (濤聲) 몡 파도치는 소리.

도:성-덕립 (道成德立) [-덩닙] 몡하자 수양하여 도와 덕을 이룸.

도성-지 (都城址) 몡 성벽으로 둘러싸인 성곽 도시의 유적.

도세 (道稅) 몡 도민에게 부과하는 지방세 (보통세와 목적세로 나누어짐).

도소 (屠蘇) 몡 『한의』 술에 넣어서 연초 (年初)에 마시는 약 (산초·방풍·백출·육계피 등을 한데 섞어 만듦. 이것을 마시면 1년의 사기 (邪氣)를 없애며, 오래 살 수 있다 함). 도소산.

-도소니 어미 〈옛〉-더니. -으니.

도소-산 (屠蘇散) 몡 『한의』 도소 (屠蘇).

-도소이다 어미 〈옛〉-더이다. -습니다.

도소-주 (屠蘇酒) 몡 연초에 마시면 사기 (邪氣)를 물리치고 장수한다고 하는, 도소를 넣어서 빚은 술.

도:속 (道俗) 몡 1 도인과 속인. 2 도를 닦는 일과 속된 일.

도:속-공수계 (道俗共守戒) [-꽁- / -꽁-게] 몡 『불』 삼계 (三戒)의 하나로, 재가 (在家)한 사람과 출가한 사람이 다 함께 지켜야 할 계율.

도솔 (兜率) 몡 『불』 '도솔천'의 준말.

도솔-가 (兜率歌) 몡 『악』 1 신라 유리왕 때 지어진 노래 (우리나라 가악 (歌樂)의 시초로 삼국사기에 실려 전함). 2 신라 경덕왕 때 월명사 (月明師)가 지은 사구체 (四句體)의 향가 (삼국유사에 실려 전함).

도솔-천 (兜率天) 몡 1 『불』 욕욕천 (六欲天)의 네 번째 하늘. 미륵보살의 정토 (淨土). 2 도가 (道家)에서, 태상 노군 (太上老君)이 있다는 하늘.

도:수 (度數) [-쑤] 몡 1 거듭하는 횟수. ▣ ~를 더하다 / ~가 잦다 / 그녀와 만나는 ~가 뜸해졌다. 2 각도·온도·광도 등의 크기를 나타내는 수. ▣ ~는 높은 안경 / 알코올 ~가 높다 / ~가 약하다. 3 어떠한 정도. ▣ 술 마시는 ~가 심해지다.

도수 (徒手) 몡 맨손.

도:수 (導水) 몡하자 물이 일정한 방향으로 흐르도록 인도함.

도:수-거 (導水渠) 몡 물줄기를 딴 곳으로 옮기기 위해 땅속이나 건물 밑으로 낸 도랑.

도수-공권 (徒手空拳) 몡 '맨손'을 강조하는 말. ▣ ~으로 성공하다.

도:수-관 (導水管) 몡 물을 끌어들이기 위하여 시설한 관. 수압관 (水壓管).

도:수-교 (導水橋) 몡 물을 끌어들이기 위해 계곡·도로 등을 횡단하여 만든 시설.

도:수-로 (導水路) 몡 물을 끌어들이는 수로.

도수리-구멍 몡 『공』 도자기를 굽는 가마의 옆에 난, 불 때는 구멍.

도:수-제 (度數制) [-쑤-] 몡 전화 요금을 사용 횟수에 따라 계산·징수하는 제도.

도:수-제 (導水堤) 몡 물의 흐름을 일정한 방향으로 돌리고 흐르는 물의 속도를 일정하게 유지하기 위해 만든 둑.

도수 체조 (徒手體操) 맨손 체조.

도숙-붙다 [-뿓따] 재 머리털이 아래로 나서 이마가 좁게 되다. 준숙붙다.

도순 (都巡) 몡하자 『역』 각 군영에 속해 있는 순라 (巡邏)의 근무 태도를 조사하던 일.

도:술 (道術) 몡 도를 닦아 여러 가지 조화를 부리는 술법. ▣ ~에 걸려들다 / 홍길동은 ~을 부려 아객을 물리쳤다.

도스 (DOS) 몡 [disk operating system] 『컴』

자기 디스크 장치를 외부 기억 장치로 갖춘 컴퓨터 운영 체제. 사용자와 하드웨어, 하드웨어와 소프트웨어 등을 중계하여 사용자가 원활하고 효율적인 처리·운영을 할 수 있도록 함.

도스르다 [도슬러, 도스르니] (타邑) 무슨 일을 하려고 별러서 마음을 가다듬다. ▢ 마음을 도스르고 고시 공부를 한다.

도스킨 (doeskin) (명) 1 암사슴의 가죽. 2 암사슴의 가죽과 비슷하게 만든, 보드랍고 윤이 나는 두꺼운 나사천(양복감·남자 예복감 등으로 씀).

도습 (蹈襲) (명)(하타) 옛것을 좇아서 그대로 함. ▢ 구습(舊習)을 그대로 ~하다.

도-승 (道僧) (명)〖불〗도(道)를 깨친 승려. 도통한 승려.

도-승지 (都承旨) (명)〖역〗조선 때, 승정원(承政院)의 여러 승지 가운데의 으뜸인 정삼품 벼슬. 도령(都令).

도시 (都市) (명) 1 도회지. 2 일정 지역의 정치·경제·문화의 중추를 이루며, 사람들이 많이 사는 곳. ▢ 복잡한 ~ 생활. ↔농촌·촌락.

도시 (盜視) (명)(하타) 1 몰래 엿봄. 2 금하는 것을 몰래 훔쳐봄.

도시 (圖示) (명)(하타) 그림이나 도표로 그리어 보임. ▢ 위치를 ~하다.

도시 (都是) (부) 도무지. ▢ ~ 네 말을 알아들을 수가 없다.

도시-가스 (都市gas) (명) 가스관(管)을 설치하여 도시의 가정이나 공장에 연료용으로 시판(市販)·공급하는 가스.

도시 경제 (都市經濟) 〖경〗중세 도시를 중심으로 하여, 자급을 주로 하되 그 잉여물을 생산자와 소비자 사이의 간단한 시장을 통하여 교환하던 경제 형태.

도시 계:획 (都市計劃) [-/-게-] 〖사〗도시의 교통·구획·위생·주택 등에 관하여 사회적 및 문화적 환경을 조성하도록 항구적이며 통제적으로 개량하려는 계획.

도시-공원 (都市公園) (명) 자연경관을 보호하고 시민의 건강·휴양·정서 생활을 위하여 도시나 근교에 만든 공원.

도시 공해 (都市公害) 〖사〗도시에서의 산업 활동이나 사람의 활동의 과밀(過密)·집적에 의해서 초래되는 공해(대기 오염·수질 오염·교통 소음·쓰레기 처리 문제 따위).

도시 국가 (都市國家) [-가] 〖역〗도시 그 자체가 하나의 작은 국가를 이루는 정치 공동체《아테네(Athene)를 비롯한 고대 그리스의 여러 도시가 이에 속함》.

도시다 (타) 물건의 거친 면을 칼로 곱게 깎아 다듬다.

도시락 (명) 1 흔히 점심밥을 휴대하는 데 쓰는, 고리버들이나 대오리로 엮은 타원형의 작은 고리짝. 2 플라스틱이나 얇은 나무판자·알루미늄 따위로 만들어져 간편하게 휴대하여 다닐 수 있도록 만든 음식 그릇. 또는 그 음식. ▢ ~을 싸다 / ~에는 어머니의 정성이 담겨 있다.

도시락-밥 [-빱] (명) 도시락에 반찬을 곁들여 담은 밥.

도시미터 (dosimeter) (명) 1 물약 따위의 약의 양을 측정하는 계량기. 2〖물〗인체가 받는 방사선량(放射線量)을 측량하는 기구.

도시 재:개발 (都市再開發) 건축물이 전반적으로 낡은 지역이나, 건축물의 배치나 지구

(地區) 전체의 설계가 나빠 경제 활동이나 생활의 터전으로서 충분한 조건을 갖추지 못하는 지역의 기존 건물을 철거, 시가지를 정리하여 토지의 효율적인 이용을 꾀하는 일.

도식 (徒食) (명)(하타) 하는 일 없이 거저 놀고먹음. ▢ 그는 ~하면서 큰소리만 친다.

도식 (塗飾) (명)(하타) 1 바니시나 칠 따위로 발라서 꾸밈. 2 거짓으로 꾸밈.

도식 (圖式) (명) 사물의 구조·변화 상태 따위를 일정한 양식으로 나타낸 그림. 또는 그 양식.

도:식-병 (倒植病) [-뼝] 〖한의〗사물이 뒤죽박죽 거꾸로 보이는 병《취중에 일어남》.

도식-적 (圖式的) [-쩍] (관명) 1 도식과 같은 (것). ▢ ~ 표현. 2 일정한 공식이나 틀에 기계적으로 짜맞춘 (것). 도식주의적. ▢ ~인 사고 / 구상이 너무 ~이다.

도식-화 (圖式化) [-시과] (명)(하타) 도식으로 만듦. 도식과 같은 것으로 되게 함.

도신 (刀身) (명) 칼의 몸.

도신 (逃身) (명)(하자) 몸을 피하여 도망함.

도실 (桃實) (명) 복숭아. ▢ ~주(酒).

도심 (盜心) (명) 도둑질하려는 마음.

도심 (都心) (명) 도시의 중심. ▢ ~에서 멀리 떨어진 전원주택.

도:심 (道心) (명) 1 도덕의식에서 우러나오는 마음. 2〖불〗불도를 믿고 행하는 마음.

도심-지 (都心地) (명) '도심 지대'의 준말. ▢ ~의 차량 소통이 원활하다.

도심 지대 (都心地帶) 도시의 중심이 되는 지대. ⓐ도심지.

도심-질 (盜心-) 칼 따위로 물체의 가장자리나 굽은 곳을 도려내는 일.

도심-화 (都心化) (명)(하자타) 도시의 중심부로 됨. 또는 그렇게 되게 함.

도안 (刀眼) (명) 환도(環刀)의 몸이 자루에서 빠지지 않도록 슴베와 아울러 자루에 비녀장을 박는 구멍.

도안 (圖案) (명) 미술품·공예품·건축물·상품 등을 만들거나 꾸미기 위하여 고안한 것을 설계하여 그림으로 나타낸 것. ▢ ~을 그리다 / 건축물을 ~대로 배치하다.

도:액 (度厄) (명)(하타)〖민〗액막이.

도야 (陶冶) (명)(하타) 훌륭한 인격을 갖추려고 몸과 마음을 닦아 기름. ▢ 인격을 ~하다.

도야-성 (陶冶性) [-썽] (명) 피교육자 특히 아동의 능력이 교육에 의하여 변화되고 계발(啓發)될 수 있는 가능성.

도약 (跳躍) (명)(하자) 1 뛰어오름. 2 급격한 진보·발전의 단계로 접어듦. ▢ 경제 발전의 ~ 단계 / 세계무대로 ~하다.

도약 (搗藥) (명)(하타)〖한의〗환약 재료를 골고루 섞어 반죽을 하여 찧음.

도약 경:기 (跳躍競技) [-껑-] 육상 경기 종목 중에서, 멀리뛰기·높이뛰기·장대높이뛰기·세단뛰기 등의 총칭. 뜀뛰기 경기.

도약-대 (跳躍臺) [-때] (명) 1 도약의 발판이 되는 대(臺). 2 크게 발전하는 데 밑거름이 되는 바탕. ▢ 기초 과학은 기술 발전의 ~이다.

도약 운:동 (跳躍運動) 뜀뛰기 운동.

도-약정 (都約正) [-쩡] (명)〖역〗조선 때, 향약(鄕約) 단체의 우두머리.

도약-판 (跳躍板) (명) 1 수영에서, 뛰어내릴 때에 발로 딛는 발판. 스프링보드. 2 뜀뛰기 운동에서, 뛰어오르기 직전에 발로 딛는 판. 구름판.

도양 (渡洋) (명)(하타) 바다를 건넘.

도양 작전 (渡洋作戰) [-쩐] 〖군〗바다를 건너가서 싸우는 작전. 또는 그 싸움.

도어 (刀魚)몡 '어' 갈치.

도:어 (倒語)몡《언》어법상 말의 순서를 바꾸어 놓은 말('싫어, 난'·'먹었냐, 밥' 따위).

도:어-법 (倒語法)[一뻡]몡 도치법 (倒置法).

도어-체인 (door chain)몡 문빗장의 보조 용구로, 문 안쪽에 다는 쇠사슬.

도어-체크 (door check)몡 문이 자동적으로 천천히 닫히게 하는 장치. 도어클로저.

도어-클로저 (door closer)몡 도어체크.

도언 (徒言)몡 헛된 말.

도업 (陶業)몡《공》요업 (窯業).

도연 (刀煙)몡《한의》칼날이나 도끼날을 달구어 대나무 껍질에 대었을 때 그 날에 묻어나는 진(약으로 씀).

도연 (陶硯)몡《공》자기로 만든 벼루.

도연-하다 (徒然-)혱여 하는 일이 없어 심심하다. 도연-히[閈]

도연-하다 (陶然-)혱여 술이 취하여 거나하다. □도연한 빛이 감돌다. 도연-히[閈]

도열 (堵列)몡하짜 죽 늘어섬. 또는 그 늘어선 대열. □많은 시민이 연도에 ~하였다 / 소대장은 ~을 짓게 하고 총기 점검을 했다.

도열-병 (稻熱病)[一뻥]몡《식》도열병균의 기생으로 벼가 자란 후 잎에 암갈색 반점이 생기고, 나중에 잎 전체가 갈색으로 되어 마르게 되는 병.

도:영 (到營)몡하짜《역》감사가 부임지인 감영에 도착함.

도:영 (倒影)몡 1 거꾸로 촬영한 것. 2 해 질 무렵의 그림자. 3 거꾸로 비친 그림자.

도:영 (導迎)몡하짜 인도하여 맞이함.

도:영-화기 (導迎和氣)몡 온화한 기색으로 남의 환심을 사는 일.

도예 (陶藝)몡 도자기의 미술·공예. □ ~ 작품 / ~에 깊이 빠져들다.

도와 (陶瓦)몡 질기와.

도와리 (倒─)몡《한의》곽란 (癨亂).

도와-주다 남을 위하여 애써 주다. □여러 가지로 ~ / 힘든 일을 ~.

도:외 (度外)몡 어떤 한도나 범위의 밖.

도외다 짜〈옛〉되다¹.

도:외-시 (度外視)몡하타 가외의 것으로 봄. 안중에 두지 않고 무시함. □본질을 ~하고 부수적인 문제에만 맴돈다.

도요 (陶窯)몡 도기를 굽는 가마.

도요-새 (─)몡《조》도욧과에 속하는 새의 총칭. 강가나 바닷가의 습한 곳에 삶. 대체로 담황색에 흑갈색 무늬가 있고, 다리·부리가 길고 꽁지가 짧음.

도요-시절 (桃夭時節)몡 복숭아꽃이 아름답게 피는 시절이란 뜻으로, 처녀가 시집가기에 좋은 때를 이르는 말.

도요-지 (陶窯址)몡 도기를 굽던 가마터.

도용 (盜用)몡하타 남의 것을 몰래 훔쳐 씀. □명의 ~ / 유명 상표를 ~하다.

도우 (屠牛)몡 소를 잡음. □ ~장(場).

도우미몡 행사 안내를 하거나 행사 내용을 설명하는 등의 봉사 활동을 전문적으로 맡아 하는 요원.

도우-탄 (屠牛坦)몡 소를 잡는 백정.

도움몡 남을 돕는 일. □ ~을 주다 / 큰 ~이 되다 / 남에게 ~을 청하다.

도움-그림씨몡《언》'보조 형용사(補助形容詞)'의 풀어쓴 말.

도움-닫기 [─끼]몡 넓이뛰기·높이뛰기·장대높이뛰기 등에서, 탄력을 높이기 위하여 출발선에서 구름판까지 달리는 일. 조주(助走).

도움-말몡 1 조언(助言). 2 문제집 등에서, 어

려운 부분을 상세히 설명한 글. □ ~을 참고하여 문제를 풀다.

도움-움직씨몡《언》'보조 동사(補助動詞)'의 풀어쓴 말.

도움-줄기몡《언》'보조 어간(補助語幹)'의 풀어쓴 말.

도움-토몡《언》'보조사(補助詞)'의 풀어쓴 말.

도원 (桃園)몡 복숭아나무가 많은 정원.

도원 (桃源)몡 '무릉도원'의 준말.

도원-결의 (桃園結義)[─겨리 / ─겨리]몡하짜 의형제를 맺음('삼국지연의'에 나오는 말로, 중국 촉나라의 유비·관우·장비가 도원에서 의형제를 맺었다는 고사에서 유래).

도원-경 (桃源境)몡 1 속세를 떠난 별천지. 2 이상향.

도-원수 (都元帥)몡《역》고려·조선 때, 전쟁이 났을 때 임시로 군무를 통괄하던 장수.

도월 (桃月)몡 복숭아꽃이 피는 달이라는 뜻으로, '음력 3월'을 이름.

도위 (都尉)몡《역》'부마도위'의 준말.

도유 (塗油)몡 1 기름을 바름. 2 '도유'의 본딧말.

도-유사 (都有司)몡《역》향교·서원·종중(宗中)·계중(契中)에서, 그 사무를 맡아보던 우두머리.

도:음 (導音)몡《악》이끎음.

도읍 (都邑)몡 1 서울. 2 그 나라의 수도를 정함. 3 좀 작은 도시. ──하다[─으파]짜여 서울로 정하다. □한양에 ~.

도읍-지 (都邑地)[─찌]몡 한 나라의 서울로 정한 곳. □송악은 고려의 ~였다.

도:의 (道義)[─ / ─의]몡 사람이 마땅히 행해야 할 도덕상의 의리. □ ~에 어긋나다.

도의 (擣衣)[─ / ─의]몡하타 다듬잇방망이로 옷을 두들겨 다듬음.

도:의-심 (道義心)[─ / ─이─]몡 도의를 존중하는 마음.

도:-의원 (道議員)[─ / ─이─]몡 도의회를 구성하는 의원. 도의회 의원.

도:의-적 (道義的)[─ / ─의─]뫙몡 도의에 맞는 (것). □ ~(인) 책임을 지다.

도:-의회 (道議會)[─ / ─이─]몡《법》지방 자치 단체에 도(道)의 의결 기관(도민에 의하여 선출된 도의원으로 구성됨).

도이 (島夷)몡 섬나라의 오랑캐.

-도이 回〈옛〉-되게.

도이장-가 (悼二將歌)몡《악》고려 예종이 지은 8구체 향가(개국 공신인 신숭겸과 김낙을 추도한 내용임).

도이지란 (島夷之亂)몡《역》섬나라 오랑캐가 일으킨 난리라는 뜻으로, '임진왜란'을 달리 이르는 말.

도인 (刀刃)몡 1 칼날. 2 칼의 총칭.

도인 (桃仁)몡《한의》복숭아씨의 알맹이(약으로 씀).

도인 (陶人)몡 옹기장이.

도:인 (道人)몡 1 도를 깨친 사람. 도사(道士). 2《종》천도교에서, 천도교를 믿는 사람을 일컫는 말.

도:인 (導因)몡 어떤 사태를 이끌어 내는 원인.

도:인-법 (導引法)[─뻡]몡《한》도가(道家)에서 행하는 일종의 치료·양생법(정좌(靜坐)·마찰·호흡 따위를 행함).

도:일 (度日)몡하짜 세월을 보냄.

도일 (渡日)몡하짜 일본으로 건너감.

도:임 (到任) 명하자 지방의 관리가 근무지에 도착함.
도:입 (導入) 명하타 **1** 끌어들임. ❏기술을 ~하다. **2** 단원 학습 등에서 앞으로 배울 준비 학습으로서의 안내 역할. ❏학습의 ~ 부분.
도자 (陶瓷·陶磁) 명 도기와 자기.
도자-기 (陶瓷器·陶磁器) 명 질그릇·오지그릇·사기그릇 따위의 총칭. ❏~를 빚다 / ~를 굽다.
도작 (盜作) 명하타 남의 작품을 본떠서 자기가 지은 듯이 대강 고쳐서 자기 글로 만드는 일. 또는 그렇게 만든 작품.
도작 (盜斫) 명하타 도벌(盜伐).
도작 (稻作) 명하자 〔농〕 벼농사.
도장 (刀匠) 명 칼 만드는 사람. 도공(刀工).
도장 (徒長) 명 〔식〕 웃자람. *웃자라다.
도:장 (倒葬) 명하타 자손의 묘를 조상 묘지의 윗자리에 써서 장사함.
도장 (盜葬) 명하타 암장(暗葬).
도:장 (道場) 명 **1** 무예를 연습하거나 가르치는 곳. **2** 〔불〕 ☞ 도량(道場).
도장 (塗裝) 명하타 〔건〕 도료를 바르거나 칠함. ❏페인트로 벽을 ~하다.
도장 (圖章) 명 개인·단체·관직 등의 이름을 나무·뼈·수정·고무 등에 새겨 인주를 묻힌 후 서류에 찍어 증거로 삼는 물건. 인(印).
  도장(을) 찍다 구 ㉠도장을 찍어 약조를 맺다. 계약하다. ㉡자기의 것으로 만들다.
도장-밥 (圖章-)[-빱] 명 인주(印朱).
도장-방 (-房) 명 여자들이 거처하는 방. 규방(閨房).
도장-방 (圖章房)[-빵] 명 도장포.
도장-지 (徒長枝) 명 〔식〕 웃자란 가지.
도장-집 (圖章-)[-찝] 명 **1** 도장포(圖章鋪). **2** 도장을 넣어 두는 주머니.
도장-포 (圖章鋪) 명 도장을 새기는 가게. 도장방. 도장집.
도장 명 〈옛〉 안방. 규중(閨中).
도:저-하다 (到底-) 형여 **1** 학식이나 생각 등이 매우 깊다. ❏한의학에 도저한 사람 / 학문이 ~. **2** 행동이나 몸가짐이 바르고 훌륭하다. ❏도저한 행동.
도:저-히 (到底-) 부 (뒤에 부정하는 말과 함께 쓰여) 아무리 하여도. 끝끝내. ❏그 일은 ~ 못하겠다 / ~ 용서할 수가 없다.
도적 (盜賊) 명 도둑.
도적 (圖籍) 명 **1** 지도(地圖)와 호적. **2** 그림과 책. **3** 도서(圖書).
도전 (挑戰) 명하자 **1** 상대와 맞서 싸움을 걺. ❏~에 응하다 / 정면으로 ~하다. **2** 어려운 사업이나 기록 경신에 맞섬의 비유. ❏신기록에 ~하다 / 정상에 ~하다.
도전 (渡田) 명 〔역〕 조선 때, 국가가 지정한 나루에 딸려 있던 논밭《나루의 비용에 썼음》.
도전 (盜電) 명하자 전력을 몰래 훔쳐 씀.
도:전 (導電) 명 〔물〕 전기의 전도(傳導).
도:전-율 (導電率)[-뉼] 명 〔물〕 전기 전도율.
도전-자 (挑戰者) 명 도전하는 사람.
도전-적 (挑戰的) 관명 어떤 일과 정면으로 맞서 해결하려는 성질이 있는 (것). ❏~ 성격 / ~(인) 태도.
도:정 (道政) 명 한 도(道)를 다스리는 정사.
도:정 (道程) 명 **1** 길의 이수(里數). **2** 여행의 경로. 여정(旅程).
도정 (搗精) 명하타 곡식을 찧거나 쓿는 일. 특히, 현미(玄米)를 찧거나 쓿어서 등겨를 내어 희고 깨끗하게 만듦.
도:정 (道正) 명 천도교에서, 포덕(布德) 500 집 이상을 가진 사람. 교구(敎區)를 관리하는 일을 맡음.
도정-료 (搗精料)[-뇨] 명 방앗삯.
도제 (徒弟) 명 서양 중세(中世)의 수공업에서, 직업에 필요한 지식·기능을 습득하기 위하여 전문적 지식을 가진 스승의 밑에서 일하던 어린 직공. ❏~ 교육.
도제 (陶製) 명 오지로 만들어져 있음. 또는 오지로 만든 물건.
도:제 (道制) 명 지방 행정 구획으로 도(道)를 두는 제도.
도:제 (道諦) 명 〔불〕 사제(四諦)의 하나로, 멸제(滅諦)에 이르는 길.
도제 (塗劑) 명 '도찰제(塗擦劑)' 의 준말.
도제 제:도 (徒弟制度) 〔역〕 중세 때, 수공업자가 기술을 전수할 제자를 키우던 제도.
도-제조 (都提調) 명 〔역〕 조선 때, 승문원·사역원·훈련도감 등 관청의 으뜸 벼슬.
도조 (賭租) 명 남의 논밭을 빌려서 부치고 그 세(稅)로 해마다 내는 곡식. 도지(賭地).
도:종-지 (道種智) 명 〔불〕 관음경의 삼지(三智)의 하나. 여러 도법을 배워 중생을 제도하는 보살의 지혜.
도죄 (徒罪) 명 〔역〕 도형(徒刑)을 받는 죄.
도죄 (盜罪) 명 절도죄 및 강도죄의 총칭.
도주 (逃走) 명하자 도망. ❏필사의 ~ / 산길을 타고 ~했다.
도주 (島主) 명 〔역〕 조선 때, 대마도의 영주(領主)를 일컫던 말.
도중 (徒衆) 명 사람의 무리.
도:중 (途中) 명 **1** 길을 가고 있는 동안. 왕래하는 사이. ❏집에 가는 ~에 친구를 만나다 / 여행 ~ 잠깐 들렀다. **2** 일이 끝나지 않고 진행되는 중간. ❏회의 ~ / 경기 ~에 부상을 당하다.
도중 (都中) 명 어떤 조직이나 단체의 안. 또는 그에 속하는 사람 전부.
도:중 (道中) 명 길 가운데. 노중(路中).
도:중-하차 (途中下車) 명하자 **1** 목적지에 이르기 전에 차에서 내림. **2** 시작한 일을 끝내지 않고 중간에 그만둠. ❏병으로 시험 직전에 ~하고 말았다.
도지 (賭地) 명 **1** 곡식이나 돈 따위로 대가를 치르고 빌려 쓰는 논밭이나 집터. **2** 도조(賭租). ❏~를 물다.
도:지개 명 틈이 나거나 뒤틀린 활을 바로잡는 틀. 활도지개.
  도지개(를) 틀다 구 얌전히 앉아 있지 못하고 몸을 이리저리 꼬며 움직이다.
도지게 명 〈옛〉 도지개.
도지기 명 논다니와 세 번째 관계하는 일. 또는 그런 사람.
도:지다[1] 자 **1** 나아가거나 나았던 병이 다시 심해지다. ❏상처가 ~. **2** 가라앉았던 노염이 다시 살아나다. ❏부아가 ~. **3** 없어졌던 것이 되살아나거나 다시 퍼지다. ❏술버릇이 ~.
도:지다[2] 형 **1** 매우 심하고 호되다. ❏도지게 꾸짖다 / 도지게 마음먹다. **2** 몸이 야무지고 단단하다. ❏팔뚝이 바윗돌처럼 ~.
도:-지사 (道知事) 명 한 도의 행정을 맡은 최고 책임자. 도백. ㉾지사.
도진 (渡津) 명 나루1.
도짓-논 (賭地-)[-진-] 명 빌리는 대가를 곡식이나 돈 따위로 내고 짓는 논. ❏~을 부쳐 먹다.
도짓-돈 (賭地-)[-지똔 / -짇똔] 명 **1** 한 해에

얼마씩의 이자를 주기로 하고 꾸어 쓰는 돈. 2 남의 논밭을 빌리는 대가로 내는 돈.

도짓-발 (賭地-)[-짱/-짇빵] 圐 빌리는 대가를 곡식이나 돈 따위로 내고 짓는 밭.

도짓-소 (賭地-)[-지쏘/-짇쏘] 圐 한 해에 얼마의 곡식을 내기로 쓰고 빌려 부리는 소.

도족 圐 〈옛〉 도둑.

도차 (陶車) 圐 물레2.

도-차지 (都-) 圐[하타] 어떤 사물을 혼자 지배하거나 차지하는 일. 독차지.

도-착 (到着) 圐[하자] 목적지에 다다름. ▢ ~ 시간 / ~을 기다리다 / ~이 늦어지다 / 목적지에 ~ 하다.

도-착 (倒錯) 圐[하자] 1 상하가 뒤바뀌어 서로 어긋남. 2 본능이나 감정 또는 덕성의 이상으로 인하여 사회도덕에 어긋된 행동을 보이는 일. ▢ 정신 ~ 증세를 보이다.

도-착-순 (到着順)[-쑨] 圐 일정한 곳에 도착한 순서. ▢ ~으로 원서를 접수하다.

도-착-장 (到着場)[-짱] 圐 비행기나 버스 따위가 도착하는 곳.

도-착-점 (到着點)[-쩜] 圐 도달점.

도찰 (刀擦) 圐[하타] 잘못된 글자나 그림을 칼로 긁어서 고침.

도찰 (塗擦) 圐[하타] 바르고 문지름.

도찰 요법 (塗擦療法)[-료뻡] 圐 『의』 약제를 피부에 발라 문질러서 몸속으로 스며들게 하는 치료법.

도찰-제 (塗擦劑)[-쩨] 圐 『의』 피부에 발라 문지르는 약제. 찰제. ▣도제(塗劑).

도참 (圖讖) 圐 장래의 길흉(吉凶)을 예언하는 술법. 또는 그러한 내용이 적힌 책. 정감록(鄭鑑錄) 따위.

도채-장이 (塗彩-) 圐 채색하는 일을 업으로 삼는 사람.

도:처 (到處) 圐 가는 곳. 여러 곳. 방방곡곡. ▢ ~에 산재하다 / ~에 도사린 위험.

도:처-선화당 (到處宣化堂) 圐 감사가 도내(道內)를 시찰할 때에 이르는 곳이 곧 선화당이 된다는 뜻에서, 가는 곳마다 대접을 잘 받음을 이르는 말.

도천 (渡天) 圐[하자] 천축(天竺)에 건너감.

도:천 (圖薦) 圐[하타] 『역』 감사가 자기 도내(道內)의 학식이 높고 유능한 인물을 임금에게 천거하던 일.

도천수관음-가 (禱千手觀音歌) 圐 『문』 신라 경덕왕 때, 희명(希明)이 지었다는 10구체 향가. 도천수대비가.

도천수대비-가 (禱千手大悲歌) 圐 『문』 도천수관음가.

도:첩 (度牒) 圐 『역』 고려·조선 때, 새로 승려가 되었을 때에 나라에서 내주던 신분 증명서.

도첩 (圖牒) 圐 그림첩.

도청 (淘淸) 圐[하타] 탁한 액체를 가라앉혀서 맑게 만듦.

도청 (都請) 圐[하타] 여러 가지를 한데 모아서 청구함.

도청 (盜聽) 圐[하타] 남의 대화나 전화 통화 따위를 몰래 엿듣거나 녹음하는 일. ▢ ~ 장치 / 전화를 ~하다.

도:청 (道廳) 圐 도의 행정을 맡아보는 지방 관청. ▢ ~ 소재지.

도:청도설 (道聽塗說) 圐 길거리에 떠돌아다니는 뜬소문.

도:체 (道體) 圐 도(道)를 닦는 사람의 체후(體候)라는 뜻으로, 한문 투의 편지 따위에서 상대방을 높여 이를 때 쓰는 말.

도체 (圖遞) 圐[하타] 자기의 벼슬이 바뀌기를 스

스로 꾀함.

도:체 (導體) 圐 『물』 열 또는 전기의 전도율이 비교적 큰 물체. ↔부도체.

도-체찰사 (都體察使)[-싸] 圐 『역』 조선 때, 전시(戰時)에 의정(議政)이 겸임하던 최고의 군직(軍職).

도총 (都總) 圐 도합(都合).

도-총관 (都摠管) 圐 『역』 조선 때, 오위도총부에서 군무를 총괄하던 정이품 벼슬.

도최 圐 〈옛〉 도끼.

도축 (屠畜) 圐[하타] 고기를 얻기 위해 가축을 잡아 죽임.

도축-세 (屠畜稅)[-쎄] 圐 『법』 지방세의 하나. 소나 돼지 따위의 도살을 업으로 하는 사람에게 부과함.

도축-장 (屠畜場)[-짱] 圐 도살장(屠殺場).

도출 (挑出) 圐[하타] 시비를 일으키거나 싸움을 걺. 도발.

도:출 (導出) 圐[하타] 어떤 생각이나 결론, 반응 따위를 이끌어 냄. ▢ 합의를 ~해 내다.

도충 (稻蟲) 圐 『동』 조충.

도충 (稻蟲) 圐 『충』 벼를 해치는 벌레의 총칭.

도취 (陶醉) 圐[하자] 1 술에 얼근히 취함. ▢ 미주(美酒)에 ~하다. 2 어떤 것에 마음이 끌려 홀린 듯이 빠져 듦. ▢ 승리감에 ~되다 / 그녀의 아름다운 모습에 ~하다.

도취 (盜取) 圐[하타] 도둑질하여 가짐.

도취-경 (陶醉境) 圐 1 술에 얼근히 취한 것처럼 기분이 아주 좋은 상태. 2 어떤 것에 마음을 빼앗겨 자기를 잃어버리는 황홀한 경지. ▢ ~에 빠지다 / ~을 맛보다.

도:치 (倒置) 圐[하타] 차례나 위치 따위가 뒤바뀜. 또는 차례나 위치 따위를 뒤바꿈.

도:치-법 (倒置法)[-뻡] 圐 정상적인 글의 순서를 뒤바꿈으로써 강조의 효과를 노리는 문장상의 한 표현 기법('보고 싶어, 고향이.' 따위). ↔정치법(正置法).

도침 (陶枕) 圐 1 자침(瓷枕). 2 도자기를 구울 때 그릇을 괴는 물건.

도침 (搗砧·擣砧) 圐[하타] 종이·피륙 따위를 다듬잇돌에 올려놓고 방망이로 두드려 반드럽게 함.

도침(을) 맞다 🄜 피륙·종이 같은 것이 다듬이질로 반드럽게 되다.

도치 圐 〈옛〉 도끼.

도-캐 圐 『민』 윷놀이에서, 도나 개. 또는 도와 개를 아울러 일컫는 말.

도캐-간 (-間) 圐 『민』 윷놀이에서, 도나 개 가운데 하나.

도-컬 圐 『민』 윷놀이에서, 도나 걸. 또는 도와 걸을 아울러 일컫는 말.

도컬-간 (-間) 圐 『민』 윷놀이에서 도나 걸 가운데 하나.

도킹 (docking) 圐[하자] 1 인공위성·우주선 등이 우주 공간에서 서로 결합하는 일. 2 배를 독(dock)에 넣는 일.

도타 (逃躱) 圐[하자] 도망하여 피신함. 도둔.

도타-이 🄫 도탑게. ⬤두터이.

도탄 (塗炭) 圐 몹시 괴롭거나 고통스러운 지경. ▢ 백성을 ~에 빠뜨리다.

도탑다 [-따] [도타워, 도타우니] 🄗🄗 인정이나 사랑이 많고 깊다. ▢ 도타운 정 / 신의가 ~ / 우정이 ~. ⬤두텁다.

도태 (淘汰) 圐[하타자] 1 여럿 중에서 불필요한 부분이 줄어 없어짐. ▢ 무능한 사람은 ~되기 마련이다. 2 물건을 물에 넣고 일어서 쓸

데없는 것을 흘려 버리고 좋은 것만 가림. **3** 〖생〗선택2.

도태-법(淘汰法)[-뻡]圓〖광〗비중(比重)의 차를 이용하여 광립(鑛粒)·광사(鑛砂) 등을 선별하는 방법.

도토(陶土)圓 도자기의 원료로 쓰는 진흙.

도토리圓 떡갈나무·갈참나무·상수리나무 등의 참나뭇과의 나무에 열리는 열매.
도토리 키 재기 〖관〗능력이나 크기 따위의 정도가 고만고만한 사람끼리 서로 다툼을 이름.

도토리-깍정이[-쩡-]圓 도토리의 밑을 싸 받치는 깍정이. 도토리받침.

도토리-나무圓〖식〗떡갈나무.

도토리-묵圓 도토리로 만든 묵.

도톨-도톨[튄해] 물건의 거죽이 들어가고 나오고 하여 매끈하지 않은 모양. ⊜두툴두툴.

도톨-밤圓 도토리같이 둥글고 작은 밤.

도톨왐圓〈옛〉도토리.

도톰-하다[혱웬] 알맞게 두껍다. ▢도톰한 입술. ⊜두툼하다. **도톰-히**[튄]

도통(悼痛)圓[해타] 다른 사람의 불행이나 죽음을 슬퍼함.

도통(都統)⊟圓 **1** 도합(都合). ▢쓴 돈이 얼마인가. ⊟[튄]〖역〗'도통사(都統使)'의 준말. ⊟[튄] 도무지. 전혀. ▢무슨 말인지 ~ 알 수 없다.

도-통(道通)圓[해자] 사물의 깊은 이치를 깨달아 잘 앎. ▢한학에 ~한 사람.

도-통(道統)圓 도학(道學)을 전하는 계통.

도통-사(都統使)圓〖역〗**1** 고려 때, 각 도의 군대를 통솔하려고 두었던 무관 벼슬. **2** 조선 고종 때, 무위영(武衛營)을 거느리던 장수.

도투락圓 '도투락댕기'의 준말.

도투락-댕기[-땡-]圓 어린 여자 아이가 드리는 자줏빛 댕기. ▢~를 드리다 / ~를 늘어뜨리다. ⊜도투락.

도투마리圓 베를 짤 때 날실을 감는 틀.
[도투마리 잘라 넉가래 만들기] 아주 만들기가 쉬운 일의 비유.

도트 프린터(dot printer)〖컴〗미세한 핀으로 잉크 리본을 두드려, 문자나 도형을 점의 집합으로 나타내는 인쇄 장치.

도틀어[튄] 도파니.

도톳랏圓〈옛〉멍아주.

도:-파(道破)圓[해타] **1** 끝까지 다 말함. **2** 딱 잘라 말함.

도:-파관(導波管)圓〖물〗마이크로파의 발진(發振)에 쓰는, 가운데가 빈 금속관.

도파니[튄] 이러니저러니 할 것 없이 죄다 몰아서. 통틀어. ▢길가 행상들이 ~ 쫓겨났다.

도판(圖版)圓〖인〗책에 실린 그림.

도편(刀鞭)圓 무장할 때 갖추는 칼과 채찍.

도편-각(圖偏角)圓 독도법에서, 진북(眞北)을 기준으로 도북(圖北)까지 잰 각도.

도-편수(都-)圓 집을 지을 때 책임을 지고 일을 지휘하는 목수의 우두머리.

도폐(刀幣)[-/-페]圓 중국 고대의 화폐《칼 모양인 청동제의 작은 돈임》.

도포(塗布)圓[해타] 약이나 페인트 따위를 걸에 바름.

도:포(道袍)圓 옛날에, 남자가 통상 예복으로 입던 겉옷. 옷 길이가 길고 소매가 아주 넓으며 등 뒤에는 한 폭의 헝겊이 덧붙음. ▢~자락(차림).

도:-포수(都砲手)圓 포수의 우두머리《여럿이 사냥할 때 자욱포수·몰이포수·목포수 들을 총지휘함).

도포-제(塗布劑)圓 **1** 피부·점막(粘膜) 등에 바르는 약. **2** 해충을 막기 위하여 나무줄기나 가지의 상한 곳에 바르는 약제.

도:-폭-선(導爆線)[-썬]圓〖군〗폭약을 아주 가느다란 금속관에 넣어서 종이·실 등으로 싸서 끈처럼 만든 도화선.

도표(道標)圓 도로의 뻗어 나간 방향이나 이정(里程) 등을 나타내어 길가에 세운 푯말.

도표(圖表)圓 **1** 그림으로 나타낸 표. 그림표. ▢~를 그리다. **2**〖수〗수학상의 함수(函數) 관계나 그 밖의 관계를 숫자와 직선 또는 곡선의 그림으로 나타낸 것.

도플러 효:과(Doppler效果)〖물〗파동원(波動源)과 관측자가 서로 상대적인 관계에서 운동할 때, 진동수가 정지되어 있을 때와는 달리 관측되는 현상(기차가 서로 스칠 때에 기적 소리가 높고 낮게 변화하는 따위).

도피(逃避)圓[해자] **1** 도망하여 몸을 피함. ▢~할 곳에 붙잡히다. **2** 돈이나 재산 등을 몰래 빼돌림. ▢외화 ~. **3** 어떤 일에서 몸을 사려 빠져나가거나 외면함. ▢현실에서 ~하여 침거하다.

도피 문학(逃避文學)〖문〗현실에 대한 참여를 멀리하고 소극적이고 비현실적인 세계를 지향하는 문학.

도피-사상(逃避思想)圓 현실 사회를 멀리 피하여 소극적인 안일(安逸)의 세계에 숨어 있으려는 사상. 은둔(隱遁)사상.

도피-처(逃避處)圓 도망하여 피할 곳. ▢이 층의 구석방이 그의 유일한 ~였다.

도피-행(逃避行)圓[해자] **1** 도망하여 피해 감. **2** 도피하여 떠나는 길. ▢사랑의 ~.

도필(刀筆)圓 **1** 중국에서, 종이가 발명되기 전에 대나무에 문자를 새길 때 쓰던 칼. 또는 그 잘못된 곳을 긁어 고치는 데 쓰던 칼. **2** 문서의 기록. 또는 그 기록을 맡아보던 관원.

도핑(doping)圓 운동선수가 좋은 성적을 내기 위하여 근육 강화제나 심장 흥분제 등을 복용하는 일.

도핑 테스트(doping test) 운동선수의 흥분제나 각성제 등의 복용 여부를 확인하기 위한 검사《소변을 채취하여 실시함》.

도하(都下)圓 **1** 서울 지방. **2** 서울 안. ▢~의 각 신문이 대서특필하다.

도하(渡河)圓[해자] 강이나 내를 건넘. 도강(渡江). ▢한강을 ~하여 피란했다.

도-하기(都下記)圓 지출한 돈머리를 몰아서 적은 기록.

도하 작전(渡河作戰)[-쩐]〖군〗하천을 건너 적을 공격하는 작전. 도강(渡江) 작전. ▢서울 탈환을 목표로 ~이 강행되었다.

도:-학(道學)圓 **1** 도덕에 관한 학문. **2** 성리학 또는 주자학. **3** 도교(道敎).

도:-학-군자(道學君子)[-꾼-]圓 도학을 닦아 덕행이 높은 사람. 도덕군자.

도:-학-선생(道學先生)[-썬-]圓 도덕의 이론에만 밝고 실제로 접하는 세상일에는 어두운 사람을 조롱하는 말.

도:-학-자(道學者)[-짜]圓 **1** 도학을 연구하는 학자. **2** 유교에서, 정주(程朱)의 학을 연구하는 학자. **3** 도학선생.

도:-학-파(道學派)圓 조선 초·중기 때, 사장파(詞章派)를 비평하고 도학을 중시하던 학파. ↔사장파.

도한(盜汗)圓 몸이 쇠약하여 잠자는 동안에 저절로 나는 식은땀.

도한(屠漢)圓 백장1.

도:-함수 (導函數)[-쑤] 몡 《수》 어떤 함수를 미분하여 내는 함수.

도합 (都合) 몡 모두 한데 합한 셈. 동통(都統). ❏남녀 ~ 스무 명이다.

도항 (渡航) 몡하타 배로 바다를 건너감.

도해 (渡海) 몡하타 바다를 건넘.

도해 (圖解) 몡하타 1 문자의 설명 속에 그림을 끼워서 그 부족함을 보조한 풀이. 2 그림으로 풀어 놓은 설명. 3 그림의 내용 설명.

도:현 (倒懸) 몡하자타 1 거꾸로 매달림. 또는 거꾸로 매닮. 2 위험이 아주 가까이 닥침.

도형 (徒刑) 몡《역》 오형(五刑)의 하나《복역 기한은 1년에서 3년까지 오등(五等)으로 나누고, 곤장 열 대와 복역 반년을 한 등(等)으로 하였음》.

도:형 (道兄) 몡 대종교에서, '도사교(都司教)'의 존칭.

도형 (圖形) 몡 1 그림의 모양이나 형태. 2 《수》 면(面)·선(線)·점 따위가 모여 이루어진 꼴《사각형·원·구 따위》. 3 도식(圖式).

도:호 (道號) 몡《불》 불도에 든 후의 이름.

도호-부 (都護府) 몡《역》 1 당나라 초에, 정복한 지역의 지배를 위하여 설치했던 기관. 2 고려에서 조선 고종 때까지, 군(郡) 위에 두었던 지방 관아.

도호부-사 (都護府使) 몡《역》 도호부의 으뜸 벼슬.

도:혼 (倒婚) 몡하자 역혼(逆婚).

도혼-식 (陶婚式) 몡 서양 풍습에서, 결혼 20주년을 기념하는 의식《부부가 서로 사기(沙器)로 된 물건을 선물로 주고받음》.

도홍 (桃紅) 몡 '도홍색(桃紅色)'의 준말.

도홍-색 (桃紅色) 몡 복숭아꽃 같은 엷은 분홍빛. ☞도홍.

도화 (桃花) 몡 복숭아꽃.

도:화 (道化) 몡하타 도법으로 교화함.

도화 (圖畵) 몡 1 그림과 도안. 2 그림을 그림.

도:화 (導火) 몡 1 폭약을 터지게 하는 불. 2 비유적으로, 사건 발생의 원인이나 동기.

도화-서 (圖畵署) 몡《역》 조선 때, 그림에 관한 일을 맡아보던 관아.

도:화-선 (導火線) 몡 1 화약이 터지도록 불을 붙이는 심지. ❏~에 불을 댕기다 / ~이 타들어 가다. 2 사건 발생의 직접적인 원인. ❏국교 단절의 ~이 되다.

도화-수 (桃花水) 몡 복숭아꽃이 필 무렵에 얼음이 녹아 흐르는 물이라는 뜻으로, 곧 봄철의 시냇물을 이르는 말.

도화-지 (圖畵紙) 몡 그림을 그리는 데 쓰는 종이의 총칭.

도회¹ (都會) 몡하자 《역》 계회(契會)·종회(宗會)·유림(儒林) 등의 총회.

도회² (都會) 몡 '도회지(都會地)'의 준말.

도회 (韜晦) 몡하타 1 자기의 재능·학식·지위·형적 등을 감춤. 2 종적을 감춤.

도회 문학 (都會文學) 《문》 도회지에서 생활하는 사람들의 모습과 사회상을 묘사한 문학. ⟶농촌 문학·전원 문학.

도회-병 (都會病)[-뼝] 몡 1 도시의 환경이나 생활 방식 때문에 도시에 사는 사람이 걸리기 쉬운 병《성병·신경 쇠약 따위》. 2 시골 사람이 도시를 동경하는 심리 상태. ❏시골 사람이 도시를 동경하여 섬을 떠났다.

도회-지 (都會地) 몡 사람이 많이 살고 있는 번화한 지역. 도시. ❏~의 뒷골목. ☞도회.

도:훈 (導訓) 몡하타 지도하여 가르침.

도흔 (刀痕) 몡 칼에 베인 흔적.

도-흥정 (都-) 몡하타 물건을 모개로 흥정함.

도거리흥정.

독 몡 운두가 높고 중배가 좀 부르며 전이 달린 오지그릇이나 질그릇. ❏김치를 ~에 담다 / 땅에 ~을 묻다.

독 안에 든 쥐 固 궁지에서 벗어날 수 없는 처지를 비유적으로 이르는 말.

독 안에 들다 固 이미 잡힌 것이나 다름없다. ❏독 안에 든 신세가 되다.

독 안에서 소리치기 固 평소에 남이 보지 않는 곳에서나 큰소리치고 잘난 척함을 비유적으로 이르는 말.

독 (毒) 몡 1 건강이나 생명에 해가 되는 성분. ❏온몸에 ~이 퍼지다. 2 '독약'의 준말. ❏~을 마시다 / 음식에 ~을 타다. 3 '독기'의 준말. ❏~을 품다. 4 '해독(害毒)'의 준말.

독(을) 올리다 固 ㉠독이 오르게 하다. ㉡남을 집적거려 독기가 치밀어 오르게 하다.

독(이) 오르다 固 독기가 치밀다.

독 (獨) 몡《지》 '독일(獨逸)'의 준말.

독 (櫝) 몡 '주독(主櫝)'의 준말.

독 (牘) 몡《악》 관악기의 하나. 1-2 m 되는 굵은 대통으로 만드는데, 속이 비고 밑은 터졌으며 그 끝에는 두 개의 구멍이 있음.

독 (dock) 몡 선거(船渠).

독 (獨) 투 일부 명사 앞에 붙어 '단독(單獨)'의 뜻을 나타냄. ❏~방 / ~무대 / ~차지.

독-가스 (毒gas) 몡《화》 독기가 있어 생물에 큰 해가 되는 가스《주로 군사상의 목적으로 사용됨》. ❏~는 무서운 화학 병기이다.

독가스-탄 (毒gas彈) 몡《군》 독가스를 넣어 만든 총탄·포탄이나 폭탄. ㉦가스탄.

독각 (獨脚) 몡 ㉠각. 외짝. 외다리.

독각-대왕 (獨脚大王)[-깍때-] 몡 1《민》 귀신의 하나. 2 성격이 괴팍하고 말썽이 많은 사람의 비유.

독감 (毒感)[-깜] 몡 1 지독한 감기. ❏~에 걸리다. 2 유행성 감기.

독-개미 (毒-)[-깨-] 몡 독을 지닌 개미.

독거 (獨居)[-꺼] 몡하자 혼자 삶. ❏타향에서 ~하는 신세. ⟶혼거(混居).

독거 감방 (獨居監房)[-꺼-] 한 사람의 죄수만을 가두는 감방. ㉦독방.

독경 (讀經)[-꼉] 몡하자 《불》 경문(經文)을 소리 내어 읽거나 욈. ❏은은히 들려오는 ~ 소리. ⟶간경(看經).

독경-대 (讀經臺)[-꼉-] 몡《불》 경전(經典)을 올려놓고 읽는 대.

독경-하다 (篤敬-)[-꼉-] 혱여 말과 행실이 착실하고 공손하다.

독공 (篤工)[-꽁] 몡하자 학업에 부지런히 힘씀.

독공 (獨工)[-꽁] 몡하타 혼자서 공부함. 또는 혼자서 일함.

독공 (獨功)[-꽁] 몡 판소리에서, 득음(得音)을 위한 발성 연습《토굴 또는 폭포 앞에서 하는 발성 연습 따위》.

독-과점 (獨寡占)[-꽈-] 몡 독점과 과점.

독과점 사:업 (獨寡占事業)[-꽈-] 《경》 어떤 사업 분야의 시장을 전적으로 또는 대부분 독차지하여 지배함으로써 실질적으로 경쟁함 없이 행하는 사업.

독교 (獨轎)[-꾜] 몡 1 말 한 마리가 끄는 가마. 2 소의 등에 싣고 뒤채를 소 모는 사람이 잡고 길잡이를 하며 가는 가마.

독균 (毒菌)[-꾼] 몡 독이 있는 균류(菌類).

독-그릇 [-끄륻] 몡 '도깨그릇'의 준말.

독-극물 (毒劇物)[-끙-] 몡《법》 약사법에서

규정하는 독물과 극물.

독기(毒氣)[-끼] 圀 1 독이 있는 기운. ❏온몸에 ～가 퍼지다. 2 사납고 모진 기운. ❏～를 품다 / 눈에 ～가 서리다. ⑥毒毒.

독-나다(毒-)[동] 困 1 독기가 퍼져 몸에 드러나다. 2 상처나 헌데 따위가 덧나다. ❏헌데가 ～. 3 사납고 모진 기운이 나다. ❏독난 눈을 부릅뜨다.

독-나방(毒-)[동][-] 圀 《충》 독나방과의 곤충. 몸빛은 황색, 앞날개의 편 길이는 3-4 cm이고, 중앙에 앞뒤로 넓은 갈색 띠가 있음. 다리에 연한 털이 많다. 이때 날개는 둥그스름함. 날개의 가루가 사람의 살갗에 닿으면 발진을 일으킴. 애벌레는 주로 활엽수의 잎을 갉아먹음.

독납(督納)[동-] 圀하타 세금을 바치도록 독촉함. 독세(督稅).

독녀(獨女)[동-] 圀 외딸.

독농(篤農)[동-] 圀 독농가.

독농-가(篤農家)[동-] 圀 농사를 성실하고 열심히 짓는 사람. 또는 그런 집. 독농. ❏그는 ～로서 자부심이 대단하다.

독-니(毒-)[동-] 圀 독을 분비하는 이. 독아.

독단(獨斷)[-딴] 圀하타 1 다른 사람과 의논하지 않고 혼자서 결단함. ❏～은 편견에 치우치기 쉽다. 2 《철》 근본적인 연구 없이 주관적인 편견으로 판단을 내림.

독단-론(獨斷論)[-딴논] 圀 《철》 1 충분한 근거나 명증(明證) 없이 주장하는 설. 2 이성만으로 실재(實在)가 인식된다고 주장하는 이론. 도그머티즘.

독단 비:평(獨斷批評)[-딴-] 圀 자기의 주견대로 판단하는, 객관성이 결여된 비평.

독단-적(獨斷的)[-딴-] 圀관 독단으로 하는 (것). 도그매틱. ❏～인 결정으로 주위의 불만을 샀다.

독단-주의(獨斷主義)[-딴-/-딴-] 圀 《철》 근본적 연구를 하지 않고 주관적 편견으로만 판단하는 태도. ↔비판주의.

독담(獨擔)[-땀] 圀하타 1 '독담당(獨擔當)'의 준말. 2 혼자서 부담함.

독담-당(獨擔當)[-땀-] 圀하타 혼자서 담당함. ⑥독담·독당.

독당(獨當)[-땅] 圀하타 '독담당(獨擔當)'의 준말.

독대(獨對)[-때] 圀하자 1 《역》 벼슬아치가 홀로 임금을 대하여 정치에 관한 의견을 아뢰던 일. 2 중요한 지위에 있는 높은 사람을 단독으로 면담하는 일. ❏대통령과 ～하다.

독도-법(讀圖法)[-또뻡] 圀 지도에 표시되어 있는 내용을 해독하는 기술.

독-동이[-똥-] 圀 독처럼 생긴 동이.

독두(禿頭)[-뚜] 圀 대머리.

독두-병(禿頭病)[-뚜뼝] 圀 《의》 머리카락이 차츰 빠져서 대머리가 되는 병.

독락(獨樂)[동낙] 圀하타 혼자서 즐김.

독려(督勵)[동녀] 圀하타 감독하며 격려함. ❏부하를 ～하다 / 생산성 향상을 ～하다.

독력(獨力)[동녁] 圀 혼자의 힘. ❏이 문제는 ～으로는 해결할 수 없다.

독로-시하(篤老侍下)[동노-] 圀 일흔 살이 넘은 부모를 모시고 있는 처지.

독료(讀了)[동뇨] 圀하타 독파(讀破).

독림-가(篤林家)[동님-] 圀 숲을 잘 가꿔 사회적으로 인정을 받은 사람.

독립(獨立)[동닙] 圀하자타 1 남에게 의지하지 않

고 따로 섬. ❏기술을 익힌 후 ～해 나갔다. 2 《정》 한 나라가 정치적으로 완전한 주권을 행사함. ❏～을 선포하다. 3 《법》 개인이 한 집안을 이루어 완전히 사권(私權)을 행사함. ❏분가해서 ～을 이루다. 4 다른 것과 완연히 별도임. ❏～ 초소.

독립-국(獨立國)[동닙꾹] 圀 완전한 주권을 가진 나라. 독립 국가.

독립-군(獨立軍)[동닙꾼] 圀 나라의 독립을 위하여 싸우는 군대.

독립-권(獨立權)[동닙꿘] 圀 한 나라가 외국의 간섭을 받지 않고 국내·국외의 문제를 처리해 나갈 수 있는 권리.

독립 기관(獨立機關)[동닙끼-] 다른 기관의 간섭을 받지 않고 오직 헌법과 법률에 의해서만 그 직무를 수행하는 기관(사법부·감사원 따위).

독립-독보(獨立獨步)[동닙똑뽀] 圀하자 1 독립독행. ❏～의 인간. 2 달리 나란히 견줄 만한 것이 없음.

독립-독행(獨立獨行)[동닙또캥] 圀하자 남에게 의지하지 않고 독자적으로 행동함. 독립독보. ❏～의 군은 의지.

독립-문(獨立門)[동닙-] 圀 1897년(광무 원년)에 독립 협회가 우리나라의 영구 독립을 선언하기 위하여 세운 문. 사적 제 32 호.

독립 변:수(獨立變數)[동닙 뻔-] 《수》 함수 관계에서, 다른 수의 변화와는 관계없이 독립적으로 변하는 수. 자변수(自變數). ↔종속변수(從屬變數).

독립불기(獨立不羈)[동닙뿔-] 圀 독립하여 어떤 것에도 매이지 아니함.

독립 사:건(獨立事件)[동닙 싸껀] 《수》 수학의 확률에서, 어떤 사건이 일어날 확률이 다른 사건이 일어날 확률에 영향을 주지 않는 경우의 사건. ↔종속 사건.

독립 사:상(獨立事象)[동닙 싸-] 《수》 '독립 사건'의 구용어.

독립 선언(獨立宣言)[동닙 써넌] 한 국가가 독립한다는 뜻을 국내외에 알림. 또는 그 선언. ❏～문(文)을 낭독하다.

독립-성(獨立性)[동닙썽] 圀 남에게 의지하거나 속박되지 않고 홀로 서려는 성질이나 성향(性向). ❏～이 강하다.

독립 성분(獨立成分)[동닙 썽-] 《언》 주성분이나 부속 성분과 직접적인 관계가 없이 그 문장에서 따로 떨어진 성분. 독립어가 이에 속함(감탄사·호칭어·접속어·지시어 따위). *주성분·부속 성분.

독립-심(獨立心)[동닙씸] 圀 남에게 의지하지 않고 세상을 살아가려는 마음.

독립-어(獨立語)[동니버] 圀 《언》 문장의 다른 성분과 분리되어 홀로 쓰이는 말(감탄사·호격 조사가 붙은 명사 같은 것).

독립 영양(獨立營養)[동닙녕-] 《생》 무기 화합물을 섭취하고, 그것을 원료로 체내에서 필요한 유기 화합물을 스스로 합성해 나가는 식물의 영양 섭취 양식(이산화탄소와 물에서 당(糖)을 광합성하는 녹색 식물, 화학 합성을 하는 일부 세균류 등이 그 예임).

독립의 법칙(獨立-法則)[동니븨-] 《생》 멘델의 유전 법칙의 하나. 두 쌍 이상의 대립 형질이 유전되는 경우, 각자의 대립 형질은 다른 형질에 관계없이 독립하여 유전한다는 법칙.

독립-인(獨立人)[동니빈] 圀 《법》 자기 힘으로 생계를 유지하고 권리를 행사할 수 있는 능력이 있는 사람.

독립-자존 (獨立自存)[동닙짜―] 圄 독립하여 자기 스스로의 힘으로 생존함.

독립-자존 (獨立自尊)[동닙짜―] 圄 독립하여 행세하며 자기의 인격과 위엄을 보전함.

독립-적 (獨立的)[동닙 쩍] 〔관〕 다른 것에 딸리거나 기대지 않는 (것). ▫ ~ 생활.

독립 채ː산제 (獨立採算制)[동닙―] 〔경〕 동일 기업의 한 부문을 다른 부문과는 독립하여 수지 조절을 꾀하는 경영법.

독말-풀 (毒―)[동―] 〔식〕 가지과의 한해살이풀. 줄기는 자주색이며 높이는 1~2 m, 한여름에 깔때기 모양의 자주색 꽃이 핌. 달걀 꼴의 잎과 검은 종자는 마취성의 독소가 들어 있어 최면제·진통제 등의 재료로 씀. 촌락 부근에 남.

독맥 (督脈)[동―] 圄 〔한의〕 기경(奇經)의 하나.

독-메 (獨―)[동―] 圄 외따로 떨어져 있는 조그만 산. 독산(獨山).

독목 (禿木)[동―] 圄 잎이 다 떨어져 앙상하게 된 나무.

독목-교 (獨木橋)[동―꾜] 圄 외나무다리.

독목-주 (獨木舟)[동―쭈] 圄 마상이2.

독-무대 (獨舞臺)[동―] 圄 1 배우 한 사람만이 와서 연기하는 무대. 2 혼자 차지하여 마음대로 활동을 하는 자리. 독판. ▫ 유유회에서의 장기 자랑은 그녀의 ~였다. *독천장.

독-무덤 (동―] 圄 시체를 큰 독이나 항아리 따위의 토기에 넣어 묻은 무덤. 옹관묘.

독-물 (毒―)[동―] 圄 짙은 빛깔의 반물.

독물 (毒物)[동―] 圄 1 독이 들어 있는 물질. 2 악독한 사람이나 짐승.

독물-학 (毒物學)[동―] 圄 독물의 작용이나 중독의 예방 및 치료 방법을 연구하는 학문.

독-바늘 (毒―)[―빠―] 圄 독침(毒針)1.

독방 (獨房)[―빵] 圄 1 혼자서 거처하는 방. 독실(獨室). 2 〔법〕 '독거 감방(獨居監房)'의 준말. ▫ ~에 수감되다.

독방-제 (獨房制)[―빵―] 圄 〔법〕 죄수를 감방에 홀로 가두어 두는 제도.

독배 (毒杯·毒盃)[―] 圄 독주(毒酒)나 독약이 든 그릇. ▫ ~를 들다.

독백 (獨白)[―빽] 圄하자 1 혼자 중얼거림. 2 무대에서 배우가 상대역 없이 혼자 말하는 행위. 또는 그런 대사. 모놀로그.

독백-체 (獨白體)[―빽―] 圄 독백하는 식으로 쓴 문체.

독-버섯 (毒―)[―뻐썯] 圄 〔식〕 독이 있는 버섯. 독이(毒栮).

독-벌 (毒―)[―뻘] 圄 〔충〕 독을 가진 벌. 독봉(毒蜂).

독-벌레 (毒―)[―뻘―] 圄 독을 가진 벌레. 독충(毒蟲).

독법 (讀法)[―뻡] 圄 글이나 책을 읽는 방법.

독별-나다 (獨別―)[―뻘라―] 圈 혼자 유별나다. ▫ 독별나게 굴다.

독보 (獨步)[―뽀] 圄하자 1 홀로 걸음. 2 남이 따를 수 없을 정도로 뛰어남.

독보 (橫褓)[―뽀] 圄 주독(主櫝)을 덮는 보. 신주보(神主褓).

독-보리 (毒―)[―뽀―] 圄 〔식〕 볏과의 한해살이풀. 높이 60~90 cm, 잎은 긴 선형. 열매에 독이 있음. 밭이나 거친 땅에 남.

독보-적 (獨步的)[―뽀쩍] 〔관〕 어떤 분야에서 남이 따를 수 없을 만큼 뛰어난 (것). ▫ ~지위 / 전통 공예에서 ~(인) 존재.

독본 (讀本)[―뽄] 圄 1 글을 읽어서 그 내용을 익히기 위한 책. ▫ 국어~ / 영어~. 2 전문 분야에 대한 기초적인 지식을 일반인들에게 전

달하기 위해 지은 입문서나 해설서. ▫ 의학 ~ / 인생 ~.

독봉 (毒蜂)[―뽕] 圄 독벌.

독부 (毒婦)[―뿌] 圄 성품이나 행동이 악독한 여자. *간부(奸婦).

독부 (獨夫)[―뿌] 圄 1 인심을 잃어 남의 도움을 받지 못하게 된 남자. 2 독신인 남자.

독불-장군 (獨不將軍)[―뿔―] 圄 1 무슨 일이든 자기 생각대로 혼자 처리하는 사람. ▫ 그는 ~이라 남의 의견은 안중에도 없다. 2 따돌림을 받는 외로운 사람. ▫ 그의 외고집이 자신을 ~으로 만들었다. 3 혼자서는 장군이 못된다는 뜻으로, 남과 협조하여야 한다는 말.

독사 (毒死)[―싸] 圄하자 독약에 의하여 죽음.

독사 (毒砂)[―싸] 圄 〔광〕 황비철석(黃砒鐵石).

독사 (毒蛇)[―싸] 圄 〔동〕 이빨에 독이 있어 독액을 분비하는 뱀의 총칭(살무사·코브라 따위). 독사뱀.
[독사 아가리에 손가락을 넣는다] 매우 위험한 행동을 한다.

독사 (讀史)[―싸] 圄하자 역사책을 읽음.

독-사진 (獨寫眞)[―싸―] 圄 혼자서 찍은 사진.

독산 (禿山)[―싼] 圄 벌거벗은 산. 민둥산.

독산 (獨山)[―싼] 圄 1 한 집안에서만 대대로 산소로 쓰는 산. 2 외따로 떨어져 있는 조그마한 산. 독메.

독-산림 (獨山林)[―쌀―] 圄 〔불〕 한 사람의 승려가 관리하는 절.

독살 (毒殺)[―쌀] 圄하타 독약을 사용하여 죽임. 독해(毒害).

독살 (毒煞)[―쌀] 圄 악에 받치어 생긴 모질고 사나운 기운.
독살(을) 부리다 句 독한 성미로 남을 못되게 저주하다.
독살(을) 피우다 句 독한 살기(殺氣)를 나타내다.

독-살림 (獨―)[―쌀―] 圄하자 1 부모나 남에게 의지하지 않고 혼자서 따로 사는 살림. ▫ ~을 차리다. 2 작은 절에서 본사(本寺)에 의지하지 않고 따로 꾸려 가는 살림.

독살-스럽다 (毒煞―)[―쌀―따] 〔―스러워, ―스러우니〕 圈 성품이나 행동이 살기가 있고 악독한 데가 있다. ▫ 독살스러운 여자. **독살-스레** [―쌀―] 團

독살-풀이 (毒煞―)[―쌀푸리] 圄하자 마음에 품고 있던 악독한 살기를 목적한 대상에게 실제로 나타냄. ▫ 독풀이.

독삼-탕 (獨蔘湯)[―쌈―] 圄 〔한의〕 맹물에 인삼 한 가지만 넣고 달인 약.

독상 (獨床)[―쌍] 圄 혼자 먹게 차린 음식상. ▫ ~을 받다 / ~을 차리다. ↔겸상.

독상 (獨相)[―쌍] 圄 〔역〕 조선 때, 삼정승(영의정·좌의정·우의정) 중 한 사람만이 자리에 있어 다른 부서 일까지 겸무하던 일.

독생-자 (獨生子)[―쌩―] 圄 〔기〕 하나님의 외아들인 예수의 일컬음.

독서 (讀書)[―써] 圄하자 책을 읽음. ▫ 가을은 ~의 계절이다.

독서 백편 의자통 (讀書百遍義自通) 句 같은 책을 백 번 되풀이하여 읽으면 저절로 뜻을 알게 된다는 말.

독-서당 (獨書堂)[―써―] 圄 집안의 사람들만을 가르치려고 차린 글방.

독서-당 (讀書堂)[―써―] 圄 〔역〕 조선 때, 문관 중에 뛰어난 젊은 벼슬아치를 뽑아 따로 휴가를 주어 오로지 학업만을 닦게 하던 서재.

[독서당 개가 맹자 왈 한다] 어리석은 사람도 늘 보고 들으면 그 일을 능히 잘할 수 있게 된다.
독서-삼도 (讀書三到)[-써-] 명 독서의 법은 '구도(口到)·안도(眼到)·심도(心到)'에 있다 함이니, 즉 입으로 다른 말을 아니하고, 눈으로는 딴 것을 보지 말고, 마음을 하나로 가다듬고 깊이 새기면 그 참뜻을 이해하게 된다는 말.
독서-삼매 (讀書三昧)[-써-] 명 오직 책 읽기에만 골몰함. ❑ ~에 빠지다.
독서-삼여 (讀書三餘)[-써사머] 명 독서에 알맞은 세 여가. 곧, 겨울·밤·비 올 때를 이름.
독서-상우 (讀書尙友)[-써-] 명 책을 읽음으로써 옛날의 현인들과 벗이 될 수 있다는 뜻.
독서 주간 (讀書週間)[-써-] 독서를 장려하기 위하여 특별히 설정한 주간《매년 가을에 시행함》.
독서-회 (讀書會)[-써-] 명 책을 서로 돌려 보며, 읽고 난 후에 감상과 의견을 서로 말하는 모임.
독선 (毒腺)[-썬] 명 〖생〗 독액을 분비하는 샘.
독선 (獨船)[-썬] 명 혼자 타려고 세를 주고 빌린 배.
독선(을) 잡다 구 배를 단독으로 세를 주고 빌리다.
독선 (獨善)[-썬] 명 **1** 자기 혼자만이 옳다고 생각하고 행동하는 일. ❑ ~은 위험한 결과를 초래한다. **2** '독선기신'의 준말.
독선-기신 (獨善其身)[-썬-] 명 남은 돌보지 않고 자기 한 몸의 처신만을 온전히 하는 일. 준독선.
독-선생 (獨先生)[-썬-] 명 한 사람 또는 정해진 몇 사람의 공부를 혼자서 맡아 가르치는 선생.
독선-적 (獨善的)[-썬-] 관명 독선에 치우친 (것). ❑ 그는 매사가 ~이다.
독선-주의 (獨善主義)[-썬- / -썬-이] 명 〖윤〗 남의 이해에는 상관하지 않고 자기 혼자만이 옳다고 하는 주의. ❑ ~적인 행태를 보이다.
독설 (毒舌)[-썰] 명 남을 사납고 날카롭게 매도(罵倒)하는 말. ❑ ~을 퍼붓다. *독필(毒筆).
독성 (毒性)[-썽] 명 독한 성질. ❑ ~이 강한 물질.
독성 (篤性)[-썽] 명 인정이 많은 성향.
독성 (瀆聖)[-썽] 명하자 〖가〗 신성한 것을 모독함. 신성 모독.
독세 (督稅)[-쎄] 명하타 독납(督納).
독소 (毒素)[-쏘] 명 **1** 〖화〗 유기 물질, 특히 고기·단백질 등이 썩어 생기는 유독성 물질. ❑ ~를 제거하다. **2** 아주 해롭거나 나쁜 요소. ❑ ~ 조항을 삭제하다.
독솔 명 〈옛〉 보득솔.
독송 (讀誦)[-쏭] 명하타 **1** 소리 내어 읽거나 외움. **2** 〖불〗 불경을 소리 내어 읽음. ❑ 경문을 ~하다.
독수 (毒手)[-쑤] 명 남을 해치려고 하는 악독한 수단. 독아(毒牙). ❑ ~에 걸려들다.
독수 (獨修)[-쑤] 명하타 독습(獨習).
독수-공방 (獨守空房)[-쑤-] 명 여자가 남편 없이 혼자 지냄. 독숙공방. ❑ ~의 설움.
독-수리 (禿-)[-쑤-] 명 〖조〗 수릿과의 크고 사나운 새. 날개 길이는 70-90 cm, 꽁지는 35-40 cm, 몸빛은 암갈색, 다리는 회색, 날카로운 부리와 발톱 및 예민한 시력과 후각으로 작은 동물을 잡아먹음.
독수리-자리 (禿-)[-쑤-] 명 〖천〗 여름 하늘의 대표적인 별자리. 궁수자리 북쪽에 있으며 독수리의 모양을 이룸. 우리나라에서는 9월 저녁 무렵에 볼 수 있음. 취좌(鷲座).
독숙 (獨宿)[-쑥] 명하자 혼자 잠.
독숙-공방 (獨宿空房)[-쑥꽁-] 명 독수공방.
독순-술 (讀脣術)[-쑨-] 명 상대방이 말할 때 입술이 움직이는 모양을 보고 말의 뜻을 아는 기술. 독순법(讀脣法). 독화술(讀話術).
독습 (獨習)[-씁] 명하타 스승 없이 혼자 배워 익힘. 독수(獨修).
독습 (讀習)[-씁] 명하타 글을 읽어서 스스로 배워 익힘.
독시 (毒矢)[-씨] 명 촉에 독을 바른 화살.
독시 (毒弑)[-씨] 명하타 독약으로 윗사람을 죽임.
독식 (獨食)[-씩] 명하타 **1** 혼자서 먹음. **2** 성과나 이익 따위를 혼자서 다 차지함의 비유. ❑ 이익을 ~하려 한다.
독신 (獨身)[-씬] 명 **1** 형제자매가 없는 사람. **2** 배우자가 없는 사람. ❑ ~ 여성 / 평생을 ~으로 지내다.
독신 (篤信)[-씬] 명하타 깊고 성실하게 믿음. 또는 그런 신앙이나 신념.
독신 (獨愼)[-씬] 명 **1** 혼자서 스스로 근신함. **2** 교도소에서, 규칙을 어긴 죄수를 독방에 가두어 근신시키는 일.
독신 (瀆神)[-씬] 명하자 신을 모독(冒瀆)함.
독신-녀 (獨身女)[-씬-] 명 배우자 없이 혼자 지내는 여자.
독신-자 (篤信者)[-씬-] 명 신앙심이 깊고 두터운 사람. 독실한 신자.
독신-주의 (獨身主義)[-씬- / -씬-이] 명 결혼하지 않고 평생을 독신으로 지내려는 주의.
독실 (獨室)[-씰] 명 독방1.
독실-하다 (篤實-)[-씰-] 형여 믿음이 두텁고 성실하다. ❑ 독실한 신자. **독실-히** [-씰-] 부
독심 (毒心)[-씸] 명 악독한 마음.
독심 (篤心)[-씸] 명 독실(篤實)한 마음.
독심-술 (讀心術)[-씸-] 명 표정이나 얼굴 근육에 나타나는 미세한 움직임을 보고 남의 생각을 알아내는 술법. ❑ ~을 익히다.
독아 (毒牙) 명 **1** 독액(毒液)을 분비하는 이. 독니. **2** 악랄한 수단. 독수(毒手). ❑ ~에 걸려들다.
독아 (毒蛾) 명 〖충〗 독나방.
독액 (毒液) 명 독기가 들어 있는 액체.
독야청청 (獨也靑靑) 명하형 홀로 푸르고 푸르다는 뜻으로, 높은 절개가 있음을 비유한 말. ❑ 백설이 만건곤할 때 ~하리라.
독약 (毒藥) 명 독성을 가진 약제《아비산·염산·모르핀·황린 따위》. 독제(毒劑). ❑ 좋은 약도 때에 따라 ~이 될 수 있다. 준독(毒).
독어[1] (獨語) 명하자 혼잣말.
독어[2] (獨語) 명 '독일어(獨逸語)'의 준말.
독언 (獨言) 명하자 혼잣말.
독연 (獨演) 명하자 다른 등장인물이 없이 혼자서 연기함. 또는 그런 연기.
독염 (毒焰) 명 **1** 독기를 내뿜는 불꽃. **2** 악독한 무리들이 피우는 독살스러운 기세. ❑ 폭력배들의 눈에 ~이 번뜩였다.
독와 (獨臥) 명하자 혼자서 누움.
독-와사 (毒瓦斯) 명 ☞ 독가스.
독우 (篤友) 명 **1** 정이 두터운 우애(友愛). **2** 정이 깊은 벗.
독우 (犢牛) 명 송아지.
독-우물 명 밑바닥이 없는 독을 묻어서 만든 우물. 옹정(甕井).

독음 (讀音)圈 1 글 읽는 소리. 2 한자의 음.
독이 (毒栮)圈〖食〗독버섯.
독인 (毒刃)圈 1 독을 묻힌 칼날. 2 남을 해치려고 휘두르는 흉한의 칼.
독일 (獨逸)圈 '도이칠란트'의 음역.
독일-무이 (獨一無二)圈圖圈 유일무이.
독일-어 (獨逸語)圈〖언〗독일 사람들이 쓰는 언어. 인도·유럽 어족(語族)의 게르만 어파(語派) 가운데 서(西)게르만 어군(語群)에 속하는 언어. 圖독어.
독임 (獨任)圈圈 한 사람에게 전부 맡김.
독자 (獨子)[-짜]圈 1 하나뿐인 아들. 외아들. 圈삼대~. 2 독신1.
독자 (獨自)[-짜]圈 1 자기 혼자. 回~ 노선. 2 그 자체로 특유함. 回~ 모델.
독자 (讀者)[-짜]圈 책·신문·잡지 따위의 출판물을 읽는 사람. 回~의 소리.
독자-란 (讀者欄)[-짜-]圈 신문·잡지 등에서 독자의 글을 싣는 난. 回~ 투고하다.
독자-적 (獨自的)[-짜-]圈 1 자기 혼자서 하는 (것). 2 다른 것과 달리 그 자체로 특유한 (것). 回~으로 연구하다.
독자-층 (讀者層)[-짜-]圈 특정 간행물의 독자가 속한 사회적 계층. 回이 잡지의 ~은 미혼 여성이 주류를 이룬다.
독작 (獨酌)[-짝]圈圈 혼자 술을 마심.
독장난명 (獨掌難鳴)[-짱-]圈 고장난명(孤掌難鳴).
독-장수 [-짱-]圈 독을 파는 일을 업으로 하는 사람.
독장수-셈 [-짱-]圈 실속 없는 셈이나 헛수고로 애만 씀의 비유.
독장-치다 (獨場-)[-짱-]재 어떤 판을 혼자서 휩쓸다. 독판치다. 回양궁 경기에서 한국 선수들이 독장쳤다. 圖장치다.
독재 (獨裁)[-째]圈圈재 1 어떤 분야에서 개인이나 단체의 우두머리가 권력을 차지해 모든 일을 상의 없이 독단으로 처리함. 回~ 정권 / ~에 저항하다. 2 '독재 정치'의 준말.
독재 정치 (獨裁政治)[-째-]圈 한 나라의 권력을 민주적인 절차를 무시하고 지배자 한 사람이 마음대로 행사하는 정치. 圖독재.
독전 (毒箭)[-쩐]圈 독시(毒矢).
독전 (督戰)[-쩐]圈圈 싸움을 감독하고 사기를 북돋아 주며 격려함.
독전-대 (督戰隊)[-쩐-]圈 예전에, 싸움터에서 자기편의 군사를 감독하고 사기를 북돋아 주며 격려하던 부대.
독-점 (-店)[-쩜]圈〖공〗도깨그릇을 가마에 구워 만드는 곳.
독점 (獨占)[-쩜]圈圈 1 독차지. 回인기를 ~하다. /특종 기사를 ~ 보도하다. 2〖경〗개인이나 단체가 시장을 지배하고 이익을 독차지함. 또는 그런 경제 현상. 回시장이 대기업에 의하여 ~되다. 圖독점(獨占).
독점 가격 (獨占價格)[-쩜까-]圈〖경〗독점에 의해 정해지는 가격. ↔경쟁 가격.
독점 기업 (獨占企業)[-쩜-]圈〖경〗시장을 독점하여 지배력을 행사하는 기업.
독점-물 (獨占物)[-쩜-]圈 전유물(專有物).
독점 사:업 (獨占事業)[-쩜-]圈〖경〗1 혼자 차지하여 경쟁 대상이 없는 사업. 2 정부가 독점적으로 벌이고 있는 사업(우편·철도 등의 사업).
독점 자본 (獨占資本)[-쩜-]圈〖경〗생산과 자본을 고도로 집중하여 독점함으로써 성립되는 거대한 기업 자본.
독점 자본주의 (獨占資本主義)[-쩜-/-쩜-

이]〖경〗자유 경쟁으로 소자본가가 몰락하고, 소수의 대자본가가 결합하여 트러스트·신디케이트 등의 형태로 시장을 독점하는 단계의 경제 제도.
독점-적 (獨占的)[-쩜-]圈圈 물건이나 자리를 독차지하는 (것). 回경제계에서 ~ 지위를 차지하다.
독제 (毒劑)[-쩨]圈 독성이 있는 약제.
독존 (獨存)[-쫀]圈재 홀로 존재함.
독존 (獨尊)[-쫀]圈圈 자기 혼자만 존귀함.
독존-적 (獨尊的)[-쫀-]圈圈 혼자만 존귀한 (것). 回~ 존재.
독종 (毒種)[-쫑]圈 1 성질이 매우 독한 사람. 回여간 ~이 아니면 해내기 힘든 일이었다. 2 성질이 매우 독한 짐승의 품종.
독좌 (獨坐)[-쫘]圈재 홀로 앉아 있음.
독좌-상 (獨坐床)[-쫘-]圈 전통 혼례에서, 신랑·신부가 서로 절할 때에 차려 놓는 음식상. 또는 그 음식을 벌여 놓는, 붉은 칠을 한 상.
독주 (毒酒)[-쭈]圈 1 매우 독한 술. 2 ~를 단숨에 들이켜다.
독주 (獨走)[-쭈]圈재 1 혼자서 뜀. 回마라톤에서 줄곧 ~하게 하는 경기이다. 2 경주 등에서 남을 앞질러 혼자서 앞서 나감. 3 남을 아랑곳하지 않고 자기 혼자서 행동함. 回행정부의 ~를 견제하다.
독주 (獨奏)[-쭈]圈圈 〖악〗한 사람이 주체가 되어 악기를 연주함. 回피아노 ~를 하다. *합주·중주(重奏).
독주-가 (獨奏家)[-쭈-]圈 독주를 전문으로 하는 음악가.
독주-곡 (獨奏曲)[-쭈-]圈 〖악〗독주를 위하여 지은 곡. *합주곡(合奏曲).
독주-회 (獨奏會)[-쭈-]圈 〖악〗한 사람이 연주하는 음악회. 回바이올린 ~.
독지 (篤志)[-찌]圈 도탑고 친절한 마음.
독지-가 (篤志家)[-찌-]圈 1 마음이 독실한 사람. 2 사회사업이나 공공의 일에 특히 마음을 쓰고 협력·원조하는 사람. 回~의 도움으로 학업을 계속하다.
독직 (瀆職)[-찍]圈圈 직책을 더럽힘(특히, 공무원이 지위나 직무를 남용하여 부정행위를 저지르는 일). 回~ 사건.
독직-죄 (瀆職罪)[-찍쬐]圈〖법〗공무원이 옳지 못한 행위로 직책을 더럽힌 죄.
독질 (毒疾)[-찔]圈 잘 낫지 않는 지독한 병.
독질 (篤疾)[-찔]圈 매우 위독한 병.
독-차지 (獨-)圈圈재 혼자서 모두 차지함. 독점(獨占). 回이익을 ~하다.
독창 (禿瘡)圈 머리에 생기는 피부병의 하나. 군데군데 홍색 반점이 생겨 그곳의 머리털이 빠짐.
독창 (毒瘡)圈 악성의 부스럼.
독창 (獨窓)圈〖건〗문짝이 하나로 된 창.
독창 (獨唱)圈圈자타〖악〗혼자서 노래를 부름. 또는 그 노래. 회~. *중창·제창·합창.
독창 (獨創)圈圈 혼자의 힘으로 새롭고 독특한 것을 처음으로 생각해 내거나 만들어 냄.
독창-력 (獨創力)[-녁]圈 새롭고 독특한 것을 처음으로 만들어 내는 재주나 능력.
독창-성 (獨創性)[-썽]圈 독창적인 성향이나 성질. 回~을 살리다.
독창-적 (獨創的)圈圈 자기 혼자의 힘만으로 생각해 내거나 처음으로 만들어 내는 (것). 回~(인) 작품.
독창-회 (獨唱會)圈 한 사람이 노래하는 음악

회. ▢~를 열다.

독-채(獨一)[명] **1** 따로 떨어져 하나로 된 집채. **2** 한 세대가 전체를 사용하는 집채. 독챗집. ▢~에 세 들어 살다.

독챗-집(獨一)[-채찝]←-챈쯥] [명] 독채2.

독거(獨居)[명][하자] 홀로 거처함. 독거(獨居).

독천(獨擅)[명][하자] 제 마음대로 행동함.

독천-장(獨擅場)[명] 자기 마음대로 행동하는 장소. *독무대(獨舞臺).

독청-독성(獨淸獨醒)[-썽] [명] 혼탁한 세상에서 다만 홀로 깨끗하고 정신이 맑음.

독초(毒草)[명] **1** 독풀. **2** 몹시 쓰고 독한 담배. ▢~를 피우다.

독촉(督促)[명][하타] 어떤 일이나 행동을 빨리 하라고 재촉함. ▢~을 받다 / ~이 성화같다 / 빚 ~에 시달리다.

독촉-장(督促狀)[-짱] [명] 약속이나 의무 이행을 독촉하는 문서. ▢빨리 세금을 납부하라는 ~을 받다.

독축(讀祝)[명][하자] 축문이나 제문을 읽음.

독충(毒蟲)[명] **1** 독벌레. **2**〖동〗살무사.

독칙(督飭)[명][하타] 감독하고 타이름.

독침(毒針·毒鍼)[명] **1** 벌·개미·전갈 따위의 꽁무니 끝에 있는, 독을 내쏘는 바늘 같은 기관. 독바늘. **2** 남을 해치거나 사냥할 때 쓰는, 독을 묻힌 바늘이나 침.

독침(獨寢)[명][하자] **1** 혼자서 잠. **2** 부부가 함께 자지 않고 따로 잠.

독탕(獨湯)[명] 혼자서 따로 쓰도록 된 목욕탕. ––하다[자여] 혼자서 따로 쓰는 목욕탕에서 목욕하다.

독트린(doctrine)[명] 교리·교지(教旨)·학설·교훈 등의 뜻으로, 국제 관계에서 어떤 나라가 그 나라의 정책상의 원칙을 공식적으로 표명한 것. ▢닉슨 ~.

독특(獨特)[명][하형][부어] **1** 특별하게 다름. ▢~한 맛. **2** 월씬 뛰어남.

독특-성(獨特性)[-썽] [명] **1** 특별하게 다른 성질. **2** 다른 것과 비교도 안 될 만큼 훌륭한 성질.

독파(讀破)[명][하타] 처음부터 끝까지 다 읽음. 독료(讀了). ▢책을 단숨에 ~하다.

독-판(獨一)[명] 혼자 두드러지게 활약하는 자리. 독무대(獨舞臺).

독판-치다(獨一)[자] 독장치다.

독-풀(毒一)[명] 독이 있는 풀. 독초.

독-풀이(毒一)[명] '독살풀이'의 준말.

독필(禿筆)[명] **1** 끝이 거의 닳은 붓. 몽당붓. **2** 자신이 쓴 글을 겸손하게 이르는 말.

독필(毒筆)[명] 남을 비방·중상하여 해치려고 놀리는 글. ▢~로 인신공격을 하다.

독-하다(毒一)[도카-][형][여] **1** 독기가 있다. **2** 맛·냄새가 지나치게 진하다. ▢독한 술 / 독한 냄새. **3** 성질이 모질고 잔인하다. ▢독한 성격. **4** 참고 견디는 힘이 굳세다. ▢독하게 마음을 먹다.

독학(督學)[도칵][명][하자] 학교의 행정이나 학업에 관한 일을 감독함. 또는 그런 일을 하는 사람.

독학(篤學)[도칵][명][하타] 학문에 충실함.

독학(獨學)[도칵][명][하자] 스승 없이 또는 학교에 다니지 않고 혼자 공부함. ▢~으로 고시에 합격하다 / 붙어하다 ~하다.

독항-선(獨航船)[도캉-][명] 원양 어업에서, 고기를 잡아 모선(母船)에 넘기는 작은 어선.

독해(毒害)[도캐][명][하타] 독약으로 남을 죽임.

독살.

독해(獨害)[도캐][명] 혼자서만 입는 해.

독해(讀解)[도캐][명][하타] 글을 읽어 뜻을 이해함. ▢~하기 까다로운 문장.

독해-력(讀解力)[도캐-][명] 글을 읽어서 이해할 수 있는 능력. ▢영어 회화는 잘하는데 ~이 부족하다.

독행(篤行)[도캥][명] 성실하고 친절한 행실.

독행(獨行)[도캥][명][하타] **1** 혼자 길을 감. **2** 혼자의 힘으로 일을 함. ▢~으로 성공을 이루다. **3** 세속을 따르지 않고 높은 지조로 혼자 나아감. 독왕(獨往).

독혈(毒血)[도켤] [명] 병독(病毒)이 섞인 피. 또는 나쁜 피. ▢~을 뽑아내다.

독혈-증(毒血症)[도켤쯩] [명]〖의〗혈액 전염병의 하나. 피가 세포에서 생기는 독소의 작용에 의해 침해당하는 증세. 독소혈증(毒素血症).

독호(獨戶)[도코][명] **1** 늙도록 아들이 없는 구차한 집안. **2** 온전한 한 집 몫으로 세금이나 추렴을 내는 집. *반호(半戶).

독-화살(毒一)[도콰-][명] 촉에 독을 묻힌 화살. 독시(毒矢).

독활(獨活)[도콸][명] **1**〖식〗멧두릅. **2**〖한의〗멧두릅의 뿌리. 토당귀(土當歸).

독회(讀會)[도쾨][명] 의회에서 의안을 신중히 심의하기 위해 세 단계로 나누어 심의하는 일. 또는 그런 모임.

독후(篤厚)[도쿠][명][하형] 성실하고 친절하며 인정이 두터움.

독후-감(讀後感)[도쿠-][명] 책을 읽고 난 뒤의 느낌. 또는 그 감상을 적은 글. ▢위인전의 ~을 모집하다.

독흉(獨凶)[도큥][명] 풍년이 든 해에 한 지방이나 한 사람의 논밭만이 당하는 흉년. 독흉년.

독-흉년(獨凶年)[도큥-][명] 독흉.

돈:[명] **1** 상품의 교환 가치를 나타내며 상품 교환을 매개하는 가치 저장의 수단이 되는 물건. 금전. 화폐(貨幣). ▢~을 세다 / ~을 쓰다 / 빌린 ~을 갚다 / 물건을 사고 ~을 치르다. **2** 재산. ▢많은 사장 / ~을 모으다. 〓[의]〔옛날 엽전의 열 푼. ▢엽전 한 ~ 두 푼. **2** 귀금속·한약재 등의 무게의 단위로, 한 푼의 열 갑절. 돈쭝. ▢한 ~짜리 금반지.

[**돈만 있으면 귀신도 부릴 수 있다**] 돈만 있으면 세상에 못할 일이 없다는 말. [**돈 모아 생각 말고 자식 글 가르쳐라**] 가장 훌륭한 재산은 지식이란 말. [**돈만 있으면 개도 멍첨지라**] 천한 사람도 돈만 있으면 남들이 귀하게 대접해 준다. [**돈에 침 뱉는 놈 없다**] 누구나 돈을 소중히 여긴다는 말.

돈(을) 굴리다[관] 돈을 여기저기 빌려 주고 이익을 늘리다.

돈을 만지다[관] 어떤 일을 하여 돈을 벌다.

돈을 먹다[관]〈속〉뇌물을 받다.

돈을 뿌리다[관] 돈을 아끼지 않고 여기저기 함부로 쓰다.

돈이 썩다[관] ㉠돈의 가치가 없다. ㉡반어적으로, 돈이 많다.

돈(噸)[의명] '톤(ton)'의 한자말.

돈:-가방[명] 돈을 넣어서 들거나 메고 다니는 가방.

돈-가스(일 とんカツ)[명] 포크커틀릿.

돈:-거리[-꺼-][명] 돈으로 바꿀 수 있는 물건. ▢~가 될 만한 것.

돈견(豚犬)[명] **1** 돼지와 개. **2** 자기 아들을 겸손하게 일컫는 말. 돈아(豚兒).

돈:-고지[-꼬-][명] 엽전 모양으로 둥글게 썰

어서 말린 호박고지.

돈:-구멍 [-꾸-]圓 **1** 쇠붙이 돈에 뚫린 구멍. **2** 돈이 생겨 나올 방도. ▣~을 찾다.

돈:-궤 (-櫃)圓 돈이나 중요한 물건을 넣어 두는 궤. 금고. ▣~가 비다 / ~를 털다.

돈:-길 [-낄]圓 돈이 융통되는 길. ▣~이 막히다.

돈:-꿰미圓 예전에, 엽전을 꿰는 꿰미. 또는 그 뭉치.

돈-나무圓〖植〗돈나뭇과의 상록 활엽 관목. 따뜻한 지방의 해변에 남. 높이 2~3 m, 잎은 혁질로 광택이 남. 5~6월에 다섯잎꽃이 피는데, 백색에서 황색으로 변함(관상용으로 재배함). 섬엄나무.

돈:-내기圓하자 **1** 돈을 걸고 하는 내기. ▣~장기. **2** 도박1.

돈:-냥 (-兩)圓 (주로 '돈냥이나'의 꼴로 쓰여) 그다지 많지 않은 돈. 돈닢. 돈푼. ▣~이나 있다고 으스댄다.

돈녕 (敦寧)〖역〗'돈령'의 본딧말.

돈녕-부 (敦寧府)圓〖역〗'돈령부'의 본딧말.

돈:-놀이圓하자 남에게 돈을 빌려 주고 이자 받는 것을 업으로 하는 일. 대금업. ▣~해서 재미를 보다.

돈:놀이-꾼圓 돈놀이로 업을 삼는 사람. 대금업자.

돈:-닢 [-닙]圓 **1** 쇠붙이로 된 돈의 낱개. **2** 돈냥. ▣~깨나 모았다.

돈:-다발 [-따-]圓 지폐 여러 장의 묶음.

돈대 (墩臺)圓 조금 높직한 평지.

돈:-더미 [-떠-]圓 돈을 쌓아 놓은 더미라는 뜻으로, 매우 많은 돈을 이르는 말.

돈더미에 올라앉다 苞 갑자기 많은 돈을 벌어 부자가 되다.

돈:-도지 (-賭地)[-또-]圓 빚돈을 쓰고 해마다 돈이나 곡식으로 얼마씩 이자를 내는 도조(賭租). ▣~를 쓰다.

돈:-독 (-毒)[-똑]圓 돈을 지나치게 밝히는 경향의 비유. ▣~이 오르다.

돈독-하다 (敦篤-)[-또카-]형여 도탑고 성실하다. ▣돈독한 우의. **돈독-히** [-또키]분. ▣우정을 ~ 하다.

돈:-돈 [-똔]圓 몇 돈으로 헤아릴 만한 적은 액수의 돈.

돈:-쭝 [-똔-]圓 저울로 달아서 몇 돈쭝이 될 만한 무게.

돈둑 [-막]圓 돈대(墩臺)의 비탈진 바닥.

돈:-등화 (-燈花)圓 촛불이나 등잔불의 심지 끝에 동그랗게 앉은 불똥.

돈령 (敦寧)[돌-]圓〖역〗조선 때, 왕실의 친척을 므르던 말.

돈령-부 (敦寧府)[돌-]圓〖역〗조선 때, 돈령의 친목을 위한 사무를 맡아보던 관아.

돈:-만 (-萬)圓 예전에, 만(萬)으로 헤아릴 정도의 많은 돈을 이르던 말. 전만(錢萬). ▣~이나 들겠네.

돈:-맛 [-맏]圓 돈을 쓰거나 모으거나 버는 재미. ▣~을 보다 / ~을 알다 / ~이 들다.

돈:-머리圓 얼마라고 이름을 붙인 돈의 액수. 머리. 머릿수. ▣~를 헤아리다 / ~가 크다.

돈모 (豚毛)圓 저모(猪毛).

돈목 (敦睦)圓하다(히부) **1** 정이 두텁고 화목함. ▣~하게 지내다. **2** 돈녕(敦寧).

돈:-바르다 [돈발라, 돈바르니]형르 성미가 너그럽지 못하고 까다롭다. ▣돈바른 성격.

돈:-반 (-半)圓 **1** 한 돈에 닷 푼을 더한 무게. ▣~짜리 금반지. **2** 엽전의 한 돈 닷 푼.

돈:-반 (頓飯)圓하다 한꺼번에 밥을 많이 먹음.

돈:-방석 (-方席)[-빵-]圓〈속〉돈을 매우 많이 가지고 있음을 비유한 말.
　돈방석에 앉다 苞 아주 많은 돈을 가져 편안한 처지가 되다.

돈:-백 (-百)[-빽]圓 백으로 헤아릴 정도의 돈. 전백(錢百). ▣월급이래야 고작 ~ 받지.

돈:-벌이 [-뻐리]圓하자 돈을 버는 일. ▣~가 되다 / ~가 좋다 / ~에 나서다 / ~에 여념이 없다 / ~가 신통치 않다.

돈:-벌레 [-뻘-]圓 **1** 돈을 지나치게 밝히는 사람을 낮잡아 이르는 말. **2**〖동〗'그리마'를 달리 이르는 말.

돈:-벼락 [-뼈-]圓 돈이 갑자기 한꺼번에 많이 생김을 벼락에 비유한 말. ▣~을 맞다 / ~이 떨어지다.

돈:-변 (-邊)[-뼌]圓 돈변리.

돈:-변리 (-邊利)[-뼐-]圓 빌린 돈의 이자. 돈변. ▣월 2부의 ~로 돈을 빌리다.

돈:-복 (-福)[-뽁]圓 돈을 많이 가지게 되는 타고난 복.

돈:-복 (頓服)圓하타 약 따위를 나누지 않고 한꺼번에 다 먹음. ▣~약.

돈사 (豚舍)圓 돼지우리.

돈:-사 (頓死)圓하자 갑작스럽게 죽음. 급사.

돈:-사 (頓寫)圓하타〖불〗불경을 급히 베낌. 또는 그 방법.

돈:-사의圓 예전에, 돈을 냥 단위로 세고 남은 돈의 단위. ▣한 냥 ~.

돈:-세탁 (-洗濯)圓하타 비자금·탈세·뇌물·범죄 따위와 관련된 부정한 돈을 정당한 돈처럼 탈바꿈하여 자금 출처의 추적을 어렵게 하는 일.

돈:-수 (頓首)圓하자 **1** 머리가 땅에 닿도록 절함. **2** 편지의 끝에 '경의를 표함'의 뜻으로 쓰는 말.

돈:-수재배 (頓首再拜)圓하자 머리가 땅에 닿도록 두 번 절함. 또는 그 절.

돈아 (豚兒)圓 가아(家兒).

돈역 (豚疫)圓 돈역균에 의한 돼지의 전염병.

돈역-균 (豚疫菌)[도녁뀬]圓 돼지에게 패혈증을 일으키는 병균.

돈:-연-하다 (頓然-)형여 **1** 조금도 돌아봄이 없다. **2** 소식이 끊어져 감감하다. **돈:-연-히**분. ▣소식을 ~ 모르고 지내다.

돈:-오 (頓悟)圓하타 **1** 별안간 깨달음. **2**〖불〗대승의 깊고 묘한 교리를 듣고 단번에 깨닫는 일.

돈육 (豚肉)圓 돼지고기.

돈:-저냐圓 쇠고기·돼지고기·생선 따위의 살과 두부, 파 따위를 잘게 다져서 섞어 엽전 모양으로 동글납작하게 만들어 밀가루를 묻히고 달걀을 씌워 지진 저냐.

돈:-절 (頓絶)圓하자 편지나 소식 따위가 딱 끊어짐.

돈:-점-박이 (-點-)圓 **1** 몸에 돈짝만 한 점이 박힌 말. **2**〖동〗표범. **3** 검은 바탕에 다른 색의 돈짝만 한 점이 드문드문 있는 연.

돈정 (頓定)圓하타 자리를 잡아서 확실하게 정함. 뇌정(牢定).

돈종 (敦宗)圓하자 동성동본인 일가 사이가 화목함.

돈:-좌 (頓挫)圓하자 기세·사업 등이 중도에서 갑자기 꺾이거나 틀어짐.

돈:-주머니 [-쭈-]圓 **1** 돈을 넣어 두는 주머니. 돈을 허리에 차다. ▣~를 차다. **2** 돈이 나올 원천의 비유. ▣남편이 ~를 쥐고 있다.

돈:-줄 [-쭐] 圓 돈을 융통해서 쓸 수 있는 연줄. 자금줄. ◻~을 잡다 / ~이 끊어지다 / ~을 막다.

돈지 (豚脂) 圓 돼지기름.

돈:-지갑 (-紙匣)[-찌-] 圓 돈을 넣는 지갑.

돈:-지랄 [-찌-] 圓하자 (俗) 분수없이 돈을 함부로 쓰는 짓. ◻~이 나다 / ~로 호화 주택을 짓다.

돈:-질 圓하자 노름판에서, 내기에 건 돈을 주고받는 짓.

돈:-짝 圓 엽전의 크기. ◻하늘이 ~만 하게 보이더니 정신을 잃었다.

돈:-쭝 圓 약이나 금·은 등의 무게를 다는 단위. ◻금 두 ~.

돈:-천 (-千) 圓 천으로 헤아릴 만큼 적지 않은 돈. 전천(錢千).

돈:-치기 圓하자 동전을 땅바닥에 던져 놓고 그것을 맞히는 내기를 하는 놀이.

돈:-치다 圄 내기로 돈치기할 때, 돈을 던지고 목대로 맞히다.

돈친 (敦親) 圓하형 친족끼리나 친척끼리 화목함. 돈목(敦睦).

돈키호테-형 (Don Quixote型) 圓 《心》 현실을 무시한 독선적인 정의감에 이끌려 이상을 향해 저돌적으로 행동하는 성격의 인물형. *햄릿형.

돈:-타령 圓하자 돈이 없다고 늘어놓는 푸념이나 사설.

돈:-팔이 圓 1 학문·기술·예술 따위를 돈벌이로만 써먹으려고 하는 일을 낮잡아 이르는 말. 2 ☞ 돈팔이.

돈:-표 (-票) 圓 수표·어음 등 현금과 바꿀 수 있는 표. ◻~를 받다.

돈:-푼 圓 돈냥. ◻~깨나 있다고 까불다 / ~이나 만진다고 겁적댄다.

돈피 (豚皮) 圓 돼지의 가죽.

돈피 (獤皮) 圓 1 노랑담비의 모피(毛皮). 2 담비 종류 동물의 모피를 통틀어 이르는 말. 사피(斜皮). 초피(貂皮). ◻~ 이불.

돈:-하다 圄형 1 매우 단단하고 세다. 2 엄청나게 무겁다.

돈:-호법 (頓呼法)[-뻡] 圓 《言》 사람이나 사물의 이름을 불러 주의를 환기시키는 수사법. '여러분!', '산아! 푸른 산아!' 따위.

돈 후안 (Don Juan) 1 방탕 생활을 한 중세에 스파냐의 전설적인 귀족. 2 방탕아. 바람둥이. 오입쟁이.

돈후-하다 (敦厚-) 형에 인정이 두텁고 후하다. 돈독(敦篤)하다. ◻성정이 ~. **돈후-히** 튀

돋가이 튀 〈옛〉 도탑게.

돋구다 [-꾸-] 圄 1 더 높게 하다. ◻안경의 도수(度數)를 ~. 2 ☞ 돋우다.

돋다 [-따] 圄 1 해나 달이 하늘에 솟아오르다. ◻해가 ~. 2 속에서 생겨서 겉으로 나오다. ◻싹이 ~ / 날개가 ~. 3 살갗에 어떤 것이 우불두불하게 내밀다. ◻두드러기가 ~. 4 감정이나 기색이 생겨나다. ◻얼굴에 생기가 ~. 5 입맛이 당기다. ◻밥맛이 돋아 밥을 두 그릇이나 먹었다.

돋다² 圄 ☞ 돋우다.

돋보기 [-뽀-] 圓 1 노인이 쓰는, 작은 글자나 물건이 크게 보이는 안경. 2 확대경.

돋보기-안경 (-眼鏡)[-뽀-] 圓 돋보기1.

돋-보다 [-뽀-] 圄 '도두보다'의 준말. ↔낮보다.

돋-보이다 [-뽀-] 圄 '도두보이다'의 준말. ◻

기량이 ~.

돋-뵈다 [-뾔-] 圄 '도두보이다'의 준말.

돋아-나다 圄 1 해·별 따위가 하늘에 또렷이 솟아오르다. 2 겉으로 또렷이 나오거나 나타나다. ◻새싹이 ~. 3 살갗에 우둘두둘하게 내밀어 오르다. ◻땀띠가 ~.

돋우다 圄 1 위로 끌어 올려 높아지거나 도드라지게 하다. ◻발끝을 ~. 2 《'돋다⁴'의 사동》 기분·느낌·의욕 등의 감정을 자극하여 일어나게 하다. ◻신경을 ~ / 용기를 ~. 3 밑을 괴거나 쌓아 올려 높아지거나 도드라지게 하다. ◻발을 ~ / 북을 ~. 4 《'돋다⁵'의 사동》 입맛이 좋아지게 하다. ◻입맛을 돋우는 보약. 5 싸움을 부추기다. ◻싸움을 ~.
[돋우고 뛰어야 복사뼈라] ㉠아무리 도망쳐 보아야 별수 없다는 말. ㉡다 할 것같이 날뛰어야 조금밖에 더 못한다는 말.

돋움 圓 1 높아지도록 밑을 괴는 물건. ◻~을 놓고 올라서다. 2 발돋움2.

돋움-새 圓 민속 무용에서, 발 움직임의 한 가지. 제자리에서 발을 위로 돋운 다음 굽힘이 연결되게 하는 준비 동작.

돋을-무늬 [도들-늬] 圓 도드라지게 나타낸 무늬.

돋을-볕 [도들뼏] 圓 아침에 해가 솟아오를 때의 햇볕.

돋을-새김 圓 부조(浮彫)1. ◻~을 한 관세음보살상.

돋을-양지 (-陽地)[도들량-] 圓 돋을볕이 비치는 양지.

돋음-갱이 圓 총을 펜 위에 모양을 내기 위하여 딴 줄을 덧대고 총갱기를 친 미투리.

돋치다 圄 1 돋아서 내밀다. ◻가시 돋친 말 / 뿔이 ~. 2 값이 오르다. ◻값이 곱절로 ~.

돌¹ ㊀圓 1 태어난 뒤에 해마다 돌아오는 그날 《주로 두세 살의 어린이에게 씀》 ◻'돌잔치'의 준말. 2 =떡 / =잔치. 3 어느 시점으로부터 만 1년이 되는 날. ◻돌아가신 지 한 ~이 된다. ㊁의 특정한 날이 해마다 돌아올 때, 반복되는 횟수를 세는 말. ◻개교 열 ~을 맞다.

돌² 圓 1 흙 따위가 굳어서 된 광물질의 단단한 덩어리 《바위보다 작고 모래보다 큼》. ◻~을 던지다 / 납작한 ~로 담장을 쌓다 / ~이 발길에 차이다. 2 석재(石材). ◻돌을 캐내다 / ~로 조각품을 만든다. 3 '바둑돌'의 준말. ◻~을 들어 화점에 놓다 / ~을 가려 흑을 쥐다. 4 '라이터돌'의 준말. ◻라이터의 ~을 갈다. 5 굳은 것·찬 것·무정한 것의 비유. ◻~처럼 차가운 인간. 6 머리가 나쁜 사람을 낮잡아 이르는 말. ◻머리가 ~이다.
[돌을 차면 발부리만 아프다] 쓸데없이 화를 내면 저만 해롭게 됨의 비유. [돌로 치면 돌로 치고 떡으로 치면 떡으로 친다] 원수는 원수로 갚고 은혜는 은혜로 갚는다.

돌³ 圓 〈옛〉 도랑.

돌- 圄 품질이 낮거나 야생의 것임을 나타내는 말. ◻~배 / ~미역 / ~조개.

돌-감 圓 《植》 돌감나무의 열매.

돌감-나무 圓 《植》 산이나 들에 저절로 나서 자란 감나무《열매는 작고 씨만 많아서 품질이 좋지 않음.

돌-개-바람 圓 1 구풍(颶風). 2 회오리바람. ◻~이 몰아친다.

돌-검 (-劍) 圓 《歷》 돌로 만든 검. 청동기 시대의 대표적인 석기 유물로, 버들잎 모양의 검신(劍身) 양 측면에 날이 서 있으며 손잡이의 형태에 따라 자루식과 슴베식으로 구분

함. 석검(石劍).

돌격(突擊)**명**[하][자타] **1** 갑자기 냅다 침. **2**〖군〗 적진으로 돌진하여 공격함. 또는 그런 일.

돌격-대(突擊隊)[-때]**명** 돌격하는 부대. 또는 그 구성원.

돌격-장(突擊將)[-짱]**명** 불시에 덤벼들기를 잘하는 사람.

돌격-전(突擊戰)[-쩐]**명** 돌격하여 맞붙어 싸우는 전투.

돌:-결[-껼]**명** 돌에 있는 결.

돌:-경(-磬)**명**〖악〗석경(石磬).

돌:-계단(-階段)[- /-게-]**명** 돌층계. □~을 오르다.

돌:-계집[- /-게-]**명** 아이를 낳지 못하는 여자. 석녀(石女).

돌:-고드름[-]**명**〖광〗종유동(鍾乳洞)의 천장에 고드름같이 달려 있는 석회암. 석종유(石鍾乳). 종유석(鍾乳石).

돌-고래¹명〖동〗돌고랫과의 포유동물. 몸길이 1-5 m이며, 검은색 또는 어두운 갈색이고 배는 흼. 양턱에 이가 많이 나 있고 주둥이는 뾰족하며 콧구멍은 하나이고 등지느러미가 큼.

돌-고래²명 돌로만 쌓아 만든 방고래.

돌-곰기다[자] 종기가 겉은 딴딴하면서 속으로 몹시 곰기다.

돌:-공명 돌로 만든 공이(길쭉한 돌덩이에 나무 자루를 가로 박음).

돌기(突起)**명**[하][자] **1** 뾰족하게 내밀거나 도드라짐. 또는 그 부분. □해삼은 겉에 ~가 많다. **2** 어떤 일이 갑자기 생김.

돌:-기둥명 돌로 된 기둥.

돌:-기와명 지붕을 이는 얇은 돌 조각. 너새.

돌:-길¹[-낄]**명 1** 돌이 많은 길. □~이어서 걷기에 불편하다. **2** 돌을 깐 길.

돌:-길²[-낄]**명** 돌아가는 길.

돌:-김명〖식〗바닷속의 돌에 붙어 자란 김. 석태(石苔).

돌:-껫[-껟]**명** 실을 감거나 푸는 데 쓰는 기구. 굴대의 꼭대기에 '+'자로 나무를 대고 그 네 끝에 짧은 기둥을 박았음.

돌-나물[-라-]**명**〖식〗돌나물과의 여러해살이풀. 들이나 산기슭의 습지에 남. 기는줄기의 마디마다 뿌리가 나고, 잎은 타원형. 5-6월에 노란 꽃이 핌. 어린잎과 줄기는 식용하고 잎의 즙은 해독제로 씀.

돌:-난간(-欄干)[-란-]**명** 돌로 만든 난간. 석란(石欄). □~에 기대어 서다.

돌-날[-랄]**명** 첫돌이 되는 날.

돌:-널[-럴]**명**〖역〗시체를 넣기 위해 돌로 만든 궤. 석관(石棺).

돌-능금[-릉-]**명** 야생 능금나무의 열매. 작고 신맛이 남.

돌:-다[돌아, 도니, 도는][타][자] **1** 축을 중심으로 원을 그리면서 움직이다. □바퀴가 ~. **2** 소문·전염병 따위가 퍼지다. □유행성 감기가 ~. **3** 차례로 거쳐 가며 전해지다. □술잔이 ~/번이 ~. **4**〈속〉정신이 이상해지다. □머리가 ~. **5** 머리 순환이 좋아지다. □머리가 잘 ~. **6** 기계나 기관 등의 기능이 제대로 작동하다. □공장이 잘 돈다. **7** 돈이나 물자 따위가 유통되다. □자금이 잘 돈다. **8** 어떤 기운이 몸에 퍼지다. □술기운이 ~. **9** 방향·노선 따위를 바꾸다. □뒤로 돌아/좌익에서 우익으로 ~. **10** 현기증이 나다. □눈이 핑 ~. **11** 기억·생각이 얼른 떠오르지 않다. □머릿속에서만 뱅뱅 돌 뿐 입이 떨어지지 않는다. **12** 어떤 기운이나 빛이 겉으로 나

타나다. □생기가 ~. **13** 눈물·침 따위가 생기다. □군침이 ~/눈물이 핑 ~. **14** 근무지·직책 따위를 옮겨 다니다. □한직으로 ~. [타] **1** 어떤 둘레를 따라 움직이다. □운동장을 ~. **2** 가까운 길을 두고 먼 길로 에돌다. □빚쟁이를 피해 길을 돌아서 가다. **3** 볼일로 이곳저곳을 다니다. □전국을 ~. **4** 일정한 범위 안을 왔다 갔다 하다. □순찰을 ~/정비를 ~. **5** 무엇의 주위를 원을 그리면서 움직이다. □달이 지구 둘레를 ~. **6** 어떤 곳을 경유하다. □역을 돌아 극장에 갔다. **7** 길을 끼고 방향을 바꾸다. □모퉁이를 ~. **8** 차례차례 다니다. □세배를 ~.

돌-다리¹[-따-]**명** 도랑에 놓은 작은 다리.

돌:-다리²명 돌로 놓은 다리.

[돌다리도 두드려 보고 건너라] 어떤 일이든 세심하게 주의를 하여라.

돌:-단풍(-丹楓)**명**〖식〗범의귓과의 여러해살이풀. 높이는 30 cm가량임. 잎은 5-7갈래로 깊게 갈라짐. 5월에 담홍색을 띤 흰 꽃이 핌(관상용). 돌나리. 암홍엽.

돌:-담명 돌로 쌓은 담.

돌:-담불[-땀-]**명** 산이나 들의 돌무더기.

돌:-대[-때]**명** 회전축.

돌:-대가리[-때-]〈속〉**1** 몹시 둔한 머리. **2** 융통성이 없고 완고한 사람. 석두(石頭).

돌:-덧널-무덤[-던-]**명**〖역〗지면을 깊게 파고 자갈 따위의 석재로 덧널을 만든 무덤. 널길이 없는 것이 특징임. 석곽묘(石槨墓).

돌:-덩어리[-떵-]**명** 비교적 큰 돌덩이.

돌:-덩이[-떵-]**명** 돌멩이보다 크고 바위보다 작은 돌.

돌:-도끼명〖역〗돌로 만든 도끼. 석부(石斧).

돌:-도끼장이명 자그마한 도끼로 돌을 다루는 것을 업으로 삼는 사람.

돌돌[부] 1 작은 물건이 여러 겹으로 둥글게 말리는 모양. □종이를 ~ 말다. **2** 작고 둥근 물건이 가볍고 빠르게 구르거나 도는 소리. □구슬이 ~ 구르다. ⑧둘둘. ⑩똘똘. **3** 많지 않은 도랑물이나 시냇물이 좁은 목으로 부딪쳐 흐르는 소리.

돌돌-하다[형][여] 똑똑하고 영리하다. ⑩똘똘하다. 돌돌-히[부]

돌-띠명 어린아이의 두루마기나 저고리의 긴 옷고름(등 뒤로 돌려 매게 되었음).

돌:-딴죽[부] 씨름 따위에서, 한쪽 발의 뒤축만 디디고 휙 돌아서며 다른 쪽 발로 걸어 넘어뜨리는 기술.

돌:-떡명 돌날에 만들어 먹는 떡. □이웃에 ~을 돌리다.

돌라-가다[타] 다른 사람의 물건을 슬쩍 빼돌려 가져가다.

돌라-내다[타] 남의 것을 슬쩍 빼돌려 내다.

돌라-놓다[-노타]**[타] 1** 각기의 몫으로 둥글게 벌여 놓다. **2** 돌려놓다3. ⑩둘러놓다.

돌라-대다[타] 1 돈이나 물건을 변통해 대다. **2** 그럴듯한 말로 꾸며 대다. ⑧둘러대다.

돌라-막다[-따]**[타]** 둘레를 돌아가며 막다. ⑧둘러막다.

돌라-맞추다[-맏-]**[타] 1** 다른 물건으로 대신해서 갖다 맞추다. **2** 그럴듯한 말로 이리저리 꾸며 대다. ⑧둘러맞추다.

돌라-매다[타] 1 한 바퀴 돌려서 두 끝을 마주 매다. ⑧둘러매다. **2** 이자 따위를 본전에 합하여 새로 본전으로 삼다.

돌라방-치다[타] 소용되는 것을 빼돌리고 그

자리에 딴 것을 대신 넣다. (큰)둘러방치다. (준)돌라치다.

돌라-보다 [타] 이모저모로 골고루 살펴보다. (큰)둘러보다.

돌라-붙다 [-붇따] [자] 기회나 형편을 살피어 이로운 쪽으로 붙어 따르다. (큰)둘러붙다.

돌라-서다 [자] 여럿이 둥글게 늘어서다. (큰)둘러서다.

돌라-싸다 [타] **1** 언저리를 둥글게 감싸다. **2** 둥글게 에워싸다. (큰)둘러싸다.

돌라-쌓다 [-싸타] [타] 둘레를 둥글게 쌓다. (큰)둘러쌓다.

돌라-앉다 [-안따] [자] 여럿이 둥글게 앉다. (큰)둘러앉다.

돌라-치다 [타] '돌라방치다'의 준말.

돌려-나기 [명] 〖식〗 줄기에 잎이 붙는 형식의 하나. 한 마디에 세 개 이상의 잎이 바퀴 모양으로 나는 일. 윤생(輪生).

돌려-내다 [타] **1** 남을 꾀어, 있는 곳에서 빼돌려 내다. **2** 한 동아리에 넣지 않고 따돌리다.

돌려-놓다 [-노타] [타] **1** 방향을 바꾸어 놓다. ❏도랑의 물길을 ~. **2** 따돌려 제외하다. **3** 생각이나 일의 상태를 바꾸어 놓다. 돌라놓다. ❏설득해서 마음을 ~.

돌려다-붙이다 [-부치-] [타] **1** 책임이나 허물을 다른 데로 밀다. ❏제 잘못을 남에게 ~. **2** 하고 싶은 말을 간접적으로 둘러대다.

돌려-먹다 [-따] [타] **1** 마음이나 작정 따위를 달리 바꾸다. ❏생각을 ~. **2** 남을 속이다.

돌려-받다 [-따] [타] 주었거나 빌려 주었거나 빼앗겼던 것을 도로 갖게 되다. ❏빌려 준 소설책을 ~.

돌려-보내다 [타] **1** 가져온 것을 도로 보내다. ❏선물 꾸러미를 ~. **2** 찾아온 사람을 그냥 보내다. ❏심부름꾼을 ~.

돌려-붙다 [-붇따] [자] 몸을 돌려 엉겨 붙다.

돌려-세우다 [타] **1** 방향을 바꾸게 하다. **2** 생각을 바꾸게 하다. ❏마음을 ~.

돌려-쓰다 〔-써, -쓰니〕 [타] **1** 돈이나 물건을 변통해 쓰다. ❏돈을 ~. **2** 용도를 바꾸어 가며 쓰다.

돌려-씌우다 [-씨-] [타] 책임이나 허물 따위를 남에게 덮어씌우다.

돌려-주다 [타] **1** 도로 주거나 갚다. **2** 돈 따위를 융통해 주다.

돌려-짓기 [-짇끼] [명][하타] 〖농〗 같은 땅에 여러 가지 농작물을 해마다 바꾸어 심는 일. 윤작. 윤재(輪栽). ↔이어짓기.

돌려-차기 [명] 태권도 발기술의 한 가지. 대각선상의 상대편을 공격하는 기술.

돌로로소 (이 doloroso) [명] 〖악〗 '슬픈 기분으로 연주하라'의 뜻.

돌리네 (독 Doline) [명] 석회정(石灰穽).

돌리다[1] [자] 그럴듯한 꾀에 속다. ❏감언이설에 ~. (큰)둘리다.

돌리다[2] [자][타] **1** 병의 위험한 고비를 면하게 되다. 또는 면하게 하다. ❏병세를 ~. **2** 노염이 풀리다. 또는 풀게 하다. **3** 없는 물건이 변통되다. 또는 변통하게 하다.

돌리다[3] [타] **1** 한 동아리에 넣어 주지 않다. 따돌리다. **2** 소홀히 대접하다.

돌리다[4] [타] 《'돌다[1]'의 사동》 **1** 돌게 하다. ❏팽이를 ~. **2** 방향을 바꾸다. ❏발길을 ~ / 화제를 ~. **3** 여러 곳으로 보내다. ❏신문을 ~ / 떡을 ~. **4** 어떤 범위의 안을 돌아다니게 하다. ❏순찰을 ~. **5** 마음을 달리 먹다. ❏마음을 돌려서 열심히 일하다. **6** 가동하게 하다. ❏공장을 ~. **7** 영화나 환등 따위를 보이게 하다. ❏영사기를 ~. **8** 완곡하게 말하다. ❏그렇게 돌려서 말하지 말고 솔직하게 말하시오. **9** 차례로 다른 곳에 보내다. ❏술잔을 ~. **10** 남에게 책임이나 공을 넘기다. ❏잘못을 동료에게 ~. **11** 미루다. ❏이 일은 뒤로 돌려라. **12** 어떤 것으로 여기거나 대하다. ❏모든 일을 백지로 돌립시다.

돌림 [명] **1** 차례대로 돌아가는 일. ❏~으로 한 턱씩 내다. **2** '돌림병'의 준말. ❏요즘 감기는 ~이다. **3** 항렬(行列). **4** 차례대로 돌아 전체를 돈 횟수를 세는 단위《의존 명사적으로 씀》. ❏술이 두 ~쯤 돌았다.

돌림-감기 (-感氣)[-깜-] [명] 전염성이 있는 감기. 유행성 감기.

돌림 노래 〖악〗 같은 노래를 일정한 마디의 사이를 두고 뒤따르며 부르는 합창. 윤창.

돌림-띠 [명] 〖건〗 벽·천장 따위의 가장자리를 마무르거나 장식하기 위해 길게 돌려 댄 띠.

돌림-무늬 [-니] [명] 신석기 시대 토기에 나타나는, 번개를 상징하는 모양의 네모꼴 또는 마름모꼴의 무늬를 여러 겹 겹쳐 만든 무늬. 뇌문(雷文).

돌림-병 (-病)[-뼝] [명] 유행병1. ❏~이 돌다. (준)돌림.

돌림-자 (-字)[-짜] [명] 항렬자(行列字).

돌림-쟁이 [명] 한 동아리에 들지 못하고 따돌림을 받는 사람.

돌림-턱 [명] 여러 사람이 돌아가며 차례로 음식을 내는 턱.

돌림-통 [명] 돌림병이 돌아다니는 시기. 또는 그런 병.

돌림-판 (-板) [명] **1** 회람판. ❏~을 회람하다. **2** 도자기를 만들 때 흙을 빚거나 무늬를 넣는 데 쓰는 기구. 녹로. **3** 자동식 전화기의 다이얼 따위의 판.

돌림-편지 (-便紙) [명] 여러 사람 앞으로 온 것을 돌려 가며 보는 편지. 윤첩(輪牒).

돌마낫-적 [-나쩍 / -낟쩍] [명] 첫돌이 될락 말락 한 어린애 때.

돌-맞이 [명][하자] 돌을 맞아 기념함. ❏~ 잔치.

돌:-매 [명] 맷돌.

돌먼 소매 (dolman-) 여성복 소매 모양의 한 가지. 진동 없이 재단하여 만든 것으로, 소매의 위쪽은 낙낙하고, 소맷부리 쪽으로 가면서 좁아지는 형(型). 돌먼 슬리브.

돌멘 (dolmen) [명] 〖역〗 고인돌.

돌:-멩이 [명] 돌덩이보다 작고 자갈보다 큰 돌. 괴석(塊石). ❏~를 던지다 / ~를 줍다 / ~에 걸려 넘어졌다.

돌:멩이-질 [명][하자] 돌멩이를 던지는 짓. ❏~하며 노는 아이들. (준)돌질.

돌:-무더기 [명] 돌덩이가 쌓인 무더기. ❏~가 무너지다.

돌:-무덤 [명] 〖역〗 돌을 쌓아 올려 높직하게 만든 무덤. 석총(石塚).

돌:-무지 [명] 돌이 많이 깔려 있는 땅. ❏~를 개간하다.

돌:무지-무덤 [명] 〖역〗 돌널 위에 흙을 덮지 않고 돌을 쌓아 올린 무덤. 적석총(積石塚).

돌:-문 (-門) [명] **1** 돌로 만든 문. 석문(石門). ❏~을 세우다. **2** 자연적으로 문처럼 생긴 돌이나 바위.

돌:-물 [명] 소용돌이치는 물의 흐름.

돌:-물레 [명] 참바나 고삐를 꼴 때 새끼 한 끝에 달고 돌려 꼬게 만든 기구.

돌-미나리 [명] 〖식〗 논이나 개천 따위의 습지

에서 자라는 미나리.

돌:-바닥 [-빠-] 명 돌이 깔린 바다. 또는 돌로 된 바닥.

돌:-반지기 (-斗-) 명 잔돌이 많이 섞인 쌀.

돌발 (突發) 명하자 뜻밖의 일이 갑자기 일어남. ▢ ~ 사고.

돌발-적 (突發的)[-쩍] 관명 뜻밖의 일이 갑자기 일어나는 (것). ▢ ~ 상황.

돌:-방 (-房) 명 고분 안의 돌로 된 방.

돌:-방-무덤 (-房-)[-뭄] 역 돌로 널방을 만들고 출입을 위한 널길로 된 무덤 양식. 석실분 (石室墳). 석실묘.

돌:-밭 [-받] 명 돌이 많은 땅. 석전 (石田). ▢ ~을 일구다.

돌-배 명 돌배나무의 열매.

돌배-나무 명 [식] 장미과의 작은 낙엽 활엽 교목. 산·들에 나는데, 4~5월에 흰 꽃이 피고, 과실은 지름 2cm가량으로 10월에 익음. 목재는 여러 곳에 씀.

돌-벼 명 [식] 저절로 나는, 품질이 낮은 벼.

돌변 (突變) 명하자 뜻밖에 갑자기 달라짐. 또는 그런 변화. ▢ 태도가 ~하다.

돌:-보다 타 관심을 가지고 보살피다. ▢ 고아 〔아기〕를 ~ / 살림을 ~.

돌:-부리 [-뿌-] 명 땅 위로 내민 돌멩이의 뾰족한 부분. ▢ ~에 걸려 넘어지다.

〔돌부리를 차면 발부리만 아프다〕 쓸데없이 성을 내면 자기만 해롭다는 말.

돌:-부처 명 1 돌로 만든 부처. 석불 (石佛). 2 감각이 둔하고 고집이 세며 감정에 좀처럼 흔들리지 않는 사람. 3 지나칠 만큼 무던하고 착한 사람의 비유.

돌:-비 (-碑) 명 돌로 만든 비. 석비 (石碑).

돌-비늘 [-삐-] 명 [광] 운모 (雲母).

돌비 시스템 (Dolby system) 영국의 돌비연구소가 개발한, 녹음 및 재생에서 발생하는 잡음을 감소시키는 한 방식. 돌비 방식.

돌:-비알 [-삐-] 명 깎아 세운 듯한 돌 언덕.

돌:-사닥다리 [-따-] 명 돌이나 바위가 많아 아주 험한 산길을 사닥다리에 비유하여 이르는 말. 돌사다리.

돌:-사막 (-沙漠) 명 [지] 바위·돌·자갈로 된 사막. 암석 사막.

돌:-산 (-山)[-싼] 명 1 바위나 돌이 많은 산. 석산 (石山). 2 석재를 캐는 산. ▢ ~에서 끊임없이 남포를 터뜨린다.

돌:-상 (-床)[-쌍] 명 돌날에 돌잡이할 때 차려 놓는 상. ▢ ~을 차리다.

돌:-상어 (-) 명 [어] 돌상엇과의 민물고기. 상어와 비슷한데 길이 6~12cm, 머리는 편평하고 몸에 많은 가로띠가 있음.

돌:-샘 (-) 명 돌 틈에서 흘러나오는 샘물. 석천 (石泉). 석간수 (石間水).

돌:-석 (-石) 명 한자 부수의 하나 (〈碧〉·〈碩〉· 〈硏〉 등에서 쓰인 〈石〉의 이름).

돌:-섬 명 돌이 많거나 돌로 된 섬.

돌:-소금 명 [광] 암염 (岩鹽).

돌:-솜 명 [광] 석면 (石綿).

돌:-솥 [-솓] 명 돌로 만든 솥.

돌:-순 (-筍) 명 [광] 석순 (石筍).

돌:-싸움 명 [민] 편을 갈라 돌팔매질로 다투는 싸움. 석전 (石戰). ⊛돌쌈.

돌:-쌈 명하자 '돌싸움'의 준말.

돌아-가다 [도라-] 자 거라 1 물체가 축을 중심으로 하여 둥글게 움직이다. ▢ 팔랑개비가 ~. 2 본디 자리로 다시 가다. ▢ 동심으로 ~. 3 먼 쪽으로 둘러서 가다. ▢ 시위 행렬을 피해 샛길로 돌아갔다. 4 한쪽으로 뒤틀어지다. ▢ 중

---

639   돌올하다

풍으로 입이 ~. 5 차례로 옮기어 가다. ▢ 돌아가며 노래를 부르다. 6 차례가 되거나 차지가 되다. ▢ 승리가 상대방에게 ~. 7 어떤 상태로 끝나다. ▢ 일이 수포로 ~. 8 일이나 세상 형편이 어떤 상태로 되어가다. ▢ 세상 돌아가는 꼴. 9 돈이나 물건 따위가 융통되거나 유통되다. ▢ 자금이 잘 ~. 10 기능이 작동하다. ▢ 머리가 잘 ~. 11 '죽다'의 높임말. ▢ 그의 부친께서 돌아가셨다. 타거라 1 바로 가지 않고 구부러져 가다. ▢ 모퉁이를 ~. 2 어떤 테두리 안을 왔다 갔다 하다. ▢ 마당을 분주히 ~.

돌아-내리다 자타 1 마음이 있으면서 사양하는 체하다. 2 연 같은 것이 빙빙 돌며 떨어지다. 3 돌면서 아래로 내리다. ▢ 층계를 ~.

돌아-눕다 [도라-따][-누워, -누우니] 자타 방향을 바꾸어 눕다. ▢ 돌아누워 눈물을 닦는다.

돌아-다니다 자타 1 여기저기 쏘다니다. ▢ 전국을 ~. 2 널리 퍼지다. ▢ 독감이 ~.

돌아다-보다 타 1 뒤돌아보다. ▢ 뒤도 돌아 보지 않고 달려간다. 2 지난 일을 돌이켜 생각하다. ▢ 지나온 과정을 ~.

돌아-들다 [-들어, -드니, -드는] 자 1 돌고 돌아서 일정한 곳으로 들어오다. 2 흐르는 물 같은 것이 굽이를 돌아서 들어오다.

돌아-보다 타 1 고개를 돌려 보다. ▢ 주위를 ~. 2 지난 일을 다시 생각해 보다. ▢ 학창 시절을 ~. 3 돌아다니며 두루 살피다. ▢ 공 장 안을 ~. 4 돌보다. ▢ 가정을 ~.

돌아-서다 자 1 뒤로 향하고 서다. ▢ 가던 길을 멈추고 ~. 2 남과 등지다. ▢ 싹 돌아서서 말도 안 한다. 3 병이 조금씩 나아지다. ▢ 병세가 조금씩 ~. 4 생각이나 태도가 바뀌다. ▢ 보수파로 ~. 5 일이나 형편이 다른 상태로 바뀌다. ▢ 주가가 오름세로 돌아서다.

돌아-앉다 [도라안따] 자 1 앉았던 방향을 바꾸어 앉다. ▢ 토라져서 획 ~. 2 사물이 있는 반대쪽을 향하고 앉다. ▢ 책상 앞으로 ~. ⊛돌앉다.

돌아-오다 ➊ 자너라 1 다시 오다. ▢ 고향으로 ~. 2 차례나 순서가 닥쳐오다. ▢ 발표할 차례가 ~. 3 먼 쪽으로 둘러서 오다. ▢ 먼 길로 ~. ➋ 타너라 1 원을 그리듯 방향을 바꿔 오다. ▢ 버스가 로터리를 ~. 2 갔던 길을 되짚어서 오다. ▢ 그 길을 다시 ~.

돌아-치다 자 몹시 세차게 진행이 되거나 움직이다. ▢ 분주하게 ~.

돌-앉다 [도란따] 자 '돌아앉다'의 준말.

돌:-알[1] 명 수정으로 만든 안경알.

돌:-알[2] 명 삶은 달걀. 숙란 (熟卵).

돌연 (突然) 부하자 예기치 못한 사이에 급히. 뜻밖에. ▢ ~한 사고 / 차가 ~ 정지했다.

돌:-연대 (-蓮臺)[-련-] 명 돌로 만든 부처의 대좌 (臺座). 석연대.

돌:-연모 [-련-] 명 돌로 만든 연모. 석기 (石器).

돌연-변이 (突然變異)[-련-] 명 [생] 어버이의 계통에 없던 새로운 형질이 나타나 유전하는 일. 우연 변이.

돌연변이-설 (突然變異說)[-련-] 명 [생] 생물의 새로운 종은 돌연변이에 의하여 생긴다는 설.

돌연-사 (突然死)[-련-] 명 [의] 외견상 건강하던 사람이 갑자기 원인 불명으로 급사하는 일(40대 이후의 남성에 많음). ▢ 스트레스로 인한 ~로 추정된다.

돌올-하다 (突兀-) 형어 1 높이 솟아 우뚝하다.

2 두드러지게 뛰어나다.
돌-옷 [도론] 명 《식》 돌이나 바위에 난 이끼. 돌이게.
돌:-우물 명 벽을 돌로 쌓은 우물.
돌이-마음 명 회심(回心)2.
돌이키다 타 1 방향을 돌리다. ▯ 발길을 ~. 2 바꾸어 달리 생각하다. ▯ 분한 마음을 ~. 3 본디의 상태로 돌아가게 하다. ▯ 돌이킬 수 없는 실수. 4 지난 일을 다시 생각하다. ▯ 돌이키고 싶지 않은 과거. 5 반성하여 생각하다. ▯ 하루 일을 돌이켜 보다.
돌입 (突入) 명하자 세찬 기세로 갑자기 뛰어 듦. ▯ 적진 속으로 ~하다 / 대기권에 ~하다.
돌-잔치 명 돌날에 베푸는 잔치. ▯ 를 열다.
돌-잡이 명하타 1 돌잡히는 일. 돌쟁이.
돌-잡히다 [-자피-] 타 돌날에 여러 가지 음식과 물건을 상 위에 차려 놓고 돌쟁이에게 마음대로 잡게 하다.
돌:-장이 명 석수(石手).
돌-쟁이 명 첫돌이 되거나 그 또래의 아이.
돌전 (突戰) [-쩐] 명 돌진하여 싸움. ▯ 을 벌이다.
돌:-절구 명 돌의 가운데를 파서 만든 절구. [돌절구도 밑 빠질 때가 있다] 아무리 튼튼한 것도 오래 쓰면 결딴나는 날이 있다.
돌제 (突堤) [-쩨] 명 《건》 육지에서 강이나 바다로 길게 내밀어 만든 둑.
돌:-조각 (-彫刻) 명 돌로 만든 조각.
돌:-중방 (-中枋) 명 골목 어귀에 문지방처럼 가로질러 놓은 돌.
돌진 (突進) [-찐] 명하자 거침없이 세차게 곧장 나아감. ▯ 적진을 향하여 ~하다.
돌:-질 명하자 '돌멩이질'의 준말.
돌:-짐승 명 《역》 무덤 앞에 세우는, 돌로 만든 짐승의 형상. 석수(石獸).
돌:-집 [-찝] 명 돌로 지은 집.
돌:-짬 명 갈라진 돌과 돌의 틈. ▯ ~에 풀이
돌:-쩌귀[1] 명 문짝을 문설주에 달고 여닫기 위한 쇠붙이로, 암수 두 개의 물건으로 됨.
돌:-쩌귀[2] 명 연(鳶)의 전체 면을 네 개의 직사각형으로 나눠, 다른 빛깔의 종이로 귀를 걸어 붙여 만든 연.
돌차 (咄嗟) 명하자타 혀를 차며 안타깝게 여김.
돌차-간 (咄嗟間) 명 눈 깜짝할 사이. 순간.
돌:-차기 명 땅바닥에 여러 모양의 선을 그어 놓고, 차례대로 앙감질로 돌을 차 나가며 노는 놀이.
돌:-참나무 명 《식》 참나뭇과의 상록 활엽 교목. 높이는 30 m가량. 잎은 달걀 모양이며, 뒷면에는 비늘털이 있음. 6월에 꽃이 피고, 이듬해 가을에 도토리가 열리는데 먹을 수 있음. 일본 원산.
돌창 명 '도랑창'의 준말.
돌:-창포 (-菖蒲) 명 백합과의 다년초. 습지에 나는데 땅속줄기는 짧고, 잎은 가늘고 길며 끝이 뾰족함. 여름에 흰 꽃이 핌.
돌체 (이 dolce) 명 《악》 부드럽게 또는 아름답게 연주하라는 말.
돌처-나가다 [-처-] 자 들어가다가 돌아서 도로 나가다.
돌처-나오다 [-처-] 자 들어가다가 돌아서 도로 나오다.
돌출 (突出) 명하자 1 쑥 불거져 있음. ▯ ~된 간판. 2 언행이나 착상이 남의 의표를 찌름. ▯ ~ 행위.

돌:-층계 (-層階) [-/-게] 명 돌로 쌓아 만든 층계. 돌계단.
돌-치 명 ☞ 돌계집.
돌치시모 (이 dolcissimo) 명 《악》 '가장 부드럽게'의 뜻.
돌:-칼 명 《역》 석기 시대의 유물인 돌로 만든 칼. 석도(石刀).
돌-콩 명 《식》 콩과의 한해살이 덩굴풀. 들에 남. 7~8월에 홍자색 꽃이 피며 협과는 갈색 털이 빽빽이 남.
돌탄 (咄嘆) 명하자타 혀를 차며 탄식함.
돌:-탑 (-塔) 명 돌로 쌓은 탑. 석탑.
돌통-대 명 흙이나 나무로 만든 담뱃대.
돌파 (突破) 명하타 1 쳐서 깨뜨려 뚫고 나아감. ▯ 적진을 ~하다 / 경찰 저지선을 ~하다. 2 기준·기록 따위를 넘어섬. ▯ 인구가 4,500만을 ~하다 / 목표량이 ~되다. 3 장애·어려움 등을 이겨 냄. ▯ 자력으로 난국을 ~하다.
돌파-구 (突破口) 명 1 견고한 진지 등의 한쪽을 돌파하여 만든 공격로. ▯ 를 뚫다. 2 장애나 어려움 따위를 해결하는 실마리. ▯ 가 열리다 / 사건 해결의 ~를 찾다 / 경기 회복의 ~를 마련하다.
돌-팔매 명 무엇을 맞히려고 던지는 돌멩이. ▯ ~를 던지다 / ~가 날아오다 / ~를 맞다 / ~로 새를 잡다.
돌-팔매-질 명하자 돌멩이를 던지는 짓.
돌:-팔이 [←돈팔이] 명 1 떠돌아다니며 점이나 기술, 물건 따위를 팔며 사는 사람. ▯ ~ 장사. 2 제대로 자격을 갖추지 못한 엉터리 실력으로 전문적인 일을 하는 사람의 속칭. ▯ ~ 의사 / ~ 무당.
돌:-팔이-글방 (-房) [-빵] 명 변변치 못한 글방.
돌:-장님 명 떠돌아다니며 점을 쳐 주면서 사는 맹인.
돌-팥 [-팓] 명 《식》 알이 작고 단단하여 품질이 떨어지는 야생의 팥.
돌풍 (突風) 명 1 갑자기 세게 부는 바람. ▯ ~이 일다. 2 갑작스레 많은 관심을 끌거나 커다란 영향을 미치는 현상의 비유. ▯ ~을 일으키다 / 개혁의 ~이 몰아치다.
돌핀 (dolphin) 명 1 《동》 돌고래. 2 계선주(繫船柱).
돌핀 킥 (dolphin kick) 수영에서, 접영의 다리 동작. 양다리를 가지런히 하고, 발등으로 물을 아래위로 동시에 치는 수영 방법.
돌:-하루방 명 ☞ 돌하르방.
돌:-하르방 명 《민》 돌로 만든 할아버지라는 뜻으로, 제주도에서 안녕과 질서를 수호해 준다고 믿는 석신. 벅수머리. 우석목.
돌:-함 (-函) 명 돌로 만든 함. 석함(石函).
돌:-확 명 돌로 만든 조그만 절구. ▯ 밀을 ~에 넣고 갈다.
돎 명 ☞ 돌[1].
돐-비늘 명 〈옛〉 돌비늘.
돔:[1] 명 《어》 '도미'의 준말.
돔[2] (dome) 명 반구형(半球形)으로 된 지붕이나 천장. ▯ ~ 구장.
돕:-다 [-따] 타탄 (도와, 도우니) 1 거들거나 힘을 보태다. ▯ 서로 도우며 살다. 2 위험에서 벗어나게 하다. ▯ 물에 빠진 사람을 ~ / 불우 이웃을 ~. 3 이끌어 잘못되지 않게 하다. ▯ 길 잃은 나를 도와 이끌어 주시오. 4 금품을 주어 구제하다. ▯ 수재민을 ~. 5 어떤 상태를 촉진·증진시키다. ▯ 원기 [소화] 를 ~. 6 (흔히 '도와'의 꼴로 '밤' 따위와 함께 쓰여) 이용하다. ▯ 밤을 도와 길을 가다. 7 (흔히 '도와'의 꼴로 '길' 따위와 함께 쓰여) 애

촉하다. ❏밤길을 도와 당도하다.
돕지 [-찌]멸 갑옷·마고자 등의 섶(앞을 여미지 않고 두 쪽이 나란히 맞닿도록 만듦).
돗 ☞ 돗자리.
-돗 [선어미]〈옛〉과거나 감탄을 나타내는 선어말 어미('-았-'·'-었-').
돗-가락 [도까-]멸 윷놀이에서, 윷을 던지기 전에 손에서 잘못 떨어져 '도'가 날 징조의 윷가락.
돗가비멸〈옛〉도깨비.
돗고마리멸〈옛〉도꼬마리.
돗귀멸〈옛〉도끼.
돗-나물멸 ☞ 돌나물.
돗-바늘 [돗빠-]멸 돗자리·구두·가죽 따위를 꿰매는 데 쓰는 매우 크고 굵은 바늘.
돗-바눌멸〈옛〉돗바늘.
돗-발 [도빠 / 도빨]멸 윷판의 맨 첫 발.
돗-자리 [돗짜-]멸 왕골이나 골풀의 줄기를 잘게 쪼개서 친 자리. 석자(席子). ❏~를 깔다 / ~를 펴다 ❏~ 위에 눕다.
돗-틀 [돋-]멸 돗자리를 짜는 틀.
돘멸〈옛〉돗자리.
동¹ [ː-]멸 굵게 묶어서 한 덩이로 만든 묶음. ❏~으로 묶다 / ~을 짓다. ⎯의멸 1 윷놀이에서, 말이 첫 밭에서 끝 밭을 거쳐 나가는 차례를 세는 단위. ❏한 ~ 나다. 2 묶음의 단위('먹 열 장, 붓 열 자루, 무명·베 등의 50필, 백지 100 권, 조기·비웃 등의 2,000 마리, 생강 열 접, 건시 100 접의 일컬음).
동² [ː]멸 1 사물과 사물을 잇는 마디. 또는 사물의 조리(條理). ❏~이 닿지 않는 엉뚱한 말. 2 언제부터 언제까지의 동안. ❏~이 뜨다. 3 저고리 소매의 이어 대는 동강의 조각. 끝동. ❏~색 / ~소맷~. 4 동거리.
동(을) 달다 ㋩ 말을 덧붙여서 시작하다.
동(을) 대다 ㋩ ㉠잇닿게 하다. ㉡말 따위를 조리에 맞게 하다.
동(을) 자르다 ㋩ ㉠관계를 끊다. ㉡길게 토막을 내서 끊다.
동(이) 끊기다 ㋩ 뒤가 계속되지 못하고 끊어지다.
동³멸 무·배추·상추 등에서 꽃이 피는 줄기.
동⁴멸〖광〗1 광맥에서, 유용 성분이 비교적 적은 부분. 2 뚫는 돌의 굳은 정도.
동(東)멸 동쪽.
[동에 번쩍 서에 번쩍]정처가 없고 종적을 걷잡을 수 없을 만큼 여기저기 나타남.
동(垌)멸 크게 쌓은 둑. ❏~을 막다.
동(洞)멸 1 시·구·읍을 구성하는 작은 행정 구획. 2 '동사무소'의 준말.
동(胴)멸 1 격검(擊劍)할 때, 가슴을 보호하기 위하여 대는 물건. 2 몸통(胴部).
동(棟)[ː-]멸〖건〗용마루·추녀마루처럼 지붕 위에 있는 마루. ⎯의멸 집채를 세거나 차례를 나타내는 단위. ❏3~ 102 호.
동(童)멸 족보에서, 미혼 남자.
동(銅)멸 구리¹. ❏~메달.
동(同)관 명사 앞에 쓰여, '같은'의 뜻을 나타내는 말. ❏2006 년 3 월 1 일부터 ~ 12 월 30 일까지 / ~ 대학원 졸업.
동⁵멸 작은북을 치거나 거문고를 뜯을 때 나는 밝고 가벼운 소리. ⏦둥.
동가(同家)멸 같은 집안. 같은 집. 그 집.
동가(同價)[-까]멸 같은 값. 동치(同値).
동가(東家)멸 1 동쪽의 이웃집. 2 머물러 있는 집의 주인.
동:가(動駕)멸하자 임금이 탄 수레가 대궐 밖으로 나감.

동:가(童歌)멸 동요(童謠).
동가리-톱멸 나무를 가로로만 자르는 데 쓰는 톱. ⟶내릴톱. ⏦동톱.
동가식서가숙(東家食西家宿)[-써-]멸하자 떠돌아다니며 이 집 저 집에서 얻어먹고 지냄. 또는 그런 사람.
동가-홍상(同價紅裳)[-까-]멸 같은 값이면 다홍치마라는 뜻으로, 같은 값이면 품질이 좋은 것을 택한다는 말.
동갈(恫喝)멸하타 을러대며 위협함.
동감(同感)멸하자 어떤 견해나 의견에 생각이 같음. 또는 그 생각. ❏~을 표하다 / 나도 ~이다 / 그의 주장에 ~한다.
동:감(動感)멸 움직이는 듯한 느낌. ❏~이 넘치는 그림.
동갑(同甲)멸 같은 나이. 나이가 같은 사람. ❏그는 나와 ~이다.
동갑-계(同甲契)[-계 / -게]멸 동갑끼리 친목을 꾀하기 위해 맺는 계. 동경계(同庚契). ⏦갑계.
동갑-내기(同甲-)[-감-]멸 나이가 같은 사람. ❏~ 친구.
동갑-네(同甲-)[-감-]멸 동갑끼리의 무리. ❏부부가 ~이다.
동강멸 1 긴 물건을 짤막하게 자른 그 부분. 동강이. ❏연필 ~ / 낚싯줄을 여러 토막으로 ~을 치다. 2 짤막하게 잘라진 것을 세는 말 《의존 명사적으로 씀》. ❏나무 세 ~.
동강(을) 내다 ㋩ 동강이 나게 하다.
동강(이) 나다 ㋩ 긴 물건이 잘라져서 토막이 되다.
동강-동강 ㋫ 긴 물체가 여러 토막으로 잘라지거나 끊어지는 모양. ❏무를 ~ 자르다.
동강-이멸 동강1.
동개멸 활과 화살을 꽂아 넣어 등에 메는, 가죽으로 만든 물건.
동개-살멸 깃을 크게 댄 화살.
동개-장(-匠)멸하자〖역〗조선 때, 동개를 만드는 일을 맡아 하던 사람.
동개-활멸 전시(戰時)에, 동개를 등에 지고 말을 달리며 쏘는 활(각궁(角弓)과 같으나 크기가 훨씬 작음).
동갱(銅坑)멸〖광〗구리를 캐내는 구덩이.
동거(同居)멸하자 1 한집에서 함께 삶. ❏~ 기간. 2 부부가 아닌 남녀가 한집에서 부부처럼 삶. ❏결혼하기 전에 ~하다.
동거리멸 물부리 끝에 물린 금.
동거 생활(同居生活)1 한집에서 함께 살아가는 일. 2 부부가 아닌 남녀가 부부처럼 함께 살아가는 일.
동검(銅劍)멸 구리나 청동으로 만든 칼.
동-검구(銅鈐口)[-껌-]멸〖공〗구리로 도자기의 아가리를 싸서 물리는 꾸밈새.
동격(同格)[-껵]멸 1 같은 자격이나 지위. 2 한 문장에서, 어떤 단어나 구절이 다른 단어나 구절과 같은 기능을 가지는 일. ❏주어와 ~인 말.
동:결(凍結)멸하타 1 추위나 냉각으로 얼어붙음. 빙결(氷結). ❏상수도의 ~. 2 사업·계획·활동 따위가 중단됨. 또는 그리 되게 함. ❏핵 개발 ~. 3〖경〗자산이나 자금 등의 사용 및 이동이 금지됨. 또는 그리 되게 함. ❏예산 / ~재산을 ~하다.
동경(同庚)멸 동갑(同甲).
동경(同慶)멸하타 다 함께 경축함.
동경(東京)멸〖역〗고려 때, 사경(四京)의 하

나. 지금의 경주.

동경(東經)[-] 〖지〗 지구 동반구의 경도. 본초 (本初) 자오선을 0도로 하여 동쪽으로 180도 까지의 경선. ↔서경(西經).

동·경(動徑)〖수〗점의 위치를 표시할 때, 기준이 되는 점에서 그 점까지를 그은 직선을 벡터로 하는 선분. 경선(徑線) 벡터.

동경(銅鏡)〖명〗 구리로 만든 거울. 청동기 시대의 대표적 유물임. *석경(石鏡).

동·경(憧憬)〖명·하타〗 어떤 것을 간절히 그리워해서 그것만을 생각함. □~의 대상 / 이상 세계를 ~하다.

동경-계(同庚契)[-/-게]〖명〗 동갑계(同甲契).

동·경-심(憧憬心)〖명〗 어떤 것을 간절히 그리워해서 그것만을 생각하는 마음. □~을 불러일으키다.

동-계(冬季)[-/-게]〖명〗 겨울철. 동절(冬節). 동기(冬期). □~ 훈련 / ~ 올림픽 대회.

동-계(同系)[-/-게]〖명〗 같은 계통. □~ 회사.

동-계(洞契)[-/-게]〖명〗 동네의 일을 위해 동민이 모으는 계. 동리계.

동·계(動悸)[-/-게]〖명·하자〗〖생〗 심장의 고동이 보통 때보다 심해 가슴이 두근거리는 일.

동계 교배(同系交配)[-/-게-]〖생〗 동·식물의 유전자 조성을 고르게 하기 위해 계통이 같은 것끼리 교배시키는 일. 근친 교배.

동고(同苦)〖명·하자〗 함께 고생함.

동고(銅鼓)〖악〗 꽹과리.

동고-동락(同苦同樂)[-낙]〖명·하자〗 괴로움도 즐거움도 함께함. □생사를 같이하며 ~한 전우 / ~을 약속하다.

동-고리〖명〗 동글납작하게 만든 작은 버들고리.

동-고병(胴枯病)[-뼝]〖명〗〖식〗 줄기마름병.

동-고비〖명〗〖조〗동고빗과의 작은 새. 날개 길이 7~8cm. 숲에 삶. 등은 청회색, 배는 희며, 꽁지는 짧고 밤색의 점이 있음. 나무를 잘 탐. 익조(益鳥)임.

동고-서저(東高西低)〖명〗〖지〗한국 부근의 기압 배치의 하나. 동쪽인 오호츠크 해 방면의 기압이 높고 서쪽인 시베리아 방면의 기압이 낮은 상태(전형적인 여름형(型) 기압 배치).

동고-선(同高線)〖명〗〖지〗등고선(等高線).

동곳[-곧]〖명〗 상투를 튼 뒤에 풀어지지 않게 꽂는 물건.

동곳(을) 빼다 〖구〗 비유적으로, 잘못을 인정하고 굴복하다.

동곳-잠(-簪)[-곧잠]〖명〗 동곳 모양의 옥비녀.

동공(同工)〖명〗 같은 재주나 솜씨.

동공(瞳孔)〖명〗〖생〗 눈동자.

동공-견(同功繭)〖명〗 쌍고치.

동·공 반:사(瞳孔反射)〖생〗 1 빛이 밝으면 동공이 작아지고 어두우면 동공이 커지는 현상. 2 가까이에 볼 때 동공이 작아지고 먼 곳을 볼 때 동공이 커지는 현상.

동공-이곡(同工異曲)〖명〗 솜씨나 재주는 같으나 그 취지나 내용이 다름. 동공이체.

동공-이체(同工異體)〖명〗 동공이곡.

동과(冬瓜)〖명〗〖식〗 동아.

동과-자(冬瓜子)〖명〗〖한의〗 동아의 씨(이뇨 (利尿)·소갈증 등에 효과가 있음).

동관(彤管)〖명〗 대에 붉은 칠을 한 붓(주로 여자들이 사용함).

동관-이(彤管胎)[-니]〖명〗 여자가 남자에게 은근한 정을 글로 써 전하는 일.

동광(銅鑛)〖명〗〖광〗 1 구리를 캐는 광산. 동산(銅山). 동점(銅店). 2 구리를 함유한 광석.

동교(同校)〖명〗 1 같은 학교. 2 그 학교. 또는 이 학교.

동교(東郊)〖명〗 1 동쪽의 들이나 교외. 2 봄의 들. 3 서울 동대문 밖의 근교.

동교-치(東郊-)〖명〗 지난날, 서울 동대문 밖에서 문 안으로 팔러 들여오던 바리나무.

동구(東歐)〖명〗〖지〗 '동구라파'의 준말. ↔서구(西歐).

동-구(洞口)〖명〗 1 동네 어귀. □~ 밖으로 나가다. 2 절로 들어가는 산문(山門)의 어귀.

동구-권(東歐圈)[-꿘]〖명〗 동부 유럽 지역(폴란드·루마니아·헝가리·알바니아·불가리아 등 구 소련의 영향권에 들었던 지역).

동-구라파(東歐羅巴)〖명〗〖지〗 '동유럽'의 한자말. ⮨동구(東歐).

동구래-깃〖명〗 1 '동구래깃'의 준말. 2 '동구래저고리'의 준말.

동구래-깃[-낃]〖명〗 깃부리를 반원형으로 한 옷깃 따위류. ⮨동구래. *목판깃.

동구래-저고리〖명〗 길이가 짧고 앞섶이 좁으며 앞도련이 썩 동글고 뒷길이보다 좀 긴, 여자 저고리. ⮨동구래.

동:구안 대:궐(洞口-大闕)[-때-] 예전에, '창덕궁'을 달리 이르던 말.

동국(東國)〖명〗 1 예전에, '우리나라'를 중국에 대하여 달리 이르던 말. 2 동쪽에 있는 나라.

동국-중보(東國重寶)[-쭝-]〖명〗〖역〗 고려 숙종 때 만든 엽전의 하나(모양은 둥글고 가운데에 네모난 구멍이 뚫려 있음).

동국-통보(東國通寶)〖명〗〖역〗 고려 숙종 때 만든 엽전의 하나(모양은 둥글고 가운데에 네모난 구멍이 뚫려 있음).

동군(東君)〖명〗 1 태양. 2 봄. 2 청제(靑帝).

동-굴(洞窟)〖명〗 자연적으로 생긴 깊고 넓은 굴. 동혈(洞穴). □~ 탐사.

동:굴 인류(洞窟人類)[-일-]〖역〗 동굴에서 살던 구석기 시대의 인류.

동궁(東宮)〖명〗〖역〗 1 황태자. 왕세자. 2 태자궁. 세자궁.

동권(同權)[-꿘]〖명〗 같은 권리. 동등한 권리. □남녀 ~.

동궤(同軌)〖명〗 1 같은 궤도. □~를 돌다. 2 천하의 수레바퀴의 폭을 똑같게 한다는 뜻으로, 천하를 통일함을 이르는 말. 3 같은 왕조의 통치 아래에 있는 자. 또는 중국에서의 제후(諸侯).

동귀 일체(同歸一體) 천도교에서, 인간의 정신적 결합을 뜻하는 말.

동-귀틀(-) 〖건〗 마루의 장귀틀과 장귀틀 사이에 가로질러 마루널을 끼는 짧은 귀틀.

동규-자(冬葵子)〖명〗〖한의〗 아욱의 씨. 맛이 달고 성질이 참(약재로 씀).

동:귤(童橘)〖명〗〖식〗 금귤(金橘).

동그라미〖명〗 1 원 모양의 둥근 형상. 원(圓). 2 〖속〗 돈. □~가 없다.

동그라미-표(-標)〖명〗 동그랗게 그려서 맞거나 옳음을 나타내는 표. 공표. ↔가위표.

동그라-지다〖자〗 넘어지면서 구르다. □빙판에 미끄러져 ~. ⮨둥그러지다.

동그람-에이(-a)〖명〗 부기나 계산서에서, 단가(單價)를 나타내는 데 쓰는 기호. '@'의 이름. *단가표.

동그랑-땡〖명〗〖속〗 엽전 모양의 저냐. 돈저냐.

동그랑-쇠〖명〗 1 굴렁쇠. □~를 굴리며 놀다. 2 삼발이.

동그랗다[-라타]〔동그라니, 동그래서〕〖형〗 아주 동글다. □동그랗게 원을 그리다. ⮨둥그렇다. ⮬똥그랗다.

동그래-지다 [자] 동그랗게 되다. ❑눈이 ~. [큰]둥그레지다. [센]똥그래지다.
동그맣다 [-마타]〔동그마니, 동그매서〕 [형][ㅎ] 외따로 오뚝하다.
동그스름-하다 [형][여] 조금 동글다. ❑동그스름한 얼굴. [큰]둥그스름하다. 동그스름-히 [부]
동:극 (童劇) [명] '아동극'의 준말.
동근 (同根) [명] 1 근본이 같음. 또는 그 근본. 2 자란 뿌리가 같음. 3 형제.
동글갸름-하다 [형][여] 동글면서 좀 긴 듯하다. ❑동글갸름한 얼굴.
동글납대대-하다 [-때대-] [형][여] 생김새가 동글고 납작스름하다. [큰]둥글넓데데하다.
동글납작-이 [-짜기] [부] 동글납작하게.
동글납작-하다 [-짜카-] [형][여] 생김새가 동글고 납작하다. [큰]둥글넓적하다.
동글다 〔동글어, 동그니, 동근〕 [一][형] 원이나 공 모양으로 되어 있다. [큰]둥글다. [二][자] 동그랗게 되다.
동글-동글 [부][하][형] 1 계속 동그랗게 도는 모양. 2 여럿이 모두 동근 모양. [큰]둥글둥글. [센]똥글똥글.
동글-리다 [타] 《'동글다'의 사동》 동글게 만들다. [큰]둥글리다.
동글반반-하다 [형][여] 동그스름하고 반반하다. [큰]둥글번번하다. 동글반반-히 [부]
동글-붓 [-붇] [명] 끝이 동그스름한 붓. 그림 그리는 데에 씀.
동금 (同衾) [명][하][자] 동침(同寢).
동금 (胴金) [명] 1 쇠 가락지. 2 창·칼 따위의 자루 중간에 끼우는 둥근 쇠붙이의 테.
동급 (同級) [명] 1 같은 등급. ❑~ 최강의 엔진. 2 같은 학급이나 학년. 3 같은 계급. ❑~의 인사들이 회의에 참석하다.
동급-생 (同級生) [-쌩] [명] 같은 학급이나 학년의 학생. 클래스메이트.
동긋-이 [부] 동긋하게. [큰]둥긋이.
동긋-하다 [-그타-] [형][여] '동그스름하다'의 준말. [큰]둥긋하다.
동:기 (冬期) [명] 겨울철. 겨울 동안. ❑~ 훈련 / ~ 휴가.
동기 (同氣) [명] 형제자매.
동기 (同期) [명] 1 같은 시기나 연도. ❑~의 작품. 2 학교나 훈련소 따위에서 같은 기(期). ❑입사 ~. 3 '동기생'의 준말.
동:기 (動機) [명] 1 의사 결정이나 어떤 행위의 직접적인 원인. 계기. ❑범행 ~ / 작품을 쓰게 된 ~ / ~를 유발하다. 2〖악〗모티프2.
동:기 (童妓) [명] 어린 기생.
동기 (銅器) [명] 구리로 만든 그릇.
동기-간 (同氣間) [명] 형제자매 사이. ❑~의 우애가 두텁다.
동기-동기 [부] 비파·가야금 등을 뜯는 소리.
동:기 방:학 (冬期放學) 겨울 방학.
동:기 부:여 (動機賦與) 〖심〗 사람이나 동물에게 어떤 자극을 주어 행동을 하게 하는 일.
동기-상구 (同氣相求) [명] 동성상응(同聲相應).
동기-생 (同期生) [명] 같은 시기에 같은 곳에서 강습·교육 등을 함께 받은 사람. [준]동기.
동:기-설 (動機說) [명] 〖윤〗 행위의 도덕적 평가의 기준을 결과보다 오직 동기에 두는 설.
동기 시대 (銅器時代) 〖역〗 구리로 기구를 만들어 쓰던 시대《석기 시대와 청동기 시대의 사이》. 금석 병용 시대.
동기-일신 (同氣一身) [-씬] [명] 형제자매는 한 몸과 다름없음을 이르는 말.
동-나다 [자] 물건 따위가 다 떨어져서 남아 있는 것이 없게 되다. ❑연탄이 ~.

동-나무 [명] 조그맣게 단으로 묶어 땔나무로 파는 잎나무.
동남 (東南) [명] 1 동쪽과 남쪽. 2 남동.
동:남 (童男) [명] 사내아이. ↔동녀(童女).
동남-간 (東南間) [명] 동쪽과 남쪽의 사이.
동-남동 (東南東) [명] 동쪽과 남동쪽의 중간이 되는 방위.
동:남-동:녀 (童男童女) [명] 남자아이와 여자아이.
동남-부 (東南部) [명] 1 동부와 남부. 2 동쪽과 남쪽 사이의 지역.
동남-아 (東南亞) [명] 동남아시아.
동남-아시아 (東南Asia) [명] 〖지〗 아시아의 동남부 지방《대개 인도차이나 반도·인도네시아·필리핀 등의 지역》.
동남-쪽 (東南-) [명] 동쪽과 남쪽 사이의 방위. 동남.
동남-풍 (東南風) [명] 남동풍.
동-납월 (冬臘月) [명] 음력 동짓달과 섣달.
동:내 (洞內) [명] 동네 안.
동:냥 [명][하][자][타] 〔←동령(動鈴)〕 1〖불〗승려가 시주를 얻으려고 돌아다님. 또는 그렇게 얻은 곡식. 2 거지나 동냥아치가 돌아다니며 구걸함. 또는 그렇게 얻은 금품. ❑~을 얻다 / ~하러 다니다.
[동냥은 안 주고 쪽박만 깬다] 요구를 들어주기는커녕 방해만 한다. [동냥하려다가 추수(秋收) 못 본다] 작은 것을 탐내다가 큰 것을 놓치게 된다.
동:냥-아치 [명] 1 동냥하러 다니는 사람. [준]동냥치. 2 〈방〉 거지.
동:냥-자루 [-짜-] [명] 동냥아치가 가지고 다니는 자루.
[동냥자루도 마주 벌려야 들어간다] '백지장도 맞들면 낫다'와 같은 뜻. [동냥자루를 찢는다] 변변치 못한 것을 더 차지하려고 다툰다는 말.
동:냥-젖 [-젇] [명] 남의 젖을 얻어먹는 일. 또는 그 젖. 돌림젖. ❑~으로 자라다.
동:냥-중 [-쭝] [명] 동냥을 다니는 중. 자미승(粢米僧).
동:냥-질 [명][하][타] 동냥하러 다니는 짓. ❑먹을 것을 ~하다.
동냥-치 [명] '동냥아치'의 준말.
동:네 (洞-) [명] 1 자기가 사는 집의 근처. ❑~ 사람 / ~를 한 바퀴 돌다 / ~가 떠들썩하게 잔치를 벌이다. 2 여러 집이 한 동아리를 이루어 사는 곳.
[동네 색시 믿고 장가 못 든다] 남을 막연하게 믿고 바라다가 일을 그르친다.
동:네-방네 (洞-坊-) [명] 온 동네. 또는 이 동네 저 동네. ❑~ 떠벌리고 다니다.
동:네-북 (洞-) [명] 동네 사람이 함께 쓰는 북이란 뜻으로, 여러 사람이 두루 건드리거나 함부로 대하는 사람의 비유. ❑나만 보고 야단들이니 내가 무슨 ~인가.
동:넷-집 (洞-) [-네찝 / -넫찝] [명] 동네에 있는 집. 또는 자기 집 근처의 집.
동:녀 (童女) [명] 여자아이. ↔동남(童男).
동년 (同年) [명] 1 같은 해. 2 같은 나이. 동령(同齡). ❑그 여자와 나는 ~이다. 3〖역〗동방(同榜).
동년-계 (同年契) [- / -게] [명] 〖역〗 동방급제(同榜及第)한 사람끼리 맺던 계.
동년-배 (同年輩) [명] 나이가 같은 또래인 사람. ❑~끼리는 의기상투하는 데가 있다.

동-녘(東-)[-녁]뗑 동쪽 방향. ㅁ~ 하늘이 밝아 온다.

동니(銅泥)뗑 구리 가루를 아교와 섞어 만든 그림물감.

동-다회(童多繪)뗑 단면을 둥글게 짠 끈목. 매듭·노리개·주머니끈 따위에 씀. 원다회.

동-달이뗑〖역〗 1 옛 군복의 하나. 검은 두루 마기에 다홍색 안을 대고 붉은 소매를 달며 뒷솔기를 길게 텄음. 협수(夾袖). 2 병정의 등급에 따라 군복의 소매 끝에 단 가는 줄. ㅁ외~ / 두~.

동-답(洞畓)뗑 동네 사람들이 공동으로 부치는 논.

동당(同黨)뗑 1 같은 당. 2 그 당.

동당(東堂)뗑 1 조선 때, '식년과' 또는 '증광시'의 별칭. 2 집의 동쪽 건물.

동당-거리다재타 작은북·장구·가야금 따위를 두드리는 소리가 계속 나다. 또는 그런 소리를 계속 내다. ㉠둥덩거리다. 동당-동당閉 하자된

동당-대다재타 동당거리다.

동당-치기뗑하자 투전이나 골패 따위로 벌이는 노름.

동댕이-치다타 1 힘껏 내던지다. 2 하던 일을 딱 잘라 그만두다. ㅁ그는 학교를 동댕이치고 사업을 시작했다.

동덕(同德)인대 천도교에서, 교인끼리 서로 부르는 호칭.

동도(同道)뗑하자 1 같은 도. ㅁ~ 출신. 2 그 도, 이 도. 3 길을 같이 감.

동도(東道)뗑 대종교에서, 천산(天山), 곧 백두산을 중심으로 한 동쪽 지방을 일컫는 말.

동도서말(東塗西抹)뗑하타 이리저리 간신히 꾸며 대어 맞춤.

동도-주(東道主)뗑 주인이 되어 손을 돌보거나 안내하는 일. 또는 그 사람.

동-도지(東桃枝)뗑〖민〗 동쪽으로 뻗은 복숭아나무의 가지〈술가(術家)에서 이 가지를 꺾어 귀신 쫓는 데 쓴다고 함〉.

동독(東瀆)뗑〖역〗 조선 때, 사독(四瀆)의 하나〈지금의 낙동강〉.

동-돌[-똘]뗑〖광〗 1 무거워서 한두 개씩밖에는 져서 나를 수 없는 큰 버력. 2 광물을 캐들어갈 때 갑자기 만나는 굳은 모암(母岩).

동동¹閉 작은북 따위를 잇따라 두드리는 소리. ㉠둥둥.

동동²閉 발을 가볍게 자꾸 구르는 모양. ㅁ언 발을 ~ 구르다.

동동³閉 작은 물체가 떠서 가볍게 움직이는 모양. ㅁ밥알이 ~ 뜨다.

동:동(動動)뗑〖문〗 고려 가요. 13절로 구성된 달거리 형식으로, 정월부터 섣달까지의 풍물에 남녀의 정을 담아 노래한 것.

동동-거리다재타타 작은북 따위를 두드리는 소리가 잇따라 나다. 또는 그런 소리를 잇따라 내다. ㉠둥둥거리다. ㉢타 안타깝거나 추워서 발을 가볍게 자꾸 구르다. ㉠둥둥거리다.

동동-걸음뗑 발을 동동거리면서 걷는 걸음. ㅁ~을 치며 지나가다.

동동-대다재타 동동거리다.

동:동-무(動動舞)뗑 고려 때, 대궐 안의 잔치에서 추던 춤의 한 가지. 동동춤.

동동-주(-酒)뗑 맑은 술을 떠내거나 거르지 않아 밥알이 동동 뜬 막걸리. 특주.

동:동촉촉(洞洞燭燭)뗑하형 공경하고 삼가며 매우 조심스러움.

동:동-하다(憧憧-)형어 걱정스러운 일로 마음이 안정되지 못하다.

동:-두부(凍豆腐)뗑 언두부.

동두-철신(銅頭鐵身)[-씬]뗑 성질이 모질고 거만한 사람의 비유. 동두철액.

동-등(冬等)뗑 1 등급을 춘·하·추·동의 넷으로 나누는 것의 넷째 등급. 2 예전에, 봄·여름·가을·겨울의 네 번에 나누어 내던 세금 가운데 겨울에 내던 세금.

동등(同等)뗑하형 등급·정도가 같음. 또는 그런 등급·정도. ㅁ~한 자격 / ~하게 다루다.

동등-권(同等權)[-꿘]뗑 서로 똑같이 누릴 수 있는 권리. 동권. ㅁ남녀 ~ / ~을 갖다.

동등-성(同等性)[-썽]뗑 등급·가치 따위가 서로 같은 성질. ㅁ인격적인 ~.

동-떨어지다재 1 거리나 관계가 멀리 떨어지다. 2 현실과 동떨어진 이론 / 마을과 동떨어진 집.

동떨어진 소리군 ㉠경어도 반말도 아닌 어리빵한 말씨. ㉡조리에 맞지 않는 말.

동-뜨다〔동떠, 동뜨니〕형 1 다른 것보다 훨씬 뛰어나다. 2 동뜨게 아름답다. 2 동안이 뜨다. 3 평상시와 다르다.

동라(銅鑼)[-나]뗑〖악〗 징.

동락(同樂)[-낙]뗑하자 같이 즐김. ㅁ노소~ / 동고(同苦)~.

동-란(動亂)[-난]뗑 폭동·반란·전쟁 따위가 일어나 사회가 질서를 잃고 혼란해지는 일. 난리. ㅁ~이 일어나다 / ~을 겪다.

동-란기(動亂期)[-난-]뗑 동란의 시기.

동래(東來)[-내]뗑하자 동쪽에서 옴.

동량(同量)[-냥]뗑 같은 분량.

동량(棟梁·棟樑)[-냥]뗑 1 마룻대와 들보. 2 '동량지재'의 준말. ㅁ국가의 ~.

동량재(棟梁材)[-냥-]뗑 동량지재.

동량지재(棟梁之材)[-냥-]뗑 한 집안이나 한 나라의 기둥이 될 만한 인재. ㉣동량.

동:-력(動力)[-녁]뗑 1〖물〗전력·수력·풍력 따위로 기계를 움직이게 하는 힘. 2 어떤 일을 추진하고 발전시키는 힘. 원동력(原動力). ㅁ조국 근대화의 ~.

동:력 경운기(動力耕耘機)[-녁경-] 자동 경운기.

동:력-계(動力計)[-녁꼐 / -녁꼐]뗑 원동기나 발동기 따위의 동력을 재는 기계.

동:력-로(動力爐)[-녕노]뗑〖전〗동력을 일으키는 원자로. 동력용 원자로.

동:력 변:질(動力變質)[-녁뼌-]뗑〖지〗지각의 수축으로 일어나는 압력을 받아서 바위의 질이 변하는 현상.

동:력-삽(動力-)[-녁쌉]뗑 동력을 이용하여 흙·모래 등을 푸는 삽.

동:력-선(動力線)[-녁썬]뗑〖전〗배전선 가운데, 일반 전동기에 전력을 공급하는 전선. ＊전등선.

동:력-원(動力源)[-녀권]뗑 동력의 근원이 되는 샘〈수력·전력·화력 따위〉.

동:력 자원(動力資源)[-녁짜-]뗑 동력을 일으키는 자원〈수력·석탄·석유 따위〉.

동:력-차(動力車)[-녁차]뗑 동력기가 있어 스스로 움직이는 철도 차량〈동차(動車)와 기관차 따위〉.

동렬(同列)[-녈]뗑 1 같은 줄. ㅁ~에 세우다. 2 같은 동아리. 3 같은 수준이나 위치. ㅁ~에 놓고 평가하다. 4〖역〗같은 반열(班列). 5 같은 항렬.

동:-렬(凍裂)[-녈]뗑하자 1 얼어서 터지거나 갈라짐. 2 동상(凍傷).

동령(同齡)[-녕] 명 같은 나이. 동치.
동령(東嶺)[-녕] 명 동쪽에 있는 고개.
동:령(動令)[-녕] 명 『군』 실제 동작을 하도록 지시하는 구령의 끝 부분(「앞으로 가·열중 쉬어」 등에 「가·쉬어」 따위). ＊예령.
동:로(凍露)[-노] 명 이슬이 얼어붙은 서리.
동록(銅綠)[-녹] 명 구리의 표면에 녹이 슬어 생기는 푸른빛의 물질. 동청(銅靑). □그릇에 ~이 슬다. ⊕녹(綠).
동뢰(同牢)[-뇌] 명하자 부부가 음식을 같이 먹음.
동뢰-연(同牢宴)[-뇌-] 명 전통 혼례에서, 신랑과 신부가 교배(交拜)를 마치고 술잔을 나누는 잔치.
동료(同僚)[-뇨] 명 같은 직장 또는 부문에서 함께 일하는 사람. □직장 ~.
동료-애(同僚愛)[-뇨-] 명 동료를 아끼고 사랑하는 마음. □따뜻한 ~를 느끼다.
동류(同流)[-뉴] 명 1 같은 유파(流派). □~에 속하는 작품. 2 동배(同輩).
동류(同類)[-뉴] 명 1 같은 종류나 부류. 동종(同種). 2 같은 무리. 또는 취급루.
동류(東流)[-뉴] 명하자 동쪽으로 흘러감. 또는 그 흐름.
동류-의식(同類意識)[-뉴-/-뉴이-] 명 타인이나 다른 집단과 같은 부류라고 생각하는 의식.
동류-항(同類項)[-뉴-] 명 『수』 다항식에서, 계수(係數)는 다르나 문자 인수와 차수가 같은 2개 이상의 항.
동:륜(動輪)[-뉸] 원동기에서 동력을 받아 회전함으로써 차량을 움직이는 바퀴.
동률(同率)[-뉼] 명 같은 비율이나 비례. □~ 우승.
동리(東籬)[-니] 명 1 동쪽에 있는 울타리. 2 국화를 심은 밭.
동:리(洞里)[-니] 명 1 마을. 2 지방 행정 구역인 동(洞)과 이(里).
동:리(冬梨)[-니] 명 1 서리를 맞아 언 배. 2 노인의 피부를 비유하는 말.
동리-군자(東籬君子)[-니-] 명 「국화」의 이칭.
동-마루(棟-)[-] 명 『건』 기와로 쌓아 올린 지붕마루.
동-막이(垌-)[-] 명하타 물을 막기 위해 둑을 쌓는 일. □~ 공사.
동-매 물건을 동이는 데 쓰는 가로로 묶는 새끼나 끈 따위.
동:맥(動脈) 명 1 『생』 심장에서 혈액을 몸의 각 부분에 보내는 혈관. ↔정맥. 2 어떤 분야나 조직에서 기본 줄기가 되는 계통로(系統路). □경부선은 한국의 ~이다.
동:맥 경화증(動脈硬化症)[-경-증] 『의』 동맥에 콜레스테롤·지방 따위가 쌓여 혈관이 좁아지고 탄력을 잃는 병.
동:맥-류(動脈瘤)[-맹뉴] 명 『의』 동맥벽이 손상되거나 이상을 일으켜 동맥의 한 부분이 늘어나 혹처럼 불룩해지는 병.
동:맥-망(動脈網)[-맹-] 명 『생』 동맥이 여러 갈래로 갈라져 그물 모양을 이룬 부분(말초(末梢)에 많음).
동:맥성 색전증(動脈性塞栓症)[-썽-쩐쯩] 『의』 동맥벽의 염증이나 경화증으로, 응고물이 혈관에 붙거나 혈관의 통로를 막는 증세(급사함). ↔정맥성 색전증.
동:맥 수혈(動脈輸血)[-쑤-] 『의』 급히 수혈할 필요가 있을 때 사타구니의 동맥이나 복부의 대동맥 안에다 수혈하는 일.
동:맥 주:사(動脈注射)[-쭈-] 『의』 동맥에 주

사를 놓는 일. 또는 그 주사. ＊정맥 주사.
동-맥(動脈血)[-매켤] 명 『생』 심장에서 동맥을 통해 몸의 각 부분에 보내는 피(산소의 함유량이 많고 선홍색임). 동맥피.
동:맥 혈전증(動脈血栓症)[-매켤쩐쯩] 『의』 심장에서 상류의 동맥이나 정맥에 생긴 혈전이 떨어져 하류 동맥을 막는 질환.
동맹(同盟) 명하자 둘 이상의 개인이나 단체 또는 국가가 같은 목적을 이루거나 이익을 얻기 위해서 공동 행동을 취하기로 맹세해서 맺는 약속이나 조직체. 또는 그런 관계를 맺음. □공수 ~ / ~을 맺다.
동맹(東盟) 명 『역』 고구려 때, 해마다 시월에 지내던 제천(祭天) 의식(일종의 추수 감사제). ＊영고(迎鼓).
동맹-가(同盟家) 명 『역』 같은 공훈을 세워 함께 기록된 사람의 집안.
동맹-국(同盟國) 명 서로 동맹을 맺은 나라. 맹방. 맹약국.
동맹-군(同盟軍) 명 서로 동맹을 맺고 결성한 군대.
동맹 태업(同盟怠業) 노동자가 동맹하여 업무를 게을리 하고 작업 능률을 떨어뜨리는 노동 쟁의 수단.
동맹 파:업(同盟罷業) 노동자가 단결해서 고용주에 대해 노동 조건의 유지·개선 따위의 요구를 관철하기 위해 집단적으로 작업을 중지하는 일. ⊕파업.
동맹 해:고(同盟解雇) 같은 업종의 기업주가 노동자의 요구를 물리치고자 서로 동맹하여 많은 노동자를 한꺼번에 해고하는 일.
동맹 휴교(同盟休校) 학생들이 단결해서 그들의 요구를 관철하기 위해 등교하지 않는 일. 동맹 휴학. ⊕맹휴.
동맹 휴업(同盟休業) 동맹 파업. ⊕맹휴.
동맹 휴학(同盟休學) 동맹 휴교. ⊕맹휴.
동-먹다[-따] 재 『광』 광맥이 거의 동이 나다.
동-메달(銅medal) 명 구리로 만든 상패. 흔히, 삼등 입상자에게 수여한다. 동패(銅牌). □~을 따다 / ~을 목에 걸다.
동:면(冬眠) 명하자 1 『동』 동물이 겨울 동안 생활 활동을 멈추고 땅속이나 물속에서 이듬해 봄까지 잠자는 상태에 있는 현상. 겨울잠. ↔하면(夏眠). 2 활동이 일시적으로 휴지 상태에 이름의 비유.
동면(東面) 명하자 1 동쪽 면. 2 앞을 동쪽으로 둠.
동:면 요법(冬眠療法)[-뇨뻡] 『의』 약물로 환자를 동면 상태로 만들어 치료하는 법.
동명(同名) 명 같은 이름. 이름이 서로 같음. □이 작품은 ~의 소설을 영화화한 것이다.
동:명(洞名) 명 동(洞)이나 동네의 이름.
동-명사(動名詞) 명 『언』 영어 따위에서, 동사와 명사의 기능을 겸한 품사.
동명-이인(同名異人) 명 이름은 같으나 사람은 다름. 또는 그 사람. □한 회사 안에도 ~은 더러 있다.
동:-명태(凍明太) 명 「동태(凍太)」의 본딧말.
동:모(冬毛) 명 겨울털. ↔하모(夏毛).
동모(銅鉾) 명 고대인이 썼던, 구리로 만든 창 모양의 무기. 구리창.
동모-매(同母妹) 명 동복누이. ⊕모매(母妹).
동모-제(同母弟) 명 동복아우. ⊕모제(母弟).
동몽(童蒙) 명 아직 장가가지 않은 남자아이.
동무 명 1 친하게 어울리는 사람. 친구. 벗. 2 어떤 일을 짝이 되어 함께 하는 사람. 동지(同志). 3 광산에서 한 덕대 아래 일하는 인부.

[동무 따라 강남 간다] 자기는 하고 싶지 않지만, 남에게 끌려서 덩달아 하게 된다. [동무 사나워 빰 맞는다] '모진 놈 옆에 있다가 벼락 맞는다'와 같은 뜻.

동무(東廡)『역』조선 때, 문묘 안에서 유현(儒賢)의 위패를 배향(配享)하던 동쪽 행각(行閣). ↔서무.

동-무(童舞)아이들이 추는 춤.

동무니(의剛)『민』윷놀이에서, 한 동에 어우른 말의 수를 나타내는 말. 〇석 ~가 나다.

동무-장사(剛하자)두 사람 이상이 함께 경영하는 장사.

동무-하다(자여)서로 짝이 되어 행동을 함께하다. 〇우리 동무해서 갑시다.

동문(同文)[剛]1 같은 글자 또는 글. 〇이하 ~입니다. 2 '동문전보'의 준말.

동문(同門)[剛]1 같은 학교나 같은 스승에게서 배운 사람. 〇대학 ~. 2 같은 문중이나 종파(宗派). 또는 그 사람.

동문(東門)[剛]동쪽에 있는 문.

동:문(洞門)[剛]1 동굴의 입구. 또는 거기에 세운 문. 2 동네 입구에 세운 문.

동문-동궤(同文同軌)[剛]'거동궤서동문(車同軌書同文)'의 준말.

동문-동종(同文同種)[剛]서로 다른 두 나라가 문자와 인종이 같음.

동문-동학(同門同學)[剛하자]동문수학. 〇~한 사이.

동문-생(同門生)[剛]한 스승에게서 함께 배운 사람. 또는 같은 학교를 나온 사람.

동문서답(東問西答)[剛하자]묻는 말에 전혀 맞지 않는 엉뚱한 대답을 함. 또는 그 대답.

동문-수학(同門受學·同門修學)[剛하자]한 스승 밑에서 함께 배움. 〇우리는 ~한 사이다.

동문-전보(同文電報)발신인이 같은 글을 한 착신국(着信局) 안의 여러 곳에 보내는 특별한 전보. (준)동문(同文).

동문-회(同門會)[剛]동창회.

동:물(動物)[剛]1『생』생물을 크게 둘로 나눌 때의 하나. 운동·감각·신경 등의 기능이 발달하고 주로 유기물을 섭취하며, 소화·배설·호흡·순환·생식 따위가 분화되어 있음. ↔식물. 2 사람을 제외한 새·짐승·물고기 따위를 일컫는 말. 〇~ 병원.

동:물 검:역(動物檢疫)동물이나 축산물 등을 수출입하면서 해항(海港)이나 공항에서 전염병의 예방을 위해 검역하는 일.

동:물-계(動物界)[-/-게][剛]1 동물의 세계. 2 생물 분류상의 최대 단위로, 동물의 총칭. *식물계.

동:물 공:포(動物恐怖)『심』작은 벌레만 보아도 공연히 무서워하는 일종의 강박 관념.

동:물-납(動物蠟)[-랍][剛]『생』동물의 몸이나 그 분비물 속에 포함된 납(꿀벌의 밀랍(蜜蠟)·향유고래의 경랍(鯨蠟) 따위).

동:물-도감(動物圖鑑)[剛]동물을 그림이나 사진으로 나타내고, 동물의 분포·분류·형태·생태 따위와 관련된 자료와 그에 따른 설명을 곁들인 책.

동:물림(剛하타)가늘고 긴 물건을 이을 때, 그 마디에 장식을 대는 일. 또는 그 장식.

동:물-상(動物相)[-쌍][剛]『생』어떤 지역이나 수역에 사는 동물의 모든 종류.

동:물-성(動物性)[-썽][剛]동물이 지닌 체질이나 성질. 〇~ 지방. *식물성.

동:물성 섬유(動物性纖維)[-썽서뮤]동물의 몸에서 얻은 섬유(명주·양모 따위).

동:물성-유(動物性油)[-썽뉴][剛]동물의 몸에서 짜낸 기름.

동:물-숭배(動物崇拜)[剛]동물을 신 또는 신의 화신으로 섬기는 자연 숭배.

동:물 시험(動物試驗)『의』의학적인 목적으로 토끼·원숭이·개·쥐·고양이 따위의 동물에게 행하는 시험.

동:물 실험(動物實驗)1『의』동물 시험. 2『생』동물의 기능·형태를 조사·연구할 목적으로 동물에게 행하는 실험.

동:물 심리학(動物心理學)[-니-]사람 이외의 동물의 심리를 연구하는 심리학.

동:물-원(動物園)일정한 시설을 갖추어 각지의 동물을 사육하면서 일반인에게 관람시키는 곳.

동:물-적(動物的)[-쩍][관剛]1 동물의 본성과 같은 (것). 〇~ 본능. 2 이성적이지 못하고 본능에 치우쳐 행동하는 (것). 〇~ 욕구.

동:물 전:기(動物電氣)『생』동물의 몸에서 나오는 전기(활동 전류와 정지 전류가 있음).

동:물-질(動物質)[-찔][剛]『생』동물의 특성을 나타내고 있는 물질(탄수화물은 적고 지방과 단백질이 많음).

동:물-체(動物體)[剛]동물의 몸. 또는 그에 해당하는 유기체.

동:물-학(動物學)[剛]동물의 분류·생태·발생·생리·유전·진화 등에 관해 연구하는 분야. 〇~ 전공. ↔식물학.

동:민(洞民)[剛]1 한 동네에 함께 사는 사람. 2 그 동(洞)에 사는 사람.

동-바[剛]지게에 짐을 얹고 눌러 매는 줄.

동-바리[剛]1[건]툇마루나 좌판 밑에 괴는 짧은 기둥. (준)동발. 2[광]갱이 무너지지 않도록 갱의 양쪽에 버티어 세우는 통나무.

동바릿-돌[-리돌·-릳돌][剛][건]동바리를 받치는 작은 주춧돌.

동박-새[-쌔][剛]『조』동박샛과의 새. 산기슭이나 잡목림에 사는 텃새임. 참새와 비슷한데 몸길이 11cm 정도, 몸빛은 등 쪽이 황록색, 배는 백색이며, 눈가에 은색 고리 무늬가 있음. 백안작(白眼雀).

동반(同伴)[剛하자타]1 일을 하거나 길을 갈 때 짝을 이뤄 함께 함. 또는 그 짝. 〇가족·야유회. 2 사물이나 현상이 함께 생김. 〇고열이 ~되는 유행성 감기.

동반(同班)[剛]같은 반. 또는 같은 반열(班列).

동반(東班)[剛]『역』문관의 반열(班列). ↔서반(西班).

동반(銅盤)[剛]구리로 만든 쟁반.

동반(銅礬)[剛]연한 녹색의 덩이 또는 막대 모양의 약품(황산구리·질산칼륨·백반을 섞어 만드는데, 부식제 등으로 씀).

동-반구(東半球)[剛]『지』지구를 동경(東經) 160도, 서경(西經) 20도 선에서 동서 두 쪽으로 나누는 것의 동쪽 부분. ↔서반구.

동반-자(同伴者)[剛]1 어떤 행동을 할 때 함께 짝이 되는 사람. 〇인생의 ~/~ 관계. 2 어떤 행동에 적극적으로 참가하지는 않으나 이해하고 뜻을 같이하며 도움을 주는 사람. 동조자(同調者). 〇~ 의식 / 사상적 ~.

동반자 문학(同伴者文學)동반자 작가들의 문학.

동반자 작가(同伴者作家)[-까]『문』공산주의 혁명 운동에 직접 참가하지는 않으면서도 혁명 운동에 동조하는 경향을 가졌던 작가.

동반자-적(同伴者的)[관剛]짝이 되어 함께하는 (것). 〇~ 관계.

동-발 图 **1** 지겟다리. **2** '동바리'의 준말.

동발(銅鈸) 图 〖악〗 **1** 자바라(啫哱囉)·제금·향발(響鈸) 등의 총칭. **2** 제금.

동방(同榜) 图 과거에 같이 급제하여 방목(榜目)에 함께 적히던 일. 또는 그 사람.

동방(東方) 图 동쪽. 동쪽 지방.

동방(東邦) 图 **1** 동쪽에 있는 나라. **2** 우리나라.

동:방(洞房) 图 **1** 침실. **2** '동방화촉'의 준말.

동방 교:회(東方教會) 图 〖종〗 그리스 정교회.

동-방구리 图 동이보다 작고 배가 더 부른 질그릇.

동방-급제(同榜及第)[-쩨] 图 〖역〗 대과(大科)에 함께 급제함.

동방 내:각(同傍內角) 图 〖수〗 두 직선에 제3의 직선이 교차하였을 때 두 직선 안에서 마주 대하고 있는 각.

동방 박사(東方博士)[-싸] 별을 보고 예수의 탄생을 알고 찾아가 아기 예수에게 경배했다는 세 점성술가(황금·유약·몰약을 바침).

동방예의지국(東方禮儀之國)[-/-이-] 图 예의를 잘 지키는 동쪽의 나라(중국에서 우리나라를 일컫던 말).

동방 정:교(東方正教) 图 〖종〗 그리스 정교회.

동:방-화촉(洞房華燭) 图 동방에 비치는 환한 촛불이라는 뜻으로, 혼례를 치르고 첫날밤에 신랑이 신부 방에서 자는 의식. ▢~을 치르다. ⓐ동방.

동배(同陪) 图 사냥에서, 몰이꾼과 목을 지키는 사람이 그 구실을 나누어 맡는 일.

동배(同輩) 图 나이나 신분이 서로 같거나 비슷한 사람.

동백(冬柏) 图 동백나무의 열매.

동백(東伯) 图 〖역〗 조선 때, '강원도 관찰사'의 이칭.

동백-기름(冬柏-)[-끼-] 图 동백으로 짠 기름(머릿기름·등잔 기름 따위로 씀).

동백-꽃(冬柏-)[-꼳] 图 동백나무의 꽃. 동백화. 산다화(山茶花).

동백-나무(冬柏-)[-뱅-] 图 〖식〗 후피향나뭇과의 작은 상록 활엽 교목. 산지·해안·촌락에 남. 높이는 7 m 정도. 4~5월에 홍색·자색 또는 백색의 큰 꽃이 피고, 열매는 늦가을에 붉게 익음. 관상용이며, 씨는 머릿기름·등잔 기름 또는 약용으로 씀. 다매(茶梅).

동벽-토(東壁土) 图 〖한의〗 오랫동안 햇볕에 쬔 동쪽 벽의 흙. 초에 반죽하여 종기에 붙임.

동:변(童便) 图 〖한의〗 열두 살 미만인 사내아이의 오줌(두통·육혈(衄血)·학질·번갈(煩渴)·해수·골절상·종창 따위에 약으로 씀).

동병(同病) 图 같은 성질의 병.

동:병(動兵) 图하자 군사를 일으킴.

동병-상련(同病相憐)[-년] 图 같은 병을 앓는 환자끼리 서로 가엾게 여긴다는 뜻으로, 어려운 처지에 있는 사람끼리 서로 동정하고 도움.

동보-무선(同報無線) 图 통신사에서, 뉴스를 지국이나 계약된 신문사·방송국에 일제히 속보하는 방법.

동:복(冬服) 图 겨울옷. ▢교복을 ~으로 바꿔 입다.

동복(同腹) 图 한 어머니에게서 난 동기. ▢~형제. ↔이복(異腹).

동:복(童僕·僮僕) 图 사내아이 종.

동복각-선(同伏角線)[-깍썬] 图 〖지〗 등복각선(等伏角線).

동복-누이(同腹-)[-봉-] 图 한 어머니에게서 난 누이. 동모매(同母妹).

동복-동생(同腹同生)[-똥-] 图 한 어머니에서 난 동생. ↔이복동생.

동복-아우(同腹-) 图 한 어머니에서 난 아우.

동본(同本) 图 같은 본관(本貫).

동봉(同封) 图하자 같이 넣어 함께 봉함. ▢~서류/편지에 사진을 ~하다.

동부(冬-) 图 〖식〗 콩과의 한해살이 덩굴풀. 열대 및 온대에서 재배함. 잎은 달걀 모양의 마름모꼴. 여름에 나비 모양의 담자색 꽃이 핌. 협과는 길이 30 cm가량임. 종자와 어린 깍지를 먹음. 광저기. **2** 동부의 익은 열매.

동부(同父) 图 아버지는 같고 어머니가 다름. ↔이부(異父).

동부(同符) 图하자 **1** 부호가 같음. 또는 같은 부호. **2** 똑같이 서로 들어맞음. 부합(符合).

동부(東部) 图 **1** 동쪽 부분. ~ 유럽. **2** 〖역〗 조선 때, 서울 안 5부의 동쪽 부분. 또는 그 관할하던 관아.

동부(胴部) 图 **1** 몸통. **2** 사람이나 동물의 몸에서 가슴과 배를 합한 부분.

동부(銅斧) 图 〖역〗 구리나 청동으로 만든 도끼(동기 시대, 청동기 시대의 산물임).

동:부동(動不動) 阒 꼼짝할 수 없이 꼭. 반드시. ▢차표를 끊었으니 ~ 갈 수밖에.

동부레기 图 뿔이 날 만한 나이의 송아지.

동-부새(東-) 图 농가에서, '동풍(東風)'을 일컫는 말.

동-부인(同夫人) 图하자 아내와 함께 동행함. ▢~해서 가다.

동북(東北) 图 **1** 동쪽과 북쪽. **2** 동쪽과 북쪽 사이의 방위. ▢~으로 길이 났다.

동북-간(東北間)[-깐] 图 동쪽과 북쪽의 사이. 북동간.

동북-동(東北東)[-똥] 图 동쪽과 북동쪽 사이의 방위.

동북-방(東北方)[-빵] 图 동북쪽.

동북-부(東北部)[-뿌] 图 동북쪽의 지역.

동북-아시아(東北Asia) 图 〖지〗 아시아의 동북부 지역(한국·중국·일본 등이 위치함).

동북-쪽(東北-) 图 **1** 동쪽과 북쪽. **2** 동쪽과 북쪽 사이의 방위.

동풍(東北風) 图 동북쪽에서 불어오는 바람.

동분(同分) 图하자 **1** 〖화〗 성질이 서로 다른 물질이 원소 및 그 화합의 비례를 같이함. **2** 등분(等分).

동-분리(同分利)[-불-] 图 동업자끼리 이익을 똑같이 나눔.

동-분모(同分母)[-뽀] 图 **1** 〖수〗 두 개 이상의 분수에서, 서로 같은 분모. **2** 공통 분모.

동분서주(東奔西走) 图하자 이리저리 바쁘게 돌아다님. 동치서주. ▢~애를 쓰다.

동분 이:성체(同分異性體) 〖화〗 이성질체.

동붕(同朋) 图 벗. 친구.

동:빙(凍氷) 图하자 결빙.

동:빙-한설(凍氷寒雪) 图 얼어붙은 얼음과 차가운 눈이라는 뜻으로, 매서운 추위를 이르는 말.

동사(同死) 图하자 같이 죽음. 죽음을 함께함.

동사(同事) 图하자 같은 종류의 일을 함. 또는 그 일.

동사(東史) 图 중국에서 우리나라 역사를 일컫던 말.

동:사(洞祠) 图 마을의 수호신을 모시는 사당. ▢~에 제사를 지내다.

동:사(凍死) 图하자 얼어 죽음.

동:사(動詞) 图 〖언〗 사물의 동작이나 작용을 나타내는 품사. 뜻과 쓰임에 따라 본동사와

조동사로, 성질에 따라 자동사와 타동사로, 어미 변화에 따라 규칙 동사와 불규칙 동사로 나눔.

동사(銅絲)〔명〕 구리철사.

동:사-구(動詞句)〔명〕 문장에서 동사처럼 서술어 구실을 하는 구('그는 빨리 달린다'에서의 '빨리 달린다' 따위).

동사리〔명〕〔어〕 구굴무칫과의 민물고기. 몸길이 15 cm 정도로 짧고 굵으며 지느러미는 짧음. 몸빛은 흑갈색.

동:-사무소(洞事務所)〔명〕 동의 행정 사무를 맡아보는 곳. ⍬동.

동산〔명〕 **1** 마을 부근에 있는 작은 산이나 언덕. ▢아침마다 ~에 오르다 / 해가 ~ 위로 솟다. **2** 큰 집의 정원에 만들어 놓은 작은 산이나 숲.

동:-산(動産)〔명〕 형상이나 성질을 바꾸지 않고 옮길 수 있는 재산. 토지·정착물 이외의 모든 유체물〔돈·증권·세간 따위〕. ↔부동산.

동산(銅山)〔명〕〔광〕 동광(銅鑛)1.

동산-바치〔명〕 원예사(園藝師).

동-산소(同山所)〔명〕 **1** 같은 산소. **2** 두 집에서 무덤을 한 땅에 함께 씀. *독산(獨山).

동:산 저:당(動産抵當)〔법〕 동산을 목적으로 하는 저당. 채무자가 동산을 점유한 상태로 설정이 가능함.

동:산-질(動産質)〔명〕 동산을 목적으로 하는 질권. ↔부동산질.

동-살[-쌀]〔명〕〔건〕 창문이나 문짝 등에 가로지른 살. 동살대.→장살.

동-살²[-쌀]〔명〕 새벽에 동이 틀 때 비치는 햇살. **동살(이) 잡히다**⟨구⟩ 동이 터서 햇살이 훤하게 비치기 시작함.

동살-대[-쌀때]〔명〕〔건〕 동살'.

동:삼(冬三)〔명〕 **1** 겨울. **2** '동삼삭'의 준말.

동:삼(童參)〔명〕 '동자삼(童子參)'의 준말.

동:삼-삭(冬三朔)〔명〕 겨울의 석 달〔음력 시월과 동짓달, 섣달〕. ⍬동삼.

동상(同上)〔명〕 위에 적힌 사실과 똑같음. 상동(上同).

동상(東床·東牀·東廂)〔명〕 남의 새 사위를 높여 이르는 말.

동:-상(凍上)〔명〕〔하자〕 추위가 심해 흙 속의 수분이 얼어, 지면이 솟아오름.

동:-상(凍傷)〔명〕 심한 추위로 피부가 얼어서 상하는 일. 또는 그 상처. ▢~에 걸리다 / ~을 입다.

동상(銅賞)〔명〕 상의 등급을 금·은·동으로 나누었을 때의 3등 상. ▢~을 획득하다.

동상(銅像)〔명〕 구리로 만든 사람이나 동물의 형상. ▢독립 유공자의 ~.

동:-상갑(冬上甲)〔명〕 입동이 지난 뒤의 첫 갑자일(甲子日).

동상-례(東床禮)[-녜]〔민〕 혼례가 끝난 뒤에 신랑이 신부 집에서 친구들에게 음식을 대접하는 일.

동-상방(東上房)〔명〕 남향한 대청의 왼쪽에 안방이 있는 집.

동상-이몽(同床異夢)〔명〕 같은 자리에 자면서 다른 꿈을 꾼다는 뜻으로, 겉으로는 같이 행동하면서도 속으로는 각각 다른 생각을 하고 있음을 일컫는 말. 동상각몽(各夢).

동상-전(東床廛)〔명〕 예전에, 서울 종로의 종각 뒤에서 재래식 잡화를 팔던 가게.

동색(同色)〔명〕 **1** 같은 빛깔. **2** 같은 당파. 또는 같은 편. ▢초록은 ~이다.

동생(同生)〔명〕 **1** 아우나 손아래 누이. ▢~을 보다 / 어린 ~을 돌보다. **2** 같은 항렬에서 자기보다 나이가 적은 사람. ▢사촌 ~.

동생-공사(同生共死)〔명〕〔하자〕 서로 생사를 같이함. ▢~를 맹세하다.

동서(同棲)〔명〕〔하자〕 **1** 법적인 부부가 아닌 남녀가 한집에서 함께 살면서 부부 관계를 유지함. ▢~ 생활을 시작하다. **2** 다른 종류의 동물이 한곳에서 같이 삶.

동서(同壻)〔명〕 자매의 남편끼리 또는 형제의 아내끼리의 호칭. ▢~ 간에 의가 깊다.

동서(東西)〔명〕 **1** 동쪽과 서쪽. ▢~로 뻗은 길 / ~를 연결하다 / ~를 가로지르다. **2** 예전에, 공산주의 진영과 자유주의 진영. ▢냉전이 종식되다. **3** 동양과 서양. ▢~ 문화의 교류 / ~ 교통의 요충지.
동서를 모르다⟨관⟩ 아주 쉬운 일인데도 기본적인 이치조차 분간할 줄 모르다.

동서-고금(東西古今)〔명〕 동양과 서양, 옛날과 지금을 함께 이르는 말로, '어디서나, 언제나'의 뜻. 고금동서. ▢~을 막론하다 / ~에 없는 일이다.

동서남북(東西南北)〔명〕 동쪽·서쪽·남쪽·북쪽. 곧, 사방.

동서-반(東西班)〔명〕〔역〕 동반과 서반.

동서-분주(東西奔走)〔명〕〔하자〕 동분서주.

동서불변(東西不辨)〔명〕 동서를 가리지 못할 정도로 아무것도 모름.

동서-양(東西洋)〔명〕〔지〕 동양과 서양. 곧, 온 세계. ▢~의 융합.

동석(同席)〔명〕〔하자〕 **1** 같은 석차나 지위. **2** 자리를 같이함. 또는 같은 자리. ▢유명 인사와 ~하다 / ~한 사람끼리 합의를 보았다.

동:-석(凍石)〔명〕〔광〕 질이 좋아 치밀하고 모양이 고운 활석의 하나〔빛은 회색·백색·담녹색 등으로, 도장·조각의 재료임〕.

동:-선(冬扇)〔명〕 '하로동선'의 준말.

동선(同船)〔명〕〔하자〕 **1** 같은 배. **2** 배를 같이 탐.

동:-선(動線)〔명〕 건축물의 안팎에서, 사람이나 물건이 어떤 목적이나 작업을 위해서 움직이는 자취나 방향을 나타내는 선. ▢~을 고려해서 가구를 배치한다.

동선(銅線)〔명〕 구리줄.

동:선-하로(冬扇夏爐)〔명〕 하로동선.

동섬서홀(東閃西忽)〔명〕 동에서 번쩍, 서에서 번쩍한다는 뜻으로, 여기저기 바쁘게 돌아다님의 비유.

동성(同性)〔명〕 **1** 성질이 같음. **2** 성별(性別)이 같음. ▢~ 친구. ↔이성(異性).

동성(同姓)〔명〕 같은 성(姓). ↔이성(異姓).

동성-동명(同姓同名)〔명〕 성과 이름이 모두 같음. 동성명. ▢~인 사람은 많다.

동성-동본(同姓同本)〔명〕 성과 본관이 모두 같음. ▢~도 혼인이 가능해졌다.

동-성명(同姓名)〔명〕 동성동명(同姓同名).

동성불혼(同姓不婚)〔명〕 같은 부계(父系) 혈족 사이의 혼인을 피하는 일.

동성-상응(同聲相應)〔명〕 같은 무리끼리 서로 통하고 모임. 동기상구(同氣相求).

동성-아주머니(同姓-)〔명〕〈속〉 고모〔이모와 구별해서 이르는 말〕.
[동성아주머니 술도 싸야 사 먹는다] 아무리 친분이 두터워도 자기에게 이익이 없는 일은 하지 않는다는 말.

동성-애(同性愛)〔명〕 동성연애.

동성-연애(同性戀愛)[-년-]〔명〕 동성끼리 하는 연애. 또는 그런 관계. 동성애.

동:-세(動勢)〔명〕〔미술〕 그림이나 조각에서 느

껴지는 운동감. ▢역동적인 ~.

동소 (同素) 몡 1 같은 바탕 또는 소질(素質). 2 『화』같은 원소가 두 개 이상의 다른 물체를 이루는 현상.

동소-체 (同素體) 몡 『화』같은 원소로 되어 있으나 그 구조와 성질이 다른 홀원소 물질(금강석과 흑연 따위).

동수 (同數) 몡 같은 수효. ▢찬반 ~로 재투표를 실시하다.

동:-(童豎) 몡 1 동자(童子). 2 예전에, 남의 집에서 심부름하던 아이. 동복(童僕).

동숙 (同宿) 몡하짜 1 한방에서 함께 잠. 2 같은 여관이나 하숙에서 묵음. ▢~한 사람과 인사를 나누다.

동승 (同乘) 몡하짜 자동차·배·비행기 따위를 함께 탐. ▢~하여 출퇴근하다.

동:승 (童僧) 몡 동자승.

동승-객 (同乘客) 몡 차·배·비행기 따위를 같이 탄 사람.

동시 (同時) 몡 1 같은 때나 시기. ▢~ 상영 / 유엔~ 가입 / ~에 일어난 사건. 2 (주로 '동시에'의 꼴로 쓰여) 어떤 사실을 겸함. ▢장점인 ~에 단점이다.

동시 (同視) 몡 1 똑같은 것으로 봄. 2 똑같이 대우함. 동일시(同一視).

동:시 (凍屍) 몡 얼어 죽은 시체. 강시.

동:시 (童詩) 몡 『문』어린이가 지은 시. 또는 어린이를 위한 시.

동시 녹음 (同時錄音) 몡 『연』영화 촬영 때, 배우의 연기와 동작 따위를 찍으면서 대사와 효과음 따위의 소리도 함께 녹음하는 일.

동시-다발 (同時多發) 몡 같은 때나 시기에 관련된 여러 가지 일이 많이 일어남.

동시다발-적 (同時多發的) 관몡 같은 때나 시기에 많이 일어난 (것).

동-시대 (同時代) [-찌-] 몡 같은 시대.

동시 대:비 (同時對比) 『심』서로 다른 감정·감각 등을 동시에 비교하면 그 특성이나 차이가 한층 뚜렷해지는 현상.

동시대-인 (同時代人) 몡 같은 시대의 사람. ▢오늘을 사는 ~.

동시대-적 (同時代的) 관몡 시대가 같은 (것).

동시 설립 (同時設立) 『경』단순(單純) 설립.

동시-적 (同時的) 몡 같은 시간에 함께 하는 (것). ▢~으로 발생하다.

동시-통역 (同時通譯) 몡하짜 외국어로 말하는 것을 동시에 통역함.

동:-식물 (動植物) [-씽-] 몡 동물과 식물.

동:-신제 (洞神祭) 몡 『민』마을을 지켜 주는 신께 공동으로 지내는 제사. 동제(洞祭).

동실 (同室) 몡 1 같은 방. 2 그 방.

동실¹ 뭐 작은 물체가 공중이나 물 위에 가볍게 떠 있는 모양. 큰둥실.

동실-동실¹ 뭐몡짜 작은 물체가 공중이나 물 위에 가볍게 떠서 자꾸 움직이는 모양. 큰둥실둥실. 셴똥실똥실.

동실-동실² 뭐몡형 동그스름하고 토실토실한 모양. 큰둥실둥실.

동심 (同心) 몡하짜 1 마음을 같이함. 또는 그 마음. ▢~ 협력해서 어려움을 헤치고 나가다. 2 『수』몇 개의 도형이 모두 같은 중심을 가짐.

동:심 (動心) 몡하짜 마음이 움직임. ▢가泯.

동:심 (童心) 몡 어린이의 마음. 또는 어린이처럼 순수하고 맑은 마음. ▢~의 세계를 꿈꾸다 / ~으로 돌아가다.

동심-결 (同心結) 몡 두 고를 내고 맞죄어 매는 매듭. 납폐(納幣)에 쓰는 실이나 염습(殮襲)

의 띠를 매는 매듭 등에 씀.

동심-선 (同深線) 몡 등심선(等深線).

동심-원 (同心圓) 몡 『수』중심이 같은 둘 이상의 원.

동:-심적 (童心的) 몡 어린이의 마음과 같은 (것). 또는 어린이처럼 순진한 (것). ▢~인 환상에 잠겼다.

동:-아 (冬-) 몡 『식』박과의 한해살이 덩굴 식물. 줄기가 굵으며 덩굴손으로 다른 것에 기어오름. 잎은 심장형, 여름에 노란 꽃이 피고 과실은 호박과 비슷함. 동과(冬瓜).
[동아 속 썩는 것은 밭 임자도 모른다] 남이 마음속으로 하는 걱정은 아무리 가까운 사이라도 모른다.

동아 (冬芽) 몡 『식』겨울눈. ↔하아(夏芽).

동아 (東亞) 몡 '동아세아'의 준말.

동:-아 (凍-) 몡 헐벗고 굶주림.

동아-따다 ㉠짜 〈속〉떨어져 나오다. ㉡타 〈속〉떨어뜨리다.

동아리¹ 몡 크거나 긴 물건의 한 부분. ▢무의 가운데 ~만을 골라내다.

동아리² 몡 뜻이 같은 사람이 한패를 이룬 무리. ▢연극 ~. *한동아리.

동:-아 석박지 [-석빡찌] 몡 동아로 담근 섞박지. 겨울에 얼려서 국물과 함께 동아를 썰어 먹음.

동-아세아 (東亞細亞) 몡 '동아시아(東Asia)'의 음역. 준동아(東亞).

동-아시아 (東Asia) 몡 『지』아시아의 동부. 곧, 한국·중국·일본을 포함하는 지역.

동아-줄 몡 굵고 튼튼하게 꼰 줄. ▢~로 옭아매다.

동안 몡 1 어느 때부터 어느 때까지의 시간의 길이. ▢방학 ~ / 잠시 ~ / 살아 있는 ~ / ~이 길다. 2 두 사람 사이의 떨어진 촌수나 두 지점 사이의 거리. ▢~이 멀다.
동안(이) 뜨다 ㉤ ㉠시간이 오래 걸리다. ㉡거리가 멀다. 동뜨다.

동안 (東岸) 몡 동쪽 연안. ↔서안.

동:안 (童顔) 몡 1 어린아이의 얼굴. 2 나이가 든 사람의 어린아이 같은 얼굴. ▢그 모습이 ~ 그대로다.

동:-안거 (冬安居) 몡하짜 『불』승려들이 음력 시월 열닷샛날부터 이듬해 정월 보름날까지 일정한 곳에 머물며 수도하는 일.

동:압 (動壓) 몡 『물』'동압력'의 준말.

동:-압력 (動壓力) [-암녁] 몡 흐르고 있는 물체의 운동을 막았을 때 생기는 압력. 준동압.

동애-등에 몡 『충』동애등엣과의 곤충. 더러운 물이나 거름더미에 삶. 길이 1~3cm, 빛은 흑색임. 날 때 다른 곳에 부딪치는 습관이 있음.

동액 (同額) 몡 같은 액수.

동:-야 (冬夜) 몡 겨울밤.

동:-야 (凍野) 몡 『지』툰드라(tundra).

동양 (同樣) 몡 같은 모양.

동양 (東洋) 몡 『지』동쪽 아시아 및 그 일대를 이르는 말(한국·중국·일본 등이 있음). ↔서양(西洋).

동:-양 (動陽) 몡하짜 양기가 동함.

동양-계 (東洋系) [-/-계] 몡 동양 계통. 또는 그런 사람. ▢과학자가 다수 참석하다.

동양-권 (東洋圈) [-꿘] 몡 동양에 속하는 지역이나 세력 범위.

동양-미 (東洋美) 몡 동양적인 특색을 지닌 아름다움. ▢~에 심취하다.

동양-사 (東洋史)명 동양 여러 나라의 역사. ◻~를 전공하다. ↔서양사.

동양 음악 (東洋音樂)〖악〗동양의 여러 민족 사이에 전해 내려오는 고유한 양식의 음악. ↔서양 음악.

동양-인 (東洋人)명 동양에서 태어났거나 사는 사람. ◻~의 의식 세계.

동양-적 (東洋的)관명 1 동양의 특징을 보이는 (것). ◻~ 신비. 2 범위가 동양 전체에 걸치는 (것). ◻~ 풍토.

동양-풍 (東洋風)명 동양의 양식이나 풍속. ◻~의 건축물.

동양-학 (東洋學)명 동양의 언어·문학·역사·철학·기예·풍습·음악·미술 따위를 연구하는 학문. 동방학. ◻~ 개론.

동양-화 (東洋畵)명 중국·일본·한국 등의 동양에서 발달한 재래의 그림(주로 먹·안료(顔料)를 사용하여 종이나 헝겊에 그리는데 산수화·사군자를 흔히 제재로 함). ↔서양화.

동어 (-魚)명〖어〗숭어의 새끼.

동어 (鮦魚)명〖어〗가물치.

동어 반:복 (同語反復)〖논〗정의될 말로 정의하는 것을 되풀이하는 것에 불과한 일.

동업 (同業)명하자 1 같은 종류의 직업이나 영업. ◻~지(紙)와의 경쟁. 2 사업을 같이함. 또는 그 사업. 동사(同事). ◻친척과 ~하다가 독립했다.

동업-자 (同業者)[-짜]명 같이 사업을 하는 사람. ◻~와 수익을 나누다 / ~ 간의 경쟁이 치열하다.

동-여 (動輿)명하자〖역〗왕세자가 대궐 밖으로 행차함.

동여-매다타 끈·실 따위로 두르거나 감거나 해서 묶다. ◻금이 간 항아리를 철사로 ~.

동-역학 (動力學)[-녀칵]명 물체의 운동과 힘의 관계를 연구하는 역학의 한 부문. ↔정역학(靜力學).

동연 (同硯)명하자 동접(同接).

동연-개념 (同延概念)명〖논〗등가 개념.

동연-하다 (同然-)형여 똑같이 그러하다. 동연-히부

동-영상 (動映像)[-녕-]명 컴퓨터 모니터의 화상이 텔레비전 화상처럼 움직이는 것.

동:-온하정 (冬溫夏凊)명하자 겨울에는 따뜻하게, 여름에는 서늘하게 한다는 뜻으로, 부모를 잘 섬겨 효도함을 일컫는 말.

동-옷 [-옫]명 남자가 입는 저고리. 겹것과 핫것이 있음. 동의(胴衣).

동:-와 (童瓦)명 수키와.

동:-요 (動搖)명하자 1 물체 따위가 흔들리고 움직임. ◻차체가 크게 ~하다 / 지진으로 건물이 심하게 ~하다. 2 생각이나 처지가 흔들림. ◻심적 ~ / 가치관과 윤리관의 ~ / 정신적 ~이 일어나다. 3 체제나 상황 따위가 혼란스럽고 술렁임. ◻민심의 ~ / 신분제의 ~.

동:-요 (童謠)명 어린이의 정서를 나타낸 정형시. 또는 거기에 가락을 붙인 노래. ◻~ 작가 / ~를 짓다.

동-용 (動容)명하자 행동과 차림새.

동우 (同憂)명하자 함께 근심함.

동-우 (凍雨)명 1 겨울에 내리는 얼음처럼 찬 비는 진눈깨비. 2 비가 올 때, 어는점이 하의 한랭층을 지나면서 얼어 떨어지는 비 (우박 비슷하나 그보다 맑고 투명함).

동우-회 (同友會)명 일정한 목적 아래 취미·뜻 따위가 같은 사람들이 모여서 만든 모임.

동:-사진〔바둑〕~.

동운 (彤雲)명 붉은빛을 띤 구름. ◻하늘에 ~이 깔리다.

동:-원 (凍原)명〖지〗툰드라(tundra).

동:-원 (動員)명하타 1 전쟁·비상사태 따위에 대처할 수 있게 군대의 평시 편제를 전시 편제로 옮김. ◻예비군의 ~/~된 병력을 전선에 배치하다. 2 전시에 나라 안의 인적·물적 자원을 정부의 관리 아래 집중시킴. ◻군수 물자를 ~하다. 3 어떤 목적을 달성하기 위해 사람이나 물건을 한데 모음. ◻주민을 사방 사업에 ~하다 / 전 직원을 ~해 판매 현장에 투입하다.

동:-원-령 (動員令)[-녕]명〖지〗비상사태가 발생하였을 때 병력·물자를 동원하기 위해 내리는 명령. ◻~이 선포되다.

동원-비기 (東園祕器)명〖역〗조선 때, 왕실에서 쓰던 관(棺).

동:-월 (冬月)명 겨울 밤의 달.

동위 (同位)명 1 같은 위치. 2 같은 등급이나 지위.

동위-각 (同位角)명〖수〗한 직선이 두 직선과 만날 때, 제각기의 직선의 같은 위치에서 그 직선과 만드는 각.

동위 개:념 (同位概念)〖논〗같은 유(類)개념에 포함되는 종(種)개념끼리의 관계(사람이라는 유개념 아래서 동양인과 서양인 따위).

동위 원리 (同位原理)[-월-]〖논〗'동일률·모순율·배중률'의 총칭.

동위 원소 (同位元素)〖화〗원자 번호는 같으나 질량수가 다른 원소(수소(水素) ¹H와 중(重)수소 ²H·³H 따위). 아이소토프.

동위-체 (同位體)명〖화〗동위 원소.

동유 (桐油漆)명 유동(油桐) 씨에서 짠 건성의 기름(인쇄 잉크·도료의 원료로 씀).

동:-유 (童幼·童孺)명 어린아이. 아동(兒童).

동-유럽 (東Europe)명〖지〗유럽 동부에 있는 여러 나라(소련 해체 후는 흔히 경제적·지리적 용어로 씀). 동구라파.

동유-칠 (桐油漆)명 동유에 활석(滑石) 등을 섞고 안료(顔料)를 넣어 만든 도료.

동음 (同音)명 같은 소리. 동일한 음(音).

동음-이:의 (同音異義)명 동음이의어.

동음-이의 (同音異義)[-의-/-의이-]명 글자의 음은 같으나 뜻이 다름.

동음이의-어 (同音異義語)[-의미-/-의미이-]명 글자의 음은 같으나 뜻이 다른 낱말. 동음어.

동음-이자 (同音異字)명 발음은 같으나 글자가 다름. 또는 그 글자.

동읍 (同邑)명 1 같은 읍. 2 그 읍.

동:-의 (冬衣)[-이]명 겨울옷. 동복(冬服).

동:-의 (同義)[-이]명 같은 뜻. 또는 뜻이 같음.

동:-의 (同意)[-이]명하자 1 같은 의미. 2 의견을 같이함. ◻그 주장에는 ~할 수 없다. ↔이의(異意). 3 다른 사람의 행위를 인정하거나 시인함. ◻제안에 ~하다 / ~를 구하다 / 부모의 ~를 얻다. 4〖법〗남의 행위에 대한 승인의 의사 표시.

동:-의 (同議)[-/-이]명 같은 의견이나 논의. ↔이의(異議).

동:-의 (胴衣)[-/-이]명 1 동옷. 2 조끼. ◻구명(救命)~.

동-의 (動議)[-/-이]명하타 회의 중에 토의할 안건을 제기함. 또는 그 안건. ◻긴급 ~ / ~를 제출하다.

동-의대 (胴衣襨)[-/-이-]명〈궁〉저고리.

동의-서(同意書)[-/-이-] 图 1 어떤 문제에 대해 동의를 표시하는 문서. 2 어떤 문제에 대한 동의를 얻기 위해 해당 기관에 내는 문서. ▢~수술~에 서명하다.

동의-어(同義語·同意語)[-/-이-] 图《언》어형(語形)은 다르나 뜻이 같은 말(태양·해 따위). ↔반의어·상대어.

동이 图 몸이 둥글고 아가리가 넓으며 양옆에 손잡이가 있는 질그릇. 흔히 물 긷는 데 씀. ▢~를 이다.

동이(東夷) 图 예전에, 동쪽의 오랑캐라는 뜻으로, 중국 사람들이 그들의 동쪽에 있는 민족을 멸시하여 일컫던 말. 곧, 일본·만주·한국 등을 가리킴.

-동이(童-) 回 ☞ -둥이.

동이다 国 끈·실 등으로 감거나 둘러 묶다. ▢ 머리를 수건으로 질끈 ~.

동이-배지기 图 씨름에서, 상대방을 배꼽 위까지 들어 올려 재빨리 넘어뜨리는 기술.

동이-연(-鳶) 图 머리나 허리 부분에 흑색·홍색·청색 등의 띠를 두른 연.

동인(同人) 图 1 같은 사람. 2 뜻을 같이해서 모인 사람. ▢사진 ~. 3 '동인쾌'의 준말.

동인(同仁) 图 차별 없이 평등하게 사랑하는 일. ▢일시(一視)~.

동인(同寅) 图《역》높은 벼슬아치들이 서로 공경하는 동료라는 뜻으로 쓰인 말.

동인(東人) 图 조선 선조 때, 붕당(朋黨)의 하나(서인(西人)에 대립한 김효원(金孝元)·성룡(柳成龍) 등을 중심으로 한 당파로, 다시 남인·북인으로 나뉨).

동:인(動因) 图 어떤 사태를 일으키거나 변화시키는 직접적인 원인.

동인(銅人) 图《한의》구리로 만든 사람의 형상. 온몸에 침구멍이 표시되어 있어 침술을 익힐 때 씀.

동인(銅印) 图 구리로 만든 도장.

동:인(瞳人·瞳仁) 图 눈부처.

동인-쾌(同人卦) 图《민》육십사쾌의 하나. 건쾌(乾卦)와 이쾌(離卦)가 거듭된 것. 하늘과 불을 상징함. ㉣동인.

동인-도(銅人圖) 图《한의》침술을 배우는 데 쓰는 인체도.

동인-잡지(同人雜誌)[-찌] 图 사상·취미·경향 따위가 같은 사람끼리 편집·발행하는 잡지. 동인지.

동인-지(同人誌) 图 동인잡지.

동:일(冬日) 图 겨울날. ↔하일(夏日).

동일(同一) 图圈 1 서로 똑같음. ▢~ 상품 / ~ 규격 / ~한 견해를 표하다. 2 각각 다른 것이 아니라 하나임. ▢~ 인물이 틀림없다 / ~한 언어를 사용하다.

동일(同日) 图 1 같은 날. 동년 동월 ~. 2 그날.

동일 개:념(同一槪念)《논》내포(內包)와 외연(外延)이 똑같은 개념.

동일-계(同一系)[-/-게] 图 같은 계통이나 계열. ▢~ 학과.

동일-률(同一律) 图《논》'갑은 갑이다'의 형식으로 표시되어, 모든 대상은 그 자체와 같다는 논리학상의 근본 요구를 나타내는 원리. 동일 원리.

동일-설(同一說)[-썰] 图《철》동일 철학.

동일-성(同一性)[-썽] 图 두 개 이상의 사상(事象)·사물의 성질이 같은 성.

동일-시(同一視)[-씨] 图圈国 1 둘 또는 그 이상의 것을 같은 것으로 봄. 동일화. ▢의견들이 ~되다. 2《심》남과 자기를 같게 여겨 욕

구를 실현하려는 심리 현상.

동일-인(同一人) 图 같은 사람. ▢~의 소행.

동일 철학(同一哲學)《철》물질과 정신, 주관과 객관은 본질적으로 다른 것이 아니고, 하나의 절대적 실체가 나타나는 방법에서만 다를 뿐이며, 실제로는 같은 것이라고 여기는 철학. 동일설(同一說).

동일-체(同一體)[-체] 图 1 같은 한 몸. 2 모양이나 성질이 같은 물체.

동일-화(同一化) 图圈国 동일시1.

동:임(洞任) 图 동네의 일을 맡아보는 사람. 동소임(洞所任).

동자(-字)图国 밥 짓는 일.

동자(同字) 图 같은 글자.

동:자(童子) 图 사내아이. ↔동녀(童女).

동:자(瞳子) 图 눈동자.

동:자-기둥(童子-) 图《건》들보 위에 세우는 짧은 기둥(상량·오량(五樑) 등을 받침). 쪼구미. 동자주.

동:자-꽃(童子-)[-꼳] 图《식》석죽과(石竹科)에 속하는 여러해살이풀. 줄기 높이 1m가량. 잎은 마주나며 달걀 모양의 타원형임. 6-7월에 적색에 백색 또는 적백색의 무늬가 있는 꽃이 가지 끝에 하나씩 핌. 관상용임.

동:자-목(童子木) 图 장롱 서랍 따위의 사이를 칸 막아서 짜는 좁은 나무.

동:자-보살(童子菩薩) 图《민》1 사내아이가 죽어서 된 귀신이 내린 점쟁이. 또는 그런 무당. 2 사람의 두 어깨에 있다는 신.

동:자-부처(童子-) 图《민》동자보살2.

동:자-부처(瞳子-) 图 눈부처.

동:자-삼(童子蔘) 图 어린아이 모양으로 생긴 산삼. ㉣동삼(童蔘).

동:자-석(童子石) 图 1 사내아이의 형상을 새겨 무덤 앞에 세우는 돌. 2 돌 난간의 중간에 세우는 짧은 돌기둥. 동자주(柱).

동:자-승(童子僧) 图《불》나이가 어린 중. 동승(童僧). 동자중.

동자-아치 图 밥 짓는 일을 하는 여자 하인. 찬비(饌婢). ㉣동자치.

동:자-주(童子柱) 图 1 동자기둥. 2 동자석2.

동:자-중(童子-) 图《불》동자승.

동자-치 图 '동자아치'의 준말.

동:작(動作) 图圈国 1 몸이나 손발을 움직임. 또는 그런 모양. ▢세련된 ~ / 느린 ~ / ~이 날래다 / ~이 굼뜨다. 2 무술·춤 따위에서, 특정한 몸놀림이나 손발의 움직임. ▢방어 ~ / 기본 ~을 시범 보이다.

동:작-상(動作相)[-쌍] 图《언》동사가 의미하는 동작의 양상·성질을 나타내는 문법 형태.

동:작 전:류(動作電流)[-쩔-]《생》활동(活動) 전류.

동:잠(動箴) 图 사물잠(四勿箴)의 하나. '예가 아니면 움직이지 말라'는 규계(規戒).

동:장(洞長) 图 동사무소의 우두머리.

동장(銅章) 图 1 동인(銅印). 2 구리로 만든 기념 휘장.

동:-장군(冬將軍) 图 혹독한 겨울 추위의 비유. ▢~이 기승을 부리다 / ~이 엄습하다.

동재(東齋) 图国《불》절에서 밥을 짓는 일.

동재(東齋) 图《역》성균관이나 향교의 명륜당 앞 동쪽의, 유생이 거처하며 글을 읽던 집.

동저(東儲) 图 왕의 자리를 이을 왕자. 동궁.

동-저고리 图〈속〉동옷. ▢~ 바람.

동:-적(動的)[-쩍] 圈图 움직이는 성격의 (것). ▢~ 상태 / ~인 묘사 / ~ 경향이 강한

그림이다. ↔정적(靜的).

동전(銅錢)圓 1 구리와 주석의 합금으로 만든 돈. 동화. 2 구리를 주조하다. 2 구리·은·니켈 또는 이것들의 합금 등으로 만든 둥근 돈의 총칭. ▣5백 원짜리 ~ / ~의 양면 / 공중전화에 ~을 넣고 전화를 걸다.

동-전기(動電氣)圓『物』움직이고 있는 전기(반드시 자기(磁氣) 작용을 동반함). *정전기.

동-전력(動電力)[-젹-]圓『物』기전력.

동-절(冬節)圓 겨울철. 동계(冬季).

동점(同點)[-쩜]圓 같은 점수. ▣~을 기록하다 / 시험에서 다섯 명이나 ~이 나오다.

동점(東漸)圓하자 세력을 점점 동쪽으로 옮김. ▣서양 문화의 ~.

동점(東點)[-쩜]圓『天』지평선과 자오선이 만나는 북점에서 동쪽으로 90°되는 점.

동점(銅店)圓『鑛』동광(銅鑛)1.

동접(同接)圓하자 같은 곳에서 학업을 닦음. 또는 그 사람이나 관계.

동정圓 한복 저고리 깃 위에 조붓하게 덧대는 흰 헝겊 오리. ▣~을 달다.

[동정 못 다는 며느리 맹물 발라 머리 빗는다] 일을 전혀 할 줄 모르면서 겉치레만 꾸미려 함을 비꼬아 이르는 말.

동정(同定)圓하타 생물학의 분류학상의 소속이나 명칭을 정하는 일(종·속 따위).

동정(同情)圓하자타 1 남의 어려움을 딱하고 가엾게 여김. ▣~이 가다 / ~을 느끼다 / ~어린 눈으로 바라보다 / 주위 사람에 ~을 끌다. 2 남의 어려운 사정을 이해하고 정신적으로나 물질적으로 도움을 베풂. ▣~을 구하다 / 따뜻한 ~의 손길을 베풀다.

동정(東征)圓하자 동방을 정벌함. 또는 동으로 원정함. ▣~에 나서다.

동-정(動靜)圓 1 움직임과 정지. 2 일이나 현상이 벌어지고 있는 낌새. ▣정계의 ~ / 적의 ~을 살피다. 3 일상적인 모든 행위. 기거(起居). ▣방학 중의 ~을 일기에 쓰다.

동-정(童貞)圓 이성(異性)과 성적인 접촉이 없는 순결. 또는 그런 사람. ▣~을 지키다 / ~을 잃다.

동정-금(同情金)圓 남의 어려운 사정을 알고 돕는 뜻으로 내는 돈.

동-정-남(童貞男)圓 동정인 남자. 숫총각. ↔동정녀.

동-정-녀(童貞女)圓 1 동정인 여자. 숫처녀. ↔동정남. 2『가』성모 마리아.

동-정 생식(童貞生殖)『生』단위(單爲) 생식의 하나. 식물에서 웅성(雄性) 배우자가 단독으로 세포 분열하여 배(胚)를 형성하는 현상.

동정서벌(東征西伐)圓하자 여러 나라를 이리저리 정벌함.

동정-심(同情心)圓 남의 어려운 처지를 안타깝게 여기는 마음. ▣~이 많다 / ~을 불러일으키다 / ~에 호소하다.

동정-적(同情的)圓 동정하고 있는 (것). ▣~ 태도 / 불우 이웃 돕기에 ~이다.

동정 파-업(同情罷業) 노동자가 파업 중인 딴 직장의 노동자를 지원하기 위해 행하는 파업.

동-제(洞祭)圓 동신제(洞神祭).

동제(銅製)圓 구리로 만듦. 또는 그 물건. ▣~ 식기.

동-제품(銅製品)圓 구리로 만든 물품.

동조(同祖)圓 조상이 같음. 또는 같은 조상.

동조(同調)圓하자 1『樂』같은 가락. 2 시 따

위의 음률이 같음. 3 남의 주장에 따르거나 보조를 맞춤. ▣~를 보내다 / 무조건 ~해서 부화뇌동하다. 4『物』어떤 진동체 고유의 진동수를 밖에서 오는 진동력의 진동수에 일치시켜 공명을 일으키는 일.

동조(東朝)圓『歷』수렴청정하던 태후(太后). 또는 태후가 집무하던 곳.

동조-기(同調器)圓『物』라디오·텔레비전 등에서, 안테나가 잡은 특정한 주파수의 전파를 선택하는 회로. 튜너(tuner).

동조 바리콘(同調varicon) 라디오 수신기 등의 동조 회로에 쓰이는 바리콘.

동조-자(同調者)圓 남의 의견이나 일에 뜻을 같이하고 지지하는 사람. ▣사상적 ~.

동조-적(同調的)圓 남의 주장에 따르거나 지지하는 (것). ▣~인 태도.

동조 회로(同調回路)『物』동조를 이용하여 특별한 주파수의 진동 전류만을 골라내는 전기 회로.

동족(同族)圓 1 같은 겨레 또는 혈족. ▣~의식. 2 동종(同宗).

동족 계:열(同族系列)[-계-/-게-]『化』분자 구조에서, 메틸렌기의 수만을 달리하는 유기 화합물.

동-족=방뇨(凍足放尿)[-빵-]圓 '언 발에 오줌 누기'란 뜻으로, 한때 도움이 될 뿐이고 효력이 바로 사라짐을 일컫는 말.

동족-상잔(同族相殘)[-쌍-]圓 같은 겨레끼리 서로 싸우고 죽임. ▣~의 비극.

동족-상쟁(同族相爭)[-쌍-]圓하자 같은 겨레끼리 서로 싸움.

동족-애(同族愛)圓 같은 겨레끼리의 사랑. ▣~를 느끼다.

동족-체(同族體)圓『化』동족 계열에 속하는 유기 화합물(메탄올·에탄올·프로판올 따위).

동존(同存)圓하자 같이 존재함. 공존(共存).

동종(同宗)圓 1 성과 본이 같은 일가(一家). 2 같은 종파.

동종(同種)圓 같은 종류. ▣~ 업종 / ~의 물건. ↔이종(異種).

동종(銅鐘)圓 구리로 만든 종. 구리종.

동종-동문(同種同文)圓 동문동종.

동좌(同坐)圓하자 자리를 같이하여서 앉음.

동주(同舟)圓하자 1 같은 배. 2 배를 같이 탐. ▣오월(吳越)~.

동주-상구(同舟相救)圓 같은 배를 탄 사람끼리 서로 돕는다는 뜻으로, 운명이나 처지가 같아지면 아는 사람이나 모르는 사람이나 서로 돕게 됨의 비유.

동줄[-쭐]圓 1 물레의 바퀴와 바퀴를 이은 줄. 2 '동글기'의 준말.

동-줄기[-줄-]圓 마소에 실은 짐과 마소의 배에 둘러서 졸라매는 줄. ㉰동줄.

동-중(洞中)圓 1 동내(洞內). 2 한 동네 전부.

동중-원소(同重元素)『化』원자 번호는 다르나 질량수가 같은 원소. 동중체(同重體). 동중핵(同重核).

동중-체(同重體)圓『化』동중원소.

동지(冬至)圓 이십사절기의 하나. 양력으로 12월 22~23일경임(밤이 가장 긺).

동지(同志)圓 목적이나 뜻이 서로 같음. 또는 그런 사람. ▣~를 만나다 / 김(金) ~와 함께 활동했다.

동-지(動止)圓 1 움직임과 멈춤. 동정(動靜). 2 행동거지. 거동(擧動).

동지-사(冬至使)圓『역』조선 때, 해마다 동짓달에 중국으로 보내던 사신.

동지-상사(冬至上使)圓『역』'동지사(冬至

使)'의 우두머리.

동지-선 (冬至線) 圓 '남회귀선'의 별칭.

동지-섣달 (冬至-)[-딸] 圓 동짓달과 섣달을 아울러 이르는 말. ⇨ 긴긴밤.

동지 시식 (冬至時食) 동지 팥죽.

동지-애 (同志愛) 圓 목적과 뜻을 같이하는 사람끼리의 사랑. □ ~를 느끼다 / 뜨거운 ~로 뭉치다.

동지-적 (同志的) 관圓 목적과 뜻이 서로 같은 사람다운 (것). □ ~ 관계 (우애).

동지-점 (冬至點)[-쩜] 圓 (천) 황도(黃道) 위에서 춘분점의 서쪽으로 90°되는 점.

동-지중추부사 (同知中樞府事) 圓 (역) 조선 때, 중추부(中樞府)의 종이품 벼슬. ⇨동지 (同知)·동추(同樞).

동지 팥죽 (冬至-粥)[-팓쭉] 〔민〕 동짓날에 찹쌀 새알심을 넣고 쑤어 먹는 팥죽. 액운을 막고 잡귀를 쫓는다고 함. 동지 시식(時食).

동직 (同職) 圓 같은 직업이나 직책.

동진 (東進) 圓하자 동쪽으로 나아감. □ ~ 정책 / 태풍이 ~ 중이다.

동-진 (童眞) 圓 (불) 1 사미(沙彌). 2 어려서 출가하는 승려.

동질 (同質) 圓 성질이 같음. 또는 같은 성질. ↔이질(異質).

동질-성 (同質性)[-썽] 圓 바탕이 같은 성질이나 특성. □ 민족 문화의 ~ 회복. ↔이질성.

동질 이:상 (同質異像) (광) 화학적 성분이 같은 물질이 열과 압력으로 다른 결정계(結晶系)를 이루는 일. 동질 다상(多像).

동질-적 (同質的)[-쩍] 관圓 성질이 같은 (것). □ ~인 특성 (문화).

동질-화 (同質化) 圓하자타 같은 성질이 됨. 또는 그렇게 함. □ 두 나라의 문화가 ~되기는 어렵다.

동지-날 (冬至-)[-찌-] 圓 동지가 되는 날. □ ~ 긴긴밤.

동짓-달 (冬至-)[-지딸 /-짇딸] 圓 음력 11월.

동-쪽 (東-) 圓 해가 뜨는 쪽. ↔서쪽.

동차 (同次) 圓 (수) 다항식의 각 항의 차수(次數)가 어떤 문자에 대해서 같은 일.

동:차 (童車) 圓 유모차.

동:차 (動車) 圓 '기동차'의 준말.

동차-식 (同次式) 圓 (수) 각 항의 차수(次數)가 같은 다항식($a^3+b^3+c^3$은 a, b, c에 대하여 삼차의 동차식임).

동참 (同參) 圓하자 1 어떤 모임이나 일에 함께 참가함. □불우 이웃 돕기에 ~하다. 2 (불) 승려와 신도가 한 법회에서 같이 불도를 닦는 일.

동창 (同窓) 圓 1 한 학교에서 함께 공부한 사이. 2 '동창생'의 준말. □고교 ~을 만났다 / 그와 나는 동기 ~다.

동창 (東窓) 圓 동쪽으로 난 창. □ ~이 밝다.

동:창 (凍瘡) 圓 (한의) 추위에 몸이 얼어서 생기는 피부의 손상.

동창-생 (同窓生) 圓 1 같은 학교를 졸업한 사람. 2 중학·고교·대학 따위를 같은 해에 졸업한 사람. □동기 ~. ⇨동창.

동창-회 (同窓會) 圓 한 학교를 졸업한 사람들이 모여 친목을 도모하고 모교와의 연락을 하기 위하여 조직한 모임. 교우회(校友會). □ ~ 명부 / 정례 ~.

동:처 (同處) 圓 1 같은 곳. 그곳. 2 한곳에서 함께 삶. 동거(同居).

동:천 (冬天) 圓 1 겨울 하늘. 2 겨울날.

동천 (東天) 圓 동쪽 하늘. □ ~이 밝아 오다.

동천 (東遷) 圓하자 1 왕도 따위가 동쪽으로 옮

김. 2 (역) 중국 주(周)나라가 장안(長安)에서 동쪽 뤄양(洛陽)으로 천도한 일.

동:천 (洞天) 圓 산천으로 둘러싸인 경치 좋은 곳. 동학(洞壑).

동:動 (動) 圓하자 세력이나 사건이 커서 하늘을 움직임.

동:천지감귀신 (動天地感鬼神) 圓 천지를 움직이고 귀신을 감동시킨다는 뜻으로, 시문(詩文)을 썩 잘 지음의 비유.

동:철 (冬鐵) 圓 얼음 위를 걸을 때, 미끄러지지 않게 나막신 굽이나 말편자에 박는 못.

동:첩 (童妾) 圓 1 나이 어린 첩. 2 동기(童妓) 출신의 첩.

동청 (-靑) 圓 동양화에서, 석록(石綠)이나 양록(洋綠)으로 그림의 먹점 위로 검은 테만 남기고 눌러 찍는 채색.

동청 (冬靑) 圓 (식) 사철나무.

동청 (銅靑) 圓 동록(銅綠).

동체 (同體) 圓 1 한 몸. □부부는 일심(一心) ~이다. 2 같은 물체.

동체 (胴體) 圓 1 사람이나 동물의 몸에서, 목·팔·다리 따위를 제외한 가운데 부분. 몸통. □ ~와 사지. 2 함선·비행기 등의 몸체 부분. □비행기의 ~ / 착륙을 시도하다.

동:체 (動體) 圓 1 움직이는 물체. 2 (물) 유체(流體).

동:초 (動哨) 圓 (군) 일정한 지역을 돌아다니면서 경계하는 보초. ↔입초(立哨).

동촉 (銅鏃) 圓 청동(靑銅)으로 만든 화살촉.

동추서대 (東推西貸) 圓하자 여러 곳에서 빚을 짐. 동취서대(東取西貸).

동:충하초 (冬蟲夏草) 圓 (식) 겨울에는 벌레이던 것이 여름에는 풀이 된다는 뜻으로, 자낭균류(子囊菌類)에 속하는 버섯의 한 무리. 흙 속의 곤충류·거미류에 기생하여 자실체(子實體)를 냄. 하초동충.

동취 (銅臭) 圓 동전에서 나는 냄새라는 뜻으로, 재물을 자랑하거나 돈으로 출세한 사람을 비웃는 말.

동취서대 (東取西貸) 圓하자 동추서대.

동:치 (同値) 圓 1 같은 값. 동가(同價). 2 (수)두 개의 방정식이 같은 근(根)을 가지는 일. 등치(等値). 등가.

동치 (同齒) 圓 같은 나이.

동치다 타 작은 것을 칭칭 휩싸서 동이다. □상처를 붕대로 ~. 쿤둥치다.

동-치미 圓 흔히 겨울에, 통무나 크게 썬 무를 소금에 절이고 끓인 소금물을 식혀서 부어 심심하게 담근 무김치. □ ~ 국물.

동:치밋-국 (-)[-믹꾹 /-믿꾹] 圓 동치미의 국물 (맛이 새큼하고 시원함).

동치서주 (東馳西走) 圓하자 동분서주.

동-침 (-鍼) 圓 (한의) 가늘고 긴 침의 하나.

동침 (同寢) 圓하자 남녀가 잠자리를 같이함.

동:탁-하다 (童濯-)[-타카-] 형어 1 산에 나무나 풀이 없다. 2 씻은 듯이 깨끗하다.

동:탕-하다 (動蕩-) 형어 얼굴이 토실토실하게 잘 생기다.

동태 (凍太) 圓 얼린 명태. 동명태(凍明太).

동:태 (動胎) 圓 (한의) 태아가 놀라 움직여서 산모의 배와 허리가 아프고 낙태될 염려가 있는 증세.

동:태 (動態) 圓 움직이거나 변하는 상태. □놈의 ~가 수상하다 / 적의 ~를 살피다 / 민심의 ~를 파악하다.

동:태-눈 (凍太-) 圓 (속) 생기가 없고 흐릿한

사람의 눈.

동-태 집단 (動態集團)[-딴] 일정한 기간에 발생한 사물의 시간적인 연속 상태를 내용으로 하는 통계 집단.

동-태 통-계 (動態統計)[- / -게] 동태 집단의 조사 결과인 통계, 출생·사망·혼인 등의 일정한 기간에 걸친 시간적 발생 상태에 관한 통계 같은 것.

동-탯-국 (凍太-)[-태꾹 / -탠꾹] 명 동태를 넣고 끓인 국.

동토 (東土) 명 동쪽에 있는 땅이나 나라.

동-토 (凍土) 명 **1** 언 땅. 얼어붙은 땅. **2** 인간의 자유를 극도로 억압해서 사상이나 행동이 부자유스러운 곳을 비유한 말.

동-토 (動土) 명 '동티'의 본딧말.

동토-대 (凍土帶) 명 《지》 툰드라(tundra).

동-톨 명 '동가리톨'의 준말.

동-통 (疼痛) 명 몸이 쑤시고 아픔. □어깨에 ~을 느끼다.

동트-기 (東-) 명 동쪽 하늘이 밝아 오는 새벽녘. □~에 출발하다.

동-트다 (東-)[-동티, 동트니] 자 동쪽 하늘이 밝아 날이 새다. □동틀 무렵 / 동트자마자 일터로 나가다.

동틀-돌 명 《건》 돌다리의 바닥에 까는, 넓은 돌을 받치는 귀틀 돌.

동-티 명 〔←동토(動土)〕 **1** 땅·돌·나무 따위를 잘못 다루어 지신(地神)을 화나게 해서 받는 재앙. □조상님 ~ / ~를 내다 / 부정한 место로 제사를 지내면 ~가 난다. **2** 공연히 건드려서 스스로 걱정이나 해를 입음을 비유하는 말. □괜한 일을 쑤석거려 ~가 나다.

동파 (冬-) ☞ 움파.

동-파 (凍破) 명하자 얼어서 터짐. □~ 예방 / 수도관 ~.

동판 (-板) 명 《광》 광산에서, 방아확 앞에 비스듬히 깔아 놓은 널빤지.

동판 (銅版) 명 구리 조각의 평면에 그림이나 글씨를 새긴 인쇄 원판. 구리판. □사진을 ~ 인쇄하다.

동판-화 (銅版畫) 명 동판에 새긴 그림. 또는 동판으로 찍은 그림.

동패 (銅牌) 명 구리로 만든 상패(3위 입상자에게 줌).

동패서상 (東敗西喪) 명하자 이르는 곳마다 실패하거나 망함.

동편 (東便) 명 동쪽 방향. □~으로 뻗은 가지. ↔서편.

동-편사 (洞便射) 명하자 《역》 골편사.

동편-제 (東便制) 명 《악》 판소리에서, 조선 영조 때의 명창(名唱) 송흥록(宋興祿)의 법제(法制)에 따라 부르는 창법(唱法)의 유파. 웅건하고 청담(淸淡)함. 본디, 섬진강의 동쪽 지방에서 성하였음. 동편조(東便調). *서편제(西便制).

동포 (同胞) 명 **1** 같은 겨레. 동기(同氣). 형제자매. **2** 같은 겨레나 민족. □해외 ~.

동포-애 (同胞愛) 명 동포로서 서로 아끼고 사랑하는 마음. □~를 발휘하다.

동표서랑 (東漂西浪) 명 정처 없이 이리저리 떠돌아다니는 일.

동-품 (同品) 명 **1** 같은 품계. **2** 같은 물품.

동-풍 (東風) 명 **1** 동쪽에서 불어오는 바람. **2** 봄바람.

동:-풍 (動風) 명 《한의》 병으로 몸에 일어나는 경련(痙攣). □~이 들다.

동풍-삭임 (東風-) 명 동풍이 불다가 그친 뒤.

동풍-신연 (東風新燕) 명 봄바람을 따라 새로 날아온 제비.

동:-하다 (動-) 자여 **1** 마음이나 사물이 움직이다. □마음이 ~. **2** 욕구나 감정 따위의 기운이 일어나다. □식욕이 ~ / 호기심이 ~. **3** 도지다. □해수병이 동해 고생했다.

동:-하중 (動荷重) 명 《물》 움직이는 물체가 다른 물체에 주는 무게. ↔정하중.

동학 (同學) 명하자 한 학교나 한 스승 아래서 같이 공부함. 또는 그런 사람. 동접(同接). 동창(同窓). 동문. ~ 친구.

동학 (東學) 명 **1** 《역》 조선 때, 서울 사학(四學)의 하나(서울의 동쪽에 있었음). **2** 천도교.

동-학 (洞壑) 명 **1** 동굴과 계곡. **2** 동천(洞天).

동학-교 (東學敎) 명 천도교.

동학-군 (東學軍) 명 《역》 동학당의 군사(전봉준이 농민들을 모아 조직했음).

동학 농민 운:동 (東學農民運動)[-항-미눈-] 명 《역》 조선 고종(1894) 때, 전봉준(全琫準)이 이끈 동학교의 교도와 농민이 합세하여 탐관오리의 숙청, 외국 세력의 축출 등을 목적으로 일으킨 운동(청일 전쟁의 도화선이 되고, 후에 항일 의병 투쟁과 3·1운동으로 계승됨). 동학 운동. 동학 혁명.

동학-당 (東學黨) 명 《역》 조선 후기, 최제우를 교조로 하는 동학도의 집단.

동학-란 (東學亂)[-항난] 명 《역》 '동학 농민 운동'의 구칭.

동-한 (冬寒) 명 겨울철의 추위.

동-한 (凍寒) 명 얼어붙을 정도로 심한 추위.

동항 (同行) 명 항렬(行列)이 같음. 또는 같은 항렬. □사촌끼리는 ~이다.

동:-항 (東港) 명 겨울에 해면이 얼어 배가 드나들지 못하는 항구.

동해 (東海) 명 동쪽의 바다. □~에 솟아오르는 태양.

동:-해 (凍害) 명 농작물 따위가 추위로 입는 피해. □보리가 ~를 입다.

동해 (童孩) 명 어린아이.

동-해안 (東海岸) 명 **1** 동쪽의 바닷가. **2** 우리나라 동해 연안. □~으로 피서 가다.

동행 (同行) 명 **1** 길을 같이 감. 또는 그 사람. □~을 청하다 / ~이 여럿이다 / 초행길에 ~도 없이 혼자 길을 나서다. **2** 부역(賦役)에 함께 감.

동행 (同行) 명 글의 같은 줄. 또는 그 행.

동행 (同行) 명 《불》 불도를 함께 닦는 사람.

동행-인 (同行人) 명 동행하는 사람. 동행자.

동행-자 (同行者) 명 **1** 동행인(同行人). **2** 《불》 동행.

동행-중 (同行衆) 명 《불》 같은 종파의 사람이나 신자.

동향 (同鄕) 명 고향이 같음. 또는 같은 고향. □~에서 동문수학한 친구 / 객지에서 ~ 사람을 만나다.

동향 (東向) 명하자 동쪽으로 향함. 또는 그 방향. □집을 ~으로 짓다.

동:-향 (動向) 명 사람들의 사고·사상·활동이나 일의 형세 따위가 움직여 가는 방향. □학계의 ~ / 여론의 ~ / ~을 살피다 / 부동산 거래 ~을 수시로 점검하다.

동향-인 (同鄕人) 명 고향이 같은 사람. 향인(鄕人). □~끼리 향우회를 조직하다.

동향-집 (東向-)[-찝] 명 동쪽을 향하게 지은 집. □~에는 아침 햇살이 잘 든다.

동향-판 (東向-) 명 집터나 묏자리가 동쪽을 향해 있는 터전.

동헌(東軒)〔역〕고을 원이나 감사·병사(兵使)·수사(水使) 등이 공사(公事)를 처리하던 대청이나 집.
[동헌에서 원님 칭찬한다] 겉치레로 칭찬함을 이름.
동혈(同穴)몡 1 같은 구덩이 또는 구멍. 2 부부가 죽어 한 무덤에 묻힘. 또는 그 무덤. ⬚ 그 노부부는 ~에 묻혔다.
동:혈(洞穴)몡 깊고 넓은 굴의 구멍.
동:혈(動血)몡하짜 희로애락의 감정이 얼굴에 뚜렷이 드러남.
동-협문(東夾門)[-혐-]몡 궁궐이나 관아의 앞에 세운 삼문(三門) 가운데 동쪽에 있는 문.
동형(同形)몡 1 사물의 성질·모양·형식 따위가 같음. 2《화》서로 다른 물질이 같은 결정형을 나타내면서 임의의 비율로 혼합하여 정용체(晶溶體)를 만드는 일.
동형(同型)몡 1 서로 형식이 같음. 2《수》두 개의 대수계(代數系)가 완전히 같은 구조를 갖는 일.
동형 배:우자(同型配偶子)《생》유성 생식에서, 모양·크기가 비슷하여 암수를 구별하기 힘든 배우자. ↔이형 배우자.
동호(同好)몡하짜 1 어떤 일이나 사물을 같이 좋아하거나 취미를 같이함. 2 동호인.
동호-인(同好人)몡 취미가 같아서 같이 즐기는 사람. ⬚ 연극 ~.
동호-자(同好者)몡 동호인.
동호-회(同好會)몡 같은 취미를 가지고 즐기는 사람들의 조직. 또는 그 모임. ⬚ 낚시 ~를 만들었다.
동혼-식(銅婚式)몡 서양 풍속에서, 결혼 15주년을 맞아 부부가 구리로 된 선물을 주고받으며 기념하는 의식.
동화(同化)몡하짜 1 서로 다른 것이 닮아서 같게 됨. ⬚ 이민족으로 ~시키다 / 서구 문화에 ~돼 가는 경향이 있다. ↔이화(異化). 2《광·생》'동화 작용'의 준말. 3《심》어떤 의식의 요소가 다른 요소를 자기의 것으로 만듦. 4 듣고 보고 하여 완전히 자기 것으로 만듦. 5《언》말소리가 서로 이어질 때, 어느 한쪽이나 양쪽이 영향을 받아 비슷하거나 같은 소리로 바뀌는 현상.
동화(同和)몡하짜 같이 화합함. ⬚ 부부는 ~하면서 닮아 간다.
동:화(動畵)몡 만화 영화의 한 장면 한 장면의 그림(일반 만화와 구별하여 쓰는 말). 애니메이션.
동:화(童畵)몡 아동이 그린 그림.
동:화(童話)몡 어린이를 위하여 동심(童心)을 바탕으로 지은 이야기. 또는 그런 문예 작품. ⬚ ~ 작가 / ~를 들려주다.
동화(銅貨)몡 동전(銅錢)1.
동화-교(東華敎)몡《종》증산 강일순(甑山姜一淳)을 교조(敎祖)로 하는 흠치교(吽哆敎) 계통의 한 교파.
동:화-극(童話劇)몡《문》어린이에게 보이기 위하여 동화를 극화한 극. 또는 그 각본.
동화 녹말(同化綠末)[-놈-]《식》탄소 동화 작용으로 엽록체 속에 생기는 녹말. 동화 전분(同化澱粉).
동화-력(同化力)몡 동화하는 힘. 또는 동화시킬 수 있는 힘.
동화 작용(同化作用) 1《광》마그마가 외부의 암석을 녹여 마그마 속에 흡수하는 일. 또는 외부 암석과 화학 반응하여 성분이 바뀌는 일. 2《생》생물체가 체외에서 취한 물질을 자기 몸에 필요한 화학 구조물로 바꾸는 일.

㉣동화(同化). 3 '탄소 동화 작용'의 준말.
동화 전:분(同化澱粉)《식》동화 녹말.
동화 정책(同化政策) 식민국이 식민지 원주민의 고유한 언어·문화·생활양식 등을 없애고 자국의 것을 강요하여 동화시키려는 정책.
동화 조직(同化組織)《식》세포 속에 많은 엽록체를 가지고 있어 탄소 동화 작용만을 하는 조직.
동:화-책(童話冊)몡 어린이의 정서와 사상에 맞게 지은, 이야기나 글을 담은 책.
동-활자(銅活字)[-짜]몡 구리로 만든 활자.
동:-활차(動滑車)《물》움직 도르래.
동홰몡 큰 홰.
동:회(洞會)몡 '동사무소(洞事務所)'의 구칭.
동:회(動啣)몡하짜 1 배 속에서 회충이 꿈틀거림. 2 입맛이 당겨 먹고 싶음. 회가 동함.
돛[돋]몡 바람의 힘으로 배를 움직이기 위하여, 배 위에 세운 기둥에 높게 매달아 펼친 천. ⬚ 순풍에 ~을 달다 / ~을 올려 출항하다.
돛단-배[돋딴-]몡 돛을 단 배. 돛배. 범선.
돛-대[돋때]몡 돛을 달기 위해 배 바닥에 세운 기둥. 범장.
돛-배[돋빼]몡 돛단배.
돛-양태[돋냥-]몡《어》동갈양탯과의 바닷물고기. 길이 18cm 가량으로 기름하며 아래턱이 위턱보다 긺. 등은 회갈색에 검고 흰 점이 여기저기 흩어져 있음. 식용함.
돝몡〔옛〕돼지.
돠르르 튀 액체가 좁은 목으로 빨리 쏟아지는 소리. 쎈똬르르.
돨딸 튀 먹은 것이 잘 삭히지 않아 배 속이 끓는 소리. 쎈똴딸.
돼:-먹다[-따]짜 '되다▣'의 속된 말.
돼먹지 않다 ꆥ 말이나 행동이 사리에 어긋난 데가 있다. 돼먹지 못하다. ⬚ 정신 상태가 돼먹지 않았다.
돼:지몡 1《동》멧돼짓과의 육용(肉用) 가축. 몸무게가 많이 나가며 네 다리와 꼬리가 짧고 주둥이가 뾰족함. 체질이 강하나, 움직임이 느리고 미련함. 잡식성임. 2《속》몹시 욕심이 많거나 미련한 사람. 3《속》몹시 뚱뚱한 사람. 4 윷놀이에서 '도'의 결말.
[돼지가 것을 물어 들이면 비가 온다] 미련하고 둔한 사람의 말이 사실과 맞을 때를 이르는 말. [돼지 원 발틈] 평상시와 또는 남과 다른 행동을 했을 때에 비유하는 말.
돼지 멱따는 소리 ꆥ 몹시 듣기 싫도록 꽥꽥 지르는 소리.
돼:지-감자몡《식》뚱딴지2.
돼:지-고기몡 음식으로서의 돼지의 살. 제육.
돼:지-기름몡 1 돼지의 지방에서 짠 기름. 2 돼지비계.
돼:지-꿈몡 돼지가 나타나는 꿈(흔히 길몽으로 여김). ⬚ ~을 꾸면 재수가 좋다.
돼:지-날몡《민》'해일(亥日)'의 풀어쓴 말.
돼:지-띠몡 돼지해에 태어난 사람의 띠.
돼:지-머리몡 고사에 흔히 쓰이는, 통째로 삶은 돼지의 머리.
돼:지-비계[-/-계]몡 돼지의 가죽과 살 사이에 있는 기름기의 층. 돼지기름.
돼:지-시(-豕)몡 한자 부수(部首)의 하나 《'豚'·'豪' 등에서 '豕'의 이름).
돼:지-우리몡 돼지를 가두어 키우는 곳. 돈사.
돼:지-주둥이몡 광산에서 쓰는 무자위의 하부 판(瓣)을 장치한 부분.
돼:지 콜레라(-cholera) 돼지에 걸리는 급성

전염병《전염성이 강하며 폐사율이 높음》.

돼:지-풀 명 〖식〗 국화과의 한해살이풀. 높이 1m 정도, 전체에 가시털이 빽빽하게 나 있으며 살갗에 닿으면 가려움. 수꽃의 꽃가루는 알레르기를 일으키는 원인임. 북아메리카가 원산이며, 도회지 부근에 저절로 남. 호그위드(hogweed).

돼:지-해 명 〖민〗 '해년(亥年)'의 풀어쓴 말.

돼:지해-머리 (–亥–) 명 돼지해밑.

돼:지해-밑 (–亥–)[–믿] 명 한자 부수의 하나《'亡'·'亭' 등에서 '亠'의 이름》.

되[1] ㊀명 **1** 곡식·액체 등의 분량을 헤아리는 데 쓰는 그릇. ❏ ~로 쌀을 되다 / ~로 받고 말로 갚다. **2** 되에 담는 양. ❏ ~가 후하다 / ~를 잘 주다. ㊁의명 곡식·액체 등의 분량을 헤아리는 단위《말의 1/10, 홉의 10배로 약 1.8리터에 해당함》. 승[2](升). ❏ 쌀 한 ~ / 막걸리 한 ~.

[되로 주고 말로 받는다] 조금 주고 그 대가로는 몇 갑절이나 더 받는다는 말.

되[2] 명 **1** 옛날에 두만강 근방에 살던 미개 민족. **2** 오랑캐.

되- 두 '도리어, 다시, 도로'의 뜻. ❏ ~찾다 / ~넘기다 / ~새기다.

-되 어미 'ㅆ'이나 'ㅄ' 받침으로 끝나는 것 이외의 모든 어간에 붙여 쓰는 말. **1** 앞말의 사실을 인정하면서 뒷말로 조건을 붙이려 할 때나, 뒷말의 사실이 앞 말의 사실에 구속되지 아니함을 보일 때에 쓰는 말. ❏ 돈은 많~ 쓸 줄을 모른다. **2** 다음 말을 인용할 때, 그에 앞서 쓰는 말. ❏ 그가 대답하~, "나는 결백하다"라고……. *-으되.

되-가웃 [–운] 명 한 되 반쯤의 분량. *말아웃.

되-갈다 〔되갈아, 되가니, 되가는〕 타 **1** 논밭을 다시 갈다. **2** 가루 등을 다시 갈다. ❏ 곱게 되갈아서 체로 치다.

되-감다 [–따] 타 도로 감거나 다시 감다. ❏ 테이프를 ~.

되-걸리다 자 병이 나았다가 다시 걸리다. ❏ 그렇게 무리하다가는 병에 되걸리기 십상이다.

되:게 부 아주 몹시. 매우 심하게. 되우. 된통. ❏ ~ 덥다 / ~ 비싸다.

되-깎이 명 〖불〗 승려였던 사람이 환속하였다가 다시 승려가 됨. 또는 그 승려. 재삭(再削). 환삭(還削).

되-깔리다 자 도리어 눌려서 깔리다. ❏ 자빠뜨린 상대에게 ~.

되-내기 명 예전에, 나무를 팔 때 많아 보이거나 볼품 있게 보이도록 다시 묶던 땔나무.

되-넘기 명하타 물건을 사서 곧 다른 데 넘겨 파는 일.

되-넘기다 타 물건을 사서 곧 다른 데 넘겨 팔다. ❏ 산 땅을 즉석에서 ~.

되넘기-장사 명 물건을 사서 곧 다른 데 넘겨 팔아 이익을 남기는 장사.

되-넘다 [–따] 타 도로 넘거나 다시 넘다. ❏ 넘어온 산을 ~.

되-놓다 [–노타] 타 도로 놓다. ❏ 들었던 물건을 되놓고는 주위를 살핀다.

되-뇌다 타 같은 말을 되풀이하여 말하다. ❏ 입버릇처럼 되뇌는 말.

되는-대로 부 **1** 함부로. 아무렇게나. 마구. ❏ ~ 지껄이다. **2** 될 수 있는 한 최대로. ❏ ~ 많이 가져와라.

되다[1] ㊀자 **1** 물건이 다 만들어지다. ❏ 맞춘 옷이 다 ~. **2** 어떤 신분이나 위치, 상태에 놓이다. ❏ 부자가 ~ / 그는 후에 의사가 되었다 / 안심이 ~. **3** 일이 잘 이루어지다. ❏ 일이 제대로 ~. **4** 어떤 수량에 미치다. ❏ 합계가 만 원이 ~. **5** 소용에 쓰이다. ❏ 약이 ~. **6** 어떠한 때가 돌아오다. ❏ 봄이 ~. **7** 다른 상태로 변하다. ❏ 노랗게 ~. **8** 나이 따위를 먹다. ❏ 열 살이 ~. **9** 자라다. 생육(生育)하다. ❏ 벼가 잘 ~ / 인삼이 잘 되는 땅. **10** 경과하다. ❏ 떠난 지 5년이 ~. **11** 구성하다. ❏ 대표 선수로 된 팀 / 나무로 된 의자. **12** 가능하다. ❏ 되도록 빨리 해라. **13** 바람직하거나 괜찮다. ❏ 사람은 착하면 된다 / 너는 이제 가도 된다. **14** 결과를 가져오다. ❏ 헛수고가 ~ / 해가 될 뿐이다. **15** 사람·조직의 이름이 쓰이다. ❏ 아버지 명의로 된 토지 / 주민의 이름으로 된 진정서. ㊁보동 부사형 동사 어미 '-게' 뒤에서 '그러한 상태에 놓이다', '그것이 가능한 상황에 이르다'의 뜻을 나타내는 보조 동사. ❏ 마침내 졸업을 하게 ~ / 일이 까다롭게 ~.

되다[2] 타 논밭을 다시 갈다.

되:다[3] 타 말이나 되, 홉 따위로 곡식·액체 따위의 분량을 헤아리다. ❏ 쌀을 말로 ~.

되:다[4] 형 **1** 반죽 따위가 물기가 적어 빡빡하다. ❏ 밀가루 반죽이 ~ / 밥을 되게 짓다. ↔ 질다·묽다. **2** 줄이 몹시 켕겨 팽팽하다. ❏ 밧줄을 되게 드리다. ↔느리다. **3** 힘에 벅차다. ❏ 일이 너무 되면 쉬어 가며 해라. **4** 정도가 심하다. ❏ 되게 춥다.

-되다 미 **1** '하다'가 붙을 수 있는 명사에 붙어, 그 동작이 스스로 이루어짐을 나타내는 말. ❏ 걱정~ / 주목~ / 비롯~. **2** 형용사적 명사나 부사적 어근에 붙어서 형용사를 이루는 말. ❏ 참~ / 망령~ / 복~.

되:-다랗다 [–라타]〔되다라니, 되다래서〕 형 ㅎ 풀이나 죽 따위가 묽지 않고 매우 되다.

되-대패 명 바닥과 날의 가운데가 볼록하여 둥근 바닥을 깎기에 좋은 대패.

되도록 부 될 수 있는 대로. ❏ ~ 준비를 철저히 하자 / ~ 빨리 오너라.

되-돌다 〔되돌아, 되도니, 되도는〕 자 **1** 돌던 방향을 바꾸어 반대쪽으로 돌다. **2** 향하던 곳에서 반대쪽으로 방향을 바꾸다. ❏ 오던 길을 되돌아서 가다.

되-돌리다 타 **1**《'되돌다1'의 사동》 되돌게 하다. ❏ 시곗바늘을 되돌려 놓다. **2** 본디의 상태로 되게 하다. ❏ 마음을 ~. **3** 도로 돌려주다. ❏ 돈을 되돌려 보내다.

되-돌아가다 자거라 **1** 도로 돌아가다. ❏ 집에 ~ / 생모에게 ~. **2** 다시 본디의 상태로 되다. ❏ 어린 시절로 되돌아가고 싶다.

되-돌아들다 〔되돌아들어, 되돌아드니, 되돌아드는〕 자 떠나온 곳으로 되짚어 다시 돌아들다.

되-돌아보다 자타 **1** 이미 본 것을 다시 돌아보다. ❏ 힐끗 ~. **2** 지나온 과정을 돌아보다. ❏ 과거를 ~.

되-돌아서다 자 먼저 섰던 방향으로 다시 돌아서다. ❏ 되돌아서서 다시 살피다.

되-돌아오다 자너라 되짚어 다시 오다. ❏ 원점으로 ~ / 편지가 ~.

되되-이 부 되마다. 한 되 한 되씩. ❏ 쌀을 ~ 팔아서 먹다《사다가 먹다》.

되-두부 (–豆腐) 명 콩을 불려 갈아서 호박이나 호박순을 넣고 끓인 음식. 되비지.

되-들다[1] 〔되들어, 되드니, 되드는〕 타 얄밉게 얼굴을 쳐들다.

되-들다[2] 〔되들어, 되드니, 되드는〕 자 다시 들거나 도로 들다. ❏ 살던 집에 되들어 살다.

되들고 되나다 ㈜ 많은 사람이 계속해 출입하다.

되-들이 圓 한 되를 담을 수 있는 분량.

되:디-되다 ㉠ 물기가 적어 몹시 되다. ↔묽디묽다.

되똑[1] 副하자타 작은 물체가 중심을 잃고 한쪽으로 기울어지는 모양. 큰뒤뚝.

되똑[2] 副하형 1 코 따위가 오똑하게 솟은 모양. □눈이 동그랗고 코끝이 ~하다. 2 오똑하게 쳐든 모양.

되똑-거리다[-꺼-] 자타 작은 물체가 중심을 잃고 자꾸 이리저리 기울어지다. 또는 그것을 자꾸 이리저리 기울이다. 큰뒤뚝거리다. 되똑-되똑[-뚝-] 副하자타

되똑-대다[-때-] 자타 되똑거리다.

되뚱[副하자타] 작고 묵직한 물체가 중심을 잃고 한쪽으로 기울어지는 모양.

되뚱-거리다 자타 작고 묵직한 물체가 중심을 잃고 이리저리 기울어져 가볍게 자꾸 흔들리다. 또는 그것을 자꾸 흔들다. 큰뒤뚱거리다. 되뚱-되뚱 副하자타

되뚱-대다 자타 되뚱거리다.

되-뜨다[되떠, 되뜨니] 자 이치에 어긋나다. □되뜬 소리 작작 해라.

되람직-하다[-지카-] 형여 '도리암직하다'의 준말.

되:레 副 '도리어'의 준말. □뭘 잘했다고 ~ 큰소리야.

되록-거리다[-꺼-] 자타 1 크고 동그란 눈알이 생기 있게 움직이다. 2 몸이 둥둥하여 둔하게 움직이다. 3 성난 빛이 행동에 나타나다. 큰뒤룩거리다. 센뙤록거리다. 되록-되록[-뚝-] 副하자타. □눈알이 ~하다.

되록-대다[-때-] 자타 되록거리다.

되롱 圓〈옛〉도롱이.

되롱-거리다 자 가벼운 물건이 매달려서 느리게 잇따라 흔들리다. 큰뒤룽거리다. 되롱-되롱 副하자. □호리병박이 ~ 매달려 있다.

되롱-대다 자 되롱거리다.

되룽-거리다 자 잘난 체하며 자꾸 거만을 떨다. 되룽-되룽 副하자.

되룽-대다 자 되룽거리다.

되:리 圓 거웃이 없는 여자.

되-매기 圓 예전에, 참빗의 헌 살을 골라 다시 맨 빗을 이르던 말.

되-먹다[-따] 타 먹다 남겨 둔 것을 다시 먹다.

되-먹히다[-머키-] 자 남에게 도리어 당하다. □잔꾀를 부리다가 ~.

되모시 圓 이혼하고 처녀 행세를 하는 여자.

되-몰아치다 타 되받아서 몰아치다. □쳐들어오는 적을 ~.

되-밀다[1][-따] 타 털어 내되 다시 들러붙다. □손에 기름이 ~.

되-묻다[2][-따] 타 1 묻었다가 파내거나 꺼낸 물건을 다시 묻다. □김장독을 ~. 2 감추고 있던 것을 잠시 드러냈다가 다시 감추다.

되-묻다[3][-따] [되물어, 되물으니, 되묻는] 타 © 1 같은 질문을 다시 하다. 2 남의 말에 답하지 않고 도리어 질문하다. 반문하다. □모르는 척하고 ~.

되-밀다[되밀어, 되미니, 되미는] 타 다시 밀거나 도로 밀다. □억지로 밀고 들어오는 사람을 되밀어 버렸다.

되밀-리다[되:-] ('되밀다'의 피동) 도로 밀리다.

되-바라지다 1 아늑한 맛이 없다. 2 너그럽게 감싸 주는 맛이 적다. 3 얄밉도록 지나치게 똑똑하다. □되바라진 계집애.

되-박다[-따] 타 다시 박거나 도로 박다.

되-박이다 자 ('되박다'의 피동) 다시 박이다.

되-받다[-따] 타 1 도로 받다. □빌려 준 책을 ~. 2 꾸짖음에 말대답을 하며 반항하다. 3 상대편이 한 말의 일부나 전부를 되풀이하여 말하다.

되-받아치다 타 남의 행동이나 말에 엇서며 대들다.

되-받이[-바지] 圓하타 1 남한테서 얻어들은 말을 다시 써먹는 일. 2 남이 받은 물건을 다시 곧 넘겨받는 일.

되-비지 圓 되두부.

되사 圓 말을 단위로 하여 셀 때에 말로 되고 남는 한 되가량. □한 말 ~.

되-살다[되사니, 되사니, 되사는] 자 1 거의 죽어 가면 것이 다시 살다. □인공호흡으로 ~. 2 잊혔던 기억·감정·기분 따위가 다시 생기다. □옛 모습이 되살아 어른거리다. 3 먹은 음식이 삭지 않고 도로 불어 오르다.

되-살리다 타 ('되살다'의 사동) 되살게 하다. □조상의 빛난 얼을 오늘에 ~.

되-살아나다 자 1 다시 살아나다. □새싹이 ~. 2 잊혔던 기억·감정 따위가 다시 생각나거나 느껴지다. □지난날의 악몽이 ~. 3 침체되었던 것이 도로 활기를 얻다. □주택 경기가 ~.

되-살아오다 자 잊혔던 생각·기억이 다시 떠오르다. □아련한 향수가 ~.

되:-새 圓 〔조〕 참샛과의 새. 날개 길이 9-9.3cm, 꽁지 길이 6cm가량. 등은 흑색, 허리는 백색. 배와 어깨는 황적갈색임. 떼를 지어 날아와 곡물에 많은 해를 주는 겨울새임.

되-새기다 타 1 배가 부르거나 입맛이 없어 입 안의 음식을 자꾸 내씹다. □되새김질하다. 2 소가 여물을 되새기고 있다. 3 어떤 일을 떠올려 곰곰하게 자꾸 생각하다. □옛 성인(聖人)의 말씀을 ~.

되-새김 圓하타 '반추(反芻)'의 풀어쓴 말.

되새김-질 圓하타 한 번 삼킨 먹이를 다시 게워 내어 씹는 짓. □소는 ~을 한다.

되술래-잡다[-따] 타 범인이 순라(巡邏)를 잡는다는 뜻으로, 잘못을 빌어야 할 사람이 도리어 남을 나무라다.

되술래-잡히다[-자피-] 자 ('되술래잡다'의 피동) 나무라야 할 사람이 오히려 나무람을 당하다.

되-쏘다 타 1 빛을 받아 도로 쏘다. 반사하다. 2 총·화살 따위를 날아오던 방향으로 쏘다. 3 상대편의 말을 받아 공격하듯 말하다. □퉁명스럽게 ~.

되-씌우다[-씨-] 타 자기가 당할 일을 도리어 남에게 뒤집어씌우다. □네 잘못을 남에게 되씌우지 마라.

되-씹다[-따] 타 1 한 말을 자꾸 되풀이하다. □똑같은 얘기만 되씹고 있다. 2 되새기다. □어린 시절의 향수를 ~.

되알-지다[되:-] 힘주는 맛이나 억짓손이 몹시 세다. 1 □되알지게 밀어붙이다. 2 힘에 겨워 벅차다. 3 몹시 올차고 야무지다. □되알지게 여문 벼이삭.

되야기 圓〈옛〉두드러기.

되우 副 되게. □~ 빠르다 / 독감으로 ~ 앓았다.

되작-거리다[-꺼-] 타 물건을 이리저리 들추며 자꾸 뒤지다. 큰뒤적거리다. 砂되작거리다. 되작-되작[-뚝-] 副하타

되작-대다[-때-] 타 되작거리다.

되작-이다 匣 물건을 이리저리 들추며 뒤지다. 魚뒤적이다. ㉠되착이다.

되잖다[-잔타] 혱 '되지 아니하다'의 준말. 올바르지 않거나 이치에 닿지 않다. ▢되잖은 소리랑 집어치워라.

되-지기¹ 몡 찬밥을 더운밥 위에 얹어 찌거나 데운 밥.

되-지기² 의몡 볍씨 한 되를 뿌릴 만한 논밭의 넓이(열 마지기가 한 마지기임).

되-지르다[되질러, 되지르니] 匣 다시 지르거나 도로 지르다.

되지-못하다[-모타-] 혱어 옳지 못하거나 보잘것없다. ▢되지못한 녀석.

되직-이 뷔 되직하게.

되직-하다[-지카-] 혱어 죽이나 풀 따위가 묽지 않고 좀 되다. ▢죽이 ~.

되-질 몡하타 곡식 따위를 되로 헤아리는 일.

되-짚다[-집따] 匣 1 다시 짚다. ▢지팡이를 되짚고 가다. 2 다시 살펴보거나 반성하다. ▢실수가 아닌지 되짚어 보다. 3 (주로 '되짚어'의 꼴로 쓰여) '곧 되돌아서, 곧 되돌려'의 뜻을 나타내는 말. ▢오던 길을 되짚어 아래로 내려갔다.

되짚어-가다[타꺼라] 1 오던 길로 다시 가다. 2 지난 일을 다시 생각하거나 살피다.

되착-거리다[-꺼-] 匣 물건을 이리저리 들추며 함부로 자꾸 뒤지다. 魚뒤척거리다. 여되작거리다. **되착-되착**[-뙤-] 뷔하타

되착-대다[-때-] 匣 되착거리다.

되착-이다 匣 물건을 이리저리 들추며 함부로 뒤지다. 魚뒤척이다. 여되작이다.

되-찾다[-찬따] 匣 다시 찾거나 도로 찾다. ▢기억을 ~ / 문화재를 ~.

되-채다 匣 혀를 제대로 놀려서 말을 똑똑히 하다. ▢말끝을 되채지 못할 정도로 술을 마시다.

되-채다² 匣 되받아서 채다. ▢남의 말을 ~.

되-처 뷔 또다시, 재차. ▢~ 물어보자.

되-치기 몡 씨름이나 유도 등에서, 상대편의 공격을 막다가 공격해 오는 그 힘을 역이용하여 되받아치는 공격 기술.

되-치이다 쟈 1 남에게 덮어씌우려다 도리어 자기가 당하다. 2 하려던 일이 뒤집혀 반대로 결과가 되다.

되통-스럽다[-따][-스러워, -스러우니] 혱ㅂ 미련하거나 찬찬하지 못하여 일을 잘 저지를 듯하다. ▢하는 짓이 ~. 魚뒤퉁스럽다. **되통-스레** 뷔

되-틀다[되틀어, 되트니, 되트는] 匣 1 가볍게 약간 뒤틀다. 2 반대쪽으로 틀다.

되-팔다[되팔아, 되파니, 되파는] 匣 산 물건을 판 사람에게 도로 팔다. 되넘기다. ▢사흘 전에 산 주식을 ~.

되-풀이¹ 몡하타 같은 말이나 동작을 자꾸 반복함. 또는 같은 상황이 자꾸 일어남. ▢같은 동작을 ~하다 / ~해서 이야기하다 / 역사는 ~한다 / ~되는 일상사.

되-풀이² 몡하타 1 곡식 한 되에 값이 얼마씩 치는가 풀어 보는 셈. 2 곡식을 되로 헤아려 파는 일.

되-하다 匣어 다시 하거나 도로 하다. ▢언제나 같은 일을 ~.

된:-똥 몡 물기가 적어 되게 나오는 똥. ▢~을 누다. ↔진똥.
된똥 싸다 句 몹시 혼나다.

된:-마 몡 된마파람.

된:-마파람 몡 동남풍《뱃사람 말》.

된:-맛[-맏] 몡 아주 심하게 당한 고통. ▢~을 보다.

된:-바람 몡 1 북풍《뱃사람 말》. 2 매섭게 부는 바람. 높바람. 3《기상》풍력 계급 6의 바람. 초속 10.8-13.8 m로 부는 바람. 큰 나뭇가지가 흔들리며 전선이 흔들려 소리가 나고 우산 쓰기가 어려움. 큰 물결이 읾. 웅풍.

된:-밥 몡 1 물기가 적게 지은 밥. ▢배가 고픈 마당에 ~ 진밥 가리겠느냐. ↔진밥. 2 국이나 물에 말지 않은 밥.

된:-불 몡 1 바로 급소를 맞히는 총알. ↔선불. 2 호된 타격.
된불(을) 맞다 句 ㉠급소에 총알을 맞다. ㉡호된 타격을 받다.

된:-비알 몡 몹시 험한 비탈. 된비탈.

된:-비읍 몡《언》1 쌍비읍. 2 옛글에서 된소리 글자로 쓰이던 'ㅰ, ㄸ, ㅄ' 따위의 비읍.

된:-새 몡 북동풍.

된:-새바람 몡 북동풍《뱃사람 말》.

된:-서리 몡 1 늦가을에 아주 되게 내리는 서리. ▢~가 내리다. ↔무서리. 2 갑자기 당하는 큰 피해나 타격을 비유적으로 이르는 말. ▢부패 공무원들에게 ~가 내렸다.
된서리를 맞다 句 ㉠되게 내리는 서리를 맞다. ㉡모진 재앙을 당해 풀이 꺾이다. ▢세도를 부리다가 ~ / 사업이 ~.

된:-서방[-書房] 몡 몹시 까다롭고 모진 남편.
된서방(을) 만나다 句 몹시 까다롭고 어려운 일을 당하다. 된서방에 걸리다.

된:-소리 몡《언》'ㄲ, ㄸ, ㅃ, ㅆ, ㅉ' 등과 같이 되게 발음되는 닿소리. 경음(硬音).

된:-소리-되기 몡《언》예사소리인 'ㄱ, ㄷ, ㅂ, ㅅ, ㅈ'이 된소리인 'ㄲ, ㄸ, ㅃ, ㅆ, ㅉ'으로 발음되는 현상(‘옷장’이 ‘옫짱’으로, ‘등불’이 ‘등뿔’로 되는 것 따위). 경음화(硬音化).

된:-시옷[-옫] 몡《언》1 쌍시옷. 2 옛글에서 된소리 글자로 쓰이던 'ㅼ, ㅽ, ㅺ, ㅾ' 따위의 시옷.

된:-장(-醬) 몡 1 간장을 담가 장물을 떠내고 남은 건더기. 토장(土醬). ▢~을 담그다. 2 메주에 소금물을 알맞게 부어 익혀서 장물을 떠내지 않고 그냥 먹는 장. 장재(醬滓).
[된장에 풋고추 박히듯] 어떤 자리에서 떠나지 않고 꼭 박혀 있음을 이르는 말.

된:-장-국(-醬-)[-꾹] 몡 된장을 거른 물에 채소·육류(肉類) 등을 넣고 끓인 국. 토장국.

된:-장-떡(-醬-) 몡 된장을 섞어 만든 떡. 기름을 발라 가며 구워서 먹음.

된:-장-찌개(-醬-) 몡 된장을 풀어 넣고 끓인 찌개. ▢구수한 ~ 냄새.

된:-지읒[-읃] 몡《언》쌍지읒.

된:-침(-鍼) 몡 1 매우 아프게 놓는 침. ▢~에 혼났다. 2 정신을 차리게끔 상대편이 따끔하게 느끼도록 하는 일. ▢~을 한 방 맞다 / ~을 주다.

된:-통 뷔 되게. ▢~ 걸렸다 / ~ 혼났다.

된:-풀 몡 1 물을 타지 않고 쑨 채로 있는 풀. 2 되게 쑨 풀.

된:-하늬[-니] 몡 서북풍《뱃사람 말》.

될뻔-댁(-宅)[-땍] 몡 어떤 일이 될 뻔하다가 아니 된 사람을 농으로 일컫는 말. ▢급제(及第) ~.

될성-부르다[-썽-][-불러, -부르니] 혱르 잘 될 가망이 있어 보이다.
[될성부른 나무는 떡잎부터 알아본다] 장차 크게 될 사람은 어릴 때부터 다르다.

됨됨-이 [명] 사람이나 물건의 생긴 품. 됨됨. ❑사람 ~로 보아 그는 크게 될 것이다.
됫-밑 [된민] [명] 곡식을 되로 되고 한 되에 차지 않게 남은 분량. *말밑[1].
됫-박 [되빡 / 됟빡] [명] **1** 되 대신으로 쓰는 바가지. **2** 〈속〉 되[1].
됫박-질 [되빡찔 / 됟빡찔] [명][하][자][타] **1** 먹을 양식을 낱되로 조금씩 사들이는 일. **2** 곡식 따위를 됫박으로 되는 일.
됫-밥 [되빱 / 됟빱] [명] 한 되가량의 곡식으로 지은 밥.
됫-병 (–甁) [되뼝 / 됟뼝] [명] 한 되가량 들어가는 크기의 병. 한됫병.
됫-술 [되쑬 / 됟쑬] [명] **1** 한 되가량의 술. ❑~을 마시다. **2** 되로 되어서 파는 술.
됫푸람 [명] 〈옛〉 휘파람.
됴히 [부] 〈옛〉 좋이. 좋게.
둏다 [형] 〈옛〉 좋다.
두 (豆) [명] 굽이 높고 뚜껑이 있어서 고기붙이·국 등을 담는 데 쓰는 나무로 된 제기(祭器).
두 (頭) [명] 〈속〉 골치. ❑아이고 ~야.
두 (斗) [의명] 곡식이나 액체의 분량을 되는 단위. 말.
두 (頭) [의명] 소나 말 따위 네발 가진 짐승의 수효를 세는 단위. 마리. ❑젖소 100~.
두:[1] [관] '둘'의 뜻. ❑~ 번 / ~ 마음 / ~ 개 / ~ 사람.
[두 손뼉이 맞아야 소리가 난다] ㉠무엇이든지 상대가 없으면 혼자서는 일이 이루어지기 어려움을 말함. ㉡서로 똑같기 때문에 말다툼이나 싸움이 된다는 뜻. [두 손에 떡] 어느 것을 먼저 해야 할지 모름의 비유.
두 다리 쭉 뻗다 [구] 긴장을 풀고 편히 지낸다는 뜻.
두 손 맞잡고 앉다 [구] 아무 일도 하지 않고 가만히 있다.
두 손(을) 들다 [구] 항복하거나 굴복하다. ❑그 고집엔 두 손 다 들었다.
두 손 털고 나서다 [구] 가지고 있던 것을 다 잃고, 남은 것이 없이 되다.
두 주머니(를) 차다 [구] 슬쩍 후무리거나 아끼기 위해서, 돈의 일부를 따로 떼어 챙기다 《주로, 나쁜 뜻으로 씀》.
두:[2] [감] 돼지 따위의 짐승을 몰아 쫓는 소리.
-두 [어미] 〈옛〉 -어도.
두가리 [명] 나무로 만든 식기.
두각 (頭角) [명] **1** 짐승의 머리에 난 뿔. **2** 뛰어난 학식이나 재능 등을 비유적으로 이르는 말. ❑코믹 연기에서 ~을 드러내다 / 예능에서도 남다른 ~을 나타냈다.
두개 (頭蓋) [명] 〖생〗 척추동물의 두뇌를 덮은 긴 달걀꼴의 골격.
두개-골 (頭蓋骨) [명] 〖생〗 척추동물의 머리를 이룬 뼈. 머리뼈. 두해(頭骸).
두개-근 (頭蓋筋) [명] 〖생〗 두개에 붙은 근육.
두건 (頭巾) [명] 남자 상제나 어른이 된 복인(服人)이 상중에 쓰는, 베로 만든 건. 효건(孝巾). [준]건(巾).
두겁 [명] **1** 가늘고 긴 물건의 끝에 씌우는 물건. ❑연필 ~. **2** '붓두껍'의 준말.
두겁-조상 (–祖上) [–쪼–] [명] **1** 조상 중 가장 이름을 떨친 사람. **2** 〈속〉 중시조(中始祖).
두견 (杜鵑) [명] **1** 〖조〗 두견이. **2** 〖식〗 진달래.
두견-새 (杜鵑–) [명] 두견이.
두견-이 (杜鵑–) [명] 〖조〗 두견잇과의 새. 뻐꾸기와 비슷하며 등은 회청갈색, 가슴은 회청색, 배는 황갈색. 늦봄에 와서 숲 속에서 단독으로 살고 초가을에 남쪽으로 감. 딴 새의 둥지에 한 개의 알을 낳기만 할 뿐 기르지는 않음. 두견새.
두견-화 (杜鵑花) [명] 진달래꽃.
두견화-전 (杜鵑花煎) [명] 진달래꽃에 찹쌀가루를 묻혀서 끓는 기름에 띄워 지진 떡.
두고 [조] 〈옛〉 보다.
두고-두고 [부] 여러 번에 걸쳐 오랫동안. 오래도록. ❑술·담배를 끊지 못한 일을 ~ 후회하다 / 그 감동은 ~ 잊을 수 없다.
두곡 (斗斛) [명] **1** 곡식을 되는 말과 휘. **2** 되질하는 일.
두곡 (斗穀) [명] 말곡식.
두골 (頭骨) [명] 〖생〗 두개골.
두:골-밀이 [명] 〖건〗 홈을 두 줄로 파서 만든 장지를 또는 창틀.
두공 (枓栱·杜空) [명] 〖건〗 공청(公廳)·불벽(佛壁)에서 장화반(長花盤)을 쓰지 않는 대신으로 쓰는 나무.
두괄-식 (頭括式) [명] 〖문〗 글의 첫머리에 중심 내용이 오는 산문 구성 방식.
두구 (頭垢) [명] 〖생〗 비듬.
두구리 [명] '약두구리'의 준말.
두그르르 [부] 크고 무거운 물건이 한 번에 구르는 모양. [작]도그르르. [센]뚜그르르.
두근-거리다 [자][타] 몹시 놀라거나 겁이 나서 가슴이 자꾸 뛰다. ❑기대와 두려움으로 가슴이 두근거렸다. [작]도근거리다. **두근-두근** [부][하][자][타]
두근-대다 [자][타] 두근거리다.
두글-두글 [부] 크고 무거운 물건이 자꾸 구르는 모양. [작]도글도글. [센]뚜글뚜글.
두-기 (斗箕) [명] 〖천〗 이십팔수의 두성(斗星)과 기성(箕星).
두기-하다 (斗起–) [형][여] 험악하게 우뚝 솟아 있다.
두꺼비 [명] 〖동〗 두꺼빗과의 양서류. 돌이나 풀밑에 숨어 사는데, 개구리같이 생겼으나 그보다 크며, 피부가 두껍고, 흑갈색의 등은 우툴두툴함. 위험을 느끼면 살가죽에서 독액을 분비함.
[두꺼비 꽁지만 하다] 아주 작아서 거의 없는 듯하다. [두꺼비 파리 잡아먹듯] 아무것이나 닥치는 대로 널름널름 받아먹는 모양.
두꺼비-씨름 [명] 졌다 이겼다 하여 승부가 나지 않는 다툼이나 겨룸의 비유.
두꺼비씨름 같다 [구] ㉠승부가 나지 않다. ㉡누가 옳고 그름이 없이 피차일반이다.
두꺼비-집 [명] **1** 쟁기의 술바닥이 들어가 박히게 된 보습의 빈 속. **2** 〖전〗 안전기.
두껍다 [–따] (두꺼워, 두꺼우니) [형][ㅂ] **1** 두께가 두툼하다. ❑책이 ~. ↔얇다. **2** 층의 높이나 집단의 규모가 크다. ❑두꺼운 고객층 / 독서층이 ~. **3** 어둠이나 안개 따위가 짙다. ❑안개가 두껍게 깔리다.
두껍-다랗다 [–따라타] (–다라니, –다래서) [형][ㅎ] 생각보다 퍽 두껍다. ↔얄따랗다.
두껍-다리 [–따–] [명] 골목 안의 도랑이나 시궁창에 걸쳐 놓은 작은 돌다리.
두껍-닫이 [–따지] [명] 〖건〗 미닫이를 열 때, 문짝이 들어가 가리어지게 된 빈 곳.
두껍디-두껍다 [–띠–따] (–두꺼워, –두꺼우니) [형][ㅂ] 몹시 두껍다. ↔얇디얇다.
두껍-집 [–찝] [명] 두껍닫이.
두껍-창 (–窓) [명] ☞두껍닫이.
두께 [명] 물건의 두꺼운 정도. ❑책 ~가 얇다 / 판자 ~를 재다.

두남(斗南)图 북두칠성 남쪽의 천지라는 뜻으로, 온 천하의 일컬음.

두남-두다囝 1 잘못을 탓하지 않고 편들다. 2 가엾게 여겨 도와주다. ㅁ범도 새끼 곤 줄을 두남둔다.

두남-받다 [-따]囝 남다르게 도움이나 사랑을 받다.

두남-일인(斗南一人)图 천하에 으뜸가는 어진 사람.

두남-재(斗南才)图 천하에 으뜸가는 재주.

두뇌(頭腦)图 1《의》뇌(腦). 2 사물을 판단하는 슬기. ㅁ명석한 ~의 소유자 / ~ 회전이 빠르다. 3 지식 수준이 높은 사람. ㅁ~의 해외 유출.

두-눈-박이图 눈이 둘 달린 것.

두다囝囝 1 일정한 곳에 놓다. ㅁ쌀가마를 창고에 ~. 2 일정한 시간이 미치는 동안을 있게 하다. ㅁ사흘을 두고 싸웠다 / 평생을 두고 잊을 수 없다. 3 사람을 부리거나 거느리다. ㅁ비서를 ~. 4 간격이 생기게 하다. ㅁ휴전선에 10 리의 비무장 지대를 ~. 5 마음 속에 간직하다. ㅁ마음에 ~. 6 마음을 어떤 대상물에 쏟아 넣다. ㅁ정을 ~. 7 수결(手決)을 쓰다. ㅁ도장 대신으로 수결을 ~. 8 바둑이나 장기 등의 놀이를 하다. ㅁ고누는 잘 두나 바둑은 못 둔다 / 장기를 ~. 9 조직이나 기구 따위를 설치하다. ㅁ해외 지점을 ~. 10 기본 음식에 딴 재료를 섞어 넣다. ㅁ밥에 팥을 ~ / 백설기에 콩을 ~. 11 옷이나 이불 등의 속에 솜을 두어 넣다. ㅁ이불에 솜을 ~. 12 남기다. ㅁ그만 먹고 두었다가 먹어라. 13 대상으로 하다. ㅁ그 문제를 두고 논쟁을 벌이다. 14 버리다. 쥐와 비슷하며 재혼하다. 15 어떤 사람을 가족이나 친인척으로 가지다. ㅁ자식을 둘 ~ / 교수를 사위로 ~. 囝[보동] 타동사의 어미 '-아'나 '-어'의 뒤에 쓰여, 앞 동작의 결과를 그대로 지니어 감을 뜻하는 말. ㅁ맛은 없으나 그냥 먹어 두어라 / 이 기회에 잘 보아 두어라.

두고 보다囝 어떤 결과가 될지 어느 기간 동안 살펴보다. ㅁ한번 더 두고 보자.

두둑囝 1 매우 두껍다. 2 넉넉하거나 풍부하다. ㅁ주머니가 ~ / 배짱이 ~. 3 '두두룩하다'의 준말. 쥐더떻욱.

두둑-이囝 두둑하게.

두둑-하다 [-두카-]囝囝 1 매우 두껍다. 2 넉넉하거나 풍부하다. ㅁ주머니가 ~ / 배짱이 ~. 3 '두두룩하다'의 준말. 쥐더떻욱.

두둔图囝囝 [←두돈(斗頓)] 편들어 감싸 줌. 역성을 들어줌. ㅁ약한 편을 ~하다 / 제 아이만 ~하다 / 외아들이라고 ~만 하니 아이가 버릇이 없다.

두둥게-둥실囝 아주 가볍게 떠오르거나 떠가는 모양. 두둥둥실.

두-둥둥囝 북·장구 등을 잇따라 가볍게 두드리는 소리. ㅁ북소리가 ~ 울려 퍼지다.

두둥-둥실囝 두둥게둥실.

두-둥실囝 물 위나 공중으로 가볍게 떠오르거나 떠 있는 모양. ㅁ구름이 ~ 떠가다 / 둥근 달이 ~ 떠오르다. 쥐더뎅실.

두드러기图 약이나 음식의 중독으로 피부가 붉게 부르트며 몹시 가려운 피부병. ㅁ~가 나다 / ~가 돋다.

두드러-지다囝囝 1 겉으로 드러나서 뚜렷하다. ㅁ두드러진 차이. 2 가운데가 쑥 나와 불룩하다. ㅁ이마가 두드러진 사람. 囝囝 1 가운데가 불룩하게 쑥 나오다. 2 겉으로 뚜렷하게 드러나다. ㅁ유난히 두드러진 배. 쥐도드러지다.

두드레图〈옛〉차꼬.

두드리다囝 1 소리가 나도록 잇따라 치거나 때리다. ㅁ다급하게 문을 ~. 2 '마구'·'함부로'의 뜻을 나타냄. ㅁ두드려 패다 / 두드려 부수다. 쥐뚜드리다.

두들기다囝 소리가 날 정도로 마구 때리거나 세게 치다. ㅁ늘씬하게 두들겨 맞다 / 두들겨 부수다. 쥐뚜들기다.

두둠图〈옛〉두둑. 둔덕.

두등(頭等)图 첫째가는 등급. 일등.

두디쥐图〈옛〉두더지.

두락(斗落)의图 마지기[2].

두랄루민(duralumin)图《화》알루미늄에 구리·망간·마그네슘을 섞어 만든 가벼운 합금. 비행기·자동차 따위를 만들 때 씀(상표명).

두량(斗量)图囝囝 1 되나 말로 곡식을 되어서 셈. 또는 그 분량. 2 어떤 일을 두루 헤아려 처리함. 잘 림~을 잘 하다.

두럭图 1 놀기 위해 여러 사람이 모인 떼. 2 여러 집들이 한데 모여 이룬 집단.

두런-거리다囝 여럿이 모여 나직한 목소리로 정답게 조용히 이야기하다. 쥐도란거리다.

두런-두런囝囝囝. ㅁ밤늦게까지 ~ 이야기를 하다.

부분(二部分) 형식. 이부 형식.

두돈(斗頓)图 '두둔'의 본딧말.

두:돌-잡이图 태어난 지 두 돌 정도 된 어린아이.

두-두囝 돼지 따위의 짐승을 계속 몰아 쫓는 소리.

두두룩-두두룩 [-뚜-]囝囝 여럿이 모두 가운데가 솟아서 불룩한 모양. 쥐도도록도도록. 쥐두둑두둑.

두두룩-이囝 두두룩하게.

두두룩-하다 [-루카-]囝囝 가운데가 솟아서 불룩하다. ㅁ보너스를 받아 지갑이 ~. 쥐도도록하다. 쥐두둑하다.

두둑图 1 밭과 밭 사이의 경계를 이루는 두두룩한 곳. 2 논이나 밭을 갈아 골을 타서 만든 두두룩한 바닥.

두둑-두둑 [-뚜-]囝囝囝 '두두룩두두룩'의 준말.

두런-대다 困 두런거리다.
두렁 圐 논이나 밭의 가장자리로 작게 쌓은 둑
이나 언덕. ᐅ논밭 ~.
두렁-길 [-낄] 圐 두렁 위로 난 길.
두렁-이 圐 어린아이의 배와 아랫도리를 둘러
서 가리는, 치마같이 만든 옷.
두렁-허리 圐 ☞ 드렁허리.
두레¹ 圐 농촌에서 농사일이 바쁠 때에 서로
도와서 공동으로 일을 하기 위하여 마을 단
위로 만든 조직. ᐅ김매기 ~ / ~에 나가다.
─-하다 困 두레를 조직하다.
두레(를) 먹다 困 ⊙여러 사람이 둘러앉아
먹다. ⊙농민들이 음식을 장만하여 모여 놀
다. ᐅ올해는 언제 두레를 먹을까.
두레² 圐 논에 물을 퍼붓는 나무로 만든 기구.
두레-꾼 圐 두레에 참가한 일꾼.
두레 농사 (-農事) 圐 두렛일.
두레-박 圐 줄을 길게 달아 우물물을 긷는 기
구. ᐅ~으로 물을 퍼 올리다.
두레박-줄 [-쭐] 圐 두레박에 매는 줄.
두레박-질 [-찔] 圐하困 두레박으로 물을 길어
올리는 일.
두레-상 (-床) 圐 여러 사람이 둘러앉아 먹을
수 있게 만든 큰 상.
두레-우물 圐 두레박으로 물을 긷는 깊은 우
물. *박우물.
두레-질 圐하困 두레로 물을 푸는 일.
두렛-날 [-렌-] 圐 두렛일을 하는 날.
두렛-논 [-렌-] 圐 두레로 일을 하는 논.
두렛-일 [-렌닐] 圐 여러 사람이 두레를 짜서
함께 하는 농사일. 두레 농사.
두려-빠지다 困 한 곳에 있던 것이 온통 빠져
나가다. ᐅ머리털이 ~ / 바다 한가운데가
~. 困두려빠다.
두려-빼다 困 1 어느 한 부분을 뭉떵 빼다. ᐅ
천지를 두려빼듯 만세를 불렀다. 2 성이나 적
진 등을 공격하여 차지하다.
두려움 圐 두려운 느낌. ᐅ~에 떨다 / ~이 앞
서다.
두려워-하다 困 꺼려하거나 무서워하다.
ᐅ죽음을 ~. 2 공경하고 어려워하다. ᐅ신
(神)을 두려워하지 않는 행위.
두렵ㅎ다 困 〈옛〉 둥글다.
두렵다¹ [-따] [두려워, 두려우니] 圐困 1 어떤
대상을 무서워하여 마음이 불안하다. ᐅ나는
아무것도 두려울 것이 없다. 2 마음에 꺼리거
나 염려스럽다. ᐅ실수를 할까 봐 ~. 3 위엄
이나 위풍이 있어 송구스럽고 어렵다. ᐅ두
려워서 고개를 못 들었다.
두렵다² 〈옛〉 둥글다. 온전하다.
두렷-두렷 [-런런] 圐하 1 여럿이 모두 두
렷한 모양. 2 매우 두렷한 모양. 困도렷도렷.
쎌뚜렷뚜렷.
두렷-이 圐 두렷하게. ᐅ~ 나타나다. 困도렷
이.
두렷-하다 [-려타-] 圐 엉클어지거나 흐리지
않고 아주 분명하다. ᐅ두렷하게 떠오른 보
름달. 困도렷하다. 쎌뚜렷하다.
두령 (頭領) 圐 여러 사람을 거느리는 우두머
리. 또는 그를 부르는 호칭. 두목.
두로 (頭顱) 圐 〈生〉 1 두개 (頭蓋). 2 두정골 (頭
頂骨).
두록 (斗祿) 圐 〈역〉 적은 녹봉.
두루 圐 1 빠짐없이 골고루. 2 전국 각지를 ~
여행하다 / ~ 찾아보다. 3 널리, 일반적으로.
ᐅ~ 쓰이는 물건.
두루-두루 圐 1 '두루'를 강조한 말. ᐅ~ 살
피다. 2 모든 사람에게 모나지 않고 원만하

게. ᐅ~ 좋게 지내다.
두루-마기 圐 외투처럼 생긴, 겉옷 위에 입는
우리나라 고유의 웃옷. 주의 (周衣).
두루-마리 圐 1 가로로 길게 이어 돌돌 둥글게
만 종이. 편지나 그 밖의 글을 쓸 때 씀. ᐅ
~ 편지 / ~ 족자. 2 길게 둘둘 만 물건. ᐅ
화장지 / 명석 ~.
두루-뭉수리 圐 1 어떤 일이나 형체가 제대로
이루어지지 못하고 함부로 뭉쳐진 것. ᐅ일
이 ~가 되었다. 困뭉수리. 2 일이나 행동이
변변치 못한 사람을 조롱하는 말.
두루뭉술-하다 圐 1 모나지도 않고 아주 둥
글지 않다. 2 행동이나 태도 따위가 분명하
지 못하다.
두루뭉실-하다 圐 ☞ 두루뭉술하다.
두루미¹ 圐 〈조〉 두루밋과의 새. 연못·냇가·초
원에 삶. 날개는 62~66 cm, 목과 다리·부리
가 길며, 거의 순백색임. 이마는 갈색임,
이마·목·다리·날개 끝은 검은색임. 작은 물
고기·지렁이 따위를 먹음. 겨울 철새로 천연
기념물 제 202 호. 학 (鶴). 단정학.
두루미² 圐 아가리가 좁고 목이 길며 몸은 단
지 모양으로 부른 큰 병.
두루-이름씨 圐 〈언〉 '보통 명사 (名詞)'의 말
어른 말.
두루-주머니 圐 허리에 차는 작은 주머니의
하나 (아가리에 잔주름을 잡고 두 줄의 끈을
마주 꿰어서 끈을 훑치면 거의 둥글게 됨).
염낭.
두루-춘풍 (-春風) 圐 누구에게나 좋게 대하여
호감을 사는 일. 또는 그런 사람.
두루-치기¹ (주로 '두루치기로'의 꼴로 쓰
여) 1 한 가지 물건을 여기저기 두루 씀. 또
는 그런 물건. 2 한 사람이 여러 방면에 능통
함. 또는 그런 사람.
두루-치기² 圐 조갯살이나 낙지 등을 슬쩍 데
쳐서 갖은 양념을 한 음식.
두루-치기³ 圐 지난날. 신분이 낮은 계층의 여
인들이 입던, 폭이 좁고 길이가 짧은 치마.
두루치.
두류 (豆類) 圐 1 콩과 식물의 종류. 2 콩 종류
의 곡식. 두숙류 (豆菽類).
두류 (逗留·逗遛) 圐하困 체류 (滯留). ᐅ서울에
삼사 일 ~하면서 볼일을 보았다.
두르다 [둘러, 두르니] 困 1 어떤 대상의 둘
레를 휘감아 싸다. ᐅ울타리를 ~ / 치마를
~. 2 원을 그리며 돌리다. ᐅ숯불을 담아
서 휘휘 ~. 3 그럴듯하게 남을 속이다. ᐅ그
럴듯하게 둘러서 말하다. 困도르다. 4 사람을
마음대로 다루다. ᐅ손아귀에 넣고 ~. 5 없
는 것을 이리저리 구하거나 빌리거나 하다.
ᐅ돈을 ~. 6 겉에 기름을 고르게 바르다. ᐅ
프라이팬에 기름을 ~. 7 바로 가지 않고 멀
리 돌다. ᐅ지름길을 두고 늪을 둘러 갔다. 8
간접적으로 표현하다. ᐅ기분 상하지 않게
둘러 말하다.
두르르¹ 圐 말렸던 것이 펴졌다가 탄력 있게
다시 말리는 모양. ᐅ지도를 ~ 말다. 困도르
르. 쎌뚜르르.
두르르² 圐 크고 둥그스름한 것이 구르는 모
양. 또는 그 소리. 困도르르. 쎌뚜르르.
두르-풍 (-風) 圐 주로 노인들이 방 안에서 추
위를 막기 위하여 어깨에 둘러 덧입는 옷.
두르혀다 困 〈옛〉 돌이키다. 뒤치다.
두름 圐 1 조기·청어 따위의 물고기를 한 줄에
열 마리씩 두 줄로 묶은 것. 또는 그것을 세

는 단위((의존 명사적으로 씀). 〇굴비 한 ~ / 비웃 ~을 엮다. **2** 고사리 따위의 산나물 을 열 모숨 정도로 묶은 것. 또는 그것을 세 는 단위((의존 명사적으로 씀). 〇고사리 한 ~ / 취나물 두 ~.

두름-성[-性]〔-썽〕 圀 주변을 부려서 이리저리 변통하여 가는 재주. 주변성. 〇~이 있다 / ~이 좋다.

두름-손[-쏜] 圀 일을 잘 처리하는 솜씨. 주변. 〇~ 좋은 삼촌.

두룹 圀 두릅나무의 어린순((데쳐서 무쳐 먹거나 초고추장에 찍어 먹음).

두룹-나무[-릅-] 圀 〔植〕 두릅나뭇과의 낙엽 활엽 관목. 산·들에 남. 높이 5m가량. 줄기에 가시가 많고, 여름에 누르스름한 꽃이 피며, 검은 자주색의 열매를 맺음. 어린순은 식용하고 나무껍질·열매는 약용함. 참두릅.

두리기 圀 두리반에 음식을 차려 놓고 여럿이 둘러앉아 먹는 일.

두리-기둥 圀 〔建〕 둘레를 둥그렇게 깎아 만든 기둥. 둥근기둥. 원주(圓柱). ↔모기둥.

두리기-상[-床] 圀 여러 사람이 둘러앉아 먹게 차린 음식상.

두리넓죽-하다[-넙쩌카-] 囫囵 모양이 둥그스름하고 넓적하다. 〇두리넓죽한 얼굴. 두리넓죽-히[-넙쩌키] 뷔

두리다囤 〈옛〉 두려워하다.

두리-둥실 뷔 물 위나 공중에 가볍게 떠서 움직이는 모양. 〇두둥실 ~ 배 떠나가네((‘두둥실’과 함께 쓰여 가락을 맞춤).

두리-목(-木) 圀 둥근 재목.

두리뭉실-하다囫 두루뭉술하다.

두리-반(-盤) 圀 크고 둥근 소반. ↔모반.

두리번-거리다囤 어리벙절하여 눈을 크게 뜨고 이쪽저쪽을 자주 휘둘러 보다. 〇놀란 토끼처럼 주위를 ~. 囵도리번거리다. **두리번-두리번**뷔囵

두리번-대다囤 두리번거리다.

두리-하님 圀 〔民〕 예전에, 혼인한 새색시가 시집으로 갈 때, 향꽂을 들고 당의(唐衣)를 입고 족두리를 쓰고서 새색시를 따라가던 여자종. 족두리하님.

두리-함지박 圀 둥근 함지박.

두립다囫 〈옛〉 두렵다.

두릿-그물[-리그-/-릳그-] 圀 고기 떼를 둘러싸서 잡는 그물. 선망(旋網).

두:-말圀囵囗 **1** 이랬다저랬다 하는 말. 〇한입으로 ~하지 마라 / ~ 말고 잠자코 있으라 / 다시는 ~ 말게. **2** 이러니저러니 하는 불평이나 군말. 〇~할 필요 없다.

두말할 나위(가) 없다⟨쾽⟩ 너무나 확실해 군말을 더 보탤 여지가 없다.

두:말-없다[-마럽따] 囫 **1** 이러니저러니 여러 말이 없다. 〇애초부터 분명히 해 두어야 나중에 ~. **2** 이러니저러니 말할 필요도 없이 확실하다. 〇그것은 두말없는 기정사실이다. **두:말없-이**[-마럽씨] 뷔

두:매-한짝 圀 ‘다섯 손가락’을 일컫는 말.

두멍 圀 물을 길어 많이 담아 두고 쓰는 큰 가마나 독.

두메 圀 도시에서 멀리 떨어져 사람이 많이 살지 않는 깊은 산골. 두메산골. 두멧골.

두메 앉은 이방(吏房)이 조정(朝廷)을 알듯 출입 없이 집 안에만 있는 사람이 오히려 바깥 풍조를 잘 안다는 말.

두메-산골(-山-)[-꼴] 圀 두메.

두메-싸립 圀 싸리 껍질로 삼은, 두멧사람들이 신는 미투리.

두멧-구석 [-메꾸-/-멘꾸-] 圀 두메의 아주 외진 곳.

두멧-길 [-메낄/-멘낄] 圀 두메산골에 나 있는 길. 협로(峽路).

두면(痘面) 圀 천연두를 앓아서 얽은 얼굴.

두:면¹(頭面) 圀 머리와 얼굴.

두면²(頭面) 圀 〈궁〉 갓.

두:목(頭木) 圀 ‘두절목(頭切木)’의 준말.

두목(頭目) 圀 **1** 패거리의 우두머리. 〇도적의 ~을 포박하다. **2** 〔역〕 무역을 목적으로 중국 사신을 따라온 북경 상인을 이르던 말.

두묘(痘苗) 圀 〔의〕 천연두를 예방하는 면역 물질(천연두에 걸린 소의 두창(痘瘡)에서 뽑은 우장(牛漿).

두무-날圀 조수(潮水)의 간만(干滿)의 차를 볼 때 음력 11일과 26일을 일컫는 말.

두문(杜門) 圀 **1** 〔민〕 팔문(八門) 가운데 흉한 문의 하나. **2** 밖으로 나타나지 않으려고 방의 문을 닫아 막음.

두문불출(杜門不出)圀囵囗 집에만 틀어박혀 세상 밖에 나가지 않음.

두-문자(頭文字)[-짜] 圀 첫머리에 오는 글자. 머리글자.

두미(頭尾) 圀 **1** 처음과 끝. **2** 머리와 꼬리.

두미-없다(頭尾-)[-업따] 囫 앞뒤가 맞지 아니하고 조리가 없다. 두서(頭緖)가 없다. 〇두미없는 말을 지껄이다. **두미-없이**[-업씨] 뷔

두박(豆粕) 圀 콩깻묵.

두발(頭髮) 圀 머리털.

두:발-당성 圀 두 발로 차는 발길질. 두발당사니.

두:발-제기 圀 두 발로 번갈아 차는 제기.

두:발-차기 圀 제기나 공을 두 발로 번갈아 차는 일.

두:-밤중 (-中)[-쭝] 圀 〈속〉 한밤중.

두:-방망이-질圀囵囗 **1** 두 손에 방망이를 각각 하나씩 들고 서로 바꾸어 가며 두드리는 방망이질. **2** 가슴이 몹시 두근거림. 〇가슴이 ~.

두백(杜魄) 圀 〔조〕 두견이(두우(杜宇)의 넋이된 새라는 뜻).

두:-벌 圀 초벌 다음에 두 번째로 하는 일. 또는 두 번 하는 일. 재벌. 〇~ 도배를 하다.

두:벌-갈이圀囵囗 논이나 밭을 두 번째로 갊.

두:벌-대(-臺) 圀 〔建〕 ‘두벌장대’의 준말.

두:벌-솎음圀囵囗 밭에서 푸성귀 따위를 두 번째로 솎아 내는 일. 또는 그 푸성귀.

두:벌-일[-릴] 圀囵囗 처음에 한 일이 잘못되어 다시 하는 일. 〇공연히 ~을 했구나 / ~을 만들다.

두:벌-잠 圀 한 번 들었던 잠이 깨었다가 다시드는 잠. 개잠. 〇~을 자다.

두:벌-장대 (-長臺) 圀 〔建〕 장대석(長臺石)을 두 켜 이상 포개어 쌓은 대. 兮두벌대.

두:벌-주검圀囵囗 죽은 뒤에 해부나 검시(檢屍) 또는 화장, 극형을 당한 송장의 일컬음.

두병(斗柄) 圀 〔천〕 북두칠성을 국자 모양으로보고, 그 자루가 되는 세 개의 별.

두부(豆腐) 圀 물에 불린 콩을 갈아 짜낸 콩물을 끓인 후, 간수를 넣어 엉긴 것을 보자기에싸고 눌러 물기를 뺀 식품. 〇~ 한 모 / ~를넣고 된장국을 끓이다.

두부(頭部) 圀 **1** 동물의 머리가 되는 부분. **2** 물건의 윗부분.

두부-껍질 (豆腐-)[-찔] 圀 두부가 익어서 엉길 때 그 겉을 긁어낸 것.

두부-모 (豆腐-) [명] 납개로 자른 네모난 두부.
두부모(를) 베듯 [구] ㉠어떤 요구를 여지없이 거절함의 비유. ㉡모가 나게 자신의 입장이나 태도를 밝힘의 비유.
두부 백선 (頭部白癬)[-썬] 머리 밑에 생기는 백선(《머리털이 윤기가 없고 군데군데 빠짐》).
두부-살 (豆腐-) [명] 피부가 희고 무른 살. 또는 그러한 체질의 사람.
[두부살에 바늘뼈] 아주 허약하여 조금만 아파도 몹시 엄살을 부리는 사람을 놀리는 말. 바늘뼈에 두부살.
두부-찌개 (豆腐-) [명] 두부를 주재료로 하여, 고추장이나 새우젓국을 넣고 끓인 찌개. 두부장.
두사 (頭詞) [명] 표(表)나 전문(箋文) 등의 첫머리가 되는 말.
두삭-동물 (頭索動物)[-똥-] [명] 척삭동물 중에서 등에 등뼈와 비슷한 척삭(脊索)이 있는 동물의 총칭(《척추동물의 원시형임》).
두상 (頭上) [명] 1 '머리'의 존칭. 2 머리 위.
두상 (頭相) [명] 머리 모양이나 생김새. ❑~이 잘생겼다.
두상 (頭狀) [명] 사람 머리와 비슷한 형상.
두상 (頭像) [명] 머리 부분만을 나타낸 조각 작품. ❑~을 조각하다.
두상-꽃차례 (頭狀-次例)[-꼳-] [명] 〘식〙 무한(無限)꽃차례의 하나. 꽃대의 끝이 편평하거나 공 모양을 이루고, 여러 개의 꽃이 머리 모양으로 붙어 있어서 겉으로 보기에는 한 송이의 꽃과 같음. 두상 화서(頭狀花序).
두상-화 (頭狀花) [명] 꽃대 끝에 많은 작은 꽃이 모여 피어 머리 모양을 이룬 꽃(《국화·민들레 따위》).
두상 화서 (頭狀花序) 〘식〙 두상꽃차례.
두서 (頭書) [명] 1 머리말1. 2 본문에 앞서 모든 요소를 포함한 글.
두서 (頭緖) [명] 일의 차례나 갈피. ❑~를 가리다 / ~가 잡히다.
두서너 [관] 둘 혹은 서너. ❑~ 개 / ~ 살.
두서넛 [-넏] [수] 둘이나 셋 또는 넷쯤 되는 수. ❑~ 먹어 보다 / ~이 몰려다니다.
두서-없다 (頭緖-)[-업따] [형] 말·글·일 따위의 차례나 갈피를 잡을 수 없다. ❑두서없는 말.
두서-없이 [-업씨] [부]. ❑~ 말을 하다 / ~ 써 내려간 글.
두성 (斗星) [명] 〘천〙 1 이십팔수의 여덟째 별자리. 2 '북두칠성'의 별칭.
두-세 [관] 둘이나 셋의. ❑~ 명 / ~ 가지 물건.
두세-째 [수][관] 순서가 두 번째나 세 번째쯤 되는 차례. 또는 그런 차례의. ❑~ 줄에 앉은 사람.
두-셋 [-섿] [수] 둘 또는 셋. ❑참외 ~은 먹는다 / ~씩 패를 지어 가다.
두소-소인 (斗筲小人) [명] 도량이 좁고 변변하지 못한 사람.
두소-하다 (斗筲-) [형][여] 〔'斗'는 한 말들이 말, '筲'는 한 말 두 되들이 대그릇이란 뜻으로〕 1 녹봉(祿俸)이 적다. 2 도량이 좁다.
두:손-매무리 [명][하타] 어떤 일을 함부로 거칠게 얼버무려 냄.
두송 (杜松) [명] 〘식〙 노간주나무.
두송-실 (杜松實) [명] 〘식〙 두송자(杜松子).
두송-자 (杜松子) [명] 노간주나무의 열매(《건위, 소화, 해독, 이뇨, 구풍의 약재로 씀》). 두송실(杜松實).
두:-수 [명] 1 이리저리 할 수 있는 두 가지 방도. ❑이 일은 ~가 있을 수 없다. 2 달리 주선하거나 변통할 여지. ❑이제는 ~가 없다.

두수 (斗數) [명] 말수¹.
두수 (頭數) [명] 소·말·돼지 따위 동물의 마릿수. ❑사육 ~.
두-습 [명] 말이나 소의 두 살.
두시 (杜詩) [명] 중국 당나라 때의 시인인 두보(杜甫)의 시.
두식 (蠹蝕) [명][하자] 1 좀이 슮. ❑옷이 ~하다. 2 좀이 슬듯이 닳거나 벗어짐. ❑건물이 ~하다.
두신 (痘神) [명] 호구별성.
두신-지수 (頭身指數) [명] 키를 머리의 길이로 나눈 몫.
두실 (斗室) [명] 썩 작은 방이나 집.
두서 [관] 〈옛〉 두어.
두어 [관] '둘가량의'의 뜻. ❑~ 개 / ~ 사람.
두어-두다 [타] 있던 그대로 건드리지 않고 두다. ❑가만히 ~. [준]둬두다.
두억시니 [-씨-] [명] 〘민〙 모질고 악한 귀신의 하나. 야차(夜叉). ❑겉은 양 같고, 속은 ~ 같다.
두엄 [명] 〘농〙 구덩이를 파고 풀·낙엽·가축의 배설물 따위를 넣어 썩힌 거름. 퇴비.
두엄-간 (-間)[-깐] [명] 두엄을 쌓아 놓는 헛간. 퇴비사(堆肥舍).
두엄-걸채 [명] 두엄을 실어 내는 소의 걸채.
두엄-발치 [명] 두엄을 넣어서 썩히는 구덩이.
두엄-자리 [-짜-] [명] 두엄을 쌓아 모으는 자리. 두엄터. 퇴비장(堆肥場).
두엄-터 [명] 두엄자리.
두엇 [-얻] [수] 둘가량 되는 수. ❑일할 사람 ~만 있으면 된다.
두에 [명] 〈옛〉 뚜껑.
두역 (痘疫) [명] 〘한의〙 천연두.
두연 (斗然) [부] 문득. 왈칵. 갑자기.
두연-하다 (斗然-) [형][여] 우뚝 솟아 있다. 두연-히 [부]
두옥 (斗屋) [명] 1 아주 작고 초라한 집. 2 아주 작은 방.
두옥-신 (斗玉神) [명] ☞두억시니.
두우 (斗牛) [명] 〘천〙 북두칠성과 견우성.
두우 (斗宇) [명] 온 세상. 우주(宇宙).
두우 (杜宇) [명] 두견이.
두운 (頭韻) [명] 시구의 첫머리에 같은음의 글자를 되풀이해서 쓰는 수사법. 또는 그 같은 음의 글자. ❑~을 달다. *각운(脚韻).
두유 (豆油) [명] 콩기름1.
두유 (豆乳) [명] 물에 불린 콩을 갈아 물을 붓고 끓여 걸러서 만든 우유 같은 액체.
두음 (頭音) [명] 〘언〙 1 음절의 첫소리(《'사람'에서 'ㅅ'·'ㄹ' 따위》). 2 단어의 첫소리(《'사람'에서 'ㅅ' 따위》). 머리소리. ↔말음(末音).
두음 경화 (頭音硬化) 〘언〙 단어의 첫소리가 된소리로 변하는 현상(《'가마귀'가 '까마귀', '번다'가 '뻔다'로 되는 따위》).
두음 법칙 (頭音法則) 〘언〙 단어의 첫머리가 다른 음으로 발음되는 일. 첫소리의 'ㄹ'과 이중 모음 앞의 'ㄴ'이 각각 'ㄴ'과 'ㅇ'으로 발음됨(《래일(來日)이 내일로, 녀자(女子)가 여자로 되는 따위》). 머리소리 법칙.
두:-이 (-二) [명] 한자 부수(部首)의 하나(《'云'·'亘' 등에서 '二'의 이름》).
두:-이레 [명] 아이가 태어난 지 14 일이 되는 날.
두:인-변 (-人邊) [명] 한자 부수(部首)의 하나(《'往'·'德' 등에서 '彳'의 이름》).
두입 (斗入) [명][하자] 산세가 유난히 바다 쪽으로 쑥 들어간 형세. ↔두출(斗出).

두장(痘漿)圖 천연두의 고름.

두장폭-지수(頭長幅指數)[-찌-]圖〖生〗두형(頭型)을 분류하는 지수의 하나. 머리의 길이에 대한 폭의 백분율.

두전(頭錢)圖 구문(口文).

두절(杜絶)圖하짜 교통이나 통신 따위가 막히거나 끊어짐. ¶연락 ~ / 교통이 ~되다. ↔부절.

두절(頭切)圖 '두절목'의 준말.

두:절-개[-깨]圖 두 절을 왔다 갔다 하는 개는 두 절에서 다 얻어먹지 못한다는 뜻으로, 두 가지 일을 하다가는 한 가지도 이루지 못한다는 말.

두절-목(頭切木)圖 재목을 다듬을 때 그 대가리를 잘라 낸 나무토막. ㉣두목(頭木)·두절(頭切).

두정-골(頭頂骨)圖〖生〗두개골 중 대뇌의 뒤쪽 윗부분을 덮은 좌우 한 쌍의 편평하고 모난 뼈. 노정골. 두로.

두족(頭足)圖 **1** 소·돼지 따위의 머리와 네 발. **2** 두족류의 발.

두족-류(頭足類)[-뉴]圖〖動〗연체동물의 하나. 발이 머리에 달린 것이 특징이며, 머리 앞 주위에 8∼10개의 발이 있음(골뚜기·오징어·낙지·앵무조개 따위). 두족강(綱). ↔복족류.

두주(斗酒)圖 말술1.

두주(頭註)圖 본문의 위쪽에 적은 주석. ¶~를 달다. ↔각주(脚註).

두주불사(斗酒不辭)[-싸]圖하짜 말술도 사양하지 않는다는 뜻으로, 술을 매우 잘 먹음을 이르는 말. ¶~의 주량.

두죽(豆粥)圖 **1** 콩죽. **2** 팥죽.

두중-각경(頭重脚輕)[-경]圖하짜 정신이 어찔하고 다리에 힘이 없어 쓰러짐.

두지(頭指)圖 집게손가락.

두-지수(頭指數)圖 두형(頭型)을 분류하는 지수. 두장폭지수 따위. 두시수(頭示數).

두진(痘疹)圖〖한의〗**1** 천연두의 증세. 춥고 열이 나며 온몸에 붉은 점이 생김. **2** 천연두와 마진.

두질(頭質)圖하짜 무릎맞춤.

두:-짝열개[-짱녈-]圖〖建〗두 짝으로 여닫게 된 문.

두:-째㉠圖 열에서 아흔까지의 십 단위의 고유어 수 뒤에 붙어, '한째' 다음의 차례를 나타내는 말. ¶열~. ✱표 참조.

두찬(杜撰)圖 **1** 전거(典據)나 출처가 확실하지 못한 저술. **2** 틀린 곳이 많은 작품.

두창(痘瘡)圖〖한의〗천연두.

두창(頭瘡)圖〖의〗머리에 나는 부스럼의 총칭. 두면창(頭面瘡).

두채(豆彩)圖〖미술〗잠두(蠶豆)의 초록색과 같은 엷은 청록색을 내는 채화(彩畵).

두초(頭草)圖〖建〗머리초.

두초-류(豆草類)[-뉴]圖 가축의 사료나 풋거름으로 쓰는 콩과 식물의 총칭.

두출(斗出)圖하짜 산세가 유난히 바다 쪽에서 뒤로 빠진 만(灣)과 같은 형세. ↔두입(斗入).

두충(杜沖)圖〖한의〗두충과의 낙엽 교목. 높이 약 20 m. 봄에 잔꽃이 핌. 나무껍질을 자르면 백색의 고무 같은 유즙이 나옴. 마른 껍질은 약용함. 사선목(思仙木).

두타(頭陀)圖〖불〗**1** 속세의 번뇌를 버리고 청정하게 불도를 닦는 수행. **2** 떠돌면서 온갖 괴로움을 무릅쓰고 불도를 닦는 일. 또는 그런 승려.

두탁(頭托)圖 '두탁(投託)'의 변한말.

두태(豆太)圖 **1** 콩과 팥. **2** '콩팥'을 한자의 뜻을 빌려 쓴 말.

두태-쥐(豆太-)圖 소의 콩팥 속에 병적으로 생긴 군살 덩어리(전골에 씀).

두터비圖〈옛〉두꺼비.

두터-이㉠ 두텁게. ¶관계를 ~ 하다 / 정분을 ~ 하다. ㉣도타이.

두텁-이圖〈옛〉두꺼비.

두텁다[-따]圖ㅂ[두터워, 두터우니]圖ㅂ **1** 정의(情誼)나 인정이 많다. 사랑이 깊다. ¶두터운 교분 / 우정〔신임〕이 ~. ㉣도탑다. **2** 집단의 규모 따위가 보통 정도보다 크다. ¶두터운 선수층을 자랑한다.

두텁다[2]圖〈옛〉두껍다.

두텁-떡圖〈옛〉두껍떡.

두텁-단자(-團子)圖 ☞ 두텁떡.

두텁-떡圖 찹쌀가루에 꿀이나 설탕을 쳐 질게 반죽한 뒤에, 꿀팥을 고물로 하고 밤과 대추를 두어 시루에 쪄서 반듯반듯하게 썬 시루떡.

두:통-박이圖 알이 두 톨만 생겨서 여문 밤송이나 마늘통.

두통(頭痛)圖 머리가 아픈 증세. ¶~이 심하다 / ~에 시달리다.
  두통을 앓다㉒ 골칫거리로 속을 태우다.

두통-거리(頭痛-)[-꺼-]圖 처리하기에 성가시고 머리가 아프도록 애를 쓰게 된 일이나 사람. 골칫거리. ¶그는 가족에게 ~다.

두툴-두툴㉠하㉠ 거죽이 울룩불룩하여 고르지 않은 모양. 우툴두툴. ¶바닥이 ~하다. ㉣도톨도톨.

두툼-하다㉠㉤ **1** 꽤 두껍다. ¶두툼한 입술. **2** 경제적으로 넉넉하다. ¶주머니가 ~. ㉣도톰하다. **두툼-히**㉠

두풍(頭風)圖〖한의〗**1** 머리가 늘 아프거나 부스럼이 나는 병. **2** 백설풍(白屑風).

두피(頭皮)圖 두개(頭蓋)를 덮는 부분.

두피족(頭皮足)圖 소의 머리와 가죽 및 네 발.

두한-족열(頭寒足熱)[-녈]圖 머리는 차게, 발은 덥게 하는 일(건강에 좋다고 함).

두해(頭骸)圖〖生〗두개골.

두:해-살이圖〖植〗**1** 두 해에 걸쳐 싹이 터서 자라다가 열매를 맺고 죽는 일. 또는 그러한 식물. 이년생(二年生). **2** 두해살이풀.

두:해살이-식물(-植物)[-싸리싱-]圖〖植〗두 해를 사는 식물. 이년생(二年生) 식물.

두:해살이-풀圖〖植〗첫해에 싹이 터서 그 이듬해에 자라서 꽃이 피고 열매를 맺은 뒤 죽는 풀(유채·보리 따위). 두해살이. 이년생 초본(草本).

두호(斗護)圖하㉤ 남을 두둔하여 보호함. ¶~를 입다.

두흉-갑(頭胸甲)圖〖動〗갑각(甲殼).

두흉-부(頭胸部)圖 **1** 머리와 가슴 부분. **2**〖動〗머리와 가슴 부분이 들러붙어 하나로 된 부분. 머리가슴.

두흔(痘痕)圖 마맛자국.

둑[1]圖〈민〉윷놀이에서, 두 동을 이르는 말. ¶~이 나다.

둑[2]圖 **1** 홍수의 예방이나 저수(貯水)를 목적으로 둘레를 돌이나 흙 따위로 높이 쌓은 언덕. ¶방파제 ~을 쌓다 / 강물이 넘쳐 ~이 무너지다. **2** 높은 길을 내려고 쌓은 언덕. ¶~위를 걷다.

둑(纛)圖〖역〗〔←독〕임금이 타고 가던 가마 또는 군대의 대장 앞에 세우던 큰 의장기(儀仗旗)의 하나.

둑-가다[-까-] 困 윷놀이에서, 두 둘째 가다.
둑-길[-낄] 몡 둑 위로 난 길.
둔:각(鈍角)몡〖수〗90°보다 크고 180°보다 작은 각. ↔예각.
둔:각 삼각형(鈍角三角形)[-쌍가켱]〖수〗세 개의 내각 중 하나가 둔각인 삼각형.
둔:감(鈍感)몡 무딘 감정이나 감각. ──하다 혱여 감정이나 감각이 무디다. □자신에 대한 소문에 둔감한 사람.
둔:갑(遁甲)몡 1 술법을 써서 자기 몸을 감추거나 다른 것으로 바꿈. □여우가 여자로 ~하다. 2 사물의 본디 형체나 성질이 바뀌거나 가리어짐. □외제를 국산품으로 ~시켜서 팔다 / 찻집이 술집으로 ~되다.
둔:갑-법(遁甲法)[-뻡]몡〖민〗둔갑술.
둔:갑-술(遁甲術)[-쑬]몡〖민〗마음대로 자기 몸을 감추거나 다른 것으로 변하게 하는 방법. 둔갑법. □~을 쓰다.
둔:갑-장신(遁甲藏身)[-쟝-]몡자 남에게 보이지 않게 둔갑술로 몸을 숨기는 일.
둔-괘(屯卦)몡 육십사괘의 하나. 감괘(坎卦)와 진괘(震卦)가 거듭된 것으로, 구름과 우레를 상징함. 준둔(屯).
둔:-괘(遯卦)몡 육십사괘의 하나. 건괘(乾卦)와 간괘(艮卦)가 거듭된 것으로, 산 위에 하늘이 있음을 상징함. 준둔(遯).
둔:기(鈍器)몡 1 무딘 날붙이. ↔이기(利器). 2 날이 붙어 있지 않은 것《사람을 상해하기 위해 사용한 몽둥이나 벽돌 따위》. □~를 휘두르다 / ~에 얻어맞다.
둔답(屯畓)몡 1 둔전병의 군량을 자급하기 위한 논. 2 각 궁과 관아에 딸린 논.
둔덕 몡 두두룩하게 언덕진 곳.
둔덕-지다[-찌-]혱 지면이 두두룩하게 언덕이 되어 있다.
둔:도(鈍刀)몡 날이 무딘 칼.
둔-땅(屯-)[몡] 둔전답(屯田畓).
둔:-박-하다(鈍朴-)[-바카-]혱여 미련하면서도 순박하다. 둔:박-히[-바키]부
둔병(屯兵)몡 1 군사가 주둔함. 또는 그 군사. 2〖역〗'둔전병'의 준말.
둔부(臀部)몡 엉덩이.
둔:-사(遁辭)몡 관계나 책임을 회피하려고 억지로 꾸며 하는 말. □~를 쓰다.
둔:세(遁世·遯世)몡자 1 속세를 피하여 은둔함. 2〖불〗속세를 등지고 불문(佛門)에 들어감. 둔속(遁俗).
둔:-속(遁俗)몡자 1〖불〗둔세(遁世)2.
둔:-열-하다(鈍劣-)혱여 굼뜨고 변변하지 못하다.
둔영(屯營)몡 군사가 주둔한 군영.
둔:재(鈍才)몡 둔한 재주. 또는 그런 사람.
둔:적(遁迹)몡자 종적을 감춤.
둔전(屯田)몡〖역〗1 주둔병의 군량을 자급하기 위하여 마련되었던 밭. 2 각 궁과 관아에 딸렸던 밭.
둔전-답(屯田畓)몡〖역〗둔전과 둔답. 둔땅. 둔토. *둔전·둔답.
둔전-병(屯田兵)몡〖역〗변경(邊境)에 주둔·토착시켜 평상시에는 농사를 짓게 하고, 전시에는 전투병으로 동원하였던 군사. 준둔병(屯兵).
둔:주(遁走)몡자 도망쳐 달아남.
둔:주-곡(遁走曲)몡〖악〗푸가(fuga).
둔:중-하다(鈍重-)혱여 1 부피가 크고 무겁다. □어둠 속에서 뭔가 둔중한 물체에 부딪치다. 2 소리가 둔하고 무겁다. □둔중한 폭음이 들려오다. 3 성질·동작이 둔하고 느리

다. □뚱뚱해서 몸놀림이 ~. 4 분위기·상태 따위가 밝지 않고 어둡고 무겁다. □둔중한 분위기.
둔취(屯聚)몡하자 여러 사람이 한곳에 모여 있음.
둔치 몡 1 물가의 언덕. 2 장마가 져서 물이 불을 때에만 잠기는 강가의 땅. 고수부지. □~에 쉼터를 만들다.
둔-치다(屯-)[-치-]자 여러 사람이 한곳에 떼 지어 머무르다. 타 군대·군중 등 많은 인원을 한곳에 떼 지어 놓다.
둔:-탁-하다(鈍濁-)[-타카-]혱여 1 성질이 굼뜨고 흐리터분하다. □둔탁한 행동. 2 소리가 굵고 거칠며 무겁다. □발소리가 ~. 3 생김새가 거칠고 투박하다. □둔탁하게 생긴 찻잔.
둔테 몡〖건〗'문둔테'의 준말.
둔-토(屯土)몡〖역〗둔전답(屯田畓).
둔:-통(鈍痛)몡 둔하고 무지근하게 느끼는 아픔. ↔극통(劇痛).
둔:-팍-하다(鈍-)[-파카-]혱여 1 성질이나 행동 따위가 굼뜨고 미련하다. 2 소리 따위가 날카롭지 못하고 느리며 둔하다. 3 생김새나 모양이 우직하고 둔하다.
둔:-패기(鈍-)몡 '아둔패기'의 준말.
둔폄(窀窆)몡하타 하관(下棺)하여 시신을 묻음.
둔:-필(鈍筆)몡 1 굼뜨고 서투른 글씨. 2 필적이 서투른 사람. 3 자기의 글이나 글씨를 낮추어 이르는 말.
둔:필-승총(鈍筆勝聰)몡 글씨가 서투른 사람의 기록이 총명한 기억보다 낫다는 말.
둔:-하다(鈍-)혱여 1 깨우침이 늦고 재주가 무디다. □머리가 ~. 2 동작이 느리고 굼뜨다. □행동이 ~. 3 감각이나 느낌이 예리하지 못하다. □신경이 ~. 4 소리가 무겁고 무디다. □멀리서 둔하게 들리는 포성. 5 기물·날붙이 따위가 무겁고 무디다. 6 빛이 산뜻하지 않고 컴컴하다. 7 생김새나 모습이 무겁고 투박하다. □옷을 껴입었더니 몸이 ~.
둔:-한(鈍漢)몡 둔하고 느린 사람.
둔:-화(鈍化)몡하자 느리고 무디어짐. □경제 성장률이 ~되다 / 대립을 ~시키다.
둘겁다혱〈옛〉두껍다.
둘 준 하나에 하나를 더한 수. □~ 다 수영을 못한다.
[둘이 먹다가 하나가 죽어도 모르겠다] 음식이 매우 맛있음을 이르는 말.
둘도 없다 관 ⊙오직 그것뿐이고 더는 없다. 하나뿐이다. □둘도 없는 목숨. ⊙가장 귀중하다. □둘도 없는 친구.
둘-몡 새끼나 알을 배지 못하는 짐승의 암컷의 뜻. ⊙암소 / ~암캐 / ~암닭.
둘-되다혱 상냥하지 못하고 미련하고 무디게 생기다. □둘된 사내.
둘둘 부 1 여럿을 여러 겹으로 둥글게 마는 모양. □신문지를 ~ 말다. 2 크고 둥근 물건이 가볍고도 빨리 구르거나 돌아가는 소리. 또는 그 모양. □~ 돌아가는 물레방아. 困돌돌. 셈뚤뚤.
둘러-놓다[-노타]타 1 여럿을 둥글게 벌려 놓다. □병풍을 ~. 2 방향을 바꾸어 놓다. 困돌라놓다.
둘러-대다타 1 돈·물건 따위를 꾸거나 얻어서 대다. □모자라는 돈을 이리저리 ~. 2 그럴듯하게 말을 꾸며 대다. □말을 이리저리 ~.

[작]돌라대다.
둘러-막다 [-따] [타] 가장자리로 돌아가며 가려 막다. ❑ 돌담으로 집을 ~. [작]돌라막다.
둘러-막히다 [-마키-] [자] 《'둘러막다'의 피동》 사방이 가려져서 막힘을 당하다. ❑ 마을이 높고 낮은 산으로 ~.
둘러-말하다 [자][여] 에둘러서 간접적으로 말하다. ❑ 이리저리 둘러말하며 핑계를 댔다.
둘러-맞추다 [-맏-] [타] **1** 다른 물건으로 대신 갖다 맞추다. **2** 그럴듯한 말로 꾸며 맞추다. ❑ 말을 적당히 ~. [작]돌라맞추다.
둘러-매다 [타] 한 바퀴 둘러서 양 끝을 마주 매다. ❑ 허리에 끈을 ~. [작]돌라매다.
둘러-메다 [타] 물건을 번쩍 들어 어깨에 메다. ❑ 쌀자루를 어깨에 ~.
둘러-메치다 [타] 둘러메어 세게 넘어뜨리다.
둘러방-치다 [타] 무엇을 슬쩍 빼돌리고 그 자리에 다른 것을 대신 넣다. [작]돌라방치다.
둘러-보다 [타] 주위를 두루 살피다. ❑ 주변을 ~/좌중을 한번 ~. [작]돌라보다.
둘러-붙다 [-붇따] [자] 기회나 형편을 살피어 이로운 쪽으로 붙어 따르다. ❑ 사장에게 ~. [작]돌라붙다.
둘러-빠지다 [자] 땅바닥 따위가 빙 둘러서 움쑥 꺼지다.
둘러-서다 [자] 여러 사람이 둥글게 늘어서다. ❑ 길거리에 둘러서서 요술 구경을 하다. [작]돌라서다.
둘러-싸다 [타] **1** 빙 둘러서 에워싸다. ❑ 적을 둘러싸고 공격하다. **2** 둘러서 감싸다. ❑ 아기를 포대기로 ~. [작]돌라싸다. **3** 행동이나 관심의 중심으로 삼다. ❑ 그 사건을 둘러싸고 논쟁이 벌어졌다.
둘러-싸이다 [자] 《'둘러싸다'의 피동》 빙 둘러서 에워싸이다. ❑ 산으로 둘러싸인 마을.
둘러-쌓다 [-싸타] [타] 빙 둘러서 쌓다. ❑ 집 주위에 담을 ~. [작]돌라쌓다.
둘러-쓰다 〔-써, -쓰니〕 [타] **1** 둘러서 뒤집어 쓰다. ❑ 머리에 수건을 ~/이불을 ~. **2** 가루나 액체 따위를 온몸에 받다. ❑ 먼지를 ~.
둘러-앉다 [-안따] [자] 여러 사람이 둥글게 앉다. ❑ 온 식구가 밥상에 ~/빙 둘러앉아서 계획을 논의했다. [작]돌라앉다.
둘러-업다 [-따] [타] 번쩍 들어서 업다. ❑ 우는 아이를 ~.
둘러-엎다 [-업따] [타] **1** 마구 둘러서 뒤집어엎다. ❑ 술상을 ~. **2** 하던 일을 중단하고 정리해 버리다. ❑ 장사를 ~.
둘러-차다 [타] 몸에 둘러 매달리게 하다. ❑ 허리에 칼을 ~/탄띠를 ~.
둘러-치다 [타] **1** 휘둘러서 세차게 내던지다. ❑ 땅바닥에 ~. **2** 메·몽둥이 등을 휘둘러서 세게 때리다. ❑ 떡메를 ~. **3** 둘레를 돌아가며 막거나 가리다. ❑ 병풍을 ~.
[둘러치나 메어치나 매한가지〔매일반〕] 이렇게 하나 저렇게 하나 결과는 마찬가지다.
둘레 [명] **1** 사물의 테두리나 바깥 언저리. ❑ 집 ~에 나무를 심다. **2** 사물의 가를 한 바퀴 돈 길이. ❑ 허리 ~/운동장의 ~를 재다.
둘레-돌 [명] 능묘의 봉토 주위를 둘러쌓은 돌. 호석(護石).
둘레-둘레 [부][하][타] **1** 사방을 살피는 모양. ❑ 여기저기 ~하며 걷다. **2** 여러 사람이 빙 둘러앉은 모양. ❑ ~ 모여 앉은 사람들.
둘레-바늘 [명] 대바늘뜨기에서, 소매나 목둘레 따위를 돌려 뜨는 데 쓰는 바늘. 고리바늘.
둘리다¹ [자] 그럴듯한 꾐에 속다. [작]돌리다.
둘리다² [자] 《'두르다'의 피동》 **1** 둘러서 막히다. 둘러막히다. ❑ 높은 산들에 둘린 골짜기. **2** 둘러싸이다. **3** 휘두름을 당하다.
둘-소 [-쏘] [명] 새끼를 낳지 못하는 암소. 둘암소.
둘암소 [명] 둘소.
둘-암캐 [명] 새끼를 낳지 못하는 암캐.
둘-암탉 [두람탁] [명] 알을 낳지 못하는 암탉.
둘-암퇘지 [명] 새끼를 낳지 못하는 암퇘지.
둘에 [명] 〈옛〉 둘레.
둘:-잇단음표 (-音標)[-릳따늠-] [명] 〖악〗 같은 음표 두 개를 그 음표 세 개의 길이와 같게 연주하라는 기호《두 음표 사이에 연결표와 숫자를 써넣어 표시함》. 이연음부.
둘:-잡이 [명][하][자] 장기에서, 자기 말 하나를 죽이고 상대의 말 두 개를 잡음. 또는 그런 수.
둘:-째 [수][관] 첫째의 다음(의). ❑ 나는 맏이보다는 ~ 아들이 더 정이 간다. *두째.
둘째(로) 치다 [구] 부차적인 것으로 돌리거나 대수롭지 않은 것으로 여기다. ❑ 지고 이기고는 둘째 치고 우선 경기에 참가해야 한다.
둘:째-가다 [자] 최고에 버금가다.
둘째가라면 서럽다〔섧다〕 [구] 모두가 인정하는 첫째다. ❑ 내 조카는 둘째가라면 서러울 정도로 공부를 잘한다.
둘:째-아버지 [명] 결혼을 한, 아버지의 형제 가운데 둘째 되는 사람.
둘:째-어머니 [명] 둘째아버지의 아내.
둘:짼-집 [-째찝/-짿찝] [명] 둘째 동생의 집. 또는 둘째 아들의 집. ❑ ~ 식구들.
둘-치 [명] 새끼를 낳지 못하는 짐승의 암컷.
둘-하다 [형][여] 둔하고 미련하다.
둡게 [명] 〈옛〉 뚜껑.
둡덮다 [타] 〈옛〉 두둔하다. 덮다. 뒤덮다.
둥¹ [명] 〖악〗 우리나라 고유의 음계의 하나인 제이음(第二音).
둥² [의명] ('-은·-는·-을 둥 만·마는·말 둥'의 구성으로 쓰여) **1** 무슨 일을 하는 듯도 하고 아니하는 듯도 함을 나타내는 말. ❑ 보는 ~ 마는 ~. **2** 관형사형 어미 '-는' 뒤에 쓰여, 이렇다니 저렇다니 하며 말이 많음을 뜻하는 말. ❑ 음식이 짜다는 ~ 맵다는 ~/이것을 하라는 ~ 저것을 하라는 ~ 말이 많다.
둥³ [부] 북을 치거나 거문고를 타는 소리. [작]동.
둥개다 [자] 일을 감당하지 못하고 쩔쩔매다. ❑ 일거리 하나 가지고 종일 ~.
둥개-둥개 [감] 아기를 안거나 쳐들고 어를 때 내는 소리《'둥둥³'에 가락을 넣어 더 재미나게 내는 소리》. ❑ ~, 우리 아기.
둥구-나무 [명] 크고 오래된 정자나무.
둥구미 [명] '멱둥구미'의 준말.
둥굴-대 [-때] [명] 둥글게 만들어 굴리는 평미레. 곡식을 될 때 그 위를 밀어 고르게 함.
둥굴이 [명] 껍질을 벗긴 통나무.
둥그러미 [명] **1** 둥글게 생긴 모양. ❑ 남의 집 담벼락에 ~를 그리다. **2** 둥그렇게 생긴 물건. [작]동그라미.
둥그러-지다 [자] 큰 몸집이 넘어지면서 구르다. 나둥그러지다. ❑ 마룻바닥에 벌렁 나가 ~. [작]동그라지다.
둥그렇다 [-러타]〔둥그러니, 둥그레서〕 [형][ㅎ] 뚜렷하게 둥글다. ❑ 둥그런 보름달. [작]동그랗다. [센]뚱그렇다.
둥그레-모춤 [명] 볏모 네 움큼을 한데 묶은 단.
둥그레-지다 [자] 둥그렇게 되다. ❑ 눈이 ~. [작]동그래지다. [센]뚱그레지다.
둥그스름-하다 [형][여] 약간 둥글다. ❑ 둥그스

름한 얼굴. ㉓**동**그스름하다. ㉔**뚱**그스름하다. ㉕**둥**긋하다. **동그스름-히** 🖣

둥근-귀 몡〖건〗둥글게 깎은 재목의 모서리.
둥근-기둥 몡〖건〗두리기둥.
둥근-꼴 몡 날이 활 모양으로 된 끌. 타원형이나 둥근 모양의 구멍을 팔 때 씀.
둥근-톱 몡 둥근 기계톱. 톱니가 둘레에 둘렸음. ↔띠톱.
둥근-파 몡 ☞양파.
둥글넓데데-하다 [-럽떼-] 혱여 생김새가 둥글고 넓적스름하다. ¶얼굴이 ~. ㉓둥글납대대하다.
둥글넓적-이 [-럽쩌기] 🖣 둥글넓적하게.
둥글넓적-하다 [-럽쩍카-] 혱여 둥글고 넓적하다. ¶둥글넓적한 접시. ㉓동글납작하다.
둥글다 (둥글어, 둥그니, 둥근) 匚혱 **1** 모양이 동그라미와 같거나 비슷하다. ¶둥근 해 / 둥글게 만들다. **2** 성격이 모가 없이 원만하다. ¶성격이 ~. 囗형 둥그렇게 되다. ¶초승달이 점점 둥글어 간다.
둥글-둥글 🖣하여 **1** 여럿이 모두 둥근 모양. ¶~하게 썰다. **2** 원을 그리며 자꾸 돌아가는 모양. ¶물레방아가 ~ 돈다. ㉓동글동글. **3** 성격이 모가 없이 원만한 모양. ¶~ 살아가다 / 성격이 ~하다. ㉔뚱글뚱글.
둥글리다 탸 ('둥글다'의 사동) 모난 곳이나 턱진 곳을 둥그스름하게 만들다. ¶눈명이를 ~. ㉓동글리다.
둥글뭉수레-하다 혱여 끝이 둥글고 뭉툭하다. ¶둥글뭉수레한 절굿공이.
둥글번번-하다 혱여 생김새가 둥그스름하고 번번하다. ¶얼굴이 ~. ㉓동글반반하다. **둥글번번-히** 🖣
둥글-부채 몡 둥글게 만든 부채. 원선(圓扇).
둥긋-이 🖣 둥긋하게. ㉓동긋이.
둥긋-하다 [-그타-] 혱여 '둥그스름하다'의 준말. ㉓동긋하다.
둥당-거리다 자타 북·장구·가야금 따위를 치거나 타는 소리가 자꾸 나다. 또는 그런 소리를 잇따라 내다. ㉓동당거리다. **둥당-둥당** 🖣하자타.
둥당-대다 자타 둥당거리다.
둥덩실 🖣 물 위나 공중에 가볍게 떠 있는 모양. ¶파란 하늘에 ~ 떠 있는 구름 한 점.
둥덩이 몡 소의 앞다리에 붙은 고기의 하나(장조림에 씀).
둥둥¹ 🖣 큰 북을 계속해 치는 소리. ¶북을 ~ 울리다. ㉓동동.
둥둥² 🖣 **1** '둥실둥실'의 준말. ¶수박을 물 위에 ~ 띄워 놓다. ㉓동동. **2** 마음이 자꾸 들뜨는 모양.
둥둥³ 깸 어린 아기를 안거나 쳐들고 어르는 소리. ¶우리 아기 ~.
둥둥-거리다 자타 잇따라 둥둥 소리가 나거나 그런 소리를 내다. ㉓동동거리다.
둥둥-대다 자타 둥둥거리다.
둥둥-김치 몡 국물을 많이 하여 건더기가 둥둥 뜨게 담근 김치.
둥실¹ 🖣 물건이 공중이나 물 위에 가볍게 떠 있는 모양. ¶보름달이 ~ 떠 있다. ㉓동실.
둥실² 🖣하여 둥그스름한 모양. ¶보름달이 ~ 떠오르다 / ~하게 열린 박.
둥실-둥실¹ 🖣 물건이 공중이나 물 위에 가볍게 떠서 자꾸 움직이는 모양. ¶호수 한가운데에 낚싯배가 ~ 떠 있다. ㉓동실동실. ㉕둥둥.
둥실-둥실² 🖣하여 둥그스름하고 투실투실한 모양. ¶~한 얼굴이 복스러워 보인다. ㉓동실동실.

둥싯-거리다 [-싣꺼-] 자타 굼뜨고 거추장스럽게 자꾸 움직이다. ¶몸이 비대해서 ~. **둥싯-둥싯** [-싣둥싣] 🖣하자타.
둥싯-대다 [-싣때-] 자타 둥싯거리다.
둥우리 몡 **1** 댑싸리나 짚으로 바구니 비슷하게 엮어 만든 그릇. **2** 기둥과 칸살 등을 나무로 세우고 새끼로 얽어 만든, 병아리 따위를 기르는 데 쓰는 제구. **3** 새 따위가 알을 낳거나 깃들이기 위해 둥글게 만든 집.
둥우리-장수 몡 둥우리에 쇠고기 따위를 담아서 팔러 다니는 장수.
-둥이 미 (일부 명사 뒤에 붙어) **1** 어떤 특징을 지닌 어린아이의 뜻을 나타냄. ¶막내~ / 귀염~. **2** 어떤 특징을 지닌 사람의 뜻을 나타냄. ¶바람~.
둥주리 몡 짚으로 두껍고 크게 엮은 둥우리.
둥주리-감 몡 모양이 둥근 감의 하나.
둥지 몡 **1** 보금자리1. **2** ☞둥우리.
둥지(를) 치다(틀다) 궛 보금자리를 만들다.
둥치 몡 큰 나무의 밑동.
둥치다 탸 **1** 휩싸서 동이다. ¶나뭇단을 ~. ㉓동치다. **2** 너절너절한 것을 깎아 버리다. ¶늘어진 가지를 ~.
뒤:-두다 탸 '두어두다'의 준말. ¶잠시 헛간에 뒤두어라.
뒤뒤 깸 벌 떼가 분봉(分蜂)하려고 할 때 수봉기(受蜂器)를 대고 몰아넣으면서 부르는 소리. 드레드레.
뒤둬뒤둬 깸 돼지를 몰거나 쫓을 때 내는 소리.
뒈:지다 자〈비〉죽다.
뒝:-박 몡 ☞뒤웅박.
뒝:-벌 몡〖충〗꿀벌과 꽃벌속의 벌. 땅속에 집을 짓고 삶. 꿀벌과 비슷하나 통통하고 암컷은 흑색, 수컷은 황색임. 수컷은 가을에만 나타나고 암컷이 월동함.
뒤¹ 몡 **1** 향하고 있는 방향과 반대되는 쪽이나 곳. ¶~로 물러서다 / ~를 연신 돌아보다 / 그 ~를 따라가다 / 집 ~로 숲이 우거지다. ↔앞. **2** 보이지 않는 배후나 겉으로 드러나지 않는 부분. ¶~를 밀어주다 / ~에서 조종하다 / ~를 추적하다 / ~에서 딴소리하다 / ~에서 돕다. **3** 이다음의 때. ¶며칠 ~에 다시 보자. **4** 일에 있어서 나중. 또는 그 다음. ¶일을 ~로 미루다. **5** 대(代)를 이을 자손. ¶~가 끊기다. **6** 사람의 '똥'을 점잖게 이르는 말. ¶~가 마렵다 / ~를 보다. **7** 어떤 일의 자취나 흔적 또는 결과. ¶~가 깨끗하다 / 그 일의 ~가 궁금하다 / 수술 ~가 좋지 않다. **8** 좋지 않은 감정이나 노기 등의 계속적인 작용. ¶~가 찜찜하다 / 성격은 괄괄해도 ~는 없다. **9** '망건뒤'의 준말. **10** '뒷발'의 준말. **11** 일의 끝이나 마지막 부분. ¶이 일을 잘 부탁한다 / ~는 내가 맡겠다. **12** '엉덩이'를 점잖게 이르는 말. ¶~를 붙이고 앉다. **13** '뒤대'의 준말.
[뒤에 난 뿔이 우뚝하다] 젊은 사람이 늙은 사람보다 더 훌륭하다.
뒤가 구리다 궛 결백하지 못하고 떳떳하지 못하다. ¶뒤가 구린지 슬슬 꽁무니를 뺀다.
뒤가 급하다 궛 '똥이 금방 나올 듯하다'를 완곡하게 이르는 말.
뒤가 꿀리다 궛 자신의 약점 때문에 떳떳하지 못하고 마음이 켕기다.
뒤가 늘어지다 궛 ㉠한곳에 앉으면 좀체 일어서지 않는다. ¶한번 앉으면 뒤가 늘어져 일어설 줄을 모른다. ㉡마무리가 느슨하다.

뒤가 드러나다 쿠 비밀로 하거나 숨긴 일이 나타나거나 알려지다.

뒤가 들리다 쿠 ⊙밑천이 다 떨어지다. ⓒ '뒤가 드러나다'와 같은 뜻.

뒤가 딸리다 쿠 뒤를 댈 힘이 없어지다.

뒤가 무르다 쿠 ⊙고집이 없다. ⓒ일을 끝까지 해내는 힘이 없거나 처리가 철저하지 못하다.

뒤가 저리다 쿠 자기가 한 말이나 행동의 결과가 잘못될까 봐 조마조마하다.

뒤가 켕기다 쿠 약점이나 잘못이 있어 마음이 편하지 않다.

뒤를 거두다 쿠 뒷일을 수습하다.

뒤를 노리다 쿠 남의 결함이나 약점을 캐내기 위해 기회를 엿보다.

뒤를 누르다 쿠 뒷일을 걱정하여 미리 다짐받다.

뒤를 다지다 쿠 뒷일을 위하여 미리 다짐받다. ❑단단히 뒤를 다져 놓아야 한다.

뒤를 달다 쿠 앞에서 한 말에 뒤를 이어 보충하여 말하다.

뒤를 돌아보다 쿠 지난 일을 떠올려 보다.

뒤를 받치다 쿠 후원하다. 뒷받침을 하다.

뒤를 빼다 쿠 ⊙어떤 자리를 피하여 빠져 나오다. ⓒ발뺌을 하다.

뒤를 사리다 쿠 뒷일을 염려하여 미리 발뺌을 하거나 조심하다.

뒤를 재다 쿠 어떤 일의 결과를 걱정하면서 이리저리 타산을 하다.

뒤를 캐다 쿠 은밀히 뒷조사를 하다.

뒤²몜〈옛〉 띠².

뒤-튀 (주로 동사 앞에 붙어) **1** '몹시·함부로'의 뜻을 나타냄. ❑～흔들다 / ～빨다 / ～섞다 / ～떠들다. **2** '반대로·뒤집어'의 뜻을 나타냄. ❑～엎다 / ～바꾸다 / ～놓다. **3** '온통·전부'의 뜻을 나타냄. ❑～덮다.

뒤-구르다 〔뒤굴러, 뒤구르니〕囚囮囝 일의 뒤끝을 말썽이 없도록 단단히 다지다. 囸囨 총포를 쏜 뒤에 반동 때문에 뒤로 움직이거나 물러나다.

뒤-까불다 〔뒤까불어, 뒤까부니, 뒤까부는〕囮 몸을 뒤흔들면서 행동을 방정맞게 하다. ❑온몸을 ～. 囸囚 몹시 경망하게 행동하다.

뒤-껄 〔-껻〕몜 집 뒤에 있는 뜰이나 마당. 후정(後庭). ❑집 ～에서 논다.

뒤-꼭지-치다 囮 ☞뒤통수치다.

뒤-꽁무니 몜 꽁무니3.

　　뒤꽁무니(를) 빼다 囝 달아나거나 도망치다.

뒤-꽂다 〔-꼳따〕囮 윷놀이에서, 말을 뒷밭에 놓다.

뒤-꽂이 몜 쪽 찐 머리 뒤에 덧꽂는 비녀 이외의 물건(《연봉·귀이개 따위》).

뒤-꾸머리 몜 '뒤꿈머리'의 준말.

뒤-꿈치 몜 '발뒤꿈치'의 준말.

뒤-끓다 〔-끌타〕囚 **1** 뒤섞여 끓다. ❑찌개가 보글보글 ～. **2** 많은 사람이나 동물 따위가 같은 곳에서 한데 섞여 마구 움직이다. ❑많은 인파로 ～/역은 행락객으로 뒤끓고 있다.

뒤-끝 〔-끋〕몜 **1** 일의 맨 나중. ❑～이 좋다 / 일의 ～을 잘 맺다 / 말의 ～을 흐리다. **2** 어떤 일이 있은 바로 그 뒤. ❑비온 ～이라 날씨가 추워졌다. **3** 좋지 않은 감정이 있은 후에도 여전히 남아 있는 감정. ❑～이 없다 / 아무래도 ～이 개운치 않다.

　　뒤끝(을) 보다 쿠 일이 진행되어 가는 결과를 보다.

뒤-내다 囨 남과 함께 일을 하다가 중도에서 싫증을 내다.

뒤-내려긋다 〔-귿따〕〔뒤내려그어, 뒤내려그으니, 뒤내려긋는〕囮 한글 모음 'ㅏ·ㅑ·ㅓ·ㅕ·ㅗ·ㅛ·ㅜ·ㅠ·ㅡ' 등의 오른편에 'ㅣ'를 붙여 쓰다.

뒤-넘기-치다 囮 **1** 뒤로 넘겨뜨리다. **2** 엎치락뒤치락하면서 서로 넘어뜨리다.

뒤-넘김 몜 씨름에서, 상대편을 번쩍 들어 어깨로 넘기는 재주.

뒤-넘다 〔-따〕囨 뒤집혀 넘어지다. 또는 뒤로 넘어지다.

뒤넘-스럽다 〔-따〕〔-스러워, -스러우니〕몙囲 되지 못하게 건방진 데가 있다. **뒤넘-스레** 튀

뒤-놀다 〔뒤놀아, 뒤노니, 뒤노는〕囨 **1** 이리저리 몹시 흔들리다. ❑상다리가 ～. **2** 정처없이 여기저기 돌아다니다.

뒤-놓다 〔-노타〕囮 뒤집어 놓다.

뒤-늦다 〔-늗따〕몙 제때가 지난 뒤에도 퍽 늦다. ❑뒤늦은 후회 / 뒤늦게 나타나다.

뒤-늦-추다 〔-는-〕囮 《'뒤늦다'의 사동》뒤늦게 하다. ❑더 이상 착공을 뒤늦출 수 없다.

뒤다¹ 囨 곧지 않고 틀어지거나 구부러지다.

뒤다² 囮 '뒤지다²'의 준말.

뒤-대 몜 어떤 지방을 중심으로 하여 그 북쪽 지방을 일컫는 말. 윗녘. ❑～에서 피난 온 사람. ↔앞대. ▣뒤.

뒤-대다¹ 囨 빈정거리는 태도로 비뚜로 말하다. ❑뒤대지 말고 바로 말해라. **2** 거꾸로 가리키다.

뒤-대다² 囮 **1** 어떤 일을 할 수 있게 계속하여 뒤를 돌보아 주다. **2** 뒷돈을 잇대어 주다. ❑학비를 ～.

뒤-대패 몜 굽은 재목의 안쪽을 깎아 내는 대패. 혹대패.

뒤-덮다 〔-덥따〕囮 **1** 남김없이 모조리 덮다. ❑하늘을 뒤덮은 먹구름. **2** 꽉 들어차게 하다. ❑인파가 광장을 ～.

뒤-덮이다 囨 《'뒤덮다'의 피동》뒤덮음을 당하다. ❑폭격을 받아 온통 흙으로 ～ / 인파로 뒤덮인 유원지.

뒤-돌다 〔뒤돌아, 뒤도니, 뒤도는〕囨 뒤로 돌다. ❑뒤로 돌다.

뒤-돌아보다 囮 **1** 뒤쪽을 돌아보다. ❑고향 산천을 ～. **2** 지난 일을 돌이켜 생각해 보다. ❑어린 시절을 ～.

뒤-돌아서다 囨 **1** 뒤를 향하여 돌아서다. **2** 관계를 끊다.

뒤-두다 囮 **1** 다음으로 미루다. **2** 나중을 생각하여 여유를 두다. ❑뒤두고 말하다. **3** 어떤 일에 좋지 않은 감정을 버리지 않고 마음에 계속 품다.

뒤-둥그러지다 囨 **1** 뒤틀려서 우그러지다. **2** 생각이나 성질이 비뚤어지다. **3** 아주 세게 넘어지면서 구르다. ❑몰려드는 인파에 밀려 뒤둥그러졌다.

뒤듬-바리 몜 어리석고 둔하며 거친 사람.

뒤-따라가다 囝囮 뒤를 따라가다. ❑나도 곧 뒤따라가마. ↔뒤따라오다.

뒤-따라오다 囮囝囮 뒤를 따라오다. ❑아이가 엄마를 ～. ↔뒤따라가다.

뒤-따르다 〔뒤따라, 뒤따르니〕囝囮 **1** 뒤를 따르다. ❑형을 뒤따라 극장에 갔다. **2** 뜻이나 사업 따위를 이어받아 계속하다. ❑성현의 거룩한 뜻을 ～. 囸囚 어떤 일의 과정과 함께 따르거나 결과로서 생기다. ❑무모한 계획에는 위험이 뒤따른다.

뒤-딱지 〔-찌〕몜 시계 따위의 뒤에 붙은 뚜껑.

뒤:-딸리다 [타]《'뒤따르다'의 사동》뒤따르게
하다. ☐큰집에 아들을 뒤딸려 보냈다.
뒤-떠들다 [뒤떠들어, 뒤떠드니, 뒤떠드는] [자]
왁자하게 떠들다. ☐왁자지껄 뒤떠드는 소리.
뒤-떨다 [뒤떨어, 뒤떠니, 뒤떠는] [타] 몸을 몹
시 흔들며 떨다. ☐오한으로 몸을 ~.
뒤:-떨어지다 [자] 1 어떤 것에 거리를 두고 뒤
에 처지다. ☐대열에서 ~. 2 남이나 다른 것
의 수준에 미치지 못하다. ☐수학이 좀 뒤떨
어진다. 3 시대나 사회 흐름에 맞지 않게 뒤
지다. ☐뒤떨어진 사고방식.
뒤뚝 [부][하][자] 큰 물체나 몸이 중심을 잃고 한
쪽으로 기울어지는 모양. ☑되똑.
뒤뚝-거리다 [-꺼-] [자][타] 큰 물체나 몸이 중심
을 잃고 자꾸 흔들리며 기울어지다. 또는 그
것을 자꾸 흔들며 기울이다. ☐발판이 ~. ☑
되똑거리다. 뒤뚝-뒤뚝 [-뚜-] [부][하][자][타]. ☐
~ 걸어가다.
뒤뚝-대다 [-때-] [자][타] 뒤뚝거리다.
뒤뚱 [부][하][자][타] 큰 물체나 몸이 중심을 잃고 한
쪽으로 기울어지는 모양. ☑되똥.
뒤뚱-거리다 [자][타] 큰 물건이나 몸이 중심을
잃고 이리저리 자꾸 흔들리다. 또는 그것을
자꾸 흔들다. ☐뒤뚱거리는 걸음걸이. ☑되뚱
뚱거리다. 뒤뚱-뒤뚱 [부][하][자][타]
뒤뚱-대다 [자][타] 뒤뚱거리다.
뒤뚱-발이 [명] 걸음을 뒤뚱거리며 걷는 사람을
낮잡아 이르는 말.
뒤-뜨다 [뒤떠, 뒤뜨니] [자] 1 뒤틀려서 들뜨다.
2 뒤받아 대들다.
뒤-뜰 [명] 집채의 뒤에 있는 뜰. 뒷마당. ☐~
에 텃밭을 일구다. ↔앞뜰.
뒤:-란 [명] 집 뒤의 울안.
뒤:-로-돌아 [감] 서 있는 자리에서 뒤로 돌아
방향을 바꾸는 일. 또는 그 구령.
뒤:-로-돌아가 [명][감] 제식 훈련에서, 뒤로 180°
돌아서 앞으로 나아가는 일. 또는 그 구령.
뒤:-로-하다 [타][어] 1 뒤에 두다. 2 뒤에 남겨 놓
고 떠나다. ☐고국을 ~.
뒤룩-거리다 [-꺼-] [자][타] 1 부리부리한 눈알이
힘 있게 자꾸 움직이다. 2 뚱뚱한 몸이 둔하
게 움직이다. 3 성낸 빛을 행동에 나타내다.
☑되룩거리다. ☒뛰룩거리다. 뒤룩-뒤룩 [-
뚜-] [부][하][자][타]. ☐~ 살찐 여자.
뒤룩-대다 [-때-] [자][타] 뒤룩거리다.
뒤룽-거리다 [자] 무거운 것이 매달려 잇따라
느리게 흔들리다. ☑되룽거리다. 뒤룽-뒤룽
뒤룽-대다 [자] 뒤룽거리다.
뒤:-미처 [부] 그 뒤에 곧이어. ☐~ 따라가다.
뒤:-미치다 [자] 뒤이어 곧 한정된 곳에 이르다.
뒤:-밀치기 [명] 씨름에서, 갑자기 상대자를 뒤
로 넘어뜨리는 재주.
뒤-바꾸다 [타] 차례나 순서 따위를 뒤집어 바
꾸다. ☐순서를 ~.
뒤-바꾸이다 [자]《'뒤바꾸다'의 피동》반대로
바꾸어지다. ☒뒤바뀌다.
뒤-바뀌다 [자] '뒤바꾸이다'의 준말. ☐일의
순서가 ~ / 처지가 ~.
뒤:-바람 [명] 북풍(北風).
뒤-바르다 [뒤발라, 뒤바르니] [타][러] 아무 데나
마구 바르다. ☐페인트를 온 벽에 ~.
뒤:-받다 [-따] [타] 잘못을 지적하거나 꾸짖을
때에 도리어 말대답하며 반항하다. ☑되받다.
뒤발 [명][하][타] 온몸에 뒤집어써서 바름. ☐흙탕
물을 ~하다.
뒤:-밟다 [-밟따] [타] 상대방의 행동을 살피려
고 슬그머니 뒤를 따르다. ☐용의자를 ~.
뒤:-밟히다 [-밟피-] [자]《'뒤밟다'의 피동》뒤

밟음을 당하다.
뒤:-방이다 [타] 윷놀이에서, 뒷밭을 거쳐 말을
방에 놓다.
뒤-버무리다 [타] 마구 뒤섞어서 버무리다. ☐
갖은 양념을 ~.
뒤-범벅 [명] 함부로 뒤섞여서 분명치 못한 상
태. ☐얼굴이 땀과 먼지로 ~되다.
뒤범벅-상투 [-쌍-] [명] 짧은 머리털로 아무렇
게나 뭉뚱그려 튼 상투.
뒤변덕-스럽다 (-變德)-[-쓰-따] [-스러워, -
스러우니] [형][ㅂ] 매우 잘 변하는 성질이나 태
도가 있다. ☐뒤변덕스러운 날씨. 뒤변덕-스
레 [-쓰-] [부]
뒤:-보다[1] [자] '똥을 누다'의 점잖은 말.
뒤-보다[2] [타] 착각해서 잘못 보다.
뒤:-보다[3] [타] 뒤보아주다.
뒤:-보아주다 [타] 뒤에서 돌보아 주다. 남의
뒤를 보호하다. ☐불쌍한 고아를 ~.
뒤:-뽑치기 [명] 자립할 힘이 없고 남의 밑
에서 고생하는 일.　　　　　　　　　[와주다.
뒤:-뽑치다 [타] 남의 밑에서 그 뒤를 거들어 도
뒤:-서다 [자] 1 남의 뒤를 따르다. 뒤서거니
앞서거니 하며 같이 뛰다. 2 뒤지다[1].
뒤-섞다 [-석따] [타] 물건 따위를 한데 모아 마
구 섞다. ☐밀가루와 물을 뒤섞어 반죽하다.
뒤-섞이다 [자]《'뒤섞다'의 피동》물건이 한데
모여서 섞여지다. ☐손님들의 신발이 ~.
뒤숭숭 [부][하][자][타] 1 정신이 어수선하고 불안
한 모양. ☐꿈자리가 ~하다. 2 물건이 어수
선하게 흩어져 있는 모양. ☐옷가지가 ~하
게 널려 있다.
뒤스럭-거리다 [-꺼-] [자] 1 변덕을 부리며 부
산하게 굴다. 2 부산하게 이리저리 자꾸 뒤지
다. ☐뒤스럭거리며 무엇인가를 찾고 있다.
뒤스럭-뒤스럭 [-뚜-] [부][하][자]
뒤스럭-대다 [-때-] [자] 뒤스럭거리다.
뒤스럭-스럽다 [-쓰-따] [-스러워, -스러우
니] [형][ㅂ] 말과 행동이 얌전하지 못하고 부산
한 데가 있다. 뒤스럭-스레 [-쓰-] [부]
뒤스르다 [뒤슬러, 뒤스르니] [타] 일이나 물
건을 가다듬느라고 이리저리 바꾸거나 변통
하다. ☐일을 뒤슬러 놓다 / 밤낮 뒤스르기만
하고 끝을 못 맺는다.
뒤:-쓰레질 [명][하][타] 어떤 일을 마친 뒤에 그 자
리의 쓰레기를 쓸어 내는 일. ☐~까지 말끔
히 끝냈다.
뒤안-길 [-낄] [명] 1 한길이 아닌 뒷골목의 길.
2 일반의 관심이 미치지 못하는 쓸쓸한 생활
이나 처지. ☐인생의 ~을 걷다.
뒤:-어금니 [명][생] 어금니의 바로 다음의 이.
대구치(大臼齒).
뒤어-내다 [타] 뒤져내다.
뒤어-쓰다 [-써, -쓰니] [타] 1 눈알이 위쪽으로
몰려서 흰자위만 나타나게 뜨다. 눈을 홉뜨
다. ☐눈을 허옇게 ~. 2 쓰다. ☑뒈쓰다.
뒤-얽다 [-억따] [타] 마구 얽다. ☐칡덩굴이나
무줄기를 ~.
뒤-얽히다 [-얼키-] [자]《'뒤얽다'의 피동》마
구 얽히다. ☐오이 덩굴이 뒤얽혀 있다.
뒤-엉기다 [자] 1 무리를 지어 마구 달라붙다.
☐뒤엉겨 싸우다. 2 액체나 물기 있는 가루
따위가 함부로 뭉쳐 있다. ☐먼지와 땀이 ~.
3 냄새나 연기, 소리 따위가 마구 섞이다. ☐
소음이 뒤엉겨 시끄럽다. 4 감정·기운 따위
가 마구 뒤섞이다. ☐기쁨과 설움이 ~.
뒤-엉키다 [자] 마구 엉키다. ☐실이 ~.

뒤-엎다[-업따]国 뒤집어서 엎다. ❏계획을 ~ / 과거의 모든 학설을 ~.

뒤-엎이다재(‘뒤엎다’의 피동) 뒤엎음을 당하다. ❏책상이 아무렇거나 뒤엎여 있다.

뒤엣-것[-에껏 / -엗껃]뎽 뒤에 오는 것. 또는 뒤에 있는 것.

뒤:-울뎽 가죽신 따위의 신울에서, 발꿈치를 싸는 뒷부분의 가죽.

뒤웅-박뎽 박을 쪼개지 않고 꼭지 근처에 구멍만 뚫고 속을 파낸 바가지. 뒤웅.
[뒤웅박 차고 바람 잡는다] 맹랑하고 허황된 짓을 한다. [뒤웅박 팔자] 입구가 좁은 뒤웅박 속에 갇힌 팔자라는 뜻으로, 일단 신세를 망치면 헤어 나오기가 어렵다는 말.

뒤웅-스럽다[-따][-스러워, -스러우니]혱田 뒤웅박처럼 생겨, 보기에 어리석고 미련한 데가 있다. 뒤웅-스레튄

뒤:-잇다[-일따][뒤이어, 뒤이으니, 뒤잇는]재타ʌ 일과 일 사이가 끊어지지 않고 이어지다. 또는 그렇게 이어지도록 하다. ❏교장의 훈화에 뒤이어 내빈의 축사가 있었다 / 할아버지의 가업을 뒤이었다.

뒤재주-치다타 1 물건을 함부로 내던져 거꾸로 박히게 하다. 2 물건을 함부로 이리저리 뒤집어 놓다.

뒤적-거리다[-꺼-]타 자꾸 뒤적이다. ❏서류를 ~. 퐝되작거리다. 쎈뒤척거리다. **뒤적-뒤적**[-뛰-]튄하타

뒤적-대다[-때-]타 뒤적거리다.

뒤적-이다[-저-]타 1 무엇을 찾느라고 물건을 이리저리 들추며 뒤지다. ❏주머니를 ~. 퐝되작이다. 2 물건이나 몸을 이리저리 뒤집다. 쎈뒤척이다.

뒤져-내다[-저-]타 샅샅이 뒤져서 들추내거나 찾아내다. ❏옷장에 감추어 둔 돈을 ~.

뒤져올-치(-夂)[-저-]뎽 한자 부수(部首)의 하나(‘处’·‘麥’ 등에서 ‘夂’의 이름).

뒤:-조지다타 일의 뒤끝을 단단히 다지다.

뒤:-좇다[-졷따]타 뒤를 따라 좇다.

뒤주뎽 쌀 따위의 곡식을 담아 두는 세간(나무로 궤짝같이 만듦). ❏~의 쌀이 바닥나다.

뒤죽-박죽[-빡쭉]뎽튄 이것저것이 함께 섞여 엉망인 모양. 또는 그 상태. ❏~이 된 서류 / ~ 섞어 놓은 묶더 / 머릿속이 ~이다.

뒤:-쥐[동] 땃쥣과의 동물. 삼림·초원에 삶. 쥐와 비슷한데 주둥이는 뾰족하고, 귀가 크며 꼬리에 털이 많음. 빛은 회갈색, 배는 암회색임. 주로 밤에 활동하며 벌레·지렁이 따위를 잡아먹음.

뒤:-지(-紙)뎽 밑씻개로 쓰는 종이.

뒤:-지다1재 1 걸음 따위가 남보다 뒤떨어지다. 뒤서다. ❏선두에서 한참 뒤져 있는 상태다. 2 능력·수준 따위가 남보다 뒤떨어지거나 못하다. ❏문화 수준이 뒤진 민족. 3 시간에 있어 남보다 늦다. ❏내 생일은 그보다 열흘 뒤진다. 4 어떤 기준에 미치지 못하다. ❏시대에 뒤진 사고방식 / 유행에 ~.

뒤지다2타 1 물건을 찾으려고 샅샅이 들추어 찾다. ❏집 안을 샅샅이 ~ / 주머니를 ~. 2 책 따위를 한 장씩 들추어 넘기거나 한 권씩 살피다. ❏수사 기록을 뒤져 보다. 쥰뒤다.

뒤집-개[-깨]뎽 프라이팬에 요리할 때 음식을 뒤집는 기구.

뒤집개-질[-깨-]뎽하타 일이나 물건을 뒤집어 놓는 짓.

뒤-집다[-따]타 1 안과 겉을 뒤바꾸다. ❏양말을 뒤집어 신다. 2 위가 밑으로, 밑이 위가 되게 하다. ❏뒤철의 빈대떡을 ~ / 아기가 몸을 ~. 3 일의 차례나 승부를 바꾸다. ❏순서를 ~ / 대세가 기울어 승부를 뒤집기는 힘들다. 4 일을 아주 틀어지게 하다. ❏지난번의 결정을 뒤집기로 했다. 5 조용하던 것을 어지럽게 하다. ❏그 소문은 온 마을을 발칵 뒤집어 놓았다 / 역겨운 냄새가 속을 뒤집었다. 6 제도·체제·학설 따위를 뒤엎다. ❏독재 정권을 ~ / 기존 학설을 ~. 7 눈을 크게 홉뜨다. ❏눈을 허옇게 덥히다.

뒤집고 핥다句 속속들이 자세히 알다. ❏그 안팎 사정을 뒤집고 핥듯이 잘 안다.

뒤집어-쓰다[-써, -쓰니]타 1 모자·수건 따위를 머리에 쓰다. ❏모자를 ~. 2 온몸을 내리 덮다. ❏이불을 ~. 3 가루나 액체 따위로 온몸을 덮다. ❏행인이 물을 ~ / 먼지를 ~. 4 남의 허물이나 책임을 넘겨 맡다. ❏혼자서 죄를 ~ / 책임을 몽땅 뒤집어썼다. 5 누구를 꼭 닮다. ❏아기가 엄마를 뒤집어썼다.

뒤집어씌우다[-저벅씨-]타 《‘뒤집어쓰다’의 사동》 남에게 뒤집어쓰도록 하다. ❏애매한 누명을 ~.

뒤집어-엎다[-저벅업따]타 1 안과 겉을 뒤집어서 엎다. ❏카드를 ~. 2 물건을 엎어서 그 속에 담긴 것을 엎지르다. ❏약사발을 ~. 3 어떤 일이나 상태를 전혀 딴 것으로 바꾸어 놓거나 망쳐 놓다. ❏계획을 ~. 4 폭력 따위의 방법으로 있던 것을 없애거나 새것으로 바꾸다. ❏정권을 ~.

뒤-집히다[-지피-]재 《‘뒤집다’의 피동》 뒤집음을 당하다. ❏우산이 ~ / 교통사고로 차가 ~ / 눈이 허옇게 ~ / 회사가 발칵 ~.

뒤:-짱구뎽 뒤통수가 남달리 많이 튀어나온 머리통. 또는 그런 머리통을 가진 사람. ↦앞짱구.

뒤:-쪽뎽 향하고 있는 방향과 반대되는 쪽. 후방(後方). ❏~ 창문 / ~ 좌석 / 버스 ~에 타다. ↦앞쪽.

뒤:-쫓기다[-쫃끼-]재 《‘뒤쫓다’의 피동》 뒤쫓음을 당하다. ❏괴한에게 ~.

뒤:-쫓다[-쫃따]타 뒤를 따라 쫓다. ❏달아나는 범인을 ~.

뒤:-차(-車)뎽 다음번에 오는 차. 또는 뒤쪽에 오는 차. ↦앞차.

뒤:-차기 태권도에서, 뒤에 있는 상대편을 공격하는 방법. 발끝이나 뒤꿈치로 상대편의 얼굴이나 몸통 등을 차는 동작. 뒤로 차기.

뒤:-창뎽 신이나 구두의 뒤쪽에 대는 창. 뒤축. ↦앞창.

뒤:-채1뎽 한 울타리 안의 뒤편에 있는 집채. ❏~에는 안식구들이 거처한다. ↦앞채.

뒤:-채2뎽 1 가마·상여 따위의 뒤에서 메는 채. 2 뒷마구리. ↦앞채.

뒤:-채다타 1 너무 흔해서 쓰고도 남다. 2 함부로 늘어놓아 발길에 걸리다.

뒤:-처리(-處理)뎽하타 일이 벌어진 뒤나 끝난 뒤끝의 처리. ❏~를 맡기다 / ~된 일을 왈가왈부하지 마라.

뒤:-처지다재 어떤 수준이나 대열에 들지 못하고 뒤에 처지거나 낮게 되다. ❏성적이 ~ / 시대의 변화에 ~.

뒤척-거리다[-꺼-]타 1 무엇을 찾느라고 물건을 이리저리 들추며 자꾸 뒤지다. ❏집문서를 찾느라고 여기저기 ~. 퐝되착거리다. 2 누운 몸을 자꾸 이리저리 굴리다. ❏잠이 오지 않아서 몸을 ~. 퐝뒤적거리다. **뒤척-뒤척**[-뛰-]튄하타

뒤척-대다[-때-]타 뒤척거리다.

뒤척-이다[타] **1** 무엇을 찾느라고 물건을 이리저리 들추며 뒤지다. 참되착이다. **2** 몸의 누운 방향을 자꾸 바꾸다. ▢밤새 한숨도 자지 못하고 뒤척였다. 뒤척적이다.

뒤쳐-지다[-처-][자] 물건이 뒤집혀서 젖혀지다. ▢바람에 덮개가 ~.

뒤-초리[명] 갈퀴의 살들이 한데 모여 엇갈린 곳.

뒤:-축[명] **1** 신이나 버선 따위의 발뒤축이 닿는 부분. ▢~이 닳은 신발 / 양말 ~이 해지다 / 구두 ~이 높다 / 운동화 ~을 꺾어 신다. **2** '발뒤축'의 준말. ▢신이 작아 ~이 아프다.

뒤치다[타] 엎어진 것을 젖히거나 자빠진 것을 엎어 놓다. ▢잠을 뒤치며 자다.

뒤:-치다꺼리[명][하자] **1** 뒤에서 일을 보살펴서 도와주는 짓. ▢자식의 ~에 바쁘다. **2** 뒷수쇄. ▢손님이 간 뒤 ~하다.

뒤치락-거리다[-꺼-][타] 자빠진 것이나 젖혀진 것을 자꾸 젖히거나 엎어 놓다. ▢몸을 뒤치락거리며 잠을 못 이루다.

뒤치락-대다[-때-][타] 뒤치락거리다.

뒤:-탈(頉)[명] 어떤 일 뒤에 생기는 탈. 후탈. ▢~이 나다 / ~이 생기다 / 일이 ~ 없이 수습되다.

뒤-턱[명] **1** 노름판에서, 남에게 붙여서 돈을 태우는 짓. **2** 두 턱이 있는 물건의 뒤쪽에 있는 턱. ↔앞턱.

뒤턱(을) 놓다[보다][구] 노름판에서, 따로 한몫을 보지 아니하고 남에게 붙여서 돈을 태우다.

뒤-통수[명] 머리의 뒤쪽. 뒷골. 뒷머리. ▢~가 잘생겼다 / ~를 긁다 / ~를 얻어맞다.

뒤:-통수-치다[자] **1** 느닷없이 해를 끼치다. ▢뒤통수치고 달아나다. **2** 바라던 일이 실패하여 매우 낙심하다. ▢시험에 떨어져 뒤통수치고 돌아왔다.

뒤퉁-스럽다[-따][-스러워, -스러우니][형B] 미련하거나 차분하지 못해 일을 잘 저지르는 버릇이 있다. 참되퉁스럽다. **뒤퉁-스레**[부]

뒤:-트기[명][하타] 윗자락의 뒤를 틈. **2**<속> 창의(氅衣).

뒤-틀다[뒤틀어, 뒤트니, 뒤트는][타] **1** 꼬아서 비틀다. ▢그새를 못 참고 몸을 뒤튼다. **2** 일이 제대로 처리되지 못하도록 하다. ▢다 된 흥정을.

뒤-틀리다[자] **1** '뒤틀다'의 피동. ▢너무 지루해서 몸이 자꾸 뒤틀린다. **2** 감정이나 심사가 사납고 험해지다. ▢비위가 ~.

뒤틀어-지다[자] **1** 휘거나 비뚤어지다. ▢뒤틀어진 재목. **2** 일이나 계획 따위가 잘 안되다. ▢혼사가 ~. **3** 마음이 꼬이거나 비뚤어지다. ▢심사가 ~.

뒤틈-바리[명] 어리석고 미련하여 하는 짓이 거친 사람.

뒤:-편(便)[명] **1** 뒤쪽. **2** 후편(後便)2.

뒤:-편-짝(便-)[명] 뒤로 있는 쪽. 뒤편.

뒤:-폭(-幅)[명] **1** 옷의 뒤편 조각. ▢저고리 ~. **2** 나무로 짜는 세간의 뒤쪽에 대는 널조각. 후폭(後幅). **3** 물건 뒤의 너비. ↔앞폭.

뒤:-풀이[명][하자] 어떤 말이나 글 아래에 그 뜻을 쉽게 이해하도록 풀이 비슷하게 노래체로 지어 붙인 말. ▢천자(千字) ~. **2** 어떤 일이나 모임을 끝낸 뒤에 모여 여흥을 즐김. 또는 그런 일. ▢거의 다 가고 ~할 사람만 남았다.

뒤-품[명] 윗옷에서 양쪽 겨드랑이를 기준으로 하여 등에 닿는 부분의 너비. ▢~이 맞다.

뒤-흔들다[뒤흔들어, 뒤흔드니, 뒤흔드는][타] **1** 함부로 마구 흔들다. ▢천지를 뒤흔드는 폭음. **2** 큰 파문을 일으키다. ▢세상을 뒤흔들어 놓은 사건. **3** 거침없이 마음대로 하다. ▢회사 일을 혼자서.

뒤-흔들리다[자]《'뒤흔들다'의 피동》뒤흔들림을 당하다. 몹시 흔들리다. ▢나라가 ~ / 지축이 뒤흔들리는 폭음.

뒨장-질[명][하타] 사람이나 짐승, 물건 따위를 뒤져내는 짓.

뒨장-하다[타여] 뒨장질을 하다.

뒵들다[-뜰-][뒵들어, 뒵드니, 뒵드는][자] 서로 덤벼들어 말다툼하다.

뒷:-가슴마디[뒤까- / 뒫까-][명]《충》곤충의 세 가슴마디 가운데 뒷마디. 한 쌍의 뒷다리가 달렸음.

뒷:-가지[1][뒤까- / 뒫까-][명] 갈퀴가지의 뒷부분의 나무. →앞가지[1].

뒷:-가지[2][명]《언》접미사.

뒷:-간(-間)[뒤깐 / 뒫깐][명] 변소. 측간. 화장실. ▢~에 가다.

[뒷간과 사돈집은 멀어야 한다] 뒷간은 가까우면 냄새가 나고 사돈집이 가까우면 말이 많으므로 경계하라는 말. [뒷간에 갈 적 마음 다르고 올 적 마음 다르다] 자기에게 필요할 때는 다급하게 굴다가 제 할 일을 다하면 마음이 달라진다.

뒷:-갈망[뒤깔- / 뒫깔-][명][하타] 일의 뒤끝을 맡아서 처리함. 뒷감당.

뒷:-갈이[뒤까리 / 뒫까리][명][하자] **1** 벼를 베고 난 뒤에 보리나 채소 따위를 심는 일. 이작(裏作). **2** 농작물을 거둔 뒤에 논밭을 가는 일.

뒷:-감당(-堪當)[뒤깜- / 뒫깜-][명][하타] 뒷갈망. ▢~을 해내다.

뒷:-개[뒤깨 / 뒫깨][명] **1** 윷판의 첫 밭에서 앞밭에 꺾이지 않고 일곱째 되는 밭. **2**☞설거지.

뒷:-갱기[뒤깽- / 뒫깽-][명][하타]〔←뒷감기〕짚신이나 미투리의 도갱이를 감아서 쌈. 또는 그 물건. →앞갱기.

뒷:-거래(-去來)[뒤꺼- / 뒫꺼-][명][하타] 몰래 물건이나 돈 따위를 주고받는 옳지 못한 거래. ▢가짜 외제품이 ~되고 있다.

뒷:-거름[뒤꺼- / 뒫꺼-][명][하자] 덧거름.

뒷:-거리[뒤꺼- / 뒫꺼-][명] 도심지의 뒤쪽 길거리. ▢삭막한 도시의 ~를 방황하다.

뒷:-거울[뒤꺼- / 뒫꺼-][명] 자동차 따위에서, 뒤쪽을 볼 수 있도록 달아 놓은 거울.

뒷:-걱정[뒤꺽쩡 / 뒫꺽쩡][명][하타] 뒤에 벌어질 일이나 뒤에 남겨 둔 일에 대하여 걱정함. 또는 그런 걱정. ▢~일랑 하지 말고 잘 다녀오게 / ~이 태산 같다.

뒷:-걸[뒤껄 / 뒫껄][명] 윷판의 첫 밭에서 앞밭에 꺾이지 않고 여덟째 밭.

뒷:-걸음[뒤꺼름 / 뒫꺼름][명][하자] **1** 발을 뒤로 떼어 놓으며 걷는 걸음. ▢~으로 걷다 / ~으로 물러나다 / 슬금슬금 ~을 치다. **2** 본디보다 못하거나 뒤떨어짐. ▢경제가 지난 일년간 ~하고 있다.

뒷:-걸음-질[뒤꺼름- / 뒫꺼름-][명][하자] **1** 뒷걸음으로 걷는 짓. ▢~ 쳐 도망가다. **2** 본디보다 못하거나 뒤떨어짐. ▢성적이 ~하다.

뒷:-걸음-치다[뒤꺼름- / 뒫꺼름-][자] **1** 뒤로 물러서다. ▢깜짝 놀라 ~. **2** 본디보다 뒤떨어지다. ▢주문량이 뒷걸음치니 큰일이다.

뒷:-결박(-結縛)[뒤껼- / 뒫껼-][명][하타] 뒷짐결박. ▢~을 지어 끌고 가다.

뒷:-경과(-經過)[뒤꼉- / 뒫꼉-][명] 일이 벌어

진 뒤의 경과. ▣수술 후 ~가 과히 좋지 않아 걱정이다.

뒷:-고대 [뒤꼬- / 뒫꼬-] 몡 1 깃고대의 뒷부분. 2 깃고대의, 목의 뒤쪽에 닿는 부분.

뒷:-고생 (-苦生)[뒤꼬- / 뒫꼬-] 몡 나이가 많이 들어서 하는 고생.

뒷:-골 [뒤꼴 / 뒫꼴] 몡 뒤통수. ▣~이 무겁다 / ~이 쑤시다.

뒷:-골목 [뒤꼴- / 뒫꼴-] 몡 큰길 뒤의 좁은 골목. ▣밤늦게 으슥한 ~으로 다니지 마라.

뒷:-공론 (-公論)[뒤꽁논 / 뒫꽁논] 몡하타 1 일이 끝난 뒤에 쓸데없이 이러니저러니 다시 말함. ▣이제 와서 아무리 ~을 해봐야 소용없다. 2 겉으로 나서지 않고 뒤에서 이러니저러니 시비조로 말하는 짓. 뒷방공론. ▣끼리끼리 모여 쑥덕쑥덕 ~이 분분하다.

뒷:-구멍 [뒤꾸- / 뒫꾸-] 몡 1 뒤에 있는 구멍. 2 정상이 아닌 방법으로 일을 처리하는 길. ▣~ 입학 / ~으로 빼돌리다.
[뒷구멍으로 호박씨 깐다] 겉으로는 얌전한 체하면서 속으로는 온갖 못된 짓을 다 한다.

뒷:-굽 [뒤꿉 / 뒫꿉] 몡 신발 바닥 뒤쪽에 있는 굽. ▣구두 ~이 다 닳았다.

뒷:-귀 [뒤뀌 / 뒫뀌] 몡 주로 '먹다, 밝다, 어둡다'와 어울려 '사리나 말귀를 알아채는 힘'을 이르는 말. ▣~가 먹은 사람처럼 못 알아듣는다 / 아버지는 ~가 밝아 이해성이 빠르셨다고 한다 / ~가 어두운 사람과는 대화가 힘들다.

뒷:-그루 [뒤끄- / 뒫끄-] 몡 그루갈이에서 나중 번의 농사. 후작(後作). ▣~로 모내기를 했다. ↔앞그루.

뒷:-그림자 [뒤끄- / 뒫끄-] 몡 1 빛이 사물의 앞쪽에서 비쳐 뒤쪽으로 나타난 그림자. ▣~를 길게 끌며 밤길을 가다. 2 차차 멀어져 가는 사물의 뒤에서 보이는 모습. ▣아버지의 ~를 하염없이 바라보다.

뒷:-근심 [뒤끈- / 뒫끈-] 몡 뒷일에 대한 근심. ▣~에 싸이다.

뒷:-글 [뒤끌 / 뒫끌] 몡 1 책의 본문 뒤에 쓰인 글. 2 배운 글을 익히려고 뒤에 다시 읽는 글. ▣~을 읽다. 3 어깨너멋글.

뒷:-기약 (-期約)[뒤끼- / 뒫끼-] 몡 뒷날을 두고 하는 기약. ▣아무 ~도 없이 이별하다.

뒷:-길¹ [뒤낄 / 뒫낄] 몡 뒷날을 기약하는 앞으로의 과정. ▣자식의 ~을 걱정하다.

뒷:-길² [뒤낄 / 뒫낄] 몡 1 집채나 마을의 뒤에 있는 길. ▣~로 접어들다 / ~로 해서 가다 / 좁은 ~에 차를 세우다. 2 남도 지방에서 서나 북도를 이르는 말. ↔앞길.

뒷:-길³ [뒤낄 / 뒫낄] 몡 윗옷의 뒤쪽에 대는 길. ↔앞길.

뒷:-길⁴ [뒤낄 / 뒫낄] 몡 1 부정하거나 부당한 수법. ▣~로 빼돌린 장물 / 대학에 ~로 들어가다. 2 떳떳하지 못한 삶의 방식이나 행동. ▣~으로만 살아온 인생.

뒷:-날 [뒨-] 몡 앞으로 다가올 날. 후일(後日). 훗날. ▣~ 또 만나세! / ~ 크게 성공할 사람 / ~을 기약하다.

뒷:-날개 [뒨-] 몡 1 곤충의 뒷가슴마디 등에 달린 날개. 후시(後翅). 2 꼬리 날개. 미익(尾翼). ↔앞날개.

뒷:-눈-질 [뒨-] 몡하자 뒤쪽으로 눈을 흘깃흘깃하는 짓. ▣대장부는 ~을 하는 법이 아니다. *곁눈질.

뒷다 타 〈옛〉 두어 있다. 가지고 있다.

뒷:-다리 [뒤따- / 뒫따-] 몡 1 네발짐승의 몸 뒤쪽에 있는 다리. 2 두 다리를 앞뒤로 벌렸을 때의 뒤쪽에 놓인 다리. 3 책상이나 의자 따위의 뒤쪽의 다리. ↔앞다리.

뒷다리(를) 잡다 관 벗어나지 못하도록 상대방의 약점을 잡다.

뒷다리(를) 잡히다 관 상대편에게 약점이 잡혀 벗어나지 못하게 되다.

뒷:-단속 (-團束)[뒤딴- / 뒫딴-] 몡 일의 뒤끝을 단단히 준비하거나 대책을 세우는 일.

뒷:-담 [뒤땀 / 뒫땀] 몡 집채의 뒤쪽에 있는 담. ▣~을 뛰어넘다.

뒷:-담당 (-擔當)[뒤땀- / 뒫땀-] 몡하타 일이 벌어진 뒤끝을 맡아서 처리함. 뒷갈망. ▣~도 못할 일을 무엇 때문에 맡았느냐.

뒷:-대문 (-大門)[뒤때-] 몡 『건』 집 뒤에 따로 있는 대문. ↔앞대문.

뒷:-덜미 [뒤떨- / 뒫떨-] 몡 목덜미 아래의 양 어깻죽지 사이. ▣~를 낚아채다. ⓒ덜미.
뒷덜미를 잡히다 관 꼼짝 못하다고 잡히다.

뒷:-도 [뒤또 / 뒫또] 몡 윷판의 첫 밭에서 앞밭에 꺾이지 않고 여섯째 밭.

뒷:-도장 (-圖章)[뒤또- / 뒫또-] 몡 『경』 약속 어음의 뒷보증을 설 때 찍는 도장.

뒷:-돈 [뒤똔 / 뒫똔] 몡 1 뒤에 잇따라 대어 쓰는 밑천. 2 장사판이나 노름판에서 뒤를 대는 돈. ▣~을 대다 / ~이 두둑하다 / ~이 달리다. 3 은밀히 주고받는 돈. ▣~ 거래.

뒷:-동 [뒤똥 / 뒫똥] 몡 일의 뒤에 관련된 도막. ▣~을 살펴서 일하다.

뒷:-동네 (-洞-)[뒤똥- / 뒫똥-] 몡 뒷마을.

뒷:-동산 [뒤똥- / 뒫똥-] 몡 집이나 마을 뒤에 있는 동산.

뒷:-들 [뒤뜰 / 뒫뜰] 몡 집이나 마을 뒤에 있는 들. ↔앞들.

뒷:-등 [뒤뜽 / 뒫뜽] 몡 '등'의 힘줌말.

뒷:-마감 [뒨-] 몡하자 일의 뒤를 마무리하여 끝내는 일. 뒷막이.

뒷:-마구리 [뒨-] 몡 결체나 상자 따위의 뒤에 가로 댄 나무. 뒤짝. ↔앞마구리.

뒷:-마당 [뒨-] 몡 뒤뜰. ↔앞마당.

뒷:-마루 [뒨-] 몡 집의 뒤쪽에 있는 마루.

뒷:-마무리 [뒨-] 몡하타 일의 뒤끝을 마무름. 또는 그 마무른 일. ▣무슨 일이든 ~를 잘해야 한다 / 공사를 ~하다.

뒷:-마을 [뒨-] 몡 뒤쪽에 있는 마을. 뒷동네.

뒷:-막이 [뒨마기] 몡 1 나무로 만든 가구의 뒤쪽에 대서 막는 널빤지 따위. 2 뒷마감.

뒷:-말 [뒨-] 몡하자 1 계속되는 이야기의 뒤를 이음. 또는 그런 말. ▣~을 잇다 / ~을 자르다 / ~이 궁금하다 / ~을 못 꺼내고 머뭇거리다. 2 일이 끝난 뒤에 쓸데없이 이러니저러니 다시 하는 말. 뒷소리. ▣심판의 판정에 대해 ~이 많다.

뒷:-맛 [뒨맏] 몡 1 음식을 먹은 뒤에 입에서 느끼는 맛. 뒷입맛. 후미(後味). ▣~이 개운하다 / ~을 음미하다. 2 일이 끝난 다음의 느낌. ▣~이 씁쓸하다.
뒷맛이 쓰다 관 무슨 일이 끝난 다음에 남는 느낌이 좋지 않다.

뒷:-맵시 [뒨-씨] 몡 뒷모습에서 드러나는 맵시. 뒷모양. ▣~만 보고 반하다. ↔앞맵시.

뒷:-머리 [뒨-] 몡 1 뒤통수. 2 머리의 뒤쪽에 난 머리털. ▣~가 길다 / ~를 묶다. 3 물체나 행렬의 뒷부분. ▣행렬의 ~ / 배의 ~.

뒷:-면 (-面)[뒨-] 몡 뒤쪽의 면. 이면(裏面). 후면(後面). ▣업서의 ~. ↔앞면.

뒷:-면도 (-面刀)[뒨-] 몡하타 뒷머리 털이 난

가장자리의 잔털을 깎음. 또는 그런 일.

뒷:-모개[된-]图 윷판의 뒷밭에서 안으로 꺾인 둘째 밭. ↔앞모개.

뒷:-모도[된-]图 윷판의 뒷밭에서 안으로 꺾인 첫째 밭. ↔앞모도.

뒷:-모습[된-]图 뒤에서 본 모습. ㅁ~이 닮았다 / ~이 낯익다 / ~을 바라보다. ↔앞모습.

뒷:-모양(-模樣)[된-]图 **1** 뒤로 드러나는 모양. ㅁ한복 입은 ~이 맵시 있다 / ~을 물끄러미 바라보다. ↔앞모양. **2** 일이 끝난 뒤의 모양. ㅁ~을 그르치다 / 일의 ~이 우습게 되었군.

뒷:-목[된-]图 타작할 때 북데기에 섞이거나 마당에 흩어져 남은 찌꺼기 곡식.

뒷:-몸[된-]图 몸의 뒷부분. 후반신.

뒷:-무릎[된-릅]图 무릎의 구부리는 안쪽. 오금. ㅁ~을 쳐서 쓰러뜨리다.

뒷:-무릎-치기[된-릅-]图 씨름에서, 상대편의 뒤로 내디딘 다리의 무릎을 손으로 끌어당기면서 어깨로 상대를 밀어 넘어뜨리는 기술. 홀치기. ↔앞무릎치기.

뒷:-문(-門)[된-]图 **1** 집의 뒤쪽이나 옆으로 난 문. 후문. ㅁ~으로 도망치다 / 버스의 ~으로 올라타다. ↔앞문. **2** 정당하지 못한 수단·방법으로 문제를 해결하는 길. ㅁ학교를 ~으로 입학하다.

뒷:-물[된-]图**하자** 사람의 국부나 항문을 씻는 물. 또는 그 일. ㅁ일 번을 ~을 하다.

뒷:-밀이[된미리]图**하타** 수레 따위의 뒤를 밀어 줌. 또는 그 사람.

뒷:-바닥[된-]图 신바닥이나 양말 따위의 뒤쪽 부분. ↔앞바닥.

뒷:-바라지[뒤빠- / 뒫빠-]图**하타** 뒤에서 보살피며 도와주는 일. ㅁ자식들 ~하느라 등골이 휠 지경이다.

뒷:-바퀴[뒤빠- / 뒫빠-]图 수레나 차 따위의 뒤에 있는 바퀴. ↔앞바퀴.

뒷:-받침[뒤빧- / 뒫빧-]图**하타** 뒤에서 지지하고 도와주는 일. 또는 그런 사람이나 물건. ㅁ~해 줄 사람이 없다 / 여러 증언이나 뒷받침할 증거 자료 / 그 이론을 ~할 과학적인 근거가 없다 / 돈을 풀어 경제 회복을 ~하다.

뒷:-발[뒤빨- / 뒫빨-]图 **1** 네발짐승의 뒤에 달린 두 발. **2** 두 발을 앞뒤로 벌렸을 때 뒤쪽에 놓인 발. ↔앞발.

뒷:-발길[뒤빨낄 / 뒫빨낄]图 뒷발로 걷어차는 기운. ㅁ~이 세다.

뒷:-발길질[뒤빨낄- / 뒫빨낄-]图**하자** 뒷발길질.

뒷:-발막[뒤빨- / 뒫빨-]图 뒤가 발막처럼 솔기가 없이 된 남자 가죽신.

뒷:-발-질[뒤빨- / 뒫빨-]图**하자** **1** 짐승이 뒷발로 차는 짓. **2** 뒤로 차는 발길질. ㅁ문을 ~로 차고 들어오다. ↔앞발질.

뒷:-발치[뒤빨- / 뒫빨-]图 뒤쪽의 끝 부분. ㅁ~에서 바라보다.

뒷:-발톱图 ☞ 며느리발톱1.

뒷:-방(-房)[뒤빵 / 뒫빵]图《건》**1** 몸채 뒤켠에 있는 방. **2** 집의 큰방 뒤에 딸려 있는 방.

뒷:-방-마누라(-房-)[뒤빵- / 뒫빵-]图 첩에게 권리를 빼앗기고 뒷방으로 쫓겨나 있는 본처.

뒷:-밭[뒤빧- / 뒫빧-]图 **1** 집이나 마을 뒤에 있는 밭. **2** 윷판의 둘레를 따라 처음부터 열째 되는 밭. ↔앞밭. **준**뒤.

뒷:-배[뒤배 / 뒫배]图 겉으로 드러나지 않게 뒤에서 보살펴 주는 일. ㅁ시어머니는 집안에서 맞벌이의 ~를 보고 있다.

뒷:-보증(-保證)[뒤뽀- / 뒫뽀-]图**하자** **1** 배서(背書)2. **2** 정보증인(正保證人)이 의무를 이

행하지 못할 경우, 뒤에서 대신 보증인 의무를 이행하는 일.

뒷:-볼[뒤뽈 / 뒫뽈]图 버선 뒤축에 덧대는 헝겊 조각. ㅁ~을 대다 / ~을 받다. ↔앞볼.

뒷:-부분(-部分)[뒤뿌- / 뒫뿌-]图 **1** 물체의 뒤쪽 부분. ㅁ책의 ~부분이 없다. ↔앞부분. **2** 어떤 일이나 형식, 상황 따위의 뒤를 이루는 부분. ㅁ이야기가 ~으로 갈수록 흥미진진하다.

뒷:-북-치다[뒤북- / 뒫북-]困 뒤늦게 쓸데없이 수선을 떨다.

뒷:-사람[뒤싸- / 뒫싸-]图 **1** 뒤에 있거나 나중에 온 사람. ㅁ시험지를 ~에게 전달하다 / 목소리가 우렁차서 ~까지 잘 들린다. **2** 다음 세대의 사람. ㅁ~들은 그를 의인이라 부른다. **3** 후임자. ㅁ하던 일을 ~에게 넘기다.

뒷:-산(-山)[뒤싼 / 뒫싼]图 **1** 집이나 마을 뒤에 있는 산. ↔앞산. **2** 앞뒤로 있는 두 산에서 뒤쪽의 산. ㅁ~에 진달래가 만발하다.

뒷:-생각[뒤쌩- / 뒫쌩-]图 일이 벌어진 다음에 일어날 일을 생각함. ㅁ화가 나서 ~도 없이 소리를 질렀다.

뒷:-설거지[뒤썰- / 뒫썰-]图**하자** **1** 설거지1. ㅁ저녁 ~를 맡다. **2** 큰일을 치른 다음에 하는 뒤처리. ㅁ잔치 ~에 바쁘다.

뒷:-세상(-世上)[뒤쎄- / 뒫쎄-]图《불》미래세(未來世).

뒷:-셈[뒤쎔 / 뒫쎔]图**하자** 어떤 일이 끝난 다음에 하는 셈. 또는 그런 일. ㅁ그는 ~이 분명한 사람이다.

뒷:-소리[뒤쏘- / 뒫쏘-]图**하자** **1** 뒷말2. ㅁ이러니저러니 ~가 많다. **2** 뒤에서 응원하는 소리.

뒷소리(를) 치다困 뒤에서 응원하는 소리를 지르다.

뒷:-소문(-所聞)[뒤쏘- / 뒫쏘-]图 **1** 어떤 사건이 마무리된 뒤에 들리는 그 사건에 관한 여러 가지 소문. 후문(後聞). ㅁ이상한 ~이 나돌다. **2** 뒤에서 이러니저러니 하는 소문. ㅁ~만 듣고는 진실을 알 수 없다.

뒷:-소식(-消息)[뒤쏘- / 뒫쏘-]图 나중에 전해지거나 알려지는 소식. ㅁ그의 ~은 이따금 듣고는 있다.

뒷:-손¹[뒤쏜 / 뒫쏜]图 겉으로는 사양하는 체하고 뒤로는 슬그머니 내밀어 받는 손. ㅁ~을 벌려 돈을 요구하다 / ~을 내밀며 남의 몫까지 달라고 한다.

뒷:-손²[뒤쏜 / 뒫쏜]图 **1** 일을 마친 뒤에 다시 하는 손질. ㅁ~이 없다 / 바빠서 ~이 많이 가는 일은 할 수가 없다. **2** 몰래 또는 뒤에서 손을 써서 하는 일. ㅁ~을 보다.

뒷손(을) 쓰다困 어떤 일이나 문제를 해결하기 위하여, 남몰래 대책을 강구하거나 뒤로 손을 쓰다.

뒷:-손가락-질[뒤쏜까-찔 / 뒫쏜까-찔]图**하자타** 남의 뒤에서 흉보거나 비난하는 짓. 뒷손질. ㅁ남에게 ~을 받다.

뒷:-손-질[뒤쏜- / 뒫쏜-]图**하자** **1** 남몰래 뒤로 손을 쓰는 짓. **2** 일이 끝난 뒤에 다시 손을 대어 매만지는 일. ㅁ~이 많이 간다. **3** 뒷손가락질. ㅁ~을 당하다. **4** 손을 몸 뒤로 돌려 하는 짓. ㅁ살짝 오라고 ~로 불러냈다.

뒷:-수발[뒤쑤- / 뒫쑤-]图**하자** 뒤에서 드러나지 않게 보살피는 일.

뒷:-수쇄(-收刷)[뒤쑤- / 뒫쑤-]图**하자** 일이 끝난 뒤에 그 남은 일을 정돈하는 일. 뒤치다

꺼리. *뒷수습.

뒷-수습 (-收拾)[뒤쑤- / 뒫쑤-] 명하타 일이 끝난 뒤에 거두어 마무리함. ▢사고의 ~.

뒷-시중 [뒤쑹- / 뒫씨-] 명하타 뒤를 보살피며 옆에서 잔심부름하는 일.

뒷-심 [뒤씸 / 뒫씸] 명 **1** 남이 뒤에서 도와주는 힘. ▢~만 믿고 덤비다. **2** 어떤 일을 끝까지 견디어 내거나 끌고 나가는 힘. ▢~이 세다 / ~이 딸리다.

뒷-욕 (-辱)[뒨뇩] 명하자타 **1** 일이 끝난 뒤에 욕함. 또는 그 욕. ▢~은 듣지 않게 해라. **2** 당사자가 없는 데서 욕함. 또는 그 욕.

뒷-윷 [뒨뉻] 명 윷판의 첫 밭에서 앞밭에 꺾이지 않고 아홉째 밭.

뒷-이야기 [뒨니-] 명 **1** 계속되는 이야기의 뒷부분. **2** 어떤 일이 있은 뒤에 나오는 이야기. ▢프로그램 제작에 얽힌 ~들을 모아 방송하다.

뒷-일 [뒨닐] 명 어떤 일이 있은 뒤에 생기는 일. 후사(後事). ▢~을 걱정되다.

뒷-입맛 [뒨님맏] 명 뒷맛1. ▢떨떠름한 ~.

뒷-자락 [뒤짜- / 뒫짜-] 명 옷 뒤에 늘어진 자락. ▢치마 ~이 땅에 끌리다. ←앞자락.

뒷-자리 [뒤짜- / 뒫짜-] 명 **1** 뒤에 있는 자리. ▢~에 서다. **2** 경쟁이나 학습에서 뒤떨어진 자리. ▢성적이 ~를 맴돌다. **3** 어떤 일을 한 뒤에 남은 흔적. ▢~가 깨끗하다.

뒷-자손 (-子孫)[뒤짜- / 뒫짜-] 명 후대의 자손. 후손(後孫).

뒷-장 [뒤짱 / 뒫짱] 명 어떤 일의 뒤끝에 따라 하는 일.

뒷-장 (-張)[뒤짱 / 뒫짱] 명 종이의 뒷면. 또는 그 다음 장.

뒷-전 [뒤쩐 / 뒫쩐] 명 **1** 뒤쪽이 되는 부분. ▢~으로 빠지다 / ~에 물러앉다 / 팔짱을 끼고 ~에 서서 구경하다. **2** 겉으로 드러나지 않는 배후나 뒷면. ▢~에서 남을 헐뜯다. **3** 나중의 차례. ▢~으로 밀리다 / 나다니기가 빠져 공부는 ~이다. **4** 배의 뒷부분. ▢~에 짐을 싣다. **5**『민』무당굿의 열두 거리의 마지막 거리.

뒷-전 (-殿)[뒤쩐 / 뒫쩐] 명 종묘 안에 있는 영녕전을 일컫는 말. *앞전.

뒷-전놀다 [뒤쩐- / 뒫쩐-][-놀아, -노니, -노는] 재 **1** 무당이 열두 거리 굿에서 마지막 거리를 놀다. **2** 뒤로 슬며시 딴짓을 하다. 뒷전보다.

뒷:전-보다 [뒤쩐- / 뒫쩐-] 재 뒷전놀다.

뒷:전-풀이 [뒤쩐푸리 / 뒫쩐푸리] 명하자 무당이 뒷전노는 일.

뒷-정리 (-整理)[뒤쩡니 / 뒫쩡니] 명하자 일의 뒤끝을 바로잡는 일.

뒷-조사 (-調査)[뒤쪼- / 뒫쪼-] 명하타 은밀히 조사하는 일. 또는 그런 조사. 내사(內査). ▢~를 받다 / ~를 의뢰하다.

뒷-주머니 [뒤쭈- / 뒫쭈-] 명 **1** 바지 뒤쪽의 주머니. ←앞주머니. **2** 남모르게 뒤에 따로 마련한 돈. ▢~를 차다.

뒷-줄 [뒤쭐 / 뒫쭐] 명 **1** 앞줄의 뒤에 있는 줄. ←앞줄. **2** 배후의 세력. ▢~을 믿고 날뛰다.

뒷-지느러미 [뒤찌- / 뒫찌-] 명『어』항문과 꼬리지느러미 사이에 있는 지느러미.

뒷-질 [뒤찔 / 뒫찔] 명하자 물에 뜬 배가 앞뒤로 흔들리는 짓. 앞뒷질. 피칭. *옆질.

뒷-짐 [뒤찜 / 뒫찜] 명 두 손을 등 뒤로 젖혀 마주 잡는 일.

뒷짐(을) 지다 구 어떤 일에 참가하거나 참견하지 않고 자신은 전혀 상관없는 것처럼 구경만 하고 있다.

뒷짐(을) 지우다 구 ㉠뒷짐을 지게 하다. ㉡뒷짐결박을 하다.

뒷:-짐-결박 (-結縛)[뒤찜- / 뒫찜-] 명하타 두 손을 뒤로 돌려 묶음. 뒷결박.

뒷-집 [뒤찝 / 뒫찝] 명 집 뒤쪽으로 이웃한 집. ←앞집.

[뒷집 마당 벌어진 데 솔뿌리 걱정한다] 쓸데없이 남의 걱정을 한다.

뒹굴다 [뒹굴어, 뒹구니, 뒹구는] 配재타 누워서 이리저리 구르다. ▢잔디밭에서 ~. **1** 한곳에 눌어붙어 편히 놀다. ▢종일 뒹굴며 지내다. **2** 물건 따위가 함부로 버려지다. ▢쓰레기가 여기 저기 마구 떼나 뒹굴고 있다.

뒹굴-뒹굴 부하자 **1** 누워서 자꾸 이리저리 구르는 모양. ▢풀밭에서 ~ 구르다. **2** 하는 일 없이 빈둥빈둥 노는 모양. ▢~하지만 말고 방 청소라도 해라.

듀스 (deuce) 명 테니스·탁구·배구 등에서, 승패를 결정하는 마지막 한 점을 남겨 놓고 동점을 이루는 일. 새로 두 점을 잇따라 얻는 쪽이 이김.

듀스 어게인 (deuce again) 듀스 뒤 다시 한 점씩을 주고받아 득점한 경우. 준어게인.

듀엣 (duet) 명『악』**1** 이중주(二重奏) / 이중창. ▢~으로 부르다. **3** 두 사람이 추는 댄스.

듀테론 (deuteron) 명『물』중양성자(重陽性子).

듀테륨 (deuterium) 명『화』중수소(重水素).

둥긴 명 <옛> 중짓.

둥신 명 <옛> 중매.

드- 투 일부 용언 앞에 붙어, 정도가 심하거나 높음을 나타내는 말. ▢~날리다 / ~세다 / ~높다 / ~솟다.

드나-나나 부 들어가거나 나오거나. ▢~ 말썽만 부린다.

드나-들다 [-들어, -드니, -드는] 配재타 **1** 많이 들어가고 나오고 하다. ▢단골집에 ~ / 도서관을 드나드는 학생. **2** 일정한 곳이나 여러 곳에 자주 왔다 갔다 하다. ▢몸이 약해서 병원에 ~ / 이 집 저 집으로 ~. 配타 **3** 고르지 못하고 들쑥날쑥하다. ▢성적이 드나들어 종잡을 수 없다. 준나들다.

[드나드는 개가 꿩을 문다] 부지런히 활동하는 사람이 일을 이루고 재물을 얻는다.

드난 명하타 임시로 남의 집 행랑에 붙어살면서 그 집의 일을 도와줌. 또는 그런 사람.

드난-꾼 명 드난살이하는 사람.

드난-살다 [-살아, -사니, -사는] 재 남의 집에서 드난으로 살아가다.

드난-살이 명하자 드난으로 살아가는 생활.

드-날리다1 타 손으로 들어서 날리다. ▢연을 ~.

드-날리다2 재타 들날리다. ▢명성을 ~.

드-넓다 [-널따] 혬 활짝 틔어서 매우 넓다. ▢드넓은 평야.

드-높다 [-놉따] 혬 매우 높다. ▢기세가 ~ / 드높은 가을 하늘.

드-높이 부 드높게. ▢~ 솟은 산 / 애국가가 ~ 울려 퍼지다.

드-높이다 《'드높다'의 사동》 매우 높게 하다. ▢사기를 ~.

드-다르다 [드달라, 드다르니] 혬르 아주 다르다. 판이하다. ▢그는 형과는 드다른 성격을 지녔다.

드더지다 타 <옛> 드던지다. 들어 던지다.

드-던지다[태] 성이 나서 물건 따위를 마구 내던지다.

드듸다[태] 〈옛〉 디디다.

드듸다[태] 〈옛〉 앞의 말을 받아 이어 말하다.

드디어[부] 무엇으로 말미암아 그 결과로. 마침내. 결국. ▢고생하더니 ~ 성공했다.

드뒤다[태] 〈옛〉 디디다.

드라마 (drama)[명] 1 희곡. 각본. ▢~를 쓰다 / ~를 무대에 올리다. 2 텔레비전 등에서 방송되는 극. ▢~ 연출가 / ~를 제작하다 / 라디오 ~의 각본을 쓰다. 3 어떤 극적인 사건이나 장면. ▢한 편의 인생 ~가 펼쳐지다.

드라마틱-하다 (dramatic-)[형예] 감동적이고 인상적인 특성이 있다. 극적이다. ▢남북이 산가족의 드라마틱한 재회.

드라이 (dry)[명][하다] 1 '드라이클리닝'의 준말. 2 젖은 머리 따위를 말리거나 다듬는 일.

드라이 독 (dry dock) 건선거(乾船渠).

드라이버 (driver)[명] 1 운전기사. 2 나사돌리개. 3 골프에서, 공을 멀리 가게 치고자 할 골프채.

드라이브 (drive)[명][하다][타] 1 기분 전환을 위해 자동차 따위를 타고 돌아다님. ▢교외로 ~를 나가다 / ~ 코스를 달리다. 2 테니스·탁구 등에서, 공을 깎아서 세게 침.

드라이-아이스 (dry ice)[명] 〔화〕 고체 이산화탄소의 딴 이름. 이산화탄소를 압축·액화한 다음 팽창시켜 만든 눈 모양의 고체(식료품 따위를 냉각하는 데 씀).

드라이어 (drier)[명] 1 건조기. 2 건조제. 3 젖은 머리털을 말리는 전기 기구. 머리 건조기. 헤어드라이어.

드라이-클리닝 (dry cleaning)[명] 물 대신에 벤젠 같은 세척액을 사용하는 세탁. ⍟드라이.

드래그 (drag)[명][컴] 끌기.

드래프트-제 (draft制)[명] 프로 운동 팀에서, 신인 선수를 뽑는 교섭권을 전 구단(全球團)에 의해 구성하는 선발 회의에서 정하는 제도(신인 선수 쟁탈로 인한 잡음과 폐해를 없애기 위한 것임).

드램 (dram)[의명] 야드파운드법에 따른 무게의 단위. 보통 1/16 온스로서 1.772g, 약물에 있어서는 1/8 온스로서 3.8879g에 해당함.

드러-나다[자] 1 겉으로 나타나다. ▢갯바닥이 ~. 2 알려지지 않은 사실이 밝혀지다. ▢비밀이 ~.

드러-내다[타] (〈'드러나다'의 사동) 드러나게하다. ▢모습을 ~ / 피곤한 몸을 ~.

드러냄-표 (-標)[명] 〔언〕 문장 부호의 하나. 문장 내용 중에서 중요한 부분이나 주의가 미쳐야 할 곳을 특별히 드러내어 보일 때 쓰는 '·' 등의 이름. 특시표(特示標).

드러-눕다[-따][-누워, -누우니][자] 1 편하게 눕다. ▢마루에 ~. 2 앓아서 자리에 눕다. ▢병석에 ~.

드러-눕히다[-누피-][타] (〈'드러눕다'의 사동) 드러눕게 하다. ▢환자를 ~.

드러-쌓이다[-싸-][자] 썩 많이 쌓이거나 한군데로 많이 모이다. ▢눈이 석 자나 ~. ⍟드러쌔다.

드러-쌔다[자] '드러쌓이다'의 준말.

드러-장이다[자] 많은 물건이 가지런히 정돈되어 차곡차곡 쌓이다. ▢옷장에 옷이 ~.

드러치다[자] 〈옛〉 떨치다[1]. 「럼보1.

드럼 (drum)[명] 1 〔악〕 양악에서 북의 총칭. 2 드럼통.

드럼-통 (drum桶)[명] 1 두꺼운 철판으로 만든 원기둥 모양의 큰 통(기름 따위를 담음). 2 〈속〉키가 작고 뚱뚱한 사람을 놀리는 말.

드렁-거리다[자][타] 1 우렁차게 울리는 소리가자꾸 나다. 2 짧고 요란하게 코를 고는 소리가 자꾸 나다. 또는 그런 소리를 자꾸 내다. ⍟드릉거리다. **드렁-드렁**[부][하다][타]. ▢코를 ~ 골며 자다.

드렁-대다[자][타] 드렁거리다.

드렁-허리[명] 〔어〕 드렁허릿과의 민물고기. 무논이나 도랑에 삶. 길이 약 40cm 뱀처럼 가늘고 길며, 배지느러미와 가슴지느러미가 없고, 적황색 바탕에 암갈색 얼룩점이 흩어져 있음. 사선(蛇鱔).

드레1[명] 인격적으로 점잖은 무게. ▢어려도 ~가 있어 보인다.

드레2[명] 〈옛〉 두레박.

드레-나다[자] 바퀴나 나사못 따위가 헐거워져서 흔들리다.

드레-드레1[부][하다] 1 물건이 많이 매달려 있거나 늘어져 있는 모양. ▢~ 달린 포도. ⍟다래다래. 2 욕심이나 심술 따위가 많은 모양. ▢양 볼에 심술이 ~ 달린 녀석.

드레-드레2[감] 분봉(分蜂)할 때 수봉기(受蜂器)를 대고 벌을 부르는 소리. 뒤뒤.

드레스 (dress)[명] 여성용 겉옷으로, 허리를 잘록하게 보이도록 디자인한 원피스.

드레시-하다 (dressy-)[형예] 여성복의 선이나 모양이 우아하고 세련되다. ▢드레시한 옷차림. *스포티하다.

드레싱 (dressing)[명] 1 식품에 치는 소스(sauce) 따위의 양념. 2 상처를 치료하는 일. 또는 그 약품. ▢~을 받다.

드레저 (dredger)[명] 준설기(浚渫機).

드레-지다[자] 1 사람의 됨됨이가 점잖고 무게가 있다. 2 물건의 무게가 가볍지 않다.

드레-질[명][하다][타] 1 사람의 됨됨이를 떠보는 짓. 2 물건의 무게를 헤아리는 짓. 「바지.

드로어즈 (drawers)[명] 무릎 길이의 여성용 속

드로잉 (drawing)[명] 1 제도(製圖). 2 경기에서 참가 팀의 대전(對戰) 편성을 하는 추첨.

드론 (drone)[명] 무선 전파로 조종하는 무인 항공기.

드롭 (drop)[명] 1 '드롭 커브'의 준말. 2 드롭스.

드롭 샷 (drop shot) 테니스나 배드민턴 따위에서, 상대편 코트의 네트 가까이 떨어뜨리는 타구(打球).

드롭스 (drops)[명] 설탕에 향료를 넣어 여러 가지 모양과 빛깔로 굳혀 만든 사탕. 드롭.

드롭 커브 (drop+curve) 야구에서, 투수가 던진 공이 타자 가까이에서 갑자기 뚝 떨어지는 일. ⍟드롭.

드롭-킥 (dropkick)[명][하다][타] 럭비 등에서, 손에들고 있던 공을 땅에 떨어뜨려 튀어 오르는 순간에 차는 일.

드롭트 골 (dropped goal) 럭비에서, 드롭킥한 공이 크로스바를 넘어서 된 골. 드롭골.

드르[명] 〈옛〉 들. 평야.

드르렁[부] 코를 요란하게 고는 소리. 드르릉. ⍟다르랑.

드르렁-거리다[자][타] 코를 요란하게 고는 소리가 자꾸 나다. 또는 그런 소리를 자꾸 내다. 드르렁거리다. ⍟다르랑거리다. **드르렁-드르렁**[부][하다][타]. ▢코를 ~ 골다.

드르렁-대다[자][타] 드르렁거리다.

드르르1[부][하다] 1 큰 물건이 단단한 바닥 위를 구르는 소리. ▢문을 ~ 열다. 2 큰 물건이 연하게 떠는 소리. ⍟다르르1. ⍤뜨르르1. 3

재봉틀로 조금 두꺼운 천을 박는 소리.

드르르²[부][하][형] 어떤 일에 능통하여 조금도 막힘이 없는 모양. ❏긴 시를 ~ 외다. ❀다르르². ᄲ뜨르르².

드르륵[부][자][타] **1** 방문 따위를 거침없이 여는 소리. ❏창문을 ~ 열다. **2** 총 따위를 잇따라 쏘는 소리. ❏기관총을 ~ 쏘다.

드르륵-거리다[자][타] 자꾸 드르륵 소리가 나다. 또는 자꾸 그런 소리를 내다. **드르륵-드르륵**[-뜨-][부][자][타]

드르륵-대다[자][타] 드르륵거리다.

드르릉[부] 드르렁.

드르릉-거리다[자][타] 드르렁거리다. **드르릉-대다**[자][타] 드르렁거리다.

드릉-거리다[자][타] **1** 우렁차게 울리는 소리가 자꾸 나다. ❏자동차 엔진 소리가 ~. **2** 코를 짧게 고는 소리가 자꾸 나다. 또는 그런 소리를 자꾸 내다. ❀드렁거리다. **드릉-드릉**[부][하][자][타]

드릉-대다[자][타] 드릉거리다.

드리다¹[타] ☞드리우다.

드리다²[타] 검불·티·쭉정이 등을 없애기 위하여 떨어 놓은 곡식을 바람에 날리다. ❏바람에 벼를 ~.

드리다³[타] **1** 여러 가닥의 실이나 끈을 하나로 꼬거나 땋다. ❏실을 ~. **2** 땋은 머리 끝에 댕기를 물리다. ❏갑사댕기를 ~.

드리다⁴[타] **1** '주다'의 높임말. ❏부모님께 선물을 ~. **2** 윗사람에게 말씀을 여쭙다. ❏문안을 ~ / 축하를 ~. **3** 신·부처에게 정성을 바치다. ❏기도를 ~ / 불공을 ~.

드리다⁵[타] 집에 방·마루 등의 구조물을 만들거나 구조를 바꾸어 꾸미다. ❏방을 따로 ~ / 가게를 ~.

드리다⁶[타] 물건 팔기를 그만두고 가게문을 닫다. ❏가게를 드릴 시간이다.

드리다⁷[보동] 윗사람을 위해서 행하는 동작의 뜻을 나타내는 보조 동사. ❏손님을 안내해 ~ / 역까지 모셔다 ~.

드리닫다[자] 들이닫다. 달려들다.

드리블(dribble)[명][하][타] **1** 축구에서, 공을 두 발로 몰고 나가는 일. **2** 배구에서, 경기 중 공이 몸에 닿거나 두 번 이상 공을 치는 반칙. **3** 농구에서, 공을 손으로 땅바닥에 튀기며 나아가는 일.

드리-없다[-업따][형] 경우에 따라 변하여 일정하지 않다. ❏크기가 ~. **드리-없이**[-업씨][부]

드리우다[자][타] **1** 아래로 늘어뜨리다. ❏커튼이 ~ / 발을 ~. **2** 아랫사람에게 가르침을 주다. **3** 이름이나 공적 따위를 후세에 전하게 하다. ❏후세에 이름을 길이 드리울 위인. **4** 그늘이나 빛·그림자 따위가 깃들거나 뒤덮이다. 또는 그리 되게 하다. ❏땅에 그림자가 ~ / 산이 강 위에 그림자를 드리우고 있었다.

드리티다[타] 〈옛〉들이치다².

드리핑(dripping)[명] **1** 농구·축구 경기에서, 상대 선수를 넘어뜨리는 일. ❏~ 파울. **2**《미술》화포에 엷게 푼 물감을 떨어뜨리면서 그림을 그리는 방법.

드리혀다[타] 〈옛〉들이끌다. 들이켜다.

드릴(drill)[명] **1** 송곳. **2** 맨 끝에 송곳날을 단, 나무나 금속에 구멍을 뚫는 기구. 보르반(Bohr盤). **3** 기본적인 것을 되풀이하여 연습하는 일.

드림[명] **1** 매달아서 길게 늘어뜨리는 물건. 드리개. ❏~을 단 축하 화분. **2**[역]'기드림'의 준말.

드림-새[명]《건》막새1.

드림-셈[명] 한 번에 하지 않고 몇 차례로 나누어서 주고받는 셈. 분액(分額)

드림-장막(帳幕)[명] 위에서 아래로 드리우는 장막.

드림-줄[-쭐][명] 마루에 오르내릴 때 붙잡을 수 있게 늘어뜨린 줄.

드림-추(-錘)[명]《건》줄에 추를 달아 벽·기둥 따위가 수직인지를 살펴보는 기구.

드림-흥정[명][하][타] 물건을 사고팔 때에 값을 여러 번에 주고받기로 하고 벌이는 흥정.

드링크(drink)[명] 술이나 음료수 등의 마실 것.

드링크-제(drink劑)[명] 조그만 병에 넣은 청량제나 약액제(藥液劑). 피로 회복이나 체력 증진의 효과가 있음.

드-맑다[-막따][형] 매우 맑다. ❏드맑은 가을 하늘.

드문-드문[부][하][형] **1** 시간적으로 잦지 아니하게. 이따금. ❏손님이 ~ 찾아온다. **2** 공간적으로 배지 아니하게. 띄엄띄엄. ❏나무를 ~ 심다. ❏다문다문. ᄲ뜨문뜨문.

[드문드문 걸어도 황소걸음] 속도는 느리나 오히려 믿음직스럽고 알차다는 말.

드물다[드물어, 드무니, 드문][형] **1** 시간의 동안이 잦지 않고 뜨다. ❏왕래가 ~. **2** 공간의 사이가 배지 않고 뜨다. ❏건물이 드물게 서 있다. **3** 흔하지 않다. ❏보기 드문 미인.

드므[명] 넓적하게 생긴 독.

드므리[명] 〈옛〉드물게.

드믈다[형] 〈옛〉드물다.

드-바쁘다[드바빠, 드바쁘니][형] 매우 바쁘다. ❏드바쁜 농번기. **드-바빠**[부]

드뿍[부][하][형] 분량이 다소 넘치게 많은 모양. ❏밥을 그릇에 ~ 담다. ❀다뿍.

드뿍-드뿍[-뜨-][부][하][형] 여럿이 모두 분량이 다소 넘치게 많은 모양. ❀다뿍다뿍.

드뵈[명] 〈옛〉뒤웅박.

드-새다[타] 길을 가다가 쉴 만한 곳에 들어가 밤을 지내다. ❏주막에서 하룻밤을 ~.

드세다[형] **1** 기세 따위가 강하고 사납다. ❏바람이 ~ / 고집이 ~. **2** 집터를 지키는 귀신이 사납다. ❏터가 드세어서 잘되는 일이 없다. **3** 견디기 힘들 정도로 거칠고 세차다. ❏드센 시집살이 / 팔자가 ~.

드스-하다[형][여] 좀 드습다. ❀다스하다.

드습다[-따][드스워, 드스우니][형][타] 알맞게 뜨뜻하다. ❏드스운 날씨 / 아랫목이 ~. ❀다습다. ᄲ뜨습다.

드위잊다[자] 〈옛〉뒤집히다.

드위티다[자] 〈옛〉뒤치다.

드위혀다[타] 〈옛〉뒤집다.

드위힐후다[타] 〈옛〉되풀이하다.

드잡이[명][하][타] **1** 서로 머리나 멱살을 움켜잡고 싸우는 짓. ❏~ 싸움 / ~를 쳐서 다치다 / ~를 벌이다. **2** 빚을 갚지 못한 사람의 솥·그릇 등 세간을 가져가는 짓. **3** 교군꾼의 어깨를 쉬게 하기 위해 딴 사람이 양옆에서 들장대로 가마채를 받쳐 들고 가는 일.

드틀[명] 〈옛〉티끌.

드티다[자][타] 밀리거나 옮겨져 틈이 생기다. 또는 그런 틈을 내다. ❏자리를 조금씩 ~. **2** 날짜·기한 등이 조금씩 연기되다. 또는 날짜 등을 연기하다. ❏이삼 일 날짜를 ~.

드팀-새[명] 틈이 생긴 정도나 낌새. ❏조금의 ~도 주지 않고 몰아붙이다.

드팀-전 (-廛) 명 예전에, 여러 가지 피륙을 팔던 가게.

득 (得) 명 소득이나 이득. ▷ ~을 보다 / ~보다 실이 많다. ↔실(失).

득 틧 1 금·줄을 세게 긋는 소리. 또는 그 모양. 2 물이 갑자기 부쩍 어는 소리. 또는 그 모양. 3 세게 긁는 소리. 또는 그 모양. 졩닥.

득가 (得暇)[-까] 명하자 틈이나 말미를 얻음.

득유 (得由).

득계 (得計 / -計) 명하자 득책(得策).

득공 (得功)[-꽁] 명하자 성공함. 공을 이룸.

득군 (得君)[-꾼] 명하자 임금의 신임을 얻음.

득남 (得男)[-] 명하자 아들을 낳음. 생남(生男). ▷ ~ 턱을 내다. ↔득녀.

득남-례 (得男禮)[-녜] 명하자 생남례(生男禮).

득녀 (得女)[-] 명하자 딸을 낳음. 생녀(生女). ▷ ~를 축하하네. ↔득남.

득달 (得達)[-딸] 명하자타 목적한 곳에 다다름. 목적을 달성함.

득달-같다 [-딸갇따] 형 잠시도 지체하지 않다. 득달-같이 [-딸가치] 틧 달려가다.

득담 (得談)[-땀] 명 득방(得謗).

득당-하다 (得當-)[-땅-] 형여 아주 마땅하다.

득도 (得度)[-또] 명하자 『불』 1 미혹의 세계를 넘어 깨달음의 경지로 넘어감. 득오(得悟). 2 출가하여 승려가 됨.

득도 (得道)[-또] 명하자 오묘한 이치나 도를 깨달음. ▷ ~의 길을 걷다.

득돌-같다 [-돌갇따] 형 1 뜻에 꼭꼭 잘 맞다. 2 조금도 지체함이 없다. 득돌-같이 [-돌가치] 틧 ~ 달려오다.

득-득 [-뜩] 틧 1 금이나 줄을 자꾸 세게 긋는 소리. 또는 그 모양. 2 물이 갑자기 부쩍 얼어붙는 소리. 또는 그 모양. ▷ ~ 얼어붙다. 3 세게 자꾸 긁는 소리. 또는 그 모양. ▷ 솥바닥을 ~ 긁다. 졩닥닥.

득력 (得力)[등녁] 명하자 숙달하거나 깊이 깨달아서 확고한 힘을 얻음.

득롱망촉 (得隴望蜀)[등농-] 명 [후한(後漢)의 광무제(光武帝)가 농(隴)나라를 평정한 후 다시 촉(蜀)나라까지 원했다는 고사에서] 만족할 줄 모르고 계속 욕심을 부림의 비유. 졩망촉(望蜀).

득률 (得率)[등뉼] 명 『공』 화학 공업 등에서, 원료에 대한 제품의 수율(收率). 생산득률.

득리 (得利)[등니] 명하자 이익을 얻음. 획리.

득리 (得理)[등니] 명하자 사물의 이치를 깨달아 앎.

득면 (得免)[등-] 명하타 재앙이나 괴로운 일 따위를 잘 피하여 면함.

득명 (得名)[등-] 명하자 이름이 널리 알려짐.

득문 (得聞)[등-] 명하자 얻어들음.

득민 (得民)[등-] 명하자 학덕이 높고 정치를 잘하여 민심을 얻음.

득방 (得謗)[-빵] 명하자 남에게 비방이나 구설을 들음. 득담(得談).

득배 (得配)[-빼] 명하자 배우자를 얻음.

득병 (得病)[-뼝] 명하자 병에 걸림. ▷ 과로로 ~하다.

득보기 [-뽀-] 명 아주 못난 사람.

득상 (得喪)[-쌍] 명 득실(得失)1.

득색 (得色)[-쌕] 명 일이 뜻대로 되어 뽐내는 기색이나 기세.

득세 (得勢)[-쎄] 명하자 1 세력을 얻음. ▷ 보수파가 ~하다. ↔실세(失勢). 2 형세가 좋게 됨. 또는 유리해진 형세.

득소실다 (得少失多)[-쏘-따] 명 얻은 것은 적

---

677   득지

고 잃은 것은 많음. 소득보다 손실이 큼.

득송 (得訟)[-쏭] 명하자 『법』 소송에 이김. 승소(勝訴).

득승 (得勝)[-쓩] 명하자 싸움이나 경쟁에서 승리함.

득시 (得時)[-씨] 명하자 때를 만남.

득시글-거리다 [-씨-] 자 사람이나 동물이 떼로 모여 자꾸 어수선하게 들끓다. 득시글거리다. 득시글-득시글 [-씨-씨-] 틧하자

득시글-대다 [-씨-] 자 득시글거리다.

득신 (得辛)[-씬] 명 『민』 음력 정월(正月)의 맨 처음 신일(辛日). 초하루면 '일일 득신', 열흘날이면 '십일 득신'이라 하여, 그해 농사의 풍흉(豊凶)을 점침.

득신 (得伸)[-씬] 명하자 1 뜻을 펴게 됨. 2 소송에 이김. 득송(得訟).

득실 (得失)[-씰] 명 1 얻음과 잃음. ▷ 골 ~ 차로 조 1,2위를 가리다. 2 이익과 손해. ▷ 개인의 이해는 ~을 따지다. 3 성공과 실패. 4 장점과 단점.

득실-거리다 [-씰-] 자 '득시글거리다'의 준말. 득실-득실 [-씰-씰] 틧하자. ▷ 머리에 이가 ~하다.

득실-대다 [-씰-] 자 득실거리다.

득실-상반 (得失相半)[-씰-] 명 이로움과 해로움이 서로 엇비슷함.

득심 (得心)[-씸] 명 일이 뜻대로 이루어져 뽐내는 마음.

득유 (得由) 명하자 말미를 얻음.

득음 (得音) 명하자 풍악이나 노래 등의 곡조가 썩 아름다운 지경에 이름.

득의 (得意) 명하자 일이 뜻대로 이루어져 만족해하거나 뽐냄. ▷ ~에 찬 얼굴 / ~의 미소.

득의만만-하다 (得意滿滿-)[드긔- / 드기-] 형여 뜻한 바를 이루어 뽐내는 기색이 가득하다. ▷ 득의만만한 표정.

득의-만면 (得意滿面)[드긔- / 드기-] 명하형 뜻을 이루어 기쁜 표정이 얼굴에 가득함. ▷ ~한 표정.

득의-양양 (得意揚揚)[드긔-냥 / 드기-냥] 명하형 뜻을 이루어 우쭐거리며 뽐냄. ▷ ~한 모습.

득의지추 (得意之秋)[드긔- / 드기-] 명 뜻대로 이루어질 좋은 기회.

득인 (得人) 명하자 쓸 만한 사람을 얻음.

득-인심 (得人心) 명하자 인심을 얻음. ↔실인심(失人心).

득점 (得點)[-쩜] 명하타 시험이나 경기 등에서 점수를 얻음. 또는 그 점수. ▷ 최고 ~ / ~의 기회를 놓치다. ↔실점(失點).

득점-력 (得點力)[-쩜녁] 명 득점할 수 있는 능력. ▷ ~이 높은 선수.

득점-타 (得點打)[-쩜-] 명 야구에서, 득점에 연결된 안타. ▷ 9회 말에 ~를 치다.

득정 (得情)[-쩡] 명하자 죄를 저지른 실정(實情)을 알아냄.

득제 (得題)[-쩨] 명하자 예전에, 소장(訴狀)이나 청원서 등에 자기에게 이로운 제사(題辭)를 받던 일.

득죄 (得罪)[-쬐] 명하자 남에게 큰 잘못을 저질러 죄를 얻음.

득중 (得中)[-쭝] 명하자 지나치거나 모자람이 없이 알맞음. ▷ ~한 인물.

득지 (得志)[-찌] 명하자 뜻대로 일이 이루어짐. 또는 뜻한 바를 이룸.

득진 (得眞)[-찐]圏하자 **1** 사물의 진상을 알게 됨. **2** 참된 경지에 이름.

득참 (得參)圏하자 참여할 수 있게 됨.

득책 (得策)圏하자 훌륭한 계책을 얻음. 또는 그 계책. 득계(得計).

득첩 (得捷)圏하자 과거에 급제하던 일.

득체 (得體)圏하자 체면을 유지함.

득총 (得寵)圏하자 지극한 사랑을 받음.

득탈 (得脫)圏하자 〖불〗 불법의 참된 이치를 깨달아 고뇌와 속박에서 벗어나 해탈을 얻게 됨.

득통 (得通)圏하자 〖불〗 통력(通力)을 얻음.

득표 (得票)圏하타 투표에서 찬성표를 얻음. 또는 그 얻은 표. ▣과반수 / ∼ 전략.

득-하다 (得-)[드카-]타여 무엇을 얻거나 이익을 얻다.

득:-하다[드카-]자여 날씨가 갑자기 추워지다(종결형으로는 쓰지 않음).

득행 (得幸)[드캥]圏하자 임금의 특별한 사랑을 받음.

득효 (得效)[드쿄]圏하자 약 따위의 효력을 봄.

든 函 '든지'의 준말. ▣사과∼ 배∼ 상관없다. ✱이든.

-든어미 '-든지'의 준말. ▣가∼ 말∼ 마음대로 해라.

든-거지 圏 '든거지난부자'의 준말. ↔난거지.

든거지-난부자 (-富者)圏 실제로는 가난하면서도 겉으로는 부자같이 보이는 사람. ⚯든거지. ↔든부자난거지.

든단-벌 圏 든벌과 난벌.

든든-하다 혱에 **1** 약하지 않고 굳세다. ▣다리가 ∼. **2** 무르지 않고 굳다. ▣든든하게 만든 물건. **3** 마음이 허술하지 않고 미덥다. ▣그 말을 들으니 마음이 ∼. **4** 먹은 것이나 입은 것이 충분해서 허전하지 않다. ▣든든하게 입다 / 고기를 먹었더니 속이 ∼. **5** 잘못이나 부족함이 없다. ▣매사를 든든하게 하다. **6** 알차고 실하다. ▣밑천이 ∼ / 못을 든든하게 박다. ⚯단단하다. ⚯뜬뜬하다. **든든-히**튀. ▣매사에 ∼ 해야 한다.

든-번 (-番)圏 쉬었다가 차례가 되어 다시 들어가는 번(番). ↔난번.

든-벌 圏 집 안에서만 입는 옷이나 신는 신 등의 총칭. ↔난벌.

든-부자 (-富者)圏 '든부자난거지'의 준말. ↔난부자.

든부자-난거지 (-富者-)圏 실제는 부자면서도 겉으로는 거지같이 보이는 사람. ↔든거지난부자. ⚯든부자.

든-손㊀圏 **1** 일을 시작한 손. 일을 시작한 김. ▣∼에 일을 끝내다. **2** 서슴지 않고 얼른 하는 동작. ▣이런 일은 ∼으로 해치우자. ㊁튀 망설이지 않고 곧. 그 자리에서 얼른. ▣죄인을 ∼ 잡아오다.

든지函 무엇이나 가리지 않는 뜻을 나타낼 때 받침 없는 말에 붙이어 쓰는 보조사. ▣사과∼ 배∼ 먹고 싶은 대로 오너라. ⚯든. ✱이든지.

-든지어미 무엇이나 가리지 않는 뜻을 나타낼 때, '이다'나 용언의 어간에 붙이는 연결 어미. ▣있∼ 말∼ 마음대로 해라 / 싫∼ 좋∼ 간에 계속할 수밖에 없다. ⚯-든.

든직-하다[-지카-]혱에 사람됨이 경솔하지 않고 무게가 있다. ▣든직한 행동. **든직-히**[-지키]튀

든-침모 (-針母)圏 남의 집에 살면서 바느질을 맡아 하는 여자. ↔난침모.

듣그럽다[-끄-따][듣그러워, 듣그러우니]혱

ㅂ 떠드는 소리가 듣기 싫다. 시끄럽다. ▣개가 듣그럽게 짖다.

듣글 圏 〈옛〉 티끌.

듣기 [-끼]圏〖교〗 국어 학습에서, 남의 말을 정확하게 알아듣고 이해하는 일. ✱말하기·읽기·쓰기.

듣다¹ [-따][들어, 들으니, 듣는]자타 **1** 눈물이나 빗물 따위가 방울져 떨어지다. ▣빗방울 듣는 소리 / 눈물이 뚝뚝 ∼.

듣거니 맺거니 圏 눈물이 방울방울 떨어지기도 하고 이슬처럼 맺히기도 함.

듣다² [-따][들어, 들으니, 듣는]자ㄷ **1** 약 따위가 효험을 나타내다. ▣두통에 잘 듣는 약 / 그에게는 뇌물이 안 듣는다. **2** 기계나 장치 따위가 제대로 움직이다. ▣자동 조절기가 잘 듣지 않는다.

듣다³ [들어, 들으니, 듣는]타ㄷ **1** 귀로 소리를 느끼다. ▣음악을 ∼ / 강의를 ∼. **2** 칭찬이나 꾸지람을 받다. ▣꾸지람을 ∼. **3** 남이 시키거나 일러 주는 대로 따르다. ▣선생님 말씀을 잘 들어라. **4** 허락하다. ▣청을 들어주다.

[듣기 좋은 노래도 한두 번이다] 아무리 좋은 것이라도 너무 반복되면 싫증이 난다는 말. [들으면 병이요 안 들으면 약이다] 들어서 걱정될 일은 듣지 않음이 낫다. [들은 풍월 얻은 문자] 정식으로 배운 지식이 아니라 귓결에 듣고 눈결에 주워 쓰는 사람을 비웃는 말. [들을 이 짐작] 아무리 감언이설을 늘어놓아도 듣는 사람은 나름대로 짐작을 할 것이니 말한 그대로만 될 리 없다는 말.

듣도 보도 못하다 귀 들은 적도 본 적도 없어 전혀 알지 못하다.

듣다-못해 [-따모태]튀 어떤 말을 듣다가 더 이상 참을 수 없어서다. ▣∼ 한마디 했다.

듣보기-장사 [-뽀-]圏 들어박힌 장사가 아니고, 시세를 듣보아 가며 요행을 바라는 장사. 투기상(投機商).

[듣보기장사 애 말라 죽는다] 요행을 바라느라고 몹시 애를 쓰는 사람을 비유하는 말.

듣-보다 [-뽀-]타 듣기도 하고 보기도 하며 알아보거나 살피다. ▣혼처를 ∼.

듣-잡다 [듣짭따][듣자와, 듣자오니]타ㅂ '듣다'의 겸손한 말. ▣말씀을 듣자오니.

들:¹ 圏 **1** 편평하고 넓게 트인 땅. ▣산과 ∼에 핀 꽃. **2** 논밭으로 되어 있는 넓은 땅. ▣농부가 ∼에서 벼를 베다.

들² 의명 두 개 이상의 사물을 벌여 말할 때, 그 여러 사물을 모두 가리키거나 같은 종류의 사물이 더 있음을 나타내는 말. ▣과일로는 수박, 참외, 토마토 ∼이 진열되어 있다. ✱등².

들³ 函 부사어나 어미 뒤에 붙어, 그 문장의 주어가 복수임을 나타내는 보조사. ▣울지 마라 / 벌써 다∼ 떠났다.

들-¹튀 몹시. 굉장히. 무리하게. ▣∼볶다 / ∼끓다 / ∼쑤시다.

들:-²튀 '들에서 자란'·'야생'의 뜻. ▣∼국화 / ∼개 / ∼쥐 / ∼장미.

-들미 명사·대명사 뒤에 붙어서 복수를 나타냄. ▣사람∼ / 우리∼.

들:-개 [-깨]圏 주인이 없이 제멋대로 돌아다니는 개. 야견(野犬).

들-것 [-껏]圏 환자나 물건을 실어서 나르는 기구. 담가(擔架). ▣∼으로 나르다 / 환자가 ∼에 실려 나가다.

들고-나다자 **1** 남의 일에 참견하다. ▣남의 싸움에 들고나지 마라. **2** 집 안의 물건을 팔려고 가지고 나가다.

들고-뛰다 风 〈속〉 달아나다. ▯일이 이쯤되면 들고뛰는 수밖에 없다.

들고-버리다 风 〈속〉 달아나다.

들고-빼다 风 〈속〉 달아나다.

들:-고양이 [-꼬-] 명 《동》 살쾡이.

들고-일어나다 风 어떤 일에 항의하거나 반대하여 궐기하고 나서다. ▯환경 파괴에 반대하여 ~.

들고-주다 □风 〈속〉 달아나다. □타 난봉이 나서 있는 재물을 함부로 쓰다.

들고-튀다 风 〈속〉 들고뛰다.

들고-파다 타 한 가지만을 열심히 공부하거나 연구하다. ▯수학만 죽어라 하고 ~.

들:-국화 [-菊花] [-구콰] 명 《식》 산이나 들에 나는 야생종의 국화. 감국(甘菊) 따위.

들굴¹ 명 〈옛〉 등걸.

들굴² 명 〈옛〉 떼³.

들궐¹ 명 〈옛〉 등걸.

들궐² 명 〈옛〉 떼³.

들-그물 명 바다 밑이나 중간에 그물을 깔아 놓고 물고기를 그 위로 유인하여 들어 올려 잡는 그물. 딛그물. 부망.

들그서-내다 타 안에 들어 있는 물건을 함부로 쑤시며 뒤져 끄집어내다.

들-기름 명 들깨로 짠 기름. 법유(法油).

들-기술 (-技術) 명 씨름에서, 상대편의 엉덩이를 들거나 배를 껴 넘어뜨리는 공격 기술.

들-까부르다 [들까불러, 들까불러니] 타재 위아래로 심하게 흔들다. ☞들까불다.

들까불-거리다 타 자꾸 들까부르다. ▯머리를 ~. 들까불~하다 무타해

들-까불다 타 '들까부르다'의 준말.

들까불-대다 타 들까불거리다.

들-까불리다 타 《'들까부르다'의 피동》 들까부름을 당하다.

들-깨 명 《식》 꿀풀과의 한해살이풀. 높이는 약 80 cm, 잎은 크고 잔털이 있으며 여름에 흰 꽃이 핌. 잎은 식용하며 씨는 들기름을 짬. 임자(荏子).

들깻-묵 [-깬-] 명 들기름을 짜내고 남은 찌끼. 임박(荏粕).

들깻-잎 [-깬닙] 명 들깨의 잎사귀(식용함).

들:-꽃 [-꼳] 명 들에 피는 꽃. 야화(野花).

들-꾀다 风 여럿이 한곳에 모여들다. ▯쓰레기에 파리들이 ~.

들:-꿩 명 《조》 들꿩과의 새. 높은 산에 사는 우리나라 특산종임. 부리는 짧고 등은 회색에 적갈색의 가로무늬가 있고 목은 검으며 배는 백색에 흑색과 적갈색의 점이 있음.

들-끓다 [-끌타] 风 1 여럿이 한곳에 모여들어서 수선스럽게 움직이다. ▯터미널이 피서객들로 ~. 2 감정이나 기세 따위가 매우 높아지다. ▯여론이 ~.

들-나무 [-라-] 명 편자를 붙일 때, 말이나 소가 움직이지 못하도록 다리를 붙잡아 매는 기둥.

들:-나물 [-라-] 명 들에서 나는 나물.

들-낚시 [-락씨] 명 씨름에서, 상대편의 다리 사이에 다리를 넣은 뒤 위로 당겨 올리는 다리 기술. 들낚시걸이.

들-날리다 [-랄-] 风타 세력이나 명성 따위가 널리 떨치다. 또는 그리 되게 하다. 드날리다. ▯이름을 세계에 ~.

들:-내 [-래] 명 들에서나 들기름에서 나는 냄새.

들:-녘 [-력] 명 들이 있는 곳. 넓은 들. ▯모내기가 한창인 ~ 풍경 / ~에는 누런 벼가 물결치듯 출렁거린다.

들-놀다 [-롤-] 〔들놀아, 들노니, 들노는〕 风

들썩거리며 이리저리 흔들리다.

들:-놀이 [-로리] 명타재 들에서 노는 놀이. 야유(野遊). ▯온 가족이 ~를 가다.

들:-놓다 [-로타] 风 논밭에서 끼니때가 되어 일손을 잠시 쉬거나, 집으로 헤어져 가다.

들-놓다² [-로타] 风 들었다 놓았다 하다.

들다¹ 〔들어, 드니, 드는〕 □风 1 거처를 정하고 살다. ▯새집에 ~. 2 속이나 안으로 가거나 오다. ▯잠자리에 ~ / 방 안에 ~. 3 물감·물기·소금기 따위가 스미거나 배다. ▯빨간 물이 ~. 4 돈·시간·노력 따위가 쓰이다. ▯비용이 ~ / 공이 ~. 5 풍흉(豊凶) 또는 절기가 되다. ▯풍년이 ~ / 윤년이 ~. 6 사람·물건이 좋게 받아들여지다. ▯마음에 드는 사람 / 눈에 드는 물건. 7 병이 생기다. ▯감기가 ~. 8 음식 맛이 알맞게 되다. ▯간이 ~ / 김치가 맛이 ~. 9 버릇이 생기다. ▯고약한 버릇이 ~. 10 어떤 상태가 이루어지거나 알맞게 되다. ▯정이 ~ / 철이 ~. 11 안에 들어 있다. ▯밥솥에 든 팥. 12 도둑 등이 침입하다. ▯간밤에 도둑이 들었다. 13 빛·볕 따위가 어디에 미치다. ▯햇볕이 잘 드는 남향집. 14 어떤 조직체에 가입하거나 합격되다. ▯계(契)에 ~ / 노조에 ~ / 합격선에 ~. 15 나이가 많아지다. ▯나이가 들어 보이다. 16 어떤 환경이나 상태에 놓이다. ▯고생길에 ~. 17 적금·보험 따위의 거래를 시작하다. ▯적금에 ~ / 보험에 ~. 18 어떤 시기가 되다. ▯올들어 경기가 회복되었다. 19 뿌리나 열매가 속이 단단해지다. ▯무가 속이 ~ / 낟알이 알차게 ~. 20 의식이 회복되거나 생각 등이 일다. ▯의식이 ~ / 엉뚱한 느낌이 ~. 21 잠이 와서 몸과 의식에 작용하다. ▯깜빡 선잠이 ~. □타 앞의 명사가 나타내는 일이나 행동 등을 하다. ▯역성을 ~ / 장가를 ~ / 편을 ~. □보동 《동사 뒤에서 '-려(고) 들다·-자고 들다'의 꼴로 쓰여》 적극적으로 어떤 행동을 취하려고 함을 나타내는 말. ▯때리려고 ~ / 망하자고 들면 무슨 짓을 못해. [드는 정은 몰라도 나는 정은 안다] 정이 들 때는 몰라도 정이 떨어져 싫어질 때는 역력히 알 수 있다는 말. [들 적 며느리 날 저송 아지] 며느리는 출가해 온 후 줄곧 일만 하고 산다는 말.

들다² 〔들어, 드니, 드는〕 风 1 비나 눈이 그치고 날이 좋아지다. 개다. ▯날이 들면 떠나거라. 2 날이 그치다. ▯바람을 쐬니 땀이 ~.

들다³ 〔들어, 드니, 드는〕 风 날이 날카로워 물건이 잘 베어지다. ▯칼이 잘 ~.

[들지 않는 솜틀은 소리만 요란하다] ㉠못난 사람일수록 젠체하고 호령하며 나선다. ㉡되지도 않을 일을 소문만 크게 낸다는 말.

들다⁴ 〔들어, 드니, 드는〕 타 1 손에 가지다. ▯꽃을 든 소녀. 2 위로 올리다. ▯손을 ~. 3 어떤 사실이나 예(例)를 가져다 대다. ▯증거를 ~ / 예를 ~. 4 '먹다'의 높임말. ▯아침을 ~ / 진지 드세요.

[드는 돌에 낯 붉는다] 원인이 있어야 결과가 있다는 말.

들:-대 명 가까운 들녘.

들-도리 [-또-] 명 《건》 들연이 얹히는 도리. 처마 도리.

들-돌 [-똘] 명 몸의 단련을 위해 들었다 놓았다 하는, 돌이나 쇠로 만든 운동 기구.

들-두드리다 타 마구 두드리다. ▯문을 ~.

들-두들기다 타 마구 두들기다. ▯흥에 겨워

북을 ~.

들들 🖲 **1** 콩이나 깨 따위를 휘저으며 볶거나 맷돌에 가는 모양. 🗌 콩을 ~ 갈다. **2** 사람을 몹시 못살게 구는 모양. 🗌 왜 사람을 ~ 볶느냐. **3** 물건을 들쑤셔 가며 뒤지는 모양. 🗌 장 롱을 ~ 뒤지다. 웹달달.

들-때리다 🖽 마구 때리다. 🗌 애매한 사람을 잡아다가 ~.

들-밑 [-믿] 몡 권세 있는 집의 오만하고 고 약한 하인.

들-떠들다 [들떠들어, 들떠드니, 들떠드는] 困 여럿이 들끓어서 마구 떠들다.

들떼-놓고 [-노코] 🖲 꼭 집어 바로 말하지 않 고. 🗌 ~ 얼버무리다.

들-떼리다 🖽 남의 감정을 건드려 몹시 화나 게 하다.

들-뛰다 困 '들이뛰다2'의 준말. 🗌 들뛰어도 시간에 닿기 어렵겠다.

들-뜨다 [들떠, 들뜨니] 困 **1** 단단한 데에 붙은 얇은 것이 떨어져 틈이 생기다. 🗌 장판이 ~ / 풍치로 이가 ~. **2** 마음이나 분위기가 가라앉 지 않고 들썽거리다. 🗌 들뜬 목소리 / 축제 기분에 ~. 웹달뜨다. **3** 살빛이 누렇고 부석 부석하게 되다. 🗌 얼굴이 누렇게 ~.

들-뜨리다 🖽 '들이뜨리다'의 준말.

들-뜨이다 《'들뜨다'의 피동》 어떤 충동이 나 자극을 받아 마음이 들썽거려지다.

들락-거리다 [-꺼-] 困困 들랑거리다.

들락-날락 [-랑-] 🖲困困 자꾸 드나드는 모양. 들랑날랑. 🗌 구멍에서 쥐가 ~.

들락-대다 [-때-] 困困 들락거리다.

들랑-거리다 困困 자꾸 들어왔다 나갔다 하 다. 들락거리다. 🗌 분주하게 집에 ~.

들랑-날랑 🖲困困 들락날락.

들랑-대다 困困 들랑거리다.

들러리 몡 **1** 결혼식에서, 신랑이나 신부를 식 장으로 인도하고 거들어 주는 사람. 🗌 친구 결혼식에 ~를 서다. **2** 주체가 아닌 곁따르는 노릇을 하는 사람의 비유. 🗌 신세를 면하 다 / 친구들 데이트에 ~ 노릇을 하다.

들러-붙다 [-붇따] 困 《←들어붙다》 **1** 끈기 있 게 철썩 붙다. 🗌 거미줄이 얼굴에 ~. **2** 한곳 에 머물러 자리를 뜨지 않다. 🗌 계임기 앞에 만 들러붙어 있다. **3** 몹시 열중하다. 🗌 연극 일에 ~. **4** 끈기 있게 붙어 따르다. 🗌 강아지 가 들러붙어 귀찮게 한다. 웹달라붙다.

들레다 困 야단스럽게 떠들다.

들려-오다 困 소리나 소문 등이 들리다. 🗌 안 내 방송이 ~.

들려-주다 🖽 소리나 말을 듣게 해 주다. 🗌 음 악을 ~ / 옛날이야기를 ~.

들르다 [들러, 들르니] 困🖽 지나는 길에 잠깐 들어가 머물다. 🗌 책방에 ~.

들리다¹ 困🖽 《'듣다'의 피동》 **1** 소리가 귀청 을 울려 감각이 일어나다. 🗌 소리가 ~. **2** 소 문이 퍼져 남이 듣게 되다. 🗌 그가 사장이래 로는 그가 들었다. 🖽 《'듣다'의 사동》 남을 시켜서 듣게 하다. 🗌 그에게도 그 말을 들리는 게 좋겠다.

들리다² 困 병이 옮거나 귀신이 덮치다. 🗌 감 기가 ~ / 귀신이 ~.

들리다³ 困 물건의 뒤가 끊어져 다 없어지다. 🗌 바닥나다. 🗌 밑천이 ~.

들리다⁴ 困 《'들다5'의 피동》 남에게 듦을 당 하다. 🗌 몸이 번쩍 ~. 🖽 《'들다5'의 사동》 남을 시켜서 들게 하다. 🗌 깃발을 ~.

들마 몡 가게 문을 닫을 무렵. 🗌 ~에 전화 좀 걸어 주게.

들-맞추다 [-맏-] 🖽 겉으로 얼렁거려 남의 비 위를 맞추다. 🗌 사장 기분을 ~.

들-머리 몡 **1** 들어가는 맨 첫머리. 들목. 🗌 마 을 / 시장 ~에 있는 가게 / 겨울 ~에 접어 들다. **2** 책이나 긴 글의 앞부분. 🗌 책의 ~.

들머리-판 있는 대로 다 들어먹고 끝장나 는 판. 웹들판.

  들머리판(을) 내다 🍁 다 들어먹고 끝장이 나게 하다. 웹들판(을) 내다.

들먹-거리다 [-꺼-] 困困 자꾸 들먹이다. 웹달 막거리다. 쎈뜰먹거리다. **들먹-들먹** [-뜰-] 🖲 困困

들먹다 [-따] 圈 못나고 마음이 올바르지 못하 다. 🗌 들먹은 사람.

들먹-대다 [-때-] 困困 들먹거리다.

들먹-이다 困困 **1** 묵직한 물체가 들렸다 내려 앉았다 하다. 🗌 짐의 한쪽이 ~. **2** 마음이 설 레다. 🗌 마음이 들먹여 일이 손에 잡히지 않 았다. **3** 어깨나 엉덩이가 아래위로 움직이다. **4** 가격이 오르는 기세를 보이다. 🗌 주식 가격 이 ~. 困困 **1** 묵직한 물체를 올렸다 내렸다 하다. **2** 남의 마음을 설레게 하다. **3** 어깨나 엉덩이를 아래위로 움직이다. 🗌 어깨를 들먹 이며 울다. **4** 남을 들추어 말하다. 🗌 내 이름 을 함부로 들먹이지 마라. 웹달막이다. 쎈뜰 먹이다.

들메 몡困 벗어지지 않게 신을 들메는 일.

들메-끈 몡 신을 들메는 끈.

들메다 🖽 신이 벗어지지 않게 발에다 끈으로 동여매다.

들무새 몡困 **1** 뒷바라지에 쓰는 물건. **2** 무 엇을 만드는 데 쓰이는 재료. **3** 남의 막일을 힘껏 도움.

들:-바람 [-빠-] 몡 들에서 부는 바람.

들-배지기 몡 씨름에서, 상대편의 샅바를 잡 고 배 높이까지 들어 올린 뒤 자기의 몸을 돌 리면서 상대편을 넘어뜨리는 기술.

들병-이 (-瓶-)[-뼝-] 몡 《속》들병장수를 하 는 여자.

들병-장수 (-瓶-)[-뼝-] 몡 병술을 들고 다니 며 파는 사람.

들-보¹ [-뽀] 몡 남자의 생식기나 항문에 병이 났을 때 샅에 차는 헝겊.

들-보² [-뽀] 몡 《건》칸과 칸 사이의 두 기둥 을 건너질러서 도리와는 'ㄱ'자, 마룻대와 는 '+'자 모양을 이루는 나무. 🗌 ~를 얹다 / ~를 올리다. 웹보.

들-볶다 [-복따] 🖽 까다롭게 굴거나 잔소리를 하여 남을 못살게 굴다. 🗌 부하 직원을 ~ / 어린것이 엄마 어미를 ~.

들볶-이다 困 《'들볶다'의 피동》 들볶음을 당 하다. 🗌 빚쟁이에게 ~.

들부드레-하다 圈回 좀 들큼하다. 🗌 음식이 ~. 웹달보드레하다.

들-부딪다 [-딛따] 🖽 마구 세게 부딪다.

들부셔-내다 🖽 지저분한 것을 깨끗이 씻어 내거나 치워 내다.

들-부수다 🖽 '들이부수다'의 준말. 🗌 낡은 건물을 ~.

들:-불 [-뿔] 몡 들에 난 불. 야화(野火).

들-붓다 [-분따] [들부어, 들부으니, 들붓는] 🖽困 '들이붓다'의 준말. 🗌 통에 물을 ~.

들-붙다 [-붇따] 🖽 들러붙다. 🗌 바닥에 들붙 은 껌.

들:-비둘기 [-삐-] 몡 《조》야생의 비둘기. ↔ 집비둘기.

들-삐 몡 〈옛〉 들깨.

들-살 [-쌀] 〖건〗 기울어져 가는 집을 쓰러지지 않게 괴어 받치는 지레.

들:-새 [-쌔] 몡 〖조〗 야생의 새. 야조(野鳥).

들:-소 [-쏘] 몡 〖동〗 미국이나 인도 등지에 사는 야생의 소의 총칭. 야우(野牛).

들-손 [-쏜] 몡 그릇 따위의 옆에 달린 반달 모양의 손잡이. □주전자 ~.

들-쇠 [-쐬] 몡 1 걸쇠나 분합 등을 떠올리거는 쇠갈고리. 걸쇠. 2 서랍이나 문짝 등에 박는 반달 모양의 손잡이.

들-숨 [-쑴] 몡 들이쉬는 숨. 흡기(吸氣). □~ 소리. ↔날숨.

  들숨 날숨 없다 囝 꼼짝달싹할 수 없다.

들썩 囝형자타 1 붙어 있던 물건이 쉽게 떠들리는 모양. □큰 덩치가 ~ 움직이다. 囹달싹. 2 어깨나 엉덩이가 한 번 들리는 모양. □어깨를 ~ 올려 보이다. 3 마음이 들떠서 움직이는 모양.

들썩-거리다 [-꺼-] 자타 자꾸 들썩이다. 囹달싹거리다. 셈뜰썩거리다. **들썩-들썩** [-뜰-] 囝형자타 □꿩과리 소리에 어깨가 ~한다 / 장내가 ~하도록 고함을 지른다.

들썩-대다 [-때-] 자타 들썩거리다.

들썩-이다 자타 1 물건이 틀렸다 내려앉았다 하다. 또는 그리 되게 하다. □물이 끓어 냄비 뚜껑이 ~. 2 마음이 들떠서 움직이다. 또는 그리 되게 하다. □여행 계획에 마음이 ~. 3 어깨나 궁둥이가 아래위로 움직이다. 또는 그리 되게 하다. □어깨를 들썩이며 춤을 추다. 囹뜰썩이다. 4 시끄럽고 부산하게 떠들다. 또는 그리 되게 하다.

들썩-하다 [-써카-] 형에 1 '떠들썩하다'의 준말. 2 사이가 좀 떠들려 있다. 囹달싹하다.

들썽-거리다 자 가라앉지 않고 어수선하게 자꾸 들뜨다. **들썽-들썽** 囝형자

들썽-대다 자 들썽거리다.

들썽-하다 자에 어수선하게 들떠서 가라앉지 않다. □그 여자를 만난 후론 마음이 들썽하여 아무 일도 할 수 없다.

들-쑤시다 자 '들이쑤시다'의 준말. □구멍을 ~ / 가만히 있는 사람을 ~.

들쑥-날쑥 [-쑹-] 囝형에 들쭉날쭉. □이가 ~ 나다.

들-쓰다 〔들써, 들쓰니〕 타 1 이불 등을 푹 덮어쓰다. □이불을 들쓰고 자다. 2 모자·갓 등을 머리에 아무렇게나 얹거나 쓰다. □모자를 ~. 3 물이나 먼지 따위를 온몸에 받다. □먼지를 ~. 4 허물이나 책임을 억지로 넘겨 맡다. □누명을 ~.

들-씌우다 [-씌-] 타 《'들쓰다'의 사동》 들쓰게 하다. □담요를 ~ / 모자를 ~ / 책임을 ~.

들-앉다 [드란따] 자 '들어앉다'의 준말.

들-앉히다 [드란치-] 타 '들어앉히다'의 준말.

들어-가다 자거타 1 밖에서 안으로 향해 가다. □교실에 ~↔나오다. 2 구멍이나 사이에 끼이다. □사진이 많이 들어간 책 / 손가락 하나가 들어갈 만한 틈. 3 어떤 단체의 구성원이 되다. □학교에 / 군대에 ~. 4 경비나 재료가 어떤 용도에 쓰이다. □양념이 골고루 들어간 김치 / 사교육비로 들어간 돈. 5 글이나 말의 내용이 이해되다. □새벽 공부는 머리에 잘 들어간다. 6 새로운 시기나 상태 따위가 비롯되다. □겨울 방학에 ~ / 소강 상태에 ~. 7 전기·수도 따위의 시설이 설치되다. □전화가 ~. 8 물체 표면에 우묵하게 패다. □뺨에 들어간 볼 / 눈이 쑥 ~.

들어-가다² 타 물건 따위를 몰래 훔치다. □도

둑이 금고를 ~.

들어-내다 타 1 물건을 들어서 밖으로 내놓다. □이삿짐을 마당으로 ~. 2 사람을 있는 자리에서 쫓아내다.

들어-뜨리다 타 집어서 속에 넣다. □빨래를 세탁기에 ~.

들어-맞다 [드러맏따] 자 정확하게 꼭 맞다. □꿈이 ~.

들어-맞히다 [드러마치-] 타 《'들어맞다'의 사동》 꼭 맞게 하다.

들어-먹다 [드러-] 타 1 재물이나 밑천을 헛되이 없애다. □노름으로 재산을 ~. 2 남의 것을 자기 차지로 만들다. □공금을 들어먹고 도망치다.

들어-박히다 [드러바키-] 자 1 촘촘히 박히다. □빽빽이 들어박힌 인가 / 반지에 보석이 촘촘히 들어박혀 있다. 2 한군데만 꼭 붙어 있다. □방 안에만 ~. 3 드러나지 않게 속으로 박히다. □손가락에 가시가 ~.

들어-붓다 [드러붇따] [-부어, -부으니, -붓는] 回자시 비가 퍼붓듯이 쏟아지다. □소나기가 좍좍 ~. 回타시 1 술을 퍼붓듯이 들이마시다. □술을 ~. 2 담긴 물건을 들어서 붓다. □솥에 물을 ~.

들어-붙다 [드러붇따] 자 '들러붙다'의 본딧말.

들어-서다 자 1 안쪽으로 다가서다. □처마 밑에 들어서서 비를 긋다. 2 어떤 곳에 자리 잡다. □빈터에 공장이 ~. 3 대들어서 버티고 서다. □들어서서 노려보다. 4 정부나 기관 따위가 처음으로 세워지다. □새 정부가 ~. 5 어떤 상태나 시기에 접어들다. □장마철에 ~ / 나이가 사십 줄에 ~.

들어-앉다 [드러안따] 자 1 안으로 다가앉다. □안으로 들어앉으시오. 2 어떤 지위를 차지하다. □주인으로 ~. 3 바깥 활동을 그만두고 집 안에만 있다. □퇴직 후 집에 ~. 4 일정한 곳에 자리 잡다. □강변에 아파트가 ~. 囹들앉다.

들어-열개 몡 〖건〗 위쪽으로 들어 열게 된 문.

들어-오다 자너라 1 밖에서 안으로 향해 오다. □안으로 들어오너라. ↔나가다. 2 단체의 구성원이 되다. □새로 들어온 회원 / 금년에 대학에 들어왔다. 3 일정한 범위나 기준 안에 소속되거나 포함되다. □21세기에 ~. 4 수입 등이 생기다. □이자가 매달 10만 원씩 들어온다. 5 전기·수도 등의 시설이 설치되다. □동네에 도시가스가 ~. 6 말이나 글에 이해되고 기억되다. □책의 내용이 머리에 ~. 囹들오다.

들어-주다 타 청이나 원하는 것을 허락하다. 받아들이다. □취직 부탁을 ~.

들어-차다 자 많이 들어서 가득 차다. □가게가 손님들로 ~ / 집들이 골목을 빽빽이 ~.

들어-트리다 타 들어뜨리다.

들-엉기다 자 착 들러붙어서 엉기다.

들-엎드리다 [드럽프-] 回 밖에 나가 활동하지 않고 안에만 머물다. □집에 들엎드려 낮잠만 잔다.

들에다 〈옛〉 들레다. 떠들썩하다².

들에옴 자 〈옛〉 떠들썩함. '들에다'의 명사형.

들여-가다 타거타 1 밖에서 안으로 가져가다. □밥상을 ~. 2 물건을 사서 집으로 가져가다. □쌀을 ~.

들여-놓다 [드려노타] 타 1 밖에서 안으로 갖다 놓다. □방 안에 책상을 ~. 2 관계를 맺거나 진출하다. □정계에 발을 ~. 3 물건을

사서 집에 갖다 놓다. ¶가스레인지를 새로
~. 4 밖에서 안으로 들어오게 하다. ¶다시
나는 집에 발도 들여놓지 마라.
들여다-보다 匪 1 밖에서 안을 보다. ¶문틈
으로 안을 ~. 2 가까이에서 자세히 살피다.
¶손금을 ~. 3 어디에 들러서 보다. ¶입원
중인 친구를 ~.
들여다-보이다 困 ('들여다보다'의 피동) 속
에 있는 것이 보이다. ¶속살이 ~ / 속
이 빤히 ~. 邕들여다뵈다.
들여다-뵈다 困 '들여다보이다'의 준말.
들여-대다 匪 안쪽으로 바싹 가까이 대다. ¶
차를 ~.
들여-디디다 匪 안쪽으로 발을 옮겨 디디다.
¶떨어질라, 이쪽으로 발을 들여디디며라.
들여-보내다 匪 1 안이나 속으로 들어가게 하
다. ¶입장권을 가진 사람만 ~. 2 단체나 조
직의 구성원이 되게 하다. ¶대학이나 군
대에 ~. 3 사위나 며느리 등이 되게 하다.
들여-세우다 匪 1 안쪽으로 들여서 세우다.
¶차를 마당에 들여세우고 환자를 태우다. 2
후보자를 골라 계통을 잇게 하다. ¶조카를
양자로 ~.
들여-쌓다 [드려싸타] 匪 들이쌓다1. ¶쌀가마
를 창고에 ~.
들여-앉히다 [드려안치-] 匪 ('들어앉다'의 사
동) 1 들어가 앉게 하다. 2 다가앉게 하다. ¶
아이들을 난롯가로 ~. 3 바깥 활동을 그만
두게 하고 집 안에 있게 하다. ¶아내를 집에
~. 4 첩 등을 집에서 살도록 데려오다. 邕들
앉히다.
들여-오다 匪려 1 밖에서 안으로 가져오다.
¶짐을 마당 안으로 ~. 2 물건을 장만하여
집이나 나라 안으로 가져오다. ¶원자재를 ~.
들:-연 (-椽) [-런] 匽 『건』 오량(五樑)에서 도
리에 걸친 서까래.
들:-오다 困려 '들어오다'의 준말.
들:-오리 匽 집오리에 대하여 야생하는 오리.
들온-말 匽 『언』 '외래어'의 풀어쓴 말.
들우다 匪 〈옛〉들리다.
들은-귀 匽 1 들은 경험. ¶~가 있어 묻는 거
다. 2 자기에게 이로운 말을 듣고 그 기회를
놓치지 않으려 함을 이르는 말. ¶~가 밝다.
들은-풍월 (-風月) 匽 남에게서 얻어들어 알게
된 변변치 않은 지식. ¶~로 시를 짓는다.
들음-들음1 匽 이따금씩 들음. 또는 그런 것.
¶~으로 대충 알다.
들음-들음2 用 비용·물자 등이 조금씩 잇따라
드는 모양. ¶비용이 ~ 꽤 들었다.
들음직-하다 [드름지카-] 匵 흥미가 있어 들
을 만하다. ¶이야기가 ~.
들이 用 '들입다'의 준말.
들이- 匬 1 안으로 들이는 동작을 나타내는
말. ¶~밀다 / ~쉬다. 2 '마구'·'몹시'·'갑
자기'의 뜻을 나타내는 말. ¶~덤비다 / ~
부수다 / ~닥치다.
-들이 匬 그릇의 용량을 나타내는 말. ¶한 되
~ 병 / 1리터~ 양주가 잘 팔린다.
들이-갈기다 [드리-따] 匪 몹시 세게 때리다. ¶주먹으
로 얼굴을 냅다 ~.
들이-곱다 [드리-따] 困 안으로 꼬부라지다.
¶추워서 손가락이 ~. 邕들이굽다.
들이-굽다 [드리-따] 困 안으로 꾸부러지다.
¶팔이 들이굽지 내굽나. 邕들이곱다. ↔내
굽다.

들이-긋다 [드리귿따] [-그어, -그으니, -긋
는] 困자 1 병독이 몸 밖으로 나가지 않고 안
으로 몰리다. ¶병독이 들이긋어 계속 누워
있다. 티자 1 금을 안쪽으로 다가서 긋다.
¶줄을 조금 들이긋어라. 2 금을 계속해서
긋다. 3 숨이나 연기를 들이켜다. ¶맑은 공
기를 가슴 깊이 ~.
들이-끌다 [-끌어, -끄니, -끄는] 匪 안쪽으
로 잡아 끌다. ¶마다하는 사람을 차에 ~.
들이-끼다 困 틈이나 사이에 들어가 끼다.
¶늘어선 줄에 ~. 邕티 마구 끼다.
들이-끼우다 匪 ('들이끼다'의 사동) 1 틈이
나 사이에 밀어 넣어 끼우다. 2 마구 끼우다.
들이-끼이다 困 ('들이끼다'의 피동) 1 틈이
나 사이에 들어가서 끼이다. 2 마구 끼이다.
들이다1 困 〈옛〉들리다.
들이다2 匪 (1~6은 '들다'의 사동) 1 안으로
들게 하다. ¶친구를 방에 ~. 2 비용을 내거
나 힘을 쓰다. ¶공을 ~ / 백만 원 들여서 수
리하다. 3 맛을 붙이다. ¶고기 맛을 ~. 4
잠을 이루게 하다. ¶젖먹이에게 젖을 물려
잠을 ~. 5 물감을 올리다. ¶빨간 물을 ~.
6 잘 가르쳐 길이 들게 하다. ¶좋은 버릇을
~. 7 집안에 부릴 사람을 고용하다. ¶가정
부를 ~. 8 물건을 안으로 가져오다. ¶냉장
고를 주방에 ~. 9 식구를 새로 맞이하다. ¶
친구 딸을 며느리로 ~.
들이다3 匪 땀을 그치게 하다. ¶땀이나 들이
고 가시오.
들이-닥치다 困 갑자기 바싹 다다르다. ¶손
님들이 ~.
들이-대다 匬困 마구 대들다. ¶증거를 대라
고 ~. 匬匪 1 바싹 가져다 대다. ¶권총을
~. 2 힘이나 물건 따위를 대어 주다. ¶밑천
은 얼마든지 들이대겠네. 3 물을 끌어대다.
¶논에 물을 ~. 4 급히 가서 닿다. ¶차를
문 앞에 ~.
들이-덤비다 困 함부로 마구 덤벼들다. ¶어
른에게 ~.
들이-뛰다 困 1 밖에서 안으로 뛰어가다. 2 급
하게 마구 뛰다. ¶들이뛰어도 제 시간에 닿
기는 힘들겠다. 邕들뛰다.
들이-뜨리다 匪 안을 향해 아무렇게나 집어넣
다. 邕들뜨리다.
들이-마르다 [-말라, -마르니] 匬困 1 몹시
마르다. ¶목이 들이말라 물을 들이켰다.
匬匪匬 종이나 옷감 따위를 밖에서 안쪽으로
마르다.
들이-마시다 匪 1 액체나 기체를 몸 안으로 빨
아들이다. ¶숨을 깊숙이 ~. 2 마구 마시다.
¶독한 술을 ~.
들이-맞추다 [드리맏-] 匪 제자리에 들이대어
꼭 맞게 하다. ¶창문을 창문틀에 ~.
들이-먹다 [드리-따] 匪 마구 먹다.
들이-몰다 [-몰아, -모니, -모는] 匪 1 안으로
향해 몰다. ¶소를 외양간으로 ~. ↔내몰다.
2 몹시 심하게 몰다. 마구 몰다. ¶차를 시속
150km로 ~.
들이-몰리다 困 ('들이몰다'의 피동) 안으로
또는 한쪽으로 몰리다. ¶시위 군중이 한쪽
으로 ~.
들이-밀다 [-밀어, -미니, -미는] 匪 1 안쪽으
로 밀어 넣거나 들여보내다. ¶쪽지를 문틈
으로 ~. 2 함부로 몹시 밀다. ¶서로 들이밀
면서 빠져나갔다. 3 바싹 갖다 대다. ¶옆구
리에 권총을 ~. 4 돈이나 물건을 제공하다.
¶재산을 몽땅 사업에 ~. 5 문제를 제기하
다. ¶담당자에게 공해 문제를 들이밀고 따

졌다. ⑩디밀다.

들이-밀리다[재]《'들이밀다'의 피동》1 안으로
또는 한쪽으로 밀리다. 2 안쪽으로 들이밂을
당하다. ↔내밀리다.

들이-박다[드리-][타] 1 안쪽으로 옮겨서 박
다. ☐말뚝을 좀 더 ~. 2 속으로 깊이 들어
가게 박다. ☐긴 못을 ~. 3 함부로 박다. ☐
벽에다 못을 들이박아 보기에 흉하다.

들이-박히다[드리바키-]《'들이박다'의 피
동》 들이박음을 당하다. ☐논바닥에 들이박
힌 차.

들이-받다[드리-따][타] 1 머리를 들이대고 받
다. ☐소가 뿔로 사람을 ~. 2 함부로 받거나
부딪다. ☐버스가 승용차를 들이받았다.

들이-부수다[타] 닥치는 대로 마구 두들겨 부
수다. ☐낡은 집을 ~. ⑩들이부수다.

들이-불다[-불어, -부니, -부는][재] 1 바람이
안쪽으로 불다. ☐바람이 방 안으로 ~. 2 바
람이 세차게 불다. ☐바람이 들이불더니 지
붕이 내려앉았다.

들이-붓다[드리붇따][-부어, -부으니, -붓
는][타A] 1 쏟아 넣다. ☐가마솥에 물을 ~.
2 마구 붓다. ☐소나기가 들이붓듯이 쏟아지
다. ⑩들붓다.

들이-비추다[타] 1 안쪽으로 비추다. ☐손전등
으로 방 안을 ~. 2 마구 비추다. ☐조명이
그를 ~.

들이-비치다[재] 1 안쪽으로 비치다. ☐빛이
방으로 ~. 2 마구 비치다. ☐조명이 여기저기
서 ~.

들이-빨다[-빨아, -빠니, -빠는][타] 1 힘 있
게 빨다. ☐아기가 젖을 ~. 2 안쪽으로 빨
다. ☐담배를 ~.

들이-빼다[재] 냅다 도망치다. ☐골목을 향해서
~.

들이-세우다[타] 1 안쪽으로 들여서 세우다.
☐우산을 현관에 ~. 2 어떤 자리에 보내어
일을 맡게 하다. ☐사위를 부장으로 ~.

들이-쉬다[타] 숨을 들이켜 쉬다. ☐맑은 공기
를 깊이 ~. ↔내쉬다.

들이-쌓다[드리싸타][타] 1 안쪽으로 쌓다. 들
여쌓다. 2 마구 쌓다.

들이-쌓이다[드리싸-]《'들이쌓다'의 피동》
1 한곳에 많이 쌓이다. ☐눈이 산골짜기에
~. 2 안쪽으로 쌓이다.

들이-쏘다[타] 안을 향해 쏘다. 2 마구 쏘다.
☐놀라서 어둠 속으로 총을 들이쏘았다.

들이-쑤시다[재타] 쿡쿡 찌르듯이 아픈 느낌이
들다. ☐생손이 ~. [타] 1 남을 가만히 있
지 못하게 마구 들쑤시다. ☐들이쑤셔 싸움
을 붙이다. 2 무엇을 찾으려고 샅샅이 마구
헤치다. ☐책상 서랍을 ~. ⑩들쑤시다.

들이-조르다[-졸라, -조르니][타타] 몹시 조
르다. ☐컴퓨터를 사 달라고 ~.

들이-지르다[-질러, -지르니][타타] 1 들이닥
치며 세게 지르다. ☐상대의 옆구리를 발로
~. 2 닥치는 대로 흉하게 많이 먹다. 3 큰 소
리를 마구 내다.

들이-찌르다[-찔러, -찌르니][타타] 1 마구 찌
르다. 2 안쪽으로 찌르다.

들이-찧다[드리찌타][타] 잇달아 세차게 찧다.
☐벽에 주먹을 들이찧으며 울어댄다.

들이-치다¹ 비·눈·햇살 등이 안쪽으로 세
차게 뿌리거나 비치다. ☐소낙비가 창문으
~ / 햇빛이 차 안으로 ~.

들이-치다² 들이닥치며 세차게 치다. ☐적
의 기지를 ~.

들이-켜다[타] 물 따위를 마구 마시다. ☐냉수

683   들척이다

한 대접을 벌컥벌컥 ~.

들이-키다¹[타] 안쪽으로 가까이 옮기다. ↔내
키다.

들이-키다²[타] ☞ 들이켜다.

들이-트리다[타] 들이뜨리다.

들이-파다[타] 1 밖에서 안쪽으로 또는 밑으로
내리 파다. 2 깊이 몰두하여 궁리하거나 연구
하다. ☐수학을 ~.

들이-퍼붓다[드리-붇따][-퍼부어, -퍼부으
니, -퍼붓는][재A] 비나 눈 따위가 마구 쏟
아지다. ☐소나기가 ~. [타A] 1 액체를 그
릇에 마구 쏟아 붓다. 2 욕 따위를 마구 하
다. ☐비난을 ~.

들:-일[-릴][명][하자] 밭이나 논에서 하는 일.

들-입(-人)[-립][명] 한자 부수의 하나('全'·
'兩' 등에서 '人'의 이름).

들입다[드립따][부] 세차게 마구. 또는 무리하
게 힘을 들여서. ☐~ 밀고 들어가다 / 총을
~ 쏘아 대다. ⑩들입다.

들-장대(-長-)[-짱때][명] 가마를 메고 가는
사람들의 어깨를 쉬도록 가마의 양쪽에서 가
마채 밑에 받쳐서 들어 주는 장대.

들:-장미(-薔薇)[-짱-][명][식] 들에 저절로
나는 장미. 찔레나무.

들-장지(-障-)[-짱-][명][건] 들어 올려서 매
달아 놓게 된 장지.

들-재간(-才幹)[-째-][명] 씨름에서, 상대편을
들어 올리는 기술을 통틀어 이르는 말.

들:-쥐(-쥐)[명][동] 1 들에 사는 쥐의 총칭.
2 쥐의 하나. 얕은 산의 습지에 삶. 몸은 작
으며 꼬리가 길어 나무를 휘감아 오름. 등은
갈색. 배는 흼.

들:-짐승[-찜-][명] 들에서 사는 짐승. ＊뭍짐
승·산짐승.

들쩍지근-하다[-찌-][형어] 조금 들큼한 맛이
있다. 찬달짝지근하다. ㉗들척지근하다. 들
쩍지근-히[-찌-][부]

들쭉[명] 들쭉나무의 열매.

들쭉-나무[-쭝-][명][식] 진달랫과의 낙엽 활
엽 관목. 높은 산에 나는데, 높이 2m가량.
한여름에 담홍색 꽃이 핌(검은 장과는 식용
및 양주용임).

들쭉-날쭉[-쭉-][부][하형] 들어가고 나오고 하
여 고르지 않은 모양. 들쑥날쑥. ☐~한 해안
선 / 버스 오는 시간이 ~하다.

들쭉-술[-쑬][명] 들쭉으로 담근 술.

들쭉-정과(-正果)[-쩡-][명] 들쭉을 말려서 만
든 정과.

들-차다[형] 1 뜻이 굳세고 몸이 튼튼하다. ☐
들차게 생기다. 2 몹시 거세다. ☐바람이 들
차게 분다.

들-창(-窓)[명][건] 1 들어서 여는 창. 2 벽의
위쪽에 자그맣게 만든 창. 들창문.

들창-눈-이(-窓-)[명] 위를 보는 것처럼 늘 눈
꺼풀을 쳐든 사람.

들창-문(-窓門)[명] 들창.

들창-코(-窓-)[명] 코끝이 위로 들려서 콧구멍
이 드러나 보이는 코. 또는 그런 사람. ☐~
를 벌름거리다.

들처-나다[재] 들추어져서 드러나다. ☐잘못
이 ~.

들척-거리다[-꺼-][타] 이리저리 자꾸 들추어
뒤지다. ☐서류 뭉치를 ~.

들척-대다[-때-][타] 들척거리다.

들척-이다[타] 이리저리 들추어 뒤지다. ☐신

문을 ~ / 옷장 속을 ~.

들척지근-하다[-찌-]〖혱여〗조금 들큼한 맛이 있다. 〖술맛이 약간 ~. ⑩달착지근하다. ⑪ 들쩍지근하다. ㉜들치근하다. **들척지근-히**[-찌-]〖閉〗

들추다〖타〗**1** 지난 일이나 숨은 일 등을 끄집어 내어 드러나게 하다. 〖남의 과거를 ~. **2** 무 엇을 찾으려고 자꾸 뒤지다. 〖서랍을 ~ / 사전을 들추어 보다. **3** 속이 드러나게 들어 올리다. 〖이불을 ~.

들추어-내다〖타〗들추어 나오게 하다. 〖비리 를 ~. 들춰내다·추어내다.

들치근-하다〖혱여〗'들척지근하다'의 준말.

들-치기〖몡하타〗남의 눈을 속여 물건을 잽싸게 훔쳐 들고 달아나는 좀도둑. 또는 그런 짓. *날치기·소매치기.

들치다〖타〗물건의 한쪽 머리를 쳐들다. 〖치마 를 ~ / 발을 들치고 내다보다.

들큰-거리다〖자〗불쾌한 말로 남의 비위를 자 꾸 건드리다. **들큰-들큰**〖閉하타〗

들큰-대다〖타〗들큰거리다.

들큼-하다〖혱여〗맛이 맛깔스럽지 않고 조금 달 다. 〖들큼한 냄새에 배 속이 느글거리다. ㉜ 달큼하다. **들큼-히**〖閉〗

들키다〖자타〗숨기려던 것이 남에게 알려지다. 〖사과를 훔쳐 먹다가 ~. 〖타〗숨기려던 것 을 남이 알아채다. 〖정체를 ~.

들:-타작(-打作)〖몡자〗들에서 하는 타작.

들통〖몡〗비밀이나 잘못이 드러난 판국. 〖끝까 지 ~이 나지 않다 / 감쪽같아서 ~ 낼 수가 없었다.

들-통(-桶)〖몡〗큰 들손이 달린 쇠붙이 또는 법 랑제의 그릇.

들티다〖타〗〈옛〉수습하다.

들-판〖몡〗'들머리판'의 준말. 〖~이 나다 / ~을 내다.

들:-판²〖몡〗들을 이룬 벌판. 〖추수가 끝난 빈 ~ / 황수로 온 ~이 물에 잠기다.

들-풀〖몡〗들에 나는 풀. 야초(野草).

들피〖몡〗굶주려 몸이 여위고 쇠약해지는 일.

들피-지다〖자〗굶주려서 몸이 여위고 기운이 쇠약해지다.

듧다〖타〗〈옛〉뚫다.

듬부기〖몡〗듬뿍기.

듬뿌룩-하다〖혱〗☞더부룩하다.

듬뿍〖閉하혱〗**1** 넘칠 정도로 가득한 모양. 〖밥 을 ~ 담다. **2** 먹이나 칠 따위를 충분히 묻힌 모양. 〖붓에 먹을 ~ 묻혀 쓰다. 듬뿍이. ㉜ 담뿍.

듬뿍-듬뿍[-뿜]〖閉하혱〗그릇마다 듬뿍하게. 〖반찬을 ~ 담다. ㉜담뿍담뿍.

듬뿍-이〖閉〗듬뿍하게. 듬뿍. 〖~ 푸다.

듬성-듬성〖閉하혱〗퍼 드물고 성긴 모양. 〖~ 난 콧수염. ㉜담성담성.

듬성-하다〖혱여〗배지 않고 성기다. 〖듬성한 머리술.

듬쑥〖閉〗손으로 탐스럽게 쥐거나 팔로 정답게 안는 모양. 〖~ 손을 잡고 악수를 청하다. ㉜담쑥.

듬쑥-듬쑥[-쑥]〖閉〗여러 번 듬쑥 쥐거나 안 는 모양. ㉜담쑥담쑥.

듬쑥-하다[-쑤카-]〖혱여〗사람의 됨됨이가 가 법지 아니하고 속이 깊다.

듬직-이〖閉〗듬직하게. 〖나이가 ~ 들다.

듬직-하다[-지카-]〖혱여〗**1** 사람됨이 무게가 있고 믿음직스럽다. 〖듬직한 사람. **2** 나이가

제법 많다. 〖나이가 듬직한 청년.

듯¹[듣]〖의명〗어미 '-ㄴ'·'-은'·'-는'·'-ㄹ'· '-을' 등의 뒤에 쓰여, 그런 것 같기도 하고 아닌 것 같기도 하다는 뜻을 나타내는 말(그 아래에 '만 듯·마는 듯·말 듯' 등과 함께 씀). 〖먹은 ~ 만 ~ / 말할 ~ 말 ~.

듯²[듣]〖의명〗'듯이'의 준말. 〖부러운 ~ 바라 보았다.

-듯[듣]〖어미〗'-듯이'의 준말. 〖땀이 비오~ 흐르다 / 쓸 ~ 돈을 쓰다.

듲다〖자〗〈옛〉듣다. 떨어지다.

듯듯다〖자〗〈옛〉떨어지다.

듯-싶다[듣씹따]〖보형〗어미 '-ㄴ'·'-은'·'-는'·'-ㄹ'·'-을'의 뒤에 쓰여, '것 같다' 의 뜻으로 주관적 측정을 나타내는 말. 〖학 생인 ~ / 눈이 올 ~.

듯이〖의명〗듯하게. 〖미친 ~ 날뛰다. ㉜듯.

-듯이〖어미〗'이다'나 용언의 어간 뒤에 붙어서 '그 어미가 뜻하는 내용과 거의 같게'의 뜻 을 나타내는 연결 어미. 〖구름에 달 가~ / 바늘 가는 데 실 가~. ㉜-듯.

듯-하다[드타-]〖보형〗어미 '-ㄴ'·'-은'·'-는'·'-ㄹ'·'-을'의 뒤에 쓰여, '것 같다' 의 뜻으로 객관적 측정을 나타내는 말. 〖좀 큰 ~ / 비가 올 ~.

등〖몡〗**1**〖생〗사람이나 동물의 가슴과 배의 반 대쪽 부분. 〖아기를 ~에 업다 / ~이 가렵 다 / ~이 굽다 / 벽에 ~을 기대고 앉다. **2** 물 체의 뒤쪽이나 바깥쪽에 불룩하게 내민 부 분. 〖의자의 ~ / 칼의 ~.
[등이 따스우면 배부르다] 옷을 잘 입고 있 는 사람이면 배도 부른 사람이라는 말.

등에 업다 ㉠ 남의 세력에 의지하다.

등(을) 대다 ㉠ 등에 업다.

등(을) 돌리다 ㉠ 뜻을 같이하던 사람이나 단체와 관계를 끊고 돌아서다.

등을 벗겨 먹다 ㉠ 옳지 못한 방법으로 남의 재물을 빼앗다.

등(을) 타다 ㉠ 산등성이로 따라 가다.

등(이) 달다 ㉠ 마음대로 되지 않아 안타까 워하다. 〖등이 달아 야단이다.

등(이) 닿다 ㉠ ㉠소나 말의 등이 안장에 닿 아 가죽이 벗겨지다. ㉡남의 힘 있는 곳에 의 지하게 되다. 〖정계의 거물과 ~.

등:¹(等)〖몡〗**1** '등급'의 준말. **2** 등급이나 석차 를 나타내는 말(의존 명사적으로 씀). 〖1~ / 삼 ~.

등(燈)〖몡〗불을 켜서 밝게 하는 기구. 〖~을 달다 / ~을 켜다.

등(橙)〖몡〗〖식〗등자(橙子)와 등자나무의 총칭.

등(藤)〖몡〗〖식〗**1** '등나무'의 준말. **2** 등나무의 줄기.

등(藤)〖몡〗**1**〖식〗야자과의 덩굴나무. 대나무와 비슷한데 길이 200m가량 되며 마디가 있음. 잎의 끝에 덩굴손이 있어 다른 것을 감아 올 라감. 여름에 잔꽃이 모여 핌. 줄기는 윤이 나고 질겨 가구 등을 만드는 데 씀. **2** 수공품 의 재료로 쓰는 등의 줄기.

등:²(等)〖의명〗**1** 그 밖에도 같은 종류의 것이 더 있음을 나타내는 말. 〖소·말 ~은 가축 이다. **2** 앞에 열거한 대상에 한정함을 나타내 는 말. 〖과일은 사과·배·감 ~ 세 가지만 샀 다. *들.

등:-가(等價)[-까]〖몡〗**1** 같은 값이나 가치. **2** 〖경〗유가 증권의 매매에서 매매 가격과 액 면 가격이 같은 경우.

등가(燈架)〖몡〗등잔걸이.

등:-가 개:념(等價概念)[-까-]〖논〗두 개의

개념이 그 내포(內包)는 달리하나 외연(外延)에서는 꼭 같은 것('샛별'과 '개밥바라기'는 등가 개념임). 등치(等値) 개념.

등-가구(籐家具)[명] 등나무 줄기로 만든 가구.

등-가물(等價物)[-까-][명] 가치나 가격이 같은 물건.

등-가죽[-까-][명] 등에 붙어 있는 가죽. 등피.

등:-각(等角)[명][수] 크기가 서로 같은 각.

등:-각(等覺)[명][불] 1 부처의 딴 칭호. 2 보살의 가장 높은 자리. 등정각(等正覺).

등:-각 다각형(等角多角形)[-따가경][수] 내각(內角)이 모두 같은 다각형.

등:-각-목(等脚目)[-깡-][명][동] 연갑류(軟甲類)의 한 목(目). 몸은 흔히 평평하고 대체로 머리는 5절(節), 가슴은 8절, 배는 7절, 모두 20절임(갯강구·무좀·쥐며느리 따위).

등:-각 사다리꼴(等脚-)[-싸-][수] 등변 사다리꼴.

등간(橙竿)[-깐-][명][해] 등(橙)대2. 2 끝에 등불을 단 기둥(야간 항해의 안전을 위해 설치함).

등-갓(橙-)[-갇][명] 1 등불이나 촛불 위를 가려서 그을음을 받아 내는 제구. 2 전등 따위의 위를 씌워서 불빛을 반사시키는 제구.

등-거리[명] 등만 덮을 만하게 걸쳐 입는 홑옷의 하나. ㅁ~를 걸치다.

등:-거리(等距離)[명] 1 같은 거리. 2 여러 사물에 같은 비중을 두는 일. ㅁ~ 노선.

등:거리 외교(等距離外交)[정] 한 나라에 치우치지 않고 각 나라에 같은 비중을 두면서 중립을 지키는 외교. 등거리 중립 외교.

등걸[명] 줄기를 잘라 낸 나무의 밑동. 나뭇둥걸. ㅁ~에 걸터앉다.

등걸-밭[-받][명] 나뭇둥걸이 많은 밭.

등걸-불[-뿔][명] 1 나뭇둥걸을 태우는 불. 2 타다가 남은 불.

등걸-숯[-숟][명] 나무뿌리나 둥걸을 구워 만든 숯.

등걸음-치다[자] 1 시체는 누워서 가므로 '시체를 옮겨 간다'는 뜻. 2 덜미를 잡아 쥐고 몰아가다.

등걸-잠[명] 옷을 입은 채 덮개 없이 아무 데서나 쓰러져 자는 잠.

등겨[명] 벼의 겉껍질. 벼의 겨.
[등겨 먹던 개는 들키고 쌀 먹던 개는 안 들킨다] 크게 나쁜 짓을 한 사람은 들키지 않고 작게 한 사람은 들켜서 애매하게 남의 허물까지 뒤집어쓰게 됨을 비유하는 말.

등경(燈檠)[명] 등잔걸이.

등경-걸이(燈檠-)[명][등] 등잔걸이.

등고(等高)[명][하자] 등척(登陟).

등:고(等高)[명] 높이가 똑같음.

등:고 곡선(等高曲線)[-썬][지] 등고선.

등:고-선(等高線)[지] 지도에서, 표준 해면으로부터 같은 높이에 있는 지점들을 연결한 선. 등고 곡선. ㅁ~ 재배.

등고-자비(登高自卑)[명] 1 낮은 곳에서부터 높이 올라가듯이, 모든 일에 반드시 차례를 밟아야 함. 2 지위가 높아질수록 자신을 낮춤.

등-골[-꼴][명] 1 등골뼈. ㅁ~이 휘게 일을 했다. 2 척수.
[등골을 뽑다] 노는계집이 오입쟁이의 재물(을) 훑어 먹거나 애써 번 돈이 딴 사람에 의해 낭비됨을 일컫는 말.

등골(이) 빠지다[구] 견디기 어려운 정도로 몹시 힘이 들다. ㅁ등골 빠지게 일해도 노상 이 모양이다.

등-골2[-꼴][명] 등 한가운데로 고랑이 진 곳. ㅁ~에 땀이 흘러내리다.

등골(이) **서늘해지다**[구] 두렵거나 무서워 등줄기에 찬물을 끼얹은 것처럼 으스스해지다.

등골(이) **오싹하다**[구] 심한 공포감 따위로 등줄기에 소름이 끼치는 것 같다.

등골(鐙骨)[명][생] 등자뼈. *청골(聽骨).

등골-뼈[-꼴-][명][생] 척추동물의 등마루를 이루는 뼈. 등골. 등뼈. 척추골.

등-공예(籐工藝)[명] 등(籐)의 줄기로 물건을 만드는 일. 또는 그 공예품. 등세공.

등과(登科)[명][하자][역] 과거에 급제하던 일. 등제(登第).

등관(登官)[명][하자] 관직에 오름.

등교(登校)[명][하자] 학생이 학교에 감. ㅁ~ 시간. ↔하교.

등-교의(籐交椅)[-/-이][명] 등나무 줄기로 엮어 만든 의자.

등굣-길(登校-)[-교낄/-굗낄][명] 학생이 학교로 가는 길. ↔하굣길.

등귀(騰貴)[명][하자] 물건값이 뛰어오름. ㅁ물가~. ↔하락.

등귀-세(騰貴勢)[명] 오름세.

등극(登極)[명][하자] 임금의 지위에 오름. 등위(登位). 등조. 즉위. ㅁ새로 ~한 임금.

등:-극-결합(等極結合)[-껼-][화] 공유(共有) 결합.

등-근(等根)[명][수] 둘 이상의 근 값이 같음.

등글개-첩(-妾)[명] 등의 가려운 곳을 긁어 주는 첩(늙은이가 데리고 사는 젊은 첩).

등-글기(-미술) 그림을 새로 초잡아 그리지 않고, 남의 그림이나 다른 데 쓰던 그림을 그대로 본뜨는 일.

등월-문(-文)[명] 한자 부수의 하나('改'·'敵' 따위에서의 '女'·'攵'의 이름).

등-긁이[-글기][명] 등을 긁는 데 쓰는 물건.

등:-급(等級)[명] 높고 낮음이나 좋고 나쁨의 정도에 따라 나눈 구별. 등위. ㅁ~을 매기다 / ~을 나누다 / 상위 ~을 받다. ⊛등(等).
[의]의 [천] 별의 밝기를 나타내는 단위.

등:-급 개:념(等級概念)[-깨-][논] 동위 개념.

등기(登記)[명][하자][타] 1[법] 민법상의 권리나 사실의 존재를 공시하기 위해 일정 사항을 등기부에 기재하는 일. ㅁ~의 ~ / 법인 ~ / 개인 명의로 ~된 토지. 2 '등기 우편'의 준말. ㅁ편지를 ~로 부치다.

등기-료(登記料)[명] 등기할 때 내는 수수료.

등기 명의인(登記名義人)[-/-이][명][법] 어떤 등기의 권리가 있는 사람으로 그 이름이 등기부에 올라 있는 사람.

등기-부(登記簿)[명][법] 등기 사항을 적어서 등기소에 마련해 둔 공공의 장부(부동산 등기부·선박 등기부·법인 등기부 등이 있음). ㅁ~ 등본.

등기-선(登記船)[명][법] 법에 따라 선박 등기부에 등기된 배(총톤수 20t 이상). 등부선.

등기-소(登記所)[명][법] 등기 사무를 맡아보는 관청.

등기 우편(登記郵便)[법] 우체국에서 우편물의 안전한 송달을 보증하기 위해 우편물의 인수·배달 과정을 기록하는, 우편물 특수 취급의 하나. ⊛등기.

등기 자본(登記資本)[경] 공칭 자본.

등기필-증(登記畢證)[-쯩][명][법] 등기가 되었음을 증명하는, 등기소에서 교부하는 증명서. 권리증(權利證). 등기증.

등-꼬부리[명] 1 등이 꼬부라진 늙은이. 2〈속〉곱사등이.

등-꽃 (藤-)[-꼳] 명 등나무의 꽃.
등-나무 (藤-)[[식]] 콩과의 낙엽 활엽 덩굴 나무. 줄기는 오른쪽으로 감아 붙고, 4-5월에 나비 모양의 자색 또는 흰 꽃이 핌. 정원수로 심음. ㉿등(藤).
등-날 등마루의 날카롭게 선 줄.
등-널 명 의자의 등받이에 댄 널판지.
등년 (훈年) 명 여러 해가 걸림.
등단 (훈壇) 명하자 1 문단(文壇) 등 사회적 분야에 처음으로 등장함. 2 연단(演壇)·교단(校壇)에 오름. ↔강단(降壇)·하단(下壇).
등:대 (等待) 명하자타 미리 준비하고 기다림. 등후(等候).
등:대 (等對) 명하자 같은 자격으로 마주 대함.
등-대 (燈-)[-때] 1 [민] 관등절에 등불을 달기 위해 세우는 장대. 2 선술집의 술등을 달아 놓는 장대. 등간(燈竿). 3 [역] 과거 보는 선비들이 동접(同接)의 표지로 장내(場內)에 가지고 가던 대.
등대 (燈臺) 명 1 바닷가나 섬 같은 곳에 탑모양으로 높이 세워, 밤에 다니는 배에 목표·뱃길·위험한 곳 따위를 알리기 위해 불을 켜 비추는 항로 표지. 2 '나아가야 할 길을 밝혀 줌'의 비유. ㉿희망의 ~.
등대-선 (燈臺船) 명 등선(燈船).
등대-수 (燈臺手) 명 등대지기.
등대-지기 (燈臺-) 명 등대를 지키는 사람. 등대수. ㉿외로운 섬의 ~.
등댓-불 (燈臺-)[-때뿔 / -댄뿔] 명 등대에서 비추는 불빛.
등-덜미 [-떨-] 명 등의 윗부분. ㉿~를 잡다.
등-덮개 [-떱깨] 명 1 솜저고리와 같이 겨울에 덧입는 윗도리. 2 소나 말의 등을 덮어 주는 거적때기.
등도 (登途) 명하자 등정(登程).
등:-등 (等等) 의명 여러 사물을 죽 들어 말할 때 '그리고 그와 비슷한 것들'의 뜻으로 쓰는 말. ㉿옷·모자·신 ~.
등-등거리 (藤-) 명 등나무의 줄기를 가늘게 쪼개서 드문드문 엮어 소매 없이 만든 등거리. 등배자(藤褙子).
등등-하다 (騰騰-) 형여 기세가 무서울 만큼 높다. ㉿노기(怒氣)가 ~ / 기세가 ~.
등-딱지 [-찌] 명 게·거북 따위의 등을 이룬 단단한 껍데기. 배갑(背甲).
등-때기 명 '등1'의 낮은말.
등락 (登落)[-낙] 명 급제와 낙제. ㉿출제의 잘못으로 ~이 엇갈리다.
등락 (騰落)[-낙] 명하자 물가 따위가 오름과 내림. ㉿주가가 ~을 거듭하다.
등람 (登覽)[-남] 명하자 높은 곳에 올라가서 바라봄.
등:-량 (等量)[-냥] 명 같은 양.
등:-렬 (等列)[-녈] 명 1 같은 항렬. 2 대등한 반열(班列).
등록 (登錄)[-녹] 명하자타 1 문서에 올리거나 적어 둠. ㉿주민 ~ / 새 학기 ~을 마치다 / 후보자 ~이 마감되다. 2 [법] 일정한 권리관계 또는 신분 관계를 법정(法定)의 공부(公簿)에 기재하는 일. ㉿당국에 ~된 단체.
등록 (謄錄)[-녹] 명하자타 1 전례(前例)를 적은 기록. 2 베끼어 기록함. 등초(謄抄).
등록-금 (登錄金)[-녹-] 명 학교나 학원 따위에 등록할 때 내는 돈. ㉿~ 고지서 / ~을 납부하다 / ~이 오르다.
등록-비 (登錄費)[-녹삐] 명 등록하는 데 들어

가는 돈.
등록 상표 (登錄商標)[-녹쌍-] [법] 특허청에 등록 절차를 마친 상표((전용권(專用權)이 발생함)).
등록-세 (登錄稅)[-녹쎄] 명 [법] 지방세의 하나. 재산권이나 기타 권리의 취득·이전·변경·소멸에 관한 사항을 공부(公簿)에 등기하거나 등록할 때 부과함.
등록 의:장 (登錄意匠)[-녹의- / -녹이-] [법] 등록 절차를 마친 의장.
등록-증 (登錄證)[-녹쯩] 명 등록하였음을 증명하는 문서. ㉿자동차 ~ / ~ 발급.
등롱 (燈籠)[-농] 명 대오리나 쇠로 살을 만들고 겉에 종이나 헝겊을 씌워, 그 안에 촛불을 넣어서 달아 두기도 하고 들고 다니기도 하는 등.
등롱-꾼 (燈籠-)[-농-] 명 의식·행사 때 등롱을 드는 사람. 등롱잡이.
등롱-대 (燈籠-)[-농때] 명 등롱을 걸어서 드는 대.
등루 (登樓)[-누] 명하자 1 누각에 오름. 2 기생집에 놀러 감.
등:-류 (等類)[-뉴] 명 동류(同類)1.
등리 (藤梨)[-니] 명 [식] 다래나무.
등-마루 명 1 [생] 등의 가운데, 등골뼈가 있어 두두룩하게 줄이 진 부분. 2 산이나 파도 따위의 두두룩한 부분.
등메 명 헝겊으로 가선을 두르고 뒤에 부들자리를 대서 만든 돗자리.
등명 (燈明) 명 신불(神佛)에게 올리는 등불.
등명-접시 (燈明-)[-씨] 명 심지를 놓고 기름을 부어 등을 켜는 접시.
등-목 (-沐) 명하자 목욕2.
등문-고 (登聞鼓) 명 [역] 신문고(申聞鼓).
등-물 (-沐) 명 목욕2.
등-밀이 명 1 [건] 창살의 등을 둥글게 미는 대패. 2 함지박이나 나막신 따위의 구붓한 등 바닥을 밀어 깎는 연장.
등-물 〈옛〉 등마루.
등-바대 [-빠-] 명 홑옷의 깃고대 안쪽에 길고 넓게 덧붙이어 등까지 대는 헝겊.
등반 (登攀) 명하자 험한 산이나 높은 곳의 정상 따위에 기어오름. ㉿~ 조난 사고 / 한라산 ~ 대회.
등반-객 (登攀客) 명 취미·운동으로 높은 산에 오르는 사람.
등반-길 (登攀-)[-낄] 명 산에 오르는 길. ㉿새벽 ~에 폭우를 만나다.
등반-대 (登攀隊) 명 험한 산이나 높은 곳의 정상 따위에 오르기 위하여 조직한 무리.
등-받이 [-바지] 명 1 의자에 앉을 때 등이 닿는 부분. 2 ~ 없는 의자. 2☞ 등거리.
등:-방 (等方) 명 [물] 물체의 물리적 성질이 그 물체 내의 방향에 따라 다르지 않고 같음((기체·액체·유리 따위)). ↔이방(異方).
등:방-성 (等方性)[-쎙] 명 1 [물] 물체의 팽창률이나 열전도율(熱傳導率)과 같은 물리적 성질이 방향에 따라 달라지지 않는 일. 2 [철] 공간에는 모든 방면에서 성질이 같음의 일컬음. 곧, 특이성이 없음을 뜻함.
등:-방위각-선 (等方位角線)[-썬] 명 [지] 자기(磁氣) 자오선의 방위각이 같은 여러 개의 지점을 지도 위에 연결한 선. 등편각선(等偏角線). ㉿등방위선.
등:-방위-선 (等方位線) 명 [지] '등방위각선'의 준말.
등:-방 정계 (等方晶系)[-/-게] [광] 등축(等軸) 정계.

등-방체 (等方體) 圓 『물』 등방성(等方性)을 가지고 있는 물체. ↔이방체(異方體).

등:변 (等邊) 圓 『수』 다각형에서 각 변의 길이가 같음. 또는 길이가 같은 변.

등:변 다각형 (等邊多角形)[―가경] 『수』 각 변의 길이가 서로 같은 다각형.

등:변 사다리꼴 (等邊―) 『수』 평행하지 아니한 두 변의 길이가 같은 사다리꼴.

등:변 삼각형 (等邊三角形)[―가경] 『수』 정삼각형.

등:변-선 (等變線) 圓 『지』 일기도에서, 기상(氣象) 요소의 변화도가 같은 지점을 이은 선.

등:변-형 (等邊形) 圓 『수』 각 변의 길이가 같은 도형.

등:복각-선 (等伏角線)[―깍썬] 圓 『지』 지구 표면 위에서 지자기(地磁氣)의 복각(伏角)이 같은 여러 개의 지점을 연결한 선. 동복각선. ㉦등복선(線).

등-복선 (等伏線)[―썬] 圓 '등복각선'의 준말.

등본 (謄本) 圓ⓗⓣ 『법』 원본의 내용을 전부 베낌. 또는 그 서류. ㉠등기부 ~ / ~을 떼다. *초본(抄本).

등부 (謄簿) 圓ⓗⓣ 관공서의 공적인 장부에 등기나 등록을 함.

등부-선 (謄簿船) 圓 『법』 등기선.

등부 톤수 (謄簿ton數) 『해』 실지로 짐을 실을 수있는 배의 용적.

등:분 (等分) 圓ⓗⓣ 1 분량을 똑같이 나눔. 또는 그 분량. ㉠세 조각으로 ~된 수박. 2 등급의 구분. 3 같은 분량으로 나뉜 몫을 세는 단위(의존 명사적으로 씀). ㉠사과를 네 ~으로 자르다.

등분 (鐙盆) 圓ⓗⓣ 땅에 심었던 화초를 화분에 옮겨 심음. ↔퇴분(退盆).

등-불 (燈―)[―뿔] 圓 1 등에 켠 불. 동화(燈火). ㉠~을 켜다 / ~이 밝다. 2 등잔불. ㉠~이 희미하다. 3 앞날에 희망을 주는 존재의 비유. ㉠마음의 ~ / 한줄기 희망의 ~.

등:비 (等比) 圓 『수』 두 개의 비가 서로 같음. 또는 그 비.

등:비-급수 (等比級數)[―쑤] 圓 『수』 서로 이웃하는 항의 비가 일정한 급수(1+2+4+8+… 따위). 기하(幾何)급수. ↔등차급수.

등:비-수열 (等比數列) 圓 『수』 어떤 수에서 시작해 차례로 같은 수를 곱하여 만든 수열 (1, 2, 4, 8, 16, … 따위). 기하수열.

등-뼈 圓 『생』 등골뼈.

등뼈-동물 (―動物) 圓 『동』 척추동물(脊椎動物). ↔민등뼈동물.

등사 (縢絲) 圓 삿갓(絲笠)을 만들 때 싸개대 신에 촘촘하게 늘어놓아 붙이는 명주실.

등사 (謄寫) 圓ⓗⓣ 1 등사기로 박음. 유인(油印). ㉠~된 참고 자료. 2 등초(謄抄).

등사-기 (謄寫機) 圓 『인』 간단한 인쇄기의 하나(등사 원지를 이용하여 같은 글이나 그림을 많이 박을 때 씀). 등사판.

등사 원지 (謄寫原紙) 등사기로 박아 낼 원고를 쓰는 기름종이. 원지.

등사 잉크 (謄寫ink) 등사기로 찍는 데 쓰는 잉크.

등사-지 (謄寫紙) 圓 등사 원지.

등사-판 (謄寫版) 圓 등사기(謄寫機).

등산 (登山) 圓ⓗⓣ 운동·놀이·탐험 따위를 위해 산에 오름. ㉠~을 가다 / ~이나 낚시를 즐긴다. ↔하산.

등산-가 (登山家) 圓 등산을 잘하거나 즐기는 사람. 알피니스트.

등산-객 (登山客) 圓 운동이나 놀이를 목적으

로 산에 오르는 사람.

등산-로 (登山路)[―노] 圓 산에 오르는 길. 등산길. ㉠~가 가파르다 / ~를 따라 걷다.

등산-모 (登山帽) 圓 등산할 때 쓰는 모자.

등산-복 (登山服) 圓 등산할 때에 입는 옷. 등산옷. ㉠간편한 ~ 차림.

등산-임수 (登山臨水)[―님―] 圓ⓗⓩ 산에 오르기도 하고 물에 가기도 함. ㉦등림(登臨).

등산 철도 (登山鐵道)[―또] 등산객이나 관광객을 위해 산에 놓은 철도.

등산-화 (登山靴) 圓 창이 두껍고 바닥이 울퉁불퉁하며, 신기에 편한 등산용 구두.

등-살 [―쌀] 圓 등에 있는 근육. [등살이 꼿꼿하다] 일이 매우 거북하거나 고되어 꼼짝달싹할 수가 없다. 등살(이) 바르다 ㉤ 등의 힘살이 뻣뻣하여 구부렸다 폈다 하기에 거북하다.

등:상 (等像) 圓 등신(等神).

등:상 (凳床·櫈床) 圓 나무로 만든 세간의 하나(발받침이 걸상으로 씀).

등상 (藤牀·藤床) 圓 등의 줄기로 만든 걸상.

등색 (橙色) 圓 귤이나 등자 껍질의 빛깔과 같이 붉은빛을 약간 띤 누런색. 등자색(橙子色). 오렌지색.

등석 (燈夕) 圓 『불』 관등절(觀燈節) 날 저녁.

등석 (燈蓆) 圓 등으로 짠 자리.

등-선 (―線) 圓 1 등마루의 선. 2 물건의 밑바닥의 반대쪽이나 입체의 뒤쪽 선.

등선 (登仙) 圓ⓗⓩ 1 하늘에 올라 신선이 됨. 2 귀한 사람의 죽음을 일컬음.

등선 (登船) 圓ⓗⓣ 배에 오름. 승선(乘船).

등선 (燈船) 圓 항로 표지를 갖춘 배. 등대선.

등성-마루 圓 『생』 등마루의 거죽 쪽.

등성이 圓 1 사람이나 동물의 등마루가 되는 부분. 2 '산등성이'의 준말. ㉠~를 넘다.

등세 (謄勢) 圓 오름세. ↔낙세(落勢).

등-세공 (藤細工) 圓 등공예(藤工藝).

등:소 (等訴) 圓ⓗⓣ 등장(等狀).

등:속 (等速) 圓ⓗⓣ 속도가 같음. 같은 속도.

등:속 (等屬) 의圓 명사 뒤에 쓰여, 그것과 같은 종류의 것들을 몰아서 이르는 말. ㉠학용품 ~.

등:속 운:동 (等速運動) 『물』 속도가 일정한 운동(외부의 힘이 작용하지 않으면 물체는 이 운동을 함). ↔부등속 운동.

등-솔 [―쏠] 圓 '등솔기'의 준말. ㉠저고리의 ~을 박다.

등-솔기 [―쏠―] 圓 옷의 등 가운데를 맞붙여 꿰맨 솔기. ㉠~가 터지다. ㉦등솔.

등-쇠 [―쐬] 圓 아주 가늘고 좁은 톱날을 메는, 활동같이 휜 쇠틀.

등:수 (等數)[―쑤] 圓 등급에 따라 정한 차례. 또는 그 차례에 붙인 번호. ㉠~가 낮다 / ~를 매기다 / ~에 들다.

등:시-성 (等時性)[―썽] 圓 『물』 주기 운동의 각 주기가 진폭에 관계없이 일정한 성질(단진동(單振動) 따위).

등:식 (等式) 圓 『수』 두 개 또는 그 이상의 식을 같음표 '='로 묶어 그것이 서로 같음을 표시하는 관계식. ↔부등식.

등:신 (等身) 圓 자기의 크기와 같은 높이.

등:신 (等神) 圓 어리석은 사람을 가리키는 말. ㉠~ 같은 놈 / 사람을 ~ 취급한다.

등:신-대 (等身大) 圓 사람의 크기와 같은 크기. ㉠~의 상.

등:신-불 (等身佛) 圓 『불』 사람의 크기와 같

게 만든 불상.

등-신상(等身像)명 크기가 실물과 같은 조각상이나 그림.

등심명 소나 돼지의 등뼈에 붙은 고기《연하고 기름기가 많음》. 등심살.

등심(燈心)명 1 심지. 2 『한의』 골풀의 속《이뇨·해열제로 씀》.

등심-대(-心-)[-때]명 『생』 척주(脊柱).

등심-머리(-心-)명 방아살 위에 붙은 쇠고기《구이·전골 등에 씀》.

등심-살[-쌀]명 등심.

등-심-선(等深線)명 『지』 지도에서 바다·호수 등의 깊이가 같은 점을 이은 선.

등심-초(燈心草)명 『식』 골풀.

등쌀명 몹시 귀찮게 구는 짓. □아이들 ~에 책도 못 읽는다.

등쌀(을) 대다囝 남에게 몹시 귀찮게 굴거나 수선을 피우다.

등아(燈蛾)명 『충』 불나방.

등-압-선(等壓線)[-썬]명 『지』 일기도에서 기압이 같은 지점을 연결하여 이은 선.

등-어-선(等語線)명 『언』 방언 조사를 통해, 지역적으로 같은 언어 현상을 가진 지점을 지도 위에 연결해서 나타낸 선.

등에명 『충』 등엣과의 곤충. 파리와 비슷한데, 탈피를 하며 몸빛은 황갈색에 날개는 투명함. 가슴·배에는 털이 있음. 동물의 피를 빨아 먹음.

등영(燈影)명 등불의 그림자.

등-온(等溫)명 『물』 온도가 같음. 또는 같은 온도.

등-온 동:물(等溫動物)『동』 정온 동물.

등-온 변:화(等溫變化)『물』 기체의 온도를 일정하게 유지하면서 그 압력이나 부피를 변화시키는 일. ↔단열(斷熱) 변화.

등-온-선(等溫線)명 『지』 1 일기도에서 온도가 같은 지점을 이은 선. 2 『물』 물체가 일정한 온도에서 압력의 변화를 받았을 때 압력과 부피와의 관계를 보인 곡선.

등-온-층(等溫層)명 『지』 높은 공중의 기온이 변화하지 않는 공기의 층《성층권 하부에서 자주 생김》.

등-외(等外)명 정한 등급의 밖. □~로 밀려나다 / ~ 판정을 받다.

등-외-품(等外品)명 등급 안에 들지 못한 물품. □~을 폐기 처리하다.

등용(登庸·登用)명하타 인재를 뽑아 씀. □조정에 ~된 유학자 / 인재를 ~하다.

등-용문(登龍門)명 용문(龍門)은 황허(黃河)강 상류의 있는 급류로, 잉어가 거기에 올라가서 용이 된다는 전설로써, 입신출세에 연결되는 어려운 관문. 또는 운명을 결정짓는 중요한 시험의 비유. □문단의 ~ / 그 콩쿠르는 악단(樂壇)으로의 ~이다. *용문.

등-우량-선(等雨量線)명 『지』 우량이 같은 지점을 지도 위에 이은 선.

등원(登院)명하자 국회의원이 국회에 나감. □첫 ~ / ~을 저지하다.

등월(等圓)[-뭔]명 『수』 지름이 같은 원.

등월(燈月)명 '음력 사월'의 딴 이름.

등위(等位)명하자 1 등급. 2 같은 위치.

등-위-각(等位角)명 『수』 동위각.

등유(燈油)명 등불을 켜거나 난로를 피우는 데 쓰는 기름.

등의명〈옛〉등에.

등-의자(籐椅子)[-/-이-]명 등의 줄기로 결어 만든 의자.

등-인(等因)명 『역』 서면으로 알려 준 사실에 따른다는 뜻으로, 회답하는 공문의 첫머리에 쓰던 말.

등자(橙子)명 등자나무의 열매《발한제(發汗劑)·건위제(健胃劑)·향료 따위로 씀》.

등자(鐙子)명 말을 타고 앉아 두 발로 디디는 제구. 말등자.

등자(를) 치다囝 무슨 글 또는 조목을 맞추거나 참고할 때 틀림없다는 뜻으로 그 글의 첫머리에 '△'의 표를 하다.

등자-걸이명 호미의 하나. 성에가 볼에서 곧게 나가다가 높게 휘고 슴베가 뒤로 젖혀졌음. *낚시걸이[2].

등자-나무(橙子-)명 『식』 운향과의 상록 활엽 관목. 높이는 3 m가량, 가시가 있고, 잎은 두꺼우며, 첫여름에 흰 꽃이 핌. 지름 8 cm가량의 장과(漿果)는 등자라 하는데 겨울에 노랗게 익음.

등자-뼈(鐙子-)명 『생』 중이(中耳) 속의 세 청골(聽骨) 중 맨 안쪽의 뼈《모루뼈와 같이 음파를 내이(內耳)에 전달함》. 등골(鐙骨).

등잔(燈盞)명 기름을 담아 등불을 켜는 데에 쓰는 그릇.

[**등잔 밑이 어둡다**] 가까운 곳에서 생긴 일을 도리어 잘 모른다. 등하불명(燈下不明).

등잔-걸이(燈盞-)명 나무나 놋쇠 따위로 촛대와 비슷하게 만든, 등잔을 걸어 놓는 기구. 등가(燈架). 등경(燈檠).

등잔-불(燈盞-)[-뿔]명 등잔에 켠 불. 등화(燈火).

[**등잔불에 콩 볶아 먹을 놈**] 어리석고 옹졸하여 하는 짓마다 답답한 일만 하는 사람.

등장(登場)명하자 1 무대나 연단 따위에 나옴. □인기 배우의 ~ / 주인공이 ~하다. 2 무슨 일에 어떤 인물이 나타남. □신인의 ~. ↔퇴장(退場). 3 새로운 제품이나 현상 등이 세상에 처음으로 나옴. □새 모델의 ~ / 환경 문제가 주제로 ~하다.

등-장(等狀)[-짱]명하자 여러 사람이 연서(連署)하여 관청에 하소연함. 또는 그 일. 등소.

등-장(等張)명 『생』 두 용액의 삼투압이 서로 같음. *고장(高張)·저장(低張).

등장-액(等張液)명 『생』 삼투압이 서로 같은 두 용액. 특히 혈액이나 체액과 삼투압이 같은 용액을 말함《주사액·점안수 따위》.

등장-인물(登場人物)명 소설·연극·영화 따위에 나오는 인물.

등재(登梓)명하타 판각(板刻).

등재(登載)명하타 1 서적 또는 잡지 따위에 실음. 2 일정한 사항을 장부나 대장에 올림. □~된 내용 / 호적에 ~.

등적-색(橙赤色)[-쌕]명 누런빛을 띤 붉은빛.

등정(登頂)명하자 산 따위의 꼭대기에 오름. □백두산 ~에 성공하다.

등정(登程)명하자 길을 떠남. 등도(登途).

등-정각(等正覺)명 『불』 등각(等覺)[2].

등제(登第)명하자 『역』 등과(登科).

등조(登祚)명하자 등극(登極).

등-줄기[-쭐-]명 『생』 등마루의 두두룩하게 살이 진 부분. □~에서 땀방울이 흘러내린다.

등-지(等地)의명 땅 이름 뒤에 쓰여, '그런 곳들'의 뜻으로 쓰는 말. □인천·부천 ~의 교통 사정.

등-지느러미명 『어』 물고기의 등에 있는 지느러미.

등-지다[-다]재 서로 사이가 나빠지다. □두 사

람은 서로 등진 사이다. 二타 1 등 뒤에 두다. ❑나무를 등지고 서다 / 북악산을 등지고 남산을 바라보다. 2 상관하지 않고 멀리하거나 떠나다. ❑속세를 ~ / 고향을 ~.

등:질 (等質) 명 〖물〗 균질(均質).

등:질-체 (等質體) 명 〖물〗 물질 전체가 물리적·화학적으로 똑같은 성질을 가진 물체.

등-짐 [-찜] 명 등에 진 짐. ❑~을 지다.

등짐-장수 [-찜-] 명 물건을 등에 지고 팔러 다니는 사람. 부상(負商). 부상꾼. ＊봇짐장수.

등-짝 명 〈속〉 등. ❑~에 식은땀이 흐르다.

등:차 (等差) 명 1 등급에 따라서 생기는 차이. ❑~를 두다. 2 대비 관계에서 생기는 차이. ❑~가 생기다. 3〖수〗 차(差)가 똑같음.

등:차-급수 (等差級數)[-쑤] 명 〖수〗 등차수열의 각 항을 순차로 '+' 부호로 연결하여 만든 식《2+4+6+8+… 따위》. 산술급수. ↔등비급수.

등:차-수열 (等差數列) 명 〖수〗 어떤 수에 차례대로 일정한 수를 더해서 이루어지는 수열《1, 3, 5, 7, … 따위》.

등-창 (-瘡) 명 〖한의〗 등에 나는 큰 부스럼. ❑~이 도지다.

등척 (登陟) 명하자 높은 데 오름. 등고(登高).

등천 (登天) 명하자 승천(昇天)1.

등청 (登廳) 명하자 관청에 출근함. ↔퇴청.

등초 (謄抄·謄草) 명하타 원본에서 베낌. 등기(謄記). 등사. ❑새로 ~된 공문서.

등촉 (燈燭) 명 등불과 촛불. ❑~을 밝히다.

등:축 (等軸) 명 같게 된 결정체의 축.

등:축 정계 (等軸晶系)[-쩡-/-쩡게] 〖광〗 결정계(結晶系)의 하나. 길이가 같은 세 개의 결정축이 서로 직각으로 만나는 결정 형태《정팔면체의 금강석, 육면체의 암염(岩塩) 따위》. 등방(等方) 정계.

등:치 (等値) 명 〖수〗 동치(同値)2.

등:치 개:념 (等値槪念) 〖논〗 등가 개념.

등-치다 타 옳지 않은 방법으로 남의 재물을 빼앗다. ❑약한 자를 ~ / 가난한 사람을 등쳐 먹는 무리.

[등치고 간 내먹다] 겉으로는 위해 주는 체하면서 속으로는 해를 끼친다. [등치고 배 문지르다] 남에게 해를 끼치면서도 겉으로는 어루만지는 체하다.

등:치-법 (等値法)[-뻡] 명 〖수〗 연립 방정식에서, 어떤 미지수를 다른 미지수로 관계식을 만들어 그 두 개의 값을 같게 하여 푸는 방법. ＊대입법(代入法).

등:치선-도 (等値線圖) 명 〖지〗 지도에서 강수량·기온·온도 따위의 같은 수치의 지점을 이은 분포도.

등-칡 (藤-)[-칙] 명 〖식〗 1 쥐방울과의 낙엽 활엽 덩굴나무. 산기슭에 남《줄기는 약재로 씀》. 2 ☞ 등나무.

등-침대 (籐寢臺) 명 등의 줄기를 결어서 만든 침대.

등탑 (燈塔) 명 조명등·신호등 따위를 높이 단, 탑 모양의 시설물.

등-태 명 짐을 질 때 등이 배기지 않도록 짚으로 엮어 등에 걸치는 물건. ❑~에 등을 기대고 앉다.

등-토시 (籐-) 명 등의 줄기를 가늘게 쪼개어 엮어 만든 토시《땀이 옷에 배지 않게 낌》.

등-판 명 사람이나 동물의 등을 이루는 넓적한 부분. ❑~이 넓다.

등판 (登板) 명하자 야구에서, 투수가 마운드에 서는 일. ❑선발로 ~할 예정 / 구원 투수가 ~하다. ↔강판.

등판-능력 (登坂能力)[-녁] 명 차량 등이 비탈길을 올라가는 능력. 등판력.

등판-력 (登坂力)[-녁] 명 등판능력.

등패 (籐牌) 명 〖역〗 1 등으로 엮은 둥근 방패. 2 무예 육기(武藝六技), 십팔기 또는 이십사반 무예의 한 가지.

등:패 (等牌) 명 〖역〗 역사(役事)를 할 때에 일꾼을 감독하던 사람.

등:표 (等標) 명 〖수〗 등호(等號).

등표 (燈標) 명 암초나 얕은 곳의 위치를 표시하는 등불.

등-피 (-皮) 명 등가죽.

등피 (燈皮) 명 램프에 씌워 불이 바람에 꺼지지 않게 막고 불을 반사시켜 밝게 하는 유리로 만든 물건.

등피-유 (橙皮油) 명 귤 따위의 열매 껍질을 말려 여러 달 동안 물에 담가 두었다가 증류하거나 압착기로 짠 기름《비누·향수 등의 원료가 됨》.

등:피-화 (等被花) 명 〖식〗 꽃받침과 꽃잎의 빛깔이 서로 같은 유피화(有被花). ↔이피화.

등하 (登遐) 명하자 승하(昇遐).

등하불명 (燈下不明) 명 '등잔 밑이 어둡다'는 뜻으로, 가까이 있는 것이 도리어 알아내기 어려움을 이르는 말.

등하-색 (燈下色) 명 불빛 아래서 남녀가 성교하는 일.

등:한-시 (等閑視·等閒視) 명하타 대수롭지 않게 보아 넘김. ❑~할 문제가 아니다 / 환경 보존이 ~되고 있다.

등:한-하다 (等閑-·等閒-) 형여 마음에 두지 않거나 소홀하다. ❑환경 문제에 ~. **등:한-히** 부

등:할 (等割) 명 〖생〗 크기가 같은 할구(割球)로 분열되는 난할(卵割). 성게나 활유어 따위의 등황란(等黃卵)에서 볼 수 있음.

등-허리 명 1 등과 허리. 2 등의 허리 쪽 부분.

등-헤엄 명 배영(背泳).

등:호 (等號) 명 〖수〗 두 식 또는 두 수가 같음을 나타내는 부호. '='로 표시함. 등표.

등화 (登花) 명 〖식〗 완전한 암술을 가지고 꽃이 핀 후 열매를 맺는 꽃.

등화 (燈火) 명 1 등불1. 2 등잔불.

등화 (燈花) 명 등잔불이나 촛불의 심지 끝이 타서 맺힌 불똥.

등화-가친 (燈火可親) 명 '서늘한 가을밤은 등불을 가까이하여 글 읽기에 좋다'는 뜻. ❑~의 계절.

등화-관제 (燈火管制) 명 적의 야간 공습에 대비하여 불빛이 새 나가지 않게 일정한 지역에 등불을 가리거나 끄게 하는 일. ❑~를 실시하다.

등화 신:호 (燈火信號) 등불로 신호하는 일.

등화-앉다 (燈花-)[-안따] 자 심지 끝에 등화가 생기다. 등화지다. 불똥앉다.

등:활 (等活) 명 〖불〗 등활지옥.

등:활-지옥 (等活地獄) 명 〖불〗 팔열(八熱) 지옥의 하나. 살생의 죄를 지은 사람이 가게 된다는 곳으로, 옥졸에게 칼 따위로 몸을 찢기며 쇠몽둥이로 맞다가 숨이 끊어지는데, 찬바람이 불면 깨어나 그런 고통을 다시 받게 된다고 함.

등:-황란 (等黃卵)[-난] 명 노른자위가 적어 미립상으로 세포질 안에 거의 고르게 퍼져 있는 알《성게의 알 따위》.

등황-색 (橙黃色) 명 등색보다 좀 붉은빛을 띤

누른 빛깔.
등황-석 (橙黃石) [명] 〘광〙 빛깔이 등황색인 광석의 한 가지.
등:후 (等候) [명][하타] 등대(等待).
등-힘 [명] 활을 쏠 때, 활을 잡은 손목에서 어깨까지 뻗는 힘.
등ᄆᆞᄅᆞ [명] 〈옛〉 등마루.
듸 [의명] 〈옛〉 데.
디 〈옛〉 것이.
-디¹ [어미] **1** 형용사의 뜻을 세게 나타내기 위해 어간을 겹쳐 쓸 때 그 첫 어간에 붙이는 연결어미. ❑ 쓰~쓴 약 / 크~크다 / 희~희다 / 차~차다. **2** '-더냐·-더니'의 준말. ❑ 언제 온다~ / 범인이 누구~.
-디² [어미] 〈옛〉 **1** -지³. **2** -기.
디그르르 [부][하형] 가늘거나 작은 물건들 가운데 조금 드러나게 굵거나 큰 모양. [작]대그르르. [센]띠그르르.
디귿 [명] 한글 자모 'ㄷ'의 이름.
디글-디글 [부][하형] 가늘거나 작은 물건들 가운데 몇 개가 좀 굵거나 큰 모양. [작]대글대글. [센]띠글띠글.
디기탈리스 (digitalis) [명] 〘식〙 현삼과의 여러해살이풀. 유럽 원산으로 높이는 1 m가량임. 잎은 달걀 모양이며 한여름에 홍자색 꽃이 이삭 모양으로 피고 열매는 원뿔 모양임.
디나가다 [자] 〈옛〉 지나가다.
디나건 [관] 〈옛〉 지난. 지나간.
디나다 [자] 〈옛〉 지나다.
디내다 [타] 〈옛〉 지나게 하다.
디내히 [부] 〈옛〉 지나게. 지나도록.
디너-쇼 (dinner show) [명] 호텔의 레스토랑이나 극장식 식당 따위에서, 식사를 하면서 볼 수 있도록 여는 쇼.
디다¹ [一][자] 〈옛〉 떨어지다. [二][타] 〈옛〉 떨어뜨리다.
디다² [타] 〈옛〉 주조(鑄造)하다.
디-데이 (D-Day) [명] **1** 〘군〙 공격 개시 예정일. **2** 계획 실시 예정일. ❑ ~를 잡다.
디디다 [타] **1** 발을 올려놓고 서거나 발로 누르다. ❑ 발 디딜 곳이 없다. **2** 반죽한 누룩이나 메주 등을 보자기에 싸서 발로 밟아 덩어리를 짓다. ❑ 누룩을 ~. **3** 어려운 상황 등을 이겨 내다. ❑ 좌절을 디디고 성공하다. [준]딛다.
디디티 (DDT) [명] 〔dichloro-diphenyl-trichloroethane〕 무색 결정성의 방역용·농업용 살충제《곤충에 닿으면 신경 계통이 상해 죽음. 잔류 독성이 있어 제조·판매와 사용이 금지됨》.
디딜-방아 [-빵-] [명] 발로 디디어 곡식을 찧게 된 방아. 답구(踏臼).
디딜-풀무 [명] 발로 디뎌서 바람을 내는 풀무.
디딤-널 [명] 발로 디디려고 놓는 널. 디딤판.
디딤-돌 [-똘] [명] **1** 디디고 다닐 수 있게 드문드문 놓은 평평한 돌. 보석(步石). ❑ 여울의 얕은 곳에 징검다리 ~이 놓이다. **2** 마루 아래 따위에 놓아 디디고 오르내릴 수 있게 한 돌. **3** 어떤 일을 이루는 데에 바탕이 되는 것의 비유. ❑ 지난날의 실패를 재기의 ~로 삼다 / 양국 우호 증진에 ~을 마련하다.
디딤-새 [명] 우리나라 민속 무용의 기본 동작 중 발 움직임의 한 가지. 발을 굽혔다가 무릎을 펴는 순간 한 발을 앞이나 옆으로 내딛는 준비 동작.
디딤-판 (-板) [명] 디딤널.
디-램 (DRAM) [명] 〔dynamic random access memory〕 〘컴〙 자료 등의 판독이나 기록이 자유롭게 되는 기억 장치의 하나《기억 내용의 보전 방법이 동적(動的)이기 때문에 붙여진 이름》. 동적 램. *에스램.
디렉터리 (directory) [명] 〘컴〙 파일 시스템을 관리하고 각 파일이 있는 장소를 쉽게 찾도록 디스크의 요소를 분할·검색하는 정보를 포함하는 레코드의 집합. 목록.
-디록 [어미] 〈옛〉 -ㄹ수록.
디룽-거리다 [자] 매달린 것이 잇따라 가볍게 흔들리다. [작]대롱거리다. **디룽-디룽** [부][하자]
디룽-대다 [자] 디룽거리다.
디르다 [타] 〈옛〉 찌르다.
디마니 [부] 〈옛〉 지망지망하게. 경솔하게.
디만ᄒᆞ다 [형] 〈옛〉 지망지망하다. 경솔하다.
디몯기술 [명] 〈옛〉 송이술.
디미누엔도 (이 diminuendo) [명] 〘악〙 '점점 여리게'의 뜻. 기호 : dim.
디-밀다 〔디밀어, 디미니, 디미는〕 [타] '들이밀다'의 준말. ❑ 얼굴을 ~.
디바 (이 diva) [명] 뛰어난 여자 가수나 여배우.
디바이더 (divider) [명] 양 다리 끝이 바늘로 되어 있는 컴퍼스 모양의 제도기. 분할기(分割器). 양각기(兩脚器).
디바이스 (device) [명] **1** 〘전〙 특정한 목적을 위하여 구성한 전기적·기계적·전자적인 장치. **2** 〘전〙 전기 회로에 사용되는 트랜지스터 등의 장치. **3** 〘컴〙 컴퓨터 시스템 중 특정한 기능을 수행하는 주변 장치《모니터·프린터·디스크·키보드·마우스 따위》.
디버깅 (debugging) [명][하타] 〘컴〙 프로그램상의 오류를 수정하는 일. 또는 그것을 위한 소프트웨어. 오류 수정.
디브이디 (DVD) [명] 〔digital video disk〕 디지털 비디오 디스크.
디새 [명] 〈옛〉 기와.
디스인플레이션 (disinflation) [명] 〘경〙 인플레이션을 극복하기 위하여 통화 증발을 억제하고 재정·금융 긴축을 주축으로 하는 경제 조정 정책.
디스카운트 (discount) [명][하타] 할인. 할인율. 에누리. ❑ 10 퍼센트 ~하다.
디스켓 (diskette) [명] 〘컴〙 플로피 디스크.
디스코 (disco) [명] 경쾌한 레코드음악에 맞추어 자유롭게 추는 춤.
디스코텍 (discotheque) [명] 디스코 음악을 틀어 놓고 춤을 추게 하는 클럽이나 술집.
디스크 (disk, disc) [명] **1** 원반(圓盤)1. **2** 축음기의 레코드. **3** 〘생〙 추간(椎間) 연골. **4** 〈속〉 추간 연골 헤르니아. ❑ ~에 걸리다. **5** 〘컴〙 보조 기억 장치로 쓰는 둥근 판《하드 디스크·플로피 디스크와 같은 자기 디스크와 콤팩트 디스크·레이저 디스크와 같은 광학 디스크가 있음》.
디스크 드라이브 (disk drive) 〘컴〙 디스크를 작동시켜 데이터를 판독(判讀)하거나 기록하는 장치.
디스크-자키 (disk jockey) [명] 라디오 방송이나 디스코텍 따위에서 레코드를 틀어 주고, 그 사이사이에 짧은 해설이나 가벼운 이야깃거리를 말하며, 청취자의 희망곡 요청에도 응하는 담당자. [준]디제이(DJ)·자키.
디스크 팩 (disk pack) 〘컴〙 디스크 원판을 여러 장 겹쳐서 같은 축에 고정시켜 놓은 것. 보통 6장을 1조로 함.
디스턴스 레이스 (distance race) 스키에서, 장거리 경주《15-18 km까지를 단거리, 30-50 km까지를 장거리라 함》.
디스토마 (distoma) [명] 〘동〙 흡충강의 편형동

물의 하나. 몸은 잎사귀·원통·원반 모양 등
여러 가지임. 포유류의 간과 폐에 기생하여
디스토마 병을 일으킴.
디스프로슘 (dysprosium) 똉《화》희토류(稀土
類) 금속 원소의 하나. 자성(磁性)이 세고 이
온색은 황색, 산화물은 무색임. [66 번: Dy:
162.46]
디스플레이 (display) 똉 **1** 일정한 목적과 계획
에 따라 상품 또는 작품을 전람회장 등에 전
시하는 기술. **2** 동물이 구애나 위협을 하기
위해 자신을 아름답게 또는 크게 보이게 하
는 동작.
디스플레이 장치 (display裝置) 똉《컴》컴퓨터
의 처리 결과를 직접 눈으로 볼 수 있도록 모
니터 화면에 문자나 도형을 나타내는 것.
디시 (DC) 똉《악》'다 카포(da capo)'의 약호.
도돌이표(標).
디시다 짜 〈옛〉지내다.
디아스타아제 (독 Diastase) 똉《화》**1** 녹말을
맥아당과 소량의 덱스트린·포도당으로 가수
분해하는 효소(酵素). **2** 엿기름으로 만든 담
황색 가루약(소화제로 씀).
디아이엔 감:광도 (DIN感光度) 〔Deutsche
Industrie-Normen〕독일 규격에 따른 사진
감광 재료의 성능을 나타내는 수치.
디아이와이 (DIY) 똉 〔Do it yourself〕전문 직
업인이 아닌 사람이 자기 손으로 무엇을 만
들거나 수리하는 일.
디엔에이 (DNA) 똉 〔deoxyribo nucleic acid〕
《화》'디옥시리보 핵산'의 약칭. 「장 지대.
디엠제트 (DMZ) 똉 〔Demilitarized zone〕비무
디엠지 (DMZ) 똉 디엠제트.
디오니소스 (Dionysos) 똉 그리스 신화의 생성
신(生成神). 포도 재배의 신 또는 술의 신(로
마 신화의 바커스(Bacchus)).
디오니소스-형 (dionysos型) 똉《문》예술 활
동에서 정적(情的)·동적(動的)·군집적(群集
的)인 특징을 가진 유형으로 심리학상 도취
의 영역에 속함(니체가 처음 쓴 말). ↔아폴
론형.
디오라마 (프 diorama) 똉《연》배경을 그린 길
고 큰 막 앞쪽에 여러 가지 물건을 놓고 그것
을 조명하여 실물을 보는 듯한 느낌을 일으
키게 하는 일. 투시화(透視畵).
디옥시리보 핵산 (deoxyribo核酸)[-쌴]《생》
펜토오스(pentose)의 일종인 디옥시리보오스
를 함유하는 핵산. 단백질과 결합하여, 세포
안 염색체의 중요 성분을 이룸(유전(遺傳) 기
구의 본체). 디엔에이(DNA).
디옵터 (diopter) 의 안경 도수를 나타
내는 단위(초점 거리가 1 m 인 안경의 도수를
1 디옵터라 함).
-디웃 어미 〈옛〉-을수록. -ㄹ수록.
-디외 어미 〈옛〉-지. -지마는.
디우다 타 〈옛〉쇠를 녹이다. 쇠를 녹여 그릇
을 만들다.
-디웨 어미 〈옛〉-지. -지마는.
디위[1] 똉 〈옛〉경계(境界).
디위[2] 의 〈옛〉번(番).
-디위 어미 〈옛〉-지. -지마는.
디자이너 (designer) 똉 **1** 설계자. **2** 도안가. **3**
양복이나 직물의 의장(意匠), 도안을 고안하
는 사람. ▢ 패션 ~.
디자인 (design) 똉하짜 **1** 의상·공업 제품·건축
등의 실용적인 목적을 살린 작품의 도안이나
고안. ▢ 의류 ~ / 실내 ~. **2** 무늬.
디저트 (dessert) 똉 양식에서, 식사 끝에 나오
는 과자·과실 따위. 후식(後食).

디제이 (DJ) 똉 '디스크자키(disk jockey)'의 준
말. ▢ 라디오 방송의 ~로 일한다.
디젤 기관 (Diesel機關)《공》실린더의 공기를
고온으로 압축시킨 후 연료를 분출하여 자연
발화로 점화해서 폭발시키는 기관. 디젤 엔진.
디젤 기관차 (Diesel機關車)《공》디젤 전기
기관차.
디젤 엔진 (Diesel engine)《공》디젤 기관.
디젤 전기 기관차 (Diesel電氣機關車)《공》
디젤 기관으로 발전기를 돌려서 그 전류로
전동기를 회전시키는 기관차. 디젤 기관차.
디젤-차 (Diesel車) 똉 디젤 엔진으로 운전하는
자동차나 열차.
디지타이저 (digitizer) 똉《컴》컴퓨터에 그림
이나 도형의 위치 관계를 부호화하여 입력하
는 장치(주로 캐드(CAD)나 캠(CAM)에 쓰이
는데, 면 위에서 펜을 이동하면 그 좌표가 디
지털 데이터로 바뀌어 입력됨).
디지털 (digital) 똉《컴》연속적인 값을 갖는
데이터나 물리량을 수치로 바꾸어 처리하거
나 숫자로 나타내는 방식. ▢ ~ 방식을 채택
하다. *아날로그.
디지털 계:산기 (digital計算器)[-/-계-]《컴》
정보를 숫자로 내보내 연산하는 계산기(현
재는 보통, 디지털 컴퓨터를 가리킴).
디지털 비디오 디스크 (digital video disk) 일
반 콤팩트디스크 크기인 지름 12 cm 의 디스
크 한 장에 콤팩트디스크 7 배 용량의 동화상
(動畵像)과 음악 등의 정보를 기록할 수 있는
매체. 디브이디(DVD).
디지털-시계 (digital時計)[-/-계-] 똉 바늘 대
신 숫자로 시각을 나타내게 된 시계. *아날
로그시계.
디지털 신:호 (digital信號)《컴》전기적인 두
가지 상태로만 나타내는 신호(0과 1로 나타
냄).
디지털 카메라 (digital camera) 필름에 영상
(映像)을 담는 일반 카메라와는 달리, 영상을
1 과 0이라는 디지털 데이터로 카메라에 내
장된 메모리에 저장하는 카메라.
디지털 컴퓨터 (digital computer)《컴》정보
를 모두 숫자로 나타내어 처리하는 컴퓨터.
보통 컴퓨터라고 하면 이것을 가리킴. *아
날로그 컴퓨터·하이브리드 컴퓨터.
디지털 텔레비전 (digital television)《전》내
부 회로에 디지털 기술을 이용하는 텔레비전
수상기(화질과 음질을 고급화하며 복수 화면
등의 기능을 가짐).
디지털 통신 (digital通信) 정보를 모두 디지털
신호로 하여 전송·교환하는 통신 방식.
디코더 (decoder) 똉 해독기(解讀器).
디펜스 (defense) 똉 방어. 수비(특히, 단체 방
어의 일컬음).
디폴트 (default) 똉 사용자가 값을 지정하지 않
은 경우에 컴퓨터가 자동적으로 선택하는 값.
기본값.
디프레션 (depression) 똉《경》물가가 급격히
떨어짐으로써 일어나는 불경기.
디프테리아 (diphtheria) 똉《의》디프테리아균
으로 인한 급성 전염병. 2~7살쯤까지 잘 걸
리며 열이 나고 목이 아프며 음식을 잘 삼킬
수 없고 심장 마비를 일으킴.
디프테리아-균 (diphtheria菌) 똉《생》디프테
리아의 병원균. 주로 코나 목 안의 점막에서
불어남.
디플레 (←deflation) 똉 '디플레이션'의 준말.

↔인플레.

디플레이션 (deflation) 몡 《경》 인플레이션으로 떨어진 화폐 가치를 끌어올리는 수단으로 통화를 수축시키는 방법. 또는 그 현상. 통화수축. ↔인플레이션. 준디플레.

디플레이터 (deflator) 몡 《경》 화폐 가치를 고려한 특정 생산물의 가격 변동 지수.

디피 (DP) 몡 **1** 〔displaced person〕 《정》 전재(戰災)나 정치 체제(體制)의 변동 때문에 피난하여 온 사람. 피난민. 유민(流民). **2** '디피이(DPE)'의 준말.

디피이 (DPE) 몡 〔developing, printing, enlarging〕 필름의 현상·인화 및 확대. 또는 그 일을 하는 가게. 준디피(DP).

디피-점 (DP店) 몡 〔developing, printing〕 필름의 현상·인화·확대를 하거나 그런 일을 중개하는 가게.

디피티 (DPT) 몡 〔diphtheria, pertussis, tetanus〕 디프테리아·백일해·파상풍을 예방하는 혼합 백신.

딕누리 몡 〈옛〉 징두리.

딕다 타 〈옛〉 찍다. 점찍다.

딕먹다 타 〈옛〉 찍어 먹다. 쪼아 먹다.

딕희다 타 〈옛〉 지키다.

딕-ᄒᆞ다 타 〈옛〉 지키다.

-딘댄 미 〈옛〉 -ㄴ대.

딛다¹ 타 〈옛〉 불을 때다.

딛다² 타 '디디다'의 준말. ▢ 땅을 ~ / 좌절을 딛고 재기하다 / 폐허를 딛고 일어서다.

딜 몡 〈옛〉 질그릇. 진흙.

딜것 몡 〈옛〉 질것.

딜굽다 자 〈옛〉 질그릇 굽다.

딜동히 몡 〈옛〉 질동이.

딜러 (dealer) 몡 **1** 유통 단계에서 상품의 매입·재판매를 전문으로 하는 사람(《도·소매업자나 특약점·브로커 따위》). **2** 카드 도박에서, 카드를 나눠 주는 사람. **3** 《경》 자기의 계산과 위험 부담 아래 증권을 사고파는 사람.

딜레마 (dilemma) 몡 **1** 《논》 양도 논법(兩刀論法). **2** 이러지도 저러지도 못하는 난처한 지경. ▢ ~에 빠지다.

딜레탕트 (ㅍ dilettante) 몡 《문》 예술이나 학문 따위를 직업으로 하지 않고 취미 삼아 하는 사람.

딜레탕티슴 (ㅍ dilettantisme) 몡 《문》 예술이나 학문 따위를 취미 삼아 하는 태도나 경향.

딜-목 (-木) 몡 《광》 광 구덩이의 천장을 떠받치는 나무.

딜믈 몡 〈옛〉 썰물.

딜병 몡 〈옛〉 질병. 질로 만든 병.

딜엇 몡 〈옛〉 질것.

딜위 몡 〈옛〉 때찔레.

딤질ᄒᆞ다 타 〈옛〉 지어 붓다.

딤치 몡 〈옛〉 김치.

딥다 [-따] 부 '들입다'의 준말. ▢ ~ 누르다.

딥지즮 몡 〈옛〉 짚으로 짠 기직.

딍 몡 〈옛〉 징.

딍동 부 초인종이 울리는 소리.

딍딍 부하형 **1** 힘이 센 모양. **2** 마주 켕겨 팽팽한 모양. **3** 본바탕이 튼튼한 모양. ▢ 딍딍한 부자. 참댕댕. 셈떵떵.

딜다 형 〈옛〉 질다. 깊다.

딮 몡 〈옛〉 짚.

딮다 타 〈옛〉 짚다.

딯다 타 〈옛〉 찧다.

ᄃᆞ 의명 〈옛〉 **1** 것. **2** 곳. 데.

ᄃᆞ라들다 자 〈옛〉 달려들다.

ᄃᆞ라미 몡 〈옛〉 다람쥐.

ᄃᆞ라치 몡 〈옛〉 다래끼¹.

ᄃᆞ래 몡 〈옛〉 다래¹.

ᄃᆞ려 〈옛〉 **1** 더불어. **=** 조 더러.

-ᄃᆞ록 어미 〈옛〉 -도록.

ᄃᆞ리 몡 〈옛〉 **1** 다리. **2** 사다리. **3** 섬돌.

ᄃᆞ리다 **=** 타 〈옛〉 더불다. **=** 타 데리다.

ᄃᆞ뷔다 자 〈옛〉 되다.

ᄃᆞ시 부 〈옛〉 듯이.

ᄃᆞ솜 몡 〈옛〉 사랑함. 'ᄃᆞᆺ다'의 명사형.

ᄃᆞ외다 자 〈옛〉 되다.

-ᄃᆞ이 미 〈옛〉 -답게. -되게.

ᄃᆞ토다 자타 〈옛〉 다투다.

ᄃᆞ니다 자 〈옛〉 다니다.

ᄃᆞ술 몡 〈옛〉 단술. 감주.

ᄃᆞ쟝 몡 〈옛〉 진간장.

ᄃᆞ니다 자 〈옛〉 다니다.

ᄃᆞᆮ다 자 〈옛〉 닫다¹.

ᄃᆞᆮ² 〈옛〉 것을. 줄을.

-ᄃᆞᆯ 미 〈옛〉 -들².

ᄃᆞᆯ고지 몡 〈옛〉 달구지.

ᄃᆞᆯ다¹ 자 〈옛〉 살이 얼어서 부르터 터지다.

ᄃᆞᆯ다² 타 〈옛〉 **1** 달다. 저울에 달다. **2** 매어 달다.

ᄃᆞᆯ다³ 타 〈옛〉 달다⁴.

ᄃᆞᆯ뢰 몡 〈옛〉 달래.

ᄃᆞᆯ마기 몡 〈옛〉 (옷의) 단추.

ᄃᆞᆯ모로 몡 〈옛〉 달무리.

ᄃᆞᆯ애 몡 〈옛〉 말다래.

ᄃᆞᆯ오다 타 〈옛〉 뚫다.

ᄃᆞᆯ외 몡 〈옛〉 다리³.

ᄃᆞᆯ이다¹ 자 〈옛〉 달리다¹.

ᄃᆞᆯ이다² 자 〈옛〉 달리다⁴.

ᄃᆞᆯ팡이 몡 〈옛〉 달팽이.

ᄃᆞᆯ팡이 몡 〈옛〉 달팽이.

ᄃᆞᆯ히 부 〈옛〉 달게.

ᄃᆞᆰ 몡 〈옛〉 닭.

ᄃᆞᆷᄣᆡ 몡 〈옛〉 유시(酉時).

ᄃᆞᆷ기다 자 〈옛〉 잠기다².

ᄃᆞᆷ다 타 〈옛〉 담그다.

-ᄃᆞᆸ다 어미 〈옛〉 -답다.

ᄃᆞᆺ 〈옛〉 **=** 의명 듯. **=** 부 듯하다가. 하자마자. 바로.

-ᄃᆞᆺ 어미 〈옛〉 -듯.

ᄃᆞᆺ다 타 〈옛〉 사랑하다.

ᄃᆞᆺ오다 형 〈옛〉 사랑스럽다.

ᄃᆞᆺᄒᆞ다¹ 형 〈옛〉 다스하다.

ᄃᆞᆺᄒᆞ다² 보형 〈옛〉 듯하다.

ᄃᆡ 의명 〈옛〉 데.

-ᄃᆡ 어미 〈옛〉 -되.

ᄃᆡ골 몡 〈옛〉 머리통.

ᄃᆡ파 몡 〈옛〉 대패.

ᄃᆡ혀두다 타 〈옛〉 대어 주다. 물대다.

ㄸ (쌍디귿) 《언》 'ㄷ'의 된소리.

따갑다 [-따] (따가워, 따가우니) 형ㅂ **1** 몹시 더운 느낌이 있다. ▢ 석양볕이 ~. 관뜨겁다. **2** 바늘같이 뾰족한 끝으로 찌르는 듯한 느낌이 있다. ▢ 상처가 따갑고 아프다 / 귀가 ~. **3** 눈길이나 충고 등이 매섭고 날카롭다. ▢ 따가운 시선을 느끼다 / 따가운 질책을 받다.

따-개 몡 병이나 깡통 따위의 뚜껑을 따는 물건. 오프너(opener).

따개비 몡 《동》 따개빗과의 절지동물의 총칭. 지름은 10~15mm이고, 껍질 표면은 암회자색인데 백색 융기가 있음. 입은 크고 마름모꼴임. 굴둥.

따:귀 圀 '빰따귀'의 준말. ▢~를 때리다.
따까리 圀〈속〉 자질구레한 심부름을 도맡아 하는 사람. ▢~ 노릇을 하다.
따깜-질 圀하자타 큰 덩이에서 조금씩 뜯어내는 짓.
따끈-따끈 부하形히부 매우 따끈하고 더운 모양. ▢~한 호떡. 튈뜨끈뜨끈.
따끈-하다 形여 조금 따뜻하고 더운 느낌이 있다. ▢숭늉이 ~하다. 튈뜨끈하다. 따끈-히 부 ▢술을 ~ 데우다.
따끔 부하形히부 1 찔리거나 꼬집히는 것처럼 아픈 느낌. 圀찔린 데가 ~하다. 2 마음에 자극되어 따가운 느낌. ▢~히 타이르다 / ~한 맛을 보다. 튈뜨끔.
따끔-거리다 재 1 마음에 자극을 받아 따가운 느낌이 자꾸 들다. 2 찔리거나 꼬집히는 것처럼 아픈 느낌이 자꾸 들다. ▢가시에 찔린 손가락이 ~. 튈뜨끔거리다. 따끔-따끔 부재
따끔-나리 圀 옛날에 순검(巡檢)을 조롱하여 일컫던 말.
따끔-대다 재 따끔거리다.
따끔-령 (-令)[-녕] 圀 정신을 바짝 차리도록 따끔하게 내리는 명령.
따낸-돌 圀 바둑에서, 상대방의 돌을 잡아 들어낸 돌. ▢~이 많아 흥이 이길 것 같다.
따:니 圀 돈치기의 하나《동전을 바람벽에 부딪쳐서 반동으로 멀리 나가게 하고 그 거리의 차례대로 돈이 떨어진 자리에서 그 돈으로 다음 자리의 돈을 맞혀 따먹음》. 딴지치기. ▢셋이서 ~를 쳐서 이겼다.
따님 圀 남의 딸의 존칭. ↔아드님.
따다¹ 타 1 붙은 것을 잡아떼다. ▢꽃을 ~ / 바위에서 굴을 ~. 2 종기나 살갗 따위를 째거나 찔러 터뜨리다. ▢물집을 ~ / 종기를 따고 고름을 짜내다. 3 꽉 봉한 것을 뜯다. ▢깡통을 ~ / 문을 따고 들어가다. 4 글이나 말 따위에서 필요한 부분을 골라내다. ▢춘향전에서 딴 말. 5 내기·경기 등에서 이겨 돈이나 상품을 얻다. ▢노름에서 ~ / 금메달을 ~. 6 점수·자격 따위를 얻다. ▢학위를 ~ / 운전면허를 ~. 7 이름이나 뜻을 취해 그와 같게 하다. ▢지명을 따서 가게 이름을 지었다.
[따 놓은 당상(堂上)] 일이 확실해서 변동이 있을 수 없을 때나, 으레 자기 차지가 될 것이 틀림없음을 이르는 말. 떼어 놓은 당상.
따다² 타 1 찾아온 사람을 핑계를 대고 만나지 않다. ▢귀찮은 손님을 ~. 2 싫으거나 미운 사람을 돌려내어 그 일에 상관되지 않게 하다. ▢녀석은 따고 우리끼리만 가자.
따다닥 부 1 기관총을 쏘는 소리. 2 구르는 바퀴의 살 따위에 무엇인가가 닿는 소리.
따다-바리다 타 1 뜯어내서 죽 벌이어 놓다. 2 얄미운 태도로 이야기를 늘어놓다. 튈뜯어벌이다.
따-돌리다 타 1 밉거나 싫은 사람을 떼어 멀리하다. ▢딴 친구를 ~. 2 뒤쫓는 사람이 따라잡지 못하게 간격을 벌려 앞서 나가다. ▢미행을 ~.
따-돌림 圀 따돌리는 일. ▢~을 당하다 / 동료들한테 ~을 받다.
따들싹-하다¹ [-싸카-] 形여 덮이거나 가려지지 않아서 밑이 조금 떠들려 있다. 튈떠들썩하다¹.
따들싹-하다² [-싸카-] 形여 1 여러 사람이 조금 큰 목소리로 떠들어서 시끄럽다. 2 소문이 퍼져 조금 왁자하다. 튈떠들썩하다².
따듬-거리다 재타 말하거나 글을 읽는 것이 순조롭지 못하고 자꾸 막히다. ▢책을 따듬

거리며 읽다. 튈떠듬거리다. 여다듬거리다.
따듬-따듬 부재타 튈떠듬떠듬.
따듬-대다 재타 따듬거리다.
따듬작-거리다 [-꺼-] 타 말하거나 글을 읽을 때 느릿느릿하게 자꾸 더듬다. ▢말을 ~. 튈떠듬적거리다. 여다듬작거리다. 따듬작-따듬작 부하타
따듬작-대다 [-때-] 타 따듬작거리다.
따듯-이 부 따듯하게. ▢데운 물.
따듯-하다 [-드타-] 形여 '따뜻하다'를 부드럽게 이르는 말. ▢따듯한 날씨. 튈뜨듯하다.
따따따 圀 나팔을 부는 소리.
따따부따 부하재 딱딱한 말씨로 따지고 다투는 모양. ▢왜 ~하는 거야.
따뜻-이 부 따뜻하게. ▢몸을 ~ 하다 / 손님을 ~ 맞다.
따뜻-하다 [-뜨타-] 形여 1 견디기에 알맞게 덥다. ▢방 안이 ~. 튈뜨뜻하다. 2 감정·태도·분위기가 정답고 포근하다. ▢따뜻한 마음씨.
따라 조 ('오늘'·'날' 따위의 체언 뒤에 붙어) '여느 때와 달리 별나게 또는 특별히'의 뜻을 나타내는 보조사. ▢그날~ 눈이 많이 왔다 / 오늘~ 유난히 차가 막힌다.
따라-가다 타거라 1 남의 뒤를 쫓아가다. ▢형을 따라가거라. 2 남의 행동이나 시키는 대로 좇아 하다. ▢나는 부모를 따라가기 마련이다. 3 남에게 뒤지지 않고 그가 하는 만큼 하다. ▢대중 연설로는 그를 따라갈 사람이 없다. 4 일정한 선 따위를 그대로 밟아 가다. ▢길을 ~.
따라-나서다 타 남이 가는 대로 같이 나서다. ▢선생님을 ~.
따라-다니다 타 1 남의 뒤를 쫓아서 다니다. ▢여자를 ~. 2 어떤 현상이 늘 붙어 다니다. ▢자유와 책임은 늘 서로 따라다닌다.
따라-먹다 타 ☞앞지르다.
따라-붙다 [-붇따] 재타 1 앞지른 것을 바싹 뒤따르다. ▢앞선 선수를 ~. 2 현상·물건·사람 따위가 늘 붙어 다니다. ▢기자들이 ~.
따라서 부 '그러므로'의 뜻의 접속 부사. ▢품질이 좋으니 ~ 값도 비싸다. 튈따라.
따라-서다 타 1 뒤에서 쫓아가서 나란히 되다. ▢아내는 못 이기는 척하고 남편을 따라섰다. 2 본받아서 따라서다.
따라-오다 타너라 1 남의 뒤를 쫓아오다. ▢내 뒤를 따라오너라. 2 본떠서 그대로 해 오다.
따라-잡다 [-따] 타 앞지른 것을 따라가서 잡다. ▢앞지른 선수를 ~ / 선진국의 첨단 기술을 ~.
따라-잡히다 [-자피-] 재 ('따라잡다'의 피동) 따라잡음을 당하다. ▢뒤차에 ~.
따라지 圀 1 키와 몸이 작아 보잘것없는 사람. 2 노름판에서, 한 끗. ▢~를 잡다. 3 따분한 처지에 놓여 있는 사람. ▢~ 인생.
따라지-목숨 [-쑴] 圀 남에게 매여 보람 없이 사는 하찮은 목숨.
따라지-신세 圀 하찮고 따분한 처지. ▢이놈의 ~를 언제나 면할꼬.
따로 부 1 한데 섞이거나 함께 하지 않고 떨어져서. ▢~ 두다 / ~ 살다. 2 보통의 것과는 달리 특별하게. 별도로. ▢월급 이외에 ~ 수입이 있다.
따로-국밥 [-빱] 圀 밥을 국에 말지 않고 다른 그릇에 담아 내는 국밥.
따로-나다 타 가족의 일부가 딴살림을 차려

나가다. ⬚결혼 후 살림을 ~.

따로-내다〔타〕(‘따로나다’의 사동) 따로나게 하다. ⬚아우의 살림을 ~.

따로-따로〔부〕제각기 따로. ⬚~ 살다 / ~ 출발하다.

따로-따로²〔감〕섬마섬마.

따로따로-따따로〔감〕섬마섬마.

따로-서다〔자〕어린아이가 처음으로 딴 것에 의지하지 않고 혼자 서다. ⬚그 아이는 돌이 지나서야 따로섰다.

따르다¹〔따라, 따르니〕〔자타〕**1** 남의 뒤를 좇다. ⬚그를 따라 들어가다. **2** 남을 좋아하거나 존경하여 가까이 붙좇다. ⬚잘 따르는 후배 / 개가 나를 몹시 따른다. **3** 다른 일과 더불어 일어나다. 수반하다. ⬚경제 개발에 따른 소득 격차 / 성공에는 흔히 고생이 따른다. **4** 무엇을 끼고 나아가다. ⬚강을 따라서 길이 났다. **5** 관례·법규·의견 따위를 좇다. ⬚전례에 ~ / 법에 따라 처벌한다. **6** 복종하다. 준수하다. ⬚결정에 ~ / 지시대로 ~. **7** 목적이나 입장에 각기 의거하다. ⬚학자에 따라서 해석이 다르다 / 목적에 따라 방법이 다르다. **8** 앞선 것을 좇아 같은 수준에 이르다. ⬚어머니의 솜씨는 따를 수가 없다.

따르다²〔따라, 따르니〕〔타〕그릇을 기울여 액체를 흐르게 하다. ⬚술을 ~ / 물을 컵에 따라 마시다.

따르르¹〔부·하자〕**1** 작은 물건이 미끄럽게 구르는 소리. ⬚구슬이 ~ 굴러 가다. **2** 작은 물건이 흔들려 떠는 소리. ⬚자명종이 ~ 울리다. 큰뜨르르¹. 여다르르.

따르르²〔부·하형〕어떤 일에 막힘이 없이 잘 통하는 모양. ⬚그런 일은 그가 ~ 꿰고 있다. 큰뜨르르². 여다르르.

따르릉〔부·하자〕전화벨·자명종 따위가 울리는 소리. ⬚전화가 ~ 울리다.

따름〔의명〕어미 ‘-ㄹ’·‘-을’ 뒤에서 ‘그뿐’의 뜻을 나타내는 말. ⬚오직 공부할 ~이다 / 단 하나가 있을 ~이다.

따름-수(-數)〔-쑤〕〔명〕함수(函數).

따리¹〔명〕〖해〗선박의 키에서, 물속에 잠기는 아랫부분에 달린 널찍한 나무판자.

따:리²〔명〕남의 마음을 사려고 알랑거리면서 비위를 맞추는 짓이나 말.

따리(를) 붙이다〔관〕남의 마음을 사려고 아첨하다. ⬚녀석이 갑자기 따리를 붙인다.

따:리-꾼〔명〕따리를 잘 붙이는 사람.

따-먹다〔-따〕〔타〕**1** 장기·바둑·돈치기 등에서, 남의 말·돌을 따내거나 돈 등을 얻다. ⬚졸로 상을 ~ / 내기 장기를 두어 돈을 ~. **2** 〈속〉여자의 정조를 빼앗다.

따발-총(-銃)〔명〕〈속〉소련식 기관 단총.

따분-하다〔형·여〕**1** 재미가 없어 지루하고 답답하다. ⬚따분한 이야기. **2** 어색하거나 난처하다. ⬚따분한 처지에 놓이다 / 뭐라고 대답해야 할지 ~. **3** 생기가 없어 처량하다. ⬚신세가 ~. 따분-히〔부〕

따비〔명〕〖농〗쟁기보다 좀 작고 보습이 좁게 생겨, 풀뿌리를 뽑거나 밭갈이를 하는 데 쓰는 농기구.

따비-밭〔-받〕〔명〕따비로나 갈 만한 좁은 밭.

따사-롭다〔-따〕〔-로워, -로우니〕〔형·ㅂ〕좀 따뜻한 기운이 있다. ⬚따사로운 봄볕. 여다사롭다. 따사-로이〔부〕

따사-하다〔형·여〕좀 따뜻하다. ⬚따사한 봄. 큰따스하다. 여다사하다.

따삽다〔형〕☞따습다.

따스-하다〔형·여〕**1** 좀 따습다. **2** 방바닥이 ~. 큰뜨스하다. 좡따사하다. 여다스하다.

따습다〔-따〕〔따스워, 따스우니〕〔형·ㅂ〕알맞게 따뜻하다. ⬚따스운 물. 큰뜨습다. 여다습다.

따오기〔명〕〖조〗따오깃과의 새. 해오라기와 비슷한데, 몸은 희고 검은 부리는 밑으로 굽었음. ‘따옥따옥’하며 울고, 나무 위에 둥우리를 짓고 물가에서 민물고기나 게 따위를 잡아먹음. 천연기념물 제 198호임.

따-오다〔타〕남의 글이나 말 가운데서 필요한 부분을 끌어 오다. ⬚제목을 지명에서 ~ / 시에서 한 구절을 ~.

따옥-따옥〔부〕따오기가 우는 소리.

따옴-말〔명〕‘인용어(引用語)’의 풀어쓴 말.

따옴-월〔명〕‘인용문’의 풀어쓴 말.

따옴-표(-標)〔명〕〖언〗이전 문장 부호 규정에서 큰따옴표(“ ”)·작은따옴표(‘ ’)·겹낫표(『 』)·낫표(「 」)를 아울러 이르던 말. 인용부(引用符).

따위〔의명〕**1** 사람이나 사물을 얕잡거나 부정적으로 일컫는 말. ⬚네 ~가 뭘 안다고 / 이런 ~ 물건을 무엇에 쓰나. **2** 그것과 같은 종류·부류임을 나타내는 말. 등(等). ⬚쌀·보리 ~의 곡식.

따-잡다〔-따〕〔타〕따져서 엄하게 다잡다. ⬚그를 따잡고 몰아세웠다.

따지기〔명〕이른 봄 얼었던 흙이 풀리려고 할 무렵. *해토머리.

따지다〔타〕**1** 계산·관계 따위를 낱낱이 헤아리다. ⬚촌수를 ~ / 이자를 ~. **2** 옳고 그름을 밝혀 가르다. ⬚이치를 ~ / 잘잘못을 ~. **3** 중요하게 여겨 검토하다. ⬚경력을 ~. **4** 일일이 추궁하다. ⬚원인을 ~.

따짝-거리다〔-꺼-〕〔타〕손톱이나 날카로운 물건 따위로 조금씩 자꾸 뜯거나 진집을 내다. 큰뜨적거리다. **따짝-대다**〔부·하타〕

따짝-대다〔-때-〕☞따짝거리다.

딱¹〔부〕단단한 것이 마주치거나 부러지는 소리. ⬚~ 부러지다. 큰떡⁴.

딱²〔부〕**1** 단호하게 끊거나 행동하는 모양. ⬚~ 잘라 말하다 / 술·담배를 ~ 끊다 / ~ 부러지게 거절하다. **2** 완전히 그치거나 멎는 모양. ⬚비가 ~ 그치다 / 울음소리가 ~ 멎다. **3** 몹시 싫거나 언짢아하는 모양. ⬚그것은 ~ 질색이다. *뚝².

딱³〔부〕활짝 바라거나 벌어진 모양. ⬚~ 바라진 어깨 / 입을 ~ 벌리다 / 눈을 ~ 부릅뜨고 앉다. **2** 빈틈없이 맞닿거나 들어맞는 모양. ⬚양복이 ~ 맞는다 / 나들이하기에 좋은 날 / 네 말이 ~ 맞았다. **3** 군세게 버티는 모양. ⬚~ 버티고 서다. **4** 야무진 힘이나 얌전한 태도가 나타나는 모양. ⬚눈을 ~ 감다 / 입을 ~ 다물다. **5** 단단히 달라붙는 모양. ⬚몸에 ~ 붙는 셔츠. **6** 갑자기 마주치는 모양. ⬚시선이 ~ 마주치다. **7** (적은 수효를 나타내는 말 앞에 쓰여) 한정해서 꼭. 그뿐. ⬚~ 한 잔씩만 더 하고 가자 / 빈자리는 ~ 두 개밖에 없었다. 큰떡³.

딱따구리〔명〕☞딱따구리.

딱따구리〔명〕〖조〗딱따구릿과의 새의 총칭. 깊은 산속에 삶. 빛은 녹색·흑색 등이며 반문이 있음. 날카롭고 단단한 부리로 나무를 쪼아 구멍을 내고 그 속의 벌레를 잡아먹음. 탁목. 탁목조.

딱따그르르〔부·하자〕**1** 천둥이 가까운 데서 갑자기 요란스럽게 울리는 소리. **2** 단단한 물건이 다른 단단한 물체에 부딪치며 구르는 소리.

또는 그 모양. ㉣떡뜨그르르. ㉤닥다그르르.

딱따글-딱따글 [부][자] **1** 딴딴한 물건이 딱딱한 바닥에 계속해 부딪치며 굴러 가는 소리. **2** 천둥이 가까운 곳에서 갑자기 요란스럽게 잇따라 울리는 소리. ㉣떡떠글떡떠글. ㉤딱다글닥다글.

딱따기¹ [명] **1** 밤에 야경(夜警)을 돌 때 서로 마주 쳐서 소리를 내게 만든 두 짝의 나무토막. 격탁(擊柝). **2** 딱따기를 치며 야경 도는 사람. 딱따기꾼. **3** 예전에, 극장의 막이 열릴 때 신호로 치던 나무토막.

딱따기² [명] 《충》 메뚜깃과의 곤충. 가을철 풀밭에 많음. 방아깨비와 비슷한데 몸이 가늘고 길며 황록색임. 날 때 '딱딱딱' 소리가 남. 딱따깨비.

딱따-깨비 [명] 《충》 딱따기².

딱-딱 [부] **1** 단단한 물건이 계속 마주치는 소리. ▢손뼉을 ~ 치다. **2** 단단한 물건이 계속해서 꺾이는 소리. 또는 그 모양. ▢나뭇가지를 ~ 부러뜨리다.

딱딱-거리다 [--꺼-][자] 딱딱한 말씨로 자꾸 을러대다. ▢장사꾼이 오히려 손님에게 딱딱거린다.

딱딱-대다 [--때-][자] 딱딱거리다.

딱딱-하다 [따카-][형][여] **1** 굳어서 단단하다. ▢떡이 딱딱하게 굳었다. **2** 태도·말씨·분위기 따위가 부드러운 맛이 없고 엄격하다. ▢딱딱한 사람 / 딱딱한 분위기 / 딱딱한 문장 / 딱딱하게 굳은 표정을 짓다.

딱부리 [--뿌-][명] '눈딱부리'의 준말.

딱-새 [--쌔] [명] 《조》 딱새속(屬)의 새. 가을·겨울에 인가 근처에 삶. 참새보다 좀 크며 검은 날개 중앙에 흰 얼룩무늬 점이 있음.

딱-선 (-扇)[--썬] [명] 살이 몇 개 안 되는 쥘부채의 한 가지.

딱-성냥 [--썽-] [명] 단단한 곳이면 아무 데나 그어도 불이 일어나게 만든 성냥.

딱장-대 [--짱때] [명] **1** 온화한 맛이 없이 딱딱한 사람. ▢~ 같은 사람. **2** 성질이 사납고 굳센 사람.

딱장-받다 [--짱-따] [타] 도둑을 때려 가며 그 죄를 불게 하다.

딱정-벌레 [--쩡-][명] 《충》 딱정벌렛과의 곤충. 길이 약 1cm, 빛은 금빛을 띤 녹색 내지 등적색. 밤에 곤충을 잡아먹음. 갑충.

딱지¹ [--찌] [명] **1** 상처나 헌데에 피나 고름, 진물 따위가 나와 말라붙어 생긴 껍질. ▢머리에 부스럼 ~가 앉다 / ~가 떨어지다. **2** 종이에 붙은 티. **3** 게·소라 따위의 몸을 싸고 있는 단단한 껍데기. **4** 몸시계나 손목시계의 겉 뚜껑.

딱지가 덜 떨어지다 [구] 어린 아기의 쇠딱지가 미처 다 떨어지지 못했다는 뜻으로, 아직 철없는 티를 벗어나지 못한 상태이다.

딱지² (-紙)[--찌] [명] **1** 우표나 증지(證紙)처럼 어떤 특별한 그림이나 글씨를 박은 작은 종잇조각. ▢상품에 가격 표시 ~를 붙이다. **2** '놀이딱지'의 준말. ▢~를 치다 / ~ 따먹기를 하다. **3** 어떤 사물에 대한 평가나 인정. ▢총각 ~를 떼다 / 견습 ~가 붙다 / 노처녀란 ~가 붙다. **4** 〈속〉 교통 위반 따위에 대한 처벌 서류. ▢교통순경이 ~를 떼다. **5** 〈속〉재개발 지역의 현주민에게 주는 아파트 입주권. ▢아파트 ~를 사다. **6** '퇴짜'를 속되게 일컫는 말. ▢~를 놓다 / ~를 맞다.

딱지-날개 [--찌--] [명] 《충》 갑충류(甲蟲類)의 등 앞쪽에 있는 겉날개(단단하여 속날개와

몸을 보호함). 시초(翅鞘).

딱지-놀이 (-紙-)[--찌노-][명][하][자] 놀이딱지를 가지고 노는 일. ▢에 열중하다.

딱지-붙임 [--찌부침][명][하][자] 얇은 널빤지에 아교를 발라 다른 두꺼운 데 붙이는 일.

딱지-치기 (-紙-)[--찌--][명][하][자] 놀이딱지를 땅바닥에 놓고 다른 딱지로 쳐서 뒤집히면 따먹는 아이들 놀이.

딱-총 (-銃)[명] **1** 화약을 종이나 대통 같은 것의 속에 싸서 심지에 불을 붙여 터지게 만든 놀이 기구. 지총. **2** 화약을 종이에 싸서 세게 치면 터지도록 만든 아이들의 장난감 총.

딱총-나무 (-銃-)[명] 《식》 인동과의 낙엽 활엽 관목. 잎은 겹잎이고 톱니가 있음. 5월에 황록색 꽃이 피며, 열매는 9월에 붉게 익음. 말린 가지는 약재, 어린잎은 식용으로 씀.

딱-하다 [따카-][형][여] **1** 사정이나 처지가 애처롭고 가엾다. ▢딱한 사정 / 신세가 ~. **2** 일을 처리하기가 난처하다. ▢입장이 ~. **딱-히**¹ [따키][부].

딱-히² [따키] [부] 정확하게 꼭 집어서. ▢나로서는 ~ 무어라 말하기가 어렵구나.

딴:¹ [명] 《역》 '딴다'의 준말.

딴² [의명] (인칭 대명사 뒤에서 '딴은·딴에는'의 꼴로 쓰여) 자기 나름대로의 생각이나 기준. ▢제 ~에는 잘한다고 생각하였다.

딴³ [관] 다른. ▢~ 이야기 / ~ 고장 / ~ 회사의 제품.

딴 주머니(를) 차다 [구] 다른 속셈을 가지거나 일을 꾀하다.

딴-것 [-걷][명] 다른 것. ▢~은 아무것도 모른다 / ~은 없다.

딴-기 (-氣)[명] 냅뜰 기운(氣運).

딴기-적다 (-氣-)[-따][형] 기력이 약하여 앞질러 나서는 기운이 없다.

딴꽃-가루받이 [-꼳까-바지][명] 《식》 타가 수분(他家受粉). ↔제꽃가루받이.

딴꽃-정받이 (-精-)[-꼳쩡바지][명] 타가 수정. ↔제꽃정받이.

딴:**-꾼** [명] **1** 《역》 포도청에 매여서 포교의 심부름을 하며 도둑을 잡는 데 거들던 사람. ㉰딴. **2** 언행이 거칠고 사나운 사람.

딴따라 [명] '연예인'의 낮춤말. ▢'예술'합네 하고 매일같이 ~들과 어울리던 시절.

딴딴-하다 [형][여] **1** 몹시 굳다. ▢돌처럼 딴딴하게 얼다. **2** 약하지 않고 굳세다. ▢근육이 ~. **3** 속이 꽉 차서 야무지다. ▢알밤이 ~. **4** 마음이 허수하지 않고 미덥다. ㉣든든하다. ㉤단단하다. **딴딴-히** [부].

딴-마음 [명] **1** 다른 것을 생각하는 마음. ▢~을 가지지 말고 열심히 공부해라. **2** 배반하는 마음. 이심(異心). ▢~을 품다.

딴-말 [명] **1** 아무 관계도 없는 말. ▢엉뚱하게 ~만 하고 있다. **2** 본뜻에 어그러지는 말. ▢나중에 ~해도 소용없다. *딴소리.

딴말-쓰기 [명] 윷판 없이 입으로 말만 하여 말을 쓰는 윷놀이.

딴-맛 [-맏][명] **1** 색다른 맛. ▢양념을 치니 ~이 났다. **2** 본래의 맛에서 변한 맛. ▢음식이 ~으로 변했다.

딴-머리 [명] 여자의 밑머리에 덧대어 얹은 머리털. ↔본머리.

딴-사람 [명] 모습·신분 따위가 전과 달라진 사람. ▢오랜만에 만난 그는 생판 ~이 되어 있었다.

딴-살림 [명][하][자] 따로 사는 살림. ▢결혼하여

~을 차리다.

딴-상투 명 본머리 아닌 다른 사람의 머리털로 만들어 얹은 상투.

딴-생각 명하자 **1** 엉뚱한 생각. ▷~을 먹지 마라. **2** 다른 데로 쓰는 생각. ▷~하느라 선생님 말씀을 못 듣다. ▷늘어놓다.

딴-소리 명하자 '딴말'의 조금 낮춤말. ▷~만 하다.

딴-솥 [-솥] 명 방고래를 따로 걸어 놓고 쓰는 솥. ▷~을 걸고 국을 끓였다.

딴-요대 (-腰帶)[-뇨-] 명 허리띠의 하나. 여러 가닥의 실을 어슷비슷하게 땋아서 넓적하게 만들고 양 끝에 술을 닮.

딴은 부 남의 말을 긍정하여 그럴듯하다는 뜻을 나타내는 말. ▷~ 그렇군 / ~ 그럴 법하다. *제법.하기야.

딴-이 명 〖언〗한글 자모의 'ㅣ'가 다른 모음에 붙을 때의 일컬음. 'ㅏ·ㅓ·ㅗ·ㅜ'에서 'ㅐ·ㅔ·ㅚ·ㅟ'의 'ㅣ'.

딴-전 명 그 일과는 전혀 관계가 없는 일이나 행동. 딴청. ▷혼자서 ~을 벌이다 / 묻는 말에 대답은 않고 ~을 부리다.

딴-죽 명 〔←딴족〕씨름이나 태껸에서, 발로 상대방의 다리를 옆으로 치거나 끌어당겨 넘어뜨리는 기술.

　딴죽(을) 걸다 관 딴죽(을) 치다.

　딴죽(을) 치다 관 동의하였거나 약속했던 일을 딴전을 부려 어기다.

딴지 명 (주로 '걸다, 놓다'와 함께 쓰여) 어떤 일에 훼방을 놓거나 어기대는 것.

딴-채 명 본채와 별도로 떼어서 지은 집채. 별채. ▷아들 내외는 ~에서 산다.

딴-청 명 딴전. ▷시치미를 떼며 짐짓 ~을 피우다 / 공연히 ~을 부리다.

딴-판 명 **1** 전혀 다른 모습이나 태도. ▷말과 행동이 영 ~이다 / 형제의 성격이 ~으로 다르다. **2** 아주 다른 판국이나 형세. ▷정세가 ~으로 변하다.

딸 명 여자로 태어난 자식. 여식(女息). ▷~을 낳다 / ~을 시집보내다. ↔아들.

　[딸 없는 사위] ㉠실상이 없으면 거기에 딸린 것은 의지할 데가 없다는 말. ㉡인연이 끊어지면 정의(情誼)도 따라서 없어진다는 뜻. ㉢쌍을 이루고 있던 것이 한 쪽이 없어져서 허전하고 서운하다는 말.

딸가닥 부하자 단단하고 작은 물건이 맞닿아서 나는 소리. ▷부엌에서 ~ 소리가 났다. 솅떨거덕. 여달가닥.

딸가닥-거리다 [-꺼-] 자타 자꾸 딸가닥 소리가 나다. 또는 자꾸 딸가닥 소리를 나게 하다. ▷문고리를 딸가닥거리며 방문을 열다. 솅떨거덕거리다. 여달가닥거리다. 솅짤가닥거리다. **딸가닥-딸가닥** 부하자타

딸가닥-대다 [-때-] 자타 딸가닥거리다.

딸가당 부하자 작고 단단한 물건이 맞닿아 나는 소리. 솅떨거덩. 여달가당.

딸가당-거리다 자타 잇따라 딸가당 소리가 나다. 또는 잇따라 딸가당 소리를 나게 하다. 솅떨거덩거리다. 여달가당거리다. **딸가당-딸가당** 부하자타

딸가당-대다 자타 딸가당거리다.

딸각 부하자 '딸가닥'의 준말. 솅떨걱.

딸각-거리다 [-꺼-] 자타 '딸가닥거리다'의 준말. **딸각-딸각** 부하자타

딸각-대다 [-때-] 자타 딸각거리다.

딸각-발이 ☞ 딸깍발이.

딸그락 부하자 단단하고 작은 물건이 움직여

맞부딪거나 스쳐서 나는 소리. ▷어디선가 ~하는 소리가 들렸다. 솅떨그럭. 여달그락.

딸그락-거리다 [-꺼-] 자타 잇따라 딸그락 소리가 나다. 또는 잇따라 딸그락 소리를 나게 하다. 솅떨그럭거리다. 여달그락거리다. **딸그락-딸그락** 부하자타

딸그락-대다 [-때-] 자타 딸그락거리다.

딸그랑 부하자 얇은 쇠붙이로 된 물건이 맞부딪거나 스쳐서 울리는 소리. 솅떨그렁. 여달그랑.

딸그랑-거리다 자타 잇따라 딸그랑 소리가 나다. 또는 잇따라 딸그랑 소리를 나게 하다. 솅떨그렁거리다. 여달그랑거리다. **딸그랑-딸그랑** 부하자타

딸그랑-대다 자타 딸그랑거리다.

딸:기 명 〖식〗**1** 장미과의 나무딸기·양딸기 따위의 총칭. **2** 장미과의 여러해살이풀. 과실의 한 가지로 5-6월에 흰 꽃이 피고, 꽃받침이 발달한 붉은 열매는 달아서 식용함.

딸:기-술 명 **1** 딸기에 설탕을 넣어 발효시켜 만든 술. **2** 딸기의 즙을 넣은 술.

딸:기-코 명 코끝이 딸기처럼 빨갛게 된 코. ▷주독이 올라 ~가 되다.

딸:기-혀 명 〖의〗매설(苺舌).

딸:깃-물 명 [-긴-] 명 딸기에서 나오거나 짜낸 물. ▷옷에 ~이 들다.

딸까닥 부하자 작고 단단한 것이 맞부딪치는 소리. 솅딸깍.

딸까당 부하자 작고 단단한 것이 부딪쳐 울리는 소리. 솅딸깡.

딸깍 부하자 '딸까닥'의 준말.

딸깍-발이 [-빠리] 명 신이 없어서 마른날에도 나막신을 신는다는 뜻으로, 가난한 선비를 일컫음.

딸깡 부하자 '딸까당'의 준말.

딸꼭 부 딸꼭질하는 소리.

딸꼭-거리다 [-꺼-] 자 계속해서 딸꼭질 소리가 나다. **딸꼭-딸꼭** 부

딸꼭-대다 [-때-] 자 딸꼭거리다.

딸꼭-질 [-찔] 명하자 횡격막의 경련으로 호흡 근과 성대가 동시에 경련을 일으켜 들이쉬는 숨이 방해를 받아 소리가 나는 증세. 애역.

딸내미 [-래-] 명 〔←딸남이〕'딸'을 귀엽게 일컫는 말.

딸-년 [-련] 명 **1** '딸자식'의 겸칭. **2** '딸'을 낮게 이르는 말.

딸딸 부하자 작은 바퀴 따위가 단단한 바닥을 구르는 소리. 솅떨떨. 여달달.

딸딸-거리다 자타 자꾸 딸딸 소리가 나다. 또는 자꾸 딸딸 소리를 나게 하다. 솅떨떨거리다. 여달달거리다.

딸딸-대다 자타 딸딸거리다.

딸딸-이 명 **1** 자명종 등에서 종을 때려 소리를 내는 작은 쇠방울. **2** '삼륜차'나 '경운기'의 속된 말. **3** '수음(手淫)'의 속된 말.

딸랑[1] 부하자 **1** 작은 방울 따위가 흔들리어 세게 울리는 소리. **2** 침착하지 못하고 가볍게 행동하는 모양. 솅떨렁[1]. 여달랑.

딸랑[2] 부하자 겁나는 일을 갑자기 당하여 가슴이 따끔하게 울리는 모양. 솅떨렁[2]. 여달랑.

딸랑-거리다 자타 **1** 자꾸 딸랑 소리가 나다. 또는 자꾸 딸랑 소리를 나게 하다. **2** 침착하지 못하고 계속 까불다. 솅떨렁거리다. 여달랑거리다. **딸랑-딸랑** 부하자타

딸랑-대다 자타 딸랑거리다.

딸랑-이 명 흔들면 딸랑딸랑 소리가 나게 만든 어린아이의 장난감.

딸리다 자 **1** 어떤 것에 매이거나 붙어 있다. ▷자식이 ~ / 정원이 딸린 집. **2** 어떤 부서나

종류에 속하다. ❏관리과는 총무부에 딸려
있다.

딸리다² 〔타〕《'따르다'의 사동》 따르게 하다.
❏아버지께서 아이를 딸려 보냈다.

딸리다³ 〔타〕☞ 달리다³.

딸림-마디 〔명〕〔언〕'종속절'의 풀어쓴 말.

딸림-음 〔音〕〔樂〕 으뜸음 다음으로 중요
한 음으로, 조(調)를 지배하는 제5도음. 속
음(屬音). 도미넌트.

딸막-거리다 〔자타〕 딸막 자꾸 딸막이다. ⓐ뜰
먹거리다. ❹달막거리다. **딸막-딸막** 〔부〕〔자타〕

딸막-대다 〔-때-〕〔자타〕 딸막거리다.

딸막-이다 〔-자〕 1 조금 가벼운 물건이 들렸다
내려앉았다 하다. 2 마음이 흔들리다. 3 어깨
나 궁둥이가 아래위로 움직이다. 4 값이 조금
오르려는 기세를 보이다. 〔-타〕 1 조금 가벼운
물건을 들었다 놓았다 하다. 2 남의 마음을
흔들리게 하다. 3 어깨나 궁둥이를 가볍게 아
래위로 움직이다. ⓐ뜰먹이다. ❹달막이다.

딸:-보 〔명〕 1 속이 좁은 사람. 2 키도 작고 몸집
도 작은 사람.

딸-세포(-細胞) 〔명〕〔生〕 세포 분열로 생긴 두
개의 세포. 낭세포. ↔모세포.

딸싹-거리다 〔-꺼-〕 〔자타〕 자꾸 딸싹이다. ⓐ뜰
썩거리다. ❹달싹거리다. **딸싹-딸싹** 〔부〕〔자타〕

딸싹-대다 〔-때-〕〔자타〕 딸싹거리다.

딸싹-이다 〔-자〕 1 가벼운 물건이 들렸다 가라
앉았다 하다. 2 마음이 흔들리어 움직이다. 3
어깨나 궁둥이가 가볍게 아래위로 움직이다.
〔-타〕 1 가벼운 물건을 들었다 놓았다 하다. 2
남의 마음을 흔들리게 하다. 3 어깨나 궁둥이
를 가볍게 아래위로 움직이다. ⓐ뜰썩이다.
❹달싹이다.

딸-아이 〔명〕 1 남에게 자기 딸을 이르는 말. 2
딸로 태어난 아이. ↔아들아이. ⓐ딸애.

딸-애 〔명〕 '딸아이'의 준말. ↔아들애.

딸-자식(-子息) 〔명〕 1 남에게 자기 딸을 이르는
말. 2 딸로 태어난 자식. ↔아들자식.

딸카닥 〔부〕〔하〕〔자타〕 단단한 물건이 세게 부딪쳐
나는 소리. ⓐ딸칵.

딸카당 〔부〕〔하〕〔자타〕 단단하고 속이 빈 물건이 세
게 부딪쳐 울리는 소리. ❹달카당. ⓐ딸캉.

딸칵 〔부〕〔하〕〔자타〕 '딸카닥'의 준말.

딸캉 〔부〕〔하〕〔자타〕 '딸카당'의 준말.

땀¹ 〔명〕 1 사람이나 동물의 피부에서 분비(分泌)
되는 찝찔한 액체. ❏~을 뻘뻘 흘리다 / 일
을 식히다 / 얼굴에 ~이 솟다 / 이마에 ~을
훔치다 / 옷이 ~에 흠뻑 젖다. 2 '노력·수고'
의 비유. ❏피와 ~으로 이룩한 결과.

땀을 들이다 ⓕ ㉠몸을 시원하게 하여 땀을
없애다. ㉡잠시 쉬다.

땀(을) 빼다 ⓕ 힘들거나 어려운 고비를 겪
느라고 크게 혼이 나다.

땀이 빠지다 ⓕ 몹시 힘들거나 크게 애를 쓰
다. ❏땀이 빠지게 일을 했다.

땀² 〔명〕 바느질할 때에 바늘을 한 번 뜬 자국.
바늘땀. ❏~이 촘촘하다. *땀투이.

땀-구멍 〔-꾸-〕 〔명〕 몸 밖으로 땀을 내보내는
살갗의 구멍.

땀-국 〔-꾹〕 〔명〕 때가 낀 옷이나 몸에 흠뻑 젖은
땀을 비유적으로 이르는 말.

땀-기(-氣) 〔-끼〕 〔명〕 약간 땀이 나는 기운. ❏~
가 배다.

땀-나다 〔자〕 몹시 힘들거나 애가 쓰이다.

땀-내 〔명〕 땀에 젖은 옷이나 몸 따위에서 나는
냄새. 또는 땀에서 나는 냄새. ❏~가 나다 /
~가 풍기다 / ~를 맡다.

땀-등거리 〔-뜽-〕 〔명〕 베나 모시로 지어 가슴과

등에만 걸치는 땀받이 옷. *땀받이.

땀땀-이 〔부〕 바느질할 때 바늘로 뜬 땀마다. ❏~
정성이 서려 있는 한복.

땀-띠 〔명〕〔의〕 땀을 많이 흘려 피부가 자극되
어 생긴 발진(發疹). 한진(汗疹). ❏겨드랑이
에 ~가 돋다.

땀-받이 〔-바지〕 〔명〕 땀을 받아 내려고 껴입는
옷. 또는 옷 속에 받친 헝겊. 한의(汗衣).
*땀등거리.

땀-방울 〔-빵-〕 〔명〕 물방울처럼 맺힌 땀의 덩
이. ❏이마에 ~이 송골송골 맺혔다.

땀-복(-服) 〔명〕 일부러 땀을 내기 위하여 입는
옷.

땀-샘 〔명〕〔生〕 몸의 진피 또는 결합 조직 안에
있어, 땀을 분비하고 체온을 조절하는 외분
비선. 한선(汗腺).

땀-수(-數) 〔-쑤〕 〔명〕 바늘로 뜬 땀의 수.

땀-수건(-手巾) 〔-쑤-〕 〔명〕 땀을 닦는 수건.

땀지근-하다 〔형여〕 느리고 땀직하다. ⓐ뜸지근
하다.

땀직-땀직 〔부〕〔하〕〔형〕 한결같이 땀직한 모양. ⓐ뜸
직뜸직.

땀직-이 〔부〕 땀직하게.

땀직-하다 〔-지카-〕 〔형여〕 말이나 행동이 경솔
하지 않고 무게가 있다. ⓐ뜸직하다.

땀-질 〔명〕〔하〕〔자타〕 소목 일하나 조각 따위에서,
쓸데없는 부분을 연장으로 떼어 내는 일.

땀-투성이 〔명〕 땀을 많이 흘려 온몸이나 옷이
흠뻑 젖은 상태. ❏~가 되어 돌려오다.

땃-두릅나무 〔딴뚜룸-〕 〔명〕〔植〕 두릅나뭇과의
낙엽 활엽 관목. 깊은 산에 남. 줄기에 가시
가 빽빽이 나 있고 잎은 손바닥 모양임. 어린
순은 '땃두릅'이라 하여 식용하고 줄기와 가
지는 약재로 씀. 땅두릅나무. 토당귀(土當歸).

땃-두릅나물 〔딴뚜룸-〕 〔명〕〔植〕 두릅나뭇과의
여러해살이풀. 깊은 산에 나는데, 줄기는
2m 이상이며 한여름에 담녹색 꽃이 줄기 끝
에 핌. 뿌리는 약재로 쓰고, 어린 줄기와 싹
은 식용함.

땅¹ 〔명〕 1 바다를 제외한 뭍. 육지. ❏~에 사는
동물 / ~에 묻다. 2 논·밭의 흙성. ❏~을 갈
다 / 몇 마지기 안 되는 ~을 부쳐 먹다. 3 영
토 또는 영지(領地). ❏독도는 우리 ~이다.
4 토지나 택지. ❏~을 담보로 융자를 받는다.
5 지방(地方)1. ❏전라도 ~. 6 토양이나 토
질. ❏비옥한 ~ / ~이 기름지다 / ~이 척박
하다.

[**땅 짚고 헤엄치기**] 아주 쉬움.

땅에 떨어지다 ⓕ 권위·명성 따위가 거의 없
어지다. ❏사기가 ~.

땅을 치다 ⓕ 매우 원통해 하다. ❏이런 땅
을 칠 노릇이 있나 / 땅을 치며 아쉬워하다.

땅(을) 파먹다 ⓕ 농사를 짓거나 광산 일로
살아가다.

땅² 〔부〕〔하〕〔자〕 총을 쏠 때 나는 소리. ㉺탕.

땅³ 〔부〕〔자타〕 쇠붙이를 몹시 쳐서 울리는 소리.
ⓐ떵.

땅-가뢰 〔-까-〕 〔명〕〔충〕 가뢰1.

땅-가림 〔명〕 한곳에 같은 작물을 거듭 심지 않
는 일.

땅-가물 〔명〕 가물어서 푸성귀들이 마르는 재앙.

땅-값 〔-깝〕 〔명〕 1 땅의 값. 땅의 가격. ❏~이
오르다 / ~이 비싸다. 2 땅을 빌려 사용할 때
내는 돈.

땅-강아지 〔-깡-〕 〔명〕〔충〕 땅강아짓과의 곤충.
땅속에 사는데 길이 3cm가량, 빛은 다갈색·

흑갈색이고 온몸에 잔털이 많음. 날개는 짧고 앞다리는 땅파기에 적합함. 벗과 식물의 해충임.

땅-개[-깨]**명**《속》**1** 키가 몹시 작은 개. **2** 키가 작고 몸됨이가 단단하며 잘 싸다니는 사람.

땅거미[-꺼-]**명** 해가 진 뒤 컴컴하기까지의 어스레한 동안. 박모(薄暮). □~가 지다 / ~가 내리기가 시작하는 거리의 풍경.

땅-거미²[-꺼-]**명**《동》땅거밋과의 거미. 담이나 나무줄기 밑에 긴 주머니 모양의 집을 짓고 삶. 빛은 갈색인데 머리가 크고 턱이 발달하였음.

땅-걸[-껄]**명** 윷놀이에서, '도'를 농으로 일컫는 말.

땅-고름명하자 땅바닥을 높낮이가 없이 평평히 고르는 일.

땅-고집[-固執]**명** 융통성이 없는 심한 고집. □~을 부리다 / ~을 세우다.

땅-광[-꽝]**명** 뜰이나 집채 아래에 땅을 파서 만든 광. 지하실.

땅-굴(-窟)[-꿀]**명** **1** 땅속으로 뚫린 굴. □북한의 남침용 ~. **2** 땅을 파낸 큰 구덩이. 토굴(土窟). □~에 고구마를 저장하다.

땅-그네명 땅에 기둥을 세우고 맨 그네.

땅기다재 몹시 켕기어지다. □목줄기가 ~ / 옆구리가 땅기면서 아프다.

땅-까불명하자 암탉이 혼자서 몸을 땅바닥에 대고 비비적거리는 짓.

땅-꼬마명 키가 몹시 작은 사람을 놀림조로 이르는 말.

땅-꾼명 **1** 뱀을 잡아서 파는 사람. **2**《역》☞ 딴꾼.

땅-끝[-끋]**명** **1** 육지의 마지막 지점. **2** 땅속의 가장 깊은 곳.

땅-내명 땅에서 나는 냄새. 흙냄새.
[땅내가 고소하다] 머지않아 죽게 될 것 같다는 말.

땅내(를) 맡다꾸 □옮겨 심은 식물이 새 뿌리를 내려 생기가 나게 되다. □동물이 그 땅에서 생명을 얻다.

땅-덩어리[-떵-]**명** 땅덩이.

땅-덩이[-떵-]**명** 땅의 큰 덩이(《대륙·국토·지구 따위를 가리키는 말》). 땅덩어리. □~가 큰 나라 / ~에 비해서 인구가 적다.

땅두릅-나무[-뚜릅-]**명**《식》땃두릅나무.

땅-두멍[-뚜-]**명**《공》도자기를 만드는 흙의 앙금을 가라앉히기 위해 땅에 판 구덩이.

땅딸막-하다[-마카-]**형어** 키가 작고 몸집이 옆으로 딱 바라지다. □땅딸막한 체구.

땅딸-보명 키가 땅딸막한 사람. 땅딸이.

땅딸-이명 땅딸보.

땅-땅[부하자타]**명** **1** 쇠붙이를 계속해 세게 칠 때에 나는 소리. **2** 계속하여 총을 쏠 때에 나는 소리. 鲁떵떵¹. ❀탕탕².

땅땅²[부] **1** 헛된 장담을 하는 모양. **2** 위세를 보이며 기세 좋게 으르대는 모양. □큰소리를 ~ 치다. 鲁떵떵².

땅땅-거리다[자타] 잇따라 땅땅 소리가 나다. 또는 잇따라 땅땅 소리를 나게 하다. 鲁떵떵거리다¹.

땅땅-거리다² 근심 걱정 없이 큰소리치며 지내다. 땅땅거리며 살다. 鲁떵떵거리다².

땅땅-대다¹[자타] 땅땅거리다¹.

땅땅-대다² 땅땅거리다².

땅-뙈기 얼마 안 되는 논밭의 조각. □~나 부쳐 먹고 사는 사람.

땅-띔[-띰]**명** 무거운 것을 들어 땅에서 뜨게 하는 일.

땅띔(도) 못하다꾸 □조금도 알아내지 못하다. □감히 생각조차 못하다.

땅띔(을) 하다꾸 감히 생심(生心)을 내다.

땅-마지기명 몇 마지기의 논밭. □~나 부쳐 먹는 농사꾼.

땅-문서(-文書)**명** 땅의 소유권을 등기 증명한 문서. □~를 잡히고 빚을 내다.

땅-바닥[-빠-]**명** **1** 땅의 거죽. 지면(地面). □~을 파다. **2** 땅의 맨바닥. □~에 앉다.

땅-버들[-뻐-]**명**《식》갯버들1.

땅-버섯[-뻐섣]**명** 땅에서 나는 버섯의 총칭.

땅-벌[-뻘]**명**《충》땅속에 집을 짓고 사는 벌의 총칭.

땅-벌레[-뻘-]**명**《충》땅풍뎅이의 애벌레.

땅-보탬명하자 사람이 죽어서 땅에 묻힘을 이르는 말.

땅-볼[-뻘]**명** 낫질을 할 때, 낫의 날이 땅 쪽으로 닿는 면.

땅-볼(-ball)**명** 야구·축구에서, 땅 위로 굴러가도록 치거나 찬 공.

땅-뺏기[-빼끼]**명** 정한 땅에 말을 뺑겨 금을 그으면서 뺏어 나가거나, 가위바위보를 하여 이긴 사람이 한 뼘씩 땅을 재어 자기 땅으로 하는 어린이의 놀이. 땅따먹기. 땅재먹기.

땅-설법(-說法)[-뻡]**명**하자《불》승려들이 땅 위에서 하는 여흥의 연희.

땅-속[-쏙]**명** 땅 밑. 지하. □~에 묻히다.

땅속-뿌리[-쏙-]**명**《식》땅속에 묻혀 있는 식물의 뿌리. 지하근(地下根). ↔땅위뿌리.

땅속-줄기[-쏙쭐-]**명**《식》땅속에 있는 식물의 줄기(《감자·양파·백합 따위가 이에 속함》). 지하경. ↔땅위줄기.

땅-울림명하자 **1** 지면이 울려서 소리가 나는 일. □탱크가 ~을 내며 지나갔다. **2** 지진이 날 분화로 땅이 흔들리는 일.

땅위-뿌리[-위-]**명**《식》줄거리에서 뿌리가 땅 위로 벋어서 공기 중의 물기를 흡수하는 뿌리. 지상근. ↔땅속뿌리. *공기뿌리.

땅위-줄기[-위-]**명**《식》땅 위로 나온 식물의 줄기. 보통의 줄기를 이름. 기경(氣莖). 지상경. ↔땅속줄기.

땅-임자[-님-]**명** 논밭의 소유자. 지주.

땅-자리[-짜-]**명** 수박이나 호박 등이 땅에 닿아 빛이 변하고 무른 부분.

땅-재먹기[-끼]**명** 땅뺏기.

땅-재주(-才-)[-째-]**명**하자 광대가 땅에서 뛰어넘는 재주. □~를 부리다.

땅-줄기[-쭐-]**명** 땅으로 벋어 나간 줄기.

땅-차(-車)**명** 불도저.

땅-콩명《식》콩과의 한해살이풀. 주로 모래땅에서 재배함. 여름에 나비 모양의 황색 꽃이 핌. 열매는 씨방이 땅속에 자라 고치 모양으로 달리는데 맛이 좋고 기름도 많음. 호(胡)콩. 낙화생.

땅콩-기름명 땅콩으로 짠 기름. 낙화생유.

땅콩-버터(-butter)**명** 땅콩을 으깨어 이겨서 버터 모양으로 맛을 낸 식품.

땅-파기명 **1** 땅을 파는 일. **2** 아주 어리석어 사리를 모르는 사람이나 그런 사람과의 시비를 일컫는 말.

땋:다[따타]**타** **1** 머리털이나 실 따위를 둘 이상의 가닥으로 갈라서 엇결어 짜 엮어서 한 가닥으로 하다. □머리를 두 갈래로 ~. **2** 머리에 댕기를 끼워 드리다.

때¹명 **1** 시간의 어떤 순간이나 부분. □~를 알리는 종소리 /~를 같이 하여 / ~ 아닌 큰

장마 / ~ 없이 오는 눈. **2** 좋은 기회나 운수. ❑ ~를 기다리다 / ~가 이르다 / ~를 놓치다 / 아직 ~를 못 만나다. **3** 끼니 또는 식사 시간. ❑ ~를 거르다. **4** 경우(境遇). ❑ ~에 따라서는 / 기분이 좋을 ~. **5** 시대나 연대. 그 당시. ❑ 신라 ~ / 어렸을 ~의 기억을 더듬다. **6** 어떤 일이나 현상이 일어나는 시간. ❑ 장마 ~ / 썰물 ~ / 지난번 태풍 ~. **7** 일정한 시기나 기간 동안. ❑ 명절 ~ / 방학 ~ 여행을 다니다. **8** 계절이나 절기. ❑ ~는 바야흐로 봄이다.

때² [명] **1** 몸이나 옷에 먼지 따위가 묻어 더러운 것. ❑ ~를 밀다 / 벽지에 ~가 끼다 / 옷에 ~가 묻다. **2** 불순하고 속된 것. ❑ ~ 묻은 정치인 / 마음의 ~를 씻어 내다. **3** 까닭 없이 뒤집어쓴 더러운 이름. ❑ 도둑의 ~를 벗다. **4** 시골티나 어린 티. ❑ ~도 안 벗은 놈 / 촌~를 벗다.

때가 타다 [구] 때가 잘 묻다. 때가 쉽게 앉다. ❑ 이 옷은 쉽게 때가 타는 게 흠이다.

때:-가다 [자거라] 〈속〉 죄지은 사람이 잡혀 가다. ❑ 경찰에 때가는 신세가 되다.

때각 [부하자타] 단단하고 작은 물건이 부딪쳐서 나는 소리. [큰]떼걱. [여]대각. [센]때깍.

때각-거리다 [-꺼-] [자타] 자꾸 때각 소리가 나다. 또는 자꾸 때각 소리를 나게 하다. ❑ 필통을 ~. [큰]떼걱거리다. [여]대각거리다. [센]때깍거리다. **때각-때각** [부하자타]

때각-대다 [-때-] [자타] 때각거리다.

때구루루 [부] 작고 딴딴한 물건이 딴딴한 바닥에 떨어져서 구르는 소리. 또는 그 모양. [큰]떼구루루. [여]대구루루.

때굴-때굴 [부하자] 작고 단단한 물건이 자꾸 구르는 모양. [큰]떼굴떼굴. [여]대굴대굴.

때그락 [부하자타] 여러 개의 딴딴한 물건이 서로 맞닿아서 나는 소리. [큰]떼그럭. [여]대그락.

때그락-거리다 [-꺼-] [자타] 잇따라 때그락 소리가 나다. 또는 잇따라 때그락 소리를 나게 하다. [큰]떼그럭거리다. **때그락-때그락** [부하자타]

때그락-대다 [-때-] [자타] 때그락거리다.

때그르르 [부하형] 여러 개의 가늘거나 작은 물건 중에서 드러나게 굵거나 큰 모양. [큰]띠그르르. [여]대그르르.

때글-때글 [부하형] 여러 개 가운데서 몇 개가 드러나게 굵거나 큰 모양. [큰]띠글띠글. [여]대글대글.

-때기 [미] 일부 명사에 붙어 그 명사를 속된 말로 만드는 말. ❑ 귀~ / 배~ / 볼~.

때-까치 [명] 〔조〕 때까칫과의 새. 숲·평원 등에 삶. 까치보다 좀 작은데, 머리는 적갈색, 배 아래는 감람색, 날개는 흑색이며 부리가 날카롭고 성질이 사나움. 잡은 먹이는 나뭇가지에 꿰어 놓는 습성이 있음. 개고마리.

때깍 [부하자타] 올차고 작은 물건이 부딪쳐서 나는 소리. [큰]떼꺽. [여]대각·대깍·때각.

때깍-거리다 [-꺼-] [자타] 잇따라 때깍 소리가 나다. 또는 잇따라 때깍 소리를 나게 하다. [큰]떼꺽거리다. **때깍-때깍** [부하자타]

때깍-대다 [-때-] [자타] 때깍거리다.

때깔 [명] 피륙이나 물건 등이 눈에 선뜻 비치는 맵시와 빛깔. ❑ ~ 좋은 옷감 / ~이 곱다.

때꼭 [감] 술래잡기에서, 숨었던 아이가 잡히지 않고 제자리에 돌아오면서 술래를 놀릴 때 내는소리.

때-꼽 [명] '때꼽재기'의 준말. ❑ ~이 끼다.

때-꼽재기 [-째-] [명] 엉겨 붙은 때의 조각이나 부스러기. [준]때꼽.

때꾼-하다 [형여] 지쳐서 눈이 쑥 들어가고 생기가 없다. ❑ 감기를 앓더니 때꾼하구나. [큰]떼꾼하다. [여]대꾼하다.

때-늦다 [-늗따] [형] **1** 정한 시간보다 늦다. ❑ 때늦은 손님. **2** 마땅한 시기가 지나다. ❑ 때늦은 후회 / 때늦은 감이 있다. **3** 제철보다 늦다. ❑ 때늦은 과일.

때:다¹ [자] 〈속〉 죄인이 잡히다. ❑ 도둑질하다가 때들어갔다.

때:다² [자] 남에게 배척을 당하다.

때:다³ [타] 아궁이 따위에 불을 지펴 타게 하다. ❑ 군불을 ~.

때:다⁴ [타] '때우다'의 준말.

때때 [명] 〈소아〉 '때때옷'의 준말. 고까. 꼬까.

때때-로 [부] 가끔. 시시로. ❑ ~ 눈에 띄다.

때때-신 [명] 〈소아〉 빛깔이 알록달록하여 고운, 어린아이의 신. 고까신. 꼬까신.

때때-옷 [-옫] [명] 〈소아〉 알록달록한 색을 넣어 곱게 지은 어린아이의 옷. 고까옷. 꼬까옷. [준]때때.

때때-중 [명] 나이가 어린 승려.

때려-내다 [타] 석기를 만들 때, 돌로 쳐서 일정한 모양으로 만들어 내다.

때려-누이다 [타] **1** 주먹이나 몽둥이 따위로 쳐서 쓰러지게 하다. ❑ 강도를 ~. **2** 싸움에서 상대를 완전히 이기다. 때려눕히다.

때려-눕히다 [-누피-] [타] 때려누이다.

때려-잡다 [-따] [타] **1** 주먹이나 몽둥이 따위로 때려서 잡다. ❑ 몽둥이로 멧돼지를 ~. **2** 결정적인 타격을 가해 다시 일어나지 못하게 하다. ❑ 적을 ~. **3** 어떤 상황으로 미루어 대담하게 짐작하다. ❑ 눈치로 ~.

때려-죽이다 [타] 무엇으로 때려서 죽이다. 무자비하게 죽이다.

때려-치우다 [타] 〈속〉 하던 일을 아주 그만두다. ❑ 공부를 ~ / 월급쟁이를 때려치우고 독립을 하다.

때-로 [부] **1** 경우에 따라서. ❑ 원숭이도 ~ 나무에서 떨어진다. **2** 이따금. ❑ ~ 문득 보고 싶은 생각이 나는 사람.

때리다 [타] **1** 사람이나 짐승, 물건 등을 손 또는 손에 쥔 것으로 아프게 치다. ❑ 뺨을 ~. **2** 글이나 말로 타인의 잘못을 비판하다. ❑ 신문이 관리의 부정을 ~. **3** 세차게 부딪치다. ❑ 빗방울이 유리창을 때린다. **4** 심한 충격을 주다. ❑ 그 소식은우리의 뒤통수를 때렸다.

[때리는 시어머니보다 말리는 시누이가 더 밉다] 직접 해치는 사람보다 위해 주는 듯이 거짓 꾸미는 사람이 더 밉다.

때림-끌 [명] 나무 자루 끝에 쇠가락지가 끼어 있는 끌. 나무에 구멍을 뚫는 데 씀.

때림-도끼 [명] 볼이 좁고 자루가 긴 도끼.

때-마침 [부] 그때에 마침. ❑ 문을 나서려는데 ~ 전화가 왔다.

때-맞다 [-맏따] [형] (주로 '때맞게'의 꼴로 쓰여) 시기가 꼭 알맞다. ❑ 때맞게 비가 오다.

때-맞추다 [-맏-] [자] (주로 '때맞추어'의 꼴로 쓰여) 시기에 알맞도록 하다. ❑ 때맞추어 잘 왔다.

때-매김 [명] 〔언〕 '시제(時制)'의 풀어쓴 말.

때문 [의명] 어떤 일의 까닭이나 원인. ❑ 너 ~에 일을 망쳤다 / 눈 ~에 출발을 연기했다.

때-물 [명] 툭 트이지 못한 때깔. ❑ ~을 벗다.

때-밀이 [명하자] **1** 목욕탕에서 손님의 때를 밀어 주는 일을 직업으로 하는 사람. **2** 몸에 낀 때를 밀어서 씻어 내는 일.

때-수건 (-手巾)〔名〕때가 잘 밀리도록 깔깔한 천 따위로 만든 수건.

때우다〔타〕**1** 뚫어졌거나 깨진 자리에 다른 조각을 대어 막다. ☐구멍을 ~. **2** 간단한 음식으로 끼니를 때우다. ☐빵으로 끼니를 ~. **3** 다른 고생 따위로써 곤욕을 대신하여 넘기다. ☐액운을 ~. **4** 다른 수단을 써서 대충 치러 넘기다. ☐고마움을 말로 ~. **5** 별로 하는 일 없이 시간을 대강 보내다. ☐시간을 ~. 㑂때다.

때움-질〔名하타〕'땜질'의 본딧말.

때죽-나무〔-죽-〕〔名〕〔植〕때죽나뭇과의 낙엽 활엽 교목. 산기슭·산허리의 양지에 남. 늦봄에 흰 꽃이 늘어져 핌. 열매는 둥글고 독이 있으며, 씨로는 기름을 짜고 목재는 기구 제작 따위에 씀.

때-찔레〔名〕〔植〕해당화.

딱-대구루루〔-때-〕〔부〕**1** 작고 딴딴한 물건이 땅바닥이나 마룻바닥 같은 곳에 떨어져서 빨리 굴러 가는 소리. **2** 우레가 가까운 곳에서 갑자기 세게 울리는 소리. 㑂떽데구루루. 㒶 댁대구루루.

딱때굴-딱때굴〔부하자〕작고 딴딴한 물건이 다른 것에 잇따라 부딪치면서 굴러 가는 소리. 또는 그 모양. 㑂떽때굴떽때굴. 㒶댁대굴댁 대굴.

땔-감〔-깜〕〔名〕불을 때는 데 쓰는 재료. 땔거리. ☐~을 마련하다.

땔-거리〔-꺼-〕〔名〕땔감.

땔-나무〔-라-〕〔名〕불 때는 데 쓰는 나무붙이. 시목(柴木), 화목(火木). 㒶나무.

땔-나무-꾼〔-라-〕〔名〕**1** 땔나무를 베거나 주워 모으는 나무꾼. **2** 아주 순박한 사람을 농으로 이르는 말.

땔:나무-하다〔-라-〕〔자여〕땔나무를 즐거나 베다. ☐땔나무하러 산에 가다.

땜:[1]〔名하타〕'땜질'의 준말.

땜:[2]〔名하자〕어떤 액운(厄運)을 넘기거나 다른 고생으로 대신 겪는 일. ☐팔자~ / 수~ / ~하는 셈 치고 참다.

땜:-납 (-鑞)〔名〕납과 주석의 합금(땜질에 씀). 백랍. 㒶납.

땜:-인두〔名〕'납땜인두'의 준말.

땜:-일[-닐]〔名하타〕쇠붙이를 땜질하는 일. 또는 그 일을 업으로 삼는 일.

땜:-장이〔名〕땜일을 업으로 삼는 사람.

땜:-쟁이〔名〕연주창 따위로 목에 큰 흠이 있는 사람을 농으로 일컫는 말.

땜:-질〔名하타〕〔←때움질〕**1** 깨어지거나 뚫어진 데를 때우는 일. **2** 떨어진 옷을 깁는 일. **3** 임시로 부분적인 손질만 하는 일. ☐우선 임시변통으로 ~하여 넘겼다. 㑂땜.

땜:-통〔名〕〈속〉머리의 흠집.

땟-거리〔때꺼- / 땟꺼-〕〔名〕끼니를 때울 만한 음식. ☐당장에 ~가 없어 걱정이다.

땟-국〔때꾹 / 땟꾹〕〔名〕**1** 꾀죄죄하게 묻은 때. ☐~이 흐르는 옷. **2** 땟물¹.

땟-물¹〔때- / 땟-〕〔名〕때가 섞여 있는 더러운 물. 또는 때로 범벅이 된 땀이나 물기. 땟국.

땟-물²〔때- / 땟-〕〔名〕겉으로 나타나는 모습이나 몸매. ☐~이 훤하다. ＊땟물¹.

땟-솔〔때쏠 / 땟쏠〕〔名〕때를 벗기는 솔.

땡¹〔名〕**1** '땡땡구리'의 준말. **2** 화투에서, 같은 짝 두 장으로 이루어진 패. ☐장~ / ~이 나오다. **3** 뜻밖에 생긴 좋은 수나 우연히 걸려든 복. ☐~을 잡다.

땡²〔부〕얇고 작은 쇠붙이가 그릇을 칠 때에 나는 소리. 㑂뗑. 㒶댕.

땡-감〔名〕덜 익어 떫은 감.

땡그랑〔부〕**1** '땡그랑'의 준말. **2** 작은 물방울이 한 번 떨어지는 소리. 㑂뗑겅. 㒶댕강.

땡강-거리다〔자타〕**1** '땡그랑거리다'의 준말. **2** 잇따라 땡강 소리가 나다. 또는 잇따라 땡강 소리를 나게 하다. 㑂뗑겅거리다. **땡강-땡강** 〔부하자타〕

땡강-대다〔자타〕땡강거리다.

땡-고추〔名〕아주 매운 고추.

땡그랑〔부하자타〕방울이나 풍경이 세게 흔들리거나 부딪쳐서 나는 소리. 㑂뗑그렁. 㒶댕그랑. 㒶댕강.

땡그랑-거리다〔자타〕잇따라 땡그랑 소리가 나다. 또는 잇따라 땡그랑 소리를 나게 하다. ☐처마 끝의 풍경이 땡그랑거리며 흔들린다. 㑂뗑그렁거리다. 㒶땡강거리다. **땡그랑-땡그랑**〔부하자타〕

땡그랑-대다〔자타〕땡그랑거리다.

땡글-땡글〔부하형〕땡땡하고 둥글둥글한 모양.

땡땡¹〔부하자타〕작은 종이나 쇳과리 따위의 쇠붙이를 잇따라 두드릴 때 나는 소리. ☐종이 ~ 울리다. 㑂뗑뗑. 㒶댕댕.

땡땡²〔名〕**1** 속에서 불어나서 겉으로 켕기는 모양. **2** 살이 몹시 찌거나 붓거나 하여 팽팽한 모양. ☐배가 ~하다. **3** 속이 옹골지게 차 있는 모양. 㑂뗑뗑. 㒶탱탱.

땡땡-거리다〔자타〕잇따라 땡땡 소리가 나다. 또는 잇따라 땡땡 소리를 나게 하다. 㑂뗑뗑 거리다.

땡땡-구리〔名〕골패나 투전 따위의 노름에서, 같은 짝·수를 맞추는 노름. 㑂땡·땡땡이.

땡땡-대다〔자타〕땡땡거리다.

땡땡-이〔名〕**1** 둥근 대틀에 종이를 바르고 양쪽에 구슬을 단 어린이의 장난감(자루를 쥐고 돌리면 땡땡 소리가 남). **2**〈속〉방울(鐸).

땡땡이²〔名〕〈속〉해야 할 일을 하지 않고 감독자의 눈을 피해 게으름을 피우는 일.

땡땡이-치다〔자타〕〈속〉꾀를 부려서 일이나 공부 따위를 열심히 하지 않다.

땡-볕〔-볃〕〔名〕따갑게 내리쬐는 뜨거운 볕. ☐~에서 밭일을 하는 농군.

땡-잡다〔-따〕〔자〕뜻밖의 큰 행운이 생기다. ☐어쩌다 가만히 앉아서 땡잡는 수도 있다.

땡-전 (-錢)〔名〕아주 적은 돈. ☐~ 한 푼[닢] 없다.

땡추〔名〕〔佛〕'땡추중'의 준말.

땡추-절〔名〕〔佛〕땡추중들만 있는 절을 낮잡아 이르는 말.

땡추-중〔名〕〔佛〕파계하여 승려답지 않은 승려 따위를 낮잡아 이르는 말. 㑂땡추.

떠-가다〔자타〕공중이나 물 위를 떠서 가다. ☐흰 구름이 ~ / 잎이 물 위를 ~. ↔떠오다.

떠구지〔名〕〔歷〕큰머리를 틀 때 머리 위에 얹는, 나무로 만든 머리 틀.

떠꺼-머리〔名〕장가나 시집을 갈 나이가 넘은 총각·처녀가 땋아 늘인 긴 머리. 또는 그런 머리를 한 사람.

떠꺼머리-처녀 (-處女)〔名〕**1** 떠꺼머리를 한 처녀. **2** '노처녀'의 비유.

떠꺼머리-총각 (-總角)〔名〕**1** 떠꺼머리를 한 총각. **2** '노총각'의 비유.

떠검-지 (-紙)〔名〕한지(韓紙) 백 권을 한 덩이로 하여, 그 덩이를 싸는 두꺼운 종이.

떠나가다〔자타〕**1** 본디 자리를 떠서 옮겨 가다. ☐똑딱선이 항구를 ~. **2** (주로 '떠나가게'·'떠나가라고'·'떠나갈 듯이'의 꼴로 쓰여) 주위가 떠서 나갈 듯이 소리가 요란하다.

□교실이 떠나가게 떠들어 댔다.
떠나다 재태 1 다른 곳으로 옮겨 가다. □버스가 ~ / 고향을 ~. 2 어떤 일과 관계를 끊다. □직장을 ~. 3 죽다. □세상을 ~. 4 사라지다. □집안에 우환이 떠나지 않는다. 5 어떤 일을 하러 나서다. □출장을 ~.
떠나-보내다 타 아쉬운 마음으로 떠나게 하다. □아들을 훈련소로 떠나보내고 나니 마음이 허전하다.
떠나-오다 재태 있던 데서 일정한 곳으로 옮겨 오다. □고향에서 ~ / 집을 ~.
떠-내다 타 1 액체의 얼마를 퍼내다. □약수를 바가지로 ~. 2 초목 등을 흙과 함께 파내다. □뗏장을 ~. 3 생선이나 고기의 살을 넓적하게 도려내다. □회를 ~.
떠-내려가다 재 물 위에 둥둥 떠서 내려가다. □물 위로 낙엽이 ~.
떠-넘기다 타 할 일이나 책임을 남에게 미루다. □잘못을 부하에게 ~.
떠:-는-잠 (-髻) 명 떨잠.
떠-다니다 재태 1 공중이나 물 위를 떠서 오고 가고 하다. □구름이 ~. 2 정처 없이 이리저리 다니다. □객지를 ~.
떠다-밀다 [-밀어, -미니, -미는] 타 1 손으로 세게 밀다. □벼랑 아래로 ~. 2 자기 일을 남에게 넘기다. (준)떠밀다.
떠다-박지르다 [-지러, -박지러, -박지르니] 타르 떠다밀어 넘어뜨리다.
떠다-박질리다 [-찔-] 타 《'떠다박지르다'의 피동》떠다박질림을 당하다. □가슴을 ~.
떠-대다 타 거짓으로 꾸며 대답하다.
떠-돌다 [떠돌아, 떠도니, 떠도는] 재태 1 정한 곳을 이곳저곳을 옮겨 다니다. □떠도는 신세. 2 소문이 널리 퍼지다. □이상한 소문이 ~. 3 공중이나 물 위에 떠서 이리저리 움직이다.
떠돌-뱅이 명 '떠돌이'의 낮춤말.
떠돌아-다니다 재태 1 정한 곳 없이 이곳저곳을 옮겨 다니다. □전국 방방곡곡을 ~. 2 소문 따위가 계속 퍼져 다니다.
떠돌-이 명 정처 없이 떠돌아다니는 사람. □~ 신세.
떠돌이-별 명 《천》 행성(行星).
떠돌이-새 명 《조》 가까운 지역을 이리저리 철을 따라 옮겨 다니는 새《꾀꼬리·후루룩빗쭉새 따위》.
떠둥그-뜨리다 타 떠들어 엎거나 쓰러뜨리다. (준)떠둥그리다.
떠둥그리다 '떠둥그뜨리다'의 준말.
떠둥그-트리다 타 떠둥그뜨리다.
떠:-들다 [떠들어, 떠드니, 떠드는] 재 1 시끄럽게 큰 소리로 지껄이다. □밖에서 떠드는 소리가 들리다. 2 매우 술렁거리다. □모두가 사람 살리라고 떠들다. 재태 1 소문 따위를 퍼뜨리다. □괜히 떠들어 댄 재미없게 / 신문에서 그 사건에 대해 계속 떠들어 문제가 되었다. 2 견해·입장 따위를 계속 주장하다. □말로만 민주화를 떠든다.
떠-들다² [떠들어, 떠드니, 떠드는] 타 덮이거나 가린 것을 조금 걷어 쳐들다. □담요를 떠들고 손을 넣어 보다.
떠들썩-거리다 [-꺼-] 재 여러 사람이 시끄럽게 자꾸 떠들다. □임금 인상을 요구하며 ~.
떠들썩-대다 [-때-] 재 떠들썩거리다.
떠들썩-하다¹ [-써카-] 형여 잘 덮이거나 가려지지 않아 조금 떠들려 있다. (참)따들싹하다¹. (준)들썩하다.
떠들썩-하다² [-써카-] 형여 1 여러 사람이

큰 소리로 마구 떠들어서 시끄럽다. □술판이 ~. 2 소문이 퍼져 왁자하다. □세상을 떠들썩하게 한 사건. (참)따들싹하다². 재여 여러 사람이 시끄럽게 큰 소리로 떠들다. □밖이 왜 이렇게 떠들썩하냐. (준)들썩하다.
떠-들어오다 재 정처 없이 떠돌아다니던 사람이나 짐승이 들어오다.
떠-들추다 타 남의 비밀을 드러내다.
떠-들치다 타 물건의 한 부분을 조금 힘있게 들어 올리다.
떠듬-거리다 재태 1 말이 자꾸 막히어 술술 나오지 못하고 자꾸 군데군데 막히다. □떠듬거리며 말하다. 2 글을 술술 읽지 못하고 자꾸 군데군데 막히다. □짧은 글을 읽는 데도 떠듬거린다. (참)따듬거리다. (여)더듬거리다. **떠듬-떠듬** 부재자태
떠듬-대다 재태 떠듬거리다.
떠듬적-거리다 [-꺼-] 타 느릿느릿하게 자꾸 떠듬거리다. (참)따듬작거리다. (여)더듬적거리다. **떠듬적-떠듬적** 부재자태
떠듬적-대다 [-때-] 재태 떠듬적거리다.
떠름-하다 형여 1 맛이 약간 떫다. 2 좀 떨떠름한 느낌이 있다. □그 일 때문에 마음이 ~. 3 마음이 썩 내키지 않다. □대답이 ~. **떠름-히** 부
떠릿-보 [-리뽀 / -릳뽀] 명 《건》 대청 위의 큰 보.
떠-맡기다 [-맏끼-] 타 《'떠맡다'의 사동》떠맡게 하다. □책임을 남에게 떠맡기지 마라.
떠-맡다 [-맏따] 타 할 일 따위를 모두 맡다. □가족들의 생계를 ~.
떠-먹다 [-먹따] 타 떠서 먹다. □여기서 밥 한술이라도 떠먹고 가자.
떠-메다 타 1 땅에 닿지 않도록 들어서 메다. □감독을 떠메고 행가래치다. 2 어떤 일이나 책임을 떠맡다.
떠-밀다 [떠밀어, 떠미니, 떠미는] 타 1 '떠다밀다'의 준말. 2 '떼밀다'의 본딧말.
떠-받다 [-따] 타 머리나 뿔로 세게 밀어 부딪치다. □황소가 사람을 ~.
떠-받들다 [-뜰-] [떠받들어, 떠받드니, 떠받드는] 타 1 번쩍 쳐들어 위로 올리다. 2 공경하여 섬기다. □평생의 스승으로 ~. 3 소중히 다루다.
떠-받들리다 [-뜰-] 재 《'떠받들다'의 피동》떠받듦을 받다. □감독은 떠받들리어 운동장을 돌았다.
떠-받치다 타 떨어지거나 쓰러지지 않도록 밑에서 위로 받쳐서 버티다. □기울어 가는 담을 굵은 통나무로 ~.
떠-받히다 [-바치-] 재 《'떠받다'의 피동》떠받음을 당하다. □황소에게 ~.
떠버리 명 늘 시끄럽게 떠드는 사람.
떠-벌리다 타 이야기를 과장하여 늘어놓다. □대단찮은 일을 떠벌리고 다닌다.
떠-벌이다 타 일을 크게 벌이거나 차리다. □사업을 ~.
떠-보다 타 1 저울로 물건을 달아 보다. 2 말이나 행동으로 사람의 인격을 헤아리다. 3 남의 속뜻을 슬며시 알아보다. □넌지시 속마음을 ~.
떠세 명하타 돈이나 세력을 믿고 젠체하고 억지를 쓰는 짓. □~를 부리다.
떠-안다 [-따] 타 일이나 책임 따위를 도맡다. □남의 일까지 ~ / 친구의 빚을 ~.
떠-엎다 [-업따] 타 1 떠서 뒤집어엎다. □흙을 ~. 2 일이나 판세를 뒤집어엎어 끝을 내다.

3 소동을 일으켜 소란스럽게 하다.

떠-오다 물 위나 공중에 떠서 이쪽으로 오다. ↔떠가다.

떠-오르다 [떠올라, 떠오르니] 재륜 **1** 솟아서 위로 오르다. ❑붉게 떠오르는 태양/잠수함이 ~. **2** 생각이 나다. ❑좋은 생각이~. **3** 얼굴에 어떤 표정이 나타나다. ❑반가운 빛이~. **4** 관심을 모을 만큼 뚜렷하게 나타나다. ❑유통업계의 새 강자로 ~.

떠오르는 달 귀 인물이 훤하고 아름다움의 비유.

떠오르는 별 귀 새로이 등장하여 두각을 나타내는 사람. ❑영화계의 ~.

떠-올리다 타 («'떠오르다2·3'의 사동») **1** 기억이나 생각을 되살리다. ❑지난 일을 ~. **2** 어떤 표정을 나타내다. ❑얼굴에 미소를 ~.

떠-이다 타 **1** 높이 쳐들어 이다. ❑산봉우리가 구름을 떠이고 있다. **2** 소중히 여겨 받들다. ❑충무공은 우리 겨레가 떠이고 받드는 성웅이다.

떠죽-거리다 [-꺼-] 재 **1** 젠체하고 되지 못하게 자꾸 지껄이다. **2** 싫은 체하며 자꾸 사양하다. 떠죽-떠죽 부레부

떠죽-대다 [-때-] 재 떠죽거리다.

떠지껄-하다 [-찌껄-] 재엔 여럿이 큰 소리로 지껄이다. ─혱 여럿이 큰 소리로 지껄여 떠들썩하다. ❑시장 골목이 ~.

떠-지다 재 더디어지다.

떡¹ 뗑 **1** 곡식 가루를 찌거나 삶아서 만든 음식의 총칭. ❑~을 찌다/~에 고물을 묻히다. **2** 마음이 무척 유순한 사람. ❑그 사람은 익은 ~이다. **3** 떡밥1.

[떡 본 김에 제사 지낸다] 우연히 온 좋은 기회에 생각하던 일을 해 버린다는 뜻. **[떡 줄 사람은 꿈도 안 꾸는데 김칫국부터 마신다]** 상대방의 속도 모르고 지레 바란다. **[떡 해 먹을 집안]** 화합하지 못하는 집안.

떡 먹듯 어렵지 않게 예사로. ❑거짓말을 ~ 한다.

떡을 치다 재 ㉠양이나 정도가 충분하다. ㉡(속) 남녀가 성교하다. ㉢일을 제대로 하지 못하고 쩔쩔매거나 망치다.

떡(이) 되다 귀 큰 곤욕을 당하거나 매를 많이 맞다.

떡이 생기나 밥이 생기나 귀 실속 없는 일에 열성을 내는 사람을 두고 빈정대는 말.

떡 주무르듯 하다 저 하고 싶은 대로 마음대로 다루다. ❑예산 편성을 ~.

떡² 뗑 《건》 인방이 물러나거나 기둥이 벌어지는 것을 막기 위해 겹쳐 대는 나무쪽.

떡³ 부 **1** 크게 바라지거나 벌어진 모양. ❑입을 ~ 벌리고 있다. **2** 틈틈새이 맞닿거나 들어맞는 모양. ❑~ 들어맞아서 흔들리지 않는다. **3** 굳세게 버티는 모양. ❑~ 버티고 서다. **4** 태도가 매우 점잖거나 의젓한 모양. ❑회전의자에 ~ 앉으니 그럴듯하게 보인다. **5** 갑자기 마주치는 모양. ❑그와 눈길이 ~ 마주쳤다. **6** 단단히 들러붙은 모양. ❑껌이 바닥에 ~ 들러붙었다. 웬딱³.

떡⁴ 부 단단한 것이 마주치거나 부러질 때 나는 소리. 웬딱¹.

떡-가래 [-까-] 뗑 가래떡의 가늘고 긴 몸. ❑~가 굵다/~를 뽑다.

떡-가루 [-까-] 뗑 떡을 만드는 곡식 가루. ❑~를 치다.

떡갈-나무 [-깔라-] 뗑 《식》 참나뭇과의 낙엽 활엽 교목. 해변 지대나 산허리 이하 지대에서 잘 자람. 잎은 마른 뒤에도 겨우내 가지에 붙어 있다가 새싹이 나올 때 떨어지며, 도토리가 가을에 열림. 목재는 단단하여 쓰이는 곳이 많음. 도토리나무. 준갈나무.

떡-갈비 [-깔-] 뗑 갈빗살을 곱게 다져서 양념한 후 갈비뼈에 붙여 구운 요리.

떡갈-잎 [-깔립] 뗑 떡갈나무의 잎. 준갈잎.

떡-값 [-깝] 뗑 **1** 설날이나 추석 때, 회사 등에서 직원에게 주는 특별 수당의 비유. ❑~이 나오다. **2** 공사 입찰에서 담합하여 낙찰된 업자가 다른 업자들에게 분배하는 담합 이익금의 비유. **3** 자신의 이익과 관련된 사람에게 잘 보이기 위하여 바치는 돈의 비유. ❑철따라 ~을 돌리다/업자들에게 ~ 받은 게 문제가 되어 해직되다.

떡-고물 [-꼬-] 뗑 **1** 떡 거죽에 묻히거나 떡의 켜 사이에 까는 고물. **2** 어떤 일을 부정하게 보아주고 얻는 금품의 비유. ❑정치 자금을 만지다 보면 ~이 떨어질 때도 있다.

떡-고추장 [-뿔-] [-꼬-] 뗑 흰무리를 섞어 만든 메줏가루로 담근 고추장.

떡-국 [-꾹] 뗑 가래떡을 어슷하고 얇게 썰어 맑은장국에 넣어 끓인 음식. 병탕.

떡국을 먹다 귀 설을 쇠어서 나이를 한 살 더 먹다.

떡국-점 [-點] [-꾹쩜] 뗑 떡국을 끓이기 위하여 어슷하고 얇게 썬 가래떡의 조각.

떡국-차례 (-茶禮) [-꾹-] 뗑 《민》 설날에 메 대신 떡국으로 지내는 차례. 새해 차례.

떡-돌 [-똘] 뗑 떡을 칠 때에 안반 대신으로 쓰는 판판하고 넓적한 돌.

떡-돌멩이 [-똘-] 뗑 바둑 둘 때 다다닥닥 붙여 놓은 바둑돌.

떡-두꺼비 [-뚜-] 뗑 탐스럽고 암팡지게 생긴 갓난 사내 아이. ❑~ 같은 아들을 낳다.

떡떠그르르 부혱재 **1** 크고 단단한 물건이 다른 단단한 물체에 세게 부딪치면서 구르는 소리. 또는 그 모양. **2** 천둥이 먼 곳에서 갑자기 맹렬하게 울리는 소리. 웬따따그르르. 웬덕더그르르.

떡떠글-떡떠글 부혱재 **1** 크고 딴딴한 물건이 다른 딴딴한 물체에 잇따라 세게 부딪치며 굴러 가는 소리. **2** 천둥이 먼 곳에서 갑자기 맹렬하게 잇따라 울리는 소리. 웬따따글따따글. 웬덕더글덕더글.

떡-떡 부 **1** 물이 금방금방 얼어붙는 모양. ❑물이~ 얼어붙다. **2** 단단한 것이 마주치거나 부러질 때 나는 소리. ❑이가 ~ 마주치다. **3** 여럿이 다 또는 잇따라 단단히 들러붙는 모양. ❑엿이 입천장에 ~ 붙는다.

떡-마래미 [뎅-] 뗑 《어》 마래미보다 작은 방어의 새끼.

떡-메 [뎅-] 뗑 떡을 치는 메. ❑~로 떡밥을 철썩철썩 내리치다.

떡-무거리 [뎅-] 뗑 떡가루를 치고 남은, 거칠고 굵은 가루.

떡-밥 [-빱] 뗑 **1** 낚시 미끼의 하나(쌀겨에 콩가루·번데기 가루 따위를 섞어 만듦). **2** 떡을 만들기 위해 시루에 쪄 낸 밥.

떡-방아 [-빵-] 뗑 떡쌀을 찧는 방아. ❑~를 찧다.

떡-보 [-뽀] 뗑 떡을 남달리 잘 먹는 사람.

떡-보 (-褓) [-뽀] 뗑 떡을 처음 칠 때 흩어지지 않게 싸는 보자기.

떡-볶이 [-뽀끼] 뗑 가래떡을 토막 내서 고기와 야채, 양념을 섞어 볶은 음식.

떡-부엉이 [-뿌-] 뗑 촌스럽고 상스러운 사람

을 얕잡아 이르는 말.

떡-살 [-쌀] 圓 떡을 눌러 모양과 무늬를 찍어 내는 나무 판.

떡-소 [-쏘] 圓 송편이나 계피떡 따위의 떡 속에 넣는 재료(팥이나 콩, 대추 따위).

떡-시루 [-씨-] 圓 떡을 찌는 데 쓰는 둥근 질 그릇. □ ~에 콩나물을 길러 먹다.

떡-심 [-씸] 圓 1 억세고 질긴 근육. □ 쇠고기의 ~. 2 성질이 검질긴 사람의 비유.

떡심(이) 좋다 置 끈질기게 비위가 좋다.

떡심(이) 풀리다 置 기진맥진하고 낙망(落望)하여 맥이 풀리다.

떡-쌀 圓 떡 만드는 데 쓰는 쌀. □ ~을 빻다 / ~을 담그다.

떡-쑥 圓 〖植〗 국화과의 두해살이풀. 인가 부근의 산지에 남. 온 줄기에 흰 솜털이 나고 여름철에 황색 꽃이 핌. 잎과 어린싹은 떡을 해 먹음.

떡-암죽 (-粥) 圓 말린 흰무리를 빻아서 묽게 쑨 죽.

떡을-할 冠갑 못마땅할 때 내뱉거나 아무 생각 없이 하는 말. □, 왜 자꾸 말썽이야.

떡-잎 [떵닙] 圓 〖植〗 식물의 배(胚)에 붙어 있고, 싹이 트면 최초로 나오는 잎. 자엽(子葉).

떡-줄 [-쭐] 圓 찌꺼기 실로 만든 연줄.

떡-집 [-찝] 圓 떡을 만들어 파는 집.

떡-칠 (-漆) 圓하타 화장품·페인트·물감 따위를 덕지덕지 바르는 일. □화장품으로 얼굴에 ~을 하다.

떡-판 (-板) 圓 1 기름떡을 올려놓는 판. 2 안 반. 3〈속〉여자의 엉덩이. 4〈속〉넓적하고 못생긴 얼굴.

떡-팥 [-판] 圓 떡고물이나 떡소로 쓰려고 삶은 팥.

떡-하니 [떠카-] 団 보란 듯이 의젓하거나 여유가 있게. □ ~ 길을 막고 서다 / 그는 마땅 한가운데 ~ 버티고 섰다.

떤:-음 (-音) 圓 〖樂〗 어떤 음을 연장하기 위하여, 그 음과 그보다 2도(度) 높은 음을 교대로 빨리 연주하여 파상(波狀)의 음을 내는 꾸밈음. 트릴(trill).

떨거덕 団하자타 단단하고 큰 물건이 맞닿아 울리는 소리. 촵딸가닥. ㉰떨거덕. ㉶떨걱.

떨거덕-거리다 [-꺼-] 자타 자꾸 떨거덕 소리가 나다. 또는 자꾸 떨거덕 소리를 나게 하다. 촵딸가닥거리다. ㉶떨걱거리다. 떨거덕-떨거덕 団하자타

떨거덕-대다 [-때-] 자타 떨거덕거리다.

떨거덩 団하자타 큰 물건이 맞닿아서 울리는 소리. 촵딸가당. ㉰떨거덩. ㉶떨겅.

떨거덩-거리다 자타 자꾸 떨거덩 소리가 나다. 또는 자꾸 떨거덩 소리를 나게 하다. 촵딸가당거리다. ㉶떨겅거리다. 떨거덩-떨거덩 団하자타

떨거덩-대다 자타 떨거덩거리다.

떨거지 圓 겨레붙이나 한통속에 속하는 무리를 얕잡아 이르는 말. □ 처갓집 ~.

떨걱 団하자타 '떨거덕'의 준말. 촵딸각.

떨걱-거리다 [-꺼-] 자타 '떨거덕거리다'의 준말. 떨걱-떨걱 団하자타

떨걱-대다 [-때-] 자타 떨걱거리다.

떨걱-마루 [-껑-] 圓 〖建〗 긴 널조각을 가로 대어 아무렇게나 만들어서 디디는 대로 떨걱 떨걱 소리가 나는 마루. ㉰떨겅마루.

떨겅 団하자타 '떨거덩'의 준말.

떨구다 타 떨어뜨리다. □시선을 ~ / 고개를

떨그럭 団하자타 큰 덩이로 된 단단한 물건이

움직이어 맞부딪치거나 서로 스쳐서 나는 소리. 촵딸그락. ㉰떨그럭.

떨그럭-거리다 [-꺼-] 자타 자꾸 떨그럭 소리가 나다. 또는 자꾸 떨그럭 소리를 나게 하다. 촵딸그락거리다. 떨그럭-떨그럭 団하자타

떨그럭-대다 [-때-] 자타 떨그럭거리다.

떨그렁 団하자타 얇은 쇠붙이로 된 좀 큰 물건이 움직이어 맞닿거나 서로 스쳐서 울리어 나는 소리. 촵딸그랑. ㉰떨그렁.

떨그렁-거리다 자타 자꾸 떨그렁 소리가 나다. 또는 자꾸 떨그렁 소리를 나게 하다. 촵딸그랑거리다. 떨그렁-떨그렁 団하자타

떨그렁-대다 자타 떨그렁거리다.

떨기 圓 풀이나 나무의 한 뿌리에서 여러 줄기가 나와 더부룩하게 된 무더기. □한 ~ 장미꽃.

떨기-나무 圓 〖植〗 관목(灌木).

떨꺼덩 団하자타 크고 단단한 물건이 부딪쳐 울리는 소리. ㉰덜꺼덩. ㉶떨껑.

떨꺼-둥이 圓 의지하고 지내던 곳에서 쫓겨난 사람.

떨껑 団하자타 '떨꺼덩'의 준말.

떨:다 [떨어, 떠니, 떠는] 자타 1 생물체나 물체가 작은 폭으로 빠르고 탄력 있게 계속 흔들리다. □문풍지가 ~. 2 몹시 추워하거나 두려워하다. □추위로 몸을 ~. 3 몹시 인색하여 좀스럽게 굴다. □단돈 십 원에 벌벌 떠는 구두쇠. 4 어떤 성질·행동을 겉으로 나타내다. □아양을 ~ / 엄살을 ~ / 법석을 ~.

떨:다² [떨어, 떠니, 떠는] 타 1 붙은 것을 흔들거나 쳐서 떨어지게 하다. □먼지를 ~. 21떨다. 2 어떤 속에서 얼마를 덜어 내다. 3 줄 셈에서 받을 셈을 빼다. 4 팔다 남은 것을 몽땅 팔거나 사다. □보따리를 ~.

떨떠름-하다 혱 1 떫은맛이 있다. □감이 아직 덜 익어서 ~. 2 마음이 내키지 않다. □떨떠름한 표정을 짓다. 떨떠름-히 団

떨떨 団 단단한 바닥에 수레바퀴 등이 구르는 소리. 촵딸딸. ㉰덜덜.

떨떨-거리다 자타 자꾸 떨떨 소리가 나다. 또는 자꾸 그런 소리를 내다. 촵딸딸거리다.

떨떨-대다 자타 떨떨거리다.

떨떨-하다 혱 1 격에 맞지 않아 좀 천하다. □맵시가 좀 ~. 2 마음에 조금 흡족하지 못한 듯하다. □마음이 좀 떨떨하여 그만두다. 떨떨-히 団

떨:-뜨리다 타 거만하게 뽐내다.

떨렁¹ 団하자타 1 큰 방울이 흔들리어 나는 소리. 2 침착하지 못하고 까부는 모양. 촵딸랑¹. ㉰떨렁.

떨렁² 団하자 갑자기 놀라거나 겁이 나서 가슴이 뜨끔하게 울리는 모양. 촵딸랑². ㉰덜렁.

떨렁-거리다 자타 1 자꾸 떨렁 소리가 나다. 또는 자꾸 떨렁 소리를 나게 하다. 2 침착하지 않고 자꾸 덤벙거리다. 촵딸랑거리다. 떨렁-떨렁 団하자타

떨렁-대다 자타 떨렁거리다.

떨리다¹ (〈'떨다'의 피동〉) 몹시 춥거나 무섭거나 분하여 몸이 재게 흔들리다. □목소리가 ~.

떨리다² (〈'떨다²'의 피동〉) 1 붙어 있던 것이 떨어져 나오다. □먼지가 깨끗이 ~. 2 무리에서 밀려나거나 쫓겨나다. □불량 학생이 학교에서 떨리어 나가다.

떨:-새 圓 큰 비녀나 족두리 따위에 다는 장식의 하나(은실로 가늘게 용수철을 만들고 그

위에 은으로 새 모양을 만들어 붙임).
떨어-내다[타] 떨어져 나오게 하다. ❏먼지를 ~ / 콩깍지에서 콩을 ~.
떨어-뜨리다[타] **1** 위에 있던 것을 아래로 내려지게 하다. ❏눈물 한 방울을 똑 ~. **2** 붙었던 것을 떨어지게 하다. ❏나무를 흔들어 사과를 ~ / 사이를 ~. **3** 가졌던 것을 빠뜨려 흘리다. ❏연필을 ~. **4** 뒤에 처지게 하다. ❏대열에서 그를 ~. **5** 값을 깎아서 싸게 하다. ❏값을 ~. **6** 옷·신 따위를 해어뜨려 못쓰게 만들다. ❏구두를 ~. **7** 쓰던 물건이 없어져서 뒤가 달리게 하다. ❏재고품을 ~. **8** 입찰 또는 시험 따위에 붙지 않게 하다. ❏면접에서 10명을 떨어뜨렸다. **9** 가치·명성·지위 따위를 잃게 하다. ❏위신을 ~ / 신용을 ~. **10** 고개를 아래로 숙이다. ❏그는 힘없이 고개를 떨어뜨렸다. **11** 무엇과 거리가 벌어지게 하다. ❏창고는 본체와 떨어뜨려 지었다. **12** 어떤 사람들을 사이가 멀어지게 하다. ❏그 두 남녀를 떨어뜨릴 사람은 없다. **13** 정도·수준을 낮아지게 하거나 줄어들게 하다. ❏사기를 ~ / 입맛을 ~.
떨어-먹다[타] ☞털어먹다.
떨어-지다[자] **1** 위에 있던 것이 아래로 내려오다. ❏이 층에서 ~ / 빗방울이 ~. **2** 서로 붙었던 것이 각각으로 갈라지다. ❏단추가 ~ / 딱지가 아물어 떨어졌다. **3** 헤어지다. ❏부모와 떨어져 살다. **4** 정이 없어지거나 멀어지다. ❏그 일에는 정이 떨어졌다. **5** 흘러서 빠지다. ❏주머니에서 동전이 ~. **6** 이익이 남다. ❏본전을 빼고 만 원이 ~. **7** 값이 내리다. ❏쌀값이 ~. **8** 옷·신 따위가 해어지다. ❏다 떨어진 옷 / 구두가 ~. **9** 쓰이던 물건이 바닥이 나서 뒤가 달리다. ❏밑천이 ~. **10** 딴 것만 못하다. ❏아무래도 품질이 좀 떨어진다. **11** 거리·간격이 있다. 뒤로 처지다. ❏1위와 100m가량 ~. **12** 손 안에나 자기에게 넘어오다. **13** 꾐이나 술책에 넘어가다. ❏감언이설에 ~. **14** 병이나 버릇이 없어지다. ❏학질이 ~. **15** 시험이나 선거 따위에 붙지 못하다. ❏입사 시험에 ~. **16** 합락되다. ❏요새가 적군에게 ~. **17** 명령·호령 등이 내리다. ❏불호령이 ~. **18** 전보다 수준·정도 따위가 낮은 상태로 되다. 감퇴하다. ❏성적이 ~ / 속력이 ~ / 손님이 ~. **19** 일이 끝나다. ❏일거리가 내일이면 떨어진다. **20** 부합되다. ❏계산이 맞아 ~. **21** 숨이 끊어지다. ❏막 숨이 떨어졌다. **22** 일정한 거리를 두고 있다. ❏집에서 많이 떨어진 곳. **23** 유산(流産)되다. ❏아이가 ~. **24** 나눗셈에서, 나머지 없이 나누어지다. **25** 지정된 신호가 나타나다. ❏청신호가 떨어지자 일제히 횡단보도를 건너갔다.
떨어-치다[타] 세게 힘을 들여 떨어지게 하다.
떨어-트리다[타] 떨어뜨리다.
떨이[명] 팔다가 조금 남은 물건을 다 떨어 싸게 파는 일. 또는 그 물건. ❏사과 한 무더기를 ~로 팔다.
떨:-잠(―簪)[명] 부인들 예장에 꽂는 비녀의 하나(떨새를 붙인 ǫ관 같은 것). 떠는잠. 보요.
떨쳐-나서다[―처―][자] 어떤 일에 세차게 나서다. ❏조국 통일을 위해 ~.
떨쳐-입다[―처―따][타] 드러나게 차려입다.
떨-치다¹[―치―][자] 위세나 명성 따위가 널리 알려지다. ❏문명(文名)이 ~. ☰[타] 위세를 일으켜 널리 알게 하다. ❏명성을 ~ / 소한 추위

가 맹위를 ~.
떨-치다²[타] **1** 세게 흔들어 떨어지게 하다. ❏붙잡는 손을 떨치고 가 버렸다. **2** 어떤 생각이나 명예, 따위를 떨쳐 버리다. ❏아무래도 불길한 생각을 떨쳐 버릴 수가 없었다.
떨커덕[부][하타] 단단하고 큰 물건이 맞부딪치는 소리. ⓐ덜커덕. ⓔ떨꺽.
떨커덩[부][하타] 단단하고 큰 물건이 부딪쳐 울리는 소리. ⓔ떨거덩. ⓐ떨컹.
떨컥[부][하타] '떨커덕'의 준말.
떨컹[부][하타] '떨커덩'의 준말.
떨-켜[명]〖식〗낙엽이 질 무렵 잎자루와 가지가 붙은 곳에 생기는 특수한 세포층. 굳어져서 수분(水分)을 통하지 못하게 하고 이 부분에서 잎이 떨어지며 그 떨어진 자리를 보호함. 이층(離層). 분리층.
떨:-트리다[타] 떨뜨리다.
떨:-판(―板)[명] 진동판.
떫:다[떨따][형] **1** 맛이 거세어 입 안이 떨떠름하다. 날감 맛과 같다. ❏떫은 감. **2** 말·짓이 멀되고 못마땅하다. ❏떫은 표정을 짓다.
떫:디-떫다[떨띠떨따][형] 몹시 떫다.
떫:은-맛[떨븐맏][명] 거세고 텁텁한 맛. 날감 맛. 삽미(澁味). ❏~이 나다.
떰치[명] 소의 길마 밑에 덮는, 짚방석 같은 물건.
떳떳-이[떨떠시][부] 떳떳하게. ❏~ 행동하다.
떳떳-하다[떨떠타―][형][여] 반듯하고 굽힘이 없다. 말과 행동이 바르고 어그러짐이 없다. ❏떳떳한 직업 / 평생을 떳떳하게 살다.
떵[부] **1** 두꺼운 쇠붙이를 몹시 쳐서 울리는 소리. **2** 총포를 쏘는 소리. ⓐ땅³.
떵-떵¹[부][하자타] **1** 두꺼운 쇠붙이를 잇따라 몹시 쳐서 울리는 소리. **2** 총포를 잇따라 쏘는 소리. ⓐ땅땅¹. ⓖ텅텅².
떵떵²[부] 기세 좋게 으르대는 모양. ⓐ땅땅². ⓖ텅텅².
떵떵-거리다¹[자타] 잇따라 떵떵 소리가 나다. 또는 잇따라 떵떵 소리를 나게 하다. ⓐ땅땅거리다¹.
떵떵-거리다²[자] 큰소리치며 호화롭게 살다. ❏한때는 떵떵거리던 집. ⓐ땅땅거리다².
떵떵-대다¹[자] 떵떵거리다¹.
떵떵-대다²[자] 떵떵거리다².
떼¹[명] 목적이나 행동을 같이하는 무리. ❏소~ / ~를 지어 덤비다.
[떼 꿩에 매 놓기] 너무 욕심을 부리면 하나도 이루지 못한다는 말.
떼²[명] 흙을 붙여 뿌리째 떠낸 잔디. ❏~를 뜨다 / 무덤에 ~를 입히다.
떼³[명] 나무나 대 따위의 토막을 엮어 물에 띄워서 타고 다니게 된 물건. ❏~를 타다.
떼⁴[명] 부당한 일을 억지로 요구하거나 고집하는 짓. ❏~를 부리다 / ~가 늘다 / 공연히 심술을 부리고 ~를 쓰다.
떼-강도(―强盜)[명] 여럿이 떼를 지어 저지르는 강도.
떼-거리¹[명]〈속〉떼⁴.
떼-거리²[명]〈속〉떼¹. ❏~로 몰려다니다 / ~로 덤비다.
떼-거지[명] **1** 떼를 지어 다니는 거지. **2** 천재지변으로 졸지에 헐벗게 된 많은 사람. ❏하루아침에 ~가 되다.
떼걱[부][하자타] 단단하고 큰 물건이 부딪쳐서 나는 소리. ⓐ때각. ⓔ떼꺽.
떼걱-거리다[―꺼―][자타] 자꾸 떼걱 소리가 나다. 또는 자꾸 떼걱 소리를 나게 하다. ⓐ때각거리다. **떼걱-떼걱**[부][하자타]

떼-걱대다 [-때-] 저타 떼걱거리다.
떼-걸다 [떼걸어, 떼거니, 떼거는] 타 관계하던 일을 그만두다.
떼-과부 (-寡婦) 명 전쟁이나 재난으로 한 집안이나 한 고장에서 한꺼번에 많이 생긴 과부들. ▷전쟁으로 ~가 생기다.
떼-관음보살 (-觀音菩薩) 명 떼 지어 행동하는 사람들의 비유.
떼구루루 부 좀 크고 딴딴한 물건이 딴딴한 바닥에 멀어져서 구르는 소리. 참때구루루. 예데구루루.
떼굴-떼굴 부하자 잇따라 떼구루루 굴러 가는 모양. 참때굴때굴. 예데굴데굴.
떼그럭 부하자타 여러 개의 딴딴한 물건이 서로 부드럽게 부딪쳐 나는 소리. 참때그락. 예데그럭.
떼그럭-거리다 [-꺼-] 자타 잇따라 떼그럭 소리가 나다. 또는 잇따라 떼그럭 소리를 나게 하다. 참때그락거리다. 떼그럭-떼그럭 부하자타
떼그럭-대다 [-때-] 자타 떼그럭거리다.
떼-까마귀 명 《조》 까마귓과의 새. 산이나 들, 바닷가에 사는데, 날개 길이 30~33 cm이고, 꽁지 16~18 cm, 온몸이 새까맣고 자줏빛 광택을 띰. 부리는 가늘고 주위에 깃털이 없이 살이 밖으로 드러나 있음. 당까마귀.
떼꺽 부하자타 1 올차고 좀 큰 물건이 부딪쳐서 나는 소리. 참때깍·데꺽·떼꺽. 2 서슴지 않고 곧. 예데꺽. * 제꺽².
떼꺽-거리다 [-꺼-] 자타 잇따라 떼꺽 소리가 나다. 또는 잇따라 떼꺽 소리를 나게 하다. 참때깍거리다. 떼꺽-떼꺽 부하자타
떼꺽-대다 [-때-] 자타 떼꺽거리다.
떼-꾸러기 명 늘 떼를 쓰는 버릇이 있는 사람.
떼꾼-하다 형 몹시 지쳐서 눈이 쏙 들어가고 생기가 없다. ▷눈이 ~. 참때꾼하다. 예데꾼하다.
떼:다¹ 타 1 붙었던 것을 떨어지게 하다. ▷간판을 떼어 놓다 / 벽에서 벽보를 ~. 2 장사를 하려고 상품을 한꺼번에 사다. ▷물건을 도매로 ~. 3 봉한 것을 뜯다. ▷편지를 떼어 보다. 4 먹던 것을 못 먹게 하다. ▷모처럼의 청을 떼어 버릴 수가 없었다. 6 제(除)하다. 떨다. 빼다. ▷월급에서 가불금을 ~. 7 수표나 어음을 발행하다. ▷수표를 ~. 8 관계하던 것을 그만두다. ▷떼려해도 뗄 수 없는 악연. 9 배우던 것을 끝내다. ▷천자문을 ~. 10 병이나 버릇을 고치다. ▷학질을 ~. 11 낙태하다. ▷아이를 ~. 12 말문을 열다. 말을 시작하다. ▷서두를 ~ / 차마 입을 뗄 수가 없었다. 13 걸음을 옮기어 놓다. ▷한 발자국을 ~. 14 화투로 점 따위를 보다. ▷화투를 ~.
[떼어 놓은 당상] 일이 확실하여 변동이 있을 수 없을 때나, 으레 자기 차지가 될 것이 조금도 틀림없음을 이르는 말. 따 놓은 당상. ▷합격은 ~이다.
떼:다² 타 하고서도 아니한 체하다. ▷시치미를 ~.
떼:다³ 타 빌려 온 돈 따위를 돌려주지 않다. ▷꾸어 온 돈을 ~.
떼-도둑 명 떼를 지어 하는 도둑.
떼-도망 (-逃亡) 명하자 한 집안이나 집단이 모두 도망하다.
떼-돈 명 졸지에 한꺼번에 많이 생긴 돈. ▷주식으로 ~을 벌다. ↔푼돈.
떼:-먹다 [-따] 타 '떼어먹다'의 준말.

떼:-밀다 [떼밀어, 떼미니, 떼미는] 타 〔←떼밀다〕 힘을 주어 밀다. ▷등을 억지로 ~.
떼-새 명 1 떼를 지어 날아다니는 새. 2 '물떼새'의 준말.
떼-송장 명 갑자기 일시에 많이 죽어서 생긴 송장. ▷폭탄 테러로 ~이 생겼다.
떼-쓰다 [떼써, 떼쓰니] 자 부당한 말로 자기 의견이나 요구만을 억지로 주장하다. ▷장난감을 사 달라고 ~.
떼어-먹다 [-따] 타 1 갚을 것을 갚지 않다. ▷빚진 돈을 ~. 2 남의 몫을 중간에서 가로채다. 준떼먹다.
떼-이다 타 《'떼다'의 피동》 빌려 준 것을 받을 수 없게 되다. ▷돈을 ~.
떼-쟁이 명 떼를 잘 쓰는 사람.
떼적 명 비나 바람 따위를 막으려고 치는 거적 같은 것.
떼전 명 떼를 이룬 한 무리.
떼-전 (-田) 명 한 물꼬에 달려 한 집에서 경작하게 된 논, 여러 배미로 떼 지어 있는 논.
떼-죽음 명하자 한꺼번에 모조리 죽음. ▷~을 당하다.
떼-집다 [-따] 타 착 달라붙은 것을 집어서 떼다. ▷거머리를 ~.
떼:-치다 타 1 달라붙는 것을 떼어 물리치다. 2 요구나 부탁 따위를 거절하다. ▷청탁을 ~. 3 붙잡는 것을 뿌리치다. ▷잡는 손을 ~. 4 생각이나 정 따위를 딱 끊어 버리다. ▷모자 사이의 정을 떼칠 수는 없다.
뗵-데구루루 [-떼-] 부 1 크고 딴딴한 물건이 다른 물건에 부딪치면서 굴러 가는 소리. 2 우레가 먼 곳에서 갑자기 세게 나는 소리. 참뗵대구루루. 예뗵데구루루.
뗵떼굴-뗵떼굴 부하자 크고 딴딴한 물건이 다른 것에 자꾸 부딪히면서 굴러 가는 소리, 또는 그런 모양. 참뗵때굴뗵때굴. 예뗵데굴뗵데굴.
뗀-석기 (-石器) [-끼] 명 《역》 구석기 시대에, 돌을 깨서 만든 돌연장. 타제 석기(打製石器). * 간석기.
뗏-말 [뗀-] 명 떼 지어 다니는 말.
[뗏말에 망아지] 여럿의 틈에 끼어 뛰어다님을 이르는 말.
뗏-목 (-木) [뗀-] 명 떼를 만들어 물에 띄워 운반하는 재목.
뗏-밥 [떼빱 · 뗀뺍] 명 무덤의 잔디를 잘 살게 하려고 잔디 뿌리에 뿌리는 흙. ▷~을 주다.
뗏-일 [뗀닐] 명 둑이나 비탈진 면이 무너지지 않게 하려고 떼를 입히는 일.
뗏-장 [뗃짱 · 뗀짱] 명 흙을 붙여 떠낸 잔디 조각. ▷~을 뜨다 / 둑을 새로 입히다.
뗑 부 두껍고 큰 쇠붙이로 된 그릇을 칠 때 나는 소리. 참땡. 예뎅.
뗑겅 부하자타 1 '뗑그렁'의 준말. 2 큰 물방울이 한 번 떨어지는 소리. 참땡강. 예뎅겅.
뗑겅-거리다 자타 1 '뗑그렁거리다'의 준말. 2 잇따라 뗑겅 소리가 나다. 또는 잇따라 뗑겅 소리를 나게 하다. 참땡강거리다. 뗑겅-뗑겅 부하자타
뗑겅-대다 자타 뗑겅거리다.
뗑그렁 부하자타 큰 방울이나 풍경 따위가 흔들리거나 부딪혀서 한 번 나는 소리. 참땡그랑. 예뎅그렁. 준뗑겅.
뗑그렁-거리다 자타 자꾸 뗑그렁 소리가 나다. 또는 자꾸 뗑그렁 소리를 나게 하다. 참땡그랑거리다. 예뎅그렁거리다. 뗑그렁-뗑그렁

[부][자][타]
뗑그렁-대다 [자][타] 뗑그렁거리다.
뗑-뗑 [부][하][자][타] 큰 쇠붙이의 그릇을 잇따라 칠 때 나는 소리. ▢ ~을 치다. 센땡땡¹.
뗑뗑-거리다 [자][타] 잇따라 뗑뗑 소리가 나다. 또는 잇따라 뗑뗑 소리를 나게 하다. ▢불자동차가 뗑뗑거리며 지나간다. 센땡땡거리다.
뗑뗑-대다 [자][타] 뗑뗑거리다.
또 [부] 1 어떤 일이 거듭하여. ▢ ~ 불이 났다. 2 그뿐 아니라 다시 더. ▢용기도 있고 ~ 슬기도 있다. 3 그래도 혹시. ▢여름이라면 ~ 몰라도 겨울에 찬물로 목욕하다니. 4 앞말의 내용을 부정하거나 의아하게 여길 때 쓰는 말. ▢일은 ~ 무슨 일.
또그르르 [부] 작고 무거운 것이 대번에 세게 구르는 모양. 큰뚜그르르. 여도그르르.
또글-또글 [부] 작고 무거운 것이 자꾸 굴러가는 모양. 큰뚜글뚜글. 여도글도글.
또깡-또깡 [부][하][자] 말이나 행동이 흐리터분하지 않고, 똑똑 자른 듯이 분명한 모양.
또는 [부] '그렇지 않으면'·'혹은'의 뜻의 접속 부사. ▢오늘 ~ 내일 찾아갈까 한다.
또-다시 [부] 1 거듭하여 다시. ▢ ~ 강조하는데 방심은 절대 금물이다. 2 ('다시'를 강조하는 뜻으로) 한 번 더. 되풀이하여. ▢ ~같은 곳에서 ~ 사고가 났다.
또닥-거리다 [-꺼-] [타] 잘 울리지 않는 물체를 가볍게 두드리는 소리를 잇따라 내다. ▢연필로 책상을 ~. 큰뚜덕거리다. **또닥-또닥** [부][하][자] 책상을 ~ 두드리다.
또닥-대다 [-때-] [타] 또닥거리다.
또드락-거리다 [-꺼-] [타] 작고 단단한 물건을 가락에 맞추어 가볍게 두드리는 소리를 자꾸 내다. 큰뚜드럭거리다. **또드락-또드락** [부][하][타]
또드락-대다 [-때-] [타] 또드락거리다.
또드락-장이 [-짱-] [명] 금박(金箔) 세공업자를 낮잡아 이르는 말.
또라-젓 [-젇] [명] 숭어 창자로 담근 젓.
또랑-또랑 [부][하][형] 조금도 흐리지 않고 아주 밝고 똑똑한 모양. ▢ ~한 목소리 / ~ 빛나는 눈.
또래 [명] 나이나 정도가 서로 비슷한 무리. ▢같은 ~의 아이들과 어울리다 / ~보다 유난히 키가 크다.
또렷-또렷 [-런-런] [부][하][형] 1 여럿이 다 또렷한 모양. ▢ ~ 빛나는 아이들의 눈망울. 2 매우 또렷한 모양. 큰뚜렷뚜렷.
또렷-이 [부] 또렷하게.
또렷-하다 [-려타-] [형][여] 엉클어지거나 흐리지 않고 분명하다. ▢범인의 지문이 ~. 큰뚜렷하다. 여도렷하다.
또르르¹ [부] 말렸던 종이 따위가 풀렸다가 다시 저절로 말리는 모양. ▢장판지가 ~ 말려 펴지지 않는다. 큰뚜르르¹. 여도르르.
또르르² [부] 작고 둥그스름한 것이 가볍게 구르는 모양. 또는 그 소리. ▢동전이 ~ 굴러 간다. 큰뚜르르². 여도르르.
또바기 [부] 언제나 한결같이 꼭 그렇게. ▢인사를 ~ 잘한다.
또박-거리다 [-꺼-] [자] 발자국 소리를 또렷이 내며 걸어가는 소리가 잇따라 나다. 큰뚜벅거리다. **또박-또박¹** [부][하][자]
또박-대다 [-때-] [자] 또박거리다.
또박-또박² [부][하][자] 1 흐리터분하지 않고 똑똑히. ▢글씨를 ~ 쓰다. 2 차례를 거르지 않고 일일이. ▢세금을 ~ 잘 내다.
또아리 [명] ☞ 똬리.

또야-머리 [명] 〔역〕 내외명부(內外命婦)가 첩지할 때 따리처럼 틀던 머리.
또-우 (-又) [명] 한자 부수(部首)의 하나('友'·'取' 따위에서 '又'의 이름).
또한 [부] 1 마찬가지로. 역시. ▢너 ~ 마찬가지다. 2 그 위에 더. ▢노래도 잘 부르고 ~ 춤도 잘 춘다.
똑¹ [부][하][자] 1 좀 작은 것이 떨어지는 모양이나 소리. ▢도토리가 ~ 떨어지다. 2 가늘거나 작은 것이 부러지는 소리. ▢지팡이가 ~ 부러지다. 3 조금 단단한 물건을 한 번 두드리는 소리. 큰뚝¹.
똑² [부] 1 계속되던 것이 갑자기 그치는 모양. ▢소식이 ~ 끊어졌다. 2 말이나 행동 따위를 단호하게 하는 모양. 3 다 쓰고 없는 모양. ▢양식이 ~ 떨어지다. 큰뚝².
똑³ [부] 아주 틀림없이. ▢말투가 ~ 제 아버지 같다 / ~ 알맞다 / 둘이 ~ 닮다.
똑-같다 [-깓따] [형] 1 조금도 다른 데가 없다. ▢두 변의 길이가 ~ / 목소리가 ~. 2 새롭거나 특별한 것이 없다. ▢매일 똑같은 생활.
똑-같이 [-까치] [부]. ▢ ~ 분배하다 / ~ 생겼다.
똑도기-자반 [-또-] [명] 살코기를 잘게 썰어 양념하여 볶은 뒤에 흰깨를 버무린 반찬.
똑딱 [부][하][자] 단단한 물건을 가볍게 두드리는 소리. 큰뚝딱¹.
똑딱-거리다 [-꺼-] [자][타] 단단한 물건을 가볍게 두드리는 소리가 잇따라 나다. 또는 그런 소리를 잇따라 내다. 큰뚝딱거리다. **똑딱-똑딱** [부][하][자] ▢ ~ 못을 박는 소리가 들리다.
똑딱-단추 [-딴-] [명] 쇠로 된 단추의 하나(끼거나 뺄 때 똑딱 소리가 남. 속옷 같은 데에 닮). 스냅.
똑딱-대다 [-때-] [자][타] 똑딱거리다.
똑딱-배 [-빼] [명] 똑딱선.
똑딱-선 (-船) [-썬] [명] 발동기로 움직이는 작은 배. ▢연안의 작은 섬 사이를 ~이 다닌다.
똑-떨어지다 [자] 꼭 일치하다. 맞아떨어지다. ▢똑떨어지게 말할 수는 없지만.
똑-똑 [부] 1 작은 물건이 잇따라 떨어지며 나는 소리. ▢처마에서 물이 ~ 떨어지다. 2 작은 물건이 잇따라 부러지며 나는 소리. ▢연필이 ~ 부러지다. 3 조금 단단한 물건을 잇따라 두드릴 때 나는 소리. ▢문을 ~ 두드리다. 큰뚝뚝.
똑똑-하다 [-또카-] [형][여] 1 분명하다. ▢발음이 ~. 2 사리에 밝고 매우 영리하다. ▢그 소년은 매우 ~. **똑똑-히** [-또키] [부]
똑-바로 [-빠-] [부] 1 한쪽으로 기울지 않고 곧게. ▢ ~ 앉다 / 자세를 ~ 하다. 2 틀림없이 바른대로. ▢ ~ 말하지 않으면 용서하지 않겠다.
똑-바르다 [-빠-] [똑발라, 똑바르니] [형][르] 1 어느 쪽으로도 기울지 않고 곧다. ▢똑바른 길. 2 도리나 사실에 맞다. 올바르다. ▢똑바른 정신을 가진 사람.
똑-하다 [자] 곡하다.
똘기 [명] 채 익지 않은 과실.
똘똘 [부] 1 물건을 여러 겹으로 마는 모양. 또는 여러 겹으로 뭉쳐진 모양. ▢ ~ 말다 / ~ 뭉치다. 2 물건이 가볍고도 세게 구르는 소리. 또는 그 모양. ▢ ~ 구르다. 큰뚤뚤. 여돌돌.
똘똘-이 [명] 똑똑하고 영리한 아이.
똘똘-하다 [형][여] 똑똑하고 영리하다. ▢참 똘똘하게 생겼다. 여돌돌하다. **똘똘-히** [부]
똘마니 [명] 〈속〉 불량배의 우두머리를 따르는 부하. ▢ ~들을 풀어 헤치다.

돌-배 圓 콩배나무의 열매. 맛은 시고 떫음.
돌배-나무 圓《植》콩배나무.
똥 圓 1 사람이나 동물이 먹은 것이 삭아 항문
으로 나오는 찌꺼. 분(糞). □~을 누다 / ~
을 싸다 / ~이 마렵다. 2 갈아 쓰던 먹물이
벼루에 말라붙은 찌끼. 먹똥.
[똥 누고 밑 아니 씻은 것 같다] 일한 뒤가
꺼림칙하다. [똥 누러 갈 적 마음 다르고 올
적 마음 다르다] '뒷간에 갈 적 마음 다르고
올 적 마음 다르다'와 같은 말. [똥 묻은 개
가 겨 묻은 개 나무란다] 제 흉은 더 많으면
서 대단치 않은 남의 허물을 흉본다. [똥이
무서워서 피하나 더러워서 피하지] 악한 사
람과는 겨루지 아니하고 피하는 것이 낫다.
[똥 친 막대기] 천하게 되어 가치가 없음.
똥(을) 싸다 ⚑ 몹시 힘들다. □말은
일을 다 마치느라고 똥 쌌네.
똥(이) 되다 ⚑ 면목·체면이 형편없이 되다.
□너 때문에 내 얼굴이 똥이 되고 말았냐.
똥-감태기 圓 머리에서부터 온몸에 똥을 뒤집
어쓴 모습.
똥-값 [-깝] 圓〈俗〉터무니없이 싼값. 갯값. □
~에 팔아 치우다 / 대량 생산으로 ~이 되다.
똥-개 [-깨] 圓 잡종의 개.
똥-거름 圓 똥으로 만든 거름.
똥거름-장수 圓 지난날, 각 집의 똥을 쳐서 거
름으로 농가에 파는 일을 업으로 하던 사람.
똥-구멍 [-꾸-] 圓〈俗〉항문(肛門).
[똥구멍으로 호박씨 깐다] 겉으로 얌전한 체
하면서 속으로는 엉뚱한 짓을 한다. [똥구멍
이 찢어지게 가난하다] 몹시 가난하다.
똥그라미 圓 1 똥그란 형상. 2〈俗〉돈. ⬤둥
그라미.
똥그랗다 [-라타][똥그라니, 똥그래서] 엥ㅎ
아주 둥글다. □똥그란 눈 / 얼굴이 ~. 큰똥
그렇다. ⬤둥그랗다.
똥그래-지다 엔 똥그랗게 되다. □눈이 ~. 큰
똥그레지다. ⬤둥그래지다.
똥그스름-하다 엥엔 약간 둥글다. □달덩이
처럼 똥그스름한 얼굴. 큰똥그스름하다. ⬤둥
그스름하다. 똥그스름-히 囝
똥글-똥글 囝엥ㅎ 1 여러 개가 다 똥그란 모
양. 2 똥그라미를 그리며 자꾸 돌아가는 모
양. 큰똥글뚱글. ⬤둥글둥글.
똥기다 囤 모르는 사실을 깨달아 알도록 암시
를 주다. □그는 한 마디만 똥겨 주면 금세
알아차린다.
똥-끝 [-끋] 圓 먼저 나온 똥자루의 앞부분.
똥끝(이) 타다 ⚑ ㉠애가 타서 똥자루가 굳
어지고 빛이 까맣게 되다. ㉡몹시 마음을 졸
이다. 똥줄(이) 타다. □이러저러한 걱정으로
똥끝이 탄다.
똥-독 (-毒)[-똑] 圓 똥 속에 있는 독. □~이
오르다.
똥똥 囝엥ㅎ휑ㅎ囝ㅂ 1 길이나 키보다는 부피나 덩
치가 굵은 모양. 2 키가 작고 살이 쪄 옆으로
퍼진 모양. ⬤뚱뚱.
똥-마렵다 [-따] [똥마려워, 똥마려우니] 엥ㅂ
똥이 나올 듯한 느낌이 있다.
똥-물 圓 1 똥이 섞인 물. 2 구토를 심하게 할
때 나오는 누르스름한 물.
똥물에 튀할 놈 ⚑ 지지리 못나서 아무짝에
도 못쓸 놈이라는 뜻으로 남을 욕하는 말.
똥-배 [-빼]〈俗〉뚱뚱하게 나온 배. □~가
나오다 / ~가 부르다.
똥-싸개 圓 1 똥을 가리지 못하는 아이. □오
줌싸개 ~. 2 실수로 똥을 싼 아이를 놀리어
일컫는 말. 3〈俗〉몹시 못난 사람.

똥-오줌 圓 똥과 오줌.
똥-자루 [-짜-] 圓 1 굵고도 긴 똥 덩이. 2 키
가 작고 살이 쪄 볼품없는 사람을 놀림조로
이르는 말.
똥-줄 [-쭐] 圓 급히 내깔기는 똥의 줄기.
똥줄(이) 나다 ⚑ 몹시 다급하게 달아남을
이르는 말.
똥줄(이) 당기다 ⚑ 몹시 마음을 졸이거나
두려워 겁내다.
똥줄(이) 빠지다 ⚑ ㉠몹시 혼이 나 급하게
달아남을 가리키는 말. ㉡몹시 힘들다.
똥줄(이) 타다 ⚑〈俗〉똥끝이 타다⬤. *
똥끝.
똥-집 [-찝] 圓〈俗〉1 큰창자. 2 체중. 3 위.
똥-차 (-車) 圓 1 똥을 실어 나르는 차. 분뇨
차. 2〈俗〉헌 차. 고물차. 3〈俗〉결혼이나
졸업 따위를 할 적절한 시기를 놓친 사람. □
~가 밀려 결혼이 자꾸 늦어진다.
똥창 圓 소의 창자 중 새창자의 한 부분.
똥창(이) 맞다 ⚑ 서로 마음이 서로 맞다.
똥-칠 (-漆) 圓엥囤 1 똥을 묻히는 짓. 2 체면
이나 명예를 더럽히는 일의 비유. □얼굴에
~하다.
똥-탈 圓〈俗〉배탈.
똥탈(이) 나다 ⚑ ㉠똥탈이 생기다. ㉡급한
탈이 나다.
똥-통 (-桶) 圓 1 똥을 담는 통. □지게로 ~을
나르다. 2〈俗〉형편없거나 낡아 빠진 것을
비유하는 말.
똥-파리 圓 1 똥에 모이는 파리. 2〈蟲〉똥파릿
과의 파리. 부패한 물질에 많이 모여듦. 몸은
황갈색에 황색 털이 많으며 날개는 황색을
띰. 3〈俗〉아무 일에나 간섭하거나 잇속을
찾아 덤비는 사람.
똬르르 囝엥엔 물 같은 것이 좁은 목으로 빨리
쏟아지는 소리. ⬤돠르르.
똬:리 圓 1 짐을 일 때 머리에 받치는 고리 모
양의 물건(짚이나 천으로 틀어서 만듦). □
~를 얹다. 2 둥글게 빙빙 틀어 놓은 것. 또
는 그런 모양. □구령이가 ~를 틀고 있다.
똬:리-쇠 圓 볼트를 죌 때에, 고정시키기 위해
너트 밑에 받쳐 끼우는 얇은 금속 테. 와셔.
좌금(座金).
딸랙 囝엥엔 먹은 것이 잘 삭지 아니하여 배가
끓는 소리. ⬤딸랙.
뙈:기 圓 1 논밭의 한 구획. □밭 한 ~ 없는
농사꾼. 2 하찮은 조각. □이불 ~ / 요 ~를
깔다. 3 경계를 지은 논밭의 구획을 세는 단위
《의존 명사적으로 씀》. □밭 두 ~.
뙤다 囵 1 그물코나 바느땀 등이 터지다. 2 물
건의 귀가 깨져서 떨어지다.
뙤뙤 囝 말을 더듬는 소리.
뙤뙤-거리다 囤 자꾸 뙤뙤 하며 말을 더듬다.
□말을 ~.
뙤뙤-대다 囤 뙤뙤거리다.
뙤록-거리다 [-꺼-] 囵엔 1 또렷또렷한 눈알이
열기 있게 번쩍이다. 2 뚱뚱한 몸이 둔하게
움직이다. 3 성난 빛이 행동에 나타나다. □
뛰록거리다. ⬤되록거리다. 뙤록-뙤록 囝
엥囤
뙤록-대다 [-때-] 囵囤 뙤록거리다.
뙤약-볕 [-뼡] 圓 되게 내리쬐는 여름날의 뜨거
운 볕. 폭양. □~ 아래서 김을 매다.
뙤-창 (-窓) 圓 '뙤창문'의 준말. 「창.
뙤창-문 (-窓門) 圓 방문에 낸 작은 창문. 준뙤
뚜¹ 圓 '뚜쟁이'의 준말. □그녀는 소문난 마

담 ~답게 발이 넓다.
뚜² [부] 기적·나팔 따위가 울리는 소리.
뚜그르르 [부] 크고 무겁고 둥그스름한 물건이 대번에 세게 구르는 모양. ❏드럼통이 ~ 구르다. [작]또그르르. [여]두그르르.
뚜글-뚜글 [부] 크고 무겁고 둥그스름한 물건이 자꾸 구르는 모양. [작]또글또글. [여]두글두글.
뚜껑 [명] **1** 그릇이나 상자 따위의 아가리를 덮는 물건. 덮개. ❏냄비 ~/~을 덮다/장독 ~을 열다/맥주병 ~을 따다. **2** 만년필 따위의 촉을 보호하기 위하여 겉에 씌우는 물건. ❏펜 ~을 닫다. **3** 〈속〉 모자(帽子).
뚜껑(을) 열다 [구] 일의 실정이나 결과 따위를 보다. ❏선거란 뚜껑을 열어 봐야 안다.
뚜껑-밥 [명] **1** 밑에는 잡곡밥을 담고 위에만 쌀밥을 담은 밥. **2** 겉치레로 잘 먹이는 듯이 차린 음식. **3** 사발 안에 접시 등을 엎어 놓고 담은 밥.
뚜껑-이불 [-니-] [명] 이불잇을 시치지 않은 솜이불.
뚜께-머리 [명] 뚜껑을 덮은 것같이 층이 지게 잘못 깎은 머리.
뚜께-버선 [명] 바닥은 해지고 등만 남은 버선.
뚜덕-거리다 [-꺼-] [타] 잘 울리지 않는 물체를 좀 세게 자꾸 뚜드려서 소리를 내다. [작]또닥거리다. [거]투덕거리다. **뚜덕-뚜덕** [부][하][타]
뚜덕-대다 [-때-] [타] 뚜덕거리다.
뚜덜-거리다 [자] 불평하는 말로 혼자 중얼거리다. [여]두덜거리다. [거]투덜거리다. **뚜덜-뚜덜** [부][하][자]
뚜덜-대다 [자] 뚜덜거리다.
뚜두두둑 [부][하][자] **1** 소나기나 우박이 잇따라 세게 떨어지는 소리. **2** 나뭇가지 따위가 천천히 부러지는 소리.
뚜드럭-거리다 [-꺼-] [타] 크고 단단한 물건을 가락에 맞추어 두드리는 소리를 잇따라 내다. [작]또드락거리다. **뚜드럭-뚜드럭** [부][하][타]
뚜드럭-대다 [-때-] [타] 뚜드럭거리다.
뚜드려-내다 [타] 끌이나 대패 따위의 연장을 날이 서게 하기 위해 날의 안쪽을 마치로 뚜드려서 우묵하게 하다.
뚜드리다 [타] 세게 여러 번 때리다. 자꾸 힘 있게 두드리다. ❏문을 ~. [여]두드리다.
뚜들기다 [타] 마구 세게 뚜드리다. [여]두들기다.
뚜-뚜 [부] 기적이나 나팔 따위를 잇따라 울리는 소리.
뚜렷-뚜렷 [-련-련] [부][하][형] **1** 여럿이 모두 뚜렷한 모양. **2** 매우 뚜렷한 모양. [작]또렷또렷. [여]두렷두렷.
뚜렷-이 [부] 뚜렷하게.
뚜렷-하다 [-려타-] [형][여] 엉클어지거나 흐리지 않고 똑똑하고 분명하다. ❏뚜렷한 주관/어렸을 때의 모습이 뚜렷하게 남아 있다. [작]또렷하다. [여]두렷하다.
뚜르르¹ [부] 말렸던 종이 따위가 탄력 있게 다시 말리는 모양. [작]또르르¹. [여]두르르.
뚜르르² [부] 크고 둥그스름한 것이 구르는 모양. 또는 그 소리. [작]또르르². [여]두르르.
뚜벅-거리다 [-꺼-] [자] 발자국 소리를 뚜렷이 내며 걸어가는 소리가 잇따라 나다. [작]또박거리다. **뚜벅-뚜벅** [부][하][자]. ❏~ 걷다.
뚜벅-대다 [-때-] [자] 뚜벅거리다.
뚜-쟁이 [명] **1** 〈속〉 돈을 받고 매춘을 알선하는 사람. **2** '중매인(仲媒人)'의 낮춤말. [준]뚜.
뚝¹ [부][하][자] **1** 갑자기 또는 많이 떨어지는 모양이나 소리. ❏호박이 ~ 떨어지다/물방울이 ~ 떨어지다. **2** 큰 물건이 갑자기 부러지는 소리. ❏나무가 ~ 부러지다. **3** 조금 단단한 물건을 한 번 두드리는 소리. [작]똑¹.
뚝² [부] **1** 계속되던 것이 갑자기 그치는 모양. ❏울음을 ~ 그치다. [작]똑². **2** 거리·순위·성적 따위가 현저하게 떨어지는 모양. ❏성적이 ~ 떨어지다. **3** 다 쓰고 없는 모양. ❏쌀이 ~ 떨어지다. **4** 말이나 행동 따위를 망설이지 않고 단호히 하는 모양. ❏시치미를 ~ 떼다. [작]똑².
뚝-딱¹ [부][하][자][타] 단단한 물건을 조금 가볍게 두드리는 소리. [작]똑딱. [센]툭탁.
뚝-딱² [부] 무엇을 거침없이 시원스럽게 해치우는 모양. ❏숙제를 ~ 끝내다/밥 한 그릇을 ~ 해치우다.
뚝딱-거리다 [-꺼-] [자][타] **1** 단단한 물건을 가볍게 두드리는 소리가 잇따라 나다. 또는 그런 소리를 잇따라 내다. [작]똑딱거리다. **2** 갑자기 놀라거나 겁이 나서 가슴이 계속 뛰다. **뚝딱-뚝딱** [부][하][자][타]. ❏~ 가슴이 몹시 두근거린다.
뚝딱-대다 [-때-] [자][타] 뚝딱거리다.
뚝-뚝¹ [부] **1** 큰 물건이 잇따라 떨어지는 모양이나 소리. ❏눈물을 ~ 흘리다. **2** 굵거나 큰 물건이 잇따라 부러지며 나는 소리. **3** 단단한 것을 잇따라 뚜드리는 소리. [작]똑똑.
뚝-뚝² [부] **1** 여럿 사이의 거리가 멀리 떨어져 있는 모양. ❏사이를 ~ 떼어 놓다. **2** 값이나 성적, 순위 따위가 계속해서 차이가 크게 떨어지는 모양. ❏물건 값이 ~ 떨어지다.
뚝뚝-이 [부] 뚝뚝하게.
뚝뚝-하다 [-뚜카-] [형][여] **1** 바탕이 거세고 단단하다. ❏옷감이 ~. **2** 성질이 정답고 부드러운 맛이 없다. ❏성격이 ~. [준]뚝하다.
뚝발이 [-빠리] [명] '절뚝발이'의 준말.
뚝배기 [-빼-] [명] 찌개나 지짐이 등을 끓이거나 국밥·설렁탕 따위를 담는 오지그릇.
[뚝배기보다 장맛이 좋다] 겉보다 속이 훨씬 낫다. 실속이 있다. [뚝배기 깨지는 소리] ㉠ 음성이 곱지 못하고 탁한 것을 이름. ㉡잘 못하는 노래나 말의 비유.
뚝별-나다 [-뼐라-] [형] 뚝별씨의 성질이 있다. ❏제발 뚝별나게 굴지 마라.
뚝별-스럽다 [-뼐-따] 〔-스러워, -스러우니〕 [형][ㅂ] 뚝별난 경향이 있다. **뚝별-스레** [-뼐-] [부]
뚝별-씨 [-뼐-] [명] 걸핏하면 불뚝불뚝 성을 내는 성질. 또는 그런 사람.
뚝-심 [-씸] [명] **1** 굳세게 버티는 힘. ❏~이 센 사람/~이 좋다. **2** 좀 미련하게 불뚝 내는 힘. ❏~을 쓰다.
뚝지 [-찌] [명] 《어》 도칫과의 바닷물고기. 몸길이 25cm 가량. 배에 빨판이 있어 바위 따위에 붙으면 잘 떨어지지 않음. 한국·일본·오호츠크 해 등지에 널리 분포함. 멍텅구리.
뚝-하다 [뚜카-] [형][여] '뚝뚝하다'의 준말.
뚤뚤 [부] **1** 물건을 여러 겹으로 말거나 감는 모양. **2** 좀 묵직한 물건이 가볍고도 세게 굴러가는 소리. 또는 그 모양. [작]똘똘. [여]둘둘.
뚫다 [뚤타] [타] **1** 구멍을 내다. ❏단춧구멍을 ~. **2** 막힌 곳을 통하게 하다. ❏터널을 ~. **3** 이치를 깨닫도록 깊이 연구하다. ❏학문의 깊은 이치를 뚫고 있다. **4** 장애물을 헤치다. ❏적의 포위망을 ~/난관을 뚫고 나아가다. **5** 해결할 길을 찾아내다. ❏돈줄을 ~/판로를 ~/일자리를 뚫어 보다. **6** 마음이나 미래의 사실을 예측하다. ❏마음을 뚫어 보다.
뚫리다 [뚤-] [자] 《'뚫다'의 피동》 뚫어지다.

□ 터널이 ~ / 자금줄이 ~.

뚫린-골[뚤-] 圐 막히지 않고 통하여 있는 좁은 골목.

뚫어-뜨리다[뚜러-] 囘 힘을 들여 뚫어지게 하다. □ 가죽에 구멍을 ~.

뚫어-맞히다[뚜러마치-] 囘 매우 정확하게 맞히다.

뚫어-새기다[뚜러-] 囘 조각에서, 내뚫어 구멍이 나게 새기다.

뚫어-지다[뚜러-] 囝 1 구멍이나 틈이 생기다. □신발에 구멍이 뚫어졌다. 2 길이 통하여지다. □굴이 ~. 3 이치를 깨닫게 되다. 4 (동사 '보다'·'바라보다' 등과 함께 쓰여) '계속 집중하여'의 뜻을 나타내는 말. 뚫어져라 보다 / 그는 나를 뚫어지도록 쏘아보고 있었다.

뚫어진 벙거지에 우박 맞듯 ☞ 정신을 못 차릴 정도로 무엇이 억세게 마구 쏟아짐을 비유하는 말.

뚫어-트리다[뚜러-] 囘 뚫어뜨리다.

뚫을-곤(-丨)[뚜를-] 圐 한자 부수의 하나 '中'·'丳' 따위에 딸린 '丨'의 이름).

뚱그렇다[-러타][뚱그러니, 뚱그레서] 휑 크게 둥글다. ⑧똥그랗다. 옘둥그렇다.

뚱그레-지다 囝 뚱그렇게 되다. □놀라서 눈이 ~. ⑧똥그레지다. 옘둥그레지다.

뚱스름-하다 휑형 약간 뚱글다. ⑧똥스름하다. 옘둥스름하다. **뚱스름-히** 團

뚱글-뚱글 團형형 1 여럿이 모두 둥그런 모양. □~ 잘 익은 수박들. 2 뚱그라미를 그리며 자꾸 돌아가는 모양. ⑧똥글똥글. 3 모가 없이 원만한 모양. 옘둥글둥글.

뚱기다 囘 1 현악기 따위의 줄을 탄력 있게 뛰기어 움직이게 하다. □가야금 줄을 ~. 2 슬쩍 귀띔해 주다. 암시하다.

뚱기-치다 囘 몸 따위를 세차게 움직이다.

뚱딴지¹ 圐 1 우둔하고 무뚝뚝한 사람. 2 행동이나 사고방식 따위가 엉뚱한 사람.

뚱딴지² 圐 〔植〕 국화과의 여러해살이풀. 땅속줄기는 감자 모양이고 줄기에는 잔털이 났으며, 늦여름에 황색 꽃이 핌. 덩이줄기는 사료나 알코올의 원료로 씀. 돼지감자.

뚱딴지³ 圐 〔電〕 전선을 지탱하고 절연하기 위하여 전봇대에 다는 기구.

뚱딴지-같다[-갇따] 휑 행동이나 사고방식 따위가 너무나 엉뚱하다. □뚱딴지같은 생각을 하다. **뚱딴지-같이**[-가치] 團. □아니, ~ 그게 무슨 소리냐.

뚱땅-거리다 囝 온갖 악기나 단단한 물건 따위를 세게 쳐서 울리는 소리가 잇따라 나다. 또는 그런 소리를 잇따라 내다. □시끄럽게 ~. **뚱땅-뚱땅** 團囝囉

뚱땅-대다 囝囉 뚱땅거리다.

뚱뚱 團형휑 1 살이 쪄 몸이 가로 퍼진 모양. 2 팽창되어 부피가 큰 모양. ⑧똥똥.

뚱뚱-보 圐 뚱뚱이.

뚱뚱-이 圐 살이 쪄서 뚱뚱한 사람을 놀림조로 일컫는 말. 뚱뚱보, 뚱보.

뚱-보 圐 1 심술 난 것처럼 뚱한 사람. 2 뚱뚱이.

뚱:-하다 휑옘 1 말수가 적고 묵직하며 붙임성이 없다. □사람이 뚱해서 사귀기가 어렵다. 2 못마땅해서 시무룩하다. □온종일 뚱하고 있다.

뛰 團 기적(汽笛) 소리.

뛰-놀다 〔뛰놀아, 뛰노니, 뛰노는〕 囝 1 이리저리 뛰어다니며 놀다. □아이들이 뛰놀 만한 놀이터가 없다. 2 맥박·심장 따위가 세차게 뛰다. 뛰어놀다.

뛰다¹ 囝 1 물방울·진흙덩이 따위가 공중으로 뛰어 올라 흩어지다. □잉크가 옷에 뛰었다. 2 〈속〉 달아나다. □경찰이 나타나서 도둑은 냅다 뛰었다. 3 맥박이나 심장 따위가 벌떡거리다. □가슴이 마구 ~ / 맥이 ~. 4 값 따위가 갑자기 오르다. □그린벨트가 해제되자 땅값이 뛰었다. 5 ('펄펄'·'펄쩍'·'길길이' 등과 함께 쓰여) 대단한 기세를 나타내다. □펄펄 뛰며 화를 내다 / 길길이 뛰며 반대하다.

뛰 다² 囝囉 1 어떤 공간을 달려 지나가다. □100 m를 11초대에 ~. 2 몸을 솟구쳐 무엇을 넘다. □도랑을 훌쩍 뛰어 건너가다. 3 순서 따위를 거르거나 넘기다. □1악장에서 3악장으로 ~. 4 어떤 자격으로 일하거나 적극적으로 활동하다. □아직 현역으로 뛰고 있다 / 목표를 위해 열심히 ~.

[뛰는 놈 위에 나는 놈이 있다] 잘난 사람이 있으면 그보다 더 잘난 사람이 있다. [뛰어야 벼룩] 도망쳐 보아야 크게 벗어날 수 없다는 말.

뛰다³ 囉 1 그네를 타고 앞뒤로 왔다 갔다 하다. □그네를 ~. 2 널에 올라 공중으로 올랐다 내렸다 하다. □설날에 널을 뛰고 놀다.

뛰룩-거리다[-꺼-] 囝囉 1 두리두리한 눈알이 열기 있게 번적이다. □두 눈을 뛰룩거리며 둘레를 살피다. 2 뚱뚱한 몸이 둔하게 움직이다. 3 성난 빛이 행동에 나타나다. ⑧뛰룩거리다. 옘뛰룩거리다. **뛰룩-뛰룩** 團휑囝囉. □큰 몸집을 흔들며 ~ 걸어간다.

뛰룩-대다[-때-] 囝囉 뛰룩거리다.

뛰어-가다[-/-여-] 囝囉囉 달음박질로 빨리 가다. 달려가다. □단숨에 ~ / 운동장을 힘차게 ~.

뛰어-나가다[-/-여-] 囝囉囉 몸을 솟구치면서 빨리 달려서 밖으로 나가다. □방문을 박차고 ~ / 밖으로 ~.

뛰어-나다[-/-여-] 휑 여럿 중에서 훨씬 낫다. □뛰어난 성적을 올리다.

뛰어-나오다[-/-여-] 囝囉囉囉 몸을 솟구치면서 빨리 달려 밖으로 나오다. □불길 속에서 어린아이를 둘러업고 ~.

뛰어-내리다[-/-여-] 囝囉 몸을 솟구쳐 높은 데서 아래로 내리다. □기차에서 ~ / 언덕을 뛰어내려 가다.

뛰어-넘다[-따][-/-여-따] 囉 1 몸을 솟구쳐 높은 것의 위를 넘다. □도랑을 ~ / 담을 훌쩍 ~. 2 순서를 걸러 나가다. □한 계급 뛰어넘어 진급했다. 3 어떤 수준을 벗어나다. □상상을 뛰어넘는 일.

뛰어-놀다[-/-여-][-놀아, -노니, -노는〕 囝 뛰어놀다. □운동장에서 뛰어노는 아이들.

뛰어-다니다[-/-여-] 囝囉 1 경중경중 뛰면서 여기저기 돌아다니다. □아이들이 운동장을 ~. 2 이리저리 바삐 돌아다니다. □직장을 구하려고 여기저기 ~.

뛰어-들다[-/-여-][-들어, -드니, -드는〕 囝 1 높은 데서 물속으로 몸을 던지다. □강물에 ~. 2 몸을 던져 위험한 속으로 들어가다. □불길 속에 ~. 3 갑자기 들어오다. □버스가 느닷없이 인도(人道)로 ~. 4 스스로 어떤 일이나 사건에 관련을 가지다. □남의 싸움에 ~ / 정치판에 ~.

뛰어-오다[-/-여-] 囝囉囉 달음박질로 빨리 오다. □여기까지 단숨에 뛰어왔다 / 산길을 ~.

뛰어-오르다[-/-여-][-올라, -오르니〕 囝囉

ㄹ **1** 몸을 날리어 높은 데에 오르다. ¶언덕을 ~ / 달리는 기차에 ~. **2** 값이나 지위 따위가 갑자기 많이 오르다. ¶물가가 ~ / 지위가 ~.

뛰쳐-나가다 [-처-] 匚재거러] 힘 있게 뛰어나가다. ¶바깥으로 ~. 匚타거러] 어느 곳에서 갑자기 떠나 버리다. ¶방을 ~.

뛰쳐-나오다 [-처-] 匚재너러] 힘 있게 뛰어나오다. ¶시위대가 거리로 ~. 匚타너러] 어느 곳에서 떠나 나오다. ¶집을 ~.

뜀 圀 **1** 두 발을 모으고 몸을 솟구쳐 앞으로 나아가는 짓. **2** 몸을 솟구쳐 높은 데로 오르거나 넘는 짓.

뜀-걸음 圀 군대에서, 의식이나 행군 때 90cm의 보폭으로 1분에 180보를 걷는 걸음. *제자리걸음.

뜀뛰기 운·동 (-運動) 멀리뛰기·높이뛰기·세단뛰기·장대높이뛰기 따위를 통틀어 이르는 말. 도약(跳躍) 운동.

뜀-뛰다 困 두 발을 모으고 몸을 솟구쳐 앞으로 나아가거나 높은 데에 오르다.

뜀박-질 [-찔] 圀하困 **1** 뜀을 뛰는 짓. 준뜀질. **2** 달음박질.

뜀-질 圀하困 '뜀박질'의 준말.

뜀-틀 圀 **1** 기계 체조 용구의 하나. 찬합처럼 여러 층으로 포개 놓을 수 있는 상자 모양으로 만든 나무틀. **2** '뜀틀 운동'의 준말.

뜀틀 운·동 (-運動) 뜀틀을 두 손으로 짚고 넘는 운동《도움닫기·발구르기·손짚기·공중 자세·착지(着地) 등이 뜀틀 운동의 기본 요소임》. 준뜀틀.

뜨-개 圀 **1** '뜨개질'의 준말. **2** '뜨갯것'의 준말.

뜨개-바늘 圀 '뜨개질바늘'의 준말.

뜨개-실 圀 뜨개질의 재료로 쓰는 실.

뜨개-질[1] 圀하困 털실 따위로 떠서 옷이나 장갑 따위를 만드는 일. ¶털실로 ~하여 스웨터를 짜다. 준뜨개.

뜨개-질[2] 圀하困 남의 마음속을 떠보는 일.

뜨개질-바늘 圀 뜨개질에 쓰는 대나 쇠바늘. 준뜨개바늘.

뜨갯-것 [-개껏 / -갠껏] 圀 뜨개질하여 만든 물건. 편물. 준뜨개.

뜨거워-지다 困 뜨겁게 되다.

뜨거워-하다 타어 뜨거움을 느끼다.

뜨겁 다 [-따] [뜨거워, 뜨거우니] 圀ㅂ **1** 몹시 더운 느낌이 있다. ¶뜨거운 햇볕. 准따갑다. ↔차다. **2** 부끄럽거나 무안하여 얼굴이 몹시 화끈하다. ¶낯이 ~. **3** 감정이나 열정 따위가 격렬하다. ¶뜨거운 박수 / 뜨거운 눈물.

뜨거운 맛을 보다 혹된 고통이나 어려움을 겪다. ¶한번 뜨거운 맛을 봐야 알겠나.

-**뜨기** 圙 명사 뒤에 붙어, 그 사람을 조롱하여 이르는 말. ¶사팔~ / 시골~.

뜨께-질 圀 ☞ 뜨개질[2].

뜨끈-뜨끈 튀하圐히튀 매우 뜨끈한 모양. ¶~한 군고구마. 准따끈따끈.

뜨끈-하다 圀어 매우 뜨뜻한 느낌이 있다. 准따끈하다. 뜨끈-히 튀

뜨끔 튀하圐히튀 **1** 찔리거나 불에 데인 것처럼 쑤시듯이 아픈 느낌. ¶가시에 찔려 ~했다. **2** 양심에 자극되어 뜨거운 느낌. ¶~한 맛을 보다 / 그 말을 듣고 내심 ~하였다. 准따끔.

뜨끔-거리다 困 찔리거나 불에 데인 것처럼 쑤시듯이 자꾸 아프다. ¶근육통으로 옆구리가 뜨끔거린다. 准따끔거리다. **뜨끔-뜨끔**

[튀하困] ¶옆구리가 ~ 걸린다.

뜨끔-대다 困 뜨끔거리다.

뜨끔-따끔 튀하困 뜨끔거리고 따끔거리는 모양. ¶침을 맞고 ~해서 혼났다.

뜨내기 圀 **1** 일정한 처소가 없이 떠돌아다니는 사람. ¶~ 신세. **2** 어쩌다가 간혹 하는 일.

뜨내기-살이 圀하困 여기저기 떠돌아다니면서 사는 일.

뜨내기-손님 圀 어쩌다가 한두 번 찾아오는 손님. ↔단골손님.

뜨내기-장사 圀하困 **1** 어쩌다 한두 번 하는 장사. **2** 이리저리 떠돌아다니면서 하는 장사.

뜨다[1] [떠, 뜨니] 困 **1** 가라앉지 않고 물 표면에 솟아오르다. ¶물 위에 뜬 배. **2** 공중에서 움직이거나 머물러 있어 땅으로 떨어지지 않고 솟아 있다. ¶비행기가 떴다. **3** 구름이 공중에서 움직이다. 달이나 해가 솟아오르다. ¶해가 ~ / 쌍무지개가 뜨는 언덕. **4** 연줄이 끊어져 연이 제멋대로 날아가다. **5** 착 달라붙지 않고 틈이 생기다(비유적으로도 씀). ¶장판이 떠서 보기 흉하다 / 부부 사이가 ~ / 마음이 공중에 붕 떠 있다. **6** 공간적으로 사이가 벌어지다. 시간적으로 동안이 오래다. ¶10리나 사이가 ~. **7** 남에게 빌려 준 것을 받지 못하다. ¶그에게 빌려 준 돈이 뜨고 말았다. **8** 〈속〉 유명해지다. ¶요즘 그 노래가 갑자기 뜨기 시작했다. **9** 〈속〉 두려운 인물이 어떤 장소에 모습을 나타내다. ¶경찰이 ~.

뜨다[2] [떠, 뜨니] 困 **1** 쌓여 있던 풀이나 짚 따위가 썩기 시작하다. ¶퇴비가 ~. **2** 누룩·메주 따위가 발효하다. ¶메주 뜨는 냄새. **3** 병따위로 얼굴빛이 누르고 부은 것같이 되다. ¶굶주려서 누렇게 뜬 얼굴 / 부황이 들어 얼굴이 떴다.

뜨다[3] [떠, 뜨니] 타 〔한의〕 병난 자리나 거기 관련되는 혈(穴)에 약쑥으로 불을 붙여 태우다. ¶뜸을 ~.

뜨다[4] [떠, 뜨니] 타 **1** 있던 곳에서 자리를 옮기거나 떠나다. ¶고향을 ~ / 자리를 뜨지 말고 기다려라 / 놈들 오기 전에 빨리 이곳을 뜨자. **2** 세상을 죽어서 떠나다. ¶그는 시름시름 앓다가 세상을 떴다.

뜨다[5] [떠, 뜨니] 타 **1** 일부를 떼어 내다. ¶뗏장을 ~ / 강에서 얼음을 ~. **2** 물속에 있는 것을 건져 내다. ¶그물로 물고기를 ~. **3** 담긴 물건을 퍼내거나 덜어 내다. ¶물을 떠서 마시다. **4** 종이나 김 따위를 틀에 펴서 낱장으로 만들어 내다. ¶김을 ~ / 종이를 ~. **5** 고기를 일정한 크기로 떼어 내다. ¶각을 ~. **6** 고기를 얇게 저미다. ¶회를 ~. **7** 피륙에서 옷감이 될 만큼 끊어 내다. ¶양복감을 ~. **8** 숟가락으로 음식을 조금 먹다. ¶밥도 이 없어 두어 술 뜨다 말았다.

뜨다[6] [떠, 뜨니] 타 **1** 감았던 눈을 벌리다. ¶졸린 눈을 겨우 ~. ↔감다. **2** 처음으로 소리를 듣다. ¶귀를 뜬 갓난이.

뜨다[7] [떠, 뜨니] 타 **1** 그물·망건 등을 얽거나 무엇을 털실로 짜서 만들다. ¶그물을 ~. **2** 한 땀 한 땀 바느질하다. ¶스웨터를 ~. **3** 먹실로 살갗에 문신을 새기다.

뜨다[8] [떠, 뜨니] 타 소가 뿔로 물건을 들이받아 내밀다. ¶소가 여물통을 떠서 엎다.

뜨다[9] [떠, 뜨니] 타 무엇을 본떠 그와 같게 만들다. ¶지형을 ~ / 본을 ~.

뜨다[10] [떠, 뜨니] 타 속마음을 알아보려고 말·행동을 넌지시 걸어 보다. ¶친구의 마음을 슬쩍 ~.

뜨다[11] [떠, 뜨니] 圀 **1** 말이나 행동이 느리고

더디다. ▢걸음이 뜨니 서둘러라. **2** 감수성이 둔하다. ▢눈치가 ~. **3** 입이 무겁다. 말수가 적다. ▢말이 ~. **4** 연장의 날이 무디다. ▢날이 떠서 잘 안 든다. **5** 쇠붙이가 불에 달달지 않다. **6** 비탈진 정도가 둔하다. ▢물매가 ~. **7** 시간적으로 동안이 오래다. ▢버스의 배차 시간이 떠서 불편하다.

[뜬 소 울 넘는다] 평소에 동작이 느린 사람이 뜻밖에 장한 일을 이루었을 때 이르는 말.
[뜬 쇠도 달면 어렵다] 유순한 사람도 한번 노하게 되면 무섭다는 말.

뜨더귀[명][하타] 갈가리 찢거나 조각조각 뜯어내는 짓. 또는 그 조각.

뜨더귀-판[명] 뜨더귀를 하는 판.

뜨덤-뜨덤[부][하자] **1** 글을 자꾸 서투르게 읽는 모양. ▢책을 ~ 읽다. **2** 말을 자꾸 더듬는 모양.

뜨듯-이[부] 뜨듯하게.

뜨듯-하다[-드타][형어] 알맞게 뜨뜻하다. [참]따듯하다.

뜨뜻미지근-하다[-뜬-][형어] **1** 차지도 않고 뜨겁지도 않다. ▢목욕물이 ~. **2** 결단성과 적극성이 없다. ▢뜨뜻미지근한 태도.

뜨뜻-이[부] 뜨뜻하게.

뜨뜻-하다[-드타][형어] **1** 알맞을 정도로 덥다. ▢뜨뜻한 방. [참]따뜻하다. **2** 부끄럽거나 무안하여 얼굴이나 귀에 열이 오르다. ▢뜻밖의 책망에 얼굴이 ~.

뜨락[명] 뜰.

뜨르르¹[부][하자] **1** 큼직한 물건이 미끄럽게 구르는 소리. 큼직한 물건이 세게 떠는 모양. [참]따르르¹. [여]드르르¹.

뜨르르²[부][하형] **1** 글을 줄줄 읽어 내려가는 모양. **2** 어떠한 일에 막힘이 없이 잘 통하는 모양. [참]따르르². [여]드르르².

-뜨리다[미] 동사의 어미 '-아·-어'나 동사의 어간, 혹은 어근에 붙어 그 동작에 힘을 주어 결정지음을 나타내는 접미사. -트리다. ▢떨어~/자빠~.

뜨막-하다[-마카][형어] 왕래나 소식 따위가 자주 있지 않다.

뜨문-뜨문[부][하형] **1** 시간적으로 잦지 않게. 이따금. ▢일이 바빠 영화관에는 ~ 간다. **2** 공간적으로 배지 않게. ▢무늬가 ~ 있는 벽지. [여]드문드문.

뜨물[명] 곡식을 씻어 낸 부옇게 된 물.
[뜨물 먹고 주정한다] 공연히 취한 체하고 행패한다.

뜨스-하다[형어] 좀 뜨습다. [참]따스하다. [여]드스하다.

뜨습다[-따][뜨스워, 뜨스우니][형비] 알맞게 뜨뜻하다. ▢드습다.

뜨악-하다[-아카][형어] **1** 마음이 선뜻 내키지 않다. 마음이 끌림이 없다. **2** 마음이나 분위기가 맞지 않다. 또는 사귀는 사이가 서먹하다. ▢뜨악한 사이.

뜨음-하다[형어] 잦거나 심하던 것이 한동안 그치다. ▢길에 행인이 ~. [준]뜸하다.

뜨이다[자] 《'뜨다⁵·⁶·⁷'의 피동》 **1** 감았던 눈이 열리다. ▢새벽에 눈이 ~. **2** 모르던 사실이 나 숨겨졌던 점을 깨닫게 되다. ▢귀가 번쩍 뜨일 만한 이야기 / 성에 눈이 ~. **3** 눈에 들어오다. 또는 발견되다. ▢남의 눈에 뜨이지 않게 하라 / 낯익은 얼굴들이 ~. **4** 두드러지게 드러나다. ▢눈에 뜨이는 미인. [준]띄다.

뜬-것[-껃][명] **1**[민] 떠돌아다니는 못된 귀신. 뜬귀신. **2** 우연히 관계를 맺게 된 사물.

뜬-계집[-/-게-][명] 우연히 어쩌다가 상관하게 된 여자.

뜬-공[명] 야구에서, 타자가 공을 높이 쳐 올린 상태. 또는 그 공. 비구. 플라이.

뜬-구름[명] **1** 하늘에 떠다니는 구름. ▢하늘에 한 조각 ~이 떠 있다. **2** '덧없는 세상'의 비유. ▢~ 같은 인생.
뜬구름(을) 잡다[구] 헛된 일을 추구하다. ▢뜬구름 잡는 소리 그만 해라.

뜬-귀신[-鬼神][명] 뜬것¹.

뜬-금[명] 시세의 변동에 따라 달리 정해지는 값. ▢~으로 거래하다.

뜬금-없다[-따][형] **1** 갑작스럽고도 엉뚱하다. ▢뜬금 없는 소리. **뜬금없-이**[-그 법씨][부] ▢~ 그게 무슨 소리요.

뜬-눈[명] (주로 '뜬눈으로'의 꼴로 쓰여) 밤에 잠을 자지 못하는 눈. ▢~으로 밤을 새우다.

뜬-돈[명] 우연한 기회에 생긴 돈.

뜬뜬-하다[형어] **1** 약하지 않고 굳세다. **2** 속이 차서 야무지다. **3** 마음이 허전하지 않고 미덥다. **4** 무르지 않고 굳다. [참]딴딴하다. [여]든든하다. **뜬뜬-히**[부]

뜬-벌이[명][하자] 고정된 일자리 없이 닥치는 대로 하는 벌이.

뜬-세상[-世上][명] 덧없는 세상.

뜬-소문[-所聞][명] 근거 없이 떠도는 소문. ▢연예계의 ~ / ~에 주가가 흔들린다.

뜬-쇠[민] **1** 남사당놀이에서, 각 놀이 분야의 우두머리. **2** 상(上)쇠.

뜬-숯[-숟] 장작을 때서 만든 숯. 또는 피었던 참숯을 다시 꺼 놓은 숯.

뜬-용[-龍][농] [명][건] 궁전·법당 따위의 천장에 만들어 놓은 용 모양의 장식. 부룡.

뜬-재물[-財物][명] **1** 우연히 얻은 재물. **2** 빌려 주어 다시 받지 못하게 된 재물.

뜬-저울[물] 《'부칭(浮秤)'의 풀어쓴 말.

뜯게[-께][명] 해지고 낡아서 입지 못하게 된 옷. 뜯게옷.

뜯게-질[-께-][명][하타] 해지고 낡아서 입지 못하게 된 옷의 솔기를 뜯는 일.

뜯-기다[-끼-][타] 《'뜯다'의 피동》 벌레 따위에 물리다. ▢빈대 모기한테 ~. —[타] **1** 남에게 무엇을 빼앗기다. ▢깡패들에게 금품을 ~. **2** 내기에 지다. ▢노름에서 많은 돈을 뜯기었다. **3** 《'뜯다'의 사동》 마소에게 풀을 뜯어 먹게 하다. ▢뗏갓에서 소에게 풀을 ~.

뜯다[-따][타] **1** 붙은 것을 떼다. 조각조각 떼어 내다. ▢닭 털을 ~ / 봉투를 ~. **2** 노름판에서, 남을 졸라서 돈을 얻어 내다. ▢개평을 ~. **3** 남을 졸라서 조금씩 얻어 오다. **4** 현악기의 줄을 퉁겨 소리를 내다. ▢가야금을 ~. **5** 먹을거리를 입에 물고 떼어 먹다. ▢갈비를 ~ / 소가 한가로이 풀을 뜯고 있다. **6** 풀이나 나물을 뽑거나 떼다. ▢나물을 ~. **7** 재물·돈 따위를 억지로 빼앗거나 얻다. ▢불량배들이 유흥업소에서 정기적으로 돈을 뜯었다. **8** 벌레 따위가 피를 빨아 먹다. ▢모기가 온몸을 ~.

뜯어-고치다[타] 근본적으로 새롭게 고치다. ▢집을 ~ / 사고방식을 ~.

뜯어-내다[타] **1** 붙어 있는 것을 떼어 내다. ▢옷에서 실밥을 ~. **2** 조각조각 떼어 내다. ▢기계를 ~. **3** 조르거나 위협하여 금품 따위를 억지로 얻어 내다. ▢돈을 ~.

뜯어-말리다[타] 어울려 싸우는 것을 떼어 못하게 말리다. ▢패싸움을 ~.

뜯어-먹다[뜨더-따][타] 남의 재물을 졸라서

얻거나 억지로 빼앗아 가지다. ▣영세 상인
들의 돈이나 뜯어먹고 사는 불량배들이다.
뜯어-벌이다[타] 1 무엇을 뜯어내어 죽 벌여 놓
다. ▣기계를 ~. 2 얄미운 태도로 이야기를
늘어놓다. 霜따다바리다.
뜯어-보다[타] 1 봉한 것을 헤치고 그 속을 살
피다. ▣편지를 ~. 2 여러모로 자세히 살피
다. ▣얼굴을 찬찬히 ~. 3 서투른 글의 뜻을
이리저리 풀어서 겨우 이해하다. ▣한문을
간신히 ~.
뜯이 [뜨지][명][하타] 헌 옷을 빨아서 뜯어 새로
만드는 일.
뜯이-것 [뜨지걷][명] 뜯이하여 지은 옷.
뜯적-거리다[-쩍꺼-][타] 손톱이나 칼끝 따위
로 자꾸 뜯어 진집을 내다. 霜따짝거리다. 뜯
적-뜯적[-쩍-쩍][부][하타]
뜯적-대다[-쩍때-][타] 뜯적거리다.
뜰 [명] 집 안의 앞뒤나 좌우로 가까이 있는 평평
한 땅. ▣~을 가꾸다 / ~에 꽃을 심다.
뜰-낚 [-락][명] 띄움낚시.
뜰뜰[부] 1 경사면을 수레가 급히 구르는 소리.
2 위력이나 명령이 썩 잘 시행되는 모양.
뜰먹-거리다[-꺼-][자타] 자꾸 뜰먹이다. 霜딸
막거리다. 麗뜰먹거리다. 뜰먹-뜰먹[부][하][자타]
뜰먹-대다[-때-][자타] 뜰먹거리다.
뜰먹-이다[-머-][자] 1 묵직한 물건이 들렸다 내려
앉았다 하다. 2 마음이 흔들리다. 3 어깨나
궁둥이가 아래위로 움직이다. □[타] 1 묵직한
물건을 올렸다 내렸다 하다. 2 남의 마음을
흔들리게 하다. 3 어깨나 궁둥이를 위아래로
움직이다. 4 남을 추어서 말하다. 霜딸막이
다. 麗들먹이다.
뜰썩-거리다[-꺼-][자타] 잇따라서 뜰썩이다.
霜딸싹거리다. 麗들썩거리다. 뜰썩-뜰썩[부]
[하][자타]
뜰썩-대다[-때-][자타] 뜰썩거리다.
뜰썩-이다[-머-][자] 1 묵직한 물건이 들렸다 가라
앉았다 하다. 2 마음이 흔들리어 움직이다. 3
어깨나 궁둥이가 가벼이 아래위로 움직이다.
□[타] 1 묵직한 물건을 들었다 놓았다 하다. 2
남의 마음을 흔들어 움직이다. 3 어깨나 궁둥
이를 가벼이 아래위로 움직이다. □[휘모리장
단에 어깨를 ~. 霜딸싹이다. 麗들썩이다.
뜰아래-채[명] 한집 안에 있는 몸채 밖의 집채.
魯아래채.
뜰아랫-방 (-房)[뜨라래빵 / 뜨라랜빵][명] 안뜰
을 사이에 두고 몸채의 건너편에 있는 방. 魯
아랫방.
뜰-채[명]《낚시》물속의 물고기를 뜨는 데 쓰
는, 오구 모양의 그물이 달려 있는 채. ▣손
바닥만 한 큰 붕어를 ~로 떠 올리다.
뜰-층계 (-層階)[-/-게][명] 뜰에서 마루로 올
라가게 만든 층계.
뜸¹[명] 띠나 부들 따위의 풀로 거적처럼 엮은
물건(비·바람·볕을 막는 데 씀).
뜸²[명]《한의》병을 고치기 위해 약쑥으로 살
위의 혈(穴)에 놓고 불을 붙이는 일. ▣허리
에 ~을 뜨다.
뜸³[명] 음식을 찌거나 삶을 때, 불을 흠씬 땐
뒤에도 얼마 동안 그대로 두어서 푹 익게 하
는 일. ▣~이 들다.
뜸(을) 들이다[관] ㉠음식물을 뜸이 들게 하
여 잘 익히다. ▣밥을 ~. ㉡일을 할 때, 쉬
거나 하기 위해 한동안 가만히 있다. ▣뜸 들
이지 말고 서둘러라.
뜸⁴[명] 한동네 안에서 따로따로 몇 집씩 한데

모여 있는 구역.
뜸-깃 [-낏][명] 1 뜸을 엮는 데 쓰는 재료의 총
칭. 2 뜸의 겉에 넘어지게 난 풀잎.
뜸-단지[명] ☞부항단지.
뜸베-질[명][하][자] 소가 뿔로 물건을 닥치는 대로
받는 짓.
뜸부기[명]《조》뜸부깃과의 여름새. 냇가·연못·
풀밭 따위에 삶. 날개 길이 10 cm가량, 부리
와 다리가 길며, 등은 검누런 갈색, 눈가와
가슴은 적동색임. 잘 날지 못하고 '뜸북뜸
북' 하고 욺.
뜸-새끼[명] 길마와 걸채를 얼러 매는 새끼.
뜸-손[명] 뜸을 엮는 줄.
뜸-쑥[명]《한의》뜸을 뜨는 데 쓰는 약쑥.
뜸-씨[명]《화》효소(酵素).
뜸-자리[명]《한의》1 뜸을 뜨는 자리. 구혈(灸
穴). 구혈(灸所). 2 뜸을 떠서 생긴 흉터.
뜸지근-하다[형] 말이나 행동이 느리고 무게
가 있다. 霜땀지근하다.
뜸직-뜸직[부] 말이나 행동이 한결같이 뜸
직한 모양. 霜땀직땀직.
뜸직-이[부] 뜸직하게.
뜸직-하다[-지카-][형] 말이나 행동이 경솔
하지 않고 무게가 있다. ▣뜸직한 사람. 霜땀
직하다.
뜸-질[명][하][자타] 뜸을 뜨는 일.
뜸-집[-찝][명] 뜸으로 지붕을 인 작은 집.
뜸-팡이[명] 1《식》효모균. 2《화》효소.
뜸:-하다[형] ☞'뜸:줌하다'의 준말.
뜻[뜯][명] 1 무엇을 하려고 속으로 먹은 마음.
▣큰 ~을 품다 / 사회사업에 ~을 두고 있다 /
고인의 ~을 받들다. 2 글이나 말의 속내. ▣
~이 통하지 않는 말. 3 어떤 일이나 행동이
지니는 가치나 중요성. ▣오늘은 ~ 깊은 날
이다.
뜻(을) 받다[관] 남의 뜻을 이어받아 그대로
하다.
뜻(을) 세우다[관] 목표를 마음에 품고 결심
하다. ▣과학자가 될 뜻을 세우고 공부하다.
뜻(이) 맞다[관] ㉠서로 생각이 같다. ▣뜻 맞
는 친구끼리 배낭여행을 가다. ㉡서로 마음
에 들다.
뜻-글자 (-字)[뜯끌짜][명] 표의 문자(表意文
字). →소리글자.
뜻-대로 [뜯때-][부] 마음먹은 대로. ▣일이 ~
되다.
뜻-매김 [뜬-][명][하][타] 정의(定義).
뜻-밖 [뜯빡][명] 생각 밖. 예상외. 의외. ▣~
의 선물을 받다 / ~의 손님이 찾아왔다.
뜻밖-에 [뜯빠께][부] 생각지도 않게. 의외로.
▣걱정했던 일이 ~ 잘 해결되었다.
뜻-있다 [뜨딛따][형] 1 일 따위를 하고 싶은 생
각이 있다. ▣아무 때고 뜻있으면 말해라. 2
겉으로 드러나지 않은 사정이나 실상이 있
다. ▣뜻있는 미소를 짓다. 3 가치나 보람이
있다. ▣하루하루를 뜻있게 보내라.
뜻-풀이 [뜯푸리][명][하][타]《언》글이나 낱말의
뜻을 풀이함.
뜻-하다 [뜨타-][타][하][어] 어떤 의미를 가지다.
▣무엇을 뜻하는지 알겠다. □[자][어] 1 어떤 일
을 할 마음을 먹다. ▣모든 일이 뜻하는 대로
되기를 빈다. 2 (주로 '않다'와 함께 쓰여)
미리 생각하거나 헤아리다. ▣뜻하지 않던
일이 생겼다.
띄:다 [-][자]'뜨이다'의 준말. ▣눈에 ~.
□[타] '띄우다²·³'의 준말. ▣맞춤법에 맞게
띄어 써라.
띄어-쓰기 [띠-/ 띠여-][명][하][타]《언》글을 쓸

때 어절마다 사이를 띄어서 쓰는 일. ◑이 원고는 ~에서 틀린 곳이 많다.

띄엄-띄엄 [띠-띠-] 〔부〕 **1** 드물게 있는 모양. ◑집이 ~ 있다. **2** 자주 끊어지고 느릿느릿한 모양. ◑~ 걷다 / ~ 읽다.

띄우다¹ [띠-] 〔타〕 편지를 부치거나 전해 줄 사람을 보내다. ◑친구에게 엽서를 ~.

띄우다² [띠-] 〔타〕 《'뜨다'의 사동》 **1** 물 위나 공중에 뜨게 하다. ◑배를 ~. **2** 누룩·메주 따위를 뜨게 하다. ◑메주를 ~. **3** 물건과 물건 사이를 뜨게 하다. ◑사이를 띄워서 나무를 심다. 〔준〕띄다.

띄움-낚시 [띠-낙씨] 〔명〕 낚싯바늘이 수심 중간이나 아래쪽에 뜨게 하는 낚시. 피라미 따위의 낚시질에 씀. 뜰낚.

띠¹ 〔명〕 **1** 옷 위로 허리를 둘러매는 끈. 허리띠. ◑허리에 ~를 매다. **2** 너비가 좁고 기다랗게 생긴 물건의 총칭. ◑머리에 ~를 두르다. **3** 아이를 업을 때 쓰는, 너비가 좁고 기다란 천. **4** 청색·홍색의 다섯 끗짜리 사각형을 가운데에 덧그린 화투 패(모두 열 장임). ◑~만 모으다. **5** 띠지2.

띠² 〔명〕〔식〕볏과의 여러해살이풀. 산과 황무지에 무더기로 남. 뿌리줄기는 가늘게 길게 땅속으로 뻗고 줄기는 1 m가량. 잎은 뿌리에서 모여남. 초여름에 백색이나 흑자색 꽃이 핌. 모초(茅草). 백모(白茅).

띠³ 〔명〕 활터에서, 한패 중에서 몇 사람씩 나누어 이룬 패.

띠⁴ 〔명〕 사람이 태어난 해를 열두 지지(地支)를 상징하는 동물들의 이름으로 일컫는 말. ◑개 ~ / 닭 ~.

띠가 세다 〔관〕 태어난 해의 지지가 나쁘다.

띠-고리 〔명〕〔역〕 띠를 매기 위해 양끝을 서로 끼워 맞추는 고리. ＊대구(帶鉤).

띠-그래프 (-graph) 〔명〕 띠 모양으로 그린 그래프의 하나. 좁고 긴 직사각형의 가로 길이를 100으로 하고 각 부분의 크기를 띠의 길이로 표시함.

띠그르르 〔부·형〕 가늘거나 작은 물건의 여러 개 중에서 드러나게 굵거나 큰 모양. 〔작〕때그르르. 〔여〕디그르르.

띠글-띠글 〔부·형〕 가늘거나 작은 물건 중에서 여러 개가 드러나게 굵거나 큰 모양. 〔작〕때글

713

띵띵

때글. 〔여〕디글디글.

띠:다 〔타〕 **1** 띠를 두르다. ◑허리띠를 ~. **2** 어떤 성질을 가지다. ◑전문성을 띤 업무. **3** 용무·직책·사명을 가지다. ◑중요한 사명을 띠고 간다. **4** 빛깔이나 색채 따위를 가지다. ◑붉은빛을 ~ / 얼굴에 홍조를 ~. **5** 감정이나 기운 따위를 나타내다. ◑노기를 ~ / 얼굴에 미소를 ~.

띠-무늬 [-니] 〔명〕 띠 모양의 무늬. 대문(帶紋).

띠방 (-枋) 〔명〕〔건〕☞ 띳방.

띠-살문 (-門) 〔명〕〔건〕 문살의 상·중·하 세 곳이 띠 모양으로 된 문.

띠-쇠 〔명〕 목재 구조물에 겹쳐 대거나 꺾어 대는, 가락지·감잡이 등을 통틀어 이르는 말.

띠-씨름 〔명·하자〕 허리에 띠를 매어 그것을 잡고 하는 씨름.

띠알-머리 〔명〕☞ 띠앗머리.

띠앗 [-안] 〔명〕 형제자매 간에 서로 위하는 마음.

띠앗-머리 [-안-] 〔명〕 '띠앗'을 속되게 이르는 말.

띠-지 (-紙) 〔명〕 **1** 지폐나 서류 따위를 싸고 나서 가운데를 둘러 감아 매는, 가늘고 긴 종이. ◑~에 금액을 써 놓다. **2** 책의 겉장에 두르는 광고용 띠 종이. 띠. ◑붉은 ~를 두르다.

띠-톱 〔명〕 얇은 바퀴 쇠 오리에 톱니가 있어 빙빙 돌면서 나무를 자르는 기계톱의 하나. 대거(帶鉅). ↔둥근톱.

띳-방 (-枋) [띠빵 / 띧빵] 〔명〕〔건〕 띳장2.

띳-술 [띠쑬 / 띧쑬] 〔명〕〔역〕 벼슬아치의 공복(公服)의 품대(品帶)에 달린 술.

띳-장 [띠짱 / 띧짱] 〔명〕 **1**〔광〕 광산의 구덩이나 굴 속에서, 좌우의 기둥 위에 가로로 걸치는 굵은 나무. **2**〔건〕 판장 따위에 가로로 대는 띠 모양의 나무오리. 띳방.

띳-집 [띠찝 / 띧찝] 〔명〕 지붕을 띠로 인 집. 모옥(茅屋). ◑산기슭에 ~을 짓다.

띵 〔부·형〕 머리가 아파서 정신이 흐릿한 모양. ◑잠을 못 잤더니 머리가 ~하다.

띵띵 〔부·형〕 **1** 속에서 켕겨 겉으로 불어난 모양. ◑얼굴이 ~ 부었다. **2** 본바탕이 튼튼한 모양. **3** 마주 켕기어서 몹시 팽팽한 모양. 〔작〕땡땡. 〔여〕딩딩.

ㄹ

ㄹ¹(리을) **1** 한글 자모의 넷째. **2** 자음의 하나. 혀끝을 윗잇몸에 살짝 대었다 뗼 때 나는 울림소리. 받침으로 그칠 때는 혀끝을 윗잇몸에 꼭 붙이고 혀의 양쪽으로 숨을 흘리어 내는 유음(流音).

ㄹ²조 '를'의 준말. ❏ 돼질 치다 / 뺑소니 자동차 잡다 / 뭘 믿고 그런 소리 하느냐.

-ㄹ어미 받침 없는 용언의 어간에 붙는 관형사형 전성 어미. **1** 그 말이 일반적 사실을 나타냄. ❏ 슬플 때는 실컷 울어라 / 볼 때마다 화가 치민다. **2** 추측·예정·의지·가능성 따위를 나타냄. ❏ 될 일도 안 되겠다 / 내가 이길 것이다 / 이번 우승자는 김군일 거야. *-을.

-ㄹ거나[-꺼-]어미 받침 없는 동사의 어간에 붙어서, 감탄하는 말투로 자문하거나 상대방에 의사를 물어보는 뜻을 나타내는 종결 어미. ❏ 바다로 갈거나 / 아이고, 이를 어쩔거나. *-을거나.

-ㄹ걸[-껄]어미 **1** '-ㄹ 것을'의 준말로 받침 없는 동사의 어간에 붙어, 이미 한 일에 대하여 달리 하였더라면 좋았으리라고 아쉬워하며 탄식하는 종결 어미. ❏ 약이나 더 써 볼걸 / 모른다고 할걸. **2** 받침 없는 어간에 붙어, 불확실한 추측을 나타내는 종결 어미. ❏ 내가 너보다 더 클걸 / 저 여자는 아닐걸 / 오늘쯤은 돌아올걸. *-을걸.

-ㄹ게[-께]어미 받침 없는 동사의 어간에 붙어, 어떤 행동을 약속하는 뜻을 나타내는 종결 어미. ❏ 다음에 갈게 / 곧 다녀올게 / 내일 떠날게. *-을게.

-ㄹ까어미 **1** 받침 없는 어간에 붙어, 미래나 현재의 일을 추측할 때, 의문·의심을 나타내는 종결 어미. ❏ 왜 이리 더울까 / 고기가 많이 잡힐까 / 다음 차례는 누구일까. **2** (주로 '-ㄹ까 하다'·'-ㄹ까 싶다'·'-ㄹ까 보다' 따위의 꼴로 쓰여) 현재 정해지지 않은 일에 대하여 자기나 상대방의 의사를 묻는 종결 어미. ❏ 장사를 해볼까 한다 / 내가 먹을까 봐 / 그림을 그릴까 합니다. *-을까.

-ㄹ까 말까구 ㉠받침 없는 동사의 어간에 붙어, 행동을 망설이는 뜻을 나타내는 말. ❏ 뛸까 말까 / 줄까 말까 / 할까 말까 하다가 때를 놓쳤다. ㉡받침 없는 동사의 어간에 붙어, 어느 정도에 이를 것 같기도 하고 그렇지도 않은 것 같은 상태를 나타내는 말. ❏ 겨우 한 자가 될까 말까 하다.

-ㄹ까 보냐구 받침 없는 어간에 붙어, '어찌 그러할 리가 있겠느냐'의 뜻을 나타내는 말. ❏ 질까 보냐 / 다시 할까 보냐 / 아는 것이 많다고 다 학자일까 보냐.

-ㄹ까 보다구 ㉠받침 없는 어간에 붙어, 미래의 일이나 과거의 일을 추측하되 의심스러움을 나타내는 말. ❏ 이것이 좀 클까 보다. ㉡받침 없는 동사의 어간에 붙어, 불확정한 자기의 의사를 나타내는 말. ❏ 내버릴까 보다 / 아주 그만둘까 보다.

-ㄹ꼬어미 받침 없는 어간에 붙어, 장래나 현재의 일을 추측할 때, 의문·의심이나 자기의 의사를 나타내는 종결 어미(《'-ㄹ까'보다 예스럽거나 정중한 말투》). ❏ 그는 언제나 올

꼬 / 그 사람은 누구일꼬 / 이제 무엇을 할꼬. **2** 받침 없는 어간에 붙어, 가능성에 대한 물음을 나타내는 종결 어미. ❏ 혼자서 그 일을 해낼꼬 / 그가 이 뜻을 이해할꼬. *-을꼬.

-ㄹ낫다어미 〈옛〉 -ㄹ랬다.

-ㄹ는지[-른-]어미 받침 없는 어간에 붙는 종결 또는 연결 어미. **1** 추측의 뜻을 나타냄. ❏ 비가 올는지 모르겠다 / 그걸 떼어먹힌 것이 아닐는지 / 이번 수석은 자네일는지 모르겠다. **2** 의문의 뜻을 나타냄. ❏ 내 뜻을 알아줄는지 / 그 친구도 같이 갈는지. **3** 실현 가능성에 대한 의문의 뜻을 나타냄. ❏ 그 일이 가능할는지. *-을는지.

-ㄹ다어미 〈옛〉 -겠느냐.

-ㄹ돠어미 〈옛〉 -겠다.

-ㄹ디나어미 〈옛〉 -ㄹ지나.

-ㄹ디니어미 〈옛〉 -ㄹ지니.

-ㄹ디니라어미 〈옛〉 -ㄹ지니라.

-ㄹ디라어미 〈옛〉 -ㄹ지라.

-ㄹ디라도어미 〈옛〉 -ㄹ지라도.

-ㄹ디어다어미 〈옛〉 -ㄹ지어다.

-ㄹ딴댄어미 〈옛〉 -ㄹ진대.

-ㄹ딘뎨어미 〈옛〉 -ㄹ진대.

-ㄹ라어미 **1** 받침 없는 어간에 붙어, 해라 자리에 쓰여 손아랫사람에게 행여 잘못될까 또는 행여 그렇게 되면 어찌할까 염려함을 나타내는 종결 어미. ❏ 조심해라, 다칠라 / 그 돈이 위조지폐일라. **2** 받침 없는 어간에 붙어, 추측을 나타내는 종결 어미. ❏ 좀 더 기다려 보자, 그 애가 곧 올라. *-을라.

-ㄹ라고어미 받침 없는 어간에 붙는 종결 어미. ㉠의심과 반문을 나타내는 말. ❏ 설마 구 짜일라고 / 그렇게 빠를라고 / 그러다가 큰코 다칠라고 / 설마 너만 떼어 놓고 갈라고. ㉡상대방에게 타이르는 투로 '그만한 일을 가지고 그러냐'의 뜻으로 반박을 나타내는 말. ❏ 어렵다 하지 말게. 나 같은 사람도 할라고. *-을라고.

-ㄹ라치면어미 받침 없는 동사의 어간에 붙어, 몇 번 경험한 일을 추상적으로 가정하는 뜻을 나타내는 연결 어미. ❏ 밤이 될라치면 개 짖는 소리가 한결 멀리 들리오. *-을라치면.

-ㄹ락어미 (주로 '-ㄹ락 말락'의 꼴로 쓰여) 받침 없는 동사의 어간에 붙어, 어떤 상태로 거의 되려는 모양을 나타내는 연결 어미. ❏ 필락 말락 하는 모란꽃 / 겨우 보일락 말락 하다가 안 보인다. *-락·-을락.

ㄹ란조 〈옛〉 ㄹ랑. ㄹ랑은.

-ㄹ랏다어미 〈옛〉 -ㄹ렸다.

ㄹ랑조 **1** 받침 없는 말 뒤에 붙어, '는'의 뜻을 특히 강조하는 보조사. ❏ 널랑 꽃처럼 곱게 자라라. *을랑·일랑. **2** 조사 '서'의 뒤에 붙어, 그 뜻을 좀 더 똑똑히 강조하는 보조사. ❏ 거기설랑 놀지 마라. *설랑.

ㄹ랑은조 'ㄹ랑'의 힘줌말. ❏ 널랑은 여기서 기다려라. *을랑은·일랑은.

-ㄹ래어미 받침 없는 동사의 어간에 붙어, 자신의 의사를 나타내거나 상대방의 의사를 묻는 종결 어미. ❏ 누가 갈래 / 내가 가질래

*-을래.
-ㄹ러니 어미 받침 없는 어간에 붙어, '-겠더니'의 뜻을 나타내는 연결 어미. ❏ 말뜻을 모를러니 이제 알겠군. *-을러니.
-ㄹ러라 어미 받침 없는 어간에 붙어, '-겠더라'의 뜻을 나타내는 종결 어미. -ㄹ레라. 1 경험을 바탕으로 가능성이나 추측을 나타내는 말. ❏ 밤새워 해야 할러라 / 이틀은 걸릴러라. 2 어떤 일을 추정하여 감탄하는 말투로 말함을 나타내는 말. ❏ 이곳 경치가 전국 제일일러라 / 참으로 착할러라. *-을러라.
-ㄹ런가 어미 1 받침 없는 어간에 붙어, '-겠던가'의 뜻으로 물음을 나타내는 종결 어미. ❏ 일은 잘될런가 / 얼마나 빠를런가. *-을런가. 2 '-런가'의 힘줌말. ❏ 꿈은 아닐런가 / 꿈일런가 생실런가.
-ㄹ런고 어미 '-ㄹ런가'의 예스러운 말.
-ㄹ렷다 어미 〈옛〉 -렸다.
-ㄹ레 어미 받침 없는 어간에 붙어, '-겠데'의 뜻으로 실현 가능성이나 추측을 나타내는 종결 어미. ❏ 그는 장차 큰사람이 될레 / 그가 바둑의 명수일레. *-을레.
-ㄹ레라 어미 받침 없는 어간에 붙어, 막연히 '-겠더라'의 뜻으로 추측을 나타내는 종결 어미. -ㄹ러라. ❏ 바다로 흐를레라 / 얇은 사 하이얀 고깔은 고이 접어서 나빌레라. *-을레라.
-ㄹ로다 어미 〈옛〉 -겠도다.
-ㄹ만뎡 어미 〈옛〉 -ㄹ망정.
-ㄹ만졍 어미 〈옛〉 -ㄹ망정.
-ㄹ망정 어미 받침 없는 어간에 붙어, '비록 그러하지만 그러나'의 뜻을 나타내는 연결 어미. ❏ 나이는 어릴망정 철은 다 들었다 / 입은 옷은 누더기일망정 마음만은 깨끗하다오. *-을망정.
-ㄹ 밖에 [-빠께] 어미 받침 없는 어간에 붙어, '-ㄹ 수밖에 다른 수가 없다'는 뜻을 나타내는 종결 어미. ❏ 달라니 줄밖에 / 시키는데 할~. *-을밖에.
-ㄹ뿐더러 어미 받침 없는 어간에 붙어, 어떤 일이 그것만으로 그치지 않고 그 밖의 어떤 다른 일이 더 있음을 나타내는 연결 어미. ❏ 그런 물건은 비쌀뿐더러 썩 드물다 / 박애는 미덕일뿐더러 자기를 위한 길이기도 하다. *-을뿐더러.
-ㄹ새 [-쌔] 어미 받침 없는 어간에 붙어, 그 일의 전제 또는 원인으로서 이미 사실화된 것이나 진행 중인 일을 설명하는 연결 어미. ❏ 샘이 깊을새 물빛 더욱 푸르더라 / 돛을 올릴새 배가 미끄러지듯 나아갔다 / 때는 전시일새 세상이 몹시 어지러웠다. *-을새.
-ㄹ샤 어미 〈옛〉 -구나.
-ㄹ세 [-쎄] 어미 '이다'·'아니다'의 어간에 붙어, 하게할 자리에 자기의 생각을 설명하는 종결 어미. ❏ 자네 탓일세 / 그것은 내 것이 아닐세 / 오늘이 초하루일세.
-ㄹ세라 [-쎄-] 어미 받침 없는 어간에 붙어, 행여 그리 될까 염려하는 뜻을 나타내는 연결 또는 종결 어미. ❏ 불면 날세라 쥐면 꺼질세라 / 마음씨도 고울세라 / 뒤질세라 열심히 따라갔다 / 행여 감기일세라 덮어놓고 약을 먹인다. *-을세라.
-ㄹ세말이지 [-쎄마리-] 어미 받침 없는 어간에 붙어, 남이 예상하여 말한 조건을 반대로 부인하는 종결 어미. ❏ 내가 그흴세말이지 / 나보고 자꾸 변상하라니 글쎄 잃어버린 게 날세말이지. *-을세말이지.
-ㄹ셔 어미 〈옛〉 -구나.

715
-ㄹ지라

-ㄹ션뎡 어미 〈옛〉 -ㄹ지언정.
-ㄹ션졍 어미 〈옛〉 -ㄹ지언정.
-ㄹ셰라 어미 〈옛〉 -ㄹ세라.
-ㄹ소냐 어미 〈옛〉 -ㄹ 것인가.
-ㄹ손 어미 〈옛〉 -ㄴ 것은. -ㄹ 것은.
-ㄹ쇠 어미 〈옛〉 -ㄹ세.
-ㄹ수록 [-쑤-] 어미 받침 없는 어간에 붙어, 어떤 일이 더하여 감을 나타내는 연결 어미. ❏ 갈수록 태산이라 / 여문 이삭일수록 고개를 수그린다. *-을수록.
-ㄹ시 [-씨] 어미 '이다'·'아니다'의 어간에 붙어, '-ㄹ 것이'·'-ㄴ 것이'의 뜻으로 추측하여 판단한 사실이 틀림없음을 나타내는 연결 어미. ❏ 이건 가짜가 아닐시 분명하오 / 기록 착오일시 분명하다.
-ㄹ 손 어미 〈옛〉 -ㄴ 것은. -ㄹ 것은.
-ㄹ 솔 어미 〈옛〉 -ㄴ 것을. -ㄹ 것을.
-ㄹ시 어미 〈옛〉 -ㄹ새.
-ㄹ싸 어미 〈옛〉 -겠냐.
-ㄹ쏭 어미 〈옛〉 -는지.
-ㄹ씬대 어미 〈옛〉 -ㄹ진대.
-ㄹ뿌니언덩 어미 〈옛〉 -ㄹ지언정.
-ㄹ쑨뎡 어미 〈옛〉 -ㄹ지언정.
-ㄹ쑨이언덩 어미 〈옛〉 -ㄹ지언정.
-ㄹ싸 어미 〈옛〉 -구나. -네.
-ㄹ쎄라 어미 〈옛〉 -ㄹ세라.
-ㄹ쎠 어미 〈옛〉 -구나. -는구나.
-ㄹ쎄라 어미 〈옛〉 -ㄹ세라.
-ㄹ쏘냐 어미 받침 없는 어간에 붙어, '-ㄹ 것인가'의 뜻으로 강한 부정을 나타내는 종결 어미. ❏ 어찌 나를 이길쏘냐. *-을쏘냐.
-ㄹ쏜 어미 〈옛〉 -ㄴ 것은. -ㄹ 것은.
-ㄹ쏜가 어미 〈옛〉 -ㄹ 것인가.
-ㄹ씨 어미 〈옛〉 -ㄹ시.
-ㄹ씨고 어미 〈옛〉 -구나.
-ㄹ씨 어미 〈옛〉 -ㄹ새.
-ㄹ작시면 [-짝씨-] 어미 받침 없는 동사의 어간에 붙어, '그러한 입장에 이르게 되면'의 뜻을 나타내는 연결 어미(우습거나 언짢은 경우에 잘 씀). ❏ 꼬락서니를 볼작시면 그야말로 가관이다. *-을작시면.
-ㄹ작시면 어미 -ㄹ작시면.
-ㄹ지 [-찌] 어미 받침 없는 어간에 붙어, 어떤 일을 추측하여 그 가능성을 묻거나 의문을 나타내는 연결 어미. ❏ 언제 끝날지 모르겠다 / 내 몫이 얼마일지 두고 보아야겠다. *-을지.
-ㄹ지나 [-찌-] 어미 받침 없는 어간에 붙어, '마땅히 그러할 것이나'의 뜻을 나타내는 연결 어미. ❏ 내가 갈지나 사정이 있어서 애를 보내오 / 네가 공부는 첫째일지나 몸이 약해서 반장을 못 시키겠다. *-을지나.
-ㄹ지니 [-찌-] 어미 받침 없는 어간에 붙어, '마땅히 그러할 것이니'의 뜻을 나타내는 연결 어미. ❏ 연말 전에 다 가릴지니 그리 아오 / 통일을 우리의 지상(至上) 목표일지니 힘써 국력을 배양하자. *-을지니.
-ㄹ지니라 [-찌-] 어미 받침 없는 어간에 붙어, '마땅히 그러할 것이니라'의 뜻을 나타내는 종결 어미. ❏ 부모에게 효도할지니라 / 그렇게 함이 순리일지니라. *-을지니라.
-ㄹ지라 [-찌-] 어미 받침 없는 어간에 붙어, '마땅히 그러할 것이나'의 뜻을 나타내는 연결 또는 종결 어미. ❏ 하루라도 빨리 가는 것이 마땅할지라 / 그것을 해결하는 것이 급선무일지라. *-을지라.

-ㄹ지라도 [-찌-] **어미** 받침 없는 어간에 붙어서, '비록 그러하더라도'의 뜻으로 미래의 일을 양보적으로 가정하는 연결 어미. □실패할지라도 하고 보자 / 백만장자일지라도 절약을 해야지 / 바보일지라도 그런 것쯤은 알고 있으리라. *****-을지라도.

-ㄹ지어다 [-찌-] **어미** 받침 없는 동사의 어간에 붙어, 예스럽게 명령조로 '마땅히 그러하여라'의 뜻을 나타내는 종결 어미. □나를 따를지어다 / 나라에 충성을 다할지어다. *****-을지어다.

-ㄹ지언정 [-찌-] **어미** 받침 없는 어간에 붙어, 서로 반대되는 일에 대해 그 가운데 한 가지를 양보적으로 시인하거나 부인하고, 다른 한 가지를 부인하거나 시인하는 뜻을 나타내는 연결 어미. □배를 주릴지언정 구걸은 않겠소 / 그놈이 장사일지언정 결코 약골이 아니오. *****-을지언정.

-ㄹ진대 [-찐-] **어미 1** 받침 없는 어간에 붙어, '가령 그러할 터이면'의 뜻으로 예스럽게 쓰는 연결 어미. □출세를 못할진대 돈이나 벌어 보자. **2** 받침 없는 어간에 붙어, '-ㄹ 것 같으면'의 뜻을 나타내는 연결 어미. □내가 볼진대 그는 결코 사업에 성공할 위인은 아니오 / 기왕 낙제일진대 멋지게 놀아나 보자. *****-을진대.

-ㄹ진댄 [-찐-] **어미** '-ㄹ진대'의 힘줌말. *****-을진댄.

-ㄹ진저 [-찐-] **어미** 받침 없는 어간에 붙어, '마땅히 그러할 것이다' 또는 '아마 그러할 것이다'의 뜻으로 예스럽게 쓰는 종결 어미. □더욱 빛날진저 / 그야말로 한국의 명사일진저. *****-을진저.

라[1] **명** 《악》 레(re) 음의 우리나라 이름.

라(이 la) **명** 《악》 **1** 7음 음계의 제6계명. **2** '가' 음의 이탈리아 이름.

라[2] **조 1** '라고1'의 준말. □그는 손을 번쩍 들며 '내가 이겼다' ~ 외쳤다. **2** '라서'의 준말. □뉘 ~ 나를 당하랴. *****이라.

-라[1] **어미 1** '이다' · '아니다'의 어간에 붙어, 서술하는 뜻을 나타내는 종결 어미. □신사의 행동이 아니~ / 그게 정의이~. **2** '이다' · '아니다'의 어간에 붙어, 뒷말의 이유나 근거를 나타내는 연결 어미. □밤이 아니~ 바로 대낮 같으나 / 대단한 노력가이~ 남이 노는 데도 일을 한다. **3** 받침 없는 동사의 어간에 붙어 명령을 나타내는 종결 어미. □먼저 가서 보~ / 갈 테면 가~ / 조금 더 가까이 다가서~. **4** '-라고2'의 준말. □일이 급하게 되었으니 일찍 떠나~ 해라. **5** '-라서'의 준말. □기대했던 것이 아니~ 실망했다. *****-으라.

-라[2] **어미** 〈옛〉 **1** -려고. **2** -다. -다가.

라고[1] **조 1** 직접 인용을 나타내는 부사격 조사. □'언제 왔소' ~ 물었다. ㉰라. *****고. **2** 받침 없는 체언에 붙어, 그 사물을 특별히 지적해서 가리키는 보조사. □어린아이~ 그런 것을 못 하겠나 / 여기가 어디~ 감히 들어오느냐. *****이라고.

-라고[1] **어미 1** '이다' · '아니다' 또는 받침 없는 동사 어간에 붙어, 반문할 때 쓰는 종결 어미. □무엇이~ / 네가 한 짓이 아니~ / 또 갔다오~. **2** '이다' · '아니다'의 어간에 붙어, 잘못 인식했음을 깨달았을 때 쓰는 종결 어미. □난 또 뭐~.

-라고[2] **어미 1** 받침 없는 동사의 어간에 붙어, 명령의 내용을 나타내는 연결 어미. □빨리 오~ 일러라. *****-으라고. **2** '이다' · '아니다'의 어간에 붙어, 제삼자에게 내용을 확인시키는 뜻으로 간접 인용의 꼴로 쓰이는 연결 어미. □진리가 아니~ 우기다 / 좋은 책이~ 하더이다. ㉰-라.

라귀 **명** 〈옛〉 당나귀.

-라나 **어미 1** '이다' · '아니다'의 어간에 붙어, 어떤 것을 무관심하게 여기거나 빈정거리는 태도로 말할 때 쓰는 종결 어미. □이런 작품이 명작이~ / 자기는 폭군이 아니~. **2** 받침 없는 동사 어간에 붙어, 시키는 일에 대해 못마땅하게 또는 귀찮게 여기는 뜻을 나타내는 반말 투의 종결 어미. □누가 남 일에 신경 쓰~. *****-으라나. **3** '-라 하나'의 준말. □훌륭한 사람이~ 돈은 없다 / 범인이 아니~ 증거가 있나.

-라네 **어미 1** '-라고 하네'의 준말. □빨리 가~. *****-으라네.--다네. **2** 하게할 자리에서 '이다' · '아니다'의 어간에 붙어, 어떤 사실에 대해 가볍게 감탄하거나 주장할 때 쓰는 종결 어미. □이것은 사실이~ / 그것은 내 본심이~.

라놀린 (lanoline) **명** 《화》 양털에서 뽑아낸 기름《자극성이 없고 피부에 흡수되는 성질이 있어 연고 · 비누 · 화장품 따위를 만드는 데 씀》. 양모지(羊毛脂).

-라느냐 **어미** '-라고 하느냐'의 준말. □뭘 보~ / 누구에게 가~ / 누가 널 보고 바보~. *****-으라느냐.

-라느니 **어미 1** 받침 없는 동사에 붙어, 이렇게 하라기도 하고, 저렇게 하라기도 함을 나타내는 연결 어미. □하~ 그만두~ 지시가 엇갈려 어리둥절하다. *****-으라느니. **2** '이다' · '아니다'의 어간에 붙어, 이렇다 하기도 하고 저렇다 하기도 함을 나타내는 연결 어미. □출품 작품이~ 아니~ 추측이 엇갈리다 / 모조품이~ 진품이~ 입씨름이 벌어지다.

라는 **조** '라고 하는'의 준말로 어떤 사실을 특별히 화제로 삼을 때 쓰는 부사격 조사. □'첫술에 배부르랴' ~ 속담. ㉰란. *****이라는.

-라는 **어미** '-라고 하는'의 준말. □출두하~ 명령 / 교사~ 직업. *****-으라는.

-라니 **어미 1** '이다' · '아니다'의 어간에 붙어, 미심쩍은 말을 되짚어 묻거나 감탄 · 놀람 따위를 나타내는 종결 어미. □그 사람이 아니~ / 미스터 김이~, 누구 말인가. **2** '-라고 하니'의 준말. □당장 나가~ 어디로 가나. *****-으라니.

-라니까 **어미 1** '-라고 하니까'의 준말. □가~ 순순히 물러가더라 / 공짜~ 양껏 물도 마시려 든다. **2** 받침 없거나 'ㄹ' 받침인 동사 또는 형용사 '계시다'의 어간에 붙어, 그리 하라고 일렀는데도 듣지 않는 상대에게, 재차 강력히 촉구하는 뜻을 나타내는 종결 어미. □빨리 오~ / 여기 계시~. *****-다니까. **3** '이다' · '아니다'의 어간에 붙어, 의심하거나 깨닫지 못하는 상대에게, 다그쳐서 깨우쳐 주는 뜻을 나타내는 종결 어미. □그는 분명히 수재~ / 그런 짓을 할 사람이 아니~. *****-으라니까.

라니냐 (에 la Niña) **명** 《지》 태평양의 중부와 동부의 적도 지역의 해면 수온이 평년보다 낮아지는 현상. *****엘니뇨(el Niño).

라논 **조** 〈옛〉 은. 이라는 것은.

라-단조 (-短調) [-조-] **명** 《악》 '라' 음을 으뜸음으로 하는 단조.

라도 **조** 받침 없는 말에 붙는 보조사. **1** 강조하

는 뜻으로 씀. ▢꿈에서~ 보고 싶다. **2** 같지 아니한 사물을 구태여 구별하지 않음을 나타냄. ▢너~ 가 봐야지 / 부정한 것이라면 금덩어리~ 나는 싫다. ＊이라도.

-라도 어미 '이다'·'아니다'의 어간에 붙어, 설사 그렇다고 가정하여도 상관없음을 나타내는 연결 어미. ▢네가 아니~ 좋다 / 아무리 많은 돈이~ 거저는 싫다.

라돈 (radon) 몡 〔화〕 라듐이 알파(α) 붕괴를 할 때 생기는 비활성(非活性) 기체인 방사성 원소. 천연으로 우라늄광 또는 지하수나 온천 따위에 들어 있음. [86 번: Rn : 222]

라돈-계 (radon計) [－/－계] 몡 〔물〕 라듐이나 라돈의 정량(定量)에 쓰는 방사능 측정 장치.

라두 囝 〈옛〉 라도.

라듐 (radium) 몡 〔화〕 방사성 동위 원소의 하나로, 알파·베타·감마의 세 가지 방사선을 내며, 실험 및 의료용 및 방사능의 표준으로 씀. 가장 안정된 ^{226}Ra 의 반감기는 1602 년이며 라돈으로 변화하고 마지막에 납이 됨. [88 번: Ra : 226.03]

라듐 요법 (radium療法) [－뺍] 〔의〕 라듐 방사선의 조직 파괴성을 응용하는 치료법(암종·육종 따위 악성 종양에 씀).

라듐-천 (radium泉) 몡 〔지〕 라듐의 함유량이 많은 광천(鑛泉)(류머티즘 치료에 특효가 있다고 함).

라드 (lard) 몡 돼지의 지방을 정제한 유백색 반고체의 기름(식용 외에 연고·화장품용으로도 씀). 돼지기름.

라든지 囨 받침 없는 체언에 붙어, 사물 따위를 열거할 때 쓰는 보조사. ▢지위~ 명예~. ＊이라든지.

-라든지 어미 '-라고 하든지'의 준말. ▢가~ 그만두~ 하시오 / 아니~ 그렇다든지 확인을 해라. ＊-으라든지.

라디안 (radian) 의몡 〔수〕 각도의 이론상의 단위. 원의 반지름의 길이와 같은 호(弧)의 길이가 원의 중심에서 이루는 각(1 라디안은 약 57° 17′ 44.8″). 호도(弧度).

라디에이터 (radiator) 몡 〔공〕 **1** 방열기(放熱器). **2** 자동차의 엔진 냉각기.

라디오 (radio) 몡 **1** 방송국에서, 음성 따위를 전파로 방송하여, 수신 장치를 갖추고 있는 청취자들이 듣게 하는 일. 또는 그런 방송. ▢~ 청취자 / ~를 듣다. **2** '라디오 수신기'의 준말. ▢~를 켜다 / ~가 고장 나다 / ~에서 팝송이 흘러나온다.

라디오 공학 (radio工學) 〔공〕 라디오에 관한 것을 연구하는 전자 공학의 한 분과.

라디오 드라마 (radio drama) 〔연〕 라디오 방송에서, 성우들이 배역을 맡아서 하는 연극. ＊방송극.

라디오미터 (radiometer) 몡 〔물〕 복사선의 강도를 재는 기구. 복사계(輻射計).

라디오 바서 (독 Radio Wasser) 라듐 수용액으로 만든 무색투명한 액체(라돈을 함유하고 있어 신경통·류머티즘 따위의 치료에 온욕(溫浴)이나 찜질의 재료로 씀).

라디오 방：송 (radio放送) 라디오를 통하여 뉴스·음악·오락·강연 등을 보내는 방송.

라디오 별：(radio－) 〔천〕 전파 별.

라디오 부표 (radio浮標) 바다에서 조난을 당하였을 때, 전파를 보내 그 위치를 알리는 자동 무선 발신기.

라디오 비컨 (radio beacon) 〔물〕 무선 표지(標識).

라디오-성 (radio星) 몡 〔천〕 전파 별.

라디오 소켓 (radio+socket) 〔전〕 옆에 플러그를 끼우는 장치가 되어 있는 소켓.

라디오 송 (radio送信機) 라디오 방송에서, 소리를 고주파 전류로 바꿔서 안테나를 통해 내보내는 기계 장치.

라디오 수신기 (radio受信機) 라디오의 방송을 수신하는 기계 장치. ⓟ라디오.

라디오아이소토프 (radioisotope) 몡 〔물〕 방사성 동위 원소.

라디오존데 (독 Radiosonde) 몡 〔지〕 전파를 이용하여 대기 상층의 기상 상태를 관측하는 기계. 기구·로켓 등에 소형 무선 송신기를 장치하고 통과하는 고층 대기의 상태에 따라 변하는 전파 신호를 수신해서 측정함.

라디오 컴퍼스 (radio compass) 〔물〕 무선(無線) 방향 탐지기.

라디오텔레폰 (radiotelephone) 몡 무선으로 하는 전화. 또는 그 전화기(電話機).

라디칼 (radical) 몡 **1** 〔수〕 근호(根號). 근수(根數). **2** 〔화〕 기(基). **3** 〔언〕 어간(語幹).

라르간도 (이 largando) 몡 〔악〕 '점점 느리게'의 뜻.

라르게토 (이 larghetto) 몡 〔악〕 **1** '좀 느리게'의 뜻. **2** 좀 느린 속도. 또는 그러한 악장이나 악곡.

라르고 (이 largo) 몡 〔악〕 **1** '느리고 폭이 넓게'의 뜻. **2** 곡의 빠르기가 아주 느린 악장이나 악곡.

라르기시모 (이 larghissimo) 몡 〔악〕 '가장 폭이 넓고 느리게'의 뜻.

라마 (Lama) 몡 〔불〕 라마교의 고승(高僧). 나마(喇嘛).

라마 (lama) 몡 〔동〕 야마.

라마-교 (lama敎) 몡 〔불〕 티베트·중국의 동북부·몽골·네팔 등지에 퍼진 불교의 한 파. 8 세기 중엽 인도에서 전래한 대승 불교의 밀교가 티베트 재래의 풍속과 신앙과 동화되어 발달한 종교. 교주는 달라이 라마임. 나마교(喇嘛敎).

라마단 (아랍 Ramadān) 몡 〔종〕 이슬람교에서, 단식과 재계(齋戒)를 하는 달. 이슬람력의 아홉 번째 달로, 해가 들 때부터 질 때까지 음식·흡연·음주·성행위 따위를 금함.

라 마르세예즈 (프 La Marseillaise) 프랑스의 국가(國歌)(1792 년에 루제 드릴(Rouget de Lisle)이 작사·작곡함).

라마르크-설 (Lamarck說) 몡 〔생〕 용불용설(用不用說).

라마-승 (lama僧) 몡 〔불〕 라마교의 승려. 나마승(喇嘛僧).

라멘 (독 Rahmen) 몡 〔건〕 틀 모양의 구조물 귀퉁이를 견고하게 만들어서 외력에 저항시키는 근대 건축물(특히, 철근 콘크리트 뼈대는 거의이 구조물의 구조임).

라멘타빌레 (이 lamentabile) 몡 〔악〕 '슬픈 듯이'의 뜻. 라멘토소.

라멘토소 (이 lamentoso) 몡 〔악〕 라멘타빌레.

-라며 어미 '-라면서'의 준말. ▢빨리 오~ 손짓한다 / 힘이 장사~ 뽐낸다 / 나더러 먼저 가~. ＊-으라며.

라면 (←중 拉麵·老麵) 몡 간단히 조리해서 먹을 수 있는 즉석식품. 기름에 튀겨 말린 국수에 가루 수프와 물만 넣고 끓이면 됨. 인스턴트 라면. ▢~을 끓이다.

-라면 어미 '-라고 하면'의 준말. ▢가~ 가야지 / 사과~ 더 먹겠다. ＊-으라면.

-라면서 〔어미〕받침 없는 동사 및 '이다'·'아니다'의 어간에 붙는 어미. **1** '-라고 하면서'의 뜻을 나타내는 연결 어미. ❏먼저 떠나라며 비를 주다 / 그게 아니라 변명을 하다 / 빨리 오~ 손짓을 한다. **2** 직접 또는 간접으로 받은 명령이나 들은 사실을 다짐하거나 빈정거려 묻는 데 쓰이는 종결 어미. ❏미리 가~ / 네가 대표~ / 자원한 것이 아니~. 준-라며. ＊-다면서-으라면서.

라베카 (포 rabeca) 〔명〕〔악〕줄이 넉 줄이고 시위로 긁어서 탄주하는 포르투갈의 악기《호궁(胡弓)과 비슷함》.

라벤더 (lavender) 〔명〕〔식〕꿀풀과의 상록 여러해살이풀. 지중해 연안이 원산지임. 높이는 60 cm 가량이고, 잎은 타원형인데 겉에 흰 솜털이 덮였다. 보라색의 이삭 모양으로 피는 꽃을 증류(蒸溜)하여 향유(香油)를 뽑음.

라벤더-유 (lavender油) 〔명〕〔화〕라벤더의 꽃을 증류하여 만든 향유《무색 또는 엷은 황색의 향긋한 액체로, 향수·비누 제조에 씀》. 라벤더 기름.

라벨 (프 label) 〔명〕〔경〕상표·상품명·제조 회사명 따위를 표시하기 위하여 상품에 붙이는 종이나 천 조각. 레터르(letter).

라비 (rabbi) 〔명〕〔종〕☞랍비.

라비린토스 (그 Labyrinthos) 〔명〕〔문〕그리스 신화에서, 크레타의 왕 미노스가 짓게 하였다는 미궁(迷宮). 복잡한 미로(迷路)로 되어 있어 빠져나가기 어렵다고 함《'미궁'·'미로'의 뜻으로 者》.

라서 〔조〕받침 없는 말에 붙어, 주격 조사 '가'의 뜻으로 '감히'·'능히'의 뜻을 포함하는 주격 조사. ❏뉘~ 나를 탓하리오. 준라. ＊이라서.

-라서 〔어미〕'이다'·'아니다'의 어간에 붙어, '때문에'의 뜻으로 쓰이는 연결 어미. ❏수석 합격이 아니~ 좀 실망했다 / 이런 형편이라~ 못 가겠소. 준-라'.

라셀 (독 Rassel) 〔Rasselgeräusch〕〔의〕호흡기에 이상이 있거나 분비물이 있을 때 청진기에서 들리는 호흡음 이외의 잡음. 수포음(水泡音).

라셔 〔조〕〔옛〕라서.

-라손 〔어미〕'이다'·'아니다'의 어간에 붙어, '치다'와 함께 쓰여 가정하는 뜻을 나타내는 연결 어미. ❏가령 그가 도둑이 아니~ 치자 / 아무리 영웅이~ 치더라도 그 일은 할 수 없겠다. ＊-더라손.

라스트 스퍼트 (last spurt) 경주 따위에서, 결승점을 향한 최후의 역주(力走).

라스트 신 (last scene) 〔연〕연극이나 영화 따위의 마지막 장면.

라야 〔조〕받침 없는 체언에 붙어, 어떤 사물을 지정하는 보조사. ❏그~ 그 일을 해낼걸 / 먼 훗날에~ 그 진가를 알겠지. ＊이라야.

-라야 〔어미〕'이다'·'아니다'의 어간이나 어미 '-으니-' 뒤에 붙는 연결 어미. **1** 꼭 그래야 함을 나타냄. ❏겁쟁이가 아니~ 한다 / 자격이 대졸자~ 한다. **2**-래야2.

-라야-만 〔조〕'라야'를 힘 있게 하는 말. ❏꼭 너~ 되겠다. ＊이라야만.

-라야만 〔어미〕'-라야'를 힘 있게 하는 말. ❏거짓말쟁이가 아니~ 신용을 얻을 수 있다.

-라오 〔어미〕**1** '-라고 하오'의 준말. ❏거기서 기다리~ / 별일이 아니~. ＊-으라오. **2** '-라'와 '-오'가 합쳐서 된 말. '이다'·'아니

다'의 어간에 붙어서 어떤 사실이 아님을 설명하되 좀 대접하거나, 친근한 맛을 나타내는 종결 어미. ❏건강이 제일이~ / 그는 선수권 보유자가 아니~.

라와호 〔명〕〔옛〕보다.

라완 (lauan) 〔명〕〔식〕'나왕(羅王)'의 본딧말.

라우에 반점무늬 (Laue斑點) 〔물〕라우에 점무늬.

라우에 점무늬 (Laue點)-〔ㄴ이〕〔물〕결정을 통과한 엑스선을 사진 건판에 수직이 되게 비출 때 건판 위에 규칙적으로 나타나는 까만 반점.

라우탈 (독 Lautal) 〔명〕〔화〕주조용(鑄造用) 알루미늄 합금의 한 가지. 알루미늄과 구리, 규소, 망간 따위가 섞여 있으며, 두랄루민처럼 단단함《자동차·비행기 따위의 부품을 만듦》.

라운드 (round) 〔명〕**1** 권투 경기의 한 회. ❏3~에서 케이오시키다. **2** 골프에서, 18홀을 한 바퀴 도는 일. ❏마지막 ~에서 보기 없이 버디만 6개를 잡았다.

라운지 (lounge) 〔명〕호텔·극장·공항 등의 휴게실. 사교실. ❏칵테일 ~.

라유 (중 辣油) 〔명〕중국식 요리에 쓰는 조미료의 하나. 참기름에 고추를 볶아 우려낸 기름. 고추기름.

라이거 (liger) 〔명〕〔lion+tiger〕〔동〕사자의 수컷과 호랑이의 암컷과의 교배 잡종. 사자보다 몸집이 약간 크며, 몸빛은 사자와 비슷한데 갈색 무늬가 있음. ＊타이곤(tigon).

라이너 (liner) 〔명〕**1** 야구에서, 타자가 친 공이 거의 지면과 평행으로 날아가는 센 공. 라인드라이브. **2** 정기선(定期船). **3** 정기 항공기. **4** 코트의 안쪽에 안감으로 대는 천이나 털 따위. ❏~ 코트.

라이노타이프 (Linotype) 〔명〕활자의 주조·조립(組立)·제판(製版)을 연속적으로 할 수 있는 기계《상표명》. 자동 식자기(植字機).

라이닝 (lining) 〔명〕**1** 약물의 침식을 막기 위해 고무나 에보나이트 등을 용기의 안쪽에 대는 일. **2** 코트(coat) 등의 안쪽에 안감을 대는 일.

라이벌 (rival) 〔명〕경쟁자. 맞수. 호적수(好敵手). ❏~와 사랑의 ~.

라이-보리 (rye-) 〔명〕〔식〕호밀.

라이브 (live) 〔명〕〔연〕《스튜디오에서 실행하는 녹음·녹화에 대하여》실제로 무대에서 직접하는 연주. ❏~ 뮤직 / ~ 무대.

라이브러리 (library) 〔명〕**1** 도서관. **2** 〔컴〕자유롭게 사용할 수 있도록 정비된 정보 집단.

라이브 액션 (live action) 〔연〕만화 영화의 제작에서, 배우의 연기나 실제의 경치를 촬영한 필름에 만화의 등장인물을 넣어 만화 영화의 장면을 완성하는 일.

라이선스 (license) 〔명〕**1** 행정상의 면허나 허가. 또는 그 문서. **2** 수출입 기타 대외 거래의 허가. 또는 그 허가증. **3** 기업 사이에 맺는 기술의 사용 허가. ❏~ 생산.

라이소자임 (lysozyme) 〔명〕〔생〕침·눈물·달걀의 흰자위 따위에 들어 있으며, 세균에 감염되는 것을 막는 항균성 물질.

라이스-지 (rice紙) 〔명〕☞라이스페이퍼.

라이스-페이퍼 (rice paper) 〔명〕질이 좋은 삼·아마·무명 등을 원료로 하여 만든 썩 얇은 종이《궐련을 마는 데 쓰거나 사전의 인쇄 용지로 씀》.

라이어 (lyre) 〔명〕〔악〕**1** 악기를 연주하며 행진할 때, 한쪽에 다는 악보걸이. **2** 리라(lyra)1.

라이온스 클럽 (미 Lions Club) 〔liberty, intelligence, our nation's safety〕 1917년에 미국의 실업가들이 창설하여 유력한 실업가를 회

원으로 하는 국제적인 민간 사회봉사 단체.

라이카-판 (Leica版) 몡 《연》 가로 36 mm, 세로 24 mm 의 사진판.

라이터 (lighter) 몡 주로 담배를 피울 때, 성냥 대신 쓰는 자동 점화기(點火器).

라이터-돌 (lighter-) 몡 라이터에 쓰는 발화석(發火石)《철 30 % 와 세륨 70 % 의 합금임》.

라이트 (light) 몡 **1** 빛. 광선. **2** 조명. 조명등.

라이트-급 (light級) 몡 권투·레슬링·역도 따위에서, 체급의 하나《권투의 경우 아마추어는 57~60 kg, 프로는 58.98~61.23 kg 임》.

라이트 레드 (light red) 《미술》 서양화를 그릴 때 쓰는 그림물감의 하나. 밝고 따뜻한 느낌의 붉은색으로, 동양화의 석간주(石間硃)와 색이 같음.

라이트모티프 (독 Leitmotiv) 《악》 오페라나 표제 음악 등에서, 곡 가운데 반복되는 특정한 악구(樂句)로 어떤 악곡의 중요한 관념이나 극중(劇中)의 인물·행위·감정 등을 상징하는 동기. 시도 동기.

라이트 미들급 (light middle級) 권투·레슬링·역도 따위에서, 체급의 하나《아마추어 권투의 경우 67~71 kg 임》.

라이트 밴 (light+van) 화물과 승객이 함께 탈 수 있는 작은 차《차내 뒤편에 짐을 싣게 짐칸이 상자 모양인 자동차》.

라이트 스트레이트 (right straight) 권투에서, 오른팔을 앞으로 길게 뻗쳐 상대편 얼굴이나 턱을 세게 치는 공격 기술.

라이트 오페라 (light opera) 《연》 경가극(輕歌劇). 오페레타(operetta).

라이트 오픈 (light open) 《연》 무대에 조명이나 불이 켜져 있는 채로 막을 여는 일.

라이트 웰터급 (light welter級) 아마추어 권투에서, 체급의 하나《60~63.50 kg 의 체급》.

라이트 윙 (right wing) 축구나 하키 따위에서, 포워드 중 오른쪽 날개 위치. 또는 그곳을 맡은 선수. ↔레프트 윙.

라이트 체인지 (light change) 《연》 무대에 조명이나 불이 켜져 있는 채로 무대 장치를 바꾸는 일. 명전(明轉). ↔다크 체인지.

라이트 커튼 (light curtain) 《연》 무대에 조명이나 불이 켜져 있는 채로 막을 내리는 일. ↔다크 커튼.

라이트 펜 (light pen) 《컴》 끝에 감광 소자(感光素子)가 붙은 연필 모양의 입력 장치. 이것을 모니터 화면의 점·선·그림 등을 수정하거나 이동시키는 데 씀. 광전펜(光電pen).

라이트 플라이급 (light fly級) 아마추어 권투에서, 48 kg 이하의 몸무게를 가진 체급《가장 가벼운 체급으로, 플라이급의 아래임》.

라이트 하프 (right half) 축구나 하키 따위에서, 오른쪽에 있는 하프백의 위치. 또는 그곳을 맡은 선수. ↔레프트 하프.

라이트 헤비급 (light heavy級) 권투에서, 체급의 하나. 미들급과 헤비급과의 중간으로, 아마추어 권투에서는 75~81 kg, 프로 권투에서는 72.58~79.38 kg 임.

라이프 사이클 (life cycle) **1** 《생》 생활사(生活史). **2** 사회학에서, 출생에서 사망까지의 인간의 생활 주기. **3** 상품의 수명. 상품이 시장에 등장하여 매상(賣上)이 끊어질 때까지의 과정.

라이플 (rifle) 몡 《군》 **1** 총신(銃身) 안에 나사 모양의 홈을 새긴 총《탄알이 회전하여 명중률이 높고 사정거리가 늘어남》. 선조총(旋條銃). **2** 소총.

라인 (line) 몡 **1** 선(線). **2** 운동 경기장의 경계

를 나타내기 위해 그은 선. 줄. ▢파울 ~. **3** 《복식》 윤곽. 양장의 선(線). ▢A~ / 색~. **4** 기준이 되는 일정한 높이나 수량. 레벨. **5** 기업 조직에서, 국(局)·부(部)·과(課)·계(係) 따위 수직적인 조직. **6** 《경》 기업에서, 구매·제조·운반·판매 따위의 기본적인 활동을 나누어 수행하고 있는 부문. ▢생산 ~.

라인 댄스 (line+dance) 많은 무용수가 한 줄로 늘어서서 추는 희극적인 춤.

라인 드라이브 (line drive) 야구에서, 라이너(liner).

라인 아웃 (line out) **1** 럭비에서, 공이 터치라인 밖으로 나간 뒤, 게임을 다시 시작할 때 양 팀의 포워드가 두 줄로 서서 공을 서로 빼앗는 일. **2** 핸드볼에서, 공이 사이드라인 밖으로 나가는 일.

라인-업 (line-up) 몡 **1** 야구에서, 출전 선수의 타격 순서. 또는 수비 위치. ▢=오더. **2** 축구의 경기 개시 때의 정렬(整列). **3** 어떤 공동의 목적을 이루기 위해 모인 사람들의 구성. 진용(陣容).

라인 크로스 (line cross) **1** 배드민턴이나 배구에서, 서버(server)가 코트의 선을 밟거나 넘는 반칙. **2** 핸드볼에서, 선을 넘거나 밟는 반칙. **3** 하키에서, 손발 또는 스틱이 선을 넘는 반칙.

라인 프린터 (line printer) 《컴》 처리된 결과를 한 번에 1행씩 인쇄하는 장치. 대형 컴퓨터에서 많은 데이터를 고속으로 인쇄하는 데 이용됨.

라일락 (lilac) 몡 《식》 물푸레나뭇과의 낙엽 활엽 소교목. 늦봄에 보라색·백색의 네 갈래진 작은 대롱 모양의 꽃이 핌. 향기가 좋아 관상용으로 재배함. 유럽이 원산지임. 자정향(紫丁香).

라임 (rhyme) 몡 《문》 압운(押韻).

라임라이트 (limelight) 몡 석회 막대기를 산수소염(酸水素焰) 불꽃 속에서 가열했을 때 생기는 강렬한 백색광(白色光)《지난날, 무대용 조명으로 썼음》.

라-장조 (-長調)[-조] 몡 《악》 '라' 음이 으뜸음 '도'가 되는 장조.

라-조 (-調)[-조] 몡 《악》 '라' 음을 주음(主音)으로 하여 만들어진 음조.

라조기 (중 辣子鷄) 몡 토막 친 닭고기에 녹말을 묻혀 튀긴 다음, 고추·마늘·파·생강 따위를 볶아 섞고, 녹말을 푼 물에 넣어 익힌 중국식 요리.

-라지 어미 **1** '-라고 하지'의 준말. ▢할 테면 하~ / 마시고 싶다면 마시~. *-으라지. **2** '이다'·'아니다'의 어간에 붙어, 이미 알고 있는 사실을 확인하고자 다시 묻는 데 쓰이는 종결 어미. ▢네가 범인이~ / 고래는 어류가 아니~.

라켓 (racket) 몡 테니스·탁구·배드민턴 따위에서, 공이나 셔틀콕을 치는 채. ▢~으로 공을 치는 소리.

라켓-볼 (racquetball) 몡 벽을 둘러친 실내 코트에서, 테니스 라켓보다 좀 작은 라켓으로 공을 벽면에 대고 치는 운동.

라테라이트 (laterite) 몡 《지》 건조기와 우기의 구별이 명확한 열대 및 아열대 지방에 있는 새빨갛고 다공질인 토양《생산력은 비교적 낮음》. 홍토(紅土).

라텍스 (latex) 몡 《화》 고무나무의 껍질에 홈을 냈을 때 분비되는 우유 빛깔의 액체.

라틴 (Latin) **1** 〖언〗 '라틴어'의 준말. **2** 라틴어 나 라틴 민족 계통을 이르는 말. ▫️~ 음악. 취음: 나전(羅甸).

라틴 민족 (Latin民族) 남부 유럽에 분포하는 아리안 인종의 민족.

라틴 아메리카 (Latin America) 〖지〗 북아메리카 남부에서 남아메리카에 걸쳐 있으며(서인도 제도 포함) 대부분 에스파냐·포르투갈 양국의 식민지였던 지역의 총칭. 중남미.

라틴-어 (Latin語) 〖명〗 〖언〗 인도·유럽 어족에 속하는 말(옛 로마에서 쓰이고, 로마 제국 전성기에는 유럽 전토에 퍼져 오늘날의 이탈리아어·프랑스어 등의 근원이 됨). 준라틴.

라틴 음악 (Latin音樂) 〖악〗 룸바·삼바·탱고 따위 라틴 아메리카의 음악.

라펠 (lapel) 〖명〗 양재에서, 접은 옷깃.

라피다멘테 (이 rapidamente) 〖악〗 '빠르게' 연주하라는 뜻.

-락 〖어미〗 뜻이 상대되는 두 동사나 형용사의 받침 없는 어간에 붙어, 각각 그 두 동작이나 상태가 번갈아 되풀이됨을 나타내는 연결 어미. ▫️비가 오~가~한다. *-으락.

락타아제 (lactase) 〖화〗 젖당을 가수 분해해 갈락토오스(galactose)와 포도당을 만드는 효소. 젖당 분해 효소.

락토오스 (lactose) 〖명〗 〖화〗 말토오스형의 이당류(二糖類)의 하나. 젖에서 단백질과 지방을 빼내고 증발 결정시켜 얻을 수 있음. 젖당.

락토플래빈 (lactoflavin) 〖명〗 〖화〗 비타민 B^2의 영국·프랑스·독일 등에서의 호칭. 리보플래빈(riboflavin).

락트-산 (←lactic酸) 〖명〗 〖화〗 락토오스나 포도당을 젖산균으로 발효시켜 만드는 유기산의 하나. 조청과 같은 물질로 무색이며 신맛이 나고 냄새는 없음(공업용 또는 청량음료의 산제(酸劑)로 씀). 젖산.

란 (欄) 〖명〗 신문·잡지 편집상의 한 구분. 또는 일정한 지면(한자말 뒤에 붙음). ▫️독자 투고~ / 가정~. *난(欄).

란¹ 〖조〗 받침 없는 체언 뒤에 붙어, 어떤 대상을 특별히 화제로 삼을 때 쓰는 보조사. ▫️참되운 친구가~ 어려울 때 도와주는 친구다.

란² 〖옛〗 랄랑.

-란 (卵) 〖미〗 어떤 명사 뒤에 붙어, 알·난자(卵子)의 뜻을 나타내는 말(한자말 뒤에 붙음). ▫️무정(無精)~ / 수정~.

-란 〖어미〗 '-라고 한'·'-라고 하는'·'-는'의 준말. ▫️여기가 아니~ 말이냐 / 차를 없애~ 사람이 누구냐. *-으란.

-란다 〖어미〗 **1** '-라고 한다'의 준말. ▫️빨리 오~ / 일을 빨리 하~ / 그의 말로는 화가~. *-으란다. **2** '이다'·'아니다'의 어간에 붙어서 '-란 말이다'의 뜻으로, 친근하게 서술하는 종결 어미. ▫️사실은 그게 아니~.

-란더 〖어미〗 〖옛〗 -건대. -건댄.

란제리 (←프 lingerie) 〖명〗 여성의 양장용 속옷.

란타늄 (라 lanthanium) 〖명〗 〖화〗 란탄.

란탄 (독 Lanthan) 〖명〗 〖화〗 희토류(稀土類) 원소의 하나. 회백색의 금속이며 공기 중에서 산화하기 쉬움. 란타늄. [57 번 : La : 138.91]

란탄족 원소 (Lanthan族元素) 〖화〗 원자 번호 57인 란탄에서 71인 루테튬까지의 15개의 희토류 원소의 총칭.

-랄 〖어미〗 '-라고 할'의 준말. ▫️너더러 가~ 수는 없지 / 차림새로 보아 도저히 신사~ 수는 없다. *-으랄.

랄렌탄도 (이 rallentando) 〖명〗 〖악〗 '점점 느리게' 연주하라는 뜻.

-람 〖어미〗 **1** 받침 없는 동사 및 '이다'·'아니다'의 어간에 붙어, '-란 말인가'의 뜻을 나타내는 종결 어미. ▫️그게 무슨 사람의 짓이~ / 그래도 내가 이긴 것이 아니~ / 누가 내일 또 가 보~. **2** '-라면'의 준말. ▫️가~ 가겠다 / 스승이~ 좀 더 신중히 해야지. *-으람.-담.

람다 (Λ, λ) 〖언〗 그리스 자모의 11 번째.

람바다 (lambada) 〖명〗 브라질에서 비롯된 빠르고 관능적인 춤과 노래.

-랍니까 [람-] 〖어미〗 '-라고 합니까'의 준말. ▫️언제 또 오~ / 제 탓이 아니~ / 자기가 주인이~. *-으랍니까.

-랍니다 [람-] 〖어미〗 '-라고 합니다'의 준말. ▫️책을 사~ / 회사의 책임자~. *-으랍니다. **2** '이다'·'아니다'의 어간에 붙어, 어떤 사실을 친근하게 가르쳐 주거나 설명하는 종결 어미. ▫️우습게 볼 게 아니~ / 바로 저 보이~.

-랍디까 [-따-] 〖어미〗 '-라고 합디까'의 준말. ▫️언제 나오~ / 누가 박사~. *-으랍디까.

-랍디다 [-따-] 〖어미〗 '-라고 합디다'의 준말. ▫️대단한 겁쟁이~ / 이걸 전해 주~. *-으랍디다.

랍비 (히 rabbī) 〖명〗 〖종〗 유대교에서, 율법사(律法師)에게 쓰는 존칭.

랍스터 (lobster) 〖명〗 바닷가재.

-랍시고 [-씨-] 〖어미〗 '이다'·'아니다'의 어간에 붙어, 스스로 그럴듯을 자처하는 꼴을 얕잡아 보거나 빈정거림을 나타내는 연결 어미. ▫️사장이~ 거만하다 / 그걸 그림이~ 그렸다. *-답시고.-으랍시고.

랍콘 (RAPCON) 〖Radar Approach Control〗 항공 교통량이 많은 공항에 설비하는 레이더 관제(誘導管制) 장치. 레이더 관제.

랑 〖조〗 받침 없는 체언에 붙어, 둘 이상의 사물을 같은 자격으로 열거할 때 쓰는 접속 조사. ▫️사과~ 배~ 많이 있다 / 오빠~ 언니 함께 가다. *이랑².

랑게르한스-섬 (Langerhans-) 〖명〗 〖생〗 동물체에서 인슐린을 분비하는 내분비선 조직. 척추동물에서는 췌장 조직 안에 흩어져 있음.

랑그 (프 langue) 〖명〗 〖언〗 각 개인의 머릿속에 저장된 사회 관습적 언어의 체계. 개인의 언어 사용에 상대하여 사회가 채용한 제약을 통틀어 이름. *파롤.

랑데부 (프 rendez-vous) 〖명〗〖하〗 **1** 밀회(密會). **2** 둘 이상의 우주선이 도킹 비행을 하기 위하여 우주 공간에서 만나는 일.

-래 〖어미〗 '-라고 해'의 준말. ▫️들어오~ / 그가 김 박사~ / 자기 집이~. *-으래.

래글런 (raglan) 〖명〗 깃에서 겨드랑이로 비스듬하게 소매 둘레의 선이 이어지게 만든 푹신한 외투. 또는 그런 재단법(레인코트나 슈트 따위에 이용됨).

-래도 〖어미〗 '-라고 하여도'의 준말. ▫️누가 뭐래도 가야겠다 / 그것이 아니~ 좋다.

래드 (rad) 〖의명〗 〖물〗 방사선 흡수량을 나타내는 단위. 1 래드는 방사선을 쬐는 물체 1 g 에 흡수되는 100 에르그(erg) 의 에너지량.

래빗 안테나 (rabbit antenna) 〖전〗 텔레비전 수신용 실내 안테나의 하나. 안테나를 토끼의 귀같이 세워서 길이와 벌린 폭의 각도를 조절해서 사용함.

-래서 〖어미〗 '-라고 하여서'의 준말. ▫️읽어 보~ 실력을 테스트하자 / 내 아우~ 두둔하는

것이 아니다. *-으래서.

-래서야 [어미] '-라고 하여서야'의 준말. ▢ 두 달도 못 돼서 그만두~ 되겠소 / 무자격자~ 채용할 수가 없잖아. *-으래서야.

-래야 [어미] 1 '-라고 하여야'의 준말. ▢ 열나 ~ 옳은 평가가 되겠다 / 그에게 곧 가~ 되겠다. *-으래야. 2 '이다'·'아니다'의 어간에 붙어, 대수롭지 않게 여겨 접어 주는 뜻을 나타내는 연결 어미. -라야. ▢ 집이~ 겨우 10 평 남짓밖에 안 된다.

-래요 [어미] '-라고 하여요'의 준말. ▢ 지금 곧 떠나~ / 그이는 부자~. *-으래요.

래커 (lacquer) [명] 셀룰로오스 또는 합성수지 용액에 가소제(可塑劑)·안료 따위를 섞은 도료《건조가 빠르고 오래감》.

랙 (lac) [명] 〔공〕 1 랙깍지진디 따위가 나무줄기나 가지에 분비한 노르스름한 나무진 같은 것《니스나 붉은 물감의 원료임》. 2 '랙칠'의 준말.

랙-깍지진디 (lac-)[-찌-] [명] 〔충〕 둥근깍지진디 덧과의 곤충. 보리알만 한데, 몸은 붉은색이며 더듬이·다리·겹눈은 성장하면 퇴화함《보리수·고무나무에 기생하여 진을 빨며 수지 같은 '랙'을 분비함》.

랙-칠 (lac漆)[-하자] '랙'을 원료로 해서 만든 도료를 목재 따위에 바름. 또는 그런 칠. ⑤ 랙2.

랜 (LAN) [명] 〔local area network〕 근거리 통신망.

랜덤 샘플링 (random sampling) 전체를 조사할 수 없을 적에 일부분을 조사하여 전체를 예측(豫測)하는 여론 조사의 한 방법. 임의 추출(법).

랜덤 액세스 (random access) 〔컴〕 무작위 접근.

랜덤 액세스 메모리 (random access memory) 〔컴〕 일종의 ⑤ (RAM).

랜딩 (landing) [명] 1 비행기 따위의 착륙. 2 스키에서, 점프를 한 뒤 땅에 떨어지며 취하는 동작. 또는 그 지점.

랜싯 (lancet) [명] 〔의〕 양날의 끝이 뾰족한 의료용 칼《우두 놓을 때나 해부할 때 씀》.

랜턴 (lantern) [명] 손에 들고 다니는 등(燈). 각등(角燈).

랠리 (rally) [명] 1 테니스·탁구·배드민턴 따위에서, 네트를 사이에 두고 서로 공을 주고받으며 계속하여 치는 일. 2 자동차 장거리 경주《악조건에서 일정한 코스를 일정한 시간과 속도로 달려, 기술과 인내력을 겨룸》.

램 (RAM) [명] 〔random access memory〕 〔컴〕 컴퓨터 본체에 설치하는 기억 소자(素子)의 한 가지. 사용자의 요구에 따른 정보와 명령을 처리·수행하며, 수시로 입력과 삭제가 가능함. 막기억 장치. 랜덤 액세스 메모리.

램제트 (ramjet) [명] 〔공〕 제트 엔진의 하나. 회전식 공기 압축기가 없이 고속도로 빨아들인 공기를 단순한 원통 속에서 압축하고 연료를 분사(噴射)하여 점화·연소시켜서 추진력을 얻음.

램프 (lamp) [명] 1 기계의 상태를 나타내는 표시 등. 2 '남포등'의 본딧말. 3 알코올램프 같은 가열용 장치.

램프 (ramp) [명] 1 '램프웨이'의 준말. ▢ 고속 도로의 진입 ~. 2 〔트랩3.

램프웨이 (ramp-way) [명] 입체 교차하는 두 개의 도로를 연결하는 도로의 경사진 부분. ⑤ 램프(ramp).

랩 (lap) [명] 1 육상 경기와 스피드 스케이트에

서, 트랙을 2회 이상 도는 경기의 한 바퀴. 2 수영에서, 정해진 코스의 한 번의 왕복. 3 비행기의 항정(航程). 4 '랩 타임'의 준말.

랩 (rap) [명] 〔악〕 팝 음악의 한 형식. 강렬하고 반복적인 리듬에 맞춰서 말하듯이 읊조리는 음악. 1970년 후반부터 뉴욕의 흑인들 사이에서 퍼짐. 랩뮤직.

랩 (wrap) [명] 1 몸에 둘둘 감듯이 입는 낙낙한 걸옷의 총칭. 보통, 의복 위에 착용함《화려용 이브닝드레스 따위》. 2 식료품 포장에 쓰는 폴리에틸렌제의 얇은 막.

랩소디 (rhapsody) [명] 〔악〕 다소 관능적이면서 자유로운 형식을 갖는 환상적이며 기교적인 악곡. 광시곡(狂詩曲).

랩어라운드-스커트 (wraparound skirt) [명] 옆을 꿰매지 않은 스커트《앞이나 뒤로 엇맞춰 입음》.

랩-코트 (wrap coat) [명] 야회복 따위의 위에 걸치는 여자용 외투《단추나 띠를 달지 않으며, 주로 모직물》.

랩 타임 (lap time) 경주·경영(競泳) 따위에서, 전(全) 코스 가운데 일정 구간마다 걸리는 시간. 〔반환 지점에서의 ~. ⑤셸랩.

랩톱 컴퓨터 (laptop computer) 〔컴〕 무릎 위에 올려놓고 쓸 수 있는 가볍고 작은 컴퓨터《보통 컴퓨터보다 작고 노트북 컴퓨터보다는 큼》.

-랬자 [랟짜] [어미] 받침 없는 동사 및 '이다'·'아니다'의 어간에 붙어, '-라고 했자'의 뜻을 나타내는 연결 어미. ▢ 가~ 안 갈걸 / 집이~ 움빔나 가릴 정도다.

랭크-되다 (rank-) [자] 순위가 매겨지다. ▢ 공동 10위에 랭크돼 있다.

랭킹 (ranking) [명] 성적에 따른 순위. 등급. 서열. ▢ 미들급 세계 ~ 2위.

-랴[1] [어미] 1 받침 없는 어간에 붙어, 이치로 보아 '어찌 그러할 것이냐'라고 반문하는 뜻을 나타내는 종결 어미. ▢ 누굴 탓하~ / 출가하였다 하여 어찌 남이~ 2 받침 없는 동사 어간에 붙어, 장차 자기가 할 일에 대하여 상대자의 뜻을 묻는 종결 어미. ▢ 몇 시에 가~. 3 받침 없는 동사 어간에 붙어, 두 가지 이상의 동작을 하려는 뜻을 나타내는 연결 어미. ▢ 일하~ 공부하~ 바쁘다. *-으랴.

-랴[2] [어미] 〔옛〕 -려.

량 (輛) [의명] 열차 등의 차량을 세는 단위. ▢ 객차 4~.

-량 (量) [명] '분량'·'수량'의 뜻《한자말 뒤에 붙음》. ▢ 생산~ / 분자~.

-러 [어미] 받침이 없거나 'ㄹ' 받침의 동사 어간에 붙어, 가거나 오거나 하는 동작의 직접적인 목적을 나타내는 연결 어미. ▢ 꽃구경하~ 가자 / 돈 벌~ 일터에 나간다. *-으러.

러너 (runner) [명] 1 뛰는 사람. 경주자. 2 〔야구의〕 주자.

-러뇨 [어미] 〔옛〕 -냐.

-러니 [어미] '이다'·'아니다'의 어간에 붙어, '-더니'의 뜻으로 예스럽게 서술하는 연결 어미. ▢ 진실한 신자가 아니~ 끝내 개종(改宗)하고 말았군 / 어제는 충신이~ 오늘은 역적이라.

-러니라 [어미] '이다'·'아니다'의 어간에 붙어서, '-더니라'의 뜻으로 예스럽게 서술하는 종결 어미. ▢ 주객(酒客)이 아니~ / 기품 있는 가문이~.

-러니이까 [어미] '이다'·'아니다'의 어간에 붙

어, '-더니이까'의 뜻으로 예스럽게 쓰는 의문형 종결 어미. ▫맥은 시인이 아니~/어떤 분이~. ㉿-러니이다.

-러니이다 〖어미〗'이다'·'아니다'의 어간에 붙어, '-더니이다'의 뜻으로 예스럽게 서술하는 종결 어미. ▫사실이 아니~/선녀 같은 미인이~. ㉿-러니이다.

러닝 (running) 〖명〗 **1** 달리는 일. 경주. **2** 스키에서, 활강(滑降). **3** '러닝셔츠'의 준말.

러닝머신 (running machine) 〖명〗 체력 단련을 위하여 제자리에서 달릴 수 있도록 만든 헬스 기구의 한 가지.

러닝메이트 (running mate) 〖명〗 **1** 〖정〗 미국에서, 헌법상 밀접한 관계에 있는 두 관직 가운데 아래 직위의 선거 입후보자(특히 부통령 입후보자를 말함). **2** 어느 일에 보조로 일하는 동료. **3** 어느 특정한 사람과 항상 어울려 함께 다니는 사람.

러닝-셔츠 (running shirts) 〖명〗 흔히 경주·경기할 때 입는 소매 없는 셔츠. 또는 그런 모양의 속옷. ▫~ 차림. ㉿러닝.

러닝-슈즈 (running shoes) 〖명〗 스파이크 슈즈.

러닝 호머 (running+homer) 야구에서, 외야수가 타자가 친 공을 쫓고 있는 사이에 타자가 베이스를 돌아 홈인하는 일.

러더퍼듐 (Rutherfordium) 〖화〗 4족(族)에 속하는 인공 방사성 원소의 하나. 플루토늄 242와 네온 22의 핵융합 반응으로 만들어지며, 반감기는 10^{-2}~10^{-1}초. 물리적·화학적 성질은 하프늄과 비슷함. [104번: Rf: 261]

러버 라켓 (rubber racket) 표면에 고무를 붙인 탁구 라켓.

러버 실크 (rubber silk) 고무를 입힌 견직물 《비옷을 만드는 데 씀》.

러 불규칙 용:언(-不規則用言)[-칙뇽-] 〖언〗러 불규칙 활용을 하는 용언(동사 '이르다'와 형용사 '누르다'·'푸르다'뿐임).

러 불규칙 활용(-不規則活用)[-치콰룡] 〖언〗어미가 '-어'로 될 것이 '-러'로 변하는 형식《동사 '이르다'가 '이르러'로, 형용사 '푸르다'가 '푸르러'로 활용되는 따위》.

러브 (love) 〖명〗 테니스 경기에서, 무득점.

러브 게임 (love game) 테니스 경기에서, 한 편이 한 점도 얻지 못한 상태로 끝난 경기.

러브-레터 (love letter) 〖명〗 연애편지.

러브 스토리 (love story) 연애 소설. 사랑 이야기.

러브-신 (love scene) 〖명〗 〖연〗 연극·영화에서, 남녀의 애정·연정을 연출하는 장면. 연애 장면.

러비 〖부〗 〈옛〉 닐리.

러셀 (russell) 〖명〗 **1** 등산에서, 선두에 서서 눈을 쳐내어 길을 트면서 나아가는 일. **2** '러셀차(車)'의 준말.

러셀-차 (Russell車) 차체 앞에 있는 쐐기 모양의 삽으로 철로에 쌓인 눈을 쳐내면서 가는 차. 제설차. ㉿러셀.

러시 (rush) 〖명〗〖하갸〗 **1** 돌진. **2** 한꺼번에 몰려들거나 몰리는 일, 또는 그런 일이 없이 붐빔. ▫해외여행이 ~를 이루다. **3** 축구에서, 여러 선수가 상대편 골을 향해서 공을 몰고 몰려드는 일.

-러시니 〖어미〗 〈옛〉 -시더니.

러시아-어 (Russia語) 〖명〗 〖언〗 인도·게르만 어족 중 슬라브(slav) 어파에 속하는 언어.

러시아워 (rush hour) 〖명〗 출퇴근이나 통학 등으로 교통이 혼잡한 시간.

러시안-룰렛 (Russian roulette) 〖명〗 각자가 차례로 6연발 권총에 총알 한 발을 잰 다음 머리에 대고 방아쇠를 당겨 확률 6분의 1의 죽음을 가름하는 목숨을 건 내기.

러울 〖명〗 〈옛〉 너구리.

-러이다 〖어미〗 '-러니이까'의 준말.

-러이다 〖어미〗 '-러니이다'의 준말.

러일 전:쟁 (-日戰爭) 〖역〗 1904년 2월부터 1905년 10월까지 러시아와 일본 사이에 일어난 전쟁《한국과 만주에 대한 지배권을 둘러싼 다툼》.

러키-세븐 (lucky seven) 〖명〗 **1** '7'을 행운의 숫자라는 뜻으로 이르는 말. **2** 야구에서, 9회 중 7회째(이 회를 점수가 많이 나는 행운의 회라 하여 특징을 기대함).

러키 존 (lucky zone) 야구에서, 홈런을 쉽게 내어 관객의 인기를 끌 목적으로, 운동장의 좌우 양쪽을 안쪽으로 울타리를 당겨 본루에서의 거리를 좁힌 구역의 안.

러프 (rough) 〖명〗 골프에서, 페어웨이 밖의 잡초 따위가 우거진 거친 땅.

러플 (ruffle) 〖명〗 큼직큼직한 물결 모양의 주름 장식《치맛자락 따위에 씀》.

럭비 (Rugby) 〖명〗 '럭비풋볼'의 준말.

럭비-공 (Rugby-) 럭비풋볼에서 긴 타원형의 공.

럭비 축구 (Rugby蹴球) 럭비풋볼.

럭비-풋볼 (Rugby football) 〖명〗 각 15명씩의 두 팀이 겨루는 경기. 럭비공을 자기 편끼리 주고받으며 상대편 진문에 그어진 선에 공을 대거나 크로스바 너머로 공을 차 넘겨 득점함《경기 시간은 전후반 40분씩임》. 럭비. 러거(rugger).

럭스 (lux) 〖의명〗 〖물〗 빛의 밝기를 나타내는 단위. $1 m^2$ 넓이에 1루멘(lumen)의 광속(光束)이 일정하게 분포되어 있을 경우의 표면 조명도. 기호는 Lx.

-런가 〖어미〗 '이다'·'아니다'의 어간에 붙어, '-던가'의 뜻으로 예스럽게 쓰는 의문형 종결 어미. ▫아, 이거야말로 꿈이 아니~/이게 꿈이~ 생시~. *-러런가.

-런고 〖어미〗 〈옛〉 -던고.

-런들 〖어미〗 '이다'·'아니다'의 어간에 붙어, '-던들'의 뜻으로 예스럽게 쓰는 연결 어미. ▫네가 아무리 천재~ 노력하지 않으면 무엇 하리 / 그게 사실이~ 큰일 날 뻔했다.

-런마룬 〖어미〗 〈옛〉 -런마는.

럼 (rum) 〖명〗 당밀이나 사탕수수에 물을 부어 발효시킨 증류주(蒸溜酒). 럼주.

럼-주 (rum酒) 〖명〗 럼.

레 (이 re) 〖명〗〖악〗 **1** 장음계의 제2음, 단음계의 제4음. **2** '라' 음(=D음)의 이탈리아 음이름.

레가토 (이 legato) 〖명〗〖악〗 둘 이상의 음을 끊지 않고 부드럽게 이어서 연주하는 일.

레가티시모 (이 legatissimo) 〖악〗 '가장 원활하게'의 뜻.

레게 (reggae) 〖명〗〖악〗 자메이카에서 발생해서 1970년대에 세계적으로 유행한 라틴계의 대중음악. 리듬 앤드 블루스의 영향을 받아 2·4박자에 악센트가 있는 것이 특징임.

레구민 (legumin) 〖명〗〖화〗 콩·팥 따위의 속에 들어 있는 단백질《두부는 이 레구민을 간수로 굳힌 것임》.

레그혼-종 (leghorn種) 〖명〗〖조〗 닭의 한 품종. 이탈리아의 레그혼 지방이 원산지로 대표적인 난용종(卵用種)임. 볏은 붉고 몸빛은 갈색·백색·흑색 등인데, 백색종이 특히 우수

함. ❏백색 ~.

레늄 (rhenium) 몡 《화》 희유 원소의 하나. 백금에 소량 함유되어 있는 은백색 금속. 전구의 필라멘트나 촉매 따위로 씀. [75번:Re:186.207]

레닌-주의 (Lenin主義)[-/-이] 몡 《사》 마르크스의 사상에서 출발하여 그것을 더욱 발전시켰다고 하는 레닌의 사회주의 사상《프롤레타리아 혁명 및 독재에 관한 이론과 전술을 주로 하는 이론임》.

레더-클로스 (leather cloth) 몡 1 방수포의 한 가지. 거죽에 칠을 하여 가죽처럼 보이게 만든 튼튼한 무명. 인조 가죽. 2 멜턴(melton) 가공을 한 면모(綿毛) 교직물. ⑦레더.

레드-카드 (red card) 몡 운동 경기에서, 심판에게 경고를 받은 선수가 다시 고의로 반칙 등을 했을 때, 퇴장의 표시로 주심이 보이는 빨간 쪽지.

레디 (ready) 몡 경주·경기·작업 등에서, 준비 태세를 취하려 하는 구호.

레디-고 (ready go) 깜 《연》 영화나 텔레비전 드라마를 찍을 때, 연출자가 출연자에게 촬영이 시작됨을 알리기 위해 외치는 말.

레디니스 (readiness) 몡 《교》 아동이 학습에 대하여 준비된 상태에까지 성장되어 있음《교육을 받을 준비가 이루어지고 심신의 준비가 갖추어짐》.

레디-메이드 (ready-made) 몡 기성. 기성품.

레디-믹스 (ready-mix) 몡 《건》 현장에서 혼합하지 않고 시멘트 공장에서 미리 혼합하여 콘크리트 공사 현장으로 운반해 오는 시멘트·모래·자갈·물 따위의 혼합물. *레미콘.

레모네이드 (lemonade) 몡 레몬즙에다 물·설탕·시럽·탄산 등을 탄 청량음료. 레몬수.

레몬 (lemon) 몡 《식》 운향과의 상록 소교목. 인도 원산. 흰 다섯잎꽃이 5–10월에 피고, 열매는 처음에 초록빛이었다가 노랗게 익는데 향기가 진함. 과즙에는 시트르산·비타민 C가 들어 있어 신맛이 있으며 향료로 씀.

레몬그라스 (lemongrass) 몡 《식》 볏과의 여러해살이풀. 높이는 1–1.5 m이고, 풀 전체에 레몬과 같은 향기가 있어 그 기름을 채취함. 열대 습지에서 재배함.

레몬-산 (lemon酸) 몡 《화》 시트르산.

레몬-색 (lemon色) 몡 레몬의 빛깔과 같은 노랑.

레몬-수 (lemon水) 몡 1 레몬유(油)를 탄 물. 2 레모네이드.

레몬-스쿼시 (lemon squash) 몡 레몬즙에 소다수를 탄 청량음료.

레몬-옐로 (lemon yellow) 몡 《미술》 서양화에서 쓰는 채료의 하나. 곱고 연한 누른빛임.

레몬-유 (lemon油) 몡 레몬 껍질에서 짠 기름. 담황색인데 특유의 향기와 쌉쌀한 맛이 있어, 음식물의 향기를 내는 데 씀.

레몬-주스 (lemon juice) 몡 레몬의 과즙(果汁)에 단맛을 첨가한 음료.

레몬-차 (lemon茶) 몡 레몬즙을 탄 홍차. 레몬 티(lemon tea).

레미콘 (remicon) 몡 〔←ready-mixed concrete〕 물과 모래, 시멘트를 배합해 만든 콘크리트. 또는 그 시설을 한 차. 트럭믹서.

레버 (lever) 몡 지렛대.

레벨 (level) 몡 1 표준. 수준. ❏~이 높다 / ~을 맞추다. 2 수준기(水準器).

레스토랑 (프 restaurant) 몡 서양 요리점. 양식점. ❏~에서 저녁을 먹다.

레슨 (lesson) 몡 일정한 시간에 받는 개인 교습. 특히 음악·발레·미술 따위를 개인적으로

배우는 일. 개인 지도. ❏피아노 ~을 받다.

레슬러 (wrestler) 몡 레슬링 선수. ❏프로 ~.

레슬링 (wrestling) 몡 씨름 비슷한 서양식 경기《상대자의 양 어깨를 동시에 경기장 바닥에 닿게 한 사람이 이기는데, 그레코로만형(型)과 자유형이 있으며 경기자의 체중에 따라 체급을 매김》.

레시터티브 (recitative) 몡 《악》 레치타티보.

레시틴 (lecithin) 몡 《화》 인산이 들어 있는 인지질(燐脂質)의 하나. 뇌·척수·혈구·노른자위 따위에 많이 들어 있음《세포막 구성의 중요한 성분임》.

레아 (rhea) 몡 《조》 레아과의 새. 남아메리카에 분포함. 타조와 비슷하나 훨씬 작음. 몸길이는 약 1.2 m이고, 몸빛은 회색, 배는 회백색임. 다리는 길고 발가락이 셋임. 초원에서 20–30마리씩 떼 지어 삶.

레위-기 (←Levi記) 몡 《기》 구약(舊約) 성서의 셋째 권. 모세 오경의 하나로 레위 사람들이 행하던 제사에 관한 기록임.

레이 (lei) 몡 하와이에서, 손님의 목에 환영의 뜻으로 걸어 주는 화환.

레이다 (radar) 몡 레이더.

레이더 (radar) 몡 〔radio detecting and ranging〕《물》 마이크로파를 발사하여 그 반사를 받아서 상대방의 상태나 위치를 수상관(受像管)에 비춰 목표물을 찾아내는 탐지기. 전파 탐지기.

레이더 기구 (radar氣球) 몡 《지》 대기 상층권의 풍향·풍속을 관측하기 위하여 레이더 장치를 부착하여 띄우는 기구.

레이더 기지 (radar基地) 몡 《군》 방공(防空) 경계나 탐지 따위를 위하여 레이더를 설치한 기지.

레이더-망 (radar網) 몡 《군》 여러 지역의 레이더를 한곳으로 집중하여 목표에 대한 정보를 제공할 수 있게 한 조직망.

레이더 천문학 (radar天文學) 몡 《천》 전파 탐지기로 천체나 지구 대기권을 연구하는 학문. 몇 cm 내지 몇 m 정도의 파장을 가진 전파를 발사하고, 그 반사파를 측정하여 천체를 연구함.

레이던-병 (Leiden甁) 몡 《물》 축전기의 한 가지. 유리병의 바닥과 안팎에 주석박(朱錫箔)을 바르고, 병마개의 중앙에 금속 막대기를 꽂아 아래 끝에 쇠사슬을 늘이어 밑면의 주석박과 닿게 만든 것.

레이블 (label) 몡 《경》 라벨.

레이서 (racer) 몡 경기용의 자동차·오토바이·요트 따위의 탈것. 또는 그것을 타고 경기하는 사람.

레이스 (lace) 몡 무명실·명주실·베실 따위를 코바늘로 떠서 그 짜임새나 크기에 따라 여러 가지 구멍 뚫린 무늬를 나타낸 서양식의 수예 제품《각종 장식으로 씀》. ❏~를 뜨다.

레이스 (race) 몡 경주·경영(競泳)·경조(競漕) 등 그 속도를 겨루는 경기의 총칭.

레이아웃 (layout) 몡 1 책이나 신문, 잡지 따위에서, 지면의 정리와 배치. 편집 배정. 2 양재에서, 패턴(pattern) 종이의 배열. 3 정원 따위의 설계.

레이어드 룩 (layered look) 옷을 여러 겹으로 껴입는 패션 스타일. [짠 피륙.

레이온 (rayon) 몡 인조 견사. 또는 그것으로

레이온 펄프 (rayon pulp) 비스코스 인조 견사 따위를 만드는 데 쓰는 펄프.

레이윈 (rawin) 명 〔radio wind finding〕『지』 소형 무선 송신기를 기구에 매달아 띄우고, 지상에서 무선 방향 탐지기로 위치를 측정하여 상층의 바람을 탐지하는 장치.

레이저 (laser) 명 〔light amplification by stimulated emission of radiation〕『물』유도 방출에 의한 빛의 증폭 장치. 또는 이에 따라 방출되는 주파수·위상(位相)이 모두 일정한 평행(平行) 광선《초원거리(超遠距離) 통신·물성(物性) 연구·의료 따위 다방면으로 응용되고 있음》.

레이저 광선 (laser光線)『물』레이저에서 방출되는 단색(單色)의 평행 광선《우주 통신·정밀 공작·의료 따위에 응용됨》.

레이저 내:시경 (laser內視鏡)『의』내시경의 끝에 레이저 광선 발사 장치가 붙어 있는 의료용 기기《소화관의 지혈·암 치료 따위에 씀》.

레이저 다이오드 (laser diode)『전』반도체 다이오드로 구성된 레이저.

레이저 디스크 (laser disk)『물』비디오디스크의 한 가지. 디스크에 기록되어 있는 음성·화상(畫像) 자료를 레이저 광선을 조사(照射)하여 재생함. 음질과 화질이 뛰어나며 디스크의 수명이 오래감. 엘디(LD).

레이저 메스 (laser+네 mes)『의』레이저 광선을 이용한 수술용 칼. 출혈 없이 예리하게 수술 부위를 자를 수 있음.

레이저 무:기 (laser武器)『군』레이저로 빛을 증폭시켜 사람을 살상하거나 고속으로 이동하는 목표물을 파괴하는 무기.

레이저 통신 (laser通信)〔laser communication〕『전』레이저 광선을 사용하는 통신. 마이크로파(波)보다 많은 신호나 정보를 동시에 보낼 수 있음.

레이콘 (racon) 명 레이더용의 무선 표지《신호 전파를 발사하여 항공기나 선박에 그 위치 및 방향을 알림》.

레이크 (lake) 명 『화』철·크롬·알루미늄 따위의 수산화물(水酸化物)과 물감을 결합시킨 불용성(不溶性)의 안료(顔料).

레이크 (rake) 명 『농』농기구의 하나. 흙을 고르거나 풀을 긁어모으는 데 쓰는 쇠갈퀴.

레이트 (rate) 명 『경』 **1** 비율. **2** 환시세.

레인 (lane) 명 **1** 볼링에서, 앨리(alley). **2** 트랙(track) 경기나 수영 경기의 코스.

레인저 (ranger) 명 『군』기습 공격이나 정찰 등을 위하여 잠입할 목적으로, 밀림이나 기타 위험한 지형에서 장기간 생존할 수 있게 특수한 훈련을 받은 정규군의 전투원.

레인지 (range) 명 전기나 가스 따위를 이용한 조리용 가열 기구.

레인코트 (raincoat) 명 비옷.

레일 (rail) 명 **1** 철도 차량이나 전차 등을 달리게 하기 위하여 땅 위에 까는 가늘고 긴 강철재(材). 궤조. □ ~을 깔다. **2** 궤도(軌道).

레임-덕 (lame duck) 명 『정』임기 종료를 앞둔 대통령의 정치 지도자나 그 시기에 생기는 지도력의 공백 상태.

레저 (leisure) 명 여가를 이용한 휴식이나 행락(行樂). □ ~ 시설.

레저 붐 (leisure boom) 여가를 이용하기 위하여, 오락이나 관광 따위에 관심을 갖는 경향이나 풍조.

레저 산:업 (leisure産業)『경』대중의 여가 이용과 관련된 산업. 여행·스키·해수욕·보트 따위를 알선하는 관광업이나 그 공급 기관 및 레저 용품의 제조·판매업 따위.

레저 스포츠 (leisure+sports) 여가 선용으로 즐기는 스포츠.

레제드라마 (독 Lesedrama) 명 『문』상연보다는 읽히는 것을 목적으로 쓴 희곡.

레조르신 (resorcin) 명 『화』2가(價) 페놀(phenol)의 하나. 나무진에 수산화칼륨을 넣어서 얻는 무색 기둥 모양의 결정《가려움증 치료제나 색소 제조에 씀》.

레종 데타 (프 raison d'État)『정』국가가 이익이나 권력의 발전을 피할 때 내세우는 윤리적·이성적인 근거《국가 존립의 국시(國是)로 볼 수 있음》. 국가 이유.

레종 데트르 (프 raison d'être) **1** 존재 이유. 존재 가치. **2** 『철』충족 이유율.

레즈비언 (lesbian) 명 여성의 동성애. 또는 그런 경향이 있는 여자. ↔게이.

레지 명 〔←register〕 다방 따위에서, 손님을 접대하며 차를 나르는 여자.

레지던트 (resident) 명 『의』전문의의 자격을 얻기 위하여 인턴 과정을 마친 후에 밟는 수련의(修鍊醫)의 한 과정《수련 기간은 4년임》. 전공의(專攻醫). ＊인턴(intern).

레지스탕스 (프 résistance) 명 **1** 저항. 저항 운동. **2** 침략군이나 점령군에 대한 저항 운동. 특히 제2차 세계 대전 중 독일 점령군에 대한 프랑스의 저항 운동.

레지스터 (register) 명 **1** 기록. 등록. **2** 금전 등록기. **3** 『컴』주로 연산을 위한 수치로 된 정보를 등록받아 일시적으로 기억하는 회로나 장치. 데이터를 해독하는 기능이 매우 빠름.

레지에로 (이 leggiero) 명 『악』'가볍고 경쾌하게' 연주하라는 뜻.

레지오넬라 (legionella) 명 『생』흙에 서식하는 세균의 한 가지. 특히 여름철 냉각탑 따위에서 생기는 물방울 속에 들어가서 공기 중에 떠돌다가 사람에 감염하여 병을 일으킴.

레치타티보 (이 recitativo) 명 『악』오페라·종교곡 따위에서, 대사를 말하듯이 노래하는 형식. 레시터티브.

레커-차 (wrecker車) 명 고장이나 사고가 났거나 불법으로 정차한 자동차 따위를 끌기 위하여 기중기를 장치한 자동차. 구난차(救難車).

레코드 (record) 명 **1** 음반(音盤). **2** 『컴』필드(field)의 집합으로 파일(file)을 구성하는 기본 단위.

레코드-음악 (record音樂) 명 레코드에 녹음된 음악. ↔ 라이브 음악.

레코드 콘서트 (record concert) 『악』레코드로 음악을 감상하는 모임.

레코드-판 (record板) 명 음반(音盤).

레코드-플레이어 (record player) 명 레코드에 녹음되어 있는 신호를 재생하는 장치《모터·픽업·턴테이블 따위로 구성됨》.

레퀴엠 (라 requiem) 명 『악』위령곡(慰靈曲).

레크리에이션 (recreation) 명 운동이나 오락 등을 하여 심신(心身)의 피로를 푸는 일. 또는 그 운동이나 오락.

레크리에이션 요법 (recreation療法) 〔-뻡〕『의』심적 장애나 부적응 등이 있을 때, 레크리에이션을 통하여 치료하는 정신 요법.

레터르 (네 letter) 명 **1** 『경』라벨. **2** 〈속〉어떤 인물 등에 대한 명예롭지 못한 평가. □ 그에게는 구두쇠라는 ~가 붙었다.

레터링 (lettering) 명 광고 따위에서, 문자를 시각적 효과를 고려하여 도안하는 일.

레토르트 (retort) 명 『화』**1** 증류 등을 할 때

쓰는, 목이 굽은 플라스크 모양의 화학 실험 기구. **2** 110~140 ℃ 의 온도로 통조림·익힌 식품 따위를 가열·살균하는 장치.

레토르트 식품 (retort食品) 〖공〗 가공·조리한 식품을 플라스틱이나 알루미늄 따위 용기(容器)에 넣은 후 레토르트 살균 장치를 사용하여 살균한 식품(장기간 보존할 수 있음).

레트 (let) 〖명〗 테니스나 탁구 따위에서, 서브한 공이 네트를 스치고 코트에 들어가는 일(서브를 다시 할 수 있음).

레트로바이러스 (retrovirus) 〖명〗〖의〗 역전사(逆轉寫) 효소를 갖는 RNA 바이러스. 감염 후 바이러스의 유전 정보가 역전사되어 숙주(宿主) 세포의 DNA에 조합되어 듦. 각종 종양·백혈병·에이즈 바이러스 등을 가짐.

레퍼리 (referee) 〖명〗 축구·농구·배구·권투 따위의 심판원.

레퍼리 볼 (referee ball) 구기에서, 반칙·선수 부상 등으로 중단된 경기를 재개하기 위해 레퍼리가 공평히 공을 던져 경기를 계속하는 일. 또는 그 공.

레퍼토리 (repertory) 〖명〗 **1** 극단이나 연주가가 공연을 위해 준비한 작품의 목록. 연출 목록. 연주곡목. 레페르투아르(répertoire). ❏ ~ 선정. **2** 들려줄 수 있는 이야깃거리나 보여 줄 수 있는 장기. ❏ ~가 다양하다.

레퍼토리 시스템 (repertory system) 〖연〗 극단 등이 일정 기간 미리 결정된 여러 작품을 차례차례 연출하며 나아가는 상연 방법.

레포츠 (←leisure+sports) 〖명〗 여가를 즐기면서 신체를 단련할 수 있는 운동. 골프·스키·스카이다이빙 따위.

레프트 윙 (left wing) 축구나 하키 따위에서, 포워드 가운데 왼쪽 끝 위치. 또는 그곳을 맡은 선수. 좌익(左翼). ↔라이트 윙.

레프트 하프 (left half) 축구나 하키 따위에서, 왼쪽에 있는 하프백의 위치. 또는 그곳을 맡은 선수. ↔라이트 하프.

렉스-종 (Rex種) 〖명〗〖동〗 집토끼의 한 품종(체질이 강하여 기르기가 쉬움. 털이 부드럽고 빛깔이 고와 모피로 씀).

렌즈 (lens) 〖명〗〖물〗 한쪽 또는 양쪽 표면이 곡면으로 되어 빛을 모으거나 흩어지게 만든 투명체(유리나 수정을 갈아서 만듦).

렌즈-구름 (lens-) 〖명〗〖지〗 볼록 렌즈를 옆으로 본 것 같은 모양의 구름(강풍이 불 때 일어남).

렌츠의 법칙 (Lenz-法則)[-/-에-] 〔Lenz's law〕〖물〗 '자석 또는 코일의 운동으로 생기는 유도 기전력의 방향은, 자기력선속의 변화를 방해하는 방향이다'라고 하는 법칙(1834년 독일의 물리학자 렌츠가 발견함).

렌치 (wrench) 〖명〗〖공〗 너트·볼트·파이프 따위를 죄거나 푸는 공구(工具). 스패너.

렌탄도 (이 lentando) 〖명〗〖악〗 '점점 느리게' 연주하라는 뜻.

렌터카 (rent-a-car) 〖명〗 세를 받고 빌려 주는 자동차. 임대 자동차.

렌토 (이 lento) 〖명〗〖악〗 '아주 느리게' 또는 '느리고 무겁게'의 뜻.

렌티시모 (이 lentissimo) 〖명〗〖악〗 '아주 느리게' 연주하라는 뜻.

렐리지오소 (이 religioso) 〖명〗〖악〗 '경건하게' 연주하라는 뜻.

렘 (rem) 〖의명〗 방사선을 측정하는 단위. 100렘은 1시버트(Sv).

렙토스피라-증 (leptospira症)[-증] 〖명〗〖의〗 미생물 렙토스피라가 사람의 간장·신장·중추

신경계에 기생하여 생기는 병.

렙톤 (lepton) 〖명〗〖물〗 경입자(輕粒子).

-려 〖어미〗 '-려고'의 준말('하다' 앞에만 쓰임). ❏ 내일 떠나~ 한다. *-으려.

-려거든 〖어미〗 '-려고 하거든'의 준말. ❏ 가지금 떠나라. *-으려거든.

-려고 〖어미〗 받침이 없거나 'ㄹ' 받침의 동사 어간에 붙어, 어떤 일이 일어나거나 장차 어떤 행동을 하려는 뜻을 나타내는 연결 어미. ❏ 눈이 내리~ 한다 / 무엇을 보~ 하나. 준-려. *-으려.

-려기에 〖어미〗 '-려고 하기에'의 준말. ❏ 슬쩍 달아나~ 붙들어 놓았다. *-으려기에.

-려나 〖어미〗 '-려고 하나'·'-려는가'의 준말. ❏ 언제 오~. *-으려나.

-려네 〖어미〗 '-려고 하네'의 준말. ❏ 나는 모레 돌아오~. *-으려네.

-려느냐 〖어미〗 '-려고 하느냐'의 준말. ❏ 너는 언제 가~. 준-련. *-으려느냐.

-려는 〖어미〗 '-려고 하는'의 준말. ❏ 주~ 사람은 꿈도 안 꾸고 있는데 김칫국부터 마신다. *-으려는.

-려는가 〖어미〗 '-려고 하는가'의 준말. ❏ 언제 떠나~. *-으려는가.

-려는고 〖어미〗 '-려고 하는고'의 준말. ❏ 너희는 왜 싸우~. *-으려는고.

-려는데 〖어미〗 '-려고 하는데'의 준말. ❏ 집을 막 나서~ 비가 왔다. *-으려는데.

-려는지 〖어미〗 '-려고 하는지'의 준말. ❏ 비가 언제나 오~. *-으려는지.

-려니 〖어미〗 받침이 없거나 'ㄹ' 받침 어간에 붙여 쓰는 연결 어미. **1** 혼잣속으로만 추측으로 '그러하겠거니'의 뜻을 나타냄. ❏ 그래도 양심가이~ 여겼다 / 이달에는 취직이 되~ 하고 기다렸다. **2** '…하려고 하니'의 뜻을 나타냄. ❏ 막상 자~ 잠이 안 온다. *-으려니.

-려니와 〖어미〗 받침이 없거나 'ㄹ' 받침 어간에 붙어, 미래의 일이나 가정적인 일에 대해 '그러하겠거니와'·'-지마는'의 뜻을 나타내는 연결 어미. ❏ 학자도 아니~ 정치가도 아니다 / 너도 너~ 내 처지도 좀 생각해 봐라. *-으려니와.

-려다 〖어미〗 '-려다가'의 준말. ❏ 차를 타~ 떨어졌다. *-으려다.

-려다가 〖어미〗 '-려고 하다가'의 준말. ❏ 일어서~ 넘어졌다. 준-려다. *-으려다가.

-려더니 〖어미〗 '-려고 하더니'의 준말. ❏ 책을 사~ 그냥 가 버렸네. *-으려더니.

-려더라 〖어미〗 '-려고 하더라'의 준말. ❏ 책 두 권을 모조리 베끼~. *-으려더라.

-려던 〖어미〗 '-려고 하던'의 준말. ❏ 자~ 사람이 왜 일어나오. *-으려던.

-려던가 〖어미〗 '-려고 하던가'의 준말. ❏ 그가 언제 떠나~. *-으려던가.

-려도 〖어미〗 '-려고 하여도'의 준말. ❏ 아무리 뒤를 캐~ 못 캐겠다. *-으려도.

-려면 〖어미〗 '-려고 하면'의 준말. ❏ 빨리 도착하~ 비행기로 가라. *-으려면.

-려무나 〖어미〗 받침이 없거나 'ㄹ' 받침 동사 어간에 붙어, 손아랫사람에게 제 뜻대로 하라는 뜻을 나타내는 종결 어미. ❏ 자고 싶으면 자~ / 자세히 읽어 보~. 준-렴. *-으려무나.

-려서는 〖어미〗 '-려고 하여서는'의 준말. ❏ 꾀를 부리~ 못써. *-으려서는.

-려서야 에미 '-려고 하여서야'의 준말. ☐ 이마당에 일을 포기하~ 되나. *-으려서야.

-려야 에미 '-려고 하여야'의 준말. ☐ 도저히 가~ 갈 수 없는 형편이다. *-으려야.

-려오 에미 '-려고 하오'의 준말. ☐ 내일은 꼭 방문하~. *-으려오.

-력(力) 미 '능력·힘' 따위의 뜻. ☐ 단결~ / 인내~ / 지도~.

-련 에미 '-려는냐'의 준말. ☐ 네가 가~ / 언제 오~. *-으련.

-련마는 에미 받침이 없거나 'ㄹ' 받침 어간에 붙어, 미래의 일이나 가정의 사실을 말할 때 '-겠건마는'의 뜻으로 쓰는 연결 어미. ☐ 오라면 기꺼이 가~ / 결혼할 나이~ 생각이 없단다. ㉠-련만. *-으련마는.

-련만 에미 '-련마는'의 준말. ☐ 선물을 사 주면 좋아하~ 돈이 없다. *-으련만.

-렴 에미 '-려무나'의 준말. ☐ 마음대로 해보~. *-으렴.

-렴은 에미〈옛〉-려무나.

-렵니까[렴-] 에미 '-려고 합니까'의 준말. ☐ 어디로 가~. -으렵니까.

-렵니다[렴-] 에미 '-려고 합니다'의 준말. ☐ 의사가 되~. -으렵니다.

-렷다[런따] 에미 **1** 받침 없는 어간에 붙어, 경험이나 이치로 미루어 일이 으레 그러할 것이나 그리 될 것을 추정할 때 쓰는 종결 어미. ☐ 내일 이맘때면 비가 오~ / 내년은 윤년이~. **2** 받침 없는 어간에 붙어, 추측되는 사실에 대해 인정하는 뜻을 다지는 데 쓰는 종결 어미. ☐ 내 말을 따르~ / 네가 바로 범인이~. **3** 받침 없는 동사의 어간에 붙어, 명령을 나타내는 종결 어미. ☐ 분부대로 거행하~ / 네 죄를 이실직고하~. *-으렷다.

-령(令) 미 '법령·명령'의 뜻. ☐ 금지~ / 총동원~ / 시행~.

-령(領) 미 나라 이름 뒤에 붙어, 그 나라의 영토임을 나타내는 말. ☐ 영국~ / 미국~.

-령(嶺) 미 재나 산의 이름. ☐ 대관~.

-례(例) 미 '예(例)'의 뜻. ☐ 판결~.

로 조 받침이 없거나 'ㄹ' 받침이 있는 체언에 붙는 부사격 조사. **1** 수단·방법 또는 연장을 나타냄. ☐ 코~ 숨을 쉬다·칼~ 연필을 깎다. *로써. **2** 재료를 나타냄. ☐ 나무~ 집을 짓다. *로써. **3** 이유·원인을 나타냄. ☐ 배탈~ 결근하다. **4** 장소·방향을 나타냄. ☐ 그리~ 가면 길이 막힌다. **5** 신분·지위·자격을 나타냄. ☐ 선배~ 앉아서 보고만 있을 수 없다. *로서. **6** 그렇게 여기는 대상임을 나타냄. ☐ 친구의 딸을 며느리~ 삼다 / 볶음밥을 먹기~ 했다. **7** 때·시간을 나타냄. ☐ 회의는 내일~ 정해졌다. **8** 결과를 나타냄. ☐ 뽕밭이 푸른 바다~ 변했다. **9** 구성·비율 등을 나타냄. ☐ 연리를 10퍼센트~ 정하다 / 물은 산소와 수소~ 이루어진다. **10** 근거·표준·목표 등을 나타냄. ☐ 친절을 모토~ 하다. *으로.

-로(路) 미 **1** '길'의 뜻. ☐ 교차~ / 항공~. **2** 도회지의 큰 도로를 둔 동네의 이름에 붙는 접미사. ☐ 퇴계~ / 세종~.

로가리듬(logarithm) 명〖수〗'로그(log)'의 본딧말.

로고(logo) 명 회사 이름·상품 이름·타이틀 따위를 나타내기 위하여 독특한 글자체를 이용하여 개성적으로 디자인된 조립 문자.

로고(LOGO) 명〖컴〗프로그래밍 언어의 하나. 어린이용의 대화식으로 고안되어, 기호 처리나 그림 표현이 용이함(교육 및 인공 지능 연구에 씀).

-로고 에미 '이다'·'아니다'의 어간에 붙어, '-로군'의 뜻으로 혼잣말을 예스럽게 나타내는 종결 어미. ☐ 유익한 일이~ / 해괴한 처사~ / 참으로 훌륭한 문장이~.

로고스(ㄱ logos) 명〔'말·언어'의 뜻〕**1**〖철〗만물 사이의 질서를 구성하는 조화적·통일적인 원리로서의 이성. **2**〖기〗삼위일체의 제2위인 그리스도.

-로구나 에미 '이다'·'아니다'의 어간에 붙어서, 해라할 자리나 스스로 새삼스러운 감탄을 나타내는 종결 어미. ☐ 진짜가 아니~ / 별천지~. ㉠-로군.-구나.

-로구려 에미 '이다'·'아니다'의 어간에 붙어서, 하오할 자리에 새삼스러운 감탄을 나타내는 종결 어미. ☐ 벌써 가을이~ / 예전의 그가 아니~. ㉠-구려.

-로구료 에미 ☞-로구려.

-로구먼 에미 '이다'·'아니다'의 어간에 붙어서, 반말이나 혼잣말에 새삼스러운 감탄을 나타내는 종결 어미. ☐ 짐승의 짓이 아니~ / 벌써 한 시~. ㉠-구먼.-로군.

-로구면 에미 ☞-로구먼.

-로군 에미 **1** '-로구나'의 준말. ☐ 훌륭한 사람이~ / 칭찬할 만한 짓이 아니~. **2** '-로구먼'의 준말. ☐ 자네도 백발이~ / 별로 신통치 않니 아니~.

로그(log) 명〖수〗**1** 이 아닌 양수(陽數) a와 N이 주어졌을 때 $N=a^b$라는 관계를 만족시키는 실수 b의 값을, a를 밑으로 하는 N의 로그라고 하며, $b=\log_a N$으로 나타냄. 대수.

로그 곡선(log曲線)[-썬]〖수〗직각 좌표 위에 로그 함수가 나타내는 곡선.

로그 모눈종이(log-)〖수〗로그자로 그려진 모눈종이. 대수 방안지.

로그아웃(logout) 명〖컴〗네트워크와의 접속을 끊는 절차. 중앙에 있는 컴퓨터나 다른 단말기와 메시지를 주고받던 단말기가 교신을 끝내고 네트워크에서 나올 때의 절차. ↔로그인.

로그인(login) 명〖컴〗다중 사용자 시스템을 사용하기 위하여 컴퓨터에 사용자임을 알리는 일. 사용자의 이름과 비밀 번호를 입력하여 네트워크에 접속함. ↔로그아웃.

로그-자(log-) 명〖수〗기점(基點)으로부터 log x의 길이의 점에 x라는 눈금을 표시한 자. 대수척(對數尺).

로그-표(log表) 명〖수〗많은 상용(常用)로그를 나열해 놓은 표. 대수표.

로그 함:수(log函數)[-쑤]〖수〗x를 변수(變數)로 하고 $y=\log_a x$로 나타나는 식을, a를 밑으로 하는 x의 로그 함수라 함. 대수 함수.

-로다 에미 '이다'·'아니다'의 어간에 붙어, '-로구나'의 뜻을 예스럽게 나타내는 종결 어미. ☐ 과연 명장이~ / 도리가 아니~.

로더(loader) 명 **1**〖공〗석탄 따위를 싣는 데 쓰는 기계. ☐ 셔블~(토목 공사의 동력삽). **2**〖컴〗운영 체제의 한 부분. 디스크나 테이프에 저장된 목적 프로그램을 읽어서 주기억 장치에 올린 다음 수행시키는 프로그램.

로데오(rodeo) 명 길들이지 않은 말이나 소를 탄 채 버티거나 길들이는 경기(미국 서부의 카우보이들이 서로 솜씨를 겨룬 데서 비롯됨).

-로되 에미 '이다'·'아니다'의 어간에 붙는 연결 어미. **1** 앞말의 사실을 인정하면서 뒷말로 조건을 덧붙여 한정하는 뜻으로, '-되'보다 더 힘 있게 쓰는 말. ☐ 생모는 아니~ 아기를 귀애한다 / 맞는 답이~ 완전하지는 않다. **2**

뒷말의 사실이 앞말의 사실에 구애되지 아니함을 나타내는 말. ▣부자는 아니~ 큰 주택을 갖고 있다 / 명색은 사장이~ 전혀 실권이 없다.

로듐 (독 Rhodium) 몡 〖화〗 백금족 원소의 하나. 은백색을 띤 희유 원소로 전성(展性)·연성(延性)이 풍부하며. 산이나 알칼리에 녹지 않음. 귀금속 가운데 가장 비쌈. 백금과 합금하여 열전기쌍(熱電氣雙)으로 고온 온도계·반사경 따위에 씀. [45 번: Rh : 102.91]

로드 (rod) 몡 1 신축성이 좋은 서양식 낚싯대. 2 장대. ▣~ 안테나.

로드 게임 (road game) 프로 야구 따위에서, 본거지의 구장을 떠나서 하는 경기. 원정 경기. ↔홈 게임.

로드-레이스 (road race) 몡 도로 위를 달리는 경주. 도로 경기.

로드 롤러 (road roller) 〖건〗 길바닥이나 도로의 면을 고르고 다지는 데 쓰는 무거운 롤러. 수로기(修路機).

로드 쇼 (road show) 〖연〗 일반 영화관에서 상영하기에 앞서서 특정한 극장에서 영화를 독점 개봉하는 일.

로드스터 (roadster) 몡 좌석은 한 줄, 지붕은 접을 수 있고, 차체의 뒤쪽은 경사져서 짐을 넣게 된 자동차.

로드아일랜드레드-종 (Rhode Island Red種) 몡 닭의 한 품종(난육(卵肉) 겸용으로 털이 빨갛고 꽁지는 검음).

로딩 (loading) 몡 〖컴〗 프로그램이나 데이터를 보조 기억 장치나 외부 기억 장치로부터 주 기억 장치로 옮기는 것.

로되 조 〈옛〉 로되.

-로라[1] 어미 '이다'·'아니다'의 어간에 붙어서 말하는 사람이 자기의 동작을 의식적으로 초들어 말할 때 '-다'의 뜻을 나타내는 연결 어미. ▣도둑이 아니~ 억지를 쓰다. *~노라.

-로라[2] 어미 〈옛〉 -노라.

로란 (LORAN) 몡 [long range navigation] 〖전〗 전파를 이용해 선박·항공기의 위치나 항로를 찾는 장치. 또는 그런 장치를 이용한 항법(航法)(주파수가 같은 전파를 동시에 발사하는 두 곳의 발신국을 설정하여 놓고 항공기·선박이 두 발신국의 전파를 수신하여 그 도달 시간의 차에 따라 위치를 결정함).

로렌슘 (lawrencium) 몡 〖화〗 초(超)우라늄 원소의 하나. 선형(線型) 가속 장치로 가속한 붕소 이온을 캘리포늄의 충격을 받게 하여 만드는 인공 방사성 원소(반감기는 약 8초). [103번: Lr : 260]

로렐라이 (독 Lorelei) 라인 강 중류 강기슭에 있는 큰 바위(그 바위에 사는 물의 요정의 노래에 취하고 있는 동안 배가 암초에 부딪쳐 물속으로 빠지고 만다는 전설이 있음).

로르샤흐 테스트 (Rorschach test) 〖심〗 잉크의 얼룩처럼 그린 여러 장의 그림을 제시하고 느낀 대로 설명하게 하여 그 사람의 성격·정신 상태를 판단하는 방법.

로리스 (loris) 몡 〖동〗 늘보원숭잇과의 고양이만 한 원숭이. 인도·필리핀·말레이시아 등지에 사는데, 몸빛은 갈색 또는 은회색이며 동작이 아주 느림. 늘보원숭이.

로마 (Roma) 몡 1 〖지〗 이탈리아의 수도. 2 〖역〗 '로마 제국'의 준말.

로마 가톨릭교 (Roma Catholic教) 〖가〗 정통파 로마 교회의 교의(敎義)를 신봉하는 기독교. 천주교(天主敎). 춘로마교.

로마 가톨릭교회 (Roma Catholic教會) 〖가〗

기독교의 한 파(사도 베드로의 후계자로서 교황을 로마의 최고 지배자로 받듦). 가톨릭교회. 로마 교회.

로마-교 (Roma教) 〖가〗 '로마 가톨릭교'의 준말.

로마 교황 (Roma教皇) 〖가〗 로마 가톨릭교회의 최고위 성직자의 뜻으로, '교황'을 분명히 일컫는 이름.

로마 교황청 (Roma教皇廳) 〖가〗 1 로마 바티칸 시(市)에 있는 교황 직할의 천주교회의 최고 기관. 2 로마 교황의 거처(居處).

로마네스크 (프 Romanesque) 몡 1 〖건〗 10세기 말경 프랑스에서 일어나 12세기 중엽까지 서유럽에 유행한 미술·건축의 양식(고대 클래식 양식의 여러 요소를 부활시키고 동양 취미를 가미한 것이 특징임. 교회 건축에 그 예가 많음). 2 〖악〗 이탈리아의 민속 무곡(3/4 박자).

로마-력 (Roma曆) 몡 〖천〗 기원전 8세기경부터 기원전 45년까지 쓴 고대 로마의 태양력(1년을 10개월 304 일로 하였다가 후에 2개월을 더하여 썼음).

로마-법 (Roma法) 몡 〖법〗 1 고대 로마 시대에 제정된 법률 및 규정의 총칭(기원전 451년에 12표법이 제정되고 그 후 시민법과 만민법이 생겼음). 2 6세기경 동로마 제국의 유스티니아누스 황제가 집대성한 법전(근대법 정신의 원천).

로마 숫자 (Roma數字) [-수짜 / -숟짜] 〖수〗 로마 시대에 생겨 현재 세계적으로 쓰이는 숫자(Ⅰ·Ⅱ·Ⅲ·Ⅳ·Ⅴ·Ⅹ 따위).

로마-자 (Roma字) 몡 라틴어를 표기하는 문자. 로마 시대에 발달해 현재 유럽 각국에서 쓰이고 있는 표음 문자(보통 26자).

로마자 표기 (Roma字表記) 로마자로 우리말을 표기하는 일. 로마나이즈.

로마 제국 (Roma帝國) 〖역〗 서양의 고대 최대의 제국(이탈리아 반도에서 일어난 라틴 인의 도시 국가로, 처음 왕정이 실시되었으나 기원전 510년에 공화정이 되고 2차의 삼두(三頭) 정치를 거쳐 기원전 27년에 옥타비아누스가 통일하여 제정(帝政)을 실시함. 395년에 동서로 갈림). 춘로마.

로망 (프 roman) 몡 중세기 프랑스의 로맨스어로 쓰여진 전기담(傳奇譚). 로맨스.

로망-어 (Roman語) 몡 〖언〗 로맨스어.

로맨스 (romance) 몡 1 〖문〗 모험·공상·연애 따위를 제재로 하여 쓴 중세의 통속 소설. 2 남녀 사이의 사랑 이야기. 또는 연애 사건. 3 〖악〗 음유(吟遊) 시인들이 부른 서정적·서사적인 노래 곡조. 4 〖악〗 감미로운 정조(情調)를 가진 자유 형식의 소악곡(小樂曲).

로맨스-그레이 (romance+grey) 몡 머리가 희끗희끗한 매력 있는 초로(初老)의 신사. 또는 그 머리.

로맨스-어 (Romance語) 몡 〖언〗 라틴어를 공통의 모어(母語)로, 거기에서 갈라져 나와 발전된 여러 언어의 총칭(이탈리아어·프랑스어·에스파냐어 따위). 로망어.

로맨티시스트 (romanticist) 몡 1 낭만파. 낭만주의자. 2 공상가. 몽상가.

로맨티시즘 (romanticism) 몡 낭만주의.

로맨틱-하다 (romantic-) 형용 낭만적인 데가 있다. 비현실적이고 공상적인 데가 있다.

로벨리아 (lobelia) 몡 〖식〗 1 숫잔댓과의 한해살이풀. 북아메리카 원산. 높이는 50 cm가량이고, 잎은 타원형 또는 달걀꼴임. 여름에 청

색·흰색 꽃이 술 모양으로 핌. 천식 또는 백일해의 약용으로 널리 재배함. 2 숫잔댓과의 한해살이풀 또는 여러해살이풀. 남아프리카 원산. 높이는 15-30 cm이고, 줄기가 여러 개의 가지로 갈라지며 잎은 거꿀달걀꼴임. 여름에 청자색 꽃이 핌. 관상용임.

로봇 (robot) 몡 1 〖공〗 인간과 비슷한 형태를 가지고 걷기도 하고 말도 하는 기계 장치. 인조인간. 2 〖공〗 어떤 조작이나 작업을 자동적으로 하는 기계 장치. 〔산업용 ~. 3 남의 지시대로 움직이는 사람. 권한이 없이 어떤 지위에 앉아만 있는 사람. 허수아비. 바지저고리. 〔명색은 사장이나 실은 ~이다.

로봇 공학 (robot工學) 〖공〗 로봇 제작을 연구하는 학문.

로-부터 조 받침이 없거나 'ㄹ' 받침으로 끝나는 체언에 붙어, '에서부터'의 뜻을 나타내는 부사격 조사. 〔친구~ 빌린 책 / 서울~ 10 km 떨어진 곳. ∗으로부터.

로브 (lob) 몡 로빙5.

로브 (ㅍ robe) 몡 1 아래위가 내리닫이로 된 길고 풍신한 겉옷. 2 성직자의 제의(祭衣). 법복. 3 옷.

로브-데콜테 (ㅍ robe décolletée) 몡 여자의 서양식 예복의 하나. 남자의 연미복에 해당하며, 이브닝드레스와 비슷하나 소매가 없고 home이나 가슴이 드러나도록 깃을 깊게 팠음.

로브-몽탕트 (ㅍ robe montante) 몡 여자의 보통 예복. 깃을 깊게 파지 않고 어깨나 가슴을 감추고 손목까지 소매가 있음.

로브스터 (lobster) 몡 서양 요리에 쓰는 바닷가재.

로비 (lobby) 몡하자 1 호텔이나 극장, 건물 따위에서, 현관으로 통하는 통로를 겸한 공간(의자 등을 놓아 휴게실·응접실로 함). 〔호텔 ~에서 기다리다. 2 국회 의사당의 응접실. 3 정치인·정당·국회의원 등의 권력자들에게 어떤 단체나 기업을 위해서 어떤 문제를 진정하거나 부탁하는 활동. 〔~ 자금 / 활동을 전개하다.

로비스트 (lobbyist) 몡 〖정〗 특정 압력 단체의 이익을 위하여 입법에 영향을 줄 목적으로 정당이나 의원을 상대로 활동하는 사람.

로빈슨 풍속계 (Robinson風速計) [-계 / -계] 〖지〗 풍속계의 하나. 자유롭게 회전하는 축(軸)에 3-4개의 반구형 바람개비를 부착하여 축의 회전수로 바람의 속도를 재는 계기(구조가 간단하여 많이 쓰이고 있음).

로빙 (lobbing) 몡 1 테니스에서, 공을 높이 쳐서 상대편의 머리 위로 넘기어 코트의 구석에 떨어뜨리는 일. 로브(lob). 2 축구에서, 골문 앞으로 공을 높고 느리게 차 올리는 일.

로빙-슛 (lobbing shoot) 몡 골키퍼의 머리 위를 넘기는 높고 느린 슛. 〔~으로 골을 넣다.

로사리오 (이 rosario) 몡 〖가〗 '로사리오의 기도'를 드릴 때 쓰는 성물(聖物). 큰 구슬 6개, 작은 구슬 53개를 꿰고 끝에 작은 십자가를 닮. 묵주(默珠).

로사리오의 기도 (rosario-新禱) [-/ -에-] 〖가〗 묵주를 가지고 '사도 신경'에서 시작하여 '주의 기도'·'영광송'을 곁들여 가며 '성모송'을 외워 나가는 기도. 묵주 신공. 매괴 신공(玫瑰神功).

로새 (옛) 노새.

-로새라 [어미] 〈옛〉 -로구나.

로서 조 받침이 없거나 'ㄹ' 받침으로 끝나는

체언에 붙는 부사격 조사. 어떠한 '자격·지위·신분을 가지고'의 뜻을 나타냄. 〔학자~ 발언하다. ∗으로서.

-로세 [어미] '이다'·'아니다'의 어간에 붙어, '-ㄹ세'의 뜻으로 감탄을 나타내는 종결 어미. 〔훌륭한 문장이 ~ / 쉬운 일이 아니 ~.

로션 (lotion) 몡 피부 표면을 다듬는 데 쓰는, 알코올 성분이 많은 화장수(化粧水). 미안수(美顔水). 〔~을 바르다.

-로소니 [어미] 〈옛〉 -니. -오니.

-로소이다 [어미] 〈옛〉 -올시다.

-로쇠 [어미] 〈옛〉 -리로다.

로슈미트-수 (Loschmidt數) 몡 〖화〗 1 0 ℃ 1기압의 1 cm³의 기체 속에 포함된 분자의 수(2.6868×10¹⁹). 2 〖물〗 아보가드로수(Avogadro數)의 일컬음.

로스 (loss) 몡 손실. 낭비. 〔송전(送電) ~ / ~가 나다.

로스 (←roast) 몡 로스트.

로스-구이 (←roast-) 몡 고기 따위를 불에 굽는 일. 또는 그렇게 구운 고기.

로스 타임 (loss time) 축구·럭비 등에서, 경기 중 지체된 시간.

로스터 (roaster) 몡 육류나 생선을 굽기 위한 조리 기구.

로스트 (roast) 몡 1 고기 따위를 불에 굽는 일. 2 고기를 뜨거운 재에 묻어서 굽는 일. 3 불고기 하기에 알맞은 부위로 소·돼지·양의 어깨에서 허리에 이르는 고기. 4 '로스트 비프'의 준말. 로스.

로스트-비프 (roast beef) 몡 1 큰 덩어리째로 오븐에 구운 쇠고기. 2 뜨거운 재에 묻어서 구운 쇠고기. ®로스트.

로스트 제너레이션 (Lost Generation) 〖문〗 '잃어버린 세대'라는 뜻으로, 제1차 세계 대전 후 종교·도덕 등 사회의 기성 개념의 가치를 불신하며, 절망과 허무를 절감하고, 이것을 여러 작품에 반영시켰던 일군의 미국 작가들을 이르는 말.

로써 조 받침이 없거나 'ㄹ' 받침이 붙는 체언에 붙어, '…를 가지고서'의 뜻을 나타내는 부사격 조사. 〔의협과 용기~ 대처하라. ®로. ∗으로써.

로열-박스 (royal box) 몡 극장·경기장 따위의 귀빈석·특별석.

로열 젤리 (royal jelly) 〖농〗 꿀벌의 타액선에서 나오는 분비물로서 여왕벌의 애벌레 먹이(불로 장수의 영약이라 함). 왕유(王乳).

로열-층 (Royal層) 몡 고층 아파트에서, 햇빛이 잘 들고 높지도 낮지도 아니하여 생활하기에 가장 좋은 층을 이르는 말.

로열티 (royalty) 몡 특허권·상표권 등 남의 산업 재산권이나 저작권을 사용하는 대가로 지급하는 사용료. 〔~를 지불하다.

로이드-안경 (Lloyd眼鏡) 몡 둥글고 굵은 셀룰로이드 테의 안경.

로이터 (Reuter) 몡 로이터 통신사.

로이터 통신사 (Reuter通信社) 독일인 로이터가 1851년 영국에 귀화하여 런던에 설립한 세계적인 대통신사.

로어 (옛) 노루.

로제타-석 (Rosetta石) 몡 1799년 나폴레옹의 이집트 원정군이 나일 강 어귀의 로제타에서 발견한 고대 이집트 왕 프톨레마이오스 5세의 송덕비(이집트 문자 해독의 열쇠가 됨).

로제트 (rosette) 몡 1 장미꽃 모양의 다이아몬드. 2 〖전〗 천장에서 전등선을 끌기 위해서 반자에 다는, 하얀 사기로 만든 반구형의 기

구. 실링.

로제 합금 (Rose合金)[-금] 『화』 납·주석·비스무트·카드뮴으로 된 합금. 이용 합금.

로즈 (rose) 몡 **1** 『식』 장미. **2** 『광』 24 면의 다이아몬드.

로지 (lodge) 몡 산에 있는 간이 숙박소.

로진 백 (rosin bag) 야구에서, 송진 가루를 넣은 주머니(투수나 타자가 공을 쥐거나 배트를 잡을 때 미끄러지는 것을 방지하기 위해 손에 바름).

로카 (ROKA) 몡 〔Republic of Korea Army〕 『군』 대한민국 육군.

로커 (locker) 몡 자물쇠가 달린 서랍이나 반닫이 따위(각자의 옷이나 휴대품 따위를 넣어 두는 데 씀).

로커빌리 (rockabilly) 몡 『악』 광열적(狂熱的)인 재즈 음악. 또는 그것에 맞추어 추는 춤.

로케 (←location) 몡 『연』 '로케이션'의 준말.

로케이션 (location) 몡 『연』 영화에서, 실제의 경치를 배경으로 하는 촬영. 야외 촬영. 현지 촬영. ㉿로케.

로케이션 세트 (location set) 『연』 촬영소 밖의 자연 풍경을 그대로 배경으로 한 세트.

로케이션 헌팅 (location hunting) 『연』 로케이션에 적당한 장소를 물색·탐사하는 일.

로켓 (locket) 몡 여자 장신구의 하나. 사진 따위를 넣어 목걸이에 다는 작은 갑(흔히, 금·백금으로 만듦).

로켓 (rocket) 몡 고체 또는 액체 연료의 폭발로 가스를 발생시켜 그 반동으로 추진시키는 장치(폭발에 필요한 산소를 자체 내에 가지고 있는 점이 제트 엔진과 다름). ▢ ~를 발사하다.

로켓 엔진 (rocket engine) 『공』 로켓의 추진력을 이용한 엔진.

로켓-탄 (rocket彈) 몡 『군』 로켓 장치로 발사하는 탄환(유도탄으로 발전함).

로켓-포 (rocket砲) 몡 『군』 로켓탄을 발사하는 무기의 총칭.

로코코 (㉿ rococo) 몡 18 세기에 프랑스를 중심으로 유럽에 유행한 건축·장식 양식(복잡한 소용돌이·당초무늬·꽃과 잎의 무늬 등 곡선 무늬에 담채(淡彩)와 금빛을 함께 사용함. 우아하고 경쾌한 것이 특징임).

로크 (lock) 몡 레슬링에서, 팔이나 손으로 끼어서 상대를 꼼짝하지 못하게 하거나 비틀어 올리는 공격 기술.

로크-너트 (lock-nut) 몡 『공』 볼트에 끼워서 죈 너트가 진동이나 무게로 느슨해짐을 막기 위해 그 밑에 덧끼우는 너트.

로크-아웃 (lockout) 몡 『사』 공장 폐쇄2.

로큰롤 (㉿ rock'n'roll) 몡 1950 년대에 미국에서 발생한 광열적인 댄스 음악. 리듬 앤드 블루스에 컨트리 음악 요소를 가미한 것. ㉿록(rock).

로키 톤 (low-key+tone) 『연』 사진이나 영화에서, 화면이 전체적으로 어두워 침울한 느낌을 주는 일.

로터리 (rotary) 몡 교통이 복잡한 시가의 네거리 같은 데에 교통정리를 목적으로 둥글게 만들어 놓은 교차로.

로터리 기관차 (rotary機關車) 기관차의 앞에 눈을 쳐내기 위해 수직 회전차(回旋車)를 장비한 기관차(선로 위의 눈을 회전차로 날리면서 전진함).

로터리 엔진 (rotary engine) 『공』 **1** 회전형 내연 기관의 하나(둥그스름한 삼각형의 피스톤이 회전하며, 흡입·압축·폭발·배기를 함). **2**

전에 쓰인 항공기용 기관 형식의 하나(실린더와 케이싱(casing)이 한 덩어리가 되어 회전함). 로터리 기관.

로터리 클럽 (Rotary Club) 『사』 사회봉사와 세계 평화를 목적으로 하는 전문 직업인들의 국제적인 사교 단체.

로터 펌프 (rotor pump) 『공』 회전 펌프의 한 가지. 회전자(回轉子)가 돌아서 펌프 속에 진공 상태를 만들어서 물을 끌어 올리는 장치(주로 관용으로 씀).

로테이션 (rotation) 몡 **1** 야구에서, 투수를 차례로 기용하는 일. 또는 그런 순위. **2** 배구에서, 서브를 넣는 팀의 선수가 차례로 시계 방향으로 자리를 옮기는 일. **3** 순환. 교류. 교체.

로트-유 (rot油) 몡 『화』 아주까리기름에 황산을 작용시키고 나트륨액이나 암모니아액으로 중화시켜 물에 녹도록 만든 기름(섬유 공업에서 세척제로 씀).

로틴 (low+teen) 몡 10 대(代) 전반(前半)의 나이. 또는 그 나이의 소년·소녀(보통 13·14세를 이름).

로펌 (law firm) 몡 『법』 다수의 변호사들이 모여서 각자 자신의 전문 분야를 맡아 체계적이고 조직적인 법률 서비스를 제공하는 업무 법인.

로프 (rope) 몡 굵은 밧줄(둘레 1-10 인치의 것). ▢ ~를 타고 올라가는 훈련.

로프웨이 (ropeway) 몡 『건』 가공 삭도(架空索道). *케이블 카.

로프-지 (rope紙) 몡 낡은 로프나 그 부스러기. 화학 펄프 따위를 원료로 하여 만든, 강도가 높은 종이(포장지·전기 기재 절연에 씀).

로 허들 (low hurdle) 남자 육상 경기 종목의 하나. 200 m 코스에 높이 76 cm 의 허들 열 개를 놓고 하는 경기. 저장애물 경주. ↔하이 허들.

로-힐 몡 〔←low heeled shoes〕 굽이 낮은 여자 구두. ↔하이힐.

록 (rock) 몡 『악』 **1** '로큰롤'의 준말. **2** 1960 년대 로큰롤에서 파생된 강한 비트의 음악. 주로 전기 기타(電氣guitar)·전기 베이스 기타·드럼을 중심으로 한 소규모 악단으로 연주됨. ▢ 하드 ~ / ~ 밴드.

-록 (錄) 몡 '기록·문서'의 뜻. ▢ 속기~.

록-가든 (rock garden) 몡 암석을 조화롭게 배치하여 만든 정원.

록 그룹 (rock group) 『악』 로큰롤 음악을 연주하는 소규모의 악단.

록 앤드 롤 (㉿ rock and roll) 『악』 '로큰롤'의 정식 명칭.

록-카페 (rock+㉿ café) 몡 록 음악을 들으면서 이에 맞춰 춤을 추도록 시설을 갖춘 술집.

록-클라이밍 (rock-climbing) 몡 등산에서, 바위를 기어오르는 일. 또는 그런 기술. 암벽 등반. ㉿클라이밍.

록 파이버 (rock fiber) 『공』 화산암으로 만든 섬유(석면의 대용품임).

론 (lawn) 몡 **1** 잔디. **2** 발이 성기고 얇은 천. 한랭사(寒冷紗) 또는 한랭사처럼 가공한 천. ▢ 파란색의 ~ 손수건.

-론 (論) 몡 **1** 그것에 관해 논술한 것임을 나타내는 말. ▢ 작가~ / 문장~. **2** '주장·의견·이론'의 뜻을 나타내는 말. ▢ 유물~ / 전쟁 무용~.

론 거:래 (loan去來) 『경』 머니 론(money loan)과 스톡 론(stock loan)에 따른 주식의 거래

방식. 곧, 증권 회사가 증권 금융 회사에서 돈을 꾸는 거래. ↔신용 거래.
론도 (이 rondo) 명 〔악〕 **1** 프랑스에서 생겨난 2박자 계통의 경쾌한 춤곡《합창과 독창이 번갈아 섞여서 구성됨》. **2** 주제가 최소한 세 번 반복되는 동안에 딴 선율을 가진 두 개의 부(副)주제가 삽입되는 형식의 기악곡. 회선곡(回旋曲).
론디 囹 〈옛〉 론지. 로인지.
론 스키 (lawn ski) 눈 대신 잔디로 된 슬로프(slope)에서 타는 스키.
론 테니스 (lawn tennis) 잔디 코트에서 하는 테니스.
롤 (roll) 명 **1** 감는 일이나 감아서 만드는 일. 또는 그 감은 것. **2** 롤러.
롤-기 (roll機) 명 〔공〕 **1** 롤을 써서 금속 재료를 필요한 형태로 가공하는 기계. **2** 롤러 밀.
롤러 (roller) 명 〔공〕 회전시켜서 쓰는 원통형의 물건. 금속 등의 압연(壓延), 정지용(整地用)의 굴림대, 인쇄할 때 잉크 칠을 하는 굴림대 등 용도가 많음.
롤러 밀 (roller mill) 〔공〕 여러 개의 속도를 달리하는 일련의 평평한 수평 롤로 재료를 곱게 가는 장치. 롤러 제분기. 파쇄(破碎) 롤러. 롤기.
롤러 베어링 (roller bearing) 〔공〕 회전축과 축받이 사이에 몇 개의 롤러를 끼운 베어링.
롤러 블레이드 (roller blade) 롤러가 일직선으로 4개 줄지어 박힌 스케이트화《롤러스케이트보다 빠른 속력을 낼 수 있음》.
롤러-스케이트 (roller skate) 명 바닥에 작은 바퀴 네 개가 달린 스케이트《주로 아스팔트나 콘크리트 바닥에서 탐》.
롤러-코스터 (roller coaster) 명 나선(螺線) 모양의 경사진 레일에 차대(車臺)를 끌어 올렸다가 급속도로 미끄러져 내려가게 하는 오락 장치.
롤링 (rolling) 명 **1** 배나 비행기가 좌우로 흔들리는 일. 옆질. *피칭2. **2** 〔공〕 회전하는 압연기의 롤에 금속 재료를 넣어 판자 모양으로 만드는 일.
롤링 밀 (rolling mill) 〔공〕 압연기.
롤링 오펜스 (rolling offence) 농구에서, 상대편의 수비진 앞을 몇몇의 선수가 빠르게 움직이며 상대편을 혼란시키면서 공격하여 들어가는 전법.
롤 반ː지 (roll半紙) 한쪽 면만 윤이 나는, 질이 거친 인쇄용지나 포장지.
롤백 정책 (rollback政策) 〔정〕 방어하는 입장에서 벗어나 적극적인 공세를 펴 상대를 반격하는 외교 정책.
롤 분쇄기 (roll粉碎機) 〔공〕 한 쌍의 원통형 롤을 서로 반대 방향으로 돌리고, 그 사이에 원료를 넣어 분쇄시키는 장치.
롤-빵 (roll+포 pão) 명 둥글게 말아 구운 빵.
롤 오버 (roll over) 높이뛰기에서, 몸을 옆으로 누이고 바(bar) 위를 넘는 방법.
롤인 (roll-in) 명 **1** 하키에서, 공이 사이드라인 밖으로 나갔을 때에 공을 내보낸 상대편 선수가 공을 자유로운 방향으로 굴려 들여 다시 경기를 하는 일. **2** 럭비에서, 스크럼을 짠 후 그 사이에 공을 굴려 넣는 일.
롤 인쇄기 (roll印刷機) 〔인〕 활판 인쇄기의 하나《반반한 판면(版面)을 롤러로 눌러 인쇄하는 방식의 기계》.
롤-필름 (roll film) 명 필름을 되감는 틀에 감긴 긴 필름.
롬 (loam) 명 **1** 〔지〕 점토에 석영·운모의 가루나 수산화철 등이 섞여 황갈색으로 보이는 토양《건조하면 부스러지기 쉬움》. **2** 거푸집을 만들 때 쓰는 모래와 점토의 혼합물.
롬 (ROM) 명 〔read only memory〕 〔컴〕 읽기 전용의 기억장치. 한번 데이터를 기록하면 다시는 그 내용을 바꿀 수 없고 읽을 수만 있음. 읽기 전용 기억 장치.
롬퍼스 (rompers) 명 아래위가 붙은 모양으로 서너 살 먹은 어린아이의놀이옷.
-롭다 [-따] 〔-로워, -로우니〕 미ㅂ 받침 없는 명사나 어간 뒤에 붙어, '그러하다'·'그럴만하다'의 뜻의 형용사를 만드는 말. ❏평화~ / 이~ / 애처~. *-스럽다.
롱도 (프 rondeau) 명 〔악〕 '론도(rondo)'의 프랑스 이름.
롱런 (long-run) 명하자 **1** 〔연〕 연극이나 영화의 장기 흥행. ❏영화는 5개월 이상이나 ~하다. **2** 권투에서, 챔피언이 여러 도전자를 방어해서 선수권을 장기간 보유하는 일.
롱런 시스템 (long-run system) 〔연〕 흥행 일수를 미리 정하지 않고 관객이 줄지 않는 이상, 한 작품을 장기간 상연하는 제도. 장기 흥행제.
롱 숏 (long shot) 〔연〕 카메라를 피사체에서 멀리하여 전경(全景)을 모두 찍게 하는 촬영 방법. 원사(遠寫). ↔클로즈업.
롱 슛 (long shoot) **1** 축구에서, 골을 향해 멀리서 공을 차 넣는 일. **2** 농구에서, 먼 거리에서 바스켓을 향하여 공을 던지는 일.
롱-스커트 (long skirt) 명 긴치마.
롱-톤 (long ton) 의명 영국톤. 1롱톤은 2,240 파운드. 그로스톤(gross ton). 기호 : lt. ↔쇼트톤(short ton).
롱 패스 (long pass) 축구·농구·핸드볼 따위에서, 공을 길게 차거나 던져서 하는 패스.
롱플레잉 레코드 (long-playing record) 〔연〕 엘피반(LP盤).
롱수 명 〈옛〉 용수.
-롸 어미 〈옛〉 -노라.
뢴트겐 (독 Röntgen) ㊀명 〔물〕 **1** '뢴트겐선'의 준말. **2** 〔물〕 '뢴트겐 사진'의 준말. ❏~을 찍다. ㊁의명 〔물〕 엑스선이나 감마선(γ線)의 양이나 세기를 나타내는 단위. 기호는 R.
뢴트겐 사진 (Röntgen寫眞) 〔물〕 엑스선 사진. ㊟뢴트겐.
뢴트겐-선 (Röntgen線) 명 〔물〕 엑스선. ㊟뢴트겐.
뢴트겐 요법 (Röntgen療法) [-뻡] 〔의〕 엑스선 요법. ❏~으로 치료받다.
뢴트겐 촬영 (Röntgen撮影) 〔물〕 엑스선을 이용해 물체 속을 사진 찍는 일.
-료 (料) 미 **1** '대금·요금'의 뜻. ❏보험~ / 수업~. **2** '재료'의 뜻. ❏향신~ / 조미~.
-루 (樓) 미 '높은 건물·다락집·요릿집'의 뜻. ❏경회~ / 촉석~.
루골-액 (Lugol液) 명 〔약〕 요오드·요오드화칼륨·글리세린 따위의 혼합액《살균·소독 작용이 있어 후두염·편도선염 따위에 바름》.
루머 (rumour) 명 터무니없는 소문. 뜬소문. 유언(流言). 풍문(風聞). ❏~가 떠돌다.
루멘 (lumen) 의명 〔물〕 광속(光束)의 국제 단위. 1칸델라의 점광원(點光源)을 중심으로 하여 1m 반경으로 그린 구면(球面) 위에서 1m^{2}의 면적을 통과하는 빛의 다발. 기호는 lm.
루미놀 (luminol) 명 〔화〕 혈액 속에서 과산화수소를 작용시키면 파란 형광을 내는 유기

화합물《혈흔(血痕)의 감식에 이용함》.

루바시카 (러 rubashka) 圓 러시아의 민족 의상으로 남자들이 입는 윗옷《낙낙하게 지어 깃을 세우고 옷깃을 왼쪽 앞가슴에서 단추로 여미며 허리를 끈으로 맨》.

루바토 (이 rubato) 圓〖악〗박자에 얽매이지 않고 자유롭게 템포를 잡는 연주법이나 창법.

루버 (louver) 圓〖건〗비늘살.

루블 (rouble, 러 rubl') 의圓 러시아의 화폐 단위《1 루블은 100 코페이카》. 기호는 Rub.

루비 (ruby) 圓 **1**〖광〗강옥석(鋼玉石)의 하나《붉은빛을 띤 보석》. 홍보석. 홍옥(紅玉). **2**〖인〗7호 활자를 달리 일컫는 말.

루비듐 (rubidium) 圓〖화〗알칼리 금속의 하나. 은백색의 금속으로 칼륨과 성질이 비슷함《β 붕괴를 하며 반감기는 4.8×10^{10} 년임》. [37 번: Rb : 85.47]

루비 유리 (ruby琉璃) 圓〖공〗유리 속에 금·은·구리·셀렌 따위가 교질상(膠質狀)으로 분산되어 루비처럼 붉은빛을 띤 유리《공예·필터 따위에 씀》.

루스 볼 (loose ball) 농구에서, 어느 편의 것인지 분명하지 않은 상태의 공.

루스 스크럼 (loose scrum) 럭비에서, 공의 둘레에 둘 이상의 양편 선수가 밀집해 있을 때 이루어지는 스크럼.

루스티카나 (이 rusticana) 圓〖악〗루스티코.

루스티코 (이 rustico) 圓〖악〗'전원적(田園的)으로·민요적으로'의 뜻. 루스티카나.

루스-하다 (loose—) 圓 태도나 행동에 절제가 없거나 긴장이 풀려 있다. ▷루스한 성격.

루스페라아제 (독 Luciferase) 圓〖화〗반딧불이 따위의 발광체 내에 있는 단백질성 물질《공기 속에서 산화성 물질인 루시페린을 산화시키며 그 산화 에너지로 빛을 냄》. 발광(發光) 효소.

루시페린 (luciferin) 圓〖화〗반딧불이 따위의 몸 안에 있는 발광 물질《루시페라아제와 결합하여 빛을 냄》. 발광소(發光素).

루어 (lure) 圓 인조(人造) 미끼. 낚싯바늘.

루어 낚시 (lure—)[—낚씨] 인조 미끼를 달아서 하는 낚시질.

루이사이트 (lewisite) 圓〖화〗피부를 썩어 문드러지게 하는 강렬한 독가스《삼염화비소와 아세틸렌의 화합물로서 무색·악취의 액체로 공기와 접촉하면 조해(潮解)가 됨》.

루주 (프 rouge) 圓 **1** 연지와 입술연지의 총칭. **2** 입술연지. 립스틱.

루지 (luge) 圓 **1** 스위스에서, 산을 타는 데 쓰는 일 인승의 썰매. **2** 동계 올림픽 경기 종목의 하나. 썰매에 사람이 등을 대고 누운 자세로 타고, 1,000 m 길이의 도랑처럼 뚫린 빙판 길을 미끄러져 내림.

루테늄 (ruthenium) 圓〖화〗백금족 원소의 하나. 회백색 또는 은백색이며 단단하면서도 부서지기 쉬운데 접촉 작용이 커서 촉매로 씀《파라듐과의 합금은 장식·만년필의 펜촉 따위에 씀》. [44 번 : Ru : 101.07]

루테튬 (lutetium) 圓〖화〗희토류 원소의 하나《아직 순수한 금속으로는 얻어지지 못함. 산화물 및 이온의 빛은 무색임》. [71 번 : Lu : 174.97]

루트 (root) 圓 **1**〖수〗근(根)《기호 : √》. 근수. **2**〖언〗어근(語根). **3**〖악〗밑음(音).

루트 (route) 圓 **1** 길. ▷항공 ∼. **2** 물품이나 정보 따위가 전해지는 경로. 통로. 경로. ▷수송 ∼ / 판매 ∼. **3** 연계를 맺거나 연락하는 방법. ▷공식 ∼로 알아보다.

루틴 (routine) 圓〖컴〗프로그램의 일부분으로, 특정한 기능을 수행할 수 있도록 마련된 일련의 명령《입력 루틴·출력 루틴·진단(診斷) 루틴 따위》.

루틴 (rutin) 圓〖화〗담배의 잎이나 토마토의 줄기 속에 포함되어 있는 배당체(配糖體)의 하나《혈관(血管)이 약해짐을 방지하고 고혈압·뇌일혈의 치료 및 예방에 씀》.

루프 (loop) 圓 **1** 고리. 동그라미. **2** 스케이팅에서, 한쪽 스케이트 끝으로 그린 곡선. **3** 테니스에서, 부드럽게 곡선을 이루는 타구(打球). **4** 파임 용구의 하나. 자궁 내에 장치하는 금속제·플라스틱제의 고리. **5**〖전〗'루프 안테나'의 준말. **6** '루프선(線)'의 준말. **7**〖컴〗일련의 명령군을 일정한 횟수나 주어진 조건이 이루어질 때까지 반복해서 수행하는 일. 순환.

루프-선 (loop線) 圓 경사가 심한 곳에서 경사를 완만히 하기 위해 나사 모양으로 부설한 선로. 같은 지점을 고도를 달리해 빙빙 돌면서 차차 높은 곳으로 올라가게 함. ▷루프.

루프식 터널 (loop式tunnel) 경사가 심하여 기차가 직접 올라갈 수 없는 지점에 선로를 나선 모양으로 우회시켜 경사를 완만하게 한 터널. 속칭: 따리굴.

루프 안테나 (loop antenna) 〖전〗텔레비전·라디오 수신용의 고리 모양으로 된 안테나《주로 실내용으로 씀》. ▷루프.

루피 (rupee) 의圓 인도·미얀마·파키스탄·네팔 등지의 화폐 단위.

루핀 (lupine) 圓〖식〗콩과의 여러해살이풀. 북아메리카 원산으로 키는 70 cm 가량이고, 잎은 손바닥 모양이며 겹잎임. 이른 여름에 자줏빛 또는 흰 꽃이 총상꽃차례로 줄기 끝에 핌. 관상용으로 재배함.

루핑 (roofing) 圓〖건〗섬유 제품에 아스팔트 가공을 한 방수지《지붕의 기와 밑에 깖》.

룬 (loon) 圓〖군〗미국 육군에서 직사용(直射用)으로 고안한 로켓탄.

룰 (rule) 圓 규칙《운동 경기나 놀이에서 질서나 법칙을 말함》. ▷∼을 지키다.

룰렛 (roulette) 圓 **1** 도박 도구의 하나《직사각형 테이블 중앙에 1 에서 36 까지 숫자를 박은 구멍이 둘린 원반을 놓고, 원반에서 작은 공을 던져 원반을 정지시켰을 때 공이 들어간 구멍의 숫자로 내기함》. **2** 양재에서, 점선을 치는 톱니바퀴가 달린 기구.

룸메이트 (roommate) 圓 기숙사·하숙 따위에서, 같은 방을 쓰는 사람.

룸바 (에 rumba) 圓 쿠바의 민속 춤곡. 또는 그 춤. 특수한 타악기를 사용하며 빠른 4 분의2 박자 계통임.

룸-살롱 (room—프 salon) 圓 칸막이가 있는 방에서 양주·맥주 따위의 술을 마시게 된 고급 술집.

룸서비스 (room service) 圓 호텔 따위에서, 객실에 음식물을 날라다 주는 서비스.

룸펜 (독 Lumpen) 圓 부랑자 또는 실업자(失業者). ▷∼ 생활.

룻-기 (Ruth記) 圓〖기〗구약 성서의 한 편. 모압의 여인 룻의 생애를 기록한 전원시적(田園詩的)인 역사서.

−류 (流) 의 어떤 사람·유파의 특유한 방식·경향의 뜻. ▷자기∼ / 영국∼.

−류 (類) 의 **1** 그와 같은 종류에 속하는 것을 가리키는 말. ▷금속∼ / 염기∼. **2**〖생〗생물

분류학에서 '계(界)·문(門)·강(綱)·목(目)·과(科)·속(屬)·종(種)' 따위에 해당하는 분류군(分類群)을 관용으로 쓰는 말. ❏곤충~ / 양치~.

류거흘 [명] 〈옛〉 털이 검고 배만 흰 말.

류머티즘 (rheumatism) [명] 〖의〗 급성·만성의 관절 류머티즘 및 근육 류머티즘의 총칭《관절 류머티즘은 한랭·습기 따위로 관절이 붓고 쑤시며 열이 나고, 근육 류머티즘은 등과 허리가 따끔따끔 아프고 열은 없음》.

류트 (lute) [명] 〖악〗 가장 오래된 현악기의 하나《만돌린과 비슷하며 이집트·아라비아를 거쳐 중세 때 유럽에 들어와 18세기 말엽까지 독주용·합주용으로 썼음》.

룩색 (rucksack) [명] 등산·하이킹 등을 할 때, 필요한 것을 넣어 등에 지는 배낭의 하나.

-률 (律)[뉼] [미] 'ㄴ' 받침 이외의 받침 있는 명사 뒤에 붙어, '법칙'의 뜻을 나타내는 말. ❏황금~ / 도덕~. *-율.

-률 (率)[뉼] [미] 'ㄴ' 받침 이외의 받침 있는 명사 뒤에 붙어, '비율'의 뜻을 나타내는 말. ❏합격~ / 사고 발생~. *-율.

르 [조] 〈옛〉 로.

르네상스 (프 Renaissance) [명] 〖역〗 14세기 말엽에서 16세기 초에 걸쳐 이탈리아를 중심으로 전 유럽에 퍼진 학문상·예술상의 혁신 운동《인간성의 존중, 개성의 해방을 목표로 하고, 그리스·로마 고전 문화의 부흥을 추구하여, 유럽 문화의 근대화에 사상적 원류가 되었음》. 문예 부흥.

르 불규칙 용:언 (-不規則用言)[-칭농-] 〖언〗 르 불규칙 활용을 하는 용언.

르 불규칙 활용 (-不規則活用)[-치쾌룡] 〖언〗 어간의 끝 음절 '르'와 관계되는 불규칙 활용으로, 어간의 끝 음절 '르'가 모음 앞에서 'ㄹ' 받침으로 줄고 어미 '아'·'어'·'이'가 각각 '라'·'러'·'리'로 변하는 형식《'고르다'가 '골라'로 변하는 따위》.

르포 (←프 reportage) [명] '르포르타주'의 준말. ❏현지 ~.

르포-라이터 (←프 reportage+영 writer) [명] 어떤 사건이나 고장, 풍물 따위를 현지에서 직접 취재하여 기사로 싣거나 책으로 내는 사람.

르포르타주 (프 reportage) [명] **1** 신문·잡지·방송 따위에서, 현지 보고나 보고 기사. **2** 〖문〗 사회적인 현실을 보고자의 주관을 곁들이지 않고 객관적으로 서술한 문학. 기록 문학. 보고 문학. [준]르포.

를 [조] 받침 없는 체언에 붙어, 목적격을 만드는 목적격 조사. ❏나~ 보라 / 국기~ 꽂다 / 흥분이 가라앉지~ 않다. [준]ㄹ. *을.

리 (里) [의명] 우리나라 거리의 단위《1리는 약 0.4 km》. ❏천 ~를 멀다 않고.

리 (浬) [의명] 해리(海里).

리 (理) [의명] 어미 '-ㄹ' 뒤에 붙어, '까닭·이치'의 뜻으로 쓰는 말《반드시 부정이나 반문하는 말로 뒤가 이어짐》. ❏올 ~가 없다 / 그 회사가 망할 ~가 있나.

리 (釐·厘) [의명] 숫자 뒤에서 이(釐)의 뜻으로 쓰는 말. ❏일 전 오 ~ / 2푼 5 ~.

-리-¹ [미] 어간의 끝 음절이 'ㄹ'·'ㅀ', 또는 'ㄹ'인 자동사 또는 타동사를 사동사 또는 피동사로 만드는 어간 형성 접미사. ❏얼~다 / 놀~다 / 풀~다 / 곯~다 / 굴~다 / 잘~다. *-구-·-기-·-우-·-이-.

-리 (裏) [미] '안·가운데·속' 따위의 뜻. ❏암암~ / 비밀~에 진행되다 / 성황~에 끝나다.

-리-² [선어미] 받침 없는 용언의 어간에 붙는 선어말 어미. **1** 어떤 여건에 대한 추측을 나타내는 말. ❏노력하는 만큼 꼭 성공하~라. **2** 어떤 일을 할 의지를 나타내는 말. ❏다시 전화하~다. *-으리-.

-리 [어미] **1** 받침이 없거나 'ㄹ' 받침 어간에 붙어, 혼자 스스로 묻거나 반문하는 뜻을 나타내는 종결 어미. ❏난들 어이 하~ / 그게 어찌 사람의 짓이~. **2** '-리라'의 준말. ❏나는 자유의 역군이 되~ / 그 사람이 필시 도둑이~. *-으리.

리간드 (ligand) [명] 〖화〗 착(錯)화합물에서, 중심 원자나 이온에 배위(配位)하고 있는 원자나 원자단. 배위자(配位子).

리고로소 (이 rigoroso) [명] 〖악〗 '박자를 정확하게'의 뜻.

리골레토 (이 rigoletto) [명] 〖악〗 4분의3 박자의 이탈리아 춤곡. 또는 그에 맞춰서 추는 춤.

리그 (league) [명] **1** 야구·축구·농구 따위 경기 단체의 연맹. **2** 리그전.

리그닌 (lignin) [명] 〖식〗 고등 식물의 물관(管)·섬유 등의 세포벽에 축적되는 물질. 이것에 의해 세포가 목화(木化)되고 단단해짐.

리그로인 (ligroin) [명] 〖화〗 석유 에테르의 하나. 석유를 분리할 때 100-150 ℃에서 나오는 액체로, 페인트나 니스 및 실험실용의 각종 용매(溶媒)로 씀《석유 에테르나 벤진과 같은 뜻으로도 씀》.

리그-전 (league戰) [명] 경기에 참가한 개인이나 팀이 적어도 한 번은 다른 모든 선수나 팀과 경기를 벌이는 경기 방식. 가장 많이 이긴 개인이나 팀이 우승하게 됨. 리그. 연맹전. *토너먼트.

리기다-소나무 (rigida-) [명] 〖식〗 소나뭇과의 상록 침엽 교목. 북아메리카 원산. 잎은 3-4개씩 모여 남. 베어도 다시 움이 돋으므로 조림에 적합하며 수지용·장작·재목으로 씀.

-리까 [어미] 합쇼할 자리에서, 받침 없는 동사 어간에 붙어, 손윗사람에게 미래의 일이나 의향을 물을 때 쓰는 종결 어미. ❏언제 오~ / 어떻게 하~. *-으리까.

리넨 (linen) [명] 아마(亞麻)의 섬유로 짠 얇은 직물의 총칭. 굵은 실로 짠 것은 양복지, 가는 실로 짠 것은 셔츠·손수건 따위로 씀. 아마포(亞麻布).

리놀레-산 (←linoleic酸) [명] 〖화〗 필수 지방산의 하나. 무색무취의 액체로, 면실유(綿實油)·옥수수유에서 단리(單離)시켜 정제함. 동맥 경화 예방에 효과가 있음《도료·비누 따위에 씀》.

리놀렌-산 (←linolenic酸) [명] 〖화〗 필수 지방산의 하나. 무색무취의 액체로, 아마인유(亞麻仁油) 등의 건성유 속에 글리세롤 에스테르로서 존재함《의약·도료 등에 씀》.

리놀륨 (linoleum) [명] 〖건〗 아마인유(亞麻仁油)의 산화물인 리녹신에 나무의 진·고무질 물질·코르크 가루 따위를 섞어 삼베 같은 데에 발라서 두꺼운 종이 모양으로 눌러 편 것《서양식 건물의 바닥이나 벽에 붙임》. ❏~ 장판.

-리니 [어미] 받침 없는 어간에 붙어, '-ㄹ 것이니'의 뜻을 나타내는 연결 어미. ❏사노라면 기쁜 날도 오~ / 그는 훌륭한 분이~ 잘 따르렷다. *-으리니.

-리니라 [어미] 받침 없는 어간에 붙어, '-ㄹ 것이니라'의 뜻을 나타내는 종결 어미. ❏봄이면 꽃도 피~ / 벌써 봄이~. *-으리니라.

-리다 [어미] **1** 받침 없는 동사 어간에 붙어, 하

오할 자리에 쓰여, 그렇게 하겠다는 뜻으로 자기 의사를 서술하는 종결 어미. ❏ 곧 돌아오~. **2** 받침 없는 어간에 붙어, '그러할 것이오'의 뜻으로 하오할 자리에서 추측·경고하는 뜻을 나타내는 종결 어미. ❏ 무리한 병나~ / 필시 도둑이~. *-으리다.

리더 (leader) 몡 조직이나 단체에서 전체를 이끌어 가는 위치에 있는 사람. 지도자. ❏~로 삼다.

리더십 (leadership) 몡 지휘자로서의 능력이나 자질. 통솔력. 지도력. ❏~이 있는 사람 / ~을 발휘하다.

리덕션 기어 (reduction gear) 〖공〗 감속 장치.

리드 (lead) 몡하囝囼 **1** 선두에 섬. 앞장섬. 지휘. 인도. ❏ 부장의 ~가 훌륭하다. **2** 운동 경기 따위에서, 상대보다 몇 점을 앞서 얻음. 또는 우세한 입장이 됨. ❏ 우리 팀이 ~하고 있다. **3** 야구에서, 주자(走者)가 도루하려고 베이스에서 떨어짐. ❏ 2루에서 ~하다. **4** 신문의 기사 따위에서, 본문 앞에 그 요점을 추려서 쓴 짧은 문장.

리드 (reed) 몡 〖악〗 **1** 피리·리드 오르간·오보에·클라리넷 등의 악기에 장치하는 얇은 떨림판(쇠나 갈대로 만들며, 입으로 불면 떨리어 소리를 냄). 혀. **2** 바순·클라리넷 등 리드가 있는 악기의 총칭.

리드미컬-하다 (rhythmical-) 혬囼 율동적·음률적인 특성이 있다. ❏ 리드미컬한 음악.

리드 오르간 (reed organ) 〖악〗 금속제 리드가 있고, 페달을 밟아 공기를 넣어 소리를 내는, 음역(音域)이 좁은 작은 오르간(풍금).

리듬 (rhythm) 몡 **1**〖문〗 운율. **2**〖악〗 음악의 3요소 중의 하나. 음의 높낮이와 세기가 일정한 사이를 두고 거듭되는 것. ❏~ 악기. **3** 일정한 규칙에 따라 반복되는 움직임. ❏ 생활의 ~이 깨지다. **4**〖미술〗 선(線)·형·색의 비슷한 요소를 반복하여 이루는 통일된 느낌감. ❏~을 타다.

리듬 댄스 (rhythm dance) 사교 댄스 가운데 비교적 자유로운 형의 댄스. 일정한 형식이 없고 혼잡한 장소에서도 쉽게 출 수 있음(폭스트롯·왈츠·탱고 따위).

리듬 앤드 블루스 (rhythm and blues) 〖악〗 제2차 세계 대전 후, 미국의 흑인들 사이에 유행하기 시작한 팝 음악. 로큰롤의 모태가 된 것으로, 강렬한 리듬과 단순한 멜로디가 특징임. 아르 앤드 비.

리듬 체조 (rhythm體操) 반주 음악에 맞추어 연기하는 여자의 체조 경기(공·링·로프·리본·곤봉·홀라후프 따위의 소도구를 이용함). 신체조.

리라 (ㄱ lyra) 몡 〖악〗 **1** 고대 그리스의 작은 현악기. 하프와 비슷한데 '유(U)'·'브이(V)'자 모양의 틀 위쪽에 막대기를 지르고 4, 7 또는 10 현을 걺. 라이어. **2** 취주악에 사용하는 휴대 연주용의 조그만 철금(鐵琴).

리라 (이 lira) 의囼 이탈리아의 화폐 단위. 기호는 L.

-리라 어ᄆ 받침 없는 어간에 붙어, '-ㄹ 것이다'의 뜻으로 추측이나 미래의 의지를 나타내는 종결 어미. ❏ 사흘 후면 오~ / 바로 이런 곳이 무릉도원이~. ㉜-리. *-으리라.

-리랏다 어ᄆ 〈옛〉 -리로다.

-리로다 어ᄆ 받침 없는 어간에 붙어, 감탄조로 '-리라'의 뜻을 나타내는 종결 어미. ❏ 정처 없이 가~ / 그냥 놔두면 무너지~ / 새 세상이 오~. *-으리로다.

-리로소냐 어ᄆ 〈옛〉 -ㄹ쏘냐.

-리로소이다 어ᄆ 〈옛〉 -ㄹ 것입니다.

리르다 囝 〈옛〉 이르다.

리리시즘 (lyricism) 몡 시나 음악 따위에 표현된 서정적인 정취. 서정시조(調). 서정(抒情)주의.

리릭 소프라노 (lyric soprano) 〖악〗 목소리가 서정적인 노래를 부르기에 적합한 소프라노.

리릭 테너 (lyric tenor) 〖악〗 목소리가 서정적인 노래를 부르기에 적합한 테너.

-리만큼 어ᄆ 받침 없는 형용사·동사 어간에 붙어, '-ㄹ 정도로'의 뜻을 나타내는 연결 어미. ❏ 몸을 못 가누~ 마시다 / 흡족하리비가 왔다. *-으리만큼.

리머 (reamer) 몡 〖공〗 드릴 따위로 뚫은 구멍을 정밀하게 다듬는 공구.

리메이크 (remake) 몡囼 예전에 있던 영화·음악·드라마 따위를 새롭게 다시 만듦. *리바이벌.

-리며 어ᄆ 〈옛〉 -ㄹ 것이며.

리모델링 (remodeling) 〖건〗 낡은 건축물의 골조는 그대로 둔 채 배관·설비·마감재 따위를 완전히 교체하여 고치는 일.

리모컨 (←remote control) 몡 **1**〖물〗 '리모트 컨트롤'의 준말. **2** 원격 제어용의 장치. ❏~으로 텔레비전을 켜다.

리모트 컨트롤 (remote control) 〖물〗 원격 제어. 원격 조작. ㉜리모컨.

리무진 (ㅍ limousine) 몡 **1** 운전석과 뒤 좌석 사이를 칸막이한 호화로운 대형 승용차. **2** 공항 이용객 전용 버스.

리바운드 (rebound) 몡 **1** 농구에서, 슛한 공이 골인하지 않고 튀어 나오는 일. ❏~ 볼 / ~ 슛. **2** 배구에서, 상대편의 블로킹에 걸려 공이 되돌아오는 일. **3** 럭비에서, 공이 손·발·다리 이외의 곳에 맞고 상대편의 방향으로 나아가는 일.

리바이벌 (revival) 몡囼 **1**〖연〗 오래된 영화와 연극 등을 다시 상영함. **2** 지나간 유행 따위가 다시 유행함. ❏~된 유행가 / ~ 붐. *리메이크.

리버럴-하다 (liberal-) 혬 자유주의를 믿고 따르는 태도가 있다. ❏ 리버럴한 행동.

리베로 (libero) 축구에서, 최종 수비수 역할을 맡으면서 공격에도 적극 가담하는 선수.

리베이트 (rebate) 몡 〖경〗 판매자가 지급 대금의 일부를 사례금·보상금의 형식으로, 일정 비율의 금액을 산 사람에게 돌려주는 일. 또는 그 돈(흔히, '뇌물'의 뜻으로 씀).

리베터 (riveter) 몡 〖공〗 버섯 모양의 굵은 못을 박아 죄는 기계.

리벳 (rivet) 몡 〖공〗 대가리가 둥글고 두툼한 버섯 모양의 굵은 못(빌딩·철교 등의 철골의 조립 또는 선체 철판의 연결 따위에 씀).

리보솜 (ribosome) 몡 〖생〗 세포질 속에 들어 있는 소포체(小胞體)·미토콘드리아(mitochondria)·엽록체에서 존재하는 아주 작은 알갱이 모양의 물질. 함유한 리보 핵산에 의해 단백질의 생합성(生合成)을 함.

리보오스 (ribose) 몡 〖화〗 펜토오스(pentose)의 하나로 백색 결정(結晶). 물에 녹으며, 리보 핵산이나 조효소(助酵素)의 구성 성분으로 생체에 널리 분포함.

리보플래빈 (riboflavin) 몡 〖화〗 '비타민 B₂'의 미국에서의 별칭.

리보 핵산 (←ribose核酸)[-싼] 〖생〗 리보오스에 들어 있는 핵산. 단백질과 결합하여 세포

질 속에서 리보솜의 중요 성분을 이루며, 단백질 합성에 중요한 역할을 함(전령 RNA·운반 RNA 따위가 있음). 아르엔에이(RNA). ＊디옥시리보 핵산.

리본 (ribbon) 뗑 **1** 끈이나 띠 모양의 장식용 헝겊(모자나 옷의 목 닿는 부분에 매어 예식용·장식용으로 씀). □ ～으로 머리를 묶다. **2** 타자기·워드프로세서에 쓰는, 잉크 먹인 좁은 띠 모양의 물건. **3** 리듬 체조에 쓰는, 긴 띠 모양의 천(손잡이가 달려 있음).

리볼버 (revolver) 뗑 회전식 연발 권총.

리뷰 (review) 뗑[하타] **1** 비평. 평론. 서평(書評). **2** 평론 잡지.

리브레토 (이 libretto) 뗑 《악》 대규모의 성악곡. 특히, 오페라의 대본이나 가사.

리비도 (독 Libido) 뗑 《심》 정신 분석학에서, 인간 행동의 밑바탕을 이루는 성적 욕망.

리비툼 (라 libitum) 뗑《악》'자유롭게'의 뜻.

리비히 냉각기 (Liebig冷却器)[－끼] 《화》 액체를 증류할 때 쓰는 냉각기(독일의 화학자 리비히가 고안하였음).

리빙 키친 (living+kitchen) 《건》 부엌과 식당, 거실을 겸하도록 설계된 방.

리사이틀 (recital) 뗑《악》 독주회. 또는 독창회. □ 피아노 ～.

리서치 (research) 뗑 조사. 조사 연구.

리세 (프 lycée) 뗑《교》 프랑스의 대학 진학자를 위한 중등학교. 국립 또는 공립학교로서 수업 연한은 7년제임.

리센코 학설 (Lysenko學說)[－썰] 《생》 멘델리즘에 반대하는 유전학의 학설(환경이 바뀌면 새로운 유전을 할 수 있다고 주장).

리셉션 (reception) 뗑 어떤 사람을 환영하거나 어떤 일을 축하하기 위하여 베푸는 공식적인 모임. □ ～에 참석하다.

리셋 (reset) 뗑《컴》 **1** 작동한 데이터 처리 시스템을 작동 전의 상태로 되돌리는 일. **2** 기억 장치나 계수기, 레지스터 따위를 영(零)의 상태로 되돌리는 일.

리소그래피 (lithography) 뗑《인》 석판(石版)으로 인쇄하는 기술. 또는 그 인쇄.

리소좀 (lysosome) 뗑《생》 가수 분해 효소를 많이 함유하고 소화 작용을 하는, 세포의 작은 기관. 식세포 작용을 하는 세포에 많이 있으며, 세균 따위의 이물(異物)이나 노후한 자신의 세포를 소화하는 따위의 구실을 함.

리솔루토 (이 risoluto) 뗑《악》'힘차고 분명하게·단호하게'의 뜻.

리스 (lease) 뗑《경》 기계·설비·기구 따위의 장기간의 걸친 임대. 임대(賃貸).

리스 (독 Riss) 뗑 등산 용어로, 바위의 갈라진 틈. 클레프트(cleft).

리스 산:업 (lease産業) 《경》 일반 기업이나 상점에서 부동산을 제외한 각종 산업 설비 곧. 컴퓨터 등의 사무 기계·공작 기계·자동판매기 따위를 임대하는 산업(1년 이상의 장기 계약이며, 빌린 것은 반영구적으로 쓰게 됨).

리스크 (risk) 뗑 **1** 위험. □영업상의 ～／～가 적다[크다]. **2**《경》 보험에서, 손해를 입을 가능성.

리스테소 템포 (이 listesso tempo) 《악》'먼저와 같은 빠르기로'의 뜻.

리스트 (list) 뗑 목록. 표. 명부. 일람표. 가격표. 명세서. □미술품의 ～／전출 ～에 오르다.

리시버 (receiver) 뗑 **1** 수신기. 수화기. 이어폰. **2** 테니스·탁구·배구 따위의 경기에서, 리

시브하는 사람.

리시브 (receive) 뗑[하타] 테니스·탁구·배구에서, 서브(serve)한 공을 받아넘김.

리신 (lysine) 뗑《화》 필수 아미노산의 하나. 동물 발육에 필요한 요소로, 동식물성 단백질 중에 많이 함유되어 있음.

리아스식 해:안 (rias式海岸)[－시캐－] 《지》 해안선이 톱니처럼 굴곡이 심하고 복잡하게 들쭉날쭉한 해안.

리액터그레이드 지르코늄 (reactorgrade zirconium) 《화》 원자로의 구조 재료로 쓰기 위하여 하프늄(hafnium)의 함유량을 0.01 ％ 이하로 해낸 순도의 지르코늄.

리어엔진 버스 (rear-engine bus) 《공》 엔진이 차체의 뒤쪽에 있는 버스(운전사의 시계(視界)가 넓어지고 시끄러운 엔진 소리를 피할 수 있음).

리어-카 (rear+car) 뗑 자전거 뒤에 달거나 사람이 직접 끌기도 하는, 바퀴가 둘 달린 작은 수레. 손수레.

리얼리스트 (realist) 뗑《철》 **1** 사실주의자. **2** 현실주의자. **3** 실재론자.

리얼리즘 (realism) 뗑《철》 **1** 현실주의. **2** 사실주의. **3** 실재론.

리얼리티 (reality) 뗑 **1** 진실성. 현실성. **2** 실재성(實在性).

리얼-하다 (real－) [혱[여] 현실과 같은 느낌이 있다. 사실적(寫實的)이다. □리얼한 묘사.

-리여 [어미] 〈옛〉-랴. -리오.

리을 뗑 한글 자모의 자음 'ㄹ'의 이름.

-리이다 [어미] 〈옛〉-리다.

-리잇고 [어미] 〈옛〉-ㄹ 것입니까.

리어 [옛] 잉어.

-리이다 [어미] 〈옛〉-리다. -ㄹ 것입니다.

-리잇고 [어미] 〈옛〉-ㄹ 것입니까.

리젠트 (regent) 뗑 앞 머리카락을 높게 하여 위로 빗어 넘기고, 옆 머리카락을 뒤로 빗어 붙인 남자 머리 모양의 하나.

리조트 (resort) 뗑 피서·피한(避寒)·휴양을 위해 마련한 곳. 휴양지.

리졸 (독 Lysol) 뗑《화》 크레졸 비눗물(0.5 ％의 수용액으로 묽게 하여 소독제·청정제(淸淨劑)로 쓰고 있음).

리치 (reach) 뗑 권투 따위에서, 팔을 최대한 쭉 뻗어 미치는 범위. □ ～가 길다.

리케차 (rickettsia) 뗑《의》 세균보다 작고 바이러스보다 큰 미생물의 총칭(발진 티푸스 따위의 병원체).

리코더 (recorder) 뗑《악》 세로로 부는 플루트의 하나인 목관 악기.

리코딩 (recording) 뗑 레코드·라디오 따위의 녹음·녹화.

리콜 (recall) 뗑 **1**《경》 리콜제. **2** 요트 경기에서, 출발 신호보다 먼저 나간 요트를 불러들이는 일.

리콜-제 (recall制) 뗑 **1**《경》 결함 상품 등을 회수하는 제도. 상품에 결함이 발견될 경우, 생산자는 공개적으로 회수하여 무료로 점검·교환·수리하여 주는 제도. **2**《정》소환제.

리큐어 (liqueur) 뗑 혼성주의 하나. 알코올에 설탕과 식물성 향료 따위를 섞어서 만듦.

리타르단도 (이 ritardando) 뗑《악》'점점 느리게'의 뜻(기호 : rit).

리터 (liter) 뗑 부피의 단위(4 ℃의 물 1 kg의 부피가 1 리터임). 기호 : *l*·L.

리터치 (retouch) 뗑 그림·조각·사진 따위에서, 수정하거나 가필하는 일.

리턴 매치 (return match) 권투 따위에서, 선

수권을 빼앗긴 사람이 선수권 보유자에게 다시 도전하여 싸우는 경기. *복수전.

리테누토 (이 ritenuto) 圆 〖악〗 '그 부분에서부터 좀 느리게'의 뜻〔⤳ riten).

리튬 (lithium) 圆 〖화〗 알칼리 금속 원소의 하나. 은백색 광택이 나며 금속 가운데 가장 가벼움. 물과 작용하면 수산화물이 되며 수소를 발생함〔유기 화합물의 환원제로 쓰임). [3번: Li : 6.941]

리튬 폭탄 (lithium爆彈) 圆 〖군〗 수소화리튬의 열핵(熱核) 반응을 이용한 수소 폭탄. 수소 폭탄보다 부피가 작고 가벼워 비행기에 실을 수 있음.

리트 (독 Lied) 圆 〖악〗 독일에서 발달된 시와 음악이 융합된 서정적인 성악곡. 가곡.

리트머스 (litmus) 圆 〖화〗 '리트머스이끼'류에서 짜낸 자줏빛 색소. 알칼리를 만나면 청색, 산을 만나면 붉은색이 됨〔알칼리성 또는 산성 반응의 지시약(指示藥)).

리트머스 시험지 (litmus試驗紙) 〖화〗 리트머스 종이.

리트머스-이끼 (litmus-) 圆 〖식〗 이끼의 하나. 지중해 지방 및 남반구의 바닷가 바위 위에 붙어 사는데, 몸은 나뭇가지 모양으로 갈라지고 끝이 뾰족함. 높이 4~8cm, 담황색, 혁질(革質)임. 몸 안에 들어 있는 색소에서 리트머스 액을 채취함.

리트머스 종이 (litmus-) 〖화〗 리트머스의 수용액에 적시어 물들인 종이. 산성·알칼리성의 반응을 판별하기 위한 청색과 붉은색의 두 가지가 있음. 리트머스 시험지.

리틀-병 (Little病) 圆 〖의〗 뇌성 소아마비의 하나. 주로 선천적 원인에 따른 것을 가리키는데, 양쪽 아랫다리의 강직성(强直性) 마비가 주요 증세이며, 때로는 지적(知的) 장애를 수반함.

리티곤 (litigon) 圆 〖동〗 타이곤 수컷과 암사자를 교배시킨 잡종. 몸은 사자나 호랑이보다 크고, 사자의 갈기와 황갈색 털을 가지고 있으며, 배는 희고 호랑이처럼 검은 줄무늬가 있음.

리파아제 (독 lipase) 圆 〖화〗 중성 지방(脂肪)을 지방산과 글리세롤로 가수 분해를 하는 효소. 동물에는 췌액(膵液)에, 식물에는 아주까리씨 따위에 많이 들어 있음.

리파이너리 가스 (refinery gas) 〖화〗 석유를 정제할 때 생기는 가스의 총칭.

리포솜 (liposome) 圆 〖화〗 지방산(脂肪酸), 지방 아민 및 콜레스테롤 등에서 조제되는 극히 미세한 피막 입체(被膜粒體)〔막 사이에 약물을 봉입하여, 환부에 대한 우선적 분배, 부작용 경감 따위에 씀).

리포이드 (lipoid) 圆 〖화〗 유지질(類脂質).

리포터 (reporter) 圆 신문·잡지·방송 등 보도 기관의 탐방 기자. 또는 취재 기자.

리포트 (report) 圆 1 조사·연구 따위의 보고나 보고서. 2 학생이 교수에게 제출하는 소논문(小論文). 보고서. □~를 작성하다.

리프레인 (refrain) 圆 시·악곡에서, 두 번 이상 반복되는 각 절의 마지막 부분. 후렴.

리프린트 (reprint) 圆허用 1 사진이나 자료 따위를 복사하는 일. 2 사진의 기법을 사용하여 책 따위를 복제하는 일. 또는 그 판(版). 3 녹음테이프를 복제하는 일.

리프트 (lift) 圆 1 스키장이나 관광지에서, 낮은 곳에서 높은 곳으로 사람을 실어 나르는 의자식의 탈것. 체어리프트. 2 엘리베이터. 3 〖광〗 갱내에서 쓰는 양수 펌프.

리플 (←reply) 圆 댓글. □글에 ~이 달리다.

리플레 (←reflation) 圆 〖경〗 '리플레이션'의 준말.

리플레이션 (reflation) 圆 〖경〗 디플레이션 때문에 지나치게 내린 일반 물가 수준을, 정상의 높이까지 끌어올리기 위하여, 인플레이션이 되지 아니할 정도로 통화량을 늘리는 일. ⤳리플레.

리플렉스 카메라 (reflex camera) 〖연〗 피사체(被寫體)의 상(像)이 반사경에 의해 위쪽에 있는 핀트글라스에 비치는 형식의 카메라〔일안(一眼) 리플렉스 카메라와 이안(二眼) 리플렉스 카메라가 있음).

리플렉터 (reflector) 圆 자동차·자전거의 뒤에 다는 위험 방지용 반사판.

리플릿 (leaflet) 圆 광고·선전용의 인쇄물. 광고지. 광고 쪽지.

리피트 (repeat) 圆 〖악〗 도돌이표.

리필-제품 (refill製品) 圆 다 쓴 용기에 다시 채워 쓸 수 있도록 내용물만 간단하게 포장된 물건.

리허빌리테이션 (rehabilitation) 圆 〖의〗 장기 요양자·신체 장애인 등을 사회생활에 복귀시키기 위한 지도나 훈련. 재활 의학.

리허설 (rehearsal) 圆 〖연〗 연극·음악·방송 따위에서, 공연을 앞두고 실제처럼 하는 연습. 예행 연습.

린네르 圆 ☞ 리넨(linen).

린스 (rinse) 圆 머리털을 감은 뒤, 샴푸나 비누의 알칼리 성분을 중화(中和)시키고 머리털에 윤기를 주기 위하여, 레몬즙이나 유성제(油性劑) 등으로 머리를 헹구는 일. 또는 그것에 쓰는 세제.

린치 (lynch) 圆 법의 정당한 절차를 밟지 않고 사사로이 가하는 잔인한 폭력. 사형(私刑). □~를 당하다 / ~를 가하다.

린포르찬토 (이 rinforzato) 圆 〖악〗 린포르찬도.

린포르찬도 (이 rinforzando) 圆 〖악〗 '특별히 그 소리를 강하게'의 뜻. 린포르찬토.

릴 (reel) 圆圈 1 실·철사·녹화 테이프 따위를 감는 틀. 2 낚싯대의 밑 부분에 달아 낚싯줄을 풀고 감을 수 있게 한 장치. 감개. 3 〖악〗 스코틀랜드 고지인(高地人)의 춤곡. 또는 그에 맞추어 추는 음악. 4 〖영〗 영화용 필름 길이의 단위. 1릴은 약 305 m. 권(卷).

릴-낚시 (reel-)〔-낚씨〕 圆 낚싯대에 릴을 장치하고, 그 손잡이를 돌려서 줄을 풀었다 감았다 하면서 물고기를 잡는 낚시.

릴-낚싯대 (reel-)〔-낚씨때 / -낚씯때〕 圆 낚싯대의 손잡이 부분에 릴을 단 낚싯대.

릴레이 (relay) 圆 1 중계. □성화 ~. 2 계전기(繼電器). 3 '릴레이 경주'의 준말.

릴레이 경:주 (relay競走) 이어달리기. 계주(繼走). □8백 미터 ~. ⤳릴레이.

릴리 얀 (lily yarn) 수예(手藝) 재료의 하나. 인조 견사를 가늘고 둥글게 끈처럼 짠 실.

릴리퍼 (reliefer) 圆 구원 투수.

릴리프 (relief) 圆 돋을새김. 부조(浮彫).

-리식 어미 〈옛〉-ㄹ 것이매.

-리씩 어미 〈옛〉-ㄹ 것이매.

림 (rim) 圆 자동차나 자전거 따위에서, 바퀴를 이루는 둥근 쇠테〔고무 따위로 만든 타이어를 고정시킴).

림 (ream) 圆圈 서양에서 양지(洋紙)를 세는 단위. 1림은 일반 종이를 셀 때에는 480장이고 신문 용지를 셀 때에는 500장임.

-림 (林) ⊡ '숲'·'삼림'의 뜻. ▢국유~ / 보호 ~ / 원시~.

림보 (←라 limbus) 몡〔가〕고성소(古聖所).

림 클러치 (rim clutch)〔공〕둥근 마찰판의 안쪽과 다른 마찰판이 맞닿아 돌면서 동력을 연결하는 클러치.

림프 (lymph) 몡〔생〕고등 동물의 조직 사이를 채우는 무색의 액체〔혈관과 조직을 연결하며, 장에서는 지방을 흡수하고 운반을 함. 세균의 침입을 막고 체표(體表)를 보호함〕. 임파(淋巴). 림프액.

림프-관 (lymph管) 몡〔생〕림프액이 흐르는 관(管). 정맥과 비슷한 구조이며, 정맥과 같은 방향으로 흐름.

림프-구 (lymph球) 몡〔생〕백혈구의 일종. 골수와 림프 조직에서 만들어지고 림프샘·비장(脾臟)·흉선(胸腺) 등에서 증식·분화함. T림프구와 B림프구로 나뉘며, 면역 반응에 직접적으로 작용함.

림프-샘 (lymph−) 몡〔생〕림프가 흐르는 림프관의 각처에 있는 둥근 조직〔목·겨드랑이·살 등에 있으며, 이 안에 들어온 병원균 따위를 없애는 구실을 함〕. 림프선. 림프절. 임파선(淋巴腺).

림프-선 (lymph腺) 몡〔생〕림프샘.

림프-액 (lymph液) 몡〔생〕림프.

림프-절 (lymph節) 몡〔생〕림프샘.

림프절 결핵 (lymph節結核)〔의〕림프샘에 결핵균이 침입하여 생긴 결핵병.

림프절-염 (lymph節炎)[-렴] 몡〔의〕병원균·바이러스·독소 등이 림프관을 통해서 림프절에 도달해 생기는 염증(炎症). 목·다리·살 따위에 잘 생김. 림프선염.

림프절-종 (lymph腫瘤)[-종] 몡〔의〕결핵균·매독균이 침입하여 림프절이 부어오르는 병. 멍울.

립스틱 (lipstick) 몡 여자들이 입술 화장에 쓰는 손가락모양 막대기 모양의 연지. 루주. ▢입술에 붉은 ~을 바르다.

립-싱크 (lip sync) 몡〔연〕텔레비전이나 발성 영화에서, 화면에 나오는 배우나 가수의 입술 움직임과 녹음된 음성을 일치시키는 일.

링 (ring) 몡 1 반지. 2 고리 모양의 물건. 고리. ▢~ 모양의 귀고리. 3 권투나 프로 레슬링 경기의 경기장. ▢~ 위에 오르다. 4 기계 체조 기구의 하나. 위에서 내려뜨린 두 줄의 로프 끝에 쇠고리를 달아 놓은 것. 5 '링 운동'의 준말. 6 피임구의 하나.

링거 (Ringer) 몡 '링거액(液)'의 준말.

링거-액 (Ringer液) 몡〔약〕체액 대용으로 쓰는 생리적 식염수. 중병 환자나 출혈이 심한

사람의 피하나 정맥에 주사함〔영국의 약리학자 링거가 처음 고안함〕. ⊛링거.

링거 주:사 (Ringer注射)〔의〕피하나 정맥에 링거액을 놓는 주사.

링게르 몡 ☞ 링거(Ringer).

링-북 (ring book) 몡 표지 안쪽에 열렸다 물렸다 하는 쇠고리가 있어 종이를 마음대로 더 넣거나 뺄 수 있게 된 공책. 링노트.

링 운:동 (ring運動) 남자 체조 경기의 한 종목. 2개의 로프에 매달린 2개의 링을 사용해 물구나무서기·십자버티기 따위의 연기를 통하여 기술과 동작의 아름다움을 겨룸. 조환운동.

링커 (linker) 몡 축구에서, 포워드와 풀백을 연결하는 하프백을 이르는 말〔공격과 수비에 있어 중요한 위치임〕.

링크 (link) ━몡하타 1 〔컴〕두 개의 프로그램을 연결하는 일. 또는 그런 방법. 2 연접봉(連接棒). 3 〔경〕'링크 제도'의 준말. ━의미야드파운드법에 의한 거리의 단위. 1 링크는 1 체인의 100 분의 1(약 0.2 m).

링크 (rink) 몡 실내 스케이트장.

링크 무:역 (link貿易)〔경〕링크 제도에 의한 무역.

링크 제:도 (link制度)〔경〕1 수입 제한의 한 방법으로 제품의 수출과 그 원료의 수입을 연계시키는 제도. 수출과 같은 금액만큼의 수입을 허가하는 제도. 2 통제 경제에서, 물건을 판 금액만큼 구입하게 하는 제도. ⊛링크.

링크 트레이너 (Link trainer) 지상에서 비행 연습을 하기 위하여 만든 장치.

링키지 (linkage) 몡 1 〔생〕연관. 3. 2 외교 교섭에서, 쌍방의 양보를 교묘하게 연결시켜서, 그 교섭을 성립시키는 일. 3 〔컴〕메인 루틴과 몇 개의 서브루틴을 연결시켜서 하나의 실행 가능한 프로그램이 되도록 편집하는 일. 연계(連繫).

-릅 어미 ⊡ 〈옛〉-로이. -룁게.

-룹다 ⊡ 〈옛〉-롭다.

-룹운 어미 〈옛〉-로움.

-룁운 ⊡ 〈옛〉-로운.

-룹외다 ⊡ 〈옛〉-롭다.

-룹외욤 ⊡ 〈옛〉-로움.

-룁왼 ⊡ 〈옛〉-로운.

-룹이 ⊡ -로이.

롤 조 〈옛〉를.

-롭다 ⊡ 〈옛〉-롭다.

릉 (가벼운리을)〈옛〉혀를 윗잇몸에 잠깐 대어 내는 반설경음(半舌輕音)〔실례는 없음〕.

-ㅭ 어미 〈옛〉-ㄹ.

-ㅭ다 어미 〈옛〉-려느냐.

-ㅭ디어다 어미 〈옛〉-ㄹ지어다.

-ㅭ디언뎡 어미 〈옛〉-ㄹ지언정.

ㅁ

ㅁ (미음) **1** 한글 자모의 다섯째 글자. **2** 자음의 하나. 입술을 다물어 입 안을 비우고 목에서 나오는 소리를 콧구멍으로 내보내어 내는 유성음(有聲音).

-ㅁ¹ |ㅁ| ㄹ 받침 또는 받침 없는 용언의 어간에 붙어 명사를 만드는 접미사. ¶기쁨 / 슬픔 / 꿈 / 삶. *=음¹.

-ㅁ² |ㅁ| **1** ㄹ 받침이거나 받침 없는 용언 또는 '이다'의 어간에 붙는 명사형 전성 어미. ¶네 일은 네가 함이 옳다 / 좋은 사람임이 밝혀졌다. *=기². **2** ㄹ 받침 또는 받침 없는 용언의 어간에 붙는 서술형 종결 어미. 흔히 고지문(告知文)이나 기록문 등에 씀. ¶출입을 금함. *=음².

-ㅁ세 |어미| ㄹ 받침 또는 받침 없는 동사 어간에 붙어 하게할 자리에 기꺼이 하겠다는 뜻을 나타내는 종결 어미. ¶내가 함세 / 갖다 둠세 / 거들어 줌세. *=음세.

-ㅁ에도 |어미| 명사형 어미 '-ㅁ'에 조사 '에'와 '도'가 붙은 것으로, 어떤 조건을 나타내는 연결 어미(주로 '불구하고' 앞에 씀). ¶눈이 옴에도 불구하고. *=음에도.

-ㅁ에랴 |어미| 받침 없는 어간에 붙어 되물으면서 느낌을 나타내는 종결 어미. ¶바람이 차가운데 하물며 옴에랴. *=음에랴.

ㅁ자-집(-字-) |미음짜| 평면이 'ㅁ'자 모양으로 지은 집.

-ㅁ직-스럽다 [-쓰-따][-스러워, -스러우니] |형ㅂ| 받침이 없거나 ㄹ 받침으로 끝난 동사 어간에 붙어, 그럴 만한 가치가 있음을 나타내는 말(받침 있는 말 뒤에서는 '-음직스럽다'로 씀). ¶바람직스럽다.

-ㅁ직-하다 [-지카-] |형여| **1** 받침 없는 동사 어간에 붙어, '그렇게 할 만한 가치가 있다'의 뜻을 나타내는 말(받침 있는 말 뒤에서는 '-음직하다'로 씀). ¶바람직하다. **2** 일부 형용사의 어간에 붙어서 '꽤 그러하다'의 뜻을 나타내는 말. ¶큼직하다. *=직하다.

마¹ |명| 〔악〕 미(mi) 음의 한국명.

마² |명| **1** 뱃사람이 남쪽을 일컫는 말. **2** 〈옛〉 마파람.

마:³ |명| 〔식〕 맛과의 여러해살이 덩굴풀. 높이는 1m가량. 여름에 보라색 꽃이 핌. 밭에 재배하며 육아(肉芽)는 식용, 덩이뿌리는 강장제로 씀. 산우(山芋). 서여(薯蕷).

마(麻) |명| 〔식〕 삼.

마(馬) |명| '馬' 자를 새긴 장기짝.

마(魔) |명| **1** 일이 꼬이게 헤살을 부리는 요사스러운 장애물. ¶~가 끼다 / ~가 들다. **2** (주로 '마의'의 꼴로 쓰여) 궂은일이 자주 일어나는 장소나 때를 일컫는 말. ¶~의 건널목 / ~의 금요일. **3** 마귀. **4** (주로 '마의'의 꼴로 쓰여) 이겨 내기 어려운 장벽. ¶육상 100 m 달리기에서 ~의 10초 벽을 깼다.

마(碼) |의명| 야드(yard).

-마 |어미| 받침 없는 동사 어간에 붙어 해라할 자리에 자기가 기꺼이 하겠다는 뜻을 나타내는 종결 어미. ¶도와주~. *=으마.

마가린(margarine) |명| 동식물 유지(油脂)에 발효유(醱酵乳)·식염·비타민류를 넣고 반죽하

여 버터 모양으로 만든 식품. 인조버터.

마:가-목(馬-) |명| 〔식〕 장미과의 낙엽 활엽 교목. 높이는 10m가량. 초여름에 작고 흰 꽃이 피고, 둥근 열매가 가을에 붉게 익음. 재목은 단단하며 지팡이 재료로 쓰며 열매와 껍질은 약용함. 석남등(石南藤).

마가복음(←Mark福音) |명| 〔성〕 신약 성서의 둘째 편. 사복음(四福音)의 하나로 가장 오래된 복음이며 저자는 마가임(예수의 활동·고난·죽음·부활에 이르는 생애를 기록했음).

마:각(馬脚) |명| 말의 다리.
　마각을 드러내다 〔관〕 숨기고 있던 일이나 정체를 드러내다.
　마각이 드러나다 〔관〕 숨기고 있던 일이나 정체가 드러나다.

마:간-석(馬肝石) |명| 〔광〕 벼루를 만드는 데 쓰는 붉은 빛깔의 돌.

마갈-궁(磨竭宮) |명| 〔천〕 황도 십이궁의 열째(대부분이 궁수(弓手)자리 가운데에 있으며, 동지(冬至)에서 대한(大寒)까지 태양이 이 궁에 있음).

마감 |명하타| **1** 어떤 일을 마물러서 끝냄. 또는 그런 때. ¶~ 뉴스 / 원서 접수를 ~하다 / 한 해를 ~하다 / 생을 ~하다. **2** 정해진 기한의 끝. 또는 날짜 / 원고 ~ 시간에 겨우 닿다 / 원서 ~이 오늘이다.

마감(磨勘) |명하타| 〔역〕 중국에서 관리들의 행적을 조사하여 성적을 매기던 제도.

마감-재(-材) |명| 〔건〕 마무리 공사를 하는 건물의 실내와 겉면을 꾸미는 데 쓰는 재료.

마:갑(馬甲) |명| 말의 갑옷.

마개 |명| 병이나 그릇의 아가리나 구멍 따위에 끼워 막는 물건. ¶코르크 ~ / ~를 따다 / ~로 막다.

마거리트(marguerite) |명| 〔식〕 국화과의 여러해살이풀. 높이는 1 m 정도이고 잎은 깃 모양으로 길게 갈라지며, 흰색·노란색 따위의 꽃이 여름에서 가을에 걸쳐 핌. 데이지의 일종으로 꽃꽂이에 많이 씀.

마:경(馬耕) |명| 〔농〕 말을 부려서 논밭을 갊.

마경(麻莖) |명| 삼대.

마:경(魔境) |명| 악마가 있는 곳. 마계(魔界).

마:계(魔契)[-/-게] |명| 〔역〕 말을 세놓는 일로 업을 삼던 것.

마:계(魔界)[-/-게] |명| 악마가 지배하는 세계. 마경(魔境).

마:계 도가(馬契都家)[-/-게-] |역| 마계의 일을 의논하고 처리하던 집.

마:곗-말(馬契-)[-/-겐-/-곈-] |명| **1** 〔역〕 마계에서 세놓던 말. **2** 〔역〕 마계에서 기르던 늙은 말. **3** 〈속〉 교태를 부리는 늙은 여자.

마고자 |명| 저고리 위에 덧입는 옷(저고리와 비슷하나 깃과 동정이 없고, 앞을 여미지 아니하고 두 자락을 맞대어서 단추를 끼워 입음). 마패자.

마고-할미(麻姑-) |명| **1** 전설에 나오는 신선 할미. **2** '노파'의 이칭.

마광(磨光) |명| 옥(玉)·돌·쇠붙이 등을 갈아 빛을 냄. 또는 그 빛.

마괘-자(馬褂子) |명| 마고자.

마:구(馬具)영 말을 타거나 부리는 데 쓰는 기구.

마:구(馬廏)영 '마구간'의 준말.

마구(魔球)영 야구에서, 상대편을 현혹하는 투수의 공.

마구튀 1 아주 심하게. 몹시 세차게. ☐비가 ~ 쏟아진다. 2 아무렇게나 함부로. ☐~ 때리다 / 쓰레기를 ~ 버린다. 준막.

마:구-간(馬廏間)[-깐]영 말을 기르는 곳. 구사(廏舍). 말간. 준마구.

마구리영 1 길쭉한 토막·상자 따위의 양쪽 머리의 면. ☐서까래 ~. 2 길쭉한 물건의 양끝에 대는 것. ☐베개 ~. --하다타어 기다란 물건 끝을 막다.

마구리-판영 나무토막의 마구리를 직각이 되게 깎는 틀.

마구-발방영하자 분별없이 함부로 하는 말이나 행동. ☐~으로 지껄인다.

마:구-발치(馬廏-)영 마구간의 뒤쪽.

마구-잡이영 (주로 '마구잡이로'의 꼴로 쓰여) 이것저것 또는 앞뒤를 따지지 않고 마구 하는 짓. ☐~로 일을 하다 / 주먹을 ~로 휘두르다.

마:군(馬軍)영역 1 기병. 2 조선 때, 총융청의 별효사(別驍士). 또는 지방 각 영문의 기병.

마군(魔軍)영불 1 석가모니의 득도를 방해한 악마의 군사. 2 불도(佛道)를 방해하는 온갖 악한 일의 비유.

마굴(魔窟)영 1 마귀가 모여 있는 곳. 2 못된 무리나 매음부·아편 중독자 등이 모여 있는 곳의 비유. ☐범죄의 ~에서 벗어나다.

마:권(馬券)[-꿘]영 경마(競馬)에서, 이길 것으로 예상하는 말에 돈을 걸고 사는 표. 승마투표권.

마권(魔圈)[-꿘]영 마귀의 세력이 미치는 곳.

마귀(魔鬼)영 요사스러운 귀신의 통칭. 악마. 마(魔). ☐~가 들리다.

마귀-할멈(魔鬼-)영 옛날이야기에 나오는 늙고 요사스럽고 못된 귀신.

마그나 카르타(← Magna Carta)영역 영국헌법의 근거가 된 최초의 문서(1215년 6월 존왕과 봉건 귀족과의 타협에 의해 성립된 것으로, 개인의 권리와 자유를 침해하지 않을 것을 약정함). 대헌장(大憲章).

마그네사이트(magnesite)영광 삼방 정계(三方晶系)의 투명한 광물(내화(耐火) 재료·시멘트 재료·산화마그네슘염 제조 등에 씀). 고토석(苦土石). 능고토석.

마그네슘(magnesium)영화 은백색의 가벼운 금속 원소. 산에 잘 녹고, 수소를 발생하며, 전성(展性)이 좋음. 사진 촬영 때의 플래시·불꽃놀이·환원제 따위에 씀. [12번 : Mg : 24.31]

마그네슘 경합금(magnesium輕合金)[-끔]화 마그네슘이 함유된 경합금.

마그네시아(magnesia)영화 산화마그네슘.

마그네시아 벽돌(magnesia甓-)[-돌]건 주로 산화마그네슘으로 되어 있으며, 질이 치밀하여 제철이나 석회질소 노(爐) 등에 쓰는 염기성 내화 벽돌.

마그네시아 시멘트(magnesia cement)화 산화마그네슘을 염화마그네슘 용액에 섞어 만든 시멘트(건축 재료를 만드는 데 씀).

마그네트론(magnetron)영물 극초단파 등의 발진(發振)에 쓰이는 특수한 진공관(레이더·전자레인지 등에 씀). 자전관(磁電管).

마그넷(magnet)영물 자석(磁石). 자력(磁力). 자기체(磁氣體).

마그녹스(magnox)영화 마그네슘을 주성분으로 약간의 알루미늄과 칼슘 따위를 섞어서 만든 합금.

마그마(magma)영지 땅속 깊은 곳에서 암석이 지열로 녹아 반액체로 된 고온의 조암(造岩) 물질. 이것이 식어서 굳으면 화성암이 됨. 암장(岩漿).

마근(麻根)영한의 삼의 뿌리(오래된 학질(瘧疾)에 복용함).

마기튀☞막상.

마기-말로영 실제라고 가정하고 하는 말로. ☐~ 그렇다면 가만 안 둔다.

마-꾼(魔-)영 일이 잘못되도록 헤살을 부리는 무리.

마:나-님영 '나이 많은 부인'의 존칭. ☐부잣집 ~.

마냥튀 1 언제까지나 줄곧. ☐~ 기다리다 / ~ 좋다. 2 부족함이 없이 실컷. ☐~ 먹어 대다. 3 다른 것이 섞이지 않고 한 가지로 몹시. ☐하늘이 ~ 푸르다. 4 느긋한 마음으로 느릿느릿. ☐해변을 ~ 걷다.

마냥²조☞처럼.

마냥-모영농 늦게 심는 모. 늦모.

마네킹(mannequin)영 옷 가게에서 옷·장신구 등을 걸쳐 놓은 인체 모형.

마녀(魔女)영 1 마술을 부려 사람에게 불행이나 해를 끼치는 여자. 2 악마처럼 성질이 악한 여자의 비유.

마노(瑪瑙)영광 석영·단백석(蛋白石)·옥수(玉髓)의 혼합물. 수지상(樹脂狀) 광택을 내며 때때로 다른 광물이 침투하여 고운 무늬를 나타냄(장식물·조각 재료 등으로 사용함). 단석(丹石). 문석(文石).

마노라영〈옛〉상전·마님·임금 등의 통칭.

마노-미터(manometer)영물 압력계.

마:뇨-산(馬尿酸)영화 유기산의 한 가지. 무색의 결정(結晶)으로 뜨거운 물이나 알코올에 잘 녹으며, 말 따위의 초식 동물의 오줌 속에 들어 있음. 히푸르산(酸).

마:누라영 1 중년이 넘은 아내를 허물없이 이르는 말. ☐~가 바가지를 긁다. 2 〈속〉중년이 넘은 여자. ☐주인 ~.

마:누라-쟁이영 '마누라'를 낮잡아 이르는 말.

마누 법전(Manu法典)[-쩐]영역 기원전 2세기에서 기원후 2세기 사이에 만들어진 고대 인도의 법전(종교적 색채가 짙으며, 인도인의 권리·의무·생활 규범 등을 규정했음).

마는조 '-다'·'-냐'·'-오'·'-자'·'-지' 따위 종결 어미에 붙어, 앞의 말을 시인하면서 의문이나 어긋나는 상황 따위를 나타내는 보조사. ☐사고 싶다~ 돈이 없다 / 구경을 가고 싶~ 시간이 없다. 준만.

마늘영식 백합과의 여러해살이풀. 밭에 재배하는데, 잎은 가늘고 길며, 땅속의 둥근 비늘줄기는 갈색 껍질로 싸임. 냄새가 독특해 향신료·강장제·양념 따위로 널리 씀. 대산(大蒜). 호산. ☐~ 한 접 / ~ 냄새 / ~을 까다 / ~을 다지다.

마늘-모영 1 마늘쪽처럼 세모진 모양. 2 바둑에서, 입구(口) 자 형태로 놓는 수. 3 한자 부수의 하나('去·參' 등에서 'ム'의 이름).

마늘-장아찌영 마늘이나 마늘종, 마늘을 식초와 설탕에 절여 진간장에 넣어 간이 밴 다음에 먹는 반찬.

마늘-종 [-쫑] 圓 마늘의 꽃줄기《장아찌로 만들어 먹음》. 산대.

마니 (摩尼) 圓 《불》 흐린 물을 맑게 하며, 불행과 악을 물리치는 등의 공덕이 있다는 보주(寶珠). 마니주.

마니-교 (摩尼敎) 圓 《종》 3 세기에 페르시아의 마니가 조로아스터교(敎)·기독교·불교 등을 혼합하여 만든 종교.

마니아 (mania) 圓 어떤 한 가지 일에 몹시 열중하는 사람. 또는 그런 일. ▱스포츠 ~.

마니-주 (摩尼珠) 圓 《불》 마니.

마닐라-삼 (Manila-) 圓 《식》 파초과의 여러해살이풀. 필리핀 원산. 높이는 6 m 정도로 바나나 비슷하며 줄기에서 뽑은 섬유로 로프·그물·낚시 등을 만듦.

마닐라-지 (Manila紙) 圓 목재 펄프로 마닐라 삼을 섞은 것을 원료로 한 종이.

마:님 圓 지체가 높은 집안의 부인에 대한 존칭.
-마:님 圓 '나리·대감·영감' 따위에 붙어 존대의 뜻을 나타내는 말. ▱나리~ / 대감~ / 영감~.

마:다¹ 囤 짓찧어 부스러뜨리다. *짓마다.

마다² 囤 낱낱이 모두 그러함을 나타내는 보조사. ▱날~ 책을 읽는다 / 웃을 때~ 덧니가 보인다.

마:다-하다 囤厄 거절하거나 싫다고 말하다. ▱마다하지 말고 꼭 받아 주게.

마-단조 (-短調) [-쪼] 圓 《악》 '마' 음을 으뜸음으로 하는 단조. 이(E) 단조.

마담 (ㅍ madame) 圓 술집·다방·여관 따위의 여주인. ▱얼굴~.

마담-뚜 (ㅍ madame-) 圓 〔'뚜'는 뚜쟁이의 준말〕 《속》 주로 부유층이나 특수층을 상대로 하는 직업적인 여자 중매쟁이.

마당¹ 团圓 1 집의 앞뒤나 어떤 곳에 닦아 놓은 평평한 땅. ▱널찍한 ~ / ~을 쓸다 / ~에 거적을 깔고 앉다. 2 어떤 일이 이루어지고 있는 곳. ▱놀이 ~. 囤의團 1 ('-은'·'-는' 뒤에 쓰여) 어떤 일이 이루어지고 있는 판이나 상황. ▱이왕 이렇게 된 ~에 / 떠나는 ~에 무엇을 말하겠나. 2 판소리·탈춤·산대놀음 등 민속극의 단락을 세는 단위. ▱판소리 열두 ~.
【마당 터진 데 솔뿌리 걱정한다】 마당이 벌어졌는데 그릇이 터졌을 때 필요한 솔뿌리를 걱정한다는 뜻으로, 당치 않은 것으로 사건을 수습하려 하는 어리석음을 비웃는 말.

마당(을) 빌리다 囝 신랑이 신부 집에서 초례식(醮禮式)을 지내다.

마당-과부 (-寡婦) 圓 초례를 올리고 이내 남편을 잃은 청상과부.

마당-굿 [-굳] 圓 《민》 대문 밖 마당에서, 굿에 모여들었던 귀신을 보내는 마지막 굿.

마당-극 (-劇) 圓 《연》 1970 년대 이후 탈춤·판소리·풍물 따위의 전통 민속놀이 등을 창조적으로 발전시킨 야외 연극《사회 비판과 현실 고발 등을 주로 담고 있음》.

마당-놀이 圓 《민》 1 마당에서 벌이는 민속놀이. 2 북청 사자놀음의 한 장면.

마당-맥질 [-찔] 圓厄 《농》 우툴두툴한 마당에 흙을 이겨 고르게 바르는 짓《농가에서 추수 전에 함》.

마당-발 圓 1 볼이 넓고 바닥이 평평하여 생긴 발. *채발. 2 인간관계가 넓어서 폭넓게 활동하는 사람의 비유. ▱~로 소문이 나다.

마당-밟이 [-발비] 圓 《민》 지신밟기.

마당-쓰레기 圓 마당질할 때 마당에 떨어진 것을 쓸어 모은, 쓰레기가 섞인 곡식.

---

739 마디지다

마당-여 [-녀] 圓 바닷물에 잠겨 있는 넓고 평평하게 뻗은 바위.

마당-조개 圓 백합(白蛤).

마당-질 圓厄 곡식의 이삭을 털어 알곡을 거두는 일. 타작.

마당-통 圓 마름이 소작료를 받아들일 때, 수북하게 되어 받는 섬. ↔가랑통.

마:대 (馬臺) 圓 장롱의 받침널.

마대 (麻袋) 圓 거친 삼실로 짠 큰 자루.

마도 (魔道) 圓 1 옳지 못한 길. 2 《불》 악마의 세계.

마도 团 〈옛〉 만도. 만큼도.

마도로스 (←네 matroos) 圓 주로 외항선(外航船)의 선원을 일컫는 말.

마도로스-파이프 (←네 matroos+pipe) 圓 담배통이 뭉툭하고 크며 대가 짧은 서양식 담뱃대의 하나.

마도-수 (磨刀水) 圓 《한의》 칼을 간 숫돌물《각막염(角膜炎)에 씀》.

마-도요 圓 《조》 도욧과의 새. 도요새 가운데 가장 크고 여러 가지 빛깔의 줄무늬가 있는데, 해안에서 물고기를 잡아먹고 삶.

마:-도위 (馬-) 圓 말을 사고팔 때에 흥정을 붙이는 사람.

마돈나 (이 Madonna) 圓 1 《가》 성모 마리아. 또는 그 그림이나 조각. 2 귀부인이나 애인을 높여 부르는 말.

마되 圓 말과 되. 두승(斗升).

마되-질 圓厄 말 또는 되로써 곡식 따위를 되는 일.

마:두 (馬頭) 圓 1 《역》 역마(驛馬)에 관한 일을 맡아보던 사람. 2 《불》 지옥의 옥사장이.

마:두-관세음 (馬頭觀世音) 圓 《불》 육관음의 하나. 말 머리를 위에 얹고 성난 모습인데, 불법을 듣고도 수행하지 않는 중생을 교화하기 위한 방편으로 이런 무서운 얼굴을 한 관음임. 보통 세 개의 얼굴에 여덟 개의 팔을 가진 모습임. 마두관음.

마:두-납채 (馬頭納采) 圓厄 혼인날에 가지고 가는 납채. 요즘은 보통 혼인 전에 보냄.

마:두-출령 (馬頭出令) 圓 급작스레 명령을 내림. 또는 그 명령.

마두-충 (麻蠹蟲) 圓 《충》 삼벌레.

마드리갈 (ㅍ madrigal) 圓 《악》 14 세기에 이탈리아에서 일어난 자유로운 형식의 짤막한 서정적 가요. 보통 반주가 없이 합창으로 부름.

마들-가리 圓 1 나무의 가지가 없는 줄기. 2 잔가지로 된 땔나무. 3 해어진 옷의 솔기. 4 새끼나 실 따위가 엉켜 맺힌 마디.

마디 圓 1 대·갈대·나무 따위의 줄기에 가지나 잎이 나는 부분. 또는 볼록하게 두드러진 부분. ▱~가 진 대나무. 2 뼈끼리 맞닿은 부분. 관절. ▱~가 굵은 손. 3《생》 체절²(體節). 4 새끼·실 따위가 엉키거나 맺힌 곳. ▱~를 풀다. 5 말이나 노래 따위의 한 도막. ▱몇 ~ 이야기를 건네다 / 몇 ~ 간단한 인사를 나누다. 6《언》 절(節)1. 7《악》 악보의 세로줄로 구분된 작은 부분. 소절(小節). 8《물》 정상(定常) 진동 또는 정상파(定常波)에서, 진동이 0 또는 극소가 되는 부분.

마디다 톔 1 쉽게 닳거나 없어지지 않다. ▱장작이 마디게 탄다. ↔헤프다. 2 자라는 속도가 더디다. ▱마디게 자라는 나무.

마디-마디 圓 낱낱의 마디. 모든 마디. ▱~가 아프다 / ~에 담긴 깊은 뜻.

마디-지다 톔 마디가 있다. ▱마디진 굵은 손

가락.

마디-촌 (-寸) [명] 한자 부수의 하나(('寺·封' 등에서 '寸'의 이름)).

마디-충 (-蟲) [명] 〔충〕 **1** 식물의 줄기 속을 파먹는 곤충의 총칭. **2** 마디충나방의 애벌레.

마디충-나방 (-蟲-) [명] 〔충〕 **1** 명나방과 곤충의 총칭. **2** 이화명나방.

마디-풀 [명] 〔식〕 여뀟과의 한해살이풀. 산과 들에 나는데 높이는 30 cm 가량. 여름에 홍백색의 작은 꽃이 잎겨드랑이에 핌. 어린잎은 먹고 줄기와 잎은 황달·복통 따위의 약재로 씀. 편죽(扁竹).

마듸 [명] 〈옛〉 맨 위.

마따나 [조] '말' 뒤에만 붙어 '말한 바와 같이'의 뜻을 나타내는 부사격 조사. ❏ 네 말~ 많이 변했군.

마땅찮다 [-찬타] [형] '마땅하지 아니하다'의 준말. ❏ 마땅찮은 처사.

마땅-하다 [형여] **1** 어떤 조건에 어울리게 알맞다. ❏ 마땅한 일자리를 구하다. **2** 마음에 들다. ❏ 하는 짓이 마땅치 않다. **3** 그렇게 하거나 되는 것이 옳다. 당연하다. ❏ 벌 받아 ~.

마땅-히 [부]. ❏ ~ 둘러댈 말이 없다.

마뜩-이 [부] 마뜩하게.

마뜩잖다 [-짠타] [형] '마뜩하지 아니하다'의 준말. ❏ 태도가 ~.

마뜩-하다 [-뜨카-] [형여] (주로 '않다'·'못하다'와 함께 쓰여) 마음에 들 만하다. ❏ 마뜩지 않은 눈초리.

마라카스 (포 maracas) [명] 〔악〕 라틴 아메리카 음악에 쓰는 리듬 악기((야자와 비슷한 마라카의 말린 열매 속에 말린 씨를 넣어 흔들어서 소리를 냄)).

마라토너 (marathoner) [명] 마라톤 선수.

마라톤 (marathon) [명] '마라톤 경주'의 준말.

마라톤 경:주 (marathon競走) 장거리 달리기의 한 종목. 정식 경기에서는 42.195 km를 달림. [준]마라톤.

마라톤-회담 (marathon會談) [명] 쉬지 아니하고 장시간에 걸쳐 계속하는 회담.

마래기 [명] 중국 청나라 때 관리들이 쓰던 투구 비슷한 모자.

마:래미 [명] 〔어〕 방어의 새끼.

마:량 (馬糧) [명] 말먹이.

마려 (磨礪) [명][하타] 쇠붙이나 돌 따위를 문질러서 갊.

마력 (魔力) [명] 사람을 현혹시키거나 까닭을 알 수 없는 이상한 힘. ❏ 요괴의 ~ / 등산에는 사람을 열중케 하는 ~이 있다.

마:력 (馬力) [의명] 동력이나 일의 양을 나타내는 단위((말 한 필의 힘에 해당하는데, 1초당 75kg의 물체를 1m 움직이는 힘 ; 기호는 HP)).

마련 [一][명][하타] **1** 필요한 것을 미리 준비하여 갖춤. ❏ 사업 자금을 ~하다 / 학자금 ~이 어렵다 / 중장기 대책을 ~하다. **2** 어떤 일을 하기 위한 속셈이나 궁리. ❏ 살아갈 ~을 생각하다. [二][의명] 어미 '-게'·'-기'의 뒤에 쓰여, '당연히 그리하게 되어 있음'을 나타냄. ❏ 사람은 언젠가는 죽게 ~이다 / 돈이 있으면 쓰기 ~이다.

마렵다 [-따] 〔마려워, 마려우니〕 [형ㅂ] 대소변이 나오려는 느낌이 있다. ❏ 뒤가 ~.

마:령 (馬齡) [명] 마치(馬齒).

마:령-서 (馬鈴薯) [명] 〔식〕 감자.

마로니에 (프 marronnier) [명] 〔식〕 칠엽수과의 낙엽 교목. 가로수로 재배하는데 높이는 30 m 가량임. 잎은 손 모양의 겹잎이 마주나는데 끝이 뾰족하고 톱니가 있음. 초여름에 흰 바탕에 붉은 무늬가 있는 종 모양의 꽃이 피고, 씨는 치질·자궁 출혈 따위의 치료약으로 씀.

마:록 (馬鹿) [명] 〔동〕 고라니.

마롱 (프 marron) [명] 〔식〕 마로니에의 열매((구워서 먹기도 함)).

마:료 (馬蓼) [명] 〔식〕 개여뀌.

마루[1] [명] 〔건〕 집채 안에 땅바닥과 사이를 띄우고 널빤지를 깔아 놓은 곳. 청사. ❏ ~를 깔다 / ~ 끝에 걸터앉다.

마루[2] [명] **1** 등성이를 이룬 지붕이나 산 따위의 꼭대기. ❏ 해가 서산 ~에 걸려 있다. **2** 물결의 가장 높은 부분. **3** 일이 한창인 고비.

[마루 넘은 수레 내려가기] 사물의 진행 속도가 매우 빠름을 이르는 말.

마루-높이 [명] 〔건〕 땅바닥에서 용마루까지의 높이. 종고(宗高).

마루-방 (-房) [명] 구들을 놓지 않고 마루처럼 널을 깔아 꾸민 방. 청방(廳房).

마루 운:동 (-運動) 체조 경기의 하나. 12 m 사방의 매트 위에서, 남자는 50-70초 이내에, 여자는 60-90초 이내에 도약·회전·공중제비 등의 기량을 겨루는 경기.

마루 적심 [-씸] 〔건〕 용마루의 뒷목을 눌러 박은 적심.

마루-청 (-廳) [명] 〔건〕 마룻바닥에 까는 널. 마루판. 마룻장.

마루-터기 [명] 산마루·용마루의 두드러진 턱. ❏ ~를 넘다. [준]마루턱.

마루-턱 [명] '마루터기'의 준말.

마루-판 (-板) [명] 〔건〕 마루청.

마루-폭 (-幅) [명] 바지나 고의 따위의 허리에 달아 사폭(斜幅)을 대는 긴 헝겊.

마룻-구멍 [-루꾸- / -룯꾸-] [명] 〔건〕 서까래와 보·도리와의 사이에 있는 구멍.

마룻-귀틀 [-루뀌- / -룯뀌-] [명] 〔건〕 마루청을 끼우거나 까는 긴 나무.

마룻-대 [-루때 / -룯때] [명] 〔건〕 용마루 밑에 서까래가 걸리게 된 도리. 상량(上樑).

마룻-대공 (-臺工) [-루때- / -룯때-] [명] 〔건〕 마룻보 위에 마루를 받쳐 세운 동자(童子)기둥. 종(宗)대공.

마룻-바닥 [-루빠- / -룯빠-] [명] 마루의 바닥. ❏ ~을 걸레질하다.

마룻-보 [-루뽀 / -룯뽀] [명] 〔건〕 대들보 위의 동자기둥 또는 고주(高柱)에 얹혀 있는, 중도리와 마룻대를 받치는 들보. 종량(宗樑).

마룻-장 [-루짱 / -룯짱] [명] 〔건〕 마루청.

마룻-줄 [-루쭐 / -룯쭐] [명] 용총줄.

마르 (독 Maar) [명] 〔지〕 화산 형태의 하나. 미약한 폭발로 생긴 작은 화구(火口). 화구의 가장자리는 높고 화구저(火口底)는 지표(地表)보다 낮음.

마르는 [조] 〈옛〉 지마는.

마르다[1] 〔말라, 마르니〕 [자르] **1** 물기가 날아가다. ❏ 옷이 ~. **2** 야위어 살이 없다. ❏ 몸이 마른 학생. **3** 입이나 목에 물기가 없어 갈증이 나다. ❏ 뛰었더니 목이 몹시 마르는구나. **4** 강이나 우물 따위의 물이 줄어 없어지다. ❏ 가뭄으로 우물이 ~. **5** 돈이나 물건 따위가 없어지다. ❏ 주머니가 바싹 ~. **6** 감정이나 열정 따위가 없어지다. ❏ 애정이 ~.

마른 이 죽이듯 [구] 무슨 일이든지 곰상스럽게 함의 비유.

마르다[2] 〔말라, 마르니〕 [타르] 옷감이나 재목 따위의 재료를 치수에 맞추어 자르다. ❏ 옷감

을 ~.

마르멜로 (ㅍ marmelo) 圐《식》 장미과의 낙엽 교목. 높이는 7m 정도이고, 봄에 백색 또는 담홍색 꽃이 피며, 노랗고 둥근 열매는 날로 먹거나 잼 따위를 만드는 데 씀.

마르모트 (ㅍ marmotte) 圐《동》 마멋.

마르치알레 (이 marciale) 圐《악》 '행진곡조로'의 뜻.

마르카토 (이 marcato) 圐《악》 '음 하나하나를 끊어서 똑똑하게'의 뜻.

마르크 (독 Mark) 圐回 독일의 화폐 단위.

마르크스-레닌주의 (Marx-Lenin主義)[-/-이] 圐《사》 레닌에 의해 계승되어 발전한 마르크스주의.

마르크스-주의 (Marx主義)[-/-이] 圐《사》 마르크스와 엥겔스가 제창한 혁명적 사회주의 이론(생산 수단의 사회화에 따른 무계급 사회의 실현을 꾀함). 마르크시즘.

마르크시스트 (Marxist) 圐 마르크스주의를 신봉하는 사람.

마르크시즘 (Marxism) 圐《사》 마르크스주의.

마르틀레 (ㅍ martelé) 圐《악》 현악기를 활로 탁탁 치는 연주법. 마르텔라토(martellato).

마른-갈이 圐하타《농》 마른논에 물을 넣지 않고 가는 일. ↔진갈이.

마른-걸레 圐 물기가 없는 걸레. ❏~로 물기를 닦다 / ~로 물을 내다. ↔물걸레.

마른-고기 圐 보존하기 위해 말린 고기.

마른-과자 (-菓子) 圐 물기가 없이 바싹 마르게 만든 과자. ↔진과자.

마른-국수 [-쑤] 圐 1 뽑은 그대로 말려 놓은 국수. 괘면. 2 국에 말거나 비비지 않고 삶아 놓은 그대로의 국수.

마른-금점 (-金店) 圐하자《광》 남이 파낸 광물을 매매하거나, 광산을 매매하는 데에 대한 구문 등의 중간 이익을 보는 일.

마른-기침 圐하자 가래가 나오지 않는 기침. 건기침.

마른-나무 圐 1 물기가 없이 바싹 마른 나무. ❏~에 불을 붙이다. 2 죽어서 시든 나무. ❏~를 베어 내다.
[마른나무 꺾듯 한다] 일을 단번에 쉽게 해치운다는 뜻. [마른나무에 꽃이 피랴] 별로 기대할 것이 없는 일에 희망을 걸 필요가 없다는 말. [마른나무에 물이 날까] 없는 것을 억지로 짜낸다는 말. [마른나무에 좀먹듯] 건강이나 재산이 모르는 사이에 점점 쇠하거나 없어짐의 비유.

마른-날 圐 맑게 갠 날. ↔진날.

마른-논 圐 건답(乾畓).
[마른논에 물 대기] ㉠일이 몹시 힘들다는 뜻. ㉡힘들여 해 놓아도 성과가 없다는 뜻.

마른-눈 圐 비가 섞이지 않고 오는 눈. ↔진눈깨비.

마른-땅 圐 건조지(乾燥地).

마른-미역 圐 뜯어서 말린 미역.

마른-바가지 圐 물에 적시지 않고 쓰는 바가지. 곡식을 담아 두거나 퍼내는 데 씀.

마른-반찬 (-飯饌) 圐 건어물·포육 따위의 마른 재료로 물기 없이 만든 반찬. ↔진반찬.

마른-밥 圐 1 주먹같이 단단하게 뭉친 밥. 2 국 없이 반찬만으로 먹는 밥. 건반(乾飯).

마른-버짐 圐 얼굴 같은 데 까슬까슬하게 번지는 흰 버짐. 건선(乾癬). 풍선(風癬). ↔진버짐.

마른-번개 圐 마른하늘에 치는 번개.

마른-빨래 圐하자 1 흙 묻은 옷을 비비어 말짱하게 하는 일. 2 휘발유·벤젠 따위 약품으로

옷의 때를 지워 빼는 일.

마른-신 圐 1 기름으로 겯지 않은 가죽신. 2 마른땅에서만 신는 신. 건혜(乾鞋). ↔진신.

마른-안주 (-按酒) 圐 포·땅콩 등과 같이 물기가 없는 안주. ↔진안주.

마른-오징어 圐 배를 갈라 내장을 빼내고 납작하게 말린 오징어.

마른-옴 圐《한의》 몹시 가려우며 긁으면 허물이 벗어지는 옴. 건개(乾疥). ↔진옴.

마른-일 [-닐] 圐하자 바느질이나 길쌈같이 손에 물을 적시지 않고 하는 일. ❏진일 ~ 가리지 않다. ↔진일.

마른-입 [-닙] 圐 1 국이나 물을 먹지 않은 입. ❏~으로 밥을 먹으려니 목이 멘다. 2 잔입. *맨입.

마른-자리 圐 물기가 없는 자리. ↔진자리.

마른-장 (-醬) 圐 가루로 된 간장(물에 타면 간장같이 됨). 건장(乾醬).

마른-장마 圐 장마철에 비가 아주 적게 오거나 맑은 날이 계속되는 날씨.

마른-찜질 圐하자 뜨거운 돌이나 탕파(湯婆) 따위를 헝겊에 싸서 맨몸에 대거나, 뜨거운 김이나 김가루를 몸에 쬐는 찜질.

마른-찬합 (-饌盒) 圐 마른반찬이나 다식(茶食) 따위를 담는 찬합. ↔진찬합.

마른-천둥 圐 맑게 갠 하늘에서 치는 천둥. 뇌(雷雷). ――하다 자여 마른천둥이 치다.

마른-침 圐 음식물을 대했을 때나, 몹시 긴장했을 때에 무의식중에 힘들여 삼키는 적은 양의 침.
　마른침을 삼키다 ☞ 몹시 걱정하거나 초조해 하다.

마른-타작 (-打作) 圐하자 벼를 베어 바싹 말린 뒤에 하는 타작. ↔물타작.

마른-편포 (-片脯) 圐 바싹 말린 편포. ↔진편포.

마른-풀 圐 꼴이나 퇴비 원료로 쓰기 위하여 베어 말린 풀. 건초.

마른-하늘 圐 비나 눈이 오지 아니하는 맑게 갠 하늘.
[마른하늘에 날벼락] 뜻밖에 당하는 재난.

마른-행주 圐 물에 적시지 아니한 행주. ❏~로 물기를 닦다. ↔진행주.

마른행주-질 圐하타 마른행주로 닦거나 훔치는 일. ↔진행주질.

마른-홍두깨 圐 눅진한 기운이 약간 있는 다듬잇감을 홍두깨에 올리는 일. ↔진홍두깨.

마름¹ 圐 1 이엉을 엮어서 말아 놓은 단. ❏지붕에 ~을 올리다. 2 이엉의 묶음을 세는 단위. ❏이엉 세 ~.

마름² 圐하타 옷감이나 재목 따위를 치수에 맞추어 재거나 자름. ❏~을 해 놓은 옷감.

마름³ 圐 지주(地主)를 대리하여 소작권을 관리하는 사람. 사음(舍音). ❏~을 붙이다.

마름⁴ 圐《식》 마름과의 한해살이풀. 연못 등에 나는데 뿌리는 긴 속에 내리나 잎은 물 위에 뜨고, 여름에 흰 꽃이 핌. 마름모꼴로 된 열매는 식용함.

마름-돌 [-똘] 圐《건》 일정한 치수의 크기로 잘라 놓은 돌.

마름-둥글이 圐 필요한 길이로 알맞게 마름질한 둥글이.

마름-모 圐《수》 네 변의 길이가 모두 같으나 모든 각이 직각이 아닌 사각형. 마름모꼴.

마름모-꼴 圐《수》 마름모.

마름-새 圐 옷감이나 재목 따위를 마름질해 놓

은 맵시. 또는 그런 상태.

마름-쇠 圀 도둑이나 적을 막기 위해 흩어 두었던, 끝이 뾰족한 송곳처럼 생긴 서너 개의 발을 가진 쇠못. 능철(菱鐵). 여철(藜鐵). [마름쇠도 삼킬 놈] 몹시 탐욕스러운 사람의 비유.

마름-자 圀 마름질하는 데 쓰는 자.

마름-재목 (─材木) 圀 일정한 크기로 마름질한 재목.

마름-질 圀하타 옷감이나 재목 등을 치수에 맞추어 재거나 자르는 일. 재단(裁斷). ❏비단을 ~하다.

마리¹ 圀〈옛〉머리. 머리털.

마리² 〔의〕 짐승이나 물고기 따위의 수효를 세는 단위. 수(首). ❏염소 두 ~.

마리오네트 (ㅍ marionette) 圀 〔연〕 인형극에 쓰이는 인형. 또는 그 인형극.

마리화나 (marihuana) 圀 대마(大麻)의 잎이나 꽃을 말려 가루로 만든 마약의 일종(주로 담배에 섞어 피움).

마:린 (馬蘭) 圀〔식〕꽃창포.

마:린-자 (馬蘭子) 圀 〔한의〕 꽃창포 열매의 씨(지혈·황달·설사 따위의 약재로 씀).

마림바 (marimba) 圀 〔악〕 아프리카 민속 악기를 개량한 실로폰의 하나(음판 밑에 공명관을 장치한 것으로 음역이 넓음).

마립간 (麻立干) 圀 〔역〕신라 때, 임금의 칭호의 하나.

마릿-수 (─數) 〔─리수/─릳쑤〕 圀 마리를 단위로 하여 헤아리는 수. ❏~를 세어 보다.

마르논 조〈옛〉마는.

마:마¹ (媽媽) 圀 1 '별성마마'의 준말. 2 '손님마마'의 준말. 3 '역신마마'의 준말. 4〈속〉천연두. ──하다 자 천연두를 앓다. [마마 그릇되듯] 불길한 징조가 보임.

마:마² (媽媽) 圀 〔역〕1 임금과 그 가족들의 칭호 뒤에 붙여 이르는 말. ❏상감~/중전~. 2 '벼슬아치의 첩'에 대한 높임말.

마:마-꽃 (媽媽─)〔─꼳〕圀 천연두를 앓을 때 온몸에 부스럼처럼 돋는 것. ❏~이 돋다.

마:마-님 (媽媽─) 圀 〔역〕 조선 때, 아랫사람이 상궁을 부르던 경칭.

마:마-딱지 (媽媽─)〔─찌〕圀 천연두를 앓은 자리에 말라붙은 딱지.

마:마-떡 (媽媽─) 圀 〔민〕 천연두를 앓을 때 마마꽃이 잘 솟으라고 해 먹는 떡(흰무리에 소금을 치지 않고 붉은 팥을 넣어서 만듦). 마마병.

마마-보이 (←mama's boy) 圀 자기 뜻대로 행동하지 못하고 어머니에게 의존하는 소년이나 남자.

마:맛-자국 (媽媽─)〔─마짜─/─맏짜─〕圀 마마 딱지가 떨어진 자리에 생기는 얽은 자국. 두흔(痘痕).

마멀레이드 (marmalade) 圀 오렌지나 레몬 따위의 껍질로 만든 잼.

마멋 (marmot) 圀〔동〕다람쥣과의 짐승. 토끼만 하며 회색 털로 덮여 있음. 북아메리카·유럽 등지의 건조한 초원에 군생하며, 겨울에는 굴속에서 동면함. 마르모트.

마면-사 (麻綿絲) 圀 삼에 면사(綿絲)를 섞어 만든 실.

마멸 (磨滅) 圀하자 갈려 닳아서 없어짐. ❏기계의 마찰 부분이 ~되다.

마:명-간 (馬鳴肝) 圀〔한의〕잠사(蠶砂).

마:모 (馬毛) 圀 말의 털.

마모 (磨耗) 圀하자 마찰되는 부분이 닳아서 작아지거나 없어짐. ❏베어링이 ~되다 / ~를 방지하기 위해 윤활유를 친다.

마모로다 타〈옛〉마무르다.

마목 (馬木) 圀〔광〕광맥 속에 섞여 있는, 광석이 될 것 이외의 것의 총칭.

마:목 (馬木) 圀 가마·상여 등을 올려놓을 때 괴는, 네 발 달린 나무 받침틀.

마목 (痲木) 圀〔한의〕전신 또는 사지의 근육이 굳어 감각이 없고 몸을 마음대로 움직일 수 없는 병.

마:목-지기 (馬木─)〔─찌─〕圀 상여의 마목을 지고 가는 상여꾼.

마무 (摩撫) 圀하자 무마(撫摩).

마무르다 〔마물러, 마무르니〕타른 1 물건의 가장자리를 가지런하게 손질하다. 2 바짓단을 ~. 3 일의 뒤끝을 맺다. ❏이야기를 ~.

마무리 圀하타 일의 끝맺음. ❏~ 작업 / ~를 짓다 / 협상을 ~하다 / 공사가 ~되다.

마:묵 (磨墨) 圀하타 벼루에 먹을 갊.

마물 (魔物) 圀 재앙을 끼치는 요사스러운 물건. ❏돈은 ~이다 / 그 여자가 정말 ~인가.

마:미 (馬尾) 圀 1 말의 꼬리. 2 말총.

마:미-군 (馬尾裙) 圀 예전에, 말총으로 짜서 바지 모양으로 만든 여자의 옷.

마:미-전 (馬尾廛) 圀 예전에, 말총을 팔던 가게.

마:미-조 (馬尾藻) 圀〔식〕모자반.

마무르다 囸〈옛〉메마르다.

마:바리 圀〔농〕논 한 마지기에서 두 섬의 곡식이 나는 것을 일컫는 말.

마:-바리 (馬─) 圀 짐을 실은 말. 또는 그 짐.

마:바리-꾼 (馬─) 圀 마바리를 몰고 다니는 것을 업으로 삼는 사람.

마:발 (馬勃) 圀〔식〕말불버섯.

마:방 (馬房) 圀 〔역〕1 마구간을 갖춘 주막집. 2 절 안에서, 손님의 말을 매어 두던 곳.

마방적 (麻紡績) 圀 삼에서 실을 뽑아내는 일. 삼실뽑기.

마:방진 (魔方陣) 圀 〔수〕 자연수를 정사각형 모양으로 배열하여, 가로·세로·대각선(對角線)으로 합친 수가 모두 같아지게 만든 것. 방진(方陣).

마:방-집 (馬房─)〔─찝〕圀 말을 두고 삯짐 싣는 일을 업으로 하는 집.

마법 (魔法) 圀 마력(魔力)으로 불가사의한 일을 하는 술법. ❏~에 걸리다.

마법-사 (魔法師)〔─싸〕圀 마법을 부리는 사람. *마술사·요술쟁이.

마:병 (馬兵) 圀 1 오래된 헌 물건. 2 넝마.

마:병 (馬兵) 圀 〔역〕 조선 때, 훈련도감에 속했던 기병(騎兵).

마:병-장수 圀 헌 물건을 가지고 다니면서 파는 사람.

마:보-병 (馬步兵) 圀 마병과 보병.

마:부 (馬夫) 圀 1 말구종. 2 말을 부려 마차나 수레를 모는 사람. 마차꾼. 3〔민〕배송(拜送)을 낼 때에 싸리말을 모는 사람.

마:부-대 (馬夫臺) 圀 마차 따위에서, 마부가 앉는 자리.

마:부 타:령 (馬夫─)〔민〕배송 낼 때, 싸리말을 모는 사람이 부르는 타령.

마:분 (馬分) 圀 말삯.

마:분 (馬糞) 圀 말똥.

마분 (麻蕡) 圀〔한의〕1 삼씨. 2 삼꽃의 꽃가루(맛이 쓰고 독한 성질이 있는 한약제로, 난산(難産)이나 변비 따위에 씀).

마분 (磨粉) 圀 마사(磨砂).

마:분-지 (馬糞紙)명 **1** 짚으로 만든, 빛이 누르고 질이 낮은 두꺼운 종이. **2** 판지(板紙).

마블 (marble)명 **1**〖광〗대리석(大理石). **2**〖미술〗대리석으로 만든 조각물.

마비 (痲痹·麻痹)명하자 **1**〖의〗신경·근육이 기능을 잃는 병. ▢하반신이 ~되다 / 다리에 ~증세가 오다. **2** 본디의 기능이 둔해지거나 정지되는 일. ▢교통이 ~되다 / 은행의 전산 업무가 ~되다.

마:비저 (馬鼻疽)〖의〗마비저균(菌)에 의해 말·당나귀 따위에 유행하며, 사람에게도 전염되는 전염성 질병(콧물이 많이 나고 폐가 약해짐).

마비-탕 (麻沸湯)명〖한의〗삼의 잎·뿌리·줄기 등을 달인 물(진통제·마취약 따위에 씀).

마:비-풍 (馬脾風)명〖의〗디프테리아.

마빚다 [-빋따]명 비집어 내다.

마빡명〈속〉이마.

마:사 (馬事)명 말을 기르고 부리고 다루는 것에 관한 모든 일.

마사 (麻絲)명 베실.

마사 (磨砂)명 금속제(製)의 기물을 닦는 데 쓰는, 점성(粘性)이 없는 백토(白土). 마분.

마-사니명 추수 때에 마름을 대신하여 곡식을 되는 사람.

마사지 (massage)명하타 **1** 안마(按摩). **2** 피부를 문질러 곱고 건강하게 하는 일. 또는 그런 미용법. ▢~를 받다.

마:-삯 (馬-)[-삭] 말을 세내는 삯. 마분(馬分). 마세.

마상명 '마상이'의 준말.

마:-상 (馬上)명 말의 등 위. ~에 오르다.

마:-상-객 (馬上客)명 말을 타고 있는 사람.

마:-상-봉도 (馬上奉導)명〖역〗능행(陵幸) 때 임금이 마상에 오르면 일산(日傘)을 우긋하게 받쳐 들고 편하게 모시라고 외치는 소리. 또는 그 일을 지휘·감독하던 벼슬.

마:-상-쌍검 (馬上雙劍)명〖역〗조선 때, 이십사반 무예의 한 가지. 말을 타고 두 손에 요도(腰刀)를 하나씩 가지고 하던 검술.

마:-상-월도 (馬上月刀)[-또]명〖역〗조선 때, 이십사반 무예의 한 가지. 말을 타고 언월도를 가지고 하던 검술.

마:-상-유삼 (馬上油衫)[-뉴-]명 말을 탈 때 입는 유삼.

마상이명 **1** 거룻배처럼 노를 젓게 된 작은 배. **2** 통나무를 파서 만든 작은 배. 독목주(獨木舟). ㉰마상.

마:-상-재 (馬上才)명〖역〗조선 때, 이십사반 무예의 한 가지로, 내닫는 말 위에서 하던 여러 가지 무예. 옆에 매달리기, 거꾸로 서서 달리기, 옆에 거꾸로 매달려서 달리기, 쌍마 타고 서서 총 쏘기 등. 마기(馬技)·마예(馬藝).

마:-상-전 (馬床廛)명 마구(馬具)·관복(官服)·갓 등을 팔던 가게.

마:-상-치 (馬上-)명 말을 탈 때에 입는 우장(雨裝)이나 신는 가죽신.

마:-상-편곤 (馬上鞭棍)명〖역〗조선 때, 이십사반 무예의 한 가지. 말을 타고서 편곤을 가지고 하던 무예.

마석 (磨石)명하자 **1** 맷돌. **2** 돌로 된 물건을 반들반들하게 갊.

마-석기 (磨石器)[-끼]명 '마제(磨製) 석기'의 준말.

마성 (魔性)명 사람을 미혹시키는 악마와 같은 성질. ▢~이 드러나다.

마세 (-貰)명 예전에, 추수 때 마름이 소작인에게서 소작료 외에 마질하는 삯으로 더 받던 곡식.

마:세 (馬貰)명 마삯.

마:세 (프 massé)명 당구에서, 큐를 수직으로 세워 공을 치는 법.

마-소명 말과 소. 우마(牛馬). ▢~를 먹이다.

마-속명 곡식을 되는 말의 용량.

마손 (磨損)명하자 마찰로 인하여 쓸리어 닳음. ▢~이 심하다.

마수명하자 **1** 처음에 팔리는 것으로 미루어 짐작하는, 그날의 장사 운수. ▢오늘 장사는 ~가 좋다. **2** '마수걸이'의 준말. ▢한나절이 지나서야 겨우 ~했다.

마-수 (-數)명 말[斗]의 수량.

마수 (魔手)명 음흉하고 흉악한 사람의 손길. 검은손. ▢~를 뻗치다.

마수-걸이명하자타 **1** 맨 처음으로 물건을 파는 일. 개시(開市). ▢아직 ~도 못했다. ㉰마수. **2** 맨 처음으로 부딪는 일.

마:술 (馬術)명 '승마술(乘馬術)'의 준말. ▢~ 경기.

마술 (魔術)명하자 **1** 사람의 마음을 호리는 묘한 술법. ▢~을 걸다. **2** 도구나 손재주로 사람의 눈을 속이는 기술. 요술(妖術). ▢~을 부리다.

마술-사 (魔術師)[-싸]명 마술을 부리는 것을 업으로 삼는 사람.

마술-쟁이 (魔術-)명 '마술사'를 낮잡아 일컫는 말.

마스카라 (mascara)명 속눈썹을 짙고 길어 보이게 하기 위해 칠하는 화장품.

마스코트 (mascot)명 행운을 가져온다고 믿어 간직하는 물건. ▢행운의 ~.

마스크 (mask)명 **1** 병균·먼지 따위를 막기 위하여 코·입을 가리는 물건. **2** 탈. **3** 야구 따위에서, 얼굴을 보호하기 위하여 쓰는 기구. **4** 얼굴 생김새. ▢독특한 ~를 한 배우.

마스크 워크 (mask work)〖연〗영화 촬영에서 배우가 일인이역으로 한 화면에 나와야 할 경우에, 화면의 일부를 잘라 두세 번으로 촬영해서 합하는 일.

마스터 (master)명하자 어떤 기술이나 내용을 배워 충분히 익히는 일. ▢영문법을 ~했다.

마스터베이션 (masturbation)명하자 수음(手淫).

마스터플랜 (master plan)명 기본 계획. 기본 설계. ▢~을 세우다.

마스토돈 (mastodon)명〖동〗원시적 장비류(長鼻類)의 화석 동물. 코끼리의 진화의 근간을 이루는 종류임. 제3기(紀) 후반에 북아메리카·시베리아 등지에서 번성하였음.

마스트 (mast)명 돛대.

마스티프 (mastiff)명〖동〗영국 원산인 개의 한 품종(크고 사나워 투견·호신견으로 씀).

마승 (麻繩)명 삼노끈.

마시다타 **1** 물이나 술 따위 액체를 목구멍으로 넘기다. ▢물을 후루룩 ~ / 막걸리를 벌컥벌컥 ~. **2** 공기나 냄새 따위를 들이쉬다. ▢맑은 공기를 ~.

마:식 (馬食)명하자 **1** 말먹이. **2** 말처럼 많이 먹음.

마:신 (馬身)의명 경마에서, 말의 코끝에서 궁둥이까지의 길이. ▢1~의 차로 이기다.

마신 (魔神)명 재앙을 주는 신. 마의 신.

마실명 이웃에 놀러 다니는 일. ▢~ 가다.

마순㉠㉞〈옛〉마흔.

마술명㉞〈옛〉관청.

마애(磨崖)圏[하자] 암벽이나 석벽(石壁)에 글자·그림 따위를 새김.

마애-불(磨崖佛)圏〖불〗암벽에 새긴 불상.

마야 문명(Maya文明) 기원 전후부터 9세기까지 중앙아메리카에서 발달한 마야 족의 고대 문명(상당한 수준의 금속 문화를 가졌고, 일종의 상형 문자도 사용하였음).

마약(痲藥·麻藥)圏 마취 작용을 하며 습관성을 가진 약으로, 오랫동안 사용하면 중독 증상을 나타내는 물질의 총칭(아편·모르핀·코카인·헤로인·LSD 따위).

마약 중독(痲藥中毒)[─쯩─]〖의〗마약을 장기간 사용함으로써 마약을 쓰지 아니하고는 정상적인 생활을 할 수 없게 된 상태(아편 중독·모르핀 중독·코카인 중독 따위).

마에스토소(이 maestoso)〖악〗악보에서, '장엄하게'의 뜻.

마:역(馬疫)圏 말의 돌림병.

마연(磨研)圏[하타] 연마(研磨).

마염(魔炎)圏 악마가 일으키는 불꽃.

마엽(痲葉)圏〖한의〗삼의 잎(오래된 학질에 약으로 씀).

마:예(馬藝)圏〖역〗마상재(馬上才).

마오라기圏〈옛〉마래기.

마오려[보동]〈옛〉말구려. 말진저.

마왕(魔王)圏 1 마귀의 왕. 2〖불〗천마(天魔)의 왕. 정법(正法)을 해치고 중생이 불도에 들어가는 것을 방해하는 귀신.

마요네즈(프 mayonnaise)圏 샐러드용 소스. 달걀노른자·샐러드유·소금·식초 따위를 섞어서 만듦.

마우스(독 Maus)圏〖동〗의학·생물학 따위의 실험용 생쥐.

마우스(mouse)圏〖킴〗입력 장치의 하나(손으로 잡고 커서(cursor)를 움직이는 데 씀).

마우스피스(mouthpiece)圏 1〖악〗관악기의 입에 대고 부는 부분. 2 권투에서, 선수의 입안이나 이를 보호하기 위하여 입에 무는 물건(고무나 스펀지로 만듦).

마우어하켄(독 Mauerhaken)圏 하켄.

마운드(mound)圏 1 야구에서, 투수가 공을 던지기 위하여 서는 곳(중앙에 투수판(投手板)이 있음). ◘~에 오르다. 2 골프에서, 벙커나 그린 주위의 작은 언덕이나 둑.

마:위-답(馬位畓)圏〖역〗조선 때, 추수한 곡식을 역마(驛馬)의 사육비(飼育費)로 쓰던 논. 마웠논. 역위답.

마:위-땅(馬位−)圏〖역〗조선 때, 역마(驛馬)를 기르는 데 필요한 경비에 쓰기 위하여 각 역에 주던 논밭. 마위답(畓)과 마위전(田)이 있었음. 마전(馬田).

마:위-전(馬位田)圏〖역〗조선 때, 추수한 곡식을 역마(驛馬)의 사육비로 쓰던 밭. 역위전.

마:윗-논(馬位−)[−왼−]圏〖역〗마위답.

마유(麻油)圏 삼씨기름.

마유(魔乳)圏 생후 3−4 일부터 갓난아기의 유방에서 나오는 젖 비슷한 액체. 귀유(鬼乳).

마:유-주(馬乳酒)圏 말의 젖을 발효시켜 만든 술. 상쾌하고 신맛이 있는 크림 모양의 음료임.

마:육(馬肉)圏 말고기.

마을[圏 1 시골에서, 여러 집이 모여 사는 곳. 동리. 촌락(村落). ◘고향 ~ / ~ 사람 / 어릴적 한 ~에 살다 / ~ 앞을 지나다. 2 이웃에 놀러 다니는 일. ◘밤늦도록 ~ 나온 사람들의 정담이 그치지 않았다.

마을(을) **가다** ⊡ 이웃에 놀러 가다.

마을[2]圏〖역〗관아(官衙).

마을-꾼圏 1 이웃에 놀러 다니는 사람. 2 살림은 돌보지 않고 밤낮 놀러만 다니는 여자. ☞ 말꾼.

마을-리(−里)圏 한자 부수의 하나(『野·量』 등에서 '里'의 이름).

마을-문고(−文庫)圏 농어촌 주민들을 위하여 마을에 설치한 문고.

마을-버스(−bus)圏 정기 노선버스가 운행되지 않는, 대도시의 고지대나 아파트 단지 또는 농촌 벽지 마을 등의 교통 편의를 위하여 운행하는 버스. ☞ 보통 10 분 거리이다.

마음圏 1 사람의 지식·감정·의지의 움직임. 또는 그 움직임의 근원이 되는 정신적 상태. ◘~을 정리하다. 2 시비 선악을 판단하고 행동을 결정하는 정신 활동. 사려(思慮) 분별. ◘들뜬 ~ / ~이 흐리다. 3 속에 품는 생각. 본심(本心). ◘~에도 없는 말 / ~에 가지고 있는 생각을 털어놓는다. 4 성격. 천성. ◘~이 바르다 / ~이 착하다. 5 기분. 감정. 느낌. ◘쓸쓸한 ~ / ~이 편하다. 6 인정. 인심. ◘~이 후하다. 7 의향. 생각. ◘~을 떠보다 / 결혼할 ~이 없다 / ~이 내키지 않다. 8 성의. 정성. ◘~을 다하다. 9 도량. ◘~이 넓다. ⬆맘.

[마음 없는 염불] 하고 싶지 않은 일을 마지못하여 하는 것의 비유. [마음에 있어야 꿈도 꾸지] 생각이나 뜻이 없으면 아무것도 이루어지지 않는다는 뜻. [마음처럼 간사한 건 없다] 이해관계에 따라 마음이 간사스럽게 변한다는 말. [마음 한번 잘 먹으면 북두칠성이 굽어보신다] 마음을 바르게 쓰면 신명(神明)이 보살핀다는 뜻.

마음에 걸리다 ⊡ 마음이 편안하지 않고 걱정되거나 불안을 느끼다. 꺼림칙하다.

마음에 두다 ⊡ 잊지 아니하고 마음속에 새겨 두다. ◘아까 그 말은 농담이니 마음에 두지 마라.

마음에 들다 ⊡ 어떤 대상이 마음이나 감정에 좋게 여겨지다.

마음에 없다 ⊡ 무엇을 하거나 가지고 싶은 생각이 없다. ◘마음에 없는 말 하지도 마라.

마음에 있다 ⊡ 무엇을 하거나 가지고 싶은 생각이 있다.

마음에 차다 ⊡ 마음에 흡족하게 여기다.

마음은 굴뚝 같다 ⊡ 마음은 간절하다.

마음(을) **놓다** ⊡ 믿고 의심하거나 걱정하지 않다. 안심하다. ◘마음 놓고 다니지도 못하겠다.

마음(을) **붙이다** ⊡ 마음을 기울이거나 전념(專念)하다.

마음(을) **비우다** ⊡ 집착이나 욕심을 버리다.

마음(을) **사다** ⊡ 흥미를 끌어 관심을 갖게 하다. 호감을 품게 하다.

마음(을) **쓰다** ⊡ 신경을 써서 배려하다.

마음(을) **줄이다** ⊡ 초조하게 하거나 조바심을 내다.

마음의 문을 열다 ⊡ 외부의 영향을 받아들일 태도가 되어 있다.

마음의 준비 ⊡ 어떤 일을 하기 위한 계획이나 각오.

마음(이) **가다** ⊡ 생각이나 관심이 쏠리다.

마음(이) **내키다** ⊡ 하고 싶다. ◘마음이 내키지 않아 여행을 포기했다.

마음이 돌아서다 ⊡ ㉠품고 있던 마음이 달라지다. ㉡틀어졌던 마음이 정상적인 상태로 되다.

마음(이) 들뜨다 쿼 마음이 가라앉지 않고 들썽거리는 상태가 되다.

마음이 무겁다 쿼 유쾌하지 못하고 침울하다. ▣부탁을 거절해 내내 마음이 무거웠다.

마음이 쓰이다 쿼 생각이나 주의가 미치다. ▣집에 두고 온 아이에게 ~.

마음-가짐 圀 마음을 쓰는 태도. ▣~이 올바르다 / ~을 굳게 하다. 㐀맘가짐.

마음-결 [-껼] 圀 마음의 바탕. ▣~이 비단 같다. 㐀맘결.

마음-고생 (-苦生)[-꼬-] 圀 마음속으로 겪는 고생. ▣~이 심하다. 㐀맘고생.

마음-공부 (-工夫)[-꽁-] 圀 정신적인 수양(修養). 㐀맘공부.

마음-껏 [-껃] 🖫 마음에 흡족하도록. ▣~ 누리다 / ~ 먹다. 㐀맘껏.

마음-눈 圀 마음속으로 사물을 관찰하고 식별하는 힘. 또는 그 작용. 심안(心眼).

마음-대로 🖫 마음이 하고 싶은 대로. ▣~ 결정하다 / 네 ~ 해라. 㐀맘대로.

마음-먹다 [-따] 巫타 무엇을 하겠다고 마음속으로 작정하다. ▣대학을 포기하고 취업하기로 ~ / 마음먹은 대로 풀리다. 㐀맘먹다.

마음-보 [-뽀] 圀 마음을 쓰는 본새. 심보. ▣~가 고약하다 / ~가 틀렸다 / ~를 곱게 써라. 㐀맘보.

마음-성 (-性)[-썽] 圀 마음을 쓰는 성질. ▣~이 무던하다. 㐀맘성.

마음-속 [-쏙] 圀 마음의 속. 심중(心中). 의중(意中). ▣~을 털어놓다 / ~에 담아 두다 / ~으로 간절히 빌다. 㐀맘속.

마음-심 (-心) 圀 한자 부수의 하나('必·忍' 등에서 '心'의 이름).

마음-씨 圀 마음을 쓰는 태도. ▣~ 고운 처녀 / ~가 비단결 같다. 㐀맘씨.

마음-자리 [-짜-] 圀 마음의 본바탕. 심지(心地). ▣~가 편하다. 㐀맘자리.

마음-잡다 [-따] 巫 마음을 바로 가지거나 새롭게 결심하다. ▣마음잡고 공부하다.

[마음잡아 개 장사] 방탕하던 사람이 마음을 다잡고 생업을 하려 하나가 여러 가지 못하여 헛일이 됨을 비유한 말.

마의 (麻衣)[-/-이] 圀 삼베옷.

마이너 (minor) 圀 (악) 1 단조(短調). 2 단음계(短音階).

마이너스 (minus) 圀 1 (수) (어떤 수를) 뺌. 빼기. 2 (수) 뺄셈표. 3 음수(陰數)·음전기(陰電氣)·음극(陰極) 등을 나타내는 말. 또는 그 기호 '-'의 이름. 4 (의) 반응 검사 등에서 음성임을 나타내는 말. 네거티브. ▣아르에이치 ~ 혈액형 / ~ 반응이 나타나다. 5 부족·결손·적자·불이익 등을 뜻하는 말. ▣~요인 / 경제 성장률이 ~로 떨어지다. ↔플러스(plus).

마이너스 성장 (minus成長) (경) 경제 성장률이 마이너스로 되는 일. 곧, GNP의 실질 규모가 전년도에 비하여 적어지는 일.

마:이동풍 (馬耳東風) 圀 남의 말을 귀담아듣지 않고 곧 흘려버림을 이르는 말.

마이신 (mycin) 圀 '스트렙토마이신'의 준말.

마이실린 (mycillin) 圀 스트렙토마이신과 페니실린의 복합제. 페니마이.

마이오-세 (←Miocene世) 圀 (지) 신생대 제삼기(第三紀)의 둘째이는 지질 시대. 플라이오세(世)의 전 시대(前時代). 2400만 년 전부터 520만 년 전까지의 기간을 말함. 구칭: 중신세(中新世).

마이-카 (my+car) 圀 자기 소유의 자동차. 자

가용 차. ▣~ 시대.

마이카나이트 (micanite) 圀 (물) 운모의 얇은 조각을 결합시키고 다시 고압·고온을 가하여 만든 열 및 전기 절연물(본디 상품명).

마이카돈 (micadon) 圀 (물) 마이카 콘덴서.

마이카 콘덴서 (mica condenser) 圀 (물) 전기 용량을 크게 하기 위하여 금속판의 사이에 운모를 끼운 축전기. 마이카돈.

마이컴 (micom) 圀 (컴) 마이크로컴퓨터.

마이크 (mike) 圀 '마이크로폰'의 통칭. ▣~를 잡고 노래한다.

마이크로-그램 (microgram) 의명 (물) 전기 용량의 단위. 100만분의 1그램. 기호: μg.

마이크로-미터[1] (micrometer) 圀 (물) 정밀한 기계의 치수나 종이의 두께, 철사의 지름 등 미소한 길이를 재는 기구(100만분의 1m까지 잴 수 있음). 측미계(測微計).

마이크로-미터[2] (micrometer) 의명 (물) 미터법에 따른 길이의 단위. 100만분의 1미터. 기호: μm.

마이크로-밸런스 (microbalance) 圀 (화) 화학 실험 같은 데에서 1mg 이하의 적은 양을 재는 천칭(天秤). 미량(微量) 천칭.

마이크로-버스 (microbus) 圀 적은 인원이 타는 소형 버스.

마이크로-옴 (microhm) 의명 (물) 전기 저항의 단위. 100만분의 1옴. 기호: $\mu\Omega$.

마이크로-웨이브 (microwave) 圀 (물) 마이크로파(波).

마이크로-카드 (microcard) 圀 책이나 신문 따위를 인화지에 축소 복사한 카드.

마이크로카드 리더 (microcard reader) 마이크로카드의 내용을 확대하여 읽는 장치.

마이크로-컴퓨터 (microcomputer) 圀 (컴) 마이크로프로세서를 사용하여 만든 컴퓨터. 하나의 칩 속에 중앙 처리 장치가 들어 있음. 마이컴. ✻메인 프레임 컴퓨터·미니컴퓨터·슈퍼컴퓨터.

마이크로-코즘 (microcosm) 圀 (철) 1 소우주. 2 우주의 축도로서의 인간.

마이크로-퀴리 (microcurie) 의명 (물) 방사능량의 단위. 100만분의 1퀴리. 기호: μCi.

마이크로-톰 (microtome) 圀 (생) 생물 조직을 현미경용 표본으로 얇게 자르는 장치.

마이크로-파 (micro波) 圀 (물) 파장이 1m에서 수 mm, 주파수 300에서 수십만 메가헤르츠의 전자파(電磁波)임. 극초단파(UHF)·센티미터파(SHF)·밀리미터파(EHF)로 세분됨(통신·레이더·텔레비전 따위에 씀). 마이크로웨이브.

마이크로-패럿 (microfarad) 의명 전기 용량의 단위. 100만분의 1패럿. 기호: μF.

마이크로-폰 (microphone) 圀 음파를 전기 신호로 바꾸는 장치의 총칭(특히 녹음기나 확성기에 연결하는 것). 마이크.

마이크로-프로세서 (microprocessor) 圀 (컴) 마이크로컴퓨터의 중앙 처리 장치의 기능을 1개의 칩에 집적한 것. 연산과 제어를 실행할 수 있음(단말기·프린터·팩시밀리·각종 전자 제품에 씀).

마이크로-필름 (microfilm) 圀 책·신문 등을 축소 복사하여 쓰는 보존용 필름(필요할 때 확대하거나 확대 인화하여 읽음).

마이트너륨 (Meitnerium) 圀 (화) 9족(族)에 속하는 인공 방사성 원소의 하나(오스트리아의 물리학자 마이트너(Meitner, Lise)의 이름

에서 유래함]. [109 번: Mt : 268]

마:인 (馬印) 圈 말의 산지(產地)를 표시하기 위하여 말의 볼기에 찍는 낙인.

마인 (麻仁) 圈〔한의〕삼씨.

마일 (mile) 回圈 야드파운드법의 거리의 단위. 1마일은 약 1.6 km 에 해당함(기호 : mil). 영리(英里).

마일포스트 (milepost) 圈 1 배의 속력을 측정하기 위해 해안에 설치해 놓은 푯대. 2 이정표(里程標).

마임 (mime) 圈〔연〕1 몸짓과 표정으로 하는 연기(고대 그리스 및 로마에서 성행하였음). 2 무언극.

마온 囹圈〈옛〉마흔.

마울 圈〈옛〉마을. 관청.

마자 (麻子) 圈〔한의〕삼씨.

마자-유 (麻子油) 圈 삼씨기름.

마:작 (麻雀) 圈 중국에서 건너온 실내 오락. 네 사람이 136 개의 패(牌)를 가지고 짝을 맞추는 놀이.

마:작-꾼 (麻雀-) 圈 마작을 잘하거나 즐기는 사람.

마:장 (馬場) 圈 1 말을 매어 두거나 놓아기르는 곳. 2 경마장.

마장 (魔障) 圈 일에 뜻밖의 방해나 탈이 생기는 일. 마희(魔戲).

마장 回圈 십 리가 못 되는 거리를 '리' 대신으로 이르는 말. ▫한 ~ / 두어 ~ 거리.

마:장 마:술 경:기 (馬場馬術競技) 마술 경기의 한 가지. 60 m × 20 m 의 마장 안에서 정해진 종목을 일정 시간에 말을 다루는 솜씨를 겨루는 경기.

마-장수 지난날, 물건을 말에 싣고 다니면서 팔던 사람.

마장-스럽다 경(魔障-)[-따][-스러워, -스러우니]圈 어떤 일에 방해나 탈이 생기는 듯하다. 마장-스레 囝

마-장조 (-長調)[-쪼] 圈〔악〕'마' 음을 으뜸음으로 하는 장조. 이(E) 장조.

마저 ⊟囝 남김없이 모두. ▫이것까지 ~ 먹자. ▫'까지도'・'까지 모두'의 뜻의 보조사. ▫너~ 한패였더냐.

마:적 (馬賊) 圈 지난날, 말을 타고 떼를 지어 다니던 도둑.

마적 (魔笛) 圈 마법(魔法)의 피리. 요술 피리.

마:적-굴 (馬賊窟)[-꿀] 圈 마적의 소굴.

마전 回囲困 생피륙을 바래는 일. 포백(曝白). ▫~하지 않은 무명.

마:전 (-廛) 圈 예전에, 장터에서 삯을 받고 곡식을 마질하던 곳.

마:전 (馬田) 圈〔역〕마위땅.

마:전 (馬錢) 圈〔식〕마전과의 상록 교목. 동인도 원산으로, 높이는 10∼13 m, 녹백색의 작은 꽃이 피며, 사과보다 조금 큰 노란 장과(漿果)를 맺음.

마전 (馬田) 圈 1 삼밭. 2〔역〕신라 때, 공물(貢物)을 마련하기 위하여 마을 공동으로 삼을 재배하던 밭.

마:전-자 (馬錢子) 圈〔약〕마전의 씨(알칼로이드 성분이 들어 있어 홍분제 따위의 약재로 씀).

마전-장이 圈 피륙을 바래는 일을 업으로 삼는 사람.

마전-터 圈 피륙을 말려서 바래는 곳.

마접 (魔接) 圈困困 귀신을 접함. 또는 신이 내림. *신접(神接).

마:정 (馬政) 圈 말의 사육・품종 개량・번식・수출입 등에 관한 행정.

마:제 (馬蹄) 圈 말굽 1.

마:제 (磨製) 圈困困 돌 따위를 갈아서 연장이나 기구를 만드는 일.

마:제-굽-토시 (馬蹄-) 圈 윗부리를 말굽처럼 만들어 손등을 덮게 한 토시. 말굽토시. ▵마제토시.

마:제-석 (馬蹄石) 圈〔광〕말굽 같은 무늬가 있는 검푸른 돌.

마제 석기 (磨製石器)[-끼] '간석기'의 구용어. ▵마석기.

마:제-신 (馬蹄腎) 圈〔의〕척추 양쪽에 하나씩 있어야 할 것이 서로 붙어 말굽 모양으로 된 선천성 기형 신장.

마:제-연 (馬蹄椽) 圈〔건〕말굽추녀.

마:제-은 (馬蹄銀) 圈〔역〕말굽은.

마:제-철 (馬蹄鐵) 圈 1 대접쇠. 2 말편자.

마:제-초 (馬蹄草) 圈〔식〕참쇠.

마:제-추녀 (馬蹄-) 圈〔건〕말굽추녀.

마:제-토시 (馬蹄-) 圈 '마제굽토시'의 준말.

마:제형 자:석 (馬蹄形磁石)〔물〕말굽자석.

마젤란-은하 (Magellan銀河) 圈〔천〕남반구에서 육안(肉眼)으로 보이는 나선 은하. 태양계와 가장 가까운 은하로 거리는 16∼20 만 광년(大)마젤란은하와 소(小)마젤란은하로 나뉨). 마젤란운(雲).

마조 (-調) 圈[-쪼] 圈〔악〕'마' 음을 으뜸음으로 하는 곡조.

마조보다 困〈옛〉마주 보다.

마조-장이 (磨造-) 圈〔공〕도자기를 굽기 전에 이리저리 매만져서 맵시를 내는 사람.

마조히즘 (masochism) 圈〔심〕변태 성욕의 하나(이성한테서 정신적・신체적 학대를 받음으로써 성적 쾌감을 느끼는 일종의 이상 성욕). 피학대 성욕 도착증. ↔사디즘.

마졸 (馬卒) 圈 마왕의 졸개.

마졸리카 (majolica) 圈 이탈리아에서 15 세기에 발달한 특수 도자기(백색의 불투명한 잿물을 발라, 금속 광택의 그림으로 장식함).

마:주 (馬主) 圈 말의 주인. 주로 경마에서 말의 주인.

마주 囝 서로 똑바로 향하여. ▫~ 놓다 / ~ 보다 / 의자를 ~ 잡고 나르다 / 바둑판을 가운데에 두고 ~ 앉았다.

마주-나기 圈〔식〕잎이 마디마다 두 개씩 마주 붙어 나는 일. 대생(對生). ↔어긋나기.

마주-나다 困〔식〕줄기의 마디마다 잎이 두 개씩 마주 붙어 나다. 대생(對生)하다.

마주-나무 圈 말이나 소를 매어 두는 나무.

마주르카 (mazurka) 圈〔악〕폴란드의 민속 춤곡. 또는 거기에 맞추어 추는 춤(3/4 또는 3/8 박자로 왈츠보다 느림).

마주-잡이 圈困困 두 사람이 앞뒤에서 메는 일. 또는 그런 상여나 들것.

마주-치다 困 1 서로 부딪치다. ▫두 대의 차가 정면으로 마주쳤다. 2 우연히 서로 만나다. ▫그와 여러 번 마주쳤다. 3 눈길이 서로 닿다. ▫그녀는 나와 눈이 마주치자 수줍게 웃었다. 4 어떤 경우나 처지에 부닥치다. ▫예상 밖의 일에 ~.

마주-하다 困困 마주 대하다. ▫학교를 마주하고 있는 집 / 식탁을 마주하고 앉다.

마:죽 (馬粥) 圈 말죽.

마중 圈困困 오는 사람을 나가서 맞이함. ▫~을 나가다 / ~하러 공항에 가다. ↔배웅.

마중-물 圈 펌프에서 물을 끌어 올리기 위해 위에서 붓는 물. ▫~을 붓다.

마중지봉(麻中之蓬)〔명〕 삼밭에 난 쑥이란 뜻으로, 좋은 환경에서 자란 사람은 그 환경의 영향을 받아 선량해진다는 말.

마지(麻紙)〔명〕 삼 껍질이나 삼베로 만든 종이.

마지(摩旨)〔명〕〔불〕 부처에게 올리는 밥. 마짓밥.

마:-지기(馬-)〔명〕〔←마직(馬直)〕〔역〕 조선 때, 내수사(內需司)와 각 궁방(宮房)의 하인. 노자(奴子).

마-지기〔의명〕 1 논밭의 넓이의 단위. 한 말의 씨를 뿌릴 만한 넓이(논은 150~300 평, 밭은 100 평 내외임). 두락(斗落). 2 ('논'·'밭' 따위의 뒤에 쓰여) 약간의 그것이라는 뜻을 나타냄. □논 ~나 가지고 있다.

마지노-선(Maginot線)〔명〕 1〔역〕 1936 년 독일과의 국경에 만들어진 프랑스의 요새선(제2 차 세계 대전 때 독일 공군에 의해 파괴됨). 2 더는 물러설 수 없는 처지나 경우의 비유.

마지막〔명〕 일의 순서나 시간에서 맨 끝. 끝. 최후. □영화의 ~ 장면 / ~ 열차를 놓치다 / ~까지 최선을 다하다 / ~ 숨을 거두다.

마:-못하다[-모타-]〔형〕(주로 '마지못해'의 꼴로 쓰여) 마음이 내키지는 않으나 사정에 따라 그렇게 하지 않을 수 없다. □마지못해 승낙하다 / 마지못해 따라 나서다.

마지-불기(摩旨佛器)〔불〕 마지를 담는 그릇. 불발(佛鉢).

마지-쇠(摩旨-)〔불〕 마지를 올릴 때에 치는 쇠종.

마지-쌀(摩旨-)〔불〕 마지를 짓는 쌀. 불미.

마:-지-아니하다〔보동어〕(주로 '-아'·'-어'의 뒤에 쓰여) 충심으로 그렇게 함을 강조할 때 쓰는 말. □성공하기를 바라 ~. ⓒ마지않다.

마:-지-않다[-안타]〔보동〕'마지아니하다'의 준말. □존경해 마지않던 분.

마직(麻織)〔명〕 마직물.

마직-물(麻織物)[-징-]〔명〕 삼으로 짠 피륙. 마직(麻織).

마진(痲疹)〔명〕〔의〕 홍역(紅疫).

마진(margin)〔명〕〔경〕 1 원가와 판매가의 차액. 이익금. 중간 이윤. 2 중개인에게 맡기는 증거금. 3 수수료.

마진 머니(margin money)〔경〕 은행이 업자에게 신용을 준 경우에 보증금으로 받는 돈.

마진-율(margin率)[-뉼]〔경〕 원가와 판매 가격의 차액, 곧 이익금의 비율. □덤핑으로 제품을 넘기면 ~은 적어진다.

마진 폐:렴(痲疹肺炎)[-/-페-]〔의〕 홍역의 합병증으로 일어나는 폐렴(홍역에 걸린 사람의 10 % 가 걸리는데, 두 살 이하의 어린이에게 특히 많음).

마:질(馬-)〔명〕〔하타〕 곡식을 말로 되는 일. □~이 후하다.

마:질(馬蛭)〔명〕〔동〕 말거머리.

마짓-밥(摩旨-)[-지빱/-진빱]〔명〕〔불〕 마지.

마-쪽(-)〔명〕'남쪽'의 뱃사람 말.

마쯔빗〔명〕〔옛〕 맞이.

마:차(馬車)〔명〕 말이 끄는 수레.

마:차-꾼(馬車-)〔명〕 마부(馬夫)2.

마:차부-자리(馬車夫-)〔명〕〔천〕 북쪽 하늘의 오리온자리의 북쪽에 있는 별자리.

마찬가지〔명〕 서로 똑같음. 매한가지. □여느 때와 ~로 / 먹은 거나 ~다 / 어떻게 하든 결과는 ~다.

마찰(摩擦)〔명〕〔하자〕 1 두 물체가 서로 닿아 비벼짐. □~로 열이 생겼다. 2〔물〕 한 물체가 다른 물체 위에서 운동할 때, 닿는 면에서 받

는 저항. 3 이해나 의견이 맞지 않아 서로 충돌하는 일. 알력. □~을 일으키다 / ~이 심하다.

마찰 계:수(摩擦係數)[-/-게-]〔물〕 두 물체의 접촉면 사이에 생기는 마찰력과 두 물체의 사이에 작용하는 수직 방향으로 누르는 힘의 크기의 비.

마찰-력(摩擦力)〔물〕 두 물체가 마찰할 때에 작용하는 두 물체 사이의 저항력.

마찰 브레이크(摩擦brake)〔물〕 마찰로 회전체를 정지시키는 장치.

마찰 손:실(摩擦損失)〔물〕 마찰로 없어지는 에너지의 총칭.

마찰-열(摩擦熱)[-렬]〔명〕〔물〕 마찰할 때 일어나는 열.

마찰-음(摩擦音)〔명〕〔언〕 입안이나 목청 따위의 조음 기관(調音器官)이 좁혀진 사이로 공기가 비집고 나오면서 마찰하여 나는 소리 (ㅅ·ㅆ·ㅎ 따위). 갈이소리.

마찰 저:항(摩擦抵抗)〔물〕 흐르는 유체(流體) 속에 있는 물체 표면에 작용하는 마찰력의 합력(合力)으로 나타나는 저항.

마찰적 실업(摩擦的失業)[-쩍씨럽]〔경〕 노동 수급의 일시적인 불균형으로 말미암은 실업. *만성적 실업.

마찰 전:기(摩擦電氣)〔물〕 마찰로 인하여 각 물체에 음과 양의 전하(電荷)가 생기는 현상. 유리와 명주를 마찰시키면 유리에는 양전기, 명주에는 음전기가 발생하는 따위.

마찰 클러치(摩擦clutch) 마찰을 이용하여 회전 운동을 끊었다 이었다 하는 장치.

마:찻-길(馬車-)[-차낄/-찯낄]〔명〕 마차가 다닐 수 있도록 닦아 놓은 길.

마천-루(摩天樓)[-철-]〔명〕 하늘을 찌를 듯이 높이 솟은 건물.

마-천우(麻天牛)〔명〕〔충〕 삼하늘소.

마:철(馬鐵)〔명〕 말편자.

마-초(馬草)〔명〕 말에게 먹이는 풀. 말꼴.

마초다〔옛〕 1 맞추어 보다. 견주어 보다. 2 맞추다. 합하다.

마초아〔부〕〔옛〕 마침. 우연히.

마추다〔부〕☞ 맞추다.

마춤〔명〕☞ 맞춤.

마충(-蟲)〔명〕〔충〕 삼벌레.

마취(痲醉)〔명〕〔하타〕 독물·약물 따위로 얼마 동안 의식이나 감각을 잃게 함. 혼혼. □전신을 ~시키다 / ~에서 깨어나다.

마:취-목(馬醉木)〔명〕〔식〕 진달랫과의 상록수. 높이는 2 m가량. 초봄에 병 모양의 흰 꽃이 핌. 잎은 어긋나고 가늘고 긴데 독이 있어 마소가 먹으면 중독을 일으키므로 잎을 따서 살충제로 씀. 관상용으로 심음.

마취-제(痲醉劑)〔명〕 마취시키는 데 쓰는 약 (클로로포름·에테르·알코올·모르핀·아편 따위). 마취약. 몽혼제.

마치¹〔명〕 1 못을 박거나 무엇을 두드리는 데 쓰는 연장. □~로 못을 박다. 2 ☞ 망치.
[마치가 가벼우면 못이 솟는다] 위엄이 없으면 아랫사람이 순종하지 않고 반항한다.

마치²〔명〕〔악〕 농악이나 무속 음악 따위에서, 장단을 이르는 말.

마:치(馬齒)〔명〕 자기의 나이를 낮추어 이르는 말. 마령(馬齡).

마치(march)〔명〕〔악〕 행진곡.

마치³〔부〕(주로 '같다'·'처럼'·'-ㄴ 듯'·'-ㄴ 양' 등과 함께 쓰여) 거의 비슷하게. 흡사.

□~ 봄 날씨 같다 / ~ 자기가 선생님인 듯 이래라저래라 한다.

마치다¹ 〔자〕 **1** 못이나 말뚝 따위를 박을 때, 속에 무엇이 받치다. □무언가 마치는 것이 있어 못이 들어가지 않는다. **2** 몸의 어느 부분이 아프고 결리다. □허리가 ~.

마치다² 〔자타〕 **1** 어떤 일이나 과정, 절차 따위가 끝나다. 또는 그렇게 하다. □숙제를 ~ / 일을 ~. **2** 사람이 삶을 끝내다. □고향에서 여생을 마치려 한다. ㉧맞다.

마치다³ 〔타〕〈옛〉(쏘아) 맞히다.

마치-질 〔하타〕 마치로 못·말뚝 따위를 두드리거나 박는 일.

마침 〔부〕 **1** 어떤 경우나 기회에 알맞게. □보고 싶었는데 ~ 잘 왔군. **2** 우연히 공교롭게도. □일이 ~ 그렇게 되었네.

마침-가락 〔─까─〕 〔명〕 우연히 딱 들어맞음.

마침-구이 〔하타〕 애벌구이한 자기에 유약을 발라서 마지막으로 구워 내는 공정. 참구이. ㉧설구이.

마침-꼴 〔명〕 **1**〔악〕 악곡·악구(樂句) 따위에서, 마침이나 단락의 구두점 구실을 하는 선율이나 화성(和聲)의 정형(定型). **2**〔언〕 종지형(終止形).

마침-내 〔부〕 드디어. 기어이. 결국. 끝내. □~ 소원을 이루다 / 고생 끝에 ~ 집을 사다.

마침-맞다 〔─맏따〕 〔형〕 (주로 '마침맞게'·'마침맞은'의 꼴로 쓰여) 어떤 경우나 기회에 꼭 알맞다. □식사 때에 마침맞게 잘 왔다.

마침-몰라 〔부〕 그때를 당하면 어떻게 될지 모르나.

마침-표 〔─標〕 〔명〕 **1**〔언〕 문장 부호의 하나. 서술·명령·청유 따위를 나타내는 문장의 끝에 쓰는 '.'의 이름. **2**〔악〕 악곡의 끝을 나타내는 표. 종지 기호. 종지부.

  마침표를 찍다 〔구〕 끝내다.

마촘¹ 〔조의명〕〈옛〉만큼.

마촘² 〔부〕〈옛〉마침.

마카로니 〔이 macaroni〕 〔명〕 실 또는 관(管) 모양으로 만들어 말린 이탈리아식 국수.

마카로니-웨스턴 〔이 macaroni+western〕 〔명〕 〔연〕 이탈리아에서 제작한, 미국의 서부극을 본뜬 영화.

마카로니 인견사(macaroni人絹絲) 섬유의 속이 비게 만든 특수한 인조 견사.

마카롱 〔프 macaron〕 〔명〕 편도(扁桃)·밀가루·달걀흰자·설탕 등을 넣고 만든 고급 과자.

마칼-바람 〔명〕 '북서풍'의 뱃사람 말.

마케팅(marketing) 〔명〕 〔경〕 제품을 생산자로부터 소비자에게 원활하게 이전하기 위한 기획 활동《시장 조사·상품 계획·선전·판매 촉진 따위》.

마케팅 리서치(marketing research) 〔경〕 시장 조사.

마크(mark) 〔명〕 **1** 기호. 문자. **2** 상표. □유명 ~가 붙은 옷. **3** 휘장. □계급 ~가 붙은 군모. **4** 축구·농구에서, 상대편의 공격을 가까이에서 방해하는 일. □~가 심하다. ──하다 〔자타〕 **1** 축구·농구에서, 상대편의 공격을 가까이에서 방해하다. □그를 철저히 마크하라. **2** 기록하다. □제 1위를 ~.

마크라메 〔프 macramé〕 마크라메 레이스.

마크라메 레이스 〔프 macramé+lace〕 명주실 등을 재료로 매듭을 지어 여러 가지 모양의 무늬를 만드는 수예의 하나《책상보·전등 커버 등에 씀》. 마크라메.

마크로-코스모스 〔독 Makrokosmos〕 〔명〕 〔철〕 대우주. ↔미크로코스모스.

마키다 〔타〕〈옛〉매기다.

마키아벨리즘(Machiavellism) 〔명〕 〔정〕 **1** 국가의 이익을 위해서는 수단과 방법을 가리지 않는다는 국가 지상주의. **2** 목적을 위해서는 수단과 방법을 가리지 않는 권모술수.

마타리 〔명〕 〔식〕 마타릿과의 여러해살이풀. 산이나 들에 나는데 높이는 1m가량. 잎은 마주나고 깃 모양으로 갈라지며, 여름에 노란 종 모양의 꽃이 가지 끝에 모여 핌. 어린잎은 식용함. 여랑화.

마:태(馬太) 〔명〕 말에 먹이는 콩.

마:태(馬駄) 〔명〕 말의 짐바리.

마태-복음(←Matthew福音) 〔명〕 〔성〕 신약 성서의 한 편. 예수의 계도(系圖)로부터 시작하여 예수의 탄생, 요단 강에서의 세례, 광야의 유혹, 산상(山上) 설교, 베드로의 신앙 고백, 최후의 만찬, 수난, 부활 등에 관하여 기록하였음.

마테(←matrix) 〔명〕 활자의 모형을 만드는 데 쓰는 놋쇠의 네모기둥. 자모기둥.

마루리 〔명〕 〔←말투리〕 섬이나 가마로 곡식을 잴 때, 한 섬이나 가마를 채우지 못하고 남은 양. 말함.

마트(mart) 〔명〕 대형 할인점.

마티니(martini) 〔명〕 드라이진에 베르무트 따위를 타고 올리브 열매를 띄우는 칵테일.

마티에르 〔프 matière〕 〔명〕 〔미술〕 물감·캔버스·필촉·화구(畫具) 따위가 만들어 내는 대상의 재질감. 질감(質感).

마-파람 〔명〕 남쪽에서 불어오는 바람《본디 뱃사람 말》. 경풍. 마풍(麻風). 앞바람. 오풍. 〔마파람에 게 눈 감추듯〕 음식을 빨리 먹어 버림을 일컫는 말.

마:판(馬板) 〔명〕 **1** 마구간의 바닥에 깐 널빤지. **2** 마소를 매어 두는 한데의 터.

마:패(馬牌) 〔명〕 〔역〕 지름 10cm쯤 되게 만든 구리쇠의 둥근 패《조선 때, 관원이 지방에 출장 갈 때 역마를 징발하는 표로 썼음》.

마:편(馬鞭) 〔명〕 말채찍.

마:편-초(馬鞭草) 〔명〕 〔식〕 마편초과의 여러해살이풀. 들·길가에 나는데, 높이는 60cm 정도, 잎은 마주나고 깃 모양으로 갈라지며 여름에 벽자색 꽃이 핌. 줄기잎은 약재로 씀.

마포(麻布) 〔명〕 삼베.

마-풀 〔명〕 〔식〕 해조(海藻).

마풍(麻風) 〔명〕 마파람.

마풍(痲風) 〔명〕 〔한의〕 문둥병의 한 가지.

마풍(魔風) 〔명〕 악마가 일으키는 바람이라는 뜻으로, 무섭게 휩쓸고 지나가는 바람을 이르는 말.

마피(麻皮) 〔명〕 삼의 껍질. □~를 삼다.

마:피(馬皮) 〔명〕 말의 가죽.

마피아(이 Mafia) 〔명〕 이탈리아의 시칠리아 섬에서 조직된 반사회적 비밀 결사. 현재는 미국의 대도시에서 마약과 도박에 관련된 범죄 조직을 형성하고 있음.

마:필(馬匹) 〔명〕 **1** 말¹. **2** 말 몇 마리.

마하(摩訶) 〔명〕 〔불〕 (다른 말이나 인명 앞에 쓰여) '위대함·뛰어남·많음'을 나타내는 말.

마하(Mach) 〔의명〕 〔물〕 속도의 단위. 비행기·로켓·고속 기류 따위의 속도를 잴 때 쓰며, 음속에 대한 운동 물체의 속도의 비로 나타냄. 마하 1은 소리의 속도 약 340m, 시속 1,224km로 침《기호 : M》. 마하수.

마하반야 바라밀경(摩訶般若波羅蜜經) 〔불〕 대반야경의 정수를 간결하게 설한 경전.

마하반야 바라밀다 심경 (摩訶般若波羅蜜多心經)[-바냐-따-]《불》반야심경.

마하-살 (摩訶薩)圈《불》**1** 위대한 뜻을 가진 사람. **2** 보살의 존칭으로, 대보리(大菩提)를 구하는 사람의 통칭. 대사(大士).

마하-수 (Mach數)의명《물》마하(Mach).

마:한 (馬韓)圈《역》고대 삼한의 하나. 한반도의 서남쪽에 위치한 50여의 부족 국가로 이루어졌던 나라로, 뒤에 백제에 병합됨.

마:형 (馬衡)圈 재갈.

마:합 (馬蛤)圈《조개》말조개.

마헤 (독 Mache)의명《물》공기·온천수 등에 함유되어 있는 에마나치온(Emanation)의 농도를 나타내는 단위.

마혜 (麻鞋)[-/-혜]圈 미투리.

마호가니 (mahogany)圈《식》멀구슬나뭇과의 상록 교목. 열대 식물로 북아메리카 동남부·서인도 제도의 원산인데 높이는 30 m 정도. 목재는 단단하고 윤기가 있으며 내수성이 강해 기구재 따위로 씀.

마호메트-교 (Mahomet敎)圈《종》이슬람교.

마호메트-력 (Mahomet曆)圈 이슬람력.

마:-호주 (馬戶主)圈《역》조선 때, 각 역(驛)에서 역마를 맡아 기르던 사람.

마:황 (馬黃)圈 마소의 뱃속에서, 말의 배 속에 생기는 우황(牛黃) 같은 덩어리《경간(驚癇)에 약으로 씀》.

마황 (麻黃)圈《식》마황과의 상록 관목. 몽골이 원산으로 사막에 나는데, 속새와 비슷하며 여름에 흰 꽃이 핌. 줄기는 해열·오한(惡寒)·해수(咳嗽)·이뇨(利尿) 등의 약재로 씀.

마흔 주 열의 네 배. 사십(四十). □~ 명.

마희 (魔戲)[-히]圈 마장(魔障).

막 (幕)□명 **1** 비바람을 가리려고 임시로 지은 집. □~을 짓다. **2** 칸을 막거나 위를 덮거나 옆으로 둘러치는 천으로 된 물건《천막 따위》. □~을 치다. □의명 연극의 단락을 세는 말. □2~3 장. *장(場)·경(景).

막을 내리다판 무대 공연이나 어떤 행사나 일을 끝내다.

막을 열다[올리다]판 무대 공연이나 어떤 행사나 일을 시작하다.

막이 오르다판 무대 공연이나 어떤 행사나 일이 시작되다.

막 (膜)圈 **1**《생》생물체의 내부에서 모든 기관이 쌓아 있거나 경계를 이루는 꺼풀《고막·복막·세포막 따위》. **2** 물건의 표면을 덮고 있는 얇은 물질.

막 (漠)주관 소수의 단위의 하나. 묘(渺)의 10분의 1, 모호(模糊)의 십 배, 곧 10^{-12}.

막¹ 뭐 **1** 바로 지금. □~ 떠나다. **2** 바로 그때. □ 밥을 먹고 나니까 ~ 손님이 왔다.

막² 뭐 '마구'의 준말. □~ 달리다 / ~ 울다.

막- 투 **1** '거칠거나 품질이 낮은'의 뜻을 나타냄. □~국수 / ~담배. **2** '닥치는 대로 하는'의 뜻을 나타냄. □~말 / ~노동 / ~벌이 / ~일. **3** '주저없이'·'함부로'의 뜻을 나타냄. □~살다 / ~되다. **4** '마지막'·'끝'의 뜻. □~둥이 / ~차.

-막 미 '그렇게 된 곳'이라는 뜻을 나타내고 명사를 만듦. □오르막 / ~오르.

막-가다 [-까-]재 앞뒤를 생각하지 않고 막되게 행동하다. □막가는 놈.

막간 (幕間)[-깐]圈 **1**《연》연극에서, 한 막이 끝나고 다음 막이 시작되기까지의 동안. **2** 어떤 일의 한 단락이 끝나고 다음 단락이 시작될 때까지의 동안. □~을 이용해서 안내 말씀을 드립니다.

막간-극 (幕間劇)[-깐-]圈《연》**1** 연극의 막간 사이 또는 그 전후의 짧은 시간에 하는 극. 인테르메조(intermezzo). **2** 연회 등에서 여흥을 위하여 베푸는 짧은 볼거리.

막강 (莫强)[-깡]圈하형 더할 수 없이 셈. □~한 군대 / ~한 권력을 쥐다.

막강지국 (莫强之國)[-깡-]圈 더할 수 없이 강한 나라. 막강국.

막강지궁 (莫强之弓)[-깡-]圈 아주 단단하고 센 활. 막막강궁.

막강지병 (莫强之兵)[-깡-]圈 아주 강한 군대. 막막강병(莫莫强兵).

막-걸다 [-껄-][막걸어, 막거니, 막거는]타 노름판에서 가진 돈을 전부 내걸고 단판으로 내기하다.

막-걸리 [-껄-]圈 청주를 떠내지 않고 그대로 걸러 짠 술《빛깔은 탁하며 맛은 텁텁하고 알코올 성분이 적음》. 탁주. □~를 한 사발 들이켜다. ↔맑은술.

막-걸리다 [-껄-]재《'막걸다'의 피동》노름판에서 막걸음을 당하다.

막-고춧가루 [-꼬추까- /-꼬춘까-]圈 씨를 빼지 않고 거칠게 빻은 고춧가루.

막골 (膜骨)[-꼴]圈《생》척추동물의 경골(硬骨)《피부의 결합(結合) 조직 안에서 직접 만들어지는 뼈》. 피골(皮骨). 이차골(二次骨). 복골(覆骨).

막-과자 (-菓子)[-꽈-]圈 마구 만들어 질이 좋지 않은 과자.

막-국수 [-꾹쑤]圈 겉껍질만 벗겨 낸 거친 메밀로 가락을 굵게 뽑아 육수에 만 국수《강원도의 향토 음식임》.

막급 (莫及)[-끕]圈하형 더 이상 이를 수 없음. □후회가 ~하다.

막-깎기 [-깍끼]圈하타 **1** 마구 깎는 일. □머리를 ~로 자르다. **2**《공》공작물을 선반에 물려서 거칠게 애벌로 깎는 일.

막-깎다 [-깍따]타 머리털을 바짝 짧게 깎다.

막-낳이 [망나-]圈 아무렇게나 짠, 품질이 좋지 않은 막치 무명.

막내 [망-]圈 여러 형제 가운데 마지막으로 난 사람. ↔맏이.

막내-둥이 [망-]圈 '막내'를 귀엽게 일컫는 말.

막내-딸 [망-]圈 맨 끝으로 태어난 딸.

막내-며느리 [망-]圈 막내아들의 아내.

막내-아들 [망-]圈 맨 끝으로 태어난 아들. 자(子). 말자(末子).

[**막내아들이 첫아들이라**] □무엇이든지 맨 나중것이 가장 소중히 여겨진다는 말. □단 하나 밖에 없다는 말.

막내-아우 [망-]圈 맨 끝의 아우. 막냇동생. 말제(末弟).

막냇-누이 [망낻-]圈 맨 끝의 누이동생.

막냇-동생 (-同生)[망낻똥- / 망낻똥-]圈 막내아우.

막냇-사위 [망내싸- / 망낻싸-]圈 막내딸의 남편. ↔맏사위.

막냇-삼촌 (-三寸)[망내쌈- / 망낻쌈-]圈 맨 끝의 삼촌.

막냇-손자 (-孫子)[망내쏜- / 망낻쏜-]圈 맨 끝의 손자.

막냇-자식 (-子息)[망내짜- / 망낻짜-]圈 막내로 낳은 아들이나 딸.

막-노동 (-勞動)[망-]圈하자 막일1. □~을 해서 생계를 이어 가다.

막-노동자 (-勞動者)[망-][명] 주로 공사판에서 막일을 하는 노동자.

막-놀다[망-][막놀아, 막노니, 막노는][자] 버릇없이 함부로 놀거나 행동하다.

막-놓다[망노타][타] 노름에서, 몇 판에 걸쳐 잃은 돈의 액수를 합쳐서 한몫에 내기를 걸다.

막-눈[망-][명]《식》 엇눈.

막다[-따][타] 1 통하지 못하게 하다. ❏구멍을 ~ / 길을 ~ / 막았던 귀에서 손을 떼다. 2 앞이 가리도록 둘러싸다. ❏마당을 울타리로 ~. 3 사이를 가리다. ❏칸을 ~. 4 어떤 행동이나 일을 하지 못하게 하다. ❏싸움을 ~ / 내 말을 막지 마라. 5 어떤 현상이 일어나지 못하게 하다. ❏홍수를 ~ / 피해를 ~. 6 번지지 않게 하다. ❏소문이 퍼지는 것을 ~. 7 무엇이 미치지 못하게 하다. ❏추위를 ~ / 손해를 ~. 8 물리치다. 방어하다. ❏외적을 ~ / 상대 팀의 공격을 ~. 9 돈을 갚거나 결제하다. ❏돌아오는 어음을 ~.

막-다르다[-따-][형] (주로 '막다른'의 꼴로 쓰여) 더 나아갈 수 없게 앞이 막혀 있다. ❏막다른 집 / 막다른 지경에 이르다.
[막다른 골목이 되면 통하여 돌아서다] 일이 막다른 지경에 이르면 다른 방책이 생긴다.
막다른 골목[-꼴][관] 더는 어떻게 할 수 없는 절박한 경우. ❏~에 몰리다.

막다히[-따][옛] 막대기.

막-달[-딸][명] 해산할 달. ❏~이 차다.

막-담배[-땀-][명] 품질이 좋지 못한 담배.

막대[-때][명] '막대기'의 준말.

막대-그래프 (-graph)[-때-][명]《수》비교할 양이나 수치의 분포를 막대 모양의 길이로 나타낸 그래프.

막대기[-때-][명] 가늘고 기름한 나무나 대나무의 토막. ☞막대.

막대-자석 (-磁石)[-때-][명] 막대 모양의 자석《철·니켈 등의 길쭉한 토막을 다른 자석으로 문질러 만듦》. 봉자석.

막대-잡이[-때자비][명] 1 맹인을 상대로 말할 때 오른쪽을 이르는 말. *부채잡이. 2〈속〉인도하여 주는 사람. 길라잡이.

막대-찌[-때-][명] 막대기 모양으로 위아래의 굵기가 같은 낚시찌.

막-대패[-때-][명]《건》재목을 애벌로 깎을 때 쓰는 대패.

막대패-질[-때-][명하다]《건》막대패로 대충대충 깎는 일.

막대-하다 (莫大-)[-때-][형여] 더할 수 없이 많거나 크다. ❏막대한 영향 / 막대한 재산을 물려받다. **막대-히**[-때-][부]

막댓-가지[-때까-][-땐까-][명] 가는 막대기.

막-도장 (-圖章)[-또-][명] 잡다한 일에 쓰기 위해 인감을 내지 않은 도장.

막-돌[-똘][명] 쓸모없이 아무렇게나 생긴 돌. 잡석(雜石).

막돌 기초 (-基礎)[-똘-][명] 막돌로 쌓은 기초.

막돌 주추 (-柱-)[-똘-][명] 대청(大廳) 밑의 보이지 않는 곳에 막돌로 기둥을 받친 주춧돌.

막-동이[-똥][명] 윷놀이에서, 넷째로 쓴 말.

막-동이[☞막동이.

막돼-먹다[-뙈-먹][형]〈속〉막되다. ❏막돼먹은 작자.

막-되다[-뙤-][형] (주로 '막된'·'막되게'의 꼴로 쓰여) 말이나 행동이 버릇없고 거칠다. ❏막된 사람.

막된-놈[-뙨-][명] 말이나 행동이 버릇없고 거친 사람. ❏저런 ~ 같으니라고.

막-둥이[-뚱][명] '막내아들'을 귀엽게 이르는 말. 막내둥이. ❏~로 태어나다. 2 잔심부름을 하는 사내아이.

막론-하다 (莫論-)[망논-][타여] (주로 '막론하고'의 꼴로 쓰여) 의논할 것도 없다. 따져 말할 나위도 없다. ❏지위 고하를 막론하고.

막료 (幕僚)[망-][명] 1 중요한 계획의 입안이나 시행 따위의 일을 보좌하는 사람. 2《역》비장(裨將).

막리지 (莫離支)[망니-][명]《역》고구려에서, 정권과 병권(兵權)을 주관하던 으뜸 벼슬.

막막-강궁 (莫莫强弓)[망-깡-][명] 막강지궁(莫强之弓).

막막-강병 (莫莫强兵)[망-깡-][명] 막강지병(莫强之兵).

막막-궁산 (寞寞窮山)[망-꿍-][명] 고요하고 쓸쓸한 느낌이 드는 깊은 산속.

막막-대해 (漠漠大海)[망-때-][명] 끝없이 넓고 아득한 큰 바다.

막막-조 (邈邈調)[망-쪼][명] 1《악》고려 때의 악곡의 이름. 강하고 급한 음조(音調). 2 강직하고 고집이 센 사람을 비유하여 이르는 말.

막막-하다 (寞寞-)[망마카-][형여] 1 고요하고 쓸쓸하다. ❏막막한 산중의 밤. 2 의지할 데 없이 답답하고 외롭다. ❏막막한 심경을 토로하다. **막막-히**[망마키][부]

막막-하다 (漠漠-)[망마카-][형여] 1 너르고 멀어서 아득하다. ❏막막한 광야. 2 아득하고 막연하다. ❏앞길이 ~. **막막-히**[망마키][부]

막-말[망-][명하다] 1 뒤에 여유를 두지 않고 잘라서 하는 말. ❏~로 한마디만 더 하겠다. 2 나오는 대로 함부로 또는 속되게 하는 말. ❏앞뒤 가리지 않고 ~을 해 대다.

막-매기[망-][명]《건》전각(殿閣)이나 신당(神堂) 같이 포(包)를 쓰지 않고 지은 집.

막무-가내 (莫無可奈)[망-][명] 도무지 융통성이 없고 고집이 세어 어찌할 수가 없음. 무가내하. 막가내하. ❏아무리 말해도 ~이다 / ~로 우겨 대다.

막물-태 (-太)[망-][명] 맨 끝물에 잡은 명태.

막-바지[-빠-][명] 1 어떤 일이나 현상의 마지막 단계. ❏~ 협상을 벌이다 / 무더위가 ~에 이르다. 2 막다른 곳. ❏산골짜기의 ~에 집을 짓다.

막-배[-빼][명] 그날의 마지막으로 떠나는 배. ❏~에 타다.

막-백토 (-白土)[-빼-][명] 석비레가 많이 섞인 백토.

막-벌¹[-뻘][명] 마지막의 한 차례. ❏~ 논매기를 끝내다.

막-벌²[-뻘][명] 마구 입는 옷이나 막 신는 신 따위. ❏~ 옷.

막-벌다[-뻘-][막벌어, 막버니, 막버는][자] 막일을 하고 돈을 벌다.

막-벌이[-뻐리][명하자] 막일로 돈을 버는 일. ❏~로 근근이 살아가다.

막벌이-꾼[-뻐리-][명] 막벌이하는 사람.

막벌이-판[-뻐리-][명] 막벌이를 하는 일터. ❏~에 뛰어들다.

막-베[-뻬][명] 거칠게 짠 베.

막-베먹다[-뻬-먹][타] 본디 가졌던 물건이나 밑천을 함부로 잘라 쓰다.

막-벽 (膜壁)[-뼉][명] 둑이나 수문 등의 정면에 있는 벽《물이 닿는 부분의 벽》.

막벽 (膜壁)[-뼉][명] 막질(膜質)로 된 칸막이.

막-보다[-뽀-][타] 얕보아 마구 대하다. ❏자네, 나를 막보는 것 같애.

막부득이 (莫不得已)[-뿌드기] 閉 閉 閉 '부득이'의 힘줌말. 만부득이.

막-불겅이 [-뿔-] 閉 1 불겅이보다 질이 좀 낮은, 칼로 썬 살담배. 2 초록빛에서 검붉은 빛으로 막 익어 가는 고추.

막비 (幕裨)[-삐] 閉 역 비장(裨將).

막비 (莫非)[-삐] 閉 아닌 것 아니라.

막비명야 (莫非命也)[-삐-] 閉 모든 것이 다 운에 달려 있음.

막비왕신 (莫非王臣)[-삐-] 閉 왕의 신하가 아닌 사람이 없음.

막비왕토 (莫非王土)[-삐-] 閉 왕의 땅이 아닌 곳이 없음.

막-뿌리 閉 식 줄기의 위나 잎 따위의 제뿌리 이외의 자리에서 생기는 뿌리《옥수수나 양딸기 따위에서 볼 수 있음》. 엇뿌리. 부정근(不定根).

막사 (幕舍)[-싸] 閉 1 판자나 천막으로 임시로 허름하게 지은 집. □ ~에 수용하다. 2 군 군대가 거주하는 건물. 3 군 예전에, 해군 기지에 주둔해서 특수 지역의 경비를 맡아보던 해병대의 한 부대.

막-사리 [-싸-] 閉 얼음이 얼기 전의 밀물.

막-살다 [-쌀-][막살아, 막사니, 막사는] 困 아무렇게나 되는대로 살다.

막-살이 [-싸리] 閉 困 아무렇게나 되는대로 사는 살림살이.

막상 (莫上)[-쌍] 閉 극상(極上).

막상 (膜狀)[-쌍] 閉 막(膜)과 같은 모양.

막상 [-쌍] 閉 실제에 이르러. □ ~ 해 보니 생각보다 어렵다.

막상막하 (莫上莫下)[-쌍마카] 閉 더 낫고 더 못함의 차이가 거의 없음. □ ~의 실력.

막-새 [-쌔] 閉 건 1 처마 끝에 있는 수키와《끝에 둥그런 혀가 달리고 전자(篆字) 또는 그림 무늬가 있음》. 드림새. 막새기와. ↔내림새. 2 처마 끝에 나온 암키와와 수키와.

막-서다 [-써-] 困 1 싸울 것같이 마구 대들다. 2 어른·아이를 가리지 않고 대들다.

막설 (莫說)[-썰] 閉 困 1 말을 그만둠. 2 하던 일을 그만둠.

막-설탕 (-雪糖)[-썰-] 閉 조당(粗糖).

막-소주 (-燒酒)[-쏘-] 閉 품질이 낮은 소주. □ ~를 마시다.

막-술 [-쑬] 閉 음식을 먹을 때, 마지막으로 드는 숟갈. ↔첫술.
[막술에 목이 멘다] 일이 잘되어 가다가 마지막에 탈이 나다.

막시 (膜翅)[-씨] 閉 충 얇은 막질의 날개《개미·벌 따위 곤충의 날개》.

막심 (莫甚)[-씸] 閉 閉 閉 더 이상 이를 수 없이 심함. □ 손해가 ~하다 / 후회가 ~하다.

막-쌓기 [-싸기] 閉 건 크기가 다른 돌을 불규칙하게 쌓는 일.

막아-내다 困 막아서 물리치다. 방어하고 감당해 내다. □ 적의 공격을 ~.

막아-서다 困 앞을 가로막고 서다. □ 길을 ~.

막역지간 (莫逆之間)[마겨찌-] 閉 허물이 없는 아주 가까운 사이.

막역지교 (莫逆之交)[마겨찌-] 閉 허물없이 아주 친한 사귐. □ ~를 나누다.

막역지우 (莫逆之友)[마겨찌-] 閉 허물없이 아주 친한 벗.

막역-하다 (莫逆-)[마겨카-] 閉 허물없이 아주 친하다. □ 막역한 친구. **막역-히** [마겨키] 閉

막연-하다 (漠然-)[마견-] 閉 1 아득하다. □ 살아갈 길이 ~. 2 뚜렷하지 않고 어렴풋하다. □ 막연한 대답. **막연-히** 閉 □ ~ 기다리다.

막-옷 [마곧] 閉 허드레로 막 입는 옷.

막왕막래 (莫往莫來)[마꽝매-] 閉 閉 서로 왕래하지 않음.

막이 閉 건 문짝의 아래나 위에 건너지른 뼈대의 총칭. *아랫막이·윗막이.

-막이 閉 막는 일. 막는 것. □ 바람~ / 보~.

막이-산지 閉 건 열십자로 끼워 맞춘 재목에 빠지거나 흔들리지 않게 박는 나무못.

막-일 [망닐] 閉 困 1 가리지 않고 닥치는 대로 하는 육체적 노동. 막노동. □ ~로 살아가다. 2 대수롭지 않은 허드렛일. □ ~을 도맡아 하다.

막일-꾼 [망닐-] 閉 막일을 하는 사람. □ ~ 차림새.

막자 [-짜] 閉 덩어리 약을 갈아 가루로 만드는 데 쓰는, 유리나 사기로 만든 작은 방망이. 유봉(乳棒).

막-자갈 [-짜-] 閉 건 모래가 섞인 자갈.

막자-사발 (-沙鉢)[-짜-] 閉 약을 갈아서 가루로 만드는 그릇《사기·유리 등으로 만듦》. 유발(乳鉢).

막-잠 [-짬] 閉 누에의 마지막 잠.

막-잡이 [-짜비] 閉 1 아무렇게나 마구 쓰는 물건. 조용품(粗用品). 2 어떤 물건 가운데서 좋은 것을 골라내고 남은 찌꺼기. 3 ☞ 마구잡이.

막장 [-짱] 閉 閉 광 1 갱도의 막다른 곳. □ 석탄을 캐러 ~에 들어가다. 2 막장일.

막-장 (-醬)[-짱] 閉 허드레로 먹기 위해 간단하게 담는 된장《메주로 볶은 콩가루를 섞은 뒤 소금·고춧가루·고운 겨를 넣고 띄움》.

막장-꾼 [-짱-] 閉 광 광산에서, 직접 구멍을 뚫거나 땅을 파는 광부.

막-장부촉 (-鏃)[-짱-] 閉 건 다른 재목에 마구 뚫어 끼우게 한 긴 장부촉.

막장-일 [-짱닐] 閉 閉 광 막장에서 광물을 캐는 일. 막장.

막전 (幕電)[-쩐] 閉 물 번개는 보이지 않고 구름 전체가 밝아지는 현상《번개가 구름에 가려져 빛의 반사만이 보임》.

막-전위 (膜電位)[-쩌뉘] 閉 물 이온을 띠는 두 용액이 막을 사이에 두고 접하여 있을 때 발생하는 전위차.

막중-국사 (莫重國事)[-쭝-싸] 閉 아주 중요한 나랏일.

막중-대사 (莫重大事)[-쭝-] 閉 대단히 중대한 일. □ ~를 맡다.

막중-하다 (莫重-)[-쭝-] 閉 매우 중요하다. □ 막중한 임무가 주어지다. **막중-히** [-쭝-] 閉

막지 (漠地)[-찌] 閉 사막처럼 거칠고 메마른 땅.

막-지르다 [-찌-][막질러, 막지르니] 困 凩 1 앞질러서 가로막다. □ 내 말을 막지르지 마라. 2 함부로 냅다 지르다.

막지-밀 [-찌-] 閉 식 밀의 일종. 이른 봄에 갈아서 6~7월에 거두는데, 까끄라기가 길고 빛이 누르며 질이 낮음.

막질 (膜質)[-찔] 閉 생 막으로 된 성질. 또는 그런 물질. □ ~의 날개.

막-질리다 [-찔-] 困 《'막지르다'의 피동》 막지름을 당하다.

막-차 (-車) 閉 그날의 마지막 차. □ ~로 떠나다 / ~마저 끊기다 / ~를 놓치다. ↔첫차.
막차를 타다 困 〈속〉 어떤 일이 끝나 갈 무렵에 뒤늦게 뛰어들다. □ 막차를 타서 손해를 봤다.

막차 (幕次) 〖명〗〖역〗 임시로 막을 쳐서 임금이 머무르게 하던 곳.

막-창자 〖명〗〖생〗 맹장(盲腸).

막-초 (一草) 〖명〗 질이 낮은 살담배.

막-춤 〖명〗 일정한 형식을 벗어나 제멋대로 추는 춤. 〖~을 추다.

막-치 〖명〗 아무렇게나 만들어 질이 낮은 물건. 조제품(粗製品).

막-타워 (mock tower) 〖명〗〖군〗 하강 훈련을 하기 위하여 지상에서 10여 미터의 높이에 임시로 탑 모양으로 세운 구조물.

막-토 (一土) 〖명〗〖건〗 집을 지을 때 아무 데서나 파서 쓸 수 있는 보통 흙.

막-판 〖명〗 1 어떤 일의 끝이 되는 판. 〖~ 승부 / ~ 뒤집기를 노리다 / ~에 몰리다. 2 일이 아무렇게나 마구 되는 판국. 〖~ 인생.

막-필 (一筆) 〖명〗 막 쓰도록 허름하게 맨 붓.

막하 (幕下)〔마카〕 〖명〗 1 〖역〗 주장(主將)이 거느리던 장교와 종사관(從事官). 2 지휘관·책임자가 거느리고 있는 사람. 또는 그 지위.
　막하(를) 잡다 〖귀〗 주장이 자기가 거느릴 막하를 선택하다.

막-해야 〔마캐一〕 〖부〗 아무리 나쁘다 해도. 〖~ 본전은 되겠지.

막후 (幕後)〔마쿠一〕 〖명〗 1 막의 뒤. 2 겉으로 드러나지 않는 뒷면. 정치적인 이면의 상황. 〖~ 협상 / ~의 실력자 / ~에서 영향력을 행사하다.

막후-교섭 (幕後交涉)〔마쿠一〕 〖명〗 겉으로 드러나지 않게 행하여지는 교섭. 〖~을 벌이다.

막히다 〔마키一〕 〖자〗 1 (《막다'의 피동) 막음을 당하다. 〖길이 ~ / 숨이 ~ / 하수구에를 뚫다. 2 어려운 대목에서 순조롭게 풀리지 않다. 〖말문이 ~ / 생각이 막혀 말이 나오지 않는다. 3 꼼짝 못하게 되어 하려던 것을 못하게 되다. 〖혼삿길이 ~ / 출셋길이 ~.

막힘-없다 〔마키멉따〕 〖형〗 일이 순조롭게 진행되어 방해받지 않다. 〖막힘없는 대답.
　막힘-없이 〔마키멉씨〕 〖부〗. 〖일이 ~ 진행되다.

만 (卍) 〖명〗〖불〗 인도에서 전해 오는 길상(吉祥)의 표상. 불상의 가슴·손·발 따위에 그려, 공덕이 원만함을 나타내는 상(相)으로, 석가의 가슴 복판에 찍혀 있었다는 표지(불교나 절의 표지로 씀). 만자(卍字).

만 (滿) 〖ㄱ〗 (주로 '만으로'의 꼴로 쓰여) 시기나 햇수가 꽉 참을 나타내는 말. 〖~으로 열 살. 〖ㄴ〗 정해진 기간이 꽉 참을 나타내는 말. 〖~ 스무 살 / ~ 하루 만에 끝내다.

만 (蠻) 〖명〗〖역〗 사이(四夷)의 하나. 특히, 중국에서 이르는 남쪽의 오랑캐.

만 (灣) 〖명〗〖지〗 바다가 육지 속으로 쑥 들어간 곳. 해만(海灣).

만[1] 〖의명〗 (주로 '만에'·'만이다'의 꼴로 쓰여) 동안이 얼마 계속되었음을 뜻하는 말. 〖이게 얼마 ~인가 / 사흘 ~에 깨어나다.

만[2] 〖의명〗 '-르-을' 따위에 쓰이는 말. 1 그 정도에 이름을 뜻함. 〖화를 낼 ~도 하다. 2 그렇게 할 가치가 있음을 나타냄. 〖한 번쯤 해 볼 ~도 하다. *만하다.

만: (萬) 〖주관〗 천의 열 배. 〖~ 원짜리 돈 / ~에 하나라도.

만[3] 〖조〗 어떤 사물을 단독으로 또는 한정하여 이르는 보조사. 1 어느 것에 한정됨을 나타냄. 〖빚~ 지다 / 나~ 갔었지. 2 여럿 가운데 어느 것을 선택함. 〖너~ 알고 있어라. 3 최소한도로 기대하는 마지막 선을 나타냄. 〖딱

한잔~ 하자. 4 강조하는 뜻을 나타냄. 〖일을 시켜~ 주십시오 / 그를 만나야~ 하오 / 오기~ 해 봐라. 5 ('하다'·'못하다'와 함께 쓰여) 비교하는 뜻을 나타냄. 〖키가 너~ 한 아이 / 아우가 자네~ 못하군. 6 행위나 상태의 정도를 나타냄. 〖웃기~ 하다 / 거짓말~ 같았다. 7 늘 그러함을 나타냄. 〖나~ 보면 좋아하는 아이 / 술~ 먹으면 잔소리다. 8 겨우 그 정도의 뜻을 나타냄. 〖내게 그~ 돈이야 없겠느냐.

만[4] 〖조〗 '마는'의 준말. 〖내 비록 늙었다~ 그만한 힘은 있다.

만가 (挽歌·輓歌) 〖명〗 1 상여를 메고 갈 때에 하는 노래. 상엿소리. 2 죽은 사람을 애도하는 노래나 가사.

만:가-하다 (滿家一) 〖형여〗 1 집에 가득 차다. 2 집에 재물과 양식 따위가 많다.

만:각 (晩覺) 〖명〗〖하자타〗 1 늙은 뒤에야 지각이 남. 2 늙은 뒤에야 깨달음.

만간 (滿干) 〖명〗〖지〗 간만(干滿).

만감 (滿一) 〖광〗 광맥에 골고루 들어 있는 감돌.

만:감 (萬感) 〖명〗 여러 가지의 느낌. 온갖 생각. 〖~이 교차하다.

만:강 (滿腔) 〖명〗 (주로 '만강의'의 꼴로 쓰여) 마음속에 꽉 참. 〖~의 경의를 표합니다.

만:강-하다 (萬康一) 〖형〗 아주 편안하다. 만안(萬安). 〖기체후 만강하옵신지요.

만:개 (滿開) 〖명〗〖하자〗 꽃이 활짝 핌. 만발(滿發).

만:건곤-하다 (滿乾坤一) 〖형여〗 하늘과 땅에 가득 차다. 〖백설이 만건곤하니.

만:겁 (萬劫) 〖명〗 지극히 오랜 시간.

만:경 (晩景) 〖명〗 1 해 질 무렵의 경치. 모경(暮景). 2 철이 늦은 때의 경치.

만:경 (晩境) 〖명〗 늙바탕. 말년. 모경(暮境).

만:경 (萬頃) 〖명〗 백만 이랑이라는 뜻으로, 지면이나 수면이 아주 넓음을 일컫는 말.

만경 (蔓莖) 〖명〗〖식〗 덩굴줄기.

만경-되다 〖자〗 눈에 정기가 없어지게 되다.

만:경-차사 (萬頃差使) 〖명〗〖역〗 지방관의 비위(非違)를 적발하기 위하여 지정한 곳 없이 보내던 어사(御史).

만:경-창파 (萬頃蒼波) 〖명〗 한없이 넓고 푸른 바다나 호수의 물결.

만:경-출사 (萬頃出使)〔一싸〕 〖명〗〖역〗 포교(捕校)가 아무 때나 지정한 곳 없이 돌아다니며 죄인을 잡던 일.

만:경-타령 (萬頃一) 〖명〗 긴 타령이란 뜻으로, 요긴한 일을 등한히 함을 일컫는 말.

만경-하다 〖자여〗 눈에 정기가 없어지다.

만:계 (晩計)〔一/一게〕 〖명〗〖하자〗 1 늙바탕의 일을 미리 계획함. 또는 그 계획. 2 뒤늦은 계획.

만계 (澗溪)〔一/一게〕 〖명〗 연안의 후미진 계곡.

만:고 (萬古) 〖명〗 1 아주 먼 옛날. 2 (주로 '만고에'·'만고의'의 꼴로 쓰여) 아주 오랜 세월 동안. 〖~에 빛날 업적 / ~의 진리. 3 (주로 '만고의'의 꼴로 쓰여) 비길 데가 없음. 〖~의 충신.

만:고-강산 (萬古江山) 〖명〗 아주 오랜 세월 동안 변함없는 강산. 〖~을 유람하다.

만:고불멸 (萬古不滅) 〖명〗〖하자〗 오랜 세월 동안 없어지지 아니함. 〖~의 업적.

만:고불변 (萬古不變) 〖명〗〖하자〗 오랜 세월 동안 변하지 아니함. 〖~의 진리.

만:고불역 (萬古不易) 〖명〗〖하자〗 오랜 세월 동안 바뀌지 아니함.

만:고불후 (萬古不朽) 〖명〗〖하자〗 오랜 세월 동안 변하거나 없어지지 아니함. 만대불후. 만세불후(萬世不朽).

만:고-상청(萬古常靑)명 오랜 세월 동안 변함없이 언제나 푸름.

만:고-역적(萬古逆賊)[-쩍]명 역사에 다시없을 역적.

만:고-절담(萬古絕談)[-땀]명 역사에 유례가 없을 만큼 훌륭한 말.

만:고-절색(萬古絕色)[-쌕]명 세상에 비길 데 없을 만큼 뛰어난 미인.

만:고-절창(萬古絕唱)명 세상에 유례가 없을 만큼 뛰어난 명창(名唱).

만:고-천추(萬古千秋)명 한없이 오랜 세월.

만:고-천하(萬古天下)명 1 아득한 옛적의 세상. 2 만대에 영원한 세상.

만:고-풍상(萬古風霜)명 오랜 세월 동안 겪어 온 많은 고생. ▷ ~을 겪다.

만곡(彎曲)명하 활 모양으로 굽음. 만굴.

만:골(萬骨)명 많은 사람들의 뼈.

만:-공산(滿空山)명하자 적막한 산에 가득 참. ▷ 명월이 ~하다.

만:과(萬科)명《역》많은 사람을 뽑던 과거. 대개 무과(武科)를 가리킴.

만:관(滿貫·滿款)명 1 마작에서, 점수가 최대 한도에 달하는 일. 2 '만관약'의 준말.

만:관-약(滿貫約)[-냑]명 마작에서, 만관이 되었을 때의 약. 준만관(滿貫).

만광-(鑛)명하자《광》광주(鑛主)가 직접 경영하지 않고 채굴권을 덕대에게 나누어 주고 생산물의 일부를 받아들이는 방식으로 경영함. 또는 그런 광산.

만광(을) 트다구 광주가 광산을 직영하지 않고 덕대에게 채굴을 허락하다.

만:교(晚交)명하자 늙은 뒤에 사귐. 또는 그렇게 사귄 친구.

만:구(萬口)명 1 여러 사람의 입이나 말. 2 많은 사람.

만구(灣口)명 만의 어귀.

만:구-성비(萬口成碑)명 여러 사람이 칭찬하는 것은 송덕비를 세우는 것과 같다는 말.

만:구-일담(萬口一談)[-땀]명 여러 사람의 의견이 일치함.

만:구-전파(萬口傳播)명하자 여러 사람이 떠들어서 온 세상에 널리 퍼짐.

만:구-칭송(萬口稱頌)명하타 만구칭찬.

만:구-칭찬(萬口稱讚)명하타 여러 사람이 한결같이 칭찬함. 만구칭송.

만:국(萬國)명 세계의 모든 나라. 만방(萬邦).

만:국-기(萬國旗)[-끼]명 세계 각국의 국기.

만:국 박람회(萬國博覽會)[-빰남-]《경》세계 각국이 각기 자국의 생산물을 합동 전시하는 국제 박람회. 엑스포(EXPO).

만:국 음성 기호(萬國音聲記號)《언》'국제 음성 기호'의 구용어.

만:국 지도(萬國地圖)[-찌-]《지》세계 지도.

만:국 통신(萬國通信) 국제 통신.

만:국 평화 회:의(萬國平和會議)[- /-이]《역》1899년과 1907년에 러시아 황제 니콜라이 2세의 주창으로 네덜란드의 헤이그에서 열린 두 차례의 국제회의. 우리나라의 이상설(李相卨)·이준(李儁)·이위종(李瑋鐘) 등 고종의 밀사(密使)가 파견된 것은 제2차 회의 때였음.

만:국 표준시(萬國標準時)《지》학술이나 항해에서 쓰는 세계 공통의 표준 시간(그리니치 시간으로 나타냄).

만:군(萬軍)명 1 많은 군사. 2《성》이스라엘 민족 전체를 가리키는 말. 3 만유(萬有).

만군(滿軍)명《역》일제 강점기에 있던 만주국의 군대.

만남

만군(蠻軍)명 오랑캐의 군대.

만:군지중(萬軍之中)명 많은 군사가 겹겹이 진을 친 가운데.

만굴(彎屈)명하형 만곡(彎曲).

만궁(彎弓)명하자 활을 당김.

만:권(萬卷)명 매우 많은 책.

만:권-당(萬卷堂)명《역》고려 충선왕이 중국 원나라에 가 있을 때 연경에 많은 책을 갖추고 원의 학자들과 교유하던 곳.

만:권-시서(萬卷詩書)명 썩 많은 책.

만:-귀잠잠-하다(萬鬼潛潛-)명어 깊은 밤에 모든 것이 다 자는 듯이 고요하다.

만:근(輓近)명 몇 해 전부터 지금까지의 기간. 근래.

만:금(萬金)명 꽤 많은 돈. ▷ ~으로도 살 수 없는 우정.

만:기(晚期)명 1 만년(晚年)의 시기. 2 말기(末期).

만:기(萬機)명 1 정치상의 온갖 중요한 기틀. 2 임금이 보는 여러 가지 정무. 3 많은 기밀.

만기(滿期)명 1 정한 기한이 다 참. 또는 그 기한. ▷ ~가 꽉 차다 / 적금의 ~가 지나다 / 단기 여신 ~를 연장하다. 2《경》어음 금액이 지급될 날로 어음에 적힌 날짜. 만기일. ▷ 회사채의 ~가 한꺼번에 몰리다.

만기-병(滿期兵)명《군》현역 복무 기한이 차서 제대하는 병사.

만기 어음(滿期-)《경》지급 기일이 임박한 어음.

만기-일(滿期日)명 1 만기가 되는 날. 2《경》만기(滿期)2.

만기 제대(滿期除隊)《군》현역 복무 기한이 차서 제대하는 일.

만:기-친람(萬機親覽)[-칠-]명 임금이 모든 정사를 친히 보살핌.

만끽(滿喫)명하타 1 음식을 마음껏 먹고 마심. 2 욕망을 마음껏 만족시킴. ▷ 아름다운 자연을 ~하다.

만나(manna)명《성》이스라엘 민족이 이집트에서 탈출하였을 때, 아라비아 광야에서 여호와로부터 받았다는 기적의 음식물.

만나다긴타 1 서로 마주 보게 되다. ▷ 옛 친구를 ~ / 선배를 ~. 2 어떤 일을 당하다. ▷ 좋은 세월을 ~ / 횡재를 ~. 3 비·눈·바람 따위를 맞게 되다. ▷ 소나기를 ~ / 태풍을 ~. 4 어떤 사실이나 사물을 눈앞에 대하다. ▷ 쓰라린 운명과 ~. 5 인연으로 관계를 맺다. ▷ 남편을 잘 만난 여자 / 까다로운 상사를 ~. 3 둘이 만나 의논하자 / 그들은 만나기만 하면 싸운다. 2 인연으로 관계가 이루어지다. ▷ 이 숭에서 너와 만나는 것이 모두 전생의 인연이다. 3 선·강·길 따위가 서로 닿다. ▷ 두 직선이 만나는 점 / 여러 내가 만나 강을 이룬다.

[만나자 이별] 서로 만나자마자 곧 헤어짐을 말함.

만:난(萬難)명 온갖 어려움. ▷ ~을 무릅쓰고 활로를 타개하다.

만난-각(-角)명《수》교각(交角).

만난-점(-點)명《수》교점(交點).

만:날(萬-)부 매일같이 계속하여. ▷ ~ 돈타령이다 / ~ 놀기만 한다.

[만날 뗑그렁] 생활이 넉넉하여 만사에 걱정이 없음.

만남명 만나는 일. ▷ ~의 광장 / ~을 주선하

다 / 그와의 첫 ~은 몹시 인상적이었다.

만:내(灣內) 圓 만의 안쪽.

만:냥-태수(萬兩太守) 圓 예전에, 녹봉(祿俸)을 많이 받는 원(員)을 이르던 말.

만:냥-판(萬兩-) 圓 떡 벌어지게 호화로운 판국. □부잣집 잔치라 ~이로군.

만:년(晩年) 圓 나이가 들어서 늙은 때. 노년. □~에 이르러 호강하다. ↔초년.

만:년(萬年) 圓 언제나 한결같은 상태. □~ 과장 / ~ 청춘.

만:년불패(萬年不敗) 圓卧자 아주 튼튼하여 오래되어도 깨지지 않음.

만:년-빙(萬年氷) 圓[지] 1 만년설. 2 아주 추운 지방이나 높은 산지에서 언제나 녹지 않고 얼어 있는 얼음.

만:년-설(萬年雪) 圓[지] 아주 추운 지방이나 높은 산지에서 언제나 녹지 않고 쌓여 있는 눈. 만년빙.

만:년지계(萬年之計)[-지-/-게] 圓 썩 먼 뒷날까지 걸친 큰 계획. 백년대계.

만:년지택(萬年之宅) 圓 오래가도록 튼튼하게 잘 지은 집.

만:년-청(萬年靑) 圓[식] 백합과의 상록 여러해살이풀. 잎이 가느다랗게 길고 두꺼우며, 언제나 푸른빛임. 봄에 흰 꽃이 피고 열매는 붉게 익음. 잎을 관상함.

만:년-필(萬年筆) 圓 펜대 속의 잉크가 끝에 꽂은 펜으로 흘러나오게 된 펜의 일종.

만:능(萬能) 圓卧타 모든 일에 다 능통하거나 모든 일을 다 할 수 있음. □황금 ~ 시대.

만:능 곡선자(萬能曲線-)[-선-] [공] 여러 가지 곡선을 그릴 수 있는 자.

만:능 급혈자(萬能給血者)[-그펼짜] [생] 혈액형이 O형인 사람(O형인 혈액은 어떠한 혈액형의 사람에게도 수혈할 수 있음).

만:능-선수(萬能選手) 圓 1 모든 경기에 뛰어난 선수. 2 경기의 모든 면에 능한 선수. 올라운드 플레이어.

만다라(曼陀羅·曼茶羅) 圓〔산 Mandala〕 [불] 1 우주 법계(法界)의 온갖 덕을 망라한 것이라는 뜻으로, 부처가 증험(證驗)한 것을 그린 불화(佛畫). 2 부처나 보살의 상을 모시고 숭배하며 공양하는 단.

만다라-화(曼陀羅華) 圓 [불] 1 성화(聖花)로서의 흰 연꽃. 2[식] 연꽃. 3[식] 흰독말풀. 4[식] 자주괴불주머니.

만:단(萬短) 圓 화투에서, 청단·홍단·초단 따위의 온갖 약(約).

만:단(萬端) 圓 1 여러 가지 얼크러진 일의 실마리. □~으로 얽혀 있다. 2 (주로 '만단의'의 꼴로 쓰여) 온갖 수단이나 방법. □~의 준비를 갖추다.

만:단-개유(萬端改論) 圓卧타 여러 가지 말로 타이름.

만:단-설화(萬端說話) 圓卧자 온갖 이야기.

만:단-수심(萬端愁心) 圓 여러 가지 근심 걱정. □~에 차다 / ~이 가득하다.

만:단-애걸(萬端哀乞) 圓卧자 여러 가지로 사정을 말하여 애걸함.

만:단-의혹(萬端疑惑)[-다늬-/-다니-] 圓 여러 가지 의심.

만:단-정화(萬端情話) 圓卧자 여러 가지 정다운 이야기.

만:단-정회(萬端情懷) 圓 갖가지 정과 회포. □~를 풀다.

만달 圓 동양화에서, 덩굴이 엉킨 모양을 나타

낸 그림. 당초회(唐草繪).

만:달(晩達) 圓卧자 늙은 뒤에 벼슬과 명망이 높아짐.

만:담(漫談) 圓卧자 재미있고 익살스럽게 세상과 인정을 비판하고 풍자하는 이야기를 함. 또는 그런 이야기.

만:담-가(漫談家) 圓 만담을 업으로 하는 사람. 또는 만담을 잘하는 사람.

만:당(晩唐) 圓 중국 당대(唐代)를 4분한 맨 끝 시대.

만:당(滿堂) 圓卧자 집이나 대청, 강당 따위에 가득히 참. 또는 가득 찬 사람들. □~의 청중으로부터 갈채를 받다 / ~하신 신사 숙녀 여러분 / ~의 시선이 나에게 집중되다.

만:당-추수(滿塘秋水) 圓 못에 가득 찬 가을의 맑은 물.

만:대(萬代) 圓 아주 멀고 오랜 세대. □이름을 ~에 빛내다.

만:대-불변(萬代不變) 圓卧자 만세(萬世)불변.

만:대-불역(萬代不易) 圓卧자 만세(萬世)불역.

만:대-불후(萬代不朽) 圓卧자 만고(萬古)불후.

만:대-영화(萬代榮華) 圓 여러 대를 이어 가며 누리는 부귀와 공명.

만:대-유전(萬代遺傳) 圓卧자 길이길이 전하여 내려옴.

만:덕(萬德) 圓 많은 선행이나 덕행.

-만뎡 어미〔옛〕 -망정.

만:도(晩到) 圓卧자 시간이 지나서 옴.

만:도(晩稻) 圓[식] 늦벼.

만:도(滿都) 圓 온 장안. 온 도시.

만도리(萬-) [농] 벼를 심은 논의 마지막 김매기. *만물.

만돌린(mandoline) 圓[악] 비파같이 생긴 서양의 현악기. 펑퍼짐한 바닥에 강철 줄을 네 쌍 늘인 악기. 픽(pick)으로 퉁겨서 연주함.

만:동(晩冬) 圓 늦겨울.

만두(饅頭) 圓 밀가루 등을 반죽하여 소를 넣고 빚어서 삶거나 찌거나 기름에 지져 만든 음식. □~를 빚다.

만두-과(饅頭菓) 圓 밀가루에 참기름·꿀 따위를 넣고 반죽한 뒤, 잘게 썬 대추에 계핏가루를 섞은 소를 넣고 만두 모양으로 빚어서 기름에 지진 유밀과(油蜜菓).

만두-소(饅頭-) 圓 만두의 속에 넣는 고명.

만두-피(饅頭皮) 圓 만두를 빚을 때 만두소를 넣고 싸는 데 쓰는, 밀가루 반죽으로 만든 얇은 반대기.

만둣-국(饅頭-)[-두국/-둗꾹] 圓 만두를 넣고 끓인 국.

만둣-집(饅頭-)[-두찝/-둗찝] 圓 만두를 파는 가게.

만:득(晩得) 圓卧타 1 늙어서 자식을 낳음. 만생(晩生). 2 만득자.

만:득-자(晩得子)[-짜] 圓 늙어서 낳은 자식. 만득(晩得). 만생자(晩生子).

만들다〔만들어, 만드니, 만드는〕卧타 1 기술과 힘을 들여 목적하는 사물을 이루다. □상품을 ~ / 옷을 만들어 입다. 2 규칙이나 법·제도 따위를 정하다. □규칙을 ~ / 법률을 ~. 3 모임·단체 따위를 조직하다. □친목회를 ~ / 동아리를 ~. 4 허물·상처 등을 생기게 하다. □흠집을 ~. 5 돈을 마련하다. □아르바이트해서 등록금을 ~. 6 틈·시간 등을 짜내다. □기회를 ~. 7 말썽·일 등을 일으키거나 꾸며 내다. □일거리만 ~. 8 글·노래를 짓거나 문서 등을 짜다. □보고서를 ~. 9 (조사 '으로'·'로'의 뒤에나 모양·정도를 나타내는 부사 뒤에 쓰여) 무엇이 되게 하다.

□자식을 의사로 ~ / 제것으로 ~. 曰[보통] (어미 '-게'·'-도록'의 뒤에 쓰여) 그 동작이나 상태가 이루어지게 하다. □적을 꼼짝 못하게 ~ / 일을 서두르게 ~.

만듦-새 [-듬-] 몡 물건의 만들어진 됨됨이나 짜임새. □~가 꼼꼼하다.

만ː등-회 (萬燈會) 몡 《불》 참회하고 마음을 밝게 하기 위해 만 개의 등불을 켜고 부처에게 공양하는 법회. 만등(萬燈). 만등공양.

만ː래 (晩來) [말-] 몡 늦은 뒤. 노래(老來).

만ː려 (萬慮) [말-] 몡하 여러 가지로 생각함. 또는 그 생각.

만ː록 (萬綠) [말-] 몡 여름철의 온갖 숲이 푸른 모양. 또는 그런 숲. □~이 우거지다.

만록 총중 홍일점 (萬綠叢中紅一點) 쿠 많은 푸른 잎 가운데 단 하나의 붉은 꽃이라는 뜻으로, 평범한 것이 많은 가운데 하나가 색다르다거나 많은 남자 가운데 한 사람의 여자가 끼어 있음을 이르는 말.

만ː록 (漫錄) [말-] 몡 《문》 만필(漫筆).

만ː뢰 (萬籟) [말-] 몡 자연 속에서 나는 온갖 소리. 중뢰(衆籟). □~가 잠잠해지다.

만ː뢰-구적 (萬籟俱寂) [말-] 몡하 밤이 깊어 모든 소리가 그치어 아주 고요해짐.

만료 (滿了) [말-] 몡하 기한이 기한이 꽉 차서 끝남. 또는 그 한도나 기한. □임기 ~ / 대출 기한이 ~되다.

만루 (滿壘) [말-] 몡 야구에서, 1·2·3루에 주자가 있는 상태. 풀 베이스.

만루 홈런 (滿壘home run) [말-] 야구에서, 세 베이스에 모두 주자가 있을 때에 타자가 홈런을 치는 일.

만류 (挽留) [말-] 몡하 붙들고 하지 못하게 말림. 만지(挽止). 만집(挽執). □~를 듣지 않다 / 사직을 ~하다.

만류 (灣流) [말-] 몡 《지》 큰 만의 해안을 따라 크게 휘돌아 가는 바닷물의 흐름. '멕시코 만류'의 일컬음.

만ː리 (萬里) [말-] 몡 아주 먼 거리의 비유. □이역(異域) ~ / 앞길이 ~ 같은 젊은이.

만ː리-경 (萬里鏡) [말-] 몡 망원경.

만ː리-동풍 (萬里同風) [말-] 몡 넓은 지역에 걸쳐 같은 바람이 분다는 뜻으로, 천하가 통일되어 태평함을 이르는 말.

만ː리-변성 (萬里邊城) [말-] 몡 멀리 떨어진 국경 부근의 성.

만ː리-수 (萬里愁) [말-] 몡 끝없는 시름.

만ː리-장서 (萬里長書) [말-] 몡 아주 긴 글이나 편지. □~를 써 보내다.

만ː리-장설 (萬里長舌) [말-] 몡 퍽 장황하게 늘어놓는 말.

만ː리-장성 (萬里長城) [말-] 몡 **1** 중국 북쪽에 있는 긴 성. 진의 시황제가 흉노의 침입을 막기 위하여 크게 증축하였음. 장성. **2** 창창한 앞날의 비유. □앞날이 ~ 같은데 왜 그러나. **3** 남녀의 교합의 비유. □하룻밤에 ~을 쌓다.

만ː리-장천 (萬里長天) [말-] 몡 구만리장천.

만ː리지임 (萬里之任) [말-] 몡 먼 지방에 나가서 맡아보는 임무 또는 관직.

만ː리-창파 (萬里滄波) [말-] 몡 끝없이 넓은 바다. □~의 일엽.

만ː리-타향 (萬里他鄕) [말-] 몡 조국이나 고향에서 멀리 떨어져 있는 다른 지방.

만ː리-화 (萬里花) [말-] 몡 《식》 물푸레나뭇과의 낙엽 활엽 관목. 금강산 등지에 야생하는 한국 특산종으로 봄에 노란 꽃이 잎보다 먼저 핌. 관상용.

만ː릿-길 (萬里-) [말리낄 / 말릳낄] 몡 아주 먼

길을 이르는 말.
[만릿길도 한 걸음으로 시작된다] 아무리 큰 일도 작은 일로부터 비롯된다는 뜻.

만ː만 (萬萬) 曰몡 **1** 만의 만 배. 곧, 1억. **2** 느낌의 정도가 이루 헤아릴 수 없을 만큼 큼. □감사 ~이올시다. 曰튀 아주. □~ 뜻밖의 일.

만ː만-다행 (萬萬多幸) 몡하 아주 다행함. 천만다행.

만만-디 (중 慢慢的) 몡 굼뜸. 느림.

만ː만-부당 (萬萬不當) 몡하 천부당만부당.

만ː만-불가 (萬萬不可) 몡하 천만(千萬)불가.

만ː-만세 (萬萬歲) 캄 '만세'를 강조하여 부르는 말.

만만-쟁이 몡 남에게 만만하게 보이는 사람을 낮잡아 이르는 말.

만만-찮다 [-찬타] 혱 **1** 손쉽게 다룰 수 없다. □만만찮은 사람. **2** 그렇게 쉽지 않다. □문제가 ~. **3** 수나 양이 적지 않다. □사람들이 만만찮게 모였다.
[만만찮기는 사돈집 안방] 편하지 않고 거북함을 일컫는 말.

만ː-출세 (萬萬出世) [-쎄] 몡 《불》 순서를 따라 여러 부처가 세상에 태어나는 일.

만만-하다 혱 **1** 연하고 보드랍다. □만만한 음식. **2** 마음대로 대할 만하다. □만만하게 볼 사람이 아니다. 혱 문문하다. **만만-히** 튀. □~ 볼 수 없는 상태.

만ː-하다 (滿滿-) 혱 부족함이 없이 넉넉하다. □자신이 ~ / 여유가 ~. **만ː만-히** 튀.

만ː-하다 (漫漫-) 혱 끝없이 지루하다. **만ː만-히** 튀.

만ː망 (萬望) 몡하 꼭 바람. 간절히 바람.

만ː매 (漫罵) 몡하 만만히 여기고 함부로 꾸짖음.

만맥 (蠻貊) 몡 예전에, 중국인이 중국의 남쪽과 북쪽에 살던 민족을 낮잡아 이르던 말.

만ː면 (滿面) 몡 (주로 '만면에'의 꼴로 쓰여) 온 얼굴. □~에 웃음을 띠다. ---하다 혱 얼굴에 가득하게 드러나 있다. □희색이 만면한 얼굴.

만ː면-수색 (滿面愁色) 몡 얼굴에 가득 찬 수심(愁心)의 빛.

만ː면-수참 (滿面羞慚) 몡 얼굴에 가득 찬 부끄러운 기색.

만ː면-희색 (滿面喜色) [-히-] 몡 얼굴에 가득 차 있는 기쁜 빛.

만ː명 (萬明) 몡 《민》 무당이 김유신(金庾信)의 어머니를 신격화하여 모시는 신. 말명.

만ː모 (慢侮·謾侮) 몡하 교만한 태도로 남을 업신여김.

만ː목 (萬目) 몡 많은 사람의 눈. 많은 사람이 지켜봄.

만목 (蔓木) 몡 《식》 덩굴나무.

만ː목 (滿目) 몡 **1** 눈에 가득 차 보임. **2** 눈에 보이는 데까지의 안계.

만ː목-수참 (滿目愁慘) [-쑤-] 몡하 눈에 띄는 것이 모두 시름겹고 참혹함.

만ː목-황량 (滿目荒涼) [-모쌍냥] 몡하 눈에 띄는 것이 모두 거칠고 처량함.

만몽 (滿蒙) 몡 《지》 만주와 몽골.

만ː무 (萬無) 몡 (주로 의존 명사 '리' 뒤에 쓰여) 전혀 없음. □그럴 리 ~하다 / 살아 있을 리가 ~하다.

만ː무방 몡 **1** 염치가 없이 막된 사람. **2** 아무렇게나 생긴 사람.

만:무-시리(萬無是理)圀허휑 결코 그럴 리가 없음.

만:무-일실(萬無一失)[-씰]圀허휑 실패하거나 실수할 염려가 전혀 없음.

만:문(漫文)圀 1《문》수필. 2 만필(漫筆).

만문(滿文)圀《언》만주 문자.

만:문(漫問)圀허타 생각나는 대로 아무렇게나 함부로 묻는 일. 또는 그 질문.

만-물圀하짜《농》그해의 벼농사에서 논의 김을 마지막으로 매는 일.

만:물(萬物)圀 세상에 있는 모든 물건. ▣천지의 ~ / 인간은 ~의 영장이다.

만:물-박사(萬物博士)[-싸]圀 여러 방면에 모르는 것이 없이 박식한 사람을 이르는 말.

만:물-상(萬物相)[-쌍]圀 온갖 물건의 가지가지의 모양.

만:물-상(萬物商)[-쌍]圀 일상생활에 필요한 온갖 물건을 파는 장사. 또는 그런 가게.

만:물-지령(萬物之靈)[-찌-]圀 온갖 물건의 정령(精靈).

만:물-탕(萬物湯)圀 고기·생선과 채소 등 여러 가지 재료를 넣어 끓인 국.

만민(萬民)圀 모든 백성. 모든 사람. 만(萬)백성. 만성(萬姓). 조서. ▣~이 평등하다.

만:민-법(萬民法)[-뻡]圀《법》고대 로마 제국에서, 로마 시민은 물론 시민권이 없는 외인(外人)에게도 적용한 법률.

만:반(萬般)圀 (주로 '만반의'의 꼴로 쓰여) 여러 가지. 빠짐없이 전부. ▣~의 준비를 갖추다.

만:반-진수(滿盤珍羞)圀 상 위에 가득한 귀하고 맛있는 음식. ▣~를 차리다.

만:반-하다(滿盤-)휑어 음식 따위가 상 위에 가득하다.

만:발(滿發)圀하짜 1 꽃이 활짝 다 핌. 만개(滿開). ▣진달래가 ~하다. 2 추측이나 웃음 따위가 한꺼번에 일어나다. ▣웃음꽃이 ~한 가정.

만:발-공양(萬鉢供養)圀《불》절에서, 많은 바리때에 밥을 수북수북 담아 대중에게 베푸는 공양.

만:방(萬方)圀 1 모든 곳. 2 마음과 힘이 쓰이는 여러 군데.

만:방(萬邦)圀 모든 나라. 만국(萬國). ▣명성을 ~에 떨치다.

만:방(萬放)圀 바둑에서, 승패가 91집 이상으로 차이가 날 때의 결과.

만:-백성(萬百姓)[-성]圀 모든 백성. 만민.

만:-벌탕圀《광》광산에서, 감돌 위에 있는 버력을 모두 파내는 일.

만:범-하다(滿帆-)휑어 돛에 바람이 차서 가득하다.

만:법(萬法)圀 1《불》우주 간의 모든 법. 제법(諸法). 2 모든 법률이나 규정.

만:벽-하다(滿壁-)[-벼카-]휑어 그림·글씨 등이 벽에 걸리거나 붙여져 가득하다.

만:병(萬病)圀 온갖 병. 백병(百病). ▣감기는 ~의 근원이다.

만:병-초(萬病草)圀《식》진달랫과의 상록 활엽 관목. 잎은 어긋나고 가지 끝에 모여 달리며, 여름에 깔때기 모양의 흰 꽃이 피고 열매는 가을에 익음. 잎은 '만병엽(萬病葉)'이라 하여 약재로 씀.

만:병-통치(萬病通治)圀하짜 1 한 가지 약이 여러 가지 병을 모두 고칠 수 있음. 2 어떤 대책이 여러 경우에 두루 효력을 나타냄. 백

병통치.

만:병통치-약(萬病通治藥)圀 1 여러 가지 병을 다 고칠 수 있는 약. ▣엉터리 ~. 2 여러 경우에 두루 효력을 나타내는 대책. ▣핵미사일이 전쟁 억제에 ~이 될 수는 없다.

만보圀 인부에게 일 한 가지를 끝낼 때마다 한 장씩 주는 표(그 표를 세어 삯을 줌).

만:보(漫步)圀하짜 한가롭게 거닒. 또는 그러한 걸음걸이.

만보(瞞報)圀하타 속여서 거짓으로 보고함. 또는 그 보고. 무보(誣報).

만:복(晩福)圀 늘그막에 누리는 복.

만:복(萬福)圀 온갖 복. ▣댁내 ~이 깃들기를 기원합니다. ──하다[-보카-]휑어 아주 복되다.

만:복(滿腹)圀하휑 배가 잔뜩 부름. 또는 부른 배.

만:복-경륜(滿腹經綸)[-경뉸]圀 마음속에 가득 찬 경륜.

만:부(萬夫)圀 1 많은 남자. 많은 장정. 2 수많은 사람.

만:부-당(萬不當)圀허휑 천부당만부당.

만:부당-천부당(萬不當千不當)圀허휑 천부당만부당.

만:-부득이(萬不得已)튀허휑 '부득이'의 힘줌말. ▣~한 사정으로 늦었습니다.

만:부부당(萬夫不當)圀허휑 많은 장부(丈夫)로도 능히 당해 낼 수가 없음.

만:분(萬分)圀하타 1 대단함. 2 만으로 나눔. ▣~의 일.

만:분-가(萬憤歌)圀《문》조선 연산군 때 조위(曺偉)가 지은 유배 가사.

만:분-다행(萬分多幸)圀허휑튀 뜻밖에 일이 잘되어 매우 다행함. 천만다행.

만:분-위중(萬分危重)圀허휑 병세가 아주 깊고 위태로움.

만:분지일(萬分之一)圀 만으로 나눈 것의 하나라는 뜻으로, 아주 적은 경우를 일컫는 말. ▣베푸신 은혜의 ~이라도 갚아야지.

만:-불근리(萬不近理)[-글-]圀허휑 전혀 이치에 맞지 아니함.

만:-불성설(萬不成說)圀 말이 전혀 사리에 맞지 않음.

만:-불성양(萬不成樣)圀 도무지 꼴이 갖추어지지 않음.

만:-불실일(萬不失一)圀하짜 과실이나 틀림이 전혀 없음.

만:사(萬死)圀 1《한의》아무리 해도 구해 낼 수 없고 정신이 흐려지는 병. 2 아무리 해도 목숨을 건질 수 없음.

만:사(萬事)圀 많은 일. 온갖 일. ▣~가 다 귀찮다 / 내일은 ~ 제쳐 놓고 가겠다.

만사는 불여 튼튼 끅 무슨 일이나 튼튼히 하여야 된다는 말.

만사(輓詞·挽詞)圀 만장(輓章).

만:사-무석(萬死無惜)圀허휑 만 번 죽어도 아까울 것이 없음.

만:사-무심(萬事無心)圀허휑 1 걱정이 있어 다른 일을 돌볼 겨를이 없음. 2 무슨 일에든 관심이 없음.

만:사-여생(萬死餘生)圀 죽을 고비를 넘기고 살게 된 목숨.

만:사-여의(萬事如意)[-/-이]圀허휑 모든 일이 뜻과 같음.

만:사-와해(萬事瓦解)圀하짜 한 가지 잘못으로 모든 일이 다 틀어져 버림.

만:사-유경(萬死猶輕)圀하휑 만 번을 죽는다 해도 시원찮을 만큼 죄가 무거움을 일컫는

말. 만륙유경.
만:사-태평 (萬事太平·萬事泰平) [명][하형] **1** 모든 일이 잘되어 탈이 없고 평안함. **2** 성질이 너그럽거나 어리석어 모든 일에 걱정이 없음.
만:사-형통 (萬事亨通) [명][하자] 모든 일이 뜻대로 잘됨.
만:사-휴의 (萬事休矣)[-/-이] [명] '모든 일이 헛수고로 돌아감'의 뜻.
만삭 (滿朔) [명][하자] 해산달이 다 참. 또는 달이 차서 배가 몹시 부름. 만월. ❑~이 된 배.
만:산 (晩産) [명][하타] **1** 늘그막에 아이를 낳음. **2** 예정한 날짜를 지나서 아기를 낳음. ↔조산.
만:산 (滿山) [명][하형] **1** 온 산에 가득함. 또는 그런 산. ❑~ 녹음. **2**〖불〗절 전체. 또는 절에 있는 모든 승려.
만:산 (蹣跚) [명][하자] 걸음걸이가 비틀거림.
만:산-중 (萬山中) [명] 첩첩이 둘러싸인 깊은 산속.
만:산-편야 (滿山遍野) [명] 산과 들에 그들먹하게 덮여 있음.
만:살-창 (滿-窓) [명] 창살이 가로세로로 촘촘한 창.
만삼 (蔓蔘) [명]〖식〗초롱꽃과의 여러해살이 덩굴풀. 깊은 산에 나는데, 여름에 종 모양의 보라색 꽃이 피고, 잎은 길둥글고 거친 톱니가 있는데 어긋맞게 남. 뿌리는 약용하거나 식용함.
만:상 (晩霜) [명] 늦봄에 내리는 서리. 늦서리.
만:상 (萬狀) [명] 온갖 모양.
만:상 (萬祥) [명] 온갖 상서로운 일.
만:상 (萬象) [명] 온갖 사물의 형상.
만상 (灣商) [명]〖역〗조선 때, 평안북도 의주의 용만(龍灣)에서 중국과 교역을 하던 상인.
만새기 [명]〖어〗만새깃과의 바닷물고기. 길이는 1m가량으로, 온대와 열대에 분포하는데, 살은 희고 여름철에 맛이 좋음.
만:생 (晩生) [一][명][하타] 만득(晩得)1. [二][인대] 선배에게 대한 자기의 겸칭.
만생 (蔓生) [명][하자] 식물의 줄기가 덩굴져 남. 또는 그 줄기.
만:생-자 (晩生子) [명] 만득자(晩得子).
만:생-종 (晩生種) [명]〖농〗같은 식물 가운데 특히 늦되는 품종. 늦은씨. ↔조생종(早生種). [준]만종(晩種).
만:서 (萬緖) [명] **1** 여러 가지 얼크러진 일의 실마리. **2** 온갖 사정.
만:석 (萬石) [명] **1** 곡식의 일만(一萬) 섬. **2** 썩 많은 곡식.
만:석 (滿席) [명] 자리가 다 참. ❑점심시간이라 식당 안은 ~이었다.
만:석-꾼 (萬石-) [명] 곡식 만 섬을 거두어들일 만한 논밭을 가진 부자.
만:석-들이 (萬石-)[-뜨리] [명] 곡식 만 섬이 날 만한 넓은 논밭.
만:선 (萬善) [명] 온갖 착한 일.
만:선 (滿船) [명][하자] 배에 사람이나 짐 또는 고기 따위를 가득 실음. 또는 그런 배. ❑~으로 귀항하다.
만:선-두리 [명]〖역〗관리가 겨울에 예복을 입을 때에 머리에 쓰던 제구《휘양과 비슷함》.
만:성 (晩成) [명][하자타] 늦게야 이루어지거나 이룸. ↔속성(速成).
만:성 (萬姓) [명] **1** 많은 성. **2** 만민(萬民).
만성 (慢性) [명] **1**〖의〗급히 악화되지도 않고 쉽사리 낫지도 않는 병의 성질. ↔급성(急性). **2** 어떤 성질이 버릇이 되어 고치기 힘들게 된 상태. ❑~이 되어 아무렇지 않다.
만성 (蔓性) [명]〖식〗덩굴성.
만성 (蠻性) [명] 야만성.
만성-병 (慢性病)[-뼝] [명]〖의〗심한 증상을 나타내지도 아니하고 잘 낫지도 않으며 오래 끄는 병. ↔급성병.
만:성-보 (萬姓譜) [명] 모든 성씨(姓氏)의 계보를 모은 책.
만성 식물 (蔓性植物)[-싱-]〖식〗덩굴 식물.
만성-적 (慢性的) [관][명] 만성인 (것). ❑~인 질병 / ~인 자금난에 시달리다.
만성적 불황 (慢性的不況)[-뿔-]〖경〗좀처럼 회복되지 않고 오래 끄는 불황《기업의 조업이 단축되며 만성적 실업자가 생겨남》.
만성적 실업 (慢性的失業)[-씨럽]〖경〗만성적인 불황에 발생하는 장기적이고 높은 비율의 실업《경기적(景氣的) 실업 다음에 오는 것임》. 구조적 실업. *마찰적 실업.
만성 전염병 (慢性傳染病)[-저념뼝]〖의〗병균이 옮은 뒤 잠복기가 길고 오래도록 낫지 않는 전염병《결핵·매독·임질·만성 피부염 따위》.
만성 중독 (慢性中毒)〖의〗어떤 약이나 물질을 오랫동안 많이 사용함으로써 습관성이 되어 생기는 병증《여러 병적 증상이 나타남》.
만성 피로 (慢性疲勞)〖의〗피로가 거듭되어 늘 피로감을 느끼는 증상. ❑~가 심해지다.
만:세 (萬世) [명] 아주 오랜 세대. 영원한 세월. ❑이름이 ~에 전해지다.
만:세 (萬歲) [一][명] **1** 만년(萬年). **2** 영원히 삶. 길이 번영함. **3** 귀인, 특히 천자나 임금의 죽음을 일컫는 말. [二][명][감] 어떤 축복이나 영원한 번영을 위하여 두 손을 높이 들면서 외치는 소리. ❑~ 삼창 / ~ 소리 / ~를 부르다 / ~를 선창하다.
만:세-동락 (萬歲同樂)[-낙] [명][하자] 영원히 오래도록 함께 즐김.
만:세-력 (萬歲曆) [명] 앞으로 백 년 동안의 일월성신·절후를 추산하여 만든 책력. 천세력.
만:세-무강 (萬世無疆) [명][하형] **1** 오랜 세월에 걸쳐 끝이 없음. **2** 만수무강.
만:세불망 (萬世不忘) [명][하타] 영원히 은덕을 잊지 아니함. 영세불망.
만:세불변 (萬世不變) [명][하자] 영원히 변하지 아니함. 만대불변.
만:세불역 (萬世不易) [명][하자] 영원히 바뀌지 아니함. 만대불역.
만:세불후 (萬世不朽) [명][하자] 만고(萬古)불후.
만:세-후 (萬歲後) [명] 살아 있는 임금의 '죽은 뒤'를 완곡하게 일컫는 말.
만속 (蠻俗) [명] 야만스러운 풍속. 만풍.
만:수 (萬水) [명] 여러 갈래의 많은 내.
만:수 (萬殊) [명] 모든 것이 여러 가지로 다름.
만:수 (萬愁) [명] 온갖 시름.
만:수 (萬壽) [명] 썩 오래 삶. 또는 장수(長壽)를 비는 말.
만:수 (滿水) [명] 물이 가득 참. ❑홍수로 댐이 ~가 되다.
만:수 (滿數) [명][하형] 정한 수효에 가득 참.
만:수 가사 (滿繡袈裟)〖불〗산천·초목·인물·글자 따위를 가득 수놓은 가사.
만:수-무강 (萬壽無疆) [명][하자] 아무 탈 없이 오래 삶《건강과 장수를 빌 때 쓰는 말》. 만세무강. ❑~하시기를 기원합니다.
만:수-받이 [-바지] [명][하자] **1** 아주 귀찮게 구는 말이나 행동을 싫증 내지 않고 잘 받아 주는 일. **2**〖민〗무당이 굿할 때 한 사람이 소리하면 다른 사람이 따라서 같은 소리를 받

아 하는 일.

만:수-산 (萬壽山) 📖 **1** 중국 베이징의 서북방 교외에 있는 산(경치가 아름답기로 유명함). **2** 개성 '송악산(松嶽山)'의 딴 이름.

만:수-운환 (漫垂雲鬟) 📖 가닥가닥이 흩어져 드리워진 쪽 찐 머리.

만:수-향 (萬壽香) 📖 **1** 선향(線香)의 한 가지. 국숫발같이 가늘고 길이가 한 자쯤 됨. **2** 〖불〗부처 앞에 태우는 향.

만:숙 (晩熟) 📖하자 **1** 열매가 늦게 익음. **2** 나이에 비하여 정신적·신체적으로 발달이 느림. ↔조숙(早熟). **3** 시기나 일 따위가 늦게 되어 감.

만:숙-종 (晩熟種)[-종] 📖 〖농〗 같은 작물 가운데 특히 늦게 익는 품종.

만습 (蠻習) 📖 야만스러운 풍습.

만:승 (萬乘) 📖 **1** 일만 채의 수레. **2** 천자 또는 천자의 자리.

만:승지국 (萬乘之國) 📖 병거(兵車) 일만 채를 갖출 만한 힘이 있는 나라라는 뜻으로, 천자가 다스리는 나라를 이르는 말.

만:승지군 (萬乘之君) 📖 만승지국의 임금이라는 뜻으로, 천자나 황제를 이르는 말. 만승지주(萬乘之主).

만:승지위 (萬乘之位) 📖 천자나 황제의 높은 지위.

만:승지존 (萬乘之尊) 📖 천자나 황제를 높이어 일컫는 말. 만승천자.

만:승지주 (萬乘之主) 📖 만승지국.

만:승-천자 (萬乘天子) 📖 만승지존.

만:시 (晩時) 📖 **1** 정한 시간보다 좀 늦음. **2** 늦은 때.

만:시지탄 (晩時之歎) 📖 시기에 늦어 기회를 놓쳤음을 안타까워하는 한탄. 〖~의 감이 없지 않다.

만:식 (晩食) 📖하자 때를 넘겨 늦게 먹음. 또는 그 식사.

만:식 (晩植) 📖하타 모 따위를 늦게 심음.

만:식-당육 (晩食當肉)[-땅-] 📖 배가 고플 때는 무엇을 먹든지 고기 맛과 같음.

만:신 (曼神) 📖〖민〗 여자 무당을 높여 일컫는 말.

만:신 (滿身) 📖 온몸. 전신(全身).

만:신-창 (滿身瘡) 📖 〖한의〗 온몸에 퍼진 부스럼.

만:신-창이 (滿身瘡痍) 📖 **1** 온몸이 상처투성이가 됨. 〖맞아서 ~가 되다. **2** 어떤 사물이 엉망이 됨. 〖가스 폭발로 그 일대가 ~가 되었다.

만:실-우환 (滿室憂患) 📖 집안에 앓는 사람이 많음.

만:-하다 (滿室-) 🔲🔲 방 안에 가득하다.

만심 (慢心) 📖 남을 업신여기는 거만한 마음. 〖~을 버리다.

만:심-하다 (滿心-) 🔲🔲 마음에 흐뭇하게 족하다.

만:심-환희 (滿心歡喜)[-히] 📖하자 만족하여 한껏 기뻐함. 또는 그 기쁨.

만안 (灣岸) 📖 만의 연안.

만:안-하다 (萬安-) 🔲🔲 아주 평안하다(웃어른의 안부를 물을 때 쓰는 말). 만강(萬康)하다. 〖귀체 만안하십니까.

만:앙 (晩秧) 📖 〖농〗 늦모.

만:약 (萬若) 📖🔲 만일(萬一). 〖~의 경우 / ~을 생각하다 / ~의 사태를 대비하다.

만양 📖 ☞ 마냥¹.

만:양 (晩陽) 📖 **1** 석양. **2** 해가 질 무렵.

만:양 (萬樣) 📖 여러 가지 모양.

만양-모 📖 ☞ 마냥모.

만어 (蠻語) 📖 〖언〗 야만인의 말.

만:억 (萬億) 📖 아주 많은 수.

만:억-년 (萬億年)[만녕-] 📖 한없이 많은 햇수. 영원한 세월.

만언 (慢言) 📖 **1** 깊이 생각하지 않고 함부로 하는 말. 만언(漫言). **2** 거만한 말.

만:역 (萬域) 📖 많은 나라. 만방(萬邦).

만연 (蔓延·蔓衍) 📖하자 전염병이나 나쁜 현상 따위가 널리 퍼짐. 〖전염병이 ~하다 / 적당주의가 ~되다.

만연-체 (蔓衍體) 📖 〖문〗 내용에 비해 많은 어구를 이용하여, 반복·설명·수식 등으로 문장을 늘인 문체. ↔간결체.

만:연-하다 (漫然-) 🔲🔲 **1** 맺힌 데가 없다. **2** 길고 멀어 막연하다. **3** 어떤 목표가 없이 되는대로 하는 태도가 있다. **만:연-히** 🔲. 〖~살아가다.

만:열 (滿悅) 📖하자 만족하여 기뻐함. 또는 그 기쁨.

만:염 (晩炎) 📖 늦더위. 노염(老炎).

만:왕 (萬王) 📖 **1** 우주 만물의 왕. **2** 〖기〗 만인(萬人)을 구원하는 임금이라는 뜻으로, 예수를 이르는 말.

만:왕-하다 (萬旺-) 🔲🔲 윗사람의 원기가 매우 왕성하다(상대자의 안부를 물을 때 쓰는 말). 만중하다.

만용 (蠻勇) 📖 분별없이 함부로 날뛰는 용맹. 〖~을 부리다 / ~을 삼가다.

만:우-난회 (萬牛難回) 📖 많은 소가 끌어도 돌리기 어렵다는 뜻으로, 고집이 매우 센 사람을 이르는 말.

만:우-절 (萬愚節) 📖 4월 1일. 서양 풍습에서, 악의 없는 거짓말로 서로 속이면서 즐거워하는 날임.

만:운 (晩運) 📖 **1** 늦어서의 운수. **2** 늘그막에 돌아오는 행운.

만원 (滿員) 📖 정한 인원이 다 참. 〖~ 버스 / ~의 대성황 / 지하철이 ~을 이루다.

만원 (滿願) 📖하자 정한 기한이 차서 신불(神佛)에의 기원이 끝남.

만원-사례 (滿員謝禮) 📖 만원을 이루어 고맙다는 뜻으로, 극장 따위에서 만원이 되어 관객을 더 받지 못하겠다고 하는 말(흔히, 매표소에 써서 붙여 놓음).

만:월 (滿月) 📖 **1** 보름달. 영월(盈月). ↔휴월. **2** 만삭(滿朔).

만월 (彎月) 📖 구붓하게 이지러진 초승달이나 그믐달을 일컬음.

만:유 (萬有) 📖 우주에 존재하는 온갖 것. 만물(萬物).

만:유 (漫遊) 📖하자 한가로이 이곳저곳을 두루 다니며 구경하고 놂.

만:유-루다 (萬遺漏-)[마뉴-업따] 🔲 여러 모로 갖추어져 빠짐이 없다. **만:유루-없이** [마뉴-업씨] 🔲

만:유신-론 (有神論)[마뉴-논] 📖 〖철〗 범신론(汎神論).

만:유심-론 (有心論)[마뉴-논] 📖 〖철〗 범신론(汎心論).

만:유-인력 (萬有引力)[마뉴일-] 📖 〖물〗 질량을 가진 모든 물체 사이에 작용하는 인력. 그 힘은 두 물체의 질량의 곱에 비례하고 거리의 제곱에 반비례함. 뉴턴이 발견함.

만:음 (漫吟) 📖하타 제목이 없이 생각나는 대로 시를 지어 읊음.

만이 (蠻夷) 📖 예전에, 중국 사람들이 중국 남

쪽과 동쪽의 종족을 낮잡아 일컫던 말.

만:-이앙(晩移秧)명〖농〗늦모내기.

만:이천-봉(萬二千峰)명 많은 산봉우리로 된 금강산의 빼어난 산세를 일컬음.

만인(挽引)명타 끌어서 당김. 잡아당김.

만:인(萬人)명 퍽 많은 사람. 모든 사람. ▫~의 칭송을 받다.

만:인(萬仞)명 만장(萬丈).

만인(蠻人)명 미개한 종족의 사람. 야만인.

만:인-계(萬人契)[-게]명〖민〗예전에, 천 사람 이상의 계원을 모아 각각 돈을 걸게 하고, 계알을 흔들어 뽑아서 등수에 따라 돈을 타게 하던 계.

만:인-교(萬人轎)명〖역〗백성들이 봉기해서 학정(虐政)을 하던 원이나 지방관을 쫓아낼 때 태우던 가마.

만:인-동락(萬人同樂)[마닌-낙]명 모든 사람이 함께 즐거움.

만:인-산(萬人傘)명〖역〗선정을 베푼 원에게 그 덕을 기리는 뜻으로 고을 사람이 바치던 물건(모양은 일산(日傘)과 같으며 가장자리에 비단으로 된 여러 조각을 늘이고 원과 유지(有志)의 성명을 기록함).

만:인-적(萬人敵)명 1 군사를 쓰는 책략이 뛰어난 사람. 2 혼자서 많은 적군과 대항할 만한 지혜와 용기를 갖춘 사람.

만:인-주지(萬人周知)명하타 많은 사람들이 두루 앎. ▫~의 사실.

만:인지상(萬人之上)명 예전에, 의정(議政)의 지위를 일컫던 말(영의정·좌의정·우의정). ▫일인지하(一人之下) ~.

만:인-총중(萬人叢中)명 많은 사람의 속.

만:일(萬一)명부 '혹시 그런 경우에는, 어떤 일을 가정하고서'의 뜻으로 쓰는 말. 만약. 만혹(萬或). ▫~ 내가 너라면 / ~ 비가 오면. 몡명 있을지도 모르는 뜻밖의 경우. ▫~의 경우를 생각하다 / ~을 대비해서 비상금을 챙기다.

만입(灣入)명하자 바닷물이나 강물이 활등처럼 뭍으로 휘어듦.

만:자(卍字)[-짜]명 1 '卍' 자와 같은 형상의 무늬나 표지. 2〖불〗만(卍).

만:자-기(卍字旗)[-짜-]명〖불〗복판에 붉은 빛으로 만자(卍字) 모양을 그려 놓은 기.

만:자-창(卍字窓)[-짜-]명〖건〗완자창.

만:자-천홍(萬紫千紅)명 천자만홍(千紫萬紅).

만:작(晩酌)명하자 저녁때 술을 마심. 또는 그 술.

만:작(滿酌)명하타 술잔에 가득하게 술을 따름. 또는 그 잔.

만작-거리다[-까-]타 '만지작거리다'의 준말. 만작-만작[-장-]부하타

만작-대다[-때-]타 만작거리다.

만:잠(晩蠶)명 늦게 치는 누에.

만:장(萬丈)명 매우 높거나 대단함. 만인(萬仞). ▫~의 기염 / 술이 ~으로 취했다.

만:장(萬障)명 온갖 장애.

만:장(滿場)명하자 1 회장(會場)에 가득 모임. 또는 그러한 회장. ▫~하신 신사 숙녀 여러분. 2 회장에 가득 모인 사람들. ▫~의 기립 박수를 받다.

만:장(輓章·挽章)명 죽은 사람을 슬퍼하여 지은 글. 장사 때 비단·종이에 적어서 기를 만들어 상여 뒤를 따름. 만사(輓詞). 만시(輓詩). ▫~의 행렬.

만:장-공도(萬丈公道)명 조금도 사사로움이 없이 매우 공평한 일.

만:장-봉(萬丈峰)명 썩 높은 산봉우리.

만:장-생광(萬丈生光)명 1 한없이 빛이 남. 2 고맙기 짝이 없음.

만장이명 뱃머리가 뾰족한 큰 나무배.

만:장-일치(滿場一致)명 모든 사람의 의견이 같음. ▫~로 가결하다.

만:장-절애(萬丈絶崖)명 썩 높은 낭떠러지.

만:장-중(滿場中)명 많은 사람이 모인 곳. 또는 그 많은 사람. 만장판.

만:장-판(滿場-)명 만장중.

만:장-폭포(萬丈瀑布)명 물 발이나 되는, 매우 높은 데서 떨어지는 폭포.

만:장-홍진(萬丈紅塵)명 1 하늘 높이 뻗쳐오른 먼지. 2 한없이 구차스럽고 속된 이 세상.

만:재(滿載)명하타 1 자동차·배 따위에 물건을 가득 실음. ▫화물을 ~한 트럭. 2 신문·잡지 따위에 기사를 가득 실음. ▫읽을거리를 ~한 잡지.

만:재 흘수선(滿載吃水線)[-쑤-]〖해〗배가 사람 또는 어획물·화물을 싣고 안전하게 항해할 수 있는 최대한의 흘수를 나타내는 선.

만:적(滿積)명하타 가득 쌓음.

만적(蠻賊)명 오랑캐.

만:전(萬全)명 조금도 허술함이 없이 아주 완전하거나 안전함. ▫~을 기하다.

만:전지계(萬全之計)[-/-게]명 아주 안전하거나 완전한 계책. 만전지책.

만:전지책(萬全之策)명 만전지계.

만:절(晩節)명 1 늦은 계절. 2 늘그막의 시절. 만년(晩年).

만:절-필동(萬折必東)[-똥]명 황허(黃河)는 아무리 굽이가 많아도 반드시 동쪽으로 흘러간다는 뜻으로, 충신의 절개는 꺾을 수 없음을 이르는 말.

만점(滿點)[-쩜]명 1 규정된 점수에 꽉 찬 점수. ▫시험에서 백 점 ~에 팔십 점을 맞다. 2 부족함이 없이 아주 만족할 만한 정도. ▫효과 ~ / 솜씨가 그만하면 ~이다.

만:정(滿廷)명하형 사람들이 조정이나 법정에 꽉 차 있음. 또는 그 사람들.

만:정(滿庭)명 뜰에 가득 참. 또는 그 뜰.

만:정-도화(滿庭桃花)명 뜰에 가득히 핀 복숭아꽃.

만:정-제신(滿廷諸臣)명 만조백관.

만:조(滿朝)명하형 1 조정에 가득함. 또는 온 조정. ▫~한 백관들. 2 만조백관.

만:조(滿潮)명〖지〗밀물이 꽉 차서 해면의 수위가 가장 높게 된 상태. 또는 그런 현상. 참물때. ↔간조(干潮).

만:조-백관(滿朝百官)[-꽌]명 조정의 모든 벼슬아치. 만정제신. 만조. ▫~을 거느리다.

만:조-선(滿潮線)명〖지〗만조가 고비에 이른 때의 해면과 육지의 경계선. 고조선(高潮線). ↔간조선.

만조-하다형여 얼굴이나 모습이 초라하고 잔망하다.

만족(滿足)명하자형히부 마음에 흡족함. 또는 흡족하게 생각함. ▫품질 ~ / 호기심을 ~하다 / 결과에 몹시 ~하는 눈치다 / 일가에 ~한 미소가 흐른다 / 친절한 서비스로 고객들에게 ~을 주다.

만족(蠻族)명 야만스러운 종족. 야만족.

만족-감(滿足感)[-깜]명 만족한 느낌. ▫한 번 승리했다고 ~에 빠지지 마라.

만족-도(滿足度)[-또]명 만족의 정도. ▫이용자의 ~가 높다 / ~를 조사하다.

만족-스럽 다 (滿足-)[-쓰-따] 〔-스러워, -스러우니〕 매우 만족할 만한 데가 있다. ▣ 만족스러운 표정. **만족-스레** [-쓰-] 및

만:종 (晩種) 명 **1** 〖농〗 '만생종(晩生種)'의 준말. **2** 늦벼.

만:종 (晩鐘) 명 저녁때 절이나 교회 따위에서 치는 종.

만종 (蠻種) 명 야만적인 인종.

만:종-록 (萬鍾祿)[-녹] 명 매우 많은 녹봉.

만:좌 (滿座) 명 하형 여러 사람이 늘어앉은 자리. 또는 그 자리에 가득 앉은 사람들.

만:좌-중 (滿座中) 명 사람들이 모든 좌석에 가득 앉은 가운데. 또는 그 사람들.

만주 (滿洲) 명 〖지〗 중국 둥베이(東北) 지방의 통칭.

만주 문자 (滿洲文字)[-짜] 〖언〗 만주어를 표기하는 데 쓰는 글자. 몽골 문자에 점과 동그라미를 더하여 개조한 표음 문자로, 청(清)나라 태종(太宗) 때 완성되었음. 만자(滿字). 만문(滿文).

만주-어 (滿洲語) 명 〖언〗 알타이 어족의 만주·퉁구스계(系)에 속한 언어. 청나라 때 중국의 공용어로 쓰이기도 했으나 현재는 거의 쓰이지 않음. 만주말. 만어(滿語).

만:중 (萬重) 명 매우 많은 겹. 만첩(萬疊).

만:-하다 (萬-) 톤 만왕(萬旺)하다.

만:즉일 (滿則溢) 명 가득 차면 넘친다는 뜻으로, 모든 사물이 오래도록 번성하기는 어렵다는 말.

만:지 (滿地) 명 하형 온 땅에 가득함. 또는 그런 땅.

만지 (蠻地) 명 야만인이 사는 땅.

만지다 톤 **1** 여기저기 손을 대어 주무르거나 쥐다. ▣ 몸을 ~. **2** 다루거나 손질하다. ▣ 머리를 ~ / 고장난 라디오를 ~. **3** 어떤 물건이나 돈 따위를 가지다. ▣ 목돈을 ~. **4** 물건을 다루어 쓰다. ▣ 기타를 만질 줄 알다.

만지작-거리다 [-씨-] 톤 가볍게 주무르듯이 자꾸 만지다. ▣ 옷고름을 ~ / 꽃을 만지작거리지 마라. 준 만작거리다. **만지작-만지작** [-장-] 및 하톤

만지작-대다 [-때-] 톤 만지작거리다.

만:지-장서 (滿紙長書) 명 사연을 많이 담은 긴 편지.

만질만질-하다 형여 만지거나 주무르기 좋게 연하고 보드랍다.

만착 (瞞着) 명 하톤 사람의 눈을 속여 넘김.

만:찬 (晩餐) 명 손님을 초대하여 함께 먹는 저녁 식사. 석찬. ▣ ~에 초대하다.

만:찬-회 (晩餐會) 명 여러 사람을 청하여 저녁 식사를 겸하는 연회. ▣ ~를 열다.

만:천 (滿天) 명 온 하늘. ——**하다** 형여 온 하늘에 가득 별들이 찬란하다.

만-천판 (滿天板) 명 〖광〗 두어 발 이상 되는 천장까지 텅 비어 있는 버력 바닥.

만:-천하 (滿天下) 명 온 천하. 전 세계. ▣ ~에 고하다.

만:첩 (萬疊) 명 썩 많은 여러 겹. 만중. ▣ ~ 푸른 산에 접어들다.

만:첩-청산 (萬疊青山) 명 사방이 첩첩이 둘러싸인 푸른 산.

만:청 (晩晴) 명 저녁 무렵에 날이 갬. 또는 그런 하늘.

만청 (蔓菁) 명 〖식〗 순무.

만청-자 (蔓菁子) 명 〖한의〗 순무의 씨(가루를 내어 이뇨제 등에 씀).

만초 (蔓草) 명 〖식〗 덩굴풀.

만:추 (晩秋) 명 늦가을. ↔조추(早秋).

만:춘 (晩春) 명 늦봄. ↔조춘(早春).

만:취 (晩翠) 명 겨울이 되어도 변하지 않는 초목의 푸른빛.

만:취 (漫醉·滿醉) 명 하자 술에 잔뜩 취함. ▣ ~하여 정신을 잃다 / ~하여 몸도 가누지 못하다. ＊반취.

만치 의명조 만큼. ▣ 눈곱~도 몰랐다.

만큼 □의명 **1** (주로 '-을'·'-는'·'-은' 따위 뒤에 쓰여) 앞말과 거의 같은 수량이나 정도 또는 '실컷'의 뜻을 나타내는 말. ▣ 싫증이 날 ~ 먹다 / 바랄 ~ 득이 되다. **2** (주로 '-는'·'-은'·'-느니'나 '-으니' 또는 '-던' 따위 뒤에 쓰여) 원인이나 근거가 됨을 뜻하는 말. 만치. ▣ 받은 ~ 주다 / 몰랐던 ~ 이번은 용서한다. □조 (체언 뒤에 붙어) 앞말과 거의 같은 한도·수량을 나타내는 부사격 조사. 만치. ▣ 너~은 한다 / 명주는 무명~ 질기지 못하다.

만:태 (萬態) 명 여러 가지 형태. 천자만태.

만:-탱크 (滿tank) 명 탱크에 물·석유·가스 따위 액체가 가득 찬 상태. 또는 그 탱크.

만틸라 (에 mantilla) 명 주로 에스파냐·멕시코 등지에서 여성들이 의례적으로 머리에 쓰는 물건. 흔히, 비단·레이스로 만들며 종교적 행사에는 검정, 축제 때는 흰 것을 많이 씀.

만:파 (晩播) 명 하톤 씨앗을 제철보다 늦게 뿌림. ↔조파(早播).

만:파 (萬波) 명 한없이 밀려오는 파도.

만파 (輓耙) 명 〖농〗 논밭을 고르게 하는 농기구(갈퀴와 비슷함).

만:파식-적 (萬波息笛)[-쩍] 명 〖악〗 신라 때의 전설상의 피리. 신라 문무왕이 죽어서 된 해룡(海龍)과 김유신이 죽어서 된 천신(天神)이 합심하여 용을 시켜서 보낸 대나무로 만들었다고 함(이것을 불면 적병이 물러가고 병이 낫는 등 나라가 평안해졌다고 함).

만판 및 **1** 마음껏 넉넉하고 흐뭇하게. ▣ ~ 마시다 / ~ 호강하며 지낸다. **2** 오로지 한 가지로. ▣ 공부는 안 하고 ~ 놀기만 한다.

만:패불청 (萬霸不聽) 명 하자 **1** 바둑에서, 큰 패가 생겼을 때 상대방이 어떤 패를 쓰더라도 응하지 않음. **2** 싸움을 걸려고 아무리 집적거려도 응하지 않음.

만:평 (漫評) 명 **1** 어떤 주의나 체계 없이 생각나는 대로 비평함. 또는 그 비평. ▣ 주간 ~. **2** 만화를 그려서 인물·사회를 풍자적으로 비평함. ▣ 한 컷짜리 ~이 유행하다.

만:폭 (滿幅) 명 정한 너비에 꽉 참. 온 폭.

만:풍 (晩風) 명 저녁 무렵에 부는 바람.

만풍 (蠻風) 명 만속(蠻俗).

만:필 (漫筆) 명 〖문〗 어떤 주의나 체계가 없이 느끼거나 생각나는 대로 글을 쓰는 일. 또는 그 글. 만문(漫文). 만록(漫錄).

만:필-화 (漫筆畫) 명 만화(漫畫)1.

만:하 (晩夏) 명 늦여름.

만:하 (晩霞) 명 **1** 저녁노을. **2** 저녁에 끼는 안개. 석하(夕霞).

만:-하다 보형여 (동사의 관형형 어미 '-ㄹ'이나 '-을' 뒤에 쓰여) **1** 동작이나 상태가 어떤 정도에 미쳐 있음을 나타냄. ▣ 이 정도면 먹을 ~ / 좀 편할 만하니까 병이 났다. **2** 가치나 형편 또는 능력이 넉넉한 정도에 이름을 나타냄. ▣ 읽을 만한 책 / 그럭저럭 지낼 ~. ＊만².

만:하-바탕 명 소의 지라에 붙은 고기. 설렁탕거리로 씀.

만:학 (晩學) 명 하자톤 나이가 들어 뒤늦게 배

움. 또는 그 공부. ▢~의 꿈을 실현하다.

만:학(萬壑)團 첩첩이 겹쳐진 깊고 큰 골짜기.

만:학-천봉(萬壑千峰)團 첩첩이 겹쳐진 깊고 큰 골짜기와 수많은 산봉우리.

만:-항하사(萬恒河沙)團 갠지스 강의 무수히 많은 모래라는 뜻으로, 무한하고 무수한 것의 비유. 항사(恒沙). 항하사(恒河沙).

만:행(萬幸)團[허] 매우 다행함.

만행(蠻行)團 야만스러운 행동. ▢천인공노할 ~을 저지르다.

만:호(萬戶)團 **1** 아주 많은 집. **2**[역] 고려 충렬왕 때 둔 군직. **3**[역] 조선 때, 각 도의 여러 진(鎭)에 배치한 종사품의 무관직.

만:호-장안(萬戶長安)團 집들이 아주 많은 서울.

만:호-중생(萬戶衆生)團 아주 많은 중생. 억조창생(億兆蒼生).

만:호-후(萬戶侯)團 일만 호가 사는 영지를 가진 제후(諸侯)라는 뜻으로, 세력이 강한 제후를 이르는 말.

만:혹(萬或)團 만일.

만:혼(晩婚)團[허자] 나이가 들어 늦게 혼인함. 또는 그런 혼인. ▢~의 부부. ↔조혼(早婚).

만:홀-하다(漫忽-)團[허] 등한하고 소홀하다. 만:홀-히團 ~여기다.

만:화(晩花)[생] 지라와 이자의 통칭.

만:화(晩花)團 **1** 늦은 철에 피는 꽃. **2** 제철이 지나 늦게 피는 꽃.

만:화(萬化)團[허자] 천변(千變)만화.

만:화(萬貨)團 많은 물품. 온갖 재화.

만화(慢火)團 뭉긋하게 타는 불. 문화(文火).

만:화(漫畫)團 **1** 이야기 따위를 간결하고 익살스럽게 그린 그림《대화를 삽입하여 나타냄》. 만필화. ▢~를 연재하다. **2** 붓 가는 대로 아무렇게나 그린 그림. **3** 사물이나 현상의 특징을 과장하거나 단순화해서 인생이나 사회를 풍자·비판한 그림. ▢시사 ~.

만:화(滿花)團 가득 핀 온갖 꽃.

만:화-가(漫畫家)團 만화를 전문으로 그리는 사람.

만:화-경(萬華鏡)團 원통 속에 여러 가지로 물들인 유리 조각을 장치하고 사각형의 유리판을 세모지게 짜 넣은 장난감. 통 끝의 구멍으로 들여다보면 온갖 형상이 대칭적으로 나타남.

만:화-방(漫畫房)團〈속〉만홧가게.

만:화-방석(滿花方席)團 여러 가지 꽃무늬를 놓아서 짠 방석.

만:화-방창(萬化方暢)團[허자] 따뜻한 봄날에 온갖 생물이 나서 자라 흐드러짐.

만:화-방초(萬化芳草)團 온갖 꽃과 향기로운 화초.

만:화-석(滿花席)團 갖가지 꽃무늬를 줄을 지어 놓아서 짠 돗자리.

만:화 영화(漫畫映畫) 만화를 연속적으로 촬영하여 실제 활동하는 것처럼 보이게 만든 영화.

만:화-책(漫畫冊)團 만화를 그려 엮은 책. 만화집.

만:홧-가게(漫畫-)[-까- / -환까-]團 만화책이나 무협지 따위를 갖추어 놓고, 세를 받고 빌려 주거나 그 자리에서 읽게 하는 가게. 만화방(漫畫房).

만:홧-거리(漫畫-)[-화꺼- / -환꺼-]團 만화가 될 수 있는 웃음거리나 재료.

만:황-씨(萬黃氏)團 못나고 어리석은 사람을 놀림조로 이르는 말.

만회(挽回)團[허] 바로잡아 돌이킴. ▢인기를

~하다 / 실점을 ~하다.

만:-휘군상(萬彙群象)團 삼라만상(森羅萬象).

만:흥(漫興)團 저절로 일어나는 흥취.

만흥다[퇴]〈옛〉많다.

많:다[만타]團 수효·분량이나 정도가 일정한 기준을 넘다. ▢호기심이 ~ / 할 일이 ~ / 많을수록 ~적다. **많:이**[마니]퇴. ▢~ 먹다 / 돈이 ~ 들다.

많:아-지다[마나-]재 많게 되다. ▢인구가 ~ / 차량이 많아져 거리가 혼잡하다. ↔적어지다.

말團〈옛〉마당.

맏:-[퇴] **1** '맏이'의 뜻. ▢~아들 / ~상제. **2** '그해에 처음 나온'의 뜻. ▢~나물.

맏-간(-間)[-깐]團 배의 고물의 첫째 칸으로, 잠자는 간.

맏-누이[만-]團 맨 먼저 난 누이. 큰누이. 장자(長姉).

맏-동서(-同壻)[-똥-]團 맨 손위의 동서. 큰동서.

맏-딸團 맨 먼저 낳은 딸. 큰딸. 장녀. ▢~은 살림 밑천이다.

맏-며느리[만-]團 맏아들의 아내. 큰며느리. ▢종갓집 ~.

맏-물團 그해 들어 맨 처음 나는 푸성귀나 해산물 또는 곡식·과일. 선물(先物). 선출(先出). 신출(新出). ↔끝물.

맏-배[-빼]團 짐승이 새끼를 낳거나 까는 첫째 번. 또는 그 새끼. 첫배.

맏-사위[-싸-]團 맏딸의 남편. 큰사위.

맏-상제(-喪制)[-쌍-]團 맏아들로서의 상제. 상사(喪事)를 당한 맏아들. 상주.

맏-손녀(-孫女)[-쏜-]團 맨 먼저 낳은 손녀. 큰손녀. 장손녀.

맏-손자(-孫子)[-쏜-]團 맨 먼저 낳은 손자. 큰손자. 적장손.

맏-아들團 맨 먼저 낳은 아들. 큰아들. 장남. 장자(長子).

맏-아이團 맏아들이나 맏딸.

맏-아주머니團 맏형의 아내.

맏-양반(-兩班)[맏냥-]團 남의 맏아들을 높여 이르는 말.

맏-언니[-뻐]團 맏이가 되는 언니. 큰언니.

맏-이[마지]團 **1** 형제자매 가운데 맨 먼저 태어난 사람. ▢~가 집안일을 도맡다. ↔막내. **2** 나이가 남보다 많음. 또는 그런 사람. ▢나보다 4년 ~인 선배.

맏-자식(-子息)[-짜-]團 첫 번째로 낳은 자식. 큰아이.

맏-잡이[-짜비]團〈속〉맏아들이나 맏며느리가 되는 사람.

맏-조카[-쪼-]團 맏형의 맏아들. 장조카. 장질(長姪).

맏-파(-派)團 맏아들의 계통《맏아들의 손자들》. 장파(長派).

맏-형(-兄)[마텽]團 맏이가 되는 형. 장형.

맏-형수(-兄嫂)[마텽-]團 맏형의 아내.

말¹〔동〕말과(科)에 속하는 동물의 총칭. 아시아·유럽 원산으로 몸집이 크며 목덜미에 갈기가 있음. 힘이 세고 인내력이 강해 운반용·농경용·승용(乘用)·경마 따위에 씀. ▢한 필 / ~을 타고 달리다 / ~을 몰고 가다. [말 갈 데 소 간다] ㉠갈 곳이 아닌 곳을 간다. ㉡남이 할 수 있는 일이면 나도 할 수 있다. [말 갈 데 소 갈 데 다 댕겼다] 온갖 곳

을 두루 돌아다녔다. [말 삼은 소 신이라] 말이 만든 신을 소가 신는다는 뜻으로, 길이 뒤죽박죽이 되어 못쓰게 되었다는 말. [말 타면 경마 잡히고 싶다] 사람의 욕심이란 한이 없다. 득롱망촉(得隴望蜀). 차청입방(借廳入房).

말²〔명〕〖식〗**1** 물속에 나는 민꽃식물의 총칭. **2** 가랫과의 여러해살이 수초(水草). 녹갈색으로 줄기는 30 cm, 잎은 길이 10 cm, 폭 3 mm 정도의 선형임. 여름에 황록색 꽃이 핌. 연한 줄기와 잎은 식용함. 개울·도랑가의 물속에 남. **3** '바닷말'의 준말.

말³〔명〕**1** 장기·고누·윷 따위의 말판에서, 일정한 규칙에 따라 옮기는 물건. **2** 장기짝의 하나(길)[日] 자로 다님). 마(馬).

말⁴〔명〕곡식·액체·가루 따위의 양을 되는 데 쓰는 그릇. ▣〔의미〕곡식·액체·가루 따위의 양을 헤아리는 단위. 한 말은 한 되의 열 배임. 두(斗). ▣쌀 열 ~.
[말 위에 말을 얹는다] 욕심이 많은 사람을 일컫는 말.

말²⁵〔명〕**1** 사람의 생각·느낌 따위를 표현하고 전달하는 데 쓰는 음성 기호. 곧 사람의 생각을 목구멍을 움직여 조직적으로 나타내는 소리. 어사(語辭). 언어. 언사(言辭). ▣~과 글 / ~을 배우다 / ~을 걸다 / ~이 빠르다 / 고운 ~을 쓰다. **2** 낱말·구·속담·문장 등을 일컬음. ▣괄호 안에 알맞은 ~을 넣으시오 / 내 사전에 불가능이란 ~은 없다. **3** 일정한 내용의 이야기. ▣~을 꺼내다 / ~을 건네다 / ~을 바꾸다 / 남의 ~만 한다 / 관련자들이 ~을 맞추다. **4** 소문이나 풍문 따위. ▣~이 퍼지다 / 발 없는 ~이 천 리를 간다. **5** 말투나 말씨. ▣가시 돋친 ~ / 가는 ~이 고와야 오는 ~이 곱다. **6** ('-(으)라는'·'-(다)는'·'-ㄴ' 뒤에서 '말이다'와 함께 쓰여) 사실의 확인이나 강조를 나타냄. ▣고양이 목에 누가 방울을 달겠단 ~인가 / 이런 책을 읽으라는 ~이냐. **7** ('-기에'·'-(으)니' 등의 뒤에서 '말이지'의 꼴로) '망정이지'의 뜻을 나타냄. ▣증인이 있었기에 ~이지 하마터면 내가 누명을 쓸 뻔했다 / 일찍 왔으니 ~이지 비를 맞을 뻔했다. **8** ('-아야'·'-어야' 뒤에서 '말이지'의 꼴로 쓰여) 어떤 행위가 잘 이루어지지 않음을 타식함. ▣남이 불러도 대답을 해야 ~이지. **9** ('-(으)ㄹ 말로는'·'-(으)ㄹ 말로야'의 꼴로 쓰여) '-(으)ㄹ 것 같으면'의 뜻을 나타냄. ▣꼭 성공할 ~이면 누군들 마다하겠소 / 잠시 일하고 한밑천 잡을 ~로야 난들 않겠소. **10** (명사 뒤에서 '말이냐'·'말이야'의 꼴로 쓰여) 강조의 뜻을 나타냄. ▣오늘 ~이야, 합격자 발표를 한다. **11** ('말이야'·'말인데'·'말이죠' 따위의 꼴로 쓰여) 어감을 고르거나 군소리로 쓰는 말. ▣그런데 ~이야 / 하지만 ~이죠 / 우리끼리니깐 ~인데.
[말로 온 동네 다 겪는다] 음식이나 물건으로는 많은 사람을 대접하기 벅차므로 말로나마 잘 대접한다. 또는 말로만 남을 대접하는 체한다. [말 많은 집은 장맛도 쓰다] ⊙집안에 잔말이 많으면 살림이 잘 안된다는 뜻. ⊙입으로는 그럴듯하게 말하지만 실상은 좋지 못하다는 뜻. [말은 해야 맛이고 고기는 씹어야 맛이다] 마땅히 할 말은 해야 서로 사정이 통한다. [말이 많으면 쓸 말이 적다] 말이 많으면 실속 있는 말은 오히려 적다. [말 씨가 된다] 늘 말하던 것이 마침내 사실대로 되다.

었다. [말 잘하고 징역 가랴] 말을 잘하면 징역 갈 것도 면한다는 뜻으로, 말의 중요성을 이르는 말. [말 잘하기는 소진 장의(蘇秦張儀)로군] 말솜씨가 썩 좋은 사람을 보고 일컫는 말. [말 한마디에 천금이 오르내린다] 한 마디 한 마디의 말이 중요하다. [말 한마디에 천 냥 빚도 갚는다] 말만 잘하면 어려운 일이나 불가능한 일도 해결되는 수가 있다.

말만 앞세우다 〔관〕말만 앞질러 하고 실천은 아니하다.
말(을) 내다 〔관〕⊙어떤 이야기로 말을 시작하다. ⊙비밀스러운 일을 남에게 말하다. ▣말을 내지 마라.
말(을) 놓다 〔관〕존대하던 말씨를 반말 또는 '하게'로 바꾸어 말하다.
말(을) 돌리다 〔관〕이야기하려는 내용을 간접적으로 돌려 말하다. ▣말을 돌리지 말고 속시원히 말해라.
말(을) 듣다 〔관〕⊙시키는 대로 움직이다. 남이 하라는 대로 하다. ⊙꾸지람·시비·책망 등을 당하다. ⊙도구·기계 따위가 다루는 사람의 뜻대로 움직이다.
말(을) 못 하다 〔관〕말로는 차마 나타낼 수 없다. ▣말 못 할 사정이 있다.
말(을) 붙이다 〔관〕상대방에게 말을 걸다.
말(을) 비치다 〔관〕상대방이 알아챌 수 있게 넌지시 말을 건네다.
말(을) 삼키다 〔관〕하려던 말을 그만두다.
말(을) 옮기다 〔관〕남에게 들은 말을 다른 사람에게 전하여 퍼뜨리다.
말(이) 나다 〔관〕⊙어떤 이야기가 시작되다. ⊙이왕 말 난 김에 얘기하겠다. ⊙비밀스러운 일이 다른 사람의 입에 오르내리다. ▣말이 나면 곤란하니까 조심해라.
말(이) 되다 〔관〕⊙하는 말이 이치에 맞다. ▣말이 되는 소리를 해라. ⊙어떤 사실에 대해 서로 간에 말이 이루어지다. ▣이번 주말에 만나기로 말이 되어 있다.
말(이) 떨어지다 〔관〕승낙·명령 따위의 말이 나오다. ▣말이 떨어지기 무섭게 달려가다.
말(이) 뜨다 〔관〕말이 술술 나오지 않고 자꾸 막히다.
말(이) 많다 〔관〕⊙매우 수다스럽다. ⊙그는 말이 많은 게 흠이다. ⊙논란이 많다. ▣이번 인사이동 때는 정말 말이 많았다.
말(이) 아니다 〔관〕⊙이치에 맞지 않다. ▣말이 아닌 소리 작작해라. ⊙사정·형편 따위가 몹시 어렵거나 딱하다. ▣집안 사정이 ~ / 체면이 ~.
말(이) 없다 〔관〕말수가 매우 적다. ▣무뚝뚝하고 말이 없는 사람.
말(이) 적다 〔관〕평소에 말수가 적다. ▣원래 말이 적은 사람이다.
말이 통하다 〔관〕말의 뜻이 상대방에게 이해되다. ▣그와 나는 말이 통한다.

말²⁶〔명〕톱질할 때나 먹을 그을 때 밑에 받치는 나무.

말(末)〔의미〕어떤 기간의 끝이나 끝 무렵. ▣학년 ~ / 고려 ~ 조선 초 / 9회 ~.
말-〔두〕'크다'는 것을 나타내는 말. ▣~매미 / ~버짐.
말-가웃 [-욷]〔명〕말아웃.
말가웃다〔형〕〈옛〉말갛다.
말-간(-間)〔명〕[-깐] 마구간.
말:-갈〔언〕'어학(語學)1'의 풀어쓴 말.
말갈(靺鞨)〔명〕〖역〗중국 수나라·당나라 때, 동베이(東北) 지방에 있던 퉁구스계의 일족《여진족·만주족이 이 종족의 후예임》.

말-갈기 [명] 말의 목덜미에서 등까지 난 긴 털. ❑바람에 ~가 날리다.
말:-갈망 [명] 자기가 한 말의 뒷수습. ❑불쑥 한 마디 하고는 ~을 못한다.
말-감고 (-監考) [명] 〖역〗 곡식을 사고파는 시장판에서 되나 말로 되어 주는 일을 업으로 하던 사람. [준]감고.
말:갛다 [-가타]〔말가니, 말개서〕 [형ㅎ] **1** 흐리지 않고 맑다. ❑냇물이 ~/하늘이 말갛게 개다. **2** 국물 따위가 진하지 않고 묽다. ❑말간 국물. **3** 정신이나 의식 따위가 또렷하다. ❑말간 정신. [큰]멀겋다.
말-개미 [명] 〖충〗 왕개미2.
말:개-지다 [자] 흙탕물 따위가 말갛게 되다. ❑물이 ~. [큰]멀게지다.
말:-거리 [-꺼-] [명] **1** 말썽거리. ❑~가 못 된다. **2** 이야기의 재료. 이야깃거리.
말-거머리 [명] 〖동〗 거머릿과의 환형(環形)동물. 몸빛은 감람색, 머리 끝에 다섯 쌍의 눈이 있음. 무논·연못 등에 서식하며 사람의 피부에 상처만 내고 피를 빨지는 못하며 조개류를 먹고 삶. 마질(馬蛭).
말-거미 [명] 〖동〗 왕거미2.
말:-결 [-꼘] [명] (주로 '말결에'의 꼴로 쓰여) 어떤 말을 하는 김. ❑무슨 ~에 그 말이 튀어나왔다.
말경 (末境) [명] **1** 늙바탕. ❑~에 복이 터졌다. **2** 끝판. ❑일이 잘 풀리다가 ~에 망쳤다.
말:-곁 [-껻] [명] 남이 말하는 곁에서 덩달아 참견하는 말. ❑쓸데없이 ~을 하지 마라.
말곁(을) 달다 [구] 남이 말하는 곁에서 덩달아 말하다.
말계 (末計)[-/-게] [명] 마지막 끝판에 세운 계책. 궁계(窮計).
말-고기 [명] 말의 고기. 마육(馬肉).
말고기 자반 [구] 술이 취하여 얼굴이 붉은 사람을 놀리는 말.
말-고삐 [명] 말굴레에 매어 말을 끄는 줄. ❑~를 꼭 잡아라.
말-곡식 (-穀食)[-씩] [명] 한 말가량 되는 곡식. 두곡(斗穀).
말-곰 [명] 〖동〗 곰과의 포유동물. 큰곰의 아종으로, 몸은 크고 빛은 적갈색임. 모피는 방석 재료로 씀. 중국 동북 지방의 특산종임.
말:-공대 (-恭待) [명][하자] 말로써 상대방을 공대함. ❑~가 깍듯하다.
말:-공부 (-工夫)[-꽁-] [명][하자] **1** 말을 익히는 공부. **2** 부질없고 쓸데없는 말. ❑현실성 없는 ~는 하나 마나다.
말관 (末官) [명] 말단의 관직. 미관(微官). 말직(末職).
말괄량이 [명] 말이나 행동이 얌전하지 못하고 덜렁거리는 여자.
말-괴불 [명] 매우 큰 괴불주머니.
말구 (末口) [명] 〖건〗 둥글고 긴 재목의 끄트머리 부분. 또는 그 지름.
말-구유 [명] 말먹이를 담아 주는 그릇.
말-구종 (-驅從) [명] 말을 탈 때에 고삐를 잡고 끌거나 뒤에서 따르는 하인. 마부(馬夫).
말국 [명] ☞국물.
말국 (末局) [명] **1** 어느 사건이 벌어진 끝판. **2** 바둑 따위의 끝판.
말-굴레 [명] 말의 머리에 씌우는 굴레《가죽 끈이나 삼줄 따위로 만듦》.
말-굽 [명] **1** 말의 발톱. 마제(馬蹄). ❑~에 차이다/~을 갈다. **2**〖건〗 말굽추녀.
말굽-도리 [-또-] [명] 〖건〗 끝이 말굽 모양으로 되어 있는 도리.
말굽-옹두리 [명] 말굽 모양으로 생긴 소의 옹두리뼈.
말굽-은 (-銀) [명] 〖역〗 중국에서 쓰던 화폐의 하나. 은으로 말굽 모양같이 만들었음. 마제은(馬蹄銀). 보은(寶銀).
말굽-자석 (-磁石)[-짜-] [명] 〖물〗 말굽 모양으로 꾸부려 만든 자석. 마제형 자석. 제형 자석.
말굽-추녀 [명] 〖건〗 안쪽 끝을 말굽 모양으로 만들고 추녀 양쪽으로 붙이는 서까래. 마제연. 마제추녀. 말굽. ↔선자추녀.
말굽-토시 [명] 마제굽토시.
말권 (末卷) [명] 여러 권이 한 질로 되어 있는 책의 끝 권.
말:-귀 [-뀌] [명] **1** 말의 뜻. ❑~를 알아듣다. **2** 남이 하는 말의 뜻을 알아듣는 총기. ❑~가 어둡다.
말그스레-하다 [형여] 말그스름하다.
말그스름-하다 [형여] 조금 말갛다. [큰]멀그스름하다. **말그스름-히** [부]
말긋-말긋 [-근-귿] [부][하형] 액체 속에 덩어리가 섞여 있는 모양. ❑국에 토란(土卵)이 ~ 들어 있다.
말:기 [명] 치마나 바지 등의 맨 윗허리에 둘러서 댄 부분.
말기 (末技) [명] 변변치 못한 기술이나 재주. 말예(末藝).
말기 (末期) [명] **1** 어떤 시기의 끝 무렵. 끝의 시기. ❑조선 ~. **2** 어떤 일의 끝 무렵. 만기. ❑~ 증상. ↔초기.
말기-적 (末期的) [관][명] 한 시대의 끝에 이르러 무질서하고 쇠약한 (것). ❑~인 현상.
말:-길 [-낄] [명] 남과 말을 주고받을 수 있는 방도. ❑이웃과 ~을 트다.
말길(이) 되다 [구] 남에게 소개하는 의논의 길이 트이다. ❑몇 일 만에 겨우 말길이 되어 만나 보았다.
말:-꼬 [명] 말할 때에 처음으로 입을 여는 일. ❑~를 트다.
말:-꼬리 [명] 말의 끝 부분. 말끝. ❑~를 흐리다/남의 ~를 자르다.
말꼬리(를) 물고 늘어지다 [구] 남의 말 가운데서 꼬투리를 잡아 꼬치꼬치 따지고 들다.
말꼬리(를) 잡다 [구] 남의 말 가운데서 잘못 표현된 부분의 약점을 잡다. 말끝(을) 잡다. ❑말꼬리를 잡고 시비를 걸다.
말:-꼬투리 [명] 어떤 일이 생기게 된 말의 동기. ❑~를 잡고 캐다.
말-꼴 [명] 말을 먹이기 위한 풀. 마초(馬草).
말:-꽁무니 [명] 〈속〉 말꼬리. ❑큰소리치더니 이제 와서는 ~를 사린다.
말:-꾸러기 [명] **1** 잔말이 많은 사람. **2** 말썽꾼.
말-꾼[1] [명] '말몰이꾼'의 준말.
말:-꾼[2] [명] '마을꾼'의 준말.
말끄러미 [부] 눈을 똑바로 뜨고 오도카니 한곳만 바라보는 모양. ❑어이없다는 표정으로 ~ 바라보다. [큰]물끄러미.
말끔 [부] 조금도 남김없이 모두 다. ❑남은 빚을 ~ 갚았다.
말끔-하다 [형여] 티 하나 없이 깨끗하다. ❑말끔한 옷차림. [큰]멀끔하다. **말끔-히** [부]. ❑걱정이 ~ 가시다/책상을 ~정리하다.
말:-끝 [-끋] [명] 말하는 끝. 말꼬리. ❑~을 맺다/~마다 반말이다.
말끝(을) 달다 [구] 끝난 말에 덧붙여 말하다.
말끝(을) 잡다 [구] 말꼬리(를) 잡다. ❑사사건건 말끝을 잡고 늘어진다.

말끝(을) 흐리다 ㉮ 말을 분명히 맺지 못하고 얼버무리다.
말-나리 [-라-] 명 《식》 백합과의 여러해살이 풀. 높이는 80 cm 정도이며, 잎은 어긋나는 것과 돌려나는 것이 같이 나고, 여름에 적황색 여섯잎꽃이 줄기 끝에 핌. 관상용으로 심기도 함. 비늘줄기는 식용함.
말-날 [-랄] 명 《민》 **1** 일진(日辰)이 말로 된 날. **2** 음력 10월 중의 오일(午日)《말의 건강을 위하여 팥 시루떡을 만들어 마구간에 놓고 제사 지냄》. 마일(馬日).
말남 (末男)[-람] 명 막내아들.
말녀 (末女)[-려] 명 막내딸.
말년 (末年)[-련] 명 **1** 한 사람의 삶에서 그 끝 무렵. ❑ ~에 그린 작품 / ~을 쓸쓸히 보내다. **2** 어떤 시기의 마지막 무렵. ❑ 제대 ~.
말-녹피 (-鹿皮)[-록-] 명 무두질한 말가죽.
말-놀음 [-로름] 명하자 **1** 말놀음질. **2** 말을 타고 갖가지로 재주를 부리는 일. 곡마(曲馬).
말놀음-질 [-로름-] 명하자 막대기나 친구들의 등을 말로 삼아 타고 노는 아이들의 놀이. 말놀음.
말:놀이 [-로리] 명하자 말을 주고받으며 즐기는 놀이《새말 짓기·끝말잇기·소리 내기 힘든 말 외우기 따위》.
말:-눈치 [-룬-] 명 말하는 속에 은연히 드러나는 말의 뜻. ❑ ~가 승낙할 것 같소.
말다¹ 〔말아, 마니, 마는〕 타 **1** 넓적한 물건을 돌돌 감아 원통형으로 겹치게 하다. ❑ 두루마리를 ~ / 발을 말아 올리다. **2** 얇고 넓적한 물건에 내용물을 넣고 돌돌 감아 싸다. ❑ 종이에 담배를 ~ / 김밥을 ~.
말다² 〔말아, 마니, 마는〕 타 밥·국수 등을 물이나 국물에 넣어서 풀다. ❑ 국수를 ~ / 물에 밥을 ~.
말:다³ 〔말아, 마니, 마는〕 ㊀타 **1** ('-다(가)' 의 뒤에 쓰여) 하던 일이나 행동을 하지 않거나 그만두다. ❑ 먹다 만 사과 / 일을 하다가 ~ / 가다 말고 되돌아오다. **2** ('-거나 말거나'·'-거니 말거니'·'-나 마나'·'-든지 말든지'·'-ㄹ까 말까' 따위와 같은 중복형의 구조에 쓰여) '아니하다'의 뜻을 나타내는 말. ❑ 보나 마나 뻔하다 / 갈까 말까 망설이다 / 공부를 하거나 말거나 참견 마라. **3** (동작성을 내포하는 명사 뒤에 쓰여) '하지 말다'의 뜻을 나타내는 말《'하지'가 생략된 꼴임》. ❑ 걱정 마라 / 염려 마세요 / 말도 마라. **4** ('말고'의 형태로 쓰여) '아님'을 나타내는 말. ❑ 그것 말고 저걸 주시오 / 너 말고 네 친구에게 한 말이다. **5** (조사가 붙은 일부 부사 뒤에 쓰여) 부정(否定)하는 뜻을 나타내는 말. ❑ 더도 말고 한 번만 만납시다. ㊁보동 **1** (동사의 어미 '-지'의 뒤에 쓰여) 그 동작을 막는 뜻을 나타내는 말. ❑ 가지 말게 / 꿈도 꾸지 마라. **2** (어미 '-고(야)' 뒤에 쓰여) 그 동작이 이루어졌거나 이루겠다는 뜻을 나타내는 말. ❑ 떠나고 말았다 / 꼭 합격하고야 말겠다. **3** ('-고말고'·'-다마다'의 꼴로 쓰여) 앞말의 뜻을 긍정적으로 강조할 때 종결형으로 쓰는 말. ❑ 가고말고 / 좋다마다. **4** ('-자마자'의 꼴로 쓰여) 한 움직임이 이루어지고 곧 다른 움직임으로 이어짐을 나타내는 말. ❑ 종이 치자마자 뛰어나갔다. ㊂보형 (일부 형용사 뒤에 쓰여) '그만두다'의 뜻을 나타내는 말. ❑ 슬퍼 마라 / 부끄러워 말게. 참고₁ 'ㄴ'·'ㄷ'·'ㅂ'·'ㅅ'·'오' 따위로 시작되는 어미 앞에서나, 명령형 '말라'·'말아(라)'에서는 어간 'ㄹ'이 탈락되는 경우가 있음. 곧, '보나 마나', '가다마다(='가고말고'의 뜻)', '하지 맙시다', '가지 마세요', '먹지 마오', '나가지 마라' 따위. ＊-고말고·-다마다. 참고₂ 다만 '말라'의 경우, 인용의 조사 '고'가 뒤에 올 때는 그대로 씀. 곧, '하지 말라고 했다' 따위. 이때의 구성은 '말-+-으라고'이기 때문임.
말-다래 명 말의 안장 양쪽에 달아 늘어뜨려 진땅의 흙이 튀는 것을 막는 물건. 장니(障泥).
말:-다툼 명하자 말로 옳고 그름을 가리는 다툼. 말싸움. 입씨름. 설론(舌論). 설전. 언쟁(言爭). ❑ ~을 벌이다.
말단 (末端)[-딴] 명 **1** 맨 끄트머리. ❑ 태백산맥 ~에 속하는 산. **2** 사람·일·부서 따위의 맨 아래. ❑ ~ 직원 / ~ 행정.
말단 가격 (末端價格)[-딴까-] 《경》 생산자 가격·도매 가격에 대한 소매 가격. 곧, 소비자 가격의 일컬음.
말-달리다 자 말을 타거나 몰고 달리다.
말-대 [-때] 명 물레질할 때, 솜을 둥글고 길게 말아 내는 막대기《젓가락 굵기만 한 수수깡을 30 cm 가량 되게 잘라서 씀》.
말대 (末代)[-때] 명 **1** 시대의 끝. 말세(末世). 말기(末期). **2** 먼 후대. ❑ ~까지 그 이름이 빛나다.
말:-대꾸 명하자 남의 말을 받아 자기 의사를 나타냄. 또는 그 말. ❑ 부모에게 ~하면 못쓴다. ㊮대꾸.
말:-대답 (-對答) 명하자 **1** 손윗사람의 말에 이유를 붙여 반대하는 뜻으로 말함. 또는 그런 대답. ❑ 감히 ~을 하다니. **2** 묻는 말을 맞받아서 대답함. 또는 그런 대답.
말:더듬-이 명 말을 더듬는 사람. ㊮더듬이.
말-덕석 [-썩] 명 말의 등에 덮어 주는 덕석.
말:-동무 [-똥-] 명하자타 말벗. ❑ 환자의 ~가 되다 / 이웃과 ~하며 지내다.
말-두 (-斗) 명 한자 부수의 하나《'料·斜' 등에서 '斗'의 이름》.
말-똥 명 **1** 말의 똥. 마분(馬糞). **2** 군인들의 은어로서, 영관급 장교나 그 계급장을 일컫는 말.
[말똥에 굴러도 이승이 좋다] 고생스럽게 살더라도 죽는 것보다 낫다는 말.
말똥-가리 명 《조》 독수릿과의 새. 몸의 길이는 55 cm 정도이며 등은 어두운 갈색, 날개 가장자리는 적갈색, 배는 담황갈색에 적갈색의 넓은 누런 무늬가 있음. 쥐·두더지·개구리 등을 잡아먹음.
말똥-거리다 타 생기가 있고 또렷또렷한 눈알을 자꾸 굴리며 말끄러미 쳐다보다. ㊋멀뚱거리다. **말똥-말똥¹** 부하타
말똥-구리 명 《충》 쇠똥구리.
말똥-굼벵이 명 《충》 쇠똥구리의 애벌레.
말똥-대다 타 말똥거리다.
말똥-말똥² 부하형 **1** 눈빛이나 정신이 맑고 생기가 있는 모양. ❑ 정신이 ~하다. **2** 눈만 동글게 뜨고 다른 생각이 없이 말끄러미 쳐다보는 모양. ❑ 남의 얼굴을 ~ 쳐다보다. ㊋멀뚱멀뚱².
말똥-성게 명 《동》 둥근성겟과의 극피(棘皮) 동물. 얕은 바다의 돌 밑에 붙어삶. 몸빛은 녹색이나 다소 붉은색을 띤 것도 있으며, 밤송이 같은 가시가 길이 5 cm 정도로 빽빽이 남. 성게 알젓의 귀중한 재료임.
말똥-지기 명 연을 띄울 때, 연이 잘 올라갈 수 있도록 연을 잡고 있다가 놓는 사람.

말똥-하다 형여 눈빛이나 정신 등이 생기가 있고 말갛다. **말똥-히** 튀. ▢ ~ 쳐다보다.

말뚝 명 **1** 땅에 두드려 박는 기둥이나 몽둥이. 아래쪽 끝이 뾰족함. ▢ ~에 매인 소 / ~에 기대서다. **2** 말뚝잠.
  말뚝(을) 박다 귀 ①울타리를 치다. 경계를 긋다. ⓒ고정시키다. ⓒ〈속〉어떤 직업이나 지위에 오래 머물다.

말뚝-댕기 [-땡-] 명 여자 아이들이 매는 댕기의 한 가지. 길고 넓적한데, 윗부분이 말뚝처럼 삼각형 모양임.

말뚝-벙거지 [-뻥-] 명 지난날, 마부(馬夫)와 구종(驅從)들이 쓰던 전립의 하나.

말뚝-이 명 『민』 탈춤에 등장해서 자기가 모시고 다니는 양반을 신랄하게 풍자하는 하인.

말뚝-잠 [-짬] 명 꼿꼿이 앉은 채로 자는 잠.

말뚝-잠 [-쯤] [-簪] 명 금붙이로 만든 비녀의 하나. 길이는 7 cm 정도로, 납작하고 양쪽이 모가 져서 끝이 뾰족하며 대가리에 수복(壽福)이나 용(龍) 따위의 무늬를 새김. 말뚝.

말:-뜻 [-뜯] 명 말의 뜻이나 속내. 어의(語意). ▢ ~을 알아차리다.

말-띠 명 말해에 태어난 사람의 띠. 오생(午生).

말라게냐 (에 malagueña) 명 『악』 에스파냐의 남부 말라가(Malaga) 지방의 무용곡. 판당고(fandango)와 비슷한데, 특수한 화성음(和聲音)을 사용하며 즉흥적인 것이 특징임.

말라기-서 (←Malachi書) 『성』 구약 성서 39 편 가운데 마지막 편. 예언자 '말라기'의 말을 적은 것으로, 도덕의 타락과 부패를 비판한 내용임.

말라-깽이 명 〈속〉몸이 바싹 마른 사람.

말라리아 (malaria) 명 『의』학질모기가 매개하는 말라리아 원충에 의한 전염병. 간헐적이고 발작적인 고열이 나며, 빈혈 및 황달을 일으키는 수가 많음. 학질(瘧疾).

말라리아-모기 (malaria-) 명 『충』학질모기.

말라리아 요법 (malaria療法) [-뻡] 『의』발열 요법의 하나. 독성이 약한 말라리아 원충을 이용하여 약 40℃의 열을 10회 이상 오르게 하여 신경 계통의 매독을 치료하는 방법. * 발열 요법.

말라리아 원충 (malaria原蟲) 『동』원생동물의 하나. 말라리아 병원체로 학질모기의 타액과 함께 인체의 모세관 속에 들어가 적혈구에 기생하며, 적혈구를 파괴하여 고열·발작 등을 일으키게 함.

말라-붙다 [-붇따] 재 액체가 바싹 졸거나 말라서 물기가 아주 없어지다. ▢ 가뭄으로 논이 말라붙었다.

말라-비틀어지다 재 **1** 사람이나 사물이 조글조글하게 말라서 뒤틀리다. ▢ 말라비틀어진 잡풀들. **2** (주로 '말라비틀어진'의 꼴로 쓰여) 하찮고 보잘것없다. ▢ 그런 말라비틀어진 소리 좀 작작해라.

말라-빠지다 재 (주로 '말라빠진'의 꼴로 쓰여) 몹시 하찮고 보잘것없다. ▢ 이게 그 말라빠진 개정안이란 말이냐.

말라-죽다 [-따] 재 (주로 '말라죽은'·'말라죽을'의 꼴로 쓰여) 아무 쓸데없다. ▢ 권력·돈, 그게 다 뭐 말라죽은 것들이기에 / 쥐뿔도 없으면서 무슨 말라죽을 옷 타령이냐.

말랑-거리다 재 자꾸 말랑한 느낌을 주다. 큰 물렁거리다. **말랑-말랑** 튀 하형. ▢ ~한 빵.

말랑-대다 재 말랑거리다.

말랑-하다 형여 **1** 야들야들하게 보드랍고 무르다. ▢ 말랑한 홍시. **2** 사람의 몸이나 성질이 무르고 약하다. ▢ 좀 말랐다고 말랑하게

765 | 말명

보지 마라. ⓐ물렁하다.

말랭이 명 '무말랭이'의 준말.

말려-들다 [-들어, -드니, -드는] 재 **1** 무엇에 감기어 안으로 들어가다. ▢ 옷자락이 기계에 ~. **2** 본인이 원하지 않는 관계나 위치에 끌려 들어가다. ▢ 싸움판에 ~.

말로 (末路) 명 **1** 생애의 마지막 무렵. 만년(晚年). ▢ 비참하게 죽어 가는 마지막 무렵의 모습·상태. ▢ 독재자의 ~.

말롱-질 명하자 **1** 아이들이 말 모양으로 서로 타고 노는 장난. **2** 남녀가 말의 교미를 흉내 내며 노는 장난.

말류 (末流) 명 **1** 낮은 계급. **2** 말세(末世). **3** 기울어져 가는 혈통의 끝. 여예. **4** 한 유파의 끝. **5** 보잘것없는 유파.

말류지폐 (末流之弊) [-/-폐] 명 잘해 나가던 일의 끝판에 생기는 폐단. ⓐ유폐(流弊).

말리 (末利) 명 당장 눈앞에 보이는 작은 이익.

말리 (茉莉) 명 『식』 물푸레나뭇과의 상록 관목. 높이는 1 m 정도, 여름에 흰 꽃이 가지 끝에 핌. 잎은 잔잎으로 된 깃꼴 겹잎이며, 식용함. 향기가 진하여 관상용으로 심고 향료로 씀. 소형(素馨).

말리다[1] 재 **1** ('말다[1]'의 피동) 펴졌던 물건이 둘둘 감기다. ▢ 종이가 ~. **2** 어떤 일에 휩쓸리다. ▢ 엉뚱한 사건에 ~.

말리다[2] 타 남이 하고자 하는 어떤 일을 못하게 하다. ▢ 싸움은 말리고 흥정은 붙이랬다.

말리다[3] 타 ('마르다'의 사동) 젖은 것을 마르게 하다. ▢ 옷을 ~ / 빨래를 ~.

말림 명하자 **1** 산의 나무나 풀을 함부로 베지 못하게 단속하여 가꿈. 금양(禁養). **2** '말림갓'의 준말.

말림-갓 [-갇] 명 나무나 풀을 함부로 베지 못하게 단속하여 가꾸는 땅이나 산《나뭇갓과 풀갓이 있음》. ⓐ갓·말림.

말-마 (馬) 명 한자 부수의 하나(『駐·馳』등에서 '馬'의 이름).

말-마당 명 말 타기를 익히고 겨루는 곳.

말:-마디 명 말의 토막. ▢ ~ 한 번 건네지 못하다.
  말마디나 하다 귀 말을 제법 조리 있게 잘하다.

말:-막음 명하자 **1** 남이 자기에게 나무라거나 성가신 말을 하지 못하도록 미리 막음. **2** 주고받던 이야기의 끝을 막음.

말:-말 명 이런 말 저런 말.

말:-말-끝 [-끋] 명 (주로 '말말끝에'의 꼴로 쓰여) 이런 말 저런 말을 하던 끝. ▢ ~에 속셈이 드러나다.

말-말뚝 명 말을 매는 말뚝.

말:-맛 [-맏] 명 말이 주는 느낌과 맛. 어감(語感).

말망 (末望) 명 『역』 벼슬아치를 추천하는 삼망(三望)의 끝에 낀 사람.

말-매미 명 『충』 매밋과의 곤충. 몸길이는 4.5 cm, 날개 길이는 6.5 cm 정도로 우리나라 매미 가운데 가장 큼. 빛은 검고 날개는 투명함. 왕매미.

말:-머리 명 **1** 말의 첫머리. ▢ ~를 꺼내다. **2** 이야기할 때 끌고 가는 말의 방향. 화제. ▢ ~를 돌리다.

말머리-아이 명 혼인한 뒤에 곧바로 배서 낳은 아이.

말-먹이 명 말을 먹이는 꼴이나 곡식. 마량.

말:-명 명 『민』 **1** 무당의 열두 거리 굿 가운데

열한째 거리. 무당이 노란 몽두리를 입고 부채와 방울을 듦. 2 만명(萬明).

말-명-놀이[명][하자]〖민〗무당의 열두 거리 굿 가운데 열한째 거리를 노는 일. 말명거리.

말-몫[-목][명]1 지주와 소작인이 타작한 곡식을 나눌 때, 마당에 처져서 소작인의 차지가 되는 곡식. 2 말잡이의 몫으로 주는 곡식.

말-몰이[명][하자]1 말을 몰고 다니는 일. 2 '말몰이꾼'의 준말.

말몰이-꾼[명]짐을 싣는 말을 몰고 다니는 것을 직업으로 삼는 사람. 구부(驅夫). 준말군·말몰이.

말:-무[-毋][명]한자 부수의 하나(('每·毒' 등에서 '毋'의 이름).

말:-문[-門][명]1 말을 할 때 여는 입. 〔□〕~을 닫다 / ~이 열리다. 2 말을 꺼내는 실마리. 〔□〕이탈ㅡ~이 트이나 그칠 줄 모른다.
　　말문(을) 막다〔□〕말을 하지 못하게 하다.
　　말문(을) 열다〔□〕입을 벌리어 이야기를 시작하다.
　　말문(이) 막히다〔□〕하려던 말이 나오지 않게 되다. 〔□〕조리 있는 대답에 ~.

말미일정한 직업이나 일 따위에 매인 사람이 다른 일로 말미암아 얻는 겨를. 휴가(休暇). 〔□〕이틀간의 ~를 얻다 / ~가 나다.

말미[末尾][명]말·문장·번호 등의 연속되어 있는 것의 맨 끝. 〔□〕집행문은 판결 정본의 ~에 부기(附記)한다.

말미암다[-따][재]어떤 현상이나 사물이 원인이나 이유가 되다. 〔□〕부주의로 말미암은 사고 / 폭우로 말미암아 큰 피해가 나다.

말미잘〖동〗해변말미잘과의 강장(腔腸)동물. 대개 암수만몸으로 바위틈이나 모래땅에 묻혀 사는데 몸은 원통 모양이며, 체벽(體壁)은 암록색, 흡반은 선록색, 구반(口盤)은 녹갈색임.

말-밑[-믿][명]어떤 분량의 곡식 따위를 말로 되고 남는 부분. *뒷밑.

말:-밑[-밑][명]〖언〗어원(語源).

말:-밑천[-믿-][명]1 말을 계속 이어 갈 수 있는 재료. 〔□〕~이 떨어지다. 2 말하는 데 들인 노력. 〔□〕~도 못 건질 말.

말미〈옛〉까닭. 사유(事由). 인연.

말:-바꿈-표[-標][명]〖언〗

말-박[명]1 매우 큰 바가지. 2 말 대신으로 곡식을 되는 바가지.

말:-발[-빨][명]듣는 이가 따르게 할 수 있게 하는 말의 힘. 〔□〕~이 센 사람.
　　말발(이) 서다〔□〕말하는 대로 시행이 잘되다. 〔□〕말발이 서는 이야기라야 곧이듣지.

말-발굽[-꿉][명]말의 발굽. 〔□〕~ 소리가 요란하다.

말-밥[-빱][명]한 말가량의 쌀로 지은 밥.

말-방울[명]말의 목에 다는 방울. 〔□〕~ 소리가 나다.

말-밭[-빹][명]윷놀이나 고누 따위에서 말이 다니는 길.

말-뱃대끈[-배때-/-밷때-][명]말의 배에 졸라매는 띠.

말-버둥질[명][하자]말이 땅에 등을 대고 누워 네 다리로 버둥거리는 짓. 〔□〕~을 치다. 준버둥질.

말:-버릇[-뻐릇][명]늘 써서 버릇이 된 말의 투(套). 구습(口習). 어투(語套). 〔□〕~을 고치다 / ~이 사납다.

말-버짐[명]〖한의〗피부병의 하나. 피부에 흰

점이 생기고 몹시 가려움. 마선(馬癬).

말-벌[명]〖충〗말벌과의 벌. 몸에 갈색 털이 나 있고 독침이 있음. 과실·벌чик 등에 해를 끼치며 해충도 잡아먹음. 대황봉(大黃蜂). 마봉(馬蜂). 왕벌.

말:-법[-法][-뻡][명]〖언〗어법.

말법[末法][-뻡][명]'말법시'의 준말.

말법-시[末法時][-뻡씨][명]〖불〗삼시(三時)의 하나. 석가의 입멸 후, 정법시(正法時)·상법시(像法時) 다음에 오는 시기. 곧, 교법만이 쇠퇴하고 세상이 어지러워진다는 시기. 법말. 준말법(末法). *정법시·상법시.

말:-벗[-뻗][명][하자타]〖불〗말벗시'의 준말할 만한 친구. 말동무. 〔□〕~이 되다 / ~을 삼다.

말-벗김[-벋낌][명][하자]지난날, 마름이 작인에게서 벼를 받을 때는 말을 후하게 되어서 받고, 지주에게 줄 때는 말을 박하게 되어, 그 나머지를 사사로이 가로채던 짓.

말:-보[-뽀][명]평소에 말이 없는 사람의 입에서 막힘없이 터져 나오는 말.

말복[末伏][명]삼복의 마지막 복((입추가 지난 뒤의 첫 번째 경일(庚日)). *초복·중복.

말:-본[명]〖언〗문법.

말:-본[-뽄][명]말본새.

말:-본새[-뽄-][명]말하는 태도나 모양새. 말본. 〔□〕~가 고약하다.

말분[末分][명]늘바탕.

말불-버섯[-섣][명]〖식〗말불버섯과의 버섯. 줄기 지름은 3cm가량, 기둥 모양의 줄기 위에 동그런 머리가 있으며, 그 부분의 표면에는 작은 허리 많은데 빛은 회갈색임. 여름과 가을에 숲 속의 응달에 나는데 먹지는 못함. 마발(馬勃).

말:-뼈[명]성질이 고분고분하지 못하고 거세어 뻣뻣한 사람의 별명.

말밤[명]〈옛〉마름쇠.

말사[末寺][-싸][명]〖불〗본사(本寺)의 관리를 받는 작은 절. 또는 본사에서 갈려 나온 절.

말-산[←malic酸][명]〖화〗사과·포도·자두 따위의 덜 익은 과실에 들어 있는 유기산의 하나. 이염기산·탄소·수소 등을 주성분으로 하는 무색 결정성 화합물로, 신맛이 나고 물이나 알코올에 잘 풀리며 향기가 좋은 사과산. 능금산.

말-살[抹殺·抹摋][명][하자타]뭉개어 없애 버림. 〔□〕인권의 ~ / 일제는 우리말을 ~하려 했다.

말-상[-相][명]말처럼 얼굴이 긴 사람의 별칭.

말석[末席][-썩][명]1 맨 끝의 자리. 말좌(末座). 석말(席末). 〔□〕~에 앉다. 2 지위나 등급의 맨 끝. 〔□〕~을 벗어나다. 3 자기 자리의 겸칭. 〔□〕~을 더럽히다. ↔수석·상석(上席).

말-세[-稅][명]곡식을 사고팔 때 마질하여 주고받아 먹는 구문(口文).

말세[末世][-쎄][명]1 정치·도덕·풍속 등이 아주 쇠퇴한 시대. 계세(季世). 말류(末流). 〔□〕이렇게 되면 ~라고 할밖에. 2 〖불〗말법시(末法時)의 세상. 3 〖기〗예수가 탄생한 때부터 재림할 때까지의 세상.

말소[抹消][-쏘][명][하자타]기록되어 있는 사실 따위를 지워 없애 버림. 말거(抹去). 〔□〕증거 서류를 ~하다 / 국적이 ~되다.

말소 등기[抹消登記][-쏘-][명]〖법〗등기된 사항을 말소할 목적으로 하는 등기.

말:-소리[-쏘-][명]1 말하는 소리. 어성(語聲). 언성. 〔□〕상냥한 ~ / ~를 낮추다 / 등 뒤에서 ~가 나다 / ~를 죽이고 소곤거리다. 2 사람의 음성 기관이 움직여서 일어나는 소

리. 음성.
말소리를 입에 넣다 冠 다른 사람에게 들리지 않도록 중얼중얼 낮은 목소리로 말하다.
말:소수(-數) 몡 말의 깊은 속뜻의 양.
말:속 [-쏙] 몡 말의 깊은 속뜻. ▯~을 헤아리다.
말속(末俗)[-쏙] 몡 1 말세의 풍속. 2 악독하고 타락된 풍속.
말손(末孫)[-쏜] 몡 혈통이 먼 손자. 계손(系孫). 말예. 원손(遠孫). ▯왕가의 ~.
말:-솔 몡 말의 털을 씻고 빗기는 솔.
말:-솜씨 [-쏨-] 몡 말하는 솜씨. ▯유창한 ~ / ~가 뛰어나다.
말수¹ (-數)[-쑤] 몡 말로 되어 보는 수량. 두수(斗數).
말:-수² (-數)[-쑤] 몡 사람의 입으로 하는 말의 수효. ▯~가 적다 / 아내는 나이가 들면서 ~가 많아졌다.
말-술 [-쑬] 몡 1 한 말가량의 술. 두주(斗酒). ▯~도 사양하지 않는다. 2 많이 마시는 술. 또는 술을 많이 마시는 사람.
말-승냥이 몡 1 '늑대'를 승냥이에 비해 큰 종류라는 뜻으로 일컫는 말. 2 키가 크고 성질이 사나운 사람을 비유하여 일컫는 말.
말:-시비(-是非) 몡하짜 말로만 하는 다툼. 말다툼.
말:-실수(-失手)[-쑤] 몡하짜 말을 잘못하여 저지르는 실수. 또는 그 말. ▯~가 없도록 조심해라.
말:-싸움 몡하짜 말다툼. ▯~으로 그치다.
말-쌀 [-쌀] 몡 한 말가량 되는 양의 쌀.
말쌀-스럽다 [-따](-스러워, -스러우니) 몡ㅂ 모질고 쌀쌀한 데가 있다. **말쌀-스레** 冊
말:쌩 몡 트집이나 문젯거리를 일으키는 말이나 행동. ▯~을 일으키다 / ~을 빚다 / ~을 부리다 / ~을 피우다.
말:쌩-거리 [-꺼-] 몡 말쌩이 일어날 만한 일이나 사물. 말거리.
말:쌩-꾸러기 몡⟨속⟩ 말쌩꾼.
말:쌩-꾼 몡 걸핏하면 말쌩을 부리는 사람. 말쌩꾸러기.
말쑥-이 몡 말쑥하게. ▯~ 차려입은 신사.
말쑥-하다 [-쑤카-] 몡 지저분함이 없이 말끔하고 깨끗하다. ▯말쑥한 옷차림. 솬말쑥하다. 큰멀쑥하다.
말:씀 몡하짜타 1 남의 말의 높임말. ▯한 ~ 하시지요 / 선생님 ~대로 하겠습니다. 2 자기의 말의 낮춤말. ▯외람된 ~이오나 / ~ 드리기 송구하오나 / ~을 올리다 / ~을 드리다. 3⟨성⟩ 하느님의 명령·율법.
말:-씀-언(-言) 몡 한자 부수의 하나(『評』·『謝』 등에서 『言』의 이름).
말:-씨 몡 1 말하는 태도나 버릇. ▯공손한 ~ / ~가 달라지다 / ~가 조용하다. 2 주로 방언의 차이로 나타나는 말의 특징. ▯서울 ~ / ~를 보니 여기 사람이 아니다.
말:-씨름 몡하짜 입씨름1. ▯~을 벌이다.
말씬 冊하령히 잘 익거나 물러서 연하고 말랑한 느낌. 큰물씬².
말씬-거리다 짜 잘 익거나 물러서 연하고 말랑한 느낌을 주다. 큰물씬거리다. **말씬-말씬** 冊하령
말씬-대다 짜 말씬거리다.
말쑴 몡⟨옛⟩ 말씀.
말아-먹다 [마라-따] 타 재물 따위를 통째로 날리다. ▯살림하는 꼴이 집안 말아먹게 생겼다.
말-아웃 [마라웃] 몡 말로 되고 남은 반가량의

분량. 말가웃. ▯쌀을 ~ 되다.
말약(末藥) 몡 ☞ 가루약.
말언(末言) 몡 아주 변변찮은 말.
말:없음-표(-標)[마렵씀-] 몡⟨언⟩ 줄임표.
말:-없이 [마럽씨] 冊 1 아무런 말도 아니하고. ▯~ 결근하다. 2 아무 사고나 말썽이 없이. ▯일이 ~ 잘되어야 할 터인데.
말-여뀌 [-려-] 몡⟨식⟩ 개여뀌.
말엽(末葉) 몡 1 어느 시대를 셋으로 나눌 때, 맨 끝 무렵의 시대. ▯통일 신라 ~. *초엽·중엽. 2 말예(末裔).
말예(末裔) 몡 먼 후손(後孫). 말손(末孫). 말엽(末葉).
말예(末藝) 몡 쓸모없거나 변변찮은 재주.
말왐 ⟨옛⟩ 마름².
말운(末運) 몡 1 기울어지거나 막다른 운수. 2 말년의 운수나 시운(時運). ▯~이 좋다.
말위(末位) 몡⟨수⟩ '끝자리'의 구용어.
말음(末音) 몡⟨언⟩ 끝소리. ↔두음(頭音)
말음 법칙(末音法則) 몡⟨언⟩ 국어에서, 한 음절의 받침이 제 음가(音價)를 내지 않는 것에 관한 법칙(『부엌→부억, 좋소→존소, 꽃 아래 →꼰 아래』). 받침 규칙. 끝소리 규칙. *절음 법칙.
말이다 타 ⟨옛⟩ 말리다¹.
말:-이을-이(-而)[-리으리] 몡 한자 부수의 하나(『耐』·『耑』 등에서 '而'의 이름).
말일(末日) 몡 1 어떤 시기나 기간의 마지막 날. 2 그달의 마지막 날. 그믐날. ▯이달 ~까지 해결해야 한다.
말자(末子)[-짜] 몡 막내아들.
말-잔치 몡 말로만 듣기 좋게 떠벌리는 일의 비유. ▯~를 벌이다.
말-잠자리 몡⟨충⟩ 부채장수잠자릿과의 곤충. 몸길이는 8cm, 편 날개의 길이는 10cm 정도이며, 흑색 바탕에 누런 반문이 있고, 가슴에 'T'자 모양의 융기가 있음.
말-잡이 몡 곡식 따위를 될 때 마되질을 하는 사람.
말:-장난 몡하짜 실속 없고 쓸데없는 말을 그럴듯하게 늘어놓는 짓. ▯~을 치다.
말:-재기 몡 쓸데없는 말을 꾸며 내는 사람.
말:-재간(-才幹)[-째-] 몡 말재주. ▯~이 여간 아니다.
말:-재주 [-째-] 몡 말을 잘하는 재주. 말재간. 언재(言才). 화술(話術). ▯~가 뛰어나다.
말-쟁이¹ 몡 추수 따위에서 삯을 받고 마질을 하여 주는 사람.
말:-쟁이² 몡 말을 잘하거나 말이 많은 사람을 낮잡아 이르는 말.
말:-적수(-敵手)[-쑤] 몡 말을 주고받기에 맞수가 될 만한 사람. ▯~를 만나다.
말:-전주 몡하짜 이쪽 말을 저쪽에, 저쪽 말을 이쪽에 전해 이간질하는 짓.
말:전주-꾼 몡 말전주를 일삼는 사람.
말절(末節)[-쩔] 몡 맨 끝 부분. 맨 끝 절.
말제(末弟)[-쩨] 몡 막내아우.
말제(末劑)[-쩨] 몡 가루약.
말-조개 몡⟨조개⟩ 석패과의 조개. 민물조개 가운데 가장 큰 종류로, 표면은 흑색, 안쪽은 진주 광택이 남. 살은 식용하고 패각(貝殼)은 세공용으로 씀. 마합(馬蛤).
말-조롱 몡⟨민⟩ 사내아이가 차는 밤톨만 한 크기의 조롱. ↔서캐조롱.
말:-조심(-操心) 몡하짜 말이 잘못되지 않게 마음을 쓰는 일. ▯어른 앞이니 ~해라.

말좌 (末座)[-쫘] 명 말석(末席)1.
말:-주변 [-쭈-] 명 말을 이리저리 척척 둘러대는 재주. ❑ ~이 좋은 사람.
말-죽 (-粥) 명 말을 먹이는 먹이《콩·겨·여물 등을 섞어 묽게 쑴》. 마죽(馬粥).
말죽-통 (-粥桶) 명 말죽을 담는 작은 통.
말:-줄임표 (-標) 명 〚언〛 줄임표.
말즘 명 〚식〛 가랫과의 여러해살이풀. 못이나 늪, 냇물 속에 떼 지어 자라는데, 높이는 70 cm 정도이고 녹갈색을 띰. 여름에 담황갈색의 꽃이 핌.
말증 (末症)[-쯩] 명 고치기 어려운 나쁜 병증. 말질(末疾).
말직 (末職)[-찍] 명 맨 끝자리의 직위. 말관.
말-질[1] 명 ☞ 마질.
말:-질[2] 명하자 이러니저러니 하고 말로 다투거나 쓸데없이 말을 옮기는 짓. ❑ ~하고 다니지 마라.
말-집 [-찝] 명 〚건〛 추녀가 사방으로 뺑 돌아가게 지은 집. 모말집.
말:짓기-놀이 [-짇끼노리] 명 언어유희1.
말짜 (末-) 명 버릇없이 구는 사람이나 가장 나쁜 물건을 일컫는 말. ❑ 그 녀석 아주 인간 ~군.
말짱 부 (부정의 뜻을 나타내는 서술어와 함께 쓰여) 속속들이 모두. ❑ ~ 헛일이 되다.
말짱-구슬 명 지난날, 중국에서 들여왔던 갖가지 빛깔의 유리구슬.
말짱말짱-하다 형여 사람의 성질이 매우 무르고 만만하다. 큰물찡물찡하다.
말짱-하다[1] 형여 **1** 흠이 없고 온전하다. ❑ 말짱한 물건 / 버려진 말짱한 가구. **2** 지저분하지 않고 깨끗하다. ❑ 말짱하게 치우다. **3** 정신이 맑고 또렷하다. ❑ 술에 취했어도 정신은 ~. **4** 속셈이 있고 약삭빠르다. ❑ 꾀가 말짱한 아이. **5** 전혀 터무니없다. ❑ 말짱한 거짓말. 큰멀쩡하다. **말짱-히** 부
말짱-하다[2] 형여 사람의 성질이 무르고 만만하다. 큰물쩡하다.
말-째 (末-) 명 맨 끝의 차례.
말차 (抹茶) 명 가루차.
말:-참견 (-參見) 명하자 남의 말에 끼어들어 말하는 짓. 말참례. ❑ 남의 일에 ~하다.
말:-참례 (-參禮)[-녜] 명하자 말참견.
말-채 명 '말채찍'의 준말.
말-채찍 명 말을 때리어 모는 데 쓰는 채찍. 편책. ❑ ~을 휘두르다. 준말채.
말초 (末梢) 명 **1** 나뭇가지의 끝에서 갈려 나간 잔가지. 우듬지. **2** 사물의 끝 부분.
말초 신경 (末梢神經) 〚생〛 뇌 또는 척수에서 갈려 나와 전신에 퍼져 중추 신경계와 피부·근육·감각 기관 등을 연락하는 신경의 총칭. 끝신경.
말초-적 (末梢的) 관명 사물의 근본에서 벗어나 사소한 (것). ❑ ~(인) 문제.
말-총 명 말의 갈기나 꼬리의 털. 마미(馬尾).
말총-머리 명 조금 긴 머리를 말꼬리처럼 하나로 묶은 머리 모양새.
말총-체 명 쳇불을 말총으로 짠 체.
말:-추렴 명하자 〔←말출렴(-出斂)〕 남들이 말하는 데 한몫 끼어들어 말을 거드는 일. ❑ ~을 들다.
말:-치레 명하자 실속이 없이 말로 겉만 꾸밈. ❑ ~만 번드르르하다.
말캉-거리다 자 자꾸 말캉한 느낌이 들다. ❑ 말캉거리는 찐 고구마. 큰물컹거리다. **말캉-말캉** 부하자형
말캉-대다 자 말캉거리다.
말캉-하다 형여 너무 익거나 곯아서 물크러질 정도로 말랑하다. 큰물컹하다.
말코[1] 명 베틀에 딸린 기구의 하나. 길쌈할 때 베가 짜여져 나오면 피륙을 감는 대. 부티 끈을 그 양쪽에 잡아맴.
말-코[2] 명 코끝이 둥글넓적하고 콧구멍이 커서 벌름벌름하는 사람의 코. 또는 그런 코를 가진 사람을 놀리는 말.
말코지 명 벽 따위에 달아서 물건을 걸게 된 나무 갈고리.
말타아제 (maltase) 명 〚화〛 말토오스를 두 분자의 포도당으로 가수 분해를 하는 효소《효모·세균·식물 종자·동물의 타액이나 장액(腸液) 따위에 들어 있음》.
말토오스 (maltose) 명 〚화〛 녹말이나 글리코겐에 엿기름이나 디아스타아제 따위를 작용시켜, 가수 분해해서 생기는 당류《무색의 바늘 모양의 결정으로 덱스트린과 함께 엿의 주성분이 됨》. 맥아당. 엿당.
말:-투 (-套) 명 말하는 버릇이나 본새. ❑ 퉁명스러운 ~ / ~가 거칠다 / ~가 못마땅하다.
말-판 명 윷·고누·쌍륙 따위의 말이 가는 길을 그린 판.
말판(을) 쓰다 구 말판에 말을 놓다.
말-편자 명 말굽에 대갈을 박아 붙인 쇠. 마제철. 마철.
말피기-관 (Malpighi管) 명 〚생〛 이탈리아의 해부학자 말피기가 발견한 곤충의 배설 기관《한쪽은 막혀 있는 긴 관 모양의 기관으로 여러 쌍이 있음》.
말피기 소:체 (Malpighi小體) 〚생〛 신소체(腎小體).
말하 명 〈옛〉 지라.
말:-하기 명 **1** 말의 표현 능력을 기르기 위해 초등학교 따위에서 가르치는 국어 교과의 한 부문. **2** 자신의 의사를 상대방이 알아들을 수 있게 말로 나타내는 일. *듣기·쓰기·읽기.
말:-하다 자타여 **1** 생각이나 느낌 따위를 말로 나타내다. ❑ 느낌을 ~. **2** 어떤 사실을 말로 알려 주다. ❑ 합격 소식을 말해 주다. **3** 부탁하다. ❑ 일자리 한 군데 말해 주게. **4** 말리는 뜻으로 타이르거나 꾸짖다. ❑ 아무리 말해도 듣지 않는다. **5** 어떤 사정이나 사실, 현상 등을 나타내 보이다. ❑ 숭례문은 조선 시대의 건축미를 말해 준다. **6** 어린아이가 처음으로 말을 시작하다. **7** 평하거나 지적하다. ❑ 네가 말한 그대로다. **8** (주로 '말하자면'의 꼴로 쓰여) '말로 나타내기로 하면'·'이를테면'의 뜻을 나타냄. ❑ 말하자면 새장 속의 새와도 같다. **9** (주로 '…(으)로 말하면'의 꼴로 쓰여) 확인·강조의 뜻을 나타냄. ❑ 머리 좋기로 말하면 누가 그를 따를까.
말할 것(도) 없다 구 당연한 일이라 일부러 말할 필요도 없다. ❑ 독도는 말할 것도 없이 우리 영토다.
말할 수 없이 구 말로 나타낼 수 없을 정도로, 분량이나 정도가 큼을 나타내는 말. ❑ 너를 만나니 이루 ~ 기쁘다.
말학 (末學) 명 후학(後學).
말합 (末合) 명 **1** 마투리. **2** 자투리.
말항 (末項) 명 맨 끝의 조항. 끝 항목.
말행 (末行) 명 맨 끝의 글줄.
말향 (抹香) 명 붓순나무의 잎과 껍질로 만든 가루 향. 주로 불공 때 씀.
말향-고래 (抹香-) 명 〚동〛 향유고래.
말:-허리 명 하고 있는 말의 중간. ❑ ~를 꺾

다 /~를 끊다.

말-혁 (-革)[명] 말안장 양쪽에 꾸밈새로 늘어뜨린 고삐. ⑥혁(革).

맑다[막따][형] **1** 잡스럽거나 더러운 것이 섞이지 않아 투명하고 깨끗하다. ▢맑은 공기/물이 ~. **2** 살림이 넉넉하지 못하다. ▢살림이 ~. **3** 구름이나 안개가 끼지 않아 날씨가 깨끗하다. ▢맑은 하늘/전국이 대체로 맑겠다. ↔흐리다. **4** 진실하고 조촐하다. ▢마음을 맑고 깨끗하게 하다. **5** 소리가 트여 탁하지 않다. ▢맑은 목소리. **6** 정신이 초롱초롱하고 뚜렷하다. ▢맑은 정신.
[맑은 물에 고기 안 논다] 사람이 너무 청렴하거나 깔끔하면 사람이나 재물이 따르지 않는다는 말. [맑은 샘에서 맑은 물이 난다] 근본이 좋아야 훌륭한 후손이 나온다는 말.

맑디-맑다[막따막따][형] 더할 수 없이 맑다. 매우 맑다. ▢맑디맑은 날씨.

맑스그레-하다[막스-][형여] 조금 맑은 듯하다. ⑥묽스그레하다.

맑은-대쑥[말근-][명]《식》국화과의 여러해살이풀. 산지에 절로 나는데 높이 70cm 정도, 여름에 담황색의 꽃이 핌. 쑥과 같은 향기가 있고 어린잎은 식용하며 뿌리는 약재로 씀. 개제비쑥.

맑은-소리[말근-][명]《언》안울림소리. ↔흐린소리.

맑은-술[말근-][명] 찹쌀을 쪄서 지에밥과 누룩을 버무려 빚어서 담갔다가 용수를 박고 떠낸 술. 약주. 청주. ↔막걸리.

맑은-장국 (-醬)[말근-꾹][명] 쇠고기를 잘게 썰어 양념을 하여 맑은 장물에 끓인 국. ⑥장국.

맑히다[말키-][타] **1**(《맑다》의 사동) 맑게 하다. ▢물을 ~. **2** 어지러운 일을 깨끗하게 마무리하다.

맘[명] '마음'의 준말. ▢~을 놓다/~이 맞다/~을 떠보다/~에 들다/그녀의 ~을 사로잡다.

맘:-가짐[명] '마음가짐'의 준말. ▢어떤 일을 하든 ~이 중요하다.

맘:-결[-껼][명] '마음결'의 준말. ▢~이 곱다.

맘:-고생 (-苦生)[-꼬-][명] '마음고생'의 준말. ▢~이 심하다.

맘:-껏[-껃][부] '마음껏'의 준말. ▢~ 뛰놀다/~ 발휘하다.

맘:-대로[부] '마음대로'의 준말. ▢네 ~ 해 보렴.

맘:-대로-근 (-筋)[명]《생》수의근(隨意筋). ↔제대로근.

맘마[명]《소아》밥. ▢아가야, ~ 줄까.

맘:-먹다[-따][자타] '마음먹다'의 준말. ▢성공은 맘먹기에 달렸다.

맘:-보[-뽀][명] '마음보'의 준말. ▢~가 틀렸다/~를 곱게 써야지.

맘보 (에 mambo)[명]《악》1943년경에 창안된 라틴 아메리카 음악의 하나. 리듬은 룸바를 기본으로 하였으며, 강렬한 화음과 명확한 율동을 갖는 야성적인 무용곡. 또는 그에 맞추어 추는 춤.

맘보-바지 (에 mambo-)[명]《속》통을 좁게 하여 다리에 꼭 달라붙게 한 바지.

맘:-성 (-性)[-썽][명] '마음성'의 준말. ▢~같아서는.

맘:-속[-쏙][명] '마음속'의 준말. ▢~ 깊이 아끼는 친구.

맘:-씨[명] '마음씨'의 준말. ▢~가 선하다/~ 고운 아가씨.

맘:-자리[-짜-][명] '마음자리'의 준말.

맙:-소사[-쏘-][감] 어처구니없는 일을 보거나 당할 때 탄식조로 내는 소리. ▢아이고~, 그걸 몰랐다니/오 하느님 ~.

맛¹[맏][명] **1** 음식 따위를 혀에 댈 때 느끼는 감각. ▢달콤한 ~/~이 맵다/~을 내다/~이 좋다. **2** 어떤 사물이나 현상에 대한 재미나 만족감. ▢새로운 ~이라곤 없다/쌀~에 사다/세상 살~이 뚝 떨어진다. **3** 체험을 통해 알게 된 느낌이나 분위기. ▢실패의 쓰라린 ~을 보다. **4**('-(아)야'의 뒤에 쓰여) 꼭 바라는 바의 것. ▢꼭 인사를 받아야 ~이냐/오늘 가야만 ~인가.
[맛 좋고 값싼 갈치자반] 한 가지 일이 두 가지로 이롭다는 뜻.

맛만 보(이)다[주] 일부분만 조금 경험하게 하다. ▢첫시간이나 맛만 보이겠군.

맛(을) 내다[주] 음식 맛을 입에 맞도록 하다. ▢제대로 맛을 내려면 간을 잘 맞추어야지.

맛(을) 붙이다[주] 좋아하거나 재미를 붙이다. ▢돈벌이에 ~.

맛(을) 보이다[주] 혼이 나게 하다. ▢따끔한 맛을 보여 주어야겠다.

맛(을) 붙이다[주] 마음에 당겨 재미를 붙이다. ▢바둑에 ~.

맛(이) 가다[주]《속》정신이나 성격이 정상이 아닌 듯하다. ▢계속된 야간작업으로 맛이 간 얼굴.

맛(이) 들다[주] ㉠좋아지거나 즐거워지다. ▢노름에 맛이 들면 집안이 망할 수가 있어. ㉡음식이 익어서 제 맛이 생기다. ▢김치가 맛이 들었다.

맛(이) 붙다[주] 마음에 좋게 느껴져 재미가 나다. ▢등산에 맛이 붙어 자주 산에 간다.

맛 좀 보다[주] (주로 '맛 좀 봐라'의 꼴로 쓰여) 고통과 아픔을 경험하다. ▢너 한번 맛 좀 봐라.

맛²[맏][명]《조개》**1** 가리맛과와 긴맛과의 조개의 총칭. **2** '가리맛'의 준말.

맛갑다[형]《옛》알맞다. 적당하다.

맛닿다[형]《옛》응하다. 대답하다.

맛-깔[맏-][명] 음식 맛의 성질.

맛깔-스럽다[맏-따][-스러워, -스러우니][형ㅂ] **1** 입에 당길 만큼 맛이 있다. ▢맛깔스러운 깍두기. **2** 마음에 들다. 맛깔-스레[맏-]부

맛깔-지다[형] ☞ 맛깔스럽다.

맛-나다[맏-][형] 맛이 좋다. 맛있다. ▢맛난 반찬/맛나게도 먹는구나.

맛나다²[자타]《옛》만나다.

맛난-이[맏나-][명] **1** 음식의 맛을 돋우기 위해 치는 조미료. ▢~를 치다. **2** 맛이 있는 음식. **3** '화학조미료'의 속칭.

맛닐다[자타]《옛》만나다.

맛-대가리[맏때-][명] '맛'을 낮잡아 이르는 말. ▢음식이 ~라곤 없구나.

맛맛-으로[맏마스-][부] **1** 여러 가지 음식을 조금씩 바꾸어 가며 색다른 맛으로. ▢음식은 ~ 먹어야 물리지 않는다. **2** 마음이 당기는 대로. ▢~ 골라 먹다.

맛문-하다[맏-][형여] 몹시 지쳐 있다.

맛-바르다[맏빠-][맛바르며, 맛바르니][형르] 맛있게 먹던 음식이 이내 없어지어 양에 차지 않다.

맛-보기[맏뽀-][명] 맛맛으로 먹기 위하여 조금 차린 음식.

맛-보다¹ 자타 〈옛〉 만나다.
맛-보다² [맏뽀-] 타 **1** 음식의 맛을 알기 위하여 먼저 조금 먹어 보다. ❏국을 ~. **2** 직접 겪어 보다. ❏온갖 고생을 다 ~ / 박진감 넘치는 스릴을 ~.
맛-부리다 [맏뿌-] 자 맛없이 싱겁게 굴다. 맛피우다.
맛-살¹ [맏쌀] 명 **1** 맛의 껍데기 속에 든 살. **2** 〘조개〙 '가리맛살' 의 준말.
맛-살² [맏쌀] 명 ('게맛살' 의 준말로) 명태 등 생선의 연육(煉肉)을 가공하여 게의 맛이 나게 만든 일종의 어묵.
맛-소금 [맏쏘-] 명 화학조미료를 첨가한 조리용 소금. ❏~을 치다.
맛-술 [맏쑬] 명 요리할 때 맛을 내기 위하여 음식에 넣는 술.
맛-없다 [마덥따] 형 **1** 음식 맛이 나지 않거나 좋지 않다. ❏맛없는 음식. **2** 재미나 흥미가 없다. **3** 하는 짓이 싱겁다. **맛없-이** [마덥씨] 부 맛없게. ❏음식을 ~ 먹다.
맛-있다 [마딛따 / 마싣따] 형 맛이 좋다. 맛나다. ❏맛있게 먹다.
[맛있는 음식도 늘 먹으면 싫다] 아무리 좋은 일이라도 되풀이하면 싫증이 난다.
맛-장수 [맏짱-] 명 아무 멋이나 재미 없이 싱거운 사람.
맛-적다 [맏쩍따] 형 재미나 흥미가 거의 없어 싱겁다.
맛-젓 [맏쩓] 명 맛살로 담근 젓.
맛-피우다 [맏-] 자 맛부리다.
망 명 새끼로 그물처럼 얽어 만든 큰 망태기《갈퀴나무 따위를 담아 짊어짐》.
망:¹ (望) 명 **1** 상대편의 동태를 알기 위해 멀리서 동정을 살피는 일. ❏~을 보다 / ~을 세우다. **2** 명망(名望). **3** 〘역〙 천망(薦望).
망에 들다 구 후보자로 지목되어 삼망(三望) 안에 끼이다. 망이 돌다.
망(을) 서다 구 일정한 곳에서 동정을 살피다. ❏오늘 밤은 내가 망을 서야겠다.
망이 돌다 구 망에 들다.
망:² (望) 명 **1** 〘천〙 지구를 중심으로 해와 달의 위치가 일직선이 되는 때. 만월(滿月). 망월(望月). **2** 음력 보름. 망일(望日).
망 (網) 명 그물 모양으로 만들어 가리거나 치는 물건의 통칭. ❏창문에 ~을치다.
-망 (網) 미 그물처럼 치밀하게 얽혀져 있는 조직이나 짜임새 따위의 뜻을 나타내는 말. ❏판매~ / 경비~ / 교통~ / 통신~ / 연락~.
망가 (亡家) 명하자 집안을 결딴냄. 또는 그런 집안.
망가닌 (독 Manganin) 명 〘공〙 구리 84 % 에 망간 12 %·니켈 4 % 가량을 첨가한 합금. 온도에 의한 전기 저항의 변화가 적고 내식성이 좋음《전기 저항기·전열기 따위를 만듦》.
망가-뜨리다 타 부수거나 망가지게 하다. ❏시계를 ~.
망가-지다 자 **1** 부서지거나 찌그러져 못 쓰게 되다. 망그러지다. ❏컴퓨터가 ~. **2** 상황이나 상태 따위가 나빠지다. ❏몸이 ~ / 이미지가 ~.
망가-트리다 타 망가뜨리다. ❏책상을 ~.
망:각 (妄覺) 명하타 〘심〙 외부의 자극을 잘못 지각하거나, 없는 자극을 있는 것처럼 생각하는 지각의 병적인 현상《착각과 환각으로 나뉨》.
망각 (忘却) 명하타 어떤 사실을 잊어버림. 망실(忘失). 망치(忘置). ❏책임을 ~한 행위 / 그 사건은 결코 ~할 수 없다.
망각 곡선 (忘却曲線) [-꼭썬] 〘심〙 기억한 것이 시간이 경과함에 따라 잊혀져 가는 정도를 나타내는 곡선.
망:간 (望間) 명 음력 보름께.
망간 (독 Mangan) 명 붉은빛을 띤 회색의 금속 원소. 철과 비슷하나 철보다 단단하고 부스러지기 쉬우며 화학성도 강함. 합금 재료·건전지·화학 약품 등으로 씀. [25 번 : Mn : 54.94]
망간-강 (Mangan鋼) 명 망간을 함유한 강철. 경도가 매우 높음.
망간 청동 (Mangan青銅) 〘화〙 구리 88 %, 주석 10 %, 망간 2 % 의 비율로 된 청동.
망개-나무 명 〘식〙 갈매나뭇과의 낙엽 활엽 교목. 잎은 긴 타원형이며 어긋나고 여름에 초록 꽃이 피고 열매는 가을에 붉게 익음. 충북 속리산 등지에 야생하는 특산종으로 천연기념물 제 148 호임.
망객 (亡客) 명 망명객.
망:거 (妄擧) 명 망령된 짓. 분별없는 말이나 행동.
망건 (網巾) 명 상투를 튼 사람이 머리에 두르는 그물처럼 생긴 물건《말총·곱소리·머리카락으로 만듦》.
[망건 쓰고 세수한다] 일의 순서가 뒤바뀌었음을 놀림조로 이르는 말. [망건 쓰자 파장] 시기를 놓쳐 소기의 목적을 이루지 못하게 됨.
망건-골 (網巾-) [-꼴] 명 망건을 뜨거나 고칠 때에 대고 쓰는 골.
[망건골에 앉았다] 어떤 일에 얽매여 꼼짝을 못한다.
망건-꾸미개 (網巾-) 명 망건의 끝을 꾸미는 헝겊. 두 끝의 가를 세로로 꾸미고 편자의 두 끝은 가로로 꾸미는데, 끝에 고가 있어 당줄을 매게 되었음.
망건-당 (網巾-) 명 망건의 윗부분. 말총을 촘촘히 세워 곱쳐 구멍을 내어 윗당줄을 꿰게 되었음. 준당.
망건-당줄 (網巾-) [-쭐] 명 망건에 달린 줄. 망건당에 꿰는 아랫당줄과 상투에 동여매는 윗당줄이 있음. 준당줄.
망건-뒤 (網巾-) 명 망건의 양 끝《머리에 두르면 뒤로 가게 되어 있음》. 준뒤.
망건-앞 (網巾-) [-거납] 명 망건의 가운데 부분《머리에 두르면 이마에 닿게 되어 있음. 말총이나 머리카락으로 성기게 뜸》.
망건-장이 (網巾-) 명 망건 뜨는 일을 업으로 삼는 사람.
망건-집 (網巾-) [-찝] 명 망건을 넣어 두는 갑.
망건-편자 (網巾-) 명 망건을 졸라매기 위하여 아랫당줄에 붙이어 말총으로 좁고 두껍게 짠 띠. 준편자.
망:견 (望見) 명하타 멀리 바라봄.
망:계 (妄計) [- / -게] 명 옳지 못한 계책.
망고 명하자 **1** 연을 날릴 때 얼레의 줄을 전부 풀어 줌. **2** 살림을 다 떨게 됨. 파산(破產). **3** 어떤 것이 마지막이 되어 끝판에 이름.
망고 (mango) 명 〘식〙 옻나뭇과의 상록 교목. 동남아 원산으로 높이는 30 m 정도이며, 잎은 혁질(革質)이고 광택이 남. 2-3 월에 붉은색을 띤 흰 꽃이 가지 끝에 핌. 열매는 황록색으로 익는데 식용하며 씨는 약재로 씀. 열대 지방에서 재배함.
망고스틴 (mangosteen) 명 〘식〙 물푸레나뭇과의 상록 교목. 말레이시아 원산으로, 높이는 10 m, 지름은 1 m 정도, 잎은 마주나고 긴 타원형인데 두꺼운 혁질(革質)이며, 검붉은 색

꽃이 가지 끝에 핌. 짙은 자줏빛의 열매는 많은 액즙과 방향이 있으며 맛이 좋음.

망:곡 (望哭)〖하자〗 **1** 먼 곳에서 임금이나 부모의 상사를 당할 때, 또는 곡을 할 자리에 가지 못할 때, 그쪽을 향하여 곡을 함. **2** 국상을 당해 대궐 문 앞에서 백성들이 모여 곡을 함.

망:구 (望九)〖명〗 아흔을 바라본다는 뜻으로, 여든한 살의 일컬음. 망구순(望九旬).

망구다 〖타〗 망하게 하다.

망국 (亡國)〖명〗하자〗 **1** 망해 없어진 나라. □~의 한(恨). **2** 나라를 망침. □~ 외교.

망국-대부 (亡國大夫)[-때-]〖명〗 망하여 없어진 나라의 벼슬아치.

망국-민 (亡國民)[-궁-]〖명〗 망하여 없어진 나라의 백성. 망국지민. □~의 슬픔.

망국-배 (亡國輩)[-빼]〖명〗 나라를 망치는 무리.

망국-병 (亡國病)[-뼹]〖명〗 나라를 망치는 고질적인 병폐. □부정부패는 무서운 ~이다.

망국-사 (亡國史)[-싸]〖명〗 나라가 망하기까지의 전말을 기록한 역사.

망국-적 (亡國的)[-쩍]〖관형〗 나라를 망치는 (것). □~인 행태.

망국지민 (亡國之民)[-찌-]〖명〗 망국민.
망국지본 (亡國之本)[-찌-]〖명〗 나라를 망하게 하는 근본.

망국지음 (亡國之音)[-찌-]〖명〗 나라를 망칠 음악이란 뜻으로, 저속하고 잡스러운 음악을 일컫는 말. 망국지성(亡國之聲).

망국지탄 (亡國之歎)[-찌-]〖명〗 나라가 망하여 없어진 것에 대한 한탄.

망국지한 (亡國之恨)[-찌-]〖명〗 나라가 망하여 없어진 것에 대한 한.

망군 (亡君)〖명〗 죽은 임금.

망:군 (望軍)〖명〗〖역〗요망군(瞭望軍).

망:궐-례 (望闕禮)〖명〗〖역〗 명절 때나 왕·왕비의 생일에 각 지방의 관원이 '궐(闕)'자를 새긴 나무패에 절하던 의식.

망그-뜨리다 〖타〗 ☞ 망가뜨리다.
망그러-지다 〖자〗 망가지다. □장난감이 ~.
망그-지르다 [-질러, -지르니] 〖타〗를 짜여져 있는 물건을 찌그러뜨리거나 부서뜨려 못 쓰게 만들다. □아이가 장난감을 ~.

망극 (罔極)〖명〗 '망극지통'의 준말. ━━하다 [-그카-]〖형어〗 어버이나 임금에게 상서롭지 못한 일이 생기게 되어 매우 슬프다.

망극지은 (罔極之恩)[-찌-]〖명〗 한없는 은혜.
망극지통 (罔極之痛)[-찌-]〖명〗 한이 없는 슬픔 《보통 임금이나 어버이의 상사(喪事)에 쓰는 말》. □~을 당하다. ⊕망극.

망극-하다² (罔極-)[-그카-]〖형어〗 임금이나 부모의 은혜가 한이 없다. □성은(聖恩)이 망극하옵니다.

망:기 (望氣)〖명〗하자〗 나타나 있는 기운을 보고 일의 조짐을 살펴 앎.

망:기 (望旗)〖명〗 **1** 망대에 걸어 놓는 기. **2** 망대에서 척후병에게 신호하는 기.

망:-꾼 (望-)〖명〗 망을 보는 사람.

망나니 〖명〗 **1**〖역〗죄인의 목을 베던 사람. 살수(殺手). **2** 말과 행동이 아주 막된 사람의 별명.

망나니-짓 [-짇]〖명〗하자〗 말과 행동이 아주 막된 사람의 짓.

망녀 (亡女)〖명〗 **1** 죽은 딸. **2** 주책없고 언행이 고약한 여자.

망년 (忘年)〖명〗 **1** 나이의 차이를 잊음. **2** 그해의 온갖 괴로움을 잊음.

망년지교 (忘年之交)〖명〗 망년지우.
망년지우 (忘年之友)〖명〗 나이 차이를 잊고 허

물없이 사귀는 벗. 망년우(友). 망년지교. 망년교(交).

망년-회 (忘年會)〖명〗 연말에 그해의 온갖 괴로움을 잊자는 뜻으로 베푸는 모임. 송년회.

망:념 (妄念)〖명〗 망상(妄想)1.

망:념-간 (望念間)〖명〗 음력 보름께부터 그달 20일경까지의 사이.

망:-다례 (望茶禮)〖명〗 보름차례.

망:단 (妄斷)〖명〗 망령된 판단. 그릇된 단정.

망:단 (望斷)〖명〗하자형〗 **1** 바라던 일이 실패함. **2** 이러지도 저러지도 못하는 처지가 딱함.

망:-단자 (望單子)[-딴-]〖명〗〖역〗 삼망(三望)을 기록한 단자. 망기(望記).

망단-하다 〖자타어〗 **1** 일을 뒤탈 없이 끝맺다. **2** 단산(斷産)하다.

망:담 (妄談)〖명〗하자〗 망령된 말. 망언.

망:대 (望臺)〖명〗 적이나 주위의 동정을 살피기 위하여 높이 세운 대. 망루(望樓). 관각(觀閣). □~에 오르다.

망덕 (亡德)〖명〗 자기 자신과 집안을 망칠 못된 언동(言動).

망-돌림 〖명〗 씨름에서, 왼손으로 상대방의 허리춤을 잡고 오른손으로 목덜미를 잡아 돌리어 넘어뜨리는 재주.

망:동 (妄動)〖명〗하자〗 아무 분별없이 망령되이 행동함. □~을 삼가라.

망:-두석 (望頭石)〖명〗〖민〗 망주석(望柱石).

망:-둑어 〖어〗 망둑엇과의 바닷물고기의 총칭. 몸은 작고, 흔히 바닷가의 모래땅에 살며, 좌우의 배지느러미가 합쳐져서 빨판처럼 되어 있는 것이 특징임. 망둑어.

망:둥-이 〖어〗 망둑어.
[망둥이가 뛰니까 전라도 빗자루도 뛴다] 남이 뛰며 좋아하니까 덩달아 날뛴다. [망둥이가 뛰면 꼴뚜기도 뛴다] 제 분수도 모르고 남의 행동에 덩달아 움직임.

망라 (網羅)[-나]〖명〗하타〗 물고기나 새를 잡는 그물이란 뜻으로, 널리 구하여 모두 받아들임의 일컬음. □정계의 거물들을 거의 ~하다 / 모임에 명사들이 ~되다.

망량 (魍魎)[-냥]〖명〗 **1** 도깨비. **2** '이매(魑魅)망량'의 준말.

망령 (亡靈)[-녕]〖명〗 **1** 죽은 사람의 영혼. **2** 혐오스러운 과거의 잔재. □독재자의 ~을 보는 듯하다.

망:령 (妄靈)[-녕]〖명〗 늙거나 정신이 흐려서 말이나 행동이 정상을 벗어남. 또는 그런 상태. □~이 나다 / ~이 들다 / ~을 부리다.

망:령-되다 (妄靈-)[-녕뙤]〖형〗 망령이 든 상태이다. □망령된 노인네의 헛소리. **망:령-되이** [-녕-]〖부〗 혀를 놀리다.

망:령-스럽다 (妄靈-)[-녕-따][-스러워, -스러우니]〖형ㅂ〗 망령이 든 것처럼 보이는 데가 있다. **망:령-스레** [-녕-]〖부〗

망:론 (妄論)[-논]〖명〗 망령된 이론이나 말. □~을 일삼다.

망:루 (望樓)[-누]〖명〗 망대(望臺). □~에서 사방을 살피다.

망:륙 (望六)[-뉵]〖명〗 예순을 바라본다는 뜻으로, 쉰한 살의 일컬음.

망막 (網膜)〖명〗〖생〗 눈알의 가장 안쪽에 있는 맥락막(脈絡膜) 안에 시신경의 세포가 막 모양으로 층을 이룬 부분. 그물막.

망막-염 (網膜炎)[-망념]〖명〗〖의〗 망막에 생기

는 염증((시력이 약해지고 망막이 흐려지며 출혈 등이 생김).

망-하다(茫漠-)[-마카-]「형」 1 넓고 멀다. 아득하다. ▣망막한 평원. 2 뚜렷한 구별이 없다.

망망-대해(茫茫大海)「명」 한없이 크고 넓은 바다.

망ː망연-하다(望望然-)「형」 1 아주 먼 곳을 바라보는 듯하다. 2 수줍어서 얼굴을 들지 못하고 흘긋흘긋 바라보는 기색이 있다. **망ː망연-히**「부」

망망-하다(忙忙-)「형」 썩 바쁘다. **망망-히**「부」

망망-하다(茫茫-)「형」 1 넓고 멀다. ▣망망한 바다. 2 막연하고 아득하다. **망망-히**「부」

망매(亡妹)「명」 죽은 누이동생.

망매(魍魅)「명」 도깨비.

망매-하다(茫昧-)「형」 견문이 없어 세상일에 캄캄하다.

망명(亡命)「명」「하자」 1 혁명의 실패 또는 정치적인 이유로 제 나라에 있지 못하고 남의 나라로 몸을 피함. ▣~ 길에 오르다 / 외국으로 ~하다. 2 '망명도주'의 준말.

망명-가(亡命家)「명」 망명한 사람. 망명자.

망명-객(亡命客)「명」 망명하여 온 사람. 망객 (亡客).

망명-도생(亡命圖生)「명」「하자」 망명하여 삶을 피함. ▣~의 길을 떠나다.

망명-도주(亡命逃走)「명」「하자」 죽을 죄를 저지른 사람이 몸을 피하여 멀리 도망쳐 달아남.

망명 문학(亡命文學)『문』 정치적인 이유로 외국에 망명한 문학자들에 의하여 이루어진 문학.

망명-자(亡命者)「명」 망명가.

망명 정부(亡命政府)『정』 다른 나라에 의한 정복·전쟁·혁명 등으로 외국에 망명한 정객들이 조직한 정부.

망명-죄(亡命罪)[-쬐]「명」 외국으로 망명하지 않으면 죽음을 면치 못할 죄.

망명-죄인(亡命罪人)「명」 외국으로 망명도주한 죄인.

망명-지(亡命地)「명」 망명한 사람이 사는 외국.

망모(亡母)「명」 돌아가신 어머니. 선비(先妣). ↔망부(亡父).

망무두서(茫無頭緖)「명」「하형」 정신이 아득하여 갈피를 잡을 수 없음.

망무애반(茫無涯畔)「명」「하형」 아득하게 넓고 멀어 끝이 없음. 망무제애(茫無際涯). 일망무제 (一望無際).

망ː문-과부(望門寡婦)「명」 정혼(定婚)한 남자가 죽어서 시집도 가 보지 못한 처녀로 있는 혼례는 하였으나 첫날밤을 치르지 못하여 처녀로 있는 여자. 까막과부.

망ː문-상전(望門床廛)「명」『역』 조선 때, 13 살 전 가운데 서울 종로 서북 편에 있던 잡화점.

망ː문-투식(望門投食)「명」「하자」 노자가 떨어져 남의 집을 찾아가 얻어먹음.

망물[1](亡物)「명」 아주 몹쓸 사람. 망골(亡骨).

망물[2](亡物)「명」『불』 죽은 승려의 유물.

망ː물(妄物)「명」 망령되이 도리에 어그러진 짓을 하는 사람.

망박-하다(忙迫-)[-바카-]「형」 일에 몰리어 몹시 바쁘다.

망ː발(妄發)「명」「하자」 1 말이나 행동을 잘못하여 자기나 조상에게 욕되게 함. 또는 그런 말이나 행동. ▣어른에게 그 무슨 ~인가 / 농담 좀 했기로 ~이 될 거야 없지 않은가. 2 망언 (妄言). ▣~을 거두시오.

망ː발-풀이(妄發-)「명」「하자」 망발한 것을 씻기 위해 그 말을 듣거나 그 행동을 당한 사람에게 한턱 내는 일.

망ː배(望拜)「명」「하자」 멀리서 연고가 있는 쪽을 향해 절을 함. 또는 그리 하는 절. 요배(遙拜).

망ː백(望百)「명」 백을 바라본다는 뜻으로, 아흔한 살을 일컫는 말.

망ː백초(忘百草)「명」「하자」 몸이 아주 건강하여 아무런 약도 생각하지 않음.

망ː변(妄辯)「명」「하타」 망령되거나 조리에 닿지 않게 변론함. 또는 그 변론.

망변(芒變)「명」 도자기를 구울 때 잿물로 기다랗게 줄진 무늬가 생기는 일.

망ː-보다(望-)「타」 남의 동정을 멀리서 살피다. ▣상대편 진영을 ~.

망ː부(亡父)「명」 돌아가신 아버지. ↔망모(亡母).

망ː부(亡夫)「명」 죽은 남편. ↔망처.

망ː부(亡婦)「명」 1 죽은 며느리. 2 망처(亡妻).

망ː부-석(望夫石)「명」 멀리 떠난 남편을 기다리다가 죽게 되었다는 돌. 또는 그 위에 서서 기다렸다는 돌.

망사(忘死)「명」「하자」 '망사생(忘死生)'의 준말.

망ː사(硅砂·硅沙)「명」 노사(硅砂).

망사(網紗)「명」 그물같이 설피고 성기게 짠 깁.

망-사생(忘死生)「명」「하자」 죽고 살기를 돌아보지 아니함. 준망사(忘死).

망사지죄(罔赦之罪)「명」 용서할 수 없는 큰 죄.

망ː상(妄想)「명」「하자」 1 이치에 어그러진 생각. 망념(妄念). ▣헛된 ~ / ~에 빠지다. 2『심』 병적 원인에 의해서 생기거나, 사실의 경험이나 논리에 따르지 않는 믿음((피해망상·과대망상·몽상망상 등이 있음).

망ː상(望床)「명」 큰 잔치 때, 갖은 음식을 보기에 탐스럽게 높이 괴어 벌인 상.

망상(網狀)「명」 그물처럼 생긴 모양.

망ː상-광(妄想狂)「명」『의』 망상에 잘 빠지는 정신병. 또는 그 병에 걸린 사람.

망상-맥(網狀脈)「명」『식』 그물맥.

망상맥-엽(網狀脈葉)「명」『식』 그물맥잎.

망ː상-스럽다[-따][-스러워,-스러우니]「형」 요망하고 깜찍한 데가 있다. **망ː상-스레**「부」

망ː상-어(望-)「명」『어』 양망상엇과의 바닷물고기. 몸길이 25 cm 내외의 타원형으로, 매우 납작하고 머리와 입이 작음. 몸빛은 대개 붉은 구릿빛임.

망ː상-증(妄想症)[-쯩]「명」『의』 정신 이상에서 오는 망상의 증상. 2 객관적으로는 잘못인 데도 옳다고 확신하고 고집하는 증세.

망ː상 치매(妄想癡呆)『의』 정신 분열증의 하나(30~40 대에 주로 일어나는데, 공상적·과장적인 망상이 있고 망상·환각이 주된 징조임). 망상형 분열병.

망ː새(望-)「명」『건』 1 전각·문루(門樓)와 같은 큰 건물의 지붕 대마루 양쪽 머리에 얹는 기와. 치미(鴟尾). 2 집의 합각머리나 너새 끝에 얹는 용의 머리처럼 생긴 장식. 용두(龍頭).

망ː석-중[-쭝]「명」 '망석중이'의 준말.

망ː석중-놀이[-쭝노리]「명」『연』 예전에, 음력 사월 파일에 행하던 인형극의 하나. 막이 없이 사방이 터진 곳에 숨어서 음악에 맞추어 인형을 놀림. 망석중이극(劇).

망ː석-중이[-쭝-]「명」 1 나무로 만든 꼭두각시의 하나. 팔다리에 줄을 매어 그 줄을 당겨춤을 추게 함. 2 남이 부추기는 대로 행동하는 사람을 비유적으로 이르는 말. 괴뢰. 준망석중.

망ː설(妄說)「명」「하자」 망언(妄言).

망설-거리다 匣 자꾸 머뭇거리고 뜻을 정하지 못하다. ▱한참을 ~가 용기를 내어 말했다.
망설-망설 閔하匣
망설-대다 匣 망설거리다.
망설-이다 匣 머뭇거리고 뜻을 결정하지 못한다. 주저하다. ▱대답을 ~ / 어떻게 해야 할지 ~.
망설임 閔 이리저리 생각만 하고 태도를 결정하지 못하는 일. ▱ ~ 없이 승낙했다.
망:솔-하다 (妄率-)閔에 앞뒤를 헤아리지 못하고 경솔하다. 망:솔-히 閔
망쇄-하다 (忙殺-)閔에 정신을 차릴 수 없을 정도로 몹시 바쁘다.
망수 (網綬)閔〖역〗 조복(朝服)의 후수(後綬) 아래에 늘이던, 실로 엮은 넓은 줄.
망승 (亡僧)閔 죽은 승려.
망신 (亡身)閔하匣 말이나 행동을 잘못하여 자신의 지위·명예·체면 따위를 망침. ▱~을 당하다 / ~을 시키다
[망신하려면 아버지 이름자도 안 나온다] ㉠망신을 당하려면 내내 잘되던 일도 비뚤어진다. ㉡평소에 잘 알던 일까지 잊어버리고 생각이 나지 않는다.
망:신 (妄信)閔하匣 옳지 못한 것을 그릇되게 함부로 믿음.
망신-살 (亡身煞)[-쌀]閔 몸을 망치거나 망신을 할 언짢은 운수. ▱~이 끼다.
망신살(이) 뻗치다 囨 큰 망신을 당하다. 또는 계속 망신을 당하다.
망신-스럽다 (亡身-)[-따][-스러워, -스러우니]閔田 망신을 당하는 느낌이 있다. ▱실수한 것이 망신스러워 얼굴을 들 수가 없다. 망신-스레 閔
망실 (亡失)閔하匣 잃어버려서 없어짐. ▱여권을 ~하다 / 장비를 ~하다.
망실 (亡室)閔 망처(亡妻).
망실 (忘失)閔 망각(忘却).
망아 (亡兒)閔 죽은 아이.
망아 (忘我)閔하匣 어떤 사물에 마음을 빼앗겨 자기를 잊어버림. ▱~의 경지.
망아지 閔 말의 새끼.
망야 (罔夜)閔하匣 밤을 새움.
망야-도주 (罔夜逃走)閔하匣 밤을 새워서 달아남.
망양 (茫洋·芒洋)閔 끝없이 넓은 바다. ──하다閔에 끝없이 넓어서 갈피를 잡을 수 없다.
망양-보뢰 (亡羊補牢)閔 '소 잃고 외양간 고친다'와 같은 말. ＊소¹.
망양-조직 (網樣組織)閔〖생〗 편도선·림프샘·흉선(胸腺)·지라 등에서 볼 수 있는 결합 조직(돌기가 있는 세포가 연결되어 있음).
망양지탄 (亡羊之歎)閔 갈림길에서 양을 잃고 탄식하는 뜻으로, 학문의 길이 여러 갈래여서 한 갈래의 진리도 얻기 어렵다는 말. 망양탄(亡羊歎). 다기망양(多岐亡羊).
망:양지탄 (望洋之歎)閔 어떤 일에 자신의 힘이 미치지 못할 때에 하는 탄식을 이르는 말.
망:어 (妄語)閔〖불〗 십악(十惡)의 하나. 남의 마음을 어지럽게 하는 헛된 말. 2 거짓말.
망:언 (妄言)閔하匣 망령되게 말함. 또는 그 말. 망발(妄發). 망언(妄言).
망:언-다사 (妄言多謝)閔 편지 등에서, 자기의 글을 낮추어 겸손히 이를 때에 쓰는 말.
망-얽이 (網-)[-얼기]閔 노끈으로 그물처럼 얽은 물건.
망연-스럽다 (茫然-)[-따][-스러워, -스러우니]閔田 망연한 데가 있다. 망연-스레 閔
망연-자실 (茫然自失)閔하匣 멍하니 정신이

나간 듯하다. ▱갑작스런 사고 소식에 ~하다.
망연-하다 (茫然-)閔에 1 넓고 멀어서 아득하다. ▱험한 고개를 넘을 길이 ~. 2 아무 생각이 없이 명하다. 망연-히 閔. ▱ ~ 서 있다.
망:외 (望外)閔 바라거나 희망하는 것 이상의 것. ▱ ~의 기쁨을 맛보다.
망우-초 (忘憂草)閔〖식〗 원추리.
망운 (亡運)閔 망할 운수. ▱ ~이 끼다.
망:운지정 (望雲之情)閔 어버이를 그리워하는 마음. 망운지회(望雲之懷).
망울 1 우유나 풀 따위에 작고 둥글게 엉겨 굳은 덩이. ▱풀에 ~이 지다. 2〖의〗 림프샘이 부어오른 자리. ▱~이 서다. ㉿명울. 3 '꽃망울'의 준말. 4 눈망울.
망울-망울¹ 閔 망울마다.
망울-망울² 閔 우유나 풀 따위에 망울이 잘고 둥글게 엉겨 있는 모양. ㉿명울멍울.
망울-지다 匣 망울이 생기다. ▱목련화가 ~.
망:원-경 (望遠鏡)閔 두 개 이상의 볼록 렌즈를 맞추어 멀리 있는 물체를 크고 정확하게 보게 만든 장치. 만리경(萬里鏡). 천리경.
망:원 렌즈 (望遠lens) 먼 곳의 물체를 크고 정확하게 볼 수 있도록, 초점 거리를 길게 만든 렌즈.
망:원 사진 (望遠寫眞) 망원 렌즈를 사용하여 찍은 사진.
망:월¹ (望月)閔 보름달.
망:월² (望月)閔하匣 달을 바라봄.
망은 (忘恩)閔하匣 은혜를 잊거나 모름.
망인 (亡人)閔 죽은 사람. 망자(亡者). ▱~의 명복을 빌다.
망인 (鋩刃)閔 날카로운 칼날.
망:일 (望日)閔 음력 보름날.
망자 (亡子)閔 죽은 아들.
망자 (亡者)閔 망인(亡人). ▱~의 영.
망자 (芒刺)閔 까끄라기와 가시.
망:자-존대 (妄自尊大)閔하匣 앞뒤 생각이 없이 함부로 잘난 체함.
망자-증 (芒刺症)[-쯩]閔〖의〗 혓바늘이 돋는 병(病).
망자-집 (亡字-)[-짜-]閔〖건〗 '도망망자집'의 준말.
망:전 (望前)閔 음력 보름이 되기 이전. ↔망후(望後).
망:전 (望奠)閔 상중(喪中)인 집에서 매달 음력 보름날 아침에 지내는 제사. ↔삭전(朔奠).
망점 (網點)[-쩜]閔〖인〗 스크린에 나타나는 그물코 모양의 점.
망:정 (望定)閔〖역〗 조선 때, 관원 후보로 세 사람을 우선 지명(指名)하던 일. ＊삼망(三望).
망정 閔 (주로 '-기에'·'-니(까)' 따위의 뒤에서 '망정이지'의 꼴로 쓰여) 다행히 그러함의 뜻을 나타내는 말. ▱네가 도왔기에 ~이지 이제는 큰일 날 뻔했다 / 비가 내리니 ~이지 가물 뻔했다.
망:제 (亡-)閔〖민〗 '망자(亡者)'의 뜻으로 무당이 쓰는 말.
망제 (亡弟)閔 죽은 아우.
망:제 (望帝)閔 1 촉왕(蜀王) 두우(杜宇)의 칭호(그가 죽어서 두견이가 되었다는 전설이 있음). 2〖조〗 두견이.
망:제 (望祭)閔 1 먼 곳에서 조상의 무덤이 있는 쪽을 향하여 지내는 제사. 2〖역〗 음력 보름날 종묘에서 지내던 제사.

망:제-혼(望帝魂)명 중국 촉(蜀)나라 사람인 망제(望帝)의 죽은 넋이 두견이가 되었다는 뜻으로, '두견이'를 달리 이르는 말.

망조(亡兆)[-쪼]명 '망징패조'의 준말.
　망조가 들다관 망해 가는 징조가 생기거나 보이다.

망조(罔措)명하자 '망지소조'의 준말.

망:족(望族)명 명망이 있는 집안.

망종(亡終)명 1 사람의 목숨이 끊어지는 때. ▷~을 지키다. 2 일의 마지막.

망종(亡種)명 몹쓸 종자란 뜻으로, 행실이 아주 좋지 못한 사람을 욕으로 이르는 말.

망종(芒種)명 1 까끄라기가 있는 곡식(벼·보리 따위). 2 24절기의 하나. 6월 6일 무렵으로 보리는 익어 먹게 되고 모를 심게 됨.

망종-길(亡終-)[-낄]명 사람이 죽어서 저승으로 가는 길.

망:주(望柱)명 '망주석'의 준말.

망:주-석(望柱石)명『민』무덤 앞의 양쪽에 세우는, 여덟모가 진 한 쌍의 돌기둥. 망두석. 준망주(望柱).

망중(忙中)명 바쁜 가운데. ▷~에 틈을 내다.

망중-유한(忙中有閑)명 바쁜 가운데 한가한 짬이 있음.

망중-투한(忙中偸閑)명 바쁜 가운데 한가한 짬을 지어서 즐김.

망:중-하다(望重-)형여 명망이 높다.

망중-한(忙中閑)명 바쁜 가운데에 잠깐 얻어 낸 틈.

망지소조(罔知所措)명하자 너무 당황하거나 급하여 어찌할 바를 모르고 허둥지둥함. 준망조(罔措).

망:진(望診)명하타『의』시진(視診).

망:집(妄執)명하자 1 망령된 고집. ▷~을 버리다. 2『불』망상(妄想)을 버리지 못하고 집착함. ▷~에 사로잡히다.

망징-패조(亡徵敗兆)명 망하거나 패할 조짐. 준망조(亡兆).

망:참(望參)명하자『민』음력 보름날 사당에 절하고 뵘. 또는 그 예식.

망창-하다(茫蒼-)형여 갑자기 큰일을 당하여 앞이 아득하다. **망창-히**튀

망처(亡妻)명 죽은 아내. 망실(亡室). 망부(亡婦). ▷망부(亡夫).

망:-첨례(望瞻禮)[-녜]명『가』'축일 전야'의 구송어[망(望) 예수 성탄 첨례 등].

망초명『식』국화과의 두해살이풀. 북아메리카 원산으로 들어가 길가에 나는데, 높이는 1.5m 정도, 잎은 어긋나고 빗 모양의 피침형이며, 여름에 초록빛의 꽃이 핌. 어린잎은 식용하며 우리나라 각지에 분포함.

망초(芒硝)명 1 황산나트륨. 2『한의』박초(朴硝)를 두 번 달이어 만든 약재. 성질은 차고 훑어내리는 작용을 하여 변비·적취(積聚) 등에 씀. 마아초(馬牙硝).

망측-스럽다(罔測-)[-쓰-따][-스러워, -스러우니]형비 망측한 데가 있다. **망측-스레**[-쓰-]튀

망측-하다(罔測-)[-츠카-]형여 이치에 어그러져서 어이가 없거나 차마 보기가 민망하다. ▷옷차림이 ~. **망측-히**[-츠키]튀

망치(網-)명 단단한 물건이나 달군 쇠를 두드리는 데에 쓰는, 쇠로 만든 연장(마치보다 큼).

망치(忘置)명하타 망각(忘却).

망치다타 1 나라·집안 따위를 망하게 하다. ▷나라를 망칠 놈. 2 그르치거나 못 쓰게 만

들다. 결판내다. ▷신세를 ~ / 농사를 ~.

망치-뼈명『생』중이(中耳) 속에 있는 세 개의 작은 뼈 가운데 맨 바깥의 뼈(고막의 진동을 전달하는 구실을 함). 추골(槌骨).

망치-질명하자타 망치로 두들기거나 박는 일.

망친(亡親)명 죽은 부모. ▷~의 기일(忌日).

망:칠(望七)명 일흔을 바라본다는 뜻으로, 나이 '예순한 살'의 일컬음.

망침(網針)명 망을 얽어서 짜는 바늘. 그물바늘. 뜨개바늘.

망타(網打)명하타 '일망타진'의 준말.

망:-탄-하다(妄誕-)형여 허망하고 터무니없다.

망태(網-)명 '망태기'의 준말.

망태(網太)명 그물로 잡은 명태.

망태기(網-)명 가는 새끼나 노 따위로 엮어 만든 그릇(물건을 넣어 다니는 데 씀). ▷~에 담다 / ~를 짊어지다. 준망태.

망토(프 manteau)명 소매가 없이 어깨에서부터 내리 걸치는 외투의 한 가지.

망-통(望-)명 통¹.

망판(網版)명『인』사진 동판(銅版).

망:팔(望八)명 여든을 바라본다는 뜻으로, 나이 '일흔한 살'의 일컬음.

망:패(妄悖)명하형부 말이나 행동이 도리에 어그러지고 막됨. ▷~한 짓을 일삼다.

망:평(妄評)명하타 아무렇게나 함부로 하는 비평이나 평론.

망:풍(望風)명하자 1 좋은 풍채를 보고 우러러봄. 2 높은 명망을 듣고 우러러봄.

망-하다(亡-)자여 1 개인·집안·조직체 따위가 결딴이 나다. ▷집안이 ~. ↔흥하다. 2 (주로 '망할'의 꼴로 쓰여) 못마땅한 사람이나 대상을 저주하는 뜻으로 쓰는 말. ▷망할 자식. □형여 아주 고약하다. ▷읽기가 망한 책 / 보기가 ~.
　[망할 놈이 날 자식] 망해도 그냥 망하지 않고, 흘랑 거덜이 나서 망할 자식의 뜻으로 욕하는 말.

망해(亡骸)명 유해(遺骸).

망:해 도법(望海圖法)[-뻡]『지』바다 가운데 있는 섬을 뭍에서 건너다보고 그 거리를 헤아리는 산법(算法).

망:향(望鄕)명하자 고향을 그리워함. ▷~의 한을 풀다.

망:향-가(望鄕歌)명 고향을 그리워하며 부르는 노래.

망형(亡兄)명 죽은 형. 선형(先兄).

망혼(亡魂)명 죽은 사람의 넋. ▷~을 달래다.

망:-회(望-)명『역』조선 때, 공사(公私)의 대례(大禮) 또는 의정(議政) 이상이 공무로 다닐 때, 그 앞길을 밝히느라고 켜던 횃불. 망거(望炬).

망후(亡後)명 죽은 뒤. 사후(死後).

망:후(望後)명 음력 보름 이후. ↔망전.

맞-[맏]튀 1 서로 마주 대하는 뜻을 나타내는 말. ▷~장구 / ~들다. 2 서로 어슷비슷함을 나타내는 말. ▷~바늘 / ~먹다.

맞-각(-角)[맏깍]명『수』대각(對角).

맞-갖다[맏깓따]형 마음이나 입맛에 꼭 맞다. ▷맞갖은 반찬.

맞갖잖다[맏깓짠타]형 마음이나 입맛에 맞지 않다. ▷맞갖잖은 소리.

맞-걸다[맏껄따][-걸어, 맞거니, 맞거는]타 1 마주 걸다. 2 노름판에서 서로 돈을 걸다.

맞-걸리다[맏껄리다]자《'맞걸다'의 피동》양쪽이 마주 걸리다.

맞-걸이[맏꺼리]명하자 씨름에서, 안다리걸

기를 걸린 쪽이 다시 상대편에게 안다리걸기를 거는 재주.

맞-겨루다 [맏껴-][타] 서로 우열이나 승부를 가리다. ▢노래 솜씨를 ~.

맞-견주다 [맏껸-][타] 서로 마주 대어 보다. ▢친구와 힘을 ~.

맞-결리다 [맏껼-][자] 몸의 어떤 부분 양쪽이 마주 결리다. ▢양 옆구리가 ~.

맞-고소 (-告訴)[맏꼬-][명][하][자] 《법》 고소를 당한 사람이 고소한 사람을 상대로 마주 고소하는 일. 대소(對訴).

맞-고함 (-高喊)[맏꼬-][명] 양쪽에서 같이 지르는 고함. 또는 한쪽의 고함에 대하여 맞받아 지르는 고함. ▢~을 지르다.

맞-교군 (-轎軍)[맏꾜-][명] 두 사람이 메는 가마.

맞-교대 (-交代)[맏꾜-][명][하][자] 일을 할 때, 두 조로 나누어 일정한 시간마다 서로 교대함. 또는 그런 일.

맞-교환 (-交換)[맏꾜-][명][하][타] 어떤 것을 서로 맞바꾸거나 주고받는 일. ▢반지를 ~하다.

맞-구멍 [맏꾸-][명] 마주 뚫린 구멍. ▢산에 ~을 내서 터널을 만든다.

맞꼭지-각 (-角)[맏-찌-][명] 《수》 두 직선이 교차할 때 생기는 네 각 가운데 상대하는 두 개의 각(그 크기가 같음).

맞-남여 (-籃輿)[만냐며][명] 두 사람이 메는, 위를 꾸미지 않은 남여.

맞-놓다 [만노타][타] 1 서로 마주 향하게 똑바로 놓다. 마주 놓다. ▢책상과 의자를 ~. 2 서로 말을 낮추다. ▢말을 맞놓는 사이.

맞다¹ [맏따][자] 1 틀리지 않다. ▢도리에 맞는 말 / 이치가 ~. 2 어울리다. 조화하다. ▢분에 맞는 생활 / 옷 빛깔이 너한테 꼭 맞는다. 3 마음에나 입맛에 들다. ▢음식이 입에 ~. 4 크기나 규격이 다른 것에 합치하다. ▢발에 맞는 신. 5 일치하다. 하나가 되다. ▢앞뒤가 맞지 않는 말 / 의견이 ~. 6 손해가 되지 않다. ▢수지가 맞는 장사. 7 겨눈 것이 목표에 바로 닿다. ▢화살이 과녁에 ~. 8 서로 통하다. 마음에 맞는 친구 / 눈이 ~《남녀가 서로 좋아하게 되다》. 9 (앞말에 동의하는 데 쓰여) '그렇다'·'옳다'의 뜻을 나타내는 말. ▢네 말이 맞는구나.

맞다² [맏따][타] 1 오는 사람을 기다려 받아들이다. ▢손님을 ~. 2 자연히 돌아오는 철이나 날을 당하다. ▢생일을 ~ / 인생의 황혼기를 ~. 3 가족의 일원으로 데려오다. ▢아내를 ~ / 며느리로 ~. 4 비나 눈 따위를 몸으로 받다. ▢비를 ~ / 벼락을 ~. 5 때리는 매나 총알 따위를 그대로 받다. ▢매를 ~. 6 어떤 평가를 당하다. ▢야단을 ~ / 도둑을 ~. 7 죽다. ▢최후를 ~. 8 주사·침 따위로 치료를 받다. ▢침을 ~. 9 점수를 받다. ▢100점을 ~. 10 서명·날인 따위를 찍어 받다. ▢결재를 ~.

[맞는 자식보다 때리는 부모의 마음이 더 아프다] 자식을 올바르게 이끌려고 매를 드는 부모의 마음은 맞는 자식보다 훨씬 아프다는 말. [맞은 놈은 펴고 자고 때린 놈은 오그리고 잔다] 남을 괴롭힌 사람은 뒷일이 걱정되어 마음이 불안하나, 해를 당한 사람은 마음만은 편하다는 말.

-맞다 [맏따][접] (일부 명사나 어근 뒤에 붙어) '그것을 지니고 있음'의 뜻의 형용사를 만드는 접미어. ▢궁상~ / 빙충~ / 징글~ / 능청~ / 쌀쌀~.

맞-닥뜨리다 [맏딱-][자] 서로 부딪칠 정도로

마주 대하여 닥치다. ▢위기에 ~ / 골목길에서 친구와 ~.

맞-닥치다 [맏딱-][자] 1 이것과 저것이 서로 마주 다다르다. ▢빚쟁이와 ~. 2 이것과 저것이 함께 닥치다. ▢달리기에 1등과 2등이 거의 동시에 맞닥쳤다.

맞-단추 [맏딴-][명] 암단추와 수단추를 맞추어 쓰는 단추.

맞-담 [맏땀][명] 《건》 돌멩이를 겹으로 마주 대어 쌓은 돌담(보통의 돌담). ↔홑담.

맞-담배 [맏땀-][명] 마주 대하고 피우는 담배.

맞담배-질 [맏땀-][명][하][자] 마주 보고 담배를 피우는 짓.

맞-당기다 [맏땅-]-[자] 양쪽으로 끌리다. ▢실이 맞당겨 끊어지다. ▢-[타] 양쪽에서 마주 잡아 끌다. ▢밧줄을 ~.

맞-닿다 [맏따타][자] 마주 닿다. ▢지붕과 지붕이 ~.

맞-대결 (-對決)[맏때-][명][하][자] 서로 맞서서 대결함. ▢~을 벌이다.

맞-대꾸 [맏때-][명][하][자] 남의 말을 맞받아서 대꾸함. ▢지지 않고 ~하다.

맞대꾸-질 [맏때-][명][하][자] 남의 말을 맞받아서 대꾸하는 짓.

맞-대다 [맏때-][타] 1 마주 닿게 하다. ▢두 책상을 ~. 2 마주 대하다. ▢무릎을 ~ / 이마를 맞대고 의논하다 / 맞대 놓고 욕을 하다. 3 같은 자격으로 서로 비교하다. ▢키를 맞대어 보다.

맞-대매 [맏때-][명][하][자] 단 두 사람이 마지막으로 승부를 겨루는 일.

맞-대면 (-對面)[맏때-][명][하][자][타] 당사자끼리 서로 마주 대하는 일. ▢자꾸 발뺌을 하니 ~와 ~시켜야겠다.

맞-대응 (-對應)[맏때-][명][하][자] 상대방의 행동이나 태도에 대해 맞서서 대응함. ▢~을 자제하다.

맞-대하다 (-對-)[맏때-][타][여] 서로 마주 대하다. ▢아버지를 맞대하고 말씀을 드리다.

맞-돈 [맏똔][명] 물건을 살 때 그 자리에서 값으로 치르는 돈. 또는 물건값으로 즉석에서 주는 돈. 즉전. 직전(直錢). 현금.

맞-두다 [맏뚜-][타] 장기·바둑 따위를 대등한 자격과 조건으로 두다.

맞-두레 [맏뚜-][명] 함지나 물통 따위의 네 귀퉁이에 줄을 매어 두 사람이 마주 서서 두 가닥씩 갈라 쥐고 물을 푸게 만든 농기구.

맞-들다 [맏뜰-][맞들어, 맞드니, 맞드는][타] 1 두 사람이 마주 물건을 들다. ▢짐을 ~. 2 힘을 합해서 협력하다. ▢일을 서로 맞들어 하다.

맞-뚫다 [맏뚤타][타] 양쪽에서 마주 들어가며 구멍을 내다. ▢터널을 ~.

맞-뚫리다 [맏뚤-][자] 《'맞뚫다'의 피동》 서로 통하도록 마주 뚫어지다. ▢맞뚫린 구멍으로 들여다보다.

맞-먹다 [만-따][자] 힘·거리·시간·분량·수준·정도 따위가 같거나 엇비슷하다. ▢월급과 맞먹는 돈을 투자했다 / 동생이 형의 키와 거의 맞먹는다.

맞-모 [만-][명] 《수》 대각(對角).

맞모-금 [만-][명] 《수》 대각선.

맞-물다 [만-][맞물어, 맞무니, 맞무는][타] 1 양쪽에서 마주 물다. ▢맞물고 돌아가는 톱니바퀴. 2 아래윗니·입술·주둥이 따위를 마주 물다. ▢어금니를 ~. 3 끊어지지 않고 잇

닿다. ▢차량 행렬이 맞물고 이어지다.
맞물-리다 [맏-] □짜《'맞물다'의 피동》 마주
물리다. ▢톱니바퀴가 맞물려 돌아가다.
□타동《'맞물다'의 사동》 맞물게 하다. ▢손가
락을 맞물려 깍지를 끼다.
맞-미닫이 [맏-다지] 명 한 홈에 두 짝을 끼워
마주 닫게 한 미닫이.
맞-바꾸다 [맏빠-] 타 값을 따지지 않고 물건
을 서로 바꾸다. ▢시계와 카메라를 ~.
맞-바느질 [맏빠-] 명하다 실을 꿴 바늘 두 개
를 한 구멍에 마주 넣어서 꿰매는 바느질.
맞-바둑 [맏빠-] 명 실력이 비슷한 사람끼리
두는 바둑. 상선(相先). 호선(互先). ▢~을
두다. ↔접바둑.
맞-바라기 [맏빠-] 명 '맞은바라기'의 준말.
맞-바람 [맏빠-] 명 양편에서 마주 불어오는
바람. 맞은바람. ▢~이 치다.
맞-바로 [맏빠-] 부 마주 정면으로. ▢~ 대들
다 / ~ 쳐다보다.
맞-바리 [맏빠-] 명 남이 팔러 가는 땔나무를
중간에서 사서 시장에 파는 일.
맞-받다 [맏빧따] 타 1 정면으로 마주 부딪치
다. ▢버스와 트럭이 맞받은 사고. 2 노래나
말을 곧 이어받다. ▢노래를 맞받아 부르다.
3 남의 말이나 행동 따위에 정면으로 상대하
다. ▢신경질을 부리는 그에게 맞받아 화를
냈다.
맞받아-치다 [맏빧다-] 타 남의 말이나 행동에
곧바로 대응하여 나서다. ▢상대방의 주먹
을 ~.
맞-받이 [맏빠지] 명 맞은편에 마주 바라보이
는 곳. ▢강 건너 ~.
맞-발기 [-記] [맏빨-] 명 팔고 사는 사람이 각
기 간수해 두는 문서.
맞-배지기 [맏빠-] 명 씨름에서, 상대편이 들
었다가 놓으려 하는 순간 이쪽에서 맞받아
드는 배지기.
맞배-지붕 [맏빠-] [建] 지붕의 완각이 수
직으로 잘려진 지붕. 옆면이 'ㅅ' 자 모양으
로 된 지붕. 박공지붕.
맞배-집 [맏빠-] [建] 지붕이 맞배지붕으로
된 집. 박공집. 뱃집.
맞-버티다 [맏빠-] 짜 서로 마주 버티다. ▢맞
버티며 물러서지 않다.
맞-벌이 [맏뻐리] 명하다짜 부부가 모두 일하여
돈을 범. 또는 그런 일. ▢~ 부부.
맞-벽 (-壁) [맏뼉] [建] 흙벽을 칠 때 안쪽
에서 먼저 초벽(初壁)을 하였다가 마른 뒤에
겉에서 마주 붙이는 벽. 합벽(合壁).
맞벽-질 (-壁-) [맏뼉찔] 명하다짜 《建》 안쪽에 초
벽을 하고 마른 뒤에 겉에서 마주 벽을 붙이
는 일.
맞-변 (-邊) [맏뼌] 명 《數》 대변(對邊).
맞-보 [맏뽀] 명 《建》 건물의 중심에 세운 기둥
에 두 개의 보가 마주 끼어 걸린 들보.
맞-보기 [맏뽀-] 명 도수(度數)가 없는 안경.
평경(平鏡).
맞-보증 (-保證) [맏뽀-] 명 양편에서 서로 보
증을 서는 일. 또는 그 보증.
맞-부닥뜨리다 [맏뿌-] 짜타 서로 부딪칠 정도
로 가까이 서다. ▢그와 맞부닥뜨리지 않으
려고 일부러 피해 다녔다.
맞-부딪다 [맏뿌딛따] 짜타 힘 있게 마주 부딪
다. ▢쇠붙이끼리 맞부딪혀 불꽃이 튀다.
맞-부딪뜨리다 [맏뿌딛-] 타 힘 있게 마주 부
딪뜨리다.

맞-부딪치다 [맏뿌딛-] 짜타 힘 있게 마주
딪치다. ▢적수끼리 ~ / 너무 추워 아래윗니
가 딱딱 맞부딪쳤다.
맞-부딪트리다 [맏뿌딛-] 타 맞부딪뜨리다.
맞-부딪히다 [맏뿌딛치-] 짜《'맞부딪다'의 피
동》 맞부딪음을 당하다.
맞-부패 [맏뿌-] 명 《광》 분광(分鑛)할 때 두
사람이 동업하는 조직. *삼부패.
맞-불 [맏뿔] 명 1 불이 타고 있는 맞은편에서
마주 놓는 불. ▢~을 지르다. 2 마주 대고
붙이는 담뱃불.
  맞불(을) 놓다 귀 ㉠불붙은 맞은편에서 불을
  놓다. ㉡서로 마주 겨누고 총질을 하다.
맞-불다 [맏뿔-] [맞불어, 맞부니, 맞부는] 짜
마주 불다. ▢양쪽에서 바람이 맞불기 시작
했다.
맞-붙다 [맏뿓따] 짜 1 서로 마주 닿다. ▢하늘
과 땅이 맞붙은 지평선. 2 싸움이나 내기 등
에서 서로 상대하여 겨루다. ▢강자끼리 맞
붙어 싸우다. 3 (주로 '맞붙어'의 꼴로 쓰여)
서로 떨어지지 않고 함께하다. ▢저 두 사람
은 늘 맞붙어 다닌다.
맞-붙들다 [맏뿓뜰-] [맞붙들어, 맞붙드니, 맞
붙드는] 타 마주 붙들다. ▢줄을 맞붙들고 잡
아당기다.
맞붙-이 [맏뿌치] 명 1 다른 사람을 통하지 않
고 직접 대면하여 일을 처리함. 2 솜옷을 입
어야 할 때에 입는 겹옷. ↔솜붙이.
맞붙-이다 [맏뿌치-] 타 1《'맞붙다'의 사동》
마주 붙이다. 2 두 사람을 마주 대면시키다.
맞-붙잡다 [맏뿓짭따] 타 놓치지 않도록 서로
마주 붙잡다.
맞비겨-떨어지다 [맏삐-떠러-] 짜 상대되는
두 가지 셈이 꼭 같아서 서로 남고 모자람이
없이 꼭 맞다.
맞-비비다 [맏삐-] 타 서로 마주 대고 비비다.
▢두 손을 ~.
맞-상대 (-相對) [맏쌍-] 명하다짜타 마주 상대함.
또는 그런 상대. ▢그와 ~하기에는 내 힘이
모자랄 것 같다.
맞-서다 [맏써-] 짜 1 서로 마주 서다. ▢둘이
서로 노려보며 맞서 있다. 2 서로 굽히지 않
고 버티다. ▢양편의 의견이 팽팽히 ~. 3 어
떤 상황에 부닥치거나 직면하다. ▢부정과
맞서 싸우다.
맞-선 [맏썬] 명 결혼을 위하여 당사자끼리 직
접 만나 보는 일. ▢~을 보다.
맞선-꼴 [맏썬-] 명 《數》 대칭 도형.
맞-소리 [맏쏘-] 명 동시에 서로 응하는 소리.
맞-소송 (-訴訟) [맏쏘-] 명 반소(反訴).
맞-수 (-手) [맏쑤] 명 '맞적수'의 준말. ▢자네
는 내 ~가 아니야.
맞-술 [맏쑬] 명 서로 마주 대하여 마시는 술.
맞-싸우다 [맏-] 짜 서로 마주 붙어 싸우다.
▢적군과 ~.
맞-쐬다 [맏-] 타 서로 비교하여 대어 보다. 대
조하다.
맞-씨름 [맏-] 명하다짜 접어주는 일이 없이 둘
이 맞붙어 하는 씨름.
맞아-들이다 [마자-] 타 1 찾아온 사람을 맞이하여 안
으로 인도하다. ▢어서 손님을 맞아들여라.
2 예의를 갖추어 가족의 일원으로 받아들이
다. ▢친구의 아들을 사위로 ~.
맞아-떨어지다 [마자-] (흔히 '꼭'·'딱'·'잘'·'척
척' 따위와 함께 쓰여) 어떤 기준에 꼭 맞아
남거나 모자라는 것이 없다. ▢내 생각이 꼭
맞아떨어졌다.
맞-연귀 (-燕口) [맏년-] 명 문짝 같은 것의 귀

끝을 맞추어 짜는 방법의 하나.

맞-욕 (-辱)[만뇩]**명**하자 서로 맞대고 하는 욕.

맞은-바라기명 앞으로 마주 바라보이는 곳. ⓟ맞바라기.

맞은-바람명 맞바람.

맞은-쪽명 서로 마주 보이는 쪽.

맞은-편 (-便)[-편]명 마주 바라보이는 편.

맞은편-짝 (-便-)명 마주 상대되는 편짝.

-맞이回 오는 사람이나 일·날·때를 맞는 일 따위를 뜻함. □손님 ~ / 생일 ~ / 달 ~ / 설 ~ / 봄 ~.

맞이-하다타여 1 오는 것을 맞다. □새해를 ~. 2 예의를 갖추어 가족의 일원이 되게 하다. □여동생 친구를 아내로 ~.

맞-자라다[맞짜-]재 서로 같이 자라다.

맞-잡다[맞짭따]타 1 (손이나 물건을) 마주 잡다. □두 손을 맞잡고 울다. 2 어떤 일에 서로 협력하다. □손을 맞잡고 일하다.

맞잡-이[맞짜비]명 1 서로 힘이 비슷한 두 사람. 2 서로 비슷한 정도나 분량. □그때의 돈 50만 환은 지금 돈 5만 원 ~지.

맞-장구[맞짱-]명 남의 말에 덩달아 호응하거나 동의하는 일.

맞장구-치다[맞짱-]재 남의 말에 덩달아 호응하거나 동의하다.

맞-장기 (-將棋)[맞짱-]명 실력이 비슷한 사람끼리 두는 장기.

맞-장부-이음[맞짱-]명 이으려는 석재나 목재의 두 끝에 각각 장부를 만들어 맞추는 이음. 맞턱이음.

맞-적수 (-敵手)[맞쩍쑤]명 재주나 힘이 비슷한 두 상대. ⓟ맞수.

맞-절[맞쩔]명하자 서로 마주 하는 절.

맞-접 (-椄)[맞쩝]명『농』접붙이는 방법의 하나. 대목(臺木)과 접가지를 각각 비스듬히 자른 후, 그 단면을 맞붙여 동여매는 방법.

맞-조상 (-弔喪)[맞쪼-]명『상례(喪禮)에서, 안상제(喪祭)와 바깥상제가 마주하는 조상(발상(發喪)·성복(成服)·반우(返虞) 뒤에 행함).

맞-줄임[맞쭈림]명『수』약분함.

맞-질리다[맞찔-]재 양쪽 사물이 서로 내뻗치어 마주 지름을 당하다.

맞-총질 (-銃-)[맞-]명하자 상대방이 총을 쏠 때 마주 총을 쏨. 응사(應射).

맞추다[맞-]타 1 서로 꼭 맞도록 하다. □보조를 ~ / 말을 ~. 2 서로 닿게 하다. □아내에게 입을 ~. 3 떨어져 있는 부분을 제자리에 맞게 하다. 결합하다. □부품을 ~. 4 기준이나 정도에 알맞게 하다. □간을 ~ / 시간에 맞추어 전화를 걸다. 5 마음에 들게 하다. □비위를 ~. 6 순서를 고르게 하거나 짝을 채우다. □짝을 ~ / 화투장을 ~. 7 주문 물건을 만드는 일을 약속해 부탁하다. □옷을 ~. 8 일정한 대상을 비교하여 살피다. □답안지를 맞추어 보다. *맞히다².

맞춤[맞-]명하타 1 떨어져 있는 것을 제자리에 맞게 대어 붙임. 2 일정한 규격으로 맞추어 만듦. 또는 그렇게 만든 물건. □~ 가구 / ~ 구두.

맞춤-법 (-法)[맞-뻡]명『언』 1 글자를 일정한 규칙에 맞도록 쓰는 법. 철자법. □~이 틀리다 / ~에 맞게 써라. 2 한글 맞춤법.

맞춤-옷[맞추몯]명 몸에 맞추어 지은 옷.

맞춤-집[맞-찝]명『건』 조립식 주택.

맞춤-하다[맞-]형여 비슷한 정도로 알맞다. □보리밭은 밀회 장소로 맞춤한 곳이야.

맞-통[맞-]명 노름에서, 물주와 아기패의 끗수가 같이 된 경우.

맞-혼인 (-婚姻)[마토닌]명하자 1 혼례를 치를 때 드는 비용을 신랑과 신부 양편에서 똑같이 부담하는 혼인. 2 중매 없이 당사자끼리 하는 혼인.

맞-흥정[마틍-]명하타 소개하는 사람이 중간에 끼지 않고 살 사람과 팔 사람 쌍방이 직접 하는 흥정.

맞히다[마치-]타《'맞다'의 사동》 맞게 하다. □정답을 ~ / 화살을 과녁에 ~.

맞히다²[마치-]타《'맞다²'의 사동》 눈·비나 매·침·도둑 따위를 맞게 하다. □비를 ~ / 침을 ~ / 예방 주사를 ~.

맞다[맏따]재타 '마치다²'의 준말.

맏〈옛〉 마당.

맡기다[맏끼-]타 1《'맡다¹'의 사동》 어떤 일을 남에게 부탁하거나 위임하다. □내게 맡겨라 / 일을 남에게 맡기고 놀기만 한다. 2《'맡다³'의 사동》 물건의 보관을 남에게 부탁하다. □짐을 ~. 3 하게 내버려 두다. □상앙에 ~ / 자율에 ~.

맡다¹[맏따]타 1 일이나 책임을 넘겨받아 자기가 담당하다. □2학년 담임을 ~ / 과장직을 ~. 2 면허·허가나 증명 따위를 얻다. □허가를 ~. 3 어떤 물건을 받아 보관하다. □보따리를 맡아 두다. 4 차지하다. □자리를 맡아 두어라. 5 주문 따위를 받다. □주문을 ~ / 부탁을 ~.

맡다²[맏따]타 1 냄새를 코로 들이마셔 느끼다. □흙 냄새를 맡아 보다. 2 일의 형편이나 낌새를 엿보아 눈치채다. □기자들이 무슨 냄새를 맡았는지 우루루 몰려왔다.

맡아-보다타 어떤 일을 맡아서 하다. □인사 행정을 ~.

매¹명 사람이나 짐승을 때리는 곤장·막대기·몽둥이·회초리 따위의 총칭. 또는 그것으로 때리는 일. □~를 맞다 / ~를 대다 / ~를 때리다 / ~로 다스리다.

[매 끝에 정든다] 매를 맞거나 꾸지람을 들은 뒤에 사이가 더 가까워진다. [매도 먼저 맞는 놈이 낫다] 당해야 할 일은 먼저 치르고 나는 것이 낫다. [매 위에 장사 있나] 매로 때리는 데는 견딜 사람이 없다.

매(를) 들다 句 회초리나 막대기 따위로 때리다. □사랑의 매를 들다.

매²명 1 '맷돌'의 준말. 2 '매통'의 준말.

매³명 소렴(小殮) 때에 시체에 수의(壽衣)를 입히고 그 위를 매는 베 형겊.

매⁴日명 '매끼'의 준말. □의명 1 맷고기나 살담배를 작게 갈라 동여매어 놓고 팔 때, 그것을 세는 단위. 2 젓가락의 한 쌍을 세는 단위. □한 ~.

매⁵명『건』 '매흙'의 준말.

매⁶명『조』맷과의 맹조(猛鳥)의 총칭. 수리보다 작고 부리가 짧으며 발·발톱이 가늘고, 날개와 공지는 비교적 폭이 좁으나 수리보다 빠르게 낢. 작은 새나 병아리 등을 잡아먹음. 사냥용으로 사육하기도 함. 천연기념물 제 323호임. 송골매. 해동청(海東靑).

[매를 꿩으로 보다가] 사나운 사람을 순한 사람으로 잘못 보다.

매(妹)명 손아래 누이. 누이동생. 동생.

매(枚)명 종이나 널빤지 따위를 세는 단위. 장. □원고지 10 ~.

매:(每)관 '마다'·'각각'의 뜻. □~ 주일 / ~ 끼니.

매:⁷부 몹시 심하게. □~ 닦다 / ~ 삶다.

매:⁸〔부〕 양이나 염소의 울음소리.

매⁹〔부〕《옛》 어찌.

-매¹〔미〕 '맵시'·'모양'의 뜻. ▣웃~ / 몸~ / 눈~ / 입~.

-매²〔어미〕 받침 없는 어간 또는 어미 '-으시-'에 붙어, 어떤 사실에 대한 원인이나 근거를 나타내는 연결 어미. ▣그가 하~ 적이 안심이다 / 내가 보~ 그럴듯하더라. *-으매.

매가(妹家)〔명〕 시집간 누이의 집.

매:가(買價)[-까]〔명〕 물건을 사는 값.

매:가(賣家)〔명〕〔하자〕 집을 팖. 또는 파는 집.

매:가(賣價)[-까]〔명〕 물건을 파는 값.

매가리¹〔명〕《어》 전갱이.

매가리²〔명〕《속》 맥. 기운. ▣~가 없다.

매:-가오리〔명〕 매가오릿과의 바닷물고기. 몸길이는 2 m 정도이고, 머리 모양이 날개를 편 매와 비슷하고, 꼬리는 채찍 모양으로 길며, 꼬리의 등 쪽에 한 개의 가시가 있음. 몸빛은 적갈색, 아래쪽은 흼. 한국·일본·중국 등지에 분포함.

매:-가-육장(賣家鬻莊)[-짱]〔명〕〔하자〕 가진 집과 논밭을 다 팔아 없앰.

매:-각(賣却)〔명〕〔하타〕 물건을 팔아 버림. ▣부동산을 ~하다 / 빌딩이 ~되다.

매:-갈이〔명〕〔하자〕 벼를 매통에 갈아서 현미를 만드는 일. 조미.

매:갈-꾼〔명〕 매갈이하는 사람.

매:갈잇-간(-間)[-가리깐 / -가릳깐]〔명〕 매갈이하는 곳. 조미간.

매개〔명〕 일이 되어 가는 형편.
　매개(를) 보다〔쿤〕 일이 되어 가는 형편을 살펴보다.

매개(媒介)〔명〕〔하타〕 **1** 사람 사이에서 양편의 관계를 맺어 줌. ▣화폐는 물품 교환을 ~하는 역할을 한다. **2** 퍼뜨리거나 옮기는 일. ▣쥐는 페스트균을 ~한다.

매-개념(媒概念)〔명〕《논》 중개념.

매:-개댕기〔명〕 어여머리나 큰머리를 할 때 머리를 고정시키는 댕기.

매개 모:음(媒介母音)《언》 두 자음 사이에 끼어 음을 고르게 하는 소리('먹으니·먹으면'의 '으' 따위). 조음소.

매개-물(媒介物)〔명〕 매개가 되는 물건.

매개 변:수(媒介變數)《수》 몇 개의 변수 사이의 함수 관계를 간접으로 나타내기 위하여 쓰는 변수. 조변수(助變數). 모수(母數).

매개-자(媒介者)〔명〕 매개하는 사람.

매개 자음(媒介子音)《언》 어간 모음과 어미 모음 사이에 덧들어가는 자음('ㅎ+j+아→ㅎ야'에서 'j', 'ㅎ리+j+어→ㅎ리여'에서 'j' 따위).

매개-체(媒介體)〔명〕 둘 사이에서 어떤 일을 맺어 주는 구실을 하는 것.

매:-거(枚擧)〔명〕〔하타〕 낱낱이 들어 말함.

매-고르다[매골라, 매고르니]〔형르〕 **1** 모두 비슷하다. **2** 모두 가지런하다.

매골〔명〕 사람의 꼴(볼품없이 되었을 때 쓰는 말). ▣평생 빌어먹을 ~을 썼다.

매골(埋骨)〔명〕 뼈를 묻음.

매골 방자(埋骨-)〔명〕《민》 죽은 사람이나 짐승의 뼈를 묻어서 남이 못되기를 귀신에게 비는 짓.
　〔매골 방자를 하였냐〕 궁한 처지에 있는 사람을 두고 일컫는 말.

매:-관(賣官)〔명〕〔하자〕 매관매직.

매:관-매직(賣官賣職)〔명〕〔하자〕 돈이나 재물을

받고 벼슬을 시킴. 매관(賣官). 매관육작. 매직(賣職).

매:관-육작(賣官鬻爵)[-뉵짝]〔명〕〔하자〕 매관매직(賣官賣職).

매:광(賣鑛)〔명〕〔하자〕 광석을 팖.

매괴(玫瑰)〔명〕 **1** 중국에서 나는 붉은빛의 돌. **2**《식》 해당화. **3** 해당화의 뿌리와 껍질에서 빼낸 물감.

매괴-유(玫瑰油)〔명〕 해당화에서 짜낸 향유(香油)(화장용(化粧用)).

매괴-화(玫瑰花)〔명〕 해당화의 꽃.

매:-구(每-)〔민〕 천 년 묵은 여우가 변하여 된다는 괴이한 짐승.

매:국(賣國)〔명〕〔하자〕 개인의 이익을 위하여 국가의 주권이나 이권을 남의 나라에 팔아먹음. ▣~ 행위.

매:국-노(賣國奴)[-궁-]〔명〕 매국 행위를 하는 사람. ▣~를 가려내다.

매:국-적(賣國的)[-쩍]〔관〕〔명〕 매국 행위를 하는 (것). ▣~(인) 언동.

매:국-적(賣國賊)[-쩍]〔명〕 매국하는 역적.

매:-권(每卷)〔一〕〔명〕 한 권 한 권. ▣~마다 그림을 삽입하다. 〔一〕〔부〕 한 권마다.

매귀(埋鬼)〔명〕《민》 농촌의 민속 행사의 하나(음력 정월 2일부터 15일 사이에 농악단이 농악을 울리면서 마을을 돈 다음 집집마다 들어가 악귀를 물리치고 복을 빌어 줌).

매그니튜드(magnitude)《지》 지진의 규모를 나타내는 척도(기호 : M).

매기¹〔명〕〔하자〕《건》 집을 지을 때 서까래 끝을 가지런히 맞추는 일(방구매기와 일자매기의 두 가지가 있음).

매:기²〔명〕 수퇘지와 암소가 흘레하여 낳는다는 짐승.

매:기(每期)〔一〕〔명〕 일정하게 구획한 하나하나의 시기. ▣~에 지급되는 배당금. 〔一〕〔부〕 정해진 시기마다. ▣보너스는 ~ 100 % 이다.

매:기(買氣)〔명〕 상품을 사려는 마음. 살 사람들의 상품에 대한 인기. ▣~가 없다.

매기(煤氣)〔명〕 **1** 그을음이 섞여 있는 공기. **2** 석탄 가스.

매기(霉氣)〔명〕 장마 때 습기 있는 곳에 생기는 검푸른 곰팡이. ▣~가 끼다.

매기다〔타〕 일정한 기준에 따라 차례·값·등수 따위를 정하다. ▣번호를 ~ / 값을 매겨 보다 / 등급을 매겨 주다. 🔵매다.

매기단-하다〔타여〕 일의 뒤끝을 깨끗하게 아물리거나 맺다.

매김-꼴〔명〕《언》 관형사형.

매김-말〔명〕《언》 관형어.

매김-씨〔명〕《언》 관형사.

매김자리-토씨〔명〕《언》 관형격 조사.

매:-꾸러기〔명〕 잘못을 저질러 어른들에게 늘 매맞는 아이.

매끄러-지다〔자〕 매끄러운 곳에서 한쪽으로 밀리어 나가거나 넘어지다. ▣얼음판에서 ~. 🔵미끄러지다.

매끄럽다[-따][매끄러워, 매끄러우니]〔형ㅂ〕 **1** 거칠지 않고 반드럽다. ▣매끄러운 길. 🔵미끄럽다. **2** 사람이 수더분한 데가 없이 약삭빠르다. ▣매끄러운 처세. **3** 글에 조리가 있고 거침이 없다. ▣매끄러운 문장.

매끈-거리다〔자〕 매끄럽고 반드러워서 자꾸 밀려 나가다. ▣매끈거리다. **매끈-매끈**〔부〕〔형〕 ▣~한 마룻바닥.

매끈-대다〔자〕 매끈거리다.

매끈둥-하다〔형여〕 보드라우며 매끄럽다. 🔵밋끈둥하다.

매끈-하다[형여] 1 흠이나 거친 데가 없이 부드럽고 반들하다. ▷매끈하게 다듬은 나무. 2 차림새나 꾸밈새가 환하고 깨끗하다. ▷매끈하게 차리다. 3 생김새가 말쑥하고 훤칠하다. ▷매끈하게 잘생긴 얼굴. @미끈하다. 매끈-히[뷔]

매끌-매끌[부하동] 거죽이 매우 매끄러운 모양. @미끌미끌.

매끼[명] 곡식 섬이나 곡식 단 등을 묶는 데 쓰는 새끼나 끈. @메끼.

매-끼(每-)[명] 한 끼니 한 끼니. ▷-를 빵으로 대신하다. □[뷔] 끼니마다. ▷~ 고기를 거르지 않다.

매나니[명] 1 일을 하는 데 아무 도구도 없이 맨손뿐임. ▷~로 왔구나. 2 반찬이 없는 밥. ▷아침을 ~로 때우다.

매너(manner)[명] 1 행동 방식이나 자세. 태도. 버릇. 몸가짐. ▷세련된 ~ / 그라운드 ~가 좋은 선수. 2 일상생활에서 차리는 예의와 예절. ▷테이블 ~가 나쁘다.

매너리즘(mannerism)[명] 일정한 방식이나 태도가 버릇처럼 되풀이되어 독창성과 신선미를 잃는 일. ▷~에 빠지다.

매-년(每年)[명뷔] 매해. 해마다. ▷~ 정기 총회를 열다.

매뉴얼(manual)[명] 어떤 기계의 조작 방법을 설명해 놓은 사용 지침서. 사용서. 설명서. 편람. 안내서. ▷~을 참조하다.

매니저(manager)[명] 1 호텔·회사 등의 경영자나 책임자. 관리인. 지배인. 2 연예인·운동선수 등에 딸리어, 섭외나 교섭 또는 그 밖의 시중을 드는 사람.

매니큐어(manicure)[명] 손톱을 아름답게 하는 화장술. 또는 그런 화장품.

매:다¹[타] 1 끈 따위의 두 끝을 풀리지 않게 잡아 동여 묶다. ▷옷고름을 ~ / 허리띠를 ~. 2 끈 따위로 꿰매거나 동여 무엇을 만들다. ▷책을 ~ / 붓을 ~. 3 소·말·개 등을 달아나지 못하게 말뚝 따위에 묶어 두다. ▷소를 말뚝에 ~. 4 어떤 데에서 떠나지 못하고 딸리어 있다. ▷편지에 목을 매고 일하다. 5 베를 짜려고 날아 놓은 실에 풀을 먹여 다듬어서 말려 감다. 6 바닥에 떨어지지 않도록 끈 따위로 무엇을 가로 걸거나 드리우다. ▷그네를 ~ / 빨랫줄을 ~.

매:다²[타] 논이나 밭 같은 데에 난 잡풀을 뽑다. ▷김을 ~.

매:다³[타] '매기다'의 준말.

매닥-질[-찔][명] 매련.

매-달(每-)[명뷔] 매월. 한 달 한 달. 달마다. 다달이. ▷~의 첫째 월요일에 만나다 / ~ 500만 원의 수입을 올리다.

매:-달다[매달아, 매다니, 매다는][타] 줄이나 끈, 실 따위로 묶어서 드리우거나 걸다. ▷메주를 매달아 놓다.

매:달-리다[자] 1('매달다'의 피동) 매닮을 당하다. ▷절 처마 끝에 매달린 풍경. 2 붙들고 늘어지다. ▷젖봉에 ~ / 어머니에게 매달리는 아이. 3 꽃이나 열매가 달려 있다. ▷주렁주렁 매달린 포도송이. 4 주장이 되는 것에 딸리어 붙다. ▷적은 수입에 일곱 식구가 ~. 5 어떤 일에 몸과 마음이 쏠려 있다. ▷집안일에만 ~. 6 어떤 것에 의존하거나 의지하다. ▷단어의 뜻에만 ~.
[매달린 개가 누워 있는 개를 웃는다] 남보다 못한 형편에 있으면서 남을 오히려 비웃는다는 뜻.

매:대기[명] (주로 '매대기를 치다'의 꼴로 쓰

779　　매립장

여) 1 반죽이나 진흙 따위를 함부로 아무 데나 뒤바르는 짓. ▷벽에다 진흙으로 ~를 치다. 2 정신없이 아무렇게나 하는 몸짓. ▷술에 취해 길바닥에서 ~를 치다.

매:도(罵倒)[명하타] 심하게 욕하거나 꾸짖음. ▷인정 사납게 ~하다 / 부정한 공무원으로 ~하다.

매:도(賣渡)[명하타] 물건을 팔아넘김. ▷아파트를 ~하다.

매:도 담보(賣渡擔保)[법] 채권 담보로서 질권·저당권과 같이 담보물을 설정하는 대신, 특정한 재산권을 채권자에게 신탁적(信託的)으로 양도하여 주는 행위(대개 매매의 형식으로 행하여지므로 이렇게 부름).

매:도-인(賣渡人)[명] 물건을 팔아 넘겨주는 사람. ↔매수인.

매:도 저:당(賣渡抵當)[법] 담보권자에게 그 점유를 옮기지 아니한 매도 담보.

매:도 증서(賣渡證書)[법] 물건을 팔아넘긴 사실을 증명하는 문서.

매독(梅毒)[명][의] 스피로헤타 팔리다라는 나선균(螺旋菌)에 의해 감염되는 만성 성병(선천적인 경우와 성행위로 전염하는 경우가 있음). 창병(瘡病).

매동-그리다[타] 매만져서 뭉뚱그리다.

매두몰신(埋頭沒身)[-씬][명하자] 1 일에 파묻혀 헤어나지 못함. 2 일에 열중하여 물러날 줄을 모름.

매:-두피[명] 매를 산 채로 잡는 기구.

매:득(買得)[명하타] 1 물건을 싼값으로 삼. 2 매입. ▷가옥을 ~하다.

매:득(賣得)[명하타] 물건을 팔고 그 값을 받음. ▷~금(金).

매듭[명] 1 노·실·끈 따위를 잡아매어 마디를 이룬 것. ▷~이 풀리다 / ~을 매만지다. 2 끈이나 실을 잡아매어 마디를 짓거나 고를 내어 장식이나 무늬를 만드는 공예. ▷~을 배우다. 3 일의 마무리. ▷~을 짓다. 4 어떤 일에서 어려운 고비나 막힌 부분. ▷엉켰던 ~들이 풀려 일이 순조롭다.

매듭-짓:다[-짇따][-지어, -지으니, -짓는][타][ㅅ] 1 노·실·끈 따위를 잡아매어 매듭을 만들다. 2 일을 순서에 따라 결말을 짓다. ▷다음 회의 때 매듭짓도록 합시다.

매력(魅力)[명] 사람의 마음을 사로잡아 끄는 힘. ▷~ 있는 여자 / ~을 느끼다 / ~에 끌리다 / ~을 잃다.

매력-적(魅力的)[-쩍][관명] 매력이 있는 (것). ▷~(인) 여자.

매련(명[형]) 터무니없는 고집을 부릴 정도로 어리석고 둔함. ▷~한 행동. @미련.

매련-스럽다[-따][-스러워, -스러우니][형타] 매련하여 보이는 데가 있다. @미련스럽다. 매련-스레[뷔]

매련-쟁이[명] 몹시 매련한 사람. @미련쟁이.

매련-퉁이[명] 몹시 매련한 사람을 낮잡아 이르는 말. @미련퉁이.

매료(魅了)[명하타] 사람의 마음을 완전히 사로잡아 홀림. ▷마음을 ~하다 / 품위 있는 익살에 ~되다.

매:리(罵詈)[명하타] 욕하고 꾸짖음. 매도(罵倒).

매립(埋立)[명하타] 낮은 뭍이나 하천, 바다 따위를 돌이나 흙 따위로 메워 돋움. ▷논을 ~하여 밭으로 만들다.

매립-장(埋立場)[-짱][명] 돌·흙·쓰레기 따위로 메워 올리는 땅. ▷쓰레기 ~.

매립-지(埋立地)[-찌] 뗑 낮은 땅을 돌·흙 따위로 메워 돋운 땅. ▢~를 조성하다.

매-만지다티 잘 가다듬어 손질하다. ▢옷매무새를 ~ / 머리를 ~.

매-맛[-맏] 뗑 매를 맞아 아픈 느낌.

매매(賣買)뗑하타 물건을 팔고 사는 일. ▢~계약서 / 부동산 ~ / ~를 성사시키다 / ~가 활발하다 / 좋은 값으로 ~되다 / 토지를 ~하다.

매:-매¹뛰 몹시 심하게 자꾸. ⟹ 빠다.

매:-매²뛰 양·염소가 자꾸 우는 소리.

매:매(每每)뛰 번번이. 매번.

매매-가(賣買價)[-까]뗑『경』 매매 가격.

매매 가격(賣買價格)[-까-]『경』 실제로 매매되는 가격. ＊액면 가격.

매매 결혼(賣買結婚)『사』 매매혼(賣買婚).

매매-장(賣買帳)[-짱]뗑 매매의 내용을 적은 장부.

매매-춘(賣買春)뗑 여자의 몸을 성적 대상으로 팔고 사는 일.

매매-하다(昧昧-)혱엔 아는 것이 없어 세상일에 어둡다. 매매-히뛰

매매-혼(賣買婚)뗑『사』 신랑이 신부의 집에 금품을 치르는 조건으로 하는 혼인. 매매 결혼. 매매 혼인.

매머드(mammoth)뗑 **1**〔동〕 코끼릿과의 화석 동물. 코끼리와 비슷하나 훨씬 크고 긴 털로 덮여 있으며, 3m에 달하는 굽은 어금니가 있음. 4만 년 전부터 1만 년 전까지 살았던 동물로, 시베리아·북아메리카 등지에서 많은 화석이 발견되었음. **2** 전하여, '큰'·'대형'·'대규모의'·'거대한 것'의 뜻으로 쓰는 말. ▢~ 도시 / ~ 빌딩.

매:-명(買名)뗑하자 금품이나 수단을 써서 명예를 얻음.

매:명(賣名)뗑하자 재물이나 권리를 얻으려고 이름이나 명예를 팖. ▢~ 행위.

매-명사(媒名辭)뗑『논』 중개념(中概念)을 언어로 나타낸 말. 중명사.

매목(埋木)뗑 **1** 지질 시대의 수목이 물·흙 속에 묻혀 화석처럼 된 것. **2** 나무를 깎아서 만든 쐐기(재목 따위의 갈라진 틈이나 구멍을 메우는 데 씀).

매목 세:공(埋木細工)[-쎄-]『공』 매목으로 세공하는 일. 또는 그 세공품.

매몰(埋沒)뗑하타 파묻히어 파묻힘. ▢~ 사고 / 홍수로 논이 ~되다.

매몰-스럽다[-따][-스러워, -스러우니]혱 매몰한 데가 있다. ▢매달리는 아이의 손을 매몰스럽게 뿌리치다. 매몰-스레뛰

매몰 요법(埋沒療法)[-뻡]『의』 녹나무수체·태반 같은 장기(臟器)를 환자의 몸속에 매몰하여 치료를 돕는 요법.

매몰-차다혱 아주 매몰한 성격.

매몰-하다혱엔 인정이나 붙임성이 없이 독하고 쌀쌀맞다. ▢간청을 매몰하게 거절하다.

매무새뗑 옷을 입은 맵시. ▢단아한 ~ / ~가 곱다 / ~를 고치다.

매무시뗑하타 옷을 입을 때, 매고 여미는 등의 뒷단속을 하는 일. 옷매무시. ▢~를 고치다 / ~를 가다듬다.

매:-문(賣文)뗑하자 돈을 벌기 위해 실속 없는 글을 지어 팖.

매:-문-매필(賣文賣筆)뗑하자 돈을 벌기 위하여 글과 글씨를 써서 팖.

매:-물(每物)뗑 **1** 하나하나의 온갖 물건. **2** 쓰기에 긴한 온갖 물건.

매:-물(賣物)뗑 팔 물건. 팔 것. ▢~이 쏟아지다.

매:미〔충〕 매밋과 곤충의 총칭. 몸길이는 2-7cm 정도. 몸빛은 어두운 녹색. 날개는 투명함. 가늘고 긴 관(管) 모양의 입에 나무진을 빨아 먹으며, 수컷은 배에 발성기(發聲器)와 공명기(共鳴器)가 있어 맴맴 하고 욺. 보통 6-7년 걸려 성충이 됨.

매:미-목(-目)뗑〔충〕 곤충강의 한 목. 두 쌍의 날개가 있으나 변화·퇴화한 것도 있으며, 아랫입술이 바늘 모양으로 ން했음. 매밋과·진딧물과·빈댓과·멸굿과 따위가 있음. 반시류(半翅類).

매:미-채뗑 매미 따위를 잡는 데 쓰는 채.

매:-방(每放)뗑뛰 총이나 대포의 한 방 한 방. 총이나 대포를 쏠 때마다. ▢~ 명중했다.

매:-방울뗑 매사냥할 때, 매가 있는 곳을 쉽게 알 수 있도록 매의 꽁지에 다는 방울.

매:방-초시(每榜初試)뗑하엔 과거의 초시에는 언제나 급제하고 복시(覆試)에서 번번이 낙방함.

매:-번(每番)뗑 각각의 차례. ▢~에 걸친 독촉. 트뛰 번번이. ▢늦게 왔다 / ~ 같은 말을 되풀이하다.

매병(梅甁)뗑 아가리가 작고 어깨 부분은 크며 밑이 홀쪽하게 생긴 병.

매복(埋伏)뗑하자 상대편의 움직임이나 상태를 살피거나 불시에 공격하려고 일정한 곳에 숨어 있음. ▢숲 속에 ~하다.

매:-복(賣卜)뗑하자 돈을 받고 점을 쳐 줌.

매:-복-자(賣卜者)[-짜]뗑 점쟁이.

매:-복-치(埋伏齒)[-찌]『생』 전부 또는 대부분이 잇몸 속에 묻혀 있는 이.

매부(妹夫)뗑 **1** 손위 누이의 남편. 자형(姉兄). **2** 손아래 누이의 남편. 매제(妹弟).

매:-부리¹뗑 매사냥에 쓰는 매를 맡아 기르고 부리는 사람.

매:-부리²뗑 매의 주둥이.

매:부리-코뗑 매부리같이 끝이 뾰족하게 내리 숙은 코. 또는 그런 코를 가진 사람.

매:-분(每分)뗑뛰 일 분 일 분. 일 분마다. ▢초침은 ~ 한 바퀴씩 돈다.

매:-사(每事)뗑 하나하나의 모든 일. ▢~에 빈틈이 없다 / ~를 꼼꼼히 따지다. 트뛰 일마다. ▢그는 ~ 그런 식이다.

매사는 간주인(看主人)⟹ 무슨 일이든 주인이 맡아 하여야 한다는 뜻.

매사는 불여(不如)**튼튼** ⟹ 어떤 일이든지 튼튼히 하여야 한다는 뜻.

매사(昧事)뗑하엔 사물의 이치에 어두움.

매:-사-가감(每事可堪)뗑하엔 어떤 일이든지 해낼 만함.

매:-사냥뗑하자 길들인 매로 꿩이나 그 밖의 새를 잡는 사냥.

매:사냥-꾼뗑 매사냥을 하는 사람.

매:사불성(每事不成)[-썽]뗑하자 하는 일마다 실패함.

매상(昧爽)뗑 먼동이 틀 무렵.

매:-상(買上)뗑하타 관공서 따위에서 민간으로부터 물건을 사들임. ▢추곡(秋穀) ~. ↔매하(賣下).

매:-상(賣上)뗑하타 **1** 상품을 팖. **2** '매상고'의 준말. ▢~이 오르다 / 늘어나는 ~으로 즐거운 비명을 지르다.

매:-상(每常)뛰 항상. 늘.

매:-상 계:정(賣上計定)[-/-게-]『경』 매상에 관한 거래를 정리하는 계정.

매:상-고(賣上高)뗑『경』 일정한 기간에 상

품을 판 수량이나 대금의 총계. ▢~를 늘리다 / ~가 오르다. ㉰매고(賣高)·매상.

매:상-곡(買上穀)〔명〕 정부가 농민으로부터 사들이는 양곡.

매:상-금(賣上金)〔명〕 물건을 판 돈.

매:상-미(買上米)〔명〕 정부가 농민으로부터 사들이는 쌀.

매:상 상환(買上償還)〔경〕 정부에서 발행한 채권 등을 정부가 시가로 사들여 상환하는 일.

매:상-액(賣上額)〔명〕 상품을 판 금액. ▢요즈음 ~이 많이 줄었다.

매:색(賣色)〔명〕〔하자〕 매음(賣淫).

매:서(賣暑)〔명〕〔민〕 더위팔기.

매:서-인(賣書人)〔명〕〔기〕 여러 곳을 돌아다니면서 전도(傳道)하고 성경책을 파는 사람. 권서(勸書).

매:석(賣惜)〔명〕〔하타〕〔경〕 값이 오를 것이라고 예상하고 물건 팔기를 꺼리는 일. 석매(惜賣). *매점(買占)·사재기.

매:설(莓舌)〔명〕〔의〕 성홍열(猩紅熱)의 한 증상. 고열로 인해, 딸기 표면처럼 혀가 빨갛고 껄쭉껄쭉하게 되는 현상. 딸기혀.

매설(埋設)〔명〕〔하타〕 지뢰·수도관 등을 땅속에 파묻음. ▢지뢰 ~ 작업 / 폭발물이 ~되어 있는 지역.

매섭다[-따][매서워, 매서우니]〔형비〕**1** 남이 겁을 낼 만큼 성질이나 됨됨이 따위가 모질고 독하다. ▢매섭게 쏘아보다. **2** 정도가 매우 심하다. ▢매섭게 추운 날씨 / 매서운 겨울바람. ▢매섭게 맞고 날카롭다. ▢매서운 비평. ㉰무섭다.

매:세(賣勢)〔명〕〔하자〕**1** 남의 세력을 빌려 젠체하고 기세를 부림. **2** 물건이 팔리는 기세. 팔림세.

매:소(賣笑)〔명〕〔하자〕 손님에게 몸과 웃음을 팖. 매음. 매춘.

매:-소래〔명〕 접시 모양의 넓고 큰 질그릇.

매:소-부(賣笑婦)〔명〕 매음녀.

매:수(枚數)[-쑤]〔명〕 장으로 세는 물건의 수효. 장수.

매:수(買收)〔명〕〔하타〕**1** 물건을 사들임. ▢~ 가격 / 시가보다 비싸게 들어오다. **2** 금품 등으로 남의 마음을 사서 제 편의 사람으로 만듦. ▢~ 공작 / 뇌물로 ~하다 / 돈에 ~되다.

매:수(買受)〔명〕〔하타〕 물건을 사서 넘겨받음.

매:수-인(買受人)〔명〕 물건을 사서 넘겨받은 사람. ↔매도인.

매스 게임(mass game) 많은 사람이 일제히 동일한 체조나 댄스 등을 하는 일.

매스껍다[-따][매스꺼워, 매스꺼우니]〔형비〕**1** 구역질이 날 것처럼 속이 울렁거리는 느낌이 있다. ▢차멀미가 나서 속이 ~. **2** 태도나 행동 따위가 비위에 거슬리게 아니꼽다. ▢거들먹거리는 꼴이 정말 ~. ㉰메스껍다.

매스 미디어(mass media) 넓은 지역의 많은 사람에게 어떤 사실·정보·사상 등을 전달하는 매체(라디오·텔레비전·신문·잡지·영화 따위). 대중 매체.

매스 소사이어티(mass society)〔사〕 대중 사회.

매스-컴(←mass communication)〔명〕〔사〕 대중 전달 또는 대량 통보의 뜻. 신문·잡지·텔레비전·라디오·영화 등의 매스 미디어를 널리 일반 대중에게 정보를 전달하는 일.

매슥-거리다[-꺼-]〔자〕 매스꺼운 느낌이 자꾸 나다. ▢체했는지 속이 매슥거린다. ㉰메슥거리다. **매슥-매슥**[-승-]〔부〕〔하자〕

매슥-대다[-때-]〔자〕 매슥거리다.

매:시(每時)〔명〕〔부〕 '매시간'의 준말. ▢~ 60 km의 속도.

매:-시간(每時間)〔명〕〔부〕 한 시간 한 시간. 한 시간마다. ▢~마다 혈압을 재다 / ~ 약물을 마셔야 한다. ㉰매시.

매시근-하다〔형여〕 열이 올라 느른하고 기운이 없다. **매시근-히**〔부〕

매:식(買食)〔명〕〔하자〕 음식을 사서 먹음. 또는 사서 먹는 식사.

매:신(賣身)〔명〕〔하자〕**1** 몸값을 받고 남의 종이 됨. **2** 매음(賣淫).

매실(梅室)〔명〕 매화를 가꾸는 온실.

매실(梅實)〔명〕 매실나무의 열매.

매실-나무(梅實-)[-라-]〔명〕〔식〕 장미과의 낙엽 활엽 교목. 높이는 5 m 정도이고, 이른 봄에 흰색 또는 연분홍색 꽃이 잎보다 먼저 핌. 정원수로 심고 과실은 식용하거나 약용함. 매화나무.

매실매실-하다〔형여〕 사람이 얄밉도록 되바라지고 반드럽다. **매실매실-히**〔부〕

매실-주(梅實酒)[-쭈]〔명〕 매실을 소주에 담가 서 익힌 술.

매-싸리〔명〕 종아리채로 쓰는 가는 싸리.

매씨(妹氏)〔명〕**1** 남의 손아래 누이의 높임말. **2** 자기의 손위 누이를 일컫는 말.

매안(埋安)〔명〕〔하타〕 신주를 무덤 앞에 묻음.

매암〔명〕 제자리에서 뺑뺑 도는 장난. ㉰맴.

매암-매암〔명〕 '맴맴'의 본딧말.

매-암쇠〔명〕 맷돌 위짝의 한가운데 박힌 쇠(구멍이 뚫려서 수쇠를 끼우게 되어 있음). ↔맷수쇠.

매:약(賣約)〔명〕〔하타〕 팔기로 약속함.

매:약(賣藥)〔명〕〔하자〕**1** 약을 팖. **2** 약국에서 약방문 없이 미리 만들어 놓고 파는 약.

매:약-상(賣藥商)[-쌍]〔명〕 허가된 지역 안에서 매약 및 지정된 의약품을 파는 사람. 또는 그 장사.

매양〔부〕 번번이. 언제든지. 늘. ▢~ 놀기만 하고 공부는 안 한다.

매어-기르기〔명〕〔농〕 계목(繫牧).

매연(煤煙)〔명〕**1** 연료가 탈 때 나오는, 그을음이 섞인 연기. ▢~과 소음으로 인한 공해 / ~을 뿜는 차량. **2** 철매.

매연(媒緣)〔명〕 양편의 중간에 서서 매개가 되고 인연이 됨.

매:연(媒緣物)〔명〕 양편의 중간에서 이러저리 관계를 맺어 주는 물건.

매연-물질(煤煙物質)[-찔]〔명〕 대기 오염의 원천이 되는 물질.

매염(媒染)〔명〕〔하타〕〔화〕 물감이 섬유에 직접 물들지 않는 경우에 매염제를 써서 물들게 하는 일.

매염-료(媒染料)[-뇨]〔명〕〔화〕 매염제.

매염 물감(媒染-)[-깜]〔화〕 매염제의 도움으로 섬유를 염색하는 물감의 총칭(알리자린 따위). 매염 염료.

매염 염:료(媒染染料)[-념뇨]〔명〕 매염 물감.

매염-제(媒染劑)〔명〕〔화〕 매염에 쓰는 물질(타닌계(tannin系) 물질이나 알루미늄·철·크롬·구리·백반(白礬) 등의 수용성(水溶性) 금속 염류(鹽類)). 매염 염료.

매옥(埋玉)〔명〕 옥을 땅에 묻는다는 뜻으로, 훌륭한 사람이나 미인이 죽어 땅속에 묻힘을 아까워서 이르는 말.

매옵-하다〔형여〕 혀가 알알한 맛을 느낄 정도로

맵다. [큰]매움하다.
매용-제 (媒熔劑) [명] 〖화〗 유약(釉藥)을 속히 녹도록 하는 재료.
매우 (梅雨) [명] 매화나무 열매가 익을 무렵의 장마라는 뜻으로, 6월 상순부터 7월 상순에 걸쳐 계속되는 장마.
매우 [부] 표준 정도보다 퍽 지나치게. 대단히. 몹시. ❑~ 아름다운 사람 / ~ 춥다.
매우-기 (梅雨期) [명] 매우가 내리는 철. 매우시(梅雨時).
매욱-스럽다 [-쓰-따] [-스러워, -스러우니] [형ㅂ] 매욱한 데가 있다. [큰]미욱스럽다. **매욱-스레** [-쓰-] [부]
매욱-하다 [-우카-] [형여] 하는 짓이나 됨됨이가 어리석고 둔하다. [큰]미욱하다.
매운-맛 [-맏] [명] **1** 고추 따위에서 느껴지는 알알한 맛. 신미(辛味). **2** 알알하고 독한 느낌이나 기분의 비유. ❑~ 좀 봐야 알겠나.
매운-바람 [명] 살을 에는 듯한, 몹시 찬 바람.
매운-재 [명] 진한 잿물을 내릴 수 있는 독한 재《참나무의 재 따위》.
매운-탕 (-湯) [명] 생선을 주로 하고 고기·채소·두부 따위와 갖은 양념에 고추장을 많이 풀어 얼큰하게 끓인 찌개. ❑쏘가리 ~.
매울-신 (-辛) [명] 한자 부수(部首)의 하나《'辭'·'辯' 등에서 '辛'의 이름》.
매움-하다 [형여] 혀가 얼얼한 맛을 느낄 정도로 맵다. [작]매옴하다.
매워-하다 [타여] 맵게 느끼다.
매원 (埋怨) [명][하타] 원한을 품음.
매원 (梅園) [명] 매실나무 밭.
매:원 (買怨) [명][하자] 남의 원한을 삼.
매:월 (每月) [명][부] 매달. 다달이. ❑용돈으로 ~ 20만 원을 쓴다.
매:월 장동 (每月章動) 〖천〗 태양의 적위(赤緯)가 변하기 때문에 지구의 자전축이 반달을 주기로 하여 변화하는 현상.
매유통 [명] 〈옛〉 매화틀《가지고 다니는 변기》.
매:음 (賣淫) [명][하자] 여자가 돈을 받고 아무 남자에게나 몸을 팖. 매춘(賣春). 매색(賣色).
매:음-굴 (賣淫窟) [명] 매음녀들이 모여 사는 곳. 사창굴.
매:음-녀 (賣淫女) [명] 매음하는 여자. 매소부. 매춘부.
매:음-부 (賣淫婦) [명] 매음녀.
매이 (枚移) [명][하자] 〖역〗 조선 때, 관아 사이에 서로 공문을 주고받던 일.
매이다[1] [자] 《'매다[1]'의 피동》 **1** 맴을 당하다. ❑소가 매여 있다. **2** 남에게 딸려, 부림을 당하거나 구속을 받게 되다. ❑일에 매여 꼼짝도 못한다.
매인 목숨 [구] 남에게 매여 사는 신세.
매이다[2] [자] 《'매다[2]'의 피동》 논이나 밭에 난 잡풀이 뽑히다. ❑김이 잘 매인 논.
매:인 (每人) [一][명] 한 사람 한 사람. ❑~의 임무가 막중하다. [二][부] 한 사람마다.
매:인-당 (每人當) [부] 한 사람마다의 몫으로. ❑~ 열 개씩 주다.
매인-이름씨 [명] 〖언〗 의존 명사.
매:일 (每日) [一][명] 그날그날. 하루하루. ❑~의 증시 상황을 주시하다. [二][부] 날마다. 나날이. 하루하루마다. ❑~ 하는 회의.
매:일-같이 (每日-) [-가치] [부] 날마다. ❑~ 산에 오르다.
매-일반 (-一般) [명] (주로 '매일반이다'의 꼴로 쓰여) 결국 같은 형편. 마찬가지. 매한가지. ❑선과 악도 죽음 앞에선 ~이다.
매:일-열 (每日熱) [-렬] [명] 〖의〗 말라리아에 걸리어, 매일 열이 나는 증세.
매:입 (買入) [명][하타] 물건 따위를 사들임. 매득(買得). ❑법인체가 ~한 토지 / ~ 시기를 가늠해 보다.
매:입 상환 (買入償還) [-쌍-] 〖경〗 국가 또는 회사가 자기가 발행한 공채·사채 또는 주식을 시가로 도로 사서 소멸시킴으로써 시가의 유지를 꾀하는 일.
매:입 원가 (買入原價) [-이붠까] 〖경〗 매입했을 때의 값《운임·수수료 따위를 합산하지 않음》.
매:입-자 (買入者) [-짜] [명] 물건을 사는 사람. ❑토지 ~.
매:입-장 (買入帳) [-짱] [명] 〖경〗 상품이나 원재료의 매입에 관한 명세를 발생순으로 기록하는 보조 기입장.
매자 (昧者) [명] 사리에 어두운 사람.
매자 (媒子) [명] 중매(仲媒). 중매인.
매:자 (賣子) [명] 〖민〗 자손이 귀하거나 낳아도 번번이 죽거나, 있어도 허약해 키우기 어려운 가정에서, 아이의 장수를 위해 불상·큰 바위·큰 나무 등에 장수에 관한 글자를 새기는 일.
매자-과 (-菓) [명] 유밀과(油蜜菓)의 한 가지. 찹쌀가루를 반죽하여 얇게 밀어서 네모꼴로 썬 뒤에, 가운데를 세로로 길게 째서 한쪽 끝을 그 구멍에 집어넣어 뒤집어 꼰 다음, 기름에 튀기어 잣가루 따위를 뿌려 만듦.
매자기 [명] 〖식〗 사초과의 여러해살이풀. 논이나 습지에 나는데 높이는 1m 정도이고, 여름에 이삭 모양의 꽃이 핌《뿌리는 한약재 따위로 씀》.
매자-나무 [명] 〖식〗 매자나뭇과의 낙엽 활엽 관목. 산기슭 양지에 나는데 높이는 1.5m이고, 줄기에 가시가 있으며, 봄에 누런 꽃이 핌《잎은 독이 있으나 약으로도 씀》.
매자-십이 (梅子十二) [명] 매실나무는 심은 지 12년 만에 열매를 맺게 된다는 말.
매작 (媒妁) [명][하타] 중매(仲媒).
매작지근-하다 [-찌-] [형여] 조금 더운 기가 있는 듯하다. [큰]미적지근하다. **매작지근-히** [-찌-] [부]
매-잡이[1] [명] **1** 매듭의 단단한 정도. **2** 일을 맺어 마무르는 일. ❑일은 ~가 중요하다.
매:-잡이[2] [명][하타] **1** 매를 잡는 사람. **2** 매를 잡는 일.
매:장 (每張) [一][명] 종이·벽돌·유리 따위의 하나하나의 모든 장. ❑~마다 도장을 찍다. [二][부] 장마다.
매:장 (每場) [一][명] 물건을 사고파는 하나하나의 장. [二][부] 장날마다. 시장마다.
매장(을) 치다 [구] 장날마다 장 보러 다니다.
매장 (埋葬) [명][하타] **1** 시체나 유골을 땅에 묻음. ❑시체를 ~하다. **2** 못된 짓을 한 사람을 사회에서 용납하지 못하게 함. ❑부패한 정치인은 사회에서 ~되어야 한다.
매장 (埋藏) [명][하타] **1** 묻어서 감춤. **2** 지하자원이 땅속에 묻히어 있음. ❑동해 먼 바다에 석유가 ~되어 있다고 한다.
매:장 (買贓) [명][하자] 장물(贓物)을 삼.
매:장 (賣場) [명] 물건을 파는 곳. ❑아동복 ~ / ~을 열다 / ~이 들어서다.
매장-꾼 (埋葬-) [명] 매장하는 일꾼.
매장-량 (埋藏量) [-냥] [명] 지하자원이 땅속에 묻힌 분량.
매장 문화재 (埋藏文化財) 〖법〗 지하나 물 밑, 그 밖의 사람 눈에 띄지 않는 곳에 매장되어

있는 유형 문화재.

매장-물(埋藏物)명【법】땅속이나 그 밖의 다른 곳에 파묻혀 있는 물건.

매:장-이-치다(買贓-)타 샀던 장물(贓物)을 관청에서 빼앗기다.

매장-지(埋葬地)명 장지(葬地).

매:장-치기(每場-)명 장마다 장을 보러 다니는 일. 또는 그런 사람.

매저키즘명 ☞ 마조히즘(masochism).

매적(埋積)명[하타] 매축(埋築).

매전(煤田)명【광】탄전(炭田).

매:절(買切)명[하자] 상인이 팔다가 남더라도 반품하지 않는다는 약속으로 몰아서 사는 일.

매:점(買占)명[하자] 물건값이 오를 것을 예상하여, 폭리를 얻기 위해 물건을 몰아 사 둠. 사재기.

매:점(賣店)명 어떤 기관이나 단체 안에서 물건을 파는 작은 가게. □구내 ~.

매:점 매:석(買占賣惜) 물건값이 오를 것을 예상하여, 어떤 상품을 한꺼번에 많이 사 두고 되도록 팔지 않으려는 일.

매정-스럽다[-따](-스러워, -스러우니)형 매정한 데가 있다. □청을 매정스럽게 거절하다. 짱무정스럽다. **매정-스레**부

매정-하다형 얄미울 정도로 인정머리가 없다. □그토록 매정할 수가 있을까. 짱무정하다. **매정-히**부

매제(妹弟)명 누이동생의 남편. ↔매형(妹兄)·자형(姉兄).

매조(梅鳥)명 매화와 새가 그려져 있는 화투짝. 2월이나 두 끗을 나타냄.

매-조미(-造米)명[하자] 매갈이.

매조미-간(-造米間)[-깐]명 매갈잇간.

매조미-쌀(-造米)명 벼를 매통에 갈아서 왕겨만 벗기고 속겨는 벗기지 아니한 쌀. 현미(玄米). *매갈이.

매조밋-겨(-造米-)[-미껴/-미껴]명 왕겨.

매-조이[하자] 매통이나 맷돌의 닳은 이를 정으로 쪼아서 날카롭게 하는 일.

매-조이다타 맷돌의 닳은 이를 정으로 쪼아서 날카롭게 하다. 쭌매죄다.

매-조잠(梅鳥簪)명 매화꽃과 새를 머리에 새긴 비녀.

매-조지명 일의 끝을 단단히 단속해서 마무르는 일.

매-조지다타 일의 끝을 단단히 단속하여 마무리하다. □일을 매조지기는커녕 오히려 잡쳤다.

매-죄다타 '매조이다'의 준말.

매죄료-장수명 매조이는 일을 업으로 삼는 사람.

매:주(每週)명부 한 주일 그 주일. □~의 결재. □부 한 주일마다. □~ 토요일은 쉰다.

매:주(買主)명 물건을 사는 사람. 구매자.

매:주(賣主)명 물건을 파는 사람. 판매자.

매:주(賣酒)명[하자] 1 파는 술. 2 술을 팖.

매죽(梅竹)명 매실나무와 대나무.

매죽-잠(梅竹簪)[-짬]명 매화와 댓잎 모양을 새긴 비녀.

매:지-구름명 비를 머금은 검은 조각구름.

매지근-하다형 더운 기가 조금 있는 듯하다. 쭌미지근하다. **매지근-히**부

매지-매지부 좀 작은 물건을 여럿으로 나누는 모양. 쭌메지메지.

매:지-방어(-魴魚)명【어】전갱잇과의 바닷물고기. 몸길이는 30cm 정도이고, 방추형에 몸빛은 갈청색으로 여섯 줄의 회록색 가로띠가 있음. 희귀한 어종으로 식용도 함.

매:직(賣職)명[하자] 매관매직.

매직 넘버(magic number) 프로 야구에서, 2위 팀이 전승(全勝)을 하더라도, 수위 팀이 우승하는 데 필요한 승수(勝數).

매직-미러(magic mirror)명【건】한쪽에서는 보통 유리처럼 비쳐 보이나 반대쪽에서 보면 거울처럼 되어 있는 특수한 유리. 매직글라스.

매직 아이(magic eye)명【물】삼극 진공관과 음극선에 따라 형광 발생 장치를 조합시킨 진공관(수신 전파가 동조(同調)되는 정도를 나타냄).

매직-잉크(magic+ink)명 휘발성이 강한 유성(油性)잉크.

매직-펜(magic+pen)명 매직잉크를 넣어 쓰는 펜. 펠트펜.

매직 핸드(magic hand)【물】머니플레이터(manipulator).

매진(枚陳)명[하타] 낱낱이 들어 말함.

매진(煤塵)명 공장에서 배출되는 연기나 채석장·탄광 등의 먼지 가운데에 포함되어 있는 미세한 고체 입자.

매:진(賣盡)명[하자] 남김없이 다 팔림. □입장권이 ~되다.

매:진(邁進)명[하자] 어떤 일을 전심전력을 다하여 해 나감. □학업에만 ~하다.

매-질(명[하타] 매로 때리는 일. □~을 해서도 바른길을 가도록 이끌어 주십시오.

매질(媒質)명【물】물리적 작용을 한 곳에서 다른 곳으로 전하여 주는 매개물.

매질-꾼명 1 사람을 잘 치고 싸움을 잘하는 사람. 2 남을 대신하여 사람을 때리는 사람.

매:집(買集)명 물건을 사서 모음.

매:집-상(買集商)[-쌍]명 생산자로부터 물품을 사 모아서, 도시의 시장에 내다 파는 지방상인. 또는 그 장사.

매:-찌명 매의 똥.

매:차(每次)명부 한 차례 한 차례. □~에 걸쳐 도장을 받다. □부 차례마다. □~ 시간을 확인하다.

매체(媒體)명 1 어떤 작용을 널리 전달하는 데 매개가 되는 것. □방송 ~. 2【물】매질(媒質)이 되는 물체. 매개체.

매:초(每秒)명부 일 초 일 초. 한 초마다. □~ 한 차례씩의 진동.

매:초(賣草)명 가게에서 파는 담배.

매초롬-하다형 젊고 건강하여 아름다운 태가 있다. □얼굴이 ~. 쭌미추룸하다. **매초롬-히**부

매축(埋築)명【건】바닷가나 강가를 메워 뭍으로 만드는 일.

매축 공사(埋築工事)[-꽁-]【건】바닷가나 강가를 메워서 육지로 만드는 공사. 매립(埋立)공사.

매축-지(埋築地)[-찌]명 매축한 땅.

매:춘(賣春)명[하자] 매음(賣淫). □~ 행위.

매:춘-부(賣春婦)명 매음녀. 쭌매춘부(春婦).

매:출(賣出)명[하타] 물건을 내어 팖. 방매(放賣). □~이 늘다.

매:출-장(賣出帳)[-짱]명【경】상품 등의 판매에 관한 내용을 적는 장부.

매:-치명 길들인 매를 놓아 잡은 새나 짐승. ↔불치.

매치(match)명[하자] 1 경기. 시합. □라이트급타이틀 ~. 2 서로 잘 어울리게 함. □옷 빛깔에 ~되는 넥타이.

매치-광이 [명] **1** 매친 사람. **2** 말이나 하는 짓이 경망하고 방정맞은 사람. [큰]미치광이.
매치다 [자] 정신에 약간 이상이 생겨, 말과 행동이 보통 사람과 다르게 되다. [큰]미치다.
매치 포인트 (match point) 테니스·배구·배드민턴 등에서, 경기의 승패를 결정하는 최후의 한 점을 이르는 말.
매카시즘 (McCarthyism) [명] 〖정〗 극단적인 반공주의 및 이와 관련한 용공주의의 사상이나 언론, 정치 활동에 대한 억압.
매캐-하다 [형][여] 연기나 곰팡이 따위의 맵고 싸한 냄새가 나다. ❏담배 연기에 목구멍이 ~. [큰]메케하다.
매콤-하다 [형][여] 냄새나 맛이 조금 맵다. ❏국물이 ~.
매크로 (macro) [명] 〖컴〗 **1** 여러 개의 명령문을 묶어, 처리 절차를 미리 정의하여 두는 기능. **2** 키보드에서, 하나의 키로 미리 정의된 일련의 명령을 실행시키는 기능.
매큼-하다 [형][여] 냄새나 맛이 아주 맵다.
매탁 (媒託) [명][하자] 미리 굳게 언약함. 또는 그런 언약.
매탄 (煤炭) [명] 〖광〗 석탄.
매탄-요 (煤炭窯)[-뇨] [명] 〖공〗 석탄을 때어서 그릇을 굽는 가마. 매요(煤窯).
매:토 (買土) [명][하자] 땅을 삼.
매:토 (賣土) [명][하자] 땅을 팖.
매-통 [명] 〖농〗 벼의 겉겨를 벗기는 데 쓰는 농기구. 목매. [준]매.
매트 (mat) [명] **1** 침대 틀 위에 까는 두꺼운 깔개. **2** 체조·유도·레슬링 따위의 운동을 할 때 위험을 방지하기 위해 바닥에 까는 푹신한 깔개. ❏상대를 ~ 위에 메어치다. **3** 신의 흙을 털거나 발의 물기를 닦아 내기 위해 현관이나 방 입구 따위에 놓아 두는 깔개. ❏화장실 앞에 ~를 깔다.
매트리스 (mattress) [명] 침대용의 두툼한 요.
매:-파 (-派) [명] 강경파·무력 해결파 등의 일컬음. ↔비둘기파.
매파 (媒婆) [명] 혼인을 중매하는 늙은 여자.
매-판 [명] 매갈이나 맷돌질할 때에 바닥에 까는, 둥글고 전이 없는 방석. *맷방석.
매:판 (買辦) [명] 〖경〗 **1** 1770 년경 이래, 중국에 있는 외국 상관(商館)·영사관 따위에서, 중국 상인과의 거래 중개를 위해 고용한 중국 사람. **2** 외국 자본에 붙어 사리(私利)를 탐하며 자기 나라의 이익을 해치는 일. 또는 그런 사람.
매:판 자본 (買辦資本) 〖경〗 식민지나 후진국 등에서, 외국 자본과 결탁하여 자국민의 이익을 해치는 토착 자본.
매:판-적 (買辦的) [관][명] 식민지·반(半)식민지 또는 후진국에서, 외국 자본과 결탁하여 사리를 탐하고 자기 나라의 이익을 해치는 (것). ❏~인 사업가.
매:-팔자 (-八字)[-짜] [명] 하는 일 없이 빈들빈들 놀기만 하면서도 먹고사는 일에 걱정이 없는 경우.
매:표 (買票) [명][하타] **1** 차표나 입장권 따위의 표를 삼. **2** 투표할 사람에게 돈을 주고 표를 얻음.
매:표 (賣票) [명][하타] 차표나 입장권 따위의 표를 팖.
매:표-구 (賣票口) [명] 차표나 입장권 따위의 표를 파는 창구. 매표창구.
매:표-소 (賣票所) [명] 차표나 입장권 따위의 표를 파는 곳. ❏극장 ~ 앞에 줄이 길게 이어졌다.
매:표-원 (賣票員) [명] 입장권·차표 따위를 파는 사람.
매-품 [명] 예전에, 돈을 받고 남의 매를 대신 맞던 일.
매품(을) 팔다 [구] 남의 매를 대신 맞고 돈을 받다.
매:품 (賣品) [명] 파는 물품. ↔비(非)매품.
매품-팔이 [명] 예전에, 매품을 팔던 일.
매:필 (賣筆) [명][하자] 붓글씨를 써 주고 보수를 받음.
매-한가지 [명] 마찬가지. 매일반. ❏자네나 나나 컴맹인 것은 피차 ~야.
매-함지 [명] 맷돌을 올려놓는, 둥글고 넓적한 함지.
매합 (媒合) [명][하타] 혼인을 중매(仲媒)하거나 남녀 사이에 관계를 갖도록 다리를 놓아 줌.
매:-해 (每-) [명][부] 매년. 해마다.
매향 (埋香) [명][하자] 〖민〗 내세(來世)의 복을 빌기 위해 향을 강이나 바다에 잠가 두는 일.
매향 (梅香) [명] 매화의 향기. ❏~이 그윽하다.
매:혈 (買血) [명][하자] 수혈에 대비하여, 혈액을 삼.
매:혈 (賣血) [명][하자] 자신의 혈액을 빼어 팖.
매형 (妹兄) [명] 손위 누이의 남편. 자형(姊兄). ↔매제(妹弟).
매:호 (每戶) [一][명] 낱낱의 모든 집. 한 집 한 집. ❏~의 총수입 금액의 비교. [二][부] 집집마다.
매:호 (每號) [一][명] 신문·잡지 등의 한 호 한 호 모두. ❏신문 ~를 모아 엮다. [二][부] 신문·잡지 등의 호마다. 각호(各號)마다.
매호-씨 [명] 〖민〗 남사당패에서 줄타는 사람과 재담을 주고받는 어릿광대.
매혹 (魅惑) [명][하타] 남의 마음을 호려 현혹하게 함. ❏눈 덮인 설악산에 ~되다 / 멋진 연기로 관중을 ~하다.
매혹-적 (魅惑的)[-쩍] [관][명] 남을 매혹할 만한 데가 있는 (것). ❏~(인) 여자.
매혼 (埋魂) [명][하자] 〖민〗 혼백(魂帛)을 무덤 앞에 묻음.
매홍-지 (梅紅紙) [명] 예전에, 중국에서 들여오던 붉은 빛깔의 종이.
매화 [명] 〈궁〉 임금의 똥.
매화(를) 보다 [구] 똥을 누다.
매화 (梅花) [명] **1** 〖식〗 매실나무. **2** 매화꽃.
매화-가 (梅花歌) [명] **1** 〖문〗 조선 때, 십이 가사의 하나. 작자·연대 미상. 사랑을 매화에 실어 노래함. **2** 〖악〗 매화 타령[2].
매화-강정 (梅花-) [명] 유밀과의 한 가지. 매화산자와 같은 재료로 만든 강정.
매화-꽃 (梅花-)[-꼳] [명] 매실나무의 꽃.
매화-나무 (梅花-) [명] 〖식〗 매실나무.
매화 매듭 (梅花-) 다섯 꽃잎의 매화 모양으로 얽어 맺은 납작한 매듭.
매화-사 (梅花詞) [명] 〖문〗 조선 헌종 때 안민영(安玟英)이 지은 연시조. 8수로 됨. 영매가.
매화-산자 (梅花饊子) [명] 찹쌀가루를 꿀에 반죽하여, 네모지게 빚어서 기름에 띄워 지진 것에, 매화처럼 튀긴 찰벼를 묻혀 만든 산자. *매화강정.
매화-육궁 (梅花六宮)[-꿍] [명] 바둑에서, 적에게 포위된 말의 빈 집 여섯 개가 열십자형으로 있을 때의 일컬음(이때 상대방이 중앙에 한 점을 놓으면 살지 못함). 새발육궁. *오궁도화(五宮桃花).
매화-잠 (梅花簪) [명] 머리에 매화 무늬를 새긴

비녀.

매화-점 (梅花點)[-쩜] 똉 점으로 찍어 그린 매화 무늬.

매화점 장단 (梅花點-)[-쩜-]《악》장단법의 하나《가곡이나 시조의 장단을 장구로 칠 때의 기본형》.

매화-주 (梅花酒) 똉 소주에 매화를 넣어서 우려낸 술.

매화-죽 (梅花粥) 똉 매화를 넣어서 쑨 흰 죽.

매화-총 (梅花銃) 똉 매화포(梅花砲).

매화-타령¹ (梅花-) 똉《속》주제에 어울리지 않게 갏같은 언행을 하는 사람을 조롱하여 일컫는 말.

매화 타:령² (梅花-) 1《악》조선 때의 경기 잡가의 하나. 2《문》'매화가(歌)¹'의 일컬음.

매화-틀 (梅花-)《궁》지난날, 궁중에서 가지고 다닐 수 있게 만든 변기를 이르는 말.

매화 편문 (梅花片紋) 도자기의 잿물에 금이 굵게 나도록 만든 매화 무늬.

매화-포 (梅花砲) 똉 종이로 만든 딱총의 하나《불똥 튀는 것이 매화 떨어지는 것과 비슷함》.

매:회 (每回) ㊀똉 각 회. 한 회 한 회. ~의 회의록. ㊁분 각 회마다. 한 회 한 회마다. ~결승전에서 ~ 득점하다.

매-흙 [-흑]《건》초벽·재벽이 끝난 다음 벽 거죽에 바르는 보드라운 잿빛의 흙. ㊈매.

매흙-질 [-흑찔] 똉하자 벽면에 매흙을 바르는 일. ㊈매질.

맥 (脈) 똉 1 '혈맥'의 준말. ~을 찾아 주사를 놓다. 2 '맥박'의 준말. ~이 뛰다 / ~을 짚다 / ~이 고르다 / ~이 약하다. 3《광》'광맥'의 준말. 4 '맥락(脈絡)'의 준말. ~을 같이하는 이야기 / ~이 통하다 / ~을 닿다 / 전통의 ~을 잇다. 5《식》'엽맥(葉脈)'의 준말. 6《민》풍수지리에서, 지세에 정기가 흐르는 줄. ~과 혈(穴) / ~이 끊어지다. 7 기운이나 힘. ~을 잃고 드러눕다.

[맥도 모르고 침통 흔든다] 속내도 모르고 덤빈다.

맥(도) 모르다 관 일의 속내나 까닭을 알지 못하다. ~맥도 모르고 덤빈다.

맥(을) 놓다 관 1 긴장이 풀려 멍하게 되다. ~그 말을 듣고는 맥을 놓고 앉아 있다.

맥(을) 못 추다 관 힘을 쓰지 못하다. ~돈이라면 맥을 못 춘다.

맥(을) 보다 관 ㉠맥박의 빠르고 느림을 살펴보다. ~환자의 손목을 잡고 ~. ㉡남의 뜻이나 눈치를 살피다.

맥(을) 짚다 관 남의 속셈을 알아보다.

맥(이) 빠지다 관 기운이나 힘이 없어지다. ~맥 빠진 얼굴을 하다.

맥(이) 풀리다 관 기운이나 긴장이 풀어지다. ~시험을 치르고 나니 온몸의 맥이 풀려 버린 것 같다.

맥 (貘) 똉 1《동》맥과의 동물의 총칭《말레이맥·아메리카맥 따위》. 2 중국 전설에서, 인간의 악몽을 먹는다는 동물《형태는 곰, 코는 코끼리, 눈은 무소, 꼬리는 소, 발은 범과 비슷하다 함》.

맥각 (麥角)[-깍] 똉 1 맥각균이 볏과 식물의 씨방에 밀생한 균사(菌絲)를 말린 것. 단단하고 검은 뿔 모양으로 길이는 2 cm, 굵기는 5 mm 정도임《독이 매우 많음》. 2 맥각으로 만든 지혈제.

맥각-균 (麥角菌)[-깍꾼] 똉《식》자낭균류의 하등 식물. 볏과 식물의 씨방에 기생하여 균사(菌絲)를 만듦.

맥각-병 (麥角病)[-깍뼝] 똉《농》맥각균에 의한 맥류(麥類)의 병. 깜부깃병.

맥간 (麥稈)[-깐] 똉 밀짚·보릿짚의 줄기.

맥간 세:공 (麥稈細工)[-깐-] 밀짚·보릿짚을 써서 하는 세공.

맥고 (麥藁) 똉 밀이나 보리의 짚.

맥고-모자 (麥藁帽子)[-꼬-] 똉 밀짚·보릿짚으로 만든 여름철 여름 모자《위가 납작하고 갓양태가 큼》. 밀짚모자. ㊈맥고자.

맥고-자 (麥藁子)[-꼬-] 똉 '맥고모자'의 준말.

맥고-지 (麥藁紙)[-꼬-] 똉 밀짚이나 보릿짚의 섬유로 만든 종이.

맥곡 (麥穀)[-꼭] 똉 보리·밀 등의 곡식. 하곡(夏穀). *미곡(米穀).

맥관 (脈管)[-꽌] 똉《생》동물 몸속의 체액(體液)이 흐르는 관《혈관과 림프관 따위》.

맥관-계 (脈管系)[-꽌- / -관게] 똉《생》순환계(循環器).

맥궁 (貊弓)[-꿍] 똉 고구려의 소수맥(小水貊)에서 나던 품질이 좋은 활.

맥-낚시 (脈-)[맹낙씨] 똉 낚시찌를 사용하지 않고, 낚싯대·낚싯줄·손을 통하여 맥박처럼 전해져 오는 감촉으로 물고기를 낚는 방법. ↔찌낚시.

맥노 (麥奴)[맹-] 똉 깜부깃병으로 인하여 까맣게 된 보리 이삭. 보리깜부기.

맥-놀이 (脈-)[맹노리] 똉《물》진동수의 차이가 극히 작은 두 소리굽쇠를 때릴 경우, 두 개의 소리가 서로 간섭하여 주기적으로 강약을 반복하는 현상.

맥농 (麥農)[맹-] 똉 보리농사.

맥다 (麥茶)[-따] 똉 보리차.

맥도 (脈度)[-또] 똉 맥이 뛰는 정도.

맥도 (脈道)[-또] 똉《생》혈관(血管).

맥동 (脈動)[-똥] 똉하자 1 맥박이 뜀. 2《지》지진 이외의 자연적인 원인으로 지면이 맥박치듯 진동하는 주기적 운동.

맥-동지 (麥同知)[-똥-] 똉 보리동지.

맥락 (脈絡)[맹낙] 똉 1《생》혈맥이 서로 연락되어 있는 계통. 2 사물이 서로 이어져 있는 관계나 연관. ~이 닿다 / ~이 통하다 / 같은 ~으로 파악하다. ㊈맥(脈).

맥락-관통 (脈絡貫通)[맹낙꽌-] 똉하자 사리(事理)가 일관하여 명백함. 일의 줄거리가 환하게 통함.

맥락-막 (脈絡膜)[맹낙-] 똉《생》안구의 뒷부분을 둘러싸고 있는 암적갈색의 얇은 막《혈관과 색소 세포가 많아 빛을 차단하며, 망막 외층에 영양분을 공급함》.

맥랑 (麥浪)[맹낭] 똉 다 자란 보리나 밀이 바람에 물결처럼 나부끼는 모양.

맥량 (麥涼)[맹냥] 똉 보리가 익을 무렵의 서늘한 바람이 부는 날씨.

맥량 (麥糧)[맹냥] 똉 지난날, 여름철 양식으로 썼던 보리.

맥령 (麥嶺)[맹녕] 똉 보릿고개.

맥류 (脈流)[맹뉴] 똉《물》흐르는 방향은 일정하나 그 크기가 시시로 변하는 전류《흔히 교류를 정류(整流)하였을 때의 전류임》. 맥동전류.

맥류 (麥類)[맹뉴] 똉 보리 종류《보리·참밀·귀리·호밀 따위》.

맥리 (脈理)[맹니] 똉 1 글이나 사물의 전체에 통하는 이치. ~가 닿다. 2《한의》맥을 짚어 보고 병을 짐작하는 이치.

맥립-종 (麥粒腫)[맹닙쫑] 圓 《의》 다래끼².

맥망 (麥芒)[-맹-] 圓 보리나 밀 따위의 까끄라기.

맥맥-이 (脈脈-)[맹매기] 團 줄기차게 끊임없이. ▢3·1 정신을 ~ 이어 오다.

맥맥-하다 [맹매카-] 圈예 **1** 코가 막히어 답답하다. ▢감기로 코가 ~. **2** 생각이 잘 떠오르지 아니하다. ▢앞일이 도무지 ~. **맥맥-히** [맹매키] 團

맥문-동 (麥門冬)[-맹-] 圓 **1** 《식》 백합과의 여러해살이풀. 뿌리는 짧고 굵으며, 줄기 높이는 35cm 정도이고, 여름에 담자색의 작은 꽃이 핌. 뿌리는 약용함. 겨우살이풀. **2** 《한의》 맥문동이나 소엽맥문동의 뿌리(성질은 차고 맛은 달고 약간 씀. 보음(補陰)·자양제로 씀).

맥문-아재비 (麥門-)[맹무나-] 圓 《식》 백합과의 여러해살이풀. 따뜻한 지방의 평지에 남. 높이는 60cm 정도이며, 여름에 흰 꽃이 핌. 관상용으로 재배함.

맥박 (脈搏)[-빡] 圓 《생》 심장의 박동에 따라 일어나는 혈관 벽의 주기적인 파동. ▢~이 뛰다 / ~을 재다 / ~이 고르다 / ~이 불규칙하다 / ~이 빨라지다. ㉦맥.

맥박 (脈搏) **치다** 国 ▢㉠맥박이 뛰다. ㉡힘차게 약동하다.

맥박-계 (脈搏計)[-빡꼐 / -빡께] 圓 《생》 맥박의 횟수와 강약을 재는 기계 장치.

맥박 곡선 (脈搏曲線)[-빡꼭썬] 《생》 맥박 수가 변화하는 상태를 그래프로 표시된 곡선.

맥박 부정 (脈搏不整)[-빡뿌-] 《생》 맥박이 불규칙한 상태.

맥반 (麥飯)[-빤] 圓 보리밥.

맥반-석 (麥飯石)[-빤-] 圓 《광》 황백색의 거위알 또는 뭉친 보리밥 모양의 천연석(예로부터 정수(淨水) 작용이 있는 돌로 알려짐).

맥부 (麥麩)[-뿌] 圓 밀기울.

맥분 (麥粉)[-뿐] 圓 **1** 밀가루. **2** 보릿가루.

맥비 (脈痺)[-삐] 圓 《한의》 피가 엉겨서 순환이 잘 되지 않는 병.

맥석 (脈石)[-썩] 圓 《광》 광맥 속에 섞여 있으나 광석으로서의 가치가 별로 없는 돌.

맥소 (脈所)[-쏘] 圓 **1** 《생》 짚어서 맥박이 뛰는 것을 알 수 있는 곳. **2** 사물의 급소.

맥수지탄 (麥秀之嘆)[-쑤-] 圓 고국의 멸망을 한탄함.

맥시 (maxi) 圓 길이가 발목까지 내려오는 여자용 스커트나 코트. ✻미니(mini)·미디.

맥시멈 (maximum) 圓 **1** '최대'·'최고'의 뜻. **2** 《수》 극대(極大). ↔미니멈.

맥아 (麥芽) 圓 엿기름.

맥아-당 (麥芽糖)[-아-] 圓 《화》 말토오스.

맥암 (脈岩) 圓 《지》 암석 사이에 마그마가 흘러들어 맥을 이루고 있는 화성암.

맥압 (脈壓)[-압] 圓 《생》 최고 혈압과 최저 혈압의 차. 맥폭(脈幅).

맥압-계 (脈壓計)[맥깝꼐 / 맥깝께] 圓 《생》 혈압계.

맥-없다 (脈-)[매겁따] 圈 기운이 없다. ▢지친 듯이 맥없는 웃음을 띠다. **맥-없이** [매겁씨] 團 **1** 기운 없이. **2** 물러나다. **2** 아무 이유도 없이. 공연히. ▢~ 꾸짖다.

맥우 (麥雨) 圓 보리가 익을 무렵에 오는 비.

맥작 (麥作) 圓 보리농사.

맥점 (脈點)[-쩜] 圓 바둑이나 장기 따위에서, 공격이나 수비를 유리하게 이끌 수 있는 아주 중요한 자리.

맥주 (麥酒)[-쭈] 圓 알코올성 음료의 하나. 엿기름가루를 물과 함께 가열하여 당화시킨 다음, 홉(hop)을 넣어 향기와 쓴맛이 나게 한 뒤에 효모를 넣어 발효시킨 술.

맥주-병 (麥酒瓶)[-쭈뼝] 圓 **1** 맥주를 담는 병. 또는 맥주가 담긴 병. **2** 수영이 아주 서투른 사람의 별명.

맥-줄 (脈-)[-쭐] 圓 맥의 줄기.

맥줏-집 (麥酒-)[-쭈찝 / -쭏찝] 圓 주로 맥주를 파는 술집.

맥진 (脈診)[-찐] 圓하围 **1** 《한의》 진맥(診脈). **2** 《생》 맥박의 수나 강약으로 병세를 판단하는 진단법.

맥진 (驀進)[-찐] 圓하자 좌우를 돌아볼 겨를이 없이 힘차게 나아감.

맥진-하다 (脈盡-)[-찐-] 圓잔 맥이 풀리고 기운이 빠지다.

맥-질 [-찔] 圓하자 '매흙질'의 준말.

맥-짜리 圓 물고기 따위가 팔뚝만 한 크기임을 이르는 말.

맥-쩍다 [-따] 圈 **1** 심심하고 재미없다. ▢할 일이 없어 맥쩍게 앉아 있었지. **2** 열없고 쑥스럽다. ▢싸우고 나서 만나려니 ~.

맥차 (麥茶) 圓 보리차.

맥추 (麥秋) 圓 보리가 익는 철. 보릿가을.

맥탁 (麥濁) 圓 보리로 담근 막걸리.

맥탕 (麥湯) 圓 보리숭늉.

맥파 (脈波) 圓 《생》 맥박이 말초 신경까지 전해지면서 이루는 파동.

맥피 (麥皮) 圓 밀기울.

맥황 (麥黃)[매쾅] 圓 《농》 **1** 보리·밀에 황(黃)이 내려 누렇게 되는 병. 황증(黃蒸). **2** 황이 내리어 누렇게 된 보리나 밀. 황모(黃麰).

맥후 (脈候)[매쿠] 圓 《한의》 맥박의 횟수나 강약 등에 드러나는 병의 증후.

맨: 圖 '더 할 수 없이 가장'의 뜻을 나타내는 말. ▢~ 처음 / ~ 꼴찌 / ~ 처음 / ~ 먼저.

맨² 團 다른 것이 섞이지 않고 그것뿐이란 뜻을 나타내는 말. ▢~ 장사꾼이다 / ~ 책이다.

맨- 团 일부 명사 앞에 붙어서, '다른 것이 섞이지 않고 오직 그것뿐'인 뜻을 나타내는 말. ▢~발 / ~손 / ~주먹.

맨-가슴 圓 아무것도 걸치지 않고 드러낸 가슴.

맨-꽁무니 圓 아무 밑천이 없이 맨주먹으로 일을 할 경우의 일컬음. 또는 그렇게 일을 하는 사람.

맨:날 團 만날.

맨-눈 圓 안경이나 현미경 등을 이용하지 않고 직접 보는 눈. 육안(肉眼). ▢너무 작아서 ~으로는 잘 안 보인다.

맨-다리 圓 맨살을 드러낸 다리. 적각(赤脚).

맨둥-맨둥 團하圈団 산에 나무가 없어 반반한 모양. ㉦민둥민둥.

맨드라미 圓 《식》 비름과의 한해살이풀. 높이는 90cm 정도이고, 여름철에 닭의 볏 모양의 꽃이 핌. 관상용으로 재배하며 꽃은 지사제로 씀.

맨드리 圓 **1** 옷을 입고 매만진 맵시. ▢~가 곱다. **2** 물건의 만들어진 모양새.

맨-땅 圓 **1** 아무것도 깔지 않은 땅바닥. ▢~에 앉다 / **2** 거름을 주지 않은 생땅. ▢화초를 ~에 심다.

맨-땅바닥 [-빠-] 圓 맨땅1. ▢~에 눕다.

맨망 圓하圈団 요망스럽게 까붊. 또는 그런 짓. ▢~을 떨다.

맨망-스럽다 [-따][-스러워, -스러우니] 圈 맨망한 데가 있다. **맨망-스레** 團

맨-머리 명 1 아무것도 쓰지 않은 머리. 2 낭자를 하지 않고 그대로 쪽 찐 머리.

맨머릿-바람 [-빠-/-릳빠-] 명 맨머리로 나선 차림새.

맨-몸 명 1 옷을 입지 않고 벌거벗은 몸. 알몸. ◻ ~으로 헤엄치는 아이들 / 더워서 ~으로 자다. 2 아무것도 지니지 않은 상태나 형편. ◻ ~으로 사업을 시작하다.

맨-몸뚱이 명 〈속〉 맨몸. 알몸뚱이.

맨-바닥 명 아무것도 깔지 않은 바닥. ◻ ~에 드러눕다.

맨-발 명 아무것도 신지 않은 발. ◻ ~로 모래밭을 걷다.

맨발로 뛰다 판 어떤 일에 매우 열정적으로 활동하다. ◻ 10년을 맨발로 뛰어 사업을 크게 키우다.

맨발(을) 벗고 나서다 판 어떤 일에 아주 적극적으로 개입하다. ◻ 친구의 일이라면 맨발 벗고 나서는 사람이다.

맨발(을) 벗다 판 맨발이 되다.

맨-밥 명 반찬이 없는 밥.

맨-살 명 아무것도 입거나 걸치지 않아 드러나 있는 살. ◻ ~을 가리다 / ~에 닿다 / ~을 드러내다.

맨션 (mansion) 명 대저택·대지주의 저택이란 뜻으로, 고층화된 고급 아파트.

맨-손 명 1 아무것도 갖지 않은 손. 빈손. ◻ ~으로 가기가 좀 뭣하다 / ~으로 집안을 일키다. 2 아무것도 끼거나 감지 않은 손. ◻ 뜨거우니 ~으로 잡지 마라.

맨손 체조 (-體操) 기계나 기구를 쓰지 아니하고 손·발·목·몸통 등을 움직이며 하는 체조. 도수 체조. ↔기계 체조·기구 체조.

맨송-맨송 부하하 특부 1 몸에 털이 있을 곳에 털이 없어 반반한 모양. ◻ 머리털이 ~ 다 빠지다. 2 산에 나무나 풀이 없어 반반한 모양. 3 술을 마시고도 취하지 않고 정신이 말짱한 모양. ◻ 많이 마셨는데도 왠지 ~하다. 4 일거리가 없거나 생기는 것이 없어 심심하고 멋쩍은 모양. ◻ 하는 일 없이 ~ 세월만 보내다. 큰민숭민숭.

맨숭-맨숭 부 '맨송맨송'의 큰말.

맨-입 [-닙] 명 1 아무것도 먹지 않은 입. ◻ ~으로 지껄였더니 입이 마르다 / ~에 술을 들이켜다. 2 아무런 대가도 없는 상태. ◻ ~으로 취직을 부탁하다 / ~으로는 알려 줄 수가 없소.

[맨입에 앞 교군(轎軍) 서라 한다] 어려운 중에 또 어려운 일이 겹친다.

맨:-재-준치 명 소금에 절여 매운재의 빛처럼 파랗게 된 준치.

맨-정신 (-精神) 명 흐릿하거나 취하지 않은 맑고 또렷한 정신. ◻ ~으로 그런 짓을 할 수가 있을까.

맨-주먹 명 1 어떤 무기나 도구 따위도 가지지 않은 상태. ◻ ~으로 맞서 싸우다. 2 아무것도 가진 것이 없는 형편. ◻ ~으로 사업을 일으키다.

맨투맨 (man-to-man) 명 구기(球技)에서, 1대 1로 수비하는 일.

맨투맨 디펜스 (man-to-man defense) 구기(球技)에서, 경기자가 각각 자기의 상대를 정해 책임지고 방어하는 방법. 대인 방어.

맨틀 (mantle) 명 《지》 1 지각(地殼)과 핵 사이에 있는 부분. 2 가스맨틀.

맨홀 (manhole) 명 1 땅속에 묻은 수도관·하수관·지하 케이블 등을 살피거나 청소하기 위해 드나들 수 있게 만든 구멍. 2 터널이나 철

교 등의 옆에 사고를 피하고자 만들어 놓은 구멍이나 자리. 3 배의 갑판 위에 사람이 드나들 수 있게 만든 작은 승강구.

맬서스-주의 (Malthus主義) [-/-이] 명 《경》 맬서스가 인구론에서 주장한 학설로, 인구와 식량과의 관계에 관한 이론 《인구는 기하급수적으로 증가하는데, 식량은 산술급수적으로 증가하므로 빈곤과 악덕이 불가피하게 초래된다는 내용》.

맴:¹ 명 '매암'의 준말.

맴:² 부 매미가 매암을 그칠 때에 내는 소리.

맴:-돌다 [맴돌아, 맴도니, 맴도는] 자타 1 제자리에서 뱅뱅 돌다. ◻ 독수리가 하늘을 ~. 2 어떤 대상의 주변을 원을 그리며 빙빙 돌다. ◻ 탑 주위를 맴돌면서 합격을 빌다. 3 같은 범위나 장소 안에서 되풀이하여 움직이다. ◻ 무거운 분위기가 ~ / 성적이 꼴찌에서 ~.

맴:-돌리다 타 ('맴돌다'의 사동) 1 제자리에서 뱅뱅 돌아가게 하다. 2 어떤 대상의 주변을 원을 그리며 돌게 하다.

맴:돌-이 명하자 1 맴을 도는 일. 2 《수》 회전체(回轉體)2.

맴:돌이 전:류 (-電流)[-도리절-] 《물》 변화하고 있는 자기장(磁氣場) 안의 도체에 전자 유도로 일어나는 소용돌이 모양의 전류. 푸코 전류.

맴매 명하자 〈소아〉 1 매. ◻ ~ 가져오너라. 2 매로 때리는 일.

맴:-맴¹ 명 〈소아〉 아이들이 매암을 돌 때에 부르는 소리. 또는 그 모양. ◻ 고추 먹고 ~ 담배 먹고 ~.

맴:-맴² 부 매미가 우는 소리. *매암매암.

맵다 [-따] [매워, 매우니] 형 1 고추의 맛과 같이 혀가 알알하다. ◻ 매운 고추 / 찌개가 ~. 2 성질이 독하고 사납고 독하다. ◻ 시집살이 ~ 한들. 3 몹시 춥다. ◻ 날씨가 몹시 ~. 4 연기 따위가 눈·코를 자극하여 아리다. ◻ 매운 연기.

맵디-맵다 [-따-따] [-매워, -매우니] 형 몹시 맵다. ◻ 맵디매운 바람.

맵살-스럽다 [-따] [-스러워, -스러우니] 형 말이나 행동이 남에게 미움을 받을 만한 데가 있다. ◻ 맵살스럽게 굴다. 준밉살스럽다. 맵살-스레 부

맵시 [-씨] 명 곱게 매만진 모양새. ◻ ~가 나다 / 옷을 ~ 있게 입다 / 양장 차림으로 ~를 내다.

맵싸-하다 형 고추나 겨자와 같이 맵고도 싸한 맛이 있다. ◻ 맵싸한 계핏가루.

맵쌀 명 찐 메밀을 약간 말린 후 찧어서 껍질을 벗긴 메밀.

맵자-하다 [-짜-] 형 모양이 제격에 어울려서 맞다.

맵-짜다 형 1 맛이 맵고 짜다. ◻ 찬이 ~. 2 성미가 매섭게 독하거나 사납다. ◻ 맵짠 눈으로 흘겨보다.

맵-차다 형 1 맵고 차다. ◻ 새벽바람이 ~. 2 옹골차고 야무지다.

맷-가마리 [매까-] 명 매를 맞아 마땅한 사람.

맷-감 [매깜 / 맫깜] 명 1 매를 맞아 마땅한 행동. ◻ 그냥 둘 수 없는 고집은 ~이야. 2 매를 때릴 물건(회초리 따위).

맷-고기 [매꼬- / 맫꼬-] 명 조금씩 떼어 매를 지어서 파는 쇠고기.

맷-담배 [매땀- / 맫땀-] 명 조금씩 떼어서 파

는 살담배.

맷-돌[매똘 / 맫똘]圀 곡식을 가는 데 쓰는 기구(둥글고 넓적한 돌 두 개를 포개고, 위에 있는 아가리에 갈 곡식을 넣어 위짝을 돌려서 갈게 됨). 춘매.

맷돌(을) 죄다丮 맷돌이나 매통의 닳은 이를 쪼아서 날카롭게 만든다.

맷돌-중쇠 (-中-)圀 맷돌의 위아래짝 한가운데에 박는 쇠(위짝의 것은 암쇠, 아래짝의 것은 수쇠라 하여, 두 짝을 포개어서 맞추게 됨). 춘맷중쇠·중쇠.

맷돌-질[매똘- / 맫똘-]圀하卧 맷돌에 곡식을 가는 일.

맷맷-이[맨매시]튀 맷맷하게. 큰밋밋이.

맷맷-하다[맨매타-]혱여 생김새가 매끈하게 곧고 길다. 큰밋밋하다.

맷-방석 (-方席)[매빵- / 맫빵-]圀 매통이나 맷돌 밑에 까는, 짚으로 만든 전이 있는 둥근 방석. *매판.

맷-손¹[매쏜 / 맫쏜]圀 맷돌을 돌리는 손잡이.

맷-손²[매쏜 / 맫쏜]圀 매질의 세고 여린 정도. □~이 맵다 / ~이 세다.

맷-수쇠 (-水-)[매쑤- / 맫쑤-]圀 맷돌 아래짝 한가운데에 박힌 뾰족한 쇠. ↔매암쇠.

맷-중쇠 (-中-)[매쭝- / 맫쭝-]圀 '맷돌중쇠'의 준말.

맷-집[매찝 / 맫찝]圀 1 매를 견디어 내는 힘이나 정도. □~ 좋은 권투 선수 / ~이 약하다. 2 매를 맞을 만한 통통한 살집.

맹-튀 '아무것도 섞지 않은'의 뜻. □~물만 들이켜다 / 그놈, 알고 보니 ~탕이더군.

맹- (猛)튀 '맹렬함'·'정도가 매우 심함'의 뜻. □~활약 / ~연습.

맹-격 (猛擊)圀하卧 '맹공격'의 준말.

맹-견 (猛犬)圀 사나운 개. □~ 주의.

맹-공 (猛攻)圀 '맹공격'의 준말.

맹-공격 (猛攻擊)圀하卧 맹렬하게 나아가 공격함. □~을 시작하다. 춘맹격·맹공.

맹관 (盲管)圀 내장 가운데 한쪽 끝이 막힌 관강(管腔)(맹장 따위).

맹관 총창 (盲貫銃創)《의》 총알이나 파편이 몸을 관통하지 않고 몸 안에 박히어 있어 생긴 상처.

맹귀-우목 (盲龜遇木)圀 눈먼 거북이 우연히 물에 뜬 나무를 만났다는 뜻으로, 어려운 형편에 우연히 행운을 얻게 됨을 이르는 말. 맹귀부목(盲龜浮木).

맹근-하다혱여 약간 매지근하다. 큰밍근하다.
  맹근-히튀

맹-금 (猛禽)圀 성질이 사납고 육식을 하는 새의 총칭(매·수리 따위).

맹꽁-맹꽁튀하卧 맹꽁이가 잇따라 우는 소리. 맹꽁징꽁.

맹-꽁이圀 1《동》맹꽁잇과의 양서류. 몸의 길이는 5 cm 정도이고, 등은 황청색, 배는 담황색임. 몸집이 통통하고 발에 물갈퀴가 없음. 날이 흐리거나 비가 올 때 특히 맹꽁맹꽁 요란스레 욺. 밤에 활동하며 곤충을 잡아먹음. 2《속》야무지지 못하고 답답한 사람. 또는 키가 작고 배가 부른 사람을 놀으로 이르는 말. □~ 같은 친구.
  [맹꽁이 결박한 것 같다] 키가 작고 몸이 퉁퉁한 사람이 옷을 잔뜩 입은 모양의 비유.

맹꽁이-덩이圀《농》김 맬 때 호미로 떠서 넒은 흙덩이.

맹꽁이-맹 (-黽)圀 한자 부수(部首)의 하나

('鼂'·'鼁' 등에서 '黽'의 이름).

맹꽁이-자물쇠 [-쐬]圀 서양식 자물쇠의 하나(반타원형의 고리와 몸통의 두 부분으로 되어, 열쇠로 오른면 고리의 한쪽 다리가 몸통에서 떨어져 나옴).

맹-꽁징꽁튀하卧 1 맹꽁맹꽁. 2 남이 알아듣지 못하게 요란스럽게 지껄이는 모양. □뭘 그렇게 ~ 떠들고 있나.

맹도-견 (盲導犬)圀 맹인의 길 안내를 하도록 훈련한 개.

맹-독 (猛毒)圀 심한 독기. □독사의 ~. ――하다[-도카-]자여 몹시 독하다.

맹-독성 (猛毒性)[-썽]圀 독성이 몹시 심한 성질. □~ 중금속.

맹-동 (孟冬)圀 1 초겨울. 2 음력 시월.

맹동 (萌動)圀하卧 1 싹이 남. 2 생각이나 일이 일어나기 시작함.

맹-랑-하다 (孟浪-)[-낭-]혱여 1 생각하던 바와 달리 허망하다. □맹랑한 소문. 2 보통이거나 까다로워 얕잡아 볼 수 없다. □맹랑한 아이. 3 처리하기가 매우 어렵고 묘하다. □일이 점점 맹랑하게 되어 가는군. **맹:랑-히**[-낭-]튀

맹-렬-하다 (猛烈-)[-녈-]혱여 기세가 사납고 세차다. □맹렬한 기세 / 맹렬하게 달려들다.
  맹:렬-히[-녈-]튀. □~ 싸우다.

맹맹-하다¹혱여 1 음식 따위가 제맛이 나지 않고 싱겁다. □국이 ~. 2 마음이 허전하고 싱겁다. □맹맹한 기분으로 앉아 있다. 큰밍밍하다.

맹맹-하다²혱여 코가 막혀 말을 할 때 코의 울림 소리가 나며 갑갑하다. □코가 맹맹한 게 감기가 들었나 보다.

맹-모단기 (孟母斷機)圀 '맹모단기지교'의 준말.

맹-모단기지교 (孟母斷機之敎)圀 맹자의 어머니가 아들이 학업을 중단하고 돌아왔을 때, 짜던 베를 칼로 잘라서 훈계한 고사(故事). 춘맹모단기.

맹-모삼천 (孟母三遷)圀 '맹모삼천지교'의 준말.

맹-모삼천지교 (孟母三遷之敎)圀 맹자의 어머니가 맹자를 가르치기 위해 세 번 이사했다는 고사. 춘맹모삼천.

맹목 (盲目)圀 1 먼눈. 2 사리에 어두운 눈.

맹목-비행 (盲目飛行)[-삐-] 계기 비행.

맹목-적 (盲目的)[-쩍]판圀 사리를 따지거나 분별없이 무턱대고 행동하는 (것). □~(인) 사랑 / ~으로 따른다.

맹문圀 1 일의 시비나 경위. □~도 모르고 덤비다. 2 일의 시비나 경위를 모름. □그 일에 ~인 사람을 뽑다니.

맹문-이圀 맹문을 모르는 사람.

맹-물圀 1 아무것도 타지 않은 물. □~을 들이켜다 / 이 국은 맹물 마시고 단식하는 격. 2 하는 짓이 싱겁고 야물지 않은 사람. □어쩌면 그렇게도 ~이냐.
  [맹물에 조약돌 삶은 맛이다] 아무런 맛도 없다.

맹-박 (猛駁)圀하卧 맹렬히 반박함.

맹반 (盲斑)圀《생》맹점(盲點)1.

맹-방 (盟邦)圀 동맹을 맺은 나라. 동맹국.

맹사 (盲射)圀하卧 목표물 없이 또는 목표물을 겨누지 않고 함부로 사격함. 암사(暗射).

맹-사 (猛射)圀하卧 맹렬히 쏨. 또는 그런 사격. □~를 퍼붓다.

맹-삭 (孟朔)圀 맹월(孟月).

맹서 (盟誓)圀 '맹세'의 본딧말.

맹석(盲席)圓 아무 무늬도 없는 돗자리.
맹:성(猛省)圓하타 매우 깊이 반성함. ㅁ~을
촉구하다.
맹세(盟誓)圓하자타 굳게 약속하거나 다짐함.
또는 그 약속이나 다짐. ㅁ~를 저버리다.
맹세-지거리(盟誓-)圓하자 매우 잡스러운 말
로 하는 맹세. 또는 그런 말씨(('약속을 어기
면 개자식이다'는 따위)).
맹세-코(盟誓-)图 다짐한 대로 꼭. ㅁ~ 비밀
을 지킨다 / 하늘에 ~ 거짓말은 않는다.
맹:수(猛獸)圓 사나운 짐승((사자·범 따위)).
ㅁ~를 사육하다.
맹숭-맹숭 图 맹숭맹숭.
맹:습(猛襲)圓하타 맹렬히 습격함. ㅁ~을 퍼
붓다.
맹신(盲信)圓하타 옳고 그름을 가리지 않고 덮
어놓고 믿음. ㅁ남의 말을 ~하다.
맹신-자(盲信者)圓 맹목적으로 믿는 사람.
맹신-적(盲信的)圓관 옳고 그름을 가리지 않
고 덮어놓고 믿는 (것). ㅁ~인 태도 / ~으로
믿다.
맹아(盲兒)圓 눈이 먼 아이. ㅁ~ 교육.
맹아(盲啞)圓 시각 장애인과 청각 장애인.
맹아(萌芽)圓 1 식물에 새로 트는 싹. ㅁ~가
싹트다. 2 사물의 시초가 되는 것. ㅁ근대 문
명의 ~.
맹아-기(萌芽期)圓 1 식물의 싹이 틀 무렵. 2
사물이 처음 생겨나는 때.
맹아-자(盲啞者)圓 맹아(盲啞).
맹아 학교(盲啞學校)[-꾜] 《교》 맹아에게 특
수 교육을 하는 학교.
맹:악-하다(猛惡-)[-아카-]혱여 몹시 사납고
모질다.
맹약(盟約)圓하자타 1 맹세하여 맺은 굳은 약
속. ㅁ~을 어기다. 2 동맹국 사이의 조약.
맹약-국(盟約國)[-꾹] 서로 맹약을 맺은 나
라. 동맹국.
맹:양(孟陽)圓 '음력 정월'의 이칭.
맹언(盟言)圓 맹세하는 말.
맹:-연습(猛練習)[-년-]圓하자 맹렬하게 하는
연습.
맹:용(猛勇)圓하형 용맹(勇猛).
맹:우(猛雨)圓 세차게 쏟아지는 비.
맹우(盟友)圓 어떤 일에 대해 서로 굳게 맹세
한 친구.
맹:월(孟月)圓 맹춘(孟春)·맹하(孟夏)·맹추
(孟秋)·맹동(孟冬)의 총칭. 맹삭(孟朔).
맹:위(猛威)圓 사나운 기세. 맹렬한 위세(威
勢). ㅁ무더위가 ~를 떨치다.
맹이圓 말안장의 몸뚱이가 되는 물건((그 위에
안갑(鞍匣)을 씌움)).
맹인(盲人)圓 눈이 먼 사람. 맹자. 시각 장애
인. 소경.
맹인 교:육(盲人教育)《교》 시각 장애인을 대
상으로 하는 특수 교육.
맹자(盲者)圓 눈이 먼 사람. 맹인.
맹:자(猛者)圓 용감하고 기백이 있는 사람.
맹자-단청(盲者丹靑)圓 맹인의 단청 구경이
라는 뜻으로, 사물을 이해할 능력이 없이 보
는 것을 이르는 말.
맹자-정문(盲者正門)圓 맹인이 정문을 바로
찾아 들어간다는 뜻으로, 우둔하고 미련한
사람이 어쩌다가 이치에 맞는 일을 하였을
경우를 이르는 말. 맹인직문(直門).
맹장(盲腸)圓 《생》 대장(大腸)의 위 끝으로,
소장에 이어진 길이 6cm 정도의 관((아랫배
의 오른편 아래에 있음)). 막창자.
맹:장(猛杖)圓하타 형벌로 볼기를 몹시 침.

맹:장(猛將)圓 용맹한 장수. ㅁ~ 아래 약졸
(弱卒) 없다.
맹장-염(盲腸炎)[-념]圓《의》충수염(蟲垂炎).
맹:장지(盲障-)圓《건》광선을 막으려고 안과
밖을 두꺼운 종이로 겹바른 장지. ↔명장지.
맹전(盲錢)圓 구멍이 뚫리지 않은 쇠돈. 무공
전(無孔錢).
맹점(盲點)[-쩜]圓 1《생》시신경이 망막으로
들어오는 곳에 있는, 희고 둥근 부분((시세포
가 없어서 빛을 분간하지 못함)). 맹반(盲斑).
2 미처 생각이 미치지 못한, 모순되는 점이나
틈. 허점. ㅁ법의 ~ / ~이 드러나다.
맹:조(猛潮)圓 1 거센 흐름. 2 세차게 밀어닥
치는 조수.
맹:졸(猛卒)圓 용맹스러운 병졸.
맹종(盲從)圓하자타 옳고 그름을 가리지 않고
남이 시키는 대로 덮어놓고 따름. ㅁ부모님
말씀에는 무조건 ~했다.
맹:종-죽(孟宗竹)圓《식》죽순대.
맹주(盟主)圓 동맹을 맺은 사람이나 단체를
대표하는 책임 있는 사람. ㅁ~로 추앙받다.
맹:중계(孟仲季)[-/-계]圓 1 형제자매의 맏
이와 둘째와 셋째. 2 어떤 사물의 첫째와 둘
째와 셋째. 3 정월과 중월과 계월.
맹:지(猛志)圓 굳게 먹은 뜻. 억센 의지.
맹진(盲進)圓하자 무턱대고 나아감.
맹:진(猛進)圓하자 용맹하게 나아감.
맹청(盲廳)圓 지난날, 맹인(盲人)들이 모여
의논하던 집.
맹추圓 똑똑하지 못하고 흐리멍덩한 사람을
얕잡아 이르는 말. ㅁ이런 ~ 같은 사람 봤
나. 윤멍추.
맹:추(孟秋)圓 1 초가을. 2 음력 칠월.
맹:-추격(猛追擊)圓하타 맹렬히 쫓아가며 공
격함. ㅁ~을 벌이다 / 시민의 ~으로 도둑을
잡았다.
맹:춘(孟春)圓 1 초봄. 2 음력 정월.
맹:타(猛打)圓하타 1 몹시 세차게 때림. 맹렬
한 공격. 2 야구에서, 투수의 공을 계속 쳐내
공격함. ㅁ~를 퍼붓다 /~를 휘두르다.
맹탐(盲探)圓하타 순서 없이 함부로 뒤지거나
찾음.
맹-탕(-湯)㊀圓 1 맹물처럼 아주 싱거운 국
물. 2 옹골차지 못하고 싱거운 사람의 일컬
음. ㅁ세상 물정에는 나보다 더 ~이다. ㊁图
무턱대고 그냥. ㅁ하라는 공부는 하지 않고
~ 놀기만 한다.
맹:투(猛鬪)圓하자 사납게 하는 싸움. 또는 사
납게 싸움. ㅁ~를 벌이다.
맹:-포격(猛砲擊)圓하타 맹렬하게 포 사격을
함. 또는 그 사격. ㅁ~을 가하다.
맹:포-하다(猛暴-)혱여 매우 억세고 사납다.
맹:-포화(猛砲火)圓 맹렬하게 퍼붓는 포화.
맹폭(盲爆)圓하타 목표가 없이 함부로 퍼붓는
폭격. 또는 무차별 폭격.
맹:폭(猛爆)圓하타 맹렬한 폭격. 맹
폭격.
맹:-폭격(猛爆擊)[-격]圓하타 맹렬한 폭격. 맹
폭.
맹:풍(猛風)圓 사납게 부는 바람.
맹:풍-열우(猛風烈雨)[-녀루]圓 아주 세찬
비바람.
맹:하(孟夏)圓 1 초여름. 2 음력 사월.
맹:-하다혱여 싱겁고 흐리멍덩하여 멍청한 듯
하다. ㅁ맹한 눈 / 약으면서도 맹한 데가 있
다. 맹:-히图
맹-학교(盲學校)[-꾜]圓《교》시각 장애자들

을 교육시키는 학교. *농아 학교.

맹:호(猛虎)뗑 **1** 사나운 호랑이. ▢~와 같은 기세. **2** 몹시 사나운 사람을 비유적으로 이르는 말.

맹:호-복초(猛虎伏草)뗑 풀숲에 엎드려 있는 사나운 호랑이라는 뜻으로, 영웅은 한때 숨어 있어도 때가 되면 반드시 나타난다는 말.

맹:호-출림(猛虎出林)뗑 사나운 호랑이가 숲에서 나온다는 뜻으로, 평안도 사람의 용맹하고 성급한 성격을 비유한 말. *석전경우(石田耕牛).

맹:화(猛火)뗑 세차게 타는 불.

맹:-활동(猛活動)-[동] 몡하자 기세 있고 활발한 활동. ▢사회사업가로 ~을 펼치다.

맹:-약(猛躍)뗑하자 눈부신 활약. ▢~을 벌이다 / ~을 펼치다.

맹:-훈련(猛訓練)-[훈-] 몡하자 맹렬한 훈련.

맹휴(盟休)뗑 **1** '동맹 휴교·동맹 휴학'의 준말. **2**《사》'동맹 휴업'의 준말.

맺는-말[맨-] 몡 글·연설 따위의 마지막을 마무르는 간단한 글이나 말.

맺다[맨따]-[타]자 물방울이나 땀방울 따위가 생겨나 매달리다. ▢이마에 땀방울이 ~. -[타] **1** 끄나풀 따위의 두 끝을 이어 얽어 매듭을 만들다. ▢그물을 ~. **2** 하던 일의 끝을 내다. ▢말이 길었는데 이제 끝을 맺겠습니다. **3** 인연이나 관계를 이루거나 짓다. ▢맺은 언약 / 협정을 ~ / 사랑을 ~. **4** 나무나 풀이 열매나 꽃망울 따위를 이루다. ▢좋은 나무가 좋은 열매를 맺는다.

맺고 끊은 듯하다囝 일이나 행동이 사리가 분명하고 빈틈이 없다. ▢맺고 끊은 듯이 처리하다.

맺음-말뗑 결론.

맺이-관(-冠)뗑 말총으로 그물코 맺듯이 눈눈이 떠서 만든 관.

맺히다[매치-]자 **1**《'맺다'의 피동》물방울이나 꽃망울 따위가 달리다. ▢눈물이 ~ / 꽃망울이 ~. **2** 마음속에 잊혀지지 않고 뭉쳐 있다. ▢맺힌 한 / 원한이 ~. **3** 살 속에 피가 뭉치다. ▢피가 맺히도록 맞다. **4** 사람의 됨됨이가 빈틈이 없다. ▢야무지고 맺힌 데가 있어 칭찬을 듣는다.

맺힌 데가 없다囝 ⑦성격이 공하지 않다. ▢그는 언뜻 보아 맺힌 데가 없다는 인상을 준다. ⑥사람의 됨됨이가 꼭 짜인 데가 없다. ▢사람이 물러서 ~.

먀련뗑때 매련.

먀욱-하다휑 ☞ 매욱하다.

말갛다-[가타] [말가니, 말개서] 휑동 환하게 말갛다. 흰밀겋다.

맠쑥-하다[-쑤카-] 휑어 모양이 지저분하지 않고 깨끗하다. 흰말쑥하다. **맠쑥-히**[-쑤키]휜

머-[지데 '무엇'의 준말. ▢~ 말이냐. -[감] 어린이나 여자들이 어리광 피우 때 말끝에 뜻 없이 붙여 쓰는 말. ▢난 싫어 ~ / 아이들이야 다 그렇지 ~.

머구리뗑〈옛〉개구리.

머굼다[-따]〈옛〉머금다.

머귀뗑〈옛〉오동나무.

머귀-나무뗑《식》**1** 운향과의 낙엽 활엽 교목. 해안 부근에 나는데 가시가 있으며, 잎은 긴 타원형으로 가장자리에 톱니가 나 있음. 여름에 황백색 꽃이 핌. 나무는 나막신 재료로 쓰고 열매는 약용함. **2**☞ 오동나무.

머그-잔(mug盞)뗑 원통형의 큰 찻잔.

머금다[-따]타 **1** 입 속에 넣고 삼키지 않고 있다. ▢담배 연기를 입 안에 ~. **2** 생각을 품다. ▢원한을 ~. **3** 눈에 눈물이 고인 채 흘리지 않고 지니다. ▢눈물을 ~. **4** 감정이나 생각 따위를 표정이나 태도에 조금 드러내다. ▢미소를 ~. **5** 나무나 꽃이 빗물이나 이슬 따위 물기를 지니다. ▢봄비를 머금은 버드나무 / 아침 이슬을 머금은 푸른 숲.

머:-멀다휑 (주로 '머나먼'의 꼴로 쓰여) 매우 멀다. ▢머나먼 옛날 / 머나먼 나그넷길.

머니 론(money loan)《경》주식 구입을 위해 돈을 빌리는 일. 또는 그 돈.

머니퓰레이터(manipulator)뗑《물》방사성 물질이나 원자로를 취급할 때 위험을 피하기 위해 방벽(防壁) 밖이나 원거리에서 조작하는 기계적 장치. 매직 핸드.

머:다랗다[-라타]휑 [머다라니, 머다래서] 휑혱 매우 먼 느낌이 있다.

머더보드(motherboard)뗑《컴》컴퓨터의 주요 부품을 끼울 수 있는 주회로 기판. 주요 부품으로는 시피유(CPU)·램·롬·입출력 제어기와 여러 카드를 꽂을 수 있는 확장 슬롯·전원 단자 따위가 있음.

머드(MUD)뗑 [Multiple User Dungeon]《컴》컴퓨터 통신에서, 여럿이 함께 사용하는 게임 또는 프로그램.

머드러기뗑 무더미로 있는 과실이나 생선 가운데서 가장 굵거나 큰 것.

머드레-콩뗑 밭 가로 둘러 심은 콩.

머루뗑《식》**1** 포도과의 열매루·왕머루 따위의 총칭. **2** 포도과의 낙엽 덩굴나무. 왕머루와 비슷한데 잎 뒷면에 적갈색 털이 있으며, 흑자색 열매가 달림. 식용함.

머름《건》모양을 내기 위해 미닫이 문지방 아래나 벽 아래 중방에 대는 널조각.

머름-궁창[-창]《건》머름청판.

머름-중방(-中枋)《건》두 기둥 사이의 머름에 가로 건너 낀 중방.

머름-청판(-廳板)《건》머름 사이에 낀 널쪽. ≒머름궁창.

머리¹뗑 **1** 사람이나 동물의 목 위 부분. 두부(頭部). ▢~를 끄덕이다 / ~를 긁다 / ~가 아프다 / ~를 숙여 인사하다 / ~에 모자를 쓰다. **2** '머리털'의 준말. ▢~가 길다 / ~를 감다 / ~를 빗다 / ~를 자르다 / ~가 세다 / ~가 희끗희끗하다. **3** 생각하고 판단하는 능력. ▢~가 좋다 / ~가 나쁘다 / ~가 영리하다. **4** 물건의 꼭대기나 앞부분. ▢앞산 ~ 위로 해가 솟아오르다 / 차 ~에 치이다. **5** 일의 시작. ▢~도 끝도 없는 일. **6** 단체의 우두머리. ▢조직의 ~ 노릇을 하다. **7** 어떤 때가 시작될 무렵. ▢삼복 ~ / 해 질 ~. **8** '한쪽 끝'이나 '가장자리'의 뜻. ▢밭~ / 책상~.

[머리 검은 짐승은 남의 공을 모른다] 사람이 오히려 짐승보다도 남의 은혜를 모르는 수가 많다. [머리 없는 놈 댕기 치레한다] ⑦ 본바탕은 볼 것 없는데 지나치게 겉만 꾸민다. ⑥못생긴 놈이 몸치장은 더 한다.

머리가 가볍다囝 상쾌하여 마음이나 기분이 거뜬하다.

머리(가) 굳다囝 ⑦완고하다. ⑥기억력 따위가 무디다.

머리(가) 굵다囝 머리(가) 크다.

머리가 깨다囝 생각하거나 이해하는 정도가 뒤떨어지지 않다. ▢할아버지는 머리가 깨신 분이셨다.

머리가 돌다囝 ⑦임기응변으로 생각이 잘

떠오르다. ⓒ정신이 이상하게 되다. ⓒ생각이 혼란스럽고 복잡하다. ▣일이 복잡해서 머리가 돌 지경이다.
머리가 돌아가다 ㉿ 생각이 잘 떠오르거나 미치다. 두뇌 회전이 빠르다.
머리가 무겁다 ㉿ 기분이 좋지 않거나 골이 땅하다.
머리가 복잡하다 ㉿ 고민이 많다. ▣머리가 복잡하다고 술만 마신다.
머리가 수그러지다 ㉿ 존경하는 마음이 일어나다. ▣그분 앞에선 저절로 머리가 수그러진다.
머리(가) 아프다 ㉿ 머릿살이 아프다.
머리가 젖다 어떤 사상이나 인습 따위에 물들다.
머리(가) 크다 ㉿ 성인이 되다.
머리(를) 감다 ㉿ 머리를 물로 씻다.
머리(를) 굴리다 ㉿ 머리를 써서 묘안을 생각해 내다. ▣머리를 굴려 내놓은 안을 묵살하다.
머리(를) 굽히다 ㉿ 굴복하다.
머리(를) 깎다 ㉿ ㉠승려가 되다. ▣머리를 깎고 절에 들어가다. ⓒ〈속〉복역하다.
머리(를) 내밀다 ㉿ 어떤 자리에 모습을 나타내다.
머리(를) 들다 ㉿ ㉠눌려 있었거나 숨겨 온 생각, 의심 따위가 겉으로 드러나다. ⓒ차차로 세력을 얻어 세상에 알려지게 되다. 대두(擡頭)하다.
머리(를) 맞대다 ㉿ 어떤 일을 의논하거나 결정하기 위해 서로 마주 대하다. ▣서너 명이 머리를 맞대고 수군거리고 있다.
머리(를) 모으다 ㉿ ㉠중요한 이야기를 하려고 바투 모이다. ⓒ여러 사람의 의견을 종합하다.
머리(를) 숙이다 ㉿ ㉠머리를 굽히다. ⓒ수궁하거나 경의를 표하다. ⓒ사죄하다.
머리를 스치다 갑자기 생각이 떠오르다. ▣기발한 생각이 머리를 스친다.
머리(를) 식히다 ㉿ 흥분된 감정이나 긴장된 기분을 풀어 마음을 가라앉히다.
머리(를) 싸매다 ㉿ 있는 힘을 다하여 노력하다. ▣머리를 싸매고 공부하다.
머리(를) 썩이다 ㉿ 어려운 일에 부닥쳐 몹시 애를 쓰다.
머리(를) 쓰다 ㉿ 어떤 일에 대해 이모저모 깊이 생각하거나 방법을 찾아내다. ▣조금만 머리를 쓰면 해답은 쉽게 나온다.
머리(를) 얹다 ㉿ ㉠여자의 긴 머리를 두 갈래로 땋아 엇바꾸어 양쪽 귀 뒤로 돌려서 이마 위쪽에 한데 틀어 얹다. ⓒ어린 기생 등이 자라서 머리를 쪽 찌다. ⓒ시집가다.
머리(를) 얹히다 ㉿ ㉠어린 기생과 관계를 맺어 그 머리를 얹어 주다. ⓒ처녀를 시집보내다.
머리를 쥐어짜다 ㉿ 몹시 애를 써서 궁리하다. ▣아무리 머리를 쥐어짜도 신통한 수가 안 나온다.
머리를 짓누르다 ㉿ 정신적으로 강한 자극이 오다. ▣머리를 짓누르는 압박감.
머리(를) 풀다 ㉿ 부모상(喪)을 당하여 틀었던 머리를 풀다.
머리(를) 흔들다 ㉿ ㉠진저리 치다. ⓒ거절하거나 부인하다.
머리에 그리다 ㉿ 상상하다.
머리에 새겨 넣다 ㉿ 단단히 기억해 두다.
머리에 서리가 앉다 머리가 희끗희끗해지다. 늙다.

머리에 피도 안 마르다 ㉿ 아직 어른이 되려면 멀었다. 또는 나이가 어리다.
머리² [명] **1** 덩어리를 이룬 수량의 정도를 일컫는 말. **2** '돈머리'의 준말.
머리³ [부] 〈옛〉 멀리.
-머리 [부] 일부 명사에 붙어서, 그 명사를 속된 말이 되게 하는 말. ▣버르장~ / 인정~ / 주변~ / 안달~.
머리-가지 [명] 《언》 접두사.
머리곰 [부] 〈옛〉 멀리³.
머리-글 [명] 머리말.
머리-글자 (-字)[-짜] [명] **1** 이니셜(initial). **2** 한 단어의 첫머리에 나오는 글자.
머리-기사 (-記事) [명] 톱(top)기사.
머리곰다 [자] 〈옛〉 머리를 감다.
머리-꼭지 [-찌] [명] 머리의 맨 위의 가운데.
머리-꾸미개 [명] 머리를 아름답게 꾸미는 패물의 총칭.
머리-끄덩이 [명] 머리를 한데 뭉친 끝. ▣~를 잡아끌다.
머리-끝 [-끋] [명] 머리의 끝. 또는 머리털의 끝. ▣화가 ~까지 치밀다 / 이불을 ~까지 덮다 / ~을 길게 땋다.
머리끝에서 발끝까지 ㉿ 온몸 전부. 위에서 아래까지 온통. 하나에서 열까지.
머리끝이 쭈뼛쭈뼛하다 ㉿ 두려움이나 추위 때문에 섬뜩해져서, 머리털이 곤두서는 느낌이다.
머리-동이 [명] **1** 머리를 긴 색종이로 바른 지연. **2** 두통이 심할 때 머리를 둘러매는 물건.
머리-때 [명] 머리 밑이나 머리카락에 끼어 있는 때. ▣~를 벗기다.
머리-띠 [명] 머리에 매는 띠. ▣~를 매다 / ~를 두르다.
머리-말 [명] **1** 책이나 논문의 첫머리에 그 내용의 대강이나 그에 관계된 사항을 간단히 적은 글. ▣~을 쓰다. **2** 서론(序論).
머리-맡 [-맏] [명] 누웠을 때의 머리 언저리. 침상(枕上). ▣~을 지키다 / ~에 책을 펴 놓다 / ~에 앉아 밤을 새우다 / ~에서 시중을 들다. ↔발치.
머리믿놈 [명] 〈옛〉 대머리.
머리-빗 [-빋] [명] 머리를 빗는 데 쓰는 빗.
머리-빨 [명] 〈속〉 머리가 향하여 있는 쪽.
머리-빼기 [명] 〈속〉 머리가 향하여 있는 쪽.
머리-뼈 [명] 《생》 사람이나 동물의 머리를 이루고 있는 뼈. 두개골(頭蓋骨).
머리-새 [명] 머리쓰개를 쓴 모양이나 그 맵시. ▣~를 다듬다.
머리서 [부] 〈옛〉 멀리서.
머리-소리 [명] 《언》 두음(頭音).
머리-수 (-首) [명] 한자 부수(部首)의 하나(「聝」·「䭸」등에서 '首'의 이름).
머리-숱 [-숟] [명] 머리털의 수량. ▣~이 많다.
머리-싸움 [명] 머리를 써서 겨루거나 싸우는 일. ▣~이 치열하다 / 장사도 결국 ~이다.
머리-쓰개 [명] 수건이나 장옷 등 여자가 머리 위에 쓰는 물건의 총칭.
머리-악 (-惡) [명] 〈속〉 기(氣).
머리악(을) 쓰다 ㉿ 〈속〉 기(를) 쓰다. ▣머리악을 쓰고 훼방을 놓다.
머리-채 [명] 길게 늘어진 머리털. ▣숱이 많고 칠흑 같은 ~ / ~를 잡아 끌다 / ~를 치렁치렁 늘어뜨리다.
머리-처네 [명] 시골 여자가 나들이할 때에 장옷처럼 머리에 쓰던 물건(자줏빛의 천으로

두렁이와 비슷하게 만듦).

머리-초 (-草)명 〖건〗 기둥이나 들보 따위의 머리 부분에 그린 단청.

머리-치장 (-治粧)명 머리를 곱고 예쁘게 꾸미는 치장.

머리-카락명 머리털의 낱개. □~을 쓸어 올리다 / 바람에 ~이 날리다 / ~이 길게 자라다. ㉣머리칼.
[머리카락 뒤에서 숨바꼭질한다] 얕은꾀로 남을 속이려 든다.

머리-칼명 '머리카락'의 준말.

머리-털명 머리에 난 털. 두발(頭髮). ㉣머리.

머리-통명 **1** 머리의 둘레. □~만 컸지 속은 비었다. **2** '머리'의 낮은말. □~을 쥐어박다 / ~이 깨치게 싸우다.

머리-핀 (-pin)명 여자의 머리 치장에 쓰는, 곱closed 만든 핀. □~을 꽂다.

머리-하다자타 머리를 손질하다. □미장원에 가서 ~.

머리-혈 (-頁)명 한자 부수(部首)의 하나(‘頊·順’ 등에서 ‘頁’의 이름).

머릿-결 [-리껼 / -릴껼]명 머리카락의 질이나 상태. □고운 ~ / ~을 출렁이다 / ~을 풀어 헤치다 / ~이 거칠다.

머릿-골[1] [-리꼴 / -릴꼴]명 기름을 짤 때에 떡판과 쳇날을 끼는 틀(기둥목(木) 따위로 ‘井’자처럼 만듦).

머릿-골[2] [-리꼴 / -릴꼴]명 **1** 〖생〗 뇌(腦). **2** 〈속〉 머리. ㉣골.

머릿-기름 [-리끼- / -릿끼-]명 머리털에 바르는 기름.

머릿-내 [-린-]명 머리털에서 나는 냄새.

머릿-니 [-린-]명 〖충〗 잇과의 곤충. 이와 비슷한데 사람의 머리에서 피를 빨아 먹고 삶.

머릿-달 [-리딸 / -릿딸]명 종이 연의 머리에 붙인 대.

머릿-돌 [-리똘 / -릿똘]명 〖건〗 정초식(定礎式) 때, 관계자·연월일 따위를 새겨서 일정한 위치에 앉히는 돌. 귓돌. 초석(礎石). 정초(定礎).

머릿-방 (-房)[-리빵 / -릿빵]명 〖건〗 안방의 뒤에 달려 있는 방.

머릿-병풍 (-屛風)[-리뼝- / -릿뼝-]명 머리맡에 치는 작은 병풍(흔히 두 쪽으로 되어 있음). 곡병(曲屛).

머릿-살 [-리쌀 / -릿쌀]명 **1** 머리 속에 있는 신경의 줄. **2** '머리' 또는 '머리 속'을 낮잡아 이르는 말.
머릿살(이) 아프다 〔관〕 ㉠〈속〉 골치가 아프다. ㉡머릿살(이) 어지럽다.
머릿살(이) 어지럽다 〔관〕 마음이 어수선하다.

머릿-속 [-리쏙 / -릿쏙]명 상상이나 생각을 하거나 지식이 쌓인다고 믿는 머리 안의 추상적인 공간. □~에 그리다 / ~을 스치다 / ~이 비다 / ~이 복잡하다.

머릿-수 (-數)[-리쑤 / -릿쑤]명 **1** 〈속〉 사람의 수. □~를 세다 / ~를 채우다. **2** 돈머리 따위의 수. □돈의 ~가 모자라다.

머릿-수건 (-手巾)[-리쑤- / -릿쑤-]명 **1** 머리에 쓰는 수건. **2** 부녀자가 겨울에 추위를 막기 위해 머리에 둘러 감는 흰 수건(흔히 명주로 씀).

머릿-장 (-欌)[-리짱 / -릿짱]명 머리맡에 놓고 물건을 넣거나 그 위에 얹는 단층 장.

머릿-줄 [-리쭐 / -릿쭐]명 **1** 종이 연의 머릿달 양 끝을 잡아당겨 맨 줄. **2** 〖언〗 장음 표시로

글자 위에 긋는 줄.

머릿-짓 [-리찓 / -릿찓]명 머리를 움직이는 짓.

머무르다 [머물러, 머무르니]자 **1** 움직이다가 중도에서 멈추거나 일정한 곳에 잠깐 있다. □기차가 간이역에 ~ / 배가 머물러 있는 동안에 일을 보다. **2** 더 나아가지 못하고 일정한 수준이나 범위에 그치다. □공동 7위에 ~ / 사태는 여기에 머무르지 않았다. **3** 남의 집에서 묵다. □여관에 ~. ㉣머물다.

머무-표 (-標)명 〔언〕 뜻이 조금 중단되어 쉬는 자리에 쓰는 구두점.

머무적-거리다 [-꺼-]자 말이나 행동 따위를 딱 잘라서 하지 못하고 주저하다. □결행을 ~. ㉣머뭇거리다. **머무적-머무적** [-쩡-]부하자

머무적-대다 [-때-]자 머무적거리다.

머물다 [머무니, 머무는]자 '머무르다'의 준말. □여관에 ~.

머뭇-거리다 [-묻꺼-]자 '머무적거리다'의 준말. □대문간에서 ~. **머뭇-머뭇** [-묻묻]부하자 □~하며 말을 잇지 못한다.

머뭇-대다 [-묻때-]자 머뭇거리다.

머뭇-하다 [-무타-]자여 말이나 행동 따위를 선뜻 행하지 못하고 망설이다. □잠시 머뭇하더니 큰 소리로 웃는다.

머슬다자 〈옛〉 머무르다.

머스크-멜론 (muskmelon)명 〖식〗 멜론의 하나. 향기가 좋고 껍질에 그물 무늬가 있음.

머스터드 (mustard)명 서양 겨자. 또는 그 열매로 만든 조리용의 겨자.

머슬머슬-하다형여 탐탁스럽게 사귀지 아니하여 어색하다. **머슬머슬-히**부

머슴명 주로 농가에서 고용살이를 하는 남자. □~을 들이다 / ~을 부리다. ㉣멈. **머슴(을) 살다** 〔관〕 머슴 노릇을 하다.

머슴-꾼명 머슴을 홀하게 이르는 말.

머슴-살이명하자 머슴 노릇을 하는 생활. 고공살이. ㉣멈살이.

머슴-아이명 **1** 머슴살이하는 아이. **2** 남자아이의 낮은말. ㉣머슴애.

머슴-찌명 낚시를 던질 때 무게를 주기 위해 다는 큼직한 보조 낚시찌.

머시명 사물의 이름이 얼른 생각이 나지 않을 때 그 이름 대신으로나 군소리로 하는 소리. □그 ~ 그거 말이야.

머시[2]명 무엇이. □~ 어째.

머쓱-하다 [-쓰카-]형여 **1** 어울리지 않게 키가 크다. □키만 머쓱하게 크다. **2** 부끄럽거나 어색하여 기를 펴지 못하다. □면박을 받고는 머쓱해서 머리만 긁는다. **머쓱-히** [-쓰키]부

머위명 〖식〗 국화과의 여러해살이풀. 산과 들에 남. 뿌리줄기는 짧고 여름에 수꽃은 황백색, 암꽃은 백색으로 핌. 잎은 데쳐 먹음.

머의외다형 〈옛〉 나쁘다. 궂다.

머저리명 어리보기. □~ 같은 녀석.

머줍다 [-따]형 동작이 미련하고 느리다.

머즉하다형 〈옛〉 머즉하다.

머즌일명 〈옛〉 재화(災禍). 궂은일.

머즐다형 〈옛〉 궂다.

머-지다자 바람이 몹시 세어 연줄이 저절로 끊어지다.

머지-않다 [-안타]형 (주로 '머지않아'의 꼴로 쓰여) 시간적으로 오래지 않다. □머지않아 해가 솟을 것이다.

머추다자타 〈옛〉 멈추다.

머춤-하다자여 잠깐 멈칫하다.

머츰-하다형여 비나 눈 따위가 잠시 그쳐 뜸하

다. ☐오후가 되니 비가 조금 ~.

머츰해-지다 〔형〕 머츰하게 되다. ☐간간이 뿌리던 비가 머츰해졌다.

머캐덤 (macadam) 〔건〕**1** 도로 포장에 쓰는 밤자갈. **2** 밤자갈을 펴고 다져 만든 길. 머캐덤 도로.

머큐로크롬 (Mercurochrome) 〔명〕 살균제·소독제의 하나. 녹색을 띤 적갈색의 유기(有機) 수은 화합물《수용액(水溶液)·연고(軟膏)로 만들어 씀 ; 상표명》.

머큐리 (Mercury) 〔명〕 **1** 〔신〕 로마 신화 가운데 '메르쿠리우스(Mercurius)'의 영어명. **2** 〔천〕 수성(水星).

머큐리 계:획 (Mercury計劃) [- / -게-] 〔천〕 미국의 초기 유인 우주 비행 계획. 1958년에 발족하여 1962년 글렌 중령이 프렌드십 7호로 인공위성 비행에 처음으로 성공해서, 이듬해 제미니 계획으로 이어짐.

머플러 (muffler) 〔명〕 **1** 목도리. **2** 〔공〕 소음기(消音器). **3** 권투용 장갑.

머홀다 〔형〕〈옛〉 험하고 사납다.

먹 〔명〕 **1** 벼루에 물을 붓고 갈아서 글씨를 쓰거나 그림을 그리는 데 쓰는 검은 물감《아교를 녹인 물에 그을음을 반죽하여 굳혀서 만듦》. ☐벼루에 ~을 갈다. **2** '먹물'의 준말. ☐~으로 그린 산수화 / ~으로 그은 듯한 시꺼먼 눈썹 / ~이 옷에 묻다.

먹- 〔뜻〕 일부 명사 앞에 붙어, '검은 빛깔'의 뜻을 나타냄. ☐~구름 / ~빛 / ~치마.

먹갈 〔명〕〈옛〉 먹칼.

먹-감 [-깜] 〔명〕 볕을 받는 쪽이 거멓게 되는 감. 흑시(黑柿).

먹감-나무 [-깜-] 〔명〕 여러 해 묵어 속이 검은 감나무의 심재(心材)《단단하고 결이 고와 세공물을 만드는 데 씀》. 오시목(烏柿木).

먹-거리 〔명〕 사람이 먹을 수 있는 음식 재료. 먹을거리.

먹고-살다 [-꼬-] 〔-살아, -사니, -사는〕 〔자〕 생계를 유지하다. ☐품팔이로 ~.

먹고조 〔명〕〈옛〉 먹통(먹桶).

먹-구렁이 [-꾸-] 〔명〕 〔동〕 누룩뱀.

먹-구름 [-꾸-] 〔명〕 **1** 비나 눈이 내릴 듯한 몹시 검은 구름. ☐무겁게 깔린 ~ / ~이 몰려오다 / ~이 하늘을 덮다. **2** 어떤 일의 좋지 않은 상태. ☐경제에 ~을 드리우다 / 남북 관계에 ~이 끼다.

먹국 [-꾹] 〔명〕〔하〕 주먹 속에 쥔 물건의 수효를 알아맞히는 아이들의 놀이.

먹-그림 [-끄-] 〔명〕 〔미술〕 **1** 먹으로만 그린 그림. 묵화(墨畵). **2** 먹으로 윤곽만을 그려 그 위에 채색을 더하는 그림.

먹-꼭지 [-찌] 〔명〕 검은 종이를 둥글게 오려 머리에 붙인 연.

먹-놓다 [멍노타] 〔타〕 재목을 다룰 때 치수에 맞춰서 먹·연필 또는 금실 따위로 금을 긋다.

먹는-물 [멍-] 〔명〕 먹는 데 쓰는 자연 상태의 물 및 자연 상태의 물을 먹기에 적합하도록 처리한 수돗물·먹는샘물 등의 일컬음.

먹는-샘물 [명-] 〔명〕 지하수·샘물 등 자연 상태의 물을 물리적으로 처리하여 먹는 데 적합하게 제조한 샘물. 〔장사.

먹는-장사 [멍-] 〔명〕 먹는 음식을 만들어 파는

먹다¹ [-따] 〔자〕 귀나 코가 막혀 제 기능을 하지 못하게 되다. ☐한쪽 귀가 소리 / 코가 ~.

먹다² [-따] 〔─타〕 **1** 음식 등을 입을 거쳐 배 속으로 들여보내다. ☐밥을 ~ / 술을 ~. **2** 담배나 아편 따위를 피우다. **3** 남의 재물을 부당하게 제 것으로 만들다. ☐경리 직원이 공

금을 ~ / 곗돈을 먹고 달아났다. **4** 수익이나 이문을 차지하여 가지다. ☐나머지 이익은 네가 다 먹어라. **5** 꾸지람·욕·핀잔 따위를 듣다. ☐호되게 욕을 ~. **6** 어떤 마음이나 감정을 품다. ☐마음을 굳게 먹고 술을 끊다. **7** 공포나 위협으로 두려움을 느끼다. ☐겁을 ~. **8** 나이를 더하다. ☐나이를 ~. **9** 더위나 너리 등의 병에 걸리다. ☐더위를 ~. **10** 어떤 등급을 차지하거나 점수를 따다. ☐1등을 먹었다. **11** 운동 경기에서 상대편에게 점수를 주다. ☐한 골 ~. **12**〈속〉뇌물을 받다. ☐뇌물을 먹고 잡혀가다. **13** 물이나 습기 따위를 빨아들이다. ☐기름 먹은 종이. **14** 봉록 따위를 받다. ☐녹(祿)을 ~. **15**〈속〉여자의 정조를 유린하다. **16**〈속〉매나 주먹 따위를 얻어맞다. ☐주먹을 한 방 먹고 나가떨어지다. 〔─자〕연장이 소재를 깎거나 자르거나 갈다. ☐대패가 잘 ~ / 풀이 잘 ~. **2** 돈이나 물건 따위가 들거나 쓰이다. ☐양복 한 벌에 40만 원 ~. **3** 바르는 물질이 배어들거나 고루 퍼지다. ☐분이 잘 ~. **4** 벌레·균 따위가 파 들어가거나 퍼지다. ☐벌레 먹은 사과 / 옷에 좀이 ~. 〔─보동〕'-아'·'-어' 뒤에 붙어, 그 행동을 강조하는 말. ☐농사를 지어 ~ / 이제는 장사를 해 먹기도 힘들게 되었다. [먹기는 파발(把撥)이 먹고 뛰기는 역마가 뛴다] 정작 애쓴 사람은 대가를 받지 못하고 다른 사람이 받는다. [먹는 개도 아니 때린다] 음식을 먹는 사람을 때리거나 꾸짖지 말라는 뜻. [먹는 소가 똥을 누지] 공을 들여야 효과가 있다. [먹는 죄는 없단다] 배가 고파서 남의 음식을 훔쳐 먹는 죄는 그리 대단치 않다. [먹을 콩으로 알고 덤빈다] 만만한 것으로 알고 차지하거나 이용하려고 든다. [먹지도 못하는 제사에 절만 죽도록 한다] 아무 소득도 없는 일에 수고만 한다. [먹지 못할 풀이 오월에 겨우 나온다] 되지못한 것이 거레는 퍽 한다.

먹고 들어가다 〔구〕 유리한 점을 미리 차지하고 나서 관계하다.

먹고 떨어지다 〔구〕 관여하던 일에서 어떤 이득을 챙기고 더 이상 관여하지 않다. ☐그까짓 것 먹고 떨어지라고 해.

먹고 싶은 것도 많겠다 〔구〕 좀 안답시고 나서는 경우를 핀잔주는 말.

먹-당기 [-땅-] 〔건〕 단청에서, 먹으로 금을 그어 머리초를 구획한 것은 줄.

먹-도미 [-또-] 〔어〕 감성돔. ☞먹돔.

먹-똥 〔명〕 **1** 먹물이 말라붙은 검은 찌꺼기. **2** 먹물이나 그 방울이 튀어 난 자국.

먹-머리동이 [멍-] 〔명〕 검은 종이를 머리에 붙인 연.

먹먹-하다 [멍머카-] 〔형어〕 귀가 갑자기 막힌 듯이 소리가 잘 들리지 아니하다. ☐폭죽 소리에 귀가 ~. **먹먹-히** [멍머키] 〔부〕

먹-물 [멍-] 〔명〕 **1** 벼루에 먹을 갈아 까맣게 만든 물. ☐~이 번지다 / 붓을 ~에 찍어 글씨를 쓰다. ㉰먹. **2** 먹빛같이 검은 물. ☐오징어의 ~ / 옷에 ~을 들이다. **3** 배움이 많은 사람이나 글을 잘 쓰는 사람을 비유적으로 이르는 말. ☐~깨나 먹은 사람.

먹물을 뿌린 듯 〔구〕 매우 시커멓거나 깜깜한 상태를 비유하는 말.

먹물-뜨기 [멍-] 〔명〕〔하〕 입묵(入墨).

먹물-주머니 [멍-] 〔명〕〔동〕 문어·낙지 등의 몸 속에 검은 물이 들어 있는 주머니. *고락.

먹-반달 (-半-)[-빤-] 圐 반달같이 오린 검은 종이를 머리에 붙인 연.

먹-보 [-뽀] 圐 1 음식을 많이 먹거나 음식이 많은 사람을 이르는 말. 2 전하여, 욕심이 많은 사람을 일컫는 말.

먹-빛 [-삗] 圐 먹물같이 검은 빛.

먹-사과 [-꽈] 圐『식』 참외의 하나. 빛은 검으나 달고 맛이 좋음.

먹새 [-쌔] 圐 1 먹을새. 2. 먹성. ▢ 대단한 ～.

먹-성 (-性)[-씽] 圐 음식을 먹는 성미나 분량. ▢ ～이 좋다 / ～이 까다롭다 / ～이 크다 / ～이 대단하다.

먹-실 [-씰] 圐 먹물을 묻히거나 칠한 실.
먹실(을) 넣다 句 먹실을 꿴 바늘로 살갗을 떠서 먹을 살 속에 넣다. 입묵(入墨)하다.

먹어-나다 卧 자꾸 먹어서 습관이 되다.

먹여-치다 卧 바둑에서, 상대편의 집을 없애기 위하여 옥집이 되는 곳에 사석(捨石)을 놓다.

먹은-금 圐 물건을 살 때에 든 값. ▢ ～이 비싸서 함부로 쓰기 아깝다.

먹은-금새 圐 물건을 살 때에 든 값의 높고 낮은 정도.

먹을-거리 [머글꺼-] 圐 사람이 먹는 것의 총칭. 식물(食物). ▢ ～를 장만하다.

먹을-알 圐 1『광』 노다지는 아니나 금이 많이 박힌 광석이나 광맥. 2 그다지 힘들이지 않고 생기거나 차지하게 되는 소득.

먹음-먹이 圐 1 먹음직한 음식들. 2 ☞ 먹새.

먹음-새 圐 1 음식을 먹는 태도. 먹새. 2 음식을 만드는 범절. 식품(食稟).

먹음직-스럽다 [머금-쓰-따][-스러워, -스러우니] 휑 상을 먹음직스럽게 차리다. **먹음직-스레** [머금-쓰-] 閂. ▢ 포도가 ～ 익다.

먹음직-하다 [머금지카-] 휑④ 음식이 맛이 있을 듯하다. ▢ 먹음직한 과일이 수북하다.

먹-이 圐 동물들의 먹을거리. ▢ ～를 노리다 / 소에게 ～로 여물을 주다 / 새끼에게 ～를 물어다 주다.

먹이 그물 『생』 생태계에서, 여러 생물의 먹이 사슬이 가로세로로 얽혀서, 그물처럼 복잡하게 이루어지는 먹이 관계.

먹이다 卧 (‘먹다’의 사동) 1 음식을 먹게 하다. ▢ 아기에게 젖을 ～. 2 가축 따위를 기르다. ▢ 돼지를 ～. 3〈속〉뇌물을 받게 하다. ▢ 뇌물을 ～. 4 욕 따위를 얻어먹게 하다. 5 공포나 위협을 느끼게 하다. ▢ 겁을 ～. 6 되나 너리를 먹게 하다. 7 물·기름·풀 따위를 묻히거나 배어들게 하다. ▢ 장판지에 기름을 ～. 8 돈을 들이다. 9 사람을 양육하다. ▢ 가족을 ～. 10 기계나 틀 따위에 물건이나 재료 따위를 넣다. ▢ 작두에 여물 짚을 ～. 11 주먹 따위로 상대에게 힘을 가하다. ▢ 한 대를 ～. **먹여 살리다** 句 생계를 유지할 수 있도록 돌보아 주다. ▢ 가족을 먹여 살리느라고 고생하시는 아버지가 고맙다.

먹이 사슬 『생』 먹이 연쇄.

먹이 연쇄 (-連鎖) 『생』 초식 동물을 어떤 육식 동물이 잡아먹고 그 동물을 다른 육식 동물이 잡아먹음으로써 이루어지는 생물 간의 관계. 먹이 사슬. 식물 연쇄.

먹이 작물 (-作物)[-찡-] 『농』 동물의 먹이로 쓰기 위해 재배하는 작물. 사료 작물.

먹이-풀 圐 짐승들에게 사료로 먹이는 풀.

먹이 피라미드 (-pyramid) 『생』 생태계에서, 생물 상호 간의 먹이 관계가 이루는 피라미

드 모양의 관계. 먹히는 자는 몸이 작고 번식력이 강하며, 먹는 자는 몸은 크지만 그 수가 적어 먹이 연쇄의 상위 단계에 이를수록 그 개체 수가 점점 줄어듦.

먹잇-감 [머기깜 / 머긷깜] 圐 동물의 먹이가 되는 것. ▢ ～을 놓치다.

먹-자 [-짜] 圐 목수들이 재목에 먹으로 금을 그을 때 쓰는 ‘ㄱ’ 자 모양의 자《짧은 쪽은 잣눈이 있고, 긴 쪽은 금을 긋는 데 씀》.

먹자-골목 [-짜-] 圐 많은 음식점이 몰려 있는 골목.

먹자-판 [-짜-] 圐 1 만사를 제쳐 놓고 우선 먹고 보자는 향락주의적인 생각. ▢ 세상은 온통 ～이로군. 2 여럿이 모여 닥치는 대로 먹고 즐기는 자리. ▢ ～을 벌이다.

먹-장 [-짱] 圐 먹의 조각.
먹장 갈아 부은 듯하다 句 어떤 물건의 빛이 아주 검고 짙다.

먹장-구름 [-짱-] 圐 먹빛같이 시꺼먼 구름.

먹-장삼 (-長衫)[-짱-] 圐 검은 물을 들인, 승려의 웃옷.

먹장-쇠 [-짱-] 圐 마소의 배 앞에 달린 짧은 에.

먹-장어 (-長魚)[-짱-] 圐『어』 꾀장어과의 바닷물고기. 얕은 바다에 사는데, 뱀장어와 비슷함. 몸길이는 50cm 내외로, 엷은 자줏빛을 띤 갈색임.

먹-종이 [-쫑-] 圐 검정색의 복사지. 먹지.

먹-줄 [-쭐] 圐 1 먹통에 달려 목재에 검은 줄을 곧게 치는 데 쓰이는 실이나 노로 만든 줄. 2 먹통을 쳐서 낸 줄.
[먹줄 친 듯하다] 무엇이 한결같이 쪽 곧고 바르다.

먹줄-꼭지 [-쭐-찌] 圐 먹줄의 맨 끝에 달린 뾰족한 나무쪽《줄을 치려는 물건에 꽂음》.

먹-중 [-쭝] 圐 1 먹장삼을 입은 승려. 2『민』봉산 탈춤·산대놀음 따위에 쓰는 탈의 하나. 또는 그 탈을 쓴 사람.

먹지 [-찌] 圐 투전(投錢) 등의 돈내기에서, 이긴 사람.

먹-지 (-紙)[-찌] 圐 복사할 때 끼워 쓰는, 한 쪽 또는 양쪽 면을 검게 칠한 얇은 종이. 복사지.

먹-집게 [-찝께] 圐 나뭇조각 두 개를 맞대어, 그 틈에 닳아서 짧게 된 먹을 끼어서 쓰는 제구.

먹-초 圐 꼭지만 남기고 전체가 먹빛인 연.

먹-치마 圐 검은 치마를 입힌 것같이 아래쪽만 먹빛으로 된 연.

먹-칠 (-漆) 圐휑卧타 1 먹을 칠함. 또는 검은 칠. 2 명예나 체면 따위를 더럽힘. ▢ 더 이상 부모 얼굴에 ～을 하지 마라.

먹-칼 圐 댓개비의 한 끝을 얇고 납작하게 깎아 먹을 찍어서 목재나 석재(石材) 따위에 표를 하거나 글씨를 쓰는 기구.

먹-통 (-桶) 圐 1 목공이나 석공들이 먹줄을 치는 데 쓰는 그릇. 2 먹물을 담아 두는 통.

먹통 [-속] 圐 멍청이. 바보. ▢ 이 ～아.

먹-투성이 圐 온몸에 먹물을 묻혀서 더러워진 상태. 또는 그런 물건.

먹-팥 [-판] 圐『식』속이 검고 껍질이 흰 팥.

먹-피 圐 멍들어 검게 죽은 피.

먹혀-들다[1] [머켜-][-들어, -드니, -드는] 재 이해되거나 받아들여지다. ▢ 그에게는 내 말이 잘 먹혀들지 않는다.

먹혀-들다[2] [머켜-][-들어, -드니, -드는] 재 빼앗기거나 남의 차지가 되다.

먹-황새 [머쾅-] 圐『조』황샛과의 새. 황새와

비슷한데 날개 길이는 55cm 정도이고, 몸빛은 대체로 검음. 인적 없는 고목(高木) 위에 집을 짓고 삶. 천연기념물 제 200 호임.

먹히다 [머키—] 困 1 《'먹다'의 피동》 먹음을 당하다. 2 먹게 되다. 먹어지다. □밥이 잘 먹힌다 / 물이 자꾸 ~. 3 누구에게 잘 이해되거나 받아들여지다. □지시가 잘 ~. 4 돈이나 재물 따위가 들다. □공사비가 예상보다 많이 먹혔다.

먼:-가래 圐 객지에서 죽은 사람의 송장을 임시로 그곳에 묻는 일.

먼:-가래-질 圐困 가랫밥이 멀리 가도록 파서 던지는 가래질.

먼:-가랫-밥 [—래빱 / —랜빱] 圐 먼가래질로 파던진 흙.

먼:-눈 圐 시력을 잃어 보이지 않는 눈.

먼:-눈² 圐 먼 곳을 바라보는 눈. □~이 밝다.

먼:눈-팔다 [—팔아, —파니, —파는] 困 정신을 놓고 먼 데를 바라보다.

먼:-데 圐 '뒷간'을 완곡히 이르는 말.

먼데(를) 보다 丏 '뒤보다'·'뒷간에 가다'를 완곡히 이르는 말.

먼:-동 圐 날이 새어서 밝아 올 무렵의 동쪽. □~이 트다 / ~이 밝아 오다.

먼:-먼 圝 '머나먼'의 뜻. □~ 옛날.

먼:-물 圐 먹을 수 있는 우물물. 먼우물. ↔누렁우물.

먼:-바다 〚지〛 기상 예보에서, 동해는 20km, 서해와 남해는 40km 밖의 바다. *앞바다.

먼:-발치 圐 조금 멀리 떨어진 곳. □~로 선을 보다 / ~에서 바라보다.

먼:-발치기 圐 ☞ 먼발치.

먼:-빛 [—빋] 圐 《'먼빛으로'의 꼴로 쓰여》 멀리서 언뜻 보이는 정도나 모양. □~으로 본 모습이 몹시 수척한 것 같다.

먼:산-바라기 (—山—) 圐 1 눈동자나 목의 생김새가 늘 먼 산을 바라보는 것같이 보이는 사람. 2 한눈을 파는 짓.

먼:-오금 圐 활의 한오금과 삼사미의 사이.

먼:-우물 圐 먼물.

먼:-일 [—닐] 圐 먼 훗날에 닥쳐올 일. □~을 예상해 보다.

먼:장-질 圐困 먼발치로 총·활을 쏘는 일.

먼저 🄳 시간적으로나 순서상으로 앞선 때. □~의 실수는 용서해 준다 / ~보다는 건강해 보인다 / 누가 ~라고 할 것 없이 자리를 박차고 뛰어나가다. 🄱 시간적으로 앞서서. □~ 입을 열다 / ~ 실례하겠습니다.

[먼저 먹은 후 답답] 남보다 먼저 먹고 나서 남이 먹을 때에는 답답하게 바라만 보고 있음을 이르는 말.

먼저-께 圐 며칠 전의 어느 한때. □~도 말했듯이.

먼:-전 圐 눈앞에 있는 사물과는 상관없이 멀리 떨어져 있는 쪽. □넋 나간 얼굴로 ~만 바라보다.

먼젓-번 [—짇—] [—저뻔 / —전뻔] 圐 지난번. □~에 갔을 때와 같네.

먼지 圐 가늘고 보드라운 티끌. □~가 쌓이다 / ~를 털다 / ~가 날리다 / ~를 일으키다 / ~를 뒤집어쓰다.

먼지-떨음 圐困 1 어린아이들을 엄포로 때리는 일 《겨우 옷에 먼지만 떨 뿐이라는 뜻》. 2 오래간만에 나들이하는 일. 3 노름판에서, 내기는 하지 않고 한번 장난삼아 겨루어 봄.

먼지-떨이 圐 먼지를 떠는 기구 《가는 자루에 말총·새털·헝겊 조각 따위를 동여맴》. 총채.

먼지-바람 圐 1 무엇이 빠르게 지나가면서 일으

키는, 먼지가 섞인 바람. □버스가 ~을 일으키며 지나가다. 2 〚지〛 먼지나 모래가 섞인 강한 바람.

먼지-잼 圐困화 비가 겨우 먼지나 일지 않을 정도로 조금 옴.

먼지-투성이 圐 온몸에 먼지가 묻어 더럽게 된 상태. □방 안이 온통 ~이다.

먼:-촌 (—寸) 圐 촌수가 먼 일가. 또는 먼 친척. □~의 인척 관계.

먼:-촌 (—村) 圐 멀리 외따로 떨어져 있는 시골.

멀건-이 圐 정신이 흐리멍덩한 사람.

멀거니 圝 정신없이 한곳만 보고 있는 모양. □~ 하늘만 쳐다보다.

멀겋다 [—거타] 멀거니, 멀게서] 圐동 1 흐릿하게 맑다. □물이 ~. 참말갛다. 2 국물 따위가 진하지 않고 맑다. □멀건 국물. 3 눈이 생기가 없이 거슴츠레하다. □눈을 멀겋게 뜨고 천장만 바라보고 있다.

멀:게-지다 圐 멀겋게 되다. 참말개지다.

멀:-경-몸 (—冂—) 圐 한자 부수(部首)의 하나 《再·冊 등에서 '冂'의 이름》.

멀그스레-하다 圐 멀그스름하다.

멀그스름-하다 圐 조금 멀겋다. 참말그스름하다. 멀그스름-히 圝

멀끔-하다 圐 훤하고 깨끗하다. □멀끔하게 생긴 젊은이. 참말끔하다. 멀끔-히 圝 □~ 차려입다.

멀:다¹ [멀어, 머니, 머는] 困 1 시력이나 청력 따위를 잃다. □사고로 눈이 ~ / 귀가 멀어서 무슨 말인지 모르겠다. 2 어떤 생각에 빠져 판단력을 잃다. □돈에 눈이 멀어 친구를 배반하다.

멀:다² [멀어, 머니, 먼] 圐 1 서로 거리가 많이 떨어져 있다. □먼 길 / 명하니 먼 산을 바라보다 / 집에서 회사까지는 멀지 않다 / 눈이 피로해지면 먼 데를 본다. 2 시간적으로 동안이 오래다. □먼 장래〔옛날〕 / 방학이 되려면 아직 멀었다. 3 사이가 친하지 않거나 서먹서먹하다. □사이가 먼 두 사람 / 두 사람 사이가 멀게 느껴진다. 4 《'-기에' 또는 '-려면'의 뒤에 쓰여》 능력이나 재주 따위가 어떤 기준이나 정도에 미치지 못하다. □화가가 되려면 아직 멀었다. 5 소리가 알아들을 수 없을 정도로 약하다. □전화 소리가 멀어서 잘 안 들린다. 6 촌수가 뜨다. □먼 친척. 7 《주로 '멀게·멀다 하고'의 꼴로 쓰여》 어떤 시간이나 거리가 채 되기도 전이다. □이틀이 멀게 찾아오곤 한다 / 사흘이 ~ 하고 병원에 간다. ↔가깝다.

[먼 데 무당이 영하다] 잘 아는 사람보다 새로 만난 사람을 더 중히 여긴다. [먼 사촌보다 가까운 이웃이 낫다] 남이라도 가까이 사는 편이 더 친숙하다는 말.

멀대 圐 〈방〉 장대처럼 멀쑥하게 크기만 하고 멍청한 사람.

멀더건 圐 〈옛〉 멀떠구니.

멀떠구니 圐 〚조〛 모이주머니.

멀뚱-거리다 圐 생기가 없고 멀건 눈알을 자꾸 굴리며 물끄러미 바라보다. □두 눈을 ~. 참말뚱거리다. 멀뚱-멀뚱¹ 圐困

멀뚱-대다 困 멀뚱거리다.

멀뚱-멀뚱² 圝困 1 눈만 멀거니 뜨고 정신없이 있는 모양. 참말뚱말뚱². 2 국물 따위가 건더기가 적어 멀건 모양.

멀뚱-하다 圐화 눈빛이나 정신 따위가 생기가 없다. □멀뚱한 표정. 멀뚱-히 圝

멀:리 튀 멀게. ❏~ 가 버린 임 / 앞일을 ~ 내다보다. ↔가까이.

멀:리-뛰기 몡 달려오다가 어느 지점에서 멀리 건너뛰기를 하여, 그 뛴 거리로 승부를 겨루는 육상 경기.

멀:리-멀리 튀 아주 멀리. ❏~ 보이는 산들.

멀:리-하다 타재 1 친근하게 가까이하지 않고 거리를 두다. ❏사람을 멀리하고 지내다. 2 어떤 사물을 삼가거나 기피하다. ❏술을 ~ / 책을 ~. ↔가까이하다.

멀-마늘 몡[식] 수선화(水仙花)의 한 품종. 제주도로 남.

멀미 몡하재 1 배·비행기·차 따위의 흔들림 때문에 일어나는 메스껍고 어지러운 증상. ❏~가 심하다 / ~로 속이 거북하다 / 버스만 타면 ~가 난다. 2 진저리가 나게 싫은 증세. ❏~를 내다 / ~를 일으키다 / 그 잔소리에 ~가 난다.

멀쑥-이 튀 멀쑥하게.

멀쑥-하다 [-쑤카-] 혱여 1 멋없이 크고 묽게 생기다. ❏허우대만 멀쑥한 청년. 2 물기가 많아 되지 않고 묽다. ❏죽이 ~. 3 지저분함이 없고 말끔하다. ❏멀쑥하게 차려입은 젊은이. ◈말쑥하다.

멀어-지다 재 1 거리가 떨어지게 되다. ❏차츰밖으로 멀어지는 고향 마을 / 우승권에서 ~. 2 사이가 버성기게 되다. ❏그들은 진학 후 사이가 멀어졌다.

멀우다 타 〈옛〉 눈을 멀게 하다.

멀위 몡 〈옛〉 머루.

멀쩡-하다 혱여 1 흠이 없이 온전하다. ❏사지(四肢)가 ~. ◈말짱하다. 2 부끄러워하는 빛이 없이 뻔뻔스럽다. ❏멀쩡하게 거짓말을 하다. 3 정신이 아주 맑고 또렷하다. ❏술에 취해 몸을 가누지 못하면서도 정신은 ~고 한다. **멀쩡-히** 튀

멀찌가니 튀 멀찍이.

멀찌감치 튀 멀찍이. ❏~ 떨어져 그들의 말을 엿들었다.

멀찌막-이 튀 꽤 멀찍이.

멀찌막-하다 [-마카-] 혱여 꽤 멀찍하다. ❏멀찌막한 곳에서 사이렌 소리가 들리다.

멀찍-멀찍 [-찡-] 튀하혱 여러 개의 사이가 모두 멀찍한 모양. ❏~ 떨어져 구경하다.

멀찍-이 튀 약간 멀게. 멀찌감치. 멀찌가니. ❏~ 떨어져 가다. ↔가직이.

멀찍-하다 [-찌카-] 혱여 약간 멀다. ❏멀찍한 곳에서 구경을 하다. ↔가직하다.

멀태-죽 [-(粥)] 몡 곡식이나 채소를 조금 넣고 멀겋게 쑨 죽.

멀텁다 혱 〈옛〉 굵고 거칠다. 추악하다.

멀티-미디어 (multimedia) 몡[컴] 영상·음성·문자·그래픽 등의 미디어 매체들을 한데 모아 하나의 매체로 통합시킨 복합 매체.

멀티비전 (multivision) 몡 여러 개의 화면에 하나의 영상을 만들어 내거나, 각기 다른 영상을 만들어 내는 장치.

멀티윈도 (multi-window) 몡[컴] 하나의 디스플레이 장치에서 화면을 여러 개로 나누어, 각각의 화면에 독립된 정보를 나타낼 수 있는 기능.

멀티탭 (multi-tap) 몡 여러 개의 플러그를 꽂을 수 있는 콘센트.

멀험 몡 〈옛〉 마구간.

멈: 몡 '머슴'의 준말.

멈:-살이 몡하재 '머슴살이'의 준말.

멈추다 자타 1 비나 눈이 그치다. 멎다. ❏비가 멈추니 하늘이 개기 시작하다. 2 움직임이나 행동이 그치다. ❏차가 ~ / 아기 울음소리가 ~. 三타 동작·움직임 등을 그치게 하다. ❏일손을 ~ / 시선을 ~.

멈칫 [-칟] 튀하자타 하던 일이나 동작을 갑자기 멈추는 모양. ❏그를 보자 ~했다.

멈칫-거리다 [-칟꺼-] 자타 1 자꾸 멈칫하다. ❏나도 모르게 걸음을 멈칫거렸다. 2 자꾸 망설이다. ❏묶는 말에 멈칫거리며 대답을 하지 않는다. **멈칫-멈칫** [-칟-칟] 튀하자타

멈칫-대다 [-칟때-] 자타 멈칫거리다.

멋 [먿] 몡 1 차림새·행동·생김새 등이 세련되고 아름다움. ❏~으로 쓰는 안경 / ~을 내다 / 정장으로 ~을 부리다. 2 격에 어울리게 운치 있는 맛. ❏~에 겹다 / 우리 고유의 ~을 지닌 도자기 / 한복의 ~을 살리다. [멋에 치어 중 서방질한다] 자기 몸을 망치면서도 흥에 이기지 못해 방탕에 빠진다.

멋[2] [먿] 〈옛〉 빛. 버찌.

멋-거리 [먿꺼-] 몡 멋들어진 것.

멋거리-지다 [먿꺼-] 혱 멋이 깊이 들어 있다.

멋-대가리 [먿때-] 몡 〈속〉 멋[1]. ❏~ 없이 키만 큰 녀석.

멋-대로 [먿때-] 튀 마음대로. 하고 싶은 대로. ❏~ 지껄이다 / ~ 해라.

멋-들다 [먿뜰-] [멋들어, 멋드니, 멋드는] 자 멋이 생기다. ❏차림새가 멋들어 보인다.

멋-들어지다 [먿뜨러-] 혱 아주 멋이 있다. ❏한 곡조 멋들어지게 뽑다.

멋-모르다 [먿-] [멋몰라, 멋모르니] 자르 까닭·영문·내막 따위를 알지 못한다. ❏밀담하며 멋모르고 끼어들다.

멋-스럽다 [먿쓰-따] [멋스러워, 멋스러우니] 혱ㅂ 멋진 데가 있다. ❏콧수염을 멋스럽게 기르다. **멋-스레** [먿쓰-] 튀

멋-없다 [머덥따] 혱 격에 맞지 않아 싱겁다. ❏멋없는 정치 이야기. **멋-없이** [머덥씨] 튀 멋없게. ❏~ 키만 크다.

멋-있다 [머딛따 / 머싣따] 혱 보기에 썩 좋거나 훌륭하다. ❏멋있는 그림 / 오늘은 아주 멋있게 보인다.

멋-장이 몡 ☞멋쟁이.

멋-쟁이 [먿쨍-] 몡 멋있거나 멋을 잘 부리는 사람. ❏~ 노신사 / ~로 소문나다.

멋-지다 [먿찌-] 혱여 1 아주 멋이 있다. ❏옷을 멋지게 차려입다. 2 썩 훌륭하다. ❏멋진 연기.

멋-질리다 [먿찔-] 자 방탕한 마음을 가지게 되다.

멋-쩍다 [먿-따] 혱 1 동작이나 모양이 격에 어울리지 않다. 2 어색하고 쑥스럽다. ❏혼자 가기가 ~ / 멋쩍게 서 있다.

멋:-하다 [머타-] 혱여 '무엇하다'의 준말. ❏멋하면 나하고 바꿀까.

멍[1] [멍] 몡 세게 맞거나 부딪혀서 피부 속에 퍼렇게 맺힌 피. ❏눈 주변이 퍼렇게 ~이 들었다. **멍(이) 지다** 몡 ○일의 내부에 탈이 생기다. ○마음속에 쓰라린 고통의 흔적이 남다.

멍[2] 몡 '명군'의 준말. [멍이야 장이야] 몡군 장군.

멍게 몡[동] 멍겟과의 원삭(原索)동물. 주먹만 한데 껍데기에 젖꼭지 같은 돌기가 많음. 몸 밑에 해초 뿌리 같은 것이 달려 있어 바위에 붙어 삶. 속살은 주로 회(膾)로 먹음. 우렁쉥이.

멍-구럭 몡 1 썩 성기게 떠서 만든 구럭. 2 ☞구럭.

멍군 〚감〛〚하자〛 장기에서, 장군을 받아 막아내는 일. 또는 그때 하는 말. ㉜멍.
　[멍군 장군] 두 사람이 다툴 때에 시비를 가르기 어렵다는 뜻.
멍덕 재래식의 벌통 위를 덮는 뚜껑《짚으로 바가지 비슷하게 틀어 만듦》.
멍덕-꿀기 명 멍덕 안에 박힌 가장 좋은 흰꿀. 2 〚속〛명청이.
멍-들다 〔멍들어, 멍드니, 멍드는〕 짜 1 마음속에 쓰라린 고통의 흔적이 남다. 〔멍이 내 가슴을 누가 알랴. 2 일이 속으로 탈이 생기다. 〔오늘 계획은 완전히 멍들었다.
멍-멍 閉 개가 짖는 소리.
멍멍-개 〈소아〉 개.
멍멍-거리다 짜 개가 자꾸 멍멍 짖다.
멍멍-대다 짜 멍멍거리다.
멍멍-이 〈속〉 개.
멍멍-하다 匣어 아득히 정신이 빠진 것 같다. 〔정신이 ～. **멍멍-히** 閉
멍석 날실은 새끼로 하고 씨실은 짚으로 하여 엮은 큰 자리《흔히 곡식을 너는 데 씀》.
멍석-딸기 명 〔식〕 장미과의 낙엽 활엽 관목. 여름에 장미색 꽃이 피고 열매는 붉은색을 띠며 맛이 달고 심.
멍석-말이 〔-성마리〕 명〔하다〕 〔역〕 예전에, 권세 있는 집안에서 하던 사형(私刑)의 하나《멍석에 사람을 말아 놓고 뭇매를 침》.
멍석-자리 〔-짜-〕 명 자리로 쓰는 멍석. 또는 멍석을 깔아 놓은 자리.
멍석-짝 명 멍석의 낱개.
멍에 명 1 마소의 목에 얹어 수레나 쟁기를 끌게 하는 '∧' 모양의 막대. 2 '행동에 구속을 받거나 무거운 짐을 짐'의 비유. 〔～를 지다. 3 거룻배·돛단배 따위의 뱃전 밖으로 내민 창막이 각목의 끝 부분.
　멍에(를) 메다 귄 ⊙행동에 구속을 받다. ⓛ 어떤 고역을 치르게 되다.
멍에 둔테 〔건〕 성문(城門) 따위에 쓰이는 큰 문둔테.
멍에-목 명 다리를 걸친 언덕의 목이 되는 곳.
멍에 창방 〔-틈枋〕 〔건〕 이 층으로 지은 집에서, 아래층 서까래의 위 끝을 받쳐 가로질러 놓은 재목.
멍엣-상처 〔-傷處〕〔-에쌍-/-엗쌍-〕명 멍에에 닿아 쓸려서 생긴 상처.
멍엣-줄 〔-에쭐/-엗쭐〕명 〔인〕 인쇄물의 가를 두른 줄.
멍울 명 1 우유나 풀 등의 작고 둥글게 엉기어 굳어진 덩이. 〔멍이 지지 않게 쑤다. ⓛ망울. 2 〔의〕 림프샘이나 몸 안의 조직에 병적으로 생기는 둥글둥글한 덩이.
멍울(이) 서다 귄 몸에 멍울이 생기다.
멍울-멍울 閉하어 우유나 풀 따위의 멍울이 작고 둥글게 엉기어 뭉쳐진 모양. ⓛ망올망올.
멍청-스럽다 〔-따〕〔-스러워, -스러우니〕閉匣 멍청한 데가 있다. **멍청-스레** 閉
멍청-이 명 어리석고 정신이 흐릿한 사람. 멍텅구리.
멍청-하다 匣어 1 어리석고 정신이 흐릿하여 일을 제대로 처리하는 능력이 없다. 〔아무리 멍청해도 그 정도는 알거야. 2 자극에 대한 반응이 무디고 어리병병하다. 〔멍청하게 쳐다보다 / 멍청한 얼굴. **멍청-히** 閉. 〔～ 서 있지 말고 일 좀 해라.
멍추 명 기억력이 부족하고 흐리멍덩한 사람. ⓛ멍추.
멍키 스패너 (monkey spanner) 〔공〕 스패너의 목에 나사를 장치하여 자유로이 조절해서

사용할 수 있도록 된 공구. 자재(自在) 스패너. 멍키 렌치. ㉜멍키.
멍털-멍털 閉하어 멍울이 엉겨 뭉쳐진 것이 거친 모양.
멍텅구리 명 1 멍청이. 〔이런 ～를 봤나. 2 병의 목이 좀 두툼하게 올라온, 못생긴 되들이 병. 3〔어〕뚝지.
멍-하니 閉 멍한 채로. 〔기가 막혀 ～ 서 있다.
멍-하다 匣어 정신이 빠진 듯 자극에 반응이 없다. 〔처음 당하는 일이라 정신이 ～ / 멍하니 먼 산을 바라본다. **멍-히** 閉
멎 〈옛〉 버찌.
멎다¹ 〔멷따〕짜 1 내리던 비·눈 따위가 그치다. 〔바람이 ～. 2 움직이던 상태·행동 따위가 그치다. 멈추다. 〔기침이 멎는 약 / 총성이 ～ / 심장의 박동이 ～.
멎다² 〔멷따〕閉 흉하다. 궂다.
메¹ 명 물건을 치거나 박을 때에 쓰는 무거운 방망이《묵직한 나무토막이나 쇠토막에 구멍을 뚫고 자루를 박았음》. 〔～로 떡을 치다.
메² 명 1 제사 때, 신위(神位) 앞에 올리는 밥. 〔～를 짓다. 2〈궁〉밥.
메³ 명 1〔식〕메꽃. 2 메꽃의 뿌리.
메⁴ 명 '산(山)'의 예스러운 말. 〔태산이 높다 하되 하늘 아래 ～이로다.
메- 閉 '차지지 않고 메진'의 뜻. 〔～조 / ～수수. ↔찰-·차-.
메가 (mega) 〚의명〛 '메가바이트'의 준말.
메가-바 (megabar) 〚물〛 압력의 단위. 1cm²에 대하여 100만 다인의 힘이 가해질 때의 압력이 1메가바임《기호 : Mbar》. *바(bar).
메가-바이트 (megabyte) 〚컴〛 기억 용량의 단위. 1메가바이트는 1,048,576 바이트 또는 1,024 킬로바이트《기호 : MB》. ㉜메가.
메가-비트 (megabit) 〚컴〛 기억 용량(容量)의 단위. 1메가비트는 1,048,576 비트 또는 1,024 킬로비트《기호 : Mb》.
메가-사이클 (megacycle) 〚의명〛 〚물〛 메가헤르츠.
메가-전자볼트 (mega電子volt) 〚의명〛 〚전〛 에너지의 단위. 1메가전자볼트는 100만 전자볼트《기호 : MeV》.
메가-톤 (megaton) 〚의명〛 〚물〛 핵폭탄의 폭발력을 나타내는 단위. 1메가톤은 TNT 100만 t의 폭발력에 해당함《기호 : Mt》.
메가폰 (megaphone) 명 음성이 멀리까지 들리게 입에 대고 소리를 내는 도구.
　메가폰을 잡다 귄 영화 따위의 감독을 맡다.
메가-헤르츠 (megahertz) 〚의명〛 〚물〛 전자기파의 주파수의 단위. 1초에 대하여 100만 헤르츠의 진동수《기호 : MHz》. 메가사이클.
메간트로푸스 (Meganthropus) 명 화석 원생 인류의 하나《자바의 솔로 강 지류에서 발견되었음. 자바 원인과 비슷하나 한층 더 원시적이며 큼》.
메갈로폴리스 (megalopolis) 명 〔지〕 몇 개의 거대 도시가 띠 모양으로 연속된 도시 형태. 거대(巨大) 도시.
메-공이 명 메처럼 자루가 달린 절굿공이. 떡을 치거나 떡가루 따위를 빻을 때 씀.
메:기 명 〔어〕메깃과의 민물고기. 길이는 20~100cm이고, 몸빛은 어두운 갈색이며 불규칙한 얼룩무늬가 있음. 머리는 편평하며 입이 몹시 크고 입 주변에 네 개의 긴 수염이 있음. 몸에 비늘이 없고 미끈미끈한 액이 있음.
메기(를) 잡다 귄 ⊙예상이나 기대가 어긋나

서, 허탕을 치다. ⓒ물에 빠지다. ⓒ비를 맞
아 흠뻑 젖다.

메기다¹ 〔타〕 **1** 두 편이 노래를 주고받을 때, 한
편이 먼저 부르다. **2** 둘이 마주 잡고 톱질할
때, 한 사람이 톱을 밀어 주다.

메기다² 〔타〕 **1** 화살을 시위에 물리다. **2**〔민〕윷
놀이에서, 말을 맨 끝밭에까지 옮겨 놓다.

메기-입 〔명〕 입아귀가 길게 째져 넓게 생긴 입
을 놀림조로 이르는 말.

메-기장 〔명〕 차지지 않고 메진 기장. ↔찰기장.

메:기-주둥이 〔명〕〔속〕 메기입.

메김-소리 〔-쏘-〕 〔명〕〔악〕 노래를 주고받을 때
메기는 소리.

메:-꽂다 〔-꼳따〕 〔타〕 '메어꽂다'의 준말.

메-꽃 〔-꼳〕 〔명〕〔식〕 메꽃과의 여러해살이 덩굴
풀. 들에 나는데, 뿌리줄기는 희며, 여름에
담홍색의 나팔 모양의 꽃이 낮에만 피었다가
저녁에 시듦(뿌리줄기는 약용·식용함). 메³.

메꾸다 〔타〕 메우다¹.

메꽃다 〔타〕 고집이 세고 심술궂다.

메나리 〔명〕〔악〕 농부들이 논일하며 부르는 농
부가의 하나.

메노 (1 meno) 〔명〕〔악〕 '좀 덜'·'보다 작게'의
뜻. ⓐ멘(men).

메뉴 (menu) 〔명〕 **1** 차림표. **2**〔컴〕 사용자가 선
택하여 이용할 수 있도록 내용을 프로그램으
로 내장하여 둔 조작 순서 일람표.

메:다¹ 〔자〕 **1** 구멍이 막히다. ⓐ하수도 구멍이
~. **2** 어떤 장소에 가득 차다. ⓑ강당이 메어
터지게 사람이 모였다. **3** 어떤 감정이 복받
쳐 목소리가 잘 나지 않다. ⓒ감격에 가슴이
메어 말이 안 나오다.

메:다² 〔타〕 물건을 어깨에 올려놓거나 짊어지
다. ⓐ배낭을 ~.

메:다³ 〔타〕 '메우다'의 준말.

메:다-꽂다 〔-꼳따〕 〔타〕 '메어꽂다'의 힘줌말.

메:다-붙이다 〔-부치-〕 〔타〕 '메어붙이다'의 힘
줌말.

메:다-치다 〔타〕 '메어치다'의 힘줌말.

메달 (medal) 〔명〕 공적·성적 또는 기능이 우수함
을 表彰하거나 사실을 기념하기 위하여,
금·은·동·철 등에 초상·문자·회화 등을 새겨
서 개인이나 단체에게 주는 패. ⓐ~을 따다 /
~을 수여하다 / ~을 목에 걸다 / ~을 놓치다.

메달리스트 (medalist) 〔명〕 경기 따위에서, 입상
하여 메달을 탄 사람. 메달 수령자.

메달-박스 (medal+box) 〔명〕 대회에서, 어느 나
라나 집단이 많은 메달을 따는 종목. ⓐ태권
도는 우리나라의 ~이다.

메달-밭 (medal-) 〔-받〕 〔명〕 메달박스.

메두사 (Medusa) 〔명〕 그리스 신화에 나오는 괴
녀(怪女). 머리카락이 모두 뱀이며 그 얼굴을
본 사람은 돌이 되었다고 함. 페르세우스
(Perseus)에게 살해됨.

메들리 (medley) 〔명〕 **1** '메들리 릴레이'의 준말.
2〔악〕 접속곡.

메들리 릴레이 (medley relay) 육상 경기에서,
1팀 4명의 주자가 서로 다른 거리를 달리는
릴레이.

메디안 (median) 〔명〕〔수〕 '중앙값'의 영어명.

메-떡 〔명〕 멥쌀 따위의 메진 곡식으로 만든 떡.
↔찰떡.

메-떨어지다 〔형〕 모양이나 말·행동 따위가 어
울리지 않고 촌스럽다. ⓐ메떨어진 행동.

메뚜기¹ 〔명〕〔충〕 **1** 메뚜깃과에 속하는 곤충의
총칭. **2** '벼메뚜기'의 준말.

[메뚜기도 유월이 한 철이라] ⓐ제때를 만난
듯이 날뛰는 사람을 풍자하는 말. ⓑ모든 것
은 그 전성기(全盛期)가 매우 짧다는 말.

메뚜기² 〔명〕 탕건·책갑·활의 팔찌 같은 것에 달
아서 그 물건이 벗어지지 못하도록 하는 기
구(흔히 뿔을 깎아서 만듦).

메뚜기-팔찌 〔명〕 메뚜기를 달아서 꽂은 활의
팔찌.

메-뜨다 〔메떠, 메뜨니〕 〔형〕 밉살스럽도록 동작
이 느리고 둔하다.

메로고니 (merogony) 〔명〕〔생〕 인공적 단성 생
식(單性生殖)의 한 가지(핵을 제거한 알의 세
포질편(細胞質片)에 정자를 넣으면 개체가
발생함). 난핵 발생. 동정 생식.

메롱 〔감〕〈소아〉 '그럴 줄 몰랐지' 하는 뜻으로
상대방을 놀릴 때 내는 소리.

메르카토르 도법 (Mercator圖法) 〔-뻡〕 〔지〕
지도 투영법의 한 가지(경선(經線)과 위선(緯
線)이 직각으로 교차되고, 위선 사이는 적도
에서 멀수록 넓은 원통(圓筒) 도법임). 메르
카토르 투영법.

메르쿠리우스 (Mercurius) 〔명〕 로마 신화에 나
오는 상업·웅변·사자(使者)의 신(그리스 신
화의 헤르메스(Hermes)에 상당함. 영어명은
머큐리(Mercury)임).

메르헨 (독 Märchen) 〔명〕〔문〕 어린이를 위하여
만든, 공상적이고 신비로운 옛이야기나 동
화.

메리노 (merino) 〔명〕〔동〕 면양의 한 품종. 몸은
좀 가는 편이나 튼튼하고 굳세며, 털은 짧지
만 가늘고 고와 고급 모물임.

메리야스 〔에 medias, ㅍ meias〕 면사나 모
사로 신축성 있고 촘촘하게 짠 직물(내의·장
갑·양말 따위를 만듦).

메리트 (merit) 〔명〕〔경〕 **1** 가격·임금·보험료 등
에 차이를 두는 일. **2** 상품의 가격을 결정하
는, 품위·사용 가치·경제 효과 따위의 총칭.

메린스 (←에 merinos) 〔명〕 ☞모슬린.

메-마르다 〔메말라, 메마르니〕 〔형〕르〕 **1** 땅이 물
기가 없고 기름지지 않다. ⓐ메마른 논에물
을 대다. **2** 살갗이 윤기가 없고 까슬까슬하
다. ⓑ메마른 살결. **3** 인정이 없고 정서가 마
르다. ⓒ메마른 삶. **4** 공기가 건조하다.

메모 (memo) 〔명〕하다〕 말을 전하거나 잊지 않기
위하여 간략하게 적어 둠. 또는 그 글. ⓐ~
를 남기다 / 약속 날짜를 ~해 두다 / 이 ~를
전해 주게.

메모리 (memory) 〔명〕〔컴〕 기억 장치.

메모-지 (memo紙) 〔명〕 메모를 하기 위한 종이.
또는 메모한 종이. ⓐ~에 이름과 전화번
호를 적어 두다.

메밀 〔명〕〔식〕 마디풀과의 한해살이풀. 밭에 많
이 심음. 줄기는 60~90cm이고, 속은 비었
음. 잎은 삼각형의 심장형이며 초가을에 흰
꽃이 피며, 세모진 열매는 가루를 내어 먹고,
줄기는 가축의 먹이로 씀.

메밀-가루 〔-까-〕 〔명〕 메밀 열매의 가루.

메밀-국수 〔-쑤〕 〔명〕 메밀가루로 만든 국수.

메밀-꽃 〔-꼳〕 〔명〕 **1** 메밀의 꽃. **2** 파도가 일 때,
하얗게 부서지는 물거품.

[메밀꽃(이) 일다] ⓐ메밀의 꽃이 피다. ⓑ
물보라가 하얗게 부서지면서 파도가 일다.

메밀-나깨 〔-까-〕 〔명〕 체에 치고 난 뒤에 남는
메밀가루의 무거리.

메밀-묵 〔명〕 메밀을 불려서 껍질을 벗기고 맷돌
에 갈아서 앙금을 앉혀 그것으로 쑨 묵.

메밀-새 〔명〕〔광〕 어떤 광석 속에 산화(酸化)된
다른 종류의 광물질이 메밀 모양으로 끼어

있는 작은 알갱이.

메밀-응이 圈 메밀가루를 묽게 타서 국수물보다 좀 되게 쑨 뒤에 소금으로 간을 한 것.

메-밥 圈 멥쌀로 지은 밥. ↔찰밥.

메-벼 圈 멥쌀이 나는 벼. ↔찰벼.

메부수수-하다 圈어 말과 행동이 세련되지 못하고 시골티가 나다. 圈메부수수-히 閏

메:-붙이다 [-부치-] 圄 '메어붙이다'의 준말.

메사 (에 mesa) 圈 『지』 꼭대기가 평탄하고 주위가 급경사진 탁상(卓狀) 지형.

메소-토륨 (mesothorium) 圈 『화』 토륨계 방사성 원소. 라듐의 대용품으로서, 의료용·발광 도료(塗料)에 이용함(기호 : MsTh).

메손 (meson) 圈 『물』 중간자(中間子).

메-숲지다 [-숩찌-] 圈 산에 나무가 울창하다.

메스 (네 mes) 圈 1 『의』 수술이나 해부할 때에 쓰는 작은 칼. 해부도(解剖刀). 2 잘못된 일이나 병폐를 없애기 위한 조치.

메스(를) 가하다 圄 ㉠수술을 하다. ㉡어떤 잘못된 일이나 병폐를 뿌리뽑기 위하여 손을 쓰다.

메스껍다 [-따] [메스꺼워, 메스꺼우니] 圈旧 1 속이 언짢아 헛구역질이 나고 토할 듯하다. 2 태도나 행동 따위가 못마땅하고 아니꼽다. 圈돈 좀 있다고 으스대먹거리는 꼴이 정말 ~. 㜩매스껍다.

메스-실린더 (←measuring cylinder) 圈 『화』 부피를 잴 수 있게 눈금이 새겨진, 유리로 된 원통형 시험관. 눈금실린더.

메스토 (이 mesto) 圈 『악』 '슬프게'·'우울하게'의 뜻.

메스티소 (에 mestizo) 圈 라틴 아메리카의 에스파냐계 백인과 토착 인디언의 혼혈 인종.

메스-플라스크 (←measuring flask) 圈 『화』 부피를 재는 눈금이 있는 플라스크.

메슥-거리다 [-꺼-] 圈 메스꺼운 느낌이 자꾸 나다. ㉠속이 메슥거려 아무것도 못 먹겠다. 㜩매슥거리다. **메슥-메슥** [-승-] 閏[어자]. 속이 ~하다.

메슥-대다 [-때-] 짜 메슥거리다.

메시아 (Messiah) 圈 『기』 1 구약 성서에서, 초인간적 예지(叡智)와 능력을 가지고 이스라엘을 통치하는 왕. 2 신약 성서에서, 이 세상에 태어난 예수 그리스도.

메시지 (message) 圈 1 어떤 사실을 알리거나 주장·경고하기 위한 전언(傳言) / ~를 보내다 / ~를 전달하다 / ~를 남기다. 2 문학이나 예술 작품이 담고 있는 사상이나 뜻. ㉠사회 고발적인 ~를 담다. 3 『언』 언어나 기호로 전달되는 정보 내용.

메신저 (messenger) 圈 심부름꾼. 메시지를 전달하는 사람.

메아리 圈 소리를 지르면 골짜기나 산에 부딪쳐 잠시 후에 되울리는 소리. 산울림. ㉠~가 울리다 / ~를 일으키다 '야호' 소리가 ~가 되어 돌아오다.

메아리-치다 짜 메아리로 울리다. ㉠'야호' 소리가 산 너머까지 ~.

메어-꽂다 [-꼳따] 圄 어깨 너머로 둘러메어 힘껏 바닥에 내리꽂다. ㉠상대 선수를 바닥에 ~. 㜩메꽂다.

메어-붙이다 [-부치-] 圄 어깨 너머로 둘러메어 바닥에 힘껏 내리치다. 㜩메붙이다.

메어-치다 圄 어깨 너머로 둘러메어 힘껏 내리치다. ㉠상대를 마룻바닥에 ~ / 둘러치나 메어치나 매한가지다. 㜩메치다.

메우다 圄 1《'메다'의 사동》구멍이나 빈 곳을 채워 메게 하다. ㉠광장을 메운 사람들 /

적자를 ~. 2 시간을 적당히 때우다.

메우다² [] 1 통 같은 것에 테를 끼우다. ㉠테를 ~. 2 쳇바퀴 따위의 쳇불을 맞추어 끼우다. ㉠체를 ~. 3 북·장구 따위에 가죽을 씌워 북을 만들다. 4 마소의 목에 멍에를 얹어서 매다. 5 활에 활시위를 얹다. ㉠활시위를 ~. 㜩메다.

메유기 圈〈옛〉〔어〕메기.

메이다 짜《'메다'의 피동》멤을 당하다. ㉠어깨에 메인 총이 건들거린다.

메이-데이 (May Day) 圈 매년 5월 1일에 행하여지는 국제적 노동제(勞動祭).

메이저 (major) 圈 『악』 장조(長調).

메이저 리그 (major league) 미국 프로 야구 연맹의 최상위 두 리그《내셔널 리그와 아메리칸 리그로 나뉨》.

메이커 (maker) 圈 상품을 만드는 사람. 또는 그 회사. ㉠일류 ~.

메이크업 (makeup) 圈 화장하는 일. 특히, 배우가 연극이나 영화 따위에 출연할 때 하는 화장이나 분장.

메인마스트 (mainmast) 圈 함선의 제일 큰 돛대.

메인-스탠드 (main+stand) 圈 경기장의 정면에 있는 관람석. 특별관람석.

메인-이벤트 (main event) 圈 프로그램 가운데 가장 중요한 것. 특히, 권투·레슬링 등의 경기에서, 가장 주요한 경기.

메인-타이틀 (main title) 圈 1 영화나 텔레비전 프로그램의 첫머리 부분에서 제목 따위를 나타내는 표제. 2 주가 되는 표제. ↔서브타이틀.

메인-테이블 (main table) 圈 1 회의석 가운데 의장석. 2 연회나 파티 따위에서, 주빈(主賓)이 앉는 식탁.

메인 폴 (main pole) 경기장 따위에 세워 놓은 깃대 가운데 가장 높은 주된 깃대.

메인 프레임 컴퓨터 (main frame computer) 『컴』 대용량의 메모리와 고속 처리 기능을 가진, 다수의 사용자가 함께 쓸 수 있는 대규모 컴퓨터《주로 대기업·은행·병원 따위에서 여러 대의 단말기를 연결하여 활용하고 있음》. 대형 컴퓨터. ＊마이크로컴퓨터·미니컴퓨터·슈퍼컴퓨터.

메일 (mail) 圈 이메일.

메-조 圈 차지지 않고 메진 조《알이 굵고 빛이 누르며 끈기가 적음》. ↔차조.

메조 (이 mezzo) 圈 『악』 '조금·약간'의 뜻.

메조 레가토 (이 mezzo legato) 『악』 '조금 부드럽게'의 뜻.

메조-소프라노 (이 mezzo-soprano) 圈 『악』 1 소프라노와 알토(alto)와의 중간 음역(音域). 2 메조소프라노의 여자 가수.

메조 포르테 (이 mezzo forte) 『악』 '조금 세게'의 뜻. 약호 : *mf*.

메조 피아노 (이 mezzo piano) 『악』 '조금 여리게'의 뜻. 약호 : *mp*.

메주 圈 무르게 삶은 콩을 찧어, 뭉쳐서 띄워 말린 것《간장·된장·고추장을 담그는 원료임》. ㉠~를 쑤다.

메주-콩 圈 메주를 쑤는 콩.

메주-덩이 [-주떵-/-준떵-] 圈 덩이로 된 메주.

메지 圈 일의 한 가지가 끝나는 단락.

메지(가) 나다 圄 한 가지 일이 끝나다.

메지(를) 내다 圄 한 가지 일을 끝내다.

메지(를) 짓다 圄 일의 한 단락을 짓다.

메지(일 めじ〔目地〕) 圏 〖건〗 사춤. 줄눈.

메-지다 阌 밥·떡·반죽 따위가 끈기가 적다. ▯반죽이 ~. ↔차지다.

메지-대다 㖌 한 가지 일을 단락 지어 치우다.

메지-메지 囘 여러 묶음으로 따로따로 나누는 모양. ▯~ 골고루 나누다. ▩매지매지.

메-질 圏困 메로 물건을 치는 짓. ▯달군 쇠틀 ~하다.

메-찰떡 圏 찹쌀과 멥쌀을 섞어서 만든 떡.

메추라기 圏 〖조〗 꿩과의 새. 몸길이는 18 cm 정도이고, 몸빛은 황갈색에 갈색과 흑색의 가는 세로무늬가 있음. 몸은 병아리와 비슷한데 꽁지가 짧음. ⑤메추리.

메추리-도요 圏 〖조〗 도욧과의 새. 메추라기처럼 통통하고, 몸길이는 19 cm 정도이고, 머리는 금褐색에 흑색 세로무늬가 있고, 등은 흑갈색에 그 깃의 가장자리는 담색을 띠며, 배는 희고 가슴은 회황색을 띰. 우리나라에는 봄과 가을에 들르는 나그네새임.

메추리 圏 〖조〗 '메추라기'의 준말.

메:-치기 圏 유도에서, 상대를 메치는 기술. ↔굳히기.

메:-치다 㖌 '메어치다'의 준말.

메카 (Mecca) 圏 **1** 사우디아라비아의 홍해 연안의 도시(이슬람교의 교조인 마호메트의 탄생지). **2** 어떤 분야의 중심이 되어 사람들의 동경·숭배의 대상이 되는 곳. ▯영화 산업의 ~.

메커니즘 (mechanism) 圏 **1** '기계 장치'라는 뜻에서, 어떤 사물의 작용 원리나 구조. **2** 〖문〗 작품의 내용을 지탱하는 기교나 수법. **3** 〖철〗 기계론(機械論) 1. **4** 〖심〗 어떤 행위를 성취시키는 의식적 또는 무의식적 심리 과정(《정신 분석학에서는 무의식적 방호 수단을 지칭함》).

메케-하다 혱어 **1** 연기 냄새가 나다. ▯담배 연기로 사무실 안이 ~. **2** 곰팡내가 나다. ㉞매캐하다.

메타세쿼이아 (Metasequoia) 圏 〖식〗 낙우송과의 낙엽 침엽 교목. 살아 남은 화석 식물의 하나로, 높이는 35 m, 지름은 2 m 정도임. 긴 모양의 가늘고 긴 잎이 마주나며 가을에는 붉은 갈색으로 단풍이 듦. 봄에 누런 꽃이 피며, 방울 열매가 열림.

메타-센터 (metacenter) 圏 〖물〗 경심(傾心) 1.

메타포 (metaphor) 圏 〖문〗 수사학(修辭學)에서, 비유적 표현. 은유(隱喩). 암유(暗喩).

메탄 (methane) 圏 〖화〗 못이나 늪에서 침전된 식물질이 썩어 발생된 무색무취의 가스. 공업적으로는 일산화탄소와 수소를 화합·가열하여 얻으며, 기체 화합물 가운데 가장 가벼움(《연료·화학 약품·수소 등을 만드는 데 씀》). 메탄가스.

메탄-가스 (methane gas) 圏 〖화〗 메탄.

메탄올 (methanol) 圏 〖화〗 목재를 건류할 때 생기는 알코올의 하나(《무색이면서 독성이 강하며 음료로 쓰지 못하고 연료·용제·포르말린 등의 제조 원료로 씀》). 메틸알코올.

메탈리콘 (metallicon) 圏 〖공〗 금속 방식법(防蝕法)의 한 가지. 금속선을 전열(電熱)로 용해하여, 압축 공기나 수소로 금속의 표면에 분무하는 방법(《유리와 금속의 접합에 많이 사용됨》).

메-탕 (-湯) 圏 '국'의 높임말.

메톤 주기 (Meton週期) 圏 〖천〗 기원전 433 년에 그리스의 천문학자 메톤이 발견한 역법(曆法)의 순환 주기. 태음력을 태양의 주기에 맞추기 위하여 19 태음년에 일곱 번의 윤달을 둠. 메톤기.

메통 圏 도자기를 만들 때, 흙을 치는 메.

메트로놈 (metronome) 圏 〖악〗 악곡의 박절(拍節)을 측정하거나 템포를 지시하는 기계. 박절기.

메트로폴리스 (metropolis) 圏 〖사〗 대도시.

메트로폴리탄 (metropolitan) 圏 어떤 대도시가 중·소도시와 그 밖의 지역에 지배적인 영향을 끼쳐 통합의 중심을 이루는 경우, 그 대도시와 주변 지역 전체를 이르는 말.

메티오닌 (methionine) 圏 〖화〗 황을 함유하는 필수 아미노산의 하나(《카세인·달걀의 알부민·효모 따위에 들어 있으며, 지방과 친화성이 있어 간염·중독증의 치료에 사용함》).

메틸 (methyl) 圏 〖화〗 메틸기.

메틸-기 (methyl基) 圏 〖화〗 알킬기(基)의 하나로 CH₃-가 되는 1 가(價)의 기(基).

메틸렌 블루 (methylene blue) 圏 염기성 물감의 하나. 짙은 푸른빛의 결정체로 물에 잘 녹으며, 양모나 무명을 청색으로 물들임. 수용액은 살균력이 있으며 세포나 조직 따위의 생체 염색제로 씀.

메틸 바이올렛 (methyl violet) 圏 염기성 물감의 하나. 짙은 녹색의 광택이 있는 결정임. 연필·잉크·타이프 리본·물감 등에 많이 씀.

메틸-알코올 (methyl alcohol) 圏 〖화〗 메탄올.

메틸-에테르 (methyl ether) 圏 〖화〗 메탄올에 짙은 황산을 가하고 이것을 증류하여 얻는 향기 있는 무색 기체(《불에 타기 쉬우며 냉매나 용제(溶劑)로 씀》).

메틸 오렌지 (methyl orange) 圏 〖화〗 등황색으로 물에 녹는 결정 색소. 수용액이 산성이면 빨간빛을, 중성 및 알칼리성에서는 누런빛을 나타내므로 지시약으로 씀.

멘델레븀 (mendelevium) 圏 〖화〗 1956 년 미국 캘리포니아 대학에서 인공적으로 만든 초(超)우라늄 원소. [101 번 : Md : 258]

멘델의 법칙 (Mendel-法則)[-/-에-] 圏 〖생〗 멘델이 1865 년에 발표한 세 가지의 유전 법칙(《독립의 법칙·우열의 법칙·분리의 법칙》).

멘셰비즘 (Menshevism) 圏 〖사〗 멘셰비키의 정치적 사상 및 주의. ↔볼셰비즘.

멘셰비키 (러 Mensheviki) 圏 〖사〗 1903 년에 런던에서 개최된 러시아 사회 민주 노동당 대회에서, 레닌이 이끄는 볼셰비키와 분열된 우익적 소수파. 폭력 혁명이나 프롤레타리아에 의한 독재를 부정하고 민주적 투쟁과 부르주아에 의한 혁명을 주장함. ↔볼셰비키.

멘스 (←menstruation) 圏 〖생〗 월경(月經).

멘토 (mentor) 圏 생활이나 인생 설계에 도움을 주는 조언자 또는 후견인.

멘톨 (독 menthol) 圏 〖화〗 박하뇌(薄荷腦).

멘히르 (독 menhir) 圏 〖사〗 선돌.

멜:-대 [-때] 圏 양쪽 끝에 물건을 달아 어깨에 메는 긴 나무.

멜라닌 (melanin) 圏 〖생〗 동물의 조직에 있는 흑색 또는 흑갈색의 색소(《이것의 양에 따라 피부나 모발의 색깔이 결정됨》). ▯~ 색소.

멜라민 (melamine) 圏 〖화〗 석회질소를 원료로 하는 합성 물질. 기둥 모양의 반짝이는 무색의 결정으로, 요소(尿素)와 암모니아를 가열하여 대량으로 얻음(《멜라민 수지(樹脂)의 원료이며 도료·접착제 따위로 씀》).

멜라민 수지 (melamine樹脂) 圏 〖화〗 멜라민을 포르말린과 축합해서 만든 열경화성(熱硬化性) 플라스틱의 하나(《무색이며 외관이 미려하고 내수·내열성이 강하며, 식기·기계·전기

부품 등의 원료로 씀).

멜라토닌 (melatonin) 圆 〖화〗 소의 송과체(松果體)에서 추출한 아민의 한 종류. 불임증 치료나 닭의 산란율을 높이는 데 이용됨.

멜로-드라마 (melodrama) 圆 〖연〗 1 유럽에서 중세부터 근세에 걸쳐 일어난, 음악을 반주로 하여 대사를 낭독하던 오락성이 강한 음악극. 2 주로 연애를 주제로 한 감상적·통속적인 대중극.

멜로디 (melody) 圆 〖악〗 선율. 가락. ▣ 감미로운 ~.

멜로디오소 (이 melodioso) 圆 〖악〗 '선율적으로'·'가요적으로'의 뜻.

멜론 (melon) 圆 〖식〗 박과의 덩굴성 한해살이식물. 서양종의 참외로, 과실은 타원형 또는 구형이며 향기롭고 맛이 닮. *머스크멜론.

멜:빵 圆 1 짐을 걸어 어깨에 둘러메는 끈. 2 바지 따위가 흘러내리지 않도록 어깨에 걸치는 끈. 3 소총을 어깨에 멜 수 있게 만든 띠 모양의 줄.

멜:빵-바지 圆 어깨에 멜빵을 걸치게 된 바지.

멜턴 (melton) 圆 모직물의 하나. 평직(平織) 또는 사문직(斜紋織)으로, 전면(全面)에 털이 나와 있음(양복감으로 씀).

멤버 (member) 圆 단체를 구성하는 일원. 회원. ▣ 팀의 ~가 다 모이다.

멤버십 (membership) 圆 단체의 구성원임. 또는 그 자격·지위.

멥-새 [一쌔] 圆 〖조〗 멧새1.

멥쌀 圆 메벼에서 나온, 끈기가 적은 쌀. 경미(粳米). ▣ ~의 수확량이 늘다. ↔찹쌀.

멧-갓 [메깓 / 멛깓] 圆 나무를 함부로 베지 못하게 가꾸는 산. 산판(山坂). *말림갓.

멧괴-새끼 [메꾀 / 멛꾀一] 圆 성질이나 행동이 거칠어진 사람을 들고양이가 같다는 뜻으로 얕잡아 부르는 별명.

멧-굿 [메꾿 / 멛꾿] 圆 농악으로 하는 굿.

멧-나물 [멘一] 圆 산나물. 산채.

멧-누에 圆 ☞ 산누에.

멧누에-고치 [멘一] 〖농〗 ☞ 산누에고치.

멧누에-나방 [멘一] 〖충〗 ☞ 산누에나방.

멧-닭 [메딱 / 멛딱] 圆 〖조〗 꿩과의 새. 수컷은 남색 광택이 나며, 날개에는 흰 띠가 있고 꽁지는 두 갈래로 갈라졌음. 암컷은 황색을 띤 적갈색에 검은색 가로띠가 있음. 꿩지·야산의 초원 등지에 서식함. 야계(野鷄).

멧-대추 [메때 / 멛때] 圆 멧대추나무의 열매.

멧대추-나무 [메때一 / 멛때一] 圆 〖식〗 갈매나뭇과의 낙엽 활엽 교목. 산기슭의 양지 및 촌락 부근에 나는데, 가시가 있으며 여름에 황록색 꽃이 핌. 열매는 식용하고 씨는 약용하며, 정원수로 재배함.

멧-돼지 [메때一 / 멛때一] 圆 〖동〗 멧돼짓과의 산짐승. 돼지의 원종으로 빛은 검은색 또는 검은 갈색이며 온몸에 뻣뻣한 털이 나 있음. 주둥이가 매우 길고 목은 짧고 날카로운 엄니가 있음. 고기는 맛이 좋고 쓸개는 약재로 씀. 산돼지.

멧-두릅 [메뚜 / 멛뚜一] 圆 〖식〗 미나릿과의 여러해살이풀. 높이는 2m 정도이고, 작은 잎은 가장자리에 톱니가 있으며 여름에 흰 꽃이 핌. 뿌리는 '독활(獨活)'이라 하여 한약재로 씀.

멧두릅-나물 [메뚜름一 / 멛뚜름一] 圆 멧두릅의 어린순을 데쳐서 무친 나물.

멧-미나리 [멘一] 圆 〖식〗 미나릿과의 여러해살이풀. 줄기 높이는 1~2m이고, 과실은 긴 타원형 또는 거꿀달걀꼴임. 산지나 골짜기에

---

801 **먹⁴**

나며 어린순은 식용함.

멧-부리 [메뿌一 / 멛뿌一] 圆 산등성이나 산봉우리의 가장 높은 꼭대기. *산봉우리.

멧-부엉이 [메뿌一 / 멛뿌一] 圆 깊은 산의 부엉이같이 어리석고 순진하며 촌스럽게 생긴 시골 사람을 놀리는 말.

멧-산 (一山) [메싼 / 멛싼] 圆 한자 부수(部首)의 하나('岳·峽' 등에서 '山'의 이름).

멧-새 [메쌔 / 멛쌔] 圆 〖조〗 1 되샛과에 속하는 새. 참새와 비슷한데 빛은 짙은 갈색임. 멥새. 2 '산새'의 예스러운 말.

멧-종다리 [메종一 / 멛종一] 圆 〖조〗 바위종다릿과의 산새. 날개 길이는 7 cm 정도이며, 머리는 흑갈색, 얼굴은 흑색에 담황갈색의 미반(眉斑)이 있음.

멧-짐승 [메찜一 / 멛찜一] 圆 '산짐승'의 예스러운 말.

며 图 두 가지 이상의 사물을 같은 자격으로 이어서 말할 때, 받침 없는 말에 쓰는 접속 조사. 그~ 돼지~ 소~ 많다. *이며.

-며 〖어미〗 1 ㄹ 받침 또는 받침 없는 어간에 붙어, 두 가지 이상의 동작이나 상태를 아울러 말할 때 쓰는 연결 어미. ▣ 일하~ 싸우자·부자이~ 행운아다. 2 '-면서'의 준말. ▣ 책을 주~ 말했다. *-으며.

며-님 圆 남의 며느리의 존칭.

며느리 圆 아들의 아내. 자부(子婦). ▣ ~로 삼다 / ~를 보다 / ~를 맞아들이다.
[며느리가 미우면 발뒤축이 달걀 같다고 나무란다] 밉게 보면 좋은 것도 억지로 흠을 잡는다. [며느리가 미우면 손자까지 밉다] 한 사람이 미우면 그에 딸린 사람까지 미워 보인다. [며느리 사랑은 시아버지, 사위 사랑은 장모] 며느리는 시아버지에게 귀염을 받고, 사위는 장모에게 사랑을 받는다는 뜻. [며느리 자라 시어미 되니 시어미 티를 더 잘한다] 자기가 남의 밑에서 괴로움을 당하던 일을 생각하지 않고 아랫사람에게 더 심하게 군다.

며느리-고금 圆 〖한의〗 날마다 앓는 학질. 축일학(逐日瘧).

며느리-밑씻개 [一믿씯개] 圆 〖식〗 여뀌과의 덩굴성 한해살이풀. 들·길가에 나는데 높이는 2m 정도이며, 줄기에 잔 가시가 많이 남. 여름에 담홍색 꽃이 핌. 어린잎은 식용함.

며느리-발톱 圆 1 새끼발톱 뒤에 덧달린 작은 발톱. 2 말·소 따위 짐승의 뒷발에 달린 발톱. 3 〖조〗 날짐승의 수컷의 다리 뒤쪽에 있는 각질의 돌기.

며느리-서까래 圆 〖건〗 부연(婦椽·附椽).

며느릿-감 [一리깜 / 一릳깜] 圆 며느리가 될 만한 여자. 또는 며느리가 될 대상자.

며느리-코 圆 〖옛〗 마마딱지.

며루 圆 〖충〗 각다귀의 애벌레. 자방충(蚱蚄蟲).

며주 圆 〖옛〗 메주.

며칠-날 [-친-] 圆 '며칠1'의 본딧말.

며칠 圆 1 그달의 몇째 되는 날. ▣ 결혼식은 ~이냐. 2 몇 날. ▣ 감기로 ~ 고생하다 / ~ 동안 못 만났다.

먹 圆 목의 앞쪽. ▣ 닭의 ~을 따다.

먹² 圆 장기에서, 마(馬)와 상(象)이 다닐 수 있는 길목. ▣ ~도 모르고 장기 둔다.

먹³ 圆 '먹서리'의 준말.
[먹 진 놈 섬 진 놈] 가지가지로 다른 모양을 한 여러 놈이라는 뜻.

먹⁴ 圆 '미역'의 준말.

멱⁵명〖식〗 '미역'의 준말.
멱-[羃]명〖수〗거듭제곱.
멱-[국]'미역국'의 준말.
멱근(羃根)[-끈]명〖수〗거듭제곱근.
멱-나다[명-]재 말의 목구멍이 통통 부어오르다.
멱-둥구미[-둥-]명 짚으로 걸어 만든 둥글고 울이 높은 그릇(곡식이나 채소 따위를 담는 데에 씀). 준둥구미.
멱-따다타〈속〉목을 칼로 찌르다. ▣돼지 멱따는 소리.
멱마기[-]옛〗명매기.
멱목(幎目)[명-]명 소렴(小殮) 때, 송장의 얼굴을 싸는 형겊(겉은 자줏빛, 안은 검은빛으로 네 귀에 끈이 달림).
멱-미레[명-]명 소의 턱 밑에 달린 고기.
멱법(羃法)[-뻡]명〖수〗어느 수 또는 식 *a*에 서 그 거듭제곱 *aⁿ*을 구하는 계산법. 멱승법(羃乘法).
멱-부리[-뿌-]명 턱 밑에 털이 많이 난 닭.
멱-부지(-不知)[-뿌-]명 1장기에서, 목도 모를 정도로 수가 약함. 또는 그런 사람. 2사리에 익숙하지 못한 사람.
멱-살[-쌀]명 1사람의 멱 아래의 살. 또는 그 부분. 2 목 아래에 여민 옷깃. ▣~을 거머쥐다 / ~을 움켜잡다 / ~을 놓다 / 서로 ~을 잡고 다투다.
　멱살(을) 들다구 멱살을 추켜잡다.
멱살-잡이[-쌀자비]명하자타 멱살을 잡는 일. ▣~하며 싸운다.
멱서리[-써-]명 짚으로 날을 촘촘히 걸어서 만든 그릇의 하나(곡식을 담는 데 씀). 준멱.
멱수(羃數)[-쑤]명〖수〗거듭제곱이 되는 수.
멱승(羃乘)[-씅]명〖수〗멱법(羃法).
멱승-법(羃乘法)[-씅뻡]명〖수〗멱법(羃法).
멱-신[-씬]명 짚 또는 삼으로 멱서리 엮듯이 걸어서 만든 신.
멱-씨름명하자 서로 멱살을 잡고 싸우는 짓.
멱-지수(羃指數)[-찌-]명〖수〗지수(指數).
멱-찌르다(멱찔러, 멱찌르니)타르〈속〉칼 따위로 목의 앞쪽을 찌르다.
멱-차다재 1더 이상 할 수 없는 한도에 이르다. 2 일이 끝나다. 3 완전히 다 되다.
멱-통명 산멱통.
면¹명 개미·쥐·게 등이 갉아서 파 놓은 보드라운 흙.
면²명 남색(男色)의 상대자. 미동(美童)2.
면¹(面)명 1 무엇을 향하고 있는 쪽. ▣삼~이 바다로 둘러싸였다. 2 겉으로 드러난 쪽의 평평한 바닥. 표면. ▣~이 고르다 / 책상 ~이 긁히다. 3〖수〗도형의 한 요소. 길이와 너비를 가진 2차원의 연속체로 평면·곡면 등이 있음. 4 신문의 지면. ▣신문 한 ~을 가득 채운 기사. 5 어떤 측면이나 방면. ▣경제적인 ~ / 긍정적인 ~. 6 낯이나 체면. ▣~이 깎이다 / ~을 세우다.
면²명 지방 자치 단체인 시나 군(郡)을 몇으로 나눈 지방 행정 구획의 하나. 하부 조직으로 몇 개의 이(里)를 둠.
면(綿)명 무명이나 무명실. ▣~으로 지은 옷 / ~은 땀을 잘 흡수한다.
면(麵·麪)명 국수.
-면어미 '이다'의 어간, ㄹ 받침 또는 받침 없는 용언의 어간에 붙여 쓰는 연결 어미. 1 불확실한 사실을 가정하여 말할 때 씀. ▣이곳으로 오~ 말해 주겠다 / 눈이 오~ 스키를 타

러 갈 거다. 2 분명한 사실을 어떤 일에 대한 조건으로 말할 때 씀. ▣꽃이 피~ 새도 울겠지 / 충분히 자~ 피로가 풀린다. 3 어떤 일이나 상태가 잘되기를 희망하거나 그렇게 되지 않음을 애석해하는 뜻을 나타낼 때 씀. ▣자네가 하~ 잘 될 거야 / 산이 험하~ 못 올라 갈 텐데. 4 단순히 근거나 조건을 조건으로 말할 때. ▣꼬리가 길~ 밟히는 법이다 / 네가 가~ 아이들은 즐거워할 거다 / 스승이 ~ 다 같은 줄 아느냐. 5 ('-면 -ㄹ수록'의 꼴로 쓰여) 정도가 심해짐을 나타냄. ▣주~ 줄수록 양냥거린다. 6 ('-면 몰라도'의 꼴로 쓰여) 실현되기 어려운 조건을 들어 말한 뒤 서 그 뒤에 오는 말을 강조하는 뜻을 나타냄. ▣네가 가~ 몰라도 아마 그들은 안 올 거야 / 모르~ 몰라도 그렇지 않을 거다. 7 ('-면 -(었)지'의 꼴로 쓰여) 단호한 거부의 뜻을 나타냄. ▣내가 하~ 했지 네겐 시키지 않겠다.
***-으면.**
면:각(面角)명 1〖수〗두 평면이 서로 이웃하여 붙을 때 생기는 각. 2〖생〗안면각(顔面角). 3〖광〗광물의 결정체의 면(面)과 면 사이에 난 모의 정도.
면:강(面講)명하자〖역〗과거를 볼 때에 응시자가 시험관 앞에서 글을 외던 일.
면:검(免檢)명하자 검시(檢屍)를 면제함.
면:견(面見)명하자타 눈앞에서 직접 봄.
면견(綿繭)명 풀솜을 뽑는 허드레 고치.
면:결(面決)명하자 보는 앞에서 결정함.
면:경(面鏡)명 얼굴을 비추어 보는 작은 거울. ▣~을 보다.
면:계(面界)[-/-게]명 행정 구획인 면과 면의 경계.
면곡(麵麴)명 면국(麵麴).
면:관(免官)명하타 관직에서 물러나게 함.
면:관(免冠)명하자 용서를 빌기 위하여, 쓰고 있던 관이나 갓을 벗음.
면:관-돈수(免冠頓首)명하자 관을 벗고 이마가 땅에 닿도록 절을 함.
면:괴-스럽다(面愧-)[-따][-스러워, -스러우니]형 면구스럽다. **면:괴-스레**부
면:괴-하다(面愧-)형여 면구하다.
면:구-스럽다(面灸-)[-따][-스러워, -스러우니]형 면구한 데가 있다. 민망스럽다. 면괴스럽다. ▣면구스러울 만큼 부부 사이가 좋다. **면:구-스레**부
면:구-하다(面灸-)형여 남을 대면하기가 부끄럽다. 면괴하다.
면국(麵麴)명 밀가루로만 눌러서 만든 누룩(고급 술을 빚는 데 씀). 면곡(麵麴).
면:궁(免窮)명하자 궁핍에서 벗어남.
면:급(免急)명하자 위급한 상황에서 벗어남.
면:급(面給)명하타 재물 등을 서로 보는 앞에서 내어 줌.
면기(眠期)명 누에가 잠자는 기간.
면:-나다(面-)재 1 체면이 서다. 2 외면(外面)이 빛나다.
면:난-하다(面赧-)형여 남을 대할 때 무안하거나 부끄러워 얼굴이 붉어지는 듯하다.
면:내(面內)명 면이 관할하는 구획의 안.
면:-내다타 1 개미·쥐·게 등이 구멍을 뚫느라고 보드라운 흙을 파내어 놓다. 2 남의 물건을 조금씩 훔쳐 축을 내다.
면:-내다(面-)('면나다'의 사동) 1 체면을 세우다. 2 외면을 빛나게 하다.
면:담(面談)명하자 서로 만나서 이야기함. 면화(面話). ▣~을 나누다 / ~을 거절하다 / 단독 ~을 요청하다 / 사장과 ~하기로 되어

있다.
면:당 (面當) [명][하자타] 면대(面對).
면:대 (面對) [명][하자타] 대면(對面).
면:-대칭 (面對稱) [명] 〖수〗 물체나 도형 가운데 서로 대응하는 어느 두 점을 맺는 직선이 주어진 평면에 따라 수직으로 이등분되는 위치적 관계. 평면 대칭.
면:도 (面刀) [명][하타] **1** 얼굴에 난 잔털이나 수염을 깎는 일. **2** '면도칼'의 준말.
면:도-기 (面刀器) [명] 면도하는 데 쓰는 기구《전기면도기·안전면도기 따위》.
면:도-날 (面刀-) [명] **1** 면도칼의 날. **2** 안전면도에 끼게 된, 날이 선 얇은 쇳조각.
면:도-질 (面刀-) [명][하자] 면도하는 일.
면:도-칼 (面刀-) [명] 면도하는 데에 쓰는 칼. [준]면도.
면:독 (面督) [명][하타] 얼굴을 마주 보고 독촉함.
면듀 [명] 〈옛〉 명주(明紬).
면:려 (勉勵)[멸-] [명][하타] **1** 스스로 애써 노력하거나 힘씀. **2** 남을 격려해서 힘쓰게 함. 풍려(風厲).
면력-하다 (綿力-)[멸려카-] [형][여] 세력이 없고 힘이 약하다.
면련 (綿連)[멸-] [명][하자][히부] **1** 길게 이어짐. **2** 줄기차게 벋어 나감.
면:례 (緬禮)[멸-] [명][하타] 〖민〗 무덤을 옮기고 다시 장사 지냄. 또는 그런 일.
면류 (麵類)[멸-] [명] 밀국수나 메밀국수 따위의 국수류.
면:류-관 (冕旒冠)[멸-] [명] 〖역〗 제왕(帝王)의 정복(正服)에 갖추어 쓰던 관《국가의 대제 때나 왕의 즉위 때 썼음》.
면:마 (面馬) [명][하자] 장기에서, 마(馬)를 궁(宮)의 바로 앞 밭에 놓음. 또는 그 마(馬).
면:마 (面痲) [명] 얼굴에 있는 마맛자국.
면마 (綿馬) [명] 〖식〗 꼬리고사릿과의 여러해살이 양치식물. 산지의 습한 땅에서 자람. 높이가 1m 정도로, 뿌리는 구충제로 씀.
면마-근 (綿馬根) [명] 〖한의〗 면마를 말린 뿌리《맛이 쓰고 성질이 차며, 약재로 씀》.
면마-정 (綿馬精) [명] 면마의 뿌리를 에테르에 담가 녹여서 뺀 걸쭉하고 녹색을 띤 액체《쓴맛이 나며 구충제로 씀》.
면말 (綿襪) [명] 솜을 넣어 만든 버선. 솜버선.
면:매 (面罵) [명][하타] 면전에서 몹시 꾸짖음.
면-먹다 [-따] [자] **1** 여러 사람이 내기 등을 하는 자리에서, 어떤 두 사람 사이만은 서로 이기고 짐을 따지지 아니하다. **2** 편이 되다.
면:-면 (面面) [명] **1** 여러 사람. 또는 여러 얼굴. ❑ 모여 있는 사람의 ~을 살펴보다. **2** 여러 면(面). 각 방면.
면:면-상고 (面面相顧) [명][하자] 서로 말없이 얼굴만 물끄러미 바라봄.
면:면-이 (面面-) [부] **1** 저마다 따로따로. 앞앞이. 각자. **2** 각 면마다.
면:면촌촌 (面面村村) [부] 면이나 촌마다. 모든 동네마다.
면면-하다 (綿綿-) [형][여] 끊이지 아니하고 끝없이 이어 있다. **면면-히** [부]. ❑ ~ 이어온 민족 정신.
면:모 (免侮) [명][하자] 모욕을 면함.
면:모 (面毛) [명] 얼굴에 난 잔털.
면:모 (面貌) [명] **1** 얼굴의 모양. ❑ 예전의 소녀 같은 ~를 찾아보기 어렵다. **2** 사물의 겉모양. 겉모습. ❑ ~를 새롭게 하다 / 축구 강국의 ~를 과시하다 / 국제 공항의 ~를 갖추다.
면모 (綿毛) [명] 솜털. ↔조모(粗毛).
면:목 (面目) [명] **1** 얼굴의 생김새. **2** 남을 대하는 낯. 체면. ❑ ~이 서지 않다. **3** 사물의 모양. 일의 상태. ❑ ~을 일신하다.
면목(이) 없다 [구] 부끄러워서 남을 대할 낯이 없다. ❑ 이길 경기에서 져 ~.
면:목부지 (面目不知)[-뿌-] [명][하자] 서로 얼굴을 통 모름.
면:-무식 (免無識) [명][하자] 겨우 무식이나 면함. 또는 그 정도의 학식.
면:-무안 (免無顔) [명][하자] 간신히 무안을 면함.
면:무인색 (面無人色) [명][하형] 몹시 놀라거나 무서움에 질려 얼굴에 핏기가 없음. *면여토색(面如土色).
면:문 (免問) [명][하자] 처벌이나 문책을 면함.
면:민 (面民) [명] 면에 사는 주민.
면밀-하다 (綿密-) [형][여] 자세하고 빈틈이 없다. ❑ 면밀한 계획. **면밀-히** [부]. ❑ ~ 관찰하다.
면:-바로 (面-) [부] **1** 바로 정면으로. ❑ ~ 쳐다보다. **2** 어떤 겨냥이나 판단이 어김없이 똑바로. ❑ 화살이 과녁에 ~ 꽂히다.
면:-바르다 (面-)〔면발라, 면바르니〕 [형][르] 거죽이 반듯하다.
면:박 (面駁) [명][하타] 면전에서 꾸짖거나 나무람. ❑ ~을 주다 / ~을 당하다.
면:박 (面縛) [명][하타] 양손을 등 뒤로 돌려 묶고 얼굴을 쳐들게 하여 사람에게 보임.
면-발 (麵-)[-빨] [명] 국수의 가락. 국숫발. ❑ ~이 굵다.
면방 (綿紡) [명] 면방적.
면-방적 (綿紡績) [명] 목화의 섬유로 실을 만드는 일. 면방.
면-방직 (綿紡織) [명] 무명실로 피륙을 짜는 일.
면-방추 (綿紡錘) [명] 무명실을 감는 방추.
면:배 (面拜) [명][하자타] 만나 보고 절함.
면:백 (免白) [명][하자] '면백두(免白頭)'의 준말.
면:-백두 (免白頭)[-뚜] [명][하자] 늙어서 처음으로 변변하지 못한 벼슬을 함. [준]면백(免白).
면:벌 (免罰) [명][하자] 벌을 면함.
면:-벗 (面-)[-벋] [명] 활 도고지의 거죽을 가로 싼 벚나무의 껍질.
면:벽 (面壁) [명][하자] 〖불〗 벽을 향하고 좌선(坐禪)함. 또는 그런 일. ❑ ~하고 참선하다.
면:벽-구년 (面壁九年)[-꾸-] [명] 〖불〗 달마(達磨) 대사가 숭산(嵩山)의 소림사(少林寺)에서 9년 동안 벽을 마주 대하고 좌선하여 도를 깨달은 일.
면:-벽돌 (面甓-)[-똘] [명] 건물의 바깥 면에 쌓는 좋은 벽돌.
면병 (麵餠) [명] 〖가〗 미사 때, 성체를 이루기 위하여 쓰는 밀떡.
면보 [명] ☞ 면포.
면:-보다 (面-) [자] 체면을 차리다.
면:복 (冕服) [명] 〖역〗 제왕(帝王)의 정복《면류관과 곤룡포》.
면복 (綿服) [명] 솜옷.
면:복 (緬服) [명] 〖민〗 부모의 면례(緬禮) 때 입는 시마복(緦麻服).
면봉 (綿棒) [명] 끝에 솜을 말아 붙인 가느다란 막대.
면:부 (面部) [명] 얼굴 부분.
면:부득 (免不得) [명][하자] 아무리 애를 써도 면할 수 없음.
면:분 (面分) [명] 얼굴이나 아는 정도의 정분.
면-비로드 (綿-) [명] 〔포 veludo〕 무명실을 섞거나 무명실만으로 비로드같이 짠 직물.
면:-빗 (面-)[-빋] [명] 관자놀이와 귀 사이에 난 머리털을 빗어 넘기는 작은 빗. 면소(面梳).

면:사 (免死) 몡자 간신히 죽음을 면함.

면:사 (面謝) 몡하타 직접 만나서 사과하거나 감사를 드림.

면사 (綿絲) 몡 솜에서 자아낸 실. 무명실.

면:-사무소 (面事務所) 몡 면의 행정 사무를 처리하는 곳. 면청(面廳). ⬥면소(面所).

면사 방적 (綿絲紡績) 면방적(綿紡績).

면:사-포 (面紗布) 몡 1 결혼식 때에 신부가 머리에 써서 뒤로 늘어뜨리는, 흰빛의 사(紗). ⬜～를 쓰다. 2 예전에, 신부가 처음으로 신랑 집에 갈 때에 머리에서 발까지 온몸에 덮어쓰던 검은 사. 면사보(褓).

면:-상 (面上) 몡 얼굴의 위. 또는 얼굴. ⬜～상대방～에 주먹을 날리다.

면:상 (面相·面像) 몡 1 얼굴의 생김새. 용모. ⬜～이 반반하다. 2 관상 볼 때, 얼굴의 상.

면:상 (面象) 몡 장기에서, 상(象)을 궁의 앞 밭에 놓음. 또는 그 상(象). ⬥장기.

면상 (麵床) 몡 국수류를 주식으로 하고, 떡·육미붙이를 곁들여 차린 상. 국수상.

면:상-육갑 (面上六甲)[-뉵깝] 몡하자 얼굴만 보고 나이를 짐작함.

면상-필 (一筆) 몡 잔글씨를 쓰는 붓의 하나.

면:-새 (面一) 몡 1 편평한 물건의 겉모양. 2 〈속〉체면.

면:-색 (面色) 몡 얼굴빛. 안색.

-면서 어미 '이다'의 어간, ㄹ 받침 또는 받침 없는 용언의 어간에 붙는 연결 어미. 1 두 가지 이상의 움직임이나 사태가 동시에 일어나고 있음을 나타내는 말. ⬜눈물을 흘리가 ～ 이야기하다 / 의사이～ 소설가다. 2 두 가지 이상의 움직임이나 사태가 맞서 있음을 나타내는 말. ⬜알～ 모르는 척하다. ㉰-며. ＊-으면서.

면:-서원 (面書員) 몡 〈역〉 조선 때, 주(州)·부(府)·군(郡)·현(縣)에 속하여 각 면의 조세를 맡아보던 아전.

면-섬유 (綿纖維) 몡 목화에서 뽑은 섬유《가늘고 유연하며 습기를 잘 흡수함》.

면:세 (免稅) 몡하타 세금을 면제함. ⬜～ 수입품 / 수출을 위한 수입 원자재는 ～된다.

면:세 (面勢) 몡 1 거죽에 나타나는 모양이나 형세. 2 행정 단위로서 한 면의 형세.

면:세-점 (免稅店) 몡 외화 획득이나 외국인 여행자를 위하여 세금을 면제하여 파는 상점. 상품 값이 쌈.

면:세-점 (免稅點)[-쩜] 몡 〈법〉 세금을 면제하는 그 기준이 되는 한도. ⬜～을 올리다.

면:세-품 (免稅品) 몡 세금이나 관세가 면제된 수출입품.

면:소 (免訴) 몡하타 〈법〉 공소(公訴)한 형사 피고 사건에 관해 공소의 시효가 지났을 때, 확정 판결이 있을 때, 사면이 있을 때, 범죄 후의 법령이 바뀌어 형이 폐지되었을 때와 같은 경우에 공소권이 없어지고 기소를 면하게 되는 일.

면:소 (面所) 몡 '면사무소'의 준말.

면:소 (面梳) 몡 면빗.

면:소 (面訴) 몡하타 직접 만나서 호소함.

면:수 (免囚) 몡 형기를 마치고 출옥한 사람.

면:수 (俛首) 몡하자 머리를 숙임.

면:수 (面數)[-쑤] 몡 물체의 면이나 책의 페이지 수. ⬜신문의 ～가 늘다.

면:숙 (面熟) 몡하형 서로 낯이 익음.

면:술 (面述) 몡하타 면진(面陳).

면:시 (免試) 몡하타 시험을 면하거나 면제함.

면:시 (面試) 몡하타 면전에서 시험함.

면:식 (面識) 몡 얼굴을 서로 아는 정도의 관계. ⬜～이 없는 사람 / ～을 익히다.

면식 (眠食) 몡 침식(寢食).

면:식-범 (面識犯)[-뻠] 몡 〈법〉 피해자와 가해자가 서로 얼굴을 아는 사이인 사건의 범인.

면:신 (面新) 몡 면신례.

면:신-례 (面新禮)[-녜] 몡 〈역〉 조선 때, 관아에 새로 부임한 관원이 전부터 있는 관원에게 한턱내던 일. 면신. ＊허참례(許參禮).

면실 (綿實) 몡 목화의 씨.

면실-유 (綿實油)[-류] 몡 목화씨에서 짜낸 반건성유.

면:-싸대기 (面一) 몡 〈속〉 낯.

면:-안 (面一) 몡 〈건〉 집 칸살·나무 그릇 따위의 넓이를 잴 때, 마주 대한 양편 가의 안쪽끼리의 사이.

면:안 (面眼) 몡 안목(眼目)1.

면:알 (面謁) 몡하타 만나 뵘. 배알(拜謁).

면:액 (免厄) 몡하자 나쁜 운수나 액을 면함.

면:약 (面約) 몡하자타 보는 앞에서 약속함. 대면성약.

면양 (緬羊·綿羊) 몡 〈동〉 양(羊).

면업 (綿業) 몡 〈공〉 1 방적·직조·날염·가공 따위를 포함하는 일체의 면사·면직 공업. 2 방적업.

면:여토색 (面如土色) 몡하형 몹시 놀라거나 두려움에 질려 얼굴이 흙빛과 같음. ＊면무인색(面無人色).

면:역 (免役) 몡하자 1 〈역〉 조선 때, 특별한 사정이 있는 사람에게 신역(身役)을 면제하여 주던 일. 2 병역이나 부역을 면함. 3 죄수가 옥살이를 면함. 제역(除役).

면:역 (免疫) 몡하타 1 〈의〉 사람이나 동물의 몸 안에 병원균이나 독소가 침입하여도 병에 걸리지 않을 만한 저항력이 있는 일. 생기다 / 인체의 ～ 기능을 높이다. 2 반복되는 자극 따위에 무감각해지는 일. ⬜웬만한 고생쯤은 이미 ～이 되어 있다.

면:역 글로불린 (免疫globulin) 항체(抗體)의 기능을 갖는 글로불린. 혈청의 감마 글로불린에 포함되어 있음.

면:역-성 (免疫性)[며녁썽] 몡 면역이 되는 성질. ⬜～이 약해진 노인 / ～을 기르다.

면:역성 전염병 (免疫性傳染病)[며녁썽저념뼝] 한 번 앓고 나거나 예방하면 재차 감염하더라도 가볍게 앓거나 또는 병에 걸리지 않는 전염병《백일해·천연두·홍역 따위》.

면:역-원 (免疫原)[며녁] 몡 항원(抗原).

면:역-전 (免疫錢)[며녁쩐] 몡 〈역〉 조선 때, 부역을 면제받기 위하여 관청에 바치던 돈.

면:역-질 (免疫質)[며녁찔] 몡 〈의〉 면역성이 강하여 병에 잘 걸리지 않는 체질.

면:역-체 (免疫體) 몡하형 〈생〉 항체(抗體).

면:역 혈청 (免疫血淸)[며녁혈-] 어떤 병원체에 대한 항체(抗體)가 들어 있는 혈청.

면연 (綿延) 몡하타 끊임없이 이어 늘임.

면:열 (面熱) 몡 〈의〉 신경 쇠약·히스테리·위장병으로 얼굴에 열이 올라 얼굴빛이 붉어지는 증상.

면:옥 (面玉) 몡 1 관옥(冠玉)1. 2 벼룻집 따위 기물의 면을 아름답게 꾸미는 옥.

면-옥 (麵屋) 몡 국숫집2.

면:요 (免天) 몡 〈의〉 젊어서 죽는 것을 면했다는 뜻으로, 나이 쉰 살을 겨우 넘기고 죽는 것을 이름.

면:욕 (免辱) 몡하자 욕보는 것을 면함.

면:욕 (面辱) 몡하타 면전에서 욕을 보임.

면:우 (面友) 圀 얼굴이나 알고 지내는 정도의 친구.

면원-하다 (綿遠一) 혱엔 세대가 이어져 내려온 시간이 오래다.

면:유 (面諭) 圀하타 면전에서 말로 타이름.

면:의 (面議)[며니 / 며니] 圀하타 서로 대면하여 의논함.

면의 (綿衣)[며니 / 며니] 圀 1 무명옷. 2 솜옷. 면복(綿服).

면:임 (面任) 圀〔역〕조선 때, 지방의 면에서 호적과 공공사무를 맡아보던 사람.

면:자 (面刺) 圀하타 면책(面責).

면자 (麵子) 圀 국수.

면자-전 (綿子廛) 圀〔역〕조선 때, 목화를 팔던 시전(市廛).

면작 (綿作) 圀 목화 농사.

면:장 (免狀)[-짱] 圀〔법〕1 '면허장'의 준말. 2 '사면장(赦免狀)'의 준말.

면:장 (面長) 圀 면의 행정을 주관하실 공무원.

면:장 (面帳) 圀 앞에 늘인 휘장.

면:장 (面墻) 圀 1 집 앞에 쌓은 담. 2 담벼락을 대하고 있는 것처럼 앞이 내다보이지 않는다는 뜻으로, 무식함을 비유하는 말.

면-장갑 (綿掌匣) 圀 무명실로 짠 장갑. 목장갑.

면:장우피 (面張牛皮) 圀 얼굴에 쇠가죽을 발랐다는 뜻으로, 몹시 뻔뻔스러움을 비유적으로 이르는 말. 철면피.

면장-탕반 (麵腸湯飯) 圀 국수장국밥.

면:쟁 (面爭) 圀하타 면쟁기단.

면:쟁-기단 (面爭其短) 圀하타 면전에서 그 잘못을 간(諫)함. 면전기단.

면:적 (面積) 圀〔수〕한정된 평면이나 구면의 크기. 넓이. □~이 넓다 / ~이 좁다.

면:적-계 (面積計)[-꼐 / -꼐] 圀〔공〕면적을 재는 데 쓰는 기구.

면:적-그래프 (面積graph) 圀〔수〕수량의 비율을 면적으로 나타내는 그래프.

면:적 속도 (面積速度)[-쏙또] 〔물〕어떤 점이 평면 위에서 원점(原點) 주위를 운동할 때, 그 원점과 운동하는 점을 잇는 선분이 단위 시간에 그리는 도형의 넓이.

면:전 (面前) 圀 얼굴을 마주 대한 앞. 눈앞. □~에 대고 말하다 / ~에서 욕하다.

면:전 (面傳) 圀하타 대면하여 전하여 줌.

면전 (緬甸) 圀〔지〕'미얀마(Myanmar)'의 한자 이름.

면:절 (面折) 圀하타 대면하여 몹시 꾸짖음.

면:절-정쟁 (面折廷爭) 圀하자 임금의 허물을 임금 앞에서 기탄없이 간(諫)함.

면:접 (面接) 圀하자타 1 서로 대면하여 만나 봄. 대면(對面). □찾아오는 손님과 ~하느라 바쁘다. 2 '면접시험'의 준말. □~을 보다 / ~을 치르다 / 서류 전형 합격자들을 ~을 보다.

면:접-시험 (面接試驗)[-씨-] 圀 직접 만나 보고 그 인품이나 언행 등을 시험하는 일. □~을 준비하다. 준면접.

면:정 (面疔) 圀〔의〕얼굴에 난 화농성 부스럼《특히 윗입술과 턱에 잘 생김》.

면:정 (面情) 圀 면분(面分)과 정의(情誼).

면:제 (免除) 圀하타 1 책임이나 의무를 지우지 아니함. 2〔법〕채권자가 일방적인 의사 표시로써 그 채무를 면제해 주는 일.

면-제품 (綿製品) 圀 무명실로 만든 물품.

면:조 (免租) 圀하타〔법〕조세의 일부 또는 전부를 면제하는 일.

면:종 (面從) 圀하타 보는 앞에서만 순종함.

면:종 (面腫) 圀〔의〕얼굴에 나는 온갖 부스

럼. 면창(面瘡).

면:종 (勉從) 圀하자 마지못하여 복종함.

면:종-복배 (面從腹背)[-빼] 圀 겉으로는 복종하는 체하면서 마음속으로는 배반함.

면:종-후언 (面從後言) 圀하자 보는 앞에서는 복종하는 체하면서 뒤에서 이러쿵저러쿵 말을 하며 헐뜯고 욕함.

면:죄 (免罪) 圀하자 죄를 면함. □~를 받다.

면:죄-부 (免罪符) 圀 1〔역〕중세 가톨릭 교회에서, 금전이나 재물을 바친 사람에게 그 죄를 면한다는 뜻으로 교황이 발행하던 증서. 2 책임이나 죄를 없애 주는 조치를 비유적으로 이르는 말. □~를 주다.

면주 (綿紬) 圀 명주(明紬).

면주 (麵酒) 圀〔가〕예수의 죽음을 기념하는 의식 때 쓰는 밀가루떡과 포도주.

면주-실 (綿紬一) 圀 명주실.

면주-주인 (面主人)[-쭈-] 圀〔역〕조선 때, 주(州)·부(府)·군(郡)·현(縣)과 면(面)과의 사이에 왕래하며 심부름하던 사람.

면주-전 (綿紬廛) 圀〔역〕명주를 팔던 시전(市廛). 명주전.

면:-줄 (面一)[-줄] 圀 장기판에서, 장기를 두는 사람을 기준으로 앞 끝에서 셋째 줄.

면:지 (面紙) 圀 1〔불〕위패에 쓴 죽은 사람의 이름을 가리는 오색지. 2〔인〕책 앞뒤 표지의 안쪽의 지면.

면:직 (免職) 圀하타 일정한 직무에서 물러나가게 함. □실수를 저질러 ~당하다.

면직 (綿織) 圀 '면직물(綿織物)'의 준말.

면직-물 (綿織物)[-찡-] 圀 무명실로 짠 피륙의 총칭. 준면직.

면:진 (面陳) 圀하타 직접 만나서 진술함. 면술(面述).

면:질 (面叱) 圀하타 대면한 자리에서 꾸짖음.

면:질 (面質) 圀하자 대질(對質).

면:창 (面瘡) 圀〔의〕면종(面腫).

면:책 (面責) 圀하타 대면한 자리에서 책망을 면함. □책임자인 만큼 ~은 불가능하다. 2〔법〕채무가 소멸하여, 채무의 의무를 면함.

면:책 (面責) 圀하타 대면한 자리에서 책망함. 면척(面斥).

면:책 특권 (免責特權)[-꿘] 〔법〕국회의원이 국회 내에서 발표한 의견과 표결에 관하여는 국회 밖에서 책임을 지지 않는 특권.

면:책 행위 (免責行爲)[-재갱-] 〔법〕채무자나 대리인이 면책을 위해 하는 변제(辨濟)나 공탁(供託)·대물(代物) 변제 등 행위를 통틀어 일컫는 말.

면:척 (面斥) 圀하타 면책(面責).

면:천 (免賤) 圀하자 예전에, 천민의 신분에서 벗어나 평민이 됨. 또는 그렇게 되게 함.

면:청 (面請) 圀하타 친히 보고 청함.

면:추 (免醜) 圀 여자의 얼굴이 겨우 추하다 할 정도를 면함.

면:출 (免黜) 圀하타 벼슬을 갈아 그 지위를 떨어뜨림.

면:-치다 (面一) 타 나무나 돌의 면을 여러 가지 모양으로 깎다.

면:-치레 (面一) 圀하자 겉으로만 꾸며 체면을 세움. 외면치레.

면:탁 (面託) 圀하타 직접 만나서 부탁함.

면:탈 (免脫) 圀하타 죄를 벗음.

면:파 (面破) 圀하타 함께 추진해 오던 일을 대면한 자리에서 그만두기로 함.

면:-판 (面一) 圀〈속〉낯.

면:포 (面包) **명하자** 장기에서, 포(包)를 궁 앞에 놓음. 또는 그 포. ▢ ~ 장기.

면포 (綿布) **명** 무명.

면포 (麵麭) **명** 개화기 때, '빵'을 일컫던 말.

면포-전 (綿布廛) **명** 〖역〗 무명을 팔던 가게. 백목전(白木廛).

면-포플린 (綿poplin) **명** 날실과 씨실을 가스사(gas絲)나 면사로 짜서, 실켓(silket)으로 한 직물.

면:품 (面稟) **명하다** 웃어른 앞에서 여쭘.

면:피 (免避) **명하자타** 면하여 피함.

면:피 (面皮) **명** 낯가죽.

면:-하다 (免-) **타자** 1 책임이나 의무 따위에서 벗어나다. ▢ 책임을 ~. 2 직무나 직위 따위를 그만두다. ▢ 사장직을 면하니 홀가분하다. 3 어떤 일을 당하지 않게 되다. ▢ 벌을 ~ / 수해를 ~. 4 어떤 상태나 처지에서 벗어나다. ▢ 낙제를 면하고 겨우 진급하다 / 셋방살이 신세를 면하였다.

면:-하다 (面-) **자타** 1 어떤 대상이나 방향으로 향하다. ▢ 바다에 면한 방. 2 어떤 일에 부닥치다. ▢ 위기에 ~.

면:학 (勉學) **명하자** 학문에 힘씀. ▢ ~ 분위기를 조성하다.

면:한 (面汗) **명** 얼굴에서 나는 땀.

면:한 (面寒) **명** 〖한의〗 위경(胃經)의 한습(寒濕)으로 인해 얼굴이 서늘해지는 신경병.

면:행 (勉行) **명하다** 힘써 행함. 역행(力行).

면:허 (免許) **명하다** 1 특정한 일을 할 수 있는 공식적인 자격을 관청이 허가하는 일. ▢ 자동차 운전 ~. 2 일반에게는 허가되지 아니하는 특수한 행위를 특정한 사람에게만 허가하는 행정 처분. ▢ 총기 소지 ~ / 수출 ~.

면:허 (面許) **명하다** 면전에서 허락함.

면:허-세 (免許稅) **[-쎄]** **명** 지방세의 하나. 특정한 행위나 영업을 허가할 때, 그 허가를 받는 사람에게 부과함.

면:허 어업 (免許漁業) 〖법〗 면허를 받아야 어업권을 가질 수 있는 어업(양식 어업·정치 어업 따위).

면:허 영업 (免許營業) 〖법〗 관청에서 면허를 얻어야만 할 수 있는 영업(변호사·공증인·의사 따위).

면:허-장 (免許狀) **[-짱]** **명** 〖법〗 면허를 증명하는 문서. **준** 면장(免狀).

면:허-증 (免許證) **[-쯩]** **명** 〖법〗 면허의 내용 및 사실을 기재한 증서.

면:호 (免戶) **명하다** 지난날, 호별세의 부과를 면하던 일.

면:화 (免禍) **명하자** 화를 면함.

면:화 (面話) **명하자** 면담(面談).

면화 (棉花·綿花) **명** 〖식〗 목화.

면화-씨 (棉花-) **명** 목화씨.

면-화약 (綿火藥) **명** 〖화〗 솜화약.

면화-전 (綿花廛) **명** 〖역〗 면자전(綿子廛).

면:환 (免鰥) **명하다** 장가를 들어 홀아비 신세를 면함.

면:회 (面灰) **명하다** 담이나 벽의 겉에 회를 바름. 또는 그 회.

면:회 (面會) **명하자타** 일반인의 출입이 제한된 곳을 찾아가 얼굴을 대하여 만나 봄. ▢ ~ 시간 / 사절 / 군에 간 친구를 ~하다 / 환자는 중태이므로 ~가 안 됩니다.

면:회-실 (面會室) **명** 면회하기 위하여 따로 시설한 방.

면:회 흙손 (面灰-) **[-흑쏜]** 〖건〗 박달나무 등으로 만들어 벽이나 담에 회를 바를 때 쓰는 흙손.

면:흉 (免凶) **명하자** 흉년을 면함. 면겸(免歉).

멸각 (滅却) **명하다** 남김없이 없애 버림.

멸공 (滅共) **명하다** 공산주의·공산주의자를 멸망시킴.

멸구 (滅-) 〖충〗 멸굿과의 곤충. 몸길이는 2mm 정도이고, 몸빛은 녹색인데 배와 다리는 누런 백색, 막지날개는 대체로 녹색임. 여름·가을에 출현하여 등불에 모여들며, 과수·농작물에 해를 줌.

멸구 (滅口) **명하타** 비밀히 한 일이 드러나지 않게 하기 위하여 그 일을 아는 사람을 죽이거나 가두거나 쫓아냄.

멸균 (滅菌) **명하자타** 살균(殺菌). ▢ ~된 우유를 마시다.

멸도 (滅度) **[-또]** **명** 〖불〗 1 열반(涅槃). 2 입적(入寂).

멸도 (滅道) **[-또]** **명** 〖불〗 멸제(滅諦)와 도제(道諦).

멸렬 (滅裂) **명하자** 찢기고 흩어져 형체를 모르게 없어짐.

멸륜패상 (滅倫敗常) **명하자** 오륜(五倫)과 오상(五常)을 깨뜨려 없앤다는 뜻으로, 예의와 도덕을 함부로 어기고 짓밟는 일.

멸망 (滅亡) **명하자** 망하여 없어짐. ▢ 로마 제국의 ~ / ~의 길을 걷다 / 핵폭탄은 인류의 ~을 초래할지도 모른다.

멸문 (滅門) **명하다** 한 집안을 다 죽여 없앰.

멸문지화 (滅門之禍) **명** 멸문을 당하는 큰 재앙. 멸족지화.

멸문지환 (滅門之患) **명** 멸문지화.

멸법 (滅法) **[-뻡]** **명** 〖불〗 일체의 상(相)을 적멸(寂滅)한 법. 또는 그런 경지.

멸법 (蔑法) **[-뻡]** **명** 국법을 업신여김.

멸사 (滅私) **[-싸]** **명하자** 사사로운 욕심이나 정(情)을 버림.

멸사-봉공 (滅私奉公) **[-싸-]** **명하자** 개인의 욕심을 버리고 공공의 이익을 위하여 힘씀.

멸살 (滅殺) **명하타** 씨도 없이 죽여 버림.

멸상 (滅相) **[-쌍]** **명** 〖불〗 인연에 의해 생긴 일체의 존재가 사라짐을 일컫는 말.

멸시 (蔑視) **[-씨]** **명하타** 업신여기거나 하찮게 여겨 깔봄. ▢ ~를 받다 / 가난 때문에 ~를 당해서야.

멸실 (滅失) **[-씰]** **명하자** 1 멸망하여 없어짐. 2 〖법〗 물품·가옥 따위가 그 가치를 상실할 정도로 파괴됨.

멸자 (滅字) **[-짜]** **명** 〖인〗 인쇄물에서, 잉크가 잘 묻지 않거나 하여 나타나지 않은 글자.

멸적 (滅敵) **[-쩍]** **명하다** 적을 쳐서 없앰.

멸절 (滅絶) **[-쩔]** **명하자타** 멸망하여 아주 끊어짐. 멸망시켜 아주 없애 버림.

멸제 (滅諦) **[-쩨]** **명** 〖불〗 사제(四諦)의 하나. 괴로움이 소멸한 열반(涅槃)의 경지를 이상이라고 풀이하는 진리.

멸족 (滅族) **[-쪽]** **명하자타** 한 가족·한 겨레를 멸하여 없앰. 또는 망하여 없어짐.

멸종 (滅種) **[-쫑]** **명하자타** 생물의 한 종류가 모두 없어짐. 또는 모두 없앰. ▢ 밀렵으로 ~의 위기에 놓인 야생 동물.

멸죄 (滅罪) **[-쬐]** **명하타** 〖종〗 선을 행하거나 참회하는 일로 죄악을 소멸시키는 일.

멸죄-생선 (滅罪生善) **[-쬐-]** **명** 〖불〗 부처의 힘으로 현세의 죄장(罪障)을 소멸하고 후세의 선근(善根)을 도움. 또는 그런 일.

멸진 (滅盡) **[-찐]** **명하자타** 멸해서 없애거나 멸해서 없어짐.

멸치 圏 《어》 멸칫과의 바닷물고기. 몸길이는 13cm 정도이고, 등은 암청색, 배는 은백색이며, 젓갈·조림 등을 만듦.

멸치-젓 [-젇] 圏 멸치로 담근 것.

멸치-조림 圏 머리와 내장을 떼어 낸 멸치를 장이나 된장 국물에 넣고 조린 반찬.

멸칭 (蔑稱) 圏하타 경멸하여 일컬음. 또는 그 칭호.

멸퇴 (滅退) 圏하타 격멸하여 물리침.

멸패 (滅霸) 圏하자타 1 바둑에서, 상대편에서 쓸 팻감을 미리 없애 버림. 2 폐단이 생길 만한 곳을 미리 막음.

멸-하다 (滅一) 자타圏 망하여 죄다 없어지다. 또는 죄다 없애 버리다. ◻적을 ~.

멸후 (滅後) 圏 1 멸망한 후. 2 《불》 입멸한 후. 곧, 석가의 사후(死後).

멫 튀 〈옛〉 몇 또는 벌써. 바로.

명: 圏 '무명'의 준말.

명 (名) 圏 이름 ◻학교~ / 동물~ / 단체~.

명¹ (明) 圏 《불》 1 지혜2. 2 진언(眞言)2.

명² (明) 圏 《역》 중국의 주원장(朱元璋)이 1368년에 원(元)나라를 멸망시키고 세운 왕조.

명: (命) 圏 1 목숨1. ◻~이 길다 / ~이 다하다. 2 '운명'의 준말. 3 '명령'의 준말. ◻천자의 ~을 받다.

명:붙이다 〔구〕 ◻목숨을 잇다. ◻자신의 몸을 남에게 의지하다.

명 (銘) 圏 1 금석(金石)·그릇·비석 등에 남의 공적 또는 사물의 내력을 새긴 글귀. 2 기물(器物)에 제작자의 이름을 새기거나 쓴 것. 3 마음에 새기거나 써 놓고 교훈으로 삼고자 하는 어구.

명 (名) 의圏 사람의 수효를 나타내는 말. ◻두 ~ / 학생 사십 ~.

명- (名) 튀 '이름 높은'·'훌륭한'·'우수한'의 뜻. ◻~가수 / ~강의.

-명 [어미] 〈옛〉

명가 (名家) 圏 1 명문(名門)1. 2 어떤 일에 뛰어나 이름이 난 사람. 또는 그런 집. 3 《역》 중국 춘추 전국 시대에, 명목(名目)과 실제가 일치해야 한다고 주장한 학파.

명가 (名歌) 圏 이름난 노래. 좋은 노래.

명가 (名價) [-까] 圏 세상에 널리 알려진 명예나 평판.

명가 (冥加) 圏 《불》 눈에 보이지 않는 신불(神佛)의 가호.

명-가수 (名歌手) 圏 1 이름난 가수. 2 노래를 잘 부르는 사람의 비유. ◻우리 사무실의 ~.

명가-자제 (名家子弟) 圏 명망이 높은 집안의 자제.

명간 (銘肝) 圏하타 명심(銘心).

명감 (明鑑) 圏 1 뛰어난 식견. 2 훌륭한 귀감. 3 올바른 감정(鑑定).

명감 (冥感) 圏하자타 1 드러나지 않고 은밀히 감응함. 2 신앙심이 신불에 통함.

명감 (銘感) 圏하타 명사(銘謝).

명-감독 (名監督) 圏 이름난 감독. 또는 뛰어난 감독.

명개 圏 갯가나 흙탕물이 지나간 자리에 앉은 검고 보드라운 흙.

명거 (明渠) 圏 땅 위로 시설하여 배수용의 도랑. 겉도랑. ↔암거(暗渠).

명검 (名劍) 圏 이름난 칼. 또는 좋은 칼.

명검 (名檢) 圏 윤리에 어긋나지 않도록 말과 행동을 조심함.

명견 (名犬) 圏 이름난 개. 혈통이 좋은 개.

명견 (明見) 圏 1 앞일을 잘 내다봄. 2 현명한 생각. 밝은 견해.

명견-만리 (明見萬里) [-말-] 圏하자 만 리 앞을 내다본다는 뜻으로, 관찰력·판단력 따위가 매우 정확하고 뛰어남을 이르는 말.

명결 (明決) 圏하타 명단(明斷).

명경 (明經) 圏하자 《역》 강경(講經)1.

명경 (明鏡) 圏 맑은 거울.

명경 (冥境) 圏 《불》 명도(冥途).

명경-과 (明經科) 圏 《역》 1 고려 때 과거의 한 과목《상서(尙書)·주역·모시(毛詩)·예기 등으로 시험을 보았음》. 2 조선 때, 식년 문과(式年文科) 초시에서 보이던 분과《사경(四經)을 중심으로 시험을 보았음》.

명경-대 (明鏡臺) 圏 《불》 저승의 길 입구에 있다는 거울《생전에 행한 착한 일과 악한 일을 있는 그대로 비춘다 함》.

명경-지수 (明鏡止水) 圏 맑은 거울과 고요한 물이란 뜻으로, 맑고 고요한 심경을 이름.

명계 (冥界) [-/-게] 圏 《불》 명도(冥途).

명계 (冥契) [-/-게] 圏 1 알지 못하는 가운데 서로 마음이 맞음. 2 죽은 남녀가 혼인함. 명혼(冥婚).

명고 (鳴鼓) 圏하타 1 북을 쳐서 울림. 2 《역》 조선 때, 성균관의 유생이 죄를 지었을 때, 그 사람의 이름을 써서 붙인 북을 성균관 안에서 치고 돌아다니며 널리 알리던 일.

명곡 (名曲) 圏 유명한 악곡. 뛰어나게 잘된 악곡. ◻~을 감상하다.

명공 (名工) 圏 기술이 뛰어난 장인(匠人). 명장(名匠).

명공 (名公) 圏 유명한 재상(宰相). 또는 훌륭한 재상.

명공-거경 (名公巨卿) 圏 높은 벼슬아치와 이름난 재상.

명과 (名菓) 圏 맛이 좋은 과자. 또는 이름이 난 과자.

명과 (銘菓) 圏 특별한 방법으로 만들고 고유의 상표가 붙은 좋은 과자.

명과기실 (名過其實) 圏하형 이름만 나고 실제는 그만하지 못함.

명:과-학 (命課學) 圏 운명·길흉화복 등에 관한 학문.

명관 (名官) 圏 정치를 잘하여 이름이 난 관리.

명관 (名貫) 圏 성명과 본관(本貫).

명관 (明官) 圏 고을을 잘 다스려 선정(善政)을 베푸는 관리. 현명한 관리. ◻구관(舊官)이 ~이라.

명:관 (命官) 圏 《역》 조선 때, 전시(殿試)를 주재하던 시험관.

명관 (冥官) 圏 《불》 저승의 관원. 곧, 지옥에서 죄를 재판하는 관원.

명관 (鳴管) 圏 《조》 울대².

명광 (明光) 圏 밝은 빛.

명교 (名敎) 圏 1 인륜의 명분을 밝히는 가르침. 2 유교(儒敎).

명구 (名句) 圏 1 뛰어나게 잘 지은 글귀. 2 유명한 글귀.

명구-승지 (名區勝地) 圏 이름난 지역과 경치 좋은 곳. 명승지.

명국 (名局) 圏 장기·바둑 따위의 뛰어난 대전(對戰).

명군 (名君) 圏 이름 높은 임금. 뛰어난 임금. 명주(名主).

명군 (明君) 圏 명주(明主).

명궁 (名弓) 圏 1 '명궁수(名弓手)'의 준말. 2 유명한 활. 또는 좋은 활.

명:궁 (命宮) 圏 《민》 1 사람의 생년월일시의

방위. **2** 점술(占術)에서, 십이궁(十二宮)의 하나(수명에 관한 운수를 맡아본다고 함). **3** 관상에서, 양미간을 일컫는 말.

명-궁수(名弓手)圀 활을 잘 쏘기로 이름난 사람. ⏵명궁.

명귀(冥鬼)圀『민』저승에 있다고 하는 귀신.

명-근(命根)圀 **1** 생명의 근본. **2**『식』곧은뿌리.

명-금(命-)[-끔]圀『민』손바닥의 집게손가락과 엄지손가락 사이에서 손목으로 벋어 내려간 굵은 손금(명(命)의 길고 짧음을 알 수 있다 함). ⏺~이 길다.

명금(鳴金)圀하타 징·나(鑼) 또는 바라를 쳐서 울림.

명금(鳴禽)圀 **1** 고운 목소리로 우는 새. **2**『조』연작류(燕雀類)에 속하는 새.

명기(名技)圀 '명연기(名演技)'의 준말.

명기(名妓)圀 이름난 기생. ⏺송도 ~ 황진이.

명기(名器)圀 **1** 유명한 물건. ⏺바이올린의 ~ 스트라디바리우스. **2** 진귀한 그릇.

명기(明記)圀하타 똑똑히 밝히어 적음. 분명히 기록함. ⏺원작자의 이름을 ~하다.

명기(明氣)圀 **1** 맑고 경치 좋은 산천(山川)의 기운. **2** 환하고 명랑한 얼굴빛.

명기(明器)圀 장사 지낼 때 무덤 속에 시체와 함께 묻기 위해 만든 기명(器皿)(식기·악기·집기·무기 따위).

명-기(命期)圀 수명의 기한.

명기(銘記)圀하타 명심(銘心).

명기(鳴器)圀『동』울음통1.

명-나방(螟-)圀『충』명나방과의 곤충. 몸길이는 1 cm 정도, 편 날개 길이는 2.5 cm 정도이며, 몸빛은 담회갈색에 앞날개는 좀 길고 황갈색 또는 암회갈색이며 뒷날개와 배는 흼. 명충나방.

명낭(鳴囊)圀『동』울음주머니.

명년(明年)圀 내년(來年).

명년-도(明年度)圀 다음해의 연도. 내년도.

명념(銘念)圀하타 명심(銘心).

명-다리(命-)[-따-]圀『민』신이나 부처를 모신 상 앞의 천장 가까운 곳에, 원(願)을 드리는 사람의 생년월일을 써서 매다는 모시나 무명. 명조(命弔).

명단(名單)圀 어떤 일에 관계된 사람의 이름을 적은 표. ⏺합격자 ~에 이름이 오르다 / 대표 선수 ~을 확정해 발표했다.

명단(明旦)圀 명조(明朝).

명단(明斷)圀하자타 명확히 판단을 내림. 또는 그 판단. 명결(明決).

명달(明達)圀 총명하여 사리에 통달함.

명담(名談)圀 **1** 사리에 맞고 멋있는 말. **2** 유명한 격담(格談).

명답(名答)圀 잘된 답. 질문에 꼭 알맞은 답. ⏺참으로 ~이오.

명답(明答)圀하타 분명하게 대답함. 또는 그런 대답.

명당(明堂)圀 **1** 임금이 조현(朝見)을 받던 정전(正殿). **2** 임금 무덤 아래에 있는 평지(혈(穴)의 바로 앞). **3**『민』명당자리1.

명당-자리(明堂-)[-짜-]圀 **1**『민』풍수지리에서, 그 자리에 뫼를 쓰면 후손이 부귀영화를 누린다는 자리. 명당. **2** 썩 좋은 장소나 지위의 비유.

명당-자손(明堂子孫)[-짜-]圀 명당자리에 묻힌 사람의 자손(부귀와 영화를 누린다고 함).

⏵**명당손**.

명덕(明德)圀 **1** 밝고 인도에 맞는 행동. 공명한 덕행. **2** 더럽히지 않은 사람의 본디 천성.

명도(名刀)圀 명검(名劍).

명도(明度)圀 밝은 정도. 밝기.

명도(明渡)圀하타『법』건물·토지·선박 따위를 남에게 넘겨주거나 맡김. 또는 그러한 일.

명도(明圖)圀『민』무당이 수호신으로 위하는 청동 거울(크고 둥글며 앞은 볼록하고, 뒤에 그림과 글자를 새김). 명두(明斗). **2** 명두.

명도(冥途)圀『불』사람이 죽은 뒤에 그 영혼이 간다고 하는 암흑의 세계(지옥·아귀·축생의 삼악도(三惡道)가 있다 함). 명경(冥境). 명계(冥界).

명도(銘刀)圀 명(銘)을 새긴 칼.

명도 단계(明度段階)[-/-게]『미술』색의 밝기의 정도를 나타내는 등급(어두운 검정색을 0, 밝은 흰색을 10으로 하여 그 사이를 10단계로 나눔).

명도 대:비(明度對比)『미술』밝기가 다른 두 색이 서로 영향을 주어 밝은 색은 더 밝게, 어두운 색은 더 어둡게 보이는 현상.

명도 신청(明渡申請)『법』자기의 토지·건물·선박 등을 타인이 차지하고 내주지 않을 경우에, 소유권자인 자기에게 넘겨주도록 법원에 신청하는 일.

명도-전(明刀錢)圀『역』중국 춘추 전국 시대에 연(燕)나라·제(齊)나라에서 유통하던, 굽은 칼처럼 생긴 청동 화폐로 '明'자 비슷한 무늬가 있음.

명동(鳴動)圀하자 크게 울려서 진동함. ⏺태산 ~에 서일필(鼠一匹).

명두(明斗)圀 명도(明圖)1.

명란(明卵)[-난]圀 명태의 알.

명란(鳴鑾)[-난]圀 임금의 수레에 달던 방울.

명란-젓(明卵-)[-난젇]圀 명태의 알로 담근 젓. ⏺~을 상에 올리다.

명랑(明朗)[-낭]圀하형 히부 밝고 환함. ⏺아이들의 ~한 웃음소리 / ~하게 뛰어놀다.

명랑-하다(明亮-)[-냥-]혱어 사리에 환하게 밝다. 양명(亮明)하다.

명려-하다(明麗-)[-녀-]혱어 산수의 경치가 맑고 곱다.

명:령(命令)[-녕]圀하타 **1** 윗사람이나 상위 조직이 아랫사람이나 하위 조직에 무엇을 하게 함. 또는 그 내용. ⏺~을 내리다 / ~을 어기다 / ~을 거역하다 / 공격 ~이 떨어지다 / 상부의 ~에 따르다. ⏵명(命)·영(令). **2**『법』행정 기관이 법률 시행을 위해서나 법률의 위임에 따라 정하는 법의 형식(대통령령·부령(部令) 등). **3**『법』행정 기관이 특정인에 대하여 의무를 부과하는 구체적인 처분. 처분 명령. **4** 재판장 및 수명(受命) 법관 등이 그 권한에 속하는 사항에 관하여 행하는 재판. **5**『컴』연산(演算)·기억·입출력 따위의 특정한 처리를 하도록 지정하는 일. 또는 그 지시.

명령(蟆蛉)[-녕]圀 **1**『충』빛깔이 푸른, 나방과 나비류의 애벌레. **2** 양자1.

명:령-권(命令權)[-녕꿘]圀 명령을 내릴 수 있는 권한.

명:령 규범(命令規範)[-녕-]『법』단순히 하거나 하지 말라는 명령이나 금지를 규정한 규범(강행 법규 따위).

명:령-문(命令文)[-녕-]圀 **1** 명령의 뜻을 적은 글. **2**『언』'보아라·가·불을 꺼라·오너라' 등 무엇을 시키거나 행동을 요구하는 문장.

명:령-법(命令法)[-녕뻡]圀『언』명령형 종결

어미를 써서, 무엇을 시키거나 행동을 요구하는 명령의 뜻을 나타내는 화법.

명:령-서 (命令書)[-녕-] 圏 〖법〗 명령의 내용을 써서 명령을 받는 사람에게 주는 문서.

명:령-어 (命令語)[-녕-] 圏 〖컴〗 컴퓨터에 연산이나 일정한 동작을 명령하는 기계어.

명령-자 (蚚蛉子)[-녕-] 圏 양자 1.

명:령-적 (命令的)[-녕-] 팬명 명령하여 시키거나 지시하는 (것). □ ~ 지시 / ~으로 말하다 / 말투가 고압적이며 ~이다.

명:령-조 (命令調)[-녕쪼] 圏 명령하는 것 같은 말투. □ ~로 말하다.

명:령 항:로 (命令航路)[-녕-노] 〖해〗 정치상 또는 경제상 필요에 따라 정부에서 보조금을 주거나 세 따위의 특권을 주면서 해운업자에게 경영을 명령하는 항로.

명:령-형 (命令形)[-녕-] 圏 〖언〗 명령·요구를 표시하는 동사나 보조 동사의 활용형(‘-아라’·‘-어라’·‘-게’·‘-오’·‘-ㅂ시오’ 따위가 있음). 시킴꼴.

명론 (名論)[-논] 圏 뛰어난 언론이나 이론.

명론-탁설 (名論卓說)[-논-썰] 圏 이름난 논문과 훌륭한 학설.

명료-성 (明瞭性)[-뇨썽] 圏 뚜렷하고 분명한 성질. □ 글의 ~이 떨어지다.

명료-하다 (明瞭-)[-뇨-] 圏어 뚜렷하고 분명하다. □ 간단하고 명료한 대답. **명료-히** [-뇨-] 閉. □ ~를 드러내다.

명류 (名流)[-뉴] 圏 널리 세상에 알려진 사람들. 명사(名士)들.

명률 (明律)[-뉼] 圏 〖역〗 조선 때, 율학청(律學廳)의 종칠품 벼슬.

명리 (名利)[-니] 圏 명예와 이익. □ ~에 급급하다 / ~만을 추구하다.

명:리 (命理)[-니] 圏 하늘이 내린 목숨과 자연의 이치.

명마 (名馬)[-마] 圏 이름난 말. 매우 훌륭한 말.

명막-하다 (冥漠-)[-마카-] 圏어 까마득하게 멀고 splj다.

명-만천하 (名滿天下) 圏 명문천하(名聞天下).

명망 (名望) 圏 명성과 인망. □ ~이 높다.

명망-가 (名望家) 圏 명망이 높은 사람.

명매기 〖조〗 칼새.

명:맥 (命脈) 圏 1 맥이나 목숨을 이어 가는 근본. □ ~을 잇다 / ~이 끊어지다. 2 어떤 일의 지속에 필요한 최소한의 중요 부분. □ 사업이 ~을 유지하다.

명면-각지 (名面各知)[-찌] 圏하자 같은 사람인 줄 모르고 이름과 얼굴을 각각 따로 앎.

명멸 (明滅) 圏하자 1 불이 켜졌다 꺼졌다 함. □ ~하는 네온. 2 먼 데 있는 것이 보였다 안 보였다 함. □ 바다 멀리 작은 섬이 ~하고 있다. 3 나타났다 사라졌다 함.

명:명 (命名) 圏하자 사람·사물·사건 따위에 이름을 지어 붙임.

명명 (明命) 圏 신령이나 임금의 명령.

명명백백-하다 (明明白白-)[-빼카-] 圏어 아주 독특하게 나타나다. 아주 명백하다. □ 명명백백한 증거 / 명명백백하게 밝히다. **명명백백-히** [-빼키] 閉.

명:명-법 (命名法)[-뻡] 圏 생물·광물·화합물·원소 등에 명칭을 부여할 경우의 일정한 방식(보통 국제적 규약에 의해 정해짐).

명:명-식 (命名式) 圏 배·비행기 등에 이름을 붙이면서 베푸는 의식.

명명-하다 (明明-)[-] 圏어 1 아주 환하게 밝다. 2 분명하여 의심할 바 없다. □ 사건의 전모가 명명하게 밝혀졌다. **명명-히** 閉.

명명-하다 (冥冥-)[형어] 1 어둡다. 2 나타나지 않아 알 수 없다. **명명-히** 閉.

명모 (明眸) 圏 맑고 아름다운 눈동자(미인의 모습을 이르는 말).

명모-호치 (明眸皓齒) 圏 눈동자가 맑고 이가 희다는 뜻으로, 미인의 모습을 이르는 말.

명목 (名木) 圏 1 어떤 유서가 있어 이름난 나무. 2 매우 훌륭한 향(香)나무.

명목 (名目) 圏 1 겉으로 내세우는 이름. □ ~뿐인 사장. 2 구실이나 이유. □ ~이 서다 / 무슨 ~으로 사람을 모을까 / 살인은 어떠한 ~이든 중죄이다.

명목 (瞑目) 圏하자 1 눈을 감음. 2 편안한 죽음의 비유.

명목-론 (名目論)[-몽논] 圏 〖철〗 유명론(唯名論).

명목-상 (名目上)[-쌍] 圏 실속이 없이 이름만 갖추어져 있는 상태.

명목 소:득 (名目所得)[-쏘-] 〖경〗 물가에 비하여 소득이 실질적으로 저하되었을 경우의 소득. 곧, 물가가 오르는 반면에 소득이 전과 같거나, 소득이 증가되었다 하더라도 물가의 오름세가 심한 경우에 이름.

명목 임:금 (名目賃金) 〖경〗 화폐량으로 나타낸 근로자의 임금(액수는 종전과 같아도 물가가 오르면 실질적으로는 임금이 내린 셈이 됨). ↔실질 임금.

명목 자본 (名目資本)[-짜-] 〖경〗 실체 자본에 대한 투하 자본의 화폐액.

명목-적 (名目的)[-쩍] 圏 실속은 없고 이름이나 구실만이 갖추어져 있는 (것).

명목 화:폐 (名目貨幣)[-모콰-] /-모콰폐] 〖경〗 실질적 가치와는 관계 없이, 표시되어 있는 가격으로 통용되는 화폐(지폐·은행권·보조 화폐 따위).

명무 (名武) 圏 문벌이 높은 무반(武班).

명문 (名文) 圏 뛰어나게 잘 지은 글. 유명한 글. 훌륭한 글. □ ~으로 이름 높다 / ~은 널리 읽히기 마련이다.

명문 (名門) 圏 1 훌륭한 가문. 유명한 문벌. 명가(名家). □ ~ 출신 / ~ 가문에서 태어나다. 2 이름난 좋은 학교. □ 야구의 ~ / ~ 대학을 나오다.

명문 (名聞) 圏 세상에 널리 알려진 평판이나 명성(名聲).

명문 (明文) 圏 1 명백하게 기록된 문구. 또는 그런 조문. □ 법률에 ~이 없다. 2 사리를 명백히 밝힌 글.

[명문 집어먹고 휴지 똥 눌 놈] 의리를 저버리거나 법을 어기기 일쑤인 막된 사람을 욕하는 말.

명:문 (命門) 圏 1 〖생〗 명치. 2 〖한의〗 몸을 지탱하는 물질을 다루는 기관(器官)(콩팥의 일컬음).

명문 (銘文) 圏 금석(金石)이나 기명(器皿) 따위에 새긴 글자.

명문-가 (名門家) 圏 명문에 속하는 집안.

명문-거족 (名門巨族) 圏 이름난 가문과 크게 번창한 집안.

명문-교 (名門校) 圏 전통과 역사가 있는 유명한 학교. □ ~ 출신.

명문-대 (名門大) 圏 전통과 역사가 있는 유명한 대학. □ ~를 나오다 / 고득점자들이 ~로 몰리다.

명문-대가 (名門大家) 圏 훌륭한 문벌의 큰 집안. □ ~의 자제.

명문-천하(名聞天下)[명][하자] 이름이 세상에 널리 퍼짐. 명만천하(名滿天下). 명망천하(名望天下).

명문-화(明文化)[명][하타] **1** 문서로 명백히 밝힘. ▫사무 규칙을 ~하여 배포하다. **2** 법률의 조문에 명확히 밝힘. ▫주권은 국민에게 있다고 헌법에 ~되어 있다.

명물(名物)[명] **1** 어떤 지방의 유명한 사물. **2** 한 지방 특유의 이름난 특산물. ▫대구의 ~은 사과이다. **3** 남다른 특징이 있어 인기 있는 사람. ▫우리 사무실의 ~인 미스터 박.

명미-하다(明媚−)[형어] 경치가 맑고 아름답다. ▫풍광이 명미한 고장.

명민-하다(明敏−)[형어] 총명하고 민첩하다.

명반(名盤)[명] 이름나거나 훌륭한 음반.

명반(明礬)[명][화] 백반(白礬).

명반-석(明礬石)[명][광] 칼륨과 알루미늄의 함수 황산염으로, 화성암이 변질한 것《칼륨 비료 제조에 쓰임》.

명반-수(明礬水)[명] 백반을 물에 푼 액체《소독제·살충제로 씀》.

명-반응(明反應)[명][생] 광합성 과정에서 빛을 받아 진행하는 화학 반응. 엽록체(葉綠體)에서 빛 에너지를 이용하여 ATP를 생성하고, 물을 분해하여 산소를 방출하며 수소 화합물을 생산함. ↔암반응(暗反應).

명-배우(名俳優) 연기를 잘하여 이름난 배우. ⑥명우(名優).

명백-하다(明白−)[−빼카−][형어] 아주 분명하다. ▫명백한 증거가 드러나다. **명백-히**[−배키][부]. ▫진상을 ~ 밝히다.

명벌(名閥)[명] 훌륭한 가문(家門)1.

명벌(冥罰)[명] 신령과 부처가 내리는 벌.

명법(明法)[−뻡][명] 분명한 법률.

명언(明言)[명][하자] 명백히 말함. 또는 그렇게 말하는 재주. ▫~으로 혐의를 벗다.

명보(名寶)[명] 이름난 보물.

명복(名卜)[명] 이름난 점쟁이.

명-복(命服)[명][역] 사대부(士大夫)가 입던 정복(正服).

명복(冥福)[명] 죽은 뒤에 저승에서 받는 복. ▫삼가 고인의 ~을 빕니다.

명부(名簿)[명] 이름·주소·직업 따위를 기록한 장부. ▫사원 ~.

명-부(命婦)[명][역] 봉작을 받은 부인의 통칭《내(內)명부·외(外)명부가 있음》.

명부(冥府)[명][불] **1** 사람이 죽어서 간다는 곳. 저승. **2** 사람이 죽은 뒤에 심판을 받는다는 곳. 명조(冥曹). ▫~의 사자(使者).

명부-전(冥府殿)[명][불] 지장보살을 주로 하여 염라대왕 등의 시왕(十王)을 모신 절 안의 법당.

명-부지(名不知)[명][하자] 성만 알고 이름을 모름. 또는 그 정도로 아는 사람.

명부지-성부지(名不知姓不知)[명][하자] 이름도 성도 모른다는 뜻으로, 어떤 사람에 대해 전혀 알지 못함. 또는 그런 사람을 이르는 말.

명분(名分)[명] **1** 사람들이 도덕적으로 마땅히 지켜야 할 도리. 본분. ▫안 서는 행동 / ~에 따르다 / ~을 지키다 / ~을 중시하다. **2** 표면상의 이유. 명목. ▫~이 서다 / ~을 내세우다.

명:-분(命分)[명] 운수(運數).

명분-론(名分論)[−논−][명] 일을 꾀할 때, 명분을 앞세우는 입장이나 주장. ▫~이 현실론보다 우세하다.

명불허전(名不虛傳)[명] 명성이나 명예가 헛되이 전하여지는 것이 아니라 그만한 까닭이 있어서 그러하다는 말.

명사(名士)[명] **1** 세상에 알려진 사람. ▫학계의 ~. **2** 이름난 선비.

명사(名詞)[명][언] 사물의 이름을 나타내는 품사. 이름씨.

명사(名辭)[명][논] 하나의 개념을 언어로 나타낸 것. 명제(命題)의 구성 요소가 되며, 주사(主辭)와 빈사(賓辭)로 나뉨.

명사(明沙)[명] 썩 곱고 깨끗한 모래.

명사(明絲)[명] 명주실.

명사(鳴沙)[명] 발로 밟으면 쇳소리가 나는 매우 곱고 깨끗한 모래.

명사(銘謝)[명][하타] [지] 남이 베푼 은혜를 마음속에 깊이 새겨 사례함. 명감(銘感).

명사(螟蛳)[명] 양자(養子)1.

명사-고불(名士古佛)[명][역] 문과에 급제한 사람의 아버지. ⑥고불(古佛).

명사-관(明査官)[명][역] 조선 때, 중요한 사건을 조사하기 위하여 감사가 특별히 보내던 임시 관원.

명사-구(名詞句)[−구][언] 명사 구실을 하는 구《'그 사람의 몸에서 땀 냄새가 났다'에서 '그 사람의 몸' 따위》.

명-사수(名射手) 총이나 활 따위를 잘 쏘는 사람. ▫백발백중의 ~.

명사 어:미(名詞語尾)[언] **1** 명사가 성·수 및 격에 따라 변화하는 언어에서 그 변화하는 부분《영어나 독일어 따위에서 볼 수 있음》. **2** 조사를 독립된 품사로 인정하지 않는 체계의 학설에서 조사를 일컫는 말.

명사-절(名詞節)[명][언] 명사의 구실을 하는 절《'그가 훔친 것이 아님이 밝혀졌다'에서 '그가 훔친 것이 아님' 따위》.

명사-형(名詞形)[명][언] 용언이 명사와 같은 구실을 하게 하는 활용형《용언의 어간에 '−ㅁ·−(으)ㅁ·−기' 따위가 붙어 이루어진 '바람·먹음·놀기' 따위》.

명사형 어:미(名詞形語尾)[언] 용언의 어간에 붙어, 앞의 말에 대한 서술 기능을, 뒤의 말에 대해서는 명사 구실을 하게 하는 어말·어미《'−기'·'−(으)ㅁ' 따위》. 명사형 전성 어미.

명사형 전:성 어:미(名詞形轉成語尾)[언] 명사형 어미.

명산(名山)[명] 이름난 산. ▫~ 영봉.

명산(名產)[명] 명산물.

명산-대찰(名山大刹)[명] 이름난 산과 아주 큰 절. ▫~에 가서 불공을 드리다.

명산-대천(名山大川)[명] 이름난 산과 큰 내.

명-산물(名產物)[명] 어떤 고장이나 나라에서 나는 이름난 산물. 명산. ▫한국의 ~로 인삼을 꼽는다.

명산-지(名產地)[명] 명산물이 나는 땅. 또는 그 지방. ▫배의 ~인 나주.

명-삼채(明三彩)[명][미술] 적·녹(綠)·황이나 적·녹·백의 세 가지 잿물을 바른 중국 명나라 때의 도자기. 명자삼채(明瓷三彩).

명삿-길(鳴沙−)[−사낄 / −삳낄][명] 발로 밟으면 쇳소리가 난다는 강원도 동해안의 고운 모랫길.

명상(名相)[명] **1** 이름난 관상쟁이. **2** '명재상(名宰相)'의 준말.

명상(瞑想·冥想)[명][하자] 눈을 감고 고요히 생각함. 또는 그런 생각. ▫~에 잠기다.

명상-가(瞑想家)[명] 명상을 잘하는 사람.

명상-곡(瞑想曲)[명] 명상적인 기분을 잘 표현

한 기악 소곡(小曲).

명상-록(瞑想錄)[-녹] 몡 명상을 적은 글.

명상-적(瞑想的) 관몡 명상을 하는 듯한 (것). ▣인상이 관념적이며 ~이다.

명색(名色) 몡 **1** 어떤 부류에 넣어 부르는 이름. ▣~이 사내라고 오기는 있구나. **2** 실속 없이 그럴듯하게 불리는 허울만 좋은 이름. ▣~이 손님인데 이렇게 푸대접을 하다니.

명색이 좋다 굄 실질이 없이 이름만 듣기 좋다. ▣명색이 좋아 데릴사위지.

명색(明色) 몡 밝은 빛. 또는 환한 빛깔. ↔암색(暗色).

명색(冥色·瞑色) 몡 해 질 무렵의 어둑어둑한 빛. 또는 그런 경치. 모색(暮色).

명석(明夕) 몡 내일 저녁.

명석-하다(明晳)[-서카-] 휑어 생각이나 판단력이 분명하고 똑똑하다. ▣두뇌가 ~ / 명석한 판단을 내리다.

명성(名聲) 몡 세상에 널리 떨친 이름. 세상에 알려진 좋은 평판. ▣~을 날리다 / 대중적인 ~을 얻다 / ~이 자자하다 / 시인으로 ~이 높다 / ~은 들어 익히 알고 있다.

명성(明星) 몡 샛별.

명세(名世) 몡 한 시대에 이름이 난 사람.

명세(明細) 몡하몡 **1** 분명하고 자세함. **2** 물품이나 금액 따위의 분명하고 자세한 내용. ▣~를 알리다.

명세-서(明細書) 몡 물품이나 금액 따위를 자세하게 적은 문서. ▣~를 작성하다.

명:세지재(命世之才) 몡 **1** 한 시대를 바로잡아 구제할 만한 큰 인재. 명세재(命世才). **2** '맹자(孟子)'를 달리 이르는 말.

명소(名所) 몡 경치나 고적 등으로 이름난 곳. ▣관광 ~.

명:소(命召) 몡 〖역〗 **1** 조선 때, 임금이 신하를 은밀히 궁궐로 불러들이던 일. **2** 명소부.

명:-부(命召符) 몡 〖역〗 조선 때, 임금이 의정 대신(議政大臣)·포도대장 등을 은밀히 부를 때 사용하던 둥근 모양의 패.

명수(名手) 몡 어떤 일에 훌륭한 소질과 솜씨가 있는 사람. 명인(名人). ▣바둑의 ~ / 사격의 ~.

명수(名數)[-쑤] 몡 **1** 사람의 수효. 인원수. **2** 〖수〗 단위의 이름과 수치를 붙인 수(10원, 5m 따위). ↔무명수·불명수(不名數).

명:-수(命數) 몡 운명과 재수. 명도(命途).

명:-수법(命數法)[-뻡] 몡 〖수〗 정수(整數)를 셀 때, 그 많고 적음에 단위를 두어 조직적으로 명명하는 방법(십진법 따위).

명-수사(名數詞) 몡 〖언〗 단위성 의존 명사.

명수죽백(名垂竹帛)[-쀅] 몡 이름을 청사(靑史)에 길이 빛남.

명-순응(明順應) 몡 〖심〗 어두운 곳에서 밝은 곳으로 가면 처음에는 눈이 부시나 차츰 정상으로 돌아가는 현상. ↔암순응(暗順應).

명승(名勝) 몡 **1** 훌륭한 경치. ▣천하의 ~. **2** 명승지.

명승(名僧) 몡 지식과 덕행이 높은 승려. 유명한 승려. 대덕(大德).

명승-고적(名勝古跡) 몡 뛰어난 경치와 역사적인 유적. ▣~을 답사하다.

명-승부(名勝負) 몡 경기나 경쟁에서, 이기고 지는 것이 멋지게 이루어지는 일. ▣~를 펼치다.

명승-지(名勝地) 몡 경치 좋기로 이름난 곳.

명시(名詩) 몡 유명한 시. 썩 잘 지은 시. ▣~ 감상.

명시(明示) 몡하타 분명하게 드러내 보임. ▣

장소와 시간을 ~하다 / 언론의 자유는 헌법에 ~되어 있다.

명시(明視) 몡하타 똑똑하게 봄. 분명히 봄.

명시 거:리(明視距離) 〖물〗 눈이 피로를 느끼지 않고 가장 똑똑히 물체를 볼 수 있는 거리(건강한 눈은 약 25cm 임).

명시-선(名詩選) 몡 유명하거나 잘된 시를 모아 엮은 책.

명시-적(明示的) 관몡 내용이나 뜻을 분명히 드러내 보이는 (것). ▣사건의 진상을 ~으로 다루다.

명신(名臣) 몡 이름난 신하. 훌륭한 신하.

명:-실(命-)[-씰] 몡 **1** 발원(發願)하는 사람이 밥그릇에 쌀을 담고 그 가운데 꽂은 숟가락에 잡아맨 실. **2** 돌떡이나 백일 떡을 받고 그 그릇을 돌려줄 때 답례로 담아 보내는 실이나 실타래.

명실(名實) 몡 겉에 드러난 이름과 속에 있는 실상(實相).

명실-공히(名實共-) 둄 명실이 같게. 알려진 내용과 실제가 똑같게. ▣~ 훌륭한 작품이다.

명실-상부(名實相符) 몡하몡 이름과 실상이 서로 꼭 맞음.

명심(銘心) 몡하타 잊지 않도록 마음속에 새겨 둠. 각심(刻心). 명간(銘肝). ▣깊이 ~하다. [명심하면 명심 덕이 있다] 마음을 가다듬어 하면 그만한 이익이 있다.

명심불망(銘心不忘) 몡하타 마음속에 새기어 오래오래 잊지 않음.

명:-씨-박이다 쟈 눈병으로 눈동자에 하얀 점이 생겨 시력을 잃다.

명아(螟蛾) 몡 〖충〗 명나방.

명아주 몡 〖식〗 명아줏과의 한해살이풀. 높이는 1m 정도이고, 잎은 마름모의 달걀꼴이며, 어린잎은 선홍색을 띰. 여름에 작은 담녹색 꽃이 핌. 어린잎과 씨는 식용하고 줄기는 지팡이를 만듦.

명아줏-대[-주때 / -쭌때] 몡 명아주의 줄기.

명안(名案) 몡 훌륭한 안. 좋은 생각. 양안(良案). ▣~을 내다.

명암(明暗) 몡 **1** 밝음과 어둠. ▣~이 뚜렷하다 / ~이 드리워지다. **2** 기쁜 일과 슬픈 일. 또는 행복과 불행. ▣인생의 ~ / ~이 엇갈리다. **3** 그림이나 사진 등에서, 색의 농담(濃淡)이나 밝은 정도.

명암-등(明暗燈) 몡 항로 표지나 자동차 회전 신호 등에서, 일정한 시간의 간격을 두고 밝아졌다 어두워졌다 하는 등불.

명암-법(明暗法)[-뻡] 몡 〖미술〗 회화에서, 명(明)과 암(暗)의 대비나 변화가 가져오는 효과를 노리는 화법(畫法). 음영법(陰影法).

명암 순:응(明暗順應) 〖심〗 명순응과 암순응.

명암-하다(冥闇-) 휑어 어둡다. 깜깜하다.

명야(明夜) 몡 내일 밤.

명:야복야(命也福也) 몡 연거푸 생기는 행복.

명약(名藥) 몡 효력이 좋아 이름난 약.

명약관화(明若觀火)[-관-] 몡하몡 불을 보듯 분명함. 뻔함. ▣~한 사실.

명언(名言) 몡 **1** 이치에 들어맞는 훌륭한 말. ▣천고의 ~ / ~을 남기다. **2** 널리 알려진 말.

명언(明言) 몡하타 분명히 말함.

명역(名譯) 몡 매우 잘된 번역.

명연(名演) 몡 훌륭한 연기·연출·연주.

명-연기(名演技)[-년-] 몡 아주 훌륭한 연기. ⨀명기(名技).

명예(名譽) 몡 **1** 세상에서 훌륭하다고 일컬어

지는 이름이나 자랑. ▫잃어버린 ~를 회복
하다 / 가문의 ~를 빛내다 / 학교의 ~를 걸
고 시합에 나가다. **2** 지위나 직명(職名)을 나
타내는 말 앞에 쓰여서, 그 사람에게 경의를
표하거나 공로를 찬양하기 위해 특별히 붙여
주는 칭호. ▫~ 총재 / ~ 회장.

명예 교:수 (名譽敎授) 〖교〗 퇴직한 대학교수
로서 학술과 교육에 현저한 공로가 있는 사
람에게 주는 칭호.

명예-롭다 (名譽-)[-따][-로워, -로우니]〖형〗
명예로 여길 만하다. ▫명예로운 퇴진 / 명예
롭게 죽는다. **명예-로이**뿐

명예-박사 (名譽博士)[-싸]멩 학술과 문화에
특수한 공헌을 한 사람에게 주는 박사 학위.

명예-스럽다 (名譽-)[-따][-스러워, -스러우
니]〖형〗명예로 여길 만한 데가 있다. ▫명
예스러운 전통. **명예-스레**뿐

명예-시민 (名譽市民)멩 특정한 사람의
공적을 표창하기 위하여 어떤 시(市)에서 주
는 시민의 자격.

명예-심 (名譽心)멩 명예를 얻으려는 욕심. 명
예를 중요시하는 마음.

명예 영사 (名譽領事)〖법〗자기 나라에서 다
른 나라의 영사 업무를 맡아보는 사람.

명예-욕 (名譽慾)멩 명예를 얻으려는 욕망.
▫~이 강한 사람.

명예 제대 (名譽除隊)〖군〗전투를 하거나 임
무를 수행하다 부상을 입고 하는 제대. ↔불
명예 제대.

명예-직 (名譽職)멩 봉급을 받지 않고 명예만
으로 담당하는 공직. ＊유급직.

명예 총:영사 (名譽總領事)[-녕-]〖법〗자기
나라에서 다른 나라의 총영사 업무를 수행하
는 사람(봉급이 없으며 겸임이 가능함).

명예-퇴직 (名譽退職)멩 장기 근속한 근로자
가 정년이 되기 전에 스스로 퇴직하는 일.

명예-형 (名譽刑)〖법〗범인의 명예나 자격
을 박탈하는 형벌(자격 정지·훈장 박탈 등).

명예 훼:손 (名譽毁損)〖법〗공공연하게 남의
명예를 손상하거나 더럽히는 일.

명예 훼:손죄 (名譽毁損罪)[-쬐]〖법〗남의
명예에 손상을 입힘으로써 성립되는 죄.

명오 (明悟)멩〖가〗사물에 대하여 밝게 깨달
음. 또는 그러한 힘.

명-완하다 (命頑-)〖형〗목숨이 모질다.

명완-하다 (冥頑-)〖형〗사리에 어둡고 완고(頑
固)하다.

명왕 (名王)멩 명군(名君).

명왕 (明王)멩 **1** 정사에 밝고 현명한 왕. **2**
〖불〗악마를 굴복시키는 무서운 얼굴을 한
신장(神將). ▫부동왕(不動王)~.

명왕-성 (冥王星)〖천〗태양계의 바깥쪽을
도는 별(1930년 발견되었으며, 반지름은 약
1,137 km로 지구보다 작고 공전 주기는 약
248년, 위성이 하나 있음).

명우 (名優)멩 '명배우(名俳優)'의 준말.

명:-운 (命運)멩 운명. ▫~을 걸다.

명월 (名月)멩 추석날 밤의 달.

명월 (明月)멩 **1** 밝은 달. **2** 음력 8월 보름날
밤의 달. 명월(名月).

명월위촉 (明月爲燭)멩 밝은 달빛으로 촛불을
대신함.

명월-청풍 (明月淸風)멩 밝은 달과 맑고 시원
한 바람.

명:-위 (命位)멩〖수〗한 등급의 단위 몇 개가
모여서 다른 등급의 단위가 되는 것을 정하

는 일(열 치를 한 자, 60분을 한 시간으로 정
하는 따위).

명유 (名儒)멩 이름난 선비. 또는 훌륭한 유학
자(儒學者).

명유 (明油)멩 들기름에 무명석(無名石)을 넣
어 끓인 기름(칠하거나 물건을 걸는 데 씀).

명의 (名義)[- / -이]멩 **1** 명분과 의리. ▫~가
서지 않다. **2** 문서상의 권한과 책임이 있는
사람이나 기관·단체 등의 이름. ▫~를 빌리
다 / ~를 바꾸다 / 회사 ~로 문서를 발송하
다 / 집을 부모 ~로 등록하다.

명의 (名醫)[- / -이]멩 병을 잘 고쳐 이름난
의사.

명의 (明衣)[- / -이]멩 염습(殮襲)할 때, 맨 먼
저 입히는 옷.

명의 개:서 (名義改書)[- / -이-]〖법〗명의 변
경.

명의 변:경 (名義變更)[- / -이-]〖법〗권리자
가 변경되었을 때, 그것에 대응하여 증권이
나 장부에서 명의인의 표시를 바꾸는 일. 명
의 개서.

명의-인 (名義人)[- / -이-]멩 **1** 개인이나 단
체를 대표하여 명의를 내세운 사람. **2**〖법〗
내용이나 실질의 관계와는 별도로 외형(外
形)에 표시되는 표면상의 주체.

명이-괘 (明夷卦)〖민〗육십사괘(六十四卦)
의 하나. 곤괘(坤卦)와 이괘(離卦)가 거듭된
것으로, 밝음이 땅속에 들어감을 상징함. ㉠
명이(明夷).

명이-주 (明耳酒)〖민〗귀밝이술.

명인 (名人)멩 어떤 분야에서 기예가 뛰어나
유명한 사람. 명수(名手). ▫바둑의 ~.

명일 (名日)멩 '명절·국경일'의 총칭.

명일 (明日)멩 내일(來日).

명:일 (命日)멩 기일(忌日).

명자 (名字)[-짜]멩 **1** 널리 알려진 이름. **2** 세
상에 소문난 평판. ▫~가 났다. **3** 사람의 이
름 글자.

명자 (名刺)멩 명함(名銜)1.

명자 (明瓷)멩 중국 명나라에서 만든 자기(瓷
器).

명자-나무 (榠樝-)멩〖식〗장미과의 낙엽 활
엽 관목. 인가 부근에 심는데, 가시가 있으며
봄에 비단처럼 흰 꽃이 가지 끝에 핌. 노란
과실은 약용 및 식용함.

명:-자리 (命-)멩 급소1.

명자-사미 (名字沙彌)[-짜-]멩〖불〗삼사미(三
沙彌)의 하나. 스무 살에서 일흔 살까지의 사
미.

명자-삼채 (明瓷三彩)멩 명삼채(明三彩).

명작 (名作)멩 이름난 훌륭한 작품. ▫불후의
~을 남기다.

명장 (名匠)멩 기술이 뛰어나 이름난 장인. 명
공(名工).

명장 (名將)멩 이름난 장수. 또는 뛰어난 장
군. ▫~ 권율.

명장 (明匠)멩 **1** 학문이나 기술에 뛰어난 사
람. **2** '승려'를 달리 이르는 말.

명-장면 (名場面)멩 영화나 연극의 아주 훌륭
한 장면. ▫영화의 ~만 보여주다.

명-장자 (明障子)멩〖건〗미닫이.

명-장지 (明障-)멩〖건〗얇은 종이를 바르거
나 유리를 끼워 빛이 잘 들도록 만든 장지.
명장자(明障子). ↔맹장지.

명:-재경각 (命在頃刻)멩 금방 숨이 끊어질 지
경에 이름. 거의 죽게 됨.

명재명간 (明再明間)멩 내일이나 모레 사이.

명-재상 (名宰相)멩 정사(政事)에 뛰어나 이름

난 재상. ㉠명상(名相)·명재(名宰).

명저 (名著) 圐 훌륭한 저술. 또는 유명한 저서. 囗~ 백선(百選).

명적 (名籍) 圐 명부(名簿).

명적 (明笛) 《악》 중국 명나라 때의 악기로 피리의 한 가지. 길이 70cm가량의 대로 만든 횡적(橫笛)인데 구멍은 모두 8개임.

명적 (鳴鏑) 圐 우는살.

명전 (明轉) 《연》 연극에서, 무대 위의 조명을 밝게 켜 둔 채 무대 장치나 장면을 전환하는 일. ↔암전(暗轉).

명절[1] (名節) 圐 **1** 명분과 절의(節義). **2** 명예와 절조(節操).

명절[2] (名節) 圐 민속적으로 해마다 일정하게 지켜 즐기는 날(설·단오·한가위 등). 囗~을 쇠다 / ~ 기분에 들뜨다 / ~대목을 보다.

명절-날 (名節-)[-랄] 圐 명절인 날. 囗~을 기다리는 꼬마들.

명절-빔 (名節-) 圐 명절에 입는 새 옷.

명정 (明正) 圐[하타] 올바르게 밝힘.

명정 (酩酊) 圐[하자] 정신을 차리지 못할 정도로 술에 취함. 대취(大醉), 만취.

명정 (銘旌) 圐 다홍 바탕에 흰 글씨로 죽은 사람의 품계·관직·성씨를 기록한 기.

명정-거리 (銘旌-)[-꺼-] 圐 죽은 뒤에 명정에라도 올릴 재료라는 뜻으로, 변변치 못한 사람의 행동이 본분에 지나친 것을 비웃는 말.

명정언순 (名正言順) 圐[하형] 명분이 바르고 말이 사리에 맞음.

명정-월색 (明淨月色)[-쌕] 圐 밝고 맑은 달빛.

명정-하다 (明淨-) 圐[어] 밝고 맑다.

명:제 (命題) 圐[하자] **1** 시문(詩文) 따위에 제목을 정함. 또는 그 제목. **2** 《논》 논리적 판단의 내용과 주장을 언어나 기호로 표현한 것(《'A는 B다' 따위).

명조[1] (明朝) 圐 내일 아침. 명단(明旦).

명조[2] (明朝) 圐 **1** 《역》 중국 명나라의 조정. 명나라. **2** 《인》 '명조체·명조 활자'의 준말.

명조 (冥助) 圐 모르는 사이에 입는 신불(神佛)의 도움. 명가(冥加).

명조 (冥曹) 圐 명부(冥府)2.

명조지손 (名祖之孫) 圐 이름난 조상의 자손.

명조-체 (明朝體) 圐 《인》 중국 명나라 때의 서풍(書風)을 따른 활자체(《내리긋는 획은 굵고 가로 긋는 획은 가늚).

명조 활자 (明朝活字)[-짜] 《인》 명조체로 된 활자. ㉠명조.

명족 (名族) 圐 이름난 집안의 겨레.

명존실무 (名存實無) 圐[하형] 이름뿐이고 실상은 없음.

명:졸지추 (命卒之秋)[-찌-] 圐 거의 죽게 되었을 때.

명종 (鳴鐘) 圐[하자] 종이 욺. 종을 쳐서 울림.

명좌 (暝坐) 圐 눈을 감고 조용히 앉음.

명주 (名主) 圐 명군(名君).

명주 (明主) 圐 총명한 임금. 명군(明君).

명주 (明珠) 圐 **1** 빛이 곱고 아름다운 구슬. **2** 대동강·두만강에서 나는 방합(蚌蛤) 속에서 생긴 진주. 동주(東珠).

명주 (明紬) 圐 명주실로 무늬 없이 짠 피륙. 면주(綿紬). 囗~ 저고리.

[명주 자루에 개똥] 겉치장은 그럴듯하나 속은 더럽고 보잘것없는 사람을 이름.

명주 (溟洲) 圐 큰 바다 가운데 있는 섬.

명주 (銘酒) 圐 특별한 제조법으로 빚어 고유한 상표가 붙은 좋은 술.

명주-붙이 (明紬-)[-부치] 圐 명주실로 짠 여

러 가지 피륙. 주속(紬屬).

명주-실 (明紬-) 圐 누에고치에서 뽑은 가늘고 고운 실.

명주-옷 (明紬-)[-옫] 圐 명주로 지은 옷. 주의(紬衣).

[명주옷은 사촌까지 덥다] 가까운 사람이 부귀한 몸이 되면 그 도움이 자기에게까지 미친다.

명주-잠자리 (明紬-) 圐 《충》 명주잠자릿과의 곤충. 몸길이는 3.5cm 정도이고, 머리는 광택 있는 흑색이고 가슴은 암갈색, 가슴 아래쪽은 황색임.

명:-줄 (命-)[-쭐] 〈속〉 사람의 목숨. 수명. 囗~이 길다 / ~이 짧다 / ~을 쥐다 / ~을 이어가다.

명:중 (命中) 圐[하자] 화살이나 총알·포탄 따위가 겨냥한 곳에 바로 맞음. 囗화살이 과녁에 ~하다 / 총알이 ~되었으나 보다 / 적 무기고에 포탄을 ~시키다.

명:중-률 (命中率)[-뉼] 圐 목표물에 명중하는 비율. 囗~이 높다.

명:중-탄 (命中彈) 圐 목적물에 바로 들어맞은 탄환.

명증 (明證) 圐[하타] **1** 명백하게 증명함. 또는 명백한 증거. 명징(明徵). **2** 《철》 간접적인 추리에 따르지 않고 직관적으로 진리임을 인지할 수 있는 일. 직증(直證).

명지 (名地) 圐 이름난 곳. 유명한 지방.

명지 (明知) 圐[하타] 밝히어 앎.

명지 (明智) 圐 밝은 지혜.

명지 (銘誌) 圐 비석이나 종 따위에 새긴 글.

명지-바람 (明地-) 圐 보드랍고 화창한 바람.

명지-적견 (明智的見)[-껸] 圐[하자] 분명하게 알고 똑똑히 봄. 또는 밝은 지혜와 정확한 견해.

명질 (名質) 圐 명절[2].

명징 (明徵) 圐 명증(明證)1.

명징-하다 (明澄-) 圐[어] 깨끗하고 맑다.

명차 (名車) 圐 품질이 좋은 훌륭한 자동차.

명차 (名茶) 圐 이름 있는 좋은 차.

명:찬 (命撰) 圐[하타] 임금이 신하에게 책을 펴내도록 명함.

명찰 (名札) 圐 성명·소속 등을 적어서 달고 다니는 헝겊·종이·나무쪽 따위. 명패(名牌). 이름표. 囗~을 달다.

명찰 (名刹) 圐 이름난 절. 유명한 사찰(寺刹). 囗~을 순례하다.

명찰 (明察) 圐[하자] 사물을 똑똑히 살핌.

명창 (名唱) 圐 **1** 뛰어나게 잘 부르는 노래. **2** 노래를 뛰어나게 잘 부르는 사람.

명창 (明窓) 圐 볕이 잘 드는 창. 밝은 창.

명창-정궤 (明窓淨几) 圐 밝은 창에 깨끗한 책상이라는 뜻으로, 검소하고 깨끗하게 꾸민 방을 이름.

명창-하다 (明暢-) 圐[어] **1** 목소리가 밝고 화창하다. **2** 논지가 분명하고 조리가 있다. 명창-히 [부]

명천 (名川) 圐 이름난 강이나 내.

명천 (明天) 圐 **1** 밝은 하늘. **2** 모든 것을 똑똑히 살피는 하느님.

명-천자 (明天子) 圐 총명한 천자.

명천지하 (明天之下) 圐 밝은 하늘 아래라는 뜻으로, 총명한 임금이 다스리는 태평한 세상을 이르는 말.

명철 (名哲) 圐 유명한 철학자. 뛰어난 철인(哲人).

명철-보신 (明哲保身) 圐[하자] 총명하고 사리에

밝아 일을 잘 처리하여 자기 몸을 보전함.

명철-하다(明哲-)[혱] ❶ 총명하고 사리에 밝다. ❷명철한 두뇌와 풍부한 창의력을 갖추다. **명철-히**[퇴]

명첩(名帖)[명] 명함(名銜)1.

명:-초(命招)[명하타] 임금의 명령으로 신하를 부름.

명촉(明燭)[명] 밝은 촛불.

명충(螟蟲)[명]《충》❶ 명나방의 애벌레. 마디충. ❷ '명충나방'의 준말.

명충-나방(螟蟲-)[명]《충》❶ 명나방. ❷ 이화명나방. ◉명충.

명:-치[명]《생》사람 몸에 있는 급소의 하나로, 가슴뼈 아래 한가운데의 우묵하게 들어간 곳. 심와(心窩).

명:-치-끝[-끋][명] 명치뼈의 아래쪽.

명:-치-뼈[명] 명치에 내민 뼈.

명칭(名稱)[명] 사물을 부르는 이름. 호칭. 이름. □~을 바꾸다 / ~을 붙이다.

명-콤비(←名combination) 호흡이 아주 잘 맞는 짝(주로 연예인에 대하여 일컬음).

명쾌-하다(明快-)[혱] ❶ 명랑하고 쾌활하다. □명쾌한 기분. ❷ 말이나 글의 조리가 분명하여 시원하다. □명쾌한 해답. **명쾌-히**[퇴]

명탁(明濁)[명] 걸쭉하지 않은 맑은 막걸리.

명:-탁(命濁)[명]《불》오탁(五濁)의 하나. 악한 세상에서 악업이 늘어 사람의 수명이 짧아져 백 년을 채우기 어렵게 됨.

명-탐정(名探偵)[명] 사건 해결 능력이 뛰어나 이름이 널리 알려진 탐정.

명태(明太)[명]《어》대구과의 바닷물고기. 대구와 비슷하나 홀쭉하고 길며 몸길이는 60 cm 정도이고, 눈과 입이 크고 아래턱이 위턱보다 긺. 한류성 어류로 우리나라 동해에서 잡히는 중요 수산물의 하나.

명태-덕(明太-)[명] 명태를 말리는 덕.

명탯-국(明太-)[-태꾹/-탣꾹][명] 명태를 넣고 끓인 국.

명-토(名-)[명] 일부러 꼭 지적하여 말하는 이름이나 설명.
　　명토(를) 박다[관] 이름을 대거나 지목하다. □명토를 박아 말하다.

명토(冥土)[명]《불》명도(冥途).

명퇴(名退)[명하자] '명예퇴직'의 준말.

명투-하다(明透-)[혱] 속속들이 환하게 알아 분명하다.

명판(名判)[명] ❶ 훌륭하게 내린 판결·판단. ❷ '명판관(名判官)'의 준말.

명판(名板)[명] ❶ 어떤 회의·대회·직장 따위의 이름을 적어, 사람의 눈에 잘 띄는 곳에 달아 놓은 판. ❷ 상표 따위와 함께 회사명이나 공장 이름을 적은 패쪽(흔히 기계·기구·가구 따위에 붙임).

명-판관(名判官)[명] 이름난 훌륭한 재판관. ◈명판.

명패(名牌)[명] ❶ 이름이나 직위를 써서 책상 위에 놓는, 길고 세모진 패. ❷ 문패(門牌). ❸ 명찰(名札).

명:-패(命牌)[명]《역》❶ 조선 때, 임금이 삼품 이상의 벼슬아치를 부를 때 보내던 나무패(위쪽에 '命' 자를 쓰고 붉은 칠을 했음). ❷ 사형수를 형장(刑場)으로 끌고 갈 때에 사형수의 목에 걸던 패.

명패(銘佩)[명하타] 고마움을 마음 깊이 새겨 간직함.

명편(名篇)[명] 썩 잘된 책이나 작품.

명-포수(名砲手)[명] ❶ 사격 솜씨가 뛰어난 포수. ❷ 이름이 난 포수.

명품(名品)[명] 뛰어나거나 이름난 물건. 또는 그런 작품. □~을 전시하다.

명풍(名風)[명]《민》이름난 풍수·지관(地官).

명필(名筆)[명] ❶ 매우 잘 쓴 글씨. □천하의 ~. ❷ 명필가. □그는 당대의 ~이다.

명필-가(名筆家)[명] 글씨 잘 쓰기로 이름난 사람. 명필.

명하(名下)[명] 이름 또는 명의(名義).

명-하다(名-)[타여] 이름을 붙이다. 명명(命名)하다.

명:-하다(命-)[타여] ❶ 명령하다. □공격을 ~. ❷ 임명하다. □과장에 ~.

명하-전(名下錢)[명] 돈을 거둘 때, 관련되는 사람들에게 각각 배당된 돈.

명-한(命限)[명] 목숨의 한도.

명함(名銜·名啣)[명] ❶ 성명·주소·직업·신분·전화번호 등을 적은 종이쪽. 또는 그것을 내밀다. ❷ 남의 성명을 높여 이르는 말. 성함(姓銜).
　　명함도 못 들이다[관] 수준이나 정도의 차이가 심하여 도저히 견줄 바가 못 된다는 말.
　　명함을 내밀다[관] 존재를 드러내어 보이다.

명함-판(名銜判)[명] 크기가 명함만 한 사진판 (길이 8.3 cm, 너비 5.4 cm 정도).

명해(明解)[명] 분명하게 해석함.

명해(溟海)[명] 망망(茫茫)한 바다.

명향(鳴響)[명하자] 소리가 메아리처럼 멀리 울려 퍼짐.

명현(名賢)[명] 이름이 난 어진 사람.

명현(明賢)[명] 밝고 현명함. 또는 그런 사람. □~의 가르침을 본받다.

명현-하다(瞑眩-)[혱여] 어지럽고 눈앞이 캄캄하다.

명호(名號)[명] ❶ 명목(名目)1. ❷ 이름과 호.

명호(冥護)[명하타] 드러나지 않는 가운데 신명이 보호함. □신의 ~를 빌다[입다].

명혼(冥婚)[명] 명계(冥契)2.

명화(名花)[명] ❶ 썩 아름다워 이름난 꽃. ❷ 아름다운 기생을 꽃에 비유한 말.

명화(名華)[명] '명문(名門)'의 미칭.

명화(名畵)[명] ❶ 이름난 그림. 아주 잘 그린 그림. □~ 전시회 / ~를 감상하다. ❷ 그림을 잘 그리기로 이름난 사람. ❸ 잘 만들어진 유명한 영화. □주말의 ~ / ~를 방영하다.

명화(明火)[명]《건》장지 한가운데에 종이를 한 겹만 발라서 불이 밝게 비치게 한 부분.

명화-적(明火賊)[명] ❶ 불한당(不汗黨)1. ❷《역》조선 철종 때, 횡행하던 도둑의 무리.

명확-성(明確性)[-썽][명] 명백하고 확실한 성질. □~이 결여된 해설.

명확-하다(明確-)[-화카-][혱여] 뚜렷하여 틀림이 없다. 명백하고 확실하다. □명확한 답 / 책임이 명확하지 않다. **명확-히**[-화키][퇴]. □진상을 ~ 밝히다.

명환(名宦)[명] 중요한 자리에 있는 벼슬.

명-후년(明後年)[명] 내후년.

명-후일(明後日)[명] 모레.

명훈(明訓)[명] 사리가 명확한 교훈.

명희(名姬)[-히][명] '명기(名妓)'의 이칭.

몇[면][관] 확실하지 않은 수나 그리 많지 않은 수를 막연하게 이르는 말. □~ 사람이 모였느냐 / ~ 시간이나 걸릴까. [수] 확실하지 않은 수나 약간의 수를 막연하게 이르는 말. □모두 ~人 / 우리 ~이라도 함께 가 보세.

몇-몇[면면][관][수] '몇'의 힘줌말. □~ 사람은 반대했다. [수] '몇'의 힘줌말. □~을 제외하고는 찬성했다.

몌구(袂口)[-/-메-] 图 소맷부리.

몌별(袂別)[-/-메-] 图하자 작별함. 헤어짐.

모¹ 图 **1** 옮겨 심기 위하여 가꾸어 기른 어린 벼. ㅁ~를 심다. **2** 모종.
　모(를) **붓다** 둔 밭이나 논에 못자리를 만들어 씨를 뿌리다.
　모(를) **찌다** 둔 모내기를 하기 위해 못자리에서 모를 뽑다. ㅁ못자리에서 모를 쪄서 나누어 주다.

모² 图《민》윷놀이에서, 윷가락의 네 짝이 다 엎어진 때의 일컬음(끗수는 다섯 끗임).

모³ ㅁ图 **1** 물건이 거죽으로 쑥 나온 끝. ㅁ~가 나다. **2**《수》선과 선과 끝이 만난 곳. **3**《수》면과 면이 만난 부분. 모서리. **4** 공간의 구석이나 모퉁이. ㅁ쓰레기를 한쪽 ~로 쓸었다. **5** 성질이나 사물이 특히 표가 나는 점. ㅁ~가 없는 사람. **6** 사물의 어떤 측면이나 각도. ㅁ어느 ~로 보나 나무랄 데가 없다. **7** 두부나 묵을 네모나게 썰어 놓은 것. ㅁ~가 크다. ㅁ의 두부나 묵의 수효를 세는 말. ㅁ두부 한 ~ / 도토리묵 세 ~.
　모(를) **꺾다** 둔 몸을 약간 옆으로 향하다.

모¹(毛) 图 동물의 몸에서 깎아 낸 털로 만든 섬유(특히, 양모(羊毛)를 이름). 털.

모(母) 图 어머니.

모(茅) 图 강신(降神)할 때 모삿(茅沙)그릇에 꽂는 띠나 솔잎의 묶음.

모(某) ㅁ의《인대》(성姓) 뒤에 쓰여 '아무개'의 뜻을 나타냄. ㅁ김(金) ~. ㅁ관 아무. 어떤. ㅁ~ 인사(人士) / ~ 단체 / ~ 회사.

모²(毛) 图 십진급수(十進級數)의 하나 '이(釐)'의 10분의 1, '분(分)'의 100분의 1). ㅁ의 '이(釐)'의 아래로 그 10분의 1을 나타내는 단위(길이에서는 치·촌(寸)의, 무게에서는 돈의, 금전에서는 냥(兩)·원의 각(各) 1000분의 1).

모(mho) ㅁ의《물》전기 전도율(傳導率)의 단위. 단면적 1cm², 길이 1cm의 물체의 전기 저항이 1옴인 때의 그 물체의 전도율임.

-모(帽) ㅁ回 일부 명사에 붙어 '모자'의 뜻을 나타냄. ㅁ운동~ / 등산~.

모가비 图 막벌이꾼이나 광대 같은 패를 대표하는 책임 있는 사람.

모가-쓰다[-써, -쓰니] 탄《민》윷놀이에서, 모개로 한꺼번에 쓰다. ㅁ윷말을 ~.

모가지 图《속》**1** 목¹. **2** 해고나 면직(免職). ㅁ당장 ~다.
　[모가지가 열 개 있어도 모자란다] 하는 짓마다 무모하고 위험한 짓을 하는 것을 경고하는 말.
　모가지가 떨어지다 둔《속》어떤 직위에서 그만두게 되다.
　모가지(가) 잘리다 둔《속》직장에서 쫓겨나다. 해고되다.
　모가지를 자르다 둔《속》직장에서 쫓아내다. 해고되다.

모가치 图 제 몫으로 돌아오는 물건. ㅁ남은 것은 내 ~.

모각(模刻) 图하타 이미 존재하는 조각 작품을 그대로 본떠 새김.

모각-본(模刻本)[-뽄] 图《인》대본이나 사본을 본떠서 글씨를 새긴 인쇄물.

모간(毛茛) 图《식》미나리아재비.

모간(毛幹) 图《생》모근(毛根)이 벋어서 피부 밖으로 나온 부분. ↔모근(毛根).

모감주 图 모감주나무의 열매.

모감주-나무 图《식》무환자나뭇과의 낙엽 활엽 교목. 절·묘지·촌락 부근에 심는데, 높이

는 10m 정도이며, 잎은 달걀꼴임. 여름에 노란 꽃이 핌. 씨로는 염주를 만들며, 정원수로 심음.

모감주 염:주(-念珠)《불》모감주로 만든 염주(빛은 검고 알이 연밥과 같음).

모:강(母薑) 图 씨를 받으려고 심는 생강.

모개¹ 图 (주로 '모개로'의 꼴로 쓰여) 이것저것 죄다 한데 묶은 수효. ㅁ~로 사면 싸다.

모개² 〈옛〉목. 통로의 가장 중요한 길목.

모개-모개 튀 여러 모개로. ㅁ~ 나누어 주다.

모개-흥정 图하타 목을 지어 하는 흥정.

모갯-돈[-개똔/-갣똔] 图 액수가 많은 돈. 모개로 된 돈. ㅁ푼돈 모아 ~ 만들다. ↔푼돈.

모-걷기[-끼] 图 목재의 모를 깎아 둥글게 하는 일.

모-걸음 图하자 옆으로 걷는 걸음. ㅁ~을 치다.

모걸음-질 图하자 옆으로 걷는 걸음걸이. ㅁ~을 치다.

모:경(冒耕) 图하자 땅 주인의 허락 없이 남의 땅에 농사를 지음.

모:경(暮景) 图 저녁때의 경치. 만경(晚景).

모:경(暮境) 图 늙바탕. 만경(晚境).

모:계(母系)[-/-계] 图 어머니 쪽의 계통. ↔부계(父系).

모계(牡桂)[-/-계] 图《식》육계(肉桂)의 한 가지. 껍질은 얇고 기름과 살이 적음(건위 강장제로 씀). 목계(木桂).

모계(謀計)[-/-계] 图하자 계교를 꾸밈. 또는 그 계교. ㅁ~에 빠지다.

모:계 가족(母系家族)[-/-계-] 《사》어머니의 계통을 따라 가족과 친족을 조직하는 가족. ↔부계(父系) 가족.

모:계 부화(母鷄孵化)[-/-계-] 《농》어미닭이 알을 품어 병아리를 까는 일. 자연 부화. *인공 부화.

모:계 사회(母系社會)[-/-계-] 《사》모계 중심 사회.

모:계 제:도(母系制度)[-/-계-] 《사》혈통이나 상속 관계가 어머니의 혈통을 따라 구성되던 원시적 사회 제도. ↔부계 제도.

모:계 중심 사회(母系中心社會)[-/-계-] 《사》혈통이나 상속 관계가 어머니의 계통을 따라 이루어지던 원시 사회의 한 형태. 모계 사회.

모:계-친(母系親)[-/-계-] 《사》모계 혈족. ↔부계친(父系親).

모:계 혈족(母系血族)[-쪽/-계-쪽] 《사》어머니를 중심으로 하는 친계(親系)((어머니·외조부모·외종 형제 자매 따위)). 모계친. ↔부계 혈족.

모골(毛骨) 图 털과 뼈.
　모골이 송연(悚然)하다 둔 끔찍스러워서 몸이 으쓱하고 털끝이 쭈뼛해지다.

모공(毛孔) 图 털구멍.

모과(-菓) 图 네모꼴로 만든 과줄. 방과(方菓).

모:과(←木瓜) 图 모과나무의 열매.

모:과-나무(←木瓜-) 图《식》장미과의 낙엽 활엽 교목. 촌락 부근에 심는데, 높이는 10m 정도이며, 봄에 담홍색 꽃이 핌. 목재는 단단하고 질이 좋아 기구재로 쓰며 노란 열매는 기침 약재로 씀.
　모과나무 심사(心思) 둔 모과나무처럼 뒤틀리어, 심술궂고 성깔이 순순하지 못한 마음.

모:과-수(←木瓜-) 图 **1** 껍질을 벗긴 모과를 푹 삶아, 끓인 꿀에 담가서 삭힌 음식. **2** 파

인애플의 껍질을 벗기고 썰어서 설탕물에 담근 통조림.

모관 (毛冠) 图 1 《가》 미사 때 성직자가 쓰는 사각모자. 주교는 보라색, 교황은 흰색, 신부 이하의 성직자는 흑색이고. 추기경은 홍색임. 2 더부룩한 털로 된 새의 볏.

모관 (毛管) 图 《물》 '모세관2'의 준말.

모:관 (某官) 图 어떠한 벼슬. ▢~ 모직(某職)에 임명하다.

모관-수 (毛管水) 图 《지》 지표 근처의 토양의 입자 사이를 채우고 있는 지하수《식물의 뿌리에 의해서 빨아올려짐》. *흡착수(吸着水)·중력수(重力水).

모관쥬 〈옛〉 모감주.

모:교 (母校) 图 자기의 출신교. 자기가 졸업한 학교. ▢~의 선생님 / ~를 방문하다 / ~에 장학금을 기부하다.

모:교 (母敎) 图 모훈(母訓).

모:교 (某校) 图 어떤 학교. 또는 아무 학교. ▢서울~에 다니는 학생.

모구 (毛具) 图 털로 만든 방한구(防寒具).

모구 (毛毬) 图 《생》 모근(毛根) 밑의, 작은 공 모양의 도독한 부분.

모구 (毛毬) 图 고려·조선 때, 사구(射毬)에 쓰던 공《지름이 작은 공을 채로 결어서 털이 붙은 가죽으로 싸고 고리를 달아서 긴 끈을 꿰었음. 말을 타고 끌며 달려감》.

모:국 (母國) 图 1 외국에 나가 있는 사람이 자기 나라를 가리키는 말. ▢해외 동포의 ~ 방문. 2 따로 떨어져 나간 나라에서 그 본국을 가리키는 말.

모:국 (某國) 图 아무 나라. 또는 어떠한 나라.

모:국-애 (母國愛) 图 모국에 대한 사랑.

모:국-어 (母國語) 图 모국의 말. 자기 나라의 말. 모어(母語).

모군 (募軍) 图하자 1 모군꾼. 2 군인을 모집함. 모병(募兵).

모군- 서다 彑 모군이 되어 일을 하다.

모군-꾼 (募軍-) 图 토목 공사판에서 삯을 받고 품팔이하는 사람. 모군.

모군-삯 (募軍-) [-싹] 图 모군이 일을 하고 받는 품삯. 고가(雇價).

모군-일 (募軍-) [-닐] 图하자 토목 공사 따위의 일.

모:권 (母權) [-꿘] 图 1 어머니로서의 권리. 2 《사》 원시 가족 제도에서, 가족에 대한 어머니의 지배권. ↔부권(父權).

모:권-설 (母權說) [-꿘-] 图 《사》 고대 사회에서, 어머니가 가정뿐 아니라 당시의 사회 지배권까지 가졌던 시대가 있었다고 하는 설.

모:권-제 (母權制) [-꿘-] 图 《사》 어머니가 가족 또는 씨족의 장이 되어 사회·경제·정치·종교 따위 모든 분야에서 지배권을 장악하는 제도.

모규 (毛窺) 图 털구멍.

모규 출혈 (毛竅出血) 《한의》 온몸의 털구멍에서 피가 나오는 병.

모근 (毛根) 图 《생》 털이 피부에 박힌 부분. 털뿌리. ↔모간(毛幹)·모두(毛頭).

모근 (毛菫) 图 《식》 미나리아재비.

모근 (茅根) 图 《한의》 모가 시들어 차며 지혈제(止血劑)로 씀. 백모근(白茅根).

모금 (募金) 图하타 기부금이나 성금 등을 모음. ▢불우 이웃 돕기 ~ 운동 / 성금을 ~하다.

모금 의롬 물·술 따위가 입 안에 한 번 머금는 분량. ▢물 한 ~ / 서너 ~의 술.

모금-모금 图 한 모금 한 모금.

모:기 图 《충》 모깃과에 속하는 곤충의 통칭. ▢~에 물리다 / ~를 쫓다 / ~들이 덤벼들다. [모기 보고 칼 빼기] ⊙사소한 일에 지나치게 성을 낸다. ⊙보잘것없는 작은 일에 어울리지 않게 엄청나게 큰 대책을 세우다. 견문발검(見蚊拔劍).

모기 (暮期) 图 1 아흔 살의 노인. 2 여든 살에서 백 살까지의 나이.

모:기-각다귀 [-따-] 图 《충》 애각다귓과의 곤충. 몸길이는 약 4mm, 날개 길이는 5mm 정도로, 몸빛은 검고 부드러운 회색 털이 빽빽이 나 있으며, 날개는 가늘고 긺.

모:기둥 图 1 《건》 모가 난 기둥. ↔두리기둥. 2 《수》 각기둥. ↔원기둥.

모:기-떼 图 모기가 많이 모여서 날아다니는 떼. 모깃날(蚊陣). ⊙가 극성을 부린다.

모:기-발순 (-發巡) [-쑨] 图하자 해 진 뒤에 모기가 떼를 지어 윙윙거리면서 날아다님.

모기-약 (-藥) 图 모기를 쫓거나 잡는 데 쓰는 약. ▢을 바르다 / ~을 뿌리다.

모:-기업 (母企業) 图 최초로 창립되어, 계열 관계에 있는 다른 기업의 중심이 되는 기업.

모:기-장 (-帳) 图 모기를 막으려고 치는 장막《생초나 망사로 만듦》. ▢을 치고 자다.

모:기-향 (-香) 图 독한 연기로 모기를 쫓기 위해 피우는 향《보통 제충국(除蟲菊)을 원료로 해서 막대 또는 나선 모양으로 만듦》. ▢을 피우다.

모:깃-불 [-기뿔 / -긴뿔] 图 모기를 쫓기 위해 풀 따위를 태워 연기를 내는 불.

모:깃-소리 [-기쏘- / -긴쏘-] 图 1 모기가 날아다니는 소리. 2 아주 가냘픈 소리. ▢~만 한 목소리.

모꼬지 图하자 놀이·잔치 또는 그 밖의 일로 여러 사람이 모임.

모끼 图 《건》 재목의 모서리를 깎는 데 쓰는 대패.

모끼-연 (-椽) 图 《건》 지붕 양편 마구리에 대는 부연(附椽)의 서까래. 목계(木枅).

모-나다 ㈜困 1 물건의 거죽에 모가 생기다. ▢모난 돌. 2 무슨 일을 유달리 두드러지게 하다. ㈜彑 1 말이나 짓이 평범하지 못하고 까다롭다. 성질이 원만치 못하다. ▢모난 성격 / 모나게 행동하다. 2 무슨 물건이 쓰이는 데 특히 유효하다. ▢돈을 헛되이 쓰지 말고 모나게 써라. [모난 돌이 정 맞는다] ⊙두각(頭角)을 나타내는 사람이 남에게 미움을 받게 된다는 말. ⊙강직한 사람은 남의 공박을 받는다는 말.

모나드 (monad) 图 《철》 실재(實在)를 구성하며 무엇으로도 나눌 수 없는, 궁극의 물적·심적 요소. 단원(單元). 단자(單子).

모나드-론 (monad論) 图 모나드를 궁극의 원리로 보고, 모나드는 상호 독립의 실체로서 활동력이라고 규정하면, 모나드 상호 간의 조화 관계는 신이 예정한 것이라고 하는 설. 단자론(單子論).

모나르키아니즘 (Monarchianism) 图 《기》 2세기 말부터 3세기에 걸쳐 나타난 기독교의 이단(異端). 신(神)은 하나일 뿐이라고 주장하며 삼위일체설(三位一體說)을 부정함.

모나리자 (이 Mona Lisa) 图 《미술》 1500년경 이탈리아의 화가 레오나르도 다빈치가 그린 여인상. 신비로운 미소로 유명함.

모-나무 图 묘목(苗木).

모나자이트 (monazite) 圓 〖광〗 세륨·토륨·지르코늄(zirconium)·이트륨(yttrium) 등을 함유하는 광석. 단사 정계에 속하는 기둥 모양의 결정으로, 빛깔은 황색·갈색·적색 등이 있음. 희토류(稀土類) 원소의 중요 원료임.

모낭 (毛囊) 圓 〖생〗 피부의 진피(眞皮) 안에서 모근(毛根)을 싸고 털의 영양을 맡아보는 주머니. 털주머니.

모낭-염 (毛囊炎) [-념] 圓 〖의〗 피부의 털구멍에 생기는 화농성 염증. 주로 포도상 구균의 감염으로 생김.

모낭-충 (毛囊蟲) 圓 〖동〗 **1** 모낭에 기생하는 병원충. 털진드기. **2** 진드기목(目)에 속하는 기생충. 몸길이는 암컷이 0.4 mm, 수컷이 0.3 mm 가량이며 가슴에 네 쌍의 가는 다리가 있고 배는 길며 가로무늬가 있음. 사람의 피지선(皮脂腺)이나 모낭에 기생하나 별다른 해는 없고, 개·돼지·말·소 등에 기생하는 별종(別種)은 병원성이 강함.

모-내기 圓하자 모를 못자리에서 논으로 옮겨 심는 일. 이앙(移秧). 모심기. 식부(植付).

모-내다 **1** 모를 못자리에서 논으로 옮겨 심다. 이앙(移秧)하다. 모심다. **2** 모종을 내다.

모:녀 (母女) 圓 어머니와 딸. ↔부자(父子).

모:년 (某年) 圓 아무 해. 어느 해. □~ 모월 모일.

모:년 (暮年) 圓하자 나이를 속임.

모:년 (暮年) 圓 노년(老年). 만년(晚年).

모:념 (慕念) 圓 사모하는 생각. 모심(慕心).

모노그램 (monogram) 圓 두 개 이상의 글자를 한 글자 모양으로 도안화(圖案化)한 글자. 합일 문자(合一文字).

모노-드라마 (monodrama) 圓 〖연〗 한 사람의 배우가 하는 연극.

모노럴 (monaural) 圓 입체 방송이나 녹음에 대하여, 하나의 전송 시스템으로 하는 보통 방송이나 녹음.

모노-레일 (monorail) 圓 외줄 선로의 철도. 차체가 선로에 매달리는 방식과 선로 위를 구르는 방식의 두 가지가 있음.

모노-마니아 (monomania) 圓 편집광(偏執狂).

모노머 (monomer) 圓 단위체(單位體).

모노-크롬 (monochrome) 圓 **1** 단색화(單色畫). **2** 흑백으로 된 영화나 사진.

모노클 (monocle) 圓 단안경(單眼鏡).

모노타이프 (monotype) 圓 한 자 한 자씩 자동적으로 주조하며 식자하는 인쇄 기계.

모노-포니 (monophony) 圓 〖악〗 단성부(單聲部)를 달성.

모놀로그 (monologue) 圓 독백. ↔다이얼로그 (dialogue).

모눈 圓 〖수〗 모눈종이에 그려진 사각형.

모눈-종이 圓 일정한 간격을 두고 서로 직각으로 교차된 여러 개의 가로줄과 세로줄을 그린 종이. 방안지(方眼紙).

모니 (牟尼) 圓 〖불〗 석가의 존칭.

모니-불 (牟尼佛) 圓 〖불〗 '석가모니불'의 준말.

모니터 (monitor) 圓 **1** 방송국·신문사나 일반 회사 등의 의뢰로, 방송 내용·기사 또는 제품 따위의 내용·품질 등에 대하여 의견·평을 말하는 사람. **2** 라디오·텔레비전 방송이나 송신 상태를 감시하는 장치나 사람. **3**〖컴〗 중앙 처리 장치로 제어되는 디스플레이 장치의 일컬음. **4** 방사능을 관리하는 데 쓰는 감시 장치. **5** 감시용 텔레비전 따위의 화면. □~로 각 전시장의 안전 상태를 감시하다.

모니터링 (monitoring) 圓하터 방송국·신문사

또는 일반 회사 등의 의뢰로, 방송 내용·기사 또는 제품 따위에 대하여 의견·평을 제출하는 일.

모닐리아-증 (Monilia症) 圓 〖의〗 칸디다증(candida症).

모닝-커피 (morning coffee) 圓 아침 식전에 마시는 커피.

모닝-코트 (morning coat) 圓 남자가 낮 동안에 입는 서양식 예복의 한 가지. 프록코트 (frock coat)의 대용으로도 입음.

모닝-콜 (morning call) 圓 호텔 따위에서, 투숙객을 지정한 시간에 깨워 주는 서비스((흔히 전화로 함)).

모:다 匣 '모으다'의 준말.

모다기-령 (-令) 圓 **1** 한꺼번에 쏟아져 밀리는 여러 명령. **2** 뭇사람의 공격.

모다기-모다기 圓 여러 무더기가 여기저기 있는 모양. ⑧무더기무더기. ⑦모닥모닥.

모다깃-매 [-긴-] 圓 한꺼번에 마구 들이닥치는 뭇매. 몰매.

모닥-모닥 [-닥-] 團 '모다기모다기'의 준말.

모닥-불 [-뿔] 圓 잎나무나 검불 따위를 모아 놓고 피우는 불. 또는 그 불의 더미. □~을 피우다 / 마당의 ~이 꺼지다 / ~을 쬐다.

모단 (毛緞) 圓 중국 우단의 한 가지.

모-당 (-糖) 圓 '모사탕'의 준말.

모:당 (母堂) 圓 대부인(大夫人)1.

모:당 (母黨) 圓 어머니 쪽의 일가.

모대 (帽帶) 圓 〖역〗 정복(正服)을 입을 때 쓰던 사모(紗帽)와 각대. ——하다 자어 〖역〗 관대를 입고 사모를 쓰다.

모대-관 (帽帶官) 圓 〖역〗 모대를 하고 관복을 입은 낮은 벼슬아치.

모더니스트 (modernist) 圓 현대적 감각이나 경향을 좇는 사람.

모더니즘 (modernism) 圓 **1** 최신 유행이나 현대적인 감각을 좇으려는 경향. **2** 철학·문학·미술 따위에서, 전통주의와 사상에 대립하여, 근대적·기계 문명적·주관주의적인 것을 강하게 주장하는 여러 경향의 총칭.

모던 발레 (modern ballet) 전통적인 발레의 형식에서 벗어나 새로운 감각으로 개성적인 표현을 추구하는 발레. 회화적(繪畫的)·시각적(視覺的) 경향이 짙고, 현대 음악과 결부되어 있음. 현대 발레.

모던 아트 (modern art) 〖미술〗 20 세기에 전개된 새로운 경향의 미술((입체파·미래파·표현주의·구성주의·다다이즘 등 각양각색의 유파를 포함함)).

모던 재즈 (modern jazz) 재즈의 근본 리듬을 살리면서 자유스러운 즉흥 연주 등의 기술을 구사하여, 현대의 클래식 음악의 수법을 넣은 고도로 진보된 재즈.

모데라토 (이 moderato) 圓 〖악〗 '보통 빠르기로'의 뜻.

모델 (model) 圓 **1** 작품을 완성하기 전에 미리 만든 물건. 또는 완성된 작품의 대표적인 보기. □새로 개발한 자동차 ~. **2** 그림·조각·사진의 소재가 되는 특정한 물건이나 사람. **3** 소설·희곡 등의 소재가 되는 실재의 사람이나 사건. **4** 조각에서, 진흙 따위로 만든 원형(原型)((이 원형에서 다시 석고의 형을 만듦)). **5** '패션모델'의 준말.

모델링 (modelling) 圓 **1** 석고나 모델을 보고 원형(原型)을 만드는 일. **2** 그림·조각에서, 입체감을 표현하는 일.

모델 소:설 (model小說) 〖文〗 실재 인물이나 사건을 소재로 하거나 작가 자신의 체험을 허구화하여 만든 소설.

모델-케이스 (model case) 몡 본보기가 되는 사건이나 사례(事例).

모델 하우스 (model house) 아파트 등을 지을 때, 사람들에게 미리 보이기 위하여 실제와 똑같게 지어 놓은 견본용의 집. 견본 주택.

모뎀 (modem) 몡 〖컴〗 변복조 장치.

모도 몡튀〈옛〉모두.

모:도 (母道) 어머니로서 지켜야 할 도리.

모도다 팀〈옛〉모으다.

모도록-이 튀 재소·풀 등의 싹이 빽빽하게 난 모양. 모도록이. ☐ 봄풀이 ~하다.

모도록-이 튀 모도록.

모도리 몡 조금도 빈틈이 없는 아주 야무진 사람.

모:-도시 (母都市) 몡 〖地〗 가까이 있는 다른 도시에 대하여 경제적·사회적으로 지배적 기능을 가지는 도시. ↔위성 도시.

모:독 (冒瀆) 몡하타 말이나 행동으로 더럽혀 욕되게 함. ☐ 신을 ~하다 / 인격을 ~하다.

모:동 (暮冬) 몡 늦겨울.

모-되 네 모가 반듯하게 된 되. 목판되.

모두 〓몡 일정한 수효나 양에서 빠짐이나 넘침이 없는 전체. ☐ 이번 일은 우리 ~의 책임이다 / 진지한 표정으로 ~들 조용히 강연에 귀를 기울이다. 〓튀 1 일정한 수효나 양을 한데 합하여. 값은값이 ~ 얼마냐 / ~ 15명이 모였다. 2 빼거나 남김이 없이. ☐ 밥을 남기지 않고 ~ 다 먹었다 / 범죄 사실을 ~ 털어놓다.

모두 (毛頭) 몡 털끝1. ↔모근(毛根).

모:두 (冒頭) 몡 말이나 문장의 첫머리.

모두-거리 몡 두 다리를 한데 모으고 넘어지는 일.

모두-걸기 몡 유도에서, 상대를 옆으로 기울여 한 발로 상대의 발을 옮겨 가는 방향으로 후려 넘기는 기술.

모두-걸이 몡 씨름에서, 한쪽 다리로 상대편의 두 다리를 한꺼번에 걸어서 넘어뜨리는 기술.

모두-뜀 몡하자 두 발을 한데 모으고 뛰는 뜀.

모두-머리 몡 여자의 머리털을 외가닥으로 땋아서 쪽 찐 머리.

모두-먹기 [-끼] 몡 1 네 것 내 것 할 것 없이 뭇사람이 덤비어 먹는 일. 2 돈치기를 할 때, 맞히는 사람이 그 판의 돈을 다 먹는 내기. ↔갈아먹기.

모:두 절:차 (冒頭節次) 〖法〗 형사 소송에서 제1회 공판 기일의 최초에 행하여지는 절차(인정 신문(人定訊問)·공소장 낭독 등으로 이루어짐).

모:두 진:술 (冒頭陳述) 〖法〗 모두 절차에서 재판장의 인정 신문에 이어, 검사가 공소장에 기재된 기소의 요지를 진술하는 일.

모두-충 (毛蠹蟲) 몡 〖蟲〗 사면발니1.

모둠 몡 초·중등학교에서, 효율적인 학습을 위하여 학생들을 대여섯 명 내외로 묶은 모임.

모둠-냄비 몡 국물이 많은 냄비에 해산물·야채 따위의 여러 가지 재료를 넣고 끓이면서 먹는 일본식 요리.

모둠-매 ☞ 뭇매.

모둠-발 몡 두 발을 가지런히 같은 자리에 모은 발.

모율 (module) 몡 1 〖建〗 건축물 따위를 지을

때 기준으로 삼는 치수. 2 〖컴〗 컴퓨터 시스템에서, 일부 부품을 떼 내어 교환이 쉽도록 설계된 각 부분. 3 〖컴〗 프로그램 내부를 기능별 단위로 나눈 일부분.

모율 기업 (module企業) 〖經〗 생산 공장을 보유하지 않거나 최소한의 시설만을 보유하고, 부품이나 완제품을 외부 기업에서 조달하여 최종 제품을 판매하는 기업. 생산 시설을 갖추지 않은 대신에 마케팅이나 디자인에 집중적으로 투자하여 경쟁력을 높일 수 있는 장점이 있음.

모드¹ (mode) 몡 1 유행의 복식(服飾). ☐ 최신 ~. 2 〖數〗 통계 자료의 대푯값의 하나. 최대의 도수를 가지는 변량(變量)의 수치. 3 〖樂〗 선법(旋法).

모드² (mode) 몡 〖컴〗 특정한 작업을 할 수 있는 어떤 상태. 키보드에서 한글 모드란 한글을 사용할 수 있는 상태를 말하며, 영어 모드란 영어를 사용할 수 있는 상태를 이름.

모드라기-풀 몡 〖植〗 끈끈이주걱.

모드레-짚다 [-집따] 재 팔을 앞으로 번갈아 내밀며 윗몸을 조금 기울이고 내민 팔을 끌어당기면서 헤엄치다.

모:-든 관 빠짐이나 남김없이 전부의. 여럿을 다 합친. ☐ ~ 학생 / ~ 점에서 이족이 낫다.

모들-뜨기 몡 1 두 눈동자가 안쪽으로 치우친 사람. 2 몸이 한쪽으로 쏠리거나 처들리어 넘어지는 모양. ☐ 모로 나가떨어지다.

모들-뜨다 (-떠, -뜨니) 타 두 눈동자를 안쪽으로 몰리게 하고 앞을 보다.

모딜다 몡 〈옛〉모질다. 사납다. 나쁘다.

모돈 관 〈옛〉모든.

모딕 튀 〈옛〉반드시.

모:-뜨다 [모떠, 모쓰니] 타 남이 하는 짓을 그대로 흉내 내어 본뜨다.

모라 (帽羅) 몡 사모(紗帽)의 거죽을 싸는 얇은 깁.

모:라-복두 (冒羅幞頭) [-뚜] 몡 〖歷〗 조선 때, 전악(典樂)이 공복(公服)을 입을 때 머리에 쓰던 모자.

모라토리엄 (moratorium) 몡 〖經〗 지급 유예.

모락-모락 [-랑-] 튀 1 곱고 순조롭게 잘 자라는 모양. ☐ 새싹이 ~ 자라다. 2 연기·냄새·김 따위가 조금씩 피어오르는 모양. ☐ 김이 ~ 나다. 꽳무럭무럭.

모란 (←牡丹) 몡 〖植〗 미나리아재빗과의 낙엽활엽 관목. 중국 원산으로 관상용으로 재배함. 잎은 크며 늦봄에 여러 겹의 큰 꽃이 피는데, 보통 붉으나 개량 품종에 따라 흰색·누런색 등 여러 가지가 있음. 뿌리의 껍질은 약재로 씀. 목단.

모란-꽃 (←牡丹-) [-꼳] 몡 모란의 꽃. 목단화.

모란-병 (←牡丹屛) 몡 모란꽃을 그린 병풍. 주로 경사스러운 때에 침.

모란-채 (←牡丹菜) 몡 〖食〗 꽃양배추.

모람 몡 〖植〗 뽕나뭇과의 상록 활엽 덩굴나무. 산기슭 양지에 나는데, 잎은 어긋나고 두꺼우며 여름에 자홍색 꽃이 핌. 과실은 단맛이 있어 식용함.

모:람 (冒濫) 몡하자 버릇없이 윗사람에게 함부로 행동함.

모람-모람 튀 가끔가끔 한데 몰아서.

모래 몡 자연히 잘게 부스러진 돌의 부스러기. ☐ 강가에 ~가 깔리다 / ~를 털다 / ~로 성을 쌓다.
[모래로 방천(防川)한다] 수고는 하나 아무런 효과가 없다. [모래 위에 물 쏟는 격] 아무 소용없는 헛일을 한다.

모래-곶 (-串)[-곧] 명 〖지〗 해안에서 바다 가운데로 내밀어 곶을 이룬 모래톱.
모래-땅 명 모래흙으로 된 땅. 사지(沙地).
모래-무지 명 〖어〗 잉엇과의 민물고기. 모래 위나 속에서 사는데, 몸길이는 15cm 정도. 은백색으로 홀쭉하고 머리가 큰 편이며, 등과 옆구리에 황갈색 반점이 있고 배 쪽은 흼.
모래-밭 [-받] 명 **1** 모래가 넓게 덮여 있는 곳. ❑고운 ～이 펼쳐지다. **2** 흙에 모래가 많이 섞여 있는 밭.
모래-벌판 명 모래가 덮여 있는 벌판.
모래-사장 (-沙場) 명 모래톱.
모래-성 (-城) 명 **1** 모래로 성처럼 쌓은 것. **2** 쉽게 허물어지는 것의 비유.
모래-시계 (-時計)[-/-게] 명 가운데가 잘록한 호리병 모양의 유리그릇 위쪽에 모래를 넣고, 작은 구멍으로 모래를 떨어뜨려 시간을 재는 장치.
모래-알 명 모래의 낱 알갱이. ❑바닷가의 ～이 반짝이다.
모래-주머니 명 **1** 모래를 넣은 주머니. **2** 〖조〗 조류(鳥類)의 위의 일부분. 먹은 것을 으깨어 부수는 작용을 함《곡류를 먹는 조류에만 있음》. 사낭(砂囊).
모래-집 명 양막(羊膜).
모래집-물 [-짐-] 명 〖생〗 양수(羊水).
모래-찜질 명 여름철에 뜨거운 모래땅에 몸을 묻고 땀을 내는 일《피부에 자극을 주어서 단련하는 효과가 있음》. 사욕(沙浴). 사증(沙蒸).
모래-톱 명 강가나 바닷가에 있는 넓은 모래벌판. 모래사장.
모래-판 명 **1** 모래가 많이 깔려 있는 곳. **2** 씨름판의 비유. ❑금년도 ～의 왕자.
모래-펄 명 모래가 덮인 개펄.
모래-흙 [-흑] 명 모래가 많이 섞인 흙. 보통 80% 이상의 모래가 섞인 흙을 이름. 사토(砂土).
모랫-길 [-래낄/-랟낄] 명 **1** 모래밭에 난 길. **2** 모래가 깔려 있는 길.
모랫-논 [-랜-] 명 모래가 많이 섞인 논《거름발을 빨리 받음》.
모랫-바닥 [-래빠-/-랟빠-] 명 모래가 넓게 깔려 있는 바닥.
모략 (謀略) 명하타 **1** 계략이나 책략. **2** 남을 해치려고 속임수를 써서 일을 꾸밈. ❑～에 빠지다/중상과 ～을 일삼다.
모:레 ㊀명 내일의 다음 날. 명후일(明後日). ❑～가 내 생일이다. ㊁부 내일의 다음 날에. ❑～ 찾아가 뵙겠습니다.
모렌도 (이 morendo) 명 〖악〗 '차차 느리고 약하게'의 뜻.
모려 (牡蠣) 명 〖조개〗 굴2.
모려 (謀慮) 명 어떠한 일을 꾀하는 깊은 계략.
모:련 (慕戀) 명하타 사모하여 그리워함. 또는 그런 생각.
모:렴 (冒廉) 명하자 '모몰염치(冒沒廉恥)'의 준말.
모:령-성체 (冒領聖體) 명 〖가〗 죄인이 죄의 사함을 받지 아니하고 성체를 받아먹는 독성(瀆聖) 행위.
모로[1] 명 〈옛〉 모루.
모로[2] 명 〈옛〉 무리[4].
모:로[3] 부 **1** 비껴서. 대각선으로. ❑～ 자르다. **2** 옆쪽으로. ❑～ 눕다/게처럼 ～ 걷다.
[모로 가도 서울만 가면 된다] 어떤 수단을 써서라도 목적만 이루면 된다. [모로 던져 마름쇠] 아무렇게나 하여도 실패가 없다.

모로기 부 〈옛〉 문득. 갑자기.
모로매 부 〈옛〉 모름지기.
모:록 (冒錄) 명하타 사실이 아닌 것을 사실인 것처럼 기록함.
모:록-하다 (耄碌-)[-로카-] 형여 매우 늙어 무기력하다.
모롱이[1] 명 산모퉁이의 휘어 둘린 곳. ❑저기 보이는 ～만 돌면 마을이다.
모롱이[2] 명 〖어〗 **1** 웅어의 새끼. **2** 모쟁이[2].
모:루 명 대장간에서, 달군 쇠를 올려놓고 두드릴 때 받침으로 쓰는 쇳덩이. 철침(鐵砧).
모:루-뼈 명 〖생〗 가운데귀 속의 망치뼈와 등자뼈 사이에 있는 모루 모양의 뼈. 침골(砧骨). *청골(聽骨).
모:루-채 명 대장간에서, 달군 쇠를 모루 위에 놓고 메어칠 때 쓰는 쇠메.
모류 (毛類) 명 **1** 털 가진 네발짐승의 총칭. 모족(毛族). **2** 모충(毛蟲).
모르다 〔몰라, 모르니〕 타르 **1** 알지 못하다. ❑어찌할 바를 ～/그런 줄은 전혀 몰랐다. **2** 이해하지 못하다. 깨치지 못하다. ❑나는 그가 무슨 말을 하는지 모르겠다. **3** 기억하지 못하다. ❑나도 모르는 사람. **4** 경험을 한 적이 없다. ❑전쟁을 모르는 젊은 세대/실패를 모르는 사람. **5** 어떤 지식이나 기능을 가지고 있지 않다. ❑일본어를 ～/운전을 할 줄 모른다. **6** ('…밖에' 뒤에 쓰여) 어떤 것 외에 다른 것을 소중히 여기지 않는다. ❑돈밖에 모르는 사람/그동안은 일밖에 모르고 살았다. **7** ('얼마나, 어찌' 따위와 함께 쓰여) 말로 표현할 수 없을 만큼 대단하다. ❑시험에 합격했다니 얼마나 기쁜지 모르겠다. **8** 어떤 일에 대해 관심이 없다. ❑가건 말건 나는 모르겠다/온다면 모르겠지만 오지 않아도 할 수 없지. **9** (주로 '모르게'의 꼴로 쓰여) 의식하지 못하다. ❑골을 넣는 순간 나도 모르게 소리를 질렀다/그 얘기를 들으면서 나도 모르게 눈물이 흘렀다. ↔알다.
[모르면 약이요 아는 게 병] 아무것도 모르면 차라리 마음이 편하여 좋으나, 좀 알고 있으면 걱정거리만 되어 도리어 해롭다는 말.
모르면 모르되 〔몰라도〕 구 꼭 그렇다고는 할 수 없으나 십중팔구는. ❑～ 그 여자는 기혼녀일 것이다.
모르덴트 (독 Mordent) 명 〖악〗 잔결꾸밈음.
모르모트 (←프 marmotte) 명 〖동〗 '기니피그'를 일상적으로 일컫는 말.
모르몬-교 (Mormon敎) 명 모르몬경(經)을 성전으로 하여 1830년 미국인 스미스가 창립한 기독교의 한 파《정식 명칭은 '말일 성도 예수 그리스도 교회'》.
모르-쇠 명 아는 것이나 모르는 것이나 모두 모른다고만 하는 주의. ❑곤란한 경우에는 ～가 제일이다.
모르쇠(를) 잡다〔대다〕 구 아무것도 알지 못하는 체하거나 모른다고 잡아떼다.
모르타르 (mortar) 명 회나 시멘트에 모래를 섞어 물에 갠 것《주로 벽돌이나 석재 따위를 맞붙일 때 씀》.
모르핀 (morphine) 명 아편의 주성분이 되는 알칼로이드의 하나《맛이 쓰고 물에 녹는 백색 결정체로 많이 사용하면 중독 증상이 일어남. 마취제나 진통제로 씀》.
모르핀 중독 (morphine中毒) 모르핀 남용으로 생기는 중독《급성인 경우는 떨리고 어지럽고 토하며 호흡 중추에 마비를 일으켜 급사함》.

모름지기 뷔 사리를 따져 보건대 마땅히. 또는 반드시. ▣청년은 ~ 씩씩해야 한다.

모름-하다 혱어 생선이 싱싱한 맛이 적고 조금 타분하다.

모리 명 투전 노름에서, 여섯 장 중 넉 장과 두 장이 각각 같은 글자로 맞춰진 경우.

모리(謀利·牟利) 명재 도덕과 의리는 생각지 않고 오직 부정한 이익만 꾀함.

모리-배(謀利輩) 명 온갖 수단과 방법으로 자신의 이익만을 꾀하는 사람이나 무리.

모린(毛鱗) 명 털과 비늘이라는 뜻으로, 짐승과 물고기를 이르는 말.

모립(毛笠) 명 예전에, 하인들이 쓰던 벙거지.

모르다 타 〈옛〉 모르다.

모-막이 명 직육면체로 된 기구의 아래위 두 모퉁이에 대는 널조각.

모:-만(侮慢) 명하자 남을 업신여기고 저만 잘난 체함.

모:-만사(冒萬死) 명하자 만 번 죽기를 무릅쓴다는 뜻으로, 온갖 어려움을 무릅씀.

모-말 명 곡식 따위를 되는, 네 모가 반듯한 말. 방두(方斗).

모망(茅芒) 명 공 도자기의 아가리 전두리에 있는 흠.

모:-매(母妹) 명 '동모매(同母妹)'의 준말.

모:-매(侮罵) 명하타 업신여기어 꾸짖음.

모맥(牟麥·麰麥) 명 밀과 보리.

모멘트(moment) 명 1 어떤 일의 원인. 기회. 계기. 2 물 어떤 벡터의 크기와 정점(定點)에서 그 벡터에 내려 그은 수선(垂線)의 길이를 거듭제곱으로 곱한 양.

모면(謀免) 명하타 어떤 일이나 책임을 꾀를 써서 벗어남. ▣사고를 ~하다 / 책임을 ~할 길이 없다.

모면-책(謀免策) 명 모면하려는 방법이나 꾀. ▣~을 강구하다.

모:-멸(侮蔑) 명하타 업신여기고 얕잡아 봄. ▣~에 찬 태도를 보이다.

모:멸-감(侮蔑感) 명 모멸을 당하는 느낌. ▣~을 느끼다.

모:멸-스럽다(侮蔑-)[-따][-스러워, -스러우니] 혱비 업신여기고 깔보는 느낌이 있다.

모:멸-적(侮蔑的)[-쩍] 관명 업신여기고 얕잡아 보는 느낌이 있는 (것). ▣~인 태도.

모:명(冒名) 명하자 이름을 거짓으로 꾸며 댐. 또는 그 이름.

모-모 명 여러 가지 면. ▣~를 살피다.

모:모(某某) 인데 아무아무. ▣~의 알선. 目관 아무아무. ▣~ 인사 / ~ 회사.

모모-이 뷔 이런 면 저런 면마다. ▣~ 트집을 잡다.

모:모-인(某某人) 명 모모제인.

모:-모제인(某某諸人) 명 아무아무 여러 사람. 모모인.

모:모-한(某某-) 관 아무아무라고 손꼽을 만한. ▣~ 사람은 다 모였다.

모:몰(冒沒) 명하자 '모몰염치(冒沒廉恥)'의 준말.

모:몰-염치(冒沒廉恥)[-렴-] 명하자 염치없는 줄을 알면서도 이를 무릅쓰고 함. 준모렴(冒廉)·모몰.

모물(毛物) 명 1 털가죽. 2 털로 만든 물건.

모물-전(毛物廛) 명 예전에, 갖옷과 털로 만든 방한구 등을 팔던 가게.

모밀 명 ☞ 메밀.

모바일(mobile) 명 휴대용 단말기를 통하여 인터넷에 접속한 뒤, 현장에서 필요한 정보를 처리할 수 있도록 지원하는 무선 데이터 통신 시스템.

모-반(-盤) 명 여섯 모나 여덟 모로 된 목판. ☞두리반.

모:-반(母斑) 명 선천적인 원인으로 피부에 나타난 갈색·흑색의 반문(주근깨·점 따위).

모반(謀反) 명하자 국가나 조정 또는 군주를 배반하여 군사를 일으킴(지금의 내란죄에 해당함). ▣~을 꾀하다 / ~에 가담하다.

모반(謀叛) 명하자 자기 나라를 배반하고 남의 나라를 좇기를 꾀함(지금의 외환죄에 해당함). ▣~을 일으키다.

모발(毛髮) 명 1 사람의 몸에 난 온갖 털. 2 사람의 머리털. ▣~에 염색을 하다 / ~이 손상되다.

모발 습도계(毛髮濕度計)[-또-/-또계] 지방질을 뺀 모발이 습기를 품으면 늘어나고 마르면 오그라드는 성질을 이용하여 상대 습도를 재는 기구.

모-방(-方) 명 한자 부수(部首)의 하나('旁'·'族' 등에서 '方'의 이름).

모-방(-房) 명 안방의 한 모퉁이에 붙어 있는 작은 방.

모방(模倣·摸倣) 명하타 1 본뜨거나 본받음. ▣남의 것을 ~하다 / 부모는 자식들의 ~의 대상이 된다. ↔창조. 2 사회 집단을 구성하는 개개인의 결합 관계를 성립시키는 요인으로서의 반복 행위. 3 악 이미테이션.

모방 본능(模倣本能) 심 예술·문화의 발생 또는 발달 요인으로서, 모방을 하는 인간의 본능(유행·전통·습관 등을 형성함).

모방-색(模倣色) 명 동 독·악취 또는 날카로운 가시나 단단한 껍데기 등으로써, 적의 습격을 모면하는 동물의 몸빛을 본뜨는 딴 동물의 몸빛(뱀·벌·나비 등에서 볼 수 있음). * 경계색.

모방-설(模倣說) 명 모든 사회 현상의 근원이 모방에 있다고 하는 학설.

모방-성(模倣性)[-씽] 명 다른 것을 본뜨거나 본받으려는 성질. ▣~이 엿보이는 유행.

모방 예:술(模倣藝術)[-녜-] 현실적인 사물이나 그 움직임, 소리 따위를 본떠서 재현함으로써 이루어지는 예술.

모방 유희(模倣遊戱)[-뉴히] 주위의 생활을 모방하여 즐기는 유희(소꿉장난·학교 놀이 따위).

모-밭[-받] 명 묘목을 기르는 밭. 묘포(苗圃).

모:-범(冒犯) 명하타 일부러 법을 어기는 말이나 행동을 함.

모범(模範) 명 본받아 배울 만한 본보기. ▣~을 보이다 / ~으로 삼다 / 다른 사람의 ~이 되다 / ~ 답안지를 작성하다.

모범-림(模範林)[-님] 명 숲을 가꾸는 데 본보기가 되는 삼림.

모범-생(模範生) 명 학업이나 품행이 본받을 만한 학생.

모범-수(模範囚) 명 교도소의 규칙을 잘 지켜 다른 죄수의 모범이 되는 죄수.

모범-적(模範的) 관명 모범이 될 만한 (것). ▣~인 행동 / ~인 남편.

모범-택시(模範taxi) 명 일반 택시보다 시설이 좋고 질이 높은 서비스를 제공하는 택시(일반 택시보다 요금이 비쌈).

모:-법(母法)[-뻡] 명 1 어떤 법이 다른 나라 법을 본떠 만들어졌을 때, 그 본보기나 근원이 된 다른 나라의 법률. ↔자법(子法). 2 부령(部令)·시행령 등의 근거가 되는 법률.

모:변 (某邊) 몡 1 아무 곳. 2 어떠한 사람. 모측(某側).

모병 (募兵) 몡하자 병사를 모집함. 모군(募軍). ▢신병을 ~하다.

모본 (模本) 몡 1 본보기가 되는 것. 2 모형1. 3 모방1.

모본-단 (模本緞) 몡 본래 중국에서 난 비단의 하나(조직이 치밀하고 윤이 나며 무늬가 아름다움).

모:본 품종 (母本品種) 동물을 교잡하는 데 쓰는 암컷의 품종.

모-불사 (貌不似)[-싸] 몡 1 꼴이 꼴 같지 않음. 2 얼굴 생김새가 보잘것없고 흉악함. 또는 그런 사람.

모빌 (mobile) 몡《미술》움직이는 조각이나 공예품. 가느다란 철사·실 등으로 여러 가지 모양의 금속 조각·나뭇조각 따위를 매달아 균형을 이루게 한 조형품(造形品).

모빌 오피스 (mobile office) 움직이는 사무실 또는 이동 사무실의 뜻으로, 사원이 시간이나 장소에 구애됨이 없이 현장에서 모든 일을 처리할 수 있는 시스템. 첨단 장비를 가지고 다니면서 자동차·집, 고객의 사무실 등 어디서든지 자신의 사무실로 활용하여, 업무보고를 하고 결재 업무까지 해결할 수 있음.

모빌-유 (mobile油)《화》자동차의 내연 기관처럼 급회전하는 기계의 마찰과 마멸 및 열을 덜기 위하여 쓰는 윤활유의 한가지.

모빙 (mobbing)《사》직장에서의 정신적 테러. 집단적으로 이루어지는 심리적 형태의 동료 억압으로, 스트레스를 가중하게 하는 극단적 악폐임.

모-뿔 몡《수》각뿔.

모사 (毛紗) 몡 털실로 짠 얇은 사(紗).

모사 (毛絲) 몡 털실.

모사 (茅沙) 몡 제사를 지낼 때, 그릇에 담은 모래와 거기에 꽂은 띠의 묶음.

모사 (茅舍) 몡 1 자기 집을 낮추어 일컫는 말. 2 모옥(茅屋)1.

모:사 (某事) 몡 어떠한 일.

모사 (帽紗) 몡 사모의 깃을 싸는 얇은 비단.

모사 (模寫) 몡하타 1 사물을 형체 그대로 그림. 또는 그런 그림. 2 어떤 그림을 보고 그와 똑같이 그림.

모사 (謀士) 몡 1 꾀를 써서 일이 잘 이루어지게 하는 사람. 2 남을 도와 꾀를 내는 사람. 책사(策士).

모사 (謀事) 몡하타 일을 꾀함. 또는 그 일.
[모사는 재인(在人)이요 성사(成事)는 재천(在天)이라] 일을 꾸미는 것은 사람이지만 일의 되고 안 됨은 하늘의 뜻에 달려 있다는 말로, 성공을 예기(豫期)하기는 곤란하나 모름지기 노력은 하여야 한다는 뜻.

모사-기 (茅沙器) 몡 모삿그릇.

모사-본 (模寫本) 몡 원본을 본떠서 베낀 책.

모사-설 (模寫說)[-쩔]《철》인식은 바깥 세계의 사물, 곧 객관적 대상을 그대로 본뜬 것에 지나지 않는다는 인식론.

모사 전:송 (模寫電送) 팩시밀리의 하나. 화면·문자·사진 등을 전송하여 딴 곳에서 이것을 재현하는 통신 방식. 복사 전송. *사진 전송.

모-사탕 (-砂糖) 몡 각설탕.

모사-품 (模寫品) 몡 1 원작을 그대로 옮기어 그린 미술 작품. 2 본떠서 그린 그림.

모산지배 (謀算之輩) 몡 꾀를 부리어 이해타산을 일삼는 무리.

모살 (謀殺) 몡하타 미리 꾀하여 사람을 죽임. ▢~한 혐의가 짙다.

모삿-그릇 (茅沙-)[-사끄믇 / -삳끄믇] 몡 모사를 담는 그릇(보시기같이 생겼으면서 굽이 아주 높음). 모사기(茅沙器).

모:상 (母喪) 몡 '모친상'의 준말.

모상 (模相) 몡 대상의 겉모습을 있는 그대로 본떠서 나타낸 것.

모상 (模像) 몡 모형의 상. 모방하여 만든 상.

모사 몡 썩 잘고 고운 모래. 세사(細沙).

모색 (毛色) 몡 1 깃이나 털의 빛. 2 비단의 검은빛.

모:색 (暮色) 몡 1 날이 저물어 가는 무렵의 어스레한 빛. 2 저녁때의 경치.

모색 (摸索) 몡하타 방법이나 실마리를 더듬어 찾음. ▢해결책을 ~하다 / 대화와 타협이 ~되어야 할 시기다.

모:색-창연 (暮色蒼然) 몡하형 해 질 녘의 풍경이 어스레한.

모색-하다 (茅塞-)[-새카-] 형어 마음이 물욕 때문에 어둡고 답답하다.

모생-약 (毛生藥)[-냑] 몡 털이 나게 하는 약. 양모제.

모샤브 (moshav) 몡 이스라엘의 촌락 공동체. 소농들의 집합체로서 농토는 각자가 경작하되, 그 밖의 것은 마을 전체가 공유함.

모:서 (母書) 몡 어머니가 썼다는 뜻으로 편지의 맨 끝에 쓰는 글. *부서(父書).

모서 (謀書) 몡 거짓으로 꾸민 문서.

모-서다 쟈 날카롭게 모가 생기다.

모서리 몡 1 물체의 모가 진 가장자리. ▢책상 ~. 2《수》다면체(多面體)에서 각 면의 경계를 이루고 있는 선분(線分)들. 모.

모서리-각 (-角) 몡《수》주로 두 개의 평면이 만나는 모서리에 생기는 입체각.

모서-인 (謀書人) 몡 문서(文書)를 거짓으로 꾸민 사람.

모선 (毛扇) 몡 예전에, 벼슬아치가 추운 날에 얼굴을 가리던 방한구(防寒具)의 한 가지.

모:선 (母船) 몡 1 어떤 작업의 중심체가 되는 큰 배나 비행기. 2 원양 어업 등에서, 많은 부속 어선을 거느리고 어획물의 처리·냉동 등을 하는 큰 배. 3 우주선 중에서, 사령선(司令船)과 기계선(機械船)이 연결된 것.

모:선 (母線) 몡 1《수》선의 운동으로 면이 그려졌을 경우, 그 면에 대하여 그 선을 일컫는 말. 2 발전소 또는 변전소에서, 개폐기(開閉器)를 거쳐 각 외선(外線)에 전류를 분배하는 단면적이 큰 간선(幹線). 3《수》뿔면에서 곡면을 만드는 직선.

모:-선망 (母先亡) 몡하자 어머니가 아버지보다 먼저 세상을 떠남. ↔부선망.

모:설 (冒雪) 몡하자 눈 오는 것을 무릅씀.

모:설 (暮雪) 몡 해가 저물 무렵에 내리는 눈.

모:성 (母性) 몡 여성이 어머니로서 갖는 감정·이성·의지 등의 특징. 또는 그런 본능. ↔부성(父性).

모:성-애 (母性愛) 몡 자식에 대한 본능적인 어머니의 사랑. ↔부성애.

모:성-형 (母性型) 몡 어머니로서의 자질을 고루 갖춘 여성형.

모:세 (暮世) 몡 최근의 세상.

모:세 (暮歲) 몡 한 해의 마지막 무렵. 세밑.

모세-관 (毛細管) 몡 1 '모세 혈관'의 준말. 2 모세관 현상을 일으킬 정도의 가는 관. 준모관(毛管).

모세관 인력 (毛細管引力)[-일-]《물》고체에 접근한 액체면의 분자를 고체가 끌어당기는

힘《압지가 잉크를 빨아들이는 따위》.

모세관 현:상 (毛細管現象)〖물〗가는 관(管)을 액체나 수은 속에 넣어 세웠을 때, 관 안의 액면(液面)이 관 밖의 액면보다 높아지거나 낮아지는 현상.

모세-교 (←Moses教)〖가〗구약(舊約) 시대에, 모세를 종교적·민족적 영웅으로 숭배하고 모세 오경을 중심으로 여호와를 신봉하던 종교. 고교(古敎).

모세 오:경 (←Moses五經)〖성〗구약(舊約) 성서의 처음의 다섯 편. 곧, 창세기·출애굽기·레위기·민수기·신명기.

모:-세포 (母細胞)〖생〗분열하기 전의 세포. ↔딸세포.

모세 혈관 (毛細血管) 동맥과 정맥을 잇고 조직 속에 그물 모양으로 퍼져 있는 가는 혈관《이 혈관을 통해 온몸의 조직에 산소와 영양을 공급하고, 조직 사이에서 발생한 탄산가스와 노폐물 따위를 심장으로 되돌려 보냄》. 실핏줄. ⓑ모세관.

모션 (motion)〖명〗1 어떤 몸놀림이나 동작. 🖳큰 ～으로 손짓을 한다. 2 어떤 행동을 하기 전에 취하는 예비적인 몸짓이나 동작. 🖳금방 뛰쳐나갈 듯한 ～을 취하다.

모션 피칭 (motion pitching) 야구에서, 투수가 여러 동작으로 타자를 현혹시키는 투구.

모:소 (某所)〖명〗모처(某處).

모:소 (侮笑)〖명〗하타〗남을 업신여겨 비웃음.

모손 (耗損)〖명〗하자〗닳아 없어짐.

모-송곳 [-곧] 끝 부분이 모가 진 송곳.

모:수 (母樹)〖명〗어미나무.

모:수 (母數)〖명〗〖수〗1 모집단의 특성을 나타내는 값(모평균과 모분산의 총칭). 2 보합산(步合算)에서 원금을 일컫는 말. 3 매개(媒介)변수.

모:수-림 (母樹林)〖명〗임업용(林業用)의 종자나 묘목을 얻기 위하여 조성된 숲.

모수-자천 (毛遂自薦)〖명〗자기 자신을 추천함.

모순 (矛盾)〖명〗1 말이나 행동 또는 사실의 앞뒤가 서로 맞지 않음. 🖳～에 빠지다 / 체제의 ～을 드러내다 / 네 말은 앞뒤가 ～된다. 2〖철〗두 판단이 중간에 존재하는 것이 없이 서로 대립하여 양립하지 못하는 관계《유(有)와 무(無), 동(動)과 정(靜) 따위》.

모순 개:념 (矛盾概念)〖철〗서로 부정하여 둘 사이에 중간 개념을 허용하지 않는 두 개념《삶과 죽음, 있음과 없음 따위》.

모순-당착 (矛盾撞着) 자가당착.

모순 대:당 (矛盾對當)〖논〗대당 관계의 한 가지. 양(量)과 질(質)을 달리하는 두 판단의 참과 거짓의 관계로, 한쪽이 참이면 다른 한쪽은 반드시 거짓이 되며, 한쪽이 거짓이면 다른 한쪽은 반드시 참이 되는 관계를 이름.

모순 명사 (矛盾名辭)〖논〗모순 개념을 표시하는 명사《작은 거인, 둥근 삼각형 따위》.

모순-성 (矛盾性)[-썽]〖명〗서로 어긋나는 성질이나 사물. 🖳～을 지적하다.

모순-율 (矛盾律)[-뉼]〖명〗논리학 원리의 하나. 모든 사물은 그 자체와 같은 동시에 그 반대의 것과는 같을 수 없다는 것.

모순-적 (矛盾的)〖관명〗서로 모순된 (것). 🖳과 학과 종교의 ～인 관계.

모순-점 (矛盾點)[-쩜]〖명〗모순되는 점. 🖳세제(稅制)의 불합리나 ～을 개선하겠다고 한다.

모숨〖의명〗길고 가느다란 물건이 한 줌 안에 들 만한 수량. 🖳담배 한 ～ / 풀을 한 ～ 뽑다.

모숨-모숨〖부〗여러 모숨으로. 🖳잎담배를 ～ 묶다.

모스 부호 (Morse符號) 점과 선을 배합하여 문자·기호를 나타내는 전신 부호《미국의 발명가 모스가 고안함》.

모스크 (mosque)〖명〗이슬람교에서, 집단 예배를 보는 신앙 공동체의 중심지로 군사·정치·사회·교육 따위의 공공 행사가 이루어지는 건물.

모슬 (毛蝨)〖명〗〖충〗사면발니1.

모슬렘 (Moslem)〖명〗이슬람교도.

모슬린 (ㅍ mousseline)〖명〗얇고 보드랍게 짠 모직물.

모습 (模襲)〖명〗1 사람의 생긴 모양. 🖳아이의 잠든 ～이 귀엽다 / 어머니의 생전 ～을 그려 보다. 2 자취나 흔적. 🖳～을 나타내다 / ～이 보이다 / ～을 감추다. 3 자연이나 사물의 드러난 모양. 🖳거리가 한산한 ～을 보이다 / 서울의 발전된 ～에 놀라다.

모습 (模襲·摸襲)〖명〗하타〗모방(模倣)1.

모시 (毛施)〖명〗1 모시풀 껍질의 섬유로 짠 피륙. 저포(紵布). 🖳～ 두루마기 / 하얀 ～의 한복을 곱게 차려입다. 2〖식〗'모시풀'의 준말.

모시 (毛詩)〖명〗중국 한(漢)나라 때 모형(毛亨)이 지은 시전(詩傳).

모:시 (某時)〖명〗아무 때. 또는 아무 시간. 🖳모일(某日) ～에 만나다.

모시-나비〖명〗호랑나빗과의 곤충. 편 날개 길이는 5–6 cm에 달하고 날개는 반투명의 백색 바탕에 연한 흑색 얼룩무늬가 있음.

모:시다〖타〗1 웃어른이나 존경하는 사람을 가까이에서 받들다. 🖳부모님을 ～. 2 웃어른이나 존경하는 사람을 받들어 안내하다. 🖳할아버지를 창경궁으로 ～ / 손님을 안방으로 ～. 3 제사·장사·환갑 등을 지내다. 🖳제사를 ～. 4 떠받들어 자리 잡게 하다. 🖳사장으로 ～ / 휼륭한 선생님을 모시게 되어 기쁘다.

모시-박사 (毛詩博士)[-싸] 예전에, 모시(毛詩)에 능통한 사람을 이르던 말.

모시-조개〖명〗〖조개〗조가비.

모시-풀〖명〗〖식〗쐐기풀과의 여러해살이풀. 밭에서 재배하는데 높이는 2 m 정도, 뿌리줄기는 목질로 땅속에 벋어 번식함. 줄기의 겁질에서 섬유를 뽑아 모시를 짬. ⓑ모시.

모시 항:라 (-亢羅)[-나] 모시로 짠 항라.

모식 (模式)〖명〗표준이 되는 방식.

모식-도 (模式圖)[-또]〖명〗사물의 본·구조·원리 등을 도식적(圖式的)으로 정리하여 입체적으로 그린 그림. 🖳지형의 ～.

모신 (謀臣)〖명〗꾀가 많아 모사(謀事)에 뛰어난 신하. 계신(計臣).

모:심 (慕心)〖명〗그리워하는 마음. 모념(慕念).

모-심기 [-끼]〖명〗하자〗모내기.

모-심다 [-따]〖자〗모내다1.

모:-씨 (母氏)〖명〗아랫사람과 말할 때 그의 어머니를 일컫는 말.

모:-씨 (某氏)〖대〗아무 양반. '아무개'의 존칭. 🖳박(朴) ～.

모아-들다 [-들어, -드니, -드는]〖자〗여럿이 어떤 범위 안으로 향하여 모여들다.

모아들-이다〖타〗('모아들다'의 사동〉모아들게 하다. 🖳학생들을 강당으로 ～.

모악-동물 (毛顎動物)[-똥-]〖동〗동물계를 분류한 문(門)의 하나. 몸은 가늘고 긴 대롱 모양이고 무색투명한 부유(浮游) 동물로, 머리에는 한 쌍의 눈과 그 좌우 측면에 뻣뻣한 털이 있고, 한 쌍 또는 두 쌍의 지느러미가 있음《화살벌레 따위》.

모:암 (母岩) 명 광맥을 품고 있는 바위. 기암 (基巖).

모:애 (慕愛) 명하타 사모하고 사랑함.

모:액 (母液) 명 고체와 액체를 혼합한 용액 중에서 고체와 침전물을 뺀 액체.

모액 (帽額) 명 문 따위에 치는 발의 윗머리 언저리에 길게 댄 헝겊.

모:야 (暮夜) 명 깊은 밤. 이슥한 밤.

모:야간-에 (暮夜間-) 부 어두운 밤중에. 이슥한 밤중에.

모:야모야 (某也某也) 인대 아무아무. 아무개 아무개. 모야수야(某也誰也).

모:야-무지 (暮夜無知) 이슥한 밤에 하는 일이라서 보고 듣는 사람, 알 사람이 없음.

모양 (模樣) 一명 1 겉으로 나타나는 생김새나 모습. □머리 ~이 정돈하다 / 열심히 일하는 ~이 보기 좋구나. 2 외모에 부리는 멋. 맵시. □~을 잔뜩 내고 외출하다. 3 어떠한 상태나 되어 나가는 꼴. □사는 ~이 말이 아니다 / 그 ~으로 공부해서는 안 돼. 4 위신이나 체면. □~을 갖추다 / 너 때문에 내 ~이 영망이 되었다. 5 어떤 모습과 같은 모습. □병어리 ~으로 입을 꼭 다물다 / 펭귄 ~으로 뒤뚱거리며 걷다. 二의명 (‘모양으로’의 꼴로 쓰이거나, ‘같이’·‘이다’와 함께 쓰여) 짐작이나 추측을 나타내는 말. □비가 올 ~이다 / 요즘 몹시 바쁜 ~이다 / 물가가 오를 ~이다.

[모양이 개잘량이라] 체면과 명예를 완전히 잃었음을 가리키는 말.

모양(이) 사납다 관 보기에 흉하다.

모양(이) 아니다 관 모양이 안되어서 차마 볼 수가 없다.

모양(이) 있다 관 보기에 좋다. 맵시가 있다.

모양-내다 (模樣-) 자 한껏 꾸미어 맵시를 내다. □공부는 안 하고 모양내는 데만 신경을 쓰니 걱정이다.

모양-새 (模樣-) 명 1 모양의 됨됨이. □머리 ~에 신경을 쓰다 / 겉으로 드러난 ~만 보고 판단하면 안 된다. 2 〈속〉 체면이나 일이 되어 가는 꼴. □~가 나쁘다 / ~를 갖추다 / ~가 말이 아니다.

모양-체 (毛樣體) 명〈생〉눈 안의 수정체를 둘러싼 근육성의 기관《수정체의 두께 곧, 초점거리를 조절함》.

모양체-근 (毛樣體筋) 명 모양체의 내부에 있는 평활근《모양체의 신축을 맡고 있음》.

모:어 (母語) 명 1 자라면서 배운 바탕이 되는 말. 2 모국어. 3〔언〕언어의 발달 과정에서 그 모체가 되는 언어. □프랑스 어의 ~는 라틴 어이다.

모여-들다〔-들어, -드니, -드는〕자 여럿이 어떤 범위 안으로 향하여 오다. □축하객이 ~ / 군중이 모여들기 시작한다.

모여-오다 타 〈궁〉가져오다. □지 모여오오 (‘요강 가져오시오’의 뜻).

모역 (謀逆) 명하타 1 반역을 꾀함. 2 예전에, 종묘(宗廟)·궁전·능(陵) 등을 파괴하기를 꾀한 죄.

모연 (募緣) 명하타〔불〕승려가 시주에게 돈이나 물건 따위를 기부하게 하여 좋은 인연을 맺게 함.

모:연 (暮煙) 명 저녁 무렵의 연기.

모연-문 (募緣文) 명〔불〕모연하는 글.

모영 (毛穎) 명 붓끝.

모오리-돌 명 모나지 않고 둥글둥글한 돌.

모옥 (茅屋) 명 1 이엉이나 띠 따위로 지붕을 인 초라한 집. 모사(茅舍). 모자(茅茨). □~한 채. 2 자기 집을 낮추어 일컫는 말.

모와 (牡瓦) 명 수키와. ↔빈와(牝瓦).

모:욕 (侮辱) 명하타 깔보고 욕되게 함. □~을 가하다 / ~을 주다 / 많은 사람 앞에서 ~을 당하다.

모:욕-감 (侮辱感)[-깜] 명 모욕을 당하는 느낌. □심한 ~에 얼굴이 달아오른다.

모:욕-적 (侮辱的)[-쩍] 관명 깔보고 업신여기는 (것). □~인 발언을 서슴지 않다.

모:욕-죄 (侮辱罪)[-쬐] 명〔법〕남을 공공연히 모욕함으로써 성립하는 죄.

모용 (毛茸) 명 식물의 거죽에 생기는 잔털.

모용 (貌容) 명 얼굴 모양. 용모.

모우 (毛羽) 명 1 길짐승의 털과 날짐승의 깃. 2 길짐승과 날짐승.

모우 (牡牛) 명 수소. ↔빈우(牝牛).

모우 (牦牛) 명〔동〕솟과의 짐승. 중국의 서북과 서남에 야생하는데, 코뿔소와 비슷하며 몸이 길쭉하고 등에는 검은 털이 있으며 꼬리는 특히 크고 힘이 셈.

모:우 (冒雨) 명 비를 무릅씀.

모:우 (暮雨) 명 저녁때 내리는 비.

모우-미성 (毛羽未成) 명 새의 깃이 아직 덜 자라서 날지 못한다는 뜻으로, 사람이 아직 어림을 이르는 말.

모:운 (暮雲) 명 날이 저물 무렵의 구름.

모:원-병 (母原病) 명〔의〕어머니가 원인이 되어 태아가 어머니 배 속에서 걸린 병《성장 단계에서 말이 늦거나 무기력 증상을 나타냄》.

모:월 (某月) 명 아무 달. 어느 달. □~ 모일.

모:유 (母乳) 명 제 어머니의 젖. 어미젖.

모:유 (母乳營養法)[-뻡] 명 낳은 어머니가 직접 자신의 젖을 먹이는 자연 영양법의 하나.

모으다 [모아, 모으니] 타 1 흩어져 있는 것을 한데 합치다. □두 손을 모아 빌다 / 낙엽을 주워 모았다. 2 특별한 물건을 구하여 갖추어 가지다. □우표를 ~ / 골동품을 사 ~. 3 돈이나 재물을 쓰지 않고 쌓아 두다. □돈을 꽤 모았다. 4 마음이나 생각을 한곳에 집중하다. □의견을 ~ / 정신을 ~. 5 여러 사람을 한 곳에 오게 하거나 한 단체에 들게 하다. □회원을 ~. 6 다른 사람의 관심이나 흥미를 끌다. □여러 사람의 관심을 모았던 국회의원 / 젊은이들의 인기를 한 몸에 모은 탤런트. 7 조각을 한데 맞추거나 쌓아서 무엇을 만들다. □배를 ~. ☞모으다.

모:음 (母音) 명 성대의 진동을 받은 소리가 입술·코·목구멍의 장애에 의한 마찰을 받지 않고 나는 소리(곧 ㅏ·ㅑ·ㅓ·ㅕ·ㅗ·ㅛ·ㅜ·ㅠ·ㅡ·ㅣ 따위). 홀소리. *자음(子音).

모음-곡 (-曲) 명〔악〕여러 악곡을 모아서 하나의 곡으로 조합한 기악곡. 조곡(組曲).

모:음 교체 (母音交替)〔언〕한 어근 안의 모음이 바뀌어 문법 기능이나 뜻·품사 따위가 달라지는 언어 현상. 인도·유럽 어에 주로 나타나며, 영어에서 ‘sing’, ‘sang’, ‘sung’이 되는 것 따위와 우리말에서 ‘늙다’가 ‘낡다’로, ‘작다’가 ‘적다’로 바뀌면 뜻이 다른 어휘로 분화되는 것 따위를 말함. 모음 전환.

모:음 도표 (母音圖表)〔언〕각각의 모음을 음성적(音聲的) 성질에 따라 가른 그림표. *모음 삼각형.

모:음 동화 (母音同化)〔언〕모음과 모음이 서로 닮게 되는 음운 변화. 모음 조화가 대표적인 예임.

모:음 변:화(母音變化)『언』모음이 서로 닮거나 어울려서 다른 모음으로 변하는 현상.

모:음 삼각형(母音三角形)[-가켱]『언』모음을 발음할 때 혀의 위치와 입의 벌림 및 음색의 다름을 나타낸 삼각형 모양의 도표. *모음 도표.

모:음 조화(母音調和)『언』모음 동화의 하나. 두 음절 이상의 한 단어에서, 앞 모음이 앞 모음의 영향을 받아 그와 가깝거나 같은 소리로 되는 언어 현상(《'보아라·부어라·촐랑촐랑·출렁출렁' 따위》).

모의(毛衣)명 갖옷.

모의(模擬·摸擬)[-/-이]명하타 실제의 것을 본떠서 시험적으로 해 봄. 또는 그런 일. ▣ ~ 훈련.

모의(謀議)[-/-이]명하타 1 어떤 일을 꾀하고 의논함. ▣ 친구를 골랑 먹일 방법을 ~하다. 2『법』여럿이 범죄의 계획 및 실행 방법을 의논함. ▣ ~에 가담하다 / 그는 사전에 범행을 ~했다.

모의-고사(模擬考査)[-/-이-]명 모의시험.

모의-국회(模擬國會)[-구퀴 /-이구퀴]명 국회의 의사 진행 및 토론 등을 학교 같은 데서 연습 삼아 해 보는 가상의 국회.

모의-시험(模擬試驗)[-/-이-]명 실제의 시험에 대비하여 그것을 본떠서 실시하는 시험. 모의고사.

모의-장(毛衣匠)[-/-이-]명 모의장이.

모의-장이(毛衣-)[-/-이-]명 모물전(毛物廛)에서 갖옷이나 털로 된 방한구를 만드는 사람. 모의장.

모의-재판(模擬裁判)[-/-이-]명 실제의 재판을 본떠서 논고·변론·심리·선고 등을 연습 삼아 해 보는 일.

모의-전(模擬戰)[-/-이-]명『군』실전을 본떠서 하는 가상의 전투.

모이명 닭이나 날짐승의 먹이.

모이다¹[재 ('모으다'의 피동) 1 여럿이 한곳으로 오다. 집합하다. ▣ 유세장에 모인 유권자들 / 친구들과 한 달에 한 번씩 모인다. 2 사물이나 돈이 들어와 쌓이다. 저축되다. ▣ 돈이 모이면 백과사전을 사겠다. 3 마음이나 생각·힘 따위가 한곳에 집중되다. ▣ 작은 힘이 모여 큰 힘이 된다. 준되다.

모이다²형 작고도 야무지다. ▣ 몸집은 작아도 모인 사람이다.

모이 작물(-作物)[-장-]『농』모이로 쓸 목적으로 재배하는 작물.

모이-주머니명『조』새의 소화관의 하나. 주머니 모양이며, 먹은 것을 일시 저장, 모래주머니로 보냄. 멀떠구니. 소낭(嗉囊).

모이-통(-桶)명 모이를 넣어 두는 통. 준뫼통.

모:인(某人)명 아무 사람. 어떤 사람.

모:인(某人)☞ 무인(拇印)

모:인(冒認)명하타 남의 것을 제 것처럼 꾸며 속임.

모인(摹印)명 한자의 팔체서(八體書)의 한 가지. 옥새(玉璽) 글자에 쓰던 글씨체임.

모:일(某日)명 아무 날. 어떤 날. ▣ ~ 모시에 다시 만나자.

모임 1 어떤 목적 아래 때와 곳을 정하여 모이는 일. ▣ ~을 주선하다 / 오늘 ~에 다녀오다. 2 여러 사람이 어떤 목적으로 조직한 단체. ▣ 계 ~/우리 ~에는 그런 사람이 없다.

모임-이름씨명『언』집합 명사.

모:자(母子)명 어머니와 아들. ▣ ~가 손을 잡고 걸어가다. *부녀.

모:자(母姉)명 어머니와 손위 누이.

모:자(母慈)명 어머니의 사랑.

모자(茅茨)명 1『식』띠². 2 모옥(茅屋).

모자(眸子)명 눈동자.

모자¹(帽子)명 1 예의를 차리거나 추위·더위·먼지 따위를 막기 위하여 머리에 쓰는 물건. ▣ ~를 눌러쓰다 /~를 벗어 들다. 2 '갓모자'의 준말.

모자²(帽子)명 바둑에서, 변(邊)에 놓인 상대편의 돌의 위로 한 칸 사이를 두고 걸치어 놓는 수단. ▣ ~를 씌우거든 날일 자로 벗어라. *모착(帽着).

모:자 가정(母子家庭)어머니와 자식만의 가정. 아버지가 없는 집.

모:자-간(母子間)명 어머니와 아들의 사이.

모자-걸이(帽子-)명 모자나 외투 따위를 거는 기구.

모:자라다재動 1 기준이 되는 양이나 정도에 미치지 못하다. ▣ 잠이 ~ / 힘이 모자라 그를 당할 수 없다 / 백 원이 ~. 2 지능이 정상적인 사람보다 낮다. 저능(低能)하다. ▣ 좀 모자라는 사람처럼 보인다.

모자반(-)『식』모자반과의 바닷말. 간조선 중앙 이하의 암석에 남. 길이 1m 이상 자라는데 줄기 밑둥의 부착근으로 바위에 붙어삶. 식용함.

모:자 보:건법(母子保健法)[-뻡]『법』모성의 생명과 건강을 보호하고 건전한 자녀의 출산과 양육을 도모하려는 법.

모자이크(mosaic)『미술』여러 가지 빛깔의 돌·색유리·조가비·타일·나무 등의 조각을 맞추어 도안·그림 등으로 나타낸 것. 또는 그런 미술 형식.

모자이크-난(mosaic卵)명 세포의 각 부분이나 할구(割球)가 특정한 기관만을 만들도록 되어 있는 알(《연체동물·환형동물(環形動物)의 알 따위》).

모자이크-병(mosaic病)명 식물에 바이러스가 기생하여 잎의 조직이 모자이크 모양의 황색 반점이 생기는데, 심하면 식물 전체가 말라 죽는 병.

모자-챙(帽子-)명 모자에 달려 있는 챙.

모자-표(帽子標)명 모자에 붙이는 일정한 표지. 이화(李花). 준모표(帽標).

모:자-합(母子盒)명 합 속에 또 작은 합이 들어 있는 합.

모작(模作)명하타 남의 작품을 그대로 본떠서 만듦. 또는 그 작품. ▣ 밀레의 만종을 ~하다. 준작품.

모작-패(-牌)명 금광에서, 광원 몇 사람이 한 패가 되어서 광석을 캐어, 광주(鑛主)에게 정한 분철(分鐵)을 주고 남은 광석에서 나는 이익을 나누어 가지는 일. 또는 그런 패.

모잘록-병(-病)[-뼝]명 볍씨가 싹이 튼 뒤에 기생균 때문에 땅에 닿은 부분이 갑자기 시들고 말라서 죽는 병. 입고병(立枯病).

모-잡이명 모낼 때 모만 심는 일꾼.

모:재(母材)명 1 주요한 재료(《특히, 콘크리트에 있어서의 시멘트의 일컬음》). 2 용접할 때 그 대상이 되는 금속.

모재(募財)명하자 돈을 여러 사람에게서 거두어 모음.

모-재비명 함지박처럼 통나무의 속을 파내어 만든, 길쭉하고 네모진 그릇.

모잽이-헤엄명 수영에서, 옆으로 누워서 치는 헤엄. 사이드스트로크. 횡영(橫泳).

모-쟁이¹명 모를 낼 때, 모춤을 별러 돌리는 일꾼.

모쟁이[2] 圈〖어〗숭어의 새끼.

모전 (毛廛) 圈 과물전(果物廛).

모전 (毛氈) 圈 1 짐승의 털로 색을 맞추고 무늬를 놓아 두툼하게 짠 부드러운 요. 2 융단. 양탄자.

모-점 (-點) 圈〖언〗세로쓰기에 쓰는 쉼표(、).

모:정 (母情) 圈 자식에 대한 어머니의 정.

모정 (茅亭) 圈 짚이나 새 따위로 지붕을 인 정자(亭子).

모:정 (慕情) 圈 그리워하는 심정. ▢~을 가슴에 품고 나타내지 않다.

모:제 (母弟) 圈 '동모제(同母弟)'의 준말.

모제르-총 (Mauser銃) 圈 권총의 하나. 독일의 마우저가 발명한 것으로, 구조가 간단하고 견고하며 대개 연발식임.

모조 (毛彫) 圈 나무·쇠붙이에 털같이 가는 선으로 새긴 조각.

모조 (模造) 圈하타 1 본떠서 만듦. 또는 그런 것. ▢~ 가죽 / 진열창에~ 음식 접시가 진열되어 있다. 2 '모조품'의 준말.

모조-금 (模造金) 圈 금과 비슷한 빛깔과 광택을 가지며 내식성(耐蝕性)이 있는 합금(合金)의 총칭.

모조 대:리석 (模造大理石) 스토니(stony).

모조리 圉 하나도 빼지 않고 모두. ▢~ 가져가다 / 죄상을~ 털어놓다.

모조-석 (模造石) 圈 인조석.

모조-지 (模造紙) 양지(洋紙)의 하나《질이 강하고 질기며 윤택이 남》. 백상지.

모조 진주 (模造眞珠) 인조 진주.

모조-품 (模造品) 圈 딴 물건을 본떠서 만든 물건. ▢진품은 비싸서~을 사 왔다. ⓒ모조.

모족 (母族) 圈 모류(毛類)[1].

모종 (-種) 圈하타 옮기어 심기 위해 가꾼, 벼 이외의 온갖 어린 식물. 또는 그것을 옮겨 심음. ▢화초를~하다.

모:종 (某種) 圈 (흔히 '모종의'의 꼴로 쓰여) 어떠한 종류. 어느 종류. ▢~의 조치.

모종-비 (-種-) [-삐] 圈 모종하기에 알맞은 때에 내리는 비.

모종-삽 (-種-) 모종을 옮길 때 쓰는 작은 삽.

모종-순 (-種筍) [-쑨] 圈 모종할 화초 또는 나무의 어린 순.

모종-판 (-種板) 圈 모종을 가꾼 자리.

모:주 (母主) 圈 편지에서, '어머님'의 뜻으로 쓰는 말.

모:주 (母酒) 圈 1 약주를 뜨고 난 찌끼 술. 밑술. 2 '모주망태'의 준말.

[모주 장사 열 바가지 두르듯] 내용이 빈약한 것을 겉만 꾸미어 낸다는 말.

모주 (謀主) 圈 일을 주장하여 꾀하는 사람.

모주 (謀酒) 圈하자 술 마시기를 꾀함.

모:주-꾼 (母酒-) 圈 모주망태.

모:주-망태 (母酒-) 圈 술을 늘 대중없이 많이 마시는 사람. 모주꾼. ⓒ모주.

모:죽지랑-가 (慕竹旨郞歌) [-찌-] 圈〖문〗신라 효소왕(孝昭王) 때, 득오(得烏)가 스승인 죽지랑의 죽음을 애도하여 불렀다는 8구체의 향가.

모:지 ☞ 무지(拇指).

모:지 (某地) 圈 아무 땅. 어떤 땅.

모-지다 圈 1 모양이 둥글지 않고 모가 나 있다. ▢모진 기둥. 2 성격이 원만하지 못하다. ▢너무 모지게 생각하면 친구야 떨어진다.

모지라-지다 囷 물건의 끝이 닳거나 잘려서 없어지다. ▢붓끝이~. ⓒ무지러지다.

모지락-스럽다 [-쓰-따] [-스러워, -스러우니] 圈비 억세고 모진 데가 있다. ▢마음을 모지

락스럽게 먹다. **모지락-스레** [-쓰-] 圉

모지랑-붓 [-붇] 圈 끝이 다 닳은 붓.

모지랑-비 圈 끝이 다 닳은 비.

모지랑이 圈 오래 써서 끝이 닳아 떨어진 물건. ▢~가 된 호미.

모직 (毛織) 圈 털실로 짠 피륙.

모직-물 (毛織物) [-징-] 圈 털실로 짠 물건의 총칭.

모직혼-식 (毛織婚式) [-지곤-] 圈 결혼 40주년 되는 날을 축하하는 식《부부가 모직물 선물을 주고받으며 기념함》. ＊견혼식.

모진 (耗盡) 圈하자 헤어지거나 닳아서 다 없어짐.

모:질다 [모질어, 모지니, 모진] 圈 1 마음씨나 행동이 몹시 매섭고 독하다. ▢모진 짓을 하다 / 마음을 모질게 먹다. 2 참고 견디지 못할 일을 잘 배겨 낼 만큼 억세다. ▢온갖 고생을 모질게 이겨 내다. 3 기세가 몹시 매섭고 사납다. ▢모진 풍파를 겪다 / 바람이 모질게 분다. 4 정도가 지나치게 심하다. ▢모진 고문을 이겨 내다.

[모진 놈 옆에 있다가 벼락 맞는다] 악한 사람을 가까이하면 그 화를 같이 입게 됨을 이르는 말.

모:질-음 圈 어떤 고통을 견뎌 내려고 모질게 쓰는 힘.

모질음(을) 쓰다 囝 모질게 힘을 쓰다.

모집 (募集) 圈하타 1 조건에 맞는 사람이나 사물을 뽑아서 모음. ▢사원 ~에 응시하다. 2 여러 사람에 대하여 균일한 조건으로 새로 발행된 유가 증권의 취득의 청약을 권유하고 모으는 일. ▢채권 ~ / 주식을 ~하다.

모집 공채 (募集公債) [-꽁-] 〖경〗발행과 함께 자금을 수납시키는 보통 공채. ↔교부(交付) 공채.

모집다 [-따] 囲 1 허물이나 결함 따위를 명백하게 지적하다. ▢남의 허물을 ~. 2 모조리 집다.

모:집단 (母集團) [-딴] 圈 통계 용어로, 측정이나 조사를 하기 위하여 표본을 뽑아내는, 바탕이 되는 집단.

모:짝 圉 있는 대로 한 번에 다 몰아서. ▢이번 장마에 채소밭이~ 물에 잠겼다. ⓒ무쩍.

모짝-모짝 [-짱-] 圉 1 한쪽에서부터 차례대로 모조리. ▢배추를 ~ 다 뽑다. 2 차차 조금씩 개먹어 들어가는 모양. ▢누에가 뽕잎을 ~ 갉아 먹는다. ⓒ무쩍무쩍.

모쪼록 圉 될 수 있는 대로. 아무쪼록. ▢~ 건강하십시오.

모-찌기 圈하자 모판에서 모를 뽑음. 또는 그런 일.

모착 (帽着) 圈하자 바둑에서, 변에 있는 상대편의 돌에 한 칸 사이를 두고 높게 걸치어 세력을 꺾는 일. ＊모자(帽子)[2].

모착-하다 [-차카-] 圈 위아래를 자른 듯이 짤막하고 통통하다. ▢몸집이 ~.

모창 (模唱) 圈하타자 남의 노래를 흉내 냄.

모채 (募債) 圈하자 공채·사채 등을 모집함.

모책 (謀策) 圈하타자 어떤 일을 처리하거나 모면할 꾀를 세움. 또는 그 꾀. ▢~을 세우다.

모:처 (某處) 圈 아무 곳. 어떠한 곳.

모처럼 圉 1 벼르고 별러서 처음. 벼른 끝에. ▢~ 갔더니 출타 중이었다 / ~ 잡은 기회를 놓칠 수 없다. 2 일껏 오래간만에. ▢~ 오셨는데 차린 것이 없습니다 / ~ 가족이 외식을

했다.
[모처럼 능참봉을 하니까 한 달에 거둥이 스물아홉 번] 소원이 이루어지기는 하였으나 그로 인하여 도리어 번잡스럽게만 되었다. [모처럼 태수(太守)가 되니 턱이 떨어져] 모처럼 이룬 일이 허사가 되다.

모:-저-혼(母處婚)圓 신랑이 신부의 집단 쪽으로 거처를 옮기는 혼인 방식(모계 사회에서 볼 수 있음).↔부처혼(父處婚).

모:천(母川)圓 물고기가 태어나서 바다로 내려갈 때까지 자란 하천(송어나 연어 따위 물고기가 바다에서 거슬러 올라와 알을 낳는 곳으로 삼음).

모:천(暮天)圓 저녁때의 저무는 하늘.

모:천-국(母川國)圓 연어·송어 따위의 소하성 어종(遡河性魚種)이 알을 낳는 하천이 있는 연안국.

모첨(茅簷)圓 초가지붕의 처마.

모:체(母體)圓 1 아이나 새끼를 밴 어미의 몸. ◻︎~의 건강은 아기의 건강과 직결된다. 2 갈려 나온 조직·사고(思考) 등의 근본이 되는 것. ◻︎이 회사의 ~가 되는 대기업.

모:체 공장(母體工場) 분공장(分工場)이나 새로 생긴 공장의 모체가 되는 공장.

모:체 전염(母體傳染) 태아가 모체를 통하여 병에 전염됨.

모초(毛綃)圓 중국에서 나는 비단의 한 가지. 모초단.

모초(茅草)圓〖植〗띠².

모초-단(毛綃緞)圓 모초(毛綃).

모추(毛錐)圓 모필.

모:추(暮秋)圓 1 늦가을. 만추(晩秋). 2 음력 9월을 달리 이르는 말.

모:춘(暮春)圓 1 늦봄. 만춘(晩春). 2 음력 3월을 달리 이르는 말.

모-춤圓 서너 움큼씩 묶은 볏모나 모종의 단. ◻︎~을 지다.

모춤-하다圓 길이나 분량이 어떤 한도보다 조금 지나차다.

모충(毛蟲)圓 털이 있는 벌레의 총칭(송충이·쐐기벌레 따위). 모류.

모충(謀忠)圓한자 남을 위하여 꾀를 냄.

모:측(母側)圓 1 어머니 곁. 어머니 슬하. 2 어머니의 친정 편.

모:측(某側)圓 모변(某邊).

모치(牡痔)圓〖醫〗수치질.

모:친(母親)圓 '어머니'의 높임말. ↔부친.

모:친-상(母親喪)圓 어머니의 상사. ↔부친상. ㉟모상(母喪).

모침-하다(貌侵-·貌寢-)圓어 됨됨이가 작고 옹졸하다.

모:칭(冒稱)圓한다 이름을 거짓으로 꾸며 댐.

모추라기圓〖옛〗 메추라기.

모카-커피(Mocha coffee)圓 예멘의 모카에서 나는, 질이 좋은 커피.

모켓(moquette)圓 보풀이 있는 직물의 한 가지(벨벳과 비슷하며, 주로 열차·전차 등의 의자 천으로 많이 씀).

모코圓 옛날에 입던 길이가 짧은 저고리.

모탕圓 1 나무를 패거나 쪼개거나 자를 때에 받치는 나무토막. 2 곡식이나 물건을 땅바닥에 쌓을 때 밑에 괴는 나무토막.

모탕-세(-貰)[-쎼]圓 예전에, 여각(旅閣)이나 장터에서 남의 곡식 등을 보관해 주고 받던 셋돈.

모태圓 1 안반에 놓고 한 번에 칠 만한 떡 덩

이. ◻︎인절미 ~를 주무르다. 2 (의존 명사처럼 쓰여) 안반에 놓고 한 번에 칠 만한 분량의 떡 덩이를 세는 단위. ◻︎인절미 한 ~.

모:태(母胎)圓 1 어머니의 태 안. ◻︎~에서 떨어져 나온다. 2 사물의 발생·발전의 근거가 되는 토대. ◻︎설화를 ~로 한 소설 / 고향은 오늘의 나를 있게 한 ~가 되었다.

모태-끝[-끋]圓 흰떡을 안반에서 비비어 썰 때에 가락을 맞추어 썰고 난 나머지의 떡.

모터(motor)圓 1 가솔린이나 경유 따위의 연료를 에너지로 바꾸어 기계나 탈것을 작동시키는 장치. 발동기. 2 전동기(電動機).

모터-바이시클(motor bicycle)圓 가솔린 엔진을 장치하여 움직이게 된 자전거. 모터사이클. 오토바이. 모터바이크.

모터-바이크(motor bike)圓 모터바이시클.

모터-보트(motor-boat)圓 모터를 추진기로 사용하는 보트. 발동기선. 발동기정.

모터사이클(motorcycle)圓 오토바이.

모터-쇼(motor show)圓 자동차, 자동차 엔진, 자동차 부품 따위의 전시회.

모터-스쿠터(motor scooter)圓 스쿠터2.

모테〖역〗 조선 때, 벼슬아치가 머리에 쓰던 우장(雨裝)(갈모 테와 같되 훨씬 크며 검푸른 갈모를 눌러씀).

모텔(motel)圓 자동차 여행자가 숙박하기에 편리한 여관.

모:토(母土)圓 매장할 때, 무덤 속에 회를 다져 넣고 바닥에 관(棺)이 들어가 놓일 만한 크기로 깎아 냄 흙.
모토(를) 뽑다㉿ 모토를 깎아 내다.

모토(이 moto)圓〖악〗 '움직임·속도'의 뜻.

모토(motto)圓 행동이나 생활의 표어나 신조로 삼는 짤막한 말. ◻︎그는 성실을 평생의 ~로 삼았다.

모투저기다圓 돈이나 물건을 아껴서 조금씩 모으다.

모퉁이圓 1 구부러지거나 꺾어져 돌아간 자리. ◻︎길 ~를 돌다 / 골목 ~에 서서 기다리다. 2 변두리나 구석진 곳. ◻︎방의 한쪽 ~에 웅크려 앉다 / 운동장 ~에 몸을 숨기다. 3 일정한 범위의 어느 부분. ◻︎뜻이 그렇다면 나도 한 ~ 거들겠다.

모퉁잇-돌[-이똘/-이똘]圓 1〖건〗 주춧돌. 2〖성〗교회의 주춧돌이 된다는 뜻으로, '예수'를 비유하는 말.

모티브(motive)圓 모티프.

모티비즘(motivism)圓 동기설(動機說).

모티프(프 motif)圓 1 예술 작품에서, 표현의 동기가 된 작가의 중심 사상. 2〖악〗음악 형식을 구성하는 가장 작은 단위(둘 이상의 음이 모인 것인데 선율의 기본이며 또 일정한 의미를 가진 소절(小節)을 이룸). 동기. 모티브.

모-판(-板)圓〖농〗 못자리 사이사이를 떼어 직사각형으로 다듬어 놓은 구역.

모판-흙(-板-)[-흑]圓〖농〗 모판 바닥에 까는 흙(기름진 흙이나 두엄 따위를 섞어 씀). ㉟상토(床土).

모포(毛布)圓 담요.

모표(帽標)圓 '모자표(帽子標)'의 준말.

모-품圓 못자리에 거름으로 넣는 품.

모-품圓 모내기를 하는 데 드는 품. ◻︎~을 팔다.

모피(毛皮)圓 털이 붙은 채로 벗긴 짐승의 가죽. 털가죽. ◻︎~ 목도리.

모피(謀避)圓한다 꾀를 써서 피함. 또는 피하려고 꾀를 냄.

모피-상(毛皮商)**명** 모피를 사고파는 장사. 또는 그 장수.

모필(毛筆)**명** 짐승의 털로 만든 붓. 털붓. 모추(毛錐).

모필-화(毛筆畫)**명** 붓으로 그린 그림《동양화는 대개 이에 속함》.

모핑(morphing)**[metamorphing(= 변형)의 약자]** 이미지 변화에 쓰이는 컴퓨터 애니메이션 기법. 영화 산업에서 자주 쓰이는, 사람이 동물이나 로봇으로 변화게 하는 따위의 기법.

모:하(暮夏)**명 1** 늦여름. 만하(晚夏). **2** 음력 6월을 달리 이르는 말.

모-하다(模-)**타여 1** 그림이나 글씨 위에 얇은 종이를 대어 그대로 그리다. **2** 본보기대로 그리다.

모하메드-교(Mohammed敎)**명** 이슬람교.

모:한(冒寒)**명하자** 추위를 무릅씀.

모:함(母艦)**명 1** '항공모함'의 준말. **2** '잠수모함'의 준말.

모함(謀陷)**명하타** 나쁜 꾀를 써서 남을 어려운 처지에 빠지게 함. □~에 빠지다 / 간신배들의 ~을 받다 / 남을 함부로 ~하지 마라.

모:항(母港)**명 1** 배의 근거지가 되는 항구. **2** 출항하여 떠나온 항구.

모해(謀害)**명하타** 모략을 써서 남을 해침.

모:험(冒險)**명하자타** 위험을 무릅쓰고 어떤 일을 함. 또는 그 일. □~을 즐기다 / ~이 찬 아프리카 오지 여행 / 무모한 ~을 하다 / 실패를 무릅쓰고 ~을 감행하다.

모:험-가(冒險家)**명** 모험을 즐기거나 자주 하는 사람.

모:험-담(冒險談)**명** 모험을 하면서 겪은 사실이나 행동에 대한 이야기.

모:험 소:설(冒險小說) 주인공의 모험에 흥미의 중심을 둔 소설.

모:험-심(冒險心)**명** 위험을 무릅쓰고 행동하려는 마음. □탐험은 ~ 없이는 불가능하다.

모:험-적(冒險的)**관명** 위험을 무릅쓰고 하는 (것). □자기 과시를 위해 ~인 행동을 하는 것은 어리석다.

모:험-주의(冒險主義)**[-/-이]명** 객관적인 조건을 무시하고 우연적인 성공을 바라고 행동하는 경향이나 주의.

모헤어(mohair)**명 1** 앙고라염소의 털《섬유질이 좋아 고급 양복감에 많이 씀》. **2** 앙고라염소의 털로 짠 얇은 피륙.

모혈(毛血)**명** 종묘와 사직의 제향에 쓰인 짐승의 털과 피.

모:형(母型)**명** 『인』 납을 부어 활자를 만드는 판. 자모(字母).

모형(牡荊)**명** 『식』 마편초과의 낙엽 관목. 화단에 심어 가꾸는데, 높이는 3 m 정도이며 잎은 마주나고, 여름에 담자색의 꽃이 주렁주렁 핌. 줄기와 잎은 이뇨(利尿)·통경(通經) 따위의 약재로 씀.

모형(模型·模形)**명 1** 같은 모양의 물건을 만들기 위한 틀. **2** 실물을 본떠서 만든 물건. □거북선의 ~. **3** 작품을 만들기 전에 미리 만든 본보기나, 완성된 작품을 줄여서 만든 본보기.

모형-도(模型圖)**명** 모형을 그린 그림.

모형 비행기(模型飛行機) 비행기를 본떠서 작게 만든 장난감이나 교육용 비행기.

모호(模糊)**수명** 소수의 단위의 하나. 막(漠)의 10분의 1. 준순(逡巡)의 10배.

모호-하다(模糊-)**형여** 말이나 태도가 흐리터분하여 분명하지 않다. □모호한 대답 / 태도

가 ~.

모(帽花)**명** 어사화(御賜花).

모:화(慕化)**명하자** 덕을 사모하여 감화됨.

모:화(慕華)**명하자** 중국의 문물이나 사상을 우러러 사모함.

모:화-관(慕華館)**명** 『역』 조선 때, 중국 사신을 영접하던 곳.

[모화관 동냥아치 떼쓰듯] 경위에 어그러진 언사로 시끄럽게 떠든다는 말.

모화대(帽靴帶)**명** 사모(紗帽)·목화(木靴)·각띠의 총칭.

모:화-사상(慕華思想)**명** 중국의 문물과 사상을 흠모하여 따르려는 사상.

모:-회사(母會社)**명** 『경』 자본에 참가하여 임원을 파견하거나 도급을 맡게 해서 다른 기업을 지배하는 회사. ↔자회사.

모:후(母后)**명** 임금의 어머니.

모:훈(母訓)**명** 어머니의 가르침. 모교(母敎).

목[1]**명 1** 척추동물의 머리와 몸을 잇는 잘록한 부분. □~을 움츠리다 / 화환을 ~에 걸다 / 아이가 ~을 가누다. **2** '목구멍'의 준말. □~이 아프다 / ~이 컬컬하다 / ~이 터져라고 응원하다. **3** 모든 물건의 목에 해당하는 부분. □~이 긴 양말. **4** 곡식의 이삭이 달린 부분. **5** 다른 곳으로는 빠져나갈 수 없는 통로의 중요하고 좁은 곳. □통로의 ~을 지키다 / ~ 좋은 곳에 가게를 내다. **6** 목을 통해 나오는 소리. □~이 쉬다 / ~이 가라앉다 / ~을 가다듬다.

목에 칼이 들어와도 관 무슨 일이 닥치더라도 굽히지 않고 끝까지 버틴다는 말.

목에 핏대를 세우다〔올리다〕관 몹시 노하거나 흥분하여, 목에 핏줄이 불뚝 드러나게 하다.

목에 힘을 주다 관 거드름을 피우거나 남을 깔보는 듯한 태도를 취하다.

목을 걸다 관 ○목숨을 바칠 각오를 하다. ○직장에서 쫓겨나는 위험을 무릅쓰다.

목(을) 놓아〔놓고〕관 참거나 삼가지 않고 소리를 크게 내어. □~ 통곡하다.

목(을) 따다〔떼다〕관 목을 자르다.

목(을) 베다 관 목(을) 자르다.

목을 빼다 관 몹시 초조하게 기다리다. □목을 빼고 차례를 기다리다.

목(을) 자르다 관 직장에서 쫓아내다.

목을 조이다〔죄다〕관 □괴롭혀 망하게 하거나 못살게 하다. ○대학 입시라는 압박감이 고등학생의 목을 조이고 있다.

목을 축이다 관 목이 말라 물이나 술 따위를 마시다. □시원한 막걸리로 ~.

목이 간들간들하다 관 ○목숨이 위태롭다. ○어떤 직책에서 쫓겨날 형편에 놓여 있다.

목이 날아가다〔달아나다〕관 ○죽음을 당하다. ○직장에서 쫓겨나게 되다. □언제 목이 날아갈지 몰라 일에 의욕이 없다.

목이 붙어 있다 관 ○겨우 살아 있다. ○겨우 해고를 면하다.

목이 빠지게 기다리다 관 몹시 안타깝게 기다리다. □남편이 돌아오기를 ~.

목(이) 잠기다 관 목이 쉬어서 목소리가 잘 나오지 않게 되다.

목(이) 타다 관 심하게 갈증을 느끼다.

목[2]**명** 『광』 광석을 함지질할 때 나오는 금·납은 따위가 섞여 있는 가루 광석.

목[3] 〈옛〉 못. 꾸미.

목(木)**명 1** 오행(五行)의 하나《방위로는 동쪽,

계절로는 봄, 색으로는 청(靑)이 됨). **2** '목요일'의 준말.

목(目)□명 **1** 예산 편제상의 단위(항(項)과 절(節)의 사이). **2**〖생〗생물 분류학상의 단위(강(綱)과 과(科)의 사이). □나비~. □□명 바둑에서, 바둑판의 눈이나 바둑돌의 수를 셀 때 쓰는 말. □오(五) ~ 반(半) 됨.

목(牧)〖역〗고려 중기 이후와 조선 때에 큰 고을에 두었던 지방 행정 단위의 하나(목사(牧使)가 다스림).

목⁴의명〖역〗결(結).

목가(牧歌)[-까]명 **1** 목동·목자의 노래. **2** 전원생활을 주제로 한 시가.

목가-적(牧歌的)[-까-]□관 목가처럼 소박하고 서정적인 (것). □□명 ~인 정서가 풍기는 곳.

목각(木刻)[-깍]명하타 **1** 나무에 그림이나 글씨 따위를 새김. □~ 불상. **2**〖미술〗'목각화'의 준말. **3**〖인〗'목각 활자'의 준말. **4**〖미술〗중국의 목판화.

목각-화(木刻畫)[-까화]명〖미술〗나무에 새긴 그림. ➝목각.

목각 활자(木刻活字)[-까활짜]〖인〗나무에 새긴 활자. ➝목각.

목간(木竿)[-깐]명 장나무.

ⓑ(木幹)[-깐]명 나무의 줄기.

목간(木簡)[-깐]명 글을 적은 나뭇조각(종이가 없던 시대에 문서나 편지로 쓰였음).

목간(沐間)[-깐]명하자 **1** '목욕간'의 준말. **2** 목욕간에서 목욕함.

목간-통(沐間桶)[-깐-]명 목욕간에 있는 목욕통.

목갑(木匣)[-깝]명 나무로 만든 갑.

목강-하다(木強-)[-깡-]형여 억지가 세고 만만치 않다.

목-거리[-꺼-]명 목이 붓고 아픈 병.

목-걸이[-꺼리]명 **1** 목에 거는 물건의 총칭. **2** 주로 보석이나 귀금속 따위로 된 목에 거는 장식품. □진주 ~를 목에 걸다.

목검(木劍)[-껌]명 나무로 만든 검술 연습용의 칼.

목격(目擊)[-껵]명하타 일이 벌어진 광경을 직접 봄. 목견. □범행 현장을 ~하다 / 전동차 안에서 구걸하는 사람이 자주 ~된다.

목격-담(目擊談)[-껵땀]명 목격한 것에 대한 이야기. □~을 듣다.

목격-자(目擊者)[-껵짜]명 어떤 일을 눈으로 직접 본 사람. □교통사고 ~를 찾다.

목견(目見)[-껸]명하타 목격(目擊).

목-곁이[-꼊이]명〖건〗모꺼연.

목-곧이[-꼬지]명 억지가 세어 남에게 호락호락 굽히지 않는 사람.

목곬(木骨)[-꼴]명〖건〗나무로 된 뼈대.

목-골뚱이(木-)[-꼴-]명 나무로 파서 만든 담배통.

목공(木工)[-꽁]명 **1** 나무를 다루어 물건을 만드는 일. **2** 목수.

목공 기계(木工機械)[-꽁- / -꽁-게] 나무를 가공하는 데 쓰는 기계의 총칭.

목-공단(木貢緞)[-꽁-]명 무명실을 넣어 짠 공단.

목공-소(木工所)[-꽁-]명 나무로 가구·창문 따위의 물건을 만드는 곳.

목공-품(木工品)[-꽁-]명 나무를 다루어 만든 가공품(책상·소반 따위).

목과(木瓜)[-꽈]명 '모과(木瓜)'를 한방에서 이르는 말.

목곽(木槨)[-꽉]명〖역〗무덤에 관과 부장품을 넣기 위하여 나무로 궤처럼 만든 시설.

목관(木棺)[-꽌]명 나무로 짠 관.

목관(牧官)[-꽌]명 목사(牧使).

목관 악기(木管樂器)[-꽈낙끼]〖악〗몸통이 나무로 되고 그 악기 자체에 발음체(發音體)가 달려 있는 관악기(하모니카·클라리넷·색소폰·퉁소·피리 따위).

목광(目眶)[-꽝]명 눈시울.

목교(木橋)[-꾜]명 나무다리.

목교(目巧)[-꾜]명 눈썰미.

목구(木毬)[-꾸]명 지난날, 격구(擊毬)할 때 쓰던 나무 공.

목-구멍[-꾸-]명 입안에서 기도와 식도(食道)로 통하는 입속의 깊숙한 곳. 인후(咽喉). □~에 가시가 걸리다 / ~에 가래가 끓다 / 분노가 ~까지 치밀어 오른다. ➝목.
〔목구멍이 포도청〕 먹고살기 위하여 해서는 안 되는 짓까지 하게 된다는 말.
목구멍 때도 못 씻었다 관 자기 양에 차지 못하게 아주 조금 먹었음을 가리키는 말.
목구멍에 풀칠한다 관 굶지 아니하고 겨우 먹고살아 간다.
목구멍의 때를 벗긴다 관 오랜만에 좋은 음식을 실컷 먹는다.
목구멍(이) 크다 관 ㉠양이 커서 많이 먹는다. ㉡욕심이 많다.

목구멍-소리[-꾸-]명〖언〗'후음(喉音)'의 풀어쓴 말.

목궁(木弓)[-꿍]명 애끼찌나 산뽕나무로 만든, 모양이 단순한 활. 전쟁이나 사냥할 때 썼음.

목귀[-뀌]명 재목의 귕퉁이를 깎아서 면(面)을 죽여 장식한 것.

목귀-질[-뀌-]명하타 목귀로 쓰기 위하여 나무를 다듬는 일.

목균(木菌)[-뀬]명 말려서 꼬치에 꿴 버섯.

목-극토(木克土)[-극-]〖민〗오행(五行)의 운행에서, 나무가 흙을 이긴다는 뜻.

목근(木根)[-끈]명 나무뿌리.

목근(木槿)[-끈]명〖식〗무궁화나무.

목근(木筋)[-끈]명 콘크리트 구조물에 철근 대신 심으로 넣는 나무. □~ 콘크리트.

목금(木琴)[-끔]명〖악〗실로폰(xylophone).

목금(目今)[-끔]□명 눈앞에 닥친 현재. 목하(目下). □이제 곧.

목기[-끼]명 기름틀의 챗날과 머리틀 사이에 끼는 목침 같은 나무토막.

목기(木器)[-끼]명 나무로 만든 그릇.

목-기러기(木-)[-끼-]명 나무로 만들어 채색한 기러기(전통 혼례 때 산 기러기 대신 씀). 목안.

목기-법(木寄法)[-끼뻡]명 조각술의 하나(여러 가지의 나뭇조각으로 모양을 맞추어 만들되 나무로 만든 것같이 하는 법). 기본법.

목기-전(木器廛)[-끼-]명 여러 가지 나무 그릇을 파는 가게. 목물전.

목-낭청(睦郎廳)[몽-]명 춘향전에 나오는 인물에 빗대어, 자기 주견 없이 이래도 응 저래도 응 하는 사람을 조롱하여 일컫는 말.

목낭청-조(睦郎廳調)[몽-조]명 **1** 분명하지 않은 태도. **2** 어름어름하면서 얼버무리는 말. □~로 말하다.

목-놀림[몽-]명하자 어린아이의 목구멍을 축일 정도로 젖을 적게 먹임. 또는 그 정도로 적게 나는 젖의 분량.

목농(牧農)[몽-]명 **1** '목축 농업'의 준말. **2** 목축과 농업.

목-누름 [−눔] [뭉] 명 씨름 기술의 하나《상대자의 목덜미를 팔로 눌러서 엎어지게 하는 기술》.
목눌-하다 (木訥−)[−눌−] [뭉] 형여 고지식하고 느리며 말재주가 없다.
목-다리 (木−)[−따−] 명 다리가 불편한 사람이 겨드랑이에 대고 짚는 지팡이. 협장(脇杖).
목-다심 [−따−] 명 물을 조금 마시거나 기침을 하거나 하여 거친 목구멍을 부드럽게 하는 일.
목단 (牧丹)[−딴] 명 식 모란.
목단-피 (牧丹皮)[−딴−] 명 모란 뿌리의 껍질《월경(月經)을 고르게 하며 혈증(血症)·타박상·피부 반진 따위에 씀》.
목단-화 (牧丹花)[−딴−] 명 모란꽃.
목-달구 (木−)[−딸−] 명 굵고 큰 나무토막으로 만든 기구. 땅을 다지는 데 씀.
목-달이 [−따리] 명 1 버선목의 안짝 헝겊이 겉으로 걸쳐 넘어와서 목이 된 버선. 2 밑바닥은 다 해어지고 발등만 넘이는 버선.
목담 [−땀] 명 광 버력으로 쌓은 담.
목대¹ [−때] 명 지난날, 두꺼운 엽전이나 당백전을 두세 겹으로 붙이고 구멍에 봉을 박아 만들거나, 납 따위로 둥글납작하게 만든 물건《돈치기할 때 던진 돈을 맞히는 데 씀》.
목대² [−때] 명 멍에 앞 끝의 구멍에 꿰어, 소의 목 양쪽에 대는 가는 나무.
　목대(를) 잡다 관 여러 사람을 거느리고 일을 시키다.
목-대야 (木−)[−때−] 명 나무로 만든 대야.
목대-잡이 [−때자비] 명 목대를 잡아 일을 시키는 사람.
목-대접 (木−)[−때−] 명 나무로 만든 대접.
목-덜미 [−떨−] 명 목의 뒤쪽 부분. □∼를 쓰다듬다.
　목덜미를 잡히다 관 ⓐ약점이나 급소를 잡히다. ⓑ피할 수 없이 죄가 드러나게 되다.
　□범죄 사실이 ∼.
목도 [−또] 명 하타 1 무거운 물건이나 돌덩이를 밧줄로 얽어 어깨에 메고 옮기는 일. 흔히, 2·4·8명이 짝이 되어, 소리를 내며 발을 맞추어 감. 2 목도할 때 쓰는 둥근 나무 몽둥이. 목도채. □∼를 메다.
목도 (木刀)[−또] 명 검(木劍). 2 예새.
목도 (目睹)[−또] 명 하타 목격(目擊). □충격적인 광경을 ∼하다.
목도-꾼 [−또−] 명 무거운 물건을 목도하여 나르는 일꾼.
목-도리 [−또−] 명 추위를 막거나 멋을 내기 위해 목에 두르는 물건. □∼를 두르다.
목-도장 (木圖章)[−또−] 명 나무로 만든 도장. 목인(木印). □∼을 파다.
목도-질 [−또−] 명 하타 목도를 하는 일.
목도-채 [−또−] 명 목도할 때 어깨에 메는 굵고 긴 몽둥이. 목도2.
목독 (目讀)[−독] 명 묵독(默讀).
목-돈 [−똔] 명 1 한몫으로 된 액수가 큰 돈. 뭉칫돈. □∼이 들다 / ∼을 챙겨 달아나다 / 적은 비용을 투자해 ∼을 손에 쥐다. 2 굿할 때, 비용에 쓰라고 무당에게 먼저 주는 돈.
목-돌림 [−똘−] 명 목이 아픈 돌림병의 총칭.
목돗-줄 [−또쭐 / −똗쭐] 명 목도하는 데 쓰는 밧줄.
목동 (牧童)[−똥] 명 마소나 양 따위 가축에 풀을 뜯기며 돌보는 아이.
목두 (木頭)[−뚜] 명 목재를 다듬을 때 끄트머리를 잘라 버린 나무토막.
목두기 [−뚜−] 명 이름이 무엇인지 모르는 귀신의 이름.

목-둘레 [−뚤] 명 1 목의 둘레. □∼에 부스럼이 나다. 2 목을 둘러 잰 길이.
목돗-개비 (木頭−)[−뚜깨− / −뚣깨−] 명 목재를 다듬을 때에 잘라 버린 나뭇개비.
목-뒤 [−뛰] 명 목의 뒤쪽. □∼가 뻣뻣하다.
목등-뼈 [−뜽−] 명 생 포유류에서, 척추의 가장 윗부분. 경추(頸椎).
목란 (木蘭)[뭉난] 식 목련(木蓮).
목람 (木藍)[뭉남] 명 식 쪽⁴.
목랍 (木蠟)[뭉납] 명 옻나무·거망옻나무의 익은 열매를 짓찧어서 만든 납《양초·성냥·화장품 등의 재료와 기구의 광택을 내는 데 씀》. 목(木)초.
목력 (目力)[뭉녁] 명 시력(視力).
목련 (木蓮)[뭉년] 식 1 자주목련(紫朱木蓮)·백(白)목련 등의 총칭. 2 목련과의 낙엽 활엽 교목. 산허리에 나는데, 높이는 10 m 정도이며, 봄에 잎이 돋기 전에 크고 향기 있는 흰 꽃이 핌. 나뭇결이 치밀하여 기구재나 건축재로 쓰이고 꽃망울과 나무껍질은 약용함.
목련-화 (木蓮花)[뭉년−] 명 목련의 꽃. 목련꽃. □∼가 만개하다.
목렴 (木廉)[뭉념] 명 무덤 속의 송장에 나무뿌리가 감기는 일《풍수에서 크게 꺼림》.
목례 (目禮)[뭉녜] 명 하타 눈짓으로 가볍게 하는 인사. 눈인사. □∼를 나누다 / ∼로 답하다.
목로 (木路)[뭉노] 명 얕은 물에 배가 다닐 만한 곳에 나뭇가지를 꽂아 표시한 뱃길.
목로 (木壚)[뭉노] 명 주로 선술집에서, 술잔을 벌여 놓기 위하여 널빤지로 좁고 기다랗게 만든 상.
목로-술집 (木壚−)[뭉노−찝] 명 목로를 차려 놓고 술을 파는 집. 목로주점. 준목롯집.
목로-주점 (木壚酒店)[뭉노−] 명 목로술집.
목록 (目錄)[뭉녹] 명 어떤 물품의 이름이나 책 제목 따위를 차례로 적은 것. □도서 ∼ / 재고품 ∼ / 재산 ∼ / 참고 문헌 ∼을 작성하다.
목롯-집 (木壚−)[뭉녹찝 / 뭉놑찝] 명 ‘목로술집’의 준말.
목류 (木瘤)[뭉뉴] 명 옹두리. *옹이.
목리 (木理)[뭉니] 명 1 나뭇결. 2 나이테.
목리 (木履)[뭉니] 명 나막신.
목리-문 (木理紋)[뭉니−] 명 도자기에 나뭇결처럼 놓이는 무늬.
목마 (木馬)[뭉−] 명 1 어린아이들의 놀이나 승마 연습용으로 쓰는 기구의 하나《나무로 말의 모양처럼 깎아 만들어 그 위에 탐》. 2 건축할 때에 사용하는 발돋움의 하나.
목마 (木磨)[뭉−] 명 매통.
목마 (牧馬)[뭉−] 명 하타 말을 먹여 기름. 또는 그 말.
목-마르다 [뭉−] [목말라, 목마르니] 형르 1 물이 먹고 싶다. □운동을 했더니 ∼. 2 (주로 ‘목마르게’의 꼴로 쓰여) 몹시 바라거나 아쉬워하다. □누군가의 구원을 목마르게 갈구하다. 4 어떤 것을 몹시 바라다. □사랑에 목말라 있다.
　[목마른 놈이 우물 판다] 일이 급하고 필요한 사람이 먼저 서둘러서 시작한다는 말.
목-마름 [뭉−] 명 1 목이 말라 물이 먹고 싶은 상태. 갈증(渴症). 2 어떠한 것을 간절히 바람. □사랑에 대한 ∼.
목마-장 (牧馬場)[뭉−] 명 말을 먹여 기르는 곳.
목-말 [뭉−] 명 남의 어깨 위에 두 다리를 벌리고 앉거나 올려놓고 서는 일. □∼을 타다 /

~을 태우다.
목말 (木末)[몽―] [명] 메밀가루.
목-매 (木―)[몽―] [명] 매통.
목매기-송아지 [몽―] [명] 아직 코를 뚫지 않고 목에 고삐를 맨 송아지.
목-매다 [몽―] [자타] 목매달다.
목-매달다 [몽―] [자타] **1** 죽거나 죽이려고 끈이나 줄 따위로 높은 곳에 목을 걸어 매달다. ❑생활고로 목매달아 죽다. **2** 〈속〉 어떤 일이나 사람에게 전적으로 의지하다. ❑은행 대출에 목매단 중소기업이 많았다.
목-매아지 [몽―] [명] 아직 굴레를 씌우지 않고 목을 고삐로 맨 망아지. [준]목매지.
목-매지 [몽―] [명] '목매아지'의 준말.
목맥 (木麥)[몽―] [명] 메밀.
목-맺히다 [자] ☞목메다.
목-메 (木―)[몽―] [명] 나무로 만든 메.
목-메다 [몽―] [자] 기쁨이나 설움 따위가 북받쳐 목구멍이 막히다. ❑목멘 소리/목메어 울다.
[목멘 개 겨 탐하듯] 감당할 힘도 없으면서 과분한 일을 하려 하거나 욕심을 부림을 가리키는 말.
목멱-산 (木覓山)[몽―싼] [명] 〖지〗 서울 '남산(南山)'의 옛 이름.
목면 (木綿·木棉)[몽―] [명] **1** 판야과 식물의 총칭. **2** 여러해살이 목본(木本)의 목화(木花). **3** 목화(木花). **4** 무명.
목면-사 (木綿絲)[몽―] [명] 무명실.
목면-직 (木綿織)[몽―] [명] 무명실로 짠 피륙의 총칭.
목면-포 (木綿布)[몽―] [명] 무명.
목목-이 [몽모기] [부] 중요한 길목마다. ❑경찰이 ~ 지키고 서 있다.
목-무장 [몽―] [명] 씨름이나 싸움을 할 때, 상대의 머리와 턱을 잡아 빙 돌려서 넘기는 재주. [준]무장.
목문 (木紋)[몽―] [명] 나뭇결이 나타내는 물결 같은 무늬.
목문-지 (木紋紙)[몽―] [명] 양지(洋紙)의 하나 《나무의 빛깔과 무늬를 나타냄》.
목-물 [몽―] [명][하자] **1** 사람의 목에 닿을 만큼 깊은 물. **2** 팔다리를 뻗고 구부린 사람의 허리 위에서 목까지를 물로 씻는 일. 또는 그 물. ❑~을 끼얹다.
목물 (木物)[몽―] [명] 나무로 만든 물건의 총칭.
목물-전 (木物廛)[몽―] [명] 목기전.
목민 (牧民)[몽―] [명][하자] 임금이나 고을의 원이 백성을 다스리는 일.
목민-관 (牧民官)[몽―] [명] 〖역〗 백성을 다스리는 벼슬아치. 곧, 고을의 원이나 수령. 목민지관(牧民之官).
목밀 (木蜜)[몽―] [명] 대추[1]2.
목밑-샘 [몽민쌤] [명] 〖생〗 갑상선(甲狀腺).
목ᄆᆞᄅᆞ다 [형] 〈옛〉 목마르다.
목반 (木盤)[―빤] [명] 목판(木板)1.
목-반자 (木―)[―빤―] [명] 〖건〗 **1** 널조각으로만 대고 종이를 바르지 않은 반자. 널반자. **2** 소란 반자.
목-발[1] (木―)[―빨] [명] '목다리'의 속칭. ❑~을 짚다.
목-발[2] (木―) [명] ☞지겟다리.
목방 (木房)[―빵] [명] 예전에, 목수들이 일하는 곳을 이르던 말.
목방-모군 (木房募軍)[―빵―] [명] 예전에, 목방에 딸려 품팔이하던 사람.
목배 (木杯)[―빼] [명] 나무로 만든 잔.
목백 (牧伯)[―빽] [명] 〖역〗 목사(牧使).
목본 (木本)[―뽄] [명] 〖식〗 단단한 줄기를 가진 식물. 곧, 나무. ↔초본(草本).
목본-경 (木本莖)[―뽄―] [명] 〖식〗 나무줄기. ↔ 초본경(草本莖).
목본 식물 (木本植物)[―뽄싱―] 〖식〗 목질 조직이 발달한 식물《관목·교목 따위》. ↔초본(草本) 식물.
목봉 (木棒)[―뽕] [명] 몽둥이.
목부 (木部)[―뿌] [명] **1** 〖식〗 목질부(木質部). **2** 〖악〗 아악기를 분류하는 항목의 하나《박(拍)·축(柷)·어(敔) 등 목제의 타악기가 이에 속함》. **3** 〖역〗 백제 때, 내관 12부의 하나《토목·건축 업무를 담당하였음》.
목부 (牧夫)[―뿌] [명] 목장에서 소·말·양 따위의 가축을 돌보며 키우는 사람. 목인(牧人).
목-부용 (木芙蓉)[―뿌―] [명] 〖식〗 부용1.
목불 (木佛)[―뿔] [명] 〖불〗 나무부처. *석불.
목불식정 (目不識丁)[―뿔―쩡] [명][하형] 아주 간단한 글자인 '丁' 자를 보고도 그것이 '고무래'인 줄을 알지 못한다는 뜻으로, '글을 읽을 줄 모름. 또는 그런 사람'을 이르는 말. 일자무식(一字無識).
목불인견 (目不忍見)[―뿌린―] [명] 눈 뜨고는 차마 볼 수 없음. ❑~의 참상. [준]불인견.
목-비 [―삐] [명] 모낼 무렵에 한목 오는 비.
목비 (木碑)[―삐] [명] 나무로 만든 비.
목-뼈 [명] 〖생〗 머리와 몸 사이를 잇는 목의 뼈. 경골(頸骨). 경추(頸椎).
목ᄭᅮ무 [명] 〈옛〉 목구멍.
목사 (木絲)[―싸] [명] 무명실.
목사 (牧使)[―싸] [명] 〖역〗 고려 중기 이후와 조선 때, 관찰사 아래에서 지방의 각 목을 맡아 다스리던 정삼품 외직 문관. 목백(牧伯).
목사 (牧舍)[―싸] [명] 목장의 외양간.
목사 (牧師)[―싸] [명] 〖기〗 기독교회의 교직《교회와 교구(敎區)를 관리하며, 예배를 인도하고 신자를 지도함》.
목-사리 [―싸―] [명] 소나 개 따위 짐승의 목에 두르는 굴레《위와 밑으로 각각 두르는 줄》.
목산 (目算)[―싼] [명][하타] 눈으로 어림셈함. 암산(暗算).
목살 (木煞)[―쌀] [명] 나무에 붙어 있다는 흉한 귀신. 또는 그것에 의한 재앙.
목상 (木商)[―쌍] [명] **1** 예전에, 뗏목이나 재목·장작 따위를 도매로 사고팔던 장수. **2** '재목상(材木商)'의 준말.
목상 (木像)[―쌍] [명] 나무로 만든 불상, 신상(神像)이나 인물의 형상 등의 조각.
목새[1] [―쌔] [명] 물결에 밀려 한곳에 쌓인 보드라운 모래.
목새[2] [―쌔] [명] 〖농〗 벼의 이삭이 팰 때, 줄기와 잎이 누렇게 시드는 병.
목새-돌다 [―쌔―] (―돌아, ―도니, ―도는) [자] 〖농〗 벼에 목새가 걸리다.
목-생화 (木生火)[―쌩―] [명] 〖민〗 음양오행설에서, 나무에서 불이 생김을 이름.
목서 (木犀)[―써] [명] 〖식〗 물푸레나무.
목-서지 (木serge) [명] 면직물의 하나《날과 씨를 모두 면사를 사용하여 평직 또는 능직으로 짠 것으로, 서지와 비슷함》.
목석 (木石)[―썩] [명] **1** 나무와 돌. **2** 나무나 돌처럼 감정이 무디고 무뚝뚝한 사람을 비유하는 말.
목석-간장 (木石肝腸)[―썩깐―] [명] 나무나 돌처럼 아무런 감정도 없는 마음씨의 비유.
목석-같다 (木石―)[―썩깓따] [형] 감정이 무디고

무뚝뚝하다. ▣목석같은 사람.

목석연-하다(木石然-)[-쩌연-] 〖혱어〗 나무나 돌처럼 아무 감정이나 반응이 없다. **목석연-히**[-쩌연-]

목석초화(木石草花)[-썩-] 〖명〗 나무·돌·풀·꽃이란 뜻으로, 자연을 일컫는 말.

목석-한(木石漢)[-써칸] 〖명〗 나무나 돌처럼 인정이 없고 감정이 무딘 사나이를 비유하는 말.

목-선(線)[-썬] 〖명〗 목의 윤곽을 나타내는 선. ▣~이 예쁘다.

목선(木船)[-썬] 〖명〗 나무로 만든 배. 목조선. 나무배. ▣~을 타고 대서양을 건너다.

목-선반(木旋盤)[-썬-] 〖명〗 갈이틀.

목설(木屑)[-썰] 〖명〗 톱밥.

목성(木姓)[-썽] 〖명〗 〖민〗 오행(五行)의 목(木)에 붙은 성《김(金)·고(高)·박(朴)·최(崔)·조(趙)·차(車) 따위》.

목성(木性)[-썽] 〖명〗 나뭇결.

목성(木星)[-썽] 〖명〗 태양계의 다섯째 행성《가장 큰 별로 금성처럼 밝게 빛나며, 16개의 위성이 있음》. 덕성(德星).

목성(木聲)[-썽] 〖명〗 **1** 나무를 두드리는 소리. **2** 〖민〗 관상(觀相)에서, 사람의 목소리를 오행(五行)으로 나누었을 때, 목(木)에 해당하는 소리. 곧, 쇤 목소리.

목성-양치(木性羊齒)[-썽-] 〖식〗 줄기가 나무 모양으로 된 고사리의 총칭.

목성형 행성(木星型行星)[-썽-] 〖천〗 태양계에서, 지구보다 반지름과 질량이 훨씬 큰 행성의 총칭. 곧, 목성·토성·천왕성·해왕성.

목-세루 ☞목서지(木serge).

목소(目笑)[-쏘] 〖명〗 눈웃음.

목-소리[-쏘-] 〖명〗 **1** 목구멍에서 나는 소리. 곧, 말소리, 음성. ▣고운 ~ / ~를 낮추다 / 귀에 익은 ~가 들리다 / 떨리는 ~로 말을 꺼내다. **2** 말로 나타내는 의견이나 주장. ▣독자적인 ~를 내다 / 서민들의 ~에 귀를 기울이다 / 비난의 ~가 터져 나왔다. **3** 〖언〗 목청소리.

목송(目送)[-쏭] 〖명〗〖하타〗 작별하는 사람이 멀리 갈 때까지 바라보며 보냄. ▣영령을 ~하다.

목수(木手)[-쑤] 〖명〗 나무를 다루어 집을 짓거나 가구·기구 따위를 만드는 일을 업으로 하는 사람. 목공. 대목(大木).
[목수가 많으면 집을 무너뜨린다] 의견이 너무 많으면 도리어 일을 망친다.

목수(木-)[-쑤] 〖식〗 고갱이 1.

목수(牧豎)[-쑤] 〖명〗 목동(牧童).

목숨[-쑴] 〖명〗 **1** 숨을 쉬며 살아 있는 힘. 살아가는 원동력. 명(命). 생명. ▣~을 구하다 / ~을 건지다 / ~을 바치다 / ~이 위태롭다 / ~이 경각에 달려 있다. **2** 수명1. ▣~이 길다 / ~이 다하다.
목숨을 거두다 〖곤〗 숨이 끊어져 죽다.
목숨을 걸다 〖곤〗 어떤 목적을 이루기 위하여 죽음을 각오하다.
목숨(을) 끊다 〖곤〗 스스로 죽다. 또는 남을 죽이다.
목숨을 도모하다 〖곤〗 죽을 지경에서 살길을 찾다.
목숨(을) 바치다 〖곤〗 어떤 대상을 위하여 생명을 걸고 일하다.
목숨을 버리다 〖곤〗 ㉠스스로 죽다. ㉡죽을 각오를 하거나 죽는 셈 치고 일하다.
목숨을 아끼다 〖곤〗 죽기를 두려워 여기다. 더 오래 살려고 생각하다.
목숨을 잃다 〖곤〗 생명을 잃다. 죽다.
목숨이 왔다 갔다 하다 〖곤〗 몹시 위험한 고

비에 처하다.

목-쉬다[-쒸-] 〖자〗 목이 잠겨 소리가 제대로 나지 아니하다. ▣목쉰 소리 / 소리를 너무 질러서 목쉬었다.

목식(木食)[-씩] 〖명〗〖하자〗 익혀 먹지 않고 나무 뿌리나 열매 등을 날로 먹음.

목신(木神)[-씬] 〖명〗 나무귀신.

목신(木神)[-씬] 〖명〗 그리스·로마 신화 중의 임야와 목축의 신(반은 사람, 반은 동물의 모양임). 목양신(牧羊神).

목실(木實)[-씰] 〖명〗 나무의 열매.

목심(木心)[-씸] 〖명〗 나뭇고갱이.

목안(木雁) 〖명〗 목기러기.

목야(牧野) 〖명〗〖하자〗 가축을 놓아기르는 들.

목양(牧羊) 〖명〗〖하자〗 양을 침.

목양(牧養) 〖명〗〖하자〗 목축(牧畜).

목양-견(牧羊犬) 〖명〗 목장에서 양을 지키고, 해가 저물면 집으로 몰아가도록 길들여진 개《주로 콜리종 따위가 이용됨》.

목-양말(木洋襪)[몽냥-] 〖명〗 무명실로 짠 양말. 면양말.

목양-신(牧羊神) 〖명〗 목신(牧羊神).

목어[1](木魚) 〖불〗 **1** 가축을 날탁(木鐸)1. **2** 불교 경전을 읽을 때 두드리는 제구《나무로 잉어처럼 만들었음》.

목어[2](木魚) 〖명〗〖어〗 도루묵.

목-연와(木煉瓦)[몽년-] 〖명〗 건축 또는 길 포장용의, 벽돌 모양으로 된 나무토막.

목엽(木葉) 〖명〗 나뭇잎.

목영(木纓) 〖명〗 나무로 구슬같이 만들어 옻칠을 하여 꿴 갓끈.

목왕지절(木旺之節) 〖명〗 오행(五行)의 목기(木氣)가 절한 때라는 뜻으로, 봄철을 달리 이르는 말.

목요-일(木曜日) 〖명〗 칠요일의 하나. 일요일로부터 다섯째 날. ⓤ목요(木曜)·목(木).

목욕(沐浴) 〖명〗〖하자〗 머리를 감으며 몸을 씻는 일. ▣~하러 대중목욕탕에 가다 / 한겨울에 냉수로 ~하다.

목욕-간(沐浴間)[모굑깐] 〖명〗 목욕실로 쓰는 칸살. ⓤ목간(沐間).

목욕-물(沐浴-)[모굥-] 〖명〗 목욕할 물.

목욕-실(沐浴室)[모굑씰] 〖명〗 목욕하는 시설을 갖춘 방. ⓤ욕실.

목욕-재계(沐浴齋戒)[모굑째-/ 모굑쩨계] 〖명〗〖하자〗 부정(不淨)을 타지 않도록 목욕하고 마음을 가다듬는 일. ▣~하고 치성을 드리다.

목욕-탕(沐浴湯) 〖명〗 목욕할 수 있도록 설비를 갖추어 놓은 곳. 또는 그런 시설을 갖추어 놓고 영업을 하는 곳. ⓤ욕탕(浴湯).

목욕-통(沐浴桶) 〖명〗 목욕물을 담는 통. 욕조(浴槽). ⓤ욕통.

목우(木偶) 〖명〗 나무로 만든 사람의 형상. 목인(木人).

목우(沐雨) 〖명〗〖하자〗 비를 흠뻑 맞음.

목우(牧牛) 〖명〗〖하자〗 소를 먹여 기름. 또는 그런 소.

목우-유마(木牛流馬) 〖명〗 중국 삼국 시대에, 제갈량이 식량을 운반하기 위하여 말이나 소의 모양으로 만든 수레. 기계 장치를 만들어 움직이게 하였음.

목우-인(木偶人) 〖명〗 **1** 나무로 만든 사람의 형상. **2** 아무 재주나 능력이 없는 사람을 가리키는 말.

목 운동(-運動) 머리를 크게 휘돌리거나 목을 앞뒤 좌우로 굽히는 맨손 체조.

목월(睦月)뗑 '음력 정월'의 딴 이름.
목-유경(木鍮檠)[몽뉴-]뗑 나무로 만든 등잔 받침.
목이(木耳·木栭)뗑 **1** 나무에서 돋은 버섯. **2** '목이버섯'의 준말.
목이-버섯(木耳-)[모기-섣]뗑 《식》 가을에 뽕나무·딸오줌나무 등의 죽은 나무에 나는 버섯. 모양이 사람의 귀와 비슷한데, 갓의 지름은 2~9cm, 안쪽은 적갈색, 거죽은 연한 갈색이며, 회색의 짧은 털이 빽빽이 남. 말려서 먹는데, 특히 중국 요리에 많이 씀. 준목이.
목인(木人)뗑 목우(木偶).
목인(木印)뗑 목도장.
목인(牧人)뗑 목부(牧夫).
목자(目子)[-짜]뗑 눈¹. □~를 부라리다.
목자(目眦)[-짜]뗑 눈초리 1.
목자(가) 사납다 둸 눈매가 사납고 심술궂게 생기다. □목자가 사나운 사내.
목자(牧子)[-짜]뗑 《역》 조선 때, 나라의 목장에서 마소를 먹이던 사람.
목자(牧者)[-짜]뗑 **1** 양을 치는 사람. **2**《기》 신자의 신앙생활을 보살피는 성직자를 일컫는 말(교인을 양에 비유한 말).
목자-자리(牧者-)[-짜자-]뗑 《천》 북쪽 하늘에 있는 별자리의 하나(큰곰자리의 동남쪽에 있고 초여름 저녁 천정(天頂)에 위치함).
목-작약(木芍藥)[-짜갹]뗑 《식》 모란(牡丹).
목잔(木棧)[-짠]뗑 나무로 사다리처럼 놓은 길.
목잠[-짬]뗑 《농》 곡식 이삭의 줄기가 말라서 죽는 병.
목잠(木簪)[-짬]뗑 나무로 만든 비녀(주로 여자 상제가 꽂음).
목-잡다[-짭따]囨 금광에서 함질할 때 나오는, 납·은·새 따위가 섞여 있는 가루 광석을 따로 모으다.
목장(木匠)[-짱]뗑 《역》 조선 때, 각 도에 파견되어 나무를 다루던 공장(工匠).
목장(牧場)[-짱]뗑 소·말·양 따위를 놓아기르는 설비를 갖춘 넓은 구역의 땅.
목-장갑(木掌匣)[-짱-]뗑 면장갑.
목재(木材)[-째]뗑 건축이나 가구 따위에 쓰이는 나무로 된 재료. *석재.
목재 건류(木材乾溜)[-째걸-]뗑 목재를 열분해하여 고체 상태나 액체 상태, 기체 상태 등의 생성물을 얻는 조작.
목재-상(木材商)[-째-]뗑 목재를 파는 장사. 또는 그 장수.
목재-업(木材業)[-째-]뗑 목재를 대상으로 하는 사업의 총칭.
목재 펄프(木材pulp)[-째-]뗑 목재를 원료로 하여 만든 펄프(종이나 인조 섬유, 셀로판 따위의 원료로 씀).
목저(木-)[-쩌]뗑 나무젓가락.
목저(木杵)[-쩌]뗑 나무달굿대.
목적(木賊)[-쩍]뗑 **1**《식》속새. **2** 속새의 줄기(안질·치질 등의 약제로 씀).
목적(目的)[-쩍]뗑하囨 **1** 일을 이루려고 하는 목표나 나아가는 방향. □~을 이루다 / ~을 세우다 / ~을 달성하다 / ~했던 산봉우리에 다다랐다 / 이 연구의 ~은 난치병 치료에 있다. **2**《심》행위에 앞서서 의지가 그의 실현을 예정하는 것.
목적(牧笛)[-쩍]뗑 목자(牧者)나 목동이 부는 피리.
목적-격(目的格)[-쩍껵]뗑 《언》 문장에서, 체

언이 서술어의 목적어임을 나타내는 격.
목적격 조:사(目的格助詞)[-쩍껵쪼-]뗑 《언》 체언 뒤에 붙어, 그 체언을 주어로 동작이나 작용의 목적물이 되게 하는 조사('를·을'이 있음). 부림자리토씨.
목적-론(目的論)[-쩡논]뗑 **1**《철》 모든 사물은 목적에 따라 규정되고 목적을 실현하기 위하여 존재한다는 이론. **2**《윤》 행위의 정·부정은 인생 최고의 목적에 이를 수 있는 경향의 유무에 따라서 판단된다는 이론. ↔기계론.
목적-물(目的物)[-쩡-]뗑 《법》 법률 행위의 목적이 되는 물건.
목적-범(目的犯)[-쩍뻠]뗑 형법상 범죄의 성립에서 고의 이외에 목적을 필요로 하는 범죄(내란죄·다고죄·위조죄 따위).
목적 사회(目的社會)[-쩍싸-]뗑 일정한 목적을 위하여 결합된 인간적 사회 집단(주식회사 따위).
목적-성(目的性)[-쩍썽]뗑 무엇을 이루려고 하는 상태나 경향. □~을 띤 선물.
목적-세(目的稅)[-쩍쎄]뗑 특정한 목적을 위한 경비에 충당하려고 징수하는 세(방위세·교육세 따위). ↔보통세.
목적 소:설(目的小說)[-쩍쏘-]뗑 예술성보다는 어떤 목적을 전제로 하여 쓴 소설.
목적-시(目的詩)[-쩍씨]뗑 정치적·사회적 목적을 전제로 하여 지은 시. ↔순수시.
목적-어(目的語)[-쩌거]뗑 《언》 문장에서 동사의 동작의 대상이 되는 말. 곧, 타동사의 목적이 되는 말('밥을 먹다'에서 '밥을'따위). 부림말. 객어(客語).
목적-의식(目的意識)[-쩌긔- / -쩌기-]뗑 《윤》 자기 행위의 목적에 관한 명확한 자각.
목적-지(目的地)[-쩍찌]뗑 목표로 삼는 곳. 지목한 곳. □~에 도달하다.
목적 프로그램(-program)[-쩍-]뗑 《컴》 고급 언어를, 컴퓨터가 읽을 수 있는 기계어나 다른 저급 언어로 번역한 형태의 프로그램.
목적-형(目的刑)[-쩌켱]뗑 《법》 범인에 대하여 사회를 방위하는 수단과 범인을 재교육하여 사회로 복귀시키는 수단으로서의 형벌. ↔응보형.
목적형-론(目的刑論)[-쩌켱논]뗑 《법》 형벌은 범죄가 행해졌기 때문에 가해지는 것이 아니라, 장래의 범죄를 예방하기 위해 가해지는 것이라고 하는 설. ↔응보형론(應報刑論).
목전(木栓)[-쩐]뗑 코르크(cork) 1.
목전(木箭)[-쩐]뗑 《역》 조선 때, 무과 시험에 쓰던, 나무로 만든 화살.
목전(目前)[-쩐]뗑 눈앞. 당장. □~의 이익 / 위기가 ~에 닥치다 / 승리를 ~에 두다.
목전지계(目前之計)[-쩐- / -쩐-게]뗑 앞날을 내다보지 못하고, 눈앞에 보이는 한때만을 생각하는 꾀.
목-접이[-쩌비]뗑하囨 목이 접질리어 부러짐.
목정[-쩡]뗑 소의 목덜미에 붙은 고기.
목정(木釘)[-쩡]뗑 나무못.
목정(木精)[-쩡]뗑 《화》 메탄올.
목-정강이[-쩡-]뗑 목덜미를 이루고 있는 뼈.
목정-골(-骨)[-쩡-]뗑 소의 목덜미를 이루고 있는 뼈.
목-젖[-쩓]뗑 목구멍의 안쪽 뒤 끝에 위에서 아래로 내민 둥그스름한 살. 현옹(懸癰). 현옹수(懸癰垂).
목젖이 간질간질하다 둸 말을 하고 싶어 조바심이 나다.
목젖(이) 떨어지다 둸 너무 먹고 싶어 하다.

목젖이 닮다.
목젖-살[-쩔쌀] 圓 쇠고기 부위의 하나《편육으로서 맛이 좋음》.
목제(木製)[-쩨] 圓하타 나무를 재료로 하여 만들. 또는 그 물건. ▢ ~ 그릇 / ~ 책상 / ~ 가구.
목-제기(木祭器)[-쩨-] 圓 나무로 만든 제기.
목제-품(木製品)[-쩨-] 圓 나무로 만든 물품.
목조(木造)[-쪼-] 圓하타 1 목제(木製). ▢ ~ 불상. 2 나무로 건물의 주요 뼈대를 짜 맞추는 구조. ▢ ~ 가옥.
목조(木彫)[-쪼-] 圓 나무에 어떤 모양을 새기거나 깎거나 쪼아서 만드는 일. 또는 그 작품. ▢ ~ 인형.
목조(木槽)[-쪼-] 圓 나무로 만든 구유.
목조 건ː축(木造建築)[-쪼-] 圓 건물의 뼈대가 주로 목재로 된 건축물.
목조-선(木造船)[-쪼-] 圓 나무로 만든 배.
목족(睦族)[-쪽] 圓하자 동족 또는 친족끼리 서로 화목하게 지냄.
목종(木鐘)[-쫑] 圓 나무로 틀을 만들어 꾸민 시계.
목주(木主)[-쭈] 圓 위패(位牌).
목-주련(木柱聯)[-쭈-] 圓 나무로 만든 주련.
목-죽(木竹)[-쭉] 圓 나무와 대.
목줄-띠[-쭐-] 圓 목구멍의 힘줄.
목쥴뒤(옛) 목줄띠.
목지(木芝)[-찌] 圓【植】영지(靈芝)의 하나《산속의 썩은 나무에 기생함. 나는 새 또는 연꽃 모양임》.
목지(牧地)[-찌] 圓 1 목장이 있는 땅. 2 좋은 목장을 만들 수 있는 땅.
목-직성(木直星)[-찍썽] 圓 아홉 직성(直星)의 하나《좋은 조짐을 가져오며 9년 만에 한 차례씩 돌아오는데 남자는 18살로, 여자는 10살에 처음 든다 함》.
목직-이[-찌기] 早 목직하게.
목직-하다[-찌카-] 匣어 작은 물건이 보기보다 조금 무겁다. ▢ 지갑이 ~. 墨묵직하다.
목질(木質)[-찔] 圓 1 목재로서의 나무의 질. 2 줄기의 내부에 있는 단단한 부분. 3 목재와 같이 단단한 부분.
목질-부(木質部)[-찔-] 圓 식물의 관다발 안에 물관·헛물관·목질 섬유 따위로 이루어진 부분. 목부(木部).
목질 섬유(木質纖維)[-찔서뮤] 속씨식물의 목질부를 구성하는 요소의 하나. 두툼하고 갸름하며 양끝이 뾰족하게 목질화된 세포 또는 세포군.
목질-화(木質化)[-찔-] 圓하자【植】식물의 세포벽에 리그닌(lignin)이 쌓여 나무처럼 단단해지는 현상《나무는 목질화된 세포로 이루어짐》. 목화(木化).
목차(目次) 圓 목록이나 제목, 조항 따위의 차례. ▢ 책을 ~를 찬찬히 훑어보다.
목찰(木札) 圓 1 지저깨비. 2 목패(木牌).
목채(木寨) 圓 울짱1.
목채(木柵) 圓 울짱1.
목척(木尺) 圓 나무로 만든 자.
목첩(目睫) 圓 1 눈과 속눈썹. 2 아주 가까운 때나 곳을 이르는 말. ▢ 위험이 ~에 닥치다.
목청 圓 1 후두의 중앙부에 위치한 소리를 내는 부분. 성대(聲帶). ▢ ~이 터져라 고함을 지르다. 2 목에서 울려 나오는 소리. 노래 부르는 목소리. ▢ ~이 좋다 / ~을 가다듬다.
목청(을) 돋우다 子 목소리를 높이다.
목청을 뽑다 子 큰 목소리로 노래를 부르다. ▢ 목청을 길게 뽑다.

목청을 올리다 子 목소리를 크게 내다. ▢ 목청을 올려 악을 쓰며 덤비다.
목청-껏[-껃] 早 있는 힘을 다하여 소리를 질러. ▢ ~ 외치다.
목청-소리 圓【언】목청 사이에서 나는 소리《'ㅎ' 따위》. 성대음(聲帶音). 후음(喉音). 목소리.
목체(木體) 圓 1 나무의 형체(形體). 2【민】사람의 상격(相格)을 오행(五行)으로 나눌 때 목(木)에 해당하는 상.
목-초(木-) 圓 목랍(木蠟).
목초(草草) 圓 나무와 풀. 초목(草木).
목초(牧草) 圓【植】말·양·소 따위에게 먹이는 풀.
목-초산(木醋酸) 圓【화】목재를 건류할 때 나오는 아세트산《방부제로 목재에 바름》. 墨목초(木醋).
목초-지(牧草地) 圓 가축의 사료가 되는 풀이 자라고 있는 곳. 목초를 기르는 곳. ▢ ~를 조성하다.
목-촛대(木-臺)[-초때 / -촏때] 圓 나무로 만든 촛대. 목촉대.
목총(木銃) 圓 나무로 만든 총《소총의 모형으로 군사 훈련에 씀》.
목축(牧畜) 圓하자 소·말·양·돼지 따위의 가축을 많이 기름. 목양(牧養).
목축-가(牧畜家)[-까] 圓 목축을 업으로 삼는 사람.
목축-농(牧畜農)[-충-] 圓 가축을 전문으로 치는 농업. 또는 그런 농가.
목축 농업(牧畜農業)[-충-] 圓 목축을 전문으로 하는 농업. 墨목축업(牧畜業).
목축 시대(牧畜時代)[-씨-]【경】예전에, 목축을 중요한 생활 수단으로 삼던 시대《어렵 시대와 농업 시대의 중간 단계로, 유목 생활을 하였음》.
목축-업(牧畜業) 圓 목축을 경영하는 직업이나 사업.
목측(目測) 圓하타 1 눈대중. 2 눈대중으로 크기나 길이 따위를 재는 일.
목-침(木枕) 圓 나무토막으로 만든 베개.
목-침대(木寢臺) 圓 1 나무로 만든 침대. 2【군】나무로 만든 야전 침대.
목침-돌림(木枕-) 圓 여러 사람이 모인 자리에서 목침을 돌리어 차례가 된 사람이 옛이야기나 노래를 하며 즐김. 또는 그런 놀이.
목침-제(木枕題)[-쩨] 圓 썩 어려운 시문(詩文)의 글제.
목침-찜(木枕-) 圓하타 목침으로 사람을 마구 때림. 또는 그런 일.
목-타르(木tar) 圓【화】나무 타르.
목탁(木鐸) 圓 1【불】나무를 둥글게 깎아 속을 파서 방울처럼 만들어 고리 모양의 손잡이를 단 기구《불공과 예불(禮佛) 때, 또는 식사와 공사(公事) 때 침》. 2 세상 사람을 깨우쳐 바르게 인도할 만한 사람이나 기관의 비유. ▢ 신문은 사회의 ~이다.
목탁-귀(木鐸-)[-뀌] 圓【불】모이라는 신호로 치는 목탁 소리를 듣는 귀.
[**목탁귀가 밝아야 한다**] 귀가 어두우면 먹을 밥도 못 얻어먹는다.
목탁-귀신(木鐸鬼神)[-뀌-] 圓 1 목탁만 치다가 깨달음을 얻지 못한 채 죽은 승려의 귀신. 2 목탁 소리만 나면 모여든다는 귀신.
목탁-동냥(木鐸-)[-똥-] 圓 목탁을 치면서 하는 동냥.

목탁-석 (木鐸夕)[-썩] 몡 〖불〗 아침저녁으로 도량(道場)으로 돌아다니면서 목탁을 두드리며 천수경 따위를 외는 일.

목탄 (木炭)몡 **1** 숯. **2** 버드나무·오동나무 등 결이 좋고 무른 나무로 만든 가느다란 막대 모양의 숯(데생이나 밑그림을 그릴 때 씀).

목탄 가스 (木炭gas) 목탄의 불완전 연소로 발생하는 일산화탄소를 주성분으로 하는 가스 《목탄차의 연료로 이용됨》.

목탄-지 (木炭紙)몡 목탄화를 그리기에 적당하게 만든 종이.

목탄-차 (木炭車)몡 지난날, 목탄 가스를 연료로 하던 자동차.

목탄-화 (木炭畫)몡 목탄지에 목탄으로 그린 데생이나 스케치.

목통몡 **1** 목구멍의 넓이. **2** 욕심이 많은 사람을 조롱하는 말. **3** 돈이나 물건을 아끼지 않고 푸지게 쓰는 태도의 비유. □~이 크다.

목통 (木桶)몡 나무로 만든 통. 나무통.

목통 (木通)[-][식] 으름덩굴. **2**〖한의〗 으름덩굴의 말린 줄기. 성질은 차고 오줌을 잘 나오게 하는 작용이 있어, 임질과 부종에 씀.

목판 (木板)몡 **1** 음식을 담아 나르는 나무 그릇(얇은 널빤지로 바닥을 대고 조붓한 전을 엇비슷하게 사방으로 대었음). 목반(木盤). **2** 널조각.

목판 (木版·木板)몡 나무에 글이나 그림을 새긴 인쇄용의 판.

목판-깃 (木版-)[-깃] 넓적하고 모양 없이 단 옷깃. *동구래깃.

목판-되 (木版-)몡 모되.

목판-본 (木版本)몡 〖인〗 목판으로 박은 책. 판각본.

목판-차 (木板車)몡〈속〉무개화차.

목판-화 (木版畫)몡 목판에 새겨서 찍은 그림.

목-팔사 (木八絲)[-싸]몡 무명실을 몇 오리씩 합친 여덟 가닥을 서로 엇걸어서 꼰 동그란 끈목.

목패 (木牌)몡 나무로 만든 패. 목찰(木札).

목편 (木片)몡 나뭇조각.

목포 (木布)몡 **1** 포목. **2**〖불〗부목(負木)이 입을 옷감.

목-포수 (-砲手)몡 사냥할 때, 짐승이 다니는 목을 지키는 포수.

목표 (目標)몡하다 **1** 어떤 목적을 이루려고 하거나 어떤 지점까지 도달하려고 함. 또는 그 대상. □~를 세우다 / ~를 달성하다 / 우승을 ~로 하다 / ~했던 대로 공사가 끝났다 / ~ 지점을 향해 돌진한다. **2**〖심〗행동을 취하여 이루려는 최후의 대상.

목표-량 (目標量)몡 목표로 정한 분량. □금년도 추곡 수매 ~을 정하다.

목표-물 (目標物)몡 목표로 하는 물건. □~을 정확히 조준하다.

목표-액 (目標額)몡 목표로 정한 금액. □경기가 불투명하여 매출 ~을 세우기가 어렵다.

목피 (木皮)몡 나무껍질.

목필 (木筆)몡 **1** 연필. **2**〖식〗목련(木蓮).

목하 (目下)[모카]몡〔주로 '목하의'의 꼴로 쓰여〕바로 이때. 지금. □~의 사태. 튼 바로 지금. □~ 검토 중입니다.

목합 (木盒)[모캅]몡 나무로 만든 합.

목향 (木香)[모캉]몡〖식〗국화과의 여러해살이풀. 밭에 재배하는데, 높이는 2 m 정도이며, 잎은 넓거나 긴 타원형이고, 여름에 누른 꽃이 핌. 뿌리는 약재로 씀.

목향-채 (木香菜)[모캉-]몡 연한 목향 잎을 감초 물에 삶아 헹구어 무친 나물.

목험 (木枕)[모킴]몡 넉가래.

목형 (木型)[모킹]몡 주로 주형을 만드는 데 쓰는, 나무로 만든 모형.

목혜 (木鞋)[모케 / 모케]몡 나막신.

목혼-식 (木婚式)[모콘-]몡 결혼 5주년을 축하하는 식《부부가 나무로 만들어진 선물을 주고받아 기념함》.

목홀 (木笏)[모콜]몡〖역〗오품 이하의 벼슬아치가 조복(朝服)을 입을 때 지니던 나무로 만든 홀.

목홍 (木紅)[모콩]몡 차나무를 끓여 우려낸 붉은 물감.

목홍-빛 (木紅-)[모콩삗]몡 목홍을 물들인 붉은빛《진하면 검은빛을 띠고, 연하면 누른빛을 띰》.

목화 (木化)[모콰]몡하자 〖식〗목질화(木質化).

목화 (木花)[모콰]몡〖식〗아욱과의 한해살이풀. 밭에 재배하는데 높이 60 cm 정도. 가을에 담황색 또는 백색의 다섯잎꽃이 핌. 씨에 붙은 면화는 피륙이나 실의 원료가 되고 씨에서 기름을 짜냄. 면면.

목화 (木靴)[모콰]몡〖역〗예전에, 모대(帽帶)할 때에 신던 신발(검은빛의 사슴 가죽으로 목을 길게 만들었으며 모양은 장화와 비슷함). [목화 신고 발등 긁기] 마음에 차지 않거나 미진거리는 말.

목화 (木畫)[모콰]몡 자개·상아·수정·금·은·진주 등을 재료로 목공품의 표면에 상감(象嵌)하여 여러 가지 무늬를 표현하는 공예 기법.

목-화석 (木化石)[모콰-]몡〖광〗흙에 파묻힌 나무줄기에 광물질이 스며들어 굳어진 것(나뭇결이 분명하며 나무가 돌이 된 것 같음).

목화-솜 (木花-)[모콰-]몡 목화에서 씨를 빼고 얻은 솜.

목화-송이 (木花-)[모콰-]몡 목화가 익어서 벌어진 송이.

목화-씨 (木花-)[모콰-]몡 목화의 씨. 면화씨.

목-활자 (木活字)[모콸짜]몡 나무로 만든 활자. 목판 활자.

목회 (木灰)[모쾨]몡 나뭇재.

목회 (牧會)[모쾨]몡하자 〖기〗목사가 교회를 맡아 설교를 하며, 신자의 신앙생활을 지도하는 따위의 일.

목회-유 (木灰釉)[모쾨-]몡〖공〗나뭇재를 원료로 한 도자기의 잿물.

목회-자 (牧會者)[모쾨-]몡〖기〗교회에서 설교를 하며 신자의 신앙생활을 지도하는 사람 《목사·전도사 등》.

몫 [목]몡 **1** 여럿으로 나누어 가지는 각 부분. □~을 똑같이 나누다 / 제 ~을 챙기다. **2** 임무나 비중 따위. □두 사람 ~의 일을 해내다 / 교육비가 지출에서 큰 ~을 차지하다. **3**〖수〗나눗셈에서, 피제수(被除數)를 제수(除數)로 나누어 얻는 수. □10을 2로 나누면 ~은 5이다.

몫몫 [몽목]몡 한 몫 한 몫. 각각의 몫. □~으로 나누다.

몫몫-이 [몽목씨]튼 한 몫 한 몫마다. 몫마다. □음식을 ~ 나누어 주다.

몬다위몡 **1** 마소의 어깨쭉지. **2** 낙타의 등에 두드룩하게 솟은 살.

몬닥튼하자 썩거나 무른 물건이 작은 덩이로 똑 떨어지거나 잘라지는 모양. ⑬문덕.

몬닥-몬닥 [-당-]튼하자 썩거나 무른 물건이 작은 덩이로 자꾸 똑똑 떨어지거나 잘라지는 모양. ⑬문덕문덕. ㉔몬탁몬탁.

몬드 가스 (Mond gas) 〖화〗 질이 낮은 석탄을 가열하여 공기와 다량의 수증기를 흡입하여 만드는 연료용 가스(주성분은 수소·일산화탄소·메탄 따위이며 야금(冶金)이나 발동기의 연료로 씀).

몬순 (monsoon) 〖기상〗 계절풍.

몬순-림 (monsoon林) 〖명〗〖지〗 몬순 지대에 무성한 삼림.

몬순 지대 (monsoon地帶) 〖지〗 계절풍이 부는 지대(약 반년을 주기로 겨울에는 대륙에서 대양으로, 여름에는 반대로 대양에서 대륙으로 바람의 방향이 바뀌는 대륙 변두리 지대). 계절풍 지대.

몬존-하다 〖형〗㉠ **1** 성질이 차분하다. **2** 얼굴이나 모습이 위풍이 없이 초라하다.

몬탁 〖부〗㉿ 썩거나 무른 물건이 작은 덩이로 똑 떨어지거나 잘라지는 모양. ㉣문턱.

몬탁-몬탁 〖-탁-〗 〖부〗㉿ 썩거나 무른 물건이 작은 덩이로 자꾸 똑똑 떨어지거나 잘라지는 모양. ㉣문턱문턱. ㉺몬닥몬닥.

몯[1] 〖명〗〈옛〉 못〖釘〗.

몯[2] 〖부〗〈옛〉 못[4].

몯내 〖부〗〈옛〉 못내.

몯다 〖자〗〈옛〉 모이다.

몯ᄒ다 〖보동〗〖보〗〈옛〉 못하다.

몰 (歿) 〖명〗 주로 약력(略歷)에서, '죽음'의 뜻. 졸(卒). ㅁ2005 년 ~.

몰 (←포 mogol) 단자(緞子) 비슷한, 돋을무늬를 한 직물(횡사(橫絲)에 금사(金絲)를, 종사(縱絲)에 견사(絹絲)를 쓴 것을 금몰이라 하고 횡사에 은사를, 종사에 견사를 사용한 것을 은몰이라 함). 부직(浮織).

몰 (독 Moll) 〖명〗〖악〗 **1** 단조(短調). **2** 단음계(短音階).

몰 (mole) 〖의명〗 〖화〗 물질의 양을 나타내는 단위의 하나. 분자·원자·이온 등 동질의 입자가 아보가드로수만큼 존재할 때, 이것을 1몰이라고 함(기호는 mol).

몰- **1** (일부 용언 앞에 붙어) '죄다'·'전부'의 뜻을 나타냄. ㅁ~밀다 / ~박다. **2** (일부 명사 앞에 붙어) '모두 한곳으로 몰린'의 뜻을 나타냄. ㅁ~표.

몰- (沒) 〖토〗 (일부 명사 앞에 붙어) '없음'을 강조하는 말. ㅁ~상식 / ~염치 / ~지각.

몰가치-성 (沒價値性) 〖명〗〖사〗 경험 과학의 객관성을 위해 주관적 가치 판단을 억압하고 그것을 하나의 현실이나 사실로서 이해하고 파악하려는 학문상의 태도.

몰각 (沒却) 〖명〗〖하타〗 **1** 아주 없애 버림. ㅁ자기를 ~하고 공을 위해 진력하다. **2** 무시해 버림. ㅁ현실을 ~하고 분수에 넘치는 행위를 하다.

몰각 (沒覺) 〖명〗〖하타〗 깨달아 알지 못함. ㅁ자기 신분을 ~하다.

몰강-스럽다 〖-따〗〖-스러워, -스러우니〗〖형〗㉿ 인정이 없이 억세며 성질이 악착같고 모질다. **몰강-스레** 〖부〗

몰개 〖명〗〖어〗 잉엇과의 민물고기. 여울에 모여 사는데 몸길이 10 cm 정도로, 몸빛은 은색이며 동작이 민첩함. 우리나라 특산종임.

몰-개성 (沒個性) 〖명〗 어떤 대상에 마땅히 있어야 할 개성이 없는 상태.

몰개성-적 (沒個性的) 〖관〗〖명〗 뚜렷한 개성이 없는 (것). ㅁ동일한 재료와 구조로 된 집은 ~일 수밖에 없다.

몰-경계 (沒經界) 〖-/-게〗 〖명〗〖하형〗 시비·선악의 경계가 전혀 없음.

몰-경위 (沒涇渭) 〖명〗〖하형〗 청탁(淸濁)·시비·선

악의 구분이 전혀 없음.

몰-풍 〖명〗 볼품없는 모양새. ㅁ초라한 ~ / ~이 도무지 말이 아니군 / 영락없는 귀신 ~로 나타나네.

몰골-법 (沒骨法) 〖-뻡〗 〖명〗 동양화에서, 윤곽선을 그리지 않고 먹이나 물감을 찍어서 한 붓에 그리는 법. 몰선묘법(沒線描法).

몰골-사납다 (沒骨-) 〖-따〗〖-사나워, -사나우니〗〖형〗 얼굴이나 모양새가 좋지 않다. ㅁ몰골사나운 복장을 하다.

몰골-스럽다 〖-따〗〖-스러워, -스러우니〗〖형〗㉿ 모양새가 볼품이 없는 듯하다. **몰골-스레** 〖부〗

몰끽 (沒喫) 〖명〗〖하타〗 남기지 않고 다 먹어 버림. 몰판(沒販). 몰식(沒食).

몰년 (沒年) 〖-년〗 〖명〗 죽은 해. 또는 죽은 해의 나이. 졸년(卒年).

몰 농도 (沒濃度) 〖화〗 용액 1 리터 속에 녹는 용액의 몰수(數)를 표시하는 방법(기호는 mol/l 또는 M). 분자 농도.

몰닉 (沒溺) 〖-릭〗 〖명〗〖자〗 헤어날 수 없이 깊이 빠짐.

몰:다 〖몰아, 모니, 모는〗 〖타〗 **1** 바라는 방향으로 움직여 가게 하다. ㅁ소를 ~ / 공격수가 공을 몰면서 상대편 수비진을 뚫고 나갔다. **2** 남을 좋지 않은 사람으로 여기고 그렇게 다루다. ㅁ역적으로 ~ / 죄 없는 사람을 도둑으로 ~. **3** 탈것 따위를 부리거나 운전하다. ㅁ트럭을 몰고 창고로 갔다. **4** 한곳으로 모으거나 합치다. ㅁ기세를 몰아 적진으로 돌진했다 / 남은 것을 죄다 몰아서 팔았다.

몰두 (沒頭) 〖-뚜〗 〖명〗〖하자〗 어떤 일에 온 정신을 다 기울여 열중함. ㅁ시험공부에 ~하다 / 창작 활동에 ~하다.

몰두-몰미 (沒頭沒尾) 〖-뚜-〗 〖하형〗 무두무미(無頭無尾).

몰딩 (moulding) 〖명〗 건축·공예 따위에서, 창틀이나 가구 따위의 테두리를 장식하는 방법.

몰:라-보다 〖타〗 **1** 사물을 보고도 알아차리지 못하다. ㅁ오래간만에 본 친구를 ~ / 몰라보게 예뻐지다. **2** 예의를 갖추어야 할 대상에 대해 무례하게 굴다. ㅁ어른을 몰라보는 못된 녀석. **3** 진정한 가치를 제대로 평가하지 못하다. ㅁ나 같은 천재를 몰라보다니.

몰:라-주다 〖타〗 알아주지 아니하다. ㅁ아무도 내 실력을 몰라준다. ↔알아주다.

몰락 (沒落) 〖명〗〖하자〗 **1** 재물이나 세력 따위가 쇠하여 보잘것없이 됨. ㅁ~한 세도가. **2** 멸망하여 모조리 없어짐. ㅁ독재 정치의 ~.

몰랑-거리다 〖자〗 몰랑한 느낌을 주다. ㉣물렁거리다. **몰랑-몰랑** 〖부〗㉿

몰랑-대다 〖자〗 몰랑거리다.

몰랑-하다 〖형〗㉿ **1** 야들야들하게 보드랍고 조금 무른 듯하다. ㅁ몰랑한 연시가 아주 먹기 좋구나. **2** 성질이 올차고 맺힌 데가 없어 야무지지 못하다. ㅁ사람이 너무 몰랑해서 탈이다. ㉣물렁하다.

몰:래 〖부〗 남이 모르게 가만히. 남의 눈을 피하여 살짝. ㅁ~ 엿듣다 / ~ 도망가다.

몰:래-몰래 〖부〗 **1** 그때마다 모르게. **2** 아주 모르게. ㅁ~ 다가가다.

몰려-가다 〖자〗 **1** 떼를 지어 여럿이 한쪽으로 가다. ㅁ운동장으로 우르르 ~. **2** 구름 따위가 한꺼번에 한곳으로 밀려가다. ㅁ먹구름이 산 너머로 몰려간다.

몰려-나가다 〖자〗 여럿이 떼를 지어 나가다. ㅁ영화가 끝나자 많은 사람들이 우르르 밖으로

몰려나갔다.

몰려-나다 困 있던 자리에서 쫓겨 나가다. ❏ 회사에서 ~.

몰려-나오다 困 여럿이 떼를 지어 나오다. ❏ 군인들의 행진을 보려고 많은 사람들이 거리로 몰려나왔다.

몰려-다니다 困 여럿이 뭉치어 돌아다니다. ❏ 끼리끼리 ~.

몰려-들다〔-들어, -드니, -드는〕困 1 여럿이 떼를 지어 모여들다. ❏ 구경꾼이 삽시간에 광장으로 몰려들었다. 2 구름이나 파도 따위가 한꺼번에 몰리다. ❏ 먹구름이 몰려드는 것을 보니 비가 올 것 같다. 3 피곤이나 흥분 따위가 한꺼번에 닥치다. ❏ 연일 계속되는 야근에 피로가 ~.

몰려-서다 困 여럿이 한곳에 모여 서다. ❏ 구경꾼들이 ~.

몰려-오다 困 1 여럿이 뭉쳐 한쪽으로 밀려오다. ❏ 지원군이 ~. 2 구름 따위가 한꺼번에 밀려오다. ❏ 금세라도 태풍이 몰려올 것 같은 날씨. 3 잠이나 피로 따위가 한꺼번에 밀려오다. ❏ 시장기가 ~.

몰렴(沒廉)〔명〕〔하형〕'몰염치(沒廉恥)'의 준말.

몰리(沒利)〔명〕〔하형〕이익이 아주 없음.

몰리다 困 1(《'몰다'의 피동》) 몲을 당하다. ❏ 궁지에 ~ / 강도로 ~. 2 여럿이 한곳으로 모여들다. ❏ 우르르 행사장으로 ~. 3 한꺼번에 많이 밀리다. ❏ 일이 한꺼번에 ~. 4 무엇이 모자라 곤란을 당하다. ❏ 돈에 ~.

몰리브덴(독 Molybdän)〔명〕〔화〕크롬과 비슷한, 은백색의 금속 원소《천연으로는 휘수연석(輝水鉛石) 따위의 광석에서 얻음. 강철에 섞어 고속도강을 만드는 데 씀》. 수연(水鉛). 〔42 번: Mo : 95.94〕

몰리브덴-강(Molybdän鋼)〔명〕몰리브덴을 넣은 강철《성질이 강해 총신(銃身)·기계의 부분품 따위를 만드는 데 씀》. 수연강(水鉛鋼).

몰-매〔명〕뭇매.

몰-미(沒味)〔명〕'몰취미(沒趣味)'의 준말.

몰-밀다〔몰밀어, 몰미니, 몰미는〕困 모두 한곳으로 밀다.

몰-박다〔-따〕困 1 한곳에 모두 촘촘히 박다. 2 몰아대어 윽박지르다. ❏ 한 번 실수를 가지고 너무 몰박지 마시오.

몰방(沒放)〔명〕〔하형〕1 총포나 폭발물 따위를 한곳을 향해 한꺼번에 쏘거나 터뜨림. 2〔광〕 남포 따위의 폭발물을 한꺼번에 여러 개를 터뜨림.

몰방-질(沒放-)〔명〕〔하형〕총포나 폭발물 따위를 몰방으로 쏘거나 터뜨리는 짓.

몰-분자(mole分子)〔명〕〔화〕몰(mole).

몰-분자수(mole分子數)〔명〕〔화〕아보가드로수(Avogadro數).

몰-비판(沒批判)〔명〕옳고 그름을 판단하지 않음. 무비판.

몰사(沒死)〔-싸〕〔명〕〔자〕죄다 죽음. ❏ 비행기 사고로 온 가족이 ~하다.

몰살(沒殺)〔-쌀〕〔명〕〔하자타〕죄다 죽임. 또는 그런 죽음. ❏ 일가(一家)를 ~하다 / 이 골짜기에서 적군을 ~시켰다.

몰-상식(沒常識)〔-쌍-〕〔명〕〔하형〕상식이 아주 없음. ❏ ~한 사람.

몰서(沒書)〔-써〕〔명〕1 기고한 것이 실리지 못하고 마는 일. 2 주소·성명을 쓰지 않아 전하거나 돌려보낼 수 없는 편지.

몰선-묘법(沒線描法)〔-썬-뻡〕〔명〕〔미술〕몰골

법(沒骨法).

몰세(沒世)〔-쎄〕〔명〕〔하자형〕1 한평생을 다하고 세상을 떠남. 2 끝없이 오램.

몰소(沒燒)〔-쏘〕〔명〕〔하자타〕다 타 버림. 또는 다 태움.

몰송(沒誦)〔-쏭〕〔명〕〔하타〕책이나 글 전부를 모조리 욈.

몰수(沒收)〔-쑤〕〔명〕〔하타〕〔법〕1 형법상의 부가형(附加刑)의 하나《범죄 행위에 제공한 물건이나 범죄 행위의 결과 또는 그 보수로 얻은 물건 따위의 소유권을 국가에 귀속시키는 일》. ❏ 장물을 ~하다. 2 일정한 물건의 소유권을 빼앗아 이것을 국가에 귀속시키는 법원의 결정. ❏ 보석 보증금에 ~.

몰-수(沒數)〔-쑤〕〔명〕수량의 전부.

몰-수(mole數)〔명〕〔화〕물질의 양을 몰 단위로 나타낸 수.

몰수 게임(沒收game)〔-쑤-〕〔명〕몰수 경기.

몰수 경기(沒收競技)〔-쑤-〕〔명〕구기(球技)에서, 경기의 계속 거부, 고의적인 지연 행위, 지나친 반칙, 선수의 정원 부족 등의 사태가 발생하였을 경우, 심판이 과실이 없는 팀에 승리를 선고하는 경기. 경기 몰수. 몰수 게임.

몰수-이(沒數-)〔-쑤-〕〔부〕있는 수효대로 죄다.

몰식(沒食)〔-씩〕〔명〕물낀(沒喫).

몰식-자(沒食子)〔-씩짜〕〔명〕1 어리상수리혹벌의 알이 부화할 때에 생기는 지름 2 cm 가량의 둥근 혹 같은 물질《타닌 70 %를 함유하며 갈산(酸)의 원료가 됨》. 2 오배자.

몰식자-벌(沒食子-)〔-씩짜-〕〔명〕〔충〕어리상수리혹벌.

몰식자-산(沒食子酸)〔-씩짜-〕〔명〕갈산.

몰실-하다(沒實)〔-씰-〕〔형〕〔어〕무실(無實)하다.

몰씬[1]〔부〕1 심한 냄새가 풍기는 모양. ❏ 청국장 냄새가 ~ 풍기다. 2 김·연기나 먼지 따위가 피어오르는 모양. ❏ 뽀얀 흙먼지가 ~ 일었다. ⓔ몰신[1].

몰씬[2]〔부〕〔하형〕〔하형〕폭 익어서 연하고 몰랑한 모양. ❏ ~ 익은 감. ⓔ몰신[2].

몰씬-거리다 困 폭 익은 물건이 무르고 건드리는 대로 자꾸 쪼그라지다. ⓔ몰신거리다.

몰씬-몰씬[1]〔부〕하형

몰씬-대다 困 몰씬거리다.

몰씬-몰씬[2]〔부〕1 심한 냄새가 자꾸 나는 모양. ❏ 두엄 냄새가 ~ 나다. 2 김·연기나 먼지 따위가 자꾸 피어오르는 모양.

몰아(沒我)〔명〕스스로를 잊은 상태. ❏ ~의 경지에 이르다.

몰아-가다 困 1 몰아서 일정한 방향으로 이끌다. ❏ 생사람을 범인으로 ~ / 바람이 먹구름을 ~. 2 있는 대로 휩쓸어 가져가다. ❏ 판돈을 한 사람이 다 몰아갔다.

몰아-내다 困 1 몰아서 밖으로 쫓거나 나가게 하다. ❏ 침략자를 국경 밖으로 ~. 2 어떤 처지나 상태에서 벗어나게 하다. ❏ 머릿속에서 잡념을 ~.

몰아-넣다〔모라너타〕困 1 몰아서 안으로 들어가게 하다. ❏ 돼지를 우리에 ~. 2 어떤 처지나 상태에 빠뜨리게 하다. ❏ 궁지에 ~ / 불안과 공포의 도가니로 ~.

몰아-닥치다 困 한꺼번에 세게 밀어닥치다. ❏ 한파가 ~ / 경제 위기가 ~.

몰아-대다 困 기를 펴지 못하도록 마구 해대다. ❏ 부하를 꼼짝 못하게 ~.

몰아-들다〔-들어, -드니, -드는〕困 한꺼번에 밀려서 들다. ❏ 폭풍이 몰아들어 배가 출항을 하지 못했다.

몰아-들이다 타 **1** 몰아서 억지로 들어오게 하다. ❑ 적군을 함정으로 ~. **2** 있는 대로 모두 들어오게 하다.
몰아-붙이다 [모라부치-] 타 **1** 한쪽으로 모두 몰려가게 하다. ❑ 물건을 한쪽 구석으로 ~. **2** 남을 어떤 상태나 상황으로 몰려가게 하다. ❑ 애먼 사람을 범인으로 ~.
몰아-세다 타 '몰아세우다'의 준말.
몰아-세우다 타 **1** 마구 다그치거나 나무라다. ❑ 아이들을 몰아세우기만 했지 따뜻하게 대해 준 적이 없다. **2** 근거도 밝히지 않고 나쁜 처지로 몰아가다. ❑ 멀쩡한 사람을 도둑으로 ~. 준몰아세다.
몰아-쉬다 타 숨 따위를 한꺼번에 모아 세게 또는 길게 쉬다. ❑ 숨을 가쁘게 ~.
몰아-애 (沒我愛) 명 오로지 그 대상에게만 빠져 버리는 사랑.
몰아-오다 一 자 한쪽으로 몰려서 한꺼번에 오다. ❑ 별안간 비가 ~. 二 타 모두 휩쓸어 오다. ❑ 경제 위기를 몰아온 대기업들의 부실 운영.
몰아-주다 타 **1** 여러 번에 나누어 줄 것을 한꺼번에 주다. ❑ 밀린 임금을 ~. **2** 여러 사람에게 나누어 줄 것을 한 사람에게 모아 주다. ❑ 자기 고장 출신 후보에게 표를 ~.
몰아-치다 자타 **1** 한꺼번에 몰려 닥치다. ❑ 눈보라가 ~. **2** 한꺼번에 급히 하다. ❑ 일을 ~. **3** 심하게 구박하거나 나무라다. ❑ 반장은 게으름을 피우는 일꾼들을 호되게 몰아쳤다.
몰애 명 〈옛〉 모래.
몰약 (沒藥) 명 **1** 〖식〗 감람과의 교목. 아라비아와 아프리카에 분포하는데 고대로부터 방향 및 방부제로 쓰고 즙액은 향수·의료품·구강 소독 및 통경제·건위제 등에 씀. **2** 몰약의 즙액으로 만든 약.
몰-염치 (沒廉恥) 명하형 염치가 없음. ❑ ~한 행동. 준몰렴(沒廉).
몰이 명 짐승이나 물고기를 잡으려는 곳으로 몰아넣는 일. 또는 그렇게 몰아넣는 사람.
몰이-꾼 명 몰이를 하는 사람.
몰-이해 (沒利害)[-리-] 명하자 이해를 떠남.
몰-이해 (沒理解)[-리-] 명하형 이해함이 없음. ❑ 미술에 대한 ~ / 예술에 대해 ~한 평.
몰-인격 (沒人格)[모린껵] 명하형 인격을 갖추지 못하여 사람답지 않음.
몰-인식 (沒認識) 명하형 인식이 전혀 없음.
몰-인정 (沒人情) 명하형 도무지 인정이 없음. ❑ 녀석은 ~한 사람이다 / 간절한 부탁을 ~하게 거절하다.
몰입 (沒入) 명하자 **1** 깊이 파고들거나 빠짐. ❑ 황홀경에 ~하다 / 연구에 ~하다. **2** 〖역〗 죄인의 재산을 몰수하고 그 가족을 관가의 종으로 잡아들이던 일.
몰잇-배 [모리빼 / 모릳빼] 명 고기잡이를 할 때 몰이를 맡은 배.
몰자-비 (沒字碑)[-짜-] 명 글자가 없는 비(碑)라는 뜻으로, 겉모습은 그럴듯한데 글을 모르는 사람을 놀려 이르는 말.
몰자-한 (沒字漢)[-짜-] 명 글을 전혀 모르는 사람.
몰-지각 (沒知覺) 명하형 지각이 전혀 없음. ❑ ~한 사람 / ~한 행동을 서슴지 않다.
몰책-하다 (沒策-)[-채카-] 형여 계책이 전혀 없다.
몰촉 (沒鏃) 명하자 활을 너무 당겨 살촉이 줌통 안으로 들어옴.
몰-취미 (沒趣味) 명하형 취미가 전혀 없음. 준몰미(沒味).
몰칵 부 냄새가 코를 찌를 듯이 갑자기 나는 모양. 큰물컥.
몰칵-몰칵 [-캉-] 부하형 냄새가 코를 찌를 듯이 자꾸 나는 모양. 큰물컥물컥.
몰캉-거리다 자 너무 익거나 곯아서 물크러질 듯이 무르다. 큰물컹거리다. **몰캉-몰캉** 부하형
몰캉-대다 자 몰캉거리다.
몰캉-하다 형여 너무 익거나 곯아서 물크러질 정도로 몰랑하다. ❑ 몰캉한 감. 큰물컹하다.
몰큰 부 냄새 따위가 갑자기 풍기는 모양. ❑ 수산 시장에 들어서자 비린내가 ~ 풍겼다. 큰물큰.
몰큰-몰큰 부하형 냄새 따위가 자꾸 풍기는 모양. 큰물큰물큰.
몰탄 (沒呑) 명하타 몰끽(沒喫).
몰토 (이 molto) 명 〖악〗 '매우·몹시·대단히'의 뜻.
몰판 (沒板) 명하자 바둑에서, 한 군데도 살지 못하고 지는 일.
몰패 (沒敗) 명하자 **1** 아주 패함. 대패(大敗)함. **2** 여럿이 다 패함.
몰-표 (-票) 명 한 출마자에게 무더기로 쏠리는 표. ❑ 그의 출생 지역에서 ~가 쏟아졌다.
몰풍-스럽다 (沒風-)[-따] [-스러워, -스러우니] 형ㅂ 정이 없고 냉랭하며 퉁명스러운 데가 있다. ❑ 몰풍스러운 언행. **몰풍-스레** 부
몰-풍정 (沒風情) 명하형 풍정이 전혀 없음.
몰-풍치 (沒風致) 명하형 풍치가 전혀 없음.
몰풍-하다 (沒風-) 형여 아무런 풍치나 풍정이 없이 멋쩍다.
몰-하다 형여 부피가 의외로 적은 듯하다.
몰후 (歿後) 명 죽은 뒤. 사후(死後).
몸 명 **1** 사람이나 동물의 머리에서 발까지 거기에 딸린 모든 부분의 총칭. 또는 그것의 활동 기능이나 상태. ❑ ~이 튼튼하다 / ~이 호리호리하다 / ~이 가볍다 / ~을 구부리다 / ~을 떨다. **2** 물건의 기본을 이루는 동체(胴體). **3** '몸엣것'의 준말. **4** 잿물을 올리기 전의 도자기의 덩치. 항태. **5** (관형어 뒤에 쓰여) 신분이나 사람을 이르는 말. ❑ 귀하신 ~ / 죄인의 ~ / 죽기를 각오한 ~이다.
　몸 둘 곳을〔바를〕 모르다 구 어떻게 처신해야 할지 모르겠다.
　몸에 배다〔익다〕 구 익숙해지다.
　몸으로 때우다 구 돈으로 해결할 일을 대신 일을 해 주거나 벌을 받아 해결하다.
　몸을 가지다 구 ㉠아이를 배다. ㉡월경(月經)을 하다.
　몸(을) 두다 구 ㉠일할 곳을 마련하고 그곳에서 살아 나가며 몸을 의지하다. ㉡어떤 자리에 있다.
　몸(을) 바치다 구 ㉠어떤 일을 위하여 목숨을 희생하다. ㉡헌신하다. ㉢여자가 남자에게 정조를 바치다.
　몸(을) 받다 구 아랫사람이 윗사람을 대신하여 일을 하다.
　몸을 버리다 구 ㉠여자가 정조를 더럽히다. ㉡건강을 해치다.
　몸(을) 붙이다 구 어떤 곳에 몸을 의지하여 생활하다. 기숙하다. ❑ 몸 붙일 곳이 없다.
　몸(을) 쓰다 구 몸으로 재주를 부리다.
　몸(을) 팔다 구 돈을 받고 성관계를 하다. 매춘하다. 매음하다.
　몸(을) 풀다 구 ㉠아이를 낳다. 해산하다. ㉡몸의 피로를 덜다.

몸(이) 나다[구] 살이 올라 몸이 뚱뚱해지다.

몸(이) 달다[구] 마음이 조급하여 안타까워하다. □ 일이 뜻대로 되지 않아 몸 달아 하다.

몸-가짐[명] 몸을 움직이거나 차리고 있는 태도나 모양. □ 온전한 여자.

몸-가축[명][하자] 몸을 매만져서 잘 다듬는 일.

몸-값[-깝][명] **1** 팔려 온 몸의 값. **2** 사람의 몸을 담보로 요구하는 돈. □ ~을 요구하다. **3** 사람의 가치를 돈으로 빗대어 하는 말. □ 축구 선수들의 ~이 올라가고 있다.

몸-거울[명] 온몸을 비출 수 있는 큰 거울. 체경(體鏡).

몸-고생(-苦生)[명] 몸으로 겪는 고생.

몸-굿[-꾿][명] 내림굿.

몸-기(-己)[명] 한자 부수(部首)의 하나《'己'·'巳'·'巷' 등에서 '己'의 이름).

몸-길이[명] 동물의 몸의 길이. 체장(體長).

몸-꼴[명] 몸이 생긴 모양이나 맵시.
  [**몸꼴 내다 얼어 죽는다**] 추운데도 맵시를 내느라고 옷을 얇게 입는 것을 비웃는 말.

몸-놀림[명][하자] 몸을 움직이는 일. □ 가벼운 ~ / ~이 재빠르다.

몸-닦달[-닥딸][명] 견디기 어려운 것을 참으면서 받는 몸의 훈련.

몸-단속(-團束)[명][하자] **1** 위험에 처하거나 병에 걸리지 않도록 미리 조심함. □ 날씨가 갑자기 추워졌으니 ~을 잘하여라. **2** 옷차림을 제대로 함.

몸-단장(-丹粧)[명][하자] 몸치장.

몸-담다[-따][자] 어떤 조직이나 분야에 종사하거나 그 일을 하다. □ 언론계에 ~ / 오랫동안 공직에 ~ / 그는 평생을 교직에 몸담아 왔다.

몸-동작(-動作)[-똥-][명] 몸을 움직이는 동작. □ 우아한 ~.

몸-때[명] 월경하는 때.

몸-뚱아리[명]〈방〉몸뚱이.

몸-뚱어리[명]〈속〉몸뚱이.

몸-뚱이[명] **1** 사람이나 짐승의 몸의 덩치. 체구. □ ~가 크다. **2**〈속〉몸.

몸-만들기[명] 체력을 강화하거나 몸매를 가꾸는 일.

몸-매[명] 몸의 맵시나 모양새. □ 날씬한 ~.

몸-머리[명] 몸의 모양과 태도.

몸-맵시[-씨][명] 몸을 보기 좋게 매만진 모양. □ 날렵한 ~ / ~를 내다 / ~를 곱게 꾸미다.

몸-무게[명] 몸의 무게. 체중. □ ~를 재다 / ~를 달다 / ~가 늘다 / ~가 많이 나가다.

몸-바탕[명] 체질(體質)1.

몸-보신(-補身)[명][하자] 보신(補身). □ ~에 좋은 음식을 먹다 / ~을 잘하다 / ~을 위해 보약을 한 첩 짓다.

몸-부림[명][하자] **1** 있는 힘을 다하거나 감정이 격할 때, 온몸을 흔들고 부딪는 짓. □ 빠져나오려고 ~을 해 보았으나 소용이 없었다. **2** 잠잘 때 이리저리 뒹굴며 자는 짓. □ 자면서 ~을 심하게 치다. **3** 어떤 일을 이루거나 고통 따위를 견디기 위해 몹시 애씀. □ 재기의 ~ / 국제적 고립에서 벗어나기 위한 ~을 치다.

몸부림-치다[자] **1** 이리저리 세게 몸부림하다. □ 몸부림치며 통곡하다. **2** 어떤 일을 이루거나 고통 따위를 견디기 위해 몹시 애쓰다. □ 성공을 위해 ~ / 자식을 여읜 슬픔에 ~.

몸빠진-살[명] 가느다란 화살. ↔ 부픈살.

몸뻬(일 もんぺ)[명] 여자들이 일할 때 입는, 통

이 넓고 발목을 묶게 되어 있는 바지.

몸-살[명] 몹시 피로하여 일어나는 병. □ ~을 앓다 / ~에 감기가 겹치다.

몸살(이) 나다[구] 어떤 일을 하고 싶어 안달이 나서 못 견디다. □ 컴퓨터를 못 사 ~.

몸살-감기(-感氣)[명] 몹시 피로하여 생기는 감기. 그一로 결근하다.

몸살-기(-氣)[-끼][명] 몸살을 앓는 것과 같은 기운. 또는 몸살이 날 것 같은 기운. □ ~이 있다 / ~가 돌다.

몸-상(-床)[-쌍][명] 환갑 따위의 잔치에서 큰 상 앞에 놓는 간단한 음식상.

몸-서리[명] 몹시 싫증이 나거나 무서워서 몸이 떨리는 일.

몸서리-나다[자] 몹시 싫증이 나거나 무서워서 몸이 떨리다.

몸서리-치다[자] 지긋지긋하도록 싫증이 나거나 무서워 몸을 떨다. □ 몸서리쳐지는 6·25 전쟁 / 몸서리치며 고개를 젓다.

몸-성히[부] 몸에 탈이 없고 건강하게. □ ~ 지내다.

몸소[부] **1** 직접 제 몸으로. □ ~ 실천하다 / 본보기를 ~ 보여 주시다. **2** 친히. □ 선생님이 ~ 찾아 주셨다.

몸-소지(-燒紙)[-쏘-][명]《민》치성을 드릴 때, 부정 소지 다음에 관계된 사람의 몸을 위하여 사르는 흰 종이.

몸-속[-쏙][명] 몸의 속. 몸 안. □ ~에 감추다.

몸-솔[-쏠][명] 몸의 가려운 데를 긁는 기구.

몸-수고(-수-)[명][하자] 몸으로 힘들이고 애씀. □ ~를 아끼지 않다.

몸-수색(-搜索)[명][하타] 무엇을 찾아내려고 남의 몸을 뒤지는 일. □ ~을 당하다.

몸-시계(-時計)[-씨-/-씨게][명] 몸에 지니는 작은 시계. 회중시계.

몸-시중[명] 가까이에 있으면서 들어 주는 시중. □ ~을 들다.

몸-신(-身)[명] 한자 부수(部首)의 하나《'躲·躺' 등에서 '身'의 이름).

몸-싸움[명][하자] 서로 몸을 부딪치며 싸우는 일. □ ~을 벌이다.

몸알리[명]〈옛〉매우 친한 친구. 지기(知己).

몸-약(-藥)[-냑][명]《광》광산에서, '다이너마이트'의 일컬음.

몸엣-것[모메낃 / 모멛껃][명] **1** 월경으로 나온 피. 월경수. 월수. ⓒ 멘스. **2** 월경.

몸져-눕다[-저-따][-누워, -누우니][자][타] 병이나 고통이 심하여 몸을 가누지 못하고 누워 있다. □ 과로로 ~.

몸-조리(-調理)[명][하자] 허약해진 몸의 기력을 회복하도록 보살핌. 몸조섭.

몸-조섭(-調攝)[명][하자] 몸조리.

몸-조심(-操心)[명][하자] **1** 병들거나 다치지 않도록 몸을 조심하여 돌봄. **2** 말이나 행실을 삼감.

몸-종[-쫑][명] 지난날, 양반집 여자에게 딸려서 잔심부름하던 여자 종.

몸-주체[명] 몸을 거두거나 가누는 일. □ 술에 취하여 ~를 못하다.

몸-집[-찝][명] 몸의 부피. 덩치. 체구. □ 육중한 ~ / ~이 작다 / ~이 좋다.

몸-짓[-찓][명][하자] 몸을 놀리는 모양. □ 과장된 ~을 하다.

몸-차림[명][하자] 몸치장. □ ~이 단정하다.

몸-채[명] 여러 채로 된 살림집의 주된 집채.

몸-체(-體)[명] 물체나 구조물의 몸이 되는 부분. □ 컴퓨터의 ~.

몸-치장(-治粧)[명][하자] 장신구 따위로 몸을

잘 매만져서 맵시 있게 꾸밈. 몸단장. 몸차림. ▣요란할 때 ~을 하다 / ~하는 데 오랜 시간이 걸린다.

몸-통 몡 사람이나 동물의 몸에서, 머리·팔·다리·날개·꼬리 따위를 제외한 가슴과 배부분. 동부(胴部). 동체(胴體). ▣~이 크다.

몸통-뼈 몡《생》구간골(軀幹骨).

몸통 운·동(-運動) 허리를 앞뒤로 굽히거나 좌우로 돌리는 운동.

몸-피 1 몸통의 굵기. 2 활의 몸의 부피.

몸-흙 [-흑] 몡 인삼을 재배하는 데 쓰는 거름을 섞은 흙.

몹:시 [-씨] 튀 더할 수 없이 심하게. ▣~ 당황하다 / 바람이 ~ 분다 / 일이 ~ 힘들다.

몹-신 (mob scene) 몡《연》군중이 한꺼번에 몰려나오는 장면.

몹:쓸 관 악독하고 고약한. ▣~ 놈들 / ~ 짓 / ~ 병에 걸리다.

못¹ [몯] 몡 재목 따위를 이어 붙이거나 고정시키는 데 쓰는 물건《쇠·대·나무 따위로 가늘고 끝이 뾰족하게 만듦》. ▣~을 빼다 / 벽에 ~을 박다 / 문짝에 ~을 치다 / ~에 걸려 옷이 찢어졌다.

못(을) 박다 관 ㉠남의 마음속에 상처를 입히다. ▣여인의 가슴에 못을 박은 사나이. ㉡어떤 사실을 분명하게 하다. 다짐하다. ▣약속을 지키도록 단단히 ~ / 원칙을 깰 수 없다고 못을 박았다.

못(이) 박히다 관 원통한 생각 따위가 마음속에 깊이 맺히다. ▣남의 가슴에 못이 박히는 줄도 모르고 함부로 욕을 하다.

못² [몯] 몡 손바닥이나 발바닥에 생기는 단단하게 굳은 살. 변지(胼胝). ▣손바닥에 ~이 박이다.

못³ [몯] 몡 넓고 깊게 팬 땅에 늘 물이 괴어 있는 곳《늪보다 규모가 작음》. ▣~에 물고기 가 논다.

못:⁴ [몯] 튀 (주로 동사 앞에 쓰여) 동작을 할 수 없다거나 상태가 이루어지지 않았다는 부정의 뜻을 나타내는 말. ▣~ 쓰게 만들다 / 오늘은 ~ 간다 / 시끄러워 ~ 자겠다.

[못 먹는 감 찔러나 본다] 제 것으로 만들지 못할 바에야 남도 갖지 못하게 만들자는 뒤틀린 마음을 이르는 말. **[못 먹는 밥에 재 뿌리기]** 심술궂고 고약한 짓의 비유.

[못 먹는 감 찔러나 본다] 제 것으로 만들지 못할 바에야 남도 갖지 못하게 만들자는 뒤틀린 마음을 이르는 말. **[못 먹는 씨아가 소리만 난다]** 실상은 없고 소문만 굉장하다. **[못 먹는 잔치에 갓만 부순다]** 아무 이득 없이 도리어 손해만 보게 됨.

못-가 [몯까] 몡 못의 가장자리. 지두(池頭). 지반(池畔).

못-가새 [모까- / 몯까-] 몡《농》가새모춤에서, 'ｘ' 모양으로 묶은 모의 매 움큼. 곧, 모 한 춤의 3분의 1.

못:갖춘-마디 [몯갇-] 몡《악》박자표에 제시된 박자에 부족한 마디. 여린박으로 시작되는 첫 마디와 끝 마디에 씀. 불완전 소절(不完全小節). ↔갖춘마디.

못:갖춘-마침 [몯갇-] 몡《악》악곡이 완전히 끝났다는 느낌을 주지 않는, 갖추지 못한 마침꼴. 불완전 종지.

못-걸이 [몯꺼리] 몡 모자나 옷 따위를 거는 데 쓰는 물건.

못-나다 [몬-] 혱 1 얼굴이 잘나거나 예쁘지 않다. ▣예쁘지는 않지만 그렇다고 못난 얼굴도 아니다. 2 능력이 모자라거나 어리석다. ▣못난 녀석 같으니라고 / 못난 소리 하지 마라. ↔잘나다.

못-난이 [몬나니] 몡 못나고 어리석은 사람.

못-내 [몬-] 튀 1 마음에 두거나 잊지 못하고

계속해서. ▣~ 아쉬워하다. 2 이루 다 말할 수 없이. ▣합격 소식에 ~ 기뻐하다.

못-논 [몬-] 몡 모를 심는 논.

못:-다 [몯따] 튀 (동사 앞에 쓰여) '다하지 못함'을 나타내는 말. ▣~ 먹다 / ~ 쓴 일기 / ~ 읽다 / ~ 한 사랑.

못-대가리 [몯때-] 몡 못의 윗부분에 망치로 쳐서 박거나 장도리 따위로 다시 뺄 수 있게 만든 평평한 부분.

못-동 [몯똥] 몡《광》광산에서, 파 들어가는 구덩이에 갑자기 나타난 딴딴한 부분.

못:-되다 [몯뙤-] 혱 1 성질이나 하는 짓이 모질거나 고약하다. ▣못되게 굴다 / 못된 버릇을 고쳐 주다. 2 일이 뜻대로 되지 않은 상태에 있다. ▣농사가 잘되고 못되고는 농사짓는 사람의 정성에 달렸다.

[못된 나무에 열매만 많다] 가난한 집에 자식만 많다. **[못된 바람은 수구문(水口門)으로 들어온다]** 궂은일이나 실패한 일의 책임은 자기에게만 돌아온다고 항변하는 말. **[못된 송아지 엉덩이에 뿔이 난다]** 되지 못한 사람이 교만하게만 군다. **[못된 일가 항렬만 높다]** 쓸데없는 것일수록 성(盛)하기만 하다.

못:마땅-하다 [몬-] 혱어 마음에 들지 않아 좋지 않다. ▣못마땅한 듯이 눈살을 찌푸리다.

못:마땅-히 [몬-] 튀. ▣~ 여기다.

못-물 [몬-] 몡 논에 모를 내는 데 필요한 물. ▣~을 대다.

못:-미처 [몬-] 몡 일정한 곳에 거의 이르렀으나 아직 거기까지 미치지 못한 장소. ▣역 ~에 유명한 식당이 있다.

못-바늘 [몯빠-] 몡 못같이 생긴 바늘《종이나 서류 따위를 꿰는 데 씀》.

못-박이 [몯빠기] 몡 소의 간에 박힌 염통 줄기. 또는 그 간.

못-밥 [모빱] 몡 모내기를 할 때에 들에서 먹는 밥.

못: 부정문 (-否定文) [몯뿐-] 몡《언》'못'·'-지 못하다' 등으로 성립된 부정문. 주로 무능력이나 외부 압력 때문에 행위가 일어나지 못함을 표현함. *안 부정문.

못:-비 [몯삐] 몡 모를 다 낼 만큼 흡족하게 오는 비.

못-뽑이 [몯뽀비] 몡 못을 뽑는 데 쓰는 연장의 총칭《노루발·장도리·방울집게 따위》.

못:-살다 [몯쌀-] [못살아, 못사니, 못사는] 재 1 가난하게 살다. ▣못사는 형편에 외식이라니. ↔잘살다. 2 (주로 '못살게'의 꼴로 쓰여) 기를 펴지 못하게 하다. ▣왜 강아지를 못살게 구니.

못:-생기다 [몯쌩-] 혱 생김새가 보통보다 못하다. ▣못생긴 여자 / 다리가 못생겼다. ↔잘생기다.

[못생긴 며느리 제삿날에 병난다] 미운 사람이 더 미운 짓만 저지른다.

못서 [모써 / 몯써] 몡《건》못서까래.

못-서까래 [모써- / 몯써-] 몡 네모진 서까래.

못-서다 [몯써-] 재 세로로 죽 늘어서다.

못:-쓰다 [몯-] [못써, 못쓰니] 재 1 (주로 '-으면'·'-어서' 따위로 쓰여) 옳지 않다. 좋지 않다. 안 되다. ▣계솔을 피우면 못써 / 너무 작아서 못쓰겠다. 2 (주로 '못쓰게'의 꼴로 쓰여) 얼굴이나 몸이 축나다. ▣며칠 앓았다더니 얼굴이 못쓰게 되었구나.

못-자 [몯짜 / 몯짜] 몡 모를 일정한 간격으로 심을 수 있도록 눈이 달려 있는 자. *못줄.

못-자리 [몯짜~ / 몯짠~] 몡하자 **1** 볍씨를 뿌려 모를 기르는 논. 또는 그 논바닥. 묘판(苗板). **2** 논에 볍씨를 뿌리는 일.

못-정 [몯쩡] 몡 **1** 못대가리를 깊숙이 박는 데 쓰는 연장(못 위에 대고 치는 기름한 쇠). **2** 『광』 광석을 떼낼 때 쓰는, 길이가 다섯 치쯤 되고 끝이 뾰족한 정.

못정-떨이 [몯쩡떠리] 몡하 『광』 남포를 놓아 깨뜨린 바위·광석 등을, 정을 대고 망치로 쳐서 떨어뜨리는 일.

못정-버력 [몯쩡~] 몡 『광』 남포를 놓지 않고 못정으로만 능히 뜯어 낼 수 있는 버력.

못-주다 [몯쭈~] 자 버그러진 것을 튼튼하게 하려고 못을 박다.

못-줄 [몯쭐 / 몯쫄] 몡 모를 심을 때 줄을 맞추기 위하여 쓰는, 일정한 간격마다 표시를 한 줄. *못자.

못:지-아니하다 [몯찌~] 혱여 일정한 수준이나 정도에 미치다. ☐ 가수 못지아니한 노래 실력. ㉰못지않다.

못:-않다 [몯짠타] 혱 '못지아니하다'의 준말. ☐ 전문가 못지않은 솜씨 / 선수 못지않게 잘 달린다. **못:지-않이** [몯찌아니] 閉

못-질 [몯찔] 몡하자 **1** 못을 박는 일. ☐ 벽에 ~하다. **2** 못을 박듯 마음을 아프게 하는 일. ☐ 가슴에 ~하는 말.

못-짐 [몯찜 / 몯찜] 몡 모내기하기 위하여 지게나 수레에 실은 볏모.

못:-하다¹ [모타~] ☐혱 **1** (흔히, '만'··'보다'의 뒤에 쓰여) 비교 대상에 미치지 아니하다. ☐ 너보다 못한 사람 / 아들만 ~. **2** ('못해도'의 꼴로 쓰여) 아무리 적게 잡아도. ☐ 못해도 1억은 받을 것이다. ☐보혱 (형용사의 어미 '-지'의 뒤에 쓰여) 능히 미칠 수 없음을 나타내는 말. ☐ 좋지 ~ / 맑지 ~. **2** (주로 '-다'의 다음에 쓰여) 정도가 극도에 달하여 나머지의 뜻을 나타내는 말. ☐ 배가 고프다 못하여 아프다.

못:-하다² [모타~] ☐혱 일정한 수준에 못 미치거나 할 능력이 없다. ☐ 수학을 잘 ~ / 살림을 ~ / 질문에 답을 ~. ☐보롱여 **1** (동사 어미 '-지'의 뒤에 쓰여) 능히 할 수 없음을 나타내는 말. ☐ 신발이 헐거워 빨리 뛰지 ~ / 몸을 가누지 못할 정도로 취했다. **2** (주로 '-다' 뒤에 쓰여) 그 이상 할 수 없음을 나타내는 말. ☐ 참다 못해 욕이 나왔다.

몽: 몡 '몽니'의 준말.

몽개-몽개 閉 연기·구름 따위가 둥근 모양을 이루어 자꾸 나오는 모양. ㉰뭉게뭉게.

몽고-말 (蒙古─) 몡 〖동〗 말과의 짐승. 어깨 높이는 1.3m 정도이며, 머리가 크며 귀가 짧고 갈기와 꼬리털이 많음. 말의 원종으로 몽고의 초원 지대에 떼를 지어 사는데 추위를 잘 견디고 지구력이 강함.

몽-고문 (蒙古文) 몡하자 옛사람이 지은 글귀를 그대로 옮겨 씀.

몽고 문자 (蒙古文字) [─짜] 몡 몽골 문자.

몽고-반 (蒙古斑) 몡 갓난아기의 엉덩이나 허리 등에 나타나는 푸른색의 반점(자라면서 자연히 없어짐). 소아반(小兒斑).

몽고-어 (蒙古語) 몡 〖언〗 몽골어.

몽고-족 (蒙古族) 몡 몽골족(Mongol族).

몽고-풍 (蒙古風) 몡 **1** 몽골의 풍속이나 양식. **2** 몽골의 고비 사막에서 만주와 중국 북쪽으로 세계 부는 건조한 바람.

몽골 문자 (Mongol文字) [─짜] 〖언〗 몽골어를

표기할 때 쓰는 문자(17세기 중엽에 위구르 (Uigur) 문자를 기초로 만들어졌으며 왼쪽에서 오른쪽으로 종서(縱書)함). 몽고 문자.

몽골-어 (Mongol語) 몡 〖언〗 몽골족이 쓰는 언어(알타이 어족에 속함). 몽고어.

몽골-족 (Mongol族) 몡 중국 북부·만주·시베리아 남부에 거주하는 여러 민족의 총칭(피부는 황색, 머리털은 암갈색임. 성질이 용맹하고 신의가 두터움). 몽고족.

몽-괘 (蒙卦) 몡 〖민〗 육십사괘의 하나. 간괘(艮卦)에 감괘(坎卦)가 거듭된 것인데 산 밑에 샘이 남을 상징함. ㉰몽(蒙).

몽구리 몡 **1** 바싹 깎은 머리. **2** '중'의 별명. ㉰뭉구리.

몽그라-뜨리다 타 몽그라지게 하다. ㉰뭉그러뜨리다.

몽그라-지다 자 쌓인 물건이 허물어져 주저앉다. ㉰뭉그러지다.

몽그라-트리다 타 몽그라뜨리다.

몽그적-거리다 [─꺼~] 자 제자리에 앉은 채로 나아가는 듯 자꾸 느릿느릿 비비대다. ☐ 다리를 몽그적거리며 앉아만 있다. ㉰뭉그적거리다. ㉰몽긋거리다. **몽그적-몽그적** [─장~] 閉하자

몽그적-대다 [─때~] 자 몽그적거리다.

몽근-벼 몡 까끄라기가 없는 벼.

몽근-짐 몡 부피에 비해 무게가 제법 무거운 짐. ↔부픈짐.

몽글-거리다 자 **1** 먹은 음식이 잘 삭지 아니하여 가슴에 뭉친 듯한 느낌이 자꾸 들다. **2** 슬픔이나 노여움이 가슴에 뱄혀 답답한 느낌이 자꾸 들다. ㉰뭉글거리다. ㉰몽클거리다. 몽글-몽글¹ 閉하자

몽글다 [몽글어, 몽그니, 몽근] 혱 곡식의 낱알이 까끄라기나 허섭스레기가 붙지 아니하고 깨끗하다.

몽글-대다 자 몽글거리다.

몽글리다 타 **1** ('몽글다'의 사동) 곡식의 까끄라기나 허섭스레기를 떨어지게 하다. **2** 어려운 일을 당하게 하여 단련시키다. **3** 옷맵시를 가뜬하게 차려 모양을 내다.

몽글-몽글² 閉혱 덩어리진 물건이 말랑말랑하고 매끄러운 느낌. ☐ 잘 익어 ~한 포도알. ㉰뭉글뭉글.

몽:-금척 (夢金尺) 몡 〖악〗 금척무(金尺舞)에 쓰는 금빛의 자(조선 태조가 건국하기 전에 꿈에 신선이 나타나 주었다는 것을 상징하여 만들었다 함).

몽긋-거리다 [─끄~] 자하 '몽그작거리다'의 준말. 몽긋-몽긋 [─귿~] 閉하자타

몽긋-대다 [─귿때~] 자하 몽긋거리다.

몽깃-돌 [─기똘 / ─긷똘] 몡 **1** 밀물과 썰물에 배가 밀려 나가지 않도록 배의 뒤쪽에 다는 돌. **2** ☞낚싯봉.

몽니 몡 음흉하고 심술궂게 욕심 부리는 성질. ☐ ~를 부리다. ☐ 을 부리다.

몽니(가) 궂다 관 몽니가 심하다.

몽니(가) 사납다 관 몽니가 매우 세다. ㉰몽사납다.

몽니-쟁이 몡 몽니를 잘 부리는 사람.

몽달-귀 (─鬼) 몡 총각이 죽어 되었다는 귀신. 몽달귀신.

몽달-귀신 (─鬼神) 몡 몽달귀.

몽당-붓 [─붇] 몡 끝이 다 닳아서 무던 붓. 독필(禿筆).

몽당-비 몡 끝이 다 닳아 모지라져서 자루만 남은 비.

몽당-솔 〖식〗 키가 작고 몽톡한 소나무. 몽

당소나무.

몽당-연필(-鉛筆)[-년-] 圓 오래 써서 길이가 짧고 뭉툭한 연필.

몽당이 圓 1 뾰족했던 끝이 많이 닳아 거의 못 쓰게 된 물건. 2 공 모양으로 감은 실이나 노끈의 뭉치.

몽당-치마 圓 몹시 해져서 아주 짧아진 치마.

몽동(艨艟) 圓 병선(兵船)1.

몽동-발이 圓 딸려 붙었던 것이 다 떨어지고 몸뚱이만 남은 물건.

몽두(蒙頭) 圓 《역》 조선 때, 죄인을 잡아 올 때 얼굴을 싸서 가리던 물건.

몽둥이 圓 조금 굵직하고 긴 막대기《주로 사람이나 가축을 때릴 때 씀》. 목봉(木棒). □-로 때리다 / -로 맞다 / -를 휘두르다.

몽둥이-맛[-맏] 圓 정신이 날 만큼 몽둥이로 얻어맞는 경험. □-을 보다.

몽둥이-세례(-洗禮) 圓 몽둥이로 마구 두들겨 때리거나 맞는 일.

몽둥이-질 圓하타 몽둥이로 때리는 짓.

몽둥이-찜 圓하타 찜질을 하듯 온몸을 몽둥이로 마구 때리는 짓. 몽둥이찜질.

몽둥이-찜질 圓하타 몽둥이찜.

몽둥잇-바람[-이빠-/-읻빠-] 圓 몽둥이로 심하게 때리거나 얻어맞는 일.

몽:-따다 쟈 알고 있으면서도 일부러 모르는 체하다.

몽땅[1] 閉 있는 대로 죄다. □돈을 ~ 잃다.

몽땅[2] 閉 상당한 부분을 대번에 자르거나 잘리는 모양. □긴 머리를 ~ 잘랐다. 곤뭉떵. 卿몽땅.

몽땅-몽땅 閉 잇따라 상당한 부분을 자르거나 잘리는 모양. 곤뭉떵뭉떵. 卿몽탕몽탕.

몽땅-하다 혱에 끊어서 뭉쳐 놓은 것처럼 짤막하다. 곤뭉떵하다. 卿몽탕하다.

몽똑 閉하에 끝이 아주 짧고 무딘 모양. □-한 나무 막대. 곤뭉툭하다. 卿몽탁하다.

몽똑-몽똑[-똑] 閉하에 여럿이 다 몽똑한 모양. □손가락이 ~하다. 곤뭉툭뭉툭. 卿몽톡몽톡.

몽똥-그리다 타 되는대로 대강 뭉쳐서 싸다. □옷가지만 몽똥그려 싸다. 곤뭉뚱그리다.

몽롱-세계(朦朧世界)[-농-/-농-게] 圓 1 술이나 잠, 약에 취하여 어렴풋한 의식에 빠진 상태. 2 아는 것이 똑똑하지 아니하고 어렴풋한 상태.

몽롱-하다(朦朧-)[-농-] 혱에 1 흐릿하고 희미하다. □몽롱한 달빛. 2 정신이 흐리멍덩하다. □기억이 ~.

몽리(蒙利)[-니] 圓하쟈 1 이익을 얻음. 또는 덕을 봄. 2 저수지나 보(洑) 따위의 수리 시설 등으로 물을 받음. □-구역.

몽:-리(夢裏)[-니] 圓 꿈속. 몽중(夢中).

몽매(蒙昧) 圓하에 어리석고 사리에 어두움. □-한 처사 / -한 사람들을 깨우쳐 주다.

몽:-매(夢寐) 圓 《주로 '몽매에도'의 꼴로 쓰여》 잠을 자면서 꿈을 꿈. 또는 그 꿈. □-에도 그리던 조국.

몽:매-간(夢寐間) 圓 《주로 '몽매간에·몽매간에도'의 꼴로 쓰여》 꿈을 꾸는 동안. □-에도 잊지 못할 사람.

몽몽-하다(濛濛-) 혱에 비·안개·연기 따위가 자욱하다.

몽:-복(夢卜) 圓 1 꿈과 점(占). 2 꿈으로 길흉화복을 점침. 또는 그 점이나 꿈.

몽비(蒙批) 圓하쟈 《역》 임금에게 상소하여 비답(批答)을 받던 일.

몽:-사(夢事) 圓 꿈에 나타난 일.

몽상(蒙喪) 圓하쟈 부모상을 당하고 상복(喪服)을 입음.

몽:-상(夢想) 圓하타 1 꿈속의 생각. 2 꿈같은 헛된 생각을 함. 또는 그런 생각. □-에 잠기다 / 우주 비행을 ~하다.

몽:상-가(夢想家) 圓 꿈같은 헛된 생각을 즐겨 하는 사람. *공상가.

몽-상문(蒙上文) 圓 한 문장 속에 둘 이상의 구절이 있을 때에 공통되는 구절이나 글자를 하나만 씀. 또는 그 구절이나 글자('여름에는 비가, 겨울에는 눈이 온다'의 '온다' 또는 '동물·식물'을 '동식물'이라 할 적의 '물' 따위).

몽:-설(夢泄) 圓하쟈 꿈속에서 성적인 쾌감을 느끼면서 사정(射精)함. 몽색(夢色). 몽유(夢遺). 몽정(夢精).

몽:-송(霧淞) 圓 상고대.

몽실-몽실 閉하혱하부 통통하게 살이 쪄서 야들야들하고 보드라운 느낌을 주는 모양. □-한 어린아이의 손. 곤몽실몽실.

몽:-압(←夢魘) 圓 〔←몽엽(夢魘)〕 자다가 가위에 눌림. 귀압(鬼魘).

몽:-외(夢外) 圓 꿈에도 생각지 않았던 터. 천만뜻밖.

몽:외지사(夢外之事) 圓 천만뜻밖의 일.

몽우리 圓 꽃망울.

몽:-유(夢遺) 圓 몽설(夢泄).

몽:-유-병(夢遊病)[-뼝] 圓 《의》 정신병의 하나. 잠을 자다가 무의식에 이끌린 듯 일어나서 돌아다니는 등 어떤 행동을 하다가 다시 잠이 든 뒤, 아침에 깨어나서는 발작(發作) 중의 일을 전혀 기억하지 못함. 몽유황황.

몽은(蒙恩) 圓하쟈 은덕을 입음. 몽혜.

몽:-정(夢精) 圓하쟈 몽설(夢泄).

몽:-조(夢兆) 圓 꿈자리. □-가 좋지 않다.

몽:-중(夢中) 圓 꿈속. □-의 상봉.

몽:중-몽(夢中夢) 圓 꿈속의 꿈이란 뜻으로, 이 세상이 덧없음을 비유하는 말.

몽:중-방황(夢中彷徨) 圓 1 몽유병. 2 꿈속에서 이리저리 헤맴.

몽:중-설몽(夢中說夢) 圓하타 꿈속에서 꿈이야기를 하듯이 종잡을 수 없는 말을 함. 또는 그런 말. 몽중몽설.

몽진(蒙塵) 圓 《역》 머리에 먼지를 쓴다는 뜻으로, 임금이 난리를 피하여 다른 곳으로 옮겨감. □임금이 ~을 떠나다.

몽짜 圓 음흉하고 심술궂게 욕심을 부리는 짓. 또는 그런 사람. □-를 부리다.

몽짜(를) 치다 쟈 어리석은 체하면서 자기할 일을 다하다.

몽짜-스럽다[-따](-스러워, -스러우니) 혱비 몽짜를 부리는 데가 있다. **몽짜-스레** 閉

몽총-하다(혱에 1 붙임성 없이 새침하고 냉정하다. 2 부피나 길이가 좀 모자라다. □바지가 ~. **몽총-히** 閉

몽치 圓 짤막하고 단단한 몽둥이《예전에는 무기로도 썼음》. □-로 때리다.

[**몽치 깎자 도둑이 뛴다**] 대책을 쓰거나 준비하는 것이 뒤늦어서 아무 보람도 없게 됨을 이르는 말.

몽치다 자타 1 여럿이 합쳐서 한 덩어리가 되다. □근육이 ~. 2 여럿이 굳게 단결하다. □몽쳐서 적에 대항하다. 타 여럿을 합쳐서 한 덩이로 만들다. □눈을 꾹꾹 ~. 곤뭉치다.

몽클 閉하혱 1 먹은 음식이 삭지 않고 가슴에

뭉쳐 있어 묵직한 느낌. **2** 슬픔·노여움 따위가 가슴에 맺혀 풀리지 않는 느낌. ⓐ뭉클.

몽클-거리다[짜] **1** 먹은 음식이 소화되지 아니하고 가슴에 뭉쳐 있는 듯한 느낌이 자꾸 들다. **2** 슬픔이나 노여움 따위가 가슴에 맺혀 답답한 느낌이 자꾸 들다. ⓐ뭉클거리다. ⓔ몽글거리다.

몽클-대다[짜] 몽클거리다.

몽클-몽클[부][하] 맺힌 물건이 속은 좀 단단하고, 겉은 부드러우면서 만지면 요리조리 불가직게 매끄러운 느낌. □ 젖가슴이 ~하다. ⓐ뭉클뭉클.

몽키다[짜] 여럿이 뭉치어 한 덩어리가 되다. □ 풀린 실이 ~. ⓐ뭉키다.

몽타주(프 montage)[명] **1** 따로따로 촬영된 화면을 효과적으로 떼어 붙여서 하나의 새로운 장면이나 내용을 만드는, 영화나 사진의 편집 구성의 한 수법. 화면 구성. **2** 몽타주 사진. □ 범인의 ~를 만들다.

몽타주 레코드(프 montage+record)[명] 몽타주 사진과 같은 방법으로 여러 레코드를 하나로 편집하여 만든 음반.

몽타주 사진(montage寫眞)[명] 여러 사람의 사진에서 코·입모습·눈매 등 부분적으로 어떤 사람의 용모와 비슷한 부분만 오려서 하나로 맞춘 사진(흔히, 범죄 수사에서 용의자의 용모 사진에 응용함). 합성 사진. 몽타주. □ 범인의 ~이 거리에 나붙다.

몽탕[부] 꽤 많은 부분을 대번에 자르거나 잘리는 모양. □ 긴 머리카락을 ~ 자르다. ⓐ뭉텅. ⓒ몽땅.

몽탕-몽탕[부] 한 부분씩 자꾸 대번에 자르거나 잘리는 모양. ⓐ뭉텅뭉텅. ⓒ몽땅몽땅.

몽탕-하다[형][여] 끊어서 뭉쳐 놓은 것처럼 짤막하다. □ 허리에는 몽탕한 방망이를 찼다. ⓐ뭉텅하다. ⓒ몽땅하다.

몽·태-치다[타] 남의 물건을 슬그머니 훔쳐 가지다.

몽톡[부][하] 길이가 짧고 끝이 끊은 듯이 무딘 모양. □ 끝이 ~한 연필. ⓐ뭉툭. ⓒ몽똑.

몽톡-몽톡[부]—[하] 여럿이 다 몽톡한 모양. □ 연필들이 ~하다. ⓐ뭉툭뭉툭. ⓒ몽똑몽똑.

몽·하다(蒙-)[타][여] 은혜나 도움 따위를 입다.

몽학(蒙學)[명] **1** 어린아이들의 공부. **2** 몽골어를 연구하는 학문.

몽학-훈장(蒙學訓長)[-하군-][명] **1** 어린아이들을 가르치는 훈장. **2** 겨우 어린아이들이나 가르칠 정도의 훈장.

몽혜(蒙惠)[-/-혜][명][하][자] 은혜를 입음. 몽은(蒙恩).

몽혼(朦昏)[명][하][자] **1** 한때 정신을 잃음. **2** 마취. □ ~ 주사를 놓다.

몽혼-제(朦昏劑)[명][약] 마취제.

몽·환(夢幻)[명] **1** 꿈과 환상이라는 뜻으로, 허황한 생각을 이르는 말. **2** 이 세상의 모든 사물이 덧없음을 비유적으로 이르는 말.

몽·환-경(夢幻境)[명] 공상·도취 따위로 마음속에 그려지는 환상적인 세계. 몽환계(夢幻界). □ ~에 빠지다.

몽·환-곡(夢幻曲)[명][악] 녹턴(nocturne).

몽·환-극(夢幻劇)[명][연] 현실세계가 인생보다는 꿈속에서 경험하는 것이 더 진실되다는 주장으로 꿈속의 인생을 묘사한 연극.

몽·환-적(夢幻的)[관][명] 현실이 아닌 꿈이나 환상과 같은 (것). □ ~ 분위기에 젖다.

몽키다[형] 〈옛〉 뭉글다.

뫼[명] '모이'의 준말.

뫼[명] 〈옛〉 산(山).

뫼[명] 〈옛〉 높은 어른의 끼니 음식. 메. 진지.

뫼[명] 사람의 무덤. 묘(墓).

　뫼(를) **쓰다**[구] 묏자리를 잡아 송장을 묻다.

뫼:다[자] '모이다'의 준말.

뫼비우스의 띠(Möbius-)[-/-에-][명][수] [독일의 뫼비우스가 창안한 데서 유래됨] 기다란 직사각형 종이를 한 번 비틀어 양쪽 끝을 맞붙여서 이루어지는 도형(면의 안팎 구분이 없는 것이 특징임).

뫼·뺄[명] 〈옛〉 멥쌀.

뫼-산(-山)[명] 한자 부수의 한 가지('岩'·'岡' 등에서 '山'의 이름).

뫼시다[타] 〈옛〉 모시다.

뫼·쌀[명] 〈옛〉 산골.

뫼·사리[명] 〈옛〉 메아리.

뫼·올히[명] 〈옛〉 물오리.

뫼·호다[타] 〈옛〉 모으다.

뭽독[명] 〈옛〉 메뚜기[1].

묏골[명] 〈옛〉 산골.

묏괴[명] 〈옛〉 살쾡이.

묏기슭[명] 〈옛〉 산기슭.

묏·도기[명] 〈옛〉 메뚜기[1].

묏봉오리[명] 〈옛〉 산봉우리.

묏부리[명] 〈옛〉 산봉우리.

묏·쌩[명] 〈옛〉 꾸지뽕나무.

묏언덕[명] 〈옛〉 산언덕.

묏:-자리[묃짜-/묃짜-][명] 뫼를 쓸 자리. □ ~가 좋다 / ~를 잡다.

묘:(卯)[민] **1** 지지(地支)의 넷째. **2** '묘방(卯方)'의 준말. **3** '묘시(卯時)'의 준말.

묘:(妙)[명] 말할 수 없이 빼어나고 교묘함. □ 조화(造化)의 ~ / 구상의 ~ / 용병의 ~를 체득하다.

묘:(墓)[명] 뫼. □ ~를 쓰다 / ~를 이장하다.

묘:(廟)[명] **1** '종묘(宗廟)'의 준말. **2** '문묘(文廟)'의 준말.

묘(畝)[의][명] 땅 넓이의 단위. 곧, 30평(坪). 단(段)의 10분의 1.

묘(渺)[수][관] 소수의 단위의 하나. 애(埃)의 10분의 1, 막(漠)의 10배. 곧, 10^{-11}.

묘:각(妙覺)[명][불] 보살이 수행하는 52위 단계 가운데 가장 높은 단계. 온갖 번뇌를 끊어 버린 부처의 경지에 해당함.

묘:간(妙簡)[명][하][타] 잘 골라 뽑음.

묘:갈(墓碣)[명] 무덤 앞에 세우는 위가 둥그스름한 작은 돌비석.

묘:갈-명(墓碣銘)[명] 묘갈에 새기는 글.

묘:경(妙境)[명] **1** 경치가 아주 뛰어난 곳. **2** 가경(佳境)2.

묘:계(妙計)[-/-게][명] 묘책(妙策). □ ~를 짜내다.

묘:계(墓界)[-/-게][명][역] 조선 때, 품계(品階)에 따라서 정하던 묘지의 구역(곧, 무덤을 중심으로 하여 사방으로 정·종일품은 100보, 이품은 90보, 삼품은 80보, 사품은 70보, 오품은 60보, 육품은 50보, 서민은 10보로 하였음).

묘:계(廟啓)[-/-게][명][하][타] [역] 조정에서 임금에게 상주(上奏)하던 일.

묘:곡(曲曲)[명] 이상야릇한 곡조.

묘:공(妙工)[명] 뛰어난 세공. 또는 그런 솜씨를 가진 장인.

묘:구(妙句)[명] 썩 잘된 글귀.

묘구(畝溝)[명] 밭고랑.

묘:구-도적(墓丘盜賊)[명] **1** 무덤을 파헤쳐 무

덤 속의 물건을 훔쳐 가는 도둑. **2** 송장을 파내어 감추고 돈을 요구하는 도둑. ⊛묘적.

묘:궁(廟宮)圓《역》공자의 사당.
묘:기(妙技)圓 절묘한 기술과 재주. ▢고난도 ~를 선보이다.
묘:기(妙妓)圓 아름다운 기생.
묘:기-백출(妙技百出)圓하자 절묘한 기술과 재주가 여러 가지 모양으로 나옴. ▢서커스 단원들의 ~.
묘:년(卯年)圓《민》태세(太歲)의 지지(地支)가 묘(卯)로 된 해. 토끼해.
묘:년(妙年)圓 묘령(妙齡).
묘:답(墓畓)圓 '묘위답(墓位畓)'의 준말.
묘:당(廟堂)圓《역》**1** '의정부'를 달리 이르던 말. **2** 종묘와 명당(明堂)의 뜻으로, 나라의 정치를 하던 곳. 곧, 조정.
묘:당-공론(廟堂公論)[─논]圓 조정의 군신들이 모여 나라의 일을 논의하는 일.
묘:도 문자(墓道文字)[─짜]圓 묘표·묘지·묘갈·묘비 따위에 새긴 글.
묘:두-현령(猫頭懸鈴)[─현─]圓 쥐가 고양이 목에 방울을 단다는 뜻으로, 실행할 수 없는 헛된 논의를 이르는 말. 묘항현령(猫項懸鈴).
묘:득(妙得)圓하타 일하면서 얻은 묘한 방법이나 요령. 또는 묘한 방법이나 요령을 깨달아 얻음. ▢~을 터득하다.
묘:략(妙略)圓 교묘한 계략. 묘책(妙策).
묘:려-하다(妙麗─)혱여 아름답고 화려하다.
묘:령(妙齡)圓 (주로 '묘령의' 꼴로 쓰여) 여자의 꽃다운 나이, 곧 스무 살 안팎의 나이. ▢~의 여인.
묘:론(廟論)圓 묘의(廟議).
묘:리(妙理)圓 오묘한 이치.
묘:막(墓幕)圓 무덤 가까운 곳에 지은, 묘지기가 사는 작은 집.
묘:말(卯末)圓《민》묘시(卯時)의 맨 끝 시각《오전 7시가 되기 바로 전》.
묘:망-하다(渺茫─)혱여 끝없이 넓고 아득하다. ▢묘망한 대해.
묘:맥(苗脈)圓 일이 나타날 실마리.
묘:명(墓銘)圓 '묘지명(墓誌銘)'의 준말.
묘:명-하다(杳冥─)혱여 아득하고 어둡다.
묘:목(苗木)圓 옮겨 심기 위해 가꾼 어린나무. 나무모. 모나무. ▢~을 옮겨 심다.
묘:목(墓木)圓 무덤가에 있는 나무. 구목.
묘:묘-하다(杳杳─)혱여 멀어서 아득하다. **묘:묘-히**閉
묘:문(妙文)圓 매우 뛰어난 문장.
묘:문(墓門)圓 무덤 앞으로 들어가는 문.
묘:미(妙味)圓 미묘한 재미나 흥취. 묘취(妙趣). ▢바둑의 ~를 만끽하다.
묘:방(卯方)圓《민》이십사방위의 하나. 정동쪽을 중심으로 한 15°의 각도 안. ⊛묘(卯).
묘:방(妙方)圓 **1** 아주 교묘한 방법. 묘법(妙法). 묘책. ▢문제 해결의 ~을 강구하다. **2** 효험이 있는 처방이나 약방문.
묘:법(妙法)圓 **1** 묘방(妙方)1. **2**《불》훌륭하고 신기한 불법(佛法). 불교의 신기하고 묘한 법문.
묘:법-연화경(妙法蓮華經)[─년─]圓《불》법화삼부경(法華三部經)의 하나《부처가 세상에 나온 본뜻을 설한 것으로, 모든 경전 중에서 가장 존귀하게 여김》. ⊛법화경(法華經).
묘:비(墓碑)圓 무덤 앞에 세우는 비석. 묘석(墓石). ▢~을 세우다.
묘:비-명(墓碑銘)圓 묘비에 새긴 글.
묘:사(描寫)圓하타 어떤 대상이나 사물·현상 따위를 언어로 서술하거나 그림을 그려서 나

타냄. ▢심리 ~ / 영화에서의 그는 실제 이상으로 용감하게 ~되었다 / 주인공의 성격을 잘 ~하다.
묘:사(廟社)圓 종묘(宗廟)와 사직(社稷).
묘:사 음악(描寫音樂) 여러 가지 자연의 소리나 현상을 악기로 묘사하려는 음악.
묘:사-체(描寫體)圓 어떤 대상을 있는 그대로 그려 낸 문체.
묘:산(苗床)圓 묘책(妙策).
묘:상(苗床)圓 **1** 꽃·나무·채소 따위의 모종을 키우는 자리. 모판. **2** 못자리.
묘:상-각(墓上閣)圓 장사(葬事) 때에 비나 햇볕을 가리기 위해 관이 묻힐 구덩이 위쪽에 임시로 세우는 뜸집이나 장막.
묘:생(卯生)圓 묘년. 곧 토끼해에 태어난 사람.
묘:석(墓石)圓 묘비(墓碑).
묘:성(昴星)圓 이십팔수(宿)의 열여덟째 별자리의 하나. 좀생이. ⊛묘(昴).
묘:소(墓所)圓 묘하고 좋은 곳.
묘:소(墓所)圓 '산소(山所)'의 높임말.
묘:수(妙手)圓 **1** 좋은 방법이나 솜씨. ▢~를 쓰다 / 특별한 ~가 없다. **2** 솜씨가 절묘한 사람. **3** 바둑·장기에서, 생각해 내기 힘든 좋은 수. ▢~를 놓다 / ~를 두다 / ~가 떠오르다.
묘:수(妙數)圓 사람의 기묘한 운수.
묘:수-풀이(妙手─)圓 **1** 바둑·장기 따위에서, 생각해 내기 힘든 수를 알기 쉽게 설명하는 일. **2** 어려운 문제에 대한 해결책을 구하는 일. ▢관계 당국이 노사 갈등 해결을 위한 ~에 골머리를 썩이고 있다.
묘:술(妙術)圓 **1** 교묘한 꾀. ▢~에 넘어가다. **2** 뛰어난 술법. ▢~을 부리다.
묘:시(卯時)圓 **1** 십이시의 넷째 시《오전 5시부터 7시까지》. **2** 이십사시의 일곱째 시《오전 5시 반부터 6시 반까지》. ⊛묘(卯).
묘:실(墓室)圓 '널방(房)'의 구용어.
묘:악(廟樂)圓《악》종묘(宗廟)의 제전(祭典) 때 연주하는 아악.
묘:안(妙案)圓 뛰어나게 좋은 생각. ▢~을 생각해 내다 / 기막힌 ~이 떠오르다.
묘:안-석(猫眼石)圓《광》녹백색의 섬유 석영(纖維石英)의 일종《고양이 눈 모양으로 가느다란 빛을 내는 보석》. 묘정석(猫睛石).
묘:알(廟謁)圓하자 임금이 친히 종묘에 나아가 참배함.
묘:약(妙藥)圓 **1** 신통하게 잘 듣는 약. ▢이 병에는 ~이 없다. **2** 어떤 문제를 해결하는 데 매우 효과적인 것. ▢사랑의 ~.
묘:역(墓域)圓 묘소(墓所)로 정한 구역.
묘:연-하다(杳然─)혱여 **1** 아득하고 멀어서 눈에 아물아물하다. **2** 오래되어 기억이 알쏭달쏭하다. ▢기억이 ~. **3** 소식이나 행방 따위를 알 길이 없다. ▢행방이 ~. **묘:연-히**閉
묘:연-하다(渺然─)혱여 넓고 멀어서 아득하다. ▢묘연한 망망대해.
묘:예(苗裔)圓 먼 후대(後代)의 자손.
묘:우(廟宇)圓 신위(神位)를 모신 집. 사당.
묘:원-하다(渺遠─)혱여 눈이 미치지 않을 만큼 까마득하게 멀다. ⊛묘-원(渺遠).
묘:월(卯月)圓《민》월건(月建)이 묘(卯)로 된 달. 음력 2월.
묘:-위답(墓位畓)圓《역》묘위토의 논. ⊛묘답(墓畓).
묘:-위전(墓位田)圓《역》묘위토의 밭. ⊛묘전(墓田).

묘:-위토 (墓位土)圓 〖역〗 묘에서 지내는 제사의 비용을 마련하기 위해 경작하던 논밭.

묘:-유 (卯酉)圓 동과 서. 동서(東西).

묘:유-선 (卯酉線)圓 〖천〗 자오선에 직각인 큰 원. 곧, 동서점(東西點)과 천정(天頂)을 지나는 평면이 천구(天球)와 만나는 금. 묘유권(卯酉圈).

묘:음 (妙音)圓 매우 아름다운 소리나 음악. 〔천상(天上)의 ~.

묘:의 (廟議)[-/-이]圓 〖역〗 묘당(廟堂)에서 열리는 회의라는 뜻으로, 조정의 회의를 이르던 말. 묘론(廟論).

묘:일 (卯日)圓 〖민〗 일진의 지지(地支)가 묘(卯)로 된 날. 토끼날.

묘:-입신 (妙入神)[-씬]圓〖명자〗 사람의 솜씨로는 볼 수 없을 만큼 놀랍도록 세밀하고 교묘하여 신의 경지에 들어감.

묘:적 (墓賊)圓 '묘구도적(墓丘盜賊)'의 준말.

묘:전 (墓田)圓 '묘위전(墓位田)'의 준말.

묘:전 (墓前)圓 무덤 앞.

묘:절-하다 (妙絶-)혭어 더할 수 없이 교묘하다. 절묘하다.

묘:정 (卯正)圓 〖민〗 묘시(卯時)의 중간. 곧, 오전 여섯 시.

묘:정 배:향 (廟庭配享)〖역〗 공로 있는 신하가 죽은 뒤에 종묘(宗廟)에 모시던 일. ⓒ정향(配享).

묘:제 (墓祭)圓 산소에서 지내는 제사.

묘:족 (苗族)圓 중국의 구이저우 성(貴州省)을 중심으로 원난 성(雲南省)·후난 성(湖南省) 등지에 사는 소수 민족. 먀오 족.

묘:좌 (卯坐)圓 〖민〗 집터나 묏자리가 묘방(卯方)을 등진 좌향. 또는 그런 자리.

묘:좌-유향 (卯坐酉向)圓 〖민〗 집터·묏자리 등의 방위가 묘방(卯方)을 등지고 유방(酉方)을 향하여 앉은 자리.

묘:주 (酌酒)圓 조주(朝酒).

묘:주 (墓主)圓 무덤의 주인.

묘:지 (墓地)圓 1 무덤. 〔~를 이장하다. 2 무덤이 있는 땅. 또는 그 구역. 〔~에 안장하다 / ~ 둘레에 나무를 심다.

묘:지 (墓誌)圓 죽은 사람의 이름·신분·행적·자손의 이름 등을 기록한 글(사기판(砂器板)에 적거나 돌에 새겨서 무덤 옆에 묻음). 광지(壙誌).

묘:지 (錨地)圓 배가 닻을 내리고 정박하는 곳. 닻밭.

묘:-지기 (墓-)圓 남의 산소를 지키며 보살피는 사람. 묘직(墓直).

묘:지-명 (墓誌銘)圓 묘지에 기록한 글. ⓒ묘명(墓銘).

묘:직 (墓直)圓 묘지기.

묘:책 (妙策)圓 매우 교묘한 꾀. 묘계(妙計). 묘방(妙方). 묘산(妙算). 〔~이 떠오르다 / ~이 서다.

묘:체 (妙諦)圓 묘한 진리. 〔~를 터득하다.

묘:초 (卯初)圓 〖민〗 묘시(卯時)의 처음 시각. 곧, 오전 5시경.

묘:촌 (墓村)圓 조상의 산소가 있는 마을.

묘:출 (描出)圓ᄒᆞ타 어떤 대상·현상 따위를 그림이나 글 따위로 그려서 나타냄. 〔사건 현장을 생생하게 ~하다.

묘:취 (妙趣)圓 묘미(妙味).

묘:파 (描破)圓ᄒᆞ타 남김없이 밝히어 그려 냄. 〔인간의 심리를 해학적 필치로 ~했다.

묘:판 (苗板)圓 1 못자리. 2 모판.

묘:포 (苗圃)圓 모밭.

묘:표 (墓表)圓 무덤 앞에 세우는 푯돌(죽은 사람의 성명·생년월일·행적 등을 새김). 표석(表石).

묘:표 (墓標)圓 묘비 따위와 같이 무덤 앞에 세우는 표시물.

묘:품 (妙品)圓 정묘한 작품.

묘:품 (妙稟)圓 뛰어나게 훌륭한 품성. 또는 그런 품성을 지닌 사람.

묘:필 (妙筆)圓 매우 잘 쓴 글씨 또는 잘 그린 그림.

묘:하 (墓下)圓 조상의 산소가 있는 땅.

묘:-하다 (妙-)혭어 1 모양이나 동작이 색다르다. 〔묘하게 생기다. 2 일이나 이야기 따위가 기이하여 표현하거나 규정하기 어렵다. 〔묘한 관계 / 기분이 ~ / 일이 묘하게 됐다. 3 수완이나 재주 따위가 뛰어나거나 약빠르다. 〔묘한 재주 / 묘한 꾀를 생각해 내다.

묘:-향-현령 (猫項懸鈴)[-헝-]圓 묘두현령(猫頭懸鈴).

묘:혈 (墓穴)圓 무덤 구멍. 시체를 묻는 구덩이. 광중(壙中). 광혈(壙穴).

묘혈을 파다 恝 스스로 파멸의 길로 나아가다.

묘:호 (廟號)圓 임금의 시호(諡號).

묘:화 (描畫)圓ᄒᆞ타 1 다른 그림을 본떠서 그림. 또는 그러한 그림. 2 그림을 그림.

묘:휘 (廟諱)圓 임금이 죽은 뒤에 지은 휘.

못-자리 (墓-)[묘짜-/뭇짜-]圓 묏자리.

무¹圓 윗옷의 양쪽 겨드랑이의 아래에 대는 딴 폭.

무:²圓 〖식〗 십자화과의 한해살이 또는 두해살이의 재배 초본. 줄기 높이 60 cm-1 m이며, 봄에 담자색이나 흰 꽃이 줄기 끝에 핌. 뿌리는 빛이 희고 살이 많음. 잎과 뿌리는 중요한 채소이고 중앙아시아가 원산지임. 〔~를 캐다 / ~를 썰다 / ~를 절여 김치를 만든다.

무: (戊)圓 〖민〗 천간(天干)의 다섯째.

무: (武)圓 전쟁에 관한 일 또는 무술과 병법을 일컫는 말. ↔문(文).

무 (無)圓ᄒᆞ타 없음. 존재하지 않음. 〔~에서 유(有)를 창조하다. ↔유(有).

무- (無)国 '그것이 없음'의 뜻. 〔~관심 / ~의식 / ~능력.

무:가 (巫歌)圓 무당의 노래.

무:가 (武家)圓 대대로 무관의 벼슬을 하는 집안. 무관집. ↔문가.

무가 (無價)[-까]圓 1 값이 없음. 2 값을 매길 수 없을 만큼 귀중함.

무가-내 (無可奈)圓 무가내하. 〔~로 고집을 부린다.

무가-내하 (無可奈何)圓 어찌할 수가 없음. 무가내. 막무가내. 막가(莫可)내하. 〔~로 받아들이지 않는다.

무-가당 (無加糖)圓 당분을 첨가하지 않음. 〔~ 오렌지 주스.

무가-보 (無價寶)[-까-]圓 값을 매길 수 없을 만큼 귀중한 보배. 무가지보.

무가-지 (無價紙)[-까-]圓 신문사에서, 무료로 나누어 주는 신문. 〔~를 배포하다.

무가지-보 (無價之寶)[-까-]圓 무가보.

무-가치 (無價値)圓 아무 값어치가 없음. 〔~한 일 / ~하게 여겨지다.

무간-지옥 (無間地獄)圓 〖불〗 팔열(八熱) 지옥의 하나(한 겁(劫) 동안 끊임없이 지독한 고통을 받는다고 함). 무간나락(無間奈落). 아비지옥.

무간-하다 (無間-)혭어 서로 허물없이 가깝

다. ▢무간한 사이 / 친구들과 무간하게 지내
다. **무간-히** 閉

무-감각 (無感覺) 閱閥閱 **1** 아무 감각이 없음.
▢동상으로 발가락이 ～해지다. **2** 주위 사정
이나 분위기 따위에 관심이 없음. ▢～한 표
정을 짓다.

무감 지대 (無感地帶) 〖지〗 무감 지진이 일어
난 지대. ↔유감 지대.

무감 지진 (無感地震) 〖지〗 사람의 감각으로
는 거의 느낄 수 없으나 지진계에는 기록될
정도의 약한 지진. ↔유감 지진.

무강-하다 (無疆-) 閱閱 **1** 한이 없다. 끝이 없
다. **2** 편지나 인사말에서, 윗사람의 안부를
묻거나 건강을 기원하는 말. ▢아무쪼록 무
강하시기를 빕니다.

무개 (無蓋) 閱 지붕이나 뚜껑이 없음. ↔유개.

무개-차 (無蓋車) 閱 덮개나 지붕이 없는 차
《스포츠카 따위》. 오픈카. ↔유개차.

무개-화차 (無蓋貨車) 閱 지붕이 없는 화차.
▢～로 석탄을 실어 나르다.

무거리 閱 곡식 따위를 빻아 체에 쳐서 가루를
내고 남은 것. ▢～ 개떡.

무거리-고추장 (-醬) 閱 메줏가루의 무거리로
담근 고추장.

무거불측 (無據不測) 閱 **1** 성질이 말할 수 없이
흉측함. **2** 근거가 없어 헤아리기 어려움.

무거-하다 (無據-) 閱閱 **1** 근거가 없다. 터무
니없다. 무계하다. **2** 의지할 데가 없다.

무겁 閱 활터의 과녁 뒤에 흙으로 둘러싼 곳.

무겁다 [-따] [무거워, 무거우니] 閱閥 **1** 무게가
많이 나가다. ▢무거운 돌 / 체중이 ～. **2** 언
행이 매우 신중하다. ▢입이 ～. **3** 부담·책임·
비중 따위가 크거나 중대하다. ▢책임이 ～.
4 병이나 죄가 심하거나 크다. ▢죄가 ～. **5**
기분이 언짢거나 우울하다. ▢무거운 마음 /
머리가 ～. **6** 힘이 빠져서 느른하다. ▢무거
운 발걸음. **7** 동작이 느리고 둔하다. ▢굼뜽
이가 ～ / 바퀴가 무겁게 돌아간다. ▢무겁다.
8 세금이 너무 많다. ▢세금을 무겁게 매기
몸이 ～. **9** 임신으로 움직이기 어렵다. ▢만삭이라
몸이 ～.

무겁디-무겁다 [-따-따] [-따거워, -무거우
니] 閱閥 아주 무겁다.

무겁-하다 (無怯-) [-꺼파-] 閱閱 겁이 없다.

무겁-한량 (-閑良) [-꺼팔-] 閱 활터에서, 활이
과녁에 맞았는지 안 맞았는지를 검사하는 사람.

무게 閱 **1** 물건의 무거운 정도. 중량. ▢～를
달다 / ～를 견디다 / ～가 많이 나가다. **2** 언
행·인품의 침착하고 의젓한 정도. ▢～ 있는
목소리 / ～를 잡다 / 말에 ～가 실리다. **3** 사
물이 지닌 가치나 중대성의 정도. ▢～ 있는
내용. **4** 어떤 일에 대해 심리적으로 느끼는
부담이나 책임감의 비유. ▢슬픔의 ～ / 세월
의 ～에 짓눌리다.
[무게가 천 근이나 된다] 사람됨이 묵직하여
믿음직스러움을 이르는 말.

무게 분석 (-分析) 〖화〗 정량 분석의 하나. 용
액 중에서 하나의 성분을 분리하여 그 무게를
측정함.

무게 중심 (-中心) 〖물〗 물체의 각 부분에 미
치는 중력의 합력(合力)이 작용하는 점.

무-격 (巫覡) 〖민〗 무당과 박수.

무결-하다 (無缺-) 閱閱 결함이 없다.

무:경 (武經) 閱 군사 및 병법에 관한 책.

무경계-하다 (無經界-) [-/-게-] 閱閱 옳고 그
름의 구별이 없다.

무경위-하다 (無涇渭-) 閱閱 사리의 옳고 그름
이나 이러하고 저러함에 대한 분별이 없다.

물경위(沒涇渭)하다. ▢무경위한 사람 / 무경
위한 말을 하다.

무계-하다 (無稽-) [-/-게-] 閱閱 무거(無據)
하다. ▢황당～.

무-계획 (無計劃) [-/-게-] 閱閱閱 아무 계획
이 없음. **2** 충동적이며 ～한 행태.

무-고 (巫瞽) 〖민〗 무당과 판수.

무-고 (巫蠱) 閱閱閱 무술(巫術)로써 남을 저주
함.

무고 (無故) 閱閱閱閱 **1** 아무런 까닭이 없음.
▢～로 결근한 사람. **2** 아무 탈 없이 평안함.
무사(無事). ▢식구들 모두 ～하다니 다행이
다. ↔유고(有故).

무:고 (誣告) 閱閱閱 〖법〗 없는 일을 거짓으로
꾸며 고발하거나 고소함. ▢～ 혐의로 구속
되다 / ～로 맞고소하다.

무:고 (舞鼓) 閱 **1** 나라 잔치 때, 기생들이 춤추
며 치던 큰 북. **2** 북춤.

무고-감 (無辜疳) 〖한의〗 어린아이의 얼굴
이 누렇게 뜨고 몸이 바짝 마르는 감병(疳病)
의 하나.

무:고-죄 (誣告罪) [-쬐] 閱 〖법〗 남을 형사 처
분 또는 징계 처분을 받게 할 목적으로 허위
사실을 신고함으로써 성립하는 죄.

무고지민 (無告之民) 閱 **1** 마땅히 하소연하거
나 호소할 데가 없는 어려운 백성. **2** 의지할
데 없는 늙은이나 어린아이.

무고-하다 (無辜-) 閱閱 아무런 잘못이나 허물
이 없다. ▢무고한 백성 / ～고 주장하다. **무
고히** 閉. ▢～ 유배를 당하다.

무-곡 (貿穀) 閱閱閱 **1** 장사하려고 많은 곡식을
사들임. 또는 그 곡식. **2** 무미(貿米).

무:-곡 (舞曲) 閱 춤과 악곡. **2** 춤곡.

무-곡성 (武曲星) [-썽] 〖천〗 구성(九星) 중
의 여섯째 별.

무-곡통 (貿穀桶) 閱 예전에, 곡식을 사들이
는 장사치들이 쓰던 곡식 섬《말 수가 관곡(官
穀)을 담는 섬보다 많이 듦》.

무골 (無骨) 閱 **1** 뼈가 없음. **2** 줏대가 없음. **3**
체계가 서 있지 아니하고 어지러워 갈피를
잡을 수 없는 문장.

무골-충 (無骨蟲) 閱 **1** 뼈가 없는 벌레의 총칭.
2 줏대 없이 무른 사람을 비웃는 말.

무골-충이 閱 〖건〗 기둥이나 문틀 따위의 모
서리에 오목하게 홈을 파낸 줄.

무골-호인 (無骨好人) 閱 줏대가 없이 두루뭉
술하고 순하여 남의 비위를 잘 맞추는 사람.

무:-공 (武功) 閱 군인으로서 세운 공적. 무훈
(武勳). ▢～을 세우다.

무:공 (誣供) 閱 예전에, 죄인이 거짓으로 꾸며
대던 진술.

무공-전 (無孔錢) 閱 맹전(盲錢). ↔유공전.

무공-침 (無孔針) 閱 못바늘. 핀(pin).

무:공 포장 (武功褒章) 국토방위에 헌신적으
로 노력하여 그 공적이 두드러진 사람에게
주는 포장.

무공해 (無公害) 閱 자연이나 사람에게 해를
주지 않음. ▢～ 농산물.

무:공 훈장 (武功勳章) 전투에 참가하여 뚜렷
한 무공을 세운 사람에게 수여하는 훈장《태
극·을지·충무·화랑·인헌의 5등급이 있음》.

무:-과 (武科) 閱 〖역〗 조선 때, 무예(武藝)와 병
서(兵書)에 능통한 사람을 뽑던 과거. ↔문과
(文科).

무과실 책임 (無過失責任) 〖법〗 손해를 발생
시킨 사람에게 고의나 과실이 없어도 법률상

손해 배상 책임을 지우는 일. 결과 책임.

무:과 중:시(武科重試)『역』무관의 당하관에게 10년마다 병년(丙年)에 실시하던 무과 시험(승진 시험임).

무:관(武官)圐 **1** 군에 적을 두고 군사 일을 맡아보는 관리. **2**『역』무과 출신의 벼슬아치. 무변(武弁). ↔문관.

무관(無官)圐圀圀 벼슬이 없음.

무관(無冠)圐圀圀 지위가 없음. 무위(無位).

무관의 제왕(帝王)ㄷ〈속〉왕관이 없는 임금이라는 뜻으로, 언론인 특히 기자를 이르는 말.

무관계-하다(無關係-)[-/-게-]圀阿 관계가 없다. ㉣무관(無關)하다.

무:-관석(武官石)圐 무석인(武石人).

무-관심(無關心)圐圀阿 관심이나 흥미가 없음. ㉠정치에 ~한 젊은이들/~한 태도를 보이다.

무:-관-집(武官-)[-집]圐 무가(武家).

무관-하다(無關-)圀阿 '무관계(無關係)하다'의 준말. ㉠나와는 무관한 이야기다. **무관-히**圀

무:관 학교(武官學校)[-꾜]『역』대한 제국 때, 육군 사관을 양성하던 학교.

무광(無光)圐圀阿 빛이나 광택이 없음. ㉠코팅.

무:괴(武魁)圐 무과(武科)의 장원(壯元).

무괴(無愧)圐 세상을 두려워하지 않는 포악한 짓. 또는 그런 짓을 하는 사람.

무괴어심(無愧於心)圐圀 마음에 부끄러울 것이 없음.

무괴-하다(無怪-)圀阿 괴이할 것이 없다. **무괴-히**圀

무교(無敎)圐 믿는 종교가 없음.

무교-병(無酵餅)圐『기』누룩을 넣지 않고 만든 빵.

무-교양(無敎養)圐圀阿 교양이 없음.

무교-절(無酵節)圐『기』유대 인 달력으로 유월절 다음 날인 1월 15일부터 21일까지의 한 주일 동안(이스라엘 민족이 출애굽 사건을 기념하는 절기로 무교병을 먹음).

무교회-주의(無敎會主義)[-/-이]圐『기』현재의 교회 제도에 반대하고 성서의 올바른 연구와 인식에서 출발하여 복음 곧 진리에 입각한 신앙에 의해서만 인류가 구원된다고 강조하는 주장(일본의 종교 지도자 우치무라 간조(內村鑑三)가 주창하였음).

무:-구(武具)圐 병구(兵具).

무구(無垢)圐『불』**1** 추악함을 떠나 청정함. 곧, 번뇌가 없음. **2** 더러움이 없는 자, 곧 여래(如來). **3** 유마(維摩).

무구-조충(無鉤條蟲)圐〈동〉조충과의 기생충. 소를 중간 숙주(中間宿主)로 하여 사람의 장(腸)에 기생함. 머리에 갈고리가 없고 길이 4-9 m, 1,000-2,000 개의 몸마디마다 암수의 생식기가 있어 그 속에 알을 수태함. 민촌충. ↔유구조충.

무구-촌충(無鉤寸蟲)圐 '무구조충(無鉤條蟲)'의 구용어.

무구-포(無口捕)圐 아가리가 없는 박이라는 뜻으로, 입을 다물고 말을 아니함의 비유.

무구-하다(無垢-)圀阿 **1** 마음이나 몸이 깨끗하다. ㉠무구한 눈빛으로 바라보다. **2** 꾸밈없이 자연 그대로 순박하다. **무구-히**圀

무구-호(無口湖)圐『지』물이 흘러 나가는 데가 없는 호수(카스피 해나 사해(死海) 등으

로, 흔히 사막 지대에 있음). ↔유구호.

무-국적(無國籍)[-쩍]圐『법』어느 나라의 국적도 갖지 않는 일.

무궁(無窮)圐圀阿圀阿 끝이 없음. ㉠귀사의 ~한 발전을 기원합니다.

무궁-무진(無窮無盡)圐圀阿圀阿 한이 없고 끝이 없음. ㉠자원이 ~하다. ㉣무진.

무궁-아(無窮兒)圐 천도교에서, 도를 닦아 천인합일(天人合一)의 경지에 이른 대아(大我).

무궁-화(無窮花)圐〈식〉**1** 무궁화나무. **2** 무궁화나무의 꽃(우리나라의 국화(國花)임). 근화(槿花).

무궁화-나무(無窮花-)圐〈식〉아욱과의 낙엽 활엽 관목. 관상용·울타리용으로 심음. 높이 2-3 m이며, 가지가 많음. 여름에 꽃이 피는데, 빛깔은 담자색·백색·담홍색 등으로 다양함. 순화.

무궁화 대:훈장(無窮花大勳章) 우리나라의 최고 훈장(국내외의 국가 원수와 그 배우자에게 수여함).

무궁화-동산(無窮花-)圐 무궁화가 많이 피는 동산이라는 뜻으로, 우리나라를 아름답게 일컫는 말.

무권-대리(無權代理)[-꿘-]『법』대리권이 없는 사람이 하는 대리 행위.

무-궤도(無軌道)圐 **1** 궤도가 없음. ㉠~ 열차. **2** 생각이나 행동에 일정한 방향과 규칙이 없음. ㉠~한 생활.

무궤도 전:차(無軌道電車) 트롤리버스(trolley bus).

무균(無菌)圐圀阿 균이 없음. ㉠~ 처리한 우유.

무극(無極)圐圀阿 **1** 끝이 없음. **2**『철』우주의 근원인 태극(太極)의 맨 처음 상태. **3**『물』전극(電極)이 없음.

무극 대:도(無極大道)[-때-] 천도교에서, 우주 본체인 무극의 영적인 능력.

무극성 분자(無極性分子)[-썽-]『화』분자 내의 양전하의 중심과 음전하의 중심이 일치하여, 전기 쌍극자의 성질을 나타내지 않는 분자(벤젠·시클로헥산 따위).

무근지설(無根之說) 근거 없이 떠도는 말.

무근-하다(無根-)圀阿 **1** 뿌리가 없다. **2** 근거가 없다. ㉠무근한 소문.

무급(無給)圐 급료가 없음. 보수가 없음. 무료(無料). ㉠~로 보조하다/~ 휴가를 실시하다. ↔유급.

무:기(武技)圐 무예(武藝).

무:-기(武器)圐 **1** 전쟁에 쓰는 온갖 기구. 병기(兵器). ㉠불법으로 ~를 소지하다/새로운 ~를 개발하다. **2** 중요한 수단이나 도구의 비유. ㉠눈물을 ~로 애원하다/비장의 ~를 깊숙이 숨기다.

무기(無期)圐 '무기한(無期限)'의 준말. ㉠~ 휴업/~ 연기하다. ↔유기.

무기(無機)圐 **1** 생명이나 활력이 없음. ↔유기(有機). **2** '무기 화학'의 준말. **3** '무기 화합물'의 준말.

무:기(誣欺)圐圀阿阿 거짓으로 남을 속임.

무:기(舞妓)圐 지난날, 나라의 잔치 때 춤을 추던 기생.

무:기-고(武器庫)圐 무기를 보관하는 창고. 병기고.

무기 공채(無期公債) 원금의 상환(償還) 기한을 미리 정하지 않은 공채. 영구 공채. ↔유기 공채.

무기 금:고(無期禁錮) 노역(勞役)을 과하지 않고 종신토록 감금하는 형벌. ↔유기 금고.

무-기력(無氣力)圐圀阿 어떤 일을 감당할 기운

과 힘이 없음. ▢~에 빠지다 / ~해 보이다.

무기력-감 (無氣力感)[-깜] 圀 어떤 일을 감당할 수 있는 기운과 힘이 없는 기분이나 느낌. ▢~에 빠지다.

무-기명 (無記名) 圀 **1** 이름을 적지 않음. ▢~으로 투서하다. **2** '무기명식'의 준말. ▢~예금. ㉠기명.

무기명-식 (無記名式) 圀 증권 및 투표 등에 그 권리자의 이름 또는 상호 등을 쓰지 않는 방식. ▢무기명식. ㉠기명.

무기명 증권 (無記名證券)[-꿘] 어떤 특정인을 권리자로 표시하지 않고 증권을 지니고 있는 사람을 그 권리자로 인정하는 유가 증권. ↔기명 증권.

무기명 투표 (無記名投票) 투표용지에 투표자의 이름을 쓰지 않는 비밀 투표. 익명 투표. ↔기명 투표.

무기-물 (無機物) 圀 생활 기능이 없는 물질이나 그것을 원료로 하여 인공적으로 만든 물질의 총칭(물·공기·광물 따위). ↔유기물.

무기 비:료 (無機肥料) 무기물을 원료로 하여 만든 비료(황산암모늄·과인산석회·염화칼륨 따위의 화학 비료와 초목의 재 따위). 무기질 비료. ↔유기 비료.

무기-산 (無機酸) 〖화〗 탄소 원자를 갖지 않은 산의 총칭(염산·황산·질산 등). ↔유기산.

무기 섬유 (無機纖維) 규석·석회석·화산암 같은 광석을 녹여서 실로 만든 화학 섬유(유리 섬유·금속 섬유·암석 섬유 등이 있음).

무기-수 (無期囚) 圀 무기형을 선고받고 복역중인 죄수.

무기 염류 (無機塩類)[-뉴] 〖화〗 무기산과 염기로 되어 있는 염(塩)의 총칭(식염·황산암모늄·질산칼슘 따위).

무기-음 (無氣音) 〖언〗 소리 낼 때에 입김이 거세게 나지 않는 소리(ㅈ·ㅋ·ㅌ·ㅍ·ㅎ 이외의 모든 자음). ↔유기음.

무기-정학 (無期停學) 圀 기한을 정하지 않고 학교에 나오지 못하도록 하는 처벌. ▢~을 당하다.

무기-질 (無機質) 圀 〖화〗 생체 유지에 없어서는 안 되는 영양소. 뼈·조직·체액 따위에 포함되어 있는 칼슘·인·물·철·요오드 따위의 총칭.

무기 징역 (無期懲役) 〖법〗 평생 동안 교도소에 가두는 무기형의 징역. 무기 징역.

무기-체 (無機體) 〖화〗 생활 기능이 없는 물체(광석·물·공기 따위). ↔유기체.

무기-폐 (無氣肺)[-/-폐] 圀 기관지가 막혀 말초부의 폐 조직에 공기가 전혀 들어가지 못하는 상태(폐결핵·폐암 때에 나타남).

무-기한 (無期限) 圀 정해 놓은 일정한 기한이 없음. ▢~ 농성에 들어가다 / ~으로 휴업을 감행하다. ↔유기한. ㉠무기.

무기-형 (無期刑) 〖법〗 평생 동안 교도소에 가두어 두는 형벌(무기 금고와 무기 징역이 있음). ↔유기형.

무기 호흡 (無機呼吸) 〖생〗 생물이 산소 없이 하는 호흡. 알코올 발효나 근육 안에서의 당분 분해에 의해 생활에 필요한 에너지를 얻는 현상(발효도 같은 현상임). 무산소 호흡.

무기 화:학 (無機化學) 〖화〗 순수 화학의 한 분과. 탄소 화합물 이외의 모든 원소 및 화합물을 연구 대상으로 하는 화학. ↔유기 화학. ㉠무기.

무기 화:합물 (無機化合物)[-함-] 〖화〗 탄소를 포함하고 있지 않은 화합물 및 이산화탄소 등과 같은 간단한 탄소 화합물의 총칭. ↔

유기 화합물. ㉠무기.

무:-김치 圀 무로 담근 김치.

무꾸리 圀⃝하⃝ 〖민〗 무당이나 판수 등에게 가서 길흉을 점치는 일.

무꾸리-질 圀⃝하⃝ 〖민〗 여기저기 무꾸리를 다니는 일.

무:-나물 圀 무를 채 쳐서 삶은 뒤 바로 양념을 하거나 다시 볶으면서 양념을 하여 무친 반찬.

무난-하다 (無難-) 혱⃝여⃝ **1** 별로 어렵지 않다. ▢무난하게 목표를 달성하다. **2** 단점이나 흠이 별로 없다. ▢무난한 연주. **3** 까다롭지 않고 무던하다. ▢성격이 무난한 사람. **무난-히** 閈. ▢~ 합격하다 / 장애물을 ~ 통과하다.

무-날 圀 음력으로 한 달 동안에 무수기가 같은 두 날을 이르는 말(음력 9일과 24일).

무남-독녀 (無男獨女)[-똥-] 圀 아들이 없는 집안의 외딸. ▢~로 귀염을 받으며 자랐다. ↔무매독자.

무너-뜨리다 閉 **1** 포개어 있거나 쌓여 있는 물건을 허물어 내려앉게 하다. ▢담을 ~. **2** 질서·체제 따위를 파괴하다. ▢윤리 의식을 ~. **3** 권력을 빼앗거나 나라를 멸망하게 하다. ▢독재 정권을 ~. **4** 구상이나 생각 따위를 깨다. ▢신념을 ~. **5** 세력 따위를 없애거나 약화시키다. **6** 형태나 상태 따위를 깨다. ▢균형을 ~.

무너-지다 꽤 **1** 포개어 있거나 쌓인 물건이 허물어져 내려앉다. ▢벽이 ~ / 큰비로 둑이 무너졌다. **2** 몸이 힘을 잃고 쓰러지다. ▢무너지듯 주저앉다. **3** 권력이 소멸하거나 나라가 망하다. ▢왕조가 ~. **4** 질서나 체제 따위가 파괴되다. ▢질서가 ~. **5** 어떤 계획이나 구상 따위가 이루어지지 못하고 깨어지다. ▢공든 탑이 무너져 버렸다. **6** 어떤 한계선 따위가 돌파되다. ▢방어선이 ~. **7** (주로 '마음'·'가슴' 등과 함께 쓰여) 슬픈 일 등을 당하여 감정이 안정을 잃고 내려앉다. ▢억장이 ~.

무너-트리다 閉 무너뜨리다.

무-넘기 圀 **1** 알맞게 괴고 남은 물이 밑의 논으로 흘러 넘게 논두렁 한 곳을 낮춘 부분. **2** 봇물을 대기 위해 도랑을 걸쳐 막은 부분. ＊물꼬.

무:-녀 (巫女) 圀 〖민〗 무당.

무녀리 圀 〔←문(門)열이〕 **1** 한배의 새끼 중에서 맨 먼저 태어난 새끼. **2** 〔속〕 말과 행동이 좀 모자라든 못난 사람의 비유.

무념 (無念) 圀⃝하⃝ **1** 〖불〗 무아(無我)의 경지에 이르러 망상(妄想)이 없음. **2** 아무런 감정이나 생각이 없음.

무념-무상 (無念無想) 圀 〖불〗 무아(無我)의 경지에 이르러 일체의 생각이 없음.

무-논 圀 **1** 물이 늘 괴어 있는 논. **2** 물을 쉽게 댈 수 있는 논. 수전(水田). 수답(水畓).

무느다 〔무너, 무느니〕 閉 포개어 쌓인 물건을 흩어뜨리다. ㉠문다.

무능 (無能) 圀⃝하⃝ 재능이나 능력 따위가 없음. ▢~한 지도자 / 그 사건으로 그의 ~이 드러났다.

무-능력 (無能力) 圀⃝하⃝ **1** 일을 해낼 만한 힘이 없는 데. ~한 남편. **2** 〖법〗 법률상의 행위 능력이 없음.

무능력-자 (無能力者)[-녁짜] 圀 **1** 능력이 없는 사람. ▢경제적인 ~로 인정하다. **2** 〖법〗 단독으로 완전한 법률 행위를 할 수 없는 사

람(미성년자·금치산자·한정 치산자 등).

무능-화(無能化)〖명〗〖하자타〗능력이 없게 됨. 또는 그렇게 되게 함.

무늬[-니]〖명〗**1** 물건의 거죽에 어룽져 나타난 어떤 모양. 〖얼룩덜룩한 ∼가 생기다 / 나무의 ∼를 그대로 살리다. **2** 직물·조각 등을 장식하기 위한 여러 가지 모양. 문양. 〖바둑판 ∼ / ∼를 수놓다.

무늬-뜨기[-니-]〖명〗〖타〗뜨개질에서, 무늬를 뜨는 일. 또는 그렇게 뜨는 방식.

무:단(武斷)〖명〗무력이나 억압을 써서 강제로 행함. 〖시위대가 총장실을 ∼으로 점거하다.

무단(無斷)〖명〗〖하형〗〖부〗미리 승낙을 얻지 않음. 〖∼ 외출을 하다 / ∼ 복제를 금한다 / 건널목을 ∼ 횡단하지 마라.

무단-가출(無斷家出)〖명〗〖하자〗미리 허락을 받거나 사유를 말하지 않고 집을 나감.

무단-결근(無斷缺勤)〖명〗〖하자타〗아무 허락이나 연락 없이 결근함. 또는 그런 결근. 〖∼으로 징계를 받다.

무단-결석(無斷缺席)[-썩]〖명〗〖하자타〗미리 허락을 받거나 사유를 말하지 않고 결석함. 또는 그런 결석.

무단-이탈(無斷離脫)〖명〗〖하자타〗미리 허락을 받거나 사유를 말하지 않고 소속 단체나 조직에서 벗어남.

무:단 정치(武斷政治)〖정〗무력을 앞세워 행하는 강압적인 정치.

무단-출입(無斷出入)〖명〗〖하자타〗미리 사유를 말하지 않거나 승낙 없이 함부로 드나듦. 〖∼을 금한다.

무:단-향곡(武斷鄕曲)〖명〗〖역〗시골에서 세도가가 백성들을 권세로 억압하던 일.

무-담보(無擔保)〖명〗〖하자〗**1** 담보물이 없음. **2** 담보를 제공하지 않음. 〖∼ 대출을 받다.

무:당〖명〗〖민〗귀신을 섬겨 길흉을 점치고 굿을 하는 여자. 무녀(巫女). 무자(巫子). 사무(師巫). 〖'巫堂'으로 쓴은 취음.
[주의] 맥없이 있다가 어떤 일을 맡기면 기쁘게 받아들여 날뛰는 사람을 이르는 말. 〖무당이 제 굿 못하고 소경이 저 죽을 날 모른다〗자기 일은 자기가 처리하기 어렵다.

무:당-개구리〖명〗〖동〗무당개구릿과의 양서류. 산속 개울이나 늪에 사는데, 몸길이 4-5cm, 등 쪽이 청색·담갈색 또는 이 두 빛이 섞였으며, 배는 붉은 바탕에 검은색의 구름무늬가 있음. 피부에는 사마귀 같은 작은 혹이 많음. 비단개구리.

무:당-노래〖명〗무당이 굿을 할 때에 춤을 추며 부르는 노래.

무:당-벌레〖명〗〖충〗무당벌렛과의 갑충. 몸길이 8㎜ 정도이고 그 갈색 둥글며 붉은색 바탕에 둥근 검은 점이 쌍쌍이 나와 있고 아래쪽은 편평함. 딱지날개는 황갈색 바탕에 검은 점무늬가 있음. 진딧물을 잡아먹는 익충임.

무:당-서방(-書房)〖명〗**1** 무당의 남편. **2** 공것을 좋아하는 사람을 비웃는 말.

무:당-차지〖명〗굿판에 차렸던 물건이나 음식 중 무당이 가지고 가는 몫.

무대〖명〗〖지〗해류(海流).

무:대〖명〗**1** 지각이 되지 못하고 미련한 사람을 일컫는 말. **2** 투전·골패에서, 열 또는 스무 끗으로 꽉 차서 무효가 됨을 일컬음. 〖삼칠 ∼이다.

무:대(舞臺)〖명〗**1** 노래·춤·연극 등을 공연하기

위하여 관람석 앞에 좀 높게 만든 단. 스테이지. 〖화려한 ∼ / ∼ 의상을 준비하다 / ∼에 서다 / ∼에 오르다 / 붉은 조명이 ∼를 비추다. **2** 기량을 나타내 보이는 곳. 활약하는 마당. 〖활동 ∼를 넓히다 / 세계 ∼에 진출하다 / 역사의 ∼에서 사라지다. **3** 이야기의 배경의 비유. 〖농촌을 ∼로 한 소설 / 사건의 ∼가 된 곳.

무대에 올리다〖구〗연극 따위를 공연하다. 〖명성 황후를 ∼.

무:대 감독(舞臺監督)무대 장치, 배우의 연기, 조명 그 밖의 연극을 구성하고 진행시키는 모든 일을 종합적으로 지도·감독하는 일. 또는 그 사람.

무:대-극(舞臺劇)〖명〗무대에서 공연하는 연극.

무:대 미:술(舞臺美術)무대의 정경과 분위기를 꾸미거나 살리거나 위한 조형 예술《장치·조명·의상·분장 따위》.

무:대상(無代償)값이나 삯을 받지 아니함.

무:대 예:술(舞臺藝術)무대 위에서 연출되는 예술. 특히, 연극의 일컬음.

무:대 장치(舞臺裝置)공연을 위하여 무대를 꾸미는 일. 또는 그 장치《배경·구조물·소품·조명 따위》.

무:대 조:명(舞臺照明)연극의 효과를 높이기 위하여 무대를 비추는 빛의 밝기·색깔·방향·움직임 따위를 조절하는 일.

무:대 효:과(舞臺效果)공연에서 조명·소리·장치 따위를 이용하여 관객에게 시청각적인 자극과 느낌을 주는 일. 또는 그런 기술.

무더기〖명〗많은 물건을 한데 모아 수북이 쌓은 더미. 〖장작이 ∼로 쌓이다 / 위조지폐가 ∼로 발견되다. 〖의명〗한곳에 수북이 쌓였거나 뭉쳐 있는 더미를 세는 말. 〖낙심치 한 ∼에 1000 원.

무더기-무더기〖부〗무더기가 여기저기 많이 있는 모양. 〖∼ 쌓여 있는 볏단 / 공사장 곳곳에 벽돌이 ∼ 쌓여 있다. 〖작〗모다기모다기. 〖큰〗무적무적.

무더니기다〖타〗〈옛〉불 속에 묻어 익히다.

무-더위온도와 습도가 매우 높아 찌는 듯한 더위. 증열(蒸熱). 증염(蒸炎). 증서(蒸暑). 〖∼가 기승을 부리다 / ∼가 한물 꺾이다.

무:덕(武德)〖명〗무인(武人)이 갖춘 위엄과 덕망. ↔문덕(文德).

무덕-무덕[-떡-]〖부〗'무더기무더기'의 준말.

무덕-무덕[-떡]〖부〗'무더기무더기'의 준말.

무덕-지다[-찌-]〖형〗'무드럭지다'의 준말.

무덕-하다(無德-)[-더카-]〖형여〗인덕(人德)이나 덕망이 없다. 〖무덕한 소치로다. ↔유덕하다.

무던-하다〖형여〗**1** 정도가 어지간하다. 〖신랑감으로는 ∼. **2** 성질이 너그럽고 수더분하다. 〖무던한 사람 / 성격이 무던해서 동료들과 잘 지낸다. **무던-히**〖부〗∼ 애를 먹이다.

무덤〖명〗송장·유골을 땅에 묻어 놓은 곳. 분묘(墳墓). 〖∼에 묻히다 / ∼을 파다 / ∼에 떼를 입히다.

무덤-가[-까]〖명〗무덤의 가장자리. 〖∼에 핀 할미꽃.

무덤덤-하다〖형여〗마음에 아무 느낌이 없이 예사스럽다. 〖무덤덤한 표정 / 무덤덤한 태도로 대하다.

무덥다[-따][무더워, 무더우니]〖형비〗찌는 듯이 덥다. 〖무더운 여름 날씨 / 너무 무더워 잠을 잘 수가 없다.

무:도(武道)〖명〗**1** 무인이 마땅히 지켜야 할 도리. ↔문도. **2** 무예·무술 등의 총칭. 〖∼에 능하다.

무:도(舞蹈)[-하자] 1 춤을 춤. 2 무용.
무:도-곡(舞蹈曲)圓 춤곡.
무도막심-하다(無道莫甚-)[-씸-]혱어 더할
수 없이 도리에 어긋나서 막되다.
무:도-병(舞蹈病)[-뼝]圓 『의』 얼굴·손·발·
혀 등의 몸 부분이 마음대로 되지 아니하고
저절로 심하게 움직여서 늘 불안한 상태에
빠지는 신경병의 한 가지.
무:도-장(武道場)圓 무예·무술을 연습하거나
시합을 벌이는 곳.
무:도-장(舞蹈場)圓 여러 사람이 모여서 춤
을 출 수 있도록 시설을 갖추어 놓은 곳. 댄
스홀.
무도-하다(無道-)혱어 말이나 행동이 도리에
어긋나서 막되다. ☐ 천하에 무도한 놈. 무
도-히톳
무:도-회(舞蹈會)圓 여러 사람이 사교춤을
추는 모임. 댄스파티. ☐~에 초대받다.
무독(無毒)[-또카-]혱어 1 해로운 것
이나 독기가 없다. 인체에 무독한 물질. 2
성질이 착하고 순하다. ☐무독한 사람.
무:-동(舞童)圓 1 조선 때, 나라 잔치 때에 춤
을 추고 노래를 부르던 아이. 2 걸립패(乞粒
牌) 따위에서, 상쇠의 목말을 타고 춤추고 재
주 부리던 아이.
무동(을) 서다昻 남의 어깨 위에 올라서다.
무동(을) 타다昻 남의 어깨 위에 올라타다.
무두-무미(無頭無尾)圓 머리도 꼬리도
없다는 뜻으로, 밑도 끝도 없음을 이르는 말.
몰두몰미.
무:-두장이圓 무두질을 업으로 삼는 사람.
무:-두-질圓하타 1 짐승의 날가죽에서 털과 기
름을 뽑아 가죽을 부드럽게 다루는 일. 2 매
우 시장하거나 병으로 속이 쓰리고 아픈 것
을 비유적으로 이르는 말.
무:-둣-대[-두때/-둗때]圓 무두질할 때에 쓰
는 날.
무뒤다혱 〈옛〉둔하다.
무드(mood)圓 어떤 상황에서 대체적으로 느
끼는 분위기나 기분. 정서. 분위기. ☐~를
잡다 / ~에 젖다 / ~를 깨다 / 남북 간 화해
~가 조성되다.
무드기昻 수북하게 쌓일 정도로 많이.
무드럭-지다[-찌-]혱 두두룩하게 많이 쌓여
있다. ㊀무덕지다.
무드-음악(mood音樂)圓 분위기에 알맞은 음
악. 대개 부드러운 선율의 음악.
무득무실(無得無失)[-드-]圓하타 얻은 것도
없은 것도 없음. 득실(得失)이 없음.
무-득점(無得點)[-쩜]圓 득점이 없음. ☐경기
가 ~으로 끝나다.
무들기圓 〈옛〉1 개미의 두둑. 개밋둑. 2 무더
기.
무등(無等)昻 그 이상 더할 수 없을 정도로.
무등-산(無等山)圓 『문』백제 가요의 하나.
광주(光州) 무등산에 성을 쌓으니, 백성이 마
음 놓고 생업에 종사할 수 있게 되어 이를 기
뻐하며 불렀다 함(가사·작자·연대는 미상).
무등-하다(無等-)혱어 1 등급이나 차별이 없
다. 2 정도가 그 이상 더할 수 없다.
무등-호인(無等好人)圓 더할 나위 없이 사람
됨이 좋은 사람.
무디圓 〈옛〉무더기.
무디다혱 1 끝이나 날이 날카롭지 않다. ☐무
딘 면도날 / 날이 무디어 잘 깎이지 않는다. 2
느끼어 깨닫는 힘이 모자라다. ☐신경이 ~.
3 말씨가 무뚝뚝하여 우악스럽다. ☐말을 무
디게 하다.

무뚝뚝-이昻 무뚝뚝하게. ☐~ 바라만 본다.
무뚝뚝-하다[-뚜카-]혱 성질이 쾌활하지
않고 인정미가 없다. 아기자기한 맛이 없다.
☐무뚝뚝한 말투 / 그는 아무에게나 ~.
무뚝-무뚝[-뚝]昻하타 1 음식을 이로 큼직
큼직하게 베어 먹는 모양. ☐크고 빨간 사과
를 ~ 베어 먹다. 2 말을 이따금 조리에 맞게
하는 모양.
무뜩昻 '문득'의 준말.
무뜩-무뚝[-뜩]昻 '문득문득'의 준말.
무-뜯다[-따]타 '물어뜯다'의 준말.
무람-없다[-람따]혱 친한 사이나 어른에게
스스럽고 버릇이 없다. 예의가 없다. ☐본
데없이 자라서 ~. 무람-없이[-람씨]昻.
☐~ 굴다.
무:략(武略)圓 군사상의 책략.
무량(無量)圓 헤아릴 수 없이 많음. 무한
량. ☐감개가 ~하다.
무량-겁(無量劫)圓 『불』헤아릴 수 없는 긴
세월.
무량-광(無量光)圓 『불』부처님의 몸에서 나
오는 한량없는 빛이란 뜻으로, 그 이익이 한
량이 없어 삼세(三世)에 두루 미치는 아미타
불의 광명의 덕.
무량-상수(無量上壽)圓 한없이 오랜 수명.
무량수를 누리다.
무량-세계(無量世界)[-/-게]圓 한없이 광대
한 세계.
무량-수(無量壽)圓 1 무량상수. 2 『불』아미
타불 및 그 땅의 백성들의 수명이 한량이 없
는 일.
무량-수(無量數)㊀꾄 1 불가사의의 만 배가
되는 수. 또는 그런 수의(10^{68}을 이름). 2 예
전에, 불가사의의 억 배가 되는 수를 이르던
말(10^{128}을 이름).
무량수-불(無量壽佛)圓 『불』수명이 한없는
부처. 곧, 아미타불.
무력-무럭[-렁]昻 1 힘차게 잘 자라는 모
양. ☐하루가 다르게 ~ 자라다. 2 연기·냄새
따위가 많이 피어오르는 모양. ☐굴뚝에서
연기가 ~ 피어오르다. ㊀모락모락.
무럼-생선(-生鮮)圓 1 해파리를 식료품으로
일컫는 말. 2 몸이 허약한 사람을 놀으로 이
르는 말. 3 줏대가 없는 사람을 비웃는 말.
무럽다[-따][무려워, 무러우니]혱ㅂ 모기·빈
대·벼룩 등의 물것에 물려 가렵다.
무려(無慮)昻 어떤 수효를 말할 때, 그 수가
예상보다 상당히 많음을 나타내는 말. ☐사
상자가 ~ 수천 명에 달했다 / 물가가 한 달
새에 ~ 두 배나 올랐다.
무려-하다(無慮-)혱어 믿음직스러워 아무 염
려할 것이 없다.
무:력(武力)圓 1 군사상의 힘. ☐~ 도발을
일삼다 / ~을 행사하다. 2 때리거나 부수는
따위의 힘. ☐~으로 나를 누르려 한다.
무력(無力)圓 1 힘·세력이 없음. 2 상대
팀의 공격에 ~하다. 2 능력·활동력이 없음.
☐생활에 ~한 사나이.
무력-감(無力感)[-깜]圓 자기에게 힘이나 능
력이 없다는 것을 알았을 때의 허탈하고
도 맥 빠진 듯한 느낌. ☐~에 빠지다 / ~이
들다.
무력-소치(無力所致)[-쏘-]圓 힘이나 능력이
없는 까닭. ☐모든 잘못이 본인의 ~임을 인
정합니다.
무:력-시위(武力示威)[-씨-]圓 군사상의 힘

으로 위력이나 기세를 떨쳐 보임. ▯ ~로 압력을 가하다 / ~를 벌이다.

무력-심 [-씸] 뗑 활의 양냥고자에 감은 쇠심.

무력-전 (-氈)[-쩐] 뗑 활의 양냥고자 밑에 다는 작은 전(氈) 조각.

무:력-전 (武力戰)[-쩐] 뗑 무력을 써서 하는 전쟁. ▯양 진영 간에 ~이 벌어지다.

무력-증 (無力症)[-쯩] 뗑 늙거나 오래 앓거나 굶주린 까닭으로 쇠약하여 힘이 없는 증세.

무력-피 (-皮) 뗑 활의 양냥고자 밑에 장식으로 불인 가죽.

무력-화 (無力化)[-려콰] 뗑하타 힘이 없게 됨. 또는 그렇게 함. ▯선제공격으로 적을 ~시키다 / 내부 알력으로 ~를 불러오다. 윤무롸내다.

무렴 (無廉) 뗑하형하부 1 염치가 없음. 2 염치가 없음을 느끼어 마음이 거북함.

무렵 의명 바로 그때쯤. 일이 벌어질 그 즈음. ▯동생은 해가 질 ~에 돌아왔다 / 퇴근 ~에 회의가 소집되었다.

무례 (無禮) 뗑하형하부 예의가 없음. 예의에서 벗어남. ▯~한 태도 / ~하게 굴다.

무:로 (霧露) 뗑 안개와 이슬.

무론 (毋論·無論) 뗑 물론.

무:-롱 (舞弄) 뗑하자 '무문농필(舞文弄筆)'의 준말.

무롸-가다 자거라 '무르롸가다'의 준말.

무롸-내다 타 '무르롸내다'의 준말.

무뢰-배 (無賴輩) 뗑 무뢰한의 무리.

무뢰-한 (無賴漢) 뗑 일정한 직업이 없이 돌아다니며 불량한 짓을 하는 사람. ▯광포한 ~으로 변하다.

무료 (無料) 뗑 1 값이나 요금을 받지 않음. ▯숙식을 ~로 제공하다 / 어린이날을 맞아 고궁을 ~로 개방하다. ↔유료. 2 급료가 없음. 무급(無給). ▯ 윤봉사를 하다.

무료 (無聊) 뗑하형하부 1 탐탁하게 어울리는 맛이 없음. 2 조금 부끄러운 생각이 있음. ▯~한 얼굴. 3 무릎하고 심심함. ▯~하게 시간을 보내다 / ~하던 차에 잘 오셨소.

무료-화 (無料化) 뗑하자타 요금이 없어짐. 또는 요금을 없앰.

무롱-태 뗑 능력은 없고 그저 착하기만 한 사람. ▯~ 같은 사람.

무루 (無漏) 뗑②뗑 번뇌에서 벗어나거나 번뇌가 없음. ↔유루(有漏).

무릅 뗑 〈옛〉 무릎.

무릎 뗑 〈옛〉 무릎.

무뤼¹ 뗑 〈옛〉 우박.

무뤼² 뗑 〈옛〉 곱고 가는 깁.

무류 (無謬) 뗑 잘못이 없음. 오류가 없음. ▯~를 주장하다.

무류-하다 (無類-) 형여 뛰어나서 견줄 데가 없다.

무류무척 (無倫無脊) 뗑하형 일에 차례가 없음.

무르녹다 [-따] 자 1 과일이나 삶은 음식이 익을 대로 익어서 물크러지다. ▯너무 삶아 고구마가 무르녹았다. 2 일이나 상태가 한창 이루어지려는 단계에 달하다. ▯분위기가 ~ / 무르녹은 녹음.

무르다¹ [물러, 무르니] 자르 굳은 물건이 푹 익거나 하여 녹실녹실하게 되다. ▯감자가 잘 ~ / 감이 너무 물러 맛이 변하다.

무르다² [물러, 무르니] 타르 1 샀거나 바꾼 물건을 원래 임자에게 도로 주고 돈이나 물건을 되찾다. ▯시계를 샀다가 도로 물렀다 / 주고 받은 것을 ~. 2 이미 행한 일을 그 전의 상

태로 돌리다. ▯바둑돌을 ~ / 시간은 무를 수 없다.

무르다³ [물러, 무르니] 형르 1 물기가 많아 단단하지 아니하다. ▯반죽이 ~. 2 마음이 약하거나 힘이 약하다. ▯사람이 좀 무른 것이 흠이다 / 여자에게 ~.
[무른 감도 쉬어 가면서 먹어라] 쉬운 일이라도 침착하게 차근차근 해야 한다는 말.

무르와-가다 자거라 윗사람 앞에서 물러가다. 윤무롸가다.

무르와-내다 타 1 웃어른 앞에 있는 것을 들어내오다. ▯진짓상을 ~. 2 웃어른에게 무엇을 타 내다. 윤무롸내다.

무르-익다 [-따] 자 1 과일이나 곡식 따위가 흐무러지도록 푹 익다. ▯무르익은 오곡백과. 2 시기나 일이 충분히 성숙되다. ▯사랑이 ~ / 여름이 한창 무르익고 있다.

무르춤-하다 자여 물러서려는 듯이 하며 행동을 갑자기 멈추다. ▯그의 대갈일성에 모두들 무르춤했다. 윤무춤하다.

무르팍 〈속〉 무릎. ▯넘어져 ~이 깨지다. 윤물팍.

무를-문서 (-文書) 뗑 부동산을 사고팔 때, 기한을 정하고 그 기한 안에는 무를 수 있도록 약속하는 문서.

무름-하다 형여 알맞을 정도로 무르다. ▯그는 성격이 무름한 편이다.

무릅-쓰다 [-씨, -쓰니] 타 1 어려운 일을 그대로 참고 견디어 해내다. ▯고통을 ~ / 위험을 무릅쓰고 구조에 나서다. 2 위로부터 덮어 내려오는 것을 피하지 않고 그대로 쓰다. ▯비를 무릅쓰고 축구 시합을 하다.

무릇¹ [-를] 뗑 〔植〕 백합과의 여러해살이풀. 들이나 밭에 나는데, 파·마늘과 비슷하며, 뿌리잎은 선형(線形)으로 흔히 두 개씩 마주나. 어린잎과 비늘줄기는 식용함.

무릇² [-를] 부 종합하여 살펴보건대. 대체로 보아. 대저. ▯~ 필요는 발명의 어머니이다.

무릇-하다 [-르타-] 형여 무른 듯하다.

무:-도원 (武陵桃源) 뗑 〔도연명(陶淵明)의 〈도화원기(桃花源記)〉에 나오는 선경(仙境) 이야기에서〕 세속을 떠난 별천지. 윤도원(桃源). *선경(仙境).

무릎 [-플] 뗑 정강이와 넓적다리 사이에 있는 관절의 앞쪽. 슬두(膝頭). ▯~을 맞대다 / ~을 베고 눕다 / 손자를 ~에 앉히다.

무릎(을) 꿇다 항복하다. 굴복하다. ▯무릎을 꿇고 애원하다.

무릎(을) 치다 몹시 좋은 일이나 놀랄 만한 일이 있을 때 무릎을 탁 치다. ▯무릎을 치며 기뻐하다.

무릎-걸음 [-를꺼름] 뗑 꿇은 무릎으로 걷는 걸음. ▯~을 치다 / ~으로 다가가다.

무릎-깍지 [-릅찌] 뗑 앉아서 두 무릎을 세우고 무릎이 팔 안에 안기도록 깍지를 낀 자세. ▯~를 끼다.

무릎-꿇림 [-릅꿀-] 뗑하타 예전에, 범인을 문초하거나 벌을 줄 때 두 손을 뒤로 젖혀 묶고 무릎을 꿇려 앉히던 일. ▯결박을 지어 ~을 당하다.

무릎-도가니 [-릅또-] 뗑 1 소의 무릎 종지뼈와 거기에 붙은 고깃덩이. ▯~를 고아 먹다. 2 〈속〉 종지뼈. 윤도가니.

무릎-도리 [-릅또-] 뗑 무릎의 바로 아래쪽.

무릎-마디 [-를-] 뗑 〔生〕 슬관절(膝關節).

무릎-맞춤 [-름맏-] 뗑하타 두 사람의 말이 서로 어긋날 때, 제삼자나 말전주한 사람 앞에서 전에 한 말의 옳고 그름을 따지는 일. 댄

질(頭質). 양조대변(兩造對辨). ▢~으로 시비를 가리다.

무릎 반:사 (-反射)[-릅빤-] 《생》 무조건 반사의 한 가지. 무릎을 치면 아랫다리가 앞으로 뻗는 반사. 각기병 따위의 진단에 씀. 슬개 반사. 슬갯견 반사.

무릎-베개 [-릅뻬-] 명하자 남의 무릎을 베개 삼아 베는 일. ~하고 잠들다.

무릎-뼈 [-릅-] 명《생》슬개골.

무릎-장단 [-릅짱-] 명 무릎을 쳐서 장단을 맞추는 일. ▢~으로 흥을 돋우다.

무릎-치기¹ [-릅-] 명 무릎까지 내려오는 짧은 바지.

무릎-치기² [-릅-] 명 씨름에서, 상대편의 무릎 뒤쪽 오금을 치면서 끌어당겨 넘기는 기술. 무릎잡이.

무리¹ 명 1 여럿이 모여 한 동아리를 이룬 사람들. 유(類). ▢교복을 입은 학생들의 ~/~를 지어 돌아다니다. 2 짐승의 떼. ▢한 ~의 소 떼/말들이 ~를 지어 달리다.

무리² 명 1 공동으로 함께 일하는 사람들이 같이 떼를 지어 나오는 때. ▢공장 공원들이 나올 ~다. 2 생산물 등이 한목에 떼로 많이 쏟아져 나오는 시기. ▢조기가 한창 나올 ~다.

무리³ 명 물에 불린 쌀을 물과 함께 매에 갈아 체에 밭아서 가라앉힌 앙금. 수미분.

무리⁴ 명《천》해·달의 주위에 때때로 보이는 둥근 테《대기 중의 작은 물방울이 빛의 굴절이나 반사로 생김》. 달/햇~.

무리 (無理) 명형자동 1 도리가 아님. 이치에 맞지 않음. ▢~한 요구/자주 부탁하는 것은 ~다/화를 내는 것도 ~는 아니다. 2 힘에 부치는 일을 억지로 우겨서 함. ▢몸에 ~가 따르다/내 힘으로는 ~이다/~해서 할 필요는 없다. 3《수》가감승제 및 멱법(冪法)의 범위에서, 유리 연산(有理演算) 이외의 관계를 포함하는 일. ↔유리(有理).

무리-고치 명하 굼벙이가 들어 깨끗하지 못한 고치. ↔쌀고치.

무리꾸럭 명하타 남의 빚이나 손해를 대신 물어 주는 일.

무리-떡 명 무리로 만든 떡.

무리떡-국 [-꾹] 명 무리로 지은 반대기를 썰어서 장국에 끓인 음식.

무리-무리 부 적당한 시기를 좇아 여러 차례에 걸쳐 무리를 지어. ▢호박이 ~ 열리다.

무리-바닥 명 쌀 무리를 바닥에 먹인 미투리.

무리-송편 (-松-) 명 무리를 반죽하여 빚어서 만든 송편.

무리-수 (無理手) 명 상황에 맞지 않은 무리한 생각이나 행동의 비유. ▢회사가 자금난에 몰리다 보니 그런 ~를 두었다.

무리-수 (無理數) 명《수》실수(實數)이면서 정수·분수의 형식으로 나타낼 수 없는 수(√2 따위 부진 근수(不盡根數)·원주율 π 따위). ↔유리수.

무리-식 (無理式) 명《수》무리수가 들어 있는 대수식(代數式). ↔유리식.

무리-풀 명 무릿가루로 쑨 풀《종이의 빛을 희게 하기 위해 배절함에 씀》.

무:-림 (武林) 명 무사 또는 무협의 세계.

무:림 (茂林) 명 나무가 우거진 숲.

무릿-가루 [-리까-/-릳까-] 명 무리를 말린 흰 가루. ▢~로 송편을 빚다.

무릿-매 [-린-] 명 노끈에 돌을 매어 두 끝을 잡아 휘두르다가 한쪽 끝을 놓으면서 멀리 던지는 팔매. ▢~를 던지다. 준물매.

무릿매-질 [-린-] 명하자 무릿매로 던지는 팔

매질. 준물매질.

무:-마 (撫摩) 명하타 1 손으로 어루만짐. 마무(摩撫). 2 마음을 달래어 어루만짐. ▢흥분한 군중을 ~하다. 3 분쟁이나 사건 따위를 어물어물 덮어 버림. ▢뇌물을 주고 사건을 ~하려 했다.

무:-말랭이 명 반찬거리로 쓰려고 썰어서 말린 무. ▢~장아찌를 담그다. 준말랭이.

무:-맛 (無-)[-맏] 명 아무런 맛이 없음. 무미(無味).

무:-망 (務望) 명하타 힘써서 바람. ▢이곳을 일차 방문하여 주시기를 ~합니다.

무:망 (無妄) 명 '무망중'의 준말.

무:망 (誣罔) 명하타 기만(欺瞞).

무망-괘 (无妄卦) 명 육십사괘의 하나. 건괘(乾卦)와 진괘(震卦)가 거듭된 것으로, 천하에 우레가 행함을 상징함. 준무망(无妄).

무망-중 (無妄中) 명 (주로 '무망중에'의 꼴로 쓰여) 별 생각이 없는 사이. ~에 저지른 일이니 용서하여 주십시오. 준무망(無妄).

무망지복 (毋望之福) 명 뜻밖에 얻은 행복.

무망-하다 (無望-) 형여 희망이 없다. 가망이 없다. ▢이 나이에 취직하기란 무망한 노릇이다.

무매-독신 (無妹獨身)[-씬] 명 형제자매가 없는 혼자인 몸.

무매-독자 (無妹獨子)[-짜] 명 딸이 없는 집안의 외아들. ↔무남독녀.

무-면허 (無免許) 명 면허가 없음. ▢~로 운전하다 / ~ 의사가 구속되다.

무명 명 무명실로 짠 피륙. 무명베. 목면(木綿). 면포(綿布). 백목(白木). ▢~ 고의적삼을 입다. 준명.

무:-명 (武名) 명 무용(武勇)이 뛰어나 알려진 이름. ▢~을 떨치다. ↔문명(文名).

무명 (無名) 명하형동 1 이름이 없거나 이름을 모름. ▢~의 고지(高地). 2 이름이 널리 알려져 있지 않음. ▢~ 가수 시절. ↔유명.

무명 (無明) 명《불》잘못된 의견이나 집착 때문에 진리를 깨닫지 못하는 마음의 상태《모든 번뇌의 근원이 됨》.

무명 계:약 (無名契約)[-/-게-] 명《법》민법·상법 등에서, 특별한 명칭이 없는 계약. 비전형 계약. ↔유명 계약.

무명-골 (無名骨) 명 궁둥이뼈.

무명-베 (無名-) 명 무명실로 짠 베. 무명.

무명-석 (無名石) 명《광》바위에 붙어서 나는 검은 갈색의 광물. 보통 쌀알만 한 작은 덩이로 윤이 남《지혈(止血)·식상(食傷) 따위에 약재로 씀》.

무명 세:계 (無明世界)[-/-게-] 명《불》번뇌(煩惱)에 사로잡혀 헤매는 세계. 곧, 사바 세계.

무명-소졸 (無名小卒) 명 세상에 이름이 알려지지 않은 하찮은 사람. ▢나 같은 ~이 어찌 알리요.

무명-수 (無名數)[-쑤] 명《수》단위의 이름을 붙이지 않은 보통의 수《하나·둘·셋 따위》. 불명수. ↔명수(名數).

무명-술 (無明-) 명《불》무명이 빚어낸 번뇌가 본심(本心)을 흐리게 하는 일.

무명-실 (無名-) 명 솜을 자아 만든 실. 면사(綿絲). 목면사.

무명-씨 (無名氏) 명 이름을 세상에 드러내지 않은 사람. 이름을 알 수 없는 사람. 실명(失名)씨. ▢~의 투서.

무명-옷 [-옫] 명 무명으로 지은 옷.

무명-용사 (無名勇士)[-뇽-] 圈 전장에서 죽은, 이름이 알려지지 않은 용사. ❑ ~의 무덤.

무명-자 (無名子) 圈 **1** 화소청(畫燒靑). **2** 흑자석(黑赭石).

무명-작가 (無名作家)[-까] 圈 아직 이름이 잘 알려지지 않은 작가. ❑ ~의 소설.

무명-지 (無名指) 圈 약손가락.

무명지인 (無名之人) 圈 세상에 이름이 알려지지 아니한 사람.

무명-초 (無名草) 圈 이름이 없거나 알려지지 않은 풀.

무명-활 (無名-) 圈 목화를 타서 솜을 만드는 데 쓰는 활. 㭴활.

무모 (無毛) 圈하圈 털이 없음.

무모 (無謀) 圈하圈하㬂 깊은 사려가 없음. 신중하지 못함. ❑ ~한 계획 / ~하게 대들다간 큰코다친다.

무모-증 (無毛症)[-쯩] 圈 머리털·수염·겨드랑이 털·음모 따위가 나지 않거나 매우 적게 나는 병증.

무:무-하다 (貿貿-督督-) 圈䁂 교양이 없어 말과 행동이 무지하고 서투르다. **무:무-히** 㬂

무문 (無紋) 圈하圈 무늬가 없음.

무:문-곡필 (舞文曲筆) 圈하㬂 붓을 함부로 놀려 왜곡된 글을 씀. 또는 그렇게 쓴 글. 무문농필.

무문-근 (無紋筋) 圈 『生』 민무늬근(筋).

무:문-농필 (舞文弄筆) 圈하㬂 **1** 문부(文簿)·법규를 함부로 고쳐 농락함. **2** 무문곡필. 㭴무롱(舞弄).

무문 토기 (無紋土器) 민무늬 토기. ❑ ~가 출토되다.

무물-부존 (無物不存) 圈하㬂 무엇이든지 없는 물건이 없음.

무물불성 (無物不成)[-썽] 圈하㬂 재물이나 돈이 없이는 아무 일도 이루어지지 않음.

무뭉스름-하다 圈䁂 뭉뚝하고 둥그스름하다.

무:미 (貿米) 圈하㬂 장사를 하려고 쌀을 많이 사들이는 일. 무곡(貿穀).

무미-건조 (無味乾燥) 圈하㬂 재미나 멋이 없고 메마름. 건조무미. ❑ ~한 생활 / 글이 너무 ~하고 단조롭다.

무미익-기 (無尾翼機)[-끼] 圈 주 날개와 동체 및 수직 꼬리 날개만 있고 수평 꼬리 날개가 없는 비행기.

무미-하다 (無味-) 圈䁂 **1** 맛이 없다. **2** 재미가 없다. ❑ 무미한 생활.

무:반 (武班) 圈 『歷』 고려·조선 때, 무관의 반열. 호반(虎班). ↔문반.

무반동-총 (無反動銃) 圈 『軍』 무반동포.

무반동-포 (無反動砲) 圈 『軍』 발사할 때 생기는 가스를 포의 뒤쪽으로 분사시켜 포신(砲身)의 반동을 없게 한 화포(탱크 파워를 공격하는 데 씀). 무반동총.

무반-향 (無班鄕) 圈 사대부(士大夫)가 살지 아니하는 시골.

무:-밥 圈 무를 채 썰어 쌀에 섞어서 지은 밥(주로 양념장에 비비어 먹음).

무-방비 (無防備) 圈 적이나 위험에 대한 방어 시설을 갖추거나 경비를 서는 따위의 준비가 되어 있지 않음. ❑ ~ 상태에서 적의 공격을 받다.

무방비 도시 (無防備都市) 군사적인 방비가 없는 도시(국제법상 전시에도 공격이 금지되어 있음).

무방-하다 (無妨-) 圈䁂 문제가 되거나 해롭지 않다. 괜찮다. ❑ 수업 중 창문을 열어도 ~. **무방-히** 㬂

무-배당 (無配當) 圈 『經』 이익 배당이 없음. 특히, 주식에서 배당이 없는 일.

무배 생식 (無配生殖) 『生』 난세포 이외의 세포가 홀로 자라서 조포체(造胞體)를 만드는 일. 무배자 생식.

무배유 종자 (無胚乳種子) 『植』 배(胚)만 있고 따로 배젖이 없으며, 떡잎 속에 많은 양분을 저장하고 있는 종자(완두·밤 따위). ↔유배유 종자.

무백혈-병 (無白血病)[-배켤뼝] 圈 『醫』 백혈병의 한 증세. 백혈병의 경과 중에, 말초 혈액 속의 백혈구 수가 정상 또는 정상 이하로 감소되어 있는 상태.

무법 (無法) 圈하圈 **1** 법이 없음. 법을 무시하거나 어김. ❑ ~ 지대. **2** 도리나 예의에 어긋나고 난폭함. ❑ ~한 짓을 하다.

무법-자 (無法者)[-짜] 圈 법을 무시하고 난폭한 행동을 하는 사람.

무법-천지 (無法天地) 圈 법이나 제도가 확립되지 않고 질서가 문란한 세상. ❑ 밤에는 깡패가 설치는 ~가 된다.

무:변 (武弁) 圈 무관(武官)2.

무변[1] (無邊) 圈하圈 끝닿는 데가 없음. ❑ ~한 우주.

무변[2] (無邊) 圈 '무변리(無邊利)'의 준말.

무변-광야 (無邊曠野) 圈 끝없이 너른 벌판.

무변-대해 (無邊大海) 圈 끝없이 너른 바다.

무변-리 (無邊利)[-별-] 圈 이자가 없음. ❑ ~로 돈을 빌려 주다. 㭴무변.

무변 세:계 (無邊世界)[-/-계] 끝없이 넓고 큰 세계.

무변-전 (無邊錢) 圈 이자가 없는 빚돈.

무변-하다 (無變-) 圈䁂 변함이 없다. ❑ 영구 무변한 진리이다.

무병 (無病) 圈하圈 병이 없음. ↔유병.

무병-장수 (無病長壽) 圈하㬂 병 없이 건강하게 오래 삶. ❑ ~를 빌다.

무:보 (誣報) 圈하㬂 만보(瞞報).

무-보수 (無報酬) 圈 보수가 없음. ❑ 야학에서 ~로 가르치다 / ~로 변론을 맡다.

무보증 사채 (無保證社債) 금융 기관 등 보증 기관의 보증 없이 발행되는 일반 사채(보증 사채에 비하여 이자율이 높음). ↔보증 사채.

무:복 (巫卜) 圈 무당과 점쟁이.

무:복 (巫服) 圈 무당이 굿할 때 입는 옷.

무복-친 (無服親) 圈 **1** 복제(服制)에 들지 않은 가까운 친척. **2** 단문친(袒免親).

무:본 (務本) 圈하㬂 근본을 닦기에 힘씀. ❑ 군자(君子) ~이다.

무본-대상 (無本大商) 圈 밑천 없이 장사하는 큰 장수라는 뜻으로, '도둑'을 비꼬아 일컫는 말.

무:부 (武夫) 圈 **1** 용맹(勇猛)스러운 남자. **2** 무사(武士).

무-분별 (無分別) 圈하圈 분별이 없음. ❑ ~한 도시 개발 / ~한 행동.

무불간섭 (無不干涉) 圈하㬂 무슨 일에나 덮어놓고 나서서 간섭하지 않는 일이 없음.

무불통지 (無不通知) 圈하圈 무슨 일이든지 다 통하여 모르는 것이 없음.

무브망 (ㅍ mouvement) 圈 그림이나 조각에서 느껴지는 운동감이나 생동감. 동세(動勢).

무:비 (武備) 圈 군비(軍備).

무비 (無比) 圈하圈 (주로 '무비의'의 꼴로 쓰여) 아주 뛰어나서 비할 데가 없음. ❑ 고금 ~의 명장 / 통쾌 ~하다.

무비 (無非) 🅟 그렇지 않음이 없이 모두.
무비올라 (moviola) 명 발성 영화의 편집용 기계《페달을 밟아 필름이 움직이게 하고, 렌즈를 통하여 화면을 보며, 확성기에서 나는 소리를 들으면서 불필요한 부분은 잘라 냄》.
무-비판 (無批判) 명하자 옳고 그름에 대해 별 생각 없이 그대로 받아들임.
무비판-적 (無批判的) 관명 옳고 그름을 판단하지 않고 무조건 받아들이는 (것). 맹목적. ❑ ~인 사대주의 사상 / 외래 문물을 ~으로 받아들이다.
무:사 (武士) 명 예전에, 무예를 익히어 전쟁에 종사하던 사람. 무부(武夫). ❑ ~ 정신으로 무장하다. ↔문사(文士).
무:사 (武事) 명 무예(武藝)와 싸움에 관한 일.
무사 (無死) 명 야구에서, 아직 한 사람도 아웃당하지 않은 상황. 노 아웃. ❑ ~ 만루에서 홈런을 치다.
무사 (無事) 명하형히부 **1** 아무런 일이 없음. **2** 아무 탈이 없음. 무고(無故). ❑ ~ 귀환을 빌다 / ~히 임무를 마치다.
무사 (無嗣) 명하형 무후(無後).
무:사 (蕪辭) 명 **1** 난잡하게 늘어놓아 변변치 못한 말. **2** 자기의 말을 낮추어 이르는 말.
무사 (無似) 인대 아버지나 할아버지를 닮지 않은 자식《문장에서 자기를 낮추어 쓰는 말》.
무사가답 (無辭可答) 명하형 사리가 떳떳하여 감히 대꾸할 말이 없음.
무-사고 (無事故) 명 아무런 사고가 없음. ❑ ~ 운전으로 표창장을 받다.
무사-귀신 (無祀鬼神) 명 자손이 모두 죽어 제사를 지내 줄 사람이 없는 귀신. *무주고혼.
무:사-도 (武士道) 명 무사로서 마땅히 지켜야 할 도리. ❑ ~ 정신이 몸에 배어 있다.
무사-독학 (無師獨學)[-도칵] 명하자 스승이 없이 혼자서 배움.
무-사마귀 명 살가죽에 밥알만 하게 두드러져 난 흰 군살.
무사무려 (無思無慮) 명하형 아무런 생각도 근심도 없음.
무사 분열 (無絲分裂) 〖생〗 핵분열의 한 방식. 핵이 있는 그대로의 상태에서 둘로 나뉘어 염색체나 방추사가 나타나지 않음《아메바·곰팡이 등에서 볼 수 있음》. 직접 분열. ↔유사(有絲) 분열.
무사-분주 (無事奔走) 명하형히부 하는 일 없이 공연히 바쁨. ❑ ~하게 하루를 보내다.
무사불참 (無事不參) 명하자 무슨 일이고 참견하지 않는 일이 없음.
무사-안일 (無事安逸) 명하형 마땅히 해야 할 일을 하지 않고 편안함만을 누림.
무사안일-주의 (無事安逸主義)[-아닐-/-아닐-이] 명 무사주의.
무사자통 (無師自通) 명하자 스승이 없이 스스로 깨쳐 앎.
무사-주의 (無事主義)[-/-이] 명 모든 일에 말썽 없이 대강 무난히 지내려는 소극적인 태도나 경향. 무사안일주의.
무사-태평 (無事太平) 명하형 **1** 아무 탈 없이 편안함. ❑ ~을 빌다. **2** 아무 일에도 개의치 않고 태평함. ❑ 어떤 일에나 ~한 사람.
무사-통과 (無事通過) 명하자타 아무 제재도 받지 않고 그냥 통과함. ❑ 검문소를 ~하다.
무사-하다 (無私-) 형여 사심 없이 공정하다. ❑ 공평(公平)~. **무사-히** 부
무사-하다 (無邪-) 형여 사심(邪心)이나 악의가 없다.
무산 (無産) 명 재산이 없음. ❑ ~ 노동자 / 토지를 잃은 ~ 농민 계층. ↔유산.
무:산 (霧散) 명하자 안개가 걷히듯 흩어져 사라짐. ❑ 정부의 방침이 국회의 반대로 ~되다 / 계획이 ~되다.
무산 계급 (無產階級)[-/-게-] 재산이 없어 노동력을 팔아 그 임금으로 생활해 가는 계급. 프롤레타리아. ↔유산 계급.
무산-대중 (無產大衆) 명 노동자·빈농 등 가난한 대중.
무산소 등정 (無酸素登頂) 높은 산에 오를 때 산소 호흡기의 도움 없이 등산하는 일. ❑ 에베레스트 산 ~에 성공하다.
무산소 호흡 (無酸素呼吸) 〖생〗 무기 호흡.
무산-자 (無產者) 명 재산이 없는 사람. 무산 계급에 속하는 사람. ↔유산자.
무산-증 (無酸症)[-쯩] 명 위산 결핍증.
무-살 명 탄탄하지 못하고 물렁물렁하게 찐 살. 두부살.
무-삶이 [-살미] 명하타 논에 물을 대어 써레질을 하고 나래로 고르는 일. 또는 물을 대어 써레질을 한 논. ↔건삶이.
무삼 명 ☞ 수삼(水蔘).
무상 (無上) 명하형 (주로 '무상의'의 꼴로 쓰여) 그 위에 더할 수 없음. 가장 좋음. ❑ ~의 영광이로소이다.
무상 (無相) 명 〖불〗 **1** 모든 사물은 공(空)이어서 일정한 형태나 양상이 없음. **2** 차별과 대립을 초월하여 무한하고 절대적인 상태. **3** 모든 집착을 떠나 초연한 지경. ↔유상(有相).
무상 (無常) 명하형 **1** 정함이 없음. 때가 없음. 무시. ❑ 밤낮없이 ~으로 드나든다. **2** 모든 것이 덧없음. ❑ 인생은 ~한 것이다. **3** 〖불〗 상주(常住)함이 없다는 뜻으로, 나고 죽고 흥하고 망하는 것이 덧없음을 이르는 말.
무상 (無想) 명하형 〖불〗 일체의 상념(想念)이 없음.
무상 (無償) 명 어떤 행위에 대하여 아무런 대가나 보상이 없음. ❑ ~ 원조 / 밀가루를 ~으로 배급하다 / 침수 차량 ~ 점검 서비스를 실시한다. ↔유상.
무상 계:약 (無償契約)[-/-게-] 〖법〗 당사자 가운데 한쪽만 대가를 받지 않는 계약《증여·사용 대차 따위》.
무상-관 (無常觀) 명 세상만사가 덧없고 항상 변화한다고 보는 관념.
무상 기간 (無霜期間) 마지막 서리가 온 날부터 첫서리가 온 날까지의 서리가 오지 않는 기간. 이 기간의 짧고 긴 것이 농업에 크게 영향을 끼침.
무상-대복 (無上大福) 명 더할 수 없이 큰 복. ❑ ~을 누리다.
무상 대:부 (無償貸付) 아무런 대가 없이 거저 남에게 빌려 줌. 무상 대출. ↔유상 대부.
무상 명:령 (無上命令)[-녕] 〖철〗 정언적(定言的) 명령.
무상-무념 (無想無念) 명 〖불〗 모든 생각을 떠나 마음이 빈 상태.
무-상시 (無常時) 명 일정한 때가 없음. ❑ ~로 드나들다. 준 무시(無時).
무상-왕래 (無常往來)[-내] 명하타 아무 때나 거리낌이 없이 오고 감.
무상-주 (無償株) 명 납입 의무가 없이 무상으로 발행되는 주식《발기인주 따위》.
무상 증자 (無償增資) 〖경〗 적립금(積立金)을 자본으로 전입(轉入)하거나 주식 배당을 출자(出資)로 전환하는 따위와 같이 자본의 법

률상의 증가만을 가져오는 명목상의 증자.
↔유상(有償) 증자.

무상-출입(無常出入)【명】【하자타】 거리끼지 않고 아무 때나 드나듦. □~을 금하다 / 그는 우리 집을 제집처럼 ~한다.

무상-하다(無狀-)【형】【여】 **1** 아무렇게나 행동하여 버릇이 없다. **2** 일정하게 정해진 모양이 없다. **3** 내세울 만한 선행이나 공적이 없다.

무상 행위(無償行爲)【법】 어떤 일에 대한 보상이 없이 재산 따위를 내주는 법률 행위(증여나 재단 법인의 설립 행위 따위). ↔유상 행위.

무-색(-色)【명】 물감을 들인 빛깔. □흰 저고리와 ~ 치마.

무색(無色)【명】【하형】 아무 빛깔이 없음. □~의 기체. ↔유색.

무색-계(無色界)[-계 / -께]【명】【불】 삼계(三界)의 하나. 모든 색신(色身)·육체·물질의 속박을 벗어나서 심신(心神)만이 존재하는 정신적인 사유(思惟)의 세계. 무색천.

무색-옷(-色-)[-색온][-색옫]【명】 물감을 들인 천으로 지은 옷. 색복(色服). 색의(色衣). ⓑ색옷.

무색-천(無色天)【명】【불】 무색계(無色界).

무색-하다(無色-)[-새카-]【형】【여】 **1** 겸연쩍고 부끄럽다. □무색한 웃음. **2** 본래의 특색을 드러내지 못하고 보잘것없다. □가수가 무색할 정도의 노래 솜씨를 보이다.

무생-대(無生代)【명】【지】 캄브리아기(紀)보다도 앞선 지질 시대를 이르던 말(생물이 없었던 시대로 생각하였으나, 화석이 발견되어이 말은 쓰이지 않게 되었음). 무생물 시대.

무생-물(無生物)【명】 생활 기능이나 생명이 없는 물건(돌·물·공기 따위).

무생물 시대(無生物時代)【지】 무생대(無生代).

무-생채(-生菜)【명】 무를 채 쳐서 양념을 하여 무친 나물.

무-서리【명】 늦가을에 처음 오는 묽은 서리. ↔된서리.

무서움【명】 무서워하는 느낌. □~을 타다 / ~에 떨다. ⓑ무섬.

무서워-하다【타】【여】 무섭게 여기다. □쥐를 무서워하는 아이 / 높은 데 오르기를 ~.

무-석(武石)【명】'무석인(武石人)'의 준말.

무-석인(武石人)【명】 무덤 앞에 세우는, 돌로 만든 무사의 상. 무과석. 무인석(武人石). ↔문석인. ⓑ무석(武石).

무선(無線)【명】 **1** 통신이나 방송을 전선 없이 전파로 함. ↔유선. **2** '무선 전신'의 준말. **3** '무선 전화'의 준말.

무선 방향 지시기(無線方向指示機)【물】무선 방향 탐지기.

무선 방향 탐지기(無線方向探知機)【물】항행 중의 선박이나 비행기에서 무선 표지(標識)로부터 오는 신호 전파를 받고, 그 지점에 대한 자기의 방위를 탐지하는 장치. 라디오 컴퍼스(radio compass). 무선 방향 지시기.

무선 송-신(無線送信)【명】 전파로 신호를 보내는 일(무선 전신·무선 전화 따위).

무선 유도탄(無線誘導彈)[-뉴-] 무선 지령 방식에 의한 유도 미사일(극초단파를 사용하여 조종함). ⓑ유도탄.

무선 전-신(無線電信) 서로 떨어져 있는 곳에서 전파로 교신하는 통신. ↔유선 전신. ⓑ무선(無線)·무전.

무선 전-파(無線電波) 무선파(無線波).

무선 전-화(無線電話) 전선을 사용하지 않고 전파를 이용한 전화. 무선·무전.

무선 조종(無線操縱) 사람이 타지 않은 항공기·탱크·함선·어뢰·탄환 등을 전파로 멀리서 조종하는 일. 무선 제어.

무선-철(無線綴)【명】 제본할 때, 책을 실이나 철사 따위로 매지 않고 속장을 접착제만으로 붙여 매는 방법.

무선 통신(無線通信)【물】 전선을 사용하지 않고 전파를 이용해서 행하는 통신의 총칭《무선 전신·무선 전화·라디오 방송·텔레비전 방송 따위》. ↔유선 통신.

무선-파(無線波)【명】【물】 전자기파(電磁氣波)의 한 가지. 무선에 씀. 무선 전파.

무선 표지(無線標識)【물】 어떤 지점에서 특정한 방향성을 가진 전파를 발사하여, 항공기·선박 등이 그 지점의 방위를 알리는 장치. 라디오 비컨(radio beacon).

무선 항-법(無線航法)[-뻡] 무선을 사용하여 항공기의 위치, 방향의 결정 또는 장애물 식별 따위를 하는 방법.

무선 항행(無線航行) 무선 전파로 조종하는 항공기·배 따위의 항행.

무선 호출기(無線呼出機) 휴대용 소형 수신기에 개인 가입자 번호를 부여하여 그 번호로 호출기 소지자를 호출할 수 있게 한 기계. 속칭 : 삐삐.

무섬 '무서움'의 준말. □~을 잘 탄다.

무섬-증(-症)[-쯩]【명】 유난히 무서워하는 심리적인 현상. □~이 나다 / ~이 일다.

무섭다[-따][무서워, 무서우니]【형】【ㅂ】 **1** 상대방의 위력에 눌려 마음이 약해져서 두렵다. □무서운 선생님. **2** 정도나 수준 따위가 놀랄 만하다. □무서운 속도. **3** 정도가 매우 심하다. 지독하다. □무서운 더위 / 돈만 알다니 참 ~. ⓐ맵다. **4** ('-ㄹ까 (봐)'의 뒤에 쓰여) 어떤 사실이 걱정스럽다는 뜻으로 쓰는 말. □오해할까 ~ / 시험에 떨어질까 봐 ~. **5** ('-기(가) 무섭게'의 꼴로 쓰여) '어떤 일을 하자마자 곧'의 뜻을 나타냄. □돈이 생기기가 무섭게 저금을 한다 / 전화를 받기가 무섭게 밖으로 나갔다.
[무섭다니까 바스락거린다] 남의 약점을 알고 더욱 곤란하게 하다.

무-성(無性)【명】 암컷·수컷의 성의 구별이 없음. ↔유성.

무성(無聲)【명】 소리가 없음. 또는 소리를 내지 않음. ↔유성.

무성 방-전(無聲放電)【물】 소리가 나지 않는 방전. 산소 속에서 방전하여 산소를 오존으로 변환시키는 경우와 같음.

무성 생식(無性生殖)【식】 양치식물 이하의 하등 생물에서, 암컷과 수컷의 교배 없이 그 자체에서 갈라지거나 출아(出芽)·포자·땅속줄기 등에 의하여 생식하는 현상. 무성 번식. ↔유성 생식.

무성 세-대(無性世代)【생】 세대 교번을 하는 생물로 무성 생식으로 자손을 번식하는 세대. ↔유성 세대.

무성-시(無聲詩)【명】 소리 없는 시라는 뜻으로, 훌륭한 그림의 비유.

무성-아(無性芽)【명】【식】 식물체의 일부가 본체에서 떨어져서 새로운 개체가 되려고 분화한 몸의 부분《주로 포자식물에 대하여 말함》.

무성 영화(無聲映畵)[-녕-] 영상(映像)만 있고 대사·음향 효과 따위의 소리가 없는 영화. □~ 시대의 변사. ↔발성(發聲) 영화.

무성-음(無聲音)【명】【언】 안울림소리. ↔유성

음(有聲音).

무-성의(無誠意)[−/−이]〔형하형〕 일에 성의가 없음. ▢∼한 태도 / ∼하게 대답하다.

무-성하다(茂盛−)〔형〕 1 풀이나 나무 따위가 많이 나서 우거지다. ▢잡초가 ∼. 2 생각이나 말, 소문 따위가 마구 뒤섞이거나 퍼져서 많다. ▢그에 대한 소문이 온 마을에 ∼. 무:성-히 〔부〕. ▢초목이 ∼ 자라다.

무성-화(無性花)〔명〕〔식〕중성화(中性花).

무세(無稅)〔명하형〕 세금이 없음. ↔유세.

무세력-하다(無勢力−)[−력카−]〔형여〕 무세(勢)하다.

무세-품(無稅品)〔명〕 1 세금이 붙지 않는 물품. ↔유세품. 2 관세를 부과하지 않는 수출입품.

무세-하다(無勢−)〔형여〕 1 세력이 없다. 무세력하다. 2 장사에 흥정이 적고 시세가 없다.

무소〔명〕〔동〕코뿔소.

무:소(誣訴)〔명하타〕 일을 거짓 꾸미어 관청에 고소함.

무소고기(無所顧忌)〔명하형〕 무소기탄.

무소기탄(無所忌憚)〔명하형〕 아무것도 꺼리는 바가 없음. ⓑ무소고기. ⓒ무기탄(無忌憚).

무-소득(無所得)〔명〕 얻는 바가 없음. 소득이 없음. ▢∼ 계층이 늘어나고 있다.

무소부재(無所不在)〔기〕하나님의 적극적 품성의 하나로, 그 존재와 섭리가 미치지 않는 곳이 없음.

무소부지(無所不至)〔명하형〕 이르지 않은 곳이 없음. ▢∼의 권력을 휘두르다.

무소부지(無所不知)〔명하형〕 모르는 것이 없음.

무소불능(無所不能)[−릉]〔명하형〕 능통하지 않은 것이 없음.

무소불위(無所不爲)〔명〕 못할 일이 없음. ▢∼의 권력을 행사하다.

무-소속(無所屬)〔명〕 어느 단체나 정당에도 속하여 있지 않음. 또는 그런 사람. ▢∼ 의원 / ∼으로 입후보하다.

무-소식(無消息)〔명하형〕 소식이 없음. ▢집을 나간 지 한 달이 지나도록 ∼이다.
[무소식이 희소식] 소식이 없는 것은 아무 탈이 없다는 말로, 곧 기쁜 소식과 다름이 없다는 뜻.

무-소외(無所畏)〔명〕 1 두려워할 만한 것이 없음. 2〔불〕불도(佛道)를 닦는 데 부닥치는 온갖 장애와 난관에 대하여 두려움이 없음. 무외(無畏). 3〔철〕불안과 공포를 벗어나 마음속의 평정을 얻은 상태.

무소용-하다(無所用−)〔형여〕 소용이 없다. 무용하다.

무-소유(無所有)〔명〕 가진 것이 없음.

무:속(巫俗)〔명〕 무당들의 풍속. ▢∼ 신앙.

무손(無孫)〔명하형〕 자손이 없음.

무손-하다(無損−)〔형여〕 손해가 없다.

무솔다〔무솔아, 무솔니, 무소는〕〔자〕축축한 습기로 푸성귀들이 물러서 썩다. ⓒ솔다.

무:송(霧淞)〔명〕상고대.

무쇠〔명〕 1〔광〕탄소가 2.0% 이상의 탄소가 들어 있는 합금. 빛이 검고 바탕이 연함(강철보다 녹기 쉬워 주조에 적합하므로 솥·철관·화로 등을 만드는 재료로 씀). 2 정신적으로나 육체적으로 굳건함의 비유. ▢∼ 주먹을 날리다 / ∼ 같은 의지.

무수(無水)〔명〕 물기가 조금도 없음. ⊟관〔화〕'무수물'의 뜻으로 쓰던 말.

무수 규산(無水硅酸)〔화〕'이산화규소(二酸化硅素)'의 구칭.

무수기〔명〕 썰물과 밀물의 차(差).
[무수기를 보다] 〔관〕조수(潮水)의 간만의 차를

─────────────────

헤아려 보다.

무수다〔타〕 닥치는 대로 사정없이 때리거나 부수다.

무수-다(無水茶)〔명〕 물은 나중에 마시고 건더기만 먼저 먹는 차.

무-수리[1]〔명〕〔조〕황샛과의 물새. 날개 길이 약 80cm, 부리 33cm 정도로 키가 큼. 목은 굵은데 흰 깃털이 목도리 모양으로 둘렸음. 몸의 등 쪽은 흑갈색, 배는 흼. 개구리·게·물고기 등을 주로 잡아먹음.

무수리[2]〔역〕고려·조선 때, 대궐에서 나인의 세숫물 시중을 들던 여자 종.

무수-물(無水物)〔명〕〔화〕 1 금속염(金屬塩)의 수화물(水和物)로부터 부가되어 있는 결정수를 모두 제거한 화합물. ▢황산 ∼. 2 산(酸), 특히 두 개의 카르복시산에서 물 분자를 제거한 산기 화합물. ▢아세트산 ∼. 3 불순물인 수분을 포함하지 않는다는 뜻. ▢메탄올 ∼.

무수-옹(無愁翁)〔명〕 1 근심·걱정이 없이 지내는 신수 좋은 늙은이. 2 어리석어서 근심·걱정을 모르고 지내는 사람.

무수-하다(無數−)〔형여〕 셀 수 없이 수가 많다. 한없이 많다. ▢무수한 개미 떼. 무수-히 〔부〕. ▢밤하늘에 반짝이는 ∼ 많은 별들.

무숙-자(無宿者)[−짜]〔명〕 묵을 곳이 없는 사람. ▢∼들의 거주 공간이 마련되다.

무:-순(−筍)〔명〕 저장하여 둔 무에서 자라난 순. 청아. 청아(菁芽).

무순(無順)〔명〕 배열하거나 분류할 때 일정한 순서가 없음.

무술〔명〕 제사 때에 술 대신으로 쓰는 맑은 찬물. 현주(玄酒).

무:술(戊戌)〔명〕 육십갑자의 서른다섯째.

무:술(巫術)〔명〕 1 무당의 방술. 2 샤머니즘.

무:술(武術)〔명〕 무도(武道)에 관한 기술. ▢∼ 고단자 / ∼을 연마하다 / ∼ 시범을 보이다.

무쉬〔명〕 조금의 다음 날인 음력 8·9일과 23·24일《조수가 좀 붇기 시작하는 물때를 일컬음》.

무스(프 mousse)〔명〕 머리에 발라 원하는 대로 머리 모양을 고정시키는 데 쓰는 거품 모양의 크림《상품명에서 온 말임》.

무슨〔관〕 1 의문의 뜻을 나타내는 말. ▢∼ 일로 왔니. 2 예상외로 못마땅함을 강조하는 말. ▢∼ 물건이 이 모양이오. 3 일이나 대상의 내용이나 속성·특성을 모를 때 이르는 말. ▢그 사람에게 ∼ 죄가 있을까. 4 반의적인 뜻을 강조하는 말. ▢대낮에 술은 ∼ 술이오.

[무슨 바람이 불어서] 〔구〕 어쩌다 찾아온 사람에게 '무슨 마음이 내켜서' 또는 '무슨 일이 있어서'의 뜻으로 쓰는 말. ▢∼ 여기까지 왔니.

[무슨 뾰족한 수 있나] 〔구〕 아무런 신통한 수단이 없다는 뜻으로, 어지간히 난처한 지경을 이르는 말. ▢치한을 퇴치할 ∼.

무슬림(Muslim)〔명〕 이슬람교도.

무슴〔대대〕〔옛〕무엇.

무-승부(無勝負)〔명〕 운동 경기 등에서, 승부가 나지 않은 일. ▢∼가 되다 / ∼로 끝나다.

무:승지(武承旨)〔명〕〔역〕조선 때, 무과 출신의 승지를 이르던 말.

무시(無始)〔명〕〔불〕 아무리 거슬러 올라가도 그 처음이 없음. 곧, 한없이 먼 과거.

무시(無時)〔명〕'무상시(無常時)'의 준말.

무시(無視)〔명하타〕 1 눈여겨보지 않음. 사물의 존재나 가치를 알아주지 아니함. ▢남의 의

견을 ~하다 / 개성이 ~되다 / 신호등을 ~하고 길을 건너다. **2** 사람을 업신여김. 깔봄. ▢동료에게 ~당하다 / 사람 ~하는 거냐.

무시근-하다 匽어 성미(性味)가 느리고 흐리터분하다.

무시-로 (無時-) 튀 정한 때가 없이 아무 때나. ▢밥을 ~ 먹어 댄다.

무시무시-하다 匽어 자꾸 무서운 느낌이 들게 하는 기운이 있다. ▢형상이 ~ / 무시무시한 이야기를 듣다 / 건물 안은 무시무시한 기운이 돌았다.

무시-무종 (無始無終) 몡 〔시작도 없고 끝도 없다는 뜻〕 **1**『불』우주의 본리(本理)인 대아(大我)·심체(心體)는 시작도 끝도 없이 항상 존재함. 곧, 진리 또는 윤회(輪廻)의 무한성을 뜻함. 무거무래. **2**『가』천주의 소극적 품성(禀性)의 하나.

무시-복 (無時服) 몡하타 때를 정하지 않고 수시로 약을 먹음.

무시-이래 (無始以來) 몡『불』'아주 먼 과거로부터'를 이르는 말.

무-시험 (無試驗) 몡 시험을 치르지 않음. ▢~ 진학 / ~ 선발 / ~으로 입학하다.

무식 (無識) 몡하형 지식이나 판단력이 부족함. ▢~한 행동 / ~이 탄로 나다 / ~을 면하다 / 자신의 ~을 한탄하다. ⟷유식.

무식-꾼 (無識-) 몡 무식쟁이.

무식-자 (無食子)[-짜] 몡『한의』몰식자(沒食子).

무식-쟁이 (無識-)[-쟁-] 몡 무식한 사람을 낮잡아 이르는 말. 무식꾼.

무-신 (戊申) 몡 육십갑자의 마흔다섯째.

무-신 (巫神) 몡『민』무속(巫俗)에서 무당들이 위하는 신.

무-신 (武臣) 몡 무관인 신하. ⟷문신(文臣).

무신 (無信) 몡하형 **1** 신의(信義)가 없음. ⟷유신(有信). **2** 소식이 없음.

무신경-하다 (無神經-) 몡어 **1** 감각이나 느낌 따위가 둔하다. ▢상황 인식을 못할 만큼 ~. **2** 어떤 자극이나 치욕에도 반응이 없다. ▢대범한 거냐 아니면 무신경한 거냐.

무신-론 (無神論)[-논] 몡『철』신의 존재를 부정하는 철학상·종교상의 견해나 관점. ⟷유신론(有神論).

무신론-자 (無神論者)[-논-] 몡 무신론을 주장하는 사람. ⟷유신론자.

무신론적 실존주의 (無神論的實存主義)[-논-씰쫀-/-논-씰쫀-이]『철』무신론에 입각한 사르트르 일파의 실존주의(니체·하이데거의 흐름을 받아, 신의 존재에 앞선 자유로운 인간 존재를 주장함).

무신무의 (無信無義)[-/-이] 몡하형 신용도 의리도 없음. 무의무신.

무실 (無失) 몡 야구에서, 실책이 없음.

무-실-역행 (務實力行)[-려캥] 몡하자 참되고 실속 있도록 힘써 실행함.

무-실점 (無失點)[-쩜] 몡 실점이 없음. ▢~으로 방어하다.

무실-하다 (無實-) 몡어 **1** 사실이나 실상이 없다. **2** 성실한 마음이 없다. 몰실(沒實)하다.

무심[1] (無心) 몡하형하부 **1** 마음이 텅 빔. 아무런 감정이나 생각이 없음. ▢한 표정으로 ~히 바라보다. **2** 남의 일을 걱정하거나 관심이 없음. ▢형제끼리 그렇게 ~할 수 있나.

무심[2] (無心) 몡 '무심필'의 준말.

무심-결 (無心-)[-껼] 몡 (주로 '무심결에'의

꼴로 쓰여) 아무 생각이 없거나 깨닫지 못하는 사이. 무심중. ▢~에 들은 이야기 / ~에 그 말을 하고 말았다.

무심-재 (無心材) 몡 나뭇고갱이가 없는 재목.

무심-중 (無心中) 몡 (주로 '무심중에'의 꼴로 쓰여) 무심결. ▢~에 한 말이 와전되다.

무심중-간 (無心中間) 몡 (주로 '무심중간에'의 꼴로 쓰여) 무심한 사이. 아무 생각 없는 동안. ▢~에 인사를 하다.

무심-코 (無心-) 튀 아무런 생각이나 뜻이 없이. ▢~ 비밀을 누설하다 / ~ 한 말이 큰 파문을 몰고 왔다.

무심-필 (無心筆) 몡 다른 종류의 털로 속을 박지 아니한 붓. ⟷무심(無心).

무싯-날 (無市-)[-신-] 몡 정기적으로 장이 서는 곳에서, 장이 서지 않는 날.

무수 관 〔옛〕무슨.

무슴 〔옛〕**1**관 무슨. **2**지대 무엇.

무쌍-하다 (無雙-) 몡어 서로 견줄 만한 짝이 없을 정도로 뛰어나다. ▢재주가 ~. **무쌍-히** 튀

무-씨 몡 무의 종자.

무-씨-기름 몡 무의 씨로 짜낸 기름. 나복자유(蘿葍子油).

무수 (無愁) 몡 무.

무스다 타 〔옛〕모으다. 쌓아 올리다.

무아 (無我) 몡 **1** 자기의 존재를 잊는 일. ▢~의 경지에 이르다. **2** 사심(私心)이 없음. **3**『불』일체의 존재는 무상한 것으로 '나'라는 존재도 없다는 것.

무아-경 (無我境) 몡 마음이 한곳으로 온통 쏠려 자기를 잊고 있는 경지. ▢~에 들다 / ~에 빠지다.

무아-도취 (無我陶醉) 몡 자기를 완전히 잊고 무엇에 흠뻑 취함.

무아-애 (無我愛) 몡 상대를 위해 자기는 전혀 돌보지 않는 참되고 순결한 사랑.

무아지경 (無我之境) 몡 무아경(無我境).

무-악 (舞樂) 몡『악』춤을 출 때에 연주하는 아악.

무안 (無顔) 몡하형하부 수줍거나 창피하여 볼 낯이 없음. ▢~을 당하다 / ~을 주다 / ~하여 쥐구멍이라도 찾고 싶었다.

무안(을) 보다 튀 무안한 꼴을 당하다.

무안-스럽다 (無顔-)[-따] [-스러워, -스러우니] 몡어 무안한 데가 있다. ▢무안스러워 고개를 못 들다. **무안-스레** 튀

무-안타 (無安打) 몡 야구에서, 안타가 없음. 노히트. ▢7 회까지 ~로 무실점으로 막다.

무애 (無涯) 몡하형 무제(無際).

무애 (無碍·無礙) 몡하형 막히거나 거치는 것이 없음.

무액면-주 (無額面株)[-앵-] 몡 주권에 액면가(額面額)의 기재가 없이 회사 총자산에 대한 비율만 표시한 주식. 비례주.

무-야 (戊夜) 몡 '오경(五更)'을 오야(五夜)의 하나로 일컫는 말(새벽 3 시부터 5 시).

무양 (無恙) 몡 몸에 병이나 탈이 없음. ▢어르신들께서는 ~하시온지요.

무-양 (撫養) 몡하타 무육(撫育).

무양무양-하다 匽어 너무 고지식하여 융통성이 없다. **무양무양-히** 튀

무어[1]지대 '무엇'의 준말. ▢이건 대체 ~야 / 그래, ~라고 하더냐. ⟦준⟧머·뭐. [2]감 **1** 그게 무슨 소리냐고 놀람을 나타내는 말. ▢지금 한 말이 사실이야. **2** 친구나 손아랫사람이 부를 때 대답을 겸하여, 왜 부르느냐고 되묻는 말. ▢~, 왜 불러. **3** 여러 말 할 것 없다는 뜻. ▢~, 다 그런 거지. **4** 어린이나 여자

들이 어리광조로 뜻이 없이 하는 군말. ▢맛있는 걸 사 줘야지 ~. 준머·뭐.

무어니 무어니 해도 위 뭐니 뭐니 해도.

무언(無言)몡하형 말이 없음. ▢~의 압력을 가하다 / ~의 눈빛을 주고받다.

무:언(誣言)몡하자 없는 일을 꾸며서 남을 해치는 말.

무언-극(無言劇)몡 말은 하지 않고 몸짓과 표정만으로 내용을 전달하는 연극. 묵극(默劇). 팬터마임.

무언 무:용극(無言舞踊劇)노래나 대사가 없이 춤으로만 표현하는 연극.

무언-용사(無言勇士)[-ㅆ] 몡 전쟁터에서 명예롭게 죽은 군인의 유골.

무언-중(無言中)몡 (주로 '무언중에'의 꼴로 쓰여) 말이 없는 가운데. ▢~에 서로 양해하다 / ~에 마음이 통하다.

무언-증(無言症)[-쯩]몡『의』말하지도 않고 물음에도 대답하려 하지 않는 병적 태도《정신 분열증의 긴장형에 많이 보임》.

무언-표(無言標)몡 줄임표.

무얼위 '무엇을'의 준말. ▢~ 주더냐 / ~ 살까.

무엄-스럽다(無嚴-)[-따][-스러워, -스러우니]형ㅂ 무엄한 데가 있다. **무엄-스레**위.

무엄-하다(無嚴-)형여 삼가고 어려워함이 없다. 버릇이 없다. ▢무엄한 놈. **무엄-히**위. ▢~ 굴다.

무엇[-얻]지대 모르는 사실이나 사물 또는 정하지 않은 대상을 이르는 부정칭 대명사. ▢~을 먹을까 / 그게 ~이냐 / ~이라 말할 수 없는 감동을 받았다 / 그는 ~을 하는 사람일까 / ~에 홀린 표정을 짓다. 준무어·뭐·머.

무엇-하다[-어타-]형여 어떤 언짢음을 알맞게 형용하기 어려울 적에 그 말 대신으로 둘러서 쓰는 말. 어렵긴 하지만, ▢찾아가기는 좀 ~ / 말하기가 무엇해서 그만두었다. 준멋하다·뭣하다.

무에준 '무엇이'. 그거 무서우냐.

무에리-수에깜 〔←문수(問數)에〕돌팔이 장님 점쟁이가 돌아다니며 점을 치라고 외치는 소리.

무:역(貿易)몡하타 1 지방과 지방 사이에서 로 물건을 팔고 사거나 교환하는 일. ▢이웃 지방과 서로 ~하다. 2 나라와 나라 사이에서 로 물품을 팔고 사고 함. ▢외국과 ~하다 / 점증하는 ~ 불균형 / 대외 ~이 활발하다 / ~을 자유화하다.

무역(無射) 1『악』동양 음악에서, 십이율(十二律)의 열한째 음. 2 음력 9월을 달리 이르는 말.

무:역-국(貿易國)[-꾹] 몡 다른 나라와 무역을 하는 나라. 통상국(通商國). ▢그 나라는 세계 10대 ~으로 성장하였다.

무:역 마찰(貿易摩擦)[-영-] 상품의 수출입 불균형 따위가 원인이 되어 생기는 관계국 사이의 분쟁. ▢수입국과의 ~이 빈번하다.

무:역-상(貿易商)[-쌍] 몡 외국과 무역을 하는 상인이나 회사.

무:역 수지(貿易收支)[-쑤-]『경』일정한 기간 동안에 상품의 수출입 거래로 생기는 국제 수지. 무역 외 수지와 함께 국제 수지의 경상 계정(經常計定)을 구성함. ▢대일(對日) ~는 늘 적자이다. *무역 외 수지.

무:역 어음(貿易-)무역에서 발생하는 채권·채무 관계를 결제하기 위하여 발행되는 환어음. 수출 환어음과 수입 환어음이 있음.

무:역-업(貿易業)몡 외국과의 상품 교역을 하는 상업의 한 분야.

무:역 외 수지(貿易外收支) 상품의 수출입에

따르는 수지 이외의 국제 수지《운임·보험료·외국인의 생활비·재외 공관비·이민의 송금·해외 기업에서 생기는 이익·외채(外債) 이자 따위의 수지》. ▢~가 국제 수지의 큰 몫을 차지한다. *무역 수지.

무:역 자유화(貿易自由化)[-짜-] 『경』갖가지 제한이나 통제를 완화하거나 철폐하여 자유롭게 무역을 하게 하는 것.

무:역-풍(貿易風)몡『지』위도 20도 내외의 지역에서 적도를 향하여 1년 내내 거의 끊임없이 부는 바람《북반구에서는 북동풍, 남반구에서는 남동풍이 됨》. 항신풍(恒信風).

무:역-항(貿易港)[-여강] 몡 상항(商港).

무:역 협정(貿易協定)[-여쩡] 몡 무역에 관한 여러 조건에 대하여 구체적으로 체결된 협정.

무연(無緣)몡하형 1 인연이 없음. 2『불』전생에서 부처나 보살과 인연을 맺은 일이 없음. 3 '무연고(無緣故)'의 준말.

무연 가솔린(無鉛gasoline) 무연 휘발유.

무-연고(無緣故)몡하형 연고나 연고자가 없음. 준무연(無緣).

무연-분(無鉛粉)몡 연백(鉛白)이 들어 있지 않은 분.

무연-분묘(無緣墳墓) 자손이나 관리하는 사람이 없는 무덤. 무연총. 무주충(無主塚).

무연-총(無緣塚)몡 무연분묘.

무연-탄(無煙炭)몡 검고 금속광택이 나며 태워도 연기가 나지 않는 석탄《탄소 함유량이 많고 화력이 셈》. ↔유연탄.

무:연-하다(憮然-)형여 크게 낙심하여 허탈해 하고 있다. **무:연-히**위.

무연 화:약(無煙火藥) 솜화약과 니트로글리세린의 화합물로 만든 화약《폭발할 때에 연기가 나지 않고 화력이 셈》.

무연 휘발유(無鉛揮發油)[-류] 대기 오염의 원인이 되는 사에틸납을 첨가하지 않은 휘발유. 무연 가솔린.

무:열(武列)몡 무반(武班).

무염(無塩)몡하형 소금기가 없음. 또는 간을 치지 않음.

무염-식(無塩食)몡 간을 거의 치지 않고 싱겁게 만든 음식. 신장염 따위의 질환에 대한 식이 요법으로 씀. 무염식사.

무염-식사(無塩食事)[-싸-]몡 무염식.

무염식 요법(無塩食療法)[-싱뇨뺍]『의』결핵·신장병(腎臟病) 따위의 치료 방법으로 무염식을 섭취하는 요법. 무염 요법.

무염지욕(無厭之慾)몡 싫증이 나지 않는 욕심. 만족할 줄 모르는 욕심.

무염-하다(無厭-)형여 물리거나 싫증이 나는 데가 없다.

무영(無影)몡 그림자가 없음. 빛이 없음.

무영-등(無影燈)몡 광원(光源)을 집중시켜서 목적 부위에 그림자가 나타나지 않게 조명하는 전등 장치《수술실의 조명등 따위》.

무:예(武藝)몡 무도(武道)에 관한 재주. 무기(武技). ▢~를 닦다 / ~를 겨루다.

무:예(無豫告)몡 사전에 예고가 없음.

무:예-별감(武藝別監)[-깜] 『역』조선 때, 훈련도감 군사 중에서 뽑혀 궁궐 문 옆에서 숙직하며 호위하던 무사. 무감(武監).

무:예 이:십사반(武藝二十四般)[-싸-]『역』조선 정조(正祖) 때, 십팔기(十八技)에 기창(騎槍)·마상월도(馬上月刀)·마상쌍검·마상편곤·격구(擊毬)·마상재(馬上才)의 육기(六技)를

더한 무예. 이십사반 무예.

무:오(戊午)[명] 『민』 육십갑자의 쉰다섯째.

무:오 말날(戊午-)[-랄] 『민』 음력 10월의 무오일(戊午日)《붉은 팥떡으로 마구간(馬廐間)에 고사를 지내거나 무시루떡을 하여 집안 고사를 지냄》.

무-오-사화(戊午史禍·戊午士禍)[명] 『역』 조선 연산군 4년(1498), 유자광(柳子光)을 중심으로 한 훈구파(勳舊派)가 김종직(金宗直) 중심의 사림파(士林派) 문관을 죽이고 귀양 보낸 사화.

무-옥(誣獄)[명] 죄 없는 사람을 무고하여 일으킨 옥사(獄事).

무외(無畏)[명] 1 두려움이 없음. 2 『불』 무소외(無所畏).

무외-시(無畏施)[명] 『불』 삼시(三施)의 하나. 계행(戒行)을 가져서 살생하지 않으며, 중생을 온갖 두려움에서 건져 주는 일.

무욕-하다(無慾-)[-요카-] [형여] 욕심이 없다.

무:용(武勇)[명] 1 무예와 용맹. □~을 펼치다. 2 싸움에서 용맹스러움.

무용(無用)[명][하형] 1 쓸모가 없음. □~한 논쟁. ↔유용(有用). 2 볼일이 없음.

무:용(舞踊)[명][하자] 음악에 맞추어서 몸을 움직여 감정과 의지를 표현하는 예술. 댄스. □현대 ~의 대가.

무:용-가(舞踊家)[명] 무용을 잘하거나 전문적으로 하는 사람. □고전 무용을 전공한 ~.

무:용-극(舞踊劇)[명] 무용을 주로 하여 꾸며진 연극.

무:용-단(舞踊團)[명] 무용하는 사람들로 구성된 단체. □한국 민속 ~.

무:용-담(武勇談)[명] 싸움에서 용감하게 활약하여 공을 세운 이야기. 무담(武談). □~을 들려주다.

무:용-수(舞踊手)[명] 극단·무용단 따위에서 춤추는 역할을 하는 사람.

무용-장물(無用長物)[명] 거치적거리기만 하고 아무 쓸모없는 물건. □셋방살이에 피아노는 ~이 되어 버렸다.

무용지물(無用之物)[명] 쓸데없는 물건이나 사람. □무위도식하는 자들은 사회의 ~들이다.

무우[명] 『식』 ☞무.

무-우(霧雨)[명] 내리는 빗줄기가 매우 가늘어서 안개처럼 부옇게 보이는 비. 안개비.

무우-석(無隅石)[명] 뭉우리돌.

무우-수(無憂樹)[명] 〔석가의 어머니가 보리수 아래에서 석가를 고통 없이 안산(安産)하여 근심이 없다는 데에서〕 '보리수'를 달리 이르는 말.

무-우-제(舞雩祭)[명] '기우제(祈雨祭)'의 구칭.

무우-하다(無憂-)[형여] 근심이 없다.

무:운(武運)[명] 1 전쟁에서 이기고 지는 운수. □~을 점치다. 2 무인으로서의 운. □~을 빌다.

무운-시(無韻詩)[명] 서양시의 한 형식. 산문시의 모체라고 하는 각운(脚韻)이 없는 약강(弱强) 오보격(五步格)의 시형. 시극(詩劇)이나 서사시(敍事詩)의 기본적 형식이 되어 있음.

무원(無援)[명] 아무런 도움이 없음. □~한 처지.

무-원칙(無原則)[명][하형] 원칙이 없음. □~한 인사 문제에 불만을 품다.

무:위(武威)[명] 무력의 위엄. □~를 떨치다.

무위(無位)[명][하형] 무관(無冠).

무위(無爲)[명][하형] 1 아무 일도 하지 않음. □

~하게 세월을 보내다. 2 자연 그대로 두어 인위를 가하지 않음. 3 『불』 현상을 초월해 상주(常住) 불변하는 존재.

무:위(撫慰)[명][하타] 어루만져 위로함.

무위-도식(無爲徒食)[명][하자] 아무 하는 일 없이 놀고먹기만 함. □~으로 날을 보내다.

무위-무능(無爲無能)[명] 하는 일도 없고 일할 능력도 없음.

무위-무책(無爲無策)[명] 하는 일도 없고 해볼 방책도 없음.

무위-법(無爲法)[-뻡] [명] 『불』 영원토록 생멸(生滅) 변화를 떠나 상주 불변(常住不變)하는 참된 법.

무위이화(無爲而化)[명][하자] 1 애써 공들이지 않아도 스스로 변화하여 잘 이루어짐. 2 노자(老子)의 사상으로, 성인의 덕이 크면 클수록 백성들이 스스로 따라와서 잘 감화됨.

무위-자연(無爲自然)[명] 1 자연에 맡겨 덧없는 행동은 하지 않음. 2 사람의 힘을 들이지 않은 본디 그대로의 자연.

무위-하다(無違-)[형여] 틀림이나 어김이 없다.

무:육(撫育)[명] 어루만지듯 잘 보살펴 기름. 무양(撫養).

무-육지은(撫育之恩)[-찌-] [명] 잘 보살펴 고이 길러 준 은혜.

무:음(茂蔭)[명] 우거진 나무의 짙은 그늘.

무:음-하다(誣淫-)[형여] 거짓이 많고 음탕하다. □무:음-히[부].

무의결권-주(無議決權株)[-꿘-/-이-꿘-] [명] 주주 총회에서 의결권이 없는 주식《우선주에 한하여 발행할 수 있음》.

무의-무신(無義無信)[-/-이-] [명][하형] 무신무의(無信無義).

무의-무탁(無依無托)[-/-이-] [명][하형] 몸을 의지하고 맡길 곳이 없음. 몹시 가난하고 외로운 상태를 이름. □~한 노인들. ⑥무의탁. *사고무친.

무의미-하다(無意味-)[-/-이-] [형여] 1 아무 뜻이 없다. □무의미한 말. 2 아무런 가치나 의의가 없다. □무의미한 논쟁.

무의-범(無意犯)[-/-이-] [명] 『법』 과실범.

무-의식(無意識)[-/-이-] [명] 1 자기의 행위를 자신이 의식하지 못하는 상태. □~ 상태/ ~ 세계. 2 『심』 꿈·최면·정신 분석 등에 따르지 아니하고는 의식되지 않는 상태로, 정신 상태에 영향을 주는 마음의 심층.

무의식-적(無意識的)[-쩍/-이-쩍] [관][명] 무의식의 상태에 있는 (것). □~으로 행동하다/ ~으로 도를 이루다. ↔의식적(意識的).

무의식-중(無意識中)[-쭝/-이-쭝] [명] 자기도 모르는 사이. □~에 본심을 드러내다.

무의의-하다(無意義-)[-/-이이-] [형여] 아무 의의가 없다.

무의 주:의(無意注意)[-/-이-이] 『심』 의지의 노력이 없이 강렬하거나 흥미로운 자극 따위를 수동적으로 받아들여 생기는 주의. ↔유의(有意) 주의.

무-의지(無意志)[-/-이-] [명] 1 의지가 없음. 2 『심』 의지의 장애로 뜻을 굳히지 못하고 행위가 불가능하게 되어 멍한 상태《정신병이나 신경증 환자에게서 볼 수 있음》.

무-의촌(無醫村)[-/-이-] [명] 의사나 의료 시설이 없는 마을. □~ 순회 진료.

무-의탁(無依託)[-/-이-] [명] '무의무탁'의 준말. □~ 노인.

무이(無異)[부] 조금도 다를 것이 없이.

무이다[자] ☞미다.

무-이식(無利息)[명] 무이자.

무-이자 (無利子)〖명〗 이자가 붙지 않음. 무이식. ▢~ 할부 / ~로 돈을 빌려 주다.

무이-하다 (無二-)〖형여〗 오직 하나뿐이다. 다시없다.

무익 (無益)〖명하형〗 이로울 것이 없음. ▢~한 논쟁. ↔유익(有益).

무-인 (戊寅)〖명〗〖민〗 육십갑자의 열다섯째.

무:인 (武人)〖명〗 1 무사(武士)인 사람. ▢~ 정신. 2 무관의 직에 있는 사람. ▢~ 집권 정치. ↔문인(文人).

무:인 (拇印)〖명〗 손도장. 지장(指章). ▢인장 대신 ~을 찍다.

무인 (無人)〖명〗 1 사람이 없음. ▢~ 비행기 / ~ 판매대. ↔유인(有人). 2 일손이 모자람.

무인 (無因)〖명〗 1 원인이 없음. 2〖법〗계약이나 행위에서, 원인을 필요로 하지 않음.

무-인가 (無認可)〖명〗 인정하여 허가한 사실이 없음.

무-인고도 (無人孤島)〖명〗 사람이 살지 않는 외딴섬. 무인절도.

무인 단속기 (無人團束機)[-끼]〖명〗 무인 단속 카메라.

무인 단속 카메라 (無人團束camera) 과속이나 갓길 운전 따위의 불법 운전을 하는 차량을 단속하기 위하여 도로에 설치한 무인 카메라.

무인-도 (無人島)〖명〗 사람이 살지 않는 섬. ▢표류하다 ~에 도착하다.

무:인-석 (武人石)〖명〗 무석인(武石人).

무인-절도 (無人絶島)[-또]〖명〗 무인고도.

무인 증권 (無因證券)[-꿘]〖법〗 불요인(不要因) 증권. ↔요인 증권·유인 증권.

무인지경 (無人之境)〖명〗 1 사람이 살지 않는 외진 곳. 무인경. ▢지평선만이 보이는 ~. 2 아무것도 거칠 것이 없는 판. ▢마치 ~을 가듯 들판을 달린다.

무일-가관 (無一可觀)〖명〗 볼 만한 것이 하나도 없음.

무일-가취 (無一可取)〖명〗 취할 만한 것이 하나도 없음.

무-일물 (無一物)〖명〗 아무것도 가진 것이 없음.

무일불성 (無一不成)[-썽]〖명〗 이루지 못할 일이 하나도 없음.

무일불위 (無日不爲)〖명〗 날마다 하지 않는 날이 없음.

무-일푼 (無一-)〖명〗 돈이 한 푼도 없음.

무임 (無賃)〖명〗 1 임금(賃金)이 없음. 2 값을 치르지 않음. ▢~ 승객을 적발하다. ↔유임.

무임-소 (無任所)〖명〗 공통적인 직무 이외에 따로 맡은 임무가 없음. ▢~ 장관.

무임-승차 (無賃乘車)〖명하자타〗 찻삯을 내지 않고 차를 탐. ▢~를 하려다 들키다.

무:자 (戊子)〖명〗〖민〗 육십갑자의 스물다섯째.

무:자 (巫子)〖명〗〖민〗 무당.

무자 (無子)〖명하형〗 1 대를 이을 아들이 없음. 2 '무자식(無子息)'의 준말.

무-자격 (無資格)〖명〗 자격이 없음. ▢~의 의사를 구속하다. ↔유자격.

무자료 거:래 (無資料去來)〖경〗 세금을 내지 않으려고 세금 계산서 없이 상품을 사고파는 행위.

무-자리 (無-)〖역〗 후삼국·고려 때, 떠돌아다니면서 천업에 종사하던 무리(사냥질과 고리를 결어 파는 일로 업을 삼았음). 수척(水尺). 양수척(揚水尺).

무자맥-질〖명〗〖명하자〗 물속에서 팔다리를 놀리면서 떴다 잠겼다 하는 짓. 함영. ⦿자맥질.

무-자본 (無資本)〖명하형〗 밑천이 없음.

무자비-하다 (無慈悲-)〖형여〗 인정이 없이 냉혹하고 모질다. ▢무자비한 고문 / 무자비한 학살 / 하는 짓이 ~.

무-자식 (無子息)〖명하형〗 아들도 딸도 없음. ⦿무자(無子).
[무자식 상팔자] 자식 없는 것이 도리어 걱정이 없어 편하다는 말.

무-자위〖명〗 물을 높은 데로 끌어 올리는 기계. 양수기.

무자치〖명〗〖동〗 뱀의 하나. 길이는 60-90 cm. 적갈색 바탕에 흑색 가로줄이 넷 있으며, 머리에는 'V' 자 모양의 흑갈색 반문이 있음. 독이 없음.

무작-스럽다[-쓰-따][-스러워, -스러우니]〖형비〗 무지하고 우악한 데가 있다. ▢무작스럽게 두들겨 패다. 무작-스레 [-쓰-]〖부〗

무-작위 (無作爲)〖명〗 1 일부러 꾸미거나 뜻을 더하지 않음. 2 통계의 표본 추출에서, 일어날 수 있는 모든 일이 동등한 확률로 발생하게 함. ▢표본을 ~로 추출하다.

무작위 추출법 (無作爲抽出法)[-자귀-뻡]〖명〗임의(任意) 추출법.

무-작정 (無酌定)[-쩡]〖명하형〗 1 미리 정함이 없음. ▢~으로 집을 나오다 / ~으로 기다리고만 있을 수는 없다. 2 좋고 나쁨을 가리지 않음. ▢~으로 나무라다. ―〖부〗 1 무턱대고. 정하지 않고. ▢~ 걷다 / ~ 상경하다. 2 좋고 나쁨을 가림이 없이. ▢~ 때리다.

무작-하다[-자카-]〖형여〗 무지하고 우악스럽다. ▢무작한 짓.

무:잡-하다 (蕪雜-)[-짜파-]〖형여〗 사물이 뒤섞여 어지럽고 어수선하다. ▢무잡한 문장. 무:잡-히 [-자피]〖부〗

무장[1] '목무장'의 준말.

무-장 (-醬)〖명〗 돈 메주를 소금물이나 동치미 국물 따위에 담가 익힌 후에 달이지 않고 그냥 먹는 된장.

무:장 (武將)〖명〗 1 무술(武術)에 뛰어난 장수. 2 군대의 장군. ▢지략이 뛰어난 ~.

무:장 (武裝)〖명〗 1 전투에 필요한 장비를 갖춤. 또는 그 장비. ▢~ 병력 / ~을 갖추다 / ~을 해제하다 / 중무기로 ~하다 / ~ 중립을 선언하다. 2 필요로 하는 사상이나 기술, 장비 따위를 단단히 갖춘의 비유. ▢사상 / 강인한 정신력으로 ~하다.

무장[2]〖부〗갈수록 더. ▢날씨는 ~ 더워만 간다.

무:장-간첩 (武裝間諜)〖명〗 전투에 필요한 장비를 갖춘 간첩. ▢~을 생포하다.

무장-공자 (無腸公子)〖명〗 1 기개나 담력이 없는 사람을 놀림조로 이르는 말. 2 창자가 없는 동물이라는 뜻으로, '게'의 일컬음.

무장무애 (無障無礙)〖명하형〗 아무런 장애나 거리낌이 없음. ▢매사에 ~한 사람이다.

무:-장아찌〖명〗 간장에 볼린 무말랭이나 썬 무를 절여서 물을 빼고 기름에 볶아 고명을 한 반찬.

무장지졸 (無將之卒)〖명〗 1 장수가 없는 군사. 2 이끌어 갈 지도자가 없는 무리.

무장-찌개 (-醬-)〖명〗 무장에 고기·파·두부 또는 생선 따위를 넣고 끓인 찌개.

무:장 해:제 (武裝解除)〖군〗 1 항복한 군사나 포로 등의 무기를 강제로 몰수하는 일. 2 일정한 지역을 중립 지대로 만들기 위해 그곳 병력의 전투 장비를 해제시키는 일. ▢~를 당하다.

무재 (無才)〖명하형〗 재주가 없음. ▢무학 ~한

무리들.

무재-무능(無才無能)[명][하형] 재주도 능력도 없음.

무-저갱(無底坑)[명]〔기〕악마가 벌을 받아 한 번 떨어지면 영원히 헤어나지 못한다는, 밑 닿는 데가 없이 깊다는 구렁텅이.

무-저당(無抵當)[명] 돈을 빌리는 경우에, 저당물을 잡지 않는 일.

무-저울[명]〔천〕미성(尾星)의 끝에 나란히 있는 두 별.

무-저항(無抵抗)[명][하자] 저항하지 않음. □~ 운동을 벌이다.

무저항-주의(無抵抗主義)[-/-이][명] 정치적 압제에 대하여 폭력을 쓰지 않고 저항하는 주의(간디가 인도 독립 운동 때 채택한 주의 따위).

무적(-)〈옛〉무더기.

무적(無敵)[명][하형] 겨룰 만한 상대가 없음. □~의 장사 / 팔씨름에서는 ~이다.

무적(無籍)[명] 국적·호적·학적 따위가 해당 문서에 기록되어 있지 않음. □~ 선수.

무-적(霧笛)[명] 안개가 끼었을 때 경고 신호로 울리는 고동(등대나 배에 장치함).

무적-함대(無敵艦隊)[-저감-][명] 겨룰 만한 적이 없는 강한 함대.

무전[명] 자전거의 하나. 앞바퀴에는 손으로 누르는 브레이크가 있고, 뒷바퀴에는 페달을 반대 방향으로 밟아 멈추게 하는 장치가 있는 자전거.

무전(無電)[명] **1** '무선 전신'의 준말. □~을 치다. **2** '무선 전화'의 준말.

무전-기(無電機)[명] 무선 전신 또는 무선 전화용 기계.

무전 방해(無電妨害) 같은 파장으로 강력한 무전 신호를 보내 남의 무선 통신을 방해함.

무전-여행(無錢旅行)[-녀-][명] 여비 없이 하는 여행. □전국 일주 ~을 떠나다.

무전-취식(無錢取食)[명][하자] 값을 치를 돈이 없이 남이 파는 음식을 먹음.

무-절제(無節制)[-쩨][명][하형] 절제함이 없음. □~한 생활〔행동〕.

무-절조(無節操)[-쪼][명][하형] 절조가 없음. □~한 사람.

무-정견(無定見)[명][하형] 일정한 의견이 없음. □~한 시책.

무정-란(無精卵)[-난][명]〔생〕수정되지 않은 알(부화하지 않음). 홑알. ＊수정란.

무정 명사(無情名詞)[언] 식물이나 무생물을 가리키는 명사. ↔유정(有情) 명사.

무정-물(無情物)[명] 목석(木石)처럼 감각성이 없는 물건.

무-정부(無政府)[명] 정부가 존재하지 않음. □~ 상태에 놓이다.

무정부-주의(無政府主義)[-/-이][명] 일체의 정치 권력을 부정하고 절대적 자유가 행해지는 사회를 이상으로 삼는 사상. 아나키즘.

무정부주의-자(無政府主義者)[-/-이-][명]〔사〕무정부주의를 신봉하고 주장하는 사람. 아나키스트.

무정-세월(無情歲月)[명] 덧없이 흘러가는 세월. □~이 원망스럽구나.

무정수-하다(無定數-)[형여] 일정한 수효가 없다.

무정-스럽다(無情-)[-따]〔-스러워, -스러우니〕[형비] 따뜻한 정이 없는 듯하다. □무정스럽게 거절하다. 趣매정스럽다. **무정-스레**[부]

무:-정승(武政丞)[명]〔역〕조선 때, 무인(武人) 출신의 정승.

무정액-증(無精液症)[-증]〔의〕남자의 몸에 정액이 없거나, 성교 때 정액이 나오지 않는 증상. ＊무정자증(無精子症).

무-정위(無定位)[명] 일정한 방위가 없음.

무정위-침(無定位針)[물] 극(極)의 세기가 같은 두 개의 자침(磁針)을 나란히 같은 축의 위아래에 달아서 극이 서로 반대가 되게 한 기구(두 극이 같은 힘으로 어울리므로 지구 자기(磁氣)의 작용을 받지 않아 자침이 어떤 방향으로든 향하게 되어 있음).

무정자-증(無精子症)[-증]〔의〕정액 속에 정자가 전혀 없는 병적인 상태(불임의 원인이 됨). ＊무정액증.

무정-하다(無情-)[형여] **1** 쌀쌀하고 인정이 없다. □무정하게도 일언지하에 청을 거절했다. **2** 남의 사정에 아랑곳없다. □무정한 세월. **무정-히**[부]

무-정형(無定形)[명][하형] 일정한 형식이나 모양이 없음.

무정형 물질(無定形物質)[-찔]〔물〕원자 또는 분자가 규칙적으로 배열되어 있지 않은 고체. 비결정질(非結晶質).

무정형 탄:소(無定形炭素)[화] 결정(結晶)을 이루고 있지 않은 상태의 탄소. 비결정성 탄소.

무-젖다[-전따][자] **1** 물에 젖다. **2** 어떤 환경이나 상황 따위가 몸에 배다. □속세에 ~.

무제(無際)[명][하형] 넓고 멀어서 끝이 없음. 무애(無涯).

무제(無題)[명] 제목이 없음(흔히 시나 예술 작품 따위에서 일정한 제목이 없다는 뜻으로 제목 대신 사용함).

무제약-자(無制約者)[-짜][명]〔철〕스스로 존립하여 다른 것으로부터 어떤 제약도 받지 않는 존재. 곧, 자기가 모든 다른 것의 제약이 되는 절대적인 존재.

무-제한(無制限)[명][하형] 제한이 없음. □~ 방출(放出) / ~ 공급.

무제한-급(無制限級)[-끕][명] 체중에 제한을 두지 않는 체급. □레슬링 ~에서 금메달을 획득하다.

무제한 법화(無制限法貨)[-뻐콰] 금액에 제한이 없이 통용되는 법정 화폐(금화·한국 은행권 따위).

무-조건(無條件)[-껀][명][하형] 아무 조건도 없음. □~에 가까운 만감을 보이다. [부]조건 없이, 덮어놓고. □그의 의견을 ~ 받아들이다 / 형의 말이라면 ~ 따른다.

무조건 반:사(無條件反射)[-껀-][심] 자극에 대한 본능적인 반응(입 안에 먹을 것을 넣으면 침이 나오는 따위). ↔조건 반사.

무조건-적(無條件的)[-껀-][관][명] **1** 아무 조건도 없는 (것). □~인 사랑. **2** 절대적인 (것). □~인 복종을 요구하다.

무조건 항복(無條件降伏)[-껀-]〔군〕**1** 교전 중인 군대·함대 또는 국가가 군사·무기 따위 일체를 적에게 무조건 내맡기고 항복하는 일. **2** 교전국의 한쪽이 항복 조건을 무조건 받아들여 항복하는 일. □일본의 ~으로 태평양 전쟁은 끝났다.

무족(無足)[명][명] 무지기.

무존장-하다(無尊丈-)[형여] 어른에게 대해 버릇이 없다.

무좀[명] 백선균이나 효모균이 손바닥이나 발바닥, 특히 발가락 사이에 침입하여 잘게 물집이 잡히거나 피부가 갈라지면서 몹시 가려운

피부병. ▢~에 걸리다 / ~이 심하다.

무-종아리 圀 발뒤꿈치와 장딴지 사이.

무죄(無罪) 圀하형 1 아무 잘못이나 죄가 없음. 2 圀 피고 사건이 법률상 죄가 되지 않거나 범죄의 증명이 없음. 또는 그렇다는 판결. ▢~를 증명하다 / ~로 석방되다. ↔유죄.

무주(無主) 圀하형 임자가 없음.

무주-고총(無主古塚) 圀 자손이나 돌보는 사람이 없는 옛 무덤.

무주-고혼(無主孤魂) 圀 자손이나 보살필 사람이 없어서 떠도는 외로운 혼령. ▢~이 되어 구천을 떠돌다.

무주-공산(無主空山) 圀 1 인가도 인기척도 없는 쓸쓸한 산. ▢외로이 ~을 지키다. 2 임자 없는 산.

무주-공처(無主空處) 圀 임자 없는 빈 곳.

무주-물(無主物) 圀 임자 없는 물건.

무-주의(無主義)[-의/-이] 圀하형 일정한 주장이나 방침이 없음.

무주장-하다(無主掌-) 圀어 어떤 일을 책임지고 맡아보는 사람이 없다.

무주-총(無主塚) 圀 무연분묘(無緣墳墓).

무-주택(無住宅) 圀 자기 소유의 주택이 없음. ▢~ 세대주.

무:-죽다[-따] 형 야무진 맛이 없다.

무-중력(無重力)[-녁] 圀 중력이 없음.

무중력 상태(無重力狀態)[-녁쌍-] 〔물〕 궤도에 오른 우주선 따위에서 체험할 수 있는, 무게를 느끼지 않는 현상.

무지¹ 圀 완전하려야 한 섬이 못 되는 곡식.

무:지(拇指) 圀 엄지손가락.

무지(無地) 圀 전체가 한 빛깔로 무늬가 없음. 또는 그런 천. ▢~의 천.

무지(無知) 圀하형 1 아는 것이 없음. ▢~의 탓이 / ~를 깨치다. 2 하는 짓이 미련하고 우악스러움. ▢~한 불한당 같은 놈.

무지(無智) 圀하형 지혜나 꾀가 없음.

무지² 圀하형 보통보다 훨씬 정도에 지나치게. ▢돈을 ~ 벌다 / 집이 ~하게 멀다.

무-지각(無知覺) 圀하형 지각이 없음.

무지개 圀 비가 그친 뒤, 태양의 반대 방향에 반원형으로 길게 뻗쳐 나타나는 일곱 가지 빛의 줄(대기 중의 물방울이 햇빛을 받아 나타남). 채홍(彩虹). 홍예(虹霓). ▢~가 뜨다 / ~가 서다 / 하늘에 ~가 걸리다 / 아침 ~는 비가 올 징조요, 저녁 ~는 맑을 징조다.

무지갯-빛[-개삗/-갣삗] 圀 1 무지개와 같이 여러 빛깔로 아롱져 보이는 색. 2 무지개의 일곱 가지 빛깔. ▢진주와 ~으로 빛난다.

무지근-하다 圀어 1 뒤가 잘 나오지 않아 기분이 무겁다. ▢아랫배가 ~. 2 머리가 명하고 가슴·팔다리가 무엇에 눌린 듯 무겁다. 중무직하다. 무지근-히 閁

무지기 圀 치마 속에 입는 짤막한 통치마(12폭으로 만들며 1,3,5,7의 홀수로 입는데, 층마다 다른 빛으로 물을 들이므로 다 입으면 무지갯빛을 이룸. 여자들이 명절이나 잔치 때 입음). 무족(無足).

무지러-지다 困 물건의 끝이 닳거나 잘려 없어지다. 튤무지라지다.

무지렁이 圀 1 헐었거나 무지러져서 못 쓰게 된 물건. 2 어리석고 무식한 사람. ▢산골 ~라는 말은 정직한 사람이다.

무지르다[무질러, 무지르니] 勈困 1 한 부분을 잘라 버리다. 2 말을 중간에서 끊다. 3 가로질러 가다.

무지막지-스럽다(無知莫知-)[-찌-따][-스러워, -스러우니] 圀ㅂ 무지하고 상스러우며 포

861 무착륙

악한 데가 있다. 무지막지-스레 [-찌-] 閁

무지막지-하다(無知莫知-)[-찌-] 圀어 무지하고 상스러우며 포악하다. ▢하는 짓이 ~.

무지-몰각(無知沒覺) 圀하형 지각이나 상식이 없음.

무지-몽매(無知蒙昧) 圀하형 지식이 없고 사리에 어두움. ▢~한 사람을 깨우치다.

무지-무지 閁하형 1 몹시 놀랄 만큼 대단히. ▢~ 큰 집 / ~하게 아프다. 2 매우 거칠고 우악스럽게. ▢~한 고문.

무지-문맹(無知文盲) 圀하형 아는 것도 없고 글도 모름. 또는 그런 사람.

무지-스럽다(無知-)[-따][-스러워, -스러우니] 圀ㅂ 무지한 데가 있다. 무지-스레 閁

무직(無職) 圀 일정한 직업이 없음.

무직-자(無職者)[-짜] 圀 일정한 직업이 없는 사람. ▢~들에게 일자리를 마련해 주다.

무직-하다[-지카-] 圀어 '무지근하다'의 준말. ▢가슴이 ~.

무:진(戊辰) 圀 〔민〕 육십갑자의 다섯째.

무진(無盡) 一圀하형하부 1 '무궁무진(無窮無盡)'의 준말. 2 '상호 신용계'의 전 이름. 二閁 다함이 없을 만큼 매우. 무진히. ▢~ 고생을 하다 / ~ 애를 쓰다.

무진-동(-銅) 圀 황화철이 50 % 이상 들어 있는 구리.

무:-진딧물[-딘-] 圀 〔충〕 진딧물과의 곤충. 몸길이 2mm 정도, 날개 길이 약 9mm, 몸빛은 짙은 황록색, 날개는 투명함. 단위생식을 하는데 무·배추 따위를 해침. 무진디.

무진-무궁(無盡無窮) 圀하형 무궁무진.

무진-장(無盡藏) 一圀하형 1 한없이 많이 있음. ▢~한 지하자원 / 온 산에 진달래가 ~으로 피어 있다. 2〔불〕 덕이 넓어 끝이 없음. 닦고 닦아도 다함이 없는 법의(法義). 二閁 굉장히 많이. ▢저 산은 광석이 ~ 묻혀 있는 곳이다.

무질다[무질어, 무지니, 무진] 형 끝이 닳거나 잘려 뭉뚝하다.

무질리다 困 《'무지르다'의 피동》 무지름을 당하다.

무-질서(無秩序)[-써] 圀하형 질서가 없음. ▢혼란과 ~ 사회가 나불은 간판들.

무집게[-께] 圀 물건을 물리는 데 쓰는, 집게처럼 생긴 연장.

무:-짠지[무짠지] 圀 무를 통으로 짜게 절여서 담근 김치(이듬해 봄에 먹음).

무쩍 閁 한 번에 있는 대로 다 몰아서. 줸모짝.

무쩍-무쩍 [-찡-] 閁 1 한쪽에서부터 차례로 남김없이. ▢밭에서 무를 ~ 뽑았다. 2 한쪽에서부터 조금씩 차례로 잘라 먹는 모양. 줸모짝모짝.

무:-쪽같다[-깐따] 圀 〈속〉 사람의 생김새가 몹시 못나다(흔히 여자의 경우를 두고 이름). 무:-쪽같이[-까치] 閁 못쪽같게. ▢~ 생기다.

무-찌르다[무찔러, 무찌르니] 勈困 1 닥치는 대로 마구 쳐 없애다. ▢적군을 ~. 2 가리지 않고 마구 쳐들어가다.

무-찔리다 困 《'무찌르다'의 피동》 무찌름을 당하다.

무-차별(無差別) 圀하형 가리지 않고 마구잡이임. ▢~ 폭격을 감행하다.

무-착륙(無着陸) 圀하형 〔항뉵〕 항공기가 목적지에 닿기까지 도중에 한 번도 내리지 않음. ▢~ 대륙 횡단 비행.

무참-스럽다(無慘-)[-따][-스러워, -스러우
니] 형 무참한 데가 있다. **무참-스레** 분

무참-하다(無慘-) 형여 끔찍하고 참혹하다.
□ 무참한 죽음. **무참-히** 분 ┃ 짓밟하다.

무참-하다(無慚·無慙-) 형여 말할 수 없이
부끄럽다. **무참-히** 분

무-채 명 채칼로 치거나 칼로 가늘게 썬 무.
또는 그것을 무친 반찬.

무-채색(無彩色) 명 명도의 차이는 있으나 색
상(色相)과 순도(純度)가 없는 색《흰색·회색·
검은색 따위》. ↔유채색.

무책(無策) 명하형 방법이나 꾀가 없음. □ ~
이 상책이다.

무-책임(無責任) 명하형 **1** 책임이 없음. **2** 책
임감이 없음. □ ~한 답변[발언].

무책임 행위(無責任行爲) 법률상 책임이 없
는 행위.

무처-가고(無處可考) 명하형 서로 견주어 볼
만한 곳이 없음.

무처부당(無處不當) 명하형 무슨 일이든지 당
해 내지 못할 것이 없음.

무:-척(舞尺) 명 ┃역┃ 춤꾼이.

무척 분 매우. 대단히. □ ~ 기뻐하다 / ~ 크다.

무척추-동물(無脊椎動物) 명 척추 없는 동물
의 총칭. 진화가 늦고 원시적이며 하등 동물
임. 민둥뼈동물. ↔척추동물.

무:천(舞天·舞天) 명 ┃역┃ 예(濊)에서 농사를
마치고 시월에 하늘에 지내던 제사. ＊영고
(迎鼓)

무-첨가(無添加) 명 방부제나 식용 색소 따위
를 첨가하지 않는 일. □ ~ 식품 / ~ 가솔린.

무:-청 명 무의 잎과 줄기.

무체-물(無體物) 명 음향·향기·전기·빛·열 따
위와 같이 형태가 없는 것. ↔유체물.

무체 재산권(無體財産權)[-꿘] 발명·고안·저
작 따위의 정신적·지능적 창조물을 독점적으
로 이용할 수 있는 권리《특허권·저작권·의장
권 따위》.

무:-초(蕪草) 명 **1** 잡초. **2** 자기가 쓴 초고(草
稿)를 겸손하게 이르는 말.

무촉-전(無鏃箭)[-쩐] 지난날, 살촉이 없고
살대 끝을 솜이나 무명 헝겊으로 둥글게 싸
서 사구(射毬)에 쓰던 살.

무:-추(舞錐) 명 활비비.

무축 농가(無畜農家)[-충-] 가축을 기르지
않는 농가.

무춤 분 무르춤한 태도로. □ 가다가 ~ 멈추다.

무춤-하다 자여 '무르춤하다'의 준말.

무취(無臭) 명하형 냄새가 없음. □ ~의 기체.

무취미-하다(無趣味-) 형여 취미가 없다. 몰
취미(沒趣味)하다. □ 무취미한 성격.

무치다 타 나물 따위에 갖은 양념을 섞어 버무
리다. □ 콩나물을 ~.

무치-하다(無恥-) 형여 부끄러움이 없다.

무침 명 채소나 말린 생선, 해초 따위에 갖은
양념을 해서 무친 반찬. □ 도라지 ~.

무크(mook) 명 〔magazine+book의 합성어〕
잡지와 단행본의 성격을 아울러 갖춘 출판물.

무타(無他) 명 다른 까닭이 아님.

무탈-하다(無頉-) 형여 **1** 병이나 사고가 없
다. □ 어린애가 무탈하게 잘 자라다. **2** 까다
롭거나 스스럼이 없다. □ 무탈한 사이. **3** 탈
을 잡힐 데가 없다. □ 무탈한 행위.

무턱-대고[-때-] 분 헤아려 보지 않고 마구.
덮어놓고. □ ~ 덤비다.

무텅이 명 거친 땅에 논밭을 일구어 곡식을 심

는 일.

무-테(無-) 명 테가 없음.

무테-안경(無-眼鏡) 명 테가 없이 렌즈에 바
로 안경다리가 연결된 안경. □ ~을 끼다.

무통 분만(無痛分娩) 진통의 고통을 완화시
켜 쉽게 분만하게 하는 일.

무-퇴(無退) 명하자 후퇴하거나 물러서지 않음.
□ 임전(臨戰) ~의 각오.

무-투표(無投票) 명 투표를 하지 않음. □ ~
당선.

무트로 분 한꺼번에 많이. □ ~ 가져가라.

무:-트림 명 날무를 먹은 뒤에 나오는, 냄
새가 고약한 트림.

무판-화(無瓣花) 명 ┃식┃ 꽃부리와 안쪽 꽃받
침이 없는 꽃.

무패(無敗) 명 싸움이나 경기에서 한 번도 지
지 않음. □ ~ 행진을 이어 가다 / 전 시합 ~
라는 기록을 세우다.

무편(無片) 명 '무편삼(無片蔘)'의 준말.

무편-거리(無片-) 명 무편삼으로 된 약재.

무편-달이(無片-) 명 저울에 달아서 편(片)을
지을 수 없는 인삼.

무편무당(無偏無黨) 명하형 불편부당(不偏不
黨).

무편-삼(無片蔘) 명 열엿 냥 한 근에 뿌리가
백 개 이상이 달리는 아주 작은 인삼. ⓒ무편
(無片).

무폐-하다(無弊-)[-/-폐-] 형여 아무런 폐단
이 없다.

무:-폐하다(蕪廢-)[-/-폐-] 형여 땅을 버려
두어서 토질이 거칠다.

무-폭력(無暴力)[-풍녁] 명 폭력을 쓰지 않음.

무-표정(無表情) 명하형 아무 표정이 없음. □
~ 한 얼굴.

무풍(無風) 명 **1** 바람이 없음. **2** 다른 곳의 재
난이나 번거로움이 미치지 않아 평온함.

무풍-대(無風帶) 명 바다에서 일 년 내내 또는
계절에 따라서 바람이 거의 없는 지역《적도
무풍대와 온대 무풍대가 있음》.

무풍-지대(無風地帶) 명 **1** 바람이 불지 않는
지역. **2** 다른 곳의 재난이나 번거로움이 미치
지 않아 평화롭고 안전한 곳의 비유. □ 내란
의 피해가 없는 유일한 ~라고 한다.

무피-화(無被花) 명 ┃식┃ 꽃부리와 꽃받침이
없는 꽃《겉씨식물은 대개 이에 속함》. 나화
(裸花). ↔유피화.

무-하기(無下記) 명 **1** 쓴 돈을 장부에 올리지
않는 일. **2** 쓰고 남은 돈을 장부에 기재하지
않고 사사로이 쓰는 일.

무:-하다(貿-) 타여 이익을 남겨 팔려고 물건
을 모개로 사들이다.

무하지증(無何之症)[-쯩] 명 ┃한의┃ 병명을
몰라 고칠 수 없는 병.

무학(無學) 명 **1** 배운 것이 없음. **2** ┃불┃ 삼도
(三道)의 마지막 단계. 수행을 끝내고 다시
더 배울 것이 없는 최고의 단계. 무학도(無學
道). 무학위(無學位).

무학-도(無學道)[-또] 명 ┃불┃ 무학(無學).

무학-위(無學位) 명 ┃불┃ 무학(無學).

무한(無限) 명하형 수·양·공간·시간 따위
에 제한이나 한계가 없음. □ ~ 공간 / ~한
영광 / ~히 기쁘다. ↔유한.

무한-경(無限景) 명 더 말할 수 없이 좋은 경
치. □ 산천의 ~.

무한-궤도(無限軌道) 명 차바퀴 둘레에 긴 고
리 모양의 벨트를 걸어 놓은 장치《탱크·트랙
터 따위에 이용됨》.

무한-급수(無限級數)[-쑤] 명 ┃수┃ 항(項)의

개수가 무한인 급수. ↔유한급수.

무한-꽃차례 (無限一次例)[-꼳-] 圏 《식》 아래쪽이나 가장자리에 있는 꽃부터 피기 시작하여 위쪽으로 피어 가는 꽃차례. 무한 화서. ↔유한꽃차례.

무한년-하다 (無限年-) 圏倒 햇수에 제한이 없다. 물한년하다.

무한-대 (無限大) 圏倒圏 **1** 한없이 큼. ❏~의 우주로 뻗어 나가다. **2** 《수》 한없이 큰 절댓값을 취할 수 있는 변수. 기호는 x(변수)→∞로 나타냄. ↔무한소.

무-한량 (無限量)[-할-] 圏倒圏 일정하게 정해진 분량이 따로 없을 만큼 많음. 무량(無量). ❏~ 기쁘다 / ~으로 보태 줄 수는 없다.

무한-소 (無限小) 圏倒圏 **1** 더할 수 없이 작음. **2** 《수》 극한값이 한없이 '0' 에 가까워지는 변수. 기호는 x(변수)→0으로 나타냄. ↔무한대(無限大).

무한 소:수 (無限小數) 《수》 소수점 이하가 한없이 계속되는 소수(원주율·순환 소수 따위). ↔유한 소수.

무-한원 (無限遠) 렌즈의 초점 따위가 한없이 멂. 또는 그런 거리.

무-한정 (無限定) 日圏倒圏 한정이 없음. ❏~으로 기다릴 수는 없다. 日倒 한정 없이. ❏~ 걷다.

무한 직선 (無限直線)[-썬] 《수》 정반대의 두 방향으로 한없이 뻗어 나간 직선. 전직선(全直線).

무한 책임 (無限責任) 회사의 채무에 대하여 자신의 재산까지도 들భ어서 갚아야 하는 책임. ↔유한 책임.

무한 책임 사원 (無限責任社員) 회사의 채권자에 대하여 연대로 무한 책임을 지는 사원. ❏합명 회사는 ~만으로 구성된다. ↔유한 책임 사원.

무한 화서 (無限花序) 《식》 무한꽃차례. ↔유한 화서.

무:함 (誣陷) 圏倒타 없는 사실을 그럴듯하게 꾸며서 남을 어려운 지경에 빠지게 함. ❏간신의 ~을 받다.

무-항산 (無恒産) 圏倒圏 일정한 재산이나 생업이 없음.

무-항심 (無恒心) 圏倒圏 변하거나 흔들리지 않는 굳건한 마음이 없음.

무해 (無害) 圏倒圏 해가 없음. ❏인체에 ~하다. ↔유해(有害).

무해-무득 (無害無得) 圏倒圏 해로움도 없고 이로움도 없음.

무해 통항 (無害通航) 외국의 배가 어떤 나라의 평화·질서·안전을 해치지 않고 그 나라의 영해를 항행하는 일.

무-허가 (無許可) 圏 허가를 받지 않음. ❏~영업 / ~로 지은 건물.

무-현관 (無顯官) 圏倒圏 조상 가운데 높은 벼슬을 지낸 사람이 없음.

무혈 (無血) 圏 피를 흘리지 않음. 폭력적 수단을 쓰지 않음. ❏~ 쿠데타.

무혈-복 (無穴鰒) 圏 **1** 꼬챙이에 꿰지 않고 말린 큰 전복. **2** 과거를 볼 때 엄히 감시해서 협잡을 부리지 못하게 함을 비유하는 말.

무혈-입성 (無血入城)[-혈립썽] 圏倒타 **1** 피를 흘려 싸우지 않고 성을 점령함. **2** 큰 어려움 없이 수월하게 일을 함.

무혈적 수술 (無血的手術)[-쩍쑤-] 피부나 점막을 베지 않고 치료 행위를 하는 수술. ↔관혈적(觀血的) 수술.

무혈 혁명 (無血革命)[-형-] 피를 흘리지 않

고 평화적 수단으로 이루는 혁명.

무협 (武俠) 圏 무협의(武俠疑).

무-혐의 (無嫌疑)[-혀믜 / -혀미] 圏倒圏 혐의가 없음. 무혐. ❏~ 처리 / ~로 풀려나다.

무:협 (武俠) 圏 무술에 능한 협객. ❏~ 소설을 읽다.

무:협-지 (武俠誌)[-찌] 圏 협객들의 활약을 주 내용으로 하는 소설책.

무형 (無形) 圏倒圏 형상이나 형체가 없음. ❏~지식은 ~의 재산이다. ↔유형(有形).

무형 고정 자산 (無形固定資産) 《경》 고정 자산 가운데 구체적인 형태가 없는 것(특허권·저작권·차지권 따위). 무형 자산. ↔유형 고정 자산.

무형 무:역 (無形貿易) 《경》 무역 외 수지의 원천이 되는 상업 형태(운송·보험·해외 기업 따위). ↔유형 무역.

무형-무적 (無形無迹) 圏倒圏 형태도 자취도 없음. 무형적.

무형 문화재 (無形文化財) 무형의 문화적인 소산으로 역사적 또는 예술적으로 가치가 큰 것(연극·음악·무용·공예 기술 따위). ↔유형 문화재.

무형-물 (無形物) 圏 형태가 없는 것(바람·소리 따위). ↔유형물.

무-형식 (無形式) 圏倒圏 형식이 갖추어져 있지 않음.

무형-인 (無形人) 圏 《법》 자연인에 대하여 법인(法人)을 이르는 말.

무형 자본 (無形資本) 무형 재산으로 된 자본(기능·전매권·특허권 따위). ↔유형 자본.

무형 자산 (無形資産) 무형 고정 자산. ↔유형 자산.

무-형적 (無形迹) 圏倒圏 무형무적.

무:화 (武火) 圏 활활 세게 타는 불. ↔문화.

무화-과 (無花果) 圏 **1** 무화과나무의 열매. **2** '무화과나무'의 준말.

무화과-나무 (無花果-) 圏 《식》 뽕나뭇과의 낙엽 활엽 관목. 정원에 심는데 높이 3 m 정도. 봄·여름에 담홍색 꽃이 핌. 과실은 가을에 암자색으로 익는데 식용함. 준무화과.

무환-자 (無患子) 圏 **1** 무환자나무의 열매. **2** 《식》 무환자나무.

무환자-나무 (無患子-) 圏 《식》 무환자나뭇과의 낙엽 활엽 교목. 높이는 약 20 m 정도. 산에 나는데 6월에 백색·자색 꽃이 핌. 열매는 핵과로 10월에 익음. 목재는 가구재, 씨는 장난감과 염주를 만드는 데 씀. 무환자.

무회 (無灰) 圏 미역의 오래 묵은 뿌리(바탕은 흑자색와 비슷하고 질은 결면 물부리 등을 만듦).

무-회계 (無會計)[-/-게] 圏 《광》 광산에서, 덕대가 광부에게 생활필수품을 대어 주고 채광시킨 뒤, 광부에게는 분철을 주고 광부들에게는 광석을 주고, 나머지는 자신이 차지하는 일.

무회계 금점 (無會計金店)[-/-게-] 《광》 분철(分鐵) 금점.

무회-주 (無灰酒) 圏 다른 것을 섞지 않은, 전국으로 된 술. 순료(醇醪), 순주(醇酒).

무효 (無效) 圏倒圏 **1** 보람이나 효력이 없음. ❏당선을 ~로 하다 / 백약이 ~하다. ↔유효(有效). **2** 《법》 법률 행위가 어떤 원인으로 당사자가 의도한 효력을 나타내지 못함.

무효-표(無效票)[圀] 효력을 잃은 표. ▢~가 나오다 / ~를 만들다.

무효-화(無效化)[圀][하타] 무효가 됨. 또는 그리 되게 함. ▢~계약이 ~되다.

무후(無後)[圀][하] 대를 이어 갈 자손이 없음. 무사(無嗣).

무후-총(無後塚)[圀] 자손이 끊어져 돌보는 사람이 없는 무덤.

무:훈(武勳)[圀] 무공(武功). ▢~을 세우다.

무훼무예(無毀無譽)[圀][하형] 헐뜯지도 않고 칭찬하지도 않음.

무휴(無休)[圀] 휴일이 없음. 쉬지 않음.

무:휼(撫恤)[圀][하타] 불쌍히 여겨 위로하고 물질적으로 도움.

무흠-하다(無欠-)[형어] 흠이 없다.

무:희(舞姬)[-히][圀] 춤추는 일을 직업으로 삼는 여자.

묵[圀] 메밀·녹두·도토리 따위의 앙금을 되게 쑤어 굳힌 음식(메밀묵·녹두묵 따위). ▢~을 무치다.

묵가(墨家)[-까][圀][[역]] 제자백가의 한 파(중국 춘추 전국 시대 노(魯)나라의 사상가인 묵자(墨子)의 학설을 신봉함).

묵객(墨客)[-깩][圀] 글씨를 쓰거나 그림을 그리는 사람. ▢문인 ~이 모여 예술을 논하다.

묵계(默契)[-계 / -게][圀][하자] 말 없는 가운데 서로가 서로 맞음. 또는 그렇게 해서 성립된 약속. 묵약(默約). ▢그들 사이에는 ~가 있었다 / ~ 아래 부정을 저지르다.

묵고(默考)[-꼬][圀][하타] 말없이 마음속으로 생각함. 묵사(默思). 묵상(默想).

묵과(默過)[-꽈][圀][하타] 알고도 모르는 체하고 그대로 넘김. ▢부정을 ~할 수는 없다.

묵극(默劇)[-끅][圀] 무언극(無言劇).

묵-기도(默祈禱)[-끼-][圀][하자][[기]] 소리를 내지 아니하고 마음속으로 올리는 기도. 묵도(默禱).

묵낙(默諾)[뭉-][圀][하타] 은연중에 승낙의 뜻을 나타냄.

묵념(默念)[뭉-][圀][하자] 1 묵묵히 생각에 잠김. 2 죽은 이가 평안히 잠들기를 빎이나 무엇으로 빎. 묵도(默禱). ▢전몰 장병에 대한 ~을 올리다.

묵다[-따][자] 1 오래되다. ▢묵은 때. 2 나그네로 머무르다. ▢친구 집에 ~. 3 밭이나 논이 사용되지 않고 그대로 남아 있다. ▢묵은 논. [묵은 거지보다 햇거지가 더 어렵다] 무엇이든 오래 해 온 사람은 마음이 더 굳고 참을성이 강하다. [묵은 낙지 꿰듯] 일이 매우 쉽다. [묵은 낙지 캐듯] 일을 단번에 해치우지 않고 두고두고 조금씩 한다. [묵은 장 쓰듯] 아끼지 않고 헤프게 씀을 이르는 말.

묵-당수[-땅-][圀] 제물묵거리를 묵보다 훨씬 묽게 쑤어서 먹는 음식.

묵대(墨帶)[-때][圀] 먹물을 들인 베띠. 묵최(墨衰)의 심제인(心制人)이 띰.

묵도(默禱)[圀][하자] 소리를 내지 않고 마음속으로 기도함. 또는 그 기도. 묵념(默念). ▢~을 올리다.

묵독(默讀)[-똑][圀][하타] 소리를 내지 않고 속으로 읽음. 목독(目讀). ↔음독(音讀).

묵란-도(墨蘭圖)[뭉난-][圀] 난초를 그린 묵화.

묵량(默諒)[뭉냥][圀] 말 없는 가운데 양해하여 줌.

묵례(默禮)[뭉네][圀][하자] 말없이 고개만 숙여 인사함. 또는 그런 인사. ▢~를 주고받다.

묵립(墨笠)[뭉닙][圀] 먹물을 칠한 갓. 묵최(墨衰)의 심제인(心制人)이 씀.

묵묵부답(默默不答)[뭉-뿌-][圀] 잠자코 대답이 없음. ▢~으로 일관하다.

묵묵-하다(默默-)[뭉무카-][형어] 말없이 잠잠하다. 묵묵-히[뭉무키][튀]. ▢~ 일만 하다.

묵-물[뭉-][圀] 묵을 쑤려고 녹두 따위를 갈아 가라앉힌 앙금의 웃물.

묵-발[-빨][圀] '묵정밭'의 준말.

묵비(默祕)[-삐][圀][하타] 비밀로 해서 말하지 않음.

묵비-권(默祕權)[-삔][圀][[법]] 피고나 피의자가 자기에게 불리한 진술을 거부할 수 있는 권리. ▢~이 있음을 알려 주다 / ~을 행사하다.

묵사리[-싸-][圀] 조기 떼가 알을 슬려고 연안 가까이에 밀려드는 일. 또는 그때.

묵-사발(-沙鉢)[-싸-][圀] 1 묵을 담은 사발. 2 〈속〉 얻어맞아 얼굴 따위가 형편없이 뭉개진 상태. ▢~이 되도록 얻어터지다. 3 여지없이 망한 상태의 비유. ▢적은 이번 전투에서 ~이 되었다.

묵살(默殺)[-쌀][圀][하타] 의견이나 제안 따위를 듣고도 못 들은 척하거나 무시함. ▢재산 공개 여론을 ~하다.

묵상(默床)[-쌍][圀] 먹을 올려놓고 쓰는 받침.

묵상(默想)[-쌍][圀][하자] 1 묵묵히 마음속으로 생각함. ▢~에 잠기다. 2〈종〉말없이 마음속으로 기도를 드림. ▢~ 기도(祈禱).

묵-새기다[-쌔-][자어] 1 별로 하는 일 없이 한곳에서 오래 묵으며 세월을 보내다. ▢고향에서 묵새기며 요양하다. 2 고충이나 흥분 따위를 참아 넘기다. ▢슬픔을 ~.

묵색(墨色)[-쌕][圀] 먹빛.

묵색-임리(墨色淋漓)[-쌕김니][圀][하형] 1 그림이나 글씨의 먹빛에 윤기가 있음. 2 호기 있게 잘된 서화를 칭송하는 말.

묵색-창윤(墨色蒼潤)[-쌕][圀][하형] 그림이나 글씨의 먹빛이 썩 좋아 예술적인 아름다움이 있음.

묵선(墨線)[-썬][圀] 1 먹으로 그은 검은 줄. 2 목수가 나무를 다룰 때 쓰는 먹통의 줄. 또는 먹줄을 놓아 그은 선.

묵수(墨守)[-쑤][圀][하타] 묵자(墨子)가 성(城)을 굳게 지켰다는 고사에서, 제 의견이나 생각 또는 옛 습관 따위를 굳게 지킴. 고수(固守).

묵시(默示)[-씨][圀][하타] 1 은연중에 뜻을 나타내어 보임. 2〈기〉하나님이 계시를 통해 그의 뜻이나 진리를 알게 해 줌.

묵시(默視)[-씨][圀][하타] 1 가만히 눈여겨봄. 2 간섭하지 않고 묵묵히 보기만 함. ▢~할 수 없는 사태.

묵시-록(默示錄)[-씨-][圀][[기]] 요한 계시록.

묵시-적(默示的)[-씨-][관][圀] 은연중에 뜻을 나타내 보이는 (것). ▢~ 동의 / ~으로 합의를 보다.

묵약(默約)[圀][하자] 묵계(默契). ▢~이 이루어지다.

묵어-가다[자] 일정한 곳에 머물러 자고 가다. ▢저희 집에서 하룻밤 묵어가세요.

묵언(默言)[圀][하자] 잠잠히 잠자코만 있음.

묵연양구-에(默然良久-)[무견냥-][튀] 한동안 잠잠히 있다가. 한참 말없이 있다가.

묵연-하다(默然-)[圀][하형] 잠잠히 말이 없다. 묵연-히[튀]. ▢~ 명상에 잠기다.

묵우(默祐)[圀][하타] 말없이 도움.

묵은-닭[무근닥][圀] 한 해 이상 된 닭. 노계(老鷄). ↔햇닭.

묵은-땅 [명] 일구거나 쓰지 않고 묵어 있는 땅. ❏ ~을 개간하다.
묵은-세배 (-歲拜) [명][하자] 섣달 그믐날 저녁에 그해를 보내는 인사로 웃어른에게 하는 절. ❏ ~를 드리다.
묵은-쌀 [명] 해묵은 쌀. ❏ ~에 바구미가 생기다. ↔햅쌀.
묵은-장 (-將) [명] 묵장.
묵은-해 [명] 새해를 맞이해서 지난해를 일컫는 말. ❏ ~가 가고 새해가 오다. ↔새해.
묵음 (默音) [명] 〖언〗 발음되지 않는 소리(('삶다'가 '삼따'로 발음될 때의 받침 'ㄹ' 따위)).
묵이 [명] 오래 묵은 일이나 물건.
묵이-배 [명] 배의 하나((딸 때는 맛이 떫고 빡빡하나 묵힐수록 맛이 좋아짐)).
묵인 (默認) [명][하타] 모르는 체하고 슬며시 인정함. 묵허(默許). ❏ ~하기 어려운 처사 / 실수를 ~하다.
묵-장 (-將)[-짱] [명] 장기에서, 쌍방이 다 모르고 지나쳐 넘긴 장군. 묵은장.
묵적 (墨跡·墨迹)[-쩍] [명] 먹으로 쓴 흔적. 필적(筆跡).
묵적-하다 (默寂-)[-쩌카-] [형][여] 잠잠하고 고요하다.
묵-전 (-煎)[-쩐] [명] 웃기떡의 한 가지((녹말묵에 세 가지 물색을 들여 굳힌 다음 얇게 썰어 기름에 띄워 지짐)).
묵정-밭 [-쩡받] [명] 오래 묵혀 거칠어진 밭. 진전(陳田). 휴경지. ❏ ~을 파고 씨앗을 뿌리다. [준]묵밭.
묵정-이 [-쩡-] [명] 오랫동안 묵은 물건.
묵존 (默存)[-쫀] [명][하타] 말없이 마음속으로 생각함.
묵종 (默從)[-쫑] [명][하타] 말없이 따름.
묵좌 (默坐)[-쫘] [명][하자] 말없이 앉아 있음.
묵주 (默珠)[-쭈] [명] 〖가〗 묵주 기도를 드릴 때에 쓰는 성물(聖物). 로사리오(rosario).
묵주 기도 (默珠祈禱)[-쭈-] 〖가〗 묵주를 가지고 성모 마리아에게 드리는 기도. 로사리오의 기도. 묵주 신공.
묵-주머니 [-쭈-] [명] 1 묵물을 짜는 데 쓰는 큰 주머니. 2 뭉개고 짓이겨 못 쓰게 된 물건. 3 말썽이 나지 않게 달래고 주무르는 일의 비유.
　묵주머니(를) 만들다 [구] ㉠물건을 뭉개어 못 쓰게 만들다. ㉡싸움을 말리고 조정하다.
묵주 신공 (默珠神功)[-쭈-] 묵주 기도.
묵죽 (墨竹)[-쭉] [명] 먹으로 그린 대나무.
묵중-하다 (默重-)[-쭝-] [형][여] 말이 적고 태도가 신중하다. ❏ 몸가짐이 ~.
묵즙 (墨汁)[-쯥] [명] 먹물.
묵즙-낭 (墨汁囊)[-쯤-] [명] 〖동〗 고락2.
묵지 (墨池)[-찌] [명] 벼루의 복판을 조금 오목하게 만들어 물을 담아 먹을 가는 곳.
묵지 (墨紙)[-찌] [명] 먹지.
묵직-묵직 [-찡-찍] [부][하형] 여럿이 다 묵직한 상태. ❏ 책가방이 하나같이 ~하다.
묵직-이 [-찌기] [부] 묵직하게.
묵직-하다 [-찌카-] [형][여] 1 보기보다 꽤 무겁다. ❏ 묵직한 가방. [작]목직하다. 2 점잖고 무게가 있다. ❏ 묵직하고 너그러운 인상.
묵척 (墨尺) [명] 먹자.
묵철 (-鐵) [명] 무쇠를 녹여 만든 탄알((새를 잡는 데 씀)).
묵첩 (墨帖) [명] 서첩(書帖).
묵-청포 (-淸泡) [명] 초나물에 녹말묵을 썰어 넣고 만든 음식. 탕평채.
묵최 (墨衰) [명] 상례(喪禮)에서, 베 직령(直領)에 묵립(墨笠)·묵대(墨帶)를 갖추어 입은 옷((아버지가 살아 계실 때 돌아가신 어머니의 담제(禫祭) 뒤와 생가 부모의 소상(小祥) 뒤에 입었음)).
묵필 (墨筆) [명] 1 먹과 붓. 필묵(筆墨). 2 먹물을 찍어서 쓰는 붓.
묵향 (墨香)[무컁] [명] 먹의 향기. ❏ ~이 그윽한 매화도.
묵허 (默許)[무커] [명][하타] 잠자코 내버려두어 슬그머니 허락함. 묵인.
묵형 (墨刑)[무켱] [명][하타] 옛날 중국에서, 이마나 팔뚝 따위에 자자(刺字)하던 형벌.
묵화 (墨畵)[무콰] [명] 먹으로 그린 동양화. 먹그림.
　묵화(를) 치다 [구] 묵화를 그리다.
묵회 (默會)[무쾨] [명][하타] 묵상하는 중에 스스로 깨달음.
묵훈 (墨暈)[무쿤] [명] 글씨나 그림의 획 가장자리에 먹물이 번진 흔적.
묵흔 (墨痕)[무큰] [명] 먹물이 묻은 흔적.
묵히다 [무키-] [타] (('묵다'의 사동)) 1 쓰지 않고 버려두다. ❏ 땅을 ~ / 솜씨를 ~. 2 나그네를 집에 머무르게 하다.
묶다 [묵따] [타] 1 새끼나 끄나풀 따위로 잡아매다. ❏ 짐을 ~ / 단을 ~. 2 몸을 마음대로 움직이지 못하게 얽어매다. ❏ 죄인을 포승으로 ~. 3 한군데로 합치다. ❏ 괄호로 ~. 4 법령 따위로 금지하거나 제한하다. ❏ 공원 용지로 묶어 개발을 제한하다.
묶어-세우다 [타] 여러 사람이나 집단을 하나의 통일된 체계로 만들다.
묶어-치밀다 〔-치밀어, -치미니, -치미는〕 [자] 한데 몰려 솟아오르다.
묶음 [一][명] 한데 모아서 묶어 놓은 덩이. ❏ 꽃 ~. [二][의명] 묶어 놓은 덩이를 세는 단위. 속(束). ❏ 종이 한 ~ / 나무 두 ~.
묶음-표 (-標) [명] 문장 부호의 하나. 숫자·문자나 문장·수식의 앞뒤를 막아 딴 것과 구별을 하는 기호((( )·{ }·〔 〕 따위)). 괄호. 도림.
묶이다 [자] (('묶다'의 피동)) 묶음을 당하다. ❏ 손발이 ~.
문[1] (文) [명] 1 문자. 글. 2 〖언〗 문장. 3 학문·문화·예술 등을 무(武)에 상대하여 이르는 말. ❏ ~은 무(武)보다 강하다. ↔무(武).
문[1] (門) [명] 1 (집이나 건물 따위에서) 드나들거나 통할 수 있게 만든 여닫는 시설((방문·대문 따위)). ❏ ~을 쾅 닫다 / ~을 꼭 잠그다 / ~을 두드리다. 2 거쳐야 할 관문이나 고비. ❏ 취업의 좁은 ~을 뚫다.
　문(을) 닫다 [구] ㉠하루의 영업을 마치다. ❏ 문 닫을 시간이 되다. ㉡사업을 그만두다. 폐업하다. ❏ 불경기로 ~.
　문(을) 열다 [구] ㉠하루의 영업을 시작하다. ㉡개업하다. ㉢문호를 개방하다.
문[2] (門) [명] 1 씨족에 따른 집안을 가리키는 말. ❏ 이씨(李氏)~. 2 〖생〗 동식물의 분류 단위의 하나((강(綱)의 위, 계(界)의 아래)). ❏ 척추동물~.
문 (紋) [명] 무늬.
문: (問) [명] 물음. 문제. ↔답(答).
문[2] (文) [의명] 1 신의 크기를 나타내는 단위((1문은 약 2.4 cm)). ❏ 9 ~ 반. 2 조선 때 화폐의 단위((1문은 1푼에 해당)).
문[3] (門) [의명] 대포나 기관총 따위를 세는 단위. ❏ 야포 십 ~.
-문 (文) [미] 명사 뒤에 붙어, '문장'·'문서'의 뜻

을 나타내는 말. ☐감상~ / 담화~.

문-가 (門-)[-까] 圐 문의 옆이나 주변. ☐~에 기대어 서다.

문간 (門間)[-깐] 圐 대문이나 중문(重門)이 있는 곳. ☐~에 들어서다.

문간-방 (門間房)[-깐빵] 圐 문간 옆에 있는 방. ☐~에 세들어 살다.

문간-채 (門間-)[-깐-] 圐 대문간 곁에 있는 집채. 행랑채.

문감 (門鑑) 圐 문표(門標).

문갑 (文匣) 圐 문서나 문구 따위를 넣어 두는 방 세간. ☐~ 서랍에 넣어 두다.

문객 (門客) 圐 권세 있는 집안의 식객. 또는 권세 있는 가문에 날마다 문안 오는 손님. ☐ ~ 노릇을 하다 / ~이 줄을 잇다.

~문건 (文件)[-껀] 圐 공적인 문서나 서류.

문격 (文格)[-껵] 圐 1 글의 품격. 2 글을 짓는 격식.

문:견 (聞見) 圐 듣고 보아 얻은 지식. 견문. ☐~을 넓히다 / ~이 좁다.

문경 (刎頸) 圐하타 1 목을 벰. 2 해고함.

문경지교 (刎頸之交) 圐 생사를 같이할 수 있는 아주 가까운 사이. 또는 그런 친구.

문고 (文庫) 圐 1 책이나 문서를 넣어 두는 방이나 상자. 2 책을 넣어 두는 곳. 서고(書庫). ☐마을~. 3 출판물의 한 형식. 대중에게 널리 보급될 수 있도록 값이 싸고 가지고 다니기 편하게 부문별·내용별 따위 체계에 따라 국판(菊判)의 반쯤 되게 만든 총서류(叢書類). ☐문고본(文庫本).

문고 (文藁) 圐 한 사람의 시문을 엮은 원고.

문-고리 (門-)[-꼬-] 圐 문을 여닫거나 잠그는 데 쓰는 쇠고리. ☐~를 걸다〔벗기다〕.

문고-본 (文庫本) 圐 문고 형식으로 간행한 책. ☐~으로 출판하다.

문고-판 (文庫版) 圐 문고 형식으로 간행한 책의 판(세로 14.8 cm, 가로 10.5 cm).

문곡-성 (文曲星)[-썽] 圐 〖민〗 구성(九星) 가운데 넷째로, 녹존성(祿存星)의 다음이며 염정성(廉貞星)의 위에 있는 별.

문-골 (門-)[-꼴] 圐〖건〗문틀.

문-화[1] (文科)[-꽈] 圐 1 문학·사학·철학 따위 문화에 관한 학문의 부문. ↔이과(理科). 2 인문 과학 부문을 연구하는 대학의 한 분과.

문화[2] (文科) 圐〖역〗조선 때, 문관을 뽑던 과거(제술(製述)·경서 강론(經書講論)·대책(對策) 따위의 시험을 보았으며, 초시(初試)·복시(覆試)·전시(殿試)의 구별이 있었음). 대과(大科). ↔무과. 2 '문과 급제'의 준말.

문화 급제 (文科及第)[-쩨] 圐〖역〗문과의 전시(殿試)에 합격함. ☐문과.

문과 중:시 (文科重試)〖역〗문신(文臣) 중시.

문관 (文官) 圐〖역〗문신의 벼슬아치. ↔무관(武官). 전에, '군무원'을 일컫던 말.

문관-석 (文官石) 圐 문인석(文人石).

문광 (門框) 圐〖건〗문틀.

문괴 (文魁) 圐〖역〗문과의 장원(壯元).

문교 (文交) 圐하자 글로써 사귐. ☐~를 맺다.

문교 (文教) 圐 1 문화와 교육. 2 문화에 대한 교육.

문교 (文驕) 圐 학식을 믿고 부리는 교만.

문교-부 (文教部) 圐 '교육부'의 구칭.

문구 (文句)[-꾸] 圐 글의 구절. 글귀. ☐광고 ~ / 난삽한 ~ / 발표문의 ~를 다듬다.

문구 (文具) 圐 1 '문방구(文房具)'의 준말. 2 문식(文飾)2.

문:구 (問求) 圐하타 모르는 것을 알려고 물음.

문-구멍 (門-)[-꾸-] 圐 문에 바른 종이가 찢어져 난 구멍. ☐~으로 들여다보다.

문권 (文券)[-꿘] 圐〖역〗땅이나 집 따위의 소유권이나 그 밖의 권리를 증명하는 문서. 문기(文記). 문서.

문궐 (門闕) 圐 궁(宮) 같은 곳의 문.

문금 (門禁) 圐〖역〗인정(人定) 이후, 도성(都城)의 문으로 드나들지 못하게 하던 일.

문기 (文記) 圐〖역〗문권(文券).

문-끈 (門-) 圐 문에 달아 놓은 손잡이 끈. 영자(纓子).

문내 (門內) 圐 1 대문 안. ↔문외. 2 문중(門中). ☐~ 인물.

문-넘이 (門-) 圐〖역〗대궐·관아에 물품을 바칠 때나 죄수가 옥에 들어갈 때, 문지기가 요구하던 뇌물.

문념무희 (文恬武嬉)[-히] 圐하형 문관들은 안일하게 지내고 무관들은 희롱한다는 뜻으로, 안일에 빠져 제 직분을 다하지 않음.

문다[-따] 围 '무느다'의 준말.

문단 (文段) 圐 글에서 하나로 묶을 수 있는 단위. ☐~을 나누다.

문단 (文壇) 圐 문인들의 사회. 문림(文林). 문원(文苑). 사단. 사림(詞林). ☐~의 등용문 / ~에 진출하다.

문단 (紋緞) 圐 무늬가 있는 비단.

문-단속 (門團束) 圐하자 탈이 없도록 문을 단단히 닫아 잠금. ☐~하고 외출하다.

문:달 (聞達) 圐하자 이름이 세상에 널리 알려짐. 명성이 높아짐.

문담 (文談) 圐 1 문장이나 문학에 관한 이야기. 문화(文話). 2 글로 주고받는 이야기.

문답 (文答) 圐 글로 회답함. 또는 그 회답. ☐~을 기다리다.

문:답 (問答) 圐하자 물음과 대답. 또는 서로 묻고 대답함. ☐정부가 정책에 관한 ~을 주고받다 / ~이 오고 가다.

문:답-법 (問答法)[-뻡] 圐〖철〗토론할 때 계속적인 질문으로 상대방이 자기 모순에 빠지게 해서 스스로 자신의 무지(無知)를 깨닫게 함으로써 진리를 인식하도록 이끄는 방법. 산파법(産婆法).

문:답-식 (問答式)[-씩] 圐 1 묻고 대답하는 방식. 2 피교육자의 자기 활동을 중시하여 문답을 중심으로 학습을 진행하는 방식. ☐~ 교수법을 채택하다. *주입식.

문:답-풀이 (問答-) 圐 묻고 답하는 방식으로 설명함. 또는 그런 설명.

문대다 圉 여기저기 마구 문지르다. ☐기름 묻은 손을 아무 데나 ~.

문-대령 (門待令) 圐하자 문 열기를 기다림.

문덕 (文德) 圐 1 학문의 덕. ☐~이 높은 사람. 2 문인이 갖춘 위엄과 덕망.

문덕 튀혱 꽤 큰 덩이로 뚝 끊어지거나 잘라지는 모양. ☐~ 자르다 / 썩은 부분을 ~ 도려내다. ☎몬닥. ㉒문턱.

문덕-문덕 [-덩-] 튀혱 꽤 큰 덩이로 자꾸 뚝뚝 끊어지거나 잘라지는 모양. ☎몬닥몬닥. ㉒문턱문턱.

문도 (文道) 圐 1 학문의 길. 2 문인이 닦아야 할 도리. ↔무도(武道).

문도 (門徒) 圐 제자.

문:도 (聞道) 圐하자 도를 들음. 또는 도를 듣고 깨달음.

문-돋이 (紋-)[-도지] 圐 돋을무늬로 짠 비단.

문동 (文童) 圐 서당에서 함께 공부하는 아이.

문-동개 (門-)[-똥-] 圐〖건〗대문의 아래 지

도리를 꽂아 받치는 문둔테의 구멍.
문동-당 (門冬糖) [명] 설탕에 조린 맥문동.
문-둔테 (門-) [명] 〖건〗 문장부를 끼는 구멍이 뚫린 나무. [준]둔테.
문둥-병 (-病)[-뼝] [명] 한센병(Hansen病).
문둥-이 [명] 한센병에 걸린 사람. 나환자.
문드러-지다 [자] **1** 썩거나 물러서 힘없이 처져 떨어지다. ❏살이 ~ / 홍시가 터져서 ~. **2** 비유적으로, 몹시 속이 상해서 견디기 어렵게 되다.
문득 [부] 생각이나 느낌 따위가 갑자기 떠오르는 모양. ❏~ 깨닫다 / ~ 어린 시절이 생각나다. [센]문뜩.
문득-문득 [-등-] [부] 생각이나 느낌 따위가 갑자기 자꾸 떠오르는 모양. [센]문뜩문뜩.
문뜩 [부] 생각이나 느낌 따위가 갑자기 떠오르는 모양. [여]문득. [준]무뜩.
문뜩-문뜩 [-뜽-] [부] 생각이나 느낌 따위가 갑자기 자꾸 떠오르는 모양. [여]문득문득. [준]무뜩무뜩.
문:란 (紊亂)[물-] [명][하형][히부] 도덕이나 질서 따위가 어지러움. ❏질서 ~ / 풍기 ~을 단속하다.
문력 (文力)[물-] [명] 글의 힘. 글을 아는 힘.
문례 (文例)[물-] [명] 문장을 짓는 법이나 쓰는 법의 실례. ❏~가 풍부하다 / ~를 들다.
문:례 (問禮)[물-] [명][하자] 예의와 도리에 대하여 물음.
문로 (門路)[물-] [명] **1** 임금의 수레가 드나드는 대궐 정문의 길. **2** 학문의 지름길.
문루 (門樓)[물-] [명] 궁문(宮門)·성문 위에 지은 다락집.
문리 (文理)[물-] [명] **1** 글의 뜻을 깨달아 아는 힘. **2** 사물의 이치를 깨달아 아는 힘. ❏~가 트이다 / ~가 나다 / ~가 훤하다. **3** 문과와 이과.
문리과 대:학 (文理科大學)[물-꽈-] 문과·이과에 관한 전문적인 학술을 연구하는 단과대학. [준]문리대(文理大).
문리-대 (文理大)[물-] [명] '문리과 대학(文理科大學)'의 준말.
문림 (文林)[물-] [명] **1** 문단. **2** 시문을 모은 책. 시문집(詩文集).
문망 (文望) [명] 학문으로 널리 알려진 이름과 신망(信望). ❏~이 높다.
문망 (門望) [명][하타] 〖역〗 조선 때, 의정(議政)이 문에 들어올 때 하인이 문 앞에서 큰 소리로 이를 알리던 일.
문맥 (文脈) [명] 글에 나타난 의미의 앞뒤 연결. ❏~을 파악하다 / ~이 통하다 / 앞뒤 ~을 헤아리다.
문맥이 닿다 [구] 글의 앞뒤 관계가 이해되다. ❏문맥이 닿지 않아 이해되지 않는다.
문맥 (門脈) [명] 〖생〗 '문정맥(門靜脈)'의 준말.
문맹 (文盲) [명] 배우지 못해서 글을 읽거나 쓸 줄을 모름. 또는 그런 사람. ❏~ 퇴치 운동 / ~에서 벗어나다.
문맹-률 (文盲率)[-뉼] [명] 글을 읽거나 쓰지 못하는 사람의 비율. ❏~이 높다.
문맹-자 (文盲者) [명] 글을 읽거나 쓸 줄을 모르는 사람. 까막눈이. 문맹. ❏~를 위해 야학을 열다.
문-머리 (門-) [명] 〖건〗 문얼굴의 위쪽.
문면 (文面) [명] 글의 대강의 내용. 서면(書面). ❏~에 드러나다 / ~으로 살피다.
문명 (文名) [명] 글을 잘하여 드러난 명성. ❏~을 날리다〔떨치다〕.
문명 (文明) [명] 인지(人智)가 발달해서 인간 생활이 풍부하고 편리해진 상태. 정신문화에 대해, 주로 생활 조건이나 질서에 대한 물질문화를 이름. ❏과학 ~ / 고대 ~ / ~의 이기 / ~이 고도로 발전하다. ↔미개·야만. * 문화(文化).
문:명 (問名) [명][하자] **1** 이름을 물음. **2** 〖민〗 혼인을 정한 여자의 장래 운수를 점칠 때 그 어머니의 이름을 물음.
문명-개화 (文明開化) [명][하자] 사람의 지혜가 깨어 문명이 발달하고 생활이 편리해지는 일.
문명-국 (文明國) [명] 과학 기술이 발달해서 국민의 생활수준과 의식 수준이 높고 인권이 존중되는 나라. 문명국가. ❏일등 ~의 면모를 갖추다. ↔미개국.
문명-권 (文明圈)[-꿘] [명] 문명이 발전되어 있는 지역.
문명-병 (文明病)[-뼝] [명] 신경 쇠약이나 근시(近視)와 같이 물질문명의 지나친 발달 때문에 생기는 병. 문화병.
문명-사회 (文明社會) [명] 문명이 발달한 사회. ❏~에 사는 문명인답지 않은 행동.
문명-인 (文明人) [명] 문명이 발달한 사회에서 사는 사람. ↔미개인·야만인.
문묘 (文廟) [명] 공자(孔子)를 모신 사당. 근궁. 성묘(聖廟). 공자묘. [준]묘.
문무 (文武) [명] **1** 문관과 무관. ❏~의 차별을 없애다. **2** 문식(文識)과 무략(武略). ❏~를 겸비하다.
문무-겸전 (文武兼全) [명][하형] 문무를 다 갖추고 있음. 문무쌍전. ❏~의 인재를 찾아내다.
문무-관 (文武官) [명] 문관과 무관.
문무-백관 (文武百官)[-꽌] [명] 모든 문관과 무관. ❏~이 품계를 좇아 도열하다.
문무-석 (文武石) [명] 능묘 앞에 세우는 문인석과 무인석. ❏~을 세우다.
문무-쌍전 (文武雙全) [명][하형] 문무겸전.
문묵 (文墨) [명] 시문을 짓거나 서화를 그리는 일. 문필.
문-문 (門門) [명] 한자 부수(部首)의 하나(《'開'·'閉' 따위에서 '門'의 이름》).
문:문-하다 (問問-) [타][여] 물건을 보내어 경사스러운 일을 축하하거나 슬픈 일을 위로하다.
문문-하다 [형][여] **1** 부드럽고 무르다. ❏감자를 문문하게 찌다. **2** 어려움 없이 쉽게 다룰 만하다. ❏사람을 문문하게 보다. [작]만만하다.
문문-히 [부]. ❏~ 보았다가는 큰코다친다.
문물 (文物) [명] 법률·학문·예술·종교 따위 문화의 산물. ❏서양 ~의 전래 / ~을 교류하다.
문물-제도 (文物制度) [명] 문물에 관한 제도. ❏~를 정비하다.
문미 (門楣) [명] 창문 위에 가로 댄 나무.
문민 (文民) [명] 직업 군인이 아닌 일반 국민.
문민-정부 (文民政府) [명] 직업 군인이 아닌 일반 국민이 수립한 정부.
문민-정치 (文民政治) [명] 직업 군인이 아닌 일반 국민이 행하는 정치.
문-바람 (門-)[-빠-] [명] 문이나 문틈으로 들어오는 바람. 문풍(門風). ❏~이 차다.
문-바퀴 (門-) [명] 호차(戶車).
문-밖 (門-)[-박] [명] **1** 문의 바깥쪽. ❏~으로 나가다. **2** 성문의 밖. **3** 사대문 밖. ❏~에 살다. ↔문안.
문밖-출입 (門-出入)[-박추립] [명] 자기 집 문 밖으로 나돌아다님. ❏~을 삼가다 / ~이 허용되다.
문반 (文班) [명] 문관의 반열(班列). ↔무반.

문방(文房)圓 **1** 책을 읽거나 글을 쓰는 방. 서재(書齋). **2** '문방구'의 준말.

문방-구(文房具)圓 **1** 붓·종이·먹·벼루·펜·잉크·연필 따위 학용품과 사무용품의 총칭. 문방제구. ㉣문구·문방구점. **2** 학용품·사무용품 따위를 파는 곳. 문구점. 문방구점.

문방구-점(文房具店)圓 문방구2.

문방-사보(文房四寶)圓 문방사우.

문방-사우(文房四友)圓 종이·붓·먹·벼루의 네 문방구. 문방사보(文房四寶). 사우(四友).

문방-제구(文房諸具)圓 문방구1.

문방-치레(文房-)圓 서재를 모양 나게 꾸미는 일. ▢~에 정성을 들이다.

문:-배圓 문배나무의 열매. 모양은 고살래 비슷하며 단단하기 때문에 물려서 먹음. 문향리(聞香梨).

문:배-나무圓《식》장미과의 낙엽 활엽 교목. 높이 10 m 정도, 산기슭에 나며, 4월에 흰 꽃이 짧은 가지 위에 핌. 과실은 10월에 누렇게 익음. 목재는 가구재로 쓰고 나무껍질은 물감으로 씀.

문:배-주(-酒)圓 좁쌀 누룩을 수수밥과 섞어 빚은 뒤 발효시켜 증류한 소주. 빛깔은 누런 갈색을 띠는데 문배나무와 비슷한 향기가 남《알코올 농도는 40 % 정도임》.

문:-뱃-내[-밴-]圓 술 취한 사람의 입에서 나는 술 냄새《문배의 냄새와 비슷함》.

문벌(門閥)圓 대대로 내려오는 그 집안의 사회적 신분이나 지위. 가벌(家閥). 문지(門地). ▢~이 높다 / ~이 좋다.

문범(文範)圓 **1** 글의 모범. 또는 모범이 되는 글. **2** 모범이 되는 글을 모아 엮은 책.

문법(文法)[-뻡]圓 **1** 문장의 작법 및 구성법. **2** 말의 구성 및 운용상의 규칙. 또는 그것을 연구하는 학문. 문전(文典).

문:-법(聞法)圓㉣㉤《불》 설법을 들음.

문병(門屛)圓 밖에서 집 안이 들여다보이지 않도록 대문이나 중문 안쪽에 가로막아 놓은 담이나 널빤지.

문:병(問病)圓㉣㉤ 앓는 사람을 찾아가 위로함. 병문안. ▢~을 가다 / ~을 다녀오다 / 병원에 입원한 친구를 ~하다.

문:복(問卜)圓㉣㉤ 점을 쳐 길흉을 물음. 문수(問數).

문부(文簿)圓 나중에 참고하거나 검토할 문서와 장부. 문서(文書). 문안(文案). 문적(文蹟). 부책(簿冊).

문:-부(聞訃)圓㉣㉤ 부고(訃告)를 들음.

문비(門扉)圓 문짝.

문비(門裨)圓《민》 정월 초하룻날에 악귀를 쫓는 뜻으로 대문에 붙이는 신장(神將)의 그림. [문비를 거꾸로 붙이고 환쟁이만 나무란다] 자기가 잘못하고 도리어 남을 나무란다.

문-빗장(門-)[-빗짱]圓 문을 닫고 가로질러 잠그는 나무빗개나 쇠장대. ▢~을 걸다 / ~을 열다. ㉣빗장.

문빙(文憑)圓 증거가 될 만한 문서. 증빙 서류.

문딱圓〈옛〉 문착.

문사(文士)圓 **1** 학문으로 입신(立身)하던 선비. ↔무사(武士). **2** 문필에 종사하는 사람. **3** 문학에 뛰어나고 시문을 잘 짓는 사람. 사백(詞伯). ▢당대의 ~.

문사(文事)圓 학문·예술 따위에 관한 일. ↔무사(武事).

문사(文思)圓 **1** 글을 짓기 위한 생각. **2** 글에 담긴 사상.

문사(文詞·文辭)圓 문장에 나타난 말.

문사-극(文士劇)圓 문인극(文人劇).

문-살(門-)[-쌀]圓 문짝의 뼈대가 되는 나무오리나 대오리. ▢~을 맞추다.

문:-상(問喪)圓㉣㉤ 조문(弔問). ▢~을 가다.

문:상-객(問喪客)圓 조문객. ▢~들이 줄을 잇다.

문-새(門-)圓 문의 생김새.

문생(門生)圓 '문하생(門下生)'의 준말.

문서(文書)圓 **1** 글이나 기호 따위의로 의사나 관념, 사상을 나타낸 것. ▢~를 작성하다 / ~를 파기하다. **2** 문권(文券). ▢토지 ~ / 논밭 ~을 잡히다. **3** 문부(文簿). ▢노비 ~. [문서 없는 상전] 까닭 없이 남에게 까다롭게 구는 사람. [문서 없는 종] 행랑살이하는 사람이나 아내 또는 며느리를 이르는 말.

문서 변:조(文書變造)《법》 남의 명의로 된 문서를 권한 없이 그 내용을 변경하는 행위. *문서 위조.

문서 손:괴(文書損壞)《법》 남의 명의로 된 문서를 권한 없이 손상하거나 없애는 행위.

문서 위조(文書僞造)《법》 남의 명의로 된 문서를 권한 없이 작성하거나 자신이 문서를 허위로 작성하는 행위. *문서 변조.

문서-철(文書綴)圓 여러 문서를 한데 묶어 철한 것. ▢~을 정리하다.

문서 편집기(文書編輯機)[-끼]《컴》 문서나 프로그램을 작성해서 수정·삽입·삭제하는 등 편집 작업을 할 수 있게 하는 컴퓨터 프로그램. 특정 단어의 검색 및 치환이 가능함.

문서-화(文書化)圓㉣㉤ 문서의 형식으로 작성함. 문서를 만듦. ▢합의 사항을 ~하다.

문석(文石)圓 **1**《광》 마노(瑪瑙). **2** '문석인'의 준말.

문석(紋石)圓 무늬가 있는 돌.

문-석인(文石人)圓 문인석. ↔무석인. ㉣문석.

문선(文選)圓㉣㉤ **1** 좋은 글을 가려 뽑음. 또는 그렇게 하여 엮은 책. **2**《인》활판 인쇄에서, 원고대로 활자를 뽑음. 채자(採字).

문선-공(文選工)圓《인》 신문사나 인쇄소 등에서 문선을 맡아 하는 사람. 채자공(採字工).

문설-주(門-柱)[-쭈]圓 문의 양쪽에 세워 문짝을 끼워 달게 된 기둥. 선단. ㉣설주.

문세(文勢)圓 글의 기세와 힘.

문-소리(門-)[-쏘-]圓 문을 여닫는 소리.

문:-소문(聞所聞)圓㉣㉤ 소문으로 전해 들음. ▢~으로 알다.

문-쇠(門-)[-쐬]圓 농·장 따위의 문짝 바로 옆에 길이로 댄 나무.

문수(文殊)圓《불》 여래(如來)의 왼쪽에 있는, 지혜를 맡은 보살. 문수보살.

문수(文數)[-쑤]圓 신 따위의 치수. ▢~가 크다 / ~를 재다.

문:-수(問數)圓㉣㉤ 문복(問卜).

문수-보살(文殊菩薩)圓《불》 문수.

문승(蚊蠅)圓 모기와 파리.

문식(文飾)圓㉣㉤ **1** 글을 아름답게 꾸밈. **2** 실속은 없이 겉만 그럴듯하게 꾸밈. 문구(文具). **3** 실수나 잘못을 그럴듯하게 꾸며 댐.

문신(文臣)圓 문관인 신하. ↔무신(武臣).

문신(文身)圓㉣㉤㉤ 살갗을 바늘로 찔러 먹물이나 물감으로 글씨·그림·무늬 따위를 새김. 또는 그렇게 새긴 것. 자문(刺文). ▢몸에 ~을 새기다.

문신(門神)圓 문을 지켜서 불행이 들어오지 못하게 막아 준다는 귀신.

문신 정시(文臣庭試)《역》 조선 때, 왕의 특명으로 당상관(堂上官) 이하 문관에게 임시

로 보이던 과거.

문신 중:시(文臣重試)〖역〗 조선 때, 당하관(堂下官)인 문관에게 10년마다 병년(丙年)에 보이던 과거. 문과(文科) 중시.

문-신칙(門申飭)〖명〗〖하자〗 대문을 드나드는 잡인을 감시하거나 막음. ☐~을 이르다.

문실-문실〖부〗 나무 따위가 죽죽 뻗어 자라는 모양.

문쩐〖명〗〈옛〉 문지방.

문아(文雅)〖명〗〖하자〗 1 시문을 짓고 읊는 풍류의 도(道). 2 시문에 풍치가 있고 아담함.

문아-풍류(文雅風流)[무나-뉴]〖명〗 시문을 짓고 읊조리는 풍류.

문안(文案)〖명〗 1 문부(文簿). 2 문서나 문장의 초안. ☐광고 ~ / ~을 작성하다.

문-안(門-)〖명〗 1 문의 안. 2 사대문 안. ☐~에 살다. ↔문밖.

문:안(問安)〖명〗〖하자〗 웃어른께 안부를 여쭘. ☐~ 편지 / ~ 인사를 드리다 / ~을 아뢰다.
　문안(이) 계시다〖구〗〈궁〉 왕·왕후·왕자 등이 병이 들어 몸이 편찮다.

문:안-드리다(問安-)〖동〗 '문안하다'의 높임말. ☐시골 할아버지께 ~.

문:안-침(問安鍼)〖명〗 병든 데를 찔러 보는 침이라는 뜻으로, 무슨 일을 시험 삼아 미리 검사해 봄을 이르는 말.

문:안-패(問安牌)〖명〗〖역〗 궁궐에 문안을 드릴 때, 출입증으로 가지고 다니던 둥근 나뭇조각의 패.

문야(文野)〖명〗 문명과 야만.

문약-하다(文弱-)[무냐카-]〖형〗〖여〗 글에만 열중하여 정신적으로나 신체적으로 나약하다. ☐문약한 선비형의 인물.

문양(文樣)〖명〗 무늬. ☐다양한 ~의 도자기.

문어(文魚)〖명〗〖동〗 낙짓과의 연체동물. 낙지류에서 가장 큼. 길이 3 m 정도, 8개의 발이 있고, 자갈색의 엷은 그물 무늬가 있음. 몸빛은 환경에 따라 변함.

문어(文語)〖명〗 1 문자 언어. 2 시가·문장에 쓰는 말. 문장어(文章語). ↔구어(口語).

문-어귀(門-)〖명〗 문으로 들어가는 첫머리.

문어-문(文語文)〖명〗 문어체로 쓰인 문장. ↔구어문.

문어-오림(文魚-)〖명〗 말린 문어의 발을 여러 모양으로 오려서 꾸며 놓은 음식물.

문어-체(文語體)〖명〗 문어로 쓰인 문장의 체. 문장체. ↔구어체.

문언(文言)〖명〗 문장이나 편지의 어구.

문-얼굴(門-)〖명〗 문틀.

문-여-필(文與筆)〖명〗 문필1.

문-열이(門-)〖명〗 '무녀리'의 본딧말.

문-염자(門簾子)[-념-]〖명〗 추위를 막기 위해 창문이나 장지문에 치는 휘장(피륙으로 길고 번듯하게 만듦).

문예(文藝)〖명〗 1 학문과 예술. 2 시·소설·희곡·수필 따위 미적 현상을 사상화(思想化)하여 언어로 표현한 예술 작품. 예술문학. ☐~ 작품 / 신문·잡지의 ~면.

문예-가(文藝家)〖명〗 문예 작품의 창작을 업으로 하는 사람.

문예 과학(文藝科學)〖명〗 문예학.

문예-극(文藝劇)〖명〗 문예 작품을 각색하여 상연하는 연극.

문예-란(文藝欄)〖명〗 신문이나 잡지 등에서, 문예에 관한 기사를 싣는 난.

문예 부:흥(文藝復興)〖명〗 1〖역〗 르네상스(Renaissance). 2 침체되고 타락한 문예가 다시 흥성하게 되는 일.

869　　　　　　문자 다중 방송

문예 비:평(文藝批評)〖명〗 문예 평론.

문예 사조(文藝思潮)〖명〗 한 시대의 문학 예술을 창작하는 데 근원이 되는 사상의 흐름.

문예 연감(文藝年鑑)〖명〗 한 해 동안 문예계에서 일어난 일을 통계적으로 기록한 책.

문예 영화(文藝映畫)〖명〗 문예 작품을 각색하여 예술성에 중점을 두고 만든 영화.

문예-지(文藝誌)〖명〗 시·소설·평론 따위의 문예 작품을 주로 싣는 잡지.

문예 평:론(文藝評論)[-논]〖명〗 문예 작품의 구조 및 가치·창작 방법·세계관 따위를 일정한 기준에 따라 검토하고 판단하는 일. 문예 비평.

문예-학(文藝學)〖명〗 문학을 과학적으로 체계를 세워서 연구하는 학문. 문예 과학.

문예 활동(文藝活動)[-똥]〖명〗 창작이나 평론을 통하여 문예계에서 활동하는 일.

문외(門外)〖명〗 1 문밖. ↔문내. 2 전문(專門) 분야의 밖. 3 문중(門中)의 밖.

문외-한(門外漢)〖명〗 어떤 일에 전문적인 지식이 없거나 직접 관계가 없는 사람. ☐나는 그 방면에는 ~이다.

문우(文友)〖명〗 글을 통한 사귄 벗. 글벗.

문운(文運)〖명〗 1 학문이나 예술이 크게 일어나는 운세. 2 문인으로 성공할 운수.

문운(門運)〖명〗 한 가문의 운수.

문웅(文雄)〖명〗 문호(文豪).

문원(文苑·文園)〖명〗 문단(文壇).

문의(文義·文意)[무늬 / 무니]〖명〗 글의 뜻. ☐~를 파악하다.

문:의(問議)[무늬 / 무니]〖명〗〖하자〗 물어서 의논함. ☐~ 사항 / 전화 ~가 빗발치다 / 담당자에게 ~하다.

문:이지지(聞而知之)〖명〗〖하자〗 들어서 앎. ☐정보를 ~하다.

문인(文人)〖명〗 1 문필이나 문예 창작에 종사하는 사람. ☐당대 최고의 ~. 2 지난날, 학문으로 입신(立身)한 사람을 이르던 말. ↔무인(武人).

문인(門人)〖명〗 문하생.

문인-극(文人劇)〖명〗 배우가 아닌 문인들이 연출하는 극. 문사극.

문인-석(文人石)〖명〗 능묘 앞에 세우는 문신 형상으로 된 돌. 문관석. 문석인. ↔무인석(武人石).

문인-화(文人畫)〖명〗 직업적 화가가 아닌 문인·학자 등이 취미로 그리는 그림.

문:일지십(聞一知十)〖명〗〖하자〗 한 가지를 들으면 열을 미루어 앎.

문자(文字)〖명〗 예전부터 전하여 내려오는 어려운 문구(한자로 된 숙어나 속담·격언 따위). ☐~를 섞어 말하다.
　문자(를) 쓰다〖구〗 ㉠한자로 된 어려운 숙어나 성구 따위를 섞어 말을 하다. ㉡유식한 체하다. ☐공자 앞에서 문자 쓰네.

문자²(文字)[-짜]〖명〗 1 말의 음과 뜻을 나타내는 시각적 기호. 글자. ☐언어와 ~ / 돌에 ~를 새기다 / ~ 생활을 영위하다. 2 학식이나 학문의 덕. ☐~ 깨나 배운 사람이다. 3〖수〗수·양·도형 따위를 나타내는 숫자 밖의 글자. 4〖컴〗키보드로 화면에 나타낼 수 있는 한글·알파벳·한자·숫자 따위의 총칭. 캐릭터.
　문자 그대로〖구〗 조금도 과장 없이 사실 그대로. ☐~ 대승했다.

문자 다중 방:송(文字多重放送)[-짜-] 텔레비전 전파의 사용하지 않는 주사선(走査線)

을 이용하여 문자나 도형 정보 따위의 신호를 보내는 방송 서비스. 텔레텍스트.

문자-반 (文字盤)[-짜-] 圓 시계나 계기(計器) 따위에 문자나 기호를 표시해 놓은 면.

문-자새 (門戶)[門戶](와 창의 총칭.

문자 언어 (文字言語)[-짜어너] 글자로 된 말 《읽고 쓰게 되어, 소리·뜻·글자의 세 요소를 갖춤》. ↔음성 언어.

문자 인식 (文字認識)[-짜-] 『컴』 손으로 쓰거나 인쇄한 문자를 기계가 판독하여, 기계어(機械語)로 부호화하는 기술.

문-잡다 (門-)[-따] 困 아이를 낳을 때, 아이의 머리가 나오기 시작하다.

문장 (文狀)[文牒]圓.

문장 (文章)圓 **1** 어떤 생각이나 느낌을 줄거리를 세워 글자로 기록해 나타낸 것. 문(文). 글월. 글발. 월. □~ 수업 / 평이한 ~ / ~이 아름답다 / ~이 서투르다. **2** '문장가'의 준말. □~ 나면 명필 난다 / 당대의 ~으로 이름을 펼치다.

문장 (門長)圓 한 문중에서 항렬과 나이가 가장 위인 사람.

문장 (門帳)[-짱]圓 문·창 따위에 치는 휘장.

문장 (蚊帳)圓 모기장.

문장 (紋章)圓 씨족·단체·집안 따위를 나타내는 상징적인 표지《도안한 그림이나 문자로 되어 있음》.

문장-가 (文章家)圓 글을 뛰어나게 잘 짓는 사람. ⊕문장.

문장-도 (文章道)圓 글을 짓는 태도나 법칙.

문장-력 (文章力)[-녁]圓 글을 짓는 능력. □~을 기르다.

문장-론 (文章論)[-논]圓 **1** 글에 관한 논설. **2** 글의 성분이나 짜임 따위를 다루는 문법의 한 갈래. 구문론. 통사론.

문장-법 (文章法)[-뻡]圓 **1** 글을 짓는 방법. **2** 글의 구조나 형식, 방법·종류 따위에 관한 법칙.

문-장부 (門-)[-짱-]圓 『건』 널문 한쪽 위아래에 꽂는 둥근 촉으로, 문둔테에 끼워 문을 여닫게 하는 나무 수톨쩌귀.

문장 부:사 (文章副詞) 〖언〗 한 문장 전체를 꾸미는 부사.

문장 부:호 (文章符號) 〖언〗 글의 뜻을 돕거나 글을 구별하여 읽고 알아보기 쉽게 하기 위하여 쓰는 여러 가지 부호《온점(.)·반점(,)·물음표(?)·느낌표(!) 따위》. 월점.

문장-삼이 (文章三易) 글이 갖추어야 할 세 가지 요건. 곧, 보기 쉽게, 알기 쉽게, 읽기 쉽게 하라는 말.

문장 성분 (文章成分) 〖언〗 글을 구성하는 요소《주성분에 주어·서술어·목적어·보어, 부속 성분에 관형어·부사어, 독립 성분에 독립어가 있음》.

문장-어 (文章語)圓 문어(文語).

문장-체 (文章體)圓 문어체.

문재 (文才)圓 글재주. □~로 문명을 날리다 / 백일장에서 ~를 발휘하다.

문적 (文跡)圓 문부(文簿).

문적 (文籍)圓 서적(書籍).

문적 튀하자 무르고 연해서 조금만 건드려도 뚝 끊어지거나 잘라지는 모양. □연줄이 ~ 끊어졌다. ㉔문척.

문적-문적 [-쩍-] 튀하자 무르고 연해서 조금만 건드려도 자꾸 뚝뚝 끊어지거나 잘라지는 모양. ㉔문척문척.

문전 (文典)圓 **1** 문법·어법을 설명한 책. **2** 문법(文法).

문전 (門前)圓 문 앞. □~에 늘어서다 / ~으로 나오다 / ~에서 쫓겨나다.

문전-걸식 (門前乞食)[-씩]圓하자 이 집 저 집 돌아다니며 빌어먹음.

문전-성시 (門前成市)圓 찾아오는 사람이 많아 문 앞이 시장을 이루다시피 함. □~를 이루다.

문전-옥답 (門前沃畓)[-저똑땁]圓 집 가까이에 있는 기름진 논. □노름으로 ~을 다 날려 버렸다.

문전-옥토 (門前沃土)圓 집 가까이에 있는 기름진 땅.

문절 (文節)圓 어절(語節).

문정 (門庭)圓 대문이나 중문 안에 있는 뜰.

문:정 (問情)圓하자 **1** 사정을 물음. **2** 〖역〗 외국 배가 처음으로 항구에 들어왔을 때 관리를 보내어 그 사정을 알아보던 일.

문-정맥 (門靜脈)圓 척추동물의 위·창자·지라의 모세관을 돌고 온 정맥의 피를 모아서 간에 보내는 굵은 정맥. ⊕문맥(門脈).

문제 (文題)圓 글의 제목. 글제.

문제 (門弟)圓 '문제자'의 준말.

문:제 (問題)圓 **1** 해답을 필요로 하는 물음. □수학 ~ / ~가 쉽다 / ~를 내다 / ~를 풀다 / ~의 답을 맞히다. **2** 논쟁·연구·논의 따위의 대상이 되는 사항. □교통 ~를 논의하다 / 환경오염 ~를 특집 기사로 다루다. **3** 해결하기 어렵거나 난처한 대상. 또는 귀찮은 일이나 말썽. □~를 일으키다 / 곤란한 ~가 생기다 / ~에 부딪히다 / 사석에서 한 말이 ~가 되다. **4** 많은 사람들의 관심이 쏠리는 일. □~의 소설 / ~의 인터뷰 기사를 읽다. **5** 어떤 사물과 관련되는 일. □이 일은 한 사람의 명예가 걸린 ~다.

문:제-극 (問題劇)圓 인생이나 사회 문제를 다루어 관객에게 당대의 문제에 대하여 주의와 관심을 환기시키는 연극.

문:제 소:설 (問題小說) **1** 사회·정치·사상 등에 관한 특수한 문제를 다룬 소설. **2** 논쟁이나 문제를 일으킬 만한 소설.

문:제-시 (問題視)圓하타 논의하거나 해결해야 할 문제의 대상으로 삼음. □사건을 ~하지 않고 묵살하다.

문:제-아 (問題兒)圓 〖심〗 지능·성격·행동 따위가 보통의 아동과 달리 문제성이 있는 아동《정신 지체아·불량아·성격 이상아 등》. 문제아(門弟).

문:제 아동 (問題兒童) 문제아.

문:제-없:다 (問題-)[-업따]휑 문제가 될 만한 점이 없다. 또는 어긋나는 일이 없다. □운전이라면 ~ / 당선은 ~. **문:제-없이** [-업씨] 튀. □~ 합격하다.

문:제-의식 (問題意識)[-/-이-]圓 문제점을 찾아서 그에 적극적으로 대처하려는 태도. □~을 가지다 / ~이 부족하다.

문-제자 (門弟子)圓 스승의 문하에서 배우는 제자. 문하생. ⊕문제(門弟).

문:제-작 (問題作)圓 화제나 주목을 불러일으킬 만한 작품. □화단의 ~.

문:제-점 (問題點)[-쩜]圓 문제가 되는 부분이나 요소. □~을 찾다 / ~이 드러나다 / ~을 지적하다 / 많은 ~을 안다.

문:제-지 (問題紙)圓 문제가 쓰인 종이.

문:제-집 (問題集)圓 시험 문제를 모아 엮어 놓은 책.

문:젯-거리 (問題-)[-쩨꺼-/-껜꺼-]圓 **1** 여

러 가지 문제를 일으킬 만한 요소. 또는 사건이나 그 핵심. ☐분쟁을 일으킬 ~ / ~으로 떠오르다. **2** 처리하기 곤란한 일. ☐쓰레기 처리는 ~이다.

문전 圀 〈옛〉 문지방.

문조 (文鳥) 圀 『조』 참샛과의 새. 참새와 비슷한데, 부리가 크고 발과 함께 담홍색임. 머리와 꽁지는 검고, 등은 청회색, 빰에 큰 백반이 있고 배 쪽은 흼. 벼 기타 농작물을 크게 해침. 애완용임.

문조 (文藻) 圀 **1** 문화(文華)1. **2** 글을 짓는 재능. 문재(文才).

문족 (門族) 圀 한 가문의 겨레붙이.

문:죄 (問罪)[-쬐] 圀[허타] 죄를 캐어물음.

문주-란 (文珠蘭) 圀 『식』 수선화과의 상록 여러해살이풀. 줄기의 높이는 50cm 정도로 곧고 굵으며 7-9월에 흰 꽃이 피는데, 우리나라에는 제주도에 많음. 관상용임. 천연기념물 제19호.

문중 (門中) 圀 성과 본이 같은 가까운 집안. 문내(門內). ☐~ 회의 / ~ 토지.

문-중방 (門中枋)[-쭝-] 圀 『건』 문틀에 가로 건너 낀 중방. 중인방.

문-쥐 (門-) 圀 여러 마리가 서로 꼬리를 물고 줄을 지어 다니는 쥐.

문증 (文證) 圀 글로 나타낸 증명 또는 증거.

문지 (門地) 圀 문벌(門閥).

문:지 (聞知) 圀[허타] 들어서 앎.

문-지기 (門-) 圀 문을 지키는 사람.

문-지도리 (門-)[-찌-] 圀 문짝을 달고 여닫게 하는 물건(문장부나 돌쩌귀 따위).

문지르다 [문질러, 문지르니] 圀[러타] 무엇을 서로 대고 이리저리 밀거나 비비다. ☐수건으로 등을 ~ / 손등으로 이마의 땀을 ~.

문-지방 (門地枋)[-찌-] 圀 『건』 문설주 사이의 문 밑에 마루보다 조금 높게 가로 댄 나무. ☐~을 넘다 / ~에 걸터앉다.
　문지방이 닳도록 드나들다 잠 매우 자주 드나들다.

문직 (紋織) 圀 무늬가 도드라지게 짠 옷감.

문진 (文鎭) 圀 서진(書鎭). ☐종이를 ~으로 눌러놓다.

문:진 (問診) 圀[허타] 『의』 진단의 기초로 삼기 위하여, 의사가 환자에게 과거에 앓은 병이나 현재의 상태 등을 묻는 일.

문질 (文質) 圀 **1** 겉에 나타난 꾸밈과 본바탕. **2** 문체의 외관미와 실질.

문질 (門疾) 圀 한 집안에 대대로 내려오는 병이나 나쁜 버릇.

문질리다 ☐타 《'문지르다'의 사동》 문지르게 하다. ☐어머니에게 등을 ~. ☐자 《'문지르다'의 피동》 문지름을 받거나 당하다.

문집 (文集) 圀 시나 문장을 모아 엮은 책. ☐~에 실리다 / 개인 ~을 내다 / ~으로 간행하다.

문-짝 (門-) 圀 문이나 창의 한 짝. 문비(門扉). ☐~을 열어젖히다 / ~이 떨어져 나가다.

문짝-알갱이 (門-) 圀 장롱 따위의 문짝에 낀 네 모나 여덟 모의 널빤지.

문-창호 (門窓戶) 圀 문과 창호.

문-창호지 (門窓戶紙) 圀 창호지. ☐~를 바르다 / 구멍을 뚫고 들여다보다.

문채 (文彩·文采) 圀 **1** 아름다운 광채. **2** 무늬1.

문:책 (問責) 圀[허타] 잘못을 캐묻고 꾸짖음. ☐~ 인사 / ~을 당하다 / ~을 받다.

문척 團[허타] 무르고 연해서 조금만 건드려도 뚝 끊어지거나 잘라지는 모양. ☐줄이 ~ 끊어지다. 센문척.

문척-문척 [-청-] 圀[허타] 무르고 연해서 조금만 건드려도 자꾸 뚝뚝 끊어지거나 잘라지는 모양. 센문척문척.

문첩 (文牒) 圀 『역』 관아의 서류. 문장(文狀).

문체 (文體) 圀 **1** 시대·문장의 종류·글쓴이에 따라 나타나는 문장의 개성적 특색. ☐~가 화려하다. **2** 문장의 양식(구어체·문어체·논문체·서사체 따위). **3** 한문의 형식(논변(論辯)·서발(序跋)·주의(奏議) 따위).

문체-론 (文體論) 圀 구문법·어휘·억양 등 언어 표현의 개성적 특색을 특정의 작가·국어·시대·유파를 대상으로 연구하는 학문.

문:초 (問招) 圀[허타] 죄나 잘못을 따져 묻거나 심문함. ☐~를 당하다 / ~를 받다.

문출 (門黜) 圀 『역』 성문 밖까지만 내쫓던 가벼운 형벌.

문치 (文治) 圀[허타] 학문과 법령으로 세상을 다스림. 또는 그런 정치.

문치 (門齒) 圀 『생』 앞니.

문치적-거리다 [-꺼-] 圀 일을 딱 잘라 하지 못하고 자꾸 끌어가기만 하다. 준문칫거리다.
　문치적-문치적 [-정-] 團[허타]

문치적-대다 [-때-] 圀 문치적거리다.

문칫-거리다 [-칟꺼-] 圀 '문치적거리다'의 준말. **문칫-문칫** [-친-친-] 團[허타]

문칫-대다 [-친때-] 圀 문칫거리다.

문-턱 (門-) 圀 **1** 문짝의 밑이 닿는 문지방의 윗부분. ☐~을 넘다. **2** 어떤 일이 시작되거나 이루어지려는 무렵의 비유. ☐가을 ~에서 있다 / 정상의 ~에서 주저앉다.
　문턱이 높다 闰 들어가거나 상대하기가 어렵다. ☐대학의 ~.
　문턱이 닳도록 드나들다 闰 자주 찾아가거나 드나들다. ☐도서관을 ~.

문턱 團[허타] 꽤 큰 덩이로 뚝 끊어지거나 잘라지는 모양. 센몬탁. 여문턱.

문턱-문턱 [-텅-] 團[허타] 꽤 큰 덩이로 자꾸 뚝뚝 끊어지거나 잘라지는 모양. ☐머리카락을 ~ 자르다. 센몬탁몬탁. 여문턱문턱.

문투 (文套) 圀 **1** 글을 짓는 방식. **2** 글에 나타나는 특유의 버릇.

문-틀 (門-) 圀 『건』 문짝이나 창문의 양옆과 위아래에 이어 댄 테두리. 문골. 문광(門框). 문얼굴.

문-틈 (門-) 圀 닫힌 문의 틈바구니. ☐~에 끼다 / ~으로 내다보다 / ~으로 찬 바람이 들어오다.

문패 (門牌) 圀 주소·성명 따위를 적어 문 옆에 다는 패. ☐~를 달다 / ~를 걸다.

문편 (紋片) 圀 도자기에 입힌 잿물에 나타난 무늬 같은 금. 단문(斷紋).

문표 (門標) 圀 『역』 궁궐·병영 따위의 문에 출입을 허락해 주던 표. 문감(門鑑).

문풍 (文風) 圀 글을 숭상하는 풍습.

문풍 (門風) 圀 **1** 한 집안의 범절이나 풍습. **2** 문바람.

문:풍 (聞風) 圀 뜬소문을 들음.

문-풍지 (門風紙) 圀 문틈으로 들어오는 바람을 막기 위해 문짝 가에 붙인 종이. 준풍지.

문필 (文筆) 圀 글과 글씨. 문여필(文與筆). 글을 짓거나 글씨를 쓰는 일. ☐~ 활동 / ~에 종사하다 / ~로 이름을 떨치다.

문필-가 (文筆家) 圀 문필을 업으로 삼는 사람.

문하 (門下) 圀 **1** 스승의 밑. 또는 스승의 집. ☐퇴계의 ~. **2** 객꾼이 드나드는 권세 있는 집. **3** 문하생.

문하-부 (門下府) 圆 〖역〗고려와 조선 시대 초에 나라의 모든 정사를 맡아보던 최고의 의결 기관.

문하-생 (門下生) 圆 문하에서 배우는 제자. 교하생. 문인(門人). 문제(門弟). 문제자(門弟子). 문하(門下). ⊜문생(門生).

문하-시중 (門下侍中) 圆 〖역〗1 고려 때, 중서문하성의 종일품 으뜸 벼슬. 2 조선 전기에, 문하부의 정일품 으뜸 벼슬(좌·우 두 사람을 두었음).

문하-인 (門下人) 圆 권세 있는 집에 드나드는 지위가 낮은 사람.

문학 (文學) 圆 정서나 사상을 상상의 힘을 빌려서 문자로 나타낸 예술 및 그 작품(시·소설·희곡·수필·평론 따위). ☐~ 동인 / 낭만주의 ~ / ~에 뜻을 두다.

문학-가 (文學家)[-까] 圆 문학을 창작하거나 연구하는 사람. 문학인. 문학자.

문학 개:론 (文學槪論)[-깨-] 문학 전반에 걸쳐 개괄적으로 연구하는 학문.

문학-계 (文學界)[-계 / -게] 圆 1 문학의 세계. 2 문학자의 사회. 문단.

문학-관 (文學觀)[-꽌] 圆 문학에 관한 독자적인 견해나 안목.

문학-도 (文學徒)[-또] 圆 문학을 배우고 연구하는 학생(주로 대학에서 문학을 공부하는 학생을 이름).

문학-론 (文學論)[-논] 圆 문학의 본질이나 문학 작품의 특징에 관한 체계적인 이론.

문학-부 (文學部)[-뿌] 圆 대학의 학부의 한 가지. 문학·철학·사회학·사학 따위의 학과를 포함함.

문학-사 (文學士)[-싸] 圆 대학에서 문학·철학·사학 따위를 전공한 사람에게 주는 학사 칭호.

문학-사 (文學史)[-싸] 圆 1 문학의 역사. 2 문학의 역사적 발전 과정을 연구하는 학문.

문학-상 (文學賞)[-쌍] 圆 우수한 작품을 썼거나 문학 부문의 공적이 뛰어난 사람에게 주는 상. ☐노벨 ~ / ~ 수상 작가.

문학-소녀 (文學少女)[-쏘-] 圆 문학을 좋아하고 문학 작품의 창작에 뜻이 있는 소녀. 또는 문학적 분위기를 좋아하는 낭만적인 소녀.

문학-열 (文學熱)[-녈] 圆 문학을 하려는 열의. 문학에 대한 열정. ☐~이 높다.

문학-예술 (文學藝術)[-녜-] 圆 1 예술로서의 문학을 이르는 말. 2 문학과 예술.

문학-인 (文學人) 圆 문학가.

문학-자 (文學者) 圆 문학가.

문학 작품 (文學作品)[-짝-] 문학에 속하는 예술 작품(시·소설·희곡 따위).

문학-청년 (文學靑年) 圆 문학을 좋아하며 문학 작품의 창작에 뜻이 있는 청년. 또는 문학적 분위기를 좋아하는 낭만적인 청년.

문한 (文翰) 圆 1 문필에 관한 일. ☐~에 능하다. 2 글을 잘 짓는 사람.

문한 (門限) 圆 〖역〗밤에 궁문이나 성문을 닫던 시간. ☐~이 지나다.

문한-가 (文翰家) 圆 대대로 뛰어난 문필가가 난 집안.

문합-술 (吻合術)[-쑬] 圆 〖의〗몸속의 장기(臟器)를 맞물려 잇는 수술.

문:항 (問項) 圆 문제의 항목. ☐출제 ~ 수.

문:향 (聞香)[-짜] 圆 향내를 맡음 2 향불의 향내를 맡고 향의 우열을 가리는 일.

문헌 (文獻) 圆 1 옛날의 제도나 문물을 아는 데 증거가 되는 자료나 기록. 2 연구에 자료가 되는 서적이나 문서. ☐참고 ~ / ~ 검색.

문헌-학 (文獻學) 圆 1 문헌을 통해서 한 시대나 한 민족의 문화를 역사적으로 이해하려는 학문. 2 서지학(書誌學).

문형 (文型) 圆 문장의 유형. 구조나 종류, 표현법 따위에 따라 나눔. ☐기본 ~.

문형 (文衡) 圆 〖역〗조선 때, 대제학(大提學)을 달리 일컫던 말.

문호 (文豪) 圆 크게 뛰어난 문학가. 문옹(文雄). ☐러시아의 ~ 톨스토이.

문호 (門戶) 圆 1 집으로 드나드는 문. 2 외부와의 교류를 위한 통로나 수단. ☐~ 개방.

문화 (文火) 圆 약하고 뭉근하게 타는 불. ↔무화(武火).

문화 (文化) 圆 1 진리를 구하고 끊임없이 진보·향상하려는 인간의 정신적 활동. 또는 그에 따른 정신적·물질적인 성과(학문·예술·종교·도덕 따위). ☐전통~ / 근대 ~ / ~를 교류하다 / ~를 창조하다 / ~의 꽃을 피우다 / 다채로운 ~ 행사가 열리다. 2 인지(人智)가 깨어 세상이 열리고 생활이 보다 편리하게 되는 일. ∗문명(文明).

문화 (文華) 圆 1 문장이 아름답고 화려함. 또는 훌륭하게 잘된 문장. 문조(文藻). 2 문화의 찬란함.

문화 (文話) 圆 문장에 대한 이야기. 문담(文談).

문화 가치 (文化價値) 1 어떤 사물이 문화재로서 지니고 있는 가치. 2〖철〗문화재를 평가하는 기준이 되는 가치(진·선·미·성(聖) 등).

문화 경관 (文化景觀) 〖지〗자연에 인공(人工)을 가해서 이룩한 경작(耕作)·광공업·교통·도시 따위의 경관.

문화-계 (文化界)[-/-게] 圆 문화와 관련 있는 사회적 분야.

문화 과학 (文化科學) 〖철〗신(新)칸트학파 등에서 과학을 둘로 크게 분류한 것 중의 하나. 일정한 가치 규범에 관련시켜 개별적·구체적인 역사나 문화적 현상을 연구하고 기술하는 과학. 역사 과학.

문화 관광 위원회 (文化觀光委員會) 국회 상임 위원회의 하나. 문화 체육 관광부의 소관 사항을 심의함.

문화 국가 (文化國家)[-까] 문화의 창조·유지·발전을 위한 인간의 활동을 가능하게 하고, 이를 확보·조성함을 최고의 목적으로 하는 국가.

문화-권 (文化圈)[-꿘] 어떤 공통된 특징을 갖는 문화가 지리적으로 분포하는 범위. ☐이슬람 ~.

문화-병 (文化病)[-뼝] 圆 〖의〗문명병.

문화 보:호법 (文化保護法)[-뻡] 〖법〗학문과 예술의 자유를 보장하고 학자와 예술가의 지위를 향상시킴으로써 민족 문화의 창조·발전을 꾀하고자 제정한 법률.

문화-비 (文化費) 圆 〖경〗1 교육·종교·예술 따위의 일반 문화 발전을 위하여 필요로 하는 비용(재정학상의 용어임). 2 가계비 가운데 사교·교양·오락 따위에 쓰는 비용. ☐가계에서 ~가 차지하는 비중이 높아졌다.

문화-사 (文化史) 圆 인류의 정신적·사회적 활동의 역사. 곧, 학문·예술·교육·종교·정치·경제·풍속 따위의 변천을 사회의 문화 요소로서 관련시켜 서술하는 역사.

문화 사회학 (文化社會學) 문화의 여러 요소나 성격을 사회와 연관시켜 연구하는 사회학의 한 분야.

문화-생활 (文化生活) 圆 문화를 발전시켜 노력하고 문화 산물을 누리고 즐기는 생활.

문화 시:설(文化施設) 문화를 누리고 발달시키는 데 필요한 시설((도서관·극장·학교·박물관 따위)).

문화-어(文化語)图 북한에서 표준어를 이르는 말. 평양의 말을 중심으로 어휘·문법·철자법 따위를 규범화한 말.

문화 영화(文化映畵) 교육이나 과학 연구를 위해 만든 영화.

문화-유산(文化遺産)图 다음 세대에게 물려줄 과학·기술·관습·규범 따위의 민족 또는 인류 사회의 문화적 소산. ▣ 찬란한 ~.

문화 유:형(文化類型) 문화의 여러 요소가 장기간에 걸쳐 통합·형성되어, 그 양상이 일정한 성격으로 완결된 체계를 이룬 유형.

문화-인(文化人)图 1 높은 문화생활을 누리고 있거나 문화적 교양이 있는 사람. ↔야만인. 2 학문·예술 따위의 분야에 종사하는 사람.

문화 인류학(文化人類學)[一이]— 인류의 생활과 역사를 문화 면에서 실증적으로 연구하려는 인류학의 한 부문.

문화-재(文化財)图 문화의 소산으로 역사상·예술상 가치가 높은 유형 문화재·무형 문화재·천연기념물 따위의 총칭. ▣ ~ 보호.

문화재 보:호법(文化財保護法)[一뻡]〔法〕문화재의 보존·활용으로 국민의 문화 향상을 도모하고자 하는 법률.

문화재-청(文化財廳)图 문화재에 관한 사무를 관장하는 문화 체육 관광부의 외청(外廳).

문화-적(文化的)관형 문화에 관한 (것). ▣ ~특성.

문화 정치(文化政治) 힘으로 통치하지 않고, 교화로 다스리는 정치.

문화-주의(文化主義)[一/一이]图 문화의 향상과 문화 가치의 실현을 인간 생활의 최고 목적으로 하는 주의.

문화 주:택(文化住宅) 생활하기에 편리하며 보건·위생에 알맞은 형식의 주택.

문화 체육 관광부(文化體育觀光部) 중앙 행정 기관의 하나. 문화·예술·영상·광고·출판·간행물·체육·관광 및 국정에 대한 홍보와 정부 발표에 관한 사무를 맡아봄.

문화 포장(文化褒章) 문화 예술 활동을 통하여 문화 발전에 기여하거나 국위를 선양한 사람에게 수여하는 포장.

문화 훈장(文化勳章) 문화 예술 발전에 공을 세워 국민 문화 향상과 국가 발전에 이바지한 공적이 뚜렷한 사람에게 수여하는 훈장((금관(金冠)·은관(銀冠)·보관(寶冠)·옥관(玉冠)·화관(花冠)의 5등급이 있음)).

문회(門會)图 문중(門中)의 모임.

문:후(問候)图하자 웃어른의 안부를 물음. ▣ 조부님께 ~를 드리다.

묻갈다타〈옛〉파묻다. 장사(葬事)하다.

묻그리图〈옛〉무꾸리.

묻다¹[一따]재 1 가루·물·풀 등이 다른 것에 들러붙다. ▣ 기름 묻은 손 / 때가 ~ / 옷에 흙이 묻었다. 2 함께 덧붙거나 사이에 섞이다. ▣ 큰 아이들 틈에 묻어 다니다.

묻다²[一따]타 1 물건을 흙이나 다른 것 속에 넣어 덮어 감추다. ▣ 움 속에 묻어 둔 감자. 2 일을 숨기어 감추다. ▣ 가슴속에 비밀을 묻어 두다. 3 얼굴이나 몸을 가리거나 푹 깊이 기대다. ▣ 베개에 얼굴을 ~.

묻:다³[一따][묻어, 물으니, 묻는]타재 1 남의 대답이나 설명을 구하다. ▣ 길을 ~ / 안부를 ~. 2 어떤 일에 책임을 추궁하다. ▣ 과장에게 책임을 ~.

묻어-가다재 따라가거나 딸려 가다. ▣ 가는

김에 나도 묻어가자.

묻어-나다재 물건에 바르거나 칠한 것이 다른 것에 닿아 옮아 묻다. ▣ 벽에서 칠이 ~.

묻어-오다재 따라오거나 딸려 오다. ▣ 바람결에 풀 냄새가 ~.

묻을-무图 겨울에 먹기 위해 움 속에 묻는 무.

묻히다[무치-]ⓛ타《'묻다'의 사동》물·가루·풀 따위를 다른 곳에 묻게 하다. ▣ 팥고물을 묻힌 떡. ②재 1《'묻다'의 피동》묻음을 당하다. ▣ 땅속에 ~. 2 어떤 상태나 환경에 싸이다. ▣ 어둠에 ~ / 인파에 ~. 3 어떤 장소에 틀어박히다. ▣ 초야에 묻혀 살다. 4 어떤 일에 몰두하다. ▣ 일에 묻혀 지내다.

물¹(一)图 1 산소와 수소의 화합물로, 무색·무취·무미의 액체. 공기와 더불어 생물이 살아가는 데 없어서는 안 되는 물질로, 액체인 물, 고체인 얼음, 기체인 수증기의 세 형태를 가짐. ▣ ~ 한 모금 / ~을 마시다 / ~이 얼다 / ~을 뿌리다. 2 물 모양의 액체. ▣ ~이 많은 과일 / 나무에 ~이 오르다. 3 홍수(洪水). ▣ 집이 ~에 잠기다. 4 연못·호수·강·바다 따위를 두루 일컫는 말. ▣ ~이 깊다 / 배로 ~을 건너다. 5 조수(潮水). ▣ ~이 빠지다. 6 (일부 명사 뒤에 붙어, '들다'·'먹다'와 함께 쓰여) 그곳에서의 경험이나 영향을 비유적으로 이르는 말. ▣ 사회의 ~을 먹다.

[물 밖에 난 고기] ⓐ제 능력을 발휘할 수 없는 처지에 몰린 사람을 이르는 말. ⓑ운명이 이미 결정되어 벗어날 수 없음의 비유. [물 본 기러기, 꽃 본 나비] 바라던 바를 이루어 득의양양함. [물에 물 탄 듯, 술에 술 탄 듯] 주견이나 주체가 없이 행동이 분명하지 않음의 비유. [물에 빠져도 정신을 차려야 산다] 아무리 어려운 경우에도 정신을 차리고 용기를 내면 살 도리가 있다. [물에 빠지면 지푸라기라도 움켜쥔다] 위급한 때를 당하면 무엇이나 닥치는 대로 잡고 늘어지게 된다. [물에 빠진 놈 건져 놓으니까 내 봇짐 내라 한다] 남에게서 은혜를 입고도 고마움을 모르고 생트집을 잡는다. [물에 빠진 생쥐] 물에 흠뻑 젖어 볼꼴이 초췌한 모양. [물이 깊어야 고기가 모인다] 덕망이 있어야 사람이 따른다. [물이 깊을수록 소리가 없다] 생각이 깊고 ेल이 높은 사람은 겉으로 떠벌리거나 잘난 체하지 않는다는 말. [물이 너무 맑으면 고기가 아니 산다] 사람이 지나치게 결백하면 남이 따르지 않는다. [물이 아니면 건너지 말고 인정이 아니면 사귀지 말라] 인정에 의한 사귐이어야만 참된 사귐이라는 말. [물이 와야 배가 오지] 남에게 베푸는 것이 있어야 갚음이 있다.

물 끓듯 하다卍 여러 사람이 몹시 술렁거리다. ▣ 비난의 소리가 ~.

물 뿌린 듯이卍 한자리에 모인 많은 사람이 조용해지거나 숙연해지는 모양.

물 쓰듯 하다卍 돈이나 물건을 헤프게 쓰다. ▣ 돈을 물 쓰듯 하여 빈털터리가 되었다.

물 얻은〔만난〕고기卍 어려운 지경에서 벗어나, 크게 활약할 판을 만난 상태.

물에 물 탄 것 같다卍 아무 맛이 없고 싱겁다.

물 위의 기름卍 서로 어울리지 못하고 겉도는 것의 비유.

물(을) 내리다卍 떡가루에 꿀물이나 찬물을 쳐 가며 성긴 체에 다시 치다.

물(을) 맞다卍 병을 고치려고 약수터에 가

물² 874

서 약수를 먹거나 몸을 씻다. 또는 높은 곳에서 떨어지는 물을 맞다. 물맞이하다.

물인지 불인지 모른다 〖구〗 사리를 분간하지 못하고 함부로 행동한다. ▣물인지 불인지 모르고 덤빈다.

물 찬 제비 〖구〗 ⊙몸매가 매끈하여 보기 좋은 사람의 비유. ⊙몸이 날쌔고 민첩한 행동의 비유.

물 퍼붓듯 하다 〖구〗 ⊙말이 매우 빠르고 세차다. ⊙비가 세차게 쏟아진다.

물² 〖명〗 물감이 옷에 묻어서 드러나는 빛깔. ▣이 곱다 / 옷감에 ~을 들이다 / ~이 바래다.

물³ 〖명〗 물고기 따위의 싱싱한 정도. ▣~이 좋은 생선 / ~이 간 고등어.

물⁴ 〖명〗〈옛〉무리.

물 (物) 〖명〗〖철〗인간의 감각으로 느낄 수 있는 실재적 사물. 또는 느낄 수 없어도 그 존재를 사유할 수 있는 일체의 것.

물⁵ 〖의명〗 **1** 옷을 한 번 빨래할 동안. ▣한 ~ 빤 옷. **2** 채소·과실·어물 등이 사이를 두고 한 목씩 무리로 나오는 차례. **3** 누에를 쓸어놓는 차례.

-물 (物) 〖접〗 '물건·물질'을 뜻하는 말. ▣청과~ / 분실~ / 화합~ / 첨가~.

물-가 〖명〗 바다·못·강 따위 물이 있는 곳의 가장자리. 수변(水邊). 수애(水涯). ▣~에 배를 대다 / ~를 맴돌다 / ~에 앉아 흐르는 물을 바라보다.

물가 (物價) [-까] 〖명〗 물건의 값. 상품의 시장 가격. ▣~ 인상 / ~ 통제 / ~가 비싸다 / ~가 오르다 / ~가 뛰다 / ~를 잡다 / ~가 내리다.

물가-고 (物價高)[-까-] 〖명〗 물건값이 오르는 일. 또는 높은 물가. ▣~에 시달리다.

물가 동:향 (物價動向)[-까-] 〖경〗 물가가 오르고 내리는 움직임. ▣주간 ~을 살피다.

물가 연동제 (物價連動制)[-까-] 〖경〗 임금·금리 따위를 일정한 방식에 따라 물가의 변동에 알맞게 조절하는 정책. 인덱세이션.

물가 정책 (物價政策)[-까-] 〖경〗 물가를 알맞게 하거나 경제적 안정을 꾀하려는 시책.

물가 조절 (物價調節)[-까-] 〖경〗 물가가 지나치게 오르거나 내릴 때 법적인 수단으로 적당한 가격에 맞추는 일.

물가 지수 (物價指數)[-까-] 〖경〗 물가의 변동을 표시하는 통계 숫자(어떤 기준년의 물가를 100으로 하고, 그 뒤 어떤 시기의 물가의 변동을 기준년의 물가 100에 대한 비례 수로 나타냄).

물가 평준 (物價平準)[-까-] 〖경〗 물가 지수로 나타내는 상품 가격의 평균 수준.

물각유주 (物各有主) 〖명〗〖하〗 물건에는 제각기 임자가 있음.

물-갈래 [-깔-] 〖명〗 강물·냇물 따위가 갈라져 흐르는 가닥.

물-갈음 〖명〗〖하〗 석재(石材)의 표면을 물을 쳐 가며 광택이 나도록 가는 일.

물-갈이 〖명〗〖하〗 **1** 논에 물을 넣고 가는 일. ↔마른갈이. **2** 수족관이나 수영장 등의 물을 가는 일. **3** 조직 따위에서 구성원들을 비교적 큰 규모로 바꿈을 비유하는 말. ▣대폭적인 ~가 예상되다.

물-갈퀴 〖명〗 **1**〖동〗오리·개구리·기러기 따위의 발가락 사이에 있는 막(膜)〔헤엄을 치는 데 편리함〕. 복(蹼). **2** 물속에서 활동할 때 발에 끼는 오리발 모양의 물건. 오리발. ▣~로 헤

엄치다. 〔이 많음.

물-감¹ 〖명〗 감의 하나. 모양은 길둥글고, 즙액.

물-감² [-깜] 〖명〗 **1** 물들이는 물질. 염색의 재료. 염료. ▣~을 들이다. **2** 회화·서양화 따위에 쓰는 채료(彩料). 그림물감. ▣~을 팔레트에 짜다 / ~으로 수채화를 그리다.

물-개 [-깨] 〖명〗〖동〗북태평양 특산의 물갯과의 바다짐승. 길이가 수컷은 2 m, 암컷은 1 m가량, 등은 회흑색, 배는 적갈색임. 귀가 작고 얼굴이 개를 닮아, 네 다리는 지느러미 같은데 헤엄과 보행에 씀. 해구(海狗). 바닷개.

물-거름 〖명〗 액체로 된 거름. 수비(水肥). 액비.

물거리¹ 〖명〗 싸리 따위 잡목의 우죽이나 잔가지로 된 땔나무. 〔는 때.

물-거리² 〖명〗 낚시에서, 물고기가 가장 잘 낚이

물-거리 (-距離)[-꺼-] 〖명〗 만조(滿潮) 때, 배가 다닐 수 있는 물길의 거리.

물-거울 〖명〗 거울 삼아 모양을 비추어 보는 물.

물-거품 〖명〗 **1** 물 따위가 다른 물건이나 부딪쳐서 생기는 거품. 부말(浮沫). 수포(水泡). 포말(泡沫). 포화. ▣파도가 바위에 부딪치며 흰 ~을 일으키다. **2** 노력이 헛되게 된 상태를 비유하는 말. ▣온갖 노력이 ~이 되다 / 계획이 ~으로 돌아가다.

물건 (物件) 〖명〗 **1** 일정한 형체를 갖춘 모든 물질적 대상. ▣~을 맡기다 / 남의 ~에 손대다 / ~을 부수다. **2** 상품. ▣비싼 ~ / ~을 구입하다 / ~을 고르다 / ~을 사러 백화점에 가다 / ~이 없어서 못 판다. **3** 남자의 성기를 완곡하게 이르는 말. **4**〖법〗물품 따위의 동산과 토지나 건물 따위의 부동산의 총칭.
〔물건을 모르거든 금 보고 사라〕값의 높고 낮음으로 그 물건의 질의 좋고 나쁨을 나타낸다는 말.

물건-값 (物件-)[-깝] 〖명〗 물건의 값. ▣계산대에서 ~을 치르다.

물-걸레 〖명〗 물에 축여서 쓰는 걸레. ▣~ 청소 / ~로 닦다. ↔마른걸레.

물걸레-질 〖명〗〖하〗 물걸레로 닦는 일.

물-것 [-껀] 〖명〗 사람이나 동물의 살을 물어 피를 빠는 모기·빈대·벼룩 따위의 총칭.

물-결 [-껼] 〖명〗 **1** 물이 움직여 표면이 올라갔다 내려왔다 하는 운동. 또는 그 모양. 수파(水波). ▣~이 잔잔하다 / ~이 높게 일다 / ~에 휩쓸리다 / 푸른 ~ 위에 배를 띄우다. **2** 물결처럼 움직이거나 밀어닥치는 것. ▣시대의 ~ / 사람의 ~ / 태극기가 ~을 이루다 / 변화의 ~을 타다.

물결-치다 [-껼-] 〖자〗 **1** 물결이 일어나다. ▣바닷물이 거세게 ~. **2** 감정이 크게 움직이거나 울렁이다. ▣감동이 새롭게 ~.

물결-털 [-껼-] 〖명〗〖생〗섬모(纖毛).

물결-표 (-標)[-껼-] 〖명〗〖언〗이음표의 하나. '내지(乃至)'의 뜻을 나타낼 때나, 어떤 말의 앞이나 뒤에 들어갈 말 대신에 쓰는 문장 부호 '~'의 이름.

물-겹것 [-껻] 〖명〗 헝겊을 호아서 지은 겹옷.

물-겹저고리 [-쩌-] 〖명〗 헝겊을 호아서 지은 겹저고리.

물경 (勿驚) 〖부〗 놀라지 말라는 뜻으로, 엄청난 것을 말할 때 쓰는 말. ▣~ 5억 원의 손해.

물-경단 (-瓊團) 〖명〗 끓는 물에 삶은 후, 고물을 묻히지 않고 꿀과 생강을 달인 물에 쳐서 삶은 콩과 함께 먹는 경단의 한 가지.

물계 [-/-게] 〖명〗 찹쌀에 섞인, 멥쌀 비슷한 좋지 않은 쌀알.

물계 (物-)[-/-게] 〖명〗 물건의 시세.

물계 (物界)[-/-게] 〖명〗 물질의 세계. 물질계.

↔심계(心界).

물고 (物故)[명] 1 사회적으로 이름난 사람이 죽음. 2 죄를 지은 사람이 죽음. 또는 죄를 지은 사람을 죽임.
물고(가) 나다 구〖속〗죽다.
물고(를) 내다 구〖속〗죽이다.
물고(를) 올리다 구 명령에 따라 죄인을 죽이다.
물-고기 [-꼬-][명] 어류의 총칭. ▢~ 한 마리 / ~를 낚다 / ~의 비늘이 햇빛에 반짝이다. 춘 고기.
물고기(의) 밥이 되다 구 물에 빠져 죽다.
물고기-어 (-魚)[-꼬-][명] 한자 부수의 하나 (〖鮒〗·〖鯨〗따위에서 '魚'의 이름).
물고기-자리 [-꼬-][명]〖천〗황도 십이궁의 열두째 별자리. 춘분점을 포함하며, 물병자리의 동쪽, 양자리의 서쪽에 있음.
물고기-진드기 [-꼬-][명]〖동〗물고기진드깃과의 절지동물. 길이 4 mm가량, 원반 모양으로 납작하고 투명하며 네 쌍의 다리가 있음. 봄부터 개복치·잉어 등의 아가미나 몸에 기생하여 피를 빨아 먹음. 어접(魚蝶).
물-고동 [명] ☞수도꼭지.
물-고사리 [명]〖식〗물고사릿과의 한해살이풀. 남쪽 지방의 논이나 밭에 절로 나며, 흔히 어항의 수초(水草)로 이용됨.
물-고의 [-/-이][명] 물에서 일할 때나 미역 감을 때 입는 짧은 홑바지.
물고-장 (物故狀)[-짱][명] 죄인을 죽이고 보고하던 글.
물-곬 [-꼴][명] 물이 흘러 빠져나가는 작은 도랑. ▢~을 잡다.
물-관 (-管)[명]〖식〗속씨식물에서, 뿌리로 흡수한 수분이나 양분을 줄기로 보내는 관 모양의 조직. 도관(導管).
물-교자 (-餃子)[명] 물만두.
물구나무-서기 [명] 두 손으로 바닥을 짚고 거꾸로 서는 일.
물구나무-서다 [자] 두 손으로 바닥을 짚고 거꾸로 서다.
물-구덩이 [-꾸-][명] 물이 괸 우묵한 진창. ▢~에 빠지다.
물-구멍 [-꾸-][명] 1 물이 흐르는 구멍. ▢~이 막히다. 2〖광〗물을 조금씩 부어 가며 아래로 향해 뚫는 남폿구멍.
물-굴젓 [-젇][명] 국물이 많은 굴젓.
물-굽이 [-꾸비][명] 바다·강에서 물이 굽이져 흐르는 곳.
물권 (物權)[-꿘][명]〖법〗특정한 물건을 직접 지배해서 이익을 얻을 수 있는 배타적 권리(《점유권·소유권·지상권·지역권·전세권(傳貰權)·유치권(留置權)·질권(質權)·저당권 따위의 8종류가 있음》).
물권 증권 (物權證券)[-꿘-꿘][명]〖법〗물권을 표시하는 유가 증권으로, '채권 증권'에 상대하여 쓰는 말.
물권 행위 (物權行爲)[-꿘-][명] 물권의 변동을 생기게 하는 법률 행위(《소유권 이전 행위·저당권 설정 행위 따위》). ↔채권 행위.
물-귀신 (-鬼神)[-뀌-][명] 1〖민〗물속에 있다는 귀신. 수백(水伯). 2 자기가 궁지에 빠졌을 때, 다른 사람까지 끌고 들어가려는 사람의 비유. ▢~ 작전.
물귀신(이) 되다 구〖속〗물에 빠져 죽다.
물-그릇 [-끄륻][명] 물을 담는 그릇. 또는 물이 담긴 그릇. ▢~을 쏟다.
물-그림자 [-끄-][명] 물에 비치어 나타난 그림자. ▢큰 바위가 수면에 ~를 드리우다.

물 다²

물-금 (-金)[명] 1〖광〗아말감(amalgam). 2〖미술〗수금(水金).
물금 (勿禁)[명]하타]〖역〗관아에서 금한 일을 특별히 풀어 주던 일.
물굿-물굿 [-근-귿][부]하타] 퍽 묽은 듯한 모양. ▢죽을 ~하게 쑤다.
물굿-하다 [-그타-][형예] 묽은 듯하다. ▢물굿한 죽.
물-기 (-氣)[-끼][명] 축축한 물의 기운. 수분(水分). ▢~가 마르다 / ~를 닦다 / ~를 머금다.
물-기둥 [-끼-][명] 솟구쳐 뻗치거나 내리쏟아지는 굵은 물줄기. 수주(水柱). ▢~이 솟다.
물-기름 [명] 물처럼 묽은 기름. ▢머리에 ~을 바르다.
물-길 [-낄][명] 1 배가 다니는 길. 뱃길. 수정(水程). ▢~을 트다 / ~을 따라 내려가다. 2 물이 흐르거나 물을 보내는 통로. 수로(水路). ▢~을 내다.
물-까마귀 [명]〖조〗물까마귓과의 새. 몸길이 18 cm가량. 온몸이 흑갈색, 눈의 주위만 순백색이며 백색의 얼룩무늬가 있음. 다리가 길고 짧은 꽁지를 수직으로 세움. 산간 계곡의 물가에 살며 민물고기나 곤충을 잡아먹음.
물-까치 [명]〖조〗까마귓과의 새. 날개 14 cm, 꽁지 21 cm가량임. 야산에 사는데 까치보다 좀 작으며, 머리·부리·다리는 흑색, 등은 회색, 배는 희고 날개와 꽁지는 청색임.
물-껍질 [-껍-][명] 물속에 뿌리를 박고 자라는 왕골·부들 따위의 겉껍질.
물-꼬 [명] 1 논에 물이 넘나들도록 만든 좁은 통로. ▢~를 트다[막다] / ~를 보다. *무넘기. 2 일이나 이야기의 실마리. ▢대화의 ~를 트다 / 남북 화해의 ~가 트이다.
물끄러미 [부] 우두커니 한 곳만 바라보는 모양. ▢~을 바라보다. 倉말끄러미.
물끄럼-말끄럼 [부] 말없이 서로 물끄러미 보다가 말끄러미 보다가 하는 모양.
물-나라 (-國)[-라-][명] 1 비가 많이 와서 큰물 진 지역. 수국(水國).
물-난리 (-亂離)[-랄-][명] 1 큰물이 져서 일어난 수라장. ▢물·홍수로 ~를 겪다. 2 가뭄 따위로 물이 모자라거나 없어서 일어난 혼란. ▢~가 극심하다 / 식수난으로 ~를 치르다.
물납 (物納)[-랍][명]하타] 조세 따위를 물품으로 바침. ↔금납(金納).
물납-세 (物納稅)[-랍쎄][명] 물품으로 바치는 조세. 현물세(現物稅). ↔금납세.
물-냉면 (-冷麵)[-랭-][명] 육수 따위의 물에만 냉면. 편육·생채·알고명 따위를 얹고 겨자와 초를 쳐서 먹음. *비빔냉면.
물-너울 [-러-][명] 바다같이 넓은 물에서 크게 움직이는 물결.
물-노릇 [-로른][명]하자] 물을 다루는 일.
물-놀이 [-로리][명]하자] 1 잔잔한 물이 공기의 움직임으로 수면에 잔물결을 일으키는 현상. 2 물가에서 노는 놀이. ▢~를 가다.
물:다¹ 〔물어, 무니, 무는〕[타] '물쿠다²'의 준말.
[물어도 준치 썩어도 생치(生雉)] 본디 좋은 것은 비록 상해도 그 본질의 뛰어남에는 변함이 없음의 비유.
물 다² 〔물어, 무니, 무는〕[타] 1 마땅히 내거나 갚아야 할 것을 치르다. ▢세금을 ~. 2 남에게 입힌 손해를 갚다. ▢치료비를 물어 주다.

물다³ 〔물어, 무니, 무는〕 **탄 1** 이빨이나 집게 같이 벌어진 둘 사이에 무엇을 넣고 누르다. ▢담배를 ~ / 개가 바짓가랑이를 ~ / 톱니바퀴가 ~. **2** 물건을 입속에 머금다. ▢아기가 사탕을 입에 문 채 잠들다. **3** 곤충이나 벌레 따위가 주둥이 끝으로 살을 찌르다. ▢모기가 ~. **4**〈속〉사람이나 이권 등을 차지하다. ▢그녀는 돈 많은 남자를 물어 재혼했다.
[무는 개를 돌아본다] 너무 순하면 주의를 해 주지 않는다는 말. [무는 개 짖지 않는다] 무서운 사람일수록 말이 없다. [무는 호랑이는 뿔이 없다] 무엇이든 모두 갖추기는 쉽지 않다.

물고 늘어지다 귀 ㉠어떤 일을 진득하게 붙잡고 놓지 않다. ㉡꼬투리나 말끝을 잡아 자꾸 캐어묻거나 덤비다. ㉢〈속〉사람이나 이권 등을 잡고 놓지 않다. ▢요구가 관철될 때까지 ~.

물고 뜯다 귀 ㉠서로 맞붙어 물거니 뜯거니 하며 싸우다. ㉡악랄한 수단과 방법으로 남을 헐뜯다.

물-닭 [-딱] **명** 〖조〗 뜸부깃과의 새. 날개 길이 22 cm 내외이고, 머리·목 등은 흑색, 등 이하의 깨 쪽은 잿빛, 날개깃은 회색이며 부리는 흰색에 약간의 장미색을 띰.

물-대 [-때] **명** 무자위의 관(管).

물덤벙-술덤벙 **부하자** 아무 일에나 대중없이 날뛰는 모양.

물-독 [-똑] **명** 물을 담아 두는 독. ▢~에 물을 가득 채우다.

물-동 [-똥] **명** 〖광〗 광산 구덩이 안의 물이 빠져 나가지 못하게 막아 세운 동바리.

물동 계:획(物動計劃)[-똥-] 〖통〗 생산 수단의 국유화와 생산의 국영화를 전제로 하는 경제 계획. **2** 물자 동원에 관한 계획.

물동-량(物動量)[-똥냥] **명** 물자가 유동(流動)하는 양. ▢~이 늘다 / ~이 많다.

물-동이 [-똥-] **명** 물을 긷는 데 쓰는 동이. ▢머리에 ~를 이다 / ~에 길어 온 물을 붓다.

물-두멍 [-뚜-] **명** 두멍.

물-두부(-豆腐)**명** 두부를 가로세로 약 1 cm 두께로 썰어 냄비에 담고 물을 넉넉히 부어 살짝 끓여 양념간장에 찍어 먹는 음식.

물-둑 [-뚝] **명** 제방(堤防).

물-들다 [-들어, 물드니, 물드는] **자 1** 빛깔이 스미거나 옮아서 묻다. ▢노랗게 ~. **2** 사상·행실·버릇 따위를 닮아 가다. ▢악에 ~.

물-들이다 **탄** 《'물들다'의 사동》 물들게 하다. ▢머리를 검게 ~ / 노을이 벌판을 붉게 물들였다.

물-딱총(-銃)**명** 대통으로 만들어 물을 쏘아 보내는 장난감 총. ⑤물총.

물-때¹ [-때] **명 1** 아침저녁으로 조수(潮水)가 들어오고 나가는 때. ▢~에 맞추어 조개잡이를 나가다. **2** 밀물이 들어오는 때.

물-때² [-때] **명** 물에 섞인 깨끗하지 않은 것이 다른 데에 옮아서 끼는 때. ▢~가 끼다.

물때-썰때 [-때-] **명 1** 밀물 때와 썰물 때. **2** 사물의 형편이나 내용의 비유.
[물때썰때를 안다] 사물의 형편이나 진퇴의 시기를 잘 안다.

물-떼새 **명** 〖조〗 물떼샛과의 새의 총칭. 검은 가슴물떼새·댕기물떼새·민댕기물떼새·작은물떼새·큰물떼새·흰물떼새 따위가 있음. 소수참(小水鷂). ⑤떼새.

물-똥 **명** '물찌똥'의 준말.

물똥-싸움 **명하자** 손이나 발로 물을 서로 끼얹거나 튀기는 아이들의 물장난. ⑤물싸움.

물량(物量)**명** 물건의 분량. ▢~ 공세 / 공급 ~을 확보하다 / ~이 달리다 / ~을 채우다.

물러-가다 **자거라 1** 있던 자리에서 옮겨 가다. **2** 윗사람 앞에서 도로 나가다. ▢썩 물러가지 못할까. **3** 지위나 하던 일을 내어 놓고 떠나다. ▢사장 자리에서 ~. **4** 앞으로 드티어 가다. ▢소집 날짜가 ~. **5** 있던 현상이 사라져 가다. ▢더위가 ~.

물러-나다 **1** 꼭 짜인 물건의 틈이 벌어지다. ▢책상 다리가 ~. **2** 하던 일이나 지위를 내어놓고 나오다. ▢관직에서 ~. **3** 윗사람 앞에 있다가 도로 나오다. ▢어전에서 ~. **4** 있던 자리에서 몸을 옮기다. ▢한 발 ~.

물러-서다 1 있던 자리에서 비켜 서다. ▢다섯 발 뒤로 ~. **2** 지위나 하던 일을 내어 놓다. ▢일선에서 ~. **3** 맞서서 버티던 일을 그만두다. ▢두 손 들고 ~.

물러-앉다 [-안따] **1** 있던 자리에서 물러나 앉다. ▢조금씩 뒤로 ~. **2** 지위나 하던 일을 내어 놓고 아주 나가다. ▢아들에게 사장 자리를 내주고 물러앉다. **3** 건물이나 물체 따위가 무너져 내려앉다. ▢지반이 약해 건물이 물러앉았다.

물러-오다 **자너러 1** 가다가 피해서 도로 오다. ▢폭풍우를 만나 물러왔다. **2** 사거나 바꾸었던 물건을 도로 주고 치른 돈이나 물체를 되돌려 받다.

물러-지다 **자 1** 단단한 것이 무르게 되다. ▢고구마가 푹 ~. **2** 굳었던 마음이 누그러지다.

물렁-거리다 건드리는 대로 물렁한 느낌이 들다. ㉠말랑거리다·몰랑거리다. **물렁-물렁** **부하형**

물렁-대다 **자** 물렁거리다.

물렁-뼈 **명** 〖생〗 연골(軟骨)2.

물렁-살 **명 1** 무르고 연한 살. **2**〖어〗물고기의 지느러미를 이룬 연한 줄기. 여린줄기.

물렁-팥죽 (-粥)[-판쭉] **명 1** 마음이 무르고 약한 사람의 비유. ▢당찬 데가 없고 ~ 같다. **2** 매우 물렁거리는 물건의 비유.

물렁-하다 **형어 1** 매우 부드럽고 무르다. ▢물렁한 홍시(紅柿). **2** 몸·기질 또는 규율 따위가 썩 약하다. ▢물렁한 성미. ㉠말랑하다·몰랑하다.

물레 **명 1** 솜·털 따위의 섬유를 자아서 실을 만드는 틀. 방거(紡車)·윤대(輪臺). ▢~로 실을 뽑다. **2** 도자기의 모양을 고르는 틀(고정된 원판을 발로 돌림). 녹로. 도차(陶車). 선륜차.

물레-나물 **명** 〖식〗 물레나물과의 여러해살이풀. 산·들의 양지에 나고 줄기는 목질, 높이는 1 m가량, 잎은 달걀꼴의 긴 타원형임. 여름에 황색 다섯잎꽃이 핌. 잎은 식용함.

물레-바퀴 **명 1** 물레에 딸린 바퀴(이것이 돌아감에 따라 가락이 돌면서 실을 감음). **2** 물레방아에 붙어 있는 큰 바퀴(물의 힘으로 돌면서 방아를 움직임).

물레-방아 **명** 떨어지는 물의 힘으로 바퀴를 돌려 곡식을 찧거나 빻는 방아. 수차(水車). ⊛물방아.

물레-질 **명하자** 물레를 돌려 고치나 솜에서 실을 뽑아내는 일.

물렛-가락 [-레까- / -렌까-] **명** 물레로 실을 자을 때 실이 감기는 쇠꼬챙이. 가락.

물렛-돌 [-레똘 / -렌똘] **명** 물레가 움직이지 않도록 물레 바닥의 가로장 나무를 누르는 넓적한 돌.

물렛-줄 [-쭐 /-렏쭐] 圐 물레의 몸과 가락에 걸쳐 감은 줄(물레의 손잡이를 돌리는 대로 가락을 돌게 함).

물려-받다 [-따] 国 재물이나 지위 또는 기예나 학술 따위를 뒤이어 받다. 계승하다. ⬜물려받은 재산을 장학 재단에 기부하다.

물려-주다 国 재물이나 지위 또는 기예나 학술 따위를 전해 주다. ⬜가보(家寶)를 ~.

물려-지내다 国 남에게 약점이나 트집을 잡혀서 귀찮으면서도 어쩔 수 없이 그냥저냥 지내다.

물력(物力) 圐 **1** 물건의 힘. **2** 온갖 물건의 재료와 노력(勞力).

물론(勿論) 圐圄 말할 것도 없음. 말할 것도 없이. 무론. ⬜그야 ~이지 / 나는 ~이고 가족이 모두 투표에 참가했다 / ~ 가고말고. ──하다国㉻ 말할 것도 없다. ⬜남녀노소를 물론하고 만세를 불렀다.

물론(物論) 圐 물의(物議).

물료(物料) 圐 '물 요법'의 준말.

물루(物累) 圐 몸을 얽매는 세상의 온갖 괴로운 일.

물류(物流) 圐 '물적 유통(物的流通)'의 준말.

물류 관리(物流管理) [-괄-] 圐 생산에서 소비에 이르기까지의 물적 유통을 경제적 및 기술적으로 합리화하기 위한 계획적·조직적 시책.

물리(物理) 圐 **1** 모든 사물의 이치. ⬜~를 밝히다. **2** 사물에 대한 이해나 판단의 힘. ⬜~가 나다[트이다]. **3**⑤ '물리학'의 준말.

물리 광학(物理光學) 〖물〗 빛의 본질을 규명하고, 그것을 바탕으로 각종 물리적 성질을 논(論)하는 물리학의 한 부문. 파동 광학. ↔기하 광학.

물리다¹ 国 다시 대하기가 싫을 만큼 몹시 싫증이 나다. ⬜냉면에 ~ / 그 이야기는 물리도록 들었다.

물리다² [-国国 《'물다'의 피동》 입·집게 따위로 묾을 당하다. ⬜모기에 ~ / 개에게 엉덩이를 ~. [-国《'물다'의 사동》 입·집게 따위로 물게 하다. ⬜재갈을 ~ / 갓난아이에게 젖을 물려 재우다.

물리다³ 国 원 칸살 밖으로 툇간 따위를 만들다. ⬜대청이 좁아서 뒤꼍으로 물려 내다.

물리다⁴ 国 《'무르다'의 사동》 푹 익혀 무르게 하다.

물리다⁵ 国 **1** 《'무르다'의 사동》 무르게 하다. ⬜새로 산 구두를 ~. **2** 정해진 시기를 늦추어 뒤로 미루다. ⬜날짜를 하루 ~. **3** 뒤로 옮기다. ⬜차례를 하나씩 ~. **4** 재물·지위 따위를 다른 사람에게 내려 주다. ⬜재산을 아들에게 ~. **5** 다른 쪽으로 옮겨 놓다. ⬜밥상을 ~. **6** 굿 따위를 해서 귀신을 쫓아내다. ⬜악귀를 ~.

물리다⁶ 国 《'물다'의 사동》 돈을 물어내게 하다. 손해를 갚게 하다. ⬜피해가 난 물건값을 ~.

물리 상수(物理常數) 〖물〗 물리 법칙을 기술할 때 나타나는 기초 상수(만유인력 상수, 프랑크 상수, 유전율(誘電率) 따위).

물리왇다 国 〈옛〉 물리치다.

물리 요법(物理療法) [-뻡] 圐 자연의 힘이나 물리적 작용을 이용하여 병을 치료하는 방법《자외선·적외선·엑스선 따위의 광선 요법과 전기·온천·마사지 요법 따위가 있음). 물리 치료. ⑤물료(物療).

물리 원자량(物理原子量) 〖물〗 질량수 16인 산소 원자 질량의 1/16을 단위로 잰 원자의 질량.

물리-적(物理的) ㉛圐 **1** 물질의 원리에 기초한 (것). ⬜~ 반응 / ~ 현상. **2** 힘을 이용하거나 폭력을 행사하는 (것). ⬜~ 해결 방안을 찾다 / ~으로 강제하다.

물리적 변:화(物理的變化) [-뺀-] 圐 물질의 성분은 변하지 않고 상태만 변화하는 현상. ＊화학적 변화.

물리-치다 国 **1** 주는 것을 거절하다. ⬜뇌물을 ~. **2** 적이나 잡귀 따위를 쳐서 물러가게 하다. ⬜적의 공격을 ~. **3** 극복하거나 치워 없애다. ⬜가난을 ~ / 유혹을 ~.

물리 치료(物理治療) 圐 물리 요법.

물리 탐광(物理探鑛) 圐 물리 탐사.

물리 탐사(物理探査) 圐 광물이나 암석의 고유한 물리적 성질, 즉 밀도·탄성·전기 전도율 등을 이용하는 특수한 탐광법. 물리 탐광.

물리-학(物理學) 圐 물질의 물리적 성질과 현상·구조 따위를 연구하며 그 사이의 관계·법칙을 밝히는 자연 과학의 한 부문. ⑤물리.

물리학-적(物理學的) [-쩍] ㉛圐 물리학의 원리에 맞거나 그것에 기초한 (것).

물리학적 세:계(物理學的世界) [-쩍쩨- /-쩍쩨게] 〖물〗 물리학적 법칙이 적용되는 모든 자연계.

물리학적 세:계관(物理學的世界觀) [-쩍쩨- /-쩍쩨게-] 圐 세계를 물리학적으로 보는 견해.

물리 화:학(物理化學) 〖화〗 물리학적 입장에서 물질의 구조·화학적 성질·화학 변화 및 반응 등을 연구하는 학문. 이론 화학.

물림 圐 **1** 정한 날짜를 뒤로 미룸. **2** 물려받거나 물려주는 일. **3** 본채의 앞뒤나 좌우에 딸린 반 칸 폭의 칸살. 퇴(退).

물림-쇠 圐 나무를 겹쳐 붙일 때, 양쪽에서 꼭 끼게 물려 조이는 쇠.

물림 圐 비가 많이 와서 땅 위에 넘치는 물.

물-마개 圐 물이 나오지 않게 막는 마개.

물-마루 圐 바닷물의 마루터기, 곧 멀리 보이는 수평선의 두두룩한 부분. 수종(水宗). 파두(波頭).

물-막이 圐圐国 물이 흘러들거나 넘쳐 나지 않도록 막는 일.

물-만두(-饅頭) 圐 물에 넣어 삶은 만두. 물교자(餃子).

물만-밥 圐 물에 말아서 풀어 놓은 밥. 물말이. 수화반.
[물만밥이 목이 메다] 물에 말아 먹어도 밥이 잘 넘어가지 않을 정도의 슬픈 감정을 비유적으로 이르는 말.

물-말이 圐 **1** 물만밥. **2** 물에 몹시 젖은 옷이나 물건 따위. ⬜비에 젖어 ~가 된 옷.

물-맛 [-맏] 圐 마시는 물의 맛. ⬜~이 좋다.

물망(物望) 圐 여러 사람이 우러러보는 명망. ⬜장관의 ~에 오르다.

물망-초(勿忘草) 圐 〖식〗 지칫과의 여러해살이풀. 봄·여름에 높이 30 cm가량의 꽃자루에 남청색 꽃이 핌. 관상용이고 유럽 원산임.

물-맞이 圐圐国 약수터나 폭포에서, 약수를 마시거나 떨어지는 물을 맞는 일. ⬜~하러 약수터에 가다.

물-매¹ 圐 많이 때리는 매. 몰매. ⬜~를 맞다. ＊뭇매.

물-매² 圐 나무에 달린 과실 따위를 떨어뜨리려고 던지는 몽둥이. ⬜~로 밤을 따다.

물-매³ 圐 비탈진 정도. ⬜~가 가파르다 / ~가 싸다 / ~가 뜨다.

물-매⁴ 圐 물에 묽게 탄 매흙을 방바닥이나 벽

따위에 바른 것.

물매-지다 재 지붕이나 강바닥 따위에 비탈이 지다.

물매-질 명하타 **1** 물매로 때리는 짓. ◘잔혹한 ~. **2** 물매로 과실 따위를 따는 짓.

물-먹다 [-따][재] **1** 종이나 헝겊 따위에 물이 배어 젖다. ◘물먹은 솜처럼 몸이 무겁다. **2** 〈속〉 어떤 일에서 낭패를 당하다. ◘나도 그 에게 속아서 물먹었다.

물-멀미 명하타 넘실거리는 큰 물결이나 흐름 에 어지러워지는 증세. ◘~가 나다.

물-면 (-面) 명 수면(水面).

물-명 (物名) 명 물건의 이름. ◘~을 기재하다.

물-모 명 물속에서 자라는 어린 볏모.

물-목 (-目) 명 **1** 물이 흘러 들어오거나 나가는 어 귀. **2** 〖광〗 사금(沙金)을 씻어 가릴 때, 금이 가장 많이 모인 마당 윗부분.

물목 (物目) 명 물품의 목록. ◘~을 적다.

물-못자리 [-모짜-/-몯짜-] 명 물을 대어 모 를 키우는 못자리.

물-몽둥이 명 철공·석수(石手)가 쓰는, 자루가 길고 둥근 큰 쇠메.

물-무늬 [-니] 명 수문(水紋).

물-문 (-門) 명 **1** 수문(水門). **2** 갑문(閘門).

물물 교환 (物物交換) 교환의 원시적 형태로, 물건과 물건을 직접 바꾸는 일. 바터(barter).

물물-이 用 산물(産物)이 때를 따라 한목 한목 모개로. ◘~ 들어오는 채소.

물-뭍 [-묻] 명 물과 뭍. 곧, 바다와 육지. 수륙 (水陸).

물미 **1** 땅에 꽂기 위해 창대·깃대 따위의 끝 에 끼우는 끝이 뾰족한 쇠. **2** 지게를 버티는 작대기 끝에 끼우는 쇠.

물미-작대기 [-때-] 명 끝에 물미를 끼운 지겟 작대기.

물-밀다 [물밀어, 물미니, 물미는][자] **1** 바닷물 이 육지로 밀려 들어오다. ↔물써다. **2** 사람 들이나 짐승·물건 따위가 세찬 기세로 밀어 닥치다. ◘군중이 물밀듯이 몰려오다.

물-밑 [-믿] 명 **1** 땅이나 재목의 짜임새를 수평 이 되게 잴 때 수평선의 아래. **2** 어떤 일이 은밀하게 이루어지는 상태. ◘~ 협상 / 합병 을 위한 작업이 ~에서 진행되고 있다.

물-바가지 [-빠-] 명 물을 푸는 데 쓰는 바가 지. 또는 물이 담겨 있는 바가지. ㉰물박.

물-바다 명 홍수 따위로 말미암아 넓은 지역이 침수된 상태를 이르는 말. ◘~를 이루다.

물-바람 [-빠-] 명 강·바다 따위의 물 위에서 불어오는 바람.

물-박 [-빡] 명 '물바가지'의 준말.

물-받이 [-바지] 명 함석 따위로 추녀에서 물 을 받아 홈통으로 흘러내리게 한 것.

물-발 [-빨] 명 물이 흐르는 기세(氣勢). ◘~ 이 세다.

물-밥 명 굿을 하거나 물릴 때, 귀신에게 준다 고 물에 말아 던지는 밥.

물-방개 명 〖충〗 물방갯과의 갑충. 연못·무논 에 사는데, 길이 4cm가량, 등은 흑색에 다 소 녹색·황갈색을 띠며, 배와 다리는 황갈색 임. 겉날개는 딱딱한 혁질이고 뒷다리는 헤 엄치기에 적당함. 선두리. 말선두리. ㉰방개.

물-방아 명 물의 힘으로 공이를 오르내리게 하여 곡식을 찧거나 빻는 기구의 총칭. **2** 방 아채의 끝에 홈을 파거나 동이를 달아서 그 속의 물이 차고 비워짐에 따라 방아채가 오 르내리게 된 방아. *물레방아.

물방아-채 명 물방아 다리 위에 가로질러 놓 은 나무.

물방앗-간 (-間) 명 [-아깐 / -안깐] 명 물방아로 곡식을 찧는 집.

물-방울 [-빵-] 명 작고 둥글둥글한 물의 덩 이. 수적(水滴). ◘~무늬 / ~이 맺히다 / ~ 이 튀다 / ~이 뚝뚝 떨어지다.

물-배 명 물만 먹고 부른 배. ◘~를 채우다.

물-뱀 명 〖동〗 **1** 물속에서 헤엄치며 물고기를 잡아먹는 뱀의 총칭. **2** 바다뱀.

물-벌레 명 물에 사는 벌레의 총칭.

물-범 명 〖동〗 물범과의 바다 짐승. 물개와 비 슷하며 회색 바탕에 작은 흑색 점이 있고 귓 바퀴가 없음. 온몸에 억센 털이 났고 수컷 한 마리가 여러 암컷을 거느림. 바다표범.

물법 (物法) 명 [-뻡] 명 〖법〗 국제 사법에서 법규의 관할 문제가 일어나는 때, 문제의 물건이 있 는 곳의 법을 적용하게 하는 법. ↔인법(人法).

물-베개 명 고무나 방수포로 만들어 찬물·얼 음물·더운물 따위를 넣은 베개(환자의 체온 을 조절하기 위해 씀). 수침(水枕).

물-벼 명 말리지 않은 벼.

물-벼락 명 갑자기 세차게 쏟아지는 물. 또는 그런 물을 뒤집어쓰게 되는 일. 물세례. ◘~ 을. 맞다 / ~을 안기다.

물-벼룩 명 〖동〗 물벼룩과의 절지동물. 담수에 사는데 벼룩과 비슷하며 길이 1-3mm, 껍질 은 달걀꼴로 반투명하고 무색·담황색·담홍색 등을 띠며, 복부에 다섯 쌍의 다리가 있음. 물고기의 먹이가 됨.

물-별 명 〖식〗 물별과의 한해살이풀. 무논·습 지에 나는데 길이 8cm가량, 잎은 피침형 또 는 달걀꼴임. 여름에 담홍색 꽃이 핌.

물-병 (-甁) 명 [-뻥] 명 **1** 물을 넣는 병. ◘에 술을 따르다. **2**〖불〗물을 담아서 부처님 앞 에 올리는 병. 관정(灌頂)할 때 그 물을 계 (戒)를 받는 사람의 머리에 부어 줌.

물병-자리 (-甁-) 명 [-뻥-] 명 〖천〗 황도(黃道)상 의 한 별자리. 염소자리의 동쪽, 물고기자리 의 서쪽에 있음. 10월 하순 저녁에 남중함.

물-보김 명하타 여러 사람을 모조리 매질함.

물-보라 명 물결이 바위 따위에 부딪쳐 사방으 로 흩어지는 잔 물방울. 수말(水沫). ◘~가 일다 / ~를 일으키다.

물보라(가) 치다 用 물결이 일어 물보라가 생기다.

물-보험 (物保險) 명 〖경〗 물건과 기타 재산의 피해를 보상하는 보험. ↔인보험.

물-볼기 명 〖역〗 조선 때, 여자의 볼기를 칠 때 속옷에 물을 끼얹어 착 달라붙게 하는 다음 에 매질하던 일. ◘~를 때리다.

물-봉선화 (-鳳仙花) 명 〖식〗 봉선화과의 한해 살이풀. 산·들의 습지에 나는데, 줄기는 다즙 질이고 홍색을 띠며 높이 약 60cm, 여름에 홍자색의 꽃이 핌. 물봉숭아.

물-봉숭아 명 〖식〗 물봉선화.

물-부리 [-뿌-] 명 담배를 끼워서 빠는 물건. 빨부리. 연취(煙嘴). ◘~에 담배를 꽂다.

물-분 (-粉) 명 액체로 된 분. 수분(水粉). *가 루분.

물-불 명 **1** 물과 불. **2** 어려움이나 위험의 비유. ◘~을 가리지 않다.

물불을 가리지 않다 用 물에 빠지고 불에 타는 고통도 마다하지 않는다는 뜻으로, 어 떤 위험이나 곤란도 무릅쓴다는 말.

물-비누 명 액체로 된 비누.

물-비린내 명 물에서 나는 비릿한 냄새. ◘~ 가 나다.

물-비소시 (勿秘昭示) 명 '숨김없이 밝혀 보이

라'는 뜻으로, 점쟁이가 외는 주문의 맨 끝에 부르는 말.

물-빛[-삗]명 물의 빛깔과 같은 엷은 남빛. 수색(水色). ☐∼ 원피스.

물-빛[-삗]명 물감의 빛깔.

물-빨래명[하타] 기계나 약품을 쓰지 않고 물로 빠는 빨래. 물세탁.

물-뽕명 비나 이슬에 젖은 뽕잎.

물-뿌리명 〖식〗물에 떠 있는 식물이 물속에 내리고 있는 뿌리《개구리밥의 뿌리 따위》. 수근(水根). 물속뿌리.

물-뿌리개명 화초 따위에 물을 주거나 뿌릴 때 쓰는 기구《도관(導管) 끝에 작은 구멍들이 뚫렸음》.

물산 (物産)[-싼]명 그 지방에서 생산되는 물품. ☐ 지방 ∼의 집산지.

물-살[-쌀]명 물이 흐르는 힘. ☐∼을 가르다 / ∼이 빠르다 / ∼에 휩쓸리다 / ∼에 떠내려가다 / ∼을 헤치고 나아간다.

물상 (物象)[-쌍]명 1 자연계의 사물과 그 변화 현상. 2 물리학·화학·광물학 따위의 총칭《생물학을 포함시키기도 함》.

물상 (物像)[-쌍]명 1 물체의 생김새나 상태. 2 자연의 경치.

물상-객주 (物商客主)[-쌍-주]명 장사치들을 숙박시키고, 그들의 물품을 거간하는 영업. 또는 그 사람.

물상 담보 (物上擔保)[-쌍-]〖법〗물적 담보.

물상 대:위 (物上代位)[-쌍-]〖법〗담보 물권의 효력이 목적물의 변형된 상태에까지 미치는 일.

물상 보증인 (物上保證人)[-쌍-]〖법〗남의 채무를 담보하기 위해, 자기의 재산에 질권이나 저당권을 설정하는 사람.

물상 청구권 (物上請求權)[-쌍-꿘]〖법〗물권(物權)의 침해에 대하여, 그 물권 자체의 지배력을 회복하거나 예방하려는 권리.

물-새[-쌔]명 1 생활 조건이 물과 밀접한 관계가 있는 새. 수금(水禽). 수조(水鳥). 2 '물총새'의 준말.

물색 (物色)[-쌕]명[하타] 1 물건의 빛깔. ☐∼ 고운 색동옷으로 치장하다. 2 어떤 기준에 알맞은 사람이나 물건, 장소 자리를 찾아 고름. ☐후임을 ∼하다 / 새 일자리를 ∼한다. 3 까닭이나 형편. ☐∼ 모르고 좋아한다. 4 자연의 경치. ☐∼ 좋은 산천을 유람하다.

물색-없:다[-쌔겁따]형 말이나 행동이 형편에 맞거나 조리에 닿지 않다. 물색-없이[-쌔겁씨]부. ☐∼ 설치지 마라.

물샐틈-없:다[-트밈따]형 조금도 빈틈이 없다. ☐물샐틈없는 경계망. 물샐틈-없이[-트밉씨]부. ☐∼ 완벽하다.

물성 (物性)[-썽]명 물질이 가지고 있는 성질.

물-세 (-稅)[-쎄]명 관개용수(灌漑用水)의 요금이나 수도 요금을 흔히 이르는 말.

물세 (物稅)[-쎄]명 〖법〗특정한 물건의 소유·취득 따위에 관하여 부과하는 세금《수익세·재산세·물품세 따위》. 대물세(對物稅). ↔인세(人稅).

물-세례 (-洗禮)[-쎼]명 1 〖기〗신자가 세례를 받는 의식의 하나. 물로 원죄(原罪)를 깨끗이 씻고 새 생명으로 태어남을 상징함. 2 물벼락.

물-세탁 (-洗濯)[-쎄]명[하타] 물빨래.

물-소[-쏘]명 〖동〗솟과의 짐승. 소와 비슷하며 길이가 2 m가량. 털은 회색·회흑색, 드물게 흰 것도 있음. 머리는 길고 귀는 짧으며 활 모양의 검고 긴 뿔이 있음. 인도 등지의 수전 지대에서 운반용·유용(乳用)·경작용으로 사

879 물심부름

육함. 수우(水牛).

물-소리[-쏘-]명 물이 흐르거나 부딪치는 소리. ☐∼가 나다 / ∼가 잔잔해지다 / 텀벙 ∼를 내며 뛰어들다.

물-속[-쏙]명 물의 가운데. 수중(水中). ☐∼에서 자라는 식물 / ∼이 얼음처럼 차다.

물속-뿌리[-쏙-]명 〖식〗물뿌리.

물속-줄기[-쏙-]명 〖식〗수중 식물의 물속에 잠긴 줄기. 뿌리처럼 물속에서 양분을 섭취하는 구실을 함. 수중경(水中莖).

물-손[-쏜]명 1 물이 묻은 손. 2 반죽이나 밥, 떡 따위의 질거나 된 정도.

물손-받:다[-쏜-따]재 밭곡식이나 푸성귀 따위가 물의 해를 입다.

물-송편 (-松-)명 1 쌀가루 반죽을 조금씩 쥐어 끓는 물에 삶아 내서 곧 찬물에 담갔다가 건져 낸 떡. 수송병(水松餠). 2 콩을 넣고 송편같이 빚어서 녹말물을 묻혀 삶아 낸 떡.

물-수 (-水)명 한자 부수의 하나《'泉'·'氺' 따위에서 '水'의 이름. '江'·'法' 따위에 쓰일 때는 자형이 'ㆍ'으로, 명칭은 '삼수변'으로 바뀜》.

물-수건 (-手巾)[-쑤]명 1 물에 적신 수건. ☐∼을 이마에 얹다. 2 음식점 따위에서 손을 간단히 닦도록 내놓는, 소독한 젖은 수건.

물-수란 (-水卵)명 끓는 물에 달걀을 깨 넣어 반쯤 익힌 음식. 담수란.

물-수레명 1 길에 먼지가 나지 않게 물을 뿌리는 수레. 살수차(撒水車). 2 음료수 또는 기타의 물을 싣고 다니는 수레.

물-수리[-쑤-]명 〖조〗물수릿과의 새. 강·바다에서 사는데 날개 길이 45 cm가량. 부리는 길고 검으며 갈고리 모양이고 발가락은 날카로움. 등은 암갈색, 머리와 배는 희며, 가슴에 갈색 반점이 있음. 징경이.

물-수세미[-쑤-]명 〖식〗개미탑과의 여러해살이 물풀. 연못에 나는데, 줄기는 가늘고 길이는 50 cm 내외임. 잎은 줄기마디에서너 개가 돌려나고 여름에 담황색의 꽃이 피며, 열매는 사각형임.

물수제비-뜨다[-떠, -뜨니]재 둥글고 얇판한 돌을 물 위를 담방담방 튀겨 가게 던지다. ☐물가에서 물수제비뜨며 놀다.

물-숨[-쑴]명 떨어지거나 내뿜는 물의 힘. ☐이 샘은 ∼이 세차다.

물시 (勿施)[-씨]명[하타] 1 하려던 일을 그만둠. 2 제소한 일을 무효로 함.

물-시계 (-時計)[-씨-/-씨게]명 물을 이용하여 시간을 재던 장치《좁은 구멍을 통해 물을 일정한 속도로 그릇에 떨어지게 해서, 고이는 물의 분량이나 줄어든 물의 분량을 재어 시간을 알 수 있게 함》. 누각(漏刻). 누수기(漏水器).

물-시중[-씨-]명[하자] 물심부름. ☐∼을 들다.

물-신선 (-神仙)[-씬-]명 좋은 말이나 언짢은 말을 들어도 기뻐하거나 성낼 줄 모르는 사람의 비유.

물신 숭배 (物神崇拜)[-씬-]〖종〗원시 종교의 공통적 현상으로, 어떤 물건에 초자연적인 힘이 깃들어 있다고 믿어 이를 숭배하는 일. 페티시즘.

물실-호기 (勿失好機)[-씰-]명[하자] 좋은 기회를 놓치지 않음.

물심 (物心)[-씸]명 물질적인 것과 정신적인 것.

물-심부름[-씸-]명[하자] 세숫물이나 숭늉 따

위를 떠 오는 잔심부름. 물시중.
물심-양면 (物心兩面)[-씸냥-] [명] 물질적인 면과 정신적인 면. ❏ ~으로 후원하다.
물심-일여 (物心一如)[-씨미려] [명] 사물과 마음이 구분 없이 하나의 근본으로 통합됨.
물-싸움 [명][하자] **1** 논·수도·우물가 따위에서 물 때문에 일어나는 다툼질. ❏ ~으로 이웃집과 담쌓고 지내다. **2** '물똥싸움'의 준말.
물-써다 [자] 조수가 물러 나가다. ↔물밀다1.
물썽-하다 [형여] 체질이나 성질이 물러서 보기에 만만하다.
물-쑥 [명] 〖식〗 국화과의 여러해살이풀. 물가나 들의 습지에 나는데 높이 1m가량, 잎은 어긋나고 가장자리에는 톱니가 있으며 아래쪽은 흰 솜털이 있음. 여름에 갈색의 꽃이 핌. 연한 줄기와 잎은 나물로 먹음. 누호(蔞蒿).
물씬[1] [부] **1** 매우 심한 냄새가 풍기는 모양. ❏ 술 냄새가 ~ 풍기다. **2** 김·연기나 먼지 따위가 갑자기 피어오르는 모양. [작]몰씬[1].
물씬[2] [부][하형][히부] 잘 익거나 물러서 연하고 물렁한 모양. [작]말씬·몰씬[2].
물씬-거리다 [자] 잘 익거나 물러서 매우 또는 여기저기가 연하고 물렁한 느낌이 들다. [작] 말씬거리다·몰씬거리다. **물씬-물씬**[1] [부][하형]
물씬-대다 [자] 물씬거리다.
물씬-물씬[2] [부] **1** 매우 심한 냄새가 자꾸 나는 모양. ❏ 술내가 ~ 난다. **2** 김·연기나 먼지 따위가 자꾸 피어오르는 모양. ❏ 검은 연기가 ~ 피어오르다.
물아 (物我) [명] 〖철〗 **1** 외물(外物)과 자아(自我). **2** 객관과 주관. **3** 물질계와 정신계.
물-아래 [명] 물이 흘러 내려가는 아래쪽 방향이나 그 지역. ↔물위.
물-아범 [명] 물을 긷는 남자 하인.
물아-일체 (物我一體) [명] 〖철〗 외물(外物)과 자아(自我), 객관과 주관 또는 물질계와 정신계가 하나가 됨. 또는 그런 경지.
물-안개 [명] 강이나 호수, 바다 따위에서 피어오르는 안개. ❏ ~가 끼다.
물-안경 (-眼鏡) [명] 수중안경.
물-알[1] [명] 아직 여물지 않아 물기가 많고 말랑한 곡식알.
물알(이) 들다 [구] 햇곡식에 물알이 생기다.
물-알[2] [명] 기울기를 바로잡는 수준기(水準器) 속의 기포(氣泡).
물-앵도 (-櫻桃) [명] ☞ 물앵두.
물-앵두 [명] 물앵두나무의 열매.
물앵두-나무 [명] 〖식〗 인동과의 낙엽 활엽 관목. 깊은 골짜기에 나는데, 줄기 속은 갈색이고 가운데가 비었으며, 여름에 흰 꽃이 피고 장과는 가을에 불그스름하게 익음.
물-약 (-藥)[-략] [명] **1** 액체로 된 약. 수약(水藥). 액제(液劑). ❏ ~을 마시다. *가루약·알약. **2** 〖광〗 몸약.
물어-내다 [타] **1** 마땅히 치러야 할 물건이나 돈을 내놓다. 변상하다. ❏ 유리창을 깬 값을 ~. **2** 집안에서 벌어진 일이나 말을 밖에 나가서 퍼뜨리다. **3** 집 안의 물건을 몰래 집어내다.
물어-내리다 [타] 웃어른에게 물어서 명령이나 지시를 받다.
물어-넣다 [무러너타] [타] 모자라거나 써 버린 돈 따위를 채워 넣다. ❏ 모자라는 돈을 ~.
물어-들이다 [타] **1** 짐승이 둥지나 굴속 따위로 먹을 것 따위를 물어서 가져오다. ❏ 둥지로 먹이를 ~. **2** 〈속〉 소식·정보나 물건 따위를 끌어들이다.
물어-뜯다 [무러-따] [타] **1** 이나 부리로 물어서 뜯다. ❏ 손톱을 물어뜯는 버릇이 있다. **2** 헐뜯고 괴롭히다. [준]무뜯다.
물어-물어 [부] 이 사람에게 묻고 또 저 사람에게도 물어《자꾸 물어서 간신히 알아내는 모양》. ❏ 집을 ~ 찾아가다.
물-어미 [명] 물 긷는 여자 하인.
물어-박지르다 [무러-찌-] 〔-박질러, -박지르니〕 [타르] 짐승이 달려들어 물고 뜯으며 몸부림치다. ❏ 고양이가 쥐를 ~.
물어-보다 [자타] 무엇을 알기 위해 상대편에게 묻다. ❏ 이름을 ~.
물-억새 [무럭쌔] [명] 〖식〗 볏과의 여러해살이풀. 강가나 연못가의 습지에 나는데, 참억새와 비슷하며, 높이 1-2m. 초가을에 많은 갈색 꽃이 피는데 차차 은백색으로 변함.
물-여우 [-려-] [명] 〖충〗 날도랫과 곤충의 애벌레. 분비액으로 원통 모양의 고치를 만들어 그 속에서 물 위를 떠돌며 작은 곤충을 잡아먹음. 여름에 나비가 됨. 낚싯밥으로 씀.
물여우-나비 [-려-] [명] 〖충〗 날도래.
물역 (物役) [명] 집을 짓는 데 쓰는 돌·기와·모래·흙 등의 총칭. ❏ ~ 가게 / ~을 들이다.
물-엿 [-렫] [명] 아주 묽게 곤 엿. ❏ 연근 조림에는 ~을 넣기도 한다.
물-오르다 〔물올라, 물오르니〕 [자르] **1** 봄철에 나무에 물기가 오르다. ❏ 물오른 나뭇가지. **2** 성숙해지다. 한창때에 이르다. ❏ 물오른 나이. **3** 구차하게 지내던 사람이 잘살게 되다.
물-오리 [명] 〖조〗 청둥오리.
물-오징어 [명] 말리지 않은 생오징어.
물-옥잠 (-玉簪)[무록짬] [명] 〖식〗 물옥잠과의 한해살이 물풀. 늪·못·물가에 나는데 높이 30cm가량, 잎은 넓은 심장형. 여름에 자색 또는 흰색 여섯잎꽃이 핌. 우구화(雨久花).
물-외 [명] 〖식〗 '참외'에 대해 '오이'를 구별하여 일컫는 말.
물외 (物外) [명] **1** 바깥 세상. **2** 형체 있는 물건 이외의 세계.
물외-한인 (物外閑人) [명] 세상사의 번잡을 피해 한가롭게 지내는 사람.
물욕 (物慾) [명] 금전이나 물건을 탐내는 마음. ❏ ~을 채우다 / ~에 눈이 멀다.
물-웅덩이 [명] 물이 괴어 있는 웅덩이. ❏ ~에 빠지다.
물-위 [명] 물이 흘러오는 위편. 상류. ❏ ~, 물아래로 갈려 편싸움을 벌이다. ↔물아래.
물윗-배 [무뤼빼 / 무뤋빼] [명] 강물에 다니는 뱃전이 낮고 바닥이 평평한 배. 상류선. 수상선.
물-유리 (-琉璃)[-류-] [명] 〖화〗 이산화규소를 알칼리와 함께 녹여서 만든 유리 모양의 물건. 무색투명하거나 회색의 점액(粘液)임. 점착력이 강해 인조석·유리·도자기의 접합에 씀. 수초자(水硝子). 규산칼륨.
물음 [명] 묻는 일. 또는 묻는 말. ❏ ~에 답하다 / ~엔 대꾸도 안 하고 딴청을 하다.
물음-대이름씨 (-代-) [명] 〖언〗 '의문 대명사'의 풀어쓴 이름.
물음-표 (-標) [명] 마침표의 하나. 문장에서, 의심이나 물음을 나타낼 때 그 글의 끝에 쓰는 문장 부호《?》. 의문부.
물의 (物議)[무릐 / 무리] [명] 뭇사람의 서로 다른 비판이나 불평. 물론(物論). ❏ ~가 분분하다 / ~를 빚다 / ~를 일으키다.
물이 (物異) [명] 사물이 이상하고 묘하게 생긴 모양.
물-이끼 [-리-] [명] 〖식〗 물이끼과의 이끼류.

습지·물속·바위 위에 나는데, 백색이나 담녹색이고 줄기에 많은 가지가 나오며, 수많은 작은 잎이 빽빽이 남. 흡수력이 강해 수분을 오래 저장함.

물-이다[一] 〈옛〉 물리다. 갚게 하다.

물이-못나게 [무리몬一] 團 부득부득 조르는 모양.

물-일 [一릴] 圀 물을 쓰는 일《부엌일·빨래 따위》. 진일.

물입 (勿入) 圀 '들어가거나 들어오지 마시오'의 뜻. ◁한인(閑人)~.

물-자 圀 물 높이를 재는 자《강에 세우거나 바위 따위에 그려 놓음》.

물자 (物資)[一짜] 圀 경제나 생활의 바탕이 되는 물건이나 자재. 물재(物材). ◁~가 풍부하다 / ~를 조달하다.

물-자동차 (一自動車) 圀 1 살수차(撒水車). 2 급수차. ◁~로 수해 지역에 식수를 공급하다.

물-자라 〔蟲〕 물장군과의 곤충. 연못·수렁장에 사는데, 물장군 비슷하며, 길이는 2cm가량, 달걀꼴이고 암황갈색에 긴 털이 빽빽이 나서 헤엄치기에 적당함. 물고기 등을 잡아먹음. 알지게.

물-장구 1 헤엄칠 때 발등으로 물 위를 잇따라 치는 일. ◁~를 치며 놀다. 2 물을 담은 동이에 바가지를 엎어 놓고 장단 맞추어 두드리는 일. 수고(水鼓). 수부(水缶).

물장구-질 圀団 헤엄칠 때 발등으로 물 위를 잇따라 치는 짓.

물장구-치다 国 1 헤엄치며 발등으로 물 위를 잇따라 치다. 2 물을 담은 동이에 바가지를 엎어 놓고 장단을 맞추어 두드리다.

물-장군 (一將軍) 〔蟲〕 물장군과의 곤충. 민물·논 등에서 사는 노린재목 곤충 가운데 가장 큼. 물자라와 비슷하며, 길이 6cm가량, 납작하고 긴 타원형이며 빛은 암회색·갈색임. 개구리·물고기 등을 잡아 피를 빨아 먹음.

물-장난 圀団 1 물에서 놀거나 물을 가지고 노는 장난. ◁~ 치다. 2 큰물이 져서 일어나는 재앙.

물-장사 圀団 1 기차·주택지 등에서 먹는 물을 팔거나 물을 길어다 주는 일. 2 〈속〉 술이나 음료수를 파는 장사. ◁~로 돈을 벌다.

물-장수 圀 물장사를 하는 사람.
[물장수 상(床)이다] 싹싹 훑어 먹어 밥상에 빈 그릇만 남았다는 말.

물재 (物材)[一째] 圀 물자(物資).

물재 (物財)[一째] 圀 물건과 돈.

물-재배 (一栽培) 圀団 생장에 필요한 양분을 녹인 배양액만으로 식물을 재배하는 방법. 수경(水耕).

물-적 (物的)[一쩍] 관圀 물건이나 물질에 관한 (것). ◁~ 자원 / ~ 피해가 크다. ↔심적.

물적 담보 (物的擔保)[一쩍땀一] 〔法〕 특정한 재산을 채권의 담보로 삼는 일《유치권(留置權)·선취 특권·질권(質權)·저당권 따위》. 물상(物上) 담보. ↔인적(人的) 담보.

물적 보:험 (物的保險)[一쩍一] 〔法〕 물건이나 기타 재산에 발생하는 손상(損傷)·소실·도난 등을 보상하는 보험.

물적 유통 (物的流通)[一쩍뉴一] 〔經〕 1 원재료·제품 따위 상품의 사회적인 흐름. 2 개별 기업이 행하는 상품의 포장·수송·하역·보관 및 통신 따위의 여러 활동. 물류(物流).

물적 증거 (物的證據)[一쩍쯩一] 범죄의 증거가 되는 물건의 존재나 상태. 범행에 사용된 흉기나 훔친 물건 따위. ◁~를 제시하다. ↔인적 증거. ⓒ물증(物證).

물정 (物情)[一쩡] 圀 세상의 형편이나 인심. ◁세상~에 어둡다.

물-조개젓 [一젇] 圀 조개젓에 뜨물을 쳐서 익힌 묽은 것. 수합해(水蛤醢).

물종 (物種)[一쫑] 圀 물건의 종류.

물주 (物主)[一쭈] 圀 1 장사 따위에서 밑천을 대는 사람. 2 노름판에서, 아기패를 상대로 승부를 다투는 사람. ◁~를 잡다.

물-주머니 [一쭈一] 圀 물을 넣는 주머니. 수낭(水囊).

물-줄기 [一쭐一] 圀 1 물이 모여 개천·강으로 흘러가는 줄기. ◁~를 따라 내려가다. 2 물이 힘 있게 내뻗치는 줄. ◁~가 세차다 / 분수에서 ~가 뿜어 나오다.

물증 (物證)[一쯩] 圀 '물적 증거'의 준말. ◁~을 잡다 / ~을 확보하다.

물-지게 圀 물을 져 나르는 지게.

물-질 圀団 해녀가 바닷속에 들어가 해산물을 따는 일. ◁~로 소라·전복 등을 따다.

물질 (物質)[一찔] 圀 1 물체의 본바탕. 2 재산이나 재물을 달리 이르는 말. ◁~을 탐내다 / ~의 노예가 되다. 3 〔物〕 물체를 형성하는 요소의 하나로, 공간의 일부를 차지하며 질량 따위를 갖는 것. ◁유해 ~ / 오염 ~ / 소금은 물에 잘 녹는 ~이다 / 중금속 ~을 다량 함유하다. 4 〔哲〕 정신에 대하여 인간의 의식 바깥에 존재하는 것. ↔정신.

물질-감 (物質感)[一찔一] 圀 물질의 형태·색채·광택·중량 등 물리적인 느낌에 관한 느낌.

물질-계 (物質界)[一찔一계一] 圀 물질의 세계. 물계(物界). ↔정신계.

물질-대사 (物質代謝)[一찔一] 〔生〕 생물이 영양분 물질을 섭취하고 필요하지 않은 물질을 몸 밖으로 배출시키는 작용. 물질 교대. 신진대사(新陳代謝). ⓒ대사.

물질 명사 (物質名詞)[一찔一] 〔言〕 1 형상을 갖춘 것을 나타내는 명사. 2 영어·프랑스 어 등에서 나누어 셀 수 없는 것을 나타내는 명사《물·술·불·공기 따위》. ＊추상 명사.

물질-문명 (物質文明)[一찔一] 圀 물질을 바탕으로 이루어진 문명. ↔정신문명.

물질-문화 (物質文化)[一찔一] 圀 기계·도구·건조물·교통 통신 수단 등 인간이 자연환경에 적응하며 생활 함에 나아가기 위해 물질을 바탕으로 이룩하는 문화. ↔정신문화.

물질-적 (物質的)[一찔쩍] 관圀 1 물질과 관련된 (것). 2 재물에 관계되는 (것). ◁~ 보상 / ~으로 도움을 주다. ↔정신적.

물질-주의 (物質主義)[一찔一 / 一찔一이] 圀 1 물질적 만족을 최고의 가치로 삼는 주의. 2 〔哲〕 유물론(唯物論).

물질-파 (物質波)[一찔一] 〔物〕 양자 역학에서, 진행하는 전자나 일반 물질 입자에 따라 다니는 파동 현상《전자 현미경 따위에 응용함》. 물질 파동.

물-짐승 [一찜一] 圀 물에서 사는 짐승《물개·물소 따위》.

물-집[1] [一찝] 圀 살가죽이 부르터 오르고 그 속에 물이 찬 것. 수포(水疱). ◁손바닥에 ~이 잡히다 / ~이 터지다.

물-집[2] [一찝] 圀 피륙을 염색하는 집. 염색소.

물주의 〈옛〉 무자위.

물쩍지근-하다 [一찌一] 혱어 1 어떤 상태가 다하지도 덜하지도 않아 지루한 느낌이 있다. 2 일하는 태도가 지루할 정도로 느리다. ◁물쩍지근한 태도. **물쩍지근-히** [一찌一] 團

물쩡물쩡-하다〖형〕어 사람의 성질이 매우 느리고 만만하다. 鲁말짱말짱하다.

물쩡-하다〖형〕어 사람의 성질이 느리고 만만하다. 鲁말짱하다. **물쩡-히**〖부〕

물찌-똥 〖명〕1 죽죽 내쏟듯이 누는 물은 똥. 2 튀겨서 일어나는 크고 작은 물덩이. 鲁물똥.

물-차(-車) 〖명〕급수차.

물-참 〖명〕조수가 잔뜩 밀려 들어왔을 때. 밀물이 들어오는 때. 만조 때.

물-참나무〖식〕참나뭇과의 낙엽 활엽 교목. 산 중턱·산봉우리에 나는데, 잎은 거꿀달걀꼴 또는 긴 타원형으로, 5~6월에 황갈색 꽃이 피며 견과는 9월에 익음.

물체(物體)〖명〕1 구체적인 형태를 가진 것. 예 미확인 비행 ~/~를 구별하다 / 어두워서 ~를 알아볼 수 없다. 2〖철〕지각이나 정신이 없는 유형물. 길이·너비·높이의 3차원적인 공간을 차지함.

물-초〖명〕하〔재〕온몸 물에 젖음. 또는 그런 모양. 예 온몸이 ~가 되다.

물-총(-銃)〖명〕'물딱총'의 준말.

물총-새(-銃-)〖명〕〖조〕물총샛과의 새. 하천·연못가에 사는데, 몸길이 17 cm가량. 부리는 길고 등은 꽁지까지 광택 있는 암녹색, 배는 갈색, 다리는 붉은색. 턱과 목은 백색. 물 위 상공에 머물러 있다가 총알처럼 날쌔게 물속으로 들어가 물고기·새우·곤충 따위를 잡아먹음. 비취(翡翠). 쇠새. 鲁물새.

물추리-나무〖명〕물추리막대.

물추리-막대[-때]〖명〕쟁기의 성에 앞 끝에 가로로 박은 막대기. 두 끝에 봇줄을 매어 끌도록 되었음. 물추리나무.

물치-다래〖명〕〖어〕고등엇과의 바닷물고기. 몸의 길이는 30 cm가량으로 납작하며, 등은 남색, 배는 은백색임.

물-침대(-寢臺)〖명〕자리에 물을 넣어 깔아 놓은 침대.

물-칼〖명〕강철이나 유리 따위를 자르는 절단기(1만 기압 정도의 높은 압력을 가한 물을 지름 0.1-0.01 mm의 노즐을 통해 분사함).

물-커드〖명〕'물치즈'의 준말.

물컥〖부〕매우 심한 냄새가 급자기 나는 모양. 예 생선 썩은 냄새가 ~ 나다. 鲁몰칵.

물컥-물컥[-겅-]〖부〕〔형〕매우 심한 냄새가 자꾸 나는 모양.

물컹-거리다〖자〕너무 익거나 곯아서 물크러질 정도로 물렁한 느낌이 들다. 예 홍시가 ~. 鲁말캉거리다·몰캉거리다. **물컹-물컹**〖부〕〔형〕

물컹-대다〖자〕물컹거리다.

물컹-이〖명〕1 물컹한 물건. 2 몸이 약하거나 의지가 굳지 못한 사람의 별명.

물컹-하다〖형〕어 너무 익거나 곯아서 물크러질 듯이 물렁하다. 예 물컹한 감촉. 鲁말캉하다·몰캉하다.

물-켜다〖자〕물을 한꺼번에 많이 들이켜다.

물쿠다〖자〕1 날씨가 찌는 듯이 덥다. 2 너무 무르거나 풀려서 본 모양이 없어지도록 헤어지게 하다. 鲁물다'.

물크러-뜨리다〖타〕몹시 물크러지게 하다. 예 감을 오래 두어 ~.

물크러-지다〖자〕너무 무르거나 풀려서 본 모양이 없어지도록 헤어지다. 예 고기가 물크러지도록 삶다. 鲁물크러지다.

물크러-트리다〖타〕물크러뜨리다.

물큰〖부〕냄새가 한꺼번에 확 풍기는 모양. 예 악취가 ~ 나다. 鲁몰큰.

물큰-물큰〖부〕〔형〕냄새가 한꺼번에 자꾸 심하게 풍기는 모양. 예 입에서 단내가 ~ 나다. 鲁몰큰몰큰.

물-타기〖명〕〖경〕1 증권 거래 방법의 하나. 시세가 내림에 따라 사는 수를 차차 늘려, 주식의 평균 단가를 낮추어 손해 위험을 줄이려는 방법. 예 ~ 주문. 2〖속〕기업을 공개하기 전에 미리 증자(增資)를 실시하는 일.

물-타작(-打作)〖명〕하〔재〕마르기 전에 물벼 그대로 하는 타작. 진타작. ↔마른타작.

물-탕(-湯)〖명〕1 목욕탕·온천 따위에서 목욕을 채워 놓은 곳. 2〖광〕복대기를 삭히는 데 쓰는, 청화액(靑化液)을 만드는 탱크.

물-탱크(-tank)〖명〕물을 담아 두는 큰 통.

물-통(-桶)〖명〕1 물을 담는 통. 수통(水桶). 예 커다란 ~에 물을 가득 붓다. 2 물을 긷는 데 쓰는 통. 질통. 예 ~을 져 나르다. 3 물을 넣어 가지고 다닐 수 있는 자그마한 통. 예 허리에 ~을 차다.

물통-줄(-桶-)[-쫄]〖명〕소·양 등의 주라통에 붙어 새김질한 것이 넘어가는 줄.

물-통이〖명〕1 물이 속에 많이 들어서 통통 붇은 물건. 2 살만 찌고 힘이 없는 사람을 놀리는 말.

물-파스(←-Pasta)〖명〕액체로 된 파스.

물팍〖명〕'무르팍'의 준말.

물-편〖명〕시루떡 이외의 모든 떡의 총칭.

물표(物票)〖명〕물건을 보내거나 맡긴 증표.

물푸레〖명〕〖식〕물푸레나무.

물푸레-나무〖명〕〖식〕물푸레나뭇과의 낙엽 활엽 교목. 산 중턱 습지에 나는데 늦봄에 흰 꽃이 핌. 나무는 가구재, 껍질은 한약재로 씀. 목서(木犀). 물푸레.

물-풀〖명〕수초(水草).

물품(物品)〖명〕쓸 만한 값어치가 있는 물건.

물품-화폐(物品貨幣)[-/-폐]〖명〕상품 화폐.

물-풍부(-豊富)하다〖형〕물건이 풍부하다.

물-할머니〖명〕우물이나 샘에 있다는 여자 귀신.

물-합국(物合國)[-꾹]〖명〕〖법〕복합 국가의 하나. 두 나라 이상의 공동의 이해와 목적을 위해 법적으로 합의해서 결합을 이룬 국가(각각 독자적인 통치자와 대외적인 지위를 가짐).

물-형(物形)〖명〕물건의 생김새.

물-홈〖명〕장지를 드나들게 하거나 빈지를 끼기 위해 문지방이나 문틀에 길게 파 놓은 홈.

물화(物化)〖명〕1 사물의 변화. 2 사람이 천명(天命)을 마치고 죽는 일.

물화(物貨)〖명〕물품과 재화.

물활-론(物活論)[-론]〖명〕범심론(汎心論)의 한 형태. 세상 만물은 본디 생명이나 영혼·마음이 있다고 믿는 주장. 만물 유생론(有生論). 원소 생물론.

물-회(-膾)〖명〕갓 잡아 올린 생선이나 오징어를 날로 잘게 썰어서 먹는 음식. 파·마늘·고춧가루 따위의 양념으로 버무린 뒤 물을 부어 만듦.

물후다〖자〕〖옛〕무리를 짓거나 짝하다. 동무하다.

묽다[묵따]〖형〕1 죽이나 반죽 따위에 물기가 많다. 예 죽이 ~. ↔되다. 2 물감이 약 따위에 물기가 너무 많다. 예 물감을 묽게 타다. 3 사람이 올차거나 맺힌 데가 없이 무르다.

묽디-묽다[묵띠묵따]〖형〕더할 나위 없을 정도로 묽다. 예 묽디묽어 맹물 같다. ↔되디되다.

묽숙-하다[묵쑤카-]〖형〕어 알맞게 묽다.

묽스그레-하다[묵쓰-]〖형〕어 조금 묽은 듯하다. 鲁맑스그레하다.

뭇[묻]〖명〕고기잡이에 쓰는 커다란 작살.

뭇²[묻] [의명] **1** 장작·채소 따위의 묶음을 세는 단위. ◎배추 서 ~. **2** 볏단을 세는 단위. **3** 생선을 묶어 세는 단위(열 마리의 일컬음). ◎조기 한 ~. **4** 〖역〗조세를 계산하기 위한 논밭 넓이의 단위. 열 줌이 한 뭇, 열 뭇이 한 짐임.

뭇³[묻] [관] 수효가 매우 많은. ◎ ~ 사내 / ~ 백성 / ~ 사건.

뭇-가름[묻까-] [명]〔타〕 묶음으로 된 물건의 묶음을 늘리려고 더 작게 갈라 묶는 일. ◎두 동을 석 동으로 ~하다.

뭇-갈림[묻깔-] [명] 지난날, 묶은 볏단을 지주와 소작인이 절반씩 나누어 가지던 일.

뭇-국[무꾹 / 묻꾹] [명] 무를 썰어 넣고 끓인 국.

뭇-나무[문-] [명] 단으로 묶은 땔나무.

뭇다[묻따] [타] 무으니, 무어, 무으니, 뭇는〔ㅅ〕**1** 조각을 잇달아 붙여서 만들다. ◎무어 만든 방석. **2** 조직·패 따위를 만들다. ◎두레를 ~.

뭇-따래기[묻-] [명] 자주 나타나서 남을 괴롭히거나 일을 훼방하는 무리.

뭇-떡잎[묻떵닙] [명]〖식〗다자엽(多子葉).

뭇떡잎-식물(-植物)[묻떵닙씽-] [명] 다자엽식물(多子葉植物).

뭇-매[문-] [명] 여럿이 한꺼번에 덤벼 때리는 매. 몰매. ◎~를 맞다[때리다]. ＊물매¹.

뭇매-질[문-] [명]〔타〕 여럿이 한꺼번에 덤벼 때리는 짓. ◎성인식을 한다며 ~을 한다.

뭇-발길[묻빨낄] [명] **1** 여럿이 함부로 걷어차거나 밟는 발길. ◎~에 차이다. **2** 여러 사람의 논박이나 나무람의 비유.

뭇발길-질[묻빨낄-] [명]〔하〕〔자〕〔타〕 여럿이 함부로 발로 차거나 밟는 짓.

뭇-방치기[묻빵-] [명]〔하〕〔자〕 주책없이 함부로 남의 일에 간섭함. 또는 그 무리.

뭇-별[묻뼐] [명] 많은 별. 중성(象星).

뭇-사람[묻싸-] [명] 여러 사람. 많은 사람. ◎~의 입에 오르내리다.

뭇-생각[묻쌩-] [명] 잡다하게 많은 생각.

뭇-소리[묻쏘-] [명] 여럿이 지껄여 대는 말.

뭇-시선(視線)[묻씨-] [명] 여러 사람의 눈길. ◎~을 끌다 / ~을 받다.

뭇-입[문닙] [명] **1** 여러 사람의 입. **2** 여럿이 나무라는 말. 중구(象口). ◎~에 오르내리다.

뭇:-종[무쫑 / 묻쫑] [명] 무 장다리의 어린 대.

뭇-줄[묻쭐] [명] 삼으로 굵게 드린 바.

뭇-줄거리[묻쭐- / 묻쭐-] [명] 무의 줄거리.

뭇-짐승[묻찜-] [명] 여러 짐승. 백수(百獸).

뭉개다〔하〕〔타〕 **1** 문질러 으깨거나 짓이기다. ◎담뱃불을 구둣발로 밟아 ~. **2** 비트적거리며 조금씩 움직이다. ◎엉덩이를 뭉개며 자리를 옮기다. 〔하〕〔자〕 일을 어찌할 줄 모르고 머무적거리다. 뭉그대다. ◎빨리 오지 못하고 뭘 그리 뭉개느냐.

뭉개-지다[자] 문질리어 으깨지다.

뭉개-지다[자] '뭉그러지다'의 준말.

뭉게-구름[명] 적운(積雲).

뭉게-뭉게[부] 구름·연기 따위가 덩이를 지어 자꾸 피어오르는 모양. ◎연기가 ~ 피어오르다. 〔작〕뭉개뭉개.

뭉구리[명] **1** 바싹 깎은 머리. **2** '승려'를 놀림조로 일컫는 말. 〔작〕뭉구리.

뭉그-대다〔하〕〔자〕 제자리에서 몸을 그냥 비비대다. 〔하〕〔자〕 뭉개다〔하〕.

뭉그-뜨리다[타] 뭉그러지게 하다. ◎돌담을 ~. 〔작〕뭉그라뜨리다. 〔거〕뭉크러뜨리다.

뭉그러-지다[자] 쌓인 물건이 무너져 주저앉다. ◎흙담이 ~. 〔작〕뭉그라지다. 〔거〕뭉크러지다. 〔준〕뭉거지다.

뭉그러-트리다[타] 뭉그러뜨리다.

뭉그적-거리다[-꺼-] [자] 나아가지 못하고 제자리에서 좀 큰 동작으로 자꾸 게으르게 행동하다. ◎뭉그적거릴 뿐 나아가지 않는다. 〔작〕뭉그작거리다. **뭉그적-뭉그적**[-정-] 〔부〕〔하〕〔자〕〔타〕

뭉그적-대다[-때-] [자]〔타〕 뭉그적거리다.

뭉그적-이다[자] 나아가지 못하고 제자리에서 조금 큰 동작으로 게으르게 행동하다. 〔작〕뭉그작이다. 〔=타〕 나아가지 못하고 제자리에서 무겁게 비비대다. 〔작〕뭉그작이다.

뭉그-지르다(-질러, -지르니) [타]〔르〕 쌓인 물건을 세게 허물다. 뭉기다.

뭉근-하다[형]〔여〕 세지 않은 불기운이 끊이지 않고 꾸준하다. ◎뭉근한 불로 달이다. **뭉근-히**[부]

뭉글-거리다[자] **1** 먹은 음식이 잘 삭지 않아 가슴에 뭉친 듯한 느낌이 자꾸 들다. ◎잘못 먹었는가 속이 뭉글거린다. **2** 큰 감동이나 슬픔·노여움 따위가 가슴에 북받치는 듯한 느낌이 자꾸 들다. 〔작〕뭉글거리다. 〔거〕뭉클거리다.

뭉글-대다[자] 뭉글거리다.

뭉글-뭉글¹[부]〔하〕 뭉글거리다.

뭉글-뭉글²[부]〔하〕〔형〕 덩이진 물건이 말랑말랑하고 몹시 미끄러운 느낌. 〔작〕뭉글뭉글.

뭉긋-거리다[-귿-] [자]〔타〕 앉은 자리에서 나아가는 시늉만 하면서 머뭇거리다. 〔작〕뭉긋거리다. **뭉긋-뭉긋**[-귿-귿] 〔부〕〔하〕〔자〕〔타〕

뭉긋-대다[-귿-] [자]〔타〕 뭉긋거리다.

뭉긋-하다[-귿-] [형]〔여〕 조금 기울어지거나 굽어서 휘우듬하다. ◎고개가 ~.

뭉기다[타] **1** 아래쪽으로 추어 내리다. **2** 뭉그지르다.

뭉-때리다[타] 능청맞게 시치미를 떼거나 묵살하다.

뭉떵[부] 대번에 크게 잘리거나 끊어지는 모양. ◎~ 한입 잘라먹다. 〔작〕뭉땅. 〔거〕뭉텅.

뭉떵-뭉떵[부] 잇따라 크게 잘리거나 끊어지는 모양. ◎떡을 ~ 자르다. 〔작〕뭉땅뭉땅. 〔거〕뭉텅뭉텅.

뭉떵-하다[형]〔여〕 끊어서 뭉쳐 놓은 듯이 짤막하다. 〔작〕뭉땅하다. 〔거〕뭉텅하다.

뭉뚝[부]〔하〕 끝이 아주 짧고 무딘 모양. ◎~한 연필. 〔거〕뭉툭.

뭉뚝-뭉뚝[-뚱-] 〔부〕〔하〕 여럿이 다 뭉뚝한 모양. ◎타다 남은 초들이 모두 ~하다. 〔작〕뭉뚝뭉뚝. 〔거〕뭉툭뭉툭.

뭉뚱-그리다[타] **1** 대강 뭉쳐 싸다. ◎짐을 ~. **2** 여러 사실을 하나로 포괄하다. ◎뭉뚱그려 말하다. 〔작〕뭉땅그리다.

뭉실-뭉실[부]〔하〕 통통하게 살쪄서 매우 부드러워 보이는 모양. 〔작〕뭉실뭉실.

뭉우리[명] '뭉우리돌'의 준말.

뭉우리-돌[명] 모난 데가 없이 둥글둥글한 돌. 무우석(無隅石). 〔준〕뭉우리.

뭉쳐-나기[-처-] [명]〖식〗초록 따위가 더부룩하게 무더기로 나는 일.

뭉쳐-나다[-처-] [자] 풀이나 나무가 무더기로 더부룩하게 나다.

뭉치[명] **1** 한데 뭉치거나 말린 덩이. ◎원고 ~ / 신문 ~ 뭉치. 한데 뭉치거나 말린 덩이를 세는 단위. ◎털실 한 ~. **3** 소의 볼기의 아래에 붙은 고기. ◎~ 두 근. ＊뭉텅이.

뭉치다〔자〕〔타〕 **1** 한 덩어리가 되다. ◎한데 뭉치

기가 쉽지 않다. **2** 하나로 단결하다. 卧뭉치다. ﹂匣 한 덩이가 되게 하다. ∅눈을 ~ / 겨레의 힘을 ~. 卧뭉치다.

뭉치-사태〔-〕圀 곰국거리로 쓰는 소의 뭉치에 붙은 고기의 하나.

뭉칫-돈〔-치돈 / -친돈〕圀 **1** 뭉치로 된 돈. **2** 목돈.

뭉크러-뜨리다匣 힘껏 뭉그러지게 하다. ㉴뭉크러트리다.

뭉크러-지다邳 몹시 썩거나 지나치게 물러서 본 모양이 없어지게 되다. ㉴뭉그러지다.

뭉크러-트리다匣 뭉크러뜨리다.

뭉클튀휑휑 **1** 먹은 음식이 삭지 않고 가슴에 뭉쳐 있는 듯한 느낌. **2** 큰 감동이나 슬픔·노여움 따위가 갑자기 가슴에 꽉 차는 느낌. ∅가슴이 ~하다. 작뭉클.

뭉클-거리다邳 **1** 먹은 음식이 잘 삭지 않아 가슴에 뭉친 듯한 느낌이 자꾸 들다. **2** 큰 감동이나 슬픔·노여움 따위가 가슴에 북받치는 듯한 느낌이 자꾸 들다. 작뭉클거리다. ㉴뭉클거리다.

뭉클-대다邳 뭉클거리다.

뭉클-뭉클튀휑휑 덩이진 물건이 물렁물렁하고 몹시 미끄러운 모양. 작뭉클뭉클.

뭉키다邳 한데 뭉쳐 한 덩어리가 되다. 작뭉키다.

뭉텅튀 한 부분이 대번에 크게 잘리거나 끊어지는 모양. 작뭉탕. ㉴뭉떵.

뭉텅-뭉텅튀 잇따라 크게 잘리거나 끊어지는 모양. 작뭉탕뭉탕. ㉴뭉떵뭉떵.

뭉텅-이圀 한데 뭉치어 이룬 큰 덩이. ∅종이 ~ / ~ 돈이 생기다. *뭉치.

뭉뚱-하다휑휑 끊어서 뭉쳐 놓은 듯 짤막하다. 작뭉탕하다. ㉴뭉떵하다.

뭉툭튀휑휑 끝이 짧고 무딘 모양. ∅~ 잘려 나가다 / 돼지의 ~한 코. 작뭉툭. ㉴뭉툭.

뭉툭-뭉툭〔-퉁-〕튀휑휑 여럿이 다 뭉툭한 모양. ∅손가락이 ~하게 생겼다. 작뭉툭뭉툭. ㉴뭉툭뭉툭.

뭍〔묻〕圀 **1** 육지. ∅~에 오르다 / ~에 배를 대다. **2** 섬사람들이 본토를 이르는 말. ∅~으로 시집가다.

뭍-길〔묻낄〕圀 육지에 난 길.

뭍-바람〔묻빠-〕圀 육지에서 바다로 부는 바람. 육풍(陸風). ↔바닷바람.

뭍-사람〔묻싸-〕圀 육지에서 사는 사람. 육지인(陸地人).

뭍-짐승〔묻찜-〕圀 육지에 사는 짐승.

뭐ː閔国 '무어'의 준말. ∅그것이 ~냐 / ~, 서울 간다고 / 세상이란 다 그런 거지. ~. **뭐니 뭐니 해도**튀 이러쿵저러쿵 말해 보아도. 무어니 무어니 해도 ~ 배고픈 설움이 가장 크다.

뭐ː-하다휑国 '무엇하다'의 준말. ∅빈손으로 가기가 좀 ~ / 뭐하면 가지 않아도 좋다.

뭘[1]갑 칭찬이나 감사의 말에 대해서, 자신의 행동이 대단찮음을 겸손하게 나타내는 말. ∅~, 그런 일을 가지고.

뭘[2]준 무엇을. ∅~ 주랴 / ~ 하는 사람이냐.

뭣ː[뭗]閔 '무엇'의 준말. ∅~에 쓰려고 그러느냐.

뭣ː-하다〔뭐타-〕휑国 '무엇하다'의 준말. ∅뭣하면 제가 가겠습니다.

뭬준 무엇이. ∅~ 그렇게 어려운가.

뮈圀〈옛〉해삼(海蔘).

뮈다邳〈옛〉움직이다.

뮈욤邳〈옛〉움직임. '뮈다'의 명사형.

뮈우다匣〈옛〉움직이게 하다.

뮈윰邳〈옛〉움직임. '뮈다'의 명사형.

뮈지크 콩크레트(프 musique concrète)〘악〙 새소리나 물소리, 도시의 소음 따위를 녹음해서 이를 기계적으로 조작해 해 하나의 작품으로 구성한 것. 구체(具體) 음악.

뮤(M, μ)圀 **1** 그리스 문자의 열두째 자모. **2** 길이 단위의 하나인 미크론(micron)의 기호('μ'로 씀).

뮤즈(Muse)圀 그리스 신화에서, 시·극·음악·미술을 지배하는 아홉 여신.

뮤지컬(musical)圀 미국에서 발달한 음악극의 한 형식. 뮤지컬 코미디나 뮤지컬 플레이를 종합하고, 그 위에 레뷰·쇼·스펙터클 따위의 요소를 가미함.

뮤지컬 쇼(musical show) 음악을 중심으로 무용·촌극·곡예 따위를 짜맞추어 만든 연예 프로.

뮤지컬 코미디(musical comedy)〘악〙 간단한 줄거리에 노래와 춤을 담은 희극. 음악 희극.

뮤직 드라마(music drama) 악극.

뮤직-홀(music hall) 노래·무용·촌극·곡예 따위를 공연하는 장소. 음악당.

므겁다휑〈옛〉무겁다.

므긔圀〈옛〉무게.

므놈圀〈옛〉늘임. 연장함.

므느다匣〈옛〉뒤로 물리거나 늦추다.

므니튀〈옛〉잇따라. 계속하여.

므더니튀〈옛〉함부로. 우습게.

므던히튀〈옛〉함부로. 우습게.

므던ᄒ다휑〈옛〉무던하다. 괜찮다.

므드리다匣〈옛〉물들이다.

므듸므듸튀〈옛〉이따금. 때때로.

므듸듸匣〈옛〉이따금. 때때로.

-므로어미 ㄹ 받침 또는 받침 없는 어간에 붙어, 까닭을 나타내는 연결 어미. ∅수재가 아닌 더 열심히 공부한다 / 좋게 만들ᆯ ~ 값이 비싸다 / 정직한 사람임 ~ 존경을 받는다. *-으므로.

므르다邳匣〈옛〉**1** 물러나다. **2** 후회하다. **3** 뒤지다.

므르다²휑〈옛〉무르다³.

므섯冈国〈옛〉무엇.

므쇼圀〈옛〉무소.

므수리圀〈옛〉물수리. 징경이.

므스〈옛〉﹂관 무슨. ﹂冈国 무엇.

므스것冈国〈옛〉무엇.

므스므라튀〈옛〉무슨 까닭으로.

므슥冈国〈옛〉무엇.

므슴〈옛〉﹂관 무슨. ﹂冈国 무엇.

므슴다〈옛〉무슨 까닭인가. 무슨 일인고.

므숫관〈옛〉무슨.

므싀엽다휑〈옛〉무섭다.

므지게圀〈옛〉무지개.

므즈미圀〈옛〉자맥질.

므프레圀〈옛〉물푸레나무.

믄득시튀〈옛〉문득. 갑자기.

믄득튀〈옛〉문득.

믄듯튀〈옛〉문득. 갑자기.

믈¹圀〈옛〉물.

믈²圀〈옛〉굴(窟) 속의 물.

믈³圀〈옛〉물감.

믈구븨圀〈옛〉물굽이.

믈다匣〈옛〉물다².

믈러가다邳〈옛〉물러가다.

믈러굽다邳〈옛〉물러서 싫증이 나다.

믈룸邳〈옛〉물러섬. '므르다'의 명사형.

믈리굽다 [형] 〈옛〉 물려서 싫증이 나다.
믈리다 [타] 〈옛〉 물리치다.
믈리좇다 [타] 〈옛〉 물리쳐 쫓다.
믈믄밥 [명] 〈옛〉 물말이.
믈쑥 [명] 〈옛〉 물쑥.
믈어디다 [자] 〈옛〉 무너지다.
믈옥 [명] 〈옛〉 수정(水晶).
믈읫 [부] 〈옛〉 무릇.
믈자ᅀᅢ [명] 〈옛〉 무자위.
믈혹 [명] 〈옛〉 혹.
믌가ᄅᆞ [명] 〈옛〉 물갈래.
믌결 [명] 〈옛〉 물결.
믌더품 [명] 〈옛〉 물거품.
믌ᄃᆞᆰ [명] 〈옛〉 뜸부기. 비오리.
믓결 [명] 〈옛〉 물결.
믓ᄀᆞᆺ [명] 〈옛〉 물가.
믓ᄃᆞᆰ [명] 〈옛〉 뜸부기. 비오리.
믓올히 [명] 〈옛〉 물오리.
뭈다 [타] 〈옛〉 묶다.
믜다[1] [자] 〈옛〉 무이다. 빠지다.
믜다[2] [타] 〈옛〉 미다[2]. 찢다.
믜다[3] [타] 〈옛〉 미워하다.
믜리 [명] 〈옛〉 미워할 사람.
믜욤 [명] 〈옛〉 미워함.
믜윰 [명] 〈옛〉 미워함.
믯구리 [명] 〈옛〉 미꾸라지.
미: (未) [명] **1** 지지(地支)의 여덟째. 양을 상징함. **2** '미방(未方)'의 준말. **3** '미시(未時)'의 준말.
미 (尾) [명] **1** 인삼 뿌리의 잔 가닥. **2** '미성(尾星)'의 준말.
미: (美) [명] **1** 아름다움. ❑ ~소년 / 각선~ / 교양~ / 조화의 ~ / 자연의 ~를 추구하다 / 유종의 ~를 거두다. **2** 〖철〗 지각·감각·정감을 자극해서 내적 쾌감을 주는 대상. **3** 〖지〗 '미국'을 줄여서 이르는 말. **4** 평점의 하나. 우(優)의 아래, 양(良)의 위.
미 (이 mi) [명] 〖악〗 7음 음계의 세 번째 계이름. 곧, '마' 음.
미 (微) [수][관] 소수의 단위의 하나. 홀(忽)의 십분의 일, 섬(纖)의 십 배. 곧 10^{-6}.
미:- (未) [투] 그것이 아직 이루어지지 않음을 나타내는 말. ❑ ~완성 / ~성년 / ~개척.
미가 (米價)[-까] [명] 쌀값. ❑ ~ 조절.
미:가-녀 (未嫁女) [명] 시집가지 않은 여자.
미:-가필 (未可必) [명][하형] 아직 그렇게 되기를 바랄 수 없음.
미각 (味覺) [명] 맛을 느끼는 감각《침에 섞여진 음식물 등이 혓바닥의 미뢰(味蕾)를 자극하여 일어남》. 미감(味感).
미각 기관 (味覺器官)[-끼-] 맛을 느끼는 기관. 미관(味官).
미각 신경 (味覺神經)[-씬-] 미각을 맡은 신경. 미신경.
미:간 (未刊) [명] 책 따위가 아직 간행되지 않음. *근간(近刊)·기간(旣刊).
미간 (眉間) [명] '양미간'의 준말. ❑ ~을 잔뜩 찌푸리다.
미간-주 (眉間珠) [명] 〖불〗 불상의 두 눈썹 사이에 있는 구슬.
미:간-지 (未墾地) [명] '미개간지'의 준말. ↔기간지(旣墾地).
미:감 (未感) [명][하자] 병 따위에 아직 감염되지 않음. ❑ ~ 아동.
미감 (味感) [명] 미각(味覺).
미:감 (美感) [명] 아름다움에 대한 느낌. 또는 아름다움에 대한 감각.
미감-수 (米泔水) [명] 쌀뜨물.

미:개 (未開) [명][하형] **1** 사회가 발전되지 않고 문화 수준이 낮은 상태. ❑ ~ 민족. ↔문명(文明). **2** 꽃이 아직 피지 않음.
미:개간-지 (未開墾地) [명] 아직 개간하지 못했거나 하지 않은 땅. 미경지(未耕地). ❑ ~를 개척하다. ↔개간지. [준]미간지(未墾地).
미:개-국 (未開國) [명] 문화가 발달하지 못하고 생활수준이 낮은 나라. ↔문명국.
미:-개발 (未開發) [명][하타] 아직 개발하지 않음. ❑ ~ 지역.
미:개-인 (未開人) [명] 문명의 혜택을 받지 못하여 문화와 인지(人智)의 발달 수준이 아직 낮은 사람. ↔문명인.
미:개-지 (未開地) [명] **1** 문화가 발달하지 못하고 생활·문화 수준이 낮은 땅. **2** '미개척지'의 준말.
미:-개척 (未開拓) [명] 아직 개척하지 못함. ❑ 생물학의 ~ 분야.
미:개척-지 (未開拓地)[-찌] [명] 아직 개척하지 못한 땅. 또는 그런 분야. [준]미개지.
미:거 (美擧) [명] 훌륭하게 잘한 일. 또는 장하고 갸륵한 행동.
미:거-하다 (未擧-) [형][여] 철이 없고 사리에 어둡다. ❑ 미거한 자식입니다.
미:견 (未見) [명][하타] 아직 보지 못함.
미:견 (迷見) [명] 사리에 어두운 생각이나 견해. ❑ 비록 제 ~이지만 한번 들어나 주십시오.
미:결 (未決) [명][하타] **1** 아직 결정 또는 해결하지 않음. ❑ ~ 서류 / ~로 남다. **2** 죄의 있고 없음이 아직 확정되지 않음. ❑ 판결은 아직 ~이다. ↔기결. **3** '미결수'의 준말. **4** '미결감'의 준말.
미:결-감 (未決監) [명] 미결수를 가두어 두는 감방. ❑ ~에 간히다. [준]미결.
미:결-수 (未決囚)[-쑤] [명] 〖법〗 '미결 수용자'의 통칭. ↔기결수(旣決囚). [준]미결.
미:결 수용자 (未決收容者) 〖법〗 법적 판결이 나지 않은 상태로 구금되어 있는 피의자 또는 형사 피고인. 미결수.
미:결-안 (未決案) [명] 아직 결정하지 않은 안건. ↔기결안.
미:-결재 (未決裁)[-째] [명][하타] 아직 결재하지 않음. ❑ ~ 서류.
미:-결정 (未決定)[-쩡] [명][하타] 아직 결정하지 않음.
미:경 (美境) [명] 아름다운 경지(境地).
미:경-지 (未耕地) [명] **1** 경작하지 않은 땅. **2** 미개간지.
미:-경험 (未經驗) [명][하타] 아직 경험하지 못함. ❑ ~의 문제.
미:계 (迷界)[-/-게] [명] 〖불〗 번뇌에 시달려서 삼계(三界)를 헤매는 중생들의 미망(迷妄)의 세계.
미곡 (米穀) [명] **1** 쌀을 비롯한 여러 가지 곡식. **2** 쌀1. *맥곡.
미곡-상 (米穀商)[-쌍] [명] 미곡을 팔고 사는 일. 또는 그런 사람이나 가게.
미곡 연도 (米穀年度)[-공년-] 〖법〗 미곡의 통계적 처리를 위해 설정한 기간《11월 1일부터 다음 해 10월 31일까지의 1년》.
미골[1] (尾骨) [명] 골패 노름의 하나.
미골[2] (尾骨) [명] 〖생〗 척추의 맨 아랫부분에 있는 뼈. 원래 퇴축적(退縮的)인 3-5개의 미추(尾椎)가 유착한 것임. 꼬리뼈. 꽁무니뼈.
미공 (微功) [명] **1** 대수롭지 않은 공로. **2** 자기의 공로를 겸손하게 이르는 말.

미:과 (未果) 圀하囮 아직 결과를 맺지 못함.

미:과 (美果) 圀 **1** 맛이 좋고 아름다운 열매. **2** 좋은 결과.

미관 (味官) 圀 미각 기관.

미:관 (美官) 圀 높고 중요한 벼슬자리를 일컫는 말. 호관(好官).

미:관 (美觀) 圀 아름다운 경치나 경관. ▷~을 해치다 / 도시의 ~을 살리다.

미관 (微官) 圀 **1** 미미한 관직. **2** 관리의 자기 자신의 겸칭. 소관(小官).

미관-말직 (微官末職) [-찍] 圀 지위가 아주 낮은 벼슬. 미말직(微末之職).

미:관-상 (美觀上) 圀 미적(美的) 견지.

미:관 지구 (美觀地區) 도시의 미관을 유지하기 위해 특별히 지정한 지구.

미괄-식 (尾括式) 囮문囮 문단이나 글의 끝 부분에 중심 내용이 오는 산문 구성 방식.

미광 (微光) 圀 희미하고 약한 불빛.

미:구 (未久) 圀 (주로 '미구에'의 꼴로 쓰여) 얼마 오래지 않음. ▷~에 도착할 것이다 / 새 사옥은 ~에 착공될 예정이다.

미:구 (美句) [-꾸] 圀 아름다운 글귀. 미사여구.

미구 (彌久) 圀하囮 동안이 매우 오래됨.

미:구불원 (未久不遠) 圀하囮 얼마 오래지 않고 가까움.

미국 (米麴) 圀 쌀가루로 만든 누룩. 쌀누룩.

미국-톤 (美國ton) 의圀 미국에서 쓰는 무게의 단위(2,000파운드(=907.2kg)가 1톤임). 쇼트톤. ∗영국톤(英國ton).

미국-흰불나방 (美國-) [-구킨-라-] 圀 『충』 불나방과의 나방. 몸길이는 1.2-1.5cm, 편 날개의 길이는 3cm, 몸빛은 순백색임. 밤에 등불에 날아듦. 애벌레는 길이 3cm로, 플라타너스·미루나무 및 농작물의 잎을 갉아 먹는 해충임. 흰불나방.

미군 (美軍) 圀 미국 군대. 또는 미국 군인.

미:궁 (迷宮) 圀 **1** 한번 들어가면 쉽게 빠져나올 수 없게 되어 있는 곳. ▷~ 속을 헤매다. **2** 사건·문제 따위가 얽혀서 쉽게 해결하기 어려운 상태. ▷사건이 ~에 빠지다.

미:귀 (未歸) 圀하囮 아직 돌아오지 않음.

미균 (黴菌) 圀 『생』 세균(細菌).

미그 전:투기 (MIG戰鬪機) 옛 소련의 대표적인 제트 전투기의 한 가지(설계자인 미코얀(Mikoyan)과 구레비치(Gurevich)의 이름에서 유래됨). 미그(MIG).

미:급 (未及) 圀 아직 미치지 못함.

미:급 (未急) 圀하囮 아직 급하지 않음.

미:기 (未幾) 圀하囮 동안이 얼마 길지 않음.

미기 (尾鰭) 圀 『어』 꼬리지느러미.

미:기 (美妓) 圀 아름다운 기생.

미:기 (美技) 圀 **1** 훌륭한 연기. **2** 파인 플레이(fine play) 1.

미꾸라지 圀 『어』 기름종갯과의 민물고기. 논·개천 따위의 흙바닥 속에 사는데, 몸길이 20cm 정도로 가늘고 길며 미끄러움. 등은 암녹색에 검은 점이 산재하며 배는 흼. 이추(泥鰍), 추어(鰍魚). ▷도랑에서 ~를 잡다 / ~같이 빠져나다.
  [미꾸라지 용 됐다] 미천하고 보잘것없던 사람이 크게 되었다는 말. [미꾸라지 한 마리가 온 웅덩이를 흐려 놓는다] 한 사람의 좋지 않은 행동이 그 집단 전체나 여러 사람에게 나쁜 영향을 미친다는 뜻.

미꾸리 圀 『어』 기름종갯과의 민물고기. 미꾸라지 비슷하나 비늘이 더 많고 큼. 몸빛은 등 쪽의 반이 어두운 남갈색, 배 쪽의 반이 연한

청색임. 연못이나 논두렁 및 수로에 많이 삶.

미끄러-뜨리다 囮 미끄러지게 하다.

미끄러-지다 囮 **1** 비탈지거나 미끄러운 곳에서 밀려 나가거나 넘어지다. ▷빙판에서 ~. 囮맥락되다. **2** 자동차·기차 따위가 속력 없이 또는 거침없이 나아가다. ▷기차는 플랫폼에서 천천히 미끄러져 나갔다. **3** 시험 등에 불합격하거나 차지하고 있던 자리에서 밀려나다. ▷시험에 ~.

미끄러-트리다 囮 미끄러뜨리다.

미끄럼 圀 (주로 '지치다'·'타다'와 함께 쓰여) 얼음판·눈 위나 미끄럼대에서 미끄러지는 일. 또는 그런 놀이. ▷~을 지치다〔타다〕.

미끄럼-대 (-臺) [-때] 圀 앉아서 미끄러져 내려올 수 있게 비스듬히 세운, 아이들의 놀이 시설. 미끄럼틀.

미끄럼-마찰 (-摩擦) 圀 『물』 한 물체가 다른 물체와 닿아서 미끄러질 때, 물체의 한 면이 다른 물체의 표면을 따라 접촉하면서 운동할 때 작용하는 저항력.

미끄럼-틀 圀 미끄럼대.

미끄럽다 [-따] 〔미끄러워, 미끄러우니〕 囮囲 저절로 미끄러질 정도로 매끈 미끄럽다. ▷눈길이 ~. 囮맥끄럽다 1.

미끈-거리다 囮 미끄럽고 반드러워 자꾸 밀려 나가다. ▷뱀장어는 미끈거려 잡기 어렵다 / 기름 묻은 손이 자꾸 미끈거린다. 囮맥끈거리다. **미끈-대다** 囮 미끈거리다. 「끈둥하다.

미끈-대다 囮 미끈거리다.

미끈동-하다 囮 부드러우며 미끄럽다. 囮맥끈동하다.

미끈 유월 (-六月) [-뉴-] 쉽게 지나가 버린다는 뜻으로, 음력 유월을 이르는 말.

미끈-하다 囮囲 **1** 흠이나 거친 데가 없이 부드럽고 반들하다. **2** 차림새나 꾸밈새가 훤하고 깨끗하다. **3** 생김새가 훤칠하고 멀쑥하다. ▷미끈하게 생기다. 囮맥끈하다. **미끈-히** 囲

미끌-미끌 囲囲 매우 미끄러운 모양. 囮맥끌맥끌.

미끼 圀 **1** 낚시 끝에 꿰는 물고기의 먹이(지렁이·새우·밥알 따위). **2** 사람이나 동물을 꾀어내는 물건이나 수단의 비유. ▷돈을 ~로 사람을 유혹하다.

미나다 囮 〈옛〉 내밀다.

미나리 [-따] 圀 『식』 미나릿과의 여러해살이풀. 연못가·습지 등에 나는데, 높이 30cm가량. 잎은 어긋나고 달걀꼴임. 잎과 줄기는 식용함. 근채(芹菜). 수근(水芹).

미나리-꽝 圀 미나리를 심는 논.

미나리-아재비 圀 『식』 미나리아재빗과의 여러해살이풀. 산과 들에 나는데, 미나리와 비슷하며 높이 50cm가량, 초여름에 누른 다섯 잎꽃이 핌. 모간(毛茛). 모간(毛董).

미나마타-병 (みなまた〔水俣〕病) 圀 유기(有機) 수은 중독에 의한 만성 신경 질환. 일본 규슈(九州) 구마모토 현(熊本縣) 미나마타 시(水俣市)의 해안 부락에서 1953년경부터 유기 수은에 오염된 어패류를 먹고 집단 발생함(시야 협착(狹窄)·언어 장애·운동 장애 따위가 일어나고 심하면 사망함).

미:남 (美男) 圀 '미남자'의 준말. ▷~ 배우. ↔추남(醜男).

미:-남자 (美男子) 圀 얼굴이 잘생긴 남자. 囲미남.

미:납 (未納) 圀하囮 아직 내지 않았거나 내지 못함. ▷~한 수업료의 독촉을 받다.

미:납-금 (未納金) [-끔] 圀 아직 내지 않았거나 내지 못한 돈. ▷~을 납부하다.

미:납-세 (未納稅) [-쎄] 圀 아직 내지 않았거나

내지 못한 세금.

미:납-자 (未納者)[-짜] 圀 세금이나 수업료 따위를 아직 내지 않았거나 내지 못한 사람.

미나렛 (minaret) 圀 회교 사원의 첨탑. 발코니가 딸려 있어 예배 시간을 알리며 축제일에는 불을 켜기도 함.

미네-굴 『조개』 굴과의 바닷조개. 조수가 드나드는 해저에 삶. 굴·토굴과 비슷하나 훨씬 크고 긴 타원형임. 맛이 좋음. 토화(土花).

미네랄 (mineral) 圀 칼슘·철·인·칼륨·나트륨·마그네슘 따위의 광물성 영양소. 광물질. 🔲 ~ 함유 비타민.

미네랄-워터 (mineral water) 圀 미량의 광물질이 함유된 음료수.

미네르바 (Minerva) 圀 로마 신화에 나오는 지혜의 여신(그리스 신화의 아테나에 해당함).

미:녀 (美女) 圀 용모가 아름다운 여자. 미인. ↔추녀(醜女).

미:년 (未年) 圀 태세의 지지(地支)가 미(未)인 해(기미년·을미년·신미년 따위). 양해.

미노르카 (Minorca) 圀 『조』 닭의 한 품종. 지중해 미노르카 섬 원산의 난용종(卵用種). 몸은 크며 보통 흑색이고 볏이 큼.

미농-반지 (美濃半紙) 圀 반지(半紙) 크기의 미농지.

미농-지 (美濃紙) 圀 일본 종이의 하나. 닥나무 껍질로 만드는데 썩 얇고 질기며 깨끗함.

미뉴에트 (minuet) 圀 『악』 4분의3 박자의 우아하고 약간 빠른 춤곡(17~18세기에 프랑스와 영국에서 유행한 것으로, 후에 기악의 형식으로 소나타·현악곡·교향곡의 악장에도 쓰였음).

미늘 圀 1 낚시 끝의 안쪽에 있는, 거스러미처럼 되어 고기가 물면 빠지지 않는 작은 갈고리. 구거(鉤距). 2 '갑옷미늘'의 준말.
미늘(을) 달다 句 기와나 비늘 모양으로 위쪽의 아래 끝이 아래쪽의 위 끝을 덮어 누르게 달다.

미늘-창 (-槍) 圀 끝이 나뭇가지처럼 둘 또는 세 가닥으로 갈라져 있는 창.

미니 (mini) 圀 1 '소형'의 뜻. 2 '미니스커트'의 준말. ＊미디·맥시.

미니멈 (minimum) 圀 수량이나 정도가 최소인 것. ↔맥시멈.

미니버스 (minibus) 圀 적은 수의 사람이 탈 수 있는 소형 버스. 🔲 ~로 관광을 가다.

미니스커트 (miniskirt) 圀 옷자락 끝이 무릎보다 위에 있는, 매우 짧은 길이의 스커트의 총칭. 㽔미니. ＊미디스커트.

미니어처 (miniature) 圀 실물과 같은 모양으로 정교하게 만들어진 작은 모형(영화의 트릭(trick) 촬영에 쓰는 건물·비행기·군함 따위).

미니카 (minicar) 圀 소형의 자동차. 기통(氣筒)의 용적이 보통 400cc 전후인 삼륜(三輪) 또는 사륜(四輪)의 승용차를 말함.

미니-카메라 (mini camera) 圀 16mm 또는 그 이하의 필름을 사용하는 작고 가벼운 소형 카메라.

미니-컴퓨터 (minicomputer) 圀 『컴』 규격·속도·능력 면에서 메인 프레임 컴퓨터와 마이크로컴퓨터 사이에 위치하는 컴퓨터. 주로 과학 기술 계산·프로세서 제어 따위에 씀. 소형 컴퓨터.

미:다¹ 困 1 털이 빠져 살이 드러나다. 2 찢어지다.

미:다² 囯 팽팽하게 켕긴 가죽·종이 따위를 잘못 건드려 구멍을 내다.

미:다³ 囯 업신여겨 따돌리고 멀리하다.

미:-닫이 [-다지] 圀 문이나 창 따위를 옆으로 밀어 여닫는 방식. 또는 그런 문이나 창. 🔲 ~를 드르륵 열다 / ~를 홱 젖히다. ＊여닫이.

미:달 (未達) 圀뙤困 어떤 한도에 이르지 못함. 🔲 정원 ~ / 합랑 ~.

미:달-일간 (未達一間) 圀휑형 모든 일에 다 익숙해도 오직 한 부분만은 서투름.

미:담 (美談) 圀 사람을 감동시킬 만한 갸륵한 이야기. 🔲 흐뭇한 ~ / ~의 주인공.

미:답 (未踏) 圀휑텨 아직 아무도 밟지 않음. 🔲 ~의 숲.

미대-난도 (尾大難掉) 圀휑형 꼬리가 커서 흔들기가 어렵다는 뜻으로, 일의 끝이 크게 벌어져서 처리하기가 어려움을 이르는 말. 미대부도(尾大不掉).

미:-대다 囯 1 하기 싫거나 잘못된 일을 남에게 밀어 넘기다. 2 일을 오래 질질 끌다.

미더덕 圀 『동』 미더덕과의 원삭(原索)동물. 길이 4cm, 지름 2cm 정도의 달걀꼴의 황갈색 몸에 4cm가량의 자루가 붙어 있어, 그 끝으로 바위 등에 붙어 삶. 겉껍질은 매우 딱딱하고 암수한몸임. 식용함.

미:덕 (美德) 圀 아름답고 갸륵한 덕행. 🔲 겸손의 ~ / 양보의 ~을 쌓다.

미덥다 [-따][미더워, 미더우니] 휑囯 믿음성이 있다. 🔲 미더운 사람.

미:도 (迷途) 圀 미로(迷路)1.

미독 (味讀) 圀휑텨 내용을 충분히 음미하면서 읽음. 숙독(熟讀).

미돈 (迷豚) 圀 자기의 아들을 낮추어 일컫는 말. 가돈(家豚).

미:동 (美童) 圀 1 얼굴이 예쁜 사내아이. 2 비역을 할 때 밑에 당하는 아이. 면.

미동 (微動) 圀휑困 아주 조금 움직임. 🔲 ~도 하지 않고 앉아 있다.

미두 (米豆) 圀휑困 『경』 현물 없이 미곡을 거래하는 일. 실제 거래를 목적으로 하는 것이 아니고 미곡의 시세를 이용하여 약속으로만 거래하는 일종의 투기 행위임. 기미(期米).

미두-꾼 (米豆-) 圀 미두에 종사하는 사람.

미두-장 (米豆場) 圀 미두를 하는 곳.

미드필더 (midfielder) 圀 축구에서, 경기장의 중앙부에서 공격이나 수비를 담당하는 선수.

미:득 (未得) 圀휑텨 아직 얻지 못함. ↔기득(既得).

미들-급 (middle級) 圀 체급별 운동 경기에서, 체중 한계의 하나. 아마추어 복싱은 71~75kg, 프로 복싱은 69.85~72.57kg인 체중. 또는 그 선수. 미들웨이트.

미들웨어 (middleware) 圀 『컴』 컴퓨터 제작 회사가 사용자의 특정한 요구대로 만들어서 제공하는 소프트웨어.

미등 (尾燈) 圀 자동차 따위의 뒤에 붙은 등. 테일라이트.

미등 (微騰) 圀휑困 물가 따위가 조금 오름. ↔미락.

미:-등기 (未登記) 圀휑텨 아직 등기를 하지 않음. 🔲 ~ 건물.

미디 (middy) 圀 1 서양식 옷차림에서, 장딴지의 중간까지 내려오는 옷자락의 길이(미니와 맥시의 중간 길이). 2 '미디스커트'의 준말. ＊미니·미시.

미디-스커트 (middy skirt) 圀 옷자락이 장딴지의 중간까지 내려오는 스커트. 㽔미디. ＊미니스커트.

미디어 (media) 圀 매체(媒體). 매개체(媒介

體). 대중 매체. ⬚ 매스 ~.

미라(ㅍ mirra)圓 오랫동안 썩지 않고 본디 상태에 가까운 모습으로 남아 있는 사람이나 동물의 시체. 목내이(木乃伊).

미라-성(Mira星)〖천〗고래자리에 있는 변광성(變光星). 평균 지름은 태양의 약 600배, 거리는 약 250광년. 332일을 주기로 광도(光度)가 2등에서 10등까지 변함.

미락(微落)圓하자 물가 따위가 조금 떨어짐. ↔미등(微騰).

미란(糜爛·靡爛)圓하자 썩거나 헐어서 문드러짐.

미란다 원칙(Miranda原則)〖법〗피의자를 체포할 때, 변호인 선임권·진술 거부권 등 피의자의 권리를 반드시 알려야 하는 원칙.

미란성 가스(糜爛性gas)[-썽-] 피부나 호흡기에 침범해 표피를 썩어 문드러지게 하는 독가스.

미란-하다(迷亂-)혱어 정신이 흐리멍덩하여 어지럽다.

미래圓 못자리를 고르는 농구의 하나. ⬚ -로 바닥을 고르다.

미:래(未來)圓 **1** 앞으로 올 때. 앞날. 장래. ⬚ ~의 세계 / ~에 대한 희망 / ~를 꿈꾸다 / ~를 준비하다. *현재·과거. **2**〖불〗삼세(三世)의 하나. 죽은 뒤의 세상. 내세(來世).

미:래-기(未來記)圓 미래의 일을 예상해서 적은 기록. 참문.

미:래-사(未來事)圓 앞으로 있을 일. ⬚ ~를 예언하다. ↔과거사.

미:래-상(未來像)圓 이상으로 그리는 미래의 모습. 비전(vision). ⬚ 한국의 ~ / 밝은 ~을 그리다.

미:래-세(未來世)圓 삼세(三世)의 하나. 앞으로 닥쳐올 불세(佛世). 죽은 뒤에 다시 태어날 세상. 뒷세상. 내세(來世). ↔현세(現世)·과거세.

미:래 시제(未來時制) 활용어의 시제의 한 갈래. 동작이 일어나는 시간이 말하는 이가 말하는 시간보다 나중인 시제. 선어말 어미 '-겠-'이나, 관형사형 어미 '-ㄹ'로 나타냄(〈'내일도 계속 눈이 오겠다'에서 '오겠다' 따위〉.

미:래 완료(未來完了)[-뢀-]〖언〗미래의 동작이 막 끝나서 그 결과가 나타나 있음을 표현하는 동작상(動作相)의 하나. 현재 완료형에 '-겠-'을 더하여 씀(〈'그때쯤은 꽃이 다 피었겠다' 따위〉.

미:래-주의(未來主義)[- / -이]圓〖미술〗미래파가 실천한 전위 예술 운동.

미:래 지향성(未來指向性)[-썽] 미래를 계획하고 그것을 이루기 위해 노력하는 적극적 자세나 성향.

미:래 진:행(未來進行)〖언〗동사의 진행상(相)의 하나. 미래에 동작이 계속 중일 것임을 나타내는 어법. '-고 있겠다'·'-고 있는 중이겠다' 따위로 표시됨.

미:래 진:행 완료(未來進行完了)[-뢀-] 시제에서의 동작상(完了相)의 한 가지. 진행되는 동작이 미래의 어느 때에 이미 끝나 있을 것임을 보이는 시제(〈'보름 후에 그곳에 가면, 벚꽃이 피고 있었겠다'에서 '…고 있었겠다'의 꼴로 나타냄〉.

미:래-파(未來派)圓 전통을 부정하고 힘찬 약동감과 속도감을 표현하려 한 미래주의를 신봉한 유파(20세기 초에 이탈리아에서 마리

네티의 선언으로 시작됨).

미:래-학(未來學)圓 미래를 여러 각도에서 연구하고 추론(推論)하는 학문의 총칭(〈고도 산업 사회의 발달에 따라 일어나는 여러 가지 사회 병리(病理) 현상을 경제·사회·문화 따위의 입장에서 예측하여 대비해 나가려는 학문임).

미:랭-시(未冷尸)圓 아주 늙어서 사람 구실을 못하는 사람.

미:랭-하다(未冷-)혱어 아직 다 식지 않아 미지근하다.

미랭-하다(微冷-)혱어 약간 찬 듯하다.

미량(微量)圓 아주 적은 양. ⬚ ~의 독극물.

미량 영양소(微量營養素)〖생〗**1** 미량 원소2. **2** 아주 적은 분량으로 작용하는 동물의 영양소(비타민 따위). 미량 요소.

미량 요소(微量要素)[-뇨-]〖생〗**1** 미량 영양소2. **2** 미량 원소2.

미량 원소(微量元素)**1**〖화〗물질 속에 매우 적은 분량으로 함유되어 있는 원소. **2**〖생〗극히 적은 양이지만 식물의 생육에 꼭 필요한 원소(철·아연·망간·염소(塩素)·몰리브덴·붕소(硼素) 따위). 미량 영양소. 미량 요소.

미량-하다(微凉-)혱어 조금 서늘하다.

미레圓 먹미레.

미레-자圓 목수가 먹으로 금을 그을 때 쓰는, 'ㄱ' 자 모양으로 된 자. 먹자. 묵척(墨尺).

미레-질圓하자 대패를 거꾸로 쥐고 앞으로 밀어 깎는 일.

미:려-하다(美麗-)혱어 아름답고 곱다. ⬚ 미려한 경관 / 미려한 용모. **미:려-히**튀

미려-혈(尾閭穴)圓 등마루 뼈 끝에 있는 침놓는 자리. 미려관(尾閭關).

미력(微力)圓 **1** 적은 힘. **2** 남을 위해 힘쓰는 자기의 힘을 겸손히 일컫는 말. ⬚ -하나마 노력해 보겠습니다.

미련圓형 터무니없는 고집을 부릴 정도로 어리석고 둔함. ⬚ -한 생각 / ~을 떨다 / ~을 부리다. 딴매련.

[미련하기는 곰일세] 몹시 미련한 사람을 이르는 말.

미:련(未練)圓 깨끗이 잊지 못하고 끌리는 데가 남아 있는 마음. ⬚ ~이 남다 / ~이 없다 / ~을 못 버리다.

미련(尾聯)圓〖문〗한시의 율시에서, 제7·8의 두 구. 곧, 마지막 연. 결련(結聯). *경련(頸聯)·합련(頷聯).

미련-스럽다(-따)[-스러워, -스러우니]혱ㅂ 어리석고 둔한 데가 있다. 딴매련스럽다. **미련-스레**튀

미련-쟁이圓 매우 미련한 사람. 딴매련쟁이.

미련-퉁이圓 몹시 미련한 사람을 낮잡아 이르는 말. 딴매련퉁이.

미:련-하다(未練-)혱어 익숙하지 못해 서투르다. 미숙하다.

미:련-하다[-려타-]혱어 살이 쪄서 군턱이 져 있다. 턱이 뾰족하지 않고 두툼하다.

미령-하다(靡寧-)혱어 〈←미녕(靡寧)하다〉어른의 몸이 병으로 편하지 못하다. ⬚ 옥체 미령하와.

미:로(迷路)圓 **1** 어지럽게 갈래가 져 한번들어가면 빠져나오기 어려운 길. ⬚ ~처럼 헷갈리기 쉬운 골목길. **2** 해결할 방도를 찾지 못해 갈팡질팡하는 상태. **3**〖생〗내이(內耳). **4**〖심〗동물이나 인간의 학습 연구에 쓰이는 장치(출발점에서 목표에 이르는 길을 섞갈리게 만들어 놓고, 잘못 가는 횟수나 걸리는 시간이 줄어드는 것을 평가함).

미:로-아 (迷路兒) 명 미아(迷兒).
미록 (麋鹿) 명 고라니와 사슴.
미뢰 (味蕾) 명 〖생〗 혀에 분포되어 있는 세포의 모임《화학적 물질을 식별해서 미각 중추에 전해 미각을 일으킴》. 미관구(味官球).
미:료 (未了) 명하타 아직 다 마치지 못함. 미필(未畢).
미루-나무 명 〖식〗 버드나뭇과의 낙엽 활엽 교목. 강변·밭둑에 심는데, 줄기는 높이 30 m 가량으로 곧게 자라며 잎은 광택이 남. 포플러(poplar). 은백양.
미루다 타 **1** 기일 따위를 나중으로 넘기다. ❏ 내일로 ~ / 본격적인 논의가 내달로 미루어졌다. ↔당기다. **2** 일을 남에게 넘기다. ❏ 책임을 남에게 미루지 마라. **3** 이미 알려진 것으로 다른 것을 비추어 헤아리다. ❏ 하나를 미루어 둘을 안다.
미루적-거리다 [-꺼-] 타 일이나 날짜 따위를 자꾸 미루어 시간을 끌다. ❏ 시계를 자꾸 보며 ~. 준미적거리다. **미루적-미루적** [-정-] 부하타. ❏ ~하다 시한을 넘기다.
미루적-대다 [-때-] 타 미루적거리다.
미류-나무 (美柳-) 명 ☞미루나무.
미르 명 〈옛〉 용(龍).
미륵 (彌勒) 명 〖불〗 **1** '미륵보살'의 준말. **2** 돌부처.
미륵-보살 (彌勒菩薩) [-뽀-] 명 도솔천(兜率天)에 살며, 56억 7천만 년 후에 성불(成佛)하여 이 세상에 내려와 제2의 석가로 모든 중생을 제도(濟度)한다는 보살. 미륵불. 미륵자존(慈尊). 준미륵. *관세음보살.
미륵-불 (彌勒佛) [-뿔] 명 미륵보살.
미름 (米廩) 명 쌀을 넣어 두는 곳간.
미리 부 어떤 일이 생기기 전에. 어떤 일을 하기에 앞서. ❏ ~ 준비하다 / ~ 의논하다.
미리내 명 〈옛〉 은하수.
미리-미리 부 '미리'를 강조한 말. ❏ ~ 대비해야 한다.
미림 (味淋) 명 소주·찹쌀지에밥·누룩을 섞어 빚어 재강을 짜낸 일본 술《조미료로 씀》.
미:립 명 경험에서 얻은 묘한 이치나 요령. ❏ ~을 얻다.
미립 (米粒) 명 쌀알.
미립 (微粒) 명 아주 작은 알갱이.
미:립-나다 [-림-] 자 경험을 통해 묘한 이치나 요령이 생기다.
미-립자 (微粒子) [-짜] 명 〖물〗 맨눈으로 볼 수 없는, 아주 미세한 입자.
미립자-병 (微粒子病) [-짜-] 명 누에에 작은 반점이 생겨서 죽는 전염병.
미립자 병:원체 (微粒子病原體) [-짜-] 누에에 미립자병을 일으키는 병원체《파스퇴르가 발견함》.
미:만 (未滿) 명하형 정한 수나 정도에 차지 못함. ❏ 18세 ~의 소년.
미만 (彌滿·彌漫) 명하형 널리 가득 차서 그들먹함.
미:말 (未末) 명 미시(未時)의 맨 끝《하오 3시 바로 전》.
미말지직 (微末之職) [-찌-] 명 미관말직(微官末職).
미:망 (未忘) 명 도저히 잊을 수가 없음.
미:망 (迷妄) 명하자 사리에 어두워 진실을 가리지 못하고 헤맴. 또는 그런 상태. 미혹. ❏ ~에 빠지다.
미:망-인 (未亡人) 명 남편이 죽고 홀로 남은 여자《아직 따라 죽지 못한 사람이라는 뜻》. 과부. ❏ 전쟁 ~.

미맥 (米麥) 명 쌀과 보리.
미:맹 (未萌) 명 **1** 초목의 싹이 아직 트지 않음. **2** 변고가 아직 일어나지 않음.
미맹 (味盲) 명 〖의〗 특정한 음식물에 대하여 맛을 느끼지 못하는 상태. 또는 그런 사람.
미:명 (未明) 명 날이 채 밝지 않음. 또는 그런 때. ❏ 내일 ~에 출발한다.
미:명 (美名) 명 그럴듯한 명목이나 명칭. ❏ 개발이라는 ~ 아래 독재 정치를 펴다.
미:명-귀 (未命鬼) 명 〖민〗 시집가 젊어서 죽은 여자 귀신《자기 남편의 후처에게 붙어 때때로 앓게 하거나 해롭게 한다 함》.
미모 (眉毛) 명 눈썹.
미:모 (美貌) 명 아름다운 얼굴 모습. ❏ ~의 여인 / ~가 빼어나다 / ~를 자랑하다.
미모사 (mimosa) 명 〖식〗 콩과의 한해살이풀. 높이 30-50 cm. 여름에 연분홍의 잔꽃이 공 모양으로 잎겨드랑이에 모여 피고 꼬투리를 맺음. 잎을 건드리면 곧 아래로 늘어지고 닫아서 시든 것같이 보임. 관상용이고 브라질이 원산지임. 감응초(感應草). 신경초(神經草). 함수초(含羞草).
미목 (眉目) 명 **1** 눈썹과 눈. 미첩. **2** 얼굴 모습. ❏ ~이 수려하다.
미:몽 (迷夢) 명 흐릿한 꿈이란 뜻으로, 무엇에 홀린 듯 똑똑하지 못하고 얼떨떨한 정신 상태. ❏ ~에서 깨어나지 못하다.
미:묘-하다 (美妙-) 형여 아름답고 묘하다. **미:묘-히** 부
미묘-하다 (微妙-) 형여 뚜렷하지 않고 야릇하고 묘하다. ❏ 감정의 미묘한 변화 / 의견 차이가 ~. **미묘-히** 부
미:문 (未聞) 명하타 아직 듣지 못함. ❏ ~의 기이한 사건.
미:문 (美文) 명 아름다운 문장이나 글귀.
미:문 (美聞) 명 좋은 소문.
미물 (微物) 명 **1** 작고 변변치 않은 물건. **2** 인간에 비해 작고 보잘것없는 것이라는 뜻으로, 동물을 이르는 말. ❏ 개는 ~이지만 주인에게 충직하다. **3** 변변치 못한 사람을 낮잡아 이르는 말. ❏ 제 앞도 못 가리는 ~.
미:미 (美味) 명 좋은 맛.
미미-하다 (微微-) 형여 보잘것없이 아주 작다. ❏ 미미한 존재. **미미-히** 부
미믹 (mimic) 명 극·무용에서, 대사 없이 손짓·몸짓 따위로 어떤 심리나 감정을 표현하는 연기. 표정술(表情術).
미반 (米飯) 명 쌀밥.
미:발 (未發) 명하자 **1** 일이 아직 일어나지 않음. ↔기발(旣發). **2** 길을 아직 떠나지 않음.
미:-발표 (未發表) 명하타 아직 발표하지 않음. ❏ ~ 원고.
미:방 (未方) 명 이십사방위의 하나. 정남(正南)에서 서쪽으로 30°의 방위를 중심으로 한, 15°의 각도 안. 준미(未).
미:백 (美白) 명하타 살갗을 아름답고 희게 함. ❏ ~ 크림.
미-백색 (微白色) [-쌕] 명 부유스름하게 흰 색.
미복 (微服) 명하자 지위가 높은 사람이 무엇을 몰래 살피러 다닐 때 입는 남루한 옷《미행(微行)할 때의 복장》.
미복-잠행 (微服潛行) [-짬-] 명하타 미복으로 남 모르게 다님. 준미행.
미:봉 (未捧) 명하타 미수(未收)1.
미봉 (彌縫) 명하타 일의 빈 구석이나 잘못된 것을 임시변통으로 이리저리 꾸며 대어 맞

춤. ▢과실을 ~하다.

미봉-책(彌縫策)몡 눈가림만 하는 일시적인 대책. ▢임시방편의 ~ / ~에 머물다 / 그런 ~은 통하지 않는다.

미-분(米粉)몡 쌀가루.

미분(微分)몡하타《수》1 어떤 함수에서, 독립 변수의 값이 미소한 변화에 응하는 함수 값의 변화. 2 어떤 함수의 미분 계수를 구하는 일. 3 '미분학'의 준말. ＊적분(積分).

미-분(微粉)몡 고운 가루.

미분 기하학(微分幾何學) 미적분학을 응용해서 곡선·곡면 따위의 성질을 연구하는 기하학의 한 갈래.

미분 방정식(微分方程式) 미지(未知) 함수의 도함수를 포함한 방정식.

미-분양(未分讓)몡 정해진 양의 일부 또는 전부가 분양되지 않음. ▢~ 아파트.

미-분자(微分子)몡 아주 작은 분자.

미분-학(微分學)몡《수》미분의 산법을 써서 함수의 이론과 성질, 응용을 연구하는 학문. ㈜미분.

미-분화(未分化)몡하자 아직 분화하지 않음. ▢~ 상태.

미-불(未拂)몡하타 아직 지급하지 않음. ▢임금을 ~하다.　　　「일컬음.

미불(美弗)몡 미국의 화폐인 '달러(dollar)'의

미-비(未備)몡하타 아직 다 갖추지 못함. 불완전함. ▢서류 ~.

미-비점(未備點)[-쩜]몡 제대로 갖추어져 있지 않은 부분. ▢제도적 ~을 개선하다.

미쁘다[미뻐, 미쁘니]형 믿음직하다. 미덥다.

미쁨믿음직하게 여기는 마음.

미-사(美事)몡 칭찬할 만한 아름다운 일.

미-사(美辭)몡 1 아름다운 말. 여사(麗辭). 2 교묘하게 꾸민 말.

미사(라 Missa)몡 1《가》예수의 최후의 만찬을 기념하여 행하는 제사 의식. 천주를 찬미하고 속죄를 원하며 은총을 기원함. 성제(聖祭). 2《악》미사곡.

미사-곡(Missa曲)몡 미사 때 신도가 부르는 찬가. 미사.

미사리몡 삿갓·방갓·전모의 밑에 대어 머리에 쓰는 둥근 테두리.

미사리몡 산속에서 풀뿌리·나뭇잎·열매 따위를 먹고 사는 사람(몸에 털이 많음).

미사-여구(美辭麗句)몡 아름다운 말로 듣기 좋게 꾸민 글귀. ▢~를 나열하다.

미사일(missile)몡《군》로켓이나 제트 엔진으로 추진되어, 유도 장치로 목표에 이르는 공격 무기. 유도탄. ▢~을 발사하다.

미삼(尾蔘)몡 인삼의 잔뿌리.

미삼-차(尾蔘茶)몡 미삼으로 달인 차.

미-상(未詳)몡 확실하거나 분명하지 않음. 알려지지 않음. ▢성명 ~ / 연대 ~ / 작자 ~의 작품.

미상(米商)몡 1 쌀장사. 2 쌀장수.

미상(迷想)몡 갈피를 잡지 못하는 생각.

미상(微傷)몡하자 가벼운 상처를 입음. 또는 그 상처.

미-상불(未嘗不)틘 아닌 게 아니라 과연. 미상비(未嘗非). ▢~, 절경이로군.

미-상비(未嘗非)몡 미상불.

미-상환(未償還)몡하자 아직 갚지 않음. ▢~ 부채.

미-색(米色)몡 1 쌀 빛깔. 2 엷은 노랑.

미-색(美色)몡 1 아름다운 빛깔. 2 여자의 아

리따운 용모. ▢빼어난 ~ / ~에 빠지다.

미-생(未生)몡 미년(末年)에 난 사람. 양띠.

미-생-마(未生馬)몡 바둑에서, 아직 완전히 살지 못한 말. ▢~를 잡다.

미-생물(微生物)몡 현미경이 아니면 볼 수 없는 아주 작은 생물(박테리아·원생동물·균류 따위). ㈜ㄱ 검사.

미생지신(尾生之信)몡 사기(史記)에 나오는 말로, 신의가 굳음. 또는 우직하여 융통성이 없음.

미-선(尾扇)몡 둥근 부채의 하나. 대오리의 한 끝을 가늘게 쪼개어 둥글게 펴고, 실로 엮어 종이를 발라서 가장자리를 둥글게 오려 냄.

미선-나무《식》물푸레나뭇과의 낙엽 활엽 관목. 산록 양지에 나는데 높이 1m가량, 봄에 백색 또는 담홍색 꽃이 잎보다 먼저 핌.

미-설(未設)몡하타 아직 베풀거나 만들지 않음. ↔기설(旣設).

미-성(未成)몡하자타 1 아직 완성되지 못하다. ↔기성. 2 아직 혼인한 어른이 되지 못함.

미성(尾星)몡 1 이십팔수(宿)의 여섯째 별. ㈜미(尾). 2 혜성(彗星)1.

미-성(美聲)몡 아름다운 목소리. ▢~의 오페라 가수.

미성(微誠)몡 1 조그마한 정성. 2 '자기의 정성'의 겸칭.

미성(微聲)몡 겨우 들릴 만한 작은 소리.

미-성년(未成年)몡 1 아직 어른이 되지 못한 나이. 2《법》만 20세가 되지 않아 법적으로 권리 행사를 할 수 없는 나이. 미정년(未丁年). ㈜ ~ 검사.

미-성년-자(未成年者)몡《법》만 20세가 되지 않은 사람. ▢~ 관람 불가.

미-성숙(未成熟)몡하타 1 채 여물지 못함. 2 아직 성숙하지 못함.

미-성인(未成人)몡 아직 어른이 되지 못한 사람. ↔성인.

미-성취(未成娶)몡하자 아직 장가를 들지 못함. ㈜미취(未娶).

미-성품(未成品)몡 완성되지 못한 물건.

미-세(微細)몡하타 분간하기 어려울 정도로 아주 작음. ▢~한 입자 / ~한 차이.

미세기몡 밀물과 썰물.

미-세기《광》땅속으로 비스듬히 파 들어가는 구멍이.

미-세기《건》두 짝을 한 편으로 밀어 겹쳐서 여닫는 문이나 창.

미세-먼지(微細-)몡 눈에 보이지 않을 정도로 입자가 작은 먼지.

미-세포(微細胞)몡 아주 작은 세포.

미션(mission)몡 1 선교(宣敎). 전도. 2 전도 단체. 3 '미션 스쿨'의 준말.

미션 스쿨(mission school) 기독교 단체에서 전도와 교육 사업을 목적으로 경영하는 학교. ㈜미션.　　　　「은 웃음.

미소(媚笑)몡하자 아양을 떨며 아첨하듯이 웃

미소(微笑)몡하자 소리 없이 빙긋이 웃는 웃음. ▢모나리자의 ~ / ~를 머금다 / ~를 짓다 / 입가에 ~가 떠오른다.

미-소년(美少年)몡 용모가 아름다운 소년. ▢홍안(紅顔)의 ~.

미소 망-상(微小妄想)《의》자기 자신을 지나치게 작게 평가하는 망상. ↔발양(發揚) 망상.

미소-하다(微小-)형여 아주 작다. ▢미소한 생물.

미소-하다(微少-)형여 아주 적다. ▢미소한 차이[분량].

미-속(美俗)몡 미풍(美風).

미ː송 (美松) 圐 북아메리카에서 산출되는 소나무. 높이 100m, 지름 13m에 달함. 재목은 적황색 또는 적색을 띰. 건축재 및 펄프 재료로 씀.

미ː송환 (未送還) 圐하타 아직 돌려보내지 않음. ▯~ 포로.

미쇄-하다 (微瑣-) 圐혱 자질구레하고 보잘것없다.

미수 圐 설탕물·꿀물 따위에 미숫가루를 탄 음료. 미식(糜食).

미ː수 (未收) 圐하타 1 아직 다 거두지 못함. 미봉(未捧). ▯~ 없이 다 거두다. 2 '미수금'의 준말.

미ː수 (未遂) 圐하타 1 목적을 이루지 못함. 2 〖법〗 범죄를 실행하려다가 그 목적을 이루지 못한 일. ▯살인 ~ / ~에 그치다. ↔기수.

미수 (米壽) 圐 ('米'의 파자(破字)가 '八十八'인 데서) 여든여덟 살. *미수를 축하하다.

미수 (眉壽) 圐하자 눈썹이 세도록 오래 산다는 뜻으로, 오래 삶을 축수하는 말.

미ː수 (美鬚) 圐 아름다운 수염.

미수-가리 圐 잘못 삼아서 못 쓰게 된 것만을 모아 묶어 놓은 삼 꼭지.

미ː수-금 (未收金) 圐 아직 거두어들이지 못한 돈. 준미수.

미ː수-범 (未遂犯) 圐 범죄를 실행하려다가 그 목적을 이루지 못한 범죄. 또는 그 범인. ▯~으로 처벌받다.

미ː수-연 (米壽宴) 圐 여든여덟 살 되는 해에 장수를 축하하여 베푸는 잔치.

미ː수-죄 (未遂罪) [-쬐] 圐 미수범으로 그친 범죄. ▯살인 ~로 기소되다.

미ː숙련-공 (未熟練工) [-숙년-] 圐 아직 일에 익숙하지 못한 직공.

미ː숙-아 (未熟兒) 圐 출생 때의 체중이 2.5kg 이하인 아이. ↔성숙아.

미ː숙-하다 (未熟-) [-수카-] 혱 1 열매나 음식 따위가 채 익지 않다. 2 일에 익숙하지 못하다. 미련하다. ▯미숙한 솜씨.

미ː술 (美術) 圐 1 공간 및 시각(視覺)의 미를 표현하는 예술《그림·조각·건축·공예 따위》. 조형 예술. ▯~ 전시회 / ~에 조예가 깊다. 2 연극·영화에서, 배경·세트 따위의 무대 장치. ▯~ 감독.

미ː술-가 (美術家) 圐 미술품을 전문적으로 창작하는 예술가《화가·조각가·공예가 따위》.

미ː술-계 (美術界) [-계 / -게] 圐 미술에 관계된 사람들의 사회. ▯~의 경향(현황).

미ː술-관 (美術館) 圐 회화·조각 따위의 미술품을 수집·진열하여 일반의 관람과 연구에 이바지하는 시설. ▯~을 관람하다.

미ː술 교ː육 (美術敎育) 조형적인 미의 표현 및 감상력 따위를 기르는 교육.

미ː술-사 (美術史) [-싸] 圐 미술의 변천·발달 과정을 쓴 역사. 또는 그것을 연구하는 학문. ▯한국 ~.

미ː술 전ː람회 (美術展覽會) [-절-] 圐 미술 작품을 전시해서 관람할 수 있는 전람회. 준미전.

미ː술-품 (美術品) 圐 예술적으로 창작된 미술 작품《회화·조각·공예 따위》.

미ː숫-가루 [-수까- / -숟까-] 圐 찹쌀이나 다른 곡식을 볶거나 쪄서 간 가루.

미스 (miss) 圐 실수. 잘못. ▯교정 ~ / 서브 ~ / ~를 범하다.

미스 (Miss) 圐 1 미혼 여성의 성 앞에 붙이는 호칭. 2 미혼 여성. 처녀. 3 대표적인 미인으로 선발된 미혼 여성. ▯~ 코리아.

미스터 (mister, Mr.) 圐 남자의 성 앞에 붙이

는 호칭. 군(君). 씨(氏). ▯~ 리. ☞미즈.

미스터리 (mystery) 圐 1 설명하거나 이해할 수 없는 이상한 일이나 사건. ▯~ 사건 / ~로 남다. 2 추리 소설. 탐정 소설.

미시 ☞미수.

미ː시 (未時) 圐 1 십이시의 여덟째 시《오후 1시에서 3시까지》. 2 이십사시의 열다섯째 시《오후 1시 반에서 2시 반까지》. 준미(未).

미시 (微視) 圐 일부 명사 앞에 쓰여, 작게 보임. 또는 작게 봄. *미시적 분석.

미시 경제학 (微視經濟學) 〖경〗 경제 주체인 소비자·기업의 형태를 분석하고 이들이 시장에서 가격을 형성하는 과정을 밝히는 경제학의 한 갈래. 마이크로 경제학. ↔거시 경제학. *미시적 분석.

미시-기의 (微示其意) [-] 圐하타 분명히 말하지 않고 그 뜻을 슬쩍 비침.

미시-적 (微視的) 관圐 1 인간의 감각으로 직접 식별할 수 없는 매우 작은 현상에 관한 (것). 2 사물이나 현상을 개별적·부분적으로 분석하는 (것). ▯~ 관점 / ~ 관찰 / ~으로 다루다. ↔거시적(巨視的).

미시적 분석 (微視的分析) [-뿐-] 〖경〗 생산자와 소비자의 개별적 교환 현상을 각 개인의 동기(動機)까지 파악해서, 전체의 경제 현상을 분석하는 방법. ↔거시적 분석. *미시 경제학.

미시적 세ː계 (微視的世界) [-쩨 / -쩨게] 현미경으로만 볼 수 있는 미세한 세계.

미시-족 (missy族) 圐 기혼 여성이면서 미혼 여성처럼 차리고, 주부와 직업인의 두 구실을 행하면서 자기 표현과 주장을 적극적으로 펼치는 젊은 여성들.

미시즈 (Mrs.) 圐 결혼한 여성의 성 앞에 붙이는 호칭. 부인(夫人). 여사. ▯~ 김.

미ː식 (未熄) 圐하자 사건이나 변고가 그치지 않음.

미식 (米食) 圐하자 쌀밥을 주식으로 함.

미ː식 (美食) 圐하자 맛있는 음식을 먹음. 또는 그 음식. ▯~ 생활.

미ː식 (美飾) 圐하타 아름답게 꾸밈.

미식 (迷息) 圐 자기의 아들이나 딸의 겸칭.

미ː식-가 (美食家) [-까] 圐 음식에 대해 특별한 기호를 가진 사람.

미식-축구 (美式蹴球) [-꾸] 圐 미국에서 발달한, 럭비와 축구를 혼합한 경기. 한 팀이 11명씩으로 구성되며, 공을 상대편 엔드 존에 터치다운을 하거나 킥으로 크로스바를 넘김으로써 득점하는 것으로, 매우 격렬한 경기임. 아메리칸 풋볼.

미ː신 (未信) 圐하혱 미덥지 못함.

미ː신 (未愼) 圐 남의 병환을 높임말. 병환.

미ː신 (迷信) 圐하타 종교적·과학적으로 망령되다고 생각되는 믿음《점·굿 따위》. ▯~을 믿다 / ~을 타파하다 / ~에 사로잡히다.

미신 (微臣) 圐 1 지위가 낮은 신하. ↔중신. 2 신하가 임금에 대하여, 자기를 말하는 겸칭.

미-신경 (味神經) 圐 〖생〗 미뢰(味蕾)에 있는, 맛을 느끼는 신경. 미각 신경.

미실 (迷失) 圐하타 정신이 어지럽고 혼미해서 일을 잘못함.

미ː심 (未審) 圐하혱圐부 일이 확실하지 않아 마음이 놓이지 않음.

미ː심-스럽다 (未審-) [-따] [-스러워, -스러우니] 혱 의심 가는 데가 있다. ▯미심스러우면 직접 확인해 보세요. **미ː심-스레** 부

미:-심-쩍다 (未審-)[-따][형] 분명하지 못하여 마음에 꺼림하다. ▫️미심쩍은 부분. **미:심-쩍이** [튀]

미싯-가루 ☞ 미숫가루.

미싱 [명] (←sewing machine) 재봉틀. ▫️~ 자수.

미아 (迷兒) [명] **1** 길을 잃고 헤매는 아이. 미로 아. ▫️~보호소. **2** 자기 아들의 겸칭. 미돈 (迷豚). 가아(家兒).

미안 (未安) [명][하][형][부] **1** 마음이 편하지 못하고 거북함. ▫️마음을 못 지키게 되어 ~하다. **2** 남에게 대해 부끄럽고 겸연쩍음. ▫️이거 참 ~합니다.

미:안 (美顔) [명] **1** 아름다운 얼굴. **2** 얼굴을 아름답게 함. 미용(美容).

미:안-수 (美顔水) [명] 얼굴의 살결을 곱게 하기 위해 바르는, 액체로 된 화장품. 스킨로션.

미안-스럽다 (未安-)[-따][-스러워, -스러우니] [형] 미안한 데가 있다. **미안-스레** [부]

미안-쩍다 (未安-)[-따][형] 마음이 편하지 못하고 부끄러운 느낌이 있다. ▫️미안쩍은지 ~이/~이 커지다.

미약 (媚藥) [명] **1** 성욕을 일으키는 약. 음약. **2** 상대방에게 연정을 일으키게 한다는 약.

미약-하다 (微弱-)[-야카-][형][여] 미미하고 약하다. ▫️미약한 숨소리 / 세력이 ~.

미양 (微恙) [명] **1** 가벼운 병. 미아(微痾). **2** 자기 병의 겸칭.

미어 (謎語) [명] 수수께끼1.

미어-뜨리다 [-/-여-][타] 팽팽하게 켕긴 종이나 가죽 따위를 세게 건드려 구멍을 내다.

미어-지다 [-/-여-][자] **1** 팽팽하게 켕긴 종이나 가죽 따위가 해져서 구멍이 나다. **2** 꽉 차서 터질 듯하다. ▫️자루가 미어지게 쌀을 채 넣다. **3** 가슴이 찢어지는 듯이 심한 고통이나 슬픔을 느끼다. ▫️가슴이 미어지는 아픔.

미어-터지다 [-/-여-][자] 꽉 차서 터지거나 터질 듯하다.

미어-트리다 [-/-여-][타] 미어뜨리다.

미역[명] 냇물이나 강물 같은 데에 들어가 몸을 담그고 씻거나 노는 일. ▫️~을 감다. 준멱.

미역² [명] [식] 갈조류 미역과의 해조. 해안 바위에 붙어 자라는데, 잎은 넓고 길이 2 m가량, 흑갈색·황갈색을 띰. 요오드와 칼슘의 함유량이 많아 임산부·아동 등에 좋음. 감곽(甘藿). 해채(海菜). 준멱.

미역-국 [-꾹][명] 미역을 넣고 끓인 국. 곽탕(藿湯). ▫️생일 아침상에 ~이 오르다. 준멱국. **미역국(을) 먹다** [관] 〈속〉 ⊙직장 같은 데서 해고당하다. ⊙시험 등을 치러서 떨어지다. ⊙퇴짜를 맞다.

미역-귀 [-뀌][명] 미역의 대가리. 곽이(藿耳).

미:연 (未然) [명] (주로 '미연에'의 꼴로 쓰여) 아직 그렇게 되지 않을 때. ▫️화재를 ~에 방지하다.

미열 (微熱) [명] 그리 높지 않은 몸의 열.

미온 (微溫) [명][하] 미지근함.

미온-수 (微溫水) [명] 미지근한 물. 미온탕.

미온-적 (微溫的) [관] 태도가 미적지근한 (것). ▫️~ 조치 / ~인 태도.

미:온-하다 (未穩-) [형][여] 아직 평온하지 않다.

미:완 (未完) [명] 미완성. ▫️~인 채로 남겨진 원고.

미:-완성 (未完成) [명][하] 아직 끝나지 않음. 미완(未完). ▫️~ 교향곡 / ~으로 끝나다.

미:용 (美容) [명][하][타] 얼굴이나 머리를 아름답게

매만짐. 미장(美粧).

미:용-사 (美容師) [명] 일정한 자격을 가지고 남의 머리나 얼굴을 아름답게 가꾸는 일을 직업으로 하는 사람. ▫️단골 ~에게 머리를 하다.

미:용-술 (美容術) [명] 얼굴·모발(毛髮)·피부·손발톱·치아 따위를 아름답게 가꾸는 기술. ▫️~을 배우다.

미:용-실 (美容室) [명] 미장원(美粧院).

미:용 체조 (美容體操) 몸의 균형을 바로잡고 몸매를 아름답게 하기 위한 체조.

미우 (眉宇) [명] 이마의 눈썹 근처.

미우 (微雨) [명] 보슬보슬 내리는 비.

미욱-스럽다 [-쓰-따][-스러워, -스러우니] [형] 어리석고 미련한 데가 있다. ▫️미욱스럽게도 먹는다 / 미욱스럽기가 마치 곰 같구나. 참매욱스럽다. **미욱-스레** [-쓰-] [부]

미욱-하다 [-우카-] [형][여] 하는 짓이나 됨됨이가 어리석고 미련하다. ▫️미욱한 녀석 / 미욱하게 굴다. 참매욱하다.

미운-털 [명] 몹시 미워하여 못살게 구는 언턱거리. ▫️~이 박히다.

미움 [명] 밉게 여기는 마음. ▫️~을 받다 / ~을 사다 / ~이 커지다.

미워-하다 [타][여] 밉게 여기다. ▫️죄를 ~.

미:월 (未月) [명] 월건(月建)에 십이지의 '미(未)'가 드는 달로, 음력 6월의 별칭.

미월 (眉月) [명] 눈썹같이 생긴 초승달.

미유기 [명] 〖어〗 메깃과의 민물고기. 하천의 상류와 호수에 사는데, 길이 35 cm 내외로 메기와 비슷하나 더 가늘며 등지느러미가 아주 작고 진한 남색임(우리나라 특산종임).

미음 [명] 한글 자모 'ㅁ'의 이름.

미음 (米飮) [명] 쌀이나 좁쌀을 오래 끓여 체에 밭인 음식(병자·어린아이들이 먹음). ▫️~을 쑤다. 준빔.

미:음 (美音) [명] 아름다운 음성.

미음 (微吟) [명][하][타] 시가를 작은 소리로 읊음.

미음 (微音) [명] 희미한 소리.

미음 (微陰) [명] **1** 날이 조금 흐릿함. 박음(薄陰). **2** 음력 5월의 별칭.

미의 (微意) [-/-이] [명] 변변치 못한 작은 성의 (남에게 의례적인 선물을 보낼 때 쓰는 말). 미지(微志). 미충(微衷).

미:-의식 (美意識) [-/-이-] [명] 미를 느끼거나 이해하고 판단하는 의식.

미이다 [자] **1** ('미다²'의 피동) 미어뜨림을 당하다. ▫️종이가 ~. **2** 미어지다.

미이라 [명] ☞ 미라(mirra).

미익 (尾翼) [명] 꼬리 날개.

미:인¹ (美人) [명] 미국 사람.

미:인² (美人) [명] 용모가 아름다운 여자. 미녀. 미희. ▫️팔등신의 ~ / ~ 대회 / 사진보다 실물이 훨씬 ~이다.

미:인-계 (美人計) [-/-게] [명] 미인을 이용하여 남을 꾀는 계략. ▫️~를 쓰다.

미:인-도 (美人圖) [명] 미인을 주제로 그린 그림. 미인화.

미:인-박명 (美人薄命) [-명-] [명] 미인은 불행하거나 병약해서 수명이 짧은 경우가 많음. 가인박명. *홍안박명.

미:인-화 (美人畵) [명] 미인도.

미:일 (未日) [명] 일진(日辰)의 지지(地支)가 미(未)로 된 날. 양날.

미작 (米作) [명][하][자] 벼를 심고 가꾸고 거두는 일. 벼농사. 도작(稻作). ▫️~ 지대.

미작-환지 (米作換地) [-짜-] [명] 개간되어 있어 논을 만들 수 있는 땅.

미장¹ 〔명〕〔하타〕 건축 공사에서 벽이나 천장, 바닥 따위에 흙이나 회, 시멘트 따위를 바름. 또는 그런 일.

미장² 〔명〕〔한의〕 똥이 굳어서 잘 나오지 않을 때, 검은엿으로 대추씨처럼 만들어 항문에 넣는 약.

미:장 (美匠) 〔명〕 의장(意匠).

미:장 (美粧) 〔명〕〔하타〕 얼굴이나 머리를 아름답게 다듬어 단장함. 미용.

미:장 (美裝) 〔명〕〔하타〕 아름답게 차리고 꾸밈.

미:-장가 (未-) 〔명〕 아직 장가들지 않음.

미:장-공 (-工) 〔명〕 미장을 업으로 하는 사람. 미장이.

미:장-원 (美粧院) 〔명〕 용모·두발·외모 등을 단정하고 아름답게 매만져 주는 일을 영업으로 하는 집. 미용실(美容室). □ ~에 들러 머리를 다듬다.

미장-이 (美粧-) 〔명〕 미장공.

미:장-질 〔명〕〔하자〕 똥이 굳어 누지 못할 때, 항문을 벌리고 똥을 파내거나 미장을 넣는 일.

미:-적 (美的) 〔-쩍〕〔관〕 사물의 아름다움에 관한 (것). □ ~ 감정 / ~ 감각이 뛰어나다.

미적-거리다 〔-꺼-〕〔타〕 1 무거운 것을 조금씩 앞으로 밀다. 2 '미루적거리다'의 준말. **미적-미적** 〔-쩍-〕〔부〕

미:적 관찰 (美的觀察) 〔-쩍꽌-〕 미의식을 가지고 대상을 관찰하는 일.

미적-대다 〔-때-〕〔타〕 미적거리다.

미:적 범:주 (美的範疇) 〔-쩍 뺌-〕〔철〕 미의 독특한 성질을 특징의 유형으로 나눈 것(우미·숭고·비장·익살·추함 따위).

미-적분 (微積分) 〔-뿐〕〔명〕〔수〕 미분과 적분.

미적지근-하다 〔-찌-〕〔쩌〕 1 더운 기운이 조금 있는 듯하다. □ 국이 ~. 〔쎈〕매작지근하다. 2 맺고 끊는 데가 없이 흐리멍덩하다. □ 미적지근한 태도. **미적지근-히** 〔-찌-〕〔부〕

미:적 쾌감 (美的快感) 〔-쩍-〕 미적인 대상에서 느껴지는 쾌감.

미:적 환경 (美的環境) 〔-쩍꽌-〕 예술 제작이나 감상에 관여하는 자연적·사회적 조건의 총체.

미전 (米廛) 〔명〕 싸전.

미:전 (美展) 〔명〕 '미술 전람회'의 준말. □ ~에 출품하다.

미:-전향 (未轉向) 〔명〕〔하자〕 종래의 사상이나 이념 따위를 바꾸지 않고 유지함. □ ~ 장기수. ↔전향2.

미절 〔명〕 국거리로 쓰는, 허섭스레기 쇠고기.

미점 (米點) 〔명〕 동양화에서, 수목·산수 따위를 그릴 때 가로로 찍는 작은 점.

미:점 (美點) 〔-쩜〕〔명〕 1 언행이나 성품의 아름다운 점. □ ~을 배우다. 2 장점.

미:정 (未正) 〔명〕〔민〕 미시(未時)의 한가운데. 곧, 오후 두 시.

미:정 (未定) 〔명〕〔하타〕 아직 정하지 못함. □ 행선지는 ~입니다.

미:정-고 (未定稿) 〔명〕 아직 완성되지 않은 원고. 미정초.

미:-정년 (未丁年) 〔명〕〔법〕 미성년2.

미:정-초 (未定草) 〔명〕 미정고(未定稿).

미:-제 (未濟) 〔명〕 1 일이 아직 끝나지 않음. □ ~ 사건. ↔기제. 2 '미제괘'의 준말.

미제 (美製) 〔명〕 미국에서 만든 물품. □ ~ 상품.

미:제-괘 (未濟卦) 〔명〕 육십사괘의 하나. 이괘(離卦)와 감괘(坎卦)가 거듭된 것. 〔준〕미제.

미:조 (美爪) 〔명〕 손톱을 아름답게 다듬는 일. 또는 그 손톱.

미조 (迷鳥) 〔명〕 길을 잃은 철새. 길 잃은 새.

미:-조직 (未組織) 〔명〕〔하타〕 아직 조직되어 있지 않거나 조직하지 못함. □ ~ 노동자(노동조합에 가입하지 않은 노동자).

미:족 (未足) 〔명〕〔하형〕 넉넉하지 못함.

미:좇다 〔옛〕 뒤미처 좇다.

미:좌 (未坐) 〔명〕 묏자리·집터 따위가 미방(未方)을 등진 좌향(남서를 뒤로 하고 북동을 향한 방위).

미:좌-축향 (未坐丑向) 〔-추캉〕 〔명〕 미방을 등지고 축방을 향한 좌향.

미주 (米酒) 〔명〕 쌀로 담근 술.

미주 (美洲) 〔명〕 아메리카.

미:주 (美酒) 〔명〕 맛이 좋은 술. 가주(佳酒).

미주 신경 (迷走神經) 〔생〕 연수(延髓)에서 나온 열 번째의 뇌신경(목·가슴·배 따위에 분포하고, 그 지각(知覺)·운동·분비를 맡음).

미주알 〔명〕 항문을 이루고 있는 창자의 끝 부분. 밑살.

미주알-고주알 〔부〕 아주 사소한 일까지 속속들이. 고주알미주알. □ ~ 캐묻다. 〔미주알고주알 밑두리콧두리 캔다〕 속속들이 자세히 알아본다는 말.

미즈 (Miz, Ms.) 〔명〕 여성의 성 앞에 붙이는 경칭(미혼·기혼을 가리지 않음). □ ~ 스탠리. ↔미스터.

미즙 (米汁) 〔명〕 쌀뜨물.

미증 (微增) 〔명〕〔하자타〕 미미하게 늘어남. □ 교육 예산이 ~하다.

미:-증유 (未曾有) 〔명〕〔하형〕 지금까지 한 번도 있어 본 적이 없음. □ ~의 사건.

미:-지 (-紙) 〔명〕 밀(蜜)을 먹인 종이. 납지(蠟紙). 밀종이.

미:지 (未知) 〔명〕〔하타〕 아직 알지 못함. □ ~의 세계. ↔기지(旣知).

미지 (美紙) 〔명〕 미국의 신문.

미지 (微旨) 〔명〕 깊고 미묘한 뜻.

미:지 (微志) 〔명〕 작은 뜻.

미지근-하다 〔형〕 1 차지도 않고 뜨겁지도 않다. □ 방바닥이 ~. 〔쎈〕매지근하다. 2 행동이나 태도, 성격 따위가 흐리멍덩하다. □ 처사가 ~. **미지근-히** 〔부〕

〔미지근해도 흥정은 잘한다〕 누구에게나 한 가지 재주는 있다는 말.

미:-지급 (未支給) 〔명〕〔하타〕 주게 되어 있는 돈이나 물건 따위를 아직 주지 않음. 미지불. □ ~ 임금 / ~된 체불 노임.

미지다 〔타〕〔옛〕 밀치다.

미:-지불 (未支拂) 〔명〕〔하타〕 미지급.

미:-지-수 (未知數) 〔명〕 1 예측할 수 없는 앞일. □ 성공 여부는 아직 ~다. 2〔수〕방정식에서, 구하려고 하는 수. ↔기지수(旣知數).

미:-지-칭 (未知稱) 〔명〕〔언〕 모르는 사람이나 사물을 가리키는 대명사(누구·아무·무엇·어디 따위).

미진 (微塵) 〔명〕 1 작은 티끌이나 먼지. 2 작고 변변치 못한 물건.

미진 (微震) 〔명〕 진도 1의 지진. 조용한 곳에 있는 사람이나 지진에 민감한 사람만이 느낄 수 있는 정도임.

미:진-처 (未盡處) 〔명〕 아직 끝내지 못하고 남아 있는 부분.

미:진-하다 (未盡-) 〔형〕 아직 다하지 못하거나 충분하지 못하다. □ 미진한 느낌 / 뭔가 미진한 데가 있다.

미:질 (美質) 〔명〕 아름다운 성질이나 바탕.

미쭉-하다 〔-쭈카-〕 〔형〕 미끈하고 길쭉하다.

미ː착 (未着) 명하자 아직 도착하지 않음.

미채 (迷彩) 명 〔군〕 건물·전차(戰車)·비행기 따위에 채색으로 베푸는 위장(僞裝). 위장 도색. 카무플라주.

미채 (薇菜) 명 고비나물.

미처 튀 ('못하다'·'않다'·'모르다' 따위의 부정어와 함께 쓰여) 아직 거기까지 미치도록. 채. □이전엔 ~ 몰랐다.

미천-하다 (微賤) 형 신분·지위 따위가 하찮고 천하다. □미천한 신분 / 출신이 ~.

미ː첩 (美妾) 명 용모가 아름다운 첩.

미첩 (眉睫) 명 눈썹과 눈. 미목(眉目).

미ː초 (未初) 명 〔민〕 미시(未時)의 첫 무렵. 곧, 오후 한 시.

미ː추 (美醜) 명 아름다움과 추함.

미추-골 (尾椎骨) 명 〔생〕꼬리 쪽에 있는 등골뼈. 꽁무니뼈.

미추룸-하다 형 젊고 건강해서 기름기가 돌고 아름다운 태가 있다. 참매초롬하다. **미추룸-히** 튀

미충 (微衷) 명 미의(微意).

미ː취 (未娶) 명하자 '미성취(未成娶)'의 준말. ↔기취(旣娶).

미취 (微醉) 명하자 술이 약간 취함.

미ː-취학 (未就學) 명하자 아직 학교에 들어가지 못함. □~ 아동.

미츰 자 〈옛〉미침. '미치다'의 명사형.

미치-광이 명 **1** 미친 사람. **2** 말이나 행동이 정상적인 상태가 아닌 사람. **3** 어떤 일에 지나치게 열중하는 사람을 낮잡아 이르는 말. □축구라면 ~ 소리를 들을 만큼 열심이다. 참매치광이.
[미치광이 풋나물 캐듯] 일을 아주 거칠게 함을 비유하는 말.

미치광이-풀 명 〔식〕**1** 가짓과의 여러해살이풀. 깊은 산의 응달진 곳에 남. 높이 30 cm가량, 잎은 타원형, 봄에 흑자색 꽃이 핌. 뿌리와 잎은 약용. 낭탕(莨菪). **2** 개별꽃.

미치다[1] 자 **1** 정신에 이상이 생기다. □심리적 갈등과 충격으로 ~. **2** 몹시 흥분해 심하게 날뛰다. □만취해서 미쳐 날뛰다. 참매치다. **3** 정신이 나갈 정도로 매우 괴로워하다. □보고 싶어 미치겠다. **4** 어떤 일에 지나치게 열중하다. □도박에 ~.
[미친 중놈 집 헐기다] 당치 않은 일에 어수선하고 분주하게 날뛰다. [미친 체하고 떡판에 엎드러진다] 사리를 잘 알면서 모르는 체하고 욕심을 부린다.

미치다[2] 자타 **1** 일정한 곳에 이르다. □손이 선반에까지 ~. **2** 어떤 대상에 힘이나 작용이 가해지다. □피해가 가족에게 ~ / 위의 잘못이 아래까지 영향이 ~. **3** 어떤 사실에 생각이나 생각이 이르다. □화제가 그의 과실에 미치자 슬그머니 사라졌다. 三타 끼치다. □영향을 ~. 춘맞다.

미친-개 명 **1** 미처 헤매는 개. 광견(狂犬). **2** 〈비〉하는 짓이 못된 사람.
[미친개 눈엔 몽둥이만 보인다] 한 가지 일에 되게 혼이 나면 모두 그것같이 보인다.

미친-것 [-긴] 명 〈속〉 미치광이.

미친-년 명 **1** 정신에 이상이 생긴 여자를 욕하는 말. **2** 말이나 행동이 실없거나 사리에 벗어난 짓을 하는 여자.
[미친년의 속곳 가랑이 빠지듯] 옷매무시가 단정하지 못함의 비유.

미친-놈 명 **1** 정신 이상의 남자를 욕하는 말. **2** 언행이 실없는 남자.

미칠-이 (-隶) 명 한자 부수의 하나('隶·隷' 따위에서 쓰는 말의 이름).

미ː칭 (美稱) 명 아름답게 일컫는 이름.

미ː쾌-하다 (未快-) 형여 병이 아직 완전히 낫지 않다.

미크로-코스모스 (독 Mikrokosmos) 명 〔철〕소우주(小宇宙)1. ↔마크로코스모스.

미크로-톰 (독 Mikrotom) 명 〔의〕마이크로톰 (microtome).

미크론 (micron) 의명 길이의 단위. 1 mm의 1,000분의 1(기호: μ. 국제 단위계에서는 '마이크로미터'를 씀).

미타 (彌陀) 명 〔불〕'아미타불'의 준말.

미타-불 (彌陀佛) 명 〔불〕'아미타불'의 준말.

미타 삼존 (彌陀三尊) 〔불〕아미타불과 그 좌우의 협시(脇侍)인 관세음보살·대세지(大勢至)보살. 아미타 삼존. 춘삼존.

미타-찬 (彌陀讚) 명 〔악〕조선 때, 불가(佛歌)의 하나. 아미타불의 법신(法身)을 예찬한 내용으로 처음무를 출 때 부름.

미ː타-하다 (未妥-) 형여 온당하지 않다. **미ː타-히** 튀

미ː태 (美態) 명 아름다운 자태.

미태 (媚態) 명 아양을 부리는 태도. □~가 질다 / ~를 느끼다.

미터 (meter) 의명 미터법에 따른 길이의 기본 단위. m로 표시함(1 m는 100 cm).

미터-글라스 (meter glass) 명 유리컵에 눈금을 새긴, 액체의 용적 계량기.

미터-기 (meter器) 명 **1** 가스·전기·수도 따위의 자동 계기(計器). **2** 택시미터.

미터-법 (meter法) 명 미터를 길이·너비, 리터를 부피, 킬로그램을 무게의 기본 단위로 하는 십진법의 도량형법.

미터-원기 (meter原器) 명 **1** 미터 길이의 표준으로, 파리의 국제 도량형국에 보관된 자.

미터-자 (meter-) 명 미터법에 따라 눈금을 새긴 자.

미터-제 (meter制) 명 전기·수도·가스·택시 따위의 요금을 미터기가 가리키는 대로 치르는 제도.

미토콘드리아 (mitochondria) 명 〔생〕동식물의 세포질 속에 많이 들어 있는 과립 모양의 물질. 단백질과 지방이 주성분인데, 세포 내의 대사에 중요한 구실을 함.

미투리 명 삼이나 노 따위로 짚신처럼 삼은 신《흔히 날이 여섯임》. 마혜(麻鞋). 망혜(芒鞋). 승혜(繩鞋). □~ 한 켤레.

미트 (mitt) 명 야구에서, 포수·일루수가 끼는 장갑. 엄지손가락만 떨어져 있고 나머지는 한데 모아 끼도록 되어 있음. ✽글러브.

미팅 (meeting) 명 **1** 남녀 간의 만남. □~을 주선하다. **2** 집회. 모임. □~ 룸.

미ː편-하다 (未便-) 형여 편안하지 않다. 언짢다. □심사가 매우 ~.

미ː품 (美品) 명 품질이 좋은 물건.

미품 (微稟) 명하자 격식을 갖추지 않고 넌지시 아룀.

미ː풍 (美風) 명 아름다운 풍속. 미속. □전래의 ~ / ~을 잇다. ↔악풍.

미풍 (微風) 명 약하게 부는 바람. 세풍(細風). □~이 일다 / 한 줄기 ~이 불다.

미ː풍-양속 (美風良俗)[-냥-] 명 아름답고 좋은 풍속이나 기풍. 양풍미속(良風美俗). □~을 간직하다 / ~이 사라져 간다.

미ː필 (未畢) 명하타 아직 끝내지 못함. 미료

(末了). ▢병역을 ~하다.

미:-필연 (未必然)[명][하형] 꼭 그런 것은 아님.

미:필-자 (未畢者)[-짜] 명 어떤 일을 아직 다 마치지 못한 사람. ▢병역 ~.

미:필적 고:의 (未必的故意)[-쩍꼬-/-쩍꼬이]『법』자기의 행위로 말미암아 어떤 범죄 결과가 일어날 수 있음을 알면서도 그 행위를 행하는 심리 상태.

미:학 (美學) 명『철』자연이나 인생 및 예술 따위에 담긴 미의 본질과 구조를 해명하는 학문. 심미학(審美學).

미:학-적 (美學的)[-쩍] 관명 미학을 바탕으로 한 (것). ▢~ 가치 / ~인 기능.

미한 (微汗) 명 경한(輕汗).

미:-해결 (未解決)[명][하타] 아직 해결 짓지 못함. ▢~의 문제 / ~인 채로 남아 있다.

미행 (尾行)[명][하타] 1 남의 뒤를 몰래 따라감. 2『법』경찰관 등이 용의자나 요시찰인의 뒤를 밟으며 몰래 그 행동을 감시하는 일. ▢용의자를 ~하다 / ~을 눈치채다.

미:행 (美行) 명 아름다운 행동.

미행 (微行) 명 1 '미복잠행(微服潛行)'의 준말. 2『법』국제법에서, 외교 사절이나 국가 원수가 사적으로 제삼국을 통과하거나 여행할 때, 그 신분을 알리지 않는 일.

미현-하다 (迷眩-)[형여] 정신이 어지럽고 어수선하다.

미:협-하다 (未協-)[-혀파-] 형여 뜻이 서로 맞지 않다.

미:형 (美形) 명 아름다운 모양.

미:형-하다 (未瑩-) 형여 똑똑하지 못하고 어리석다.

미혹 (迷惑)[명][하자] 1 무엇에 홀려 정신을 차리지 못함. ▢~에서 깨어나다 / 재물에~ 되다. 2 정신이 헷갈리어 갈팡질팡 헤맴. ▢방황과 ~의 세월.

미:혼 (未婚) 명 아직 결혼하지 않음. ↔기혼.

미:혼-모 (未婚母) 명 결혼하지 않은 몸으로 아이를 낳은 여자. ▢성의 개방으로 ~가 늘어나고 있다.

미:혼-자 (未婚者) 명 아직 결혼하지 않은 사람. ↔기혼자.

미:화 (美化)[명][하타] 아름답게 꾸밈. ▢교내 ~ 작업 / 침략을 ~하다.

미화 (美貨) 명 미국의 화폐. 미불(美弗). ▢~의 불법 반출.

미:화-법 (美化法)[-뻡] 명『문』수사법에서 강조법의 일종으로, 표현 대상을 실제보다 아름답게 나타내는 방법('변소'를 '화장실'이라고 하는 따위).

미:화-원 (美化員) 명 '환경 미화원'의 준말.

미:-확인 (未確認)[명][하타] 아직 확인되지 않음. ▢~ 보도.

미:확인 비행 물체 (未確認飛行物體) 전문가의 눈이나 전파 탐지 따위로도 정체를 탐지할 수 없는 비행체. 유에프오(UFO).

미황-색 (微黃色) 명 노르께한 빛깔.

미:황-하다 (未遑-) 형여 미처 겨를이 없다.

미:효 (美肴) 명 맛이 좋은 술안주. 가효(佳肴).

미후 (獼猴)[명]『동』원숭이1.

미:흡 (未洽)[명][하타] 아직 흡족하지 못하거나 만족스럽지 않음. ▢~한 조처.

미:흡-처 (未洽處) 명 미흡한 부분.

미:희 (美姬)[-히] 명 아름다운 여자. 미인.

믹서 (mixer) 명 1 과실·채소 따위를 갈거나 이겨 즙을 내는 기구. ▢딸기를 ~로 갈다. 2 시멘트·모래·자갈 따위를 뒤섞어 콘크리트를 만드는 기계. 콘크리트 믹서. 3 방송국 따위에서, 음량·음질의 조정을 하는 장치.

민 (民)[인대]『역』자기 조상의 무덤이 있는 곳에 사는 백성이 그 고을 원에게 자기를 일컫던 말.

민- 투 1 꾸미거나 딸린 것이 없음을 나타내는 말. ▢~얼굴 / ~저고리. 2 닳아 모지라지거나 우툴두툴하던 것이 편편해진 것을 나타내는 말. ▢~머리.

-민 (民)[미] '사람·국민·백성'의 뜻을 나타내는 말. ▢실향~ / 영세~ / 유목~.

민가 (民家) 명 일반 백성들이 사는 집. 민호(民戶). ▢산골 ~.

민간 (民間) 명 1 보통 사람들의 사회. 속간. ▢~에 전승된 설화. 2 관청이나 정부에 속하지 않음. ▢~ 기업 / ~ 주도의 시민 운동.

민간-단체 (民間團體) 명 민간인으로 이루어진 단체.

민간 방:송 (民間放送) 민간 자본으로 설립하여 광고료 따위로 운영하는 방송. 민영 방송. ↔공공 방송. ⓒ민방. *상업 방송.

민간 설화 (民間說話) 예로부터 민간에 전해 내려오는 이야기. 민담(民譚).

민간 신:앙 (民間信仰) 예로부터 민간에 전해 내려오는 신앙.

민간-약 (民間藥)[-냑] 명 약초를 주로 해서 민간에서 예로부터 쓰이어 내려오는 약.

민간 어:원 (民間語源)[언] 민간에서 속설로 믿어지는 어원.

민간 외:교 (民間外交) 정부 관계자가 아닌 민간인에 의해서 예술·문화·스포츠 따위를 통하여 행해지는 친선 외교. ▢~관인.

민간-요법 (民間療法)[-뇨뻡] 명 민간에서 예로부터 전해 내려오는 치료법(침술·뜸 따위).

민간 은행 (民間銀行) 정부의 지원이나 규제를 받지 않고 민간인이 경영하는 은행.

민간-인 (民間人) 명 관리나 군인이 아닌 일반 사람. ▢영내에~ 출입을 금지하다. ↔관인.

민간 자본 (民間資本) 민간에서 낸 자본. ⓒ민자(民資).

민간-질고 (民間疾苦) 명 정치의 부패나 변동으로 백성이 겪는 괴로움.

민간 항:공 (民間航空) 민간인이 운영하는 항공 또는 항공사. ⓒ민항(民航).

민감-하다 (敏感-) 형여 느낌이나 반응이 날카롭고 빠르다. ▢민감한 반응 / 지역 문제에 ~. 민감-히 튀

민갑드리다 재 〈옛〉 선금(先金)을 주다.

민-갓머리 [-간-] 명 한자 부수의 하나('冠'·'冥' 따위에서 '冖'의 이름).

민-걸이 [-거리] 명『건』보가 원기둥 머리에 실릴 때, 보 어깨를 둥근기둥면에 밀착하게 굴려 깎는 일.

민경 (民警) 명 민간과 경찰. ▢~ 합동 조사.

민곤 (民困) 명 국민의 빈곤.

민국 (民國) 명 민주 정치를 행하는 나라. ↔군국(君國).

민군 (民軍) 명 민병(民兵).

민-궁 (-宮) 명 장기에서, 두 사(士)가 죽고 장(將)만 남은 궁.

민궁 (民窮)[명][하형] 국민이 곤궁함.

민궁-재갈 (民窮財渴) 백성은 곤궁하고 나라의 재물은 다 없어짐.

민권 (民權)[-꿘] 명 국민의 권리. 특히 참정권을 이름. ▢~ 신장.

민권 운:동 (民權運動)[-꿘눈-] 전제 정치를

반대하고 국민의 자유와 권리의 신장을 꾀하는 정치 운동.

민권-주의(民權主義)[-꿘- / -꿘-이]명 **1** 민권의 신장을 목적으로 하는 주의. **2** 중국의 쑨원(孫文)이 제창한 삼민주의의 하나(참정권을 국민에게 평등하게 부여하자는 사상).

민-꽃식물(-植物)[-꼳씽-]명 재래의 식물 분류의 하나. 수술·암술의 구별이 없고 포자로 번식하는 식물(세균류·조류(藻類)·선태류·양치류(羊齒類) 등). 은화(隱花)식물. ↔꽃식물.

민-날[-랄]명 밖으로 날카롭게 드러난 칼이나 창 따위의 날.

민-낯[-낟]명 여자의 화장하지 않은 얼굴.

민단(民團)명 '거류민단'의 준말.

민달(敏達)명하자 눈치가 빠르고 민첩해서 모든 일에 환히 통함.

민-달팽이[동] 달팽잇과의 하나. 껍데기가 없고, 몸은 미끈미끈하며 길이가 6cm가량임. 몸빛은 회갈색이며, 검은 줄이 있음. 암수한몸으로 음습한 곳에 삶. 채소·과수(果樹)·뽕나무 등에 큰 해를 끼침. 괄태충(括胎蟲). 토와(土蝸). 활유(蛞蝓).

민담(民譚)명 민간 설화.

민답(民畓)명 민간이 소유의 논.

민답-하다(悶沓-)[-따파-]형여 민울하다.

민-대가리명〈속〉머리.

민도(民度)명 국민의 생활이나 문화 수준의 정도. ▷ ~가 높다(낮다).

민도리명 ☞납도리.

민도리-집명 ☞납도리집.

민둥-민둥부형형(하게) 산에 나무가 없어 번번한 모양. (작)맨둥맨둥.

민둥-산(-山)명 나무가 없는 번번한 산. 독산(禿山). 벌거숭이산. ▷ ~이 울창하게 변했다.

민둥-하다형여 **1** 겸연쩍고 어색하다. **2** 산에 나무가 없어 번번하다.

민들레명(식) 국화과의 여러해살이풀. 산과 들에 나는데, 뿌리는 깊고, 땅속줄기에서 잎이 무더기로 남. 봄에 노란 두상화가 핌. 씨는 수과(瘦果)로서 흰 깃털이 있어 바람에 날려 전파됨. 뿌리는 약용함. 포공영(蒲公英).

민등뼈-동물(-動物)명(생) 무척추(無脊椎) 동물. ↔등뼈동물.

민란(民亂)[밀-]명 학정에 대항하여 백성들이 일으킨 폭동이나 소요. 민요(民擾). ▷ ~이 터지다 / ~을 주모하다 / ~에 가담하다.

민력(民力)[밀-]명 국민의 노동력이나 재력.

민력(民曆)[밀-]명 민간에서 음력을 위주로 해서 편찬한 책력(冊曆).

민련-하다(憫憐-)[밀-]형여 딱하고 가엾다. **민련-히**[밀-]부

민렴(民斂)[밀-]명하타 백성에게서 돈이나 물품 따위를 거두어들임.

민망(民望)명 **1** 국민의 희망. **2** 국민의 신망. 중망(衆望).

민망-스럽다(憫惘-)[-따][-스러워, -스러우니]형ㅂ 민망한 느낌이 있다. 면구스럽다. ▷ 민망스러운 광경 / 민망스럽게 그지없다. **민망-스레**부

민망-하다(憫惘-)형여 답답하고 딱해 안타깝다. 민연(憫然)하다. ▷ 보기에 ~ / 너무 민망해서 무슨 말을 꺼낼 수가 없었다. **민망-히**부. ▷ 고아를 ~ 여기는 마음.

민-머리명 **1** 벼슬하지 못한 사람. 백두(白頭).

2 정수리까지 벗어진 대머리. **3** 쪽 찌지 않은 머리.

민-며느리명 장차 며느리로 삼으려고 민머리인 채로 데려다가 기르는 계집아이.

민멸(泯滅)명하자 자취나 흔적이 아주 없어짐. 민몰(泯没).

민몰(泯没)명하자 민멸(泯滅).

민무늬-근(-筋)[-니-]명(생) 내장의 여러 기관이나 혈관 따위의 벽에 있어 그 운동을 다스리는 근육. 평활근(平滑筋). 무문근(無紋筋). ↔가로무늬근(筋).

민무늬 토기(-土器)[-니-]명 청동기 시대에 사용한 무늬 없는 토기. 무문 토기.

민-물명 강이나 호수처럼 소금기가 없는 물. 담수. ↔바닷물·짠물.

민물-고기[-꼬-]명 민물에서 사는 물고기. 단물고기. 담수어(淡水魚). ↔바닷물고기·짠물고기.

민물-낚시[-락씨]명 강·호수·저수지 따위의 민물에서 물고기를 낚는 일. ↔바다낚시.

민물-도요명(조) 도욧과의 새. 날개 길이 12cm 내외, 몸길이 18cm가량. 여름에는 머리와 등이 검으며 붉은빛이 섞이고, 겨울에는 등이 어두운 잿빛으로 변함. 갯벌·해변 따위에서 무리를 지어 삶.

민민-하다(憫憫-·悶悶-)형여 매우 딱하다. **민민-히**부

민박(民泊)명하자 여행할 때 민가에 묵는 일.

민박-하다(憫迫-)[-바카-]형여 애가 탈 정도로 걱정스럽다.

민방(民放)명 '민간 방송'의 준말.

민-방공(民防空)명 적의 공습에 대비하여 민간에서 행하는 방어.

민-방위(民防衛)명 적의 침공이나 천재지변 따위의 피해를 막기 위해 민간인이 주축이 되어 행하는 비군사적 방어 활동.

민방위-대(民防衛隊)명 민방위를 수행하기 위해 편성된 조직. 지역 민방위대와 직장 민방위대가 있음.

민법(民法)[-뻡]명 **1** 개인의 신분이나 재산의 상속·처분에 관하여 규정한 사법(私法)의 일반법. **2** 민법의 법전(法典).

민법-전(民法典)[-뻡쩐]명 민법에 관한 기본적 법전.

민법-학(民法學)[-뻐팍]명 민법의 법리를 연구하는 학문.

민병(民兵)명 국가의 위급에 대처해 민간인으로 구성된 부대. 또는 그 구성원. 민군(民軍).

민병-대(民兵隊)명 민병으로 조직한 부대.

민병-제(民兵制)명 평상시에는 일상 업무에 종사하고, 전시에만 군무에 복귀하는 군사 제도.

민복(民福)명 국민의 복리.

민본-주의(民本主義)[- / -이]명 국민의 의사를 존중해서 정치를 해야 한다는 주장. 곧 민주주의를 달리 이르는 말.

민-비녀명 용(龍)무늬를 새기지 않고 파란도 칠하지 않은 비녀.

민사(民事)명 **1** 일반 국민에 관한 일. **2** 사법(私法)의 적용을 받게 되는 사항. ↔형사.

민사(悶死)명하자 고민하다가 죽음. 또는 괴롭게 죽음.

민사-범(民事犯)명 민사에서의 불법 행위. 또는 그 범인.

민사-법(民事法)[-뻡]명 민사에 관한 법률의 총칭(실체법인 상법·민법 및 절차법인 민사 소송법 따위). ↔형사법(刑事法).

민사 사:건(民事事件)[-껀]〔법〕사법(私法)

에 의해 규제되는, 개인 사이의 생활 관계에 관한 사건. ↔형사 사건.

민사 소송 (民事訴訟) 사법 기관이 개인의 요구에 따라 사법적(私法的)인 권익 등의 보호를 목적으로 행하는 재판 절차. ▣~을 제기하다. ↔형사 소송. ㉰민소(民訴).

민사 재판 (民事裁判) 법원이 민사 사건에 대해 행하는 재판. ↔형사 재판. ㉰민재(民裁).

민사 책임 (民事責任) 남의 법익을 침해한 사람에 대해서 과해지는 민법상의 손해 배상 책임. ↔형사 책임.

민사 회:사 (民事會社) 상행위 이외의 어업·광업·농업 따위의 영리를 목적으로 행하는 사단 법인. ↔상사(商事) 회사.

민산 (民散) 명하자 포학한 정치로 백성이 배겨나지 못하여 흩어짐.

민-색떡 (-色-) 명 다른 꾸밈은 없이 밥소라에 담은 갖가지 색의 색절편.

민생 (民生) 명 1 일반 국민의 생활 또는 생계. ▣~ 문제〔지안〕/ ~을 도모하다 / ~이 도탄에 빠지다. 2 일반 국민. 생민(生民).

민생-고 (民生苦) 명 일반 국민의 생활고. ▣ ~를 해결하다 / ~에 허덕이다.

민생-물자 (民生物資)〔-짜〕명 일반 국민이 생활하는 데 필요한 물자.

민생-주의 (民生主義)〔- / -이〕명 중국의 쑨원(孫文)이 주장한 삼민주의의 하나. 사회의 모든 계급적 압박을 없애고 국민의 생활을 풍족하게 하려는 주의.

민서 (民庶) 명 민중.

민선 (民選) 명 일반 국민이 선거로 뽑음. ▣~ 도지사〔시장〕. ↔관선(官選)·국선.

민선 의원 (民選議員) 국민이 선거를 통해 뽑은 의원.

민성-함 (民聲函) 명 여론을 듣기 위해 관청에서 마련한 함.

민소 (民訴) 명 1 억울한 사정에 대한 백성들의 호소. 2〔법〕'민사 소송'의 준말.

민-소매 명 소매가 없는 윗옷.

민속 (民俗) 명 민간 생활과 연계된 신앙·풍속·전설·전승 문화 따위의 총칭. 민풍(民風). ▣~ 신앙 / ~ 경연 대회.

민속-극 (民俗劇)〔-꾹〕〔연〕민간에 전해 내려오는 습속·전설 등을 내용으로 하는 연극.

민속-놀이 (民俗-)〔-송노리〕명 민간에 전해 내려오는, 그 지방의 생활과 풍속이 나타나 있는 놀이.

민속-무 (民俗舞)〔-송-〕〔연〕민간에 전해 내려오는 춤. 민속 무용.

민속-사회 (民俗社會)〔-싸-〕명 민간에 전해 내려오는 풍속을 보존하고 있는 사회.

민속 소:설 (民俗小說)〔-쏘-〕〔문〕민간에 전해 내려오는 민족의 독특한 풍속과 습관을 소재로 한 소설.

민속-악 (民俗樂) 명〔악〕민속 음악.

민속 예:술 (民俗藝術)〔-송녜-〕민간에 전해 내려오는 풍습·신앙 등과 연계된 예술.

민속 음악 (民俗音樂)〔악〕민간에 전해 내려오는 그 지역 고유의 음악.

민속-촌 (民俗村) 명 1 고유한 민속을 간직하고 있는 마을. 2 전통 민속을 보존하고 전시할 목적으로 민속자료가 될 만한 것을 수집하여 만든 마을.

민속-하다 (敏速-)〔-소카-〕형여 행동이나 일의 처리가 날쌔고 빠르다. ▣민속한 행동 / 다람쥐처럼~. **민속-히** 〔-소키〕부

민속-학 (民俗學)〔-쏘칵〕명 민간에 전해 내려오는 풍속·습관·전설·신앙 따위를 과학적으

로 연구하는 학문.

민수 (民需) 명 민간의 수요(需要). ▣~ 물자. ↔관수·군수.

민숭-민숭 부하형히부 1 털이 날 자리에 털이 없어 번번한 모양. ▣~한 대머리. 2 산에 나무나 풀이 없는 모양. ▣~한 바위산. 3 술을 마시고도 취하지 않고 정신이 멀쩡한 모양. ㉱맨송맨송.

민스 (mince) 명 얇게 썬 고기.

민습 (民習) 명 민간의 풍습.

민시 (民是) 명 국민이 옳다고 생각하는 주의와 방침.

민시 (民時) 명 백성이 살아가는 데 중요한 시기(봄에 밭 갈고, 여름에 김매고, 가을에 거두는 따위의 바쁜 농사철). 인시(人時).

민심 (民心) 명 국민의 마음. 민정(民情). ▣ ~을 얻다 / ~이 동요하다 / ~을 수습하다.
〔민심이 천심(天心)〕백성들의 마음을 저버릴 수 없다는 뜻.

민아무간 (民我無間) 명 민족과 자기 자신을 똑같이 생각함.

민약-설 (民約說)〔미냑썰〕명 사회나 국가의 성립이 국민 각자의 자유 의지 계약에 따른다는 루소 등의 학설. 사회 계약설.

민약 헌:법 (民約憲法)〔미냐컨뻡〕민정 헌법.

민어 (民魚)〔-어〕명 민어과의 바닷물고기. 길이 60~90 cm, 길고 납작하며 주둥이가 둔함. 빛은 등 쪽이 회청색, 배 쪽은 담색임. 부레는 부레풀을 만듦.

민-얼굴 명 꾸미지 않은 얼굴.

민-엄호 (-广戶) 명 한자 부수의 하나(('厄'·'厭' 따위에서 '厂'의 이름). 민엄호밑.

민엄호-밑 (-广戶-)〔미넘-밑〕명 민엄호.

민업 (民業) 명 민간인이 경영하는 사업. ↔관업(官業).

민연-하다 (泯然-) 형여 자취가 없다. 가뭇없다. **민연-히** 부

민연-하다 (憫然-) 형여 민망하다. **민연-히** 부

민영 (民營) 명 민간인이 하는 경영. ↔철도. ↔관영(官營)·국영.

민영 방:송 (民營放送) 민간 자본으로 민간인이 운영하는 방송(주된 수입원은 광고료임). 민간 방송.

민영 주:택 (民營住宅) 개인이나 사법인(私法人)이 집단적인 규모로 건설해서 공급하는 주택. 국민 주택.

민영-화 (民營化) 명하타 관에서 운영하던 것을 민간인이 경영하게 함. ▣국영 기업의 ~ / 공기업을 ~하다.

민예 (民藝) 명 민중의 생활 속에 전해진 공예나 예술 따위.

민예-품 (民藝品) 명 민간에 전해 오는 예술 용품.

민완 (敏腕) 명하타 일을 재치 있고 빠르게 처리하는 솜씨. ▣~ 형사〔기자〕.

민완-가 (敏腕家) 명 일을 재치 있고 빠르게 처리하는 솜씨가 있는 사람.

민요 (民謠) 명 예로부터 민중 속에서 전해 내려온, 민중의 소박한 생활 감정이 담긴 노래.

민요 (民擾) 명 민란(民亂).

민요-곡 (民謠曲) 명 민요풍으로 작곡 또는 편곡한 가곡.

민요-조 (民謠調)〔미뇨쪼〕명 민요풍의 가락. ▣~의 노래.

민요-풍 (民謠風) 명 민요의 가락을 띤 형식. ▣~의 가곡.

민욕 (民辱) 圀 민족이 당하는 부끄러운 모욕. *국치(國恥).

민울-하다 (悶鬱-) 圀圀 안타깝고 답답하다. 민답하다. **민울-히** 凸

민원 (民怨) 圀 국민의 원망. 圀~을 사다.

민원 (民願) 圀 주민이 행정 기관에 대해 원하는 바를 요구하는 일. 圀~ 사무/~ 창구/~을 해결하다.

민원-서류 (民願書類) 圀 민원 사항을 적어 해당 기관에 제출하는 서류.

민유 (民有) 圀 국민 개인의 소유. ↔국유.

민유-림 (民有林) 圀 개인이 소유한 산림. *국유림·공유림.

민-음표 (-音標) 圀 〔樂〕 점이 붙지 않은 음표 《온음표·2분음표 등》. 단순 음표. ↔점음표.

민의 (民意) [미늬 / 미니] 圀 국민의 의사. 圀~를 따르다/~를 수렴하다.

민의-원 (民議院) [미늬- / 미니-] 圀 구(舊)헌법의 양원제 국회에서, 참의원과 함께 국회를 구성하던 한 원(院). 외국의 하원에 해당함. *참의원.

민의-원 (民議員) [미늬- / 미니-] 圀 '민의원 의원'의 준말.

민의원 의원 (民議院議員) [미늬워늬- / 미니워니-] 민의원을 구성하는 의원. 준민의원.

민자 (民資) 圀 '민간 자본'의 준말. 圀~를 유치하다.

민장 (民狀) 圀 예전에, 백성의 송사·청원 등에 관한 서류.

민재 (民財) 圀 백성의 재물. 국민의 재산.

민재 (民裁) 圀 1 '민사 재판'의 준말. 2 일반 법원에서 행해지는 재판. ↔군재(軍裁).

민-저고리 圀 회장(回裝)을 대지 않은 저고리.

민적 (民籍) 圀 '호적(戶籍)'의 구칭.

민절 (悶絕) 圀圀 너무 기가 막혀 정신을 잃고 까무러침.

민정 (民政) 圀 1 공공의 안녕 유지와 국민의 복리 증진을 꾀하는 행정. 圀~을 펴다. 2 민간인에 의한 정치. 圀~ 이양/~ 복귀. ↔군정(軍政).

민정 (民情) 圀 1 국민의 사정과 생활 형편. 圀~을 돌아보다/~에 어둡다. 2 민심.

민정 헌:법 (民定憲法) [-뻡] 국민이 선출한 의회에 의하여, 또는 국민 투표에 의하여 제정된 헌법. 민약 헌법. *국약 헌법·흠정 헌법.

민족 (民族) 圀 같은 지역에서 공동생활을 오랫동안 함으로써 언어나 풍습 따위의 문화 내용을 함께하는 인간 집단. 겨레. 圀단일 ~/~ 해방 운동/~의 영웅 이순신 장군/~ 감정을 자극하다.

민족 국가 (民族國家) [-꾹까] 하나의 민족이 주체가 되어 있는 국가.

민-족두리 [-뚜-] 圀 아무 장식이 없는 족두리. *꾸밈족두리.

민족 문화 (民族文化) [-둥-] 한 민족의 언어·풍속과 생활양식 따위를 바탕으로 하여 이루어진 민족 고유의 독특한 문화. 圀고유한 ~를 이룩하다.

민족-사 (民族史) [-싸] 한 민족이 겪어 온 역사. 圀~를 더듬다/~를 바로잡다.

민족-상잔 (民族相殘) [-쌍-] 圀 같은 겨레끼리 서로 다투고 죽임. 동족상잔. 圀~의 비극.

민족-성 (民族性) [-쎙] 한 민족의 고유한 성질. 圀근면한 ~/~이 형성되다.

민족 심리학 (民族心理學) [-씸니-] 각 민족의 특유한 심리를 밝혀, 도덕·신화(神話)·종교·

언어·풍속 등 문화의 성립·발전을 연구하는 심리학.

민족-애 (民族愛) 圀 같은 민족끼리의 믿음과 사랑. 圀~가 강하다/~를 발휘하다.

민족-양식 (民族樣式) [-쌍냥-] 圀 민족에 따라 다르게 나타나는 방식이나 모습.

민족 운:동 (民族運動) 1 타민족으로부터 압박을 받는 민족이 독립을 하려고 하는 운동. 2 흩어져 있는 동일 민족이 한 민족 국가를 건설하려는 운동.

민족-의상 (民族衣裳) [-조긔- / -조기-] 圀 민족의 고유한 옷(우리나라의 한복 같은 것).

민족-의식 (民族意識) [-조긔- / -조기-] 圀 자기 민족의 존엄과 권리를 지키고 민족의 단결과 발전을 꾀하려는 집단적인 의지 및 감정. 圀~을 고취하다.

민족 자결 (民族自決) [-짜-] 한 민족이 다른 민족이나 국가의 간섭을 받지 않고 자신의 정치 조직 또는 귀속(歸屬)을 스스로 결정하는 일.

민족 자결주의 (民族自決主義) [-짜- / -짜-이] 민족 자결의 원칙을 실현하려는 주의. 제1차 세계 대전 후, 미국의 윌슨 대통령이 제창하였음.

민족 자본 (民族資本) [-짜-] 〔經〕 식민지나 개발 도상국 등에서, 외국 자본에 저항하는 그 나라의 토착 자본. ↔매판 자본.

민족-자존 (民族自存) [-짜-] 민족이 스스로의 힘으로 삶을 누려 나감. 圀~을 회복하다.

민족-적 (民族的) [-쩍] 圀圀 온 민족이 관계되거나 포괄하는 (것). 圀~인 동질성〔자긍심〕.

민족-정신 (民族精神) [-쩽-] 圀 한 민족이 공유하는 고유한 정신.

민족-주의 (民族主義) [-주- / -주이] 圀 민족의 통일과 독립, 발전을 최고의 이념적 가치로 여기고 중시하는 주의.

민족-중흥 (民族中興) [-중-] 圀 쇠잔해진 민족이 다시 번영을 이룩함.

민족-혼 (民族魂) [-조콘] 圀 어떤 민족이 지니고 있는 고유한 정신. 圀~을 되살리다. *민족정신.

민주 (民主) 圀 1 주권이 국민에게 있음. 2 '민주주의'의 준말.

민주 공:화국 (民主共和國) 주권이 국민에게 있고 주권의 운용이 국민의 의사에 따라 이루어지는 국가. 국체는 민주제, 정체는 공화제인 나라.

민주 국가 (民主國家) [-까] 민주 정치를 펴는 국가. 민주국. 민주주의 국가.

민주 국체 (民主國體) 주권이 국민에게 있는 국가 체제.

민주-대다 圀 몹시 귀찮게 싫증나게 하다.

민주-스럽다 圀 ☞면구스럽다.

민주-적 (民主的) 圀圀 민주주의에 적합한 (것). 圀~ 절차와 방법/~으로 운영하다.

민주 정체 (民主政體) 민주주의에 입각한 정치 형태.

민주 정치 (民主政治) 주권이 국민에게 있고, 국민의 의사에 따라 운용되는 정치. 圀~가 뿌리내리다.

민주 제:도 (民主制度) 민주주의에 의거해서 정치를 행하는 제도.

민주-주의 (民主主義) [-/-이] 圀 주권이 국민에게 있고 국민에 의해 정치를 행하는 주의. 데모크라시. 圀~를 실현하다/~를 확립하다. ↔전제주의. 준민주.

민주주의-적 (民主主義的) [-/-이-] 圀圀 민주주의의 원칙을 따르는 (것). 圀~ 개혁/~인

정치 제도.

민주-화(民主化)명하자타 민주주의적으로 되어 가거나 그리 되게 함. ▢ ~ 운동 / 사회가 점차 ~되어 가고 있다.

민-죽절(-竹節)[-쩔]명 아무 장식이 없는 죽절비녀.

민-줄명 개미를 먹이지 않은 연줄.

민중(民衆)명 국가나 사회를 구성하는 일반 국민. 흔히, 피지배 계급으로서의 일반 대중을 가리킴. 민서(民庶). ▢ ~의 힘 / ~ 문학 / ~의 지지를 받다.

민중-가요(民衆歌謠)명 민중이 한마음·한뜻으로 즐겨 부를 수 있도록 만들어진 노래.

민중 예:술(民衆藝術)[-녜-]명 1 예술가가 아닌 일반 민중에 의해 형성된 예술. 2 특정 계급을 위한 것이 아닌 일반 민중을 위한 예술. ☀귀족 예술.

민중 운:동(民衆運動) 민중이 어떤 목적을 달성하기 위해 벌이는 운동. ▢ 선거 부정을 추방하기 위한 ~.

민중-적(民衆的)관명 민중을 위주로 하거나 민중에 의한 (것). ▢ ~인 삶 / ~ 문화.

민중-화(民衆化)명하자타 1 민중에 동화됨. 또는 그렇게 되게 함. 2 민중의 것이 됨. 또는 그렇게 되게 함.

민지(民智)명 국민의 슬기.

민지(敏智)명 예민한 슬기.

민-짜명《속》민째.

민-짜-건(-巾)명 유건(儒巾).

민-책받침(←-辵-)[-빧-]명 한자 부수의 하나인 '辵'·'廻' 등에서 '辵'의 이름).

민천(旻天)명 1 가을 하늘. 2 하늘1.

민첩-하다(敏捷-)[-처파-]형어 재빠르고 날쌔다. ▢ 민첩한 동작. **민첩-히**[-처피]부

민초(民草)명 '백성'을 질긴 생명력을 가진 잡초에 비유한 말.

민촌(民村)명 조선 때, 상민(常民)이 살던 마을. ↔반촌(班村).

민-촌충(-寸蟲)명 [동] '무구조충(無鉤條蟲)'의 구용어.

민충-하다형어 미련하고 덜되다.

민충(民衷)명 백성의 고충. ▢ ~을 헤아리다.

민취(民娶)명 양반이 상민의 딸과 혼인함. ↔반취(班娶).

민치(民治)명 국민을 다스림.

민툿-이명 민툿하게.

민툿-하다[-투타-]형어 울퉁불퉁하지 않고 평평하며 비스듬하다.

민-패명 아무 꾸밈새가 없는 물건. 민짜.

민폐(民弊)[-/-폐]명 민간에 끼치는 폐해. ▢ ~ 근절 / ~를 끼치다.

민풍(民風)명 민속(民俗).

민항(民航)명 '민간 항공'의 준말.

민혜-하다(敏慧-)[-/-혜-]형어 재빠르고 슬기롭다.

민호(民戶)명 민가(民家).

민화(民話)명 민간에 전해 내려오는 옛이야기. ▢ ~를 채록하다.

민화(民畫)명 지난날, 실용을 목적으로 무명인이 그렸던 그림. 소박하고 파격적이며 익살스러운 것이 그 특징임.

민활-하다(敏活-)형어 재빠르고 활발하다. ▢ 민활한 수완[동작] / 민활하게 움직이다. **민활-히**부

민회(民會)명 [역] 고대 그리스·로마의 도시 국가에 있었던 시민 총회.

민흘(憫恤)명하타 불쌍한 사람을 도와줌.

밀명《옛》1 볼기. 2 둥구멍. 3 밑.

믿-기다[-끼-]재《'믿다'의 피동》믿어지다. ▢ 그의 말이 믿기지 않는다.

믿-나라명《옛》본국. 자기 나라.

믿다[-따]타 1 꼭 그렇게 여기어 의심하지 않다. ▢ 지구는 둥글다고 믿는다 / 계획대로 이루어지리라고 믿는다. 2 남에게 의지하고, 기대를 저버리지 않을 것이라고 여기다. ▢ 아버지를 믿고 의지하다 / 그 제품은 믿을 수 있다. 3 신앙하다. ▢ 불교를 ~.
[믿는 나무에 곰이 핀다] 믿는 터에 뜻밖의 파탄이 생긴다. [믿는 도끼에 발등 찍힌다] 믿고 있던 일이 어긋나거나 믿고 있던 사람에게 오히려 해를 입다.

믿음명 1 믿는 마음. ▢ 친구에 대한 ~ / 이 가다 / ~을 잃지 않다 / ~을 저버리다. 2 신앙. ▢ ~이 깊다 / ~을 가지다.

믿음-성[-性][미듬썽]명 믿을 만한 바탕이나 성질. 신뢰성.

믿음성-스럽다(-性-)[미듬썽-따][-스러워, -스러우니]형ㅂ 믿음직한 성질이 있다. ▢ 당당한 체격이 ~. **믿음성-스레**[미듬썽-]부

믿음직-스럽다[미듬-쓰-따][-스러워, -스러우니]형ㅂ 믿음직한 데가 있다. ▢ 단호한 태도가 ~. **믿음직-스레**[미듬-쓰-]부

믿음직-하다[미듬지카-]형어 믿을 만하다. ▢ 보기에 ~.

밑집《옛》본집.

밀[1]명[식] 볏과의 한해살이 또는 두해살이풀. 줄기는 곧고 높이 약 1 m, 마디는 속이 비어 있음. 열매는 녹말과 단백질이 많아 중요한 곡식으로서 세계적으로 널리 재배됨. 참밀.

밀[2]명 꿀벌이 벌집을 만들기 위해 분비하는 물질. 밀랍(蜜蠟).

밀[3]명[광] 함치질할 때 나오는 모래알 모양의 광석.

밀(mil)의명 야드파운드법의 길이의 단위. 1 밀은 1/1000 인치임.

밀-가루[-까-]명 밀을 빻아 만든 가루. 맥분(麥粉). 소맥분. ▢ ~ 음식 / ~ 포대 / ~ 반죽을 주무르다.
[밀가루 장사 하면 바람이 불고 소금 장사 하면 비가 온다] 운수가 사나우면 일이 공교롭게 매번 뒤틀어진다는 말.

밀-갈퀴명 벌통에서 밀을 따는 갈퀴.

밀감(蜜柑)명[식] 운향과의 상록 활엽 관목. 높이 3 m가량, 첫여름에 흰 다섯잎꽃이 피고, 장과(漿果)는 첫겨울에 황적색으로 익음. 열매는 식용하고, 그 껍질은 향료·진피(陳皮) 대용이 됨. 귤나무.

밀갑(密匣)명 밀부(密符)를 넣어 두는 갑.

밀:-개명 밀가루 반죽 따위를 밀어 얇게 펴는 기구.

밀-개떡명 밀가루나 밀가루의 찌끼로 반대기를 지어 찐 떡.

밀-거래(密去來)명하타 법을 어기면서 몰래 사고파는 행위. ▢ 마약을 ~하다.

밀:-걷다(-거타-)[밀거니, 밀게서]형ㅎ 훤하게 멀겋다. 참말갛다.

밀계(密計)[-/-게]명 은밀하게 꾸민 계략. 밀책(密策). ▢ ~를 꾸미다.

밀계(密契)[-/-게]명하자 남몰래 계약을 맺음. 또는 그 계약.

밀계(密啓)[-/-게]명하타 임금에게 넌지시 글을 아룀. 또는 그 글. 비계(秘啓).

밀고(密告)명하타 남몰래 넌지시 일러바침. 고자질함. ▢ 거사 모의를 ~하다.

밀:-골무 몡 손가락 끝이 상했을 때 끼는, 꿀벌의 밀로 만든 골무.

밀과 (蜜菓) 몡 유밀과(油蜜菓).

밀교 (密敎) 몡 **1**〖불〗해석·설명 등을 할 수 없는 경전(經典)·주문·진언 등. **2**〖불〗7세기 후반에 인도에서 일어난 대승 불교의 한 파. ↔현교(顯敎). **3**〖역〗임금이 살아 있을 때 종친·중신 등에게 남모르게 뒷일을 부탁하여 내린 교서.

밀:-국수 [-쑤] 몡 밀가루로 만든 국수.

밀:-굽 몡 말의 다리에 병이 나거나 굽이 오래 박히 아니하여 절룩거려서 앞으로 밀려나 발굽.

밀기 (密記) 몡하타 남몰래 기록함. 또는 그 글.

밀:-기름 몡 밀랍과 참기름을 섞어서 끓인 머릿기름.

밀-기울 [-끼-] 몡 밀을 빻아 체로 쳐서 남은 찌끼. 맥부(麥麩). 맥피(麥皮).

밀:-깜부기 몡 밀이 병들어 새까맣게 된 이삭.

밀:-나물 [-라-] 몡〖식〗백합과의 여러해살이 덩굴풀. 산에 나는데 청미래덩굴과 비슷하며 줄기는 길게 뻗음. 여름에 녹색 꽃이 핌.

밀:-낫 [-란] 몡 밀을 밀어 깎는 낫(낫 비슷한데 등이 날이 되고 자루가 긺).

밀:-다 [밀어, 미니, 미는] 타 **1**힘을 주어 앞으로 나아가게 하다. ¶수레를 ~. **2**거친 바닥이나 겉을 반반하게 깎다. ¶대패로 ~. **3**추천하거나 추대하다. ¶회장으로 ~. **4**눌러서 얇고 넓게 펴다. ¶만두피를 ~. **5**표면에 붙은 것이 떨어지도록 문지르다. ¶때를 ~. **6**등사하거나 인쇄하다. ¶시험 문제를 등사기로 ~. **7**☞ 미루다.

밀담 (密談) [-땀] 몡하자 남몰래 이야기함. 또는 그 이야기. 밀화(密話). ¶~을 나누다.

밀:-대 [-때] 몡 **1**물건을 밀어젖힐 때 쓰는 나무 막대. **2**소총에서, 노리쇠 뭉치와 연결되어 밀었다 당겼다 하는 긴 쇠.

밀도 (密度) [-또] 몡 **1**빽빽이 들어선 정도. ¶인구 · 공기 ~가 희박하다. **2**내용이 충실한 정도. ¶~ 높은 수업. **3**〖물〗한 물질의 어느 온도에서 단위 부피만큼의 질량(단위는 g/cm^3).

밀도 (密屠) [-또] 몡하타 '밀도살'의 준말.

밀-도살 (密屠殺) [-또-] 몡하타 허가 없이 가축을 잡음. ㉜밀도.

밀:-돌 [-똘] 몡 양념·곡식 따위를 부스러뜨리는 데 쓰는 납작하고 반들반들한 작은 돌.

밀:-동자 (-童子) 몡 수파련(水波蓮)의 장식으로 쓰는, 꿀벌의 밀로 조그맣게 만든 동자의 형상.

밀:-따기 몡하자 벌통에서 밀을 떼어 내는 일.

밀:-따리 몡〖식〗늦벼의 하나(꺼끄러기가 없고 빛이 붉음).

밀:-떡 몡 밀가루를 꿀물이나 설탕물에 반죽해서 익히지 않은 날떡(부스럼에 붙임).

밀:-똘레 몡 **1**둥글넓적하며 뭉친 덩이. **2**길들어 손에 익거나 살겨서 윤택한 물건.

밀:-뜨리다 타 갑자기 힘 있게 밀어 버리다. 밀뜨려 넘어지게 하다.

밀랍 (蜜蠟) 몡 꿀벌이 벌집을 만들기 위해 분비하는 물질. 화장품·초·전기 절연·광택제(光澤劑)에 사용됨. 납(蠟). 밀. 황랍(黃蠟). ¶~ 인형.

밀레니엄 (millennium) 몡 **1**천 년 (동안). ¶새 ~에 대해 거는 기대가 크다.

밀레니엄 버그 (millennium bug) 컴퓨터가 1900년대의 연도와 2000년 이후의 연도를 구별하지 못하게 되는 오류. 컴퓨터의 연도 표시를 마지막 두 자리로 표시한 데에서 비롯됨.

밀려-가다 자 **1**한꺼번에 떼를 지어 가다. ¶우르르 ~ / 군중에 섞이어 ~. **2**떼밀려서 가다. ¶바람에 ~.

밀려-나다 자 **1**떼밀음을 당하여 어느 위치에서 다른 쪽으로 밀리다. ¶길 옆으로 ~. **2**어떤 자리에서 쫓겨나다. ¶사장 자리에서 ~.

밀려-다니다 자 **1**뒤에서 미는 힘으로 다니다. ¶군중 속에 섞여 ~. **2**여럿이 떼를 지어 돌아다니다. ¶관광객들이 떼를 지어 ~.

밀려-닥치다 자 한꺼번에 여럿이 들이닥치다. ¶손님들이 매장에 밀려닥쳤다.

밀려-들다 [-들어, -드니, -드는] 자 한꺼번에 여럿이 몰려들다. ¶청소년들이 공연장에 ~ / 외로움이 온몸에 밀려들었다.

밀려-오다 자 **1**미는 힘에 밀려 오다. ¶조수(潮水)가 ~. **2**어떤 현상이나 유행 따위가 거세게 일어나거나 들어오다. ¶피로가 ~ / 서양 문물이 ~.

밀렵 (密獵) 몡하타 허가를 받지 않고 몰래 사냥함. ¶~이 성행하다.

밀렵-꾼 (密獵-) 몡 허가를 받지 않고 몰래 사냥하는 사람.

밀리 (milli) 의명 '밀리미터'의 준말.

밀리그램 (milligram) 의명 무게의 단위. 1그램의 1/1000(기호 : mg).

밀리다 자 **1**처리하지 못한 일·물건이 쌓이다. ¶집세가 ~ / 일이 ~. **2**('밀다'의 피동)떼밀음을 당하다. ¶인파에 밀려 넘어지다.

밀리뢴트겐 (독 Milliröntgen) 의명 방사능의 양 뢴트겐의 1/1000(기호 : mR).

밀리리터 (milliliter) 의명 부피의 단위. 1리터의 1/1000(기호 : ml).

밀리몰 (millimole) 의명〖화〗농도의 단위. 1몰의 1/1000(기호 : mM).

밀리미크론 (millimicron) 의명 길이의 단위. 1/1000 미크론(기호 : mμ).

밀리미터 (millimeter) 의명 길이의 단위. 1/10 센티미터(기호 : mm). ㉜밀리.

밀리미터-파 (millimeter波) 몡〖물〗파장 1-10 mm의 극초단파. 주파수 범위에서는 기가헤르츠(giga hertz)에 해당하며 EHF라고도 함.

밀리-바 (millibar) 의명 기압의 단위. 10^6 다인/cm²이 1바(bar)로, 이의 1/1000에 해당함. 1기압은 1013.250 밀리바임(기호 : mb). 기상 용어는 '헥토파스칼'.

밀리-볼트 (millivolt) 의명 전압의 실용 단위. 1볼트의 1/1000(기호 : mV).

밀리-암페어 (milliampere) 의명 전류의 실용 단위. 1암페어의 1/1000(기호 : mA).

밀리-와트 (milliwatt) 의명 전력의 단위. 1와트의 1/1000(기호 : mW).

밀림 (密林) 몡 큰 나무들이 빽빽하게 들어선 깊은 숲. 정글. ¶울창한 ~ / ~ 지대(地帶). ↔소림(疏林).

밀링 머신 (milling machine) 커터(cutter)로 평면깎기·홈파기·톱니깎기 따위의 작업을 하는 공작 기계. 프레이즈반.

밀:-막다 [-따] 타 **1**밀어서 막다. **2**핑계를 대고 거절하다. ¶부탁을 ~.

밀-만두 (-饅頭) 몡 **1**밀가루로 빚은 만두. **2**매끄러운 사람을 농으로 일컫는 말.

밀매 (密賣) 몡하타 거래가 금지된 물품을 몰래 팖. ¶마약을 ~하다.

밀-매음 (密賣淫) 명하자 법을 어기고 몰래 몸을 파는 일.

밀명 (密命) 명하자타 몰래 내리는 명령. ▢~을 받고 교섭에 나서다.

밀모 (密毛) 명 빽빽하게 난 털.

밀모 (密謀) 명하타 몰래 의논해서 일을 꾸밈. 또는 그 모의.

밀-무역 (密貿易) 명하타 세관을 통하지 않고 몰래 하는 무역. *밀수.

밀:-문 (-門) 명 밀어서 열게 되어 있는 문.

밀-물 명 조수의 간만으로 해면이 상승하는 현상. 또는 그 조류. ▢~이 차오르다 / ~이 밀려 들어오다. ↔썰물.

밀밀-하다 (密密-) 형여 아주 빽빽하다. ▢밀밀한 수림. 밀밀-히 부

밀-반입 (密搬入) 명하타 물건 따위를 몰래 안으로 들여옴. ↔밀반출.

밀-반죽 명하자 밀가루로 만든 반죽.

밀-반출 (密搬出) 명하타 물건 따위를 몰래 밖으로 내감. ↔밀반입.

밀:-방망이 명 반죽을 밀어서 얇고 넓게 펴는 데 쓰는 방망이.

밀-범벅 명 밀가루에 소금을 치고 청둥호박과 청대콩 따위를 섞어 찐 범벅.

밀보 (密報) 명하자타 남몰래 알림. 또는 그렇게 하는 보고.

밀-보리 명 1 밀과 보리. 2 쌀보리.

밀봉 (密封) 명하타 단단히 붙여 꼭 봉함. ▢~한 편지.

밀봉 (蜜蜂) 명 〔충〕 꿀벌.

밀봉-교육 (密封敎育) 명 간첩이나 특수 요원을 양성하기 위해 일정한 곳에서 외부와의 접촉을 금하고 비밀히 행하는 교육.

밀부 (密夫) 명 밀통한 남자. 샛서방.

밀부 (密符) 명 〔역〕 조선 때, 유수(留守)·감사(監司)·병사(兵使)·수사(水使) 등에게 병란이 일어나면 즉시 군사를 동원할 수 있도록 내리던 병부(兵符).

밀부 (密婦) 명 밀통을 통한 여자.

밀:-붓 [-붇] 명 붓털에 밀을 먹여 빳빳하게 맨 붓.

밀삐 명 지게에 매어 걸머지는 끈.

밀삐-세장 명 지게의 윗세장 아래에 가로로 박은 나무. 밀삐의 위 끝을 맴.

밀사 (密事) [-싸] 명 몰래 하는 일.

밀사 (密使) [-싸] 명 비밀히 보내는 사자(使者). ▢~를 보내다 / ~로 적지에 잠입하다.

밀살 (密殺) [-쌀] 명하타 1 몰래 죽임. 2 몰래 가축을 도살함.

밀상 (密商) [-쌍] 명하자 허가 없이 몰래 물건을 사고팖. 또는 그러한 장수.

밀생 (密生) [-쌩] 명하자 빽빽하게 남. ▢~한 난(蘭) 군락지. ↔소생.

밀서 (密書) [-써] 명 비밀히 보내는 편지나 문서. ▢국왕의 ~를 받다.

밀선 (密船) [-썬] 명 허가 없이 몰래 다니는 배. ▢~을 타고 밀입국하다.

밀선 (蜜腺) [-썬] 명 〔식〕 꿀샘.

밀선 식물 (蜜腺植物) [-썬싱-] 명 밀선을 가진 식물(잎·꽃 등에서 단물을 내어 벌·개미 따위의 곤충을 모여들게 해서 수분(受粉)하거나 해충을 방지함).

밀소 (密訴) [-쏘] 명하타 몰래 아뢰는 일.

밀-소주 (-燒酒) 명 밀과 누룩으로 곤 소주.

밀송 (密送) [-쏭] 명하타 남몰래 보냄.

밀수 (密輸) [-쑤] 명하타 세관을 거치지 않고 몰래 하는 수입이나 수출.

밀수 (蜜水) [-쑤] 명 꿀물.

밀수업-자 (密輸業者) [-쑤-짜] 명 밀수를 업으로 하는 사람.

밀-수입 (密輸入) [-쑤-] 명하타 세관을 거치지 않고 몰래 하는 수입. ▢마약을 ~하다. ↔밀수출.

밀-수제비 명 밀가루를 묽게 반죽하여 끓는 장국에 조금씩 떼어 넣어 익힌 음식.

밀-수출 (密輸出) [-쑤-] 명하타 세관을 거치지 않고 몰래 수출하는 일. ▢금괴를 ~하다. ↔밀수입.

밀수-품 (密輸品) [-쑤-] 명 세관을 거치지 않고 몰래 사들여 오거나 내다 파는 물품.

밀식 (密植) [-씩] 명하타 1 빽빽하게 심음. ▢직파 ~. 2 남몰래 심음. ▢대마초를 ~하다.

밀실 (密室) [-씰] 명 남이 출입하지 못하게 하고 비밀히 쓰는 방. ▢~에 은닉〔감금〕하다.

밀-쌈 명 밀전병에 나물·고기·설탕·깨소금 따위의 소를 넣어 만든 음식.

밀-알 명 1 밀의 낟알. 2 '어떤 일의 작은 밑거름이 되는 것'을 비유하는 말.

밀알-지다 형 얼굴이 빤빤하게 생기다.

밀약 (密約) 명하타 비밀히 약속함. 또는 그런 약속. 짬짜미. ▢~을 맺다.

밀어 (密漁) 명하자 허가 없이 몰래 물고기를 잡음.

밀어 (密語) 명하자 1 남이 알아듣지 못하게 비밀히 하는 말. ▢~를 나누다. 2 〔불〕 밀교에서, 여래의 교의를 설법하는 말.

밀어 (蜜語) 명 남녀 사이의 정담. ▢사랑의 ~ / ~를 속삭이다.

밀어-내기 명 야구에서, 주자 만루일 때 타자가 사구(四球)를 골라 출루(出壘)함으로써 자연히 득점하는 일.

밀어-내다 타 힘이나 압력 따위를 가해서 물러나게 하다. ▢의자를 뒤로 ~ / 사장을 밀어내고 그 자리를 차지하다.

밀어-닥치다 자 여럿이 한꺼번에 닥치다. ▢채권자들이 밀어닥쳐 아우성친다.

밀어-뜨리다 타 힘껏 떼밀거나 밀치어 움직이게 하다. ▢말다툼 끝에 상대를 ~.

밀어-붙이다 [미러부치-] 타 1 한쪽으로 세게 밀다. ▢상대방을 구석으로 ~. 2 고삐를 늦추지 않고 계속 몰아붙이다. ▢승기(勝氣)를 잡고 상대 팀을 ~.

밀어-상통 (密語相通) 명하자 남몰래 서신으로 서로 의사를 통함.

밀어-젖히다 [미러저치-] 타 1 밀문을 힘껏 밀어 열다. ▢대문을 활짝 ~. 2 밀어서 한쪽으로 기울어지게 하다.

밀어-제치다 타 세차게 밀어 뒤로 가게 하다. ▢밀어제치고 앞으로 나서다.

밀어-주다 타 1 적극적으로 도와주다. ▢밀어 주겠다며 돈을 요구하다. 2 어떤 지위를 차지하도록 내세워 지지하다. ▢선배를 회장으로 밀어주었다.

밀어 차기 태권도에서, 상대의 공격을 막거나 공격하려고 상대의 몸통이나 얼굴을 발바닥으로 밀어 차는 동작.

밀어-트리다 타 밀어뜨리다.

밀왇다 타 〈옛〉 밀치다.

밀운 (密雲) 명 두껍게 낀 구름.

밀원 (蜜源) 명 벌이 꿀을 빨아 오는 근원.

밀원 식물 (蜜源植物) [미뤈싱-] 명 밀원이 되는 식물(자운영·아카시아 따위).

밀월 (蜜月) 명 1 결혼 초의 즐겁고 달콤한 동

안. 2 '밀월여행'의 준말.

밀월-여행 (蜜月旅行)[미뤌려―] 圈 신혼여행. ㉿밀월.

밀유 (密諭)圈하囤 남몰래 타이름.

밀음-쇠圈 가방·혁대 등에 달려서 밀면 끝이 위로 들리는 쇠.

밀의 (密意)[미릐 / 미리] 圈 은밀한 뜻.

밀의 (密議)[미릐 / 미리] 圈하囤 남몰래 의논이나 회의를 함. 비밀한 회의. ㉿~를 거듭하다.

밀-입국 (密人國)[미립꾹] 圈하㉲ 정식 절차를 밟지 않고 몰래 입국함.

밀-장 (-障)[-짱] '밀장지'의 준말.

밀장 (密葬)[-짱] 圈하囤 남의 땅에 몰래 지내는 장사. *암장(暗葬).

밀장 (密藏)[-짱] 圈하囤 **1** 남몰래 감추어 둠. **2** 〔불〕진언종(眞言宗)의 경전(經典).

밀-장지 (-障-)[-짱-] 圈 옆으로 밀어서 여닫는 장지. ㉿밀장.

밀전 (密栓)[-쩐] 圈하囤 마개를 꼭 막음. 또는 그 마개.

밀-전병 (-煎餅)圈 밀가루로 만든 전병.

밀접-하다 (密接-)[-쩌파-] 圈囮 썩 가깝게 맞닿아 있다. 썩 가까운 관계에 있다. ㉿밀접한 관계 / 두 사람 사이가 아주 밀접해졌다. **밀접-히** [-쩌피] 囲

밀정 (密偵)[-쩡] 圈하㉲ 남몰래 사정을 살핌. 또는 그런 사람. 스파이. ㉿~을 잠입시키다.

밀제 (蜜劑)[-쩨] 圈 꿀을 바른 환제(丸劑).

밀조 (密造)[-쪼] 圈하囤 허가 없이 몰래 만듦. ㉿술을 ~하다.

밀조 (密詔)[-쪼] 圈 임금이 비밀리에 내리던 조서(詔書).

밀주 (密奏)[-쭈] 圈하囤 왕께 비밀히 아룀.

밀주 (密酒)[-쭈] 圈하㉲ 허가 없이 몰래 술을 담금. 또는 그 술. ㉿~ 막걸리 / ~를 담그다 / ~ 단속에 걸리다.

밀주 (蜜酒)[-쭈] 圈 꿀과 메밀가루를 섞어서 빚은 술.

밀지 (密旨)[-찌] 圈 몰래 내리는 임금의 명령.

밀집 (密集)[-찝] 圈하㉲ 빈틈없이 빽빽하게 모임. ㉿~ 대형 / 인가가 ~돼 있다.

밀-짚 [-찝] 圈 밀알을 떨고 난 밀의 줄기.

밀짚-꽃 [-찝꼳] 圈 국화과의 한해살이 또는 두해살이풀. 줄기 높이 60~90 cm, 잎은 어긋나며, 6~9월에 가지 끝에 여러 빛깔의 꽃이 두상(頭狀)꽃차례로 핌. 관상용. 오스트레일리아 원산.

밀짚-모자 (-帽子)[-찜-] 圈 밀짚·보릿짚 등으로 만든 여름 모자. 맥고(麥藁)모자.

밀짚-서까래 [-찝써-] 圈〔건〕아주 가늘고 짧은 서까래.

밀-차 (-車)圈 밀어서 움직이는 작은 짐수레. ㉿환자를 ~에 눕히다.

밀착 (密着)圈하㉲ **1** 빈틈없이 단단히 붙음. ㉿~ 수비를 펼치다. **2** 서로의 관계가 매우 가깝게 됨. ㉿어느 쪽에도 ~하지 않는 등거리 외교 관계. **3** 확대기를 거치지 않고 음화 필름에다 직접 인화지나 양화 필름을 대고 복사함. 밀착 인화.

밀착 인화 (密着印畵) 밀착3.

밀책 (密策)[-쩩] 圈 밀계(密計).

밀-천신 (-薦新)圈 햇밀가루로 부친 전병으로 지내는 고사나 제사.

밀쳐-놓다 [-처노타] 囤 앞에 있는 어떤 물건을 다른 곳으로 밀어 놓다. ㉿밥상을 한쪽으로 ~.

밀-초 (蜜-)圈 밀랍으로 만든 초. 납촉(蠟燭). 황초. 황초.

밀초 (蜜炒)圈하囤 **1** 한방에서, 약재(藥材)에 꿀을 발라서 불에 볶는 일. **2** 꿀로 버무려 조린 대추초·밤초 등의 일컬음.

밀-출국 (密出國)圈하㉲ 정식 절차를 밟지 않고 몰래 출국함. ↔밀입국.

밀-치 (密-)圈 안장이나 길마에 딸려, 마소의 꼬리 밑에 거는 나무 막대기.

밀-치-끈 圈 밀치에 걸어, 안장이나 길마에 매는 끈.

밀:-치다 囤 힘껏 밀다. ㉿문을 ~.

밀:치락-달치락 [-딸-] 囲 서로 밀고 잡아당기는 모양. ㉿서로 먼저 타려고 ~하다.

밀칙 (密勅)圈 비밀히 내린 임금의 명령.

밀크-셰이크 (milk shake) 圈 우유에 달걀·설탕·향료 등을 넣어 만든 음료.

밀크-캐러멜 (milk+caramel) 圈 우유를 섞어 만든 캐러멜.

밀타 (密陀) 圈〔화〕'밀타승'의 준말.

밀타-승 (密陀僧)圈〔화〕일산화납의 별칭. 색상의 농도에 따라서 금(金)밀타·은(銀)밀타 따위가 있음. ㉿밀타.

밀타-유 (密陀油)圈 밀타승을 들기름에 녹여서 만든 유화용(油畵用) 재료.

밀탐 (密探)圈하囤 남몰래 정탐함. ㉿~꾼 / 적정(敵情)을 ~하다.

밀통 (密通)圈하囤 **1** 부부가 아닌 남녀가 몰래 정을 통함. **2** 사정을 몰래 알려 줌.

밀:-트리다 囤 밀뜨리다.

밀티다 囤〈옛〉밀치다.

밀파 (密派)圈하囤 비밀히 사람을 보냄. ㉿간첩을 ~하다.

밀-펌프 (-pump)圈 원통과 피스톤과 위로 열리는 판(瓣)으로 이루어진 펌프(물을 높은 곳에 퍼 올리는 데 씀). ↔빨펌프.

밀폐 (密閉)[-/-페] 圈하囤 꼭 닫거나 막음. ㉿~ 공간 / ~한 용기(容器).

밀-푸러기 圈 국에 밀가루를 풀어 만든 음식.

밀-풀 圈 밀가루로 쑨 풀.

밀풀 圈〈옛〉밀풀.

밀:피 (-皮)圈 활시위에 밀랍을 바른 뒤에 문지르고 씻고 하는, 사슴의 날 가죽.

밀항 (密航)圈하㉲ 법적인 절차를 밟지 않거나 운임을 내지 않고 몰래 해외로 항행하는 일. ㉿해외로 ~하다.

밀행 (密行)圈하㉲ 비밀히 다니거나 행동함. 잠행(潛行). ㉿~ 수사.

밀화 (密畫)圈 화면에 가득 차도록 대상물을 세밀하게 그린 그림.

밀화 (密話)圈하㉲ 밀담(密談).

밀화 (蜜花)[-콰] 〔광〕호박(琥珀)의 한 가지. 밀랍 같은 누른빛이 나고 젖송이 같은 무늬가 있음.

밀화-잠 (蜜花簪)圈 밀화 조각에 꽃을 새기고 은으로 고달을 단 비녀.

밀화-장도 (蜜花粧刀)圈 밀화로 꾸민 작은 칼.

밀화-패영 (蜜花貝纓)圈 밀화 구슬을 꿰어 단 갓끈.

밀환 (蜜丸)圈하囤 약 가루를 꿀에 반죽하여 알약을 만든 환. 또는 그렇게 만든 약.

밀회 (密會)圈하㉲囤 남몰래 모이거나 만남(특히 남녀가 몰래 만나는 일). ㉿~를 즐기다.

밈: 圈 '미음(米飮)'의 준말.

밉광-스럽다 [-꽝-따] (-스러워, -스러우니) 圈囲 매우 밉살스러운 데가 있다. **밉광-스레** [-꽝-] 囲

밉다 [-따] (미워, 미우니) 圈囲 **1** 생김새가 볼

품이 없다. ☐용모가 밉지는 않다. **2** 행동이나 말이 마음에 거슬린다. ☐거짓말을 잘해 ~. ↔곱다.

[**미운 벌레가 모로 긴다**] 미운 사람이 하는 행동은 모두 비위에 거슬린다. [**미운 아이 떡 하나 더 준다**] 겉으로만 귀여워하는 체한다. [**미운 털이 박혔다**] 몹시 미워하여 못견뎌 군다.

밉둥[─둥] 圈 어린아이의 미운 짓. ☐~을 부리다.

밉둥-스럽다휑 ☞ 밉살스럽다.

밉디-밉다[─띠─따][─미워, ─미우니] 휑回 매우 밉다. ☐밉디미운 녀석.

밉-보다[─뽀─] 囤 밉게 보다.

밉-보이다[─뽀─] 冈 밉게 보이다. ☐장모에게 ~ / 상사에게 밉보여서 좋을 건 없다.

밉살-맞다[─쌀맏따]휑〈속〉밉살스럽다.

밉살머리-스럽다[─쌀─따][─스러워, ─스러우니]휑回〈속〉밉살스럽다.

밉살-스럽다[─쌀─따][─스러워, ─스러우니]휑回 몹시 미움을 받을 만한 데가 있다. ☐꼴이 ~ / 밉살스럽게 굴다. 劉맵살스럽다. **밉살-스레**[─쌀─]문

밉-상(─相)[─쌍]圈 미운 얼굴이나 행동. ☐얼굴이 그리 ~은 아니다. ↔곱상.

밋圈〈옛〉키³.

밋구무圈〈옛〉밑구멍.

밋남진圈〈옛〉본남편.

밋밋-이[민미시]문 밋밋하게. ☐~ 서 있는 나무 한 그루.

밋밋-하다[민미타─]휑囡 **1** 생김새가 미끈하게 곧고 길다. ☐밋밋하고 훤칠하게 생기다. 劉맷맷하다. **2** 두드러진 특징이 없이 평범하다. **3** 경사나 굴곡이 거의 없이 평평하고 비스듬하다.

밍근-하다휑囡 좀 미근근하다. ☐밍근한 물. 劉맹근하다. **밍근-히**문

밍밍-하다휑囡 **1** 맛이 몹시 싱겁다. ☐물에 물 탄 듯 ~. **2** 술·담배의 맛이 독하지 않다. ☐밍밍한 술.

밍크(mink)圈〈동〉족제빗과의 짐승. 물가에 사는데, 털빛은 암갈색, 꼬리는 흑색, 목 아래에 백반이 있음. 급류를 헤엄쳐 물고기 등을 잡아먹음. 모피는 외투 등에 씀. 북아메리카 원산.

및[믿]圈 '그 밖에·그리고·또'의 뜻의 접속 부사. 급(及). ☐문학에는 시·소설 ~ 희곡 등이 있다.

및다[믿따]冈 '미치다'의 준말.

밑[믿]圈 **1** 사물의 아래쪽. ☐계단 ~ / 마루 ~ / 지붕 ~. **2** 정도·지위·나이 따위가 낮거나 적음. ☐형보다 세 살 ~이다 / ~으로 동생이 많이 있다. **3** 안쪽. ☐~에 내의를 입다. **4** ('밑에서'의 꼴로 쓰여) 지배·보호·영향 등을 받는 처지임을 나타냄. ☐할머니 ~에서 자란 아이 / 훌륭한 선생님 ~에서 배우다. **5** 일의 기초나 바탕. **6** '밑구멍'의 준말. **7** '밑바닥'의 준말. ☐~ 빠진 독. **8** '밑동'의 준말.

[**밑 빠진 가마에 물 붓기**] ; 밑 없는 독에 물 붓기] ㉠쓸 곳이 많아 아무리 벌어도 늘 부족함을 이르는 말. ㉡아무리 애써도 보람이 나타나지 않음을 이르는 말.

밑도 끝도 없다 꽌 까닭 모를 말을 불쑥 꺼내어 갑작스럽거나 갈피를 잡을 수 없다는 말. ☐밑도 끝도 없이 불쑥 한마디 하다.

밑(이) 구리다 꽌 숨기고 있는 과실이나 범죄 때문에 떳떳하지 못하다.

밑(이) 질기다 꽌 한번 자리를 잡으면 좀처

---

903 밑바탕

럼 떠날 줄을 모른다.

밑-가지[믿까─]圈 나무의 밑부분에 돋아난 가지.

밑-각(─角)[믿깍]圈〈수〉다각형의 밑변의 양 끝을 꼭짓점으로 하는 내각(內角)《흔히 이등변 삼각형에 대해 일컬음》. 저각(底角).

밑-감[믿깜]圈 바탕이 되는 재료.

밑-갓[믿깟]圈 갓의 한 가지《뿌리를 먹음》.

밑-거름[믿꺼─]圈 **1** 씨를 뿌리거나 모를 내기 전에 주는 거름. 기비(基肥). ☐~을 주다. **2** 어떤 일을 이루는 데 바탕이 되는 것. ☐발전의 ~이 되다 / 그동안의 경험을 ~으로 삼다.

밑-거리[믿꺼─]圈 단청할 때, 건물에 먼저 한 벌 바르는 엷은 녹색의 채색(彩色).

밑-구멍[믿꾸─]圈 **1** 물건의 아래쪽에 뚫린 구멍. **2**〈속〉항문이나 여자의 음부. 준밑.

[**밑구멍으로 호박씨 깐다**] 겉으로는 점잖고 의젓하지만 남이 보지 않는 곳에서는 의뭉스러운 짓을 한다.

밑-그림[믿끄─]圈 **1** 시험적으로 대강 초 잡아 그린 그림. 원화(原畵). ☐~을 완성하다 / ~에 색을 입히다. **2** 수본(繡本)으로 쓰려고 종이나 헝겊에 그린 그림. ☐~대로 수를 놓다.

밑-글[믿끌]圈 이미 배운 글. 이미 알고 있는, 밑천이 되는 글.

밑-꼴[믿꼴]圈 본디의 모양. 원형(原形).

밑-널[민─]圈 밑에 댄 널빤지. 저판(底板).

밑-넓이[민널비]圈〈수〉밑면을 이룬 넓이. 저면적.

밑-도드리[믿또─]圈〈악〉궁중 연례악인 수연장(壽延長)의 우리말 이름. 웃도드리가 편곡된 뒤에 생긴 이름임.

밑-돈[믿똔]圈 어떤 목적을 위해서 준비한 돈. ☐~을 마련하다.

밑-돌[믿똘]圈 **1** 동바리 밑을 받친 돌. **2** 담이나 건축물 등의 밑바닥에 쌓은 돌.

밑-돌다[믿똘─][밑돌아, 밑도니, 밑도는]冈囤 어떤 기준에 미치지 못하다. 하회(下廻)하다. ☐생산비를 밑도는 농산물 값 / 금년 쌀 수확량은 평년작을 밑돌 것 같다. ↔웃돌다.

밑-동[믿똥]圈 **1** 긴 물건의 맨 아랫동아리. **2** 나무줄기에서 뿌리에 가까운 부분. **3** 채소 등의 뿌리 부분. 준밑.

밑-동치[믿똥─]圈 동치의 밑부분.

밑-뒤[믿뛰]圈 배의 고물.

밑-들다[믿뜰─][밑들어, 밑드니, 밑드는]冈 무·감자 따위의 뿌리가 굵게 자라다.

밑막이-문골(─門─)[─막이─꼴]〈건〉문짝의 밑에 가로 낀 나무.

밑-말[민─]圈 **1** 원어(原語). **2** 미리 다짐하여 일러두는 말.

밑-머리[민─]圈 치마머리나 다리 등을 드릴 때, 본디부터 있던 제 머리털.

밑-면(─面)[민─]圈 **1** 밑바닥의 면. **2**〈수〉다면체가 밑 부분을 이루는 평면. 저면(底面).

밑-면적(─面積)[민─]圈 밑넓이.

밑-바닥[믿빠─]圈 **1** 그릇 따위의 바닥이 되는 밑 부분. 저면(底面). ☐호수 ~이 보이다 / 구두 ~에 구멍이 나다. **2** 사회의 맨 하층의 비유. ☐~ 생활 / ~에서 다시 시작하다. **3** 빤히 들여다보이는 남의 속뜻. 저의(底意). ☐~이 들여다보인다. **4** '사물이나 현상의 바탕에 깔린 근본적인 것'의 비유. ☐~에 깔린 생각.

밑-바대[믿빠─]圈 속곳 밑 안쪽에 덧대는 천.

밑-바탕[믿빠─]圈 **1** 사물의 근본을 이루는 실

체. ▢ ~을 든든히 다지다. **2** 사람이 타고난
근본 바탕. ▢ ~은 착한 사람이다.
밑-반찬(-飯饌)[민빤-]圖 만들어서 오래 두
고 언제나 손쉽게 내어 먹을 수 있는 반찬《젓
갈·자반·장아찌 따위》.
밑-받침[민빤-]圖[허타] **1** 밑에 받치는 물건. **2**
어떤 일이나 현상의 바탕이나 근거의 비유.
▢ 치밀한 논리가 ~된 주장을 펴다.
밑-밥[민빱]圖 물고기나 새가 모이게 하기 위
하여 미끼로 던져 주는 먹이.
밑-변(-邊)[민뻔]圖《수》 삼각형에서 꼭지각
에 대한 변. 특히 이등변 삼각형의 밑바닥을
이루는 변. 저변(底邊).
밑-부분(-部分)[민뿌-]圖 낮은 쪽이나 아래
쪽의 부분.
밑-불[민뿔]圖 불을 피울 때 불씨가 되는, 본
디 살아 있는 불.
밑-살[민쌀]圖 **1** 항문 주위의 살. **2** 미주알. **3**
《속》 여자의 외성기. 보지. **4** 소의 볼깃살의
하나《국거리로 씀》.
밑-세장[민쎄-]圖 지게의 맨 아래에 가로질
러 박은 나무.
밑-쇠[민쐬]圖 쇠그릇의 깨어진 것과 새것을
웃돈을 주고 바꿀 때 그 깨어진 그릇의 쇠.
밑-술[민쑬]圖 **1** 약주를 뜨고 난 찌끼 술. 모
주(母酒). **2** 술을 빚을 때 누룩·지에밥과 함
께 조금 넣는 묵은 술.
밑-싣개[민씬깨]圖 그넷줄의 맨 아래에 걸쳐
두 발을 디디거나 앉게 된 물건.
밑-실[민씰]圖 재봉틀의 북에 감은 실.
밑-씨[민-]圖《식》 씨방(房) 속에 생기는, 뒤
에 씨가 되는 기관(器官). 배낭(胚囊)·주심
(珠心)·주피(珠皮)로 구성됨.
밑-씻개[민씯깨]圖 뒤를 보고 밑을 씻는 종이
따위의 총칭.
밑-알[미달]圖 암탉이 알 낳을 자리를 바로
찾아들 수 있도록 둥지에 넣어 두는 달걀. 소
란(巢卵).
밑-앞[미답]圖 배의 이물.
밑-음(-音)[미듬]圖《악》 3도(度)로 된 음정
의 세 음이 삼화음(三和音)을 이루고 있을 때
의 가장 낮은 음. 근음(根音). 루트(root).
밑-자리[민짜-]圖 **1** 여러 자리 가운데 아래쪽
에 있는 자리. **2** 맷방석·바구니 따위의 처음
겯기 시작하는 밑바닥. **3** 깔고 앉는 자리. **4**
《악》 화음의 밑음이 낮은 음에 놓인 자리. 기
본 위치.
밑-절미[민쩔-]圖 사물의 기초. 본디부터 있
던 바탕. 준밑.
밑-점(-點)[민쩜]圖 기점(基點)1.
밑-정[민쩡]圖 젖먹이가 똥오줌을 누는 횟수.
밑-줄[민쭐]圖 가로로 쓴 글에서, 어떤 말의
밑에 익게 긋는 줄. 언더라인. ▢ ~을 긋
다 / 책에 ~을 치다. *방선(傍線).
밑-줄기[민쭐-]圖 나무나 풀 따위 줄기의 밑
부분.
밑-지다[민찌-]자타 들인 밑천을 다 건지지
못하다. 손해를 보다. ▢ 밑지고 팔다.
[밑겨져 본전] ㉠일이 잘못되어도 손해 볼
것이 없다는 말. ㉡손해 볼 것이 없으니 한번
해 보아야 한다는 말.
밑지는 장사㉤ 이득이 없고 오히려 손해 보
는 행위를 하는 것.
밑-짝[민-]圖 맷돌처럼 아래위 두 짝이 한 벌
로 되어 있는 물건의 아래짝.
밑-창[민-]圖 **1** 신의 바닥 밑에 붙이는 창.

▢구두 ~을 갈다. ↔속창. **2** 배나 그릇 따위
의 맨 밑바닥. ▢~이 빠지다.
밑-천[민-]圖 **1** 어떤 일을 하는 데 바탕이 되
는 돈이나 물건. 기술·재주 따위. 자본. ▢장
사 ~ / 살림 ~ / ~을 뽑다 / ~을 대주다 /
이 달리다 / 건강이 ~이다. **2** '자지'의 곁말.
밑천도 못 찾다㉤ 이득을 얻으려다 오히려
손해만 보다.
밑천이 드러나다㉤ ㉠평소에 숨겨져 있던
제 바탕이나 성격이 표면에 나타나다. ㉡가
지고 있던 돈이나 물건이 다 떨어지다.
밑천이 짧다㉤ 밑천이 적거나 부족하다.
밑-층(-層)[민-]圖 아래층. 하층.
밑-틀[민-]圖《건》 창문 틀에서 밑에 가로로
대는 부재(部材).
밑-판(-板)[민-]圖 밑에 대는 판이나 밑이 되
는 판.
밑-폭[민-]圖 밑부분의 너비.
밑-힘[미팀]圖 밑바탕에 깔린 힘.
ᄆᄂ다타《옛》 만지다.
ᄆᄃ다혱《옛》 마디다.
ᄆᄃᆨ圖《옛》 마디.
ᄆᄅ圖《옛》 **1** 마루. **2** 마룻대. **3** 의로운 것.
종요로운 것.
ᄆᄅᆞ다자《옛》 마르다¹. 目타《옛》 마르다².
ᄆᄅᆫ안쥬圖《옛》 마른안주.
ᄆᄅᆺ실圖《옛》 벼릿줄.
ᄆ상이圖《옛》 망아지.
ᄆ쇼圖《옛》 우마(牛馬). 마소.
ᄆ술圖《옛》 마을. 촌락.
ᄆ옴圖《옛》 마음.
ᄆ야지圖《옛》 망아지.
ᄆ올圖《옛》 마을. 촌락.
ᄆ올약속圖《옛》 향약(鄉約).
ᄆ주막圖《옛》 마지막.
ᄆ추다타《옛》 마치다.
ᄆ촘圖《옛》 끝마침. 마지막.
ᄆ춤내튀《옛》 마침내. 드디어.
ᄆ지다타《옛》 만지다.
ᄆᆯ圖《옛》 말. 첫째.
ᄆᆯ아자비圖《옛》 큰아버지.
ᄆᆯ¹圖《옛》 마름².
ᄆᆯ²圖《옛》 말.
ᄆᆯ³圖《옛》 똥과 오줌.
ᄆᆯ구시圖《옛》 말구유.
ᄆᆯ기다타《옛》 맑게 하다.
ᄆᆯ다타《옛》 마르다. 재단하다.
ᄆᆰ다혱《옛》 맑다.
ᄆᆺ圖《옛》 가장.
ᄆᆺ내튀《옛》 못내. 끝내.
ᄆᆺ다자타《옛》 마치다².
ᄆᆷ圖《옛》 들.
ᄆᆫ곤ᄒ다혱《옛》 미지근하다.
ᄆᄃ다¹타《옛》 매다. 김매다.
ᄆᄃ다²타《옛》 동여매다.
ᄆᄉᆞᆼ튀《옛》 매양. 늘.
ᄆᄋᆞ미圖《옛》 매미.
ᄆᄋᆞᄒ다혱《옛》 매정하다. 박정하다.
ᄆᄋᆞ튀《옛》 매우.
ᄆᄋᆞᆸ다혱《옛》 맵다. 사납다.
ᄆᄌᆞ튀《옛》 매우. 몹시.
ᄆᄌᆞᆷ圖《옛》 매듭.
ᄆᆫ돌다타《옛》 만들다.
ᄆᆸ다혱《옛》 맵다.
ᄆᆼ글다타《옛》 만들다.
ᄆᆽ다타《옛》 맺다.
ᄆᆼ(경미음)《옛》 'ㅁ' 소리를 내면서 입술을
조금 덜 닫고 내는 소리.

ㅂ

ㅂ (비읍) **1** 한글 자모의 여섯째. **2** 자음의 하나. 목젖으로 콧길을 막고, 입술을 다물었다가 뗄 때에 나는 무성 파열음. 받침으로 그칠 때는 입술을 떼지 않음.

-ㅂ닌다 [ㅁ닌-] [어미] 하오할 자리에서 받침 없는 어간에 붙어, 진리나 으레 있는 사실을 일러 줄 때에 쓰는 종결 어미. ❑장미꽃은 늦봄에 핍닌다. *-습닌다.

-ㅂ니까 [ㅁ-] [어미] 받침 없는 어간에 붙어, 합쇼할 자리에서 의문을 나타내는 종결 어미. ❑지금 어디 갑니까 / 그 사람이 범인입니까 / 이것이 인삼입니까. *-습니까.

-ㅂ니다 [ㅁ-] [어미] 받침 없는 어간에 붙어, 합쇼할 자리에서 존대하여 현재의 동작이나 상태를 나타내는 종결 어미. ❑집에 갑니다 / 내가 한 짓이 아닙니다 / 저분이 사장입니다. *-습니다.

-ㅂ디까 [-띠-] [어미] 받침 없는 어간에 붙어, 하오할 자리에서 지난 일을 돌이켜 물을 때 쓰는 종결 어미. ❑언제 온다고 합디까 / 얼마나 큽디까 / 누구라고 합디까 / 합격한 것이 아닙디까. *-습디까.

-ㅂ디다 [-띠-] [어미] 받침 없는 어간에 붙어, 하오할 자리에서 지난 일을 돌이켜 말할 때 쓰는 종결 어미. ❑몹시 빠릅디다 / 잘 잡디다 / 인기가 대단합디다. *-습디다.

-ㅂ딘다 [-띤-] [어미] 받침 없는 어간에 붙어, 하오할 자리에서 지난 일을 돌이켜 말할 때 쓰는 종결 어미. ❑그이는 글을 좋아합딘다. *-습딘다.

ㅂ 불규칙 용:언 (-不規則用言)[-칭농-] 〖언〗 ㅂ 불규칙 활용을 하는 용언.

ㅂ 불규칙 활용 (-不規則活用)[-치콰룡] 〖언〗 어간의 끝 'ㅂ'이 모음으로 시작되는 어미 앞에서 '오'나 '우'로 변하는 현상(('곱다'가 '고와·고우니', '덥다'가 '더워·더우니' 따위로 변함)).

-ㅂ쇼 [-쑈] [어미] '-ㅂ시오'의 준말. ❑어서 옵쇼. *-읍쇼.

-ㅂ시다 [-씨-] [어미] 받침 없는 동사의 어간에 붙어, 하오할 자리에서 존대하여 같이 행동하기를 원할 때에 쓰는 종결 어미. ❑먹고 갑시다 / 깨끗이 씁시다. *-읍시다.

-ㅂ시오 [-씨-] [어미] 받침 없는 동사의 어간에 붙어, 합쇼할 자리에서 존대하여 명령의 뜻을 나타내는 종결 어미. ❑어서 가십시오. [준]-ㅂ쇼. *-읍시오.

-ㅂ죠 [-쪼] [어미] '-ㅂ지요'의 준말. ❑이것은 제법 큽죠 / 내일이 어머님 제삿날입죠 / 제가 기다립죠. *-습죠.

-ㅂ지요 [-찌-] [어미] 받침 없는 어간에 붙어, 합쇼할 자리에서 어떤 사실을 베풀어 말하거나 물음을 나타내는 종결 어미. ❑그가 바로 범인입지요 / 제가 갑지요 / 그건 사실이 아닙지요. [준]-ㅂ죠. *-습지요.

바[1] [명] '참바'의 준말. ❑~로 동이다.

바[2] [명] 〖악〗 파(fa) 음의 우리나라 이름.

바[1] (bar) [명] **1** 서양식으로 차린 술집. **2** 높이뛰기 등에서, 높이를 나타내기 위해 양쪽 기둥에 걸쳐 놓는 막대. **3** 〖악〗 세로줄.

바[3] [의명] '방법'·'일'의 뜻으로 쓰는 말. ❑어찌할 ~를 모르다 / 몸 둘 ~를 모르겠다 / 네가 알 ~가 아니다.

바[2] (bar) [의명] 〖물〗 압력의 단위((1바는 1 cm^2에 10^6 다인(dyne)의 힘이 작용할 때의 압력. 기호는 bar)).

바가지 [명] **1** 물을 푸거나 물건을 담는 그릇. ❑~로 물을 푸다 / ~에 쌀을 담다. **2** 터무니없이 비싼 요금이나 물건값. **3** 아내가 남편에게 늘어놓는 불평이나 불만의 소리. **4** 의존 명사적으로 쓰여, 액체나 곡식을 바가지에 담아 그 분량을 세는 단위. ❑물 한 ~ / 쌀 세 ~.

바가지(를) 긁다 [구] 주로 아내가 남편에게 생활의 어려움에서 오는 불평과 잔소리를 심하게 하다. ❑아내의 바가지 긁는 소리로 하루가 시작되었다.

바가지(를) 쓰다 [구] 속임수에 걸려 부당하게 많은 값을 치르거나 어떤 일을 도맡아 책임을 지게 되다. ❑술집에서 바가지를 썼다.

바가지(를) 씌우다 [구] 터무니없는 요금이나 값을 내게 하다.

바가지(를) 차다 [구] 쪽박(을) 차다.

-바가지 [미] 일부 명사 뒤에 붙어, 그 일을 자주 하는 사람이나 그 일을 낮잡는 뜻을 나타내는 말. ❑주책~ / 고생~.

바가지-요금 (-料金) [명] 〈속〉 터무니없이 비싼 요금.

바가지-탈 [명] 바가지로 만든 탈.

바가텔 (프 bagatelle) [명] 〖악〗 가벼운 피아노 소곡(小曲).

바각 [부][하][자][타] 작고 단단한 물건이나 질기고 빳빳한 물건이 맞닿는 소리. ❑바가지를 숟가락으로 ~ 긁다. [큰]버걱. [센]빠각.

바각-거리다 [-꺼-] [자][타] 바각 소리가 계속 나다. 또는 그런 소리를 계속 내다. [큰]버걱거리다. [센]빠각거리다. **바각-바각** [-빠-] [부][하][자][타]

바각-대다 [-때-] [자][타] 바각거리다.

바걸 (bar-girl) [명] 바에서 손님을 접대하는 여자. 호스티스.

바게트 (프 baguette) [명] 막대기 모양의 기다란 프랑스 빵.

바겐세일 (bargain-sale) [명] 기간을 정하여 어떤 상품을 정가보다 특별히 싸게 파는 일. 할인 판매. ❑~로 붐비는 백화점.

바고니 [명] 〈옛〉 바구니.

바곳 [-곧] [명] 〖공〗 옆에 자루가 달린 길쭉한 송곳.

바구니 [명] **1** 대나 싸리 따위를 쪼개어 둥글게 결어서 속이 깊숙하게 만든 그릇. ❑~를 끼고 시장에 가다 / ~에 과일을 담다. **2** 수량을 나타내는 말 뒤에 쓰여, 바구니에 담는 분량을 세는 단위. ❑과일 한 ~.

바:구미 [명] 〖충〗 **1** 바구밋과의 곤충의 총칭. **2** 바구밋과 곤충의 하나. 몸길이는 2.3-3.5 mm 이고, 긴 타원형이며 몸빛은 광택 있는 적갈색 또는 흑갈색임((쌀·보리 따위를 파먹는 해충임)).

바그르르 [부][하][자] 적은 액체 따위가 넓게 퍼지면서 끓어오르는 소리. 또는 그런 모양. ❑찌

개가 ~ 끓는다. ❷버그르. ❸빠그르. *보그르.

바글-거리다 [자] **1** 적은 양의 액체 따위가 넓게 퍼지며 계속 끓거나 솟아오르다. ¶주전자의 물이 바글거리며 끓는다. ❸빠글거리다. **2** 사람·짐승·벌레 등이 한곳에 많이 모여 움직이다. ¶백화점에 사람들이 바글거린다. **3** 마음이 쓰여 속이 타다. ❷버글거리다. **바글-바글** [부][하][자]

바글-대다 [자] 바글거리다.

바깥 [-깓] [명] 밖이 되는 곳. 밖. ¶~ 날씨 / ~ 동정 / ~에 나가 놀다 / ~ 공기가 차다 / ~을 내다보다. ↔안.

바깥-공기 (-空氣)[-깐꽁-] [명] 외부 세계의 움직임이나 분위기를 비유적으로 이르는 말. ¶~를 살피다 / ~가 심상찮다.

바깥-나들이 [-깐-드리] [명][하][자] 나들이.

바깥-날 [-깐-] [명] 방 안 따위에서 바깥의 날씨를 일컫는 말.

바깥-뜰 [-깐-] [명] 집 바깥쪽에 있는 뜰. 또는 바깥채에 딸린 뜰. ↔안뜰.

바깥-마당 [-깐-] [명] 집 밖에 있는 마당. ↔안마당.

바깥-목 [-目][-깐-] [명] 《건》 기둥 따위의 바깥쪽. 외목(外目).

바깥-문 (-門)[-깐-] [명] **1** 대문 밖에 또 있는 문. **2** 겹 문의 바깥쪽에 달린 문. 외문(外門). ↔안문.

바깥-바람 [-깐빠-] [명] **1** 바깥에서 부는 바람이나 바깥 공기. ¶창문을 열고 ~을 들이마시다. **2** 바깥세상의 기운이나 흐름. ¶~이나 쐬고 오너라.

바깥-반상 (-飯床)[-깐빤-] [명] 《역》 궁중에서, 임금에게 올리던 음식상. ↔안반상.

바깥-방 (-房)[-깐빵] [명] 바깥채에 딸린 방. ↔안방.

바깥-벽 (-壁)[-깐뼉] [명] 《건》 바깥쪽의 벽. 외벽(外壁). ↔안벽. ❷밭벽.

바깥-부모 (-父母)[-깐뿌-] [명] 늘 밖의 일을 보는 부모라는 뜻에서, 아버지를 이르는 말. 바깥어버이. 밭어버이. ↔안부모. ❷밭부모.

바깥-사돈 (-査頓)[-깐싸-] [명] 딸의 시아버지나 며느리의 친정아버지와 같은 남자 사돈의 일컬음. ↔안사돈. ❷밭사돈.

바깥-사람 [-깐싸-] [명] 남편을 예사롭게 또는 낮추어 이르는 말.

바깥-상제 (-喪制)[-깐쌍-] [명] 남자 상제. ↔안상제. ❷밭상제.

바깥-세상 (-世上)[-깐쎄-] [명] **1** 자기가 살고 있는 고장이 아닌 밖의 세상. **2** 자기 나라 밖의 세상. **3** 군대·교도소·벽촌 등에서, '일반 사회'를 일컫는 말. ¶~이 어떻게 돌아가는지 모르겠다.

바깥-소문 (-所聞)[-깐쏘-] [명] 항간에 떠도는 소문.

바깥-소식 (-消息)[-깐쏘-] [명] 밖의 일에 관한 소식. ¶문밖출입을 하지 않아 ~을 모른다.

바깥-손님 [-깐쏜-] [명] 남자 손님. ↔안손님.

바깥-식구 (-食口)[-깐씩꾸] [명] 한 집안의 남자 식구. ↔안식구.

바깥-심부름 [-깐씸-] [명][하][자] 바깥일에 관한 심부름. ↔안심부름.

바깥-양반 (-兩班)[-깐냥-] [명] 한 집의 남자 주인 또는 남편. 바깥주인. 밭. ↔안양반.

바깥-어른 [-까더-] [명] '바깥양반'의 높임말.

바깥-어버이 [-까더-] [명] 바깥부모. ↔안어버이.

바깥-옷 [-까돋] [명] **1** 남자 식구의 옷. ↔안옷. **2** 바깥에 나갈 때 입는 옷.

바깥-일 [-깐닐] [명] **1** 집 밖에서 보는 일. 주로 남자들이 보는 일. ¶남편이 ~을 잘할 수 있도록 내조하다. ↔안일. **2** 집 밖에서 일어나는 일. ¶~ 돌아가는 소식에 귀를 기울이다. **3** 집 밖에서 하는 일. ¶겨울에는 ~ 하기가 어렵다. **4** 집안 살림 이외의 일.

바깥-주인 (-主人)[-깐쭈-] [명] 바깥양반. ↔안주인. ❷밭주인.

바깥-지름 [-깐찌-] [명] 《수》 관(管)이나 공 따위의 바깥쪽으로 잰 지름. 외경(外徑). ↔안지름.

바깥-짝 [-깐-] [명] **1** 어떤 표준 거리에서 더 가는 쪽. ¶십 리 ~에 나갈 수 없다. **2** 《문》 한시(漢詩)에서, 한 구(句)를 이루는 두 짝 가운데 뒤에 있는 짝. **3** 안팎 두 짝이 물건에서 바깥에 있는 짝. ↔안짝.

바깥-쪽 [-깐-] [명] 바깥으로 드러난 쪽. ¶~을 내다보다. ↔안쪽. ❷밭쪽.

바깥-채 [-깐-] [명] 한 집의 바깥쪽에 있는 채. ↔안채.

바깥-출입 (-出入)[-깐추립] [명][하][자] 집 밖을 나다니는 일. ¶~을 삼가다.

바깥-치수 (-數)[-깐-] [명] 《건》 바깥목의 길이. ↔안치수.

바께쓰 [←bucket] [명] 양동이.

바-꽃 [-꼳] [명] 《식》 미나리아재비과의 바꽃류를 통틀어 이르는 말. 전 세계에 약 200종이 있는데, 우리나라에는 투구꽃·백부자·한라투구꽃·진돌쩌귀 따위의 23종이 있음. 쌍란국. 오두(烏頭). 원앙국.

바꾸다 [타] **1** 어떤 것을 주고 다른 것을 받다. ¶자리를 ~ / 동생과 옷을 ~ / 달러를 원화로 ~. **2** 본디의 내용이나 상태를 다르게 고치다. ¶머리 모양을 ~ / 습관을 ~ / 계획을 ~ / 분위기를 바꾸어 보다. **3** 말이나 이름, 표현을 다른 것으로 하다. ¶가게 이름을 ~. **4** 식이나 피륙을 사다. ¶시장에서 양식을 바꾸어 오다.

바꿔 말하다 [관] 다른 말로 바꾸어서 말하다.

바꾸이다 [자] ('바꾸다'의 피동) 바꾸어지다. ❷바뀌다.

바꿈-질 [명][하][타] **1** 물건과 물건을 바꾸는 짓. **2** 피륙을 사는 일.

바꿔-치다 [타] 남몰래 모르는 사이에 다른 것으로 바꾸다.

바뀌다 [자] '바꾸이다'의 준말. ¶해가 ~ / 장관이 ~ / 처지가 ~ / 태도가 바뀐 이유를 모르겠다.

바그러움 바끄러워하는 마음. ❷부끄러움. ❷바그럼.

바그러워-하다 [자][타][여] **1** 바끄러운 태도를 나타내다. **2** 어떤 것을 바끄럽게 여기다. ❷부끄러워하다.

바그러이 [부] 바끄럽게.

바그럼 '바그러움'의 준말. ❷부끄럼.

바그럽다 [-따] [바끄러워, 바끄러우니] [형][타] **1** 양심에 꺼려 남을 대할 면목이 없다. **2** 스스로움을 느껴 수줍다. ❷부끄럽다.

바나나 (banana) [명] 《식》 파초과의 여러해살이 풀. 열대·아열대 지방에서 과수로 재배함. 넓고 긴 잎이 뭉쳐나고 초여름에 담황색의 꽃이 핌. 과실은 길고 둥근 모양으로 씨가 없고 익으면 누른빛이 됨.

바나듐 (vanadium) [명] 《화》 희유 원소의 하나. 천연으로 널리 존재하나 특히 바나듐석(石)으

로 철광 속에 함유되어 있음. 회색. 내산성(耐
酸性)의 딴딴한 금속임. [23번: V: 50.94]

바나듐-강 (vanadium鋼) 圏《化》 탄소강(炭素
鋼)에 미량의 바나듐을 첨가시켜 물리적·기
계적 성질을 개선한 특수강(경도(硬度)·전성
(展性)·항장력(抗張力)이 큼).

바냐위다 웹 바지랍고도 아주 인색하다.

바느-실 圏 바늘과 실.

바느-질 圏웹 바늘로 옷을 짓거나 꿰매는
일. 침선(針線). □ ~ 이 거칠다 / ~ 솜씨가
좋다 / 한 땀 한 땀 ~ 하다.

바느질-감 [-깜] 圏 바느질할 옷이나 옷감 따
위. 바느질거리. □ ~ 을 반짇고리에 담다.

바느질-값 [-깝] 圏 바느질삯.

바느질-거리 [-꺼-] 圏 바느질감.

바느질-고리 [-꼬-] 圏 반짇고리.

바느질-삯 [-싻] 圏 바느질을 해 주고 받는 품
삯. 바느질값.

바느질-손 [-쏜] 圏 **1** 바느질을 하는 일손. **2**
바느질을 하는 솜씨.

바느질-실 [-씰] 圏 바느질에 쓰는 실.

바느질-자 [-짜] 圏 바느질에 쓰는 자.

바느질-집 [-찝] 圏 남의 바느질을 해 주는 집.

바느질-품 圏 바느질로 생계를 잇는 일. □ ~
으로 살림을 꾸리다.

바느질할-치 [-(齒)] 圏 한자 부수(部首)의 하나
(《黹》·《黼》 등에서 '黹'의 이름).

바늘 圏 **1** 가늘고 길면서 뾰족하며 한쪽 끝에 구
멍이 있는 쇠(구멍에 실을 꿰어서 씀). 봉침
(縫針). □실과 ~ / ~ 한 쌈 / ~에 실을 꿰
다. **2** 뜨개질할 때, 실을 뜨는 가늘고 긴 막
대. **3** 주사·낚시·전축 따위에서, 가늘고 길
며, 한쪽 끝이 뾰족한 부분. **4** 시계·저울 따
위에서, 눈금을 가리키는 뾰족한 물건. □시
계의 ~이 12시를 가리키다.

[바늘 가는 데 실 간다] 밀접한 관계가 있는
것은 서로 따른다. [바늘 도둑이 소도둑 된
다] 작은 나쁜 짓도 자꾸 하게 되면 큰 죄를
저지르게 됨을 비유하는 말.

바늘-겨레 圏 바늘을 꽂아 두는 작은 물건. 바
늘방석.

바늘-구멍 [-꾸-] 圏 **1** 바늘로 뚫은 구멍. **2** 바
늘귀. **3** 바늘귀처럼 아주 작은 구멍을 비유적
으로 이르는 말. □취직하기가 낙타가 ~에
들어가기보다 어렵다.

[바늘구멍으로 하늘 보기] 전체를 포괄적으
로 보지 못하는 좁은 소견이나 관찰을 비꼬
는 말. [바늘구멍으로 황소바람 들어온다]
바늘구멍 같은 작은 구멍에도 매우 찬 바람
이 들어온다는 뜻으로, 작은 것이라도 때에
따라서는 소홀히 해서는 안 됨을 비유하는 말.

바늘-귀 [-뀌] 圏 바늘의 위쪽에 뚫린, 실을 꿰
는 구멍. 침공(針孔). □ ~에 실을 꿰다.

바늘-꽂이 圏 바늘을 쓰지 아니할 때 꽂아 두
는 물건.

바늘-꽃 [-꼳] 圏《植》 **1** 바늘꽃과에 속하는 두
메바늘꽃·분홍바늘꽃·돌바늘꽃 따위의 총칭.
2 바늘꽃과의 여러해살이풀. 산골짜기의 물
가나 습지에 남. 높이는 30~60 cm로 잔털이
있음. 여름에 담홍색 네잎꽃이 핌.

바늘-꽃방석게 (-方席-)[-꼳빵-께] 圏《動》
닮게.

바늘-대 [-때] 圏 돗자리나 가마니를 칠 때 쓰
는 가늘고 길쭉한 막대기.

바늘-두더지 圏《動》 바늘두더짓과의 난생(卵
生) 동물. 고슴도치와 비슷하며 크기는 고양
이만 함. 몸빛은 어두운 갈색. 암컷은 배의
육아낭(育兒囊)에 한 개의 알을 낳아서 품고

부화시켜 젖을 먹이며 주머니 안에서 기름.

바늘-땀 圏 바느질에서 바늘로 옷감을 한 번
뜬 눈. 또는 그 길이. 땀².

바늘-밥 [-빱] 圏 바느질할 때, 더 쓸 수 없을
만큼 짧게 된 실 동강.

바늘-방석 (-方席) 圏 **1** 바늘겨레. **2** 앉아 있기
에 불안한 자리의 비유.

[바늘방석에 앉은 것 같다] 어떤 자리에 그
대로 있기가 몹시 불안하다.

바늘 세:포 (-細胞)《動》 자세포.

바늘-쌈 圏 바늘 스물네 개를 종이로 납작하게
싼 뭉치.

바늘-허리 圏 바늘의 가운데 부분.

바니시 (varnish) 圏 니스.

바닐라 (vanilla) 圏《植》 난초과의 여러해살이
덩굴풀. 열대에 분포함. 자라면 뿌리가 없어
지고 공기뿌리로 삶. 잎은 줄기 끝에 타원형
으로 나고, 황록색 꽃이 핌. 과실은 오이만
하며 익기 전에 바닐린을 채취함.

바닐린 (vanillin) 圏《化》 바닐라의 익지 않은
과실을 발효시켜 얻은 무색의 결정(과자·담
배·화장품·아이스크림 등의 향료로 씀).

바닐 圏《옛》 바늘.

바다 圏 **1**《地》 지구 위에서, 짠물이 괴어 있
는 넓은 곳(지구 표면적의 약 70.8%를 차지
하며, 3억 6천 1백만 km²임). □넓은 곳은
~ / 배를 타고 ~로 나가다. **2** 비유적으로,
매우 넓거나 큼을 뜻함. □불~ / 눈물~ / ~
와 같은 은혜. **3**《天》 달이나 화성 표면의 어
둡고 평탄한 곳.

[바다는 메워도 사람의 욕심은 못 채운다]
사람의 욕심은 한이 없다.

바다(와) 같다 冠 매우 넓거나 깊다. □바다
(와) 같은 은혜.

바다가다 国《옛》 밟아 가다.

바다-가마우지 圏《鳥》 가마우짓과의 물새.
크기는 까마귀만 한데 녹색을 띤 흑색임. 물
갈퀴가 있어 잠수를 잘함. 물고기를 잡아먹
고 삶.

바다-거북 圏《動》 바다거북과의 거북. 등딱
지는 길이 1m 내외의 심장 모양으로, 어두
운 녹색에 어두운 황색의 얼룩점이 있음. 바
다에 살며 해초를 주식으로 하고 여름에 해
안의 모래밭에 구덩이를 파고 알을 낳음.

바다-꿩 圏《鳥》 오릿과의 새. 오리와 비슷하
며 날개는 23 cm가량임. 꽁지는 짧음. 얼
굴·날개는 흑갈색, 등은 흑색, 가슴은 갈색,
그 외는 흼. 겨울새로 바다나 강에 삶.

바다나리-류 (-類) 圏《動》 극피동물의 한 강
(綱). 식물처럼 근부(根部)·병부(柄部)·관부
(冠部)가 있는데, 관부에는 40~70개의 팔이
있고, 이 위에 입과 항문이 있고 정자·난자를
수중에 방출함. 진화사(進化史)의 시준(示準)
화석으로 이용됨. *바다술.

바다-낚시 [-낙씨] 圏 바다에서 물고기를 낚는
일. ↔민물낚시.

바다-뱀 圏《魚》 바다뱀과의 바닷물고기. 뱀
장어와 비슷하며 길이는 1m 정도이고, 회갈
색 바탕에 배는 은백색임. 억센 송곳니가 있
으며 독이 있어 물리면 위험함. 먹지 못함.
바닷장어. 물뱀. 해사(海蛇).

바다-비오리 圏《鳥》 오릿과의 바닷새. 몸길
이는 58 cm, 날개 길이는 25 cm 정도이고, 부
리·다리는 적색, 수컷의 가슴과 암컷의 머리·
목 등은 적갈색임. 뒷머리에 검은 도가머리
가 있음. 물갈퀴가 있고 물고기·새우·게 따

위를 잡아먹음.

바다-빙어 〖어〗 바다빙엇과의 바닷물고기. 빙어와 비슷하나, 입이 크고 아래턱이 긺.

바다-사자 (-獅子) 〖동〗 물갯과의 바다짐승. 물개와 비슷한데 훨씬 크며 몸빛은 담적갈색, 우는 소리는 사자와 비슷함. 번식기가 지나면 흩어져 삶. 청어 따위 어류를 잡아먹으며 한 배에 한 마리의 새끼를 낳음.

바다-삵 [-삭] 〖동〗 비버(beaver).

바다-색 (-色) 〖명〗 바닷물의 빛깔 같은 파랑과 청록의 중간색.

바다-소 〖동〗 바다솟과의 바다짐승. 인도양·남태평양 등지에 사는데, 길이는 3 m 가량이고, 몸빛은 어두운 회색임. 몸에는 털이 듬성듬성 있으며 입가에는 뻣뻣한 수염이 남. 해조(海藻) 등을 먹음. 해우(海牛).

바다-쇠오리 〖조〗 갈매깃과의 바닷새. 몸길이는 25 cm, 날개는 14 cm 정도이고, 등은 회색, 머리는 흑색, 뒷머리와 배 부분은 흼. 물속의 물고기·조개·게 등을 잡아먹음.

바다-술 〖동〗 바다나리류의 극피동물. 깊은 바다속에서 뿌리 같은 부분으로 다른 물건에 붙어삶. 식물의 나리와 비슷하며, 엷은 복숭앗빛을 띰. 모양이 기묘할 뿐 아니라 고대의 지층 연구에 산 화석 구실을 함.

바다-오리 〖조〗 갈매깃과의 바닷새. 까치만 하고 등은 흑색, 얼굴·목 앞은 흑갈색, 날개 일부와 가슴은 백색인데 겨울에는 머리와 목이 백색으로 변함. 해상에 무리지어 살며, 물고기를 잡아먹음.

바다-제비 〖조〗 바다제빗과의 바닷새. 제비와 비슷하나 몸빛은 흑갈색이며 꽁지깃에 흰 띠가 있음. 밤에는 섬에서 자고 낮에는 해변에서 물고기를 잡아먹음.

바다-조름 〖동〗 바다조름과의 강장동물. 새의 깃털 또는 물고기의 아가미에 자루를 박은 것과 같은 모양인데, 몸길이는 20 cm 가량이고 몸빛은 보통은 엷은 복숭앗빛임. 연안 20~30 m 깊이의 모래 진흙땅에 사는 동양의 특산종임.

바다-지빠귀 〖조〗 바다직박구리.

바다-직박구리 [-빡꾸-] 〖조〗 지빠귓과의 바닷새. 배는 밤색, 그 외는 흑색을 띤 청색임. 곤충·조개·게 등을 잡아먹음. 바다빠귀.

바다-참게 〖동〗 대(大)게.

바다-코끼리 〖동〗 바다코끼릿과의 바다짐승. 북양(北洋)·캘리포니아 연안에 번식함. 길이는 5.5~6.7 m, 무게는 3 t 정도이고, 해마와 비슷하나 물범처럼 귓바퀴가 없고 코는 코끼리같이 늘어짐.

바다토끼-고둥 〖조개〗 바다토끼고둥과의 바다 고둥. 껍데기는 달걀꼴로 90 cm 내외임. 표면은 자줏빛이 도는 백색, 살은 적갈색임. 조가비로는 숟가락·컵 따위를 만들고 장식품으로 씀.

바다-표범 (-豹)· 〖동〗 물범. [으로 씀.

바닥 〖명〗 **1** 편평한 평면을 이룬 부분. 〖모래 ~ / ~을 깔다 / ~에 납작 엎드리다 / 짐을 ~에 놓아라. **2** 그릇·신 등의 밑 부분. 〖구두 ~ / 술병을 ~까지 비우다. **3** 일이나 소비할 수 있는 물건이 다 없어진 끝. 〖쌀이고 연탄이고 다 ~이 났다. **4** 피륙의 짜임새. 〖~이 고운 천. **5** 지역이나 장소. 〖서울 ~ / 시장 ~ / ~이 좁다 / 이 ~에서는 알아주는 사람이다. **6** 〖광〗 사금광의 감흙층 밑에 깔려 있는 흙층. **7** 〖경〗〈속〉 증권 거래에서, 최저 가격. 〖~ 시세 / ~을 치고 반등하다. ↔상

투·천장. [바다 다 보았다] 모든 것이 다 되어 끝장이 라는 말(흔히 금광에서 씀).

바닥(을) **긁다** 〖관〗 ⓐ생계가 곤란하다. 〖사업에 실패한 뒤로는 바닥을 긁고 있다. ⓑ무리 안의 바닥 지위에서 맴돌다. 〖성적이 바닥을 긁는 수준이다.

바닥(을) **보다** 〖관〗 끝장을 보다. 〖이 장사도 이젠 바닥을 보았다.

바닥(을) **짚다** 〖관〗 광산에서, 땅의 아래쪽으로 향하여 파 가다.

바닥(이) **드러나다** 〖관〗 ⓐ숨겨져 있던 정체가 드러나다. ⓑ다 소비되어 없어지다. 〖외화 낭비로 바닥이 드러난 국가 경제.

바닥(이) **질기다** 〖관〗 증권 거래에서, 떨어진 시세가 더 내리지 않고 오래 버티다.

바닥-걸기질 [-껄-] 〖명〗〖하자〗 〖농〗 논바닥이 고르지 않아 물이 고루 퍼지지 않을 때, 거적자리 따위로 편평하게 하는 일.

바닥-권 (-圈) [-꿘] 〖명〗 기록·성적이나 주가 따위의 시세가 더 이상 내려가기 어려울 만큼 낮은 상태의 범위. 〖~을 벗어나다 / 성적이 ~을 맴돌다.

바닥-끝 [-끋] 〖명〗 손바닥의 가운데 금이 끝난 곳.

바닥-나다 [-낟-] 〖자〗 **1** 쓸 바닥 따위가 닳아서 구멍이 나다. 〖바닥난 고무신. **2** 돈이나 물건 따위가 다 써서 없어지다. 〖한 달 생활비가 보름 만에 바닥났다.

바닥-내다 [-낻-] 〖타〗 일정한 양의 물건이나 돈을 다 써 버리다.

바닥-상태 (-狀態) [-쌍-] 〖물〗 분자·원자·원자핵 등에서 에너지가 가장 낮고 안정된 상태. 기저(基底) 상태.

바닥-세 (-勢) [-쎄] 〖명〗 주가나 인기 따위가 더 이상 내려가기 어려울 만큼 낮은 상태인 상황. 바닥시세. 〖배춧값이 ~이다.

바닥-쇠 [-쐬] 〖속〗 **1** 벼슬이 없는 양반. **2** 그 지방에 오래전부터 사는 사람.

바닥-자 [-짜] 〖명〗 〖공〗 물체의 곧고 구부러짐이나 바닥의 높낮이를 재는 자.

바닥-재 (-材) [-째] 〖명〗 건물의 바닥에 쓰는 건축 재료. 〖~를 나무로 바꾸다.

바닥-짐 [-찜] 〖명〗 밸러스트1.

바닥-칠 (-漆) 〖명〗 칠할 물건의 바닥에 맨 처음 하는 칠.

바-단조 (-短調) [-쪼] 〖악〗 '바' 음을 으뜸음으로 하는 단조. 에프(F) 단조.

바닷-가 [-다까 / -닫까] 〖명〗 바닷물과 땅이 서로 닿은 곳이나 그 근처. 〖~에서 조개를 줍다 / ~ 모래사장을 거닐다 / ~로 휴가를 떠나다.

바닷-가재 [-다까- / -닫까-] 〖명〗 서양 요리에 사용하는 가재 모양의 큰 새우. 랍스터.

바닷-개 [-다깨 / -닫깨] 〖명〗〖동〗 물개.

바닷-게 [-다께 / -닫께] 〖명〗〖동〗 바다에서 나는 게를 통틀어 이르는 말.

바닷-고기 [-다꼬- / -닫꼬-] 〖명〗〖동〗 '바닷물고기'의 준말.

바닷-길 [-다낄 / -닫낄] 〖명〗 해로(海路).

바닷-말 [-단-] 〖명〗〖식〗 해조(海藻). 준말.

바닷-모래 [-단-] 〖명〗 바다에서 나는 모래. 해사(海沙).

바닷-물 [-단-] 〖명〗 바다의 짠물. 해수(海水). 〖~에 해를 ~에 몸을 담그다 / ~을 막아 땅을 일구다. ↔민물.

바닷물-고기 [-단-꼬-] 〖명〗 바다에서 사는 물고기. ↔민물고기. 준바닷고기.

바닷물-조개 [-단-쪼-] 〖명〗 바다에서 사는 조

개. ㉲바닷조개.
바닷-바람 [-다빠-/-닫빠-] 圏 바다에서 불
어오는 바람. 해풍(海風). ▢~을 쐬다.
바닷-사람 [-다싸-/-닫싸-] 圏 배를 타고 바
다에서 일하는 사람.
바닷-새 [-다쌔/-닫쌔] 圏 해조(海鳥).
바닷-속 [-다쏙-/-닫쏙] 圏 바다의 속. 해중.
바닷-장어 (-長魚)[-다짱-/-닫짱-] 圏『어』
바다뱀.
바닷-조개 [-다조-/-닫조-] 圏 '바닷물조개'
의 준말.
바당 圏〈옛〉바닥.
바대¹ 圏 바탕의 품.
바대² 圏 홑적삼이나 고의 등의 잘 해지는 부
분 안으로 덧대는 헝겊 조각. ▢~를 대다.
바둥-거리다 困他 1 자빠지거나 주저앉거나 매
달려서 팔다리를 자꾸 내저으며 움직이다.
▢달아나려고 묶인 손발을 ~. 2 힘에 겨운
처지에서 벗어나려고 안달하며 애를 쓰다.
㉲버둥거리다. **바둥-바둥** 튀하困他
바둥-대다 困他 바둥거리다.
바둑 圏 1 두 사람이 흑백의 돌을 하나씩 바둑
판에 번갈아 두어 가며 서로 에워싸서 집을
많이 차지함을 다투는 놀이. ▢~을 두다 /
이 중반인데 흑이 유리해 보인다. 2 '바둑돌¹'
의 준말.
바둑-강아지 [-깡-] 圏 털에 검은 점과 흰 점
이 섞여 있는 강아지.
바둑-돌 [-똘] 圏 1 바둑 둘 때 쓰는 돌(흑이
181 개, 백이 180 개임). 바둑알. ㉲바둑. 2 모
없이 둥글둥글한 돌.
바둑-말 [-뚱-] 圏『동』검은 점과 흰 점의 털
이 바둑무늬처럼 뒤섞인 말.
바둑-머리 [-둥-] 圏 어린아이의 머리털을 조
금씩 모숨을 지어 여러 갈래로 땋은 머리.
바둑-무늬 [-둥-늬] 圏 두 가지 빛깔의 점이
뒤섞여 얼룩얼룩한 무늬. 바둑문.
바둑-문 (-紋)[-둥-] 圏 바둑무늬.
바둑-쇠 [-쐬] 圏 마고자에 다는, 바둑돌 모양
의 단추.
바둑-알 圏 바둑돌1.
바둑-은 (-銀) 圏『역』은을 바둑돌만 하게 만
들어 쓰던 옛날 화폐의 이름.
바둑-이 圏 털에 검은 점과 흰 점이 바둑무늬
모양으로 섞인 개. 또는 그런 개의 이름.
바둑-점 (-點)[-쩜] 圏 바둑돌과 같이 둥글둥
글고 얼룩얼룩한 점.
바둑-통 (-桶) 圏 바둑돌을 넣는 통.
바둑-판 (-板) 圏 바둑을 두는 데 쓰는 판.
바둑판-같다 (-板-)[-깓따] 圏 1 반듯반듯하게
질서정연하다. 2 얼굴이 몹시 얽어 있다.
바둑판-연 (-板鳶)[-년] 圏 가로와 세로로 여
러 평행선을 그어 바둑판처럼 만들어 한 간
씩 걸러 먹칠한 연.
바동-거리다 困他 '바둥거리다'의 큰말. **바
동-바동** 튀하困他
바동-대다 困他 '바둥대다'의 큰말.
바드득 튀하困他 1 단단하고 질기거나 반질반
질한 물건을 되게 비빌 때 되바라지게 나는
소리. ▢이를 ~ 갈다. 2 무른 똥을 힘들여
눌 때 되바라지게 나는 소리. ㉲부드득. ㉲빠
드득.
바드득-거리다 [-꺼-] 困他 바드득 소리가 자
꾸 나다. 또는 그런 소리를 자꾸 내다. 바
드득거리다. **바드득-바드득** [-빠-] 튀하困他
바드득-대다 [-때-] 困他 바드득거리다.
바드럽다 [-따][바드러워, 바드러우니] 圏ㅂ
빠듯하게 위태하다.

바드름-하다 圏여 밖으로 약간 벋은 듯하다.
㉲바듬하다. **바드름-히** 튀
바득-바득 [-빠-] 튀 1 제 고집만 자꾸 부리거
나 조르는 모양. ▢~ 우기다 / ~ 졸라 대다.
㉲부득부득. 2 악지스럽게 애쓰는 모양. ▢살
려고 ~ 기를 쓰다. ㉲빠득빠득.
바들-거리다 困他 자꾸 몸을 작게 바르르 떨
다. ▢눈자위가 ~. ㉲부들거리다. **바들-바
들** 튀하困他 ▢추위에 몸을 ~ 떨다.
바들-대다 困他 바들거리다.
바듬-하다 圏여 '바드름하다'의 준말. ㉲버듬
하다. **바듬-히** 튀
바듯-이 튀 바듯하게. ▢기한을 ~ 잡다. ㉲빠
듯이.
바듯-하다 [-드타-] 圏여 1 어떤 한도에 차거
나 꼭 맞아서 빈틈이 없다. ▢새 구두가 발에
~. 2 어떤 정도에 간신히 미치다. ▢발돋움
을 해야 바듯하게 닿을 정도의 높이 / 생활비
가 ~. ㉲빠듯하다.
바디¹ 圏 베틀이나 가마니틀 따위에 딸린 기구
의 하나(대오리로 만들어 베나 가마니의 날
을 고르게 씨를 쳐서 짜는 구실을 함).
바디² 圏『악』판소리에서, 명창이 한 마당 전
부를 다듬어 놓은 소리의 본.
바디-나물 圏『식』미나릿과의 여러해살이풀.
산과 들에 나는데, 높이는 1.5 m 가량이고, 여
름에 보라색 꽃이 핌. 어린싹은 식용하고 뿌
리는 약재로 씀.
바디-질 圏하困他 베나 가마니를 짤 때 바디를
부리는 일.
바디-집 圏 바디의 테(바디를 끼울 수 있게 홈
이 파임. 두 짝으로 됨). 바디틀.
바디집-비녀 [-삐-] 圏 바디집 두 짝의 머리를
잡아 꿰는 쇠나 나무.
바디-치다 困 바디로 씨를 치다.
바디-틀 圏 바디집.
바드랍다 圏〈옛〉몹시 위태롭다.
바따라-지다 圏 음식의 국물이 바특하고 맛이
있다.
바:라 圏『역』'파루(罷漏)'의 변한말.
바:라 (哱囉) 圏『악』1 나각(螺角). 2 '자바라
(啫哱囉)'의 준말. [주의] 2 는 '啰囉'로도 씀.
바:라기 圏 음식을 담는 조그마한 사기그릇.
바라다 他 생각대로 되기를 원하다. ▢요행을
바라지 마라 / 행복하길 바란다.
바라다-보다 他 얼굴을 바로 향하고 쳐다보
다. ▢창밖을 물끄러미 ~.
바라문 (婆羅門) 圏〔산 Brāhmana〕『역』브라만.
바라문-교 (婆羅門敎) 圏『종』브라만교.
바라문-천 (婆羅門天) 圏『불』범천왕(梵天王).
바라밀 (波羅蜜) 圏『불』'바라밀다'의 준말.
바라밀다 (波羅蜜多)[-따] 圏〔산 Pāramitā〕『불』
보살(菩薩)의 수행. 현실의 생사의 차안(此
岸)에서 열반의 피안(彼岸)으로 건너다는 뜻.
㉲바라밀.
바라-보다 他 1 어떤 대상을 바로 향하여 보
다. ▢달을 ~ / 앞만 바라보고 뛰다. 2 어떤
일에 간섭하지 않고 지켜보다. ▢옆에서 바
라보고만 있다. 3 실현 가능성이 있는 일에
희망이나 기대를 가지다. ▢우승을 ~ / 내일
을 바라보고 살다. 4 어떤 나이에 가깝게 다
다르다. ▢나이 50 을 ~.
바라-보이다 困 《'바라보다'의 피동》 멀리서
눈에 띄다. ▢ 멀리 불빛이 ~.
바:라-수 (哱囉手) 圏『역』'자바라수'의 준말.
바라지 圏하困他 1 온갖 일을 돌보아 주는 일.

바라지²

□해산 ~. **2** 음식이나 옷을 대어 주는 일. □옥(獄) ~ / 자식 ~.

바라지²〖명〗〖불〗 영혼을 위하여 시식(施食)할 때 시식 법사(法師)가 송구(頌句)의 경문을 읽으면 옆에서 그 다음의 송구를 받아 읽거나 시식을 거들어 주는 사람.

바라지³〖명〗〖건〗 방에 햇빛이 들게 하려고 바람벽의 위쪽에 낸 작은 창. 바라지창.

바:라-지다¹〖자〗 **1** 갈라져서 사이가 뜨다. **2** 식물의 잎이나 꽃 따위가 넓게 퍼져서 활짝 열리다. **3** 가슴·어깨 부위나 식물의 가지 따위가 가로로 퍼지다. ⭢벌어지다.

바:라-지다²〖형〗 **1** 키가 작고 가로 퍼져 뚱뚱하다. □어깨가 딱 ~. **2** 그릇의 속은 얕고 위가 바드름하다. □바라진 대접. **3** 마음이 웅숭깊지 못하다. 되바라지다. □나이에 비하여 바라진 아이.

바라지-창〈窓〉〖명〗〖건〗 바라지³.

바:라-춤(哱囉–)〖명〗〖불〗 불전(佛前)에 재(齋)를 지낼 때, 자바라를 치고 천수다라니를 외면서 추는 춤.

바라크(ㄷ baraque)〖명〗 **1** 허름하게 임시로 지은 작은 집. 판잣집. 가건물. **2**〖군〗 군대의 막사(幕舍).

바락〖부〗 성이 나서 갑자기 기를 쓰거나 소리를 지르는 모양. □화를 ~ 내다 / ~ 소리를 지르다. ⭢버럭.

바락-바락[–빠–]〖부〗 성이 나서 자꾸 기를 쓰거나 소리를 지르는 모양. □~ 악을 쓰다 / ~ 대들다. ⭢버럭버럭.

바람¹〖명〗 **1** 기압의 변화에 의하여 일어나는 공기의 움직임《태풍·폭풍·계절풍·무역풍 따위》. □~ 한 점 없는 날 / ~이 불다 / ~에 종이가 날리다 / 쌀쌀한 ~이 일다. **2** 속이 빈 물체 속에 넣는 공기. □고무풍선에 ~을 불어 넣다 / 타이어의 ~이 빠지다. **3** 들뜬 마음이나 행동. □~이 나다 / ~을 피우다 / 무슨 ~이 불어서 야단들인가 **4**〈속〉 풍병(風病). 중풍. □~이 도지다 / ~을 맞다. **5** 작은 일을 불려서 크게 말하는 일. 허풍. □그 친구 ~이 어지나 세다. **6** 비난의 목표가 되거나 어떤 힘의 영향을 받아 불안정한 일. □~을 잘 타는 자리. **7** 일시적으로 일어나는 유행·분위기나 사회적 경향. □민주화 ~ / 투기 ~ / 교육계에 새 ~이 일다 / 감원 ~이 불다. **8** 남을 부추기거나 얼을 빼는 짓. □구경을 가자고 ~을 넣다. **9**《주로 '바람같이'·'바람처럼'의 꼴로 쓰여》 매우 빠름을 이르는 말. □~같이 사라지다.
[바람 부는 대로 물결치는 대로] 확고한 주관과 결심이 없이 되는대로 내맡긴다는 뜻.
[바람이 불어야 배가 가지] 기회나 경우가 맞아야 일을 제대로 이룰 수 있음을 비유하는 말.

바람(을) 넣다〖구〗 남을 부추겨서 무슨 행동을 하려는 마음이 생기게 만들다.

바람(을) 등지다〖구〗 바람이 불어오는 반대쪽으로 향하다.

바람(을) 쐬다〖구〗 ㉠기분 전환을 위하여 바깥이나 딴 곳을 거닐거나 다니다. ㉡다른 곳의 분위기나 생활을 보고 듣고 하다. □외국 바람을 쐬기 위해 여권을 신청하다.

바람(을) 안다〖구〗 바람이 불어오는 쪽으로 향하다. □바람을 안고 걷다.

바람(을) 잡다〖구〗 ㉠마음이 들떠 돌아다니다. ㉡허황한 짓을 꾀하다.

바람(을) 켜다〖구〗 바람 든 짓을 하다.

바람(이) 나가다〖구〗 ㉠공이나 바퀴 속에 차 있던 바람이 새어 나가다. ㉡한창 일던 기운이 사그라지다.

바람(이) 들다〖구〗 ㉠무 따위의 속살이 부석부석하게 되다. □바람 든 무. ㉡허황한 생각이 마음에 차다. ㉢다 되어 가는 일에 탈이 생기다.

바람(이) 자다〖구〗 ㉠들떴던 마음이 가라앉다. ㉡불던 바람이 그치다.

바람²〖명〗 바라는 마음. 소망. □간절한 ~.

바람³〖의〗 **1**《'–는 바람에'의 꼴로 쓰여》 뒷말의 원인이나 근거를 나타내는 말. □자꾸 먹으려는 ~에 혼났다 / 급히 먹는 ~에 체했다. **2** 몸에 차려야 할 것을 차리지 않고 나서는 차림. □속옷 ~으로 돌아다니다.

바람⁴〖의〗 실이나 새끼 따위의 한 발쯤 되는 길이. □한 ~의 새끼.

바람-개비¹〖명〗 **1**〖지〗 풍향계. **2** 팔랑개비. □~를 돌리다.

바람-개비²〖명〗〖조〗 쏙독새.

바람-결[–껼]〖명〗 **1** 바람이 지나가는 움직임. 풍편(風便). □~에 보리 이삭이 나부끼다. **2**《주로 '바람결에'의 꼴로 쓰여》 어떤 말을 누구에게랄 것 없이 간접적으로 들었을 경우를 이르는 말. □~에 들리는 말.

바람-구멍[–꾸–]〖명〗 **1** 바람이 새어 들어오는 구멍. 숭숭 뚫린 ~으로 찬바람이 들어온다. **2** 바람이 통하도록 뚫어 놓은 구멍.

바람-기(–氣)[–끼]〖명〗 **1** 바람이 부는 기운. 바람의 기세. □~의 한 점 없는 저녁. **2** 이성과 함부로 사귀거나 관계를 맺는 경향이나 태도. □~ 있는 남자.

바람-꼭지[–찌]〖명〗〖공〗 튜브의 바람을 넣는 구멍에 붙은 꼭지.

바람-꽃¹[–꼳]〖명〗 큰 바람이 일어나려고 할 때 먼 산에 구름같이 끼는 뿌연 기운.

바람-꽃²[–꼳]〖명〗〖식〗 **1** 미나리아재빗과의 국화바람꽃·그늘바람꽃·들바람꽃 등의 총칭. **2** 미나리아재빗과의 여러해살이풀. 고산 지대에 남. 줄기는 15~20cm이고, 초여름에 매화 비슷한 흰 꽃이 핌.

바람-나다[–난–] **1** 남녀 관계로 마음이 들뜨다. □바람난 처녀 / 바람난 남편. **2** 하는 일에 한창 능률이 나다.

바람-내다[–내–] ㉠하는 일에 한창 능률을 내다. ㉡〖타〗 마음을 들뜨게 하다. □가만히 있는 사람 바람내지 마라.

바람-둥이〖명〗 **1** 괜히 큰소리나 치며 허황된 짓을 하는 실없는 사람. **2** 바람을 곧잘 피우는 사람.

바람-막이〖명〗〖하자〗 **1** 바람을 막는 일. **2** 바람을 막는 물건.

바람막이-고무〖명〗 튜브 등에 넣은 바람이 나오지 않게 하는 고무. 지렁이고무.

바람만-바람만〖부〗 바라보일 만한 정도로 뒤에서 멀찍이 떨어져 따라가는 모양.

바람-맞다[–맏따]〖자〗 **1** 상대방이 만나기로 약속을 어겨 헛걸음하다. □여자한테 ~. **2** 풍병에 걸리다. **3** 마음이 몹시 들뜨다.

바람-맞히다[–마치–]〖타〗《'바람맞다'의 사동》 약속을 지키지 않아 허탕을 치게 하다.

바람-머리〖명〗 바람만 쐬면 머리가 아픈 병.

바람-받이[–바지]〖명〗 바람을 몹시 받는 곳. □~ 집이라 외풍이 심하다.

바람-벽(–壁)[–뼉]〖명〗〖건〗 방을 둘러막은 둘레의 벽. ⭠벽.

바람-비 閔 비바람.

바람-살[-쌀] 閔 세찬 바람의 기운. ☐매서운 ~을 안고 나아가다.

바람-세 (-勢) 閔 풍세(風勢).

바람-잡이 閔 야바위꾼이나 치기배 등의 한통속으로, 옆에서 바람을 넣거나 남의 얼을 빼는 구실을 하는 사람. ☐ ~ 노릇을 하다.

바람직-스럽다[-쓰-따][-스러워, -스러우니] 閔日 좋다고 여길 만하다. 바람직하다. ☐바람직스럽지 못한 행동. 바람직-스레[-쓰-] 閔

바람직-하다[-지카-] 閔어 바랄 만한 가치가 있다. ☐바람직한 일 / 바람직한 태도.

바람-총 (-銃) 閔 대통이나 나무통 속에 화살처럼 만든 것을 넣어 입으로 불어서 쏘는 총〈장난감으로 쓰거나 새를 잡는 데 씀〉.

바람-칼 閔 새의 날개를 일컫는 말.

바람-풍 (-風) 閔 한자 부수(部首)의 하나(「颯·颶」 등에서 「風」의 이름).

바람-피우다 閔 한 이성(異性)에만 만족하지 않고, 다른 이성과 관계를 몰래 가지다. ☐아내 몰래 ~ 피우다.

바:랑 閔 1 '배낭'의 변한말. 2〔불〕 승려가 등에 지고 다니는 자루 같은 큰 주머니.

바:래다¹[-] 閔타 1 습기를 받아 색이 변하다. ☐색이 ~ / 빛이 바랜 낡은 옷. □타 바래 등을 볕에 쬐거나 약물을 써서 희게 하다. ☐광목을 ~.

바래다² 타 가는 사람을 어느 곳까지 따라가거나 바라보면서 보내다. ☐손님을 ~ 드렸다.

바래다-주다 타 가는 사람을 어느 곳까지 배웅해 주다. ☐오빠를 역까지 ~.

바:랭이 閔〔식〕볏과의 한해살이풀. 밭이나 길가에 나는 가장 흔한 잡초로 잎에 털이 나고, 여름과 가을철에 녹색과 백색 꽃술이 핌.

바로 □閔 1 바르게. 곧게. ☐마음을 ~ 가져라. 2 정확히. 틀림없이. ☐ ~ 노릇을 하다. 3 곧. 지금 곧. ☐지금 ~ 가시오. 4 곧장. 중도에서 지체하지 않고. ☐옆길로 빠지지 말고 ~ 가거라. 5 똑바로. 잘 곧게. ☐ ~ 세우다 / 선을 ~ 긋다. 6 다름이 아니라 곧. ☐오늘이 내 생일이야. 7 시간적·공간적으로 아주 가까이. ☐눈앞에 있다 / ~ 이 무렵의 일이다. □의명 일정한 방향이나 곳을 가리키는 말. ☐저 ~에 우리 집이 있어요. □감군대에서, 본디의 자세로 돌아가라는 구령. ☐우로봐.

바로미터 (barometer) 閔 1〔물〕기압계. 2 사물의 수준이나 상태를 알 수 있는 기준이나 척도. ☐혈압은 건강의 ~.

바로-바로 閔 그때그때 곧. ☐일을 미루지 않고 ~ 해치우다.

바로-잡다[-따] 타 1 굽거나 비뚤어진 것을 곧게 하다. ☐자세를 ~ / 옷매무새를 ~. 2 잘못된 것을 바르게 고치다. ☐마음을 ~ / 국정(國政)을 ~.

바로-잡히다[-자피-] 자 《'바로잡다'의 피동》 1 굽거나 비뚤어진 것이 곧게 되다. ☐자세가 ~. 2 잘못된 것이 바르게 고쳐지다. ☐기강이 ~.

바로크 (baroque) 閔 17~18세기에 유럽에서 유행한 회화·건축·조각·문학·음악·장식 미술의 한 양식.

바루다 타 비뚤어지거나 구부러진 것을 바르게 하다. ☐옷깃을 바루고 영령 앞에 나아가다.

바륨 (barium) 閔〔화〕알칼리 토금속 원소의 하나. 담황색이나 은백색의 연한 금속으로, 열을 가하면 산화바륨이 됨. 화학적 성질은

칼슘과 비슷함. [56 번 : Ba : 137.327]

바르다¹[발라, 바르니] 타타 1 종이나 헝겊 따위에 풀칠을 하여 다른 물건에 붙이다. ☐장지문에 창호지를 ~. 2 풀·물·도료·화장품 등을 문지르다. ☐빵에 분을 ~ / 상처에 약을 ~. 3 이긴 흙 따위를 다른 물체에 붙이다. ☐흙을 벽에 ~.

바르다²[발라, 바르니] 타타 1 겉을 헤쳐서 속의 알맹이를 꺼내다. ☐밤송이를 ~. 2 뼈다귀의 살 따위를 걷거나 가시를 추려 내다. ☐생선을 발라 먹다.

바르다³[발라, 바르니] 閔 1 사리나 도리에 맞다. ☐예의가 ~ / 행실이 ~ / 인사성이 바른 사람. 2 기울거나 비뚤어지지 않고 곧다. ☐바른 자세 / 선을 바르게 긋다. 3 그늘지지 않고 햇볕이 정면으로 잘 비치다. ☐양지 바른 언덕. 4 사실과 어긋남이 없다. ☐숨기지 말고 바르게 대답해라.

바르르 閔하자 1 적은 양의 액체가 가볍게 끓어오르는 모양. 또는 그 소리. 2 대수롭지 않은 일에 갑자기 성을 내는 모양. ☐ ~ 성을 내다. 3 덩치가 작은 것이 가볍게 발발 떠는 모양. ☐손을 ~ 떨다. 4 얇은 종이나 마른 나뭇잎에 불이 타오르는 모양. ☐마른 낙엽이 ~ 타들어 간다. 砲버르르.

바르비탈 (barbital) 閔〔약〕디에틸바르비투릭산의 상표명(불면증·신경 쇠약·흥분 상태 등을 치료하는 데에 쓰는 약).

바르작-거리다[-꺼-] 자 고통스러운 일이나 어려운 고비를 헤어나려고 팔다리를 내저으며 작은 몸을 자꾸 움직이다. 砲버르적거리다. 裏바르작작거리다. 丞바릇거리다. 바르작-[-빠-] 閔타

바르작-대다[-때-] 타 바르작거리다.

바르-쥐다 타 1 주먹을 불끈 쥐다. 2 힘을 주어 움켜쥐다.

바르-집다[-따] 타 1 오므라진 것을 벌려 펴다. 2 숨은 일을 들추어내다. ☐비밀을 ~. 3 작은 일을 크게 떠벌리다. 砲버르집다.

바른 관 오른. 오른쪽의.

바른-걸음 閔 군대에서 의식이나 행군할 때, 약 77cm의 보폭(步幅)으로 1분 동안에 120보를 걷는 걸음.

바른-그림씨 閔〔언〕'규칙 형용사'의 풀어쓴 이름.

바른-길 閔 1 굽지 않고 곧은 길. 2 참된 도리. 정당한 길. ☐ ~로 인도하다.

바른-대로 閔 사실과 틀림없이. ☐숨김없이 ~ 말해라.

바른-말 閔 1 사리에 맞는 말. ☐ ~을 여쭙다 / 말이야 ~이지, 누가 그런 말을 믿겠나. 2 어법에 맞는 말.

바른-손 閔 오른손.

바른-쪽 閔 오른쪽.

바른-팔 閔 오른팔.

바른-편 (-便) 閔 오른편.

바른-풀이씨 閔〔언〕'규칙 용언'의 풀어쓴 이름.

바릇-거리다[-릍꺼-] 타 '바르작거리다'의 준말.

바릇-대다[-릍때-] 타 바릇거리다.

바리¹ 閔 1 놋쇠로 만든 여자의 밥그릇. 2〔불〕'바리때'의 준말.

바리² □閔 마소의 등에 잔뜩 실은 짐. ☐양식 ~ / 비단이 ~로 들어오다. □의명 1 마소의 등에 잔뜩 실은 짐을 세는 단위. ☐장작 한

~ / 두 ~의 짐짝. **2** 윷놀이에서, 말한 개를 이르는 말.

바리-공주 (一公主)명《민》지노귀새남에서, 무당이 색동옷을 입고 부르는 여신 이름.

바리-꼭지 [-찌]명 바리뚜껑에 뾰족 내민 꼭지.

바리-나무명 마소에 바리로 실은 땔나무.

바리-때명《불》승려가 쓰는, 나무로 대접같이 만들어 안팎에 칠을 한 그릇. ㉣바리.

바리때-집명《불》의발갑(衣鉢匣).

바리-뚜껑명 바리를 덮는 뚜껑.

바리-무명 줄거리를 따 내고 구럭이나 옹구 따위에 담아 마소에 싣고 팔러 다니는 무.

바리-바리명 여러 바리. □~ 짐을 싸다.

바리새-교 (←Pharisee敎)명《성》기원전 2세기 후반에, 모세의 율법 등을 엄격히 지켰던 유대교의 한 종파(형식주의와 위선에 빠져 예수를 비방하고 잡아다가 십자가에 못 박았음). 바리새파(派).

바리새-인 (←Pharisee人)명 **1**《성》바리새교의 교인. **2** 위선자를 비유적으로 일컫는 말.

바리-설포 (一布)명《불》바리때를 잡아매는 긴 수건.

바리 수:건 (一手巾)명《불》바리때를 닦는 행주.

바리안-베명 '한 필을 접어서 바리때에 전부 담을 수 있는 베'라는 뜻으로, 썩 고운 베를 이르는 말.

바리온 (baryon)명《물》중입자(重粒子).

바리-전 (一廛)명《역》조선 때, 서울의 종로에서 놋그릇을 팔던 가게.

바리캉 (프 bariquant)명 머리를 깎는 기구. 이 발기(제조 회사 이름에서 유래함).

바리케이드 (barricade)명 침입을 막거나 진입을 저지하기 위하여 흙·통·수레 등으로 길 위에 임시로 쌓은 방벽. □~를 치다 / ~를 뚫고 들어가다.

바리콘 (vari+con)명 [variable condenser]《전》가변(可變) 축전기.

바리-탕기 (一湯器)[-끼]명 사기로 뚜껑 없이 바리처럼 만든, 국을 담는 그릇.

바리톤 (baritone)명《악》 **1** 테너와 베이스 사이의 남성 음역. 또는 그 음역의 가수. **2** 색소폰과 유사한, 놋쇠로 만든 관악기. 주로 군악대에서 씀.

바림명《미술》색칠할 때에 한쪽을 진하게 하고 다른 쪽으로 갈수록 차츰 엷고 흐리게 하는 일. 그러데이션.

바루부〈옛〉바로. 곧게.

바루다형〈옛〉바르다. 곧다.

바룸명〈옛〉바람.

바룸의명〈옛〉발. 두 팔을 펴서 벌린 길이.

바바루아 (프 bavarois)명 양과자의 하나. 설탕·달걀 노른자위·젤라틴에 뜨거운 우유를 섞고 식혔을 때 거품이 인 흰자위와 생크림을 섞은 후 틀에 넣어 굳힘.

바버리 (←Burberry)명 바버리코트.

바버리-코트 (←Burberry coat)명 방수 처리한 무명 개버딘의 비옷. 또는 그와 비슷한 천으로 만든 코트. 주로 봄과 가을에 입음(영국의 제조 회사 이름에서 유래함). 바버리.

바버리즘 (barbarism)명《문》불순하고 야비한 언어의 사용법((언어의 고전적 표현에 따르지 않는 말이나 글을 말함).

바베큐 ☞ 바비큐(barbecue).

바벨 (barbell)명 근육 단련 훈련이나 역도에 쓰는, 양 끝에 바퀴처럼 생긴 쇳덩이가 달린

기구. 역기(力器).

바벨-탑 (Babel塔)명 **1**《성》구약 성서의 창세기에 나오는 탑((노아(Noah)의 자손들이 하늘에 닿는 탑을 쌓기 시작하였으나 여호와가 노하여 공사를 끝내지 못했다 함). **2** 실현 가능성이 없는 계획을 비유적으로 일컫는 말.

바:보명 **1** 지능이 정상적으로 판단하지 못하는 사람. □~라고 놀림을 받다. **2** 못나고 어리석은 사람을 얕잡거나 욕으로 일컫는 말. □그를 믿은 내가 ~지.

바:보-스럽다 [-따][-스러워, -스러우니]형[ㅂ] 바보 같은 데가 있다. □바보스러운 웃음 / 바보스러워 보일 만큼 순진하다.

바:보-짓 [-짇]명 바보 같은 행동. □그의 말에 속아 ~을 했어.

바비큐 (barbecue)명 돼지나 소 따위를 통째로 불에 구운 요리. 또는 그때 쓰는 틀.

바빌론-력 (Babylon曆)명《역》기원전 30세기경 바빌로니아에서 사용한 태음 태양력.

바쁘다 [바빠, 바쁘니]형 **1** 일이 많거나 급하여 쉴 겨를이 없다. □눈코 뜰 새 없이 바쁜 하루 / 먹고살기에 ~ / 일손이 ~. **2** 몹시 급하다. □바쁜 걸음을 옮기다 / 갈 길이 ~. **3** '-기가 바쁘게'의 꼴로 쓰여, '어떤 행동이 끝나자 곧'의 뜻을 나타내는 말. □숟가락을 놓기가 바쁘게 쓰러져 갔다 / 말이 떨어지기 바쁘게 앞으로 달려 나갔다.

바삐부 바쁘게. 속히. 급하게. □~ 움직이다 / 일손을 ~ 놀리다 / ~ 갈 곳이 있다 / 너무 ~ 굴지 마라.

바사 (←Persia)명《성》페르시아.

바:사기명 사물에 어두워 아는 것이 없고 똑똑하지 못한 사람.

바삭부하자타 **1** 가랑잎을 밟는 소리. □낙엽 속에서 ~ 소리가 났다. **2** 단단하고 부스러지기 쉬운 물건을 깨무는 소리. ㉣버석. ⓦ바싹.

바삭-거리다 [-꺼-]자타 바삭 소리가 잇따라 나다. 또는 그런 소리를 잇따라 내다. ㉣버석거리다. **바삭-바삭** [-빠-]부하자타

바삭-대다 [-때-]자타 바삭거리다.

바삭바삭-하다 [-빠사카-]형[여] 부드럽고 잘마른 물건이 쉽게 바스러질 듯한 느낌이 있다. ㉣바싹바싹하다.

바서만 반:응 (Wassermann反應)《의》독일의 생리학자 바서만이 1906년에 발견한 매독의 혈청 진단법.

바서-지다자 **1** 단단한 물건이 깨져 여러 조각이 나다. □유리가 발히어 ~. ㉣부서지다. **2** 짜여진 물건이 제대로 쓸 수 없게 조금 깨어지거나 헐어지다.

바셀린 (Vaseline)명《화》석유에서 얻은 탄화수소의 혼합물. 무색이나 담황색의 연고로 중성이고 자극성이 없음((감마제(減摩劑)·녹 방지제·화약·포마드·연고 등에 씀;상표명).

바:소명《한의》곪은 데를 째는 데 쓰는 침. 파침(破鍼). 피침(披針).

바-소쿠리명 싸리로 만든 삼태기.

바수다타 두드려 잘게 깨뜨리다. □분쇄기로 자갈을 ~. ㉣부수다. ⓦ빠다.

바수-지르다 [-질러, -지르니]타ㄹ 닥치는 대로 마구 부수다. ㉣부수지르다.

바순 (bassoon)명《악》파곳(fagott).

바스-대다자 **1** 가만히 있지 못하고 몸을 자꾸 움직이다. **2** 마음이 설레다. □가슴이 바스대어 뜬눈으로 밤을 지새다. ㉣부스대다.

바스라기명 잘게 바스러진 찌꺼기. ㉣부스러기.

바스락부하자타 마른 검불이나 잎 따위를 밟거나 뒤적이는 소리. □~ 풀잎 스치는 소리

가 난다. ㈜버스럭. *보스락.

바스락-거리다 [-꺼-] 団目 바스락 소리가 자
꾸 나다. 또는 그런 소리를 자꾸 내다. ❏ 바
랑잎이 바스락거리는 소리가 났다. ㉯버스럭
거리다. **바스락-바스락** [-빠-] 凰하団目

바스락-대다 [-때-] 団目 바스락거리다.

바스락-장난 [-짱-] 몡 바스락거리는 정도의
좀스러운 장난. *보스락장난.

바스러-뜨리다 団 바수어서 깨뜨리다. ㉯부스
러뜨리다.

바스러-지다 目 1 덩이가 헐어져 조금 잘게 되
다. ❏ 푸석한 흙덩이가 힘없이 ~. 2 깨어져
잘게 조각이 나다. ㉯부스러지다. 3 나이에
비해 몸이 여위고 주름이 생기다. ❏ 얼굴은
바스러지고 몸은 더 여위었다.

바스러-트리다 目 바스러뜨리다.

바스스 凰하쥄 1 누웠거나 앉았다가 조용히 일
어나는 모양. 2 머리털 등이 어지럽게 일어서
거나 흐트러진 모양. 3 바스러기 따위가 어지
럽게 흩어지는 모양. 또는 그 소리. 4 미닫이
따위를 조용히 여닫는 모양. 또는 그 소리. 5
물건의 사개가 가볍게 물러나는 모양. ㉯부
스스.

바스켓 (basket) 몡 농구에서, 백보드에 장치된
철제의 링과 거기에 매단 그물.

바슬-바슬 凰하쥄 덩이진 가루 등이 물기가 말
라서 쉽게 바스러지는 모양. ㉯버슬버슬.

바시랑-거리다 団 가만히 있지 못하고 계속
좀스럽게 움직이다. ❏ 아기가 쉴 새 없이 ~.

바시랑-대다 団 바시랑거리다.

바심¹ 몡하団 〔건〕 재목을 연장을 다듬는
일. 2 굵은 것을 잘게 만드는 일.

바심² 몡하団 1 '풋바심'의 준말. 2 타작1.

바심-질 몡하団 〔건〕 재목을 바심하는 일.

바싹 凰 1 물기가 바짝 마르거나 타 버리는 모
양. ❏ ~ 마른 가지에 불이 붙다. 2 아주 가
까이 달라붙거나 몹시 죄거나 우기는 모양.
❏ ~ 다가앉다 / ~ 껴안다. 3 몹시 긴장하거
나 힘을 주는 모양. ❏ 어깨를 ~ 움츠리다 /
~ 정신을 차리다. 4 거침새 없이 갑자기 나
아가거나 늘거나 주는 모양. ❏ 주전자의 끓는
물이 ~ 줄어든다. ㉯부썩. 5 단단한 물건을
깨물거나 가량읏 따위를 밟는 소리. ㉯부싹.
㉲바삭. 6 몸이 매우 마른 모양. ❏ 병치레로
~ 야위다. **바싹-바싹** [-빠-] 凰

바야흐로 凰 이제 한창. 이제 막. ❏ 때는 ~
만물이 소생하는 봄이다.

바오달 몡〈옛〉 군영(軍營). 군막(軍幕).

바운드 (bound) 몡하団目 구기(球技)에서, 공이 지
면에 부딪혀 튀어 오르는 일. ❏ 투(two) ~.

바위 몡 1 부피가 큰 돌. 바윗돌. 암석. ❏ 달걀
로 ~ 치기다 / 넓적한 ~ 위에 올라앉다. 2 가
위바위보에서 주먹을 내민 것. ❏ ~를 내다.
[바위를 차면 제 발부리만 아프다] 일시적
흥분으로 무모한 짓을 하면 자기에게만 손해
가 온다는 말.

바위-너설 몡 바위가 삐죽삐죽 내민 험한 곳.

바위-섬 [-썸] 몡 바위가 많은 섬. 또는 바위로 이루
어진 섬.

바위-솔 몡〔식〕 돌나물과의 여러해살이풀. 산
지의 바위 위에 저절로 나는데, 여름에 잎 사
이에서 꽃줄기가 나와 흰 다섯잎꽃이 핌. 열
매를 맺으면 말라 죽음. 관상용으로 재배함.

바위 식물 (-植物) [-싱-] 〔식〕 암생 식물.

바위-옷 [-온] 몡〔식〕 바윗돌에 낀 이끼.

바위-옹두라지 몡 울퉁불퉁하게 솟은 바위의
뿌다구니. 또는 그런 바위.

바위-울 몡 바닷물이나 바람에 깎여서 울타리

모양으로 된 바위.

바위-자리 몡〔불〕 바위 형상으로 만든 불상
의 대좌(臺座).

바위-취 몡〔식〕 범의귓과의 참바위취·구슬바
위취·흰바위취 등의 총칭.

바위-틈 몡 1 바위의 갈라진 틈. 2 바위와 바위
의 틈.

바윗-고을 [-위꼬-/-윈꼬-] 몡 사방이 바윗
돌로 둘러싸인 산중 고을.

바윗-골 [-위꼴/-윈꼴] 몡 바위 사이의 골짜
기. 암협(岩峽).

바윗-돌 [-위똘/-윈똘] 몡 바위1.

바윗-등 [-위뜽/-윈뜽] 몡 바위의 위.

바윗-장 [-위짱/-윈짱] 몡 넓적한 바위.

바음자리-표 (-音-標) 몡〔악〕 낮은음자리표.

바이 凰 (주로 부정하는 말과 함께 쓰여) 다른
도리 없이 전연. 아주. ❏ 딱한 처지를 ~ 모
르는 것은 아니다. *바이없다.

바이러스 (virus) 몡 1 보통의 현미경으로는 볼
수 없을 정도의 극히 작은 미생물(유행성 감
기·천연두 따위의 병원체임). 여과성(濾過
性) 병원체. 2 〔컴〕 컴퓨터에 침입해서 보존
되어 있는 기억 데이터나 프로그램을 파괴하
는 프로그램.

바이-메탈 (bimetal) 몡〔물〕 열팽창률이 다른
두 장의 금속을 한데 붙여 합친 것. 온도가
높아지면 팽창률이 작은 금속 쪽으로 구부러
지고, 온도가 낮아지면 그 반대쪽으로 굽음
(화재경보기·자동 온도 조절기 등에 씀).

바이브레이션 (vibration) 몡〔악〕 1 진동. 떪.
2 진동시켜서 내는 목소리.

바이블 (Bible) 몡 1 성서. 2 어떤 분야에서 가
장 권위가 있고 지침이 될 만한 책. ❏ 경영학
의 ~.

바이샤 (산 Vaiśya) 몡〔역〕 인도의 카스트 제도
에서, 세 번째 지위인 평민 계급. 브라만교
법전(法典)에서는 농업·목축업·상업에 종사
하도록 규정함. 오늘날에는 상인 신분 계급
을 이름.

바이스 (vise) 몡〔공〕 기계 공작에서, 작은 공
작물을 꼭 죄어서 고정시키는 기구.

바이애슬론 (biathlon) 몡 동계 올림픽의 스키
경기의 한 종목. 스키의 거리 경기와 사격을
복합한 경기로, 개인 종목과 릴레이 종목이
있음. 개인 경기의 경우, 거리는 20 km이며,
도중 네 곳에서 5발씩 모두 20 발을 쏨.

바이어 (buyer) 몡〔경〕 물품을 사기 위해서 외
국에서 온 상인. 수입상. 구매상.

바이어스 (bias) 몡 1 비스듬히 자르거나 꿰맨
옷감의 금. 2 '바이어스 테이프'의 준말.

바이어스 크레디트 (buyer's credit) 〔경〕 수
출국의 은행이 수출업자를 통하지 않고 상대
국의 수입업자에게 직접 신용을 제공하거나
융자를 해 주는 일.

바이어스 테이프 (bias tape) 폭이 2 cm쯤 되
게 비스듬히 오린 천으로 만든 테이프. ㈜바
이어스.

바이얼레이션 (violation) 몡 농구 등의 경기에
서, 파울보다 가벼운 규칙 위반. 반칙으로 기
록되지는 않고 공격권만 상대에 넘어감.
❏ 워킹.

바이-없다 [-업따] 쥄 1 어찌할 도리나 방법이
전혀 없다. ❏ 그 일을 해결할 길이 ~. 2 비
할 데 없이 매우 심하다. ❏ 기쁘기 ~. **바이-
없이** [-업씨] 凰

바이오 (bio) 몡 1 '생명·생물'의 뜻. 2 〔공〕

'바이오테크놀로지'의 준말.
바이오닉스 (bionics) [명] 〔생〕 생물 공학.
바이오리듬 (biorhythm) [명] 〔생〕 생명의 활동을 통하여, 육체·감정·지성(知性) 등에 나타나는 주기적인 현상. 생체 리듬.
바이오-산업 (bio産業) [명] 〔생〕 유전자의 재조합이나 세포 융합, 핵 이식 따위의 생명 공학을 이용해서 새로운 생물종을 개발하는 산업. 바이오인더스트리.
바이오세라믹스 (bioceramics) [명] 〔생〕 인공치아·인공 뼈·인공 관절 등에 이용되는 생체 기능성의 세라믹스.
바이오스 (BIOS) [명] 〔Basic Input Output System〕 〔컴〕 컴퓨터와 외부 주변 장치에서 정보 전달을 제어하는 운영 체제의 기본 프로그램.
바이오칩 (biochip) [명] 〔컴〕 실리콘칩의 10억 배의 정보량을 축적하며, 1억 배의 연산(演算) 속도를 갖는다는, 유전 공학에 응용하는 미래의 바이오컴퓨터용 칩.
바이오컴퓨터 (biocomputer) [명] 〔컴〕 생물의 뇌(腦)나 신경이 하고 있는 정보 처리나 전달 방법을 규명하여, 그것을 응용하려는 컴퓨터 《현재의 실리콘칩 대신에 바이오칩으로 구성됨》.
바이오테크놀로지 (biotechnology) [명] 〔공〕 생명 공학. [준]바이오.
바이올렛 (violet) [명] **1** 〔식〕 제비꽃. **2** 자색. 보라색.
바이올로지 (biology) [명] 〔생〕 **1** 생물학. **2** 생태학.
바이올리니스트 (violinist) [명] 〔악〕 바이올린을 전문으로 연주하는 사람. 제금가(提琴家).
바이올린 (violin) [명] 〔악〕 현악기의 하나《가운데가 잘록한 타원형의 통에 네 줄을 매어 활로 문질러 연주함. 독주·실내악·관현악 따위에 널리 씀》.
바이올린-족 (violin族) [명] 바이올린·비올라·첼로·콘트라베이스의 네 종류의 현악기를 통틀어 이르는 말.
바이킹 (Viking) [명] 〔역〕 7–11세기에 걸쳐 유럽 각지에서 활약한 노르만 족의 별칭《호전적·모험적인 민족으로 해상을 무대로 상업을 하면서 약탈과 침략을 자행하였음》.
바이털 사인 (vital sign) 〔의〕 맥박·호흡·체온·혈압과 같이 생물에게 생명이 있다는 것을 보여 주는 요소.
바이트 (bite) [명] 〔공〕 깎는 기구의 일종. 선반(旋盤)·평삭반(平削盤) 등에 붙여 금속 공작물 등을 깎는 데 씀.
바이트 (byte) [一][명] 〔컴〕 하나의 단위로 다루어지는 이진 문자의 집합. 8비트를 1바이트로 구성함. [二][의명] 정보량의 단위《기호 : B》. * 비트.
바인더 (binder) [명] **1** 서류·잡지 등을 철(綴)하여 꽂는 물건. **2** 〔농〕 곡물을 베어서 단으로 묶는 농업용 기계.
바올 [명] 〈옛〉 방울.
바자 [명] 대·갈대·수수깡 등으로 발처럼 엮거나 결은 물건《울타리를 만드는 데 씀》. ❑수숫대로 ~를 엮다.
바자 (bazaar) [명] 공공 또는 사회사업 따위의 자금을 모으기 위하여 벌이는 시장. 바자회. ❑불우 이웃 돕기 ~를 열다.
바자니다 [자] 〈옛〉 바장이다.
바자-울 [명] 바자로 만든 울타리.
바:자위다 [형] 성질이 너무 깐깐하여 너그러운 맛이 없다.
바자-회 (bazaar會) [명] 바자(bazaar). ❑~를 열다.
바작-바작 [-빠-] [부][하자타] **1** 물기가 적은 물건을 잇따라 씹거나 빻는 소리. ❑과자를 ~ 소리를 내며 먹다. **2** 물기가 적은 물건이 타는 소리. ❑볏짚이 ~ 타다. **3** 마음이 몹시 죄이는 모양. ❑~ 애를 태우다. **4** 몹시 초조하여 입술이 자꾸 마르는 모양. ❑입술이 ~ 마르다. **5** 진땀이 자꾸 나는 모양. [큰]버적버적. [센]빠작빠작.
바잡다 [-따] 〔바자워, 바자우니〕 [형][ㅂ] **1** 마음이 자꾸 끌리어 참기 어렵다. **2** 마음이 조마조마하고 염려스럽다.
바잣-문 (-門) [-잔-] [명] 바자울에 낸 사립문.
바:장이다 [자] 부질없이 짧은 거리를 왔다 갔다 하다. [큰]버정이다.
바-장조 (-長調) [-쪼] [명] 〔악〕 '바' 음을 으뜸음으로 하는 장조.
바제도-병 (Basedow病) [명] 〔의〕 갑상선의 기능 항진으로 인한 갑상선 호르몬의 과다로 일어나는 병《눈알이 튀어나오고 갑상선이 붓는 증상이 나타나며 남자보다 여자에게 많이 발생함》.
바조 [명] 〈옛〉 바자.
바주카 (bazooka) [명] 〔군〕 '바주카포'의 준말.
바주카-포 (bazooka砲) [명] 〔군〕 포신(砲身)을 어깨에 메고 직접 조준하여 발사하는 휴대용 로켓식 대전차포. [준]바주카.
바지 [명] 아랫도리에 입는 옷의 하나. 위는 통으로 되고 아래에는 두 다리를 꿰는 가랑이가 있음. ❑~를 입다 / ~를 벗다 / ~를 걷고 내를 건너다.
바지 (barge) [명] 바지선(船).
바:-지게 [명] **1** 발채를 얹은 지게. **2** 접지 못하게 만든 발채.
바지라기 [명] 〔조개〕 바지락.
바지락 [명] 〔조개〕 참조갯과의 바닷조개. 껍데기는 높이가 3 cm, 폭이 4 cm 내외이고, 초여름에서 가을에 걸쳐 2번 알을 낳음. 민물이 섞이는, 염도(塩度)가 낮은 바닷가의 모래펄에 삶. 살은 식용함. 바지라기. 바지락조개. 바지랑이. ❑~을 잡다 / ~을 캐다.
바지락-젓 [-쩐] [명] 바지락으로 담근 젓. 합리해(蛤蜊醢).
바지락-조개 [-쪼-] [명] 〔조개〕 바지락.
바지랑-대 [-때] [명] 빨랫줄을 받치는 장대.
[바지랑대로 하늘 재기] 도저히 불가능한 일의 비유.
바지랑이 [명] 〔조개〕 바지락.
바지런 [명][하형][히부] 놀지 않고 일을 꾸준히 함. ❑~을 떨다 / ~을 피우다 / 그녀는 ~하다 못해 억척스럽다. [큰]부지런.
바지런-스럽다 [-따] 〔-스러워, -스러우니〕 [형][ㅂ] 바지런한 데가 있다. ❑바지런스러운 사람. [큰]부지런스럽다. **바지런-스레** [부]
바지로이 [부] 〈옛〉 공교롭게. 솜씨 좋게.
바지-선 (barge船) [명] 운하·하천·항내(港內) 등에서 사용하는, 밑바닥이 평평한 화물선.
바지-저고리 [명] **1** 바지와 저고리. **2** 제구실을 못하는 사람을 농조로 일컫는 말. **3** 〈속〉 촌사람.
[바지저고리만 다닌다] 사람이 속이 없고 맺힌 데가 없이 행동한다.
바지지 [부][하자] **1** 뜨거운 쇠붙이 따위에 적은 물기가 닿는 소리. **2** 물기 있는 물건이 뜨거운 열에 닿아 가볍게 타거나 졸아붙는 소리.

□찌개가 ~ 졸아들다. ㉠부지지. ㉤빠지지.

바지직 [閉하자] **1** 물기 있는 물건이 뜨거운 열에 닿아서 급히 타거나 졸아붙는 소리. **2** 무른 통을 급하게 낄 때 되바라지게 나는 소리. ㉠부지직. ㉤빠지직.

바지직-거리다 [-꺼-] 困 바지직 소리가 잇따라 나다. 초가 바지직거리며 타다. ㉤부지직거리다. **바지직-바지직** [-빠-] [閉하자]

바지직-대다 [-때-] 困 바지직거리다.

바지-춤 圏 바지의 허리 부분을 접어 여민 사이. □~을 여미다 / ~을 추스르다 / ~을 잡고 뛰어나가다.

바지-통 圏 **1** 바지의 품 **2** 바짓가랑이의 너비.

바짓-가랑이 [-찌까- / -진까-] 圏 바지에서 다리를 꿰는 부분. □~가 찢어지다 / ~를 붙잡고 늘어지다.

바짓-단 [-지딴 / -진딴] 圏 바지의 아래 끝을 접어서 감친 부분. □~이 뜯겨 치렁거리다.

바짓-부리 [-지뿌- / -진뿌-] 圏 바짓가랑이의 끝 부분.

바즈 圏 〈옛〉 바자.

바짝 [閉] **1** 물기가 아주 마르거나 졸아붙는 모양. □빨래가 ~ 마르다. **2** 아주 가까이 달라붙거나 세차게 죄거나 우기는 모양. □~ 다가앉다 / 허리를 ~ 졸라매다. **3** 갑자기 늘거나 주는 모양. □강물이 ~ 줄어들었다. ㉠부쩍. **4** 몹시 긴장하거나 힘을 주는 모양. □정신 ~ 차려라 / 고개를 ~ 들고 쳐다보다. **5** 몸이 몹시 마른 모양. □병을 앓은 뒤로 ~ 말랐다. ㉠버쩍. [-부쩍.

바짝-바짝 [-짜-] [閉] '바짝'의 힘줌말.

-바치 回 어떤 물건을 만드는 것으로 업을 삼는 사람. □갖~ / 성냥~.

바치다[타] **1** 신이나 웃어른에게 드리다. □신전에 햇곡을 ~. **2** 마음과 몸을 아낌없이 내놓다. □나라에 목숨을 ~. **3** 세금·공납금 등을 내다. □세금을 ~. **4** 도매상에서 소매상에게 단골로 물품을 대어 주다.

바치다² [타] 추잡할 정도로 즐기다. □여자를 ~.
 [-밝히다6·밭다6.

바캉스 (프 vacance) 圏 휴가. 주로 피서지·휴양지 등에서 지내는 경우를 이름. □금년 여름 방학 때는 어디로 ~를 가자.

바커스 (Bacchus) 圏 로마 신화에 나오는 술의 신(그리스 신화의 디오니소스에 해당함).

바켄 (독 Backen) 圏 스키를 신을 때에, 구두를 고정시키는 쇠고리.

바-코드 (bar code) 圏 상품의 관리를 컴퓨터로 처리할 수 있도록 상품에 표시해 놓은 막대 모양의 기호(국명·회사명·상품명 등이 표시됨). *피오에스(POS).

바퀴¹ 圏 **1** 돌리거나 구르게 하기 위하여 둥근 테 모양으로 만든 물건. □~가 달리다 / ~를 움직이다 / 자동차 ~를 갈아 끼우다. □의명 어떤 둘레를 빙 돌아 본디 위치까지 이르는 횟수를 세는 단위. □운동장을 한 ~ 돌다.

바퀴² 圏〔충〕 **1** 바큇과 곤충의 총칭. **2** 바큇과의 곤충. 몸은 1-1.5cm의 납작한 타원형이며 몸빛은 황갈색임. 전 세계적으로 분포하며 음식물과 의복 따위에 해를 끼침. 바퀴벌레. 향랑각시(香娘子).

바퀴-벌레 圏〔충〕 바퀴².

바퀴-통 (-筒) 圏 바퀴의 축이 지나며, 바큇살이 그 주위에 꽂힌 바퀴의 중앙 부분.

바큇-살 [-퀴쌀 / -�?] 圏 바퀴통에서 테를 향해 바큇살 모양으로 뻗은 가느다란 나무오리나 쇠 막대.

바퀴-자국 [-퀴자- / -뀐짜-] 圏 바퀴가 지나간 흔적. 궤적(軌跡). □~이 선명하게 나 있다.

바탕¹ 圏 **1** 타고난 성질이나 체질 또는 재질. □~이 좋은 사람. **2** 물건의 재료. 또는 그 품질. □~이 고운 옷감. **3** 그림·글씨·수·무늬 등을 놓는 물체의 바탕. □~에 검은 점의 무늬. **4** 사물이나 현상의 근본을 이루는 토대. □문화의 ~ / 사실주의를 ~으로 한 작품. **5** 물체의 뼈대나 틀이 되는 부분. □수레의 ~.

바탕² [의명] **1** 어떤 일을 한차례 끝내는 동안을 세는 단위. □씨름[욕]을 한 ~ 하다. **2** 활을 쏘아 살이 미치는 거리.

바탕-색 (-色) 圏 **1** 물체가 본디 가지고 있는 빛깔. **2**〔미술〕 그림을 그릴 때 바탕에 맨 먼저 칠하는 색깔.

바탕-음 (-音) 圏〔악〕 음의 높이를 고정하기 위하여 그 기준으로 하는 음.

바탕-흙 [-흑] 圏 질그릇의 밑감으로 쓰는 흙.

바탕 圏〈옛〉 마당. 자리.

바탱이 圏 오지그릇의 하나(중두리 같으나 배가 더 나오고 아가리가 좁음).

바터 (barter) 圏[하타]〔경〕 물물 교환.

바터 무:역 (barter貿易) 〔경〕 바터제.

바터-제 (barter制) 圏〔경〕 **1** 화폐를 매개로 하지 않는 물물 교환 제도. **2** 무역 통제의 한 수단으로서의 교환 무역. 구상 무역.

바텐더 (bartender) 圏 카페나 바의 카운터에서 주문을 받고 칵테일 따위를 만드는 사람.

바통 (프 bâton) 圏 **1** 배턴. □~을 이어받다. **2** 권한이나 의무, 역할 따위를 주고받음을 비유하는 말. □정권의 ~을 물려받다.

바퇴다[자타] 〈옛〉 버티다.

바투 [閉] **1** 두 물체의 사이가 썩 가깝게. □~앉아라. **2** 시간이나 길이가 매우 짧게. □고삐를 ~ 잡다 / 발톱을 ~ 깎자 마시오 / 결혼날짜를 너무 ~ 잡다.

바투-보기 圏〔의〕 근시(近視).

바투보기-눈 圏〔의〕 근시안(近視眼)1.

바특-이 [閉] 바특하게. □손톱을 ~ 깎다.

바특-하다 [-트카-]〔휑閉〕 **1** 두 대상이나 물체사이가 조금 가깝다. **2** 시간이나 길이가 조금 짧다. □시간이 너무 ~. **3** 국물이 적어 톡톡하다. □바특하게 끓인 찌개.

바티다¹ [타] 〈옛〉 받치다.

바티다² [타] 〈옛〉 바치다.

바티스카프 (프 bathyscaphe) 圏 심해 관측용 잠수정.

바티칸 (Vatican) 圏 **1** 바티칸 궁전. **2** 바티칸 시국(市國). **3**〔가〕 교황청의 별칭.

바회 圏〈옛〉 **1** 바위. **2** 바퀴.

바횟벌 圏〈옛〉 바위틈에 사는 벌.

바히다 圏〈옛〉 베다.

박¹ 圏〔식〕 박과의 한해살이풀. 밭이나 담·지붕에 올려 재배함. 줄기는 잔털이 나고 덩굴손이 있으며, 잎은 심장형인데 손바닥 모양으로 갈라짐. 여름에 흰 꽃이 저녁부터 피었다가 아침에 시듦. 열매는 둥근 호박 모양이며, 여물면 삶아 말려 바가지를 만듦.

박을 타다 困 일을 벌여 놓고 이익을 얻지 못하다.

박² 圏 물이 새지 않도록 배의 널빤지에 난 틈을 메우는 데 쓰는 물건.

박³ ㉠圏 노름판에서, 여러 번 패를 잡고 물주 노릇을 하는 일. 또는 그런 사람. □~을 쥐다. ㉡의명 노름에서, 여러 번 지른 판돈을

세는 단위. ▷한 ~ 잡았다.

박(拍) 圕〖악〗 1 국악을 연주하는 타악기의 한 가지. 풍류와 춤의 시작과 끝. 곡조의 박자를 이끄는 데 씀. 2 '박자'의 준말.

박(箔) 圕 금·은·주석·구리 따위의 금속을 두 드려 종이처럼 얇고 판판하게 늘인 것.

박(泊) 의圕 객지에서 묵는 밤의 횟수를 세는 말. ▷3 ~ 4 일의 일정.

박⁴ 圄 1 단단한 물건의 두드러진 면을 세게 한 번 갈거나 긁는 모양. 또는 그 소리. 2 질기고 얇은 천이나 종이 따위를 대번에 찢는 모양. 또는 그 소리. ▷메모지를 ~ 찢다. ✿벅.

박각시 [-깍씨] 圕〖충〗 박각시과의 나방. 몸길이는 4.6 cm 정도, 편 날개는 9.7 cm 가량이고, 앞날개는 짙은 회갈색 무늬가 있고, 뒷날개는 회색에 흑색 줄무늬가 있으며, 배의 각 마디에 백색·적색·흑색의 가로띠가 있음. 애벌레는 고구마·나팔꽃의 잎을 먹음.

박각시-나방 [-깍씨-] 圕〖충〗 박각시.

박겁(迫劫) [-껍] 圕하타 달려들어 을러댐.

박격(迫擊) [-격] 圕하타 바싹 덤벼들어 마구 몰아침.

박격(搏擊) [-격] 圕하타 몹시 후려침.

박격(駁擊) [-격] 圕하타 남의 주장이나 이론을 비난하고 공격함.

박격-포(迫擊砲) [-격-] 圕〖군〗 보병의 전투를 지원하는 데 쓰는 근거리용 곡사포.

박-고지 [-꼬-] 圕 여물지 않은 박의 속을 파 내고 길게 오려서 말린 반찬거리.

박공(博栱·欂栱) [-꽁] 圕〖건〗 마룻머리나 합각머리에 'ㅅ' 모양으로 붙인 두꺼운 널빤지. 박공널. 박풍(欂風).

박공-널(博栱-) [-꽁-] 圕〖건〗 박공.

박괘(剝卦) [-꽤] 圕〖민〗 육십사괘(六十四卦)의 하나. 간괘(艮卦)와 곤괘(坤卦)가 거듭된 것. ✿박(剝).

박-구기 [-꾸-] 圕 작은 박으로 만든, 국자와 비슷한 기구. ▷~로 막걸리를 뜨다.

박-국 [-꾹] 圕 덜 익은 박의 흰 살을 잘게 썰어 넣고 끓인 맑은장국. 포탕(匏湯).

박국(博局) [-꾹] 圕 바둑 따위의 놀음을 벌이는 판.

박근(迫近) [-끈] 圕하자톤 시기가 바싹 닥쳐서 가까움. 또는 가까이 옴.

박급(薄給) [-끕] 圕 박봉(薄俸).

박-김치 [-낌-] 圕 덜 익은 박을 납작납작하고 잘게 썰어서 담근 김치.

박-꽃 [-꼳] 圕〖식〗 박의 꽃.

박-나물 [방-] 圕 덜 여문 박을 얇게 저미고 쇠고기를 섞어서 간장에 볶은 뒤에 갖은 양념을 하여 주물러서 만든 나물. 포채(匏菜).

박-나방 [방-] 圕〖충〗 불나방과의 곤충. 날개 길이는 7 cm 들이, 몸빛은 백색이고 배는 흑색·적색의 줄무늬가 있음. 애벌레는 풀잎을 먹으며 밤에 등불에 날아듦. 포아(匏蛾).

박눌-하다(朴訥-) [방-] 톤어 사람됨이 꾸민 티가 없고 말이 없다.

박다 [-따] 圄 1 두들기거나 틀어서 꽂히게 하다. ▷못을 ~ / 나무에 쐐기를 ~ / 마당에 말뚝을 박았다 / 나사를 박아 고정시키다. 2 붙이거나 끼워 넣다. ▷자개를 박은 장롱. 3 음식에 소를 넣다. ▷송편에 소를 ~. 4 인쇄하다. ▷명함을 ~. 사진을 찍다. ▷기념 사진을 ~. 6 판(版)에 넣어 그 모양과 같게 하다. ▷다식(茶食)을 ~. 7 바느질에서, 실을 곱걸어서 꿰매다. ▷재봉틀에 치맛단을 ~.

---

8 장기에서, 궁이나 사를 가운데 궁밭으로 들어가게 하다. 9 식물이 뿌리를 내리다. ▷돌 틈에 뿌리를 ~. 10 글씨 따위의 획을 정확하게 쓰다. ▷또박또박 박아 쓴 글씨. 11 시선을 한곳에 고정시키다. ▷화면에 시선을 박은 채, 떠날 줄을 모른다. 12 얼굴 따위를 눌러서 대다. ▷베개에 코를 박고 세상모르고 자다. 13 머리 따위를 부딪치다. ▷전봇대에 이마를 ~.

박-다위 [-따-] 圕 종이나 삼노를 꼬아서 만든 멜빵(짐짝을 메는 데 씀).

박달 [-딸] 圕〖식〗 '박달나무'의 준말.

박달-나무 [-딸-] [-딸라-] 圕〖식〗 자작나뭇과의 낙엽 활엽 교목. 높이는 9~12 m로 흑회색이며, 봄에 갈색 꽃이 수상꽃차례로 핌. 나무의 질이 단단하여 건축이나 가구 따위의 재료로 씀. 단목(檀木). ✿박달.

박달-목서(-木犀) [-딸-써] 圕〖식〗 물푸레나뭇과의 상록 활엽 교목. 꽃향기가 좋아 정원에 재배함. 가을에 순백색 꽃이 핌.

박담(薄曇) [-땀] 圕 날씨가 약간 흐릿함. 또는 그런 날씨. 미담(微曇).

박답(薄畓) [-땁] 圕 기름지지 못하고 메마른 논. ↔옥답(沃畓).

박대(薄待) 圕하타 인정 없이 모질게 대함. 푸대접. ▷무능한 남편을 ~하다. ↔후대(厚待).

박덕(薄德) [-떡] 圕하형 심덕이 두텁지 못하거나 덕행이 적음. ▷나의 ~을 용서하기 바란다. ↔후덕(厚德).

박도(迫到) [-또] 圕자 가까이 닥쳐옴.

박도(博徒) [-또] 圕 노름꾼.

박동(搏動) [-똥] 圕하자 맥이 뜀. ▷심장이 힘차게 ~하다.

박두(迫頭) [-뚜] 圕하자 정해진 기일이나 시간이 가까이 닥쳐옴. ▷마감 날짜가 ~하다.

박두(樸頭) [-뚜] 圕 화살의 하나(무과(武科) 보일 때나 활쏘기를 배울 때 썼음).

박락(剝落) [방낙] 圕하자 쇠나 돌에 새긴 그림이나 글씨가 오래 묵어 긁히고 깎이어서 떨어짐.

박람(博覽) [방남] 圕하타 1 책을 많이 읽음. 2 사물을 널리 봄.

박람-강기(博覽强記) [방남-] 圕하자 책을 널리 많이 읽고 기억을 잘함. ▷~의 정치가.

박람-회(博覽會) [방남-] 圕 농업·공업·상업 등에 관한 온갖 물품을 진열·전시하여 생산물의 개량 발전 및 산업의 진흥을 꾀하는 행사. ▷무역 ~.

박래(舶來) [방내] 圕하자 외국에서 물건이 배에 실리어 옴. 박재(舶載).

박래-품(舶來品) [방내-] 圕 1 외국에서 배에 실려 온 물품. 2 외국에서 들어온 물품.

박략-하다(薄略-) [방냐카-] 톤어 1 얼마 되지 않아 매우 박하다. 2 후하지 못하고 약소하다. **박략-히** [방냐키] 튀.

박력(迫力) [방녁] 圕 힘차게 밀고 나가는 강한 힘. ▷~ 있는 연기 / ~이 넘치다.

박력-분(薄力粉) [방녁뿐] 圕 글루텐의 함량에 따라 나눈 밀가루 종류의 하나. 찰기가 적은 메진 밀가루로 비스킷·튀김 따위를 만들 때 씀. ↔강력분(强力粉).

박렴(薄斂) [방념] 圕하타 박부렴(薄賦斂).

박론(駁論) [방논] 圕하타 박설(駁說).

박록(薄祿) [방녹] 圕 박봉(薄俸).

박리(剝離) [방니] 圕하타 벗김. 벗겨 냄.

박리(薄利) [방니] 圕 적은 이익. ↔폭리(暴利).

박리-다매(薄利多賣) [방니-] 圕하타 이익을 적

게 보고 많이 파는 일.

박리-주의(薄利主義)[방니- / 방니-이] **명** 이익을 적게 남기고 팔기를 많이 파는 경영 방법이나 태도.

박막(薄膜)[방-] **명** 1 『생』 동식물의 몸 안의 기관을 싸고 있는 얇은 막. 2 얇은 막.

박막-질(薄膜質)[방-찔] 얇은 막으로 이루어진 물질.

박막 집적 회로(薄膜集積回路)[방-찝쩌--] 『물』 기판(基板) 위에 도체·저항·콘덴서를 얇은 막으로 형성하여 반도체 소자를 엮어 넣은 혼성 집적 회로.

박만(撲滿)[방-] **명** 벙어리저금통.

박매(拍賣)[방-] **명하타** 경매(競賣)1.

박멸(撲滅)[방-] **명하타** 모조리 잡아 없애 버림. ▷ 해충을 ~하다 / 기생충이 ~되다.

박명(薄明)[방-] **명** 해가 뜨기 전이나 해가 진 후, 주위가 얼마 동안 희미하게 밝은 상태. ▷ 새벽 ~에 길을 떠나다.

박명(薄命)[방-] **명하다** 1 운명이 기구함. 팔자가 사나움. ▷ ~한 여인. 2 수명이 짧음.

박모(薄暮)[방-] **명** 땅거미1.

박무(薄霧)[방-] **명** 엷게 긴 안개. ↔농무(濃霧).

박문(博聞)[방-] **명하자** 사물에 대해 널리 들어 많이 앎. 흡문(洽聞).

박문(駁文)[방-] **명** 논박하는 글.

박문-강기(博聞强記)[방-] **명하타** 사물에 대해 널리 보고 듣고 이를 잘 기억함.

박문-약례(博文約禮)[방-냥녜] **명하자** 널리 학문을 닦아 사리에 맞고 예절을 잘 지킴.

박문-하다(博文-)[방-] **형여** 학문을 널리 닦아 잘 알고 있다.

박물(博物)[방-] **명** 1 온갖 사물에 대하여 많이 앎. 2 '박물학'의 준말. 3 온갖 사물과 그에 관한 참고가 될 만한 물건.

박물-관(博物館)[방-] **명** 고고학 자료와 미술품, 역사적 유물, 그 밖의 학술적 자료를 널리 수집·보존·진열하고 일반에 전시하는 시설.

박물-군자(博物君子)[방-] **명** 온갖 사물에 대해 잘 아는 사람.

박물-세고(博物細故)[방-] **명** 아주 자질구레한 사물.

박물-표본(博物標本)[방-] **명** 동물·식물·광물·지질 따위의 표본.

박물-학(博物學)[방-] **명** 동물학·식물학·광물학·지질학의 총칭. 준박물.

박민(剝民)[방-] **명하자** 세금을 많이 거두거나 부역을 자주 시켜 백성을 괴롭힘.

박박¹[-빡] **用** 1 단단한 물건의 도드라진 바닥을 자꾸 세게 갈거나 긁는 소리. ▷ 바가지를 ~ 긁다. 2 단단하고 얇은 물건을 잇따라 되게 바라지게 찢는 소리. ▷ 종이를 ~ 찢다. 3 세게 문지르거나 닦는 모양. ▷ ~ 문질러 닦아라. 4 머리를 아주 짧게 깎은 모양. ▷ 머리를 ~ 깎다. 5 자꾸 기를 쓰거나 우기는 모양. ▷ 악을 쓰며 ~ 대들다. ⑤벅벅. ⑩빡빡². *복복.

박박²[-빡] **用** 얼굴이 몹시 얽은 모양. ⑩빡빡².

박박-이[-빠기] **用** 틀림없이. ⑥벅벅이. ⑩빡빡이¹.

박배[-빼] **명** 『건』 문짝에 돌쩌귀·고리·배목 등을 박아서 문얼굴에 끼워 맞추는 일.

박배-장이[-빼-] **명** 『건』 박배의 일을 전문으로 하는 목수.

박-벌[-뻘] **명** 『충』 1 '호박벌'의 준말. 2 '어리호박벌'의 준말.

박보(博譜)[-뽀] **명** 장기 두는 법을 풀이한 책. ▷ 기보와 ~.

박복(薄福)[-뽁] **명하형** 복이 없음. 또는 팔자가 사나움. ▷ ~하게 한평생을 살다 / 한신세 / ~을 한탄만 하지 마라.

박봉(薄俸)[-뽕] **명** 적은 봉급. ▷ ~에 허덕이다 / ~으로 살아가다.

박부(薄夫)[-뿌] **명** 말과 행동이 신중하지 못하고 가벼운 사내.

박부득이(迫不得已)[-뿌드기] **用하형** 일이 썩 급하여 어찌할 수 없이. 박어부득(迫於不得). ▷ 교통사고로 ~ 참석하지 못하다.

박-부렴(薄賦斂)[-뿌] **명하타** 조세를 적게 거둠. 박렴(薄斂).

박빙(薄氷)[-삥] **명** 1 살얼음. 2 (주로 '박빙의'의 꼴로 쓰여) 근소한 차이를 비유적으로 이르는 말. ▷ ~의 접전이 펼쳐지다 / ~의 우위를 지키다.

박사(博士)[-싸] **명** 1 대학에서, 전문 학술에 연구가 깊고 일정한 업적을 올렸다고 인정하는 사람이나 박사 학위 논문 심사 등에 합격한 사람에게 수여하는 학위. 또는 그 학위를 받은 사람. ▷ 문학 ~ / ~ 학위를 취득하다. 2 어떤 일에 능통하거나 널리 아는 것이 많은 사람. ▷ 만물 ~ / 그 사람은 컴퓨터 ~다. 3 『역』 삼국 시대 이후 조선 때까지 학문이나 전문 기술에 종사하던 사람에게 주던 벼슬.

박사(薄紗)[-싸] **명** 얇은 사(紗).

박사(薄謝)[-싸] **명** 얼마 되지 않는, 사례의 돈이나 물품. 박의(薄儀).

박산(薄饊)[-싼] **명** 유밀과(油蜜菓)의 한 가지. 산자(饊子)에 꿀이나 조청을 발라 잣이나 호두를 붙여 만듦.

박살[-쌀] **명** 깨어져 조각조각 부서지는 일. ▷ 살림이 ~ 나다 / 꽃병을 ~ 내다.

박살(撲殺)[-쌀] **명하타** 손으로 쳐서 죽임.

박살(撲殺)[-쌀] **명하타** 때려죽임.

박상(剝喪)[-쌍] **명하자** 벗겨져 없어짐.

박상(撲傷)[-쌍] **명하자** 벗겨져 없어짐.

박상-해(雹霜害)[-쌍-] **명** 우박·서리에 의하여 농작물에 생긴 피해.

박새¹[-쌔] **명** 『식』 백합과의 여러해살이풀. 늪지 습지에 남. 높이는 1.5m 정도이고, 7~8월에 연한 녹색 꽃이 자웅 이주의 총상꽃차례로 핌.

박-새²[-쌔] **명** 『조』 박샛과의 새. 숲 속에 삶. 참새만 한데, 머리는 흑백색, 뺨과 배는 백색, 등은 황록색, 날개는 흑색에 흰 띠가 있음. 해충을 잡아먹는 보호조임.

박색(薄色)[-쌕] **명** 여자의 아주 못생긴 얼굴. 또는 그런 사람. ▷ 일색(一色) 소박은 있어도 ~ 소박은 없다.

박서(薄물)[-써] **명** 초여름의 대단하지 않은 더위.

박석(薄石)[-썩] **명** 넓적하고 얇은 돌.

박석-고개(薄石-)[-썩꼬-] **명** 땅이 질어서 또는 풍수지리상 마을을 보호하기 위하여 얇은 돌을 깔아 놓은 고개.

박설(駁說)[-썰] **명** 남의 견해나 학설에 대해 반박하는 말.

박설(薄雪)[-썰] **명** 자국눈.

박섬(縛苫)[-썸] **명** 『민』 복쌈.

박섭(博涉)[-썹] **명하타** 1 여러 가지 책을 널리 읽음. 2 널리 사물을 견문함.

박세(迫歲)[-쎄] **명하자** 섣달 그믐이 가까워짐.

박소-하다(朴素-)[-쏘-] **형여** 소박(素朴)하다.

박소-하다 (薄少-)[-쏘-][형여] 얼마 되지 아니하다.

박-속 [-쏙][명] 박 안의 씨가 박혀 있는 하얀 부분.

박속 (薄俗)[-쏙][명] 경박한 풍속.

박속-같다 [-쏙깓따][형] 피부나 치아 따위가 곱고 하얗다. **박속-같이** [-쏙까치][부]

박속-나물 [-쏭-][명] 덜 익은 박을 쪼개어 삶아, 씨가 박힌 속은 버리고 살만 긁어서 무친 나물. 포심채(匏心菜).

박송 (薄松)[-쏭][명] 소나무를 두께 3cm, 너비 25cm, 길이 210cm 정도 되게 얇게 켜서 만든 널. ＊장송(長松).

박수 [-쑤][명][민] 남자 무당.

박수 (拍手)[-쑤][명] 환영이나 축하 따위의 뜻으로 두 손뼉을 마주 침. ▣~를 치다 /~가 터져 나오다 / 열렬한 ~을 보내다.

박수 (博搜)[-쑤][명][하타] 이 책 저 책에서 널리 찾음.

박수-갈채 (拍手喝采)[-쑤-][명][하자] 손뼉을 치고 소리를 질러 반기며 기뻐하거나 찬성함. ▣~를 받다 / 우레와 같은 ~가 쏟아지다.

박수-례 (拍手禮)[-쑤-][명] 박수로 하는 인사. ▣~를 받다.

박스 (box)〔─〕[명] **1** 물건을 넣어 두기 위하여 만든 네모난 그릇. 상자. 궤. □라면~. **2** 신문 따위에서, 기사를 네모꼴의 테두리로 둘러싼 것. ▣~ 기사에 실린 글. 〔二〕[의명] 상자를 단위로 세는 말. □맥주 다섯~.

박스-권 (box圈)[-꿘][경] 주가가 일정한 가격 폭 안에서만 움직일 때의 그 가격의 범위. □주식 시세가 ~을 형성하다.

박승 (縛繩)[-씅][명] 포승(捕繩).

박시 (博施)[-씨][명][하타] 뭇사람에게 널리 사랑과 은혜를 베풂.

박시-제중 (博施濟衆)[-씨-][명][하자] 널리 사랑과 은혜를 베풀어서 뭇사람을 구제함.

박식 (博識)[-씩][명][하형] 학식이 많음. 견문이 넓어 아는 것이 많음. □~을 자랑하다 / 여러 분야에 두루 ~하다.

박신-거리다 [-씬-][자] 사람이나 짐승 등이 좁은 곳에 많이 모여 활발하게 움직이다. □온 동네 사람들이 잔칫집에서 ~. ⑧벅신거리다.
　박신-박신 [-씬-][부][하자]
　박신-대다 [-씬-][자] 박신거리다.

박-쌈 [명][하자] 남의 집에 보내기 위해 함지박에 음식을 담고 보자기로 쌈. 또는 그렇게 싼 함지박.
　박쌈-질 [명][하타] 음식을 박쌈으로 도르는 일.

박아 (博雅)[명][하형] 학식이 넓고 성품이 단아(端雅)함. 또는 그런 사람.

박아-디디다 [타] 발끝에 힘을 주어 디디다.

박악-하다 (薄惡-)[바가카-][형여] **1** 됨됨이가 썩 좋지 못하다. **2** 야박하고 모질다.

박애 (博愛)[명][하타] 모든 사람을 차별 없이 사랑함. 범애.

박애-주의 (博愛主義)[바개-/ 바걔-이][명][철] 인종적 편견이나 국가적 이기심 따위를 버리고 인류 전체의 복지 증진을 위하여 온 인류가 서로 평등하게 사랑해야 한다는 주의. 사해동포주의.

박약 (薄弱)[명][하형] **1** 의지나 체력 따위가 굳세지 못함. □의지가 ~하다. **2** 불확실하고 불충분함. □이론적 근거가 ~하다. **3** 지능 따위가 정상적인 상태에 미치지 못함. **4** 얇고도 약함.

박어부득 (迫於不得)[부][하형] 박부득이.

박엽-지 (薄葉紙)[바겹찌][명] 얇게 뜬 양지(洋紙)의 하나《사전 용지, 담배 용지, 타이프라이터 용지, 원지(原紙) 따위에 씀》.

박옥 (璞玉)[명] 쪼개거나 갈지 아니한, 천연 그대로의 옥 덩어리.

박옥-혼금 (璞玉渾金)[바고콘-][명] 아직 쪼지 않은 옥과 불리지 않은 금이란 뜻으로, 성품이 소박하고 꾸밈이 없음을 말함.

박용 (舶用)[명][하타] 선박에 사용함.

박용 기관 (舶用機關)[공] 추진기를 회전시켜서 선박을 진행시키는 원동 기관의 총칭.

박용-탄 (舶用炭)[명] 선박의 증기 기관에 쓰는 석탄.

박우 (薄遇)[명][하타] 박한 대우나 대접. 푸대접.

박-우물 [명] 바가지로 물을 뜰 수 있는 얕은 우물. ↔두레우물.

박운 (薄雲)[명] 엷게 낀 구름.

박운 (薄運)[명][하형] 운수가 사납고 복이 없음. 또는 그 운명.

박은-이 [명] 책을 인쇄한 사람. 인쇄인.

박음-질 [명][하타] 바느질의 하나. 실을 곱걸어서 튼튼하게 꿰매는 일《온박음질과 반박음질의 두 가지가 있음》.
　박음-판 (-版)[명][인] 인쇄판(印刷版).

박읍 (薄邑)[명] 잔읍(殘邑).

박의 (薄衣)[바긔 / 바기][명] 얇은 옷.

박의 (薄儀)[바긔 / 바기][명] 박사(薄謝).

박이 (雹異)[명] 우박이 내려 가축이나 농작물에 해를 끼치는 일.

-박이 [접] **1** '무엇이 박혀 있는 사람이나 짐승 또는 물건'의 뜻. □점~/ 차돌~/ 금니~. **2** 무엇이 박혀 있는 곳 또는 한곳에 고정되어 있음을 나타내는 말. □붙~/ 장승~.

박이-것 [바기걷][명] **1** 박아서 만든 물건의 총칭. **2** 박이옷.

박이-겹옷 [바기-견][명] 박음질하여 지은 겹옷.

박이-끌 [명] 때려 박아서 자국만을 내는 끌.

박이다 [타] **1** 버릇·습관·태도·생각 따위가 몸에 배다. □인이 박여 담배를 못 끊는다. **2** 손바닥이나 발바닥 따위에 굳은살이 생기다. □마디마디 못이 박인 농부의 손.

박이다 [타] ('박다'의 사동) 인쇄물이나 사진을 박게 하다.

박이부정 (博而不精)[명][하형] 널리 알지만 정밀하지는 못함.

박이-연 (-鳶)[명] 연의 한 가지. 돈이나 눈, 긴 코 같은 모양을 박은 연《돈점박이·귀머리장군·눈깔귀머리장군 따위》.

박이-옷 [바기옫][명] 박음질을 하여 지은 옷. 박이것.

박인 (博引)[명][하자] 널리 예(例)를 인용함.

박인-방증 (博引旁證)[명][하자] 널리 예(例)를 인용하고 두루 증거를 보여 논함.

박자 (拍子)[-짜][명][악] **1** 곡조의 진행되는 시간을 헤아리는 단위《보통 마디를 단위로 표시함》. □4분의3 ~ / 느리다 / ~를 맞추다 / 한 ~을 쉬다. **2** 박(拍)1.

박작-거리다 [-짝꺼-][자] 많은 사람이 좁은 곳에 모여 어수선하게 자꾸 움직이다. □박작거리는 사람들로 발 디딜 틈이 없다. ⑧벅적거리다. **박작-박작** [-짝빡짝][부][하자]

박작-대다 [-짝때-][자] 박작거리다.

박잡-하다 (駁雜-)[-짜파-][형여] 여러 가지가 뒤섞여서 어수선하다.

박장 (拍掌)[-짱][명][하자] 두 손바닥을 마주 침.

박-장기 (-將棋)[-짱-][명] 바둑과 장기.

박장-대소 (拍掌大笑)[-짱-] 圆困자 손뼉을 치며 크게 웃음. ▢~가 터지다.

박재 (船載)[-째] 圆困타 1 배에 실음. 2 배래 (船來).

박재 (雹災)[-째] 圆 우박으로 인한 재해.

박재 (薄才)[-째] 圆 변변하지 못한 재주. 또는 그런 재주를 가진 사람.

박전 (搏戰)[-쩐] 圆困자 격투.

박전 (薄田)[-쩐] 圆 메마른 밭.

박전-박답 (薄田薄畓)[-쩐-땁] 圆 메마른 밭과 논.

박절-기 (拍節器)[-쩔-] 圆 《악》 메트로놈.

박절-하다 (迫切-)[-쩔-] 톙여 인정이 없고 야박하다. ▢ 박절하게 굴다 / 박절하게 뿌리치다. 박절-히 [-쩔-] 閉. ▢ ~ 대하다.

박접 (剝楪)[-쩝] 圆 가지접의 한 방법. 대목 (臺木)의 편평한 옆면의 껍질을 나란한 폭으로 조금 벗긴 다음, 그 자리에 옆면을 칼로 자른 접지 (椄枝)를 대어 동여매는 방법.

박정-스럽다 (薄情-)[-쩡-따][-스러워, -스러우니] 톙타 박정한 데가 있다. 박정-스레 [-쩡-] 閉

박정-하다 (薄情-)[-쩡-] 톙여 인정이나 동정심이 없고 쌀쌀하다. ▢ 박정한 사람 / 부탁을 박정하게 거절하다. 박정-히 [-쩡-] 閉. ▢ ~ 내쫓다.

박제 (剝製)[-쩨] 圆困타 동물의 가죽을 곱게 벗겨 썩지 않도록 처리한 후에 솜 따위의 심 (心)을 속에 넣어 살아 있을 때와 같은 모양으로 만듦. 또는 그 표본. ▢~된 꿩 / 벽에 ~한 물소의 머리가 걸려 있다.

박주 (-主)[-쭈] 圆 노름판에서 물주 (物主) 노릇을 하는 사람.

박주 (薄酒)[-쭈] 圆 1 맛이 좋지 못한 술. 2 남에게 대접하는 술의 겸칭. ▢~라도 한잔 드시오.

박주가리 [-쭈-] 圆 《식》 박주가릿과의 여러해살이 덩굴풀. 산과 들에 나는데, 줄기는 3 m가량이고, 여름에 엷은 자주색 꽃이 핌. 줄기와 잎에서 흰 즙이 나옴. 종자는 식용·약용함. 새박덩굴.

박주-산채 (薄酒山菜)[-쭈-] 圆 1 맛이 좋지 못한 술과 산나물. 2 남에게 대접하는 술과 안주의 겸칭.

박죽-목 (-木)[-쭝-] 圆 방앗공이에 가로로 박힌 나무.

박-쥐[-쮜] 圆 《동》 1 박쥣과의 짐승. 쥐와 비슷한데, 앞다리가 날개처럼 변형되어 날아다님. 성대에서 초음파를 내어 그 반사음을 듣고 거리와 방향을 앎. 동굴이나 나무 속, 수풀 속에 살며 밤에 활동하면서 갑충·나비 등을 잡아먹음. 2 집박쥐.

박:쥐-구실[-쮜-] 圆 이익을 따져 이리저리 붙는, 지조가 없는 행동을 비유적으로 일컫는 말. 편복지역(蝙蝠之役).

박:쥐-나무[-쮜-] 圆 《식》 박쥐나뭇과의 낙엽 활엽 관목. 숲 속에 나는데, 높이는 3 m가량이고, 손바닥 모양으로 갈라진 잎이 나고 여름에 노란 꽃이 핌. 어린잎은 식용됨.

박:쥐-우산 (-雨傘)[-쮜-] 圆 가는 쇠로 살을 만들고 헝겊으로 싼 우산.

박지 (薄地)[-찌] 圆 1 박토 (薄土). 2 《불》 범부 (凡夫)의 경계를 이름. 무지(無知)하고 용렬 (凡劣)함. 3 《불》 불교 수행의 한 단계. 십지 (十地)의 하나로, 욕계 (欲界)의 번뇌를 끊어 번뇌가 희박해진 경지를 이름.

박지 (薄志)[-찌] 圆 1 의지가 약함. 또는 그런 의지. 2 촌지 (寸志).

박지 (薄紙)[-찌] 圆 얇은 종이.

박-지르다[-찌-][박질러, 박지르니] 톙르 힘껏 차서 쓰러뜨리다.

박지-약행 (薄志弱行)[-찌야캥] 圆 의지가 약하여 어려운 일을 견디지 못함.

박지타지 (縛之打之)[-찌-] 圆困타 몸을 묶어 놓고 때림. 준박타 (縛打).

박직 (剝職)[-찍] 圆困자 관직을 박탈함.

박직-하다 (樸直-)[-찌카-] 톙여 순박하고 정직하다.

박진 (迫眞)[-찐] 圆困톙 표현 따위가 진실에 가까움. ▢~한 연기를 보이다.

박진-감 (迫眞感)[-찐-] 圆 진실에 가까운 느낌. ▢~넘치는 전투 장면.

박진-력 (迫眞力)[-찐력] 圆 진실되게 보이는 표현력. ▢~이 넘치는 문장.

박차 (拍車)[-] 圆 1 승마 구두의 뒤축에 댄, 쇠로 만든 물건(그 끝에 톱니바퀴가 달려 있어 말의 배를 차서 빨리 달리게 하는 데 씀). 2 어떤 일의 촉진을 위해 더하는 힘. ▢신제품 개발에 ~를 가하다.

박차 (薄茶)[-] 圆 1 맛이 좋지 못한 차. 2 남에게 대접하는 차의 겸칭.

박-차다 톙 1 발길로 냅다 차다. ▢대문을 박차고 나가다. 2 어려움 따위를 힘차게 물리치다. ▢유혹을 박차고 공부에 열중하다 / 역경을 박차고 일어나다.

박찬 (薄饌)[-] 圆 1 잘 차리지 못한 반찬. 2 남에게 대접하는 반찬의 겸칭.

박채 (博採) 圆困타 널리 찾아 모음.

박채-중의 (博採衆議)[-/-이] 圆困타 널리 여러 사람의 의견을 들어 채택함.

박처 (薄妻) 圆困자 아내에게 인정 없이 모질게 대함.

박철 (縛鐵) 圆 《건》 못을 박기가 어려운 곳에 못 대신에 검치어 대는 쇳조각.

박-첨지 (朴僉知) 圆 《연》 꼭두각시놀음의 주인공 인형. 흰 얼굴에 흰머리와 흰 수염을 한 노인의 모습을 하고 있음.

박첨지-놀음 (朴僉知-) 圆 《민》 꼭두각시놀음.

박초 (朴硝) 圆 《한의》 초석(硝石)을 한 번 구워 만든 약재(이뇨제(利尿劑)로 씀).

박초 (縛草) 圆 나무에 접을 붙이고 잘 살도록 겉에 새끼로 동여매 주는 볏짚 따위.

박초-바람 (舶超-) 圆 배를 빨리 달리게 하는 바람이라는 뜻으로, 음력 5월에 부는 바람. 박초풍.

박초-풍 (舶超風) 圆 박초바람.

박충-하다 (朴忠-) 톙여 순박하고 충직하다.

박-치기[1] 圆困困타 이마로 사람이나 물건 따위를 세게 들이받는 일. ▢~명수 / ~가 장기 (長技)인 프로 레슬러.

박-치기[2] 圆困타 배의 널빤지 따위의 틈으로 물이 스며들지 않도록 박으로 메우는 일.

박친 (독 Vakzin) 圆 《의》 ☞ 백신(vaccine).

박침-쥬 (粕沈鉅) 圆 물고기나 조개류를 소금에 절였다가 꺼내서 잘 씻은 후 술찌끼에 담가 익힌 식품.

박타 (縛打) 圆困타 '박지타지 (縛之打之)'의 준말.

박-타다[자] 1 박을 톱 따위로 두 쪽으로 가르다. 2 바라던 일이 크게 낭패를 보다.

박탁 (剝啄) 톙 문을 열라고 두드림.

박탁-성 (剝啄聲)[-썽] 圆 문을 두드리는 소리.

박탈 (剝脫) 圆困困타 벗겨져 떨어짐. 또는 벗겨 떨어지게 함.

박탈(剝奪)[명][하타] 재물이나 권리, 자격 따위를 강제로 빼앗음. □자유를 ~하다 / 선수 자격을 ~하다 / 권리가 ~되다.

박태(薄胎)[명] 아주 얇게 만든 도자기의 몸.

박태기-나무 [명][식] 콩과의 낙엽 활엽 관목. 사원(寺院)이나 인가 부근에 심는데, 높이는 3 m가량이고, 봄에 붉은 자주색 꽃이 잎보다 먼저 핌. 줄기는 약재로 씀.

박테리아(bacteria) [명][생] 세균.

박테리오파지(bacteriophage) [명][생] 특정한 박테리아만을 녹여 버리는 여과성 물질로, 바이러스의 일종(현미경으로 보일까 말까 한 크기임). 세균 바이러스.

박토(剝土)[명][하타][광] 노천 채광에서, 광상(鑛床)을 덮고 있는, 유용 광물을 포함하지 않은 흙이나 암석을 제거하는 일.

박토(薄土)[명] 매우 메마른 땅. □~를 개간하여 옥토로 만들다. ↔옥토(沃土).

박-통 [명] 쪼개지 않은 통째로의 박.

박통(博通)[명] 온갖 사물에 널리 통하여 앎. □~한 지도자.

박투(搏鬪)[명][하자] 서로 치고 때리며 싸움.

박판(薄板)[명] 얇은 널빤지나 철판.

박편(剝片)[명] 벗겨져 떨어진 조각.

박편(薄片)[명] **1** 얇은 조각. □도자기의 ~. **2** 현미경으로 보기 위하여 얇게 만든 시료(試料).

박편 석기(剝片石器)[-끼][역] 구석기 시대에, 큰 돌에서 떼어 낸 박편을 다듬어 연장으로 사용하던 석기의 하나(동물의 고기를 자르거나 베는 데 썼음).

박풍(搏風)[명][건] 박공(搏栱).

박피(剝皮)[명][하타] 껍질이나 가죽을 벗김.

박피(薄皮)[명] 얇은 겁질.

박하(薄荷)[바카][명][식] 꿀풀과의 여러해살이풀. 습지에 나는데, 높이는 60~90 cm이고, 여름에 옅은 자주색 또는 백색의 작은 꽃이 핌. 한방에서는 잎을 약용하고, 향기가 좋아 향료·음료·약재를 만드는 데 씀.

박하-뇌(薄荷腦)[바카-][명][화] 박하의 잎을 증류하여 냉각하고 정제한 흰 결정체(향균과 시원한 맛이 있어 건위제·신경통·결핵 등의 약재나 구강(口腔) 향료로 씀).

박-하다(駁-)[바카-][타여] 반박하다.

박-하다(薄-)[바카-][형여] **1** 인색하다. 후하지 아니하다. □인심이 박한 세상 / 채점이 박하기로 소문나다. **2** 두껍지 아니하고 얇다. **3** 이익이나 소득이 보잘것없이 적다. □이문이 박한 장사. ↔후하다.

박하-사탕(薄荷砂糖)[바카-][명] 박하유를 넣어 만든 사탕.

박하-수(薄荷水)[바카-][명] **1** 박하의 잎을 쪄서 받아 낸 물(위장약 등으로 씀). **2** 박하정을 탄 물(위장약 등으로 씀).

박하-유(薄荷油)[바카-][명] 박하의 잎과 줄기를 건조·증류하여 얻은 담황색 액체(청량제·흥분제·비누의 향료로 씀).

박하-정(薄荷精)[바카-][명][화] 박하유와 알코올을 1:9의 비율로 섞은 무색투명한 액체(건위제·구풍제 따위로 씀).

박하-정(薄荷錠)[바카-][명] 박하뇌(薄荷腦).

박학(博學)[바칵][명][하형] 학식이 매우 넓고 아는 것이 많음. □그의 ~에 정말 놀랐다. ↔박학(薄學)·천학(淺學).

박학(薄學)[바칵][명][하형] 학식이 얕고 좁음. ↔박학(博學). *천학(淺學).

박학-다문(博學多聞)[바칵따-][명][하형] 학식과 견문이 썩 넓음.

박학-다식(博學多識)[바칵따-][명][하형] 학식이 넓고 아는 것이 많음.

박학-다재(博學多才)[바칵따-][명][하형] 학식이 넓고 재주가 많음.

박한(薄汗)[바칸][명] 경한(輕汗).

박할(剝割)[바칼][명][하타] 할박(割剝).

박해(迫害)[바깨][명][하타] 힘이나 권력 따위로 약한 처지의 사람을 못살게 굴거나 해를 입힘. □종교적 ~ / ~를 가하다 / ~에 시달리다 / 독재 정권의 모진 ~를 피해 외국으로 망명했다.

박해(雹害)[바깨][명] 우박으로 인한 피해.

박행(薄行)[바캥][명] 경박한 행동.

박행-하다(薄幸-)[바캥-][형여] 불행하다. 운수가 언짢다. □결혼 2년 만에 남편을 잃은 박행한 여인.

박혁(博奕·博弈)[바켝][명] 장기와 바둑.

박홍(薄紅)[바콩][명] 옅게 붉은 빛깔.

박흡-하다(博洽-)[바카파-][형여] 아는 것이 많아 무널게 통할 데가 없다. **박흡-히**[바카피][부]

박히다[바키-][자]('박다'의 피동) 박음을 당하다. □벽에 박힌 못 / 시선이 허공에 ~ / 물방울 무늬가 점점이 ~ / 그 인상이 강하게 뇌리에 박혔다.

밖[박][명] **1** 어떤 선이나 경계를 넘어선 쪽. 바깥. □대문 ~ / 을 내다보다 / 이 선 ~으로 나가시오. ↔안. **2** 겉으로 드러나 보이는 부분. □~은 노랑, 속은 빨강 / 몸 ~으로 노폐물을 배출하다. ↔속. **3** 정해 놓은 범위 안에 들지 않은 것. 이외. □~상식 ~의 말 / 그 ~의 사람들 / 예상 ~의 결과가 나오다. **4** 바깥. □~에 나가 놀다. **5** 한데. □~에서 밤을 지새우다. **6** 바깥양반. □~에서 하는 일에 참견을 하다.

밖에[조] '그것 말고는'·'그것 이외에는'의 뜻을 나타내는 보조사(뒤에 반드시 부정을 나타내는 말이 따름). □날 알아주는 사람은 너~ 없다 / 500원~ 가진 것이 없다.

반[명] 얇게 펴서 만든 조각. *솜반.

반(反)[명][철] 변증법의 논리 전개의 세 단계 가운데, 부정을 뜻하는 단계. 반정립. ↔정(正).

반(半)[명] **1** 둘로 똑같이 나눈 것의 한 부분. □연필 ~ 다스 / 수박을 ~으로 가르다. **2** 일이나 사물의 중간. □시작이 ~이다 / 종이를 ~으로 접다 / 아직 일이 ~도 끝나지 않았다. **3** 일부 명사 앞에 붙어, '거의 비슷한'·'절반 정도의'의 뜻을 나타내는 말. □~바지 / ~죽음 / ~평생 / ~달.

반(盤)[건] 암키와.

반(班)[一][명] **1** ①어떤 공통점을 가지고 조직된 작은 집단. □~을 편성하다. ⓒ(접미사적으로 쓰여) 그 부서임을 나타내는 말. □연극~ / 문예~ / 합창~. **2** 통(統)을 다시 가른 지방 행정 단위. □우리 ~ 주민들. **3** 학년을 학급으로 나눈 단위의 명칭. □같은 ~에서 공부하다 / 1학년은 다섯 개 ~으로 되어 있다. **4**[군] 소대보다 작고 분대보다는 큰 전술 단위 부대(박격포반·기관총반 따위). [의명] ⊟~을 세는 단위로서 이르는 말. □3통 5~ / 5학년 1~.

반(盤)[명] 소반·소반·예반·쟁반 등의 총칭.

반:-(反)[접] '반대'의 뜻을 나타내는 말. □~비례 / ~작용 / ~독재 / ~체제.

반:-가(半價)[-까][명] 반값.

반:-가(返歌)[명] 남이 보내온 노래에 대하여 답

하는 노래.

반가(班家)[명] 양반의 집안. ▣～의 법도 / 지체 높은 ～의 맏며느리.

반:-**가공품**(半加工品)[명] 반쯤 가공한 물품.

반:-**가부좌**(半跏趺坐)[명] 〖불〗한쪽 발을 한쪽 다리의 허벅다리에 얹고, 다른 쪽 발을 반대쪽 무릎 밑에 넣고 앉는 자세. ▣～를 틀다. ㉰반가좌. *결가부좌.

반:-**가상**(半跏像)[명] 〖불〗반가부좌로 앉은 부처의 상(像).

반:-**가언적 삼단 논법**(半假言的三段論法)[-쌈-뻡] 〖논〗대전제는 가언적 판단이고, 소전제와 결론은 정언적(定言的) 판단인 형식의 삼단 논법.

반가움[명] 반가운 감정이나 마음. ▣오랜만에 만나 ～에 잠시 할 말을 잊었다.

반가워-**하다**[타여] 반가운 느낌을 가지다. 반갑게 여기다. 반기다. ▣편지를 받고 무척 ～.

반가이[부] 반갑게. ▣～ 맞아 주다 / ～ 인사를 나누다.

반:**각**(半角)[명]〖수〗어떤 각의 반. 2〖인〗식자(植字) 과정에서 해당 활자의 반이 되는 크기의 공간이나 간격.

반:**각**(返却)[명][하타] 보내온 물건을 받지 않고 도로 돌려보냄.

반:-**간접 조**:**명**(半間接照明)[-쪼-]〖건〗조명 방식의 하나. 대부분의 광을 위로 향하게 하고 약간의 빛만 내리비치게 하는 조명(부드럽고 아늑한 분위기를 냄).

반감(反感)[명] 상대편의 말이나 태도 등을 불쾌하게 생각하여 반발하거나 반항하는 감정. ▣～을 가지다 / 경쟁 상대에게 ～을 품다 / 고집이 센 사람은 남의 ～을 사기 쉽다.

반:**감**(半減)[명][하자타] 절반으로 줄어. 또는 절반으로 줄임. ▣봉급이 ～하다 / 흥미가 ～하다 / 효과가 ～되다.

반:**감**(飯監)[명]〖역〗조선 때, 궁중에서 음식물과 물품의 진상을 맡아보던 벼슬아치.

반:**감-기**(半減期)[명]〖물〗방사성 원소나 소립자(素粒子)가 붕괴 또는 다른 원소로 변할 경우, 그 원자 수가 최초의 반으로 감소될 때까지 걸리는 시간.

반갑다[-따]〔-따, 반가워, 반가우니〕[형ㅂ] 뜻밖에 좋은 일을 당하거나, 바라던 일이 성취되거나 그리던 사람을 만나서 즐겁고 기쁘다. ▣친구를 반갑게 맞이하다 / 합격했다니 반가운 소식이구나.

반:-**값**(半-)[-갑][명] 본디 값의 절반. 반가(半價). 반금. ▣남은 물건을 ～에 팔다.

반:-**개**(半開)[명][하자타] 1 문 따위가 반쯤 열리거나 벌어짐. 또는 반쯤 열거나 벌림. 2 꽃이 반쯤 핌. 3 문화가 조금 발달하였으나 아직 완전한 개화에 이르지 못함.

반갱(飯羹)[명] 밥과 국.

반거(盤踞·蟠踞)[명][하자] 1 넓고 굳게 뿌리박혀 서림. 2 넓은 토지를 차지하고 세력을 떨침.

반거(盤據·蟠據)[명][하자] 어떤 곳에 근거를 두고 지킴.

반:-**거들충이**(半-)[명] 무엇을 배우다가 중간에 그만두어 다 이루지 못한 사람. ▣게으른 놈은 ～밖에 안 된다. ㉰반거충이.

반:-**거충이**(半-)[명] '반거들충이'의 준말.

반:-**거치**(反鋸齒)[명]〖식〗잎의 가장자리에 난, 아래로 향한 톱니.

반:-**건대구**(半乾大口)[명] 반쯤 말린 대구.

반:-**건성유**(半乾性油)[-뉴][명]〖화〗공기 중에서 산화하여 굳어진 기운은 증가하나 건조되는 속도는 비교적 더딘 지방유《참기름·면실

유 따위).

반:-**걸음**(半-)[명] 한 걸음의 반. 반보(半步).

반:-**격**(反擊)[명][하자타] 쳐들어오는 적에 대하여 역으로 공격함. ▣～ 작전 / ～을 가하다 / ～에 나서다.

반:-**격-전**(反擊戰)[-쩐][명] 반격하는 싸움. ▣～을 펼치다.

반결(盤結)[명][하자] 서리서리 얽힘.

반:-**결음**(半-)[명] 1 기름기가 반쯤 묻어 배게 함. 2 기름을 적게 먹이고 반쯤만 결은 가죽신(여자 아이들이 신었음).

반경(反耕)[명] ☞ 변경(反耕).

반:-**경**(半徑)[명] 1〖수〗'반지름'의 구용어. 2 행동이 미치는 범위. ▣생활 ～ / ～ 2 km 이내를 수색하다.

반:-**계**(半季)[-/-게][명] 1 한 계절의 반. 2 1년의 반. 반년(半年).

반계-곡경(盤溪曲徑)[-경/-게-경][명] 구불구불한 길이라는 뜻으로, 일을 순리대로 하지 않고 잘못된 방법으로 무리하게 함의 일컬음. 방기(旁岐)곡경.

반고(反庫)[명] ☞ 번고(反庫).

반고(盤古·盤固)[명] 1 중국에서 천지개벽 후 처음으로 세상에 나왔다고 하는 전설상의 천자 이름. 2 아득한 옛날. 태고(太古).

반:-**고리-관**(半-管)[명]〖생〗척추동물의 내이(內耳) 상부에 있는 기관《삼면으로 갈라진 세 관에 림프가 차 있어 그 움직임으로 몸의 평형과 위치를 감각함》. 삼반규관(三半規管).

반:-**고지**(反古紙)[명] 글씨 따위를 써서 쓸 수 없게 된 종이.

반:-**고체**(半固體)[명] 완전한 고체 상태가 아니고 액체가 반쯤 엉겨서 이루어진 고체. 물렁물렁하고 끈끈하게 달라붙는 성질이 있음《묵·두부 따위》.

반:-**고형-식**(半固形食)[명] 연식(軟食).

반:-**곡**(反曲)[명][하자] 뒤로 구부러지거나 반대로 휨. 반굴(反屈).

반곡(盤曲)[명][하자] 얽히어 구부러짐.

반:-**폭**(半-)[명] 종이나 피륙 따위의 반 폭.

반:-**골**(反骨·叛骨)[명] 세상의 풍조나 권세, 권위 따위를 좇지 않고 저항하는 기질. 또는 그런 사람. ▣～ 성향 / ～ 기질이라 바른말을 잘한다.

반:-**공**(反共)[명][하자] 공산주의에 반대함. 반공산주의. ▣～ 의식 / ～ 교육 / ～을 국시로 삼다. ↔용공(容共).

반:-**공**(反攻)[명][하타] 공격을 당하다가 반대로 공세를 취함. ▣～에 나서다.

반:-**공**(半工)[명] 1 반품. 2 한 사람 몫의 반쯤 되는 일.

반:-**공**(半空)[명] '반공중(半空中)'의 준말. ▣～을 날다.

반:**공**(飯工)[명]〖역〗대궐 안에서, 음식을 만드는 일을 맡아 하던 사람.

반공(飯供)[명][하자] 끼니때마다 음식을 바침.

반:-**공산주의**(反共産主義)[-/-이][명] 공산주의를 반대하는 일. 또는 그런 태도. 반공.

반:-**공일**(半空日)[명] 오전만 일을 하고 오후에는 쉬는 날이라는 뜻으로, '토요일'을 이르는 말.

반:-**공전**(半工錢)[명] 절반의 품삯.

반:-**공중**(半空中)[명] 그다지 높지 않은 공중. 건공중(乾空中). ㉰반공(半空).

반과(飯菓)[명] 밥과 과자.

반과(飯顆)[명] 밥알.

반:관(牛官)圈 반관반민.

반:관-민(牛官牛民)圈 정부와 민간이 공동으로 출자하여 경영하는 사업 형태. 반관.

반:괴(牛壞)圈혱자타 건물 따위가 바쯤 허물어짐. 또는 건물 따위를 반쯤 허묾.

반교-문(頒敎文)圈《역》 나라에 경사가 있을 때에 백성에게 널리 알리던 교서(敎書).

반:구(牛求)圈혱자 어떤 일의 원인이 따위를 자신에게서 찾음. 「적은 말.

반:구(牛句)圈 1 한 구의 반. 2 아주 짤막하고

반:구(牛球)圈 1 구(球)의 절반. 2《수》 구를 중심을 통하는 하나의 평면으로 2등분했을 때의 그 한 부분. 3《지》 지구면을 두 쪽으로 나눈 한 부분.

반:구(返柩)圈혱타 객지에서 죽은 사람의 시체를 고향으로 돌려 옴.

반구(頒鳩·斑鳩)圈《조》 산비둘기.

반:-구두(牛-)圈 을을 낮게 하여 발등이 드러나게 만든 구두. 「기울기.

반:-구배(返勾配)圈《수》 45° 이상 되는 급한

반:-구비(牛-)圈 쏜 화살이 알맞은 높이로 날아가는 일.

반:구-형(牛球形)圈 구(球)를 절반으로 나눈 모양. 반구의 형상.

반:군(反軍)圈혱자 군부에 반대함.

반:군(叛軍)圈 반군군. □~을 소탕하다.

반:굴(反屈)圈혱자 뒤로 구부러짐. 또는 반대 방향으로 굽음.

반굴(盤屈)圈혱자 서려서 얼크러짐.

반:굴 태세(反屈胎勢)圈《의》 태아의 턱이 가슴에서 떨어져 머리와 등이 뒤로 구부러진 비정상적인 자세.

반:궁(牛弓)圈 대궁(大弓)의 반 정도 되는 짧은 활(앉아서 쏠 수 있음).

반:궁(泮宮)圈《역》 성균관과 문묘(文廟)를 통틀어 이르는 말. 「의 반.

반:권(反卷)圈혱자《식》 식물의 잎이나 꽃잎 따위가 뒤쪽으로 구부러져 말림.

반:-그늘(牛-)圈《물》 반그림자1.

반:-그림자(牛-)圈 1《물》 광원이 비교적 클 경우 불투명체의 뒤에 생기는 그림자 내에 약간 빛이 들어간 흐릿한 부분. 반영(牛影). 반그늘. ↔본그림자. 2《천》 태양 흑점의 바깥쪽을 이루는 흐릿한 부분.

반근(盤根)圈 1 서려서 얽힌 나무뿌리. 2 얼크러져 처리하기 곤란한 일.

반:금(牛-)圈 반값.

반:금(返金)圈혱타 꾼 돈이나 팔 때 받은 물건 값을 도로 돌려줌. 또는 그 돈.

반급(班給)圈혱타 나누어 줌.

반급(頒給)圈혱타《역》 임금이 봉록이나 물건을 아랫사람들에게 나누어 주던 일.

반기(牛器)圈 잔치 또는 제사 때, 동네 사람에게 나누어 주려고 작은 목판에 몫몫이 담은 음식. □~를 도르다. ——하다짜예 반기를 나누어 도르다. 또는 나누어 담다.

반:기(反旗)圈 1 반대의 뜻을 나타낸 행동이나 표시. □당국의 시책에 ~를 들다. 2 반기(叛旗). 「의 반.

반:기(牛期)圈 1 어떤 기간의 절반. 2 한 해

반:기(牛旗)圈 조의를 표하기 위해 다는 국기 (깃대 끝에서 기폭만큼 내려서 닮). 조기(弔旗). □~를 계양하다.

반:기(叛起)圈혱자 배반하여 일어남.

반:기(叛旗)圈 반란을 일으킨 표시로 드는 기. □~를 들다.

반기(飯器)圈 밥을 담는 그릇. 밥그릇.

반기다타 반가워하거나 반갑게 맞다. □손님을 반기며 악수를 청하다.

반:기록 영화(牛記錄映畫)[-룽녕-]《연》 실제로 일어난 사건을 그 일어난 장소를 배경으로 제작한 극영화. 세미다큐멘터리 영화.

반:-기생(牛寄生)圈《식》 숙주(宿主)에서 수분·영양분·염분 따위를 흡수하는 한편, 자신의 엽록체로 탄소 동화 작용을 행하여 살아가는 일. 「의를 표함.

반:기-조례(牛旗弔禮)圈혱자 반기를 달아 조

반깃-반(-盤)[-기빤/-긴빤]圈 반기를 도르는 데에 쓰는, 굽이 달린 작은 목판이나 소반.

반:-나마(牛-)閉 반이 조금 지나게. □책을 ~ 읽었다.

반:-나절圈 한나절의 반. □이 일을 끝내려면 ~은 걸린다.

반:-나체(牛裸體)圈 반쯤 벌거벗은 몸. □~의 여자. ⊛반라(牛裸).

반:-날(牛-)圈 하루 낮의 반. 곧, 한나절.

반:납(牛納)圈혱타 일정한 금액이나 물건의 반만 납부함.

반:납(返納)圈혱타 받거나 빌린 것을 도로 돌려줌. □~ 기일 / 책을 ~하다 / 여름휴가를 ~하다.

반:년(牛年)圈 한 해의 반. □저런 차를 사려면 내 월급의 ~치는 든다.

반:노(叛奴)圈 예전에, 상전을 배반한 종을 일컫던 말.

반:농(牛農)圈 생업의 반이 농업인 일.

반:농-가(牛農家)圈 생업의 반이 농업인 농가.

반니쏘리圈《옛》 반치음. 반잇소리.

반:-다지(牛-)圈《건》 기둥 같은 데에 구멍을 뚫되, 기둥 두께의 반쯤만 되게 파는 일.

반:-단(牛-)圈 한 단의 절반.

반:-단이(牛-)[-다지]圈 앞의 위쪽 절반이 문짝으로 되어 아래로 잦혀 여닫게 된, 궤 모양의 가구.

반:-달¹(牛-)圈 1 반원형의 달. □~ 같은 눈썹. 2 반월 모양으로 된 연(鳶)의 꼭지. 3 속손톱.

반:-달²(牛-)圈 한 달의 절반. 곧, 보름 동안.

반:달-곰(牛-)圈《동》 곰과의 하나. 몸길이는 1.9m 정도. 몸빛은 광택이 있는 검은색이며, 앞가슴에 반달 모양의 흰무늬가 있음. 잡식성으로 겨울잠을 잠. 한국, 만주, 러시아 등지에 분포. 천연기념물 제329호. 반달가슴곰.

반:달-꼴(牛-)圈 반월형.

반:달-꽂이(牛-)圈《농》 고구마 등의 줄기를 반달 모양으로 휘어지게 꽂아 심는 방법.

반:달-낫(牛-)[-란-]圈 날이 반쯤 휘어서 반달 모양으로 생긴 낫.

반달리즘(vandalism)圈《사》 예술·문화를 파괴하려는 경향. 또는 그 행위.

반:달-문(牛-門)圈 위가 반달처럼 둥글게 생긴 문. 반월문(牛月門).

반:달-연(牛-鳶)[-련]圈 꼭지에 반달 모양의 색종이를 붙인 연.

반:-달음(牛-)圈혱자 거의 뛰는 정도의 빠른 걸음. □~으로 걷다 / ~을 치다.

반:-달음질(牛-)圈혱자 뛰다시피 빨리 걷는 일. □오솔길을 ~로 뛰다.

반:-달-차기(牛-)圈 태권도에서, 발 기술의 하나. 정면을 향한 채, 발로 반원을 그리며 「차는 동작.

반:-달-형(牛-形)圈 반월형.

반:-담(牛-)圈 낮게 쌓은 담.

반:-담(牛曇)圈 날씨가 반쯤 흐림.

반답(反畓) 몡 ☞ 번답(反畓).

반:당(反黨) 몡ᄒ자 1 반역을 꾀하는 무리. 2 자기 당의 취지에 위반되고 반대되는 일. □ ~ 분위.

반:대(反對) 몡ᄒ자타 1 두 사물이 모양·위치·방향·순서 따위가 등지거나 서로 맞섬. 또는 그런 상태. □ ~ 방향 / ~로 나가다 / 성격이 ~다. 2 어떤 행동이나 의견에 찬성하지 않고 맞서서 거스름. □ ~ 세력 / ~를 무릅쓰다 / 개정안에 ~하다 / ~되는 의견을 내놓다. ↔찬성.

반:대 개:념(反對概念) 〔논〕 어떤 유개념(類槪念)에 종속하는 개념 가운데, 그 내포(內包)로 보아 최대의 차이를 갖는 두 개의 개념. 대(大)와 소(小), 현(賢)과 우(愚)와 같이 대립적 관계에 있는 개념.

반:대-급부(反對給付)[-뿌] 몡 1 어떤 일에 대응하여 얻게 되는 이익. 2 〔법〕 쌍무 계약에서, 한쪽의 급부에 대하여 다른 쪽이 하는 급부(매매에서 물건의 양도에 따른 대금의 지급 따위).

반대기 몡 가루를 반죽한 것이나 삶은 푸성귀 등을 편편하고 둥글넓적하게 만든 조각.

반:대 대:당(反對對當) 〔논〕 대당 관계의 하나. 전칭(全稱) 긍정 판단 'A'와 전칭 부정(否定) 판단 'E'와의 대당 관계. 곧, 'A'와 'E'가 같이 참이 될 수는 없으나 같이 거짓이 될 수는 있음.

반:대-론(反對論) 몡 반대되거나 반대하는 의견이나 논설.

반:대-말(反對-) 몡〔언〕 반의어.

반:대 명사(反對名辭) 〔논〕 '반대 개념'의 언어적 표현.

반:대 무:역풍(反對貿易風) 〔지〕 적도 부근에서 열을 받아 상승한 공기가 남북 양극을 향해서 흐르는, 무역풍과 반대 방향의 바람.

반:대-색(反對色) 몡 섞어서 백색이나 회백색이 되는 두 개의 색광(色光). 곧, 서로 보색(補色)을 이루는데, 빨강과 초록, 주황과 파랑 같은 것임.

반:대-설(反對說) 몡 반대의 뜻을 드러내는 의견이나 학설.

반:대 신:문(反對訊問) 〔법〕 증인 신문에서, 증인 신청을 한 당사자가 먼저 신문한 다음 그 상대편 당사자가 하는 신문.

반:대-어(反對語) 몡〔언〕 반의어.

반:대-자(反對者) 몡 반대하는 사람.

반:대-쪽(反對-) 몡 반대되는 쪽. □ ~ 사람들 / ~으로 발길을 돌리다.

반:대-파(反對派) 몡 반대되는 처지에 있는 파. □ ~를 설득하다.

반:대-편(反對便) 몡 1 반대되는 방향이나 반대되는 쪽에 있는 곳. □ 길 ~으로 건너가다. 2 반대하는 무리.

반:대-표(反對票) 몡 표결할 때, 반대하는 뜻을 나타낸 표. 부표(否票). □ ~를 던지다. ↔찬성표.

반대-하다(胖大-) 혱이 살져서 뚱뚱하고 몸집이 크다.

반:-덤핑(反dumping) 몡〔경〕 국제 경쟁에서 우위에 서기 위하여 국내 판매 가격이나 생산비보다 싼 가격으로 상품을 수출한 것에 대하여, 수입국에서 덤핑한 만큼의 관세를 부과하는 일.

반:덤핑 관세(反dumping關稅) 〔경〕 덤핑을 방지하기 위하여 덤핑 상품에 매기는 징벌적인 관세(수입 수량 제한 조치에 의한 자국의 산업 피해 구제 수단의 하나임).

반도 몡〈옛〉 개똥벌레.

반:도(半島) 몡〔지〕 삼면이 바다에 싸이고 한 면은 육지에 이어진 땅.

반:-도(半途) 몡 1 가려는 길의 반쯤 되는 거리. 2 일을 다 이루지 못한 그 중간. 중도(中途).

반:도(叛徒) 몡 반란을 꾀하거나 그에 가담한 무리. 반역의 도당 □ ~를 토벌하다.

반도(蟠桃) 몡 삼천 년 만에 한 번씩 열매를 맺는, 선경(仙境)에 있다는 복숭아.

반도네온(에 bandoneón) 몡〔악〕 탱고에 사용되는 아코디언 비슷한 악기.

반:도-미(半搗米) 몡 속겨에 포함된 양분을 보존하려고 반쯤만 찧은 쌀.

반:도-반:자(半陶半瓷) 〔공〕 반자기(半瓷器).

반:도이폐(半途而廢)[-/-폐] 몡ᄒ타 중도이폐(中途而廢).

반:-도체(半導體) 몡〔물〕 도체(導體)와 절연체의 중간 성질을 갖는 물질. 낮은 온도에서는 전기가 거의 통하지 않으나 높은 온도에서는 전기가 잘 통함(실리콘·게르마늄 등이 있으며 트랜지스터·집적 회로·정류기 등에 응용됨).

반:도체 메모리(半導體memory) 〔컴〕 연산(演算)에 필요한 데이터나 명령 따위 정보를, 장기적으로 또는 일시적으로 기억해 두는 집적 회로.

반:도체 소자(半導體素子) 〔물〕 반도체를 사용한 전자 회로 소자(정류기·트랜지스터·발광 소자·광전(光電) 변환 소자 따위).

반:도체 정:류기(半導體整流器)[-뉴-] 〔물〕 반도체를 이용하여 정류 작용을 하게 만든 장치. *금속 정류기.

반:-독립(半獨立)[-동닙] 몡 1 반은 남의 힘을 입고 있는 독립. 2 한 나라의 주권 일부를 타국에 의해 제한받고 있는 상태.

반:-독립국(半獨立國)[-동닙꾹] 몡〔정〕 일부 주권국.

반:-독재(反獨裁)[-째] 몡 독재를 반대하는 일. □ ~ 운동.

반:-동(反動) 몡 1 한 작용에 대하여 반대로 일어나는 작용. □ ~이 적은 총을 개발하다. 2 진보적이거나 발전적인 움직임을 반대하여 강압적으로 가로막음. □ ~ 보수 세력 / ~으로 몰리다.

반:-동기(反動期) 몡〔심〕 반향기.

반:-동력(反動力)[-녁] 몡〔물〕 1 반동하는 힘. 2 반동으로 일어나는 힘.

반:-동-분자(反動分子) 몡 반동적인 행위를 하는 사람. □ ~를 색출하다.

반동-석(斑銅石) 몡〔광〕 구리 광석의 하나. 적갈색을 띠고 광택이 있음.

반:-동-성(反動性)[-썽] 몡 반동적인 성격. □ ~ 강한.

반:-동-적(反動的) 관몡 1 어떤 작용에 대해서 정반대의 작용이 있는 (것). 2 진보적이거나 발전적인 움직임을 반대해서 강압적으로 가로막는 경향을 띤 (것). □ ~ 사상 / ~인 세력.

반되 몡〈옛〉 반디.

반되불 몡〈옛〉 반딧불.

반두 몡 양쪽 끝에 막대기를 대어 두 사람이 맞잡고 물고기를 몰아 잡도록 만든 그물. 조망(罩網).

반두(飯頭) 몡〔불〕 절에서 대중이 먹을 밥이나 죽을 마련하는 사람.

반:-두부(半豆腐) 몡 되두부.

반둥-거리다 困 아무 일도 않고 빤빤스럽게 게으름만 부리다. 큰빈둥거리다. 센빤둥거리다. 세판둥거리다. **반둥-반둥** 뿐하형

반둥-건둥 뿐하타 일을 다 마치지 못하고 중도에서 성의 없이 그만두는 모양.

반둥-대다 困 반둥거리다.

반드럽다 [-따] [반드러워, 반드러우니] 형비 1 윤기가 나고 매끈매끈하다. □반드러운 대리석 바닥. 2 사람됨이 약빨라서 어수룩한 맛이 없다. □반드럽게 굴다. 큰번드럽다. 센빤드럽다.

반드레-하다 형어 실속 없이 겉모양만 반드르르하다. 큰번드레하다. 센빤드레하다.

반드르르 뿐하형 윤기가 있고 매끄러운 모양. 큰번드르르. 센빤드르르.

반드시 뿐 꼭. 틀림없이. 기필코. □~ 이겨야 한다. *반드시.

반득 뿐자타 한 번 반득이는 모양. 큰번득. 센빤뜩·빤득.

반득-거리다 [-꺼-] 자타 자꾸 반득이다. 또는 자꾸 반득이게 하다. 큰번득거리다. 센빤득거리다. **반득-반득** [-빤-] 뿐하자타

반득-대다 [-때-] 자타 반득거리다.

반득-이다 자타 물체 따위에 반사된 빛이 잠깐씩 나타나다. 또는 그렇게 되게 하다. 큰번득이다. 센빤득이다·빤득이다.

반들-거리다[1] 困 1 거죽이 아주 매끄럽고 윤이 나다. □이마가 ~ / 마룻바닥이 ~. 2 어수룩한 데가 없이 약게 굴다. 큰번들거리다. 센빤들거리다. **반들-반들**[1] 뿐하형 □구두를 ~ 윤이 나게 닦았다 / 일은 하지 않고 ~ 꾀만 부린다.

반들-거리다[2] 困 게으름을 피우며 밉살스럽게 놀기만 하다. 큰번들거리다. 센빤들거리다. **반들-반들**[2] 뿐하형

반들-대다[1] 困 반들거리다[1].

반들-대다[2] 困 반들거리다[2].

반듯-반듯 [-듣빤듣] 뿐하형 1 여러 물건이 비뚤어지거나 기울거나 굽지 않고 바른 모양. □건물들이 ~ 서 있다. 2 생김새가 반반한 모양. 큰번듯번듯. 센빤듯빤듯[2].

반듯-이 뿐 반듯하게. □~ 앉히다. 큰번듯이. 센빤듯이. *반드시.

반듯-하다 [-드타-] 형어 1 물건이 비뚤어지거나 기울거나 굽지 않고 바르다. □빨래를 반듯하게 개다. 2 생김새가 반반하다. □반듯한 얼굴. 3 생각이나 행동이 비뚤어지지 않고 바르다. □사람 됨됨이가 ~. 큰번듯하다. 센빤듯하다.

반:등(反騰) 명하자 《경》 물가나 주식 따위의 시세가 떨어지다가 다시 오름. □주가가 ~ 할 낌새를 보이다. ↔반락(反落).

반등(攀登) 명하자 등반(登攀).

반디 명 《충》 반딧불이.

반디-나물 명 《식》 파드득나물.

반디-하늘소 [-쏘] 명 《충》 하늘솟과의 곤충. 몸길이는 1 cm가량이고, 앞가슴은 적색, 딱지날개는 검은 녹색이며, 그 외는 검음. 몸 아래에 회백색 털이 나 있음.

반딧-불 [-디뿔 / -딛뿔] 명 1 반딧불이의 꽁무니에서 반짝이는 불빛. 2 반딧불이.

[반딧불로 별을 대적하려면] 되지 않을 일은 아무리 억척을 부려도 불가능하다.

반딧-불이 [-디뿌리 / -딛뿌리] 명 《충》 반딧불잇과의 곤충. 애벌레는 맑은 물에 살며, 변태한 엄지벌레는 발광기(發光器)가 있어 여름

밤에 반짝거리며 날아다님. 물가의 풀숲에 삶. 개똥벌레. 단량(丹良). 단조(丹鳥).

반드기 뿐 〈옛〉 반드시. 꼭.

반독하다 困 〈옛〉 반득하다. 「으 반득.

반뜩 뿐자타 한 번 반뜩이는 모양. 센번뜩.

반뜩-거리다 [-꺼-] 자타 자꾸 반뜩이다. 또는 자꾸 반뜩이게 하다. □눈빛이 ~. 큰번뜩거리다. 센번뜩거리다. **반뜩-반뜩** [-빤-] 뿐하자타

반뜩-대다 [-때-] 자타 반뜩거리다.

반뜩-이다 困 물체 따위에 반사된 작은 빛이 잠깐씩 나타나다. 또는 그렇게 되게 하다. □햇살이 ~. 큰번뜩이다. 센번득이다.

반뜻 [-뜯] 뿐 작은 빛 따위가 갑자기 나타났다가 없어지는 모양. 큰번뜻.

반뜻-반뜻[1] [-뜯빤뜯] 뿐하자 작은 빛이 잇따라 갑자기 나타났다 없어졌다 하는 모양. 큰번뜻번뜻.

반뜻-반뜻[2] [-뜯빤뜯] 뿐하형 1 여러 물체가 비뚤어지거나 기울거나 굽지 않고 바른 모양. 2 생김새가 매우 반반하고 말끔한 모양. 큰번뜻번뜻[2].

반뜻-이 뿐 반뜻하게. 큰번뜻이. 센번득이.

반뜻-하다 [-뜨타-] 형어 아주 반뜻하다. 큰번뜻하다. 센번득하다.

반:- [-네-] 명 '반나체'의 준말.

반:락(反落) [발-] 명하자 《경》 오르던 시세가 갑자기 떨어짐. ↔반등(反騰).

반락(般樂) [발-] 명하자 마음껏 즐기며 놂.

반:-란(叛亂·反亂) [발-] 명하자 정부나 지배자에 대항하여 내란을 일으킴. □~을 꾀하다 / ~을 모의하다 / ~을 일으키다 / ~을 진압하다.

반란(斑爛) [발-] 명하자 1 《한의》 천연두의 발진이 곪아 터져서 반점이 생김. 2 여러 빛깔이 섞여 알록달록하게 빛남.

반:란-군(叛亂軍) [발-] 명 반란을 일으킨 군대. 반군(叛軍). □~을 진압하다.

반:란-죄(叛亂罪) [발-죄] 명 《법》 군인이 작당하여 병기를 휴대하고 반란을 일으킴으로써 성립하는 죄.

반:려(反戾·叛戾) [발-] 명하자 1 배반하여 돌아섬. 2 도리에 어긋남.

반:려(伴侶) [발-] 명 짝이 되는 동무. □인생의 ~가 되다.

반:려(返戾) [발-] 명하타 반환(返還)[1]. □사표를 ~하다 / 사업 계획서가 ~되다.

반:려-동물(伴侶動物) [발-] 명 애완동물.

반려-암(斑糲岩) [발-] 명 《지》 심성암의 하나. 휘석(輝石)과 사장석(斜長石)으로 된 알갱이 모양의 조직. 푸른빛을 띤 흑색 또는 어두운 녹색에 백색이 섞임.

반:려-자(伴侶者) [발-] 명 짝이 되는 사람. 짝[1]. □인생의 ~《배우자》.

반례(反例) [발-] 명 반대되는 예.

반:례(返禮) [발-] 명하자 회례(回禮).

반:로(返路) [발-] 명 회로(回路)[1].

반록(頒祿) [발-] 명하자 왕조 때, 임금이 관리에게 녹봉을 주던 일. 또는 그 녹봉.

반:론(反論) [발-] 명하자 남의 의견에 대하여 반대 의견을 폄. 또는 그 반대 의견. □~을 제기하다 / ~을 펴다.

반:론-권(反論權) [발-꿘] 명 남의 논설이나 비난, 논평 따위에 대하여 반박할 수 있는 권리. □~의 행사.

반료(頒料) [발-] 명하자 왕조 때, 나라에서 매달 요(料)를 나누어 주던 일. 방료(放料).

반:룡(蟠龍)[발-] 圀 아직 승천하지 않고 땅에 서려 있는 용.

반룡(攀龍)[발-] 圀圀困 용의 비늘을 끌어 잡는다는 뜻으로, 세력 있는 사람의 도움으로 출세하는 일을 이르는 말.

반룡-부봉(攀龍附鳳)[발-] 圀 훌륭한 임금을 좇아서 공업을 세움.

반:륜(半輪)[발-] 圀 바퀴나 그 밖의 둥근 형상의 반쪽.

반:리(反理)[발-] 圀 배리(背理)2.

반:립(反立)[발-] 《철》 반정립.

반립(飯粒)[발-] 圀 밥알.

반마(斑馬) 圀 얼룩무늬가 있는 말.

반:마상치(斑馬上-) 圀 예전에, 남자가 신던 가죽신의 하나. 말을 탈 때 신는 마상치보다 목이 조금 짧음.

반:-만년(半萬年) 圀 오천 년. ☐~ 역사.

반:-만성(半蔓性) 圀 줄기가 덩굴처럼 된 식물의 성질.

반:-말(半-) 圀 1 존대도 하대도 아닌 어른어름을 넘기는 말투. ☐~ 투로 말하다. 2 손아랫사람에게 하듯 낮추어 하는 말. ☐그 아이는 아무에게나 ~을 마구 해 댄다. ──하다困圀 반말의 말씨를 써서 말하다.

반:말-지거리(半-) 圀困 반말로 함부로 지껄임. 또는 그런 말투.

반:말-질(半-) 圀困 반말을 하는 짓. 반말질거리. ☐~을 삼가라.

반맥(班脈) 圀 양반의 자손. 또는 그 계통.

반:맹(半盲) 圀 한쪽 눈이 보이지 않음. 또는 그런 사람. 애꾸눈.

반:맹-증(半盲症)[-쯩] 圀 《의》 시야의 반이 보이지 않게 되는 병증.

반:-머리동이(半-) 圀 머리에 폭이 좁은 색종이를 붙여서 만든 연.

반:면¹(反面)圀困 어디를 갔다가 돌아와서 부모님을 뵘.

반:면²(反面) 圀 (주로 '반면에'의 꼴로, '-은·-는' 따위의 다음에 쓰여) 어떠한 사실과 반대되거나 다른 방면. ☐기쁜 ~에 슬픔도 있다 / 힘이 드는 ~에 보람도 있다.

반:면(半面) 圀 1 한 면의 절반. 2 양쪽 면의 한쪽. 3 얼굴의 좌우 어느 한쪽.

반면(盤面) 圀 1 바둑·장기·레코드 등의 판의 겉면. ☐바둑판의 ~을 뚫어지게 들여다본다. 2 바둑·장기의 형세. 국면. ☐~에 긴장감이 돈다. 3 바둑에서 덤을 셈하지 않은 상태. ☐~으로도 백이 남는 바둑이다.

반:면-교사(反面敎師) 圀 극히 나쁜 면만을 가르쳐 주는 선생이라는 뜻으로, 따르거나 되풀이해서는 안 되는 나쁜 본보기로서의 사람이나 일을 이르는 말.

반:면-미인(半面美人) 圀 측면에서 얼굴의 옆모습만 그린 미인도(美人圖).

반:-면식(半面識) 圀 1 잠깐 만난 적이 있을 뿐인데 얼굴을 기억하고 있는 일. 2 반면지분.

반:면 신경통(半面神經痛) 《의》 얼굴의 반쪽에서만 앓는 신경통. 반면통(半面痛).

반:면지분(半面之分) 圀 얼굴만 약간 알 정도의 교분(交分). 교제가 아직 두텁지 못한 사이. 반면식.

반:명(反命·返命) 圀困困 복명(復命).

반명(班名) 圀 1 양반이라고 일컬을 만한 명색(名色). 2 반(班)의 이름.

반:모(反毛) 圀 모직물이나 털실의 지스러기를 처리하여 원모(原毛)의 상태로 만든 재제품(再製品). 재생모.

반:-모음(半母音) 圀 《언》 모음의 성질을 가

지나 모음에 비해서 자음적 요소가 많은 소리. 단독으로 음절을 만들지 않음, 대개 모음에 선행함. 한국어 'ㅑ·ㅠ·ㅛ'의 첫머리에서 나는 'ㅣ'·[j]와 'ㅘ·ㅞ'의 첫머리에서 나는 'ㅗ·ㅜ'[w] 따위와 같은 것.

반:-목(反目) 圀 서로 사이가 좋지 않고 미워함. ☐~과 대립이 계속되다 / ~을 일삼다.

반:목-질시(反目嫉視)[-찌씨] 圀困困 서로 미워하고 질투하는 눈으로 봄.

반묘(斑猫) 圀 '가뢰'를 한방(韓方)에서 약재로 이르는 말.

반:무(反武) 圀困困 《역》 무관 집안이 문관 집안으로 바뀌었다가 그 자손이 다시 무관으로 되돌아가던 일.

반:-문(反問) 圀困困困 물음에 대답하지 않고 되받아서 물음. 또는 그 물음. ☐질문의 뜻을 ~하다 / 묻는 말에 새삼스레 무슨 소리냐고 ~하다.

반:문(半文) 圀 옛날 돈 일 문(一文)의 반.

반문(斑文·斑紋) 圀 얼룩얼룩한 무늬.

반:-물 圀 검은빛을 띤 짙은 남빛. 반물색. 반물빛. ☐~ 저고리.

반:물-빛[-삗] 圀 반물색.

반:물-색(-色)[-쌕] 圀 반물. ☐~ 옷감.

반:-물질(反物質)[-찔] 圀 《물》 전자·양성자·중성자로 이루어지는 실재(實在)의 물질에 대하여, 그 반입자(反粒子)인 양전자·반양성자·반중성자로 이루어지는 물질(이론적일 뿐 실재는 아직 확인되지 않음).

반:-물집[-찝] 圀 옷이나 피륙 따위에 반물을 들여 주는 집.

반:-미(反美) 圀 미국에 반대함. 또는 미국에 반대되는 것. ☐~ 감정 / ~ 구호.

반미(飯米) 圀 밥쌀.

반:-미개(半未開) 圀 인류의 사회 발전에 있어 미개와 문명 사이의 중간 단계.

반미-농가(飯米農家) 圀 자기 집에서 먹을 쌀 정도만에 짓지 못하는 소농.

반:-미치광이(半-) 圀 말과 행동이 정상적이지 못한 사람.

반미-콩(飯米-) 圀 ☞ 밥밑콩.

반:-민(反民) 圀 1 '반민족'의 준말. 2 '반민주'의 준말.

반:민(叛民) 圀 반란을 일으키거나 반란에 가담한 백성.

반:-민족(反民族) 圀 민족을 반역함. ㉰반민(反民).

반:민족-적(反民族的)[-쩍]困圀 자기 민족의 이익에 반대되는 (것). ☐~인 행위.

반:-민주(反民主) 圀 민주주의에 반대하는 일. 또는 반대되는 일. ㉰반민(反民).

반:민주-적(反民主的)困圀 민주주의에 반대되는 (것). ☐~인 관료.

반:-바닥 圀 활쏘기에서, 엄지손가락이 박힌 뿌리를 일컫는 말.

반:-바지(半-) 圀 길이가 무릎까지 내려오는 짧은 바지.

반:박(反駁) 圀困困 남의 의견이나 비난에 대하여 맞서 공격함. ☐~ 성명을 내다 / ~의 여지가 없다 / 그들의 주장에 대하여 조목조목 ~하다.

반:박(半拍) 圀 한 박자의 반.

반박(斑駁) 圀 1 여러 빛깔이 뒤섞여 아롱진 모양. 2 여러 가지가 뒤섞여 서로 같지 않은 모양.

반:박-문(反駁文)[-망] 圀 반박하는 내용을

적은 글.

반박지탄(斑駁之歎·斑駁之嘆)[-찌-] 圆 편파적이고 불공평함에 대한 한탄.

반:-**반**(半半) 圆 1 무엇을 똑같이 가른 각각의 몫. 2 '반의반'의 준말. ◻수입을 ~으로 나누다 / 가능성은 ~이다.

반반(班班) 圆 각 반. 여러 반.

반반-이(班班-) 圊 각 반마다.

반반-하다 혱어 1 바닥이 고르고 반듯하다. ◻울퉁불퉁한 길을 반반하게 고르다. 2 생김생김이 얌전하고 예쁘장하다. ◻얼굴이 반반하게 생겼다. 3 물건이 제법 쓸 만하고 보기에 좋다. ◻반반한 옷 한 벌 없다. 4 지체가 상당하다. ◻어느 모로 보나 반반한 집안이다. 圊번번하다. **반반-히** 틘

반:-**발**(反撥) 圆하재 1 탄력이 있는 물체가 되받아서 튕김. 2 어떤 상태나 행동 등에 맞서 세차게 반대함. ◻~이 심하다 / ~이 일다 / 강력한 ~에 부딪히다 / 공공요금 인상에 크게 ~하다.

반발(斑髮·斑髮) 圆 반백(斑白)의 머리털.

반:**발 계**:**수**(反撥係數)[-/-계-] 圆〔物〕 두 물체가 충돌하여 반발할 때에, 충돌 전의 속도와 충돌 후의 속도와의 비율. 반발률.

반:-**발-력**(反撥力) 圆 반발하는 힘.

반:-**발-심**(反撥心)[-씸] 圆 지지 않고 반항하려는 마음. ◻~이 솟구치다 / 부모의 지나친 간섭에 강한 ~을 일으켰다.

반:-**밤**(半-) 圆 하룻밤의 절반.

반:-**방전**(半方甎) 圆 직사각형의 벽돌.

반:-**백**(半白) 圆 1 반백(斑白). ◻~의 머리털. 2 현미와 백미가 반씩 섞인 쌀.

반:-**백**(半百) 圆 1 백의 절반. 쉰. 2 백 살의 반. 쉰 살. ◻~의 나이가 되다.

반백(斑白) 圆 흑백이 반반 정도로 섞인 머리털. 반백(半白). ◻~의 신사.

반벌(班閥) 圆 양반의 문벌.

반:-**벙어리**(半-) 圆 혀가 짧거나 하여 남이 잘 알아듣지 못하게 말을 하는 사람. **반벙어리 축문 읽듯** 🔗 떠듬떠듬 또는 어물어물 입 안에서 웅얼거리는 모양을 비유적으로 이르는 말.

반-베(斑-) 圆 반물빛의 실과 흰 실을 섞어 짠 수건 감의 폭이 좁은 무명. 반포(斑布).

반:-**벽**(返璧) 圆하재 1 남에게서 빌린 물건을 도로 돌려줌. 2 남이 선사한 물건을 받지 아니하고 돌려보냄.

반:-**변**(叛變·反變) 圆하재 배반하여 태도를 바꿈. ◻~하려고 술책을 부리다.

반별(班別) 圆 반마다 따로따로. ◻~ 대항 / ~로 나누어 놓은 급식을 당번이 가져왔다.

반병-두리 圆 놋쇠로 만든 국그릇의 한 가지 (둥글고 바닥이 평평함).

반:-**병신**(半病身) 圆 1 몸이 온전하지 못하여 제대로 움직일 수 없는 사람. 2 반편이.

반:-**보**(半步) 圆 반걸음.

반:-**보기**(半-) 圆〔民〕 1 오랫동안 만나지 못한 친척 부인네들이 양편 집의 중간쯤 되는 곳에서 만나 장만해 온 음식을 나누어 먹으며 하루를 즐기던 풍속. 2 갓 시집간 새색시끼리 만나려 할 때, 두 집의 중간쯤 되는 곳에 나가서 만나 보던 일. 중로(中路)보기.

반:-**보다**(半-) 재〔民〕 반보기를 하다.

반:-**복**(反復) 圆하재 같은 일을 되풀이함. ◻~훈련 / 같은 말을 자꾸 ~하다 / ~되는 잔소리에 질렸다.

반:-**복**(反覆) 圆하재 1 말이나 행동, 일 따위를 이랬다저랬다 하여 자꾸 고침. 2 생각을 엎치락뒤치락함.

반:-**복**(叛服) 圆 반역과 복종.

반:복 기호(反復記號)[-끼-]〔樂〕'도돌이표'의 한자 이름.

반:-**복-무상**(反復無常)[-봉-] 圆하혱 말이나 행동이 이랬다저랬다 일정치 않음.

반:-**복-무상**(叛服無常)[-봉-] 圆하혱 배반했다 복종했다 하여 그 태도가 일정하지 아니함.

반:-**복-법**(反復法)[-뻡] 圆 같거나 비슷한 어구를 되풀이하는 수사법('옛날 옛날 아주 먼 옛날' 따위).

반:-**복-설**(反復說)[-썰] 圆〔生〕 생물의 개체 발생은 그 계통 발생을 단축한 모양으로 되풀이한다고 독일의 동물학자 헤켈이 주장한 학설.

반:-**복-소인**(反覆小人)[-쏘-] 圆 말이나 행동을 이랬다저랬다 하여 그 마음을 알 수 없는 응졸한 사람.

반:-**복자**(半ㅏ者)[-짜] 圆 'ㅏ' 자와 'ㅡ' 자의 중간 모양으로 생긴 망건의 하나.

반:-**봇짐**(半褓-)[-보찜/-본찜] 圆 손으로 들고 다닐 만한 자그마한 봇짐. ◻툭하면 ~을 싼다.

반:-**봉**(半封) 圆 떼나 썰매로 다닐 수 없는, 해빙기나 결빙기의 과도 기간.

반:-**봉건**(半封建) 圆 자본주의 체제 안에 남아 있는 봉건적 생활 상태.

반:-**부**(返附) 圆하재 도로 돌려보냄.

반부(班祔) 圆하재 자식이 없는 사람의 신주(神主)를 조상의 사당에 함께 모심.

반:-**부새** 圆 말이 조금 거칠게 내닫는 일.

반:-**분**(半分) 圆하재 절반. 또는 그만한 분량. ◻이익금을 공정하게 ~하다.

반:-**불**(半-) 圆 촉광을 낮추어 켜는 등불이나 자동차의 전조등(前照燈).

반:-**불경이**(半-) 圆 1 맛과 빛깔이 제법 좋은, 품질이 중간 정도인 살담배. 2 반쯤 익어서 불그레한 고추.

반:**비**(反比) 圆〔數〕 한 비의 전항과 후항을 바꾸어 놓은 비(A:B에 대한 B:A 따위). 역비(逆比). ↔정비(正比).

반:-**비**(半臂) 圆〔歷〕 윗옷의 위에 덧입던, 깃과 소매가 없거나 소매가 아주 짧은 겉옷. 남녀가 다 입었음.

반비(飯婢) 圆 지난날, 밥 짓는 일을 맡아보던 여자 하인.

반:-**비례**(反比例) 圆하재 어떤 양이 커질 때 다른 쪽 양이 그와 같은 비율로 작아지는 관계. ↔정(正)비례.

반:-**비알-지다**(半-) 재 땅이 약간 비탈지다.

반:-**비-의**(半臂衣)[-/-이] 圆〔歷〕 조선 때, 나장(羅將)이 저고리 위에 입던 깃·동정이 없는 발막 겉옷.

반빗(飯-)[-빋] 圆 지난날, 반찬 만드는 일을 맡아보던 여자 하인. 찬모(饌母).

반빗-간(飯-間)[-빋깐] 圆 음식을 만드는 곳. 찬간(饌間).

반빗-아치(飯-)[-비다-] 圆 예전에, 반빗 노릇을 하던 사람.

반빗-하님(飯-)[-비타-] 圆 지난날, 하인들끼리 '반빗'을 조금 높여 부르던 말.

반:-**빙**(半氷) 圆 1 반쯤 얼어붙음. 또는 그 얼음. 2 〈속〉 반취(半醉).

반빙(頒水) 圆하재〔歷〕 나라에서 여름철에, 관리들에게 얼음을 나누어 주던 일. 또는 그 얼음.

반:사(反射)〖하자타〗 1〖물〗일정한 방향으로 나아가던 파동이 다른 물체의 표면에 부딪쳐서 그 방향을 바꾸는 현상. ▫빛의 ∼ / 햇빛이 거울에 ∼되다. 2〖생〗의지(意志)와는 관계없이 자극(刺戟)에 대하여 기계적으로 일어나는 반응.

반:사(半死)〖명자〗 반죽음.

반사(班師)〖명하자〗 1 군사를 이끌고 돌아옴. 2〖기〗교회 학교의 선생.

반사(頒賜)〖명하자〗 임금이 물건이나 녹봉을 내려 나누어 주던 일.

반:사-각(反射角)〖명〗〖물〗법선(法線)과 반사선이 짓는 각. 그 각도는 입사각과 같음.

반:사-경(反射鏡)〖명〗〖물〗광선을 받아서 반사하는 거울.

반:사-광(反射光)〖명〗'반사 광선'의 준말.

반:사 광선(反射光線)〖물〗물체의 표면에 부딪쳐 반사되는 광선. ↔입사 광선. ▷반사광∼.

반:사 광학(反射光學)〖물〗반사 광선의 현상이나 성질을 연구 대상으로 하는 학문(광학의 한 분야).

반:사-능(反射能)〖명〗〖물〗입사광(入射光)의 세기에 대한 반사 광선의 세기의 비율.

반:사-등(反射燈)〖명〗반사경을 이용하여 빛을 한쪽으로 집중시켜 비추게 한 등.

반:사-로(反射爐)〖명〗〖물〗연료가 연소하여 생기는 고온의 불꽃이나 가스를 노 안에 불어 내어 불꽃을 반사시켜 광석 또는 금속을 가열하는 용광로의 하나.

반:사 망:원경(反射望遠鏡)〖물〗대물렌즈 대신에 오목 거울을 써서 물체에서 오는 빛을 반사시켜 대안렌즈로 상(像)을 확대하는 망원경.

반:사-면(反射面)〖명〗빛을 받아 반사하는 면.

반:사-반:생(半死半生)〖명〗반생반사.

반:사 방지막(反射防止膜)반사를 막기 위하여 카메라나 광학 기계의 렌즈 표면에 입힌 얇은 막(膜).

반:사 법칙(反射法則)〖물〗파동이 반사할 때에 성립하는 법칙(반사 광선은 입사면 내에 있고 반사각과 입사각은 같음).

반:사-선(反射線)〖명〗〖물〗'반사 광선'의 준말.

반:사 성운(反射星雲)〖천〗산광(散光) 성운의 일종으로, 근처에 있는 밝은 별의 빛을 반사하여 빛나고 있는 성간(星間) 가스 구름. *암흑(暗黑) 성운.

반:사-시(反射時)〖명〗자극이 가해진 후 실제로 반사가 일어날 때까지 걸리는 시간.

반:사-열(反射熱)〖명〗〖물〗볕이나 불에 단 물체에서 나오는 열.

반:사 운:동(反射運動)〖생〗자극에 대하여 무의식적으로 일어나는 근육의 운동.

반:사-율(反射率)〖명〗〖물〗입사(入射) 에너지에 대한 반사 에너지의 비율.

반:사 이:익(反射利益)〖법〗어떤 법률의 시행으로 국민이 간접적으로 누리는 이익.

반:사 작용(反射作用)1〖심〗심리상으로 반사 운동이 일어나는 작용. 2〖물〗파동(波動)이 반사되는 작용.

반:사-재(反射材)〖명〗〖물〗원자로 안에서 핵분열에 의하여 생성된 중성자가 유효하게 쓰이도록 누출을 막는 데 쓰는 물질(흑연·베릴륨·중수(重水) 따위).

반:사-적(反射的)〖관명〗어떤 자극에 순간적으로 반응하거나 무의식으로 하는 (것). ▫손전등을 얼굴에 비추자 ∼으로 눈을 감는다.

반:사-체(反射體)〖명〗반사하는 물체.

반:사 측각기(反射測角器)[-깍끼]〖물〗결정면(結晶面)의 반사 각도를 이용하여 결정체의 면각(面角)을 재는 데 쓰는 기구.

반:사-파(反射波)〖명〗〖물〗매질(媒質) 속을 진행하는 파동이 다른 매질과의 경계면에서 반사되어 방향을 바꾸는 파동.

반:-사회적(反社會的)〖관명〗사회의 규범이나 질서 따위에 반대되는 (것). ▫∼ 인물.

반:사회 집단(反社會集團)[-딴]공공 사회의 질서를 거슬러 사회적으로 해가 되는 집단.

반:삭(半朔)〖명〗반달².

반:산(半産)〖명하자〗〖의〗'낙태(落胎)'의 이칭.

반살미〖명하타〗갓 혼인한 신랑이나 신부를 일갓집에서 처음으로 초대하는 일.

반삽(飯-)〖명〗밥주걱.

반:상(反常)〖명하자〗떳떳한 이치에 어긋남.

반:상(反想)〖명하자〗반대로 돌려 생각함.

반:상(半晌)〖명〗반나절.

반:상(返喪)〖명하타〗반구(返柩).

반:상(返償·反償)〖명하타〗꾼 것을 되돌려 갚음.

반상(班常)〖명〗양반과 상사람. ▫∼의 구별 / ∼을 따지다 / ∼을 타파하다 / ∼과 귀천의 차별이 없다.

반상(飯床)〖명〗1 '반상기'의 준말. 2 격식을 갖추어 차린 밥상. 밥·국·김치·장류(醬類)·조치류를 기본으로 하고, 숙채·생채·구이·조림·전·마른찬·회 따위의 반찬의 수효에 따라 3첩·5첩·7첩·9첩·12첩 반상의 구별이 있음. 왕의 수라상은 12첩이어요.

반상(盤上)〖명〗1 반(盤)의 위. 2 바둑·장기판 따위의 위. ▫∼ 최대의 곳.

반상-기(飯床器)〖명〗격식을 갖추어 밥상 하나를 차리게 만든 한 벌의 그릇. ▷반상.

반:상-낙하(半上落下)[-나카]〖명하자〗처음에는 정성껏 하다가 중도에 그만두어 이루지 못함.

반:상-불:하(半上半下)〖명하자〗어느 쪽에도 붙지 않고 태도나 성질이 모호함.

반상-적서(班常嫡庶)[-써]〖명〗조선 때, 양반과 상사람 및 적자와 서자를 일컫던 말.

반-상회(班常會)〖명〗정부 행정 조직의 최하 단위인 반(班) 구성원의 월례 모임. ▫∼를 열다 / ∼에 참석하다.

반색〖명하자〗바라고 기다리던 사람이나 사물을 볼 때 몹시 반가워함. 또는 그런 기색. ▫손님을 ∼하며 맞는다.

반색(斑色)〖명〗어룽어룽한 빛. 어룽진 빛깔.

반:생(半生)〖명〗한평생의 절반. 반죽생애.

반:생-반:사(半生半死)〖명하자〗거의 죽게 되어 죽을지 살지 알 수 없는 지경에 이름. 반사반생.

반:생-반:숙(半生半熟)〖명하타〗반쯤은 설고 반쯤은 익었다는 뜻으로, 기예가 아직 숙달되지 못함의 비유.

반:-생애(半生涯)〖명〗반생(半生).

반:서(反噬)〖명하타〗1 기르던 짐승이 주인을 해침. 2 은혜를 원수로 갚음.

반:서(返書)〖명〗반신(返信).

반석(盤石·磐石)〖명〗1 넓고 편편하게 된 큰 돌. 2 아주 안전하고 견고함. ▫∼ 같은 지반.

반선(盤旋)〖명하자〗산길 같은 것이 빙빙 돌아서 오르게나 있음.

반:-설음(半舌音)〖명〗훈민정음에서 'ㄹ' 소리를 이르는 말. 반혓소리.

반:성(反省)〖명하타〗자신의 말이나 행동, 생각에 대하여 그 잘못이나 옳고 그름 따위를 스

스로 돌이켜 생각함. ▢과거의 잘못을 깊이 ~하다 / ~의 기색이 없다 / ~하는 빛이 뚜렷하다.

반:성 (半醒) **명하자** 술기운이나 졸음이 반쯤 깸. ↔난취(半醉).

반:성 (伴星) 【천】 쌍성(雙星)에서 광도(光度)가 비교적 낮고 질량이 작은 쪽의 별. 동성(同件星).

반:성양 (半成樣) **명하자** 사물(事物)이 반쯤 이루어짐.

반:성 유전 (伴性遺傳) 【생】 성염색체(性染色體)에 있는 유전 인자에 의하여 일어나는 유전. 유전 현상이 특정한 성별과 관련되어 나타남.

반:세 (半世) **명** 한평생의 절반. 반세상.

반:세 (半歲) **명** 한 해의 반. 반년(半年).

반:세계 (反世界) [-/-게] **명** 【천】 반우주(反宇宙).

반:세기 (半世紀) **명** 한 세기의 절반. 곧, 50년. *사반(四半)세기.

반:세상 (半世上) **명** 반세(半世).

반:세포 (伴細胞) **명** 【식】 속씨식물의 체관 옆에 붙은 길쭉한 세포. 원형질(原形質)이 풍부하며 체관의 양분 이동을 도움.

반소 (反訴) **명** 【법】 민사 소송에서, 소송 진행 중에 피고가 방어 방법으로서 그 소송에 병합하여 원고를 상대로 제기하는 소송. 맞고소. ▢손해 배상의 ~.

반:소 (半宵) **명** 1 한밤중. 2 반밤.

반:소 (半燒) **명** 불에 반쯤 탐. ▢화재로 건물이 ~되었다. *전소(全燒).

반:소경 (半-) **명** 1 애꾸눈. 2 시력이 약하여 잘 볼 수 없는 사람. 3 글을 전혀 모르는 사람.

반:소매 (半-) **명** 팔꿈치 정도까지 내려오는 짧은 소매. 반팔.

반소사 (飯疏食) **명하자** 거칠고 반찬이 없는 밥이라는 뜻으로, 안빈낙도(安貧樂道)함을 일컫는 말.

반:소설 (反小說) **명** 앙티로망.

반:소작 (半小作) **명하자** 절반쯤은 자작(自作)을 하면서 절반쯤은 소작을 함. 또는 그렇게 하는 농사. ▢~ 농사.

반:속 (反俗) **명** 세상의 일반적인 생각이나 생활 방식을 따르지 않음.

반:송 (伴送) **명하자** 다른 물건에 붙여서 함께 보냄. ▢소포 속에 ~되어 온 편지.

반:송 (返送) **명하자** 도로 돌려보냄. 환송(還送). ▢수취인 불명으로 편지가 ~되다.

반송 (搬送) **명하타** 1 물건 따위를 운반하여 보냄. 2 음성·화상(畫像) 등의 신호를 변조(變調)라는 수단으로 고주파에 실려 보냄.

반송 (盤松) **명** 키가 작고 가지가 옆으로 퍼진 소나무.

반송-대 (搬送帶) **명** 컨베이어.

반:송-사 (伴送使) **명** 【역】 중국의 사신을 호송하던 임시 벼슬.

반:송장 (半-) **명** 너무 늙거나 병이 들어 거의 죽은 것과 다름없게 된 사람.

반송 전:신 (搬送電信) 반송파를 이용한 전신.

반송-파 (搬送波) **명** 【물】 전신(電信)·전화·텔레비전 따위의 음성이나 영상의 신호파(波)를 전송하는 데 사용하는 고주파 전류.

반:수 (反數) [-쑤] **명** 【수】 역수(逆數).

반:수 (半睡) **명하자** 반수반성.

반:수 (半數) **명** 전체의 절반이 되는 수. ▢~ 이상이 반대하다.

반:수 (伴隨) **명하자** 윗사람이 가는 곳을 짝이 되어 따름.

반수 (班首) **명** 1 수석(首席) 자리에 있는 사람. 2 【역】 봇짐장수나 등짐장수의 우두머리.

반수 (礬水) **명** 명반(明礬)을 녹인 물에 아교를 섞은 것(먹·잉크·채료가 번지는 것을 막음).

반:수기앙 (反受其殃) **명하자** 남에게 재앙을 끼치려 하다가 도리어 재앙을 받음.

반:수둑이 (半-) **명** 물건이 바짝 마르지 않고 반쯤만 마른 정도. 또는 그렇게 된 물건.

반:수-반:성 (半睡半醒) **명하자** 자는 둥 마는 둥 하게 아주 얕은 잠을 잠. 반수(半睡).

반:수-염:색체 (半數染色體) 【생】 체세포(體細胞)의 염색체(染色體) 수가 통상의 반수인 상태. 또는 그러한 성질.

반:수성 가스 (半水性gas) [-쎵-] 발생로(發生爐) 가스와 수성 가스의 혼합 가스(연료나 합성 원료로 씀).

반:수 세:대 (半數世代) 감수 분열에서 수정까지의 세대. ↔배수(倍數) 세대.

반:수 염:색체 (半數染色體) 감수 분열 때, 체세포가 지닌 염색체의 수가 반이 된 염색체.

반:수-체 (半數體) 【생】 1 반수 염색체. 2 세포핵의 염색체의 수가 반감(半減)하고 있는 핵상(核相)의 세포·개체.

반:숙 (半熟) **명하자** 과실·곡식 또는 음식물이 반쯤 익음. 또는 반쯤 익힘. ▢계란 ~.

반:숙-란 (半熟卵) [-쑹년] **명** 폭 삶지 아니하고 흰자만 익을 정도로 삶은 달걀.

반:-숙련공 (半熟練工) [-쑹년-] **명** 완전히 숙련되지 못하고 반쯤만 숙련된 직공.

반:숙-마 (半熟馬) [-쑹-] **명** 1 웬만큼 길들인 말. 2 【역】 작은 공(功)이 있는 벼슬아치가 공무를 보러 갈 때 웬만큼 길들인 말을 탈 수 있도록 특혜를 주던 상.

반순 (反脣) **명** ☞ 번순(反脣).

반:승 (半僧) **명** 반승반속(半僧半俗).

반:승-낙 (半承諾) **명** 대체로 좋겠다는 정도로 하는 승낙.

반:승-반:속 (半僧半俗) **명** 반은 중이고 반은 속인인 사람이란 뜻으로, 이것도 저것도 아닌 뚜렷한 명목을 붙이기 어려울 때 쓰는 말.

반:시 (半時) **명** 아주 짧은 동안. ▢아이가 ~도 엄마 곁을 떠나려 하지 않는다.

반:시 (半翅) 【조】 꿩과의 새. 메추라기와 비슷하나 좀 큼. 얼굴·목은 노랗고, 등에는 회흑색의 얼룩, 윗가슴에는 금빛 얼룩점, 가슴에는 말굽 모양의 흑색 무늬가 있음.

반:시 (盤柿) **명** 납작감.

반:시-기호 (反始記號) **명** 【악】 도돌이표.

반시-뱀 (飯匙-) **명** 【동】 살무삿과의 뱀. 나무 위나 풀밭에 살며, 길이는 160cm 가량임. 머리는 삼각형이고 등 쪽은 담황색에다 두 줄의 암갈색 고리 무늬가 있음. 맹독성의 뱀임.

반:-시옷 (半-) [-씯] **명** 한글 옛 자모의 하나인 'ㅿ'의 이름. 가벼<운시옷.

반:식 (伴食) **명하자** 1 배식(陪食). 2 실권·실력 등이 없이 어떤 자리만 지키고 있는 높은 벼슬아치를 놀림조로 일컫는 말.

반:-식민지 (半植民地) [-싱-] **명** 형식적으로는 주권을 가진 독립국이면서 실질적으로는 다른 나라에 제압되어 식민지 상태에 있는 나라.

반:신 (半身) **명** 온몸의 절반. ▢~이 마비되다. *상반신·하반신.

반:신 (半信) **명하자** 반쯤만 믿음.

반:신 (返信) **명** 회답하는 편지나 전보 따위의 통신. 반서. 회신. ▢~ 우표. ↔왕신(往信).

반:신 (叛臣) **명** 반역한 신하.

반:신-료 (返信料)[-뇨] '회신료(回信料)'의 구칭.

반:신-반:의 (半信半疑)[-바늬/-바니] 명하타 반쯤은 믿고 반쯤은 의심함. ☐아직도 ~하는 상태에 있다.

반:신-반:인 (半神半人) 반은 신이고 반은 사람이라는 뜻으로, 아주 영묘한 사람을 이르는 말.

반:신불수 (半身不隨)[-쑤] 의 뇌출혈 따위로 몸의 절반이 마비되어 쓸 수 없게 되는 일. 또는 그러한 사람. ☐중풍으로 ~가 되다.

반:신-상 (半身像) 명 상반신의 사진·초상 또는 소상(塑像).

반:실 (半失) 하타 절반쯤 잃거나 손해를 봄.

반:신-이 (半失一) 명 신체의 기능이 온전치 못하거나 변변치 못한 사람.

반:심 (半心) 명 1 할까 말까 망설이는 마음. 2 진정이 아닌 마음.

반:심 (叛心) 명 배반하려는 마음. 반의(叛意). 배심(背心). ☐~을 품다.

반:쌍 (半雙) 명 한 쌍의 반. 또는 쌍으로 된 것의 어느 한쪽.

반:-아카데미 (反academy) 명 고지식한 관학적(官學的)에 반대하여 진취적인 학풍을 이루려는 경향.

반암 (斑岩) 명 『광』 얼룩무늬 구조를 가지는 화성암(보통, 홍색·백색·회색)이고 알갱이 장석(長石)·석영 등을 반정(斑晶)으로 하며, 운모·각섬석(角閃石)을 포함함).

반암 (盤岩) 명 너럭바위.

반:-암부 (半暗部) 명 『천』 반그림자.

반:액 (半額) 명 1 전액의 반. ☐수입의 ~을 저축하다. 2 원래 정해진 값의 반. ☐어린이는 입장료가 ~이래.

반:야 (半夜) 명 1 한밤중. 2 반밤.

반야 (般若) 명 『불』 대승 불교에서, 모든 법의 진실상을 아는 지혜.

반야-경 (般若經) 명 『불』 완전한 지혜의 실천이라는 '반야바라밀'의 깊은 이치를 설(說)한 경전의 총칭.

반야-바라밀 (般若波羅蜜) 명 『불』 육바라밀의 여섯째. 지혜의 빛에 의하여 참다운 지혜를 얻어 열반의 묘경에 이르는 일.

반야바라밀다-심경 (般若波羅蜜多心經)[바나-따-] 명 '반야심경'의 완전한 이름.

반야-심경 (般若心經) 명 『불』 260 자(字)로 된 짧은 경으로, 대반야바라밀다경의 요점을 간결하게 설명한 것. 반야바라밀다심경.

반야-정관 (般若正觀) 명 『불』 1 지혜와 선정(禪定). 2 지혜로써 잡념을 버리고 정신 통일을 한 상태.

반야-탕 (般若湯) 명 『불』 술'.

반:양 (半養) 명 배내.

반:-양성자 (反陽性子)[-냥-] 명 『물』 양성자에 대한 반입자(反粒子). 양성자와 접촉하면 서로 파괴되는데, 우주를 파괴하는 힘이 있다고 함. 기호는 P. 앤티프로톤(antiproton). 반양자(反陽子). *반중성자(反中性子).

반:-양식 (半洋式)[-냥-] 명 반쯤 서양식을 본뜬 격식.

반:-양자 (半洋子)[-냥-] 명 반양성자.

반:-양장 (半洋裝)[-냥-] 명 1 제본 방법의 한 가지. 속장을 실로 매고 걸장을 속장에 붙여 씌운 다음 걸장과 속장을 함께 마무리는 방식. 또는 그렇게 제본한 책. 2 반쯤만 서양식으로 꾸민 복장.

반:어 (反語) 명 뜻을 강조하기 위하여, 원래 하고자 하는 말을 반대로 표현하는 말. '못난 사람'을 '잘난 사람', 또는 '못된 꼴'을 보고 '그 꼴 좋다'라고 하는 따위.

반:어 (半漁) 명 어업만을 하는 것이 아니라 다른 일도 하면서 하는 어업. 반어업.

반:어-법 (反語法)[바너뻡] 명 1 문장의 뜻을 강조하기 위하여 반어를 사용하는 수사법. 2 상대방의 틀린 점을 깨우치기 위하여 반대의 결론에 도달하는 질문을 하여 진리로 이끄는 일종의 변증법.

반:-어업 (半漁業) 명 반어(半漁).

반:-여태혜 (半女太鞋)[-녀-/-녀-혜] 명 남자가 신는 가죽신(모양은 여태혜와 비슷함).

반:역 (反逆·叛逆) 명하자타 1 나라와 겨레를 배반함. ☐민족 ~ 행위. 2 통치자에게서 권력을 빼앗으려고 함. ☐~을 꾀하다.

반:역 (反譯) 명하자타 한번 번역한 것을 다시 본디의 말로 옮김.

반:역-자 (反逆者)[바력짜] 명 반역을 하거나 꾀하는 사람. ☐민족의 ~.

반:역-죄 (反逆罪)[바력쬐] 명 반역 행위를 함으로써 성립되는 죄. 역죄(逆罪).

반연 (絆緣) 명 뒤얽혀서 맺어지는 인연.

반연 (攀緣) 명하타 1 기어 올라감. 2 세력 있는 사람에게 의지하여 출세함. 3 『불』 속된 인연에 끌림.

반연-경 (攀緣莖) 명 『식』 덩굴손이나 막뿌리 등으로 다른 물건에 붙거나 감겨 기어오르는 줄기(포도·담쟁이덩굴 따위).

반연-성 (攀緣性)[바년썽] 명 『식』 포도 덩굴같이 다른 물건에 달라붙거나 기어오르는 식물의 성질.

반연 식물 (攀緣植物)[바년싱-] 명 『식』 덩굴손이나 막뿌리 따위로 다른 물건을 감아 뻗어 올라가는 식물(호박·나팔꽃·수세미 따위).

반열 (班列) 명 품계나 신분, 등급의 차례. 반차(班次). ☐대가(大家)의 ~에 오르다.

반:염송-포 (半塩松包)[바념-] 명 얼간쌈.

반:영 (反映) 명하타 1 빛이 반사하여 비침. 2 어떤 일이 반사적으로 일어나는 영향을 드러냄. ☐개혁 의지를 ~하다 / 민의를 ~시키다 / 요구 조건이 임금 인상에 ~되었다.

반:영 (反影) 명 반사하여 비치는 그림자.

반:영 (半影) 명 반그림자.

반영 (繁纓) 명 말안장의 양옆으로 늘어뜨리는 가슴걸이.

반:-영구 (半永久)[-녕-] 명 거의 영구에 가까운 일.

반:영구-적 (半永久的)[-녕-] 관명 거의 영구에 가까운 (것). ☐이 제품의 수명은 ~이다 / ~으로 사용하다.

반옥 (飯玉) 명 깨뜨려서 쌀과 섞어 죽은 사람의 입에 넣던 옥.

반:-올림 (半-) 명하타 수 근삿값을 구할 경우에, 끝수가 4 이하인 경우는 0으로 하여 버리고, 5 이상인 경우에는 그 윗자리에 1을 더하여 계산하는 일(12.4 는 12 로, 12.5 는 13 으로 하는 따위).

반:와 (伴蛙) 명 성균관 개구리라는 뜻으로, 자나깨나 책만 읽는 사람을 놓으로 일컫는 말.

반완 (蟠蜿) 명하자 서리서리 꿈틀거림.

반외 (盤外) 명 1 바둑이나 장기판 밖. 2 바둑·장기의 대국 이외.

반:-외세 (反外勢) 명 외국 세력의 침략과 간섭에 반대하는 따위.

반요 식물 (攀繞植物)[바뇨싱-] 명 『식』 덩굴손 따위로 다른 물건을 돌려 감으며 올라가는

식물(등나무·수세미 따위).
반:우 (返虞) [명][하타] 장사 지낸 뒤에 신주를 집으로 모셔 오는 일. 반혼(返魂).
반:-우주 (反宇宙) [명] 우리의 우주와 기본적인 물질의 구성이 거꾸로 되어 있다고 상정한 우주(반입자(反粒子)로 구성되는 반물질이 만드는 우주). 반세계(反世界).
반:원 (半圓) [명] 〖수〗 원을 지름으로 이등분하였을 때의 그 반쪽. ❑ ~을 그리다.
반:원 (半圓) [명] 〖역〗 광무 9년(1905)에 종래의 원(元)을 원(圓)으로 고치면서 새로 만든 50전짜리 보조 화폐의 하나.
반원 (班員) [명] 한 반을 이루고 있는 각 사람.
반:-원주 (半圓周) [명] 〖수〗 원둘레를 지름으로 이등분한 한쪽.
반:원-형 (半圓形) [명] 반원처럼 생긴 모양.
반:월 (半月) [명] **1** 반달. ❑ 서쪽 하늘에 떠 있는 ~. **2** 한 달의 반.
반:월-문 (半月門) [명] 반달문.
반:월-창 (半月窓) [명] 틀을 반달 모양으로 만든 창.
반:월-판 (半月瓣) [명] 〖생〗 심장과 동맥 사이에 있는 반달 모양의 세 개의 판막. 피가 거꾸로 흐르는 것을 막아 줌. 반월범(帆).
반:월-형 (半月形) [명] 반달과 같이 생긴 모양. 반달꼴.
반위 (反胃) [명] 번위(反胃).
반위 (班位) [명] **1** 등급(等級). **2** 순위(順位).
반:유 (泮儒) [명] 조선 때, 성균관에 유숙하며 공부하던 유생(儒生).
반:-유동체 (半流動體)[-뉴-] [명] 죽과 같은 되직한 유동체.
반:음 (反音) [명] 반절(反切)의 음.
반:음 (半音) [명] 〖악〗 온음의 절반의 음정.
반:-음계 (半音階)[바늠- / 바늠게] [명] 〖악〗 12개의 반음으로 이루어진 음계.
반:-음양 (半陰陽) [명] 남녀추니.
반:음 음계 (半音音階)[바느믐- / 바느믐게] 〖악〗 십이음 음계.
반:-음정 (半音程) [명] 〖악〗 반음(半音).
반:응 (反應) [명][하자] **1** 작용이나 자극에 의하여 어떠한 현상이 일어남. 또는 그 현상. ❑ ~이 없다 / 좋은 ~을 얻다 / 긍정적인 ~을 보이다 / 여론에 민감하게 ~하다. **2** 〖화〗 물질 사이에 일어나는 화학적 변화. ❑ 수소가 산소와 ~하면 물이 된다. **3** 〖심〗 자극에 따라 일어나는 운동.
반:응 물질 (反應物質)[바능-찔] 〖화〗 서로 작용하여 화학 반응을 일으키는 물질. 반응물.
반:응 속도 (反應速度)[바능-또] 〖화〗 화학 반응이 진행하는 속도. 반응 물질의 농도·온도·압력·촉매(觸媒) 따위에 따라 변화함.
반:응 시간 (反應時間) 〖심〗 자극이 주어진 순간부터 반응이 일어나기까지의 시간.
반:응-식 (反應式) [명] 〖화〗 화학 반응식.
반:응-열 (反應熱)[바능녈] [명] 〖화〗 화학 반응으로 발생하거나 흡수되는 열.
반:응 장치 (反應裝置) 〖화〗 화학 반응을 진행시키고, 또는 그 반응을 자유로이 제어(制御)할 수 있도록 만든 장치.
반:의 (反意)[바늬 / 바니] [명] 어떤 뜻에 반대하거나 뜻을 어김. ❑ ~를 제기하다.
반:의 (反義)[바늬 / 바니] [명] 반대되는 뜻.
반:의 (叛意)[바늬 / 바니] [명] 배반하려는 마음. 반심(叛心).
반의 (斑衣)[바늬 / 바니] [명] 여러 빛깔로 된 어린아이들의 때때옷.
반:의-반 (半-半)[바늬- / 바네-] [명] 절반의 절반. 곧, 1/4. 반지반. ❑ 너는 형의 ~만이라도 해라. [준]반반(半半).
반:-의식 (半意識)[바늬- / 바니-] [명] 〖심〗 **1** 무의식과 의식 사이의 흐릿한 정신 상태. **2** 잠재의식.
반:의-어 (反義語·反意語)[바늬- / 바니-] [명] 〖언〗 서로 반대되는 뜻을 가진 단어. 남자와 여자, 위와 아래, 가다와 오다 따위. 반대어. ↔동의어(同義語).
반의지희 (斑衣之戲)[바늬-히 / 바니-히] [명] 늙은 아들이 늙은 부모를 위로하려고 색동저고리를 입고 다녔다는 고사에서, 늙어서 효도함을 이르는 말.
반이 (搬移) [명][하타] 짐을 운반하여 옮김. 세간을 싣고 이사함.
반:인 (泮人) [명] 〖역〗 관사람.
반:일 (反日) [명][하자] 일본에 반대함. 또는 일본에 반대되는 것. ❑ ~ 감정 / ~ 투쟁.
반:-일 (半-)[-닐] [명] 하루 일의 절반.
반:일 (半日) [명] 한나절. ❑ ~ 근무.
반:일-조 (半日潮)[바닐쪼] [명] 〖지〗 약 반일의 주기를 가지는 천체의 기조력에 의하여 일어나는 밀물과 썰물의 흐름. *일일조.
반입 (搬入) [명][하타] 운반하여 들여옴. ❑ 인화성 물질의 기내(機內) ~을 금합니다 / 채소의 ~이 줄면서 값이 크게 올랐다 / 북한산 물품이 많이 ~되고 있다. ↔반출(搬出).
반:-입자 (反粒子)[바닙짜] [명] 〖물〗 보통으로 존재하는 소립자와 질량 등의 물리적 성질은 같으나, 전하(電荷)나 자기(磁氣) 모멘트의 부호가 반대인 소립자. 반대 입자.
반:-잇소리 (半-)[-니쏘- / -닏쏘-] [명] 〖언〗 반치음(半齒音).
반자 [명] 〖건〗 지붕 밑이나 위층 바닥 밑을 편평하게 하여 치장한 각 방의 천장. ❑ ~를 드리다.
　반자(를) 받다 [구] 몹시 노하여 날뛰다.
반:자 (半子) [명] '반자지명(半子之名)'의 준말.
반:자 (半字) [명] 약자(略字).
반자 (班資) [명] 지위와 녹봉(祿俸).
반:-자기 (半瓷器) [명] 질그릇과 비슷한 사기그릇. 또는 사기그릇과 비슷한 질그릇. 반도반자.
반:-자동 (半自動) [명] 기계 장치에서, 절반 또는 부분적으로 이루어진 자동. ❑ ~ 장치.
반:-자성 (反磁性) [명] 〖물〗 물체를 자기장(磁氣場) 속에 넣을 때에 자기장과 반대쪽으로 자기력이 작용하는 현상.
반:자성-체 (反磁性體) [명] 〖물〗 반자성을 가진 물체(구리·창연 따위).
반자-지 (-紙) [명] 반자를 바르는 종이.
반:자지명 (半子之名) [명] 아들과 같다는 뜻으로, '사위'를 일컫는 말. [준]반자(半子).
반자-틀 [명] 〖건〗 반자를 드리기 위하여 가늘고 긴 나무로 가로세로로 짜서 만든 틀.
반작 (反作) [명] ☞번작(反作).
반:작 (半作) [명][하타] **1** 소작(小作). **2** 수확량이 평년작의 반이 됨. 또는 그 정도의 소출. ❑ 올 농사는 ~이다.
반작 [부][하자타] 반작이는 모양. [큰]번적. [센]반짝·빤작·빤짝.
반작-거리다 [-꺼-] [자타] 잇따라 반작이다. [큰]번적거리다. [센]반짝거리다·빤작거리다. **반작-반작** [-빤-] [부][하자타]
반작-대다 [-때-] [자타] 반작거리다.
반:-작용 (反作用) [명][하자] **1** 어떤 움직임에 대

해 반대하는 움직임. 2〘물〙 물체 A가 물체 B에 힘을 작용시킬 때, B가 똑같은 크기의 반대 방향의 힘을 A에 미치는 작용.
반작-이다 [자타] 작은 빛이 잠깐 나타났다가 사라지다. 또는 그리 되게 하다. [큰]번적이다. [센]반짝이다·빤짝이다.
반:장 (泮長) [명] 〘역〙 대사성(大司成).
반:장 (返葬) [명][하타] 객지에서 죽은 사람을 그가 살던 곳이나 그의 고향으로 옮겨다가 장사를 지냄.
반:장 (叛將) [명] 반란을 일으킨 장수.
반장 (班長) [명] 학급, 행정 단위, 작은 조직 따위의 반을 대표하여 일을 맡아보는 사람. ❑학급 ~으로 뽑히다 / 3통 2반 ~.
반:-장경 (半長徑) [명] 〘수〙 타원의 긴지름의 반.
반:-장부 (半-) [명] 〘건〙 두 개의 나무토막을 맞이을 때에 한쪽 나무에만 만든 짧은 장부.
반:-장화 (半長靴) [명] 목이 단화(短靴)보다는 길고 장화보다는 짧은 구두.
반:적 (叛賊) [명] 자기 나라를 배반한 역적.
반전 (反田) [명] ☞번전(反田).
반:전 (反戰) [명][하자] 전쟁을 반대함. ❑~ 운동 / ~ 시위를 벌이다 / 시위대가 ~ 구호를 외치며 행진하다.
반:전 (反轉) [명][하자] 1 반대 방향으로 구름. 2 일의 형세가 뒤바뀜. ❑상황이 ~되다 / 국제 수지가 적자로 ~되다. 3 위치·방향·순서 따위가 반대로 됨. 4 사진에서, 양화를 음화로, 음화를 양화로 만드는 일. 또는 그렇게 되는 현상.
반:전 (半錢) [명] 1 일 전의 반. 곧, 5리. 2 아주 적은 돈.
반:전 (返電) [명][하자] 답전(答電).
반전 (班田) [명] 〘역〙 나라에서 백성에게 나누어 주던 밭.
반:전 기류 (反轉氣流) 대기 상공(上空)의 공기가 해면의 공기보다 따뜻한 기류.
반:전 도형 (反轉圖形) 〘심〙 같은 도형이면서 보고 있는 중에 원근(遠近) 또는 그 밖의 조건이 뒤바뀌어 다르게 보이는 도형.
반:전-론 (反戰論) [-논] [명] 전쟁을 반대하는 주장. 비전론(非戰論).
반:전 문학 (反戰文學) 전쟁 반대를 주제로 한 문학.
반:전 필름 (反轉film) 반전 현상 조작에 의해 직접 양화(陽畫)로 할 수 있는 필름. 소형 영화용이나 슬라이드용 필름에 사용함.
반:전 현:상 (反轉現像) 촬영한 필름에서 직접 양화(陽畫)를 얻는 현상법. 소형 영화나 슬라이드 등에 이용함.
반:절 (反切) [명] 1 두 한자(漢字)의 음을 반씩만 따서 한 음으로 읽는 방법. '文'자의 음을 '無'의 'ㅁ'과 '分'의 'ㄴ'을 합쳐 '문'을 이루는 것 등. 2 '훈민정음'을 달리 이르던 말. 3 '반절본문'의 준말.
반:-절 (半-) [명] 1 허리를 굽혀 양손을 바닥에 짚고 앉아 고개를 숙여서 하는 여자의 절. 2 아랫사람의 절을 받을 때, 앉은 채 상반신을 반쯤 굽혀서 하는 절.
반:절 (半切·半截) [명][하타] 1 절반으로 자름. 2 당지(唐紙)·백지 등의 전지를 세로로 이등분한 것. 또는 그것에 그린 서화(書畫).
반:절 (半折) [명][하타] 절반(折半)1.
반:절-본문 (反切本文) [명] 한글을 반절식으로 배열한 본문. 가갸거겨…, 나냐너녀…의 순서로 늘어놓은 것으로, 한글을 처음 배우는 데 씀. [준]반절(反切).
반:점 (半點) [명] 1 한 점의 절반. 2 반 시간. 3 매우 작은 것의 비유. ❑~의 구름도 없이 맑게 갠 하늘. 4〘언〙 쉼표(,). 콤마.
반점 (斑點) [명] 곤충·동물 등의 몸에 얼룩얼룩하게 박힌 점.
반점 (飯店) [명] 중국 음식점.
반점-병 (斑點病) [-뼝] [명] 〘식〙 식물의 잎이나 줄기에 반점이 생기는 병.
반:정 (反正) [명][하자타] 1 본디의 바른 상태로 돌아감. 또는 바른 상태로 돌아가게 함. 2 난리를 수습하여 평온한 상태를 만듦. 3 지난날, 나쁜 임금을 폐하고 새 임금을 대신 세우던 일. ❑인조(仁祖)~ / ~을 일으키다.
반정 (斑晶) [명] 〘광〙 화성암의 치밀한 부분. 석기(石基)의 가운데에 흩어져 있는 반점 모양의 큰 결정(結晶).
반:정 공신 (反正功臣) 〘역〙 반정 때에 공이 많은 사람에게 내렸던 공신의 훈호(勳號).
반:-정립 (反定立) [-닙] [명] 〘철〙 변증법에서, 정립에 모순 또는 반대되는 개념. ↔정립.
반:-정부 (反政府) [명] 정부에 반대하는 일. ❑~ 시위 / ~ 활동.
반:제 (反帝) [명] 제국주의에 반대하는 일. ❑~ 투쟁 / ~ 사상.
반:제 (半製) [명] 1 가공이 불충분하여 아직 정제되지 않음. 2 반제품.
반:제 (返濟) [명][하타] 빌렸던 금품을 도로 갚음. ❑친구에게 빌려 쓴 돈을 ~하다.
반:제-품 (半製品) [명] 〘경〙 가공이 불충분하여 아직 정제품(精製品)·완제품이 되지 못한 중간 제품. 반제(半製). *완제품.
반:조 (半租) [명] 반조반미.
반:조 (返照) [명][하자타] 1 빛이 반사되어 되쬐임. 또는 그 빛. 2 저녁때 햇빛이 동쪽으로 비침. 또는 그 햇빛.
반조-문 (頒詔文) [명] 〘역〙 나라에 경사가 있을 때 백성에게 널리 알리던 조서(詔書).
반:조-반:미 (半租半米) [명] 뉘가 반쯤 섞인 쌀. 반조.
반족 (班族) [명] 양반의 겨레붙이.
반종 (班種) [명] 양반의 자손.
반:좌 (反坐) [명][하타] 〘역〙 거짓으로 고자질한 사람에게 피해자가 받은 해(害)와 같은 벌을 주던 일.
반:좌-법 (反坐法) [-뻡] [명] 〘역〙 지난날, 거짓으로 고자질한 사람에게 피해자와 동일한 정도의 죄를 과하던 법률. 반좌율.
반:좌-율 (反坐律) [명] 〘역〙 반좌법.
반:주 (半周) [명] 한 바퀴의 반.
반:주 (伴走) [명][하자] 마라톤·역전(驛傳) 경주 등에서, 선수가 아닌 사람이 선수와 함께 달림. 또는 그렇게 달리는 사람.
반:주 (伴奏) [명][하자] 〘악〙 노래나 기악 연주를 돕기 위해 옆에서 다른 악기를 연주함. ❑~ 음악 / 피아노 ~에 맞추어 노래를 부르다.
반주 (斑紬) [명] 아랑주.
반주 (飯酒) [명] 끼니때 밥에 곁들여서 한두 잔 마시는 술.
반:-주권국 (半主權國) [-꿘-] [명] 〘법〙 일부 주권국.
반주그레-하다 [형][여] 생김새가 겉으로 보기에 반반하다. [큰]번주그레하다.
반주-상 (飯酒床) [-쌍] [명] 반주를 차려 놓은 상. ❑~을 내오다.
반:주 악기 (伴奏樂器) [-끼] 〘악〙 반주에 쓰는 악기《피아노·오르간 따위》.
반:-주인 (泮主人) [-쭈-] [명] 관주인(館主人).

반죽 圐하타 가루에 물을 부어서 이겨 갬. 또는 그렇게 한 것. ⬜밀가루 〜／〜을 개다／〜이 질다.

반죽(이) 좋다 〔꾸〕언죽번죽하여 노여움이나 부끄러움을 타지 아니하다. ⬜그는 반죽이 좋은 사람이다.

반:-죽음 (半-) 圐하자 거의 죽게 된 상태. 반사(半死). ⬜사람을 쳐서 〜을 시켜 놓다／되도록 매를 맞다／〜을 당하다.

반죽-필 (斑竹筆) 붓대를 얼룩점이 있는 참대로 만든 붓.

반:-중간 (半中間) 圐 중간(中間).

반:-중성자 (反中性子) 圐〔물〕중성자의 반입자(反粒子). 중성자와 같은 질량의 입자이나 중성자와 만나면 막대한 에너지를 방출하고 소멸됨.

반:-증 (反證) 圐하타 1 어떤 사실이나 주장에 대해 증거를 들어 그것을 부정하는 일. 또는 그 증거. ⬜허위 보도라는 것이 〜되다. 2 어떤 사실을 반영하여 나타냄. ⬜그것은 당신이 떳떳하지 못하다는 〜이다.

반:-지 (半紙) 圐 얇고 흰 일본 종이의 일종.

반지 (半指·斑指) 圐 한 짝으로만 손가락에 끼게 된 가락지. ⬜〜를 끼다.

반-지기 (半-) 圐 쌀이나 어떠한 물건에 다른 잡것이 섞이어 순수하지 못한 것을 나타낼 때 쓰는 말. ⬜돌반〜／뉘〜.

반지랍다 〔-따〕〔반지라워, 반지라우니〕圀⬝ 기름기나 물기 따위가 묻어서 매끄럽고 윤이 나다. ⑧번지럽다.

반지레 圂하圀 매끄럽고 윤이 나서 반지르르한 모양. ⑧번지레.

반지르르 圂하圀 1 기름기나 물기 따위가 묻어 매끄럽고 윤이 나는 모양. ⬜얼굴에 기름기가 〜 돌다／머리에 기름을 〜하게 바르다. 2 말이나 행동 따위가 실속은 없이 겉만 그럴듯한 모양. ⬜말만 〜하게 하다. ⑧번지르르. ⑤빠지르르.

반:-지름 (半-) 圐〔수〕원(圓)이나 구(球)의 중심에서 그 원둘레 또는 구면(球面)상의 한 점에 이르는 선분의 길이. 반경(半徑).

반:지반 (半之半) 圐 반의반.

반지-빠르다 〔-빨라, -빠르니〕圀뢰 1 말이나 행동 따위가 얄미울 정도로 민첩하고 약삭빠르다. 2 얄밉게 교만하다. ⬜그렇게 반지빠르니 누가 널 좋아하겠니. 3 어중간하여 쓰기에 알맞지 아니하다.

반:-직 (伴直) 圐하자 두 사람이 함께 당직이나 숙직 따위의 번(番)을 듦.

반:-직선 (半直線) 〔-썬〕圐〔수〕한 직선이 그 위의 한 점에 의하여 나눠진 각각의 부분.

반:-직업적 (半職業的) 〔-찍쩍〕圐圀 직업 이외의 다른 일을 거의 직업으로 삼다시피 하는 (것).

반진 (斑疹) 圐〔한의〕온몸에 좁쌀 모양의 붉은 점이 돋는 병의 총칭.

반짇-고리 〔-꼬-〕圐 바늘·실·골무·헝겊 같은 바느질 도구를 담는 그릇. 바느질고리.

반질-거리다 圀 1 거죽이 몹시 윤이 나고 미끈거리다. ⬜마룻바닥이 〜. 2 일을 살살 피하며 게으름을 피우다. ⬜〜가 주위의 눈총을 받다. ⑧번질거리다. ⑤빤질거리다. **반질-반질** 圂하자圀 ⬜구두를 〜하게 닦다.

반질-대다 圀 반질거리다.

반:-집 (半-) 圐 바둑에서, 비기는 것을 피하기 위하여 덤을 주고 두는 데서 생기는 계산상

의 집. 반호(半戶).

반-짓다 〔-짇따〕〔반지어, 반지으니, 반짓는〕圐A 과자나 떡 같은 것을 둥글고 얇은 조각 모양으로 만들다.

반짝[1] 圂 1 물건을 아주 가볍게 얼른 드는 모양. ⬜짐을 〜 들어 차에 싣다. 2 갑자기 수그렸던 것을 들거나 감았던 눈을 뜨는 모양. ⬜졸다가 눈을 〜뜨다／얼굴을 〜 쳐들다. ⑧번쩍.

반짝[2] 圂하타 반짝이는 모양. ⑧번쩍.

반짝[3] 圂 갑자기 정신이 들거나 생각나거나 마음이 끌리는 모양. ⬜정신이 〜 들다／귀가 〜 뜨이는 말. ⑧번쩍.

반짝-거리다 〔-꺼-〕圀타 자꾸 반짝이다. ⬜멀리서 불빛이 〜. ⑧번쩍거리다. **반짝-반짝**[1] 〔-빤-〕圂하타

반짝-대다 〔-때-〕圀타 반짝거리다.

반짝-반짝[2] 〔-빤-〕圂 여러 번 반짝 들거나 들리는 모양.

반짝-이다 圀타 빛이 좀 세게 잠깐 나타났다가 사라지다. 또는 그리 되게 하다. ⬜밤하늘에 별들이 〜／구두가 〜. ⑧번쩍이다. ⑤반작이다. ⑤빤짝이다.

반:-쪽 (半-) 圐 1 하나를 둘로 쪼갠 것 가운데 한 부분. 2 살이 몹시 빠져 야윈 모습. ⬜병치레를 하고 나더니 얼굴이 〜이 되었다.

반차 (班次) 圐 반열(班列).

반차-도 (班次圖) 圐〔역〕나라의 의식에서 문무백관이 늘어서는 차례를 그린 그림.

반찬 (飯饌) 圐 밥에 갖추어 먹는 온갖 음식. 밥반찬. 식찬(食饌). ⬜〜 투정／상에 올려진 〜의 가짓수가 많다／〜을 골고루 먹다. ⑧찬(饌).
[**반찬 먹은 개**] 아무리 구박을 받고 시달림을 당해도 아무 대항을 못하고 어쩔 줄 모르는 처지를 비유적으로 이르는 말. [**반찬 먹은 고양이 잡도리하듯**] 잘못을 저지른 사람을 붙잡고 야단치고 혼내는 모양을 비유적으로 이르는 말.

반찬-감 (飯饌-) 〔-깜〕圐 반찬거리.

반찬-거리 (飯饌-) 〔-꺼-〕圐 반찬을 만드는 데 쓰는 여러 가지 재료. 반찬감. 찬거리.

반찬-단지 (飯饌-) 〔-딴-〕圐 1 반찬을 담아 두는 작은 항아리. 2 요구하는 대로 무엇이든지 곧 내어 놓는 사람의 별명.

반-찰떡 圐 메찰떡.

반창 (瘢瘡) 圐〔의〕상처의 흔적.

반창-고 (絆瘡膏) 圐 파라고무·발삼·라놀린 등 점착성 물질을 헝겊이나 테이프에 바른 의료품의 일종(《상처를 보호하거나 붕대 따위를 고정시키는 데에 씀). ⬜일회용 〜.

반:-채-층 (反彩層) 圐 태양 대기의 맨 아래층.

반:-천 (半天) 圐 1 하늘의 반쪽. 2 중천.

반:-천하수 (半天河水) 圐 교목(喬木)에 난 구멍이나 대를 잘라 낸 그루터기에 고인 빗물(《나쁜 독을 없애거나 가려움증·옴 따위의 치료에 씀).

반:-첩 (反貼) 圐하타 공문서에 의견을 붙여 돌려보냄. 또는 그런 일.

반:-청 (半晴) 圐 날씨가 반쯤 갬.

반:청-반:-담 (半晴半曇) 圐 날씨가 반쯤은 개고 반쯤은 흐림.

반:-체제 (反體制) 圐 (주로 명사 앞에 쓰여) 기존의 사회 정치 체제를 부정하고 변혁을 도모하는 일. 또는 그러한 입장. ⬜〜 인사.

반:체제 운:동 (反體制運動) 기존의 사회 체제와 정치 체제를 부정하고 변혁을 꾀하려는 사회적인 활동.

반:초 (半草) 圓 반흘림.

반초 (飯鮹) 圓《동》꼴뚜기.

반:-초서 (半草書) 圓 반쯤 흘리어 쓴 글씨.

반:촌 (泮村) 圓 예전에, 성균관(成均館)을 중심으로 그 근처에 있는 동네를 일컫던 말. 반중(泮中).

반촌 (班村) 圓 예전에, 양반이 많이 모여 살던 동네를 일컫던 말. ↔민촌(民村).

반쵸 〈옛〉파초(芭蕉).

반:추 (反芻) 圓[허]자타 1《동》소나 양 따위가 먹은 것을 되새겨 씹는 짓. 새김질. 되새김. 2 어떤 일을 되풀이하여 음미하고 생각함.

반:추 동물 (反芻動物)《동》소화(消化) 형태상 반추하는 특성을 가진 동물(소·양 따위).

반:추-위 (反芻胃) 圓《동》반추 동물의 위. 3-4개의 실(室) 또는 위(胃)로 나뉘는데, 위 속에 있어서는 먹은 음식물은 제1위에서 제2위로 옮겨 갔다가 다시 입으로 되돌아와서 거듭 잘 씹어서 삼킨면, 다시 제2위를 거쳐 차례로 제3위, 제4위로 들어감.

반:추-증 (反芻症)[-쯩] 圓 신경성 위장 장애로 섭취한 음식물이 저절로 다시 입안으로 넘어오는 병증.

반출 (搬出) 圓[허]자타 운반하여 냄. □문화재를 몰래 ~하다 / 고미술품이 국외로 ~되다 / 김장철이라 배추의 ~량이 늘고 있다. ↔반입.

반출-증 (搬出證)[-쯩] 圓 반출을 인정하는 증명서.

반:-춤 (半-) 圓 춤추는 것같이 몸을 흔들거리는 동작.

반:취 (半醉) 圓[허]자 술에 반쯤 취함. □~ 상태. ↔반성(半醒). *만취(滿醉).

반취 (班娶) 圓[허]자 상사람이 양반의 딸에게 장가드는 일. ↔민취(民娶). *반혼(班婚).

반:취-반:성 (半醉半醒) 圓[허]자 반쯤 취하고 반쯤 깨어 있음. 술이 덜 깬 상태.

반:측 (反側) 圓 1 생각에 잠기거나 누운 자리가 편치 못하여서 몸을 뒤척거림. 2 두 가지 마음을 품고 바른길을 좇지 아니함.

반:-치기 (半-) 圓 1 가난한 양반을 낮잡아 일컫는 말. 2 쓸모없는 사람.

반:-치음 (半齒音) 圓 훈민정음의 ‘△’의 소리. 반잇소리.

반:칙 (反則) 圓[허]자 주로 운동 경기에서 규칙이나 규정 따위를 어김. □~을 범하다 / 선수가 고의적인 ~으로 퇴장당하다.

반:칙 우편물 (反則郵便物) 법규에 의하여 우송을 금지하는 우편물.

반:침 (半寢) 圓《건》큰 방에 붙은 작은 방. 여러 가지 물건을 넣어 두는 데에 씀.

반:침 (伴寢) 圓[허]자 동숙(同宿).

반:-코트 (半coat) 圓 길이가 허리와 무릎의 중간 정도까지 내려오는 외투.

반:-타작 (半打作) 圓[허]자 1 배메기. 2 소득이나 수확이 예상보다 절반쯤밖에 되지 아니함. □올해 농사는 ~밖에 되지 않는다.

반:탁 (反託) 圓 신탁 통치를 반대함.

반:-탈태 (半脫胎) 圓 자기(瓷器)의 탈태의 하나《진(眞)탈태보다 질이 조금 두껍고 반투명체를 이룸》.

반:-턱 (半-) 圓 절반 정도.

반토 (礬土) 圓《화》산화알루미늄.

반토 시멘트 (礬土cement) 알루미나 시멘트.

반:통 (泮通) 圓《역》조선 때, 성균관(成均館)의 대사성(大司成)이 될 사람을 뽑을 때에 세 사람의 후보자 속에 포함되었음.

반:-투과성 (半透過性)[-썽] 圓《생》반투성.

반:투-막 (半透膜) 圓《화》용액 중의 용매(溶

媒)만을 통과시키고 용질(溶質)을 통과시키지 않는 막. 반투벽.

반:-투명 (半透明) 圓[허]자 1 투명도가 낮은 성질이 있음. □~ 유리 / ~ 용기. 2 한쪽에서 보면 투명하고 반대쪽에서 보면 불투명하게 보이는 일.

반:-투명-체 (半透明體) 圓 어느 정도의 빛을 통과시키지만 반대쪽에 비쳐지고 있는 물체를 분명하게 볼 수는 없게 되어 있는 물체《흰 유리·유지(油紙)·비닐 따위》.

반:-투-성 (半透性)[-썽] 圓《생》용액의 용매는 통과시키나 용질은 통과시키지 않는 성질. 반투과성.

반:파 (半破) 圓[허]자 반쯤 부서짐. □산사태로 가옥이 ~되다.

반:-팔 (半-) 圓 반소매. □~ 셔츠.

반패 (頒牌) 圓[허]타《역》방방(放榜).

반:-패부 (半貝付) 圓 가구의 앞쪽의 어느 한 부분에만 자개를 박는 일. 또는 그렇게 만든 가구.

반:편 (半片) 圓 1 한 개를 절반으로 나눈 한 편짝. 2 ‘반편이’의 준말. □그것도 모르다니 이 ~ 같으니라고.

반:편-스럽다 (半偏-)[-따][-스러워, -스러우니][형] 사람됨이 모자란 듯하다. □생김새는 반편스러워 보이지만, 실은 대단한 수재(秀才)다. 반:편-스레 昆

반:편-이 (半偏-) 圓 지능이 보통 사람보다 낮은 사람. 반병신. 준반편.

반:편-짓 (半偏-)[-진] 圓 반편이가 하는 짓.

반:-평면 (半平面) 圓《수》평면을 한 직선에 의하여 둘로 나눌 때 생기는 그 각각의 부분.

반:-평생 (半平生) 圓 평생의 절반이 되는 동안. □~을 자선 사업에 몸 바치다.

반:포 (反哺) 圓[허]자 까마귀 새끼가 자란 뒤에 늙은 어미에게 먹을 것을 물어다 준다는 뜻으로, 자식이 커서 늙은 부모를 봉양함을 이르는 말. 안갚음.

반포 (頒布) 圓 반베.

반포 (頒布) 圓[허]타 세상에 널리 펴서 퍼뜨림. □율령(律令)을 ~하다 / 1446년 훈민정음이 ~되었다.

반:-포-조 (反哺鳥) 圓 늙은 어미 새에게 먹을 것을 물어다 주는 새라는 뜻으로, ‘까마귀’를 이르는 말.

반:포지효 (反哺之孝) 圓 자식이 자라서 어버이의 은혜에 보답하는 효성.

반:-푼 (半-) 圓 [←반분(半分)] 1 아주 적은 돈. 2 한 푼 길이의 절반. 3 ‘반푼쭝’의 준말.

반:-푼-쭝 (半-) 圓 한 푼쭝의 절반 되는 무게. 준반푼.

반:-품 (半-) 圓 하루치 품의 절반. 반공(半工). □~을 하루 품으로 쳐주다.

반:품 (返品) 圓[허]자 일단 사들인 물건을 도로 돌려보냄. 또는 그 물건. □지난달치 잡지는 ~이 많다 / 재고를 ~하다.

반:-풍수 (半風水) 圓 서투른 풍수.
[반풍수 집안 망친다] 서투른 재주를 함부로 부리다가 도리어 일을 그르치는 경우를 이르는 말.

반:-하[1] (半夏) 圓《불》하안거(夏安居)의 결하(結夏)와 하해(夏解)의 중간. 곧, 90 일간의 안거(安居)의 45 일째 날을 이름.

반:-하[2] (半夏) 圓 1《식》천남성과의 여러해살이풀. 밭에 남. 높이 30 cm 가량, 여름에 누런

흰색 꽃이 핌. 2《한의》 반하의 알줄기(담·구토·습증·해수 등의 치료에 씀).

반:하-곡 (半夏麴) 圏 《한의》 반하·백반·생강을 섞어 만든 누룩(습병의 치료에 씀).

반:-하다[자어] 무엇에 마음이 취하여 좋아하다. ▷미모에 ~ / 그의 인품에 반했다.

반:-하다 (反-)[자어] 1 반대가 되다. ▷예상에 반하여 동메달에 그쳤다 / 일은 힘든 데 반하여 수입이 적다. 2 남의 의견이나 규정 따위를 거스르거나 어기다. ▷정의에 반한 행동 / 부모의 의사(意思)에 ~.

반:-하다²[형어] 1 어두운 가운데 밝은 빛이 비치어 환하다. ▷동쪽 하늘이 ~. 2 무슨 일이 그렇게 될 것이 분명하다. ▷실패할 것은 ~. 3 바쁜 가운데 잠깐 틈이 생기다. ▷잠시도 반할 틈이 없네. 4 병세가 좀 가라앉다. ▷병세가 잠시 반하더니 다시 악화됐다. 霆번하다. 쎈빤하다. 반:-히 囝

반:한 (返翰) 圏 회한(回翰).

반할 (盤割) 圏 《생》 달걀처럼 배반(胚盤)의 부위만 작은 세포로 갈라지고, 알의 대부분을 이루는 난황 부분은 전혀 세포로 갈라지지 않는 난할(卵割)(어류·파충류 등에 있음).

반:-할인 (半割引) 圏하타 어떤 액수의 절반을 깎음.

반함 (飯含) 圏하자 염습(殮襲)할 때에 죽은 사람의 입 안에 구슬과 쌀을 물리는 일. 또는 그런 절차.

반:-함수호 (半鹹水湖) 圏 염분(鹽分)이 보통으로 된 호수(대략 24% 까지의 염분을 함유함).

반합 (飯盒) 圏 밥을 지을 수 있게 된, 알루미늄으로 만든 휴대용 밥그릇(주로 군인이나 등산객들이 씀).

반:-합성 섬유 (半合成纖維)[-썽무] 천연 섬유질에 화학 처리를 해서 만든 섬유. 아세테이트 따위가 있음.

반:항 (反抗) 圏하자 순종하지 않고 대들거나 반대함. ▷사춘기의 이유 없는 ~ / 기성세대에 ~하다.

반:항-기 (反抗期) 圏 《심》 아동의 자아의식이 대단히 강하게 되어 반항을 나타내는 시기《정상적 발달 과정에서는 3-5세경, 12-13세경에 걸쳐 두 번 나타남》.

반:항 문학 (反抗文學) 지배자에 대한 피지배자의 반항을 나타낸 문학.

반:항-심 (反抗心) 圏 반항하는 마음. ▷~이 생기다 / ~을 불러일으키다.

반:항-아 (反抗兒) 圏 기성세대나 기존의 권위에 대들거나 반대하는 사람.

반:항아-적 (反抗兒的) 관圏 반항아와 같은 (것). ▷~인 기질을 타고나다.

반:항-적 (反抗的) 圏 반항하는 태도나 경향이 있는 (것). ▷~(인) 태도를 취하다.

반:해 (半楷) 圏 해서(楷書)보다 조금 부드럽게 행서(行書)에 가깝게 쓰는 글씨체.

반:핵 (反核) 圏 핵무기나 핵연료의 사용을 반대함. ▷~ 시위 / 반전 ~ 운동.

반핵 (盤覈) 圏하타 자세히 캐물어 조사함.

반:행 (半行) 圏 행서보다 조금 더 부드럽게 흘리어 행흘림에 가깝게 쓰는 글씨체.

반:행 (伴行) 圏하자 동행(同行).

반행 (頒行) 圏하타 1 출판물을 발행하여 반포함. ▷불경을 ~하다. 2 널리 세상에 배포함.

반:향 (反響) 圏 1《물》 메아리처럼 음향이 어떤 물체에 부딪쳐 반사하여 다시 들리는 현상. 2 어떤 일에 영향을 받아 일어나는 반응 현상. ▷폭발적인 ~을 불러일으키다.

반향 (反响) 圏 반나절.

반:향 (班郷) 圏 양반이 많이 모여 사는 시골.

반:향 증상 (反響症狀) 圏《심》 다른 사람의 동작이나 언어 따위를 무의식적으로 반복하는 증상.

반:-허락 (半許諾) 圏하타 반쯤 허락함.

반:-허리 (半-) 圏 1 허리 높이의 절반 정도. 2 물건이나 일의 절반 정도.

반:-혁명 (反革命)[-형-] 圏 혁명에 의해 성취된 사태에 반대하여 혁명 이전의 상태로 돌리려는 운동. ▷~ 세력 / ~ 활동.

반:현 (半舷) 圏 군함의 승무원을 우현(右舷) 당직(當直)과 좌현 당직으로 나눈 것의 한쪽.

반:-혓소리 (半-)[-혀쏘-/-현쏘-] 圏《언》 '혈설음(半舌音)'의 풀어쓴 말.

반:호 (半戶) 圏 세금·추렴 같은 것을 다른 집의 반만 내는 집. *반호(獨戶).

반호 (班戶) 圏 양반의 집. ↔상호(常戶).

반:혼 (返魂) 圏하타 1 반우(返虞). 2《불》 죽은 사람을 화장하고 그 혼을 집으로 도로 불러들임. 또는 그런 일.

반혼 (班婚) 圏하자 상사람이 양반의 집안과 혼인을 맺음. 반취(班娶).

반:혼-제 (返魂祭) 圏 죽은 사람의 혼을 집으로 불러들일 때 지내는 제사.

반:-홀소리 (半-)[-쏘-] 圏《언》 '반모음(半母音)'의 풀어쓴 말.

반홍 (礬紅) 圏 도자기에 쓰는 녹반. 곧, 황산 제일철을 태워서 만든 붉은 채색(彩色).

반:-화 (半靴) 圏 반구두.

반:화방 (半火防) 圏《건》 한옥에서, 집의 바깥벽을 중방 위는 흙으로만 얇게 바르고 아래는 돌을 섞어서 두껍게 합벽을 친 벽.

반:환 (返還) 圏하타 1 도로 돌려줌. 반려(返戾). ▷입장료를 ~하다 / 약탈당한 문화재가 ~되다 / 홍콩이 중국에 ~되었다. 2 되돌아오거나 감. ▷마라톤에서 ~ 지점을 돌다.

반환 (盤桓) 圏 머뭇거리며 어떤 곳을 멀리 떠나지 못하고 서성이는 일.

반:환-점 (返還點)[-쩜] 圏 경보·마라톤에서, 선수들이 돌아서는 점을 표시한 표지.

반환-하다 (盤桓-)[형어] 집·성·궁궐 따위가 넓고 크다.

반:-환형 (半環形) 圏 둥근 고리의 반쪽과 같은 모양.

반회 (班會) 圏 반의 모임.

반회 (盤回) 圏하타 물의 흐름이나 길 같은 것이 빙 돎.

반:-회장 (半回裝) 圏 여자 저고리의 끝동과 깃과 고름만을 자줏빛이나 남빛의 헝겊으로 대어 꾸민 회장.

반:회장-저고리 (半回裝-) 圏 반회장으로 된 저고리.

반:휴 (半休) 圏하자 한나절만 일하고 쉼.

반:-휴일 (半休日) 圏 한나절만 일하고 쉬는 날. 반공일.

반:흉-반:길 (半凶半吉) 圏하형 한편으로는 흉하기도 하고 한편으로는 길하기도 함. 또는 그런 일.

반흔 (癎痕) 圏 상처나 부스럼 따위가 나은 자리에 남는 자국.

반:-흘림 (半-) 圏 초서(草書)와 행서(行書)의 중간 정도로 흘려 쓰는 글씨체. 반초(半草).

밭 [옛] 밭.

받-걷이 [-꺼지] 圏하타 1 돈·물건 등을 여기저기서 거두어들이는 일. 2 남이 무엇을 요구

하거나 어떤 괴로움을 끼칠 때 그것을 잘 받아 주는 일.

받고-차기 [-꼬-] 똉퀀 **1** 머리로 받고 발로 차는 일. **2** 서로 말을 빨리 주고받는 일.

받-낳이 [반나-] 똉퀀 예전에, 실을 사들여서 피륙을 짠 일.

받-내다 [반-] 똉톄 몸을 쓰지 못하는 사람의 대소변을 받아 내다.

받다 [-따] 똉톄 **1** 주는 것을 가지다. ▢선물을 ~ / 팩스를 ~. **2** 어떤 행동이나 작용의 영향을 당하거나 입다. ▢혐의를 ~ / 귀염을 ~. **3** 돈이나 서류 따위를 걷다. ▢입장료를 ~. **4** 점수나 학위를 따다. ▢석사 학위를 ~. **5** 빛·열·바람 따위의 기운이 닿다. ▢햇빛을 ~. **6** 물건을 모개로 사들이다. ▢물건을 싸게 받아다 팔다. **7** 담을 것에 액체나 반찬거리를 집어 넣다. ▢수돗물을 ~. **8** 내려오는 것을 잡다. ▢공을 ~. **9** 우산 따위를 펴서 들다. ▢양산을 ~. **10** 머리나 머리 따위로 세차게 부딪치다. ▢소가 뿔로 사람을 ~. **11** 남의 뒤를 이어서 남과 같게 행동하다. ▢내 노래를 받아라. **12** 사람을 맞아들이다. ▢손님을 ~. **13** 조산(助産)하다. ▢아이를 ~. **14** 중요한 일을 할 날짜를 정하다. ▢결혼 날짜를 ~. 三재 **1** 음식 같은 것이 비위에 맞다. ▢오늘따라 술이 잘 받는다. **2** 색깔이나 모양이 잘 어울리다. ▢내 얼굴에 잘 받는 옷. **3** 화장품 따위가 곱게 발리다. ▢피부가 거칠해서 화장이 잘 받지 않는다. **4** 사진이 잘 나오다.

[받고 차기] 남의 은혜를 입고 갚지 않는다는 말. [받는 소는 소리 치지 않는다] 능히 할 수 있는 능력을 가진 사람은 공연히 큰소리를 치지 않는다는 뜻.

받아 놓은 밥상 ▣ ㉠이미 작정이 되어 도저히 피할 수 없는 처지나 경우를 이르는 말. ㉡작정한 일이 확실하여 조금도 틀림이 없음을 이르는 말. 받아 놓은 당상.

-받다 [-따] 뗀 명사 뒤에서 '입다·당하다' 등의 뜻을 나타내는 말(피동의 동사를 만듦). ▢강요~ / 버림~ / 주목~.

받-들다 [-뜰-] [받들어, 받드니, 받드는] 톄 **1** 공경하여 모시다. ▢늙은 부모님을 ~. **2** 가르침이나 뜻 등을 소중히 여겨 따르다. ▢국민의 뜻을 ~. **3** 물건을 받쳐 들다. ▢잔을 ~.

받들어-총 (-銃) [-뜨러-] 三똉퀀 집총 경례 가운데 최고의 경의를 표하는 경례. 차려 자세에서 왼손으로 총의 개머리를 잡아 몸의 중앙부까지 들어 곧게 세우고, 총목에 오른손을 대는 자세. 三깜 '받들어총' 하라는 구령(口令).

받아-넘기다 톄 **1** 남의 말을 받아서 척척 대답하다. ▢질문을 ~. **2** 물건 따위를 받아서 다른 사람에게 넘겨주다. **3** 넘어온 공을 쳐서 상대편 쪽으로 보내다. **4** 말이나 노래를 받아서 척척 처리하다. ▢농담을 ~. **5** 상대의 공격을 요령 있게 피해 나가다.

받아-들이다 톄 **1** 돈이나 물건을 거두어 받다. **2** 받아서 제 것으로 하다. ▢문화를 ~. **3** 남의 말이나 요구 따위를 들어주다. ▢의견을 ~. **4** 어떤 사실을 인정하고 들어주다. ▢현실을 ~. **5** 조직체에서 어떤 사람을 구성원으로 들어오게 하다. ▢신규 회원을 ~.

받아-먹다 [바다-따] 톄 주는 것을 받아서 먹다. ▢새끼들이 먹이를 ~ / 뇌물을 ~.

받아-쓰기 똉퀀 남이 하는 말이나 읽은 글을 그대로 옮겨 씀. 또는 그런 일. ▢~ 시험을 보다.

받아-쓰다 [-써, -쓰니] 톄 남이 하는 말이나 읽은 글을 그대로 옮겨 쓰다. ▢강의를 노트에 ~.

받아-치다 톄 다른 사람의 공격·비판이나 농담 따위를 대응하여 응수하다. ▢상대의 진담을 농담으로 ~.

받을-어음 똉 〖경〗 판매한 상품의 대금을 어음으로 받았으나 아직 기일이 되지 않아 아직 현금이 되어 있지 않은 어음(지급 기일 전에 현금화하려면 할인하는 방법이 있음). ↔지급 어음.

받자 [-짜] 똉퀀 **1** 〖역〗 관아에서 환곡이나 조세를 받아들이던 일. **2** 남이 괴롭게 굴거나 부탁하는 것을 잘 받아 줌. ▢귀엽다고 ~하니까 버릇없이 군다.

받잡다 [-짭따] [받자와, 받자오니] 톄톄 '받다'의 높임말.

받줍다 〈옛〉 받들다.

받치다 三톄 **1** 우산이나 양산을 펴 들다. ▢우산을 ~. **2** 어떤 물건의 밑이나 안에 다른 물건을 대다. ▢기둥을 ~. **3** 주변에서 돕다. ▢그 장면에 배경 음악을 받쳐 주니 훨씬 감동적이다. **4** 〖언〗 한글로 적을 때, 모음 뒤에 자음을 붙여 적다. ▢'바'에 'ㄷ'을 받치면 '받'이 된다. 三재 **1** 앉거나 누웠을 때 밑바닥이 배기다. **2** 속에서 어떤 기운이 치밀다. ▢분이 ~ / 설움이 받쳐서 목메어 울다. **3** 먹은 것이 잘 소화되지 않고 위로 치밀다.

받침 똉 **1** 물건의 밑바닥을 받치는 물건. ▢컵 ~ / 화분 밑에 ~을 받치다. **2** 〖언〗 한글에서 끝소리로 되는 자음. 종성(終聲). ▢~의 발음 / ~이 있는 글자.

받침 규칙 (-規則) 〖언〗 말음 법칙(末音法則).

받침-대 (-臺) [-때] 똉 지주(支柱).

받침-돌 [-똘] 똉 물건의 밑바닥을 받쳐 놓는 돌. 물을 괴다.

받침-두리 똉 양복장 따위의 밑에 받침처럼 덧대어 괴게 된 나무.

받침-박 [-빡] 똉 **1** 음식 그릇 따위를 앉혀 놓거나 받쳐 놓는 함지박. **2** 이남박이나 바가지로 곡식을 일 때 잠깐 동안 곡식을 옮겨 놓는 데 쓰는 바가지.

받침-뿌리 똉 〖식〗 원뿌리에서 갈라져 나간 뿌리. 지근(支根).

받침-점 (-點) [-쩜] 똉 **1** 〖물〗 지레 따위를 지탱하는 고정된 점. 지렛목. **2** 〖건〗 구조물을 받치고 있는 부분. 지점(支點).

받침-틀 똉 〖건〗 길고 무거운 물건 양쪽 끝의 밑에 괴는 틀.

받히다 [바치-] 三톄 도매상 같은 데서 소매상에게 단골로 물품을 대어 주다. 三재 《'받다 ■10'의 피동》떠받음을 당하다. ▢소한테 ~ / 자동차에 받혀 크게 다쳤다.

발¹ 똉 **1** 〖생〗 사람이나 동물의 다리 맨 끝 부분. ▢~을 디디다 / ~로 밟다 / ~로 차다 / 구두가 ~에 꼭 맞다. **2** 물건 밑에 달리어 그 물건을 받치게 된 짧은 부분. ▢장롱의 ~. **3** 걸음. ▢~이 빠르다 / ~을 멈추다. **4** 한시(漢詩)의 시구(詩句) 끝에 다는 운자(韻字).

[발 없는 말이 천 리 간다] 비밀로 한 말도 잘 퍼지니 조심하라는 말.

발 벗고 나서다 ▣ 적극적으로 나서다.

발에 차이다 〈채다〉 ▣ 여기저기 흔하게 널려 있다.

발(을) 끊다 ▣ 오가지 않거나 관계를 끊다. ▢발을 끊은 지 오래다.

발을 동동 구르다 🐾 몹시 안타까워 애를 태우다. 🗆 구조를 기다리며 ~.

발(을) 들여놓다 🐾 어떤 자리에 드나들거나 어떤 일에 몸담다. 🗆 연예계에 ~.

발(을) 빼다 🐾 어떤 일에서 완전히 물러나다. 발. 발(을) 씻다. 🗆 노름판에서 ~.

발(을) 뻗고 자다 🐾 곤란한 상황에서 벗어나 마음 놓고 편히 자다. 🗆 범인이 잡혔으니 이젠 발 뻗고 잘 수 있겠다.

발(을) 씻다 🐾 발(을) 빼다.

발(이) 길다 🐾 무엇을 먹게 된 판에 마침 한 몫 끼어 먹을 복이 있다.

발이 내키지 않다 🐾 선뜻 행동으로 옮길 마음이 나지 않다.

발(이) 넓다 〔너르다〕 🐾 사귀어 아는 범위가 여러 계층에 다양하다. 🗆 정계에 ~.

발이 닳다 🐾 분주하게 많이 돌아다니다.

발이 떨어지지 않다 🐾 애착·미련·근심·걱정 따위로 선뜻 떠날 수 없다.

발이 뜨다 🐾 이따금씩 다니다.

발이 뜸하다 🐾 자주 다니던 곳에 한동안 가지 않다.

발(이) 맞다 🐾 ㉠여러 사람이 걸을 때 같은 쪽의 발이 동시에 떨어지다. 🗆 착착 발이 맞는 군인들의 행군. ㉡말이나 행동이 일치하다.

발(이) 묶이다 🐾 몸을 움직일 수 없거나 활동할 수 없는 형편이 되다.

발이 손이 되다 🐾 손만으로는 부족하여, 발까지 동원할 지경에 이르다.

발이 익다 🐾 자주 다녀서 그 길에 익숙하다.

발이 잦다 🐾 어떤 곳에 자주 다니다.

발이 저리다 🐾 잘못된 것이 있어 마음이 켕기다. 🗆 제 발이 저리니까 못 본 체하다.

발이 짧다 🐾 다 먹은 뒤에 늦게 나타나다.

발² 〔명〕 가늘게 쪼갠 대오리나 갈대 따위로 엮어서 만든 물건. 주로 무엇을 가리는 데 씀. 🗆 문에 ~을 늘어뜨리다 / ~을 걷다.

발³ 〔명〕 새로 생긴 좋지 못한 버릇이나 예. 🗆 그러다가는 밖으로만 나도는 ~이 생기겠다.

발⁴ 〔명〕 '발쇠'의 준말.

발⁵ 〔명〕 피륙의 날과 씨 또는 국수 따위의 굵고 가는 정도. 🗆 ~이 곱다 / ~이 가늘다.

발(跋) '발문(跋文)'의 준말.

발:⁶ 〔명〕 길이를 잴 때, 두 팔을 펴서 벌린 길이. 🗆 두 ~ 길이.

발⁷ 〔명〕 발걸음. 🗆 한 ~ 뒤로 물러서다.

발(發) 〔의명〕 총알·포탄·화살 따위의 수효를 나타내는 말. 🗆 한 ~의 총알.

-발 〔미〕 1 '죽죽 내뻗는 줄, 내뻗는 듯한 기세' 따위의 뜻을 나타내는 말. 🗆 빗~ / 말~ / 끗~. 2 '효과'의 뜻을 나타내는 말. 🗆 약~ / 화장~.

-발(發) 〔미〕 1 떠남의 뜻을 나타내는 말. 🗆 서울~ 부산행. 2 발신(發信)의 뜻을 나타내는 말. 🗆 런던~ AP 통신.

발-가락 [-까-] 〔명〕 발의 앞쪽에 따로 갈라진 부분. 🗆 ~을 꼼지락거리다 / ~의 티눈만큼도 안 여긴다.

발가락-뼈 [-까-] 〔명〕 발가락을 이루고 있는 14개의 뼈. 지골(趾骨).

발가-벗기다 [-벗끼-] 〔타〕 ('발가벗다'의 사동) 1 발가벗게 하다. 🗆 어린애를 발가벗기고 목욕시키다. 2 가진 것을 모두 빼앗거나 드러내다. 🝐벌거벗기다. 🝐빨가벗기다.

발가-벗다 [-벗따] 〔자〕 1 옷을 죄다 벗다. 2 사물의 겉을 이루는 부분이 벗겨지다. 🝐벌거

벗다. 🝐빨가벗다.

발가-송이 〔명〕 ☞ 발가숭이.

발가-숭이 〔명〕 1 발가벗은 알몸뚱이. 🗆 아이들이 개울가에서 ~가 되어 물장난을 치고 있다. 2 흙이 드러나 보일 정도로 나무나 풀이 없는 산이나 들을 비유하는 말. 🗆 산에 나무를 심다. 3 가지고 있던 재산 따위를 모두 날려 가진 것이 없는 사람. 🝐벌거숭이. 🝐빨가숭이.

발-가지 〔명〕 〔언〕 '접미사'의 풀어쓴 말.

발각(發覺) 〔명〕 숨겼던 일이 드러남. 🗆 범행이 ~되다 / ~이 나다.

발간(發刊) 〔명·하타〕 책·신문·잡지 따위를 만들어 냄. 🗆 국내에서 ~된 책 / 잡지를 ~하다.

발간(發簡) 〔명·하자〕 초대하는 글을 보냄.

발간적복(發奸摘伏) [-뽁] 〔명·하타〕 숨겨져 있는 일과 정당하지 못한 일을 집어냄.

발-감개 〔명〕 주로 먼 길을 걷거나 막일을 하는 사람들이 양말이나 버선 대신 발에 감는 좁고 긴 무명. ——하다 〔자여〕 발감개를 감다.

발강 〔명〕 발간 빛깔이나 물감. 🝐벌겅. 🝐빨강.

발강-이 〔명〕 1 발간빛의 물건. 🝐벌겅이. 🝐빨강이. 2 〔어〕 잉어의 새끼.

발-갛다 [-가타] [발가니, 발개서] 〔형〕 연하고 곱게 붉다. 🗆 발갛게 칠한 손톱 / 얼굴이 발갛게 상기되다. 🝐벌겋다. 🝐빨갛다.

발간 거짓말 〔관〕 터무니없는 거짓말.

발간 상놈 🗆 ㉠더할 나위 없는 상놈. ㉡막된 사람을 욕으로 이르는 말.

발-개지다 〔자〕 발갛게 되다. 🝐벌게지다. 🝐빨개지다.

발갯-깃 [-갠낏] 〔명〕 죽은 꿩에서 떼어 낸 깃털(흔히 김에 기름을 묻혀 바르는 데 씀).

발거(拔去) 〔명·하타〕 뽑거나 빼어 버림.

발:-거리 〔명〕 1 못된 꾀로 남을 해하는 짓. 2 남이 못된 일을 꾀하는 것을 다른 사람에게 알리는 일.

발거리(를) 놓다 🐾 ㉠간사한 꾀로 남을 골리다. ㉡남의 못된 일을 일러 주다.

발-걸음 [-꺼름] 〔명〕 발을 옮겨 걷는 동작. 🗆 ~이 가볍다 / ~이 뜸하다 / ~을 멈추다 / ~을 옮기다 / 천천히 ~을 돌리다 / ~이 떨어지지 않다 / ~을 재촉하다.

발걸음도 안 하다 🐾 누구를 찾아오거나 찾아가는 일이 전혀 없다.

발걸음을 끊다 🐾 더 이상 찾아오거나 찾아가지 않다.

발-걸이 〔명〕 1 책상이나 의자 따위의 다리 아래에 발을 올려놓을 수 있게 가로 댄 부분. 2 자전거를 탈 때에 발을 걸쳐 놓고 밟아서 가게 된 부분.

발검(拔劍) 〔명·하자〕 칼집에서 칼을 뽑아 듦. 발도(拔刀).

발견(發見) 〔명·하타〕 이제까지 찾아내지 못했거나 세상에 알려지지 않은 것을 처음 찾아냄. 🗆 신대륙의 ~ / 석기 시대 유적이 ~되다 / 새로운 별을 ~하다.

발고(發告) 〔명·하타〕 〔법〕 고발(告發).

발-고무래 〔명〕 고무래에 넷 또는 여섯 개의 발이 달린 농기구(흙덩이를 고르거나 씨를 뿌릴 때에 흙을 긁는 데 씀).

발-곱 [-꼽] 〔명〕 발톱 밑에 끼어 있는 때.

발관(發關) 〔명·하자〕 〔역〕 상관(上官)이 하관(下官)에게 공문을 보내던 일.

발괄 〔명·하자타〕 1 지난날, 관아에 억울한 사정을 글이나 말로 하소연하던 일. 2 〔민〕 신령이나 부처에게 구원을 바라는 일.

발광(發光) 〔명·하자〕 빛을 냄. 🗆 ~ 물질 / 반딧

불이 ~하다.

발광(發狂) 圐하자 **1** 병으로 미친 증세가 일어 남. **2** 미친 듯이 날뜀.

발광-기(發光器) 〖생〗 생물의 몸에서 빛을 내는 기관.

발광 도료(發光塗料) 〖화〗 야광 도료.

발광 동:물(發光動物) 빛을 내는 동물의 총 칭. 몸에 발광 장치를 가진 것과 발광 박테리 아가 붙어서 빛을 내는 것이 있음.

발광-멸(發光-) 〖어〗 발광멸과의 바닷물고 기. 몸은 가늘고 길며 뒷지느러미에 여린줄 기의 수가 많은 것이 특징임. 꼬리는 실 모양 임. 몸 옆에 한 줄의 발광기가 세로로 배열되 어 있음.

발광 박테리아(發光bacteria) 〖식〗 스스로 빛 을 내는 세균의 총칭. 발광 세균.

발광 반:응(發光反應) 〖화〗 상온(常溫)에서 발광 현상을 수반하는 화학 반응.

발광 생물(發光生物) 〖생〗 몸에서 빛을 내는 생물.

발광 세:균(發光細菌) 〖식〗 발광 박테리아.

발광 식물(發光植物) [-싱-] 〖식〗 몸에서 빛 을 내는 기능을 가진 식물의 총칭.

발광 신:호(發光信號) 〖해〗 빛을 내어 하는 신호 방법. 선박에서 명멸등(明滅燈)으로 다 른 선박이나 육지와 신호를 하는 따위.

발광-지(發光紙) 圐〖물〗 발광 도료를 발라 어 두운 곳에서 빛을 내도록 만든 종이.

발광-체(發光體) 圐〖물〗 몸에서 빛을 내는 물 체(태양·불꽃·전구·항성(恒星) 따위). 광원 (光源).

발광-충(發光蟲) 圐〖충〗 몸에서 빛을 내는 곤 충(반딧불이 따위).

발구 圐 **1** 주로 산간 지방에서, 마소에 메워 물 건 따위를 실어 나르는 큰 썰매. **2** ☞ 걸채.

발군(拔群) 圐하형 (주로 '발군의'의 꼴로 쓰 여) 여럿 가운데에서 특별히 뛰어남. 〖-의 실력을 발휘하다 / 그의 기량은 단연 ~이다.

발군(發軍) 圐하자 발병(發兵).

발군(發軍) 圐〖역〗 역마를 몰아 중요 공문서 를 변방에 전하던 군졸. 발졸(撥卒).

발굴(發掘) 圐하타 **1** 땅속에 묻혀 있는 유적 따위를 파냄. 〖고분(古墳) ~ / 지하자원을 ~하다 / 매몰된 시신을 ~하다. **2** 세상에 널 리 알려지지 않거나 뛰어난 것을 찾아냄. 〖 인재 ~ / 신인을 대거 ~하다 / 새 자료가 ~ 되다.

발-굽 [-꿉] 圐 말·소·양 등 초식 동물의 발끝 에 난 두껍고 단단한 발톱. 〖~ 소리.

발권(發券) [-꿘] 圐하타 은행권·공채권·사채 권·승차권 등을 발행함. 〖새 지폐가 ~되다.

발권 은행(發券銀行)[-꿘-] 은행권을 발행 하는 은행(우리나라에서는 한국은행을 이름).

발권 제:도(發券制度)[-꿘-] 은행권을 발행 하는 제도.

발그대대-하다 형여 산뜻하지 않고 조금 천하 게 발그스름하다. 圅벌그데데하다. 켄빨그대 대하다.

발그댕댕-하다 형여 고르지 않게 발그스름하 다. 圅벌그뎅뎅하다. 켄빨그댕댕하다.

발그레 图하여 엷게 발그스름한 모양. 〖~ 상 기된 얼굴. 圅벌그레.

발-그림자 [-끄-] 圐 오고 가는 걸음. 〖~도 얼씬 안 한다.

발그림자도 들여놓지 않다 图 전혀 나타나 지 아니하다.

발그무레-하다 형여 썩 엷게 발그스름하다. 〖발그무레한 저녁놀. 圅벌그무레.

발그속속-하다 [-쏘카-] 형여 수수하게 발그 스름하다. 圅벌그숙숙하다. **발그속속-히** [- 쏘키] 图

발그스레-하다 형여 발그스름하다.

발그스름-하다 형여 조금 발갛다. 圅벌그스름 하다. 켄빨그스름하다. **발그스름-히** 图

발그족족-하다 [-쪼카-] 형여 고르지 않게 칙 칙하고 발그스름하다. 圅벌그죽죽하다. 켄빨 그족족하다. **발그족족-히** 图

발근(拔根) 圐하타 **1** 뿌리째 뽑음. **2** 근본적 으로 없앰. **3** 〖한의〗 종기의 뿌리를 뽑음.

발근(發根) 圐하자 뿌리를 내리거나 뿌리가 나 옴. ↔발아(發芽).

발금(發禁) 圐하타 〖법〗 '발매(發賣) 금지'의 준말.

발급(發給) 圐하타 증명서 등을 발행해 줌. 발 부. 〖여권이 ~되다 / 운전면허증을 ~하다.

발긋-발긋 [-귿빨귿] 图하여 붉은 점이 군데군 데 박힌 모양. 圅벌긋벌긋. 켄빨긋빨긋.

발긋발긋-이 [-귿빨그시] 图 발긋발긋하게.

발기(-記) 圐 사람이나 물건의 이름을 죽 적은 글. 건기(件記). 〖~를 뽑다.

발기(勃起) 圐하자 **1** 갑자기 불끈 일어남. **2** 〖의〗 음경(陰莖)의 모세 혈관이 팽창하여 딴 딴하고 꼿꼿하게 됨. 또는 그런 일.

발기(發起) 圐하타 **1** 어떤 새로운 일을 시작 함. 〖~ 선언문 / 창당 ~ 대회 / 학생 운동이 ~되다. **2** 〖불〗 경문(經文)을 먼저 낭독하는 사람. **3** 〖불〗 학인(學人)들이 둘러앉아 경 (經)의 뜻을 토론할 때 경전을 읽는 사람.

발-기계(-機械)[-끼- / -끼계] 圐 사람의 발로 움직이는 기계. 발틀. ↔손기계.

발:기다 타 **1** 속의 것이 드러나게 헤쳐 발리 다. 〖밤송이를 ~. **2** 마구 찢어서 못 쓰게 만들다. 〖서류를 발겨 쓰레기통에 버렸다.

발:-기름 짐승의 뱃가죽 안쪽에 붙어 있는 기름 덩이.

발기-문(發起文) 圐 무슨 일을 일으켜 시작할 때 그 취지와 목적 따위를 적어 알리는 글. 〖창당 ~.

발기-발기 图 여러 조각으로 마구 찢는 모양. 〖~ 찢다.

발기 부전(勃起不全) 〖의〗 과로·성적(性的) 신경 쇠약·뇌척수 질환·내분비 이상 등의 원 인으로 음경(陰莖)의 발기가 되지 않는 병 적 상태.

발기-인(發起人) 圐 어떤 일을 발기한 사람. 〖창당회 ~. **2**〖법〗주식회사 설립을 기획하 여 정관(定款)에 서명한 사람.

발기-척 圐 보이지 않는 곳에 누구인가 있음을 알 수 있게 하는 소리.

발기-회(發起會) 圐 어떤 일을 시작하려고 발 기하여 모이는 모임. 〖~를 열다.

발-길 [-낄] 圐 **1** 앞으로 움직여 걸어 나가는 발. 〖~을 돌리다 / ~이 바빠지다 / ~을 서 두르다 / ~ 닿는 대로 가다. **2** 오고 가는 발 걸음. 왕래. 〖~이 뜸하다 / ~이 한산하다 / ~이 잦다. **3** 앞으로 세차게 뻗는 발. 〖~로 걸어차다 / ~을 피하다.

발길에 차이다〖채다〗图 ㉠천대받고 짓밟히 다. ㉡흔하게 눈에 띄다.

발길을 끊다图 왕래하지 않다. 〖단골 술집 에~.

발길이 끊기다图 찾아오는 사람이 없어지 다. 〖행인들의 발길이 끊겼다.

발길이 내키지 않다图 가고 싶은 마음이

좀처럼 나지 않다.
발길이 멀어지다 굄 찾아오거나 찾아가는 것이 뜸해진다.
발길이 무겁다 굄 ㉠발길이 내키지 않다. ㉡발걸음이 무겁다.
발길-질 [-낄] 명하자타 발로 걸어차는 짓. 쥰발짓.
발김-쟁이 명 못된 짓을 하며 마구 돌아다니는 사람.
발깍 閉 1 갑자기 성을 내거나 기운을 쓰는 모양. ㉠~ 화를 내다. 2 갑작스럽게 소란해지거나 야단스러워지는 모양. ㉠집안이 ~ 뒤집혔다. 3 닫혀 있는 것을 갑자기 열어젖히는 모양. 쥔벌꺽. 쎈빨깍. ㉮발칵.
발깍-거리다 [-꺼-] 자 1 빚어 담근 술이 발효되어 부걱부걱 괴어오르다. 2 삶는 빨래가 끓어서 잇따라 부풀어 오르다. 타 1 무엇을 자꾸 주물러 반죽하거나 진흙을 엎으로 비어져 나오게 하다. 2 음료나 술 따위를 시원스레 잇따라 들이켜다. 쥔벌꺽거리다. **발깍-발깍** [-빡] 閉하자타
발깍-대다 [-때-] 자타 발깍거리다.
발-꿈치 명 발의 뒤쪽 발바닥과 발목 사이의 불룩한 부분. 발뒤꿈치. ㉠~를 들다 / ~가 닳도록 뛰어다니다 / 형의 ~에도 못 미친다.
발꿈치를 물리다 굄 특별히 관심과 배려를 베풀어 준 상대로부터 뜻밖에 해를 입다.
발끈 閉하자 1 사소한 일에 걸핏하면 왈칵 성을 내는 모양. ㉠~ 화를 내다. 2 뒤집어엎을 듯이 시끄러운 모양. ㉠데모로 공장이 ~ 뒤집혔다. 쥔벌끈. 쎈빨끈.
발끈-거리다 자 사소한 일에 걸핏하면 자꾸 성을 내다. 쥔벌끈거리다. **발끈-발끈** 閉
발끈-대다 자 발끈거리다.
발-끝 [-끝] 명 발의 앞 끝. ㉠머리에서 ~까지 / 조심스럽게 ~으로 걷다 / 돌부리에서 ~이 걸리다 / 고개를 숙이고 ~을 내려다보다.
발낭(鉢囊)[-랑] 명 『불』'바랑2'의 본딧말.
발-노(發怒)[-로] 성을 냄.
발-노구 [-로-] 명 놋쇠나 구리로 만든, 발이 달린 작은 솥.
발-놀림 [-롤-] 명하자 1 걷거나 운동 따위를 하기 위해 발을 움직이는 짓. ㉠~이 재다. 2 발을 이리저리 내지르는 짓. ㉠날쌘 ~.
발단(發端)[-딴] 명 1 어떤 일이 처음 일어남. 또는 처음으로 시작함. 2 어떤 일이 벌어지게 된 실마리. ㉠사건의 ~.
발달(發達)[-딸] 명하자 1 성장하여 완전한 형태에 가까워짐. ㉠신체의 ~ / 청각이 ~하다 / 운동 신경이 ~하다. 2 진보하여 높은 수준에 이름. ㉠첨단 기술의 ~ / 현대의 ~된 의학. 3 기압·태풍 따위의 규모가 점차 커짐. ㉠~한 저기압 / 장마 전선이 ~하다.
발달 심리학(發達心理學)[-딸-니-] 『심』 정신 발달을 대상으로, 일반적 경향이나 법칙 등을 연구하는 심리학의 한 분야.
발달 지수(發達指數)[-딸-] 『심』 아동의 정상적 발달을 기준으로 발달 연령을 정해, 이것을 생활 연령에 대해 백분율로 나타낸 값. *발육 지수.
발대(發隊)[-때] 명 어떤 활동을 위해 사람들을 모아 단체를 조직함. ㉠자원 봉사단의 ~.
발-대중 [-때-] 명하 1 발걸음으로 거리를 대략 짐작하는 일. ㉠거리가 ~으로 15미터쯤 된다. 2 발에 잡히는 느낌으로 짐작하여 걷는 일. ㉠깜깜해서 ~으로 걷다.

발-덧 [-떰] 명하 길을 많이 걸어서 발에 생긴 병. ㉠~이 나다.
발도(拔刀)[-또] 명하자 발검(拔劍).
발-돋움 명하자 1 키를 돋우려고 발끝만 디디고 서는 짓. ㉠~해서 보다. 2 키를 돋우려고 발밑에 괴는 물건. 3 어떤 상태나 위치 따위로 나아감. ㉠성공을 향한 ~ / 일등으로 ~하다.
발동(發動)[-똥] 명하자타 1 욕망이나 생각 따위가 일어남. ㉠호기심이 ~하다 / 직업의식이 ~되다. 2 동력을 일으킴. ㉠~이 걸리다. 3 국가 기관이 법적 권한을 행사함. ㉠공권력 ~ / 국정 조사권을 ~하다.
발동-기(發動機)[-똥-] 명 동력을 일으키는 기계. 엔진. 모터.
발동기-선(發動機船)[-똥-] 명 『해』 추진 기관으로서 발동기를 장치하고 운항하는 선박. 모터보트. 발동선.
발동기-정(發動機艇)[-똥-] 명 『해』 모터보트.
발동-력(發動力)[-똥녁] 명 동력을 일으키는 힘. ㉠~이 큰 자동차.
발동-선(發動船)[-똥-] 명 『해』 발동기선.
발-동작(-動作)[-똥-] 명 발을 정해진 방식이나 순서에 따라 움직이는 일.
발-뒤꾸머리 [-뛰-] 명 발뒤꿈치. 쥰뒤꾸머리.
발-뒤꿈치 [-뛰-] 명 1 발꿈치의 바닥을 뺀 뒤편 부분. ㉠~에 물집이 잡히다 / ~를 들고 까치걸음을 걷다. 쥰발꿈치.
발뒤꿈치도 따를 수 없다 굄 상대가 너무 뛰어나 자기와 비교도 안 될 정도이다.
발-뒤축 [-뛰-] 명 발꿈치의 뒤쪽으로 두툼하게 나온 부분. 쥰뒤축.
발뒤축을 물다 굄 은혜를 베풀어 준 상대에게 해를 입히다.
발-등 [-뜽] 명 발의 윗부분. ↔발바닥.
발등에 불이 떨어지다 굄 일이 몹시 급하게 닥치다.
발등(을) 디디다 굄 남이 하려는 일을 앞질러서 먼저 하다.
발등을 밟히다 굄 자기가 하려는 일을 남이 앞질러 먼저 하다.
발등(을) 찍히다 굄 배신을 당하다.
발등의 불을 끄다 굄 눈앞에 닥친 급한 일을 처리하거나 해결하다.
발-등거리 [-뜽-] 명 임시로 쓰기 위해 허름하게 만든 작은 초롱(흔히 초상집에서 썼음). ㉠대문 앞에 ~를 걸다.
발등-걸이 [-뜽거리] 명하자 1 씨름에서, 발뒤꿈치로 상대방의 발등을 밟아 넘기는 재주. 2 체조에서, 철봉 따위에 두 손으로 매달렸다가 두 발등을 걸치면서 두 손을 놓고 거꾸로 매달리는 재주. 3 남이 하려는 일을 앞질러 먼저 하는 행동.
발-등어리 [-뜽-] 명 〈속〉 발등.
발딱 閉 1 누웠거나 앉았다가 갑자기 일어나는 모양. ㉠~ 몸을 일으키다. 2 갑자기 뒤로 반듯하게 드러눕거나 자빠지는 모양. ㉠자리에 ~ 드러눕다. 쥔벌떡.
발딱-거리다 [-꺼-] 자타 1 맥박이나 심장이 거칠고 빠르게 자꾸 뛰다. 2 물 따위를 급하게 잇따라 들이켜다. 3 힘이 겨우 날 만큼 자란 아이가 그 힘을 부리고 싶어서 안타깝게 자꾸 애를 쓰다. 쥔벌떡거리다. 쎈빨딱거리다. **발딱-발딱** [-빡] 閉하자타
발딱-대다 [-때-] 자타 발딱거리다.
발-떠퀴 閉 『민』 사람이 가는 곳을 따라서 길흉화복이 생기는 일. ㉠오늘은 ~가 사납다.
발라-내다 타 1 겉에 둘러싸여 있는 것을 벗기

거나 헤집고 속의 것을 끄집어내다. ▢ 씨를
~ / 뼈를 ~. **2** 필요한 것만 추려 내다. ▢ 생
선의 살을 ~. **3** 남의 것을 교묘하게 빼앗아
가지다.

발라당 閉쟈 **1** 맥없이 뒤로 자빠지거나 눕는
모양. ▢ 빙판길에서 미끄러져 ~ 넘어지다 /
사고 차량이 ~ 젖혀져 있다. 壁벌러덩. **2**
(주로 '까지다'와 함께 쓰여) 순진한 맛이 없
이 약삭빠르고 똘똘한 모양. ▢ 어린것이 ~
까졌다. 壁발랑.

발라드 (ㅍ ballade) 명 **1** 『문』 자유로운 형식의
소서사시(小敍事詩). 담시(譚詩). **2** 『악』 서
사적인 가곡. **3** 『악』 어떤 이야기를 나타낸
자유 형식의 기악곡. 담시곡. **4** 『악』 대중음
악에서, 사랑을 주제로 한 감상적인 노래.

발라-맞추다 [-맏-] 타 말이나 행동을 남의 비
위에 맞게 하다.

발라-먹다 [-따] 타 남을 꾀거나 속여 재물을
빼앗아 가지다.

발란 (撥亂) 명하쟈 어지러운 세상을 바로잡아
다스림.

발랄라이카 (러 balalaika) 명 『악』 우크라이나
의 민속 악기의 하나. 만돌린계(系)의 3현 악
기《공명동(共鳴胴)이 삼각형이며, 음색이 감
정적이고 우울함》.

발랄-하다 (潑剌-) 형어 표정이나 행동이 밝고
활기차다. ▢ 젊고 발랄한 아가씨 / 재기(才氣)
발랄한 젊은이.

발랑 뭐 '발라당'의 준말. 壁벌렁.

발랑-거리다 쟈타 아주 가볍고 민첩하게 자꾸
움직이다. 壁벌렁거리다. **발랑-발랑** 閉하쟈타

발랑-대다 쟈타 발랑거리다.

발레 (ㅍ ballet) 명 일정한 줄거리에 따라 대사
없이 춤으로 이루어지는 무용극.

발레리나 (이 ballerina) 명 발레를 하는 여자 무
용수.

발레리노 (이 ballerino) 명 발레를 하는 남자
무용수.

발렌타인-데이 명 ☞ 밸런타인데이(Valentine
Day).

발령 (發令) 명하쟈타 **1** 직책이나 직위에 관련
된 명령을 내림. 또는 그 명령. ▢ 인사 ~ /
본점에서 지점으로 ~ 나다. **2** 정보를 발표
함. ▢ 공습경보를 ~하다 / 황사 주의보가 ~
되다.

발로 (發露) 명하쟈타 마음속의 것이 겉으로 드러
남. ▢ 우정의 ~ / 희생정신의 ~이다.

발록-거리다 [-꺼-] 자타 탄력 있는 조그만
물체의 틈이나 구멍이 자꾸 바라졌다 오므라
졌다 하다. 또는 그렇게 되게 하다. ▢ 사냥개
가 킁킁대며 콧구멍을 ~. 태 하는 일 없이
자꾸 여기저기 돌아다니다. 壁벌룩거리다.

발록-발록 [-빨-] 閉하쟈타

발록-구니 [-꾸-] 명 하는 일 없이 여기저기
돌아다니는 사람.

발록-대다 [-때-] 자타 발록거리다.

발록-하다 [-로카-] 형어 탄력 있는 물체의 틈
이나 구멍이 조금 바라져 있다. 壁벌룩하다.

발론 (發論) 명하쟈타 제안이나 의논 따위를 먼
저 꺼냄. ▢ 문제점을 ~하다.

발룽-거리다 자타 탄력 있는 물건이 부드럽
게 자꾸 바라졌다 오므라졌다 하다. 또는 그
렇게 되게 하다. 태 **1** 약한 불에서 국물 따
위가 끓을락 말락 가끔가끔 끓다. **2** 하는
일 없이 공연히 게으르게 놀며 돌아다니다.
壁벌룽거리다. **발룽-발룽** 閉하쟈타

발룽-대다 자타 발룽거리다.

발름-거리다 자타 탄력 있는 물건이 부드럽고

넓게 자꾸 바라졌다 닫혔다 하다. 또는 그렇
게 되게 하다. ▢ 냄새를 맡으며 콧구멍을 ~.
壁벌름거리다. **발름-발름** 閉하쟈타

발름-대다 자타 발름거리다.

발름-하다 형어 탄력 있는 물체가 오므라져 있
지 않고 조금 바라져 있다. 壁벌름하다. **발
름-히** 뭐

발리 (volley) 명 **1** 테니스에서, 공이 떨어지기
전에 도로 치는 일. **2** 발리킥.

발리다¹ □쟈 《'바르다'의 피동》 바름을 당하
다. ▢ 빵에 분이 ~ / 벽에 시멘트가 ~. □타
《'바르다'의 사동》 바르게 하다. ▢ 찢어진
문을 새로 ~ / 흰색으로 벽을 ~.

발리다² □쟈 《'바르다'의 피동》 속의 것이 발
라냄을 당하다. □타 《'바르다'의 사동》 발
라내게 하다.

발:리다² 타 **1** 둘 사이를 넓히다. ▢ 틈을 ~. **2**
열어서 속의 것을 드러내다. ▢ 껍질을 까서
~. **3** 오므라진 것을 펴서 열다. ▢ 책을 발려
놓다. □ 빌리다. **4** 일을 진행시키다. **5** 물건
을 늘어놓다. ▢ 상품을 발려 놓다.

발리-킥 (volley kick) 명 축구에서, 날아오는
공이 땅에 떨어지기 전에 차는 일. 발리.

발림¹ 명 살살 비위를 맞추어 달래는 일.

발림² 명 『악』 판소리에서, 극적인 효과를 위
하여 창하는 사람이 곁들이는 몸짓이나 손
짓. 너름새.

발림-소리 명 상대의 비위를 맞추기 위해 하
는 말.

발림-수작 (-酬酌) 명 살살 비위를 맞추기 위
하여 하는 말이나 행동. ▢ ~에 넘어가다.

발마 (撥馬) 명 『역』 발군(撥軍)이 타던 역마(驛
馬).

발막 명 지난날, 잘사는 집의 노인이 신던 마
른신의 하나《뒤축과 코에 꿰맨 솔기가 없고,
넓적한 코끝에 가죽 조각을 대고 하얀 분을
칠함》. 발막신.

발막 (-幕) 명 조그만 오막살이집.

발막-하다 [-마카-] 형어 염치가 없고 뻔뻔스
럽다.

발밤-발밤 閉하쟈 **1** 한 걸음씩 또는 한 발씩
천천히 걸어 나가는 모양. **2** 어떤 자극을 살
펴 가며 천천히 쫓아가는 모양.

발-맞추다 [-맏-] 자 여러 사람이 말이나 행동
을 같은 목표나 방향으로 일치시키다. ▢ 시
대 흐름에 ~.

발매 명하타 산판의 나무를 한목 베어 냄.
발매(를) 넣다 뭐 발매를 시작하다.
발매(를) 놓다 뭐 촘촘히 서 있는 나무를 한
목에 베어 버리다.

발매 (發賣) 명하타 상품을 내어서 팖. 또는 그
것을 팔기 시작함. ▢ 새 음반을 ~하다 / 귀
성 열차표가 ~되다.

발매 금:지 (發賣禁止) 『법』 출판물이나 상품
따위의 발매를 금하는 행정 처분《풍속과 치
안을 어지럽힐 우려가 있는 것들에 내려짐》.
壁발금.

발매-나무 명 발매한 땔나무.

발매-소 (發賣所) 명 증권, 출판물 따
위를 만들거나 내어 파는 곳. 발매처. ▢ 입장
권 ~ / 복권 ~.

발매-처 (發賣處) 명 발매소(發賣所).

발매-치 명 발매 때 베어 낸 큰 나무에서 쳐
낸, 굵고 긴 가지의 땔나무.

발매 허가 (-許可) 『법』 산의 나무를 한목 베
어 내도 됨을 인정하는 행정 처분.

발명 (發明) 몡[하타] **1** 전에 없던 것을 새로 생각해 내거나 만들어 냄. ▣중기 기관의 ~ / 금속 활자를 ~하다. **2** 경서(經書) 및 사서 (史書)의 뜻을 깨달아 밝힘. **3** 죄나 잘못이 없음을 말하여 밝힘. 변명. ▣아무리 ~해도 소용없다.

발명-가 (發明家) 몡 발명을 전문적으로 하는 사람.

발명-권 (發明權)[-꿘] 《법》 발명자가 그 발명에 관하여 갖는 권리(특허권 따위).

발명-무로 (發明無路) 몡[하형] 죄나 잘못이 없음을 밝힐 길이 없음.

발명-왕 (發明王) 몡 발명을 많이 한 사람.

발명-품 (發明品) 몡 발명한 물품.

발모 (發毛) 몡[하자] 몸에 털이 남(흔히 머리털의 경우를 이름). ▣~ 촉진제. ↔탈모.

발-모가지 몡《속》 **1** 발. **2** 발목.

발모-제 (發毛劑) 몡 몸에 털이 나게 하는 약 (흔히 머리털이 나게 하는 약을 이름).

발-목 몡 다리와 발을 잇는 관절 부분. ▣~이 삐다 / ~을 주무르다 / 물속에 ~을 담그다 / 발을 헛디뎌 ~이 접질리다.

발목(을) 잡히다 丙 ㉠어떤 일에 꽉 잡혀서 벗어나지 못하다. ▣국제 원유가(原油價)에 발목을 잡힌 국가 경제. ㉡남에게 어떤 단서나 약점을 잡히다.

발목 (撥木) 몡《악》비파(琵琶) 따위의 현악기를 타는 데 쓰는 납작한 물건. 나무·상아 따위로 만듦.

발목-마디 [-몽-] 몡《충》곤충 다리의 발목에서 발끝까지의 발등 부분의 마디. 부절(跗節).

발목-물 [-몽-] 몡 발목이 잠길 만한 얕은 물.

발목-뼈 몡《생》발목을 이루고 있는 뼈. 족근골(足根骨).

발-목쟁이 [-쨍-] 몡 발모가지.

발묘 (拔錨) 몡[하자] 내렸던 닻을 거두어 올린다는 뜻으로, 배가 떠남을 이르는 말. ↔투묘 (投錨).

발묵 (潑墨) 몡[하자] 《미술》 글씨나 그림에서 먹물이 번져 퍼지게 하는 수법.

발문 (跋文) 몡 책 끝에 본문 내용의 대강과 발간 경위에 관계된 사항을 간략하게 적은 글. 발사(跋辭). 발(跋).

발미 (跋尾) 몡 검시관이 살인의 원인과 정확 등을 조사하여 기록하는 의견서.

발-밑 [-믿] 몡 **1** 발바닥. ▣~에 모래가 밟히다. **2** 발바닥이 닿는 자리. 또는 그 언저리. ▣~을 분간 못하다 / ~이 쑥 꺼지다.

발-바닥 [-빠-] 몡 발 아래쪽의 땅을 밟는 평평한 부분. 발밑. 족장(足掌). 족척(足蹠). ▣~에 불이 나게 쫓아다니다. ↔발등.

발바닥에 흙 안 묻히고 살다 丙 힘든 일을 하지 않고 가만히 앉아서 편하게 살다.

발바닥을 핥다 丙 재력이나 권세가 있는 사람에게 빌붙어 비굴하고 더러운 짓을 하다.

발바리 몡 **1**《동》갯과의 하나. 몸이 작고 다리가 짧으며 성질이 온순함. 애완용이며 원산지는 중국임. **2** 큰 볼일 없이 경망스럽게 여기저기 돌아다니는 사람.

발-바심 몡[하타]《농》곡식의 이삭을 발로 밟아서 낟알을 떨어내는 일.

발-바투 뮈 **1** 발 앞에 바짝 닥치는 모양. ▣~ 다가서서 칠 기세이다. **2** 때를 놓치지 않고 재빠르게. ▣솔깃한 이야기에 ~ 덤비다.

발반 (發斑) 몡[하자] 《한의》천연두나 홍역을 앓

을 때, 높은 열로 인해 피부에 발긋발긋한 부스럼이 돋음. 또는 그 부스럼.

발발 (勃發) 몡[하자] 전쟁이나 큰 사건 따위가 갑자기 일어남. ▣전쟁이 ~하다 / 러일 전쟁이 ~된 해.

발발¹ 뮈 종이나 헝겊 따위가 몹시 삭아서 쉽게 찢어지는 모양.

발발² 뮈 **1** 추위·두려움·흥분 따위로 자꾸 떠는 모양. ▣두 손이 ~ 떨리다 / 추워 ~ 떨다. **2** 대단치 않은 것을 몹시 아끼는 모양. ▣돈 몇 푼에 ~ 떤다. **3** 몸을 바닥에 대고 작은 동작으로 기는 모양. ▣어린아이가 방바닥을 ~ 기어 다닌다. ⓐ벌벌.

발발-하다 (勃勃-) 몡혱 기운이나 기세가 한창 성하다.

발밤-발밤 뮈[하자] 발길이 닿는 대로 한 걸음한 걸음 천천히 걷는 모양.

발-받다 [-받따] 혱 (주로 '발받게'의 꼴로 쓰여) 기회를 재빠르게 붙잡아 이용하는 소질이 있다. ▣발받게 일을 도와주다.

발배 (發配) 몡[하타] 죄인을 귀양살이할 곳으로 보냄.

발-버둥 몡 발버둥이. ▣아이가 누워서 ~을 치다 / 기한 내에 일을 끝내려고 ~을 치다.

발버둥-이 (주로 '치다'와 함께 쓰여) **1** 불평불만이 있어 다리를 번갈아 버둥거리며 몸부림을 하는 일. ▣아이가 장난감을 사 달라고 ~를 친다. **2** 무슨 일을 피하려고 몹시 애쓰는 일. ▣파산을 면하려고 ~ 치다.

발버둥-질 몡[하자] (주로 '치다'와 함께 쓰여) 발버둥이 치는 짓. ▣~ 치면서 떼를 쓰다. ⓐ버둥질.

발-병 (-病)[-뼝] 몡 (주로 '나다'와 함께 쓰여) 발에 생기는 병.

발병 (發兵) 몡[하자] 전쟁을 위하여 군사를 일으킴. 발군(發軍).

발병 (發病) 몡[하자] 병이 남. ▣전염병이 ~하다 / 콜레라의 ~을 예방하다.

발병-부 (發兵符) 몡《역》조선 때, 발병을 신중하고 정확하게 하기 위해, 임금과 병권(兵權)을 맡은 지방관이 미리 나눠 갖던 신표(信標). ⓐ병부(兵符).

발-보이다 타 **1** 재주를 남에게 자랑하느라고 일부러 드러내 보이다. **2** 어떤 일의 극히 작은 부분만 잠깐 드러내 보이다. ⓐ발뵈다.

발복 (發福) 몡[하자]《민》운(運)이 틔어 복이 닥침. ▣늘그막에 ~한 부귀와 영화.

발복지지 (發福之地)[-찌-] 몡《민》자손이 복을 받게 되는 좋은 집터나 묏자리.

발본 (拔本) 몡[하자타] **1** 장사에서 이익이 남아 밑천을 뽑음. **2** 나쁜 일의 근본 원인을 아주 없애 버림.

발본-색원 (拔本塞源) 몡[하타] 나쁜 일의 근원을 아주 없애 버려서 다시 그런 일이 생기지 않도록 함. ▣부정부패를 ~하다.

발-볼 [-뽈] 몡 발의 넓적한 부분. ▣~이 넓다 / ~이 좁다.

발-뵈다 [-뵈-] '발보이다'의 준말.

발부 (發付) 몡[하타] 증서·영장 등을 발행함. 발급. ▣수색 영장을 ~하다 / 세금 고지서가 ~되다.

발부 (髮膚) 몡 머리털과 피부.

발-부리 [-뿌-] 몡 발끝의 뾰족한 부분. ▣돌에 ~가 걸려 넘어지다 / ~로 돌을 걷어차다.

발분 (發憤·發奮) 몡[하자] 분발(奮發). ▣위인전을 읽고 ~해서 공부하다.

발분-망식 (發憤忘食) 몡[하자] 어떤 일에 열중하여 끼니까지 잊고 힘씀.

발-붙이다 [-부치-] 邓 1 무엇에 의지하거나 근거로 하여 발판으로 삼다. □발붙일 터전. 2 어떤 곳에 가까스로 들어서다. □버스가 만원이라 발붙일 틈도 없다.

발-붙임 [-부침] 图 의지할 곳. 또는 발판으로 삼을 곳. □~을 마련하다.

발비 图〖건〗서까래 위에 산자(橵子)를 얹고 그 위에 덧까는 잡살방이 나뭇조각.

발-빠르다 [발빨라, 발빠르니] 혱 어떤 일에 대처하는 데에 날래고 재빠르다. □발빠르게 대응하다.

발-뺌 图하邓 책임을 면하려고 핑계를 대며 피하는 짓. □이제 와서 ~을 하다니.

발사 (發射) [-싸] 图하터 총포·미사일·로켓이나 광선·음파 따위를 쏨. 방사(放射). □미사일 시험 ~에 성공하다 / 최루탄이 ~되다.

발사 (跋辭) [-싸] 图 1 발문(跋文). 2 발미(跋尾).

발사-각 (發射角) [-싸-] 图 사각(射角).

발사-관 (發射管) [-싸-] 图〖군〗군함에 장치하여 수뢰를 발사하는 강철제의 둥근 통. 수뢰 발사관.

발사-대 (發射臺) [-싸-] 图〖군〗미사일·로켓·광선 따위를 발사하기 위하여 고정시켜 놓는 장치.

발사-약 (發射藥) [-싸-] 图 총포에 탄알을 장전하여 그것을 내쏠 때 쓰는 화약.

발산 (拔山) [-싼] 图 산을 뽑을 만한 정도로 강한 힘과 기세.

발산 (發散) [-싼] 图하邓타 1 정열·울분·감정 따위를 행동으로 나타내어 밖으로 흩어지게 함. □젊음을 ~하다. 2 열·빛·냄새 따위가 사방으로 퍼져서 흩어짐. □열을 ~하다 / 목취가 ~되다. 3〖수〗변수(變數)가 극한값을 가지지 않고 무한히 커지거나 작아지는 일. ↔수렴(收斂).

발산-개세 (拔山蓋世) [-싼-] 图 '역발산기개세'의 준말.

발산 광선속 (發散光線束) [-싼-]〖물〗한 점에서 흩어져 나가는 광선의 다발.

발산 렌즈 (發散lens) [-싼-]〖물〗평행한 광선을 한 점에서 흩어져 나아가게 하는 렌즈. 오목 렌즈를 이름.

발산-류 (發散流) [-싼뉴]〖식〗식물이 수분을 잃으로 발산함에 따라 뿌리가 땅속의 물기를 빨아올리는 작용.

발산-수열 (發散數列) [-싼-]〖수〗수렴(收斂)하지 아니하는 수열.

발산 작용 (發散作用) [-싼자공]〖생〗증산 작용(蒸散作用).

발삼 (balsam) 图〖화〗침엽수에서 분비되는 끈끈한 액체. 알코올과 에테르에 녹으며 테레빈유·페인트 따위의 원료. 접착제·향료 따위를 만드는 데 쓴다.

발상 (發祥) [-쌍] 图하邓 1 상서로운 일이나 행복의 조짐이 나타남. 2 역사적으로 큰 의의를 가질 만한 일이 처음 시작됨. □문명의 ~.

발상 (發喪) [-쌍] 图하邓 상제가 옷을 갈아입고 머리를 풀고 슬피 울어서 초상난 것을 알리는 일. 거애(擧哀).

발상 (發想) [-쌍] 图하타 1 어떤 생각을 해냄. 또는 그 생각. □시대착오적인 ~ / ~의 전환. 2〖악〗곡의 곡상(曲想)·완급·강약 따위를 표현하는 일.

발상 기호 (發想記號) [-쌍-]〖악〗'나타냄표'의 다른 이름.

발상-지 (發祥地) [-쌍-] 图 1 역사상 큰 사업이나 문화가 처음 일어난 땅. □고대 문명

의 ~. 2 나라를 세운 임금이 난 땅.

발-살 [-쌀] 图 발가락과 발가락의 사이. 발새. □무좀 때문에 ~이 짓물렀다.

[발살의 때꼼재기] 아주 미미하고 무가치하고 더러운 것.

발-새 [-쌔] 图 발살.

발색 (發色) [-쌕] 图하邓 1 컬러 필름·염색 따위에서, 색채의 됨됨이. 2 화공 처리를 하여 빛깔을 냄.

발색 반:응 (發色反應) [-쌕빠능]〖화〗일정한 빛깔을 내거나 빛깔이 변하면서 작용하는 화학 반응. 정성 분석(定性分析) 등에 이용됨. 정색(呈色) 반응.

발생 (發生) [-쌩] 图하邓 1 어떤 일이나 사물이 생겨남. □인류의 ~ / 화재가 ~하다 / 전염병이 ~하다 / 사고의 ~을 미연에 방지하다. 2〖생〗난자가 발육하여 성체(成體)가 되는 과정. 또는 배자(胚子)가 자라서 개체의 식물이 되는 과정. 개체 발생.

발생 심리학 (發生心理學) [-쌩-니-]〖심〗발달 심리학.

발생-적 (發生的) [-쌩-] 관명 발생에 관련된 (것). □~인 현상.

발생적 연:구 (發生的研究) [-쌩적년-] 사물의 발생에서 시작하여 시간적·인과적인 경과를 좇아 그 발달·변화를 연구하는 방법.

발생적 정:의 (發生的定義) [-쌩-쩡- / -쌩-쩡이]〖논〗개념을 정의(定義)할 때, 본질적 속성(屬性)의 분석이 곤란한 경우에 발생·성립의 조건을 들어 정의하는 일.

발생-지 (發生地) [-쌩-] 图 어떤 일이나 사물이 생겨난 곳. □사건 ~.

발생-학 (發生學) [-쌩-] 图〖생〗개체 발생에 따위를 연구하는 학문.

발선 (發船) [-썬] 图하邓 배가 떠남. 발항(發航). □~ 시간.

발설 (發說) [-썰] 图하터 입 밖으로 말을 내어 남이 알게 함. □외부에 ~된 소문 / ~을 금하다.

발섭 (跋涉) [-썹] 图하터 1 산을 넘고 물을 건너서 길을 감. 2 여러 곳을 두루 돌아다님.

발성 (發聲) [-썽] 图하邓 목소리를 냄. 또는 그 목소리. □~ 연습을 하다.

발성-기 (發聲器) [-썽-] 图〖동〗발음 기관 1.

발성-법 (發聲法) [-썽뻡]〖악〗성악의 기초 방법.

발성 영화 (發聲映畫) [-썽녕-]〖연〗영사(映寫)할 때 영상(映像)과 동시에 음성·음악 등이 나오는 영화. 토키. ↔무성 영화.

발셔다 邓〖옛〗멍울 서다. 핏발 서다.

발-소리 [-쏘-] 图 걸을 때 발이 바닥에 닿아서 나는 소리. □~가 나다 / ~가 멀어지다 / ~를 죽이고 살금살금 다가가다.

발송 (發送) [-쏭] 图하터 물건이나 편지, 서류 등을 부침. □화물 / 공문이 ~되다 / 합격 통지서를 ~하다.

발송-인 (發送人) [-쏭-] 图 물건이나 서류, 편지 따위를 부친 사람. 발송자(發送者).

발송-자 (發送者) [-쏭-] 图 발송인.

발-송전 (發送電) [-쏭-] 图 발전과 송전.

발솥 [-솓] 图 발이 세 개 달린 솥.

발:쇠 图 남의 비밀을 캐내어 다른 사람에게 알려 주는 짓. 查발.

발쇠(를) 서다 团 남의 비밀을 캐내어 다른 사람에게 알려 주다.

발:쇠-꾼 图 발쇠를 서는 사람.

발수(拔穗)[-쑤]〔명〕〔하타〕『농』벼·보리·밀 등의 좋은 씨앗을 받으려고 잘 익은 이삭을 골라서 뽑음. 또는 그 이삭.

발수(發穗)[-쑤]〔명〕〔하자〕『농』벼·보리 따위의 이삭이 팸. 출수(出穗).

발신(發身)[-씬]〔명〕〔하자〕천하고 가난한 처지를 벗어나 형편이 좋아짐.

발신(發信)[-씬]〔명〕〔하자〕소식이나 우편, 전신 따위를 보냄. ▢~날짜 / 전파를 ~하다. ↔수신.

발신-국(發信局)[-씬-]〔명〕우편이나 전신을 보낸 우체국이나 전신 전화국.

발신-기(發信機)[-씬-]〔명〕1 송신기. 2 신호를 보내는 기계 장치. ↔수신기.

발신-음(發信音)[-씨늠]〔명〕송수화기를 들었을 때, 전화를 걸 수 있는 상태임을 알려 주는 소리.

발신-인(發信人)[-씨닌]〔명〕소식이나 우편, 전신 따위를 보낸 사람. 발신자. ↔수신인.

발신-주의(發信主義)[-씬-/-씬-이]〔명〕『법』먼 곳에 있는 사람에 대한 의사 표시는 발신할 때에 그 효력을 발생한다는 주의. ↔도달주의.

발신-지(發信地)[-씬-]〔명〕발신한 곳.

발심(發心)[-씸]〔명〕〔하자〕1 어떤 일을 하겠다고 마음먹음. 2『불』보리심(菩提心)을 일으킴.

발-싸개〔명〕버선을 신을 때 잘 들어가게 하기 위해 발을 싸는 헝겊이나 종이.

발싸심〔명〕〔하자〕1 팔다리와 몸을 비틀면서 비비적거리는 짓. 2 어떤 일을 하고 싶어 안절부절못하고 들먹거리며 애를 쓰는 짓.

발씨〔명〕길을 걸을 때 발걸음을 옮겨 놓는 모습. ▢~가 가볍다.

발씨(가) 서투르다 〔구〕자주 다니지 않던 길이어서 익숙하지 못하다.

발씨(가) 익다 〔구〕여러 번 다닌 길이어서 익숙하다.

발-씨름〔명〕다리씨름.

발아(發芽)〔명〕〔하자〕1『식』나무나 풀의 눈이 틈. ▢배나무가 ~하다. 2『식』씨앗에서 싹이 나옴. 아생(芽生). ▢~가 늦어지다. *발근(發根). 3 어떤 사물이나 사태가 비롯함의 비유.

발아-기(發芽期)〔명〕1『식』나무나 풀의 눈이 트는 시기. ▢~에 접어들다. 2『식』씨앗에서 싹이 트는 시기. 3 어떤 사물이나 사태가 비롯하는 때의 비유.

발-아래〔명〕1 서 있는 곳의 바로 아래. 또는 서 있는 곳에서 굽어볼 수 있는 곳. ▢~엎드리다 / 산 정상에 서니 구름이 ~에 펼쳐진다. 2 능력이나 자질이 어떤 사람보다 못한 수준을 이르는 말.

발아-력(發芽力)〔명〕『농』씨앗이 싹을 틔울 수 있는 힘. 발아세.

발아-법(發芽法)[-뻡]〔명〕『식』출아법(出芽法).

발아 시험(發芽試驗)〔농〕씨앗의 발아력을 알아보기 위하여 행하는 시험.

발아-율(發芽率)〔명〕『식』일정한 양의 씨앗 가운데서 발아할 수 있는 씨앗의 비율. 또는 뿌린 씨앗에 대하여 발아한 씨앗의 비율.

발악(發惡)〔명〕〔하자〕앞뒤를 헤아리지 않고 모진 짓을 다 하며 악을 씀. ▢최후의 ~/~하며 대들다.

발악-스럽다(發惡-)[바락쓰-따][-스러워, -스러우니]〔형〕〔비〕어려운 일을 당해 내는 힘이 다부진 데가 있다. **발악-스레**[바락쓰-]〔부〕

발안(發案)〔명〕〔하타〕1 새로운 안을 생각해 냄. 2 의안(議案)을 내놓음. 발의(發議).

발안-권(發案權)[바란꿘]〔명〕『법』법률안·예산안 따위를 의회에 제출할 수 있는 권한. 발의권(發議權).

발안-자(發案者)〔명〕1 안을 생각해 낸 사람. 2 의안을 제출한 사람.

발암(發癌)〔명〕〔하자〕암이 생김. 또는 암이 생기게 함.

발암 물질(發癌物質)[바람-찔]〔의〕암종(癌腫) 또는 다른 악성 종양의 발육을 자극하는 물질. 방향족 탄화수소·아조(azo) 화합물 등.

발-야구(-野球)[-랴-]〔명〕야구와 비슷한 규칙 아래, 배트 대신 발로 공을 차서 승부를 겨루는 경기. 족구.

발양(發揚)〔명〕〔하타〕마음·재주·기세 따위를 떨쳐 일으킴. ▢애국심을 ~하다 / 한민족의 독립 의식을 ~된 3·1 운동.

발양(發陽)〔명〕〔하자〕양기(陽氣)가 왕성해짐.

발양 망:상(發揚妄想)〔심〕자기 자신을 과대평가하거나 자기의 원하는 바가 이루어졌다고 생각하는 망상. ↔미소(微小) 망상.

발양-머리(發陽-)〔명〕양기(陽氣)가 왕성하게 일어나는 젊은 시기.

발어(發語)[-려]〔명〕〔하자〕발언(發言).

발언(發言)〔명〕〔하자타〕말을 꺼내어 의견을 말함. 또는 그 말. 발어(發語). ▢~에 나서다 / ~할 기회를 주다 / 무책임한 ~.

발언-권(發言權)[바런꿘]〔명〕1 회의에서 발언할 수 있는 권리. ▢~을 얻다. 2 발언에 대한 권위나 영향력. ▢~이 약하다 / 군부의 ~이 강화되다. ㉡언권(言權).

발-연(-鳶)[-련]〔명〕연에서, 양쪽 가장자리 밑 부분에 가늘게 오린 종이를 붙여 늘어뜨린 것.

발연(發煙)〔명〕〔하자〕연기가 남. 또는 연기를 냄.

발연-대로(勃然大怒)〔명〕〔하자〕왈칵 성을 냄.

발연-변색(勃然變色)〔명〕〔하자〕왈칵 성을 내어 안색이 변함.

발연-제(發煙劑)〔명〕『군』연기를 내는 데 쓰는 약제(연막·신호 따위를 위해 군용으로 씀).

발연-체(發煙體)〔명〕연기를 내는 물체.

발연-탄(發煙彈)〔명〕『군』발연제를 속에 충전한 탄알. 연막탄.

발연-하다(勃然--)[-련하-]〔형어〕왈칵 성을 내는 태도가 세차고 갑작스럽다. **발연-히**〔부〕

발열(發熱)〔명〕〔하자〕1 열이 남. 또는 열을 냄. 2『의』체온이 높아짐.

발열-량(發熱量)〔명〕『물』연료가 일정 단위량만큼 완전히 탔을 때 발생하는 열량. 고체나 액체는 1 kg, 기체는 1 m³ 단위로 나타냄.

발열 반:응(發熱反應)〔화〕열을 내면서 진행하는 화학 반응(탄소의 연소, 산과 알칼리의 중화 따위). ↔흡열 반응.

발열 요법(發熱療法)[바료뻡]〔의〕말라리아를 접종하거나 발열제를 주사하여 인위적으로 체온을 높여서 병을 치료하는 방법. *말라리아 요법.

발열-제(發熱劑)[바렬쩨]〔명〕체온을 높이는 작용을 하는 약제.

발열-체(發熱體)〔명〕열을 내는 물체.

발염(拔染)〔명〕〔하타〕날염법(捺染法)의 하나. 염색한 천에 발염제(劑)를 섞은 풀을 날인(捺印)한 다음, 증기의 열로 처리하여 바탕색을 빼고 무늬를 내는 일.

발염-제(拔染劑)〔명〕발염에 사용하는 색깔을 빼는 약제(산화 발염제·환원 발염제 등의 종류가 있음).

발외 圏〈옛〉발구.
발욕 (發慾) 圏하자 욕심이 남. 또는 욕심을 냄.
발우 (鉢盂) 圏『불』바리때.
발원 (發源) 圏하자 1 흐르는 물줄기가 처음 생
김. 또는 그 근원. ▢압록강은 백두산에서 ~
한다. 2 사회 현상이나 사상 따위가 맨 처음
생겨남. 또는 그 근원.
발원 (發願) 圏하타 신이나 부처에게 소원을 빎.
또는 그 소원. ▢~이 이루어지다 / 부처님께
극락왕생하기를 ~한다.
발원-문 (發願文) 圏 발원하는 내용을 쓴 글.
발원-지 (發源地) 圏 1 흐르는 물줄기가 처음
시작된 곳. ▢낙동강의 ~. 2 사회 현상이나
사상 따위가 맨 처음 생겨난 곳.
발월-하다 (發越-) 혈에 용모가 깨끗하고 준수
(俊秀)하다.
발육 (發育) 圏하자 생물체가 자라남. ▢~이
더디다 / ~이 왕성하다.
발육-기 (發育期)[바룩끼] 圏 성장기.
발육 기관 (發育器官)[바룩끼-] 『식』식물의
뿌리·잎·줄기 등의 일컬음.
발육 부전 (發育不全)[바룩뿌-] 『의』선천적
또는 그 밖의 원인으로 어떤 장기(臟器)나 조
직의 발육이 잘되지 못하는 일.
발육-지 (發育枝)[바룩찌] 圏『식』결과지(結果
枝).
발육 지수 (發育指數)[바룩찌-] 『의』태어났
을 때의 몸무게를 100으로 하여 그때그때의
몸무게를 나타낸 수. *발달 지수.
발음 (發音) 圏하타 『언』소리를 냄. 또는 그
소리. ▢~이 정확하다 / ~이 서툴다 / 또렷
하게 ~하다.
발음 (發蔭) 圏하자 『민』조상의 묏자리를 잘
써서 그 음덕(蔭德)으로 운수가 열리고 복을
받는 일.
발음-기 (發音器) 圏〔동〕'발음 기관'의 준
말.
발음 기관 (發音器官) 1〔동〕동물체의 소리를
내는 기관. 발성기. ㉠발음기. 2〔언〕음성을
내는 데 필요한 기관(성대·구강·비강·혀 따
위). 음성 기관.
발음 기호 (發音記號) 『언』언어의 음을 표기
하는 기호. 발음 부호.
발음 부호 (發音符號) 『언』발음 기호.
발음-체 (發音體) 圏『물』자체(自體)가 진동하
여 소리를 내는 기관(특히 악기에서 소리를
내는 부분인 현(絃)·리드(reed) 따위).
발음-학 (發音學) 圏『언』음성학.
발의 (發意)[바리 / 바릐] 圏 1 의견이나 계
획을 냄. 2 어떤 일을 생각해 냄. 3〔심〕의식
의 능동적 요소.
발의 (發議)[바리 / 바릐] 圏하타 회의에서, 어떤
의안을 내놓음. 또는 그 의안. 발안(發案).
발의-권 (發議權)[바릐권 / 바릐뀐] 圏『법』발
안권.
발인 (發靷) 圏하자 장례 때, 상여가 집에서 떠
남. 또는 그런 절차.
발인-기 (發靷記) 圏 상여가 집에서 장지로 떠
나기 전에 대문간에 써 붙이는 기록(발인 일
시(日時)·장지(葬地)·하관(下棺) 일시·반우
(返虞) 일시·처소 따위를 적음).
발인-제 (發靷祭) 圏 상여가 집에서 떠날 때 상
여 앞에서 지내는 제사.
발-자국 [-짜-] 圏 1 발을 밟은 자리에 남은 모
양. ▢구두 ~ / 눈 위에 ~이 선명하게 찍혔
다. 2 (의존 명사적으로 쓰여) 걸음을 세는
단위. ▢몇 ~ 뒤로 물러서다.
발-자욱 圏 ☞ 발자국.

발자-창 (發-瘡)[-짜-] 圏『한의』입아귀나
아래턱에 나는 작은 부스럼.
발-자취 [-짜-] 圏 1 발로 밟은 흔적. ▢~를
남기다. 2 지난날의 경력이나 업적. ▢선인
(先人)의 ~.
발자-하다 [-짜-] 혈에 성미가 급하다. ▢발자
하게 굴지 마라.
발작 (發作)[-짝] 圏하자 어떤 증상이나 격한
감정 따위가 갑자기 세차게 일어남. ▢~을
일으키다 / 히스테리가 ~하다.
발작성 해수 (發作性咳嗽)[-짝썽-] 『의』백일
해·폐렴 등을 앓을 때, 발작적으로 일어나는
몹시 심한 기침.
발작-적 (發作的)[-짝쩍] 관명 1 심한 증상이
갑자기 세차게 일어나는 (것). ▢~인 기침을
토하다. 2 갑자기 감정이 격해지거나 순간적
으로 어떤 행동을 하는 (것). ▢~으로 범행
을 저지르다.
발작-증 (發作症)[-짝쯩] 圏 발작하는 증세.
발-장구 [-짱-] 圏 1 헤엄칠 때, 두 발을 물 위로 번
갈아 들였다 내렸다 하면서 물을 차는 일. 2
아기가 엎드려서 기어가려고 두 발을 움직이
는 짓.
발-장단 [-짱-] 圏 흥에 겨워 두 발로 장단을
맞추는 짓. ▢~을 치며 노래하다.
발-재간 (-才幹)[-째-] 圏 발로 부리는 재간.
▢뛰어난 ~.
발-재봉틀 (-裁縫-) 圏 발을 눌러 돌리게 된
재봉틀. ↔손재봉틀. ㉠발틀.
발적 (發赤)[-쩍] 『의』피부가 빨갛게 부어
오르는 현상.
발전 (發展)[-쩐] 圏하자 1 더 낫고 좋은 상태
로 나아감. ▢산업을 ~시키다 / 과학 ~에
기여하다 / 사회가 ~되다 / 사업이 나날이 ~
하다. 2 일이 어떤 방향으로 전개됨. ▢아이
들 싸움이 어른들 싸움으로 ~하다 / 사태가
엉뚱한 방향으로 ~했다.
발전 (發電)[-쩐] 圏하타 『물』전기를 일으킴.
발전-관 (發電管)[-쩐-] 圏『물』진동 전류를
일으키는 데 쓰는 진공관.
발전-기 (發電機)[-쩐-] 圏『전』도체(導體)가
자기장(磁氣場)에서 운동할 때, 전기가 일어
나는 것을 이용하여, 기계력에 의해서 전기
를 일으키는 장치의 총칭.
발전 기관 (發電器官)[-쩐-] 『어』발전어에
있는 전기를 일으키는 특별한 기관.
발전 도:상국 (發展途上國)[-쩐-] 발전하는
과정에 있는 나라. 개발 도상국.
발전-량 (發電量)[-쩐냥] 圏 일으킨 전기의 전
체 양.
발전-력 (發展力)[-쩐녁] 圏 발전해 나가는 힘.
발전-력 (發電力)[-쩐녁] 圏 전기를 일으키는
힘.
발전-상 (發展相)[-쩐-] 圏 발전한 모습. ▢~
을 둘러보다.
발전-성 (發展性)[-쩐씽] 圏 발전할 수 있는 가
능성. ▢~ 있는 사업.
발전-소 (發電所)[-쩐-] 圏 수력·화력·원자력
따위로 발전기를 돌려 전기를 일으키는 시설
을 갖춘 곳.
발전-어 (發電魚)[-쩌너] 圏『어』발전 기관이
있어 강한 전기를 일으키는 어류의 총칭(전
기 뱀장어·전기 메기·전기 가오리 등 50종
정도가 알려져 있음).
발전-자 (發電子)[-쩐-] 圏『물』발전기 안에
서 유도 전류를 일으키기 위해, 회전하는 연

철의 심에 도선을 감은 것.

발전-적(發展的)[-쩍-]〔관〕 더 좋은 상태나 더 높은 단계로 나아가는 (것). ◘ 전통문화를 ~으로 계승하다 / ~인 생각을 품다.

발전-체(發電體)[-쩐-]〔명〕〖물〗 전기를 일으키는 물체.

발정(發情)[-쩡]〔명〕〔하자〕 성호르몬에 의하여 성적 충동이 일어남.

발정(發程)[-쩡]〔명〕〔하자〕 길을 떠남. 출발. ◘ ~을 서두르다.

발정-기(發情期)[-쩡-]〔명〕〖동〗 포유류의 암컷의 발정 주기 중의 한 시기. 임신 가능한 시기로서 발정 상태에 있으며, 이때에 수컷과 교미함.

발정 호르몬(發情hormone)[-쩡-]〔생〕 에스트로겐(estrogen).

발제(祓除)[-쩨]〔명〕 ⇒ 불제(祓除).

발제(髮際)[-쩨]〔명〕 1 머리털이 자라는 경계. 2〖한의〗'발찌'의 본딧말.

발조(發條)[-쪼]〔명〕 태엽(胎葉).

발조-칭(發條秤)[-쪼-]〔명〕 용수철저울.

발-족(-足)〔명〕 한자 부수의 하나('踊'·'蹴' 등에서 '足'의 이름).

발족(發足)[-쪽]〔명〕〔하자타〕 어떤 기관이나 단체 따위가 새로 만들어져 활동을 시작함. ◘ 선거 감시단을 ~하다 / 동호회가 ~되다.

발주(發注)[-쭈]〔명〕〔하자타〕 물건을 주문함. ◘ 공사를 ~하다. ↔수주(受注).

발-주저리[-쭈-]〔명〕 해어진 버선이나 양말 등을 신어서 너절하고 더러운 발.

발진(發疹)[-찐]〔명〕〔하자〕〖의〗 열로 피부나 점막에 좁쌀만 한 종기(腫氣)가 생김. 또는 그 종기.

발진(發振)[-찐]〔명〕〔하자〕〖물〗 전기 진동을 일으킴.

발진(發進)[-찐]〔명〕〔하자타〕 출발하여 나아감. 주로 배나 항공기 따위가 출발함. ◘ ~ 가속 / ~ 기지 / ~할 태세를 갖추다.

발진-기(發振器)[-찐-]〔명〕〖물〗 전기 진동을 일으키는 장치.

발진-시(發震時)[-찐-]〔명〕〖지〗 지진의 진동이 처음으로 시작된 시각.

발진-열(發疹熱)[-찐녈]〔명〕〖의〗 쥐벼룩이 사람에게 전염시키는 일종의 리케차에 의하여 일어나는 급성 전염병. 온몸에 열꽃이 돋고 높은 열을 냄.

발진 티푸스(發疹typhus)[-찐-]〔명〕〖의〗 법정 전염병의 하나. 온몸에 발진이 생기고 40도 이외의 고열이 남. 병원체는 리케차의 일종. 겨울에서 봄에 걸쳐 이에 의하여 감염됨. 장미진(薔薇疹).

발-질〔명〕〔하자〕 '발길질'의 준말.

발-짓[-찓]〔명〕〔하자〕 발을 움직이는 동작.

발-짝〔의명〕 발을 한 번 떼어 놓는 걸음을 세는 단위. ◘ 두 ~ 뒤로 물러서라 / 어지러워 한 ~도 못 걷겠다.

발짝-거리다[-꺼-]〔꺼-〕〔타〕 1 몸을 일으키려고 자꾸 움직이다. 2 적은 물에서 빨래를 두 손으로 비벼 빨다. ❸벌쩍거리다. **발짝-발짝**[-빨-]〔부하자〕

발짝-대다[-때-]〔타〕 발짝거리다.

발쪽-거리다[-꺼-]〔자타〕 1 무엇이 자꾸 열렸다 닫혔다 하여 속의 것이 보였다 보이지 않았다 하다. 또는 그렇게 되게 하다. 2 입을 작게 벌려 소리 없이 자꾸 웃다. ❸벌쭉거리다. **발쪽-발쪽**[-빨-]〔부하자타〕

발쪽-대다[-때-]〔자타〕 발쪽거리다.

발쪽-이〔부〕 발쪽하게. ❷벌쭉이.

발쪽-하다[-쪼카-]〔형여〕 좁고 긴 것이 조금 벌어져 차들려 있다. ❸벌쭉하다. ❷빨쪽하다.

발찌〔명〕〔←발제(髮際)〕〖한의〗 목뒤 머리털이 난 가장자리에 생기는 부스럼.

발차(發車)〔명〕〔하자〕 차 따위가 떠나감. ◘ ~ 신호. ↔정차(停車).

발차(發差)〔명〕〔하자〕〖역〗 죄지은 사람을 잡아오라고 사람을 보내던 일.

발착(發着)〔명〕〔하자〕 출발과 도착.

발착 시간표(發着時間表)[-씨-]〔명〕 열차·자동차 등의 출발 시각과 도착 시각을 나타낸 표.

발-창(-窓)〔명〕 발을 끼워 만든 창문(주로 여름에 씀). 염창(簾窓).

발채[1]〔명〕 소의 배에 붙어 있는 기름.

발:채[2]〔명〕 1 지게에 얹어서 짐을 싣는 제구. 싸리나 대오리로 둥글넓적하게 조개 모양으로 걸어서 접었다 폈다 할 수 있음. 2 걸챗불의 바닥에 까는 거적자리.

발처(髮妻)〔명〕 시집와서 같이 늙은 아내.

발천(發闡)〔명〕〔하자〕 1 싸이거나 가려 있던 것이 열려 드러남. 2 앞길을 열어서 세상에 나섬.

발초(拔抄)〔명〕〔하자타〕 글 따위에서 필요한 부분을 가려 뽑아 베낌. 또는 그런 내용. ◘ 문헌에서 ~된 글.

발총(發塚)〔명〕〔하자〕 굴총(掘塚).

발출(拔出)〔명〕〔하자타형〕 1 빼내서 나오게 함. 2 특출하게 뛰어남.

발췌(拔萃)〔명〕〔하자타형〕 1 글 가운데에서 필요하거나 중요한 부분만을 뽑아냄. 또는 그런 내용. ◘ ~ 개헌 / 몇 구절을 ~하다 / 고전에서 ~된 내용. 2 발군(拔群).

발췌-곡(拔萃曲)〔명〕〖악〗 접속곡의 하나. 특정한 가극, 기타 악곡의 알려진 부분을 발췌하여 편곡한 것.

발췌-안(拔萃案)〔명〕 발췌한 안건.

발축〈옛〉 발뒤축.

발치〔명〕 1 누울 때 발을 뻗는 곳. ◘ 단칸방의 ~에서 새우잠을 자다. ↔머리맡. 2 어떤 장소나 건물의 아랫부분이나 끝 부분. ◘ 침대 ~ / 산 ~에 있는 마을. 3 발이 있는 쪽. ◘ 시선을 ~에 떨어뜨리다.

발치(拔齒)〔명〕〔하자타〕 이를 뽑아냄.

발칙-스럽다[-쓰-따]〔-스러워, -스러우니〕〔형〕 발칙한 데가 있다. **발칙-스레**[-쓰-]〔부〕

발칙-하다[-치카-]〔형여〕 말이나 행동이 버릇없고 막되어 괘씸하다. ◘ 귀엽게만 자라서 발칙한 짓을 한다.

발칙-잠[-치짬 /-칟짬]〔명〕 남의 발치에서 불편하게 자는 잠.

발칵〔부〕 1 갑작스럽게 화를 내거나 기운을 쓰는 모양. ◘ 화를 ~ 내다. 2 갑작스럽게 온통 소란해지거나 야단스러워지는 모양. ◘ 소문이 돌면서 동네가 ~ 뒤집혔다. 3 닫혀 있던 것을 갑자기 여는 모양. ◘ 문을 ~ 열어젖히다. ❷벌컥. ❷발깍.

발칵-거리다[-꺼-]〔자타〕 1 빚어 담근 술이 부걱부걱 잇따라 괴어오르다. 2 빨래를 삶을 때, 몹시 끓어서 부풀어 오르다. 〔타〕 1 진흙이나 반죽을 자꾸 주무르거나 밟아서 옆으로 비어져 나오게 하다. 2 음료수 따위를 거침없이 들이켜다. ❷벌컥거리다. **발칵-발칵**[-빨-]

발칵-대다[-때-]〔자타〕 발칵거리다.

발코니(balcony)〔명〕〖건〗 1 서양식 건축에서, 옥외로 길게 달아 내어 위를 덮지 않고 드러낸 대. 노대(露臺). 2 극장에서, 아래층보다

높게 좌우에 만든 특별석.
발-탁(拔擢) 图阿타 많은 사람 가운데 필요한 사람을 뽑아 씀. ▭신인을 ~하다 / 요직에 ~되다.
발탄-강아지 图 걸음을 걷기 시작한 강아지라는 뜻으로, 일없이 이리저리 쏘다니는 사람을 이르는 말.
발-탈 『민』 발에 탈을 씌워 갖가지 동작을 행하는 탈놀음. 연희자(演戱者)는 검정 포장 막 뒤에 누워 앉은 서 어릿광대와 더불어 노래와 재담(才談)을 연출한다.
발-탕기(鉢湯器)[-끼] 图 보통 사발보다 아가리가 조금 안으로 옥은 사발.
발태(發兌) 图阿타 책 따위를 펴내어 널리 팖.
발-톱 图 『생』 발가락 끝을 덮어 보호하고 있는, 빨갛던 단단한 물질. ▭을 깎다.
발톱-눈 [-톱-] 图 발톱의 양쪽 구석.
발-틀 图 **1** 발기계. **2** '발재봉틀'의 준말. ↔손틀.
발파(發破) 图阿타 바위 따위에 구멍을 뚫어 화약을 재어 넣고 폭파하는 일. ▭~ 작업 / ~ 장치를 하다.
발-판(-板) 图 **1** 높은 곳에 올라가기 위하여 설치해 놓은 장치. ▭비행기 트랩의 ~을 밟고 올라가다. **2** 높은 곳에서 디디고 다니며 일을 할 수 있게 걸쳐 놓은 널. **3** 발돋움. ▭~을 받치다 / ~ 위에 서다. **4** 버스나 기차 따위에 오르내릴 때 디디게 된 장치. ▭버스 승강구의 ~에 발을 올리다. **5** 도약 운동을 할 때, 뛰는 힘을 돕기 위하여 쓰는 도구. 구름판. 도약판. ▭~을 힘차게 구르다. **6** 어떤 목적을 이루기 위한 수단이나 기반이 되는 것. ▭~을 굳히다 / 승리의 ~을 마련하다.
발포(發布) 图阿타 법령·정강(政綱) 따위를 세상에 널리 펴서 알림. ▭계엄령을 ~하다 / 법령이 ~되다.
발포(發泡) 图阿타 거품이 남. ▭~ 현상.
발포(發捕) 图阿타 『역』 죄인을 잡으려고 포교(捕校)를 보내던 일.
발포(發砲) 图阿타 총이나 대포를 쏨. ▭~ 명령 / 시위대에 최루탄을 ~하다.
발포(發疱) 图阿자 『의』 피부에 물집이 생김.
발포 스티렌 수지(發泡styrene樹脂) 『화』 작은 기포를 무수히 지닌 폴리스티렌. 가볍고 단열성이 좋아 단열재·포장 재료·흡음재·장식재 등으로 널리 씀. 스티로폼. 스티로폴.
발표(發表) 图阿타 어떤 사실이나 생각, 일의 결과 따위를 세상에 드러내어 널리 알림. ▭당선자 / ~ 중대 / ~ 주제 / ~ 검찰이 수사 결과를 ~하다 / 합격자 명단이 ~되다.
발표-욕(發表慾) 图 자기의 의견이나 재능, 작품 따위를 발표하려는 의욕.
발표-회(發表會) 图 학술·예술 등의 창작 또는 연구 결과를 발표하는 모임. ▭무용 ~가 열리다 / ~를 개최하다.
발-풀무 图 골풀무.
발-품 图 걸어 다니는 수고. ▭~을 팔다 / ~을 급다.
발-하다(發-) 타阿 **1** 군사를 일으켜 움직이다. ▭대군을 ~. **2** 소리·빛·냄새·열·감정 따위를 내다. ▭질투심이 ~ / 보석이 빛을 ~. **3** 공개적으로 펴서 알리다. ▭법령을 ~. **4** 공포하거나 명령을 내리다. ▭인사 명령을 ~.
발한(發汗) 图阿자 『한의』 취한(取汗).
발한-제(發汗劑) 图 『약』 땀의 분비를 촉진시키는 약(아스피린 따위).
발함(發艦) 图阿타 **1** 항공기가 항공모함 따위에서 뜸. **2** 함정이 항구를 떠남.

발항(發航) 图阿자 발선(發船).
발항(發港) 图阿자 출항(出港). ↔착항(着港).
발해(拔解) 图阿자 『역』 과거의 초시(初試)에 합격함.
발행¹(發行) 图阿타 **1** 도서·신문 등을 출판하여 세상에 펴냄. ▭신문을 ~ / ~ 부수를 늘리다 / 정기 간행물을 ~하다. **2** 화폐·증권·증명서 등을 만들어 세상에 내놓음. ▭채권을 ~하다 / 복권을 ~하다 / 한도액을 초과해 ~된 수표.
발행²(發行) 图 길을 떠나감. ▭~을 당기다 / ~이 늦어지다.
발행 가격(發行價格)[-까-] 『경』 주식·사채(社債)를 발행할 때의 가격. 발행가.
발행-고(發行高) 图 발행액. ▭~를 늘리다.
발행-권(發行權)[-꿘] 『법』 출판물 따위를 발행할 수 있는 권리.
발행 시:장(發行市場) 『경』 증권 시장의 하나. 신규(新規) 발행 증권의 거래를 통하여 장기 자금의 수급이 행해지는 추상적 시장.
발행-액(發行額) 图 화폐·증권·채권 따위를 발행한 총액수(總額數). ▭~이 늘어나다.
발행-인(發行人) 图 **1** 출판물을 발행하는 사람. 펴낸이. 편인. **2** 『법』 어음이나 수표 따위를 발행하는 사람. 발행자.
발행-자(發行者) 图 발행인.
발행 주식(發行株式) 『경』 이미 발행되어 회사 자본으로 넣은 주식. 발행주.
발행-처(發行處) 图 출판물을 발행하는 곳. 발행소.
발:-향(-香) 图 예전에, 여자들이 한충향(漢沖香)을 실에 꿰어 구슬 발처럼 만들어 노리개로 차던 향의 하나.
발향(發向) 图阿자 향발(向發).
발-허리 图 발 중간의 조금 잘록한 부분.
발-헤엄 图阿자 몸을 세우고 발만을 움직여서 치는 헤엄.
발현(發現·發顯) 图阿타자 숨겨져 있던 것이 드러남. 또는 그리 되게 함. ▭희생정신의 ~ / 애국심을 ~하다.
발현 악기(撥絃樂器)[-혀낙끼] 『악』 현을 손가락이나 픽 따위로 켜서 켜서 연주하는 악기(가야금·기타 따위).
발호(跋扈) 图阿자 권세나 세력을 제멋대로 휘두르며 함부로 날뜀. ▭외척의 ~ / 탐관오리가 ~하다.
발화(發火) 图阿자 불이 일어나거나 타기 시작함. ▭~ 지점 / 자연적으로 ~된 산불.
발화(發話) 图 『언』 소리를 내어 말을 하는 언어 행위.
발화-성(發火性)[-썽] 图 어떤 온도에서 쉽게 발화하는 성질. ▭~ 물질.
발화 온도(發火溫度) 『화』 발화점2.
발화 장치(發火裝置) 『군』 점화(點火) 장치1.
발화-전(發火栓) 图 점화 플러그(點火plug).
발화-점(發火點)[-쩜] 图 **1** 화재 원인 감식에서, 처음 화재가 일어난 자리. **2** 『화』 공기 중에서 물질을 가열할 때, 스스로 발화하여 연소하기 시작하는 최저 온도. 발화 온도. 착화점(着火點).
발회(發會) 图阿자 **1** 새로 조직된 회(會)의 첫 모임을 엶. 또는 그 모임. **2** ~식. **2** 『경』 증권 거래소에서, 그해의 최초의 입회(立會). ↔납회.
발-회목 图 다리 끝 복사뼈 위의 잘록하게 들어간 부분.

발효 (發效)**명**하**자** 조약·법령 등의 효력이 나타남. 또는 그 효력을 나타냄. ▣새 저작권법이 곧 ~될 예정이다.

발효 (醱酵)**명**하**자**《화》효모·박테리아 따위 미생물의 작용으로 유기물이 분해되는 현상《술·간장·초·김치 따위를 만드는 데 씀》.

발효-균 (醱酵菌)**명**《식》효모균(酵母菌).

발효-소 (醱酵素)**명**《화》유기 화합물을 분해하여 발효 작용을 일으키는 데 관계되는 화합물.

발효-열 (醱酵熱)**명**《화》유기물이 발효하는 과정에서 생기는 열.

발효-유 (醱酵乳)**명**《화》우유 등을 유산균이나 효모균으로 발효시켜 만든 유제품《요구르트·젖산 음료 따위》.

발훈 (發訓)**명**하**타** 훈령을 내림.

발휘 (發揮)**명**하**타** 재능이나 능력 따위를 떨쳐 나타냄. ▣지도력을 ~하다 / 진가를 ~하다 / 창의력이 ~되다.

발흥 (勃興)**명**하**자** 갑자기 일어나서 잘되어 감. ▣산업의 ~ / 학문과 예술이 ~하다.

발흥 (發興)**명**하**자** 어떤 일이나 현상이 일어남.

밝기 [발끼]**명** 밝은 정도. 광도(光度). ▣전기 스탠드의 ~를 낮추다.

밝다 [박따]**형** **1** 불빛 따위가 환하다. ▣밝은 조명 / 햇살이 눈부시게 ~. **2** 어둡지 않고 환하다. ▣밝은 색 / 방이 ~. **3** 청력·시력이 좋다. ▣귀가 ~. **4** 생각이나 태도가 분명하다. ▣사리에 ~. **5** 앞길이 공명하고 건전하다. ▣밝은 정치 / 밝은 사회를 이룩하다. **6** 성공의 빛이 보이며 희망적이다. ▣청년들의 미래는 ~. **7** 바르고 깍듯하다. ▣경우가 밝은 사람. **8** 분위기·표정 따위가 즐겁고 명랑하다. ▣밝게 웃으며 인사하다. ↔어둡다. □**자** 날이 새다. 동이 오다.

밝혀-내다 [발켜-]**타** 사실이나 옳고 그름 따위를 분명하게 드러내다. ▣죄상을 ~ / 사건의 진상을 ~.

밝-히 [발키]**부** 밝게. ▣가로등이 거리를 ~ 비추다 / 내용이 ~ 드러나다.

밝히다 [발키-]□**타**《'밝다■1'의 사동》어두운 곳을 환하게 하다. ▣방 안을 ~ / 어둠을 ~. **2** 불을 붙이거나 전등 따위를 켜다. ▣촛불을 ~. **3** 옳고 그름을 가려 분명하게 하다. ▣진실을 ~. **4** 알려지지 않은 사실을 드러내 알리다. ▣신분을 ~ / 비밀을 ~. **5** 밤을 새우다. ▣뜬눈으로 밤을 ~. **6** 드러나게 좋아하다. ▣돈을 ~.

밟:다 [밥따]**타** **1** 두 팔을 펴서 길이를 재다. **2** 걸어서 거리를 헤아리다. **3** 어린아이가 걷기 시작하다. **4** 차츰차츰 앞으로 나아가다.

밟:다 [밥따]**타** **1** 어떤 것을 디디거나 디디며 걷다. ▣층계를 ~ / 낙엽을 밟으며 걷다. **2** 물건 위에 발을 올려놓고 누르다. ▣브레이크를 ~ / 옆 사람의 발을 ~. **3** 남의 뒤를 몰래 쫓다. ▣혐의자의 뒤를 ~. **4** 이전 사람이 한 대로 행하다. ▣전철(前轍)을 ~. **5** 일의 순서를 거쳐 행하다. ▣절차를 ~. **6** 비유적으로 어떤 곳에 도착하다. ▣고국 땅을 ~.

밟:-다듬이 [밥따드미]**명**하**타** 피륙이나 종이 따위를 발로 밟아서 구김살이 펴지게 다듬는 일.

밟히다 [발피-]□**자**하**타**《'밟다'의 피동》남에게 밟음을 당하다. ▣발등이 ~. □**타**《'밟다'의 사동》밟게 하다.

밤¹명 해가 진 뒤부터 날이 새기 전까지의 동

안. ▣칠흑같이 어두운 ~ / 뜬눈으로 ~을 꼬박 새우다 / ~이 이슥하다 / 겨울철은 ~이 길다. ↔낮.

[밤 말은 쥐가 듣고 낮 말은 새가 듣는다] 항상 말조심하라는 말. [밤 잔 원수 없고 날 샌 은혜 없다] 원한과 은혜는 시일이 지나면 쉬이 잊게 된다는 말.

밤과 낮을 잊다 □ 밤인지 낮인지 모를 정도로 쉬지 아니하고 줄곧 일하다.

밤을 돕다 □ ('밤을 도와'의 꼴로 쓰여) 밤을 이용하다. ▣밤을 도와 도망치다.

밤:²명 밤나무의 열매. ▣~ 한 톨 / ~을 까다 / ~이 여물다 / ~을 삶다.

밤:³명 놋쇠 물을 부어서 놋그릇을 만드는 거푸집.

밤:⁴명 송치가 어미 배 속에서 섭취하고 자라는 물질.

밤-거리 [-꺼-]**명** 밤의 길거리. ▣어둠이 깔린 ~ / ~를 쏘다니다 / ~를 헤매다.

밤:-게《동》밤겟과의 게. 연안의 모래땅에 사는데, 등딱지는 길이와 폭이 2 cm 정도로 밤톨만 하며 검은 갈색이나 엷은 푸른빛이고 배는 흼.

밤:-경단 (-瓊團)**명** 밤 고물을 묻힌 경단.

밤:-경치 (-景致)**명** 밤에 보는 풍경. ▣항구의 ~.

밤-공기 (-空氣)[-꽁-]**명** 밤에 지상을 싸고 있는 공기. ▣싸늘한 ~ / ~가 차다.

밤-교대 (-交代)[-꾜-]**명** 밤과 낮으로 조(組)를 나누어 교대로 일하는 경우, 밤에 해당하는 조. ▣~에 들어가다. ↔사일근.

밤-길 [-낄]**명** 밤에 걷는 길. ▣~을 떠나다.

밤:-꽃 [-꼳]**명** 밤나무의 꽃. 밤스정이.

밤-꾀꼬리《조》'나이팅게일'.

밤:-나무《식》참나뭇과의 낙엽 활엽 교목. 산기슭·들·자갈땅에서 자람. 높이 5~15 m이며, 초여름에 꽃이 피고 견과(堅果)인 '밤'이 초가을에 익음. 나무는 단단하여 선재(船材)·토목·건축재 등에 많이 씀. 율목(栗木).

밤:-나무-벌레《충》참나무하늘소의 애벌레. 밤나무·굴밤나무 따위 참나뭇과 나무의 해충임.

밤:나무-산누에나방 (-山-)**명**《충》산누에나방과의 나방. 편 날개의 길이는 10~12 cm이고, 몸빛은 검은빛을 띤 누른빛임. 날개 끝의 둥근무늬는 붉은빛을 띤 갈색임. 애벌레는 밤나무·호두나뭇잎 등의 해충임. 한국에도 분포함.

밤-나방명《충》밤나방과의 곤충. 주로 밤에 활동하는데, 편 날개의 길이는 3 cm가량, 몸빛은 누른 잿빛, 날개는 엷은 검은색, 뒷면은 연한 갈색임. 애벌레는 털이 없고 원통형이며, 농작물을 해침.

밤-낚시 [-낙씨]**명** 밤에 하는 낚시질.

밤:-낮 [-낟]□**명** 밤과 낮. 주야(晝夜). 일야(日夜). ▣~으로 일만 하다. □**부** 밤에나 낮에나. 늘. 언제나. ▣~ 놀기만 한다 / 어디를 그렇게 ~ 쏘다니는 게냐.

밤낮을 가리지 않다 □ 어떤 일을 쉬지 않고 계속하다.

밤낮이 따로 없다 □ 밤낮을 가리지 않다.

밤낮-없이 [-나덥씨]**부** 언제나. 늘. ▣~ 술타령이다.

밤:-놀이명 밤에 노는 놀이.

밤:-눈¹명 말의 앞다리 무릎 위 안쪽에 붙은 검은 군살. 현제(懸蹄).

밤:-눈²명 밤에 사물을 볼 수 있는 시력. ▣~이 밝다.

밤눈이 어둡다 🔒 밤에 잘 보지 못하다.
밤-눈³명 밤에 내리는 눈. 야설(夜雪). 🔲~을 맞다.
밤:-느정이명 밤꽃. 존밤늦.
밤:-늦다 [-는따] 형 밤이 깊다. 🔲밤늦게 돌아다니다 / 밤늦은 시간에 전화벨이 울리다.
밤:-다식 (-茶食)명 황밤 가루로 만든 다식.
밤:-단자 (-團瓷)명 황밤 가루를 묻힌 단자.
밤-대거리 (-代-)[-때-]명하자 주로 광산에서 밤과 낮을 번갈아 일하는 경우, 밤에 일하는 대거리. ↔낮대거리.
밤-도둑 [-또-]명 밤에 남의 물건을 훔치는 짓. 또는 그런 짓을 하는 사람. 🔲~이 들다.
밤-들다 [밤들어, 밤드니, 밤드는]재 밤이 깊어지다. 이슥하여지다. 🔲밤들도록 잠을 이루지 못하다.
밤-떡명 밤을 섞어서 만든 떡.
밤-똥명 밤이면 누게 버릇이 된 똥.
밤-마을명 밤에 이웃에 놀러 가는 일. 🔲~을 가다 / ~을 다니다.
밤-무대 (-舞臺)명 밤업소에서 연예인이 공연하는 무대. 🔲~에 출연하다.
밤-바람 [-빠-]명 밤에 부는 바람.
밤-밥¹ [-빱]명 저녁밥을 먹은 한참 뒤 밤늦게 또 먹는 밥. 야식(夜食).
[밤밥 먹었다] 아무도 모르게 밤중에 달아났다는 뜻.
밤-밥²명 껍질 벗긴 통밤을 넣어서 지은 밥.
밤-배 [-빼]명 밤에 다니는 배.
밤:-버섯 [-섣]명《식》송이과의 버섯. 가을에 밤나무·졸참나무 따위의 썩은 밑동에 나는데, 높이는 10 cm가량임. 표면은 다갈색, 윗부분은 누런 갈색, 아랫부분은 어두운 갈색임. 식용함.
밤:-벌레명《충》꿀풀이바구미의 애벌레. 몸이 토실토실하고 빛이 보유스름한데, 밤알을 파먹는 해충임.
밤:-볼명 입 안에 밤을 문 것처럼 볼록하게 살이 찐 볼.
밤볼(이) 지다 입 안에 밤을 문 것처럼 볼이 볼록하게 살이 찌다.
밤-비 [-삐]명 밤에 내리는 비.
[밤비에 자란 사람] 깨치지 못하고 어리석으며 야무지지 못한 사람을 이르는 말.
밤:-빛 [-삗]명 밤색. 🔲짙은 ~.
밤-사이 [-싸-]명 밤이 지나는 동안. 야간(夜間). 🔲~ 많은 비가 왔다. 존밤새.
밤-새 [-쌔]명 '밤사이'의 준말. 🔲~ 한잠도 못 잤다 / ~ 고열에 시달리다.
밤새-껏 [-껃]부 밤새도록. 🔲오랜만에 만나 ~ 얘기를 나누다.
밤-새다재 (주로 '밤새도록'의 꼴로 쓰여) 밤이 지나 날이 밝아 오다. 🔲밤새도록 일하다.
밤-새우다재 자지 않고 밤을 밝히다. 🔲밤새워 일에 몰두하다.
밤-새움명하자 밤을 새우는 일. 철소. 철야(徹夜). 🔲초상집에서 ~하다. 존밤샘.
밤-색 (-色)명 익은 밤의 껍질과 같은 갈색 빛깔. 초콜릿색.
밤-샘명하자 '밤새움'의 준말. 🔲~ 공부 / 상 ~을 하다.
밤:-소 [-쏘]명 밤을 삶아 으깨어 만든 소《송편에 넣음》.
밤-소경명 밤눈이 어두운 사람.
밤-소일 (-消日)명하자 놀이나 장난 등으로 밤을 새움.
밤-손님 [-쏜-]명 '도둑'을 빗대어 이르는 말. 🔲~이 들다.

밤:-송이명 밤알을 싸고 있는, 두껍고 가시가 돋친 겉껍데기. 율방(栗房). 🔲~를 까다 / ~에 찔리다.
밤-안개명 밤에 끼는 안개. 🔲~가 자욱하다.
밤:-알명 밤의 낱개. 🔲~이 굵다.
밤:-암죽 (-粥)명 쌀과 밤을 갈아 넣고 묽게 쑨 죽.
밤:-얽이 [바멀기]명 짐을 동일 때 곱걸어 매는 매듭.
밤얽이(를) 치다 🔒 밤얽이를 매다.
밤-업소 (-業所)[바멉쏘]명 밤에 영업을 하는 술집·카바레 등의 업소.
밤:-엿 [-녇]명 밤톨만 한 크기로 동그랗게 만들어 깨나 콩고물을 묻힌 엿. 율당(栗糖).
밤:-윷 [-뉻]명 밤톨을 쪼갠 조각처럼 작게 만든 윷짝.
밤-이슬 [-니-]명 밤에 내리는 이슬. 🔲~에 젖다.
[밤이슬 맞는 놈] '도둑'을 비유적으로 이르는 말.
밤-일 [-닐]명하자 1 밤에 하는 일. 야간작업. 야업(夜業). 🔲~을 나가다. ↔낮일. 2 〈속〉성교(性交).
밤:-자갈명 밤톨만 한 자갈《도로 포장에 씀》.
밤잔-물명 밤을 지낸 자리끼.
밤:-잠 [-짬]명 밤에 자는 잠. 🔲~을 설치다 / ~이 없다 / ~을 못 이루다. ↔낮잠.
밤-장 (-場)[-짱]명 1 야시장. 🔲~이 서다. 2 명절의 전날 밤늦도록 서는 장.
밤-재우다타 하룻밤을 지내게 하다. 🔲양념한 고기를 ~.
밤-저녁 [-쩌-]명 잠들기 전의 그다지 늦지 않은 밤. 🔲~ 무렵에야 집에 들어갔다.
밤:-죽 (-粥)명 밤 가루와 쌀가루를 섞어서 끓인 죽《이유식에 좋음》.
밤-중 (-中)[-쭝]명 1 깊은 밤. 야분(夜分). 야중(夜中). 🔲깜깜한 ~ / 이 ~에 잠 안 자고 어디를 가니. 2 어떤 일이나 사실에 대하여 전혀 모름.
밤:-즙 (-汁)명 날밤을 물에 담갔다가 갈아서 낸 즙을 익혀서 묵처럼 만든 음식.
밤-차 (-車)명 정해진 노선을 밤에 다니는 차《주로 열차를 이름》. 🔲~를 타다 / ~로 떠나다.
밤-참명 밤중에 먹는 군음식. 야찬(夜餐).
밤:-초 (-炒)명 푹 삶은 황밤이나 껍질 벗긴 삶은 밤을 꿀에 버무려 다시 조린 다음 계핏가루를 친 과자.
밤:-콩명 빛깔과 맛이 밤과 비슷한, 알이 꽤 굵은 콩.
밤:-톨명 1 밤의 낱알. 🔲~이 굵다. 2 밤알만 한 크기의 형용. 🔲~만 한 녀석.
밤:-편명 껍질을 벗긴 날밤을 갈아 즙을 낸 뒤에, 녹말과 꿀을 넣고 조려 굳힌 떡.
밤-하늘명 밤의 하늘. 🔲~에 반짝이는 별들 / ~의 별을 세다.
밥¹명 1 곡류 따위를 끓여 익힌 음식《주로 쌀밥의 일컬음》. 🔲~을 안치다 / ~을 짓다 / ~을 푸다 / ~이 되다 / ~이 질다. 2 끼니로 먹는 음식. 식사. 🔲~을 굶다 / 일에 쫓겨 ~을 거르다. 3 동물 먹이의 총칭. 🔲물고기의 ~이 되다《물에 빠져 죽다》. 4 자기 차지가 되는 모가치. 🔲제 ~도 못 찾아 먹다. 5 남에게 눌려 지내거나 이용만 당하는 사람. 🔲권력의 ~이 되다.
[밥 빌어다가 죽 쑤어 먹을 놈] 게으른 데다

가 소견마저 없는 어리석은 사람. [밥 아니
먹어도 배부르다] 기쁜 일이 생겨 마음에 매
우 만족하다.

밥 구경을 못하다 관 밥을 전혀 먹지 못하고
굶다.

밥 먹듯 하다 관 예사로 자주 하다. ▯굶기
를 ~.

밥(을) 주다 관 시계의 태엽을 감아 주다.

밥² 명 죄인에게 형벌을 가하여 그 죄상을 드러
내는 일. ▯~을 내다.

밥³ 명 연장으로 베거나 깎은 물건의 부스러기
《톱밥·대팻밥 따위》.

밥-값 [-깝] 명 1 밥을 먹는 데 드는 돈. ▯~
을 내다 / ~을 치르다. 2 밥벌이 정도의 구실
을 비유하는 말. ▯~은 하고 다닌다.

밥-공기 (-空器)[-꽁-] 명 밥을 담아 먹는 데
쓰는 작은 그릇.

밥-그릇 [-끄를] 명 1 밥을 담아서 먹는 그릇.
식기(食器). ▯~을 비우다 / ~에 밥을 수북
이 담다. 2《속》 밥벌이를 위한 일자리. ▯~
싸움 / ~을 빼앗기다 / ~ 챙기기에 바쁘다.
[밥그릇이 높으니까 생일만큼 여긴다] 조금
대접해 주니까 더욱 우쭐해하는 사람을 비웃
는 말.

밥-도둑 [-또-] 명 1 일은 하지 않고 놀고먹기
만 하는 사람의 비유. 2 입맛을 돋우어 밥을
많이 먹게 하는 반찬을 비유하여 일컫는 말.

밥-맛 [밥맏] 명 1 밥의 맛. ▯~이 좋다 / ~이
꿀맛이다. 2 식욕. ▯~이 나다 / ~이 떨어지
다 / ~이 없다 / ~을 잃다.

밥맛-없다 [밥마덥따] 형 하는 짓 따위가 불쾌
감을 주어 상대하기가 싫다. ▯밥맛없는 친
구. **밥맛-없이** [밥마덥씨] 부. ▯하도 ~ 굴어
어울리기 싫다.

밥-물 [밤-] 명 1 밥을 지을 때 쓰는 물. ▯~
을 알맞게 잡다 / ~을 맞추다. 2 밥이 끓을
때 넘쳐흐르는 걸쭉한 물. 곡정수(穀精水).
식정수(食精水). ▯~이 끓어 넘치다.

밥-물림 [밤-] 명 아기에게 처음으로 밥을 먹
일 때, 밥을 미리 씹어서 먹이는 일.

밥-밑 [밥믿] 명 밥을 지을 때, 쌀 밑에 놓는 잡
곡류.

밥밑-콩 [밥믿-] 명 밥에 넣어 먹는 콩.

밥-받이 [-빠지] 명하타 《역》 죄인에게 형벌을
주어 자백을 받아 내던 일.

밥-벌레 [-뻘-] 명 일은 하지 않고 밥만 축내
는 사람을 낮잡아 이르는 말. 식충이.

밥-벌이 [-뻐리] 명하자 1 먹고살기 위하여 하
는 일. ▯~ 나가다 / ~ 될 만한 일을 찾다.
2 겨우 밥이나 먹고 살아갈 정도의 벌이. ▯
겨우 ~나 하다 / 제 ~는 하고 산다.

밥-보 [-뽀] 명 밥을 유달리 많이 먹는 사람.

밥-보자 (-褓子)[-뽀-] 명 밥보자기.

밥-보자기 (-褓子-)[-뽀-] 명 밥그릇·밥상을
덮는, 베나 헝겊으로 만든 보자기.

밥-빼기 명 아우가 생겨 샘내느라고 밥을 많이
먹는 아이.

밥-살 [-쌀] 명 어린아이가 젖을 떼고 밥을 먹
게 되면서부터 붙는 살. ▯~이 오르다.

밥-상 (-床)[-쌍] 명 음식을 차려 먹는 상. 식
상(食床). ▯~을 차리다 / ~을 받다 / ~을
물리다.

밥상-머리 (-床-)[-쌍-] 명 차려 놓은 밥상의
한쪽 언저리. ▯~에 앉다.

밥-소라 [-쏘-] 명 밥·떡국·국수 등을 담는 큰
놋그릇.

밥-솥 [-쏟] 명 밥을 짓는 솥. ▯~에 밥을 안
치다.

밥-쇠 [-쐬] 명 《불》 절에서 끼니때를 알리기
위해 다섯 번 치는 종.

밥-숟가락 [-쑫까-] 명 1 밥을 떠먹는 숟가락.
▯~을 떠 넣다. 2 얼마 되지 않는 적은 밥을
비유한 말. 밥술. ▯~도 못 얻어먹다. ⓟ밥
숟갈.

밥숟가락(을) 놓다 관 밥술(을) 놓다.

밥-숟갈 [-쑫깔] 명 '밥숟가락'의 준말.

밥-술 [-쑬] 명 1 '생계(生計)'를 비유적으로
이르는 말. ▯알뜰하게 산 덕에 ~ 걱정 없이
지낸다. 2 밥숟가락.

밥술(을) 놓다 관 죽다.

밥술이나 뜨다 [먹다] 관 사는 것이 그런대
로 궁색하지 않다.

밥술이나 먹게 생겼다 관 생김새가 복 있어
보이고 잘 살게 생겼다.

밥-식 (-食)[-씩] 명 한자 부수의 하나《'飮·館'
등에서 '食'의 이름》.

밥-쌀 [-쌀] 명 밥을 지을 쌀. 반미(飯米). ▯~을 안
치다.

밥-알 [-빨] 명 밥의 낱낱의 알. 반립(飯粒). ▯~을
흘리다 / ~을 떼어 먹다 / ~을 꼭꼭 씹어 삼
키다.

밥알이 곤두서다 관 아니꼽거나 비위에 거
슬리다. ▯그 꼴을 보니 슬며시 밥알이 곤두
서기 시작했다.

밥-자리 [-짜-] 명 《속》 일자리. ▯구조 조정
으로 ~를 잃다.

밥-자배기 [-짜-] 명 밥을 담아 두는 자배기.

밥-잔치 [-짠-] 명 밥과 몇 가지의 반찬만으로
차린 간단한 잔치.

밥-장 [-짱] 명 메주를 많이 넣어 되직하
게 담근 간장.

밥-장사 [-짱-] 명하자 밥을 짓고 음식을 만들
어 파는 영업.

밥-장수 [-짱-] 명 밥을 짓고 음식을 만들어
파는 사람.

밥-주걱 [-쭈-] 명 밥을 푸는 기구. ⓟ주걱.

밥-주머니 [-쭈-] 명 《속》 1 밥만 먹고 아무
일도 하지 않는 쓸모없는 사람을 이르는 말.
2 위(胃).

밥-줄 [-쭐] 명 1 먹고 살아가는 길이란 뜻으
로, '직업'을 속되게 이르는 말. 식근(食根).
2 《생》 식도(食道).

밥줄이 끊어지다 관 직업을 잃다.

밥줄이 붙어 있다 관 아직 직장에 다니고 있
다. ▯이 나이에도 아직 ~.

밥-집 [-찝] 명 밥을 파는 집.

밥-통 (-桶) 명 1 밥을 담는 통. 2 《속》 위(胃).
3 밥만 축내고 제구실을 하지 못하는 어리석
은 사람을 낮잡아 이르는 말.

밥-투정 명하자 밥을 더 달라거나 먹기 싫어
짜증을 부리는 짓. ▯~하는 아이를 달래다 /
식성이 까다로워 ~이 심하다.

밥-풀 명 1 풀 대신으로 무엇을 붙이는 데 쓰
는 밥알. ▯~로 편지를 봉하다. 2 밥알.

밥풀-강정 명 유밀과(油蜜菓)의 하나. 산자밥
풀을 겉에 붙인 강정.

밥풀-과자 (-菓子) 명 쌀을 튀기어 조청을 발
라 뭉친 과자.

밥풀-눈 [-룬] 명 눈꺼풀에 밥알 같은 군살이
붙어 있는 눈.

밥풀눈-이 [-루니] 명 밥풀눈을 가진 사람.

밥풀-질 명하자타 밥풀로 물건을 붙이는 일.

밥풀-칠 (-漆) 명하자타 밥풀을 이기어 바르는
일. 또는 그런 칠.

밥-하다[바파-] 〔자�여〕 밥을 짓다. ▣밥하랴 빨래하랴 눈코 뜰 새 없다.

밧〔명〕〈옛〉1 밖. 2 겉.

밧가락〔명〕〈옛〉발가락.

밧고다〔타〕〈옛〉바꾸다.

밧기다〔타〕〈옛〉벗기다.

밧다[1]〔자〕〈옛〉1 괴다. 받다. 받치다. 2 벗다. 3 뱉다.

밧다[2][받따]〔타〕'바수다'의 준말.

밧동〔명〕〈옛〉발등.

밧바당〔명〕〈옛〉발바닥.

밧쒸〔명〕〈옛〉밭.

밧잣〔명〕〈옛〉외성(外城).

밧-줄[바쭐/받쭐]〔명〕볏짚이나 삼으로 세 가닥을 지어 굵다랗게 꼰 줄. ▣~로 동여매다 / ~을 잡아당기다 / ~에 매달리다.

밧집〔명〕〈옛〉곽(槨). 외관(外棺).

밨〔명〕〈옛〉밖.

방:〔명〕〔민〕윷판의 한가운데에 있는 밭.
  방을 따다 〔구〕윷놀이에서, 말을 방에서 꺾이 첫 밭에 놓다.

방(坊)〔명〕〔역〕1 서울의 오부(五部)를 다시 나눈 행정 구역〈오늘의 동(洞)과 비슷함〉. 2 조선 때, 황해도와 평안도에서 면(面)을 가리키던 말.

방(房)〔명〕사람이 살거나 일을 하기 위하여 벽 따위로 막아 만든 공간. ▣~을 구하다 / ~을 얻다 / ~이 좁다 / ~을 빼다 / ~ 한 칸을 세주다 / ~을 깨끗이 치우다 / ~에 틀어박히다.
  방(을) 놓다 〔구〕방고래를 켜고 구들을 놓아 방바닥을 만들다.

방(旁)〔명〕한자 구성상의 이름으로, 글자의 오른쪽에 있는 부수('列·邦' 등에서 'ㅣ·ㆁ' 따위). ⇔변(邊).

방:(榜)〔명〕1 '방목(榜目)'의 준말. 2 '방문(榜文)'의 준말. ▣~을 내걸다.

방:(放)〔의명〕1 총포를 발사하는 횟수를 세는 말. ▣공포를 한 ~ 쏘다. 2 주먹이나 방망이 따위로 때리는 횟수를 세는 말. ▣흠뻑 한 ~ / 주먹 한 ~이 날아든다. 3 사진을 찍는 횟수나 필름의 장수를 세는 단위. ▣한곳에서 여러 ~ 찍을 필요는 없다.

방가(邦家)〔명〕국가.

방:가(放暇)〔명〕휴가(休暇).

방:가(放歌)〔명·하자〕거리낌 없이 큰 소리로 노래를 불러 댐.

방가위지(方可謂之)〔부〕과연 그렇다고 할 만하게. 방가위(方可謂).

방가지-똥(方可-)〔명〕〔식〕국화과의 한해살이 또는 두해살이풀. 길가에 나는데, 줄기는 1m 정도로 속이 비고 모가 졌으며, 잎은 엉겅퀴 비슷하나 가시가 없음. 늦봄에 가지 끝에 누른 빛의 꽃이 핌. 어린잎은 식용함.

방:각(倣刻)〔명·하타〕본디의 모양새를 그대로 본떠서 새김.

방각(傍刻)〔명·하타〕도장의 옆면에 글자를 새김. 또는 그 글자.

방각-탑(方角塔)〔명〕〔건〕탑신(塔身)의 평면이 네모진 탑.

방간(防奸)〔명·하자〕간사한 짓을 못하게 막음.

방간(坊間)〔명〕시정(市井).

방갈로(bungalow)〔명〕본디 지붕이 뾰족하고 높은, 인도 벵골 지방의 독특한 주택 양식으로, 여름철 산이나 유원지 같은 곳에 지은 야영 건물이나 별장.

방감-하다(方酣-)〔형·여〕기운이나 흥이 한창 무르익어 있다.

방-갓(方-)[-갇]〔명〕예전에, 상제(喪制)가 밖

에 나갈 때 쓰던 갓. 방립(方笠).

방갓-쟁이(方-)[-깐쟁-]〔명〕방갓을 쓴 사람을 낮잡아 이르는 말.

방강(防江)〔명〕둑[2].

방강(邦疆)〔명〕국경.

방개〔명〕〔충〕'물방개'의 준말.

방거(紡車)〔명〕물레.

방-걷기(方-)[-끼]〔명〕재목의 끝을 깎아서 둥글게 하는 일.

방:-게〔동〕바위겟과의 게. 연못의 흙 속에 사는데, 등딱지는 길이 3cm 정도의 사각형으로 두툴두툴하고 몸빛은 어두운 녹색, 집게발은 갈색임.

방:게-젓[-젇]〔명〕방게를 간장에 넣어 담근 젓. 방해해.

방결(防結)〔명·하자〕〔역〕조선 때, 고을 아전이 백성에게 논밭의 세금을 감해 주고 기한 전에 받아서 아전들끼리 돌려쓰기도 하고 사사로이 쓰기도 하던 일.

방경(方磬)〔명〕방향(方響).

방경(邦境)〔명〕국경.

방경(邦慶)〔명〕나라의 경사. 국경(國慶).

방계(傍系)[-/-게]〔명〕1 주된 계통에서 갈라져 나간 갈래. ▣~ 조직. 2 시조(始祖)가 같은 혈족 가운데 직계에서 갈라져 나간 친계(親系). ⇔직계(直系).

방계 인족(傍系姻族)[-/-게-]〔법〕배우자의 방계 혈족과 방계 혈족의 배우자.

방계 존속(傍系尊屬)[-/-게-]〔법〕방계 혈족에서 자기보다 항렬이 높은 친족(백부모·숙부모 따위).

방계-친(傍系親)[-/-게-]〔명〕〔법〕같은 시조에서 갈린 친족의 총칭(형제자매·종형제·종자매 따위).

방계 친족(傍系親族)[-/-게-]〔법〕방계 혈족과 방계 인족의 총칭.

방계 혈족(傍系血族)[-쪽/-게-쪽]〔법〕같은 시조에서 갈려 나간 혈족(백부모·숙부모·생질·형제자매 등).

방계 회:사(傍系會社)[-/-게-]〔경〕어느 회사의 계통을 이어받은 회사로서, 자회사(子會社)보다는 밀접하지 않고 지배권도 덜 미치는 회사.

방:고(倣古)〔명·하자〕옛것을 본뜸.

방-고래(房-)[-고-]〔명〕방의 구들장 밑으로 나 있는, 불길과 연기가 통하여 나가는 길. 갱동(坑洞). ⇔고래.

방:고-주의(倣古主義)[-/-이]〔명〕〔문〕옛 문학을 따르는 태도.

방곡(坊曲)〔명〕이(里) 단위의 마을.

방곡(防穀)〔명·하자〕곡식을 다른 곳으로 내가지 못하게 막음.

방:-곡(放哭)〔명·하자〕목을 놓아 통곡함.

방:-곡(放穀)〔명·하자〕저장한 곡식을 팔려고 시장으로 냄.

방곡-나다(坊曲-)[-공-]〔자〕〔역〕밤에 도성(都城) 안을 살피며 돌아다니는 야경(夜警)에 나서다.

방골(方骨)〔명〕〔생〕위턱과 아래턱의 두 끝을 잇는 작은 뼈.

방공(防共)〔명·하자〕공산주의 세력을 막아 냄. ▣~ 태세.

방공(防空)〔명·하자〕적의 항공기나 미사일 공격을 막음. ▣~ 시설을 갖추다.

방공 식별권(防空識別圈)[-뼐꿘]〔군〕영공(領空) 침입 방지 따위를 위해 각국이 설정한

공역(空域)((이곳에 드나드는 항공기는 관제관에게 반드시 미리 통보해야 함). 에이디아이제트(ADIZ). 에이디즈.

방공 연:습(防空演習)[-년-] 《군》 방공 훈련.

방공해사(妨工害事) 명하타 남의 일을 방해하여 해롭게 함.

방공-호(防空壕) 명 공습 때 대피하기 위하여 땅을 파서 만든 굴이나 구멍이.

방공 훈:련(防空訓練)[-훈-] 《군》 공습으로 인한 피해를 막기 위해, 적의 공습을 가정하여 행하는 훈련. 방공 연습.

방:과(放課) 명하자 그날의 수업을 끝냄. □~ 후에 영화 구경을 가다.

방관(傍觀) 명하타 어떤 일에 직접 관여하지 않고 곁에서 보기만 함. □악이나 불의(不義)를 ~하지 않다.

방관-자(傍觀者) 명 방관하는 사람. 방관인.

방관-적(傍觀的) 관명 방관하는 (것). □~(인) 태도.

방:광(放光) 명하자 빛을 내쏨. 또는 그 빛.

방광(膀胱) 명 《생》 비뇨기의 한 기관. 신장(腎臟)에서 흘러내리는 오줌을 한동안 저장하여 두는 주머니 모양의 기관. 오줌통.

방광 결석(膀胱結石)[-썩] 《의》 방광 속에 돌과 같은 물질이 생기는 병《몹시 아프고 피가 나오며, 배뇨 장애 등을 일으킴》.

방광-암(膀胱癌) 명 《의》 방광 점막에 생기는 암《40세 이상의 남성에게 발병률이 높음》.

방광-염(膀胱炎)[-념] 명 《의》 세균의 감염 등으로 방광 점막에 생기는 염증《오줌이 자주 마렵고 탁하며, 눌 때는 아프고 열이 남》.

방광 종양(膀胱腫瘍) 명 《의》 방광 속에 종양이 생기는 병《배뇨 장애·출혈을 일으킴》.

방:광-하다(放曠─) 형여 마음이 너그러워 말이나 행동에 거리낌이 없다.

방교(邦交) 명 국교(國交).

방:교(放校) 명하타 《교》 출학(黜學).

방:악(邦樂) 북과 비슷한 농악기의 하나. 자루가 없이 고리만 달려 있어 줄을 꿰어 메고서 침《소리는 소고와 비슷함》.

방구(防口) 명하타 말을 퍼뜨리지 못하게 입을 막음.

방구(旁求) 명하타 널리 찾아서 구함.

방-구들(房─)[-꾸-] 명 고래를 켜서 구들장을 덮고 흙을 발라 만든, 불을 때어 방바닥을 덥게 하는 장치. 온돌(溫突). 준구들.

방:구리 명 물을 긷거나 술을 담는 데 쓰는 질그릇《동이 비슷하나 좀 작음》.

방구-매기 명 《건》 초가지붕에서, 양쪽 추녀 끝보다 처마의 중간이 조금 배부르게 하는 일. 귀에 오는 이엉을 둥글게 덮기 위해서 함. ↔일자매기.

방:-구멍(房─) 연의 한복판에 둥글게 뚫은 구멍.

방-구석(房─)[-꾸-] 명 1 방 안의 네 귀퉁이. □~을 찬찬히 살피다 / ~에 가방을 내려놓다. 2 방 또는 방 안의 낮춤말. □온종일 ~에 처박혀 잠만 잔다.

방국(邦國) 명 국가.

방:귀 명 배 속의 음식물이 부패·발효되면서 항문으로 나오는 구린내 나는 가스. □~ 냄새 / ~가 나오다 / ~를 뀌다.
[방귀가 잦으면 똥 싸기 쉽다] 무슨 일이나 소문이 잦으면 실현되기 쉽다는 말. [방귀 뀐 놈이 성낸다] 제가 잘못하고 오히려 성낸다는 말.

방:귀(放歸) 명 돌아가게 놓아둠.

방:귀-벌레 명 《충》 딱정벌레과의 곤충. 길이는 2cm가량이며, 몸 빛깔은 누른빛이고 겉날개는 검음. 적의 공격을 받으면 배의 끝에서 폭발음과 함께 악취 나는 가스를 냄. 방비충(放屁蟲).

방그레 부하자 입을 약간 벌려 소리 없이 부드럽게 웃는 모양. □~ 미소를 짓다. 큰벙그레. 쎈빵그레.

방글-거리다 자 입을 조금 벌리고 소리 없이 부드럽게 자꾸 웃다. 큰벙글거리다. 쎈빵글거리다. **방글-방글** 부하자

방글-대다 자 방글거리다.

방금(防禁) 명하타 못하게 막아서 금함.

방금(邦禁) 명 나라에서 금하는 일.

방:금(放禽) 명하타 잡아 가두었던 새를 놓아냄.

방금(方今) 명부 바로 조금 전이나 후. 금방. □~ 들어온 소식 / ~ 일을 마쳤다 / ~이라도 비가 올 것 같다 / ~까지 여기에 있었다.

방긋[-귿] 부하자 입을 예쁘게 벌려 소리 없이 가볍게 한 번 웃는 모양. □~ 웃어 보이다. 큰벙긋. 쎈빵긋·빵끗.

방긋-거리다[-귿꺼-] 자 입을 예쁘게 벌려서 소리 없이 자꾸 웃다. 큰벙긋거리다. **방긋-방긋**[-귿빵귿] 부하자

방긋-대다[-귿때-] 자 방긋거리다.

방긋-이 부 방긋하게. 큰벙긋이. 쎈빵끗이.

방긋-하다[-그타-] 형여 입이나 문 따위의 틈새가 조금 열려 있다. 큰벙긋하다.

방기(防己) 명 1 《식》 새모래덩굴과의 낙엽 활엽 덩굴나무. 산기슭 양지에 남. 여름에 녹색의 잔 꽃이 피고, 가을에 납작한 열매가 까맣게 익음. 뿌리와 줄기는 약재로 씀. 2 《한의》 방기나 댕댕이덩굴의 줄기《부종·각기에 약으로 씀》.

방기(芳紀) 명 방춘(芳春)2.

방:기(放氣) 명 방귀.

방:기(放棄) 명하타 내버리고 돌아보지 아니함. □직무를 ~하다.

방-기휘(房忌諱) 명하자 《민》 해산한 집에서 부정(不淨)을 막기 어려울 경우, 그 산실(産室)만이라도 부정과 통하지 않게 하는 일.

방:-꾼(榜─)[-꾼] 명 조선 때, 과거에 합격한 사람의 집에 소식을 전하던 사령(使令).

방끗[-끋] 부하자 입을 조금 벌리고 소리 없이 살짝 웃는 모양. □~ 웃고 있는 아이의 모습. 큰벙끗. 여방긋. 쎈빵끗.

방끗-거리다[-끋꺼-] 자 입을 약간 벌리고 소리 없이 가볍게 자꾸 웃다. 큰벙끗거리다. 여방긋거리다. **방끗-방끗**[-끋빵끋] 부하자

방끗-대다[-끋때-] 자 방끗거리다.

방끗-이 부 방끗하게. □방문을 ~ 열다. 큰벙끗이. 쎈빵끗이.

방끗-하다[-끄타-] 형여 입이나 문 따위의 틈새가 조금 벌어져 있다. 큰벙끗하다. 여방긋하다.

방:-나다 자 집안의 재물이 죄다 없어지다.

방:-내(榜─)[-내] 역 1 과거에 급제한 사람의 성명이 발표되다. 2 일이 되고 안 되는 것이 드러나서 끝나다.

방납(防納) 명하타 《역》 조선 때, 하급 관리나 상인들이 백성을 대신하여 나라에 공물(貢物)을 바치고 그 대가를 백성에게서 높게 받아 내던 일《폐단이 많아 대동법(大同法)을 실시하게 됨》.

방내(坊內) 명 마을의 안.

방내(房內) 명 방 안.

방:-내다 타 ('방나다'의 사동) 살림을 죄다

없애다.

방년 (芳年) 圓 여자의, 이십 세 전후의 꽃다운 나이. 방령(芳齡). ㅁ ~ 18세.

방:념 (放念) 圓하자 마음을 놓음. 안심.

방:뇨 (放尿) 圓하자 오줌을 눔. ㅁ~ 금지.

방:담 (放談) 圓하자 생각나는 대로 거리낌 없이 말함. 또는 그런 이야기. ㅁ~을 나누다.

방:담-하다 (放膽–) 圓어 말이나 행동이 시원시원하고 대담하다.

방대 (方臺) 圓 《악》 악기를 받쳐 놓는 여러 가지 모양의 제구.

방:대-하다 (厖大–·尨大–) 圓어 양이나 규모가 매우 크고 많다. ㅁ방대한 예산 / 방대한 자료. **방:대-히** 團

방도 (方道·方途) 圓 어떤 일을 해 나갈 방법. ㅁ~를 세우다 / ~를 강구하다 / 좋은 ~가 떠오르다.

방독 (防毒) 圓하자 독가스·세균 따위의 독기의 피해를 막음.

방독 마스크 (防毒mask) 《군》 방독면.

방독-면 (防毒面)[–뚱–] 圓 《군》 독가스·세균 따위의 독기에 의한 눈·코·입의 피해를 막기 위하여 얼굴에 덮어쓰는 마스크. 가스 마스크.

방독-의 (防毒衣)[–도긔 /–도기] 圓 《군》 독가스·세균 따위를 막기 위하여 화학적으로 처리한 옷.

방:돈 (放豚) 圓 1 놓아기르는 돼지. 2 다잡지 않아 제멋대로 자란 아이를 낮잡아 이르는 말.

방동 (方冬) 圓 음력 시월의 딴 이름.

방동사니 圓 《식》 사초과의 한해살이풀. 길가나 밭두렁에 나는데, 모양이 왕골과 비슷하나 조금 작음.

방두 (方斗) 圓 모말.

방:둥-구부렁이 圓 방둥이가 구부러진 길짐승 《대개 암컷에 있음》.

방:둥이 圓 길짐승의 엉덩이.

방등 (方等) 圓 《불》 1 대승(大乘). 2 부처가 사람들에게 이익을 고루 주는 일. 3 방등경.

방등-경 (方等經) 圓 《불》 대승 경전의 총칭.

방란 (芳蘭)[–난] 圓 향기 좋은 난초.

방:랑 (放浪)[–낭] 圓하자 정처 없이 떠돌아다님. ㅁ~의 길을 떠나다.

방:랑-객 (放浪客)[–낭–] 圓 방랑자.

방:랑-기 (放浪記)[–낭–] 圓 방랑하며 겪은 경험이나 생활을 쓴 기록.

방:랑 문학 (放浪文學)[–낭–] 《문》 방랑 생활을 소재로 한 문학 작품.

방:랑-벽 (放浪癖)[–낭–] 圓 정처 없이 떠돌아다니기를 좋아하는 버릇.

방:랑-시 (放浪詩)[–낭–] 圓 《문》 방랑 생활을 소재로 한 시.

방:랑-자 (放浪者)[–낭–] 圓 정처 없이 이곳저곳을 떠돌아다니는 사람. 방랑객.

방략 (方略)[–냑] 圓 어떠한 일을 꾀하고 행하기 위하여 세운 방법과 계략.

방:량 (放良)[–냥] 圓하자 《역》 노비를 놓아주어 양민(良民)이 되게 하던 일.

방:렬 (放列)[–녈] 圓 《군》 포병 진지에서 사격의 대형(隊形)을 취함. 포열(砲列).

방렬-하다 (芳烈–)[–녈–] 圓어 1 향기가 몹시 짙다. 2 의열(義烈)하다.

방령 (方領)[–녕] 圓 《역》 백제 때, 오방(五方)의 으뜸 벼슬.

방령 (芳齡)[–녕] 圓 방년(芳年).

방례 (邦禮)[–녜] 圓 나라의 길흉에 대한 의식 《儀式》.

방로 (房勞)[–노] 圓 남녀 간의 잠자리로 말미암은 피로.

방:론 (放論)[–논] 圓하자 생각하는 대로 거리낌 없이 논의함.

방루 (防壘)[–누] 圓 적의 공격을 막기 위하여 쌓은 성이나 진지. ㅁ~에서 적진을 살피다.

방:류 (放流)[–뉴] 圓하자 1 가두어 놓은 물을 터놓아 흘려보냄. ㅁ 폐수를 ~하다 / 오염 물질이 ~되다. 2 어린 물고기를 강물에 놓아보냄. ㅁ 잉어 새끼를 ~하다.

방리 (方里)[–니] 圓 사방으로 일 리(一里)가 되는 넓이.

방립 (方笠)[–닙] 圓 방갓.

방:만-하다 (放漫–) 圓어 일이나 생각 따위가 야무지지 못하고 엉성하다. ㅁ 방만한 경영. **방:만-히** 團

방망이[1] 圓 1 무엇을 치거나 두드리거나 다듬는 데 쓰기 위하여 길고 동글게 깎아 만든 도구. ㅁ~를 깎다 / ~로 밀가루 반죽을 밀다 / 다듬잇감을 ~로 두드리다. 2 야구에서, '타격'의 비유.

방망이(를) 들다 남의 일에 훼살을 놓다.

방망이[2] 圓 1 참고될 만한 사항을 간단히 추려 적은 책. 2 《속》 시험을 치를 때, 부정행위를 하기 위해 글씨를 잘게 쓴 작은 종이쪽지.

방망이-질 圓하자 1 방망이로 치거나 다듬거나 두드리는 일. ㅁ 냇가에 앉아 빨래에 ~을 하다. 2 가슴이 몹시 두근거리는 상태를 비유적으로 이르는 말. ㅁ 놀라서 가슴이 ~을 치다.

방:매 (放賣) 圓하자 물건을 내놓고 팖. 매출(賣出). ㅁ 가구를 헐값에 ~하다 / 고물이 ~되다.

방:매-가 (放賣家) 圓 팔려고 내놓은 집.

방면 (方面) 圓 1 어떤 장소나 지역이 있는 방향. 또는 그 일대. ㅁ 부산 ~. 2 어떤 분야. ㅁ 문학 ~에 뜻을 두다 / 그 ~에는 문외한(門外漢)이다 / 그는 이 ~의 전문가이다 / 여러 ~에 재주가 많다.

방:면 (放免) 圓하자 붙잡아 두었던 사람을 놓아줌. ㅁ 훈계 ~ / 모범수를 ~하다.

방명 (方命) 圓하자 명령을 어김.

방명 (芳名) 圓 남의 이름의 존칭.

방명-록 (芳名錄)[–녹] 圓 어떤 모임이나 예식 따위에 참석한 사람들이 이름을 적어 놓은 책. 방함록. ㅁ~에 서명하다.

방모 (紡毛) 圓하자 1 짐승의 털에서 실을 뽑음. 2 방모사.

방모-사 (紡毛絲) 圓 짐승의 털을 자아 만든 실. 보풀이 많으며 두껍고 따뜻함.

방:목 (放牧) 圓하자 《농》 소·말·양 등의 가축을 놓아서 기름.

방:목 (榜目) 圓 《역》 과거에 급제한 사람의 성명을 적은 책. 준방(榜).

방:목-장 (放牧場)[–짱] 圓 《농》 가축을 놓아기르는 일정한 장소.

방무-림 (防霧林) 圓 바다 위에 끼는 안개의 피해로부터 논밭을 보호하기 위하여 해안 지대에 조성하는 숲.

방묵 (芳墨) 圓 1 향기가 좋은 먹. 2 남의 글이나 편지의 높임말.

방문 (方文) 圓 '약방문'의 준말.

방문 (房門) 圓 방으로 드나드는 문. ㅁ~을 똑똑 두드리다 / ~을 걸어 잠그다.

방:문 (訪問) 圓하자 사람이나 장소를 찾아가서 봄. ㅁ 모국 ~ / ~을 환영하다 / 선생님 댁을 ~하다.

방:문 (榜文) 圓 예전에, 어떤 일을 여러 사람

에게 알리기 위하여 길거리에 써 붙이던 글. ⓒ방(榜).

방:문-객(訪問客) 명 찾아오는 손님. ▢~을 맞이하다 / ~이 줄을 잇다.

방:문-기(訪問記) 명 어떤 곳을 찾아가서 보고 느낀 것을 적은 기록.

방:문-단(訪問團) 명 방문하기 위하여 조직한 단체나 집단. ▢고향 ~.

방:문-자(訪問者) 명 찾아오는 사람.

방문-주(方文酒) 명 맛과 약효를 위해 전해 오는 약방문에 따라 특별한 재료와 방법으로 빚은 술.

방문-차(房門次) 명 지게문의 덧문이나 다락문 등에 붙이는 그림이나 글씨. 또는 그 종이.

방문-턱(房門-) 명 방문 문짝의 밑이 닿는 문지방의 윗머리. ▢~에 걸터앉다.

방:문 판매(訪問販賣) 경 판매원이 직장이나 가정 따위를 돌아다니며 상품을 판매하는 일. ▢화장품 ~.

방물 명 여자들이 쓰는 화장품·바느질 그릇·패물 따위의 물건.

방물(方物) 명 [역] 감사나 수령이 임금에게 바치던 그 고장의 특산물.

방물-장사 하자 방물을 팔러 다니는 일.

방물-장수 명 방물을 팔러 다니는 여자.

방물-판 명 방물을 파는 장사판.

방:미(訪美) 하자 미국을 방문함.

방미-두점(防微杜漸) 하타 어떤 일이 커지기 전에 미리 막음. ☞방미.

방-밑(枋-)[-믿] 명 [건] 벽이 땅에 닿은 부분. 방저(枋底).

방-바닥(房-)[-빠-] 명 방의 바닥. ▢~이 뜨끈뜨끈하다 / ~을 닦다 / ~에 주저앉다 / ~에 이불을 깔고 눕다.

방발(房-) 명 [광] 굿을 만드는 데 양쪽에 세우는 기둥.

방:방(房房) 명 여러 방. 또는 모든 방. ▢~에 불을 켜다 / ~마다 사람들이 꽉 차 있다.

방:방(放榜) 명하타 [역] 조선 때, 과거에 급제한 사람에게 증서를 주던 일. 반패(頒牌).

방방곡곡(坊坊曲曲)[-꼭] 명 한 군데도 빠짐없는 모든 곳. 도처. ▢삼천리 ~ / ~ 안 다닌 데가 없다. ☞곡곡(曲曲).

방방이(房房-) 부 모든 방마다. ▢~ 찾아가서 인사를 했다.

방-배석(方拜席) 명 지난날, 벼슬아치가 예식에 참여할 적에 깔던 네모진 깔개.

방백(方伯) 명 [역] 관찰사(觀察使).

방백(傍白) 명 연극에서, 청중에게는 들리나 무대 위에 있는 상대방에게는 들리지 않는 것으로 약속하고 말하는 대사(臺詞).

방백-신(方伯神)[-씬] 명 [민] 음양도(陰陽道)에서, 방위를 다스린다는 신.

방:벌(放伐) 명하타 1 쫓아내어 죽임. 2 [역] 덕을 잃고 악정을 행하는 군주는 쫓아내야 한다는 옛 중국의 역세(易世) 혁명관.

방범(防犯) 명 1 범죄를 미리 막음. ▢~ 초소 / ~ 대책. 2 '방범대원'의 준말. ▢~이 순찰을 돌다.

방범-대(防犯隊) 명 흔히 파출소에 딸려, 방범을 위해 조직된 단체.

방범대-원(防犯隊員) 명 방범대에 소속하여, 특히 야간의 범죄를 막기 위해 순찰을 도는 사람. ☞방범.

방법(方法) 명 어떤 일을 해 나가거나 목적을 이루기 위한 수단이나 방식. ▢연구 ~ /

을 강구하다 / 사용 ~을 익히다 / 뾰족한 해결 ~이 없다 / 수단과 ~을 가리지 않다.

방법-론(方法論)[-논] 명 [철] 진리에 도달하기 위한 과학 연구에서의 합리적인 방법에 관한 이론.

방벽(防壁) 명 공격을 막기 위한 벽. 또는 그런 역할을 하는 사물.

방:벽(放僻) 명하자 아무 거리낌 없이 제멋대로 행동함.

방보(防報) 명 [역] 상급 관아의 지휘대로 업무를 수행할 수 없을 때에 그 이유를 적어서 올리던 보고.

방:보(放步) 명하자 되는대로 걸음. 또는 그런 걸음.

방-보라 [건] 1 좁은 벽에 중깃과 윗가지를 쓰기 곤란한 곳에 윗가지 대신 세로 지르는 나무 막대기. 2 설외를 엮기 위하여 벽선과 벽선 사이를 버티는 막대기.

방부(防腐) 명 물질이 썩거나 삭아서 변질되는 것을 막음《건조·냉장·소금 절임·훈제 따위의 방법이 있음》.

방부(房付) 명 [불] 선방에 안거(安居)를 청하거나 승려가 다른 절에 가서 잠시 있기를 원하는 일.

방부(를) 들이다 [구] 다른 절의 객승이 와서 있기를 원해서 받아들이다.

방부-성(防腐性)[-썽] 명 물질이 썩거나 삭아 변질되는 것을 막는 성질.

방부-재(防腐材) 명 [약] 건축 재료나 침목(枕木) 같은 것이 박테리아·버섯 등의 작용으로 썩는 것을 막기 위하여 사용하는 약품.

방부-제(防腐劑) 명 [화] 미생물의 활동을 막아 물질이 썩지 않게 하는 약제《식품 방부제 및 의약품·화장품 방부제와 공업용 방부제 등이 있음》.

방분(方墳) 명 고분(古墳) 분류의 한 가지로, 봉분의 모양이 네모진 무덤. 네모 무덤.

방:분(放糞) 명하자 똥을 눔.

방:불-하다(彷彿·髣髴-) 형여 1 거의 비슷하다. 2 (주로 '…을 방불케 하다'의 꼴로 쓰여) 무엇과 같다고 느끼게 하다. ▢실전(實戰)을 방불케 하는 훈련. **방:불-히** 부

방비(防備) 명하타 적이나 재해 따위를 막을 준비를 함. 또는 그 준비. ▢해안을 ~하다 / 철통같은 ~ 태세를 갖추다 / ~가 허술하다.

방비-선(防備線) 명 [군] 방어선(防禦線). ▢적의 ~을 깨뜨리다.

방비-책(防備策) 명 방비할 대책. ▢홍수 ~.

방:비-충(放屁蟲) 명 [충] 방귀벌레.

방사(方士) 명 신선의 술법을 닦는 사람.

방사(坊舍) 명 [불] 승려가 거처하는 방.

방사(房事) 명 남녀가 성교하는 일.

방사(房舍) 명 방(房).

방:사(放射) 명하타 1 중앙의 한 점에서 바퀴살 모양으로 내뻗침. ▢~되는 에너지. 2 [물] 복사(輻射).

방:사(放赦) 명하타 1 죄를 용서해 놓아줌. 2 [가] 성직자가 십자가나 묵주 등의 성물(聖物)에 기도하여 주는 일.

방:사(放飼) 명하타 가축을 가두지 않고 놓아 먹임.

방사(紡絲) 명하자 [공] 섬유를 자아서 실을 뽑음. 또는 그 실.

방:사-기(放射器) 명 액체나 기체를 내뿜는 데 쓰는 기구.

방:사능(放射能) 명 [물] 라듐·우라늄·토륨 따위 원소의 원자핵이 붕괴하면서 방사선을 방출하는 현상이나 성질. ▢~에 오염되다.

방:사능 광:물 (放射能鑛物) 방사성 광물.
방:사능 병기 (放射能兵器) 〖군〗 방사능 효과로 인명을 해치는 병기(환경을 오염시킴).
방:사능-비 (放射能-) 핵폭발로 방출된 인공 방사능이 들어 있는 비. 방사능우.
방:사능-선 (放射能線) 〖물〗 방사선.
방:사능-우 (放射能雨) 〖물〗 방사능비.
방:사능 원소 (放射能元素) 방사성 원소.
방:사능-전 (放射能戰) 〖군〗 핵무기와 같은 방사성 물질 또는 방사선 생성 장치를 써서 벌이는 전쟁.
방:사능-증 (放射能症) [-쯩] 〖의〗 방사선증.
방:사능-진 (放射能塵) 낙진(落塵). 〔장애.
방사-림 (防沙林) 〖명〗 산·바닷가 같은 곳에 비에 씻기거나 바람에 날리는 모래를 막기 위하여 심어 가꾼 숲.
방-사백 (旁死魄) 사백(死魄)의 다음 날인 음력 초이튿날.
방:사-상 (放射狀) 〖명〗 중앙의 한 점에서 사방으로 바퀴살처럼 뻗어 나간 모양. 방사형(形). 〔~ 도로.
방:사상-균 (放射狀菌) 〖명〗 〖생〗 방선균(放線菌).
방:사-선 (放射線) 〖명〗 〖물〗 방사성 원소의 붕괴에 따라 방출되는 입자선(粒子線) 또는 복사선(輻射線)《알파선(α線)·베타선(β線)·감마선(γ線)이 있음》.
방:사선-과 (放射線科) [-꽈] 〖의〗 방사선을 이용하여 병의 진단·치료 등을 하는 과. 영상의학과로 이름이 바뀜.
방:사선 사진 (放射線寫眞) 〖물〗 투과력이 큰 엑스선, 감마선 따위를 이용해서 물체의 내부를 찍은 사진. 라디오그래프.
방:사선 요법 (放射線療法) [-뇨뻡] 〖의〗 방사선을 이용하여 암 따위를 치료하는 방법.
방:사선 의학 (放射線醫學) 〖의〗 방사선의 의학적 이용과 인체 장애에 관한 문제를 연구하는 의학.
방:사선 장애 (放射線障礙) 〖의〗 방사선을 쐬었을 때에 인체에 나타나는 직접적·간접적 장애의 총칭《식욕 부진·두통·구토·출혈·빈혈·불임 따위》. 방사능증.
방:사-성 (放射性) [-썽] 〖명〗 〖물·화〗 물질이 방사능을 가진 성질.
방:사성 광:물 (放射性鑛物) [-썽-] 〖광〗 우라늄·토륨·라듐 따위의 방사성 원소를 상당량 함유하고 있는 광물《역청(瀝靑) 우라늄광(鑛)·섬우라늄석·모나자이트 따위》.
방:사성 동위 원소 (放射性同位元素) [-썽-] 〖물·화〗 방사성을 가지는 동위 원소《천연으로 있는 것과 인공적으로 만드는 것이 있음》. 라디오아이소토프.
방:사성 물질 (放射性物質) [-썽-찔] 〖물〗 방사성 원소를 함유하는 물질의 총칭《우라늄·토륨 따위》.
방:사성 오염 (放射性汚染) [-썽-] 〖물〗 방사능을 가진 물질이 묻어 오염되는 일.
방:사성 원소 (放射性元素) [-썽-] 〖물·화〗 스스로 방사선을 내뿜는 원소《우라늄·악티늄·토륨 따위》. 방사능 원소.
방:사성 폐:기물 (放射性廢棄物) [-썽-/-썽폐-] 〖물〗 원자로·핵연료·인공 방사성 동위 원소 따위를 다룰 때 발생하는, 방사성 물질이 들어 있는 갖가지 폐기물.
방:사 에너지 (放射energy) 〖물〗 복사(輻射) 에너지.
방:사-열 (放射熱) 〖물〗 복사열(輻射熱).
방:사-진 (放射塵) 〖물〗 낙진(落塵).
방:사-체 (放射體) 〖명〗 〖물〗 복사체(輻射體).

방:사-하다 (放肆-) 〖형여〗 제멋대로 행동하며 거리끼고 어려워하는 데가 없다.
방:사-하다 (倣似-) 〖형여〗 아주 비슷하다.
방:사-형 (放射形) 〖명〗 방사상(狀).
방산 (防産) 〖명〗「방위 산업」의 준말.
방:산 (放散) 〖명하자타〗 1 풀어서 헤침. 2 제멋대로 제각기 흩어짐.
방산 (謗訕) 〖명하타〗 남을 헐뜯거나 비웃음.
방:산-충 (放散蟲) 〖동〗 유공충(有孔蟲).
방상-시 (方相氏) 〖명〗 〖역〗 구나(驅儺) 때의 나자(儺者)의 하나《인산(因山)이나 지위 높은 사람의 행상(行喪)에 앞서 가서 광중(壙中)의 악귀를 쫓는 데 쓰였음》.
방색 (方色) 〖명〗 동·서·남·북·중(中)의 다섯 방위에 따른 청·백·적·흑·황의 다섯 가지 빛.
방색 (防塞) 〖명하타〗 들어오지 못하게 막음. 또는 틀어막거나 가려서 막음.
방색-기 (方色旗) [-끼] 〖끼〗 다섯 방위에 따라 각기 빛을 달리한 깃발.
방:생 (放生) 〖명하타〗 〖불〗 사람에게 잡힌 생물을 놓아주는 일. 〔치어(稚魚) ~.
방생 (傍生) 〖명〗 〖불〗 몸이 옆으로 되어 있는 생물《벌레·물고기·날짐승 등》.
방:생-회 (放生會) 〖명〗 〖불〗 잡아 놓은 산 물고기나 짐승을 산·못·내에 가서 살려 보내는 의식《주로 음력 삼월 삼짇날이나 팔월 보름에 행함》.
방서 (方書) 〖명〗 방술(方術)을 적은 글이나 책.
방서 (芳書) 〖명〗 남의 편지의 높임말.
방석 (方席) 〖명〗 앉을 때 밑에 까는 작은 깔개. 〔~을 깔고 앉다 / 손님에게 ~을 내드리다.
방석-니 (方席-) [-성-] 〖생〗 송곳니 다음의 첫 어금니.
방석-덮개 (方席-) [-떱-깨] 〖명〗 방석을 덮어씌우는 보.
방선 (防船) 〖명〗 〖역〗 조선 때, 수영(水營)에 딸렸던 병선(兵船)의 한 가지.
방:선 (放禪) 〖명하자〗 〖불〗 좌선(坐禪)이나 간경(看經)을 마치고 쉼.
방선 (傍線) 〖명〗 세로쓰기에서, 글줄의 오른편에 내리긋는 줄. 결줄. 〔~을 치다. *밑줄.
방:선-균 (放線菌) 〖명〗 〖생〗 흙 속·마른풀 등에 붙어사는, 세균과 곰팡이의 중간적 성질을 가진 미생물《균사(菌絲) 등을 방사상으로 내놓으면서 퍼짐》. 방사상균(放射狀菌). 방선상균.
방:선균-병 (放線菌病) [-뼝] 〖명〗 〖의〗 방선균에 의해 생기는 만성 전염병.
방설 (防雪) 〖명하자〗 눈사태·폭설 따위에 의한 피해를 막음. 〔~ 대책.
방설-림 (防雪林) 〖명〗 눈사태·폭설 따위에 의한 피해를 막기 위하여 만들어 놓은 숲.
방성 (房星) 〖명〗 〖천〗 이십팔수의 넷째 별《말의 수호신으로 불림》. 방(房).
방:성 (放聲) 〖명자〗 소리를 크게 지름. 또는 그 소리. 〔서로 흥분하여 ~이 오가다.
방:성 (榜聲) 〖명〗 〖역〗 과거에 합격한 사람을 알리는 방꾼이 방을 전하기 위해 크게 외친던 소리.
방:성-대곡 (放聲大哭) 〖명하자〗 대성통곡.
방:성-머리 (放聲-) 〖건〗 보·도리·평방(平枋)에 그리는 단청의 한 가지. 꽃 한 송이를 중심으로 둘레에 살과 휘를 엇섞은 그림.
방:성-통곡 (放聲痛哭) 〖명하자〗 목을 놓아 몹시 슬프게 욺. 대성통곡.
방세 (房貰) [-쎄] 〖명〗 남의 집 방에 세 들어 살면서 내는 돈. 〔~를 내다 / ~가 오르다 / ~가 비싸다 / ~가 밀리다.

방-세간(房-)[-쎄-] 명 방 안에 갖추어 놓고 살림하는 데 쓰는 물건. 口~을 들여놓다 / ~을 장만하다.

방소(方所) 명 방위(方位).

방소(를) 꺼리다 구 어떠한 방위가 좋지 않다고 꺼리다.

방:소(放笑) 명하자 큰 소리로 웃음.

방소-항변(妨訴抗辯) 명[하타] 민사 소송에서, 원고의 편에 특별한 소송 조건의 결합이 있을 때, 피고가 그 결합을 지적하여 본안(本案)의 변론을 거부할 수 있는 소송상의 권리.

방속(方俗) 명 지방의 풍속.

방손(傍孫) 명 방계 혈족의 자손.

방:송(放送) 명[하타] 라디오·텔레비전의 전파에 실어 뉴스·음악·강연·연예 따위를 보냄. 口 라디오 ~ / 드라마를 ~하다 / ~에 출연하다.

방:송-국(放送局) 명 일정한 시설을 갖추고 방송을 하는 기관.

방:송-극(放送劇) 명 [연] 라디오·텔레비전을 통해 방송하는 극. *라디오 드라마.

방:송-극본(放送劇本)[-뽄] 명 [연] 방송극에 쓸 수 있도록 형식을 갖춰 내용을 적은 대본.

방:송 대담(放送對談) 두 사람 이상이 마주 대하여 자기의 견해를 이야기하는 형식으로 진행하는 방송 형태.

방:송-망(放送網) 명 라디오·텔레비전 등에서 각 방송국을 연결해서 같은 프로그램을 동시에 방송하는 체제. 네트워크.

방:송-법(放送法)[-뻡] 명 [법] 방송 사업의 내용을 규정한 법률.

방:송 수신기(放送受信機) 라디오 수신기나 텔레비전 수상기.

방:송-실(放送室) 명 방송을 하는 방.

방:송 위성(放送衛星) 지상의 중계국을 거치지 않고 각 가정의 수신기에 방송 전파를 직접 보내는 인공위성.

방:송-인(放送人) 명 방송과 관련된 일을 하는 사람.

방:송 주파수(放送周波數) 방송에 사용하는 주파수.

방:송-파(放送波) 명 [전] 라디오나 텔레비전 방송에 사용되는 전파.

방수(方手) 명 방법과 수단.

방수(防水) 명[하타] 물이 새거나 스며들거나 넘쳐흐르는 것을 막음. 口~ 처리가 잘된 비옷 / ~가 제대로 되지 않아 비가 샌다.

방수(防守) 명[하타] 막아서 지킴.

방수(防成) 명[하타] 국경을 지킴.

방수(防銹) 명[하타] 녹이 스는 것을 막음. 口~ 도료(塗料).

방:수(放水) 명[하타] 물을 흘려보냄. 또는 그 흘려보낸 물. 口~ 시설.

방:수(放囚) 명[하자] 죄수를 풀어 놓아줌.

방수(芳樹) 명 방향(芳香)이 있는 나무라는 뜻으로, '꽃나무'를 이르는 말.

방수(傍受) 명 무선 통신에서, 통신의 직접 수신자가 아닌 다른 사람이 그 통신을 우연히 듣는 고의적으로 수신하는 일.

방수 도시(防守都市) [군] 방어력을 갖추고 있어, 국제법상으로 무차별 포격이나 폭격이 허용되는 도시. ↔개방 도시.

방수 동맹(防守同盟) [군] 방어(防禦) 동맹.

방:수-로(放水路) 명 홍수를 막거나 수력 발전소에서 이용한 물을 하천으로 흘려보내기 위하여 인공적으로 만든 물길. 口~ 공사 / ~를 정비하다.

방수-림(防水林) 명 수해를 막기 위하여 강가나 바닷가에 만들어 놓은 숲.

방수-모(防水帽) 명 방수 처리가 된 모자.

방수-복(防水服) 명 방수 처리가 된 옷.

방수-성(防水性)[-썽] 명 물이 스며들거나 배어들지 못하게 하는 성질. 口~이 뛰어난 옷감 / ~이 좋다.

방수-제(防水劑) 명 [화] 종이·헝겊 등에 발라서 물이 스며들지 못하게 하는 약제.

방수-지(防水地) 명 방수 가공을 한 천.

방수-지(防水紙) 명 방수제를 발라서 가공한 종이.

방수-층(防水層) 명 [건] 지붕이나 지하실의 벽과 바닥 따위에 물이 스며들지 못하게 시공(施工)한 막이나 층.

방수-포(防水布) 명 방수 처리를 한 피륙.

방수-화(防水靴) 명 물이 스며들지 못하게 방수 처리를 하여 만든 신.

방순(芳醇) 명 향기롭고 맛이 좋은 술.

방순-하다(芳醇-) 형여 향기롭고 진하다.

방술(方術) 명 1 방법과 기술. 2 방사(方士)의 술법.

방습(防濕) 명[하타] 습기를 막음. 口~ 대책.

방습-재(防濕材)[-째] 명 [건] 건물 내부에 습기가 스며들지 않도록 사용하는 재료(도료·합성수지 따위).

방습-제(防濕劑)[-쩨] 명 [화] 습기를 막는 데 쓰는 약제(농황산·염화칼슘 따위). 건조제.

방승(方勝) 명 금전지(金箋紙).

방승-매듭(方勝-) 명 [공] 끈목이나 끈 실로 납작하고 네모지게 맺는 매듭.

방:시(榜示) 명[하타] [역] 방문을 붙여 널리 보이던 일.

방시레 [부][자] 입을 예쁘게 벌리고 소리 없이 살그머니 웃는 모양. 황벙시레. 쎈빵시레.

방식(方式) 명 일정한 방법이나 형식. 법식(法式). 口 생활 ~ / 표현 ~ / 경기 ~이 달라졌다 / 자기 ~대로 하다.

방식(防蝕) 명[하타] 금속 표면의 부식을 막음.

방식-제(防蝕劑)[-쩨] 명 [화] 금속 표면의 부식을 막는 데 쓰는 약제(페인트·흑연·유류 따위).

방실-거리다 자 입을 살짝 벌려 소리 없이 정겹고 예쁘게 자꾸 웃다. 황벙실거리다. **방실-방실** [부][자]

방실-대다 자 방실거리다.

방실-판(房室瓣) 명 [생] 심장의 심방과 심실 사이에 있는 판막(혈액의 역류를 막음).

방심(芳心) 명 방정(芳情) 1.

방:심(放心) 명[하자] 1 마음을 다잡지 않고 놓아 버림. 口~ 상태 / ~는 금물이다 / ~을 틈타 도망치다. 2 안심(安心) 1. 3 석려(釋慮).

방심(傍心) 명 [수] 삼각형의 방접원(傍接圓)의 중심.

방싯 [-싣] [부][자] 입을 예쁘게 벌리며 소리 없이 가볍게 한 번 웃는 모양. 口 아기가 ~ 웃는다. 황벙싯. 쎈빵싯.

방싯-거리다 [-싣꺼-] 자 입을 예쁘게 벌려 소리 없이 가볍게 자꾸 웃다. 황벙싯거리다. **방싯-방싯** [-싣삗-] [부][자]

방싯-대다 [-싣때-] 자 방싯거리다.

방아 명 곡식을 찧거나 빻는 기구. 口~ 찧는 소리가 요란하다.

방아-게 [-께] 명 [동] 달랑겟과의 게. 바닷가나 강가의 진흙 속에 사는데, 간조 때 많이 나타남. 등딱지는 밤색, 다리는 회색임. 엽낭게.

방아-굴대 [-때] 명 [때] 물레방아의 중심을 가로지르는 굵은 나무.

방아-깨비 명 〔충〕 메뚜깃과의 곤충. 여름에 풀밭에 많은데, 수컷은 가늘고 작으며, 암컷은 통통하고 크며, 몸빛은 초록 또는 회색임. 앞날개는 배보다 길며, 뒷다리가 크고 길어 잡으면 방아 찧듯 몸을 놀림. 용서(舂黍).
방아-꾼 명 방아를 찧는 사람.
방아-다리 명 〔민〕 금·은·옥 따위로 만든 허수아비 모양의 노리개.
방아-두레박 명 지렛대를 써서 물을 푸는 두레박. 우물 옆에 기둥을 세우고 긴 나무를 방아처럼 걸쳐, 한쪽 끝에 두레박 줄을 달고 다른 한쪽 끝을 눌렀다 놓았다 하여 물을 품.
방아-벌레 명 〔충〕 방아벌렛과의 갑충(甲蟲). 썩은 나무나 땅속에 사는데, 몸은 방추형으로 흑색임. 몸을 잦혀 놓으면 머리로 쪼며 일어나 움직임. 보리 뿌리를 갉아 먹는 해충임. 도끼벌레.
방아-살 명 쇠고기의 등심 복판에 있는 고기.
방아-쇠 명 **1** 소총·권총 등에서 총알을 발사하는 장치. 굽은 쇠 모양이며 집게손가락으로 잡아당겨서 총을 쏨. ❑ ~를 당기다. **2** 예전에, 화승총(火繩銃)에서 화승을 끼는 굽은 쇠. 총 쏠 때에 잡아당겨서 귀약에 불을 붙이는 데 썼음.
방아-질 명 방아를 찧는 동작.
방아-채 명 방앗공이를 끼운 긴 나무.
방아-촉 (-鏃) 명 물레방아의 방앗공이 끝에 달린 작은 무쇠 촉.
방아 타:령 〔악〕 경기·서도 민요의 한 가지 《4분의3 박자로 되어 있음》.
방아틀-뭉치 명 총의 방아쇠가 달려 있는 쇠뭉치 부분.
방아-품 명 방아를 찧어 주고 삯을 받는 품. ❑ ~을 팔다.
방아-확 명 방앗공이로 찧을 수 있게 돌절구 모양으로 우묵하게 판 돌.
방안 (方案) 명 일을 처리해 나갈 방법이나 계획. ❑ 해결 ~ / 설득력 있는 ~ / 최종 ~이 확정되다.
방안 (方眼) 명 〔수〕 '모눈'의 구용어.
방:안 (榜眼) 명 〔역〕 전시(殿試)의 갑과(甲科)에 둘째로 급제한 사람.
방안-지 (方案紙) 명 방안을 적은 종이.
방안-지 (方眼紙) 명 〔수〕 모눈종이.
방안 지도 (方眼地圖) 〔군〕 동서남북으로 좌표선(座標線)이 그려져 있는 지도.
방안-칠판 (方眼漆板) 명 모눈이 그려져 있는 칠판.
방앗-간 (-間)[-아깐 / -앋깐] 명 방아로 곡식을 찧거나 빻는 곳. 정미소. ❑ ~에서 고추를 빻다.
방앗-공이 [-아꽁- / -앋꽁-] 명 방아확 속에 든 곡식 따위를 찧는 데 쓰는 길쭉한 몽둥이. ❑ ~로 쌀을 찧다.
방앗-삯 [-아싹 / -앋싹] 명 방아를 찧는 데 드는 삯. 도정료(搗精料).
방애 (妨礙) 명하타 막거나 헤살을 놓아 일이 순조롭게 진행되지 못하게 함.
방애-물 (妨礙物) 명 방애가 되는 사물.
방약 (方藥) 명 **1** 약제를 조합하는 일. **2** 처방에 따라 지은 약. **3** 막힌 일을 해결할 수 있는 방법. ❑ 문제 해결의 ~을 찾다.
방약무인 (傍若無人)[-양-] 명하형 곁에 사람이 없는 것처럼 거리낌 없이 함부로 말하고 행동함. ❑ ~한 태도.
방:양 (放養) 명하타 물고기 따위를 놓아기름.
방어 (邦語) 명 국어(國語)1.
방어 (防禦) 명하타 **1** 상대편의 공격을 막음. ❑ 타이틀 ~ / 있는 힘을 다해 ~하다 / ~ 진지를 구축하다 / ~ 태세를 갖추다. **2** 〔법〕 민사 소송에서, 피고가 원고의 주장을 배척하기 위하여 사용하는 소송 행위.
방:어 (放語) 명하자 방언(放言).
방어 (魴魚) 명 〔어〕 전갱잇과의 바닷물고기. 몸은 1m가량으로 긴 방추형이고 주둥이가 뾰족함. 몸은 등이 회색을 띤 푸른빛이고 배는 하얀빛을 띤 은빛이며, 옆구리에 누른빛의 세로띠가 있음.
방어 기제 (防禦機制) 〔심〕 두렵거나 불쾌한 일, 욕구 불만에 맞닥뜨렸을 때 스스로를 방어하기 위하여 자동적으로 취하는 적응 행위 《도피·억압·투사·보상 따위》.
방어 동맹 (防禦同盟) 제삼국의 공격을 공동으로 방어하려고 맺은 두 나라 이상의 동맹.
방어-력 (防禦力) 명 상대편의 공격을 막는 힘. ❑ ~을 강화하다.
방어-망 (防禦網) 명 〔군〕 **1** 적의 공격을 막기 위하여 구축한 병력과 시설의 조직. ❑ 적의 ~을 피해 달아나다 / ~을 뚫다. **2** 군함이 어뢰의 공격을 막기 위하여 수면 밑으로 늘어놓는 금속제 그물.
방어-벽 (防禦壁) 명 방어하기 위하여 쌓은 벽. 또는 그런 역할을 하는 것. ❑ ~을 치다.
방어-사 (防禦使) 명 〔역〕 조선 인조 때, 군사 요지를 방어하기 위하여 둔 종이품 무관 벼슬.
방어-선 (防禦線) 명 〔군〕 적의 공격을 막기 위하여 쳐 놓은 진지를 잇는 선. 방비선. ❑ ~을 구축하다 / ~을 뚫다 / 최후의 ~이 무너지다.
방어-율 (防禦率) 명 야구에서, 투수가 한 경기에 허용하는 점수의 평균치. 투수의 자책점의 합을 던진 횟수로 나누고 9를 곱한 값.
방어-전 (防禦戰) 명 **1** 〔군〕 적의 공격을 막기 위한 싸움. ㊟방전(防戰). **2** 권투 따위에서, 선수권자가 선수권을 지키기 위해 벌이는 경기. ❑ 타이틀 ~.
방어 지역 (防禦地域) 〔군〕 적의 공격을 막기 위해 각 부대가 맡은 지역.
방어-진 (防禦陣) 명 〔군〕 적의 공격을 막기 위해서 친 진.
방어 진지 (防禦陣地) 〔군〕 적의 공격을 막기 위해 지형을 이용하여 만든 진지.
방어 해:면 (防禦海面) 〔군〕 군사상 방어를 위하여 지정한 해면 구역.
방언 (方言) 명 **1** 〔언〕 한 지역 또는 계층에 한해서 행하여지는 언어의 체계. **2** 〔언〕 한 나라의 언어 중에서 지역에 따라 표준어와 서로 다른 언어 체계를 가진 말. 사투리. ↔공통어. **3** 〔기〕 신약 시대에, 성령(聖靈)을 받은 신자가 하는, 뜻을 알 수 없는 말.
방:언 (放言) 명하타 거리낌 없이 함부로 말을 함. 또는 그 말. 방어(放語).
방:언-고론 (放言高論) 명하자 생각하는 대로 거침없이 큰 소리로 말함. 또는 그 말.
방언-학 (方言學) 명 〔언〕 방언에 관하여 연구하는 언어학의 한 분야.
방역 (防役) 명하자 〔역〕 조선 때, 시골 백성들이 돈이나 곡식을 미리 바치고 부역(賦役)을 면제받던 일.
방역 (防疫) 명하타 전염병의 발생·침입·전염 등을 소독·예방 주사 등의 방법으로 미리 막음. ❑ ~ 대책을 세우다.
방역 (邦譯) 명하타 국역(國譯).
방역-진 (防疫陣)[-찐] 명 방역을 위한 의료 진

용(陣容). ❏ ～을 급파하다.

방연(方椽)〖團〗〖건〗1 단면이 정사각형 또는 직사각형인 서까래. 네모서까래. 2 굴도리 밑에 받치는 네모진 나무.

방연-석(方鉛石)〖團〗〖광〗연한 회색의 금속광택이 나는 광석(황화납으로 납의 중요한 원료임).

방ː열(放熱)〖團〗〖자〗열을 발산함. 또는 그 열. ❏～ 장치.

방ː열-기(放熱器)〖團〗〖공〗1 열을 발산하여 공기를 따뜻하게 하는 난방 장치. 2 공기·물 등의 열을 발산시켜 기계를 냉각시키는 기구. 라디에이터.

방열형 음극(傍熱型陰極)〖물〗음극이 그 곁에 있는 다른 히터로부터 열을 받아서 열전자를 방출하는 형식의 진공관.

방ː영(放映)〖團〗〖하타〗텔레비전으로 방송하는 일. ❏～ 시간 / 뉴스 직전에 ～되는 드라마.

방영(芳詠)〖團〗남의 시가(詩歌)의 높임말.

방예-원조(方枘圓鑿)〖團〗모난 자루와 둥근 구멍이라는 뜻으로, 사물이 서로 맞지 아니함을 이르는 말. ⓐ예조(枘鑿).

방옥(房屋)〖團〗가방(假房).

방외(方外)〖團〗1 범위 밖. 2 세속을 벗어난 곳. 3 유가(儒家)에서, 도가(道家)·불가(佛家)를 이르는 말.

방외(房外)〖團〗방의 바깥.

방외-객(方外客)〖團〗그 일과는 전혀 관계가 없는 사람.

방외-사(方外士)〖團〗속된 세상일에서 벗어나 고결한 사람.

방외-인(方外人)〖團〗국외자(局外者).

방외-학(方外學)〖團〗유교에서, 도교나 불교의 일컬음.

방용(方容)〖團〗남의 용모에 대한 경칭.

방울¹〖團〗1 구슬같이 동글동글하게 맺힌 액체 덩어리. 2 의존 명사적으로 쓰여, 작고 둥근 액체 덩어리를 세는 단위. ❏물 한 ～ / 비가 한두 ～씩 떨어진다.

방울²〖團〗쇠붙이로 둥글고 속이 비게 만들어, 그 속에 단단한 물건을 넣어서 흔들면 소리가 나게 된 물건. 영탁(鈴鐸). ❏～ 소리 / ～을 흔들다 / 고양이 목에 ～을 달다.

방울-꽃[-꼳]〖團〗'물방울'을 아름답게 일컫는 말.

방울-나귀[-라-]〖團〗몸은 작으면서 걸음이 빠른 나귀.

방울-낚시[-락씨]〖團〗낚싯줄에 단 방울의 울림을 듣고 물고기를 낚는 낚시.

방울-눈[-룬]〖團〗방울처럼 둥글고 부리부리하게 생긴 눈.

방울-땀〖團〗물방울처럼 맺힌 땀.

방울-떡〖團〗방울 모양으로 만든 과자의 하나.

방울-방울〖團〗〖부〗한 방울 한 방울. ❏풀잎에 이슬이 ～ 맺히다 / 눈물을 ～ 흘리다.

방울-뱀〖團〗〖동〗살무삿과의 독사. 길이는 2 m 가량. 누른빛을 띤 초록빛이며 등에 어두운 갈색의 마름모의 반문이 있음. 꼬리 끝에 방울 모양의 각질이 있고 위험을 당하면 흔들어 불쾌한 소리를 냄. 향미사(響尾蛇).

방울-벌레〖團〗〖충〗귀뚜라미과의 곤충. 수풀 밑에 사는데, 2 cm 가량, 머리는 어두운 갈색이며 더듬이의 길이가 몸의 세 배나 됨. 가을에 수컷이 방울 소리를 내며 욺.

방울-새[-쌔]〖團〗〖조〗참샛과의 새. 장박새와 비슷하며, 몸길이 14 cm 가량, 수컷의 등은

누런빛을 띤 초록빛이고, 가슴은 황색, 꽁지 끝·날개는 흑색, 배는 흼. 울음소리가 고우며, 다른 새의 울음소리를 잘 흉내 냄.

방울-지다〖자〗방울이 생겨 맺히다. ❏눈물이 방울져 떨어지다.

방울-집게[-께]〖團〗못대가리를 잡는 부분이 둥글게 된, 못을 뽑는 연장.

방원(方圓)〖團〗방형과 원형. 또는 모진 것과 둥근 것.

방위(方位)〖團〗동서남북을 기준으로 정한 방향. 방소(方所). 향방. ❏～를 보다 / ～를 표시하다 / ～를 가늠하지 못한다.
[방위 보아 똥 눈다] 사람의 됨됨이를 보아 차별하여 대접한다.

방위(邦威)〖團〗국위(國威).

방위(防圍)〖團〗〖하타〗공격해 오는 적을 막아서 에워쌈.

방위(防衛)〖團〗〖하타〗적의 공격이나 침략을 막아 지킴. ❏～ 태세 / 국토를 ～하다.

방위-각(方位角)〖團〗〖천〗어떤 방향과 천정(天頂)을 포함한 평면이 기준 방향과 이루는 각.

방위 도법(方位圖法)[-뻡]〖지〗지구에 접하는 평면에 경위선(經緯線)을 투영하는 도법의 총칭. 투영도의 중심에서 임의의 점까지 직선으로 표시되어 바른 방향을 나타냄.

방위-력(防衛力)〖團〗공격을 막아 지키는 힘. ❏～을 증강하다.

방위-비(防衛費)〖團〗국가 예산에서 국토방위를 위하여 지출하는 경비. ❏～ 지출이 늘다.

방위-사통(防僞私通)〖團〗〖역〗아전들이 주고받던 공문(公文)('防僞'의 두 글자를 찍어서 사서(私書)가 아님을 표시함).

방위 산ː업(防衛産業)무기 등의 군수품을 생산하는 모든 산업. 군수 산업. ⓐ방산.

방위-선(方位線)〖團〗방향과 위치를 표시하기 위하여 그어 놓은 경선(經線)과 위선(緯線).

방위-선(防衛線)〖團〗〖군〗적으로부터 방위를 위해 설정하여 놓은 선. ❏～이 뚫리다.

방위-세(防衛稅)[-쎄]〖團〗〖법〗자주국방을 위한 재원(財源)을 마련하기 위하여 부과하던 세금. 1990 년 12 월 31 일 이후 폐지됨.

방위-신(方位神)〖團〗〖민〗오방신장(五方神將).

방위 조약(防衛條約)〖군〗집단 안전 보장의 필요에 따라 방위를 목적으로 국가 간에 맺는 조약. ❏한미 ～.

방유(芳油)〖團〗대만산의 방장(芳樟)을 증류하여 얻은 무색 휘발성의 액체(비누의 향료로 널리 씀).

방음(防音)〖團〗〖하타〗소리가 나가거나 들어오지 못하게 막음. ❏～ 시설이 잘되어 있다.

방음(芳吟)〖團〗남의 시가(詩歌)·음영(吟詠)을 높이어 이르는 말.

방음 장치(防音裝置)〖건〗방음하는 장치. 실내의 벽·천장·바닥 등에 음향을 흡수하는 재료를 써서 만듦.

방음-재(防音材)〖團〗〖건〗소리를 흡수하는 성질이 있는 건축 재료(코르크·유리 섬유·펠트(felt) 따위).

방의(謗議)[-/-이]〖團〗〖하타〗남을 헐뜯는 의논.

방ː이다〖타〗1 윷놀이에서, 말을 방에 놓다. 2 힘을 죽게 후려치다. ❏한 대 방이었더니 나가 떨어졌다.

방인(邦人)〖團〗자기 나라 사람.

방인(坊人)〖團〗틀로 도자기를 만드는 사람.

방인(傍人)〖團〗옆이나 곁의 사람.

방ː일(放逸)〖團〗〖하자〗멋대로 거리낌 없이 놂.

방임(坊任)〖團〗〖역〗방(坊)의 공무를 맡아보던 구실아치.

방임 (房任)〔명〕〖역〗지방 관아의 육방(六房)의 임무.

방:임 (放任)〔명〕〔하타〕돌보거나 간섭하지 않고 내버려둠. □자유~/제멋대로 하게 ~하다.

방:임-주의 (放任主義)〔-/-이〕〔명〕**1** 돌보거나 간섭하지 않고 내버려두는 태도. **2**〖윤〗선악의 구별에 대하여 너무 엄격하지 않은 타협적이고 포용적인 주의. ↔엄숙주의.

방:임 행위 (放任行爲)〔법〕법이 행위자의 의사에 맡기고 관여하지 않는 행위. 법의 보호도 받지 못하지만 처벌도 받지 않음.

방자〔명〕〔하타〕남이 못되기를 귀신에게 비는 짓.

방자 (房子·㸑子)〔명〕〖역〗조선 때, 지방 관아에 딸린 남자 하인.

방자 (芳姿)〔명〕아름다운 자태.

방:자-고기〔명〕양념을 하지 않고 소금만 뿌려서 구운 고기.

방:자-무기 (放恣無忌)〔명〕〔하형〕건방지고 꺼림이 없음.

방:자-스럽다 (放恣-)〔-따〕〔-스러워, -스러우니〕〔형타〕방자한 태도가 있다. **방:자-스레**〔부〕

방:자-하다 (放恣-)〔형어〕꺼리거나 삼가는 태도가 없이 무례하고 건방지다. □방자한 행동/방자하게 굴다. **방:자-히**〔부〕

방잠 (防潛)〔명〕〖군〗적의 잠수함에 대한 방어.

방잠-망 (防潛網)〔명〕〖군〗적의 잠수함의 침입을 막기 위하여 항만 입구 등에 치는 그물. 대잠망(對潛網).

방장¹ (方丈)〔명〕**1** 가로·세로가 1장(丈)인 넓이. **2**〖불〗화상(和尙)·국사(國師)·주실(籌室) 등 고승(高僧)의 처소. **3**〖불〗주지.

방장² (方丈)〔명〕〖민〗삼신산(三神山)의 하나《동해에 있다고도 하며, 지리산이라고도 함》.

방장 (坊長)〔명〕〖역〗방(坊)의 우두머리.

방-장 (房帳)〔-짱〕〔명〕방 안에 두르는 휘장《흔히 겨울철에 외풍을 막기 위하여 침》.

방장 (方將)〔부〕이제 곧. **2** 방금(方今).

방장부절 (方長不折)한창 자라는 초목을 꺾지 않는다는 뜻으로, 앞길이 유망한 사람이나 사업에 대해 헤살을 놓지 않음을 이르는 말.

방재 (方在)〔부〕방금(方今).

방재 (防材)〔명〕큰 재목을 쇠줄로 엮어 항만의 뱃길에 설치하여, 적의 함정이 침입하는 것을 막는 시설.

방재 (防災)〔명〕〔하자〕폭풍·홍수·지진·화재 등의 재해를 막음. □~ 훈련.

방재 설비 (防災設備)〔건〕건축 설비에서 재해를 막기 위한 모든 시설.

방저 (枋底)〔명〕〖건〗방밑.

방저-원개 (方底圓蓋)〔명〕네모진 바닥에 둥근 뚜껑이란 뜻으로, 사물이 서로 맞지 않음을 이르는 말.

방적 (紡績)〔명〕〔하자〕동식물의 섬유나 화학 섬유를 가공하여 실을 뽑는 일. □~ 공장.

방적-견사 (紡績繭絲)〔-견-〕〔명〕찌꺼기 고치나 풀솜 따위를 원료로 하여 만든 실.

방적 공업 (紡績工業)〔-꽁-〕〖공〗동식물의 섬유를 가공하여 방적사를 만드는 섬유 공업. 방적업.

방적 기계 (紡績機械)〔-끼-/-끼계〕방적사를 만드는 데 쓰는 기계.

방적 돌기 (紡績突起)〔-똘-〕〖동〗**1** 거미의 배 밑면 끝에 있는 사마귀 모양의 세 쌍의 돌기. 여기서 점액이 나와 거미줄이 됨. **2** 개미핥기의 몸 끝에 있는 마디.

방적-면사 (紡績綿絲)〔-정-〕〔명〕면화를 방적하여 뽑아낸 실의 총칭.

방적-사 (紡績絲)〔-싸〕〔명〕**1** 면화·양모·삼·명주 등의 섬유를 방적 기계로 방적한 외로 만든 실. **2** 면사 기계로 방적하여 방적한 외로 짜 흐르는 현사.

방적-업 (紡績業)〔명〕〖공〗방적 공업.

방전 (方田)〔명〕네모반듯한 논밭.

방전 (方甎)〔명〕네모반듯한 벽돌.

방전 (妨電)〔명〕〔하타〕〖물〗무선 전신에서, 여러 가지 전자기적 영향으로 전파가 방해받는 일. 전파 방해.

방전 (防戰)〔명〕〔하자〕'방어전1'의 준말.

방:전 (放電)〔명〕〖물〗**1** 축전지·축전기에 저장된 전기가 방출되는 현상. ↔충전(充電). **2** 기계 따위의 절연체를 통해 양극 사이에 전류가 흐르는 현상.

방:전-관 (放電管)〔명〕〖물〗관 속에 불활성(不活性) 기체나 수은 증기를 넣어 봉한 전자관(電子管)《형광등·수은등 따위》.

방:전-광 (放電光)〔명〕〖물〗기체를 넣은 방전관에 전압을 가하여 방전을 일으켰을 때에 일어나는 빛.

방:전-등 (放電燈)〔명〕〖물〗기체 내 방전을 이용한 전등《네온전구·나트륨램프·형광등 따위가 있음》.

방:전 막대 (放電-)〔-때〕〖물〗에보나이트의 손잡이 끝에 금속 막대를 구부러지게 붙인 것《라이덴병이나 그 밖의 다른 대전체(帶電體)를 방전시킬 때 씀》. 방전차.

방:전-전:류 (放電電流)〔-전절-〕〖물〗방전할 때에 생기는 전류.

방:전-함 (放電函)〔명〕〖물〗방전 현상을 이용하여 전기를 띤 입자가 줄지어 나가는 현상을 관찰하는 장치.

방점 (傍點)〔-쩜〕〔명〕**1** 글 가운데에서 보는 사람의 주의를 끌기 위하여 글자의 위나 옆 또는 아래에 찍는 점. **2** 옛글에서 글자의 외편에 찍어 성조(聲調)를 표시하는 부호.

방접 (傍接)〔명〕〖수〗어떠한 도형이 다각형의 한 변과 거기에 인접하는 두 변의 연장선에 접하는 일.

방접-원 (傍接圓)〔명〕〖수〗삼각형의 한 변과 다른 두 변의 연장선에 접하는 원.

방정〔명〕찬찬하지 못하고 경망스럽게 하는 말이나 행동.

방정(을) 떨다〔구〕방정스러운 짓을 하다.

방정 (芳情)〔명〕**1** 꽃답고 애틋한 마음. 방심(芳心). **2** 주로 편지 따위에서, 남의 친절한 마음을 높여 이르는 말. 방지(芳志).

방정-꾸러기〔명〕걸핏하면 방정을 잘 떠는 사람을 놀리는 말.

방정-꾼〔명〕방정을 떠는 사람.

방정-맞다〔-맏따〕〔형〕**1** 말이나 행동이 경망스럽고 주책없다. □방정맞게 입을 놀리다. **2** 요망스럽게 보여 불길하다. □방정맞은 생각이 들다.

방정-스럽다〔-따〕〔-스러워, -스러우니〕〔형타〕방정맞은 데가 있다. **방정-스레**〔부〕

방정-식 (方程式)〔명〕〖수〗미지수를 품은 등식이 그 미지수에 어떠한 특정한 값을 줄 때에만 성립되는 등식.

방정-하다 (方正-)〔형어〕**1** 말이나 행동이 바르고 점잖다. □품행이 ~. **2** 모양이 네모지고 반듯하다. **방정-히**〔부〕

방제 (方劑)〔명〕〔하어〕약을 조제함. 또는 그 약.

방제 (防除)〔명〕〔하타〕**1** 재앙을 미리 막아 없앰. **2** 농작물의 병충해를 예방하거나 없앰. □병충해 ~를 위하여 농약을 뿌리다.

방제 (旁題) [명] 〖민〗 신주의 아래 왼쪽에 쓴, 제사를 받드는 사람의 이름.
방조 (幇助·幫助) [명][하타] **1** 어떤 일을 거들어 도와줌《흔히 나쁜 일에 씀》. **2** 〖법〗 형법에서, 남의 범죄 수행을 돕는 모든 행위. ❑살인 ~의 혐의.
방조 (傍助) [명][하타] 옆에서 도와줌.
방조 (傍祖) [명] 육대조 이상이 되는 직계가 아닌 방계의 조상.
방조 (傍照) [명][하타] 〖법〗 꼭 필요한 법조문이 없을 때에 그와 비슷한 다른 법조문을 참조함.
방조-림 (防潮林) [명] 바닷바람·해일 등의 피해를 막기 위하여 해안 지방에 만든 숲.
방조-범 (幇助犯) [명] 〖법〗 형법에서, 남의 범죄 행위를 도움으로써 성립하는 범죄. 또는 그 범인. 가담범.
방조-제 (防潮堤) [명] 폭풍·해일 등의 피해를 막기 위해 해안에 쌓은 둑. *방파제(防波堤).
방조-죄 (幇助罪)[-쬐] [명] 〖법〗 남의 범죄 행위를 도움으로써 성립되는 범죄.
방:종 (放縱) [명][하형] 아무 거리낌 없이 자기 마음대로 행동함. ❑~하게 살다 / ~한 생활을 청산하다 / 규율이 없는 자유는 ~에 빠지기 쉽다.
방종 (傍腫) [명] 〖한의〗 부스럼이 번져서 옆으로 돋은 작은 부스럼.
방주 (方舟) [명] **1** 네모난 모양의 배. ❑노아의 ~. **2** 두 척의 배를 나란히 함.
방주 (方柱) [명] 〖건〗 네모진 기둥.
방주 (房主) [명] 〖역〗 '방주감찰'의 준말.
방주 (蚌珠) [명] 진주(眞珠).
방주 (旁註·傍注) [명] 본문 옆에 단 주석. ❑~를 달다.
방주-감찰 (房主監察) [명] 〖역〗 조선 때, 사헌부의 우두머리 감찰. [준]방주.
방죽 (防-) [명] 〔←방축(防築)〕 물이 밀려들어 넘치는 것을 막기 위해 쌓은 둑. ❑~ 위를 걷다 / 홍수에 ~이 무너지다.
방죽-갓끈 [-깓-] [명] 〖민〗 연밥을 잇따라 꿰어 만든 갓끈.
방중 (房中) [명] **1** 방 안. **2** 〖불〗 절의 안.
방중-술 (房中術) [명] 방사(房事)의 방법과 기술.
방증 (傍證) [명][하타] 사실을 증명할 수 있는 증거가 되지는 않지만, 주변의 상황을 밝힘으로써 범죄의 증명에 간접적으로 도움이 되는 증거. ❑~ 자료를 수집하다.
방지 (防止) [명][하타] 어떤 일이나 현상이 일어나지 못하게 막음. ❑재해 ~ / 노화 ~ / 사고를 미연에 ~하다.
방지 (芳志) [명] 방정(芳情)2.
방지 (旁支) [명] 본체에서 갈라져 나간 갈래.
방-지기 (房-) [명] **1** 방을 지키는 사람. **2** 〖역〗 관아에 딸린 심부름꾼. 방직(房直).
방지-책 (防止策) [명] 방지하는 대책. ❑재발 ~을 마련하다.
방직 (房直) [명] 〖역〗 방지기2.
방직 (紡織) [명][하타] 기계를 이용하여 실을 뽑아서 피륙을 짜는 일.
방직-공 (紡織工)[-꽁] [명] 방직에 종사하는 직공.
방직 공업 (紡織工業)[-꽁-] 〖공〗 방적과 직포(織布)·염색 등에 관한 공업의 총칭.
방직 공장 (紡織工場)[-꽁-] 〖공〗 직물을 짜는 공장.
방직 기계 (紡織機械)[-끼-/-끼게] 〖공〗 실을 뽑아서 피륙을 짜 내는 기계의 총칭. 길쌈틀. [준]방직기.
방직-물 (紡織物)[-징-] [명] 방직 기계로 짜 낸 피륙의 총칭.
방직-업 (紡織業) [명] 피륙을 짜 내서 상품화하는 영업.
방직-하다 (方直-)[-지카-] [형][여] 바르고 곧다. ❑방직한 인품.
방진 (方陣) [명] **1** 〖군〗 사각형 모양으로 친 진. **2** 〖수〗 마방진(魔方陣).
방진 (防振) [명][하자] 진동이 건조물에 전해지는 것을 막음. ❑방음 ~ 장치.
방진 (防塵) [명] 먼지가 들어오는 것을 방지함. ❑~ 마스크를 착용하다.
방:짜 [명] 질이 좋은 놋쇠를 녹여 거푸집에 부은 다음 다시 달구어 가며 두드려 만든 그릇. ❑~ 대야.
방차 (防遮) [명][하타] 막아서 가림.
방차 (紡車) [명] 물레.
방참 (傍參) [명][하자] 방청하려고 참여함.
방창-하다 (方暢-) [형][여] 바야흐로 화창하다.
방:채 (放債) [명][하자] 여유 있는 돈을 남에게 빚으로 줌. 돈놀이.
방책 (方策) [명] 방법과 꾀. ❑~을 모색하다 / 해결 ~을 세우다 / 뾰족한 ~이 없다.
방책 (防柵) [명] 〖군〗 적을 막기 위해 말뚝을 세워 만든 울타리. ❑해안가 ~을 따라 군인들이 경비하고 있다.
방:척 (放擲) [명][하타] 내던져 버림. 내던짐.
방천 (防川) [명][하자] 둑을 쌓거나 나무를 많이 심어서 냇물이 넘쳐 들어옴을 막음. 또는 그 둑. ❑홍수로 ~이 무너지다.
방천-길 (防川-)[-낄] [명] 방천 위로 난 길. ❑~을 거닐다.
방천-숲 (防川-)[-숩] [명] 냇물이 넘쳐 들어오는 것을 막기 위하여 만든 숲.
방첨-탑 (方尖塔) [명] 오벨리스크(obelisk).
방첩 (防諜) [명][하자] 〖군〗 간첩 활동을 막음. 나라의 기밀이 외국으로 새어 나감을 방지하고 적국의 첩보·선전·모략에 대하여 국방의 안전을 확보하는 행위.
방청 (傍聽) [명][하타] 회의·공판·공개 방송 등에 참석하여 들음. ❑재판을 ~하다.
방청-객 (傍聽客) [명] 방청하는 사람. 방청인. ❑~들로 북적이다.
방청-권 (傍聽券)[-꿘] [명] 방청을 허락하는 표. ❑~을 배포하다.
방청-권 (傍聽權)[-꿘] [명] 방청을 할 수 있는 권리.
방청-석 (傍聽席) [명] 방청하는 사람이 앉는 자리. ❑~을 가득 메우다.
방청-인 (傍聽人) [명] 방청객.
방초 (防草) [명] 〖건〗 **1** 지붕마루의 좌우 끝에 아귀토를 물리지 않고 내림새를 엎어 놓아 마무른 것. **2** 막새.
방초 (芳草) [명] 향기로운 풀.
방초-박이 (防草-) [명] 〖건〗 수막새가 빠지지 않도록 박는 못.
방-초석 (方礎石) [명] 〖건〗 네모난 주춧돌.
방촌 (方寸) [명] **1** 사방으로 한 치. 곧, 좁은 땅의 뜻. **2** 사람의 마음은 가슴속의 한 치 사방의 넓이에 깃들어 있다는 뜻으로, 마음을 이르는 말. 흉중(胸中).
방추 (方錐) [명] **1** 날이 네모진 송곳. **2** 〖수〗 '방추형'의 준말.
방추 (紡錘) [명] **1** 물레의 가락. **2** 북[1] 1.
방추-근 (紡錘根) [명] 〖식〗 저장뿌리의 하나. 무처럼 방추형으로 생긴 뿌리. 가락뿌리.

방추-사(紡錘絲)명〖생〗 세포가 유사 분열(有絲分裂)을 할 때, 양극과 염색체 또는 염색체와 염색체를 잇는 실 모양의 미세관 구조물.

방추-충(紡錘蟲)명〖동〗 푸줄리나(fusulina).

방추-형(方錐形)명〖수〗 밑면이 정사각형인 각뿔. 정사각뿔. ⑪방추형.

방추-형(紡錘型)명 물레의 가락 비슷한 모양. 원기둥꼴의 양 끝이 뾰족한 모양. 가락꼴.

방축(防築)명 '방죽'의 본딧말. ◻~을 쌓다.

방축(防縮)명하타 천 따위가 줄어드는 것을 막음.

방:축(放畜)명하타 방목(放牧).

방:축(放逐)명하타 1 자리에서 쫓아냄. 2〖역〗 '방축향리(放逐鄕里)'의 준말.

방축 가공(防縮加工)[-꽁] 직물이 세탁으로 인하여 줄어들지 않도록 하는 가공.

방:축-향리(放逐鄕里)[-추쌍니]명〖역〗 조선 때, 벼슬을 삭탈하고 제 고향으로 내쫓던 형벌. ⑪방축.

방춘(芳春)명 1 꽃이 한창 핀 봄. 2 아름다운 여자의 젊은 시절. 방기(芳紀).

방춘-화시(方春和時)명 바야흐로 봄이 한창 화창할 때.

방:출(放出)명하타 1 비축해 두었던 물품이나 자금 따위를 내놓음. ◻쌀값 안정을 위해 정부 보유미를 ~하다. 2〖물〗 입자나 전자기파의 형태로 에너지를 내보냄.

방:출-궁인(放出宮人)명〖역〗 궁인으로 있다가 대궐 밖에 나와 살게 된 여자.

방:출-미(放出米)명 비축해 놓았다가 내놓는 쌀. ◻정부.

방충(防蟲)명하타 해충을 막음. ◻~ 시설.

방충-망(防蟲網)명 파리·모기 등의 해충이 날아들지 못하게 창문 같은 곳에 치는 망.

방충-제(防蟲劑)명 해충을 예방하거나 없애는 약제. ◻~ 살포.

방취(防臭)명하타 고약한 냄새를 막음.

방취-제(防臭劑)명 고약한 냄새를 방지하는 약제.

방:치(放置)명하타 그대로 버려둠. 기치(棄置). ◻고장 난 차를 노상에 ~하다 / 쓰레기를 길가에 ~하다.

방-치레(房-)명 방을 꾸미는 일. ◻~가 요란하다.

방친(傍親)명 방계의 겨레붙이.

방-친영(房親迎)명하자 예전에, 나이 어린 신랑 신부가 삼일(三日)을 치를 때, 신부가 신방에 들어가서 얼마 동안 앉아 있다가 도로 나오던 일.

방침(方枕)명 네모난 베개.

방침(方針)명 1 앞으로 일을 할 방향과 계획. ◻기본 ~ / 교육 ~ / ~을 따르다 / ~을 철회하다 / 구체적인 ~을 정하다. 2 방위를 가리키는 자석의 바늘.

방타(滂沱)명하자 1 비가 세차게 쏟아짐. 2 눈물이 끊임없이 흘러내림.

방탄(防彈)명하타 탄알을 막음. ◻~ 장치.

방탄-구(防彈具)명 방탄에 쓰는 장치나 도구.

방탄-벽(防彈壁)명 탄알을 막는 벽. 차탄벽. ◻모래 자루로 ~을 쌓다.

방탄-복(防彈服)명 탄알을 막을 수 있게 만든 옷. 방탄의. ◻~을 착용하다.

방탄-유리(防彈琉璃)[-뉴-]명 두 장 이상의 유리를 특수한 접합제로 밀착시켜 탄알을 막을 수 있도록 만든 유리.

방탄-조끼(防彈-)명〖군〗 권총 따위로 사격을 받는 경우에 가슴이나 배를 보호하기 위해 입는, 특수 강제(鋼製) 또는 강화(强化) 플

라스틱제의 조끼.

방탄-차(防彈車)명 방탄 장치를 한 자동차.

방:탄-하다(放誕-)형여 허튼소리만 하여 허황하다.

방:탕(放蕩)명하다형부 주색잡기에 빠져 행실이 좋지 못함. ◻~에 빠지다 / ~하게 생활하다.

방:탕-아(放蕩兒)명 방탕한 생활을 하는 남자. 탕아.

방토(方土)명 어느 한 지방의 땅.

방토(邦土)명 국토(國土).

방토(防土)명〖건〗 흙이 무너져 내리는 것을 막기 위하여 만든 시설.

방통(旁通)명하타 자세하고 분명하게 앎.

방통이명 작은 화살(내기로 쏘거나 새를 잡는 데 씀).

방-틀(方-)명 1〖농〗 모낼 때 못줄 대신으로 쓰는 '井'자 모양의 나무틀. 2 통나무나 각재(角材)를 같은 길이로 잘라서 '井'자 모양으로 귀를 맞추어 둘러 짠 틀. 3 우물에 물을 만든다.

방틀-굿(方-)[-굳]명〖광〗 땅속으로 곧게 파 내려가 '井'자 모양으로 만든 방틀을 쌓아 올린 광산 구덩이.

방파-제(防波堤)명〖건〗 파도를 막기 위하여 항만에 쌓은 둑. ＊방조제.

방판(方板)명 네모반듯한 널빤지.

방패(防牌)명〖역〗 조선 때, 관아의 하인들이 허리에 차던 네모진 나무패.

방패(防牌·旁牌)명 1 전쟁 때, 적의 칼·창·화살 따위를 막는 데 쓰던 무기. 간(干). 2 어떤 일을 할 때에 앞장을 세울 만한 것. 또는 그런 사람. ◻젊은이는 나라의 ~ / 여론을 ~로 삼다.

방패-간(防牌干)명 한자 부수의 하나('平'·'年'·'幸' 등에서 '干'의 이름).

방패-막이(防牌-)명 닥쳐오는 일이나 말썽거리를 막아내는 일. 또는 그 수단이나 방법. ◻권력을 ~로 하여 비리를 일삼다.

방패-벌레(防牌-)명〖충〗 방패벌렛과의 곤충. 납작한 방패 모양으로 길이 4mm 가량이고, 몸빛은 엷은 누런 갈색이며 머리에 두 쌍의 가시가 있음. 냉이벌레.

방패 비늘(防牌-)명〖어〗 단단하고 작은 방패 모양을 한 물고기 비늘의 하나(상어의 비늘 따위).

방패-연(防牌鳶)명 방패 모양으로 만든 연. 네모반듯한 종이에 '干'자 모양의 달을 붙이고 꽁지를 달아 가운데 구멍을 냄.

방편(方便)명 1 그때그때의 목적을 위해 이용되는 일시적인 수단과 방법. ◻일시적인 ~ / 생계의 ~을 마련하다 / 출세의 ~으로 삼다. 2〖불〗 보살이 중생을 구제하기 위해 쓰는 묘한 수단과 방법.

방폐(防弊)[--폐]명하타 폐단을 막음.

방포(方袍)명〖불〗 (네모진 두루마기라는 뜻으로) '가사(袈裟)'를 일컫는 말.

방:포(放砲)명하자〖역〗 군중(軍中)의 호령으로 포나 총을 쏘아 소리를 냄.

방풍¹(防風)명하자 바람을 막음.

방풍²(防風)명 1〖식〗 방풍나물. 2〖한의〗 약재로 쓰는 방풍나물의 묵은 뿌리.

방풍-나물(防風-)명〖식〗 미나릿과의 여러해살이풀. 줄기는 곧으며 높이 20-80cm, 여름에 흰 다섯잎꽃이 핌. 뿌리는 약용함.

방풍-림(防風林)[-님]명 바람을 막기 위해 가

꾼 숲.

방풍-원(防風垣)圓 바람을 막기 위하여 만든 울타리.

방풍 중방(防風中枋)〖건〗바람을 막기 위해 머름처럼 기둥 사이의 아래에 낀 중방.

방풍-채(防風菜)圓 방풍나물의 싹을 잘라서 데친 다음 소금과 기름에 무친 나물.

방풍-판(防風板)〖건〗바람을 막기 위해 공벽에 붙인 널빤지.

방:-하다(放-)태에 **1** '방매(放賣)하다'의 준말. **2** 죄를 놓아주다.

방:-하다(倣-)태에 그림·글씨 따위의 본을 뜨다.

방학(放學)圓하자 학교에서 학기가 끝난 뒤에 수업을 일정 기간 쉬는 일. 또는 그 기간. ▢ ~ 숙제가 밀리다 / ~에 들어가다 / 이번 ~에는 배낭여행을 떠날 생각이다.

방한(防寒)圓 추위를 막음. ▢ ~ 장치.

방한(芳翰)圓 귀함(貴函).

방한(訪韓)圓하자 한국을 방문함. ▢ ~ 일정.

방한-구(防寒具)圓 추위를 막는 온갖 기구.

방한-모(防寒帽)圓 추위를 막기 위한 모자. ▢ ~를 눌러쓰다.

방한-벽(防寒壁)〖건〗추위를 막기 위하여 겹으로 만든 벽.

방한-복(防寒服)圓 추위를 막기 위하여 입는 옷. ▢ ~ 차림으로 산에 오르다.

방한-화(防寒靴)圓 추위를 막기 위하여 신는 신발.

방함(芳銜)圓 방명(芳名).

방함-록(芳銜錄)[-녹]圓 방명록(芳名錄).

방합-례(房合禮)[-합녜]圓하자 전통 혼례에서, 초례를 끝마친 다음 신방에서 신랑과 신부가 맞대어 간단히 인사함. 또는 그 예식.

방해(妨害)圓하자 남의 일에 헤살을 놓아 하지 못하게 함. ▢ 영업 ~ / 휴식을 ~하다 / 공부에 ~를 받다 / 공무 집행을 ~하다 / 돕지는 못할망정 ~나 하지 마라.

　방해(를) 놓다丽 방해가 되는 짓을 하다.

방해-꾼(妨害-)圓 방해하는 사람을 낮잡아 이르는 말.

방해-물(妨害物)圓 방해가 되는 물건. ▢ ~을 제거하다.

방해-석(方解石)圓〖광〗천연적으로 나는 탄산칼슘의 결정. 순수한 것은 무색투명하여 유리 광택을 냄.

방해-죄(妨害罪)[-쬐]圓〖법〗권리자의 행위나 수익을 방해함으로써 성립하는 죄. ▢ 업무 ~.

방향(方向)圓 **1** 향하는 쪽. 방위. ▢ 반대 ~ / ~을 잡다 / ~을 바꾸다 / ~ 감각을 잃고 헤매다. **2** 뜻이나 일, 현상 따위가 나아가는 쪽. ▢ ~을 전환하다 / 새로운 ~을 제시하다 / 사태가 엉뚱한 ~으로 진전되다 / 나아가야 할 ~을 설정하다.

방향(方響)圓〖악〗타악기의 하나(2단으로 된 가자(架子)에 직사각형의 강철판을 각각 여덟 개씩 매어 놓고, 망치 모양으로 된 두 개의 채로 침).

방향(芳香)圓 꽃다운 향내. 방훈(芳薰). ▢ 은은한 ~이 풍기다.

방향 계:수(方向係數)[-/-게-]〖수〗평면 해석 기하학에서, 직선의 방향을 나타내는 계수.

방향-유(芳香油)[-뉴]圓〖화〗식물의 잎·줄기·과실·꽃·뿌리 따위에서 채취한 향기 있는

휘발성 기름의 총칭(향료로 씀).

방향-제(芳香劑)圓 좋은 향이 있어 기분을 상쾌하게 만드는 약제의 총칭.

방향족 화:합물(芳香族化合物)[-조과함-]〖화〗유기 화합물의 일종(一族). 탄소 고리 화합물 중 벤젠핵(核)을 가지는 화합물의 총칭.

방향 코사인(方向cosine)〖수〗입체 해석 기하학에서, 직선의 방향을 나타내는 양. 직선이 각 좌표축과 이루는 각의 코사인으로 표시함.

방향-키(方向-)圓 비행기의 방향을 조정하기 위해 꼬리 날개 위에 수직으로 세워진 장치. 방향타. ★승강키.

방향-타(方向舵)圓 방향키.

방향 탐지기(方向探知機)〖물〗무선 전신·무선 전화 따위에서 수신된 전파의 발신지를 알아내는 장치.

방헌(邦憲)圓〖법〗국법(國法).

방험-병(防險餅)圓 밤·대추·호두·곶감 따위를 짓찧어서 두껍게 조각을 내어 볕에 말린 음식(피란 때나 구황(救荒)에 씀).

방형(方形)圓 네모반듯한 모양.

방형(邦刑)圓 나라의 형률(刑律).

방호(防護)圓하자 위험 따위를 막아 지키어 보호함. ▢ ~ 진지를 구축하다.

방호-의복(防護衣服)[- / -이-]圓 방사선 관련 종사자들이 몸이나 옷이 오염되는 것을 막기 위하여 덧입는 특수 의복. ⊛방호복.

방혼(芳魂)圓 아름다운 여자의 죽은 영혼.

방화(防火)圓하자 불이 나지 않도록 미리 막음. ▢ ~ 시설의 미비 / 겨울철 ~ 대책.

방화(邦貨)圓〖경〗**1** 우리나라의 화폐. **2** 자기 나라의 화폐.

방화(邦畫)圓 자기 나라에서 만든 영화. 국산 영화. ↔외화(外畫).

방:화(放火)圓하자 일부러 불을 지름. ▢ ~를 저지르다 / 집에 ~하다 / 약탈과 ~를 일삼다. ★실화(失火).

방:화(榜花)圓〖역〗과거에 급제한 사람 중에 나이가 가장 젊고 지체가 가장 높은 사람을 이르던 말.

방화 도료(防火塗料)〖공〗불에 타기 쉬운 물건에 발라서 불이 붙는 것을 방지하거나 지연시키기 위한 도료. 내화(耐火) 도료.

방화-림(防火林)〖임〗삼림의 둘레에 상록 활엽수·낙엽 활엽수 따위의 화재에 강한 나무를 심어서 불이 번지는 것을 막는 숲.

방:-범(放火犯)圓〖법〗방화죄를 저지른 사람. ▢ ~을 검거하다.

방화-벽(防火壁)圓 **1** 불이 번지는 것을 막기 위하여 건물의 경계나 건물 내부에 설치한 내화 구조의 벽. **2** 컴퓨터 통신망의 보안 시스템.

방화-사(防火砂)圓 화재 때 불을 끄려고 마련한 모래.

방화-선(防火線)圓 불이 번지는 것을 막기 위한 어느 정도의 넓이를 가진 빈 터.

방화-수(防火水)圓 화재 때 불을 끄려고 마련한 물. ▢ ~를 비치하다.

방화-수(防火樹)圓 불이 번지는 것을 막기 위하여 집이나 삼림 따위의 주위에 띠 모양으로 심는 나무.

방:화-자(放火者)圓 불을 지른 사람.

방화-전(防火栓)圓 소화전(消火栓).

방화-제(防火劑)圓〖화〗불에 잘 타지 않거나 흡수성이 있는 약제(붕산나트륨·탄산마그네슘 등).

방:화-죄(放火罪)[-쬐]圓〖법〗고의로 불을

놓아서 건조물이나 물건을 태워 공공의 위험을 일으켜 성립되는 죄.

방환(方環) **명** 네모지게 만든 고리.

방환(放還) **명** 〖역〗 방(坊)에서 꾸어 주던 환곡(還穀).

방:환(放還) **명하타** 〖역〗 귀양살이하던 죄인을 집으로 돌려보내던 일.

방황(彷徨) **명하자타** 일정한 목적이나 방향이 없이 헤맴. 〔오랜 좌절과 ~을 겪다 / 정처 없이 거리를 ~하다.

방황 변:이(彷徨變異) 〖생〗 개체(個體) 변이.

방회(傍灰) **명** 매장할 때 관 언저리에 메우는 석회.

방:효(倣效) **명하타** 모양을 따라서 그대로 본받음.

방훈(芳薰) **명** 향기로운 냄새. 방향(芳香).

방휼지세(蚌鷸之勢) [-찌-] **명** 도요새가 조개를 쪼아 먹으려고 껍데기 안에 부리를 넣는 순간 조개가 껍데기를 닫고 놓지 않는다는 뜻으로, 대립하는 두 세력이 버티고 맞서 조금도 양보하지 않는 형세를 이르는 말.

방휼지쟁(蚌鷸之爭) [-찌-] **명** 도요새와 조개가 다투다가 다 같이 어부에게 잡히고 말았다는 뜻으로, 제삼자만 이롭게 하는 다툼을 이르는 말.

방하 **명** 〈옛〉 방아.

방핫고 **명** 〈옛〉 방앗공이.

밭 [받] **명 1** 물을 대지 않고 야채나 곡식을 심는 땅. 전(田). 〔~ 한 뙈기 / ~을 갈다 / ~을 일구다 / ~을 매다 / ~에 씨를 뿌리다. **2** 식물이 우거져 무성한 땅. 〔~솔 / 대나무 ~. **3** 무엇이 많이 들어찬 평지. 〔모래~ / 진흙~. **4** 장기·고누·윷놀이 따위에서 말이 머무르는 자리. 〔세 ~을 가다 / 말을 ~에 놓다.
〔밭 팔아 논 살 때는 이밥 먹자는 뜻〕 더 낫게 되기를 바랐는데 오히려 그보다 못할 때의 이르는 말.

밭- [받] **투** '바깥'을 줄여 쓰는 말. 〔~사돈.

밭-갈이 [받까리] **명하자** 밭을 가는 일.

밭-걷이 [받꺼지] **명하자** 밭에 심었던 곡물·야채 따위를 거두어들이는 일. 〔~를 마치다.

밭-걸이 [받꺼리] **명하자** 씨름을 할 때에 다리를 밖으로 대어 상대방의 오금을 걸거나 당기거나 미는 재주. →안걸이.

밭-고랑 [받꼬-] **명** 밭이랑 사이에 홈이 진 곳. 묘구(畝溝). 〔~에 물을 대다 / 이마에 ~ 같은 주름이 잡히다. **준밭랑.

밭-곡 (-穀) [받꼭] **명** 밭곡식.

밭-곡식 (-穀食) [받꼭씩] **명** 밭에서 나는 보리·밀·콩·팥 따위의 온갖 곡식. 전곡(田穀).

밭-골 [받꼴] **명** '밭고랑'의 준말.

밭-구실 [받꾸-] **명** 지난날, 밭을 부치는 사람이 물던 소작료. 〔~을 바치다.

밭-귀 [받뀌] **명** 밭의 귀퉁이.

밭-길 [받낄] **명** 밭 사이로 난 좁은 길.

밭-날갈이 [받-가리] **명** 며칠 동안 걸려서 갈 만큼 큰 밭.

밭-농사 (-農事) [받-] **명하자** 밭에서 짓는 농사. →논농사.

밭다[1] [받따] **자 1** 액체가 바싹 졸아서 말라붙다. 〔밭은 목에 침을 삼키다. **2** 몸에 살이 빠져 여위다.

밭다[2] [받따] **타** 건더기와 액체가 섞인 것을 체 따위에 부어 액체만을 따로 받아 내다. 〔술을 ~ / 젓국을 체로 ~.

밭다[3] [받따] **형 1** 지나치게 아껴 인색하다. 〔밭은 사람. **2** 시간·공간이 매우 가깝다. 〔약

속 날짜가 너무 ~. **3** 길이가 짧다. 〔밭은 키. **4** 숨이 가쁘고 급하다. 〔밭은 숨을 몰아 쉬다. **5** 식성이 까다롭다. 〔입이 밭은 사람. **6** 즐기거나 탐하는 정도가 심하다. 〔여색에 밭은 사람.

밭-다리 [받따-] **명** 씨름이나 유도 따위에서, 걸거나 후리는 상대의 바깥쪽 다리.

밭다리 걸:기 [받따-] **명** 씨름에서, 오른쪽 다리로 상대의 오른쪽 다리를 밖으로 걸어 앞으로 당겨 붙이면서 상대의 뒷면으로 중심이 기울어지도록 감아 밀어붙여 넘어뜨리는 공격 기술의 하나. →안다리 걸기.

밭-도랑 [받또-] **명** 밭의 가장자리로 둘러 있는 도랑.

밭-도지 (-賭地) [받또-] **명** 남의 밭을 빌려서 부치고 그 삯으로 해마다 주인에게 내는 곡식 따위의 현물(現物).

밭-돌 [받똘] **명** '밭도랑'의 준말.

밭-두둑 [받뚜-] **명** 밭두렁.

밭-두렁 [받뚜-] **명** 밭이랑의 두둑한 부분.

밭-둑 [받뚝] **명** 밭 가에 둘려 있는 둑.

밭-뒤다 [받뒤-] **자** 밭을 거듭 갈다.

밭-떼기 [받-] **명** 밭에 있는 작물을 밭에 나 있는 그대로 몽땅 사는 일. 〔~ 거래 / 마늘을 ~로 사재기하다. *차(車)떼기.

밭-뙈기 [받-] **명** 얼마 되지 않는 조그마한 밭을 얕잡아 일컫는 말. 〔~나 있다고 행세하려고 든다.

밭-매기 [받-] **명하자** 〖농〗 밭의 김을 매는 일. 〔~ 품삯이 많이 올랐다.

밭-머리 [받-] **명** 밭이랑의 양쪽 끝이 되는 부분. 〔~에 앉아 잠시 쉬다.

밭-못자리 [받모짜- / 받몯짜-] **명** 〖농〗 물을 대지 않고 키우는 못자리(밭에 만듦).

밭-문서 (-文書) [받-] **명** 밭의 소유권을 증명하는 문서.

밭-번지기 [받뻔-] **명** 씨름에서, 왼쪽 다리를 상대자의 앞으로 가까이 내어 디디고 힘 있게 몸을 가누는 방어 기술. →안번지기.

밭-벼 [받뼈] **명** 밭에 심는 벼. 볍씨를 뿌려서 가꾸는데, 알이 굵고 잘 여묾. 육도(陸稻). 한도 (旱稻). →논벼.

밭-벽 (-壁) [받뼉] **명** 〖건〗 '바깥벽'의 준말.

밭-보리 [받뽀-] **명** 밭에 심는 보리. →논보리.

밭-부모 (-父母) [받뿌-] **명** '바깥부모'의 준말.

밭-사돈 (-査頓) [받싸-] **명** '바깥사돈'의 준말.

밭-상제 (-喪制) [받쌍-] **명** '바깥상제'의 준말.

밭-섶 [받썹] **명** 밭의 가장자리.

밭-어버이 [바더-] **명** 아버지. →안어버이.

밭은-기침 [바튼-] **명** 병이나 버릇으로 소리도 크지 않게 자주 하는 기침.

밭은-오금 **명** 활의 대림끝에서부터 한오금까지의 사이.

밭이다 [바치-] **㊀자** 〔'밭다²'의 피동〕 건더기가 섞여 있는 액체가 체 따위에 밭음을 당하다. **㊁타** 〔'밭다²'의 사동〕 밭게 하다. 〔떡쌀을 체에 ~.

밭-이랑 [받니-] **명** 밭의 고랑 사이에 흙을 올려 만든 두둑한 곳.

밭-일 [받닐] **명하자** 밭에서 하는 일. →논일.

밭-작물 (-作物) [받짱-] **명** 밭에서 거두는 농작물. 〔~로 옥수수와 콩을 심다.

밭장-다리 [받짱-] **명** 두 발끝이 바깥쪽으로 벌어진 다리. 또는 바깥쪽으로 벌어지게 걷는 사람. →안짱다리.

밭-쟁이 [받쨍-] **명** 채소 농사를 업으로 하는

사람.

밭-전 (-田)[밭쩐]똉 한자 부수의 하나('界'·'町'·'留' 등에서 '田'의 이름).

발-종다리 [발쫑-][짐조] 할미샛과의 작은 새. 냇가·논밭·해안 등에 사는데 종달새와 비슷함. 등은 초록빛을 띤 갈색에 검은 가로 무늬가 있고, 배 쪽은 검은빛을 띤 짙은 갈색의 얼룩무늬다. 논종다리.

밭-주인 (-主人)[밭쭈-]똉 '바깥주인'의 준말.

밭-지밀 (-至密)[밭찌-]똉 〔역〕 임금이 평시에 거처하던 곳. ↔안지밀. *지밀.

밭-집 [밭찝]똉 1〈궁〉 민가. 2 농막(農幕).

밭-쪽 [밭-]똉 '바깥쪽'의 준말.

밭-치다 [받-]目 '밭다'의 힘줌말.

밭-팔다 [받-][밭팔아, 밭파니, 밭파는] 자〈속〉 여자가 정조를 팔아 생활하다.

밭-풀 [받-]똉 밭에 나는 온갖 잡풀.

배[1] ㉠똉 1〔생〕 척추동물의 가슴과 엉덩이 사이 부분. ㅁ~가 부르다 / ~가 고프다 / ~에 힘을 주다 / ~를 깔고 엎드리다. 2 물체의 가운데 부분. ㅁ~가 부른 항아리. 3 절지동물, 특히 곤충에서 머리·가슴이 아닌 부분. 4 아이를 밴 어머니의 태내. 또는 그 어머니. ㅁ~가 다른 형제 / 아기를 배어 ~가 불러 온다. 5〔물〕 정상파(定常波)에서, 진폭이 가장 큰 부분. 복(腹). ㉡의 짐승이 알을 까거나 새끼를 낳는 횟수. ㅁ두 ~째 새끼를 치다 / 한 ~에 다섯 마리를 낳다.

[배보다 배꼽이 크다] 주되는 것보다 딸린 것이 더 크다는 말. [배에 발기름이 끼다] 가난하던 사람이 생활이 나아져 호기를 부리고 떵떵거린다는 말.

배가 남산만 하다 ㉠㉮아기를 밴 여자의 배가 몹시 부르다. ㉡되지 못하게 거만하고 떵떵거림을 이르는 말.

배(가) 맞다 ㉠㉮남녀가 남모르게 서로 정을 통하다. ㉡떳떳하지 못한 일을 하는 데 서로 뜻이 통하다.

배(가) 아프다 ㉮ 남이 잘되어 심술이 나다.

배(를) 내밀다 ㉮ 남의 요구에 응하지 않고 버티다.

배(를) 두드리다 ㉮ 생활이 풍족하여 안락하게 지내다.

배(를) 불리다[채우다] ㉮ 재물이나 이득을 많이 차지하여 욕심을 채우다.

배(를) 앓다 ㉮ 남이 잘되는 것에 심술이 나서 속을 태우다.

배에 기름이 오르다 ㉮ 살림이 넉넉해지다.

배[2]똉 사람·짐을 싣고 물에 떠다니게 된 탈것《나무·쇠 따위로 만듦》. 선박(船舶). ㅁ~를 타다 / ~를 젓다 / 선창에 ~를 대다 / 강에 ~를 띄우다.

배 지나간 자리 ㉮ 아무 흔적도 남지 않은 상태를 비유하는 말.

배[3]똉 배나무의 열매. ㅁ달고 물이 많은 ~.

[배 먹고 이 닦기] 한 가지 일에 두 가지 이로움이 있음. [배 썩은 것을 딸을 주고 밤 썩은 것은 며느리 준다] 며느리보다는 딸을 더 아낀다는 뜻. [배 주고 속[배 속] 빌어먹는다] 큰 이익은 남에게 빼앗기고 자기는 거기서 조그만 이익만 얻음을 이르는 말.

배(胚)똉〔생〕 생물의 난세포가 수정하여 어지간히 자랄 때까지의 개체《식물에서는 씨 속에 있는 어린 식물, 동물에서는 모체 속에 보호되고 있는 유생(幼生)》.

배:(拜)똉 '배상(拜上)'의 준말. ㅁ박문수 ~.

배:(倍)똉 1 갑절 또는 곱절. ㅁ값이 ~나 비싸다. 2 (의존 명사적으로 쓰여) 일정한 수나 양이 그 수만큼 거듭됨을 나타내는 단위. ㅁ힘이 두 ~든 드는 일.

배 의 술·음료수의 잔 수를 세는 말. ㅁ술 삼 ~.

-배(輩)回 (일부 명사 뒤에 붙어서) '무리·들'의 뜻. ㅁ모리~ / 소인~ / 정상~ / 치기~ / 폭력~.

배:가(倍加)똉하자타 갑절로 늚. 또는 그렇게 늘림. ㅁ노력을 ~ 하다 / 기쁨이 ~ 되다.

배각(排却)똉하타 물리쳐 버림.

배각튀하자타 작고 단단한 물건이 서로 닿아 갈리는 소리. ㉤비각. ㉮배가닥.

배각-거리다[-꺼-]재 자꾸 배각 소리가 나다. 또는 그런 소리를 자꾸 내다. ㉤비각거리다. ㉮배가닥거리다. **배각-배각** [-빼-]튀하자타.

배각-대다[-때-]재타 배각거리다.

배갈똉〔⧊ 白干儿〕 수수를 원료로 빚은 중국식의 증류주. 백주. 고량주(高粱酒).

배:갑(背甲)똉 등딱지.

배:강(背講)똉하타 책을 보지 않고 돌아앉아서 욈. 배독(背讀). 배송(背誦).

배:객(陪客)똉 배빈(陪賓)1.

배:건(焙乾)똉하타 불에 쬐어 말림.

배격(排擊)똉하타 남의 의견·사상·행위·풍조 따위를 물리침. ㅁ사치 풍조를 ~하다 / 부정 행위를 ~하다.

배:견(拜見)똉하타 1 삼가 뵘. 2 남의 글·물건 따위를 공경하는 태도로 봄. 배관.

배:경(背景)똉 1 뒤쪽의 경치. ㅁ저녁노을을 ~으로 언덕 위에 소나무들이 우뚝 서있다. 2〔연〕 무대 뒷벽에 꾸민 장치. 3 그림·사진 등에서, 주요 제재 배후의 부분. ㅁ산을 ~으로 사진을 찍다. 4 뒤에서 돌보아 주는 힘. 백. ㅁ~이 좋다 / 정치적 ~이 든든하다. 5 시간적·공간적·사회적인 주위 여건이나 환경. ㅁ경제 / 역사적 ~을 살펴보다.

배:경 음악(背景音樂)〔연〕 영화·연극·방송 등에서, 그 장면의 분위기를 조성하기 위해 연주하는 음악.

배:경 화:법(背景畵法)[-뻡]〔미술〕 투시 도법(透視圖法)1.

배:계(拜啓)[-/-계]똉 절하고 아뢴다는 뜻으로, 편지 첫머리에 쓰는 말.

배:-계절(拜階節)[-계-/-께-]똉 절하기 위해 무덤 앞에 계절(階節)보다 한 층을 낮추어 평평하게 만든 땅.

배-고프다[배고파, 배고프니]휑 1 배 속이 비어서 음식이 먹고 싶다. ㅁ점심을 걸렀더니 몹시 ~. 2 끼니를 잇지 못할 정도로 생활이 궁핍하다. ㅁ배고팠던 시절을 회상하다.

[배고픈 놈더러 요기시키란다] 자기 일도 감당하지 못하는 사람에게 어려운 일을 요구한다는 말.

배-고픔똉 배가 고픈 상태. 또는 그런 느낌. ㅁ추위와 ~에 시달리다.

배-곯다[-골타]재 먹는 것이 적어서 배가 차지 못하다. 제대로 먹지 못하여 고통을 받다. ㅁ배곯기를 부자 밥 먹듯 하다.

배공(胚孔)똉〔동〕 알이 될 때에 생긴 구멍《새끼가 될 때에 입과 항문이 됨》.

배:관(拜觀)똉하타 배견(拜見).

배:관(配管)똉하자 액체·기체 등을 다른 곳으로 보내기 위하여 관을 배치함. ㅁ~ 공사.

배:관(陪觀)똉하타 어른을 모시고 구경함.

배:관-공(配管工)똉 배관 일을 하는 기술자.

배:관-도 (配管圖) 圀 관의 배치를 표시한 도면. □ 수도 ~.

배:광 (背光) 圀 『불』 후광 (後光).

배:광 (配光) 圀圀재 어떤 물체를 비추려고 빛을 보냄.

배:광-성 (背光性) [-썽] 圀 『식』 식물체가 광선이 약한 쪽으로 벋는 성질. ↔향광성.

배:교 (背敎) 圀 믿던 종교를 버리거나 개종함. □ ~를 강요하다.

배:구 (倍舊) 圀 그 전의 갑절. 배전 (倍前).

배구 (胚球) 圀 『동』 동물이 맨 처음 생길 때, 여러 개의 생식 세포가 분열하여 속이 빈 공모양으로 엉긴 덩어리.

배:구 (配球) 圀圀재 1 야구에서, 투수가 타자에 따라 공을 적절히 조절하여 던지는 일. 2 배구·농구 등에서, 다른 선수에게 공을 알맞게 넘겨 주는 일.

배구 (排球) 圀 구기 (球技)의 하나. 직사각형의 코트 중앙에 네트를 사이에 두고 두 팀이 상대하여, 공을 땅에 떨어뜨리지 않고 손으로 패스하여 세 번 안에 상대편 코트로 넘기는 경기.

배:궤 (拜跪) 圀圀재 절하고 꿇어앉음.

배:근 (背筋) 圀 『생』 사람의 등에 있는 근육의 총칭. 등살.

배:근 (配筋) 圀圀재 『건』 설계대로 철근을 배열함.

배근 (培根) 圀圀재 식물의 뿌리를 흙으로 덮어 줌.

배:금 (拜金) 圀圀재 돈을 최고의 가치로 여기고 숭배함.

배:금-주의 (拜金主義) [-/-이] 圀 돈을 최고의 가치로 여기고 숭배하는 주의. □ ~에 물들다.

배:급 (配給) 圀圀재 1 나누어 줌. 2 영리를 목적으로 하지 않고 상품을 나누어 주는 일《일정한 비례에 따라 몫을 떼어 나누어 줌》. □ 식량 ~ / ~을 받다.

배:급-량 (配給量) [-냥] 圀 배급으로 주는 분량이나 수량.

배:급-망 (配給網) [-금-] 圀 효율적인 배급을 위하여 체계적으로 조직된 계통.

배:급-소 (配給所) [-쏘] 圀 배급하는 곳. □석유 ~.

배:급-제 (配給制) [-쩨] 圀 나라에서 식량·생활 필수품 등을 배급하는 제도.

배:급-표 (配給票) 圀 물건을 배급받을 수 있음을 증명하는 표.

배:급-품 (配給品) 圀 배급하는 물품.

배기 (排氣) 圀圀재 1 속에 든 공기·가스·증기 따위를 밖으로 뽑아 버림. 2 『공』 열기관에서, 일을 마친 뒤의 쓸데없는 증기나 가스를 밖으로 내보내는 일. 또는 그런 증기나 가스. 폐기 (廢氣).

-배기 圀 1 '그 나이를 먹은 아이'의 뜻. □세살 ~ 옷. 2 '무엇이 들어 있거나 차 있는 것'의 뜻. □알 ~ 조기 / 나이 ~. 3 특정한 곳이나 물건을 나타냄. □언덕 ~ / 귀퉁 ~ / 진짜 ~ / 공짜 ~.

배기-가스 (排氣gas) 圀 내연 기관 따위에서, 내부 연소를 하고 배출하는 가스.

배기가스 공해 (排氣gas公害) 공장·발전소·교통 기관 등의 배기가스 때문에 나타나는 대기 오염《호흡기 질환 등의 원인이 됨》.

배기-갱 (排氣坑) [-깽] 『광』 갱내의 나쁜 공기를 밖으로 뽑아내기 위하여 설치한 수직 갱도.

배기-관 (排氣管) 圀 증기·가스 등을 밖으로 내보내는 관. ↔흡기관.

배기-기 (排氣機) 圀 배기펌프.

배기다[1] 圀 몸에 단단한 것이 받치는 힘을 느끼게 되다. □엉덩이가 ~ / 등이 ~.

배기다[2] 圀圀재 참기 어려운 일을 잘 참고 견디다. □그 등쌀에 배겨 낼 수가 없소.

배기-량 (排氣量) 圀 엔진·펌프·압축기에서, 실린더 안의 피스톤이 한 번의 운동으로 밀어내는 기체의 양.

배기-종 (排氣鐘) 圀 『물』 배기펌프를 갖춘 종모양의 유리 그릇. 이 속을 진공으로 만들고 여러 가지 실험을 함.

배기-판 (排氣瓣) 圀 내연 기관이나 열기관에서 나오는 배기가스를 내보내기 위하여 닫았다 열었다 하는 판 (瓣).

배기-펌프 (排氣pump) 圀 밀폐한 그릇 속의 공기를 빼내어 진공에 가까운 저압으로 만드는 펌프.

배기 행정 (排氣行程) 내연 기관의 폭발 행정 후에 탄 기체를 내보내는 과정.

배:-꼬다 圀 1 끈 따위를 배배 틀어서 꼬다. □새끼를 ~. 2 얄밉게 빈정거리다. 3 몸을 배배 틀다.

배-꼽 圀 1 『생』 탯줄을 끊은 자리. 2 『식』 열매의 꽃받침이 붙었던 자리. 3 소의 양지머리에 붙은 고기.

[배꼽에 어루쇠를 붙인 것 같다] 눈치가 빠르고 경위가 밝아 남의 마음속을 잘 알아차림을 이르는 말.

배꼽 밑에 털 나다 자라서 어른이 되다.

배꼽(을) 빼다 웃 《속》 몹시 우습다.

배꼽(을) 쥐다 웃 웃음을 참지 못하여 배를 움켜잡고 크게 웃다.

배꼽 웃다 웃 하는 짓이 어이가 없거나 어린아이의 장난 같아 가소롭기 짝이 없다.

배꼽-노리 [-꼼-] 圀 배꼽이 있는 언저리.

배꼽-마당 [-꼼-] 圀 동네에 있는 아주 작은 마당.

배꼽-시계 (-時計) [-씨-/-씨계] 圀 배가 고픈 것으로 끼니때 따위를 짐작하는 것의 비유.

배꼽-쟁이 [-쨍-] 圀 배꼽이 유달리 큰 사람을 놀리어 이르는 말.

배꼽-점 (-占) [-쩜] 圀 『민』 골패 (骨牌)로 떼는 점 놀이의 하나.

배꼽-점 (-點) [-쩜] 圀 바둑판 한가운데의 점. 또는 그 자리에 놓은 바둑돌. 어복점 (於腹點). 천원 (天元). 천원점 (天元點).

배꼽-참외 圀 꽃받침이 떨어진 자리가 유달리 불룩 나온 참외.

배긋 [-귿] 閂圀재 1 맞추어 끼일 물건이 어긋나서 맞지 않는 모양. 2 잘못해 일이 어긋나는 모양. 옌비긋. □비긋.

배긋-거리다 [-귿꺼-] 圀 1 맞추어 끼일 물건이 맞지 않아 자꾸 어긋나다. 2 일이 될 듯하면서도 자꾸 어긋나다. 옌비긋거리다. 배긋-배긋 [-귿삗귿] 閂圀재

배긋-대다 [-귿때-] 圀 배긋거리다.

배-나무 圀 『식』 능금나뭇과 배나무속의 낙엽 활엽 교목. 과수원에 재배하며, 높이는 2-3m이고, 잎은 달걀 모양으로 톱니가 있음. 봄에 흰색의 다섯잎꽃이 주로 세 송이씩 모여서 핌. 열매는 '배'라고 하는데 7-10월에 익으며, 당분이 많아 맛이 달고 물이 많음.

배낭 (胚囊) 圀 『식』 꽃식물의 밑씨 안에 있는 자성 배우체 (雌性配偶體). 이 안에 있는 난세포가 수정하여 발육하면 배 (胚)가 됨.

배:낭 (背囊) 圀 물건을 담아 등에 지도록 만든

주머니(가죽이나 헝겊 따위로 만듦). □등산 ~ / ~을 걸머지다 / ~을 메고 산에 오르다.

배:낭-여행 (背囊旅行)[-녀-] 명 필요한 물품을 준비하여 배낭에 넣고 떠나는 여행.

배내 명 남의 가축을 길러 다 자라거나 또는 새끼를 낸 뒤에 주인과 나누어 가지는 제도. 반양(半養).

배:내-똥 명 1 갓난아이가 먹은 것 없이 맨 처음 싸는 똥. 2 사람이 죽을 때 싸는 똥.

배:내-옷 [-옫] 명 깃저고리.

배:낫-냄새 [-낸-] 명 갓난아이의 몸에서 나는, 젖내 비슷한 냄새.

배:낫-니 [-낸-] 명 젖니.

배냇-닭 [-내딱 / -낻딱] 명 주인과 나누어 가지기로 하고 기르는 닭.

배냇-돼지 [-내뛔- / -낻뛔-] 명 주인과 나누어 가지기로 하고 기르는 돼지.

배:낫-머리 [-낸-] 명 태어난 후 한 번도 깎지 않은 갓난아이의 머리털.

배:낫-버릇 [-내뻐릇 / -낻뻐릇] 명 태어날 때부터 가지고 있는 버릇이라는 뜻으로, 오래되어 고치기 힘든 버릇을 비유하는 말.

배:낫-병신 (-病身)[-내뼝- / -낻뼝-] 명 태어날 때부터 몸이나 정신이 성하지 않은 사람.

배냇-소 [-내쏘 / -낻쏘] 명 주인과 나누어 가지기로 하고 기르는 소.

배:낫-저고리 [-내쩌- / -낻쩌-] 명 깃저고리.

배:낫-적 [-내쩍 / -낻쩍] 명 어머니의 배 속에 들어 있을 적.

배:낫-짓 [-내찓 / -낻찓] 명하자 갓난아이가 자면서 웃거나 얼굴을 찡긋거리는 짓.

배냉이-벌레 명 배방패벌레. [충]

배너 광:고 (banner廣告) 인터넷 홈페이지에, 주로 직사각형이나 띠 모양으로 만들어 넣는 광고.

배농 (排膿) 명하자 곪은 곳을 째거나 따서 고름을 빼냄.

배뇨 (排尿) 명하자 오줌을 눔. □~ 작용 / ~ 기관.

배:다¹ 타 1 물기나 냄새 등이 스며들다. □종이에 기름이~ / 담배 냄새가 옷에 ~다 / 웃는 얼굴에 장난기가 배어 있다. 2 버릇이 되어 익숙해지다. □욕이 입에 밴 사람 / 일이 손에 ~ / 친절이 몸에 배다. 3 느낌이나 생각 따위가 깊이 느껴지거나 오래 남다. □서민 정서가 배어 있는 농악.

배:다² 타 1 배 속에 아이·새끼 또는 알을 가지다. □아이를 ~ / 새끼를 ~. 2 식물의 줄기 속에 이삭이 생기다. □이삭이 ~. [배지 아니한 아이를 낳으라 한다] 무리한 요구를 하다.

배:다³ 타 ☞ 배우다.

배다⁴ 형 1 사이가 매우 촘촘하다. □그물코가 ~ / 나무를 배게 심다. 2 빈틈없이 속이 차다. 3 생각이나 안목이 매우 좁다. ↔성기다.

배다⁵ 〈옛〉 □타 말하다. □타 망치다.

배-다르다 [배달라, 배다르니] 형르 형제자매가 아버지는 같으나 어머니는 다르다. □배다른 형제.

배-다리 명 1 배를 나란히 잇따라 띄워 그 위에 널빤지를 깐 다리. 주교(舟橋). □~를 놓다. 2 교각을 세우지 않고 널조각을 걸쳐놓은 다리. 부교(浮橋).

배:단 (拜壇) 명 배례(拜禮)를 하기 위하여 신위(神位) 앞에 만들어 놓은 단(壇).

배달 '배달나라'의 준말. 주의 '倍達'로 씀은 취음.

배:달 (配達) 명하자 물건을 가져다가 목목으로 나누어 돌림. □신문 ~ / 우유 ~ / 우편물을 ~하다 / 자장면 ~을 나가다.

배달-겨레 명 배달민족.

배달-나라 [-라-] 명 상고 때의 우리나라 이름. 준배달.

배달-민족 (-民族) 명 우리 민족을 일컫는 말. 배달겨레. 준배달족.

배:달-원 (配達員) 명 배달을 업으로 하는 사람. □신문 ~ / ~을 모집하다.

배:달 증명 우편 (配達證明郵便) 우체국에서 우편물을 배달했다는 증명서를 우편물을 보낸 사람에게 보내 주는 특수 취급 우편.

배담-작용 (排膽作用) 명 [생] 쓸개즙이 쓸개의 수축 작용에 따라 십이지장으로 흘러나오는 일.

배:당 (配當) 명하자 1 일정한 기준에 따라 알맞게 나눠 줌. 또는 그 액(額)이나 양. □일을 ~하다. 2 [경] 주식회사가 그 이익을 주주에게 나누어 줌.

배:당-금 (配當金) 명 배당하는 돈. 특히, 주식 배당금을 일컬음. □~이 나오다.

배:당-락 (配當落)[-낙] 명 [경] 매매되는 주식에서 최근의 배당금을 받을 권리가 없어지는 일(그 주식값은 보통 배당금만큼 떨어짐). □~ 시세가 높게 붙다. ↔배당부(附).

배:당-률 (配當率)[-뉼] 명 [경] 주권 액면 금액에 대한 배당금의 비율.

배:당-부 (配當附) 명 [경] 매매되는 주식에서 최근의 배당을 받을 수 있는 권리가 딸려 있는 일. □~ 시세. ↔배당락.

배:당 소:득 (配當所得) [경] 법인에서 받는 이익 또는 이자의 배당, 잉여금의 분배, 투자 신탁의 수익 분배 등으로 인한 소득.

배:당 요구 (配當要求) [법] 강제 집행에서, 압류 채권자 이외의 채권자가 집행에 참가하여 변제받을 것을 요구하는 의사 표시.

배:당-주 (配當株) 명 [경] 현금을 배당하는 대신 주주에게 무상으로 나누어 주는 주식.

배:당-체 (配糖體) 명 [화] 포도당 등의 당류와 히드록시기(基)를 갖는 유기 화합물이 결합한 화합물의 총칭. 글리코시드.

배:덕 (背德) 명하자 도덕에 어그러짐. □~ 행위로 매도당하다.

배:도 (背道) 명하자 도리에 어그러짐.

배:도 (配島) 명하자 [역] 도배(島配).

배:도-겸행 (倍道兼行) 명하자 이틀에 걸쳐 갈 길을 하루에 걸음.

배:독 (拜讀) 명하자 남의 글을 공손히 읽음. 배람. 배송.

배:독 (拜讀) 명하자 배강(背講).

배-돌다 [배돌아, 배도니, 배도는] 자 한데 어울리지 아니하고 따로 행동하다. 준베돌다.

배동 명 곡식의 이삭이 나오려고 대가 불룩하여지는 현상. □~이 되다.

배동-바지 명 벼가 알이 들 무렵.

배-두렁이 명 어린아이의 배만 겨우 가리는 작은 두렁이.

배둥근-끌 명 날이 반원을 이룬 끌(조각하는 데에 씀).

배둥근-대패 명 [건] 날의 가운데가 반달꼴로 된 대패. 둥근대패.

배드민턴 (badminton) 명 네트를 사이에 두고, 라켓으로 셔틀콕을 바닥에 떨어지지 않게 쳐넘기는 경기.

배듬-하다 형여 '배스듬하다'의 준말. 준비듬하다. 배듬-히 부

배:등(倍騰)**명하자** 물건값이 갑절로 오름.

배-따라기명〖악〗 1 서경(西京) 악부(樂府) 열두 가지 춤의 하나. 배를 타고 중국으로 떠나는 사신의 출발 광경을 보이는 춤. 2 서도(西道) 민요의 하나. 배따라기 춤을 출 때 나중에 부르는 것으로, 어부들의 신세타령을 노래함. 이선악곡(離船樂曲).

배딱-거리다[-꺼-]**자** 물체가 배스듬히 이리저리 자꾸 기울어지다. ⓒ비딱거리다. ⓢ빼딱거리다. 배딱-배딱[-빼-]**부자형**

배딱-대다[-때-]**자** 배딱거리다.

배딱-이**부** 배딱하게.

배딱-지[-찌]**명**〈게·거북 따위의 배를 싸고 있는 단단한 껍데기.

배딱-하다[-따카-]**형여** 물체가 한쪽으로 조금 기울어져 있다. ⓒ비딱하다. ⓢ빼딱하다.

배-때명 '배때기'의 준말.
　배때가 벗다〖구〗말씨나 하는 짓이 거만하고 건방지다.

배-때기명〈속〉배'.

배뚜로**부** 배뚤어지게. ▷줄을 ~ 맞추다. ⓒ비뚜로. ⓢ빼뚜로.

배뚜름-하다형여 조금 배뚤다. ▷모자를 배뚜름하게 쓰다. ⓒ비뚜름하다. ⓢ빼뚜름하다. 배뚜름-히**부**

배뚝-거리다[-꺼-]**자타** 1 물체가 한쪽으로 기울어져 자꾸 흔들리다. 또는 그렇게 되게 하다. 2 한쪽 다리가 짧거나 바닥이 고르지 못하여 조금 흔들리며 걷다. ⓒ비뚝거리다. ⓢ빼뚝거리다. 배뚝-배뚝[-빼-]**부하자타**

배뚝-대다[-때-]**자타** 배뚝거리다.

배뚤-거리다자타 1 물체가 이리저리 자꾸 기우뚱거리다. ▷자전거를 배뚤거리며 달려간다. 2 곧지 못하거나 이리저리 자꾸 구부러지다. ▷글씨가 ~. ⓒ비뚤거리다. ⓢ빼뚤거리다. 배뚤-배뚤**부하형자타** ▷골목길을 ~ 돌아 나왔다.

배뚤다[배뚤어, 배뚜니, 배뚠]**형** 반듯하지 않고 한쪽으로 기울어지거나 쏠려 있다. ⓒ비뚤다. ⓢ빼뚤다.

배뚤-대다자타 배뚤거리다.

배뚤어-지다자 1 반듯하지 않고 한쪽으로 기울어지거나 쏠리다. 2 성이 되어 토라지다. ⓒ비뚤어지다.

배라-먹다[-따]**타** 남에게 구걸하여 거저 얻어먹다. ⓒ빌어먹다.

배란(排卵)**명하자**〖생〗난자가 난소(卵巢)에서 배출되는 일. ▷~ 촉진제.

배:람(拜覽)**명하타** 배독(拜讀).

배랑-뱅이명〈속〉'거지'를 낮잡아 이르는 말. ⓒ비렁뱅이.

배래'명 육지에서 멀리 떨어져 있는 바다 위. ＊난바다.

배래²명 '배래기'의 준말.

배:-래기명 1 물고기의 배 부분. 2 한복의 옷소매 아래쪽에 물고기의 배처럼 불룩하게 둥글린 부분. ⓐ배래.

배:-량(倍量)**명** 어떤 양의 갑절이 되는 양.

배럴(barrel)**의명** 야드파운드법에 따른 부피의 단위. 영국·미국에서 액체·과일·야채 따위의 부피를 잴 때에 씀.

배:-려(背戾)**명하자** 배반되고 어그러짐.

배:-려(配慮)**명하타** 도와주거나 보살펴 주려고 마음을 씀. ▷세심한 ~ / 관심과 ~를 아끼지 않다 / 다른 사람을 ~하지 않다.

배:-령(拜領)**명하타** 배수(拜受).

배:-례(拜禮)**명하자** 절하는 예(禮). 또는 절을 하여 예를 나타냄. ▷국기 ~ / 제사를 지내

---

965 **배밀이²**

며 조상께 ~하다.

배:-롱(焙籠)**명** 화로 위에 씌워 놓고 그 위에 젖은 기저귀나 옷 같은 것을 얹어서 말리는 기구.

배롱-나무명〖식〗백일홍1.

배롱-질(焙籠-)**명하자** 기저귀·옷 따위를 배롱에 얹어 말리는 일.

배:-뢰(蓓蕾)**명** 막 피려는 꽃봉오리.

배:-료(配料)**명**〖역〗귀양살이하던 사람에게 주던 식료(食料).

배:-륜(背倫)**명하자** 윤리에 어그러짐.

배:-리(背理)**명하자** 1 사리에 맞지 않음. 2 부주의에서 생기는 추리의 착오. 반리(反理).

배:-리(陪吏史)〖역〗조선 때, 세자를 모시던 나이 어린 이서(吏胥).

배리다 1 맛이나 냄새가 조금 비리다. 2 마음에 차지 아니하게 적다. 3 하는 짓이 다랍고 아니꼽다. ⓒ비리다.

배리-배리부형 배틀어지게 야위고 연약한 모양. ▷젊은이가 ~ 하다. ⓒ비리비리.

배:리-법(背理法)[-뺍]〖논〗귀류법.

배리착지근-하다[-찌-]형여 맛이나 냄새가 조금 배린 듯하다. ▷날콩 냄새가 ~. ⓒ비리척지근하다. ⓢ배리치근하다·배치근하다.

배리치근-하다형여 '배리착지근하다'의 준말.

배립(排立)**명하자** 열을 지어 늘어섬.

배릿-배릿[-릳뻬릳]**부하형** 1 냄새나 맛이 매우 배릿한 느낌. ▷~한 바다 냄새. 2 좀스럽거나 구차스러운 것이 다랍고 아니꼬운 모양. ⓒ비릿비릿.

배릿-이**부** 배릿하게.

배릿-하다[-리타-]형여 냄새나 맛이 조금 배리다. ▷배릿한 갯바람. ⓒ비릿하다.

배메기명하타〖농〗지주(地主)가 소작인에게 소작료를 수확량의 절반으로 매기는 일. 반타작. 병작(並作).

배메기 농사〖농〗〖농事〗배메기로 짓는 농사. 병작농.

배메깃-논[-긴-]명〖농〗배메기로 부치는 논.

배:-면(背面)명 뒤쪽. 뒤 쪽. ↔복면(腹面).

배:-명(拜命)**명하타** 명령·임명을 삼가 받음.

배:-목명〖건〗문고리나 삼배목에 꿰는 쇠. 주의 '배ㅣ目'으로 씀은 취음(取音).

배:-목(杯木)**명** 나무를 뭇뭇이 나눔.

배:-문(拜聞)**명하타** 1 공경하는 마음으로 삼가 들음. 2 전해 주는 말을 삼가 들음.

배:-문(配文)**명**〖역〗죄인을 유배할 때에 형조 (刑曹)에서 유배할 곳의 관아에 보내던 통지.

배문(排門)명〖역〗죄인의 집에 그 죄목을 써서 붙이던 일.

배:-문자(背文字)[-짜]명 책 표지의 등에 박는 문자.

배:-물-교(拜物敎)명〖종〗주물(呪物)을 숭배함으로써 안위(安慰)·가호(加護) 등을 얻고자 하는 원시 종교 형태의 하나.

배미명 1 '논배미'의 준말. 2 (의존 명사적으로 쓰여) 구획된 논을 세는 단위. ▷두 마지기짜리 논 한 ~로 겨우 먹고살다.

배민(排悶)**명하타** 걱정을 없앰.

배-밀이'명하자타 1 어린아이가 엎드려서 배를 바닥에 대고 기어가는 짓. 2 씨름에서, 상대방을 배로 밀어서 넘어뜨리는 기술. 3〖건〗나무를 켤 때, 기계톱에 나무를 배로 밀어서 먹이는 일.

배-밀이²명하자〖건〗가운데 것이 조금 넓게

세 줄을 파는 대패.

배-밀이³〔-〕〖건〗창살을 맞추어 종이 바를 쪽을 고르게 하기 위하여 바닥을 대패질하는 일.

배반(杯盤)〖명〗 **1** 흥취 있게 노는 잔치. **2** 술상에 차려 놓는 그릇이나 거기에 담긴 음식.

배:반¹(背反)〖명〗〖자〗 논리적으로 양립할 수 없음. 모순.

배:반²(背反·背叛)〖명〗〖하타〗 믿음과 의리를 저버리고 돌아섬. □조국을 ~하다 / 애인을 ~하다 / 친구에게 ~당하다.

배반(胚盤)〖명〗〖동〗 조류·파충류 따위의 알의 노른자 위에 희게 보이는 원형질.

배반 사:건(排反事件)[-껀]〖수〗 확률론에서, 몇 개의 사건이 나타나면 나머지 사건은 절대로 일어나지 않을 경우의 몇 개 사건 상호 간의 일컬음.

배:반-자(背反者)〖명〗 배반한 사람. □~를 몰아내다.

배:방(陪房)〖명〗 하인들이 거처하는 방.

배-방패벌레(-防牌-)〖충〗 방패벌렛과에 속하는 곤충. 몸길이 3.5 mm가량. 몸빛은 검은빛을 띤 짙은 갈색. 애벌레와 엄지벌레가 모두 배나무·벚나무 등의 잎 뒷면에 붙어 진을 빨아 먹는 해충임. 배냉이벌레.

배배〖부〗 여러 번 꼬이거나 뒤틀린 모양. □실을 ~ 꼬다 / 몸이 ~ 꼬이다 / 일을 ~ 틀어 어렵게 만들다. 〈큰〉비비.

배:백(拜白)〖명〗 '엎드려 사뢺'의 뜻으로, 편지 끝의 자기 이름 뒤에 쓰는 말.

배뱅잇-굿[-이꾿/-이꾿]〖명〗〖민〗 황해도를 중심으로 한 서도(西道) 지방에 전파되어 있는 민속극의 하나. 처녀로 죽은 딸 배뱅이의 넋을 불러 위로하기 위하여 각 도의 무당·박수를 불러 굿을 하는 내용임.

배:번(背番)〖명〗 백넘버.

배-변(排便)〖명〗〖하자〗 대변을 몸 밖으로 내보냄.

배:별(拜別)〖명〗〖하자〗 절하고 작별한다는 뜻으로, 존경하는 사람의 작별을 높이어 이르는 말.

배병(胚柄)〖명〗〖식〗 밑씨를 태자리에 부착시키고 밑씨와 연결하고 있는 자루. 합점(合點).

배:병(配兵)〖명〗〖하자〗〖군〗 병력을 긴요한 곳에 배치함. 또는 그 병력.

배:복(拜伏)〖명〗〖하자〗 엎드려 절함.

배:복(拜覆·拜復)〖명〗 삼가 회답한다는 뜻으로, 한문 투 편지 답장의 첫머리에 쓰는 높임말.

배:본(配本)〖명〗 책을 배달함. 배책(配冊). □신간 도서를 ~하다.

배:부(拜夫)〖명〗 남편을 배반함.

배:부(背部)〖명〗 **1** 등 부분. ↔복부(腹部). **2** 어떠한 면(面)의 뒤쪽.

배:부(配付)〖명〗〖하타〗 출판물이나 서류 따위를 나누어 줌. □입사 원서를 ~하다.

배:부(配賦)〖명〗〖하타〗 나누어서 줌.

배-부르다〖배부르니, 배부르러〗〖형고〗 **1** 더 먹을 수 없이 양이 차다. □배부르게 먹다. **2** 비유적으로, 임신하여 배가 불룩하다. **3** 가운데 부분이 불룩하다. **4** 생활이 넉넉하다. □배부른 소리 그만 해라.

[**배부른 흥정**] 급히 서둘지 않고 천천히 배짱을 튕겨 가며 물건을 흥정하는 일.

배부르고 등 따습다〖구〗 배부르게 먹고 등이 따뜻하게 옷을 입는다는 뜻으로, 잘사는 생활을 이르는 말.

배:부-세(配賦稅)[-쎄]〖명〗〖법〗 조세 징수의

서, 미리 조세 수입의 금액을 결정하여 그것을 납세자 또는 과세 목적물에 할당하여 과하는 세금.

배부장-나리〖명〗 배가 불룩하게 나온 사람을 놀림조로 이르는 말.

배:분(配分)〖명〗〖하타〗 몫몫이 나누어 줌. □부의 균등한 ~ / 이익을 ~하다 / 자원을 효과적으로 ~하다.

배:불(拜佛)〖명〗〖하자〗 부처에게 절하여 예(禮)를 행함.

배불(排佛)〖명〗〖하자〗 불교를 배척함. 척불(斥佛). □~ 사상 / ~ 정책.

배-불뚝이〖명〗 배가 불룩하게 나온 사람.

배-불리〖부〗 배부르게. □~ 먹다.

배불 숭유 정책(排佛崇儒政策)〖역〗 조선 때, 불교를 배척하고 유교를 숭상하던 정책.

배-붙이기[-부치-]〖부치〗 명주 올이 겉으로 나오고 무명 올이 안으로 가게 짠 피륙.

배-붙이다[-부치-]〖자〗 배를 나루턱이나 선창에 대다.

배비(排比)〖명〗〖하타〗 비례를 따라 몫몫이 나눔.

배:빈(陪賓)〖명〗 **1** 지위가 높은 사람을 모시고 함께 오거나 참여한 손님. 배객(陪客). **2** 주빈(主賓) 이외의 손님.

배빗-대[-비때 / -빋때]〖명〗 베틀에 딸린 기구의 하나. 도투마리에 날실을 감을 때, 날실끼리 엉기는 것을 막기 위하여 날실 사이사이에 대는 나뭇가지.

배:사(背斜)〖명〗〖지〗 물결 모양으로 습곡(褶曲)한 지층의 지질 구조상 산 모양으로 솟은 부분. ↔향사(向斜).

배:사(拜賜)〖명〗 웃어른이 주시는 것을 삼가 공손히 받음.

배:사(拜謝)〖명〗〖하자〗 웃어른에게 삼가 사례함.

배:사(拜辭)〖명〗〖하타〗 웃어른에게 삼가 사양함.

배:사(倍蓰)〖명〗 '배'는 갑절, '사'는 다섯 곱절을 의미하는 것으로, 갑절 이상 몇 곱절가량.

배:사-곡(背斜谷)〖명〗〖지〗 지층의 배사 부분이 침식을 받아 이루어진 골짜기.

배:사 구조(背斜構造)〖명〗〖지〗 지각(地殼)의 변동이나 압력으로 생긴, 낙타의 등과 같은 모양의 지질 구조.

배:-사령(陪使令)〖명〗〖역〗 벼슬아치를 따라다니던 사령. 배하인(陪下人).

배사-문(排沙門)〖명〗〖건〗 쌓인 모래를 흘려 없애기 위하여 만든 수문.

배:사-축(背斜軸)〖명〗〖지〗 지층의 배사가 되는 부분의 중축(中軸).

배삭(排朔)〖명〗〖하타〗 한 달에 얼마씩 정해서 여러 달에 걸쳐 나누어 줌. 배월(排月).

배:산임수(背山臨水)〖명〗 지세(地勢)가 뒤로는 산을 등지고 앞으로는 물에 면하고 있음.

배:상(拜上)〖명〗〖하타〗 절하고 올림(흔히 한문 투의 편지 끝에 씀). □그럼, 이만 줄이겠습니다. 박문수 ~. 〈준〉배(拜).

배:상(拜相)〖명〗〖역〗 정승으로 임명을 받음. □우의정을 ~하다.

배상(賠償)〖명〗〖하타〗〖법〗 남에게 입힌 손해를 물어 줌. □~을 요구하다 / 손해를 ~하다.

배상-금(賠償金)〖명〗 배상하는 돈. □~을 지급하다 / 손해 ~을 청구하다.

배상-꾼〖명〗 배상부리는 사람.

배상-부리다〖자〗 거만한 태도로 몸을 아끼고 꾀만 부리다.

배상-액(賠償額)〖명〗 배상하는 금액.

배:색(配色)〖명〗〖하자타〗 두 가지 이상의 색을 알맞게 섞음. 또는 그 색. □적(赤)과 흑의 묘한 ~ / 이 옷은 ~이 좋다.

배:서 (背書)〖명〗〖하자〗 1 책장이나 서면(書面) 따위의 뒤쪽에 글씨를 씀. 또는 그 글씨. 2 〖법〗어음·수표 따위 지시 증권의 뒷면에 필요한 사항을 적고 서명하여 상대방에게 주는 일. 뒷보증. 구칭 : 이서(裏書). □수표에 ~하기를 요구하다.

배:서-인 (背書人)〖명〗〖법〗배서를 하여 어음 따위의 증권을 양도하거나 입질(入質)한 사람. 구칭 : 이서인.

배:석 (拜席)〖명〗의식(儀式)에서, 절하는 곳에 까는 자리.

배:석 (陪席)〖명〗〖하자〗 윗사람을 모시고 어떤 자리에 함께 참석함. □대통령의 기자 회견에 관계 부처 장관들이 ~하였다.

배:석 판사 (陪席判事)〖법〗합의 재판의 구성원 가운데 재판장 이외의 판사.

배:선 (配船)〖명〗일정한 항로나 해역에 배를 할당하여 배치함.

배:선 (配線)〖명〗〖하타〗〖전〗 1 전선을 끌어 달거나 전선으로 연결함. □~ 공사 / 전선이 복잡하게 ~되어 있다. 2 '배전선'의 준말.

배:선-도 (配線圖)〖명〗〖전〗전기나 전자 장치의 각 부품의 배선과 수량 등을 기호로 나타낸 그림.

배:선-반 (配線盤)〖명〗〖전〗 1 전화 가입자로부터 오는 선을 끌어들여서 교환기에 이끌기 전에 우선 통제하기 위하여 달아 놓은 장치. 2 라디오 수신기에서, 진공관이나 코일 등의 부품을 달아 놓는 반.

배:선-함 (配線函)〖명〗〖전〗여러 갈래로 나뉜 전기 선로나 전화 선로가 설치된 판을 보호하는 상자. 그 안에 피뢰기(避雷器)·가용편(可鎔片)·단자반(端子盤) 등을 설치하여 지나치게 높은 전압이나 전류에 의한 케이블의 손상을 막음.

배설 (排泄)〖명〗〖하타〗 1 안에 있는 것을 밖으로 새어 나가게 함. 2〖생〗동물체가 음식의 영양을 섭취하고 그 찌꺼기를 몸 밖으로 내보내는 일. □~ 기관 / 노폐물을 몸 밖으로 ~하다.

배설 (排設)〖명〗〖하타〗연회나 의식(儀式)에 쓰는 물건을 차려 놓음. 진설(陳設).

배설-강 (排泄腔)〖명〗〖동〗배설기와 생식기를 겸하고 있는 구멍(개구리·새·뱀 따위에서 볼 수 있음).

배설-기 (排泄器)〖명〗〖생〗생체의 배설 작용을 하는 기관. 배설 기관.

배설-물 (排泄物)〖명〗배설된 물질(똥·오줌·땀 따위).

배설-방 (排設房)〖명〗〖역〗조선 때, 궁중에서 차일(遮日)·휘장 등을 치는 일을 맡던 곳.

배설 작용 (排泄作用)〖생〗동물체가 몸 안에 생긴 노폐물을 몸 밖으로 내보내는 일.

배:성 (陪星)〖명〗〖천〗위성(衛星).

배:소 (拜掃)〖명〗〖하타〗조상의 묘를 깨끗이 하고 돌봄.

배:소 (配所)〖명〗예전에, 죄인이 귀양살이하던 곳. 유배된 곳. 귀양지. □~에 가다.

배:소 (焙燒)〖명〗〖하타〗〖화〗광석을 녹는점 이하로 가열하여 그 화학적 조성(組成)과 물리적 성질을 변화시키는 일.

배:속 (配屬)〖명〗〖하타〗 1 물자나 기구 따위를 배치하여 소속시킴. □~을 정하다. 2 사람을 어떤 곳에 배치하여 종사하게 함. □전방 부대에 ~되다.

배:속 장:교 (配屬將校)[-짱-]〖군〗군사 훈련을 시키기 위해 학교나 훈련소 따위에 배치된 장교.

배:송 (拜送)〖명〗〖하타〗 1 해로움이나 괴로움을 끼치는 사람을 조심스럽게 내보냄. 2〖민〗천연두를 앓은 뒤 13일 만에 두신(痘神)을 떠나보내던 일.

배송(을) 내다 〖구〗⊙두신을 떠나보내는 푸닥거리를 하다. ⓛ'쫓아내다'의 곁말.

배:송 (拜誦)〖명〗〖하타〗배독(拜讀).

배:송 (拜誦)〖명〗〖하타〗배강(背講).

배:송 (配送)〖명〗〖하타〗물자를 여러 곳에 나누어 보내 줌. □무료 ~ / 각지에 ~하다.

배:송 (陪送)〖명〗〖하타〗 윗사람을 따라가 전송함. □역까지 ~하다.

배:수 (背水)〖명〗 1 바다·강·호수 따위의 큰 물을 뒤에 등지고 있음. 또는 그 물. 2〖건〗하천을 댐이나 수문으로 막았을 때, 그 상류 쪽에 괴는 물.

배:수 (拜手)〖명〗두 손을 맞잡고 절함.

배:수 (拜受)〖명〗〖하타〗공경하는 마음으로 삼가 받음.

배:수 (配水)〖명〗〖하자〗 1 수돗물을 나누어 보냄. □~ 공사. 2 논에 물을 댐.

배:수 (配囚)〖명〗〖역〗귀양 간 죄인.

배:수 (倍數)〖명〗 1 갑절이 되는 수. 2〖수〗자연수 'a'가 다른 자연수 'b'로 나뉠 때 'b'에 대한 'a'의 일컬음.

배수 (排水)〖명〗〖하타〗 1 안에 있는 물을 밖으로 내보냄. 물 빼기. □~ 시설 / ~ 작업 / 논에 ~가 잘된다. 2 물에 잠기는 물체가 물속에 잠긴 부피만큼의 물을 밀어냄(주로 선박에 대하여).

배:수 (陪隨)〖명〗〖하타〗높은 사람을 모시고 따라다님.

배수-갱 (排水坑)〖명〗〖광〗갱내의 물을 갱 밖으로 뽑아내는 갱도(坑道).

배:수-관 (配水管)〖명〗물을 보내는 관. □~이 터지다.

배수-관 (排水管)〖명〗물을 빼내거나 물이 빠져나가는 관. □~이 막히다.

배수-구 (排水口)〖명〗물을 빼내거나 물이 빠져나가는 곳.

배수-구 (排水溝)〖명〗〖건〗배수로(排水路).

배수-기 (排水器)〖명〗물을 퍼내는 데 쓰는 기계(배수펌프 따위). □~를 점검하다.

배수-량 (排水量)〖명〗 1 배가 물 위 그 무게로 밀어내는 물의 분량(그 물의 무게는 배의 무게와 같음). 2 배수펌프가 물을 뽑아내는 양. □~을 늘리다.

배수-로 (排水路)〖명〗〖건〗물이 빠져나갈 수 있게 만든 물길. 배수구(排水溝). □집 주위의 ~를 정비하다.

배:수-성 (倍數性)[-썽]〖명〗〖생〗어떤 생물의 염색체 수가 다른 개체의 염색체 수의 갑절이 되는 현상.

배:수 세:대 (倍數世代)〖생〗수정한 후 감수 분열할 때까지의 세대. ↔반수(半數) 세대.

배수-장 (排水場)〖명〗물을 빼내기 위한 설비를 갖추어 놓은 장소. 또는 그런 건물.

배수 장치 (排水裝置) 1〖건〗물을 뽑아내는 장치나 설비. 2〖선〗선박의 항해 중에 배에 괴는 물 따위를 뽑아내는 장치.

배:수-지 (配水池)〖명〗수돗물을 공급하기 위하여 마련한 저수지.

배:수-진 (背水陣)〖명〗 1〖군〗강이나 바다를 등지고 치는 진(물러설 수 없어 힘을 다하여 싸우게 함). □~을 치다. 2 더 이상 물러설 수 없음을 비유적으로 이르는 말. □두 팀이 ~

을 치고 경기에 임하다.
배:수-체 (倍數體) [명] 〖생〗 배수성의 개체《수확이 많은 품종을 내기 쉬워 품종 개량에 이용됨》. [준]배체(倍體).
배:수-탑 (配水塔) [명] 배수하기 위하여 지상이나 옥상에 만든 탱크.
배수-톤수 (排水ton數) [명] 〖해〗 선박의 배수량을 나타낸 톤수.
배수-펌프 (排水pump) [명] 쓸데없는 물을 뽑아내는 데 쓰는 펌프.
배수 현:상 (排水現象) 〖식〗 식물이 몸 안의 쓸데없는 수분을 물의 형태로 배출하는 현상《대나무·벼 같은 것에서 볼 수 있음》.
배-숙 (-熟) [명] 배를 껍질을 벗겨 삶은 뒤에 통후추를 드문드문 박고 끓인 꿀물 속에 담근 음식. 이숙(梨熟).
배-숨쉬기 [명] 〖생〗 복식 호흡(腹式呼吸).
배스듬-하다 [형여] 한쪽으로 조금 기운 듯하다. ❑모자를 배스듬하게 쓰다. [큰]비스듬하다. [준]배듬하다. **배스듬-히** [부]
배스름-하다 [형여] 거의 비슷한 듯하다. [큰]비스름하다. **배스름-히** [부]
배슥-거리다 [-꺼-] [자] 어떤 일에 대하여 탐탁스럽게 여기지 않고 자꾸 조금 동떨어져 행동하다. [큰]베슥거리다. **배슥-배슥** [-빼-] [부][하자]
배슥-대다 [-때-] [자] 배슥거리다.
배슥-이 [부] 배슥하게. ❑책을 ~ 꽂다. [큰]베슥이·비슥이.
배슥-하다 [-스카-] [형여] 한쪽으로 좀 기울어져 있다. ❑배슥하게 기대어 서다. [큰]베슥하다·비슥하다.
배슬-거리다¹ [자] 어떤 일에 대들지 않고 자꾸 살살 동떨어져 행동하다. [큰]베슬거리다. **배슬-배슬¹** [부][하자]
배슬-거리다² [자] 힘없이 자꾸 배틀거리다. ❑배슬거리며 걷다. [큰]비슬거리다. **배슬-배슬²** [부][하자]
배슬-대다¹ [자] 배슬거리다¹.
배슬-대다² [자] 배슬거리다².
배슷-이 [부] 배슷하게. ❑고개를 ~ 기울이다. [큰]비슷이¹.
배슷-하다 [-스타-] [형여] 한쪽으로 조금 기울어져 있다. ❑배슷하게 세우다. [큰]비슷하다.
배:승 (拜承) [명][하타] 공경하는 마음으로 삼가 받거나 들음.
배:승 (陪乘) [명][하타] 높은 사람을 모시고 탐. ❑장관 차에 ~하다.
배:승-하다 (倍勝-) [형여] 갑절이나 더 낫다.
배:시 (陪侍) [명][하타] 어른이나 지위가 높은 사람을 곁에서 모심.
배시시 [부] 입을 조금 벌리고 소리 없이 가볍게 웃는 모양. ❑부끄러운 듯 ~ 미소를 짓다.
배:식 (配食) [명][하자타] **1** 군대·단체 같은 데서 식사를 나누어 줌. ❑~ 당번 / ~을 받다 / 줄을 서서 ~을 기다리다. **2**〖역〗 배향(配享).
배:식 (陪食) [명][하자타] 지위가 높은 사람을 모시고 식사를 같이함.
배:식 (培植) [명][하타] 식물을 재배함.
배:식-구 (配食口) [-꾸] [명] 식당 따위에서, 음식을 내주는 구멍이나 작은 문. ❑~ 앞에 줄을 서다.
배:신 (背信) [명][하자타] 신의를 저버림. ❑~을 당하다.
배:신 (陪臣) ㊀[명] 〖역〗 가신(家臣). ㊁[인대] 〖역〗 제후(諸侯)의 신하가 천자(天子)에 대하여 자기를 일컫던 말.
배:신-감 (背信感) [명] 배신을 당하고 느끼는 감정. ❑~을 맛보다 / ~이 들다 / ~에 이를 갈다.
배:신-자 (背信者) [명] 신의를 저버린 사람. ❑~로 낙인이 찍히다.
배:신-행위 (背信行爲) [명] 신의를 저버리는 행위. ❑~를 한 자를 엄중히 처벌하다.
배:심 (背心) [명] 배반하는 마음. ❑~을 품다.
배:심 (陪審) [명][하자] **1** 재판의 심리에 배석함. **2**〖법〗 배심원이 재판의 기소나 심리에 참여하는 일.
배:심-원 (陪審員) [명] 〖법〗 일반 국민 가운데에서 선출되어 배심 재판에 참여하는 사람. ❑~들이 유죄로 판결하다.
배:심 재판 (陪審裁判) 〖법〗 배심 제도에 따른 재판.
배:심 제:도 (陪審制度) 〖법〗 재판관의 법률 적용에 일반 국민 가운데서 선출된 배심원이 심리(審理)나 기소에 참여하는 재판 제도.
배싹 [부] 살가죽이 쪼그라질 정도로 야윈 모양.
배싹-배싹 [-빼-] [부] 심하게 야윈 모양.
배-쌈 [명] 뱃바닥의 가장자리에 나무나 고무 타이어로 빙 둘러싸서 붙여 올린 부분《배의 충격을 완화하고 파손을 방지함》.
배쓱 [부] 대수롭지 않은 일에 틀어져 돌아서는 모양. ❑그만한 일에 ~ 토라지다니.
배쓱-거리다 [-꺼-] [자] 이쪽저쪽으로 쓰러질 듯이 자꾸 비틀거리다. ❑배쓱거리며 걷다. [큰]비쓱거리다. **배쓱-배쓱** [-빼-] [부][하자]
배쓱-대다 [-때-] [자] 배쓱거리다.
배아 (胚芽) [명] 〖식〗 배(胚).
배아-미 (胚芽米) [명] **1** 벼의 씨눈이 떨어지지 않게 쓿은 쌀. **2** 벼를 물에 담갔다가 싹이 나올 듯할 때 말려서 찧은 쌀.
배악-비 [-삐] [명] 가죽신의 창이나 울 속에 넣는, 여러 겹으로 두껍게 붙인 헝겊 조각. 배포(褙布). [준]백비.
배:안 (拜顔) [명][하타] 삼가 얼굴을 뵘. ❑~의 영광을 입다.
배알 [명] 〈속〉 **1** 창자. **2** 마음. [준]밸.
배알이 꼴리다〔뒤집히다〕 [구] 비위에 거슬려 아니꼽게 생각되다.
배:알 (拜謁) [명][하타] 높은 어른을 찾아가 뵘. ❑임금을 ~하다.
배-앓이 [-아리] [명] 배를 앓는 병.
배암 [명] 〖동〗 ☞ 뱀.
배:압 (背壓) [명] 증기 원동기 또는 내연 기관에서 뽑어져 나오는 증기나 가스의 압력.
배:액 (倍額) [명] 두 배의 값. ❑피해 보상을 ~으로 물다.
배:약 (背約) [명][하자] 약속을 저버림.
배:양 (培養) [명][하타] **1** 식물을 북돋아 기름. ❑농작물의 ~. **2** 인격·역량 따위가 발전하도록 가르치고 키움. ❑실력 ~ / 국력 ~ / 인재를 ~하다. **3**〖생〗 동식물 조직의 일부나 미생물 따위를 가꾸어 기름. ❑세균의 ~ 검사 / 유산균을 ~하다.
배:양-기 (培養基) [명] 〖생〗 배양액.
배:양-기 (培養器) [명] 〖생〗 인공적으로 미생물을 기르는 데 쓰는 기구.
배:양-액 (培養液) [명] 〖생〗 미생물이나 동식물의 조직 따위를 기르는 데 필요한 영양소가 들어 있는 액체. 배양기.
배:양-토 (培養土) [명] 〖식〗 식물의 재배에 쓰기 위하여 인위적으로 거름을 섞어 걸게 만든 흙.
배어-나다 [자] **1** 액체나 냄새 따위가 스며 나오

다. ▫️땀이 ~. **2** 느낌·생각 따위가 슬며시 나타나다. ▫️웃음이 ~.

배어-들다〔-들어, -드니, -드는〕**지** 어떤 기운이나 냄새, 물기 따위가 깊이 스며들다. ▫️옷에 땀이 ~ / 담배 냄새가 ~ / 슬픔이 뼛속까지 ~.

배-어루러기 **명** 배에 난 털의 빛깔이 얼룩얼룩한 점승.

배:역(背逆)**명하타** 은혜를 저버리고 배반함.

배:역(配役)**명하타**〖연〗연극·영화 등에서 배우에게 역을 맡김. 또는 그 역. ▫️~ 선정 / ~을 정하다.

배연(排煙)**명하자** **1** 공장의 굴뚝 따위에서 뿜어나오는 연기. **2** 건물 따위의 안에 찬 연기를 밖으로 뽑아냄.

배연-소방차(排煙消防車)**명** 화재 때 지하실 등에 차 있는 연기를 뽑아내고, 바깥 공기를 들여보내는 장치를 갖춘 특수 소방차.

배:열(配列·排列)**명하타** 동물의 수정란이 간격으로 벌여 놓음. ▫️~ 방법 / 큰 것부터 차례로 ~하다 / 상품을 보기 좋게 ~하다.

배엽(胚葉)〖생〗동물의 수정란이 많은 세포로 분열되어 생기는 세 개의 세포층(내배엽·외배엽·중배엽으로 나뉨).

배:영(背泳)**명** 타를 향해 반듯이 누워서 두 팔을 번갈아 회전하여 물을 밀치면서 두 발로 물장구를 치는 수영법. 송장헤엄. 백스트로크.

배:외(拜外)**명하타** 외국 사람이나 외국의 문물·사상 등을 맹목적으로 숭배함. ▫️~ 풍조.

배외(排外)**명** 외국 사람이나 외국의 문물(文物)·사상 등을 배척함. ▫️~ 감정이 뿌리 깊은 민족.

배움 **타**〈옛〉'배다⁵'의 명사형. **1** 망침. **2** 멸망함.

배:우(配偶·配耦)**명** 배필(配匹).

배우(俳優)**명**〖연〗연극·영화 등에서 어떤 역을 맡아 연기하는 사람. ▫️조연 ~들의 열연이 돋보인다. **2**〖민〗광대.

배우다 **타** **1** 새 지식을 얻거나 기술을 익히다. ▫️영어를 ~ / 수영을 배우러 가다. **2** 남의 행동·태도를 본받아 따르다. ▫️부모의 생활 태도를 ~. **3** 교양을 닦다. ▫️배운 사람다운 언행. **4** 경험하여 알다. ▫️인생을 ~ / 자유의 소중함을 ~. **5** 습관이나 습성을 몸에 익히다. ▫️군대에서 담배를 배웠다. ㉯배다.
[배운 도둑질 같다] 버릇이 되어 자꾸 하게 된다.

배:우 상속인(配偶相續人)〖법〗배우자인 상속인.

배:우 생식(配偶生殖)〖생〗두 생식 세포가 합하여 새로운 개체를 만드는 현상.

배:우-자(配偶子)**명**〖생〗성숙한 반수체(半數體)생식 세포. 다른 세포와 접합하여 새로운 개체를 형성하는 세포로, 정자 또는 난자를 이름.

배:우-자(配偶者)**명** 부부의 한쪽에서 본 다른 쪽(남편에 대한 아내, 아내에 대한 남편). ▫️~의 선택 / 좋은 ~를 만나다.

배:우자 접합(配偶子接合)〔-짭〕〖생〗단세포 생물에서 모체(母體)에 만들어진 배우자에 따라 이루어지는 접합. ↔개체 접합.

배:우-체(配偶體)**명**〖식〗세대 교번을 하는 이끼류(類) 따위 식물에서 배우자가 생기는 식물의 몸체.

배움-배움 **명** 배우거나 들어서 이룬 지식이나 교양. ▫️~이 있는 사람. ＊뱀뱀이.

배움-터 **명** 배우는 곳. 학원(學園).

배웅 **명하타** 떠나가는 손님을 따라 나가 작별하여 보냄. 배행(陪行). ▫️공항까지 가서 친구를 ~하다. ↔마중.

배월(排月)**명하타** 배삭(排朔).

배:위(拜位)**명** 제사 등의 의식을 행할 때, 규례에 따라 정하여진 절을 하는 자리.

배:위(配位)**명** 부부가 다 죽었을 때의 그 아내에 대한 경칭.

배:위(陪衛)**명하타** **1** 귀인을 따르며 호위함. **2**〖역〗세자가 나고 들 때 모시고 따름.

배:위 결합(配位結合)〖화〗한 원자에서 제공되는 두 개의 원자가 전자(原子價電子)의 공유(共有)에 따라 생기는 원자의 결합.

배:위-설(配位說)**명**〖화〗착화합물(錯化合物)속에 금속 원자를 정팔면체의 중심에 놓고, 일정한 수의 원자나 이온 또는 기(基)가 입체적으로 결합하여 배치되어 있다는 설.

배유(胚乳)**명**〖식〗배젖.

배:율(倍率)**명** **1** 망원경이나 현미경 등으로 물체를 볼 때, 물체와 상(像)과의 크기의 비율. ▫️~이 높은 현미경. **2** 어떤 그림의 크기와 그 원도(原圖) 또는 실물 크기와의 비.

배율(排律)**명** 한시(漢詩)의 한 체(體). 오언(五言) 또는 칠언(七言)의 대구(對句)를 여섯 구 이상 배열한 시.

배:은(背恩)**명하자** 은혜를 저버림. ↔보은.

배:은-망덕(背恩忘德)**명하형** 남한테 입은 은덕을 저버림. ▫️~도 유분수지.

배:음(背音)**명**〖연〗연극이나 방송에서, 대사(臺詞)·해설 등의 효과를 높이기 위하여 뒤에서 들려주는 음악이나 음향.

배:음(倍音)**명**〖물〗어떠한 원음의 정수배(整數倍)의 진동수를 가진 음.

배:의(配意)〔-/-이〕**명하타** 배려(配慮).

배일(排日)**명하자타** **1** 일본 사람이나 일본의 문물·사상 등을 배척함. ▫️~ 감정. **2** 날마다 얼마씩 나누어 몇 날에 벼름.

배:일-성(背日性)〔-썽〕**명**〖식〗식물의 줄기·잎 등이 햇볕이 없는 쪽으로 자라는 성질. ↔향일성(向日性).

배:임(背任)**명하타** 자기가 맡은 임무를 저버림. ▫️~ 및 횡령죄로 구속하다.

배:임-죄(背任罪)〔-쬐〕**명**〖법〗다른 사람의 사무를 처리하는 사람이 그 임무에 위배되는 행위를 하여 자기나 제삼자는 이익을 얻고 임무를 맡긴 본인에게 손해를 입힘으로써 이루어지는 죄.

배:입(倍入)**명하자** 정한 수량보다 갑절이나 더 듦.

배잉(胚孕)**명하타** 아이나 새끼를 뱀.

배자(-子)**명**〖역〗'패자(牌子)'의 변한말.

배자(胚子)**명**〖생〗배(胚).

배자(排字)**명하타** 글씨를 쓰거나 인쇄할 판을 짤 때, 글자를 알맞게 벌여 놓음.

배:자(褙子)**명** 부녀자들의 저고리 위에 덧입는 옷(마고자와 같으나 소매가 없음).

배자-예채(-子例債)**명**〖역〗잡혀가는 죄인이 법사(法司)의 사령에게 뇌물로 주던 돈.

배:장-품(陪葬品)**명** 부장품(副葬品).

배-저녁나방〔-녕-〕**명**〖충〗밤나방과의 곤충. 편 날개의 길이는 35~42 mm 가량이고 몸빛은 회색을 띤 흑색임. 애벌레는 배나무·벗나무·콩류 등의 해충임.

배:적(配謫)**명하타**〖역〗죄인을 귀양지로 보내던 일.

배:전(倍前)**명** (주로 '배전의'의 꼴로 쓰여)

이전의 갑절이란 뜻으로, 전보다 더함. ▯~의 노력을 기울이다.

배:전 (配電)㈜㈑㈎ 《전》 전력을 소용되는 여러 곳으로 나누어 보냄.

배:전-반 (配電盤)㈜ 《전》 발전소·변전소 및 건물 등에 장치한 대리석 또는 철제의 반상(盤狀)의 장치(개폐기·계기(計器) 등을 배치하여 전로(電路)의 개폐나 기기(機器)의 제어를 쉽게 하기 위한 것). 스위치보드.

배:전-선 (配電線)㈜ 《전》 배전하는 데 쓰이는 전깃줄. 준배선(配線).

배:전-소 (配電所)㈜ 《전》 발전소나 변전소 등에서 보내온 전력을 다시 수요자에게 나누어 보내는 곳.

배:-젊다 [-점따]㈖ 나이가 썩 젊다. ▯나이보다 배젊어 보이는 시어머니.

배:점 (背點)㈜ [-점] 천구 상에서 태양 향점의 반대의 점. ↔향점(向點).

배:점 (配點)㈜ [-점]㈜㈎ 점수를 배점함. 또는 그 점수. ▯1문항에 2점씩 ~하다 / 과목별 ~을 정하다.

배:접 (褙接)㈜㈑㈎ 종이·헝겊 또는 얇은 널조각 따위를 여러 겹 포개서 붙이는 일.

배:정 (拜呈)㈜㈑㈎ 절하고 삼가 공손히 드림. ▯선생님께 책을 ~하다.

배:정 (配定)㈜㈑㈎ 몫을 나누어 정함. ▯인원 ~ / 병을 ~하다 / 추첨으로 학교를 ~하다.

배정 (排定)㈜㈑㈎ 여러 군데로 갈라서 벌여 놓음. ▯책꽂이에 책을 ~하다.

배-젖 (胚-)㈜ [-젇] 《식》 씨앗 속에 있어, 발아하여 배가 생장하기 위한 양분을 공급하는 조직. 배유(胚乳).

배:제 (背題)㈜ 《역》 소장(訴狀) 뒤에 판결한 내용을 적던 일. 또는 그 내용.

배:제 (配劑)㈜㈑㈎ 여러 가지 약제를 섞음. 또는 그 약제.

배제 (排除)㈜㈑㈎ 물리쳐서 제외함. ▯폭력의 ~ / 실패할 가능성을 ~할 수 없다.

배:-제절 (拜除切)[-쩨-]㈜ 배계절(拜階節).

배:-좁다 [-따] 자리가 몹시 좁다. ▯배좁은 방. 준비좁다.

배:-종 (背腫)㈜ 《한의》 등창.

배:-종 (陪從)㈜㈑㈎ 《역》 임금이나 지체 높은 사람을 모시고 따라감.

배주 (杯酒)㈜ 1 술잔에 따른 술. 2 잔술. ▯~에 취하다.

배주 (胚珠)㈜ 《식》 밑씨.

배-주² (-舟)㈜ 한자 부수의 하나(「航」·「船」 등에서 「舟」의 이름).

배주룩-배주룩 [-빼-]㈜㈖㈎ 여러 개의 끝이 다 배주룩한 모양. 큰비주룩비주룩. 센빼주룩빼주룩. 준배죽배죽².

배주룩-이 ㈜ 배주룩하게. ▯~ 돋은 싹들. 큰비주룩이. 센빼주룩이. 준배죽이.

배주룩-하다 [-루카-]㈖ 물체의 끝이 조금 내밀려 있다. ▯배주룩하게 나온 새순. 큰비주룩하다. 센빼주룩하다. 준배죽하다.

배죽-거리다 [-꺼-]㈑ 비웃거나 못마땅하거나 울려고 할 때에 소리 없이 입술을 내밀고 실룩거리다. 큰비죽거리다. 센빼죽거리다. ☞배죽-배죽¹ [-빼-]㈜㈑

배죽-대다 [-때-]㈑ 배죽거리다.

배죽-배죽² [-빼-]㈜㈖㈎ '배주룩배주룩'의 준말. ▯새싹이 ~ 돋아나다.

배죽-이 ㈜ '배주룩이'의 준말.

배죽-하다 [-주카-]㈖㈎ '배주룩하다'의 준말.

말. ▯코끝이 ~.

배:-준 (陪樽)㈜ 제사 따위의 의식을 치를 때, 큰 술 그릇의 좌우에 벌여 놓는 작은 술잔.

배중 (排中)㈜㈎ 이것도 저것도 아닌 중간을 배척함.

배중-론 (排中論)[-논]㈜ 《논》 배중률(排中律).

배중-률 (排中律)[-뉼]㈜ 《논》 형식 논리학에서 사유 법칙의 하나. 'A는 B이다'와 'A는 B가 아니다'와의 두 판단 사이에 중간의 것은 없다는 원리. 배중론. 배중 원리.

배중 원리 (排中原理)[-원-] 《논》 배중률(排中律).

배:증 (倍增)㈜㈑㈎㈎ 갑절로 늚. 또는 갑절로 늘림. ▯농어민 소득 ~ 사업 / 정원(定員)이 ~되다.

배:지 ㈜ 〈속〉 '배¹'.

배지 (-旨)㈜ 《역》 '패지(牌旨)'의 변한말.

배:지 (培地)㈜ 《생》 배양액.

배:지 (陪持)㈜ 《역》 1 지방 관아에서 장계(狀啓)를 가지고 서울에 가던 사람. 2 기발(騎撥).

배지 (badge)㈜ 휘장(徽章). ▯국회의원 ~ / 회사 ~를 달다.

배-지기 ㈜ 씨름에서, 샅바를 쥔 채 상대편을 앞으로 당겨서 배 위로 들어 올린 후 옆으로 돌려 넘어뜨리는 기술. 오른배지기·맞배지기·엉덩배지기·들배지기 등이 있음.

배-지느러미 ㈜ 《어》 물고기의 배에 달린 지느러미. 대개 좌우에 한 쌍이 있으며 몸을 나아가게 함.

배:-지-성 (背地性)[-썽]㈜ 《식》 식물의 줄기가 지구의 인력과 지구의 방향으로 자라나는 성질. ↔향지성(向地性).

배:진 (背進)㈜㈑㈎ 뒤쪽으로 나아감.

배:진 (拜診)㈜㈑㈎ 공손히 진찰함.

배:진 (拜塵)㈜㈑㈎㈎ 귀인의 수레에서 나는 먼지를 보고 절한다는 뜻으로, 권세 있는 사람에게 아부함을 이르는 말.

배:진 (背陣)㈜㈑㈎ 싸움에 대비하여 진을 배치함. 또는 그 진. ▯병력을 산기슭에 ~하다.

배:진 (倍振)㈜㈑㈎ 《물》 '배진동(倍振動)'의 준말.

배:-진동 (倍振動)㈜㈑㈎ 《물》 기본 진동에 대하여 진동수가 그 정수배가 되는 진동. 준배진(倍振).

배-질 ㈜㈑㈎ 1 노를 저어 배를 가게 하는 일. ▯~이 능숙하다. 2 앉아서 끄덕끄덕 졸고 있는 모습을 놀림조로 일컫는 말.

배:-집다 [-따]㈑㈎ (주로 '배집고'의 꼴로 쓰여) 매우 좁은 틈을 헤치어 넓히다. ▯사람들을 배집고 들어가다.

배:징 (倍徵)㈜㈑㈎ 정한 액수의 갑절을 거두어들임. ▯목표액을 ~하다.

배-짱 ㈜ 1 마음속으로 다져 먹은 생각. ▯검은 ~ / ~을 보여 주다. 2 굽히지 않고 버티어 나가는 성품이나 태도. ▯~ 있는 사람 / ~을 부리다 / ~이 두둑하다.

배짱(을) 내밀다 쿼 배짱 있는 태도로 나오다. ▯배짱 내밀어 봐야 소용없다.

배짱(을) 퉁기다 쿼 배짱을 부리어 남을 받아들이지 않다. ▯오름세라 팔지 않고 ~.

배짱(이) 맞다 쿼 뜻과 마음이 맞다.

배짱(이) 세다 쿼 배짱(이) 좋다.

배짱(이) 좋다 쿼 담력과 박력이 있어 무서운 것이 없다.

배짱-부리다 ㈑ 배짱을 드러내어 굽히지 않고 버티다. ▯마음대로 하라며 ~.

배쭉 ㈜㈑㈎ 1 비웃거나 못마땅하거나 울려고 할 때 입을 내미는 모양. 2 형체를 일부만 살

짝 내미는 모양. ㉣비쭉. ㉝빼쭉.

배쭉-거리다[-꺼-]郞 비웃거나 못마땅하거나 울려고 할 때 입을 내밀고 샐룩거리다. ㉣비쭉거리다. **배쭉-배쭉**[-꺼-]𝐵𝐯郞

배쭉-대다[-때-]郞 배쭉거리다.

배쭉-이𝐵 배쭉하게. ㉣비쭉이.

배쭉-하다[-쭈카-]𝐵𝐯 물체의 끝이 조금 내밀려 있다. ㉣비쭉하다.

배차(坏車)𝐵 도자기를 만드는 데 쓰는 물레. 녹로. 돌림판.

배:차(配車)𝐵𝐯𝐜자𝐭 정해진 시간 또는 순서에 따라 자동차·기차 따위를 일정한 선로나 구간에 나누어 보냄. ㉠~ 시간 / ~ 간격을 줄이다 / 버스를 10분에 한 대씩 ~하다.

배차(排次)𝐵 차례를 정함. 또는 그 차례.

배착-거리다[-꺼-]郞 '배치작거리다'의 준말. ㉠다리를 배착거리며 걷다. **배착-배착**[-꺼-]𝐵𝐯𝐜자𝐭

배착-대다[-때-]𝐜자𝐭 배착거리다.

배착지근-하다[-찌-]𝐟𝐯 '배리착지근하다'의 준말.

배:찰(拜察)𝐵𝐯𝐭 공손한 마음으로 살핌.

배참𝐵𝐯𝐜자 꾸지람을 듣고 그 화풀이를 다른 데다 하는 일.

배:참(排站)𝐵𝐯𝐜자𝐭 〖역〗길을 떠날 때 역참(驛站)을 미리 배정하던 일.

배:창(背瘡)𝐵〖한의〗등창.

배창(俳倡)𝐵〖민〗광대1.

배-창자𝐵〖생〗창자.

배:책(配冊)𝐵𝐯𝐭 배본(配本).

배척(杯尺)𝐵 쇠로 만든 지레의 한 끝을 노루 발장도리의 끝같이 만든 연장. 굵고 큰 못을 뽑는 데 씀.

배척(排斥)𝐵𝐯𝐭 거부하여 물리침. ㉠외세를 ~하다 / 주민들에게 ~을 당하다.

배:청(拜聽)𝐵𝐯𝐭 삼가 공손히 들음. ㉠스승의 말씀을 ~하다.

배초-향(排草香)𝐵〖식〗꿀풀과의 여러해살이풀. 줄기는 사각형에 높이 1.5m 가량이고, 7~9월에 입술 모양의 자주색 꽃이 줄기 끝이나 가지 끝에 핌. 산과 들의 습지에 저절로 남. 어린잎은 식용하거나 약용하고, 관상용으로 재배함.

배:추〖식〗십자화과의 두해살이풀. 잎이 여러 겹으로 포개져 나고 긴 타원형임. 봄에 담황색 네잎꽃이 핌. 잎·줄기·뿌리를 모두 식용하며, 특히 잎은 김치를 담그는 데 씀. ㉠~ 한 단 / ~ 두 접 / ~ 열 포기 / ~를 다듬다 / ~를 절이다.

배:추-김치𝐵 배추로 담근 김치.

배:추-꼬랑이𝐵 배추의 뿌리.

배:추-벌레𝐵〖충〗1 배추에 모이는 해충의 총칭. 2 배추흰나비의 애벌레.

배:추-속대[-때-]𝐵 배추 속에서 자라는 잎 《빛깔이 노릇노릇하고 맛이 고소함》.

배:추속대-쌈[-때-]𝐵 배추속대를 생으로 먹는 쌈.

배:추속대-찜[-때-]𝐵 배추속대에 쇠고기를 썰어 넣고 양념하여 국물이 바특하게 끓인 찜.

배:추씨-기름𝐵 배추씨로 짠 기름《식용함》.

배:추-좀나방𝐵〖충〗배추좀나방과의 곤충. 편 날개는 약 12~15mm, 앞날개는 회백색에 흰 얼룩무늬가 있고 뒷날개는 회색임. 십자화 식물의 해충을 임.

배:추-흰나비[-힌-]𝐵〖충〗흰나빗과의 나비. 몸의 길이는 2cm 가량, 편 날개는 약 3~6cm, 수컷의 날개는 유백색, 암컷은 황색이 섞였음. 암컷이 흑색 무늬가 훨씬 분명하 초

봄에 나오는데, 애벌레인 배추벌레는 무·배추 등의 큰 해충임.

배축(胚軸)𝐵〖식〗속씨식물의 배(胚)의 중심을 이루고 있는 줄기 모양의 부분. 위쪽은 자라서 떡잎과 어린눈이 되며, 아래쪽은 어린 뿌리가 됨.

배:출(倍出)𝐵𝐯𝐭 소출이나 생산량 따위가 갑절이나 더 남. ㉠수확량이 작년의 ~이다.

배출(排出)𝐵𝐯𝐭 1 안에서 밖으로 밀어 내보냄. ㉠공해 ~ 업소 / 폐수를 하천에 무단으로 ~하다. 2〖생〗배설(排泄).

배:출(輩出)𝐵𝐯𝐭 인재를 길러 사회에 내보냄. ㉠인재의 ~ / 근대화의 역군이 ~되다 / 첫 졸업생을 ~하다.

배출-구(排出口)𝐵 1 안에서 밖으로 밀어 내보내는 구멍. ㉠가스 ~ / ~가 막히다. 2 어려운 상태에서 벗어나기 위한 수단을 비유적으로 이르는 말. ㉠억눌린 감정의 ~.

배:춧-국[-춛꾹 / -춘꾹]𝐵 배추를 넣고 끓인 국.

배:춧-속[-춛쏙 / -춘쏙]𝐵 1 배추에서 겉잎에 싸여 있는 속의 연한 잎. 2 배추로 포기김치를 담글 때 배추 잎 사이에 넣는 양념.

배:치(背馳)𝐵𝐯𝐜자 서로 반대가 되어 어긋남. ㉠이념과 실천의 ~ / 평소의 주장과 ~되는 행동 / ~되는 주장을 하다.

배:치(配置)𝐵𝐯𝐭 사람이나 물건을 일정한 자리에 나누어 둠. ㉠좌석 ~ / 가구를 적절히 ~하다 / 병력의 ~를 끝내다 / 인재를 적재적소에 ~하다.

배치(排置)𝐵𝐯𝐭 일정한 차례나 간격에 따라 벌여 놓음. 배포(排布). 포치(布置). ㉠상품을 ~하다.

배치근-하다𝐟𝐯 '배리착지근하다'의 준말.

배:치-도(配置圖)𝐵 1 인원이나 물자의 배치를 표시한 도면의 총칭. ㉠~를 작성하다. 2 공장 안에서 여러 기계의 위치를 표시한 도면. 3〖건〗건물·수목 등의 위치를 평면 상에 나타낸 도면.

배치작-거리다[-꺼-]𝐜자𝐭 몸을 한쪽으로 좀 비틀거리거나 가볍게 잘룩거리며 걷는다. ㉠다리를 배치작거리며 걷다. ㉣비치적거리다. ㉝배착거리다. **배치작-배치작**[-꺼-]𝐵𝐯𝐜자𝐭

배치작-대다[-때-]𝐜자𝐭 배치작거리다.

배치 프로세싱(batch processing)〖컴〗일괄(一括) 처리.

배칠-거리다𝐜자 이리저리 쓰러질 듯이 자꾸 배틀거리다. ㉠술에 취해 ~. ㉣비칠거리다. **배칠-배칠**𝐵𝐯𝐜자

배칠-대다𝐜자 배칠거리다.

배코𝐵 상투를 앉히기 위해 머리털을 깎아 낸 자리.

배코(를) 치다 𝐜 ㉠상투 밑의 머리털을 돌려 깎다. ㉡머리를 면도하듯이 빡빡 밀다.

배코-칼𝐵 배코를 치는 칼.

배타(排他)𝐵𝐯𝐜자 남을 배척함. ㉠~ 정책. ↔의타(依他).

배타-성(排他性)[-썽]𝐵 1 남을 배척하는 성질. ㉠~이 강하다. 2〖법〗하나의 물건에 대하여 어떤 사람의 권리가 성립하면, 같은 대상에 관하여 다른 사람의 권리를 인정하지 않는 일.

배타-심(排他心)𝐵 남을 배척하는 마음. ㉠~을 버리다. ↔의타심.

배타-적(排他的)𝐫𝐵 남을 배척하는 경향이

있는 (것). ❏ ~ 성격 / ~인 태도 / 정권을 ~
으로 독점하려는 음모.

배타적 경제 수역 (排他的經濟水域)[-경-] 연
안에서 200 해리 수역 안에 들어가는 바다.
연안국은 이 수역 안의 어업·광물 자원에 대
하여 모든 경제적 권리를 배타적으로 독점하
며, 해양 오염을 막기 위한 규제의 권한을 갖
는다고 선언한 수역.

배타-주의 (排他主義)[-/-이][명] 다른 사람이
나 다른 생각·사상 따위를 배척하는 태도나
경향. ❏ 무조건적인 ~는 사회 발전의 독소

배-탈 (-頉)[명] 먹은 것이 체하거나 설사하는
등의 배 속 병을 뭉뚱그려 일컫는 말. ❏ ~을
일으키다 / ~이 나다.

배태 (胚胎)[명][하타] 1 아이나 새끼를 뱀. ❏ 아
기를 ~하다. 2 어떤 일이 일어날 원인을 속
에 지님. ❏ 화근을 ~하다.

배터리 (battery)[명] 1[전] '건전지·전지·축전
지'의 일컬음. 2 야구에서 투수와 포수의 한 쌍.

배턴 (baton)[명] 릴레이 경주에서, 앞 주자가
다음 주자에게 넘겨주는 막대기. 바통.

배턴 터치 (baton+touch) 릴레이 경주에서, 앞
주자가 다음 주자에게 배턴을 넘겨주는 일.

배토 (坏土)[명][공] 질그릇의 원료가 되는 흙.

배:토 (培土)[명][하타] 식물에 흙을 북돋아 주는
일. 또는 그 흙. ❏ ~ 작업.

배-통[명]〈속〉배1.

배:통 (背痛)[명][한의] 늑막염·폐결핵 따위로
등이 심하게 아픈 증상.

배-퉁이[명]〈속〉배통.

배트 (bat)[명] 야구·소프트볼 등에서, 공을 치
는 방망이.

배트작-거리다[-꺼-][타] 몸을 가누지 못하고
약간 배틀거리며 걷다. 逊비트적거리다.
빼트작거리다. **배트작-배트작**[-빼-][부][하타]

배트작-대다[-때-][타] 배트작거리다.

배튼 (batten)[명] 제도(製圖) 용구의 하나. 느슨
하게 휘어진 곡선을 그을 때 쓰는.

배틀[부][하타] 힘이 없거나 어지러워 이리저리
쓰러질 듯이 걷는 모양. ❏ 걸음걸이가 ~하
다. 逊비틀.

배틀-거리다[타] 몸을 가누지 못하고 이리저리
쓰러질 듯이 걷다. ❏ 술에 취해 배틀거리
며 걷다. 逊비틀거리다. **배틀-배틀**[부][하타]

배틀-걸음[명][하자] 배틀거리며 걷는 걸음. 逊
비틀걸음.

배틀걸음(을) 치다[관] 썩 배틀거리며 걷다.

배:틀다 [배틀어, 배트니, 배트는][타] 1 힘 있
게 모으다. ❏ 손목을 잡아 ~. 2 일을
어그러지게 하다. 逊비틀다.

배틀-대다[타] 배틀거리다.

배:틀리다[자]('배틀다'의 피동) 배틀을 당하
다. 逊비틀리다.

배:틀어-지다[자] 1 물체가 어느 한쪽으로 조
금 꼬이다. 2 일이 꼬여 순조롭지 않게 되다.
❏ 여행 계획이 ~. 3 못마땅하여 마음이 틀어
지다. ❏ 말다툼으로 ~. 逊비틀어지다.

배팅 (batting)[명] 야구에서, 타격. ❏ ~ 연습을
공개하다.

배팅-오더 (batting order) 야구에서, 타석
순서. 타순(打順).

배:판 (背板)[명] 1 등널. 2[충] 곤충의 등의 판
판한 부분. ❏ 흉부 ~.

배:판 (倍版)[명] 어떠한 규격의 배가 되는 책의
크기. ❏ 사륙 ~.

배:판 (棑板)[명] 배접(褙接)할 때, 밑에 깔고 쓰
는 널. ❏ ~을 놓다.

배-편 (-便)[명] 배를 이용하는 교통편. 선편(船
便). ❏ ~을 이용하다 / 물건을 ~으로 보내
다 / ~이 끊기다.

배:포 (配布)[명][하타] 신문이나 책자 따위를 널
리 나누어 줌. ❏ 광고 전단을 ~하다.

배포 (排布·排鋪)[명][하타] 1 머리를 써서 일을
조리 있게 계획함. 또는 그런 속마음. ❏ ~가
맞다 / ~가 두둑하다 / ~ 한번 좋구나. 2 배
치(排置).

배포(가) 유(柔)**하다**[구] 조급하게 굴지 않고
성미가 유들유들하다.

배포(가) 크다[구] 담력과 도량이 크다.

배:포 (焙脯)[명] 쇠고기나 돼지고기를 저미어
간을 친 다음에 화롯불 따위에 배롱(焙籠)을 씌
우고 그 위에다 말린 포육(脯肉).

배:포 (褙布)[명] 배악비.

배-표 (-票)[명] 배를 타기 위한 표. 선표(船票).
❏ ~를 끊다.

배표-분화 (胚表分化)[명][동] 동물 개체가 발
생하는 초기에 배(胚)의 표면 재료가 분화하
는 현상.

배:품 (拜稟)[명][하타] 공손히 여쭘.

배:풍 (排風)[명] 뒤에서 불어오는 바람.

배:피 (拜披)[명][하타] 편지 등의 봉한 글을 공손
히 폄.

배:필 (配匹)[명] 부부로서의 짝. 배우(配偶). 필
우(匹偶). ❏ 하늘이 정해 준 ~ / 좋은 ~을
만나다 / ~로 삼다.

배:하 (拜賀)[명][하타] 삼가 공손히 축하함.

배:-하다 (拜-)[타여] 조정(朝廷)에서 벼슬을 내
리다.

배:-하인 (陪下人)[명][역] 배사령(陪使令).

배:한 (背汗)[명] 등에서 나는 식은땀. ❏ ~이
나다.

배:한 (背寒)[명][한의] 등에 오싹오싹한 추위
를 느끼는 증세.

배:합 (配合)[명][하타] 이것저것을 일정한 비율로
한데 섞어 합함. ❏ ~ 비율 / 색의 ~ / 시멘트
와 모래를 알맞게 ~하다.

배:합-률 (配合率)[-뉼][명] 배합하는 비율.

배:합 비:료 (配合肥料)[-뇨-][명] 농작물에 필요
한 양의 질소·인산·칼륨을 포함하도록 여러
가지를 섞어서 만든 비료.

배:합 사:료 (配合飼料)[-싸-][명] 동물의 사
육에 필요한 여러 영양소를 배합하여 만든
사료.

배:행 (陪行)[명][하타] 1 윗사람을 모시고 따라감.
2 배웅.

배:행 (輩行)[명] 나이가 비슷한 친구.

배:향 (配享)[명][하타][역] 1 종묘에 공신의 신
주를 모심. 2 문묘나 서원에 학덕이 있는 사
람의 신주를 모심. 종사(從祀). 종향(從享).

배:혁 (背革)[명] 책 표지의 등만을 가죽으로 입
히는 일. 또는 그 가죽.

배:현 (背玄)[명][식] 수선화(水仙花).

배화 (排貨)[명][하자] 어떤 나라나 어떤 기업의
물건이나 상품을 배척하여 거래하지 않음.

배:화-교 (拜火敎)[명][종] 1 불을 신격화하여
모시는 신앙의 총칭. 2 조로아스터교.

배-화채 (-花菜)[명] 배를 얇게 썰어 불그스름
하게 연지(臙脂)를 푼 꿀이나 설탕에 재었다
가, 오미자를 탄 국물에 넣어 만든 화채.

배회 (徘徊)[명][하자타] 목적 없이 이리저리 돌아
다님. ❏ 길거리를 ~하다.

배:후 (背後)[명] 1 등 뒤. 또는 뒤쪽. ❏ 적의 ~
를 공격하다 / ~를 지키다 / ~에서 찌르다. 2

어떤 일의 드러나지 않은 부분. ▢~ 세력 /
~ 인물 / ~에서 조종하다 / 사건의 ~를 밝
히다.
배 :훼 (背毁)▢<u>하타</u>] 뒤에서 헐뜯음.
배 흘림-낚시 [-낙씨] 명 배를 물에 띄워 흘러
가게 하면서 하는 낚시.
백 (白)명 1 '백색'의 준말. ▢흑과 ~의 조화.
2 '백지'의 준말. ▢~을 잡고 두다. ↔흑
(黑). 3 '백군'의 준말.
백 (伯)명 '백작'의 준말.
백 (back)명 1 〈속〉 뒤에서 받쳐 주는 세력이
나 사람. ▢이 든든하다. 2 차량 따위를 뒤
로 후진하게 함. ▢차고에 ~으로 들어가다.
3 축구 따위의 경기에서, 주로 뒤쪽에서 수비
를 맡은 사람. 후위(後衛).
백 (bag)명 가방, 특히 여자들의 손가방.
백 (百)주관 열의 열 배다. ▢~ 개 / 모인 인원이
~이 넘는다.
[백 듣는 것이 한 번 보는 것만 못하다]
듣기만 하는 것보다는 직접 보는 것이 확실
하다. [백에 하나] 썩 희귀함의 비유.
백- (白)튀 '흰'의 뜻을 나타내는 말. ▢~포
도주 / ~설탕 / ~장미 / ~구두
-백 (白)회 '말씀 드린다'는 뜻(말하는 사람의
이름 뒤에 씀). ▢관리소장 ~ / 주인~.
백가 (百家)[-까]명 1 많은 학자 또는 작자. 2
'백가서'의 준말.
백가-서 (百家書)[-까-]명 여러 학자들의 말
은 여러 가지 책. 준백가.
백가-어 (百家語)[-까-]명 중국 전국(戰國) 시
대의 제자백가(諸子百家)들이 내세운 주장.
제자백가서.
백가-쟁명 (百家爭鳴)[-까-]명 1 많은 학자·
지식인 등의 활발한 논쟁과 토론. 2 1956년
중국 공산당이 정치 투쟁을 위해 내세운 말.
마르크스주의는 다른 사상과 경쟁하면서 지
도적 위치를 차지해야 한다는 주장.
백-가지 (白-)[-까-]명 〈식〉 가지의 하나. 열
매가 길동글게 흰색으로 익으면 노랗게 됨.
백-각 (白-)[-깍]명 [광] 흰 빛깔의 색.
백-각사 (百各司)[-깍싸]명 〈역〉 서울 안의 모
든 관아(官衙).
백-각전 (百各廛)[-깍쩐]명 [역] 평시서(平市
署)에서 관할하던 서울의 여러 전(廛).
백간 (白簡)[-깐]명 아무 내용도 적지 않고 흰
종이만 넣은 편지.
백-간-잠 (白殭蠶)[-깐-]명 [한의] 백강잠(白
殭蠶).
백-간죽 (白簡竹)[-깐-]명 담뱃대로 쓰는 흰
설대.
백강-균 (白殭菌)[-깡-]명 〈식〉 사상균(絲狀
菌)의 하나. 누에에 기생하여 백강병(白殭病)
을 일으킴.
백강-병 (白殭病)[-깡뼝]명 [의] 백강균이 누
에에 기생하여 생기는 병. 죽은 후 차차 몸이
굳어지고 흰빛의 균사(菌絲)로 덮임.
백강-잠 (白殭蠶)[-깡-]명 [한의] 백강병(白
殭病)으로 죽은 누에. 풍증(風症)을 다스리는
데 씀. 백간잠(白殭蠶). 준백강.
백-강홍 (白降汞)[-깡-]명 염화수은 용액에
암모니아수를 가하여 생긴 침전물을 걸러 건
조시킨 흰 가루(연고로 만들어 결막염 따위
의 눈병이나 옴 따위의 피부병에 바름).
백개-일 (百箇日)[-깨-]명 [불] 사람이 죽은
지 백 일째 되는 날(이날에 불공을 드림).
백-개자 (白芥子)[-깨-]명 [한의] 갓의 씨앗
(기침과 담을 다스리는 약재로 씀).
백건 (白鍵)[-껀]명 [악] 흰건반. ↔흑건.

백겁 (百劫)[-껍]명 퍽 오랜 세월. 영겁(永劫).
백견 (白犬)[-껸]명 털이 흰 개. 백구(白狗).
백견-병 (白絹病)[-껸뼝]명 〈식〉 오이·토마
토·콩·담배·깨·삼 등에 담자균이 기생하여
생기는 병. 줄기 밑동에 광택 있는 균사가 엉
기고 껍질이 썩으며 때때로 식물 전체가 말
라 죽음.
백경 (白鏡)[-꼉]명 아무 빛깔이 없는 알을 끼
운 안경.
백계 (白鷄)[-꼐/-꼐]명 털빛이 흰 닭.
백계 (百計)[-꼐/-꼐]명 여러 가지의 꾀. 온
갖 계책. ▢~를 부리다 / ~를 다하다.
백계-무책 (百計無策)[-꼐-/-꼐-]명 있는 꾀
를 다 써도 소용이 없음. 계무소출.
백고불마 (百古不磨)[-꼬-]명 몇백 년이 지나
도 닳아 없어지지 않고 남음. ▢~의 걸작품.
백고천난 (百苦千難)[-꼬-]명 헤아릴 수 없는
온갖 고난. ▢~을 겪다.
백곡 (白麯)[-꼭]명 백국(白麯).
백곡 (百穀)[-꼭]명 온갖 곡식. ▢이 익는
계절 / ~이 무르익다.
백골 (白骨)[-꼴]명 1 송장의 살이 썩고 남은
뼈. ▢죽어 ~이 되다. 2 옻칠을 하지 않은
목기·목물(木物) 따위.
백골-난망 (白骨難忘)[-꼴란-]명 죽어 백골이
되어도 은덕을 잊을 수 없다는 뜻으로, 남에
게 큰 은혜나 덕을 입었을 때 고마움의 뜻으
로 이르는 말. ▢이렇게 보살펴 주시니 그 은
혜 ~입니다.
백골-송 (白骨松)[-꼴-]명 〈식〉 백송(白松).
백골-양자 (白骨養子)[-꼴량-]명<u>하타</u>] 신주양
자(神主養子).
백골-집 (白骨-)[-꼴찝]명 〈속〉 1 단청을 하
지 않은 궁전. 2 아무 칠도 하지 않은 집.
백골-징포 (白骨徵布)[-꼴-]명 [역] 조선 말
엽에, 죽은 사람의 이름을 군적(軍籍)과 세금
대장에 올려놓고 군포(軍布)를 받던 일.
백-곰 (白-)[-꼼]명동 흰곰.
백공 (百工)[-꽁]명 1 온갖 장인(匠人). 2 백관
(百官).
백공-기예 (百工技藝)[-꽁-]명 온갖 장인(匠
人)의 재주.
백공천창 (百孔千瘡)[-꽁-]명 갖가지 폐단으
로 엉망진창이 됨.
백과 (白瓜)[-꽈]명 흰 오이.
백과 (白果)[-꽈]명 은행(銀杏).
백과 (百果)[-꽈]명 온갖 과일. ▢오곡과 ~가
무르익다.
백과 (百科)[-꽈]명 많은 과목. 온갖 학과.
백과-사전 (百科事典)[-꽈-]명 학술, 예술,
문화 등 모든 분야에 걸친 사항을 압축해 사
전 형식으로 분류해서 배열하고 풀이해 놓은
책. 백과전서.
백과-전서 (百科全書)[-꽈-]명 1 백과사전. 2
모든 분야에 걸친 사항을 체계 있게 해설한
총서.
백과전서-파 (百科全書派)[-꽈-]명 18세기
후반 프랑스에서 간행된 백과전서의 편찬에
종사하거나 협력한 유럽의 사상가·학자들.
백과-주 (百果酒)[-꽈-]명 온갖 과실의 즙을
소주에 타서 빚은 술.
백관 (百官)[-꽌]명 모든 벼슬아치. 백공(百
工). 백규(百揆). ▢~들이 다 모이다.
백관-유사 (百官有司)[-꽌뉴-]명 조정의 많은
관리.
백광 (白光)[-꽝]명 1 [물] 백색광. 2 [천] 코

로나.

백-광석 (白廣席)[-꽝-] 囤 넓고 큰 흰 돗자리.

백교-향 (白膠香)[-꾜-] 囤 『한의』 단풍나무의 진《지혈(止血)·종기·피부병 따위에 씀》. 풍향지(楓香脂).

백구 (白駒)[-꾸] 囤 흰 망아지.

백구 (白鷗)[-꾸] 囤 『조』 갈매기.

백구 (白球)[-꾸] 囤 야구·배구·골프 따위에서 쓰는 흰 공.
  백구의 향연 囝 화려하게 펼쳐지는 야구·배구·골프 따위의 시합. □~을 벌이다.

백구 (百口)[-꾸] 囤 **1** 백 명의 식구라는 뜻으로, 많은 가족을 이르는 말. **2** 여러 가지 변명.

백구 (伯舅)[-꾸] 囤 천자(天子)가 성(姓)이 다른 제후(諸侯)를 존경하여 이르던 말.

백구-과극 (白駒過隙)[-꾸-] 囤 흰 망아지가 빨리 달리는 것을 문틈으로 본다는 뜻으로, 인생이나 세월이 덧없이 짧음을 이르는 말. ⊛구극(駒隙).

백국 (白菊)[-꾹] 囤 꽃이 하얀 국화.

백국 (白麴)[-꾹] 囤 흰 누룩.

백군 (白軍)[-꾼] 囤 경기에서, 양편을 청·백 또는 홍·백으로 가를 때 백 쪽의 편. ⊛백.

백귀 (百鬼)[-뀌] 囤 온갖 귀신.

백규 (白揆)[-뀨] 囤 백관(百官).

백그라운드 (background) 囤 배경.

백금 (白金)[-끔] 囤 『화』 은백색의 금속 원소. 은보다 단단하며 녹슬지 않음. 장식품·도량형기·화학 기계 등에 씀. [78 번 : Pt : 195.09]

백금 (百金)[-끔] 囤 많은 돈.

백금 이리듐 (白金iridium)[-끔-] 囤 『공』 백금과 이리듐의 합금. 단단하고 팽창률이 작으며, 화학 약품에 침식되지 않음《국제적 표준 원기·만년필 펜촉 등에 씀》.

백금족 원소 (白金族元素)[-끔조권-] 囤 『화』 원소 주기율표 제8족의 귀금속. 루테늄·로듐·팔라듐·오스뮴·이리듐·백금 등 6개 원소의 총칭.

백급 (白芨)[-끕] 囤 『한의』 자란(紫蘭)의 뿌리《피를 멎게 하므로 주로 외상에 바르거나 위궤양에 먹음》.

백기 (白氣)[-끼] 囤 흰 빛깔의 기체(氣體).

백기 (白旗)[-끼] 囤 **1** 흰 빛깔의 기. **2** 항복을 표시하는 흰 기.
  백기(를) 들다 囝 항복하다. 굴복하다.

백-김치 (白-)[-낌-] 囤 고춧가루를 쓰지 않거나 고춧가루 대신 실고추를 넣어 담그는 김치.

백난 (百難)[뱅-] 囤 온갖 고난. □~을 겪다.

백난지중 (百難之中)[뱅-] 囤 온갖 고난을 겪는 가운데.

백-날 (百-)[뱅-] ⊟囤 백일(百日)2. ⊟囝 **1** (부정하는 말과 함께 쓰여서) 아무리 오래도록. □~ 해 봐야 안 된다. **2** 늘. 언제나. □~ 말로만 떠든다.

백납 (白-)[뱅-] 囤 『한의』 살가죽에 흰 어루러기가 생겨 차차 퍼지는 병. 백전풍(白癜風).
  백납(이) 먹다 囝 살가죽에 허옇게 어루러기가 생기다.

백-내장 (白內障)[-내-] 囤 『의』 눈병의 하나. 눈의 수정체가 회백색으로 흐려져서 잘 보이지 않게 되는 병.

백-넘버 (back+number) 囤 운동선수가 입는 유니폼 등에 붙이는 번호. 배번(背番).

백-네트 (back+net) 囤 야구장에서, 포수 뒤쪽에 치는 그물. 백 스톱.

백년 (百年)[뱅-] 囤 **1** 오랜 세월. **2** 한평생.

백년-가약 (百年佳約)[뱅-] 囤 젊은 남녀가 결혼하여 평생을 함께할 것을 다짐하는 아름다운 언약. 백년언약. □~을 맺다.

백년-대계 (百年大計)[뱅-/뱅-계] 囤 먼 앞날을 미리 내다보고 세우는 크고 중요한 계획. □나라의 ~를 세우다.

백년-손 (百年-)[뱅-] 囤 백년지객(百年之客).

백년지객 (百年之客)[뱅-] 囤 아무리 스스럼이 없어져도 어려운 손님으로 예의를 잊지 말아야 한다는 뜻으로, '사위'를 가리키는 말. 백년손.

백년지계 (百年之計)[뱅-/뱅-계] 囤 먼 장래까지 미리 내다보면서 세우는 계획. □교육은 나라의 ~이다.

백년-초 (百年草)[뱅-] 囤 『식』 선인장.

백년-하청 (百年河淸)[뱅-] 囤 중국의 황허(黃河) 강이 늘 흐려 맑을 때가 없다는 뜻으로, 아무리 기다려도 어떤 일이 이루어지기 어려움을 이르는 말.

백년-해락 (百年偕樂)[뱅-] 囤囝 부부가 되어 평생토록 같이 즐겁게 지냄.

백년-해로 (百年偕老)[뱅-] 囤囝 부부가 되어 한평생을 사이좋게 지내고 즐겁게 함께 늙음. □~를 기원하다.

백년-행락 (百年行樂)[뱅-낙] 囤囝 한평생 잘 놀고 즐겁게 지냄.

백단 (白椴)[-딴] 囤 『식』 자작나무.

백단 (白端)[-딴] 囤 굵고 질이 좋은 명주실.

백단-유 (白檀油)[-딴뉴] 囤 백단향을 증류하여 얻는, 끈끈하고 진한 휘발성의 황색 기름《향료 또는 임질·방광염 등에 약용함》.

백-단향 (白檀香)[-딴-] 囤 『식』 단향과의 반기생의 상록 활엽 교목. 높이 6-10 m, 꽃은 처음에 황록색이었다가 차차 홍적색으로 변함. 나무의 속은 누르스름하고 향기가 있어 향료·약품·불상 조각 등에 씀.

백담 (白毯)[-땀] 囤 흰 빛깔의 담(毯).

백담 (白痰)[-땀] 囤 묽고 허연 가래.

백답 (白畓)[-땁] 囤 물을 대지 못해 아무것도 심지 못한 논.

백당 (白糖)[-땅] 囤 **1** 백설탕. **2** 흰 엿.

백-당포 (白唐布)[-땅-] 囤 당모시.

백대¹ (白-)[-때] 囤 『역』 흰 술띠《조례(弔禮)나 제례 때 띰》.

백대² (白帶)[-때] 囤 『의』 '백대하(白帶下)'의 준말.

백대 (百代)[-때] 囤 **1** 백 번째의 대. **2** 오랫동안 이어져 내려오는 여러 세대. **3** 멀고 오랜 세월.

백대지과객 (百代之過客)[-때-] 囤 영원히 지나가고 다시 돌아오지 않는 나그네라는 뜻으로, '세월'을 이르는 말.

백대지친 (百代之親)[-때-] 囤 여러 대에 걸쳐 가까이 지내 온 집안 사이의 친분.

백-대하 (白帶下)[-때-] 囤 『의』 질(膣)에서 허연 분비물이 흐르는 대하증의 하나. ⊛백대.

백-댄서 (back+dancer) 囤 가수의 노래에 맞추어 춤추는 일을 직업으로 하는 사람.

백덕 (百德)[-떡] 囤 온갖 덕행.

백도 (白徒)[-또] 囤 『역』 **1** 과거를 거치지 않고 벼슬아치가 됨. 또는 그 사람. **2** 훈련되어 있지 않은 군사.

백도 (白桃)[-또] 囤 『식』 복숭아의 한 품종. 과실의 살이 희고 무름. 흰 복숭아.

백도 (白道)[-또] 囤 『천』 달이 천구 위에 그리는 궤도.

백동 (白銅)[-똥] 囤 '백통'의 본딧말.

백-동백나무 (白冬柏-)[-똥빽-] 囤 『식』 녹나

뭇과의 낙엽 활엽 관목. 잎은 타원형에 백록색의 털이 돋았음. 4~5월에 황색 꽃이 핌. 산기슭의 양지에 나는데, 지팡이 재료로 씀.

백-동전 (白銅錢)[一똥―][명] 백통돈.

백동-화 (白銅貨)[一똥―][명] 백통돈.

백두 (白頭)[一뚜][명] **1** 허옇게 센 머리. 백수(白首). **2**『역』지체는 높으나 벼슬하지 못한 사람. 미관말직. □~로 늙을지언정 진사(進士) 벼슬은 않는다.

백-두구 (白荳蔻)[一뚜―][명] **1**『식』빛이 흰 육두구. **2**『한의』흰 육두구의 뿌리(구토에 약제로 씀).

백두-대간 (白頭大幹)[一뚜―][명]『지』한반도를 동서로 크게 갈라 놓은 산줄기. 백두산에서 지리산까지 1,400km에 달함. 모든 강의 발원지가 되며, 명산들이 대부분 자리 잡고 있음.

백-두루미 (白一)[一뚜―][명]『조』두루미.

백-두옹 (白頭翁)[一뚜―][명] **1** 머리털이 허옇게 센 노인. **2**『조』알락할미새. **3**『식』할미꽃.

백등 (白藤)[一뚱][명]『식』흰 꽃이 피는 등나무.

백등-색 (白藤色)[一뚱―][명] 등나무의 꽃과 같은 흰 빛깔.

백-등유 (白燈油)[一뚱―][명] 원유를 정제하여 만든 등유.

백-라이트 (back-light)[명]『연』무대 뒤쪽에서 비추는 조명.

백락 (百樂)[뱅낙][명] 온갖 즐거움.

백란 (白卵)[뱅난][명] 해묵은 누에씨(빛이 검지 않고 누런빛을 띔).

백란 (白蘭)[뱅난][명]『식』백목련.

백람 (白藍)[뱅남][명]『화』인디고를 아연 가루로 환원시켜서 만드는 흰 가루(푸른빛의 물감을 만드는 데 씀).

백랍 (白蠟)[뱅납][명] **1** 백랍벌레의 수컷의 애벌레가 분비하는 물질을 가열·용해하여 찬물로 식혀서 만든 것(고약·초 등에 씀). **2** 밀랍을 햇볕에 쬐어 만든 순백색의 물질. 수랍(水蠟).

백랍 (白鑞)[뱅납][명] 땜납.

백랍-금 (白鑞金)[뱅납끔][명]『민』육십갑자에서, 경진(庚辰)·신사(辛巳)의 납음(納音).

백랍-나무 (白蠟一)[뱅남―][명]『식』쥐똥나무.

백랍-벌레 (白蠟一)[뱅납뻘―][명]『충』사철나무깍지벌렛과의 곤충. 쥐똥나무·광나무 등에 기생하는 벌레. 몸 길이 3mm, 편 날개 길이 6mm가량, 몸빛은 등황색에 등에는 적갈색 줄무늬가 있음. 수컷의 애벌레가 백랍의 원료가 되는 흰 물질을 분비함. 백랍충.

백랍-초 (白蠟一)[뱅납―][명] 백랍으로 만든 초.

백랍-충 (白蠟蟲)[뱅납―][명]『충』백랍벌레.

백량-미 (白粱米)[뱅냥―][명]『조』조의 한 품종. 알이 굵고 빛깔이 희며 맛이 좋음.

백련 (白蓮)[뱅년][명] **1** 흰빛의 연꽃. **2**『식』'백련초'의 준말.

백렴 (白蘞)[뱅념][명] **1**『식』가회톱. **2**『한의』가회톱의 뿌리(학질·경간·대하 등에 씀).

백령백리 (百伶百俐)[뱅녕뱅니][명][하] 매우 영리하고 민첩함.

백로 (白露)[뱅노][명] **1** 이십사절기의 열다섯 번째(처서와 추분 사이며, 9월 8일경. 이 무렵에 이슬이 내리며 가을 기운이 느껴짐). **2** 흰 이슬.

백로 (白鷺)[뱅노][명]『조』백로과의 물새. 날개 길이는 27cm, 꽁지는 10cm가량, 온몸이 흰데 긴 부리와 다리는 검고 발가락은 황록색임. 연못·논·강가에서 물고기·개구리 등을 잡아먹고 삶. 해오라기.

백로-주 (白露酒)[뱅노―][명] 쌀로 담근 매우 깨끗하고 맑은 술.

백로-지 (白露紙)[뱅노―][명] '갱지'의 속칭.

백록 (白鹿)[뱅녹][명] 흰 사슴.

백록 (百祿)[뱅녹][명] 온갖 복. □~을 누리다.

백뢰 (白賴)[뱅뇌][명]『한자』신문(訊問)을 받을 때, 죄가 없는 것처럼 꾸며 댐.

백료 (白醪)[뱅뇨][명] 쌀·차좁쌀·누룩 따위로 빚은 술. 빛깔이 보얗고 맛이 좋음.

백료 (百僚)[뱅뇨][명] 백관(百官).

백룡 (白龍)[뱅뇽][명] 흰빛의 용(천제(天帝)의 사자(使者)라 함).

백룡-어복 (白龍魚服)[뱅뇽―][명] 흰 용이 물고기의 옷을 입었다는 뜻으로, 신분이 높고 귀한 사람이 남모르게 나다님을 이르는 말.

백리 (白狸)[뱅니][명] 흰여우.

백리 (白痢)[뱅니][명]『한의』흰 곱똥이나 고름 섞인 대변이 나오는 이질의 하나.

백리 (百罹)[뱅니][명] 백우(百憂).

백리-남방 (百里南邦)[뱅니―][명] 멀고 먼 남쪽 나라.

백리-향 (百里香)[뱅니―][명]『식』꿀풀과의 낙엽 활엽 관목. 높은 산의 바위틈에 나는데, 줄기는 덩굴지고 향기가 있음. 여름에 입술 모양의 분홍색 꽃이 핌. 관상용이고 잎은 약재 또는 소스의 원료로 씀.

백린 (白燐)[뱅닌][명]『화』황린(黃燐).

백립 (白笠)[뱅닙][명] 흰 베로 만든 갓(지난날, 국상(國喪) 때 일반 백성이 쓰거나, 대상을 지낸 뒤에 상주(喪主)가 썼음). □~을 쓰다.

백마 (白馬)[뱅―][명] 털빛이 흰 말. 흰말. □~탄 왕자가 나타나기를 기다리다.

백마 (白麻)[뱅―][명]『식』어저귀.

백마 (白魔)[뱅―][명] 큰 피해를 줄 정도로 많이 내린 눈을 악마에 비유한 말.

백마-통 (白馬通)[뱅―][명]『한의』백마의 오줌 (약으로 씀).

백막 (白幕)[뱅―][명]『식』미꽃.

백막 (白膜)[뱅―][명]『생』공막(鞏膜).

백만 (百萬)[뱅―][주] **1** 만(萬)의 백 곱절 되는 수. [관] 1만의 백 곱절의. **2** 매우 많은 수의. □~ 대군.

백만-교태 (百萬嬌態)[뱅―][명] 사람의 마음을 플려고 부리는 갖은 아양스러운 태도. □~를 다 부리다.

백만-금 (百萬金)[뱅―][명] 매우 많은 돈이나 재물. □건강은 ~을 주고도 살 수 없다.

백만-언 (百萬言)[뱅마넌][명] 많은 말. 모든 말. □~을 소비하였으나 모두 다 허사였다.

백만-장자 (百萬長者)[뱅―][명] 재산이 썩 많은 사람. 또는 아주 큰 부자.

백-말 (白一)[명] ☞ 백마(白馬).

백말 (白沫)[뱅―][명] 흰빛으로 부서지는 물거품. 백포(白泡).

백망 (百忙)[뱅―][명] 몹시 바쁨.

백매 (白梅)[뱅―][명] **1** 흰 매화. **2**『한의』매화나무 열매를 소금에 절인 약(설사·중풍·유종(乳腫) 등에 씀). 염매(鹽梅).

백-메밀 (白一)[명] **1** 메밀가루. **2** 메밀국수.

백면-서생 (白面書生)[뱅―][명] 글만 읽고 세상 일에는 경험이 없는 사람.

백면-장 (白麪醬)[뱅―][명] 밀가루로 메주를 만들어 담근 간장.

백면-지 (白綿紙)[뱅―][명] 품질이 좋은 흰 종이.

백모 (白茅)[뱅―][명]『식』띠².

백모 (伯母)[뱅―][명] 큰어머니.

백모-근 (白茅根)[뱅―][명]『한의』모근(茅根).

백-모란 (←白牡丹)[뱅―][명] 꽃이 흰 모란.

백목 (白木)[뱅-] 명 무명.

백목 (白目)[뱅-] 명 『의』 눈알의 흰자위. 백안 (白眼).

백목 (柏木)[뱅-] 명 『식』 잣나무.

백-목련 (白木蓮)[뱅목년] 명 『식』 목련과의 낙엽 교목. 높이 4~5m, 봄에 잎보다 먼저 흰꽃이 큰 종 모양으로 피고, 갈색 골돌과(蓇葖果)가 가을에 익음. 관상용으로 재배함. 백옥란(玉蘭). ⊙목련.

백목-전 (白木廛)[뱅-전] 명 '면포전(綿布廛)'을 달리 이르는 말.

백묘 (白描)[뱅-] 명 동양화에서, 엷고 흐릿한 곳이 없이 먹의 선만으로 그린 그림. 또는 그러한 기법. 백묘화.

백묘-화 (白描畵)[뱅-] 명 백묘(白描).

백무-가관 (百無可觀)[뱅-] 명 많은 것 가운데에서 볼 만한 것이 하나도 없음.

백무-소성 (百無所成)[뱅-] 명 하는 일마다 이루어지는 것이 하나도 없음.

백무-일실 (百無一失)[뱅-씰] 명 일마다 하나도 실패가 없음.

백무-일취 (百無一取)[뱅-] 명 많은 말과 행실 중에 쓸 만한 것이 하나도 없음.

백-묵 (白-)[뱅-] 명 빛깔로 말하여 순 흰 묵.

백묵 (白墨)[뱅-] 명 분필(粉筆).

백문 (白文)[뱅-] 명 1 『역』 관인이 찍히지 않은 문서. 2 구두점과 주석이 없는 한문.

백문 (百聞)[뱅-] 명 여러 번 들음.
[백문이 불여일견(不如一見)] 백 번 듣는 것이 한 번 보는 것만 못하다는 뜻으로, 무엇이든지 실지로 경험해 보아야 확실히 안다.

백물 (百物)[뱅-] 명 온갖 물건.

백미 (白米)[뱅-] 명 희게 쓿은 멥쌀. 흰쌀. ☀현미(玄米).
[백미에 뉘 섞이듯] 썩 드물어서 얻기 힘듦.

백미 (白眉)[뱅-] 명 [중국 촉한(蜀漢)의 마량(馬良)의 다섯 형제가 다 재주가 있었는데 그 중에도 눈썹 속에 흰 털이 난 마량이 가장 뛰어났다는 고사에서] 여럿 중에 가장 뛰어난 사람이나 물건의 비유. ▢~로 꼽다 / 단편 소설의 ~.

백미 (白薇)[뱅-] 명 1 백미꽃. 2 『한의』 백미꽃의 뿌리(중풍·학질에 약용함).

백미 (百媚)[뱅-] 명 사람을 홀리는 온갖 아름다운 태도.

백미-꽃 (白薇-)[뱅-꼳] 명 『식』 박주가릿과의 여러해살이풀. 산·들에 저절로 나는데, 높이는 50cm가량이고 곧게 벋음. 초여름에 자줏빛 꽃이 핌. 뿌리는 약용함. 백미(白薇). 백미(白薇). 아마존.

백미-돔 (白尾-)[뱅-] 명 『어』 백미돔과의 바닷물고기. 몸길이 50cm가량, 어두운 갈색이며 꼬리지느러미의 뒤 끝은 흰색임.

백-미러 (back+mirror) 명 자동차 등에서 뒤쪽을 볼 수 있게 달아 놓은 거울.

백미-병 (白米病)[뱅-뼝] 명 백미를 주식으로 하여 비타민 B_1이 부족하여 생기는 병《두통·식욕 부진·설사·각기 따위의 증상이 나타남》.

백민 (白民)[뱅-] 명 아무 벼슬이 없는 백성. 서민. 증민.

백반 (白斑)[-빤] 명 1 흰 반점. 2 흰 반점이 생기는 피부병. 3 태양 표면의 흑점 부근에 흔히 볼 수 있는, 빛이 특히 강하여 흰 얼룩 무늬처럼 보이는 부분. 광점(光點).

백반 (白飯)[-빤] 명 1 흰밥. 2 음식점에서, 흰밥에 국과 몇 가지 반찬을 곁들여 파는 한 상의 음식. ▢찌개 ~ / 불고기 ~.

백반 (白礬)[-빤] 명 황산알루미늄과 알칼리 금속이나 암모니아 따위의 황산염으로 이루어진 복염(複鹽). 정팔면체의 무색투명한 결정으로 수렴성(收斂性)이 있으며, 매염제(媒染劑)·제지(製紙) 등에 씀. 명반(明礬).

백반 (百般)[-빤] 명 여러 가지나 온갖 것. 제반(諸般).

백반-곽탕 (白飯藿湯)[-빤-] 명 흰밥과 미역국《생일에 흔히 먹는 음식임》.

백반-병 (白斑病)[-빤-] 명 잎에 흰 점이 생겼다가 시들어 죽는 채소류의 병.

백반-총탕 (白飯葱湯)[-빤-] 명 흰밥과 파로 끓인 국《검소한 음식을 이름》.

백발 (白髮)[-빨] 명 하얗게 센 머리털. ▢~의 노신사 / ~이 성성하다.

백발-노인 (白髮老人)[-빨로-] 명 머리털이 허옇게 센 늙은이.

백발-백중 (百發百中)[-빨-쭝] 명①하자 1 총·활 따위를 쏘면 겨누는 곳에 다 맞음. 또는 그 명사수. 2 무슨 일이나 틀림없이 잘 들어맞음. ▢내 예상은 ~이다.

백발-성성 (白髮星星)[-빨-] 명①하형 머리털이 희끗희끗함.

백발-증 (白髮症)[-빨쯩] 명 젊은 나이에 일찍 백발이 되는 증세.

백발-홍안 (白髮紅顏)[-빨-] 명 흰 머리에 소년처럼 불그레한 얼굴이라는 뜻으로, 많은 나이에 비해 매우 젊어 보이는 사람의 비유.

백발-환흑 (白髮還黑)[-빨-] 명①하자 1 허옇게 센 머리털에 검은 머리털이 다시 남. 2 도로 젊어짐.

백방 (白放)[-] 명①하타 죄가 없음이 밝혀져 놓아 줌. ▢~으로 풀려나다.

백방 (百方)[-빵] 명 (주로 '백방으로'의 꼴로 쓰여) 1 여러 가지 방법. ▢~으로 손을 쓰다. 2 여러 방향 또는 방면. ▢~으로 뛰어다니다 / ~으로 수소문하고 다니다.

백방-사주 (白紡紗紬)[-빵-] 명 흰 누에고치의 실을 켜서 짠 명주.

백방-천계 (百方千計)[-빵-/-빵-계] 명 여러 가지 방법과 온갖 계책.

백배 (百拜)[-] 명①하자 여러 번 절을 함. 또는 여러 번 하는 절.

백배 (百倍)[-빼] 부 백 곱절이란 뜻으로, 비교할 수 없을 만큼 아주. ▢~ 낫다. ─하다자여 용기나 기운 따위가 크게 더하여지다. ▢용기백배하여 돌진하다.

백배-사례 (百拜謝禮)[-빼-] 명①하자 거듭 절을 하며 고마움의 뜻을 나타냄. 백배치사.

백배-사죄 (百拜謝罪)[-빼-] 명①하자 거듭 절을 하며 지은 죄의 용서를 빎. ▢그동안의 잘못에 대해 ~하다.

백배-치사 (百拜致謝)[-빼-] 명①하자 백배사례.

백번 (百番)[-뻔] 부 1 여러 번 거듭. ▢~ 죽어 마땅하다. 2 전적으로 다. ▢~ 잘한 일이다 / ~ 옳은 말씀입니다.

백범 (白帆)[-뻠] 명 흰 돛.

백벽 (白壁)[-뼉] 명 흰 벽.

백벽-미하 (白壁微瑕)[-뼉-] 명①하형 흰 옥구슬에 있는 작은 흠이라는 뜻으로, 거의 완전하나 약간의 흠이 있음을 비유하는 말.

백변 (白邊)[-뼌] 명 1 통나무의 중심에서 바깥쪽으로 흰 부분. ↔황장(黃腸). 2 같은 겨레붙이 중에서 번성하지 못한 집안.

백변 (白變)[-뼌] 명①하자 빛깔이 하얗게 변함.

백변 (百變)[-뼌] 명①하자 1 여러 번 바뀜. 2 가지로 변함. ▢~하는 방침.

백-변두 (白藊豆)[—두]圄 **1**『식』빛이 흰 변
두(藊豆). **2**『한의』백변두의 열매(소화를 돕
고 설사를 멎게 함).

백변-재 (白邊材)[—뼌—]圄『건』통나무의 백변
부분에서 켜 낸 목재. 쪽재목(白邊木材).

백병 (白兵)[—뼝]圄 **1** 적과 직접 몸으로 맞붙
어 싸울 때, 적을 베고 찌를 수 있는 무기(칼·
창 따위). **2** 백인(白刃).

백병 (白餅)[—뼝]圄 흰떡.

백병 (百病)[—뼝]圄 온갖 병. 만병(萬病).

백병-전 (白兵戰)[—뼝—]圄 칼이나 창 따
위를 가지고 적과 직접 몸으로 맞붙어서 싸
우는 전투. ◻~을 벌이다.

백병-통치 (百病通治)[—뼝—]圄 만병통치.

백복 (百福)[—뽁]圄 온갖 복. 만복(萬福).

백-복령 (白茯苓)[—뽕녕]圄『한의』빛깔이 흰
복령(담증·부증·습증·설사 등에 씀).

백-복신 (白茯神)[—뽁씬]圄『한의』복신(茯神).

백복-장엄 (白福莊嚴)[—뽁짱—]圄『불』많은
복을 쌓은 공덕으로 얻은 부처의 장엄한 상
(相). 곧, 삼십이상(三十二相).

백부 (伯父)[—뿌]圄 큰아버지.

백부 (栢府)[—뿌]圄『역』사헌부(司憲府).

백부-근 (百部根)[—뿌—]圄『한의』파부초(婆
婦草)의 뿌리(기침을 멈추게 하는 데 쓰거나
살충제로 씀).

백부근-주 (百部根酒)[—뿌—]圄『한의』백부근
을 볶아서 주머니에 넣어 술에 담가 우려낸
약(기침약으로 씀).

백-부자 (白附子)[—뿌—]圄 **1**『식』미나리아재
빗과의 여러해살이풀. 습지나 산에 나는데,
줄기는 1 m가량. 여름에 누런색 또는 자주색
꽃이 핌. 독이 있음. **2**『한의』백부자의 뿌리
(중풍과 외과의 약재로 씀).

백부-장 (百夫長)[—뿌—]圄 옛 로마 군대의
100명으로 조직된 단위 부대의 우두머리.

백부-장 (伯父丈)[—뿌—]圄 남의 큰아버지를
높여 이르는 말.

백분 (白粉)[—뿐]圄 **1** 쌀이나 밀 따위의 흰 가
루. **2** 얼굴에 바르는, 흰 가루로 된 화장품.
연분. 연화. ㉠분.

백분 (百分)[—뿐]튀 '십분'을 과장하여 이르는
말. ◻능력을 ~ 발휘하다.

백분-법 (百分法)[—뿐뻡]圄『수』각도의 단위
계(單位系)(1 직각은 100 도, 1 도는 100 분, 1
분은 100 초). ＊육십분법(六十分法).

백분-병 (白粉病)[—뿐뼝]圄『식』흰가룻병.

백분-부 (百分符)[—뿐—]圄 백분표.

백분-비 (百分比)[—뿐—]圄 백분율.

백분-산 (百分算)[—뿐—]圄『수』보합산.

백분-율 (百分率)[—뿐뉼]圄 전체의 100 분의
1 을 단위로 하여 나타낸 비율(그 단위를 '퍼
센트·프로'라 함). 백분비. 퍼센티지.

백분-표 (百分標)[—뿐—]圄 백분율을 나타내는
부호. 기호는 %. 백분부(百分符).

백불유인 (百不猶人)[—뿔류—]圄卲卲 모든 면
에서 남보다 못함.

백:비 (白—)[—삐]圄 '배악비'의 준말.

백비-탕 (白沸湯)[—삐—]圄 맹탕으로 끓인 물.
백탕(白湯).

백빈 (白鬢)[—삔]圄 상빈(霜鬢).

백사 (白沙)[—싸]圄 빛깔이 희고 깨끗한 모래.

백사 (白蛇)[—싸]圄 몸빛이 흰 뱀.

백사 (白絲)[—싸]圄 흰 실.

백사 (百司)[—싸]圄 많은 관원. 백관(百官).

백사 (百事)[—싸]圄 온갖 일. 만사(萬事). ◻~
를 제치고 꼭 가겠습니다.

백사 (帛絲)[—싸]圄 윤이 나는 흰 명주실.

백-사과 (白—瓜)[—싸—]圄 노르스름한 빛이 도
는 흰 참외. 재래종으로 살이 매우 연하고 맛
이 좋음.

백-사기 (白沙器)[—싸—]圄 흰 빛깔의 사기.

백사불성 (百事不成)[—싸—썽]圄卲卲 모든 일
이 하나도 이루어지지 않음. 또는 하는 일마
다 실패하여 되는 일이 없음.

백사-여의 (百事如意)[—싸— / —싸—이]圄卲卲
모든 일이 뜻대로 됨. ◻~하지 않다.

백사-일생 (百死一生)[—싸—쌩]圄 여러 차례
죽을 고비를 넘기고 겨우 살아남. 구사일생.

백-사장 (白沙場)[—싸—]圄 강가나 바닷가의
흰 모래가 깔려 있는 곳. ◻끝없이 펼쳐진 ~.

백사-지 (白沙地)[—싸—]圄 **1** 흰 모래가 깔려
있는 땅. 곡식이나 초목 따위가 자라지 못
하는 메마른 땅.
[백사지에 무엇이 있나] 땅이 메말라 나는
물건이 없음.

백사-청송 (白沙靑松)[—싸—]圄 흰 모래와 푸
른 소나무라는 뜻으로, 바닷가의 아름다운
경치를 이르는 말.

백-사탕 (白砂糖)[—싸—]圄 백설탕.

백-산호 (白珊瑚)[—싼—]圄『동』산호과의 강
장동물(가지가 적고 각 가지의 끝은 둥긂).

백산-흑수 (白山黑水)[—싼—쑤]圄 백두산과 흑
룡강을 함께 이르는 말.

백삼 (白衫)[—쌈]圄 제관이 제복을 입을 때 받
쳐 입는 흰 빛깔의 홑옷.

백삼 (白蔘)[—쌈]圄 수삼의 잔뿌리를 따고 껍
질을 벗겨 볕에 말린 인삼. ＊홍삼(紅蔘).

백상 (白象)[—쌍]圄 흰 코끼리.

백상-지 (白上紙)[—쌍—]圄 화학 펄프를 원료
로 하는, 질이 좋은 양지(洋紙)의 하나. '모
조지(模造紙)'의 고친 이름.

백색 (白色)[—쌕]圄 **1** 흰 빛깔. ↔흑색. ㉠백.
2 자본주의를 상징하는 빛깔.

백색 공:포 (白色恐怖)[—쌕꽁—]圄 백색 테러.

백색-광 (白色光)[—쌕꽝]圄 **1** 흰색의 빛. **2**
『물』각 파장(波長)의 빛이 합쳐진 빛(태양
광선 따위). 백광(白光).

백색 시멘트 (白色cement)[—쌕—]圄 철의 함량이
1% 내외인 흰빛의 시멘트.

백색 왜:성 (白色矮星)[—쌕꽤—]圄『천』백색 미
광(微光)의 항성(恒星). 극히 밀도가 높은 것
이 특징임.

백색 인종 (白色人種)[—쌕낀—]圄 피부색으로 나
눈 인종의 하나. 피부가 흰 것이 특징이며,
유럽·아메리카 민족이 거의 이에 속함. ㉠백
인종. ＊유색 인종.

백색-체 (白色體)[—쌕—]圄『생』녹색 식물의
세포의 일종, 색소를 만들지 않는 색소체.

백색 테러 (白色terror)[—쌕—]圄 지배 계급, 곧
자본가·지주나 정부가 혁명 운동 또는 혁명
운동자에게 내리는 탄압. 백색 공포. ↔적색
테러.

백서 (白書)[—써]圄〔영국 정부가 공식 보고서
에 흰 표지를 사용한 데서 유래〕정부가 정
치·경제·외교 등에 관한 실정(實情)이나 시
책을 발표하는 보고서. ◻교육 ~.

백서 (白鼠)[—써]圄 흰쥐.

백서 (帛書)[—써]圄 비단에 쓴 글. 또는 글이
쓰여진 비단.

백서-피 (白鼠皮)[—써—]圄 흰쥐의 가죽(귀하
게 씀).

백-서향 (白瑞香)[—써—]圄『식』팥꽃나뭇과의
상록 활엽 관목. 바닷가 산기슭에 나는데 봄

에 향기가 좋은 흰 꽃이 핌.
백석 (白石)[—썩] 명 흰 돌.
백석 (白晳·白晢)[—썩] 명하형 얼굴빛이 희고 잘생김. ❑ ~의 청년 학자.
백-석영 (白石英)[—써경] 명 〖광〗 빛깔이 없는 맑은 수정.
백선 (白銑)[—썬] 명 〖광〗 탄소 함유량이 3.5% 이하인 선철《빛이 희며 경질임》. 백선철.
백선 (白線)[—썬] 명 흰 줄. 흰 선.
백선 (白鮮)[—썬] 명 〖식〗 운향과의 여러해살이 풀. 산기슭에 나는데, 뿌리는 굵고 희며, 줄기는 90 cm 가량이고 단단함. 늦봄에 담홍색 다섯잎꽃이 핌. 검화. 백양선(白羊鮮).
백선 (白墡)[—썬] 명 질그릇을 만드는 데 쓰는 백토(白土).
백선 (白癬)[—썬] 명 〖의〗 **1** 피부 사상균에 의하여 생기는 전염성 피부병의 총칭. 쇠버짐. **2** '두부 백선'의 준말.
백선 (百選)[—썬] 명 많은 것 가운데서 백 개를 가려 뽑음. 또는 그 백 개. ❑ 명시(名詩) ~.
백선-법 (白線法)[—썬뻡] 명 도면의 복제나 청사진에서, 흰 선으로 도면을 나타내는 방법.
백설 (白雪)[—썰] 명 흰 눈. ❑ ~같이 희다 / 마을이 ~에 덮여 있다.
백설-고 (白雪糕)[—썰—] 명 백설기.
백-설기 (白—)[—썰—] 명 멥쌀가루를 고물 없이 시루에 안쳐 쪄 낸 시루떡. 백설고. 준설기.
백설-조 (百舌鳥)[—썰—] 명 〖조〗 **1** 지빠귀. **2** 때까치.
백설-총이 (白雪驄—)[—썰—] 명 온몸의 털빛이 희고 주둥이만 검은 말.
백-설탕 (白雪糖)[—썰—] 명 정제(精製)한 흰빛의 설탕. 백당(白糖). *황설탕·흑설탕.
백설-풍 (白屑風)[—썰—] 명 〖한의〗 머리가 늘 가렵고 비듬이 생기는 병. 두풍(頭風).
백성 (百姓)[—썽] 명 **1** 일반 국민을 예스럽게 이르는 말. ❑ 나라 잃은 ~ / ~을 다스리다 / ~은 나라의 근본이다. **2** 예전에, 양반이 아닌 일반 평민을 이르던 말.
백세 (百世)[—쎄] 명 오랜 세대.
백세 (百歲)[—쎄] 명 **1** 백 살. **2** 긴 세월. 백 년.
백세-소주 (百洗燒酒)[—쎄—] 명 소주의 하나. 쌀가루를 쪄서 누룩과 함께 찬물에 빚어 이틀가량 물에 담갔다가, 찐 보리와 함께 버무려서 뚜껑을 덮어 두었다가 열흘 만에 고아 냄.
백세지사 (百世之師)[—쎄—] 명 후세까지 모든 사람의 스승으로 존경을 받을 만한 훌륭한 사람.
백세지후 (百歲之後)[—쎄—] 명 **1** 백 년 뒤. **2** 사람의 죽은 뒤를 높여 이르는 말. 백세후(百歲後).
백세-창 (百世瘡)[—쎄—] 명 죽기 전에 꼭 한 번은 치른다는 뜻으로, '천연두'를 이르는 말.
백소 (白蘇)[—쏘] 명 〖식〗 들깨.
백-소주 (白燒酒)[—쏘—] 명 빛깔을 들이지 않은 보통 소주. ↔홍소주(紅燒酒).
백손 (白損)[—쏜] 명 인쇄하기 전에, 수송·운반으로 흠이 나서 못 쓰게 된 용지《신문 용어》. ↔흑손(黑損).
백송 (白松)[—쏭] 명 〖식〗 소나뭇과의 상록 침엽 교목. 나무껍질은 회백색이고 껍질 조각은 오래되면 저절로 벗겨져 떨어짐. 중국 원산의 희귀한 품종으로, 큰 나무는 천연기념물로 지정되어 있음. 백골송.
백-송고리 (白松—)[—쏭—] 명 〖조〗 맷과의 새. 날개 길이 36 cm 가량, 온몸이 흼. 몸이 크며 성질이 굳세고 날쌔어 사냥하는 데 씀. 백송골(白松鶻).
백-송골 (白松鶻)[—쏭—] 명 〖조〗 백송고리.
백수 (白水)[—쑤] 명 **1** 맑은 물. **2** 쌀뜨물. **3** 맑은 마음의 비유.
백수 (白首)[—쑤] 명 백두(白頭)1.
백수 (白叟)[—쑤] 명 노인. 늙은이.
백수 (白壽)[—쑤] 명 '百'에서 '一'을 빼면 99가 되고 '白' 자가 되는 데서, 99세(歲)를 이르는 말.
백수 (白鬚)[—쑤] 명 허옇게 센 수염.
백수 (百獸)[—쑤] 명 온갖 짐승. 뭇짐승. ❑ 사자는 ~의 왕이다.
백수-건달 (白手乾達)[—쑤—] 명 돈 한 푼 없이 빈둥거리며 놀고먹는 건달. 백수. ❑ 사업 실패로 하루아침에 ~이 되었다.
백수-문 (白首文)[—쑤—] 명 〔후량(後梁)의 주흥사(周興嗣)가 하룻밤 사이에 이를 만들고 머리털이 허옇게 세었다는 고사에서〕 '천자문(千字文)'을 달리 이르는 말.
백수-백복 (百壽百福)[—쑤—뽁] 명 **1** 긴 수명과 온갖 복. **2** 갖가지 전자(篆字)로 써 놓은 수복(壽福) 글자《지게문이나 두껍닫이에 써 붙였음》.
백수-북면 (白首北面)[—쑤붕—] 명 재주와 덕이 없는 사람은 늙어서도 북쪽을 향하여 스승의 가르침을 받음이 마땅하다는 말.
백수-습복 (百獸慴伏)[—쑤—뽁] 명하자 온갖 짐승들이 두려워하며 엎드림.
백수-증 (白水症)[—쑤쯩] 명 〖의〗 심장병으로 말미암아 다리에서부터 부어오르는 병.
백수-풍신 (白首風神)[—쑤—] 명 노인의 점잖고 위엄 있는 풍채.
백수-풍진 (白首風塵)[—쑤—] 명 늙바탕에 겪는 세상의 온갖 고생.
백숙 (白熟)[—쑥] 명하타 고기나 생선 따위를 양념을 하지 않고 맹물에 푹 삶아 익힘. 또는 그렇게 익힌 음식.
백숙 (伯叔)[—쑥] 명 네 형제 가운데서 맏이와 셋째.
백숙-병 (白熟餠)[—쑥뼝] 명 밀가루를 세 쪽으로 나누어 술·물·꿀로 각각 따로 반죽한 것을 한데 주물러 조각 낸 뒤에 번철(燔鐵)에 익힌 떡.
백-스윙 (backswing) 명하타 야구·테니스·골프 따위에서, 공을 치기 전에 배트나 라켓, 클럽 따위를 등 뒤로 들어올리는 일.
백-스크린 (back+screen) 명 야구에서, 투수가 던지는 공이 타자에게 잘 보이도록 구장의 외야 중앙에 설치하는 녹색의 벽.
백 스톱 (back stop) 백네트.
백 스트레치 (back stretch) 육상 경기 등의 트랙에서, 결승점의 반대쪽 직선 주로(走路).
백-스트로크 (backstroke) 명 배영(背泳).
백승 (百勝)[—씅] 명하자형 **1** 싸움이나 경기 따위에서 언제나 이김. **2** 모든 면에서 다 나음.
백시 (白柿)[—씨] 명 곶감.
백신 (vaccine) 명 **1** 〖의〗 각종 전염병의 병원균으로 만든 세균성 제제(製劑)로, 접종용으로 쓰이는 면역 재료. ❑ ~ 주사. **2** 〖컴〗 컴퓨터 바이러스를 찾아내고 손상된 디스크를 복구하는 프로그램.
백신 요법 (vaccine療法)[—뻡] 〖의〗 백신을 이용하여 전염병을 예방하는 방법.
백실 (白失)[—씰] 명하타 밑천까지 몽땅 잃음.
백씨 (伯氏) 명 남의 맏형을 높여 이르는 말.
백아 (白鵝) 명 **1** 〖조〗 거위[1]. **2** 〖악〗 편경(編

聲)의 가자(架子)를 버티기 위하여 방대(方臺) 위에 올려놓은, 나무로 만든 물오리.

백악(白堊)명 1 유공충이나 조개류 따위의 유해가 쌓여서 된 석회질의 흰 암석. 2 백토(白土). 3 석회로 칠한 흰 벽. ◻︎~의 전당.

백악(百惡)명 모든 악. 온갖 못된 짓.

백악-계(白堊系)[―꼐/―게]명 백악기에 이루어진 지층.

백악-관(白堊館)[배각꽌]명 미국 워싱턴에 있는 대통령의 관저. 화이트 하우스(White House).

백악-구비(百惡具備)[배각꾸―]명[하형] 사람됨이 고약하여 온갖 나쁜 점은 다 갖추고 있음.

백악-기(白堊紀)[배각끼]명 『지』 지질(地質) 시대의 하나로 중생대(中生代)의 말기(이 시대는 파충류·동물, 암모나이트와 같은 조개류와 속씨식물 따위가 번성하기 시작하였음).

백악-질(白堊質)[배각찔]명 백악이 지닌 성질. 백토질.

백안(白眼)명 1 『생』 눈알에 있는 흰자. 백목(白目). 2 업신여기거나 냉대하여 흘겨보는 눈. ↔청안(靑眼).

백안(白雁)명 흰 기러기.

백안-시(白眼視)명[하타] 〔중국 진(晉)나라 완적(阮籍)이 반갑지 않은 사람은 백안(白眼)으로 대하고, 반가운 사람은 청안(靑眼)으로 대하였다는 고사에서〕 남을 업신여기거나 냉대하여 흘겨봄. ◻︎사람을 ~하다. ↔청안시.

백안-작(白眼雀)[―짝]명 동박새.

백야(白夜)명 『지』 밤에 어두워지지 않는 현상. 또는 그런 밤(북극과 남극에 가까운 지방에서 여름철 일몰과 일출 사이에 박명(薄明) 현상이 계속되어서 생김).

백약(百藥)명 온갖 약. ◻︎~이 무효다.

백약-전(百藥煎)[배걍쩐]명 『한의』 1 오배자(五倍子)와 찻잎과 누룩을 섞어 발효시킨 약. 기침·담증·하혈·탈항(脫肛) 등에 씀. 2 아선약(阿仙藥).

백약지장(百藥之長)[배걍지―]명 온갖 약 가운데 으뜸이라는 뜻으로, '술'의 다른 이름.

백양(白羊)명 흰 양.

백양(白楊)명 『식』 1 황철나무. 2 사시나무. 3 은백양.

백양(白樣)명 여러 가지 모양. 백태(百態).

백양-궁(白羊宮)명 『천』 황도 십이궁의 첫째(황도상의 경도 0-30도까지를 이름).

백-양지(白洋紙)명 색이 하얗고 질이 아주 좋은 종이의 하나.

백어(白魚)명 뱅어.

백억 세:계(百億世界)[배걱쩨―/배걱쩨게]『불』 부처가 백억 화신이 되어 교화시키는 세계. 곧, 온 세상.

백억 화:신(百億化身)[배걱화―]『불』 헤아릴 수 없이 많은 석가의 화신. ⓒ백억신(百億身).

백업(backup)명[하타] 1 야구에서, 수비자의 실책에 대비하여 그 뒤에 다른 수비자가 대비하는 일. 2 『컴』데이터 파일 등의 손상에 대비해 파일의 원본을 디스켓 따위에 복사하여 저장하는 일.

백업 파일(backup file)『컴』보완 파일.

백-여우(白―)[뱅녀―]명 1 털빛이 흰 여우. 백호(白狐). 2 〈속〉요사스러운 여자를 욕하는 말. ◻︎~ 같은 계집 / ~에게 홀리다.

백연(白煙)명 흰 연기.

백연(白緣)명 깨끗하고 좋은 인연.

백연-석(白鉛石)명 『광』납의 중요한 원료(성분은 탄산납으로 흰색·회색·회흑색의 결

━━━━━━━━

정으로 다이아몬드 광택이 있음).

백-연와(白煉瓦)[뱅녀놔]명 용광로에서 나오는 광물의 찌꺼기를 원료로 하여 만든 벽돌. 내화(耐火) 벽돌.

백열(白熱)명 1 『물』물체가 흰색에 가까운 빛을 낼 정도로 온도가 몹시 높은 상태. 또는 그 열. 2 힘이나 정열 따위가 최고조에 이름. 또는 그런 상태. ◻︎~의 태양.

백열 가스등(白熱gas燈) 가스맨틀을 씌운, 흰빛을 내는 가스등.

백열-등(白熱燈)[배결뜽]명 백열 가스등·백열 전기등 따위의 총칭.

백열-선(白熱線)[배결썬]명 백열전구 안의 불이 켜지는 코일선(coil線). 녹는점이 높고 저항이 큰 금속을 씀.

백열-전(白熱戰)[배결쩐]명 온갖 재주와 힘을 다하여 맹렬히 싸우는 싸움이나 경기. ◻︎우승을 다투는 ~이 벌어졌다.

백열-전구(白熱電球)명 진공 또는 기체를 봉입한 유리구 안에 녹는점이 높은 금속 코일·텅스텐 선 따위를 넣어서 흰빛을 내게 만든 전구.

백열-전기등(白熱電氣燈)명 백열전구를 사용하는 전등. 백열전등.

백열-전등(白熱電燈)[배결쩐―]명 백열전기등.

백열 텅스텐 전:구(白熱tungsten電球) 텅스텐으로 만든 필라멘트를 고온으로 가열하여 빛을 내는 전구(보통 사용하는 전구임).

백열-투(白熱套)[배결투]명 가스맨틀.

백열-화(白熱化)[배결화]명[자타] 더없이 열띤 상태로 되어 감. 매우 열띤 상태로 몰아감. ◻︎토론이 ~하다.

백염(白塩)[뱅념]명 정제한 흰 소금.

백엽(百葉)명 『생』처녑.

백엽고-병(白葉枯病)[배녑꼬뼝]명 『식』박테리아의 기생으로 일어나는, 잎의 끝에서부터 물결 모양으로 하얗게 마르는 벼의 병.

백엽-다(柏葉茶)[배녑따]명 동쪽으로 벋은 잣나무의 잎을 따서 말렸다가 달인 차.

백엽-상(百葉箱)[배녑쌍]명 기온·습도·기압 등을 재기 위하여 만든 흰색 나무 상자.

백엽-주(柏葉酒)[배녑쭈]명 측백(側柏)나무의 잎을 담갔다가 우려낸 술.

백-영사(白靈砂)[뱅녕―]명 『한의』수은을 고아서 하얀 결정으로 만든 것(외과약으로 씀). 분상(粉霜). 은상(銀霜).

백-영산(白映山)명 『식』 영산백(映山白).

백옥(白玉)명 흰 빛깔의 옥. 흰 구슬. ◻︎~같이 고운 살결. ↔홍옥(紅玉)1.

백옥(白屋)명 허술한 초가집.

백옥-경(白玉京)[배곡꼉]명 옥경(玉京).

백옥-루(白玉樓)[배곡누]명 문인이나 묵객이 죽은 뒤에 간다는 천상의 누각 이름에서 유래하여, 문인이나 묵객의 죽음을 이름. ⓒ옥루(玉樓).

백옥-무하(白玉無瑕)[배공―]명[하형] 흰 옥에 티나 흠이 없다는 뜻으로, 아무 흠이나 결점이 없음. 또는 그런 사람의 비유.

백옥-빤(白玉盤)[배곡빤]명 1 흰 옥으로 만든 쟁반. 2 둥근 보름달을 비유하여 이르는 말.

백옥-배(白玉杯)[배곡빼]명 흰 옥으로 만든 술잔.

백옥-유(白玉釉)[배공뉴]명 도자기에 칠하는 유약의 한 가지.

백완-반(百玩盤)명 돌날 돌잡이 때, 어린아이 앞에 여러 가지 물건을 담아 벌여 놓는 반(맨

먼저 집는 물건으로 그 아이의 장래를 점침). 돌상.

백우(白雨)〔명〕**1** 우박. **2** 소나기.

백우(百憂)〔명〕여러 가지 근심. 백리(百罹).

백우-선(白羽扇)〔명〕새의 흰 깃으로 만든 부채.

백운¹(白雲)〔명〕흰 구름. ↔흑운(黑雲).

백운²(白雲)〔명〕『불』절의 큰방 윗목 벽에 써 붙이, 손님의 자리를 가리키는 문자.

백-운모(白雲母)〔명〕『광』운모의 하나. 육각판 모양으로 되고 무색 또는 담색을 띰〔전기 절연재 및 내열 보온 재료로 씀〕. 은운모(銀雲母). 흰돌비늘.

백-운석(白雲石)〔명〕『광』백색 또는 무색의 탄산염(炭酸塩) 광물.

백운-타(白雲朶)〔명〕『식』꽃이 희며 꽃잎이 크고 두꺼운 국화.

백운-향(白雲香)〔명〕이화주(梨花酒).

백월¹(白月)〔명〕빛이 희고 밝은 달. 명월(明月). 소월(素月).

백월²(白月)〔명〕『불』한 달을 두 보름으로 갈라서 계명(戒命)을 설법할 때, 앞의 보름을 일컫는 말. ↔흑월(黑月).

백-유마(白油麻)〔명뉴-〕『식』참깨.

백은(白銀)〔명〕은(銀).

백응(白鷹)〔명〕『조』흰매.

백의(白衣)〔배긱 / 배긴〕〔명〕**1** 흰옷. □ ~의 천사(간호사). **2** 포의(布衣). **3**『불』속인3.

백의-관음(白衣觀音)〔배긔과늠 / 배긴과늠〕〔명〕『불』33 관음(觀音)의 하나〔흰옷을 입고 흰 연꽃 가운데에 앉아 있는 관음〕. 대백의.

백의-민족(白衣民族)〔배긔- / 배긴-〕〔명〕예로부터 우리 민족이 흰옷을 즐겨 입은 데서, '한민족'을 일컫는 말. 백의동포.

백의-용사(白衣勇士)〔배긔- / 배긴-〕〔명〕상이 군인.

백의-재상(白衣宰相)〔배긔- / 배긴-〕〔명〕백의 정승.

백의-정승(白衣政丞)〔배긔- / 배긴-〕〔명〕유생(儒生)으로 있다가 단번에 의정(議政) 벼슬에 오른 사람. 백의재상.

백의-종군(白衣從軍)〔배긔- / 배긴-〕〔명하자〕벼슬 없이 군대를 따라 싸움터로 나아감.

백이사지(百爾思之)〔명하자〕이리저리 여러 가지로 생각해 봄.

백인(白人)〔명〕**1** 백색 인종에 속하는 사람. **2** 날 때부터 터럭과 살빛이 아주 하얀 사람.

백인(白刃)〔명〕서슬이 시퍼렇게 번쩍이는 칼날. 백병(白兵).

백인(百人)〔명〕**1** 백 사람. **2** 성질이 서로 다른 많은 사람.

백인(百忍)〔명〕온갖 어려움을 참고 견디어 냄.

백인-백색(百人百色)〔명긴-쌕〕〔명〕많은 사람이 저마다 달리 가지는 특색.

백-인종(白人種)〔명〕'백색 인종'의 준말.

백일(白日)〔명〕**1** 구름이 끼지 않아 밝게 빛나는 해. **2** 대낮.

백일(百日)〔명〕아이가 태어난 지 백 번째가 되는 날. 백날. □~ 떡 / ~ 사진.

백일-기도(百日祈禱)〔명하자〕백 날을 기한하고 어떤 목적으로 기도를 드림. 또는 그렇게 드리는 기도.

백일-기침(百日-)〔명〕백일해(百日咳).

백일-몽(白日夢)〔명〕대낮에 꾸는 꿈이란 뜻으로, 실현될 수 없는 헛된 공상을 이르는 말.

백일 승천(白日昇天) 대종교에서 말하는,

를 극진히 닦아서 육신을 가지고 신선이 되어 대낮에 하늘로 올라가는 일. 육신 승천.

백일-장(白日場)〔배길짱〕〔명〕**1** 글짓기 대회. **2**『역』조선 때, 유생의 학업을 장려하려고 각 지방에서 베풀던 시문을 짓는 시험.

백일-재(百日齋)〔배길째〕〔명〕『불』사람이 죽은 지 백 번째 되는 날에 드리는 불공. 백재일. ㉣백재(百齋).

백일-주(百日酒)〔배길쭈〕〔명〕담근 뒤에 백 일 동안 땅속에 묻어 두었다가 거른 술.

백일-천하(百日天下)〔명〕**1** 나폴레옹 1세가 엘바 섬을 탈출하여 파리에 들어가 제정(帝政)을 부활한 뒤, 워털루의 싸움에서 패하여 퇴위할 때까지의 약 백 일간의 천하 지배. **2** '짧은 기간 동안 전권(全權)을 장악했다가 물러나는 경우'를 비유하여 이르는 말.

백일-초(百日草)〔명〕『식』국화과의 한해살이풀. 줄기는 50~90 cm, 여름에 빨강·노랑·자주·흰빛 등의 꽃이 오랫동안 핌. 관상용임. 백일홍.

백일-하(白日下)〔명〕(주로 '백일하에'의 꼴로 쓰여) 세상 사람이 다 알도록 뚜렷하게. □사건의 전모가 ~에 드러났다.

백일-해(百日咳)〔명〕『의』경련성의 기침을 일으키는 어린이의 급성 전염병. 겨울·봄에 걸쳐 걸리며, 오래되면 기관지염·폐렴을 일으키기 쉬움. 한번 걸리면 일생 면역이 됨. 백일기침.

백일-홍(百日紅)〔명〕『식』**1** 부처꽃과의 낙엽 활엽 교목. 높이 7~10 m, 늦여름에 붉은 다섯잎꽃이 피며, 둥근 삭과는 다음 해 10월에 익음. 씨는 기름을 짜고, 재목은 도구재·세공물 따위로 씀. 관상용임. 배롱나무. 자미(紫薇). **2** 백일초(百日草).

백자(白子)〔-짜-〕〔명〕'백지'의 본딧말.

백자(白字)〔명〕'白' 자를 새긴 왕세자(王世子)의 도장.

백자(白瓷·白磁)〔-짜〕〔명〕흰 빛깔의 자기. 순백색의 바탕흙 위에 투명한 유약(釉藥)을 씌워서 구운 자기. 청자에 비해 깨끗하고 담박하며 검소한 아름다움을 풍김. 백자기.

백자(百子)〔명〕〔역〕백가(百家).

백자(伯姉)〔-짜〕〔명〕맏누이.

백-자기(白瓷器)〔-짜-〕〔명〕백자(白瓷).

백자-도(百子圖)〔-짜-〕〔명〕『미술』동양화에서, 여러 사내아이들이 노는 모습을 그린 그림. 백자동.

백자-동(百子童)〔-짜-〕〔명〕『미술』백자도.

백자-말(柏子末)〔-짜-〕〔명〕잣가루.

백자-색(白紫色)〔-짜-〕〔명〕흰색과 자주색의 중간 색.

백자-인(柏子仁)〔-짜-〕〔명〕『한의』측백나무 열매의 씨〔경계(驚悸), 허한(虛汗), 어린이의 경간(驚癇) 등에 약으로 씀〕. 측백인. 측백자.

백자-천손(百子千孫)〔-짜-〕〔명〕많은 자손.

백자 청화(白瓷靑華)〔-짜-〕 청화 자기.

백자-탕(柏子湯)〔-짜-〕〔명〕이리탕.

백자-판(柏子板)〔-짜-〕〔명〕잣나무로 만든 널빤지.

백작(伯爵)〔-짝〕〔명〕오등작의 셋째〔후작의 다음, 자작의 위〕. ㉣백(伯).

백-작약(白芍藥)〔-짝약〕〔명〕『식』작약과의 여러해살이풀. 산지(山地)의 숲에 나는데, 뿌리는 마디가 있고, 줄기 높이 50 cm 내외임. 늦봄에 흰 꽃이 핌. 뿌리는 보혈·진정·부인과 외과의 약재로서 귀하게 씀.

백장〔-짱〕〔명〕〔←白丁(백정)〕**1** 소·돼지 따위

를 잡는 일을 업으로 삼는 사람. **2** 고리장이. [백장도 올가미가 있어야지] 장사에는 밑천이 있어야 한다. [백장이 버들잎 물고 죽는다] 죽을 때에도 자기의 근본을 잊지 않는다.

백장-고누(-[짱-])[-] 우물고누에서, 먼저 두는 편이 첫수에 상대편 말의 갈 길을 막는 짓.

백저(白苧)[-]〖명〗빛깔이 흰 모시. 눈모시.

백전(白錢)[-전]〖명〗백통돈.

백전(白戰)[-전]〖명〗**1** 맨손으로 하는 싸움. **2** 문인끼리 글자주를 겨루는 일.

백전(百戰)[-전]〖명〗수많은 싸움. ▢~의 용사.

백전(白顚)[-전]〖명〗별박이².

백전-계(百全計)[-전- /-전게]〖명〗안전하고 빈틈없는 계책.

백전-노장(百戰老將)[-전-]〖명〗**1** 수많은 싸움을 치른 노련한 장수. **2** 온갖 어려운 일을 많이 겪은 노련한 사람. 백전노졸.

백전-노졸(百戰老卒)[-전-]〖명〗**1** 수많은 싸움을 치른 노련한 병사. **2** 백전노장2.

백전-백승(百戰百勝)[-전-쏭]〖명〗〖하자〗싸울 때마다 모조리 이김.

백전-풍(白癜風)[-]〖한의〗백납.

백절불굴(百折不屈)[-쩔-]〖명〗〖하자〗백 번 꺾여도 굽히지 않는다는 뜻에서, 어떠한 어려움에도 결코 굽히지 않음. 백절불요.

백절불요(百折不撓)[-쩔부료]〖명〗〖하자〗백절불굴.

백-점토(白粘土)[-쩜-]〖명〗흰 찰흙[도자기의 원료로 씀].

백접(白蝶)[-쩝]〖명〗〖충〗흰나비1.

백접-도(百蝶圖)[-쩝또]〖명〗〖미술〗동양화에서, 온갖 나비가 여러 가지 꽃에서 노니는 광경을 그린 그림.

백정(白丁)[-쩡]〖명〗'백장'의 본딧말.

백제(白帝)[-쩨]〖명〗〖민〗방위를 지키는 오방 신장의 하나. 가을을 맡은 서쪽의 신.

백조(白鳥)[-쪼]〖명〗〖조〗고니2.

백조-어(白條魚)[-쪼-]〖명〗〖어〗잉엇과의 민물고기. 강준치와 비슷한데 입이 위로 향하고 몸의 폭이 넓음. 은백색에 등 쪽은 푸른 갈색임.

백조-자리(白鳥-)[-쪼-]〖명〗〖천〗북반구에 있는 큰 별자리[은하(銀河)의 중간에 위치하는데 육안으로 볼 수 있는 별은 약 200개임]. 북십자성.

백족지충(百足之蟲)[-쪽찌-]〖명〗**1**〖동〗발이 많은 그리마·노래기·지네 따위의 총칭. **2** 친척이나 아는 사람이 많은 사람의 비유.

백족-충(百足蟲)[-쪽-]〖명〗〖동〗노래기.

백종(百種)[-쫑]〖명〗'백중날'을 달리 이르는 말.

백주(白酒)[-쭈]〖명〗**1** 빛깔이 흰 술. 막걸리. **2** 배갈.

백주(白晝)[-쭈]〖명〗대낮. ▢~의 살인 강도 사건 / 술이 취해 ~ 대로를 활보하다.

백주-에(白晝-)[-쭈-]〖부〗아무 까닭 없이. 공연히. 터무니없이. ▢~ 봉변을 당했다 / ~생사람을 잡다. ◈백줴.

백주-창탈(白晝搶奪)[-쭈-]〖명〗〖하타〗대낮에 남의 물건을 강제로 빼앗음.

백주 현:상(白晝現象)[-쭈-]〖명〗사진 기술에서, 특수 장치를 한 현상 탱크를 이용하여 밝은 장소에서 하는 현상.

백주 혜:성(白晝彗星)[-쭈- /-쭈헤-]〖천〗낮에도 육안으로 볼 수 있는 큰 혜성.

백죽(白竹)[-쭉]〖명〗껍질을 벗긴 대나무.

백중(百中·百衆)[-쭝]〖명〗'백중날'의 준말.

백중(伯仲)[-쭝]〖명〗〖하형〗**1** 맏이와 둘째. **2** 재주나 실력, 기술 따위가 서로 비슷하여 우열을 가리기 힘듦. 또는 그런 형세. 백중지간. ▢~한 경기 / 두 사람의 실력이 ~하다.

백중-날(百中-)[-쭝-]〖명〗명일(名日)의 하나[음력 칠월 보름날(허물을 대중 앞에 들어 말하여 참회를 구하는데, 여름 동안 안거(安居)를 마치고 절에서 재를 올림). ◈백중.

백-중력(百中曆)[-쭝녁]〖명〗품질이 낮은 종이로 배접하여 만든 책력.

백중력(百中曆)[-쭝녁]〖명〗앞으로 올 100년 동안의 일월·성신(星辰)·절후(節候) 따위를 미리 헤아려 만든 책력.

백중-맞이(百中-)[-쭝마지]〖명〗〖하자〗**1**〖불〗백중날에 불공을 드림. 또는 그 불공. 백중불공(百中佛供). **2**〖민〗무당이 백중날에 굿을 함. 또는 그 굿.

백중-물(百中-)[-쭝-]〖명〗백중날이나 그 무렵에 많이 오는 비.

백중-불공(百中佛供)[-쭝-]〖명〗〖불〗백중맞이.

백중-사리(百中-)[-쭝-]〖명〗백중날의 한사리. 음력 칠월 보름에 조수가 가장 높이 들어오는 때.

백중-세(伯仲勢)[-쭝-]〖명〗백중지세.

백중숙계(伯仲叔季)[-쭝- /-쭝-께]〖명〗네 형제의 차례. 백은 맏이, 중은 둘째, 숙은 셋째, 계는 막내를 이름.

백중지간(伯仲之間)[-쭝-]〖명〗백중(伯仲)2.

백중지세(伯仲之勢)[-쭝-]〖명〗서로 우열을 가리기 힘든 형세. 백중세.

백줴[-쮀]〖부〗'백주에'의 준말.

백지(白-)[-찌]〖명〗〔←백자(白子)〕바둑돌의 흰 알. ↔흑지. ◈백.

백지(白地)[-찌]〖명〗**1** 농사가 안되어 거둘 것이 없는 땅. 〓〖부〗아무 턱도 없이. 생판. ▢~ 나만 보고 야단이야.

백지(白芷)[-찌]〖명〗〖한의〗구릿대의 뿌리[감기로 인한 두통·요통 따위에 쓰며, 외과약으로도 널리 씀]. 구릿대뿌리.

백지(白紙)[-찌]〖명〗**1** 흰 빛깔의 종이. **2** 아무것도 쓰지 않은 종이. 공지(空紙). ▢~에 낙서를 하다. **3** '백지상태'의 준말. ▢음악에 관해서는 ~다. [백지 한 장도 맞들면 낫다] 백지장도 맞들면 낫다. *백지장.

백-지도(白地圖)[-찌-]〖명〗대륙·섬·나라 등의 윤곽만 그리고 글자는 쓰지 않은, 기입 연습용 또는 분포도 작성용의 지도. 암사 지도. ▢~에 지명을 써 넣다.

백지 동:맹(白紙同盟)[-찌-]〖명〗시험 때, 학생이 모두 짜고 시험 답안지에 아무것도 쓰지 않기로 하는 일.

백지-마(白脂麻·白芝麻)[-찌-]〖명〗〖식〗참깨.

백지-상태(白紙狀態)[-찌-]〖명〗**1** 종이에 아무것도 쓰지 않은 상태. ▢답안지를 ~로 내다. **2** 어떤 대상에 대하여 아무것도 모르는 상태. ▢현지 사정에 대해서는 전연 ~다. **3** 잡념이나 선입견이 없는 상태. ▢~에서 지원자들을 면접하였다. **4** 어떤 일을 하기 이전의 상태. ▢모든 계획이 ~로 돌아가다. ◈백지.

백지 수표(白地手票)[-찌-]〖법〗수표 요건의 일부 또는 전부를 백지로 하여 나중에 소지인이 기입하도록 한 수표.

백지-애매(白地曖昧)[-찌-]〖명〗〖하형〗까닭 없이 죄를 뒤집어쓰고 재앙을 당하여 억울함.

백지 어음 (白地-)[-찌-] 〖법〗 어음 행위자가 소지인에 대하여 어음 금액·지급지·만기 등의 어음 요건의 전부 또는 일부의 보충권(補充權)을 부여한 어음.

백지-위임 (白紙委任)[-찌-] 〖명〗〖하타〗 조건을 붙이지 아니하고 모든 것을 맡김.

백지 위임장 (白紙委任狀)[-짱-] 〖법〗 위임장의 전부 또는 일부를 나중에 일정한 사람에게 보충하게 하는 위임장.

백지-장 (白紙張)[-찌짱] 〖명〗 **1** 흰 종이의 낱장. **2** 핏기가 없이 창백한 얼굴빛의 비유. 종잇장. ⇒얼굴이 ~ 같다.
[백지장도 맞들면 낫다] 쉬운 일이라도 서로 힘을 합쳐서 하면 더 쉽다. 백지 한 장도 맞들면 낫다.

백지 형법 (白地刑法)[-찌-뻡] 〖법〗 일정한 형벌만을 법률에서 규정하고, 그 요건(要件)인 범죄의 규정을 다른 법령에서 규정하는 형법규. 백지 형법 법규.

백지-화 (白紙化)[-찌-] 〖명〗〖하타〗 백지상태로 돌림. 없었던 것으로 함. ⇒계약을 ~하다.

백질 (白質)[-찔] 〖명〗〖생〗 고등 동물의 신경 중추부 속에서 신경 섬유의 집단을 이루는, 하얗게 보이는 부분.

백징 (白徵)[-찡-] 〖명〗 예전에, 세금을 낼 의무가 없는 사람에게 억지로 세금을 매기는 일.

백차 (白車) 차체에 흰 칠을 한, 경찰이나 헌병의 순찰차. ⇒사건 현장에 ~가 도착하다.

백-차일 (白遮日) 〖명〗 햇볕을 가리려고 치는 하얀 빛깔의 포장.
백차일 치듯 ⇒ 흰옷 입은 사람들이 매우 많이 모인 모양을 이르는 말.

백-창포 (白菖蒲) 〖식〗 이창포(泥菖蒲).

백채 (白菜) 〖명〗〖식〗 배추.

백-채문 (白彩紋) 〖명〗 흰 선으로 이루어진 채문《지폐 따위의 무늬로 많이 씀》. ↔흑채문.

백척-간두 (百尺竿頭)[-깐-] 〖명〗 백 자나 되는 높은 장대 위에 올라섰다는 뜻으로, 매우 위태롭고 어려운 지경을 이르는 말. ⇒~에서 다. ㉥간두(竿頭).

백천만-겁 (百千萬劫) 〖불〗 무한한 햇수. 영원한 시간.

백천만-사 (百千萬事) 〖명〗 온갖 일.

백철 (白鐵) 〖명〗 함석.

백철-석 (白鐵石)[-썩] 〖명〗〖광〗 철의 황화(黃化) 광물. 엷은 금속광택을 가지며, 연백색(鉛白色)으로 불투명함. 철이나 황산(黃酸)의 원료로 씀.

백첩 (白貼) 〖명〗 종이에 옻칠을 하지 않은 아주 큰 체살. 살은 40~50개.

백청 (白淸) 〖명〗 빛깔이 희고 품질이 좋은 꿀.

백청-자 (白靑瓷) 〖명〗 청백자(靑白瓷).

백체 (白體) 〖명〗〖생〗 난소(卵巢)의 하얀 섬유상의 덩어리《황체(黃體)가 퇴축(退縮)하여 생김》. *적체(赤體).

백초 (百草) 〖명〗 온갖 풀.

백초-상 (百草霜) 〖명〗〖한의〗 앉은검정.

백-초서 (白貂鼠) 〖명〗〖동〗 흰담비.

백초-피 (白貂皮) 〖명〗 흰담비의 털가죽.

백총 (百摠) 〖명〗〖역〗 조선 때, 관리영(管理營)의 정삼품 벼슬.

백축 (白丑) 〖명〗〖한의〗 흰 나팔꽃의 씨《성질은 차고 대소변을 통하게 하며, 부종(浮腫)·적취(積聚)·요통에 씀》.

백출 (白朮) 〖명〗〖한의〗 삽주의 덩어리진 뿌리《성질은 따뜻하며, 소화 불량·구토·설사·습

중 등에 씀). 마계(馬薊). 산계(山薊).

백출 (百出) 〖명〗〖하자〗 여러 가지로 많이 나옴. ⇒묘안이 ~하다.

백출-산 (白朮散)[-싼] 〖명〗〖한의〗 백출을 주로 하여 지은, 소화 불량이나 위장염에 쓰는 탕약(湯藥).

백출-주 (白朮酒)[-쭈] 〖명〗 백출을 넣어 담근 술.

백충 (白蟲) 〖동〗 '촌백충'의 준말.

백충-장 (白蟲倉) 〖명〗〖한의〗 오배자(五倍子).

백치 (白雉) 〖명〗 빛깔이 흰 꿩.

백치 (白痴·白癡) 〖명〗 뇌의 장애·질병 등으로 정신 작용의 발달이 저지되어, 연령에 비해 지능이 낮은 사람. 또는 그런 병. 천치(天痴).

백치 (白齒) 〖명〗 호치(皓齒).

백치-미 (白痴美) 〖명〗 지능이 낮은 듯하고 표정이 단순한 사람이 풍기는 아름다움. ⇒~를 지닌 여배우.

백치-천재 (白痴天才) 〖명〗 백치이면서도 어떤 한 가지에 뛰어난 재주를 가진 사람.

백 코트 (back court) **1** 농구 경기장을 반으로 나누었을 때 자기편의 코트. **2** 테니스 경기장에서, 베이스 라인 근처를 일컫는 말.

백탁 (白濁) 〖명〗〖하형〗 〖한의〗 오줌이 뿌옇고 걸쭉함. 또는 그러한 병.

백탄 (白炭) 〖명〗 빛깔이 희읍스름하고 화력이 매우 센 참숯. ↔검탄(黔炭).

백탈 (白脫) 〖명〗〖하자〗 죄가 없음이 밝혀짐.

백탈 (白頉) 〖명〗 까닭 없이 신역(身役)을 면함.

백탕 (白湯) 〖명〗 백비탕(白沸湯).

백태 (白苔) 〖명〗 **1** 〖한의〗 몸의 열이나 위병(胃病) 때문에 혓바닥에 끼는 누르스름한 물질. **2** 몸의 열 따위로 눈에 희끄무레한 막이 덮이는 병. 또는 그런 눈. ……[百樣].

백태 (百態) 〖명〗 여러 가지 자태나 형태. 백양.

백태 청기 (白胎青器) 청백자(青白瓷).

백토 (白土) 〖명〗 **1** 빛깔이 희고 부드러우며 고운 흙. 백악(白堊). **2** 잔모래가 많이 섞인 흰 빛깔의 흙.

백토 (白兎) 〖명〗 흰토끼.

백 토스 (back toss) 배구에서, 세터(setter)가 공을 자기 뒤로 올려 주는 토스.

백토-질 (白土質) 〖명〗 백악질(白堊質).

백통 (白-) 〖명〗 〔←백동(白銅)〕 구리·아연·니켈의 합금. 은백색으로 화폐나 장식품 따위에 씀. ⇒~ 비녀 / ~ 촛대.

백통-대 (白-) 〖명〗 백통죽.

백통-돈 (白-) 〖명〗 백통으로 만든 돈. 백동전. 백동화(白銅貨). 백전(白錢).

백통-전 (白-錢) 〖명〗 백통돈.

백통-죽 (白-竹) 〖명〗 대통과 물부리를 백통으로 만든 담뱃대. 백통대.

백통-화 (白-貨) 〖명〗 백통돈.

백파 (白波) 〖명〗 흰 거품이 이는 물결.

백파 (白播) 〖명〗〖하자〗 거름을 주지 않은 맨땅에 씨를 뿌림.

백-파이프 (bag pipe) 〖명〗〖악〗 스코틀랜드의 민속 악기《취주 악기의 하나로 가죽 주머니에 몇 개의 파이프가 달린 고음의 피리임》.

백판[1] (白板) 〖명〗 널 조각판.

백판[2] (白板) □명 아무것도 없는 형편이나 모르는 상태. □부 전혀 생소하게. 생판. ⇒모르는 사람.

백팔 (百八) 〖명〗 **1** 〖불〗 백팔 번뇌. **2** 1년의 12월·24 기(氣)·72 후를 합하여 일컫는 말.

백팔 번뇌 (百八煩惱) 〖불〗 사람이 지닌 108가지의 번뇌《눈·귀·코·입·몸·뜻의 육관(六官)에 각각 고·락·불고불락(不苦不樂)이 있어 18가지가 되고, 거기에 탐(貪)·무탐(無貪)이 있어 36가지가 되며, 이것을 과거·현재·

미래로 각각 풀면 모두 108가지가 됨). 백팔.

백팔십-도 (百八十度)[-씹또] 圀 지금까지와는 정반대의 방향으로 바뀐 상태. ❏ 태도가 ~로 바뀌다.

백팔 염:주 (百八念珠)[-렴-] 〖불〗작은 구슬 108개를 꿰어 그 끝을 맞댄 염주. 백팔 번뇌를 상징하며, 이것을 돌리며 염불을 외면 모든 번뇌를 물리친다 함.

백팔-종 (百八鐘)[-종] 〖불〗**1** 절에서, 제야에 108번 치는 종. **2** 절에서, 아침저녁으로 108번 치는 종(백팔 번뇌를 물리친다는 뜻).

백패 (白牌) 圀 〖역〗소과(小科)에 급제한 생원이나 진사에게 주던 흰 종이의 증서.

백폐 (百弊)[-/-페] 圀 온갖 폐단.

백포 (白布) 圀 **1** 흰 베. **2** 포의(布衣).

백포 (白泡) 圀 **1** 백말(白沫). **2** 말과 같은 짐승이 입에서 내는 흰 거품.

백포 (白袍) 圀 흰 도포(道袍).

백-포도주 (白葡萄酒) 圀 청포도를 주성분으로 하는, 빛깔이 희읍스름한 포도주.

백-포장 (白布帳) 圀 흰 베로 만든 휘장.

백표 (白票) 圀 **1** 흰색의 표. **2** 투표할 때, 기권의 뜻으로 아무것도 적지 않은 표.

백하 (白蝦)[배카] 圀〖동〗쌀새우.

백하-해 (白蝦醢)[배카-] 圀 새우젓.

백학 (白鶴)[배카] 圀〖조〗두루미¹.

백한 (白鷴)[배칸] 圀〖조〗꿩과의 새. 숲 속에 사는데, 날개 27cm, 꼬리 60cm가량 됨. 등은 희고, 배에는 흑색과 자흑색의 긴 털이 있으며 다리는 붉은색임. 암컷은 작고 암탉과 비슷함.

백합 (白蛤)[배캅] 圀〖조개〗참조갯과의 조개. 가막조개와 비슷한데, 껍데기는 8cm가량의 원형으로 회백색 또는 갈색 무늬가 있고 매끄러우며 안쪽은 흼. 식용하며 껍데기는 바둑돌이나 물감 따위의 재료로 씀. 마당조개.

백합 (白鴿)[배캅] 圀〖조〗집비둘기.

백합 (百合)[배캅] 圀〖식〗백합과의 여러해살이풀. 잎은 어긋나고 5~6월에 줄기 끝에 두세 개의 흰 꽃이 깔때기 모양으로 옆을 향해서 핌. 비늘줄기는 납작한 공 모양으로 백색 또는 자색이며 식용하고 뿌리는 약용함. 나리.

백합-화 (百合花)[배카퐈] 圀 백합의 꽃. 나리꽃. 백합꽃.

백해 (百害)[배캐] 圀 온갖 해로운 일.

백해 (百骸)[배캐] 圀 몸을 이룬 모든 뼈.

백해-구통 (百骸俱痛)[배캐-] 圀하형 온몸이 모두 아픔.

백해-무익 (百害無益)[배캐-] 圀하형 해롭기만 하고 이로운 점은 전혀 없음. ❏ 담배는 건강에 ~하다.

백-핸드 (backhand) 圀 테니스·탁구 등에서, 공을 치는 손의 손등이 상대편을 향하도록 하는 타구 방법. ↔포핸드(forehand).

백행 (百行)[배캥] 圀 온갖 행실. ❏ 효(孝)는 ~의 근본이다.

백-혈구 (白血球)[배켤-] 圀〖생〗혈구의 하나. 핵(核)이 있으나 그 모양이 일정하지 않은 아메바 모양의 세포(자유롭게 모세 혈관 밖에까지 나와서 해로운 균을 잡아먹음). 흰피톨. *적혈구.

백혈-병 (白血病)[배켤뼝] 圀〖의〗혈액 속의 백혈구가 정상보다 많아지는 병.

백형 (伯兄)[배켱] 圀 맏형.

백호 (白虎)[배코] 圀 **1** 털빛이 흰 호랑이. **2** 〖천〗서쪽 일곱 별의 총칭(규(奎)·누(婁)·위(胃)·묘(昴)·필(畢)·자(觜)·삼(參)). **3** 서쪽 방위의 금(金) 기운을 맡은 태백신을 상징하는

짐승. 범으로 형상화함. **4** 주산(主山)에서 갈려 나간 오른쪽의 산맥(여러 가닥으로 된 때는 내(內)백호·외(外)백호로 나눔). 우백호. ↔청룡(靑龍).

백호 (白狐)[배코] 圀 흰 여우. 부처.

백호 (白毫) 圀〖불〗부처의 32상(相)의 하나. 두 눈썹 사이에 난 희고 빛나는 가는 터럭으로, 광명을 무량세계(無量世界)에 비춘다 함.

백호-기 (白虎旗)[배코-] 圀〖역〗**1** 조선 때, 대오방기(大五方旗)의 하나. 진영(陣營) 오른편 문에 세워서 우군(右軍)·우영(右營) 혹은 우위(右衛)를 지휘함. 흰 바탕에 백호(白虎)와 구름무늬가 그려져 있고, 가장자리와 화염은 누른빛임. **2** 대한 제국 때의 의장기(儀仗旗)의 하나.

백-호마 (白胡麻)[배코-] 圀〖식〗참깨.

백-호접 (白蝴蝶)[배코-] 圀〖식〗흰나비1.

백홋-날 (白虎-)[배콘-] 圀〖민〗풍수지리에서, 주산(主山)의 오른쪽으로 뻗어 나가 이루어진 산등성이.

백홍 (白虹)[배콩] 圀 빛깔이 흰 무지개.

백화 (白花)[배콰] 圀 흰 꽃.

백화 (白話)[배콰] 圀 중국에서 일상생활에 쓰는 구어체 언어.

백화 (白禍)[배콰] 圀 백색 인종이 권력이나 세력을 휘둘러 유색 인종에게 화를 입히는 일. *황화(黃禍).

백화 (白樺)[배콰] 圀〖식〗자작나무.

백화 (百花)[배콰] 圀 온갖 꽃. ❏ 바야흐로 ~가 만발하는 봄이다.

백화 (百貨)[배콰] 圀 여러 가지 상품이나 재화(財貨).

백화-난만 (百花爛漫)[배콰-] 圀하형 온갖 꽃이 피어서 아름답게 흐드러짐. 백화요란.

백-화등 (白花藤)[배콰-] 圀〖식〗협죽도과의 상록 활엽 덩굴나무. 따뜻한 지방의 산기슭에 나는데, 초여름에 흰 꽃이 핌.

백화-문 (白話文)[배콰-] 圀 구어체로 쓴 중국의 글.

백화 문학 (白話文學)[배콰-] 圀 중국에서 구어체인 백화로 쓰여진 문학. 중국 근대 문학을 형식 및 용어에 주안점을 두고 부른 이름.

백화-사 (白花蛇)[배콰-] 圀〖동〗산무애뱀.

백화 소:설 (白話小說)[배콰-] 圀 중국 문학사에서, 구어로 쓰여진 소설.

백화-왕 (百花王)[배콰-] 圀 '모란'의 딴 이름.

백화-요란 (百花燎亂)[배콰-] 圀하형 백화난만(百花爛漫).

백화-자기 (白畫瓷器)[배콰-] 圀 흰색으로 그림이 그려진 도자기.

백화-점 (百貨店)[배콰-] 圀 여러 가지 상품을 종류별로 나누어 진열·판매하는 대규모의 현대식 종합 상점. ↔단위 상점.

백화-제방 (百花齊放)[배콰-] 圀 **1** 많은 꽃이 일제히 핌. **2** 각종 학문이나 예술, 사상 따위가 각기 자기 주장을 폄.

백화-주 (百花酒)[배콰-] 圀 온갖 꽃을 넣어서 빚은 술.

백화-춘 (百花春)[배콰-] 圀 찹쌀로만 빚은 술.

백화 현:상 (白化現象)[배콰-] 〖식〗철·마그네슘 등의 양분이 부족하여 엽록소가 형성되지 않고 식물체가 희어지는 현상.

백황-색 (白黃色)[배꽝-] 圀 희끄무레한 누런색. ❏ 나무에 달린 ~의 복숭아 열매.

백회 (白灰)[배쾨] 圀 백색 덩이인 석회. 곧, 생

석회(生石灰).

백회-혈(百會穴)[배쾨-]명《생》정수리의 숫구멍 자리. 백회.

백흑(白黑)[배큭]명 옳고 그름. 또는 바른 일과 사악한 일. 흑백(黑白).

백흑지변(白黑之辨)[배큭찌-]명 옳고 그름이나 바른 일과 사악한 일을 구별하여 가려내는 일.

백희(百戱)[배키]명 여러 가지 놀이《가면놀이·곡예·요술 따위).

밴대 '밴대보지'의 준말.

밴대-보지 명 음모가 나지 않은 어른의 보지. 준밴대.

밴대-질 명하자 여자끼리 성교를 흉내 내는 짓. ◻~을 하다. ↔비역.

밴댕이《어》청어과의 바닷물고기. 몸길이는 5~12 cm 내외로 전어와 비슷하며 등은 청흑색, 옆구리와 배는 은백색임《젓갈의 원료로 쓰임).

밴댕이 소갈머리 아주 좁고 얕은 심지(心志)를 비유하는 말.

밴댕이-젓[-전]명 밴댕이로 담근 것.

밴:덕명 요랬다조랬다 변하기를 잘하는 태도나 성질. ◻~을 부리다. 준변덕. ↔반덕.

밴:덕-꾸러기명 밴덕을 잘 부리는 사람. 준변덕꾸러기.

밴:덕-맞다[-덩맏따]혱 밉살맞게 밴덕스럽다. 준변덕맞다. ↔반덕맞다.

밴:덕-스럽다[-쓰-따][-스러워, -스러우니]혱비 보기에 밴덕을 부리는 성질이나 태도가 있다. 준변덕스럽다. ↔반덕스럽다. 밴:덕-스레[-쓰-]튀.

밴:덕-쟁이[-쨍-]명 밴덕스러운 사람. 준변덕쟁이. ↔반덕쟁이.

밴둥-대다짜 하는 일 없이 게으름을 피우며 놀기만 하다. 준빈둥대다. 쎈빼둥거리다. 2팬둥거리다. 밴둥-밴둥 튀하자.

밴둥-대다짜 밴둥거리다.

밴드[1](band)명 **1** 가죽이나 천, 고무 따위로 좁고 길게 만든 띠. ◻고무 ~ / ~로 묶다. **2** 허리띠.

밴드[2](band)명《악》각종 악기로 음악을 합주하는 단체《주로 경음악을 연주함).

밴들-거리다짜 부끄러운 줄도 모르고 게으름을 피우며 빤빤스럽게 놀기만 하다. 준빈들거리다. 쎈빼들거리다. 2팬들거리다. 밴들-밴들 튀하자.

밴들-대다짜 밴들거리다.

밴앨런-대(Van Allen帶)명 적도의 상공 수천 km에서 약 수천 km 근처를 둘러싸고 있는 두 개의 방사능 입자(粒子)의 대(帶).

밴조(banjo)명《악》미국의 민속 음악이나 재즈에 쓰는 현악기《기타와 비슷한데 공명동이 작은북 모양이고 현은 4~5줄임).

밴텀-급(bantam級)명 권투·레슬링·역도 따위에서, 선수의 체중에 따라 나눈 등급의 하나《권투의 경우, 아마추어에서는 51~54 kg, 프로에서는 51.16~53.52 kg의 체급을 가리킴).

밸: '배알'의 준말.

밸(을) 뽑다 《속》마음속의 생각을 모두 털어놓다.

밸을 삭이다 부아가 난 것을 가라앉히거나 풀어 없애다.

밸이 꼴리다 아니꼽고 비위에 거슬려 몹시 부아가 나다.

밸러스트(ballast)명 **1** 배의 전복을 방지하기

위하여 배의 바닥에 싣는 석탄·돌·쇠 따위《지금은 물로 대신함). 바닥짐. **2** 철도의 선로에 깔거나 콘크리트 따위에 섞는 자갈.

밸런스(balance)명 균형. ◻~가 맞다 / ~를 잡다. ↔언밸런스.

밸런타인데이(Valentine Day)명 성(聖) 밸런타인의 축일(祝日)(2월 14일로 애인끼리 선물이나 편지를 주고받으며, 이날만은 여자가 남자에게 먼저 구애(求愛)해도 괜찮다고 함).

밸브(valve)명 **1** 판(瓣)2. **2** 전자관(電子管). 진공관. **3**《악》금관 악기의 하나로, 반음계 연주가 가능하도록 조절하는 장치. 피스톤. 활전(活栓).

뱀:《동》파충류 뱀목의 척추동물의 총칭. 몸은 길고 비늘로 덮였으며 많은 척추골과 늑골이 연결되고 사지는 퇴화했음. 혀는 끝이 갈라지고 긺. 대부분이 난생하며 변온 동물임《온대에서는 동면함).

[뱀은 새 잦어 대듯] 뱀을 본 새가 야단스럽게 지저귀듯 몹시 시끄럽게 떠드는 모양.

뱀을 잡다 엉뚱한 결과가 되어 낭패를 보다. 공들인 일을 망치다.

뱀:-날 〈속〉사일(巳日).

뱀:-눈 독살스럽게 생긴 눈을 비유적으로 이르는 말.

뱀:-도랏[-란]명《식》미나릿과의 두해살이풀. 줄기에 거친 털이 있고 70 cm가량임. 여름에 희고 작은 다섯잎꽃이 피고, 과실에 날카로운 가시가 있음.

뱀:-딸기명《식》장미과의 여러해살이풀. 들·길가에 나는데, 줄기 마디마다 새싹을 냄. 늦봄에 노란 다섯잎꽃이 피고, 살이 많은 둥근 열매는 붉게 익는데 식용하지 않음.

뱀:-띠명 '사생(巳生)'을 뱀의 속성을 상징하여 일컫는 말.

뱀:-무명《식》장미과의 여러해살이풀. 높이 25~60 cm 정도로 곧게 자라며, 무 잎과 비슷함. 초여름에 노란 다섯잎꽃이 가지 끝에 핌. 산과 들에 절로 나며, 잎과 줄기는 식용함.

뱀:-밥명《식》쇠뜨기 포자의 줄기. 약으로 쓰거나 식용함. 토필(土筆).

뱀:-뱀이명 예의범절이나 도덕에 대한 교양. ◻~가 없다. ＊배움뱀이.

뱀:-술명 배갈이나 소주 따위의 독한 술에 뱀을 넣어 우린 술. 사주(蛇酒).

뱀:-장어[-짱-]명《식》참장어과의 민물고기. 몸길이 60 cm 정도로 가늘고 길쭉하여 뱀과 비슷함. 잔비늘이 피부에 묻혀 있어 보이지 않고 배지느러미가 없어 눈이 작음. 등은 암갈색, 배는 은백색임. 민물에서 살다가 바다로 나가 산란함. 준장어.

뱀파이어(vampire)명 서양의 전설에 나오는 흡혈귀.

뱀:-해 〈속〉사년(巳年).

뱁-댕이[-땡-]명 베를 짤 때, 날이 서로 붙지 못하게 사이사이에 지르는 막대. 뱁대.

뱁:-새[-쌔]명《조》붉은머리오목눈이.

[뱁새가 황새를 따라가면 다리가 찢어진다] 힘에 겨운 일을 억지로 하면 도리어 해만 입는다.

뱁:새-눈[-쌔-]명 작으면서 가늘게 째진 눈.

뱁:새눈-이[-쌔누니]명 눈이 작고 가늘게 째진 사람.

뱁티스트(Baptist)명《기》**1** 침례교의 신도. **2** 세례를 베푸는 사람.

뱃-가죽[배까/밷까]명 〈속〉뱃살.

[뱃가죽이 땅 두께 같다] 염치없고 배짱이 셈을 비유적으로 일컫는 말.

뱃가죽이 두껍다 匝 염치없고 배짱이 세다.
뱃가죽이 등에 붙다 匝 굶어서 배가 홀쭉하고 매우 허기지다.
뱃-고동[배꼬-/뱃꼬-]몡 배에서 신호를 내기 위하여 '붕' 소리를 내는 고동. ◻~ 소리./~을 울리다.
뱃-구레[배꾸-/뱃꾸-]몡 사람이나 짐승의 배의 통. 또는 그 안. ◻~가 크다.
뱃-길[배낄/뱃낄]몡 배가 다니는 길. 선로(船路). 수로(水路). ◻~이 끊어지다 / ~을 돌리다.
뱃-노래[밴-]몡〖樂〗1 노를 저으며 부르는 노래. 도가(棹歌). 2 뱃사람의 생활을 주제로 하여 지은 노래. 선가(船歌).
뱃-놀이[밴-]몡하자 배를 타고 흥겹게 노는 일. 선유(船遊). 주유(舟遊).
뱃-놈[밴-]〈비〉 뱃사람.
[뱃놈의 개] 배에서 기르는 개는 도둑을 지킬 필요가 없다는 뜻에서, 하는 일 없이 놀고 먹는 사람의 비유.
뱃놈 배 둘러대듯 匝 형편에 따라 말을 잘 둘러대는 모양.
뱃대-끈[배때-/뱃때-]몡 1 여자의 치마나 바지 허리 위에 매는 끈. 2 안장이나 길마를 얹을 때에 말이나 소의 배에 걸쳐서 졸라매는 줄. ☺뱃대.
뱃-덧[배떳/뱃떳]몡 먹은 것이 체하여 음식이 잘 받지 않는 병.
뱃두리[배뚜-/뱃뚜-]몡 양념이나 꿀 따위를 넣어 두는 항아리의 하나.
뱃-머리[밴-]몡 배의 앞쪽의 끝. 현두(舷頭). ◻~를 돌리다.
뱃-멀미[밴-]몡하자 배를 탔을 때 어지럽고 메스꺼워 구역질이 나는 일. 또는 그런 증세. 선취. 선훈(船暈).
뱃-바람[배빠-/뱃빠-]몡 배를 타고 쏘이는 바람.
뱃-밥[배빱/뱃빱]몡 배에 물이 들어오지 못하게 틈을 메우는 물건.
뱃-사공(-沙工)[배싸-/뱃싸-]몡 배를 부리는 일을 업으로 삼는 사람. 선부(船夫). ☺사공(沙工).
뱃-사람[배싸-/뱃싸-]몡 배를 부리거나 배에서 일을 하는 사람. 선인(船人). 수부(水夫).
뱃-삯[배싹/뱃싹]몡 배를 타거나 배에 짐을 싣는 데 내는 돈. 선가. 선임(船貰).
뱃-살[배쌀/뱃쌀]몡 배를 싸고 있는 살이나 가죽. ◻~을 빼다 / ~을 잡고 웃다.
뱃-소리[배쏘-/뱃쏘-]몡 뱃사람들이 노를 젓거나 그물을 끌어 올릴 때에 기운을 돋우기 위하여 하는 소리.
뱃-속[배쏙/뱃쏙]몡〈속〉 마음속. 속생각. ◻시키면 ~ / ~을 알 수가 없다. ☺속.
뱃속에 능구렁이가 들어 있다 匝 엉큼하고 능글맞다.
뱃속을 들여다보다 匝 속마음을 환히 꿰뚫어보다.
뱃속을 채우다 匝 염치없이 자기 욕심만 차리다.
뱃속이 검다 匝 마음보가 더럽고 음흉하다.
뱃-숨[배쑴/뱃쑴]몡 배에 힘을 주어 깊이 쉬는 숨.
뱃-심[배씸/뱃씸]몡 자신의 생각이나 소신대로 밀고 나가는 배짱.
뱃심(을) 부리다 匝 뱃심 좋은 태도를 드러내다.

뱃심(이) 좋다 匝 자기 생각대로 밀고 나가는 배짱이 두둑하다. ◻뱃심 좋게 버티다.
뱃-일[밴닐]몡하자 배에서 하는 일.
뱃-자반[배짜-/뱃짜-]몡 생선을 잡은 곳에서 바로 소금에 절여 만든 자반.
뱃-장사[배짱-/뱃짱-]몡하자 물건을 배에 싣고 다니면서 벌이는 장사.
뱃-장수[배짱-/뱃짱-]몡 뱃장사를 하는 사람.
뱃-장작(-長斫)[배짱-/뱃짱-]몡 배로 운반해 온 장작.
뱃-전[배쩐/뱃쩐]몡 배의 양쪽 가장자리 부분. 선연(船緣). 선현(船舷). 현(舷). 현측(舷側). ◻파도가 ~을 두드리다.
뱃-줄[배쭐/뱃쭐]몡 배를 매어 두거나 끄는 데에 쓰는 줄. ◻~을 매다.
뱃-지게[배찌-/뱃찌-]몡 배의 짐을 나르는 데에 쓰는 지게.
뱃-짐[배찜/뱃찜]몡 배에 싣는 짐. 배에 실어 나르는 짐. 선복(船卜). 선하. 선화. ◻~을 부리다.
뱃-짐¹[배찜/뱃찜]몡〖建〗맞배집.
뱃-짐²[배찜/뱃찜]몡 사람 배의 부피. ◻~이 두둑하다.
뱅 뷔 1 일정한 좁은 구역을 한 바퀴 도는 모양. ◻동네를 한 바퀴 ~ 돌다. 2 정신이 갑자기 아찔해지는 모양. ◻정신이 ~ 돈다. ㉮뺑. 3 좁게 둘러싸는 모양. ◻사람들이 ~ 둘러싸다. ☺빙. ⑩뺑.
뱅그레 뷔하자 입만 약간 벌리고 소리 없이 부드럽게 웃는 모양. ☺빙그레. ⑩뺑그레.
뱅그르르 뷔하자 작은 것이 매끄럽게 한 바퀴 도는 모양. ☺빙그르르. ⑩뺑그르르. ㉮뺑그르르.
뱅글-거리다 자 입만 약간 벌리고 소리 없이 보드랍게 자꾸 웃다. ◻뱅글거리는 아기. ☺빙글거리다. ⑩뺑글거리다. 뱅글-뱅글¹ 뷔하자
뱅글-대다 자 뱅글거리다.
뱅글-뱅글² 뷔 작은 것이 매끄럽게 자꾸 도는 모양. ◻뺑이가 ~ 돌고 있다. ☺빙글빙글. ㉮뺑글뺑글.
뱅긋 [-귿] 뷔하자 입만 살짝 벌리고 소리 없이 가볍게 웃는 모양. ☺빙긋. ⑩뺑긋.
뱅긋-거리다 [-귿꺼-] 자 자꾸 뱅긋하고 웃다. ☺빙긋거리다. ⑩뺑긋거리다. 뱅긋-뱅긋 [-귿끋] 뷔하자
뱅긋-대다 [-귿때-] 자 뱅긋거리다.
뱅긋-이 [-그시] 뷔 입만 살짝 벌리고 소리 없이 웃는 모양. ☺빙긋이. ⑩뺑긋이.
뱅니 몡〖民〗 무당의 넋두리에서, 죽은 이의 넋이 그 배우자를 부르는 말.
뱅-뱅 뷔 1 일정한 구역을 자꾸 도는 모양. 2 정신이 자꾸 아찔해지는 모양. ◻눈앞이 ~ 돈다. ㉮뺑뺑. 3 요리조리 자꾸 돌아다니는 모양. ◻강아지가 제 꼬리를 물고 ~ 돌다. ☺빙빙. ⑩뺑뺑.
뱅시레 뷔하자 입을 벌리는 듯하면서 온화하게 소리 없이 가볍게 웃는 모양. ☺빙시레. ⑩뺑시레.
뱅실-거리다 자 입을 벌리는 듯하면서 온화하게 소리 없이 가볍게 자꾸 웃다. ☺빙실거리다. 뱅실-뱅실 뷔하자
뱅실-대다 자 뱅실거리다.
뱅싯 [-싣] 뷔하자 입을 살며시 벌릴 듯하면서 소리 없이 온화하게 가볍게 한 번 웃는 모양. ☺빙싯. ⑩뺑싯.

뱅싯-거리다[-싣꺼-] 재 입을 살며시 벌릴 듯하면서 소리 없이 온화하게 가볍게 자꾸 웃다. 흰빙싯거리다. **뱅싯-뱅싯**[-싣뺑싣] 부하자

뱅싯-대다[-싣때-] 재 뱅싯거리다.

뱅:어[-]〖어〗뱅엇과의 바닷물고기. 몸길이는 10 cm 가량이며, 몸빛은 반투명한 흰색이며 배에는 작은 흰색 점이 있음. 봄에 하천 하류에서 산란함. 백어(白魚).   「젓갈.

뱅:어-젓[-젇]〖명〗괴도라치의 잔새끼로 담근

뱅:어-포(-脯)〖명〗괴도라치의 잔새끼를 여러 마리 붙여서 일정한 크기의 납작한 조각을 지어 만든 포.

-뱅이〖미〗어떤 습관·성질·모양을 가진 사람·사물을 이르는 말. □게으름~ / 주정~ / 앉은~ / 잠살~.

뱅:충-맞다[-맏따]〖형〗약간 똘똘하지 못하고 어리석으며 수줍음을 타는 데가 있다. 흰빙충맞다.

뱅:충-이〖명〗뱅충맞은 사람. 흰빙충이.

뱅크(bank)〖지〗대륙붕에서 언덕 모양으로 높게 솟아오른 부분.

뱅킹 시스템(banking system)〖컴〗온라인 뱅킹 시스템.

뱉:다[뱉따] 타 1 입속에 든 물건을 입 밖으로 내보내다. □침을 ~ / 씹던 고기를 뱉어 버리다. 2 차지하고 있던 물건을 도로 내놓다. □횡령한 돈을 ~. 3 말 따위를 함부로 하다. □욕설을 마구 ~.

뱌비다 타 1 두 개의 물건을 서로 가볍게 문지르다. □뺨을 ~. 2 송곳 등으로 구멍을 뚫으려고 이리저리 돌리다. 3 뭉쳐지도록 두 손바닥 사이에 넣고 문질러 돌리다. 4 어떤 재료에 다른 재료를 한데 뒤섞어 버무리다. □비빔밥을 ~. 흰비비다.

뱌비-대다[-빋때-] 타 자꾸 대고 뱌비다. 흰비비대다.

뱌비작-거리다[-꺼-] 타 뱌비는 동작을 자꾸 하다. 흰비비적거리다. ⑩뱌빚거리다. **뱌비작-뱌비작**[-빋-] 부하타

뱌비작-대다[-때-] 타 뱌비작거리다.

뱌비-치다 타 함부로 뱌비작거리다.

뱌빚-거리다[-빋꺼-]〖타〗'뱌비작거리다'의 준말. 흰비빚거리다. **뱌빚-뱌빚**[-빋빧빋] 부하타

뱌빚-대다[-빋때-] 타 뱌빚거리다.

뱌빚다 타〈옛〉뱌비다. 비틀다.

뱌슬-거리다 재 착 덤벼들지 않고 자꾸 슬슬 피하다. **뱌슬-뱌슬** 부하자

뱌슬-대다 재 뱌슬거리다.

뱍〖부〗'비약'의 준말.

뱍:-박[-박〖뺙〗'비약비약'의 준말.

뱐:덕〖명〗요랬다조랬다 잘 변하는 태도나 성질. □~을 떨다 / ~을 부리다. 흰변덕·밴덕.

뱐:덕-맞다[-덕맏따]〖형〗밉살맞게 뱐덕스럽다. 흰변덕맞다·밴덕맞다.

뱐:덕-스럽다[-쓰-따][-스러워, -스러우니]〖형ㅂ〗뱐덕을 부리는 태도나 성질이 있다. 흰변덕스럽다·밴덕스럽다. **뱐:덕-스레**[-쓰-] 부

뱐:덕-쟁이[-쩽-]〖명〗뱐덕스러운 사람. 흰변덕쟁이·밴덕쟁이.

뱐들-거리다 재 ☞ 밴들거리다.

뱐미주룩-하다 부하형 어떤 물건의 끝이 조금 내밀어져 있는 모양. 흰빈미주룩.

뱐미주룩-이 부 뱐미주룩하게. 흰빈미주룩이.

뱐빈-하다〖형어〗1 됨됨이나 생김새 따위가 별로 흠이 없고 웬만하다. 2 어지간히 갖추어져 쓸 만하다. 3 지체나 살림살이가 남보다 크게

떨어지지 않고 어지간하다. ②반변하다. 쌘반-히 부

반주그레-하다〖형어〗얼굴 생김새가 그런대로 깍히하게 반반하다.

반죽-거리다[-꺼-] 재 이죽이죽하면서 자꾸 느물거리다. **반죽-반죽**[-빤-] 부하자

반죽-대다[-때-] 재 반죽거리다.

반:-하다〖형어〗조금 반하다. 쌘빤하다.

밥-뛰다 재 깡충깡충 뛰다.

버걱〖부〗크고 단단한 물건이나 질기고 뻣뻣한 물건이 맞닿는 소리. □문이 ~ 소리를 내며 닫히다. ⑧바각. 쌘뻐걱.

버걱-거리다[-꺼-] 재타 버걱 소리가 자꾸 나다. 또는 그런 소리를 자꾸 내다. ⑧바각거리다. **버걱-버걱**[-빼-] 부하자타

버걱-대다[-때-] 재타 버걱거리다.

버겁다[-따][버거워, 버거우니]〖형ㅂ〗물건이나 세력 따위를 다루기가 힘에 겹거나 거북하다. □비용이 많이 들어 감당하기가 ~ / 짐이 무거워 혼자 들기가 ~.

버국새〖명〗〈옛〉뻐꾹새.

버굿〖명〗〈옛〉보굿.

버그(bug)〖명〗〖컴〗컴퓨터의 프로그램이나 시스템의 착오. 또는 시스템 오작동의 원인이 되는 프로그램의 잘못.

버그러-뜨리다 타 버그러지게 하다.

버그러-지다 재 1 짜임새가 벌어져 틈이 생기다. □창문틀이 ~. 쌘빼그러지다. 2 일이 잘못되어 틀어지다. □내 실수로 일이 ~. 3 서로의 사이가 벌어지거나 나빠지다. □사소한 오해로 사이가 ~.

버그러-트리다 타 버그러뜨리다.

버그르르〖부〗많은 물이나 크고 많은 거품 따위가 넓게 퍼져 야단스럽게 끓어오르는 모양. 또는 그 소리. □물이 ~ 끓다. ⑧바그르르. 쌘뻐그르르.

버근-하다〖형어〗맞붙인 것이 벌어져 틈이 있다. □대문이 버근하게 열려 있다. **버근-히** 부

버글-거리다 재 1 많은 물이나 큰 거품 따위가 넓게 퍼져 야단스럽게 자꾸 끓거나 솟아오르다. □솥에서 국이 ~. 쌘뻐글거리다. 2 사람·짐승·벌레 등이 한곳에 많이 모여 움직이다. □놀이공원에 사람들이 ~. 3 걱정이 되어 속이 몹시 타다. □시험 걱정에 속이 버글거려 죽겠다. ⑧바글거리다. **버글-버글** 부하자

버글-대다 재 버글거리다.

버금〖명〗서열이나 차례에서 으뜸의 다음.

버금-가다 재 으뜸의 바로 아래가 되다. □기량이 그에 ~ / 자동찻값이 웬만한 집 한 채 값에 버금간다.

버금딸림-음(-音)〖명〗〖악〗서양 음계의 제4음. 으뜸음보다 완전5도 아래의 음으로, 딸림음 다음가는 중요한 음.

버금딸림-화음(-和音)〖명〗〖악〗버금딸림음 위의 3화음. 장조에서는 '파·라·도', 단조에서는 '레·파·라'의 화음.

버긋-이 부 버긋하게.

버긋-하다[-그타-]〖형어〗맞붙인 곳에 틈이 조금 벌어져 있다. □버긋하게 벌어진 석류.

버꾸〖명〗〔←법고(法鼓)〕〖악〗농악기의 하나. 자루가 달린 작은 북으로, 모양은 소고와 비슷한데 크기는 훨씬 큼.

버꾸-놀음〖명〗하재〖민〗농부들이 버꾸를 치면서 노는 농악 놀이의 하나.

버꾸-재비〖명〗〖민〗농악에서, 버꾸를 치는 사람.

버꾸-춤〖명〗농악에서, 버꾸재비들이 버꾸를 치

먼저 추는 춤.

버나 圀 《민》 남사당놀이의 여섯 가지 놀이 가운데 둘째 놀이. 한 손에 든 나무나 대나무 꼬챙이 끝에 얹은 사발·대접·접시 등을 공중에서 돌리는 묘기. 대접돌리기.

버나-쇠 圀 《민》 버나재비의 우두머리.

버나-재비 圀 《민》 남사당패에서, 대접돌리기 따위의 재주를 부리는 사람.

버너 (burner) 圀 《화》 야외에서 취사용으로 사용하는 휴대용 가열 기구. ▣등산용 석유 ∼ / ∼에 불을 붙이다.

버덩 圀 높고 평평하며 나무는 없고 잡풀만 우거진 거친 들.

버덩 〈옛〉 1 다듬잇돌. 2 모탕. 3 틀층계.

버둥-거리다 泅国 1 자빠지거나 주저앉거나 매달려서 팔다리를 자꾸 내저어 움직이다. ▣아기가 울며 손발을 ∼. 2 곤란한 처지에서 벗어나려고 부득부득 애를 쓰다. ▣살려고 ∼ / 아무리 버둥거려도 소용없다. 쫜바둥거리다. ③조난자가 밧줄을 잡고 ∼ 애를 썼다.

버둥-대다 泅国 버둥거리다.

버둥-버둥 閈倁泅 ▣조난자가 밧줄을 잡고 ∼ 애를 썼다.

버둥-질 圀泅 '발버둥질'의 준말.

버드-나무 圀 《식》 1 버드나뭇과의 낙엽 교목의 총칭. 버들. 양류. 2 버드나뭇과의 낙엽 활엽 교목. 개울가나 들에 나는데, 높이는 8∼10m이고, 가늘고 긴 가지가 축축 늘어짐. 봄에는 잎보다 먼저 꽃이 핌. 삭과(蒴果)인 '버들개지'는 바람에 날려 흩어짐(세공재로 쓰고 가로수·풍치목으로 많이 재배함). 3 수양버들.

버드나무-벌레 圀 《충》 나무굼벵이의 하나로 버드나무하늘소의 애벌레. 어린아이들이 놀라 생기는 병에 한약재로 씀.

버드나무-하늘소 〔소〕 《충》 하늘솟과의 곤충. 몸은 3∼5cm이고, 빛은 어두운 갈색이고 온몸에 황토색 털이 있음. 촉각의 길이는 몸의 네 배나 되며 앞가슴과 가운데가슴 사이에 발음기가 있어 소리를 냄. 해충임.

버드러-지다 泅 1 끝이 밖으로 벌어져 나오다. ▣앞니가 ∼. 2 굳어서 뻣뻣하게 되다. 쎈뻐드러지다.

버드렁-니 圀 바깥쪽으로 버드러진 이. ▣웃을 때 살짝 드러나는 ∼가 매력적이다. ↔옥니. 죈번니.

버드름-하다 閐倁 밖으로 조금 번은 듯하다. ▣이가 버드름하게 나다. 쫜바드름하다. 쎈뻐드름하다. 큰버듬하다. **버드름-히** 閈

버들 圀 《식》 버드나무1.

버들-가지 圀 버드나무의 가지.

버들-강아지 圀 버들개지.

버들-개지 圀 《식》 버드나무의 꽃. 솜과 비슷하며 바람에 날려 흩어짐. 버들강아지. 유서(柳絮). 쥰개지.

버들-고리 圀 고리버들의 가지로 결어 만든, 옷 넣는 상자.

버들-낫 〔랃〕 圀 낫의 하나(보통의 낫보다 날의 길이가 짧음).

버들-눈썹 〔룯ー〕 圀 가늘고 긴 눈썹. 또는 그런 눈썹을 가진 사람.

버들-붕어 圀 《어》 버들붕엇과의 민물고기. 몸길이는 7cm 정도이며 빛의 질은 녹회색임. 더러운 물에서도 잘 살며, 수컷은 다른 물고기를 공격하는 성질이 있음. 관상용임.

버들-상자 (-箱子) 圀 고리버들로 만든 상자.

버들-올벼 圀 《식》 올벼의 하나. 한식 뒤에 심는데 빛은 엷은 누런색이고 이삭에 까끄라기가 있음.

버름하다

버들-옷 〔-드름〕 圀 《식》 대극(大戟).

버들-잎 〔-립〕 圀 버드나무의 잎.

버들-치 圀 《어》 잉엇과의 민물고기. 몸길이는 8∼15cm이고, 등은 어두운 갈색, 배 쪽은 희끄무레함. 피라미와 비슷한데, 입에 수염이 없고 비늘이 비교적 큼.

버들-피리 圀 1 버들가지의 껍질로 만든 피리. ▣∼를 불다. 2 버들잎을 접어 물고 피리 소리처럼 내부는 것.

버듬-하다 閐倁 '버드름하다'의 준말. 쫜바듬하다. **버듬-히** 閈

버디 (birdie) 圀 골프에서, 기준 타수보다 하나 적은 타수로 홀에 공을 쳐 넣는 일. ▣마지막 5개 홀에서 4개의 ∼를 잡아냈다. ＊보기(bogey).

버라이어티 쇼 (variety show) 《민》 노래·춤·촌극·곡예 따위를 다양하게 한데 엮어 공연하는 구경거리. 호화 쇼.

버러지 圀 벌레.

버럭 閈 성이 나서 갑자기 기를 쓰거나 소리를 냅다 지르는 모양. ▣소리를 ∼ 지르다 / 화를 내다. 쫜바락.

버럭-버럭 〔-뻐-〕 閈倁泅 성이 나서 자꾸 기를 쓰거나 소리를 냅다 지르는 모양. ▣∼ 악을 쓰며 덤비다. 쫜바락바락.

버렁 圀 매사냥에서, 새를 잡은 매를 받을 때 끼는 두꺼운 장갑.

버:렁 圀 물건이 차지한 둘레. 또는 일의 범위.

버려-두다 倁 1 잘 간수하지 않고 아무렇게나 놓아두다. ▣주택가에 버려둔 차량. 2 혼자 있게 남겨 둔다. ▣어머니를 쓸쓸하게 버려두지 말고 잘 모셔라.

버력 圀 《민》 하늘이나 신령이 사람의 죄악을 징계하기 위해 내린다는 벌. **버력**(을) 입다 하늘이나 신령이 내리는 벌을 받다. ▣저런 버력을 입을 놈.

버력 圀 《건》 1 물속 밑바닥에 기초를 만들거나 수중 구조물의 밑 부분을 보호하기 위해 물속에 집어넣는 돌. 2 《광》 광물의 성분이 섞이지 않은 쓸모없는 돌. ↔감돌.

버력-탕 圀 《광》 광산에서 버력을 버리는 곳.

버르르 閈倁泅 1 많은 물이 거볍게 끓어오르는 모양. 또는 그 소리. ▣냄비 물이 ∼ 끓다. 2 대수롭지 않은 일에 갑자기 성을 내는 모양. ▣∼ 성을 내며 나가 버렸다. 3 추위나 분노로 몸을 떠는 모양. ▣입술을 ∼ 떨다. 4 얇은 종이나 마른 잎에 불이 붙어 타오르는 모양. 쫜바르르. ⑦뻐르르. ＊부르르.

버르장-머리 圀 (주로 '없다'와 함께 쓰여) '버릇'을 속되게 이르는 말. ▣∼ 없는 녀석.

버르-장이 〈속〉 버릇.

버르적-거리다 〔-꺼-〕 倁 고통스러운 일이나 어려운 일에서 벗어나려고 팔다리를 내저으며 자꾸 움직이다. ▣노루가 덫에 걸려 ∼. 쫜바르작거리다. 쎈뻐르적거리다. ⑦버릇거리다. **버르적-거리다. 버르적-버르적** 閈倁泅

버르적-대다 〔-때-〕 倁 버르적거리다.

버:르-집다 〔-따〕 倁 1 파서 헤치거나 벌려 펴다. ▣흙을 버르집어 놓다. 2 숨은 일을 들추어내다. ▣지나간 일을 자꾸 버르집지 마라. 3 작은 일을 크게 떠벌리다. ▣대단치 않은 일을 크게 ∼.

버름-버름 閈倁倁 물건의 여러 틈이 다 꼭 맞지 않고 조금 벌어져 있는 모양.

버름-하다 倁倁 1 물건의 틈이 꼭 맞지 않고 좀 벌어져 있다. ▣버름한 창틀. 2 마음이 서

로 맞지 않아 사이가 서먹하다. ❑두 사람 사이가 버름해졌다. **버름-히** 부

버릇 [-른] 명 **1** 오랫동안 자꾸 반복하여 몸에 익어 버린 행동. 습관. ❑~을 들이다 / 나쁜 ~을 고치다 / 말을 더듬는 ~이 있다 / 제 ~ 개 못 준다. **2** 어른에게 마땅히 차려야 할 예의. ❑~이 없다 / ~이 고약하다 / ~을 가르치다.

버릇-되다 [-른뙤-] 자 버릇으로 굳어지다. ❑거짓말도 자주 하면 버릇된다.

버릇-소리 [-른쏘-] 명 〖언〗 습관음(習慣音).

버릇-없다 [-르덥따] 형 어른이나 남 앞에서 마땅히 지켜야 할 예의가 없다. ❑버릇없는 짓을 하다. **버릇-없이** [-르덥씨] 부. ❑어른에게 ~ 굴다.

버릇-하다 [-르타-] 보동여 동사의 어미 '-아·-어·-여' 뒤에 붙어서, 어떤 일이나 동작을 습관적으로 되풀이하다. ❑손가락을 물어 ~.

버릊-거리다 [-른꺼-] 타 '버르적거리다'의 준말. **버릊-버릊** [-른뻐른] 부하타

버릊다 [-른따] 타 **1** 파서 헤집어 놓다. **2** 벌여서 어수선하게 늘어놓다.

버릊-대다 [-른때-] 타 버릊거리다.

버리다 一타 **1** 쓰지 못할 것을 내던지거나 쏟아 놓다. ❑쓰레기를 ~. **2** 관계를 끊고 돌보지 않다. 모른 체하다. ❑가정을 ~. **3** 떠나다. 등지다. ❑속세를 ~. **4** 상해서 쓰지 못하게 만들다. ❑과음으로 몸을 ~. **5** 체념하다. 포기하다. ❑왕위를 ~ / 희망을 버리지 말고 살아가자. 二보동 동사의 어미 '-아·-어·-여' 뒤에 붙어, 동작을 완전히 끝냄을 나타내는 말. ❑먹어 ~ / 녹여 ~ / 돈을 다 써 ~.

버림 명 〖수〗 어림수를 만드는 방법의 한 가지. 구하고자 하는 자리까지의 숫자는 그대로 두고 그 아랫자리의 숫자를 모두 0으로 하는 일. ↔올림. *반올림.

버림-받다 [-따] 자 일방적으로 관계가 끊기고 배척을 당하다. ❑버림받은 사람 / 부모에게 버림받아 고아원으로 보내진 아이들도 있다.

버림-치 명 못 쓰게 되어서 버려둔 물건.

버:마재비 명 〖충〗 사마귀[2].

버무리 명 **1** 여러 가지를 한데 뒤섞어서 만든 음식. **2** 버무리떡.

버무리다 타 여러 가지를 골고루 한데 뒤섞다. ❑시금치에 양념을 해서 ~.

버무리-떡 명 쌀가루에 콩·팥·쑥·대추 등을 섞어서 찐 떡. 버무리.

버물다 [버물어, 버무니, 버무는] 자 못된 일이나 범죄에 관계하다. 연루(連累)하다.

버물리다 一자 《'버무리다'의 피동》 한데 뒤섞여 버무려지다. 二타 《'버무리다'의 사동》 버무리게 하다.

버블 현상 (bubble現象) 〖경〗 투자나 생산 따위의 실제의 조건이 따르지 않는데도 물가가 오르고 부동산 투기가 심해지고 증권 시장이 가열되면서 돈의 흐름이 활발해지는 현상. 거품 현상. 포말 현상. *거품 경제.

버:새 명 〖동〗 **1** 암탕나귀와 수말 사이에 난 잡종. **2** 수말과 암노새 사이에서 난 잡종.

버석 부하자타 가랑잎 따위를 밟을 때 나는 소리. 작바삭.

버석-거리다 [-꺼-] 자타 버석 소리가 자꾸 나다. 또는 그런 소리를 자꾸 내다. ❑낙엽을 버석거리며 밟다. 작바삭거리다. **버석-버석** [-뻐-] 부하자타

버석-대다 [-때-] 자타 버석거리다.

버선 명 광목·무명 따위의 천으로 발 모양과 비슷하게 만들어 발에 신는 물건《솜버선·겹버선·홑버선 따위가 있음》. ❑~ 한 켤레 / ~에 솜을 두다 / 한복을 입고 ~을 신다.

버선-등 [-뜽] 명 발등에 닿는 버선의 부분.

버선-목 명 발목에 닿는 버선의 부분. ❑~이 죄다.
[버선목이라 뒤집어 보이지도 못하고] 아무리 해명을 해도 상대편이 수긍을 하지 않는 경우를 비유적으로 이르는 말.

버선-발 명 버선만 신고 신발은 신지 않은 발. ❑~로 도망치다 / ~로 달려 나오다.

버선-본 (-本)[-뽄] 명 버선을 지을 때 감을 떠내기 위해 만들어 놓은 종이 본.

버선-볼 [-뽈] 명 **1** 버선 바닥의 너비. ❑~이 좁다. **2** 해진 버선을 기울 때 덧대는 헝겊 조각. ❑~을 대어 신다.

버선-코 명 버선의 앞쪽 끝에 뾰족하게 위로 치켜 올라간 부분《어린아이들의 것에는 술을 달기도 함》.

버섯 [-섣] 명 〖식〗 담자균류에 속하는 고등균류의 총칭. 주로 그늘지고 습한 땅이나 썩은 나무에서 자라며 포자로 번식함. 대부분이 우산 모양이며, 독이 없는 것은 식용함《송이·석이·밤버섯 따위》. 균심(菌蕈).

버섯-갓 [-섣깓] 명 〖식〗 균산(菌傘).

버섯-구름 [-섣꾸-] 명 원자구름. ❑~이 솟아오르다.

버섯-나물 [-선-] 명 마른 버섯을 물에 불려서 기름에 볶다가 쇠고기나 돼지고기를 섞어 양념을 쳐서 볶은 나물.

버섯-벌레 [-섣뻘-] 명 〖충〗 버섯벌렛과의 갑충. 몸길이는 7 mm 가량 되며, 몸빛은 광택이 나는 푸른빛이고, 딱지날개에는 한 쌍의 무늬가 있음. 버섯에 기생하며, 전 세계에 분포함.

버-성기다 형 **1** 벌어져서 틈이 있다. **2** 두 사람의 사이가 탐탁하지 않다. ❑사소한 일로 두 사람 사이가 버성기게 되었다. **3** 분위기 따위가 어색하거나 거북하다.

버스 (bus) 명 **1** 운임을 받고 정해진 길을 운행하는 대형의 합승 자동차《시내버스·시외버스·고속버스 따위》. ❑~ 정류장 / 통근 ~ / ~를 갈아타다 / ~를 놓치다 / ~ 전용 차로제를 실시하다. **2** 〖컴〗 컴퓨터의 하드웨어에서, 각 부분품들 사이에 데이터를 전송하는 통로.

버스러-지다 자 **1** 뭉그러져 잘게 조각이 나서 흩어지다. **2** 벗겨져서 해어지다. **3** 어떤 범위 안에 들지 못하고 벗나가다. ❑기대가 ~ / 값이 예상 밖으로 ~.

버스럭 부하자타 마른 검불이나 낙엽 따위를 밟거나 뒤적이는 소리. ❑담 밑에서 ~ 소리가 났다. 작바스락. *부스럭.

버스럭-거리다 [-꺼-] 자타 버스럭 소리가 자꾸 나다. 또는 그런 소리를 자꾸 내다. 작바스락거리다. *부스럭거리다. **버스럭-버스럭** [-뻐-] 부하자타

버스럭-대다 [-때-] 자타 버스럭거리다.

버스름-하다 형여 버스러져 사이가 버름하다. **버스름-히** 부

버스트 (bust) 명 양재에서, 여자의 가슴둘레를 일컫는 말.

버슬-버슬 부하형 덩이진 가루 따위가 물기가 말라서 쉽게 부스러지는 모양. ❑흙 반죽이 말라서 ~하다. 작바슬바슬. 거퍼슬퍼슬.

버슷 명 〈옛〉 버섯.

버슷버슷-하다 [-슫뻐스타-] 형여 여러 사람의 사이가 모두 버슷하다.

버슷-하다 [-스타-] 톙에 두 사람 사이가 서로 잘 어울리지 않다.
버썩 閔 1 물기가 아주 없거나 타 버리는 모양. ❑계속되는 가뭄으로 논이 ~ 말랐다. 2 아주 가까이 들러붙거나 죄거나 우겨 대는 모양. ❑~ 껴안다 / 허리띠를 ~ 죄다. 3 갑자기 뭐 나아가거나 늘거나 주는 모양. ❑속셔츠가 ~ 줄었다. 4 생각이나 기운이 갑자기 일어나는 모양. ❑호기심이 ~ 일다 / ~ 겁이 나다. 5 단단한 물건을 깨물거나 가랑잎·마른 검불 따위를 밟을 때에 나는 소리. 囹바싹. 버썩-버썩 [-뻐-] 閔
버워리 명〈옛〉벙어리.
버을다 째〈옛〉사이가 틀리어서 벌다.
버저 (buzzer) 명《물》전자석의 코일에 단속적(斷續的)으로 전류를 보내어 철판 조각을 진동시켜 내는 신호. 또는 그런 장치. ❑~가 울리다 / ~를 누르다.
버적-버적 [-쩌-] 閔톙재태 1 물기가 적은 물건을 잇따라 씹거나 빻는 소리. 또는 그 모양. ❑땅콩을 ~ 씹다. 2 물기가 거의 없는 물건이 타는 소리. 또는 그 모양. ❑난로에서 나무가 ~ 타다. 3 마음이 몹시 죄어드는 모양. ❑애가 ~ 타다. 4 진땀이 몹시 나는 모양. ❑긴장으로 ~ 땀이 흐르다. 5 열이 나거나 애가 타서 입술이 자꾸 마르는 모양. 囹바작바작. 쎈뻐적뻐적.
버전 (version) 명《컴》1 어떤 소프트웨어가 몇 번 개정되었는지를 나타내는 번호. 2 한 소프트웨어를 서로 다른 시스템 환경에서 사용할 수 있도록 각각 제작된 프로그램을 이르는 말《도스 버전·윈도 버전 따위》.
버젓-이 閔 버젓하게.
버젓-하다 [-저타-] 톙에 1 조심하거나 굽히는 데가 없다. ❑젊은이가 노약자 보호석에 버젓하게 앉아 있다. 2 번듯하고 떳떳하여 남에게 처지지 않다. ❑버젓한 회사 / 남편이 버젓하게 있는 여자. 쎈뻐젓하다.
버정이다 째 부질없이 짧은 거리를 오락가락하다. ❑골목에서 ~. 囹바장이다.
버즘 명〈옛〉버짐.
버즘-나무 명《식》버즘나뭇과의 낙엽 활엽 교목. 가로수나 관상용으로 흔히 심는데 높이는 30 m 정도임. 잎은 여러 갈래로 깊게 갈라져 있으며 암회색이나 회백색을 띤 나무껍질은 큰 조각으로 터서 떨어짐. 열매는 긴 꼭지 끝에 방울 모양으로 달림.
버:지다 째 1 칼이나 날카로운 물건에 베이거나 조금 긁히다. ❑종이에 ~. 2 가장자리가 닳아 보이게 되다.
버짐 명《한의》백선균에 의해 일어나는 피부병의 통칭《마른버짐·진버짐 따위가 있고, 흔히 얼굴에 생김》. 선창(蘚瘡) ❑얼굴에 ~을 먹다.
버쩍 閔 1 물기가 몹시 마르거나 졸아붙는 모양. ❑가뭄으로 저수지가 ~ 줄었다. 2 차지게 달라붙거나 세차게 우기거나 죄는 모양. ❑~ 다가앉다/~ 우기다. 3 사물이 급하게 나아가거나 갑자기 늘거나 주는 모양. ❑물이 ~ 늘다. 4 몸이 몹시 마른 모양. 5 몹시 긴장하거나 힘 주는 모양. ❑겁이 ~ 나다 / 정신이 ~ 들다. 囹바짝. 버쩍-버쩍 [-뻐-] 閔
버찌 명 벚나무의 열매. 흑앵(黑櫻). 쥰벚.
버치 명 자배기보다 좀 깊고 크게 만든 그릇.
버캐 명 액체 속의 소금기가 엉기어서 뭉쳐진 찌끼. ❑~가 끼다.
버커리 명《속》늙고 병들거나 고생살이로 살이 빠지고 쭈그러진 여자.

버크럼 (buckram) 명 풀이나 아교 따위를 발라서 빳빳하게 한 아마포《제본이나 양복의 심 등에 씀》.
버크셔-종 (Berkshire種) 명《동》돼지의 한 품종. 영국에서 개량한 것으로 추위에 강하고 번식력의 질도 좋음.
버클 (buckle) 명 허리띠 따위를 죄어 고정시키는 장치가 되어 있는 장식물.
버클륨 (berkelium) 명《화》초(超)우라늄 원소의 하나. 1950 년 미국에서 사이클로트론으로 가속한 헬륨을 아메리슘에 작용시켜 인공적으로 만들었음. [97 번 : Bk : 243~251]
버킷 (bucket) 명《건》기중기 끝에 붙여 흙·모래 따위를 퍼 올리는 통.
버터 (butter) 명 우유의 지방을 분리해 응고시킨 식품. 우락(牛酪). ❑~를 녹이다 / 빵에 ~를 바르다.
버터-밀크 (buttermilk) 명 크림에서 버터를 만들고 나서 남은 액체《음료나 가루 밀크·제과 재료로 씀》. 우락수(牛酪乳).
버터플라이 (butterfly) 명 접영(蝶泳). 버터플라이 수영법.
버팅 명〈옛〉뜰충계.
버튼 (button) 명 1 단추. ❑~을 채우다. 2 누르면 전류가 통하거나 기계가 작동하는 단추. ❑~을 눌러 스탠드의 불을 켜다.
버티다 째태 1 어려운 일 따위를 참고 견디다. ❑끝질기게 ~ / 끝까지 버티어 가다. 2 굽히지 않고 맞서거나 겨루다. ❑떡 버티고 서다. 3 쓰러지지 않게 가누다. ❑지팡이로 버티고 겨우 섰다. 4 쓰러지지 않게 괴거나 받치다. ❑버팀목으로 ~.
버팀-대 [-때] 명 쓰러지지 않게 받치어 대는 물건. 지주(支柱). ❑~를 세우다.
버팀-돌 [-똘] 명 1 물건을 괴거나 미끄러지지 않도록 괴는 돌. 2 외부의 힘이나 압력에 맞서 견딜 수 있게 힘이 되어 주는 사람이나 사물의 비유.
버팀-목 (-木) 명 물건이 쓰러지지 않게 버티어 세우는 나무.
버팅 (butting) 명 권투에서, 머리로 상대 선수를 받는 반칙 행위.
버퍼 (buffer) 명《컴》데이터의 처리 속도나 단위, 데이터 사용 시간이 서로 다른 두 장치나 프로그램 사이에서 데이터를 주고받기 위한 목적으로 사용되는 임시 기억 장소.
버히다째〈옛〉베다.
벅 명 1 질긴 종이나 헝겊 따위를 찢는 소리나 모양. ❑담벼락에 붙은 포스터를 ~ 찢다. 2 세게 긁거나 문지르는 소리나 모양. ❑등이 가려워 한 번 ~ 긁다. 囹박.
벅-벅 [-뻑] 閔 1 단단한 물건의 두드러진 바닥을 계속 긁거나 문지르는 소리나 모양. ❑누룽지를 ~ 긁다 / 수건으로 때를 ~ 밀다. 2 질긴 종이나 천 따위를 계속 찢는 소리나 모양. ❑사진을 ~ 찢다. 3 억지를 부리면서 우기는 모양. ❑끝까지 ~ 우기다. 囹박박. ※북북.
벅벅-이 [-뻐기] 閔 틀림없이. 囹박박이. 쎈뻑뻑이.
벅수 [-쑤] 명《민》'장승'을 달리 이르는 말.
벅스킨 (buckskin) 명 1 사슴이나 양의 가죽. ❑~ 장갑. 2 사슴 가죽처럼 짠 모직물.
벅신-거리다 [-씬-] 째 사람이나 짐승 등이 한곳에 많이 모여 활발하게 움직이다. ❑매표소 앞에 사람들이 ~. 囹박신거리다. 벅신-벅

신 [-찐-씬] **뛰하자**

벅신-대다 [-씬-] **자** 벅신거리다.

벅적-거리다 [-쩍꺼-] **자** 넓은 곳에 많은 사람이 모여 어수선하게 움직이다. ⬦식당에 사람들이 ~. **좌**박작거리다. **벅적-벅적** [-쩍뻑쩍] **뛰하자**

벅적-대다 [-쩍때-] **자** 벅적거리다.

벅차다 **휑** 1 감당하기가 힘에 겹다. ⬦그 일이 내게는 ~. 2 생각이나 느낌 따위가 넘칠 듯이 가득하다. ⬦벅찬 감격. 3 견디기 힘들 정도로 숨이 가쁘다. ⬦숨이 벅차 더 이상 오르지 못하겠다.

벅차-오르다 [-올라, -오르니] **자** 큰 감격이나 기쁨으로 가슴이 몹시 뿌듯하여 오다. ⬦합격 소식에 가슴이 ~.

번 **뎽** '시룻번'의 준말.

번 (番) □**뎽** 1 차례로 갈마드는 일. 2 차례대로 숙직이나 당직을 하는 일. ⬦~을 서다. □**의** 차례나 횟수를 나타내는 말. ⬦1~ 타자 / 병원에 여러 ~ 다녀오다.
번을 나다 **군** 번을 치르고 나오다.
번을 들다 **군** 번의 차례가 되어 번을 서는 곳으로 들어가다.

번 (煩) **뎽** '번조(煩燥)'의 준말.

번-가루 [-까-] **뎽** 곡식 가루를 반죽할 때 물손을 맞춰 가면서 덧치는 가루.

번가-하다 (煩苛-·繁苛-) **휑** 1 번거롭고 까다롭다. ⬦번가한 일. 2 법령 등이 번거롭고 가혹하다.

번각 (飜刻) **뎽하타** 〔인〕 한 번 새긴 책판(冊板) 등을 본보기로 삼아 다시 새김.

번각-물 (飜刻物) [-강-] 〔인〕 번각한 책. 번각본(本). 번각서(書).

번각-본 (飜刻本) 〔인〕 번각물.

번간 (煩簡) **뎽** 번거로움과 간략함.

번갈 (煩渴) 〔한의〕 가슴이 답답하고 목이 마른 증세.

번-갈다 (番-) **자** (주로 '번갈아'의 꼴로 쓰여) 차례로 갈마들거나 돌려가다. ⬦번갈아 가며 차를 운전하다 / 두 사람을 번갈아 쳐다보다.

번갈아-듣다 (番-) [-가라-따] [-들어, -들으니, -듣는] **타** 한 번씩 차례에 따라 듣다. ⬦하나의 테이프를 둘이 ~.

번갈아-들다 (番-) [-가라-] [-드니, -드는] **자** 1 차례로 돌려가며 일을 맡다. 2 숙직 따위가 차례로 바뀌다.

번갈아들이다 (番-) **타** ('번갈아들다'의 사동) 차례로 번갈아들게 하다.

번갈-증 (煩渴症) [-쯩] **뎽** 〔의〕 병적으로 가슴이 답답하고 목이 몹시 마른 증상.

번개 **뎽** 1 구름과 구름, 구름과 대지 사이에서 공중 전기의 방전이 일어나 번쩍이는 불꽃. ⬦~가 치다. 2 동작이 아주 빠르고 날랜 사람이나 사물의 비유.
[번개가 잦으면 천둥을 한다] ㉠어떤 일의 징조가 잦으면 결국 그 일이 생기게 됨. ㉡나쁜 일이 잦으면 결국 큰 봉변을 당함.
번개(와) 같다 **군** 매우 빠르다. ⬦번개 같은 솜씨.
번개와 같이 **군** 아주 빨리. 순간적으로. ⬦~ 날아가는 비행기.
번개처럼 **군** 순간적으로. 매우 빨리. ⬦무언가 ~ 머리를 스쳤다.

번개-매미충 (-蟲) **뎽** 〔충〕 매미충과의 곤충. 몸길이는 4 mm 가량이고, 몸빛은 담황색인데, 등에 뚜렷한 번갯불 모양의 무늬가 있음

《벼·소나무 따위의 해충임》.

번개-무늬 [-니] **뎽** 1 주로 청동기 시대의 거울에서 볼 수 있는 번개 모양의 무늬. 뇌문(雷文). 2 '돌림무늬'의 구용어.

번갯-불 [-개뿔·-갠뿔] **뎽** 번개가 칠 때 번쩍이는 빛. 전광(電光). 전화(電火).
[번갯불에 담배 붙인다] : 번갯불에 콩 볶아 먹겠다] 행동이 매우 빠르다. [번갯불에 솜 구워 먹겠다] 거짓말을 쉽게 잘한다.

번거-롭다 [-로워, -로우니] **휑타** 1 일의 갈피가 어수선하고 복잡하다. ⬦번거로운 제례(祭禮) 의식. 2 조용하지 못하고 수선하다. ⬦번거롭게 구는 아이들 때문에 잠을 잘 수가 없다. 3 귀찮고 짜증스럽다. ⬦번거롭게 올 것 없다. **번거-로이** **뛰**

번거-하다 **휑** 조용하지 않고 자리가 어수선하다. **번거-히** **뛰**

번게 **뎽** 〈옛〉 번개.

번견 (番犬) **뎽** 도둑을 지키거나 망을 보는 개.

번경 (反耕) **뎽하타** 논을 여러 번 갈아 뒤집음.

번고 (反庫) **뎽하타** 1 창고에 있는 물건을 뒤적거려 조사함. 2 구역질하여 토함.

번고 (煩告) **뎽하타** 번거롭게 알려 바침.

번고 (煩苦) **뎽하자** 번민하여 괴로워함. 또는 그런 괴로움.

번국 (蕃國) **뎽** 오랑캐 나라.

번국 (藩國) **뎽** 제후의 나라. 번방(藩邦).

번극-하다 (煩劇-·繁劇-) [-그카-] **휑** 몹시 번거롭고 바쁘다.

번급-하다 (煩急-) [-그파-] **휑** 몹시 번거롭고 급하다.

번-기수 (番旗手) **뎽** 〔역〕 대궐에 번을 들어 호위하던 기수. 번수.

번뇌 (煩惱) **뎽하자** 1 마음이 시달려서 괴로움. ⬦~의 포로가 되다 / 젊은 날의 ~는 꿈처럼 사라졌다. 2 〔불〕 마음이나 몸을 괴롭히는 모든 망념(妄念)《욕망·노여움·어리석음 따위》. ⬦~를 끊고 깨달음에 이르다.

번뇌-마 (煩惱魔) **뎽** 〔불〕 사마(四魔)의 하나. 탐욕·진에(瞋恚)·우치(愚痴) 등이 사람을 괴롭히고 어지럽게 하여 깨달음을 얻는 데 방해가 되는 일.

번뇌-장 (煩惱障) **뎽** 〔불〕 번뇌가 마음을 몹시 어지럽게 하는 일.

번뇌-탁 (煩惱濁) **뎽** 〔불〕 오탁(五濁)의 하나. 애욕을 탐하여 마음을 괴롭히고 죄를 지음.

번다-스럽다 (煩多-) [-따] [-스러워, -스러우니] **휑타** 번거롭게 다양한 데가 있다. ⬦번다스럽게 차린 음식. **번다-스레** **뛰**

번다-하다 (煩多-) **휑** 귀찮고 번거롭게 많다. ⬦이목이 ~ / 행인이 ~. **번다-히** **뛰**

번답 (反畓) **뎽하타** 〔농〕 밭을 논으로 만듦. ↔번전(反田).

번데기 **뎽** 〔충〕 1 완전 변태를 하는 곤충류의 애벌레가 엄지벌레로 되기 전에 한동안 아무 것도 먹지 않고 고치 같은 것의 속에 들어 있는 몸. 2 특히, 누에의 번데기.

번둥-거리다 **자** 아무 일도 하지 않고 뻔뻔스럽게 놀기만 하다. ⬦번둥거리며 놀기만 한다. **좌**반둥거리다. **셴**뺀둥거리다. **줜**펀둥거리다. **번둥-번둥** **뛰하자**

번둥-대다 **자** 번둥거리다.

번드기 **뛰** 〈옛〉 환하게. 뚜렷이.

번드럽다 [-따] [-드러워, 번드러우니] **휑타** 1 윤기가 나도록 미끄럽다. ⬦번드러운 교실 바닥. 2 사람됨이 어수룩한 맛이 없고 약삭빠르다. **좌**반드럽다. **셴**뺀드럽다.

번드레-하다 **휑타** 실속 없이 겉모양만 번드르

르하다. ❑말은 번드레하게 잘한다. [작]반드레하다. [센]뻔드레하다.
번드르르 [부][하형] 윤기가 있고 미끄러운 모양. ❑얼굴이 ~하다 / 머리에 기름을 ~ 바르다. [작]반드르르. [센]뻔드르르.
번드시 [부] 〈옛〉 드러나게. 뚜렷이.
번드치다 [타] **1** 물건을 한 번에 뒤집다. **2** 마음을 바꾸다.
번득 [부][하자타] 한 번 번득이는 모양. [작]반득. [센]번뜩·뻔득.
번득-거리다 [-꺼-] [자타] 자꾸 번득이다. 또는 자꾸 번득이게 하다. ❑어둠 속에서 짐승의 두 눈이 번득거렸다. [작]반득거리다. [센]번뜩거리다. **번득-번득** [-뻔-] [부][하자타]
번득-대다 [-때-] [자타] 번득거리다.
번득-이다 [자타] 물체 따위에 반사된 큰 빛이 잠깐씩 나타나다. 또는 그리 되게 하다. ❑적의가 ~ / 햇빛에 비행기의 은빛 날개가 번득인다. [작]반득이다. [센]번뜩이다·뻔득이다.
번득-ᄒᆞ다 [형] 〈옛〉 뚜렷하다. 번듯하다.
번들 (bundle) [명] 〔컴〕 컴퓨터를 구입할 때, 하드웨어와 주변 장비뿐만 아니라 소프트웨어도 포함된 가격으로 사는 일.
번들-거리다¹ [자] **1** 거죽이 미끄럽고 윤이 나다. ❑얼굴이 땀으로 ~. **2** 어수룩한 맛이 전혀 없이 약게 굴다. [작]반들거리다. [센]뻔들거리다¹. **번들-번들¹** [부][하형]. ❑~한 대머리.
번들-거리다² [자] 밉살스럽게 게으름을 피우며 놀기만 하다. [작]반들거리다. [센]뻔들거리다². [거]펀들거리다. **번들-번들²** [부][하자]
번들-대다¹ [자] 번들거리다¹.
번들-대다² [자] 번들거리다².
번듯-번듯 [-듣뻔듣] [부][하형] **1** 큰 물체가 여럿이 다 비뚤어지거나 기울거나 굽지 않고 바른 모양. ❑대로변에 ~한 건물들이 즐비하다. **2** 생김새가 매우 훤하고 멀끔한 모양. [작]반듯반듯. [센]번뜻번뜻.
번듯-이 [부] 번듯하게. [작]반듯이. [센]번뜻이.
번듯-하다 [-드타-] [형여] **1** 큰 물체가 비뚤어지거나 기울거나 굽지 않고 바르다. ❑집채가 ~. **2** 생김새가 훤하고 멀끔하다. ❑이목구비가 ~. **3** 형편이나 위세가 버젓하고 당당하다. ❑부모님께 번듯한 집을 사 드리다. [작]반듯하다. [센]번뜻하다.
번디 [명] 〈옛〉 번지.
번ᄃᆞ시 [부] 〈옛〉 환하게. 뚜렷이.
번뜩 [부][하자타] 한 번 번뜩이는 모양. ❑불빛이 ~ 비치다 / 옛 기억이 ~ 떠오르다. [작]반뜩. [여]번득.
번뜩-거리다 [-꺼-] [자타] 잇따라 번뜩이다. 또는 잇따라 번뜩이게 하다. [작]반뜩거리다. [여]번득거리다. **번뜩-번뜩** [-뻔-] [부][하자타]
번뜩-대다 [-때-] [자타] 번뜩거리다.
번뜩-이다 [자타] 매우 번득이다. ❑감시의 눈을 ~ / 재치가 ~. [작]반뜩이다. [여]번득이다.
번뜻 [-뜯] [부] 빛이 갑자기 나타났다가 없어지는 모양. [작]반뜻.
번뜻-번뜻¹ [-뜯뻔뜯] [부][하자] 빛이 잇따라 갑자기 나타났다 없어졌다 하는 모양. [작]반뜻반뜻.
번뜻-번뜻² [-뜯뻔뜯] [부][하형] **1** 큰 물체가 여럿이 다 비뚤어지거나 기울거나 굽지 않고 바른 모양. ❑논배미의 네 귀가 ~하다. **2** 생김새가 매우 훤하고 멀끔한 모양. [작]반뜻반뜻².
번뜻-이 [부] 번뜻하게. [작]반뜻이. [여]번듯이.
번뜻-하다 [-뜨타-] [형여] 매우 번듯하다. [작]반뜻하다.
번란-하다 (煩亂-) [벌-] [형여] 마음이 괴롭고 어지럽다.
번례 (煩禮) [벌-] [명] 번거로운 예법. 욕례(縟禮).
번로 (煩勞) [벌-] [명][하형][히부] 일이 번거로워 괴롭고 고됨.
번론 (煩論) [벌-] [명][하타] 번거롭게 논의함. 또는 그러한 언론.
번롱 (飜弄) [벌-] [명][하타] 이리저리 마음대로 놀림. ❑운명에 ~되다.
번루 (煩累) [벌-] [명] 번거로운 근심과 걱정.
번만 (煩懣) [명][하자형] **1** 가슴속이 답답함. **2** 번민(煩悶).
번망-하다 (煩忙-·繁忙-) [형여] 번거롭고 매우 바쁘다.
번무 (煩務) [명] 번거롭고 어수선한 일. 번용(煩冗).
번무 (繁茂) [명][하형] 번성(蕃盛)2.
번무 (繁務) [명] 매우 바쁜 일. ❑~에 시달리다.
번문-욕례 (繁文縟禮) [-농녜] [명] 번거롭고 까다로운 규칙과 예절. [준]번욕(繁縟).
번민 (煩悶) [명][하자] 속을 태우고 괴로워함. 번만(煩懣). ❑~에 시달리다 / 사랑에 ~하다 / 진로 문제로 ~을 거듭하다 / 침식을 잃고 ~에 싸이다.
번-바라지 (番-) [-빠-] [명][하자] 번을 든 사람에게 먹을 것이나 그 밖의 치다꺼리를 하는 일.
번-방 (番房) [-빵] [명] 번을 들 때 묵는 방.
번방 (藩邦) [명] 번국(藩國).
번번-이 (番番-) [부] 여러 번 다. 매번 다. 매양. ❑~ 실패하다 / 기회를 ~ 놓치다.
번번-하다 [형여] **1** 구김살이나 울퉁불퉁한 데가 없이 펀펀하고 번듯하다. ❑얼음판이 ~. **2** 생김새가 얌전하고 미끈하다. ❑외모가 ~. **3** 지체가 제법 높다. ❑그는 번번한 집 자손일세. **4** 물건이 제법 쓸 만하고 보기에 괜찮다. ❑번번한 세간 하나 없다. [작]반반하다. **번번-히** [부]
번복 (飜覆·翻覆) [명][하자타] **1** 이리저리 뒤집힘. **2** 이리저리 뒤쳐서 고침. ❑증언을 ~하다 / 심판이 판정을 ~하다.
번본 (飜本·翻本) [명] 〔인〕 번각(飜刻)한 판에 박아 낸 책. 번각본.
번-분수 (繁分數) [-쑤] [명] 〔수〕 분수의 분자나 분모가 분수로 된 분수. 복분수(複分數). 겹분수. ↔단분수(單分數).
번사 (燔師) [명] 사기 굽는 가마에 불을 때는 일을 맡아 하는 사람.
번삭-하다 (煩數-) [-사카-] [형여] 번거롭게 잦다.
번-살이 (番-) [명][하자] 하루를 몇으로 나누어 번을 번갈아드는 생활.
번상 (番上) [명][하자] 〔역〕 지방의 군사를 골라 뽑아서 차례로 서울의 군영으로 보내던 일.
번상 (番床) [-쌍] [명] 예전에, 번을 들 때 자기 집에서 차려 내오던 밥상.
번-서다 (番-) [자] 번을 들어 지키다.
번설 (煩說) [명][하타] **1** 너저분한 잔말. ❑~을 늘어놓다. **2** 떠들어 소문을 냄.
번설-하다 (煩屑-) [형여] 번잡스럽고 자질구레하여 귀찮다.
번설-하다 (煩褻-) [형여] 번잡하고 더럽다.
번성 (蕃盛·繁盛) [명][하자형] **1** 한창 잘되어 성함. 번연(蕃衍). ❑자손이 ~한 집안 / 사업이 ~하다. **2** 초목들이 무성함. 번무(繁茂). ❑초목이 ~하다.
번소 (番所) [명] 번을 드는 곳.

번속 (蕃俗)[명] 오랑캐의 풍속. 야만의 풍속.

번쇄-철학 (煩瑣哲學)[명]『철』스콜라 철학.

번쇄-하다 (煩瑣-·煩碎-)[형여] **1** 너저분하고 자질구레하다. ▣잡다한 물건이 번쇄하게 널려 있다. **2** 번거롭다.

번-수 (番數)[-쑤][명] 차례의 수효.

번순 (反脣)[명하타] 입술을 비죽거리며 비웃음.

번식 (繁殖·蕃殖·蕃息)[명하자] 붇고 늘어서 많이 퍼짐. 산식(産殖). ▣~ 시기 / 세균의 ~을 억제하다.

번식-기 (繁殖期)[-끼][명]『생』동물이 새끼를 치는 시기. ▣물개의 ~.

번식 기관 (繁殖器官)[-끼-][식] 식물의 번식을 맡은 기관(꽃·포자·자낭·씨·열매 따위).

번식 능력 (繁殖能力)[-싱-녁][생] 개체군이 정해진 환경에서, 일정한 번식 기간 중 증식할 수 있는 최대 능력.

번식-력 (繁殖力)[-싱녁][명] 번식하는 힘. ▣~이 강하다 / ~이 왕성하다 / ~을 잃다.

번식-률 (繁殖率)[-싱뉼][명]『생』암수 한 쌍이 일정한 기간 중 낳은 새끼 가운데 성장하여 성숙기에 이르는 비율.

번식성 염 (繁殖性炎)[-썽념]『의』새로운 세포를 증식하는 성질을 가진 염증의 총칭《결핵·신장염·나병 따위》.

번안 (翻案)[명하타] **1** 원작의 내용이나 줄거리는 그대로 두고 풍속·지명·인명 등을 자기 나라의 것으로 바꾸어 고침. ▣~ 소설 / ~ 가요. **2** 번역을 뒤집음.

번역 (飜譯·翻譯)[명하타] 한 나라의 말로 표현된 문장의 내용을 다른 나라 말로 옮김. ▣~이 매끄럽지 못하다 / 이 소설은 우리말로 ~되었다. *의역·직역.

번역-가 (飜譯家)[벼녁까][명] 번역을 업으로 하는 사람.

번역-관 (飜譯官)[벼녁관][명]『역』조선 말기에 번역이나 통역을 맡아보던 벼슬아치.

번역-권 (飜譯權)[벼녁꿘][명]『법』저작권의 일종. 어떤 저작물을 외국어로 번역·출판할 수 있는 권리.

번역-극 (飜譯劇)[벼녁끅][명]『연』외국의 희곡을 번역하여 공연하는 연극.

번역-기 (飜譯機)[벼녁끼][명]『컴』컴파일러.

번역-문 (飜譯文)[벼녁문][명] 번역한 문장.

번역 문학 (飜譯文學)[벼녁-]『문』외국의 문학 작품을 자기 나라의 말로 옮겨 독특한 예술미가 있도록 한 문학.

번역-물 (飜譯物)[벼녕-][명] 번역한 작품이나 출판물 따위.

번역-자 (飜譯者)[벼녁짜][명] 번역한 사람.

번역-판 (飜譯版)[명] 번역되어 나온 책이나 인쇄물. ▣~으로 읽다.

번연 (番衍)[명하자] 번성(蕃盛)1.

번연-개오 (幡然開悟)[명하자] 모르던 일을 갑자기 깨달음.

번연-하다 [형여] 어떤 일의 결과나 상태 따위가 환하게 들여다보이듯이 분명하다. ▣번연한 것을 캐묻다. **번연-히**[부]. ▣소용없다는 걸 ~ 알면서 억지를 부린다.

번연-하다 (幡然-·翻然-)[형여] 깨달음이 갑작스럽다. **번연-히**[부]

번열 (煩熱)[명]『한의』몸에 열이 몹시 나고 가슴이 답답하여 괴로운 증세. 번열증.

번열-증 (煩熱症)[버녈쯩][명]『한의』번열.

번영 (繁榮)[명하자형] 일이 성하게 잘되어 영화로움. ▣물질적 ~ / 날로 ~하는 국가.

번옥 (燔玉)[명] 돌가루를 구워 만든 옥.

번외 (番外)[명] 계획에 들어 있지 않음. ▣~ 경기 / ~로 치다.

번요-하다 (煩擾-)[형여] 번거롭고 요란스럽다.

번용 (繁縟)[명]'번문욕례'의 준말.

번우-하다 (煩憂-)[형여] 괴로워 근심스럽다.

번울-하다 (煩鬱-)[형여] 가슴 속이 답답하고 갑갑하다.

번위 (反胃)[명]『한의』위경(胃經)의 탈의 하나. 구역질이 나고 먹은 것을 마구 토함.

번육 (燔肉)[명] 구운 고기.

번육 (膰肉)[명] 제사에 쓰고 난 고기.

번육 (蕃育)[명하타] 길러서 키움.

번은 (燔銀)[명] 품질이 아주 낮은 은.

번의 (飜意)[명하자][버늬 / 버니][명하타] 본디의 생각을 뒤바꿈. ▣~를 종용하다 / 계획을 ~할 생각이 없다.

번인 (番人)[명] **1** 오랑캐. 야만인. **2** 번족.

번작 (反作)[명하타] **1**『역』조선 후기에, 이속(吏屬)들이 환곡을 사사로이 축내고 그것을 메우려고 온갖 못된 꾀를 부리던 일. **2** 부정행위를 함.

번작 (燔灼)[명하타] 불에 구움.

번잡 (煩雜)[명하자형] 번거롭고 혼잡함. ▣~을 떨다 / 도시의 ~을 피하여 교외로 나가다.

번잡-스럽다 (煩雜-)[-쓰-따][-스러워][-스러우니] 번잡한 데가 있다. ▣번잡스러운 일. **번잡-스레**[-쓰-][부]

번적[부하자타] 번적이는 모양. ◁반작. ◁◁번쩍·뻔적·뻔쩍.

번적-거리다[-꺼-][자타] 자꾸 번적이게 하다. ▣새 구두가 ~. ◁반작거리다. **번적-번적**[-뻔-][부하자타]

번적-대다[-때-][자타] 번적거리다.

번적-이다[자타] 빛이 잠깐 나타났다 없어지다. 또는 그렇게 되게 하다. ◁반작이다.

번전 (反田)[명하타] 논을 밭으로 만듦. ▣~이 활발하게 진행되다. *번답.

번제 (煩提)[명하자] 번거롭게 말을 꺼냄.

번제 (燔祭)[명]『성』구약(舊約) 시대에 하나님께 올리던 제사의 한 가지. 짐승을 통째로 구워 제물로 바침.

번조 (煩燥)[명하자]『한의』몸과 마음이 답답하고 열이 나서 손과 발을 가만히 두지 못하는 짓. ◁번.

번조 (燔造)[명하타] 질그릇이나 사기그릇 등을 구워 만들어 냄.

번조-관 (燔造官)[명]『역』조선 때, 사옹원(司饔院)에 속하여 번조하는 일을 감독하던 벼슬아치. 특히 땔감인 장작을 책임지고 관리함.

번조-증 (煩燥症)[-쯩][명]『한의』번조가 일어나는 증세.

번족 (蕃族·繁族)[명] 자손이 많아 번성한 집안. →고족(孤族). --하다[형여] 자손이 많아 집안이 번성하다.

번주그레-하다[형여] 생김새가 걸보기에 번번하다. ◁반주그레하다.

번죽-거리다[-꺼-][자] 번번하게 생긴 사람이 얄밉게 이죽이죽하면서 느물거리다. ◁◁뻔죽~.

번죽-대다[-때-][자] 번죽거리다.

번지 (番地)[명]『농』 **1** 논밭의 흙을 고르는 농기구《흔히 씨를 뿌리기 전에 모판을 판판하게 고르는 데 씀》. **2** 탈곡한 곡식을 긁어모으는 데 쓰는 농기구.

번지 (番地)[명] **1** 땅을 일정한 기준에 따라 나누어서 매겨 놓은 번호. 또는 그 토지. ▣~ 없

는 주막/약도와 함께 집 ~를 적어 주다. **2**
【컴】주소.

번지기 圏 씨름에서, 몸을 바로잡고 힘을 써서
상대편의 공격을 막는 자세.

번:지다 困 **1** 액체가 묻어서 차차 넓게 젖어
퍼지다. ❏잉크가 ~. **2** 다른 곳으로 넓게 옮
아가다. ❏전염병이 ~ / 불길이 ~. **3** 작은
일이 크게 벌어져 나가다. ❏일이 크게 번지
기 전에 빨리 수습해라.

번지럽다 [-따] [번지러워, 번지러우니] 圏ㅂ 기
름기나 물기가 묻어서 미끄럽고 윤이 나다.
참반지랍다.

번지레 튀형 미끄럽고 윤이 나서 번지르르한
모양. ❏기름기로 ~한 얼굴. 참반지레. 쎈뻔
지레.

번지르르 튀형 **1** 기름기나 물기가 묻어서 미
끄럽고 윤이 나는 모양. ❏얼굴에 기름기가
~ 흐른다. **2** 실속은 없이 겉으로만 그럴듯한
모양. ❏~하게 거짓말을 늘어놓다. 참반지르
르. 쎈뻔지르르.

번지-수 (番地數) [-쑤] 圏 번지의 수.

번지수가 틀리다 团 어떤 일에 들어맞지 않
거나 엉뚱한 데를 잘못 짚다.

번지수를 잘못 찾다[짚다] 团 생각을 잘못
하여 엉뚱한 방향으로 나가다.

번지 점프 (bungee jump) 수십 또는 수백 미
터 높이에서 뛰어내려 추락의 아찔한 긴박감
을 즐기는 스포츠((고무로 만든 긴 줄의 한쪽
끝을 발목과 몸통에 묶고 한끝을 물체에 고
정한 뒤 뛰어내림)).

번지-질 圏하 【농】 번지로 논밭의 흙을 고르
는 일. ❏모판에 ~하여 판판하게 하다.

번질-거리다 困 **1** 몹시 윤이 나고 미끈거리다.
2 몹시 게으름을 피우며 일을 제대로 하지 않
다. 참반질거리다. 쎈뻔질거리다. **번질-번질**

번질-대다 困 번질거리다. 튀하자형

번-째 (番-) 의 차례나 횟수를 나타내는 말.
❏첫 ~ / 몇 ~.

번쩍¹ 튀 **1** 물건을 아주 가볍게 들어 올리는 모
양. ❏한 말들이 물통을 ~ 들다. **2** 물건의
끝이 갑자기 아주 높이 들리는 모양. **3** 몸의
한 부분을 갑자기 위로 높이 들어 올리는 모
양. ❏손을 ~ 들다 / 고개를 ~ 쳐들다. **4** 감
았던 눈을 갑자기 크게 뜨는 모양. ❏감았던
눈을 ~ 뜨다. 참반짝¹.

번쩍² 튀자 번적이는 모양. ❏밤하늘에 섬
광이 ~ 빛나다. 참반짝². 여번적. 쎈뻔쩍.

번쩍³ 튀 갑자기 정신이 들거나 생각나거나 마
음이 끌리는 모양. ❏호통 치는 소리에 정신
을 ~ 차리다. 참반짝³.

번쩍-거리다 [-꺼-] 困타 자꾸 번쩍이다. ❏네
온사인이 ~. 참반짝거리다. **번쩍-번쩍**¹ [-
뻔-] 튀하자타

번쩍-대다 [-때-] 困타 번쩍거리다.

번쩍-번쩍² [-뻔-] 튀 여러 번 번쩍 들거나 들
리는 모양. ❏의자를 ~ 들어 옮기다. 참반짝
반짝².

번쩍-이다 困타 빛이 잠깐 나타났다 없어지다.
또는 그렇게 되게 하다. ❏번갯불이 ~. 참반
짝이다.

번차 (番次) 圏 번을 드는 차례. ❏~를 정하다.

번-차례 (番次例) 圏 돌려 가며 갈마드는 차례.
❏~로 청소를 하다.

번창 (繁昌) 圏하 일이 잘되어 발전함. 번성
(繁盛). ❏사업이 ~하다.

번철 (燔鐵) 圏 지짐질에 쓰는, 솥뚜껑을 젖힌
모양의 무쇠 그릇. 전철(煎鐵). ❏~에 저냐
를 부치다 / ~에 기름을 두르다. 준철(鐵).

번초 (蕃椒) 圏 【식】 고추.

번토 (燔土) 圏 질그릇이나 사기그릇을 만드는
데 쓰는 흙.

번트 (bunt) 圏하타 야구에서, 타자가 투수가
던진 공에 배트를 가볍게 대어 가까운 거리
에 떨어지도록 하는 타법(打法). 연타(軟打).
❏~를 대다 / 초구를 ~하다.

번폐 (煩弊) 圏 번거로운 폐단(弊端).
––하다 형 번거로운 폐단이 있다.

번폐-스럽다 (煩弊-) [-따 / -페-따] [-스러워,
-스러우니] 圏ㅂ 번거롭고 폐가 되는 데가
있다. **번폐-스레** [- / -페-] 튀

번포 (番布) 圏 【역】 오위(五衛)의 군졸이 궁중
에 번(番)을 드는 대신 바치던 무명.

번품 (煩稟) 圏하타 윗사람에게 번거롭게 여쭘.

번:-하다 圏여 **1** 어두운 가운데 조금 훤하다.
❏외딴집에 등잔불이 ~. **2** 무슨 일이 그렇게
될 것이 분명하다. ❏결과는 불을 보듯 ~. **3**
바쁜 가운데 잠깐 짬이 나다. ❏오후는 오전
과 달리 좀 ~. **4** 병세가 좀 가라앉다. 참반
하다². 쎈뻔하다. **번:-히** 튀

번행-초 (蕃杏草) 圏 【식】 석류풀과의 여러해
살이풀. 해변의 모래땅에 나는데, 잎은 달걀
모양의 마름모꼴로 어긋나며, 늦봄에 노란
꽃이 한두 개씩 핌. 어린잎은 식용하고 잎·줄
기·뿌리는 약용함.

번호 (番號) 圏 차례를 나타내거나 식별하기 위
해 붙이는 숫자. ❏수험 ~ / 비밀 ~ / 참가
~ / ~가 틀리다 / ~를 매기다.

번호-기 (番號器) 圏 넘버링머신.

번호-부 (番號簿) 圏 번호를 기록해 놓은 책.
❏~를 펴보다.

번호-순 (番號順) 圏 번호의 차례. ❏출석부
~으로 서다.

번호-판 (番號版) 圏 **1** 번호가 적혀 있는 판.
❏자동차 ~. **2** 【연】 영화 촬영에서, 화면 번
호와 촬영 장소, 촬영 시간 따위를 적어 놓은
나무 판. **3** 다이얼식 전화기에서, 전화번호를
돌리기 위하여 숫자를 적어 넣은 판. ❏~을
돌리다.

번호-패 (番號牌) 圏 번호를 적은 패.

번호-표 (番號票) 圏 번호를 적은 표. ❏창구
에서 ~를 받아 차례를 기다린다.

번화-가 (繁華街) 圏 번화한 거리. ❏~를 거
닐다 / 도심 ~의 네온사인 불빛이 휘황찬란
하다.

번화-하다 (繁華-) 圏여 번성하고 화려하다. ❏
번화한 밤거리.

번휴 (番休) 圏하자 【역】 태평할 때 나라에서 번
(番)을 쉬게 하던 일.

벋 〈옛〉 벗¹.

벋-가다 [-까-] 困 올바른 길에서 벗어나게 행
동하다. ❏저만한 나이에는 벋가기 쉽다. 쎈
뻗가다.

벋-나가다 [-나-] 困 **1** 끝이 밖으로 벌어져 나
가다. **2** 옳은 길에서 벗어나 잘못된 행동을
하다.

벋-나다 困 **1** 끝이 바깥쪽으로 향하여 나
다. ❏가지가 ~ / 이가 ~. **2** 못된 길로 나가
다. ❏원생들이 벋나지 않도록 선도하다.

벋-놓다 [번노타] 타 제멋대로 바른길에서 벗
어나게 내버려 두다.

벋-니 [번-] 圏 '버드렁니'의 준말.

벋다¹ [-따] 困 **1** 가지나 덩굴 따위가 길게 자
라다. ❏칡덩굴이 ~. **2** 힘이 어디까지 미치
다. ❏사람의 힘이 우주에까지 벋고 있다. 쎈

뻗다. **3** 길 따위가 어떤 방향으로 길게 이어지다. ❑들판 가운데 벋어 있는 신작로. **4** 팔이나 다리를 펴거나 길게 내밀다. ❑두 다리를 죽 ~.

[벋어 가는 칡도 한(限)이 있다] 사물은 무엇이든지 한정이 있다.

벋다² [一따] 〖형〗 끝 부분이 바깥쪽으로 향해 있다. ❑이가 ~. ↔옥다❏.

벋-대다 [一때] 〖자〗 고분고분 따르지 않고 힘껏 버티다. ❑모진 고문에도 굴하지 않고 ~. 〈센〉뻗대다.

벋-디디다 [一띠디一] 〖타〗 **1** 발에 힘을 주고 버티어 디디다. **2** 테두리나 금 밖으로 내어 디디다. 〈센〉뻗디딘다.

벋-딛다 [一딛따] 〖타〗 '벋디디다'의 준말.

벋버듬-하다 [一뻐一] 〖형여〗 **1** 두 끝이 바깥쪽으로 벋어서 사이가 뜨다. **2** 말이나 행동이 좀 거만스럽다. ❑벋버듬하게 굴지 마라. **3** 사이가 틀어져 버성기다. ❑두 친구 사이가 ~.

벋버스름-하다 [一뻐一] 〖형여〗 마음이 맞지 않아 사이가 벌어져 있다.

벋-새 [一쌔] 〖건〗 거의 평면으로 된 지붕의 기와.

벋-서다 [一써一] 〖자〗 버티어 맞서서 겨루다. 〈센〉뻗서다.

벋장 [一짱] 〖명〗 서로 엇갈린 부재(部材) 사이에 경사지게 설치하여 그것을 버티는 부재.

벋장-대다 [一짱一] 〖자〗 순종하지 않고 자꾸 버티다. 벋대다. 〈센〉뻗장대다.

벋정-다리 [一쩡一] 〖명〗 **1** 구부렸다 폈다 하지 못하고 늘 벋어 있는 다리. 또는 그런 다리를 가진 사람. **2** 뻣뻣하여져서 마음대로 굽힐 수가 없게 된 물건. 〈센〉뻗정다리.

벋쳐-오르다 [一처一] 〖一올라, 一오르니〗〖자르〗 물줄기나 불줄기 따위가 벋쳐서 위로 오르다. ❑불길이 점점 ~. 〈센〉뻗쳐오르다.

벋치다 〖자〗 '벋다'의 힘줌말.

벌¹ 〖명〗 넓고 평평하게 생긴 땅. 〈귀〉펄. *들.

벌² 〖명〗 옷이나 그릇 등 짝을 이루거나 여러 가지가 한데 모여서 갖추어진 한 덩이. ❑옷을 ~로 맞추다. 〖의〗 **1** 옷을 세는 단위. ❑두루마기 한 ~. **2** 옷이나 그릇 따위가 짝을 이루거나 여러 가지가 모여서 갖추어진 덩이를 세는 단위. ❑반상기 한 ~.

벌³ 〖명〗〖충〗 **1** 막시류 중 개미류를 제외한 곤충의 총칭. 몸길이는 1~20 mm이고, 몸은 머리·가슴·배의 세 부분으로 되어 있음. 머리에 한 쌍의 촉각과 세 개의 홑눈이 있으며 가슴에는 두 쌍의 날개와 세 쌍의 다리가 있음. 암컷은 꼬리 끝의 산란관을 독침으로도 씀. 단독 또는 집단생활을 함. **2** '꿀벌'의 준말.

벌(罰) 〖명〗〖하타〗 잘못하거나 죄를 지은 사람에게 괴로움을 주는 일. ❑~을 받다 / ~을 서다 / 죄인을 엄하게 ~하다 / 어떤 ~이라도 달게 받겠다.

벌개 〖명〗 꿀벌들이, 집을 짓는 밑자리에 밀랍을 붙여 지은 벌집(새끼 벌을 기르며 꿀과 꽃가루를 갈무리하는 곳으로 이용함).

벌거-벗기다 [一벋끼一] 〖타〗 '벌거벗다'의 사동〉 벌거벗게 하다. ❑아이를 ~. 〈센〉뻘거벗기다.

벌거-벗다 [一벋따] 〖자〗 **1** 알몸이 되도록 입은 옷을 죄다 벗다. ❑벌거벗고 바닷물로 뛰어들다. **2** 나무나 풀이 없어 흙이 드러나 보이다. ❑벌거벗은 산. **3** (비유적으로) 나무의 잎이 모두 떨어져 가지가 다 드러나 보이다.

❑겨울이 되자 나무들이 벌거벗었다. 〈센〉뻘거벗다.

[벌거벗고 환도(環刀) 차기] 어울리지 않아 어색해 보임.

벌거-숭이 [一벋一] 〖명〗 **1** 벌거벗은 알몸. ❑아이들이 ~가 되어 개울에서 물장난을 친다. **2** 흙이 드러나 보일 정도로 나무나 풀이 없는 산이나 들을 비유하는 말. ❑~ 산에 나무를 심는다. **3** 가지고 있던 재산이나 돈을 모두 날린 사람. ❑화재로 하루아침에 ~가 되었다. 〈센〉뻘거숭이.

벌거숭이-산 [一(山)] 〖명〗 나무나 풀이 없는 산. 민둥산.

벌겅 〖명〗 벌건 빛깔이나 물감. 〈센〉뻘겅. 〈센〉뻘겅.

벌겅-이 〖명〗 벌건 빛의 물건. ❑~를 칠하다. 〈센〉뻘겅이.

벌-겋다 [一거타] 〖벌거니, 벌게서〗 〖형ㅎ〗 어둡고 엷게 붉다. ❑술을 마셔서 얼굴이 ~. 〈센〉뻘겋다.

벌-게지다 〖자〗 벌겋게 되다. ❑창피하여 얼굴이 ~. 〈센〉뻘게지다.

벌과-금 (罰科金) 〖명〗 벌금. ❑~을 물다.

벌교 (筏橋) 〖명〗 뗏목을 엮어 만든 다리.

벌-구멍 [一꾸一] 〖명〗 벌통의 구멍.

벌그데데-하다 〖형ㅇ〗 곱지 않고 조금 보기 싫게 벌그스름하다. 〈센〉뻘그대대하다.

벌그뎅뎅-하다 〖형ㅇ〗 고르지 않게 벌그스름하다. 〈센〉뻘그댕댕하다. 〈센〉뻘그뎅뎅하다.

벌그레 〖부형〗 엷게 벌그스름한 모양. ❑술기운으로 얼굴이 ~하다. 〈센〉뻘그레.

벌그름-하다 〖형여〗 '벌그스름하다'의 준말. **벌그름-히** 〖부〗

벌그무레-하다 〖형여〗 아주 엷게 벌그스름하다. ❑새벽 동녘 하늘이 ~. 〈센〉뻘그무레하다.

벌그숙숙-하다 [一쑤카一] 〖형여〗 수수하게 벌그스름하다. 〈센〉뻘그숙속하다.

벌그스레-하다 〖형여〗 벌그스름하다.

벌그스름-하다 〖형여〗 조금 벌겋다. ❑동쪽 하늘이 ~. 〈센〉뻘그스름하다. 〈센〉뻘그스름하다. **벌그스름-히** 〖부〗

벌그죽죽-하다 [一쭈카一] 〖형여〗 고르지 않으면서 칙칙하게 벌그스름하다. 〈센〉뻘그죽죽하다. 벌그죽죽-히 [一쭈키] 〖부〗

벌금 (罰金) 〖명〗 **1** 〖법〗 재산형의 하나. 범죄의 처벌로서 부과하는 돈. ❑~을 내다 / ~을 부과하다 / 100만 원 이하의 ~에 처하다. **2** 규약 위반에 대한 벌로 내게 하는 돈. 벌과금. ❑~을 물다.

벌금-형 (罰金刑) 〖명〗〖법〗 범죄의 처벌 방법으로 벌금을 물리는 형. ↔체형.

벌긋-벌긋 [一귿벌귿] 〖부형ㅎ〗 칙칙하게 붉은 점이 군데군데 박힌 모양. ❑녹석의 얼굴이 여드름으로 ~하다. 〈센〉뻘긋뻘긋. 〈센〉뻘긋뻘긋.

벌-기다 〖타〗 속에 있는 것이 드러나게 헤쳐 벌리다. ❑조개를 ~. 〈센〉뻘기다.

벌꺽-거리다 [一꺼一] 〖자타〗 **1** 빚어 담근 술이 부걱부걱 자꾸 괴어오르다. **2** 빨래를 삶을 때에 빨래가 몹시 끓어서 자꾸 부풀어 오르다. 〖타〗 **1** 무엇을 주물러 반죽하거나 진흙을 밟아서 옆으로 비어져 나오게 하다. **2** 음료수 따위를 시원스럽게 들이켜다. 〈센〉뻘꺽거리다. 〈귀〉벌컥거리다. **벌꺽-벌꺽** [一꺽] 〖부하자타〗

벌꺽-대다 [一때一] 〖자타〗 벌꺽거리다.

벌꺽 〖부〗 **1** 급작스럽게 화를 내거나 기운을 쓰는 모양. ❑~ 화를 내다. **2** 온통 시끄럽고 어수선한 모양. ❑세상이 뒤집혔다. **3** 닫혔던 것을 갑자기 세게 여는 모양. ❑문을 ~ 열다. 〈센〉뻘깍. 〈센〉뻘꺽. 〈귀〉벌컥.

벌:-꿀 圓 꿀. □아카시아 ~ / ~을 따다 / ~을 채집하다.

벌끈 〔부〕〔하〕〔자〕 **1** 걸핏하면 성을 왈칵 내는 모양. □그 사람은 ~하는 성질이 있다. **2** 뒤집어 엎을 듯이 시끄러운 모양. □화재로 거리가 ~ 뒤집히다. ㉧발끈. ㉦뻘끈.

벌끈-거리다 〔자〕 걸핏하면 왈칵 성을 자꾸 내다. □성질이 급해 곧잘 ~. **2** 뒤집어 엎은 듯이 시끄럽다. ㉧발끈거리다. ㉦뻘끈거리다. **벌끈-벌끈** 〔부〕〔하〕〔자〕

벌끈-대다 〔자〕 벌끈거리다.

벌-낫 〔-란〕 벌판에 무성한 갈대 따위를 휘둘러 베는, 자루가 길고 큰 낫.

벌-노랑이 〔-로-〕 圓 《식》 콩과의 여러해살이풀. 길가에 나는데, 높이는 30 cm가량이고, 잎은 타원형으로, 초여름에 샛노란 꽃이 핌. 가축의 사료로 쓰고 뿌리는 약용함.

벌:다¹ 〔벌어, 버니, 버는〕 〔자〕 **1** 틈이 나서 사이가 뜨다. □문짝이 ~ / 잇새가 ~. **2** 그릇 따위가 속이 얕고 위가 넓게 생기다. **3** 식물의 가지 따위가 옆으로 벋다.

벌:다² 〔벌어, 버니, 버는〕 〔타〕 **1** 일을 하여 돈이 생기게 하다. □돈을 ~ / 아르바이트로 학비를 ~. **2** 못된 짓을 하여 벌받을 일을 스스로 청하다. □매를 ~. **3** 시간이나 돈을 아껴 여유가 생기다. □차비를 ~ / 시간을 ~.

벌:다³ 〔벌어, 버니, 번〕 〔형〕 몸피가 한 주먹이나 한 아름에 들 정도보다 좀 더 크다. □아~.

벌떡 〔부〕 **1** 누웠거나 앉았다가 갑자기 급하게 일어나는 모양. □자리에서 ~ 일어나다. **2** 별안간 한꺼번에 자빠지는 모양. □~ 뒤로 나가 떨어지다. ㉧발딱. ㉦뻘떡.

벌떡-거리다 〔-꺼-〕 〔자〕 **1** 맥박이나 심장이 거칠고 세차게 자꾸 뛰다. □가슴이 ~. **2** 물을 거침없이 세차게 잇따라 마시다. □물을 벌떡거리며 마시다. **3** 힘을 쓰거나 움직이고 싶어서 안타깝게 자꾸 애를 쓰다. ㉧발딱거리다. **벌떡-벌떡** 〔-뻘-〕 〔부〕〔하〕〔자〕

벌떡-대다 〔-때-〕 〔자〕〔타〕 벌떡거리다.

벌떡-증 〔-쯩〕 圓〔종〕 화가 벌떡벌떡 일어나는 병증(病症).

벌:-떼 圓 한꺼번에 무리를 지어 나는 많은 벌. 봉군(蜂群). □~의 공격을 받다 / 성난 군중이 ~처럼 달려들다.

벌러덩 〔부〕〔하〕〔자〕 맥없이 굼뜨게 뒤로 자빠지거나 눕는 모양. □침대에 ~ 눕다. ㉧발라당. 준 벌렁.

벌렁 〔부〕 '벌러덩'의 준말. □~ 드러눕다 / ~ 나자빠지다. ㉧발랑.

벌렁-거리다 〔자〕〔타〕 몸의 일부가 가볍고 재빠르고 크게 자꾸 움직이다. □콧구멍이 ~ / 벌렁거리는 가슴을 진정시키다. ㉦뻘렁거리다. **벌렁-벌렁** 〔부〕〔하〕〔자〕

벌렁-대다 〔자〕〔타〕 벌렁거리다.

벌렁-코 圓 넓적하면서 벌렁한 코.

벌레 圓 **1** 곤충이나 기생충 따위의 하등 동물의 총칭. □~ 소리 / ~ 먹은 과일 / ~도 밟으면 꿈틀한다. **2** 어떤 일에 열중하는 사람을 비유하여 이르는 말. □책~ / 공부~.
[벌레 먹은 배추 잎 같다] ; [벌레 먹은 삼 잎 같다] 얼굴에 검버섯이나 기미가 많이 낀 모양을 이르는 말.

벌레-그물 圓 포충망(捕蟲網).

벌레 꾐 圓[-燈][-불] 《농》 유아등(誘蛾燈). ㉦꾐등불.

벌레잡이 식물 (-植物) 〔-자비싱-〕 《식》 잎으로 벌레를 잡아 소화·흡수하여 양분을 섭취하는 식물의 총칭(모드라기풀·파리지옥풀 따위).

식충(食蟲) 식물.

벌레잡이-잎 〔-자비입〕 圓 《식》 포충엽(捕蟲葉).

벌레-집 圓 벌레가 들어 있는 집.

벌레-충 (-蟲) 圓 한자 부수의 하나(『蚰』·『蚊』 등에서 '虫'의 이름). 벌레훼.

벌레-통이 圓 재목에 벌레가 먹어서 생긴 홈.

벌레-혹 圓 《식》 충영(蟲癭).

벌레-훼 (-虫) 圓 벌레충.

벌룩-거리다 〔-꺼-〕 〔자〕〔타〕 탄력 있는 큰 물체의 틈이나 구멍이 자꾸 벌어졌다 우므러졌다 하다. 또는 그렇게 되게 하다. □하는 일 없이 공연히 놀며 여기저기 돌아다니다. ㉧발룩거리다. **벌룩-벌룩** 〔-뻘-〕 〔부〕〔하〕〔자〕

벌룩-대다 〔-때-〕 〔자〕〔타〕 벌룩거리다.

벌룩-하다 〔-루카-〕 〔형〕 틈이나 구멍이 조금 크게 벌어져 있다. ㉧발룩하다.

벌룽-거리다 〔자〕〔타〕 탄력 있는 물체가 자꾸 크게 벌어졌다 우므러졌다 하다. 또는 그렇게 되게 하다. □콧구멍이 ~. 〔타〕 **1** 국물 따위가 끓을락 말락 하는 상태로 천천히 뒤섞이다. **2** 하는 일 없이 게으르게 놀며 돌아다니다. ㉧발룽거리다. **벌룽-벌룽** 〔부〕〔하〕〔자〕

벌룽-대다 〔자〕〔타〕 벌룽거리다.

벌류 (筏流) 圓 뗏목을 물에 떠내려 보냄.

벌름-거리다 〔자〕〔타〕 탄력 있는 물체가 부드럽고 넓게 자꾸 벌어졌다 우므러졌다 하다. 또는 그렇게 되게 하다. □개가 냄새를 맡으려고 코를 벌름거린다. ㉧발름거리다. **벌름-벌름** 〔부〕〔하〕〔자〕

벌름-대다 〔자〕〔타〕 벌름거리다.

벌름-하다 〔형어〕 탄력 있는 물체가 우므러져 있지 아니하고 조금 벌어져 있다. ㉧발름하다. **벌름-히** 〔부〕

벌:리다¹ 圓 《'벌다'의 피동》 돈벌이가 되다. □돈이 벌리는 장사.

벌:리다² 〔타〕 **1** 둘 사이를 넓히거나 멀게 하다. □다리를 ~ / 행간을 ~. **2** 껍질 따위를 열어서 속의 것을 드러내다. □귤껍질을 까서 ~. **3** 우므러진 것을 펴서 열다. □입을 ~. ㉧발리다. ＊벌기다·벌이다.

벌:-매듭 圓 끈목을 벌 모양으로 매는 매듭.

벌-모 圓 **1** 《농》 모판 구역 밖에 볍씨가 떨어져 자라난 모. **2** 《속》 일을 말막음으로 대충 하였을 때 쓰는 말. **3** 《농》 허튼모.

벌:-목 (-目) 圓 《충》 곤충강 무시아강(無翅亞綱)의 한 목. 막질로 된 날개는 투명하며 시맥(翅脈)이 적고 앞뒤 날개가 날기에 편리함(나비·벌 따위). 막시류.

벌목 (伐木) 圓〔하〕〔타〕 나무를 벰. 간목(刊木).

벌목-꾼 (伐木-) 圓 벌목을 업으로 삼는 일꾼.

벌-물 圓 **1** 논이나 그릇에 물을 넣을 때에 한데로 나가는 물. **2** 넘쳐흐르는 물.

벌-물 (罰-) 圓 **1** 고문하거나 벌을 주기 위하여 강제로 먹이는 물. 벌수(罰水). **2** 맛도 모르고 마구 들이켜는 물.
[벌물 켜듯 한다] 젖이나 술 따위를 마구 들이켤 때에 쓰는 말.

벌-바람 〔-빠-〕 圓 벌판에서 부는 바람.

벌배 (罰杯) 圓 술자리에서, 술 마시는 규칙을 어긴 사람에게 벌로 주는 술잔.

벌번 (罰番) 圓 번을 들 차례 외에, 벌로 들게 하는 번. 벌직(罰-).

벌벌 〔부〕 **1** 춥거나 무서워 몸을 크게 자꾸 떠는 모양. □추위에 ~ 떨다. **2** 재물 따위를 몹시 아끼거나 중요하게 여기는 모양. □돈 몇 푼에 ~ 떨다. **3** 몸을 바닥에 붙이고 좀 큰 동

작으로 기는 모양. ❏ ~ 기다. ㉠발발².

벌:-벙거지[-] 몡 민 편싸움할 때에 싸움꾼들이 쓰는 벙거지.

벌봉(罰俸) 몡 역 조선 때, 공무상의 잘못에 대한 벌로 일정 기간 감봉하던 처벌.

벌부(筏夫) 몡 뗏목에 물건을 실어 나르는 인부(人夫).

벌-불 몡 **1** 등잔불이나 촛불 등의 심지 옆으로 뻗치어 퍼지는 불. ❏ ~이 지다. **2** 아궁이에 불을 땔 때 아궁이 밖으로 내뻗치는 불.

벌:-비 몡 분봉(分蜂) 때, 그릇이나 자루 등에 벌을 쓸어 넣을 때 쓰는 비.

벌빙(伐氷) 몡하자 간직해 두었다가 쓰려고 강이나 호수 등에서 얼음장을 떠냄.

벌-사양 몡 혼례식 때 신부 큰머리 밑에 쪽을 찌는 머리. ㉣별생.

벌상(伐喪) 몡 쌍 남의 땅에 몰래 장사 지낸 사람을 두들겨 쫓음.

벌:-새 몡 조 벌새과의 작은 새. 큰 것은 22cm가량, 작은 것은 5cm 정도로 새 가운데 가장 작음. 몸빛은 갈색에 금속광택을 띠며 다리와 목이 짧음. 나는 힘이 강하여 공중에 날며, 공중에 정지한 상태로 꿀을 빨아먹음. 곤충·거미 따위를 잡아먹음. 꿀새.

벌-생 몡 '벌사양'의 준말.

벌-서다[罰-] 짜 벌을 서서 일정한 곳에서 벌을 받다. ❏두 손을 들고 ~.

벌선(伐善) [-썬] 몡하자 자기의 장점이나 선행을 뽐냄.

벌-세우다[罰-] 타 ('벌서다'의 사동) 벌서게 하다. ❏지각한 아이들을 ~.

벌수(罰水) [-쑤] 몡 벌물1.

벌-술[-쑬] 몡 맛도 모르고 마구 마시는 술.

벌-술[罰-] [-쑬] 몡 벌주(罰酒).

벌써[] 튀 **1** 이미 오래 전에. ❏그 소식은 ~ 들었다. **2** 예상보다 빠르게. 어느새. ❏~ 시간이 지났다 / ~ 아이가 둘이나 된다.

벌:-쐬다[罰-] 짜 **1** 벌에 쏘이다. **2** 밤이 익기도 전에 송이가 병적으로 터져 벌어지다.

[벌쐰 사람 같다] 말대꾸도 없이 오자마자 곧 가 버리는 사람을 이르는 말.

벌-쓰다[罰-] [벌써, 벌쓰니] 짜 잘못이 있어 벌을 받다. ❏수업 중에 장난을 치고 ~.

벌-씌우다[罰-] [-씌어] 타 ('벌쓰다'의 사동) 벌쓰게 하다.

벌-어들이다 타 돈이나 물건 따위를 벌어서 가져오다. ❏외화를 ~.

벌-어-먹다[버러-따] 짜 벌이를 하여 먹고살다. ❏막일로 근근이 벌어먹고 산다.

벌-어-지다[버러-] 짜 **1** 갈라져서 사이가 뜨다. ❏틈이 ~. **2** 두 사람의 사이가 버성기게 되다. ❏다투더니 사이가 벌어졌다. **3** 넓게 퍼져서 활짝 열리다. ❏밤송이가 ~. **4** 가슴이나 어깨 따위가 옆으로 퍼지다. ❏딱 벌어진 어깨. ㉣바라지다. **5** 차이가 커지다. ❏점수 차가 크게 ~ / 빈부 격차가 더 ~. **6** 어떤 일이 일어나다. ❏싸움이 ~. **7** 잔치나 행사 따위가 열리다. ❏잔치가 ~. **8** 광경이 눈앞에 펼쳐지다. ❏놀라운 광경이 벌어졌다.

벌에 몡 옛 벌레.

벌열(閥閱) 몡하형 나라에 공로가 많고 벼슬 경력이 많음. 또는 그런 집안. 벌족(閥族). ❏ ~ 가문 / ~ 자제.

벌-윷[-륟] 몡 **1** 윷놀이에서, 정한 자리 밖으로 떨어져 나간 윷짝. **2** 윷판 없이 노는 윷.

벌:음(閥) 몡 건 건물의 한 면에서 보이는 몇 칸

살의 벌어져 있는 길이. 버금. ❏세 칸 ~ / ~이 크다.

벌:이 몡하자 일을 하여 돈을 버는 일. ❏하루 ~/~가 좋다 / 요즘은 ~가 신통치 않다.

벌:이다 타 **1** 일을 시작하거나 펼치다. ❏사업을 ~. **2** 전쟁이나 말다툼 따위를 하다. ❏싸움을 ~ / 논쟁을 ~. **3** 가게를 차리다. ❏생선 가게를 ~. **4** 여러 가지 물건을 늘어놓다. ❏상품을 벌여 놓다.

벌:이-줄 몡 **1** 물건을 버틸 수 있게 이리저리 얽어 매는 줄. **2** 과녁의 솔대를 켕겨 매는 줄. **3** 종이 연에 벌여 매는 줄. ❏ ~을 매다.

벌이줄(을) 잡다 귄 종이 연에 벌이줄을 벌여 매다.

벌:이-터 몡 벌이하는 일터.

벌-임춤 몡 이미 시작하여 중간에 그만둘 수 없음을 이르는 말. 기장지무(旣張之舞). ❏ ~이니 끝장을 봐야지.

벌:임-새 몡 일이나 물건을 벌여 놓은 형편이나 모양새. ❏ ~가 조화롭다.

벌:잇-속 [버리쏙 / 버릳쏙] 몡 **1** 벌이하여 얻는 실속. ❏ ~이 좋다. **2** 벌이가 될 속내.

벌:잇-자리 [버리짜 / 버릳짜] 몡 벌이를 하는 일자리.

벌:잇-줄 [버리쭐 / 버릳쭐] 몡 돈벌이를 할 수 있는 길. 밥줄. ❏ ~을 얻다.

벌전(罰錢) [-쩐] 몡 약속이나 규칙을 어겨 벌로 내는 돈.

벌점(罰點) [-쩜] 몡 **1** 잘못한 것에 대하여 벌로 따지는 점수. ❏ ~이 높다. **2** 얻은 점수의 총점에서 벌로 빼내는 점수. ❏ ~을 받다 / 반칙에는 ~을 매긴다.

벌제위명(伐齊爲名) [-쩨-] 몡 겉으로는 어떤 일을 하는 체하고 속으로는 딴 짓을 함.

벌족(閥族) [-쪽] 몡 벌열(閥閱). ❏ ~ 정치.

벌주(罰酒) [-쭈] 몡 벌로 억지로 먹이는 술. 벌술. ❏ ~상주(賞酒).

벌-주다[罰-] 타 벌을 가하다. ❏죄지은 사람에게 벌주는 것은 당연하다.

벌직(罰直) [-찍] 몡 벌번(罰番).

벌:-집 [-찝] 몡 1춤 벌이 알을 낳고 먹이와 꿀을 저장하며 생활하는 집. 봉소(蜂巢). 봉방(蜂房). **2** 솥의 양(胖)에 붙은 벌집같이 생긴 고기. **3** 여러 개의 작은 방들이 다닥다닥 붙어 이루어진 집의 비유.

[벌집을 건드렸다] 섣불리 건드려 큰 화근을 만들다.

벌:집-위 (-胃) [-찝뷔 / -찝위] 몡 동 반추 동물에 있는 벌집 모양의 둘째 위(음식물을 혼합하여 다시 입으로 내보냄). 봉소위(蜂巢胃).

벌쩍-거리다[-꺼-] 타 **1** 일어나려고 애를 쓰며 자꾸 힘껏 움직이다. **2** 빨래를 두 손으로 맞잡고 비벼 빨다. ㉠발짝거리다. **벌쩍-벌쩍**[-뺄-] 튀하타

벌쩍-대다[-때-] 타 벌쩍거리다.

벌쭉-거리다[-꺼-] 짜타 **1** 자꾸 벌어졌다 우므러졌다 하여 속의 것이 보였다 보이지 않았다 하다. 또는 그렇게 되게 하다. **2** 입을 조금 크게 벌려 소리 없이 자꾸 웃다. ㉠발쭉거리다. **벌쭉-벌쭉**[-뺄-] 튀하짜타

벌쭉-대다[-때-] 짜타 벌쭉거리다.

벌쭉-이 튀 벌쭉하게. ㉠발쭉이. ㉤뻘쭉이.

벌쭉-하다[-쭈카-] 형여 좁고 길게 벌어져서 쳐들려 있다. ㉠발쭉하다. ㉤뻘쭉하다.

벌창 몡하자 **1** 물이 넘쳐 흐름. **2** 가게나 시장에 물건이 많이 나와 있음. ❏추석이 다가오니 가게마다 햇과일이 ~한다.

벌채(伐採) 몡하타 나무를 베어 내거나 섶을

깎아 냄. 채벌(採伐). ▣ ~ 작업 / 무분별한
~로 생태계가 파괴되고 있다.

벌책(罰責) 🅜🅗🅣 잘못을 저지른 사람을 꾸짖
어 나무라며 벌함. ▣ ~을 가하다.

벌책-처분(罰責處分) 🅜🅗🅣 가볍게 벌하여 처
분함.

벌초(伐草) 🅜🅗🅐🅣 무덤의 잡초를 베어서 깨
끗이 함. ▣ 성묘를 하고 ~를 하다.

벌초-사래(伐草-) 🅜 묘지기가 벌초하는 값으
로 부쳐 먹는 논밭.

벌충 🅜🅗🅣 손실이나 모자라는 것을 보태어
채움. ▣ 결손을 ~하다.

벌-치 🅜 벌판에 심어 놓고 돌보지 않은 참외
〔크지만 맛이 덜한〕.

벌칙(罰則) 🅜 법규를 어긴 행위에 대한 처벌
을 정해 놓은 규칙. ▣ ~을 강화하다.

벌커나이즈드 파이버(vulcanized fiber) 〔공〕
무명이나 펄프 섬유 따위를 염화아연의 수용
액에 담근 후, 압축해 만든 가죽 대용품《전기
절연물·트렁크·배낭 따위의 재료로 씀》. 준
파이버.

벌컥 🅟 **1** 갑자기 화를 내거나 기운을 쓰는 모
양. ▣ ~ 소리를 지른다. **2** 뜻밖의 일이 갑자
기 벌어져 혼란스러운 모양. ▣ 집안이 ~ 뒤
집힌다. **3** 닫혀 있던 것을 갑자기 세게 여는
모양. ▣ 방문을 ~ 열어젖힌다. ㉔벌칵.

벌컥-거리다 [-꺼-] 🅐 **1** 빚어 담근 술이 부
걱부걱 계속 괴어오른다. **2** 빨래를 삶을 때
빨래가 몹시 부풀어 오른다. ☐🅣 **1** 무엇을
주물러 반죽하거나 진흙을 밟아서 옆으로 비
어져 나오게 하다. **2** 음료수 따위를 거침없이
들이켜다. ㉔발칵거리다. **벌컥-벌컥** [-꺽-] 🅟
🅗🅐🅣

벌컥-대다 [-때-] 🅐🅣 벌컥거리다.

벌-타령 🅜 일에 규율이 없고 난잡함을 가리키
는 말.

벌-통(-桶) 🅜 꿀벌을 치는 통.

  벌통〔벌집〕**쑤신 것 같다** 🅟 벌통을 건드려
  서 벌들이 몰려나와 쏘아 대듯이, 온통 난장
  판이 되어 매우 어수선함으로 비유하는 말.

벌판 🅜 넓고 평평한 곳. ▣ 황량한 ~.

벌-흙 [-흑] 🅜 〔광〕 광산 구덩이에서 광물이
나오기 전의 흙.

범: 🅜 〔동〕 호랑이.

  〔**범 나비 잡아먹듯**〕 먹은 양이 너무 적어서
  먹은 듯 만 듯하다. 〔**범도 새끼 둔 골을 두남
  둔다**〕 비록 악인이라도 제 자식의 일은 늘 마
  음에 두고 생각하며 잘해준다는 것을 비유하
  는 말. 〔**범도 제 말 하면 오고, 사람도 제
  말 하면 온다**〕 남의 말을 하자 마침 그 사람
  이 나타난다. 〔**범 없는 골에는 토끼가 스승이
  다**〕 잘난 사람이 없는 곳에서 보잘것없는 잘
  난 체함을 비유하는 말. 〔**범에게 물려 가도
  정신만 차리면 산다**〕 어떤 곤란을 당해도 정
  신만 차리면 헤어날 수 있다. 〔**범에게 날개**〕
  힘이나 능력이 있는 사람이 더욱 힘을 얻게
  됨을 이르는 말. 〔**범 탄 장수 같다**〕 위세가
  대단한데 거기다 또 위력이 가해진 사람의
  비유.

  범의 아가리를〔입을〕**벗어나다** 🅟 매우 위
  험한 경우를 벗어나다.

범:(梵) 🅜 〔불〕 인도 브라만교에서, 우주의
최고 원리 또는 신.

범(犯) 🅟🅜 형벌을 받은 횟수를 세는 단위.
▣ 전과 3~.

범:-(汎) 🅟 '널리 전체에 걸치는'의 뜻. ▣ ~
국민 운동 / ~세계적인 축제.

-범(犯) 🅜 '범행·범인'의 뜻. ▣ 정치~ / 형사

~ / 흉악~.

범:각(梵閣) 🅜 〔불〕 범궁(梵宮)2.

범:간(泛看) 🅜🅗🅣 눈여겨보지 않고 데면데면
하게 봄.

범:강-장달이(范彊張達-) 🅜 〔삼국지연의(三
國志演義)에 나오는 인물인 범강과 장달에
서〕 키가 크고 우락부락하게 생긴 사람을 가
리키는 말.

범:경(凡境) 🅜 〔불〕 신령스러운 땅에 상대하
여 보통의 장소. ↔영지(靈地).

범:-경(梵境) 🅜 〔불〕 절의 경내(境內).

범:계(犯戒) [- / -계] 🅜🅗🅐 계율을 어김.

범:계(犯界) [- / -계] 🅜🅗🅐 남의 땅의 경계를
침범함.

범:-고래(犯-) 🅜 〔동〕 돌고랫과의 고래. 몸길이가
수컷은 9 m가량, 암컷은 4.5 m가량이며, 빛
은 흑색, 가슴과 옆구리에 뚜렷한 흰 반점이
있음. 주둥이는 뭉툭하고 날카로운 이가 있
음. 성질이 사나워 다른 고래와 물고기를 잡
아먹음. 도극경(倒戟鯨).

범:골(凡骨) 🅜 **1** 특별한 재주나 능력이 없는
평범한 사람. **2** 도를 닦지 못한 범인(凡人).
3〔역〕 신라 때, 성골이나 진골이 아닌 평민
을 이르는 말.

범:과(犯科) 🅜🅗🅐🅣 범법(犯法).

범:과(犯過) 🅜🅗🅐🅣 잘못을 저지름.

범:과(泛過) 🅜🅗🅐🅣 정신을 차리지 않고 데면
데면하게 지나감.

범:국민-적(汎國民的) [-궁-] 🅚🅜 널리 국민
전체에 관계된 (것). ▣ ~ 운동.

범:-굴(-窟) 🅜 범이 사는 굴. 호굴(虎窟). 호혈
(虎穴).

  〔**범굴에 들어가야 범을 잡는다**〕 큰 목적을
  이루려면 그만한 위험과 수고는 이겨 내야
  한다.

범:궁(梵宮) 🅜 〔불〕 **1** 범천왕의 궁전. **2** '절'·
'불당'의 총칭. 범각(梵閣).

범:궐(犯闕) 🅜🅗🅣 대궐을 침범함.

범글다 🅐 〔옛〕 얽히다.

범:금(犯禁) 🅜🅗🅐 법적으로 금지되어 있는
것을 범함.

범:-꼬리 🅜 여뀟과의 다년초. 산골짜기의 양
지바른 곳에 자람. 뿌리줄기는 짧고 크며 잔
뿌리가 많음. 꽃줄기는 30~80 cm 자라며, 6~
8월에 원기둥꼴의 꽃이 이삭 모양으로 핌.

범:-나비 🅜 〔충〕 호랑나비.

범:나비-벌레 🅜 〔충〕 호랑나비의 애벌레. 몸
은 녹색이고 머리 위에 두 개의 뿔이 있음.
향나무·초피나무 따위의 잎을 갉아 먹는 해
충임.

범:-날 🅜 〔민〕 인일(寅日).

범:납(梵衲) 🅜 〔불〕 승려.

범:독(泛讀) 🅜🅗🅣 **1** 정신을 기울이지 않고 글
을 데면데면하게 읽음. **2** 이것저것 여러 가지
를 널리 읽음.

범:-돔 🅜 〔어〕 범돔과의 바닷물고기. 몸길이
20 cm 정도로 나비고기와 비슷하나 조금 길
고 옆으로 편평함. 누른빛으로 몸 옆에 다섯
줄의 검은 세로띠가 있음. 식용하지만 관상
용으로 기르기도 함. 온대성 어종임.

범:-띠(犯-) 🅜 〔민〕 '인생(寅生)'을 범의 속성을
상징하여 일컫는 말.

범:람(汜濫·汎濫) [-남] 🅜🅗🅐 **1** 큰물이 넘쳐
흐름. 범일(汜溢). ▣ 장마로 하천이 ~하다.
2 바람직하지 못한 것들이 크게 나돎. ▣ 외래
어의 ~.

범:람-원(氾濫原)[-나뭔]圈《지》홍수 때 물에 잠기는, 하천의 양쪽 곁에 있는 낮은 땅. 홍함지(洪涵地).

범:령(汎令)[-녕]圈하자 법령이나 명령을 어김.

범:령-론(汎靈論)[-녕논]圈《철》범리론(汎理論)과 범의론(汎意論)을 조화시킨 학설(우주의 본체는 의지와 관념이라는 설).

범:례(凡例)[-녜]圈 일러두기.

범:례(範例)[-녜]圈 예시(例示)하여 모범으로 삼는 것. ﾛ ～를 따르다 / ～로 삼다.

범:로(汎路)[-노]圈하자 1 통행하지 말라는 길을 다님. 2 집을 지을 때 도로를 침범함.

범:론(汎論·汎論)[-논]圈 1 개괄적인 언론. 2 범론(泛論).

범:론(汎論)[-논]圈 데면데면하게 들띄워 놓고 하는 말. 범론(泛論).

범:류(凡類)[-뉴]圈 뛰어나지 못한 평범한 사람의 부류. 또는 거기에 속한 사람.

범:리-론(汎理論)[-니-]圈《철》만물의 본체를 이성(理性)이라고 하는 이론.

범:마(犯馬)圈하자《역》1 상급 관원의 앞을 지나는 하급 관원이 말을 내리지 아니하던 일. 2 하마비(下馬碑)가 있는 데에서 말을 내리지 아니하던 일.

범:망-경(梵網經)圈《불》대승계(大乘戒)의 제일경(第一經). 상권에는 보살의 심지(心地)가 전개되어 가는 모양을 썼고, 하권에는 대승계를 설하였음. ﾑ범망.

범:문(梵文)圈 범서(梵書)1.

범:물(凡物)圈 1 하늘과 땅 사이의 모든 물건. 2 평범한 사람이나 물건.

범:미-주의(汎美主義)[-/-이]圈《철》모든 것은 있는 그대로의 형태에 미적 성질을 갖추었다고 보는 입장.

범:민(凡民)圈 1 모든 국민. 2 서민(庶民)2.

범:방(犯房)圈하자 방사(房事)를 함.

범:백(凡百)圈 1 여러 가지의 사물. 2 상궤(常軌)에 벗어나지 않는 보통의 말이나 행동.

범:백-사(凡百事)[-싸]圈 갖가지의 모든 일. 온갖 일.

범벅圈 1 곡식 가루로 호박 따위를 섞어서 풀처럼 되게 쑨 음식. ﾛ메밀 ～. 2 여러 가지 사물이 뒤섞이어 갈피를 잡을 수가 없는 상태. ﾛ담배 냄새와 술 냄새를 ～으로 풍기다. 3 질척질척한 것이 몸에 잔뜩 묻은 상태. ﾛ얼굴이 눈물로 ～이 되다. [범벅에 꽂은 저(箸)라] 일이 확고부동하지 못함을 비유한 말.

범벅 타령(打令) 무당이 부르는 경기 잡가의 한 가지. 행실이 부정한 여인을 통하여 뒷사람에게 교훈을 주는 내용임.

범:-하다(泛泛-)圈㉥ 꼼꼼하지 않고 데면데면하다. ﾛ범범하게 굴다. **범:범-히**튀

범:법(犯法)[-뻡]圈하자 법을 어김. 범과(犯科). ﾛ～을 일삼다 / ～ 행위를 단속하다.

범:법-자(犯法者)[-뻡짜]圈 법을 어긴 사람.

범:본(範本)圈 본보기.

범:부(凡夫)圈 1 평범한 사내. 범인(凡人). ﾛ나는 일개 ～에 지나지 않는다. 2《불》번뇌에 얽매여 생사를 초월하지 못하는 사람.

범:-부채(凡-)圈《식》붓꽃과의 여러해살이풀. 높이는 1 m가량으로, 칼 모양의 잎이 넓게 퍼져 쥘부채와 비슷하며, 여름에 황적색의 여섯잎꽃이 핌. 관상용으로 재배하며 뿌리줄기는 '사간(射干)'이라고 하여 약재로 씀.

범:분(犯分)圈하자 제 분수는 생각지 않고 웃어른에게 버릇없는 짓을 함.

범:사(凡事)圈 1 모든 일. 2 평범한 일.

범:살-장지(-障-)圈《건》창문의 살을 '정(井)'자 모양으로 성기게 짠 장지문.

범:상(犯上)圈 아랫사람이 윗사람에게 해서는 안 될 짓을 함.

범:상(犯狀)圈 범죄가 이루어진 상태.

범:상-하다(凡常-)圈㉥ 대수롭지 않고 평범하다. 심상(尋常)하다. ﾛ그는 범상한 인물이아닌 것 같았다. **범:상-히**튀

범:색(犯色)圈하자 함부로 색을 씀.

범:색-건판(汎色乾板)[-껀-]圈《화》팬크로매틱 건판.

범:-생명관(汎生命觀)圈《철》만물에는 다 생명과 의지가 있다고 보는 자연관.

범:서(凡書)圈 평범한 책.

범:서(梵書)圈 1 범자(梵字)로 기록된 글. 범문(梵文). 2《불》불경(佛經).

범:선(帆船)圈 돛단배.

범:설(汎說)圈하타 내용의 요점이나 줄거리를 한데 뭉뚱그리어 설명함. 또는 그 설명. 개설(概說).

범:성(凡聖)圈 범인(凡人)과 성인(聖人).

범:성-일여(凡聖一如)圈 상(相)의 차이는 있으나 본성에 있어서는 범부(凡夫)와 성자(聖者)가 동일하다는 말.

범:소(犯所)圈 죄를 범한 그 자리.

범:소-하다(凡小-)圈㉥ 사람의 됨됨이가 평범하고 작다.

범:속(凡俗)圈하형 평범하고 속됨. ﾛ겉으로보아 ～하지 않은 사람.

범:속-성(凡俗性)[-썽]圈 평범하고 속된 성질.

범:수(凡手)圈 평범한 재주나 기술.

범:수(犯手)圈하자 1 남에게 먼저 손찌검을 함. 2 범용(犯用).

범:승(凡僧)圈《불》평범한 승려. 또는 어리석고 평범한 승려.

범:승(梵僧)圈《불》계행(戒行)을 지키는 승려. 행덕(行德)이 단정하고 깨끗한 승려.

범:식(範式)圈 1 예절이나 기물(器物)의 모범이 될 만한 양식. 2《수》공식(公式).

범:신-교(汎神敎)圈《종》만유는 신이며 신은 곧 만유일체라고 보는 종교. 만유신교.

범:신-론(汎神論)[-논]圈《철》자연과 신의 대립을 인정하지 않고, 일체의 자연은 곧 신이며 신은 곧 일체의 자연이라고 하는 종교관 또는 철학관. ↔이신론.

범:실(凡失)圈 야구에서, 평범한 실책. ﾛ～이 잦다.

범:심-론(汎心論)[-논]圈《철》온갖 만물에는 마음이 있다는 학설. 만유심론(萬有心論).

범:-아귀圈 엄지손가락과 집게손가락의 사이.

범:아일여(梵我一如)圈《철》인도 우파니샤드(Upanisad)의 중심 사상. 우주의 중심 생명인 범(梵)과 개인의 중심 생명인 아(我)의 본체가 궁극적으로는 동일하다는 사상.

범:안(凡眼)圈 평범한 사람의 안목.

범:안(犯顔)圈 임금이 싫어하는 낯빛을 하는데도 상관하지 않고 바른말로 간(諫)함.

범:애(汎愛)圈하타 모든 사람을 차별 없이 널리 사랑함. 박애(博愛).

범:애-주의(汎愛主義)[-/-이]圈《교》18세기에 독일에서 일어난, 인류애에 기초한 교육 개선 운동. 루소의 자유주의 교육관을 바탕으로 하여, 아동의 행복한 생활을 목적으

로 합.

범:야(犯夜)圓혜재《역》지난날, 야간 통행금
지 시간에 함부로 다니던 일.

범:야(汎野)圓야권(野圈)의 모든 사람. 또는
그 세력. ↔범여(汎輿).

범:어(梵語)圓《언》산스크리트(Sanskrit).

범:어-법(範語法)《버머뻽》圓《교》실물이나 그
림을 보인 다음에 해당 단어의 발음을 가르
치고 단어의 사용법을 알려서 말을 가르치는
방법.

범:어사(凡於事)圓세상의 모든 일.

범:여(汎輿)圓여권(輿圈)의 모든 사람. 또는
그 세력. ↔범야(汎野).

범:연-하다(泛然-)톙톙차근차근한 맛이 없
이 데면데면하다. 범:연-히 톞. ▢ ~ 굴다.

범:염(犯染)圓혜재 1 초상집에 드나드는 일.
2 남들이 좋지 않게 여기는 일에 간섭하거나
끌려들게 됨.

범:영(帆影)圓돛의 그림자. 또는 멀리 있는
배의 돛 모양.

범:왕(梵王)圓《불》'범천왕(梵天王)'의 준말.

범:용(凡庸)圓혜재 평범하고 변변하지 못함.
또는 그런 사람. ▢ ~한 위인이다 / ~한 일
상에 울고 웃다.

범:용(汎用)圓널리 여러 방면이나 용도로 쓰
는 일.

범:용(犯用)圓혜타 남의 물건이나 보관하여야
할 물건을 마음대로 써 버림. 범수(犯手).

범:용 기관(汎用機關)《공》여러 가지 용도에
사용할 수 있도록 제작된, 출력 범위 30마력
(馬力) 이하의 내연 기관.

범:용 컴퓨터(汎用computer)《컴》여러 분야
의 문제를 처리할 수 있는 컴퓨터. 기업이나
조직체 등에서 일반 업무 처리와 일반 과학
기술 계산 등에 씀. ＊전용 컴퓨터.

범:우(凡愚)圓평범하고 어리석은 사람.

범:월(犯越)圓혜재 남의 나라 국경을 침범하
거나 남의 나라에 몰래 들어감.

범:위(範圍)圓 1 한정된 구역의 언저리. ▢시
험 ~. 2 어떤 힘이 미치는 한계. 테두리. ▢
세력 ~ / 활동 ~를 넓히다.

범:음(梵音)圓《불》1 범왕(梵王)의 음성. 2
불경을 외는 소리. 3 맑은 음성. 또는 보살의
목소리.

범:음-심원(梵音深遠)《불》부처의 32상
(相)의 한 가지. 음성이 부드럽고 맑아 멀리
까지 들리는 상.

범:의(犯意)[버믜 / 버미]圓《법》범죄 행위임
을 알면서도 그것을 행하려는 의사. ▢ ~가
없는 우연한 사고. ＊고의(故意).

범:의-귀[버믜- / 버메-]圓《식》범의귓과의
상록 여러해살이풀. 줄기는 가늘며 높이는
20 cm 가량으로, 잎은 타원형으로 뿌리에서
뭉쳐남. 여름에 흰 다섯잎꽃이 핌. 우리나라
특산종으로 관상용에 쓰. 잎은 기침·동상(凍傷)
에 약재로 씀. 호이초(虎耳草).

범:의-론(汎意論)[버믜- / 버미-]圓《철》만물
의 본질은 의지(意志)라는 유심론의 학설.

범:의-어(汎意語)[버믜- / 버미-]圓《논》한
가지의 말이 연상과 유추에 의해 두 가지 이
상의 뜻으로 쓰여짐을 이르는 말.

범:인(凡人)圓평범한 사람. 범골. 범부(凡夫).

범:인(犯人)圓범죄인. ▢ ~을 체포하다.

범:인 은닉죄(犯人隱匿罪)[犯人는-죄]《법》
벌금 이상의 형에 해당하는 죄를 지은 사람
을 숨겨 주거나 도망가게 함으로써 성립하는
범죄. 囹은닉죄.

범:일(汎溢·汎溢)圓혜재 물이 넘쳐흐름. 범람.

범:입(犯入)圓혜재 출입이 금지된 구역을 허
락 없이 들어감.

범:자(梵字)[-짜]圓《언》산스크리트를 표기
한 인도의 옛 글자.

범:작(凡作)圓평범한 작품.

범:작(犯斫)圓혜타 베지 못하게 한 나무를 베
는 일.

범:장(犯葬)圓혜타 남의 산소의 경계를 침범
하여 허락 없이 장사를 지냄.

범:장(犯贓)圓혜타 1《법》장물죄를 저지름.
2 탐장(貪贓).

범:장(帆檣)圓돛대.

범:재(凡才)圓평범한 재주. 또는 그런 재주
를 가진 사람.

범:재(凡材)圓평범한 인재.

범:적(犯跡·犯迹)圓죄를 범한 자취나 흔적.

범:전(梵殿)圓《불》불당(佛堂).

범:절(凡節)圓예의나 법도에 맞는 모든 절차
나 질서. ▢ ~이 바르다 / ~에 어긋나다.

범:접(犯接)圓혜재 함부로 가까이 다가가 접
촉함. ▢ ~을 금하다 / 감히 ~하지 못하다.

범:정(犯情)圓범죄가 일어난 정황(情況).

범:종(梵鐘)圓《불》절에서 대중을 모으거나
시각을 알리려고 매달아 놓고 치는 큰 종.

범:죄(犯罪)圓 1 죄를 지음. 또는 지은 죄. 2
《법》법률에 따라 일정한 형벌을 가하게 되
는 위법 행위. ▢강력 ~ / 지능적인 ~ / ~가
날로 늘다 / ~를 단속하다.

범:죄 과학(犯罪科學)《법》범죄의 원인이나
성질·결과·종류 따위를 과학적으로 연구하는
학문.

범:죄 구성 요건(犯罪構成要件)[-껀]《법》형
벌 법규에 정하여진 일정한 범죄의 정형(定
型)에 해당하는 요건.

범:죄 능력(犯罪能力)[-녁]《법》위법 행위를
할 수 있는 사실상의 능력(형사 미성년자·심
신 장애자는 이 능력이 없다고 보아 처벌하
지 않음. ＊책임 능력.

범:죄 단체(犯罪團體)《법》범죄를 저지를 목
적으로 조직된 단체. ▢ ~를 구성한 죄목으
로 엄벌을 받다.

범:죄 소:설(犯罪小說)《문》범죄 사건을 소
재로 하여 흥미 중심으로 그려 낸 통속 소설
《추리 소설·탐정 소설 따위》.

범:죄 심리학(犯罪心理學)[-니-]《심》범죄
나 범죄자의 심리나 사회적 행동을 연구하는
심리학.

범:죄 유:형(犯罪類型)《법》형법 규정이나
그 밖의 형벌 규정에서 나눈 범죄의 형태.

범:죄-율(犯罪率)《법》범죄가 일어나는
정도나 비율. ▢청소년의 ~이 늘고 있다.

범:죄-인(犯罪人)圓《법》죄를 저지른 사람.
범인.

범:죄인 인도(犯罪人引渡)《법》외국에서 정
치범 이외의 범죄를 저지르고 자기 나라에
도망 온 사람을 그 나라의 요구에 응하여 넘
겨주는 일. ▢ ~ 협정을 맺다.

범:죄-자(犯罪者)《법》범죄인.

범:죄-지(犯罪地)《법》범죄가 발생한 곳.

범:죄-학(犯罪學)圓《법》범죄의 원인·성질
등을 인류학적 또는 사회학적으로 연구하는
학문.

범:죄 행위(犯罪行爲)《법》범죄가 되는 행
위. 범행.

범:주(帆走)圓혜재 돛에 바람을 받아 물 위를
항해함.

범:주 (泛舟)[명][하자] 배를 물에 띄움.

범:주 (範疇)[명] 1 같은 성질을 가진 부류나 범위. 🗌같은 ~에 속하는 일들. 2〖철〗사물의 개념을 분류할 때 그 이상 일반화할 수 없는 가장 보편적이고 기본적인 최고의 유개념(類槪念). 카테고리.

범:찬 (梵讚)[명]〖불〗범어(梵語)로 부르는, 부처의 덕을 찬미한 글.

범:찰 (梵刹)[명]〖불〗'절'.

범:책 (凡策)[명] 평범한 책략.

범:처 (梵妻)[명] 승려의 아내.

범:천 (梵天)[명]〖불〗범천왕.

범:천-왕 (梵天王)[명] 1 브라만교의 교조인 조화의 신《우주 만물의 창조신으로 사바세계를 주재함》. 2 제석천과(帝釋天)과 한가지로 불상의 좌우에 모시는 불법 수호의 신. 바라문천. ㉥범왕(梵王).

범:-천후 (汎天候)[명]〖지〗수일 내지 수 주에 걸쳐, 동일한 물리적 작용이 원인이 되어 비교적 넓은 범위에 지속되는 기후 상태.

범:청 (泛聽)[명][하타] 주의를 기울이지 않고 무심히 들음.

범:칙 (犯則)[명][하자] 규칙을 어김. 🗌~에 대한 처벌을 받다.

범:칙-금 (犯則金)[-끔][명]〖법〗도로 교통법의 규칙을 어긴 사람에게 과하는 벌금. 🗌~을 물다.

범:칙-물자 (犯則物資)[-칭-짜][명] 불법적으로 비밀히 거래되는 물자.

범:칭 (泛稱·汎稱)[명] 넓은 범위로 부르는 이름. 또는 두루 쓰이는 이름.

범:타 (凡打)[명] 야구에서, 안타가 되지 못한 평범한 타격. 🗌~로 물러나다.

범:타 (犯打)[명][하타] 윗사람을 때림.

범:-털 (犯-)[명] 1 호랑이의 털. 2〈속〉돈 많고 많이 배운 죄수《죄수들의 은어》. ↔개털.

범:퇴 (凡退)[명] 야구에서, 타자가 아무 소득 없이 물러감. 2 삼자 ~로 끝나다.

범:패 (梵唄)[명]〖불〗석가여래의 공덕을 찬미하는 노래.

범퍼 (bumper)[명]〖공〗자동차의 앞뒤에 달아 놓아, 사고가 났을 때 충격을 완화시키는 장치. 🗌추돌 사고로 ~가 찌그러지다.

범:포 (犯逋)[명][하타] 국고(國庫)에 바칠 돈이나 곡식을 써 버림.

범:포 (帆布)[명] 돛의 천.

범:품 (凡品)[명] 평범한 물건.

범:필 (犯蹕)[명][하자] 임금이 거둥할 때에 연(輦)이나 가교(駕轎)에 가까이 접근하거나 앞을 지나가는 따위의 무엄한 짓을.

범:-하다 (犯-)[타어] 1 법률·규칙·도덕 등을 어기다. 🗌계율을 ~. 2 잘못을 저지르다. 🗌과오를 ~ / 실수를 ~. 3 남의 권리·정조·재산 등을 무시하거나 짓밟거나 빼앗다. 🗌유부녀를 ~ / 그는 어딘지 범하기 어려운 데가 있다. 4 들어가서는 안 되는 경계나 지역 따위를 넘어 들어가다. 🗌국경을 ~.

범:학 (梵學)[명] 1〖불〗불교에 관한 학문. 2 범어(梵語)에 관한 학문.

범:한 (犯限)[명][하자] 제한된 범위를 넘어서 행동함.

범:-해 (犯-)[명]〖민〗'인년(寅年)'의 속칭.

범:행 (犯行)[명][하자] 범죄 행위를 함. 또는 그 행위. 🗌~ 동기 / ~ 현장 / ~에 가담하다 / ~을 저지르다.

범:행 (梵行)[명]〖불〗1 불도의 수행. 2 맑고 깨끗한 행실.

범:호-밑 (-虎-)[-믿][명] 한자 부수(部首)의 하나《'處'·'虎' 등에서 '虍'의 이름》.

범:호-엄 (虎广)[명] 범호밑.

범:혼 (犯昏)[명] 날이 저물어 어둑어둑하여짐. 땅거미가 짐.

범:홀-하다 (泛忽-)[형어] 데면데면하여 탐탁하지 않다. 범:홀-히[부]

범:화 (汎化)[명]〖심〗특정한 자극에 대해 반응을 형성한 뒤, 그 자극과 약간 다른 자극을 주어도 같은 반응이 일어나는 현상.

범:휘 (犯諱)[명][하타] 1 웃어른의 이름을 함부로 부름. 2 남의 비밀을 들춰냄.

법 (法)[一명] 1 법률·법명·조례 등 구속력을 갖는 온갖 규칙과 규범. 🗌~의 존엄성 / ~을 제정하다 / ~을 준수하다 / ~을 어기다 / ~ 앞에 모든 사람은 평등하다. 2〖불〗삼보(三寶)의 하나. 3〖불〗물·심(心)·선·악의 모든 사상(事象). [二의명] 1 관형 '-는'·'-ㄴ' 뒤에 붙어, '으레 그렇게 됨' 또는 '으레 그러함'의 뜻을 나타내는 말. 🗌마음이 고운 사람이 아름다운 ~(겨울이 가면 봄이 오는 ~이다 / 남을 해치려 하면 오히려 제가 먼저 해를 입는 ~이다. 2 어미 '-는'·'-ㄴ' 뒤에 붙어, 태도나 습성 따위를 나타내는 말《흔히, '있다'·'없다'가 따름》. 🗌아무리 급해도 뛰는 ~이 없다. 3 어미 '-는'·'-ㄴ' 뒤에 붙어, 해야 할 도리나 정해진 이치. 🗌굶어 죽으라는 ~은 없다 / 혼자 갔다니 그런 ~이 어딨소 / 기대가 크면 실망도 큰 ~이다. 4 어미 '-는' 뒤에 붙어서, '방법'·'방식'을 나타내는 말. 🗌쓰는 ~ / 요리하는 ~. 5 어미 '-ㄹ'·'-을' 뒤에 붙어, 추측이나 가능성을 나타내는 말. 🗌그게 될 ~이나 한 말인가 / 날 아들을 ~도 한데 / 날이 저물었으니 돌아올 ~도 하다.

[법은 멀고 주먹은 가깝다] 사리를 따지기 전에 완력을 먼저 쓴다.

법 없이 살다[관] 마음이 착하고 곧아, 법의 규제가 없어도 바르게 산다.

-법 (法)[접] '방법' 또는 '방식'의 뜻을 나타냄. 🗌교수~ / 강조~ / 요리~.

법가 (法家)[一까][명]〖역〗중국 전국 시대에, 도덕보다 법을 중하게 여겨 형벌을 엄하게 하는 것이 나라를 다스리는 근본이라고 주장한 관자(管子)·한비자(韓非子) 등의 학파. 2 법률을 닦거나 법률에 정통한 학자. 3 예법을 중히 여기는 집안.

법가 (法駕)[一까][명]〖역〗조선 때, 임금이 거둥할 때 타던 수레의 한 가지.

법강 (法綱)[-깡][명] 법률과 기율. 법기(法紀).

법강 (法講)[-깡][명]〖역〗조선 때, 예식을 갖추어 임금 앞에서 하던 강의《하루에 세 차례 행하였음》.

법검 (法劒)[-껌][명]〖불〗부처의 가르침이 번뇌를 잘라 버리는 것을 칼에 비유한 말.

법계 (法系)[-께/-꼐][명]〖법〗다른 국가 사이나 민족 사이에서 서로 영향을 주고받아 형성된 법의 계통.

법계 (法戒)[-께/-꼐][명]〖종〗율법(律法).

법계 (法界)[-께/-꼐][명] 1〖불〗불법(佛法)의 범위. 2〖불〗불교도의 사회. 3 '법조계'의 준말.

법계 (法階)[-께/-꼐][명]〖불〗불도를 닦는 사람의 수행 계급.

법계-불 (法界佛)[-께-/-꼐-][명]〖불〗'여래(如來)'를 달리 일컫는 말.

법고 (法鼓)[-꼬][명] 1〖불〗부처 앞에서 치는,

쇠가죽으로 만든 작은 북. **2** 《불》 예불할 때
나 의식 때 치는 큰 북. **3** 《악》 '버꾸'의 본
딧말.

법-공양 (法供養)[-꽁-] 명 하자 《불》 **1** 불경을
남에게 읽어 들려 주거나 불경 등을 보시하
는 일. **2** 보살행을 닦아서 불법을 수호하고
중생을 이롭게 하는 일.

법과 (法科)[-꽈] 명 **1** 법률에 대한 과목. **2** 대
학에서, 법률을 연구하는 학과.

법과 대:학 (法科大學)[-꽈-] 명 법률에 관
한 학문을 배우고 연구하는 단과 대학. ☞법
대.

법관 (法官)[-꽌] 명 《법》 법원에 소속되어 소
송건을 심리하고, 분쟁이나 이해의 대립을
법률적으로 해결하고 조정하는 권한을 가진
사람. *사법관.

법구 (法句)[-꾸] 명 《불》 불경의 문구.

법구폐생 (法久弊生)[-꾸- /-꾸페-] 명 좋은
법도 세월이 오래되면 폐단이 생김.

법국 (法國)[-꾹] 명 '프랑스'의 한자 이름.

법권 (法眷)[-꿘] 명 《불》 같은 법문(法門)에서
수행하는 동료.

법권 (法圈)[-꿘] 명 《법》 **1** 공통된 법 체계를
가지는 일정한 지역. **2** 법역(法域)2.

법권 (法權)[-꿘] 명 **1** 법적인 권한. 법적
권한. **2** 국제법에서, 한 나라가 외국인에 대
하여 가지는 민사·형사의 재판권.

법규 (法規)[-꾸] 명 국민의 권리와
의무를 규정하여 활동을 제한하는 법률이나
규정. ▷~를 지키다 /~를 제정하다.

법규 명:령 (法規命令)[-꾸-녕] 명 행정권
에 따라 정립되는 법규로서의 성질을 가지는
일반적 명령.

법규범 (法規範)[-뀨-] 명 《법》 법을 구성하는
개개의 규범. 법률 규범.

법규 재량 (法規裁量)[-꾸-] 명 《법》 행정 기관
이 행정 처분을 내릴 때 관계 법규에 적합한
가를 판단하는 재량(행정 소송의 대상이 됨).
기속(羈束) 재량.

법규-집 (法規集)[-꾸-] 명 법규를 모아 놓은
책.

법금 (法禁)[-끔] 명 하타 《법》 법으로 금지하는
일.

법기 (法紀)[-끼] 명 법강(法綱).

법기 (法器)[-끼] 명 《불》 **1** 불도를 수행할 수
있는 소질이 있는 사람. **2** 불전에 공양할 때
쓰는 그릇. 불구(佛具).

법난 (法難)[법-] 명 《불》 교법을 널리 폄으로
해서 받는 박해. ▷사찰 난입 사건을 ~으로
규정하다.

법담 (法談)[-땀] 명 《불》 **1** 불법(佛法)을 이야
기함. **2** 좌담식으로 불교의 교리를 서로 묻고
대답함.

법답 (法畓)[-땁] 명 《불》 법사(法師)로부터 물
려받은 논밭.

법당 (法堂)[-땅] 명 불상(佛像)을 모시고
설법도 하는 절의 정당(正堂). 법전(法殿).

법대 (法大)[-때] 명 《교》 '법과 대학'의 준말.

법도 (法度)[-또] 명 **1** 법률과 제도. ▷~와 기
강을 세우다. **2** 생활상의 예법과 제도. ▷~
있는 생활 /~를 익히다 /~에 어긋나다 / 집
안의 ~를 따르다.

법도 (法道)[-또] 명 **1** 법률을 지켜야 할 도리.
2 불도(佛道)1.

법등 (法燈)[-뚱] 명 《불》 **1** 부처 앞에 올리는
등불. **2** 세상의 어둠을 밝히는 등불이라는 뜻
으로, 불법을 비유한 말.

법라 (法螺)[범나] 명 《악》 나각(螺角).

법랍 (法臘)[법납] 명 《불》 승려가 된 뒤로부터
치는 나이. 법세(法歲).

법랑 (琺瑯)[범낭] 명 광물을 원료로 하여 만든
유약(釉藥). 에나멜(enamel). 파란.

법랑-유 (琺瑯釉)[범낭-] 명 법랑으로 된 잿물.

법랑-질 (琺瑯質)[범낭-] 명 《의》 에나멜질.

법려 (法侶)[범녀] 명 《불》 불법(佛法)을 같이
배우는 벗.

법력 (法力)[범녁] 명 **1** 《법》 법률의 효력. **2**
《불》 불법(佛法)의 위력.

법령 (法令)[범녕] 명 《법》 법률과 명령의 통칭.
☞영(令).

법령 심:사권 (法令審査權)[범녕-꿘] 명 명
령·규칙·처분이 헌법과 법률에 위배되는지의
여부를 심사하는 권한.

법령-집 (法令集)[범녕-] 명 법령을 모아 엮어
놓은 책.

법례 (法例)[범녜] 명 《법》 법규의 적용 관계를
정한 법률이나 규정. ▷~집.

법례 (法禮)[범녜] 명 예법(禮法).

법론 (法論)[범논] 명 《불》 불법(佛法)에 관한
논의.

법류 (法類)[범뉴] 명 《불》 같은 종지(宗旨)로
같은 계통의 절이나 승려.

법륜 (法輪)[범뉸] 명 《불》 부처의 교법(教法).

법률 (法律)[범뉼] 명 《법》 사회생활을 유지하기
위한 강제적인 규범(입헌 국가에서는 국회의
의결을 거쳐서 정하는 것이 원칙임).

법률-가 (法律家)[범뉼-] 명 《법》 법률을 연구
하여 법률의 해석·적용 따위를 전문적으로
아는 사람. 율사(律士).

법률 가치 (法律價値)[범뉼-] 명 《법》 가치 판단
의 기준으로서 법률이 다른 규범에 대하여
가지는 가치.

법률 고문 (法律顧問)[범뉼-] 명 《법》 법률에 대
해서 어느 개인이나 단체의 자문에 응하여
의견을 말해 주는 직무. 또는 그 사람.

법률-관계 (法律關係)[범뉼- / 범뉼-계] 명
《법》 사회생활 가운데 법률에 의하여 규정되
는 관계.

법률 구:조 (法律救助)[범뉼-] 명 법률적인
문제에 대하여, 돈이나 법률 지식이 없는 사
람에게 소송 비용을 빌려 주거나 변호사를
선임하여 주는 사회 제도.

법률 규범 (法律規範)[범뉼-] 명 《법》 법 규범.

법률만능-사상 (法律萬能思想)[범뉼-] 명 《사》
모든 사회 문제를 법률로 해결할 수 있다고
보는 사상(사회생활에서 법률의 가치 및 기
능을 지나치게 중시함).

법률-문제 (法律問題)[범뉼-] 명 《법》 소송에
서, 사실 문제에 대해 그 사실에 대한 법률의
적용 및 해석의 문제.

법률 발안권 (法律發案權)[범뉼바란꿘] 명 《법》
법률안을 의회에 제출할 수 있는 권리.

법률 불소급의 원칙 (法律不遡及一原則)[범
뉼-쏘그베 / 범뉼-쏘그메-] 명 《법》 법률은 새
로 제정되었을 경우에 시행 이전에 일어난
사실에 소급하여 적용하지 않는다는 원칙.

법률 사:무소 (法律事務所)[범뉼-] 명 《법》 변호
사가 법률과 관련된 여러 사무를 취급하는 사
무소.

법률 사:실 (法律事實)[범뉼-] 명 《법》 법률 요건
을 구성하는 하나하나의 사실.

법률 사:항 (法律事項)[범뉼-] 명 《법》 헌법에서
법률로써 정하도록 규정한 사항.

법률-서 (法律書)[범뉼써] 명 **1** 법률에 관한

책. **2** 여러 가지 법률·명령을 모은 법규집.

법률-심 (法律審)[법뉼-] 〖법〗 소송 사건에 관하여 사실심이 행한 재판에 대하여 그 법령 위반의 유무만을 심사하여 재판하는 상급 심(上級審). ↔사실심.

법률 심사권 (法律審査權)[법뉼-꿘] 〖법〗 법 원이 재판할 때에 적용할 법률이 헌법에 적 합한 것인가를 심사하는 권한.

법률-안 (法律案)[법뉼안] 〖법〗 **1** 법안. **2** 법 률로 정하고자 하는 사항을 조목별로 정리하 여 국회에 제출하는 문서.

법률안 거 부권 (法律案拒否權)[법뉼란-꿘] 〖법〗 대통령이 의회에서 가결한 법률안에 대 한 동의를 거부할 수 있는 권한.

법률 요건 (法律要件)[법뉼료껀] 〖법〗 일정한 법률 효과를 발생시키기 위하여 필요한 사실 의 총체.

법률-적 (法律的)[법뉼쩍] 〖관〗〖명〗 법률과 관계되 는 (것).

법률 철학 (法律哲學)[법뉼-] 〖철〗 법철학.

법률-학 (法律學)[법뉼-] 〖법〗 법학.

법률 행위 (法律行爲)[법뉼-] 〖법〗 당사자의 의사에 의하여 일정한 사법적(私法的) 효과 를 발생시키는 행위.

법률-혼 (法律婚)[법뉼-] 〖법〗 혼인 신고 따 위와 같은 일정한 법률상의 절차를 거쳐서 성립되는 혼인. ↔사실혼.

법률혼-주의 (法律婚主義)[법뉼- / 법뉼-이] 〖명〗 일정한 법률상의 절차에 따라 비로 소 혼인의 성립을 인정하는 주의.

법률 효:과 (法律效果)[법뉼-] 〖법〗 법률 요건 이 갖추어짐으로써 생기는 법률상의 일정한 결과.

법리 (法吏)[법니] 〖명〗 사법 사무를 맡은 관리.

법리 (法理)[법니] 〖명〗 **1** 〖법〗 법률의 원리. **2** 〖불〗 불법(佛法)의 진리.

법리 철학 (法理哲學)[법니-] 〖철〗 법철학.

법리-학 (法理學)[법니-] 〖법〗 법철학.

법망 (法網)[범-] 〖명〗 범죄를 막기 위한 법적 규 제와 수단을 그물에 비유한 말. ▯~이 허술 하다 / ~에 걸리다 / ~을 피하다 / ~을 교묘 히 빠져나가다.

법맥 (法脈)[범-] 〖명〗〖불〗 불법이 전해 내려온 계맥(系脈).

법면 (法面)[범-] 〖명〗〖건〗 둑·호안(護岸)·절토 (切土) 등의 경사면.

법멸 (法滅)[범-] 〖명〗〖하자〗〖불〗 정법(正法)·상법 (像法)·말법(末法)의 삼시(三時)가 지나 불법 이 없어짐.

법명 (法名)[범-] 〖명〗〖불〗 **1** 승려가 되는 사람 또는 불교에 귀의한 재가자에게 종문에서 지 어 주는 이름. 승명(僧名). **2** 불가에서 죽은 사람에게 붙여 주는 이름. 계명.

법모 (法帽)[범-] 〖명〗 법관이 법정에서 법복을 입을 때 쓰는 규정된 형식의 모자.

법무 (法務)[범-] 〖명〗 **1** 법률에 관한 사무. **2** 〖불〗 절의 법회 의식을 맡은 사무. 또는 이것을 지 휘·감독하는 승직.

법무 (法舞)[범-] 〖명〗 궁중에서 정재(呈才) 때에 추던 춤.

법무-관 (法務官)[범-] 〖군〗 '군 법무관'의 준말.

법무-부 (法務部)[범-] 〖법〗 중앙 행정 기관 의 하나. 검찰·행형(行刑)·출입국 관리·인권 옹호 및 법무 행정에 관한 사무를 맡아봄.

법무-사 (法務士)[범-] 〖명〗 **1** 남의 위촉에 의하

여 보수를 받고 법원이나 검찰청 등에 제출 하는 서류를 작성하는 일을 업으로 하는 사 람. **2** 〖군〗 '군 판사(軍判事)'의 구칭.

법무-아문 (法務衙門)[범-] 〖명〗〖역〗 조선 말기 에, 사법 행정·경찰·사유(赦宥)의 사무를 관리하고 고등 재판소 이하의 각 재판소를 감독하던 관청.

법무 행정 (法務行政)[범-] 〖법〗 법률관계 및 시설의 구성·지휘 또는 감독에 관한 사무를 맡아서 처리하는 일. ▣법정(法政).

법문 (法文)[범-] 〖명〗 **1** 〖법〗 법령의 문장. **2** 〖불〗 불경의 글.

법문 (法門)[범-] 〖명〗〖불〗 중생을 열반에 들게 하는 문이라는 뜻으로, 부처의 가르침. ▯~ 에 귀의하다.

법문 (法問)[범-] 〖명〗〖하자〗〖불〗 불법(佛法)에 대 해서 묻고 대답하는 일.

법문-화 (法文化)[범-] 〖명〗〖하타〗〖법〗 법문으로 만 듦. 법문이 되게 함.

법물 (法物)[범-] 〖명〗〖불〗 법사(法師)에게서 물 려받은 논밭이나 금전 따위의 재물.

법변 (法㊀)[범-] 〖명〗〖한의〗 본디의 제조법대로 잘 만든 좋은 숙지황.

법보 (法寶)[-뽀] 〖명〗〖불〗 삼보(三寶)의 하나. '불경'을 보배에 비유한 말.

법복 (法服)[-뽁] 〖명〗 **1** 법정에서 판검사·변호사 등이 입는 옷. **2** 〖불〗 법의(法衣).

법사 (法司)[-싸] 〖명〗〖역〗 조선 때, 형조와 한 성부의 일컬음.

법사 (法事)[-싸] 〖명〗〖불〗 불사(佛事).

법사 (法師)[-싸] 〖명〗〖불〗 **1** 설법하는 승려. **2** 심법(心法)을 전해 준 스님. 법주(法主). **3** 불 법에 통달하고 청정한 수행을 닦아 남의 스 승이 되어 사람을 교화하는 승려.

법사 (法嗣)[-싸] 〖명〗〖불〗 법통(法統)을 이어받 은 후계자.

법사 당상 (法司堂上)[-싸-] 〖명〗〖역〗 조선 때, 형 조의 판서·참판·참의와 한성부의 판윤(判尹)· 좌윤(左尹)·우윤(右尹) 들의 일컬음.

법-사상 (法思想)[-싸-] 〖명〗〖법〗 법과 법 제도 에 관련되는 여러 문제에 대하여 각 시대의 사람들이 가지는 관념. *법철학.

법사 위원회 (法司委員會)[-싸-] 〖법〗 '법제 사법 위원회'의 준말.

법-사학 (法史學)[-싸-] 〖명〗〖법〗 인간의 법 생 활의 역사를 연구하는 학문.

법-사회학 (法社會學)[-싸-] 〖명〗〖사〗 법을 사 회 현상의 하나로 보고 법의 형성·발전·소멸 의 과정 따위를 분석 연구하는 학문.

법상 (法床)[-쌍] 〖명〗〖불〗 설법하는 승려가 올 라앉는 상.

법상 (法相)[-쌍] 〖명〗〖불〗 **1** 천지 만유의 모양. ↔법성(法性). **2** 제법의 모양을 설명하는 교 법.

법상-종 (法相宗)[-쌍-] 〖명〗〖불〗 유식(唯識)을 종지(宗旨)로 삼는 불교의 한 종파. 자은종.

법서 (法書)[-써] 〖명〗 **1** 법첩(法帖). **2** 법률 서 적. **3** 〖법〗 개인이 사사로이 쓴 법률책. *법 전(法典).

법서 (法誓)[-써] 〖명〗〖불〗 부처가 중생을 제도 (濟度)하려고 하는 서원.

법석 [-썩] 〖명〗〖하자〗 여러 사람이 어수선하게 떠 드는 모양. ▯~을 떨다 / ~을 피우다.

법석 (法席)[-썩] 〖명〗〖불〗 법회 때 대중(大衆) 이 둘러앉아서 불법을 강(講)하는 자리. 법연 (法筵).

법석-거리다 [-썩꺼-] 〖자〗 자꾸 법석이다. ▯잔 치 준비에 집안이 법석거렸다. **법석-법석** [-

썩빽썩] **튀하자**

썩석-대다[-썩-때-]　**자** 썩석거리다.

썩석-이다[-썩기-]　**자** 여러 사람이 소란스럽게 떠들다. ❏시장은 장을 보러 나온 사람들로 썩석였다.

법선 (法線)[-썬] 〖수〗 평면상의 곡선 위에 있는 임의의 점의 접선에 수직되는 직선.

법성 (法性)[-썽] 〖불〗 우주에 존재하는 모든 사물의 본성. ↔법상(法相).

법성 (法城)[-썽] 〖불〗 불법(佛法)이나 열반을 견고하고 안전한 성(城)에 비유하는 말.

법성 (法聲)[-썽] 〖불〗 1 설법하는 소리. 2 경전을 읽는 소리.

법성-종 (法性宗)[-썽-] 〖불〗 신라 5교의 하나로 일체 만유는 모두 같은 법성을 지녔으며 모든 중생은 성불할 수 있다는 종지(宗旨)를 편 불교의 한 종파(원효 대사가 개창(開創)하였음). 해동종.

법성-토 (法性土)[-썽-] 〖불〗 삼불토(三佛土)의 하나. 여래의 법신이 사는 정토.

법수 (法水)[-쑤] 〖불〗 불법(佛法)이 중생의 번뇌를 씻어 정(淨)하게 함을 물에 비유하여 일컫는 말.

법수 (法手)[-쑤] **명** 방법과 수단.

법수 (法首)[-쑤] 〖건〗 난간의 귀퉁이에 세운 기둥머리.

법수 (法數)[-쑤] **명** 〖수〗 '제수(除數)'의 구용어.

법술 (法術)[-쑬] **명** 1 방법과 기술. 2 방사(方士)의 술법(術法).

법술-사 (法術士)[-쑬-] **명** 술법(術法)으로 재주를 부리는 사람.

법시 (法施)[-씨] **명** 〖불〗 삼시(三施)의 하나. 곧, 타일러 깨달음을 베푸는 일.

법식 (法式)[-씩] **명** 1 법도(法度)와 양식. 2 방식. 3 〖불〗 부처 앞에 재를 올리는 의식.

법신 (法身)[-씬] **명** 〖불〗 1 삼신(三身)의 하나 《법계(法界)의 이치와 일치하는 부처의 몸. 또는 그 부처가 설한 정법(正法)》. 법계신(法界身). ↔보신·응신. 2 법체(法體)가 된 승려.

법신-덕 (法身德)[-씬-] **명** 〖불〗 열반을 얻은 사람에게 갖추어진 삼덕의 하나.

법신-불 (法身佛)[-씬-] **명** 〖불〗 삼신불(三身佛)의 하나. 대일여래불(大日如來佛)을 이르는 말. 비로자나불(毘盧遮那佛).

법-실증주의 (法實證主義)[-찔쭝-/-찔쭝-이] **명** 법학의 연구 대상을 실정법에만 국한하려는 주의.

법악 (法樂)[-악] **명** 〖악〗 1 나라에서 의식과 법도에 맞게 연주하는 정악(正樂). 2 불교의 엄숙한 음악.

법안 (法案)[-안] **명** 〖법〗 법률의 안건이나 초안. 법률안. ❏~을 심의하다 / ~이 의회를 통과하다.

법안 (法眼)[-안] **명** 〖불〗 불타의 오안(五眼)의 하나 《모든 법을 관찰하는 눈》.

법약 (法藥)[-약] **명** 〖불〗 중생의 번뇌를 없애는 불법을 약에 비유한 말.

법어 (法語)[-어] **명** 〖불〗 1 정법을 설하는 말이나 불교에 관한 글. 2 불어²(佛語)1.

법언 (法言) **명** 법도가 될 만한 정당한 말.

법언 (法諺) **명** 법에 관한 격언이나 속담.

법업 (法業) **명** 〖불〗 불사(佛事).

법역 (法域) **명** 1 법령의 효력이 미치는 지역적 범위. 2 법령의 적용 범위. 법권.

법연 (法筵) **명** 1 〖역〗 예식을 갖추고 임금이 신하를 접견하던 자리. 2 〖불〗 불전에 절하는 자리. 3 〖불〗 법석(法席).

1003　　　　　　　　　　　　　　　　　**법인체**

법열 (法悅) **명** 1 〖불〗 설법을 듣고 진리를 깨달아 마음속에 일어나는 기쁨. 법희(法喜). 2 참된 이치를 깨달았을 때에 느끼는 황홀한 기쁨.

법옹-사 (法翁師) **명** 〖불〗 노법사(老法師).

법왕 (法王) **명** 1 〖불〗 법문(法門)의 왕이라는 뜻으로, 석가여래를 달리 이르는 말. 2 〖가〗 교황(敎皇).

법외 (法外) **명** 법률이나 규칙이 적용되는 테두리 밖.

법요 (法要) **명** 〖불〗 1 불사(佛事)의 의식. 법회(法會). 2 부처의 가르침 가운데 요긴하고 주요한 점.

법우 (法友) **명** 〖불〗 불법(佛法)으로 맺어진 벗.

법우 (法雨) **명** 〖불〗 중생을 교화하여 사람들에게 덕화를 입힘을 비에 비유한 말《불법(佛法)의 은혜》.

법원 (法院) **명** 〖법〗 사법권을 행사하는 국가 기관. 소송 사건에 대하여 법률적 판단을 하는 권한을 가지며, 대법원·고등 법원·지방 법원·가정 법원 따위가 있음. 재판소.

법원 (法源) **명** 〖법〗 법의 연원(淵源), 즉 무엇이 법이라고 정할 때에 그 근거로서 드는 것. 성문법·불문법(不文法)으로 대별되나, 보통 법이 표현되는 성립 현상에 따라 법률·명령·관습법·판례 등으로 분류함.

법원 행정 (法院行政) 〖법〗 사법 행정.

법유 (法油) **명** 들기름.

법의 (法衣)[버비 / 버비] **명** 〖불〗 승려가 입는 가사나 장삼 따위의 옷. 법복.

법의 (法意)[버비 / 버비] **명** 〖법〗 법률의 근본 취지.

법의 (法義)[버비 / 버비] **명** 1 〖법〗 법의 의의. 2 〖불〗 불법의 근본 뜻.

법-의식 (法意識)[버비- / 버비-] **명** 〖법〗 사람들이 법에 대하여 갖는 사상·감정·인식·견해 따위를 일컬음.

법-의학 (法醫學)[버비- / 버비-] **명** 〖의〗 응용 의학의 한 분야. 의학을 기초로 법률적으로 사실 관계를 연구하고 해석하며 감정하는 학문《살인에 대한 사인(死因), 범행의 시각 판정, 혈액형에 의한 친자 감정 등을 행함》. 범죄 의학. 법의(法醫).

법익 (法益) **명** 〖법〗 법률에 의하여 보호되는 생활상의 이익 또는 가치.

법익-설 (法益說)[버빅썰] **명** 〖법〗 공법(公法)은 공익(公益)을, 사법(私法)은 사익(私益)을 목적으로 한다는 법률상의 학설.

법인 (法人) **명** 〖법〗 자연인이 아니고 법률상으로 인격을 인정받아서 권리 능력을 부여받은 주체《공법인(公法人)과 재단 법인·사단 법인 같은 사법인(私法人)의 두 종류가 있음》. 무형인(無形人). ↔자연인.

법인 (法印) **명** 〖불〗 불교를 외도(外道)와 구별하는 표지. 불법이 참되고 부동 불변함을 나타내는 표《소승 불교에서는 무상인(無常印)·무아인(無我印)·열반인(涅槃印)의 삼법인(三法印)으로 하고 대승 불교에서는 상인(相印)의 일법인(一法印)으로 함》.

법-인격 (法人格)[버빈껵] **명** 〖법〗 권리·의무의 주체가 될 수 있는 법률상의 인격《자연인과 법인이 가짐》.

법인-세 (法人稅)[버빈쎄] **명** 〖법〗 법인의 소득 등에 부과되는 국세.

법인-체 (法人體) **명** 〖법〗 법에 의해 권리와 의무를 가지는 단체나 기관.

법장 (法藏)[-짱] 명 《불》 불교의 교법. 또는 교법을 실천함으로써 쌓은 공덕.

법-적 (法的)[-쩍] 관형 법에 의한 (것). ☐ ~ 조치 / ~(인) 근거 / ~으로 보장되어 있다.

법적 (法跡)[-쩍] 명 《불》 불교가 퍼진 자취.

법전 (法典)[-쩐] 명 《법》 국가가 제정한 통일적·체계적인 성문 법규집. *법서(法書).

법전 (法殿)[-쩐] 명 1 《역》 임금이 조하(朝賀)를 받던 정전(正殿). 2 《불》 법당.

법전 (法煎)[-쩐] 명하타 《한의》 약방문에 적혀 있는 대로 약을 달임.

법정 (法廷·法庭)[-쩡] 명 《법》 법원이 소송 절차에 따라 송사를 심리하고 판결하는 곳. 재판정. ☐ ~ 진술 / ~에 출두하다 / 피고인으로 ~에 서다.

법정 (法定)[-쩡] 명하타 법률로 규정함. ☐ ~ 관리인 / ~ 시효가 지나다.

법정 (法政)[-쩡] 명 1 법률과 정치. 2 법률 운용면의 정치. 3 《법》 '법무(法務) 행정'의 준말.

법정 가격 (法定價格)[-쩡-까] 《법》 법령으로 규정한 가격.

법정 경찰 (法廷警察)[-쩡-] 《법》 개정(開廷) 중 법정 내의 질서를 유지하는 데 필요한 강제를 가하는 작용(법관이 행함).

법정 과실 (法定果實)[-쩡-] 《법》 어떤 물건을 사용한 대가로 받는 돈이나 물건(금리·임대료·지대(地代) 등). ↔천연 과실.

법정 관리 (法定管理)[-쩡-] 《법》 기업이 부채가 많아 운영이 어려울 때 법원에서 지정한 제삼자가 기업 활동 전반을 관리하는 일.

법정 금리 (法定金利)[-쩡-니] 《법》 법률로써 정하여진 금리. ☐ ~는 시중 금리보다 훨씬 낫다.

법정 기간 (法定期間)[-쩡-] 《법》 어떤 절차에 관하여 법률로 정하여진 기간(호적상의 신고 기간 따위).

법정 대리 (法定代理)[-쩡-] 《법》 본인의 위임에 의하지 않고 법률의 규정에 따라 당연히 발생하는 대리 관계. ↔임의 대리.

법정 대리인 (法定代理人)[-쩡-] 《법》 본인의 위임을 받지 않고도 법률의 규정에 따라 당연히 대리할 권리가 있는 사람(미성년자에 대한 친권자나 후견인 등). ↔임의 대리인.

법정 대위 (法定代位)[-쩡-] 《법》 보증인·연대 채무자 등 정당한 이해관계를 가지는 사람이 남의 빚을 갚아 줌으로써 채권자의 승낙 없이 당연히 대위하는 일.

법정 모욕죄 (法廷侮辱罪)[-쩡-쬐] 《법》 법원의 규칙·명령·권위에 대한 무시·불복종 또는 법원의 권위를 침해함으로써 성립되는 죄(법관이 독자적으로 직접 처벌할 수 있음).

법정-범 (法定犯)[-쩡-] 명 《법》 행위 자체에는 반도덕성이나 반사회성이 없으나 행정상의 필요에 따라 정해진 법규에 위반하는 행위. 행정범(行政犯). ↔자연범(自然犯).

법정 비가 (法定比價)[-쩡-까] 《법》 복본위제(複本位制) 국가에서, 법률로 규정한 금은(金銀)의 가치의 비율.

법정 상속분 (法定相續分)[-쩡-뿐] 《법》 법률에 정하여진 상속분.

법정 상속주의 (法定相續主義)[-쩡-주-/-쩡-쭈이] 《법》 상속인이 되는 사람을 법률로 정해서 임의로 변경하지 못하게 하는 주의.

법정-수 (法定數)[-쩡-] 명 《법》 법률 행위의 성립에 필요한 수효.

법정 의무 (法定義務)[-쩡-] 《법》 법률의 규정에 따라 당연히 지는 의무.

법정 이율 (法定利率)[-쩡-] 《법》 법률의 규정에 따라 정하여지는 이율.

법정 이자 (法定利子)[-쩡-] 《법》 법률의 규정에 따라 당연히 발생하는 이자(대차 쌍방 간에 약정이 없을 때 적용됨). ↔약정 이자.

법정 재산제 (法定財産制)[-쩡-] 《법》 부부간의 재산 관계를 법률로 정한 제도.

법정 적립금 (法定積立金)[-쩡쩡닙끔] 《경》 법정 준비금.

법정 전염병 (法定傳染病)[-쩡저념뼝] 전염병 예방법에서, 전염력이 강하고 사망률이 높기 때문에 관계 기관에 신고 및 격리 치료·소독 따위가 의무적으로 되어 있는 병(콜레라·장티푸스·말라리아 따위).

법정 준-비금 (法定準備金)[-쩡-] 《경》 주식회사가 상법의 규정에 따라 손실을 메울 목적으로 적립하는 준비금. 법정 적립금.

법정 증거주의 (法定證據主義)[-쩡-/-쩡-이] 《법》 재판관의 사실 인정은 반드시 일정한 증거에 의하여야 한다는 소송법상의 입장. ↔자유 심증주의.

법정 통화 (法定通貨)[-쩡-] 《경》 법률상 강제 통용력과 지불 능력이 인정된 화폐. 법정 화폐. 법폐. ⇨법화(法貨).

법정 투쟁 (法廷鬪爭)[-쩡-] 《법》 소송 당사자의 한쪽이 재판을 통하여 자기 주장이나 행위의 정당성을 대중에게 호소하는 투쟁.

법정 혈족 (法定血族)[-쩡-쪽] 《법》 사실상의 혈연관계는 없으나 법률상 혈연관계가 있는 것으로 취급되는 혈족(양자·양부모 따위). 준혈족(準血族). ↔자연 혈족.

법정-형 (法定刑)[-쩡-] 명 《법》 형법 등의 형벌 법규 가운데 각각의 범죄에 대해 규정되어 있는 형. *선고형.

법정 화폐 (法定貨幣)[-쩡-/-쩡-폐] 《경》 법정 통화.

법정 후-견인 (法定後見人)[-쩡-] 《법》 법률의 규정에 따라 당연히 후견인이 되는 사람.

법제 (法制)[-쩨] 명 《법》 1 법률과 제도. ☐ ~를 정비하다. 2 법률로 정해진 제도.

법제 (法製)[-쩨] 명 명하타 1 물건을 정해진 방식에 따라 그대로 만듦. 2 《한의》 약의 성질을 좀 다르게 가공할 때에 정해진 방법대로 함.

법제-사 (法制史)[-쩨-] 명 법제의 역사. 또는 그것을 연구하는 학문.

법제 사법 위원회 (法制司法委員會)[-쩨-버뷔-] 법제 사법에 관한 사항을 심의하는 국회의 상임 위원회. 소관 범위는 법무부·법제처·감사원·헌법 재판소·법원·군사 법원의 사법 행정·탄핵 소추·법률안과 국회 규칙안의 체계와 자구(字句)의 심사 등에 관한 사항을 심의함. ⓒ법사 위원회.

법-제자 (法弟子)[-쩨-] 명 《불》 불법(佛法)의 가르침을 받는 제자.

법제-처 (法制處)[-쩨-] 명 중앙 행정 기관의 하나. 국무총리 직속으로 국무 회의에 상정될 법령안과 총리령안(總理令案) 및 부령안(部令案)의 심사와 기타 법제에 관한 사무를 맡아봄.

법제-화 (法制化)[-쩨-] 명 명하타 법률로 정하여 놓음. ☐ ~를 강력히 요구하다.

법조 (法曹)[-쪼] 명 1 일반적으로 법률 사무에 종사하는 사람. 특히 판사·검사·변호사 등 법률의 실무에 종사하는 사람. 법률인.

법조 (法條)[-쪼] 명 법률의 조문.

법조-계 (法曹界)[-쪼-/-쪼계] 명 법률과

계 있는 사람들의 사회. ⑪법계.

법-조문(法條文)[-쪼-] 圄 법률의 규정을 조목조목 나누어서 적어 놓은 글.

법조-인(法曹人)[-쪼-] 圄 법조(法曹).

법주(法主)[-쭈] 圄 〖불〗 1 '부처'의 존칭. 2 한 종파의 우두머리. 3 설법을 주장하는 사람. 4 법회를 주재하는 사람.

법주(法酒)[-쭈] 圄 법식대로 만든 술.

법-주권(法主權)[-쭈꿘] 圄 〖법〗 의회에서 제정하는 법 자체에 주권이 존재한다고 보는 개념.

법지-법(法之法)[-찌-] 圄 법대로만 하여 조금도 융통성이 없음. ⬡~대로 다스리다.

법-질서(法秩序)[-찔써] 圄 법에 의하여 유지되는 질서. ⬡사회의 ~를 확립하다.

법-철학(法哲學) 圄 〖철〗 법의 본질·이념·가치 따위를 철학적으로 연구하는 학문. 법률철학. 법리 철학. 법리학.

법첩(法帖) 圄 잘 쓴 글씨로 만든 서첩(書帖). 법서(法書).

법청(法靑·砝靑) 圄 〖공〗 경태람(景泰藍)의 푸른빛 법랑(琺瑯)을 올려 만든 도자기의 빛.

법청(法廳) 圄 '사법 관청'의 준말.

법체(法體) 圄 〖불〗 1 우주 만유의 본체(本體). 2 승려의 모습.

법치(法治) 圄하타 법에 따라 나라를 다스림. 또는 그런 정치.

법치-국(法治國) 圄 법치 국가.

법치 국가(法治國家)[-까] 국민의 의사에 따라 제정된 법을 기초로 해서 권력을 행사하는 국가. 법치국. ⑪경찰국가.

법치-주의(法治主義)[-/-이] 圄 〖법〗 국가의 권력은 국민의 의사에 따라 제정된 법률에 바탕을 두어야 한다는 근대 입헌 국가의 정치 원리.

법칙(法則) 圄 1 꼭 지켜야만 하는 규범. 전칙(典則). ⬡~에 따르다 / ~을 지키다. 2 〖철〗 모든 사물과 현상의 원인과 결과 사이에 내재하는 보편적·필연적인 불변의 관계. 3 〖수〗 연산(演算)의 방식.

법칙 과학(法則科學)[-꽈-] 〖철〗 법칙의 정립을 목적으로 하는 과학. 곧, 자연 과학을 가리킴. ↔역사 과학.

법통(法統) 圄 1 〖불〗 불법(佛法)의 전통. 2 법의 계통이나 전통. ⬡전통 야당의 ~을 잇다.

법-평면(法平面) 圄 〖수〗 공간 곡선의 한 점을 지나며 그 점에서의 접선에 수직인 평면.

법폐(法幣)[-/-폐] 圄 〖경〗 법정 통화.

법풍(法風) 圄 〖불〗 마음의 번뇌를 날려 보낸다 하여 불법(佛法)을 바람에 비유한 말.

법-하다[버파-] 보형㉠ 과거 또는 현재의 일을 '그러한 듯싶다' 또는 '그러할 듯싶다'는 뜻으로 써서 추측이나 가능성을 나타내는 말. ⬡그럴 법한 일이다 / 그 답도 맞~.

법학(法學)[버팍] 圄 법질서와 법 현상 따위를 연구하는 학문. 법률학.

법학-도(法學徒)[버팍또] 圄 법학을 배우고 연구하는 학생.

법학-자(法學者)[버팍짜] 圄 법학을 연구하는 학자. 법률학자.

법해(法海)[버패] 圄 〖불〗 바다처럼 깊고 넓은 불법의 세계.

법험(法驗)[버펌] 圄 〖불〗 불법을 닦아 나타나는 효험.

법형(法兄)[버평] 圄 〖불〗 한 스승에게서 법을 같이 받은 사람을 높여 일컫는 말.

법호(法號)[버포] 圄 〖불〗 승려가 본명 외에 갖는 호.

법화(法花)[버퐈] 圄 〖공〗 1 중국 원나라·명나라 때, 꽃무늬를 넣어 만든 도자기. 2 무늬가 있는 도자기를 진흙의 선으로 윤곽을 그리고, 이 윤곽을 경계로 하여 남빛·자줏빛·누른빛 등의 여러 가지 안료(顔料)의 잿물을 입히어 만든 자기.

법화(法貨)[버퐈] 圄 '법정 통화'의 준말.

법화(法話)[버퐈] 圄 〖불〗 불법(佛法)에 관한 이야기.

법화-경(法華經)[버퐈-] 圄 〖불〗 '묘법연화경(妙法蓮華經)'의 준말.

법화 삼매(法華三昧)[버퐈-] 〖불〗 한결같은 마음으로 법화경을 읽어서 그 묘한 이치를 깨닫는 일.

법화-삼부경(法華三部經)[버퐈-] 圄 〖불〗 법화부의 삼경(三經). 곧, 무량의경(無量義經)·묘법연화경(妙法蓮華經)·관보현경(觀普賢經).

법화-종(法華宗)[버퐈-] 圄 〖불〗 천태종의 딴 이름으로, 법화경을 종지(宗旨)로 한 종파.

법황(法皇)[버황] 圄 교황(敎皇).

법회(法會)[버푀] 圄 〖불〗 1 설법하는 모임. 2 죽은 사람을 위해 재를 올리는 모임.

벗¹[벋] 圄 1 염전에 걸어 놓고 소금을 굽는 가마. 2 '벗집'의 준말.

벗²[벋] 圄 1 비슷한 나이에 서로 친하게 지내는 사람. 붕우(朋友). 우인(友人). 친구. ⬡~을 사귀다 / ~을 청하다 / 오랜만에 반가운 ~을 만나다. 2 늘 가까이하여서 심심함이나 지루함을 달래는 사물의 비유. ⬡자연을 ~ 삼아 지내다 / 책은 평생의 ~이다.
[벗 따라 강남 간다] ㉠벗을 따라서는 먼 길이라도 간다. ㉡자신은 하기 싫지만 남의 권유에 따라 마지못해 따라 한다.

벗³[벋] 圄 불을 피울 때에 불씨에서 불이 옮아 붙는 장작이나 숯.

벗-가다[벋까-] 쟈 '벗나가다'의 준말.

벗-개다[벋깨-] 쟈 안개나 구름이 걷히고 날이 맑게 개다.

벗-걸다[벋껄-] [벗걸어, 벗거니, 벗거는] 쟈 염전에 소금 굽는 가마를 걸다.

벗겨-지다[벋껴-] 圄 벗김을 당하여 벗어지다. ⬡베일이 ~ / 신발이 잘 벗겨지지 않는다 / 칠이 벗겨졌다 / 억울한 누명이 ~.

벗기다[벋끼-] 타 1 ('벗다'의 사동) 입은 옷을 벗게 하다. ⬡아이의 옷을 벗기고 씻어 주다. 2 껍질이나 가죽을 떼어 내다. ⬡바나나 껍질을 벗겨 먹다. 3 거죽을 긁어 내다. ⬡때를 ~ / 칠을 ~. 4 씌웠거나 덮었던 것을 걷어 내다. ⬡뚜껑을 ~. 5 잠기거나 걸린 것이 열리게 하다. ⬡빗장을 ~. 6 감추어진 것이 드러나게 하다. ⬡우주의 신비를 ~. 7 누명 따위에서 벗어나게 하다. ⬡혐의를 ~ / 누명을 ~.

벗기다타 〈옛〉 베끼다. 복사하다.

벗-나가다[벋-] 쟈 1 테두리 밖으로 벗어져 나가다. 2 성격이나 행동이 비뚤어지다. ⬡순진하지 못하고 벗나가기만 한다. ⑪벗가다.

벗-님[번-] 圄 '벗'을 다정하게 이르는 말. ⬡세상 ~네들 내 말 좀 들어 보소.

벗다¹[벋따] 쟈 벗어지다. ⬡촌티가 ~ / 기미가 ~ / 허물이 ~.

벗다²[벋따] 타 1 옷·모자·신 등을 몸에서 떼어 내다. ⬡외투를 ~. 2 의무나 누명 또는 책임 등을 면하다. ⬡책임을 ~. 3 졌던 짐을 내려놓다. ⬡배낭을 ~. 4 빚을 다 갚다. 5

동물이 껍질·허물·털 따위를 갈다. ▫뱀이 허물을 ~. **6** 잘못된 생각이나 습관 따위를 고치어 바로잡다. ▫구습을 벗어 버리다. **7** 어수룩하거나 미숙한 태도를 떨어 내다. ▫도시 생활 1년에 어느덧 촌티를 ~.

벗:-바리 [번빠-] 똉 뒷배를 봐 주는 사람.
　벗바리(가) 좋다 뒷배를 봐 주는 사람이 많다.

벗-새 똉 ☞ 볏새.

벗어-나다 四타 **1** 어려운 일이나 처지에서 헤어나다. ▫중책에서 ~. **2** 구속이나 장애로부터 자유롭게 되다. ▫시험에서 ~. **3** 남의 눈에 들지 못하다. ▫주인의 눈에서 ~. **4** 규범이나 이치, 체계 등에 어긋나다. ▫예의에 벗어난 행동을 하다. **5** 금·테 따위의 밖으로 비어져 나가다《비유적으로도 씀》. ▫인공위성이 궤도에서 ~ / 졸작이라는 평을 벗어나지 못했다.

벗어난-그림씨 똉『언』'불규칙 형용사(不規則形容詞)'의 풀어쓴 말.

벗어난-움직씨 똉『언』'불규칙 동사(不規則動詞)'의 풀어쓴 말.

벗어난-풀이씨 똉『언』'불규칙 용언(不規則用言)'의 풀어쓴 말.

벗어-던지다 타 낡은 틀이나 방법 따위를 과감히 벗어 내치다. ▫체면을 ~.

벗어-부치다 타 힘차게 대들 기세로 옷을 벗다. ▫옷을 벗어부치고 물에 뛰어들다.

벗어-젖히다 [버서저치-] 타 옷 따위를 힘차게 벗다. ▫웃통을 ~.

벗어-제끼다 타 ☞ 벗어젖히다.

벗어-제치다 타 ☞ 벗어젖히다.

벗어-지다 四 **1** 옷·모자·신 등이 몸에서 떨어져 나가다. ▫신이 ~. **2** 덮었거나 얽혔거나 가리었던 물건이 그 자리에서 물러나다. ▫포장이 바람에 벗어졌다. **3** 머리카락이나 몸의 털 따위가 빠지다. ▫이마가 ~. **4** 무엇에 스쳐 거죽 따위가 깎이다. ▫넘어져 무릎이 ~. **5** 누명·죄 따위가 없어지다. ▫억울한 누명이 ~. **6** 칠 따위가 바래거나 날다. ▫칠이 ~. **7** 때나 기미 따위가 없어져 미끈하게 되다. ▫촌티가 ~.

벗-집 [번찝] 똉 염전에 벗을 걸어 놓고 소금 굽는 시설을 하여 놓은 집. ㉤벗.

벗:-트다 [번-] [벗터, 벗트니] 四 서로 쓰던 경어를 그만두고 터놓고 지내기 시작하다.

벗풀 [번-] 똉『식』택사과의 여러해살이풀. 못이나 무논 따위에 남. 쇠귀나물과 비슷하며, 높이 70 cm가량. 잎은 뿌리에서 뭉쳐나고, 여름에 흰 꽃이 핌. 관상용임.

벗:-하다 [버타-] 四오 **1** 벗으로 삼다. 벗으로 지내다. ▫자연과 ~. **2** 서로 경어를 쓰지 않고 허물없이 사귀다. ▫나이에 상관없이 서로 벗하며 지낸다.

벙거지 똉 **1** 예전에, 털로 검고 두껍게 만든, 갓처럼 쓰던 물건《군인·하인들이 썼음》. **2**〈속〉모자.
　[벙거지 시울 만지는 소리] 애매하고 모호해서 알 수 없는 말.

벙거짓-골 [-지꼴 / -짇꼴] 똉 전골을 지지는 그릇.

벙그레 晃헤 입을 약간 크게 벌리고 소리 없이 부드럽게 웃는 모양. ㉤방그레. ㉣뻥그레.

벙글-거리다 四 입을 조금 크게 벌리고 소리 없이 부드럽게 자꾸 웃다. ㉤방글거리다. ㉣뻥글거리다. **벙글-벙글** 晃헤四

벙글-대다 四 벙글거리다.

벙긋 [-귿] 四 벙글거리다.

벙긋 [-귿] 晃헤 소리 없이 입만 벌리고 가볍게 한 번 웃는 모양. ㉤방긋. ㉣뻥긋·뻥끗.

벙긋-거리다 [-끄거-] 四 입을 조금 크게 벌리고 소리 없이 가볍게 자꾸 웃다. ㉤방긋거리다. **벙긋-벙긋** [-귿뻥긋] 晃헤四

벙긋-대다 [-귿때-] 四 벙긋거리다.

벙긋-이 [-귿-] 晃 벙긋하게. ㉤방긋이.

벙긋-하다 [-그타-] 헤오 입이나 문 따위의 틈새가 조금 크게 벌어져 있다. ㉤방긋하다. ㉣뻥긋하다·뻥끗하다.

벙끗 [-끋] 晃헤 입을 크게 벌리고 소리 없이 살짝 한 번 웃는 모양. ㉤방끗. ㉣뻥끗.

벙끗-거리다 [-끄거-] 四 입을 크게 벌리고 소리 없이 가볍게 자꾸 웃다. ㉤방끗거리다. **벙끗-벙끗** [-끋뻥끗] 晃헤四

벙끗-대다 [-끋때-] 四 벙끗거리다.

벙끗-이 晃 벙끗하게. ㉤방끗이.

벙끗-하다 [-끄타-] 헤오 입이나 문 따위의 틈새가 조금 크게 벌어져 있다. ▫입도 벙끗하지 마라. ㉤방끗하다.

벙벙-하다 헤오 **1** 얼빠진 사람처럼 멍하다. ▫어안이 ~. ㉥벙하다. **2** 물이 넘칠 듯이 그득히 괴어 있다. ▫바닥에 물이 ~ / 홍수로 들판에도 벙벙하게 물이 찼다. **벙벙-히** 晃. ㉥벙히.

벙시레 晃헤 소리 없이 입을 약간 벌려 평화롭게 웃는 모양. ㉤방시레. ㉣뻥시레.

벙실-거리다 四 소리 없이 입만 약간 벌려 복스럽게 자꾸 웃다. ▫아기가 ~. ㉤방실거리다. **벙실-벙실** 晃헤四

벙실-대다 四 벙실거리다.

벙싯 [-싣] 晃헤 입을 조금 크게 벌려 소리 없이 부드럽고 가볍게 한 번 웃는 모양. ㉤방싯. ㉣뻥싯.

벙싯-거리다 [-싣꺼-] 四 입을 좀 크게 벌려 소리 없이 부드럽고 가볍게 자꾸 웃다. ▫아이처럼 벙싯거리며 좋아했다. ㉤방싯거리다. **벙싯-벙싯** [-싣뻥싯] 晃헤四

벙싯-대다 [-싣때-] 四 벙싯거리다.

벙어리 똉 선천적 또는 후천적으로 청각과 언어 능력을 잃은 사람《듣기는 하나 발음 기관에 탈이 나서 말을 못하는 수도 있음》. 아자(啞子). ▫~ 노릇.
　[벙어리 냉가슴 앓듯] 답답한 사정이 있어도 남에게 말하지 못하고 혼자만 괴로워하며 걱정함. [벙어리 속은 그 어미도 모른다] 설명을 듣지 않고는 그 내용을 알 수 없다. [벙어리 재판] 옳고 그름을 가리기가 매우 곤란한 일을 비유적으로 이르는 말.

벙어리 호적(胡狄)을 만나다 입을 다물고 말을 하지 않음의 비유.

벙어리-매미 똉『충』매미의 암컷《울지 못함》.

벙어리-뻐꾸기 똉『조』두견잇과의 새. 뻐꾸기와 비슷하며 날개 길이 18~21 cm, 공지의 길이는 12~17 cm, 등은 회색, 배 부분은 누런 갈색에 검은 무늬가 있음. 봄에 다른 새의 둥지에 알을 낳음. 곤충을 잡아먹고 삶.

벙어리-장갑 (-掌匣) 똉 엄지손가락만 따로 가르고 나머지 네 손가락은 한데 들어가도록 만든 장갑.

벙어리-저금통 (-貯金筒) 똉 푼돈을 넣어 모으는 데 쓰는 조그마한 저금통.

벙커 (bunker) 똉 **1** 배의 석탄 창고. **2** 골프장의 코스 중, 모래로 이루어진 우묵한 곳. **3**『군』엄폐호(掩蔽壕).

벙커시-유 (bunker C油) 명 대형 내연 기관·보일러 따위의 연료로 쓰이는 중유《점착성이 강하고 탄소분이 많음》.

벙테기 명 '벙거지'의 낮춤말.

벙:-하다 형여 '벙벙하다'의 준말. 벙:-히 부 '벙벙히'의 준말.

벙글다 자 〈옛〉 사이가 틀리어서 벌다.

벙긋다 자 〈옛〉 사이가 틀리어서 벌다.

벚 [벋] 명 '버찌'의 준말.

벚-꽃 [벋꼳] 명 벚나무의 꽃. 앵화(櫻花).

벚-나무 [번─] 명 〔식〕 장미과의 낙엽 활엽 교목. 산지·촌락 부근에 나는데, 높이 6~9 m. 잎은 타원형. 봄에 담홍색 다섯잎꽃이 잎보다 먼저 핌. 열매인 버찌는 여름에 검은 자주색으로 익음. 관상용이며, 열매는 식용하고 나무껍질은 약용함. 화목(樺木).

베 명 1 삼실·무명실·명주실 따위로 짠 피륙. □~를 짜다. 2 '삼베'의 준말.

베갈기다 자 당연히 가야 하는데도 가지 않다.

베개 명 자거나 누울 때에 머리를 괴는 물건. □~를 베다 / ~를 고이다 / 눈물이 흘러 ~ 적시다.

베개를 높이 베다 귀 안심하고 편안하게 푹 자거나 태평스럽게 지내다.

베갯-머리 [─갠─] 명 베개를 베고 누웠을 때에 머리가 향하는 곳. 침두(枕頭). 침변(枕邊).

베갯머리-송사 [─訟事] 명 베갯밑공사.

베갯-모 [─갠─] 명 베개의 양 끝에 대는 꾸밈새《조그마한 널조각에 수놓은 헝겊으로 덮어 끼우는데 네모진 것과 둥근 것이 있음》.

베갯밑-공사 [─갠믿─] [─갠밑꽁─] 명 잠자리에서 아내가 남편에게 바라는 바를 속삭이며 청하는 일. 베갯머리송사.

베갯-속 [─개쏙 / ─갠쏙] 명 베개의 속에 넣어서 통통하게 만드는 물건《왕겨·조·메밀 겉껍질·새털 따위》. [헝겊.

베갯-잇 [─갠닏] 명 베개의 겉을 씌워서 시치는

베:-거리 명하타 꾀를 써서 남의 속마음을 슬쩍 떠보는 짓.

베고니아 (begonia) 명 〔식〕 베고니아과의 상록 여러해살이풀. 높이는 60 cm가량, 잎은 기름한 심장형으로 어긋맞게 남. 9 월경 가지 끝에 선홍색의 크고 아름다운 꽃송이를 이루어 핌. 추해당(秋海棠).

베끼다 타 글이나 그림 따위를 원본 그대로 옮겨 쓰거나 그리다. □친구의 숙제를 그대로 베껴서 내다.

베네딕트-회 (Benedict會) 명 〔가〕 529 년 이탈리아의 성(聖) 베네딕트가 창설한 수도 단체. 청빈(淸貧)·정절(貞節)·복종의 의무를 중히 여기고 오로지 수행(修行)과 노동에 종사함.

베네룩스 (Benelux) 명 벨기에·네덜란드·룩셈부르크 세 나라의 머리글자를 딴 명칭.

베네치아-파 (Venezia派) 명 〔미술〕 르네상스 시대에 이탈리아의 베네치아를 중심으로 일어난 회화의 한 파(派).

베누스 (Venus) 명 로마 신화에 나오는 미와 사랑의 여신. 비너스.

베니션 블라인드 (Venetian blind) 목판·금속판·플라스틱 등의 가늘고 긴 얇은 쪽을 같은 간격으로 가로로 늘어뜨린 블라인드《좌우 양쪽에 끈을 매달아 미늘을 여닫게 됨》.

베니어 (veneer) 명 1 합판 제조용의 얇은 판자. 베니어판. 2 베니어합판.

베니어-판 (veneer板) 명 1 베니어 1. 2 베니어합판. □~으로 둘러친 허술한 천막.

베니어-합판 (veneer合板) 여러 겹의 얇은 판자를 수축하거나 굽지 않도록 결이 엇갈리

게 붙여 만든 널빤지. 베니어. 베니어판. 합판.

베다 (산 Veda) 명 〔종〕 브라만교 사상의 근본 성전(聖典)《인도의 가장 오랜 종교 문헌》.

베:-다 타 베개 따위로 머리 아래를 받치다. □베개를 ~ / 엄마의 무릎을 베고 눕다.

베:-다² 타 1 날이 있는 연장 따위로 물건을 끊거나 자르거나 가르다. □낫으로 풀을 ~. 2 날이 있는 물건으로 상처를 내다. □칼질을 하다 손을 ~.

베델른 (독 Wedeln) 명 스키에서, 좌우로 작게 스키를 흔들며 움직이는 활주 방법.

베도라치 명 〔어〕 황줄베도라치과의 바닷물고기. 길이는 18 cm가량, 몸은 길고 납작하며, 머리·눈이 작고 옆줄이 없으며 배지느러미가 짧음. 등근비늘로 온몸이 덮여 있음. 빛은 흙갈색임. 식용함.

베-돌다 [베돌아, 베도니, 베도는] 자 한데어울리지 않고 따로 떨어져 밖으로만 돌다. □겉으로만 ~. ☞배돌다.

베돌-이 명 일을 하는데 한데 어울리지 않고 따로 베도는 사람.

베드 신 (bed+scene) 연극·영화·텔레비전 등에서, 정사(情事) 장면.

베드-타운 (bed+town) 명 잠만 자는 도시라는 뜻에서, 대도시 주변에 생긴 주택 지구.

베란다 (veranda) 명 양옥에서, 집채의 앞쪽으로 넓은 툇마루같이 튀어나오게 잇대어 만든 부분.

베레 (프 béret) 명 챙이 없고 둥글납작하게 생긴 모자. 베레모(帽).

베레-모 (béret帽) 명 베레.

베르무트 (프 vermouth) 명 리큐어의 한 가지. 포도주에 베르무트 초(草) 등 50여 종의 향료를 우려서 만든 술.

베르사유 조약 (Versailles條約) 〔역〕 1919 년 6 월, 제1차 세계 대전의 전후 처리를 위해 연합국과 독일 사이에 체결된 평화 조약.

베리에이션 (variation) 명 〔악〕 변주곡.

베리-줄 명 절체의 앞뒤 마구리 양쪽 끝에 건너질러 맨 굵은 새끼.

베릴륨 (beryllium) 명 〔화〕 알칼리 토금속의 금속. 녹주석(綠柱石) 속에 있는 은백색의 금속《성질은 알루미늄과 비슷하며 원자로의 감속재 등으로 씀》. [4 번: Be : 9.012]

베-목 (─木) 명 삼으로 짠 옷감.

베 바트론 (bevatron) 명 〔물〕 양성자(陽性子) 가속 장치의 한 가지《6.2 베브(Bev), 곧 62억 전자볼트의 양성자를 낸다 하여 이 명칭이 붙었음》.

베-보 (─褓) 명 삼베로 만든 보자기.

베-붙이 [─부치] 명 모시실·베실 등으로 짠 피륙. 포속(布屬).

베브 (Bev) 의명 〔billion electron volt〕 〔물〕 10억 전자볼트《소립자가 갖는 에너지를 나타내는 단위》.

베서을다 타 〈옛〉 베어 썰다.

베스트 멤버 (best member) 명 가장 우수한 선수를 갖춘 팀. 또는 그 선수들.

베스트-셀러 (best seller) 명 어떤 기간에 가장 많이 팔린 물건. 인기 상품. □~ 작가.

배슥-거리다 [─꺼─] 자 어떤 일에 대하여 탐탁스럽게 여기지 않고 자꾸 동떨어져 행동하다. ☞배슥거리다. 배슥-배슥 [─빼─] 부자타

배슥-대다 [─때─] 자 배슥거리다.

배슥-이 부 배슥하게. ☞배슥이.

배슥-하다 [─스카─] 형여 힘없이 한쪽으로 약간 기울어져 있다. ☞배슥하다.

베슬-거리다 困 베슬거리는 태도로 슬슬 베돌다. ③배슬거리다. **베슬-베슬** 튀ㅎ다困

베슬-대다 困 베슬거리다.

베-실 圀 삼 껍질로 만든 실. 마사(麻絲).

베어링 (bearing) 圀 회전 운동 및 직선 운동을 하는 굴대를 받치는 기구. 축받이.

베-올 圀 베의 실 가닥. □~이 거칠다.

베-옷 [-옫] 圀 베붙이로 만든 옷. □~과 무명옷 / ~을 걸치다.

베왇다 퇴 〈옛〉 물리치다. 밀치다.

베이다 困퇴 ('베다'의 피동) 연장으로 벰을 당하다. □기계톱으로 베인 나무 / 연필을 깎다가 칼날에 손이 ~.

베이스 (base) 圀 야구에서, 내야의 네 귀퉁이에 놓아 두는 방석같이 생긴 물건. 또는 그것의 위. 누(壘).

베이스 (bass) 圀〖악〗 **1** 남성의 가장 낮은 음역. 또는 그 음역의 가수. **2** '콘트라베이스'의 준말. **3** 기악 합주곡에서 최저 음부를 맡는 악기들. **4** 대위법(對位法)의 악절에서 가장 낮은 성부. 바스(Bass).
베이스(를) 넣다 귄 ㉠저음(低音)으로 반주를 넣다. ㉡옆에서 남의 말을 거들어 주다.

베이스 드럼 (bass drum) 〖악〗'큰북'의 영어명.

베이스 라인 (base line) **1** 테니스 코트의 한계선. **2** 야구에서, 베이스와 베이스를 연결하는 선. □타구가 ~을 벗어나 파울 볼이 되다.

베이스-캠프 (base camp) 圀 **1** 등산이나 탐험에서, 근거지로 삼는 고정 천막. **2** 외국군의 주둔 기지.

베이스 클레프 (bass clef) 〖악〗'낮은음자리표'의 영어명.

베이스 트롬본 (bass trombone) 〖악〗 저음을 내는 트롬본.

베이식 (BASIC) 圀 〔Beginner's All-purpose Symbolic Instruction Code〕〖컴〗 초보자를 위한 간이(簡易) 프로그래밍 언어(문법이 간단하고 프로그램의 편집·수정이 쉬움).

베이지 (beige) 圀 엷고 밝은 갈색. 낙타색.

베이지-색 (beige色)圀 베이지. □ ~ 승용차.

베이징-인 (종 北京人) 중국 베이징의 서남방 40 km 지점인 저우커우뎬(周口店)의 동굴에서 발견된 화석 인류(化石人類)(인류와 유인원(類人猿)의 중간인 것으로, 약 4만 년 전에 생존하였으리라고 추정되는 최고(最古)의 인류). 북경인(北京人). 북경 원인(原人).

베이컨 (bacon) 圀 돼지고기를 소금에 절여 훈연하거나 삶아 말린 식품(주로 돼지의 등과 배의 살로 만듦).

베이클라이트 (bakelite) 圀 페놀과 포름알데히드를 반응시켜서 만든 인조 수지의 상표명(열·전기의 부도체로 전기 절연물 제조에 씀).

베이킹-파우더 (baking powder) 圀 비스킷·과자·빵 따위를 구을 때 부풀게 하는 데 쓰는 가루.

베일 (veil) 圀 **1** 여자들이 얼굴을 가리거나 장식에 쓰는 얇은 망사(머리에 쓰거나 모자 차양자리에 닮). □~을 쓰다 / ~로 가리다. **2** 비밀스럽게 가려져 있는 상태의 비유. □~에 싸이다 / 신비의 ~을 벗기다.

베-자루 圀 베로 만든 자루. 포대(布袋).

베-잠방이 圀 베로 지은 짧은 남자용 홑바지.

베-전 (-廛)圀〖역〗 포전(布廛).

베정적 圀퇴자 폭행이나 위협에 대해 마구 떠들면서 대드는 짓.

베짱-베짱 튀 베짱이가 잇따라 우는 소리.

베짱이 圀〖충〗 여칫과의 곤충. 인가 부근의 풀숲에 살고 벼메뚜기만 하며 몸빛은 엷은 갈색임. 산란관은 짧고 칼 모양이며, 더듬이는 갈색으로 몸 보다 길. '베짱베짱' 하고 욺.

베크렐-선 (Becquerel線) 圀〖물〗 우라늄에서 나오는 방사선의 예전 일컬음. 현재는 알파선(α線)·베타선(β線)·감마선(γ線)으로 불림. 프랑스의 물리학자 베크렐이 발견하였음.

베타 (그 β) 圀 그리스 어 자모의 둘째 글자.

베타 버전 (beta version) 〖컴〗 소프트웨어를 정식으로 발매하기 전에 시험용으로 배포하는 제품.

베타 붕괴 (β崩壞) 〖물〗 원자핵을 구성하는 중성자가 β입자를 방출하고 양성자로 변환하는 원자핵의 붕괴.

베타-선 (β線) 〖물〗 방사성 원소에서 나오는 방사선의 일종(고속도의 β입자로 이루어지는데, 음전기를 가지며 화학 작용·사진 작용·형광 작용을 함).

베타-성 (β星) 〖천〗 한 별자리 가운데 두 번째로 밝은 별. 차성(次星).

베타 입자 (β粒子)[-짜] 〖물〗 베타선을 형성하는 전자(電子) 또는 양전자.

베타트론 (betatron) 圀〖물〗 고전압을 쓰지 않고 쓴 것과 같은 정도로 전자를 가속하는 장치.

베테랑 (프 vétéran) 圀 어떤 방면에 오랫동안 일해서 그 분야의 기술이나 기능이 뛰어난 사람. 숙련가. 전문가. □ ~ 수사관.

베-틀 圀 명주·무명·삼베 등의 피륙을 짜는 틀. □ ~을 돌리다.

베틀-가 (-歌) 圀〖악〗 구전(口傳) 민요의 하나. 부녀자들이 베틀에서 피륙을 짜면서 그 과정을 부른 4·4조의 노래.

베틀-다리 [-따-] 圀 베틀에 가로질러 놓은 굵고 긴 나무. 베틀 다리. 누운다리.

베틀-신 圀 베틀의 용두머리를 잡아 돌리기 해 신끈에 잡아맨 신.

베틀-신끈 [-끈] 圀 베틀신대의 끝과 베틀신을 연결하는 끈. 신꼰줄.

베틀-신대 [-때] 圀 베틀의 용두머리 중간에 박아 뒤로 내뻗은, 조금 굽은 막대.

베풀다 (베풀어, 베푸니, 베푸는)퇴 **1** 일을 차리어 벌이다. □잔치를 ~. **2** 남에게 돈을 주거나 일을 도와서 은혜를 받게 하다. □인정《동정》을 ~.

베프다 퇴 〈옛〉 베풀다.

벡터 (vector) 圀 **1** 〖물〗 한 점에서 다른 점을 향하는 방향을 가진 선분으로 표시되는 양 《힘·속도·가속도 등을 나타냄》. ＊스칼라. **2** 〖심〗 개체 내부의 긴장이 생긴 추진력.

벡터 심리학 (vector心理學)[-니-] 독일의 심리학자 레빈의 심리학 체계 가운데 역학적 문제를 연구하는 분야《심리학적 힘·유발성·긴장 등의 개념 위에 섬》.

벤 (이 ben) 圀〖악〗'충분히'의 뜻.

벤 다이어그램 (Venn diagram) 〖수〗 원이나 직사각형을 써서 부분 집합·합집합·교집합 따위의 관계를 나타낸 도식. 영국의 논리학자 벤이 고안했음.

벤젠 (benzene) 圀〖화〗 콜타르를 분류(分溜)하고 정제한 무색의 휘발성 액체《특이한 냄새가 나고 기름을 잘 녹임. 방향족 화합물의 모체로 용해제·염료·향료·폭약 따위의 원료로 씀》. 벤졸.

벤젠 중독 (benzene中毒) 벤젠 가스를 흡입해서 생기는 중독《현기증이나 구토, 호흡 곤란

등을 일으킴)).

벤조-산 (←benzoic酸) 圏 〖화〗 안식향을 가열하고 승화해서 만든 카르복시산의 하나. 세척제·방부제 등에 씀. 안식산.

벤졸 (benzol) 圏 〖화〗 벤젠.

벤진 (benzine) 圏 〖화〗 석유성 휘발유의 하나. 석유를 증류·정제할 때 30~150℃에서 얻어지며, 무색투명하고 특이한 냄새가 남. 유지(油脂)·수지의 용해제, 항공기 내연 기관의 연료, 소독·드라이클리닝 등에 씀.

벤처 기업 (venture企業) 〖경〗 신기술이나 노하우 등을 개발하고 이를 기업화해서 사업을 하는 창조적·모험적인 중소기업(컴퓨터의 소프트웨어 부문, 생물 공학 부문에 많음).

벤처 캐피털 (venture capital) 〖경〗 자금이 없어 보유한 새 기술을 활용하지 못하는 중소기업에 대해, 기술 개발을 위한 전문 금융 기관이 지원하는 자금.

벤치 (bench) 圏 **1** 여러 사람이 함께 앉을 수 있도록 길게 만든 의자. **2** 운동 경기장에서, 선수석과 감독석.

벤치마킹 (bench-marking) 圏 〖경〗 경쟁 업체의 경영 방식을 분석해서 자사의 경영과 생산에 응용하는 경영 전략.

벤토나이트 (bentonite) 圏 응회암 등이 풍화하여 된 찰흙(도자기 등의 원료로 씀).

벨 (bell) 圏 **1** 종. 〔비상 ~. **2** 초인종. 〔~이 울리다.

벨로니테 (독 Belonite) 圏 〖지〗 화산의 한 형식. 거의 굳어진 용암이 화구 안에서 밀려 올라와 생긴 탑 모양의 화산. 탑상(塔狀) 화산.

벨로드롬 (velodrome) 圏 경주로를 안쪽으로 비탈지게 만든 사이클 경기장.

벨로체 (이 veloce) 圏 〖악〗 '빠르게'의 뜻.

벨벳 (velvet) 圏 거죽에 고운 털이 촘촘히 돋게 짠 비단. 우단. 비로드.

벨칸토 (이 bel canto) 圏 〖악〗 아름다운 소리를 내는 데 치중하는 발성법.

벨트 (belt) 圏 **1** 혁대. **2** 두 개의 바퀴에 걸어 동력을 전하는 띠 모양의 물건. 조대(調帶). 피대(皮帶).

벨트 컨베이어 (belt conveyer) 벨트를 회전시켜 물건을 연속적으로 운반하는 장치(대량 생산의 일관 작업에 씀).

벰베르크 인견사 (Bemberg人絹絲) 코튼 린터(cotton linter)·목재 펄프·황산구리·암모니아·수산화나트륨 등을 원료로 해서 만든 인조 견사의 하나(광택이 부드럽고 마찰에 강하며 축에 약함).

벵갈라 (네 bengala) 圏 〖화〗 '철단(鐵丹)'의 옛 명칭.

벵골-어 (Bengal語) 圏 〖언〗 인도·유럽 어족의 인도·아리아 어파에 속한 언어. 현재 인도의 벵골주와 방글라데시의 공용어임.

벼 圏 〖식〗 **1** 볏과 벼속의 한해살이풀. 논·밭 등에 심는데, 높이 1~1.5 m, 줄기는 속이 비고 마디가 있음. 꽃은 첫가을에 피고, 열매는 가을에 익음. 아시아권의 주식 곡물임. 〔~를 심다 / ~를 베다 / 들판에 ~가 누렇게 익어 간다. **2** 위 식물의 열매. 정조(正租). 〔~ 한 섬 / ~가 영글다.

벼곰팡잇-병 (-病)[-이뼝 /-이뼝] 圏 벼에 곰팡이가 기생해서 생기는 병(늦벼의 이삭에 생기면 낟알이 달라붙음).

벼기다 困 〈옛〉 우기다. 고집하다.

벼-까라기 圏 벼의 까끄라기. ⓐ벼까락.

벼-까락 圏 '벼까라기'의 준말.

벼-농사 (-農事) 圏하困 벼를 재배하여 거두는

일. 도작(稻作). 〔~를 짓다.

벼-때 圏 벼가 여물어 거두어들일 때.

벼락 圏 **1** 공중의 전기와 땅 위의 물체 사이에 방전하는 현상. 벼력. 낙뢰. 〔~이 치다 / ~을 때리다. **2** 몹시 호된 꾸지람을 비유하는 말. **3** 몹시 빠름의 비유. 〔일을 ~처럼 해치웠다. **4** 매우 갑자기 이루어짐의 비유.
[**벼락 치는 하늘도 속인다**] 속이려면 못 속일 것이 없다는 뜻.

벼락 맞을 소리 団 천벌을 받아 마땅할 만큼 당찮은 말.

벼락(을) 맞다 団 〈속〉 아주 못된 짓을 하여 큰 벌을 받다.

벼락(이) 내리다 団 ⑦큰 변(變)이 있을 것 같다. ⓒ몹시 무서운 꾸지람이나 나무람을 받게 되다.

벼락(이) 떨어지다 団 벼락(이) 내리다.

벼락-감투 [-깜-] 圏 자격 없는 사람이 갑자기 얻은 벼슬을 농으로 일컫는 말. 〔~를 쓰다.

벼락-같다 [-깐따] 圏 **1** 일이나 행동이 몹시 빠르다. 〔벼락같은 동작. **2** 소리가 크고 요란하다. 〔벼락같은 호령. **벼락-같이** [-까치] 𝗉. 〔~ 달려오다 / ~ 고함치다.

벼락-공부 (-工夫)[-꽁-] 圏하困 시험 때가 닥쳐서야 갑자기 서둘러 하는 공부. 〔시험 때면 으레 ~ 한다.

벼락-김치 [-낌-] 圏 날무나 날배추를 간장에 절여 당장 먹을 수 있게 만든 김치.

벼락-닫이 [-따지] 圏 위짝은 붙박이고 아래짝만 오르내려 여닫게 된 창.

벼락-대신 (-大臣)[-때-] 圏 성질이 야무지고 독해서 아무리 어려운 일이라도 배겨 내는 사람.

벼락-덩이 [-떵-] 圏 밭을 맬 때 호미로 크게 뒤집어엎는 흙덩이.

벼락-바람 [-빠-] 圏 갑자기 휘몰아치는 바람. 또는 벼락같은 위풍(威風)의 기세. 〔~이 휘몰아치다.

벼락-방망이 [-빵-] 圏 갑자기 얻어맞는 매. 벼락같이 호된 매.

벼락-부자 (-富者)[-뿌-] 圏 갑자기 된 부자. 졸부(猝富). 〔복권 당첨으로 ~가 되었다.

벼락-불 [-뿔] 圏 **1** 벼락이 칠 때 번득이는 번갯불. **2** 몹시 사납고 엄한 명령. 〔한밤중에 ~이 떨어졌다.

벼락-장 (-醬)[-짱] 圏 메주 무거리와 굵은 고춧가루를 버무려 물을 쳐서 2~3일 띄웠다가 소금을 쳐서 먹는 고추장.

벼락-출세 (-出世)[-쎄] 圏하困 미미하고 보잘것없던 사람이 갑자기 출세함. 또는 그런 출세.

벼락-치기 圏 임박해서 갑자기 서둘러 하는 일. 〔~로 공사를 하다.

벼랑 圏 낭떠러지의 험하고 가파른 언덕. 〔깎아지른 ~ / ~ 끝에 서다.

벼로 [돈] 〈옛〉 **1** 벼루. **2** 벼랑.

벼록 圏 〈옛〉 벼룩.

벼루¹ 圏 먹을 가는 데 쓰는, 돌로 만든 문방구.

벼루² 圏 강이나 바닷가의 벼랑.

벼룩 圏 〖충〗 벼룩과의 기생 곤충. 먼지 구석에 사는데 몸은 극히 작고, 적갈색을 띰. 날개는 퇴화했으나 뒷다리가 발달하여 높이 뜀. 사람과 가축의 피를 빨아 먹음.
[**벼룩도 낯짝이 있다**] 너무도 뻔뻔스럽다.
[**벼룩의 간을 내어 먹는다**] ⑦하는 짓이 몹시 잘거나 인색하다. ⓒ어려운 처지에 있는

사람에게서 금품을 뜯어내다.

벼룩의 불알만 하다 團 아주 작다.

벼룩-시장(市場)[-끼-]圀 온갖 중고품을 팔고 사는 만물 시장.

벼룩이-자리圀《植》석죽과의 한해살이풀 또는 두해살이풀. 줄기 높이 25 cm 정도이고 가늘며, 잘게 여러 갈래로 남. 삭과(蒴果)를 맺으며 밭이나 들에 남. 벼룩자리.

벼룻-길[-낄 / -룯낄]圀 아래쪽이 강가나 바닷가로 통한 벼랑길.

벼룻-돌[-뚤 / -룯똘]圀 **1** 벼루를 만드는 돌. 연석(硯石). **2** 벼루¹.

벼룻-물[-룬-]圀 먹을 갈기 위해 벼룻돌에 붓는 물. 연수(硯水).

벼룻-집[-룯찝 / -룯찝]圀 **1** 벼루·먹·붓·연적 등을 넣어 두는 상자. 연갑(硯匣). **2** 벼루·먹·붓·연적 등을 넣어 두는 조그마한 책상.

벼르다¹[별러, 벼르니]囤 일을 이루려고 마음을 단단히 먹고 기회를 보느다. □ 일전을 ~ / 혼내 주려고 ~.

[벼르면 아기 눈이 먼다] 기대가 너무 크면 실망도 따르게 된다.

벼르다²[별러, 벼르니]囤 비례에 맞춰서 여러 몫으로 나누다.

벼름圀囤 여러 몫으로 고르게 나누어 줌. 또는 그런 일.

벼름-벼름囜囤 마음먹은 일을 이루려고 자꾸 벼르는 모양.

벼름-질圀囤 벌려서 고루 나누는 일.

벼리圀 **1** 그물의 위쪽 코를 꿰어 잡아당기게 된 줄. □ ~를 당기다. **2** 일이나 글의 뼈대가 되는 줄거리.

벼리다囤 날이 무딘 연장을 불에 달궈 두드려서 날카롭게 만들다. □ 칼을 ~.

벼릿-줄[-리쫄 / -릳쭐]圀 그물의 벼리를 이룬 줄.

벼말圀〈옛〉베갯머리. 머리맡.

벼-메뚜기圀《蟲》메뚜깃과의 곤충. 몸은 누런 녹색이며, 날개가 긺. 벼의 큰 해충임. ⓒ 메뚜기.

벼슬圀 관아에 나가서 나랏일을 맡아 다스리는 자리. 또는 그런 일(《'구실'보다 높음). □ ~ 살다 / ~을 지내다. ──하다困団 벼슬아치가 되거나 벼슬길에 오르다.

벼슬-길[-낄]圀 벼슬아치 노릇을 하는 길. 사로(仕路). 환로(宦路). □ ~이 막히다 / ~에 오르다.

벼슬-살이圀圀困 벼슬아치 노릇을 하는 일.

벼슬-아치圀 벼슬에 있는 사람. 관원(官員).

벼슬-자리[-짜-]圀 벼슬의 직위. □ ~에서 물러나다.

벼-이삭圀 벼의 낟알이 달린 이삭.

벼-쭉정이[-쩡-]圀 알맹이가 들지 않은 벼이삭.

벼-팔이圀囤困 장사할 목적으로 벼를 사들임.

벼-화(禾)圀 한자 부수(部首)의 하나(《'秀'나 '私'·'秦' 등에서 '禾'의 이름).

벼-훑이[-훌치]圀 벼의 알을 훑는 농구. 도급기(稻扱機).

벽:圀囤困 '비역'의 준말.

벽¹(壁)圀囤 **1** '바람벽'의 준말. □ ~에 기대다 / ~에 걸린 시계 / ~에 못을 박다. **2** 극복하기 어려운 한계나 장래. □ 연구가 ~에 부딪치다 / 불신의 ~을 허물다 / 100 미터 달리기에서 10초의 ~을 깨다. **3** 나라나 사람 사이의 관계나 교류의 단절.

벽(을) 쌓다囝 서로 사귀던 관계를 끊다. □ 그들은 서로 벽을 쌓고 지낸다.

벽²(壁)圀《天》'벽성(壁星)'의 준말.

벽(癖)圀 **1** 무엇을 지나치게 즐기는 병(《접미사적으로도 씀). □ 방랑~. **2** 고치기 어려울 정도로 굳어진 버릇. □ 도(盜)~.

벽간(壁間)[-깐]圀 벽의 기둥과 기둥 사이의 부분.

벽감(壁龕)[-깜]圀《建》서양 건축에서, 벽면을 오목하게 파서 만든 부분. 조각품 등을 세워둠.

벽개(劈開)[-깨]圀囤困 **1** 쪼개져 갈라짐. **2**《광》결정체가 일정한 방향으로 결을 따라 쪼개짐.

벽개-면(劈開面)[-깨-]圀 결을 따라 쪼개져 갈라진 면.

벽거(僻居)[-꺼]圀囤困 궁벽한 곳에 삶.

벽-걸이(壁-)[-꺼리]圀 벽이나 기둥에 걸어 두는 장식품의 총칭. □ ~ 시계.

벽견(僻見)[-껸]圀 한편으로 치우친 의견.

벽경(僻境)[-껑]圀 벽지(僻地).

벽경(壁經)[-껑]圀 서경(書經)의 고본(古本). 벽중서(壁中書).

벽계(碧溪)[-꼐 / -께]圀 물이 맑아 푸르게 보이는 시냇물.

벽계-산간(碧溪山間)[-꼐- / -께-]圀 푸른 시내가 흐르는 산골.

벽계-수(碧溪水)[-꼐- / -께-]圀 맑고 푸른 시냇물.

벽곡(辟穀)[-꼭]圀囤困 곡식은 먹지 않고 솔잎·대추·밤 등을 조금씩 먹음. 또는 그런 삶.

벽공(碧空)[-꽁]圀 푸른 하늘. 벽천(碧天).

벽-난로(壁煖爐)[병날-]圀 아궁이를 벽에다 내고, 굴뚝은 벽 속으로 통하게 된 난로. 페치카. ⓒ 벽로(壁爐).

벽담(碧潭)[-땀]圀 푸른빛이 감도는 깊은 못.

벽도(碧桃)[-또]圀 **1** '벽도화'의 준말. **2** 선경(仙境)에 있다는 전설상의 복숭아.

벽도-나무(碧桃-)[-또-]圀《植》복숭아나무의 하나. 꽃이 희고 아름다우며 열매는 매우 작고 먹지 못함. 관상용으로 심음.

벽도-화(碧桃花)[-또-]圀 벽도나무의 꽃. ⓒ 벽도(碧桃).

벽-돌(甓-)[-똘]圀 진흙과 모래를 차지게 반죽해서 틀에 박아 구워 만든 돌(건축 재료로 씀). 연와(煉瓦). □ ~을 굽다 / ~을 찍다 / 빨간 ~로 지은 집 / ~을 쌓아 올리다.

벽돌-공(甓-工)[-똘-]圀 **1** 벽돌을 만드는 직공. 벽돌장이. **2** 건축 공사에서, 벽돌 쌓는 일을 하는 사람.

벽돌-담(甓-)[-똘-]圀 벽돌로 쌓은 담.

벽돌-문(甓-紋)[-똘-]圀 색이 다른 네모진 돌이 깔린 것 같은 바둑판무늬.

벽돌-집(甓-)[-똘-]圀 기둥이나 도리 따위는 쓰지 않고 쌓은 돌로 벽돌을 쌓아 지은 집.

벽두(劈頭)[-뚜]圀 **1** 글의 첫머리. **2** 일의 첫머리. □ 신년 ~.

벽력(霹靂)[병녁]圀 벼락.

벽력-같다(霹靂-)[병녁갇따]혱 목소리가 매우 크고 우렁차다. □ 벽력같은 목소리. **벽력-이**[병녁까치]뮈

벽력-화(霹靂火)[병녁콰]圀《민》육십갑자에서, 무자(戊子)·기축(己丑)에 붙이는 납음(納音)을 이르는 말.

벽련(劈鍊)[병년]圀 통나무를 네모지게 대강 다듬은 뗏목(《길이 3 m, 폭 30 cm 정도).

벽로(碧鷺)[병노]圀《조》해오라기.

벽로(僻路)[병노]圀 사람이 드물게 다니는

외지고 으슥한 길.
벽로 (壁爐)[병노]閏 '벽난로(壁煖爐)'의 준말.
벽론 (僻論)[병논]閏 **1** 한쪽으로 치우쳐 도리에 맞지 않는 언론. **2**〔歷〕조선 정조 때, 시론(時論)과 맞서던 당파.
벽루 (壁壘)[병누]閏 성벽(城壁)과 성루(城壘).
벽루-하다 (僻陋-)[병누-]혱어 사람의 성질이 괴팍하고 고루하다.
벽류 (碧流)[병뉴]閏 푸른 물줄기.
벽립-하다 (壁立-)[병니파-]혱어 낭떠러지가 깎아지른 듯이 솟아 있다.
벽면 (壁面)[병-]閏 벽의 거죽. 벽간. ▯~에 사진을 걸다 / 책들이 ~ 가득 채우다.
벽모 (碧毛)[병-]閏 푸른빛의 털.
벽-바닥 (壁-)[-빠-]閏〔鑛〕사금을 캐내는 구덩이의 석벽으로 된 바닥.
벽보 (壁報)[-뽀]閏 벽이나 게시판에 붙여 널리 알리는 글. 벽신문 따위. ▯~를 붙이다 / 게시판에 ~가 나붙다.
벽보-판 (壁報板)[-뽀-]閏 벽이나 담에 벽보를 붙이게 마련해 놓은 널빤지. [리침.
벽사 (辟邪)[-싸]閏자 요사스러운 귀신을 물
벽사-문 (辟邪文)[-싸-]閏 요사스러운 귀신을 물리치기 위해 쓴 글.
벽산 (碧山)[-싼]閏 청산(靑山).
벽상 (壁上)[-쌍]閏 바람벽의 위쪽 부분. ▯~에 건 사진.
벽상-土 (壁上土)[-쌍-]閏〔民〕육십갑자에서, 경자(庚子)·신축(辛丑)에 붙이는 납음(納音)을 이르는 말.
벽색 (碧色)[-쌕]閏 짙게 푸른 빛깔. [의 책.
벽서 (壁書)[-써]閏 흔하지 않은, 기이한 내용
벽서 (壁書)[-써]閏자 벽에 글을 쓰거나 써 붙임. 또는 그 글.
벽선 (壁線)[-썬]閏 기둥에 붙여 세우는 네모진 굵은 나무.
벽설 (僻說)[-썰]閏 **1** 괴벽스러운 말. **2** 도리에 맞지 않는 주장.
벽성 (僻姓)[-썽]閏 썩 드문 성. 진성(珍姓).
벽성 (壁星)[-썽]閏 이십팔수(宿)의 열넷째 별자리에 있는 별들. ⓒ벽(壁).
벽손 [-쏜]閏 장롱(欌籠)의 아래층 군쇠 옆에 끼우는 넉 장의 널조각.
벽수 (碧水)[-쑤]閏 짙푸른 빛이 나도록 맑고 깊은 물.
벽-시계 (壁時計)[-씨-/-씨게]閏 벽이나 기둥에 거는 시계.
벽-신문 (壁新聞)[-씬-]閏 뉴스 등 시사적인 내용을 신문 형식으로 꾸며서 벽이나 게시판 같은 데에 붙이는, 벽보의 한 가지.
벽심 (壁心)[-씸]閏〔建〕심살.
벽안 (碧眼)[버건]閏 **1** 눈동자가 파란 눈. ▯~의 미녀. **2** 서양 사람. ▯
벽안-자염 (碧眼紫髯)閏 파란 눈과 검붉은 수염이라는 뜻으로, 서양 사람의 모습을 일컫는 말.
벽언 (僻言)[버건]閏 **1** 한쪽으로 치우친 편벽된 말. **2** 도리에 맞지 않는 말.
벽-오동 (碧梧桐)[버건-]閏〔植〕벽오동과의 낙엽 활엽 교목. 인가 부근에 심는데, 높이 5 m가량. 청색을 띠며, 잎은 큰 부채만 함. 여름에 작은 황록색 다섯잎꽃이 피고 콩과 비슷한 열매가 가을에 익으며 식용함. 재목은 악기 등을 만들고 껍질로는 새끼를 꼼. 청동(靑桐).
벽옥 (碧玉)[버곡]閏 **1** 푸른빛의 고운 옥. **2**〔鑛〕석영의 한 변종(치밀하고 불투명하며 빛은 홍색·녹색으로 도장 재료·가락지에 씀).
벽와 (碧瓦)[버과]閏 청기와.

벽운 (碧雲)閏 푸른 빛깔의 구름.
벽원-하다 (僻遠-)혱어 외지고 멀다.
벽음 (癖飮)[버금]〔한의〕양쪽 가슴 아래에 괸 물기가 흔들려 소리가 나는 병. 위가 약해지거나 위가 늘어져서 생김.
벽읍 (僻邑)[버급]閏 외지고 먼 곳에 있는 고을.
벽-이단 (闢異端)[버기-]閏자 이단을 물리침.
벽인-향 (辟人香)[버긴-]閏〔民〕대보름날 여자들이 다리밟기할 때, 맨 앞에 선 여자가 사람들이 비키도록 불을 피워 들던 향.
벽자 (僻字)[-짜]閏 흔히 쓰지 않는 야릇하고 까다로운 글자. ▯~가 많은 책.
벽자 (僻者)[-짜]閏 성질이 야릇하고 까다로운 사람.
벽-장 (壁欌)[-짱]閏 벽을 뚫어 문을 내고 장을 달아서 물건을 넣어 두게 된 곳. ▯옷가지를 ~에 넣어 두다.
벽장-돌 (甓-)[-짱똘]閏 네모반듯하고 두껍게 만든 커다란 벽돌.
벽장-문 (壁欌門)[-짱-]閏 벽장에 달아 놓은 문.
벽장-코 [-짱-]閏 콧등이 넓적하고 그 가가 우묵한 코. 또는 그런 코를 가진 사람.
벽재 (僻在)[-째]閏자 외지고 으슥한 곳에 외따로 있음.
벽재 (壁材)[-째]閏〔한의〕매우 드물게 쓰이는 약재.
벽재-일우 (僻在一隅)[-째이루]閏 후미지고 으슥한 구석에 외따로 있음.
벽적 (癖積)[-쩍]閏〔한의〕음식을 잘못 먹어, 배 속에 덩어리 같은 것이 생기는 병. 창자의 림프샘이 부어올라 창자 속이 헐거나 창자의 일부가 굳틀거리는 증세.
벽제 (辟除)[-쩨]閏자타〔歷〕지위가 높은 사람의 행차 때, 별배(別陪)가 잡인의 통행을 금하던 일.
벽제-관 (碧蹄館)[-쩨-]閏〔歷〕경기도 고양시에 있던 옛 역관(驛館)〔조선 때, 중국으로 드나들던 사신이 묵던 곳〕.
벽제 소리 (辟除-)[-쩨-]〔歷〕벽제할 때 '에라 게 들어섰거라'·'물렀거라' 따위로 외치던 소리.
벽-조목 (霹棗木)[-쪼-]閏 벼락 맞은 대추나무〔요사한 잡귀를 물리친다 하여 몸에 지니고 다님〕.
벽-좌우 (辟左右)[-쫘-]閏자타 밀담(密談)하려고 곁에 있는 사람을 물리침.
벽중-서 (壁中書)[-쭝-]閏 벽경(壁經).
벽지 (僻地)[-찌]閏 도시에서 멀리 떨어져 으슥하고 한적한 곳. 벽경(僻境). ▯~ 주민을 위한 진료 활동.
벽지 (壁紙)[-찌]閏 벽에 바르는 종이. ▯~로 도배하다.
벽지 (擘指)[-찌]閏 엄지손가락.
벽창-우 (碧昌牛)閏 **1** 평안북도의 벽동(碧潼)·창성(昌城)에서 나는 크고 억센 소. **2** '벽창호'의 본딧말.
벽창-호 (碧昌-)閏〔←벽창우〕고집이 세고 미련한 사람의 비유.
벽채 閏〔鑛〕광석을 긁어모으거나 파내는 데 쓰는 쇠로 만든 연장〔큰 호미와 비슷함〕.
벽처 (僻處)閏 외따로 떨어져 궁벽한 곳.
벽천 (碧天)閏 벽공(碧空).
벽천 (壁泉)閏 건축물 벽에 붙인 조각물(彫刻物)의 입에서 물이 나오도록 만든 분수.
벽청 (碧靑)閏 녹이 난 구리의 푸른색.

벽체(壁體)[명] 건물의 벽이 되는, 측면이 넓고 두께가 얇은 구조 부분. ▷~가 갈라지다.

벽촌(僻村)[명] 외진 곳에 있는 마을. ▷~의 어린이.

벽-치다(壁-)[자] 욋가지를 얽어 외를 엮고 그 위에 진흙을 이겨 발라서 벽을 만들다.

벽태(碧苔)[명] 푸른 이끼. 녹태(綠苔).

벽토(壁土)[명] 바람벽에 바른 흙.

벽토(闢土)[명] 땅을 갈아 쓸모 있게 만듦.

벽토-지(闢土地)[명][하자] '벽토척지'의 준말.

벽토-척지(闢土拓地)[-찌][명][하자] 버려두었던 땅을 갈아 쓸모 있게 만듦. 준벽토지.

벽파(碧波)[명] 푸른 파도. 또는 푸른 물결.

벽파(劈破)[명][하타] **1** 조개서 깨뜨림. **2** 잘게 찢어발김.

벽파(僻派)[명][역] 조선 영조 때 일어난 당파의 하나. 사도(思悼) 세자를 무고한 노론(老論) 계열로, 사도 세자를 두둔한 시파(時派)와 대립함.

벽파-문벌(劈破門閥)[하자] 인재를 등용할 때 문벌을 가리지 않음.

벽-하다(僻-)[명][카-][형예] **1** 지역이 한편으로 치우쳐 궁벽하다. **2** 흔하지 않고 괴벽하다.

벽항(僻巷)[벽캉][명] 외따로 떨어져 있는 궁벽한 동네.

벽항-궁촌(僻巷窮村)[벽캉-][명] 벽지에 외따로 있는 가난한 마을.

벽해(碧海)[벽캐][명] 짙푸른 바다.

벽해-상전(碧海桑田)[벽캐-][명] 상전벽해(桑田碧海).

벽향(僻鄉)[벽캉][명] 외따로 떨어져 있는 시골.

벽혈(碧血)[벽켤][명] 푸른빛을 띤 진한 피((충성심을 이르는 말)).

벽호(癖好)[벽코][명][하타] 인이 박일 정도로 좋아함.

벽화(壁畵)[벽콰][명] **1** 건물이나 동굴, 무덤 따위의 벽에 그린 그림. ▷~를 그리다. **2** 벽에 건 그림.

변[명] 남이 모르게 저희끼리만 암호처럼 쓰는 말. ▷장사치 ~ / ~을 써서 이야기하다.

변(便)[명] 대소변(大小便). 특히, 대변(大便). ▷~을 보다.

변(辨·辯)[명] 옳고 그름이나 참되고 거짓됨을 가릴 목적으로 쓴 한문체. ▷사퇴의 ~을 피력하다.

변¹(邊)[명] **1** 물체나 장소의 가장자리. ▷낙동강 ~. **2**[수] 다각형을 이루는 선. **3**[수] 등식·부등식에서 부호의 양편에 있는 식 또는 수. **4** 바둑판의 중앙과 네 귀를 뺀 변두리 부분. ▷~을 차지하다. **5** 과녁의 복판이 아닌 부분. ↔관. **6** 한자의 왼쪽에 붙은 부수(部首).

변²(邊)[명] '변리(邊利)'의 준말. ▷연 1할 ~.

변(變)[명] **1** 갑자기 생긴 재앙이나 괴이한 일. ▷~이 생기다 / ~을 당하다 / 세상에 이런 ~이 생기다니. **2** (주로 '변으로'의 꼴로 쓰여) 별난 데가 있음. ▷올여름은 ~으로 기온이 높았다.

변(籩)[명] 대오리를 결어 만든, 과실을 담는 굽이 높은 제기(祭器).

변강(邊境)[명] 변경(邊境).

변:개(變改)[명][하타] 변경(變更). ▷~된 작품. **2** 변역(變易).

변:격(變格)[-껵][명] 일정한 규칙에서 벗어난 격식. ↔정격(正格).

변:격 동:사(變格動詞)[-껵똥-][언] 불규칙 동사.

변:격 용:언(變格用言)[-껵농-][언] 불규칙 용언.

변:격 형용사(變格形容詞)[-껵켱-][언] 불규칙 형용사.

변경(邊境)[명] 나라의 경계가 되는 변두리 땅. 변강(邊疆). 변계(邊界). 변방(邊方). 변새(邊塞). 변지(邊地).

변:경(變更)[명][하타] 이미 정해진 것을 다르게 바꾸어 새롭게 고침. 변개(變改). ▷명의(名義) ~ / 계획이 ~되다.

변계(邊戒)[-/-게][명] 변경(邊境)에서 적의 침입을 대비해 경계하는 일.

변계(邊界)[-/-게][명] 변경(邊境).

변:고(變故)[명] 갑작스러운 재앙이나 사고. ▷~가 생기다 / ~를 당하다.

변:광-성(變光星)[명] 밝기가 시간에 따라 변하는 별. 변광별.

변:괴(變怪)[명] **1** 이상야릇한 일이나 재변. ▷~가 겹치다 닥치다 / 큰 ~가 나다. **2** 도리를 벗어난 악한 짓. ▷전고에 없는 ~ / 온갖 ~를 다 부리다.

변:구(辯口)[명] 변설(辯舌).

변:국(變局)[명][하자] **1** 평상과 다른 국면. **2** 판국이 변함.

변기(便器)[명] 똥·오줌을 받아 내거나 누도록 만든 그릇. 변기통.

변-놀이(邊-)[명][하자] 돈놀이.

변:덕(變德)[명] 이랬다저랬다 잘 변하는 성질이나 태도. ▷~이 나다[심하다] / ~을 떨다 / 날씨가 ~을 부리다. ⓑ뱀덕·뱐덕.

변덕이 죽 끓듯 하다[구] 변덕을 심하게 부리다.

변:덕-꾸러기(變德-)[명] 이랬다저랬다 변덕을 잘 부리는 사람. ⓑ뱀덕꾸러기.

변:덕-맞다(變德-)[-덛만따][형] 변덕스럽다. ⓑ뱀덕맞다·뱐덕맞다.

변:덕-스럽다(變德-)[-쓰-따][-스러워, -스러우니][형] 변하기 쉬운 태도나 성질이 있다. 변덕맞다. ▷변덕스러운 날씨[행동]. ⓑ뱀덕스럽다·뱐덕스럽다. 변:덕-스레[-쓰-][부]

변:덕-쟁이(變德-)[-쨍-][명]〈속〉변덕스러운 사람. ⓑ뱀덕쟁이·뱐덕쟁이.

변독(便毒)[명][한의] 음식창(陰蝕瘡).

변-돈(邊-)[-똔][명] 이자를 무는 돈. 변문(邊文). 변전(邊錢). ▷~을 쓰다.

변:동(變動)[명][하타] 바뀌어 달라짐. ▷물가[가격] ~ / ~ 사항 / 환율의 ~이 심하다.

변:동-비(變動費)[명][경] 조업도(操業度)나 생산량의 증감에 따라 변동되는 비용((직접 재료비·노무비 따위)). 가변 비용. ↔고정비.

변:동-성(變動性)[-썽][명] 변동하는 성질.

변:동 소:득(變動所得)[경] 매년 일정하지 않고 변동하는 소득. 불교칙 소득.

변동-일실(便同一室)[-씰][명] 사이가 가까워 한 가족 같음.

변:동 환:율(變動換率)[경] 환율을 고정하지 않고 외환 시장의 수요와 공급에 맡겨 변동하게 하는 환율. ↔고정 환율.

변:동 환:율제(變動換率制)[-화뉼쩨][경] 환율을 고정하지 않고 외환 시장의 수요와 공급에 맡겨 변동하게 하는 환율 제도. ↔고정 환율제.

변두(萹豆)[명][식] 콩과의 재배(栽培) 덩굴풀. 잎은 칡 잎과 비슷하며, 여름에 나비 모양의 흰빛 또는 담자색 꽃이 핌. 씨와 꼬투리는 먹고 잎은 약용함.

변두(邊頭)[명] '변두통(邊頭痛)'의 준말.

변두(를) 놓다[구] 편두통을 고치기 위해 침

을 놓다.
변두(를) 맞다 [구] 편두통을 고치기 위해 침을 맞다.
변-두리 (邊-) [명] 1 어떤 지역의 가장자리가 되는 곳. ❑~ 지역. 2 어떤 물건의 가장자리. ❑그릇의 ~가 깨졌다.
변두-통 (邊頭痛) [명] 〘한의〙 편두통. [준]변두.
변:란 (變亂)[별-] [명] 사변이 일어나 세상이 어지러움. 또는 그런 소란. ❑~을 일으키다 / 나라에 큰 ~이 일어나다.
변:량 (變量)[별-] [명] 〘수〙 1 주어진 조건에 따라 변화하는 양. 2 통계에서, 조사 내용의 특성을 수량으로 나타낸 것.
변:려-문 (駢儷文)[별-] [명] 〘문〙 한문체의 하나. 4자 또는 6자의 대구를 써서 읽는 사람에게 미감(美感)을 줌. 변문. 사륙문(四六文).
변:론 (辯論)[별-] [명][하타] 1 사리를 밝혀 옳고 그름을 따짐. ❑~을 맡다 / ~의 여지가 없이 자명하다. 2 〘법〙 소송 당사자나 변호인이 법정에서 하는 진술.
변:론-가 (辯論家)[별-] [명] 변론에 능한 사람.
변:론 능력 (辯論能力)[별-넉] 법정에서, 소송 행위를 할 수 있는 능력.
변:론-주의 (辯論主義)[별- / 별-이] [명] 〘법〙 1 민사 소송법에서, 소송의 해결 또는 심리(審理) 자료의 수집을 당사자의 권능과 책임으로 하는 주의. 2 형사 소송법에서, 당사자 쌍방의 변론에 따라 재판하는 주의.
변:류-기 (變流器)[별-] [명] 직류를 교류로, 교류를 직류로 바꾸는 장치.
변:리 (辨理)[별-] [명][하타] 일을 맡아서 처리함.
변리 (邊利)[별-] [명] 남에게 돈을 빌려 쓰고 치르는 이자. 이금(利金). ❑~를 놓다 / ~를 물다 / 비싼 ~로 돈을 얻어 쓰다. [준]변(邊).
변:리 공사 (辨理公使)[별-] 외교 사절의 계급으로, 전권 공사의 아래, 대리 공사의 위임《우리나라에서는 인정하지 않음》.
변:리-사 (辨理士)[별-] [명] 〘법〙 특허·디자인·실용신안·상표 따위에 관한 사무를 대리 또는 감정하는 일을 업으로 삼는 사람.
변-말 [명] 변으로 쓰는 말. *은어(隱語).
변:명 (辨明) [명][하타] 1 옳고 그름을 가려 사리를 밝힘. 변백(辨白). ❑~의 상소. 2 잘못이나 실수에 대해 그 까닭을 말함. ❑~의 여지가 없다 / 구구한 ~을 늘어놓다 / 자신의 잘못을 인정하기는커녕 ~하기에 급급하다.
변:명 (變名) [명][하타] 이름을 달리 바꿈. 또는 그런 이름.
변:명-무로 (辨明無路) [명][하형] 변명할 길이 없음.
변:모 (變貌) [명][하자] 모습이 달라지거나 바뀜. 또는 그 모습. ❑~된 지방 도시.
변:모-없다 (變貌-)[-업따] [형] 1 남의 체면을 돌보지 않고 말이나 행동을 거리낌 없이 하는 태도가 있다. 2 변통성이 없고 고지식하다. 변:모-없이 [-업씨] [부]
변:-모음 (變母音) [명] 〘언〙 움라우트.
변:무 (抃舞) [명][하자] 기뻐서 덩실덩실 춤을 춤. 또는 그 춤.
변:무 (辨誣) [명][하타] 사리를 따져서 억울함을 밝힘.
변문 (駢文) [명] 변려문.
변문 (邊文) [명] 변돈.
변:물 (變物) [명] 1 보통과 다른 물건. 2 괴짜.
변:미 (變味) [명][하자] 음식이 상해 맛이 변함. 또는 그 맛.
변민 (邊民) [명] 변방(邊方)에 사는 백성.
변:박 (辨駁·辯駁) [명][하타] 옳고 그름을 가려서 논박함. ❑상대방의 주장을 ~하다.
변:발 (辮髮) [명] 지난날, 만주족이나 몽골 인의 풍습으로, 남자 머리의 뒷부분을 남기고 나머지 부분을 깎아 뒤로 길게 땋아 늘임. 또는 그 머리.
변방 (邊方) [명] 1 가장자리가 되는 쪽. 2 변경(邊境). ❑북쪽의 ~ 오랑캐 / ~을 지키다.
변방 (邊防) [명] 국경 주변을 지키는 일.
변:백 (辨白) [명][하타] 변명(辨明)1.
변:법 (變法)[-뻡] [명][하자] 1 법률을 고침. 또는 그 법률. 2 변칙적인 방식이나 방법.
변:법-자강 (變法自彊)[-뻡짜-] [명] 〘역〙 시대에 맞지 않는 법과 제도를 고쳐 스스로 강하게 한다는 뜻으로, 중국 청나라 말기에 혁신의 필요를 느낀 혁신파의 개혁 운동 표어.
변변-찮다 [-찬타] [형] '변변하지 아니하다'가 줄어서 된 말. ❑대접이 ~ / 솜씨가 ~. *변변하다.
변변-하다 [형][여] 1 됨됨이나 생김새가 흠이 없고 어지간하다. ❑인물만은 변변하게 생겼군. 2 지체나 살림살이가 남보다 떨어지지 않다. ❑변변한 집안. 3 제대로 갖추어져 넉넉하다. ❑변변한 가구 하나 없다. [작]반반하다.
변변-히 [부]. ❑~ 저항도 못하고 항복하다.
변:별 (辨別) [명][하타] 1 옳고 그름이나 좋고 나쁨을 가림. ❑우량품으로 ~되다. 2 분별3.
변:별-력 (辨別力) [명] 사물의 옳고 그름이나 좋고 나쁨을 가리는 능력. ❑~을 기르다.
변:별-역 (辨別閾)[-력] [명] 〘심〙 같은 종류의 두 자극의 차이를 변별하는 데 필요한 자극의 최소량. 식별역(識別閾).
변:별-적 (辨別的)[-쩍] [관][명] 옳고 그름이나 좋고 나쁨을 가려내는 (것).
변:별 학습 (辨別學習)[-씁] 〘심〙 학습 형식의 하나. 사람이나 동물에게 서로 다른 둘 이상의 자극을 주고 그 자극들을 구별하게 하는 학습.
변:병 (辨柄) [명] 철단(鐵丹).
변보 (邊報) [명] 변경에서 보내온 위급한 소식.
변:보 (變報) [명] 변을 알리는 보고. ❑~를 접하다.
변:복 (變服) [명][하자] 남이 알아보지 못하도록 평소와 다르게 옷을 차려입음. 또는 그 옷. ❑여자로 ~하다.
변:복조 장치 (變復調裝置)[-쪼-] 통신 시설을 통하여 데이터를 전송할 때, 전송 신호를 바꾸는 장치. 온라인 시스템에 쓰며, 컴퓨터의 신호와 전화 회선의 신호를 서로 변환하는 장치. 모뎀(modem).
변불신기 (便不神奇) [명][하형] 듣던 것과는 달리 신기할 것이 별로 없음.
변비 (便秘) [명] 〘의〙 '변비증'의 준말. ❑~가 심하다 / ~로 고생하다.
변비 (邊備) [명] 국경의 경비.
변비 (邊鄙) [명] 1 궁벽한 시골. 2 변방의 땅.
변비-증 (便秘症)[-쯩] [명] 대변이 잘 누어지지 않는 병. [준]변비.
변:사 (辯士) [명] 1 말솜씨가 매우 능란한 사람. 2 연사(演士). 3 무성 영화를 상영할 때 영화 장면에 맞춰 그 줄거리를 설명하던 사람.
변:사 (變死) [명][하자] 1 뜻밖의 사고로 죽음. 횡사(橫死). ❑추락 사고로 ~를 당하다. 2 자해하여 죽음. 자살.
변:사 (變事) [명] 보통 일이 아닌 이상한 일.
변:사 (變詐) [명][하자] 1 변덕스럽게 요랬다조랬다 함. 2 요리조리 속임. 3 병세가 갑자기 달

쪽 회로의 교류 전력을 변성해서 다른 쪽 회로에 공급하는 전기 부품.

라짐.

변:사(를) 부리다 团 ㉠변덕스럽게 요랬다조랬다 하다. ㉡요리조리 속이다. ㉢병세가 갑자기 달라지다.

변:사(變辭) 圀하재 먼저 한 말을 이리저리 바꿈. 또는 그런 말.

변:사-스럽다(變詐─)[-따][-스러워, -스러우니] 휑팁 변사를 부리는 데가 있다. ▯변사스럽게 굴다. **변:사-스레** 閉

변:사-자(變死者) 圀 1 뜻밖의 사고로 죽은 사람. 2 범죄를 당해 죽었을 것으로 의심이 가는 사망자. ▯~의 신원이 밝혀지다.

변:사-체(變死體) 圀 1 뜻밖의 사고로 죽은 사람의 시체. 2 범죄에 의해 죽었을 것으로 의심이 가는 시체.

변:상(辨償) 圀하태 1 빚을 갚음. 변제(辨濟). 2 손해를 물어 줌. 배상(賠償). 3 재물을 내어 죄과를 갚음. 판상(辦償).

변:상(變狀) 圀 보통과 다른 상태나 상황.

변:상(變相) 圀 1 바뀐 모습이나 형상. 2『불』 부처의 법신이 여러 모양으로 보이는 모양.

변:상(變喪) 圀 1 변고로 생긴 상사(喪事). 2 자손이 부모나 조부모보다 먼저 죽는 일.

변상중지(邊上重地) 圀 변경의 중요한 땅.

변새(邊塞) 圀 1 변경에 있는 요새. 2 변경.

변:색(變色) 圀하자타 1 빛깔이 변해서 달라짐. 빛깔을 바꿈. ▯~된 사진. 2 화가 나거나 놀라서 얼굴빛이 달라짐. ▯얼굴이 파랗게 ~되다.

변:색-병(變色病)[-뼝] 圀『식』 엽록체의 감소나 다른 색소의 증가 등으로 꽃이나 잎의 빛깔이 달라지는 병(연화병(軟白化)·위황병(萎黃病) 따위).

변:석(辨釋) 圀하태 옳고 그름을 가려 사물의 이치를 해석함.

변:석(辨析) 圀하태 옳고 그름을 가려 사물의 이치를 밝힘.

변:설(辯舌) 圀 말을 잘하는 재주. 변구(辯口). ▯~에 뛰어나다.

변:설(辨說·辯說) 圀하태 옳고 그름을 가려 설명함. 언설(言說).

변:설(變說) 圀하태 1 종래의 이론 따위를 변경함. 2 자기가 한 말을 중간에서 고침.

변성(邊城) 圀 변경의 성.

변:성(變成) 圀하자 변해서 다르게 됨. ▯~된 암석. 2『불』 부처의 공덕으로, 여자가 남자로, 남자가 여자로 태어나는 일.

변:성(變性) 圀하자 1 성질이 바뀜. 달라진 성질. 2『화』 물리적·화학적 원인으로 단백질의 상태·성질이 변하는 일. 3『의』 세포 또는 생체 조직이 이상 물질로서 그 모양이나 성질이 변하는 일. 4『화』 알코올 따위를 다른 목적에 쓰지 못하도록 다른 물질을 섞는 일.

변:성(變姓) 圀하자타 성을 갊. 또는 그 성.

변:성(變聲) 圀하자『생』 성장기에 있는 사람의 목소리가 어떤 시기에 낮고 굵게 변함.

변:성격 조:사(變成格助詞)[-격쪼-]『언』 체언에 붙어 무엇이 무엇으로 바뀜을 나타내는 부사격 조사. '구름이 비가 되다', '누에고치가 명주로 된다'에서 '가'나 '로' 따위. 받침 있는 체언에는 '이'나 '으로'가 붙음.

변:성 광:상(變成鑛床)『광』 광상이 변성 작용의 영향을 받아 본디 광물 조성과는 다른 성질이 된 광상.

변:성-기(變成器) 圀 전자 유도 작용으로, 한

변:성-기(變聲期) 圀『생』 사춘기에 성대에 변화가 생겨서 목소리가 굵고 낮게 변하는 시기.

변:성-남자(變成男子) 圀『불』 부처의 힘으로 여자가 남자로 바뀌어 태어나는 일.

변:성남자-원(變成男子願) 圀『불』 미타(彌陀) 사십팔원(四十八願)의 한 가지. 부처를 믿는 여자가 죽은 뒤에 남자로 다시 태어나기를 바라는 소원.

변:성 매독(變性梅毒) 감염된 후 수 년이나 수십 년 후에 나타나서, 신경 계통을 침범하는 매독.

변:-성명(變姓名) 圀하자타 성과 이름을 다르게 고침. 또는 그 성과 이름. ▯~하고 숨어 지내다.

변:성 알코올(變性alcohol) 에틸알코올이 음료용으로 쓰이는 것을 막기 위해 악취가 나며 맛이 좋지 않은 메틸알코올·석유 등을 섞은 알코올(공업용으로 씀).

변:성-암(變成岩) 圀 변성 작용으로 조직이나 성질이 변한 암석. 변질암.

변:성 작용(變成作用) 땅속에서 암석이 열·압력·마그마 등의 작용으로 광물 조성이나 조직 따위가 바뀌는 일.

변:성-제(變性劑) 圀『화』 어떤 물질의 성질이나 상태를 특정 용도에 맞게 변화시키는 데 쓰는 물질.

변소(便所) 圀 대소변을 보게 된 곳. 뒷간. 측간(廁間). ▯~를 치다 / 배탈이 나서 ~를 들락거리다. *화장실.

변:속(變速) 圀하자 속도를 바꿈.

변:속 장치(變速裝置)[-짱-] 자동차 따위의 원동기에서 회전 속도나 회전력을 바꾸는 장치. 변속기.

변:쇠(變衰) 圀하자 변화해서 쇠퇴함.

변수(邊成) 圀 적의 공격에 대비해 변경을 지킴. 또는 그런 사람.

변수(邊首) 圀 '편수'의 취음.

변:수(變數) 圀 1 어떤 상황의 가변적 요인. ▯~가 많다 / 중요한 ~로 작용하다. 2『수』 어떤 관계나 범위 안에서 여러 가지 다른 값으로 변할 수 있는 수. 자변수(自變數). ↔상수(常數).

변:-스럽다(變─)[-따][변스러워, 변스러우니] 휑팁 예사롭지 않고 이상한 데가 있다. ▯무언가 변스러운 낌새가 보인다. **변:-스레** 閉

변시(便是) 閉 다른 것이 아니라 곧.

변:시-증(變視症)[-쯩] 圀 외계의 사물이 비뚤어지게 보이는 증상.

변:-시체(變屍體) 圀 변고로 죽은 시체.

변:신(變身) 圀하자 몸의 모양이나 태도 따위를 바꿈. 또는 그 몸. ▯투수에서 타자로 ~하다.

변:신-술(變身術) 圀 변신하는 기술.

변:심(變心) 圀하자 마음이 변함. ▯~한 애인.

변심-거리(邊心距離) 圀『수』 정다각형의 중심에서 변까지의 거리.

변-쓰다[변쓰, 변써-] 邳 변덕스러운 말을 하다.

변:-씨-만두(卞氏饅頭) 圀 편수[1].

변:압(變壓) 圀하자 압력을 바꿈.

변:압-기(變壓器)[벼납-] 圀『전』 전자기 유도 작용을 이용하여 교류의 전압이나 전류의 값을 바꾸는 장치. 트랜스.

변:양(變樣) 圀하자타 모양을 바꿈. 또는 그 모양.

변역(邊域) 圀 국경 지방의 토지. 또는 그 지

역. 변토(邊土).
변:역 (變易) [명][하자타] 고쳐서 바뀜. 또는 그렇게 바꿈. 변개(變改).
변:역 (變域) [명] 〖수〗 함수에서, 변수가 취할 수 있는 값의 범위.
변:역-생사 (變易生死)[벼녁쌩-] [명] 〖불〗 보살이 삼계(三界)의 윤회를 떠난 뒤 성불하기까지 그 원력(願力)에 의하여 현세에 나타나서 일부러 받는 생사. *분단생사(分段生死).
변연-대비 (邊緣對比) [명] 〖심〗 나란히 놓인 두 가지 빛깔의 경계를 바라볼 때, 그 경계에 뚜렷이 나타나는 색채 대비.
변:온 동:물 (變溫動物) 〖동〗 바깥 온도에 따라 체온이 변하는 동물《파충류·양서류 따위》. 냉혈(冷血) 동물. ↔정온(定溫) 동물.
변옹 (便癰) [명] 〖한의〗 임질이나 하감(下疳)의 독성으로 인하여 가래톳이 생기는 병. 혈산(血疝).
변:용 (變容) [명][하자] 용모나 형태가 바뀜. 또는 그 바뀐 용모나 형태. ❏~된 형식/개념을 ~시키다.
변:위 (變位) [명][하자] 〖물〗 물체가 위치를 바꿈. 또는 그 크기나 방향을 나타내는 양(量).
변:위 기호 (變位記號) 〖악〗 임시표.
변:위 전:류 (變位電流)[벼뉘절-] 외부의 전기장(電氣場)의 변위에 따라 유전체(誘電體) 안을 흐르는 전류. 전속(電束) 전류.
변:음 (變音) [명] **1** 원음이 변해서 된 음. **2** 〖악〗 본위음(本位音)보다 반음 낮은 음. 플랫(♭) 기호가 붙은 음.
변읍 (邊邑) [명] **1** 변경에 있는 고을. **2** 두메.
변:이 (變移) [명][하자] 변천(變遷).
변:이 (變異) [명][하자] **1** 이변(異變). **2** 〖생〗 같은 종류의 생물 개체 사이에 형질이 달라진 개체가 생김. 또는 그런 변화. 차이. ❏~가 일어나다.
변:이 계:수 (變異係數)[벼니-/벼니게-] 〖수〗 표준 편차를 평균값으로 나누어 백분율로 나타낸 수치.
변:인 (變因) [명] 성질이나 모습이 변하는 원인.
변자 (邊子) [명] 물건의 가에 대는 꾸미개.
변:작 (變作) [명][하타] 변조(變造)2.
변장 (邊將) [명] 〖역〗 첨사(僉使)·만호(萬戶)·권관(權管)의 총칭.
변:장 (變裝) [명][하자] 본디 모습을 알아볼 수 없게 옷차림이나 얼굴, 머리 모양 따위를 다르게 꾸밈. ❏~에 능하다/여자가 남자로 ~하다.
변:장-술 (變裝術) [명] 변장하는 재주. ❏~이 뛰어나다.
변재 (邊材) [명] 통나무의 겉 부분《빛은 희고 몸은 무르며 질은 거칢》. ↔심재(心材).
변:재 (辯才) [명] 말재주. 구재(口才).
변:재 (變災) [명] 뜻하지 않은 재앙.
변전 (邊錢) [명] 변돈.
변:전 (變轉) [명][하자] 이리저리 변하여 달라짐. ❏여건이 ~되다.
변:전-소 (變電所) [명] 발전소에서 보내오는 높은 교류의 전압을 낮추거나 정류(整流)하여 보내는 곳. 변압소.
변:절 (變節) [명][하자] **1** 절개나 지조를 지키지 않고 마음을 바꿈. ❏~ 여인/동지를 배반하고 ~하다. ↔수절. **2** 계절이 바뀜.
변:절-기 (變節期) [명] 환절기(換節期).
변:절-자 (變節者)[-짜] [명] 변절한 사람.
변정 (邊情) [명] 변경의 형편과 사정.
변:정-원 (辨定院) [명] 〖역〗 조선 때, 노예의 부적(簿籍)과 소송을 맡아보던 관아.
변:제 (辨濟) [명][하타] 빚을 갚음. 변상(辨償). 판상(辦償). ❏채무 ~.
변:제 (變除·變制) [명][하자] 소상(小祥)을 마친 뒤에 상복을 빨고 수질(首絰)을 벗으며, 대상을 마친 뒤에 상복을 벗음.
변:조 (遍照) [명][하타] 〖불〗 부처의 광명이 온 세계와 사람의 마음을 두루 비추는 일.
변:조 (變造) [명][하타] **1** 〖법〗 권한 없이 기존물의 형상이나 내용에 변경을 가함. ❏수표의 ~/주민 등록 ~. **2** 이미 이루어진 물체 따위를 다른 모양이나 물건으로 바꾸어 만듦. 변작(變作).
변:조 (變調) [명][하자타] **1** 상태가 바뀜. 또는 상태를 바꿈. **2** 〖악〗 조(調)바꿈. **3** 〖물〗 무선 통신에서, 반송파를 음성 따위의 신호파(波)로 바꾸는 일. 진폭 변조·주파수 변조·펄스 변조 등의 방식이 있음.
변:조 (變潮) [명] 변화하는 사조(思潮)나 조류.
변:조-관 (變調管) [명] 〖물〗 변조 작용을 하는 진공관.
변:조-기 (變調器) [명] 〖물〗 변조 작용을 하는 장치.
변:조 어음 (變造-) 〖경〗 권한 없이 서명 이외의 어음 내용을 변경한 어음.
변:조 요법 (變調療法)[-뻡] 〖의〗 어떤 자극을 주어 급격한 변화를 일으켜 병을 낫게 하는 방법.
변:조 화:폐 (變造貨幣)[-/-페] 〖경〗 진짜 화폐를 가공하여 액수를 다르게 만든 화폐.
변족 (邊族) [명] 문벌이 좋은 집안 가운데 몰락한 일가.
변:종 (變種) [명][하타] **1** 기본적으로는 같은 종이면서 부차적 요소나 부분의 모양·성질 따위를 다르게 하는 일. 또는 그런 것. **2** 〖생〗 같은 종류의 생물 가운데 변이가 생겨 성질과 형태가 달라진 종류. ❏돌연변이로 ~이 생기다. **3** 성질·언행 등이 남과 다른 사람.
변:주 (變奏) [명][하타] 〖악〗 어떤 주제를 바탕으로, 선율·리듬·화성 따위를 여러 가지로 변형해서 연주함. 또는 그 연주.
변:주-곡 (變奏曲) [명] 〖악〗 주제가 되는 선율을 바탕으로, 선율·율동·화성 등을 여러 가지로 변화시켜 나가는 기악곡.
변죽 (邊-) [명] 그릇이나 세간 따위의 가장자리.
변죽(을) 울리다 [구] 바로 집어 말하지 않고 에둘러서 말하다. 변죽을 치다.
변죽-울림 (邊-) [명] 간접적으로 주는 암시.
변:증 (辨證) [명][하타] 직관이나 경험에 따르지 않고, 개념을 논리적으로 분석해서 대상을 연구함.
변:증 (變症)[-쯩] [명] 자꾸 달라지는 병의 증세.
변:증-법 (辨證法)[-뻡] [명] 〖철〗 **1** 문답을 통해 진리에 도달하는 방법. **2** 헤겔 철학에서, 모순 또는 대립을 근본 원리로 해서 사물의 운동을 설명하려는 논리.
변:증법-적 (辨證法的)[-뻡쩍] [관][명] 변증법에 관련되거나 바탕을 둔 (것).
변:증법적 발전 (辨證法的發展)[-뻡쩍빨쩐] 〖철〗 자기 모순을 지양함으로써 이루어지는 발전.
변:증법적 유물론 (辨證法的唯物論)[-뻡쩌규-] 〖철〗 유물 변증법.
변지 (胼胝) [명] 못[2].
변지 (邊地) [명] **1** 변두리의 땅. **2** 변경(邊境).
변진 (邊鎭) [명] 변경을 지키는 군영(軍營).
변:질 (變質) [명][하자] 성질이나 물질이 변함. 또

는 그런 성질이나 물질. ▣ ~된 우유 / 외래 문화가 고유문화를 ~시키고 있다.

변ː질-자 (變質者)[-짜]『의』정신 작용이 조화를 이루지 못하여 성격이나 기질이 이상한 사람.

변ː**채** (變彩)『광』광물에 빛을 비추고 광채의 방향을 바꿈에 따라 무지갯빛이 번쩍거리며 변하는 현상.

변ː**천** (變天)『구』구천(九天)의 하나. 동북쪽의 하늘.

변ː**천** (變遷)[하자] 세월이 흐름에 따라 바뀌어 변함. 변이(變移). ▣ 시대의 ~ / 주거 생활의 ~ 과정.

변ː**체** (變體)[하자타] 형체나 체재(體裁)를 바꾸거나 바꿔야 함. 또는 그 형체나 체재.

변체-문 (騈體文)『문』변려문.

변ː**출불의** (變出不意)[-부릐 / -부리]『하자』뜻밖에 변고가 생김.

변ː**치** (變置)[하타] 1 다른 것으로 바꾸어 놓음. 2 책임을 다하지 못한 사람을 다른 사람으로 바꿈.

변ː**칙** (變則)『규』규칙이나 규정에서 벗어나 달라짐. 또는 그런 법칙이나 규정. ▣ 예산의 ~ 운영.

변ː**칙 동ː사** (變則動詞)[-똥-]『언』불규칙 동사.

변ː**칙 용ː언** (變則用言)[-칭농-]『언』불규칙 용언.

변ː**칙-적** (變則的)[-쩍]『관』원칙에서 벗어나 달라진 (것). ▣ ~ 방법을 쓰다.

변ː**칙 형용사** (變則形容詞)[-치경-]『언』불규칙 형용사.

변ː**칙 활용** (變則活用)[-치콰룡]『언』불규칙 활용.

변ː**침** (變針)『명』배가 침로(針路)를 바꿈.

변ː**칭** (變稱)[하타] 고쳐 달리 일컬음. 또는 그런 명칭.

변ː**탈** (變脫)[하자타] 1 본디의 모습이 바뀌어 없어짐. 또는 본디의 모습을 바꾸어 없앰. 2 『물』붕괴2.

변탕 (邊錫)『건』목재의 가장자리를 곧게 밀어 내거나 모서리를 턱지게 깎는 대패. 변탕대패.

변탕-질 (邊錫-)[하자]『건』재목의 가장자리를 변탕으로 깎는 일.

변ː**태** (變態)『명』1 본디의 상태가 변해서 달라짐. 또는 그런 상태. 2 『동』동물이 알에서 부화해서 성체(成體)가 되기까지, 여러 가지 형태로 변하는 일. ▣ 번데기에서 성충으로 ~하다. 3 『식』식물의 뿌리·줄기·잎 따위가 본디의 것과는 다른 형태로 변해서 그 상태가 종(種)으로 고정되는 일. 4 '변태 성욕'의 준말.

변ː**태-경** (變態莖)『식』줄기가 다른 특수 작용을 하려고 그 형태가 변한 것(가시·덩굴손 따위).

변ː**태-근** (變態根)『식』뿌리가 다른 특수 작용을 하려고 그 형태가 변한 것(저장뿌리·공기뿌리 따위).

변ː**태 성ː욕** (變態性慾)『심』본능의 이상(異常)이나 정신의 이상으로 나타나는 변질된 성욕(사디즘·마조히즘 따위). 성도착. 이상 성욕. ☞변태.

변ː**태 심리** (變態心理)[-니-]정신의 장애나 이상(異常)으로 생기는 심리 현상. 이상 심리.

변ː**태 심리학** (變態心理學)[-니-]이상(異常)

심리학.

변ː**태-적** (變態的)『관』정상이 아닌 상태로 달라진 (것). ▣ ~ 성욕 / ~인 행위 / ~인 영업을 단속하다.

변ː**태 호르몬** (變態hormone)『생』곤충의 변태를 촉진하는 호르몬(곤충의 탈피(脫皮) 호르몬 따위).

변토 (邊土)『명』1 외딴 시골. 2 도시의 변두리 땅. 3 변역(邊域).

변통 (便通)『명』변비로 잘 나오지 않던 대변이 잘 나오는 일.

변통 (便痛)『한의』대변을 볼 때 통증이 있는 증세.

변ː**통** (變通)[하타] 1 형편과 경우에 따라 일을 융통성 있게 처리함. ▣ ~을 내다 / ~에 능하다 / 형편을 보아 ~을 부리다. 2 돈이나 물건 따위를 돌라맞춰 씀. ▣ 급히 쓸 돈을 ~하다.

변ː**통-성** (變通性)[-썽]『명』변통하는 성질이나 능력. 주변성. ▣ ~이 좋다〔없다〕.

변ː**통-수** (變通數)[-쑤]『명』변통하는 방법이나 재주. ▣ 혹시 무슨 ~가 없을까요.

변폐 (便閉)[- / -페]『명』하자』대변이 막히어 나오지 않음. 또는 그런 증상.

변폭 (邊幅)『명』1 올이 풀리지 않게 짠, 천의 가장자리 부분. 식서(飾緒). 2 겉을 휘갑쳐서 꾸밈. 표폭(表幅).

변ː**풍** (變風)『명』정통적·정상적이 아닌 문학 풍조.

변ː**-하다** (變-)[자어] 무엇이 다른 것이 되거나 또는 다른 상태로 되다. ▣ 마음이 ~ / 시대가 변한 탓일까.

변ː**한-말** (變-)『언』음운이 변해서 된 말. '곤난(困難)'이 '곤란'으로 변한 것 따위.

변ː**함-없다** (變-)[-하뮙따]『형』달라지지 않고 늘 같다. ▣ 변함없는 우정 / 어떤 어려움이 닥쳐도 내 마음은 ~. 변함-없이[-하멉씨]『부』

변ː**항** (變項)『명』1 수학 등에서, 여러 값을 가질 수 있는 기호. 2 논리식에서, 임의의 개체를 나타내는 부분.

변해 (邊海)『명』1 변경의 바다. 2 아득히 먼 곳의 바다.

변해 (辨解)[하타] 말로 풀어 자세히 밝힘.

변ː**향-부** (便香附)『한의』어린 남자 아이의 오줌에 오래 담가 두었던 향부자(香附子). 월경 불순에 쓴다.

변ː**혁** (變革)[하자타] 급격하게 바꾸어 아주 달라지게 함. 혁. ▣ ~의 시대 / 사회를 ~하다 / ~을 꿈꾸다 / 일대 ~을 일으키다.

변ː**혁-기** (變革期)[-끼]『명』변혁이 생기는 시기. ▣ ~를 맞은 경제계.

변ː**혁-적** (變革的)[-쩍]『관』변혁을 일으키는 (것).

변혈 (便血)『명』대변에 섞여 나오는 피.

변혈-증 (便血症)[-쯩]『한의』대변에 피가 섞여 나오는 병.

변ː**협** (辯協)『명』'변호사 협회'의 준말.

변ː**형** (變形)『명』하자타』모양이나 형태가 달라지거나 달라지게 함. 또는 그 모양이나 형태. ▣ 비에 젖어 ~된 상자 / 폐품을 ~시켜 활용하다. 2 『물』탄성체가 형태나 부피를 바꾸는 일.

변ː**형-균** (變形菌)『식』점균(粘菌).

변ː**형-능** (變形能)『공』재료가 변형될 수 있는 한도.

변ː**형-력** (變形力)[-녁]『물』물체가 외부 힘의 작용에 저항해서 원형을 지키려는 힘. 스트레스.

변:형 생성 문법 (變形生成文法)[-뻡] 〖언〗 미국의 언어학자 촘스키(Chomsky, N.)가 창시한 언어 이론. 언어는 무한한 수의 문장을 지배하는 한정된 수의 규칙으로 이루어지며, 이 규칙이 문법이요 언어학자의 분석 대상이라고 함.

변:형 시간 근로제 (變形時間勤勞制)[-글-] 근로 제도의 하나. 근무 시간을 바쁠 때는 법정 시간 이상으로 늘리고, 한가할 때는 그 이하로 줄이되, 전체 근로 시간이 법정 시간 이하일 경우, 어떤 날 법정 시간 이상 근무해도 초과 근로 수당 등을 지급하지 않음.

변:형-엽 (變形葉)[-] 〖식〗 일반적인 잎의 기능과 크게 다른 작용을 하도록 형태가 변한 잎《선인장의 가시 따위》.

변:호 (辯護)〖명〗〖하타〗 1 남의 이익을 위하여 변명하여 도와줌. □자신의 행위로 ~하다. 2 〖법〗법정에서 검사의 공격으로부터 피고인의 이익을 옹호함. □~를 의뢰하다 / 피의자의 ~를 맡다.

변:호-권 (辯護權)[-꿘] 〖명〗〖법〗 1 형사 소송법에서, 피고인이나 피의자의 이익을 보호하기 위해서 행하는 권리. 2 변호인이 변호를 위해서 행하는 권리.

변:호-사 (辯護士)〖명〗 법률에 규정된 자격을 가지고 소송 당사자의 의뢰 또는 법원의 선임(選任)에 따라, 소송 사무나 기타 일반 법률 사무를 행하는 것을 업으로 하는 사람. □~ 수임료 / ~를 선임하다.

변:호사 협회 (辯護士協會)[-혀푀] 변호사들의 변론 활동을 보장하고 발전시키기 위하여 조직된 변호사들의 조직. 〖준〗변협.

변:호-인 (辯護人)〖명〗 형사 소송에서, 피의자나 피고인의 이익을 보호하는 보조자로서 변호를 담당하는 사람《원칙적으로 변호사 중에서 선임됨》. □국선 ~.

변:화 (變化)〖명〗〖하자〗 사물의 형상·성질 등이 달라짐. □~를 보이다〖꾀하다〗 / ~를 주다 / 환경의 ~에 적응하다 / 시대의 ~에 능동적으로 대처하다.

변:화-구 (變化球)〖명〗 야구의 투구나 배구의 서브에서, 진행 방향이 변화하는 공.

변:화 기호 (變化記號)〖악〗 임시표.

변:화-난측 (變化難測)〖명〗〖하형〗 변화가 심해서 이루 다 헤아리기 어려움.

변:화-무궁 (變化無窮)〖명〗〖하형〗 변화가 끝이 없음.

변:화-무상 (變化無常)〖명〗〖하형〗 변화가 심해서 종잡을 수 없음.

변:화-무쌍 (變化無雙)〖명〗〖하형〗 변화가 비할 데 없이 심함.

변:화-법 (變化法)[-뻡] 〖명〗〖논〗 환원법.

변:화불측 (變化不測)〖명〗〖하형〗 변화가 심해서 이루 헤아릴 수가 없음.

변:화-신 (變化身)〖명〗〖불〗 부처가 모든 사람을 제도하고자 여러 가지로 변화하는 몸.

변:화-토 (變化土)〖명〗〖불〗 부처의 변화신이 사는 국토(國土).

변:화-표 (變化標)〖명〗〖악〗 임시표.

변환 (邊患)〖명〗 국경에서 생기는 근심《이웃 나라의 침략을 당할 일 따위》.

변:환 (變幻)〖명〗〖하자〗 갑자기 나타났다 없어짐. 또는 종잡을 수 없이 빠른 변화.

변:환 (變換)〖명〗〖하자타〗 1 다르게 해서 바꿈. 또는 달라져서 바뀜. □~ 과정. 2〖수〗어떤 수식·함수·관계식 중의 변수를 모든 위치에서 제각기 특정한 다른 변수 또는 변수를 포함한 수식·함수 등으로 바꾸는 일. 3〖수〗일정

한 법칙에 따라 기하학적 도형의 위치·모양·크기 등을 바꾸는 일. 4〖물〗어떤 핵종(核種)이 다른 원소의 핵종으로 바뀜. 또는 그런 과정.

별 〖명〗〖옛〗 별.

별² 〖명〗〖옛〗 볕².

별: 〖명〗 1 태양·달·지구를 제외한 천체. 2 몇 개의 뾰족한 모가 나와서 방사상(放射狀)을 이룬 별 모양의 도형. □~ 사탕. 3 장성급의 계급장. □~을 달다. 4 매우 치르기 힘든 일의 비유. □하늘의 ~ 따기.
별 걷듯 하다 〖구〗 별이 총총 박히듯 빽빽하다. □빽빽이 서 있는 나무가 ~.

별 (別)〖관〗 '보통과 다른'·'별난' 등의 뜻. □~ 볼일 없다 / ~ 재간을 다 부려도 소용이 없다 / ~ 이상한 소리를 다 한다 / 아무래도 ~ 뾰족한 수가 없다.

-별 (別)〖미〗 '그것에 따라 구별한'의 뜻을 나타내는 말. □직업~ / 학교~.

별가 (別家)〖명〗 1 작은집 2. 2 딴 집. 별택.

별가 (別駕)〖역〗 1 고려 때, 중추원(中樞院)의 이속(吏屬). 2 조선 때, 승정원(承政院)의 서리(書吏).

별-가락 (別-)〖명〗 보통 것과 다른 곡조의 가락.

별간 (別間)〖명〗 별실(別室)2.

별-간장 (別-醬)〖명〗 손님장.

별-간죽 (別簡竹)〖명〗 특별히 잘 만든 담배설대.

별감 (別監)〖명〗〖역〗 1 고려·조선 때, 조사·감독·취렴(取斂)을 위하여 지방에 보내던 임시 벼슬. 2 조선 때, 액정서(掖庭署)의 예속의 하나. 3 조선 때, 향청의 좌수에 버금가던 자리. 4 남자 하인끼리 서로 부르던 존칭.

별갑 (鼈甲)〖한의〗 자라의 등딱지. 해열제·강장제 따위로 씀.

별강 (別講)〖명〗 임금이 하루에 두 차례씩 경연(經筵)의 참찬관(參贊官) 이하의 벼슬아치들에게 글을 강론하던 일.

별개 (別個)〖명〗 관련성이 없이 서로 다른 것. □~의 문제.

별-거 (別-)〖명〗 '별것'을 구어적으로 이르는 말. □~ 아니니 신경 쓰지 마라.

별거 (別居)〖명〗〖하자〗 부부나 한집안 식구가 따로 떨어져 삶. □~ 생활 / ~ 상태에 들어가다 / 그 부부는 지금 ~ 중이다. ↔동거(同居).

별-걱정 (別-)〖명〗[-쩡] 쓸데없는 걱정. □고걸 가지고 ~을 다 하는군.

별건 (別件)[-껀] 〖명〗 1 보통 것보다 다르게 된 물건. 2 '별사건'의 준말. 3 별개의 건.

별-건곤 (別乾坤)〖명〗 별세계(別世界)2.

별건 체포 (別件逮捕)[-껀-] 〖법〗 어떤 사건의 혐의자로 체포한 사람에 대해서, 그 사건에 대한 유력한 증거가 없을 때, 다른 혐의로 체포하는 일.

별검 (別檢)〖역〗 조선 때, 전설사(典設司)의 종팔품, 빙고(氷庫)·사포서(司圃署)의 종팔품. 또는 그런 벼슬.

별-것 (別-)[-껏] 〖명〗 1 드물고 이상스러운 것. □~ 아니군. 2 여러 가지 것.

별게 (別揭)〖명〗〖하타〗 따로 게시함. □안내문을 ~하다.

별격 (別格)[-격] 〖명〗 보통 것과 다른 특별한 형체나 격식.

별견 (瞥見)〖명〗〖하타〗 흘끗 봄.

별고 (別故)〖명〗 1 특별한 사고. □댁에는 ~ 없으신지요. 2 다른 까닭.

별고 (別庫)〖명〗 소중한 물건을 특별히 보관하도

록 된 창고.

별곡 (別曲) 圓 《문》 중국식 한시(漢詩)에 대해서 독특한 가락이라는 뜻으로, 우리나라의 '가사(歌辭)'를 일컫는 말〔관동별곡·청산별곡 따위〕.

별곤 (別棍) 圓 썩 크고 단단하게 만든 곤장.

별공 (別貢) 圓 《역》 고려 때, 특수한 토산물을 현물로 받던 세. 또는 필요에 따라 임시로 부과하던 공물.

별관 (別館) 圓 본관 외에 따로 지은 건물.

별-구경 (別-) 圓 흔히 보기 어려운 별난 구경.

별-구청 (別求請) 圓 《역》 사신이 외국에 갈 때, 지나가는 지방 관아에서 관례로 받던 여비 이외에 따로 더 청하던 여비.

별군 (別軍) 圓 본대 이외의 별개의 군대.

별-군직 (別軍職) 圓 《역》 조선 때, 별군직청에 속하여 임금의 호위와 적간(摘奸)의 일을 맡아보던 무직(武職).

별궁 (別宮) 圓 《역》 1 왕이나 왕세자의 혼례 때 왕비나 세자빈을 맞아들이던 궁전. 2 특별히 따로 지은 궁전.

별-궁리 (別窮理)[-니] 圓 1 다른 궁리. 2 온갖 궁리. □ ~를 다하다.

별기 (別記) 圓哈타 본문에 덧붙여 따로 적음. 또는 그 기록.

별-딱지[-찌] 圓 썩 작게 만들어 붙인 종이연의 딱지. 또는 그 연.

별-꼴 (別-) 圓 남의 눈에 거슬려 보이는 꼬락서니. □ ~ 다 본다 / 참 ~이네.

별-꽃 [-꼳] 圓 《식》 석죽과의 두해살이풀. 산이나 길가에 나며 길이 30 cm가량. 덩굴 모양으로 뻗음. 늦봄에 흰 다섯잎꽃이 핌. 어린 잎과 줄기는 식용됨.

별-나다 (別-)[-라-] 圈 보통 것과 크게 다르다. □ 별난 성격 / 별나게 굴다.

별-나라 [-라-] 圓 《소아》 별의 세계《하늘》.

별납 (別納)[-랍] 圓哈타 1 당연히 바치는 것 외에 따로 또 바침. 2 한꺼번에 바치지 않고 따로 떼어 바침. □ 우편 요금 ~.

별-놈 (別-)[-놈] 圓 1 생김새나 성질·언행 등이 별난 사람. □ ~ 다 보겠군. 2 ('별놈의'의 꼴로 쓰여) 여러 가지 이상한 것. □ ~의 소리를 다 듣겠네.

별-다례 (別茶禮) 圓 《민》 명절·초하루·보름 이외에 특별한 일이 있을 때 지내는 차례.

별-다르다 (別-)〔별달라, 별다르니〕圈 (흔히 부정어와 함께 쓰여) 다른 것과 특별히 다르다. □ 별다른 방도가 없다.

별단 (別單)[-딴] 圓 임금에게 올리는 문서에 덧붙이던 문서나 인명부(人名簿).

별단 예:금 (別段預金)[-딴녜-] 圓 금융 기관이 거래처로부터 의뢰받은 일시적 자금을 처리하기 위해 설치한 일종의 잡종 예금.

별-달리 (別-) 團 다른 것과 특별히 다르게. □ ~ 할 말이 없다 / ~ 대접할 것이 없다 / ~ 시원한 대답을 못 들었다.

별당 (別堂)[-땅] 圓 1 몸채의 곁이나 뒤에 따로 지은 집. 2《불》절의 주지나 강사(講師) 같은 사람이 거처하는 곳. 퇴설당.

별대 (別隊)[-때] 圓 본대(本隊) 밖에 따로 독립한 부대.

별도 (別途)[-또] 圓 1 딴 방면. □ ~ 수입 / ~로 취급하다. 2 본디의 것에 덧붙인 것. □ 손님을 위해 방을 ~로 마련하다.

별-도리 (別道理) 圓 다른 방법이나 수단. □ ~가 없다.

별동 (別棟)[-똥] 圓 따로 떨어져 있는 집채. 딴채.

별동-대 (別動隊)[-똥-] 圓 본대와 독립해서 따로 행동하는 부대.

별:-똥 〈속〉 운성(隕星).

별:-똥-돌 〈속〉 운석(隕石).

별:-똥-별 圓 〈속〉 유성(流星).

별-뜨기 (別-) 圓 별순검(別巡檢).

별러-주다 타 몫으로 나누어 주다.

별로 (別路) 圓 1 헤어져 떠나는 길. 2 딴 길.

별-로 (別-) 團 그다지. 이렇다 하게 따로. □ ~ 바쁘지 않다 / 오늘은 ~ 만나고 싶지 않다 / ~ 할 말이 없다.

별록 (別錄) 圓 따로 만든 기록.

별루 (別淚) 圓 이별할 때 슬퍼서 흘리는 눈물.

별리 (別離) 圓哈자 이별.

별-말 (別-) 圓 1 뜻밖의 말. 별소리. □ 참 ~을 다 하는군. 2 별다른 말. 별소리. □ 안부 이외에는 ~ 없었네.

별-말씀 (別-) 圓 '별말'의 높임말. □ ~을 다 하십니다.

별-맛 (別-)[-맏] 圓 1 특별한 맛. □ ~ 없는 요리 아니더라. 2 별미(別味). □ 그 집 냉면은 ~이다.

별명 (別名) 圓 외모나 성격 등의 특징을 바탕으로 남들이 지어 부르는 이름. 녁네임. □ ~을 짓다〔부르다〕 / ~을 붙이다 / 악바리라는 ~으로 유명하다.

별명 (別命) 圓 별도의 명령. □ ~을 기다리다 / ~이 있을 때까지 대기하라.

별묘 (別廟) 圓 《역》 종묘(宗廟)에 들어갈 수 없는 사친(私親)의 신주(神主)를 모시기 위해 따로 지은 사당.

별-무가관 (別無可觀) 圓圈 별로 볼만한 것이 없음.

별-무늬 [-니] 圓 별 모양의 무늬.

별-무반 (別武班) 圓 《역》 고려 숙종 때, 윤관 (尹瓘)이 여진 정벌을 하고자 기병을 중심으로 조직한 군대.

별무-신통 (別無神通) 圓圈 별로 신통할 것이 없음. □ 온갖 수를 써 봤으나 ~하였다.

별-문서 (別文書) 圓 《역》 서울 각 방(坊)에서 호적과 공공사무를 맡아보던 임무.

별-문석 (別紋席) 圓 별다르게 꽃무늬를 놓은 돗자리.

별-문제 (別問題) 圓 1 상관이 없는 다른 문제. □ 이것은 그것과는 ~다. 2 별난 문제. □ 먹고사는 데는 ~가 없다.

별물 (別物) 圓 1 특별한 물건. 2 〈속〉 별사람.

별미 (別味) 圓 특별히 좋은 맛. 또는 그런 맛을 지닌 음식. 별맛. □ 그 집 음식은 냉면을 ~로 친다.

별미-쩍다 (別味-)[-따] 圈 말이나 행동이 어울리지 않고 멋이 없다.

별:-박이¹ (別-) 圓 1 썩 높이 올라 떠서 아주 조그맣게 보이는 종이 연. 2 살치 끝에 붙은 고기《쇠고기 중에서 가장 질김》.

별:-박이² (別-) 圓 이마에 흰 점이 박힌 말. 대성마(戴星馬).

별반 (別般) □ 圈 보통과 다름. 별양(別樣). □ ~ 대책이 없다. □ 團 따로 별다르게. □ ~ 좋은 줄 모르겠다.

별반 (別版) 圓 별판.

별반-거조 (別般擧措) 圓 특별히 다르게 취하는 행동.

별반-조처 (別般措處) 圓 특별히 다르게 취하는 조처.

별-밥 (別-) 圓 찹쌀이나 멥쌀에 콩·팥·조·대

추·무 따위를 섞어 지은 밥. 별반(別飯).

별방 (別房) 작은집3.

별배 (別杯) 명 이별할 때 나누는 술잔.

별배 (別陪) 『역』 벼슬아치 집에서 사사로이 부리던 하인.

별-배달 (別配達) 명 '별배달우편'의 준말.

별배달-우편 (別配達郵便) 명 배달 시간 외에도 특별한 집배원을 통해 배달하는 우편 제도. ⑥별배달.

별-배종 (別陪從) 『역』 임금이 거동할 때 임금을 받들던 한직(閑職) 문관. 또는 그 벼슬.

별-백지 (別白紙) [-찌] 명 품질(品質)이 아주 좋은 백지.

별법 (別法) [-뻡] 명 1 다른 방법. 2 별난 방법.

별별 (別別) 관 별의별. 온갖. 가지가지. ▢~ 생각 (처럼).

별보 (別報) 명 다른 보도. 특별한 기별.

별-복정 (別卜定) [-쩡] 『역』 지난날, 지방의 산물을 정해 놓은 양 외에 중앙이나 각 지방 관아에 더 바치던 일.

별본 (別本) 명 1 보통 것과 달리 된 모양이나 본새. 2 예전에, 별도로 된 책이나 글을 일컫던 말.

별봉 (別封) 하타 1 따로 싸서 봉함. 또는 그 편지. ▢사진은 ~하여 보냅니다. 2〔역〕외직에 있는 벼슬아치가 그 지방의 산물을 상례로 서울의 각 관아에 바칠 때 웃짐을 덧붙여 보내던 일.

별부 (別付) 『역』 왕실에서 중국에 물건을 특별히 주문하던 일.

별부 (別賦) 명 이별의 노래.

별비 (別備) 명 1 특별한 준비. 2〔민〕굿할 때 목돈 외에 무당에게 행하로 주는 돈.

별-빛 [-삗] 명 별의 반짝이는 빛. 성광(星光). 성망(星芒). 성영(星影). ▢밤하늘에 반짝이는 ~.

별사 (別使) [-싸] 명 1 특별한 사명을 띤 사신. 2 따로 보내는 사신.

별사 (別事) [-싸] 명 별일. 별다른 일.

별사 (別辭) [-싸] 명 1 이별의 말. 2 그 밖의 말.

별-사건 (別事件) [-껀] 명 1 특별한 사건. 2 관련이 없는 다른 사건. ⑥별건(別件).

별-사람 (別-) 명 1 생김새나 하는 행동, 말 따위가 별난 사람. 별종. 별짜. ▢ 다 보겠군. 2 별의별 사람. ▢~이 다 모이다. 3 특별한 사람.

별사-배달 (別使配達) [-싸-] 명 특별히 따로 사람을 시켜서 배달하는 일.

별산-제 (別産制) [-싼-] 명 〔법〕부부가 따로 재산을 소유하는 제도.

별-생각 (別-) 명 1 별다른 생각. ▢~ 없이 한 말이다. 2 별의별 생각. ▢~이 다 난다.

별서 (別墅) [-써] 명 농장이나 들이 있는 근처에 한적하게 지은 집.

별석 (別席) [-썩] 명 1 따로 베푼 자리. ▢~을 마련하다. 2 특별히 마련한 자리. ▢귀빈을 위한 ~.

별선 (別扇) [-썬] 명 보통 것보다 특별히 잘 만든 부채.

별선 (別選) [-썬] 명하타 1 특별히 따로 뽑음. ▢~된 작품. 2 사정(射亭)의 임원을 개선할 때, 그 사정에 적당한 사람이 없으면 다른 사정의 인물을 골라서 정함.

별선 군관 (別選軍官) [-썬-] 『역』 조선 때, 힘센 장사를 가운데 특별히 선발되어 임금을 위하던 군관.

별설 (別設) [-썰] 명하타 특별히 따로 설치함.

별성 (別星) [-썽] 명 1 봉명 사신(奉命使臣). 2

'호구(戶口)별성'의 준말.

별성-마마 (別星媽媽) [-썽-] 명 '호구별성'의 높임말. 호구대감. ⑥마마(媽媽).

별성-행차 (別星行次) [-썽-] 명 『역』 임금의 명령을 받들고 외국으로 가는 사신의 행차.

별세 (別世) [-쎄] 명자 윗사람이 세상을 떠남. ▢숙환으로 ~하다.

별-세계 (別世界) [-/-게] 명 1 이 세상과 다른 상상의 세상. ▢그는 ~에서 온 사람처럼 세상일을 몰랐다. 2 특별히 경치나 분위기가 좋은 곳. 딴 세상. 별건곤. 별유천지. 별천지. ▢동굴 안은 ~ 같았다. 3 자기가 있는 곳과는 아주 다른 환경이나 사회.

별-세초 (別歲抄) 명 『역』 대사면(大赦免)이 있을 때, 죄인의 이름을 뽑아 임금에게 보고하던 일.

별소 금:지주의 (別訴禁止主義) [-쏘-/-쏘-이] 명 〔법〕한 사건에 관계되는 소송이 여러 번 제기되는 것을 막기 위해, 그 소송에 딸린 모든 문제를 함께 제기하게 하고, 이후에는 제기할 수 없게 하자는 주의. 소송 일회주의.

별-소리 (別-) 명하자 별말. ▢전에는 ~ 없었는데 / ~ 말고 다 듭시다.

별송 (別送) [-쏭] 명하타 별도로 보냄. ▢소포를 ~하다.

별-수 (別-) 명 1 ('있다'·'없다'와 함께 쓰여) 달리 어떻게 할 방법. ▢이젠 ~ 없게 되었다 / 다 끝난 일인데 ~ 있겠나. 2 여러 가지 방법. ▢~를 다 봐도 소용없다.

별-수 (別數) [-쑤] 명 특별히 좋은 운수. ▢~라도 생길 줄 알면 큰 오산이야.

별-수단 (別手段) 명 1 특별한 수단. ▢해결할 ~이 없다. 2 여러 가지 수단.

별순 (別巡) [-쑨] 명하자 특별한 목적을 가지고 이곳저곳을 돌아다님.

별-순검 (別巡檢) 명 『역』 대한 제국 때, 경무청(警務廳)이나 경위원(警衛院)의 제복을 입지 않고 비밀 정탐에 종사하던 순검. 별짜.

별-스럽다 (別-) [-따] 〔별스러워, 별스러우니〕형타 보통과는 다른 데가 있다. ▢별스럽게 생긴 물건 / 원, 세상에 별스러운 꼴을 다 보겠네. **별-스레** 부

별시 (別時) [-씨] 명 1 이별할 때. 2 다른 때.

별시 (別試) [-씨] 『역』 조선 때, 나라에 경사가 있을 때, 또는 병년(丙年)마다 행하던 과거.

별:-시계 (-時計) [-/-게] 명 별의 위치를 측정하여 시각을 알아내던 고대 자연 시계.

별식 (別式) [-씩] 명 1 특별한 방식. 2 여러 가지 방식.

별식 (別食) [-씩] 명 늘 먹는 음식이 아닌 특별한 음식. ▢~으로 프랑스 요리를 만들다.

별신-굿 (別神-) [-씬꾿] 명하자 1 남쪽 지방에서 어민이 하는 굿. 2 서울 근방에서 무당이 하는 굿.

별신-대 (別神-) [-씬때] 명 별신굿할 때 세우는 신장대.

별실 (別室) [-씰] 명 1 작은집3. 2 특별히 따로 마련된 방. 딴 방. 별간. ▢~에서 대기하다 / ~로 안내하다.

별안-간 (瞥眼間) 부 갑작스럽고 아주 짧은 동안. 갑자기. 난데없이. ▢~ 그게 무슨 말이냐 / ~ 일어난 일이라 손쓸 겨를이 없었다.

별양 (別樣) ▢명 별반(別般). ▢부 별반.

별연 (別宴) 명 송별연(送別宴).

별-연죽 (別煙竹) 명 보통 것보다 특별히 잘 만

든 담뱃대.

별영 (別營) 〖역〗 친군영(親軍營)의 하나. 조선 고종(高宗) 21년(1884)에 설치한 후 25년에 총어영(總禦營)으로 개칭.

별영-색 (別營色) 〖역〗 조선 때, 호조(戶曹)의 한 부서. 공물(貢物)의 값을 치르는 일과 훈련도감 군사에 대한 급료 지급의 일을 맡아보았음.

별옴둑가지-소리 (別-)〔벼롬-까-〕〖명〗 별의별 괴상한 소리. ❏~ 다 듣겠다.

별원 (別院) 〖명〗〖불〗 **1** 칠당(七堂)과 가람(伽藍) 이외에 승려들이 거처하기 위해 세운 집. **2** 본사 외에 따로 건립한, 본사에 속한 절.

별원 (別願) 〖명〗〖불〗 보살이 불도를 닦는 중에 개별적으로 세우는 서원(誓願). ↔총원(總願).

별유 (別諭) 〖명〗 임금이 특별히 내리던 지시나 분부.

별-유사 (別有司) 〖명〗〖역〗 서울 각 방(坊)에서 호적 및 공공사무를 맡아보던 사역(使役).

별유-천지 (別有天地) 〖명〗 별세계2.

별유-풍경 (別有風景) 〖명〗 좀처럼 볼 수 없는 썩 좋은 풍경.

별은 (別銀) 〖명〗 황금(黃金).

별의 (別意) 〔벼의 / 벼리〕 〖명〗 **1** 다른 생각이나 뜻. 타의(他意). **2** 이별을 섭섭하게 여기는 마음.

별의-별 (別-別)〔벼릐 - 벼레〕〖명〗 보통과 다른 갖가지의. 별별. ❏~ 소리를 다 듣다 / 어제 일로 ~ 생각이 다 든다.

별:-이끼 〖식〗 별이끼과의 한해살이 또는 초록색 이끼. 논밭의 습지에 나는데, 줄기는 땅 위에 뻗으며 곳곳에 가느다란 뿌리를 냄. 봄부터 초여름에 걸쳐 녹백색 꽃이 핌.

별인 (別人) 〖명〗 **1** 별사람. **2** 다른 사람.

별-일 (別-)〔-릴〕〖명〗 **1** 별다른 일. ❏그새 ~ 없이 잘 지냈나. **2** 드물고 이상한 일. ❏살다가 ~을 다 당하네.

별-입시 (別入侍)〔벼립씨〕〖명〗〖역〗 신하가 임금을 사사로운 일로 뵙던 일.

별자 (別子)〔-짜〕〖명〗 서자(庶子).

별:-자리 〔-짜〕〖명〗〖천〗 별의 위치를 정하기 위해 밝은 별을 중심으로 천구(天球)를 몇 부분으로 나눈 것. 동물·물건·신화에 나오는 인물의 이름이 붙음(현재 88 개). 성좌(星座).

별-작전 (別作錢)〔-쩐〕〖명〗〖역〗 전세(田稅)를 받을 때, 정한 액수보다 더 매겨 돈으로 따로 받던 일. 또는 그 돈.

별장 (別章)〔-짱〕〖명〗 이별의 정을 나타낸 시문(詩文).

별장 (別莊)〔-짱〕〖명〗 본집 외에, 경치 좋은 곳에 따로 마련한 집. 별저(別邸). ❏~을 마련하다.

별장 (別將)〔-짱〕〖명〗〖역〗 **1** 고려 때, 낭장(郎將) 다음의 정칠품 무관 벼슬. **2** 조선 때, 용호영(龍虎營)의 종이품 주장. **3** 용호영 이외의 각 영의 정삼품 벼슬. **4** 산성(山城)·도진(渡津)·포구·보루(堡壘)·소도(小島) 등의 수비를 맡던 무직(武職). **5** 용군의 장교.

별장-지기 (別莊-)〔-짱-〕〖명〗 별장을 지키며 관리하는 사람.

별재 (別才)〔-째〕〖명〗 특별한 재주. 또는 그 재주를 가진 사람.

별저 (別邸)〔-쩌〕〖명〗 별장(別莊).

별전 (別電)〔-쩐〕〖명〗 **1** 따로 친 전보. **2** 다른 계통으로 들어온 전보.

별전 (別奠)〔-쩐〕〖명〗 조상에게 임시로 지내는

제사.

별전 (別傳)〔-쩐〕〖명〗 중국 당나라 때 성행한 전기(傳記)의 한 체(體). 정사(正史)의 열전(列傳) 이외에 쓰여진 개인의 전기.

별전 (別殿)〔-쩐〕〖명〗 본궁(本宮) 가까운 곳에 따로 지은 궁전. ❏~에서 연회를 벌이다.

별전 (別錢)〔-쩐〕〖명〗 조선 후기에, 주화의 본보기나 기념 화폐로 만든 엽전. 나중에는 주로 장식용으로 쓰였음.

별정 (別定)〔-쩡〕〖명〗〖하타〗 따로 정함. ❏~ 요금.

별정 (別情)〔-쩡〕〖명〗 이별의 정.

별정　우체국 (別定郵遞局)〔-쩡-〕 우체국이 없는 지역에, 지식 경제부 장관의 허가를 받아 자기의 부담으로 시설을 갖추고 체신 업무를 경영하는 우체국.

별정-직 (別定職)〔-쩡-〕〖명〗 국가 공무원법에서, 특수 경력직의 한 갈래. 감사원 사무차장 및 서울특별시·광역시·도(道) 선거 관리 위원회의 상임 위원, 국가 정보원 기획 조정실장 등이 이에 속함.

별제 (別製)〔-쩨〕〖명〗 물건을 별다르게 만듦. 또는 그 물품. 특제(特製).

별제-권 (別除權)〔-쩨꿘〕〖명〗〖법〗 파산 재단에 딸린 특정 재산에 대해서 우선권을 가진 채권자가 다른 채권자에 우선해서 변제를 받을 수 있는 권리.

별종 (別種)〔-쫑〕〖명〗 **1** 별다른 종자. **2** 다른 종류. **3** 특별히 선사하는 물건. **4**〈속〉별스러운 사람. 별사람.

별좌 (別坐)〔-좌〕〖명〗〖역〗 조선 때, 정·종오품에 속하여 벼슬.

별좌 (別座)〔-좌〕〖명〗〖불〗 불사가 있을 때 부처 앞에 음식을 차리는 일. 또는 그 일을 맡아하는 사람.

별주 (別酒)〔-쭈〕〖명〗 **1** 특별한 방법으로 빚은 술. **2** '이별주'의 준말. ❏~를 나누다.

별주부-전 (鼈主簿傳)〔-쭈-〕〖명〗〖문·악〗 조선 후기의 판소리 계통의 소설. 별주부, 곧 자라를 주인공으로 하는 토끼전. 토생원전.

별중-승 (別衆僧)〔-쭝-〕〖명〗 제멋대로 무리를 지어 별도로 의식을 행하는 승려.

별증 (別症)〔-쯩〕〖명〗 어떤 병에 딸려서 생기는 다른 증세.

별지 (別紙)〔-찌〕〖명〗 서류·편지 등에 따로 덧붙이는 종이. ❏~를 참조하시압.

별-지장 (別支障)〖명〗 별다른 지장. ❏~ 넘어졌으나 보행에는 ~ 없다.

별:-진 (-辰)〔-찐〕〖명〗 한자 부수의 하나(『辱』·『農』등에서 『辰』의 모양).

별-진상 (別進上)〖명〗〖하타〗〖역〗 정해진 것 외에 따로 진상을 올리던 일. 또는 그 진상.

별집 (別集)〔-찝〕〖명〗 서책을 내용에 따라 분류할 때, 개인의 시문집의 일컬음. ＊총집.

별-짓 (別-)〔-찓〕〖명〗 보통과 다른 행동거지. ❏~을 다하다.

별짜 (別-)〖명〗〔←별자(別者)〕〈속〉 **1** 별스럽게 생긴 사람이나 일. **2** 별 물건.

별:-짜리 (別-)〖명〗〈속〉 장성급 장교. ❏기념식에 ~들이 많이 나왔다.

별쭝-나다 〖형〗 말이나 행동이 별스럽다. ❏말투가 ~.

별쭝-맞다 〔-맏따〕〖형〗 몹시 별쭝나다. ❏별쭝맞게 놀다.

별쭝-스럽다 〔-따〕〔-스러워, -스러우니〕〖형ㅂ〗 별쭝스러운 데가 있다. **별쭝-스레** 〖부〗

별차 (別差)〔-짜〕〖명〗 **1** 별다른 차이. ❏실력에는 ~가 없다. **2**〖역〗경상도의 동래와 초량의 시장에 보내던 일본어 통역.

별찬(別饌)몡 특별히 만든 반찬.
별-채(別-)몡 딴채. ▢~에서 머물다.
별책(別冊)몡 따로 엮어 만든 책. 별권(別卷). ▢~·부록.
별책(別策)몡 별다른 대책. 특별한 계책.
별-천지(別天地)몡 별세계2. ▢~와 같다 / ~를 이루다.
별첨(別添)몡하타 서류 따위를 따로 덧붙임. ▢~ 서류.
별체(別體)몡 1 글이나 글씨의 체를 달리함. 또는 그 체. 2 한자의 정자(正字) 이외의 속자·고자·약자 등의 총칭.
별초(別抄)몡 《역》 1 고려 때, 정규 군대 이외에 특별히 조직한 군대. 2 '별초군'의 준말.
별초-군(別抄軍)몡 《역》 1 조선 때, 어떤 지점을 수비하기 위해 그 부근 사람을 뽑아 조직한 군대. 2 조선 중기 이후, 임금이 탄 수레를 호위하기 위해 금군(禁軍) 이외에 특별히 뽑은 군사. ⓒ별초.
별치(別置)몡하타 특별히 따로 둠.
별-치부(別致賻)몡 《역》 조선 때, 정·종삼품 이하의 시종이나 대시(臺侍)가 상사를 당해을 때 임금이 돈이나 물건을 따로 내리던 일.
별칙(別勅)몡 임금의 특별한 명령.
별칭(別稱)몡 달리 부르는 이름.
별택(別宅)몡 1 본집 이외에 지어 놓은 집. 2 별가(別家)2.
별택(別擇)몡하타 특별히 가려 뽑음. ▢~된 인물.
별파(別派)몡 별개의 유파(流派).
별-판(別-)몡 1 뜻밖의 좋은 판세. 2 아주 별스럽게 된 판국. 3 따로 치르는 판.
별-판부(別判付)몡하타 《역》 상주문(上奏文)에 대해서 임금이 의견을 특별히 덧붙이던 일. 또는 그 의견.
별편(別便)몡 1 별도로 보내는 편지. 2 다른 인편이나 차편.
별:-표(-標)몡 별 모양의 표. ▢~를 달다[붙이다].
별표(別表)몡 따로 붙인 표시나 도표. ▢~를 참조하시오.
별품(別品)몡 별다른 물품이나 품질.
별-하다(別-)혬 보통 것과 별나게 다르다. ▢그 과자는 별한 맛이 난다.
별항(別項)몡 다른 항목이나 조항. ▢~ 참조 / ~을 잡아 정리하다.
별행(別行)몡 글을 써 내려가다 따로 잡는 줄. 다른 줄. ▢~을 잡다.
별호(別號)몡➊ 호2. 1, 2 별명처럼 지은 호.
별화(-畵)몡 《미술》 단청(丹靑)한 뒤에, 공간에 사람·꽃·새 등을 그린 그림.
별후(別後)몡 헤어진 뒤. ▢친구와 ~에 소식이 끊이다.
볌몡 반지나 병마개 등이 헐거워 잘 맞지 않을 때 꼭 맞도록 끼는 헝겊이나 종이.
볍새[옛] 뱁새.
볍-쌀몡 입쌀이나 찹쌀을 잡곡에 대하여 일컫는 말.
볍-씨몡 못자리에 뿌리는 벼의 씨. 씨벼.
볏¹[볃]몡 닭·꿩 따위의 이마 위에 세로로 붙은 살 조각(빛깔이 붉고 시울이 톱니처럼 생겼음). 계관(鷄冠). 육관(肉冠).
볏²[볃]몡 보습 위에 비스듬히 대어 흙이 한쪽으로 떨어지게 하는 쇳조각.
볏-가락[벼까-/ 벋까-]몡 벼의 까끄라기.
볏가리[벼까-/ 벋까-]몡 볏단을 차곡차곡 쌓은 더미.
볏가릿-대[벼까릳때/ 벋까릳때]몡 《민》 음력

정월 보름 전날에 풍년을 기원하여 여러 가지 곡식 이삭을 벼 짚단에 싸서 세우는 장대.
볏-가을[벼까-/ 벋까-]몡하자 벼를 거두어 타작하는 일. ⓒ볏갈.
볏-갈[벼깔/ 벋깔]몡하자 '볏가을'의 준말.
볏-귀[벼뀌]몡 쟁기의 뒷바닥의 오목하게 내민 삼각형 부분.
볏-뉘(-)[옛] 볕기.
볏-단[벼딴/ 벋딴]몡 벼를 베어 묶은 단.
볏-모[변-]몡 벼의 모.
볏-밥[볃빱]몡 논밭을 보습으로 갈 때 볏으로 받아 뒤집어 놓은 흙덩이. 볏밥덩이.
볏-섬[벼썸/ 벋썸]몡 벼를 담은 섬.
볏-술(-)몡 가을에 벼로 갚기로 하고 외상으로 먹는 술.
볏-자리[벼짜-]몡 쟁기 볏의 한마루의 비녀장 구멍 위에 앞쪽 바닥을 에어서 벼 대가리가 의지하게 된 곳.
볏-지게[벼찌-]몡 한쪽에 구멍을 뚫어서 쟁기 밑을 윗면에 대는 조붓한 널조각.
볏-짐[벼찜/ 벋찜]몡 벼를 묶거나 쌓아 놓은 단. ▢~을 져 나르다.
볏-짚[벼찝/ 벋찝]몡 벼의 이삭을 떨어낸 줄기. 고초(藁草). ⓒ짚.
병:(丙)몡 1 천간(天干)의 셋째. 2 사물의 차례나 등급에서 셋째. 3 '병방(丙方)'의 준말. 4 '병시(丙時)'의 준말.
병(兵)몡 《군》 '병장·상등병·일등병·이등병'을 일컫는 말.
병:(病)몡 1 생물체의 전신 또는 일부분에 기능 장애가 생겨 고통을 느끼는 상태. ▢불치의 ~ / ~이 나다 / ~에 걸리다 / ~이 낫다 / ~을 고치다 / ~을 심하게 앓다. 2 사물에 생기는 탈. 고장. 3 '병집'의 준말. ▢술을 너무 좋아하는 게 ~이다 / 의심이 많은 것도 ~이다. 4 (일부 명사 뒤에 붙어) '질병'의 뜻을 나타내는 말. ▢눈~ / 위장~.
[병 주고 약 준다] 해롭게 한 뒤에 어루만진다는 뜻으로, 교활하고 음흉한 자의 행동을 비유한 말.
병(瓶)몡 1 액체 등을 담는 그릇(유리·사기 등으로 만드는데, 아가리가 좁음). ▢빈 ~ / ~이 깨지다 / 간장을 작은 ~에 담아 주다. 2 액체 따위를 담아 그 분량을 세는 단위《의존 명사적으로 씀》. ▢음료수 두 ~/ 맥주 한 ~.
-병(瓶)回 일부 명사 뒤에 붙어, '군인'임을 나타냄. ▢보충~ / 부상~.
병가(兵家)몡 1 병학(兵學)의 전문가. 2 군사(軍事)에 종사하는 사람. 3 중국의 제자백가의 하나로 병술(兵術)을 논하던 학자. 4 '병가자류'의 준말.
병:가(病家)몡 병을 앓는 사람이 있는 집. 환가(患家).
병:가(病暇)몡 병으로 말미암아 얻는 휴가. ▢~를 내다.
병가-상사(兵家常事)몡 1 전쟁에서 이기고 지는 것은 흔히 있는 일임. 2 실패는 흔히 있는 일이니 낙심할 게 없다는 말.
병가자-류(兵家者流)몡 병학(兵學)에 정통한 사람. ⓒ병가(兵家).
병:가(病暇)몡 '병간호'의 준말.
병간(屛間)몡 《불》 절의 판도방(判道房)이나 법당 정문의 좌우 쪽에 있는 칸.
병:-간호(病看護)몡하타 병자를 잘 보살펴 구함. ⓒ병간(病看).

병:감(病監)몡 병든 죄수를 수용하는 감방.
병갑(兵甲)몡 1 갑장(甲仗). 2 무장한 병정.
병:객(病客)몡 1 '포병객(抱病客)'의 준말. 2 병자(病者).
병거(兵車)몡 전쟁에 쓰는 수레.
병거(竝居)몡[하자] 한곳에 함께 삶.
병:거(竝擧)몡[하다] 두 가지 이상의 예(例)를 함께 듦.
병거(屛去)몡[하다] 물리쳐 버림.
병거(屛居)몡[하자] 세상에서 물러나 집에만 머물러 있음.
병견(竝肩)몡[하자] 비견(比肩).
병:견(竝結)몡[하다] 행선지가 다르거나 객차·화차와 같이 용도가 다른 차량을 한 열차로 편성하는 일.
병:결(病缺)몡[하자] 병으로 결석하거나 결근함. ▢환절기에는 ~이 비교적 많다.
병:겸(竝兼)몡[하다] 어떤 일을 한데 아울러서 겸함.
병:고(病苦)몡 1 병으로 인한 고통. ▢~를 이겨 내다 / 가난과 ~에 시달리다. 2〔불〕팔고(八苦) 또는 사고(四苦)의 하나. 병으로 겪는 괴로움.
병:고(病故)몡 병에 걸리는 일. 질고(疾故). ▢~로 결근하다.
병:골(病骨)몡 병으로 몸이 약한 사람. 병이 깊이 밴 몸.
병과(丙科)몡〔역〕조선 때, 과거의 성적에 의해 나눈 세 등급 가운데 셋째 등급이란 뜻.
병과(兵戈)몡 1 군사에 쓰는 창이란 뜻으로, 무기를 일컫는 말. 2 전쟁.
병과(兵科)[─꽈]몡〔군〕군무의 종류를 분류한 종별(보병·공병·포병 등). →특과.
병:과(竝科)[─꽈]몡[하다]〔법〕동시에 둘 이상의 형에 처하는 일(자유형과 벌금형에 아울러 처하는 따위). ▢집행 유예 3년에 벌금형을 ~하다.
병관-좌평(兵官佐平)몡〔역〕백제 때, 육좌평(六佐平)의 하나. 병마를 맡아보던 대신.
병교(兵校)몡〔역〕장교(將校)2.
병구(兵具)몡 전쟁에 쓰는 도구. 무구(武具). 병기.
병:구(病軀)몡 병든 몸. ▢~를 무릅쓰고 회의에 참석하다.
병:구완(病─)몡[하다]〔←병구원(病救援)〕병자를 돌보아 주는 일. ▢할머니의 ~를 하다.
병:구원(病救援)몡[하다] '병구완'의 본딧말.
병권(兵權)[─꿘]몡 '병마지권(兵馬之權)'의 준말. ▢~을 손에 쥐다.
병:권(秉權)몡[하자] 권력을 잡음.
병:균(病菌)몡 병원균(─菌). ▢~에 감염되다.
병:근(病根)몡 1 병의 원인. 병원(病原). 2 깊이 밴 나쁜 습관의 근본.
병기(兵棋·兵碁)몡 전략상·전술상의 훈련을 쌓기 위해 응용되는 장기(棋棋) 놀이.
병기(兵器)몡 전쟁에 쓰는 기구의 총칭. 병장기. 무기(武器).
병기(兵機)몡 1 전쟁의 기회. 전기(轉機). 2 전쟁의 기략(機略).
병:기(竝起)몡[하자] 두 가지 이상의 것이 함께 일어남.
병:기(竝記·竝記)몡[하타] 함께 기록함. ▢한자와 한글을 ~하다.
병:기(病期)몡 질병의 경과를 그 특징에 따라 구분한 시기(잠복기·발열기·회복기 등).
병기-고(兵器庫)몡〔군〕무기고.

병기-창(兵器廠)몡〔군〕병기를 만들거나 수리하는 부대.
병기-학(兵器學)몡〔군〕병기의 구조·제조법·이론 등을 연구하는 학문. 병기 공학.
병꼴 꽃부리(瓶─)[─꼳뿌─]몡〔식〕꽃부리가 병 모양으로 생긴 통꽃부리의 한 가지. 병 모양 꽃부리. 호상 화관.
병꽃-나무(瓶─)[─꼰─]몡〔식〕인동과의 낙엽 활엽 관목. 산기슭의 양지에 나는데, 높이는 2─3m. 늦봄에 황록색 다섯잎꽃이 병 모양으로 피는데 후에 붉은빛으로 변함.
병:─나다(病─)[자] 1 병이 생기다. ▢병나지 않도록 조심하다 / 병나서 드러눕다. 2 사물에 잘못이나 탈이 생기다.
병─나발(瓶─)몡〔←병나팔〕〈속〉나발 불듯이 병을 거꾸로 입에 대고, 안의 액체를 들이켜는 일.
병나발(을) 불다㉠〈속〉나발 불듯이 병을 거꾸로 입에 대고, 안의 액체를 들이켜다.
병난(兵難)몡 전쟁으로 입는 재난. ▢~을 당하다.
병:난(病難)몡 병 때문에 겪는 어려움이나 고생. ▢~을 이겨 내다.
병:─내다(病─)[타]〔'병나다'의 사동〕병나게 하다.
병:뇌(病惱)몡 병에 걸려 괴로워하는 일.
병단(兵端)몡 전단(戰端).
병:독(竝讀)몡[하타] 두 가지 이상의 글이나 책을 함께 읽음.
병:독(病毒)몡 병을 일으키는 독기(毒氣). ▢~이 온몸에 퍼지다.
병:동(病棟)몡 병원 안의, 여러 개의 병실로 된 한 채의 건물. ▢외과 ~ / 격리 ~.
병:─들다(病─)[병들어, 병드는][자] 1 몸에 병이 생기다. ▢병든 몸을 추스르다 / 나이 먹고 병들어 고생하다. 2 정신 상태가 건전하지 않게 되다. ▢마음이 ~.
병─따개(瓶─)몡 병마개를 따는 기구.
병:란(丙亂)[─난]몡〔역〕'병자호란'의 준말.
병란(兵亂)[─난]몡 나라 안에서 싸움질하는 난리. 병변(兵變). ▢~을 겪다 / ~의 거리로 화하다.
병략(兵略)[─냑]몡 군략(軍略).
병량(兵糧)[─냥]몡 군량(軍糧).
병력(兵力)[─녁]몡 1 군대의 인원. 또는 그 숫자. ▢~이 동원되다. 2 군대의 힘. 전투력.
병:력(竝力)[─녁]몡[하자] 힘을 한데 모음.
병:력(病歷)[─녁]몡 지금까지 앓은 병의 종류·원인·진행 결과·치료 과정 따위. ▢~을 숨기다〔밝히다〕.
병:렬(竝列)[─녈]몡[하타자] 1 나란히 늘어섬. 또는 나란히 늘어놓음. ▢~된 건본들. 2 몇 개의 도선(導線)·축전기·전지 등의 두 단자(端子)를 공통된 두 단자에 연결하는 일. 병렬연결. →직렬(直列).
병:렬 합성어(竝列合成語)[─녈─썽─]몡〔언〕두 개 이상의 실질 형태소가 각각 뜻을 지니고 있으면서 서로 어울려 하나의 단어로 된 말('마소·앞뒤·드나들다' 따위).
병:록(病錄)[─녹]몡 병의 증세나 진단, 치료 경과 등을 적은 기록.
병:류(竝流)[─뉴]몡[하자] 유체가 서로 같은 방향으로 흐름. ↔향류(向流).
병:리(病理)[─니]몡 병의 원인·발생·경과 따위에 관한 이론.
병:리 생리학(病理生理學)[─니─니─]몡〔의〕병이 든 생체의 기능을 세포·장기(臟器) 수준에서 연구하는 병리학의 한 분야. 병태 생리학.

병:리-학 (病理學)[−니−] 圏 『의』 병의 원인을 탐구하기 위해 병체(病體)의 조직·기관(器官)의 형태 및 기능의 변화를 규명하는 학문.

병:리 해:부 (病理解剖)[−니−] 『의』 병으로 죽은 시체를 해부하여 발병에서 죽음에 이르기까지의 병의 진행 사태를 과학적으로 밝히는 일. 부검(剖檢).

병:리 해:부학 (病理解剖學)[−니−] 『의』 병리해부에 따라 병의 원인, 질병으로 인한 장기(臟器)나 조직의 변화, 사인(死因)을 연구하는 학문.

병:리 화:학 (病理化學)[−니−] 『의』 병의 현상을 화학적으로 연구하는 병리학의 한 분야.

병:립 (並立)[−닙] 圏하자 나란히 섬. □ 전쟁과 평화가 ∼된 양상을 띠다.

병:립 개:념 (並立概念)[−닙깨−] 『논』 동위(同位) 개념.

병마 (兵馬) 圏 1 병사와 군마. 2 군대·군비·무기 등 '군(軍)이나 전쟁에 관한 모든 일'의 총칭.

병:마 (病馬) 圏 병든 말.

병:마 (病魔) 圏 병을 악마에 비유한 말. □ ∼와 싸우다 / ∼에 시달리다.

병-마개 (瓶−) 圏 병의 아가리를 막는 마개. □ ∼를 뽑다[따다] / ∼를 닫다.

병마-절도사 (兵馬節度使) 圏 『역』 조선 때, 각 지방에 두어 병마를 지휘하던 종이품의 무관. 㽞병사.

병마지권 (兵馬之權)[−꿘] 圏 군(軍)을 편제(編制)하고 통수할 수 있는 권능. 통수권. 㽞병권(兵權).

병막 (兵幕) 圏 군인들이 주둔하는 막사.

병:막 (病幕) 圏 전염병 환자를 격리시켜 수용하는 임시 건물.

병:맥 (病脈) 圏 병자의 맥박.

병-머리 (瓶−) 圏 『건』 도리·보·평방에 그리는 단청의 하나《꽃송이를 '품(品)'자 모양으로 마주 그리고, '실'과 '휘'를 교착해서 그림》.

병:명 (病名) 圏 병의 이름. □ ∼ 불명의 질병.

병−목 (瓶−) 圏 병의 아가리 아래쪽의 잘록한 부분.

병목 현:상 (瓶−現象)[−모켠−] 도로의 폭이 병목처럼 갑자기 좁아진 곳에서 일어나는 교통 정체 현상. □ ∼을 해소하다.

병:몰 (病歿·病沒) 圏하자 병사(病死).

병:무 (兵務) 圏 병사(兵事)에 관한 사무.

병무−청 (兵務廳) 圏 국방부 장관에 속하여, 징집·소집 따위의 병무 행정에 관한 사무를 맡아보는 중앙 행정 기관.

병문 (兵門) 圏 군문(軍門).

병:문 (病文) 圏 병이 있는 글이라는 뜻으로, 잘못되거나 부족한 점이 있는 글.

병문 (屛門) 圏 골목 어귀의 길가.

병문−친구 (屛門親舊) 圏 골목 어귀의 길가에 모여 막벌이하는 사람. 장석친구.

병문 파수 (屛門把守) 『역』 임금이 거둥할 때 길 어귀를 지키던 군사.

병:반 (病斑) 圏 병으로 생기는 반점.

병반 (餠盤) 圏 『지』 마그마가 분출되어 수성암의 지층 사이에 들어가서, 둥근 떡 모양으로 굳어진 암괴.

병:발 (並發·倂發) 圏하자 두 가지 이상의 일이 한꺼번에 일어남. □ ∼된 사고 / 고혈압에 당뇨병이 ∼하다.

병:방 (丙方) 圏 이십사방위의 하나. 정남에서

동으로 15도의 방위를 중심으로 한 15도의 각도 안. 㽞병(丙).

병방 (兵房) 圏 『역』 1 조선 때, 병전(兵典)에 관한 사무를 맡아보던 승정원 육방의 하나. 2 조선 때, 병전에 관한 일을 맡아보던 지방 관아의 육방의 하나.

병법 (兵法)[−뻡] 圏 군사를 지휘하여 전쟁하는 방법. □ ∼에 능한 장수.

병:법 (秉法) 圏 『불』 불전(佛前)에서 예식을 집행하는 사람의 직명.

병법−가 (兵法家)[−뻡까−] 圏 병법의 전문가.

병법−서 (兵法書)[−뻡써] 圏 병법에 관한 서적.

병:벽 (病癖) 圏 고칠이 되어 잘 고쳐지지 않는, 병적일 정도로 나쁜 버릇. □ 직장을 자주 옮기는 것이 그의 ∼이다.

병변 (兵變) 圏 병란(兵亂).

병:변 (病變) 圏 병이 원인이 되어 일어나는 생체의 변화.

병:−보석 (病保釋) 圏 『법』 구류 중인 미결수가 병이 날 경우 그를 석방하는 일. □ ∼으로 풀려나다.

병복 (屛伏) 圏하자 세상을 피해 숨어서 삶.

병:−본리 (並本利)[−볼−] 圏하타 구본변(具本邊).

병:부 (丙部) 圏 자부(子部).

병부 (兵部) 圏 『역』 신라 때, 군사에 관한 일을 맡아보던 관아.

병부 (兵符) 圏 『역』 '발병부(發兵符)'의 준말.

병부 (兵部) 圏 병사의 명부.

병:부 (病父) 圏 병든 아버지. □ ∼의 병구완을 하다.

병:부 (病夫) 圏 1 병든 남편. 2 병든 사내.

병:부 (病婦) 圏 1 병든 아내. 2 병든 여인.

병부−절 (兵符卩) 圏 한자 부수의 하나《'卽'·'卷'등에서 '卩'나 'ㄴ'의 이름》.

병부 주머니 (兵符−) 圏 『역』 발병부(發兵符)를 넣던 주머니.

병:−불공 (病佛供) 圏하자 병이 낫기를 바라면서 드리는 불공.

병불염사 (兵不厭詐) 圏 군사(軍事)에서는 적을 속이는 간사한 꾀도 꺼리지 않음.

병:−불이신 (病不離身) 圏하형 몸에 병이 떠날 날이 없음.

병비 (兵批) 圏 『역』 병조에서 무관을 골라 뽑던 일. 또는 그 벼슬.

병비 (兵備) 圏 군대·병기 따위의 군사에 관한 준비. 무비(武備).

병사 (兵士) 圏 1 군사(軍士). 2 사병.

병사 (兵使) 圏 『역』 '병마절도사(兵馬節度使)'의 준말.

병사 (兵舍) 圏 병영1.

병사 (兵事) 圏 병역·군대·전쟁 등에 관한 일. 군사(軍事).

병:사 (病死) 圏하자 병으로 죽음. 병몰(病歿). 병폐(病斃). □ 사인이 ∼로 밝혀지다 / 오랜 병상 생활 끝에 ∼했다.

병:사 (病邪) 圏 『한의』 오래된 병사가 정신이 이상해져서 부리는 야릇한 성미.

병:산 (竝算) 圏하타 함께 포함시켜 계산함. □ 세금이 ∼된 물품 대금 / 택시 요금은 시간과 거리를 ∼한다.

병:살 (倂殺) 圏하타 야구에서, 두 사람의 주자를 한꺼번에 아웃시키는 일. 겟투. 더블 플레이. □ ∼을 당하다.

병:살−타 (倂殺打) 圏 야구에서, 누상에 있던

주자와 타자가 다 아웃이 되는 타구.
병:상 (病床) 명 병자가 눕는 침상. ❑ ~을 지키다 / ~에서 신음하다〔일어나다〕.
병:상 (病狀) 명 병의 상태. 병태(病態).
병:상-병 (病傷兵) 명 싸움터에서 병들거나 다친 군인.
병:상 일지 (病床日誌)[-찌] **1** 병상에 있는 사람이 적은 일지. **2** 의사나 간호사가 환자의 상태나 병의 경과를 날마다 적은 기록.
병:상-첨병 (病上添病) 명하자 병이 들어 앓는 중에 또 다른 병이 겹쳐 생김.
병:색 (病色) 명 병든 사람의 얼굴빛. ❑ ~이 도는 얼굴 / ~이 짙다〔완연하다〕.
병서 (兵書) 명 병법에 관한 책. ❑ ~를 읽다.
병:서 (竝書) 명하타 한글에서, 같은 자음 두 글자나 또는 다른 자음 둘이나 셋을 가로로 나란히 붙여 씀《ㄲ·ㄺ·ㅄ 따위》. *부서(附書)·연서(連書).
병:석 (病席) 명 병자가 앓아 누워 있는 자리. ❑ ~에 눕다 / ~을 지키다 / ~에서 일어나다.
병선 (兵船) 명 **1** 전쟁에 쓰는 배. **2**〘역〙 '소맹선(小猛船)'의 고친 이름.
병선 (兵燹) 명 병화(兵火).
병:설 (竝設·倂設) 명하타 두 가지 이상을 한데에 함께 설치함. ❑ ~ 중학교 / 회사에 ~된 탁아소.
병:성 (病性) 명 병의 성질. 병질(病質).
병세 (兵勢) 명 군사의 세력.
병:세 (病勢) 명 병의 상태나 형세.
병:소 (病所) 명 **1** 병실(病室). **2** 몸에 병이 생긴 부위. 환부.
병:소 (病巢) 명 병원균이 조직에 병적 변화를 일으키는 부위.
병:쇠-하다 (病衰-) 형여 병약하다.
병:수 (倂垂) 명하자 함께 후세에까지 길이 남음.
병-수사 (兵水使) 명〘역〙 병사와 수사.
병:술 (丙戌) 명 육십갑자의 스물셋째.
병-술 (甁-)[-쑬] 명 병에 담은 술. 또는 병에 담아 파는 술.
병술-집 (甁-)[-쑬찝] 명 병술을 파는 집.
병:시 (丙時) 명 이십사시의 열두째 시《오전 10시 30분부터 11시 30분까지》. 준병.
병:-시중 (病-) 명하타 병구완. ❑ ~을 들다.
병식 (屛息) 명하자 겁이 나서 소리를 내지 못하고 숨을 죽임.
병:신 (丙申) 명 육십갑자의 서른셋째.
병:신 (病身) 명 **1** 몸의 어느 부분이 기형이거나 기능을 잃은 상태. 또는 그런 사람. 불구자. ❑ 다리 ~. **2** 온전한 형태를 갖추지 못하거나 제구실을 하지 못하는 물건. **3** 정신적·지능적으로 모자라는 사람. ❑ ~ 같은 녀석 / ~ 소리를 듣다 / 멀쩡한 사람을 ~으로 만들다. **4** 남을 얕잡아 욕하는 말. ❑ 이 ~아.
[병신 달밤에 체조한다] 못난 자가 더욱더 미운 짓만 한다. [병신 자식이 효도한다] 대수롭지 아니한 것이 도리어 제구실을 한다는 말.
병신(이) 육갑(六甲)하다 구 되지못한 사람이 엉뚱한 짓을 하다.
병:신-구실 (病身-)[-꾸-] 명하자 병신이나 다름없는 못난 짓. 병신노릇.
병:신성-스럽다 (病身-)[-썽-따]〔-스러워, -스러우니〕 형ㅂ 병신처럼 못나고 어리석은 데가 있다. **병:신성-스레** [-썽-] 부
병:실 (病室) 명 환자가 병을 치료하기 위해 거처하는 방. 병소. 환자실. ❑ 6인용 ~.
병:심 (病心) 명 **1** 마음의 병. **2** 근심이 있는 마음. **3** 병적으로 들뜬 마음.
병:아 (病兒) 명 병을 앓는 아이.
병아리 명 **1** 닭의 새끼. ❑ 노란 ~들이 모이를 쪼아 먹다. **2** 어떤 일에 처음 나서 경험이 없거나 서투른 사람. ❑ ~ 기자 / ~ 교사.
병아리 눈물만큼 구 매우 적은 수량의 비유.
병아리 오줌 구 〈속〉 정신이 희미하고 고리타분한 사람.
병:안 (病眼) 명 병든 눈.
병액 (兵厄) 명 전쟁으로 말미암은 재액.
병액 (兵額) 명 군사의 수효. 군액.
병:야 (丙夜) 명 '삼경(三更)'을 '오야(五夜)'의 하나로 일컫는 말.
병:약-자 (病弱者)[-짜] 명 질병으로 몸이 약한 사람. ❑ ~와 노약자.
병:약-하다 (病弱-)[-야카-] 형여 **1** 병에 시달려 쇠약하다. **2** 몸이 허약해서 병에 걸리기 쉽다. ❑ 병약한 인상〔몸〕.
병어 명〘어〙 병엇과의 난해성 외양 물고기. 길이 60 cm 가량, 몸통은 납작하고 둥그스름한 마름모, 등은 푸른빛을 띤 은백색, 등지느러미는 길며 꼬리지느러미는 두 가닥, 배지느러미는 없음.
병어-주둥이 명 입이 매우 작은 사람을 놓으로 일컫는 말.
병역 (兵役) 명 국민의 의무로서, 일정한 기간 군에 복무하는 일. ❑ ~을 필하다 / ~은 신성한 국민의 의무이다.
병역 기피 (兵役忌避)[-끼-] 도망하거나, 짐짓 몸에 상처를 내거나, 병을 앓는 체하여 병역을 피하는 일.
병역 면:제 (兵役免除)[-영-]〘법〙 폐질자·장애인에 대해서 병역을 면제하는 일.
병역-법 (兵役法)[-뻡] 명〘법〙 국민의 병역 의무에 관해서 규정한 법률.
병역 의:무 (兵役義務)〘법〙 국민의 4 대 의무의 하나. 군무에 복무할 의무.
병역 제:도 (兵役制度)[-쩨-] 국민의 병원(兵員) 충족에 관한 제도. 강제병 제도와 자유병 또는 지원병 제도로 분류하는데, 전자는 징병제와 민병제로, 후자는 의용병제와 용병제로 나눔.
병영 (兵營) 명 **1** 군대가 집단적으로 거처하는 집. 병사(兵舍). ❑ ~ 생활. **2**〘역〙 병마절도사가 있던 영문.
병:오 (丙午) 명 육십갑자의 마흔셋째.
병:와 (病臥) 명하자 병으로 자리에 누움.
병:욕 (病褥) 명 병석(病席).
병:용 (竝用·倂用) 명하타 아울러 한데 씀. ❑ 한글과 한자의 ~ / 현금과 상품권이 ~되다.
병원 (兵員) 명 군사. 또는 그 수효. 병력.
병:원 (病院) 명 **1** 병자를 진찰·치료하기 위해 설비해 놓은 건물. **2**〘법〙 입원 환자 30명 이상을 수용할 수 있는 설비를 갖춘 의료 기관.
병:원 (病原·病源) 명 병의 근원. 병근(病根).
병:원-균 (病原菌) 명〘의〙 병의 원인이 되는 균. 병균.
병:원 미생물 (病原微生物)〘의〙 병의 원인이 되는 미생물《병원균과 병원충》.
병:원-비 (病院費) 명 병원에서 치료를 받거나 입원하는 데 드는 비용.
병:원-선 (病院船) 명 **1** 의료 시설을 갖추고 주로 낙도(落島)를 돌면서 상병자(傷病者)를 진찰·치료하는 배. **2**〘군〙 의료 시설을 갖추고 돌아다니며 병자나 다친 사람을 치료하는 배《교전국 어느 쪽도 공격할 수 없도록 제네바

병:원-장(病院長)명 병원의 책임자.
병:원-체(病原體)명 〖의〗 생물체에 기생하여 병을 일으키는 생물(세균·바이러스(virus)·기생충 따위).
병:원-충(病原蟲)명 〖의〗 병의 원인이 되는 원생(原生)동물.
병:월(丙月)명 월건(月建)의 천간(天干)이 병(丙)으로 된 달.
병위(兵威)명 군대의 위력이나 위세.
병-유(竝有·併有)명타 한데 아울러 가짐.
병:이지성(秉彝之性)명 타고난 천성.
병:인(丙寅)명 육십갑자의 셋째.
병인(兵刃)명 칼·창 등과 같이 날이 있는 병기를 이르는 말. 무기.
병:인(病人)명 병자(病者). ▣ ~을 간병하다.
병:인(病因)명 병의 원인. ▣ 돌연사의 ~/~을 밝히다.
병:인-교난(丙寅教難)명 〖역〗 병인박해.
병:인-론(病因論)[-논]명 〖의〗 병의 원인을 연구하는 기초 의학의 한 부문.
병:인-박해(丙寅迫害)[-바캐]명 〖역〗 조선 고종 때(1866), 대원군에 의한 천주교 박해 사건. 이로 인하여 병인양요(丙寅洋擾)가 일어났음. 병인교난. 병인사옥.
병:인-양요(丙寅洋擾)[-냥-]명 〖역〗 대원군의 천주교 탄압으로 고종 때(1866)에 프랑스 함대가 강화도를 침범한 사건.
병:인 요법(病因療法)[-뇨뻽]〖의〗 병의 원인을 없애거나 다스려 병(病)의에 따라 치료하는 법. 원인 요법. ↔대증(對症) 요법.
병:일(丙日)명 일진(日辰)의 천간(天干)이 병으로 된 날.
병:입-고황(病人膏肓)[-꼬-]명하자 병이 몸 속 깊이 들어 고치기 어렵게 됨.
병:입-골수(病人膏髓)[-꼴쑤]명하자 병이 뼛속 깊이 스며들 정도로 깊고 중함.
병:자(丙子)명 육십갑자의 열셋째.
[병자년 까마귀 떡 뒷간 다녀다보듯] 무엇을 구하는 사람이 행여나 하고 구차스럽게 여기저기를 기웃거림을 비웃는 말.
병:자(病者)명 병을 앓고 있는 사람. 병인. 환자. ▣ 가난한 ~를 치료하다.
병:자-국치(丙子國恥)명 〖역〗 병자년에 당한 나라의 치욕을 이르는 말. '병자호란'의 딴이름.
병:자-사화(丙子士禍)명 〖역〗 조선 세조 2년(1456) 병자년에, 성삼문(成三問) 등이 단종의 복위(復位)를 꾀하다가 실패함으로써 일어난 사화.
병:자 성:사(病者聖事)〖가〗 사고나 중병, 고령으로 죽음에 임박한 신자가 받는 성사(신자제가 기도문을 봉송하면서 기름을 바름). 구칭: 종부(終傅) 성사.
병:자-수호조규(丙子修好條規)명 〖역〗 강화도 조약.
병:자-수호조약(丙子修好條約)명 〖역〗 강화도 조약.
병:자-호란(丙子胡亂)명 〖역〗 조선 인조 14년(1636) 병자년에 중국의 청(淸)나라가 침입한 난리.
병:작(竝作·幷作)명하타 배메기.
병:작-농(竝作農)[-장-]명하자 배메기 농사.
병:작-인(竝作人)명 〖농〗 배메기 농사를 짓는 사람.
병장(兵仗)명 '병장기'의 준말.
병장(兵長)명 사병 계급의 하나(하사의 아래, 상등병의 위). ▣ ~으로 제대하다.
병:장(病狀)명하자 〖역〗 병으로 일을 선다는

뜻을 적어 윗사람에게 올리던 일. 또는 그런 글.
병장(屛帳)명 병풍과 장막.
병장-기(兵仗器)명 예전에, 병사들이 쓰던 온갖 무기.
병적(兵籍)명 1 군인의 신분과 관련된 기록. ▣ ~ 증명서. 2 '병적부'의 준말.
병:-적(病的)[-쩍]관명 정상을 벗어나 불건전하고 지나친 (것). ▣ ~ 망상.
병적-부(兵籍簿)[-뿌]명 군인의 신분에 관한 사항을 기록한 장부. ⌅병적.
병전(兵典)명 〖역〗 육전(六典)의 하나. 병조(兵曹)의 소관 사항을 규정함.
병:점(病占)[-쩜]명하자 병이 곧 나을 것인지 아닌지를 알고자 점을 침. 또는 그 점.
병정(兵丁)명 군대에 복무하는 사람. 장정.
병정-개미(兵丁-)명 〖충〗 개미·흰개미 종류에서, 적과 싸우는 임무를 맡은 일개미.
병정-놀이(兵丁-)명 아이들 놀이의 하나(군사 훈련이나 전투 따위를 흉내 내면서 놂). 군대놀이.
병정 타:령(兵丁-)〖악〗 경기 휘모리 곡조의 하나. 신식 병정으로서의 생활 과정을 긴사설로 익살스럽게 표현함.
병제(兵制)명 군제(軍制).
병:제(竝製)명 보통으로 만든 제품. ↔특제.
병조(兵曹)명 〖역〗 고려·조선 때, 육조의 하나. 무선(武選)·군무·의위(儀衛)·우역(郵驛)·병갑(兵甲)·문호 관약(門戸管鑰) 등의 일을 맡아봄.
병-조림(甁-)명하타 음식물을 가공해서 병에 넣고 일정 기간 상하지 않게 밀봉하는 일. 또는 그렇게 만든 음식물. *통조림.
병조-선(兵漕船)명 〖역〗 조선 때, 평시에는 짐을 나르고 전시에는 전투용으로 쓰던 배.
병조-적간(兵曹摘奸)[-깐]명하자 병조가 신을 적발한다는 뜻으로, 사물을 세밀히 분석하고 조사함을 비유하는 말.
병조 판서(兵曹判書)〖역〗 조선 때, 병조의 으뜸 벼슬. 정이품으로, 군사와 국방에 관한 일을 맡아보았음. ⌅병판(兵判).
병:존(竝存)명하자 둘 이상이 함께 존재함. ▣ 보수와 진보가 ~하다.
병졸(兵卒)명 군사(軍士). ▣ ~과 장수.
병:졸(病卒)명 '병사(病死)'의 높임말.
병:종(丙種)명 1 갑·을·병의 등급에 매길 때의 셋째. 2 예전에, 징병 검사에서 징집을 면제받던 등급.
병종(兵種)명 1 병과(兵科). 2 육해공군·해병대 따위 군대의 종류.
병:좌(丙坐)명 〖민〗 풍수지리에서, 집터·묏자리가 병방(丙方)을 등진 좌향(坐向).
병:좌-임향(丙坐壬向)명 〖민〗 풍수지리에서, 집터·묏자리가 병방(丙方)을 등지고 임방(壬方)을 향한 좌향(坐向).
병:주-고향(竝州故鄉)명 오래 살아서 정든 타향을 고향에 비유한 말(제2의 고향).
병:-주머니(病-)[-쭈-]명 갖가지 병이 많은 사람을 비유한 말.
병:-줄(病-)[-쭐]명 오래 계속해 앓는 병이나 증세.
병줄(을) 놓다 군 오래 앓던 질병이나 큰 병에서 벗어나 회복되다.
병:중(病中)명 병으로 앓는 동안. ▣ ~에 술과 담배를 끊다.

병:증 (病症)[-쯩] 명 병의 증상.
병:증 (病證)[-쯩] 명 〔한의〕 병의 상태나 성질.
병:진 (丙辰) 명 육십갑자의 쉰셋째.
병진 (兵塵) 명 전장에서 일어나는 티끌이라는 뜻으로, 전쟁의 어수선하고 어지러운 분위기.
병:진 (竝進) 명하자 함께 나란히 나아감. ❑ 발전과 개혁의 ~.
병:진 운:동 (竝進運動) 〔물〕 질점계(質點系) 또는 강체(剛體)의 운동 중에서 각 점의 동일한 평행 이동만으로 성립되는 운동.
병:진-자 (丙辰字) 명 〔역〕 조선 세종 18 년(1436) 병진년에 만든 납 활자.
병:질 (病質) 명 병의 성질. 병성(病性).
병:질-엄 (病疾广) 명 한자 부수의 하나(('病'·'痛' 등에서 '疒'의 이름)). 병질밑. 병질안.
병:-집 (病-)[-찝] 명 **1** 깊이 뿌리박힌 잘못이나 결점. 병처. ❑ 그것이 자네 ~일세. 준병. **2** 탈이 생기는 원인. 병통.
병참 (兵站) 명 군대의 전투력을 유지하고, 작전을 지원하기 위한 보급·정비·회수·교통·위생·건설 등의 일체의 기능의 총칭.
병참 기지 (兵站基地) 병참 업무의 근거지.
병참-선 (兵站線) 명 〔군〕 작전 부대와 병참 기지를 잇는 도로·철도·항로 등의 시설.
병창 명 선박의 칸막이 나무.
병:창 (竝唱) 명하타 가야금·거문고 따위를 타면서 자신이 거기에 맞추어 노래를 부름. 또는 그 노래. ❑ 가야금 ~.
병:처 (病妻) 명 병든 아내. ❑ ~를 간병하다.
병:처 (病處) 명 **1** 환부(患部). **2** 병집1.
병:체 (病體) 명 **1** 병에 잘 걸리는 체질. **2** 병구(病軀).
병:체-결합 (竝體結合) 명 〔동〕 둘 이상의 살아 있는 동물체가 신체의 일부에서 서로 결합되어 있는 상태.
병:촉 (秉燭) 명하자 촛불을 켬.
병:-추기 (病-) 명 병에 걸려서 늘 성하지 못하거나 걸핏하면 잘 앓는 사람의 낮춤말.
병:축 (秉軸) 명하자 정권을 잡음.
병:축 (病畜) 명 병든 가축.
병:출 (迸出) 명하자 힘차게 솟아 나옴.
병:충 (病蟲) 명 농작물을 병들게 하는 벌레.
병:충-해 (病蟲害) 명 농작물이 병과 벌레로 말미암아 입는 피해. ❑ ~가 극심하다.
병:치 (倂置·竝置) 명하타 둘 이상의 것을 한곳에 두거나 동시에 설치함. ❑ 작은방이 큰방과 ~되다.
병치-돔 명 〔어〕 병치돔과의 바닷물고기. 몸길이 21 cm 가량, 마름모 모양이며 담갈색을 띤 붉은빛임.
병:-치레 (病-) 명하자 병을 앓아 치러 내는 일. ❑ ~가 잦다.
병:침 (丙枕) 명하자 임금이 침소(寢所)에 듦. 또는 그 시각((병야(丙夜)에 취침 시간을 정한 데서 유래된 말)).
병:칭 (竝稱) 명하타 둘 이상을 한데 아울러서 일컬음. ❑ 강국과 강대국이 ~되다.
병:탄 (倂呑·竝呑) 명하타 남의 물건이나 다른 나라의 영토를 한데 아울러서 제 것으로 만듦. ❑ 중소기업이 대기업에 ~되다.
병:탄 합병 (倂呑合倂)[-뼝] 〔경〕 흡수 합병.
병:탈 (病頉) 명하자 **1** 병으로 인한 탈. **2** 병을 핑계 삼음. 또는 그런 핑계. ❑ 모임에는 ~하고 불참하다.
병탕 (餠湯) 명 떡국.
병:태 (病態) 명 병상(病狀).
병:통 (病-) 명 병집.
병판 (兵判) 명 〔역〕 '병조 판서'의 준말.
병:패 (病敗) 명 병폐(病弊).
병:폐 (病弊)[-/-페] 명 병집과 폐단. 오랜 시간이 지나는 동안 조직이나 사물의 내부에 생긴 폐해. ❑ ~를 극복하다〔없애다〕.
병:폐 (病廢)[-/-페] 명하자 병으로 몸을 제대로 쓰지 못하게 됨.
병:폐 (病斃)[-/-페] 명하자 병사(病死).
병풍 (屛風) 명 바람을 막거나 무엇을 가리기 위하여 또는 장식용으로 방 안에 치는, 직사각형의 물건.
병:풍상서 (病風傷暑) 명하자 바람에 병들고 더위에 상한다는 뜻으로, 고생스러운 세상살이에 시달리고 쪼들림을 비유한 말.
병:풍상성 (病風喪性) 명하자 병에 시달려 본성을 잃어버림.
병풍-석 (屛風石) 명 능(陵)의 위쪽 둘레에 병풍같이 둘러 세운 긴 네모꼴의 넓적한 돌.
병풍-차 (屛風次) 명 병풍을 꾸밀 그림이나 글씨. 또는 그것을 그린 종이나 깁.
병풍-틀 (屛風-) 명 병풍을 꾸미는 데 바탕이 되는 틀.
병:필지임 (秉筆之任)[-찌-] 명 〔역〕 사필(史筆)을 잡은 소임이라는 뜻에서, 예문관(藝文館)의 검열(檢閱)을 일컫던 말.
병학 (兵學) 명 병법에 관한 학문. 군사학.
병:합 (倂合) 명하자타 합병(合倂). ❑ 약소국이 강국에 ~되다.
병:해 (病害) 명 병으로 말미암은 농작물의 피해. ❑ 농작물이 ~를 입어 수확이 줄다.
병:행 (竝行) 명하자타 **1** 둘 이상이 나란히 감. ❑ 상하행선이 ~한다. **2** 두 가지 일을 한꺼번에 행함. ❑ 이론과 실천이 ~되다 / 조사와 검증을 ~시키다.
병:행-맥 (竝行脈) 명 〔식〕 나란히맥.
병:행 본위제 (竝行本位制) 〔경〕 두 종류 이상의 금속을 본위 화폐의 소재(素材)로 하고, 양자의 비교 가격은 시장 가격 변동에 따르는 제도.
병:행불패 (竝行不悖) 명하자 두 가지 일을 한꺼번에 치러도 사리에 어긋나지 않음.
병혁 (兵革) 명 **1** 무기의 총칭. **2** 전쟁.
병화 (兵火) 명 전쟁으로 인한 화재.
병화 (兵禍) 명 전화(戰禍). ❑ ~를 당하다.
병:환 (病患) 명 '병'의 높임말. ❑ 할머니가 ~으로 누우시다.
병:후 (病後) 명 병을 앓고 난 뒤. ❑ ~ 조리 / ~의 경과가 좋다.
병:후 면:역 (病後免疫) 한 번 병을 앓은 뒤 그 병에 다시 걸리지 않게 되는 후천 면역((홍역 따위)).
병ᄒᆞ다 자 〈옛〉 앓다.
볕 [볃] 명 '햇볕'의 준말. ❑ ~이 따갑다 / ~에 옷을 말리다 / ~을 쬐다 / 얼굴이 ~에 까맣게 그을리다.
볕-기 (-氣)[볃끼] 명 햇볕의 기운.
볕-뉘 [변-] 명 **1** 작은 틈을 통해서 잠시 비치는 햇볕. ❑ 나뭇잎 사이로 ~가 비친다. **2** 그늘진 곳의 조그마한 햇볕의 기운.
볕-살 [볃쌀] 명 내쏘는 햇볕. ❑ 문틈으로 ~이 스며든다.
보[1] 명 '보시기'의 준말.
보[2] 명 〔건〕 '들보[2]'의 준말.
보[3] 명 〈옛〉 보습. 쟁기.
보[1] (保) 명 **1** 보증. ❑ ~를 서다. **2** 보증인(人).
보[2] (保) 명 〔역〕 '보포(保布)'의 준말.
보 (洑) 명 **1** 논에 물을 대기 위해 둑을 쌓고 흐

르는 냇물을 막아 두는 곳. ❏~를 막다 / ~를 쌓다. 2 '봇물'의 준말.

보:¹(補)**명하타** 관직에 임명함. ❏임(任) 서기관. ~ 서무과장.

보:²(補)**명**〖역〗왕·왕비·세자·세손(世孫) 및 공주·옹주가 달던 흉배(胸背)를 특별히 이르던 말.

보(褓)**명** 1 물건을 싸거나 씌워 덮기 위해 네모지게 만든 천. ❏이불~ / 책상을 흰 ~로 덮다. *보자기. 2 가위바위보의 하나.

보:¹(寶)**명**〖역〗신라·고려 때, 나라에서 사업 기금을 위해, 돈·곡식 등을 백성에게 꾸어 주고 그 변리를 이용하던 재단(〖신라의 공덕보, 고려의 학보(學寶)·제위보(濟危寶) 따위〗.

보:²(寶)**명**〖역〗'어보(御寶)'의 준말.

보(甫)**명** 예전에, 평교간이나 손아랫사람을 부를 때 성이나 이름 뒤에 붙여 쓰던 말. ❏홍길동 ~는 유망하다.

보(步)**의** 1 거리를 재는 단위. 주척(周尺)으로 여섯 자. 2 거리를 발걸음으로 재는 단위. ❏1~ 후퇴 / 2~ 전진.

-보回 어떤 말 뒤에 붙어, 그것을 즐기거나 그 정도가 심한 사람임을 나타내는 말. ❏떡~ / 울~ / 심술~.

-보(補)回 어떤 관직이나 직책의 보좌관의 뜻. ❏외교 통상부 차관~.

보:가(保家)**명하타** 한 집안을 지켜 나감.

보:가(補家)**명** 바둑에서, 본디 차지한 집에 보탬이 되는 비교적 작은 집. ❏백의 ~.

보:각(補角)**명**〖수〗두 각의 합이 2직각(=180°)일 때, 한 각의 다른 각에 대한 말.

보각튀 술 따위가 괼 때 거품이 생기면서 나는 소리. ⬛부글.

보각-거리다[-꺼-]**자** 잇따라 보각 소리가 나다. ⬛부걱거리다. **보각-보각**[-뿌-]**튀하자**

보각-대다[-때-]**자** 보각거리다.

보:각-본(補刻本)[-뽄]〖인〗목판이 오래되어 문자를 판독할 수 없거나 없어진 부분이 있을 때, 이를 보수하여 간행한 책.

보:간-법(補間法)[-뻡]〖수〗함수의 값을 구하는 근사(近似) 계산법.

보:감(寶鑑)**명** 1 다른 사람이나 후세에 본보기가 될 만한 훌륭한 일이나 사물. 또는 그런 것을 적은 책. 2 보배롭고 귀중한 거울.

보:강(補强)**명하타** 보태고 채워서 더 튼튼하게 함. ❏장비 ~ / 체력 ~에 힘쓰다 / 뼈를 단단하게 하는 칼슘을 ~하다.

보:강(補講)**명하자타** 결강(缺講)·휴강 따위로 빠진 강의를 보충함. 또는 그런 강의. ❏빠뜨린 강의를 ~하다.

보:개(寶蓋)**명**〖불〗1 탑에서 보륜(寶輪) 위에 덮개 모양을 하고 있는 부분. 2 보주(寶珠) 등으로 장식된 천개(天蓋).

보:개 천장(寶蓋天障) 궁전이나 불전 등에서, 한가운데를 높게 해서 닫집처럼 만든 천장. ⬛보개.

보:갱(保坑)**명하자**〖광〗갱이 무너지지 않게 하는 일.

보:거-상의(輔車相依)[-/-이]**명하자** 수레의 덧방나무와 바퀴처럼 뗄 수 없다는 뜻으로, 서로 돕고 의지함을 이르는 말.

보:건(保健)**명** 건강을 지켜 나가는 일.

보:건-림(保健林)[-님]**명** 먼지·매연 따위를 막기 위해 도시나 공장 부근에 설치해 놓은 삼림.

보:건 복지부(保健福祉部)[-찌-] 중앙 행정 기관의 하나. 보건 위생·방역·의정·약정후·구호·기초 생활 보장·자활 지도·사회 보장에 관한 사무와 인구·출산·보육·아동·노인 및

장애인에 관한 사무를 맡아 처리함.

보:건-소(保健所)**명** 보건 행정의 합리적인 운영과 국민 보건의 향상을 위하여 각 시와 군·구 등에 설치한 보건 행정 기관.

보:건-식량(保健食糧)[-싱냥]**명** 건강을 유지하는 데 필요한 식량.

보:건 체조(保健體操) 건강의 유지와 증진을 위해 누구나 쉽게 할 수 있도록 만든 체조.

보:검(寶劍)**명** 1 예전에, 의장(儀仗)에 쓰인 칼. 2 보도(寶刀). ❏선조 전래의 ~.

보:격(補格)**명**[-꼉]〖언〗문장에서, 체언이 보어(補語)임을 나타내는 격. 기움자리.

보:격 조:사(補格助詞)[-껵쪼-]〖언〗'되다'·'아니다' 앞의 체언에 붙어서, 그 체언이 보어(補語)임을 나타내는 조사('아들이 의사가 되다'에서 '가', '그것은 소설이 아니다'에서 '이' 따위). 기움자리토씨.

보:결(補缺)**명하타** 1 결원이 생겼을 때에 그 빈자리를 채움. 또는 그 사람. 보궐(補闕). ❏~ 입학. 2 결점을 고쳐서 보충함.

보:결-생(補缺生)[-쌩]**명** 결원이 된 자리를 채우는 학생. ❏~을 선발하다.

보:결 선:거(補缺選擧) 보궐(補闕) 선거.

보:결 시험(補缺試驗) 보결생을 모집할 때 행하는 시험. ❏~에 응시하다.

보:결 의원(補缺議員) 보궐 선거에서 당선된 의원.

보:계(補階)[-/-계]**명** 잔치나 큰 모임이 있을 때, 마루를 넓게 쓰려고 대청 앞에 잇대어 임시로 베푼 자리.

보:계-판(補階板)[-/-계-]**명** 보계에 쓰는 널. ⬛보계판(補階板).

보:고(保辜)**명하타**〖역〗피해자의 부상이 나을 때까지 가해자에 대한 처벌을 보류하던 일.

보:고(報告)**명하자타** 1 일에 대한 내용이나 결과를 글이나 말로 알림. ❏상황 ~ / 실적 ~ / ~를 받다[드리다] / 실험 결과를 학계에 ~하다 / 사건의 진상을 조사하여 ~하다. 2 '보고서'의 준말.

보:고(寶庫)**명** 1 귀중한 물건을 간수해 두는 창고. 2 귀중한 것이 많이 나거나 간직되어 있는 곳을 비유하는 말. ❏지식의 ~.

보고조 '더러'·'에게'의 뜻의 부사격 조사. ❏나~ 하라고요 / 누구~ 하는 말인가.

보:고-문(報告文)**명** 보고하는 글. ❏~을 작성하다.

보:고 문학(報告文學) 기록 문학.

보:고-서(報告書)**명** 보고하는 글이나 문서. ❏조사 ~ / ~를 제출하다. ⬛보고.

보:곡(譜曲)**명** 악보(樂譜).

보:공(補空)**명** 빈 곳을 채워 메움. 또는 그 물건.

보:과(報果)**명** 어떤 일의 보답으로 돌아오는 결과나 보람.

보:과-습유(補過拾遺)**명하타** 임금의 잘못을 바로잡거나 고치게 함.

보:관(保管)**명하타** 물건을 맡아서 간직하여 관리함. ❏습득물 ~ / ~에 편리한 상품 / 박물관에 ~된 문화재.

보:관(寶冠)**명** 1 보석으로 꾸민 관. 2 훌륭하게 만든 보배로운 왕관.

보:관-계(步管系)[-/-계]**명**〖동〗수관계(水管系).

보:관-료(保管料)[-뇨]**명** 남의 물품을 맡아 관리해 준 대가로 받는 요금. ❏~를 물다.

보:관-림(保管林)[-님]**명** 절에서 맡아 관리하

는 국유림(國有林).

보:관-소(保管所)圐 남의 물품을 맡아 관리하는 곳. 皿화물 ~.

보:관-증(保管證)[-쯩] 圐 남의 물품을 맡아 관리하는 사실을 증명하는 표. 皿~을 떼다.

보:관 창고(保管倉庫) 상인의 의뢰로 상품을 맡아 관리하는 창고.

보:관-함(保管函) 물품을 간직하고 관리하기 위해 넣어 두는 함.

보:교(步轎)圐 정자 지붕 비슷하고 가운데가 솟고 네 귀가 내밀고 바닥과 기둥·뚜껑은 각각 뜯게 되어 있는 가마의 하나.

보:교-꾼(步轎-)圐 보교를 메는 사람.

보:교-판(補橋板)圐 배다리 위에 깐 널빤지.

보:구(報仇)圐하타 앙갚음.

보구치〔어〕민어과의 바닷물고기. 몸길이는 30 cm가량이며, 참조기 비슷하나 몸빛이 희고 가슴지느러미가 걺.

보:국(保國)圐하자 국가를 보위(保衛)함.

보:국(報國)圐하자 나라의 은혜를 갚음. 나라에 충성을 다함.

보:국(輔國)圐하자 1 충성을 다해 나랏일을 도움. 2 '보국숭록대부'의 준말.

보:국-숭록대부(輔國崇祿大夫)[-쑹녹때-]圐〔역〕조선 때, 정일품 문무관의 품계. 고종 2년(1865)부터 문무관·종친·의빈(儀賓)의 품계로도 병용하였음.

보:국-안민(輔國安民)圐하자 나랏일을 돕고 백성을 편안하게 함.

보:국 포장(保國褒章) 국가의 안전 보장 및 사회의 안녕과 질서 유지에 크게 공헌하거나, 또는 생명의 위험을 무릅쓰고 인명과 재산을 구조한 공이 있는 사람에게 주는 포장.

보:국 훈장(保國勳章)[-구쿤-] 국가의 안전 보장에 큰 공이 있는 사람에게 주는 훈장(통일장·국선장·천수장·삼일장·광복장의 다섯 등급이 있음).

보:군(步軍)圐 보병(步兵).

보:군(輔君)圐하자 임금을 도움.

보굿[-굳]圐 1 굵은 나무줄기에 비늘같이 덮여 있는 겉껍질. 2 그물의 벼리자리에 듬성듬성 매어 그물이 뜨게 하는 가벼운 물건.

보굿-켜[-굳-]圐 나무의 겉껍질 안쪽의 껍질. 코르크층.

보:궐(補闕)圐하타 보결(補缺)1.

보:궐 선:거(補闕選擧)〔정〕의원의 임기 중 사직·사망·자격·상실 따위로 빈자리가 생겼을 경우 실시하는 임시 선거. 皿~에 출마하다. 준보선(補選).

보:균(保菌)圐하자 몸 안에 병원균을 지님.

보:균 식물(保菌植物)[-씽-]〔식〕병원균을 체내에 갖고 있으면서 오랫동안 또는 절대로 병의 징후를 나타내지 않는 식물. 보독(保毒) 식물.

보:균-자(保菌者)圐 몸 안에 병원균을 지니고 있어 다른 사람에게 병원균을 옮길 가능성이 있는 사람. 皿전염병 ~를 격리시키다.

보그르르團하자 물이나 거품이 좁은 범위 안에서 야단스럽게 끓어오르거나 일어나는 모양, 또는 그 소리. 큰부그르르. 쎄뽀그르르.

보글-거리다재 물이나 거품이 좁은 범위 안에서 야단스럽게 끓어오르거나 일어나다. 큰부글거리다. 쎄뽀글거리다. **보글-보글**團하자

보글-대다재 보글거리다.

보금-자리圐 1 새가 알을 낳거나 깃들이는 둥

우리. 둥지. 皿새들이 ~로 날아들다 / 제비가 처마 밑에 ~를 치다. 2 지내기에 포근하고 아늑한 자리. 皿사랑의 ~ / 신혼의 ~를 꾸미다.

보금자리(를) 틀다⬚ 보금자리를 만들다. 皿제비가 ~.

보:급(普及)圐하타자 세상에 널리 펴서 알리거나 사용하게 함. 皿컴퓨터가 널리 ~되다 / 신기술을 ~시키다.

보:급(補給)圐하타 물품을 계속해서 대어 줌. 皿물자 ~.

보:급-계(補給係)[-께 /-꼐]圐〔군〕보급품을 맡아 관리하는 부서. 또는 그런 일을 맡아보는 사병. 공급계.

보:급 기지(補給基地)[-끼-]〔군〕전투 부대나 함선에 군수품을 보급하는 요지(要地).

보:급-량(補給量)[-급냥]圐 보급하는 물품의 수량. 皿식량 ~을 늘리다.

보:급-로(補給路)[-급노]圐〔군〕작전 지역에 인원, 병기, 식량 따위의 보급품을 나르기 위한 모든 길. 보급선(線). 皿~가 끊기다 / ~를 차단하다.

보:급-률(普及率)[-급뉼]圐 어떤 것이 보급되는 비율. 皿주택 ~.

보:급-망(補給網)[-급-]圐 물자 따위를 보급하기 위해 체계적으로 조직한 계통. 皿적의 공습으로 ~에 구멍이 뚫렸다.

보:급-선(補給船)[-썬]圐 보급품을 실어 나르는 배.

보:급-선(補給線)[-썬]圐〔군〕보급로.

보:급-소(普及所)[-쏘]圐 일정한 구역의 정기 구독자에게 신문을 배달하는 신문사의 판매 조직.

보:급-소(補給所)[-쏘]圐 보급품의 지급·운송·저장·관리를 맡아보는 곳.

보:급-자(補給者)[-짜]圐 보급하는 사람이나 기관.

보:급-판(普及版)圐 널리 보급할 것을 목적으로 값을 싸게 해서 박아 내는 인쇄물.

보:급-품(補給品)圐 보급되는 물품.

보:기圐 '본보기'의 준말. 皿~를 들다.

보:기(步騎)圐 보병과 기병.

보:기(補氣)圐하자 1〔한〕약을 먹어서 허약한 원기를 도움. 보원(補元). ✽보혈(補血). 2〔생〕사람이 호흡할 때 최대한도로 들이마실 수 있는 공기의 양.

보:기(寶器)圐 귀중하고 보배로운 그릇.

보기(bogey)圐 골프에서, 기준 타수인 파(par)보다 하나 많은 타수로 공을 홀에 넣는 일. ✽버디(birdie).

보깨다재 1 먹은 것이 소화가 되지 않아 속이 답답하고 거북하다. 皿식체했다니 속이 보깬다. 2 일이 뜻대로 되지 않아 마음이 번거롭거나 불편하다.

보꾹圐 지붕의 안쪽, 곧 더그매의 천장.

보-내기(洑-)圐하자 논에 물을 대기 위해 봇도랑을 내는 일.

보내기 번트(-bunt) 야구에서, 주자를 진루시키기 위해 타자가 공에 배트를 가볍게 대어 굴러가게 하는 타법.

보내다타 1 물품 따위를 다른 곳으로 가게 하다. 皿돈을 우편으로 ~. 2 임무나 목적으로 가게 하다. 皿직원을 현장으로 ~. 3 시간이나 세월을 지나가게 하다. 皿덧없이 세월만 ~. 4 아쉬워하며 이별하다. 皿친구를 ~. 5 의사를 전하려고 어떤 동작을 하거나 표정을 짓다. 皿정지 신호를 보내어 차를 세우다 / 열렬한 응원을 ~. 6 결혼하게 하다. 皿서울

로 시집을 ~ / 일찍 장가 ~. **7** 사람을 어떤 곳에 속하게 하다. ▣딸을 대학에 ~ / 아들을 군대에 ~. **8** 참가시키다. ▣국가 대표팀을 국제 대회에 ~.

보내-오다 [타네라] **1** 사람이나 사물 따위의 위치를 옮기다. ▣고아원에 위문품을 ~. **2** 일정한 임무나 목적으로 가게 하다. ▣담당자를 현장으로 ~. **3** 상대편에게 자신의 마음을 알도록 표현하다. ▣사랑의 눈길을 ~ / 온정을 ~.

보너스 (bonus) 몡 상여금.

보늬 [-니] 몡 밤이나 도토리 따위의 속껍질.

보닛 (bonnet) 몡 **1** 턱 밑에서 끈을 매는, 챙 없는 여자·어린이용의 모자. **2** 자동차의 엔진 덮개.

보다 타 **1** 사물의 모양을 눈을 통해 알다. ▣눈을 크게 뜨고 자세히 ~. **2** 알려고 두루 살피다. ▣어느 모로 보아도 그는 장군감이다. **3** 눈으로 즐기거나 감상하다. ▣연극 [텔레비전]을 ~. **4** 보살피거나 지키다. ▣아이를 ~. **5** 맡아서 처리하다. ▣사무를 ~. **6** 누려서 가지다. ▣재미 ~ / 친구 덕을 톡톡히 ~. **7** 시험을 치르다. ▣수학 시험을 잘 보았다. **8** 팔거나 사려고 장으로 가다. ▣장을 보러 가다. **9** 값을 부르다. ▣절반 값까지 안 ~. **10** 대소변을 누다. **11** 어떤 일을 당하거나 얻다. ▣손해를 ~. **12** 참고 기다리다. ▣어디 두고 보자. **13** 좋은 때를 만나다. **14** 자손을 낳거나 며느리·사위를 맞다. ▣사위를 ~ / 사내 동생을 ~. **15** 남편이나 부인이 모르게 이성을 사귀다. ▣샛서방을 ~. **16** 음식상이나 잠자리를 채비하다. ▣상을 ~ / 할머니 잠자리를 봐 드리다. **17** 운수 등을 점치다. ▣사주를 ~. **18** 어떤 목적으로 만나다. ▣나 좀 봅시다. **19** 어떤 결과에 이르다. ▣끝장을 ~. [보고 못 먹는 것은 그림의 떡] 아무 실속이 없음의 비유. [보기 좋은 떡이 먹기도 좋다] 모양이 반반하면 내용도 좋다. [보자보자 하니까 얻어 온 장(醬)의 한 번 더 뜬다] 잘못을 따져서 꾸짖으려고 하는 차에 도리어 더 좋지 않은 일을 저지른다는 말. [본 놈이 도둑질한다] ㉠무슨 일이나 실정을 알아야 그 일을 감당할 수 있다. ㉡도둑질은 결국 내용을 잘 아는 사람의 짓임을 비유.

보란 듯이 튀 자랑스럽게. 떳떳하게. ▣~ 살다.

볼 낯(이) 없다 튀 죄스러울 정도로 미안하다. ▣실수를 저질러 친구를 ~.

볼 장 다 보다 튀 일이 더 손댈 것도 없이 틀어지다.

보다² [보동] **1** (동사 어미 '-어'·'-아'·'-여' 뒤에 쓰여) 시험 삼아서 함을 나타내는 말. ▣먹어 ~ / 가 ~ / 잡아 ~. **2** ('보았자'·'보았댔자'의 꼴로 쓰여) 별수 없다는 뜻을 나타내는 말. ▣약을 먹어 보았자 별수 없다.

보다³ [보형] (형용사나 동사의 어미 '-ㄴ가'·'-는가'·'-ㄹ까'·'-ㄹ까' 등의 뒤에 쓰여) 추측이나 막연한 제 의향을 나타내는 말. ▣그쪽이 큰가 ~ / 비가 오는가 ~ / 그만 둘까 ~.

보다⁴ 튀 한층 더. ▣~ 나은 생활 / ~ 정확히 말하면.

보다⁵ 죠 체언 뒤에 붙어, 둘을 비교할 때 쓰는 부사격 조사. ▣작년~ 훨씬 춥다 / 보기~ 어렵다.

보-단자 (保單子) 몡 【역】 조선 때, 신분을 보증하던 문서.

보:답 (報答) 몡[하]타[자] 남의 호의나 은혜를 갚음. ▣부모님 은혜에 ~하다 / ~을 바라지

않고 도움을 주다.

보대끼다 짜 사람이나 일에 시달려 괴로움을 겪다. 뤈부대끼다.

보-덕 (報德) 몡[하]자[타] 남의 은덕을 갚음.

보데미 법칙 (Bode-法則) [-/-에-에] 【천】 태양에서 각 행성까지의 평균 거리를 나타내는 법칙. 1772년에 보데(Bode)가 발표하였음.

보:도 (步道) 몡 인도(人道). ▣~와 차도의 구별이 확실치 않다.

보:도 (保導) 몡[하]타 보호해서 지도함.

보:도 (報道) 몡[하]타 대중 전달 매체를 통해서 새로운 소식을 널리 알림. 또는 그 소식. ▣~ 기사 / ~ 매체 / ~ 자료 / 신문~를 읽다 / ~에 의하면 / 특종 기사를 ~하다.

보:도 (輔導·補導) 몡[하]타 도와서 바르게 이끎. 보익(輔翊). ▣청소년을 ~하다.

보:도 (寶刀) 몡 보배로운 칼. 보검(寶劍). ▣전가(傳家)의 ~.

보:도 관:제 (報道管制) 필요에 따라 대중 전달 매체의 보도를 관리하여서 제한하는 일.

보:도-국 (報道局) 몡 방송국 따위에서 보도에 관한 일을 맡아보는 부서.

보:도 기관 (報道機關) 신문사·방송국·통신사 따위와 같이 보도를 목적으로 하는 시설이나 조직체.

보도독 튀[자][타] '보드득'의 변한말.

보도독-거리다 [-꺼-] [자][타] '보드득거리다'의 변한말. **보도독-보도독** [-뿌-] 튀[하][자][타]

보도독-대다 [-때-] [자][타] 보도독거리다.

보:도-부 (報道部) 몡 기관이나 단체에서 보도에 관한 일을 맡아보는 부서.

보:도-블록 (步道block) 몡 보행자가 통행하는 도로에 깔도록 만들어진 시멘트 블록. ▣~을 깔다.

보:도 사진 (報道寫眞) 보도를 목적으로 찍은 사진.

보:도-원 (報道員) 몡 먼 곳의 일을 현지에서 보도하는 사람.

보:도-진 (報道陣) 몡 현장을 보도하기 위해서 기자·카메라맨 등으로 구성된 인적 조직. ▣~을 파견하다.

보:독 (報毒) 몡[하]타 품었던 원한을 앙갚음함.

보독-보독 [-뽀-] 튀[하] 몹시 보독한 모양. 뤈부둑부둑. 쎈뽀독뽀독.

보:독 식물 (保毒植物) [-씽-] 【식】 보균 식물.

보독-하다 [-도카-] [형][여] 물기가 거의 말라 좀 굳은 듯하다. 뤈부둑하다. 쎈뽀독하다.

보-동 (洑垌) [-똥] 몡 봇둑.

보:동-공양 (普同供養) 몡 【불】 누구나 함께 참여할 수 있는 공양.

보동-되다 [-뙤-] [형] **1** 길이가 짧고 가로퍼지다. **2** 키가 작달막하고 통통하다.

보동-보동 [-뽀-] 튀[하] 통통하게 살이 찌고 보드라운 모양. 뤈부둥부둥. 퍤포동포동.

보-두다 (保-) [-뚜-] [자][타] 보증인이 되어 보증서에 이름을 쓰다. 凵퇴 보증인을 세우다. ▣친구를 보두고 대출을 받다.

보드기 몡 크게 자라지 못하고 마디가 많은 어린 나무.

보드득 튀 **1** 단단하거나 반드러운 물건을 되게 문지르거나 비비는 소리. **2** 무른 똥을 조금 힘들여 누는 소리. **3** 쌓인 눈 따위를 약간 세게 밟는 소리. 뤈부드득. 쎈뽀드득. ──하다 [-드카-] [자][타] 보드득 소리가 나다. 또는 그런 소리를 내다.

보드득-거리다 [-꺼-] [자][타] 보드득 소리가 자

꾸 나다. 또는 그런 소리를 자꾸 내다. ☞부
드득거리다. ⑤뿌드득거리다. **보드득-보드득**
[━뿍] **뮈하자타**

보드득-대다[━때] **짜타** 보드득거리다.

보드랍다[━따][보드라워, 보드라우니] **형B** **1**
닿거나 스치는 느낌이 거칠지 않고 매끄럽
다. ▢보드라운 피부. **2** 성질이나 태도 따위
가 까칠하다. ▢보드라운 마음씨 / 동작이
∼. **3** 가루 따위가 잘고 곱다. ▢보드라운 밀
가루. ⑤부드럽다.

보드레-하다 **형여** 퍽 보드라운 느낌이 있다.
⑤부드레하다.

보드빌 (ㅍ vaudeville) **명** 춤·노래 등을 곁들인
가볍고 풍자적인 통속 희극.

보드-지 (board紙) **명** 판지(板紙).

보드카 (러 vodka) **명** 러시아의 대표적인 증류
주. 알코올 함유량 40∼60 % 임. 무색투명하
고, 냄새가 거의 없으며 조금 달콤한 맛이 있
음. 칵테일용으로 흔히 씀.

보득-솔 [━쏠] **명** 키가 작고 가지가 많은 어린
소나무.

보들-보들 **뮈하형** 살갗에 닿는 느낌이 매우 보
드라운 모양. ▢∼한 옷감. ⑤부들부들.

보듬다[━따] **타** 가슴에 품듯이 안다. ▢아기를
보듬어 안다.

보디 (body) **명** 권투에서, 선수의 배와 가슴 부
분을 이르는 말.

보디가드 (bodyguard) **명** 신변을 보호하고 지
키는 사람. 경호원.

보디-랭귀지 (body language) **명** 몸짓·표정 등
으로 의사 전달을 하는 행위.

보디 블로 (body blow) 권투에서, 배와 가슴
부분을 치는 일.

보디빌딩 (bodybuilding) **명** 역기·아령 운동 등
으로 근육을 발달시켜 보기 좋고 튼튼한 신
체를 만드는 일. ▢∼으로 몸을 만들다.

보디-워크 (bodywork) **명** 권투에서, 상반신의
움직임을 이르는 말.

보디톱 컴퓨터 (body-top computer) 【컴】 미
래형 컴퓨터의 하나. 음성 인식 기술을 이용
하여 키보드 자체를 없애고 음성으로 명령을
전달하는 초소형 컴퓨터. 어깨·허리·손목 등
에 장착할 수 있음. *데스크톱 컴퓨터·랩톱
컴퓨터.

보디 페인팅 (body painting) 벌거벗은 몸에
그림물감으로 환상적인 그림·무늬를 그리는
일. 또는 그 그림.

보드랍다 **형** 〈옛〉보드랍다.

보-따리 (褓-) **명** **1** 보자기로 물건을 싸서 꾸린
뭉치(비유적으로도 씀). ▢옷을 ∼를 메다
〔들다〕/ 옛날이야기 ∼를 풀다. **2** 보자기에
꾸린 뭉치를 세는 단위(의존 명사적으로
씀). ▢ 헌책 한 ∼.

보따리(를) **싸다** ☞ 관계하던 일이나 다니던
직장을 그만두다.

보따리(를) **풀다** ☞ ㉠숨은 사실을 폭로하
다. ㉡계획한 일을 실지로 하기 시작하다.

보따리-장수 (褓-) **명** **1** 물건을 보자기에 싸
가지고 다니며 장사하는 사람. ▢∼ 십 년에
겨우 가게를 마련했다. **2** 소규모로 하는 장사
를 비유하는 말.

보라 '보랏빛'의 준말.

보라² 쐐기 모양의 쇠 연장. 통나무 따위를
팰 때, 도끼로 찍은 자리에 박고 도끼머리로
내리쳐 나무를 쪼개는 데 씀.

보라-매 【조】 난 지 1년이 채 안 되는 새끼

를 잡아 길들여 사냥에 쓰는 매.

보라-머리동이 **명** 머리에 보랏빛의 종이를 붙
여 만든 연.

보라-색 (-色) **명** 보랏빛. ▢∼ 물감 / 블라
우스에 청바지를 입다.

보라-성게 **명** 【동】 성게의 하나. 연안 암초에
사는데, 껍질의 지름이 6cm가량으로, 진한
보라색임. 껍질은 두껍고 강모가 있음. 생식
선은 구중 향정(口中香錠)의 재료가 됨.

보라-장기 (-將棋) **명** 오래도록 들여다보기만
하고 제때 두지 않는 장기.

보라-초 **명** 꼭지를 제외한 전체가 보랏빛으로
된 연.

보라-치마 **명** 위쪽 반은 희고, 아래쪽 반은 보
랏빛으로 된 연.

보라-탈 (-) **명** 【민】 탈춤놀이에 쓰는 보랏빛의
탈. **2** 남에게 매를 잘 맞는 사람을 놀으로 이
르는 말.

보라-털 **명** 【식】 홍조류에 속하는 바닷말. 질
은 자갈색 또는 연한 황색으로 몸은 한 줄기
세포로 되었으며, 길이 3∼15 cm 임. 겨울철
에 번성함. 식용함.

보:란 (寶欄) **명** 【건】 보좌·불단(佛壇) 따위의
둘레를 막은, 화려하게 꾸민 난간.

보:란-좌 (寶欄座) **명** 【건】 보란을 둘러 꾸민
대좌(臺座).

보람 **명** **1** 조금 드러나 보이는 표적. ▢∼이 보
이다. **2** 다른 물건과 구별하거나 잊지 않기
위해서 해 두는 표. **3** 한 일에 대해 나타나는
좋은 결과나 만족스러운 느낌. 효력. ▢삶의
∼을 느끼다 / 열심히 공부한 ∼이 있다 / 애쓴
∼이 없다. ━━하다 **짜여** 다른 물건과 구별하
거나 잊지 않기 위해서 표를 해 두다. ▢소설
을 읽다 보람해 두었다.

보람-되다 **형** 어떤 일을 한 뒤에 좋은 결과나
가치·만족감이 있다. ▢보람된 일을 하다.

보:람-유 (寶藍釉) **명** 【공】 보석 남유(寶石藍
釉).

보람-줄 [━쭐] **명** 가름끈. ▢책갈피에 ∼을 끼
우다.

보람-차다 **형** 매우 보람 있다. 일의 결과가 좋
아서 만족스럽다. ▢보람찬 새해 / 보람찬 나
날을 보내다.

보랏-빛 [━라삗 / ━란삗] **명** 남빛과 자줏빛이 섞
인 중간 빛. 보라색. ▢∼이 돌다 / ∼으로 물
들다. ⑥보라.

보:력 (補力) **명** 현상한 필름의 화상(畵像)이
흐릴 때 약물로 고치는 일.

보:력 (寶曆) **명** 보령.

보:련 (寶輦) **명** 【역】 옥교(玉轎).

보:령 (寶齡) **명** '임금의 나이'를 높여 이르는
말. 보력. 보산(寶算).

보:로-금 (報勞金) **명** **1** 노고에 대하여 보상하
는 돈. **2** 【법】국가 보안법 위반자를 체포하
거나 수사 기관에 통보하였을 때, 압수물이
있는 경우 상금과 함께 지급되는 돈. **3** 【법】
반(反)국가 단체나 그 구성원에게서 금품을
취득하여 수사·정보 기관에 제공한 사람에게
그 금품 중에서 지급하는 돈.

보로기 **명** 〈옛〉포대기.

보로통-하다 **형** **1** 부어 올라서 볼록하다. **2**
불만스러운 빛이 얼굴에 나타나 있다. ⑤부루
퉁하다. ⑥뾰로통하다. **보로통-히** **뮈**

보:록 (譜錄) **명** 악보를 모아 실은 기록.

보:록 (寶錄) **명** 귀중한 기록.

보롬 **명** 〈옛〉보름.

보:료 **명** 솜 따위로 속을 넣고 만들어서, 앉는
자리에 늘 깔아 두는 두툼한 요.

보:루(堡壘) 몡 **1** 적의 침입을 막기 위해 돌·콘크리트 등으로 만든 견고한 구축물. 보채(堡砦). ▢최후의 ~ / ~를 쌓다 / ~로 삼다. **2** 지켜야 할 대상. ▢삶의 ~ / 민주주의의 ~ / 집안의 마지막 ~

보:루(寶樓) 몡 '누(樓)'의 미칭.

보루(일 ボール)[board] 몡 담배를 묶어 세는 단위. ▢담배 한 ~는 열 갑이다.

보:류(保留) 몡하자 당장 처리하지 않고, 뒤로 미룸. 유보(留保). ▢~된 시안 / 태도를 ~하다 / 결정을 ~하다.

보:류(補流) 몡 다른 장소로 이동한 바닷물을 채우듯이 흘러드는 바닷물의 흐름.

보:륜(寶輪) 몡 『불』 탑에서 상륜(相輪)의 중심 부분.

보륨(Bohrium) 몡 『화』 인공 방사성 원소의 하나. 가속기(加速器)로 가속한 크롬 이온으로 비스무트를 충격해서 만듦. [107 번: Bh: 264]

보르도-액(Bordeaux液) 몡 『화』 황산구리와 생석회를 혼합한 액체 살균제. 채소·과실 등의 병충해를 방제하는 데 씀.

보르르 부하자 **1** 춥거나 무서워서 갑자기 몸을 옴츠리며 떠는 모양. **2** 한데 모인 나뭇개비에 불이 붙어 타오르는 모양. **3** 좁은 그릇에서 물이 끓어오르는 모양이나 소리. 큰부르르. 거포르르. *바르르.

보름 **1** 열닷새 동안. 15일간. ▢~ 남짓 배낭여행을 떠나다. **2** '보름날'의 준말. ▢정월 ~ / ~을 쇠다.

보름-날 몡 음력 15일. 망일(望日). 준보름.

보름-달[-딸] 몡 음력 보름날에 뜨는 둥근달. 만월(滿月). 망월(望月).

보름-사리 몡 **1** 매달 음력 보름날의 밀물과 썰물. **2** 음력 보름날 무렵에 잡히는 조기.

보름-차례(-茶禮) 몡 음력 보름날마다 집안 사당에 지내는 차례. 망다례(望茶禮).

보름-치¹ 몡 보름 동안 충당할 분량의 삯이나 물건. ▢~ 식량.

보름-치² 몡 보름께 비나 눈이 오는 날씨. 또는 그 비나 눈.

보리 몡 『식』 볏과의 한해살이 또는 두해살이의 재배 식물. 논·밭에 심는데, 줄기는 곧고 속이 비었으며, 높이는 1 m가량임. 초여름에 꽃이 피는데 긴 수염이 있음. 열매는 쌀 다음가는 주식 곡물임. 대맥(大麥). ▢~ 한 섬 / ~를 심다 / ~를 밟다 / ~가 누렇게 익었다.

보리(菩提) 몡 『산 Bodhi』 『불』 **1** 불교 최고의 이상인 불타 정각(正覺)의 지혜. **2** 불타 정각의 지혜를 얻기 위해 닦는 도. 불과(佛果)에 이르는 길.

보리-강(菩提講) 몡 『불』 **1** 극락왕생을 위해 법화경을 강설하는 법회. **2** 염불해서 중생을 불도로 나아가게 하는 모임.

보리-고추장(-醬) 몡 보리쌀로 담근 고추장.

보리-깜부기 몡 여물지 못하고 새까맣게 병이 든 보리 이삭. 맥노(麥奴).

보리-논 몡 보리를 심은 논. *논보리.

보리-농사(-農事) 몡 보리의 씨를 뿌리고 가꾸어 수확하는 일. 맥농(麥農). 맥작(麥作).

보리-누름 몡 보리가 누렇게 익는 철. [보리누름까지 세배한다] 예의를 지나치게 차림을 조롱하는 말.

보리-도량(菩提道場) 몡 『불』 **1** 보살이 성도한 곳, 또는 성도를 얻으려고 수행하는 곳. **2** 석가모니가 처음으로 깨달음을 얻은 장소.

보리-동지(-同知) 몡 곡식을 바치고 벼슬을 얻은 사람을 조롱하는 말.

보리-막걸리[-껄-] 몡 보리로 빚어서 담근 막걸리.

보리-맥(-麥) 몡 한자 부수의 하나(「麵」·「麴」 등에서 '麥'의 이름).

보리-문(菩提門) 몡 『불』 보리에 들어가는 문. 불도(佛道).

보리-바둑 몡 〈속〉 법식도 없이 아무렇게나 두는 서투른 바둑.

보리-밟기[-밥끼] 몡하자 겨울 동안 들뜬 흙을 눌러 주고, 보리의 뿌리가 잘 내리도록 이른 봄에 보리 싹의 그루터기를 밟는 일.

보리-밥 몡 쌀에 보리를 섞거나 보리로만 지은 밥. ▢호박잎에 ~을 싸 먹다. [보리밥에는 고추장이 제격이다] 무엇이든 격에 알맞도록 해야 좋다는 뜻.

보리밥-나무[-밤-] 몡 『식』 보리수나뭇과에 속하는 덩굴 모양의 상록 활엽 관목. 잎은 원형 또는 넓은 달걀 모양으로 어긋남. 9-10월에 은백색 꽃이 종(鐘) 모양으로 피는데, 열매는 다음해 4-5월에 붉게 익으며 식용함. 볼보리수나무.

보리-밭[-받] 몡 보리를 심은 밭. 맥전(麥田). ▢~을 갈다 [매다]. [보리밭만 지나가도 주정한다] ㉠성미가 급해서 지나치게 서두른다. ㉡술을 전혀 마시지 못하는 사람을 농으로 이르는 말.

보리-살타(菩提薩埵) 몡 『산 Bodhisattva』 『불』 보살(菩薩)1.

보리-새우 몡 『동』 보리새웃과의 절지동물. 몸길이는 25 cm가량. 제2촉각이 길며, 중간에서 꺾이고 꼬리 부분은 반투명체임. 참새우.

보리-성(菩提聲) 몡 『불』 염불하는 소리.

보리-소주(-燒酒) 몡 보리밥에 누룩을 섞어 담갔다가 곤 소주.

보리-수¹(菩提樹) 몡 보리수나무의 열매.

보리-수²(菩提樹) 몡 **1** 석가가 그 아래에서 도를 깨달아 정각(正覺)을 성도(成道)했다는 나무. **2** 『식』 뽕나뭇과의 상록 활엽 교목. 높이 30 m가량. 잎은 심장형이며 끝이 꼬리처럼 되고 혈빛이며 매끄러움. 과실은 무화과와 비슷함. 인도 원산. 인도보리수. **3** 『식』 피나뭇과의 낙엽 활엽 교목. 염주나무와 비슷하며, 높이는 15 m가량. 가지가 잔털이 많음. 초여름에 담황색 다섯잎꽃이 피고 열매는 회갈색 털이 나고 구형임. 열매는 '보리자'라 해서 염주를 만듦. 보리자나무.

보리수-나무(菩提樹-) 몡 『식』 보리수나뭇과의 낙엽 활엽 관목. 산·들에 나는데 높이 3 m가량. 초여름에 황백색 꽃이 피고, 가을에 팥알 모양의 열매가 붉게 익으며 식용함.

보리-수단(-水團) 몡 보리로 만든 수단. 삶은 통보리를 냉수에 씻어 삶거나 보릿가루를 반죽해 잘게 빚어서 삶은 것을 꿀물에 넣어 만든 음식. 맥(麥)수단.

보리-술 몡 **1** 보리로 빚은 술. **2** '맥주'를 비유한 말.

보리-숭늉 몡 **1** 보리밥을 지어 낸 솥에 물을 부어 끓인 숭늉. **2** 볶은 보리를 끓여 만든 숭늉. *보리차.

보리-심(菩提心) 몡 『불』 불도(佛道)의 깨달음을 얻고 그 깨달음으로써 중생(衆生)을 널리 교화하려는 마음.

보리-쌀 몡 겉보리를 찧어서 겨를 벗긴 곡식. ▢~ 두 되 / ~을 빻아 죽을 쑤다.

보리-윷[-윧] 몡 법식도 없이 아무렇게나 던져

서 노는 윷.

보리-자(菩提子)몡〖식〗보리수의 열매. 보리주(菩提珠).

보리자-염주(菩提子念珠)몡 보리자로 만든 염주.

보리-장기(-將棋)몡〈속〉법식도 모르고 아무렇게나 두는 서투른 장기.

보리-수(菩提樹)몡 보리자주.

보리-죽(-粥)몡 보리를 갈아서 또는 보리 그대로 쑨 죽.

보리-차(-茶)몡 볶은 겉보리를 넣고 끓인 차. *보리숭늉2.

보리-타작(-打作)몡하타 1 보릿단을 태질 치거나 탈곡기에 넣어서 떠는 일. 2〈속〉매를 심하게 때림.

보리-풀몡 보리를 갈 땅에 밑거름으로 주려고 벤 풀이나 나뭇잎. ──하다재혀 보리를 갈 땅에 밑거름으로 쓰려고 풀이나 나뭇잎을 베어 오다.

보:린(保隣)몡하자 이웃끼리 서로 돕고 돌봐 줌. 〔~의 정을 나누다.

보:린 사:업(保隣事業) 인보(隣保) 사업. 세틀멘트.

보릿-가루[-리까/-릳까]몡 보리를 볶아서 빻은 가루. 맥분(麥粉).

보릿-가을[-리까/-릳까]몡 보리가 익어 거두어들일 만하게 된 계절. 〔~이 되다.

보릿-거름[-리꺼/-릳꺼]몡 보리 심을 땅에 넣을 거름.

보릿-겨[-리껴/-릳껴]몡 보리에서 보리쌀을 내고 남은 속겨.

보릿-고개[-리꼬/-릳꼬]몡 지난날, 묵은 곡식은 떨어지고 보리는 아직 여물지 않아 농촌의 식량 사정이 가장 어려운 음력 4~5월을 이르던 말. 맥령(麥嶺). 〔~를 넘기다 / ~가 태산보다 높다.

보릿-단[-리딴/-릳딴]몡 보리를 베어 묶어 놓은 단. 〔~을 묶다 / ~ 더미를 쌓다.

보릿-자루[-리짜/-릳짜]몡 보리를 넣은 자루. 〔꾸다 놓은 ~ 같다.

보릿-재[-리째/-릳째]몡〖농〗보리밭에 낼 재거름.

보릿-짚[-리찝/-릳찝]몡 보리의 낟알을 떨어낸 보리의 짚.

보링(boring)몡 1 시추(試錐). 2 구멍을 뚫는 일. 천공(穿孔).

보링 머신(boring machine) 원통 안을 깎는 데 쓰는 공작 기계.

보-막이(洑-)몡하자 보를 막으려고 둑을 쌓거나 고치는 일. 〔~ 공사.

보-만두(褓饅頭)몡 '보쌈만두'의 준말.

보:매뫼 겉으로 보기에. 〔~ 탐탁지 않다.

보메(ㅍ Baumé)의몡 액체의 비중을 나타내는 단위《기호: °Bé》.

보메 비:중계(Baumé比重計)[-/-게]〖물〗액체의 비중을 재는 기구.

보:면(譜面)몡 종이에 쓰거나 인쇄한 악보.

보:명(保命)몡 목숨을 보전함.

보:명-주(保命酒)몡 감초(甘草)·설탕·육계(肉桂)·홍화(紅花) 등을 베주머니에 넣고 소주에 5~6일 동안 우려낸 술.

보:모(保姆)몡 1 보육원 등의 아동 복지 시설에서 어린이를 돌보아 주며 가르치는 여자. 〔탁아소 ~. 2 유치원 교사의 구칭. 3〖역〗왕세자를 가르치고 기르던 여자.

보:무(步武)몡 위엄 있고 활기차게 걷는 걸음걸이.

보:무-당당(步武堂堂)몡하형뫼부 걸음걸이가 씩씩하고 위엄이 있음. 〔~한 분열식.

보무라지몡 종이나 헝겊 따위의 잔부스러기. 준보물.

보:무-타려(保無他慮)몡하형 확실해서 의심할 여지가 조금도 없음.

보:문-각(寶文閣)몡〖역〗고려 때, 경연(經筵)과 장서(藏書)를 맡아보던 관아.

보:문-품(普門品)〖불〗법화경의 제25 품(品). 관음이 중생의 고난을 구제하고, 교화하는 일을 설함. *관음경(觀音經).

보물몡 '보무라지'의 준말.

보:물(寶物)몡 1 드물고 귀한 가치가 있는 보배로운 물건. 보재(寶財). 보화(寶貨). 〔~ 상자 / 진귀한 ~ 〔~ 다루듯 하다. 2 예로부터 대대로 물려 오는, 귀중한 가치가 있는 문화재. 국보 다음가는 중요 유형 문화재임. 〔~로 지정받다 / 동대문은 ~ 제 1 호이다.

보:물-단지(寶物-)[-딴-]몡 1 보물을 넣어 두는 단지. 2 아주 귀중히 여기는 사람이나 물건. 〔자식을 ~처럼 애지중지하다. *애물단지.

보:물-섬(寶物-)[-썸-]몡 보물이 묻혀 있는 섬. 〔~을 찾아 항해를 떠나다.

보:물-찾기(寶物-)[-찯끼]몡하자 상품(賞品)의 이름이 적힌 종이쪽지를 여러 군데 감추어 놓고, 그것을 찾은 사람에게 해당하는 물건을 상품으로 주는 놀이.

보믜몡(녹綠).

보믜다재〈옛〉녹슬다.

보바리슴(ㅍ bovarysme) 자기를 현실 속에 놓인 자기 자신이 아닌 것으로 인식하는 정신 작용《소설 '보바리 부인'의 여주인공의 성격에서 따서 지음》.

보:발(步撥)몡〖역〗조선 때, 걸어서 급한 공문을 전송하던 사람《서울과 동래 사이 및 서울과 함경도 경원 사이에 각각 두었음》.

보:배(寶貝)〔~보패(寶貝)〕몡 1 귀하고 소중한 물건. 〔~로 장식한 왕관. 2 귀하고 소중한 사람이나 물건의 비유. 〔어린이는 나라의 귀한 ~이다.

보:배-롭다[-따][-로워, -로우니]형ㅂ 보배로 삼을 만한 가치가 있다. 〔보배로운 물건.
　보:배-로이부

보:배-스럽다[-따][-스러워, -스러우니]형ㅂ 보배로운 데가 있다. 보:배-스레부

보:법(步法)몡 걷는 법. 걸음걸이. 〔~을 익히다 / ~이 당당하다.

보:법(譜法)〔-뻡〕몡〖악〗악보의 법식.

보:병(步兵)몡 육군의 주력을 이루는 전투 병과. 주로 소총을 무기로 삼으며, 최후의 돌격 단계에서 적에게 돌진해서 승패를 결정하는 구실을 함.

보:병(寶甁)몡〖불〗'꽃병'·'물병' 등의 미칭. 2 진언 밀교(眞言密敎)에서, 관정(灌頂)할 물을 담는 그릇.

보:병-것(步兵-)[-껀]몡〖역〗보병목(步兵木)으로 지은 옷.

보:병-궁(寶甁宮)〖천〗황도 십이궁의 열한째. 염소자리의 서경(西境)에서 물병자리의 서경에 이르는 범위.

보:병-대(步兵隊)몡 보병으로 편성된 부대.

보:병-목(步兵木)몡〖역〗보병의 옷감으로 백성이 바치던, 올이 굵고 거친 무명.

보:병-총(步兵銃)몡〖군〗보병이 쓰는 총

《M 16 따위》.

보ː보-행진 (步步行進) 图[하자타] 많은 사람이 발을 맞추어 한 걸음 한 걸음 나아감.

보ː복 (報服) 图[하자] 예전에, 서로 대갚음이 되게 마련한 오복(五服)의 하나. 높은 항렬의 사람이 낮은 항렬 사람의 상을 당해 입는 상복 따위.

보ː복 (報復) 图[하자타] 앙갚음. □ ~ 공격 / 정치적 ~ / ~을 당하다 / ~이 가해지다 / ~을 두려워하지 않다.

보ː복 관세 (報復關稅)[-관-] 图 어떤 나라가 자기 나라의 수출품에 대해서 부당하게 높은 관세를 부과할 경우, 그 나라의 수입품에 대해 높게 부과하는 관세.

보ː복지리 (報復之理)[-찌-] 图 서로 대갚음을 하는 자연의 이치.

보ː본 (報本) 图[하타] 생겨나거나 자라난 근본을 잊지 않고 그 은혜를 갚음. □ 늙으신 부모에게 ~하다.

보ː본 (補本) 图[하타] 밑진 본전을 보충함.

보ː본-반시 (報本反始) 图[하자] 조상의 은혜에 보답함.

보부-상 (褓負商) 图 《역》 봇짐장수와 등짐장수. 부보상(負褓商).

보ː부족 (補不足) 图[하자타] 모자라는 것을 채움.

보부-청 (褓負廳) 图 《역》 조선 말기에, 팔도의 보부상을 관장하던 단체.

보ː불 (黼黻) 图 《역》 임금이 예복으로 입던 하의(下衣)인 곤상(袞裳) 자락에 놓은, 도끼와 '亞' 자 모양의 수.

보ː비 (補肥) 图 덧거름.

보ː비 (補庇) 图[하타] 보호하고 돌봄.

보ː비 (補裨) 图[하타] 보조(補助)1.

보ː비-력 (保肥力) 图 땅이 거름기를 오래 지니는 힘.

보ː비리 图 다랍게 인색한 사람.

보ː-비위 (補脾胃) 图[하타] 1 《한의》 비장과 위의 기운을 돋움. 2 남의 비위를 잘 맞추어 줌. 또는 그런 비위. □ ~가 상하다.

보빈 (bobbin) 图 1 방직 용구의 하나. 거친 실 따위를 감는 통 또는 막대. 2 전선을 감아서 코일이나 저항기를 만드는 통. 3 재봉틀에서, 밑실을 감은 실패를 넣어 두는 북.

보ː빙 (堡氷) 图 《지》 내륙빙의 끝이 바다로 흘러들어 육지의 앞쪽을 둘러싸고, 바닷물 위에 벼랑을 이룬 얼음덩이.

보ː빙 (報聘) 图[하타] 답례로 외국을 방문함. □ ~ 대사로 파견하다.

보ː빅 (報璧) 图 〈옛〉 보내.

보ː-뺄목 图 《건》 들보가 기둥을 뚫고 나온 끝부분.

보ː-사 (步射) 图[하타] 지난날, 활쏘기나 총쏘기 연습을 할 때, 걷거나 달음질하면서 과녁을 쏘던 일.

보ː사 (報謝) 图[하자타] 1 은혜를 갚고 은덕에 사례함. 2 《불》 불사(佛事)를 한 중이나 순례자에게 보시물을 바침. 3 《불》 부처에 대한 보사의 뜻으로 올리는 일.

보ː사 (補瀉) 图 《한의》 원기(元氣)를 돕거나 나쁜 기운을 내보내는 치료법.

보ː사 (寶沙·寶砂) 图 금강사(金剛砂)의 가루.

보ː사-제 (報祀祭) 图 기우제를 지낸 뒤 비가 내렸을 때, 감사의 뜻으로 올리는 제사.

보삭 图[하자타] 물기가 없는 물건이 가볍게 바스러지는 소리. 또는 그 모양. 🔵부석.

보삭-거리다 [-꺼-] 图[자타] 보삭 소리가 잇따라 나다. 또는 그런 소리를 잇따라 내다. □ 보삭거리는 소리에 잠을 깨다. 🔵부석거리다. 보

삭-보삭¹ [-뽀-] 图[하자타]

보삭-대다 [-때-] 图[자타] 보삭거리다.

보삭-보삭² [-뽀-] 图[하자타] 살이 좀 부어오른 모양. 🔵부석부석.

보ː산 (寶算) 图 보령(寶齡).

보ː산-개 (寶傘蓋) 图 《불》 불전에 재(齋)를 올릴 때 쓰는 붉은 양산 모양의 휘장.

보살 (菩薩) 图 《불》 1 부처의 다음가는 성인. 보리살타(菩提薩埵). 2 '보살승(菩薩乘)'의 준말. 3 여자 신도를 대접해 부르는 말. 4 '고승'의 존칭. 5 '보살할미'의 준말.

보ː살 (補殺) 图[하자] 야구에서, 야수(野手)가 잡은 공을 누(壘)에 보내어 주자를 아웃시키는 동작을 돕는 일.

보살-감투 (菩薩-) 图 1 돼지 통집에 붙은 고기 조각의 한 부위. 2 잣의 속껍질의 안에 있는 잣 대가리에 씌워 있는 꺼풀의 한 부분.

보살-계 (菩薩戒) 图[/-/-게] 图 《불》 자리(自利)·이타(利他)의 보살도(菩薩道)를 닦는 승려가 지켜야 하는 계. 대승계(大乘戒). □ ~를 받다.

보살-도 (菩薩道) 图 《불》 보살이 불과(佛果)를 구하려고 닦는 길. □ ~를 닦다.

보살-상 (菩薩像) 图[-쌍] 图 《민》 굿할 때 쓰는, 팔각형 연꽃무늬 밑에 보살이 학을 타는 모양의 제구.

보살-승 (菩薩乘) 图 《불》 삼승(三乘)의 하나. 큰 서원을 세워 위로 보리(菩提)를 구하고, 아래로 중생을 교화하는 것. 🔵보살.

보살-탑 (菩薩塔) 图 《불》 보살의 사리(舍利)를 넣고 쌓은 일곱 층의 탑.

보ː-살피다 图 1 정성을 기울여 보호하며 돕다. □ 환자를 ~. 2 이리저리 보아 살피다. □ 주위를 보살피며 조심스레 걷다. 3 일 따위를 관심을 가지고 관리하거나 맡다. □ 살림을 ~.

보살-할미 (菩薩-) 图 《불》 머리를 깎지 않고 절에서 사는 여신도. 🔵보살.

보살-형 (菩薩形) 图 보살같이 부드럽고 온화한 얼굴 모습.

보ː-삼 (步衫) 图 예전에, 비가 올 때 썼던 장옷 모양의 우비(雨備).

보ː상 (報償) 图[하자타] 1 남에게 진 빚이나 받은 물건을 갚음. □ 국채 ~ 운동 / 빌린 돈을 ~하다. 2 어떤 것에 대한 대가로 갚음. □ 노고에 대해 ~을 받다.

보ː상 (補償) 图[하자타] 1 남에게 끼친 손해를 갚음. □ 피해를 ~하다. 2 《법》 국가 등이 적법한 행위로 국민에게 가한 재산상의 손실을 갚아 주려고 제공하는 대상(代償). 3 《심》 정신적·신체적 결점이나 약점을 의식할 때, 다른 면의 것을 해냄으로써 그것을 보충하려는 마음의 작용.

보ː상 (輔相) 图[하타] 대신을 거느리고 임금을 도와서 나라를 다스림. 또는 그런 사람.

보상 (褓商) 图 봇짐장수.

보ː상-금 (報償金) 图 1 보상(報償)으로 내놓은 돈. 2 물건을 잃은 사람이 그것을 찾아 준 사람에게 사례로 주는 돈.

보ː상-금 (補償金) 图 피해를 보상(補償)해서 주는 돈.

보ː상-비 (補償費) 图 보상금.

보ː상-액 (補償額) 图 보상금의 액수.

보ː상-화 (寶相華) 图 1 불교 그림이나 불교 조각에서, 덩굴무늬의 주제로 사용된 가상적 다섯꽃잎. 2 '보상화문'의 준말.

보ː상화-문 (寶相華紋) 图 《미술》 당나라 때부

터 흔히 사용된, 보상화를 주제로 한 장식적 덩굴무늬. ㉭보상화.

보:새(寶璽)몡 옥새(玉璽).

보:색(補色)몡 **1** 다른 색상의 두 빛깔이 섞여 하양이나 감장이 될 때, 이 두 빛깔을 서로 일컫는 말(빨강과 초록, 주황과 파랑 따위). 여색(餘色). 반대색. **2**〖심〗어떤 빛깔의 소극적 잔상(殘像)으로 나타나는—빛깔.

보:색 잔상(補色殘像)[—짠—]몡〖물〗어떤 빛깔을 보다가 다른 곳이나 흰 종이로 눈을 돌렸을 때, 그 보색이 나타나는 현상. 여색 잔상.

보:생-불(寶生佛)몡〖불〗보생여래(如來).

보:생-여래(寶生如來)[—녀—]몡〖불〗오불(五佛)의 하나. 살갗을 금빛이고 일체의 재물과 보배를 맡고 있음. 보생불.

보―서다(保—)재 다른 사람의 신원이나 빚에 대하여 보증을 해 두다.

보:석(步石)몡 **1** 디디고 다니려고 깔아 놓은 돌. 디딤돌. **2** 섬돌.

보:석(保釋)몡하타〖법〗일정한 보증금을 받고 형사 피고인을 구류에서 풀어 주는 일. 보수(保囚). ▢～으로 풀려나다.

보:석(寶石)몡 단단하고 빛깔·광택이 아름답고 희귀한 광물. 보옥(寶玉). ▢금은～/ 반지에 다이아몬드 ～을 박다.

보:석-금(寶釋金)[—끔]몡〖법〗'보석 보증금'의 준말. ▢～을 내다.

보:석 남유(寶石藍釉)[—성나무]몡 경태람(景泰藍)의 청색과 자색을 도자기에 응용한 유색(釉色). 보람유(寶藍釉).

보:석 보증금(寶釋保證金)[—뽀—]〖법〗보석을 허가하는 경우에 보증금으로 내게 하는 돈. ㉭보석금.

보:석-상(寶石商)[—쌍]몡 보석이나 보석으로 만든·패물을 팔고 사는 상점. 또는 그 직업이나 장수.

보:석-원(保釋願)몡〖법〗보석의 허가를 법원에 청구하여 내는 서류.

보:선(保線)몡하자 철도 선로를 관리·보호해서 안전을 유지하고 수선함. ▢～ 공사.

보:선(普選)몡 '보통 선거'의 준말.

보:선(補選)몡하타 **1** 보충해서 뽑음. **2** '보궐선거'의 준말. ▢～에 당선되다.

보:선(補綴)몡하타 이미 되어 있는 곳을 보충하여 수선함.

보:선-공(保線工)몡 보선 작업을 하는 사람. 선로공.

보:섭(步涉)몡하자 길을 걷고 물을 건넘.

보:세(保稅)몡 관세의 부과를 보류하는 일.

보세(洑稅)[—쎄]몡 '보수세(洑水稅)'의 준말.

보:세(普世)몡 온 세상. ▢～ 만민의 행복.

보:세 가공(保稅加工)관세의 부과를 미룬 상태에서 수입 원료를 가공하는 일.

보:세 가공 무:역(保稅加工貿易)관세를 물지 않고 수입한 원료를 가공해서 완제품으로 수출하는 무역.

보:세 공장(保稅工場)통관 절차가 끝나지 않은 외국 화물을 받아들여, 제조·가공·분류 등을 하도록 허가된 공장.

보:세 구역(保稅區域)수입 화물을, 관세 부과가 미루어진 채로 놓아 둘 수 있는 구역. 보세 지역.

보:세 수입(保稅輸入)관세 지급이 보류된 상태에서 행하는 수입《수출용 상품의 원자재 수입 따위》.

보:세 장치장(保稅藏置場)통관 절차를 밟기

위한 물품을 쌓아 두는 특허 보세 구역.

보:세 전:시:장(保稅展示場)박람회·전람회·견본시(見本市) 등을 운영하기 위해 외국 물품을 장치·전시 또는 사용하는 특허 보세 구역.

보:세 제:도(保稅制度)제조하거나 가공해서 다시 수출할 목적으로 수입하는 원료와 반제품 따위에 관세를 보류하는 제도.

보:세 창고(保稅倉庫)통관 절차가 끝나지 않은 화물을 넣어 두는 창고.

보:세-품(保稅品)몡 **1** 보세 구역에 있는, 관세가 보류된 물품. **2** 보세 가공 과정에서 흠이 생기거나 규격이 맞지 않아 불량품으로 판정을 받은 제품.

보:세 화:물(保稅貨物)수입 절차를 마치지 못한 외국 화물.

보션(옛)몡 버선.

보:소(譜所)몡 족보를 만들기 위해 임시로 설치한 사무소. 보청(譜廳).

보:속(補贖)몡하타〖가〗죄로 인한 나쁜 결과를 보상함.

보:속-음(補續音)몡〖악〗'끎음'의 한자 이름.

보송-보송부하몡 **1** 물기가 없고 보드라운 모양. ▢물기가 말라서 ～하다. **2** 살결 따위가 곱고 보드라운 모양. ▢아기의 살결이 ～하다. ㉭부숭부숭. **3** 땀방울이 조금씩 솟아난 모양. **4** 솜털 같은 작고 보드라운 것이 솟아난 모양.

보:수(步數)몡 바둑이나 장기의 어려운 수를 푸는 방법.

보:수²(步數)[—쑤]몡 걸음의 수.

보수(保手)몡〖경〗'보증 수표'의 준말.

보:수(保囚)몡하자〖법〗보석(保釋).

보:수(保守)몡하타 **1** 보전하여 지킴. **2** 재래의 풍속·습관과 전통 따위를 중시해서 그대로 지킴.

보:수(保授)몡하타 보석(保釋)된 사람을 맡음.

보:수(補修)몡하타 낡은 것을 보충해서 수선함. ▢말끔히 ～된 집 / 다리를 ～하다.

보:수(報酬)몡 **1** 고마움에 대한 갚음. 또는 그 보답. **2** 근로의 대가로 주는 돈이나 물품. ▢정당한 ～를 요구하다 / ～를 지급하다 / 높은 ～를 받다.

보:수(報讐)몡하자 앙갚음.

보:수-계(步數計)[—쑤— /—쎄]몡 걸을 때의 걸음 수를 재는 계기. 보측계(步測計). 계보기(計步器).

보:수 공사(補修工事)보수하는 공사.

보:수 교:육(補修敎育)어떤 기술이나 학문에 대해 보충해서 행하는 교육.

보:수-당(保守黨)몡 보수주의에 입각한 정당. 보수 정당.

보:수-비(補修費)몡 보수하는 데 드는 경비. ▢～가 많이 들다.

보:수-성(保守性)[—썽]몡 새롭거나 진보적인 것을 반대하고 전통적인 것을 따르고 지키려는 경향. ▢～을 드러내다 / ～이 짙다 / 지방색과 ～이 강하다.

보수-세(洑水稅)[—쎄]몡 지난날, 봇물을 이용하는 값으로 내던 돈이나 곡식. ㉭보세·수세.

보:수-적(保守的)몡 보수의 경향이 있는 (것). ▢～ 극우 세력 / ～ 성향〔사고방식〕. ↔진보적(進步的).

보:수-주의(保守主義)[—/—이]몡 현상 유지나 전통의 옹호 또는 점진적 개혁을 받아들이는 경향. ▢～의 관점.

보:수-파(保守派)몡 보수주의를 주장 또는 지지하는 일파.

보스 (boss)〔명〕실권을 쥐고 있는 최고 책임자. 두목. 우두머리. 영수(領袖).

보스락 〔부〕〔하〕〔자타〕마른 검불이나 나뭇잎·종이 따위를 가볍게 밟거나 뒤적일 때 나는 소리. 〔큰〕부스럭.

보스락-거리다 [-꺼-]〔자타〕보스락 소리가 자꾸 나다. 또는 그런 소리를 자꾸 내다. 보스락거리다. 보스락-보스락 [-뽀-]〔부〕〔하〕〔자타〕

보스락-대다 [-때-]〔자타〕보스락거리다.

보스락-장난 [-짱-]〔명〕행동이나 소리가 크지 않으면서 조심스럽게 하거나 내는 장난. *바스락장난.

보스 정치 (boss政治)〔정〕정계의 우두머리가 심복과의 정실(情實) 관계를 바탕으로 행하는 정치.

보스턴-백 (Boston bag)〔명〕바닥이 편평하며 네모꼴이고 가운데가 볼록한 여행용 가방.

보슬-보슬¹ 〔부〕눈이나 비가 가늘고 성기게 조용히 내리는 모양. □봄비가 ~ 내리다. 〔큰〕부슬부슬¹.

보슬-보슬² 〔부〕〔하〕〔형〕덩이진 가루 등이 물기가 적어 엉기지 못하고 바스러지기 쉬운 모양. 〔큰〕부슬부슬². 〔거〕포슬포슬.

보슬-비〔명〕바람 없는 날 가늘고 성기게 조용히 내리는 비. 〔큰〕부슬비.

보습〔명〕쟁기나 극젱이의 술바닥에 맞추는 삽 모양의 쇳조각(땅을 갈아서 흙덩이를 일으키는 일을 함).

보-습 (補習)〔명〕〔하타〕일정한 교과를 마치고 학습이 부족한 것을 보충해 익힘. □~ 학원.

보-습 (補濕)〔명〕〔하타〕피부가 건조해지지 않게 수분을 공급해서 촉촉함을 유지하는 것.

보-습-과 (補習科)[-꽈]〔명〕일정한 교육 과정을 보습하기 위하여 둔 과정.

보-습 교:육 (補習教育)[-꾜-]〔명〕일정한 직업에 종사하고 있는 사람에게 지식과 기술을 가르쳐 직업 능력을 돕고 일반적 교양을 높이기 위한 목적으로 행하는 교육.

보습-살 [-쌀]〔명〕소의 볼기에 붙은 고기(주로 구이나 횟감으로 씀). 설깃.

보-승-지 (保勝地)〔명〕경승지(景勝地).

보-시 (布施)〔명〕〔하타〕〔불〕자비심으로 불법이나 재물을 베풂. 포시.

보-시 (普施)〔명〕〔하타〕은혜를 널리 베풂.

보-시 (報時)〔명〕〔하자〕시각이나 시간을 알림.

보시기〔명〕1 김치·깍두기 따위를 담는 반찬 그릇. 2 보시기에 담긴 음식의 분량을 세는 단위(의존 명사적으로 씀). □동치미 한 ~. 〔준〕보;.

보-식 (補植)〔명〕〔하타〕묘목이 시들거나 상한 자리에 보충해서 심는 일.

보-신 (保身)〔명〕1 몸을 온전히 지킴. 2 자기의 지위·명성·재물 등을 잃지 않으려고 약게 행동하는 일. □~에 능하다.

보-신 (報身)〔명〕〔불〕부처의 삼신(三身)의 하나. 수행을 쌓아 공덕이 갖추어진 몸. ↔법신(法身).

보-신 (補腎)〔명〕〔하타〕보약이나 영양식 따위를 먹어 몸의 영양을 보충함. □~은 약에만 의존해서는 안 된다.

보-신 (補腎)〔명〕보약을 먹어 정력을 도움.

보-신명 (保身命)〔명〕〔하자〕위태함을 피해서 목숨을 보전함.

보-신-불 (報身佛)〔명〕〔불〕삼신불의 하나. 선행·공덕을 쌓은 결과로 나타난 만덕(萬德)이 원만(圓滿)한 아미타불.

보-신-술 (保身術)〔명〕호신술.

보-신-용 (保身用)[-농]〔명〕호신용.

보:-신지책 (保身之策)〔명〕자신의 몸을 온전히 지키기 위한 꾀. 보신책.

보:신-책 (保身策)〔명〕보신지책.

보:-신-탕 (補身湯)〔명〕〈속〉몸에 원기를 보해 주는 국이라는 뜻으로, '개장국'을 일컫는 말.

보십〔☞〕보습.

보:-싯-돈 (布施-)[-시똔 /-신똔]〔명〕〔불〕보시로 받은 돈.

보-쌈 (褓-)〔명〕1 귀한 집 딸이 남편을 둘 이상 섬겨야 할 팔자라 할 때, 팔자땜을 시키려고 그 수효대로 밤에 남의 남자를 보자기에 싸서 잡아다가 딸과 재운 다음에 죽이던 일. □~에 잡혀가다. 2 뜻밖에 누구에게 붙잡혀 가는 일의 비유. 3 가난하여 혼기를 놓친 총각이 과부를 밤에 몰래 보에 싸서 데려와 아내로 삼던 일.
[보쌈에 들었다] 남의 꾐에 걸려들다.

보-쌈² (褓-)〔명〕물고기를 잡는 기구의 하나. 양푼 따위의 그릇에 먹이를 넣고 물고기가 들어갈 정도의 구멍을 낸 보로 싸서 물속에 가라앉혀 놓은 다음, 그 안으로 먹이를 찾아 들어간 물고기를 잡음.

보-쌈³ (褓-)〔명〕삶아서 뼈를 추려 낸 소·돼지 따위의 머리 고기를 보에 싸서 무거운 것으로 눌러 단단하게 만들어 썰어서 먹는 음식.

보쌈-김치 (褓-)〔명〕배추·무 등을 일정한 크기로 썰어서 갖은 양념을 한 것을 배추 잎에 싸서 담근 김치. 〔준〕쌈김치.

보쌈-질 (褓-)〔명〕다림질할 때, 옷을 축축한 보자기에 싸 눅지게 하는 일.

보수〔명〕〈옛〉보시기.

보아 (boa)〔동〕보아과의 큰 뱀. 길이 4m 가량, 적갈색 바탕에 등에는 15~20개의 큰 황갈색 얼룩무늬가 있음. 난태생이고 독이 없으며, 주로 쥐·다람쥐 따위를 먹음. 남아메리카 열대 삼림에 분포함. 왕뱀.

보아-주다 〔〕1 보살펴 주다. □이웃집의 아기를 ~. 2 남의 허물이나 잘못을 눈감아 주다. □편리를 ~ / 이번 한 번만 보아주십시오. 〔준〕봐주다.

보아지 〔명〕기둥머리에 끼워 보의 짜임새를 보강하는 짧은 부재(部材).

보아-하니 〔부〕겉으로 보아 짐작하건대. □~ 학생인 듯하다.

보아-한들 〔부〕살펴본다고 한들(이치가 어그러져 뜻밖으로 여길 때 씀). □~, 네가 이길 것 같지도 않다.

보-안 (保安)〔명〕〔하타〕1 안전을 유지함. □~을 유지하다 / 공항의 ~을 강화하다. 2 사회의 안녕·질서를 보전함. □~ 조치 / ~ 사범을 체포하다.

보-안 (保眼)〔명〕〔하자〕눈을 보호함.

보:-안-경 (保眼鏡)〔명〕눈을 보호하려고 쓰는 안경. 양목경(養目鏡).

보:-안 경:찰 (保安警察)〔법〕사회의 안녕과 질서를 유지하기 위한 경찰(교통·경찰·소방 경찰·해양 경찰 등). 치안 경찰. *행정 경찰.

보:-안-관 (保安官)〔명〕미국에서, 각 고을의 안전과 질서를 맡아보는 민선 관리.

보:-안-등 (保安燈)〔명〕지역의 안전을 위해 어두운 곳에 달아 놓은 전등(흔히 도둑을 막고 골목길을 밝히기 위함임).

보:-안-림 (保安林)[-님]〔명〕풍수해를 막거나 풍치(風致)를 보전할 목적으로 국가에서 특별히 보호하는 산림. 보존림.

보:-안-법 (保安法)[-뻡]〔명〕〔법〕'국가 보안법'

의 준말.
보:안 처:분 (保安處分) 〖법〗 범인의 또 다른 범행을 막기 위해 형벌 대신 교육이나 보호 따위를 하는 처분(《보호 관찰 처분·주거 제한 처분·보안 감호 처분의 3종류임》).
보암-보암 명 이모저모 살펴보아 짐작할 수 있는 겉모양. ❏ ~으로는 괜찮을 것 같더라.
보암직-하다 [-지카-] 형여 눈여겨볼 만한 값어치가 있다.
보야흐로 부 〈옛〉 바야흐로.
보:약 (補藥) 명 몸의 기능을 조절하고 저항력을 키우며 기력을 보충해 주는 약. ❏ ~을 짓다〔먹다〕/ ~ 한 제를 달여 먹다.
보얀-목 (-木) 명 〖식〗 비목나무.
보:양 (保養) 명하타 **1** 잘 보호해서 기름. **2** 몸을 편안하게 해서 건강을 돌봄. ❏ 온천으로 ~을 다니다. **3** 〖건〗 콘크리트나 모르타르 따위를 보전해서 굳힘. 양생(養生).
보:양 (補陽) 명하자 〖한의〗 몸의 양기(陽氣)를 보하는 일. ❏ ~을 위해 보약을 달이다〔먹다〕. *보음(補陰).
보:양 도시 (保養都市) 온천·피서지 따위로 알려져 몸의 보양을 위해 발달한 도시.
보:양-지 (保養地) 명 보양에 적당한 곳.
보:양-청 (輔養廳) 명 〖역〗 조선 때, 원자(元子)·원손(元孫)의 보좌와 가르침의 일을 맡아 보던 관청.
보:얗다 [-야타]〔보야니, 보애서〕 형ㅎ **1** 연기나 안개가 낀 것같이 선명하지 않고 희끄무레하다. ❏ 보얀 안개가 끼다. **2** 살갗이나 얼굴이 하얗고 말갛다. ❏ 어린이의 보얀 살결. **3** 빛깔이 보기 좋게 하얗다. ❏ 보얀 곰국. 큰 부옇다. 센 뽀얗다.
보:얘-지다 자 보얗게 되다. 큰 부예지다. 센 뽀얘지다.
보:어 (補語) 명 주어와 서술어만으로는 뜻이 완전하지 못한 문장에서, 그 불완전한 곳을 보충하는 구실을 하는 수식어. 보족어(補足語). 보충어.
보:여 (寶輿) 명 천자(天子)의 수레.
보:영 (報營) 명하타 〖역〗 고을 원이 감영에 보고하던 일.
보:옥 (寶玉) 명 보석(寶石).
보:온 (保溫) 명하타 주위의 온도에 상관없이 온도를 일정하게 유지함. ❏ ~ 도시락.
보:온-밥통 (保溫-桶) 명 주위의 온도에 상관없이 온도를 일정하게 유지하도록 만든 밥통.
보:온-병 (保溫甁) 명 주위의 온도에 상관없이 보온·보냉(保冷)에 쓰이는 그릇(《이중벽 사이가 진공층(眞空層)으로 되어 있음》).
보:온-재 (保溫材) 명 〖건〗 열을 잘 옮기지 않고 보온력이 풍부하여 단열재로 쓰는 재료(《보온(保溫)·보냉(保冷)의 목적으로 씀》).
보:완 (補完) 명하타 모자라는 것을 보충해서 완전하게 함. ❏ ~ 대책을 마련하다 / 제도의 미비점을 ~하다 / 제품의 문제점이 ~되다.
보:완-적 (補完的) 관명 보완할 만한 (것).
보:완 파일 (補完 file) 〖컴〗 프로그램이나 데이터의 파일이 손상되는 일에 대비하여 미리 복사해 둔 파일. 백업 파일.
보:외 (補外) 명하타 〖역〗 조선 때, 지위가 높은 벼슬아치를 징계해서 시골 수령(守令)으로 좌천시키던 일.
보:요 (步搖) 명 떨잠.
보요 부 〈옛〉 배게. 보이게.
보:우 (保佑) 명하타 보살피고 도와줌. ❏ 하느님이 ~하사 ….
보우지차 (鴇羽之嗟) 명 백성이 싸움터에 나가 있어 그 어버이를 봉양하지 못하는 탄식.
보:원 (補元) 명하자 〖한의〗 보기(補氣)1.
보:원 (報怨) 명하자 앙갚음.
보:위 (保衛) 명하타 보호하고 방위함. ❏ 국가 ~에 신명을 바치다.
보:위 (寶位) 명 왕위(王位). ❏ ~에 오르다.
보:유 (保有) 명하타 가지고 있거나 간직하고 있음. ❏ 자동차 ~ 대수 / 정부가 ~하고 있는 농산물 / 외환 ~가 자유롭다 / 핵무기를 ~하다 / 세계 기록을 ~하다.
보:유 (補遺) 명하타 빠진 것을 채워 보탬. 또는 그런 것. ❏ 누락분이 ~된 수정판.
보:유-고 (保有高) 명 보유하고 있는 물건의 수량. ❏ 외환 ~.
보:유-량 (保有量) 명 보유하고 있는 물건의 분량이나 수량. ❏ 원유 ~.
보:유-미 (保有米) 명 보유하고 있는 쌀. ❏ 정부 ~를 방출하다.
보유스레-하다 형여 보유스름하다.
보유스름-하다 형여 선명하지 않고 조금 보얗다. 큰 부유스름하다. 센 뽀유스름하다. **보유스름-히** 부
보:유-자 (保有者) 명 보유하고 있는 사람. ❏ 판소리 기능 ~ / 세계 신기록 ~.
보:육 (保育) 명하타 어린아이를 돌보아 기름. ❏ ~ 시설.
보:육-기 (保育器) [-끼] 명 미숙아(未熟兒)나 출생 때 이상이 있는 아기를 넣어 키우는 기기(機器)(《온도·습도·산소 공급량 등을 자동적으로 조절함》). 인큐베이터.
보:육-원 (保育院) 명 부모나 보호자가 없는 아이들을 돌보아 기르는 곳(《고아원의 고친 이름》). ❏ ~ 원아 / 고아를 ~에 수용하다.
보:은 (報恩) 명하자 은혜를 갚음. ❏ 스승의 은혜에 ~하다. ↔배은(背恩).
보:은 (寶銀) 명 말굽은.
보:음 (補陰) 명하자 〖한의〗 몸의 음기(陰氣)를 보함. *보양(補陽).
보:응 (報應) 명하자 인과에 따라 선악이 대갚음을 받음. ❏ 모든 행실에는 ~이 따른다.
보이 (boy) 명 식당·호텔 따위에서 접대하는 남자. ❏ ~가 자리를 안내하다.
보이다[1] 一 자 《'보다1'의 피동》 눈에 뜨이다. ❏ 산이 ~ / 외야석에서도 잘 보인다. 준 뵈다. 二 타 《'보다1'의 사동》 **1** 보게 하다. ❏ 텔레비전을 ~. **2** 눈에 뜨이게 하다. ❏ 허점을 ~. **3** 보게 하다. ❏ 손해를 ~. 준 뵈다.
보이다[2] 보동 용언 어미 '-어'·'-아' 뒤에 붙어, 남이 알도록 해서 보게 함을 나타내는 말. ❏ 글씨를 써 ~ / 방긋 웃어 ~.
보이 소프라노 (boy soprano) 변성기 전의 소년의 목소리(《소프라노와 같은 음색과 음역을 가짐》).
보이 스카우트 (Boy Scouts) 〖사〗 청소년의 인격 양성 및 사회봉사를 목표로 하는 국제적 교육 훈련 단체. 1908년 영국의 베이든파월(Baden-Powell)에 의하여 창설됨. 스위스 제네바에 세계 보이 스카우트 연맹 본부가 있음. 소년단. ↔걸 스카우트.
보이스 피싱 (voice phishing) 전화를 이용한 금융 사기 수법.
보이콧 (boycott) 명하타 **1** 어떤 일을 공동으로 받아들이지 않고 물리치는 일. **2** 불매 동맹.
보:익 (補益) 명하타 보태고 늘여 도움이 되게 함. 비익(裨益).
보:익 (輔翊·輔翼) 명하타 보도(輔導).

보인 (保人) 몡 보증인.

보일 (voile) 몡 성기게 짜서 비쳐 보이는 얇고 가벼운 직물(평직(平織) 또는 사직(斜織)으로 짜며, 여름옷이나 셔츠감으로 씀).

보일러 (boiler) 몡 1 물을 가열해서 고온·고압의 증기나 온수를 발생시키는 장치(난방 시설이나 목욕탕·터빈 구동 따위에 씀). ❏가스 ~로 교체하다. 2 기관(汽罐).

보:-일보 (步一步) 閈 한 걸음 한 걸음. 조금씩. ❏ ~ 전진하다.

보일-시 (示) 몡 한자 부수의 하나('禮·福' 등에서 '示'의 이름).

보일시-변 (示邊) 몡 한자 부수의 하나('보일 시'가 글자의 변으로 올 때 '礻'로 약하여 쓰는 자형의 이름).

보일-유 (boil油)[一류] 몡 아마인유·콩기름·오동나무 기름 따위에 망간이나 코발트의 산화물을 넣어 끓여서 만든, 건조성이 강한 기름(페인트·인쇄 잉크 등의 용제에 씀).

보:임 (補任) 몡하타 어떤 직(職)에 보하여 임명함. ❏장관에 ~된 사람.

보임-새 (外觀). 몡

보잇-하다 [-이타-] 혱여 빛이 조금 보얗다. ❏유리창이 보잇하게 흐려지다.

보오 몡〈옛〉보시기.

보오리 몡〈옛〉봉우리.

보자 (褓子) 몡 보(褓)자기.

보자기 (褓-) 몡 바닷속에 들어가서 조개·미역 따위의 해산물을 따는 사람. 해인(海人).

보자기 (褓-) 몡 물건을 싸는 작은 보. 보자(褓子). ❏~로 도시락을 싸다 / ~를 끄르다 / 광주리를 ~로 덮다. *보(褓)1.

보:-자력 (保磁力) 몡〖물〗영구 자석이나 강자성체에서, 방해하는 힘을 받아들여 그에 대항해서 가지고 있는 힘.

보잘것-없다 [-꺼덥따] 혱 볼만한 가치가 없을 정도로 하찮다. ❏보잘것없는 수입[선물] / 책이 표지는 요란한데 내용은 ~. 보잘것-없이 [-꺼덥씨] 閈

보:장 (保障) 몡하타 어려움 없이 이루어지도록 보증하거나 보호함. ❏인권 ~ / 노후 생활 ~ / 신분이 ~된 직업 / 안전을 ~하다 / 높은 수익성을 ~.

보:장 (報狀) 몡〖역〗상관에게 보고하는 공문.

보:장 (寶藏) 몡하타 1 보배를 저장해 두는 창고. 2 소중히 보관해 둠. 3〖불〗중생의 괴로움을 구하는 부처의 가르침.

보:장-점령 (保障占領)[-녕] 몡〖군〗휴전 조약·항복 조건 따위의 이행을 상대국에게 강제하려고 행하는 점령. 전후(戰後) 점령.

보:재 (補材) 몡 보약의 재료.

보:재 (寶財) 몡 보물(寶物)1.

보쟁기 몡 보습을 낀 쟁기.

보쟁이다 타 부부가 아닌 남녀가 은밀한 관계를 계속 맺다.

보:전 (保全) 몡하타 온전하게 보호해서 유지함. ❏환경 ~ / 목숨을 ~하다 / 문화 유적이 잘 ~되다.

보:전 (補塡) 몡하타 부족이나 결손을 메워 보충함. 전보. ❏적자를 ~하다.

보:전 (補箋) 몡 1 부전(附箋). 2 유가 증권·증서에 배서(背書)할 보증이 많아 여백이 없는 경우에 덧붙이는 종이쪽. 부지(附紙).

보:전 (寶典) 몡 1 귀중한 법전. 2 귀중한 책. ❏민족 문화의 ~.

보:전 소송 (保全訴訟) 몡〖법〗강제 집행의 보전을 목적으로 행하는 특별 민사 소송 절차(가압류나 가처분의 총칭). 집행 보전 절차.

보:-전 이:자 (補塡利子)[-니-]〖경〗채무자가 채권자의 돈이나 곡물 따위를 이용한 대가로 내는 돈이나 물건.

보:-전 처:분 (保全處分)〖법〗채무자가 재산을 은닉 또는 처분해 버리면 채권자의 권리를 얻을 수 없으므로, 개인의 권리를 보장하기 위하여 그 소송의 확정 또는 집행까지의 사이에 법원이 명하는 잠정적 처분(가압류·가처분 따위).

보:정 (補正) 몡하타 1 모자라는 것을 보충하고 잘못된 것을 바르게 고침. 2〖물〗실험·관측 또는 근삿값 계산 등에서 외부적인 원인에 따른 오차를 없애고 참값에 가까운 값을 구함. 3〖법〗소장(訴狀) 등의 형식적인 요건 등에 결함이 있을 때 이를 보충·정정함.

보:정 (補整) 몡하타 보충해서 정돈함.

보:정 진:자 (補整振子)〖물〗팽창률이 다른 두 종류의 금속을 써서 온도의 변화가 있어도 일정한 진동의 길이를 유지하게 하는 진자(振子). 보정 흔들이.

보제 (菩提) 몡 보리(菩提).

보:제 (補劑) 몡 1〖한의〗몸을 보하는 약제. 보신제. 2 주약(主藥)의 작용을 돕거나 부작용을 없애는 약제.

보:조 (步調) 몡 1 걸음걸이의 속도나 모양 등의 상태. ❏열 사람과 ~를 맞추어 걷다. 2 여러 사람이 일을 함께 할 때의 진행 속도나 조화. ❏동료들과 ~를 같이하다.

보:조 (補助) 몡하타 1 보충해 도와줌. ❏국고의 ~를 받다 / 학비를 ~하다 / 정부의 ~가 끊어지다. 2 주된 것에 대하여 거듦. 또는 그 사람. ❏~ 수단 / 요리사 ~ / 간호 ~.

보:조 (寶祚) 몡 왕위(王位).

보조개 몡 웃거나 말할 때 볼에 오목하게 우물져 들어가는 자국. 볼우물. ❏~를 짓다 / 뺨에 살포시 ~가 패다.

보:조 관념 (補助觀念)〖문〗비유에서, 원관념의 뜻이나 분위기가 잘 드러나도록 도와주는 관념. 또는 비교·비유의 관념.

보:조-금 (補助金) 몡 정부나 공공 단체가 기업이나 개인에게 교부하는 돈. 특정 사업의 개발·촉진이나 특정 시책의 장려 따위와 같이 일정한 행정 목적을 달성하기 위한 것임. ❏~을 지급 / 실업자 ~을 지원받다.

보:조 기관 (補助機關) 몡 행정 관청에 속하여 직무를 보좌하는 기관(각 부의 차관이나 국장 따위).

보:조 기억 장치 (補助記憶裝置)[-짱-]〖컴〗주기억 장치의 용량 부족을 보충하는 외부 기억 장치(플로피 디스크 장치·하드 디스크 장치·시디롬 따위).

보:조 날개 (補助-) 몡 기체(機體)가 옆으로 동요하지 않게 하거나 기체를 회전시킬 때 사용하는 장치(좌우 주익의 뒤쪽에 붙어 있고, 뒷부분이 아래위로 움직임). 보조익.

보:조 단위 (補助單位)〖수〗기본 단위를 세분하거나 확대해서 나타낸 단위(킬로미터·밀리그램 따위). *기본 단위·유도 단위.

보:조 동:사 (補助動詞)〖언〗독립하여 쓰이지 못하고 본동사(本動詞)의 뒤에 붙어 그 풀이를 보조하는 동사. 도움움직씨. 조동사. ↔본동사(本動詞).

보:조-부 (補助簿) 몡 '보조 장부'의 준말.

보:조-비 (補助費) 몡 정부나 공공 단체가 어떤 특수한 목적을 위하여 무상으로 주는 돈. ❏생활 ~ / 국고 ~.

보:조 비:료(補助肥料) 자극(刺戟) 비료.

보:-조사(補助詞)[명]〖언〗 격(格)과는 상관없이 체언이나 부사, 활용 어미 따위의 뒤에 붙어서 다만 그 성분에 어떤 뜻을 더하여 주는 조사('은·는·도·만·까지·마저·조차·부터' 따위). 보조 조사. 특수 조사.

보:조 어:간(補助語幹)〖언〗 용언의 어간과 어미 사이에서 그 뜻을 여러 가지로 돕는 말. '보시다'·'가겠다'·'먹히다'에서 '-시-'·'-겠-'·'-히-' 따위. 학교 문법에서는 선어말 어미 및 파생 접사로 다룸. 도움줄기.

보:조-역(補助役)[명] 보조하는 구실. 또는 그런 구실을 하는 사람.

보:조 용:언(補助用言)〖언〗 용언 뒤에 붙어서 그 용언을 돕는 구실을 하는 용언(보조 동사·보조 형용사 등).

보:조-원(補助員)[명] 보조하는 사람. □~으로 일하다.

보:조 원장(補助元帳)[-짱]〖경〗 총계정 원장의 계정 과목의 내용을 상세히 기록하는 원장.

보:조-익(補助翼)[명] 보조 날개.

보:조-인(補助人)[명]〖법〗 형사 소송법에서, 피고인 또는 피의자의 보조자를 이르는 말.

보:조-자(補助者)[명] 옆에서 일을 도와 거들어 주는 사람. □사업의 ~.

보:조-장(補助帳)[명] 보조 장부.

보:조 장부(補助帳簿)〖경〗 부기에서, 주요 장부의 명세를 설명하고, 특정한 거래에 대해서 상세히 기록하는 장부(금전 출납장·매상장 등). 보조장.

보:조-적(補助的)〖관형〗 보조가 될 만한 (것). □~ 역할 / ~인 수단.

보:조적 연결 어:미(補助的連結語尾)[-쩌 녕겨러-]〖언〗 연결 어미의 한 가지. 본용언에 보조 용언을 연결하는 어말 어미. '의자에 앉아 있다.'·'학교에 가지 않았다.'·'영화를 보게 되었다.'에서 '-아'·'-지'·'-게' 따위.

보:조 정:리(補助定理)[-니][수] 어떤 정리를 증명하기 위해 보조적으로 쓰이는 정리. 이것을 증명한 다음에 본제(本題)의 정리를 증명함. 예비 정리.

보:조 참가(補助參加)〖법〗 민사 소송에서, 제삼자가 당사자의 한쪽을 보조하여 소송에 참가하는 일. 종(從)참가. ↠당사자 참가.

보:조-함(補助艦)〖군〗 주력함의 보조를 주목적으로 하는 함정의 총칭.

보:조-항(補助港)[명] 주된 항구에 인접하여 그 항구의 보조적 구실을 하는 항구.

보:조 형용사(補助形容詞)〖언〗 본용언 뒤에서 그 의미를 보충하는 형용사('보지 못하다'·'자고 싶다'·'작지 아니하다'에서 '못하다'·'싶다'·'아니하다' 따위). 도움그림씨. 의존 형용사.

보:조-화(補助貨)[명] 보조 화폐.

보:조 화:폐(補助貨幣)[-/-폐]〖경〗 본위 화폐의 보조로 소액의 거래에 사용하는 법정 화폐(은화 따위).

보:족(補足)[명][하타] 모자라는 것을 보태어 넉넉하게 함.

보:존(保存)[명][하타] 보호하고 간수해서 남김. □~ 창고 / 종족 ~ / ~ 상태가 양호하다 / 문화재가 박물관에 ~되어 있다 / 옥체를 ~해 시옵소서.

보:존 과학(保存科學) 물질의 구조와 재질(材質)을 밝혀 그 노화(老化) 또는 붕괴 따위를 방지하기 위한 방안을 연구하는 과학(주로

보:존 등기(保存登記)〖법〗 미등기 부동산 물권 따위, 특히 소유권을 보존하기 위해 등기부에 처음으로 올리는 단계의 등기.

보:존-림(保存林)[-님]〖명〗 보안림.

보:존-비(保存費)[명] 어떤 물건을 보존하는 데 드는 비용.

보:존 수역(保存水域) 연안국이 수산 자원의 보존을 위해 어업의 자유를 제한하는 공해의 특정 수역.

보:존 식품(保存食品) 오래 보존할 수 있게 가공한 식품.

보:존 혈액(保存血液)〖의〗 긴급 수혈에 대비하기 위하여 혈액은행에서 늘 냉장 상태로 보존하는 혈액(보존 기간은 대개 일주일임). 보존혈.

보:졸(步卒)[명] 보병(步兵).

보:졸-장(步卒欌)[-짱][명] 탈것이 없어 걸어서만 다니는 점잖은 사람을 놀으로 이르는 말.

보:종(步從)〖역〗 1 임금이 거둥할 때 백관이 걸어서 뒤따르던 일. 2 왕명을 받은 고관이 올 때, 노문(路文)을 받은 역에서 내어보내 따르게 하던 역졸.

보:좌(補佐·輔佐)[명][하타] 상관을 도와 일을 처리함. □사장을 ~하는 비서.

보:좌(寶座)[명] 1 옥좌. 2 황제가 ~에 오르다. 2〖불〗 부처가 앉는 자리. 3〖기〗 하나님이 앉는 자리.

보:좌-관(補佐官)[명] 1 상관을 보좌하는 관리. □수석 ~. 2〖군〗 상급자를 보좌하는 장교.

보:좌-인(補佐人)[명] 상관을 보좌하는 사람.

보조개[명]〈옛〉보조개.

보:주(補註)[명][하타] 뜻풀이나 설명이 부족한 점을 보충함. 또는 그런 뜻풀이나 설명.

보:주(寶珠)[명] 1 보배로운 구슬. 2〖불〗위가 뾰족하고 불길이 타오르는 형상의 구슬. 3〖불〗여의주. 2〖건〗 탑·석등 등의 맨 꼭대기에 얹는 공 모양의 부분.

보:중(保重)[명][하타] 몸의 관리를 잘해서 건강하게 유지함. □부디 옥체 ~하십시오.

보증(保證)[명][하타] 1 어떤 사물이나 사람에 대해서 책임지고 틀림없음을 증명함. □품질 ~ / 신원 ~을 서다. 2〖법〗채무자가 채무를 이행하지 않을 경우, 그를 대신해서 채무를 이행할 것을 부담하는 일. 보(保). □~을 서다. 3 담보(擔保)2.

보증 계:약(保證契約)[-/-게-]〖법〗채무자가 채무를 갚지 못하면 자기가 대신 갚겠다는 내용으로 채권자와 맺는 계약.

보증-금(保證金)〖법〗 1 일정한 채무의 담보로 미리 채권자에게 주는 금전. 2 입찰 또는 계약을 맺을 때 계약 이행의 담보로 납입하는 금전. □~을 걸다.

보증 대:부(保證貸付)〖경〗 대차 계약을 할 때 채권자·채무자 이외의 제삼자의 보증을 조건으로 하는 대부.

보증 보:험(保證保險)〖경〗 사용인(使用人)의 부정행위로 생기는 손해나 도급(都給) 공사나 물품 납입 계약 때 주문자가 입는 손해를 보전(補塡)하는 보험.

보증 사채(保證社債) 발행 회사가 아닌 다른 기관이 사채의 원금 상환과 이자의 지급을 보증하는 사채.

보증-서(保證書)[명] 보증의 뜻을 적은 문서. □신원 ~.

보증 수표(保證手票)〖경〗 1 은행의 지급 보증을 받은 수표. 지급 보증 수표. 2 자기앞 수표. ⓒ보수(保手).

보증-인 (保證人) 몡 〖법〗 1 보증하는 사람. 증인. ▢~을 세우다 /~이 되다. 2 보증 채무를 지는 사람. 보인(保人).

보증-주 (保證株) 몡 〖경〗 일정한 이익 배당이 보증되어 있는 주식.

보증 준:비 (保證準備) 〖법〗 은행권 발행의 보증으로서 상업 어음이나 국채, 그 밖의 유가 증권을 준비하는 일. 또는 그 증권.

보증 채:권 (保證債權) [-꿘] 〖법〗 보증인이 채무에 대하여 책임지는 채권.

보증 채:무 (保證債務) 〖법〗 채무자가 채무를 이행하지 않을 경우, 보증인이 책임지는 채무. 보증 책임.

보증 책임 (保證責任) 〖법〗 보증 채무.

보:지 몡 여자의 음부(陰部).

보:지 (保持) 몡하타 온전하게 잘 지켜 지탱해 나감. 보유. ▢기록을 ~하다.

보:지 (報知) 몡하타 기별해서 알려 줌. 알림. 통지(通知).

보지락 의명 비가 온 양을 헤아리는 말. 곧, 호미 끝이 들어갈 만큼 빗물이 땅속에 스며든 정도. ▢봄비가 한 ~ 내렸다.

보:직 (補職) 몡하타 어떤 직무의 담당을 명함. 또는 그런 직책. ▢~ 교수 /~을 맡다 /~에서 해임되다.

보:-집합 (補集合) [-지팝] 몡 〖수〗 '여집합(餘集合)'의 구용어.

보짱 몡 마음속에 품은 꿋꿋한 생각이나 요량. ▢~이 세다 (크다).

보쩜-만두 (褓-饅頭) 몡 여러 개를 보에 싸서 찐 만두. 준보(褓)만두.

보차다 타 〈옛〉 보채다. 성가시게 굴다.

보차아솜 타 〈옛〉 보채어 빼앗음. '보차다'의 명사형.

보:채 (堡砦) 몡 보루(堡壘)1.

보:채 (報債) 몡하자 빚을 갚음.

보채다 자 무엇을 요구하며 성가시게 조르다. ▢아기가 젖을 달라고 ~.
[보채는 아이 밥 한 술 더 준다 ; 보채는 아이 젖 준다] 무슨 일이든 조르며 서두르거나 적극적인 사람에게는 더 잘해 주게 된다는 말.

보:처 (補處) 몡 〖불〗 주불(主佛)의 좌우에 모신 보살. 보처존(尊).

보:-처자 (保妻子) 몡하자 처자의 생활을 돌봄.

보:천 (普天) 몡 천하(天下)1.

보:천-교 (普天敎) 몡 〖종〗 증산교 교주의 제자 차경석(車京錫)이 전라도 정읍에서 창시한 훔치교(吽哆敎) 계통의 유사 종교.

보:천-솔토 (普天率土) 몡 온 세상.

보:천지하 (普天之下) 몡 온 세상이나 넓은 세상을 이르는 말.

보:철 (補綴) 몡하타 1 부족한 것을 보충해서 철함. 2 글귀를 이것저것 따 모아 시나 글을 지음. 3 〖의〗 이가 상한 곳을 고쳐서 바로잡거나 이를 해 박는 일. ▢~된 이음니. 4 〖의〗 의수·의족 따위를 해서 끼거나 덧대는 일.

보:첨 (補添) 몡하타 보충해서 덧붙임.

보:첩 (譜牒) 몡 족보(族譜).

보:천-여비 (步輦如飛) [-첨녀-] 몡하형 걸음이 나는 듯이 빠름.

보:청 (普請) 몡하타 〖불〗 시주를 널리 청함.

보:청 (譜廳) 몡 보소(譜所).

보:청-기 (補聽器) 몡 〖의〗 귀가 잘 들리지 않아서 청력(聽力)을 보강하기 위해 사용하는 기구. 청화기(聽話器). ▢~를 꽂다 (끼다).

보:체 (保體) 몡 〖불〗 몸을 보호한다는 뜻으로, 살아 있는 사람의 축원문(祝願文)에서 이름 밑에 쓰는 말.

보:체 (補體) 몡 〖생〗 동물의 혈청 가운데 있으면서 효소와 같은 작용을 하는 물질(살균성이 있으며 면역 반응에 관여함).

보:체 (寶體) 몡 귀중한 몸(편지에 쓰는 말). ▢~를 중히 보존하십시오.

보:초 (步哨) 몡 〖군〗 부대의 경계선이나 각종 출입문에서 경계와 감시의 임무를 맡은 병사. 초병. 보초병. ▢~를 세우다〔서다〕/~근무 중 이상 무.

보:초 (堡礁) 몡 〖지〗 육지에서 분리되어 해안을 따라 길게 발달한 고리 모양의 산호초.

보:초-망 (步哨網) 몡 〖군〗 효과적인 경계와 감시를 위해 펼쳐 놓은 보초의 조직과 체계.

보:초-병 (步哨兵) 몡 〖군〗 보초.

보:총 (補聰) 몡하타 생각이 미처 이르지 못한 곳을 일깨워 도와줌.

보:추 (주로 '없다'와 함께 쓰여) 진취성이나 내뻗는 성질. ▢아무리 보아도 ~라고는 조금도 없게 생겼다.

보:춘-화 (報春花) 몡 〖식〗 난초과의 여러해살이풀. 건조한 숲에 남. 뿌리줄기는 긴 구상이고 잎은 길이 20~50 cm의 선형으로 여름에 담녹색 세잎꽃이 핌. 관상용으로 재배함.

보:충 (補充) 몡하타 부족한 것을 보태어 채움. ▢~ 설명 /~ 질문 /영양 ~ /부족한 인원을 ~하다 /생각수를 ~하다.

보:충-권 (補充權) [-꿘] 〖법〗 백지 어음에 갖추어야 할 사항을 보충해 완전한 어음을 작성하여 서명자의 의무를 발생하게 하는 권리.

보:충-대 (補充隊) 몡 〖군〗 1 모자라는 병사를 보충하기 위해 설치하는 부대. 2 배속 근무를 명령하여 장병을 수용하는 부대.

보:충-병 (補充兵) 몡 〖군〗 군 편제에서, 모자라는 인원을 채우기 위한 병사.

보:충 선:거 (補充選擧) 〖정〗 정원의 일부를 보충하기 위하여 행하는 선거(보궐 선거·재선거 따위).

보:충 수업 (補充授業) 〖교〗 일반 교과와 과목의 학습 기초가 부족한 학생에게 보충하여 실시하는 수업.

보:충-역 (補充役) [-녁] 몡 〖법〗 구병역법에서, 현역병의 결원 보충과 전시에 대비하기 위해 필요에 따라 소집·교육하던 병역. 보충 병역.

보:충-적 (補充的) 관몡 보충할 만한 (것). ▢~ 설명.

보:충 판결 (補充判決) 〖법〗 추가 판결.

보:측 (步測) 몡하타 보폭으로 거리를 잼. 걸음짐작. ▢~으로 10 m 는 됨직하다.

보:측-계 (步測計) [-계/-계] 몡 보수계.

보:칙 (補則) 몡 〖법〗 법령의 기본 규정을 보충하기 위해 만들어진 규칙.

보컬 (vocal) 몡 〖악〗 노래 부르는 일을 악기 연주에 상대하여 이르는 말.

보크 (balk, baulk) 몡 1 야구에서, 주자가 누상에 있을 때 투수가 반칙을 하는 행위(주자는 한 누 더 나아감). 2 배드민턴에서, 서비스할 때 상대편을 현혹시키는 동작을 하는 일. 3 볼링에서, 투구 전에 파울 선을 넘는 일. 다시 투구할 수 있음.

보크사이트 (bauxite) 몡 〖광〗 덩이나 진흙 모양의 알루미늄 원광.

보-타이 (bow tie) 몡 펼쳐진 나비의 날개 모양으로 가로로 짧게 매는 넥타이. 나비넥타이.

보:탑 (寶塔) 몡 1 귀한 보배로 장식한 탑. 2 미술적 가치가 있는 탑. 3 절에 있는 탑의 경칭. 4 〖불〗 다보여래(多寶如來)를 안치한 탑.

보:탑(寶榻)圓 옥좌(玉座).

보:태(步態)圓 걸음걸이의 자태.

보:태(補胎)圓㈅叵 아이 밴 여자의 기력을 보하게 함.

보태기圓 더하기. ↔빼기.

보태다㈃ **1** 모자람을 채우다. ☐노자에 보태 쓰시오. **2** 있는 것에 더해서 늘리다. ☐일손을 ~.

보탬圓 보태고 더하거나 돕는 일. 또는 그런 것. ☐생활에 ~이 되다 / 학업에 ~을 주다.

보:토(補土)圓㈅叵 우묵한 땅을 흙으로 채워 메움.

보:통(普通)□圓 특별하지 않고 흔히 있어 평범함. 또는 뛰어나지도 열등하지도 않은 중간 정도《관형사적으로도 쓰임》. ☐ ~ 수준 / ~의 키 / ~이 넘다 / ~ 사람이 아니다 / 수완이 ~이 아니다. ↔특별. □圌 흔히. 일반적으로. ☐ ~ 11시면 잠자리에 든다.

보:통 감:각(普通感覺)〖심〗 유기 감각.

보:통 개:념(普通概念)〖논〗 일반 개념.

보:통 거:래(普通去來)〖경〗 증권 거래소에서 매매 계약이 체결된 날로부터 3일째에 주권과 대금을 주고받는 거래.

보:통 교:육(普通教育) 국민 또는 사회인으로서 갖추어야 할 기초적인 지식과 교양을 베푸는 교육《초등학교와 중학교·고등학교에서 베풂》. ↔전문 교육.

보:통 군사 법원(普通軍事法院)〖군〗 군사 법원의 하나. 국방부·국방부 직할 통합 부대·각 군 본부 및 장성급 장교가 지휘하는 부대에 설치됨《피고 사건을 제일심(第一審)으로 심판함》.

보:통-내기(普通-)圓 (주로 '아니다'와 함께 쓰여) 뛰어나지 않은 예사로운 사람. 여간내기. 예사내기. ☐말하는 것을 보니 그는 ~가 아니다.

보:통 명사(普通名詞)〖언〗 같은 종류의 사물에 두루 쓰이는 명사. ↔고유 명사.

보:통-법(普通法)[-뻡]圓 일반법. ↔특별법.

보:통 비:칭(普通卑稱)〖언〗 인칭 대명사에서, 낮추어 이르는 말《'나·자네·저이' 따위》. 예사 낮춤. ↔보통 存칭.

보:통-석(普通席)圓 일반석.

보:통 선:거(普通選擧) 선거인의 자격에 재산·신분·성별·교육 정도 따위의 제한을 두지 않는 선거. ↔제한 선거. ㈜보선(普選).

보:통-세(普通稅)[-쎄] 지방 자치 단체가 일반 경비를 충당하기 위해 부과하는 조세《주민세·재산세·자동차세·농지세·도축세·마권세 등》. ↔목적세.

보:통 심리학(普通心理學)[-니-]〖심〗 일반 심리학.

보:통 열차(普通列車)[-녈-] 대부분의 역에 정거하는, 특급 열차나 급행열차가 아닌 열차. 완행열차.

보:통 예:금(普通預金)[-녜-]〖경〗 예금자가 언제나 손쉽게 예금하거나 찾아 쓸 수 있는 방식의 예금.

보:통 우편(普通郵便) 접수한 날의 다음 날로부터 3일 이내에 배달하는 우편. ↔특수 우편.

보:통 우편물(普通郵便物) 등기·소포·항공 우편물과 같은 특수 우편물을 제외한, 대장에 적어 다루지 않는 일반 우편물.

보:통 은행(普通銀行)〖경〗 일반 은행.

보:통 작물(普通作物)[-짱-] 사람이나 동물의 식용이 되는 일반 작물. *특용 작물.

보:통 존칭(普通尊稱)〖언〗 인칭 대명사에서, 예사로 높여 일컫는 말《'당신·그대·임자·귀형·노형·이분·저분' 따위》. 예사 높임. ↔보통 비칭.

보:통-주(普通株)〖경〗 우선주(優先株)에 대하여, 이익 배당·잔여 재산 배분의 특별한 권리가 없는 보통의 주식. 통상주(通常株).

보:통-학교(普通學校)[-꾜]圓 일제 강점기에, '초등학교'를 일컫던 말.

보퉁이(褓-)圓 물건을 보에 싸서 꾸려 놓은 덩이.

보트(boat)圓 **1** 노를 젓거나 모터에 의하여 추진하는 서양식의 작은 배. ☐ ~를 타다. **2**〖군〗얕은 수역(水域)에서 인원·장비 따위의 보급품을 나르는 작은 배《군함에 탑재되어 있음》. 단정(端艇).

보:파(補播)圓㈅叵 뿌린 씨가 싹이 트지 않았거나 잘 자라지 않은 곳에 씨를 더 뿌림.

보:판(保版)圓㈅叵 인쇄판을 해판(解版)하지 않고 보관해 둠.

보:판(補板)圓 '보계판(補階板)'의 준말.

보:패(寶貝)圓 '보배'의 본딧말.

보:편(普遍)圓 **1** 두루 널리 미침. **2** 모든 것에 공통되거나 들어맞음. 또는 그런 것. ☐ ~의 원리. ↔특수(特殊). **3**〖철〗 모든 사물에 대하여 공통한 성질.

보:편 개:념(普遍概念)〖논〗 일반 개념.

보:편-론(普遍論)[-논]圓〖철〗 특수보다 보편을, 개체보다 전체를 중히 여기는 이론.

보:편-성(普遍性)[-썽]圓 모든 것에 두루 미치거나 통하는 성질. ☐ ~ 있는 견해.

보:편-적(普遍的)[-쩍]圓圌 두루 널리 미치거나 해당되는 (것). ☐ ~ 추세.

보:편-주의(普遍主義)[- /-이]〖철〗 개체보다는 보편이 보다 참된 실재라고 하는 주장. ↔개체주의.

보:편-타당(普遍妥當)圓㉺叵 특별하지 않고 사리에 맞아 타당함.

보:편타당-성(普遍妥當性)[-썽]圓 때와 장소에 상관없이 통용되는 성질. ☐ ~ 있는 의견.

보:편-화(普遍化)圓㈅叵 **1** 널리 일반인에게 퍼지거나 퍼지게 함. ☐컴퓨터 사용이 ~되고 있다. **2**〖논〗특수한 것에서 보편적인 개념·법칙을 만듦.

보:폐(補弊)[- /-폐]圓㈅叵 폐단을 바로잡음.

보:포(保布)圓〖역〗 조선 때, 군보(軍保)로 거두어들이던 베나 무명. ㈜보포.

보:폭(步幅)圓 걸음을 걸을 때 앞발 뒤축에서 뒷발 뒤축까지의 거리. 걸음나비. ☐ ~이 넓다《좁다》.

보:표(譜表)圓〖악〗 음표나 쉼표 등을 적기 위해 다섯 줄의 평행선을 가로 그은 표.

보푸라기圓 보풀의 낱개. ☐털옷의 ~. ㈜부푸라기.

보풀圓 종이나 헝겊 등의 거죽에 부풀어 일어나는 잔 털. ☐ ~이 일다. ㈜부풀.

보풀다[보풀어, 보푸니, 보푸는]㈃ 종이·피륙 등의 거죽에 잔털이 일어나다. ㈜부풀다.

보풀리다㈅ '보풀다'의 사동》 보풀게 하다. ☐옷감의 거죽을 ~. ㈜부풀리다.

보풀-명주(-明紬)圓 고치실의 찌꺼기로 짜서 거죽에 보풀이 많이 일어나는 명주.

보풀-보풀㈜㉺叵 보푸라기가 여기저기 잘게 일어난 모양. ㈜부풀부풀.

보:필(補筆)圓㈅叵 문장이나 서화에서 덜 된 곳에 붓을 넣거나 그려 넣거나 함.

보:필(輔弼)圓㈅叵 윗사람의 일을 도움. 또는 그 사람. ☐상감을 ~하다.

보:필지신(輔弼之臣)[-찌-]圓 임금을 보좌하

는 신하.

보:필지임 (輔弼之任)[-찌-] 명 임금을 보좌하는 책임. 또는 그 직임(職任).

보:필지재 (輔弼之才)[-찌-] 명 임금을 보좌할 만한 재능. 또는 그 사람.

보:-하다¹ (補-) 태여 영양분이 많은 음식이나 약을 먹어 몸의 건강을 돕다. ☐ 몸을 ~.

보:-하다² (補-) 태여 어떤 직무를 맡아보게 하다. ☐ 총무과장에 ~.

보:-하다 (報-) 타여 알리다. 기별하다.

보:학 (譜學) 명 계보(系譜)에 관한 학문.

보:합 (步合) 명 《수》 어떤 수의 다른 수에 대한 비율의 값(소수·분수·퍼센트, 할·푼·리 따위로 나타냄).

보:합 (保合) 명 《경》 시세가 거의 변동 없이 계속되는 일. ☐ ~ 시세를 유지하다.

보:합-산 (步合算)[-싼] 명 《수》 기준량·원금과 비율·기간 등을 통해서 비교하는 양이나 이자·합계액·잔액 따위를 산출하는 방법. 이자산(利子算). 백분산(百分算).

보:합-세 (保合勢)[-쎄] 명 《경》 보합을 유지하는 시세. 보합 장세(場勢).

보:해 (補害) 명하타 손해를 보충함.

보:행 (步行) 명하자 1 걸어서 감. 걸어 다님. ☐ ~ 규칙. 2 먼 길에 보내는 급한 심부름. 또는 그 심부름꾼.

보:행-객 (步行客) 명 걸어서 다니는 사람.

보:행-객주 (步行客主)[-쭈] 명 걸어서 길을 가는 나그네만 치르던 객줏집. 보행집.

보:행-기 (步行器) 명 젖먹이에게 걸음을 익히게 하려고 태우는, 바퀴 달린 기구.

보:행 기관 (步行器官) 《생》 동물이 걷는 데 사용하는 운동 기관.

보:행-꾼 (步行-) 명 1 삯을 받고 먼 길에 급한 심부름을 가는 사람. 2 《속》 보행객.

보:행-삯 (步行-)[-싻] 명 ☞ 길품삯.

보:행-인 (步行人) 명 ☞ 보행자.

보:행-자 (步行者) 명 걸어서 길거리를 왕래하는 사람. 보행인.

보:행-집 (步行-)[-찝] 명 보행객주.

보:허-탕 (補虛湯) 명 《한의》 해산 후의 허약해진 몸을 보하는 탕약.

보:험 (保險) 명 1 손해를 물어 주겠다는 보증. 2 《경》 사망·화재·사고 등의 뜻하지 않은 사고에 대비해서, 사람들이 미리 일정한 보험료를 적립해 두었다가 사고를 당한 사람에게 일정한 보험금을 주어 손해를 보상하는 제도. ☐ 화재 ~에 가입하다.

보:험 가격 (保險價格)[-까-] 《경》 보험 가액.

보:험 가액 (保險價額)[-까-] 《경》 보험에 들 목적물을 돈으로 평가한 가액(보험금의 표준이 됨). 보험 가격.

보:험 계:약 (保險契約)[-/-계-] 《경》 보험자와 피보험자 사이에 맺는 계약.

보:험-금 (保險金) 명 《경》 계약에 따라 보험자가 피보험자에게 지급하는 돈.

보:험 기간 (保險期間) 《경》 보험자가 보험금을 지급할 책임을 지는 기간.

보:험-료 (保險料)[-뇨] 명 《경》 보험에 가입한 사람이 보험자에게 정기적으로 내는 일정한 요금. ☐ ~를 연체하다.

보:험 모집인 (保險募集人) 생활 설계사.

보:험 사:업 (保險事業) 보험의 경영을 목적으로 하는 사업. ⑥보험업.

보:험 약관 (保險約款)[-냑꽌] 《경》 보험 계약에 관한 계약자와 보험사 쌍방의 권리·의무를 규정한 약속 조항.

보:험-업 (保險業) 명 '보험 사업'의 준말.

보:험-의 (保險醫)[-허긔/-허미] 명 보험 회사의 위촉을 받아 생명 보험에 가입한 피보험자의 체질·건강 상태 등을 진찰하는 의사.

보:험-자 (保險者) 명 보험 계약에 따라 피보험자에게 보험금을 지급할 의무를 지고, 보험료를 받을 권리를 가지는 사람. 곧, 보험 회사를 말함.

보:험 증권 (保險證券)[-꿘] 《경》 보험자가 보험 계약의 요항을 적어서 보험 계약자에게 주는, 보험 계약의 성립을 증명하는 문서. 보험 증서.

보:험 증서 (保險證書) 《경》 보험 증권.

보:험 회:사 (保險會社) 《경》 보험 사업을 영위하는 회사.

보헤미안 (Bohemian) 명 《문》 사회의 관습이나 규율 따위를 무시하고 방랑하면서 자유분방한 생활을 하는 시인·예술가 등.

보:현 (普賢) 명 《불》 보현보살.

보:현-보살 (普賢菩薩) 명 《불》 이지(理智)와 깨달음의 덕을 갖추고 석가의 포교를 돕는 보살. 석가의 오른쪽 협시(脇侍)로, 흔히 흰 코끼리를 타고 있음.

보:현십원-가 (普賢十願歌) 명 《악》 고려 광종 때, 균여(均如)가 지은 11수의 향가. 보현보살의 십종 원왕(十種願往)을 노래로 지은 것인데, 이두로 되어 있고 형식은 십구체임 ('균여전(均如傳)'에 실려 전함).

보:혈 (補血) 명하자 《한의》 약을 먹어 조혈 작용을 도움. *보기(補氣).

보:혈 (寶血) 명 《기》 인류의 죄를 구속(救贖)하고자 예수가 십자가에 못 박혀 흘린 피.

보:혈-제 (補血劑)[-쩨] 명 《약》 몸의 보혈 작용을 돕는 강장제(주로 철제(鐵劑)를 씀). 보혈약(藥).

보:혜-사 (保惠師)[-/-혜-] 명 《성》 성령.

보:호 (保護) 명하타 위험이나 곤란 따위가 미치지 않도록 보살펴 돌봄. ☐ 어린이 ~ 구역 / 경찰의 ~를 받다 / 자연을 ~하다 / 국민의 생명과 재산을 ~하다.

보:호 감:호 (保護監護) 《법》 실형을 복역한 뒤에 격리 수용되어, 사회 복귀에 필요한 직업 훈련과 교화를 받는 보호 처분.

보:호 관세 (保護關稅) 《경》 국내 산업을 보호·장려할 목적으로 수입품에 과하는 관세. 보호세. 육성 관세. *재정(財政) 관세.

보:호 관찰 (保護觀察) 《법》 범죄인을 교도소 등에 수용하지 않고 사회생활을 하면서 일정한 감독과 지도를 받게 하는 처분. 재범을 예방하고 사회 복귀를 도움.

보:호-국 (保護國) 명 보호 조약에 따라 외교·군사에 관하여 타국으로부터 안전 보장을 받고 있는 나라. 국제법상 반(半)주권국에 속함.

보:호 근로자 (保護勤勞者)[-글-] 법률에 따라 취업에 제한을 받고 특별히 보호받는 근로자(나이 어린 근로자나 여성 근로자 등).

보:호-림 (保護林) 명 명승고적의 풍치 보존, 학술 참고, 보호 동식물의 번식 따위를 위해 나라에서 보호하는 산림.

보:호-막 (保護幕) 명 1 위험·파괴 등으로부터 피하거나 지킬 수 있게 치는 막. 2 위험이나 장애를 피하거나 벗어나기 위한 대책이나 방법. ☐ 소외의 계층에 대한 ~.

보:호 무:역 (保護貿易) 《경》 국가가 그 나라의 산업을 보호하기 위해 간섭 정책을 쓰는 국제 무역. *자유 무역.

보:호 무:역주의 (保護貿易主義)[-주- / -주

이]〖경〗 국내의 생산을 보호하기 위해 대외 무역에 간섭하고 수입에 제한을 두는 주의. 보호 간섭주의. 보호주의.

보:호 버력(保護-)〖명〗 물속 구조물의 토대를 보호하기 위해 물속에 집어넣는 돌.

보:호 본능(保護本能) 적으로부터 자기를 보호하려는 본능.

보:호-색(保護色)〖생〗 주변의 빛깔과 비슷한 빛깔로 되어 있는 동물의 몸빛. 다른 동물의 공격을 피하고 자기 몸을 보호하는 구실을 함(가랑잎나비·메뚜기·송충이 따위의 몸빛). 가림색. 경계색.

보:호-세(保護稅)[-쎄]〖명〗〖경〗 보호 관세.

보:호세-율(保護稅率)[-쎄-]〖명〗〖경〗 보호 관세를 매기는 세율. 보호 관세율.

보:호-수(保護樹)〖명〗 풍치 보존과 학술의 참고 및 그 번식을 위해 보호하는 나무.

보:호 수면(保護水面)〖법〗 수산 자원을 보호하기 위하여 어업이 제한되는, 공해(公海)의 특정 수면. 보호 수역.

보:호 수역(保護水域) 보호 수면.

보:호-자(保護者)〖명〗 **1** 약한 입장에 있는 사람을 보호하는 사람. **2** 입원 환자의 ~. **2**〖법〗 미성년자에 대하여 친권을 행사하는 사람.

보:호 정치(保護政治) 다른 나라의 보호를 받아 행하는 정치.

보:호-조(保護鳥)〖명〗 법률로 잡지 못하게 하여 보호하는 새. 금조(禁鳥). 보호새.

보:호 조약(保護條約)〖법〗 국제법상의 보호 관계를 맺는 조약. 한 나라가 다른 나라를 자기의 보호 아래 두고 그 나라의 외교 또는 내정에 관한 주권의 일부를 행사하기로 하는 조약.

보:호 조치(保護措置) 경찰관이 행동이 수상한 사람 또는 미아나 병자로 응급 구조를 해야 할 사람, 정신병자 등을 경찰 기관이나 병원, 구조 기관 등에 인도하는 일.

보:호 주의(保護主義)[-/-이]〖경〗 보호 무역주의.

보:호 처:분(保護處分)〖법〗 죄를 범한 소년이나 14세 미만으로 형벌 법령에 저촉되는 행위를 한 소년 등에게 처해지는 선도를 위한 처분(보호 감호·치료 감호·보호 관찰의 세 가지).

보:화(寶貨)〖명〗 보물(寶物)1.

보:화(寶華)〖명〗〖불〗 **1** 뛰어나게 존귀한 꽃. **2** 모든 부처가 결가부좌하는 연대(蓮臺).

보:환(報還)〖명〗〖하타〗 갚아 돌려줌.

보:회(補回)〖명〗 야구에서, 9회로 승부가 나지 않았을 때 경기를 연장하는 일. 또는 그런 회.

보:후(補後)〖역〗 내직(內職)에 들어가기 전에 임시로 외관(外官)에 보임하던 일.

보:훈(報勳)〖명〗〖하타〗 공훈에 보답함.

복¹〖어〗 참복과의 바닷물고기의 총칭. 몸이 통통하고 등지느러미가 작으며 이가 날카로움. 공기를 들이마셔 배를 불룩하게 내미는 성질이 있음. 내장에 독이 있음. 하돈(河豚). 복어.

[복 치듯 하다] 어부가 복을 잡아 함부로 치듯, 무엇이나 되는대로 마구 두드리다.

복(伏)〖명〗 '복날'의 준말.

복(服)〖명〗 **1** '복제(服制)'의 준말. **2** 상복(喪服).

복(을) 벗다〖구〗 복제에 따라 첫 1년 동안 상복을 입게 되어 있는 기간이 지나다.

복(을) 입다〖구〗 복제에 따라 첫 1년 동안 상복을 입다.

게 되어 있는 상복을 입다.

복(復)〖명〗〖민〗 '복괘(復卦)'의 준말.

복(腹)〖명〗〖물〗 '배⁵'의 한자 이름.

복(福)〖명〗 **1** 편안하고 만족한 상태와 그에 따른 기쁨. 좋은 운수. 복조(福祚). ▢ ~ 받은 사람/~을 빌다/~이 터지다/~을 타고나다/새해 ~ 많이 받으세요. **2** 배당되는 몫이 많음의 비유. ▢ 먹을 ~은 타고났나 보다.

복(輻)〖명〗〖동〗 불가사리·갓걸이·별불가사리 등의 극피동물에서 팔처럼 돌출한 부분.

복(蹼)〖명〗〖동〗 물갈퀴.

복²〖부〗 **1** 보드랍고 무른 물건의 거죽을 세게 갈거나 긁는 소리나 모양. **2** 두툼한 물건이나 조금 질기고 얇은 종이·천 따위를 세게 찢는 소리나 모양. ▢ 종이를 ~ 찢다. 큰 북⁴.

복(復)〖감〗 초혼(招魂)할 때 부르는 소리.

복-(複)〖두〗 '단일하지 않은'·'겹친'의 뜻을 나타내는 말. ▢ ~선(線)/~자음.

-복(服)〖미〗 '옷'의 뜻을 나타내는 말. ▢ 위생 ~/신사 ~.

복가(福家)[-까]〖명〗 **1** 복이 많은 집안. **2**〖민〗 풍수지리에서, 길(吉)한 터에 지은 집.

복각(伏角)[-깍]〖명〗〖물〗 지구 자기의 전자력(全磁力)의 방향이 수평면과 이루는 각(자기 적도에서는 0도, 자기극에서는 90도임). 경각(傾角).

복각(覆刻·復刻)[-깍]〖명〗〖하타〗〖인〗 한번 새긴 책판을 원본으로 삼아 다시 목판으로 새기는 일. 또는 그 판. 번각(翻刻). ▢ ~된 고전본.

복각-본(覆刻本)[-깍뽄]〖명〗 복각한 인쇄물.

복간(復刊)[-깐]〖명〗〖하타〗 간행을 중지 또는 폐지하고 있던 출판물을 다시 간행함. ▢ 폐간된 신문이 ~되었다.

복강(腹腔)[-깡]〖명〗〖생〗 척추동물의 배의 얼안. 위에는 횡격막으로 흉강과 격하고, 아래로는 골반강에 통하며, 그 속에 위장·신장·생식 기관 등이 들어 있음.

복강-경(腹腔鏡)[-깡-]〖명〗〖의〗 복벽(腹壁)을 통해서 복강 안으로 찔러 넣어, 복강 안을 관찰하는 내시경의 하나. ▢ ~ 검사.

복강 동:맥(腹腔動脈)[-깡-]〖생〗 척추동물에서, 복부 소화기의 윗부분과 비장(脾臟)을 순환하는 동맥.

복강 임:신(腹腔妊娠)[-깡-]〖의〗 복막 임신.

복개(覆蓋)[-깨]〖명〗〖하타〗 **1** 뚜껑. 덮개. **2**〖건〗 하천에 구조물을 덮음. 또는 그 덮개 구조물. ▢ 하천 ~ 공사.

복거(卜居)[-꺼]〖명〗〖하자〗 살 만한 곳을 가려서 정함. 복지(卜地).

복거지계(覆車之戒)[-꺼-/-꺼-게]〖명〗 앞의 수레가 엎어지는 것을 보고 뒤의 수레는 미리 경계해서 엎어지지 않도록 한다는 뜻으로, 남의 실패를 거울삼아 자신을 경계함을 이르는 말.

복건(幅巾·幞巾)[-껀]〖명〗〖역〗 도복(道服)에 갖추어 머리에 쓰던 건(현재는 어린 사내아이가 명절이나 돌날에 씀).

복걸(伏乞)[-껄]〖명〗〖하타〗 엎드려 빎. ▢ 범인은 살려 달라고 ~하였다.

복검(覆檢)[-껌]〖명〗〖하타〗〖역〗 조선 때, 송장을 두 번째 검증하던 일.

복계(伏鷄)[-꼐]☞ 부계(伏鷄).

복계(復啓)[-꼐/-꼐]〖명〗 답장으로 말씀드린다는 뜻으로, 한문 투 편지의 첫머리에 쓰는 말.

복계(覆啓)[-꼐/-꼐]〖명〗〖하타〗〖역〗 임금에게 복명하여 아뢰던 일.

복고(復古)[-꼬]〖명〗〖하타〗 **1** 과거의 제도·사상·정치·체재·풍습 따위로 되돌아감. ▢ 왕정으로

~하다 / 서양식에서 전통 방식으로 ~하다. **2** 손실을 회복함. 복구(復舊). ▫️다리가 ~되다.

복고(腹稿)[−꼬]ᵐ〖ᵈⁱⁿ〗〖文〗 시문의 초고를 마음속으로 구상함. 또는 그런 내용.

복고(覆考)[−꼬]ᵐ〖하타〗 이리저리 뒤집어서 생각함.

복고-적(復古的)[−꼬−]관ᵐ 과거의 사상이나 전통으로 되돌아가려는 (것). ▫️~ 경향 / ~인 화풍.

복고-조(復古調)[−꼬쪼]ᵐ 새로운 풍조에 대해서 과거의 정치·사상·문화·제도·풍습 따위로 돌아가려는 풍조나 경향. ▫️~의 가락.

복고-주의(復古主義)[−꼬− / −꼬−이]ᵐ 복고로 되돌아가려는 태도.

복고-풍(復古風)[−꼬−]ᵐ 복고로 되돌아간 제도나 풍속. 또는 그런 유행. ▫️~의 노래 / ~ 옷차림.

복공-증(腹空症)[−꽁쯩]ᵐ 헛헛증.

복공-판(覆工板)[−꽁−]ᵐ 지하철 공사 따위에서, 도로를 파헤친 곳에 차량이나 사람이 통행할 수 있도록 깔아 놓은 철제판.

복과(復科)[−꽈]ᵐ〖하타〗 과거에서, 급제자의 이름을 방문에서 지워 낙제한 것으로 했다가 다시 합격시키던 일.

복과(福裹)[−꽈]ᵐ〖민〗 복쌈.

복과(複果)[−꽈]ᵐ〖植〗 겹열매.

복과재생(福過災生)[−꽈−]ᵐ〖하자〗 복이 너무 지나치면 도리어 재앙이 생김.

복관세 제:도(複關稅制度)[−관−]ᵐ〖法〗 한 나라 안에서 똑같은 화물에 대하여 높고 낮은 두 가지의 관세율을 적용하는 방법.

복-관절(複關節)[−관−]ᵐ〖生〗 둘 이상의 뼈로 구성된 관절(팔꿉치 관절 따위).

복광(複光)[−꽝]ᵐ〖物〗 복색광(複色光).

복괘(復卦)[−꽤]ᵐ〖민〗 육십사괘의 하나. 곤괘(坤卦)와 진괘(震卦)가 거듭된 것으로, 우레가 땅속에서 움직이기 시작함을 상징함. ⓔ복(復).

복교(復校)[−꾜]ᵐ〖하자〗 복학(復學). ▫️퇴학당한 학생들이 ~되었다.

복구(復仇)[−꾸]ᵐ〖하타〗 원수를 갚음. 앙갚음.

복구(復舊)[−꾸]ᵐ〖하타〗 **1** 손실 이전의 상태로 회복함. ▫️교량 ~ / 피해를 ~시키다 / 복구~에 힘을 모으다. **2** (recovery)ᵐ〖컴〗 프로그램이나 시스템에 문제가 생겨 작동하지 않을 때, 문제가 생기기 전의 상태로 회복시키는 일. ▫️파일 ~.

복구-공사(復舊工事)[−꾸−]ᵐ〖하타〗 파괴된 것을 다시 본디의 상태로 만드는 공사. ▫️재해 지에서 ~가 한창이다.

복-구례(復舊例)[−꾸−]ᵐ〖하타〗 한때 없어졌던 전례를 다시 회복함.

복구 현:상(復舊現象)[−꾸−]〖生〗 어떤 장애를 받았던 생물체가 다시 본디의 상태로 회복하는 현상.

복국-지(複局地)[−꾹찌]ᵐ 둘 이상의 전화국이 있는 도시. ↔단국지.

복-굴절(複屈折)[−꿀쩔]ᵐ〖物〗 빛이 결정체에 들어가 둘로 나뉘어 이중으로 굴절하는 현상.

복권(復權)[−꿘]ᵐ〖하타〗〖法〗 법률상 일정한 자격이나 권리를 상실한 사람이 이를 다시 찾음. ▫️정치범들이 ~되었다.

복권(福券)[−꿘]ᵐ **1** 공공 기관 따위에서, 사업 자금을 마련하기 위해 파는, 당첨금이나 상품이 따르는 표. ▫️~에 당첨되다. **2** 경권.

복궤(複軌)[−꿰]ᵐ '복선 궤도(複線軌道)'의

준말. ↔단궤(單軌).

복궤 철도(複軌鐵道)[−꿰−또] 상하행(上下行) 열차가 각각 왕래할 수 있는 복선 궤도로 운행하는 철도. ↔단궤(單軌) 철도.

복귀(復歸)[−뀌]ᵐ〖하자〗 본디의 자리나 상태로 되돌아감. ▫️원대(原隊)로 / 원상으로 ~되다 / 원 직책에 ~시키다.

복극(複極)[−끅]ᵐ 전지나 전기 분해에서 분극(分極)을 방해하는 일.

복근(腹筋)[−끈]ᵐ 복벽을 이루고 있는 근육. 복벽근(腹壁筋).

복근(複根)[−끈]ᵐ〖植〗 가랑이진 뿌리. ↔단근(單根).

복근(複筋)[−끈]ᵐ〖建〗 철근 콘크리트 구조물에서, 두 개 이상으로 된 철근. 복철근.

복금(福金)[−끔]ᵐ 제비를 뽑아 맞은 사람에게 태워 주는 상금. ▫️~을 타다.

복기(復碁·復棋)[−끼]ᵐ〖하타〗 바둑에서, 한 번 두고 난 바둑의 경과를 검토하기 위해 두었던 대로 처음부터 놓아 봄.

복기(腹鰭)[−끼]ᵐ 배지느러미.

복길(卜吉)[−낄]ᵐ〖하타〗 좋은 날을 가려서 받는 일.

복-꾼(卜−)ᵐ 짐꾼.

복-날(伏−)[−날]ᵐ 초복·중복·말복이 되는 날. 복일(伏日). ᵐ
[복날 개 패듯] 매질을 심하게 함의 비유.

복년(卜年)[−년]ᵐ 점쳐 정한 햇수란 뜻으로, 왕조의 운명을 이름.

복-놀이(伏−)[봉노리]ᵐ〖하자〗 복날에 복달임하는 일로 여러 사람이 모여서 노는 놀이.

복닥-거리다[−딱−]재 많은 사람이 좁은 곳에 모여 수선스럽게 뒤끓다. ▫️버스 안이 승객들로 ~. 복닥-복닥[−딱−딱]부하자

복닥-대다[−딱−]재 복닥거리다.

복닥-불[−딱뿔]ᵐ 떠들썩하고 복잡해서 정신을 차릴 수 없는 상태. ▫️~이 일어나다.

복닥-판[−딱−]ᵐ 떠들썩하고 복잡해서 정신을 차릴 수 없는 판국. ▫️실내가 온통 ~이다.

복-달임¹(伏−)[−따림]ᵐ 복이 들어 날씨가 지나치게 더워진 달이나 더운 철. 복달.

복-달임²(伏−)[−따림]ᵐ〖하자〗〖민〗 복날에 그해의 더위를 물리치는 뜻으로 고깃국을 끓여 먹는 일.

복당(復黨)[−땅]ᵐ〖하자〗 탈당했거나 제명되었던 본디의 당에 다시 들어감. ▫️당내 갈등이 해소되어 ~하였다.

복당(福堂)[−땅]ᵐ 예전에, '감옥(監獄)'을 이르던 말.

복당-류(複糖類)[−땅뉴]ᵐ〖化〗 이당류.

복대(腹帶)[−때]ᵐ 임신부의 배에 감는 띠(태아를 고정시킴). 배띠.

복대기¹(伏−)[−때]ᵐ (흔히 '치다'와 함께 쓰여) 복대기는 일. ▫️~를 치다.

복대기²[−때]ᵐ〖鑛〗 광석을 빻아 금을 골라 내고 남은 광석 가루. 광미(鑛尾).

복대기-금(−金)[−때−]ᵐ〖鑛〗 복대기 속에서 골라낸, 품질이 낮은 금. 청화금(靑化金).

복대기다[−때−]재 **1** 많은 사람이 복잡하게 떠들어 대거나 왔다 갔다 움직이다. ▫️많은 사람이 복대기는 유원지. **2** 제정신을 차릴 수 없을 만큼 서둘러 죄어치거나 몰아치다. ▫️손님들이 복대기니 정신 못 차리겠다.

복대기-탕(−湯)[−때−]ᵐ〖鑛〗 복대기를 삭히는 데 쓰는 큰 통. 복새통.

복대깃-간(−間)[−때기깐 / −때긷깐]ᵐ〖鑛〗

복대기를 삭혀 복대기금을 잡아내는 공장. 청화(青化) 공장.

복-대리 (復代理)[─때─]똉─하자 〖법〗 대리인이 자기가 대리할 권리의 전부 또는 일부를 다시 다른 사람에게 대리하게 함. 또는 그런 일을 대리하는 사람.

복대리-인 (復代理人)[─때─]똉 〖법〗 복대리를 위임받은 사람.

복-더위 (伏─)[─떠─]똉 '삼복더위'의 준말.

복덕 (福德)[─떡]똉 **1** 타고난 복과 후한 마음. **2**〖불〗 선행에 대한 과보(果報)로 받는 복스러운 공덕.

복덕-방 (福德房)[─떡빵]똉 가옥이나 토지 등의 매매나 임대를 중개하는 곳(공식적으로는 '중개인 사무소'). 〖~에 집을 내놓다.

복덕-성 (福德星)[─떡썽]똉 길한 별이란 뜻으로, '복성'을 달리 이름. 준복성(福星).

복덕-일 (福德日)[─떡낄]똉 〖민〗 생년월일의 간지(干支)를 팔괘로 나누어 가린, 일진이 좋은 날.

복-덩어리 (福─)[─떵─]똉 복덩이.

복-덩이 (福─)[─떵─]똉 '매우 귀중한 사물이나 사람'을 비유한 말. 복덩어리. 〖~가 굴러 들어오다.

복도 (複道)[─또]똉 **1** 건물과 건물 사이에 비나 눈을 맞지 않도록 지붕을 씌워 만든 통로. 각도(閣道). **2** 건물 안에 다니게 된 통로. 낭(廊). 〖~에 꿇어앉아 벌을 서다.

복도-지 (複圖紙)[─또─]똉 설계도·지도·의장도(意匠圖) 따위를 모사(模寫)하는 데 쓰는 얇은 종이.

복-독 (─毒)[─똑]똉 복어의 생식샘 속에 들어 있는, 테트로도톡신이라는 독소.

복독 (服毒)[─똑]똉─하자 독약을 마심.

복독 (複讀)[─똑]똉─하타 글을 되풀이해서 읽음.

복-되다 (福─)[─뙤─]囹 복을 받아 기쁘고 즐겁다. 〖복된 나날을 보내다 / 복된 새해를 맞이하다.

복두 (幞頭)[─뚜]똉 조선 때, 과거에 급제한 사람이 홍패를 받을 때 쓰던 관(冠).

복-등화 (覆燈火)[─뚱─]똉 육십갑자에서, 갑진(甲辰)과 을사(乙巳)에 붙이는 납음(納音). 옥(屋)등화.

복-띠 (服─)똉 상복(喪服)에 띠는 베띠.

복락 (福樂)[봉낙]똉 행복과 안락.

복랍 (伏臘)[봉납]똉 삼복과 납일(臘日).

복력 (福力)[봉녁]똉 복을 누리는 힘.

복련-좌 (覆蓮座)[봉년─]똉 연꽃을 엎어 놓은 모양의 무늬를 새겨 넣은 대좌.

복령 (茯苓)[봉녕]똉 〖식〗 불완전 균류의 하나. 구형이나 타원형의 큰 덩이로 땅속의 솔뿌리에 기생함. 껍질은 흑갈색이며 주름이 많고, 속은 담홍색으로 부드러우며 마르면 딱딱해져 흰빛을 띰. 약재로 씀.

복령-피 (茯苓皮)[봉녕─]똉 〖한의〗 복령의 껍질《이뇨제(利尿劑)로 씀》.

복례 (復禮)[봉녜]똉─하자 예를 따르며, 그 본질로 되돌아가는 일.

복록 (復祿)[봉녹]똉 본디의 녹봉을 다시 받게 되는 일.

복록 (福祿)[봉녹]똉 복과 녹. 복되고 영화로운 삶. 〖~을 누리다.

복룡 (伏龍)[봉뇽]똉 숨어 있는 용이란 뜻으로, 은거하고 세상에 나오지 않는 재사(才士)나 준걸(俊傑).

복룡-간 (伏龍肝)[봉뇽─]똉 〖한의〗 아궁이 속

에서 오랫동안 불기운을 받아 누렇게 된 흙《습중·부종·대하·해수·토혈·악조 같은 병에 약으로 씀》.

복류 (伏流)[봉뉴]똉─하자 〖지〗 땅 위를 흐르던 물이 땅속으로 스며들어 흐름. 또는 그 물.

복리 (福利)[봉니]똉 행복과 이익. 〖국민의 ~를 증진하다.

복리 (複利)[봉니]똉 〖경〗 이자에 대해 또다시 이자를 붙이는 셈. 복변리(複邊利). 중리(重利). ↔단리(單利).

복리-법 (複利法)[봉니뻡]똉 〖경〗 일정한 기간 뒤의 이자를 원금에 합친 것을 다음 기간의 원금으로 하고, 그 다음 기간에는 새 원금에 대해 이자를 계산하는 법. ↔단리법.

복리 사:업 (福利事業)[봉니─]똉 복지 사업.

복리 시:설 (福利施設)[봉니─]똉 복지 시설.

복리-표 (複利表)[봉니─]똉 〖경〗 원금을 1로 하고 복리의 계산법으로 이율과 기간에 따라 원리 합계를 나타낸 표.

복마 (卜馬)[봉─]똉 짐을 싣는 말.

복마-전 (伏魔殿)[봉─]똉 마귀가 숨어 있는 집이나 굴이라는 뜻으로, 나쁜 일을 꾸미는 무리가 모인 곳을 비유하는 말.

복막 (腹膜)[봉─]똉 〖생〗 복벽의 안쪽에서 내장을 싸고 있는 얇은 막.

복막-염 (腹膜炎)[봉망념]똉 〖의〗 복막에 생기는 염증《급성은 심한 복통이나 구토를 일으키며 배가 부풀어 오르거나 뱃가죽이 땅기고 열이 심함》.

복막 임:신 (腹膜姙娠)[봉마김─]〖의〗 수정란이 복막 위에 착상(着床)해서 발육하는 비정상적인 임신. 복강 임신.

복망 (伏望)[봉─]똉─하자 엎드려 웃어른의 처분을 삼가 바람. 〖공정한 처분을 ~하다.

복면 (腹面)[봉─]똉 신체 가운데 배가 있는 면. 배 쪽. ↔배면(背面).

복면 (覆面)[봉─]똉─하자 얼굴의 전부나 일부를 헝겊 등으로 싸서 가림. 또는 그 물건. 〖~을 쓰다(벗다).

복면-강도 (覆面强盜)[봉─]똉 복면을 하고 남의 물건을 빼앗는 도둑. 〖~가 은행을 침입하다.

복멸 (覆滅)[봉─]똉─하자타 어떤 단체나 세력이 뒤집혀 망하거나 그리 되게 함.

복명 (復命)[봉─]똉─하타 명령을 받고 일을 처리한 사람이 그 결과를 보고함. 〖출장 결과를 ~하다.

복명 (腹鳴)[봉─]똉 〖의〗 배탈이 나서 배 속이 꾸르륵거리는 현상.

복명-복창 (復命復唱)[봉─]똉─하타 〖군〗 상급자가 내린 명령이나 지시를 되풀이해서 말함. 또는 그렇게 하라는 명령.

복명-서 (復命書)[봉─]똉 사명을 띤 사람이 일을 마치고 그 결과를 보고하기 위해 작성한 보고서. 〖~를 제출하다.

복-명수 (複名數)[봉─쑤]똉 〖수〗 제등수(諸等數). ↔단(單)명수.

복명 어음 (複名─)[봉─]똉 〖경〗 어음상의 채무자가 두 명 이상의 어음. ↔단명어음(單名─) 어음.

복모 (伏慕)[봉─]똉─하타 웃어른을 공손히 사모함《편지 투의 편지에 씀》.

복모구구 (伏慕區區)[봉─]똉 '삼가 사모하는 마음 그지없습니다'의 뜻으로, 한문 투의 편지에 쓰는 말.

복모불임 (伏慕不任)[봉─부림]똉 '삼가 사모하여 아뢰나이다'의 뜻으로, 한문 투의 편지에 쓰는 말.

복-모음 (複母音)[봉─]똉 이중 모음.

복몰 (覆沒)[봉-] 명하자 1 배가 뒤집혀 가라앉음. 2 한 집안이나 나라·군대가 기울어져 망함. ▣ 전군이 ~될까 염려된다.

복묘 (覆墓)[봉-] 〖불〗 장사 지내고 사흘째 되는 날 무덤에 참배함.

복무 (服務)[봉-] 명하자 어떤 직무나 임무에 힘씀. ▣ 현역으로 ~하다.

복무-규정 (服務規程)[봉-] 명 복무하는 사람이 지켜야 할 사항을 정한 규정. ▣ ~을 엄수하다.

복무-연한 (服務年限)[봉-] 명 복무하기로 결정된 기간의 햇수. ▣ ~을 마치다.

복문 (複文)[봉-] 명 〖언〗 겹문장. * 단문(單文)·중문(重文).

복-물 (伏-)[봉-] 명 복날 또는 복날을 전후해서 많이 내리는 비. ▣~이 지다.

복-받치다[-빧-] 재 감정이나 힘 따위가 속에서 조금 세차게 치밀어 오르다. ▣ 힘이 ~ / 설움이 ~ / 복받치는 울화를 억누르다. ⬚복받치다.

복발 (復發)[-빨] 명하자 병이나 근심·설움이 다시 일어남. ▣~하다 : ~하다.

복발 (覆鉢·伏鉢)[-빨] 명 〖건〗 탑의 노반(露盤) 위에 바리때를 엎어 놓은 것처럼 만든 부분.

복방 (複方)[-빵] 명 〖한의〗 일정한 처방에 따라 두 가지 이상의 약재를 섞어 지은 약. 또는 그 처방. ↔단방(單方).

복배 (伏拜)[-] 명하자 땅에 엎드려 절함. 몸을 굽혀 예를 표함.

복배 (腹背)[-] 명 1 배와 등. 2 앞면과 뒷면. 3 복부의 등 쪽.

복배-수적 (腹背受敵)[-뻬-] 명하자 앞뒤로 적을 만남.

복배지수 (覆盃之水)[-뻬-] 명 엎지른 물이란 뜻으로, 다시 수습하기 곤란한 상태를 일컫는 말.

복백 (伏白)[-빽] 명 '엎드려 사뢴다'의 뜻으로, 한문 투의 편지에 쓰는 말.

복법 (伏法)[-뻡] 명하자 복주(伏誅).

복벽 (復辟)[-뻑] 명하자 물러났던 임금이 다시 왕위에 오름.

복벽 (腹壁)[-뼉] 명 〖생〗 피부·근육·복막 따위로 이루어진 복강 앞쪽의 벽.

복벽 (複壁)[-뼉] 명 〖건〗 이중으로 된 벽(속이 비어 그 속에 물건을 넣음).

복벽 반:사 (腹壁反射)[-뻑빤-] 〖의〗 복부의 피부를 자극할 때 복근이 반사 수축하는 현상. 복피(腹皮) 반사.

복-변리 (複邊利)[-뼌-] 명 〖경〗 복리(複利).

복병 (伏兵)[-뼝] 명 1 〖군〗 적을 기습하기 위해 요긴한 목에 군사를 숨겨 둠. 또는 그 군사. ▣ ~을 배치하다 / 매복해 있던 ~의 습격을 받다. 2 뜻밖에 나타난 경쟁 상대나 장애. ▣ 새로운 ~이 나타나다 / 뜻밖의 ~을 만나 고전하다.

복-보수 (復報讎)[-뽀-] 명하자 앙갚음.

복-복 [-뽁] 부 1 부드럽고 무른 물건의 거죽을 자꾸 세게 갈거나 긁는 소리. 2 두툼한 물건이나 질기고 얇은 종이·천 따위를 자꾸 찢는 모양. ⬚북북. *박박'.

복-복선 (複複線)[-뽁썬] 명 두 개의 복선이 나란히 있는 선로.

복복-장자 (福福長者)[-뽁짱-] 명 매우 행복한 부자.

복본 (複本)[-뽄] 명 1 원본을 그대로 베낀 서류. 부본(副本). 2 〖경〗 하나의 어음 관계에 대해서 작성된 여러 통의 어음.

복-본위 (複本位)[-뽄뉘] 명 〖경〗 복본위제.

복본위-제 (複本位制)[-뽄뉘-] 명 〖경〗 두 가지 이상의 화폐를 본위로 해서, 둘 사이에 법정 비율을 정하고 무제한 화폐로 유통하게 하는 화폐 제도. ↔단(單)본위제.

복-본적 (複本籍)[-뽄-] 명 한 사람이 동시에 두 곳 이상의 호적에 본적인으로 잘못 등기된 본적.

복부 (腹部)[-뿌] 명 1 배의 부분. ▣ ~의 통증을 느끼다. ↔배부(背部). 2 물건의 중간 부분. ▣ 선체의 ~가 파손되다.

복부 (僕夫)[-뿌] 명 종으로 부리는 남자. 복종(僕從).

복부-국 (複部國)[-뿌-] 명 둘 이상으로 분리된 지역으로 이루어진 나라.

복:-부르다 (復-)[-뿌-] 명불러, 복불러 재 재를 초혼(招魂)하다.

복-부인 (福夫人)[-뿌-] 명 〈속〉 부동산 투기를 반(半)직업으로 해서 큰 이익을 꾀하는 가정부인.

복부점 음표 (複附點音標)[-뿌쩜-] 명 〖악〗 겹점 음표.

복-부호 (複符號)[-뿌-] 명 〖수〗 두 개의 부호를 위아래로 겹처 적는 부호(±·∓ 따위).

복분 (福分)[-뿐] 명 복을 누리는 분수.

복-분수 (複分數)[-뿐쑤] 명 〖수〗 번(繁)분수.

복-분자 (覆盆子)[-뿐-] 명 1 〖식〗 복분자딸기. 2 〖한의〗 복분자딸기의 열매(음위(陰萎)·소변 불금(不禁)에 씀).

복분자-딸기 (覆盆子-)[-뿐-] 명 〖식〗 장미과의 낙엽 활엽 관목. 높이 3 m 정도. 산기슭의 양지에 나는데 초여름에 연한 붉은색 꽃이 가지 끝에 피며, 반구형 열매는 붉은빛이 도는 검은색으로 익음. 고무딸기. 복분자.

복-분해 (複分解)[-뿐-] 명하자 〖화〗 두 가지의 화합물이 서로 반응해서 새로운 두 가지의 화합물을 만드는 변화. ▣ ~된 화합물.

복불복 (福不福)[-뿔-] 명 복분(福分)의 좋고 좋지 않음이라는 뜻으로, 사람의 운수를 이르는 말.
[복불복이라] 사람이 잘살고 못사는 것은 타고날 복분에 인함이니 억지로는 안 된다는 말.

복불재강 (服不再降)[-뿔-] 명 본생가(本生家)나 친정의 부재모상(父在母喪)에서 상복(喪服)을 한 등급 떨어뜨리지 않는 일.

복비 (腹誹)[-삐] 명하자 입을 다물고 마음속으로만 욕함.

복비 (複比)[-삐] 명 〖수〗 두 개 이상의 비(比)에서, 전항의 곱을 전항으로 하고 후항의 곱을 후항으로 한 비. 상승비. ↔단비(單比).

복비 (福婢)[-삐] 명 사내종과 계집종.

복비 (福費)[-삐] 명 부동산 거래를 중개한 복덕방에 수수료로 주는 돈.

복-비례 (複比例)[-삐-] 명 〖수〗 복비와 복비가 같거나 단비(單比)와 복비가 같은 관계에 있는 비례 관계. ↔단비례.

복빙 (復氷)[-삥] 명 〖물〗 얼음에 압력을 가하면 쉽게 녹으나, 압력을 없애면 다시 얼음으로 돌아가는 현상.

복사 [-싸] 명 '복숭아'의 준말.

복사 (卜師)[-싸] 명 '점쟁이'의 높임말.

복사 (伏射)[-싸] 명하자타 땅에 엎드려서 총을 쏨. 또는 그런 사격.

복사¹ (服事)[-싸] 명하자 좇아서 섬김.

복사² (服事)[-싸] 명 〖가〗 미사 때나 혼인 성사(聖事)·성체 성사 등에서 집전하는 사제를 도와 시중드는 사람. 보(補)미사.

복사 (袱紗)[-싸] 명 비단으로 만든 조그만 보자기.

복사 (複絲)[-싸] 명 겹실.

복사 (複寫)[-싸] 명·하타 1 원본을 베낌. 여러 장으로 ~된 그림. 2 두 장 이상을 포개어서 한꺼번에 씀. 3 문서·그림·사진 등을 복제함. 책을 ~하다. 4 컴 파일을 디스켓 따위의 다른 곳으로 옮김. 프로그램을 디스켓에 ~하다.

복사 (蝮蛇)[-싸] 명 동 살무사.

복사 (輻射)[-싸] 명 물 물체에서 열이나 전자기파가 사방으로 방출됨. 또는 그런 현상. 방사(放射).

복사 (覆沙)[-싸] 명 모래가 물에 밀려 논밭에 덮여 쌓임. 또는 그 모래.

복사-계 (輻射計)[-싸 - /-싸계] 명 물 방사선(放射線)의 세기를 재는 계기. 라디오미터. 방사계(放射計).

복사-기 (複寫器·複寫機)[-싸-] 명 문서·계산서·자료 등을 복사하는 데 쓰는 기기(機器).

복사-꽃 [-싸꼳] 명 '복숭아꽃'의 준말.

복사-나무 [-싸-] 명 '복숭아나무'의 준말.

복사 난:방 (輻射煖房)[-싸-] 명 벽·천장·바닥 등에 매설한 관 속에 온수·온풍(溫風)·증기를 보내어 그 복사열로 따뜻하게 하는 난방법.

복사 냉:각 (輻射冷却)[-싸-] 명 지 복사에 의한 대기나 지표면의 냉각.

복사-담 (蝮蛇膽)[-싸-] 명 한의 살무사의 쓸개(구충제로 씀).

복사-뼈 [-싸-] 명 생 발목 부근에 안팎으로 둥글게 나온 뼈.

복사-선 (輻射線)[-싸-] 명 물 물체에서 방출되는 전자기파(가시(可視)광선·자외선·엑스선 따위). 방사선.

복사 안:개 (輻射-)[-싸-] 지 지표면의 방사 냉각으로 수증기를 많이 지니고 있던 지표면의 공기가 냉각되어 생기는 안개. 복사무.

복사 에너지 (輻射energy)[-싸-] 명 물 물체에서 방출되는 전자기파의 에너지(고온 물체가 발하는 열복사 에너지 따위). 방사 에너지.

복사-열 (輻射熱)[-싸-] 명 물 열복사로 방출된 전자기파가 물체에 흡수되어 그 물체를 덥게 하는 에너지. 방사열.

복사 전:류 (輻射電流)[-싸-쩔-] 명 물 물체에서 전자기파를 방출하게 하는 전류(흔히 송신 안테나에서 흐르는 전류를 이름).

복사 전:송 (複寫電送)[-싸-] 명 모사 전송.

복사-지 (複寫紙)[-싸-] 명 복사를 뜨는 데 쓰는 먹종이. 먹지.

복사-체 (輻射體)[-싸-] 명 물 빛·열·전파 따위의 전자기파를 방출하는 물체. 방사체.

복사-판 (複寫版)[-싸-] 명 1 복사하는 데 쓰는 인쇄판. 2 복사해 낸 서책 따위. 3 어떤 대상과 모습이 매우 비슷한 사물이나 인물을 비유하는 말. 아이가 제 아버지 ~이다.

복사-필 (複寫筆)[-싸-] 명 종이를 두 장 이상 포개어 놓고 복사하는 데 쓰는, 쇠·뼈로 만들어 연필처럼 쓰는 기구.

복산형 화서 (複繖形花序)[-싼-] 식 겹산형 꽃차례.

복상 (卜相)[-쌍] 명·하타 역 새로 정승을 가려 뽑음.

복상 (服喪)[-쌍] 명·하타 상중에 상복을 입음.

복상 (福相)[-쌍] 명 복스럽게 생긴 얼굴. ↔빈상(貧相).

복상 (複相)[-쌍] 명 생 감수 분열을 일으키

기 전 핵의 상태(('2n'으로 표시함). ↔단상.

복상 (複像)[-쌍] 명 몇 차례의 반사 때문에 여러 겹으로 보이는 상.

복상-사 (腹上死)[-쌍-] 명 남자가 잠자리하다가 동녀 경화나 심장 마비 따위로 남자가 갑자기 여자의 배 위에서 죽는 일.

복색 (服色)[-쌕] 명 1 예전에, 신분이나 직업 따위에 맞추어 입던 옷의 꾸밈새. 2 옷의 빛깔. 3 '상두복색'의 준말.

복색 (複色)[-쌕] 명 두 가지 이상의 색이 합쳐서 이루어진 색.

복색-광 (複色光)[-쌕꽝] 명 물 단색광이 모여 이루어진 빛. 복광.

복-생선 (-生鮮)[-쌩-] 명 ☞ 복[1].

복서 (卜筮)[-써] 명·하타 길흉을 점침. 점(占)·점서(占筮).

복서 (伏暑)[-써] 명·하자 1 복날의 더위. 2 더위를 먹음. 음서(飮暑).

복서 (復書)[-써] 명 회답의 편지. 답장.

복서 (boxer)[-써] 명 동 개의 한 품종. 주둥이가 짧고 턱이 옴폭 패었으며, 얼굴은 불도그와 비슷하나 온순함. 군용·경비용 따위로 씀. 독일 원산.

복서-증 (伏暑症)[-써쯩] 명 한의 더위를 먹어 열이 나고 복통·토사·하혈 따위의 증세가 생기는 병증.

복선 (伏線)[-썬] 명 1 만일의 경우에 대비해서 남모르게 미리 꾸며 놓는 일. 사건 전에~이 있다. 2 문 소설·희곡 따위에서, 앞으로 일어날 사건에 대해 미리 넌지시 암시하는 서술. ~을 깔다.

복선 (復膳)[-썬] 명·하자 역 임금의 수라상에서, 한때 줄였던 음식의 가짓수를 평시와 같이 도로 차리던 일.

복선 (複線)[-썬] 명 1 겹으로 된 줄. 겹줄. 2 '복선 궤도'의 준말. ↔단선(單線).

복선 (覆船)[-썬] 명·하자 배가 뒤집힘. 또는 그배. 나룻배가 바람에 ~되었다.

복선 궤:도 (複線軌道)[-썬-] 상행선과 하행선을 따로 부설해서 각각 한쪽 방향으로만 운행하게 되어 있는 철도. 복선 철도. 준복궤·복선.

복선-법 (複選法)[-썬뻡] 명 법 간접 선거로 피선거인을 선거하는 방법.

복선율 음악 (複旋律音樂)[-써뉴르막] 악 다성부 음악.

복선 철도 (複線鐵道)[-썬-또] 복선 궤도. 준복철.

복선화음 (福善禍淫)[-썬-] 명·하자 착한 사람에게는 복을 주고 악한 사람에게는 재앙을 준다는 말.

복설 (復設)[-썰] 명·하타 없앴던 것을 다시 베풂. 구호소가 ~되다.

복성 (卜姓)[-썽] 명·하타 첩을 얻을 때 동성(同姓)을 피하여 고름.

복성 (復姓)[-썽] 명·하자 다른 성(姓)을 가졌던 사람이 본디의 성으로 되돌아감.

복성 (福星)[-썽] 명 '복덕성'의 준말.

복성 (複姓)[-썽] 명 두 자로 된 성(남궁(南宮)·선우(鮮于) 따위).

복성 (複性)[-썽] 명 광학적 이중성.

복성-설 (復性說)[-썽-] 명 윤 중국 윤리학 설의 하나. 인간의 본성을 완전한 선(善)이라고 전제하고 본성으로 돌아가는 것이 사람의 도리라고 주장하는 설.

복성-스럽다 (福星-)[-썽-따] [-스러워, -스러우니] 형 생김새가 둥그스름하고 도톰해서 복이 있을 듯하다. 복성-스레 [-썽-] 부

복성-암(複成岩)[-썽-] 圓 『광』 두 가지 이상의 광물로 이루어진 암석.

복성-종(複成種)[-썽-] 圓 합성 품종.

복성 화:산(複成火山)[-썽-] 『지』 복합 화산.

복세(複稅)[-쎄] 圓 『경』 두 가지 이상의 세목으로 구성된 조세 체계. ↔단세(單稅).

복세포 동:물(複細胞動物)[-쎄-] 『동』 다세포(多細胞) 동물.

복세포 생물(複細胞生物)[-쎄-] 『생』 다세포(多細胞) 생물.

복세포 식물(複細胞植物)[-쎄-싱-] 『식』 다세포(多細胞) 식물.

복-소수(複素數)[-쏘쑤] 圓 『수』 실수와 허수의 합의 꼴로 나타내는 수. 복허수(複虛數).

복소-함수(複素函數)[-쏘-쑤] 圓 『수』 복소수에 복소수를 대응시키는 함수.

복속(服屬)[-쏙] 圓하짜 복종하여 붙좇음. □ 이웃 나라에 ~되다.

복속(復屬)[-쏙] 圓『역』 내보냈던 이속(吏屬)을 복직시키던 일.

복송(伏頌)[-쏭] 圓하짜 삼가 엎드려 사뢰거나 칭송한다는 뜻《흔히 편지에 씀》.

복송(復誦)[-쏭] 圓하짜 다시 되풀이해서 읽거나 욈.

복수(伏受)[-쑤] 圓하타 윗사람이 주는 것을 공손히 받음.

복수(復水)[-쑤] 圓하짜 『화』 증기를 응축해서 다시 물이 되게 함. 또는 그 물.

복수(復讐)[-쑤] 圓하짜 원수를 갚음. 앙갚음. □ 지난번의 패배를 ~하다.

복수(腹水)[-쑤] 圓『의』 간경변증·복막염·간매독 따위의 질환으로 배 속에 액체가 괴는 병증. 또는 그 액체.

복수(福數)[-쑤] 圓 복스러운 운수.

복수(複數)[-쑤] 圓 1 『수』 둘 이상의 수. 2 문법에서, 명사·대명사가 둘 이상의 대상을 가리키는 경우의 일컬음. ↔단수.

복수(覆水)[-쑤] 圓하짜 물을 엎지름. 또는 그 엎지른 물.

복수 관세(複數關稅)[-쑤-] 『경』 같은 품목에 대해 둘 이상의 관세율이 적용되는 관세. 보통, 최고와 최저의 두 세율을 정해 놓고, 상대국에 따라 달리 적용함.

복수-극(復讐劇)[-쑤-] 圓 1 복수를 주된 내용으로 하는 극. 2 복수하는 행동. □ ~이 벌어지다.

복수상 화서(複穗狀花序)[-쑤-] 『식』 겹이삭꽃차례.

복수-심(復讐心)[-쑤-] 圓 복수하려고 벼르는 마음. □ ~에 불타다 / ~으로 가득 차다.

복수 여권(複數旅券)[-쑤-꿘] 『법』 특별한 용무로 여러 차례 외국에 드나드는 사람에게 발급하는 일반 여권. ↔단수 여권.

복수 작용(復水作用)[-쑤자굥] 액체의 증기를 냉각수로 열을 빼앗아 다시 액체가 되게 하는 작용.

복수-전(復讐戰)[-쑤-] 圓 1 경기나 오락 따위에서, 앞서 진 것을 만회하기 위해 겨루는 일. 설욕전. □ ~을 벌이다. 2 적에게 복수하기 위한 싸움.

복수-초(福壽草)[-쑤-] 圓 『식』 미나리아재빗과의 여러해살이풀. 산지의 나무 그늘 밑에 나는데, 높이는 20~40 cm로, 굵은 뿌리줄기가 있음. 늦봄에 노란 꽃이 원줄기와 가지 끝에 한 개씩 핌. 관상용임.

복수 투표(複數投票)[-쑤-] 『법』 불평등 선거의 하나《일반인에게는 한 표, 특수인에게는 두 표 이상의 투표권을 줌》.

복수 환:율(複數換率)[-쑤화뉼] 『경』 국제 수지의 균형과 환시세의 안정을 꾀하려고 적용하는 둘 이상의 환율. ☞-을 적용하다.

복술(卜術)[-쑬] 圓 점을 치는 방법이나 기술.

복숭아[-쑹-] 圓 복숭아나무의 열매. 품종에 따라 크기가 다르고 단맛이 있으며 담홍색으로 익음. 도실(桃實). ⓒ복사.

복숭아-꽃[-쑹-꼳] 圓 복숭아나무의 꽃. 도화(桃花). ⓒ복사꽃.

복숭아-나무[-쑹-] 圓 『식』 장미과의 작은 낙엽 활엽 교목. 촌락 부근에 심는데, 높이 3 m 가량. 늦봄에 백색 또는 담홍색 꽃이 잎에 앞서 피고, '복숭아'가 여름에 익음. 과실은 식용이고 씨는 한약에 씀. ⓒ복사나무.

복숭아-뼈[-쑹-] 圓 복사뼈.

복숭아-정과(-正果)[-쑹-] 圓 복숭아의 살을 저며서 꿀에 재어 만든 정과. 복사정과.

복숭아-화채(-花菜)[-쑹-] 圓 복숭아의 껍질을 벗기고 얇게 썰어서, 얇게 썬 배와 함께 꿀이나 설탕에 쟁였다가, 꿀물을 타고 실백을 띄워 먹는 화채.

복숭앗-빛[-쑹아삗 / -쑹앋삗] 圓 무르익은 복숭아의 불그스름한 빛깔.

복-스럽다(福-)[-쓰-따][복스러워, 복스러우니] 혱타 복이 있어 보이다. □ 복스럽게 생긴 얼굴. 복-스레[-쓰-] 튄

복슬-복슬[-쓸-] 튄하형 짐승이 살이 찌고 털이 많은 모양. □ ~한 강아지. ⓒ북슬북슬.

복습(復習)[-씁] 圓하타 배운 것을 다시 익혀 공부함. □ 그날 배운 것은 반드시 그날 ~한다. ↔예습.

복승-식(複勝式)[-씅] 圓 '복승식(複勝式)'의 준말.

복승-식(複勝式)[-씅] 圓 경마·경륜(競輪) 따위에서, 1등과 2등의 순서에 관계없이 동시에 맞추는 방식. ⓒ복승·복식. ＊복단식.

복시(複視)[-씨] 圓 『의』 안근(眼筋) 마비 따위로 하나의 물체가 둘로 보이거나 이중으로 보이는 일. 또는 그런 눈.

복시(覆試)[-씨] 圓 『역』 조선 때, 초시(初試)에 급제한 사람이 두 번째로 보던 과거. 회시(會試).

복식(服飾)[-씩] 圓 1 옷의 꾸밈새. 2 의복과 장신구. □ 조선 시대의 ~을 연구하다.

복식(復飾)[-씩] 圓하짜 승려였던 사람이 속세로 다시 돌아와 머리를 기름.

복식(複式)[-씩] 圓 1 이중 또는 그 이상으로 된 방식. 2 '복식 부기'의 준말. 3 '복승식(複勝式)'의 준말. 4 '복식 경기'의 준말.

복식 경:기(複式競技)[-씩경-] 테니스·탁구 따위에서, 서로 두 사람씩 짝을 지어서 벌이는 경기. ↔단식 경기. ⓒ복식.

복식 디자인(服飾design)[-씩-] 의류나 장신구 따위를 전문으로 하는 디자인.

복식 부기(複式簿記)[-씩뿌-] 『경』 모든 거래를 차변(借邊)과 대변(貸邊)으로 나누어 적는 방식의 부기. ↔단식 부기. ⓒ복식.

복식-품(服飾品)[-씩-] 圓 복장에 장식적 효과를 더하게 하는 장신구《브로치·목걸이·핸드백·장갑·스카프 따위》.

복식 학급(複式學級)[-씩칵끕] 두 학년 이상 학생들로 편성한 학급《아동·교원·교실의 수가 적을 때 편성함》.

복식 호흡(腹式呼吸)[-씩코-] 뱃가죽을 한 번 팼다 다시 오므렸다 해서 횡격막의 신축으로 하는 호흡. ↔흉식(胸式) 호흡.

복식 화:산(複式火山)[-씩콰-] 『지』 여러 번

에 걸쳐 불연속적인 작은 화산체가 형성된 화산. 외륜산·화구구·화구원 따위의 구조로 되어 있음.

복신(茯神)[-씬]圀『한의』소나무의 뿌리에 난 복령(茯苓)(이뇨제로 씀). 백복신(白茯神). 신목(神木).

복신(福神)[-씬]圀『민』행운과 복을 가져다 주는 신.

복실-자방(複室子房)[-씰-]圀『식』겹씨방. ↔단실(單室)자방.

복심(伏審)[-씸]圀‘삼가 공손히 살핀다’는 뜻으로, 한문 투의 편지에 쓰는 말.

복심(腹心)[-씸]圀 1 배와 가슴. 2 마음속 깊은 곳. 또는 그곳에 품고 있는 심정. □~을 털어놓다. 3 심복.

복심(覆審)[-씸]圀困터 1 다시 심사하거나 조사함. 2『법』항소 법원이 제일심과는 상관없이 새로이 심리해서 판결함.

복심지질(腹心之疾)[-씸-]圀 1 배나 가슴을 앓는 고치기 어려운 병. 2 떨쳐 버릴 수 없는 근심이나 걱정의 비유.

복-십자(複十字)[-씹짜]圀 붉은 빛깔의 ‘╪’의 십자(결핵 예방 운동의 국제적 상징).

복싱(boxing)圀 권투.

복-쌈(福-)圀『민』음력 정월 보름날에 김이나 배추 잎과 같은 넓은 잎에 밥을 싸서 먹는 쌈. 박섬. 복과(福裹).

복아(複芽)圀『식』한 잎겨드랑이에서 나오는 둘 이상의 싹.

복악(複萼)圀『식』겹꽃받침.

복안(腹案)圀 마음속에 간직하고 아직 드러내지 않은 생각. 속배포. □~을 세우다 / ~이 서다.

복안(複眼)圀『동』겹눈. ↔단안(單眼).

복알(伏謁)圀困터 높은 사람을 삼가 엎드리어 뵘. □신하가 임금을 ~하다.

복압(腹壓)圀『의』복강(腹腔)의 압력. 출산 때 자궁의 수축과 태아를 밀어내는 힘이 되는 외에, 배변(排便)·배뇨(排尿)에도 보조적으로 작용함.

복약(服藥)圀困터 약을 먹음. 복용(服用).

복약-자리(服藥-)[보걍짜-]圀 약국에서 약을 단골로 많이 지어 가는 사람이나 집을 이르는 말.

복어(-魚)圀 복¹.

복업(復業)圀困터 일단 그만둔 사람이 다시 업무에 종사함.

복역(卜役)圀『역』나라에서 백성에게 부담시키던 강제 노동이나 병역.

복역(服役)圀困터 1 공역(公役)·병역에 종사함. 2 징역을 삶. □~을 마치고 출소하다 / 3년간 ~하다.

복역(僕役)圀 종이나 하인이 하는 일.

복역-수(服役囚)[보격쑤]圀 복역 중인 죄수.

복역-혼(服役婚)[보겨콘]圀 남자가 색시의 부모를 위하여 일을 해 주고 대가로 그 색시와 결혼하는 일.

복연(復緣)圀困터 부부나 양자의 관계를 끊었다가 다시 원래의 관계로 돌아감.

복열(伏熱)圀 경열(庚熱).

복염(伏炎)圀 경열(庚熱).

복염(複塩)圀『화』두 가지 이상의 염류가 결합하여 한 개의 결정을 이루고 있는 고차 화합물(명반(明礬)은 황산칼륨과 황산알루미늄의 복염임).

복엽(複葉)圀『식』겹잎 1. ↔단엽(單葉).

복엽-기(複葉機)[보겹끼]圀 ‘복엽 비행기’의 준말. ↔단엽기(單葉機).

복엽 비행기(複葉飛行機)[보겹삐-]앞날개가 동체의 아래위로 둘 있는 비행기. 쯴복엽기. ↔단엽 비행기.

복-요리(-料理)[봉뇨-]圀 복을 요리하여 만든 음식의 총칭.

복용(服用)圀困터 약을 먹음. 복약. □약을 장기 ~하다.

복욱-하다(馥郁-)[보구카-]휑여 풍기는 향기가 그윽하다.

복운(復運)圀困困 운세가 회복됨. 또는 그 운세. □~의 기운이 감돌다.

복운(福運)圀 복과 좋은 운수.

복원(伏願)圀困터 웃어른에게 엎드려 공손히 원함.

복원(復元·復原)圀困터 본디 그대로 회복함. □~ 공사가 시작되다 / 훼손된 문화재를 ~하다 / 옛 토성을 ~시키다.

복원(復圓)圀『천』일식·월식이 끝난 다음, 태양이나 달의 면이 본디의 둥근 모양으로 돌아감.

복원-력(復元力)[보권녁]圀 평형을 유지하던 비행기·선박 등이 외부의 힘을 받아 기울었을 때, 본디의 위치로 돌아가려고 하는 힘.

복원-성(復元性)[보권씽]圀『물』기울어진 배나 비행기가 복원력에 의하여 평형 상태로 되돌아가려는 성질.

복위(復位)圀困困 폐위되었던 제왕이나 후비(后妃)가 다시 그 자리에 오름. □임금이 ~되어 환궁했다.

복유(伏惟)튀 삼가 엎드려 생각하옵건대.

복은(伏隱)圀困困 납작 엎드리어 몸을 숨김.

복음(福音)圀 1 기쁜 소식. 2『기』그리스도의 가르침. 또는 그리스도에 의한 인간 구원의 길. □~을 전파하다. 3『기』복음서.

복음(複音)圀 1『악』두 개 이상의 서로 다른 높이의 소리가 동시에 남으로써 이루는 중음(重音). 2『언』둘 이상으로 분리할 수 있는 모음과 자음(ㅑ(ㅣ+ㅏ), ㅚ(ㅗ+ㅣ)· ㅢ, ㅘ(ㅗ+ㅏ) 따위의 모음과 ㅋ(ㄱ+ㅎ), ㅌ(ㄷ+ㅎ) 따위의 자음). 겹소리. 거듭소리. ↔단음(單音).

복음 삼덕(福音三德)『가』예수가 복음으로 지키기를 권고하여 가르친 세 가지 덕행. 곧, 자원(自願)에 의한 청빈(淸貧)과 평생(平生) 정결(貞潔) 및 온전한 순명(順命)을 이름.

복음-서(福音書)圀『기』신약 성서 중, 예수의 생애와 교훈을 기록한 마태복음·마가복음·누가복음·요한복음의 네 책. 복음.

복음 성:가(福音聖歌)『기』기독교적 신앙과 교리를 제재로 한 가요. 가스펠 송.

복음-주의(福音主義)[보금- / 보금-이-]圀『기』신약 성서, 특히 복음서의 교의(敎義) 정신을 받들어 실천함을 주지(主旨)로 하는 주의.

복음-회(福音會)圀『기』교회에서 복음을 연구하거나 전도하기 위하여 모이는 모임.

복응(服膺)圀困困 교훈 따위를 마음에 간직하여 잊지 않음.

복의(服衣)[보긔 / 보기]圀 초혼(招魂)할 때 쓰는, 죽은 사람의 옷.

복이-나인(←僕伊內人)圀『역』나인에게 딸린 하인. 주로 불 때는 일을 맡았음.

복익(伏翼)圀『동』박쥐1.

복인(服人)圀 일 년이 안 되게 상복(喪服)을 입는 사람.

복인(福人)圀 복이 많은 사람.

복인(福因)圏 행복을 가져오는 원인.

복인-복과(福因福果)[보긴-과]圏《불》복덕의 인(因)이 있으면 복덕의 과보(果報)를 얻음. 선인선과(善因善果).

복일(卜日)圏 좋은 날을 점을 쳐서 가림.

복일(伏日)圏 복날.

복임(復任)圏자 이전의 관직으로 다시 돌아옴. 복직.

복임-권(復任權)[보김꿘]《법》대리인이 복대리인을 선임하는 권리(법정 대리인은 항상 이 권리를 가짐).

복자[-짜]圏 '기름복자'의 준말.

복자[-짜]圏 '복자망건'의 준말.

복자(卜者)[-짜]圏 점쟁이.

복자(福者)[-짜]圏 1 유복한 사람. 2《가》죽은 사람의 신앙과 덕행을 증거하여 공경할 만하다고 교황청에서 공식으로 지정하여 발표한 사람에 대한 존칭.

복자(覆字·伏字)[-짜]圏자 인쇄에서, 내용을 밝히는 것을 피하고자 일부러 비우거나 또는 그 자리에 '○·×' 따위의 표를 찍음. 또는 그 표. □~되어 나온 교정쇄. 2 조판에서 필요한 활자가 없을 때 적당한 활자를 뒤집어 꽂아 검게 박은 글자('▆' 따위).

복자기[-짜-]圏《식》나도밤나.

복-자리(服-)[-짜-]圏《속》복인(服人).

복-자망건(-網巾)[-짜-]圏 망건의 하나(편자는 길고 당의 둘레는 짧아서 위가 오그라지게 되었음). ㉔복자.

복-자방(複子房)[-짜-]圏《식》겹씨방.

복-자엽(複子葉)[-짜-]圏《식》쌍떡잎. ↔단자엽.

복-자예(複雌蕊)[-짜-]圏《식》겹암술. ↔단자예.

복-자음(複子音)[-짜-]圏 둘 이상의 자음으로 되어서 한 소리 나는 동안에 앞뒤를 따라 다름이 생기는 자음(ㅊ·ㅋ·ㄽ 따위). 중자음. 겹닿소리. ↔단자음.

복작-거리다[-짜꺼-]짜 1 많은 사람이 좁은 곳에 모여 수선스럽게 자꾸 들끓다. □시장에는 대목장을 보려는 사람들로 복작거렸다. 2 술·식혜 등이 괴어 거품이 보글보글 일다. ㉔북적거리다. **복작-복작**[-짝뽝짝]튀자

복작-대다[-짜때-]짜 복작거리다.

복작-식(複作式)[-짜씩]圏 같은 시기에 한 토지에 두 가지 이상의 곡식이나 채소를 심는 농작법.

복잡괴기-하다(複雜怪奇-)[-짭꾀-]헝여 복잡하고 괴상하며 이상하다. 복잡기괴하다.

복잡기괴-하다(複雜奇怪-)[-짭끼-]헝여 복잡괴기하다.

복잡-노동(複雜勞動)[-짬-]圏 숙련노동.

복잡다기-하다(複雜多岐-)[-짭따-]헝여 복잡다단하다.

복잡다단-하다(複雜多端-)[-짭따-]헝여 일이 두루 뒤섞여 갈피를 잡기 어렵다. 복잡다기하다. □복잡다단한 사건.

복잡-반응(複雜反應)[-짭빠응]圏《심》자극과 반응 사이에 변별(辨別)·선택 따위의 여러 수준 높은 정신 작용이 끼는 반응. 복합(複合) 반응.

복잡-성(複雜性)[-짭썽]圏 서로 얽히고 뒤섞여 어수선한 성질. □~을 띠다 / ~이 더해 가다. ↔단순성.

복잡-스럽다(複雜-)[-짭쓰-따][-스러워, -스러우니]헝다 복잡한 데가 있다. **복잡-스레**[-짭쓰-]튀

복잡-하다(複雜-)[-짜파-]헝여 1 일이나 물건의 갈피가 뒤섞여 어수선하다. □복잡한

사정. 2 무엇이 혼잡하게 들어차 있다. □복잡한 버스.

복장(腹臟)[-짱]圏 1 가슴의 한복판. 흉당(胸腔). □~을 찧을 노릇이다 / ~를 짓찧는 슬픔에 숨을 가누기가 힘들었다. 2 속에 품고 있는 생각. □~이 검다.

복장(이) 타다 자 걱정이 되거나 안타까워 가슴이 타다. 애간장이 타다.

복장(이) 터지다 자 몹시 마음에 답답함을 느끼다. 화가 치밀다.

복장[-짱]圏 '복정(卜定)'의 변한말.

복장(伏藏)[-짱]圏자타 1 엎드려 숨음. 2 깊이 감추어 둠. 3《불》불상을 만들 때, 그 가슴 속에 금·은·칠보 따위를 넣음.

복장(服裝)[-짱]圏 옷차림. 옷. □~이 수수하다 / 가벼운 ~으로 갈아입다 / ~이 요란하다. □~을 단정히 하다.

복장(福將)[-짱]圏 지혜와 꾀는 적어도 싸움에는 늘 이기는 복 있는 장수.

복장(複葬)[-짱]圏《민》시체를 가매장하고 일정 기간이 지난 다음 다시 뼈를 처리하는 장례 방법의 하나.

복재(伏在)[-째]圏자 몰래 숨겨져 있음.

복-재기(服-)[-째-]圏《속》복인(服人).

복적(復籍)[-쩍]圏자타 1《법》호적법에서, 혼인이나 양자 관계로 제적되었던 사람이 다시 이전의 호적으로 돌아가는 일을 이르던 말. 2 제적되었다가 다시 적에 오름. □~ 절차를 밟다.

복전(福田)[-쩐]圏《불》삼보(三寶)와 부모를 공양하고 가난한 사람을 불쌍히 여기는 선행의 결과로 복덕이 생긴다는 뜻으로, 그 원인이 되는 삼보·부모·가난한 사람의 일컬음.

복절(伏節)[-쩔]圏 삼복이 든 철.

복절(服節)[-쩔]圏자타 절개를 굽히지 않고 지킴.

복절(腹節)[-쩔]圏《동》곤충의 배 부분을 이루는 고리 모양의 마디.

복점(卜占)[-쩜]圏자타 점복(占卜).

복점(複占)[-쩜]圏《경》두 공급자가 경쟁적으로 같은 상품을 공급함. 또는 그런 시장 형태. ＊독점(獨占).

복정(卜定)[-쩡]圏 1《역》조선 때, 정기적으로 징수하던 공물(貢物) 이외에 상급 관아에서 하급 관아로 하여금 그 지방의 토산물을 강제로 바치게 하던 일. 2 지정한 일을 꼭 실행하도록 강요하는 일. 복장.

복정(을) 씌우다 자 복정(定)을 안기다.

복정(을) 안기다 자 남에게 억지로 부담을 지우다.

복정(을) 안다 자 싫지만 억지로 부담하다.

복정(卜定)[-쩡]圏자타 길흉을 점쳐서 정함.

복제(服制)[-쩨]圏 1 상례(喪禮)에서 정한 오복(五服)의 제도. 복복(服服). ㉔복제(服). 2 복장에 대한 규정. ――하다자 나라에 공이 많은 사람의 죽음을 애도하여 국가적으로 상복을 입어 그 죽음을 애도함을.

복제(複製)[-쩨]圏자타 1 본디의 것과 똑같은 것을 만듦. 또는 그렇게 만든 것. □~된 그림. 2《법》원래의 저작물을 재생(再生)·표현하는 모든 행위(저작권의 침해가 됨).

복제-판(複製版)[-쩨-]圏《미술》원화(原畫)가 가진 감각을 재현한 인쇄물.

복제-품(複製品)[-쩨-]圏 본디의 것과 똑같이 본떠 만든 물품. □불법 ~을 시중에 유통

복조(復調)[-쪼]圏자타 변조되어 있는 반송파

(搬送波) 가운데서 본디의 신호를 가려냄.

복조(福祚)[-쪼]圐 복(福)1.

복-조리(福笊籬)[-쪼-]圐《민》한 해의 복을 받는다고 해서, 음력 정월 초하룻날 새벽에 부엌·안방·마루 따위의 벽에 걸어 놓는 조리.

복족-류(腹足類)[-쭝뉴]圐《동》연체동물의 한 강(綱). 육지·민물·바닷물에 사는데 몸통의 배 쪽에 편평한 육질의 발이 있어서 다른 물건에 달라붙거나 운동을 함(고둥·소라·전복·달팽이·우렁이 따위). ↔두족류.

복종(服從)[-쫑]圐[됴탄] 남의 명령이나 의사에 그대로 따름. 國~을 요구하다 / 상관에게 ~하다.

복종(僕從)[-쫑]圐 복부(僕夫).

복종-심(服從心)[-쫑-]圐 남의 명령이나 의사에 그대로 따라서 좇는 마음. 國군주에 대한 신하의 ~.

복좌(複座)[-쫘]圐 항공기 따위에서, 두 개 있는 좌석. 國~ 경비행기. ↔단좌(單座).

복죄(服罪·伏罪)[-쬐]圐[됴탄] 죄에 대한 형벌을 받음. 죄를 순순히 인정함.

복주(伏奏)[-쭈]圐[됴탄] 엎드리어 사뢰.

복주(伏誅)[-쭈]圐[됴탄] 형벌을 순순히 받아서 죽음. 복법(伏法). 國역적모의로 ~를 당하다.

복주-감투(-쭈-)圐 승려나 늙은이들이 추위를 막기 위해 쓰는 모자의 하나. 탑(毯)으로 둥글게 만들어 양옆을 접어 올렸다가 펴서 내리면 빡빡하게 가리게 됨. 倢감투.

복주-병진(輻輳竝臻)[-쭈-]圐 '폭주병진'의 본딧말.

복중(伏中)[-쭝]圐 초복(初伏)에서 말복(末伏)까지의 사이. 복허리.

복중(服中)[-쭝]圐 기년복(朞年服) 이하의 상복을 입는 동안.

복중(腹中)[-쭝]圐 배 속. 國~의 아기.

복지(卜地)[-찌]圐[됴탄] 복거(卜居).

복지(伏地)[-찌]圐[됴탄] 땅에 엎드림.

복지(服地)[-찌]圐 '양복지(洋服地)'의 준말. 國순모(純毛) ~를 수입하다.

복지(匐枝)[-찌]圐《식》기는가지.

복지(袱紙)[-찌]圐 '약복지(藥袱紙)'의 준말.

복지(福地)[-찌]圐 1 신선이 사는 곳. 2 복을 누리며 잘살 만한 땅. 3《민》풍수지리에서, 지덕(地德)이 좋은 땅.

복지(福祉)[-찌]圐 행복한 삶. 행복하게 살 수 있는 사회 환경. 國~ 혜택을 누리다 / 국민의 ~ 향상에 힘쓰다.

복지 국가(福祉國家)[-찌-까]圐 국민의 생존권을 적극적으로 보장하고, 그 복지의 증진을 도모하는 것을 중심 목표로 삼는 국가.

복지-부(福祉部)[-찌-]圐 전에 '보건 복지부'의 준말.

복지부동(伏地不動)[-찌-]圐[됴탄] 땅에 엎드려 움직이지 않는다는 뜻으로, 마땅히 해야 할 일을 하지 않고 몸을 사림의 비유. 國~하고 눈치만 살피다.

복지 사:업(福祉事業)[-찌-]圐 복지 국가의 실현을 목표로 추진하는 모든 사업. 복리 사업.

복지 사회(福祉社會)[-찌-]圐 모든 사회 구성원들의 복지가 증진되고 보장받는 사회.

복지-상(服地商)[-찌-]圐 양복지를 파는 가게. 또는 그 장수.

복지 시:설(福祉施設)[-찌-]圐 국민의 사회 복지를 위한 시설(양로원·모자원(母子院)·보육원·아동 상담소·점자(點字) 도서관 따위). 복리(福利) 시설.

복지 연금(福祉年金)[-찌-]圐 '국민 복지 연금'의 준말.

복직(復職)[-찍]圐[됴탄] 휴직·퇴직했던 사람이 본디 직으로 돌아옴. 國군 복무를 마치고 회사에 ~하다 / 해직 교사를 ~시키다.

복-진자(複振子)[-찐-]圐《물》어떤 물체를 그 내부의 한 고정점을 지나는 축에 매달아 중력의 작용으로 그 주위를 진동하게 만든 장치. 중력의 가속도나 지진 따위를 측정하는 데 씀. 실체(實體) 진자. 합성 진자.

복차(卜-)圐 '복채(卜債)'의 변한말.

복차(伏-)圐《역》'복처(伏處)'의 변한말.

복착(服着)圐[됴탄] 옷을 입음. 또는 입은 옷. 착의(着衣).

복찰(卜察)圐[됴탄] 점을 쳐서 형편을 살핌.

복찻-다리(-차따-/-찯따-)圐 큰길을 가로질러 작은 개천에 놓는 다리.

복창(伏悵)圐[됴탄] 마음에 섭섭하고 궁금하다는 뜻(한문 투의 편지에서 윗사람에게 씀).

복창(復唱)圐[됴탄] 남의 말을 받아 그대로 욈. 國명령을 ~하다.

복창(複窓)圐 겹창.

복창-증(腹脹症)[-쯩]圐 배 속에 탈이 생겨 배가 더부룩해지는 병.

복채(卜債)圐 점을 쳐 준 값으로 점쟁이에게 주는 돈. 복차. 國복채를 주다.

복처(伏處)圐《역》조선 때, 요소(要所)에 있던 순라군의 초소. 복차.

복-처리(福-)圐 복을 타고나지 못하여 만사에 실패하는 사람.

복철(複鐵)圐 '복선 철도'의 준말. ↔단철.

복철(覆轍)圐 엎어진 수레바퀴라는 뜻으로, 앞서 가던 사람이 실패한 자취를 일컬음. 전철(前轍).

복첨(福籤)圐 금품이 걸린 제비뽑기.

복첩(卜妾)圐[됴탄] 자기와 성(姓)이 다른 여자를 가려 첩으로 들임.

복초(伏醋)圐 복날에 술을 삭혀 만든 식초.

복총상 화서(複總狀花序)《식》겹총상꽃차례.

복축(卜築)圐[됴탄] 살 만한 땅을 가려서 집을 지음.

복축(伏祝)圐[됴탄] 엎드려 삼가 축원함.

복-치마(服-)圐 상중(喪中)에 있는 여자가 상복으로 입는 치마.

복칭(複稱)圐 1 복잡한 명칭. 2《논》둘 이상의 사물을 나타내는 명칭. ↔단칭(單稱).

복태(卜駄)圐 말에 실은 짐바리.

복토(覆土)圐 씨를 뿌리고 흙을 덮음. 또는 그 흙.

복통(腹痛)圐[됴탄] 1 복부 통증의 총칭. 國~을 일으키다 / 밤새 심한 ~에 시달리다. 2 몹시 원통하고 답답할 때 쓰는 말. 國참으로 ~터질 노릇이다.

복판圐 1 일정한 공간이나 사물의 한가운데. 國화살이 과녁의 ~에 맞다 / 길 ~에 돌들이 널려 있다. 2 소의 갈비·대접 또는 도가니의 중간에 붙은 고기(주로 구이에 씀).

복표(福票)圐 복권(福券).

복-하다(卜-)[--)[보카-]囻[하탄] 1 점을 치다. 2 점쳐서 집터 따위를 가려 정하다.

복학(卜學)[보카]圐 복술에 관한 학문.

복학(復學)[보카]圐[됴탄] 정학·휴학하고 있던 학생이 다시 학교에 복귀함. 복교(復校).

복학(腹瘧)[보카]圐《한의》어린아이에게 생기는 병의 하나. 비장이 부어 배에 자라 모양의 멍울이 생겨 한열(寒熱)이 심하며 몸이 쇠약해짐. 자라배.

복학(을) 잡다 ⑰ 복학을 완전히 고치다.

복학-생(復學生)[보각쌩] 圓 정학이나 휴학을 하고 있다가 학교에 복귀한 학생.

복합(伏閤)[보캅][하자타] 《역》 나라에 중요한 일이 있을 때, 조신(朝臣)이나 유생이 대궐 문 앞에 엎드려 상소하던 일.

복합(複合)[보캅] 圓[하자타] 두 가지 이상을 하나로 합침. 또는 그렇게 합쳐짐. ❑여러 약재가 혼합된 ~ 영양제이다.

복합 개:념(複合概念)[보갑깨-] 《논》 복합적 개념.

복합-관(複合管)[보갑꽌] 《전》 하나의 진공 용기 안에 두 쌍 이상의 전극을 넣고 밀폐한 진공관.

복합-국(複合國)[보갑꾹] 圓 복합 국가. ↔단일국.

복합 국가(複合國家)[보갑꾹까] 둘 이상의 나라가 결합하여 이루어진 나라(국가 연합·연방 따위). 복합국. ↔단일 국가.

복합 대:명사(複合代名詞)[보갑때-] 《언》 합성 대명사.

복합 동:사(複合動詞)[보갑똥-] 《언》 둘 이상의 말이 결합된 동사. 합성 동사.

복합-란(複合卵)[보감난] 《동》 편형(扁形) 동물에서 볼 수 있는 특수한 형식의 알. 난황막(卵黃膜)으로 형성된 다수의 난황 세포가 난세포 주위를 둘러싸고 있고, 그것을 다시 알껍질이 싸고 있음. ↔단일란.

복합 명사(複合名詞)[보갑-] 《언》 합성 명사.

복합 박자(複合拍子)[보갑빡짜] 《악》 '겹박자'의 한자 이름.

복합 반:응(複合反應)[보갑빠능] 《심》 복잡반응.

복합 부:사(複合副詞)[보갑뿌-] 《언》 합성 부사.

복합 비타민제(複合vitamine劑)[보갑-] 《약》 수용성(水溶性) 비타민 또는 지용성(脂溶性) 비타민 가운데 한쪽만의 여러 비타민을 조합한 약. *종합 비타민제.

복합 사회(複合社會)[보갑싸-] 여러 단순 사회가 모여서 이루어진 사회. ↔단순 사회.

복합 삼각주(複合三角洲)[보갑쌈-주] 《지》 두 이상의 하천이 한 하구(河口)를 통해 바다로 들어갈 때 그 하구에서 서로 경계가 분명하지 않은 둘 이상의 삼각주가 모여서 하나로 크게 이루어진 삼각주.

복합 섬유(複合纖維)[보갑써뮤] 두 가지 이상의 다른 섬유를 혼합한 섬유.

복합-성(複合性)[보갑썽] 圓 두 가지 이상의 것이 합쳐진 성질이나 특성.

복합-세(複合稅)[보갑쎄] 圓 동일한 화물에 종가세(從價稅)·종량세(從量稅) 등 다른 과세 표준에 따라 이중(二重)으로 부과하는 과세.

복합-수(複合數)[보갑쑤] 圓 합성수.

복합-어(複合語)[보가버] 圓 《언》 두 개 이상의 형태소가 모여서 한 단어를 이룬 말. '맨손'과 같이 실질 형태소 '손'에 형식 형태소 '맨'이 붙은 파생어나, '집안'과 같이 두 개의 실질 형태소로 이루어진 합성어가 있음. 겹씨. ↔단일어(單一語). *파생어·합성어.

복합 영농(複合營農)[보갑녕-] 圓 한 가지의 유형을 복합시킨 농업 경영(논농사에 낙농을 조합시키거나, 과수를 주로 하고 야채 재배를 조합하는 따위).

복합-음(複合音)[보가븜] 《악》 진동수가 다른 둘 이상의 순음의 결합으로 된 음.

복합-적(複合的)[보갑쩍] 翩圓 두 가지 이상이 합쳐져 있는 (것). ❑여러 사회 문제가 ~으

로 나타나다.

복합적 개:념(複合的概念)[보갑쩍깨-] 《논》 많은 속성과 내용을 포함하는 개념(사람·동물·꽃 따위의 개념). 복합 개념. *단순 개념.

복합적 삼단 논법(複合的三段論法)[보갑쩍쌈-뻡] 《논》 두 개 이상의 삼단 논법 사이에서, 하나의 삼단 논법의 결론이 다른 삼단 논법의 전제가 되는 삼단 논법. 연결 추리(連結推理).

복합 조:사(複合助詞)[보갑쪼-] 《언》 두 개 이상의 조사가 모여서 하나로 된 조사('보다는'·'에서도' 따위).

복합-체(複合體)[보갑-] 두 가지 이상의 물체가 모여서 하나로 된 물체.

복합 형용사(複合形容詞)[보카평-] 《언》 합성 형용사.

복합 화:산(複合火山)[보카퐈-] 《지》 여러 개의 화산체(火山體)가 겹쳐져서 이루어진, 구조가 복잡한 화산. 복성 화산. ㉵복화산.

복항(復航)[보캉] 圓[하자] 선박이나 비행기가 목적지에서 돌아올 때의 항해.

복행(伏幸)[보캥] 圓 주로 한문 투의 편지 글에서, 자신의 다행함을 겸손하게 이르는 말.

복-허리(伏-)[보커-] 圓 복중(伏中).

복호(伏虎)[보코] 圓 엎드려 있는 호랑이.

복호(復戶)[보코] 圓[하자] 《역》 조선 시대, 충신·효자·절부(節婦) 등에게 조세·부역 따위를 면제하던 일.

복-호(複號)[보코] 《수》 복부호(複符號).

복호-결(復戶結)[보코-] 圓 《역》 복호 때문에 생긴 세금의 부족을 보충하기 위해 일반 세금 중에서 따로 모아 두어 예비하던 것.

복혼(複婚)[보콘] 圓 배우자가 동시에 두 명 이상인 혼인 형태(일부다처·일처다부 따위). ↔단혼.

복화(複花)[보콰] 圓 《식》 꽃이나 꽃차례의 수가 변태적으로 증가된 기형적인 꽃(연꽃·민들레 따위).

복화-과(複花果)[보콰-] 圓 《식》 겹열매. ↔단화과(單花果).

복-화산(複火山)[보콰-] 《지》 '복합 화산'의 준말.

복화-술(腹話術)[보콰-] 圓 입을 움직이지 않고 말하는 기술. 특히, 인형을 가지고 연극을 하면서 그 인형이 말하는 것처럼 느끼게 하는 기술.

복화-실험(複化實驗)[보콰-] 圓 《심》 동시에 들어오는 둘 이상의 감각 자극에 대한 동시적 인식의 실험.

복-화합물(複化合物)[보콰합-] 《화》 화합물과 화합물이 결합하여 생긴 화합물.

복-활차(複滑車)[보콸-] 圓 《물》 겹도르래.

복-후(服後)[보쿠] 圓 약 따위를 복용한 뒤.

볶다[복따] 国 1 마른 음식을 그릇에 담아 불에 익히다. ❑콩을 ~. 2 단 냄비에 기름을 두르고 재료나 고기 따위를 저어 가며 익히다. ❑고기를 ~. 3 사람을 못살게 굴다. ❑죄 없는 사람을 달달 ~. 4〈속〉머리를 곱슬곱슬하게 파마하다. ❑머리를 ~.
[볶은 콩 먹기] 그만 먹겠다면서 결국은 다 먹어 버림. [볶은 콩에 싹이 날까 ; 볶은 콩에 꽃이 피랴] 희망이 없음의 비유.

볶아-때리다[보까-] 国 '볶아치다'를 낮잡아 이르는 말.

볶아-치다[보까-][자타] 1 몹시 급하게 몰아치다. ❑급하게 볶아쳐서 정신이 없다. 2 몹시 급하게

재촉하다. ▣아이가 집에 가자고 엄마를 ~.

볶은-장 (-醬)團 쇠고기를 말려서 만든 가루에 깨·생강·파·후춧가루 따위를 넣고 간장·기름·설탕을 쳐서 주무른 뒤에 지직하게 볶은 음식. 초장(炒醬).

볶-음團 **1** 어떤 재료에 양념을 하여 볶은 음식. 또는 그 조리법. **2** (일부 명사 뒤에 붙어) 볶은 음식의 뜻을 나타내는 말. ▣야채~이별미다.

볶음-밥團 쌀밥에 당근·쇠고기·감자 따위를 잘게 썰어 넣고 기름에 볶은 음식.

볶이다[自]《'볶다'의 피동》**1** 볶음을 당하여 익다. ▣오징어와 채소가 기름에 ~. **2** 남에게 들볶음을 당해 괴로움을 겪다. ▣아이들에게 볶이며 살고 있다.

본¹ (本)團 **1** 본보기가 될 만한 올바른 방법. ▣~을 따르다 / 형의 ~을 받다. **2** '본보기'의 준말. ▣~을 보이다. **3** 본보기로 오려 만든 종이. 형지(型紙). ▣버선의 ~을 뜨다. **4** 관향(貫鄕). ▣그와는 ~이 다르다 / ~이 어디십니까. **5** '본전'의 준말. ▣따지도 않고 잃지도 않고 딱 ~이다.

본² (本)[依]《의존》**1** 영화 필름의 한 편(篇)을 세는 단위. **2** 초목 따위를 세는 단위.

본³ (本)冠 지금 말하고 있는 '이'의 뜻. ▣~사건을 결말짓다 / ~ 법정의 변호인으로서 선임되다.

본- (本)[投] **1** '근본이 되는'의 뜻. ▣~집 / ~계약 / ~회의. **2** '본디의'의 뜻. ▣~고장 / ~마음 / ~서방.

본가 (本家)團 분가하기 이전의 본디의 집. 본집. ▣~에 들어가 살다.

본가 (本價)[-까]團 본값.

본가-댁 (本家宅)[-땍]團 '본가'의 높임말.

본각 (本覺)[團《佛》삼각(三覺)의 하나. 본래부터 갖고 있는 맑고 깨끗한 본성을 깨닫는 일. 곧, 진여(眞如).

본간 (本幹)團 근본이 되는 줄기.

본-값 (本-)[-갑]團 본래 살 때에 든 값. 본가(本價). 본전.

본갱 (本坑)團 광산의 중심이 되는 갱도.

본거 (本據)團 **1** 근거. **2** 근본이 되는 증거.

본거-지 (本據地)團 근거지. ▣서울을 ~로 삼고 활동하다.

본건 (本件)[-껀]團 이 사건. 이 안건. ▣~은 심의를 거쳐 결정해야 한다.

본격 (本格)[-껵]團 **1** 근본에 맞는 올바른 격식이나 규격. **2** 본디의 격식이나 규격.

본격 소:설 (本格小說)[-껵쏘-]《文》제재(題材)를 현실에서 구하고 사건의 진전, 인물의 심리적 움직임 등을 객관적으로 다루어 근대 소설의 면목을 갖춘 소설. ↔심경(心境) 소설.

본격-적 (本格的)[-껵쩍]冠團 제 궤도에 올라 매우 적극적인 (것). 또는 모습을 제대로 갖춘 (것). ▣~(인) 경쟁에 들어가다.

본격-화 (本格化)[-껵콰]團《하타》본격적으로 함. 또는 본격적이 됨. ▣분쟁이 ~되다.

본견 (本絹)團 명주실로만 짠 비단을 인조견이나 교직(交織)에 대하여 일컫는 말. 순견(純絹). ▣~ 넥타이를 유럽에 수출하다.

본-결 (本-)[-껼]團《歷》비(妃) 또는 빈(嬪)의 친정.

본결-나인 (本-)[-껼-]團《歷》본결에서 들어온 나인.

본-계집 (本-)[-/-게-]團〈속〉본처.

본-고장 (本-)團 **1** 본고향. **2** ~ 사람을 만나다. **2** 본바닥. 본처(本處). ▣인삼의 ~으로 이름나다. 준본곳.

본-고향 (本故鄕)團 나서 자라난 본디의 고향. 본고장.

본-곳 (本-)[-곧]團 '본고장'의 준말.

본과 (本科)[-꽈]團 예과·별과(別科)·강습과 등에 대하여, 그 학교의 중심이 되는 과정. ▣동생은 의대 ~에 재학 중이다.

본관 (本官)[回團 **1**《歷》제 고을의 수령을 일컫던 말. ▣~은 사또께서 행차하신다. **2**《官》감사(監司)나 병사(兵使)가 있는 곳의 목사·판관·부윤을 일컫던 말. 본수(本倅). **3** 수습이나 고원, 촉탁 따위가 아닌 보통의 관직. **4** 겸관(兼官)에 대하여 그의 주된 본디의 관직. [目[人代]] 관리의 자칭(自稱).

본관 (本貫)團 관향(貫鄕).

본관 (本管)團 지관에 대하여 본줄기의 관(管).

본관 (本館)團 별관이나 분관에 대하여, 주가 되는 건물.

본교 (本校)團 **1** 분교에 대하여 중심이 되는 학교. ▣~로 등교하다. **2** 타교에 대한 자기 학교. ▣~ 졸업생. ~타교.

본국 (本局)團 분국이나 지국에 대해 주장이 되는 국.

본국 (本國)團 **1** 타국에 대하여 자기 나라. 곧, 자기의 국적이 있는 나라. 본방(本邦). **2** 식민지나 피보호국에 대하여 그 보호국을 이름. **3** 이 나라.

본국-검 (本國劍)[-껌]團《歷》십팔기(十八技) 또는 이십사반 무예(二十四般武藝)의 하나. 요도(腰刀)로 하던 검술의 한 가지.

본국-법 (本國法)[-뻡]團《法》국민으로서 국적을 가지고 있는 국가의 법률.

본국-어 (本國語)團 자기 나라의 말. 모국어.

본권 (本權)[-꿘]團《法》사실상의 관계로서의 점유를 법률상 정당하게 하는 권리(소유권·임차권·지상권 따위).

본-궤도 (本軌道)團 **1** 중심이 되는 중요한 궤도. ▣우주선이 ~에 진입하다. **2** 일이 본격적으로 되어 나가는 형편이나 순서. ▣사업이 이제야 ~에 올랐다 / 공사가 ~에 진입하다.

본-그늘 (本-)團 본그림자1.

본-그림 (本-)團 원그림.

본-그림자 (本-)團 **1**《物》물체에 가로막혀서 광원으로부터 전혀 빛을 받지 못해 어둡게 된 곳. 본그늘. 본영(本影). ↔반그림자. **2**《天》태양의 흑점 한가운데에 있는 검은 부분.

본-금 (本-)團 '본금새'의 준말.

본금 (本金)團 **1** 본전(本錢)1. **2** 순금(純金).

본-금새 (本-)團 본값의 높고 낮은 정도. 준본금.

본급 (本給)團 기본급. 본봉.

본기 (本紀)團 제왕의 사적을 기록한 기전체(紀傳體)의 역사. 기(紀). *열전(列傳).

본-길 (本-)團 **1** 본디의 길. **2** 바른 길.

본-남편 (本男便)團 이혼하거나 개가하기 전의 본디 남편. 본부(本夫).

본년 (本年)團 이해. 올해.

본-노루團 오래 묵어서 늙고 큰 노루.

본능 (本能)團 **1**《生》생물이 선천적으로 갖고 있는 능력이나 운동. ▣동물적인 ~ / 보호 ~이 발동하다. **2**《心》동물이 후천적 경험이나 교육에 의하지 않고 외부의 변화에 따라 나타내는 통일적인 심신의 반응 형식. ▣성적 / ~을 자극하다 / ~을 억압하다.

본능-적 (本能的)冠團 선천적인 감정에 충실한 (것). ▣욕구 / ~으로 느끼다.

본능-주의 (本能主義)[-/-이]團《倫》본능을

만족시키는 것을 인생의 최고 목적이라고 하는 주의.

본-답 (本畓) 圏 볏모를 옮겨 심을 논.

본당 (本堂) 圏 1 〖불〗 절에서 본존을 모시어 두는 전당. 2 〖가〗 주임 신부가 머무르고 있는 성당.

본-당 (本黨) 圏 1 중심이 되는 본디의 당(黨). 2 자기가 소속하고 있는 정당.

본당 신부 (本堂神父) 〖가〗 본당에서 사목(司牧)을 맡은 사제. 주임 신부.

본-대 (本隊) 圏 1 주장되는 본부의 군대. ↔지대. 2 자기가 소속된 대.

본-댁 (本宅) 圏 1 '본집'의 높임말. 2 〈속〉'본댁네'의 준말.

본-댁네 (本宅-)[-땡-] 圏 〈속〉첩에 대하여 정실을 이르는 말. 본부인.

본-데 圏 보아서 배운 범절이나 솜씨 또는 지식. 圏~가 있는 사람.

본데-없다 [-업따] 圏 보고 배운 것이 없다. 행동이 예의범절에 어긋나는 데가 있다. 본데-없이 [-업씨] 閉

본도 (本島) 圏 군도(群島)나 열도(列島) 중에서 중심이 되는 큰 섬.

본도 (本道) 圏 1 올바른 길. 2 으뜸이 되는 큰 도로.

본도기 圏 [옛] 번데기.

본동 (本洞) 圏 1 자기가 살고 있는 동네. 2 이 동네.

본-동사 (本動詞) 〖언〗 보조 용언의 도움을 받는 동사. 으뜸움직씨. ↔보조 동사.

본드 (bond) 圏 접착제(상표명에서 나온 말임).

본-등기 (本登記) 〖법〗 가등기(假登記)에 대하여 확정된 등기.

본디 (本-) 一圏 사물이 전해 내려온 그 처음. 본래. 본시(本是). 원시. 圏~부터 타고난 성품 / ~는 착한 사람이다. 一閉 처음부터. 본래. 본시. 원시. 圏~ 알던 사이였다.

본딧-말 (本-) [-딘-] 圏 준말 또는 변한말에 대하여 그 본디의 말. 원말. *준말.

본되 圏閉 〈옛〉 본디.

본때 (本-) 圏 1 본보기가 될 만한 사물이나 사람의 됨됨이. 2 맵시나 모양새. 圏~가 나다.
본때(가) 있다 旬 ㉠본보기로 할 만한 데가 있다. ㉡멋이 있다.
본때를 보이다 旬 본보기로 따끔한 맛을 보이다. 圏 그 녀석에게 본때를 보여 주겠어.

본-뜨다 (本-)[본떠, 본뜨니] 印 1 모범으로 삼아 그대로 좇아 하다. 圏훌륭한 언행을 ~. 2 이미 있는 사물을 본으로 삼아서 그와 같이 만들다. 圏용을 본떠서 만들다.

본-뜻 (本-)[-뜯] 圏 1 본디의 뜻. 본의(本意). 2 말이나 글의 근본이 되는 뜻.

본란 (本欄)[볼-] 圏 잡지 따위에서, 중심이 되는 난.

본래 (本來)[볼-] 圏閉 본디. 圏~의 모습이 / 이곳은 ~는 창고로 쓰던 곳이다 / 그는 ~ 말이 없는 사람이다.

본래-공 (本來空)[볼-] 圏 〖불〗 만물은 본디부터 있던 것이 아니고, 집착할 만한 아무것도 없는 빈 면목이라는 뜻.

본래-면목 (本來面目)[볼-] 圏 1 자기의 본디의 모습. 2〖불〗 중생이 본디 지니고 있는, 인위가 조금도 섞이지 않은 순수한 심성.

본래-성불 (本來成佛)[볼-] 圏 〖불〗 만물이 다 같다는 견지에서 보면, 중생도 본디는 부처라고 하는 말.

본래-유 (本來有)[볼-] 圏 〖불〗 본유(本有)3.

본래-적 (本來的)[볼-] 관圏 처음부터 가지고

있는 (것). 圏 인간을 ~으로 선하다고 보다.

본령 (本領)[볼-] 圏 1 본디의 영지(領地). 2 가장 본질적이고 근본적인 면. 圏문학의 ~. 3 근본이 되는 강령이나 특질.

본론 (本論)[볼-] 圏 말이나 글의 중심이 되는 부분. 圏~으로 들어가다. *결론(結論)·서론.

본루 (本壘)[볼-] 圏 1 근본이 되는 보루(堡壘). 2 야구에서, 타자가 투수가 던진 공을 받아 치는 곳((주자가 누(壘)를 일주하여 여기에 돌아오면 1점을 얻음). 홈 베이스.

본루-타 (本壘打)[볼-] 圏 홈런.

본류 (本流)[볼-] 圏 1 강이나 내의 원줄기. ↔지류(支流). 2 주된 계통. 圏문학의 ~.

본리 (本利)[볼-] 圏 본전과 이자. 원리(元利). 본변(本邊).

본-마나님 (本-) 圏 남의 '본처(本妻)'를 높이어 일컫는 말.

본-마누라 (本-) 圏 먼저 정식으로 장가든 마누라. 圏그 애는 ~가 낳았다.

본-마음 (本-) 圏 본디부터 가지고 있는 마음. 본심. 본의(本意). 圏~은 착하다. 준본맘.

본-말 (本-) 圏 줄지 않은 본디의 말. 본딧말.

본말 (本末) 圏 1 일의 처음과 끝. 2 일의 근본과 대수롭지 않은 일. 중요한 부분과 중요하지 않은 부분.
본말이 전도(顚倒)되다 旬 중요한 것과 중요하지 않은 것이 구별되지 않거나 일의 순서가 바뀌어 잘못된 상태가 되다.

본-맘 (本-) 圏 '본마음'의 준말.

본-맛 (本-)[-맏] 圏 본디의 맛. 圏조미료를 너무 쳐서 음식이 ~을 잃었다.

본망 (本望) 圏 본디의 소망.

본맥 (本脈) 圏 혈맥·산맥·광맥 따위의 원줄기. ↔지맥(支脈).

본-머리 (本-) 圏 딴머리에 대하여, 자기의 머리에서 자라나 있는 머리털. ↔딴머리.

본명 (本名) 圏 1 본이름. 실명. 圏~을 밝히다. ↔가명. 2 〖가〗영세 때, 성인의 이름을 따서 지은 이름. 세례명.

본명 (本命) 圏 1 태어난 해의 간지(干支). 2 자기가 타고난 명.

본-모습 (本-) 圏 본디의 모습.

본목 (本木) 圏 다른 섬유가 섞이지 않은 순수한 무명.

본무 (本務) 圏 1 근본이 되는 직무. 2 자기가 맡아서 할 사무. 3〖윤〗도덕상 해야 할 일과 해서는 안 될 일을 요구·구속하는 의식.

본-무대 (本舞臺) 圏 1 옆에다 덧대거나 따로 장치한 임시 무대에 상대하여 원래 무대의 일컬음. 2 어떤 일이 벌어지고 있는 중심이 되는 곳.

본문 (本文) 圏 1 문서에서 주가 되는 글. 2 주석·강의 따위의 바탕이 되는 글. 원문. 3 본디 그대로의 문장. 4 '반절(反切)본문'의 준말.

본문 (本門) 圏 1 정문(正門). 2 〖불〗 중생이 본디 가지고 있는 묘리를 밝히는 법문(法門).

본-문제 (本問題) 圏 본디의 문제.

본-미사 (本Missa) 圏 〖가〗미사의 중심 부분인 성찬의 전례 부분.

본-밑 (本-)[-믿] 圏 본밑천.

본-밑천 (本-)[-믿-] 圏 자본으로서 실제로 들여놓은 본디의 밑천. 본전.

본-바닥 (本-) 圏 1 본디부터 살고 있는 곳. 圏~ 사람. 2 어떤 물건이 본디부터 생산되거나 많이 나는 곳. 圏인삼의 ~.

본-바탕 (本-) 圏 사물의 근본이 되는 본디의

바탕. 본질. 본체. 본판(本板). ▣~이 드러
나다.

본-받다 (本-)[-따] 国 남의 것을 본보기로 하
여 그대로 따라 하다.

본방 (本方) 圏 『한의』 의서(醫書)에 있는 그대
로의 약방문.

본방 (本邦) 圏 본국(本國)1.

본방 (本房) 圏 『역』 임금의 장인 댁(丈人宅).

본범 (本犯) 圏 『법』 재물에 장물성(贓物性)을
부여하는 기본적인 재산 범죄. 또는 그런 범
죄를 저지른 사람.

본법 (本法)[-뻡] 圏 법문에서, 그 법률 자체를
일컫는 말. 이 법률.

본변 (本邊) 圏 본전과 변리. 본리(本利).

본병 (本病) 圏 완치되지 않고 때때로 도지는,
본디부터 가지고 있는 병. 본증(本症). 본질
(本疾). ▣~이 도지다.

본보 (本報) 圏 신문 보도에서, 그 신문 자체를
스스로 일컫는 말.

본보 (本譜) 圏 『악』 약보(略譜)에 대하여 오선
식의 악보를 이르는 말.

본-보기 (本-) 圏 1 본을 받을 만한 것. 2 어떤
사실을 설명 또는 증명하기 위하여 내세워
보는 것. 3 일의 처리법을 실지로 들어 보이
는 일. ▣~로 엄벌에 처하다. 4 본을 보이기
위한 물건. 견본. 본.

   본보기를 내다 쿼 ㉠본보기가 될 물건을 만
   들다. ㉡여러 사람을 경계하기 위해 잘못한
   사람을 징계하여 본보기가 되게 하다.

본-보다 (本-) 国 무엇을 모범으로 삼아 따라
하다. ▣그 따위 짓을 본받단 말이냐.

본봉 (本俸) 圏 기본급. 본급.

본부 (本夫) 圏 1 본남편. 2 본사내2.

본부 (本部) 圏 각종 기관·관서·단체의 중심이
되는 조직. 또는 그 조직이 있는 곳. ▣지휘
~ / 중대 ~에서 근무하다 / ~의 지시에 따
르다. ↔지부(支部).

본부 사령 (本部司令) 『군』 사령부급 이상의
군기관 본부의 경비·시설·행정 따위의 사항
을 맡아보는 본부 사령실의 최고 지휘관.

본부-석 (本部席) 圏 경기 대회 따위를 지휘·
관전(觀戰)하기 위하여 지휘 본부에 마련한
임원과 귀빈의 자리.

본-부인 (本夫人) 圏 1 이혼하기 전의 본디 부
인. 첩에 대하여 본디 부인을 일컫는 말.

본부-장 (本部長) 圏 어떤 조직의 중심이 되는
본부의 책임자.

본분 (本分) 圏 1 사람이 저마다 가지는 본디의
신분. ▣공직자의 ~을 망각하다. 2 마땅히
지켜야 할 직분. ▣~을 지키다 / ~에 어긋
나다 / 학생의 ~을 다하다.

본사 (本寺) 圏 『불』 1 일종일파(一宗一派)의
종교상의 사무를 통괄하는 절(각 말사(末寺)
를 통할함). 본산(本山). 2 처음에 출가하여
승려가 된 절. 3 말하는 이가 자기가 소속되
어 있는 절을 이르는 말.

본사 (本社) 圏 1 지사에 대하여 주가 되는 회
사. ▣서울에 ~를 두다 / ~로 발령을 받다.
2 자기가 일하고 있는 이 회사. ▣~에서 개
발한 신제품입니다.

본사 (本事) 圏 근본이 되는 일.

본사 (本師) 圏 『불』 1 근본이 되는 교사(敎師)
라는 뜻으로, 석가여래를 일컫는 말. 2 자기
가 믿는 종파의 조사(祖師).

본-사내 (本-) 圏 1 본남편을 낮추어 이르는
말. 2 샛서방이 있는 계집의 본남편. 본부(本

夫). 본서방.

본산 (本山) 圏 『불』 본사(本寺)의 일제 강점기
때의 이름.

본-살 (本-) 圏 노름판 따위에서 밑천으로 가졌
던 본디의 돈(흔히 잃은 것을 셈할 때 쓰는
말). ──하다 재㉔ 노름판 따위에서 잃었던
밑천을 도찾다.

본상 (本像) 圏 본색(本色). ▣다급해지니까 ~
을 드러내었다.

본시 (本-) 圏 1 어떤 물건의 본디의 생김새.
▣~는 곱다. 2 어떠한 동작이나 버릇의 됨됨
이. ▣저 말하는 ~ 좀 보게 / 어린 티는 나지
만 ~는 의젓하다.

본색 (本色) 圏 1 본디의 빛깔이나 생김새. ▣
건물의 ~이 변하다. 2 타고난 성질. 본상(本
像). ▣~을 드러내다 / ~을 감추다 / ~이 탄
로 날까 겁내다.

본생 (本生) 圏 '본생가'의 준말.

본생-가 (本生家) 圏 양자의 생가. 소생가(所生
家). ↔양가. ㉠본생·생가.

본생-부모 (本生父母) 圏 양자로 간 사람의 생
가의 부모. 본생친(本生親). ㉠생부모.

본생-친 (本生親) 圏 본생부모(本生父母).

본서 (本書) 圏 1 주가 되는 문서. 2 정식의 문
서. 3 이 책. 이 문서.

본서 (本署) 圏 지서·분서·파출소에 대하여 주
가 되는 관서.

본-서방 (本書房) 圏 본사내2.

본선 (本船) 圏 딸려 있는 작은 배를 거느리는
중심이 되는 배.

본선 (本線) 圏 1 도로·철도·전신 따위에서, 지
선에 대하여 본줄기가 되는 주된 선. 간선(幹
線). 2 직행 열차가 지나는 철로.

본선 (本選) 圏 예선에서 최종 우승자를 결정하
는 최후 선발. ▣~이 열리다 / ~에 진출하
다 / 예선을 거쳐 ~에 오르다.

본선 인도 (本船引渡) 『경』 에프오비(FOB).

본설 (本說) 圏 근본이 되는 설.

본성 (本姓) 圏 성을 고치기 전의 본디의 성.

본성 (本性) 圏 1 사람이 본디부터 가진 성질.
천성(天性). ▣~이 드러나다. 2 사물이나 현
상에 본디부터 있는 고유한 특성. 실성(實性).

본세 (本稅) 圏 부가세에 대해 그 기본세.

본숭-만숭 튀하다 관심이 없어 건성으로 대하
는 모양. ▣사람을 보고도 ~하다.

본시 (本是) 圏튀 본디. 본래. ▣그는 ~부터
고집쟁이였다 / 사람은 ~ 자유롭게 살기를
원한다.

본-시험 (本試驗) 圏 예비 시험·임시 시험·모
의 시험 따위에 대하여 주가 되는 시험. 또는
실제의 시험.

본식 (本式) 圏 본디의 방식. 기본 방식.

본실 (本室) 圏 첩실에 대하여 정실(正室).

본심 (本心) 圏 1 본마음. ▣~을 털어놓다 / ~
을 드러내다 / ~을 숨기다 / ~은 그게 아니
었다. 2 꾸밈이나 거짓이 없는 참마음. 진심
(眞心). 본정(本情).

본안 (本案) 圏 1 근본이 되는 안건. 2 『법』 민
사 소송법상 부수적·파생적인 사항에 대해
중심이 되는 사항.

본안 판결 (本案判決) 민사 소송에서, 원고의
청구가 마땅한가 그렇지 아니한가를 가리는
판결. ↔소송 판결.

본액 (本額) 圏 돈의 본디 액수.

본-얼굴 (本-) 圏 1 화장을 하지 않은 본디의
얼굴. ▣화장기 없는 ~. 2 감추었거나 위장
하였던 것이 아닌 본디의 모습. ▣드디어 그
의 ~이 드러났다.

본업 (本業)[명] 주가 되는 직업. 본직(本職). ¶그는 의사가 ~이다. ↔부업.

본연 (本然)[명] **1** 자연 그대로의 상태. **2** 본디 그대로의 모습. ¶학자 ~의 자세 / ~의 임무에 충실하다. ——하다[형여] 특성·성질 따위가 본디부터 그러하다.

본연지성 (本然之性)[명] 사람이 본디부터 타고난 착한 심성.

본엽 (本葉)[명] 떡잎 뒤에 나오는 잎. 또는 특수한 모양이 아닌 보통의 잎. 본잎.

본영 (本影)[명] 본그림자1.

본영 (本營)[명] 총지휘자가 있는 군영. 본진.

본-예산 (本豫算)[ㅡ네ㅡ][명] 추가 경정(追加更正) 예산에 대하여 한 회계 연도에 확정된 연간 예산.

본-용언 (本用言)[ㅡ농ㅡ][명] 〖언〗 보조 용언의 도움을 받아 문장의 주체를 주되게 서술하는 용언('나는 잠을 자고 싶다', '별반 크지 아니하다'에서 '자다', '크다' 따위).

본원 (本院)[명] **1** 분원에 대하여 으뜸이 되는 곳. **2** 자기가 관계하고 있는 원. 이 원.

본원 (本源)[명] **1** 강 따위가 흘러 내려오는 근원. **2** 주장이 되는 근원. 근본.

본원 (本願)[명] **1** 본디의 소원. **2** 〖불〗 부처·보살이 중생을 교화하려고 세운 발원.

본원-왕생 (本願往生)[명] 〖불〗 부처의 서원(誓願)으로 구제함을 받아 극락에 왕생하는 일.

본원-적 (本源的)[관] 근본이 되는 (것). ¶정치의 ~인 개혁이 시급하다.

본위 (本位)[명] **1** 판단이나 행동에서 중심이 되는 기준. ¶능력 ~의 인사 / 친절 ~의 서비스 / 흥미 ~의 잡지. **2** 본디의 자리.

본위 기호 (本位記號) 〖악〗 '제자리표'의 한 자 이름.

본위 상속 (本位相續) 상속인이 자기의 본디의 순위로 하는 상속. ↔대습(代襲)상속.

본위 제:도 (本位制度) 〖경〗 본위 화폐를 근거로 화폐 가치를 정하고 유지하는 제도. 은 본위 제도·금 본위 제도·금은 복본위 제도 따위가 있음.

본위-화 (本位貨) 〖경〗 '본위 화폐'의 준말.

본위 화:폐 (本位貨幣)[보뉘ㅡ/ 보뉘ㅡ폐] 〖경〗한 나라의 화폐 제도의 기초를 이루는 화폐. ↔보조 화폐. ㉥본위화.

본유 (本有)[명][하다] **1** (주로 '본유의'의 꼴로 쓰여) 본디부터 있음. 선천적으로 지니고 있음. ¶우리 민족 ~의 특성. **2**〖불〗 사유(四有)의 하나. 나면서부터 죽을 때까지의 몸. **3**〖불〗본디 지니고 있는 불성. 본래유(本來有).

본유 관념 (本有觀念) 〖철〗 감각이나 경험에 의하여 얻어지는 것이 아니고 나면서부터 갖고 있는 선천적인 관념. 생득(生得) 관념. ↔습득(習得) 관념.

본유-적 (本有的)[관] 〖철〗 본디부터 또는 나면서부터 갖고 있는 (것).

본음 (本音)[명] 한 음이 본디부터 가지고 있는 소리. ¶두음 법칙에서 단어 첫머리 이외의 경우에는 ~대로 적는다.

본의 (本意)[보늬 / 보니][명] 본디의 의도나 생각. ¶~ 아니게 이웃에게 폐를 끼치다 / ~는 그게 아니었다.

본의 (本義)[보늬 / 보니][명] **1** 진정한 뜻. **2** 근본의 뜻. 본지(本旨).

본-이름 (本ㅡ)[ㅡ니ㅡ][명] 가명·변명에 대한 본디 이름. 본명(本名).

본인 (本人)[명] **1** 당사자. 장본인. ¶여행 경비는 ~ 부담이다 / ~의 의사를 듣고 싶다 / ~에게 해명의 기회를 주다. ㉡[인대] 이야기하

는 사람의 자칭(自稱). ¶~의 뜻은 다음과 같습니다.

본일 (本日)[명] 오늘인 이날.

본-잎 (本ㅡ)[ㅡ닙][명] 〖식〗 본엽(本葉).

본자 (本字)[명] 약자(略字)·속자(俗字)·고자(古字) 따위에 대하여, 해서체에서 기본으로 삼는 한자. 정자(正字).

본적 (本籍)[명] 〖법〗 '본적지'의 준말.

본적-지 (本籍地)[ㅡ찌][명] 〖법〗 호적법에서, 호적이 있는 곳을 이르던 말. 관적. 원적지. ㉥본적.

본전 (本傳)[명] **1** 그 사람의 전기(傳記). **2** 기본이 되는 전기.

본전 (本錢)[명] **1** 이자를 붙이지 않은 본디의 액수. 본금(本金). 원금. ¶~이나 받으면 다행이다 / 이자는커녕 ~도 못 건졌다. ㉥본. **2** 장사·사업에 밑천으로 들인 돈. ¶밑져야 ~이다 / ~을 뽑고도 남았다. **3** 본값. ¶~에 팔다.

본전도 못 찾다[관] 일한 결과가 아무런 보람도 없을 뿐더러 도리어 하지 아니한 것만도 못하다는 말.

본전-꾼 (本錢ㅡ)[명] **1** 사람들이 모이거나 하는 자리에 언제나 으레 와 있는 사람. **2** 술자리 같은 데서 끝까지 앉아 있는 사람.

본전-치기 (本錢ㅡ)[명][하다] 본밑천만 받고 물건을 파는 일. ¶~라도 하고 일찍 들어가자.

본점 (本店)[명] **1** 영업의 본거지가 되는 점포. ¶지점에서 ~으로 올라왔다. ↔지점. **2** 자기가 관계하고 있는 점포. 또는 이 상점. 본포(本鋪). 당점(當店).

본정 (本情)[명] 본디의 참된 심정. 본심(本心). 본의(本意).

본-정신 (本精神)[명] 본디 가지고 있는 건전한 정신. 제정신. ¶~으로 돌아왔다.

본제 (本第)[명] 고향에 있는 본집.

본제 (本題)[명] **1** 중심이 되는 제목이나 과제. **2** 본디의 제목.

본제-입납 (本第入納)[ㅡ임ㅡ][명] 자기 집에 편지할 때에 편지 겉봉에 자기 이름을 쓰고 그 밑에 쓰는 말.

본조 (本朝)[명] **1** 현존하는 왕조(王朝). **2** 예전에, 말하는 이가 자기 나라의 조정을 일컫던 말. 아조(我朝).

본존 (本尊)[명] 〖불〗 **1** 주세불(主世佛). **2** 으뜸가는 부처라는 뜻으로, 석가모니불을 일컫는 말. 본존불.

본존-상 (本尊像)[명] 〖불〗 법당에 모신 부처 중 으뜸가는 부처의 상.

본종 (本宗)[명] 동성동본의 일가붙이.

본종 (本種)[명] **1** 본디부터 그 땅에 있던 종자. **2** 변종에 대한 본디의 종자.

본죄 (本罪)[명] **1** 〖법〗 법에 규정된 죄명. **2** 〖가〗 각 개인이 지은 죄. **3** 〖기〗 원죄.

본주 (本主)[명] 본디의 주인.

본-줄기 (本ㅡ)[명] 근본이 되는 줄기. 원줄기.

본증 (本症)[ㅡ종][명] 본병(本病).

본증 (本證)[명] 〖법〗 재판에서, 입증 책임을 지는 당사자가 자기의 주장 사실을 증명하기 위해 제출하는 증거. ↔반증(反證).

본지 (本旨)[명] **1** 근본이 되는 취지. 본의(本義). ¶~를 밝히다. **2** 본디의 취지. ¶~에서 벗어나다.   「(當地).

본지 (本地)[명] 자기가 사는 이 땅. 이곳. 당지

본지 (本紙)[명] **1** 신문·문서 따위의 주되는 부분의 지면. **2** 자기가 관련된 신문사의 신문.

이 신문.

본지 (本誌) 몡 **1** 자기가 관련된 잡지. 이 잡지. **2** 별책·부록 따위에 대하여 잡지의 중심이 되는 부분.

본지 수적 (本地垂迹) 《불》부처나 보살이 중생을 교화(敎化)하기 위한 방편으로 여러 가지 다른 신령의 모습을 나타내는 일.

본직 (本職) 몡 **1** 겸직이 아닌 실직(實職). **2** 본디의 직업. 본업(本業). ◘그의 ~은 목수다. ⊟인대 관리의 자칭.

본진 (本陣) 몡 《군》본영(本營).

본질 (本疾) 몡 본병(本病).

본질 (本質) 몡 **1** 본바탕. **2** 본디부터 갖고 있는 사물 독자의 성질이나 모습. ◘생명의 ~. **3** 《철》사물의 현상의 뒤에 있는 실재. 본체(本體). ↔현상(現象).

본질-적 (本質的)[-쩍] 판몡 본질에 관한 (것). 본질 그대로인 (것). ◘두 사람의 생각은 ~으로 다르다.

본질적 속성 (本質的屬性)[-쩍쏙썽] 《철》일정한 사물이나 그 개념에서 없어서는 안 될 특성《그것을 부정하면 사물 자체를 부정하게 되는 것 따위를 일컬음》. ↔우유적(偶有的) 속성.

본-집 (本-) 몡 **1** 자기 집. **2** 따로 세간을 나기 이전의 집. 본가(本家). **3** 여자의 친정집.

본-채 (本-) 몡 여러 채로 된 집에서 주가 되는 집채. ◘~에 딸려 있는 마당.

본처 (本妻) 몡 첩에 대하여 정실(正室).

본처 (本處) 몡 본고장.

본처 목사 (本處牧師)[-싸] 《기》감리 교회에서, 휴직(休職) 중인 목사.

본척-만척 [-청-] 閍하자 본체만체.

본청 (本廳) 몡 지청(支廳)에 대하여 근본이 되는 기관.

본체 (本體) 몡 **1** 사물의 정체. ◘~가 밝혀지다. **2** 본바탕. **3** 기계 따위의 중심이 되는 부분. ◘컴퓨터 ~. **4**《철》현상적 사물의 바탕에 있는 초감성적 실재. ↔현상. **5**《불》실상(實相).

본체-계 (本體界)[-/-계] 몡 《철》현상 세계의 근본이 되는 세계. ↔현상계.

본체-론 (本體論) 몡 《철》존재론.

본체-만체 閍하자 보고도 안 본 체. 본척만척. ◘사람을 보고도 ~한다.

본초 (本初) 몡 시초. 근본.

본초 (本草) 몡 **1** 한방에서, 약재나 약학의 일컬음. **2** '본초학'의 준말.

본초-가 (本草家) 몡 《한의》본초학을 연구하는 사람. 또는 본초학에 대한 지식이 풍부한 사람.

본초 자오선 (本初子午線) 《지》지구 상의 경도 측정의 기준으로 삼는 자오선《영국의 그리니치 천문대를 통과하는 선을 0°로 함》.

본초-학 (本草學) 몡 《한의》약재로 쓰는 식물·동물·광물에 대하여 그 형태나 효능 따위를 연구하는 학문. ⊛본초(本草).

본-치 몡 남의 눈에 띄는 태도나 겉모양.

본칙 (本則) 몡 **1** 원칙. **2**《법》법령의 본체가 되는 부분. ↔부칙.

본태 (本態) 몡 본디의 모습. 진실한 형태. 실태(實態).

본택 (本宅) 몡 ☞본댁1.

본토 (本土) 몡 **1** 자기가 사는 그 고장. 본향(本鄕). **2** 섬이나 속국에 대해 주가 되는 국토. ◘~ 수복 운동 / ~ 상륙 작전 / ~와 멀리 떨

어져 있는 섬. **3** (지명과 함께 쓰여) 바로 그 지방. ◘미국 ~ 발음으로 영어를 하다.

본토-박이 (本土-) 몡 대대로 그 땅에서 살아 내려오는 사람. ⊛토박이.

본토-불 (本土弗) 몡 미국 정부에서 발행되는 미국의 정화(正貨). ✽군표(軍票).

본토-인 (本土人) 몡 대대로 그 고장에서 붙박이로 사는 사람. 본토지민. 본토지인.

본토-종 (本土種) 몡 본디부터 그곳에서 나는 종자. 토종.

본토지민 (本土之民) 몡 본토인.

본토지인 (本土之人) 몡 본토인.

본판 (本板) 몡 본바탕.

본포 (本圃) 몡 모종·묘목을 옮겨 심을 밭.

본포 (本舖) 몡 **1** 특정 상품의 제조 판매를 주관하는 점포. 본점2.

본향 (本鄕) 몡 **1** 본디의 고향. 본토. ◘그와 나는 ~이 같다. **2** 관향(貫鄕).

본형 (本刑) 몡 《법》판결로써 선고된 주형(主刑)을 부가형에 상대하여 일컫는 말.

본형 (本形) 몡 본디의 모양. 원형(原形).

본회 (本會) 몡 **1** 자기가 속하는 회. 이 회. **2** '본회의'의 준말.

본회 (本懷) 몡 속마음. 본의(本意). 본마음.

본-회의 (本會議)[-/-의] 몡 구성원 전원이 참가하는 정식 회의. 분과 회의나 위원회의 회의에 상대하여 일컫는 말. ◘예산안이 국회 ~에 상정되다. ⊛본회.

볼[1] 몡 **1** 뺨의 한복판. ◘~을 붉히다 / ~을 쓰다듬다 / ~을 비비다 / ~에 입을 맞추다. **2** 볼 가운데의 살집. ◘~이 처져 있다 / 두 손으로 ~을 감싸다.

볼을 적시다 珝 눈물을 흘리다.

볼(이) 붓다 珝 못마땅하여 뽀로통하게 성이 나다.

볼[2] 몡 **1** 좁고 기름한 물건의 너비. ◘발의 ~이 넓다. **2** 버선이나 양말 밑바닥의 앞뒤에 덧대어 깁는 헝겊 조각. ◘버선에 ~을 대다. **3** 신발이나 구두의 옆면과 옆면 사이의 간격. ◘구두의 ~이 좁아서 발이 아프다. **4** 연장의 날을 벼릴 적에 덧대는 쇳조각.

볼(을) 받다 珝 버선 바닥에 헝겊 조각을 덧대어 깁다.

볼 (ball) 몡 **1** 공. 구(球). **2** 야구에서, 스트라이크가 아닌 투구(投球).

볼-가심 몡하자 아주 적은 음식으로 시장기를 면하는 일.

볼가-지다 자 **1** 거죽으로 둥글게 톡 비어져 나오다. ◘툭 볼가진 이마. **2** 사물·현상이 도드라지게 커지거나 갑자기 생겨나다. ◘성가신 일들이 자꾸 볼가진다. ⊛불거지다.

볼각-거리다[-꺼-] 昌타 **1** 질긴 물건을 입에 가득 물고 잇따라 씹다. **2** 빨래 따위를 힘주어 자꾸 주물러 빨다. ⊛불걱거리다. **볼각-볼각**[-꽉] 閍.

볼각-대다[-때-] 타 볼각거리다.

볼강-거리다[-꺼-] 자 물건이 단단하거나 질겨 잘 씹히지 않고 자꾸 요리조리 볼가지다. ⊛불걍거리다. **볼강-볼강** 閍하자.

볼강-대다 자 볼강거리다.

볼강-스럽다[-따][-스러워, -스러우니] 혱 나이 어린 앞에서 버릇없이 공손하지 못한 태도가 있다. ✽볼강스럽다. **볼강-스레** 閍.

볼-거리[1] 몡하자 구경할 만한 것.

볼-거리[2] 몡 《한의》한방에서, '유행성 이하선염'을 이르는 말. 풍열(風熱)로 인해 볼 아래가 불룩하게 부어 오는 병《주로 어린아이에게 많음. 귀밑샘에 염증이 생겨 일어남》.

볼-견 (-見)[-견] 몡 한자 부수(部首)의 하나
(‘規’·‘覺’ 따위에서 ‘見’의 이름).
볼그대대-하다 형에 좀 야하게 볼그스름하다.
웬볼그데데하다.
볼그댕댕-하다 형에 볼품없이 볼그스름하다.
웬볼그뎅뎅하다.
볼그레-하다 형에 곱다랗게 볼그스름하다. 웬
볼그레하다.
볼그름-하다 형에 ‘볼그스름하다’의 준말. 웬
볼그름-히 튀
볼그무레-하다 형에 아주 엷게 볼그스름하다.
웬불그무레하다.
볼그속속-하다 [-쏘카-] 형에 수수하게 볼그
스름하다. 웬불그숙숙하다.
볼그스레-하다 형에 볼그스름하다. 웬불그스
레하다.
볼그스름-하다 형에 산뜻하게 좀 붉다. 웬불
그스름하다. 웬볼그스름하다. 볼그스름-히 튀
볼그족족-하다 [-쪼카-] 형에 고르지 못하고
좀 칙칙하게 볼그스름하다. 웬불그죽죽하다.
쎈볼그쪽쪽하다. 볼그족족-히 [-쪼키-] 튀
볼근-거리다 재 조금 질기고 단단한 것을
입에 조금 넣고 잇따라 씹다. 웬불근거리다.
볼근-볼근 튀하자타
볼근-대다 재타 볼근거리다.
볼긋-볼긋 [-귿뿔귿] 튀하형 군데군데 곱게 조
금 붉은 모양. 웬불긋불긋.
볼긋-하다 [-그타-] 형 약간 붉은 듯하다. 웬
불긋하다.
볼:기 몡 뒤쪽 허리 아래, 허벅다리 위의 양
쪽으로 살이 두둑한 부분. 둔부(臀部). □~
를 때리다 / 관가에 끌려가 ~를 맞다. 2〈속〉
대형(笞刑).
볼:기-긴살 몡 소의 볼깃살에 붙은 길쭉한 고
깃덩이(구이나 산적에 씀). 준긴살.
볼:기-지느러미 몡[어] 뒷지느러미.
볼:기-짝 몡〈속〉볼기.
볼:기짝-얼레 몡 기둥 두 개만으로 된 네모지
지 않고 납작한 얼레.
볼-꼴 몡 남의 눈에 비치는 겉모양. □~이 사
납다.
볼꼴 좋다 관 볼꼴 사나운 것을 야유해서 이
르는 말.
볼끈 튀하자타 1 불쑥 떠오르거나 솟아 내미는
모양. 2 손에 힘을 주어 꽉 쥐는 모양. 3 성
을 왈칵 내는 모양. 웬불끈.
볼끈-거리다 자타 자꾸 볼끈하다. 웬불끈거리
다. 볼끈-볼끈 튀하자타
볼끈-대다 자타 볼끈거리다.
볼기 몡 예전의 방한구의 하나. 가죽이나 헝겊
조각에 솜을 두어 기름하게 접어 만들어 두
뺨을 얼러 싸매게 만들었다.
볼-넷 (ball-)[-넫] 몡 포볼.
볼-달다 [볼달아, 볼달니, 볼다는] 타 닳아서
무디어진 연장에 쇳조각을 덧붙여 버리다.
볼드 (bold) 몡[인] 보통 활자보다 선이 굵
은 서양 활자체. 볼드체.
볼-따구니 몡〈속〉볼1.
볼-때기 몡〈속〉볼1.
볼똑 튀하자 1 경망스럽게 갑자기 성을 내는
모양. 2 갑자기 볼록하게 솟아오르는 모양.
볼똑-거리다 재 걸핏하면 얼굴이 볼록해지면
서 성을 내며 함부로 말하다. 웬불뚝거리다.
볼똑-볼똑 튀하자
볼똑-대다 재 볼똑거리다.
볼락 몡[어] 양볼락과의 바닷물고기. 몸길이

는 20~30cm로 방추 모양이고 잿빛을 띤 갈
색이 많다. 주둥이는 끝이 뾰족하며 눈이 아
주 큼. 옆구리에 검은 가로띠가 있음.
볼란테 (에 volante) 몡[악] ‘나는 듯이 가볍
게’·‘경쾌하게’의 뜻.
볼레로 (에 bolero) 몡 1 [악] 4분의3 박자로 된
에스파냐의 민속 무용. 또는 그 춤곡. 2 여성
들의 짧은 윗옷.
볼로미터 (bolometer) 몡[물] 복사 에너지의
측정에 사용하는 일종의 저항 온도계. 얇은
백금박(白金箔)에 복사 에너지를 받아 온도
상승에 의한 전기 저항의 증가를 전기 저항
측정기로 측정함.
볼록 튀하자타 탄력 있는 물건이 켕기면서 쏙
내밀린 모양. 웬불룩.
볼록-거리다 [-꺼-] 자타 탄력 있는 물건이 켕
기면서 내밀었다 들어갔다 하다. 또는 그리
되게 하다. 웬불룩거리다. 볼록-볼록 [-뽈-]
튀하자타
볼록 거울 [-꺼-] 몡[물] 반사면이 볼록한 거울
(자동차의 백미러 따위에 씀). 볼록면경. 철
면경(凸面鏡). ↔오목 거울.
볼록 다각형 (-多角形)[-따가켱] 몡[수] 어느
내각이나 모두 180°보다 작은 각으로 되어
있는 다각형. 철다각형(凸多角形). ↔오목 다
각형.
볼록-대다 [-때-] 자타 볼록거리다.
볼록 렌즈 (-lens) 몡[물] 가운데가 볼록하게
드라워 불룩하게 한 렌즈(현미경·카메라·망원경 따위를
만드는 데 씀). 수렴 렌즈. 철(凸)렌즈. ↔오
목 렌즈.
볼록면-경 (-面鏡)[-룽-] 몡 볼록 거울.
볼록-이 튀 볼록하게. 웬불룩이.
볼록-판 (-版)[-판] 몡[인] 판면의 볼록하게 도드
라진 부분에 잉크가 묻어서 인쇄되는 인쇄판
의 총칭(목판(木版)·활판(活版) 따위). 철판
(凸版). ↔오목판.
볼록-하다 [-로카-] 형에 통통하게 겉으로 쏙
내밀어 있다. □아랫배가 ~. 웬불룩하다.
볼륨 (volume) 몡 1 부피. 부피감. 2 ~이 있는
몸매. 2 음량. □~을 있는 대로 높이다 / ~
을 죽이다 / 마이크의 ~을 조절하다. 3 성량
(聲量). □~이 풍부한 음성. 4 미술품의 평
면적이 아닌 입체적 효과에서 오는 중량의
느낌. 양감(量感).
볼링 (bowling) 몡 지름 약 20cm의 공을 한 손
으로 굴려서 약 20m 앞에 놓인 10개의 핀을
되도록 많이 쓰러뜨려서 승부를 겨루는 실내
경기.
볼만-장만 튀하타 보기만 하고 참견하지 않는
모양. □그는 아이가 투덜대는 소리를 ~ 듣
기만 했다.
볼만-하다 □자에 보기만 하고 시비를 가리거
나 참견하지 아니하다. □형에 1 구경거리가
될 만하다. □볼만한 풍경. 2 보고 얻을 것이
많거나 볼 가치가 있다. □요즘에는 볼만한
책이 없다.
볼-맞다 [-맏따] 재 1 서로 손이 맞다. □볼맞
으면 일을 빨리 끝낼 수 있다. 2 낮고 못하긴
없이 비슷하여 서로 걸맞다.
볼-맞추다 [-맏-] 타 ‘볼맞다’의 사동》서로
꼭 맞게 하다.
볼-메다 형 (주로 ‘볼멘’의 꼴로 쓰여) 말소리
나 표정에 성난 기색이 있다. □볼멘 목소리 /
볼멘 표정을 짓다.
볼멘-소리 몡 성이 나거나 서운해서 퉁명스럽

게 하는 말투. ▢~를 내지르다.

볼모 명 1 약속을 이행하겠다는 담보로 상대편에게 잡혀 두는 물건이나 사람. 인질(人質). ▢~가 되다 /~로 잡다 /~로 잡히다. 2 예전에, 나라 사이에 침략하는 약속의 담보로 상대국에 억류하여 두던 왕자나 유력한 사람. 유질(留質). 인질(人質). ▢~로 삼다 /~로 잡히다 /왕자를 ~로 보내다.
[볼모로 앉았다] 볼모로 간 사람처럼 일은 하지 않고 앉아만 있다.

볼─받이 [─바지] 명 해진 곳에 헝겊 조각을 덧대어 기운 버선.

볼 베어링 (ball bearing) 굴대와 축받이 사이에 여러 개의 강철 알을 넣어 점 접촉을 이용해서 마찰을 감소시키는 축받이의 하나.

볼셰비즘 (러 Bolshevism) 명 볼셰비키의 정치 사상. ↔멘셰비즘.

볼셰비키 (러 Bolsheviki) 명 '다수파'라는 뜻으로, 러시아 사회 민주 노동당의 좌파. 레닌을 지도자로 삼았음. ↔멘셰비키.

볼─썽 명 남에게 보이는 체면이나 예의.

볼썽─사납다 [─따] [─사나워, ─사나우니] 혱비 체면 또는 예의가 없어서 남보기에 언짢다. 볼품이 없어 흉하다. ▢볼썽사나운 몰골.

볼쏙 뭐하자타 1 갑자기 쏙 내미는 모양. ▢공공 얼었던 땅에서 파란 새싹이 ~ 고개를 내밀다. 2 앞뒤 생각 없이 대뜸 말을 하는 모양. ▢듣기 싫은 말을 ~ 꺼냈다. ④불쑥.

볼쏙─거리다 [─꺼─] 자 1 평평한 바닥의 군데군데가 톡톡 비어져 나오다. 2 자꾸 앞뒤 생각 없이 말하다. ④불쑥거리다. 볼쏙─볼쏙 [─쏙] 뭐하자.

볼쏙─대다 [─때─] 자 볼쏙거리다.

볼쏙─이 뭐 볼쏙하게. ④불쏙이.

볼쏙─하다 [─쏘카─] 혱여 평평한 바닥이 톡 비어져 있다. ④불쏙하다.

볼씨 명 디딜방아나 물방아의 쌀개를 받치는 나무나 돌.

볼─우물 명 보조개. ▢~이 패다.

볼:─일 [─릴] 명 1 해야 할 일. 용건. 용무. ▢~ 보러 나가다 /급한 ~이 생기다 /별 ~ 없다. 2 '용변(用便)'의 완곡한 표현. ▢~ 보러 뒷간에 가다.

볼:─짱 [─짱] 명 치러야 할 일(주로, 아래와 같은 관용 표현에 씀).
볼장(을) 다 보다 관 ○일이 다 틀려 버리다. ○아주 끝장이 나다.

볼 카운트 (ball count) 야구에서, 한 타자에 대한 투수가 던진 공의 스트라이크와 볼의 수. ▢~가 타자에게 불리하다.

볼칵─거리다 [─꺼─] 자타 진흙이나 반죽 같은 지직한 물건을 밟거나 주무르는 소리가 자꾸 나다. 또는 그런 소리를 자꾸 내다. ④불칵거리다. 볼칵─볼칵 [─칵] 뭐하자타.

볼칵─대다 [─때─] 자타 볼칵거리다.

볼타─미터 (voltameter) 명 『물』 전기량계(電氣量計).

볼타 전:지 (Volta電池) 명 『물』 묽은 황산을 전해액(電解液)으로 하여 그 속에 구리판과 아연판을 양극(兩極)으로 세워서 만든 전지(구리는 양극, 아연은 음극으로 작용하며, 기전력은 1볼트).

볼통─거리다 자 자주 성을 내며 퉁명스러운 말을 하다. ④불퉁거리다.

볼통─대다 자 볼통거리다.

볼통─볼통 뭐하혱 1 군데군데 톡톡 볼가져 있는 모양. 2 볼퉁볼퉁. 1 뭐하자 걸핏하면 퉁 로통하여 퉁명스러운 말을 함부로 하는 모양. ▢~ 화를 내다. ④불퉁불퉁.

볼통─스럽다 [─따] [─스러워, ─스러우니] 혱비 말에 볼퉁볼퉁한 태도가 있다. ④불퉁스럽다. 볼통─스레 뭐.

볼통─하다 혱여 둥근 것이 톡 볼가져 있다. ④불퉁하다. 볼통─히 뭐.

볼─퉁이 명 볼때기. 볼따구니.

볼트 (bolt) 명 두 물체를 죄거나 붙이는 데 쓰는 것으로, 둥근 쇠못의 한쪽 끝에 대가리가 있고 다른 끝은 수나사로 되어 있음. 보통 너트(nut)와 함께 씀.

볼트 (volt) 의명 『물』 전위차·전압 및 기전력의 실용 단위(1볼트는 1옴의 전기 저항을 갖는 도체에 1암페어의 전류를 흘릴 때 그 도체의 양쪽 끝에 생기는 전위차임. 기호는 V).

볼트─미터 (voltmeter) 명 『물』 전압계.

볼─펜 (ball pen) 명 물체를 쥐고 둥글고 작은 강철 알을 끼워 글씨를 쓸 때마다 따라 회전하면서 오일 잉크를 내어 쓰게 된 필기도구.

볼─품 명 겉으로 드러나는 볼만한 모습. ▢~이라고는 찾아볼 수 없는 낡은 책상.

볼품─사납다 [─따] [─사나워, ─사나우니] 혱비 겉으로 드러난 모습이 흉하다.

볼품─없다 [─푸멉따] 혱 겉으로 보기에 초라하다. 보아줄 만한 데가 없다. ▢볼품없는 졸작. 볼품─없이 [─푸멉씨] 뭐.

볼프람 (독 Wolfram) 명 『화』 텅스텐.
볼프람─강 (Wolfram鋼) 명 텅스텐강.
볼프람─철광 (Wolfram鐵鑛) 명 텅스텐의 주요한 광석. 철·망간·텅스텐·산소 따위로 이루어짐. 철망간중석.

볼─호령 (─號令) 명하자 볼멘소리로 거만하게 하는 꾸지람. ▢~이 떨어진다.

봄 명 1 일 년 네 철의 첫째 철(입춘부터 입하 전까지의 동안). ▢겨울이 가고 꽃 피는 ~이 다시 찾아왔다. 2 한창때를 비유하는 말. ▢인생의 ~. 3 희망찬 앞날을 비유하는 말.
[봄 백양 가을 내장] 봄에는 백양산 비자나무 숲의 신록이, 가을에는 내장산의 단풍이 으뜸 경치라는 뜻. [봄 조개 가을 낙지] 제때를 만나야 제구실을 한다는 말.
봄(을) 타다 관 ○봄철에 입맛이 없고 몸이 약해지다. ○봄기운 때문에 싱숭생숭 기분이 들뜨다.

봄─가물 [─까─] 명 봄철에 드는 가뭄. 춘한(春旱). ▢~이 들다.

봄─가을 명 봄과 가을. ▢~로 고향을 찾다.

봄─갈이¹ 명하타 봄철에 논밭을 가는 일. 춘경(春耕). ④가을갈이.

봄─갈이² 명 '봄갈이팥'의 준말.

봄갈이─팥 [─가리판] 명 껍질은 희고 속이 붉은 팥. ④봄갈이.

봄─기운 [─끼─] [─끼운] 명 봄을 느끼게 하는 기운. 또는 그 느낌. 봄기. ▢~이 완연하다.

봄─김치 명 봄에 나온 채소 따위로 담근 김치.

봄─꽃 [─꼳] 명 봄에 피는 꽃.
[봄꽃도 한때] 부귀영화도 한때뿐이라는 말.

봄─꿈 명 1 봄날에 꾸는 꿈. 2 덧없는 일이나 헛된 공상, 망상 따위의 비유. 춘몽.

봄─나들이 명하자 봄철에, 가까운 곳에 잠시 외출함. 또는 그 외출.

봄─날 명 봄철의 날. 또는 봄철의 날씨. ▢어느 화창한 ~ 오후.

봄─낳이 [─나─] 명 봄에 짠 무명.

봄─내 뭐 봄철 동안 내내. ▢~ 몸져눕다.

봄놀다 자 <옛> 뛰놀다.

봄뇌다 진 〈옛〉 뛰놀다.
봄-누에 명 봄에 치는 누에. 춘잠(春蠶). *가을누에·여름누에.
봄-눈 명 봄철에 오는 눈. 춘설(春雪).
　봄눈 슬듯[녹듯] 귀 ㉠무엇이 오래가지 아니하고 이내 스러져 없어진다는 말. ㉡먹은 것이 금방 소화되어 내린다는 말.
봄-맞이 명하 봄을 맞는 일. 봄을 맞아서 베푸는 놀이. 영춘(迎春). ▢ ～ 대청소를 하다.
봄맞이-꽃 [-마지꼳] 명 식 앵초과의 일년초 또는 이년초. 들에 절로 나는데, 줄기 높이는 10 cm가량임. 봄에 흰 오판화(五瓣花)가 핌.
봄-물 명 1 봄이 되어 얼음이나 눈이 녹아서 흐르는 물. 춘수(春水). 2 봄철에 지는 장마. ▢ ～이 지다.
봄-바람 [-빠-] 명 봄철에 불어오는 따뜻한 바람. 춘풍(春風). ▢ 훈훈한 ～이 불다.
봄-밤 [-빰] 명 봄철의 밤. 춘야. 춘소(春宵).
봄 방학 (-放學) [-빵-] 명 초·중·고 학생들이 봄철에 하는 방학. 학년 말에서 다음 학년 초까지 수업을 쉬는 일.
봄베 (독 Bombe) 명 물 고압 상태의 기체를 저장하는 데에 쓰는, 두꺼운 강철로 만든 원통형 용기.
봄-베기 명 봄에 나무 따위를 베는 일. 또는 그 나무. 춘벌(春伐).
봄-볕 [-뼏] 명 봄철에 비치는 따뜻한 햇볕. 춘양(春陽). ▢ ～에 얼굴이 그을다.
봄-보리 [-뽀-] 명 식 이른 봄에 씨를 뿌려 첫여름에 거두는 보리. 춘맥(春麥). 춘모(春麰). *가을보리.
봄-비 [-삐] 명 봄에 오는 비. 춘우.
봄-빛 [-삗] 명 봄의 경치나 기운. 춘색(春色). ▢ 따뜻한 ～을 받다.
봄-새 명 봄철의 동안.
봄-여름 [-녀-] 명 봄과 여름. 춘하(春夏).
봄-옷 [보몯] 명 봄철에 입는 옷.
봄-채마 (-菜麻) 명 봄에 가꾸어서 먹는 채소. ▢ ～를 부치다.
봄-철 명 봄의 절기. 춘절(春節).
봄-추위 명 이른 봄의 추위. 춘한.
봅슬레이 (bobsleigh) 명 스위스 알프스 지방에서 발달한 겨울 운동의 하나. 앞뒤에 날카로운 날이 있고 핸들과 브레이크가 달린 썰매를 타고 급커브가 있는 코스를 강하하는 활강(滑降) 경기. 2 인승과 4 인승이 있으며 동계 올림픽 정식 종목임.
봇기다 진 〈옛〉 볶이다.
봇-논 (洑-) [본-] 명 봇물을 대고 농사를 짓는 논. 보답(洑畓).
봇-도랑 (洑-) [보또- / 볻또-] 명 봇물을 대거나 빼기 위한 도랑. 준보돌.
봇-돌 [보똘 / 볻똘] 명 1 아궁이 양쪽에 세우는 돌. 2 너와집의 지붕 위를 덮은 널빤지를 눌러놓는 돌.
봇돌 (洑-) [보똘 / 볻똘] 명 '봇도랑'의 준말.
봇-둑 (洑-) [보뚝 / 볻뚝] 명 보를 둘러쌓은 둑. 보동(洑垌). ▢ ～을 쌓다.
봇-물 (洑-) [본-] 명 보에 괸 물. 또는 보에서 흘러내리는 물. 준보.
봇-줄 [보쭐 / 볻쭐] 명 마소에 써레·쟁기 따위를 매는 줄.
봇-짐 (褓-) [보찜 / 볻찜] 명 물건을 보자기에 싸서 꾸린 짐.
　[봇짐 내어 주며 앉아라 한다] 갈 것을 은근히 바라면서도 겉으로는 가는 것을 말리는 체한다는 뜻으로, 속마음은 다르면서도 말로만 인사치레를 함의 비유.

봇짐 싸 가지고 말리다 귀 일부러 멀리 찾아가서라도 못하게 말리다.
봇짐-장수 (褓-) [보찜- / 볻찜-] 명 물건을 보자기에 싸서 메고 다니며 파는 사람. 보상(褓商). *봇짐장수.
볶다 타 〈옛〉 볶다.
봉¹ 명 낚싯봉.
봉² 명 난봉.
봉³ 명 그릇 따위의 뚫어진 구멍이나 이의 썩은 부분을 메우는 다른 조각.
　봉(을) 박다 귀 그릇 따위의 뚫어진 구멍이나 이의 썩은 부분에 딴 조각을 대고 메우다.
봉 (棒) 명 1 둘레가 둥근 막대기. 2 장대높이뛰기 경기에 쓰이는 긴 대. 폴(pole).
봉 (封) 명 1 종이로 싼 물건의 덩이. 2 물건 속에 따로 싸서 넣은 물건. ▢ ～을 박다. 3 혼인 때, 신랑 집에서 선채(先綵) 이외에 따로 신부 집에 보내는 돈. 4 (의존 명사적으로) 물건을 봉지 따위에 담아 그 분량을 세는 단위. ▢ 과자 두 ～.
봉 (峰·峯) 명 '산봉우리'의 준말.
봉: (鳳) 명 1 '봉황(鳳凰)'의 준말. 2 봉황의 수컷. 3 어수룩하여 빼앗아 먹기 좋은 사람. ▢ ～을 데리고 왔으니 술값은 걱정 말게.
　봉(을) 잡다 귀 매우 훌륭한 사람이나 일을 얻음을 비유적으로 이르는 말.
봉⁴ 부 1 갇혀 있던 공기나 가스가 좁은 구멍으로 빠져나올 때 나는 소리. 센뽕². 2 벌 따위가 날 때 나는 소리. ▢ 벌이 ～ 날개를 떨며 날아가다. 큰붕.
-봉 (峰) 접미 일부 명사 뒤에 붙어, '산' 또는 '산봉우리'의 뜻을 나타냄. ▢ 월출～.
봉:가 (鳳駕) 명 봉련(鳳輦).
봉강 (封疆) 명 1 봉토(封土) 2. 2 봉경(封境) 2.
봉:강 (棒鋼) 명 강괴(鋼塊)·강편(鋼片)을 압연하여 만든, 막대기 모양의 제품.
봉건 (封建) 명 역 1 천자가 그의 직할령 이외의 토지를 제후에게 나누어 주고 다스리게 하던 것. 2 '봉건 제도'의 준말.
봉건 국가 (封建國家) [-까] 봉건 제도를 기초로 하여 성립한 국가.
봉건-사상 (封建思想) 명 봉건적인 경향이 있는 사상. 옛날의 폐쇄적·가족적·인습적인 사상을 고집하는 사상.
봉건 사회 (封建社會) 명 중세 시대에, 봉건적 생산 양식을 바탕으로 한 사회. 노예제 사회와 자본주의 사회의 중간 단계임.
봉건-성 (封建性) [-썽] 명 봉건주의나 봉건사상에 의한 고루하고 폐쇄적인 성질. ▢ ～을 타파하다 / ～의 잔재.
봉건 시대 (封建時代) 명 봉건 제도가 국가 및 사회생활의 기준이었던 시대《6-15 세기 말까지》. ▢ ～의 잔재.
봉건 유제 (封建遺制) [-뉴-] 명 근대 사회에 아직 남아 있는 봉건 사회의 특질.
봉건-적 (封建的) 관명 봉건 제도의 특유한 성격을 가지고 있는 (것). ▢ ～인 관념.
봉건-제 (封建制) 명 봉건 제도2.
봉건 제:도 (封建制度) 명 1 천자 밑에서 여러 제후가 땅을 나누어 다스리면서 그곳의 정치에 모든 권한을 갖는 국가 조직. 2 중세 유럽에서, 영주·주군·신하의 사이가 봉토의 급여와 군무의 봉사를 통하여 사적·인격적·계층적으로 결합된 제도. 봉건제. 준봉건.
봉건-주의 (封建主義) [- / -이] 명 한 나라의 정치적·사회적 제도로서 봉건 제도를 높이

평가하고 그 실시를 주장하는 주의.

봉ː견 (奉見) 명하타 삼가 받들어 봄.

봉경 (封境) 명 1 흙을 쌓아서 표시한 국경. 2 봉토의 경계. 강경(疆界).

봉경 (烽警) 명 봉화(烽火)를 올려서 알리는 경보(警報).

봉ː고 (奉告) 명하타 받들어 고함. 삼가 아룀.

봉고 (封庫) 명하타 '봉고파직'의 준말.

봉고 (bongo) 명 『악』 라틴 아메리카 음악에 사용되는 타악기의 하나. 두 개를 한 벌로 세워 놓고 손으로 침.

봉-고도 (棒高跳) 명 장대높이뛰기.

봉고-파직 (封庫罷職) 명하타 『역』 어사나 감사가 부정을 저지른 한 고을의 원을 파면시키고 관가의 창고를 봉해 잠그던 일. 봉고파출. ☞봉고.

봉고-파출 (封庫罷黜) 명하타 『역』 봉고파직.

봉곳 [-곧] 부하재 1 조금 높직하게 솟아 있는 모양. 2 맞붙여 놓은 물건이 조금 들떠 있는 모양. □~하게 들뜬 장판지. ☞붕굿.

봉곳-봉곳 [-곧뽕곧] 부하재 여러 곳이 봉곳한 모양. □밥을 ~하게 퍼라. ☞붕굿붕굿.

봉곳-이 부 봉곳하게. □이제 가슴이 ~ 부풀어 오르는 나이. ☞붕굿이.

봉ː공 (奉公) 명하재 1 나라와 사회를 위해 힘써 일함. 2 봉직(奉職).

봉공 (縫工) 명 『역』 군대에서 바느질을 맡아 하던 군사.

봉공-근 (縫工筋) 명 『생』 대퇴부 안쪽에 있는 길고 가는 근육. 다리를 구부리거나 펴는 작용을 함.

봉과 (封裹) 명하타 물건을 싸서 봉함.

봉ː교 (奉教) 명하타 1 임금이나 윗사람의 가르침을 받듦. 2 『가』 가톨릭교의 교리를 믿고 실행하는 일.

봉ː교-서 (奉教書) 명 『역』 임금의 명령을 받들어 글씨를 쓰던 일. 또는 그 글씨나 글.

봉군 (封君) 명하타 『역』 조선 때, 임금의 적자(嫡子)를 대군(大君)으로, 후궁에서 난 왕자나 국구(國舅) 또는 이품 이상의 종친·훈신(勳臣)을 군(君)으로 봉하던 일.

봉군 (烽軍) 명 『역』 '봉수군(烽燧軍)'의 준말.

봉군 (蜂群) 명 벌떼.

봉ː급 (俸給) 명 직장에서 일을 한 대가로 받는 정기적인 보수(연봉(年俸)·월급 따위). 신수(薪水). □~을 받다.

봉ː급-날 (俸給-) [-급-] 명 봉급을 받는 날. 봉급일.

봉ː급생활-자 (俸給生活者) [-쌩-짜] 명 봉급을 받아 생활하는 사람. 샐러리맨.

봉ː급-액 (俸給額) 명 받는 급료의 액수.

봉ː급-일 (俸給日) 명 봉급날.

봉ː급-쟁이 (俸給-) [-쨍-] 명 '봉급생활자'를 낮잡아 이르는 말.

봉곳 [-귿] 부하재 조금 도도록하게 나오거나 소복하게 솟아 있는 모양.

봉곳-이 부 봉곳하게. □~ 솟아오른 젖가슴.

봉기 (蜂起) 명하재 벌떼처럼 떼를 지어 세차게 일어남. □민중의 ~ / ~가 일어나다 / ~를 일으키다 / 곳곳에서 의병들이 ~하다.

봉ː납 (捧納) 명하타 1 물건을 바침. 봉상(捧上). 2 물품을 거두어들임. 봉입(捧入).

봉년 (逢年) 명하재 풍년을 만남. 봉풍(逢豊).

봉노 명 봉놋방.

봉놋-방 (-房) [-노빵 / -녿빵] 명 예전에, 주막집에서 여러 나그네가 함께 묵을 수 있던 큰

방. 주막방(酒幕房). 봉노.

봉ː답 (奉畓) 명 '봉천답(奉天畓)'의 준말.

봉ː답 (奉答) 명하타 웃어른께 삼가 대답함.

봉당 (封堂) 명 『건』 안방과 건넌방 사이의 마루를 놓을 자리에 마루를 놓지 않고 흙바닥 그대로 둔 곳.

[봉당을 빌려 주니 안방까지 달란다] 뻔뻔스러운 사람을 보고 일컫는 말.

봉ː대 (奉戴) 명하타 공경하여 떠받듦.

봉대 (烽臺) 명 봉화둑.

봉ː도 (奉導) 명 『역』 임금이 탄 거가(車駕)를 편히 모시라고 별감들이 소리를 지르면서 경계하던 일.

봉도 (封度) 의명 '파운드(pound)'의 음역.

봉ː독 (奉讀) 명하타 남의 글을 받들어 읽음.

봉-돌 [-똘] 명 낚싯봉.

봉-두 (峰頭) 명 산봉우리의 맨 꼭대기.

봉두 (鳳頭) 명 1 봉황의 머리 모양으로 만든 장식물. 2 '봉두고임'의 준말.

봉두 (蓬頭) 명 쑥대강이.

봉두-고임 (鳳頭-) 명 『건』 전각의 기둥머리에 대는 봉의 머리 모양을 조각한 꾸밈새. 봉머리. ☞봉두.

봉두-난발 (蓬頭亂髮) 명하재 머리털이 쑥대강이처럼 마구 흐트러짐. 또는 그런 머리.

봉랍 (封蠟) [-납] 명 편지나 포장물, 병 따위를 봉하여 붙이는 데에 쓰는 수지질(樹脂質)의 혼합물.

봉래-산 (蓬萊山) [-내-] 명 1 여름철의 '금강산'의 별칭. 2 중국 전설에서 나타나는 가상적인 삼신산(三神山)의 하나.

봉ː련 (鳳輦) [-년] 명 『역』 꼭대기에 황금으로 만든 봉황을 장식한, 임금이 타던 가마. 봉가(鳳駕). 봉여(鳳輿). *연(輦).

봉ː로 (奉老) [-노] 명하타 늙은 부모를 받들어 모심.

봉ː록 (俸祿) [-녹] 명 녹봉(祿俸).

봉ː류 (捧留) [-뉴] 명하타 거두어들인 물건을 보관하여 둠.

봉리 (鳳梨) [-니] 명 파인애플(pineapple).

봉만 (峰巒) 명 산꼭대기의 뾰족뾰족한 봉우리.

봉ː-머리 (鳳-) 명 『건』 봉두고임.

봉ː명 (奉命) 명하재 임금이나 윗사람의 명령을 받듦.

봉ː명 사ː신 (奉命使臣) 『역』 왕명을 받들고 외국으로 가던 사신. 별성(別星).

봉ː모 (鳳毛) 명 1 자식의 재주가 아버지나 할아버지에 뒤지지 않음을 일컫는 말. 2 뛰어난 풍채 또는 글재주를 칭찬하여 일컫는 말.

봉ː모-인각 (鳳毛麟角) 명 봉황의 털과 기린의 뿔이란 뜻으로, 아주 보기 어려운 희귀한 물건을 일컫는 말.

봉묘 (封墓) 명하재 봉분을 함. 또는 봉분을 한 무덤.

봉문 (蓬門) 명 1 '쑥으로 지붕을 인 문'이라는 뜻으로, 가난한 사람의 집을 이르는 말. 2 '자기 집'을 낮추어 이르는 말.

봉물 (封物) 명 예전에, 시골에서 서울 관원에게 선사하던 물건.

봉미 (封彌) 명하타 『역』 과거에서, 답안지 오른쪽에 성명·생년월일·주소 따위를 쓰고 봉하여 붙이던 일.

봉ː미 (鳳尾) 명 1 봉황의 꽁지. 2 거문고의 줄을 붙들어 매는 꼬리 부분.

봉밀 (蜂蜜) 명 꿀.

봉바르동 (프 bombardon) 명 『악』 튜바와 비슷한 저음 금관 악기의 하나.

봉-바리 명 놋쇠로 만든, 여자의 밥그릇으로

쓰는 바리.

봉:반 (奉盤) 圏하자 소반을 받듦.

봉발 (蓬髮) 圏 텁수룩하게 엉클어진 머리털.

봉방 (蜂房) 圏 1 송송 구멍이 뚫어진 벌집의 많은 방. 봉와(蜂窩). 2 벌집1.

봉변 (逢變) 圏하자 뜻밖의 변이나 망신스러운 일을 당함. 또는 그 변. ◻불량배에게 ∼을 당하다.

봉:별 (奉別) 圏하자타 윗사람과 이별함.

봉별 (逢別) 圏 만남과 이별.

봉:보-부인 (奉保夫人) 圏 《역》 조선 초기의, 외명부(外命婦)의 하나. 종일품으로 임금의 유모에게 내리던 품계.

봉복 (逢福) 圏하자 복을 얻음.

봉:복-절도 (捧腹絕倒)[−절또] 圏하자 포복(抱腹)절도.

봉봉 (프 bonbon) 圏 과즙이나 브랜디, 위스키 따위를 넣은 사탕.

봉봉-거리다 자타 1 갇혀 있던 공기나 가스가 좁은 구멍으로 빠져나가는 소리가 잇따라 나다. 또는 그런 소리를 잇따라 내다. 2 자동차 따위에서 잇따라 경적 소리가 나다. 또는 그런 소리를 잇따라 내다. 3 벌 따위가 나는 소리가 잇따라 나다.

봉봉-대다 자타 봉봉거리다.

봉-부동 (封不動) 圏하자 물건을 못 쓰게 창고에 넣고 굳게 봉함.

봉분 (封墳) 圏하자 흙을 쌓아 올려서 무덤을 만듦. 또는 그 쌓아 올린 부분. 성분(成墳).

봉분-제 (封墳祭) 圏 장례 때, 무덤을 만든 뒤에 지내는 제사. 평토제(平土祭). 봉분차례.

봉비 (封妃) 圏 왕비를 봉하여 세움.

봉:사 圏 맹인(盲人).

　[봉사 개천 나무란다] 제 잘못을 남에게 전가하는 경우의 비유. [봉사 기름 값 물어 주나 중이 회(膾) 값 물어 주나 일반] 어떤 일의 배상에 자기는 전혀 관계가 없음을 비유하는 말. [봉사 단청 구경] 사물의 참된 모습을 깨닫지 못함. [봉사 등불 쳐다보듯] 서로 아무 관계없이 지냄. [봉사 안경 쓰나 마나] 봉사가 안경을 써 봐야 소용없다는 뜻으로, 무엇을 하나 마나 마찬가지인 경우의 비유.

봉:사 (奉仕) 圏하자 1 국가나 사회 또는 남을 위해 헌신적으로 일함. ◻무료 ∼. 2 상인이 손님에게 헐값으로 물건을 팖.

봉:사 (奉事) 圏하자 1 웃어른을 받들어 섬김. 2 《역》 조선 때, 관상감·돈녕부·훈련원 따위에 둔 종팔품 벼슬.

봉:사 (奉祀) 圏하자 조상의 제사를 받듦. 봉제사. 주사(主祀). ◻4 대조 ∼.

봉사 (封事) 圏 임금에게 올리는 글. 상소.

봉:사-가격 (奉仕價格)[−까−] 圏 손님에게 헐값으로 파는 물건의 값.

봉:사-료 (奉仕料) 圏 고객이 시중을 받은 대가로 시중을 든 사람에게 주는 돈.

봉:사-손 (奉祀孫) 圏 조상의 제사를 맡아 받드는 자손. ㊀사손(祀孫).

봉:사-자 (奉仕者) 圏 봉사하는 사람.

봉산 (封山) 圏 《역》 나라에서 나무 베는 것을 금지하던 산.

봉:산 탈:춤 (鳳山−) 황해도 봉산 지방에 전해 내려오는 탈춤(중요 무형 문화재 제17호).

봉살 (封殺) 圏 야구에서, 포스 아웃(force out). ◻∼된 일루 주자.

봉상 (封上) 圏하자 임금께 물건을 봉해 바침.

봉:상 (捧上) 圏하자 봉납(捧納)1.

봉상 (棒狀) 圏 가늘고 긴 막대기 모양.

봉:상-시 (奉常寺) 圏 《역》 조선 때, 제향과 시

호(謚號)에 관한 일을 맡아보던 관아.

봉서 (封書) 圏 1 겉봉을 봉한 편지. 봉장. 2 임금이 종친·근신(近臣)에게 사적으로 내리던 편지. 3 왕비가 친정에 사적으로 보내던 편지.

봉서-무감 (封書武監) 圏 《역》 봉서를 전달하던 무예별감(武藝別監). 봉서별감.

봉선 (封禪) 圏하자 《역》 고대 중국에서, 흙을 쌓아 단(壇)을 만들어 하늘과 산천에 제사 지내던 일.

봉:선-자 (鳳仙子) 圏 《한의》 봉선화의 씨(어혈(瘀血)·난산(難産) 따위에 씀).

봉:선-화 (鳳仙花) 圏 《식》 봉선화과의 한해살이풀. 줄기의 높이는 60 cm 정도, 잎은 피침형, 여름철에 적색·백색·황색·분홍색 따위의 꽃이 핌. 타원형의 삭과는 익으면 터져서 씨가 튀어나옴. 꽃잎을 백반·소금 따위와 함께 찧어 손톱에 붉게 물을 들이기도 함. 봉숭아.

봉세 (峰勢) 圏 산봉우리의 형세.

봉소 (烽所) 圏 《역》 봉홧둑.

봉소 (蜂巢) 圏 벌집1.

봉:소 (鳳簫) 圏 《악》 소(簫).

봉소-위 (蜂巢胃) 圏 《생》 벌집위.

봉:솔 (奉率) 圏하자 '상봉하솔(上奉下率)'의 준말.

봉:송 (奉送) 圏하타 1 귀인 따위를 윗사람을 전송함. 2 영령·유골·성물(聖物) 등을 정중히 운반함. ◻올림픽 성화를 ∼하다.

봉송 (封送) 圏하타 물건을 싸서 선물로 보냄. 또는 그 물건.

봉송-하다 (鬅鬆−) 혱여 머리털이 흩어져 부스스하다.

봉쇄 (封鎖) 圏하자 1 굳게 잠가서 드나들지 못하게 함. ◻통로가 ∼되다 / 사람의 출입을 ∼하다. 2 실력으로 적의 항만·해안의 교통을 차단하는 일[전시 봉쇄와 평시 봉쇄가 있음]. ◻해상 ∼ / 기지가 적 해군에게 ∼되다.

봉쇄 경제 (封鎖經濟) 《경》 수출입 따위의 국제 경제 거래의 자유가 제한된 국민 경제. 폐쇄 경제.

봉쇄 정책 (封鎖政策) 상대국의 일정한 지역을 봉쇄함으로써 정치·군사·경제 따위의 목적을 이루려는 정책.

봉쇄 탄:전 (封鎖炭田) 법률로 일반의 채굴을 금지하는 탄전. ↔가행(稼行)탄전.

봉쇄 함:대 (封鎖艦隊) 《군》 봉쇄 수역의 부근을 순찰하면서 그 봉쇄 경비의 임무를 맡아보는 함대.

봉쇄 화:폐 (封鎖貨幣)[−/−페] 《법》 다른 나라에 대한 채무를 외화로 지급하는 것을 금지하는 화폐 정책. 금융 공황이나 국제 수지의 위기 때에 취함.

봉:수 (奉受) 圏하타 삼가 받음.

봉수 (封手) 圏하자 바둑·장기의 대국이 그날 안에 끝나지 않을 경우 종이에 써서 봉해 놓는, 그날의 마지막 수(手). 또는 그 절차를 밟는 일.

봉:수 (捧受) 圏하타 돈이나 물건을 거두어서 받음.

봉수 (逢受) 圏하타 남의 재물을 맡음.

봉수 (逢授) 圏하타 남에게 재물을 맡김.

봉수 (烽燧) 圏 봉화(烽火).

봉수 (蓬首) 圏 쑥대강이.

봉수-구면 (蓬首垢面) 圏 흩어진 머리와 때가 묻은 얼굴.

봉수-군 (烽燧軍) 圏 《역》 봉화를 올리는 일을 맡아보던 군사. ㊀봉군.

봉수-대 (烽燧臺) 명 봉홧둑.

봉수-제 (烽燧制) 명 〚역〛 고려·조선 때, 봉화를 올려서 급한 소식을 알리던 통신 제도.

봉술 (棒術) 명 무술의 하나. 5~6자 되는 막대기를 써서 공격과 방어를 함.

봉:숭아 〚식〛 봉선화.

봉:승 (奉承) 명하타 웃어른의 뜻을 이어받음.

봉:시 (奉侍) 명 내시의 한 벼슬.

봉시 (逢時) 명하자 때를 만남.

봉시불행 (逢時不幸) 명하자 공교롭게 좋지 못한 때를 만남.

봉시-장사 (封豕長蛇) 명 큰 돼지나 긴 뱀처럼 먹기를 탐냄(욕심꾸러기의 비유).

봉신 (封神) 명하자 흙을 모아 단(壇)을 쌓고 신을 모심.

봉신-대 (封神臺) 명 죽은 사람의 넋이 돌아가 의지한다는 곳. 〚→〛의 원혼이 되다.

봉실 (蓬室) 명 1 쑥으로 지붕을 인 집이란 뜻으로, 가난한 집을 일컫는 말. 2 '자기 집'을 낮추어 이르는 말.

봉:심 (奉審) 명하타 〚역〛 왕명을 받들어 능이나 종묘를 보살피던 일.

봉싯 [-싣] 부하자 소리 없이 예쁘장하게 조금 입을 벌리고 가볍게 웃는 모양.

봉싯-거리다 [-싣껴-] 자 소리 없이 예쁘장하게 조금 입을 벌리고 가볍게 자꾸 웃다. 봉싯-봉싯 [-싣뿐싣] 부하자

봉싯-대다 [-싣때-] 자 봉싯거리다.

봉:안 (奉安) 명하타 신주나 화상(畫像)을 받들어 모심. 〚→〛빈소에 위패를 ~하다.

봉:안 (鳳眼) 명 1 봉의 눈. 2 봉의 눈같이 가늘고 길며, 눈초리가 깊고 붉은 기운이 있는 눈. 귀상(貴相)으로 여김.

봉애 (峰崖) 명 산의 험하고 가파른 언덕.

봉애 (蓬艾) 명 〚식〛 다북쑥.

봉액 (縫掖) 명 '봉액지의'의 준말.

봉액지의 (縫掖之衣) [-찌 / -찌이] 명 예전에 선비가 입던, 옆이 넓게 터진 도포(道袍). 준 봉액.

봉:양 (奉養) 명하타 부모나 조부모를 받들어 모심. 〚→〛노부모를 ~하다.

봉역 (封域) 명 1 흙을 쌓아서 만든 경계. 2 봉토의 경계. 봉경(封境).

봉:영 (奉迎) 명하타 귀인이나 덕망이 높은 사람을 받들어 맞이함.

봉영 (逢迎) 명하타 남의 뜻을 맞추어 줌.

봉예-하다 (鋒銳-) 형여 성질이 날카롭고 민첩하다.

봉오리 명 '꽃봉오리'의 준말.

봉와 (蜂窩) 명 봉방(蜂房)1.

봉왕 (蜂王) 명 〚충〛 여왕벌.

봉:요 (奉邀) 명하타 웃어른을 오시라고 청함.

봉요 (蜂腰) 명 벌의 허리처럼 잘록한 허리.

봉욕 (逢辱) 명하자 욕된 일을 당함. 견욕.

봉우리 명 '산봉우리'의 준말. 〚→〛금강산 ~.

봉운 (峰雲) 명 산봉우리에 끼어 있는 구름.

봉읍 (封邑) 명 제후로 봉해 준 땅. 봉토.

봉의-군신 (蜂蟻君臣) [-/-이-] 명 하찮은 개미나 벌에게도 군신의 구별이 엄연히 존재한다는 뜻으로, 신분 관계의 질서가 중요함을 일컫는 말.

봉:의-꼬리 (鳳-) [-/-에-] 명 〚식〛 고사릿과의 여러해살이 상록 양치류의 하나. 돌담·산기슭의 바위틈에 나는데, 잎자루의 길이는 40~50 cm이며 잎몸의 폭은 5 mm 정도임.

봉인 (封印) 명하자 밀봉한 자리에 도장을 찍

음. 또는 그렇게 찍힌 도장. 인봉(印封). 〚→〛~을 뜯다 / ~이 찍히다 / 우편물에 ~을 하고 발송하다 / ~한 투표함을 개표소로 옮기다.

봉인 (鋒刃) 명 창이나 칼 같은 무기의 날카로운 날.

봉인 파:훼죄 (封印破毁罪) [-죄] 〚법〛 공무원이 실시한 봉인이나 또는 압류의 표시를 손상·은닉함으로써 성립되는 죄. 봉인 파괴죄.

봉입 (封入) 명하타 물건을 속에 넣고 봉함.

봉:입 (捧入) 명하타 봉납(捧納)2.

봉:-자석 (棒磁石) 명 막대자석.

봉작 (封爵) 명하타 1 제후로 봉하고 관작을 줌. 2 〚역〛 의빈(儀賓)·내명부(內命婦)·외명부 따위를 봉하던 일.

봉:잠 (鳳簪) 명 봉황의 무늬를 대가리에 새긴 금직한 비녀. 봉채(鳳釵).

봉장 (封狀) [-짱] 명 봉서(封書)1.

봉장 (封章) 명하타 〚역〛 상소(上疏).

봉:장 (鳳欌) 명 봉황 새 무늬를 새겨 꾸민 옷장.

봉장-풍월 (逢場風月) 명하자 아무 때나 그 자리에서 즉흥적으로 시를 지음.

봉재 (封齋) 명하자 '사순절(四旬節)'의 구용어.

봉적 (逢賊) 명하자 도둑을 만남.

봉:적 (鳳炙) 명 '닭고기 산적'을 익살스럽게 일컫는 말.

봉적 (鋒鏑) 명 창 끝과 살촉.

봉전 (葑田) 명 줄의 뿌리가 여러 해 동안 묵어서 흙처럼 되어 그 위에 씨를 뿌릴 수 있게 된 논밭.

봉접 (蜂蝶) 명 벌과 나비.

봉:접 (鳳蝶) 명 호랑나비.

봉:정 (奉呈·捧呈) 명하타 문서나 문집 따위를 삼가 받들어 올림. 〚→〛회갑 기념 논문집을 ~하다.

봉정 (峰頂) 명 산봉우리의 맨 꼭대기.

봉제 (縫製) 명하타 재봉틀 따위로 박아서 만듦. 〚→〛~완구.

봉제-공 (縫製工) 명 봉제 일을 전문으로 하는 사람. 〚→〛~으로 취업하다.

봉:-제사 (奉祭祀) 명 제사를 받듦. 봉사(奉祀). 〚→〛집과 옥답은 ~할 자손의 몫이다.

봉제-품 (縫製品) 명 재봉틀이나 손으로 바느질하여 만든 제품(의류·완구 따위).

봉:조 (鳳鳥) 명 봉황(鳳凰).

봉:족 (奉足) 명하타 ☞ 봉죽.

봉:죽 명하타 〔←봉족(奉足)〕 일을 주장하는 사람을 곁에서 도와줌.

봉:죽-꾼 명 봉죽을 드는 사람.

봉:죽-들다 [-뜰-] [-들고, -드니, -드는] 타 남의 일을 거들어 도와주다.

봉:지 (奉旨) 명하자 임금의 뜻을 받듦.

봉:지 (奉持) 명 〚역〛 조선 때에, 임금이 거둥할 때 말을 타고 교룡기를 받들고 가던 금군(禁軍).

봉지 (封紙) 〔ㅡ〕 명 종이나 비닐 따위로 만든 주머니. 〚→〛~에 담다 / 과자 ~를 뜯다 / 쓰레기 ~가 쌓이다. 〔ㄴ〕 의 물건이 든 봉지를 세는 단위. 〚→〛사탕 한 ~.

봉:직 (奉職) 명하자 공직에 종사함. 봉공(奉公). 〚→〛국어 교사로 ~하다.

봉짜 명 〚속〛 난봉쟁이.

봉-찌 명 낚시를 던질 때 무게를 주기 위하여 밑에 납덩이를 박은 찌.

봉착 (逢着) 명하자 어떤 처지나 상황에 부닥침. 〚→〛큰 위기에 ~하다 / 뜻밖의 문제에 ~되다.

봉:창 (奉唱) 명하타 엄숙한 마음으로 노래를 부름. 〚→〛애국가를 ~하다.

봉창(封窓)圀하타 1 창문을 봉함. 또는 봉한 창문. ▢~으로 저녁 햇살이 비쳐 들어오다. 2『건』창틀이나 창짝이 없이 벽을 뚫어서 구멍만 내고 안으로 종이를 발라서 봉한 창.

봉창(篷窓)圀 배의 창문.

봉창-고지圀 삯만 받고 음식은 자기 것을 먹고 일하는 고지. 용먹이.

봉창-질圀하타 물건을 남몰래 모아서 감추어 두는 일.

봉창-하다타어 1 물건을 남몰래 모아서 감추어 두다. 2 손해 본 것을 벌충하다. ▢ 밑진 것을 봉창하고도 남는다.

봉채(封采)圀 '봉치'의 본딧말.

봉:채(鳳釵)圀 봉잠(鳳簪).

봉:책(封冊)圀 왕후(王侯)에 봉하는 뜻을 쓴 천자의 조서.

봉:천-답(奉天畓)圀 천수답(天水畓). 천둥지기. ⚘봉답.

봉:초(捧招)圀하타『역』죄인을 문초하여 구두로 진술을 받던 일.

봉:추(鳳雛)圀 1 봉황의 새끼라는 뜻으로, 지략이 뛰어난 젊은이를 비유한 말. 2 아직 세상에 드러나지 않은 영웅.

봉:축(奉祝)圀하타 공경하는 마음으로 축하함. ▢~ 행사를 열다.

봉축(封築)圀하타 무덤을 만들기 위하여 흙을 쌓아 올림.

봉:충(鳳-)圀 봉황이 그려진, 운두가 높은 충항아리.

봉충-다리圀 사람이나 물건의 한쪽이 짧은 다리. ▢ 탁자의 ~를 괴다.
[봉충다리의 울력걸음] 좀 모자라는 사람도 여럿이 어울려서 하는 일에는 한몫할 수 있다는 말.

봉치(封-)圀 혼인 전에 신랑 집에서 신부 집으로 채단과 예장(禮狀)을 보내는 일. 또는 그 물건.

봉치(封置)圀하타 봉하여 둠.

봉치-함(封-函)圀 예장함(禮狀函).

봉:칙(奉勅)圀하타 칙령을 받듦.

봉:친(奉親)圀하타 어버이를 받들어 모심.

봉침(蜂針)圀 침 모양을 한 벌의 산란관.

봉침(鳳枕)圀 베갯모에 봉황의 모양을 수놓은 베개.

봉침(縫針)圀 바늘1.

봉칫-시루(封-)[-치씨-/-칟씨-]圀『민』봉치를 보내는 집과 받는 집에서 각각 축하하느라고 마련하는 떡시루.

봉-탕(鳳湯)圀 '닭국'을 익살스럽게 일컫는 말.

봉토(封土)圀하자 1 흙을 높이 쌓아 올림. 또는 그 흙. 2 제후를 봉하여 땅을 내줌. 또는 그 땅. 봉강(封疆). 영지(領地). ▢ 왕에게 ~를 받다.

봉투(封套)圀 편지·서류 따위를 넣는, 종이로 만든 주머니. 서통(書筒). ▢ 편지 ~ / 두툼한 서류 ~를 내밀다 / 편지를 접어 ~에 넣다.

봉패(逢敗)圀하자 낭패를 당함.

봉표(封標)圀 1 능 터를 정하여 흙을 모아 봉분하고 세우는 표. 2 봉산(封山)의 경계표.

봉풍(封豐)圀하자 풍년(年年).

봉피(封皮)圀 물건을 싼 종이.

봉필(蓬蓽)圀 가난한 사람의 집.

봉필-생휘(蓬蓽生輝)가난한 사람의 집에 고귀한 손님이 찾아옴을 영광으로 생각한다는 말. 봉필생광(生光).

봉-하다(封-)타어 1 문·봉투·그릇 따위를 열지 못하게 단단히 붙이다. ▢ 출입구를 ~. 2

1063   **봉황음**

입을 다물다. 3 무덤 위에 흙을 쌓다. 4『역』왕이 영지(領地)를 내리고 제후(諸侯)로 삼다. 5『역』왕이 작위나 작품(爵品)을 내려 주다.

봉함(封緘)圀하타 편지를 봉투에 넣고 봉함. 또는 그 편지. ▢ 편지를 ~하다.

봉함-엽서(封緘葉書)[-녑써-]圀 사연을 써서 겹쳐 접으면 크기가 엽서만 해지는 우편엽서의 하나.

봉합(封合)圀하타 봉하여 붙임.

봉합(縫合)圀하타『의』수술하기 위해 절개한 자리나 외상(外傷)으로 갈라진 자리를 꿰매어 붙임. ▢ 상처를 ~하다.

봉:행(奉行)圀하타 웃어른이 시키는 대로 좇아 행함.

봉:헌(奉獻)圀하타 물건을 바침.

봉:헌 기도(奉獻祈禱)『가』미사 중 제물을 봉헌하는 사람들에게 은혜를 베풀어 달라고 기도하는 사제의 기도문. '묵념 축문'의 고친 이름.

봉혈(封穴)圀 봉곳하게 쌓인 개미구멍.

봉호(封號)圀 왕이 봉하여 내려 준 호(號).

봉호(蓬蒿)圀[식] 다북쑥.

봉화(烽火)圀『역』변란 따위를 알리기 위하여 봉화둑에서 올리던 불. 낭연(狼煙). 봉수(烽燧).
봉화(를) 들다⏛ ㉠봉홧불을 켜서 높이 올리다. ㉡어떤 일이나 운동을 맨 앞에서 선구적으로 시작하다.
봉화(를) 올리다⏛ 봉화(를) 들다.
봉화를 일으키다⏛ 봉화(를) 들다.

봉화(逢禍)圀하자 재화(災禍)를 만남.

봉화-군(烽火干)圀『역』조선 때, 봉수군(烽燧軍)으로 종사하던 사람.

봉화-대(烽火臺)圀 봉화둑.

봉화-재(烽火-)圀 봉홧둑이 있는 산.

봉화-지기(烽火-)圀 봉화둑을 지키는 사람.

봉:환(封還)圀하타 사표 따위를 받지 않고 봉한 채 그대로 돌려보냄. 환봉(還封).

봉:홧-대(烽火-)[-화때/-홛때]圀 진달래 가지 끝에 기름을 바르고 불을 붙여 가지고 다니던 기구.

봉홧-둑(烽火-)[-화뚝/-홛뚝]圀 봉화를 올릴 수 있게 만들어 놓은 곳. 봉대. 봉소. 봉수대(烽燧臺). 봉화대.

봉홧-불(烽火-)[-화뿔/-홛뿔]圀 봉화로 드는 횃불.
[봉홧불에 산적 굽기] 일을 너무 서두르다.

봉:황(鳳凰)圀 상상의 상서로운 새. 닭의 머리, 뱀의 목, 제비의 턱, 거북의 등, 물고기의 꼬리 모양을 함. 몸과 날개 빛은 오색이 찬란하며, 오음의 소리를 냄. 수컷을 '봉', 암컷을 '황'이라 함. 봉황새. 봉조(鳳鳥). ⚘봉.

봉:황-루(鳳凰樓)[-누]圀 임이나 임금이 계신 곳을 아름답게 일컫는 말.

봉:황-무(鳳凰舞)圀『불』영산회상곡(靈山會上曲)에 맞추어 추는 춤.

봉:황-문(鳳凰紋)圀 봉황을 본뜬 무늬.

봉:황-새(鳳凰-)圀 봉황.

봉:황새-자리(鳳凰-)圀『천』남쪽 하늘의 별자리. 11월 하순경 초저녁에 자오선을 통과하며, 남쪽 하늘의 낮은 곳에서 볼 수 있음. 봉황자리.

봉:황-음(鳳凰吟)圀『악』조선 세종 때 윤회(尹淮)가 지은 악장(樂章). 조선 시대의 문물

제도를 찬미하고 왕가의 태평을 기원한 송축가(頌祝歌).

봉-황의(鳳凰衣)[-/-이]圓 새끼를 깐 새알 껍데기 속의 얇은 속껍질.

봉-황자리(鳳凰-)〖천〗봉황새자리.

봉후(封侯)圓하타〖역〗제후를 봉하던 일. 또는 그 제후.

봉오리圓〈옛〉.

봐:-주다目〈옛〉'보아주다'의 준말. ▢사정을 ~.

봐:-하니目'보아하니'의 준말. ▢~ 술을 잘 먹게 생겼다.

뵈圓〈옛〉베.

뵈놀다자〈옛〉베를 날다.

뵈:다圓 웃어른을 대하여 보다.

뵈:다²日目'보이다'의 준말. ▢산봉우리가 아득히 ~. 日目'보이다'의 준말.

뵈다³혱〈옛〉배다⁴. 꽉 차다.

뵈빵이圓〈옛〉질경이.

뵈-시위(-侍衛)갑〖역〗임금이 거동할 때 조심해서 잘 모시라는 뜻으로 봉도(奉導)에서 외치던 소리.

뵈아다目〈옛〉재촉하다.

뵈야흐로튀〈옛〉바야흐로.

뵈야흐로튀〈옛〉바야흐로.

뵈옵다[-따]目'뵈다'의 공대말.

뵈왓브다혱〈옛〉바쁘다.

뵘圓 틈이 난 곳을 메우거나 받치는 일.

뵙:다[-따]目'뵈다'의 공대말. ▢처음 뵙겠습니다 / 어디서 한 번 뵌 것 같습니다 / 이렇게 뵙게 되니 반갑습니다.

뵛오리圓〈옛〉베올.

부(父)圓 아버지.

부(夫)圓 혼인 관계에 있는 남자. 남편.

부(缶)圓〖악〗진흙으로 구워 화로같이 만든 악기(대나무 채로 변죽을 쳐서 소리를 냄). 속칭 : 질장구.

부:(否)圓 1 '아님'을 나타내는 말. 2 의안 표결에서의 불찬성. ↔가(可).

부(府)圓 1〖역〗고려·조선 때, 대도호부사·도호부사가 있던 지방 관아의 하나. 2 일제 강점기 때, 지방 행정 구역의 하나(지금의 '시(市)'에 해당함).

부:(負)日圓〖수〗'음(陰)'의 구용어. 日의圓〖역〗짐².

부(部)圓 1 우리나라의 중앙 행정 기관의 하나(접미사적으로도 씀). ▢각 ~의 장관 / 보건 복지~. 2 관청·회사 따위의 업무 조직의 한 구분(접미사적으로도 씀). ▢총무~ / 편집~. 日의圓 1 사물을 여러 갈래로 나누었을 때의 하나. ▢소설의 제 1~. 2 책이나 신문 따위를 세는 단위. ▢5,000 ~ 한정판.

부(婦)圓 문어체에서, 아내를 이르는 말.

부(富)圓 1 특정한 경제 주체가 가진 재산의 총계. 2 재산이 많음. 넉넉한 재산. 오복(五福)의 하나. ▢~를 누리다.

부(傅)圓 세자부(世子傅)·세손부의 일컬음.

부(賦)圓 1 감상을 느낀 그대로 적는 한시체의 하나. 2 한문체의 하나로, 글귀 끝에 운을 달고 대(對)를 맞추어 짓는 글. 3 과문(科文)의 하나로, 여섯 글자로 한 글귀를 만들어 짓는 글.

부圓 공장이나 기선 따위에서 내는 굵고 낮은 기적 소리. ▢~ 하는 뱃고동 소리.

부-(不)튀'ㄷ·ㅈ'으로 시작되는 말 앞에 붙어, '아님·아니함·어긋남'의 뜻을 나타내는 말. ▢~도덕 / ~자유 / ~적절.

부:-(副)튀 1 '버금'의 뜻. ▢~사장(社長) / ~반장. 2 '부차적인'의 뜻. ▢~수입.

-부(附)의 1 날짜 뒤에 붙어, 문서·편지의 작성과 발송 날짜를 나타내는 말. ▢2월 5일~ 발행 문서. 2 소속·부속을 뜻하는 말. ▢대사관~ 무관.

-부(符)의 일부 한자어 뒤에 붙어, 그러한 뜻을 나타내는 부호임을 나타내는 말. ▢종지~ / 감탄~를 찍다.

-부(部)의 일부 한자어 뒤에 붙어, 그러한 부분임을 나타냄. ▢중심~ / 어휘~.

부:가(附加)圓하타 덧붙임. 첨가(添加). ▢대학 입시에는 논술 고사가 ~되었다.

부:가(富家)圓 부잣집.

부:가 가치(附加價値)〖경〗개개의 기업에 의하여 새로이 생산된 가치. 곧, 새로이 생산된 국민 소득 부분(총매상액에서 원재료비·동력비·감가상각비 등을 뺀 것으로, 노임·이윤·이자·집세 따위의 합계). ▢~가 높은 상품.

부:가 가치세(附加價値稅)〖법〗거래 단계별로 상품이나 용역(用役)에 새로 부가되는 가치, 즉 마진(margin)에만 부과하는 세금(우리나라에서는 1977년부터 실시하였음).

부:가 가치 통신망(附加價値通信網) 공중(公衆) 전기 통신 회선망(回線網)에 컴퓨터 등을 접속하여, 정보의 축적 및 처리에 의해서 부가 가치를 붙여서 고도의 통신 서비스를 제공하는 망(VAN).

부:가 보:험료(附加保險料)[-뇨]〖경〗보험료 가운데서 보험 회사를 경영하는 데 들어가는 경비에 충당할 부분.

부:가-옹(富家翁)圓 부잣집의 늙은 주인.

부:가 원가(附加原價)[-까]〖경〗원가 계산상으로는 원가이나, 손익 계산상으로는 비용에 포함되지 아니하는 원가(기업가의 임금·자기 자본의 이자 따위).

부:가-형(附加刑)圓〖법〗주형에 덧붙여 과하는 형벌.

부각圓 다시마 조각 앞뒤에 찹쌀 풀을 발라 말렸다가 기름에 튀긴 반찬.

부:각(負角)圓〖수〗'음각(陰角)'의 구용어. ↔정각(正角).

부:각(俯角)圓〖수〗'내려본각'의 구용어. ↔앙각(仰角).

부각(浮刻)圓하자타 1 부조(浮彫). 2 사물의 특징을 두드러지게 나타냄. ▢현대 문명의 위기를 ~시킨 노작(勞作) / 지역의 균형 발전 문제가 쟁점으로 ~되고 있다 / 청소년 범죄가 사회 문제로 ~하였다.

부:각(腐刻)圓하타 약물을 사용하여 유리나 금속 등에 조각함. 또는 그런 일. 식각(蝕刻).

부:감(俯瞰)圓하타 높은 곳에서 내려다봄. 감시. 부관(俯觀). 부시(俯視). ▢~ 촬영 / 산 정상에서 시내를 ~하다.

부:감-도(俯瞰圖)圓 조감도(鳥瞰圖).

부:-갑상선(副甲狀腺)[-쌍-]圓〖생〗갑상선의 뒤에 있는 네 개의 작은 알갱이 모양의 내분비 기관(혈액 속의 칼슘 이온의 양을 조절함). 결목밀샘. 상피 소체(上皮小體).

부:강(富強)圓하형 백성이 부유하고 군사가 강함. ▢~한 나라의 건설을 도모하다.

부개비-잡히다[-자피-]자 하도 졸라서 본의 아니게 일을 하게 되다.

부객(浮客)圓 정처 없이 떠돌아다니는 나그네. ▢평생을 ~으로 살다.

부:거(赴擧)圓하타〖역〗과거를 보러 감.

부:거(副車)圓〖역〗임금의 거가(車駕)에 별로 따라가던 수레.

부걱 [부] 술 따위가 괼 때에 거품이 생기면서 나는 소리. [작]보각.
부걱-거리다 [-꺼-] [자] 부걱 소리가 잇따라 나다. [작]보각거리다. 부걱-부걱 [-뿌-] [부][하자]
부걱-대다 [-때-] [자] 부걱거리다.
부:건 (副件)[-껀] [명] 여벌.
부:검 (剖檢) [명][하타] 1 해부(解剖)하여 검사함. 2 사망 원인 따위를 조사하기 위하여 사후(死後) 검진을 함. 또는 그 일. ❏사체 ~ / ~을 의뢰하다.
부검지 [명] 짚의 잔 부스러기.
부견 (膚見) [명] 천박한 견해. 피상적 관찰.
부:결 (否決) [명][하타] 회의에 제출된 의안을 통과시키지 않기로 결정함. 또는 그 결정. ❏국회에서 정부안이 ~되었다 / 국민 투표로 개헌안을 ~시키다. ↔가결(可決).
부경-하다 (浮輕-) [형][여] 1 하는 짓이나 태도가 들뜨고 경솔하다. 2 부피에 비하여 무게가 가볍다.
부계 (父系)[-/-게] [명] 아버지 쪽의 혈연관계를 바탕으로 하는 계통. ❏~ 사회. ↔모계(母系).
부계 (伏鷄)[-/-게] [명] 알을 품은 닭.
부계 가족 (父系家族)[-/-게-] 아버지 쪽의 계통을 주로 하여 이룬 가족. 남계(男系) 가족. ↔모계 가족.
부계 제:도 (父系制度)[-/-게-] 가계(家系)가 아버지 쪽의 계통에 의해 상속되는 제도. ↔모계 제도.
부계-친 (父系親)[-/-게-] [명] 아버지 쪽의 혈족. 부계 혈족. ↔모계친.
부계 혈족 (父系血族)[-쪽/-게-쪽] 부계친(父系親). ↔모계 혈족.
부:고 (訃告) [명][하타] 사람의 죽음을 알림. 또는 그런 글. 부보(訃報). ❏신문에 ~를 내다 / 할아버지가 돌아가셨다는 ~를 받다.
부:-고환 (副睾丸) [명] 〖생〗 웅성(雄性) 생식기의 한 부분《사람에 있어서는 불알의 뒤에 붙어서 정액을 저장했다가 수정관을 통하여 정낭으로 보내는 작용을 함》.
부곡 (部曲) [명] 〖역〗 1 신라 때부터 고려 말까지 있었던, 천민 집단 부락《농업·수공업 등을 하며 차별 대우를 받았음》. 2 중국 후한 말에 장군이나 지방의 호족들이 치안이 문란해질 것에 대비하여 사사로이 둔 사병(私兵).
부:골 (富骨) [명] 부자답게 생긴 골격. ↔천골.
부:골 (跗骨) [명] 발목뼈.
부:골 (腐骨) [명] 〖의〗 골수염·골막염으로 뼈가 썩는 일. 또는 그 뼈.
부공 (婦功) [명] 1 부인의 공덕이나 공적. 2 부녀자가 하는 길쌈·바느질 따위의 일.
부:공 (賦貢) [명][하타] 바칠 공물을 정해 매김.
부:과 (附過·付過) [명][하자] 1 잘못이나 허물을 적어 둠. 2 〖역〗 관원·군병이 공무상 과실을 범했을 때에 바로 처벌하지 않고 관원 명부에 적어 두던 일.
부:과 (副果) [명] 〖식〗 헛열매.
부:과 (賦課) [명][하타] 세금이나 책임, 일 따위를 부담하게 함. ❏과태료 ~ / 수입품에 세금이 ~되다 / 새로운 임무를 ~하다 / 교통 법규 위반 차량에 범칙금을 ~하다.
부:과-금 (賦課金) [명] 부과된 돈. 부금(賦金). ❏~을 물리다 / ~이 징수되다.
부:관 (附款) [명] 법률 행위의 당사자가 그 행위에서 생기는 법률 효과에 일정한 제한을 가하기 위해 덧붙이는 사항《조건·기한 따위》.
부:관 (俯觀) [명][하타] 부감(俯瞰).
부관 (釜關) [명] 부산과 일본의 시모노세키(下關)를 함께 이르는 말. ❏~ 페리.
부:관 (副官) [명] 〖군〗 1 군대에서 지휘관의 명을 받아 행정 업무를 맡아보는 참모. ❏대대(大隊) ~. 2 '전속 부관'의 준말.
부:관-참시 (剖棺斬屍) [명][하타] 〖역〗 죽은 후에 큰 죄가 드러난 사람에게 내리던 극형《관을 쪼개어 시체의 목을 벰》. [준]참시(斬屍).
부:광 (富鑛) [명] 〖광〗 품질이 좋아 이익이 많이 남는 광석. ↔빈광(貧鑛).
부:광-대 (富鑛帶) [명] 〖광〗 유용한 광석이 많이 매장된 광산 지대.
부:광-체 (富鑛體) [명] 〖광〗 광상 가운데 유용한 광석이 많은 부분.
부교 (父敎) [명] 1 아버지의 교훈. 2 부명(父命).
부교 (浮橋) [명] 1 배·뗏목을 잇대어 매고 그 위에 널빤지를 깔아 만든 다리. 2 배다리2.
부:교 (副校) [명] 1 대한 제국 때에 둔 하사관 계급의 하나《정교(正校)의 아래, 참교(參校)의 위》. 2 구세군에서 하사관 계급의 하나《정교의 아래, 참교의 위》.
부:교 (富驕) [명] 재산이 있다고 부리는 교만.
부:교감 신경 (副交感神經) 〖생〗 호흡·순환·소화 따위를 지배하는 자율 신경의 하나《교감 신경과는 반대 작용을 함》.
부:-교수 (副敎授) [명] 대학교수 직위의 하나《정교수의 아래, 조교수의 위》.
부:-교재 (副敎材) [명] 교과서 외에 보조적으로 쓰는 교재(敎材).
부구 (浮具) [명] 헤엄칠 때 인체의 부력(浮力)을 돕는 도구《부대(浮袋) 따위》.
부국 (部局) [명] 관공서 등에서 사무를 분담하여 다루는 곳《국·부·과 등의 총칭》.
부:국 (富局) [명] 1 부자답게 보이는 얼굴 상. 2 풍수지리에서, 산과 물에 둘러싸여 있어 좋은 판국.
부:국 (富國) [명] 나라를 부유하게 만듦. 또는 그 나라. ❏중동의 석유 ~. ↔빈국.
부:국-강병 (富國强兵)[-깡-] [명] 나라를 부유하게 하고 군대를 강하게 함. 또는 그 나라나 군대.
부:-국장 (副局長)[-짱] [명] 국장 다음가는 직위. 또는 그 직위에 있는 사람.
부군 (夫君) [명] '남의 남편'의 높임말.
부:군 (府君) [명] 죽은 아버지나 남자 조상에 대한 존칭. ❏현고(顯考) 학생(學生) ~.
부:군-당 (府君堂) [명] 〖역〗 각 관아에서 신령을 모시던 집. 신당(神堂).
부권 (父權)[-꿘] [명] 1 〖법〗 아버지가 가지는 친권. 2 가장권(家長權). ❏~제. ↔모권.
부권 (夫權)[-꿘] [명] 남편이 아내에 대해 가지는 신분상·재산상의 권리.
부권 (婦權)[-꿘] [명] 여권(女權).
부:귀 (富貴) [명][하형] 재산이 많고 지위가 높음. ❏온갖 ~를 누리다 / 권세와 ~를 얻다. ↔빈천(貧賤).
부:귀-공명 (富貴功名) [명] 재산이 많고 지위가 높으며 공을 세워 이름을 떨침.
부:귀-다남 (富貴多男) [명] 재산이 많고 지위가 높으며 아들이 많음. ❏~의 가정에서 자란 사람.
부:귀-영화 (富貴榮華) [명] 재산이 많고 지위가 높으며 귀하게 되어 세상에 이름을 빛냄. ❏~를 누리다.
부:귀-재천 (富貴在天) [명] 부귀를 누리는 일은 하늘의 뜻에 매여 있어 사람의 힘으로는 어찌할 수 없다는 뜻.

부:귀-화 (富貴花) 圏 부귀의 기품이 있다는 뜻으로, '모란꽃'을 일컫는 말.

부그르르 圕하ⵣ 1 많은 물이 비교적 넓은 범위에서 갑자기 끓어오르는 모양. 또는 그 소리. ▯죽이 ~ 끓어오르다. 2 큰 거품이 갑자기 계속 빠르게 끓어오르는 모양. 또는 그 소리. ⓐ보그르르. ⑪뿌그르르.

부극 (掊克) 圏하ⵣ 1 권세를 믿고 함부로 금품을 긁음. 2 조세를 함부로 받아 백성을 못살게 굶.

부근 (斧斤) 圏 큰 도끼와 작은 도끼.

부:근 (附近) 圏 가까운 언저리. ▯서울 역 ~ / 동네 ~을 산책하다 / 회사 ~ 찻집에서 친구를 만났다.

부글-거리다 ⵣ 1 많은 양의 물이 야단스레 자꾸 끓어오르다. 2 큰 거품이 자꾸 일어나다. ⓐ보글거리다. ⑪뿌글거리다. 3 화가 나고 흥분되어 속이 편안하지 않다. ▯불쾌감으로 속이 ~. **부글-부글** 圕하ⵣ. ▯국이 ~ 끓다.

부글-대다 ⵣ 부글거리다.

부:금 (賦金) 圏 1 부과금. 2 일정 기간마다 내거나 받는 돈. ▯매달 ~을 붓다.

부:급 (負笈) 圏하ⵣ 책 상자를 진다는 뜻으로, 타향으로 공부하러 감을 이르는 말.

부:급-종사 (負笈從師)[-종-] 圏하ⵣ 먼 곳의 스승을 찾아서 공부하러 감.

부기 圏 세상일에 어둡고 사람의 마음을 모르는 어리석은 사람. 북숙이.

부:기 (附記) 圏 원문에 덧붙여 적음. 또는 그 기록. ▯책 말미에 저자의 약력을 ~하다.

부기 (浮氣) 圏 부종으로 인해 부은 상태. ▯~가 오르다 / ~가 가라앉다 / ~가 내리다 / 얼굴의 ~가 빠지다.

부-기 (簿記) 圏 재산의 출납·변동 따위를 밝히는 장부법. ▯상업 ~ / 단식 [복식] ~.

부:-기감 (副技監) 圏 전의, 기술직 공무원 직급 명칭의 하나. 지금은 '부(副)이사관'으로 바뀌었음.

부:-등기 (附記登記)[-법] 圏 주(主)등기에 덧붙여 그 일부를 변경하는 등기.

부기우기 (boogie-woogie) 圏〔악〕흑인 음악에서 딴, 한 마디를 8박자로 하는 흥겨운 재즈의 리듬 스타일.

부:-기-장 (簿記帳)[-짱] 圏 부기에 쓰는 장부.

부:-기-학 (簿記學) 圏 부기의 원리와 방법을 연구하는 학문.

부꾸미 참쌀가루·밀가루·수수 가루 따위를 반죽해 넓고 둥글게 번철에 지진 떡. 팥소를 넣기도 함. 전병(煎餅).

부끄러움 圏 부끄러워하는 느낌이나 마음. ▯~을 타다 / ~을 무릅쓰다. ⓐ바그러움. ⓒ부끄럼.

부끄러워-하다 ⵣ타ⵣ 1 부끄러운 태도를 나타내다. 2 무엇을 부끄럽게 여기다. ⓐ바끄러워하다.

부끄러-이 圕 부끄럽게. ▯자신의 직업을 ~여기다.

부끄럼 圏 '부끄러움'의 준말. ▯~을 타다 / 한점 ~ 없도록 최선을 다하다. ⓐ바끄럼.

부끄럽다 [-따](부끄러워, 부끄러우니) 圀ⵣ 1 양심에 거리낌이 있어 남을 대할 면목이 없다. ▯거짓말한 것을 부끄럽게 여기다. 2 스스러움을 느껴 수줍다. ▯신부는 부끄러워 얼굴만 붉히고 있다. ⓐ바끄럽다.

부-나방 圏〔충〕불나방.

부-나비 圏〔충〕불나비.

부:납 (賦納) 圏하ⵣ 부과금을 납부함.

부낭 (浮囊) 圏 1 헤엄칠 때 물이 잘 뜨게 돕는 기구. 부대(浮袋). 2 선박에 비치하는 구명기구. 3〔어〕부레1.

부내 (部內) 圏 1 한 소속의 범위 안. ▯~ 사정에 밝다. 2 관공서·회사에서 부(部)의 구역 안. ↔부외(部外).

부-넘기 圏 솥을 걸 아궁이의 뒷벽(불길이 방고래로 넘어가게 된 곳).

부녀 (父女) 圏 아버지와 딸. ＊모자(母子).

부녀 (婦女) 圏 '부녀자'의 준말.

부녀-자 (婦女子) 圏 결혼한 여자와 성숙한 여자. ⓒ부녀.

부녀-회 (婦女會) 圏 부녀자들로 구성된 모임. 마을·동(洞)·아파트 따위의 지역 사회나 종교 단체에서, 일상생활에 관련한 문제 따위에 공동으로 대처함. ▯마을 ~가 생활용품을 공동으로 구입했다.

부:-농 (富農) 圏 많은 경작지를 가진 농가나 농민. ▯~의 아들. ↔빈농.

부:-농-가 (富農家) 圏 농토나 농사의 규모가 크고 수입이 많은 집안이나 집.

부-늑골 (浮肋骨)[-꼴] 圏〔생〕가늑골.

부-니 (腐泥·浮泥) 圏 조류(藻類)나 하등 수생(水生) 동식물의 유해가 물 밑바닥에 가라앉아 썩어서 생긴 진흙.

부-니-암 (腐泥岩) 圏 부니가 굳어서 된 바위.

부닐다 [부닐어, 부니니, 부니는] ⵣ 가까이 따르며 붙임성 있게 굴다.

부다듯-이 圕 부다듯하게.

부다듯-하다 [-드타-] 圀ⵣ 신열이 나서 불이 달듯 몸이 몹시 뜨겁다.

부다일-내 (不多日內)[-래] 圏 여러 날이 걸리지 않고 며칠 안에.

부닥-뜨리다 ⵣ 닥쳐오는 일에 부딪힐 정도로 맞닥뜨리다.

부닥-치다 ⵣ 1 세게 부딪히다. ▯머리가 벽에 ~. 2 어려운 문제나 반대에 직면하다. ▯난관에 ~.

부닥-트리다 ⵣ 부닥뜨리다.

부단-하다 (不斷-) 圀ⵣ 꾸준하게 잇대어 끊임이 없다. ▯부단한 노력. **부단-히** 圕

부달시의 (不達時宜)[-/-이] 圏 아주 완고하여 시대의 흐름에 따르는 변통성이 없음.

부-담 (負擔) 圏하ⵣ 1 어떤 일을 맡아 의무나 책임을 짐. ▯심적 ~ / 비용을 ~하다 / 위험 ~이 크다 / 위에 ~을 주다. 2 '부담롱'의 준말.

부:-담-감 (負擔感) 圏 의무나 책임을 져야 한다는 느낌. ▯~을 주다 / 시험에 대한 ~ 때문에 잠을 설치다.

부:-담-금 (負擔金) 圏 1 부담하는 돈. 2〔법〕특정 공익사업에 요하는 경비의 전부 또는 일부를 특별한 이해관계를 가진 사람에게 부담시키는 돈. 3〔법〕국가와 지방 자치 단체가 서로 사업비의 일부를 부담하는 금액.

부담기 圏〈옛〉부삽.

부:-담-롱 (負擔籠)[-농] 圏 옷·책 따위를 담아서 말에 싣는 농짝. ⓒ부담.

부:-담-마 (負擔馬) 圏 부담롱을 싣고 그 위에 사람이 탈 수 있도록 꾸민 말.

부:담-스럽다 (負擔-)[-따](-스러워, -스러우니) 圀ⵣ 부담이 되는 듯한 느낌이 있다. ▯지나친 고마움은 친절의 의외이다. **부:담-스레** 圕

부:담-액 (負擔額) 圏 책임지고 내야 할 돈의 액수. ▯나의 ~이 너무 많다.

부답 (不答) 圏하ⵣ 대답하지 아니함.

부답복철 (不踏覆轍)[-뽁-] 圏 선인(先人)의

부당 (不當) **'명'[하formed'][부]** 이치에 맞지 아니함.
❑ ~한 처사 / ~하게 이윤을 남기다 / 누가 보아도 ~ 한 해고이다.

부당 (夫黨) **명** 남편 쪽의 본종(本宗).

부당 (婦黨) **명** 아내 쪽의 본종(本宗).

부당 노동 행위 (不當勞動行爲) 자본가 쪽이 노동자의 단결·교섭·쟁의권 및 조합의 자주성을 침해하는 행위.

부당당-하다 (不當當一) **'형'[어]** 아주 이치에 맞지 아니하다.

부당 이:득 (不當利得)[-니-] **'법'** 정당하지 못한 방법으로 얻은 이익. ❑ ~을 취하다.

부당지사 (不當之事) **명** 정당하지 않은 일.

부당지설 (不當之說) **명** 이치에 맞지 않은 말.

부:대 (附帶) **'명'[하타]** 기본이 되는 것에 결달아 서 덧붙임. ❑ ~ 조건.

부:대 (負袋) **명** 종이·피륙 등으로 만든 큰 자루. 포대(包袋). ❑ 밀가루 ~ / ~에 곡식을 담다.

부대 (浮袋) **명** 부낭(浮囊)1.

부대 (浮貸) **'명'[하타]** 『경』 금융 기관·회사 따위 의 회계원이 직무를 이용하여 부정 대출을 하는 일.

부대 (部隊) **명** 1 일정한 규모로 편성된 군대 조직. ❑ 포병 ~ / 주력 ~ / 휴가를 마치고 ~ 에 복귀하다. 2 어떠한 공통의 목적을 가진 집단. ❑ 박수 ~ / 오빠 ~.

부대끼다 [자] 1 무엇에 시달려서 괴로움을 당하 다. ❑ 생활에 ~ / 어린아이들에게 부대껴 못 살겠다. 2 배 속이 탈이 나서 쓰리거나 메슥 거리다. ❑ 속이 부대껴 고생했다. 〈작〉보대끼 다. 3 다른 것에 자꾸 부딪치다. 4 여러 사람 과 만나거나 겪으며 지내다.

부:대 면:적 (附帶面積) 건물에 부속되어 보조적인 구실을 하는 공간이나 방의 면적.

부:대-범 (附帶犯) **명** 『법』 이미 기소된 범죄에 덧붙은 범죄.

부-대부인 (府大夫人) **명** 『역』 대원군의 아내 에게 주던 작호.

부대불소 (不大不小)[-쏘] **'명'[하]** 크지도 작지 도 않고 알맞음.

부:대-사건 (附帶事件)[-껀] **명** 어떤 사건에 덧붙어서 생기는 사건.

부:대-사업 (附帶事業) **명** 주장되는 사업에 덧 붙여서 하는 사업.

부:대 상:고 (附帶上告) 『법』 민사 소송법에 서, 피고인이 제일심이나 제이심의 판결 가 운데 자기에게 불리한 부분의 변경을 요구하 는 신청.

부:대 상:소 (附帶上訴) 『법』 민사 소송법에 서, 판결에 대한 불복이 있을 때 피상소인이 상대자의 상소에 덧붙여 하는 불복의 신청. 그중에 제일심의 판결에 대하여 하는 것을 부대 항소, 제이심의 판결에 대하여 하는 것 을 부대 상고라 함.

부:대-시설 (附帶施設) **명** 기본이 되는 건축물 따위에 덧붙이는 시설.

부대-장 (部隊長) **명** 『군』 한 부대를 지휘·통 솔하는 최고 지휘관.

부대-찌개 (部隊一) **명** 햄·소시지 따위를 재료 로 하여 끓인 찌개(예전에 미군 부대에서 나 온 고기로 끓인 데서 유래한 말).

부:대 청구 (附帶請求) 『법』 민사 소송에서, 주되는 청구에 덧붙어서 청구되는 과실·손해 배상·위약금(違約金)·권리 행사 비용 따위의 청구. ❑ ~를 제출하다.

부-대체물 (不代替物) **명** 『법』 일반 거래에서,

그 개성(個性)에 중점을 두고 거래되기 때문 에 다른 동종(同種)의 물건과 바꿀 수 없는 목적물(토지·예술품 따위). ↔대체물.

부:대-하다 (富大一) **'형'[여]** 살이 쩌서 몸이 뚱뚱 하고 크다. ❑ 부대한 몸집.

부:대 항:소 (附帶抗訴) 『법』 민사 소송법에 서, 피항소인이 상대편의 항소에 덧붙여서 자 기에게 불리한 부분의 변경을 요구하는 신청.

부덕 (不德) **'명'[하형]** 덕이 없거나 부족함. ❑ 이 모든 것이 다 제 ~의 소치입니다.

부덕 (婦德) **명** 부녀자가 지켜야 할 덕행.

부도 (不渡) **명** 『경』 수표·어음을 가진 사람이 기한이 되어도 지급인한테서 그 수표·어음에 대한 지급을 받을 수가 없는 일. ❑ 연쇄 ~가 나다 / ~를 막다.

부:도 (附圖) **명** 어떤 책에 부속된 지도나 도 표. ❑ 지리 ~ / 역사 ~.

부도 (浮屠·浮圖) **명** 『불』 1 부처. 2 고승(高僧) 이 죽은 뒤에 그 유골을 안치하여 세운 둥근 돌탑. 승탑(僧塔). 3 승려.

부도 (婦道) **명** 여자가 마땅히 지켜야 할 도리. ❑ ~를 닦다.

부도-나다 (不渡一) [자] 기한이 되어도 수표나 어음에 대한 지급을 받지 못하게 되다.

부도-내다 (不渡一) [타] 기한이 되어도 수표나 어음에 대한 지급을 하지 못하게 되다.

부-도덕 (不道德) **'명'[하형]** 도덕에 어긋남. 부덕 의. ❑ ~한 사기 행위.

부도 수표 (不渡手票) 지급 날짜에 지급 은행 에서 지급을 거절당한 수표. 공수표.

부:-도심 (副都心) **명** 대도시의 팽창에 따라 변두리에 생기는 부차적인 중심지.

부도 어음 (不渡一) 『경』 부도가 나서 지급인 으로부터 돈을 지급받지 못하는 어음.

부도-옹 (不倒翁) **명** 오뚝이[.

부도-율 (不渡率)[-쯀] **명** 부도가 발생하는 비율. ❑ ~이 늘어나는 추세.

부-도체 (不導體) **명** 『물』 전기·열 등을 전하 지 못하거나 전도도가 낮은 물체(유리·에보 나이트 등은 전기의 부도체이며, 솜·석면·재 (灰) 등은 열의 부도체임). 불량 도체. 절연 체. ↔도체·양도체.

부:-독본 (副讀本)[-뽄] **명** 주된 독본에 딸려 보조적으로 쓰는 학습용의 독본. ↔정독본.

부동 (不同) **'명'[하형]** 서로 같지 않음. ❑ 말과 행 동이 ~하면 신임을 받을 수가 없다.

부동 (不動) **'명'[하자]** 1 물체나 몸이 움직이지 않 음. ❑ ~의 자세. 2 생각이나 의지가 흔들리 지 않음. ❑ ~의 목표 / ~의 신념 / 국가 대표 ~의 4번 타자.

부동 (浮動) **'명'[하자]** 1 물이나 공기 중에 떠서 움직임. 2 고정되어 있지 않고 움직임. ❑ ~ 인구.

부동 (苻同) **'명'[하자]** 그른 일을 하기 위해 몇 사 람이 결탁하여 한통속이 됨.

부동 관절 (不動關節) 『생』 관절의 하나. 두 뼈가 단순히 연결되어 있을 뿐, 관절 운동이 적은 뼈의 연결부(連結部). ↔가동 관절.

부동-명왕 (不動明王) **'명'[불]** 팔대(八大) 명왕 의 하나(대일여래(大日如來)가 모든 악마와 번뇌를 항복시키기 위해 변화하여 분노한 모 습을 나타낸 것). 부동존(不動尊).

부동-산 (不動産) **'명'[법]** 토지·가옥·임야와 같 이 이동할 수 없는 재산. ❑ ~ 매매 / ~ 경

기 / ～에 대한 투자. ↔동산.

부동산 금융 (不動産金融)[-늉 /-금융] 〖경〗 부동산을 담보로 자금을 융통하는 일.

부동산 등기 (不動産登記) 〖법〗 부동산에 관한 권리관계를 일반에 공시(公示)하기 위해 등기부에 기재하는 것.

부동산 보험 (不動産保險) 부동산에서 발생하는 손해를 보상하는 보험.

부동산 신탁 (不動産信託) 〖경〗 부동산 소유자가 소유권을 신탁 회사에 이전하면, 신탁회사는 신탁을 받은 부동산을 운용한 뒤 수익을 배당해 주는 제도.

부동산-업 (不動産業)[명] 부동산의 매매·교환·대차(貸借)·관리의 일을 대신하거나 중개를 하는 사업. ○～으로 성공한 사람.

부동산-질 (不動産質)[명] 〖경〗 부동산을 목적으로 하는 질권. ↔동산질.

부동산 취·득세 (不動産取得稅)[-쎄] 부동산의 취득에 대해 그 취득 가격을 표준으로 하여 취득자에게 과하는 조세.

부동산 투기 (不動産投機) 시세 차익을 취하려고 토지·건물 따위를 전문으로 사고파는 일. ○～로 재미를 보았다.

부동-성 (浮動性)[-씽] 기초가 정해지지 않아 확정성이 없는 성질.

부동 소·수점 수 (浮動小數點數)[-점-] 〖컴〗 정수나 소수에 10의 정수 제곱을 곱한 수. $5.328 \mathrm{E}^{-8}$, $1.057 \mathrm{E}^{+10}$ 등을 일컫는데, E는 10을 나타냄.

부-동심 (不動心)[명][하자] 마음이 외계의 충동을 받아도 흔들리지 않음.

부동-액 (不凍液)[명] 자동차 엔진의 냉각수를 얼지 않게 하기 위해 쓰는 액체.

부동 자금 (浮動資金) 일정한 자산으로 붙박여 있지 않고, 투기적 이익을 얻기 위하여 시장에 유동하고 있는 대기성(待機性) 자금.

부동-자세 (不動姿勢)[명] 움직이지 아니하고 똑바로 서 있는 자세. ○～를 취하다.

부동-존 (不動尊)[명] 〖불〗 '부동명왕(不動明王)'의 존칭.

부동-주 (不動株)[명] 〖경〗 투기적 이익을 얻기 위해 항상 시장에서 매매되고 있는 주식. ↔고정주(固定株).

부동-초 (不動哨)[명] 〖군〗 일정한 초소에서 위치를 떠나지 않고 근무하는 초병(哨兵). 입초(立哨). ↔동초.

부동-표 (浮動票)[명] 그때그때의 정세나 분위기에 따라 지지하는 후보나 정당이 변화할 가능성이 있는 표. ↔고정표.

부동-항 (不凍港)[명] 겨울에도 얼지 않는 항구.

부두 (埠頭)[명] 항구에서, 배를 대어 사람이 타고 내리거나 짐을 싣고 부리는 곳.

부두-세 (埠頭稅)[-쎄][명] 선박 소유주가 국가에 내는 부두의 사용료.

부둑-부둑 [-뿌][무][하형] 물기가 거의 말라 약간 뻣뻣하고 굳은 모양. ⓐ보독보독. ⓔ뿌둑뿌둑.

부둑-하다 [-두카-][형어] 물기가 거의 말라 좀 뻣뻣하다. ⓐ보독하다. ⓔ뿌둑하다.

부둣-가 (埠頭-)[-까/-둗까][명] 부두가 있는 근처.

부둥-부둥[명][하형] 통통하게 살이 찌고 부드러운 모양. ⓐ보둥보둥. ㉠푸둥푸둥.

부둥켜-안다 [-따][타] 두 팔로 꼭 끌어안다. ○승리한 팀은 서로 부둥켜안으며 기뻐했다.

부둥키다[타]〔←붙움키다〕두 팔로 힘껏 안거

나 두 손으로 힘껏 붙잡다. ○배를 부둥키고 웃다.

부둥-팔 [-판][명] 1 여물었으나 덜 말라 부둥부둥한 팔. 2 아주 굵고 밝은 팔.

부드드-하다[형어] 인색하게 꽉 쥐고 내놓지 않으려는 태도가 있다. ⓔ뿌드드하다.

부드득[명][하자타] 1 단단하고 질기거나 반질반질한 물건을 되게 맞비빌 때 나는 소리. 2 무른 똥을 힘들여 눌 때 나는 소리. ⓐ바드득. ⓔ뿌드득. ㉠푸드득.

부드득-거리다 [-끼-][자타] 1 부드득 소리가 자꾸 나다. 또는 그런 소리를 자꾸 내다. 2 무른 똥을 힘들여 눌 때에 나는 소리가 자꾸 나다. 또는 그런 소리를 자꾸 내다. ⓐ바드득거리다. **부드득-부드득** [-뿌][무][하자타]

부드득-대다 [-때-][자타] 부드득거리다.

부드러-이[무] 부드럽게.

부드럽다 [-따][부드러워, 부드러우니][형ㅂ] 1 거칠거나 딱딱하지 않고 물러서 매끈매끈하다. ○부드러운 옷감. 2 성질이나 태도가 곱고도 순하다. ○부드러운 마음 / 말씨가 아주 ～. 3 태도·움직임이 유연하다. ○동작이 매우 ～. 4 술이 독하지 않다. ⓐ보드랍다.

부드레-하다[형어] 1 아주 부드러운 느낌이 있다. ○부드레한 눈길. 2 약하여 맞설 힘이 없다. ⓐ보드레하다.

부득[무][하자타] '부드득'의 준말.

부득-거리다 [-끼-][자타] '부드득거리다'의 준말.

부득기소 (不得其所)[-끼-][명][하자] 부득기위.

부득기위 (不得其位)[명] 훌륭한 소질과 실력을 갖고도 적당한 지위를 얻지 못함. 부득기소.

부득-대다 [-때-][자타] 부득거리다.

부득-부득 [-뿌][무] 자기 고집만 자꾸 부리거나 졸라 대는 모양. ○～ 우기다. ⓐ바득바득1. ⓔ뿌득뿌득.

부득-불 (不得不)[-뿔][무] 하지 아니할 수 없어. 마지못하여. ○～ 사직하게 되었다. ＊불가불.

부득요령 (不得要領)[-뇨-][무] 요령부득.

부득의 (不得意)[-드긔 /-드기][명][하형] 뜻을 이루지 못함.

부득이 (不得已)[무][하형] 마지못해 하는 수 없이. 불가부득(不可不得). ○～한 사정이 있어 결근했다.

부득지 (不得志)[-찌][명][하자] 때를 만나지 못하여 품은 뜻을 펴지 못함.

부득책 (不得策)[명] 계책이 서지 아니함.

부들[1][명] 〖식〗 부들과의 여러해살이풀. 개울가·연못가에 남. 줄기는 곧고, 잎은 가늘고 짎. 여름에 황인동 모양의 누런 꽃이 피며 꽃가루는 지혈제로 씀. 잎·줄기는 자리·부채 따위를 만드는 데 씀. 향포(香蒲).

부들[2][명] 〖악〗 명주실을 꼬아 현악기의 현을 연결하는 데에 쓰는 줄. 염미(染尾).

부들-거리다[자타] 자꾸 몸을 크게 부르르 떨다. ⓐ바들거리다. **부들-부들**[1][무][하자타]

부들기[명] 잇딴 부분의 뿌리 쪽. ○어깨 ～.

부들-대다[자타] 부들거리다.

부들-부들[2][무][하형] 살갗에 닿는 느낌이 매우 부드러운 모양. ⓐ보들보들.

부들-부채[명] 부들의 줄기로 결어 만든 부채.

부들-자리[명] 부들의 잎이나 줄기로 엮어 만든 자리. 포석(蒲席).

부듯-이[무] 부듯하게. ⓐ바듯이. ⓔ뿌듯이.

부듯-하다 [-드타-][형어] 1 집어넣거나 채우는 것이 한도보다 조금 더하여 불룩하다. ○돈

봉투가 ~. **2** 기쁨·감격 따위의 감정이 마음
에 가득 차서 벅차다. ◻가슴 부듯한 이야기.
働뿌듯하다.
부등-가 (不等價)[-까] 圀 값이나 가치가 같지
않음.
부등-가리 圀 아궁이의 불을 담아낼 때 부삽
대신으로 쓰는 기구. 흔히 오지그릇이나 질
그릇의 깨진 조각으로 만들어 씀.
부등-깃 [-긷] 圀 갓 태어난 날짐승 새끼의 다
자라지 못한 약한 깃.
부등변 삼각형 (不等邊三角形)[-가켱]《數》
세 변의 길이가 모두 다른 삼각형.
부등속 운:동 (不等速運動)《物》 속도가 일정
하지 않은 운동. ↔등속 운동.
부등-식 (不等式) 圀《數》 두 수나 두 식을 부
등호로 연결한 관계식. ↔등식.
부등-엽 (不等葉) 같은 나무에 달려 있으면
서도 위치에 따라 크기나 모양이 다른 잎.
부등-표 (不等標) 圀 부등호(不等號).
부등-하다 (不等-)혬 **1** 층이 져서 고르지
않다. **2** 서로 같지 않다.
부등-호 (不等號) 圀《數》 두 개의 수식 사이에
두어 그 수식의 대소 관계를 나타내거나 같
지 않음을 나타내는 부호('>·<·≠'의 세
가지). 부등표.
부:디 團 '바라건대·꼭·아무쪼록'의 뜻으로 남
에게 부탁하거나 청할 때에 쓰는 말. ◻몸
조심하십시오 / 모임에 ~ 참석하십시오.
부디기 圀 삶는 국수를 솥에서 건지는 기구.
부:디-부디 團 '부디'를 강조해 일컫는 말.
부딪다 [-딛따]재타 물건과 물건이 서로 힘있
게 마주 닿다. 또는 힘있게 마주 대다. ◻두
대의 자동차가 정면으로 ~.
부딪-뜨리다 타 아주 힘있게 부딪게 하다.
부딪-치다 [-딛-]재타 '부딪다'를 강조해 일
컫는 말. ◻기둥에 머리를 ~.
부딪-치이다 [-딛-]재《'부딪치다'의 피동》
부딪침을 당하다.
부딪-트리다 타 부딪뜨리다.
부딪-히다 [-디치-]재《'부딪다'의 피동》부
딪음을 당하다. ◻승용차가 트럭에 부딪혀
전복되었다.
부뚜 〔←붗돗〕 타작마당에서 티끌·쭉정이·
검부러기 따위를 날리기 위해 바람을 일으키
는 데 쓰는 돗자리. 풍석(風席).
부뚜-막 圀 아궁이 위에 솥이 걸린 언저리.
[부뚜막의 소금도 집어넣어야 짜다] 손쉬운
일이나 좋은 기회가 있어도 힘을 들여야 한
다는 말.
부뚜-질圀하타 곡식의 티끌·쭉정이·검부러기
따위를 없애려고 부뚜를 흔들어서 바람을 일
으키는 일. 풍석질.
부라 캅 대장간에서 풀무질을 하는 데 불을 불
라고 시키는 소리.
부라리다 타 위협하느라고 눈을 크게 하여 눈
망울을 사납게 굴리다. ◻눈을 부라리며 호
통치다.
부라-부라 캅 부라질을 시킬 때 쓰는 말.
二團 어른들의 부라질에 따라 어린아이가 두
다리를 번갈아 오르내리는 동작.
부라-질圀하타 **1** 젖먹이의 두 겨드랑이를 껴
서 붙잡거나 두 손을 잡고 좌우로 흔들며 두
다리를 번갈아 오르내리게 하는 짓. **2** 몸을
좌우로 흔드는 짓.
부라퀴 圀 **1** 야물고도 암팡스러운 사람. **2** 자
신에게 이로운 일이면 악착같이 덤비는 사람.
부락 (部落) 圀 마을[1].
부락-민 (部落民)[-랑-] 圀 부락에 사는 사람.

마을 사람.
부란 (孵卵) 圀하자타 알에서 깨거나 알을 깜.
부:란 (腐爛) 圀하자 썩어 문드러짐.
부란-기 (孵卵器) 圀 달걀·물고기의 알을 인공
적으로 까는 기구. 부화기.
부랑 (浮浪) 圀하자 일정한 주거나 직업이 없이
이리저리 떠돌아다님.
부랑-배 (浮浪輩) 圀 부랑자의 무리. 부랑패.
부랑-아 (浮浪兒) 圀 부모나 보호자의 곁을 떠
나 일정하게 사는 곳과 하는 일 없이 떠돌아
다니는 아이.
부랑-자 (浮浪者) 圀 일정하게 사는 곳과 직업
없이 떠돌아다니는 사람.
부랑-패 (浮浪牌) 圀 부랑배.
부랑-패류 (浮浪悖類) 圀 일정한 주거나 직업
없이 떠돌아다니며 못된 짓이나 하는 무리.
부랴-부랴 團 매우 급히 서두르는 모양. ◻-
따라나섰지만 그는 이미 떠났다.
부랴-사랴 團 몹시 부산하고 황급히 서두르는
모양. ◻사고 소식을 듣고 ~ 병원으로 달려
갔다.
부러 團 실없이 거짓으로. 일부러. ◻~ 딴청
을 부리다.
부러-뜨리다 타 단단한 물건을 꺾어서 부러지
게 하다. ◻연필을 ~.
부러워-하다 혬 부럽게 생각하다. ◻사업에
성공한 그녀를 많은 사람들이 부러워했다.
부러-지다 재 **1** 꺾어져 둘로 겹쳐지거나 동강
이 나다. **2** 〈거센 바람에 나뭇가지가 ~ **2** (흔
히, 부사 '딱·똑'과 함께 쓰여) 말이나 행동
따위를 확실하고 단호히 하다. ◻우물거리지
말고 딱 부러지게 말해 봐.
[부러진 칼자루에 옻칠하기] 쓸데없는 일에
노력을 함을 이르는 말.
부러-트리다 타 부러뜨리다.
부:럼 圀 **1** 음력 정월 보름날 아침에 깨물어
먹는 밤·잣·호두·땅콩 따위. ◻~을 깨물다.
2 團 부스럼.
부럽다 [-따][부러워, 부러우니] 혬団 남의 좋
은 것을 보고 저도 그렇게 되고 싶거나 그런
것을 가지고 싶은 마음이 간절하다. ◻공부를
잘하는 남의 아들이 정말 ~.
부레 圀 **1** 물고기의 배 속에 있는 얇은 혈질의
공기주머니(이것을 벌렸다 오므렸다 함에 따
라 물에 뜨고 잠기고 함). 부낭. 어표(魚鰾).
2 '부레풀'의 준말.
부레-끓다 [-끌타] 재《俗》 몹시 성이 나다.
부레-끓이다 [-끄리-] 타《俗》《'부레끓다'의
사동》 부레끓게 하다.
부레-뜸 圀하타 연줄을 빳빳하고 세게 하기 위
해 부레 끓인 물을 먹이는 일.
부레-질 圀하타 부레풀로 물건을 붙이는 일.
부레-풀 圀 민어의 부레를 끓여서 만든 풀. 부
착력이 강함. 어교(魚膠). 어표교(魚鰾膠). 働
부레.
부력 (浮力) 圀《物》 기체나 액체 속에 있는 물
체가 그 표면에 작용하는 압력에 의해서 중
력에 반대되는 위쪽으로 뜨는 힘.
부:력 (富力) 圀 재산의 정도. **2** 재산이 많으
므로 해서 생기는 세력.
부:련 (副輦) 圀《歷》 거둥 때 임금이 탄 연(輦)
보다 앞서 가던 빈 연. 공련(空輦).
부:렴 (賦斂) 圀하타《歷》 조세를 매겨서 거둠.
부령 (部令) 圀《法》 행정 각부 장관이 소관 사
무에 관해 그의 직권이나 특별 위임에 의해
발하는 명령. ◻교육~.

부:령(副令)**명**《역》조선 때, 종친부(宗親府)에 둔 종오품(從五品)의 벼슬(감(監)의 위, 영(令)의 아래).

부:령(副領)**명**《역》대한 제국 때 둔 영관(領官) 계급의 하나(정령(正領)의 아래, 참령(參領)의 위).

부로(父老)**명** 동네에서 나이가 많은 남자 어른을 높여 이르는 말.

부로(俘虜)**명** 포로(捕虜)1.

부:록(附錄)**명** 1 본문의 끝에 덧붙이는 기록. ▷~으로 싣다 / ~을 덧붙이다. 2 신문·잡지 등의 본지 외로 덧붙여 따로 내는 지면이나 책자. ▷별책 ~.

부룡(浮龍)**명**《건》돈용.

부루 명 한꺼번에 없애지 않고 오래가도록 늘여서. ▷양식을 ~ 먹다.

부루-나가다 재 써서 없어질 때가 된 물건이 조금 남아 있게 되다.

부루-말 명 ☞흰말.

부루퉁-이 명 불룩하게 내밀거나 솟은 물건.

부루퉁-하다 형여 1 부풀어 오르거나 부어서 불룩하다. 2 불만스럽거나 못마땅한 빛이 얼굴에 나타나 있다. ▷부루퉁한 얼굴로 말도 안 하다. ♠보루퉁하다. ♣뿌루퉁하다. **부루퉁-히 부**

부룩 명 곡식·채소를 심은 밭두둑 사이나 빈틈에 다른 농작물을 듬성듬성 심는 일.

부룩(을) 박다[치다] 관 곡식·채소를 심은 밭의 사이사이에 다른 농작물을 심다.

부룩-소[-쏘]**명** 작은 수소.

부룩-송아지[-쏭-]**명** 길들이지 않은 송아지.

부룻[-룯]**명** 무더기로 놓인 물건의 부피.

부룻-동[-룯똥 / -룯똥]**명** 상추의 줄기.

부류(部類)**명**하교 떠서 흐름.

부류(部類)**명**하교 종류에 따라 나누어 놓은 갈래. ▷같은 ~에 속하다 / ~가 다르다 / 거짓말을 일삼는 ~도 많다.

부류 기뢰(浮流機雷) 1 적함의 통로·정박처 근처의 물 위 또는 물속에 떠다니게 하는 기뢰. 부유 기뢰. 2 매어 둔 줄이 끊어져 흘러 나간 기뢰.

부르-걷다[-따]**타** 1 옷의 소매나 바짓가랑이를 걷어 올리다. 2 (주로 '부르걷고'의 꼴로 쓰여) 어떤 일에 적극적으로 나서다. ▷그는 힘든 일에도 선뜻 소매를 부르걷고 나섰다.

부르다¹〔불러, 부르니〕**타여** 1 말이나 행동 따위로 남을 오라고 하다. ▷나는 부르는 소리에 뒤를 돌아보았다. 2 명단 따위를 소리 내어 읽다. ▷출석을 ~. 3 말을 받아 적도록 또박또박 읽다. ▷전화번호를 불러 줄 테니 받아 적어라. 4 노래의 가사를 소리 내다. ▷어깨동무를 하고 응원가를 ~. 5 값이나 액수를 얼마라고 말하다. ▷그 가게는 옆 가게보다 값을 비싸게 불렀다. 6 만세 따위를 소리 내어 외치다. ▷구호를 ~ / 그는 속으로 쾌재를 불렀다. 7 어떤 일을 위해 나서게 하거나 동참하도록 유도하다. ▷조국이 우리를 부른다. 8 어떤 결과를 가져오다. ▷화는 또 다른 화를 부른다. 9 청하여 오게 하다. ▷의사를 ~. 10 가리켜 무엇이라고 말하다. 일컫다. ▷사람들은 그를 천재라고 불렀다.

부르는 게 값이다 관 값이 일정하지 않고 그때그때 다르다.

부르다²〔불러, 부르니〕**형여** 1 먹은 것이 많아 배 속이 꽉 찬 느낌이 들다. ▷배가 부르도록 실컷 먹다. 2 불룩하게 부풀어 있다. ▷임신

하여 배가 ~.

부르-대다 재 남을 나무라는 것처럼 야단스럽게 떠들어 대다.

부르르 부 1 춥거나 무서워서 갑자기 몸을 움츠리면서 떠는 모양. 2 한데 모인 나뭇개비에 불이 붙어 타오르는 모양. 3 좁은 그릇에 물이 끓어오르는 모양이나 소리. ♠보르르. ㉯푸르르. *바르르·버르르.

부르릉 부 자동차·오토바이 따위가 발동할 때 나는 소리. ▷자동차가 ~ 시동을 걸다.

부르릉-거리다 재타 자꾸 부르릉 소리를 내다. 또는 자꾸 부르릉 소리가 나다. **부르릉-부르릉 부**하교**자타**

부르릉-대다 재타 부르릉거리다.

부르주아(ㅍ bourgeois)**명** 1 중세 유럽 도시에서 중산 계급의 시민. 2 근대 사회에서, 자본가 계급에 속하는 사람. ↔프롤레타리아. 3〈속〉부자.

부르주아 국가(bourgeois國家)[-까] 자본가 계급이 지배권을 가진 국가.

부르주아 문학(bourgeois文學)《문》시민(市民) 문학.

부르주아 사회(bourgeois社會) 1 시민 사회. 2 자본주의 사회.

부르주아지(ㅍ bourgeoisie)**명** 자본가 계급. 시민 계급. ↔프롤레타리아트.

부르주아 혁명(bourgeois革命)[-혀-] 프랑스 혁명처럼 부르주아지의 지도하에 봉건 제도를 타파하고 자본주의적인 여러 관계를 확립한 사회 혁명. 시민 혁명.

부르-쥐다 타 주먹·막대기 따위를 힘들여 단단히 쥐다. ▷두 주먹을 불끈 ~.

부르-짖다[-짇따]**재** 1 격한 감정을 억누르지 못하여 소리 높여 크게 떠들다. ▷만세를 ~. 2 어떤 주장이나 의견을 열심히 말하다. ▷자연보호를 ~.

부르짖음 명 부르짖는 일. ▷환경 문제에 대한 그의 ~은 절실하다.

부르카(burqa)**명** 이슬람 여성들이 얼굴을 가리기 위하여 걸치는 천.

부르터-나다 재 묻혔던 일이 드러나다.

부르트다〔부르터, 부르트니〕**재** 1 살가죽이 들뜨고 그 속에 물이 생기다. ▷손발이 부르트도록 일을 하다. 2 물것에 물려 살이 도톨도톨하게 부어오르다. 3 비유적으로, 성이 나다. ㉯부풀다.

부름 명 어떤 일로 불러들이는 일. ▷조국의 ~을 받다.

부름자리-토씨[-짜-]**명**《언》'호격 조사'의 풀어쓴 말.

부름-켜 명《식》형성층.

부릅-뜨다[-떠-]**타** 무섭고 사납게 눈을 크게 뜨다. ▷두 눈을 부릅뜨고 호통을 치다.

부릅-뜨다[-를따-]**재** '부르트다'의 준말.

부리¹명 1 새나 짐승의 주둥이. ▷~로 쪼다. 2 물건의 끝이 뾰족한 부분. ▷기관총 ~를 겨누다. 3 병처럼 속이 빈 물건의 한끝이 터진 부분의 일컬음. ▷주전자 ~.

부리(가) 잡히다 관 종기의 한가운데가 곪아 뾰족해지다.

부:리²명 한 집안의 조상의 혼령이나 그 집에서 선대로부터 대대로 모시는 귀신을 무당이 일컫는 말.

부리(가) 세다 관 그 집의 귀신이 드세다.

부:리(附利)**명** 이자가 붙음.

부리나게 부〔←불이 나게〕아주 급하게. ▷지각할까 봐 ~ 뛰어갔다.

부리다¹ 1 마소나 다른 사람을 시켜 일하게

하다. ▯하인을 마구 ~. **2** 기계나 기구 따위를 마음대로 조종하다. ▯익숙한 솜씨로 자동차를 ~. **3** 어떤 행동이나 성질을 드러내거나 보이다. ▯욕심을 ~/ 고집을 ~. **4** 재주나 꾀를 피우다. ▯묘기를 ~/~수단을 ~.

부리다² 〔타〕 **1** 마소·수레·자동차 따위에 실렸던 짐을 풀어 내려놓다. ▯이삿짐을 문 앞에 ~. **2** 활시위를 벗기다.

부리-망 (-網) 〔명〕 가는 새끼로 그물같이 얽어서 소의 주둥이에 씌우는 물건. 소를 부리는 동안 곡식이나 풀을 뜯지 못하게 하려고 씌움.

부리-부리 〔부하형〕 눈망울이 크고 열기가 있는 모양. ▯~한 눈으로 노려보다.

부리이다 〔자〕('부리다'의 피동) 남의 부림을 받다.

부린-활 〔명〕 활시위를 벗긴 활. ↔얹은활.

부림-꾼 〔명〕 남에게 부림을 받는 사람.

부림-말 〔명〕〔언〕 목적어(目的語).

부림자리-토씨 〔-짜-〕 〔명〕〔언〕 목적격 조사.

부마 (夫馬) 〔명〕 마부와 말.

부:마 (付魔) 〔명하자〕 귀신 들리는 일.

부:마 (副馬) 〔명〕 필요에 따라서 주로 사용하는 말을 대신해 쓰기 위해 함께 끌고 다니는 말.

부:마 (駙馬) 〔명〕 '부마도위'의 준말.

부:마-도위 (駙馬都尉) 〔명〕 임금의 사위. 국서(國壻). 의빈(儀賓). ⓒ도위(都尉)·부마(駙馬).

부:마-자 (付魔者) 〔명〕 육신에 마귀가 붙거나 귀신 들린 사람.

부말 (浮沫) 〔명〕 물거품1.

부:망 (副望) 〔명〕〔역〕 삼망(三望) 중에서 둘째 가는 사람.

부망 (敷網) 〔명〕 얕은 바다에 치는 정치망. 가자미·청어 따위를 잡음.

부맥 (浮麥) 〔명〕 밀의 쭉정이.

부맥 (浮脈) 〔명〕 피부에 손끝을 대기만 해도 맥이 뛰는 것을 알 수 있는 맥. *침맥(沈脈).

부메랑 효:과 (boomerang效果) 〔경〕 선진국이 개발도상국에 대하여 경제 원조나 자본 투자를 한 결과, 그 생산이 현지의 수요보다 남아돌아 다시 선진국으로 역(逆)수출되어 선진국의 해당 산업과 경쟁하게 되는 일.

부면 (部面) 〔명〕 어떤 대상을 나누거나 분류하여 이루어진 몇 부분이나 측면 가운데의 어느 한 면.

부명 (父名) 〔명〕 아버지의 이름.

부명 (父命) 〔명〕 아버지의 명령. 부교(父敎).

부명 (浮名) 〔명〕 허명(虛名).

부:명 (富名) 〔명〕 부자라는 소문.

부모 (父母) 〔명〕 아버지와 어머니. 어버이. 양친. ▯~를 공경하다.

부모-국 (父母國) 〔명〕 조국(祖國)1.

부모-님 (父母-) 〔명〕 '부모'의 높임말.

부모-상 (父母喪) 〔명〕 어버이의 상사. 친상(親喪). ▯~을 당하다.

부:목 (負木) 〔명〕 절에서 땔나무를 해 들이는 사람. *불목하니.

부목 (浮木) 〔명〕 물 위에 떠 있는 나무.

부:목 (副木) 〔명〕 팔다리의 외상·염증 또는 골절했을 때에 뼈나 근육을 고정시키기 위하여 일시적으로 대는 나무 따위. ▯~을 대다.

부:목 (腐木) 〔명〕 썩은 나무.

부:문 (赴門) 〔명하자〕〔역〕 과거를 보기 위하여 과장(科場)에 들어가던 일.

부:문 (訃聞) 〔명〕 부고(訃告)가 왔다는 소식.

부문 (浮文) 〔명〕 겉만 그럴듯하고 실속은 없는 경박한 문장.

부문 (部門) 〔명〕 일정한 기준에 따라 갈라놓은 분류. ▯인문 과학 ~.

부문-별 (部門別) 〔명〕 각 영역 특성에 따라 나누어진 하나하나. ▯~로 세분화되다.

부민 (浮民) 〔명〕 일정한 곳에 정착하지 못하고 이곳저곳으로 떠돌아다니는 백성.

부:민 (富民) 〔명〕 살림이 넉넉한 백성.

부:바 〔감하〕 '어부바'의 준말.

부박-하다 (浮薄-) 〔-바카-〕 〔형어〕 천박하고 경솔하다. ▯부박한 행동은 삼가자.

부:방 (赴防) 〔명하자〕〔역〕 조선 때, 다른 도(道)의 군대가 서북 변경을 방어하기 위해 파견 근무를 하던 일.

부방 (趺方) 〔명〕 신주 밑에 까는 네모진 받침.

부-방파제 (浮防波堤) 〔명〕 파도를 막기 위하여 항만의 일정한 장소에 잇대어 놓은 방주(方舟)나 뗏목 따위.

부:배합 (富配合) 〔명하자〕 콘크리트를 만들 때 지정된 분량보다 시멘트를 많이 넣고 하는 배합. ↔빈배합.

부:벽 (付壁) 〔명〕 벽에 붙이는 글씨나 그림.

부:벽-서 (付壁書) 〔-써〕 〔명〕 종이 따위에 써서 벽에 붙이는 글이나 글씨.

부별 (部別) 〔명하타〕 많은 것을 몇 부문이나 종류로 나눔.

부:별 (賦別) 〔명하타〕 나누어 배당함.

부:병 (富兵) 〔명〕 강병(强兵).

부:보 (訃報) 〔명〕 부고(訃告).

부보 (部譜) 〔명〕〔악〕 합주할 때의 각 음부(音部)의 악보.

부:복 (俯伏) 〔명하자〕 고개를 숙이고 엎드림. ▯어전에 ~하여 아뢰다.

부:본 (副本) 〔명〕 원본과 동일한 사항을 기재한 문서. 원본의 예비나 사무 정리를 위해 만듦. 부서(副書). ↔정본.

부부 (夫婦) 〔명〕 남편과 아내. 결혼한 한 쌍의 남녀. 내외. 부처(夫妻). ▯~ 생활 / ~ 관계 / 맞벌이 ~.

[부부 싸움은 칼로 물 베기] 칼로 물을 베어도 흔적이 없듯이 내외간의 싸움은 화합하기 쉬움을 이르는 말.

부-부 (副) 〔부〕 잇따라 나는 기적 소리.

부부-간 (夫婦間) 〔명〕 부부 사이. 부부지간. 내외간. 내외지간. ▯~에 금실이 좋다.

부부 동반 (夫婦同伴) 집 밖에서 부부가 함께 움직이는 일. ▯~인 모임에 참석하다.

부부-성 (夫婦星) 〔명〕 견우성과 직녀성.

부부-애 (夫婦愛) 〔명〕 부부의 사랑.

부부-유별 (夫婦有別) 〔명하형〕 오륜의 하나(부부 사이에는 서로 침범치 못할 인륜의 구별이 있음).

부-부인 (府夫人) 〔명〕〔역〕 조선 때, 대군의 아내와 왕비의 어머니의 작호.

부부 재산제 (夫婦財産制) 〔법〕 혼인으로 말미암아 생기는 부부의 재산 관계를 규정하는 제도.

부부지약 (夫婦之約) 〔명〕 혼약(婚約).

부부지정 (夫婦之情) 〔명〕 부부간의 애정.

부분 (部分) 〔명〕 전체를 몇 개로 나눈 것의 하나. 또는 전체를 이루는 작은 범위. ▯공통 ~ / 그의 말에는 이해못할 ~이 있다 / 특히 이 ~을 참고해라. ↔전체.

부분 사회 (部分社會) 사회 구성 요소가 되는 일정한 조직적 집단.

부분 색맹 (部分色盲) 〔-생-〕 〔생〕 일부분의 색에 대해서만 나타나는 색맹. *전색맹.

부분-식 (部分蝕) 〔명〕〔천〕 일식·월식 때, 해나 달의 일부분만이 가려지는 현상. ↔개기식

(皆旣蝕). ⓒ분식.

부분^월식 (部分月蝕)[-붤씩]〖천〗달의 일부분이 지구의 그림자에 가려지는 현상. ↔개기 월식.

부분^일식 (部分日蝕)[-닐씩]〖천〗태양의 일부분이 달의 그림자에 가려지는 현상. ↔개기 일식.

부분-적 (部分的)〖관〗명〗전체가 아닌 일부분에만 한정되거나 관련이 있는 (것). ❏~인 현상. ↔전체적.

부분^집합 (部分集合)[-지팝]〖수〗집합 B의 모든 원소가 집합 A에 속할 때, B를 A에 대하여 일컫는 말. ↔전체 집합.

부분-품 (部分品)〖명〗기계 따위의 어떤 부분에 쓰이는 물품. 부품.

부-불 (賦拂)〖명〗하타〗여러 번으로 나눠 지불함.

부-불 신:용 (賦拂信用)〖경〗상품은 미리 건네주고 그 대금은 나중에 일정한 기간 동안 여러 차례로 나누어 받는 거래.

부:-비강 (副鼻腔)〖생〗비강에 잇대어 주위의 여러 뼈의 내부에 뻗쳐 있는, 비어 있는 부분으로 상악동(上顎洞)·전두동(前頭洞)·사골동(篩骨洞) 등의 총칭.

부:비강-염 (副鼻腔炎)[-념]〖의〗축농증(蓄膿症).

부비다 타 ☞ 비비다.

부비-대다 타 ☞ 비비대다.

부빙 (浮氷)〖명〗하자〗1 물 위에 떠 있는 얼음덩이. 2 강에서 얼음덩이를 떠냄.

부사 (父師)〖명〗1 아버지와 스승. 2 아버지 겸 스승. 3〖역〗국학(國學)의 교수.

부사 (府使)〖명〗〖역〗조선 때, 대도호부사와 도호부사를 통틀어 이르던 말.

부-사 (副使)〖명〗정사(正使)를 돕던 버금 사신.

부-사 (副詞)〖명〗〖언〗품사의 하나. 용언 또는 다른 부사의 앞에 놓여서 그 뜻을 한정하며 활용하지 않음('꼭·쩍쩍·빨리' 등). 어찌씨.

부:-사격 (副詞格)[-껵]〖명〗〖언〗체언이 부사어가 되는 격. 처소·도구·재료·향방·원인·자격·비교 등을 나타냄.

부:-사격 조:사 (副詞格助詞)[-껵쪼-]〖언〗체언 뒤에 붙어서 그와 함께 마치 부사 모양으로 용언을 꾸미는 조사('철이는 집에 있다'·'공원에서 놀았다'·'이것은 형한테 줄 돈이다'·'어디로 가십니까'·'집으로 오시오' 등에서 '에'·'에서'·'한테'·'로'·'으로' 따위).

부:-사관 (副士官)〖명〗〖군〗준위(准尉)와 병(兵) 사이의 계급에 있는 군인의 총칭(원사(元士)·상사(上士)·중사(中士)·하사의 일컬음). ❏주번(週番)~.

부:사-구 (副詞句)〖명〗〖언〗문장에서 부사처럼 용언을 꾸미는 구('제비는 아주 빨리 난다'에서 '아주 빨리' 따위).

부사리 〖명〗머리로 잘 들이받는 버릇이 있는 황소.

부:사-어 (副詞語)〖명〗〖언〗부사 구실을 하게된 단어나 어절, 관용어 따위('백방으로·아름답게' 따위).

부-사장 (副社長)〖명〗회사에서 사장 다음가는 지위. 또는 그 지위에 있는 사람.

부:사-절 (副詞節)〖명〗〖언〗문장에서 용언을 한정하여 부사어 구실을 하는 절('나는 귀가 아프도록 잔소리를 들었다'에서 '귀가 아프도록' 따위).

부:사-형 (副詞形)〖명〗〖언〗용언이 활용할 때 어미 '-어'·'-게'·'-지'·'-고' 등이 붙어

부사 구실을 하는 어형.

부산 〖명〗하형〗히부〗급하게 서두르거나 시끄럽게 떠들어 어수선함. ❏~한 움직임 / ~을 떨다 / ~하게 드나들다.

부:-산물 (副産物)〖명〗1 주산물을 만드는 데에 따라 생기는 물건. 2 어떤 사물을 다루며 행할 때 부수적으로 생기는 일이나 현상. ❏우주 개발 연구의 ~.

부산-스럽다 [-따][-스러워, -스러우니]〖형타〗급하게 서두르거나 시끄럽게 떠들어 어수선한 데가 있다. **부산-스레** 부〗

부산-처 (不山處)〖명〗숲이나 산이 없는 곳.

부-삽 (負-)〖명〗아궁이나 화로의 재를 치거나 불을 담아 옮기는 데 쓰는 작은 삽. 화삽.

부삽-하다 (浮澁-)[-사파-]〖형여〗반죽한 것이 단단하지 않고 부슬부슬하다.

부상 (父喪)〖명〗'부친상'의 준말.

부상 (扶桑)〖명〗1 해가 뜨는 동쪽 바다. 2 중국 전설에서, 해가 뜨는 동쪽 바다 속에 있다고 한 상상의 신성한 나무. 또는 그 나무가 있다는 곳.

부-상 (負商)〖명〗등짐장수.

부-상 (負傷)〖명〗하자〗몸에 상처를 입음. ❏심한 ~을 입다 / ~을 당하다 / ~한 다리를 치료하다.

부상 (浮上)〖명〗하자〗1 물 위로 떠오름. ❏잠수함이 수면으로 ~하다. 2 어떤 현상이 관심의 대상이 되거나 눈에 띄게 위로 올라섬. ❏무명의 신인이 강력한 우승 후보로 ~했다.

부:-상 (副賞)〖명〗상장 외에 덧붙여 주는 상금이나 상품. ❏~으로 시계를 받다.

부-상 (富商)〖명〗자본이 많은 상인.

부상-국 (扶桑國)〖명〗중국의 전설에서, 동쪽 바다 속에 있다는 상상의 나라.

부:-상-병 (負傷兵)〖명〗전투나 임무 수행에서 몸에 상처를 입은 군인.

부:상-자 (負傷者)〖명〗몸에 상처를 입은 사람. ❏~를 치료하다 / ~가 속출하다 / ~를 병원으로 옮기다.

부생 (浮生)〖명〗덧없는 인생.

부:-생 (復生)〖명〗하자〗1 없어졌던 것이 다시 생겨남. 2 부활1.

부:-생 (腐生)〖명〗하자〗〖식〗식물이 생물의 사체(死體)나 배설물 따위에서 양분을 섭취하여 생활함. 사물 기생.

부생모육 (父生母育)〖명〗하자〗부모가 낳고 기름.

부:-생 식물 (腐生植物)[-싱-]〖명〗부생(腐生)하는 식물(박테리아·균류 따위).

부생지론 (傅生之論)〖명〗이미 내린 사형 선고에 대하여 다른 의견이 있을 때에 형벌을 감하기를 주장하는 변론.

부서 (夫壻)〖명〗남편.

부서 (父書)〖명〗아버지가 썼다는 뜻으로, 편지 글에서 끝에 쓰는 말. *모서(母書).

부:-서 (附書)〖명〗〖언〗훈민정음에서 글자를 만드는 방법에 대해서 쓰인 용어(자음과 모음을 아래위나 좌우로 붙여서 완전한 글자가 되게 하는 일). *병서(竝書)·연서(連書).

부서 (符書)〖명〗부참(符讖).

부서 (部署)〖명〗일정한 조직체 안에서 일의 성격에 따라 나누어진 부분. ❏영업 ~ / 담당 ~ / ~를 지키다 / 다른 ~로 옮기다.

부:서 (副書)〖명〗부본(副本).

부:서 (副署)〖명〗〖법〗법령이나 대통령의 국무에 관한 문서에 국무총리와 관계 국무위원이 함께 서명하는 일. 또는 그런 서명.

부:서 (賦序)〖명〗부(賦)에 붙이는 서시(序詩).

부서-뜨리다 타〗'부스러뜨리다'의 준말.

부서-별(部署別)〔명〕 부서로 나누어진 하나하나. ▫~로 모이다 / ~로 연구하다.

부서-지다〔자〕 1 단단한 물건이 깨져 여러 조각이 나다. ▫장난감이 ~. 2 짜서 만든 물건이 깨지거나 헐어지다. ▫문이 ~. 3 희망·기대가 무너지다. ▫기대가 산산이 부서졌다. 4 액체나 빛 따위가 부딪쳐 산산이 흩어지다. ▫'부스러지다'의 준말.

부서-트리다〔타〕 부서뜨리다.

부석(斧石)〔명〕〖광〗 날카로운 모를 가진 도끼 모양의 갈색 또는 투명·반투명의 결정 광물《주성분은 철·망간·알루미늄 따위》.

부석¹(浮石)〔명〕 1〖광〗 속돌. 2 수면에 반쯤 드러나 있어서 뜬 것처럼 보이는 암석.

부석²(浮石)〔명〕〔하〕〔자〕 1 채석(採石). 2 공사에서 쓰고 남은 석재.

부·석(剖析)〔명〕〔타〕 쪼개서 가른다는 뜻으로, 분명히 분석함을 이르는 말.

부석〔부〕〔자〕〔타〕 물기가 없는 물건이 가볍게 바스러지는 소리. 또는 그 모양. ⓐ보삭.

부석-거리다〔—꺼—〕〔자〕〔타〕 물기 없는 마른 물건이 바스러지는 소리가 잇따라 나다. 또는 그런 소리를 잇따라 내다. ▫바위가 풍화하여 ~. ⓐ보삭거리다. **부석-부석**¹〔—뿌—〕〔부〕〔자〕〔타〕

부석-대다〔—때—〕〔자〕〔타〕 부석거리다.

부석-부석²〔—뿌—〕〔부〕〔하〕〔형〕 살이 좀 부어오른 모양. ▫~한 얼굴. ⓐ보삭보삭.

부석-종(浮石宗)〔—종〕〖불〗 우리나라에서 '화엄종(華嚴宗)'을 달리 일컫는 말.

부석-하다〔—서카—〕〔형〕〔여〕 살이 제법 부은 듯하다. ▫얼굴이 ~. ⓐ보삭하다.

부선(浮選)〔명〕〖광〗 '부유 선광(選鑛)'의 준말.

부-선거(浮船渠)〔명〕 부양식 독.

부-선망(父先亡)〔명〕 아버지가 어머니보다 먼저 죽음. ↔모(母)선망.

부:설(附設)〔명〕〔하〕〔타〕 어떤 기관 따위에 덧붙여 설치함. 또는 그런 시설. ▫대학 ~ 도서관 / 빌딩에 주차장을 ~하다 / 교회에 유치원이 ~되다.

부설(浮說)〔명〕 근거 없이 떠돌아다니는 말. 유언비어. 부언(浮言).

부:설(敷設)〔명〕〔하〕〔타〕 철도·다리·지뢰 따위를 설치함. ▫기뢰를 ~하다 / 철도가 ~되다.

부:설-권(敷設權)〔—꿘〕 철도·다리 따위를 설치할 권리.

부:설 수뢰(敷設水雷)〔군〕 기계(機械) 수뢰.

부:설-함(敷設艦)〔명〕〖군〗 기계 수뢰를 싣고 필요한 곳에 부설하러 다니는 군함.

부:설-하다(富贍—)〔형〕〔여〕 재물이나 지식이 넉넉하고 풍부하다.

부성(父性)〔명〕 아버지로서 가지는 성질. ▫~이 강하다. ↔모성(母性).

부:성(賦性)〔명〕 품성(稟性).

부:성분(副成分)〔명〕 주성분 이외의 성분.

부성-애(父性愛)〔명〕 자식에 대한 아버지의 사랑. ↔모성애.

부:성-하다(富盛—)〔형〕〔여〕 재산이 풍성하다.

부세(浮世)〔명〕 덧없는 세상.

부:세(富世)〔명〕〔어〕 민어과의 바닷물고기. 작은 민어와 비슷한데, 길이는 50cm 정도이고, 붉은 황색임. 식용함.

부:세(賦稅)〔명〕 세금을 부과함.

부셸(bushel)〔의명〕 야드파운드법에서 곡물·과실 등의 양을 재는 단위《약 2말, 30ℓ에 상당함》.

부:소(赴召)〔명〕〔하〕〔자〕 임금의 부름을 받고 그 앞으로 나아가거나 나옴.

부:속(附屬)〔명〕〔하〕〔자〕 1 주되는 일·물건에 딸려

서 붙음. 또는 그렇게 딸려 붙은 사물. ▫~건물 / 학교에 ~된 체육관. 2 '부속품'의 준말. ▫자동차를 ~을 구하다.

부:속(部屬)〔명〕〔하〕〔자〕 어떤 부류·부문에 딸림. ▫정부에 ~된 기관.

부:속-기(附屬器)〔—끼〕〔명〕 1〖의〗 자궁에 딸려 있는 난관과 난소의 총칭. 2 어떤 기관에 부속된 기관.

부:속 기관(附屬機關)〔—끼—〕 주가 되는 것에 딸려 설치된 기관.

부:속-물(附屬物)〔—쑹—〕〔명〕 주가 되는 사물에 부속된 물건.

부:속 병:원(附屬病院)〔—뼝—〕 의과 대학에 딸려 있는 병원. 환자 치료와 의학 연구를 목적으로 설치함.

부:속-서류(附屬書類)〔—써—〕〔명〕 어떠한 서류에 딸려 있는 서류.

부:속 성분(附屬成分)〔—썽—〕〖언〗 문장에서 주성분의 내용을 수식·한정하는 부분. *독립 성분·주성분.

부:속-실(附屬室)〔—씰〕〔명〕 1 부속된 방. 2 비서가 없는 기관의 비서격의 사무를 보는 방.

부:속 중학교(附屬中學校)〔—쭝—꾜〕 사범 대학에 부설된 중학교. 교육 연구 및 교육 실습을 하기 위하여 설치함. ⓐ부중(附中).

부:속 초등학교(附屬初等學校)〔—꾜〕 교육 대학·사범 대학에 부설된 초등학교.

부:속-품(附屬品)〔명〕 어떤 기구·기계 등에 딸려 붙은 물건. ▫~을 갈아 끼우다 / 자동차 ~을 생산하다. ⓐ부속.

부:속-학교(附屬學校)〔—소칵꾜〕 교육학 연구를 실험이나 교원 양성을 위해 부속시켜 설치한 학교《부속 유치원·초등학교·중학교·고등학교·간호 학교 등이 있음》.

부:속-해(附屬海)〔—소캐〕 육지 또는 반도나 섬으로 둘러싸인 바다《내해(內海)와 연해(緣海)로 세분함》.

부손(부손)〔명〕 화로에 꽂아 두고 쓰는 작은 부삽.

부:송(付送)〔명〕〔하〕〔타〕 물건을 부쳐서 보냄.

부:수(附隨)〔명〕〔하〕〔자〕 주된 것에 붙어서 따라감. ▫~하여 일어난 문제 / 도로 건설에 ~되는 경비.

부수(俘囚)〔명〕 포로(捕虜).

부:수(負數)〔명〕〖수〗 '음수(陰數)'의 구용어.

부:수(副帥)〔명〕 부장(副將)1.

부수(部首)〔명〕 한자 자전에서 글자를 찾는 길잡이가 되는 글자의 한 부분.

부:수(部數)〔—쑤〕〔명〕 1 부류의 수. 2 책·신문 따위의 수효. ▫발행 ~.

부수다〔타〕 1 단단한 물건을 여러 조각이 나게 두드려 깨뜨리다. ▫흙덩이를 잘게 ~. ⓐ바수다. 2 만들어진 물건을 두드리거나 깨뜨려 못 쓰게 만들다. ▫살림을 마구 ~ / 문을 부수고 들어가다. ⓐ붓다.

부수-뜨리다〔타〕 힘 있게 부수어 버리다.

부:수-비용(附隨費用)〔명〕 근본이 되는 비용에 부수하여 발생하는 비용.

부:-수상(副首相)〔명〕 의원 내각제에서, 수상을 보좌 또는 대행하는 직위. 또는 그런 직위에 있는 사람.

부:수-서류(附隨書類)〔명〕 중심이 되는 서류에 부수하는 서류.

부수수〔부〕〔하〕 '부스수수'의 준말.

부수 식물(浮水植物)〔—싱—〕〖식〗 물 위에 잎을 띄우는 수생 식물의 하나《개구리밥 따위》. 부표 식물.

부:-수입(副收入)圓 1 부업 등에 의한, 가외로 생기는 수입. 2 드러내기 곤란한 비공식적인 수입. □~을 챙기다 / ~이 많은 자리로 옮겨 가다.

부:-수적(附隨的)圓冠 종속적으로 덧붙이거나 한데 따르는 이차적인 (것). □~인 문제 / ~인 성과를 올리다.

부수-지르다〔─질러, ─지르니〕타旦 닥치는 대로 여지없이 마구 부수다. ㉤바수지르다.

부:수-청령(俯首聽令)〔─녕〕圓재 윗사람의 위엄에 눌려 다소곳하게 명령에 복종함.

부수-트리다타 부수뜨리다.

부숫그리다재〔옛〕소란스레 떠들다.

부숭-부숭위하圓 1 잘 말라서 물기가 아주 없는 모양. 2 얼굴이나 행동이 깨끗하여 아름답고 부드러운 모양. ㉤보송보송.

부스(booth)圓 칸막이한 자리나 좌석.

부스-대다재 1 가만히 있지 못하고 군짓을 하며 몸을 자꾸 움직이다. 2 애가 부스대는 바람에 잠이 깼다. 2 마음이 설레어 자꾸 서두르다. ㉤바스대다.

부스러기圓 1 잘게 부스러진 찌끼. □과자 ~ / 종이 ~. ㉤바스라기. 2 쓸 만한 것을 골라내고 남은 물건. □먹다 남은 요리 ~. 3 하찮은 사람이나 물건. □상념의 ~들을 기억에서 지우다.

부스러-뜨리다타 부수어서 깨뜨리다. ㉤바스러뜨리다. ㉥부서뜨리다.

부스러-지다재 1 덩이가 헐어져 잘게 되다. 2 깨져 여러 조각이 나다. ㉤바스러지다. ㉥부서지다.

부스러-트리다타 부스러뜨리다.

부스럭위하재타 마른 잎·검불·종이 따위를 밟거나 뒤적일 때 나는 소리. □~ 소리가 난다. ㉤보스락. *버스럭.

부스럭-거리다─꺼─재타 마른 잎이나 검불 따위를 밟거나 뒤적여 자꾸 부스럭 소리가 나다. 또는 그런 소리를 자꾸 내다. □갑자기 광 속에서 부스럭거리는 소리가 났다. ㉤보스락거리다. **부스럭-부스럭**〔─뿌─〕위하재타.

부스럭-대다─때─재타 부스럭거리다.

부스럼圓 피부에 나는 종기의 총칭.

부스스위하圓 1 누웠거나 앉았다가 조용히 일어나는 모양. □잠자리에서 ~ 일어나다. 2 머리털 등이 난잡하게 일어서거나 흐트러진 모양. □~한 머리털. 3 부스러기 따위가 어지럽게 흩어지는 소리. 또는 그 모양. □흙더미가 ~ 무너지다. ㉤바스스.

부스터-국(booster局)圓 텔레비전 방송의 수신이 곤란한 지역에 설치하여 중계를 전문으로 하는 방송국(중앙 방송국에서 전파를 받아 증폭만 하여 재발사함).

부슬-부슬¹위하위 눈·비가 가늘고 성기게 조용히 내리는 모양. □아침부터 봄비가 ~ 내린다. ㉤보슬보슬.

부슬-부슬²위하圓 덩이를 이룬 가루 등이 물기가 적어서 잘 엉기지 못하는 모양. □떡이 ~하다. ㉤보슬보슬. ㉦푸슬푸슬.

부슬-비圓 부슬부슬 내리는 비. ㉤보슬비.

부시圓 부싯돌을 쳐서 불이 일어나게 하는 쇳조각. 수금. 화도(火刀).

부시(를) 치다囝 부싯돌에 부싯깃을 놓고 부시로 쳐서 불을 일으키다.

부시(罘罳)圓 참새·비둘기 따위의 새가 앉지 못하게 하기 위하여 전각(殿閣)의 처마에 둘러치는 철망.

부:시(俯視)圓하타 부감(俯瞰).

부:시(婦寺)圓〔역〕궁중에서 일을 보던 여자와 환관을 아울러 일컫던 말.

부:시(副試)圓〔역〕고려·조선 때, 과거에서 상시(上試)가 차례는 둘째 자리의 시험관.

부시(麩豉)圓 밀기울로 만든 된장.

부시다¹타 1 그릇 따위를 깨끗이 씻다. 2 ☞부수다.

부시다²휑 (주로 '눈'과 함께 쓰여) 강한 광선이나 색채를 마주 보기 힘들 정도로 눈이 어리러하다. □햇빛에 눈이 부시어 눈을 못 뜨다.

부시-쌈지圓 부시·부싯깃·부싯돌 등을 넣어가지고 다니는 작은 쌈지.

부:-시장(副市長)圓 시 행정 기관에서, 시장 다음가는 직위. 또는 그 직위에 있는 사람.

부시-통(─桶)圓 부시·부싯깃·부싯돌 따위를 넣어 두는 작은 통.

부식(扶植)圓하타 1 힘이나 영향을 미치어 사상이나 세력 따위를 뿌리박게 함. □세력을 ~하다 / 외세가 ~되다. 2 도와서 서게 함.

부:-식(副食)圓 '부식물'의 준말. ↔주식(主食).

부식(腐植)圓하타 1 흙 속에서 식물이 썩으면서 유기물을 만드는 일. □~ 작용. 2 흙 속에서 식물이 썩으면서 만드는 유기물의 혼합물.

부식(腐蝕)圓하재타 1 썩어 문드러짐. □검게 ~된 낙엽. 2〔화〕금속이 주변의 화학 작용에 따라 변질됨. 또는 그 현상. □~된 수도관.

부:식-니(腐植泥)〔─싱─〕圓〔지〕주로 부식질로 된 호수 바닥의 퇴적물. 호수 밖이나 연안에서 흘러 들어온 퇴적물이 퇴적하여서 생김.

부:식 동판(腐蝕銅版)〔─똥─〕圓〔인〕에칭(etching).

부:식-물(副食物)〔─싱─〕圓 주식에 곁들여 먹는 음식. 부식품. ㉣부식(副食).

부:식-비(副食費)〔─삐〕圓 부식에 드는 비용. ↔주식비.

부:식-성(腐食性)〔─썽〕圓 썩은 고기나 죽은 동물의 고기를 먹는 동물의 식성. □~ 동물.

부:식-제(腐蝕劑)〔─쩨〕圓〔화〕피부·점막의 불필요한 조직을 썩게 하거나 파괴하여 제거하는 약품(알칼리류·산류·염류 따위).

부:식-질(腐植質)〔─찔〕圓〔화〕식물질의 부패로 생기는 갈색·검은빛의 물질.

부:식-층(腐植層)圓 부식질이 많은 흙의 층.

부:식-토(腐植土)圓 20 % 이상의 부식질이 섞인 비옥한 흙. 부토.

부:식-품(副食品)圓 부식물.

부신(符信)圓〔역〕나뭇조각이나 두꺼운 종이에 글자를 쓰고 증인(證印)을 찍은 뒤에 두 조각으로 쪼개어 한 조각은 상대자에게 주고 다른 한 조각은 자기가 간직하였다가 뒷날에 서로 맞추어 증거로 삼던 물건.

부신(負薪)圓 1 땔나무를 등에 짐. 2 비천한 태생을 비유적으로 이르는 말.

부:신(副腎)圓〔생〕좌우 양쪽 신장(腎臟)의 위에 있는 내분비 기관. 피질(皮質)과 수질(髓質)로 되어 있는데, 피질에서는 생명 유지에 없어서는 안 될 코르틴질(cortin質)을 분비하고, 수질에서는 아드레날린(adrenalin)을 분비함. 곁콩팥.

부:-신경(副神經)圓〔생〕운동을 맡은 열한 번째의 뇌신경.

부:신경 마비(副神經痲痺)〔의〕목에 생기는 종양이나 염증 따위로 인하여 부신경이 마비

되어 목과 어깨를 잘 움직이지 못하는 뇌신경 마비의 하나.

부:신 수질 (副腎髓質) 〖생〗부신의 중앙부를 형성하는 내분비 조직.

부:신-종 (副腎腫) 명 〖의〗부신 피질(皮質) 세포에 생기는 악성 종양. 부신 종양.

부:신지우 (負薪之憂) 명 채신지우(採薪之憂).

부:신지자 (負薪之資) 명 **1** 땔나무를 질 용렬한 자질(資質)이란 뜻으로, 자신의 자질을 겸손하게 일컫는 말. **2** 비천한 태생의 비유.

부:신 피질 (副腎皮質) 〖생〗부신의 바깥층을 둘러싸는 내분비 조직.

부실 (不實) 명하형 **1** 몸이 튼튼하지 못함. ☐ 몸이 ~해서 제대로 활동을 못한다. **2** 내용이 실속이 없거나 충실하지 못함. ☐ ~ 은행 / 대접이 ~하다. **3** 믿음성이 적음.

부:실 (副室) 명 첩(妾).

부실 공사 (不實工事) 원칙대로 충실하게 시공하지 않은 토목·건설 공사.

부실-기업 (不實企業) 명 경영이 부실하고 재정 상태가 불안정한 기업.

부실-화 (不實化) 명하자 내용이나 실속이 없게 됨. ☐ 경영이 ~되다.

부:심 (副審) 명 운동 경기에서, 주심(主審)을 보좌하는 심판원. ↔주심(主審).

부:심 (腐心) 명하자 **1** 근심·걱정이 있어 마음을 씀. **2** 무엇을 생각하느라고 마음을 쓰고 애씀. ☐ 대책 마련에 ~하다.

부싯-깃 [-시낏/-실낃] 명 부시를 치는 데 불똥이 박혀서 불이 붙는 물건(쑥 잎·수리취 따위를 볶아서 비벼 만듦). 화융(火絨). 준깃.

부싯-돌 [-시똘/-실똘] 명 석영의 하나(단단하여 부싯깃을 놓고 부시로 쳐서 불을 일으키는 데 씀). 수석. 화석(火石).

부썩¹ 튀하자타 마른 것이 가볍게 부스러지는 소리. 또는 그 모양.

부썩² 튀 **1** 외곬으로 우기는 모양. ☐ 갑자기 여행을 떠나겠다고 ~ 우긴다. **2** 사물이 갑자기 많이 늘거나 주는 모양. ☐ 방학 동안에 키가 ~ 컸다. 큰바싹.

부썩-부썩 [-뿌-] 튀 **1** 갑자기 외곬으로 세차게 자꾸 우기는 모양. **2** 갑자기 외곬으로 자꾸 나아가거나 늘거나 주는 모양. 큰바싹바싹.

부아 명 **1**〖생〗폐장. 허파. **2** 분하거나 노여운 마음. ☐ 은근히 ~가 나다 / ~가 끓어오른다 / ~를 터뜨리다 / 공연히 남의 ~를 돋우다 / 참고 있자니 ~가 치밀었다 / 아니꼬운 생각에 슬며시 ~가 돋는다.

부:아 (副芽) 명 〖식〗덧눈.

부아-통 명 〈속〉부아. ☐ ~이 터지다 / ~이 치밀다 / ~을 삭이다.

부:악 (副萼) 명 〖식〗꽃받침의 바깥쪽에 접하여 난 포엽(苞葉).

부:압 (負壓) 명 〖물〗대기압보다 낮은 압력.

부앗-김 [-아낌/-앋낌] 명 (주로 '부앗김에'의 꼴로 쓰여) 분한 마음이 일어나는 때. ☐ ~에 술을 마셨다.

부:앙 (附-) 명 '부항(附缸)'의 변한말.

부:앙 (俯仰) 명하타 아래를 굽어봄과 위를 우러러봄. 면앙(俛仰). 앙부(仰俯).

부:앙-기중기 (俯仰起重機) 명 데릭(derrick) 기중기.

부:앙-무괴 (俯仰無愧) 명하형 하늘을 우러러보나 세상을 굽어보나 양심에 조금도 부끄러움이 없음.

부:앙-천지 (俯仰天地) 명하자 앙천부지(仰天俯地). ☐ ~에 부끄러움 없이 살다.

부액 (扶腋) 명하타 곁부축.

부:약 (負約) 명하자 위약(違約).

부:-약정 (副約正) 명 [-찡] 〖역〗조선 때, 향약(鄕約)의 일을 맡아보던 도(都)약정 다음가는 직책의 하나.

부양 (扶養) 명하타 혼자 살아갈 능력이 없는 사람의 생활을 돌봄. ☐ 가족을 ~하다.

부양 (浮揚) 명하자타 가라앉은 것이 떠오름. 또는 떠오르게 함. ☐ 증시 ~ 대책 / 경기 ~을 위해 소비를 유도하다.

부양-가족 (扶養家族) 명 자기가 부양하고 있는 가족.

부양-료 (扶養料) [-뇨] 명 부양하는 데 드는 돈. 부양비.

부양-비 (扶養費) 명 부양료.

부양식 독 (浮揚式dock) 선체를 물 위에 띄워 놓고 수리 등의 작업을 할 수 있게 된, 부침(浮沈)을 자유롭게 조절할 수 있는 궤 모양의 독. 부선독.

부양 의:무 (扶養義務) 〖법〗법률상 일정한 친족 간에 인정되는 생활 보장의 의무(직계 혈족 및 그 배우자, 호주와 그 가족, 생계를 같이하는 그 밖의 친족끼리임).

부양-책 (浮揚策) 명 침체된 경기를 다시 일으키는 대책이나 방법. ☐ 경기 ~ / 증시 ~을 강구하다.

부어 (浮魚) 명 바닷물의 윗부분에서 사는 물고기(정어리·고등어 따위).

부:어 (鮒魚) 명 〖어〗붕어.

부어-내리다 자타 빗·햇빛 따위가 쏟아져 붓듯이 한꺼번에 많이 내리거나 비치다.

부어-오르다 〔-올라, -오르니〕 자타 살갗 따위가 부어서 붓다. ☐ 눈이 ~.

부어-터지다 자 **1** 부풀어서 터지다. **2** 〈속〉잔뜩 화가 나다.

부:언 (附言) 명하타 덧붙여 말함. 또는 그런 말. ☐ 한마디 ~하건대 그것은 나의 의견이었다.

부언 (浮言) 명 부설(浮說).

부언 (婦言) 명 부녀자의 말씨.

부언-낭설 (浮言浪說) 명 유언비어.

부언-유설 (浮言流說) [-뉴-] 명 유언비어.

부얼-부얼 명하형 **1** 살이 쪄서 탐스럽고 복스러운 모양. **2** ☞복슬복슬.

부업 (父業) 명 **1** 아버지의 직업. **2** 대대로 이어 내려오는 직업. 세업(世業). ☐ ~을 이어받다.

부:업 (副業) 명 본업 외에 따로 갖는 직업. 여업(餘業). ☐ 농가의 ~ / ~으로 번역을 하다. ↔본업.

부업 (婦業) 명 **1** 여자가 하는 일. **2** 여자의 직업.

부엉 튀 부엉이가 우는 소리.

부엉-부엉 튀 부엉이가 잇따라 우는 소리.

부엉-새 명 '부엉이'를 분명히 일컫는 말.

부엉-이 〖조〗올빼밋과의 새. 몸빛은 회색 바탕에 갈색 또는 엷은 노란빛이고 머리 꼭대기에 귀 모양의 깃털이 있음. 성질이 사나우며 주로 밤에 활동하고 들·토끼·곤충 따위를 잡아먹음. 해가 질 무렵부터 '부엉부엉' 하고 욺. 부엉새.
[부엉이 소리도 제가 듣기에는 좋다]자기의 단점을 모르고 제가 하는 일은 다 좋다고 생각하는 것을 비유적으로 이르는 말.

부엉이-살림 명 자기도 모르는 사이에 부쩍부쩍 느는 살림을 비유적으로 이르는 말.

부엉이-셈 명 어리석어 이익과 손해를 잘 분별하지 못하는 셈을 비유적으로 이르는 말.

부엌 [-억] 명 취사할 수 있게 일정한 시설을

갖추어 놓고 밥을 짓거나 그 밖의 음식을 만드는 곳. 취사장. [준]붴.
[부엌에 가면 더 먹을까 방에 가면 더 먹을까] 어느 쪽이 더 나을까 하여 망설이는 모양을 비유적으로 이르는 말.
부엌-간 (-間)[-억깐] [명] 부엌으로 쓰는 칸.
부엌-데기 [-억떼-] [명] 〈속〉 부엌일을 맡아 하는 여자. 식모.
부엌-문 (-門)[-엉-] [명] 부엌으로 드나드는 문.
부엌-비 [-억삐] [명] 부엌에서 쓰는 비.
부엌-살림 [-억쌀-] [명] **1** 부엌에서 쓰는 온갖 세간. ❑ ~을 장만하다. **2** 요리·설거지 등 부엌과 관련된 일. ❑ ~을 꾸려 나가다.
부엌-일 [-엉닐] [명][하자] 부엌에서 하는 일. 음식을 만들거나 설거지를 하는 따위의 일.
부엌-칼 [-억-] [명] 식칼.
부여 (夫餘) [명] 〖역〗 **1** 만주에 살던 고대 민족의 하나. **2** '부여국'의 준말.
부:여 (附與) [명][하타] 사람에게 권리·명예·임무 따위를 지니게 하거나 사물이나 일에 가치·의의 따위를 붙여 줌. ❑ 권리를 ~하다 / 임무가 ~되다.
부:여 (賦與) [명][하타] 나누어 줌. 별러 줌. ❑ 선천적으로 ~된 재능.
부여-국 (夫餘國) [명] 〖역〗 기원전 1세기에 부여족이 북만주에 세운 나라. [준]부여.
부여-안다 [-따] [타] 두 팔로 힘 있게 부둥켜안다. ❑ 제대한 아들을 부여안고 기뻐하다.
부여-잡다 [-따] [타] 두 손으로 힘껏 붙들어 잡다. ❑ 그리워하던 동생의 손목을 덥석 ~.
부:역 (附逆) [명][하자] 국가에 반역하는 일에 동조하거나 가담함.
부:역 (負役) [명] 국민이 부담하는 공역.
부:역 (赴役) [명][하자] **1** 부역(賦役)을 치르러 나감. **2** 사사로이 서로 일을 도와줌.
부:역 (賦役) [명][하자] 국가나 공공 단체가 국민에게 의무적으로 책임을 지우는 노역. ❑ ~을 나가다 / ~에 동원되다.
부:역-자 (附逆者)[-짜] [명] 부역한 사람.
부:연 (附椽·婦椽) [명] 〖건〗 처마 서까래의 끝에 덧얹는 네모지고 짧은 서까래《처마가 번쩍 들리게 하여 모양을 내기 위해 씀》. 며느리서까래.
부:연 (敷衍·敷演) [명][하타] **1** 덧붙여 알기 쉽게 자세히 설명을 늘어놓음. 또는 그 설명. ❑ 설명을 더 자세히 ~하다. **2** 늘려서 널리 펴지게 함.
부:연-간판 (附椽間板) [명] 〖건〗 부연과 부연 사이를 막아 끼는 널조각. 부연착고(着固).
부:연 개:판 (附椽蓋板) 〖건〗 부연 위에 덮어 까는 널조각.
부:연 누르개 (附椽-) 〖건〗 부연의 뒷목 위 끝을 눌러 박은 누르개.
부:연 추녀 (附椽-) 〖건〗 부연을 달기 위해 앞으로 이어 낸 추녀.
부엽 (浮葉) [명] 물 위에 떠 있는 잎.
부엽 식물 (浮葉植物)[-씽-] 잎이 수면에 떠 있는 수생(水生) 식물《마름·수련 따위》.
부:엽-토 (腐葉土) [명] 풀·낙엽 따위가 썩어서 된 흙《주로 원예에 씀》.
부영 (浮榮) [명] 덧없는 세상의 헛된 영화.
부:-영사 (副領事) [명] 〖법〗 영사의 다음 지위로 영사를 보좌하는 외무(外務) 공무원.
부:영양-호 (富營養湖) [명] 〖지〗 생물의 생산에 필요한 영양을 많이 포함하고 있는 호소(湖沼)《수심이 얕고 초록빛 또는 황색임》. ↔빈영양호.
부:영양-화 (富營養化) [명] 물의 출입이 적은 수역에서, 하수(下水)나 공장 배수(排水) 등으로 인해 물속에 질소(窒素)와 인(燐) 등 영양분이 증가하는 현상.
부:영이 [명] **1** 선명하지 않은 부연 빛깔. **2** 털빛이 부연 짐승.
부:옇다 [-여타] 〔부여니, 부예서〕 [형][ㅎ] **1** 선명하지 않게 희읍스름하다. ❑ 하늘이 ~. **2** 살갗이나 얼굴이 허옇고 멀겋다. ❑ 살이 부옇게 찌다. [작]보얗다. [센]뿌옇다.
부:예-지다 [자] 부옇게 되다. ❑ 신발이 먼지가 앉아 ~. [작]보얘지다. [센]뿌예지다.
부옹 (婦翁) [인대] 사위에 대한 장인의 자칭.
부와 (夫瓦) [명] 수키와.
부왕 (父王) [명] 아버지인 임금.
부외 (部外) [명] 기관·조직의 부(部)에 딸리지 않는 범위 밖. ↔부내.
부외 채:무 (簿外債務) 〖경〗 재산 목록·대차대조표·손익 계산서 등 영업 보고서에 기재하지 않고 고의나 부주의로 빠뜨린 채무.
부요 (婦謠) [명] 예전에, 부인들이 부르던 민요.
부:요-하다 (富饒-) [형][여] 부유(富裕)하다.
부:용 (附庸) [명] **1** 작은 나라가 큰 나라에 부속함. **2** 따로 독립하지 못하고 남에게 의지하여 살아감.
부용 (芙蓉) [명] **1** 〖식〗 아욱과의 낙엽 관목. 높이 1-3m이고 짧은 털이 있으며, 잎은 둥글면서 어긋남. 초가을에 잎겨드랑이에서 꽃자루가 나와서 하양 혹은 엷은 붉은색의 꽃이 핌. 중국이 원산지이며, 관상용으로 재배함. 목부용(木芙蓉). **2** 〖식〗 연꽃. **3** '부용장'의 준말.
부용 (婦容) [명] 여자의 몸맵시.
부:용-국 (附庸國) [명] 종주국(宗主國)에 속하여 그 지배를 받는 약소국가.
부용-자 (芙蓉姿) [명] 젊은 여자의 아름다운 용모와 자태.
부용-장 (芙蓉帳) [명] 부용을 그리거나 수놓은 방장(房帳). ❑ 방 안에 ~을 치다. [준]부용.
부용-향 (芙蓉香) [명] 전통 혼례식에서 잡귀를 쫓기 위하여 피우는, 초 모양으로 된 향《향꽂이에 꽂아서 족두리하님이 신부 앞에 서서 가지고 감》.
부용-화 (芙蓉花) [명] 부용(芙蓉)의 꽃.
부:우 (祔右) [명][하타] 부부를 합장(合葬)할 때, 아내를 남편의 오른쪽에 묻음. ↔부좌(祔左).
부운 (浮雲) [명] 뜬구름.
부원 (部員) [명] 부(部)를 구성하는 사람. 부에 속하는 사람. ❑ ~들끼리 회식을 하다.
부:원 (富源) [명] 많은 재물이 생기는 근원. ❑ ~을 개발하다.
부원-군 (府院君) [명] 〖역〗 조선 때, 왕비의 친아버지나 정일품 공신에게 주던 작호(爵號).
부:-원수 (副元帥) [명] 〖역〗 전시에 임명하던 임시 벼슬. 도원수·상원수 또는 원수의 다음 가는 군의 통솔자.
부월 (斧鉞) [명] 〖역〗 **1** 작은 도끼와 큰 도끼《출정하는 대장 또는 군직(軍職)을 띤 사람에게 임금이 손수 주던 것임》. **2** '정벌(征伐)·형륙(刑戮)·중형(重刑)'의 뜻. **3** 의장(儀仗)의 하나로 나무로 만든 도끼.
부월-당전 (斧鉞當前) [명][하자] 작은 도끼와 큰 도끼가 눈앞에 있다는 뜻으로, 중형(重刑)을 받아 곧 죽게 되었음을 일컫는 말.
부월지하 (斧鉞之下)[-찌-] [명] 임금의 위엄을 가리키는 말.
부위 (部位) [명] 전체에 대하여 어떤 특정한 부

분이 차지하는 위치.

부:위 (副尉) 圀 **1** 조선 때 둔 의빈부(儀賓府) 정삼품 벼슬. **2** 대한 제국 때 둔 위관 계급(정위(正尉)의 아래, 참위(參尉)의 위).

부:-위원장 (副委員長) 圀 위원장 다음가는 직위. 또는 그 직위에 있는 사람.

부유 (浮遊·浮游) 圀하자 **1** 공중이나 수면에 떠다님. ▷ 공중에 ~하는 티끌. **2** 행선지를 정하지 아니하고 이리저리 떠돌아다님.

부유 (婦幼) 圀 부인과 어린아이.

부:유 (富裕) 圀하형 재물이 넉넉함. ▷ ~한 가정에서 자라다.

부유 (蜉蝣) 圀〖충〗하루살이.

부유 (腐儒) 圀 생각이 아주 낡고 완고해 쓸모 없는 선비.

부유 기관 (浮遊器官) 〖생〗 수생 동물에서, 뜨고 가라앉는 기능을 맡은 운동 기관.

부유 기뢰 (浮遊機雷) 부류(浮流) 기뢰1.

부유 생물 (浮遊生物) 圀 플랑크톤.

부유 선:광 (浮遊選鑛) 〖광〗 유용 광석과 협잡물(挾雜物)의 물에 젖는 정도의 차를 이용한 선광. 圄부선(浮選).

부유스레-하다 형 부유스름하다.

부유스름-하다 혀 빛이 진하지 않고 조금 부옇다. 孯보유스름하다. 솅뿌유스름하다.
　　부유스름-히 貝

부유 식물 (浮遊植物)[-싱-] 〖식〗 물 위나 물속에서 떠다니며 생활하는 식물의 총칭.

부유-인생 (蜉蝣人生) 圀 하루살이 같은 인생이란 뜻으로, 허무하고 덧없는 인생의 비유.

부:유-천하 (富有天下) 圀 온 천하의 재물을 모두 혼자 차지했다는 뜻으로, 천자(天子)의 부력(富力)을 이르는 말.

부:유-층 (富裕層) 圀 부유하게 사는 계층. 또는 그런 계층의 사람들.

부:유-하다 (富有-) 혀 재물을 풍부하게 가지고 있다.

부육 (扶育) 圀하타 도와서 기름.

부육 (傅育) 圀하타 애지중지하면서 기름. ▷ 왕세자 ~의 소임(所任).

부:육 (腐肉) 圀 짐승의 썩은 고기.

부윤 (府尹) 圀〖역〗 **1** 조선 때, 종이품의 외관직(外官職). **2** 일제 강점기 때, 부(府)의 행정사무를 관장하던 우두머리(지금의 '시장(市長)'에 해당함).

부:-유옥 (富潤屋) 圀 재물이 넉넉하면 겉으로 보기에도 집이 윤택해 보임.

부:윤-하다 (富潤-) 혀 재물이 넉넉하다.

부:음 (訃音) 圀 사람이 죽었다는 것을 알리는 말이나 글. 부고(訃告). 휘음. ▷ ~을 전하다.

부응 (符應) 圀 **1** 믿음이 깊어 부처나 신령에 통함. **2** 천명(天命)과 인사(人事)가 일치함.

부:응 (副應) 圀하자 어떤 기대나 요구에 좇아서 응함. ▷ 국민의 여망에 ~하지 못하다.

부:의 (附議)[-/-이] 圀하타 토의에 부침. ▷ 본회의에 안건을 ~하다.

부:의 (賻儀)[-/-이] 圀 초상난 집에 부조로 돈이나 물품을 보내는 일. 또는 그 돈이나 물품. 전의(奠儀). 향전(香奠). ▷ ~를 보내다.

부:의-금 (賻儀金)[-/-이-] 圀 부의로 보내는 돈. 부의전(賻儀錢). ▷ ~을 내다.

부:-의식 (副意識)[-/-이-] 圀〖심〗 잠재의식.

부:-의장 (副議長)[-/-이-] 圀 의장을 보좌하며 의장의 유고 시에는 그 직무를 대리하는 사람. 또는 그 직위.

부이 (buoy) 圀 계선 부표(繫船浮標).

부:-이사관 (副理事官) 圀 일반직 국가 공무원의 직급 명칭. 이사관의 아래, 서기관(書記

官)의 위로서 3급임.

부:이-어 (附耳語) 圀 귀엣말.

부:-익부 (富益富)[-뿌] 圀하형 부자일수록 더 큰 부자가 됨. ↔빈익빈(貧益貧).

부인 (夫人) 圀 남의 아내의 높임말. ▷ ~ 동반.

부:인 (否認) 圀하타 어떤 내용이나 사실을 인정하지 않음. ▷ 범행 사실을 ~하다 / 목격자는 보는 사실을 ~하였다. ↔시인(是認).

부인 (婦人) 圀 결혼한 여자.

부:인 (副因) 圀 주원인이 아닌 부차적인 원인. ↔주인(主因).

부인-과 (婦人科)[-꽈] 圀〖의〗 부인병을 진찰·치료하는 의학의 한 부문. *산부인과.

부:-인권 (否認權)[-꿘] 圀〖법〗 파산 선고 전에 파산 재단에 속하는 재산에 관하여 행한 파산자의 행위가 파산 채권자에게 손해를 끼칠 사항을 파산 관리인이 무효로 하는 권리.

부인-병 (婦人病)[-뼝] 圀 여성 생식기의 질환이나 여성 호르몬 이상으로 생긴 병의 총칭.

부인-복 (婦人服) 圀 부인용의 옷.

부인-석 (婦人席) 圀 집회장(集會場) 등에서 여자가 앉게 마련한 자리.

부인-용 (婦人用)[-뇽] 圀 부인이 쓰거나 이용하게 되어 있는 것.

부인-회 (婦人會) 圀 부인들이 수양·연구·오락·사회봉사 등을 목적으로 조직한 단체.

부일 (父日) 圀 부모의 제삿날.

부:임 (赴任) 圀하자 임명이나 발령을 받아 근무할 곳으로 감.

부자 (父子) 圀 아버지와 아들. ↔모녀(母女).

부자 (夫子) 圀 덕행이 높아 모든 사람의 스승이 될 만한 사람의 경칭.

부자 (浮子) 圀 **1** 낚시·어구에 다는, 나무·코르크·고무 등으로 만든 찌. **2** 물이 흐르는 속도·방향을 헤아리거나 암초 등을 알리기 위하여 수면에 띄우는 기구. 수세식 변소 저수조나 액량계에 다는 공 따위.

부:자 (附子) 圀 바꽃의 알뿌리[열이 많으며 맛은 맵고 독성이 강함].

부:자 (富者) 圀 재물이 많아 살림이 넉넉한 사람. ▷ 사업에 성공해 ~가 되었다 / 그는 ~이나 매우 인색하다. ↔빈자(貧者).
　　[부자 몸조심] 유리한 처지에서는 모험을 피하고 되도록 안전을 취함.

부자-간 (父子間) 圀 아버지와 아들 사이. 부자지간(父子之間). ▷ ~의 정을 나누다 / ~에 갈등을 끼다.

부자-량 (不自量) 圀하타 자기 자신을 스스로 헤아리지 못함.

부자-상전 (不自相傳) 圀하타 부전자전(父傳子傳). ▷ ~이라더니, 꼭 제 아버지를 닮았군.

부자연-스럽다 (不自然-)[-따][-스러워, -스러우니] 혀 부자연한 태도가 있다. 어색한 데가 있다. ▷ 부자연스러운 행동 / 웃는 것이 ~. **부자연-스레** 貝

부자연-하다 (不自然-) 혀 자연스럽지 못하다. 억지로 꾸민 듯하여 어색하다. ▷ 부자연한 태도.

부자유 (不自由) 圀하형 무엇에 얽매여 몸과 마음이 자유스럽지 못함.

부자유-스럽다 (不自由-)[-따][-스러워, -스러우니] 혀 부자유한 데가 있다. ▷ 사고를 당해 몸이 ~. **부자유-스레** 貝

부자-유친 (父子有親) 圀하형 오륜의 하나. 아버지와 아들 사이의 도(道)는 친애에 있음.

부-자지 圀 불알과 자지.

부-작(符作)圀 '부적(符籍)'의 변한말.

부:-작용(副作用)圀 그 본래의 작용에 부수하여 일어나는 작용. 대개 좋지 않은 경우를 이름. □ ~이 따르다 / ~을 최소화하다 / 이 약은 ~이 없다.

부-작위(不作爲)圀『법』마땅히 해야 할 일을 의식적으로 하지 않는 일. ↔작위(作爲).

부작위-범(不作爲犯)圀『법』부작위로 말미암아 성립되는 범죄. 또는 그 범인(불해산죄(不解散罪) 따위). ↔작위범.

부작위 채:무(不作爲債務)圀『법』채무자가 일정한 행위를 하지 않기로 계약하는 채무(상업상의 경쟁을 아니하는 채무 따위). ↔작위 채무(作爲債務).

부-잔교(浮棧橋)圀 부두에 방주(方舟)를 띄워 수면의 높이에 따라 위아래로 자유롭게 움직이게 된 잔교.

부잡-스럽다(浮雜-)[-쓰-따][-스러워, -스러우니]톙囝 보기에 부잡한 데가 있다. □부잡스럽게 굴다. 부잡-스레[-쓰-]囲

부잡-하다(浮雜-)[-짜파-]톙囮 사람이 성실하지 못하고 경솔하며 추잡스럽다.

부:잣-집(富者-)[-짜찝/-짣찝]圀 재산이 많아 살림이 넉넉한 사람의 집. 부가(富家). 부호(富戶). □ ~에 시집을 가다.
[부잣집 가운데 자식] 부잣집 둘째 아들처럼 일은 하지 않고 놀고먹는 사람을 일컫는 말.
[부잣집 맏며느릿감이다] 얼굴이 복스럽고 후하게 생긴 여자를 이르는 말. [부잣집 외상보다 비렁뱅이 맞돈이 좋다] 장사에는 아무리 튼튼한 자리라도 외상보다는 맞돈이 더 좋다는 말.

부장(部長)圀 기관이나 조직에서, 한 부를 맡아 다스리는 직위. 또는 그 직위에 있는 사람. □편집부 ~.

부장(部將)圀『역』1 조선 때, 오위(五衛)의 종육품 벼슬. 2 조선 때, 포도청(捕盜廳)에 속한 품계가 없는 무관 벼슬.

부:장(副長)圀 1 장(長)을 보좌하는 지위. 또는 그 사람. 2 군함에서 함장을 보좌하는 직. 또는 그 사람.

부:장(副將)圀 1 『역』주장의 다음 지위로 주장을 보좌하는 장수. 부수(副帥). 2 『역』대한 제국 때 둔 장관(將官) 계급의 하나(대장의 아래, 참장(參將)의 위). 3 구세군 계급의 하나(대장의 아래, 정령의 위).

부:장(副章)圀 정장(正章)에 덧붙여 주는 기장(記章).

부:-장(副葬)圀囲 『역』임금이나 귀족이 죽었을 때 죽은 이가 생전에 쓰던 패물·그릇 등을 무덤에 시신과 함께 묻던 일. 껴묻기.

부장-기(不杖朞)圀 예전에, 상례(喪禮)에서 상복만 입고 지팡이는 짚지 않는, 한 해 동안만 입던 오복(五服)의 하나.

부:장-품(副葬品)圀『역』장사 지낼 때, 시체와 함께 묻는 물건의 총칭. 배장품. 부장물. 껴묻거리. □고분에서 ~이 출토되다.

부:재(不才)圀 재주가 없음.

부재(不在)圀 그곳에 있지 않음. □지도력 ~ / 치안 ~ / 현장 ~ 증명.

부재(部材)圀 목재·철재 따위 구조물의 뼈대를 이루는 데 중요한 요소가 되는 여러 가지 재료.

부:재(副材)圀 주재료 이외의 덧붙여 쓰는 중요한 재료.

부:재(覆載)圀 하늘이 만물을 덮고 땅이 만물을 싣고 있다는 뜻으로, 천지(天地)를 이름.

부재다언(不在多言)圀囮 여러 말 할 것 없음. □~하고 본론만 말해라.

부재-모상(父在母喪)圀囮 아버지 살아 있고 어머니가 먼저 죽음. 또는 그 상사(喪事).

부재-자(不在者)圀 1 그 자리에 없는 사람. 2 『법』주소지를 떠나 있어서 쉽게 돌아올 가망이 없는 사람.

부재자 투표(不在者投票)『법』선거 당일 투표소에 나갈 수 없는 사람이 미리 우편으로 하는 투표. 부재 투표.

부재 주주(不在株主)『경』회사의 경영면·지배면에 대해 관여하지 않고 이익 배당에만 참여하는 주주.

부재-중(不在中)圀 자기 집이나 직장에 있지 않는 동안. □지금은 ~이오니 연락처를 남겨 주세요.

부재 증명(不在證明)『법』어떤 형사 사건이 있었던 당시 그 현장에 있지 않았다는 증명. 현장 부재 증명. 알리바이(alibi).

부재-지주(不在地主)圀 땅이 있는 곳에 살고 있지 아니한 땅임자. 농지를 다른 사람에게 임대해 주고 그 소득의 일부를 차지하는 지주.

부재-차한(不在此限)圀 어떤 규정·한계에 얽매이지 않고 그 밖에 있음.

부-저圀 '부젓가락'의 준말.

부저圀 ☞버저(buzzer).

부:-적(附籍)圀囮 1 남의 호적에 얹혀 있는 호적. 2 호적부에 없는 호적을 새로 호적부에 실음.

부:적(符籍)圀『민』불교·도교 등을 믿는 집에서 잡신을 쫓고 재앙을 물리치기 위해 붉은색으로 글씨를 쓰거나 그림을 그리어 몸에 지니거나 집에 붙이는 종이. 신부(神符).

부적(簿籍)圀 부첩(簿牒).

부-적격(不適格)[-격]圀囲 자격을 갖추지 못해 적당하지 않음. □ ~ 판정을 받다.

부적격-자(不適格者)[-격짜]圀 자격을 갖추지 못하여 부적당한 사람.

부적-당하다(不適當-)[-땅-]톙囮 어떤 기준이나 정도에 맞맞지 않다. ⨀부적(不適)하다.

부-적응(不適應)圀囮 어떤 조건이나 환경 따위에 맞추지 못함. □현실에 ~하다.

부적응-아(不適應兒)圀『심』환경에 적응하지 못하는 아이.

부-적임(不適任)圀囮 그 임무에 마땅하지 아니함. 적임이 아님.

부적절-하다(不適切-)[-쩔-]톙囮 어떤 일을 하기에 알맞지 아니하다. □부적절한 방법.

부적-하다(不適-)[-쩌카-]톙囮 '부적당하다'의 준말.

부-적합(不適合)[-저캅]圀囮 알맞게 들어맞지 아니함. □ ~ 판정을 내리다.

부:-전圀 1 예전에, 여자 아이들이 차던 노리개의 하나(색 헝겊으로 예쁘게 만들어 끈을 달아 찼음). 2 『악』조이개.

부전(不全)圀囮 1 완전하지 않음. 불완전함. □발육 ~. 2 전부가 아니고 일부분임. □ ~골절(骨折).

부전(不戰)圀 1 겨루지 아니함. 2 전쟁을 아니함. □ ~ 선언을 하다.

부-전(附箋)圀 서류에 간단한 의견을 써서 덧붙이는 쪽지. 보전(補箋). 부전지.

부:-전(副殿)圀『불』불당(佛堂)을 맡아서 관리하는 사람. 청소를 하거나 향불을 보살피는 일 따위.

부전-골(跗前骨)圀『생』척골(蹠骨).

부:-전공(副專攻)圀 전공 분야 외에 따로 덧

붙여 연구하는 분야.

부전 마비 (不全痲痺)〔醫〕불완전한 마비. 기관의 기능이 상실되지는 아니하고 약화된 상태의 마비.

부전-부전 〔부〕〔하동〕 남의 사정은 생각지 않고 자기가 하고 싶은 일만 하려고 서두르는 모양.

부전-승 (不戰勝)〔명〕〔하자〕 추첨이나 상대자의 기권으로 경기를 하지 않고 이김. ↔부전패.

부전-자승 (父傳子承)〔명〕〔하자〕 부전자전.

부전-자전 (父傳子傳)〔명〕〔하자〕 대대로 아버지가 아들에게 전함. 부자상전. 부전자승. □ ~으로라더니 그들은 걸음걸이까지도 똑같다.

부-전조개〔명〕 여자 아이들이 지니는 노리개의 하나《모시조개·제비조개 등의 껍데기를 두 쪽으로 맞대고 색 헝겊으로 바르고 끈을 달아 허리띠에 참》.
[부전조개 이 맞듯] 사물이 빈틈없이 꼭 들어맞거나 의가 좋은 모양을 일컫는 말.

부전 조약 (不戰條約) 국제 분쟁의 해결을 전쟁에 의하지 않고 평화적 수단에 의해서 할 것을 요지로 하는 조약. 켈로그·브리앙 조약.

부-전지 (附箋紙)〔명〕

부전-패 (不戰敗)〔명〕〔하자〕 휴장이나 기권 등으로 경기를 하지 않고 지게 됨. ↔부전승.

부절 (不絶)〔명〕〔하동〕〔하형〕 끊이지 않고 계속됨. □ ~연락 ~. ↔두절(杜絶).

부:절 (剖折)〔명〕〔하타〕 쪼개서 나눔.

부절 (符節)〔명〕 예전에, 돌이나 대나무 따위로 만들어 신표로 삼던 물건.
[부절을 맞춘 듯하다] 꼭 들어맞다.

부절 (跗節)〔명〕〔충〕 발목마디.

부절여루 (不絶如縷)〔-려-〕〔명〕〔하자〕 실같이 가늘면서도 끊어지지 않고 계속 이어짐.

부-절제 (不節制)〔-쩨〕〔명〕〔하자〕 욕구를 이기지 못하여 절제하지 못함. □ 술·담배의 ~로 병이 들었다.

부절제-하다 (不節制−)〔−쩨−〕〔형여〕 생활을 조절하지 못하고 방탕하다. □ 부절제한 생활로 건강을 해치다.

부:점 (附點)〔−쩜〕〔명〕〔악〕 점(點)■11.

부:점-음표 (附點音標)〔−쩌旧−〕〔명〕〔악〕 점음표.

부:접 (附接)〔명〕〔하타〕 **1** 남이 쉽게 따를 수 있는 성질이나 태도. **2** 남에게 의지함.
부접(을) 못하다 〔丑〕 ㉠가까이 사귀거나 접촉하지 못하다. ㉡한곳에 붙어 배기지 못하다.

부-젓가락〔−저까−〕〔−전까−〕〔명〕 화로에 꽂아 두고 쓰는 쇠로 만든 젓가락. 화저(火箸). 준 부저.

부정 (不正)〔명〕〔하형〕 바르지 못함. 옳지 못함. □ 입시 ~ / 축재 / ~을 저지르다 / ~이 탄로나다 / 공금을 ~하게 사용하다.

부정 (不定)〔명〕〔하형〕 **1** 일정하지 않음. 정해지지 않음. □ 주거가 ~한 사람. **2**〔수〕 방정식이나 작도(作圖) 문제에서 그 답이 무수히 많은 존재하는 일(이를테면 일차 방정식 $ax=b$에서 $a=0$, $b=0$일 때 이 방정식은 부정임).

부정 (不貞)〔명〕〔하형〕 부부가 서로의 정조를 지키지 않음. 흔히, 아내의 경우를 이름. □ ~한 여자 / ~을 저지르다.

부정 (不遑)〔명〕 ☞불령(不逞).

부정 (不淨)〔명〕〔하형〕〔하부〕 **1** 깨끗하지 못함. □ ~한 돈. **2** 꺼리고 피하는 불길한 일. □ ~이 들다. 3 무당이 하는 굿의 첫 거리.
부정(을) 보다〔丑〕 꺼리거나 피하는 몸으로 부정한 일을 하다.
부정(을) 치다〔丑〕 무당이 굿을 할 때 첫 거리로 부정한 일을 없애다.

부정(을) 타다〔丑〕 부정한 일로 해를 입다.
부정(이) 나다〔丑〕 부정한 일이 생기다.

부:정 (否定)〔명〕〔하타〕 **1** 그렇지 않다고 단정함. □ 신문에 난 사실을 ~하다 / 전통성이 ~되고 있는 현대 사회. **2**〔논〕 주빈(主賓)의 양(兩) 개념이 일치하지 않음. ↔긍정(肯定).

부정 경:업 (不正競業) 부정 경쟁.

부정 경:쟁 (不正競爭) 부정한 수단을 써서 동업자의 이익을 해치는 영업상의 경쟁 행위. 부정 경업.

부정 관사 (不定冠詞)〔언〕 관사의 하나(인도·유럽어에서 보통 명사나 집합 명사의 단수형의 앞에 붙어 '하나·어느' 등의 뜻을 표시함〕. ↔정관사.

부정-근 (不定根)〔명〕〔식〕 막뿌리.

부-정기 (不定期)〔명〕 시기·기한이 일정하지 않음. □ ~ 간행물 / ~적인 모임. ↔정기(定期).

부정기-선 (不定期船)〔명〕 일정한 취항 항로가 없이 사정에 따라 부정기적으로 운항하는 배. ↔정기선.

부정기-형 (不定期刑)〔명〕〔법〕 형사 재판에서, 형기를 확정하지 않고 선고하는 자유형. 복역(服役) 성적을 보아 석방 시기를 결정하며 장기와 단기를 정하여 선고함.

부정당-하다 (不正當−)〔형여〕 도리에 맞지 않다. □ 부정당한 판정. ↔정당하다.

부정 대:명사 (不定代名詞)〔언〕 부정칭 대명사.

부정-맥 (不整脈)〔명〕〔생〕 심장의 박동이 불규칙적인 상태. 부조맥.

부정-명색 (不正名色)〔명〕 옳지 못한 방법으로 얻은 재물이나 얻은 재물.

부:정 명:제 (否定命題)〔논〕 부정 판단을 표시하는 명제. 소극 명제. ↔긍정 명제.

부정-모혈 (父精母血)〔명〕 아버지의 정수(精髓)와 어머니의 피란 뜻으로, 자식은 부모의 뼈와 피를 물려받음을 일컫는 말.

부:정-부:사 (否定文)〔명〕 부정을 나타내는 부사 '아니〔안〕·못' 또는 부정의 뜻을 나타내는 용언 '아니다·아니하다〔않다〕·못하다·말다' 따위를 쓴 문장. ↔긍정문.

부정 방정식 (不定方程式)〔수〕 정수를 계수로 하는 방정식에서, 유리수(有理數) 또는 정수(整數)의 해답을 구하는 방정식.

부정-법 (不正法)〔−뻡〕〔명〕〔법〕 법의 이념에 적합하지 않은 법.

부:정 부:사 (否定副詞)〔언〕 용언의 의미를 부정하여 한정하는 부사('안·못' 따위).

부정-부패 (不正腐敗)〔명〕〔하자〕 사회가 도덕적으로 바르지 못하고 썩거나 타락함. □ ~를 막다 / ~를 척결하다.

부정-사 (不定詞)〔명〕〔언〕 유럽 여러 언어의 문법상, 인칭·수 등의 제한을 받음이 없이 명사적 형태를 나타내는 동사.

부정 선:거 (不正選擧) 정당하지 못한 수단과 방법에 의한 선거.

부정 소:지 (不淨燒紙) 몸소지를 사르기 전에 부정한 것을 가시기 위해 사르는 소지.

부정 수소 (不定愁訴)〔의〕특정한 장기(臟器) 또는 질환에 관계없이 막연하게 병적 증상을 호소하는 것. 두통·견통(肩痛)·심계 항진·식욕 감퇴 등이 여러 가지로 겹쳐서 나타남. 부정형 신체 증후군.

부정-아 (不定芽)〔명〕〔식〕 엇눈. ↔정아(定芽).

부정액 보:험 (不定額保險)〔−뽀−〕 보험 사고 발생에 따른 실제의 손해액을 표준으로 하여

보험금이 결정되는 보험. ↔정액 보험.

부:정-어 (否定語) 뗑 부정하는 뜻을 가진 말. 곧, '아니·못·아니다' 따위.

부:정-적 (否定的) 관뗑 부정의 내용을 갖는 (것). ▣~ 태도 / ~인 영향을 미치다. ↔긍정적.

부:정적 개:념 (否定的概念) [-깨-] 〖논〗 어떤 성질이나 상태의 비존재(非存在)를 나타내는 개념. 소극적 개념. ↔긍정적 개념.

부정-적분 (不定積分) [-뿐] 뗑 〖수〗 적분 가능한 연속 함수의 적분. 곧, 적분 기호 '∫'의 상하단에 아무 구간(區間)도 설정하지 아니한 적분. ↔정적분.

부:정적 판단 (否定的判斷) 〖논〗 부정 판단. ↔긍정적 판단.

부정-지 (不定枝) 〖식〗 자리·형태·크기 등이 정상적이 아닌 가지.

부정지속 (釜鼎之屬) 뗑 솥·가마 등의 부엌에서 쓰는 그릇의 총칭.

부정-직-하다 (不正直-) [-지카-] 톙 정직하지 않다. ▣부정직한 사람.

부정-처분 (不正處分) 뗑하 정당하지 못한 방법으로 물건 따위를 처분함.

부정칭 대:명사 (不定稱代名詞) 〖언〗 정해지지 아니한 사람·물건·방향·장소 등을 가리키는 대명사(아무·아무것·아무개 따위). 부정 대명사.

부정 투표 (不正投票) 부정한 수단과 방법에 의한 투표.

부:정 판단 (否定判斷) 〖논〗 어떤 사태가 성립함을 인정하지 않는 판단. 주사(主辭)와 빈사(賓辭)가 일치하지 않음을 나타내는 판단을 이름('A는 B가 아니다' 따위). 소극적 판단. 부정적 판단.

부정-풀이 (不淨-) 뗑하 〖민〗 사람이 죽은 집에서 부정함을 없애기 위해 무당·판수를 시켜 악귀를 물리치는 일.

부정-품 (不正品) 뗑 부당한 방법으로 만들었거나 부정한 수단으로 취득한 물건.

부정-풍 (不定風) 뗑 계절·방향·강약 등이 일정하지 아니한 바람.

부정-하다 (不精-) 톙 조촐하거나 깨끗하지 못하고 거칠거나 지저분하다.

부:정합 (不整合) 뗑 〖지〗 상하로 겹쳐진 둘 이상의 지층이 융기(隆起)·침강(沈降) 등의 지각 변동으로 퇴적 층면(層面)이 서로 평행하지 아닌 현상. ↔정합(整合).

부정-행위 (不正行爲) 뗑 정당하지 못한 행위. ▣시험 중에 ~를 저지르다.

부정-형 (不定形) 뗑 일정하지 못한 양식이나 모양.

부정-형 (不定型) 뗑 〖수〗 분모·분자가 모두 0이거나 무한대인 분수.

부정형 시 (不定型詩) 일정한 형에 맞지 않는 시(산문시 따위).

부:정확 (不正確) 뗑하 바르거나 확실하지 않음. ▣~한 보도. ↔정확.

부:제 (祔祭) 뗑 삼년상을 마친 뒤 그 신주를 조상의 신주 곁에 모실 때 지내는 제사.

부제 (婦弟) 뗑 편지 글에서, 매부에 대하여 처남이 자기를 일컫는 말.

부:제 (副祭) 〖가〗 부제품(副祭品)을 받은 성직자. 사제를 도와 강론과 성체 성사 따위를 집행함(사제(司祭)의 아래, 차부제(次副祭)의 위).

부:제 (副題) 뗑 주장되는 제목에 덧붙여 그것

을 보충하는 제목. 서브타이틀(subtitle). 부제목. 부표제. ↔주제(主題).

부:-제목 (副題目) 뗑 부제(副題).

부:-제조 (副提調) 뗑 〖역〗 조선 때, 내의원·사옹원·승문원에 딸린 정삼품 벼슬.

부제-하다 (不悌-·不弟-) 톙 1 웃어른께 공손하지 못하다. 2 형에 대하여 아우의 도리를 지키지 못하다.

부제-하다 (不齊-) 톙 가지런히 정돈되어 있지 못하다.

부:-제학 (副提學) 뗑 〖역〗 조선 때, 홍문관(弘文館)에 둔 정삼품 당상관(堂上官)의 벼슬.

부절업다 톙 〈옛〉 부질없다.

부조 (父祖) 뗑 아버지와 할아버지.

부조 (不調) 뗑하 날씨나 건강의 상태가 고르지 못함. ▣일기 ~ / 발육 ~.

부조 (扶助) 뗑하 1 잔칫집·상가(喪家) 등에 돈이나 물건을 보냄. 또는 그 돈이나 물건. ▣결혼식 ~ / 친구집 혼사에 ~하다. 2 남을 거들어 도와줌. ▣상호 ~ / 생계를 ~하다. [부조는 않더라도 제상이나 치지 마라] 도와주지는 못할망정 방해는 하지 말라는 말.

부조 (浮彫) 뗑하 모양·형상을 도드라지게 새김. 또는 그런 조각. 돋을새김. 부각(浮刻). ▣석고 ~.

부조 (浮藻) 뗑 물에 떠 있는 마름.

부조-금 (扶助金) 뗑 부조로 주는 돈. 부조돈.

부-조리 (不條理) 뗑하 1 〖철〗 실존주의 용어로서, 인생에서 삶의 의의를 찾을 희망이 없는 절망적 상황을 가리키는 말〔프랑스의 작가 카뮈(Camus, A.)의 '부조리의 철학'으로 알려짐〕. 2 도리에 어긋나거나 이치에 맞지 아니함. 또는 그런 일. 배리(背理). ▣사회의 ~한 현실.

부조-전래 (父祖傳來) [-절-] 뗑하 조상 대대로 전하여 옴.

부조-증 (不調症) [-쯩] 뗑 월경 불순.

부조지전 (不祧之典) 뗑 나라에 큰 공훈이 있는 사람의 신주를 영구히 사당에 모셔 제사 지내게 하던 특전.

부조-초 (不凋草) 뗑 〖식〗 중국 특산의 상록초. 잎은 맥문동(麥門冬)과 같은데, 두껍고 크며 겨울에도 마르지 아니함. 열매는 구슬 같이 고 뿌리는 염주(念珠)와 비슷하며 속이 비었는데, 한방에서 '파극천(巴戟天)'이라 하여 강장제(强壯劑)로 씀. 삼만초(三蔓草).

부조-하다 (浮躁-) 톙 성질이 들뜨고 경망스럽다. ▣됨됨이가 ~.

부-조화 (不調和) 뗑하 서로 잘 어울리지 아니함. 조화되지 않음. ▣주위 환경과 ~를 이루다.

부족 (不足) 뗑하 필요한 양이나 기준에 미치지 못함. ▣자금 ~ / 훈련 ~ / 수면 ~으로 눈이 충혈되다 / 공급 ~ 현상이 계속되다 / ~한 것 없이 자라다 / 비타민은 조금만 ~해도 몸에 이상이 온다 / 문제를 푸는 데 시간이 ~하다.

부:-족 (附族) 뗑 혈연관계가 없거나 분명하지 않으면서 일가처럼 지내는 사람들. 붙이기 일가(一家).

부족 (部族) 뗑 원시 사회나 미개 사회에서, 같은 조상이라는 관념에 의하여 결합되어 공통된 언어와 종교 등을 갖는 지역적인 공동체. ▣~을 통합하다 / ~ 단위로 생활하다.

부족가론 (不足可論) [-까-] 뗑 같이 이야기할 거리가 되지 못함.

부족-감 (不足感) [-깜] 뗑 부족하다고 느끼는 생각.

부족 국가 (部族國家)[-꾸까] 원시 사회에서 부족에 의해 형성된 국가.

부족-분 (不足分)[-뿐] 圏 일정한 기준에 모자라는 몫·분량·부분 따위. ◻~을 채우다.

부족 사회 (部族社會)[-싸-] 圏 원시 시대에, 한 부족이 나라를 세워서 생활해 나가던 공동체 사회. ＊씨족 사회.

부족-수 (不足數)[-쑤] 《數》 불완전수의 하나. 어떤 수의 양(陽)의 약수(約數)의 합이 그 수의 배수(倍數)보다 작은 수《가령 8은 그 약수(1·2·4·8)의 합이 8보다 작은 15이므로 부족수가 됨》. ↔과잉수.

부족-액 (不足額)[-썩] 圏 일정한 기준에 모자라는 금액.

부족-증 (不足症)[-쯩] 圏 《한의》 음허화동(陰虛火動)·노채(勞瘵) 등의 병으로 원기가 쇠하고 몸이 약해지는 증세《선천적인 것과 후천적인 것이 있음》.

부-존-자원 (賦存資源) 圏 경제적으로 이용할 수 있는 모든 천연자원.

부조-돈 (扶助-)[-조똔 / -존똔] 圏 부조금.

부종 (不從) 圏하困 따르지 아니함.

부:종 (付種) 圏하困 파종(播種).

부종 (浮腫) 圏 《한의》 부종(浮腫).

부:종 계:약 (附從契約)[-/-게:-] 《경》 계약 당사자의 한쪽이 결정한 데 대해 다른 쪽에서는 따라야만 되는 계약. 부합(附合) 계약.

부-좌 (祔左) 圏하困 부부를 합장하는 데 아내를 남편의 왼쪽에 묻음. ↔부우(祔右).

부좌 (跗坐) 圏 그릇을 올려놓는 받침.

부주¹ (父主) 圏 아버님《편지에 쓰는 말》.

부주² (←부조(父祖)) 자손에게 유전(遺傳)하는 소질이나 성질. ◻주벽(酒癖)은 그 집안의 ~이다. ＊내림].

부주 (父主) 圏 아버님《편지에 쓰는 말》.

부주 (浮舟) 圏하困 범주(泛舟).

부-주교 (副主教) 圏 《가》 주교의 다음 자리. 주교가 없을 때 그 직무를 대리함.

부-주의 (不注意)[-/-이] 圏하困 조심을 하지 아니함. ◻취급 ~ / 운전 ~로 생긴 교통사고 / ~한 행동.

부주-전 (父主前)[-쩐] 圏 '아버님께'라는 뜻 《편지에 쓰는 말》. ◻~ 상서(上書).

부주-풍 (不周風) 圏 북서풍(北西風).

부중 (府中) 圏 **1** 예전에, 행정 구역 단위였던 부(府)의 가운데. **2** 중국에서, 재상이 집무하던 관아. 또는 단순한 관아.

부:중 (附中) 圏 '부속 중학교'의 준말.

부중-생어 (釜中生魚) 오랫동안 밥을 짓지 못하여 솥 안에 물고기가 생겨났다는 뜻으로, 매우 가난함의 비유.

부중어 (釜中魚) 圏 가마 속의 물고기란 뜻으로, 생명이 매우 위험함을 가리키는 말.

부:즉다사 (富則多事)[-따-] 圏하困 재물이 많으면 일도 많아짐.

부즉불리 (不卽不離)[-뿔-] 圏困 두 관계가 붙지도 떨어지지도 않음. ◻~의 관계.

부종 (浮腫)[-] 圏 《한의》 심장병·신장병에 걸리거나, 어느 국부의 혈액 순환에 탈이 나서 몸이 퉁퉁 부어오르는 병. 부종(浮腫).

부지 (不知) 圏 알지 못함.

부:지 (付紙) 圏하困 얇은 종이를 여러 겹으로 붙임. 또는 그렇게 붙인 종이.

부지 (扶支·扶持) 圏하困 매우 어렵게 보존하거나 버티어 나감. ◻겨우 목숨을 ~하다 / 왕실의 명맥이 ~되다.

부지 (浮紙) 圏하困 예전에, 종이를 떠서 만들던 일.

부지 (敷地) 圏 건물이나 도로에 쓰이는 땅. 대지. 터. ◻건물 ~ / 공원 ~를 마련하다.

부지-거처 (不知去處) 圏하困 간 곳을 모름.

부지기수 (不知其數) 圏 너무 많아서 그 수효를 헤아릴 수가 없음. 또는 그 수효. ◻모인 사람이 ~로 많다.

부지깽이 圏 아궁이 따위에 불을 땔 때, 불을 헤치거나 끌어내거나 하는 데 쓰는 막대기. 화곤(火棍). 화장(火杖).

부지-꾼 圏 심술궂고 실없는 짓을 잘하는 사람.

부지대 圏 〈옛〉 부지깽이.

부지런 圏하困히困 게으름 부리지 않고 열심으로 하는 일에 꾸준함. ◻~을 떨다 / ~히 일하다 / 천성이 ~한 사람이다. ◉바지런.

부지런-스럽다 [-따][-스러워, -스러우니] 圏固 부지런한 데가 있다. ◉바지런스럽다. **부지런-스레** 튀

부지불각 (不知不覺) 圏 (주로 '부지불각에'의 꼴로 쓰여) 자신도 모르는 결. ◻~에 눈물이 흐르다.

부지불식 (不知不識)[-씩] 圏 생각지도 알지도 못함. ◻~을 내뱉은 말.

부지불식-간 (不知不識間)[-씩깐] 圏 (주로 '부지불식간에'의 꼴로 쓰여) 생각지도 알지도 못하는 사이. ◻~에 생긴 일.

부:-지사 (副知事) 圏 도지사를 보좌하여 지방 행정을 처리하는 국가 공무원.

부지-세상 (不知世上) 圏하困 세상일이 어떻게 돌아가는지 알지 못함.

부지-세월 (不知歲月) 圏하困 세월이 가는 줄을 모름.

부지-중 (不知中) 圏 (주로 '부지중에'의 꼴로 쓰여) 알지 못하는 동안. 모르는 사이. ◻~에 처다보다 / ~에 모르는 사이. ◻~에 처다보다 / ~에 나도 모르게 소리를 질렀다.

부지지 튀하困 **1** 뜨거운 쇠붙이 등에 물기가 닿을 때 나는 소리. **2** 물기 있는 물건이 뜨거운 열에 말라 타거나 졸아들 때에 나는 소리. ◉바지지. ◉뿌지지.

부지직 튀하困 **1** 물기 있는 물건이 뜨거운 열에 닿아서 급히 타거나 졸아붙는 소리. **2** 무른 똥을 눌 때 되바라지게 나는 소리. ◉바지직. ◉뿌지직.

부지직-거리다 [-꺼-] 困 부지직 소리가 자꾸 나다. ◉바지직거리다. **부지직-부지직** [-뿌-] 튀하困

부지직-대다 [-때-] 困 부지직거리다.

부지-체면 (不知體面) 圏하困 불고체면.

부지하락 (不知下落) 圏 어디로 가서 어떻게 되었는지를 알지 못함.

부지하세월 (不知何歲月) 圏 언제나 될지 그 기한을 알지 못함. ◻~로 늑장만 부리다.

부:-직 (付職) 圏하困 **1** 벼슬하게 함. **2** 직업을 갖게 됨. 또는 그렇게 함.

부:-직 (副職) 圏 주된 직업이나 채무 외의 별도 직업. ◻~을 알선하다.

부직-포 (不織布) 圏 천을 베틀에 짜지 않고 화학적 또는 기계적인 처리에 의하여 접착시켜 만든 천.

부진 (不振) 圏하困 떨치지 못함. 기세나 힘이 활발하지 않음. ◻식욕 ~ / 발육 ~ / 수출이 ~하다 / 활동이 ~하다 / 판매 실적이 ~을 면치 못하다.

부진 (不進) 圏하困 앞으로 나아가지 못함.

부진 (不盡) 圏하圏 다하지 않거나 없어지지 않음.

부진-수(不盡數)[-쑤][명]《수》나누어 똑 떨어지지 않는 수. 부진 소수.

부진-자(浮塵子)[명]《충》1 진디등에. 2 ☞ 멸구. 3 ☞ 며루.

부질(婦姪)[명] 인질(姻姪).

부질(麩質)[명] 곡식알 속에 있는 단백질.

부-질(賦質)[명] 천부(天賦)의 성질. 타고난 성질. 천질(天質).

부질-간(-間)[-깐][명] 놋그릇을 만드는 공장에 있는 대장간.

부질-없다[-업-][지럽따][형] 대수롭지 않거나 쓸모가 없다. □ ~부질없는 걱정[생각]. **부질-없이**[-지럽씨][부]. □ ~는 넋두리만 늘어놓다.

부집[명][하자] 1 약을 올려서 말다툼을 함. 또는 그 말다툼. 2 말을 함부로 하면서 싸움.

부집(父執)[명] '부집존장'의 준말.

부집-게[-께][명] 불덩이·숯불·석탄 덩이 따위를 집는 집게.

부집-존장(父執尊長)[-쫀-][명] 아버지의 친구로 아버지와 나이가 비슷한 어른을 높여 이르는 말. ⓐ부집.

부쩍[부] 1 외곬으로 빡빡하게 우기는 모양. □ 친구가 ~ 우겨 그의 뜻에 따랐다. 2 사물이 거침새 없이 갑자기 늘거나 주는 모양. □ 쌀값이 ~ 올랐다. 3 매우 가까이 달라붙는 모양. □ 앞으로 날짜가 ~ 다가왔다. 4 몹시 힘을 주거나 긴장하는 모양. □ ~ 힘을 주다. ⓐ바짝.

부쩍-부쩍[-뿌-][부] '부쩍'의 힘줌말. ⓐ바짝바짝.

부쩝[명][하자] '부접(附接)'의 힘줌말.

부-차(副次)[명] 이차(二次)1.

부-차-시(副次視)[명][하타] 부차적인 것으로 보거나 다룸.

부-차-적(副次的)[관][명] 기본적인 것이 아니라 그것에 결말린 (것). 이차적(二次的). □ ~인 문제.

부-착(附着·付着)[명][하자타] 들러붙음. 또는 붙이거나 닮. □ 가슴에 이름표를 ~한 유치원생 / 계급장이 ~된 군복 / 상품에 가격표를 ~하다.

부-착-근(附着根)[-끈][명]《식》공기뿌리의 하나. 겨우살이 등 기생 식물이 다른 물체에 들러붙는 뿌리.

부-착-력(附着力)[-창녁][명]《물》서로 다른 물질의 분자 사이의 끌어당기는 힘.

부-착-물(附着物)[-창-][명] 붙어 있는 물건. □ ~이 떨어지다.

부-착-어(附着語)[명]《언》교착어(膠着語).

부-찰(俯察)[명][하타] 아랫사람의 형편을 두루 굽어 살핌.

부-참(符讖)[명] 점술에서, 뒷날에 일어날 일을 미리 알아서 해석하기 어렵게 적어 놓은 글. 부서(符書).

부창-부수(夫唱婦隨)[명][하자] 남편 주장에 아내가 따르는 것이 부부 화합의 도리라는 뜻.

부채[명] 손으로 흔들어 바람을 일으키는 간단한 기구. 선자(扇子). □ ~를 펴다 / ~를 부쳐 땀을 들이다.

부-채(負債)[명][하자] 남에게 빚을 짐. 또는 그 빚. □ ~를 갚다 / ~를 지다 / ~를 정리하다.

부-채(賦彩·傅彩)[명] 채색(設彩).

부-채 계:정(負債計定)[-/-게-][명]《경》부기에서, 빚·채무 등 각종 부채의 늘거나 주는 것의 변화를 기록·계산하는 여러 계정의 총칭.

부채-고리[명] 쥘부채의 사북에 꿰어 놓은 고

리. 선축(扇軸).

부채-꼭지[-찌][명] 쥘부채의 사북이 박힌 대가리 부분.

부채-꼴[명] 1 부채처럼 생긴 모양. 선상(扇狀). 2《수》원의 두 반지름과 그 호(弧)로 둘러싼 부분의 형상. 선형(扇形).

부-채여산(負債如山)[명][하형] 남에게 진 빚이 굉장히 많음.

부채-잡이[명] 소경을 상대하여 말할 때 '왼쪽'을 가리키는 말. *막대잡이.

부채-질[명][하자] 1 부채로 바람을 일으키는 짓. □ 마루에 앉아 ~로 땀을 식히다. 2 흥분된 감정·싸움 등을 더욱 부추기는 짓. □ 물가 상승을 ~하다 / 불난 집에 ~한다.

부채-춤[명] 부채를 들고 추는 춤.

부챗-밥(簿冊-)[명] 문서(文簿).

부챗-살[-챗쌀/-쨋쌀][명] 부채의 뼈대를 이루는 여러 개의 대오리.

부처(←불타(佛陀))《불》1 불교의 교조인 석가모니. 2 불도를 깨달은 성인. 3 불상.

부처(夫妻)[명] 부부(夫婦).

부처(部處)[명] 정부 조직체로서의 부와 처의 총칭. □ 정부의 각 ~.

부처-꽃[-꼳][명]《식》부처꽃과의 여러해살이풀. 밭둑·습지에 나며, 줄기는 곧고 사각형, 높이는 1 m가량. 잎은 마주나고 피침형임. 여름에 붉은 자주색 여섯잎꽃이 줄기 끝에 핌.

부처-님[명] '부처'의 높임말. □ ~ 오신 날 / ~계 공양을 올리다.
[부처님 가운데 토막] 마음이 어질고 순한 사람의 비유.

부처-손[명]《식》부처손과의 여러해살이 상록 양치식물. 산의 바위 위나 나무 위에서 남. 높이는 30 cm가량. 잎은 비늘 모양이며, 건조하면 오므라들고 물기가 있으면 벌어짐. 한방에서 약재로 쓰며 관상용임.

부처-혼(父處婚)[명] 부계(父系) 사회에서, 신부가 신랑 쪽으로 거처를 옮기는 혼인. ↔모처혼(母處婚).

부-척(浮尺)[명][하자] 무덤 자리의 거리를 잴 때, 줄을 땅바닥에 붙이지 않고 일직선으로 팽팽하게 하여 수평 거리를 헤아리는 일. ↔답척(踏尺).

부-척(副尺)[명]《수》'아들자'의 구용어.

부-척(鳧蹠)[명] 새의 다리에서, 정강이뼈와 발가락 사이의 부분.

부-천(部薦)[명][하타]《역》고려·조선 때, 새로 무과에 급제한 사람 중에서 부장(部將)이 될 만한 사람을 천거하던 일.

부천-하다(膚淺-)[형여] 지식이나 말이 천박하다.

부-첩(府牒)[명] 관청에서 보내는 간단한 편지.

부첩(簿牒)[명]《역》관아의 장부와 문서. 부적(簿籍).

부-청(俯聽)[명][하타] 공손한 태도로 주의 깊게 들음.

부체(簿體)[명]《옛》부채.

부체(浮體)[명] 액체에 떠 있는 물체.

부처-지내다[-처-][자] 한집에서 기거하며 남에게 기대어 살아가다.

부초(麩炒)[명][하타]《한의》약재를 밀가루에 묻혀서 볶음.

부-촉(附囑)[명][하타] 부탁하여 맡김.

부-촉매(負觸媒)[-총-][명]《화》역촉매(逆觸媒). ↔정촉매.

부-촌(富村)[명] 부자가 많이 사는 마을. ↔빈촌.

부-총장(副總長)[명] 총장을 보좌하며 총장이 유고 시에 그를 대리하는 직위. 또는 그 사람.

부:-총재 (副總裁) 명 총재를 보좌하며 총재의 유고 시에 그를 대리하는 직위. 또는 그 사람.

부:추 명 〖식〗 백합과의 여러해살이풀. 봄에 작은 비늘줄기에서 가늘고 긴 잎이 모여남. 비늘줄기는 비눗의 약재 따위로 쓰이고, 잎은 식용함. 구채(韭菜).

부:추-구 (-韭) 명 한자 부수(部首)의 하나 《'韮'나 '韱' 등에서 '韭'의 이름》.

부:추기다 타 남을 이리저리 들쑤셔 어떤 일을 하게 만들거나 감정·상황에 영향을 미치다. ⬚ 싸움을 ~ / 과소비를 ~ / 시청률 경쟁을 ~.

부:축 명하타 '곁부축1'의 준말. ⬚ ~해서 일으키다 / 아들 손에 ~되어 일어서다.

부출-돌 [-똘] 명 예전에, 뒷간 바닥에 부출 대신 좌우에 한 개씩 놓아서 발로 디디게 된 돌.

부출 명 〖건〗 1 가구 따위의 네 귀퉁이에 세운 나무 기둥. 2 디디고 뒤를 보는 뒷간 바닥 좌우에 깔아 놓은 널빤지.

부츠 (boots) 명 목이 긴 구두. 장화(長靴).

부치다¹ 자 힘이 모자라거나 미치지 못하다. ⬚ 내가 맡아서 하기에는 힘에 부치는 일이다.

부치다² 타 1 우편이나 사람을 통해 편지·물건을 ~. 2 다른 곳 또는 다른 기회에 넘기어 맡기다. 회부(回附)하다. ⬚ 공판(公判)에 ~ / 인쇄에 ~ / 안건을 회의에 ~. 3 일을 어떤 상태로 돌리다. ⬚ 불문(不問)에 ~ / 비밀에 ~. 4 심정을 의탁하다. ⬚ 시에 부쳐 읊은 노래. 5 몸·식사를 어떤 곳에 의탁하다. ⬚ 고모댁에 몸을 부치고 있다.

부치다³ 타 논밭을 다루어 농사를 짓다. ⬚ 얼마 안 되는 밭을 부쳐 먹고 산다.

부치다⁴ 타 번철에 빈대떡·저냐 등을 익혀 만들다. ⬚ 빈대떡을 부쳐 먹다.

부치다⁵ 타 부채 등을 흔들어 바람을 일으키다. ⬚ 부채질.

부치다⁶ 자 〈옛〉 부치이다.

부치이다 자 《'부치다5'의 피동》 바람에 부치어지다.

부:칙 (附則) 명 1 어떤한 규칙을 보충하기 위해 덧붙인 규칙. 2 〖법〗 법률·명령 등의 끝머리에 붙여서 경과 규정·시행 기일·세칙을 정하는 방법을 정해 놓은 것. ↔본칙.

부친 (父親) 명 '아버지'의 높임말. ↔모친.

부친-상 (父親喪) 명 아버지의 상사(喪事). ↔모친상. ⓒ부상(父喪).

부침 명 부침개. 지단 ~.

부침 (浮沈) 명하자 1 물 위에 떠올랐다 물속에 잠겼다 함. 2 성(盛)함과 쇠(衰)함. 또는 시세의 변천을 가리키는 말. ⬚ ~이 많은 인생.

부침-개 명 기름에 부쳐서 만드는 빈대떡·저냐·누름적 등의 총칭. 부침. 지짐이. ⬚ ~를 부치다.

부침개-질 명하자 부침개를 부치는 일. 부침질. 지짐질.

부침-질 명하자 부침개질.

부칭 (浮秤) 명 액체 비중계.

부치 명 〈옛〉 부처.

부케 (프 bouquet) 명 주로 결혼식에서 신부가 손에 드는 작은 꽃다발.

부타디엔 (butadiene) 명 〖화〗 두 개의 이중 결합을 가진, 탄소 원자 넉 개의 사슬 모양 불포화 탄화수소. 합성 고무 원료로 씀.

부:탁 (付託) 명하타 어떤 일을 해 달라고 청하거나 맡김. 또는 그 일거리. ⬚ ~의 말씀 / 취직을 ~하다 / ~를 들어주다.

부탄 (butane) 명 〖화〗 탄소가 4개인 사슬 모양의 포화 탄화수소. 천연가스·석유 분해 가스에 들어 있는 무색의 기체이며, 연료·화학 공

업 원료로 씀.

부탄-가스 (butane gas) 명 〖화〗 부탄과 부틸렌(butylene)의 혼합 가스. 가스라이터 따위에 씀.

부탄-하다 (浮誕-) 형[여] 말과 행동이 들떠 잡되고 허황하다.

부터 조 어떤 일이나 상태 따위의 '시작'을 나타내는 보조사. ⬚ 아침~ 저녁까지 / 6시~ 공연이 시작된다 / 처음~ 속일 생각은 아니었다.

부텨 명 〈옛〉 부처.

부:토 (腐土) 명 부식토(腐植土).

부토 (敷土) 명하자 흙이나 모래를 펴서 까는 일. 또는 그 흙이나 모래.

부:-통령 (副統領) [-녕] 명 대통령 중심제 국가에서, 대통령을 보좌하며 대통령 유고 시에 그 직무를 대리하는 직위. 또는 그 사람.

부티 명 베를 짤 때, 베틀의 말코 두 끝에 끈을 매어 허리에 두르는 넓은 띠.

부:-티 (富-) 명 부유하게 보이는 모습이나 태도. ⬚ ~가 나다 / ~가 흐르다. ↔빈티.

부티르-산 (←butyric酸) 명 〖화〗 질이 낮은 지방산의 하나. 버터·치즈 등의 유지(油脂)나 땀·육즙(肉汁)이 썩을 때 생기며, 자극성이 있는 불쾌한 냄새가 나는 무색의 액체임. 물·알코올·에테르 따위에 잘 녹음. 합성 향료(香料)의 원료 등으로 씀. 낙산(酪酸).

부티르산-균 (←butyric酸菌) 명 탄수화물을 발효시켜 많은 부티르산을 생성하는 균. 토양·물·곡류·우유 따위에 들어 있음. 낙산균(酪酸菌).

부팅 (booting) 명 〖컴〗 컴퓨터를 시동하거나 재시동하는 작업《콜드 부팅·리부팅 따위》.

부:판 (負板·負版) 명 슬픔을 나타내기 위하여 상복(喪服)의 등 뒤에 늘어뜨리는 베 조각. ——하다 형[여] 매우 비통하다.

부:판 (剖判) 명하자타 둘로 갈라 나눔. 또는 둘로 갈라져 나누어짐.

부판 (浮板) 명 헤엄칠 때, 물에서 몸이 잘 뜨게 하는 널빤지.

부:-판 (-辦) 명 광업을 함께 경영하는 사람.

부패 (符牌) 명 〖역〗 병부(兵符)·순패(巡牌)·마패(馬牌) 등의 총칭.

부:패 (腐敗) 명하자 1 〖화〗 부패균에 의해 단백질 및 유기물이 유독한 물질과 악취를 발생하게 되는 변화. ⬚ ~된 음식. 2 정신·정치·사상·의식 등이 타락하게 됨. ⬚ ~한 정치가 / ~된 사회.

부:패-균 (腐敗菌) 명 〖식〗 단백질 기타의 질소를 함유한 유기물을 부패시키는 세균. 부패 박테리아.

부:패-물 (腐敗物) 명 썩은 물질.

부:패-박테리아 (腐敗bacteria) 〖식〗부패균.

부:패-병 (腐敗病) [-뼝] 명 〖식〗 감자·고구마 등 식물의 부드럽고 즙이 많은 조직이나 줄기, 뿌리가 말라 죽게 되는 병.

부:패-상 (腐敗相) 명 부패한 양상. ⬚ ~이 드러나다 / ~이 극에 달하다 / 사회의 ~을 파헤치다.

부:패-열 (腐敗熱) 명 물질이 썩을 때에 발생하는 열.

부:편 (否便) 명 토의나 표결할 때 옳지 않다고 주장하는 편. 반대하는 편. ↔가편(可便).

부평-초 (浮萍草) 명 1 〖식〗 개구리밥. 2 정처 없이 떠돌아다니는 신세의 비유.

부:포 (副砲) 명 〖군〗 군함에 있는 주포보다 작

은 구경의 속사포. ↔주포(主砲).

부-포대 (浮砲臺) [명] 예전에, 항만의 방어를 위해 바다 위에 설치하였던 포대.

부:표 (附票·付票) [명][하자] 1 쪽지를 붙임. ❑ 하물에 ~를 달다. 2 찌지.

부:표 (否票) [명] 회의에서 가부를 표결할 때 반대의 뜻을 나타내는 표. ❑ ~를 던지다. ↔가표(可票).

부:표 (附表) [명] 부록으로 덧붙인 도표.

부표 (浮漂) [명][하자] 물 위에 떠서 이리저리 떠돌아다님.

부표 (浮標) [명] 물 위에 띄워 어떤 표적으로 삼는 물건. 부이(buoy).

부표 식물 (浮漂植物)[-싱-] 〖식〗 잎은 물 위에 뜨고 뿌리는 물속에서 영양을 섭취하는 식물《개구리밥 따위》.

부:-표제 (副標題) [명] 부제(副題).

부푸러기 [명] 부풀의 낱개. [작]보푸라기.

부풀 [명] 종이·피륙의 거죽에서 일어나는 가는 털. [작]보풀.

부풀다 〔부풀어, 부푸니, 부푸는〕 [자] 1 종이·피륙 등의 거죽에 잔털이 일어나다. [작]보풀다. 2 살가죽이 붓거나 부르터 오르다. ❑ 산모의 젖이 ~. 3 희망·기대 따위로 마음이 벅차지다. ❑ 희망에 부푼 가슴. 4 물체가 늘어나면서 부피가 커지다. ❑ 빵 반죽이 잘 부풀었다. 5 어떤 일이 사실과 다르게 과장되다. ❑ 소문이 눈덩이처럼 부풀어 난감하게 되었다.

부풀리다 [타] 《'부풀다'의 사동》 부풀게 하다. ❑ 빵을 ~ / 의혹을 ~. [작]보풀리다.

부풀-부풀 [부][하형] 부푸러기가 여기저기 일어난 모양. [작]보풀보풀.

부품 (部品) [명] 부분품. ❑ 자동차 ~ 공장.

부풍모습 (父風母習) [명][하자] 모습이나 말, 행동이 부모를 고루 닮음.

부프다 〔부퍼, 부프니〕 [형] 1 물건의 부피는 크나 무게는 가볍다. 2 성질이 부드럽지 못하고 급하다.

부픈-살 [명] 굵은 화살. ↔몸빠진살.

부픈-짐 [명] 무게는 나가지 않고 부피만 큰 짐. ↔몽근짐.

부풋-부풋 [-픋뿌픋] [부][하형] 1 무게는 나가지 않고 부피가 매우 큰 듯한 모양. 2 실속은 없이 매우 엉성하게 큰 모양.

부피 [명] 1 물건이 차지하고 있는 공간의 크기. ❑ ~를 재다 / ~가 크다. 2 〖수〗 입체(立體)가 차지한 공간의 크기. 입체의 크기. 용적. 체적.

부피 분석 (-分析) 〖화〗 정량 분석의 하나. 일정 농도의 시약을 시료에 넣어 반응이 끝났을 때 시약의 부피로 시료의 정량을 잼. 용량 분석.

부피 팽창 (-膨脹) 〖물〗 체적 팽창.

부피 팽창 계:수 (-膨脹係數)[-/-게-] 〖물〗 체적 팽창 계수.

부피 팽창률 (-膨脹率)[-뉼] 〖물〗 체적 팽창 계수.

부:하 (負荷) [명][하자타] 1 짐을 짐. 또는 그 짐. 2 일을 맡김. ❑ ~된 사명(使命). 3 〖물〗 원동기(原動機)에서 생기는 에너지를 소비하는 것《발전기에 대한 전등 따위》. ❑ ~가 걸리다 / ~를 받다.

부하 (部下) [명] 남의 밑에 딸리어 그의 명령에 따라 움직이는 사람. 수하(手下). ❑ ~ 직원 / ~를 지휘하다 / ~를 많이 거느리다. ↔상관(上官).

부:-하다 (富-) [형][여] 1 살이 쪄서 몸이 뚱뚱하다. ❑ 몸이 ~. 2 살림이 넉넉하다.

부:하-율 (負荷率) [명] 어떤 기간 중의 평균 전력 소비량의 최대 소비량에 대한 비율.

부:합 (附合) [명][하타] 1 서로 맞대어 붙임. 2 〖법〗 각기 다른 소유자에 속하는 두 개 이상의 물건이 맞붙어서 뗄 수 없게 되었거나 떼기가 심히 곤란한 상태가 되는 일.

부:합 (符合) [명][하자] 사물이나 현상이 서로 꼭 들어맞음. 계합(契合). ❑ 민주주의와 ~되는 제도 / 이론이 실제와 ~되다.

부:항 (附缸) [명] 1 부스럼의 고름·나쁜 피 등을 빨아내려고 부항단지를 붙이는 일. ❑ ~을 뜨다 / ~을 붙이다. 2 '부항단지'의 준말.

부:항 (副港) [명] 주항(主港)에 딸린 항구.

부:항-단지 (附缸-)[-딴-] [명] 부항(附缸)을 붙이는 데 쓰는 자그마한 단지. [준]부항.

부:항-항아리 (附缸缸-) [명] ☞ 부항단지.

부행-신 (浮行神) [명] 〖민〗 뜬것.

부허지설 (浮虛之說) [명] 떠돌아다니는 허황된 말. ❑ 그건 ~이니 믿지 마라.

부허-하다 (浮虛-) [형][여] 마음이 들떠서 미덥지 못하다. ❑ 부허한 사람.

부험 (符驗) [명] 〖역〗 1 조선 때, 금군들이 밤에 성문을 통과할 때 쓰던 표신(標信). 2 중국에 가는 사신들이 사행(使行)의 표로 갖고 다니던 물건.

부형 [명] 〈옛〉 부엉이.

부형 (父兄) [명] 1 아버지와 형. *모자(母姉). 2 학부형.

부형-자제 (父兄子弟) [명] 아버지나 형의 가르침을 받고 자라난 젊은이.

부:형-제 (賦形劑) [명] 약제를 먹기 쉽게 하거나 어떤 빛깔과 형체를 만들기 위해 가하는 물질.

부호 (扶護) [명][하타] 도와서 보호함.

부:호 (符號) [명] 1 어떤 뜻을 나타내는 기호. ❑ 문장 ~ / ~를 정하다. 2 〖수〗 음수 또는 양수임을 나타내는 기호. 곧, '+'·'-'.

부:호 (富豪) [명] 재산이 넉넉하고 세력이 있는 사람.

부-호수 (釜戶首) [명] 도자기 굽는 가마에 불을 때는 사람의 우두머리.

부:화 (附和) [명][하자] 자기의 주견이 없이 경솔하게 남의 의견에 찬성함.

부화 (孵化) [명][하자타] 동물의 알껍질 속에서 자란 새끼가 밖으로 나옴. 또는 그렇게 되게 함. ❑ 인공 ~ / 갓 ~된 병아리.

부화-기 (孵化器) [명] 부란기(孵卵器).

부:화-뇌동 (附和雷同) [명][하자] 일정한 주견이 없이 남의 의견에 따라 같이 행동함. 뇌동부화. ❑ ~하는 무리.

부화-율 (孵化率) [명] 수정란이 부화되는 비율.

부화-장 (孵化場) [명] 알을 인공적으로 까게 하는 곳.

부화-하다 (浮華-) [형][여] 실속은 없이 겉만 화려하다.

부:화-하다 (富華-) [형][여] 부유하고 호화롭다.

부:활 (復活) [명][하자] 1 죽었다가 다시 되살아남. 소생(蘇生). ❑ 그리스도의 ~. 2 일단 폐지했다가 다시 씀. ❑ 대학 입시 본고사의 ~을 주장하다 / 지방 자치 제도가 ~되다 / 사라져 가는 민속 공예를 ~시키다 / 교복 착용 제도가 ~하다.

부:활 (賦活) [명][하타] 활력을 줌. 활성화함.

부:활-절 (復活節)[-쩔] [명] 〖기〗 예수의 부활을 기념하는 날《춘분이 지난 후 첫 만월(滿月)

다음의 일요일). 부활 주일.
부:활 주일 (復活主日)[-주-] 부활절.
부:황 (付黃) 명하자 〔역〕 조선 때, 임금의 재가를 받은 문서의 고칠 데나 무엇을 표할 곳에 누런 종이쪽지를 붙이던 일.
부황 (浮黃) 명 오래 굶어 살가죽이 들떠서 붓고 누렇게 되는 병. 부황증. ¶먹지 못해 ~이 나다 / 누렇게 ~이 들다.
부:황-증 (浮黃症)[-쯩] 명 부황의 증세.
부회 (部會) 명 큰 모임 가운데 각 부문별로 나누어서 하는 모임.
부:회장 (副會長) 명 회장을 보좌하며 회장 유고 시에 그 직무를 대리하는 직위. 또는 그 사람.
부흰이 명〈옛〉 부엉이.
부:흥 (復興) 명하자타 쇠잔하던 것이 다시 일어남. 또는 그렇게 되게 함. ¶문예 ~ / 민족 ~에 앞장서다 / 경제가 ~되다 / 농어촌을 ~시키다.
부:흥-상 (復興相) 명 부흥한 모습. ¶전후(戰後)의 ~이 놀랍다.
부:흥-회 (復興會) 명 〔기〕 교인들의 믿음을 굳게 하며 회개하게 하려고 특별히 모이는 기도회.
북¹ 명 1 베틀에 딸린 기구의 하나(날의 틈으로 왔다 갔다 하면서 씨실을 풀어 주며 피륙을 짬). 방추(紡錘). 2 재봉틀의 부속품(밑실을 감은 실통을 넣어 두는 틀).
북² 〔악〕 타악기의 하나(둥근 나무 통의 양쪽 마구리에 가죽을 팽팽하게 씌우고, 채로 두드려서 소리를 냄). 태고(太鼓). 고(鼓). 드럼. ¶~을 울리다 / ~을 치다.
[북은 칠수록 소리가 난다] ⓐ못된 일은 건드릴수록 악화된다. ⓑ못된 상대자하고는 다툴수록 손해가 커진다.
북을 메우다 ⬭ 북통에 가죽을 씌워 북을 만들다.
북³ 명 식물의 뿌리를 싸고 있는 흙.
북을 주다 ⬭ 흙을 긁어 올려 식물의 뿌리를 덮어 주다.
북 (北) 명 북쪽. ↔남(南).
북⁴ 명 1 부드럽고 무른 물건을 세게 갈거나 긁는 소리. 또는 그 모양. 2 두툼하고 무른 물건을 대번에 찢는 소리. 또는 그 모양. 재복.
북간 (北間)[-깐] 명 〔역〕 의금부의 북쪽 감방.
북-감사 (北監司)[-깜-] 명 〔역〕 안무사(按撫使)1.
북경-인 (北京人)[-겡-] 명 베이징인.
북계 (北界)[-계 /-계] 명 1 〔역〕 고조선(古朝鮮)의 평양 서쪽 땅. 2 〔지〕 동물 지리학상의 구역(아시아·유럽·북아메리카 대륙을 포함함). ↔남계(南界).
북-고 (-鼓)[-꼬] 명 한자 부수의 하나('鼖'·'鼕' 등에서 '鼓'의 이름).
북곡 (北曲)[-꼭] 명 중국 원(元)나라의 잡극(雜劇). 원곡(元曲).
북관 (北關)[-꽌] 명 함경남북도 지방의 딴 이름. 북도(北道).
북교 (北郊)[-꾜] 명 1 북쪽 교외. 2 예전에, 서울 성곽문 밖의 근교를 일컫던 말.
북구 (北歐)[-꾸] 명 〔지〕 '북구라파'의 준말.
북-구라파 (北歐羅巴)[-꾸-] 명 〔지〕 북유럽. 재북구.
북국 (北國)[-꾹] 명 북쪽의 나라. ↔남국.
북군 (北軍)[-꾼] 명 1 북쪽에 있는 군대. 2 〔역〕 미국의 남북 전쟁 때 북부 여러 주의 군대. ↔남군.

1085   북돋다

북궐 (北闕)[-꿜] 명 경복궁을 창덕궁과 경희궁에 상대하여 이르는 말.
북극 (北極)[-끅] 명 1 지축의 북쪽 끝. 북쪽 끝의 지방. 북극점. 2 〔지〕 지축의 북쪽 끝의 연장선이 천구(天球)와 교차되는 점. 3 〔물〕 자석(磁石)이 가리키는 북쪽 끝. 엔 극(N極). 자기(磁氣) 북극. ↔남극(南極).
북극 거:리 (北極距離)[-끄-] 〔천〕 천구(天球)의 북극에서 어떤 천체까지의 각거리. ↔남극 거리.
북극-계 (北極界)[-끄 /-끄계] 명 생물 지리학의 한 구역(북극을 중심으로 스칸디나비아 반도 북부·시베리아·캄차카 반도 북부·북알래스카·캐나다 북부·그린란드를 포함함). ↔남극계.
북극-곰 (北極-)[-끅꼼] 명 〔동〕 흰곰.
북극-광 (北極光)[-끅꽝] 명 〔지〕 북쪽에 나타나는 극광. ↔남극광.
북극-권 (北極圈)[-끅꿘] 명 〔지〕 북위 66°33′의 지점을 연결하는 선. 또는 그 선 이북 지방. ↔남극권.
북극-성 (北極星)[-끅썽] 명 〔천〕 작은곰자리에서 가장 밝은 별(위치가 거의 변하지 않기 때문에 밤에 북쪽 방위나 위도의 지침이 됨. 거리는 약 400광년). 북신(北辰).
북극 지방 (北極地方)[-끅찌-] 〔지〕 북극권 안의 지역. 대부분 얼음으로 덮여 있으며, 기온은 10℃ 내지 영하 40℃ 임. ↔남극 지방.
북극-해 (北極海)[-끄캐] 명 〔지〕 북극권 안에 들어 있는 해양(海洋). 곧, 아시아·유럽·북아메리카 대륙에 둘러싸인 바다. 구칭: 북빙양(北氷洋).
북-꿩 (北-) 명 〔조〕 만주 특산의 꿩. 광택이 적어 아름답지 못하고 울음소리는 곱지 못함. 만주꿩.
북-녘 (北-)[붕녁] 명 북쪽 방면. ¶~ 하늘 / ~ 동포들. ↔남녘.
북단 (北端)[-딴] 명 북쪽 끝. ¶한강 대교 ~.
북당 (北堂)[-땅] 명 자당(慈堂).
북대 (北帶)[-때] 명 〔식〕 세계 식물 분포 지역 분류의 하나. 북반구의 열대권 북쪽에 있는 광대한 지역을 가리킴.
북대서양 조약 (北大西洋條約)[-때-] 〔정〕 미국과 서유럽 여러 나라가 소련을 비롯한 동유럽의 공산권 세력에 대항하기 위하여 1949년 4월 워싱턴에서 맺은 상호 방위 조약.
북대서양 조약 기구 (北大西洋條約機構)[-때-끼-] 〔정〕 북대서양 조약에 따라 조직된 집단 방위 체제. 나토(NATO).
북데기 명 ☞북데기.
북덕-명주 (-明紬)[-떵-] 명 품질이 나쁜 고치에서 뽑은 실로 짠 명주.
북덕-무명 [-떵-] 명 품질이 나쁜 목화나 누더기 솜 따위를 자아서 짠 무명.
북덕-지 (-紙)[-떡찌] 명 몹시 구겨지고 부푸러기가 일어난 종이.
북데기 [-떼-] 명 짚·풀·잡물 따위가 함부로 뒤섞여서 엉클어진 뭉텅이.
북도 (北道)[-또] 명 1 경기도 북쪽에 있는 도 (황해도·평안도·함경도). ¶~ 사람. 2 북관(北關). 3 대종교(大倧教)에서, 백두산 북쪽의 지방. ↔남도.
북독 (北瀆)[-똑] 명 〔역〕 조선 때, 사독(四瀆)의 하나로 함경남도에 있는 용흥강(龍興江)을 일컫던 말.
북-돋다 [-똗따] 타 '북돋우다'의 준말.

북-돋우다 [-또두-] [타] 기운·정신 따위를 더욱 높여 주다. ❑용기를 북돋우어 주다 / 사기를 ~. [준]북돋다.
북동 (北東)[-똥] [명] 북동쪽.
북동-쪽 (北東-)[-똥-] [명] 북쪽과 동쪽의 사이의 방위. 북동.
북동-풍 (北東風)[-똥-] [명] 북동쪽에서 불어오는 바람. 동북풍.
북두 [-뚜] [명] 마소의 등에 실린 짐과 배를 한데 얽어매는 줄. 북두끈.
북두 (北斗)[-뚜] [명]〖천〗'북두칠성'의 준말.
북두-갈고리 [-뚜-] [명] 북두 끝에 달린 갈고리. ❑~같이 험한 손가락.
북두-성 (北斗星)[-뚜-] [명]〖천〗'북두칠성'의 준말.
북두-칠성 (北斗七星)[-뚜-썽] [명] **1**〖천〗큰곰자리에서 가장 뚜렷하게 보이는 국자 모양의 일곱 별. [준]북두·북두성·칠성. **2**〖불〗칠원성군(七元星君).
[북두칠성이 앵돌아졌다] 일이 틀어지거나 그릇되어 낭패가 되었다.
북-등 (-燈)[-뜽] [명] 촛불을 켜 들고 다니던 등의 하나《가는 대오리로 테를 하여 북과 비슷이 조그맣게 만들고 백지로 바름》.
북-떡 [명] 유행병이 돌 때 미신으로 집안 식구의 수효대로 베틀의 북으로 쌀을 떠서 만들어 먹던 흰무리. 사병(梭餠).
북로 (北路)[붕노] [명] **1** 예전에, 서울에서 함경도로 통하던 길. **2** 북쪽으로 가는 길.
북로 (北虜)[붕노] [명] 북쪽에 있는 오랑캐.
북로-남왜 (北虜南倭)[붕노나뫠] [명]〖역〗북쪽 오랑캐와 남쪽의 왜적.
북록 (北麓)[붕녹] [명] 산의 북쪽 기슭.
북류 (北流)[붕뉴] [명][하자] 북쪽으로 흐름.
북마 (北馬)[붕-] [명] 함경북도에서 나는 말.
북-마구리 (北-)[붕-] [명]〖광〗남북으로 뻗은 광맥 구덩이의 북쪽 마구리. ↔남마구리.
북마-남선 (北馬南船)[붕-] [명] 남선북마.
북-마크 (book mark) [명]〖컴〗인터넷에서, 자주 찾는 사이트를 별도로 등록하여 바로 접속할 수 있게 하는 것.
북망-산 (北邙山)[붕-] [명] 〔중국의 베이망 산에 무덤이 많았다는 데서〕 무덤이 많은 곳이나 사람이 죽어서 묻히는 곳을 이르는 말. 북망산천. ❑~으로 가다 / ~에 묻히다.
북망-산천 (北邙山川)[붕-] [명] 북망산.
북면 (北面)[붕-] [명][하자] **1** 북쪽에 있는 면. **2** 북쪽을 향함. **3** 임금은 남면해 앉으므로, 신하로서 임금을 섬김을 이름.
북문 (北門)[붕-] [명] **1** 북쪽으로 낸 큰 문. **2** 성곽의 북쪽에 있는 문. ↔남문.
북미 (北美)[붕-] [명]〖지〗북아메리카.
북-바늘 [-빠-] [명] 베틀의 북 속에 넣은 실꾸리가 솟아 나오지 못하도록 북 안 시울에 끼워 누르는 대오리.
북-반구 (北半球)[-빤-] [명] 적도를 경계로 지구를 둘로 나누었을 때 북쪽 부분. ↔남반구.
북-받자 [-빧짜] [명] 곡식 등을 말로 수북이 되어 받아들이는 일.
북-받치다 [-빧-] [자] 어떤 감정이 세차게 치밀어 오르다. ❑북받치는 눈물 / 북받치는 설움 / 울분이 북받쳐 오르다. [작]복받치다.
북방 (北方)[-빵] [명] **1** 북쪽. ❑~ 한계선 / ~으로 진격하다. **2** 북쪽 지방. ❑~ 민족 / ~ 정책. ↔남방.
북방 불교 (北方佛敎)[-빵-]〖불〗기원전 3세기경, 인도 아소카 왕(Aśoka王) 때부터 인도의 북방에서 일어나 티베트·중국·한국·일본 등지로 퍼진 불교. 대승 불교가 중심을 이룸.
북백 (北伯)[-빽] [명]〖역〗조선 때, 함경도 관찰사를 이르던 말.
북벌 (北伐)[-뻘] [명][하자] 무력으로 북쪽 지방을 쳐들어가 점령함. 북정(北征).
북변 (北邊)[-뻔] [명] **1** 북쪽 변방. **2** 북비(北鄙).
북병 (北甁)[-뼝] [명]〖불〗'북수병(北水甁)'의 준말.
북-병사 (北兵使)[-뼝-] [명]〖역〗조선 때, 북병영에 주재한 병마절도사.
북-병영 (北兵營)[-뼝-] [명]〖역〗조선 때, 함경도 경성(鏡城)에 있던 북병사의 군영.
북부 (北部)[-뿌] [명] **1** 북쪽의 부분. ❑~ 지방 / 한반도 ~ / 경기도 ~ 지역. **2**〖역〗조선 때, 서울 안의 구역을 다섯으로 나눈 오부(五部)의 하나. 또는 그 구역을 관할하던 관아.
북-북 [-뿍] [부] **1** 부드럽고 무른 물건의 면을 계속 세게 갈거나 긁는 소리. 또는 그 모양. ❑등을 ~ 긁다. **2** 무르고 두툼한 물건을 자꾸 찢는 소리. 또는 그 모양. ❑보고 난 신문지를 ~ 찢다. [작]복복.
북-북동 (北北東)[-뿍똥] [명] 북쪽과 북동쪽의 중간 방위. ❑기수(機首)를 ~으로 돌리다.
북-북서 (北北西)[-뿍써] [명] 북쪽과 북서쪽의 중간 방위. ❑여객선이 ~로 항해하고 있다.
북비 (北鄙)[-삐] [명] 함경북도의 변두리 땅.
북빙-양 (北氷洋)[-삥냥] [명] '북극해(北極海)'의 구칭.
북-살무사 (北-)[-쌀-] [명]〖동〗살무삿과의 뱀. 길이 60 cm 가량, 등은 누런 갈색 바탕에 검은 갈색을 띠고 사슬 모양의 고리 무늬가 있음. 배는 회색을 띤 갈색 또는 연한 흑색, 머리는 세모꼴이며, 난태생(卵胎生)임. 맹독이 있음. 북도(北道)사슬뱀.
북삼 (北蔘)[-쌈] [명] **1** 함경도에서 나는 산삼. **2** 중국 간도에서 나는 인삼.
북상 (北上)[-쌍] [명][하자] 북쪽을 향하여 올라감. ❑장마 전선이 ~하다. ↔남하.
북-상투 [-쌍-] [명] **1** 아무렇게나 막 끌어 올려 튼 상투. **2** 아무렇게나 끌어 올려 뭉쳐 놓은 여자 머리.
북새 [-쌔] [명] 여러 사람이 한곳에 모여 야단스럽게 법석이는 일. ❑한바탕 ~를 떨다 / ~를 부리다 / ~를 치르다.
북새(를) 놓다〔놓다〕 [구] 여러 사람이 부산하게 법석이다. ❑아이들이 놀러 와서 ~.
북새-질 [-쌔-] [명][하자] 북새를 놓는 짓. ❑아이들이 야단스럽게 ~을 놓다 / ~을 치다.
북새-통 [-쌔-] [명] 북새를 놓는 상황. ❑~이 벌어지다 / ~을 떨다 / 아이들의 ~에 잠을 잘 수가 없다 / 수많은 인파로 ~을 이뤘다.
북새-판 [-쌔-] [명] 여러 사람이 북새를 놓는 자리. ❑~을 이루다 / ~을 벌이다.
북새-풍 (北塞風)[-쌔-] [명] 북풍. ❑~이 몰아치다.
북서 (北西)[-써] [명] 북서쪽.
북서-쪽 (北西-)[-써-] [명] 북쪽을 기준으로 북쪽과 서쪽 사이의 방위. 북서.
북서-풍 (北西風)[-써-] [명] 북서쪽에서 불어오는 바람. 여풍.
북-석 (-石)[-썩] [명] 무덤 앞의 상돌을 괴는 북 모양의 둥근 돌. 고석. 북돌.
북-소리 [-쏘-] [명] 북을 칠 때 나는 소리. 고성(鼓聲).
북송 (北送)[-쏭] [명][하타] 사람·물건을 북쪽으로 보냄.

북수(北水)[-쑤]〖명〗〖불〗절에서, '뒷물'의 일컬음.

북수[1](北首)[-쑤]〖명〗예전에, 함경도 지방에서 만들어 내던 기와.

북수[2](北首)[-쑤]〖명〗머리를 북쪽으로 하고 자는 일.

북수-병(北水瓶)[-쑤뼝]〖명〗〖불〗절에서, 뒷물을 담아 들고 다니는 병. ⓐ북병.

북숫-대(北水-)[-수때/-쑫때]〖명〗〖불〗절에서, 뒷물할 때 쓰는 홈이 팬 나무 그릇.

북숭이[-쑹-]〖명〗 **1** 부기. **2** '털북숭이'의 준말.

북슬-강아지[-쓸-]〖명〗털이 북슬북슬하고 탐스럽게 생긴 강아지.

북슬-북슬[-쓸 쓸]〖부하〗살이 찌고 털이 많아 탐스러운 모양. ⓐ복슬복슬.

북신(北辰)[-씬]〖명〗〖천〗북극성(北極星).

북-십자성(北十字星)[-씹짜-]〖명〗〖천〗백조(白鳥)자리에 있는, '+' 자 모양으로 보이는 다섯 개의 별.

북-씨(北-)[-]〖명〗북위(北緯).

북아(北阿)〖명〗〖지〗북아프리카.

북-아메리카(北America)〖명〗아메리카 대륙의 북부. 북미(北美).

북안(北岸)〖명〗북쪽 해안이나 강안(江岸).

북양(北洋)〖명〗북쪽 바다. 북해(北海).

북양 어업(北洋漁業)북태평양을 어장(漁場)으로 하여 이루어지는 어업. 북위 45° 이북의 북태평양·오호츠크 해·베링 해 등에서 연어·게·송어 따위를 잡음.

북어(北魚)〖명〗말린 명태. 건명태. ▣~ 한 두름 / ~ 한 쾌.

[북어 뜯고 손가락 빤다] 허위·과장을 나타낸다는 말.

북어 껍질 오그라들듯 ⣿ 재산 따위가 점점 줄어드는 모양.

북어-구이(北魚-)〖명〗북어를 토막 쳐서 양념하여 구운 반찬. 북어구(北魚炙).

북어-보풀음(北魚-)〖명〗더덕북어를 두드려서 잘게 뜯은 북어의 살.

북어-조림(北魚-)〖명〗북어를 토막 쳐서 파를 썰고 진간장에 조린 반찬.

북어-찜(北魚-)〖명〗북어의 대가리와 꼬리를 잘라 내고 세로로 칼집을 내어 펼친 뒤, 양념을 해서 구푼에 쪄 반찬.

북어-쾌(北魚-)〖명〗북어 스무 마리를 한 줄에 꿴 것.

북어-포(北魚脯)〖명〗북어를 저며 양념을 해서 말린 것. ▣~ 한 접시.

북엇-국(北魚-)[부거꾹 / 부걷꾹]〖명〗북어를 잘게 뜯어 파를 썰어 넣고 달걀을 풀어 끓인 장국. 북어탕(北魚湯).

북영(北營)〖명〗〖역〗함경도의 감영.

북용(北茸)〖명〗예전에, 함경북도에서 나던 녹용.

북위(北緯)〖명〗〖지〗적도 이북의 위도. 북씨. ↔남위.

북위(北魏)〖명〗〖역〗중국 남북조 시대의 북조의 최초의 나라(시조는 선비족(鮮卑族)의 탁발규(拓跋珪)).

북위-선(北緯線)〖명〗〖지〗적도 이북의 위선. ↔남위선.

북-유럽(北Europe)〖명〗〖지〗유럽 북쪽에 있는 아이슬란드·덴마크·노르웨이·스웨덴·핀란드 등의 나라. 북구(北歐).

북인(北人)〖명〗〖역〗조선 때, 붕당(朋黨)의 하나. 동인(東人)에서 갈라진 남인(南人)에 상대하여, 이산해(李山海)·남이공(南以恭) 등을

1087　　　　　　　　　　**북치**

중심으로 형성된 당파.

북-장(北醬)[-짱]〖명〗함경도에서 만드는 된장.

북-장구[-짱-]〖명〗북과 장구.

북-장단[-짱-]〖명〗〖악〗북소리의 장단.

북장단을 치다[추다/맞추다] ⣿ 비유적으로, 정황에 따라 일을 잘 처리하다.

북-장지(-障-)[-짱-]〖명〗〖건〗앞뒤를 모두 종이로 바른 장지문.

북적(北狄)[-쩍]〖명〗〖역〗고대 중국에서 북쪽 지역에 사는 족속들을 멸시하여 일컫던 말.

북적-거리다[-쩍--]〖자〗 **1** 많은 사람이 모여 수선스럽게 자꾸 뒤끓다. **2** 술·식혜 등이 괴어 자꾸 끓어오르다. ⓐ복작거리다. **북적-북적**[-쩍뿍쩍]〖부하자〗

북적-대다[-쩍때-]〖자〗북적거리다.

북전[-쩐]〖명〗활의 줌을 잡을 때 엄지손가락이 닿는 곳. **2** 활의 줌을 잡는 엄지손가락의 첫째와 둘째 마디.

북점(北點)[-쩜]〖명〗〖천〗천체의 자오선(子午線)이 천체의 북극에 가까운 방향에서 지평선과 교차하는 점. ↔남점.

북정(北征)[-쩡]〖명〗북벌(北伐). ▣~의 길에 오르다.

북정(北庭)[-쩡]〖명〗 **1** 집 안의 북쪽에 있는 뜰. **2**(옛)성균관 안 명륜당의 북쪽 마당(유생(儒生)들이 승학시(陞學試)를 보던 곳).

북-조선(北朝鮮)[-쪼-]〖명〗북한에서 휴전선 이북 지역을 일컫는 말. ↔남조선.

북종(北宗)[-쫑]〖명〗 **1**〖불〗중국에서 신수(神秀)를 종조(宗祖)로 한 선종(禪宗)의 한 파. **2**〖미술〗북종화. ↔남종.

북종-화(北宗畵)[-쫑-]〖명〗〖미술〗당나라의 이사훈(李思訓)을 시조로 송나라 때 전성기를 이룬 그림의 한 파(물체의 표현과 색채의 선명을 주로 함). ↔남종화. ⓐ북화(北畵).

북-주기[-쭈-]〖명〗〖하타〗식물의 뿌리를 흙으로 두두룩하게 덮어 주는 일.

북지(北至)[-찌]〖명〗〖천〗하지 때에 태양이 북회귀선 위에 이르는 일. 또는 그 시각. ↔남지(南至).

북진(北進)[-찐]〖명〗〖하자〗북쪽으로 나아감. ↔남진.

북진(北鎭)[-찐]〖명〗〖역〗함경북도의 육진(六鎭) 지방을 이르던 이름.

북-쪽(北-)〖명〗 **1** 네 방위의 하나로, 북극을 가리키는 쪽. ▣~ 강변 /~을 향해 달리다 /~으로 뻗어 내린 경사면을 따라 올라가다. **2** 북한을 남한에 상대하여 이르는 말. ▣~ 대표 /~ 동포. ↔남쪽.

북창(北窓)〖명〗북쪽으로 낸 창. ↔남창.

북창-삼우(北窓三友)〖명〗'거문고·술·시'를 아울러 이르는 말.

북-채〖명〗북을 치는 조그만 방망이.

북천(北天)〖명〗북쪽 하늘. ↔남천(南天).

북청 사자놀음(北靑獅子-)〖민〗함경남도 북청에 전해 오는 탈놀이. 정월 보름경에 사자를 꾸미어 집집마다 다니며 춤을 추어서 잡귀를 쫓는 민속 놀이임.

북촌(北村)〖명〗 **1** 북쪽에 있는 마을. **2** 조선 때, 서울 안의 북쪽으로 치우쳐 있는 동네들의 총칭. ↔남촌.

북-춤〖명〗북을 두드리며 추는 고전 무용.

북측(北側)〖명〗북쪽. 북편. ▣~ 대표 /~ 인사. ↔남측.

북치〖명〗그루갈이로 열린 작은 오이.

북-치(北-)〖명〗북쪽 지방의 산물 또는 생물.

↔남치.

북칠 (北漆)〖명〗돌에 글자를 새길 때, 글씨를 쓴 얇은 종이에 밀을 칠해 그 뒤쪽에 비치는 글자 테두리를 그려서 돌에 붙이고 문질러서 글자 자국이 나도록 내려 앉히는 일.

북침 (北侵)〖명〗〖하자〗남쪽에서 북쪽으로 침략함.

북-통 (-筒)〖명〗북의 몸이 되는 둥근 나무통.

북통(을) **지다** ⏍ 경을 읽는 동안에 병자가 죽었을 때, 경쟁이가 북을 지고 쫓겨나다.

북통(을) **지우다** ⏍ 경을 읽는 동안에 병자가 죽었을 때, 경쟁이에게 북을 지워서 쫓아내다.

북-틀〖명〗북을 칠 때, 북을 올려놓는 틀.

북-편 (-便)〖명〗장구에서, 손으로 쳐서 소리를 내는 편. 고면(鼓面). ↔채편.

북-편 (北便)〖명〗북쪽을 향한 편.

북포 (北布)〖명〗조선 때, 함경북도에서 생산되던 올이 가늘고 고운 베.

북표 (北標)〖명〗〖지〗지도에서, 북쪽을 가리키는 표.

북풍 (北風)〖명〗북쪽에서 불어오는 바람. 뒤바람. 북새풍. ☐ ~이 몰아치다 / 매서운 ~에 눈발이 휘날리다. ↔남풍.

북풍-받이 (北風-)[-바지]〖명〗북풍을 마주 받는 곳.

북풍-한설 (北風寒雪)〖명〗북쪽에서 불어오는 찬바람과 차가운 눈.

북학 (北學)〖부락〗〖명〗〖역〗1 조선 영조·정조 때, 실학자들이 청나라의 앞선 문물제도·생활양식을 받아들일 것을 내세운 학풍. 2 중국 남조 때, 북조에서 행해진 학풍. ↔남학.

북학-론 (北學論)〖부캉논〗〖명〗〖역〗조선 영조·정조 때, 실학자들이 청나라의 앞선 문물제도 및 생활양식을 본받아 나라 살림을 개량하고자 한 주장.

북학-파 (北學派)[부락-]〖명〗〖역〗조선 영조·정조 때, 북학론을 주장하던 실학의 한 파.

북한 (北限)[부칸]〖명〗생물이 살 수 있는 북쪽 위도의 한계. 생물에 따라 다르며 기상·환경 등에 따라서 좌우됨.

북한 (北韓)[부칸]〖명〗남북으로 분단된 대한민국의 휴전선 이북 지역을 일컫는 말. ☐ ~에 비료와 식량을 지원하다. ↔남한.

북-한대 (北寒帶)[부칸-]〖명〗〖지〗북극권에 속해 있는 한대 지역(반년은 밤, 반년은 낮이 계속됨). ↔남한대.

북해 (北海)[부캐]〖명〗〖지〗1 북쪽의 바다. 북양(北洋). ↔남해. 2 스칸디나비아 반도 남부와 영국에 둘러싸인 바다. ☐ ~ 유전.

북행 (北行)[부캥]〖명〗〖하자〗북쪽으로 감. ☐ ~ 열차 / 판문점을 통해 ~하다.

북-향 (-香)[부캥]〖명〗옥수를 북 모양처럼 둥글게 만들고 향료를 넣어 몸에 차는 향의 하나.

북향 (北向)[부캥]〖명〗〖하자〗북쪽을 향함. 또는 그 방향. ☐ 창을 ~으로 내다 / 집이 ~이라 좀 춥다.

북향-집 (北向-)[부캥찝]〖명〗대청이 북쪽을 향하고 있는 집.

북향-판 (北向-)[부캥-]〖명〗집터나 묏자리 등이 북쪽을 향하고 있는 터.

북호 (北胡)[부코]〖명〗북쪽에 있는 오랑캐 나라.

북홍 (北紅)[부콩]〖명〗매우 짙은 붉은 물감.

북화 (北畵)[부콰]〖명〗〖미술〗'북종화(北宗畵)'의 준말.

북-회귀선 (北回歸線)[부쾨-]〖명〗〖지〗북위 23°

27'의 위도를 연결한 선(춘분에 적도에 있던 해가 점점 북쪽으로 올라가 하지에 이 선 위를 지나며, 다시 남쪽으로 내려감). 하지선(夏至線). ↔남회귀선.

분¹ (分)〖명〗〖역〗'분세(分稅)'의 준말.

분² (分) ☐ 一〖명〗'분수'의 준말. ☐ ~에 넘치는 영광. 二〖단〗〖명〗십진급수의 단위의 하나(1의 1/10). 三〖의명〗1 시간의 단위(한 시간의 1/60). 2 각도·경위도(經緯度) 등의 1도의 1/60. 3 푼.

분 (扮)〖명〗〖하자〗'분장(扮裝)'의 준말.

분:(憤·忿)〖명〗1 분기. 2 억울하고 원통한 마음. 분심(憤心). ☐ ~을 참다 / ~을 삭이다 / ~이 풀리다 / ~을 못 이겨 버럭 화를 내다.

분(盆)〖명〗화초·나무 등을 심는 그릇. [본래 ~에 심어 놓으면 못된 잡초도 화초라 한다] 환경에 따라 귀하고 천해진다.

분 (粉)〖명〗1 가루. 분말. 2 '백분(白粉)2'의 준말. ☐ ~을 바르다 / ~으로 화장한 얼굴. 3 〖미술〗흰빛을 내는 채색.

분 (糞)〖명〗똥.

분〖의명〗1 사람을 높여서 이르는 말. ☐ 이 ~을 모셔 왔습니다. 2 사람의 수를 셀 때 높이는 뜻을 나타내는 말. ☐ 다섯 ~이 다녀가셨습니다.

-분 (分)〖미〗1 전체를 몇으로 나눈 부분. ☐ 3~의 1. 2 일이 되는 분량. ☐ 추가~ / 5인~의 식사. 3 물질의 성분. ☐ 지방~ / 영양~.

분가 (分家)〖명〗〖하자〗가족의 한 구성원이 딴살림을 차려 나감. ☐ ~하여 독립하다 / 아들 부부를 ~시키다.

분-가루 (粉-)[-까루]〖명〗1 화장품으로 쓰는 분의 가루. ☐ 얼굴에 ~를 하얗게 칠하다. 2 분처럼 하얀 가루.

분-가시 (粉-)[-까시]〖명〗〖한의〗분의 중독으로 여자의 얼굴에 생기는 여드름 같은 부스럼.

분간 (分揀)〖명〗〖하타〗1 사물의 선악·대소·경중·시비 등을 가려서 앎. ☐ 방향을 ~하다 / 시비를 ~ 못하다 / 방향이 ~되지 않다. 2 대상·사물을 다른 것과 구별하여 냄. ☐ 가짜와 진짜는 ~되어야 한다.

분-갈이 (盆-)〖명〗〖하타〗화분에 심은 화초를 다른 화분에 옮겨 심는 일.

분-갑 (粉匣)[-깝]〖명〗분을 담는 갑.

분가 (分介)〖명〗〖경〗부기(簿記)에서, 거래 내용을 차변(借邊)과 대변(貸邊)으로 나누어 기입함. ☐ ~ 기입함.

분개 (分槪)〖명〗〖하타〗대강을 헤아림.

분:**개** (憤慨)〖명〗〖하타〗몹시 분하게 여김. 분탄. ☐ ~를 느끼다 / ~에 차다.

분:**개-심** (憤慨心)〖명〗몹시 분하게 여기는 마음.

분개-없다 (分槪-)[-업따]〖형〗사리를 분간하여 헤아릴 만한 슬기가 없다. ☐ 분개없는 논리. **분개-없이** [-업씨]〖부〗

분개-장 (分介帳)[-짱]〖명〗〖경〗회계 장부의 하나. 일기장(日記帳)에 기입한 거래를 원장(元帳)에 기입할 때, 먼저 대변(貸邊)과 차변(借邊)으로 나누어 자세히 기입하는 장부.

분거 (分居)〖명〗〖하자〗여기저기로 나뉘어 삶.

분:**-격** (憤激)〖명〗〖하자〗몹시 분노와 노여운 감정이 복받쳐 오름. 격노(激怒). ☐ ~에 차다 / ~을 사다 / ~이 가시다. [으낌.

분:**격** (奮激)〖명〗〖하타〗급격하게 마음을 떨쳐 일어남.

분:**격** (奮擊)〖명〗〖하타〗분발하여 공격함. ☐ 적을 ~하여 크게 격파하다.

분견 (分遣)〖명〗〖하타〗인원 따위를 갈라 따로 내보냄. ☐ 재해 지역에 ~된 의료반.

분견-대 (分遣隊)[-때]〖명〗〖군〗본대(本隊)에서 파견

되어 나온 부대.

분-결(粉-)[-껼] 圕 분의 곱고 부드러운 결. ▢~같이 보드라운 손.

분:-결(憤-·忿-)[-껼] 圕 분한 마음이 왈칵 일어난 바람. 분김. ▢~에 달려들다.

분경(分境) 圕 경계(境界).

분경(奔競) 圕몡탄 1 지지 않으려고 몹시 다툼. 또는 그런 일. 2 예전에, 벼슬을 얻기 위하여 엽관 운동을 하던 일.

분경(紛競) 圕몡탄 분쟁(紛爭).

분계(分界)[-/-계] 圕 서로 나누인 지역의 경계. 분경(分境).

분계-선(分界線)[-/-계-] 圕 서로 나누인 두 지역의 경계가 되는 선. ▢~을 긋다.

분고(奔告) 圕몡탄 달려가서 알려 줌.

분곡(分穀) 圕 추수한 곡식을 몫몫이 나눔.

분골(粉骨) 圕 '분골쇄신'의 준말.

분골-보효(粉骨報效) 圕몡타 몹시 힘들여서 은혜를 갚음.

분골-쇄신(粉骨碎身) 圕몡자타 1 뼈가 가루가 되고 몸이 부서진다는 뜻으로, 정성으로 노력함을 이르는 말. 준쇄신. 2 참혹하게 죽음. 또는 그렇게 죽임.

분-공장(分工場) 圕 원래의 공장에서 갈라져 나온 공장.

분과(分科)[-꽈] 圕몡타 각 과목별·업무별로 나눔. 또는 그 과목이나 업무.

분과(分課)[-꽈] 圕몡타 업무를 분담하기 위해 몇 개의 과로 나눔. 또는 그 과.

분과 위원회(分科委員會)[-꽈-] 圕 분과별로 조직한 위원회.

분과-회(分科會)[-꽈-] 圕 대규모의 회의 따위에서, 채택된 의제(議題)의 내용에 따라 전문적으로 논의·검토할 필요가 있을 경우 분야별로 나누어 이루어지는 회의.

분관(分管) 圕몡타 나누어 관할함(分轄).

분관(分館) 圕 본관에서 나누어 따로 세운 기관이나 건물. ▢~을 설치하다.

분광(分光) 圕몡자 『물』 빛이 파장의 차이에 따라 여러 색으로 나누어지는 현상.

분광(分鑛) 圕몡자 『광』 광주(鑛主)에게 요금을 내고 일정한 기간 자유로이 광석을 캐내는 광업. 또는 그런 광산.

분광(粉鑛) 圕 『광』 가루처럼 부서진 광석.

분광-계(分光計)[-/-계-] 圕 『물』 파장을 관측하기 위해 파장 눈금 또는 각도 눈금이 있는 분광기. 파장 분광계. 스펙트로미터.

분광-기(分光器) 圕 『물』 빛을 스펙트럼으로 분산시켜서 강도와 파장을 검사하는 장치. 스펙트로스코프.

분광 분석(分光分析) 圕 『물』 원자 스펙트럼이 각 원소에 고유한 것임을 이용하여 여러 가지 물질의 스펙트럼을 검사해서 각 원소의 정성(定性)·정량(定量) 분석을 행하는 일.

분광 사진(分光寫眞) 圕 『물』 분광기에 촬영 장치를 하여 찍은 사진(원소의 분석, 천체의 연구등에 널리 쓰임).

분광 시:차(分光視差) 圕 『천』 항성의 스펙트럼과 광도의 관계를 이용하여 계산한 항성의 거리.

분광 쌍성(分光雙星) 圕 『천』 매우 가까이 있어서 망원경으로는 분리되어 식별할 수 없으나, 스펙트럼선에 나타나는 주기적 변화에 따라 두 개의 천체임을 확인할 수 있는 쌍성. 분광 연성(連星).

분광 측광(分光測光)[-꽝-] 圕 『천』 천체 스펙트럼의 관측에 따라 천체의 광도(光度)를 결정하는 일.

분광-학(分光學) 圕 『물』 광학의 한 분야. 빛의 스펙트럼을 연구하는 학문(원자·분자의 구조를 조사하는 데 중요한 단서를 제공함).

분광 화학(分光化學) 圕 『화』 분광학의 이론 및 실험 방법을 사용하여 물질의 구조 및 화학적 현상 따위를 연구하는 화학의 한 분야.

분:괴(憤愧) 圕몡타 분하게 여기고 부끄럽게 생각함.

분교(分校) 圕 『교』 본교 소재지 이외의 지역에 따로 세운 학교. ▢~생(生).

분-교장(分校場) 圕 『교』 본교 소재지 이외의 지역에 따로 설치하여 가르치는 곳.

분구(分區) 圕몡타 1 지역을 몇 개의 일정한 구역으로 나눔. 또는 그 구역. 2 하나의 구(區)를 몇 개로 나눔. 또는 그 구역.

분국(分局) 圕 본국에서 갈라 따로 설치한 국.

분권(分權)[-꿘] 圕몡타 권리나 권력을 분산함. ▢지방~/~된 권력. ↔집권(集權).

분권-적(分權的)[-꿘-] 관圕 권력을 분산하는(것). ▢~ 체제/~인 제도.

분권-주의(分權主義)[-꿘-/-꿘-이] 圕 '지방분권주의'의 준말.

분권-화(分權化)[-꿘-] 圕몡자타 통치 권력이나 권리 따위가 분산됨. 또는 그렇게 되게 함.

분궤(粉潰) 圕몡자 잘게 부서져서 흩어짐.

분규(紛糾) 圕몡자 이해나 주장이 뒤얽혀서 말썽이 많고 시끄러움. ▢~가 발생하다 / ~가 타결되다 / 노사 ~가 일어나다.

분극(分極) 圕 『물』 1 유전체(誘電體)를 전기장(電氣場)에 놓으면 그 양쪽 끝단에 음전기와 양전기가 나타나는 현상. 2 전기 분해를 할 때 또는 전지(電池)를 사용할 경우에, 전극과 전해질(電解質)의 사이에 전류가 통함으로써, 원래의 전류와 반대 방향의 기전력(起電力)이 생기는 현상.

분극 전:류(分極電流)[-쩔-] 圕 『물』 물질의 분극에 의해 생기는 전류.

분극화 현:상(分極化現象)[-그롸-] 圕 『사』 사회의 여러 세력이 서로 대립하는 두 개 이상의 입장으로 갈라지거나 집중하는 현상.

분근(分根) 圕 『식』 하나의 뿌리를 여럿으로 나눔. 또는 그 뿌리.

분금(分金) 圕몡타 관(棺)을 묻을 때, 그 관의 위치를 똑바로 정함.

분급(分級) 圕 『지』 퇴적물이 물이나 바람에 의하여 운반될 때 알맹이의 크기에 따라 나뉘는 일.

분급(分給) 圕몡타 각각의 몫에 따라 나누어 줌. 분여(分與). ▢토지의 ~.

분기(分岐·分歧) 圕 1 나뉘어서 갈라짐. 또는 그 갈래. 2 『컴』 컴퓨터에 접속되어 있는 통신 회선을 효과적이고 경제적으로 이용하기 위하여 하나의 통신 회선에 여러 개의 단말기를 접속하여 사용하는 일.

분기(分期) 圕 1년을 3개월씩 넷으로 구분한 기간. ▢일사(一四)~/~별 손익 계산.

분기(紛起) 圕몡자 여기저기서 말썽이 생김.

분-기(噴氣) 圕몡자 증기·가스 등을 뿜어냄. 또는 그 증기나 가스.

분:-기(憤氣·忿氣) 圕 분한 생각이나 기운. 분(憤). ▢~가 치밀다 / ~가 충천하다 / ~를 이기지 못하다 / ~를 눌러 참다 / ~가 가시다.

분:-기(奮起) 圕몡자 분발해 일어남.

분:기-공(噴氣孔) 圕 『지』 화산 작용으로 땅속에서 증기·가스를 뿜어내는 구멍.

분:기-등등(憤氣騰騰) 圕몡자 분한 마음이 세

차게 치밀어 오름.

분기-선 (分岐線) 圀 몇 갈래로 갈라진 선로 또는 길.

분기-점 (分岐點) [-쩜] 圀 몇 갈래로 갈라지는 지점. 또는 그런 시점. ▣고속도로 ~ / 한국 현대사의 ~ / ~을 맞다 / 역사의 ~에 서다.

분:기-충천 (憤氣衝天) 圀圀困 분한 마음이 하늘을 찌를 듯이 북받쳐 오름. 분기탱천. ▣ ~하여 이를 간다.

분:기-탱천 (憤氣撑天) 圀圀困 분기충천.

분:-김 (憤-·忿-) [-낌] 圀 (주로 '분김에'의 꼴로 쓰여) 성이 왈칵 난 바람. 분결. ▣ ~에 후려갈기다.

분-꽃 (粉-) [-꼳] 〖식〗 분꽃과의 한해살이 풀. 정원에 심는데, 높이 60-100 cm, 잎은 끝이 뾰족한 달걀 모양임. 여름부터 가을에 걸쳐 하양·빨강·노랑 꽃이 핌. 열매는 까맣게 익는데 속에 흰 가루가 들어 있음.

분꽃-나무 (粉-) [-꼰-] 圀 〖식〗 인동과의 낙엽 활엽 관목. 잎은 넓은 달걀 모양인데, 무딘 톱니와 잔털이 있음. 5월에 엷은 분홍색 꽃이 가지 끝에 피고 열매는 타원형으로 10월에 흑색으로 익음. 언덕이나 산기슭에 남.

분납 (分納) 圀圀困 몇 차례로 나누어 냄. ▣ 합부금을 ~하다.

분:-내 (分內) 圀 자신의 신분이나 분수를 넘지 않는 범위.

분-내 (粉-) 圀 분의 냄새. ▣ 향긋한 ~.

분:내-사 (分內事) 圀 자신의 분수에 맞는 일.

분네 圀圀 1 '분'을 덜 친근하게 가리키는 말. ▣ 이 ~가 김 씨요. 2 둘 이상의 사람을 높여 이르는 말. ▣ 그 ~는 우리 친척들이오.

분:-노 (憤怒·忿怒) 圀圀困 분개하여 몹시 성을 냄. 또는 그렇게 내는 성. ▣ ~가 치밀다 / ~가 끓어오르다 / ~를 자아내다 / ~를 삭이다 / 계속되는 망언에 ~한 시민들이 가두시위에 나서다.

분뇨 (糞尿) 圀 똥과 오줌. ▣ ~ 처리 탱크.

분단 (分段) 圀圀困 1 사물을 몇 단계로 나눔. 또는 그 단계. 2 문장을 뜻에 따라 몇으로 나눔. 또는 그 단락. ▣ ~세 단락으로 ~된 문장. 3 〖불〗 '분단신'의 준말.

분단 (分團) 圀圀困 1 한 단체를 몇 개의 작은 단위로 나눔. 또는 그 집단. 2 〖교〗 한 학급을 몇으로 나눔. 또는 그 단위. ▣ ~ 학습.

분단 (分斷) 圀圀困 나라나 민족이 나뉘어 갈라짐. ▣ 나라가 남북으로 ~되다.

분단-국가 (分斷國家) [-까] 圀 본래는 하나의 국가였으나 전쟁 또는 외국의 지배 등으로 말미암아 둘 이상으로 갈라진 국가.

분단-생사 (分段生死) 圀 〖불〗 업인(業因)에 따라 몸과 목숨 따위의 길고 짧음이 있는 범부(凡夫)의 생사. *변역(變易)생사.

분단-신 (分段身) 圀 〖불〗 분단생사를 받는 신체. 곧 범부(凡夫)의 몸. ▣분단(分段).

분단-윤회 (分段輪廻) [-뉸-] 圀 〖불〗 나서 죽고 죽어서 다시 태어난다는, 생애를 되풀이하는 일.

분단-장 (分團長) 圀 분단의 우두머리.

분-단장 (粉丹粧) 圀圀困 얼굴에 분을 발라 예쁘게 꾸미는 일. ▣곱게 ~한 얼굴.

분담 (分擔) 圀圀困 나누어서 맡음. ▣책임을 ~하다 / 경비를 각자가 ~하다.

분담-금 (分擔金) 圀 나누어 부담하는 돈.

분답 (紛沓) 圀圀 잡답(雜沓).

분당 (分黨) 圀圀困困 당파를 가르거나 당파가

갈라짐. 또는 그 당파. ▣ 두 파로 ~되다.

분당 (粉糖) 圀 가루사탕.

분대 圀圀困 '분대질'의 준말.

분대 (分隊) 圀圀困 '분합대(分合帶)'의 준말.

분대 (分隊) 圀圀困 〖군〗 1 대개 아홉 명으로 이루어진 소대 아래의 단위로, 가장 작은 부대. 2 본대에서 나뉘어 나온 군대. 3 한 부대를 여러 부대로 나눔.

분:대 (憤懟) 圀圀困 성을 내어 원망함.

분대 (盆臺) 圀 분받침.

분대 (粉黛) 圀 1 분을 바른 얼굴과 먹으로 그린 눈썹. 2 화장한 미인의 비유.

분대-꾼 圀 남에게 분대질을 하는 사람.

분대-원 (分隊員) 圀 〖군〗 분대에 속해 있는 구성원. ▣똘똘 뭉친 ~들.

분대-장 (分隊長) 圀 〖군〗 분대를 지휘·통제하는 우두머리.

분대-질 圀圀困 분란을 일으켜 남을 괴롭게 하는 짓. ▣ ~을 하다. ▣분대.

분도 (分度) 圀 분한(分限)1.

분도-기 (分度器) 圀 〖수〗 '각도기'의 구용어.

분-독 (粉毒) 圀 [-똑] 圀 분을 바른 피부에 생기는 납독(毒). ▣ ~이 오르다.

분:-독 (憤毒) 圀 분하여 생기는 독기. ▣ ~이 치밀어 오르다. ──하다 [-도카-] 圀困 분하여 일어나는 독한 기운이 있다.

분:-돋움 (憤-·忿-) 圀圀困 남의 분한 마음을 돋우는 일.

분동 (分洞) 圀圀困 한 동을 둘 이상으로 나눔. 또는 그 나뉜 동. ↔합동.

분동 (分棟) 圀圀困 1 여러 집채로 가름. 2 원래의 병동(病棟)에서 나누어 병동을 따로 설치함. 또는 그 병동. ▣ ~에 입원하다.

분동 (分銅) 圀 천평칭(天平秤)의 한쪽 저울판에 올려놓아 물건의 무게를 재는 추.

분등 (分等) 圀圀困 등급을 나눔.

분등 (奔騰) 圀圀困 물가가 갑자기 뛰어오름. ↔락.

분:-등 (噴騰) 圀圀困 내뿜어서 위로 뻗침.

분:-등-천 (噴騰泉) 圀 〖지〗 100℃ 이상의 열탕이 수증기·가스 등과 함께 뿜어 오르는 온천. 비등천(沸騰泉).

분디 圀 산초나무의 열매(기름을 만드는 원료로 쓰고 식용·약용함).

분디-나무 圀 〖식〗 산초(山椒)나무.

분락 (奔落) [불-] 圀圀困 물가가 갑자기 내림. ↔분등.

분란 (芬蘭) [불-] 圀 〖지〗 '핀란드'의 한자음 표기.

분란 (紛亂) [불-] 圀圀困 어수선하고 떠들썩함. ▣ ~이 일다 / 집안에 ~을 일으키다.

분략 (焚掠) [불-] 圀圀困 집을 불태우고 재산을 빼앗음.

분:-량 (分量) [불-] 圀 부피·수효·무게 등의 많고 적음과 크고 작은 정도. ▣ 책 한 권 ~ / ~을 조절하다 / ~이 늘다. ▣양(量).

분:-려 (奮勵) [불-] 圀圀困 기운을 내어 힘씀.

분력 (分力) [불-] 圀 〖물〗 성분력(成分力). ↔합력(合力).

분:-력 (奮力) [불-] 圀圀困 힘을 떨쳐 일으킴.

분로 (分路) [불-] 圀圀困 1 함께 가면 사람이 도중에 길을 갈라 따로 감. 2 〖물〗 전기 회로에 흐르는 전류를 분류(分流)시키기 위하여 그것과 평행으로 접속한 회로. 션트(shunt). 주로(主路).

분류 (分流) [불-] 圀圀困 본류에서 갈라져 흐름. 또는 그 물줄기. ▣큰 강에서 ~된 강.

분류 (分溜) [불-] 圀 〖화〗 '분별 증류'의 준말.

분류 (分類)[불-] 명하타 사물을 공통되는 성질에 따라 종류별로 가름. ❏~ 기준 / 도서 ~ / 식물을 형태에 따라 ~하다 / 교통사고를 유형별로 ~하다.
분류 (奔流)[불-] 명하자 내달리듯 빠르고 세차게 흐름. 또는 그러한 물줄기.
분류-법 (分類法)[불-뻡] 명 분류하는 방법.
분류식 하:수도 (分流式下水道)[불-시카-] 〖건〗 일반 가정의 하수 따위를 빗물과 각각 다른 하수관으로 흘러가게 하는 하수도.
분류-학 (分類學)[불-] 명 〖생〗 생물의 유전적·형태적 차이에 바탕을 두고, 그 상호 간의 유연(類緣)관계를 연구하는 생물학의 한 분야.
분리 (分利)[불-] 명하자 **1** 이익을 나눔. **2** 〖의〗 급성 질환에서 열이 갑자기 내려 회복기에 접어드는 일.
분리 (分厘)[불-] 명 돈·저울·자 따위의 단위인 푼과 이(厘).
분리 (分離)[불-] 명하자타 **1** 서로 나뉘어 떨어짐. 또는 그리 되게 함. ❏음식물 쓰레기와 일반 쓰레기를 ~하다 / 소유와 경영을 ~시키다. **2** 〖화〗 결정(結晶)·승화·증류 등에 의하여 물질을 나누어 떼어 냄. **3** 〖생〗 감수 분열로 부모의 대립 유전자가 나누어져 생식 세포에 분배되는 일.
분리 과세 (分離課稅)[불-] 〖법〗 소득 가운데 특정 소득을 종합 과세에서 분리하여, 별도로 과세하는 일《이자·배당 소득 따위》.
분리-기 (分離器)[불-] 명 혼합물 속에서 형상·성질이 다른 물질을 분리하는 기계.
분리-도 (分離島)[불-] 명 〖지〗 대륙도(大陸島).
분리-음 (分離音)[불-] 명 〖악〗 바이올린·비올라 등을 연주할 때 활을 현에서 떼지 않고 음절을 분리하여 연주하는 일. 데타셰(détaché).
분리-파 (分離派)[불-] 명 **1** 하나의 단체나 당파에서 나뉘어 떨어져 나간 파. **2** 시세션.
분립 (分立)[불-] 명하자 갈라져서 따로 섬. 또는 따로 나누어서 세움. ❏삼권이 ~되다.
분마 (奔馬) 명 **1** 빨리 달리는 말. **2** 세찬 형세의 비유.
분만 (分娩) 명하타 해산. ❏여아를 ~하다.
분만-기 (分娩期) 명 아이를 낳을 시기. ❏~에 접어들다.
분만-실 (分娩室) 명 〖의〗 병원에서 아이를 낳을 때 쓰는 방.
분:만-하다 (憤懣-) 형여 분울(憤鬱)하다.
분만 휴가 (分娩休暇) 〖법〗 출산 휴가.
분말 (粉末) 명 가루.
분:말 (噴沫) 명하자 거품을 내뿜음. 또는 그 거품.
분말-기 (粉末機) 명 알곡 따위 고체를 빻아 가루로 만드는 기계.
분망-하다 (奔忙-) 형여 매우 바쁘다. ❏행사 준비로 ~. **분망-히** 부
분매 (分賣) 명하타 한 부분씩 나누어서 팖.
분맥 (分脈) 명 갈라진 산맥·광맥·혈맥 따위.
분면 (粉面) 명 **1** 분을 바른 얼굴. ❏유두(油頭) ~. **2** 신주(神主)에 분을 바른 앞쪽.
분멸 (焚滅) 명하자타 불에 타서 없어짐. 또는 불에 태워 없애 버림.
분명 (奔命) 명하자 임금의 명령을 받들어 바삐 움직임.
분명 (分明) 부 틀림없이. 확실하게. ❏~ 네가 한 짓이렷다.
분명-코 (分明-) 부 틀림없이 아주 확실하게.
분명-하다 (分明-) 형여 **1** 모습이나 소리 따위가 똑똑하고 뚜렷하다. ❏전화 목소리지만 딸아이가 ~. **2** 그렇게 될 것이 뻔하다. ❏성공할 게 ~. **3** 어떤 사실이 틀림없이 확실하다. ❏맺고 끊는 것이 ~. **분명-히** 부. ❏~ 대답하다 / 셈을 ~ 하다.
분메 (分袂)[-/-메] 명하자 서로 작별함. 분수(分手).
분모 (分母) 명 〖수〗 분수 또는 분수식의 가로줄 아래에 적은 수나 식. ↔분자.
분묘 (墳墓) 명 무덤.
분묘 기지권 (墳墓基地權)[-꿘] 〖법〗 남의 토지 위에 묘를 쓴 사람에게 관습법상 인정되는 지상권과 비슷한 물권(物權).
분:무 (噴霧) 명하타 물·약품 등을 안개처럼 뿜어냄.
분:무-기 (噴霧器) 명 물이나 약품 따위를 안개처럼 뿜어내는 기구. 뿜이개. 안개뿜이.
분:문 (噴門) 명 〖생〗 위와 식도가 연결되는 국부(局部). *유문(幽門).
분문 (糞門) 명 〖생〗 항문(肛門).
분문-열호 (分門裂戶)[-널-] 명하자 한 친척이나 한 당파 속에서 패가 갈림.
분-물 (粉-) 명 분을 바를 때, 분을 개어서 쓰는 물. 분수(粉水).
분-미투리 (粉-) 명 실로 곱게 비빈 총을 만들어 분을 바르고 숙마로 바닥을 결어 아주 곱게 삼은 미투리.
분박 (分箔) 명하자 〖농〗 누에가 자람에 따라 자리를 넓히기 위해 딴 잠박에 나누는 일.
분반 (分半) 명하타 반으로 나눔. 반분(半分). ❏유산을 ~하다.
분반 (分班) 명하타 몇 반으로 나눔. 또는 그 나뉜 반.
분:반 (噴飯) 명하자 입 안에 있는 밥을 내뿜는다는 뜻으로, 웃음을 참을 수가 없음을 이르는 말.
분-받침 (盆-) 명 도자기 따위로 만들어 화분을 올려놓는 받침. 분대(盆臺).
분:발 (奮發) 명하자 마음과 힘을 다하여 떨쳐 일어남. ❏한층 더 ~해 주기 바란다.
분방 (分房) 명하자 **1** 〖역〗 여러 관원에게 일을 나누어 맡기던 일. **2** 부부의 방을 따로따로 정함.
분방 (奔放) 명하형 규칙·규범에 따르지 않고 제멋대로임. ❏자유롭고 ~한 생활.
분방-자재 (奔放自在) 명 사고방식·행동 따위가 거리낌 없고 제멋대로 함.
분배 (分配) 명하타 **1** 몫몫이 고르게 나눔. 배분(配分). ❏이익을 ~하다 / 음식이 ~되다. **2** 〖경〗 생산 과정에 참가한 개개인이 생산물을 사회적 법칙에 따라서 나눔.
분배 국민 소:득 (分配國民所得)[-궁-] 〖경〗 분배면에서 파악하는 국민 소득의 총계《주로 지대·이윤·임금 따위의 형태를 취함》.
분배-액 (分配額) 명 분배하는 돈의 액수.
분백 (粉白) 명 분을 칠하여 희게 하는 일.
분벽-사창 (粉壁紗窓)[-싸-] 명 하얗게 꾸민 벽과 비단으로 바른 창이라는 뜻으로, 여자가 거처하며 아름답게 꾸민 방을 일컫는 말.
분변 (分辨) 명하타 분별(分別)2.
분별 명 〈옛〉 시름. 걱정.
분별 (分別) 명하타 **1** 사물을 종류에 따라 구별하여 가름. ❏형체를 ~할 수 없다 / 귀천의 ~이 없어지다. **2** 세상 물정에 대한 바른 생각이나 판단. 변별. 분변(分辨). ❏~이 생기다 / ~을 잃다 / ~ 있게 행동하다 / 사리를 잘 ~하다. **3** 〖화〗 용해도가 다른 고체 혼합물을 차례차례 단계적으로 분리하는 일.

분별-력(分別力)〖명〗 **1** 일·사물을 구별하여 가르는 능력. **2** 세상 물정에 대하여 옳고 그른 것을 판단하는 능력. □~이 부족하다.

분별-없다(分別-)[-벌럽따]〖형〗 **1** 세상 물정에 대해서 옳고 그름을 가리지 못하다. **2** 막되고 가림이 없다. □분별없는 행동. **분별-없이**[-벌업씨]〖부〗. □앞뒤 ~ 나서다.

분별 증류(分別蒸溜)[-뉴]〖화〗 끓는점이 다른 액체 혼합물을 가열하여 끓는점이 낮은 것부터 점차 높은 것을 유출(溜出)하여 분리하는 방법. 준분류(分溜).

분별할-변(分別-釆)〖명〗 한자 부수의 하나(『釉』·『釋』 등에서 『釆』의 이름). 캘변변.

분-병(憤病·忿病)[-뼝]〖명〗 분을 이기지 못해 생긴 병. □~이 나다.

분복(分服)〖명〗〖하타〗 약 따위를 몇 번에 나누어 먹음.

분복(分福)〖명〗 타고난 복. □~대로 살다.

분본(粉本)〖명〗〖미술〗 그리는 대상에 대한 초벌 그림. 밑그림. *소묘(素描).

분봉(分封)〖역〗 중국에서, 천자가 땅을 나누어서 제후를 봉하던 일.

분봉(分蜂)〖명〗〖하자〗 여왕벌이 산란하여 새 여왕벌을 만든 후, 일벌의 일부와 함께 딴 집이나 통으로 갈라 옮김.

분-부(分付·吩咐)〖명〗〖하타〗 윗사람이 아랫사람에게 명령을 내림. 또는 그 명령. □~를 받들다 / ~를 거역하다 / ~하신 대로 거행하였사옵니다.

분부(分賦)〖명〗〖하타〗 세금이나 부역 등을 나눠서 부과함.

분:분(忿憤)〖명〗〖하타〗 분하고 원통하게 여김. 분비(憤悱).

분분-설(紛紛雪)〖명〗 풀풀 날리는 눈.

분분-하다(芬芬-)〖형어〗 매우 향기롭다.

분분-하다(紛紛-)〖형〗 **1** 뒤숭숭하고 시끄럽다. **2** 여러 사물이 뒤섞여 어수선하다. □눈발이 분분하게 날리다. **3** 소문·의견이 많아 갈피를 잡을 수 없다. □의견이 ~. **분분-히**〖부〗.

분비(分泌)〖명〗〖생〗 샘세포의 작용으로 특수한 액즙(液汁)을 만들어 배출함. 그 기능(땀·침 따위의 외분비와 뇌하수체·갑상선 따위의 내분비로 나눔). □위액의 ~ / 호르몬이 ~되다.

분-비(奮臂)〖명〗〖하타〗 팔뚝을 걷어붙이며 뽐냄.

분비-나무〖명〗〖식〗 소나뭇과의 상록 침엽 교목. 깊은 산의 산등성이나 고원 지대에 나는데, 높이 25 m가량이고, 껍질은 회백색이며 늦봄에 자색 꽃이 핌.

분비-물(分泌物)〖명〗〖생〗 분비샘에서 분비되어 나온 물질(침·땀·젖 따위).

분비-샘(分泌-)〖명〗〖생〗 분비물을 내보내는 기관. 분비선.

분비-선(分泌腺)〖명〗〖생〗 ⇒분비샘.

분비 세:포(分泌細胞)〖생〗 분비샘을 구성하는 세포.

분비 신경(分泌神經)〖생〗 샘세포를 흥분시켜 분비를 촉진하는 신경.

분비-액(分泌液)〖명〗〖생〗 분비샘에서 분비되어 나오는 액체.

분사(分詞)〖명〗〖언〗 인도유럽 어족 여러 언어의 동사 어형 변화의 하나(동사의 형용사적 형태).

분사(焚死)〖명〗〖하자〗 불에 타 죽음. 소사(燒死).

분:사(憤死)〖명〗〖하자〗 분에 못 이겨 죽음.

분:사(噴射)〖명〗〖하타〗 액체나 기체 따위가 세차

게 내뿜음. □노즐에서 ~되는 연료.

분:난(忿恕難)〖명〗 분할 때에는 나중의 어려움을 생각하라는 뜻으로, 흥분하여 함부로 행동하지 말아야 한다는 말.

분:사 추진식 비행기(噴射推進式飛行機)[-삐-]〖명〗 제트기(jet機).

분산(分散)〖명〗〖하자타〗 **1** 갈라져 흩어짐. 또는 그렇게 되게 함. □~하다 / 인구가 ~되다 / 투자를 분기별로 ~시키다. ↔집중. **2** 〖물〗 빛이 프리즘을 통과할 때 각각의 색의 띠로 갈라지는 현상. **3** 〖수〗통계 값과 평균값의 차이인 편차를 제곱하여 얻은 값들의 산술 평균.

분산(奔散)〖명〗〖하자〗 달아나 뿔뿔이 흩어짐.

분산(墳山)〖명〗 묘를 쓴 산.

분산-적(分散的)〖관명〗 갈라져 흩어져 있는 (것). □~ 자금 운영.

분산 처:리(分散處理)〖컴〗 데이터 처리를 복수의 처리 장치로 행하는 방식.

분살(焚殺)〖명〗〖하타〗 불에 태워 죽임.

분상(奔喪)〖명〗〖하자〗 먼 곳에서 부모의 부음(訃音)을 듣고 급히 집으로 돌아감.

분상(粉狀)〖명〗 가루와 같은 모양.

분상(墳上)〖명〗 무덤의 봉긋한 부분.

분상(粉霜)〖명〗〖한의〗 백영사(白靈砂).

분서(分署)〖명〗 본서에서 갈라 따로 세운 작은 서(署). 지서(支署).

분서(焚書)〖명〗〖하타〗 책을 불살라 버리는 일(흔히 지식인이나 학문의 탄압 수단으로 행함).

분서-갱유(焚書坑儒)〖명〗〖역〗 중국의 진시황이 민간의 서적을 불사르고 수많은 유생을 구덩이에 묻어 죽인 일. 갱유분서.

분석(分石)〖명〗〖하자〗〖역〗 조선 때, 지방 이속들이 창에 둔 환곡(還穀)에 쭉정이·돌 등을 섞어 분량을 늘리고 그 분량만큼 곡식을 빼내어 횡령하던 일.

분석(分析)〖명〗〖하타〗 **1** 얽혀 있거나 복잡한 것을 풀어 그 요소나 성분·측면 등을 확실히 밝힘. □심리 ~ / 정보를 수집하여 ~하다 / 자료의 ~을 마치다. ↔종합. **2** 〖화〗물질에 포함되어 있는 화합물·원자·분자 따위를 화학적 방법으로 알아내는 일. 또는 그런 조작. □시료(試料)의 성분 ~. ↔합성. **3** 〖논〗개념을 각개의 속성으로 나누어 그 의미와 구성을 명확하게 함. ↔종합.

분석(糞石)〖명〗 **1** 〖의〗장석(腸石). **2** 〖지〗동물의 배설물로 만들어진 화석.

분석-력(分析力)[-녁]〖명〗 사물의 현상을 정확히 분석할 수 있는 능력.

분석 비:평(分析批評)[-삐-]〖문〗 작품의 성분·요소를 세부적으로 분석하여 그 가치를 논하는 비평. ↔종합 비평.

분석-적(分析的)[-쩍]〖관명〗 내용을 구성 요소들로 자세히 나누어 보는 (것). □~으로 연구하다.

분석적 정:의(分析的定義)[-쩡-/-쩡찡이]〖논〗개념의 내용을 분석함으로써 그 본질적 규정을 내리는 정의.

분석-표(分析表)〖명〗 분석한 결과를 나타낸 표. □물가 ~.

분석 화:학(分析化學)[-서콰-]〖화〗화학 분석의 방법을 이론적·실제적으로 연구하는 화학의 한 분야.

분설(分設)〖명〗〖하타〗 주체가 되는 설비에서 따로 나누어 설치함. □지소를 ~하다.

분설(粉雪)〖명〗 가랑눈.

분성(分性)〖명〗〖물〗 가분성(可分性).

분-성적(粉成赤)〖하타〗 얼굴에 화장할 때, 연

지 따위는 많이 쓰지 않고 분으로만 소박하게 꾸밈.

분세(分稅)[-쎄]圓〖歷〗잡세의 하나(물가에 따라 세율을 정했음). ⓒ분(分).

분-세수(粉洗手)圓ᄒᆞ자 1 세수하고 분을 바름. 2 덩어리 분을 개어 바르고 하는 세수.

분소(分所)圓 본부에서 갈라 따로 설치한 사무소나 영업소. □~ 근무.

분속(分速)圓 1분간을 단위로 잰 속도.

분속(分屬)圓ᄒᆞ타 나누어서 딸리게 됨.

분손(分損)圓〖經〗해상 보험에서, 선박이나 선적물의 일부가 손실되었을 경우의 손해. ↔전손(全損).

분쇄(粉碎)圓ᄒᆞ타 1 가루처럼 잘게 부스러뜨림. □~된 광석. 2 상대편을 철저하게 쳐부숨. □적군이 여지없이 ~되다.

분쇄-기(粉碎機)圓〖工〗광석·암석 따위의 고체를 알맞은 크기로 부스러뜨리는 기계.

분-쇠(粉-)[-쇠]圓 납에 식초를 부어 푸석푸석하게 한, 분을 만드는 재료.

분수(分水)圓 흐르는 물을 갈래로 나눔. 또는 그 물. □두 갈래로 ~되어 흐르는 내.

분수(分手)圓ᄒᆞ자 분메(分袂).

분수(分受)圓ᄒᆞ타 한목에 받지 아니하고 나누어 받음.

분:수¹(分數)圓 1 사물을 분별하는 슬기. □~가 없는 사람. 2 자기 신분에 맞는 한도. □~에 넘는 사치 / 자기 ~를 알다 / ~도 모르고 욕심을 부리다 / ~에 맞게 생활하다. ⓒ분수²(分). 3 각자가 이를 수 있는 한계. □농담도 ~가 있지.

분수²(分數)[-쑤]圓〖數〗어떤 정수를 0이 아닌 다른 정수로 나눈 결과를 가로줄을 그어 나타낸 것.

분:수(噴水)圓 압력으로 좁은 구멍을 통하여 물을 위로 세차게 내뿜거나 뿌리도록 만든 설비. 또는 그 물.

분수-계(分水界)[- / -계]圓〖地〗한 근원의 물이 두 갈래 이상으로 갈라져 흐르는 경계. 분수선.

분:수-공(噴水孔)圓 물을 뿜어내는 구멍.

분:수-기(噴水器)圓 물에 압력을 가하여 높이 뿜어 오르게 하는 기구.

분:수-대(噴水臺)圓 공원이나 광장 등에 경관(景觀)을 좋게 하기 위해 물을 뿜어 올리게 마련해 놓은 시설.

분수-령(分水嶺)圓 1〖地〗분수계가 되는 산마루나 산맥. 2 어떤 일이 결정되는 중요한 고비나 발전의 전환점. □승부를 가르는 ~.

분수 방정식(分數方程式)[-쑤-]〖數〗분모에 미지수를 포함한 방정식.

분수 산맥(分水山脈)〖地〗분수령(分水嶺)1.

분수-상별(分袖相別)圓 소맷자락을 떼고 서로 헤어진다는 뜻으로, '작별'을 이르는 말.

분수-선(分水線)圓〖地〗분수계(分水界).

분수-식(分數式)[-쑤-]圓〖數〗분수를 포함한 유리식(有理式).

분:수-없다(分數-)[-업따]혱 1 사물을 분별할 만한 지혜가 없다. □괜히 나섰다가 ~는 말을 듣다. 2 자기 신분에 맞지 않다. □분수없는 행동. **분:수-없이**[-업씨]閉. □~ 끼어들다 / ~ 설치다.

분수-작별(分手作別)[-삘]圓ᄒᆞ자 손을 놓고 작별함.

분:수-지(噴水池)圓 분수탑에서 떨어지는 물이 괴도록 만든 못.

분:수-탑(噴水塔)圓 탑을 쌓고 그 위에서 물

이 뿜어 나오게 한 장치.

분숙(分宿)圓ᄒᆞ자 일행이 여러 곳으로 나뉘어서 숙박함.

분승(分乘)圓ᄒᆞ자 일행이 둘 이상의 탈것에 나누어 탐. □세 대의 차에 ~하다 / 두 대의 버스에 ~시키다.

분식(分食)圓ᄒᆞ타 1 나누어 먹음. 2 나누어 가짐. ↔독식(獨食).

분식(分蝕)圓〖天〗'부분식(部分蝕)'의 준말.

분식(扮飾)圓ᄒᆞ자 몸치장.

분식(粉食)圓ᄒᆞ타 밀가루 따위로 만든 음식을 먹음. 또는 그 음식. □~ 장려.

분식(粉飾)圓ᄒᆞ타 1 내용이 없이 거죽만을 좋게 꾸밈. 2 실제보다 좋게 보이려고 사실을 숨기고 거짓으로 꾸밈.

분식 결산(粉飾決算)[-썰싼]〖經〗영업상의 수지 계산에서, 이익을 실제 이상으로 계상(計上)하는 일.

분식 예:금(粉飾預金)[-싱녜-]〖經〗은행이 실적을 실제보다 많은 것처럼 꾸미기 위하여 장부상의 예금고를 늘릴 목적으로 하는 외면상의 예금.

분식-점(粉食店)[-쩜]圓 분식집.

분식-집(粉食-)[-찝]圓 국수류·빵·만두 등의 간단하게 먹을 수 있는 음식을 파는 식당. 분식점. □~을 내다.

분식 회계(粉飾會計)[-회- / -훼게]〖經〗기업의 부당한 방법으로 그 재정 상태나 경영 실적을 실제와 다르게 장부에 기록하는 일.

분신(分身)圓ᄒᆞ자 1〖佛〗부처가 중생을 제도하기 위해 여러 가지 모습으로 나타나는 몸. 2 한 주체에서 갈라져 나온 것.

분신(焚身)圓ᄒᆞ자 자기 몸을 스스로 불사름. 소신(燒身). □석유를 뿌리고 ~.

분신-쇄골(粉身碎骨)圓 분골쇄신.

분신-자살(焚身自殺)圓ᄒᆞ자 자기 몸에 불을 질러 스스로 목숨을 끊음.

분실(分室)圓 한 기관의 본사무소 외에 따로 설치한 작은 기관.

분실(分失)圓ᄒᆞ타 물건 따위를 잃어버림. □~ 신고 / ~된 문화재. ~을 도난.

분실-물(紛失物)圓 잃어버린 물건. □지하철 ~ 센터 / ~을 습득하다.

분:심(憤心·忿心)圓 분(憤·忿)2.

분암(玢岩)圓〖地〗사장석(斜長石)·각섬석(角閃石)·휘석(輝石) 등이 섞인 화성암.

분압(分壓)圓〖物〗두 가지의 기체가 섞여 있을 때, 그 성분 기체가 단독으로 전체 용적을 차지했다고 가정할 경우에 나타내는 압력.

분액-깔때기(分液-)圓〖化〗물과 기름처럼 서로 섞이지 않는 액체를 따로 분리할 때 쓰는 코르크가 달린 깔때기.

분액-불(分額拂)[부낵뿔]圓〖經〗돈을 몇 번으로 나누어서 치르는 일.

분야(分野)圓 여러 갈래로 나눈 각각의 범위. □자연 과학 ~ / 경제 ~의 권위자.

분양(分讓)圓ᄒᆞ타 1 큰 덩이를 갈라서 나누어 줌. □묘목 몇 그루를 ~하다. 2 땅이나 건물 따위를 나누어 팖. □아파트 ~ 광고 / 택지 ~ / 상가를 ~하다.

분양(糞壤)圓 1 더러운 땅. 썩은 흙. 2 땅에 거름을 주는 일.

분양-가(分讓價)[-까]圓 땅·건물 따위를 나누어 팔 때 내는 값. □~가 오르다.

분양-지(分讓地)圓 일정한 땅을 몇으로 나눠 파는 토지.

분얼 (分蘖) 몝하타 〖농〗 식물의 땅속에 있는 마디에서 가지가 나옴.

분업 (分業) 몝하타 **1** 일을 나누어서 함. **2**〖경〗작업의 모든 과정을 한 사람이 하지 않고 부분과 단계로 나누어 여러 사람이 분담하여 일을 완성시키는 노동 형태. □~으로 능률을 올리다.

분업-적 (分業的)[-쩍] 몝관 일을 여럿이 나누어 하는 (것). □~ 산업.

분업-화 (分業化)[-뫄] 몝하자타 분업 형태로 됨. 또는 그렇게 되게 함. □~된 자동차 산업.

분여 (分與) 몝하타 분급(分給). □농민들에게 토지를 ~하다.

분연 (扮演) 몝하자타 배우가 극중의 어느 인물로 분장하여 출연함.

분-연 (奮然) 뮈하형뮈형 떨쳐 일어서는 기운이 세찬 모양. □~히 떨쳐 일어나다.

분:연-하다 (憤然-·忿然-) 혱 벌컥 성을 내다. 분:연-히 뮈

분열 (分列) 몝하자타 각각 갈라져서 늘어섬. 또는 그렇게 함. □~ 행진.

분열 (分裂) 몝하자타 **1** 찢어져 갈라짐. **2** 단체·집단이나 사상 따위가 갈라져 나뉨. □당이 ~하다 / 여론이 ~되다. **3**〖물〗원자핵이 방사능과 열을 방출하면서 쪼개짐. **4**〖생〗하나의 세포나 개체가 둘 이상으로 나뉘어 번식하는 《세포 분열 따위》. □세포가 ~되다.

분열-법 (分裂法)[-뻽] 몝〖식〗무성 생식법의 한 가지《한 몸이 둘로 나뉘어서 번식함》.

분열-상 (分裂相)[-쌍] 몝 집단·단체·사상 따위가 갈라져서 나뉘는 양상.

분열성 핵 (分裂性核)[-썽-] 몝〖물〗중성자의 영향을 받아, 또는 스스로 분열 작용을 일으키는 핵.

분열-식 (分列式) 몝〖군〗부대나 차량 따위가 대형을 갖추어 사열단 앞을 행진하면서 경례하는 군대 의식.

분열 조직 (分裂組織) 〖식〗세포의 증식과 분화에 따라 특정한 조직들이 생기게 되는 식물의 배(胚) 조직.

분열-증 (分裂症)[-쯩] 몝〖의〗조현병.

분:외 (分外) 몝 분수에 넘치는 일. □~의 영광〔대접〕.

분요-하다 (紛擾-) 혱 어수선하고 소란스럽다. □분요한 세상.

분운 (分韻) 몝하타 〖문〗여러 사람이 모여 한시(漢詩)를 지을 때, 운자(韻字)를 정하고 각자가 나누어 집어서 그 잡힌 운자로 지음.

분운-하다 (紛紜-) 혱 **1** 이러니저러니 말이 많다. **2** 세상이 떠들썩해 어지럽다.

분:울-하다 (憤鬱-) 혱 분해서 가슴이 답답하다. 분:울(憤鬱)히 뮈

분원 (分院) 몝 **1** 병원·학원 따위의 본원에서 따로 나누어 설치한 기관. **2**〖역〗조선 때, 사옹원(司饔院)에서 쓰는 사기를 만들던 직소(職所).

분:원 (忿怨) 몝하타 몹시 분하여 원망함. 또는 그 원망.

분위 (分委) 몝 '분과 위원회'의 준말.

분위기 (雰圍氣) 몝 **1** 대기(大氣). **2** 어떤 장소나 회합에 감도는 기분. □~가 좋다. **3** 주위의 상황이나 환경. □해방 후의 들뜬 ~. **4** 사람이나 사물의 독특한 느낌. □지적인 ~. 분위기 있다 굔 그윽하거나 멋있는 기운이 감돌다. □분위기 있는 카페.

분유 (分有) 몝하타 나누어 가짐.

분유 (粉乳) 몝 가루우유. □물에 ~를 타다.

분:유 (噴油) 몝하자 **1** 간격을 두고 기름을 내뿜음. 또는 그 기름. **2**〖광〗지하의 유전에서, 석유가 천연가스의 압력에 의하여 땅위로 높이 분출하는 일.

분:유-정 (噴油井) 몝〖광〗자분정(自噴井).

분:음 (分陰) 몝 촌음(寸陰)보다 짧은 시간.

분:의 (分義)[-부니 / -부니] 몝 자기 분수에 맞게 지켜 나가는 도리. □~를 지키다.

분의 (分誼)[-부니 / -부니] 몝하자 정을 나눔.

분의 (紛議)[-부니 / -부니] 몝 분분한 의론. □~가 끊이지 않다.

분익 (分益) 몝하자 이익을 나눔.

분익-농 (分益農)[-닝] 몝〖농〗소작의 일종. 지주와 소작인이 수확을 일정 비율로 나누어 가지는 농사.

분익 농민 (分益農民)[-닝-] 〖농〗분익 소작으로 생활하는 농민.

분익 소:작 (分益小作)[-쏘-] 〖농〗분익농 방식의 소작.

분일-제 (分日制)[-닐쩨] 몝 일 년 동안의 최저 출석 일수를 정하고, 학과별로 종료제(終了制)를 채택하는 교육 제도.

분임 (分任) 몝하타 임무를 나누어 맡음. □~토의.

분임-조 (分任組) 몝 임무를 분담하기 위하여 구성된 작은 조각.

분자 (分子) 몝 **1**〖수〗분수의 가로줄 위에 있는 수나 식. ↔분모(分母). **2**〖화〗몇 개의 원자가 모여 되, 독립성을 가진 화학 물질의 최소 입자. **3** 단체를 이루는 하나하나의 구성원. □열성 / 이색 ~.

분자간-력 (分子間力)[-녁] 몝 분자 간 힘.

분자 간 화:합물 (分子間化合物)[-햄-] 〖화〗종류가 다른 분자 사이에 있는 결합력이 작용하여, 전형적인 원자 결합도(結合圖)로 나타낼 수 없는 화합물의 총칭.

분자 간 힘 (分子間-) 〖물〗분자와 분자 사이에 작용하는 끌어당기는 힘과 밀어내는 힘. 아주 가까운 거리에서는 강하게 밀어내고, 이보다 멀어지면 끌어 들이는 힘이 작용함. 분자간력(分子間力). 분자력.

분자 구조 (分子構造)〖화〗분자 내에 있는 원자 상호 간의 결합 상태.

분자 농도 (分子濃度)〖화〗몰 농도(mol濃度).

분자-력 (分子力) 몝〖물〗분자 간 힘.

분자 물리학 (分子物理學) 〖물〗분자의 물리적인 특성을 연구하는 학문.

분자-병 (分子病)[-뼝] 몝〖의〗돌연변이가 유전자에 의한 선천성 질환.

분자-살 (分子-) 몝〖화〗일정한 방향으로 달리는 분자의 흐름. 분자선.

분자 생물학 (分子生物學) 〖생〗생명 현상을 핵산과 단백질의 분자 구조를 통하여 설명하려는 학문.

분자-선 (分子線) 몝〖화〗분자살.

분자-설 (分子說) 몝〖화〗물질은 분자가 모여 이루어졌다고 한, 물질 구성에 관한 아보가드로(Avogadro, A.)의 가설.

분자 스펙트럼 (分子spectrum) 〖물〗기체 분자에 의해 방출되는 빛의 스펙트럼.

분자-식 (分子式) 몝〖화〗원소 기호를 사용하여 물질의 분자 조성(組成)을 나타내는 식《물의 분자식은 H_2O 따위》.

분자 운:동(分子運動)『물』물체를 구성하는 분자 또는 원자가 그 물체의 온도에 고유한 운동 에너지를 가지고 하는 운동.

분자 펌프(分子pump)『물』1913년에 독일의 게데(Gaede, W.)가 고안한 회전식 진공 펌프《기체 분자의 내부 마찰을 이용하고 있기 때문에 생긴 이름임》.

분자 화:합물(分子化合物)[-함-]『화』두 가지 이상의 분자가 직접 결합해서 된 고차 화합물.

분작(分作)[명][타]『농』한 떼기의 논밭을 나누어 농사를 지음.

분잡(紛雜)[명][하형][하부] 많은 사람이 북적거려 시끄럽고 어수선함. ▢~을 떨다.

분장(分掌)[명][타] 사무를 나누어 맡아 처리함. ▢업무 ~.

분장(分臟)[명][타] 장물을 나눔.

분장(扮裝)[명][자]『연』배우가 출연 작품 중의 어느 인물로 꾸밈. 또는 그런 차림새. ▢햄릿으로 ~하다. ㈜분(扮).

분장-사(扮裝師)[명] 배우를 등장인물에 맞게 꾸며 주는 일을 맡아 하는 사람.

분장-실(扮裝室)[명] 배우가 분장을 할 수 있도록 여러 가지 물품을 갖추어 놓은 방.

분재(分財)[명][타] 재산을 가족이나 친척에게 나누어 줌.

분재(盆栽)[명] 화초나 나무 등을 화분에 심어 가꿈. 또는 그런 화초나 나무.

분잿-깃(分財-)[-재긷/-잰낃][명] 나누어 받은 재산의 몫.

분:쟁(忿爭)[명][하자] 성이 나서 다툼.

분쟁(紛爭)[명][하자] 말썽을 일으켜 시끄럽고 복잡하게 다툼. 분경(紛競). ▢영토 ~ / 국제 ~ / ~을 일으키다 / ~에 휘말리다.

분전(分錢)[명] ☞ 푼돈.

분:전(奮戰)[명][하자] 온 힘을 다해 싸움. ▢~한 결과 승리하다.

분전-입미(分錢粒米)[-님-][명] 아주 적은 돈과 곡식. 푼전입미.

분절(分節)[명][타] 사물을 마디로 가름. 또는 그 마디. ▢음절은 자음과 모음으로 ~된다.

분절 운:동(分節運動)『생』포유류의 소장(小腸)에 나타나는 소화 운동의 하나. 일정한 간격을 두고 수축과 이완(弛緩)이 교대로 나타나 분절을 형성하는 것을 되풀이함으로써 음식물과 소화액이 잘 섞이게 됨.

분절-음(分節音)[언] 음절을 자음이나 모음으로 분리할 수 있는 음('달'은 'ㄷ'·'ㅏ'·'ㄹ'로 나눌 수 있음).

분절-적(分節的)[-쩍][관][명] 몇 개의 마디나 절로 나누는 (것). ▢~ 요소.

분점(分店)[명] 본점이나 지점에서 갈라 따로 세운 점포. ▢~을 내다.

분점(分點)[-쩜][명]『천』태양이 적도를 통과하는 점. 곧, 천구 위의 황도와 적도의 교차점으로, 춘분점과 추분점이 있음.

분점-월(分點月)[-쩌뭘][명]『천』교점월(交點-).

분-접시(粉-)[-씨][명] 분을 개는 데에 쓰는 작은 접시.

분:제(分際)[명] 분한(分限)2.

분제(粉劑)[명] 가루로 된 약제.

분젠-등(Bunsen燈)[명]『화』분젠 버너.

분젠 버너(Bunsen burner)『화』독일의 화학자 분젠이 고안한 간단한 가열 장치《석탄 가스에 공기를 밑에서 공급하여 온도를 자유로이 조절할 수 있음》. 분젠등.

분젠 전:지(Bunsen電池)『화』분젠이 만든

전지《묽은 황산 속에 아연으로 된 원통을 세우고, 그 속에 탄소봉과 진한 질산을 장치한 오지그릇을 넣은 것》.

분종(盆種)[명][하타] 화초를 화분에 심음. 또는 그 화초.

분주(分株)[명][하타]『농』포기나누기.

분주(分註)[명][자] 본문(本文) 사이에 두 줄로 나누어 작은 글자로 주(註)를 닮. 또는 그런 주.

분주-다사(奔走多事)[명][하형] 몹시 바쁘고 일이 많음.

분주불가(奔走不暇)[명][하형] 몹시 바빠서 겨를이 없음.

분주-스럽다(奔走-)[-따][-스러워, -스러우니][형][타] 분주한 데가 있다. 분주-스레[부]

분-주지(粉周紙)[명] 무리풀을 먹이고 다듬어서 만든, 빛이 희고 단단한 두루마리《주로 전라도에서 남》.

분주-하다(奔走-)[자][형][자] 몹시 바쁘게 뛰어다니다. ▢분주한 나날. 분주-히[부]. ▢~ 돌아다니다.

분지(糞-)[명] 똥과 오줌. 분뇨.

분지(分地)[명][하자] 토지를 나누어 줌. 또는 그 토지.

분지(分枝)[명] 원줄기에서 갈라져 나간 가지.

분지(盆地)[명]『지』산지나 대지(臺地)로 둘러싸인 평평한 지역.

분지(粉脂)[명] 분과 연지.

분지(糞池)[명] 똥오줌을 누어서 담아 두는 그릇. 변기.

-분지(分之)[미] 무엇을 몇으로 나눈 얼마라고 할 때 몇이라는 한자어 수사 뒤에 붙는 말. ▢십~ 칠.

분지르다[분질러, 분지르니][타][르] 부러뜨리다. ▢나뭇가지를 ~.

분진(粉塵)[명] 1 티끌. 2 아주 작은 것의 비유.

분:진(奮進)[명][하자] 매우 기운차게 앞으로 나아감.

분집(坌集)[명][하자] 복잡하게 무더기로 모여듦.

분징(分徵)[명][하타] 1 여러 사람에게 나누어 거두어들임. 2 여러 번에 나누어 거두어들임.

분책(分冊)[명][하타] 하나의 책을 여러 권으로 나누어서 제본함. 또는 그렇게 만든 책. ▢두 권으로 된 분책.

분:천(噴泉)[명] 힘차게 솟아오르는 샘. 비천(飛泉).

분철(分綴)[명][하타] 1 한 가지 문서나 신문 따위를 여러 부분으로 나누어 철함. 2『언』낱말을 음절과 성분 단위로 가르는 일. 또는 그 표기법. ▢~ 기호 / ~된 표제어.

분철(分鐵)[명]『광』분광(分鑛)업자가 그 소출의 얼마를 광주(鑛主)에게 나누어 줌. 또는 그 광석이나 돈.

분철 금전(分鐵金店)[명]『광』분철 방식으로 하는 금점. 무회계(無會計) 금점.

분첩(分貼)[명][하타] 약재를 나누어서 첩약을 만듦. 또는 그 첩약.

분첩(粉貼)[명] 1 분을 묻혀 바를 때 쓰는 화장 도구. 퍼프(puff). 2 두꺼운 종이를 병풍(屏風) 모양으로 접고 분을 기름에 개어 발라 결은 물건《아이들의 글씨 연습에 씀》.

분청-사기(粉靑沙器)[명] 조선 때의 자기. 청자에 백토(白土)로 분을 발라 다시 구워 낸 것으로, 회청색 내지 회황색을 띰.

분청-음(分淸飮)[명]『한의』오줌이 잘 나오게 하는 약《임질·황달·습열 등에 씀》.

분체 (分體) 〖명〗〖생〗 한 개체가 거의 같은 크기의 둘 이상의 개체로 나누어지는 일.

분체 (粉體) 〖명〗〖물〗 고체 입자가 많이 모여 있는 상태의 물체.

분초 (分秒) 〖명〗 **1** 시간의 단위인 분과 초. **2** 매우 짧은 시간. ¶ ~를 아끼며 공부하다.
　분초를 다투다 〖구〗 ㉠아주 짧은 시간을 아껴 급하게 서두르다. ㉡매우 급하다. ¶분초를 다투는 일.

분:촌 (分寸) 〖명〗 일 분 일 촌이라는 뜻으로, 아주 적음을 비유적으로 이르는 말. ¶~도 양보하지 않는다.

분추 (奔趨) 〖명〗〖하자〗 빨리 달려감.

분:출 (噴出) 〖명〗〖하자타〗 **1** 액체나 기체가 뿜어 나옴. 또는 그렇게 되게 함. ¶화산의 폭발로 용암이 ~하다. **2** 요구나 욕구 따위가 한꺼번에 터져 나옴. 또는 그렇게 되게 함. ¶욕구 가 ~되다.

분:출-구 (噴出口) 〖명〗 솟구쳐 뿜어 나오는 구멍.

분:출-물 (噴出物) 〖명〗 솟구쳐 뿜어 나오는 물질.

분:출-암 (噴出岩) 〖명〗〖지〗 화산암(火山岩).

분취 (分取) 〖명〗〖하타〗 나누어 가짐.

분치 (奔馳) 〖명〗〖하자〗 빨리 달림.

분칠 (粉漆) 〖명〗〖하자타〗 **1** 종이나 널빤지 따위에 분을 바름. **2** 얼굴에 분을 바르는 일을 낮잡아 일컫는 말.

분침 (分針) 〖명〗 시계에서 분을 가리키는 긴 바늘. 각침(角針). 장침(長針).

분칭 (分秤) 〖명〗 한 푼쯤에서 스무 냥쯤까지 다는 조그마한 저울(약이나 금은 따위를 달 때 씀). 약저울. 약칭(藥秤). 약형(藥衡).

분탄 (粉炭) 〖명〗〖광〗 잘게 부스러져 가루가 된 숯이나 석탄.

분:탄 (憤嘆) 〖명〗〖하자〗 분개(憤慨).

분탕 (粉湯) 〖명〗 **1** 밀가루를 끓인 맑은장국. **2** 여러 가지 고명을 넣고 만든 평안도식 도미국수. **3** 당면(唐麵).

분탕 (焚蕩) 〖명〗 **1** 집안의 재산을 죄다 없애 버림. **2** 아주 야단스럽고 부산하게 소동을 일으킴. ¶~을 치다. **3** 남의 물건 따위를 약탈하거나 노략질함의 비유. ¶~과 약탈을 일삼다.

분탕-질 (焚蕩-) 〖명〗〖하타〗 분탕하는 짓.

분토 (粉土) 〖명〗 쌀을 쓿을 때에 섞는 흰 가루의 고운 흙. 토분(土粉).

분토 (墳土) 〖명〗 무덤의 흙.

분토 (糞土) 〖명〗 **1** 썩은 흙. **2** 똥을 섞은 흙.

분토지언 (糞土之言) 〖명〗 이치에 닿지 않거나 가치 없는 말.

분통 (粉桶) 〖명〗 분을 담는 통.

분:통 (憤痛) 〖명〗〖하형〗 몹시 분하여 마음이 쓰리고 아픔. 또는 그런 마음. ¶~이 터지다 / ~을 터뜨리다 / 머리끝까지 ~이 치밀다.

분통-같다 (粉桶-)[-같따] 〖형〗 도배를 새로 하여 방이 아주 깨끗하다. **분통-같이**[-가치] 〖부〗

분:투 (奮鬪) 〖명〗〖하자〗 있는 힘을 다해 싸우거나 노력함. ¶~하여 성공하다.

분:투-노력 (奮鬪努力) 〖명〗〖하자〗 있는 힘을 다하여 노력함. ¶~에 메달을 따다.

분:투-쟁선 (奮鬪爭先) 〖명〗〖하자〗 있는 힘을 다하여 앞서기를 다툼.

분파 (分派) 〖명〗 **1** 여러 갈래로 나뉘어 갈라짐. 또는 그런 갈래. ¶~ 행동. **2** 중심 세력에서 갈라져 나와 한 파를 이룸. 또는 그런 파.

분파-주의 (分派主義)[- / -이] 〖명〗 한 조직체 안의 한 파가 자기 파의 주장만을 고집하고,

남을 배척하는 태도. 섹트주의.

분판 (粉板) 〖명〗 예전에, 분을 기름에 개어 널조각에 발라 결은 것(아이들의 붓글씨 연습에 썼음).

분:패 (憤敗) 〖명〗〖하자〗 일을 잡쳐 실패함.

분:패 (憤敗) 〖명〗〖하자〗 경기나 싸움에서 이길 수 있는 것을 분하게 짐. ¶1점 차로 ~하다.

분포 (分布) 〖명〗 **1** 여러 곳에 널리 퍼져 있음. ¶인구 ~ / ~ 상태. **2**〖생〗동식물의 지리적인 생육 범위. ¶전국에 ~된 식물군.

분포-도 (分布圖) 〖명〗 분포된 상태를 나타내는 도표나 지도. ¶인구 ~ / 식물 ~.

분포-망 (分布網) 〖명〗 분포되어 있는 형세나 조직 체계. ¶유통 ~.

분포-율 (分布率) 〖명〗 분포된 비율. ¶연령별 실업자의 ~.

분표 (分表) 〖명〗〖하타〗〖역〗 흉년의 해에 논밭의 조세를 덜어 주던 일.

분:-풀이 (憤-) 〖명〗〖하자〗 분하고 원통한 마음을 풀어 버리는 일. 설분(雪憤). ¶~할 상대가 없다.

분필 (分筆) 〖명〗〖하타〗 등기부에 한 필지로 된 토지를 여러 필지로 나눔. ¶토지를 ~하다. ↔합필(合筆).

분필 (粉筆) 〖명〗 칠판에 글씨를 쓰는 데 사용하는 필기구. 백묵.
　분필 가루를 먹다 〖구〗〈속〉 가르치는 일을 직업으로 하다.

분하 (分下) 〖명〗〖하타〗〖역〗 관아의 벼슬아치들에게 연례(年例)에 따라 물품을 나누어 주던 일.

분-하다 (扮-) 〖자어〗 '분장(扮裝)하다'의 준말. ¶리어 왕으로 ~.

분:-하다 (憤-·忿-) 〖형어〗 **1** 억울하고 원통하다. ¶분한 나머지 눈물을 흘리다. **2** 섭섭하고 아깝다. ¶기회를 놓친 것이 ~. **분:-히** 〖부〗

분:한 (分限) 〖명〗 **1** 실용 가치가 있는 일정한 분다 양. 분도(分度). **2** 신분의 높낮이와 위아래의 한계. 분제(分際). **3** 법률의 규정에 따라 주어지는 특별한 지위의 한계.

　분한(이) 있다 〖구〗 쓸 것 같아도 실제는 그리 많지 않다. ¶얼마 안 되는 듯하여도 늘 려 쓸 수가 있다.

분:한 (憤恨·忿恨) 〖명〗〖하하〗 분하고 한스러움. 또는 그런 원한. ¶~한 감정이 폭발하다.

분할 (分割) 〖명〗〖하타〗 나누어 쪼갬. ¶남북으로 ~된 국토.

분할 (分轄) 〖명〗〖하타〗 나누어서 관할함. 분관(分管). ¶강대국에 의해 ~된 국가.

분할-급 (分割給) 〖명〗〖경〗 몇 번으로 나누어 지급함. 분할 지급.

분할-불 (分割拂) 〖명〗〖하타〗〖경〗 몇 번으로 나누어서 지불함. 또는 그런 지불 방식. ↔일시불.

분할 상속 (分割相續) 〖법〗 한 재산을 여러 상속인이 나누어서 상속함.

분할 상환 (分割償還) 〖경〗 몇 번으로 나누어서 갚는 일. ¶~을 하다.

분할 지도 (分割地圖) 〖지〗 어떤 지역을 몇 군데로 갈라 세밀히 그린 지도.

분합 (分合) 〖명〗〖하자타〗 나누었다 모았다 함. 또는 나뉘었다 모였다 함. ¶파벌들이 ~을 거듭한다.

분합 (分閤) 〖명〗〖건〗 대청 앞에 드리는 네 쪽의 긴 창살문. 분합문.

분합 (分盒) 〖명〗 분을 담는, 사기로 만든 작은 합.

분합-대 (分合帶)[-때] 〖명〗 예전에, 웃옷에 눌러 띠던 실띠(좁고 납작함). 준분대(分帶).

분합-들쇠 (分閤-)[-들쐬] 〖명〗〖건〗 분합문을 처마 밑에 두 짝씩 들어 올려 달아매는 쇠.

합걸쇠.
분-합문 (分閤門)[-함-] 명 합문.
분합 장영창 (分閤長映窓)[-짱-]〔건〕 분합의
안쪽에 드리는 미닫이.
분-항아리 (粉紅-) 명 분을 담아 두는 작은 사
기 항아리.
분해 (分解)명하타 1 여러 부분이 결합하여
이루어진 사물을 그 낱낱으로 나눔. 囗몇 가
지 부품으로 ~된 기계 / 시계를 ~하다. 2
《化》한 종류의 화합물이 두 가지 이상의 간
단한 물질로 변화함. 또는 그런 반응. ↔화
합. 3《물》한 합성물이 그 구성 요소로 나
뉨. 또는 그렇게 나눔. ↔합성.
분해-기 (分解器) 명 기계나 기구를 분해하기
위하여 나사를 풀거나 끼우는 데에 쓰는 연장.
분해-능 (分解能)명[물] 1 분광기(分光器)가
서로 접근하여 있는 두 개의 스펙트럼선을
분리할 수 있는 정도. 2 망원경·현미경·눈 등
으로 보아 분간할 수 있는 두 점 사이의 극한
의 거리 또는 시각.
분해-열 (分解熱) 명〔化〕분해 반응에 따라서
출입하는 반응열의 하나.
분해 전:압 (分解電壓)〔化〕전해질(電解質)
용액을 계속적으로 전기 분해시킬 수 있는
최소의 전압.
분해 증류 (分解蒸溜)[-뉴]〔化〕크래킹.
분향 (焚香)명하자 제사나 예불 의식에서, 향
을 피움. 소향(燒香). 囗분전에 ~하다.
분향-재배 (焚香再拜) 향을 피우고 두
번 절을 함. 囗~를 올리다.
분형 (焚刑) 명 화형(火刑).
분호 (分戶)명하자 분가(分家).
분호 (分毫) 명 썩 적은 것의 비유. 추호(秋毫).
분-홍 (粉紅) 명 '분홍색'의 준말.
분-홍-머리동이 (粉紅-) 명 머리를 분홍빛의
긴 종이로 바른 연.
분-방 (粉紅榜) 명〔역〕권문세가의 나이가
어린 자제까지도 과거에 급제시킨 부조리를
비웃어 일컫던 말.
분-홍-빛 (粉紅-)[-삧] 명 분홍색.
분-홍-색 (粉紅色) 명 엷게 붉은 고운 색. 분홍
빛. 석죽색(石竹色). 준분홍.
분-홍-치마 (粉紅-) 명 1 분홍빛의 치마. 2 위
쪽은 희고 아래쪽은 분홍빛으로 된 연.
분화 (分化)명하자타 1《生》생물의 구조와 기
능 따위가 특수화되는 작용이나 과정. 2 단순
하거나 동질적인 것이 복잡하거나 이질적인
것으로 갈라져 나감. 囗직업이 ~되고 있다.
분화 (盆花) 명 분(盆)에 심어 놓은 꽃.
분:화 (焚火)명하타 불을 사름. 또는 그 불.
분:화 (噴火)명하자 1 불을 내뿜음. 2《지》화
산이 터져서 불기운을 내뿜는 일.
분:화-구 (噴火口)〔지〕화산의 분출물을 내
뿜는 구멍. 화구(火口).
분화-하다 (紛華-) 분잡하고 화려하다.
분회 (分會) 명 본회의 관리 아래 따로 설치한
작은 조직체. 囗각 지방에 ~를 두다.
분회 (粉灰) 명 수산화칼슘.
분획 (分畫·分割)명하타 여러 구획으로 나눔.
분:휘 (奮揮)명하타 분발하여 떨침.
붇 명〔옛〕붓.
붇:다 [-따]〔붇어, 붇으니, 붇는〕재[ㄷ] 1 물에
젖어서 부피가 커지다. 囗라면이 ~. 2 분량
이나 수효가 많아지다. 囗재산이 ~ / 강이 ~.
불¹ 명 1 물질이 산소와 화합할 때에 빛을 내며
타는 현상. 囗~이 붙다 / ~에 타다 / ~을 지
피다 / ~을 피우다. 2 화재. 囗~이 나다 / ~
을 지르다 / ~을 끄다. 3 어둠을 밝히는 빛.

등불. 囗~이 나가다 / ~을 밝히다 / ~을 켜
다 / 가로등에 ~이 들어오다. 4 열렬하고 거
세게 타오르는 정열이나 감정의 비유. 囗사
랑에 ~이 붙다.
[불 안 땐 굴뚝에 연기 날까] 아무 까닭 없이
그런 결과가 있을 수 없다는 말. [불 없는 화
로 말 없는 사위] 쓸데없거나 긴요하지 않은
것을 비유한 말.
불을 끄다 囝 급한 일을 처리하다.
불(을) 놓다 囝 광산 등에서 폭약을 터뜨리
려고 도화선에 불을 붙이다.
불(을) 받다 囝 남에게 큰 모욕을 당하거나
재해를 입다.
불을 보듯 뻔하다 囝 앞일이 의심할 여지
없이 명백하다.
불을 뿜다[-토하다] 囝 ㉠총구에서 총알이
나가다. ㉡열기나 기세가 세차다.
불(을) 주다 囝 남에게 큰 곤욕이나 해를 입
히다.
불(이) 일 듯하다 囝 어떤 형세가 빠르고 성
하다.
불² 명 '불알'의 준말.
불³ 명〔농〕걸채나 옹구에서, 아래로 늘어져
물건을 싣게 된 부분.
불 (不) 명 1《역》강경과(講經科) 다섯 등급의
성적 가운데 최하 등급(「낙제」에 속함). 2 활쏘
기에서, 살 다섯 대를 쏘아 한 대도 맞히지
못한 성적.
불¹ (佛) 명 '불타(佛陀)'의 준말.
불² (佛) 명 '불란서'의 준말.
불 (弗) 의명 '달러(dollar)'의 한자(漢字)식 이
름. 囗십만 ~.
불- (不) 튀 한자로 된 말 앞에 붙어서, 그 말을
부정하는 뜻을 나타내는 말. 囗~투명 / ~공
정 / ~규칙.
불가 (不可)명하형 1 옳지 않음. 囗그 계획은
~하다. 2 가능하지 않음. 囗연소자 입장 ~.
↔가(可). 3 찬성과 반대를 결정할 때에, 반
대를 표시하는 말. 囗가(可)도 없고 ~도 없
다. 4《교》성적 평점(評點)의 하나(「최하 등
급」).
불가 (佛家) 명〔불〕1 불교를 믿는 사람. 또는
그들의 사회. 불문(佛門). 불법계. 석가. 석
문. 석씨. 선문. 2 절.
불가 (佛歌) 명〔불〕부처를 찬송(讚頌)해 부르
는 노래(「범패·찬불가 따위」).
불가-결 (不可缺)명하형 없어서는 안 됨. 불가
무. 囗필요 + 요소.
불가-근 (不可近)명하형 가까이할 것이 못됨.
불가근-불가원 (不可近不可遠) 가까이할 수
도 멀리할 수도 없음.
불-가능 (不可能)명하형 할 수 없음. 될 수 없
음. 囗우리에게 ~은 없다 / ~한 일을 가능
케 하다. ↔가능.
불가-당 (不可當)명하형 당해 낼 수 없음.
불-가래 [-까-]〔방〕부삽.
불가-무 (不可無) 명 불가결.
불-가물 명 아주 심한 가물.
불가부득 (不可不得) 튀 부득이.
불가-분 (不可分)명하형 나누려 하여도 나눌
수가 없음. 囗~의 관계. ↔가분(可分).
불가분 급부 (不可分給付)〔법〕성질이
나 가치를 훼손하지 아니하고서는 나눌 수
없는 급부. ↔가분 급부.
불가-분리 (不可分離)[-불-] 명 뗄 수 없음.
囗정치와 경제는 ~의 관계.

불가분리-성 (不可分離性)[-불-썽] 명 뗄 수 없는 성질.
불가분-물 (不可分物) 명 〖법〗 성질과 가치를 훼손하지 않고는 나눌 수 없는 물건《건물·보석 따위》. ↔가분물.
불가불 (不可不) 부 하지 않고서는 안 되겠으므로 마땅히. ❏~ 여기를 뜰 수밖에 없는 이유. *부득불(不得不).
불가불념 (不可不念)[-렴] 명 꼭 마음에 두고 생각함. 또는 그런 생각.
불가사리¹ 명 상상의 짐승《괴이한 모습에 쇠를 먹으며 악몽(惡夢)을 물리치고 사기(邪氣)를 쫓는다 함》.
불가사리² 명 〖동〗 극피동물의 하나. 바닷속에서 살며 몸은 중앙반(中央盤)과 별 모양의 5개의 복(輻)으로 되어 있고, 입은 배에, 항문은 등에 있음. 온몸에 가시가 덮여 있는데, 담자색이나 백색임. 오귀발. 해성(海星).
불가사의 (不可思議)[-/-이] 一명하형 사람의 생각으로는 미루어 헤아릴 수 없이 이상야릇함. ❏20 세기의 ~. 二수 **1** 나유타(那由他)의 억 배. 곧, 10^{120} 또는 10^{80}. **2** 나유타의 만 배. 곧. 10^{64}.
불가산 명사 (不可算名詞) 〖언〗 단수·복수의 형태를 취하지 않는 명사《'사랑'·'음악'과 같이 일정한 형상이나 한계를 가지고 있지 않는 것을 말함》. ↔가산 명사.
불가-서 (佛家書) 명 〖불〗 불교에 관한 서적. 준불서(佛書).
불-가설 (不可說) 명 〖불〗 참된 이치는 체득할 뿐이지 말로는 설명할 수 없음.
불가승수 (不可勝數)[-쑤] 명하형 하도 많아서 셀 수가 없음.
불-가시광선 (不可視光線) 명 〖물〗 '비가시광선'의 구용어.
불-가시선 (不可視線) 명 〖물〗 '비가시광선'의 구용어.
불가역 반:응 (不可逆反應)[-빠눙] 〖화〗 역반응(逆反應)이 일어나기 어려운 반응.
불가역 변:화 (不可逆變化)[-뼌-] 〖물〗 비가역(非可逆) 변화.
불가입-성 (不可入性)[-썽] 명 〖물〗 두 개의 물체가 동시에 같은 공간을 차지하지 못한다는 성질《물속에 빈 병을 거꾸로 넣으면 공기 때문에 물이 병 안으로 들어가지 못하는 성질 따위》. 애찬성(礙竄性).
불-가지 (不可知) 명 알 수가 없음. ❏~의 문제. ↔가지.
불가지-론 (不可知論) 명 〖철〗 우주의 본질인 물(物) 자체는 인간의 경험으로는 인식할 수 없다는 이론.
불-가침 (不可侵) 명 침범해서는 안 됨.
불가침-권 (不可侵權)[-꿘] 명 〖법〗 국제법에서, 외국 원수·외교 사절에 인정되는 특권의 하나. 신체·명예에 관한 불가침권, 관사(館舍)·문서에 관한 불가침권 등이 있음.
불가침 조약 (不可侵條約) 〖정〗 서로 상대국을 침략하지 않을 것을 약속하는 조약.
불가피-성 (不可避性)[-썽] 명 피할 수 없는 성질. ❏개혁의 ~을 주장하다.
불가피-하다 (不可避-) 형여 피할 수가 없다. ❏불가피한 사정.
불가항-력 (不可抗力)[-녁] 명 **1** 인간의 힘으로는 어찌할 수 없는 힘. **2** 〖법〗 외부의 사건에서 사회 통념상의 주의나 예방의 방법으로는 방지할 수 없는 일.
불가항력-적 (不可抗力的)[-녁쩍] 관명 인간의 힘으로는 어쩔 수 없는 (것). ❏~인 재해.
불가-해 (不可解) 명하형 이해할 수 없음. ❏~한 사건.
불가-형언 (不可形言) 명 말로는 이루 다 나타낼 수가 없음.
불각 (不覺) 명하타 **1** 깨닫거나 생각하지 못함. **2** 〖불〗 본디부터 사람의 마음속에 있는 미망(迷妄).
불각 (佛閣) 명 〖불〗 불당(佛堂).
불간 (不干) 명하자타 **1** 관계하지 않음. **2** '불간섭'의 준말.
불-간섭 (不干涉) 명하자타 일에 간섭하지 않음. ❏상호 ~의 원칙. 준불간.
불간섭-주의 (不干涉主義)[-쭈-/-쭈이] 명 〖법〗 국제법에서, 다른 나라의 국내 문제에 간섭하지 않는 원칙.
불간지서 (不刊之書) 명 영구히 전하여 없어지지 않을 양서(良書).
불감 (不堪) 명하타 **1** 견뎌 내지 못함. **2** '불감당(不堪當)'의 준말.
불감 (不感) 명하타 느끼지 못함.
불감당 (不堪當) 명하타 감당하지 못함. 준불감(不堪).
불감당-하다 (不敢當-) 형여 감히 대적해 내기 어렵다.
불감생심 (不敢生心) 명하타 불감생의.
불감생의 (不敢生意)[-/-이] 명하타 힘에 부쳐 감히 할 생각을 내지 못함. 불감생심.
불감앙시 (不敢仰視) 명하타 두려워 감히 쳐다보지도 못함.
불감-증 (不感症)[-쯩] 명 **1** 〖의〗 성교할 때 쾌감을 느끼지 못하는 증세. **2** 감각이 둔하여 잘 느끼지 못하는 증세. ❏안전 ~이 팽배한 사회.
불감-청 (不敢請) 명 마음속으로는 간절하나 감히 청하지 못함.
불감청이언정 고소원(固所願)**이라** 구 감히 청하지는 못했으나 본디 바라던 바였다는 뜻.
불감출두 (不敢出頭)[-뚜] 명하자 두려워서 감히 머리를 내밀지 못함.
불감출성 (不敢出聲)[-썽] 명하자 두려워서 감히 아무 소리도 내지 못함.
불감-하다 (不敢-) 형여 감히 할 수 없다.
불-갑사 (-甲紗)[-싸] 명 빛깔이 매우 붉은 갑사. ❏~ 댕기.
불-강아지 명 몸이 바싹 여윈 강아지.
불-같다 [-갇따] 형 **1** 정열·신념·감정 등이 뜨겁고 강렬하다. ❏불같은 투지. **2** 성격이 매우 급하고 격렬하다. ❏성미가 ~. **3** 다그치는 기세가 드세거나 무섭다. ❏불같은 독촉.
불-같이 [-가치] 부
불-개 명 일식·월식 때에 달이나 해를 먹는다고 하던 상상의 짐승.
불-개미 명 〖충〗 개미의 하나. 낙엽송의 잎으로 높은 집을 짓고 그 밑의 땅속에 삶. 일개미의 몸길이는 5-8 mm, 암컷은 1 cm 가량이고 몸빛은 어두운 붉은 황색임.
불-개입 (不介入) 명하자 개입하지 않음. ❏내정 ~ 원칙.
불개-항 (不開港) 명 〖경〗 외국과의 통상이 허용되지 않는 항구.
불거 (拂去) 명하타 **1** 떨어냄. **2** 뿌리치고 감.
불-거웃 [-꺼욷] 명 불두덩에 난 털. 준불것.
불거-지다 자 **1** 거죽으로 둥글게 툭 비어져 나오다. ❏광대뼈가 불거진 얼굴. **2** 어떤 사물이나 현상이 두드러지게 커지거나 갑자기 생겨나다. ❏비리가 ~. 작볼가지다.

불걱-거리다 [-꺼-] 目 1 질긴 물건을 입에 그 득 물고 잇따라 씹다. 2 빨래 등을 잇따라 주 물러 빨다. ㉖불각거리다. 불걱-불걱 [-뻑] 튀튀멘

불걱-대다 [-때-] 目 불걱거리다.

불건성-유 (不乾性油)[-뉴] 閔 『화』 공기 중에 놓아 두어도 산화하거나 마르지 않는 기름 《올리브유·동백기름 따위》. ↔건성유.

불건전-하다 (不健全-) 형여 건전하지 못하다. ☐생각이 ~.

불건-하다 (不虔-) 형여 경건하지 않다. ☐불 건한 태도.

불-것 [-껀] 閔 '불거웃'의 준말.

불겅-거리다 困 단단하고 질긴 물건을 먹을 때 잘 씹히지 않고 이리저리 불거지다. ㉖볼 강거리다. 불겅-불겅 튀튀멘

불겅-대다 困 불겅거리다.

불겅이 閔 붉은빛의 살담배. 홍초(紅草).

불견실-하다 (不堅實-) 형여 견실하지 아니하 다. ☐뒷됨이랑 ~ 하다.

불결 (不潔) 閔형형|형부 깨끗하지 못하고 더러 움. ☐~한 손 / 환경이 ~ 하다.

불결 공:포 (不潔恐怖) 『의』 아무리 씻어도 더 러운 것 같은 불안 때문에 피부가 벗겨질 정 도로 자꾸 씻는 공포증의 하나.

불-결실 (不結實) [-씰] 閔 결실을 맺지 못 함. 일이 이루어지지 못함. ☐~로 끝나다.

불경 (不敬) 閔형형 경의를 표해야 할 자리에서 무례함. ☐~을 저지르다.

불경 (佛經) 閔 『불』 불교의 가르침을 적은 경 전. 불전. 내전. 범서(梵書). 석전(釋典).

불-경기 (不景氣) 閔 『경』 경제 활동이 전반적 으로 침체되는 상태. 생산이 위축되며 물가 와 임금이 떨어지고 실업이 늘어남. 불황. ↔ 호경기(好景氣).

불경-스럽다 (不敬-)[-따][-스러워, -스러우 니] 형형 불경한 데가 있다. ☐말투가 ~. * 볼강스럽다. 불경-스레 튀

불-경제 (不經濟) 閔 경제적이 아님《물자나 노 력 따위가 낭비되는 것을 이름》.

불경-죄 (不敬罪)[-쬐] 閔 경의를 표해야 할 사 람이나 대상에 대하여 불손한 말이나 행동을 저지르는 죄.

불경지설 (不經之說) 閔 허망하고 간사한 말.

불계 (不計) [-/-게] 閔형目 1 옳고 그름이나 이 롭고 해로움을 가려 따지지 않음. 2 바 둑에서, 승부가 확실한 집의 수를 세지 않음. ☐~로 이기다.

불계 (佛戒) [-/-게] 閔 『불』 부처가 정한 계율 《오계(五戒)·십계(十戒) 따위》.

불계 (佛界) [-/-게] 閔 『불』 1 여러 부처가 사 는 세계. 정토(淨土). 2 십계(十界)의 하나. 부처의 경지.

불계-승 (不計勝) [-/-게-] 閔형困 바둑에서, 불계로 이김. ↔불계패.

불계지주 (不繫之舟) [-/-게-] 閔 1 매어 놓지 않은 배란 뜻으로, 속세를 초월한 무념무상 의 경지를 이르는 말. 2 정처 없이 방랑하는 사람을 비유하는 말.

불계-패 (不計敗) [-/-게-] 閔형困 바둑에서, 불계로 짐. ↔불계승.

불고 (不告) 閔형目 알리지 않음.

불고 (不辜) 閔 아무 허물이 될 일은 아님. 또 는 그런 허물이 없는 사람.

불고 (不顧) 閔형目 1 돌아보지 않음. ☐염치 ~ 하고 부탁하다. 2 돌보지 않음. ☐처자식을 ~ 하다.

불고-가사 (不顧家事) 閔형困 집안일을 돌보지

1099 불과

불-고기 閔 쇠고기 따위의 살코기를 얇게 저며 서 양념을 하여 재었다가 불에 구운 음식. 또 는 그 고기.

불고-불리 (不告不理) 閔 『법』 형사 소송법에 서, 공소 제기가 없는 한 심리를 할 수 없다 는 원칙.

불고-염치 (不顧廉恥) 閔형困 염치를 돌아보지 않음. ☐~하고 신세를 지다.

불고이거 (不告而去) 閔형困 가겠다는 말도 없 이 감. 말없이 사라짐.

불고이거 (不顧而去) 閔형困 뒤도 돌아보지 않 고 감.

불고-이해 (不顧利害) 閔형困 이익과 손해를 돌 아보지 않음.

불고-전후 (不顧前後) 閔형困 일의 앞뒤를 돌 아보지 않음.

불고지-죄 (不告知罪)[-쬐] 閔 『법』 죄를 범한 사람이란 걸 알면서도 수사·정보 기관에 알 리지 않아서 성립하는 죄.

불고체면 (不顧體面) 閔형困 체면을 돌아보지 않음. ☐~하고 애걸하다.

불골 (佛骨) 閔 『불』 불사리(佛舍利). ☐~을 안치한 사리탑.

불-곰 閔 『동』 곰과의 짐승. 몸빛은 갈색인데 주둥이 부분과 머리는 암갈색임. 몸길이는 약 2m로서 곰 중에 가장 큼. 잡식성이며 붉 은 고기를 즐겨 먹음. 겨울 동안에는 굴속에 서 겨울잠을 잠. 12~1월에 2~3마리의 새끼 를 낳음. 갈색곰.

불공 (不攻) 閔형目 공격하지 않음.

불공 (不恐) 閔형目 두려워하지 않음.

불공 (佛工) 閔 불구(佛具)·불상(佛像) 따위를 만드는 사람.

불공 (佛供) 閔형困 『불』 부처 앞에 공양을 드 림. 또는 그런 일. 불향.

불공대천 (不共戴天) 하늘을 함께 이지 못한다는 뜻으로, 이 세상에서 더불어 살 수 없을 정도로 큰 원한을 가짐을 비유하는 말. 대천지원수. 불구대천. ☐~의 원수.

불공-드리다 (佛供-) 困 부처 앞에 음식물을 올리다. 공양드리다.

불공-밥 (佛供-)[-빱] 閔 『불』 퇴식밥.

불공불손-하다 (不恭不遜-)[-쏜-] 형여 공손하 지 않고 건방지며 버릇이 없다. ☐불공불손한 말투.

불공설화 (不恭說話) 閔 공손하지 않은 태도로 함부로 하는 말.

불공-스럽다 (不恭-)[-따][-스러워, -스러우 니] 형형 공손하지 아니한 데가 있다. ☐태도 가 ~. 불공-스레 튀

불공-쌀 (佛供-) 閔 『불』 불공에 쓰는 쌀.

불공자파 (不攻自破) 閔형困 (적의 성(城)이나 진지(陣地) 따위를) 치지 않아도 제 스스로 깨어짐.

불-공정 (不公正) 閔형형 공평하고 올바르지 않음. ☐~한 거래 / ~하게 판정을 내리다.

불-공평 (不公平) 閔형형 한쪽으로 치우쳐 고 르지 않음. ☐~한 조치 / 이익이 ~하게 분 배되다.

불공-하다 (不恭-) 형여 공손하지 아니하다. ☐불공한 태도.

불공함락 (不攻陷落)[-낙] 閔형目 적의 성(城) 이나 진지(陣地) 따위를 공격하지 않고도 함 락시킴.

불과 (不過) 튀형困 어떤 수량·정도·수준에 지 나지 못함을 나타내는 말. ☐~ 몇 초 사이에

일어난 일 / 인원수가 10명에 ~하다.

불과(佛果)몡『불』불도 수행으로 얻는 결과. 성불의 증과(證果).

불과시(不過是)튀 기껏해서 이 정도로.

불관(不關)몡하자 관계하지 않음.

불관지사(不關之事)몡 아무 상관이 없는 일.

불괴옥루(不愧屋漏)[-옹누]몡 사람이 보지 아니하는 곳에서도 행동을 신중히 하고 경계하므로 귀신에게도 부끄럽지 아니함.

불교(佛敎)몡『종』기원전 5세기 초에 인도의 석가모니가 창시한 종교. 고통과 번뇌에서 벗어나 부처가 되는 것을 궁극적 이상으로 삼음. 불법.

불교-계(佛敎界)[-/-게]몡 불교도의 사회. 불교의 세계.

불교-도(佛敎徒)몡 불교를 믿는 사람. 또는 그 무리. 준불도(佛徒).

불교 문학(佛敎文學)『불』불교에 관한 사상 (事象)을 그 소재로 하고, 불교 사상을 바탕으로 하는 문학.

불교-문화(佛敎文化)몡『불』불교에 의하여 형성되고 발달된 문화.

불교 미:술(佛敎美術)『불』불교와 관계된 미술(사원·사탑의 건축, 불상 조각·불화(佛畵)·불구(佛具) 따위).

불교 음악(佛敎音樂)『불』불교의 의식 및 신앙 생활에 쓰이는 음악.

불교-적(佛敎的)관몡 불교의 성격이 있는 (것). □~ 가치관.

불구(不久)몡하자 앞으로 오래지 않음.

불구(不具)몡 1 몸의 어느 부분이 정상이 아님. □정신적 ~ / ~의 몸 / 뜻하지 않은 사고로 ~가 되다. 2 편지 끝에 '불비(不備)'의 뜻보다 낮게 쓰는 말.

불구(佛具)몡『불』부처 앞에 쓰는 온갖 제구. 법기.

불-구경몡하자 화재를 구경하는 일. □남의 집 ~하듯 보기만 한다.

불구대천(不俱戴天)몡 불공(不共)대천.

불구덩이[-꾸-]몡 1 불이 타고 있는 가운데. □벌겋게 타오르는 ~. 2 매우 위급하고 고통스러운 지경의 비유. □전란의 ~에 빠지다.

불구 동:사(不具動詞)『언』불완전 동사.

불구문달(不求聞達)몡하자 이름이 나서 세상에 들날리기를 바라지 아니함.

불구소절(不拘小節)몡하자 사소한 예절에 거리끼지 않음.

불-구속(不拘束)몡하타『법』구속하지 않음. □~ 입건 / 용의자를 ~으로 수사하다.

불-구슬몡 불빛처럼 붉은 구슬.

불구-아(不具兒)몡 몸의 어느 부분이 온전하지 못한 아이. 지체 부자유아.

불구-자(不具者)몡 몸의 어느 부분이 온전하지 못한 사람. 병신. 지체 부자유자. 장애인.

불구-하다(不拘-)자몡 ('-에도'·'-ㄴ데도'·'-는데도'·'-은데도' 뒤에서 '불구하고'의 꼴로 쓰여) 거리끼지 않다. 얽매이지 않다. □비가 오는데도 불구하고 / 그렇게 말렸는데도 불구하고 결국 일을 저질렀다.

불구-화(不具化)몡하타 불구가 됨. 또는 그렇게 되게 함.

불국(佛國)몡『불』부처가 있는 국토. 곧, 극락정토를 이르는 말.

불군(不群)몡하형 어떤 무리와도 견줄 수 없을 만큼 뛰어남. □~의 실력.

불굴(不屈)몡하형 (주로 '불굴의'의 꼴로 쓰여) 어려움이 닥쳐도 굽히지 않음. □~의 정신 / ~의 신념.

불궤(不軌)몡하자 1 법이나 도리를 지키지 않음. 2 반역을 꾀함. □~를 도모하다.

불궤지심(不軌之心)몡 1 법이나 도리에 벗어나는 마음. 2 반역을 꾀하는 마음.

불-귀(不-귀)몡 화승총의 총열에 불을 대는 구멍. 준귀.

불귀(不歸)몡하자 한번 가서는 돌아오지 않는다는 뜻으로, '죽음'을 비유하여 이르는 말.

불귀-객(不歸客)몡 영영 돌아오지 못하는 사람이라는 뜻으로, '죽은 사람'을 비유적으로 이르는 말. □교통사고로 ~이 되다.

불-귀신(-鬼神)[-꿰-]몡『민』불을 맡아 다스리거나 불을 낸다고 하는 귀신.

불-규율(不規律)몡 규율이 서지 아니함.

불-규칙(不規則)몡하형 규칙에서 벗어나거나 규칙이 없음. □~한 생활.

불규칙 동:사(不規則動詞)[-똥-]『언』불규칙 활용을 하는 동사. 변격 동사. 변칙 동사. 벗어난움직씨. ↔규칙 동사.

불규칙 용:언(不規則用言)[-칭농-]『언』불규칙 활용을 하는 용언. 변격 용언. 변칙 용언. 벗어난풀이씨. ↔규칙 용언.

불규칙 은하(不規則銀河)『천』은하의 한 형(型). 모양이 불규칙적이며 일반적으로 소형(小型)이고 그 수도 적음(소마젤란 은하가 대표적임).

불규칙-적(不規則的)[-쩍]관몡 불규칙한 (것). □~인 생활.

불규칙 형용사(不規則形容詞)[-치켱-]『언』불규칙 활용을 하는 형용사. 벗어난그림씨. ↔규칙 형용사.

불규칙 활용(不規則活用)[-치콰룡]『언』용언이 활용할 때 어간 또는 어미의 모습이 달라지는 일('돕다'가 '도와'로, '짓다'가 '지어'로 되는 따위). 변칙 활용. ↔규칙 활용.

불-균등(不均等)몡하형 고르지 않고 차별이 있음. □~한 조건.

불-균형(不均衡)몡하형 균형이 잡히지 못함. □몸의 ~ / 소득의 ~을 바로잡다.

불그데데-하다형연 좀 천박하게 불그스름하다. □화장한 얼굴이 ~. 참불그대대하다.

불그뎅뎅-하다형연 격에 어울리지 않게 불그스름하다. 참불그댕댕하다.

불그레-하다형연 옅게 불그스름하다. 참볼그레하다.

불그름-하다형연 '불그스름하다'의 준말. 참볼그름하다. **불그름-히**튀

불그무레-하다형연 아주 옅게 불그스름하다. 참볼그무레하다.

불그숙숙-하다[-쑤카-]형연 수수하게 불그스름하다. 참볼그속속하다.

불그스레-하다형연 불그스름하다. 참볼그스레하다.

불그스름-하다형연 조금 붉다. □불그스름한 두 뺨. 참볼그스름하다. 큰불그름하다. **불그스름-히**튀

불그죽죽-하다[-쭈카-]형연 고르지 못하고 칙칙하게 불그스름하다. 참볼그족족하다. 센뿔그죽죽하다. **불그죽죽-히**[-쭈키]튀

불근-거리다자타 질기고 단단한 물건이 입에서 자꾸 씹히다. 또는 그것을 자꾸 씹다. 참볼근거리다. **불근-불근**튀하자타

불근-대다자타 불근거리다.

불-근신(不謹愼)몡하자 삼가서 조심하지 않음. □~한 태도.

불근인정-하다 (不近人情-) 혱혱 인정에 어 러지다. ⓧ불인정(不人情)하다.
불근-하다 (不近-) 혱혱 가깝지 않다.
불근-하다 (不勤-) 혱혱 부지런하지 못하다.
불금 (不禁) 명혱타 금하거나 말리지 않음.
불급 (不及) 명혱혱 일정한 수준·정도에 미치지 못함. ⓧ평열 수준에 ~하다.
불급 (不急) 명혱타 1 속도 따위가 빠르지 않음. 2 일 따위가 급하지 않음.
불긋-불긋 [-귿귿] 부혱혱 군데군데 붉은 모양. ⓐ불긋붉긋.
불긋-하다 [-그타-] 혱혱 조금 붉은 듯하다. ⓐ불긋하다.
불긍 (不肯) 명혱타 1 즐겨 하고자 하지 않음. 2 요구 따위를 들어주지 않음.
불긍저의 (不肯底意) [- / -이] 명혱타 마음을 즐기거나 달가워하지 않음.
불-기 (-氣) [-끼] 명 불기운. ⓧ ~ 없는 썰렁한 방 / 모닥불에 ~가 남아 있다.
불기 (不起) 명혱타 병들어 누운 채 낫지 못하고 죽음.
불기 (不羈) 명혱타 도덕이나 관습 따위에 구속을 받지 않음.
불기 (佛紀) 명 『불』 석가모니불이 열반한 해를 기원 원년으로 하여 세는 햇수(서기 2000년은 불기 2544년임).
불기 (佛器) 명 『불』 부처에게 올리는 공양미를 담는 놋그릇.
불-기둥 [-끼-] 명 기둥 모양으로 높이 솟아오르는 불길.
불-기소 (不起訴) 명 『법』 죄가 되지 않을 때, 범죄의 증명이 없을 때, 또는 공소의 요건을 갖추지 못했을 때에 검사가 공소를 제기하지 않는 일.
불-기운 [-끼-] 명 불의 뜨거운 기운. 불기. ⓧ ~이 아직 사그라지다.
불기이회 (不期而會) 명 뜻하지 않은 기회에 우연히 서로 만남.
불긴지사 (不緊之事) 명 꼭 필요하지 않은 일.
불긴-하다 (不緊-) 혱혱 꼭 필요하지 않다. 불긴-히 부
불-길 [-낄] 명 1 세차게 타오르는 불꽃. ⓧ ~이 치솟다 / ~에 휩싸이다 / ~이 세다 / ~을 잡다. 2 세차게 일어나는 감정이나 정열의 비유. ⓧ 정열의 ~. 3 세찬 기세로 퍼져 나가는 현상. ⓧ 민주화 운동의 ~이 거세게 일다.
불길지-사 (不吉之事) [-찌-] 명 불길한 일.
불길지-조 (不吉之兆) [-찌-] 명 흉한 일이 있을 징조. 불상지조(不祥之兆).
불길-하다 (不吉-) 혱혱 나쁜 일이 생길 것 같은 느낌이 있다. 불길한 꿈 / 불길한 생각.
불-김 [-낌] 명 불의 뜨거운 기운. ⓧ ~에 쬐다.
불-깃 [-낃] 명 산불의 번짐을 막기 위해 타고 있는 산림에서 조금 떨어진 주위에 미리 불을 놓는 일. ⓧ ~을 달다.
불-까다 타 동물의 불알을 발라내다. 거세(去勢)하다.
불-꽃 [-꼳] 명 1 타는 불에서 일어나는 붉은 빛의 작은 기운. ⓧ ~이 타오르다. 2 금속·돌 등이 부딪힐 때 일어나는 불빛. 3 『물』 방전 (放電)할 때 일어나는 불빛. 스파크.
불꽃(이) 튀다 어 서로 경쟁하는 모양이 치열하다. ⓧ 불꽃 튀는 판매전.
불꽃-같다 [-꼳갇따] 혱 사물이 일어나는 형세가 대단하다. 불꽃-같이 [-꼳까치] 부
불꽃-놀이 [-꼳노리] 명 경축이나 기념 행사 때, 화포(火砲)를 쏘아 공중에서 불꽃이 일어

나게 하는 놀이.
불꽃 반:응 (-反應) [-꼳빠능] 『화』 물질이 무색의 불꽃에 닿으면 그 물질 고유의 빛깔을 나타내는 반응(나트륨은 노랑, 칼륨은 붉은 보라색을 띰). 염색(焰色) 반응.
불꽃 방:전 (-放電) [-꼳빵-] 『물』 압력이 높은 기체 속에 두 개의 전극을 넣고 높은 전압을 걸었을 때, 파열음과 불꽃을 내며 큰 전류가 흐르는 현상. 섬화 방전(閃火放電).
불꽃-심 (-心) [-꼳씸] 『화』 불꽃의 중심부인 어두운 부분. 염심(焰心).
불-꾸러미 명 불씨를 옮기려고 짚 뭉치 따위에 불을 붙인 물건.
불끈 부혱자타 1 물체 따위가 두드러지게 치밀거나 솟아오르거나 떠오르는 모양. ⓧ 해가 바다 위로 ~ 솟아오르다. 2 주먹을 단단히 쥐는 모양. ⓧ 주먹을 ~ 쥐다. 3 성을 왈칵 내는 모양. ⓧ 사소한 일에 ~하는 성미 / 울화가 ~ 치밀다.
불끈-거리다 자타 자꾸 불끈거리다. ⓐ볼끈거리다. 불끈-불끈 부혱자타
불끈-대다 자타 불끈거리다.
불-나다 [-라-] 자 화재가 일어나다. ⓧ 창고에 ~ / 불난 곳으로 소방차가 출동하다.
[불난 집에 부채질한다] 남의 불행을 돕지 않고 더 불행하게 만든다. 또는 성난 사람을 더 성나게 만든다. [불난 집에 키 들고 간다] 불난 집에 부채질한다.
불-나방 [-라-] 명 『충』 불나방과의 곤충. 몸 길이는 약 3 cm, 편 날개 길이는 4 cm가량이며, 온몸에 암갈색 털이 빽빽이 덮여 있음. 배는 적색, 앞날개는 흑갈색, 뒷날개는 적색에 네 개의 검은 무늬가 있음. 콩·머위·뽕나무 등의 해충임.
불-난리 (-亂離) [-랄-] 명 1 불이 나서 수라장을 이룬 상태. ⓧ ~를 겪다. 2 시비가 붙어 혼잡하고 어지러운 상태.
불납 (不納) [-랍] 명혱타 세금이나 공납금 따위를 내지 않음.
불납 결손액 (不納缺損額) [-랍껼쏜낵] 『경』 불납으로 인해 결손이 된 조세의 액수.
불내다 [-래-] 자 《'불나다'의 사동》 불이 나게 하다. ⓧ 창고에 ~.
불녕 (不佞) [-령] 인대 편지 글에서 재주가 없는 사람이라는 뜻으로, 자기를 낮추어 일컫는 말.
불노 (不怒) [-로] 명혱자 성내지 않음.
불-놀이 [-로리] 명혱자 등불을 많이 켜거나, 쥐불을 놓거나, 불꽃놀이 따위를 하며 노는 놀이. 화희(火戱). ⓧ 경축 ~가 밤하늘을 수놓다.
불농불상 (不農不商) [-롱-쌍] 명혱자 농사도 하지 않고 놀고 지냄.
불-놓이 [-로-] 명혱자 총을 갖고 사냥함.
불능 (不能) [-릉] 명혱타 1 능력이 없음. 2 할 수 없음. 불가능. ⓧ 재기 ~ / 구제 ~ / 수습 ~ 상태에 빠지다.
불능-범 (不能犯) [-릉-] 명 『법』 행위의 성질상 범죄의 결과를 발생시킬 가능성이 없기 때문에 처벌의 대상이 되지 않는 행위.
불:다¹ [불어, 부니, 부는] 자 1 바람이 일어나다. ⓧ 바람 부는 날 / 바람이 세차게 분다. 2 유행·풍조 따위가 거세게 일다. ⓧ 배낭여행 바람이 ~.
불:다² [불어, 부니, 부는] 타 1 입술을 오므리고 입김을 내어 보내다. ⓧ 뜨거운 국물을 불

며 마시다. **2** 관악기를 연주하다. ❑피리를 ~. **3** 입술을 좁게 오므리고 숨을 내쉬어 소리를 내다. ❑휘파람을 ~. **4** 숨기고 있던 사실을 털어놓다. ❑자기 죄를 ~.
[불고 쓴 듯하다] 깨끗하여 아무것도 남은 것이 없게 된 경우를 비유한 말. [불면 꺼질까 쥐면 터질까] 어린 자녀를 애지중지하여 기르는 부모의 사랑을 비유한 말.

불단(佛壇)[-딴]명《불》부처를 모셔 놓은 단. 수미단(須彌壇).

불당(佛堂)[-땅]명《불》부처를 모신 집. 법전. 불전(佛殿).

불-당그래[-땅-]명 아궁이의 불을 밀어 넣거나 그러내는 데 쓰는 연장 고무래.

불-더미[-떠-]명 불이 붙은 큰 덩어리. ❑~ 속으로 뛰어들다 / 거세게 타오르는 ~에 휩싸이다.

불-더위명 불볕더위. ❑~가 맹위를 떨치다.

불덕(佛德)[-떡]명 부처의 공덕. ❑~을 입다.

불-덩어리[-떵-]명 **1** 불에 타고 있는 숯이나 석탄 따위의 덩어리. **2** 몹시 높은 열이 나는 몸이나 물건. ❑열병으로 몸이 ~가 되다. **3** 타는 듯이 격렬한 감정의 응어리의 비유. ❑속에서 ~가 치밀다.

불-덩이[-떵-]명 불덩어리. ❑이마가 ~ 같다 / 가슴속에서 ~가 치솟다.

불도(佛徒)[-또]명 '불교도'의 준말.

불도(佛道)[-또]명 **1** 부처의 가르침. 법도(法道). ❑~에 귀의하다. **2** 불과(佛果)에 이르는 길.

불도그(bulldog)명《동》영국 원산의 개. 머리가 크고 네모졌으며, 입은 폭이 넓고, 코는 짧고 넓적함. 양쪽 볼이 처져서 사나워 보이나 온순함.

불도저(bulldozer)명 흙을 밀어내어 땅을 고르는 데 쓰는 트랙터. ❑~로 밀어붙이다 / ~로 밀어 고르다.

불-돋우개☞ 심돋우개.

불-돌[-똘]명 화로의 불이 쉬 사위지 않게 눌러놓는 돌이나 기왓장 조각.

불-되다형 강하게 내리누르거나 죄는 힘이 아주 세다.

불-두덩[-뚜-]명 남녀 생식기 위의 두두룩한 부분. 두덩.

불두덩-뼈[-뚜-]명《생》치골(恥骨).

불두-화(佛頭花)[-뚜-]명《식》불두화나무의 꽃. 설토화. 승두화.

불두화-나무(佛頭花-)[-뚜-]명《식》인동과의 낙엽 활엽 관목. 산에 나는데, 높이는 3m 정도이며, 여름에 흰 꽃이 한데 모여 큰 공 모양으로 핌. 주로 절에서 관상용으로 심음.

불등(佛燈)[-등]명《불》**1** 부처 앞에 올리는 등불. **2** 부처의 교법을, 어둠을 밝히는 등불에 비유한 말.

불-등걸[-등-]명 불이 이글이글 핀 숯덩걸.

불-땀명 화력이 세고 약한 정도. ❑~이 좋다 / 참나무 장작은 ~이 세다.

불땀-머리명 나무가 자랄 때 남쪽을 정면으로 향했던 부분.

불-땔감[-깜]명 **1** 불을 땔 만한 재료. **2** 아무 쓸모가 없어 세상에서 버림받은 사람을 낮잡아 이르는 말.

불땔-꾼명 심사가 비뚤어져 하는 짓이 사납고 남의 일에 해살을 놓는 사람.

불-똥명 **1** 심지의 끝이 다 타서 엉겨 붙은 찌끼. **2** 불타는 물건에서 튀어나오는 아주 작

은 불덩이. ❑~이 떨어지다 / 발등의 ~을 끄다.

불똥(이) **튀다**[구] 재앙이나 화 따위가 미치다. ❑엉뚱한 사람에게 불똥이 튈까 걱정이다.

불똥-앉다[-안따]자 등화앉다. ❑불똥앉은 등잔불.

불뚝부하자 **1** 무뚝뚝한 성미로 갑자기 성을 내는 모양. ❑성을 ~ 내다. **2** 갑자기 불룩하게 솟아오른 모양. ❑근육이 ~ 나오다.

불뚝-거리다[-꺼-]자 자꾸 불뚝하다. **불뚝-불뚝**[-뿍]부하자

불뚝-대다[-때-]자 불뚝거리다.

불뚝-성[-썽]명 갑자기 불끈 내는 성. ❑~이 일을 그르치다.

불뚱-거리다자 걸핏하면 얼굴이 불룩해지면서 성을 내며 함부로 말하다. 짱불뚱거리다. **불뚱-불뚱**부하자

불뚱-대다자 불뚱거리다. **불뚱-불뚱**[-뿡]부(-쓰)

불뚱-이명 걸핏하면 불끈 성을 잘 내는 성질. 또는 그런 사람. ❑놀려 대는 바람에 ~가 나다 / 사소한 일에 ~를 내다.

불란-사(-紗)명 서양 직물의 하나(여름 옷감임). ❑~ 깨끼저고리.

불란서(佛蘭西)명 '프랑스'의 한자음 표기. 준불(佛).

불란-하다(不亂-)형여 어지럽지 않다. 혼란스럽지 않다. ❑일사(-)~.

불량(不良)[-냥]형하자 **1** 행실이나 성품이 나쁨. ❑품행 ~ / ~ 청소년. ↔선량. **2** 성적이 좋지 못함. ❑품질이나 상태가 나쁨. ❑~ 식품 / 품질 ~ / ~ 소화. ↔우량.

불량(佛糧)[-냥]명《불》불공에 쓸 곡식.

불량-기(不良氣)[-끼]명 행실이나 성품이 나쁜 기색이나 태도. ❑~가 있는 젊은이.

불량-답(佛糧畓)명《불》'불양답'의 본딧말.

불량 도-체(不良導體)《전》부도체(不導體).

불량-배(不良輩)명 행실이나 성품이 나쁜 무리. ❑~와 어울리다 / ~ 단속에 나서다.

불량-분자(不良分子)명 **1** 행실이나 성품이 나쁜 사람. **2** 어떤 조직체 안에 있는 좋지 못한 소수의 사람.

불량-소년(不良少年)명 성질이나 품행이 좋지 못한 소년. ❑~으로 찍히다.

불량-스럽다(不良-)[-따][-스러워, -스러우니]형여 행실이나 성품이 좋지 못한 데가 있다. ❑불량스러운 인석과 사귀다. **불량-스레**부

불량-아(不良兒)명 성질이나 품행이 좋지 못한 아이.

불량-자(不良者)명 성질이나 품행이 좋지 못한 사람. ❑신용 ~.

불량-품(不良品)명 품질이나 상태가 나쁜 물건. ❑~을 단속하다 / ~을 반품하다.

불러-내다타 불러서 나오게 하다. ❑전화로 친구를 ~.

불러-들이다타 **1** 불러서 안으로 들어오게 하다. ❑아이를 방으로 ~. **2** 관청에서 소환하다. **3** 빌미를 제공하거나 자초하다. ❑재앙을 ~.

불러-오다타너라 **1** 불러서 오게 하다. ❑의사를 ~. **2** 행동·상태·감정을 일어나게 하다. ❑태풍이 엄청난 피해를 ~.

불러-일으키다타 어떤 마음·행동·상태를 일어나게 하다. ❑용기를 ~ / 불우 이웃에 대한 관심을 ~.

불력(佛力)명《불》부처의 위력 또는 공력.

불렴-하다(不廉-)형여 값이 싸지 않다.

불령(不逞)명하자 원한·불만·불평 따위를 품고 어떤 구속도 받지 않고 제 마음대로 행동함. 또는 그런 사람.

불령분자 (不逞分子) 명 불령지도.

불령지도 (不逞之徒) 명 나라에 대해 불평이나 불만을 품고 제멋대로 행동하는 무리.

불로 (不勞) 명하자 일하지 아니함.

불로불사 (不老不死)[-싸] 명하자 늙지도 않고 죽지도 않음. □ ~의 영약.

불로불소 (不老不少)[-쏘] 명 늙지도 젊지도 아니함. □ ~의 나이.

불로 소:득 (不勞所得) 경 직접 일을 하지 않고 얻는 소득《배당금·이자 따위》. ←근로 소득.

불로 소:득세 (不勞所得稅)[-쎄] 법 불로 소득에 과하는 세금《상속세·증여세 따위》.

불로장생 (不老長生) 명하자 늙지 않고 오래 삶. □ ~의 비법 / ~의 선약(仙藥).

불로-초 (不老草) 명 먹으면 늙지 않는다는 풀 《선경(仙境)에 있다고 함》.

불로-하다 (不老-) 자여 늙지 아니하다.

불록 (不祿) 명 녹을 다 타지 않고 죽는다는 뜻으로, 선비의 죽음을 이르는 말.

불룩 부하자타 물체의 거죽이 두드러지거나 쑥 내밀린 모양. □ 배를 ~내밀다. 잘불룩.

불룩-거리다 [-꺼-] 자타 물체의 거죽이 쑥 내밀렸다 들어갔다 하다. 또는 그렇게 되게 하다. 잘볼록거리다. 불룩-불룩. 불룩-불룩 부하자타.

불룩-대다 [-때-] 자타 불룩거리다.

불룩-이 부 불룩하게. 잘볼록이.

불룩-하다 [-루카-] 형여 물체의 거죽이 두드러지거나 쑥 내밀려 있다. □ 배가 ~ / 주머니가 ~. 잘볼록하다.

불륜 (不倫) 명 인륜에 어긋남. 도덕에 벗어남. □ ~의 사랑 / ~을 저지르다.

불리 (不利) 명하형 이롭지 못함. □ ~한 조건. ↔유리(有利).

불리다[1] 자《'불다'의 피동》바람을 받아서 날리어지다. □ 낙엽이 바람에 ~ / 모자가 바람에 불려 날아가다.

불리다[2] 자《'부르다'의 피동》남에게 부름을 받다. □ 교무실에 불려 가다.

불리다[3] 타《'불다[2]'의 사동》1 악기를 불게 하다. 2 사실대로 말하게 하다.

불리다[4] 타《'부르다[2]'의 사동》배를 부르게 하다. □ 제 배만 불리는 탐관오리 / 굶주린 배를 ~.

불리다[5] 타 1 쇠를 불에 달구어 단련하다. 2 곡식을 부쳐서 잡것을 날려 버린다.

불리다[6] 타 역 과거에 급제한 사람에게 선배되는 사람이 찾아와서 치하한 뒤에 삼진삼퇴(三進三退)를 시키며 괴롭히다.

불리다[7] 타《'붇다'의 사동》1 물건을 액체속에 축여서 붇게 하다. □ 콩을 ~. 2 분량이나 수효가 많아지게 하다. □ 재산을 배로 ~.

불리-우다 자 ☞ 불리다[2].

불림[1] 명 공 쇠를 불 속에 넣어 불리는 일.

불림[2] 명하자 공범자들을 일러바치는 짓. 2 노름판에서, 무엇을 불러 남에게 알리는 짓.

불립 문자 (不立文字)[-림-짜] 불 불도의 깨달음은 문자나 말로써 전하는 것이 아니라 마음에서 마음으로 전하는다는 뜻.

불만 (不滿) 명하형 히부 '불만족'의 준말. □ ~이 쌓이다 / ~에 찬 목소리 / ~을 품다 / ~을 터뜨리다.

불만-스럽다 (不滿-)[-따][-스러워, -스러우니] 형비 '불만족스럽다'의 준말. □ 불만스러운 말투. 불만-스레 부

불-만족 (不滿足) 명하형 마음에 차지 않아 못마땅함. □ ~을 표시하다. 잘불만.

불만족-스럽다 (不滿足-)[-쓰-따][-스러워,

1103 불문

-스러우니] 형비 불만족한 데가 있다. □ 불만족스럽게 생각하다. 잘불만스럽다. 불만족-스레 [-쓰-] 부

불망 (不忘) 명하자 잊지 아니함.

불망-기 (不忘記) 명 잊지 않기 위해서 적어 놓은 글.

불망지은 (不忘之恩) 명 잊을 수 없는 은혜.

불매 (不買) 명하타 사지 않음. □ ~ 운동.

불매 (不賣) 명하타 팔지 않음.

불매 동맹 (不買同盟) 사 어떤 압박 세력이나 생산자에 대한 대항 수단으로 집단적으로 상품을 사지 않는 일. 비매 동맹. 보이콧.

불면 (不免) 명하형 면할 수 없음. □ ~의 책임.

불면 (不眠) 명하타 1 잠을 못 잠. □ ~에 시달리다 / ~의 밤을 지새다. 2 잠을 자지 않음.

불면불휴 (不眠不休) 명하자 자지도 않고 쉬지도 않는다는 뜻으로, 쉴 새 없이 힘써 일함의 일컬음. □ ~의 정성을 다하였다.

불면-증 (不眠症)[-쯩] 명 의 밤에 잠이 오지 않는 병증. □ ~에 걸리다.

불멸 (不滅) 명하자 없어지거나 사라지지 않음. □ ~의 업적 / 영혼의 ~을 믿다.

불멸 (佛滅) 명 불 불타가 죽은 일.

불명 (不明) 명하형 1 분명하지 않음. □ 의식 ~ / 국적 ~의 선박 / 출처 ~의 소문 / 원인 ~의 병. 2 사리에 어두움.

불명 (佛名) 명 불 1 부처의 이름. 불호(佛號). 2 불법에 귀의한 남녀 신자에게 붙이는 이름.

불명료-하다 (不明瞭-)[-뇨-] 형여 분명하지 않다. □ 불명료한 답변.

불명-수 (不名數)[-쑤] 명 무명수(無名數). ← 명수.

불-명예 (不名譽) 명하형 명예롭지 못함. □ ~ 벗다 / 가문의 ~를 씻다.

불명예-스럽다 (不名譽-)[-따][-스러워, -스러우니] 형비 명예스럽지 못한 데가 있다. □ 불명예스러운 일. 불명예-스레 부

불명예-제대 (不名譽除隊) 명 군 군사 법원에서 유죄 판결을 받아 강제로 당하는 제대. ↔명예 제대.

불-명확 (不明確) 명하형 명확하지 않음. □ ~한 대답.

불모 (不毛) 명 1 땅이 메말라 식물이 자라지 않음. □ ~의 땅. 2 아무런 발전이나 결실이 없는 상태. □ ~의 시기.

불모 (佛母) 명 불 1 불타의 어머니. 2 불상을 그리는 사람.

불모이동 (不謀而同) 명하형 의논함이 없이도 의견이 서로 같음.

불모-지 (不毛地) 명 1 식물이 자라지 않는 거칠고 메마른 땅. 불모지지. □ ~를 개간하다. 2 어떤 사물이나 현상이 발달되어 있지 않은 곳. 또는 그런 상태. □ 과학의 ~.

불모지지 (不毛之地) 명 불모지1.

불-목 명 온돌방 아랫목의 가장 따뜻한 자리. □ ~을 차지하다.

불목 (不睦) 명하형 서로 사이가 좋지 아니함. □ ~하게 지내다.

불목-하니 [-모카-] 명 불 절에서 밥 짓고 물 긷는 일을 맡아 하는 사람. *부목.

불무 명 옛 풀무.

불무-하다 (不無-) 형여 없지 아니하다. □ 위험이 ~.

불문 (不文) 명하형 '불성문'의 준말.

불문 (不問) 명하타 1 묻지 않음. □ 과거 ~. 2

가리지 않음. ▣노소를 ~하고 응원에 참가하다.

불문에 부치다 〈귀〉묻지 않고 그대로 내버려 두다. ▣그 사건은 불문에 부칠 수 없다.

불문 (佛文)〖명〗 1 프랑스 어로 된 문장. 2 '불문학'의 준말.

불문 (佛門)〖불〗 불가(佛家)1. ▣~에 귀의 (歸依)하다.

불문가지 (不問可知)〖명〗 묻지 않아도 알 수 있음. ▣어떤 일이 있었는지 ~이다.

불문곡절 (不問曲折)[-쩔]〖명〗하타 어찌 된 사정인지를 묻지 아니함. ▣내용은 ~하고 시키는 대로만 해라.

불문곡직 (不問曲直)[-찍]〖명〗하타 옳고 그름을 따지지 않음. ▣~하고 나만 야단친다.

불문-법 (不文法)[-뻡]〖명〗〖법〗 문서의 형식을 갖추지 않았으나 관례상으로 인정되는 법(관습법·판례법 따위). 불문율. ↔성문법.

불문-율 (不文律)[-뉼]〖명〗 1〖법〗 불문법. ↔성문율(成文律). 2 어떤 집단에서 암묵 중에 지키고 있는 약속. ▣시간 엄수는 ~이다.

불문-하다 (不文-)〖형어〗 글에 대한 지식이 없다. ▣불문한 이 사람이 어떻게 알겠습니까.

불-문학 (佛文學)〖문〗 프랑스 어로 된 모든 문예 작품. 圈불문.

불문 헌:법 (不文憲法)[-뻡]〖법〗 문서의 형식을 갖추지 아니한 헌법(영국에만 있음).

불뭇골〖명〗〈옛〉골풀무.

불미 (佛米)〖명〗〖불〗 밥을 지어 부처 앞에 올리는 쌀. 마지쌀.

불미-스럽다 (不美-)[-따][-스러워, -스러우니]〖형〗 불미한 데가 있다. ▣불미스러운 소문. **불미-스레**〖부〗

불미-하다 (不美-)〖형어〗 아름답지 못하고 추잡하다. ▣행실이 ~.

불민-하다 (不敏-)〖형어〗 어리석고 둔해 민첩하지 못하다. ▣자신의 불민함을 탓하다 / 제가 불민하여 그리되었습니다.

불민-하다 (不憫-·不愍-)〖형어〗 사정이 딱하고 가엾다.

불-바다〖명〗 1 넓은 지역에 걸쳐서 타오르는 큰 불. ▣사방이 ~가 되다. 2 수많은 불이 밝게 켜져 있는 넓은 곳. ▣온통 ~를 이룬 도심의 밤거리.

불반 (佛盤)〖명〗〖불〗 불발우(佛鉢盂).

불발 (不拔)〖명〗하자 1 아주 든든해서 빠지지 않음. 2 의지가 굳어서 흔들리지 않음. ▣~의 정신.

불발 (不發)〖명〗하자 1 탄환·폭탄 등이 발사되지 않거나 터지지 않음. ▣실탄 한 발은 ~이었다. 2 계획했던 일을 하지 못하게 됨. ▣계획이 ~에 그치다.

불발우 (佛鉢盂)〖명〗〖불〗 부처 앞에 올리는 밥이나 쌀을 담는, 굽이 높은 그릇.

불-발기〖명〗〖건〗 세 쪽 또는 네 쪽 장지의 한가운데를 교창(交窓)이나 완자창 모양으로 짜고 위아래 부분은 채광이 되게 종이로 안팎을 싸서 바르는 방식.

불발-우 (佛鉢宇)〖명〗〖불〗 불발을 받쳐 들고 다니는 큰 쟁반. 불반(佛盤).

불발-탄 (不發彈)〖명〗 발사되지 않았거나 발사되었어도 터지지 아니한 탄알·포탄·폭탄 따위를 통틀어 이르는 말.

불-밤송이〖명〗 채 익기 전에 말라 떨어진 밤송이. ▣~ 같은 젊은이의 머리.

불범 (不犯)〖명〗하타 1 남의 물건을 침범하지 아니함. 2〖불〗 남녀가 서로 몰래 정을 통하지 아니함.

불범-하다 (不凡-)〖형어〗 비범(非凡)하다. ▣불범한 청년.

불법 (不法)〖명〗하형 법에 어그러짐. 비법(非法). ▣~ 복제 / ~ 선거 운동 / ~을 저지르다 / ~을 눈감아 주다.

불법 (佛法)〖명〗 1〖종〗 불교. 2〖불〗 부처의 가르침.

불법 감금 (不法監禁)[-깜-] 법에 따르지 않고 남을 감금하여 자유를 구속함.

불법-계 (佛法界)[-께 / -께]〖불〗 불가(佛家)1.

불법-성 (不法性)[-썽]〖명〗 불법의 상태를 띤 성질. ▣~ 집회.

불법승 (佛法僧)[-쑹]〖불〗 여래·교법·비구(比丘)의 삼보(三寶).

불법-적 (不法的)[-쩍]〖관〗〖명〗 법에 어그러지는 (것). ▣~인 방법.

불법 점유 (不法占有)[-쩌뮤]〖법〗 점유할 권리가 없는데도 점유하는 일.

불법 체류 (不法滯留)〖법〗 정식 절차를 밟지 않거나, 기한을 어기면서 다른 나라에 머무는 일. ▣~ 외국인 노동자.

불법 행위 (不法行爲)[-버뀌]〖법〗 고의 또는 과실로 남에게 손해를 주는 행위.

불법-화 (不法化)[-버퐈]〖명〗하타자 국가 정책에 어긋나는 정당이나 사회단체를 불법적인 것으로 규정함. ▣과외를 ~하다.

불-벼락〖명〗 호된 꾸중이나 책망의 비유. ▣~이 내리다 / ~이 떨어지다.

불-벼룩〖명〗 납작하게 생긴, 몹시 무는 벼룩.

불벽 (佛壁)〖명〗〖건〗 화반(花盤)과 화반 사이의 빈 데를 메우는 토벽(土壁)(법당에서는 흔히 불상(佛像)을 그리기 때문에 이렇게 부름).

불-벽돌 (-甓-)[-똘]〖명〗〖건〗 내화(耐火) 벽돌.

불변 (不辨)〖명〗하타 분간하지 못함. ▣옥석(玉石)을 ~하다.

불변 (不變)〖명〗하자 변하지 않음. 또는 변하게 하지 않음. ▣~의 법칙. ↔가변(可變).

불변경-주의 (不變更主義)[-/ -이]〖명〗〖법〗 형사 소송법상의 직권주의의 하나. 소송이 제기된 이상 법원의 재판에 의해서만 사건을 종결시키는 주의. ↔처분권(處分權)주의.

불변 기간 (不變期間)〖법〗 소송 행위에서, 변경하지 못하도록 법률로 정한 기간.

불변 비:용 (不變費用)〖경〗 항상 일정하게 지출되는 비용. 고정비. ↔가변 비용.

불변-색 (不變色)〖명〗 오래도록 변하지 않는 빛깔. 또는 그런 채료. ▣~ 사진.

불변-성 (不變性)[-썽]〖명〗 변하지 않는 성질. ▣~의 진리. ↔가변성.

불변 자본 (不變資本)〖경〗 원료·기계 등 생산 수단의 구입에 드는 자본. ↔가변 자본.

불변-적 (不變的)[-쩍]〖관〗〖명〗 변하지 않는 (것). ▣~ 요소를 찾아내다.

불-병풍 (-屛風)〖명〗 바람받이에 있는 화로에 바람을 막기 위해 치는 병풍.

불-별 [-뼐]〖명〗 몹시 뜨겁게 내리쬐는 별. ▣오뉴월 ~ 아래서 김을 매다.

불별-나다 [-볃-]〖자〗 별이 내리쬐다.

불별-더위 [-볃떠-]〖명〗 햇볕이 몹시 뜨겁게 내리쬘 때의 더위. 불더위.

불보 (佛寶)〖명〗〖불〗 삼보(三寶)의 하나. 석가모니불 또는 모든 부처의 존칭.

불-보살 (佛菩薩)〖명〗〖불〗 부처와 보살.

불복 (不服)〖명〗하자 1 복복종. ▣결정에 ~하다. 2 복죄(服罪)하지 않음. ▣1심 판결에 ~

하다.

불복-상고 (不服上告)[-쌍-] 图 『법』 상고(上告)2.

불복 신청 (不服申請)[-씬-] 图 『법』 1 행정 처분의 위법 또는 부당을 이유로, 그 취소나 변경을 관계 행정 기관에 청구하는 일. 2 원판결에 대해 불복할 때, 동일 또는 상급 법원에 그 취소나 변경의 재판을 요구하는 신청.

불-복일 (不卜日) 图하자 혼인이나 장사 등을 급히 치르느라고 날을 가리지 않고 함.

불-복종 (不服從)[-종-] 图하자 복종하지 않음. 불복. ▢명령에 ~하다.

불-부채 图 불을 부치는 데 쓰는 부채. 화선(火扇). ▢~로 불을 붙이다.

불분 (不分) 图하타 분간하지 못함.

불분-동서 (不分東西) 图하타 어리석어서 동쪽·서쪽의 방향을 가리지 못함.

불분명-하다 (不分明-) 휑여 분명하지 않거나 분명하지 못하다. 불분명한 태도.

불분상하 (不分上下) 图하타 상하를 분간하지 못함.

불분승부 (不分勝負) 图하자 승부를 가리지 못함. ▢경기가 끝까지 ~로구나.

불분주야 (不分晝夜) 图하자 밤낮을 가리지 않고 힘써 노력함.

불-붙다 [-분따] 자 1 물체에 불이 붙어 타기 시작하다. ▢짚단에 ~. 2 어떤 일이나 감정 따위가 치솟기 시작하다. ▢논쟁이 ~.
[불붙는 데 키질하기] 나쁜 방향으로 진행되는 일을 더 악화시킨다는 말.

불-붙이다 [-부치-] 자타 《'불붙다'의 사동》 1 불을 대어서 붙게 하다. ▢장작에 ~. 2 일이나 감정 등이 치솟기 시작하게 하다. ▢승부욕을 ~.

불비 (不備) 图하 1 제대로 갖추어져 있지 않음. ▢~한 여건. 2 예를 다 갖추지 못함((흔히 편지 끝에 씀). ▢상서 / 여(餘)~.

불비지혜 (不費之惠)[- / -혜] 图 자기에게는 해가 될 것이 없고 남에게는 이익이 될 만하게 베풀어 주는 은혜.

불빈-하다 (不貧-) 휑여 가난하지 않다.

불-빛 [-삗] 图 1 타는 불의 빛. 화광(火光). 2 켜 놓은 불에서 비치는 빛. ▢창문으로 ~이 새다. 3 불처럼 붉고도 밝은 빛깔.

불사 (不仕)[-싸-] 图하자 벼슬을 시켜도 나서서 하지 않음. ▢~의 변(辯).

불사 (不死)[-싸-] 图 1 죽지 않음. 2 〔민〕 속인으로 염불을 공부하다가 죽은 사람의 혼령을 무당이 일컫는 말.
불사(가) 세다 귄 조상 가운데 불사가 된 사람이 있어서 자손을 기르기 어렵다.

불사 (不俟·不竢)[-싸-] 图하타 기다리지 않음. 또는 기다리지 못함.

불사 (不辭)[-싸-] 图하타 사양하지 않음. 마다하지 않음. ▢일전(一戰) ~ / 탈퇴를 ~하다 / 법적 대응을 ~하다.

불사 (佛寺)[-싸-] 图 절.

불사 (佛事)[-싸-] 图 『불』 불가에서 행하는 모든 일. 법사(法事). 법업(法業).

불사 (佛師)[-싸-] 图 『불』 불상을 만드는 사람.

불-사르다 [불살라, 불사르니] 타 1 불에 태워 없애다. 사르다. ▢옛 편지를 ~. 2 죄다 없애거나 희생하다. ▢청춘을 불사르고.

불-사리 (佛舍利) 图 『불』 석가모니의 유골. 불골(佛骨).

불사불멸 (不死不滅)[-싸-] 图하자 『가』 하느님의 특성의 하나. 죽지도 않고 없어지지도 않는 일.

불사-상 (佛事床)[-싸-] 图 〔민〕 무당이 굿할 때 집안의 수명·재산을 위하여 차려 놓는다는 제석신(帝釋神)을 위하여 차려 놓는 제물상의 하나. 술과 고기가 없이 차림.

불사-신 (不死身)[-싸-] 图 1 맞아도 아프지 않고 상처를 입어도 피가 나지 않을 정도로 특이하게 강한 몸의 비유. 2 어떤 곤란에도 기력을 잃거나 낙심하지 않는 사람의 비유. ▢그는 ~이다.

불사-약 (不死藥)[-싸-] 图 먹으면 죽지 않고 오래 살 수 있다는 약.

불사영생 (不死永生)[-싸-] 图하자 죽지 않고 영원토록 삶. ▢~을 꿈꾸다.

불사이군 (不事二君)[-싸-] 图 한 사람이 두 임금을 섬기지 아니함.

불사-조 (不死鳥)[-싸-] 图 1 어떠한 고난에도 굴하지 않고 이겨 내는 사람의 비유. 2 피닉스(phoenix).

불사-초 (不死草)[-싸-] 图 『식』 맥문동1.

불사-하다 (不似-)[-싸-] 휑여 닮지 못하다.

불살 (不殺)[-쌀] 图하타 죽이지 않음.

불-살생 (不殺生)[-쌩] 图하타 『불』 살아 있는 것을 죽이지 않음.

불삽 (黻翣)[-쌉] 图 발인 때 상여 앞뒤에 세우고 가는 제구('亞' 자 형상을 그린 널조각에 긴 자루가 달려 있음).

불상 (佛相)[-쌍-] 图 『불』 부처의 얼굴 모습.

불상 (佛像)[-쌍-] 图 『불』 나무·돌·쇠·흙 따위로 만든, 부처의 소상(塑像)이나 화상(畫像)을 통틀어 이르는 말. 부처. 불체(佛體).

불-상견 (不相見)[-쌍-] 图하자타 뜻이 서로 맞지 않아 만나지 않음.

불-상놈 (常-)[-쌍-] 图 아주 천한 상놈.

불-상능 (不相能)[-쌍-] 图하휑 두 사람 사이가 서로 좋지 못함.

불-상당 (不相當)[-쌍-] 图하휑 서로 걸맞지 아니함.

불-상동 (不相同)[-쌍-] 图하휑 (두 사물이) 서로 같지 않음.

불-상득 (不相得)[-쌍-] 图하휑 서로 마음이 맞지 않음.

불상-사 (不祥事)[-쌍-] 图 상서롭지 못한 일. ▢~가 일어나다 / ~가 생기다.

불-상용 (不相容)[-쌍-] 图하타 서로 용납하지 않음. ▢~의 관계.

불-상응 (不相應)[-쌍-] 图하자 1 서로 응하지 않음. 2 서로 어울리지 않음.

불상지언 (不祥之言)[-쌍-] 图 상서롭지 않은 말. ▢~을 늘어놓다.

불상지조 (不祥之兆)[-쌍-] 图 불길지조(不吉之兆). ▢~라 하여 모두 싫어했다.

불상-하다 (不祥-)[-쌍-] 휑여 상서롭지 않다.

불상-하다 (不詳-)[-쌍-] 휑여 자세하지 않다. 자세히 알 수 없다. ▢거처가 ~.

불-상합 (不相合)[-쌍-] 图하자 서로 들어맞지 않음.

불상-화 (佛桑花)[-쌍-] 图 『식』 아욱과의 상록 관목. 온실에서 재배하며, 겨울부터 초봄에 붉은 다섯잎꽃이 핌. 히비스커스.

불-새 [-쌔] 图 불사조.

불생불멸 (不生不滅)[-쌩-] 图 1 『불』 생겨나지도 않고 없어지지도 않고 언제나 변함이 없음. 곧, 진여실상(眞如實相)의 존재. 열반의 경계. 2 불생불사.

불생불사 (不生不死)[-쌩-씨] 图 죽은 것도 아니고 산 것도 아니고 겨우 목숨만 붙어 있음.

불생불멸.
불-생일 (佛生日)[-쌩-] [명] 〖불〗 석가모니의 탄생일. 곧, 사월 초파일. 불탄일.
불서 (佛書)[-써] [명] 〖불〗 '불가서(佛家書)'의 준말.
불서 (拂曙)[-써] [명] 불효(拂曉).
불석 (不惜)[-썩] [명][하타] 아끼지 않음.
불석-신명 (不惜身命)[-썩씬-] [명][하자] 〖불〗 불도 수행·교화·보시 등을 위해 몸이나 생명을 아끼지 않고 바침.
불석천금 (不惜千金)[-썩-] [명][하자] 많은 돈을 아끼지 않음.
불선 (不宣)[-썬] [명] 한문 투의 편지 끝에, 쓸 말은 많으나 다 쓰지 못하였다는 뜻으로 쓰는 말《손윗사람에게는 쓰지 않음》.
불선 (不善)[-썬] [명][하타][형] **1** 착하지 않음. **2** 좋지 못함. **3** 잘하지 못함.
불선거행 (不善擧行)[-썬-] [명][하자] 맡은 일을 잘 이행하지 못함.
불선불후 (不先不後)[-썬-] [명][하자] 공교롭게도 좋지 않은 때를 당함.
불설 (不屑)[-썰] [명][하타] 우습게 여겨 마음에 두지 않음.
불설 (佛說)[-썰] [명] 〖불〗 부처가 가르친 말.
불섬-하다 (不贍-)[-썸-] [형][여] 살림이 넉넉하지 못하다.
불-섭생 (不攝生)[-쌩] [명][하자] 건강에 대한 조심을 하지 않음.
불성 (不成)[-썽] [명][하자] 이루어지지 못함.
불성 (不誠)[-썽] [명][하형] '불성실'의 준말.
불성 (佛性)[-썽] [명] 〖불〗 **1** 중생이 부처가 될 성질. **2** 진리를 깨달은, 부처의 본성.
불성 (佛聖)[-썽] [명] 〖불〗 부처를 성인이란 뜻으로 이르는 말.
불-성공 (不成功)[-썽-] [명][하자] 성공하지 못함.
불-성립 (不成立)[-썽닙] [명][하자] 일이 성립되지 못함.
불성모양 (不成模樣)[-썽-] [명] **1** 형체가 이루어지지 못함. **2** 몹시 가난하여 살림이나 옷차림이 말이 아님.
불-성문 (不成文)[-썽-] [명] 글자로 써서 나타내지 않음. ↔성문(成文). [준]불문(不文).
불-성설 (不成說)[-썽-] [명] '어불성설(語不成說)'의 준말.
불-성실 (不誠實)[-썽-] [명][하형] 성실하지 못함. ❏ ~한 근무 태도. [준]불성.
불성인사 (不省人事)[-썽-] [명][하자] 인사불성.
불-세례 (-洗禮) [명] 〖기〗 성령의 충만으로 마음의 죄악과 부정(不淨)을 불살라 성결(聖潔)하게 됨을 일컫는 말.
불세지공 (不世之功)[-쎄-] [명] 세상에 보기 드문 큰 공로.
불세지재 (不世之才)[-쎄-] [명] 세상에 보기 드문 큰 재주. 또는 그런 재주를 가진 사람.
불-세출 (不世出)[-쎄-] [명][하형] (주로 '불세출의'의 꼴로 쓰여) 좀처럼 세상에 나타나지 않을 만큼 뛰어남. ❏ ~의 영웅.
불소 (弗素)[-쏘] [명] 〖화〗 플루오르.
불-소급 (不遡及)[-쏘-] [명][하타] **1** 과거로 거슬러 올라 미치지 않음. **2** 〖법〗 법은 그 실시 이후의 사항에 적용되며, 실시 이전의 사항에 소급하여 적용되지 않음. ❏ ~의 원칙.
불소-하다 (不少-)[-쏘-] [형][여] 적지 않다.
불-소화 (不消化) [명] 소화되지 않음.
불-속 [-쏙] [명] **1** 매우 고통스러운 지경. 화중(火中). ❏ 전쟁의 ~. **2** 총포탄이 터지고 날아드는 속.
불속-하다 (不俗-)[-쏘카-] [형][여] 속되지 아니하다. ❏ 불속한 차림새.
불손 (不遜)[-쏜] [명][하형][히부] 겸손하지 못함. ❏ ~한 태도 / ~히 대하다.
불수 (不隨)[-쑤] [명] 몸이 마음대로 되지 않음.
불수 (佛手)[-쑤] [명] '불수감'의 준말.
불수-감 (佛手柑)[-쑤-] [명] 불수감나무의 열매. [준]불수(佛手).
불수감-나무 (佛手柑-)[-쑤-] [명] 〖식〗 운향과의 상록 관목. 따뜻한 곳에 나는데, 높이 2-3 m, 여름철에 담자색 다섯잎꽃이 피고 긴 타원형으로 누른 과실이 겨울에 익음. 과육은 없으나 향내가 좋음.
불수-강 (不銹鋼)[-쑤-] [명] 〖공〗 스테인리스 강.
불-수근 (不隨筋)[-쑤-] [명] 〖생〗 '불수의근(不隨意筋)'의 준말.
불-수년 (不數年)[-쑤-] [명] 두서너 해가 다 걸리지 않음. 또는 그 기간.
불수-다언 (不須多言)[-쑤-] [명][하형] 여러 말을 할 필요가 없음.
불수-산 (佛手散)[-쑤-] [명] 〖한의〗 해산 전후에 흔히 쓰는 탕약. 궁귀탕(芎歸湯).
불-수의 (不隨意)[-쑤-/-쑤이] [명] 마음대로 되지 않음.
불수의-근 (不隨意筋)[-쑤-/-쑤이-] [명] 〖생〗 의지와 상관없이 자율적으로 움직이는 근육. 민무늬근과 심장근이 이에 속함. 제대로근. →수의근. [준]불수근(不隨筋).
불-수일 (不數日)[-쑤-] [명] 이삼 일이 다 걸리지 않음. 또는 그 기간.
불숙 (不熟)[-쑥] [명][하자][형] **1** 곡식·과일 따위가 익지 않음. **2** 서툴러서 익숙하지 못함. 미숙.
불숙련-노동 (不熟練勞動)[-쑹년-] [명] 특별한 교육이나 훈련을 거치지 않고도 습득할 수 있는 노동《땅파기 작업·운반 작업 따위》.
불순 (不純)[-쑨] [명][하형][히부] 순수하지 못함. ❏ ~한 물질 / ~ 세력.
불순 (不順)[-쑨] [명][하형][히부] **1** 공손하지 못함. ❏ ~한 태도. **2** 순조롭지 못함. ❏ 월경 ~ / 일기 ~.
불순-물 (不純物)[-쑨-] [명] 순수하지 못한 물질. ❏ ~이 섞인 물 / ~을 걸러 내다 / 중금속 ~이 다량 함유되다.
불순-분자 (不純分子)[-쑨-] [명] 사상이나 이념이 그 조직의 것과 달라서 비판적으로 지적되는 사람. ❏ ~를 색출하다 / ~의 선동에 넘어가다.
불-순종 (不順從)[-쑨-] [명][하자] 순종하지 않음.
불승 (佛僧)[-쑹] [명] 〖불〗 승려.
불시 (不時)[-씨] [명] **1** 제철이 아닌 때. **2** (주로 '불시로·불시에·불시의'의 꼴로 쓰여) 뜻하지 아니한 때. ❏ ~에 당한 재난 / ~에 사람들이 들이닥치다.
불시지수 (不時之需)[-씨-] [명] 제때가 아닌 때 먹게 된 음식.
불시-착 (不時着)[-씨-] [명][하자] '불시 착륙'의 준말. ❏ 여객기가 ~하다.
불시 착륙 (不時着陸)[-씨창뉵] 비행기가 기관 고장이나 기상 악화·연료 부족 등으로, 목적지에 이르기 전에 예정되지 않은 지점에 착륙하는 일. [준]불시착.
불식 (不食)[-씩] [명][하타] 먹지 않음.
불식 (不息)[-씩] [명][하자] 쉬지 않음.
불식 (佛式)[-씩] [명] 〖불〗 **1** 불교의 방식. **2** 불교의 의식. ❏ 장례는 ~으로 거행되었다.
불식 (拂拭)[-씩] [명][하타] 먼지를 떨고 훔친다는 뜻으로, 의심이나 부조리한 점 등을 말끔히

떨어 없앰을 이르는 말. ㅇ오해를 ~하다 / 의혹이 ~되다 / 갈등을 ~하다.

불식자포 (不食自逋)[—씩짜—] 명하자 횡령하지 않았는데 공금이 저절로 축남.

불식지공 (不息之工)[—씩찌—] 명 쉬지 않고 꾸준하게 하는 일.

불식지보 (不食之報)[—씩찌—] 명 조상의 음덕으로 자손이 잘되는 보응(報應).

불신 (不信)[—씬] 명하타 믿지 않음. 또는 믿을 수 없음. ㅇ풍조 / ~을 낳다 / ~을 사다 / ~을 초래하다 / 당국의 조사 결과를 ~하다.

불신 (佛身)[—씬] 명 《불》 부처의 몸. 불체(佛體).

불신 (佛神)[—씬] 명 부처와 신.

불신-감 (不信感)[—씬—] 명 믿지 못하는 마음. 미덥지 아니한 느낌. ㅇ상호 간의 ~ / ~이 팽배하다 / ~을 해소하다.

불-신실 (不信實)[—씬—] 명하형 믿음직하지도 진실하지도 않음.

불-신용 (不信用)[—씨뇽] 명하타 의심을 가지고 남을 믿지 않거나 받아들이지 아니함.

불-신임 (不信任)[—씨님] 명하타 남을 믿지 못하여, 일을 맡기지 않음. ㅇ~을 결의하다 / ~이 제기되다.

불신임 결의 (不信任決議)[—씨님 겨리 / —씨님 거리] 《정》 의원 내각제에서, 의회가 내각 또는 국무 위원에 대하여 행하는 것을 가리킴.

불신임-안 (不信任案)[—씨님만] 명 《정》 불신임 결의에 관한 안건. ㅇ내각 ~.

불신-자 (不信者)[—씬—] 명 1 믿지 않거나 믿지 못하는 사람. 2 종교를 믿지 않는 사람.

불신지심 (不臣之心)[—씬—] 명 신하의 도리를 지키지 아니하려는 마음.

불신지심 (不信之心)[—씬—] 명 믿지 않는 마음.

불신-행위 (不信行爲)[—씬—] 명 믿지 않거나 믿을 수 없는 행위.

불실 (不實)[—씰] 명 ☞ 부실(不實).

불실기본 (不失其本)[—씰—] 명하자 본분을 잃지 않음. ㅇ~의 마음가짐.

불실본색 (不失本色)[—씰—] 명하자 본색을 잃지 않음.

불실척촌 (不失尺寸)[—씰—] 명하자 일상생활에서 조금도 법도에 어그러지거나 어기거나 하지 아니함. ㅇ~의 말과 행동.

불심 (不審)[—씸] 명하타 자세히 알지 못하거나 의심스러움.

불심 (佛心)[—씸] 명 《불》 1 자비로운 부처의 마음. 2 깊이 깨달아 속세의 번뇌에 흐려지지 않는 마음.

불심 검:문 (不審檢問)[—씸—] 《법》 경찰관이 수상하다고 짐작되는 사람을 거리에서 갑자기 조사하는 일. 직무 질문. ㅇ~에 걸려들다.

불심상관 (不甚相關)[—씸—] 명하형 크게 상관될 것은 아님.

불심상원 (不甚相遠)[—씸—] 명하형 그다지 다르지 않음.

불쌍-하다 형여 가엾고 애처롭다. ㅇ그녀의 처지가 ~. **불쌍-히** 부. ㅇ가난한 사람을 ~ 여기다.

불-쏘다 타 1 과녁을 맞추지 못하다. 2 목적 따위를 이루지 못하다.

불-쏘시개 명 장작·숯 등에 불을 때거나 피울 때 불이 쉽게 옮겨 붙게 하려고 먼저 태우는 종이·잎나무·관솔 따위. ㅇ~를 만들다 / ~에 불을 붙여 아궁이에 집어넣다. ⓒ쏘시개.

불쑥 부하자 1 갑자기 쑥 내밀거나 비어져 나오는 모양. ㅇ손을 ~ 내밀다. 2 앞뒤 생각 없이 함부로 말을 하는 모양. ㅇ그런 말을 ~

꺼내면 곤란하다. ⓐ볼쑥.

불쑥-거리다[—꺼—] 자타 1 평평한 바닥의 군데군데가 톡톡 비어져 나오다. 2 자꾸 앞뒤 생각 없이 함부로 말하다. ⓐ볼쑥거리다. **불쑥-불쑥**[—뿔—] 부하자타

불쑥-대다[—때—] 자타 불쑥거리다.

불쑥-이 부 불쑥하게. ⓐ볼쑥이.

불쑥-하다[—쑤카—] 형여 톡 비어져 나와 있다. ㅇ호주머니가 ~. ⓐ볼쑥하다.

불-씨 명 1 언제나 불을 옮겨 붙일 수 있게 묻어 두는 불덩이. ㅇ~를 잘 간수하다 / 화로에 ~가 살아 있다. 2 문제나 사건 등을 일으키는 실마리의 비유. ㅇ싸움의 ~가 되다.

불안 (不安)[—안] 명하형 마음이 편하게 않음. ㅇ~에 떨다 / ~한 마음을 떨치다 / ~한 표정을 짓다. 2 분위기 따위가 술렁거리어 뒤숭숭함. ㅇ~한 국제 정세 / 시국이 ~하다.

불안 (佛眼) 명 《불》 1 모든 법의 참모습을 보는 눈의 눈. 2 자비스러운 눈.

불안 (佛顔) 명 1 《불》 부처의 얼굴. 2 《불》 부처와 같이 부드럽고 따뜻하며 자비심이 많아 보이는 얼굴. 3 죽은 사람의 얼굴.

불안-감 (不安感) 명 불안한 느낌. ㅇ~이 감돌다 / ~에 휩싸이다.

불안-기 (不安期) 명 사회의 질서가 바로잡히지 아니하여 뒤숭숭한 시기.

불안-스럽다 (不安—)[부란—따][—스러워, —스러우니] 형여 불안한 데가 있다. ㅇ불안스러운 정국. **불안-스레** 부

불-안심 (不安心) 명하타 1 불안한 마음. 2 안심되지 않음. 불안(不安).

불-안전 (不安全) 명하형 안전하지 않음. ㅇ~한 시설.

불-안정 (不安定) 명하형 안정되지 못함. ㅇ정치적 ~ / 정서적 ~ / 대기의 ~으로 날씨가 변덕스럽다 / 생활이 ~하다.

불안정-성 (不安定性)[부란—썽] 명 안정되지 못한 성질. ㅇ경제적 ~을 띠다.

불-알 명 '고환(睾丸)'을 일상적으로 이르는 말. ⓒ불. [불알 두 쪽밖에는 없다] 가진 것이 아무것도 없는 빈털터리이다. [불알 밑이 근질근질하다] 가만히 앉아 있지 못하다. [불알을 긁어 주다] 남의 비위를 살살 맞추며 아첨하다.

불알-친구 (—親舊) 명 남자 사이에서, '어릴 때부터 같이 놀면서 친하게 지낸 친구'를 이르는 말.

불앗다 타 《옛》 불까다. 거세하다.

불야-성 (不夜城)[—썽] 명 등불 따위가 휘황하게 켜 있어 밤에도 대낮처럼 밝은 곳. ㅇ~을 이룬 거리.

불양 (祓禳) 명하자 《민》 귀신에게 빌어 액을 막음. 또는 그 굿이나 푸닥거리.

불양-답 (佛糧畓) 명 [←불량답(佛糧畓)] 《불》 절에 속해 있는 논밭. 불향답(佛糧畓).

불어 (不漁) 명 고기가 잘 잡히지 않음. 흉어(凶漁). ㅇ~ 어장. ↔대어(大魚).

불어[1] (佛語) 명 '프랑스어'의 한자 이름.

불어[2] (佛語) 명 1 부처의 말. 경전에 있는 말. 법어(法語). 불언(佛言). 2 불교의 용어.

불어-나다 자 1 수량이 커지거나 많아지다. ㅇ강물이 ~. 2 몸집 따위가 커지다. ㅇ노니까 몸이 불어나는 것 같다.

불어-넣다[부러너타] 타 어떤 생각이나 느낌을 가지도록 자극이나 영향을 주다. ㅇ용기와 희망을 ~ / 생활에 활력을 ~.

불어-닥치다 짜 몹시 세게 불어오다. ❏선거 열기가 ~.

불-어리 몡 바람에 화롯불의 불티가 날리는 것을 막기 위해 들씌우는 제구.

불어-먹다[부러-따] 타 돈이나 재물을 헛되이 다 써서 없애다.

불어-세다 타 '불어세우다'의 준말.

불어-세우다 타 사람을 따돌려 보내다. 준불어세다.

불어-오다 짜 **1** 바람이 이쪽으로 불다. ❏산들바람이 ~ / 태풍이 불어오고라고 한다. **2** 어떤 경향이나 사조 따위가 영향을 미치다. ❏민주화의 열풍이 ~.

불어-제치다 짜 바람이 세차게 불다. ❏눈바람이 ~.

불어-치다 짜 바람 따위가 세차게 불다. ❏눈보라가 불어치는 거리 / 비바람이 ~.

불언 (不言) 몡하자 말을 하지 않음.

불언 (佛言) 몡 《불》 불어²(佛語)1.

불언가상 (不言可想) 몡하형 말을 하지 않아도 능히 짐작할 수가 있음.

불언가지 (不言可知) 몡 말을 하지 않아도 능히 알 수가 있음.

불언불소 (不言不笑)[부런-쏘] 몡하자 말도 하지 않고 웃지도 않음.

불언실천 (不言實踐) 몡하자 말을 하지 않음.

불언실행 (不言實行) 몡하타 말없이 실행함.

불여귀 (不如歸) 몡 《조》 두견과.

불-여우 [-려-] 몡 **1** 《동》 갯과의 포유동물. 털빛은 붉거나 누런데, 우리나라 북부와 만주 동부에 분포함. **2** 《속》 변덕스럽고 요사스러운 여자. ❏~같이 굴다.

불여-의 (不如意)[부려- / 부려이] 몡하형 일이 뜻과 같이 되지 않음. ❏만사가 ~하다.

불여-튼튼 (不如-) 몡 튼튼히 하는 것보다 나은 것이 없음. ❏만사 ~.

불역 (不易) 몡하자타 바꾸어 고칠 수 없거나 고치지 않음. ❏만고의 ~한 진리.

불역 (佛譯) 몡하타 프랑스 어로 번역함. 또는 그 번역문. ❏춘향전을 ~하다.

불역지론 (不易之論)[부력찌-] 몡 달리 고칠 필요 없는 바른 이론.

불역지전 (不易之典)[부력찌-] 몡 **1** 변경할 수 없는 규정. **2** 하지 않을 수 없는 일.

불연 (不燃) 몡 불에 타지 않음. ❏~재료. ↔가연(可燃).

불연 (佛緣) 몡 《불》 중생의 부처나 불교와의 인연.

불연 (怫然) 뿌하형허부 갑자기 성을 왈칵 내는 모양. ❏~히 소리를 지르다.

불연-성 (不燃性)[부런썽] 몡 불에 타지 않는 성질. ❏~물질.

불-연속 (不連續) 몡 죽 이어져 있지 않고 중간에 끊어져 있음. ❏~현상.

불연속-면 (不連續面)[부런송-] 몡 《기상》 기온·습도·풍향 등의 기상 요소가 다른, 두 기층의 경계면(전선면(前線面) 따위).

불연속-선 (不連續線)[부런-썬] 몡 《기상》 불연속면이 지표와 만나는 선(전선(前線) 등).

불연속-성 (不連續性)[부런-썽] 몡 연속되어 있지 않고 시작과 끝을 가지고 있는 성질.

불연속-적 (不連續的)[부런-쩍] 관몡 죽 이어져 있지 않고 중간에 끊어져 있는 (것). ❏~형태.

불연즉 (不然則) 뿌 그렇지 않으면.

불연지단 (不然之端) 몡 그렇지 않은 일의 실

마리.

불연-하다 (不然-) 형허 그렇지 않다. ❏자유를 달라, 불연하면 죽음을 달라.

불염-포 (不鹽脯) 몡 소금을 치지 않고 만든 육포(肉脯).

불예 (不豫) 몡하형 임금이나 왕비가 편치 않음.

불온 (不穩) 몡하형 **1** 온당하지 않음. ❏~한 태도. **2** 치안을 해칠 우려가 있음. ❏~ 문서 / ~한 사상.

불온당-하다 (不穩當-) 형허 온당하지 않다.

불온-하다 (不溫-) 형허 **1** 따뜻하지 않다. **2** 온순하지 않다.

불완-석 (不完石) 몡 축이 나거나 덜 담겨서 완전히 차지 않은 곡식 섬.

불-완전 (不完全) 몡형허형 완전하지 못함. ❏~고용 / 일의 마무리가 ~하다. ↔완전.

불완전 경:쟁 (不完全競爭) 《경》 같은 품질의 상품이 수요(需要)의 이질성(異質性)에 따라 제한된 경쟁을 하는 시장 형태.

불완전 동:사 (不完全動詞) 《언》 **1** 어미 활용이 완전하지 못하여 몇 가지 형태로만 활용하는 동사('가로되·다오·더불어' 따위로 활용하는 '가로다·달다·더불다' 따위). 불구동사. **2** 다른 낱말로 보충하여야 뜻이 완전해지는 동사. 모자람움직씨. ↔완전 동사.

불완전 명사 (不完全名詞) 《언》 의존 명사.

불완전 변:태 (不完全變態) 《충》 곤충의 변태의 한 형. 알에서 깬 애벌레가 곧 엄지벌레로 되는 변태(하루살이·잠자리 따위). 안갖춘탈바꿈.

불완전-수 (不完全數) 몡 《수》 부족수와 과잉수의 총칭. ↔완전수.

불완전 어음 (不完全-) 《경》 **1** 필요한 기재 사항이 빠진어음. **2** 기재 사항을 말소한 어음.

불완전 연소 (不完全燃燒)[부롼-년-] 《물》 산소의 공급이 불완전한 상태에서의 연소(일산화탄소나 그을음이 생김). ↔완전 연소.

불완전-엽 (不完全葉) 《식》 안갖춘잎. ↔완전엽(完全葉).

불완전 이:행 (不完全履行) 《법》 채무자가 이행한 내용이 채무의 취지에 적합하지 않고 불완전한 것.

불완전 자동사 (不完全自動詞) 《언》 **1** 활용이 완전하지 않은 자동사('가로다' 등). **2** 다른 낱말로 보충하여야 뜻이 완전해지는 자동사. 안갖은제움직씨. ↔완전 자동사.

불완전 종:지 (不完全終止) 《악》 '못갖춘마침'의 한자 이름.

불완전 주권국 (不完全主權國)[부롼-꿘-] 《정》 일부 주권국.

불완전 중립국 (不完全中立國)[부롼-닙꾹] 《정》 중립국으로서의 의무를 완전히 이행하지 못하는 나라. ↔완전 중립국.

불완전 취:업 (不完全就業) 《사》 노동자가 그 능력을 충분히 발휘할 수 없는 상태로 취업하고 있는 일(잠재 실업과 중복되는 부분도 있음). 반실업.

불완전 타동사 (不完全他動詞) 《언》 **1** 활용이 완전하지 않은 타동사('달다·데리다' 따위). **2** 다른 낱말로 보충하여야 뜻이 완전해지는 타동사. 안갖은남움직씨. ↔완전 타동사.

불완전 형용사 (不完全形容詞) 《언》 다른 낱말로 보충해야 뜻이 완전해지는 형용사('같다·비슷하다·아니다' 따위). 안갖은그림씨. ↔완전 형용사.

불완전-화 (不完全花) 몡 《식》 안갖춘꽃. ↔완전화(完全花).

불완-품 (不完品) 몡 완성되지 않았거나 완전하

지 못한 물품.
불-왕법(不枉法)몝 사사로운 정에 끌려 국법을 어기지는 않음.
불요(不撓)몝하자 마음이 흔들리지 않음.
불요불굴(不撓不屈)몝하형 한번 먹은 마음이 흔들리거나 굽힘이 없음. □~의 정신.
불요불급(不要不急)몝 필요하지도 급하지도 아니함. □~한 공사.
불-요식 행위(不要式行爲)[부료시캥-] 〖법〗 법률상 특별한 형식이나 방식을 필요로 하지 않는 행위. ↔요식(要式) 행위.
불-요인(不要因)몝 〖법〗 원인을 필요로 하지 않는 일. 또는 원인이 없어도 그 효력에는 영향이 없는 일.
불요인 증권(不要因證券)[부료-꿘] 〖법〗 증권에 기재된 권리가 그 원인 관계의 존재를 문의할 필요나 없는 증권. 곧, 불요인 채권을 표시하는 증권(어음·수표 따위). 무인 증권.
불요-하다(不要-)협여 필요하지 않다.
불용(不用)몝하타형 1 쓰지 않음. 2 소용이 없음. □~물(物).
불용(不容)몝 용서하거나 용납할 수 없음. □불법 집회 ~.
불용-건(不用件)[부룡껀]몝 쓰지 않거나 못 쓰게 되어 따로 내놓은 물건.
불용-성(不溶性)[부룡썽] 〖화〗 액체에 녹지 않는 성질. □~지방산. ↔가용성.
불용-품(不用品)몝 쓰지 않거나 못 쓰게 된 물품.
불우(不遇)몝하형 1 재능이나 포부를 가지고 있으면서도 때를 만나지 못하여 불운함. □자신의 ~를 한탄하다 / 일생을 ~하게 보내다. 2 살림이나 처지가 딱하고 어려움. □~이웃 돕기 / ~한 가정환경.
불우(不虞)몝 미처 생각하지 못함. 뜻밖에 일어나는 일. □~의 재난을 당하다.
불우(佛宇)몝 〖불〗 불당(佛堂).
불우-비(不虞備)몝 뜻밖에 일어나는 일에 대한 준비. 불우지비.
불-우시(不遇時)몝하자 때를 만나지 못함.
불우지변(不虞之變)몝 뜻밖에 일어난 변고.
불우지비(不虞之備)몝 불우비.
불우지탄(不遇之歎)몝 불우한 데 대한 한탄. □~을 금치 못하다.
불우지환(不虞之患)몝 뜻밖에 생긴 근심.
불운(不運)몝하형 운수가 좋지 않음. 또는 그런 운수. □~을 겪다 / ~이 겹치다 / ~을 한탄하다 / ~을 딛고 일어서다. ↔행운.
불울(怫鬱)몝하형 불만이나 불평이 있어 화가 치밀고 답답함.
불원(不遠)㉠몝하형 1 거리가 멀지 않음. □한 거리에 처가가 있다. 2 시일이 오래지 않음. □~한 장래에 성공할 것이다. ㉡뮈 머지 않아. □~ 떠나겠소.
불원(不願)몝 원하지 않음.
불원-간(不遠間)몝 (주로 '불원간·불원간에'의 꼴로 쓰여서) 앞으로 오래지 않은 동안. □~ 몰려들 테지 / ~이 좋아지겠지.
불원-장래(不遠將來)[부뤈-내]몝 멀지 않은 장래.
불원-천리(不遠千里)[부뤈철-]몝하자 천 리 길도 멀다고 여기지 않음. □~하고 달려오다.
불유여력(不遺餘力)몝하자 있는 힘을 다함.
불유쾌-하다(不愉快-)협여 유쾌하지 아니하다. □불유쾌한 사건 / 심사가 ~.
불유-환(不遊環)몝 병 따위 그릇의 두 쪽 귀에 움직지 않게 붙박이로 달린 고리.
불윤(不允)몝하타 〖역〗 임금이 신하의 청을

허락하지 아니함. ↔윤허(允許).
불윤 비:답(不允批答) 〖역〗 임금이 의정(議政)의 사직(辭職)을 허락하지 않던 일.
불융통-물(不融通物)몝 〖법〗 권리의 객체는 되지만 거래의 객체가 될 수 없는 물건. ↔융통물.
불은(佛恩)몝 〖불〗 부처의 은혜.
불음(不飮)몝하타 마시지 않음. □~ 불식(不食)하여 모은 돈.
불-음주(不飮酒)몝하자 술을 마시지 않음.
불음주-계(不飮酒戒)[부름-/부름-계]〖불〗오계 또는 십계의 하나. 불도를 수행하는 사람에게 술을 마시지 못하게 하는 계율.
불응(不應)몝하자 요구나 명령 따위에 응하지 않음. □초대에 ~하다 / 검문에 ~하고 도망치다.
불의(不意)[부릐 / 부리]몝 미처 생각지 아니하던 판. □~의 사고를 당하다 / ~에 공격을 받다.
불의(不義)[부릐 / 부리]몝하형 1 의리·도의·정의 따위에 어긋남. □~의 돈 / ~에 항거하다. 2 남녀 간의 윤리에 벗어난 관계. □~의 관계.
불의(佛儀)[부릐 / 부리]몝 〖불〗 불교의 의식. 불식(佛式).
불의영리(不義榮利)[부릐-니 / 부리-니]몝 의롭지 못하게 누리는 영화와 명리(名利).
불의지변(不意之變)[부릐- / 부리-]몝 뜻밖에 당한 변고. □~을 당하다.
불의지인(不義之人)[부릐- / 부리-]몝 의리·도의·정의 따위에 어긋나는 일을 하는 사람.
불의지재(不義之財)[부릐- / 부리-]몝 의롭지 못한 수단으로 얻은 재물.
불의출행(不宜出行)[부릐- / 부리-]몝 그날의 운수가 먼 길을 떠나기에 적당하지 않음.
불의행세(不義行勢)[부릐- / 부리-]몝 의리·도의·정의 따위에 어긋나는 짓.
불이다타〈옛〉불리다[2].
불-이익(不利益)[-리-]몝하형 이익이 되지 않음. □~을 당하다 / ~을 초래하다 / ~을 감수하다 / ~한 처분을 받다.
불-이행(不履行)[-리-]몝하타 이행하지 않음. □계약 ~.
불인(不人)몝 사람답지 못함. 또는 그 사람.
불인(不仁)몝하형 〖한의〗 몸의 어느 부분이 마비되어 움직이기 거북한 증세. 또는 피부 감각이 둔한 상태. □다리가 ~하다.
불인(不忍)몝 차마 하기 어려움.
불-인가(不認可)몝하타 인가하지 않음.
불인견(不忍見)몝하타 '목불인견(目不忍見)'의 준말. □~의 참상.
불인-문(不忍聞)몝하형 차마 들을 수 없음.
불인-언(不忍言)몝하형 참혹하거나 비참하여 차마 말로 하기가 어려움.
불인정시(不忍正視)몝하형 차마 눈 뜨고 똑바로 볼 수가 없음.
불인정-하다(不人情-)협여 '불근인정하다'의 준말.
불인지심(不忍之心)몝 차마 할 수 없는 마음.
불인지정(不忍之政)몝 아주 가혹한 정치.
불인-하다(不仁-)협여 어질지 못하다.
불일(不一)몝하형 1 '불일치'의 준말. 2 한결같이 고르지 않음.
불일(不日)몝 '불일내'의 준말.
불일-간(不日間)몝 불일내. □~ 찾아뵙겠습니다.

불일기단(不一其端)圏 일의 실마리가 한둘이 아님.

불일-내(不日內)[부릴래]圏 (주로 '불일내로·불일내에'의 꼴로 쓰여) 며칠 걸리지 않는 동안. 불일간. ◻~에 돌아가겠소. ㉺불일.

불일성지(不日成之)圏하타 며칠 걸리지 않아 이룸.

불일송지(不日送之)圏하타 며칠 안으로 곧 보냄.

불-일치(不一致)圏하형 일치하지 않음. ◻의견의 ~. ㉺불일(不一).

불임(不姙·不妊)圏하타 《의》임신하지 못함. ◻~ 수술. *피임.

불임(不稔)圏 1 《식》식물이 씨를 맺지 못함. 2 《동》성숙한 암수 사이에서 새끼를 낳지 못함.

불임-법(不姙法)[부림뻡]圏 《의》인공적으로 생식 능력을 없애는 방법. *피임법.

불임-증(不姙症)[부림쯩]圏 《의》임신하지 못하는 병증.

불입(拂入)圏하타 납부. 납입(納入).

불입-금(拂入金)[부립끔]圏 납부금.

불입-액(拂入額)圏 납부금.

불입 자본(拂入資本)[부립짜-]《경》'납입 자본'의 구용어.

불-잉걸[-링-]圏 불이 이글이글하게 핀 숯덩이. ㉺잉걸.

불자(不字)[-짜]圏 1 못 쓰게 생긴 물건. 2 검사에 불합격한 물품. 또는 그 표지. ◻~를 놓다 / ~를 받다.

불자(佛子)[-짜]圏 《불》1 부처의 제자. 2 '보살'을 달리 이르는 말. 3 계(戒)를 받아 출가한 사람. 4 모든 중생. 5 불교 신자.

불자(佛者)[-짜]圏 《불》불제자.

불-자동차(-自動車)圏 소방차.

불장(佛葬)[-짱]圏 불교 의식으로 지내는 장사(葬事).

불장(佛藏)[-짱]圏 《불》불상을 모셔 둔 곳.

불-장난圏하자 1 불을 가지고 노는 일. ◻아이들의 ~. 2 위험한 일의 비유. ◻그런 무모한 ~는 그만두게. 3 남녀 간의 무분별한 위험한 교제. ◻철없는 ~을 저지르다.

불적(佛跡·佛蹟)[-쩍]圏 1 석가의 유적. ◻~ 을 순례하다. 2 부처가 겪어 온 발자취. ◻~ 을 따라 여행하다.

불전(-錢)[-쩐]圏 노름판에서, 자리를 빌려 준 집주인에게 떼어 주는 돈. ◻~을 떼다 / 돈을 따기도 전에 ~을 주어야 하나.

불전(佛典)[-쩐]圏 《불》불교의 경전. 불경(佛經).

불전(佛殿)[-쩐]圏 《불》불당(佛堂).

불전(佛前)[-쩐]圏 《불》1 부처의 앞. 2 석가모니가 세상에 나기 전.

불전(佛錢)[-쩐]圏 《불》부처 앞에 바치는 돈.

불제(祓除)[-쩨]圏하타 재앙·부정 따위를 물리침.

불-제자(佛弟子)圏 《불》불교에 귀의한 사람. 불자(佛者). ◻머리를 깎고 ~가 되다.

불조(佛祖)[-쪼]圏 《불》1 불교의 개조인 석가모니. 2 부처와 조사(祖師).

불조-계(佛祖系)[-쪼-/-쪼꼐]圏 《불》석가모니불을 교조로 이어 온 계통.

불-조심(-操心)圏하자 불이 나지 않도록 마음을 씀. ◻자나 깨나 ~.

불종(-鐘)[-쫑]圏 예전에, 불이 난 것을 알리기 위해 치던 종. 화종(火鐘).

불종(佛鐘)[-쫑]圏 《불》절에 있는 종.

불좌(佛座)[-쫘]圏 《불》부처를 모신 자리.

불-줄[-쭐]《생》'불줄기'의 준말.

불-줄기[-쭐-]圏 불쑥 솟구쳐 오르거나 내뻗치는 불의 줄기. ◻~를 잡다.

불-줄기²[-쭐-]圏 《생》고환 밑에서 항문까지 잇닿은 힘줄. 불줄. ㉺불줄.

불지(佛智)[-찌]圏 진리를 깨달은 부처의 지혜.

불-지옥(-地獄)圏 1 온통 불에 휩싸여 있는 곳의 비유. 2《불》불이 이글거리는 지옥.

불-질圏하자타 1 아궁이 등에 불을 때는 일. 2 총·포 등을 쏘는 일.

불-집[-찝]圏 1 석등 따위에서 불을 켜 넣는 곳. 2 말썽을 일으키거나 위험성이 있는 사물이나 요소.

불집을 건드리다〖내다〗☞ 말썽이나 위험을 스스로 불러들이다.

불집을 일으키다☞ 말썽을 일으키다.

불쩍-거리다[-꺼-]타 빨래를 빨 때 두 손으로 시원스럽게 비비다. **불쩍-불쩍**[-뿔-]里하타

불쩍-대다[-때-]타 불쩍거리다.

불-차(-車)圏 소방차.

불차탁용(不次擢用)圏하타 관계(官階)의 차례를 밟지 않고 특별히 벼슬에 올려 씀.

불착(不着)圏하자 1 도착하지 않음. ◻우편물이 ~하다. 2 착용하지 않음.

불찬(不贊)圏 '불찬성'의 준말.

불-찬성(不贊成)圏하자타 찬성하지 아니함. ◻~을 표하다. ㉺불찬.

불찰(不察)圏 잘 살피지 않아서 생긴 잘못. ◻그 사람을 믿은 것이 ~이었다.

불찰(佛刹)[-찰]圏 《불》절.

불참(不參)圏하자 어떤 자리에 참가하지 않거나 참석하지 않음. ◻회의에 ~하다 / 경기에 ~ 의사를 밝혀다.

불참-자(不參者)圏 어떤 모임에 참가하지 않거나 참석하지 않은 사람. ◻~가 많아 모임을 취소하다.

불-처사(佛處士)圏 부처같이 어질고 순한 사람을 일컫는 말.

불천(佛天)圏 《불》1 석가모니의 존칭. 2 부처와 천신(天神).

불-천위(不遷位)圏 불천지위.

불천지위(不遷之位)圏 예전에, 큰 공훈으로 사당에 영원히 모시기를 나라에서 허락한 신위(神位). 불천위.

불-철저(不徹底)[-쩌]圏하형 철저하지 아니함. ◻~한 수사.

불철-주야(不撤晝夜)圏하자 밤낮을 가리지 아니함. ◻~ 학업에 정진하다.

불청(不聽)圏 1 듣지 않음. 2 청한 것을 들어주지 않음.

불청-객(不請客)圏 오라고 청하지 않았는데 스스로 찾아온 손님. ◻반갑지 않은 ~이 들이닥치다.

불청-불탁(不淸不濁)圏 《언》훈민정음의 초성 체계에서 'ㅇ·ㄴ·ㅁ·ㅇ·ㄹ·△' 등으로 표기되는 음을 이르는 말(유성 자음에 해당).

불체(佛體)[-쩨]圏 《불》1 불상(佛像). 2 불상.

불체포 특권(不逮捕特權)[-권]《법》국회의 원은 현행범이 아니면, 회기 중 국회의 동의 없이 체포 또는 구금되지 않는 특권. ◻~을 남용하다.

불초(不肖)ⓘ圏 어버이의 덕망이나 유업을 이어받지 못함. 또는 그런 못나고 어리석은 사람. ⓒ대 1 '불초자(不肖子)'의 준말. 2 자

기의 겸칭. ▢~ 자식 / ~ 소생 부모님께 문안 인사 올립니다. ——하다 혱 어버이만 못하다.

불초-고 (不肖孤) 인대 불초한 고자(孤子) 또는 고애자(孤哀子)라는 뜻으로, 부모가 죽은 뒤 졸곡(卒哭)까지 상제가 자기를 일컫는 말.

불초-남 (不肖男) 인대 불초자.

불초-손 (不肖孫) 인대 손자가 조부모에 대하여 자기를 낮추어 일컫는 말.

불초-자 (不肖子) 인대 부모에 대하여 아들이 자기를 낮추어 일컫는 말. 불초남. ㉭불초.

불초-자제 (不肖子弟) 명 어버이의 덕망이나 유업을 이어받지 못한 자손. 불초자식.

불촉 (不觸) 하다 손으로 건드리지 않음.

불출 (不出) 명하자 1 어리석고 못남. 또는 그런 사람을 낮잡아 이르는 말. 2 밖에 나가지 아니함. ▢두문(杜門)~하다.

불출 (拂出) 명하다 지급.

불-출마 (不出馬) 명하자 선거에 입후보하지 않음. ▢~를 선언하다.

불출범안 (不出凡眼) 명하혱 보통 사람의 눈으로 보아서도 알 만큼 선악이 분명함.

불-출석 (不出席)[-썩] 명 어떤 자리에 참석하지 아니함.

불출소료 (不出所料) 명 예상한 바와 틀리지 아니함.

불충 (不忠) 명하자 1 충성을 다하지 않음. ▢~을 저지르다. 2 충성스럽지 않음. ▢나라에 ~한 신하.

불-충분 (不充分) 명하혱 충분하지 않음. ▢~한 자료 / 증거 ~으로 석방되다.

불충불효 (不忠不孝) 명 충성과 효행을 다하지 않음.

불충-스럽다 (不忠-)[-따][-스러워, -스러우니] 혱터 불충한 데가 있다. ▢불충스러운 일. 불충-스레 튀

불-충실 (不充實) 명하혱 충실하지 않음. ▢한 강의 / 내용의 ~을 탓하다.

불취 (不就) 명하자 세상일에 나서지 않음.

불취동성 (不娶同姓) 명하자 같은 성끼리는 혼인을 하지 않음.

불측 (不測) 명하혱 1 미루어 생각하기 어려움. ▢~의 사고. 2 마음이 음흉함. ▢그게 무슨 ~한 짓인가.

불측지변 (不測之變)[-찌-] 명 예측하지 못했던 재앙이나 사고.

불-치 명 총으로 잡은 짐승이나 새. ↔매치.

불치 (不治) 명하자 1 병이 낫지 않음. ▢~의 병. 2 나라가 잘 다스려지지 않음.

불치 (不齒) 명 '불치인류'의 준말.

불치-병 (不治病)[-뼝] 명 고치지 못하는 병. 고칠 수 없는 병. 고질(痼疾). ▢~을 앓다 / ~에 걸리다 / ~으로 고생하다.

불치불검 (不侈不儉) 명하혱 사치하지도 검소하지도 않고 알맞게 어울림.

불치인류 (不齒人類)[-이-] 명 사람 축에 들지 못함. ㉭불치(不齒).

불치하문 (不恥下問) 명하자 자기보다 못한 사람에게 묻는 것을 부끄러워하지 않음.

불친-소 (不-) 명 주로 식용으로 쓰기 위해 거세(去勢)해서 기른 소. 악대소.

불-친절 (不親切) 명하혱 친절하지 않음. ▢~한 행동 / 그런 ~이 어디 있담.

불친화-성 (不親和性)[-썽] 명 다른 종류의 물질과 화합하지 않는 성질.

불-침 (-鍼) 명 장난으로 자는 사람의 살에 꽂고 솜을 붙여 뜨거워 놀라서 깨게 하는, 성냥개비 따위를 태워 만든 숯. ▢~을 놓다 / ~

을 맞다 / ~에 쏘이다.

불침 (不侵) 명하다 침략하지 않음.

불침-번 (不寢番) 명 밤에 자지 않고 경비를 서는 일. 또는 그 사람. ▢~을 서다.

불침-질 (-鍼-) 명하다 쇠꼬챙이를 불에 달구어 살을 지지는 것(옛날 형벌의 하나).

불컥-거리다[-꺼-] 자타 되직한 반죽이나 진흙 따위를 주무르거나 밟는 소리가 자꾸 나다. 또는 그런 소리를 자꾸 내다. ㉭불칵거리다. 불컥-불컥[-빨] 튀자타

불컥-대다[-꺼-]때~ 불컥거리다.

불-콩 식 콩의 일종(꼬투리는 희고 열매는 붉으며, 껍질이 얇음).

불콰-하다 타혱 얼굴빛이 술기운을 띠거나 혈기가 좋아 불그레하다. ▢낯술에 얼굴이 ~.

불쾌-감 (不快感) 명 불쾌한 느낌이나 감정. ▢~을 주다.

불쾌-지수 (不快指數) 명 온도·습도 등의 변화에 따라 몸에 느껴지는 쾌(快)·불쾌의 정도를 숫자로 나타낸 것(지수 70이하는 쾌적, 75는 대략 반수의 사람이 불쾌, 80이상이면 거의 모든 사람이 불쾌감을 느낌). 온습(溫濕)지수. ▢~가 높다.

불쾌-하다 (不快-) 혱여 1 마음이 상쾌하지 않다. ▢불쾌한 일 / 불쾌한 표정을 짓다. ↔유쾌하다. 2 몸이 찌뿌드드하고 좋지 않다. 불쾌-히 튀. ▢농담을 ~ 받아들이다.

불타 (佛陀) 불 부처. ㉭불(佛).

불-타다 자 1 불이 붙어 타다. ▢화재로 집이 ~. 2 의욕이나 정열이 북받쳐 솟아나다. ▢불타는 사랑 / 애국심에 ~. 3 노을이나 단풍 따위가 붉게 물들다. ▢불타는 붉은빛을 띠다.

불타-오르다[-올라, -오르니] 자 1 불이 붙어서 타오르다. ▢건물이 연기를 내뿜으며 ~. 2 정열이나 감정이 세차게 끓어오르다. ▢증오심이 ~. 3 불이 타는 것처럼 붉은빛으로 빛나다.

불탁 (佛卓) 불 불상을 모셔 둔 탁자.

불-탄일 (佛誕日) 명 석가모니의 탄생일(음력 4월 8일. 이날 관불(灌佛)을 행함).

불탑 (佛塔) 불 절에 세운 탑.

불태우다 타 ('불타다'의 사동) 1 불을 붙여 타게 하다. ▢짚을 ~. 2 정열이나 감정을 북받치게 하다.

불토 (佛土) 불 부처가 사는 극락정토. 또는 부처가 교화(敎化)하는 땅.

불통 (不通) 명하자 1 교통·통신 따위가 통하지 못함. ▢며칠째 소식이 ~이다 / 전화 ~으로 연락을 못하다 / 산사태로 철도가 ~이 되다. 2 의사가 통하지 않음.

불-통일 (不統一) 명하자 통일되지 않음. ▢논리의 ~.

불퇴 (不退) 명 1 물러나지 않음. ▢~의 각오. 2 물리지 않음. ▢일수(一手)~. 3 불 불퇴전.

불퇴거-죄 (不退去罪)[-쬐] 명 법 퇴거 불응죄.

불-퇴전 (不退轉) 명하자 불 1 한번 도달한 수행의 경지에서 물러서지 않음. 불퇴(不退). 2 신심(信心)이 두터워 흔들리지 않음. ▢~의 결의.

불-투도 (不偸盜) 명하타 훔치거나 몰래 가져오지 않음.

불-투명 (不透明) 명하혱 1 맑지 못하고 흐릿함. ▢~한 유리 / ~ 렌즈. 2 말·태도 따위가 분명하지 않음. ▢~한 태도. 3 경 시세(時

勢)의 전망이 확실하지 않음. ▣수출 전망이 ~하다.

불투명-색 (不透明色) 圀 맑지 못하고 흐릿한 빛깔.

불투명-체 (不透明體) 圀 〖物〗 빛을 통과시키지 않는 물체(나무·쇠붙이 따위).

불투수-층 (不透水層) 圀 〖地〗 수성암·점토 따위로 물이 잘 스며들지 않는 지층.

불퉁-거리다 쟤 걸핏하면 성을 내며 퉁명스럽게 함부로 말하다. ⧂불퉁거리다.

불퉁그러-지다 囩 물건의 마디가 군데군데 툭툭 불거지다. ▣불퉁그러진 손마디.

불퉁-대다 쟤 불퉁거리다.

불퉁-불퉁 튀튀하튀 1 군데군데 툭툭 불거져 있는 모양. ▣바위가 ~하다. 2 걸핏하면 성을 내고 퉁명스러운 말을 함부로 하는 모양. ▣아무에게나 ~ 성을 내다.

불퉁-스럽다 [-따] [-스러워, -스러우니] 혱비 말이 순하지 않고 불퉁불퉁한 데가 있다. ▣말투가 ~. ⧂불퉁스럽다. **불퉁-스레** 튀

불퉁-하다 혱어 1 한 부분이 툭 불거져 있다. 2 퉁명스럽고 무뚝뚝하다. ▣불퉁하게 말하다. ⧂불퉁하다. **불퉁-히** 튀

불-특정 (不特定)[-쩡] 圀 특별히 정하지 않음. ▣~ 다수를 겨냥한 선전.

불특정-물 (不特定物)[-쩡-] 圀 〖法〗 구체적으로 특별히 정하지 않고, 종류·품종·수량만으로 지시한 물건. ↔특정물.

불-티 圀 1 타는 불에서 튀는 작은 불동. ▣~가 날리다. 2 소요나 말썽의 원인의 비유. ▣~를 내다.

불티-같다 [-갇따] 혱 나누어 주거나 파는 물건이 내놓기가 무섭게 없어지는 상태에 있다. **불티-같이** [-가치] 튀. ▣물건이 ~ 팔리다.

불티-나다 쟤 (주로 '불티나게'의 꼴로 쓰여) 물건이 내놓기가 무섭게 금방 팔리거나 없어지다. ▣책이 불티나게 팔리다.

불-판 (-板) 圀 〔석쇠·번철처럼〕 불에 올려놓고 고기 따위를 굽는, 쇠로 만든 기구. ▣~을 갈다.

불판-령 (-令)[-녕] 圀 매우 급한 명령. ▣~이 내리다.

불패 (不敗) 圀하쟤 (주로 '불패의'의 꼴로 쓰여) 지지 않음. ▣홈경기 ~의 기록.

불패 (不牌) 圀 골패나 마작의 패를 짓는 데 규칙이 맞지 않은 패.

불펜 (bullpen) 圀 야구에서, 구원 투수가 경기 중에 투구 연습하는 장소.

불-편 (不便) 圀하혱 1 이용하기에 편리하지 못하고 거북스러움. ▣~을 겪다 / 교통이 ~하다. ↔편리. 2 몸이나 마음이 편하지 않음. ▣다리가 ~하다 / ~한 자리에 나가다 / 몸의 ~을 무릅쓰고 일하다.

불편 (不偏) 圀 어느 한쪽으로 치우치거나 기울지 않음.

불편부당 (不偏不黨) 圀하혱 공평해서 어느 편으로도 치우치지 않음. 무편무당(無偏無黨). ▣~한 태도.

불편-스럽다 (不便-)[-따] 〔-스러워, -스러우니〕 혱비 불편한 데가 있다. ▣이 기계는 설명서가 엉성해서 사용하기 ~. **불편-스레** 튀

불-평 (不平) 圀하쟤 1 마음에 들지 아니하여 못마땅하게 생각함. ▣~을 늘어놓다 / 월급이 적다고 ~하다. 2 마음이 편치 않음.

불평-가 (不平家) 圀 늘 불평이 많은 사람. 불평객.

불평-객 (不平客) 圀 불평가.

불평-꾼 (不平-) 圀 늘 투덜투덜 불평을 늘어놓는 사람.

불-평등 (不平等) 圀하혱 평등하지 않음. ▣~한 대우를 받다.

불평등 선:거제 (不平等選擧制) 〖政〗 각 선거인의 선거권 가치가 평등하지 않은 선거 제도. ↔평등 선거제.

불평등 조약 (不平等條約) 〖政〗 조약을 맺은 두 나라 가운데 한쪽이 일방적으로 불리한 조건을 걸머지게 되어 있는 조약.

불평만만-하다 (不平滿滿-) 혱어 마음이 불평하여 가득 차 있다. ▣불평만만한 심사.

불평-분자 (不平分子) 圀 어떤 조직체의 시책이나 운영 따위에 불만을 품고 있는 사람. ▣~의 소행이다 / ~로 낙인찍히다.

불평-불만 (不平不滿) 圀 불평과 불만. ▣~이 많다 / ~을 늘어놓다 / ~에 가득 차 있다 / ~을 터뜨리다.

불폐풍우 (不蔽風雨)[-/-폐-] 圀하쟤 집이 허술하여 바람과 비를 가리지 못함.

불-포화 (不飽和) 圀하쟤 〖化〗 포화 상태에 이르지 않음. ↔포화.

불포화 증기 (不飽和蒸氣) 〖物〗 압력이 최대한도에 이르지 못한 증기. ↔포화 증기.

불포화 지방산 (不飽和脂肪酸) 〖化〗 사슬 모양의 유기 화합물에서 탄소 원자의 일부가 이중으로 결합되어 있는 지방산. ↔포화 지방산.

불포화 화:합물 (不飽和化合物)[-함-] 〖化〗 분자 안의 탄소 원자 사이에 이중 결합 또는 삼중 결합을 하고 있는 유기 화합물의 총칭. ↔포화 화합물.

불풍-나게 튀 매우 바쁘게 들락날락하는 모양.

불피풍우 (不避風雨) 圀하쟤 비바람을 무릅쓰고 일을 함.

불필다언 (不必多言) 圀하혱 여러 말을 굳이 할 필요가 없음.

불-필요 (不必要) 圀하혱 필요하지 않음. ▣~한 지출을 줄이다.

불필장황 (不必張皇) 圀 말을 어수선하고 길게 늘어놓을 필요가 없음.

불필재언 (不必再言) 圀하혱 두 번 다시 말할 필요가 없음.

불필타구 (不必他求) 圀하혱 남에게서 구할 필요가 없다는 뜻으로, 자기 것으로 넉넉함.

불-하 (不下) 圀하타 1 무엇보다 못하지 않거나 적지 않음. 2 항복하지 않음.

불하 (拂下) 圀하타 국가나 공공 단체의 재산을 민간에 팔아넘기는 일. ▣~를 받다. ↔매상.

불하일장 (不下一杖)[-짱] 圀하타 (주로 '불하일장에'의 꼴로 쓰여) 죄를 순순히 자백해서 매를 한 대도 때리지 않음. ▣~에 죄상을 자백했다.

불학 (不學) 圀하혱 1 배우지 않음. 2 학문적 발전이나 성과가 없음. 무학(無學).

불학 (佛學) 圀 〖佛〗 불교에 관한 학문.

불학무식 (不學無識)[-항-] 圀하혱 배우지 못해 아는 것이 없음.

불한 (佛韓) 圀 1 프랑스 어와 한국어. 2 프랑스와 한국.

불한-당 (不汗黨) 圀 1 떼를 지어 돌아다니는 강도. 화적. 명화적(明火賊). 2 남을 괴롭히는 짓을 일삼는 무리. ▣~ 같은 놈들.

불한불열 (不寒不熱) 圀하혱 날씨가 춥지도 않고 덥지도 아니하여 견디기에 알맞음.

불함-문화 (不咸文化·弗咸文化) 圀 〖歷〗 백두산을 중심으로 우리 민족을 근간으로 하여

이룬 고대 문화.

불함-산 (不咸山) 圀 〖지〗 '백두산(白頭山)'의 다른 이름.

불-합격 (不合格)[-격] 圀하다 시험이나 검사 등에 들지 못함. ▢입사 시험에 ~된 사람 / ~으로 처리되다 / ~의 고배를 마시다 / ~ 판정을 받다 / ~ 소식을 듣고 낙담하다. ↔합격하다.

불합격-자 (不合格者)[-격짜] 圀 불합격한 사람. ▢신체검사 ~.

불합격-품 (不合格品)[-격-] 圀 불합격된 물품. ▢~은 즉시 폐기된다.

불합당-하다 (不合當-)[-땅-] 혱여 1 조건이나 규정 따위에 꼭 알맞지 아니하다. ▢불합당한 처리. 2 사리에 옳지 아니하다.

불-합리 (不合理)[-님니] 圀하형 이론이나 이치에 맞지 않음. ▢~한 제도.

불합리-성 (不合理性)[-님썽] 圀 불합리한 성질 또는 요소. ▢논거의 ~을 지적하다.

불-합의 (不合意)[-하븨 / -하비] 圀하자 의견이나 뜻이 서로 일치하지 않음.

불합-하다 (不合-)[-하파] 혱여 1 뜻이 서로 맞지 아니하다. ▢형제 사이가 ~. 2 마음에 들지 아니하다.

불항-비 (不恒費) 圀〖경〗 임시비.

불해산-죄 (不解散罪)[-쬐] 圀〖법〗 폭행이나 협박을 하려고 모인 군중이 세 번 이상의 해산 명령을 받고도 불응할 때 성립하는 죄. 다중(多衆) 불해산죄.

불행 (不幸) 圀하형하부 1 행복하지 못함. 불운 (不運). ▢~을 극복하다 / ~하게도 그들은 조실부모했다. 2 좋지 않은 일을 당함. ▢~을 겪다 / 뜻밖의 ~을 당하다 / ~에 빠지다.
불행 중 다행 田 불행한 가운데서 그나마 다행. ▢목숨은 건졌으니 ~이다.

불-행위 (不行爲) 圀〖법〗고의 또는 과실로 어떤 행위를 하지 않음.

불향 (佛享) 圀하자〖불〗불공(佛供).

불향-답 (佛享畓) 圀〖불〗불양답(佛糧畓).

불허 (不許) 圀하타 허락하지 않음. 허용하지 않음. ▢낙관을 ~하다 / 타의 추종을 ~하다.

불-허가 (不許可) 圀하타 허가하지 않음. ▢~ 조치.

불허-복제 (不許複製)[-쩨] 圀 저자나 판권 소유자의 허가 없이 복제할 수 없음.

불현-듯 [-듣] 厓 불현듯이. ▢어린 시절의 기억이 ~ 뇌리를 스치다.

불현-듯이 厓 어떤 생각이 갑자기 치밀어서 걷잡을 수 없을 게. ▢그때 생각이 나다.

불현성 감:염 (不顯性感染)[-썽가몀]〖의〗 잠복 감염.

불현성 유행 (不顯性流行)[-썽뉴-]〖의〗불현성 감염 상태로, 병이 널리 퍼져 돌아다니는 일.

불-협화음 (不協和音)[-혀놔-] 圀 1〖악〗안어 울림음. ↔협화음. 2 서로 뜻이 맞지 않아서 일어나는 충돌. ▢~이 생기다.

불협화 음정 (不協和音程)[-혀놔-]〖악〗안어 울림 음정.

불호 (不好) 圀하타형 1 좋아하지 않음. 미워함. 2 상황이나 형체 따위가 좋지 않음.

불호 (佛號) 圀〖불〗1 불명1. 2 불교에 귀의한 사람의 호.

불호-간 (不好間) 圀 서로 뜻이 맞지 않아 좋아하지 않는 사이.

불호-광경 (不好光景) 圀 보기에 사나운 광경. 서로 뜻이 좋지 못하여 다투는 광경.

불-호령 (-號令) 圀 갑작스럽게 내리는 무섭고 급한 호령. ▢~이 떨어지다 / ~을 내리다.

불-호박 (-琥珀) 圀 빛깔이 매우 붉은 호박.

불혹 (不惑) 圀하자 1 미혹되지 않음. 2 나이 마흔 살의 일컬음. ▢~을 넘기다.

불혹지년 (不惑之年)[-찌-] 圀 불혹의 나이라는 뜻으로, 마흔 살을 이름.

불-화 (-火) 圀 한자 부수의 하나(〈炳·燁〉등에서 '火'의 이름).

불화 (不和) 圀하자 서로 화합하지 못함. 서로 사이좋게 지내지 못함. ▢이웃 간의 ~ / ~를 해소하다 / 성격 차이로 극심한 ~를 겪다.

불화 (弗化)[-퐈]〖화〗플루오르화(化).

불화 (弗貨) 圀 달러를 단위로 한 화폐.

불화 (佛畵) 圀〖미술〗부처·보살의 그림. 또는 불교에 관계되는 회화.

불-화로 (火爐) 圀 불을 담는 화로.

불-확대 (不擴大)[-때] 圀 확대하지 않음.

불-확실 (不確實)[-씰] 圀 확실하지 않음. ▢~한 미래 / 생사 여부는 ~하다.

불확실-성 (不確實性)[-씰썽] 圀 확실하지 아니한 성질. 또는 그런 상태. ▢안전의 ~.

불-확정 (不確定)[-쩡] 圀 일이나 계획 따위를 확실히 결정하지 못함. ▢~의 장래.

불확정 기한 (不確定期限)[-쩡-]〖법〗을 것은 확실하지만 언제일지 불확실한 기한.

불확정 채:무 (不確定債務)[-쩡-]〖법〗채무의 이행(履行)이 확실하지 않은 채무.

불환 지폐 (不換紙幣)[-/-폐]〖경〗정화(正貨)와 바꿀 수 없는 지폐. ↔태환(兌換) 지폐.

불활성 기체 (不活性氣體)[-썽-]〖화〗비활성 (非活性) 기체.

불황 (不況) 圀〖경〗불경기. ▢경기 ~ / ~에 빠지다. ↔호황.

불황 카르텔 (不況Kartell)〖경〗불황으로 가격이 생산비 이하가 되었을 때, 생산·판매·설비의 제한 등에 관한 기업 협정.

불효 (不孝) 圀하자형 부모를 잘 섬기거나 받들지 않아 자식된 도리를 못함. ▢~한 자식을 용서하십시오 / 큰 죄를 저지르다 / ~가 이만저만이 아니다. ↔효(孝).

불효 (拂曉) 圀 날이 막 밝을 무렵. 불서(拂曙).

불효막심-하다 (不孝莫甚-)[-씸-] 혱여 부모에게 불효함이 매우 심하다. ▢불효막심한 ~.

불효-부 (不孝婦) 圀 시부모를 잘 섬기지 않는 며느리.

불효부제 (不孝不悌) 圀하자 부모에게 효도하지 못하고 어른에게 공손하지 못함.

불효-자 (不孝子) 圀 1 불효한 자식. 불효자식. 2 부모에게 자기를 가리켜 편지에 쓰는 말. ▢~ 길동 올림.

불효-자식 (不孝子息) 圀 불효자1.

불후 (不朽) 圀하자 (주로 '불후의'의 꼴로 쓰여) 썩어 없어지지 않음. 곧 오래도록 없어지지 않음. ▢~의 명작을 남기다 / ~의 업적을 이루다.

불후지공 (不朽之功) 圀 오래도록 빛날 불멸의 큰 공로.

불휘 圀〖옛〗뿌리.

불휘 (不諱) 圀하타 1 말이나 행동을 숨기거나 꺼리지 아니함. 2 사람의 죽음.

불휴 (不休) 圀 조금도 쉬지 않고 계속함.

붉가시-나무 [북까-] 圀〖식〗참나뭇과의 상록 활엽 교목. 높이 10 m 가량. 껍질은 검푸르고 잎은 달걀꼴임. 5월에 갈색의 꽃이 피며 열매는 타원형인데 10월에 익음. 줄기가 질기

고 단단하여 선박·차량·보습·괭이 자루 등의 재료로 씀. 북가시나무.

붉-나무 [붕-] 《식》 옻나뭇과의 작은 낙엽 활엽 교목. 산·들에 남. 높이 5m 정도, 여름에 흰 다섯잎꽃이 핌. 잎에 진딧물·나무진딧물 등이 기생하여 혹갈이 돋은 '오배자'를 약제·적색 염료·잉크 원료로 씀. 오배자나무.

붉다 [북따] ﹂휑﹂ 빛깔이 핏빛과 같다. ﹂휑﹂붉은 장미/노을이 붉게 물들다. ﹂자﹂ 핏빛과 같이 되다. ﹂ 먼동이 붉는 듯하다.

붉덩-물 [북떵-] 붉은 황토가 섞여 탁하게 흐르는 큰물. ﹂장마로 ~ 진 강.

붉-돔 [북똠] 명 《어》 도밋과의 바닷물고기. 참돔과 비슷하나 좀 작고, 빛이 붉음. 꽃도미.

붉디-붉다 [북띠북따] 휑﹂ 더할 나위 없이 붉다. ﹂ 붉디붉은 노을.

붉어-지다 [불거-] ﹂자﹂ 빛이 점점 붉게 되어 가다. ﹂ 얼굴이 ~.

붉으락-푸르락 [불그-] 무﹂자﹂ 몹시 화가 나거나 흥분하여 얼굴빛이 붉었다 푸르렀다 하는 모양. ﹂ 노여움에 얼굴이 ~하다.

붉은-거북 [불근-] 명 《동》 바다거북의 하나. 푸른거북과 비슷한데, 등딱지의 길이 1m가량, 등은 붉은 갈색, 배쪽은 황색임. 네 다리는 지느러미 모양으로 넓적하고 지방은 비누 원료로 씀.

붉은-말 [불근-] 명 《식》 바닷말의 한 가지. 엽록소 이외에 붉은 색소를 가지고 있어 붉은 빛 또는 붉은 자줏빛을 띰. 홍조(紅藻).

붉은머리-오목눈이 [불근-몽누니] 명 《조》 휘파람새과의 새. 굴뚝새와 비슷한데 꽁지가 길며 민첩함. 여름·가을에 떼를 지어 대밭 등에서 벌레를 잡아먹는 익조임. 교부조(巧婦鳥). 뱁새.

붉은-발 [불근-] 명 부스럼의 독기로 그 언저리에 나타나는 충혈된 핏줄.

붉은발(이) 서다 자﹂ 붉은발이 나타나다.

붉은-보라 [불근-] 명 붉은빛을 띤 보라.

붉은-빛 [불근빋] 명 핏빛과 같은 빛깔. 적색(赤色). ﹂ ~을 띠다/온 산이 ~으로 물들다.

붉은-색 [-色] [불근-] 명 핏빛이나 저녁놀 빛깔과 같은 색. 적색(赤色). 붉은빛. ﹂ ~이 돌다/손톱을 ~ 매니큐어로 칠하다.

붉은-차돌 [불근-] 명 《광》 빛이 붉은 차돌. 홍석영(紅石英).

붉은-토끼풀 [불근-] 명 《식》 콩과의 여러해살이풀. 높이 30∼40cm, 여름에 연붉은색이나 붉은 자주색의 작은 나비 모양의 꽃이 핌.

붉은-팥 [불근팓] 명 껍질 색깔이 검붉은 팥.

붉은-피톨 [불근-] 명 《생》 적혈구(赤血球). * 흰피톨.

붉을-적 [-赤] [불글-] 명 한자 부수의 하나 《'赦'·'赫' 등에서 '赤'의 이름》.

붉히다 [불키-] 타﹂ 화가 나거나 부끄러워 얼굴을 붉게 하다. ﹂ 얼굴을 ~.

붐 (boom) 명 어떤 사회 현상이 갑자기 크게 유행하는 일. ﹂ 부동산 투기 ~/아파트 건축 ~이 일다/~을 이루다.

붐비다 자﹂ 1 많은 사람이나 자동차 따위가 들끓어서 북적거리다. ﹂ 시장이 ~/거리가 많은 인파로 붐비고 있다/고속도로가 귀성 차량으로 심하게 붐빈다. 2 사물이 한데 엉클어져서 복잡하게 돌아가다. ﹂ 일이 ~.

붐-하다 ﹂휑어﹂ '희붐하다'의 준말. ﹂ 새벽 하늘이 붐하게 밝아 오다. 붐:-히 무﹂

붑 명 〈옛〉 북[2].

붑괴다 자﹂ 〈옛〉 끓어 뒤섞이다.

붑마치 명 〈옛〉 북채.

붓[1] [붇] 명 1 가는 대 끝에 털을 꽂아서 글씨를 쓰거나 그림을 그리는 도구. 털붓. ﹂ 큰 자루/뭉뚝하게 닳은 ~. 2 연필·철필·만년필 등 글씨를 쓰는 도구의 총칭.

붓을 꺾다 ﹂구﹂ 문필 활동을 그만두다. 붓을 던지다. 붓을 놓다. ﹂ 붓을 꺾고 낙향했다.

붓을 놓다 ﹂구﹂ ㉠글을 매듭짓다. ㉡붓을 꺾다.

붓을 대다 ﹂구﹂ 글이나 그림을 쓰다.

붓을 들다 ﹂구﹂ ㉠글을 쓰기 시작하다. ㉡문필 활동을 시작하다.

붓이 나가다 구﹂ 짓는 글이 순조롭게 되어 나가다.

붓[2] 명 〈옛〉 북[3].

붓그룸 명 〈옛〉 부끄러움.

붓그리다 자타﹂ 〈옛〉 부끄러워하다.

붓-꽃 [붇꼳] 명 《식》 붓꽃과의 여러해살이풀. 산·들에 나는데, 줄기는 곧고, 높이 80cm가량, 잎은 선형, 초여름에 푸른빛을 띤 짙은 자주색 꽃이 핌. 수창포(水菖蒲).

붓-끝 [붇끋] 명 1 붓의 뾰족한 끝. 필단(筆端). 필하(筆下). 2 붓의 놀림새. 문장의 날카로움. 필봉(筆鋒). ﹂ 이 날카롭다.

붓-날다 [분-] [붓날아, 붓나니, 붓나는] 자﹂ 말이나 행동이 경솔하고 들뜨다.

붓-날리다 [분-] 타﹂ 《'붓날다'의 사동》 말이나 행동을 경솔하고 들뜨게 하다.

붓:다[1] [붇따] [부어, 부으니, 붓는] 자﹂ﾍ﹂ 1 살가죽이나 어떤 기관이 부풀어 오르다. ﹂ 울어서 눈이 ~/편도선이 ~. 2 〈속〉 성이 나다. ﹂ 왜 그리 부어 있니/말도 않고 잔뜩 부어 있다.

붓:다[2] [붇따] [부어, 부으니, 붓는] 타﹂ﾍ﹂ 1 액체나 가루 따위를 다른 곳에 쏟아 넣다. ﹂ 독에 물을 ~. 2 씨앗을 배게 뿌리다. ﹂ 배추 씨를 ~. 3 곗돈·납입금 등을 기한마다 치르다. ﹂ 곗돈을 ~/적금을 ~. 4 시선을 한곳에 모으고 바라보다. ﹂ 눈을 수평선에 부은 채 움직이지 않는다.

붓[3] [붇따] 타﹂ '부수다'의 준말. 짣받다.

붓-대 [붇때] 명 붓을 쥐게 된 자루. 필관(筆管). ﹂ 를 잡다.

붓도도다 타﹂ 〈옛〉 북돋우다.

붓-두껍 [붇뚜-] 명 붓의 촉을 끼워 두는 물건. 두겁.

붓-방아 [붇빵아] 명 글을 쓸 때 생각이 미처 나지 않아 붓대만 놀리고 있는 것.

붓방아(를) 찧다 ﹂구﹂ 붓방아질을 계속하다.

붓방아-질 [붇빵-] 명﹂하자﹂ 붓방아를 찧는 일.

붓-셈 [붇쎔] 명 '필산(筆算)'의 풀이손 말.

붓순-나무 [붇쑨-] 명 《식》 붓순나뭇과의 작은 상록 활엽 교목. 습한 땅에 나는데 높이 4∼5m, 잎에는 특이한 향기가 남. 봄에 엷은 황백색 꽃이 피며, 열매는 초가을에 익고 독성이 있음. 붓순.

붓-질 [붇찔] 명﹂하자﹂ 붓을 놀려서 그림을 그리는 일. ﹂ 섬세한 ~.

붚 명 〈옛〉 씨[1].

붕 (崩) 명﹂하자﹂ '붕어(崩御)'의 준말.

붕[1] 무﹂ 1 방귀를 뀌는 소리. 짣뿡. ⓐ풍. 2 비행기·벌 등이 날 때 나는 소리. 짣봉. 3 자동차·배 등이 경적을 한 번 울리는 소리.

붕[2] 무﹂ 공중에 떠오르거나 가슴이 뿌듯하게 느껴지는 모양. ﹂ 공중에 ~ 뜨는 기분이었다.

붕괴 (崩壞) 명﹂하자﹂ 1 허물어져 무너짐. 붕궤(崩潰). 붕퇴. ﹂ 건물이 ~ 위험에 처하다/냉전 체제가 ~되다. 2 《물》 불안정한 소립자

가 스스로 분열해서 다른 종류의 소립자로 바뀌는 일.
붕궤 (崩潰) [명][하자] 붕괴(崩壞)1.
붕긋 [-귿] [부][하형] **1** 두두룩하게 나오거나 솟아 있는 모양. **2** 맞붙여 놓은 물건이 들떠 있는 모양.
붕긋-붕긋 [-귿뿡귿] [부][하형] 여러 곳이 모두 붕긋한 모양. ❑산들이 ~ 솟아 있다.
붕긋-이 [부] 붕긋하게. ❑눈 더미를 ~ 쌓다. [작]봉곳이.
붕당 (朋黨) [명] 〖역〗 뜻을 같이 한 사람끼리 모인 무리. ❑조선의 ~ 정치.
붕대 (繃帶) [명] 헌데나 상처에 감는, 소독한 헝겊. 면포·거즈 따위로 만듦. ❑~를 감다 / ~를 풀다.
붕도 (鵬圖) [명] 원대한 계획. 또는 크게 품은 뜻의 비유.
붕락 (崩落) [-낙] [명][하자] **1** 무너져 떨어짐. **2** 물건 값이 갑자기 뚝 떨어짐. 폭락(暴落). ❑주가 ~의 위기.
붕배 (朋輩) [명] 지위나 나이가 비슷한 벗.
붕-붕 [부] **1** 비행기·벌 따위가 잇따라 나는 소리. ❑풍뎅이가 ~ 날다. **2** 자동차·배 따위에서 경적이 잇따라 울리는 소리. ❑배가 고동을 ~ 울리다. **3** 잇따라 공중에 들리는 모양. 또는 그 느낌. ❑몸이 ~ 뜨는 것 같다.
붕붕-거리다 [자][타] 자꾸 붕붕 소리가 나다. 또는 자꾸 그런 소리를 내다. 붕붕대다. ❑버스가 붕붕거리며 산길을 오른다.
붕붕-대다 [자][타] 붕붕거리다.
붕비 (朋比) [명][하타] 붕당을 지어서 자기편을 두둔함.
붕사 (硼砂) [명] 〖화〗 붕소를 함유한 백색 결정체. 강한 열에 녹이면 유리와 비슷하게 변함. 방부제 및 에나멜·유리의 원료로 씀.
붕사구 반:응 (硼砂球反應) 〖화〗 붕사 구슬 반응.
붕사 구슬 반:응 (硼砂-反應) 〖화〗 건식(乾式) 분석법의 하나. 백금선 끝에 붕사 가루를 묻혀 가열했을 때 생기는 유리 모양의 구슬에 다른 금속의 산화물을 묻혀 다시 가열하면 금속의 종류에 따라 고유한 색을 나타냄. 붕사구 반응.
붕사-땜 (硼砂-) [명][하타] 쇠붙이에 붕사를 써서 하는 땜질.
붕산 (硼酸) [명] 무색·무취의 광택이 있는 비늘 모양의 결정. 붕사에 황산을 작용시켜 만든 것으로 더운물에 잘 녹음. 방부제·소독제 따위를 만드는 데 씀.
붕산-면 (硼酸綿) [명] 〖약〗 붕산의 용액에 담갔다가 말린 솜《방부와 소독 작용이 있음》.
붕산-수 (硼酸水) [명] 〖약〗 붕산을 녹인 물《살균제·소독제 따위로 씀》.
붕산 연:고 (硼酸軟膏) [-년-] 〖약〗 붕산 가루·밀랍·참기름·글리세린을 혼합해 만든 담황색의 연고《피부병·화상 따위의 치료에 씀》.
붕-새 (鵬-) [명] 상상의 큰 새《날개 길이 3천 리, 한 번에 9만 리를 난다 함》.
붕성지통 (崩城之痛) [명] 성이 무너져 내리는 슬픔이라는 뜻으로, 남편의 죽음을 슬퍼하여 우는 아내의 울음. ↔고분지통.
붕소 (硼素) [명] 〖화〗 비금속 원소의 하나. 흑갈색의 금속 광택이 나는 고체. 천연으로는 붕사(硼砂)와 같은 화합물로 생산됨. 강하게 가열하면 산화하여 붕산 무수물로 되고 황산과 함께 가열하면 산화하여 붕산이 됨. [5번 : B : 10.81]
붕숭-하다 [형][여] '봉송(鬔鬆)하다'의 변한말.
붕:어 [명] 〖어〗 잉엇과의 민물고기. 개울·못에 사는데, 길이 20-40 cm, 폭이 넓고 머리는 뾰족하며, 주둥이는 둥글고 수염이 없음. 등은 푸른 갈색, 배는 누르스름한 은백색이나 사는 물에 따라 몸빛이 다소 다름.
붕어 (崩御) [명][하자] 임금이 세상을 떠남. 선어(仙馭). 안가(晏駕). [준]붕.
붕:어-과자 (-菓子) [명] 붕어 모양을 본떠 만든 과자. 붕어사탕.
붕:어-마름 [명] 〖식〗 붕어마름과의 여러해살이 물풀. 얕은 물에 나는데, 줄기는 가늘고 길이 40 cm 정도, 여름에 붉은 자주색 꽃이 핌. 전 세계에 분포함.
붕:어-빵 [명] **1** 붕어 모양의 틀에 묽은 밀가루 반죽과 팥소를 넣고 구워 만든 풀빵. **2** 얼굴이 매우 닮은 사람을 비유하는 말. ❑아들이 아버지와 ~이다.
붕:어-사탕 (-砂糖) [명] **1** 붕어과자. **2** 실속이 없는 텅 빈 사람을 비유하는 말.
붕:어-연적 (-硯滴) [명] 벼루에 쓸 물을 담아 두는, 붕어 모양으로 만든 그릇.
붕:어-자물쇠 [-쐬] [명] 붕어 모양으로 만든 'ㄷ' 자형 자물쇠.
붕:어-저냐 [명] 붕어의 살로 만든 저냐.
붕:어-톱 [명] 〖공〗 붕어처럼 등이 둥근 톱.
붕:어-회 (-膾) [명] 붕어의 살로 만든 회.
붕우 (朋友) [명] 벗.
붕우-유신 (朋友有信) [명] 오륜의 하나. 벗 사이의 도리는 믿음에 있음.
붕우-책선 (朋友責善) [-썬] [명][하자] 벗끼리 서로 좋은 일을 하도록 권함.
붕익 (鵬翼) [명] **1** 붕새의 날개. **2** 앞으로 할 큰 사업이나 계획의 비유. **3** 비행기의 비유.
붕-장어 (-長魚) [명] 〖어〗 먹붕장어과의 바닷물고기. 몸의 길이는 90 cm 가량으로 넓적하고, 뱀장어와 비슷하나 주둥이가 크며 이가 날카로움. 등은 회갈색. 해만(海鰻).
붕적-토 (崩積土) [명] 〖지〗 암석의 풍화물이 경사면을 미끄러져 내려오거나 무너져 떨어져서 쌓인 흙.
붕정 (鵬程) [명] 가야 할 멀고 먼 앞길.
붕정-만리 (鵬程萬里) [-말-] [명] **1** 앞길이 매우 멀고도 멂. **2** '전도가 양양한 장래'를 비유한 말. ❑~의 원대한 꿈.
붕탑 (崩塌) [명][하자] 무너져서 한 곳이 떨어져 나감.
붕퇴 (崩頹) [명][하자] 붕괴(崩壞)1.
붗돗 [붇똗] [명] '부뚜'의 본딧말.
붙다 [붇따] [一][자] **1** 떨어지지 않는 상태가 되다. ❑머리에 검불이 ~. **2** 서로 가까이 마주 닿다. ❑붙어 앉다. **3** 생활을 남에게 기대다. ❑매형한테 붙어서 살다. **4** 좇아서 따르다. ❑반대파에 ~. **5** 가까이 사귀다. ❑붙어 다니다. **6** 불이 옮아서 당기다. ❑옆집에 불이 ~. **7** 시험 따위에 뽑히다. ❑시험에 ~. **8** 더 늘다. 또는 덧붙다. ❑영어 실력이 ~ / 경품이 ~ / 조건이 ~. **9** 다툼이나 싸움이 벌어지다. ❑시비가 ~ / 싸움이 ~. **10** 새로운 상태·현상 또는 감정이 생기다. ❑살이 ~ / 정이 ~ / 이자가 ~. **11** 시설이 딸려 있다. ❑침대차가 붙은 열차. **12** 어떤 자리에 계속 머무르다. ❑집에 붙어 있을 새가 없다. [二][자][타] 교미하다.
붙-당기다 [붇땅-] [타] 붙잡아서 당기다. ❑소매를 ~.
붙-동이다 [붇똥-] [타] 붙들어서 동이다. ❑소

를 나무에 ~.

붙-들다 [분뜰-] 〔붙들어, 붙들니, 붙드는〕囮 **1** 꽉 쥐고 놓지 않다. ◻손목을 ~. **2** 달아나는 것을 잡다. ◻도둑을 ~. **3** 가지 못하게 말리다. ◻가겠다는 사람을 ~.

붙-들리다 [분뜰-] 囨《'붙들다'의 피동》붙들을 당하다. ◻경찰에 ~ / 장모한테 붙들려 하루 더 묵다.

붙-따르다 [붇-] 〔붙따라, 붙따르니〕囮 아주 바싹 가까이 따르다. ◻붙따르는 꼬마들.

붙-매이다 [분-] 囨 사람이나 일에 매여 벗어나지 못하다. ◻회사 일에 붙매여 집안일은 못 본다.

붙-박다 [분빡따] 囮 한곳에 고정시켜 움직이지 않게 하다. ◻화장실에 거울을 ~.

붙-박이 [분빠기] 囘 한곳에 고정되어 움직일 수 없게 된 상태. 또는 그런 사물이나 사람. ◻~ 책상.

붙-박이다 [분빠기-] 囨《'붙박다'의 피동》한곳에 꽉 박혀 있어 움직이지 않다. ◻종일 집 안에 ~.

붙박이-별 [분빠기-] 囘 〖천〗'항성(恒星)'의 풀어쓴 말. ↔떠돌이별.

붙박이-장 (-欌)[분빠기-] 囘 옮길 수 없게 벽에 붙여 만든 장.

붙박이-창 (-窓)[분빠기-] 囘 〖건〗빛만 받게 되고 여닫지 못하게 된 고정된 창. ↔열창.

붙-안다 [부단따] 囮 두 팔로 부둥켜 안다. ◻붙안고 기뻐하다.

붙어-먹다 [부터-따] 囨 **1** 남에게 의지하여 물질적 이득이나 도움을 얻다. ◻일제에 ~. **2** 〈비〉 간통하다. ◻붙어먹었다는 소문이 퍼지다.

붙어-살다 〔-살아, -사니, -사는〕囨 남에게 의지하여 얹혀살다. ◻처가에 ~.

붙여-지내다 囨 ☞ 부쳐지내다.

붙-움키다 [분-] 囮 '부둥키다'의 본딧말.

붙은-돈 [부튼-] 囘 어떤 액수가 한 장 또는 한 문으로 되어 있어 그 가운데 일부를 뗄 수 없게 된 돈. ◻~밖에 없으니 잔돈 생기면 갚겠소.

붙은-문자 (-文字)[부튼-짜] 囘 어떤 사물의 설명에 꼭 맞맞는 말이나 표현.

-붙이 [부치] 囝 **1** 가까운 사람의 겨레. ◻일가 ~. **2** 어떤 것에 속하는 같은 종류. ◻쇠~.

붙이기-일가 (──家)[부치-] 囘 성과 본이 같아서 형식상 한 조상의 자손처럼 지내는 일가. 부족(附族).

붙이다 [부치-] 囮 **1** 맞닿아 떨어지지 않게 하다. ◻봉투에 우표를 ~. **2** 맞닿게 하다. ◻책상을 ~. **3** 가깝게 지내게 하다. ◻두 남녀를 붙여 주다. **4** 암수를 교미시키다. **5** 불을 딴 곳으로 붙게 하다. ◻연탄불을 ~. **6** 딸리게 하다. ◻감시원을 ~. **7** 노름·싸움·흥정 등을 어울리게 하다. ◻흥정을 ~ / 싸움을 ~. **8** 다른 의견을 보태다. ◻조건을 ~. **9** 마음에 당기게 하다. ◻취미를 ~. **10** 이름을 지어 달다. ◻인숙이라고 이름을 ~. **11** 내기에 돈을 태워 놓다. ◻내기에 5,000원을 ~. **12** 남의 뺨을 손바닥으로 때리다. ◻따귀를 ~. **13** 말을 걸다. ◻어려워서 말을 붙일 수가 없다. **14**(주로 '번호·순서'와 함께 쓰여) 큰 소리로 구령을 외치다. ◻번호를 붙여 나란히 서다. **15** 윷놀이에서, 말을 밭에 달다. 〔주의〕 1~10은 '붙다'의 사동형임.

붙임 [부침] 囘 글에서 빠진 것이나 참고할 내용을 뒤에 덧붙여 적은 것.

붙임-대 [부침때] 囘 탕개붙임을 할 때, 가로죽 붙인 널빤지가 서로 어긋나지 않게 하려고 위아래쪽으로 대는 나무오리.

붙임-붙임 [부침부침] 囘붙임성. 曰囝 다른 사람과 붙임성 있게 잘 사귀는 모양.

붙임-성 (-性)[부침썽] 囘 남과 잘 사귀는 성질. 붙임붙임. ◻~이 없다 / ~이 좋다 / ~ 있게 굴다.

붙임-줄 [부침쭐] 囘 〖악〗악보에서, 높이가 같은 두 음을 이어 붙이는 표시. 호선 '⌒'의 이름(두 음을 끊지 않고 이어서 연주할 것을 지시하는 기호). 타이.

붙임-질 [부침-] 囘하囮 두 물건을 풀 따위로 맞대어 붙이는 일.

붙임-틀 [부침-] 囘 〖건〗합판 따위의 널빤지를 붙여 내는 틀.

붙임-판 (-板)[부침-] 囘 나뭇조각을 붙이는 데 쓰는 쇠판.

붙임-표 (-標)[부침-] 囘 〖언〗이음표의 하나. 사전 등에서 파생어·합성어를 나타낼 때, 접사·어미임을 나타낼 때 쓰는 '-'의 이름(〖영어의 '하이픈'과 같음). 접합부(接合符).

붙임-풀 [부침-] 囘 바느질할 때 쓰는, 조금 되게 쑨풀.

붙임 [부침] 囘 〖건〗추녀의 양쪽 옆에 붙이는 반쪽의 서까래.

붙-잡다 [분짭따] 囮 **1** 붙들어 쥐다. ◻소매를 ~. **2** 달아나지 못하게 잡다. ◻범인을 ~. **3** 다른 곳으로 가지 못하게 말리다. ◻손님을 ~ / 자네를 오래 붙잡지는 않겠네. **4** 일자리를 잡다. ◻좋은 직장을 ~. **5** 쓰러지거나 흔들리지 않게 잡아 주다. ◻친구의 마음을 ~.

붙-잡히다 [분짜피-] 囨《'붙잡다'의 피동》붙들려서 잡히다. 붙잡음을 당하다. ◻범인이 경찰에 ~.

붙-장 (-欌)[분짱] 囘 〖건〗부엌 벽의 안쪽이나 바깥쪽에 붙여서 만든 장.

붙-좋다 [분쫃따] 囮 공경하는 마음으로 섬기며 따르다. 붙따르다. ◻은사를 ~.

붚 囘 〈옛〉북².

붚-달다 [붑딸-] 〔붚달아, 붚다니, 붚다는〕囨 말과 행동을 괄괄하게 하다.

붚-대다 [붑때-] 囮 말이나 행동을 몹시 급하게 하다.

뷕: [뷕] 囘 '부엌'의 준말.

뷔 囘 〈옛〉비².

뷔다¹ 囮 〈옛〉(칼 따위로) 베다.

뷔다² 囹 〈옛〉(속이) 비다.

뷔움 囹 〈옛〉텅 빔. '뷔다²'의 명사형.

뷔틀다 囮 〈옛〉비틀다.

뷔페 (프 buffet) 囘 여러 가지 음식을 큰 식탁에 차려 놓고 손님이 골라서 덜어 먹게 된 식당. 또는 그렇게 차려진 음식.

뷰렛 (burette) 囘 〖화〗액체의 부피를 측정하는 데 쓰는, 유리관으로 된 실험 장치.

뷰어 (viewer) 囘 슬라이드 따위를 보기 위한 간단한 확대 장치.

브라만 (Brahman) 囘 인도 카스트 제도에서 가장 높은 지위인 승려 계급. 바라문(婆羅門).

브라만-교 (Brahman敎) 囘 〖종〗불교 이전에 인도에서, 베다(Veda) 신앙을 중심으로 발달한 종교(우주의 본체, 곧 범천(梵天)을 최고신으로 하여 희생을 중히 여기며 고행(苦行)·결백을 으뜸으로 삼았음). 바라문교.

브라보 (이 bravo) 圀 '잘한다·좋다·신난다'의 뜻으로 외치는 소리.

브라스 밴드 (brass band) 〖악〗금관 악기를

주체로 편성된 악대. 취주 악대.

브라우저 (browser) 圀 〖컴〗인터넷을 검색할 때, 문서·영상·음성 따위의 정보를 얻기 위해 사용하는 프로그램.

브라운-관 (Braun管) 圀 **1** 〖물〗전기 신호를 영상으로 바꾸는 전자관. 음극에서 발생하는 전자 빔을 형광면에 조사(照射)해서 상을 얻음〖텔레비전·레이더 등에 이용함〗. **2** '텔레비전'의 비유. □~에 복귀한 가수.

브라운 운:동 (Brown運動) 〖물〗액체나 기체 속에 떠 있는 미립자의 복잡하고 불규칙한 운동.

브래지어 (brassiere) 圀 여자들이 가슴을 가리거나 가슴 모양을 예쁘게 하기 위해 입는 속옷의 하나.

브래킷 (bracket) 圀〖인〗'( )·[ ]·〈 〉'따위와 같은 괄호를 이르는 말.

브랜드 (brand) 圀 상표. □유명 ~.

브랜디 (brandy) 圀 포도주를 증류해서 만든 양주. □~ 한 잔.

브러나다 困 〈옛〉불거지다.

브러시 (brush) 圀 솔.

브레이크 (brake) 圀 **1** 〖공〗차량 및 여러 기계 장치의 운전을 조절·제어하기 위한 장치. 제동기(制動機). □~를 걸다 / 급하게 ~를 밟다. **2** 어떤 일을 멈추게 하거나 방해하는 일. □하는 일마다 ~를 걸고 방해한다.

브레이크 (break) 圀 **1** 야구에서, 투수가 던진 공이 굴절하는 일. **2** 권투에서, 클린치한 선수에게 떨어지라고 명령하는 말.

브레인 (brain) 圀 브레인트러스트.

브레인스토밍 (brainstorming) 圀 자유로운 토론으로 창조적인 아이디어를 끌어내는 일〖기획 회의 따위에서 이용됨〗.

브레인-트러스트 (brain trust) 圀 정부나 기업 따위에 속하여 자문에 응하는 전문가로 이루어진 전문가 집단. 브레인.

브려다 囮 〈옛〉부리다'.

브로드 (broad) 圀 '브로드클로스'의 준말.

브로드클로스 (broadcloth) 圀 폭이 넓고 포플린같이 부드러운 천의 하나〖여성복·와이셔츠 감으로 씀〗. ㉝브로드.

브로마이드 (bromide) 圀 **1** 브롬화은(Brom化銀)을 감광제로 사용해 만든 인화지. 또는 그 인화지에 현상한 색이 변하지 않는 사진. **2** 배우·운동 선수 등의 초상 사진.

브로치 (brooch) 圀 옷의 깃이나 앞가슴에 다는 장신구의 한 가지.

브로커 (broker) 圀 **1** 상행위의 매개를 업으로 하는 사람. 거간. 중개인. **2** 〈속〉사기적인 거간꾼.

브론토사우루스 (brontosaurus) 圀 〖동〗중생대 쥐라기(Jura紀)에 번성했던 거대한 공룡. 뇌룡(雷龍).

브롬 (독 Brom) 圀 〖화〗할로겐족 원소의 하나. 불쾌한 자극성 냄새가 있는 적갈색의 휘발성 액체〖유독성을 이용한 살충제 기타 각종 브롬화물의 원료가 됨〗. 취소(臭素). [35 번: Br : 79.904]

브롬-수 (Brom水) 圀 〖화〗약 3 %의 브롬을 포함하는 브롬 수용액〖황색 또는 갈색을 띠며, 시약(試藥)으로 씀〗.

브롬-지 (Brom紙) 圀 브로마이드1.

브롬-진 (Brom疹) 圀 〖의〗브롬이나 그 염류의 복용으로, 머리·얼굴·코·어깨·팔다리 등의 피부에 생기는 짙은 갈색의 발진.

브롬화-물 (Brom化物) 圀 〖화〗브롬과 다른 원소 또는 원자단과의 화합물(브롬화수소·브

롬화은 따위).

브롬화-은 (Brom化銀) 圀 〖화〗브롬과 은의 화합물인 담황색의 가루〖광선에 의해 분해되어 흑색으로 변함. 사진 건판에 씀〗.

브롬화-칼륨 (Brom化kalium) 圀 〖화〗브롬과 칼륨의 화합물로 광택이 있는 정육면체의 흰 결정〖물에 잘 녹음. 신경 안정제·사진술 등에 씀〗. 브롬화포타슘.

브르다¹ 囮 〈옛〉(이름을) 부르다.

브르다² 劾 〈옛〉(배가) 부르다.

브리다 囮 〈옛〉(사람을) 부르다.

브리더 (breeder) 圀 〖물〗천연 우라늄을 보급하여 분열성 플루토늄이 늘어나게 해서, 원자로 속의 반응이 영속되게 만든 원자로.

브리우다 囮 〈옛〉(짐을) 부리다.

브리이다 困 〈옛〉부리어지다.

브리지 (bridge) 圀 **1** 〖의〗가공 의치(義齒). **2** 현악기의 기러기발. **3** 〖물〗전기 저항·빈도 등을 재는 장치. **4** 트럼프 노는 법의 하나. **5** 레슬링에서, 폴(fall)을 막기 위해 누워서 머리와 발로 몸뚱을 들어 버티는 일.

브리타니아 합금 (Britannia合金)[─끔]〖화〗주석 140, 구리 3, 안티몬 9의 비율로 섞은 것에 아연을 조금 섞어서 만든 합금.

브리핑 (briefing) 圀하타 **1** 요점을 간추린 간단한 보고서. 또는 그런 보고나 설명. □경과 사항을 ~하다. **2** 〖군〗공군에서, 비행 직전에 비행사에게 내리는 간단한 명령.

브릴란테 (이 brillante) 圀〖악〗악보에서, '화려하게'의 뜻.

브릴리언트 (brilliant) 圀〖인〗약 3.5 포인트 크기의 활자.

브석 圀 〈옛〉부엌.

브섭 圀 〈옛〉부엌.

브숨 囮 〈옛〉부음('붓다'의 명사형).

브스름 圀 〈옛〉부스럼.

브이시아르 (VCR) 圀 〔video cassette recorder〕비디오 카세트 녹화 재생 장치.

브이아이피 (VIP) 圀 〔very important person〕아주 중요한 인물. 귀빈. 요인.

브이에이치에프 (VHF) 圀 〔very high frequency〕'초단파'의 정식 주파수 구분상의 호칭. 30~300 메가헤르츠의 주파수의 전파. 텔레비전·에프엠(FM) 방송에 이용됨.

브이오디 (VOD) 圀 〔video on demand〕〖컴〗초고속 통신망에서 제공되는 서비스의 하나. 시청자가 원하는 시간에 영화나 프로그램을 언제든지 받아 볼 수 있게 전송·재생해 주는 시스템. 주문형 비디오.

브이티아르 (VTR) 圀 비디오테이프리코더.

브죡하다 劾 〈옛〉부족하다.

브즈러니 兜 〈옛〉부지런히.

브터 졷 〈옛〉부터.

브티다 囮 〈옛〉붙이다.

북 圀 〈옛〉북(北). 북쪽.

붇긋고 圀 〈옛〉붉지하다. 의지하게 되라고.

붇다 困타 〈옛〉의지하다. 붙다.

붇들이다 囮 〈옛〉붙들이다.

붇동기이다 困 〈옛〉어디에 매어 달리다.

붇질긔다 劾 〈옛〉인색하다.

블¹ 圀 〈옛〉불¹.

블² 圀 〈옛〉불².

블곳 圀 〈옛〉불꽃.

블님글 圀 〈옛〉불똥. 불잉걸.

블다 囮 〈옛〉부러워하다.

블딛다 困 〈옛〉불때다.

블라우스 (blouse) 圀 여자나 아이들이 입는 셔츠 모양의 낙낙한 웃옷.

블라인드 (blind) 圀 창에 달아 볕을 가리는 물건. ❑ ~를 치다 / ~를 드리우다.　　〔시다.

블랙 (black) 圀 블랙커피. ❑ 커피를 ~으로 마

블랙-리스트 (blacklist) 圀 감시나 필요한 위험 인물을 적은 명부. ❑ 요주의 인물로 ~에 오

블랙-마켓 (black market) 圀〖經〗암시장.

블랙-박스 (black box) 圀 1〖物〗어둠상자. 2 〖항공〗비행 자료 기록 장치(기록 장치와 디지털 비행 데이터 기록 장치로 사고가 났을 때 그 원인을 밝히는 데 중요한 구실을 함). ❑ ~를 해독하다. 3 지하 핵실험 탐지용 봉인 (封印) 자동 지진계.

블랙-커피 (black coffee) 圀 설탕이나 크림을 넣지 않은 진한 커피. 블랙. ❑ ~은 한 잔.

블랙 코미디 (black comedy) 〖演〗통렬한 풍자와 어두운 느낌을 주는 섬뜩한 내용을 담은 희극.

블랙-홀 (black hole) 圀〖天〗항성이 진화의 최종 단계에서 폭발한 후, 수축되어 초고밀도(超高密度)·초강중력(超强重力)을 갖게 된 천체(외부에서 오는 빛과 물질을 흡수하고 자체의 빛은 내보내지 않음).

블랭킷 에어리어 (blanket area) 방송국 주변의 전기장(電氣場) 강도가 약해지는 지역(라디오가 잘 들리지 않음).

블레이저-코트 (blazer coat) 圀 밝고 화려한 색의 플란넬로 만든, 운동선수의 웃옷. ❑ 질은 감색의 ~.

블로거 (blogger) 圀 블로그를 사용하거나 운영하는 사람.

블로그 (blog) 圀〔web+log〕〖컴〗자신의 관심사에 따라 자유롭게 글을 올릴 수 있는 개인 웹 사이트.

블로킹 (blocking) 圀하타 1 농구에서, 공을 갖지 않은 상대의 진행을 방해하는 일. ❑ ~에 막히다. 2 권투에서, 상대의 공격을 방어하는 일. 3 배구에서, 네트 앞에서 상대편의 스파이크를 막는 일. ❑ 공격을 ~으로 막다.

블로홀 (blowhole) 圀〖工〗용해된 철광 가운데에 있는 기포(氣泡).

블록 (bloc) 圀 정치상·경제상의 이익을 꾀하여 결합한 국가나 단체 등의 집단.

블록 (block) 圀 1〖建〗길에 깔거나 건축에 쓰는 벽돌 모양의 콘크리트 덩이. ❑ 시멘트 ~으로 담을 쌓다. 2 시가지의 한 구획. ❑ 여기서 두 ~을 더 가면 소방서가 나옵니다. 3 나무나 플라스틱 토막으로 만든 어린이 장난감 《조립하여 각종 모양을 만듦》. ❑ ~으로 쌓기 놀이를 하다. 4〖컴〗하나의 단위로서 다룰 수 있는 문자·워드·레코드의 집합. 워드의 집합.

블록 건:축 (block建築) 〖建〗돌·벽돌·콘크리트 블록 등을 모르타르로 접합시켜서 쌓아 올려 만드는 구조의 건축.

블록 경제 (bloc經濟) 〖經〗몇몇 나라가 하나의 경제권을 형성하여 경쟁력을 높이는 방식의 경제 체제.

블록버스터 (blockbuster) 圀 막대한 돈을 들여서 만든 대작. 특히, 대작 영화를 이름.

블론드 (blond) 圀 금발 머리. 또는 그런 머리털을 가진 여자.

블루 라운드 (Blue Round) 각국의 근로 조건을 개선하고 국제적으로 표준화하기 위한 다자간 협상(아동 노동과 강제 노동이 존재하는 국가의 수출품을 규제하는 것을 내용으로 함).

블루머 (bloomer) 圀 1 짧은 스커트가 달리고 발목을 매게 되어 있는, 한복 바지 비슷한 여성용 바지. 2 예전에, 제조·경마·수영 등을 할 때, 여자들이 입던 팬츠의 하나.

블루벨트 (blue belt) 圀〖地〗연안의 수자원 (水資源)을 오염에서 보호하기 위해 설정한 오염 제한 구역. 수자원 보전 지역. 청정 수역(淸淨水域).

블루스 (blues) 圀〖樂〗2박자 또는 4박자의 애조를 띤 악곡. 또는 그에 맞춰 추는 춤.

블루-진 (blue jeans) 圀 청바지.

블루-칩 (blue chips) 圀〖經〗주식 시장에서, 자본금 규모가 크며 성장성·수익성·안정성 면에서 각 나라를 대표하는 대형 우량 제조주의 총칭. ❑ 폭락 장세에는 ~도 맥 못 춘다.

블루-칼라 (blue collar) 圀 생산직 노동자. 현장에서 일하는 노동자. ↔화이트칼라.

블붙다 자 〈옛〉불붙다.

블쬐다 자 〈옛〉불 쬐다.

븜나모 圀 〈옛〉 붉나무.

븕다 휑 〈옛〉붉다.

븟곳 圀 〈옛〉 붓꽃.

븟그리다 자 〈옛〉부끄러워하다.

븟나올 圀 〈옛〉심지.

븟다 타 〈옛〉〔물 따위를〕붓다.

븟벼록 圀 〈옛〉불통.

붓다¹ 자 〈옛〉〔부스럼 등이〕 붓다.

붓다² 타 〈옛〉〔물 따위를〕 붓다.

블다¹ 타 〈옛〉〔붙이〕 붙다.

블다² 타 〈옛〉1 이불이다. 2 의지하다.

빅다 圀 〈속이〉 비다.

비¹ 圀 대기 가운데 수증기가 높은 곳에서 찬 공기를 만나 엉겨 맺혀서 땅 위로 떨어지는 물방울. ❑ ~에 젖다 / 주룩주룩 ~가 내리다 / ~를 맞다 / ~가 긋다 / ~가 촉촉이 대지를 적시다 / 땀을 ~ 오듯 흘리다.

[비 맞은 중 담 모퉁이 돌아가는 소리] 남이 알아듣지 못할 정도의 낮은 소리로 불평인 말을 중얼거림을 비유하는 말. [비온 뒤에 땅이 굳어진다] 풍파가 있은 후에 일이 더 단단해진다.

비가 오나 눈이 오나 囝 어려움이 있어도 언제나 한결같이.

비² 圀 먼지나 쓰레기 따위를 쓸어 내는 기구.

비:(比) 圀 1〖數〗어떤 두 개의 수나 양을 서로 비교해 몇 배인가를 나타낸 관계. 2 '비괘(比卦)'의 준말. 3 '비례·비율'의 준말.

비(妃) 圀〖歷〗임금이나 황태자의 아내.

비(妣) 圀 돌아가신 어머니의 일컬음. ❑ 선(先)~. ↔고(考).

비:(否) 圀 '비괘(否卦)'의 준말.

비:(非) 圀 옳지 못되거나 그른 것. ❑ 시(是)와 ~를 가리다. ↔시(是).

비(碑) 圀 사적을 기념하기 위해 돌·쇠붙이나 나무 따위에 글을 새기어 세워 놓은 것. 비석. ❑ ~를 세워 공덕을 기리다.

비:(賁) 圀 '비괘(賁卦)'의 준말.

비:-(非) 圀타 일부 명사 앞에 붙어서 부정(否定)의 뜻을 나타내는 말. ❑ ~공식 / ~무장 / 논리적 / ~인간적.　　〔교통~.

-비(費) 圀 '비용'의 뜻. ❑ 하숙~ / 생활~ /

비:가(比價)〔-까〕圀 다른 물건과 비교한 값.

비:가(悲歌) 圀 슬프고 애절한 노래. 애가(哀歌). 엘레지.

비:-가시광선 (非可視光線) 〖物〗사람의 눈

에 보이지 않는 복사선의 하나《자외선·적외선 따위》. ↔가시광선.

비:가역 변:화(非可逆變化)[-뼌-] 【물】 가역 변화가 아닌 변화. 곧, 열의 전도·마찰·확산 따위. 불가역 변화. ＊가역 변화.

비각 서로 상극이 되는 일《물과 불 따위》.

비각(祕閣)【역】 중요 문서 등을 보관해 두던 궁중의 창고.

비각(祕閣)閣 안에 비를 세워 놓은 집. □～을 둘러보다.

비갈(碑碣)名 비(碑)와 갈(碣).

비:감(悲感)名[하](희) 슬픈 느낌. 또는 슬프게 느낌. □～에 잠기다[젖다].

비:강(粃糠)名 1 쭉정이와 겨. 2 변변치 못한 음식. 3 하찮은 물건.

비:강(鼻腔)【생】 코의 안쪽에 있는 빈 곳. 콧속.

비:강-진(粃糠疹)【의】 피부에 생기는 쌀겨와 비슷한 비늘《머리 비듬》.

비:개(悲慨)名[하] 슬퍼하고 개탄함.

비-개석(碑蓋石)【건】 비신(碑身) 위에 얹는 지붕 모양의 돌. 가첨석(加檐石).

비거(飛去)名[하][자] 날아가 버림.

비거(飛車)【역】 공중을 나는 수레《임진왜란 때 정평구(鄭平九)가 발명했음》.

비:거(備擧)名[하] 빠짐없이 갖춤.

비거(vigour)名 설탕·엿에 우유·향료를 넣어서 만든 과자.

비-거리(飛距離)名 1 야구나 골프에서, 친 공이 날아간 거리. 2 스키의 점프 경기에서, 점프대에서 착지한 지점까지의 거리.

비-거스렁이名[하][자] 비가 갠 뒤에 바람이 불고 시원해지는 일.

비:-거주자(非居住者)名 1 국내에 주소·거소를 두지 아니한 사람. 2【법】 거주자가 아닌 사람으로서 국내 원천 소득이 있는 사람.

비:거주 지역(非居住地域)【지】 지구 위에서 인간이 영속적으로 거주할 수 없는 곳.

비걱名[하][자][타] 단단한 물건끼리 서로 닿아서 갈리어 나는 소리. □～하고 대문이 닫히다. 짱빠각. 쎈삐걱·뼈걱.

비걱-거리다[-때-]자타 비걱 소리를 자꾸 내다. 또는 그런 소리가 자꾸 나다. □바람에 대문이 비걱거린다. 짱빠각거리다. 비걱-비걱[-빼-]. 쎈-삐-.

비걱-대다[-때-]자타 비걱거리다.

비:겁-하다(卑怯-)[-거파-]형여 하는 짓이 정당하지 못하고 야비하다. □비겁한 행동/등 뒤에서 공격하는 짓은 ～.

비게-질名[하][자] 말이나 소가 나무·돌 등에 몸을 비비는 일.

비겨미名【농】 봇줄이 소의 뒷다리에 걸리지 않게 쟁기 등에 두 끝을 턱이 지게 하여 봇술에 꿰는 막대.

비격(飛檄)名[하][자] 격문(檄文)을 급히 돌림. 또는 그 격문.

비격-진천뢰(飛擊震天雷)[-찐 철-]名【역】 조선 선조 때 이장손(李長孫)이 발명한 폭탄.

비:견(比肩)名[하][자] 어깨를 나란히 함. 정도가 서로 비슷함. □명인에 ～될 수 있는 솜씨/그와 ～할 만하다.

비:견(鄙見)名 자기의 의견이나 소견을 겸손하게 이르는 말.

비:결(祕訣)名 숨겨 두고 혼자만 쓰는 좋은 방법. 비약(祕鑰). 비요(祕要). □성공의 ～.

비:결(祕訣)名【한의】 변비(便祕).

비:-결정론(非決定論)[-쩡논]【철】 인간의 의지는 다른 원인에 따르지 않고 자신이 스

스로 결정한다고 하는 설. ↔결정론.

비:-결정질(非結晶質)[-쩡-]名[-][화] 원자 또는 분자가 규칙적인 배열이 되어 있지 않은 고체. 곧, 결정되어 있지 않은 고체《유리·고무·수지 따위》. 무정형(無定形) 물질. 비정질(非晶質).

비:경(祕境)名 1 신비스러운 경지. 2 잘 알려지지 않은 장소. 3 경치가 빼어나게 아름다운 곳. □～을 연출하는 경관/바닷속 신비의 ～을 탐색하다.

비:경(悲境)名 슬픈 지경.

비:경(鼻鏡)名【의】 콧속을 진찰하는 데 쓰는, 긴 자루 끝에 반사경을 단 기구.

비경이名 베틀에서 잉아의 뒤와 사침대 앞 사이에 날실을 걸치도록, 가는 나무 세 개를 얼레 비슷이 벌려 만든 것.

비:-경제적(非經濟的)판名 산출량이나 효과에 비하여 비용이나 품이 많이 드는 (것). □～요소/~인 방법.

비계[-/-게]名 돼지 따위의 가죽 안쪽에 붙은 두꺼운 기름 조각. □～ 한 점.

비계(飛階)[-/-게]【건】 건축 공사 등에서, 높은 곳에서 디디고 서도록 긴 나무나 쇠파이프를 얽어서 널을 걸쳐 놓은 시설.

비:계(祕計)[-/-게]名 은밀한 꾀. 또는 그런 계획. 비모(祕謀). □～를 꾸미다.

비:계(祕啓)[-/-게]名 밀계(密啓).

비계-목(飛階木)[-/-게-]名【건】 비계를 매는 가늘고 긴 통나무.

비곗-덩어리[-게덩-/-겐덩-]名 1 돼지 따위에서 뜯어낸 비계. 2 몹시 살찐 사람의 비유.

비곗-살[-게쌀-/-겐쌀]名 1 비계[1]. 2 사람의 통통한 살을 낮잡아 이르는 말.

비:고(祕庫)名 비부(祕府)[1].

비:고(備考)名 1 참고하기 위해 준비해 둠. 또는 그런 것. 2 문서 따위에서, 참고 사항을 보충하여 적음. 또는 그 사항.

비:고-란(備考欄)名 문서 따위에서, 비고로 마련해 둔 난(欄). □～에 자기 의견을 적다.

비고로사멘테(vigorosamente)【악】 악보에서, '힘차게·씩씩하게'의 뜻.

비:곡(祕曲)名 세상에 알려지지 않고 비밀히 전수(傳授)되어 내려오는 악곡.

비:곡(悲曲)名 슬픈 음곡. 비조(悲調).

비:곤-하다(憊困-)형여 가쁘고 고달프다.

비:골(腓骨)【생】 종아리의 바깥쪽에 경골과 나란히 있는 하퇴골의 하나. 종아리뼈.

비:골(鼻骨)【생】 코를 이룬 뼈. 코뼈.

비:골(髀骨)【생】 넓적다리뼈.

비:공(鼻孔)名 콧구멍[1].

비:-공개(非公開)名[하][타] 공개하지 아니함. □～ 회의/~된 사실/~로 진행되다. ↔공개(公開).

비:-공식(非公式)名 공식이 아니고 사사로움. □～ 친선 경기/~으로 만나다/~ 회의에서 논의하다.

비공식-적(非公式的)[-쩍]판名 공적인 형식·내용을 갖추지 않고 사사로운 (것). □～인 방법/금융 지원을 ~으로 요청하다.

비:-공인(非公認)名 공식적으로 인정받지 못함. □～ 세계 신기록.

비:-과세 소:득(非課稅所得)【법】 사회적 고려나 과세 기술상 과세하지 않는 소득.

비:-과학적(非科學的)[-쩍]名 과학적인 근거가 없는 (것). □～인 태도.

비:관(祕關)名【역】 상관이 아랫사람에게 몰

래 보내던 공문.

비:관(悲觀)〔—괘〕**명**①인생을 슬프게만 생각하고 절망스럽게 여김. □세상을 ～하다. ②앞으로의 일이 잘 안될 것이라고 봄. ↔낙관.

비:관-론(悲觀論)〔—논〕**명** 인생을 어둡게만 보아 아무런 일에도 희망을 갖지 않는 염세적인 이론. □～이 우세하다 / ～을 일축하다. ↔낙관론.

비:관론-자(悲觀論者)〔—논—〕**명** 모든 일에 대하여 비관론을 앞세우는 사람. ↔낙관론자(樂觀論者).

비:관세 장벽(非關稅障壁)〔經〕관세 이외의 방법으로 정부가 외국 상품을 차별하는 규제《수입 수량 제한, 수출 보조금 지급 따위》.

비:관-적(悲觀的)〔관명〕비관하는 (것). □～ 전망 / 결과는 ～이다.

비괘(比卦)**명**〔民〕육십사괘의 하나. 감괘(坎卦)와 곤괘(坤卦)가 거듭된 것《땅 위에 물이 있음을 상징함》. 준비(比).

비괘(否卦)**명**〔民〕육십사괘의 하나. 건괘(乾卦)와 곤괘(坤卦)가 거듭된 것《하늘과 땅의 상극을 상징함》. 준비(否).

비괘(賁卦)**명**〔民〕육십사괘의 하나. 간괘(艮卦)와 이괘(離卦)가 거듭된 것《산 밑에 불이 있음을 상징함》. 준비(賁).

비괴(匪魁)**명** 비적의 우두머리.

비:교(比較)**명하타** 두 개 이상의 사물을 견주어 봄. 비량(比量). □～ 분석 / ～의 대상 / 성능을 ～하다 / 품질을 ～하다 / 교육 수준이 ～할 수 없을 정도로 높아졌다.

비:교(祕敎)**명**①〔佛〕밀교②.②〔宗〕비밀의 의식을 행하는 종교.

비교(飛橋)**명** 매우 높은 다리.

비:교격 조:사(比較格助詞)〔—격조—〕**명**〔言〕둘 이상의 체언이 서로 같거나 다른 정도를 견줌을 나타내는 격 조사《'과·와·하고·처럼·같이·만큼·보다' 따위》. 견줄자리토씨.

비:교 문법(比較文法)〔—뻡〕〔言〕한 계통의 언어에서 갈라진 둘 이상의 언어를 비교해 그 관계를 연구하는 언어학의 한 분야《대개 비교 언어학과 같은 뜻으로 씀》.

비:교 문학(比較文學)〔文〕두 나라 이상의 문학을 비교해 서로의 영향·사상·조류·관계 등을 실증적으로 연구하는 학문.

비:교 언어학(比較言語學)〔言〕언어학의 한 분야. 같은 계통에 딸린 두 가지 이상의 언어의 구조를 비교하여, 서로의 계통적 관계나 변천·발달 등을 연구함.

비:교 연:구(比較研究)여러 가지 사물을 비교해 유사성(類似性)·관련성 또는 그 계통을 찾는 연구.

비:교인(非敎人)**명** 교인이 아닌 사람.

비:교-적(比較的)〔—괘명〕이것과 저것을 견주어 판단하는 (것). □～ 고찰 / ～인 관점. 〓**부** 보통 정도보다는 꽤. □～ 춥다 / ～ 잘 산다.

비:교전 상태(非交戰狀態)전쟁에 직접 참가하지는 않으나 교전국의 어느 한쪽을 원조하는 상태.

비:교전자(非交戰者)**명**〔軍〕싸움터에 있지만 직접 전투에 참가하지 않는 사람《종군 기자 등》.

비:교-표(比較表)**명** 어떤 일의 성과를 비교하여 나타낸 표.

비:구(比丘)**명**〔佛〕출가하여 구족계(具足戒)를 받은 남자 승려. 비구승. ↔비구니.

비구(飛球)**명** 야구에서, 공중으로 높이 쳐 올린 공. 뜬공. 플라이.

비:구(髀臼)**명**〔生〕치골(恥骨)의 바깥쪽으로 우묵하게 들어간 곳. 관골구(臗骨臼).

비:구-관절(髀臼關節)**명**〔生〕비구와 넓적다리뼈를 연결하는 관절. 고관절(股關節).

비:구-니(比丘尼)**명**〔佛〕출가하여 머리를 깎고 구족계를 받은 여자 승려. ↔비구.

비-구름(비)**명** 비를 몰아오는 구름. 난층운(亂層雲). □～이 몰려온다.

비:구상(非具象)**명** 자유로운 형태와 색채로 표현한 추상 회화의 한 경향. 농피귀라티프(non-figuratif). □～의 세계. *추상.

비:구-승(比丘僧)**명**〔佛〕출가하여 구족계를 받고 독신으로 불도를 닦는 승려.

비:-군사적(非軍事的)군사적이 아닌 (것). □～ 목적 / 교섭은 ～이어야 한다.

비:-군사화(非軍事化)**명하타**〔軍〕군사적인 것이 되지 않도록 함. 군사적인 목적이나 성격을 없앰. □～된 지역.

비:굴(卑屈)**명하형히부** 용기가 없고 비겁함. □～한 태도 / ～한 마음.

비:굴-스럽다(卑屈—)〔—따〕〔—스러워, —스러우니〕**형** 용기나 줏대가 없이 남 앞에서 떳떳하지 못하다. □비굴스럽지 않게 처신하다.

비:굴-스레 부 . ～ 웃다.

비:궁(祕宮)**명** 비밀의 궁전.

비궁(匪躬)**명** 자기 몸을 돌보지 않고 임금이나 국가에 충성을 다함.

비:극(悲劇)**명**①인생의 불행과 비참한 일을 제재로, 주인공의 파멸·패배·죽음으로 끝맺는 극의 형식. □～ 영화 / 셰익스피어의 4대 ～. ②매우 비참한 사건. □분단의 ～ / 전쟁은 인류의 ～이다. ↔희극.

비:-극영화(非劇映畫)〔—궁녕—〕**명**〔演〕극영화 이외의 영화《기록 영화·학술 영화·교육 영화 등》. □～ 부문.

비:극-적(悲劇的)〔—쩍〕〔관명〕비극처럼 슬프고 비참한 (것). 또는 비극의 성질을 지닌 (것). □～인 결말《최후》 / 결과는 ～이다.

비:근(鼻根)**명**〔佛〕육근(六根)의 하나. 후각 기관인 '코'를 이르는 말.

비근-거리다자 물건의 사개가 느즈러져 이리저리 흔들거리다. 비근-비근.

비근-대다자 비근거리다.

비:근-하다(卑近—)**형어** (주로 '비근한'의 꼴로 쓰여) 우리 주위에 흔하게 있고 가깝다. □비근한 예를 들면.

비금(飛禽)**명** 날짐승.

비금-비금 부하형 견주어 보아 서로 비슷한 모양. □～한 것끼리 골라 담다.

비:-금속(非金屬)**명**〔化〕금속의 성질을 갖지 않은 물질의 총칭. 일반적으로 전기나 열의 전도성이 나쁘고 금속광택이 없음.

비:-금속(卑金屬)**명**〔化〕공기 중에서 쉽게 산화되는 금속. ↔귀금속(貴金屬).

비:금속-광택(非金屬光澤)〔—꽝〕**명** 금속 이외의 물질에서 나는 광택《유리·수지·진주·진사 따위의 광택》.

비:금속 원소(非金屬元素)〔化〕금속의 성질이 없는 원소의 총칭《산소·질소·염소·탄소 따위》.

비금-주수(飛禽走獸)**명** 날짐승과 길짐승. 준비주(飛走).

비:급(備急)**명하타** 급한 경우에 쓰려고 준비함. 또는 그 준비.

비-긋다〔—귿따〕〔—그어, —그으니, —긋는〕**자**人 비를 잠시 피하여 그치기를 기다리다.

비-기 (丕基) 명 임금 대대로 전해 내려오는 기업(基業).

비-기 (肥己) 명하자 '비기윤신(肥己潤身)'의 준말.

비기 (飛騎) 명 매우 날쌘 기병.

비-기 (祕記) 명 1 비밀 기록. 2 (민) 길흉·화복을 예언한 기록.

비-기 (祭器) 명 1 상례(喪禮)에 쓰는 제구(祭具). 2 비밀 무기. 비장(祕藏)의 도구.

비-기 (祕機) 명 1 비밀스러워 쉽게 알 수 없는 중요한 일. 2 비밀 기계(機械).

비기다¹ 짜 1 서로 견주어 보다. ▣ 어버이 사랑은 무엇과도 비길 수 없다. 2 빗대어 말하다. 비유하다. ▣ 인생을 나그네길에 ~. 3 무엇에 기대다. ▣ 난간에 비겨 서다.

비기다² 틘짜 승부를 내지 못하다. ▣ 일승일패로 ~ / 끝내 ~. 즌빅다. 틘타 서로 셈할 것을 마주 에끼다. 즌빅다.

비기다³ 타 뚫어진 구멍에 다른 조각을 붙이어 때우다.

비기다⁴ 타 <옛> 의지하다. 빙자하다.

비-기윤신 (肥己潤身) 명하자 자기 몸만 이롭게 함. 즌비기.

비-기지욕 (肥己之慾) 명 자기 몸만 이롭게 하려는 욕심.

비김-수 (-手)[-쑤] 명 장기·바둑에서, 서로 비기게 되는 수. 즌빅수.

비껴-가다 짜타 1 비스듬히 스쳐 지나다. ▣ 공이 골대를 ~ / 총알이 비껴갔기에 망정이지……. 2 어떤 감정·표정·모습 따위가 얼굴에 잠깐 스쳐 지나가다. ▣ 냉소의 빛이 언뜻 입 언저리를 ~.

비껴-들다¹ [-들어, -드니, -드는] 짜타 비스듬히 들다. ▣ 아침 햇살이 창문으로 ~.

비껴-들다² [-들어, -드니, -드는] 타 엇비슷하게 위로 쳐들다. ▣ 총을 ~.

비껴-쓰다 [-써, -쓰니] 타 모자 따위를 옆이나 뒤로 비스듬히 쓰다.

비-꼬다 타 1 끈 등을 비틀어 꼬다. 2 몸을 바로 가지지 못하고 비틀다. ▣ 몸을 비꼬고 앉다. 3 남의 약점을 거슬릴 정도로 빈정거리다. 꼬다. ▣ 비꼬는 말투.

비-꼬이다 짜 (‘비꼬다’의 피동) 1 비꼼을 당하다. 2 마음이 곧지 못하고 뒤틀린 방향으로 가다. ▣ 비꼬인 성격. 3 일이 뒤틀려 잘못되어 가다. ▣ 일이 ~. 즌비꾀다.

비-꾀다 짜 '비꼬이다'의 준말.

비꾸러-지다 짜 1 몹시 비뚤어지다. 2 그릇된 방향이나 딴 길로 벗어져 나가다. ▣ 일이 ~. 쎈삐꾸러지다.

비끄러-매다 타 줄이나 끈 따위로 서로 떨어지지 않게 붙잡아 매다.

비끗 [-끋] 부하자 1 맞추어 끼울 물건이 어긋나서 맞지 않는 모양. 2 팔이나 다리가 접질리는 모양. ▣ 발목을 ~하다. 3 잘못해서 일이 어긋나는 모양. ▣ ~ 잘못하면 큰일 난다. 즌배끗. 쎈삐끗.

비끗-거리다 [-끋꺼-] 짜 1 맞추어 끼울 물건이 자꾸 어긋나서 맞지 아니하다. 2 잘못되어 일이 자꾸 어긋나다. 즌배끗거리다. 비끗-비끗 [-끋삐끋] 부하자

비끗-대다 [-끋때-] 짜 비끗거리다.

비끼다 짜 1 비스듬히 비치다. ▣ 놀이 짙게 비낀 유리창. 2 비스듬히 놓이거나 늘어지다. 3 얼굴에 어떤 표정이 잠깐 드러나다.

비나리 명 아침을 해 남의 비위를 맞춤. ▣ ~를 치다.

비-난 (非難) 명하타 남의 잘못이나 흠을 책잡아 나쁘게 말함. ▣ ~을 받다 / ~을 사다 / ~

이 일다 / 원색적으로 ~하다.

비-내구재 (非耐久財) 명 (경) 오랫동안 사용할 수 없는 재물. ↔내구재.

비너스 (Venus) 명 1 미와 사랑의 여신. '베누스'의 영어 이름. 2 (천) 금성(金星).

비녀 명 여자의 쪽 찐 머리가 풀어지지 않도록 꽂는 장신구. 잠(簪). ▣ ~를 꽂다 / ~를 찌르다.

비녀 (婢女) 명 여종.

비녀-장 명 1 바퀴가 벗어나지 못하게 굴대 머리 구멍에 끼는 큰 못. 2 (건) 인방(引枋)이 물러나지 못하게 기둥과 인방 머리를 얼러서 구멍을 내어 꽂는 굵은 나무못.

비:-년 (比年) 명 1 근년(近年). 2 매년(每年).

비:-노동력 인구 (非勞動力人口)[-녀건-] 명 (사) 생산 연령 가운데 통학·가사·질병 등으로 말미암아 실제로는 노동 시장에 나타나지 않는 인구. ↔노동 인구.

비노리 명 (식) 볏과의 한해살이풀. 길가에 나는데, 줄기는 무더기로 나고 높이 25 cm 가량, 여름에 녹색 또는 자주색 꽃이 핌. 사료 식물임.

비:-논리적 (非論理的)[-놀-] 관 명 논리적이 아닌 (것). 조리가 닿지 않는 (것). ▣ ~(인) 사고방식 / 글이 ~이다.

비:-농가 (非農家) 명 농촌에 살지만 농사를 짓지 않는 집.

비:-뇨기 (泌尿器) 명 (생) 오줌의 생성과 배설을 맡은 기관.

비:뇨기 결핵 (泌尿器結核) (의) 비뇨기에 결핵성 염증을 일으키는 병.

비:뇨기-과 (泌尿器科)[-꽈] 명 (의) 비뇨기에 관한 질환을 연구·치료하는 의학의 한 부문.

비누 명 때나 더러움을 씻어 내는 데 쓰는 물건. 때에 녹으면 거품이 일며 미끈미끈해짐 《고급 지방산의 알칼리 금속염(金屬鹽)을 주 성분으로 하여 만듦》.

비누-질 명하자타 때나 더러움을 씻기 위해 비누를 문지르는 짓. ▣ 얼굴에 ~을 하다.

비누-화 (-化) 명하자타 (화) 1 유기 화학에서, 에스테르를 알코올과 산(酸)으로는 염(鹽)으로 가수 분해시키는 반응. 2 지방을 가수 분해하여 글리세린과 비누를 만드는 화학 변화. 감화(鹼化).

비눗-갑 (-匣)[-눕깝 / -눋깝] 명 비누를 담아 두고 쓰는 조그만 갑.

비눗-기 [-누끼 / -눋끼] 명 비눗물이 묻어 있는 기운. ▣ ~가 덜 빠지다.

비눗-물 [-눈-] 명 비누를 푼 물. ▣ ~이 눈에 들어가다.

비눗-방울 [-누빵- / -눋빵-] 명 동글동글하게 방울이 진 비누 거품.

비붜하다형 <옛> 비리다.

비늘 명 1 어류·파충류 등의 몸 표면을 덮고 있는 단단하고 작은 조각. ▣ 생선의 ~을 벗기다. 2 물고기 비늘 같은 것의 총칭.

비늘-구름 명 (기상) 권적운(卷積雲).

비늘-긁기 [-글끼] 명 생선을 다룰 때 비늘을 긁어내는, 쇠로 된 기구.

비늘-김치 명 김치의 하나. 무를 통째로 돌려가며 비늘 모양으로 저며 그 틈에 김칫소를 넣어서 통김치와 함께 담금.

비늘-눈 [-룬] 명 (식) 식물의 곁눈으로 비늘 잎에 싸인 싹. 인아(鱗芽).

비늘-무늬 [-니] 명 삼각형을 두 개 나란히 하고 그 위에 다시 한 개를 포갠 것을 기본으로

상하 좌우로 늘어놓은 무늬.

비늘-살 [-쌀] 〔건〕 햇빛을 막고, 통풍이 잘 되게 하기 위하여 일정한 간격을 비늘처럼 빗댄 창살. 루버(louver).

비늘-잎 [-립] 〔식〕 겨울눈을 싸서 보호하는, 비늘 모양으로 변태된 잎(양파·나리 등의 땅속줄기 등). 인엽(鱗葉).

비늘-줄기 〔명〕 〔식〕 줄기가 짧아져, 그 주위에 양분을 저장하여 두껍게 된 잎이 많이 겹쳐 구형·타원형·달걀꼴을 이룬 땅속줄기(파·마늘·나리 등의 뿌리 따위). 인경(鱗莖).

비:-능률 (非能率) [-뉼] 〔명〕 능률이 떨어지거나 없음. □업무의 ~을 개선하다.

비:-능률적 (非能率的) [-뉼쩍] 〔관명〕 능률적이 아닌 (것). □~(으)인 방식 / 방법이 ~이다.

비:-닉 (庇匿) 〔명〕하타〕 덮어서 감춤. *은닉.

비:-닉 (祕匿) 〔명〕하타〕 몰래 감춤.

비닐 (vinyl) 〔명〕 비닐 수지·비닐 섬유로 만든 제품의 총칭(가죽·옷감·유리 따위의 대용품으로 씀).

비닐론 (vinylon) 〔명〕 폴리비닐 알코올계(系)의 합성 섬유. 흡습성(吸濕性)·보온성이 뛰어나고 합성 섬유 가운데 가장 무명에 가까운 성질 및 감촉을 가짐(옷감·그물 등에 씀).

비닐-봉지 (vinyl封紙) 〔명〕 비닐로 만든 주머니.

비닐 섬유 (vinyl纖維) 〔화〕 비닐알코올을 수지의 용액으로 만든 섬유(내수성(耐水性)이 강하며, 나일론보다 염색성이 좋음).

비닐 수지 (vinyl樹脂) 〔화〕 아세틸렌을 주원료로 하는 합성수지(투명한데, 착색(着色)이 잘됨. 접착제·고무 대용·합성 섬유 원료 등 용도가 많음).

비닐 인쇄 (vinyl印刷) 〔인〕 플라스틱 인쇄의 하나. 특수 잉크를 써서 비닐 시트·비닐 필름에 하는 인쇄.

비닐-판 (vinyl板) 〔명〕 비닐 계통의 수지를 재료로 하여 만든 레코드판.

비닐-하우스 (vinyl+house) 〔명〕 비닐로 바깥을 가린 온상(채소·꽃 등의 촉성 재배를 하거나 열대 식물을 키우기 위해 씀). □~에서 재배한 딸기.

비닐-화 (vinyl化) 〔명〕〔화〕 유기 화합물과 아세틸렌이 작용하여 비닐 화합물이 생기는 반응.

비:다¹ 〔타〕☞ 비우다.

비:다² 〔ㅣ〕 **1** 속에 든 것이 없게 되다. □빈 병 / 주머니가 ~. **2** 어떤 자리를 차지하던 것이 없어지다. □과장 자리가 ~. **3** 진실이나 내용이 없는 상태가 되다. □내용이 빈 글. **4** 아는 것이 없는 상태가 되다. □머리가 텅 ~. **5** 손에 들거나 몸에 지닌 것이 없게 되다. □빈 몸으로 오다. **6** 집·방·수레 따위에 사람이나 짐 따위가 없게 되다. □빈 차 / 텅 빈 교실. **7** 할 일이나 약속 등이 없는 상태가 되다. □오후에는 손이 빈다. **8** 어떤 수량에 얼마가 모자라게 되다. □10만 원에서 천 원이 빈다.

[빈 수레가 요란하다] 실속 없는 사람이 겉으로 더 떠들어 댄다.

비:-다듬다 [-따] 매만져서 곱게 다듬다.

비단 (飛湍) 〔명〕 물살이 센 여울. 급류.

비:단 (緋緞) 〔명〕 명주실로 광택이 나게 짠 피륙의 총칭. 견포(絹布). □~ 금침 / ~ 저고리.

비단 방석에 앉다 〔구〕 훌륭하고 보람 있는 지위나 자리를 차지하다.

비단 (非但) 〔부〕 ‘다만’의 뜻. 부정의 경우에 씀. □~ 개인의 문제일 뿐 아니라.

비:단-개구리 (緋緞-) 〔명〕 무당개구리.

비:단-결 (緋緞-) [-껼] 〔명〕 **1** 비단의 바탕에 나타난 올의 짜임새. **2** 곱고 부드러운 상태. □살결이 ~같이 곱다 / 마음씨가 ~ 같다.

비:단-길 (緋緞-) [-낄] 〔명〕〔역〕 실크 로드(Silk Road).

비:-단백석 (非蛋白石) [-썩] 〔명〕〔광〕 짙은 붉은빛의 반사광을 내비치는 단백석.

비:-단백질 (非蛋白質) [-찔] 〔명〕〔화〕 단백질이 아닌 물질.

비:단-뱀 (緋緞-) 〔명〕〔동〕 뱀목의 하나. 몸의 길이는 10 미터 정도이며 몸빛은 연한 갈색 바탕에 어두운 갈색 얼룩무늬가 있음. 작은 동물이나 새 따위를 잡아먹고 삶. 비단구렁이.

비:단-벌레 (緋緞-) 〔충〕 비단벌렛과의 곤충. 길이 3-4 cm로 길쭉한데, 금록색에 딱지날개는 등자색, 배 끝은 삼각형이고, 배와 가슴은 금빛이 도는 적색을 띠며 아름다움. 벚나무·감나무의 줄기를 갉아 먹음.

비:단-보 (緋緞褓) [-뽀] 〔명〕 비단으로 만든 보자기.

[비단보에 개똥] 겉모양은 번드르하나 내용은 추잡함.

비:단-신 (緋緞-) 〔명〕 양옆의 거죽을 비단으로 대어 만든 신.

비:단-실 (緋緞-) 〔명〕 명주실.

비:단-옷 (緋緞-) [-다논] 〔명〕 비단으로 지은 옷. 금의(錦衣).

[비단옷 입고 밤길 가기] 생색이 나지 않는 공연한 일에 애쓰고 보람이 없다는 말.

비:단-팥 (緋緞-) [-판] 〔명〕 팥의 하나. 검붉은 바탕에 검은 점이 어룽어룽하고 껍질이 조금 두꺼움.

비:단-풀 (緋緞-) 〔명〕〔식〕 비단풀과의 홍조류. 바다 속에 나는데, 줄기는 가늘고 곧으며 길이는 10 cm가량이고 빛은 붉은색 또는 어두운 자주색임. 식용 또는 풀 쑤는 재료로 씀. 금초(錦草).

비:답 (批答) 〔명〕 상소(上疏)에 대한 임금의 대답. □~이 내리다.

비:당 (備堂) 〔명〕〔역〕 조선 때, 비변사(備邊司)의 통정대부(通政大夫) 이상의 당상관을 일컫던 말.

비:대 (肥大) 〔명〕하형〕 **1** 살이 쪄서 몸집이 크고 뚱뚱함. □몸집이 ~하다. **2** 권력·권한이나 조직 따위가 강대함. □권력의 ~를 막다 / 더욱 ~해지는 정보 산업 /~한 조직을 축소하다.

비대 (碑臺) 〔명〕〔건〕 비대석(碑臺石).

비:-대다 〔타〕 남의 이름을 빌려서 대다.

비:-대발괄 〔명〕하타〕 억울한 사정을 하소연하면서 간절하게 청해 빎. □~ 손이 발이 되게 빌다.

비-대석 (碑臺石) 〔명〕〔건〕 비신(碑身) 밑에 받친 받침돌. 비대(碑臺).

비:-대칭 (非對稱) 〔명〕 대칭이 아님.

비덕 (非德) 〔명〕하형〕 덕이 박함. 또는 그런 사람.

비데 (ㅍ bidet) 〔명〕 물로 성기나 항문을 씻어 주는 기구. 주로 변기에 설치하는 것으로 대소변을 본 후 밸브를 누르면 변기 중앙의 분사구에서 물이 나옴.

비:도 (非道) 〔명〕 도리에 어긋남.

비:도 (匪徒) 〔명〕 무기를 가지고 떼를 지어 다니면서 사람을 해치고 재물을 빼앗는 무리. 비류(匪類).

비:도 (悲悼) 〔명〕하자〕 사람의 죽음을 몹시 슬퍼

비:-도덕적 (非道德的)[-쩍] 관명 도덕적인 규범에 어긋나는 (것). ▢~(인) 처사 / ~이라고 비난을 받다.

비:-도-산고 (悲悼酸苦) 명하형 손아랫사람의 죽음을 당해 몹시 슬퍼 코허리가 시고 마음이 쓰라림. ⊛비산(悲酸).

비독 (飛讀)명하타 글을 읽을 때, 여기저기 빼놓고 띄엄띄엄 읽음.

비동 (飛棟)명 〖건〗 높은 지붕마루의 보.

비:-동맹국 (非同盟國) 명 〖정〗 비동맹주의를 따르는 나라.

비:-동맹-주의 (非同盟主義)[- / -이] 명 〖정〗 제이 차 세계 대전 이후의 냉전 체제 속에서, 동서 양대 세력의 어느 세력과도 동맹을 맺지 아니하고 중립국의 단결로 평화를 유지하려는 입장이나 주의(네루·티토·나세르 등의 외교 정책이 기초(基礎)가 되었음).

비두리 명 〖옛〗 비둘기.

비:-둔-하다 (肥鈍-)형어 몸이 뚱뚱하거나 옷을 많이 입어 동작이 둔하다.

비둘기 명 〖조〗 비둘깃목의 새의 총칭. 야생종과 집비둘기로 나누는데, 부리가 짧고 다리는 가늘고 짧음. 성질은 순해 길들이기 쉽고, 귀소성을 이용해 통신용으로 이용함. 평화를 상징하는 새임.

비둘기-장 (-檻)명 비둘기를 기르는 새장.

비둘기-파 (-派)명 상대편과 타협하고, 온건하게 사태에 대처하려는 입장에 선 사람들. ↔매파.

비듬 명 〖생〗 머리의 살가죽에 생기는 흰 비늘. ▢~을 털다.

비듬-하다 형어 '비스듬하다'의 준말. ⊛배듬하다. 비듬-히 부

비:-등 (沸騰) 명하자 1 액체가 끓어오름. 2 물 끓듯 떠들썩하여짐. ▢여론이 ~하다.

비등 (飛騰)명하자 공중으로 높이 날아오름. 비양(飛揚).

비:-등기선 (非登記船) 명 〖법〗 선박 등기법에 등기를 하지 않는 배.

비:-등방성 (非等方性)[-썽] 명 〖물〗 물리적 성질이 방향에 따라 다른 일. 이방성(異方性). ↔등방성(等方性).

비:-등-비등 (比等比等)부하형 여럿이 모두 비슷하게. ▢실력이 모두 ~하다.

비:-등-점 (沸騰點)[-쩜] 명 〖화〗 끓는점. ↔빙점(氷點).

비:-등-하다 (比等-)형어 비교하여 볼 때 서로 비슷하다. ▢두 사람의 성적이 ~.

비디오 (video)명 1 텔레비전에서, 음성에 대해 화면 부분을 말함. ↔오디오(audio). 2 '비디오테이프·비디오리코더'의 준말.

비디오 게임 (video game) 마이크로칩과 컴퓨터 기술을 응용하여 텔레비전이나 모니터의 화면을 써서 하는 게임. 전자오락.

비디오-디스크 (videodisc)명 텔레비전의 화면을 재생하는 비디오카세트의 하나.

비디오 아트 (video art) 비디오를 이용한 영상(映像) 예술 표현의 한 양식.

비디오-카세트 (video cassette)명 비디오테이프나 특수 필름을 카세트에 장치하여 두었다가 필요할 때 영상을 텔레비전 수상기에 나타내는 영상 재생 장치.

비디오-테이프 (video tape) 명 1 영상 신호나 음성 신호를 기록하기 위한 자기(磁氣) 테이프. 또는 그것을 기록한 테이프. 2 '비디오테이프리코더'의 준말. ⊛비디오.

비디오테이프-리코더 (video tape recorder)명

전자기식(電磁氣式) 녹음의 원리에 의거하여 텔레비전의 영상 신호를 음성 신호와 함께 테이프에 기록 재생하는 장치. ⊛브이티아르 (VTR)·비디오테이프·비디오.

비디오텍스 (videotex)명 전화 회선 등을 이용하여 가정이나 사무실의 비디오 단말기에 필요한 영상 정보를 문자나 도형으로 나타내어 주는 통신 정보 서비스.

비:-디프테리아 (鼻diphtheria)명 〖의〗 디프테리아균이 코의 점막에 감염해 일어나는 병.

비딱-거리다 [-꺼-]자 물체가 이쪽저쪽으로 자꾸 기울어지다. ⧢배딱거리다. ⧣삐딱거리다. 비딱-비딱 부하자형

비딱-대다 [-때-]자 비딱거리다.

비딱-하다 [-따카-]형어 1 물체가 한쪽으로 기울어져 있다. ▢비딱한 자세 / 모자를 비딱하게 쓰다. 2 마음·생각이나 행동 따위가 바르지 못하고 조금 비틀어져 있다. ⧢배딱하다. ⧣삐딱하다.

비뚜로 부 비뚤어지게. ▢줄을 ~ 서다. ⧢배뚜로. ⧣삐뚜로.

비뚜름-하다 형어 조금 비뚤다. ▢모자를 비뚜름하게 쓰다. ⧢배뚜름하다. ⧣삐뚜름하다. 비뚜름-히 부

비뚝-거리다 [-꺼-]자타 1 한쪽이 기울어서 자꾸 흔들리다. 또는 그렇게 하다. 2 한쪽 다리가 짧거나 바닥이 고르지 못하여 기우뚱기우뚱하며 걷다. 또는 그렇게 하다. 3 몸발을 좀 짚고 비뚝거리며 걷다. ⧢배뚝거리다. ⧣삐뚝거리다. 비뚝-비뚝 [-뻑-] 부하자타

비뚝-대다 [-때-]자타 비뚝거리다.

비뚤-거리다 자타 1 이리저리 기울며 자꾸 흔들리다. 또는 그렇게 하다. 2 곧지 못하고 이리저리 자꾸 구부러지다. ⧢배뚤거리다. ⧣삐뚤거리다. 비뚤-비뚤 부하형자타

비뚤다 〔비뚤어, 비뚜니, 비뚠〕형 1 바르지 않고 한쪽으로 기울어져 있다. ▢줄이 ~. 2 마음이 바르지 못하고 꼬여 있다. ▢마음이 ~. ⧢배뚤다. ⧣삐뚤다.

비뚤-대다 자타 비뚤거리다.

비뚤어-지다 자 1 반듯하지 않고 한쪽으로 기울어지다. ▢문패가 ~. 2 성이 나서 뒤틀어지다. ▢심사가 나서 비뚤어진 소리를 한다. ⧢배뚤어지다. 3 마음·성격이 바르지 않다. ▢비뚤어진 성격. ⧣삐뚤어지다.

비뚤-이 명 1 몸의 한 부분 또는 마음이 비뚤어진 사람. 2 언덕 아래로 비뚤어지게 난 길. ⧣삐뚤이.

비:-라리 명하타 구구하게 사정하여 남에게 무엇을 청하는 일. 비라리청(請). ▢곧 죽어도 ~ 치지는 않는다.

비:-래 (比來)명 요사이.

비래 (飛來)명하자 날아서 옴.

비:-량 (比量)명하타 비교(比較).

비:-량 (鼻梁)명 콧마루.

비럭-질 [-찔] 명하타 남에게 구걸하는 짓.

비렁-뱅이 명 〖속〗 거지. ⧢배랑뱅이.

비레 (飛鱧)명 〖옛〗 벼랑.

비:-력 (臂力)명 팔의 힘.

비:-련 (悲戀)명 슬프게 끝나는 사랑. ▢~의 주인공 / ~에 울다.

비렴 (飛廉·蜚廉)명 1 바람을 일으킨다는 상상의 새. 2 바람을 맡은 신(神). 풍백.

비렴 (蜚蠊)명 〖충〗 바퀴[2].

비렴-급제 (飛簾及第)[-쩨] 명 〖역〗 과거에서 소과(小科)를 거치지 아니하고 대번에 대과

(大科)에 급제한 일.

비:례 (比例) 명하자 **1** 어떤 수나 양의 변화에 따라 다른 수나 양이 변화하는 것. **2** 예를 들어 비교함. **3**〔수〕두 양의 비가 같은 일. 또는 그 관계의 양을 다루는 산법. **4** 표현된 물상(物象)의 각 부분 상호 간 또는 전체와 부분 간의 양적(量的) 관계. 준비.

비:례 (非禮) 명 예의에 어긋남. ❑ 과공(過恭)은 ~라.

비례 (菲禮) 명 변변하지 못한 예물.

비:례 (備禮) 명하자 예의를 갖춤.

비:례 계:수 (比例係數)[-/-게-]〔수〕비례 상수(常數).

비:례 대:표제 (比例代表制)〔정〕정당의 총 득표수에 비례하여 의석을 부여하는 선거 제도. ↔균등 대표제.

비:례-량 (比例量) 명〔수〕비례 관계를 이루는 몇 개의 정량(定量) 또는 서로 비례 관계를 이루면서 변화하는 두 개의 양.

비:례 배:분 (比例配分)〔수〕일정한 수량을 일정한 비율에 따라 나누는 셈법. 안분(按分) 비례.

비:례 상수 (比例常數)〔수〕변화하는 두 수 또는 양이 비례할 때의 그 비의 값. 또는 반비례할 때의 그 곱의 값. 비례 계수.

비:례 선:거 (比例選擧)〔정〕비례 대표제에 의한 선거.

비:례-세 (比例稅) 명〔법〕과세 대상의 크기에 상관없이 같은 세율로 부과하는 과세. ↔누진세.

비:례-식 (比例式) 명〔수〕두 개의 비가 같음을 나타내는 식(《$a:b=c:d$ 따위》).

비:례-주 (比例株) 명〔경〕무액면주.

비:례 준:비법 (比例準備法)[-뻡]〔경〕비례 준비 제도.

비:례 준:비 제:도 (比例準備制度)〔경〕은행권을 발행할 때, 발행액의 일정한 비율의 정화(正貨) 또는 금은(金銀)을 준비하여야만 하는 제도. 비례 준비법.

비:례 중수 (比例中數)〔수〕비례 중항.

비:례 중항 (比例中項)〔수〕두 내항(內項)이 같은 비례식에서의 그 내항(《$a:b=b:c$ 에서 b를 이름》). 비례 중수.

비:례-항 (比例項) 명〔수〕비례를 이루고 있는 각 항.

비로드 (←포 veludo) 명 벨벳.

비로소 부 (어떤 일이 있고 난 다음에야) 처음으로. ❑ ~ 진가를 알다.

비로자나 (毘盧遮那) 명〔불〕'비로자나불'의 준말.

비로자나-불 (毘盧遮那佛) 명〔불〕연화장(蓮華藏) 세계에 살며, 그 몸은 법계에 두루 차서 큰 광명을 내비춘다는 부처. 준비로자나.

비로-전 (毘盧殿) 명〔불〕비로자나불을 모신 법당. 곧, '대적광전(大寂光殿)'의 딴 이름.

비:록 (祕錄) 명 비밀의 기록. 숨겨 온 기록. ❑ 6·25 전쟁 ~ / 수사 ~이 공개되다.

비록 부 아무리 그렇다 하더라도. ❑ ~ 나이는 어려도 속은 어른 못지않다.

비록-일 (飛鹿日) 명〔민〕음양가(陰陽家)에서, 집 짓는 데 크게 흉하다고 하는 날.

비:론 (比論) 명하타 서로 비교해 논함.

비롬 명 〈옛〉 빎.

비롯-되다 [-롣뙤-] 자 사물이 처음으로 시작되다. ❑ 전설에서 비롯된 풍속 / 싸움이 사소한 오해에서 ~.

비롯-하다 [-로타-] 자타여 **1** 처음으로 시작하다. ❑ 이 풍속은 신라 초에 비롯하였다고 한다. **2** 여럿 가운데에서 첫머리로 들다. ❑ 시장을 비롯한 참석자들 / 할아버지를 비롯하여 온 가족이 모이다.

비:료 (肥料) 명 토지의 생산력을 증진하고 식물을 잘 생장시키기 위해 뿌려 주는 영양 물질. 거름. ❑ 나무에 ~를 주다 / 밭에 ~를 뿌리다.

비:료 식물 (肥料植物)[-싱-]〔농〕비료로 쓰기 위해 재배하는 식물(《자운영·토끼풀 등》).

비:료 작물 (肥料作物)[-장-]〔농〕풋거름 작물.

비루 명〔농〕개·나귀·말 따위의 피부에 생기는 병(《살갗이 헐고 털이 빠짐》). ❑ ~ 오르다.

비루 (飛樓) 명 높은 곳에 세운 누각.

비:루 (悲淚) 명 슬퍼서 흘리는 눈물. ❑ ~를 삼키다.

비:루-관 (鼻淚管) 명〔생〕눈물주머니의 아래 끝에서 하비도(下鼻道)로 통하는 누관. 누비관(淚鼻管).

비루-먹다 [-따] 자 개·나귀 따위가 비루에 걸리다.

비루수 부 〈옛〉 비로소.

비:루-하다 (鄙陋-) 형여 행동이나 성질이 고상하지 못하고 더럽다. ❑ 비루한 생각.

비:류 (比類) 명 **1** 비슷한 종류. **2** 견주어 비교할 만한 것.

비:류 (非類) 명 **1** 같지 않은 종류. **2** 사람답지 않은 사람.

비류 (飛流) 명 **1** 세차게 흘러 내려감. **2** 폭포.

비:륜-하다 (比倫-) 형여 견주어 같은 종류가 될 만하다.

비르서 부 〈옛〉 비로소.

비르소 부 〈옛〉 비로소.

비르수 부 〈옛〉 비로소.

비르숨 자타 〈옛〉 비롯함. '비릇다'의 명사형.

비름 명〔식〕비름과의 한해살이풀. 밭·길가에 나는데, 줄기는 곧고, 높이는 1.2 m 가량이고, 여름·가을에 백록색의 잔꽃이 핌. 어린잎은 식용함.

비릇다 자타 〈옛〉 비롯하다.

비릊다 [-릗따] 타 임부가 진통을 일으키며 아이를 낳으려는 낌새를 보이다.

비:리 (非理) 명 올바른 이치나 도리에 어그러지는 일. ❑ ~에 연루되다 / ~를 척결하다 / ~를 파헤치다.

비리다 형 **1** 물고기·날콩이나 동물의 피에서 나는 냄새나 맛과 같다. ❑ 바닷바람에 비린 냄새가 묻어오다. **2** 너무 적어 마음에 차지 않다. **3** 하는 짓이 좀스럽고 구차스러워 더럽고 아니꼽다. 작배리다.

비리-비리 부하형 비틀어지게 여위고 연약한 모양. ❑ ~ 약하다 / ~하게 마르다. 작배리배리.

비리척지근-하다 [-찌-] 형여 맛이나 냄새가 조금 비리다. ❑ 젓갈 냄새가 ~. 작배리착지근하다. 준비리치근하다·비척지근하다·비치근하다.

비리치근-하다 형여 '비리척지근하다'의 준말.

비:리-하다 (鄙俚-) 형여 풍속·언어 등이 촌스럽고 속되다.

비:리-호송 (非理好訟) 명 이치에 닿지 않는 송사(訟事)를 잘 일으킴.

비:린 (比隣) 명 가까이에서 사는 이웃.

비린-내 명 비린 냄새. ❑ ~를 풍기다 / ~가 지워지지 않는다.

비린내(가) 나다 구 '젖비린내(가) 나다'의

비:린-하다 (鄙吝−)〖혬어〗 다랍게 인색하다.

비릿-비릿 [-린삔린]〖부하혬〗 1 냄새나 맛이 매우 비릿한 모양. ▢생선 냄새가 ~하게 풍겨 온다. 2 좀스럽거나 구차스러워 더럽고 아니꼬운 모양. ㉠배릿배릿.

비릿-이〖부〗 비릿하게.

비릿-하다 [-리타−]〖혬어〗 조금 비린 듯하다. ㉠배릿하다.

비:마 (肥馬)〖명〗 살찐 말.

비마 (飛馬)〖명〗 1 나는 듯이 빨리 달리는 말. 준마(駿馬). 2 바둑에서, 변에서 둘째 줄에 있는 바둑알에서 상대편 집 모양 안으로 세 칸 건너 가장자리의 줄에 놓는 점.

비마 (草麻·麻麻·蓖麻)〖명〗〖식〗 피마자1.

비:마-경구 (肥馬輕裘) 부귀한 사람이 외출할 때의 차림새.

비마-자 (草麻子)〖명〗〖식〗 피마자2.

비:만 (肥滿)〖명하혬〗 살이 쪄서 몸이 뚱뚱함. ▢한 체구 / ~을 치료하다.

비:만-아 (肥滿兒)〖명〗 살이 쪄서 몸이 뚱뚱한 어린이.

비:만-증 (肥滿症)[-쯩]〖의〗 몸에 지방질이 많아 뚱뚱해지고 동작이 둔해지는 병.

비말 (飛沫)〖명〗 날아 흩어지는 물방울. ▢파도의 ~이 날리다.

비말 감:염 (飛沫感染)〖의〗 비말 전염.

비말 전염 (飛沫傳染)〖의〗 기침이나 재채기를 할 때 뛰어나오는 타액 등에 의해 병이 전염하는 일.

비:망 (備忘)〖명〗 잊지 않기 위해 대비하는 일. ▢~ 노트.

비:망-기 (備忘記)〖명〗〖역〗 임금의 명령을 적어서 승지(承旨)에게 전하던 문서.

비:망-록 (備忘錄)[-녹]〖명〗 잊지 않으려고 적어 둔 기록이나 문서. 메모.

비:매-품 (非賣品)〖명〗 팔지 않는 물품. ↔매품.

비면 (碑面)〖명〗 비문을 새긴 비석의 표면. ▢~에 새겨진 금석문을 해석하다.

비:명 (非命)〖명〗 뜻밖의 재난으로 죽음. ▢~에 가다.

비:명 (悲鳴)〖명〗 위험·공포 등을 느낄 때 갑자기 지르는 외마디 소리. ▢~에 놀라다 / ~을 지르다.

비명 (碑銘)〖명〗 비석에 새긴 글.

비:명-횡사 (非命橫死)〖명하혬〗 뜻밖의 사고를 당하여 제 목숨대로 살지 못하고 죽음. ▢젊은 나이에 교통사고로 ~하다.

비:모 (鼻毛)〖명〗 코털.

비목 (飛木)〖명〗 잣벌불.

비:목 (費目)〖명〗 쓰이는 돈의 용도를 목적에 따라 나눈 항목. ▢경비를 ~에 따라 적다.

비목 (碑木)〖명〗 나무를 깎아서 세운 비. 목비(木碑).

비:목-어 (比目魚)〖명〗〖어〗 넙치.

비:몽사몽 (非夢似夢)〖명〗 깊이 잠들지도 깨지도 않은 어렴풋한 상태. 사몽비몽. ▢~ 속을 헤매다.

비:몽사몽-간 (非夢似夢間)〖명〗 깊이 잠들지도 깨지도 않은 어렴풋한 동안. 사몽비몽간(似夢非夢間). 비몽간. ▢~에 일어난 일이라 정신이 없다.

비:무장 (非武裝)〖명〗 무장하지 않음. ▢~ 민간인을 공격하다.

비:무장 도시 (非武裝都市)〖군〗 전쟁에 대비하여 아무 방비 시설을 갖추지 않은 도시. 무방비 도시.

비:무장 중립 (非武裝中立)[-닙]〖정〗 일체의

1125　　　　비바치시모

무력적인 수단을 사용하지 않고 중립을 지키는 일.

비:무장 지대 (非武裝地帶)〖군〗 1 무장을 하지 않은 지대. 2 조약 등에 의해서 무장이 금지된 지역. 완충 지대. 디엠제트(DMZ).

비:문 (非文)〖명〗 문법에 맞지 않는 문장.

비:문 (卑門)〖명〗 자기 가문을 낮추어 이르는 말.

비:문 (祕文)〖명〗 1 비밀스러운 주문(呪文). 2 '비밀문서'의 준말.

비문 (碑文)〖명〗 비에 새긴 글. 비지(碑誌). ▢~을 새기다.

비:문 (鼻門)〖명〗 콧구멍.

비문 (鼻紋)〖명〗 소의 코 주위에 있는 무늬(사람의 지문처럼 소마다 다름).

비:-문화적 (非文化的)〖관명〗 문화적이 아닌(것). ▢~인 사회.

비:-민주적 (非民主的)〖관명〗 민주적이 아닌(것). ▢~인 제도 / 혼자서 좌지우지하는 것은 ~이다.

비:밀 (祕密)〖명하혬허부〗 1 숨기어 남에게 공개하지 않는 일. ▢~ 교섭 / 공공연한 ~ / ~을 지키다 / ~이 탄로나다 / ~을 누설하다 / ~에 붙이다 / ~을 밝히다 / ~이 밖으로 새다 / 이건 절대 ~이다. 2 밝혀지지 않거나 알려지지 않은 속내. ▢우주의 ~.

비:밀 결사 (祕密結社)[-싸]〖사〗 외부에 대해 그 존재나 구성 인원·목적·활동 상황 등을 비밀로 하고 있는 단체. 비밀 단체.

비:밀-경찰 (祕密警察)〖명〗 비밀로 조직하여 드러나지 않게 활동하는 정치 경찰.

비:밀-리 (祕密裡)〖명〗 비밀한 가운데. ▢~에 진행된 협상 / ~에 거래가 이루어지다.

비:밀-문서 (祕密文書)〖명〗 남에게 알려서는 안될 문서. ㉠비문.

비:밀-번호 (祕密番號)〖명〗 인터넷이나 은행 등에서 보안을 위하여 사용자만 알게 정해 놓은 개인 고유 문자열. 비번. *패스워드.

비:밀 선:거 (祕密選擧)〖정〗 비밀 투표로 하는 선거. ↔공개(公開) 선거.

비:밀-스럽다 (祕密−)[-따][-스러워, -스러우니]〖혬〗 무엇인가를 감추려는 기색이 있다. ▢비밀스러운 내용. 비:밀-스레〖부〗

비:밀 외:교 (祕密外交)〖정〗 국민에게 알리지 않고 정부가 비밀리에 행하는 외교.

비:밀 침:해죄 (祕密侵害罪)[-쬐]〖법〗 봉함(封緘) 등 비밀 장치를 한 타인의 편지·문서·그림 등을 열어 봄으로써 성립하는 죄.

비:밀 통신 (祕密通信)〖명〗 비밀히 왕래하는 통신.

비:밀 투표 (祕密投票)〖법〗 유권자가 어떤 후보자에게 투표하였는지 알 수 없게 비밀히 하는 투표 방법. 무기명 투표. ↔공개 투표.

비:밀-회 (祕密會)〖명〗 1 비밀히 하는 모임. 2 비밀회의.

비:밀-회의 (祕密會議)[-/-의]〖명〗 공개하지 아니하고 비밀히 하는 회의. 비밀회.

비-바람〖명〗 1 비와 바람. ▢~에 깎이다 / ~을 가리다. 2 비가 휘몰아치는 바람. ▢~이 몰아치다.

비바리〖명〗 바다에서 해산물을 채취하는 일을 하는 처녀. 준비발.

[비바리는 말똥만 보아도 웃는다] 처녀는 우습지 않은 일에도 곧잘 웃음을 이르는 말.

비바체 (이 vivace)〖명〗〖악〗 악보에서, '생기 있게 빨리'의 뜻.

비바치시모 (이 vivacissimo)〖명〗〖악〗 악보에서, '아주 생기 있고 빠르게'의 뜻.

비바크(독 Biwak)圓 등산에서, 텐트를 치지 않고 바위 밑이나 나무 그늘, 눈구덩이 따위를 이용해서 하룻밤을 지새는 일.

비-박(臂膊)圓 팔과 어깨.

비박-하다(菲薄-)[-바카-]혬어 얼마 되지 않아 변변치 못하다.

비-반-하다(肥胖-)혬어 살이 쪄서 몸이 뚱뚱하다.

비발¹ 비용(費用).

비발² 圓 '비바리'의 준말.

비:방(比方)圓혬어 서로 견주어 봄.

비:방(秘方)圓 1 비밀한 방법. 비법. □~을 써서 생명을 구하다. 2 비밀로 되어 있는 약의 처방.

비방(誹謗)圓혬타 남을 헐뜯어 말함. 비산(誹訕). □~과 욕설 / 상사를 ~하다.

비-방수호(非放水湖)圓『지』물이 흘러들기만 하고 흘러 나가지 않는 호수.

비:방-하다(比方-)혬어 서로 비슷하다.

비배(肥培)圓 식물에 거름을 주고 가꿈.

비배 관리(肥培管理)[-꽐-]『농』거름을 주어 토지를 기름지게 하여 식물을 가꿈.

비백(飛白)圓혬타 飛白(비백書).

비:백불난(非帛不煖)[-뽈란]圓혬자 비단옷이 아니면 따뜻하지 않다는 뜻으로, 노인의 쇠약해진 기를 이름.

비백-서(飛白書)[-써]圓 한자 서체의 한 가지《팔분(八分)과 비슷한 서체로, 획을 나는 듯이 그어 그림처럼 쓴 글씨》. 비백.

비버(beaver)圓『동』비버과의 수변(水邊) 동물. 몸은 80 cm, 꼬리는 37 cm 정도로, 쥐목 가운데 가장 큼. 꼬리는 넓고 납작하며 귀는 작음. 헤엄을 잘 치며 나무껍질을 주로 먹음. 해리(海狸).

비:번(非番)圓 당번이 아님. ↔당번.

비:번(秘番)圓 '비밀번호'의 준말.

비-벌레圓『동』촉수동물의 하나. 얕은 바다에 사는데, 몸은 15 cm 정도의 길이의 원통형으로 가늘고, 몸 앞에 말굽 모양으로 말린 흑자색 촉수 뭉치가 있어 비처럼 보임. 항문이 입 가까이에 있고, 심장이 없음.

비:범-인(非凡人)圓 비범한 사람.

비:범-하다(非凡-)혬어 매우 뛰어나다. 불범(不凡)하다. □비범한 솜씨 / 재능이 ~. ↔평범하다. **비:범-히**튄

비:법(非法)圓혬어 불법(不法).

비:법(秘法)[-뻡]圓 비방(秘方)1. □요리의 ~을 전수하다.

비:벽-하다(鄙僻-)[-벼카-]혬어 성질이 더럽고 한쪽으로 치우치다.

비:변(丕變)圓혬타 예로부터 내려오는 나쁜 풍습을 깨뜨려 버림.

비:변(鄙邊)圓 비지(鄙地).

비:변-사(備邊司)圓『역』조선 중종 때 설치한, 군국(軍國)의 사무를 맡아보던 관아. 비국(備局).

비보(飛報)圓혬타 급히 알림. 또는 그 소식. 급보(急報). □~가 날아오다.

비:보(秘報)圓혬타 비밀히 보고함. 또는 그 보고. □경위를 ~하다.

비:보(秘寶)圓 비밀히 간직한 보배.

비:보(悲報)圓 슬픈 기별이나 소식. □~를 접하다. ↔희보(喜報).

비:보(裨補)圓혬타 도와서 모자란 것을 채움.

비보(이 vivo)圓『악』악보에서, '활발하고 빠르게'의 뜻.

비복(婢僕)圓 여자 종과 남자 종. 복비. 노비.

비복-근(腓腹筋)[-끈]圓『생』하퇴부 뒤쪽의 피하에 있는 큰 근육. 발뒤꿈치를 드는 데 또는 걷거나 달리는 데 중요한 역할을 함.

비:본(秘本)圓 소중히 간직해 둔 책.

비봉(飛蓬)圓 흔들려서 안정되지 못함의 비유.

비:봉(秘封)圓혬타 남이 보지 못하게 단단히 봉함. 또는 그렇게 봉한 것.

비:부(秘府)圓 1 남이 알아서는 안 될 귀중한 물건을 두는 창고. 비고(秘庫). 2 비각(祕閣).

비부(婢夫)圓 여자 종의 남편.

비:부(鄙夫)圓 마음씨가 더러운 사내.

비:-부(妣夫~)圓〔속〕비부(婢夫).

비:-부피(比-)圓『물』단위 질량의 물체가 차지하는 부피. 밀도의 역수(逆數)와 같음. 비체적(比體積).

비:분(非分)圓 1 분수에 맞지 않음. 2 도리에 어긋남.

비:분(悲憤)圓혬자 슬프고 분함. □~에 찬 목소리 / ~한 마음을 억누르다.

비:분-강개(悲憤慷慨)圓혬자 슬프고 분해서 의분(義憤)이 북받침. □불의를 보고 ~하다.

비:분-총탁(非分寵擢)圓 분수에 넘치는 사랑을 받아 벼슬자리에 등용되는 일.

비:-불능(非不能)[-릉]圓 충분히 할 수 있는 일을 일부러 하지 않음.

비:-불발설(秘不發說)[-썰]圓혬타 비밀에 붙이고 말을 내지 않음.

비브라토(이 vibrato)圓『악』음정을 아래위로 떨어 울리게 하는 기법. 또는 그 음.

비브라폰(vibraphone)圓 타악기의 하나. 음률을 가진 쇳조각 밑에 전기 장치가 있는 공명체를 붙인 철금. 주로 경음악에 씀.

비브리오(이 Vibrio)圓《균》간균(桿菌)의 한 가지《콜레라균·장염(腸炎) 비브리오 따위》.

비빈다[_옛_]〈옛〉비비다.

비비(狒狒)圓《동》긴꼬리원숭잇과 가운데 아프리카에 사는, 몸집이 크고 지상 생활을 하는 원숭이들의 총칭. 주둥이는 길며, 송곳니가 발달함. 개코원숭이.

비비튄 여러 번 꼬이거나 뒤틀린 모양. □몸을 ~ 꼬다 / 일이 ~ 꼬이다 / 잠시도 가만히 있지 못하고 몸을 ~ 튼다. _참_비배비.

비:비(比比)튄 1 어느 것이나 다. 낱낱이. 2 흔히. 자주.

비:비-개연(比比皆然)圓혬혬 어느 것이나 다 그러함.

비비다타 1 두 물체를 마주 대고 문지르다. □두 손을 ~ / 빨래를 비벼 빨다. 2 뭉쳐지게 두 손바닥 사이에 넣고 문질러 돌리다. □환약을 ~. 3 어떤 재료에 다른 재료를 넣어 한데 버무리다. □밥에 달걀과 간장을 넣고 ~. 4 송곳 등으로 구멍을 뚫으려고 이리저리 돌리다. _참_뱌비다.

비비대기-치다짜 1 좁은 곳에서 여러 사람이 몸을 맞대고 움직이다. □만원 버스 속에서 ~. 2 부산하게 움직이다.

비비-대다타 자꾸 대고 비비다. □얼굴을 가슴에 비비대며 ~다. _참_뱌비대다.

비비배배튄 종달새 따위가 지저귀는 소리.

비비-송곳[-곧]圓 자루를 두 손바닥으로 비벼서 구멍을 뚫는 송곳.

비:비-유지(比比有之)圓혬혬 어떤 일이나 현상이 흔히 있음.

비비적-거리다[-꺼-]타 맞대어 자꾸 비비다. □손바닥을 비비적거리며 변명을 늘어놓는다. _참_뱌비작거리다. _준_비빗거리다. **비비적-비비적**[-쩍 뻐-]튄혬타

비비적-대다[-때-]彫 비비적거리다.
비비추 명 《식》 백합과의 여러해살이풀. 산속의 개울가에 남. 높이는 40cm 정도이고, 잎은 뿌리에서 나며, 잎자루는 길고 끝이 뾰족한 둥근 달걀꼴임. 여름에 붉은 자주색 꽃이 핌. 어린잎은 식용함.
비빈(妃嬪)[-명][-역] 비(妃)와 빈(嬪).
비빔 명 밥이나 국수 등에 고기·나물 따위와 양념을 넣고 비빈 음식.
비빔-국수[-쑤]명 국물 없이 고기·나물을 넣고 양념을 섞어 비빈 국수.
비빔-냉면(-冷麵)명 육수는 없이 고기·홍어회·나물 따위와 양념을 넣고 비빈 냉면. *물냉면.
비빔-밥[-빱]명 고기·나물 따위와 양념을 넣고 비빈 밥. 골동반(骨董飯).
비빗-거리다[-빋꺼-]타 '비비적거리다'의 준말. 짠뱌빗거리다. 비빗-비빗[-빋삐빋]부하타
비빗-대다[-빋때-]타 비빗거리다.
비:사(比辭)명 비유로 쓰는 말.
비:사(卑辭)명 자기의 말을 낮추어 이르는 말.
비:사(祕史)명 세상에 알려지지 않은 역사적 사실. ▢궁정(宮廷) ~ / 외교 ~
비:사(祕事)명 비밀로 하고 있는 일.
비:사(鄙舍)명 자기 집의 겸칭.
비:-사량(非思量)명 《불》 생각에 얽매이지 않고 잡념을 없애는 일.
비사리 명 싸리의 껍질.
비사문천-왕(毘沙門天王)명 《불》 '다문천왕(多聞天王)'의 별칭.
비사-주석(飛沙走石)명하자 양사주석.
비:사-증(鼻齄症)[-쯩]《한의》 얼굴, 특히 코의 혈관이 확장되어 붉어지고 두툴두툴하면서 흑처럼 커지는 병증.
비사-차기 명 ☞ 비사치기.
비사-치기 명 《민》 아이들 놀이의 하나. 돌을 비석처럼 땅바닥에 세우고, 돌을 던져서 넘어뜨리거나, 발로 돌을 차서 맞혀 넘어뜨림.
비사-치다타 똑바로 말하지 않고 돌려 말해 은근히 깨우치다.
비산(飛散)명하자 날아서 흩어짐.
비:산(砒酸)명 《화》 비소 화합물의 하나. 삼산화비소를 묽은 질산과 함께 가열해 얻는 무색의 결정체(독성이 있으며 물에 잘 녹음. 삼염기산·비소제 등의 원료로 씀).
비:산(悲酸)명하자 '비도산고(悲悼酸苦)'의 준말.
비:산-납(砒酸-)명 《화》 비산수소납의 통칭. 물에 잘 녹지 않으며 농업용 살충제로 쓰였으나 현재는 사용이 금지됨.
비:산 석회(砒酸石灰)[-서쾨]《농》 비소(砒素) 살충제로 쓰는 농약.
비:산-연(砒酸鉛)명 《화》 비산납.
비:-삼망(非三望)명 《역》 조선 때, 한 사람의 벼슬아치를 뽑을 때에 후보자로 세 사람의 이름을 갖추어서 천거하던 일.
비:상(非常)명하형[히부] 1 심상치 않음. 예사롭지 않음. ▢한 관심을 보이다. 2 뜻밖의 긴급 사태. 또는 이러한 사태에 대응하기 위하여 신속히 내려지는 명령. ▢~이 걸리다 / ~을 걸다 / 대책을 강구하다. 3 평범하지 않고 뛰어남. ▢~한 머리 / 재주가 ~하다.
비상(飛上)명하자 날아오름.
비상(飛翔)명하자 공중을 날아다님. ▢하늘로 ~하는 비행기 / 창공을 ~하는 독수리.
비:상(砒霜)명 《약》 비석(砒石)을 태워 승화(昇華)시켜서 만든 결정체의 독약.
비:상-경계(非常警戒)[-/-계]명 긴급한 사

태가 일어나거나 그런 사태가 일어날 우려가 있을 때에 특정 지역을 엄중히 경계하는 일. ▢경찰이 ~에 들어가다.
비:상-경보(非常警報)명 뜻밖의 긴급한 사태가 일어났을 때에 사이렌이나 신호로써 알리는 일.
비:상-계엄(非常戒嚴)[-/-게-]명 《법》 전쟁 또는 전쟁에 준하는 사변으로 사회 질서가 극도로 교란된 지역에 선포하는 계엄. ▢일부 지역에 ~이 선포되다 / ~으로 군대가 출동하다.
비:상-구(非常口)명 위급한 일이 생겼을 때 급히 피하기 위해 마련한 출입구. ▢~에 비상등을 켜 두다 / ~로 관객을 유도하다.
비:상 구:제 절차(非常救濟節次)《법》 확정 판결 뒤에 현저한 하자(瑕疵)가 있을 때에 인정되는 구제 절차(재심·비상 상고 등).
비:-상근(非常勤)명 《법》 정해진 시간이나 날에만 근무하는 일.
비:상-금(非常金)명 비상용으로 쓰기 위해 마련하여 둔 돈. ▢아내 몰래 ~을 챙겨 두다.
비:상 대:권(非常大權)[-꿘]《법》 국가 비상 사태가 발생했을 때, 국가를 보위하기 위하여 국정 전반에 걸쳐 비상조치를 취할 수 있는 대통령의 권한.
비:상 대:기(非常待機)《군》 비상사태에 대처하기 위한 준비 태세를 갖추고 대기하는 일.
비:상-망(非常網)명 군사 및 치안 유지상 중대 사건이 일어났을 때 평소보다 더 강화하여 편 경계. 또는 그 범위. ▢~을 설치하다 / ~을 펴고 탈옥수를 추적하다.
비:상-비(非常費)명 뜻밖의 긴급한 사태가 일어났을 때 쓸 비용.
비:상-사건(非常事件)[-껀]명 심상치 않게 벌어진 큰 사건.
비:상-사태(非常事態)명 1 대규모 재해나 소요 따위 긴급을 요하는 사태. 2 《법》 국가 비상사태.
비:상 상:고(非常上告)《법》 형사 소송에서, 판결이 확정된 뒤에 법령 위반이 발견되었을 경우에만 인정되는 불복 신청 제도. 검찰 총장이 대법원에 신청함.
비:상-석(砒霜石)명 《광》 1 은·구리 같은 광석을 녹여 그 함유물을 분석할 때에 생기는 비소 화합물. 2 '비석(砒石)1'의 이칭.
비:상-선(非常線)명 1 중대한 범죄 따위 사건이 일어났을 때 일정 구역에 대한 통행이나 출입을 금하고 경비를 강화하는 일. ▢~을 치고 범인 색출에 나서다. 2 긴급한 사태가 일어났을 때에 쓰도록 따로 마련하여 놓은 전화선.
비:상-소집(非常召集)명 1 긴급한 사태가 일어날 때에, 필요한 인원을 급히 불러 모으는 일. 2 《군》 사변 및 전쟁이 일어날 때에 예비군을 소집하는 일. 긴급 소집.
비:상-수단(非常手段)명 중대하고 긴급한 일이 일어났을 때 임시변통으로 급히 처리하는 방법. ▢~을 강구하다.
비:상-시(非常時)명 뜻밖의 긴급한 사태가 일어난 때. ▢~에 대비해 안전 훈련을 실시하다. ↔평상시.
비:상-시국(非常時局)명 사변·전쟁·재해 등이 일어난 국가 위기의 시국.
비:상-식(非常食)명 '비상식량'의 준말.
비:상-식량(非常食糧)[-썅냥]명 재해 따위 비상시를 위해 준비해 두는 식량. ⸈비상식.

비ː상식-적 (非常識的)[-쩍] 관명 상식에 벗어난 (것). ▢~ 발언 / ~ 행위.

비ː상-용 (非常用)[-뇽] 명 비상시에 씀. 또는 그 물건. ▢~ 구급약.

비ː상임 이ː사국 (非常任理事國) 『정』 국제 연합 안전 보장 이사회를 구성하는 15 개 이사국 가운데 5 개 상임 이사국 이외의 10 개 이사국《임기는 2 년임》.

비ː상-조치 (非常措置) 명 1 뜻밖의 긴급한 사태가 일어났을 때 임시변통으로 급히 취하는 조치. 2 『법』 국가가 비상사태에 처했을 때, 대통령이 국정 전반에 걸쳐 내리는 긴급한 조치.

비ː상 착륙 (非常着陸)[-창뉵] 비행 중인 항공기가 기체(機體) 이상이나 돌발적인 사태에서 행하는 불시의 착륙. ▢~을 시도하다.

비ː상-하다 (悲傷-) 형예 마음이 슬프고 쓰라리다.

비ː색 (比色) 명하타 『화』 색깔의 농도를 비교하는 일.

비ː색 (否塞) 명하자 운수가 꽉 막힘.   「빛깔.

비ː색 (翡色) 명 고려청자의 빛깔과 같은 푸른

비ː색-계 (比色計)[-꼐 / -께] 명 『화』 색깔의 농도를 비교하여 분석하는 기구.

비ː색 분석 (比色分析)[-뿐-] 『화』 용액의 빛깔 농도·색조 따위를 표준 용액과 비교하여 시료 물질을 구성하는 각 성분을 정량하는 분석법.

비ː색-증 (鼻塞症)[-쯩] 명 『한의』 콧속이 막히어 숨을 쉬기가 힘들고 냄새를 잘 맡을 수 없게 되는 병.

비ː-생산적 (非生産的) 관명 생산과 직접 관계가 없거나 생산성이 낮은 (것). ▢~(인) 토론 / ~인 산업 구조. ↔생산적.

비서 (飛絮) 명 바람에 날리는 버들개지.

비서 (飛鼠) 명 〔동〕박쥐1.

비ː서 (祕書) 명 1 중요한 직위에 있는 사람에게 직속되어 있으면서 기밀문서나 사무 따위를 맡아보는 직위. 또는 그런 사람. ▢수행 ~ / ~ 노릇을 하다 / ~의 안내를 받다. 2 비본(祕本). ▢외교 ~.

비ː서-관 (祕書官) 명 『법』 관청의 장(長)에 직속되어, 기밀 사무 따위를 맡아보는 관직.

비ː서-실 (祕書室) 명 비서관이나 비서가 사무를 보는 기관. 또는 그 방. ▢대통령 ~.

비석 (沸石) 명 『광』'제올라이트(zeolite)'의 한자말. 가열하면 끓어 거품이 일어나기 때문에 이 이름이 있음.

비석 (砒石) 명 『광』 1 비소·황·철로 된 광물《흙덩이 같으며, 독을 뺌. 맹독성임》. 2 삼산화이비소(三酸化二砒素).

비석 (碑石) 명 돌로 만든 비. 빗돌. ▢~을 세우다 / ~에 이름을 새기다.

비석-차기 (碑石-) 명 ☞ 비사치기.

비선 (飛仙) 명 날아다니는 신선.

비ː선 (祕線) 명 비밀리에 거느리거나 관계를 맺고 있는, 비공식적이나 사적인 인적 조직 따위의 계통.

비설 (飛雪) 명 1 바람에 흩날리며 내리는 눈. 2 〔지〕쌓여 있다가 센 바람에 흩날리는 눈.

비ː설 (祕說) 명 비밀로 하여 남에게 알리지 않는 이야기.

비ː설 (脾泄) 명 『한의』 위에 탈이 생겨 소화가 잘 되지 않고 설사가 나는 병.

비-설거지 명하자 비가 오려고 하거나 올 때, 비를 맞혀서는 안 될 물건을 치우거나 덮는 일. ④설거지.

비ː-설겆이 명하자 ☞ 비설거지.

비성 (飛星) 명 『천』 유성(流星).

비ː세 (非勢) 명 바둑·장기의 승부에서, 형세(形勢)가 이롭지 못함. 불리한 형세.

비ː소 (砒素) 명 『화』 질소족 원소의 하나. 금속광택이 있는 무른 결정질(結晶性)의 유독한 고체(반도체의 성분, 납·구리의 합금 성분 등에 씀). [33 번 : As : 74.91]

비ː소 (鼻笑) 명 코웃음.

비ː소 (誹笑) 명하타 비웃음.

비ː-소비물 (非消費物) 명 두 번 이상 같은 용도에 쓸 수 있는 물건.

비ː-소설 (非小說) 명 논픽션(nonfiction).

비ː-소수 (非素數)[-쑤] 명 『수』 합성수.

비ː소 요법 (砒素療法)[-뻡 / -뻡] 『의』 매독·피부병 등에 비소 화합물을 써서 치료하는 방법.

비ː소-제 (砒素劑) 명 『약』 비소가 섞인 약제.

비ː소 중독 (砒素中毒) 『의』 비소 화합물을 먹거나 비화수소 가스를 흡입했을 때 일어나는 중독.

비ː소-진 (砒素疹) 명 『의』 비소 중독으로 피부에 생긴 발진.

비ː소-하다 (卑小-) 형예 보잘것없이 작다.

비ː속 (卑俗) 명하자 격이 낮고 속됨. 또는 그런 풍속. ▢~한 말씨.

비ː속 (卑屬) 명 『법』 혈연관계에서, 자기보다 항렬이 아래인 친족. ↔존속(尊屬).

비ː속-어 (卑俗語) 명 격이 낮고 속된 말.

비ː손 명하자 신에게 두 손을 비비면서 소원을 비는 일.

비ː손-이 명 조그만 축원을 드려 주는 무당.

비솟-거리 (誹笑-)[-쏘꺼- / -손꺼-] 명 남에게 비웃음을 받을 만한 일. 또는 그런 사람.

비ː송-사건 (非訟事件)[-껀] 명 『법』 소송 이외의 절차에 따라 처리되는 민사 사건《법인 해산·청산 감독·가사 심판·민사 조정 따위》.

비ː쇠 (憊衰) 명하자 몹시 고달파서 마르고 쇠약해짐.

비ː수 (匕首) 명 날이 날카로운 단도. ▢~를 꽂다 / 가슴에 ~를 품다.

비ː수 (悲愁) 명하타 슬퍼하고 근심함. 또는 슬픔과 근심. ▢~에 잠기다.

비ː수 (備數) 명하타 일정한 수효를 채움.

비ː수-기 (非需期) 명 『경』 수요가 많지 않은 때. ▢~인데도 성수기에 대비한 주문이 늘고 있다. ↔성수기.

비수리 명 〔식〕콩과의 여러해살이풀. 들에 나는데, 곧게 자라며 높이는 1 m 가량이고, 여름에 황백색 꽃이 잎겨드랑이에 모여서 핌. 줄기는 광주리를 만드는 재료로 씀.

비ː수-비 (匕首比) 명 한자 부수(部首)의 하나《'化·北' 등에서 'ヒ'의 이름》.

비ː술 (祕術) 명 비밀히 전해 오는 술법.

비슈누 (산 Viṣṇu) 명 힌두교의 세 주신(主神)의 하나. 네 팔을 가지고 용(龍)의 위에서 명상하는 자세로, 세계 질서를 유지한다.

비슈누-교 (Viṣṇu敎) 명 『종』 인도의 여러 종교 가운데 비슈누를 최고신으로 섬기는 종파.

비스듬-하다 형예 한쪽으로 조금 기운 듯하다. ▢비스듬한 자세로 서 있다. ④배스듬하다. ④비뚬하다. 비스듬-히 튀. ▢~ 눕다.

비스러-지다 자 둥글거나 네모반듯하지 못하고 비뚤어지다.

비스름-하다 형예 거의 비슷하다. ▢걸모양이 ~. 비스름-히 튀. ▢농담 ~ 운을 떼다.

비스무트 (bismuth) 명 『화』 금속 원소의 하

나. 약간 붉은빛을 띤 은백색이며, 자석에 반발하는 성질이 있고 결정질은 극히 무르며 때때로 유리(遊離)함. 납·주석·카드뮴과 합금을 만들거나 용융·안료 등으로 씀. 창연(蒼鉛). [83 번: Bi : 209.00]

비스코스 (viscose) 圏 《화》 크산토겐산(Xan-thogen酸) 소다의 수용액《갈색의 점액체인데, 인조 견사·접합제로 씀》.

비스코스 레이온 (viscose rayon) 《화》 비스코스 인조 견사.

비스코스-스펀지 (viscose sponge) 圏 비스코스를 해면(海綿) 모양으로 굳힌 것《연한 물건을 씻는 데 좋음》.

비스코스 인조 견사 (viscose人造絹絲) 《화》 비스코스를 원료로 하여 만든 인조 견사. 비스코스 레이온.

비스킷 (biscuit) 圏 밀가루에 설탕·버터·우유 따위를 섞어 구운 마른과자.

비스타 비전 (Vista Vision) 《연》 와이드 스크린 방식의 영화《화면이 크고 선명하며 원근감·입체감 따위를 느낌. 상표명》.

비스토 (이 visto) 圏 《악》 악보에서, '매우 빠르게'의 뜻.

비슥-거리다 [-꺼-] 짜 어떤 일을 탐탁히 여기지 않고 자꾸 따로 떨어져 행동하다. 비슥-비슥 [-삐-] 튀하짜

비슥-대다 [-때-] 짜 비슥거리다.

비슥-이 튀 비슥하여서. 쏀배슥이.

비슥-하다 [-스카-] 혱여 한쪽으로 약간 기울어져 있다. 쏀배슥하다.

비슬-거리다 튀 힘이 없어 자꾸 비틀거리다. ◘몸을 가누지 못하고 ~. 쏀배슬거리다². 비슬-비슬 튀하짜 ◘~ 일어서다.

비슬-대다 짜 비슬거리다.

비:습 (比濕) 圏 《기상》 공기 중에 포함된 수증기의 양을 표시하는 수치. 단위 부피의 공기 속에 포함된 수증기의 질량을 그 공기의 질량으로 나누어 나타냄.

비:습-하다 (肥濕-)[-스파-] 혱여 몸에 살이 찌고 습기가 많다.

비:습-하다 (卑濕-)[-스파-] 혱여 바닥이 낮고 습기가 많다.

비슷비슷-하다 [-슬쎄스타-] 혱여 여럿이 모두 비슷하다. ◘비슷비슷한 물건 / 키가 ~.

비슷-이¹ 튀 조금 비스듬하게. ◘~ 눕다. 쏀배슷이.

비슷-이² 튀 거의 같은 듯하게. ◘~ 맞히다.

비슷-하다¹ [-스타-] 혱여 한쪽으로 조금 비스듬하다. ◘비슷하게 세운 기둥. 쏀배슷하다.

비슷-하다² [-스타-] 혱여 거의 같다. ◘비슷하게 생기다.

비슷한-말 [-스탄-] 圏 《언》 거의 같은 뜻으로 쓰이는 말. 유의어.

비:승-비:속 (非僧非俗) 圏 승려도 아니고 속인도 아니라는 뜻으로, 이것도 저것도 아닌 어중간함을 이르는 말. 반승반속.

비:시 (非時) 圏 제때가 아님.

비시 (飛矢) 圏 유시(流矢).

비시 (BC) 圏 〔Before Christ〕 기원전. ↔에이디(AD).

비:시 무:기 (BC武器) 〔biological and chemical weapon〕 《군》 생물 화학 무기.

비:시-식 (非時食) 圏 《불》 식사를 해서는 안 되는 오후에 하는 식사.

비시지 (BCG) 圏 〔Bacillus Calmette Guérin〕 《의》 결핵 예방 백신. 소의 결핵균을 무독화(無毒化)한 것으로 미(未)감염자의 몸에 접종하면 면역을 얻음.

비시지 접종 (BCG接種)[-종] 《의》 결핵 예방을 위하여 비시지 주사를 놓는 일.

비식 (非食) 圏 변변하지 못한 음식.

비:식 (鼻息) 圏 콧숨.

비신 (碑身) 圏 비문을 새긴 비석의 몸체.

비:-신사적 (非紳士的) 괜圏 언행에 교양이 없고 신사답지 않은 (것). ◘~ 언행 / 하는 짓이 ~이다.

비:실 (備悉) 圏하타 어떤 일을 두루 잘 앎.

비실-거리다 짜 자꾸 비실비실하다.

비실-대다 짜 비실거리다.

비실-비실 튀하짜 힘이 없어 흐느적흐느적 비틀거리는 모양. ◘~ 도망가다.

비:-실용적 (非實用的) 괜圏 실지로 쓰기에 알맞지 아니한 (것). ◘~(인) 학술 연구.

비:심 (費心) 圏하짜 마음을 씀. 애를 씀.

비싸다圏 1 물건 값이 지나치게 높다. 비용이 많이 들다. ◘요금이 너무 ~. ↔싸다. 2 〈속〉 (주로 '비싸게'의 꼴로 쓰여) 다른 사람 요구에 쉽게 응하지 않고 도도하다. ◘너무 비싸게 굴지 말게 / 그렇게 비싸게 놀 것도 없지 않은가.
[비싼 밥 먹고 헐한 걱정 한다] 쓸데없는 걱정을 한다는 말.

비싼-흥정 圏하짜 1 물건을 비싸게 사고파는 일. ↔쌈흥정. 2 유리한 조건이 아닌 흥정.

비:째다짜 1 마음은 있으면서 그렇지 않은 체하다. ◘입으로는 비째면서도 싫지 않은 눈치다. 2 무슨 일에나 어울리기가 싫어하다.

비쓱-거리다 [-꺼-] 짜 이쪽저쪽으로 쓰러질 듯이 몸을 자꾸 흔든다. ◘비쓱거리며 유흥가를 누빈다. 쏀배쓱거리다. 비쓱-비쓱 [-삐-] 튀하짜

비쓱-대다 [-때-] 짜 비쓱대다.

비씨 (妃氏) 圏 《역》 왕비로 간택(揀擇)된 아가씨의 존칭.

비:아 (非我) 圏 《철》 나 밖의 모든 것. 자아의 작용의 대상으로 존재하는 모든 세계와 자연. ↔자아(自我) 1.

비아냥-거리다 짜타 얄밉게 빈정거리다. ◘그의 처세술을 ~.

비아냥-대다 짜타 비아냥거리다.

비아냥-스럽다 [-따][-스러워, -스러우니] 혱ㅂ 얄밉게 빈정거리며 놀리는 태도가 있다. ◘비아냥스럽게 굴지 마라. 비아냥-스레 튀

비악 튀 병아리가 우는 소리. 쎈삐악. 춴박.

비악-비악 [-삐-] 튀 병아리가 계속 약하게 우는 소리. 쎈삐악삐악. 춴박박.

비-안개 圏 1 비가 내리듯이 짙게 낀 안개. 2 비가 쏟아질 때 안개가 낀 것처럼 흐려 보이는 현상.

비:-압축성 (非壓縮性)[-씽] 圏 《물》 압력을 가하여도 그 부피가 변하지 않는 성질.

비:애 (悲哀) 圏 슬픔과 설움. ◘~에 잠기다 / ~를 맛보다 / ~에 젖다 / ~를 느끼다.

비:야 (鄙野) 圏 시골구석. 구석진 시골.

비-약 (-約) 圏 화투 놀이에서, 비 넉 장을 갖추어 이루는 약(約).

비약 (飛躍) 圏 1 높이 뛰어오름. 2 급격히 발전하거나 향상됨. ◘선진국으로 ~하다. 3 순서를 밟지 않고 나아감. ◘논리의 ~이 심하다.

비:약 (祕藥) 圏 1 비방으로 된 약. 2 효력이 매우 좋은 약. 묘약(妙藥).

비:약 (祕鑰) 圏 비결(祕訣).

비약-법 (飛躍法)[-뻡] 圏 《문》 수사법에서 변

화법의 일종. 평탄하게 서술해 오던 글의 흐름이 갑자기 변하여 시간이나 공간을 무시하고 뛰어넘는 수법.

비약-적(飛躍的)[-쩍] 판명 급격하게 향상하거나 발전하는 (것). ▣~(인) 발전 / 그의 출세는 ~이다.

비양 명하타 얄미운 태도로 빈정거림. ▣~을 치다 / ~하며 말을 않다.

비양(飛揚) 명하자 **1** 잘난 체하고 거드럭거림. **2** 비등(飛騰). **3** 높은 지위에 오름.

비-양심적(非良心的) 판명 양심적이 아닌 (것). ▣~(인) 처사 / ~인 인물.

비:어(卑語·鄙語) 명 **1** 점잖지 못하고 천한 말. 비언(鄙言). **2** 대상을 낮추어 부르는 말 (('뱃사람'을 '뱃놈'이라고 하는 따위)).

비어(飛魚) 명〖어〗 날치[3].

비:어(祕語) 명 비밀스러운 말. 남몰래 자신들만 알 수 있도록 주고받는 말.

비:어(備禦) 명하타 미리 준비해 막음.

비어(蜚語·飛語) 명 이리저리 퍼뜨려 세상을 현혹하게 만들거나 근거 없이 떠도는 말. 비언(飛言).

비어-지다[-/-여-] 자 **1** 속에 있던 것이 밖으로 밀려 나오다. ▣폭우로 나무뿌리가 ~. **2** 숨기거나 숨었던 일이 터져 드러나다. ▣과거 경력이 한 가지씩 비어져 나왔다.

비언(飛言) 명 비어(蜚語).

비:언(鄙言) 명 비어(卑語)[1].

비:언(鄙諺) 명 품위가 낮은 속담.

비:업(丕業) 명 큰 사업. 홍업(洪業).

비에이치시(BHC) 명 〔benzene hexachloride〕〖약〗 살충제의 하나((벤젠에 염소를 작용시켜 만듦. 현재는 사용이 금지됨)).

비엔날레(이 biennale) 명〖미술〗 2년마다 열리는 국제적 미술 전람회. 격년 잔치. ▣광주 ~. *트리엔날레.

비엘(B/L) 명 〔bill of lading〕〖경〗 선화 증권(船貨證券).

비역 명하자 사내끼리 성교하듯이 하는 짓. 계간(鷄姦). 남색(男色). ↔밴대질. 준벽.

비역-살[-쌀] 명 궁둥이 쪽의 살.

비연(飛鳶) 명 연을 날리는 일. 연날리기.

비:열(比熱) 명〖물〗 물질 1 g의 온도를 1℃ 올리는 데 드는 열량과 물 1 g의 온도를 1℃ 올리는 데 드는 열량과의 비.

비:열(脾熱) 명〖한의〗 비장(脾臟)에 열기가 생기는 병((배가 더북하고 통증이 있으며 소변이 잦아짐)).

비:열-하다(卑劣-·鄙劣-) 형여 성품과 행실이 못나고 천하다. ▣비열한 행태 / 비열한 방법을 쓰다 / 인품이 매우 ~.

비:염(鼻炎) 명〖의〗 콧속 점막의 염증. 비카타르.

비:영리 단체(非營利團體)[-니-] 〖법〗 자체의 영리를 추구하지 아니하고 공공의 이익을 목적으로 하는 단체. ↔영리 단체.

비:영리 법인(非營利法人)[-니버빈] 〖법〗 공익 법인.

비영비영-하다 형여 병으로 몸이 몹시 파리하고 기운이 없다. ▣아파서 ~.

비:예(睥睨) 명하타 눈을 흘겨봄.

비오 톰 실개가 우는 소리.

비오디(BOD) 명 〔Biochemical Oxygen Demand〕〖생〗 생물학적 산소 요구량.

비-오리 명〖조〗 오릿과의 물새. 항만이나 연못에 삶. 쇠오리와 비슷한데 좀 크고 날개는

비오-판(B五版) 명〖인〗 종이·책 치수의 이름 ((가로 176 mm, 세로 250 mm의 크기로 사륙배판(四六倍版)과 비슷하며, 대형의 책·잡지는 보통 이 판임)).

비:옥(肥沃) 명하여 땅이 걸고 기름짐. 비요(肥饒). ▣~한 토지.

비:옥(翡玉) 명 붉은 점이 있는 비취옥.

비옥(緋玉) 명〖역〗 비단옷과 옥관자란 뜻으로, 당상관(堂上官)의 관복을 이르는 말.

비:옥가봉(比屋可封)[-까-] 명 중국 요순시대에 사람들이 모두 착하여 집집마다 표창할 만하였다는 뜻으로, 나라에 어진 사람이 많음을 이르는 말.

비:옥-도(肥沃度)[-또] 명 땅의 걸고 기름진 정도. 그 토지의 ~를 높이다.

비:옥-토(肥沃土) 명〖농〗 땅이 기름져 작물이 자라기에 알맞은 땅.

비올라(이 viola) 명〖악〗 바이올린 비슷한 4현의 현악기((바이올린과 첼로의 중간 악기로 소리가 어둡고 둔함)).

비올렌토(이 violento) 명〖악〗 악보에서, '급격하게'의 뜻.

비올론-첼로(이 violoncello) 명〖악〗 첼로.

비-옷[-옫] 명 비가 올 때 비에 젖지 않도록 덧입는 옷. 레인코트(raincoat). 우의(雨衣).

비:요(肥饒) 명하여 비옥.

비:요(祕要) 명 비결(祕訣).

비용(比容) 명〖물〗 물체의 부피를 그 질량으로 나눈 값((밀도의 역수(逆數)와 같음)).

비용(費用) 명 무슨 일에 어떤 일을 하는 데 드는 돈. 비발. ▣입원 ~ / ~을 대다 / ~을 절약하다 / ~이 들다 / ~ 부담을 줄이다.

비:용-설(費用說) 명〖경〗 재화의 가치는 그것을 생산하는 데에 쓰인 노동이나 비용에 따라서 결정된다는 학설. *노동 가치설.

비-우(雨) 명 한자 부수(部首)의 하나(('雪'·'電' 등에서 '雨'의 이름).

비우(飛宇) 명〖건〗 비첨(飛檐).

비우다 타 ('비다'의 사동) **1** 안의 것을 치우거나 쏟거나 먹어서 없애다. ▣병을 ~ / 밥그릇을 ~. **2** 밖으로 나가서 아무도 없게 하다. ▣집을 ~ / 자리를 비우고 어딜 갔지.

비:-우호적(非友好的) 판명 사이좋게 지내려는 것이 아닌 (것). 우호적이 아닌 (것). ▣~인 태도.

비:운(否運) 명 **1** 막힌 운수. **2** 불행한 운명.

비운(飛雲) 명 바람에 불리어 날아가는 구름.

비:운(悲運) 명 슬픈 운명. 불행한 운명. ▣~의 주인공 / ~에 빠지다.

비움 명 〈옛〉 비웃. 청어.

비웃 명 〈옛〉 청어를 식료품으로 일컫는 말.

비웃-구이[-욷꾸-] 명 비웃을 양념하여 구운 반찬.

비:웃다[-욷따] 타 업신여기는 태도로 웃다. ▣허황된 꿈이라고 ~.

비:웃음 명 비웃는 일. 또는 그 웃음. 조소. 비소(誹笑). ▣~을 사다.

비웃적-거리다[-욷쩍꺼-] 타 남을 비웃으며 빈정거리다.

비웃적-대다[-욷쩍때-] 타 비웃적거리다.

비웆다 타 〈옛〉 비웃다.

비:원(祕苑) 명 **1** 금원(禁苑). **2** 서울 창덕궁 안에 있는 궁원(宮苑).

비:원(備員) 명 정한 인원수가 다 갖추어짐.

비:원(悲願) 명 **1** 꼭 이루고자 하는 비장한 염원이나 소원. ▣국토 통일은 민족의 ~이다. **2** 〖불〗 부처와 보살의 자비심에서 우러난 중

생 구제의 소원.

비:원(鄙願)몡 자기 소원의 겸칭.

비:위(妣位)몡 돌아가신 어머니와 그 윗대 할머니들의 위(位). ↔고위(考位).

비:위(非違)몡 법에 어긋남. 또는 그런 일. ▢~ 공무원 / ~가 드러나다.

비:위(脾胃)몡 1 『생』 비장(脾臟)과 위. 2 음식의 맛이나 어떤 일에 대해 좋고 나쁨을 분간하는 기분. ▢음식이 ~에 안 맞는다. 3 아니꼽고 싫은 일을 잘 견디는 힘. ▢~ 좋은 사람.

비위(가) 동(動)하다 㴚 마음이 일어나다.

비위(가) 사납다 㴚 마음에 거슬리어 기분이 아니꼽다.

비위(가) 상하다 㴚 ㉠비위가 뒤집혀 금방게울 듯하여지다. ㉡마음에 맞지 아니하여 아니꼽고 속이 상하다.

비위(가) 좋다 㴚 ㉠비리거나, 입에 맞지 않는 음식을 잘 먹어 내는 힘이 있다. ㉡아니꼽고 싫은 일을 잘 견디는 힘이 있다.

비위(가) 틀리다 㴚 마음에 맞지 아니하여 기분이 틀어지다.

비위(를) 거스르다 㴚 비위(를) 건드리다.

비위(를) 건드리다 㴚 남의 마음을 상하게 하다.

비위(를) 긁다 㴚 비위(를) 건드리다.

비위(를) 맞추다 㴚 남의 마음에 맞도록 하여 주다.

비위에 거슬리다 㴚 남의 하는 짓이 마음에 언짢다.

비:-난정(脾胃難定)몡 1 비위가 뒤집혀 가라앉지 않음. 2 밉살스러운 꼴을 보고 마음이 아니꼬움.

비:-위생적(非衛生的)괜뎽 위생 관념에 맞지 않는 (것). ▢~ 제조 과정 / 환경이 ~이다.

비:유(比喩·譬喩)몡하타 어떤 현상이나 사물을 직접 설명하지 않고 다른 비슷한 현상이나 사물을 빌려 표현하는 일. ▢~로 설명하다 / ~를 들다 / 비둘기는 흔히 평화의 상징으로 ~된다.

비:유(卑幼)몡 항렬이 낮은 사람과 나이가 어린 사람.

비:유-법(比喩法·譬喩法)[-뻡]몡 『언』 수사법의 하나. 표현하려는 대상을 다른 대상에 빗대어 나타내는 표현 방법(직유·은유·의인·의태 등이 있음). ▢~을 써서 설명하다.

비:유-적(比喩的)괜뎽 어떤 현상이나 사물을 빗대어 나타내는 (것). ▢설교가 ~이다.

비육몡〈옛〉병아리.

비:육(肥肉)몡 살져 기름진 고기.

비:육(肥育)몡하타 가축을 살이 찌게 기름.

비:육-불포(非肉不飽)[-뿔-]몡하형 고기를 먹어야만 배가 부르다는 뜻으로, 노인의 쇠약해진 상태를 이르는 말.

비:육-우(肥肉牛)몡 질 좋은 고기를 얻기 위해 특별한 방법으로 살이 찌도록 기르는 소.

비:육지탄(髀肉之嘆)[-찌-]몡 능력을 발휘할 때를 얻지 못하여 한갓 세월만 보냄에 대한 탄식.

비육-판(B六版)몡『인』종이·책 치수의 이름 (가로 128mm, 세로 182mm의 크기로 사륙판(四六版)과 비슷함).

비:율(比率)몡『수』 어떤 수나 양의, 다른 수나 양에 대한 비교 값. ▢~의 수가 증가하다 / 지원자에 대한 합격자의 ~. 㵋율(率).

비:율빈(比律賓)몡『지』'필리핀'의 취음.

비음몡 ☞빔².

비:음(庇蔭)몡하타 1 차양의 그늘. 2 두둔해서

보살펴 줌.

비음(碑陰)몡 1 비신(碑身)의 뒷면. 비배(碑背). ↔비표(碑表). 2 비석의 뒷면에 새기는 문장. 또는 그 문체.

비:음(鼻音)몡 1 코가 막힌 듯이 내는 소리. 2 『언』 코 안을 울리면서 내는 소리(ㄴ·ㅁ·ㅇ의 소리). 콧소리.

비읍몡 한글 자음 'ㅂ'의 이름.

비:읍(悲泣)몡하자 슬피 욺.

비:의(比擬)[-/-이]몡하타 견주어 비교함.

비:의(非義)[-/-이]몡하자 의리에 어긋남. 또는 도리에 벗어남.

비:의(悲意)[-/-이]몡 슬픈 뜻. 또는 슬퍼하는 뜻.

비:의(備擬)[-/-이]몡『역』 조선 때, 관원을 임명할 경우에, 이조·병조에서 후보자 세 사람을 추천하던 일.

비:-이성(非理性)몡『철』 비합리.

비:-이성적(非理性的)괜뎽 이성적이 아닌 (것). 비합리적인 (것). ▢감정을 앞세운 ~ 행동.

비:-이슬몡 1 비와 이슬. 우로(雨露). 2 비 내린 뒤에 잎 따위에 맺힌 물방울.

비:익(比翼)몡 1 두 마리의 새가 서로 날개를 가지런히 하는 일. 2 비익조1.

비:익(裨益·毘益)몡하타 보익(補益).

비:익(鼻翼)몡 코끝의 좌우 양쪽 끝 부분. 콧방울.

비:익-연리(比翼連理)[-잉널-]몡 비익조(比翼鳥)와 연리지(連理枝)라는 뜻으로, 부부가 매우 화목함을 이르는 말.

비:익-조(比翼鳥)[-쪼]몡 1 암수의 눈과 날개가 하나씩이라서 짝을 짓지 않으면 날지 못한다는 전설상의 새. 비익(比翼). 2 남녀나 부부 사이의 두터운 정을 비유적으로 이르는 말.

비:인(非人)몡 1 사람답지 못한 사람. 2 『불』 속세를 떠난 승려의 자칭.

비인(飛人)몡『건』 법당의 천장이나 벽에 그린, 나는 사람의 모양.

비:인(鄙人·卑人)몡 1 촌사람. 두멧사람. 2 남자 자신의 겸칭.

비:-인간(非人間)몡 1 성품이나 행실이 사람답지 못한 사람. 2 인간 세상이 아니라는 뜻으로, 뛰어나게 아름다운 경치.

비:-인간적(非人間的)괜뎽 사람답지 않거나 사람에게 차마 할 수 없는 (것). ▢~(인) 만행 / 대우가 ~이다.

비:-인도적(非人道的)괜뎽 사람으로서의 도리에 어긋나는 (것). ▢~(인) 처사 / 부상자를 돌보지 않는 것은 ~이다.

비:-인정(非人情)몡 사람이 지녀야 할 따뜻한 마음이 아님.

비:일비:재(非一非再)몡하형 같은 일이 한두 번이나 한둘이 아니고 많음. ▢무단결근이 ~하다 / 그런 일은 ~이다.

비을다혱〈옛〉성기다.

비:자(子·자)몡『역』 천자의 적자(嫡子). 태자. 원자(元子).

비자(婢子)몡 1 『역』 여자 종. 2 예전에, 여자 자신의 겸칭.

비:자(榧子)몡『한의』 비자나무의 열매. 촌충약으로 유효함.

비자(visa)몡『법』(입국) 사증(査證). ▢~를 신청하다.

비:-자금(祕資金)몡『경』기업이 장부상에는 나타나지 않게 조성한 비밀 자금(장부 조작·매출 누락·인건비 과다 계상 등의 방법으로

조성함). ❑~을 조성하다 / 로비에 ~을 투입하다.

비:**자-나무** (榧子-) 몡 〖식〗 주목과의 상록 침엽 교목. 산에 나는데, 높이는 20 m 정도이고, 나무껍질은 회백색이며, 봄에 꽃이 피는데, 핵과는 이듬해 가을에 붉은 자주색으로 익으며 이것을 '비자'라고 함.

비:**자발적 실업** (非自發的失業) [-쩍씨럽] 〖사〗 일할 능력과 의사가 있어도 일자리가 없어서 생기는 실업.

비잔틴 건:**축** (Byzantine建築) 〖건〗 동로마 제국의 수도 비잔티움을 중심으로 4세기경에 일어난 건축 양식(모자이크·돔(dome)을 쓴 건축 등이 뛰어남).

비잔틴 교:**회** (Byzantine敎會) 〖기〗 그리스 정교회(正敎會).

비잠주복 (飛潛走伏) 몡 날고, 헤엄치고, 달리고, 기는다는 뜻으로, 새·물고기·짐승·벌레 따위의 통칭.

비잡이 몡 〖농〗 쟁기의 성에와 물추리막대를 연결하는 끈.

비:**장** (祕藏) 몡하타 숨겨서 소중하게 간직함. ❑~의 무기 / 가보로 ~해 온 고려청자 / ~의 솜씨를 발휘하다.

비:**장** (脾腸) 몡 〖생〗 장딴지.

비:**장** (備藏) 몡하타 두루 갖추어서 간직함.

비:**장** (脾臟) 몡 〖생〗 내장의 하나(위의 뒤쪽에 있으며 백혈구의 생성과 노폐한 적혈구를 파괴하는 기능을 가짐). 지라.

비장 (裨將) 몡 〖역〗 조선 때, 감사(監司)·유수(留守)·병사(兵使)·수사(水使)·견외(遣外) 사신을 따라다니던 무관.

비:**장** (鄙莊) 몡 자기 소유의 논밭을 낮추어 이르는 말.

비장-근 (脾臟筋) 몡 〖생〗 장딴지의 근육(다리를 펴는 구실을 함).

비:**장-미** (悲壯美) 몡 〖철〗 슬픔과 함께 숭고함이 곁들인 아름다움. ❑살신성인에서 ~를 엿볼 수 있다.

비:**장-하다** (悲壯-) 톙어 슬프면서 씩씩하고 장하다. ❑비장한 각오 / 결의가 ~ / 비장한 결심을 하다. **비**:**장-히** 뷔

비재 (非才·菲才) 몡 **1** 변변치 못한 재주. **2** 자기 재능의 겸칭. ❑천학~를 무릅쓰고.

비:**재산적 손**:**해** (非財産的損害) [-쩍쩍-] 〖법〗 재산 이외의 손해. 곧, 생명·신체·명예·자유 등의 침해로 발생하는 손해.

비:**-저항** (比抵抗) 몡 〖물〗 단면적이 같은 등질(等質)의 전기 도체(導體)가 갖는 전기 저항의 비율(전기 전도율의 역수(逆數)임). 저항률.

비적 (飛跡) 몡 〖물〗 윌슨의 안개 상자 속을 전기를 띤 입자가 통과할 때 생기는 궤도(소립자나 방사선의 관측에 이용됨).

비:**적** (匪賊) 몡 무장을 하고 떼를 지어 다니며 사람들을 해치는 도둑. ❑~이 들끓다 / ~을 소탕하다.

비적-비적 [-삐-] 뷔 싸 놓은 물건이 군데군데 비어져 나오는 모양.

비:**-적성** (非敵性) [-썽] 몡 서로 적대하지 아니하는 성질. 적성이 아님. ❑~ 국가.

비전 (飛電) 몡 **1** 매우 빠른 번개. **2** 가장 빠른 전보.

비전 (飛箭) 몡 **1** 날아오는 화살. **2** 매우 빠른 화살.

비:**전** (祕傳) 몡하타 비밀히 전해 내려옴. 비밀의 전수. ❑~의 묘약.

비:**전** (費錢) 몡하타 돈을 헛되이 씀.

비전 (vision) 몡 장래에 대한 구상. 이상으로서 그리는 구상. 미래상. 전망. ❑21세기의 ~ / ~을 제시하다 / ~이 불투명하다.

비:**-전문가** (非專門家) 몡 전문가가 아닌 사람. ❑~의 솜씨로는 믿어지지 않는다.

비:**-전문적** (非專門的) 관몡 어떤 분야를 전문적으로 하지 않는 (것). ❑~ 분야.

비:**-전압** (比電壓) 몡 〖물〗 전기 기계 부분에 말려 있는 코일의 한 둘레에 끌려 일어나는 전압.

비 전원 (B電源) 〖전〗 전자관(電子管)의 음극과 양극 사이에 가하는 직류 전압을 얻기 위한 전원.

비:**-전투원** (非戰鬪員) 몡 〖군〗 직접 전투에 참가하지 않는 군인이나 민간인. ❑~의 살상으로 국제 여론의 비난을 받는다. ↔전투원.

비:**-전해질** (非電解質) 몡 〖화〗 수용액으로서 전해되지 않는 물질(알코올·설탕·글리세린 따위). ↔전해질.

비:**-전향** (非轉向) 몡 이제까지 지켜 온 이념·주의 등을 바꾸지 않음. ❑~ 장기수.

비:**전형 계**:**약** (典型契約) [- / -게-] [-꼐-] 〖법〗 무명(無名) 계약.

비:**점** (批點) 몡 과거 등에서, 시관(試官)이 시가·문장 등을 비평하여 아주 잘된 곳에 찍던 점.

비:**점** (沸點) [-쩜] 〖물〗 끓는점. ❑둥근 점.

비:**접** 몡하타 병중에 자리를 옮겨서 요양함. ❑~을 나가다 / ~을 보내다. *피병(避病).

비:**정** (批正) 몡하타 비평하여 정정(訂正)함.

비:**정** (非情) 몡 **1** 희로애락의 정이 없음. ❑~한 동물 세계. **2** 인정이 없음. 몰인정(沒人情). ❑~한 사람. ↔유정(有情) 1.

비:**정** (秕政) 몡 나쁜 정치. 악정(惡政). ❑~에 시달리다 / ~을 바로잡다.

비:**-정규** (非正規) 몡 정규가 아님.

비:**-정규군** (非正規軍) 몡 한 나라의 정식 군 편제에 속하지 않은 군대. ↔정규군.

비:**-정규직** (非正規職) 몡 사용자와 노동자가 한시적으로 노동 계약을 맺는 모든 비조직화된 근로 형태. 계약직, 임시직, 일용직 따위.

비:**-정상** (非正常) 몡 정상이 아님. ❑발육이 ~이다.

비:**-정상적** (非正常的) 관몡 정상적이 아닌 (것). ❑~인 수단을 쓰다 / 지능 발달이 ~으로 빠르다.

비:**정-질** (非晶質) 몡 〖화〗 비결정질.

비:**-제** (鄙第) 몡 자기 집의 겸칭. 폐사(弊舍). 폐옥(弊屋).

비조 (飛鳥) 몡 날아다니는 새.

비:**조** (悲調) 몡 슬픈 음조. 비곡(悲曲).

비:**조** (裨助) 몡하타 도와줌.

비조 (鼻祖) 몡 시조(始祖).

비조불입 (飛鳥不入) 나는 새도 들어갈 수 없다는 뜻으로, 성이나 진지 따위의 방비가 물샐틈없이 완벽함을 이르는 말.

비:**조즉석** (非朝卽夕) [-쩍] 몡 아침이 아니면 저녁이라는 뜻으로, 시기가 매우 임박하였음을 이르는 말.

비:**-조직적** (非組織的) [-쩍] 관몡 조직적이 아닌 (것). ❑~ 운동.

비:**족** (鄙族) 몡 자기 겨레붙이의 겸칭.

비:**-좁다** [-따] 톙 자리가 몹시 좁다. ❑둘이 살기에는 방이 ~. *옹색하다. (臺座).

비좌 (碑座) 몡 〖건〗 비신(碑身)을 세우는 대좌.

비주 (飛走) 몡 '비금주수(飛禽走獸)'의 준말.

비주룩-비주룩 [-삐-] 뷔하톙 여러 개의 끝이 다 비주룩한 모양. ❑풀밭의 풀이 ~ 나오다.

ⓐ배주룩배주룩. ⓑ삐주룩삐주룩.

비주룩-이 囝 비주룩하게. ▯새싹이 ~ 내밀다. ⓐ배주룩이. ⓑ삐주룩이. ⓒ비죽이.

비주룩-하다 [-루카-] 働例 솟아나온 물건의 끝이 조금 내밀려 있다. ⓐ배주룩하다. ⓑ삐주룩하다. ⓒ비죽하다.

비:-주류(非主流) 뗑 1 사상이나 학술 따위가 여러 갈래의 중심에서 벗어난 갈래. 2 어떤 조직이나 단체에서 영향력이 작은 세력. ↔주류.

비:죽(比竹) 뗑 대나무로 만든 악기류(피리·생황 따위).

비죽¹ 閉例 1 남을 비웃거나 마음에 못마땅할 때 입을 쑥 내미는 모양. ▯입을 ~하고 토라지다. 2 잠간 슬쩍 나타내거나 내미는 모양. ▯사장은 이따금씩 얼굴만 ~ 내민다.

비죽² 閉例 물체의 끝이 조금 길게 내밀려 있는 모양. ▯못이 ~ 뛰어나와 있다.

비죽-거리다 [-꺼-] 阨 비웃거나 언짢거나 울려고 할 때 소리 없이 입을 내밀고 실룩거리다. ▯꾸중을 듣고 입술을 ~. ⓐ배죽거리다. ⓑ삐죽거리다. **비죽-비죽** [-삐-] 閉例

비죽-대다 [-때-] 阨 비죽거리다.

비죽-이 囝 '비주룩이'의 준말.

비죽-하다 [-주카-] 働例 '비주룩하다'의 준말.

비:준(比準) 뗑働 대조(對照).

비:준(批准) 뗑 『法』 체결된 조약에 대해 당사국에서 최종적으로 확인·동의하는 절차《우리나라에서는 대통령이 국회의 동의를 얻어 이를 행함》. ▯~된 조약 / 조약을 ~하다.

비:준 교환(批准交換) 『法』 비준에 의하여 효력이 발생한 조약문을 당사국 사이에 서로 바꾸는 일.

비:중(比重) 뗑 1 『物』 어떤 물질의 밀도를 그와 같은 체적의 4℃의 물의 밀도에 비교한 값. 2 다른 사물과 비교할 때 중요성의 정도. ▯~이 크다 / ~이 높다 / 시사 문제는 ~ 있게 다루다.

비:중-계(比重計)[-/-게] 뗑 『物』 액체나 고체 따위의 비중을 재는 기계.

비:중-병(比重瓶) 뗑 『物』 액체의 비중을 재는, 유리로 만든 병.

비:중 선:광(比重選鑛) 『鑛』 비중의 차이를 이용하여 필요한 광석과 쓸모없는 맥석(脈石)을 가르는 일.

비:중 천칭(比重天秤) 『物』 공기나 액체 가운데 부력의 차이를 측정해 고체나 액체의 비중을 재는 저울.

비:중-표(比重表) 뗑 액체 및 고체의 비중의 값을 나타낸 표.

비즈(beads) 뗑 실내 장식, 여성복의 장식, 수예품 따위에 쓰는 장식용 구슬.

비즈니스(business) 뗑 1 사업. 2 사무. 업무. 3 영업 4 용무. 볼일.

비즈니스맨(businessman) 뗑 실업가. 사업가.

비지¹ 뗑 1 두부를 만들고 남은 찌꺼기. 2 콩을 불려 갈아서 만든 음식. [비지 먹은 배는 연약과(軟藥果)도 싫다 한다] 하잘것없는 음식이라도 배불리 먹은 뒤에는 아무리 좋은 것도 더 당기지 아니함을 이름.

비지² 뗑 『鑛』 광맥과 모암(母岩)이 단층으로 서로 마찰하여 그 사이에 광석 및 모암의 가루가 섞여서 된 물질.

비:지(批旨) 뗑 상소에 대하여 임금이 내리는 답.

비지(扉紙) 뗑 속표지.

비지(碑誌) 뗑 비문(碑文).

비:지(鄙地) 뗑 자기가 사는 곳의 겸칭. 비변(鄙邊). 비처(鄙處).

비지 껍질 [-찔] 『生』 살가죽의 겉껍질.

비지-땀 뗑 몹시 힘든 일을 할 때 쏟아지는 땀. ▯~을 흘리다.

비지-떡 뗑 1 비지에 쌀가루나 밀가루를 넣고 반대기처럼 부친 떡. 2 보잘것없는 것의 비유. ▯싼 게 ~.

비:진(備盡) 뗑働 마음과 힘을 다 씀.

비-질 뗑働例 비로 쓰는 일. ▯마당을 깨끗이 ~하다.

비:집다 [-따] 阨 1 맞붙은 곳을 벌려 틈을 내다. ▯문을 비집어 열다. 2 좁은 틈을 헤쳐서 넓히다. ▯군중 속을 비집고 들어가다. 3 눈을 비벼서 뜨다. ▯아무리 눈을 비집고 찾아도 보이지 않는다.

비짓-국 [-지꾹 / -진꾹] 뗑 비지로 끓인 국. [비짓국 먹고 용트림한다] 실속은 없으면서 겉모양만 그럴듯하게 꾸민다.

비짜루 뗑 『植』 백합과의 여러해살이풀. 줄기 높이는 1m가량이고 가지가 많음. 잎은 뾰족하며 촘촘히 어긋나게 남. 5~6월에 종 모양의 황백색 단성화가 핌. 한국 각지의 산지에 분포함. 어린잎은 식용함. 닭의비짜루.

비쩍 閉 살이 없을 정도로 매우 심하게 마른 모양. ▯젓가락처럼 ~ 마른 사람.

비쭈기-나무 뗑 『植』 차나뭇과의 작은 상록 활엽 교목. 산지에 나며, 초여름에 흰 다섯 잎꽃이 핌. 관상용이며 재목은 세공재로 씀.

비쭉 閉例 1 비웃거나 언짢거나 울려고 할 때 입을 쑥 내미는 모양. ▯비웃하면 ~하고 돌아선다. 2 잠간 슬쩍 내밀거나 나타내는 모양. ▯얼굴만 ~ 내밀다. ⓐ배쭉. ⓑ삐쭉.

비쭉-거리다 [-꺼-] 阨 비웃거나 언짢거나 울려고 할 때 소리 없이 입을 내밀고 실룩거리다. ⓐ배쭉거리다. **비쭉-비쭉** [-삐-] 閉例

비쭉-대다 [-때-] 阨 비쭉거리다.

비쭉-이 囝 비쭉하게. ⓐ배쭉이.

비쭉-하다 [-주카-] 働例 물체의 끝이 조금 길게 내밀려 있다. ⓐ배쭉하다. ⓑ삐쭉하다.

비:차(非次) 뗑働例 차례를 따르지 않음. 또는 순서에 맞지 않음.

비찰(飛札) 뗑 급한 편지를 보냄. 또는 그런 편지.

비:참(悲慘) 뗑働例例 더할 수 없이 슬프고 끔찍함. ▯~한 모습 / ~한 생활 / 얼굴을 ~하게 일그러지다.

비:창(悲愴) 뗑働例 마음이 몹시 상하고 슬픔.

비:책(祕策) 뗑 비밀한 계책. ▯~을 짜내다 / ~을 쓰다.

비:처(鄙處) 뗑 비지(鄙地).

비:척(肥瘠) 뗑 1 몸의 살찜과 야윔. 2 땅의 기름짐과 메마름.

비척-거리다 [-꺼-] 阨 '비치적거리다'의 준말. ▯현기증이 나는 듯 몸을 ~. **비척-비척** [-삐-] 閉例 ▯~ 걷다.

비척-걸음 [-꺼름] 뗑 비치적거리며 걷는 걸음. ▯~으로 걸어가다.

비척-대다 [-때-] 阨 비척거리다.

비척지근-하다 [-찌-] 働例 '비리척지근하다'의 준말.

비천(飛天) 뗑 『佛』 하늘에 살며 하늘을 날아다닌다는 선녀. 천녀(天女).

비천(飛泉) 뗑 1 분천(噴泉). 2 폭포수.

비:천(備薦) 뗑働例 『역』 의정대신이 사람을

천거하여 벼슬을 시키던 일.
비천-상 (飛天像) [명] 〖미술〗 하늘을 나는 선녀를 그린 형상.
비:천-하다 (卑賤-) [형여] 지위나 신분이 낮고 천하다. ❑비천한 출신. ↔존귀하다.
비:천-하다 (鄙淺-) [형여] 천박하고 상스럽다.
비:-철 (非-) [명] 옷·음식·상품 등이 제철에 맞지 않음. 제철이 아님.
비:철 금속 (非鐵金屬) 〖공〗 철 이외의 금속으로, 공업상 이용 가치가 큰 금속《구리·납·아연·백금 따위》.
비첨 (飛檐) [명] 〖건〗 잘 지은 집의 번쩍 들린 처마. 비우(飛宇).
비:첩 (婢妾) [명] 종이었다가 첩이 된 여자.
비첩 (碑帖) [명] 비석에 새긴 글자나 그림을 그대로 종이에 박아 낸 것. 또는 그것을 첩(帖)으로 만든 것. 탑본(搨本).
비:-체중 (比體重) [명] 체중의 신장에 대한 백분율.
비:추 (悲秋) [명][하자] **1** 쓸쓸한 가을. **2** 가을철을 쓸쓸하게 여겨 슬퍼함.
비추다 [타] **1** 빛을 보내어 밝게 하다. ❑손전등으로 ~. **2** 거울이나 물 따위에 모습이 나타나게 하다. ❑거울에 몸을 ~. **3** (주로 '…에 비추어'의 꼴로 쓰여) 견주어 보다. ❑양심에 비추어 잘못이 없다. **4** 빛을 받게 하거나 빛이 통하게 하다. ❑햇빛에 필름을 ~.
비추이다 [자] 《'비추다'의 피동》 비춤을 받다. [준]비취다.
비:축 (備蓄) [명][하타] 만약의 경우를 대비해서 미리 저축해 둠. ❑무기를 ~하다 / ~한 식량이 동났다.
비:축-미 (備蓄米)[-충-] [명] 만일의 경우를 대비해서 준비하여 둔 쌀. ❑~를 방출하다.
비충 (飛蟲) [명] 날벌레.
비:취[1] (翡翠) [명] 〖광〗 치밀하고 짙은 푸른색의 윤이 나는 보석 구슬《장신구·장식품 등으로 씀》. 비취옥. ❑~반지를 낀 손이 돋보인다.
비:취[2] (翡翠) [명] 〖조〗 **1** 물총새. **2** 청호반새와 물총새의 병칭.
비:취-금 (翡翠衾) [명] 신혼부부가 덮는 화려한 이불.
비취다[1] [자] '비추이다'의 준말.
비취다[2] [자][타] 〈옛〉 비치다. 비추다.
비:취-색 (翡翠色) [명] 비취의 빛깔과 같이 곱고 짙은 초록색.
비:취-옥 (翡翠玉) [명] 〖광〗 비취[1].
비:취-유 (翡翠釉) [명] 〖공〗 비췻빛의 도자기용 잿물.
비:취-잠 (翡翠簪) [명] 비취로 만든 비녀.
비-층구름 (-層-) [명] 〖지〗 난층운(亂層雲).
비:치 (備置) [명][하타] 마련하여 갖추어 둠. ❑구급약을 ~하다 / 운동 기구가 ~되어 있다.
비치-가운 (beach gown) [명] 바닷가에서, 수영복 위에 입는 가운.
비치근-하다 [형여] '비리척지근하다'의 준말.
비치다[1] [자] **1** 빛이 나서 환하게 되다. ❑달빛이 환하게 ~. **2** 빛을 받아 모양이 나타나 보이다. ❑거울에 ~. **3** 투명하거나 얇은 것을 통해 속의 것이 드러나다. ❑속살이 비치는 잠옷. **4** 뜻이나 마음이 드러나 보이다. ❑서운해 하는 기색이 ~.
비치다[2] [타] 의향이나 의사를 넌지시 깨우쳐 주다. ❑사의(辭意)를 ~ / 입후보할 의향을 ~.
비치적-거리다 [-꺼-] [타] 몸을 한쪽으로 약간 비틀거리거나 가볍게 절룩거리며 계속 걷다. [작]배치작거리다. [준]비척거리다. **비치적-비치적** [-삐-] [부][하타]
비치적-대다 [-때-] [타] 비치적거리다.
비치-파라솔 (beach+parasol) [명] 해수욕장 같은 데서 햇볕을 가리는 큰 양산.
비칠-거리다 [자][타] 쓰러질 듯이 이리저리 어지럽게 자꾸 비틀거리다. [작]배칠거리다. **비칠-비칠** [부][하자타]
비칠-대다 [자][타] 비칠거리다.
비침-도 (-度) [명] 〖물〗 조명도(照明度).
비:칭 (卑稱) [명] 낮추어 일컫는 말. ↔존칭.
비:-카타르 (鼻catarrh) [명] 〖의〗 비염(鼻炎).
비커 (beaker) [명] 〖화〗 화학 실험용의 귀때가 달린 원통 모양의 유리그릇.
비컨 (beacon) [명] **1** 수로(水路)나 항공로의 표지. 또는 표지등. **2** 〖물〗 '라디오 비컨'의 준말.
비:-컨대 (比-) [부] **1** 비교하여 보건대. 비교하자면. **2** 비유하자면.
비:켜-나다 [자][타] **1** 몸을 옮겨 물러서다. ❑구급차 사이렌 소리에 차들이 옆으로 ~. **2** 어떤 장소에서 벗어나다. **3** 어떤 문제나 사건의 중심에서 벗어나다. ❑회사가 부도 위기에서 한 발 ~.
비:켜-덩이 [명] 〖농〗 김맬 때 흙덩이를 옆으로 빼내는 일. 또는 그 흙덩이.
비:켜-서다 [자] 몸을 옮기어 물러서다. ❑자동차가 지나가도록 ~.
비키니 (bikini) [명] 상하가 분리되어 브래지어와 팬티로 이루어진 여자용 수영복. ❑~ 스타일.
비:키다 [一][자] 무엇을 피하여 있던 곳에서 물러나다. ❑한옆으로 ~. [二][타] 방해가 되지 않게 놓았던 곳에서 옮기다. ❑장애물을 한쪽으로 ~.
비타민 (vitamin) [명] 〖화〗 동물체의 주 영양소 이외에 동물의 정상적인 발육과 영양을 돕고 성장 및 건강 유지에 없어서는 안 되는 유기물의 총칭《A·B_1·B_2·B_6·B_{12}·C·D·E·K·L·M·P 등이 있음》.
비타민 결핍증 (vitamin缺乏症)[-쯩] 〖의〗 비타민 부족으로 일어나는 질병의 총칭《야맹증·각기(脚氣)·괴혈병 따위》.
비타민 과:잉증 (vitamin過剩症)[-쯩] 〖의〗 비타민이 몸속에 너무 많아서 생기는 병《구토·식욕 부진·복통·황달 등의 증상이 나타남》.
비타민 디 (vitamin D) 〖화〗 비타민의 하나. 부족하면 구루병에 걸림《간유·버터·난황(卵黃) 등에 많이 들어 있음》.
비타민 비 복합체 (vitamin B複合體)[-보캅-] 〖화〗 B_1·B_2·B_6 등 여러 가지 비타민 복합체의 총칭. 비타민 비.
비타민 비 식스 (vitamin B_6) 〖화〗 비타민의 하나. 항(抗)피부염성 인자(因子)로, 부족하면 동물이 잘 자라지 못하고 피부병을 일으킴《쌀겨·소의 간·효모 따위에 들어 있음》.
비타민 비 원 (vitamin B_1) 〖화〗 비타민의 하나. 부족하면 식욕 감퇴·소화기 쇠약·각기·신경증 따위를 일으킴《쌀겨·효모·달걀 노른자·콩 따위에 들어 있음》.
비타민 비 투 (vitamin B_2) 〖화〗 비타민의 하나. 부족하면 입술과 입 가장자리, 혀에 염증이 생김《우유·달걀·간 등에 들어 있음》.
비타민 비 트웰브 (vitamin B_{12}) 〖화〗 비타민의 하나. 부족하면 악성 빈혈을 일으킴《소의 간·번데기·굴 따위에 들어 있음》.
비타민 시 (vitamin C) 〖화〗 비타민의 하나. 부족하면 괴혈병을 일으킴《과실·귤·야채 등

에 들어 있음).

비타민 에이 (vitamin A) 〖화〗 비타민의 하나. 부족하면 발육 불량, 세균에 대한 저항력 감퇴·야맹증 등을 일으킴(간유·버터·야채 따위에 들어 있음).

비타민 에이치 (vitamin H) 〖화〗 비타민의 하나. 동물의 난백(卵白) 장애 치유 작용을 하는 인자(달걀 노른자·소의 간·인삼 등에 들어 있음).

비타민 엘 (vitamin L) 〖화〗 비타민의 하나. 젖의 분비 작용에 불가결한 인자(소의 간·효모 등에 들어 있음).

비타민 엠 (vitamin M) 〖화〗 비타민의 하나. 젖산균의 증식 또는 조혈 작용을 촉진하는 인자. 부족하면 빈혈을 일으킴(야채, 소·돼지의 간에 들어 있음).

비타민 이 (vitamin E) 〖화〗 비타민의 하나. 부족하면 불임증·유산(流産)·중추 신경 장애 따위를 일으킴(곡물의 씨눈, 우유·알의 노른자위, 채소의 푸른 잎 따위에 들어 있음).

비타민-제 (vitamin劑) 〖명〗 〖약〗 비타민 보충을 위한 영양제.

비타민 케이 (vitamin K) 〖화〗 비타민의 하나. 혈액 응고에 필요한 인자($K_1·K_2·K_3·K_4$가 있고, 간유 등에 들어 있음).

비타민 피 (vitamin P) 〖화〗 비타민의 하나. 모세 혈관의 삼투성 증대를 억제하는 인자(레몬·후추 등에 들어 있음).

비:-타협적 (非妥協的)[-쩍] 〖관명〗 타협적이 아닌 (것). 〖-〗~인 태도 / 협상에 ~이 되다.

비탄 (飛彈) 〖명〗 날아오는 탄알. 비환(飛丸).

비:탄 (悲歎·悲嘆) 〖명〗〖하타〗 몹시 슬프게 탄식함. 〖-〗~에 잠기다 / ~에 빠지다.

비탈 〖명〗 산이나 언덕의 비스듬하게 기울어진 곳. 〖-〗~이 가파르다 / ~을 올라가다 / ~이 심하다.

비탈-길 [-낄] 〖명〗 비탈진 언덕의 길. 〖-〗~을 달려 내려가다.

비:-탈저병 (脾脫疽)[-쩌] 〖명〗 〖의〗 탄저병(炭疽病)이 사람에게 걸린 경우에 일컫는 말.

비탈-지다 〖형〗 땅이 매우 가파르게 기울어져 있다. 〖-〗비탈진 언덕길.

비:탕 (沸湯) 〖명〗 끓는 물.

비:토 (肥土) 〖명〗 기름진 흙. 비옥한 땅. 거름흙. 옥토(沃土).

비토 (veto) 〖명〗〖하타〗 거부(拒否). 거부권.

비:통 〖명〗 품질이 아주 낮은 백통.

비:통 (悲痛) 〖명〗〖하형〗〖부〗 몹시 슬퍼서 마음이 아픔. 〖-〗~한 표정 / ~에 빠지다.

비:통 (鼻痛) 〖명〗〖한의〗 감기에 걸려서 코가 막히고 아픈 병.

비:통 (臂痛) 〖명〗〖한의〗 팔의 윗마디가 저리고 아픈 증세.

비트 (beat) 〖명〗 1 〖악〗 박자. 2 수영에서, 물장구. 3 〖물〗 맥놀이.

비트 (bit) 〖의명〗 〔binary digit(=이진수(二進數))〕 1 〖컴〗 정보량의 최소 기본 단위. 양자(兩者) 택일의 꼴로 정리된 정보의 누적(累積) 단위. 8비트는 1바이트임. 2 이진법에서 쓰는 숫자로, 0과 1.

비트맵 (bitmap) 〖명〗〖컴〗 컴퓨터 그래픽에서, 모니터 화면에 나타나는 영상 데이터를 저장하는 방식.

비트적-거리다 [-꺼-] 〖타〗 몸을 제대로 가누지 못하고 조금 비틀거리며 걷다. 〖-〗술이 취해 비트적거리며 걸어가다. 〖짝〗베트작거리다. 〖센〗삐트적거리다. **비트적-비트적** [-삐-] 〖부〗〖하타〗

비트적-대다 [-때-] 〖타〗 비트적거리다.

비트 제너레이션 (beat generation) 〖문〗 현대의 물질문명에 반항하는 미국의 젊은 예술가들(미국 문학사상 로스트 제너레이션의 뒤를 이은 세대의 일컬음). 패배의 세대.

비틀-거리다 〖부하타〗 힘이 없거나 어지러워 몸을 가누지 못하고 이리저리 쓰러질 듯한 모양. 〖-〗이리 ~ 저리 ~하다. 〖짝〗배틀.

비틀 〖재부〗 이리저리 쓰러질 듯이 걷다. 〖-〗발걸음이 ~ / 몸을 ~. 〖짝〗배틀거리다. **비틀-비틀** 〖부하타〗. 〖-〗~ 걷다.

비틀-걸음 〖명〗 비틀거리면서 걷는 걸음. 〖-〗~을 치다.

비:틀다 〔비틀어, 비트니, 비트는〕 〖타〗 1 힘 있게 꼬며 바싹 틀다. 〖-〗철사를 ~. 2 일을 어그러지게 하다. 〖-〗다 된 일을 비틀어 버리다. 〖짝〗배틀다.

비:틀-대다 〖재타〗 비틀거리다.

비:틀리다 〖재〗 ('비틀다'의 피동) 비틂을 당하다. 〖-〗손목이 비틀려 부었다. 〖짝〗배틀리다.

비:틀어-지다 〖재〗 1 물건이 어느 쪽으로만 틀어져 꼬이다. 〖-〗열을 받아 ~. 2 일이 꼬여서 순조롭지 아니하게 되다. 3 친하던 사이가 나빠지다. 〖-〗하찮은 일로 둘 사이가 ~. 〖짝〗배틀어지다. 〖센〗삐틀어지다.

비틀-하다 〖형〗 조금 비릿하면서도 감칠맛이 있다. 〖짝〗배틀하다.

비틈-하다 〖형어〗 말뜻이 바로 드러나지 않고 짐작해 알 만큼 그럴듯하다. **비틈-히** 〖부〗

비파 (枇杷) 〖명〗 비파나무의 열매.

비파 (琵琶) 〖명〗 〖악〗 동양 현악기의 하나. 둥글고 긴 타원형의 몸체에 자루는 곧고 짧으며, 4 현의 당비파와 5 현의 향비파가 있음.

비파-나무 (枇杷-) 〖명〗 〖식〗 장미과의 상록 교목. 높이는 5~10m이고, 가지가 굵고 잎은 어긋나며 늦가을에 흰 다섯잎꽃이 핌. 장과(漿果)는 이듬해 첫여름에 노랗게 익는데 식용으로는 술을 빚는 데 씀.

비파-엽 (枇杷葉) 〖명〗 〖한의〗 비파나무의 잎(학질·구토·각기·갈증·기침·술독 따위에 약으로 씀).

비:판 (批判) 〖명〗〖하타〗 1 비평하고 판단함. 〖-〗~을 받다 / ~을 가하다 / 호되게 ~하다. 2 잘못을 들어 따짐. 〖-〗정부의 외교 정책을 ~하다.

비-판 (B版) 〖명〗 〖인〗 인쇄용지 규격의 한 가지. 세로 1,000mm, 가로 1,414mm의 크기를 0번으로 하고, 매 반절(半截)마다 B1판, B2판··· B12판이라 일컬음(용지·서적에는 주로 B5판, B6판을 씀).

비:판-력 (批判力)[-녁] 〖명〗 비판하는 능력. 〖-〗책을 읽어 ~을 기르다.

비:판-적 (批判的) 〖관명〗 비판하는 태도나 입장에서 하는 (것). 〖-〗~(인) 입장을 취하다 / 정부의 외교 정책에 ~이다.

비:판-주의 (批判主義)[-/-이] 〖명〗 〖철〗 1 비판적인 정신으로 사물을 보는 태도. 2 비판 철학.

비:판 철학 (批判哲學) 〖철〗 인간의 인식 비판을 중심 과제로 하는 철학상의 입장. 비평 철학. 선험 철학.

비:패-하다 (鄙悖-) 〖명어〗 성질이나 행동이 비열하고 막되다.

비:평 (批評) 〖명〗〖하타〗 사물의 선악·시비·미추(美醜)를 평가하여 그 가치를 논하는 일. 〖-〗문학 ~ / 예리한 ~ / 작품을 ~하다 / ~에 귀를 기울이다.

비:평-가 (批評家) [명] 평론가.
비:평-사 (批評史) [명] 〔문〕 문예 작품에 대한 비평의 발달 과정의 역사.
비:평-안 (批評眼) [명] 사물을 비평하는 안목이나 능력. ❏뛰어난 ～/～을 기르다.
비:평 예:술 (批評藝術)[-녜-] 〔문〕 그 자체가 예술적 가치를 가지고 있는, 예술 작품에 대한 비평.
비:평-주의 (批評主義)[-/-이] [명] 비판주의1.
비:-평준화 (非平準化) [명] 평준화되지 않게 하는 일. ❏고교 ～ 지역.
비:-포장도로 (非鋪裝道路) [명] 포장되지 않은 도로. ❏～를 차로 달리다.
비폭 (飛瀑) [명] 아주 높은 곳에서 세차게 떨어지는 폭포.
비:폭력-주의 (非暴力主義)[-퐁녁쭈-/-퐁녁쭈이] [명] 〔정〕 부정한 권력이나 정치 체제에 대해서 폭력을 사용하지 않고 저항하는 사상《간디의 사상이 대표적임》.
비폭-징류 (飛瀑澄流)[-찡뉴] [명] 아주 높은 곳에서 떨어지는 폭포와 맑게 흐르는 물줄기.
비:표 (祕標) [명] 자기들만 알 수 있도록 표시한 표지(標識). ❏～를 달고 회장에 입장하다.
비표 (碑表) [명] 비문을 새긴 비석의 겉면.
비:-표준어 (非標準語) [명] 표준어가 아닌 말.
비:품 (祕稟) [명][하타] 임금에게 비밀히 아뢲.
비:품 (備品) [명] 관공서나 회사 등에서 늘 일정하게 갖추어 두고 쓰는 물품. ❏～을 구입하다. ↔소모품.
비:풍 (悲風) [명] **1** 구슬픈 느낌을 주는 바람. **2** 쓸쓸한 늦가을의 바람.
비:풍-참우 (悲風慘雨) [명] 구슬픈 바람과 모진 비라는 뜻으로, 슬프고 비참한 처지나 상황을 일컫는 말.
비프-스테이크 (beefsteak) [명] 연한 쇠고기를 적당한 두께로 썰어서 소금과 후춧가루를 뿌리고 뭉근히 구워 익힌 서양 음식.
비프-커틀릿 (beef+cutlet) [명] 쇠고기를 두껍게 썰어 소금과 후춧가루 따위를 뿌리고 빵가루를 묻혀 기름에 튀긴 서양 음식.
비피에스 (BPS) [의명] 〔bits per second〕 〔컴〕 데이터 전송 속도를 나타내는 단위《1초에 몇 비트를 전송할 수 있는지를 나타냄》.
비필 (飛筆) [명][하타] 글씨를 아주 빨리 씀. 또는 그 글씨.
비:하 (卑下) [명][하타] 스스로를 겸손하게 낮추거나 상대방을 업신여겨 낮춤. ❏필요 이상으로 자기를 ～하다.
비:-하다 (比-) [타][여] **1** 비교하다. 견주다. ❏비할 데 없는 재능/미미한 투자에 비하면 성과가 크다. **2** ('-에 비하여'·'-에 비해(서)'·'-에 비하면'의 꼴로 쓰여) '비교하면 그보다'의 뜻으로 쓰는 말. ❏그에게 비하면 나은 편이다/동생에 비해서 키가 작다.
  비할 바〔데〕 없다 [구] 차이가 너무 커서 비길 데가 없다.
비:하-정사 (鼻下政事) [명] 겨우 먹고 살아가는 일을 비유적으로 이르는 말.
비:-학자 (非學者)[-짜] [명] **1** 학자가 아닌 사람. **2** 〔불〕 대승이나 소승의 학문을 수행하지 않은 사람.
비:한 (悲恨) [명] 몹시 슬픈 원한.
비:-합리 (非合理)[-함니] [명][하형] 〔철〕 지성이나 오성(悟性)으로는 파악할 수 없음. 논리에 맞지 않음. 불합리.
비:-합리성 (非合理性)[-함니썽] [명] 비합리적인 성질. 또는 그런 요소.
비:-합리적 (非合理的)[-함니-] [관][명] 합리적이 아닌 (것). ❏～(인) 논거/그의 주장은 ～이다. ↔합리적.
비:합리-주의 (非合理主義)[-함니-/-함니-이] [명] 〔철〕 이성이나 오성으로 파악할 수 없고 논리적으로도 규정할 수 없는 것을 궁극의 것으로 보는 입장. ↔합리주의.
비:-합법 (非合法)[-뻡] [명] 법률이 정한 바에 위반되는 일. ❏～ 활동을 억압하다. ↔합법.
비:합법 운:동 (非合法運動)[-뻐분-] 〔사〕 비합법적으로 행하는 사회 운동이나 혁명 운동. 지하 운동.
비:-합법적 (非合法的)[-뻡쩍] [관][명] 법률이 정한 바에 위반되는 (것). ❏～ 투쟁/～으로 입국하다. ↔합법적.
비:-합헌성 (非合憲性)[-하펀썽] [명] 〔법〕 위헌성.
비:항 (卑行) [명] 집안에서 자기의 손아랫사람. 낮은 항렬.
비:핵무장 지대 (非核武裝地帶)[-행-] 〔정〕 핵무기의 제조·저장·실험·배치 및 행사 등을 금하는 특정 지역. [준]비핵 지대.
비:핵 지대 (非核地帶)[-찌-] 〔정〕 '비핵무장 지대'의 준말.
비:행 (非行) [명] 그릇된 행위. 나쁜 짓. ❏～을 저지르다/～이 드러나다.
비행 (飛行) [명][하자타] 공중으로 날아가거나 공중을 날아다님. ❏저공 ～/정찰 ～/대서양 상공을 ～하다.
비행-가 (飛行家) [명] 비행술이 능란한 사람.
비행-기 (飛行機) [명] 동력으로 프로펠러를 돌리거나 연소 가스의 분사로 하늘을 나는 기계. ❏～를 타고 신혼여행을 가다.
  비행기(를) 태우다 [구] 남을 높이 추어올려 주다.
비행 기관 (飛行器官) 〔생〕 조류·곤충 따위가 공중을 나는 데 사용되는 날개 따위의 운동 기관.
비행기-구름 (飛行機-) [명] 〔지〕 차고 습한 대기 속을 날 때, 비행기의 자취를 따라 생기는 구름. 비행기운(飛行機雲). 비행운.
비행기 대:패 (飛行機-) 〔공〕 재목의 둥근 곳을 깎는 대패의 하나《뒤대패에 손잡이가 있어서 비행기 모습과 비슷함》.
비행기-운 (飛行機雲) [명] 〔지〕 비행기구름.
비행 기지 (飛行基地) 〔군〕 항공대의 근거지.
비행-단 (飛行團) [명] 〔군〕 공군 부대 편성의 한 단위《비행 사단의 아래로 두셋의 전대(戰隊)로 구성됨》.
비행-대 (飛行隊) [명] 〔군〕 여러 대의 비행기로 편성되어 정찰·전투·폭격·수송 등의 임무를 수행하는 부대.
비행-로 (飛行路)[-노] [명] 비행기가 날아다니는 공중의 길. ❏～를 이탈해 불시착하다.
비행-사 (飛行士) [명] 일정한 자격을 지니고 면허를 받아 항공기를 조종하는 사람.
비행-선 (飛行船) [명] 큰 기구 속에 수소·헬륨 등의 공기보다 가벼운 가스를 넣어서 공중에 띄우고 추진기로 조종하는 항공기.
비:행 소:년 (非行少年) 〔법〕 범죄를 범했거나 범할 우려가 있는 소년.
비행-술 (飛行術) [명] 비행기를 조종하는 기술.
비행-운 (飛行雲) [명] 〔지〕 비행기구름.
비행-장 (飛行場) [명] 비행기가 뜨고 내릴 수 있는 시설을 갖춘 곳. ❏군용 ～. ＊공항.
비행-접시 (飛行-)[-씨] [명] 접시 모양의 미확인 비행 물체. 유에프오(UFO).

비행-정(飛行艇)명 수상 비행기의 하나((동체(胴體) 밑 부분이 배와 같이 되어 있어, 물 위에서 뜨고 내림)).

비:허(脾虛)명《한의》 비장(脾臟)이 허약하여 소화가 잘되지 않고 식욕이 없어지며 몸이 쇠약해지는 병.

비-현실적(非現實的)[-쩍] 관명 현실과는 동떨어진 (것). ▣~(인) 공상 세계 / ~이라던 일이 실현되었다.

비-현업(非現業)명 일반적인 관리 사무((현장의 실지 노동 업무에 상대하여 일컬음)). ▣~ 부문에 종사하다.

비:현-하다(德眩-)[형여] 피곤하여 정신이 어지럽다.

비:-협조(非協調)[-쪼]명 서로 힘을 모아 돕지 아니함.

비:-협조적(非協調的)[-쪼-] 관명 협조적이 아닌 (것). ▣~인 태도를 보이다 / ~으로 나오다 / 늘 ~이다.

비-형(B型)명《의》 ABO식 혈액형의 하나. B형과 AB형인 사람에게 피를 나누어 줄 수 있고, B형과 O형인 사람에게서 피를 받을 수 있음.

비형 간:염(B型肝炎)《의》 수혈성(輸血性) 황달.↔A형 간염. ~환자가 의외로 많다.

비:-호(庇護)명하타 감싸 보호함. ▣~ 세력 / 특정인을 ~하다 / 권력의 ~를 받다.

비호(飛虎)명 1 나는 듯이 빨리 달리는 범. 2 '동작이 몹시 날래고 용맹스러움'의 비유.

비호-같다(飛虎-)[-갇따]형 매우 용맹스럽고 날래다. 나는 듯한 동작. 비호-같이 [-가치]튄. ▣~ 덤벼들다.

비:-호-권(庇護權)[-꿘]명《법》 국제법에서, 외국의 정치범이나 피란자 등 보호를 요청해 온 외국인을 보호하는 국가의 권리.

비:-호-죄(庇護罪)[-쬐]명《법》 '범인 은닉죄·증거 인멸죄' 등의 별칭.

비-화(琵琶)〈옛〉 비파(琵琶).

비화(飛火)명하타 1 뛰어 박히는 불똥. 2 어떤 일의 영향이 직접 관계가 없는 다른 데에까지 번짐. ▣사건이 의외의 방향으로 ~하다 / 사소한 일이 큰 사건으로 ~되다.

비화(飛花)명 바람에 흩날리는 꽃잎.

비화(飛禍)명 남의 일로 당하는 뜻밖의 재앙.

비:-화(祕話)명 숨은 이야기. ▣정계 ~.

비:화(悲話)명 슬픈 이야기. 애화(哀話).

비:화-수소(砒化水素)명《화》 비소와 수소의 화합물. 마늘 냄새가 나는 무색의 맹독성 기체. 아르신.

비:-화합물(非化合物)[-합-]명《화》 화합물이 아닌 물질의 총칭.

비환(飛丸)명 비탄(飛彈).

비:환(悲歡)명 슬픔과 기쁨. 애환.

비:활성 기체(非活性氣體)[-썽-]《화》 다른 물질과 화합하지 않는 기체. 주기율표의 영족(零族)에 속하는 기체 원소. 불활성 기체. 희가스. 희가스류 원소.

비:황(砒黃)명 품질이 낮은 비석(砒石).

비:황(備荒)명하타 흉년이나 재액(災厄)에 대비해서 미리 준비함. 또는 그런 준비.

비:황 식물(備荒植物)[-씽-]《농》 산이나 들에 절로 나는 것으로, 흉년에 곡식 대신 먹을 수 있는 식물. 구황 식물.

비:-저곡(備荒貯穀)명하타 흉년에 대비해 곡식을 미리 저장하여 둠. 또는 그 곡식.

비:회(悲懷)명 슬픈 생각. 슬픈 마음. ▣~를 금치 못하다.

비:회(鄙懷)명 자기 마음속에 품은 생각을 낮

추어 일컫는 말.

비:-효율(肥效率)《농》 여러 가지 비료를 사용하여 작물을 재배한 후 그 수확량을 비교하여 비료의 효과를 판정하는 수치.

비:-효율(非效率)명 노력에 비해 결과가 보잘것없음. ▣~의 악순환이 거듭되다.

비:-효율-적(非效率的)[-쩍] 관명 노력에 비해 결과가 보잘것없는 (것). ▣회사가 ~으로 운영되다.

비:-후(悲吼)명하타 크고 사나운 짐승이 슬피 욺. 또는 그 울음.

비:-후성 비:염(肥厚性鼻炎)[-썽-]《의》 만성 비염의 하나. 비점막(鼻粘膜)이 부어, 코가 항상 막히고 점액성 또는 농성(膿性)의 콧물이 나오는 병.

비:-후-하다(肥厚-)[형여] 살이 쪄서 몸집이 크고 두툼하다.

비:-훈(祕訓)명 비밀히 내리는 훈령.

비:-훈(鼻燻)명하타 훈약(燻藥)의 기운을 콧구멍에 쐬는 일.

비훼(誹毁)명하타 남을 헐뜯어서 명예를 상하게 함.

비:-흉위(比胸圍)명 키에 대한 가슴둘레의 백분율.

비:-희(祕戲)[-히]명 '성교'를 달리 이르는 말.

비:-희(悲喜)[-히]명 희비(喜悲).

비:-희-교집(悲喜交集)[-히-] 명하자 슬픔과 기쁨이 한꺼번에 닥침.

비:-희-도(祕戲圖)[-히-]명 춘화도(春畵圖).

빅 바둑에서, 비기는 일.

빅-뉴스(big news)명 중대한 소식. 또는 놀라운 소식.

빅다(-따)자비 '비기다'의 준말.

빅-딜(big deal)명《경》 대기업 간의 주요 사업 맞교환을 일컬음. 경쟁력이 없는 사업 부문을 넘겨주고 상대방에게 다른 사업 부문을 넘겨받아 기업의 경쟁력을 강화하는 일.

빅뱅(big bang)1《천》 현대 우주론에서, 우주 생성의 초기, 약 백 수십억 년 전에 일어났다는 대폭발((우주가 그때부터 팽창하기 시작하였다고 함)). 2 대변혁. 대폭발.

빅-수(-手)[-쑤]명 '비김수'의 준말.

빅-장(-將)[-짱]명 장기에서, 대궁이 된 대나 비김수로 장군을 불러서 비기게 되는 장군. ▣~을 부르다.

빅토리(victory)명 '승리'라는 뜻으로, 흔히 운동 경기에서 응원할 때 이기라고 외치는 소리.

빈(賓)명《역》관례(冠禮) 때, 그 절차를 잘 알아서 모든 일을 주선하는 사람.

빈(嬪)명《역》1 조선 때, 정일품 내명부(內命婦)의 품계. 2 왕세자의 정부인.

빈가(貧家)명 가난한 집.

빈가(頻伽)명《불》'가릉빈가(迦陵頻伽)'의 준말.

빈-개념(賓槪念)명《논》빈사(賓辭).↔주(主)개념.

빈객(賓客)명 귀한 손님. ▣~을 맞다.

빈격(賓格)[-껵]명《언》목적격.

빈계(牝鷄)[-/-게]명 암탉.

빈계-사신(牝鷄司晨)[-/-게-]명 암탉이 새벽을 알리는 일을 맡아 운다는 뜻으로, 여자가 남편을 업신여겨 집안일을 마음대로 처리함을 이르는 말. 빈계지신.

빈계지신(牝鷄之晨)[-/-게-]명 빈계사신.

빈고(貧苦)명하형 가난하고 고생스러움.

빈곤(貧困)명하형히부 **1** 가난해서 살림이 어려움. 가난. □~한 가정 / 가세가 ~하다 / ~에 시달리다 / ~에서 벗어나다. **2** 필요한 것이 없거나 부족함. □상상력의 ~ / 화제의 ~.

빈곤·망:상(貧困妄想)명심 미소(微小) 망상의 하나. 자기가 가난하다고 생각하는 일.

빈공(賓貢)명역 고려 때, 과거의 삼공(三貢)의 하나. 외국인, 주로 중국 송나라 사람으로 제1차 시험에 합격한 사람.

빈과·록(瀕科綠)명공 도자기에 입히는 초록빛의 잿물.

빈광(貧鑛)명광 쓸모 있는 성분이 적게 들어 있는 광석. 또는 채산상(採算上) 이익이 적은 광석. ↔부광(富鑛).

빈:-구석명 부족한 점이나 빈틈. □~이 조금도 없다.

빈국(貧局)명 **1** 가난한 사회. **2** 메말라서 농사가 잘 안되는 땅. **3** 빈상(貧相).

빈국(貧國)명 가난한 나라. ↔부국(富國).

빈궁(貧窮)명하형히부 가난해서 생활이 어려움. □~에 허덕이다.

빈궁(嬪宮)명역 왕세자의 아내.

빈궁(殯宮)명역 상여가 나갈 때까지 왕세자나 왕세자비의 관(棺)을 두던 곳.

빈:-껍데기[-떼-]명 실속은 없이 허울만 좋은 것의 비유.

빈농(貧農)명 가난한 농가 또는 농민. ↔부농(富農).

뇨-증(頻尿症)[-종]명의 오줌을 조금씩 자주 누게 되는 병증.

빈대명충 빈댓과의 곤충. 길이는 5mm 정도, 둥글납작하며 빛은 갈색임. 석화하고 몹시 악취를 풍김. 밤에 활동하여 사람의 피를 빨아 먹음.

[빈대도 낯짝(콧등)이 있다] 지나치게 염치가 없는 사람을 나무라는 말.

빈대 붙다관〈속〉남에게 빌붙어서 득을 보다. 흔으로 한몫 끼다.

빈대-고둥명조개 빈대고둥과의 하나. 껍데기의 길이는 23mm, 폭은 18mm 정도이며 진한 갈색이고, 나사 모양의 가는 가시가 줄져 있음.

빈대-떡명 녹두를 맷돌에 갈아서 전병처럼 부쳐 만든 음식. 녹두전병. □~을 부쳐 먹다.

빈대-밥명 알이 작고 납작하게 생긴 밥.

빈대-붙이[-부치]명충 노린잿과의 곤충. 빈대와 비슷한 모양, 몸길이는 5~6mm이고, 암갈색임. 미나릿과 식물의 해충임.

빈도(頻度)명 같은 현상이나 일이 반복되는 도수. 잦은 도수. 빈도수. □사용 ~가 줄다 / 발생 ~가 높다.

빈도(貧道)인대 승려나 도사(道士)가 자기를 낮추어 일컫는 말. 빈승(貧僧).

빈도-수(頻度數)[-쑤]명 빈도(頻度). □낮은 ~ / ~가 높다.

빈둥-거리다자 아무 일도 하지 않고 게으름을 부리며 놀다. □부모 밑에서 빈둥거리며 지내다 / 일꾼이 빈둥거리며 게으름을 피우다. 작밴둥거리다. 셈삔둥거리다. 여펀둥거리다. **빈둥-빈둥**부하자 □놀고만 있다 / ~ 날을 보내다.

빈둥-대다자 빈둥거리다.

빈들-거리다자 부끄러운 줄도 모르고 게으름을 피우며 놀기만 하다. □빈들거리며 싸다니다. 작밴들거리다. 셈삔들거리다. 여핀들거리다. **빈들-빈들**부하자. □~ 놀지만 말고

공부해라.

빈들-대다자 빈들거리다.

빈랑(檳榔)[빌-]명 **1**식 빈랑나무. **2**한의 빈랑나무의 열매(식상(食傷)·수종(水腫)·적취(積聚) 등에 약으로 씀).

빈랑-나무(檳榔-)[빌-]명식 종려나뭇과의 상록 교목. 말레이시아 지방에서 과수로 재배하는데, 높이는 10~25m이고, 잎은 줄기 끝에 나며 단성화가 잎 사이에 핌. 열매는 둥글거나 타원형이고, 식용·한약재로 씀.

빈려(賓旅)[빌-]명 외국에서 온 여행객.

빈례(賓禮)[빌-]명하자 예의를 갖추어 손님을 대접함.

빈례(殯禮)[빌-]명 장례(葬禮). □~를 치르다.

빈마(牝馬)명 암말. 피마.

빈:-말명하자 실없는 헛된 말. □~이라도 고맙다 / ~로 약속하다.

빈맥(頻脈)명의 속맥(速脈).

빈모(牝牡)명 짐승의 암컷과 수컷. 암수.

빈모(鬢毛)명 살쩍1.

빈미주룩부하형 물체의 끝이 조금 내밀어져 있는 모양. 작반미주룩.

빈미주룩-이부 빈미주룩하게. 작반미주룩이.

빈민(貧民)명 가난한 사람들. 세민(細民).

빈민-가(貧民街)명 가난한 사람들이 모여 사는 거리. 세민가(細民街). 슬럼가. □~에서 자라 주먹으로 세계를 제패하다.

빈민-굴(貧民窟)명 가난한 사람들이 모여 사는 곳.

빈민-촌(貧民村)명 주로 도시에서 가난한 사람들이 모여 사는 마을.

빈민-층(貧民層)명 가난한 사람들이 속하는 사회 계층. 세민층. □소외된 도시 ~. ↔부유층.

빈발(頻發)명하자 사건이나 사고 따위가 자주 일어남. □교통사고가 ~하는 지점 / 부주의로 안전사고가 ~하고 있다.

빈발(鬢髮)명 살쩍과 머리털.

빈:-방(-房)명 **1** 아무도 거처하지 않고 비어 있는 방. **2** 사람이 없는 방.

빈-배합(貧配合)명건 시멘트를 지정된 분량보다 적게 쓴 콘크리트의 배합. ↔부(富)배합.

빈번-하다(頻繁-)형여 도수(度數)가 잦아 번거롭다. □왕래가 ~. **빈번-히**부. □사고가 ~ 일어나다.

빈 볼(bean ball) 야구에서, 투수가 타자의 기를 꺾기 위해서 일부러 타자의 머리 쪽으로 던지는 공.

빈부(貧富)명 가난함과 부유함. □~의 차를 좁히다.

빈부귀천(貧富貴賤)명 가난함과 부유함이나 귀함과 천함. □~을 가리지 아니하다.

빈분-하다(繽紛-)형여 **1** 많아서 기세가 성하다. **2** 혼잡하여 어지럽다.

빈붕(賓朋)명 손님으로 대접하는 좋은 친구.

빈빈-하다(彬彬-)형여 글의 형식과 내용이 잘 갖추어져 훌륭하다.

빈빈-하다(頻頻-)형여 썩 잦다. **빈빈-히**부

빈사(賓辭)명논 명제(命題)에서, 주사(主辭)에 결합되어 그것을 규정하는 개념. 빈개념. ↔주사(主辭).

빈사(瀕死)명 거의 죽을 지경에 이름. □~ 상태에 빠지다.

빈-사과(-果) 유밀과의 하나. 강정을 만들고 남은 부스러기를 기름에 지져 조청을 바르고, 여섯 모가 지게 뭉쳐 굳힌 뒤에, 여러 가지 빛깔로 물들임.

빈사-지경 (瀕死地境) 圏 거의 죽게 된 처지나 형편. ☐~을 헤매다 /~에 이르다.

빈삭-하다 (頻數-) [-삭카-] 휑어 거듭되는 횟수가 매우 잦다. **빈삭-히** [-삭키] 튀

빈:-산 (-山) 圏 사람이 없는 산.

빈:-삼각 (-三角) 圏 바둑에서, 한 점을 중심으로 옆이나 위, 아래로 한 점씩 붙어 있는 석 점(좋지 않은 행마로 여김).

빈상 (貧相) 圏 1 궁색해 보이는 인상. ☐얼굴이 ~일 뿐 허우대는 멀쩡하다. ↔복상(福相). 2 궁상맞고 가난한 모습. 빈국.

빈소 (殯所) 圏 상여가 나갈 때까지 관을 놓아 두는 방. ☐~를 지키다 /~를 차리다 /~를 마련하다 /~를 찾아 조문을 하다.

빈소 (嚬笑) 圏 찡그림과 웃음이라는 뜻으로, 기쁨과 슬픔을 이르는 말.

빈:-속 圏 먹은 지가 오래되어 시장한 배 속. 공복(空腹). ☐~에 술을 마시다.

빈:-손 圏 1 아무것도 가지고 있지 않은 손. 2 돈이나 물건 따위를 아무것도 지닌 것이 없는 상태. ☐~으로 나왔다 /~으로 돌아오다. *맨손.
  빈손 털다 圏 ㉠헛일이 되어 아무 소득이 없다. ㉡가지고 있던 것을 몽땅 날려 버리다.

빈승 (貧僧) 圏〔불〕1 가난한 승려. 2 도학(道學)이 깊지 못한 승려. 〔인대〕빈도(貧道).

빈실 (賓室) 圏 손님을 응접하는 방. 객실.

빈씨 (嬪氏) 圏〔역〕세자빈으로 뽑히고 나서 가례(嘉禮)를 행하기 전까지의 아가씨.

빈약 (貧弱) 圏하휑 1 가난하고 힘이 없음. 2 보잘것없음. ☐한 지식 / 가슴이 ~하다.

빈연 (賓筵) 圏 손님을 대접하는 자리.

빈영양-호 (貧營養湖) 圏〔지〕물속에 영양분이 적어 생물 생산력이 낮은 호수(수심이 깊고 물이 맑음). ↔부(富)영양호.

빈와 (牝瓦) 圏〔건〕암키와. ↔모와(牡瓦).

빈우 (牝牛) 圏 암소. ↔모우(牡牛).

빈읍 (貧邑) 圏 가난한 고을.

빈익빈 (貧益貧) [비닉삔] 圏하자 가난한 사람일수록 더욱 가난하게 됨. ↔부익부.

빈자 (貧者) 圏 가난한 사람. ↔부자(富者).

빈:-자리 圏 1 비어 있는 자리. ☐~가 생기다 /~에 앉다. 2 결원으로 비어 있는 직위. 공석. ☐~를 메우다 / 연구소에 ~가 나다.

빈자-소인 (貧者小人) 가난한 사람은 남에게 굽죄는 일이 많아서 기를 펴지 못하므로 저절로 낮고 천한 사람처럼 된다는 말.

빈자-일등 (貧者一燈) [-뚱] 圏 가난한 사람이 바친 하나의 등이 부자가 바치는 수많은 등보다 공덕이 크다는 뜻으로, 물질의 많고 적음보다 정성이 소중함을 일컫는 말.

빈전 (殯殿) 圏〔역〕국상(國喪) 때, 상여가 나갈 때까지 왕이나 왕비의 관을 모시던 전각.

빈정-거리다 재튀 빈웃는 태도로 자꾸 남을 놀리다. ☐빈정거리며 말하다. **빈정-빈정** 튀 하자태. ☐~ 놀려 대다.

빈정-대다 재튀 빈정거리다.

빈조 (蘋藻) 圏 물 위에 떠 있는 풀과 물속에 잠겨 있는 풀.

빈주 (貧廚) 圏 가난한 집의 부엌. 또는 가난한 살림.

빈주 (賓主) 圏 손님과 주인.

빈주 (蠙珠) 圏 진주(眞珠).

빈:-주먹 圏 1 아무것도 가진 것이 없는 주먹. 2 어떤 일을 하는데 마땅히 있어야 할 것이 없음. ☐~으로 시작하다. *맨주먹.

빈주지례 (賓主之禮) 圏 손님과 주인 사이에

지켜야 할 예의.

빈즉다사 (貧則多事) [-따-] 圏 가난한 집안에 번거로운 일이 많아서 바쁨.

빈지-문 (-門) 圏 널빈지로 된 문.

빈지 '널빈지'의 준말. ☐~를 닫다 /~를 떼어 들이다.

빈:-집 圏 1 아무도 살지 않는 집. 공가(空家). ☐요즈음 농촌에는 ~이 늘고 있다. 2 식구들이 모두 밖에 나가 비어 있는 집. ☐~을 혼자 지키다 /~에 도둑이 들다.

빈:-창자 圏 먹은 것이 없어 속이 비어 있는 창자.

빈처 (貧妻) 圏 가난에 쪼들리는 아내.

빈척 (擯斥) 圏하타 싫어하여 물리침. 배척.

빈천 (貧賤) 圏하휑휘부 가난하고 천함. ☐~한 살림살이. ↔부귀.

빈천지교 (貧賤之交) 圏 가난하고 천할 때 가깝게 사귄 사이. 또는 그런 벗.

빈첩 (嬪妾) 圏 임금의 첩.

빈청 (賓廳) 圏〔역〕궁중에 있는 대신이나 비변사의 당상들이 모여 회의하던 곳.

빈촌 (貧村) 圏 가난한 사람들이 사는 마을. 궁촌(窮村). ↔부촌(富村).

빈:-총 (-銃) 圏 실탄을 재지 않은 총.

빈추-나무 圏〔식〕장미과의 낙엽 활엽 관목. 산기슭에 나며 높이는 2 m 정도이고, 가시가 있음. 늦봄에 황색 다섯잎꽃이 피는데 향기가 있고 핵과(核果)는 가을에 익음.

빈축 (嚬蹙·顰蹙) 圏 1 얼굴을 찡그림. 2 남을 비난하거나 미워함. ☐남의 ~을 사다.

빈출 (頻出) 圏하자 1 자주 나타남. ☐~ 단어. 2 자주 외출함.

빈:-칸 圏 비어 있는 칸. ☐~에 답을 써넣다.

빈타 (貧打) 圏하자 야구에서, 안타가 거의 나오지 않는 일. ☐시즌 내내 ~로 허덕이다.

빈:-탈타리 圏 빈털터리. ⑥탈탈이.

빈:-탕 圏 1 잣·호두·땅콩 따위의 과실 속에 알맹이가 들지 않은 것. 2 실속이 없는 것. ☐비가 오는 바람에 ~을 쳤다.

빈:-털터리 圏 있던 재산을 다 없애고 가난뱅이가 된 사람. 빈탈타리. ☐화재로 하루아침에 ~가 되다. ⑥털터리.

빈:-틈 圏 1 비어 있는 사이. ☐~이 생기다 /~을 비집고 들어가다 / 감시의 ~을 타서 도주하다. 2 허술하거나 부족한 점. ☐~이 많은 사람 / 정확하고 ~이 없다 / 수비의 ~을 노리다.

빈:-틈-없다 [-트멉따] 휑 1 비어 있는 사이가 없다. ☐일정이 빈틈없게 빡빡하다. 2 허술한 데가 없이 야무지고 철저하다. ☐빈틈없는 성격. 빈:틈-없이 [-트멉씨] 튀. ☐~ 준비하다.

빈-티 (貧-) 圏 가난하게 보이는 모습이나 태도. ☐~가 나다 /~를 내다 /~가 흐르다 /~를 벗다. ↔부티(富-).

빈핍 (貧乏) 圏하휑 가난해서 아무것도 없음. 가난함. 궁핍.

빈한-하다 (貧寒-) 휑어 가난해서 집안이 쓸쓸하다. ☐빈한한 살림살이 / 가세가 ~. **빈한-히** 튀

빈함-옥 (殯含玉) 圏 염(殮)할 때, 시신의 입에 물리는 구슬.

빈해 (瀕海) 圏 어떤 지역이 바다에 가까움. 또는 그런 땅.

빈혀 圏〈옛〉비녀.

빈혈 (貧血) 圏〔의〕혈액 속의 적혈구나 혈색소가 감소한 상태(두통·현기증·권태·이명(耳

鳴) 따위의 증상이 나타남).

빈혈-기 (貧血氣)[-끼] 圓 빈혈 증세가 있는 기색(氣色). □~가 있다.

빈혈-성 (貧血性)[-썽] 圓 《의》 1 빈혈 때문에 생기는 병의 성질. □~ 현기증을 일으키다. 2 빈혈을 일으키기 쉬운 체질.

빈혈-증 (貧血症)[-쯩] 圓 《의》 빈혈의 증세.

빈호 (貧戶) 圓 가난한 집. 빈가(貧家).

빈다 〈옛〉 1 빛. 2 같.

빌:다¹ [빌어, 비니, 비는] 囲 1 남의 물건을 공으로 달라고 하다. □양식을 빌려 다니다. 2 소원대로 되기를 바라며 기도하다. □복을 ~ / 자식들의 성공을 ~. 3 잘못을 용서해 달라고 호소하다. □고개를 숙이고 용서를 ~. [비는 데는 무쇠도 녹는다] 잘못을 사과하면 아무리 완고한 사람도 용서한다.

빌:다² 囲 빌리다.

빌딩 (building) 圓 철근 콘크리트 고층 건축물. □~을 세우다 / ~을 짓다 / ~들이 잇대어 있다.

빌라 (villa) 圓 1 별장. 2 별장식 주택. 3 다세대 주택이나 연립 주택.

빌레몬-서 (←Philemon書) 圓 《성》 신약 성서의 한 편. 사도 바울이 빌레몬에게 쓴 편지.

빌리다 囲 1 남의 물건이나 돈 따위를 나중에 도로 돌려주거나 대가를 갚기로 하고 얼마 동안 쓰다. □은행에서 돈을 ~ / 친구에게 책을 ~. 2 남의 도움을 받다. □남의 손을 ~. 3 일정한 형식이나 글 따위를 취하여 쓰다. □이 자리를 빌려 진심으로 감사의 말씀을 드립니다.

빌립보-서 (←Philippi書) 圓 《성》 신약 성서의 한 편. 사도 바울이 로마의 감옥에서 빌립보 교회에 보낸 편지.

빌먹다 〈옛〉 빌어먹다.

빌:다 困 빌어먹다.

빌미 圓 재앙이나 병 따위 불행이 생기는 원인. □~가 되다 / ~를 잡히다 / ~를 주다 / 늦게 온 것을 ~로 삼아 꾸짖다.

빌미-잡다 [-따] 困 재앙이나 병 따위가 생기는 원인으로 삼다.

빌미잡다 〈옛〉 빌미잡다.

빌:-붙다 [-붇따] 困 남의 환심을 사려고 들러붙어 아첨하고 알랑거리다. □권문세가에 빌붙어 지내다.

빌빌 凰하困 1 여리고 느리게 움직이는 모양. □기계가 ~ 돌아가다. 2 기운 없이 느리게 행동하는 모양. □하룻밤 야근하더니 ~한다.

빌빌-거리다 困 자꾸 빌빌하다. □집에서 빌빌거리는 것을 보니 실직한 모양이다.

빌빌-대다 困 빌빌거리다.

빌어-먹다 [비러-따] 囲 남에게 구걸하여 거저 얻어먹다. □끼니를 ~. 困배라먹다.

빌어-먹을 凰 속이 상하고 일이 자기 뜻대로 되지 않을 때 욕으로 하는 말. □~ 녀석.

빔:¹ 圓하困 촉(鏃)이나 장부 따위의 구멍이 헐렁하게 되어 종이·헝겊 따위를 감아 끼우는 일.

빔:² 圓 (일부 명사 뒤에 붙어) 명절·잔치 때 새 옷을 차려입는 일. 또는 그 옷. □설~ / ~.

빔 (beam) 圓 1 《물》 입자·전자(電子)·중성자 따위의 흐름. 2 《건》 건물이나 구조물의 들보나 도리.

빔 안테나 (beam antenna) 《물》 단파 및 초단파의 지향성(指向性) 안테나.

빔-컴퍼스 (beam compass) 圓 보통 컴퍼스로는 못 그리는 큰 원을 그릴 때 쓰는 컴퍼스.

빕더-서다 [-떠-] 困 1 약속을 어기고 돌아서다. 2 비켜서다. □옆으로 빕더서서 눈치만 보다.

빗¹ [빋] 圓 머리털을 빗는 데 쓰는 도구.

빗² [빋] 圓[역] 색(色). □승전(承傳)~.

빗³ 圓 〈옛〉 빛.

빗- [빋] 困 '바로 곧지 않게'·'가로 비스듬히'의 뜻. □~나가다 / ~맞다.

빗-가다 [빋까-] 困 '빗나가다■2·■'의 준말.

빗-각 (-角)[빋깍] 圓 《수》 예각(銳角)이나 둔각(鈍角)과 같이 직각이나 평각(平角)이 아닌각. 사각(斜角).

빗각-기둥 (-角-)[빋깍끼-] 圓 옆면이 밑면에 수직이 아닌 각기둥. 사각주(斜角柱).

빗-각뿔 (-角-)[빋깍-] 圓 《수》 꼭짓점에서 밑면의 중심을 지나는 직선이 밑면에 수직이 되지 않는 각뿔. 사각추(斜角錐).

빗각 삼각형 (-角三角形)[빋깍쌈가켱] 《수》 세 각이 빗각인 삼각형.

빗굼 圓 〈옛〉 비김.

빗그다 困 〈옛〉 비뚤다. 기울어지다.

빗-금 [빋끔] 圓 1 사선(斜線). 2 《언》 대응이나 대립되는 것을 합께 보이거나 분수를 나타낼 때 쓰는 문장 부호의 하나(/).

빗기 凰 〈옛〉 비스듬히. 가로.

빗기다 [빋끼-] 囲 남의 머리털을 빗어 주다.

빗-길 [빋낄 / 빋낄] 圓 비가 내리는 길. 또는 빗물에 덮인 길. □~에 미끄러지다.

빗-꽂이 [빋꼬지] 圓 《농》 비스듬히 꽂아 심는 꺾꽂이의 한 방식.

빗-나가다 [빈-] 困 1 행동이나 태도가 그릇된 방향으로 나가다. □빗나간 생각. 2 기대나 예상과 다르다. □예측이 ~. 困빗가다·빗나다. ―困困 움직임이 비뚜로 나가다. □총알이 과녁에서 ~ / 공이 골대를 ~. 困빗가다·빗나다.

빗-나다 [빈-] 困 '빗나가다■2·■'의 준말.

빗다¹ [빋따] 困 '비스러지다'의 준말.

빗다² [빋따] 囲 빗으로 엉클어진 머리털을 가지런히 고르다. □머리를 감고 ~.

빗다³ 〈옛〉 빛내다. 꾸미다.

빗다⁴ 〈옛〉 비뚤다.

빗-대다 [빋때-] 囲 1 바로 말하지 않고 빙 둘러서 말하다. □날랜 사람을 비호에 빗대서 말하다. 2 사실과 다르게 비뚤하게 말하다. □비교할 자꾸 빗대지 마라.

빗더-서다 [빋떠-] 困 1 방향을 조금 틀어서 서다. 2 다른 곳으로 비켜서 서다. 困빗서다.

빗-돌 (碑-)[빋똘 / 빋똘] 圓 글자를 새겨서 세운 돌. 비석(碑石). □업적을 ~에 새기다.

빗-듣다 [빋뜯따] [빗들어, 빗들으니, 빗듣는] 囲困 남이 한 말을 잘못 듣다. 횡듣다.

빗-디디다 [빋띠-] 囲 디딜 자리를 바로 디디지 못하고 다른 곳을 잘못 디디다. □발을 빗디뎌서 넘어지다.

빗-뚫다 [빋뚤타] 囲 똑바로 뚫지 않고 어긋나게 뚫다.

빗-뛰다 [빋-] 困 1 비뚜로 뛰다. 2 잘못 뛰다.

빗-뜨다 [빋-] [빗떠, 빗뜨니] 囲 눈을 옆으로 흘겨 뜨다.

빗-맞다 [빋맏따] 困 1 겨눈 곳에 맞지 않고 어긋나게 맞다. □총알이 빗맞아 목숨을 건졌다. 2 뜻한 일이 잘못되어 달리 이루어지다. □예상이 ~.

빗-먹다 [빋-따] 困 물건을 베거나 자를 때 톱이나 칼이 먹줄대로 나가지 않고 비뚜로 나가다.

빗-면 (-面)[빋-] 圓 《물·수》 수평면과 90°이

내의 각을 이룬 평면. 사면(斜面).

빗-모서리 [빋-] 〖명〗 〖수〗 각뿔이나 각뿔대에 이웃한 두 빗면이 만나는 모서리. 사릉(斜稜).

빗-물 [빈-] 〖명〗 비가 와서 괴거나 모인 물. 우수(雨水). ▷ ~이 떨어지다 / ~을 닦아 기스미다 / ~에 씻기다 / ~을 받다.

빗-물다 [빈-] [빗물어, 빗무니, 빗무는] 〖타〗 입으로 좀 비뚤어지게 물다. ▷ 숟가락을 빗물고 투정을 부리다.

빗-밑 [빈믿] 〖명〗 오던 비가 그쳐 날이 개는 속도. ▷ ~이 무거워진 먹구름 / 여름 날씨는 ~이 가볍다 / 장마철이라 ~이 재다.

빗-반자 [빈빤-] 〖명〗 바닥을 한쪽으로 기울어지게 만든 반자.

빗-발 [비빨 / 빈빨] 〖명〗 비가 세차게 쏟아질 때에 줄이 진 것처럼 보이는 빗줄기. ▷ 세찬 ~ / ~을 뿌리다 / ~이 굵어지다.

빗발-치다 [비빨- / 빈빨-] 〖자〗 **1** 빗줄기가 세게 내리치다. **2** 탄환 따위가 빗발처럼 공기차며 쏟아지다. ▷ 총알이 ~. **3** 독촉이나 비난 따위가 세차게 계속되다. ▷ 여론의 질책이 ~ / 독촉 전화가 ~.

빗-방울 [비빵- / 빈빵-] 〖명〗 비가 되어 떨어지는 물방울. ▷ ~이 굵어지다 / ~이 떨어지다.

빗-변 (-邊)[빋뼌] 〖명〗 〖수〗 직각 삼각형의 직각에 대한 가장 긴 변. 사변(斜邊).

빗-보다 [빋뽀-] 〖타〗 똑바로 보지 못하고 어긋나게 잘못 보다. 횡보다.

빗-빠지다 [빋-] 〖자〗 발을 빗디디어 빠지다.

빗-살 [빋쌀] 〖명〗 빗의 잘게 갈라진 낱낱의 살. ▷ ~이 부러지다 / ~이 촘촘하다.

빗살무늬 토기 (-土器)[빋쌀-니-] 〖역〗 달걀을 가로로 이분(二分)한 것같이 생긴 신석기 시대의 토기. 밑이 둥근 것 또는 뾰족한 것이 있고, 표면에 빗살 모양의 줄이 새겨지거나 그어져 있음(우리나라에도 널리 분포되어 있음). 즐문(櫛文)토기.

빗살-문 (-門)[빋쌀-] 〖명〗 〖건〗 가는 살을 엇비슷하게 어긋매겨 촘촘하게 짜서 만든 문.

빗살 완자창 (-卍字窓)[-빋쌔왼-] 〖건〗 가는 살을 엇비슷한 '卍'자 모양으로 만든 창.

빗살-창 (-窓)[빋쌀-] 〖명〗 〖건〗 가는 살을 엇비슷하게 어긋매겨 촘촘히 짜서 만든 창문.

빗-서다 [빋써-] 〖자〗 '빗더서다'의 준말.

빗-소리 [비쏘- / 빈쏘-] 〖명〗 **1** 빗방울이 떨어지는 소리. ▷ 양철 지붕을 두드리는 요란한 ~. **2** 빗발이 세차게 바람에 휘날리는 소리.

빗-속 [비쏙 / 빈쏙] 〖명〗 비가 내리는 가운데. 우중(雨中). ▷ ~을 뚫고 행진하다 / ~으로 뛰어나가다.

빗-솔 [빋쏠] 〖명〗 빗살 사이에 낀 때를 빼는 솔.

빗-아치 [비다-] 〖명〗 관아의 어떤 부서에서 사무를 맡아보던 사람.

빗-원뿔 (-圓-)[비된-] 〖명〗 〖수〗 꼭짓점과 밑면의 중심을 지나는 직선이 밑면에 수직이 되지 아니하는 원뿔. 사원추(斜圓錐).

빗-자루 [비짜- / 빈짜-] 〖명〗 **1** 비². ▷ ~와 쓰레받기 / ~로 쓸다. **2** 비에 달린 자루.

빗장 [빋짱] 〖명〗 '문빗장'의 준말. ▷ ~을 걸다 / 대문에 ~을 지르다.

빗장-걸이 [빋짱거리] 〖명〗 씨름에서, 안다리걸기를 걸어 왔을 때 발목으로 상대의 왼 다리 오금을 걸어 왼쪽으로 젖히는 기술.

빗장-고름 [빋짱-] 〖명〗 옷고름의 대가리를 안쪽으로 기울게 하고 구김살이 없이 반반하고 맵시 있게 맨 옷고름.

빗장-둔태 [빋짱-] 〖명〗 〖건〗 빗장을 끼울 수 있게 구멍을 뚫어 문짝에 대는 긴 나무토막.

빗장-뼈 [빋짱-] 〖명〗 〖생〗 쇄골(鎖骨).

빗-접 [빋쩝] 〖명〗 〖민〗 빗이나 빗솔 등을 넣어 두는 도구.

빗접-고비 [빋쩝꼬-] 〖명〗 〖민〗 빗접을 꽂아 걸어 두는 물건.

빗-줄기 [비쭐- / 빈쭐-] 〖명〗 **1** 줄이 진 것처럼 보일 정도로 굵고 세차게 내리치는 빗발. **2** 한바탕 내리는 소나기. ▷ ~ 후텁지근한 게 ~가 한바탕 지나갈 것 같은데.

빗-질 [빋찔] 〖명〗〖하타〗 빗으로 머리카락이나 털 따위를 빗는 일. ▷ ~ 헝클어진 머리를 ~하다.

빗-천장 (-天障)[빋-] 〖명〗 〖건〗 삿갓 모양으로 경사가 진 천장.

빗-치개 [빋-] 〖명〗 빗살 틈의 때를 빼거나 가르마를 타는 데 쓰는 제구.

빗-투영 (-投影)[빋-] 〖명〗 사투영(斜投影).

빗-판 (-板)[빋-] 〖명〗 〖생〗 강장동물의 빗살해파리강(綱)이 가진 운동 기관. 몸에 난 가는 털이 빗살처럼 빽빽이 늘어서 있는 것으로, 이것을 움직여 옮겨 다님. 즐판(櫛板).

빗다¹ 〖타〗 〖옛〗 꾸미다. 단장하다.

빗다² 〖형〗 〖옛〗 무성하다. 번영하다.

빙 〖부〗 **1** 넓은 범위를 한 바퀴 도는 모양. ▷ 한 바퀴 ~ 돌다. **2** 둘레를 둘러싼 모양. ▷ ~ 둘러앉아 이야기꽃을 피우다. **3** 정신이 어찔해지는 모양. ▷ 벽에 부딪쳤더니 정신이 ~ 돈다. 〈작〉뱅. **4** 갑자기 눈물이 글썽해지는 모양. ▷ 눈물이 ~ 돌다. 〈센〉뼁. 〈거〉핑.

빙거 (憑據)〖명〗〖하타〗 어떤 사실을 입증할 만한 증거를 댐. 또는 그런 증거.

빙결 (氷結)〖명〗〖하자〗 얼음이 얼어붙음. 동결(凍結). ▷ ~된 저수지.

빙결-하다 (氷潔-)〖형〗〖여〗 얼음처럼 맑고 깨끗하다.

빙경 (氷鏡)〖명〗 얼음처럼 맑고 밝으며 차게 보이는 달. 빙륜(氷輪).

빙고 (氷庫)〖명〗 얼음을 넣어 두는 창고. 빙실(氷室). 능음(凌陰).

빙고 (憑考)〖명〗〖하타〗 여러 가지 근거에 비추어 상세히 검토함.

빙고 (bingo)〖명〗 숫자가 적혀 있는 카드의 빈 칸을 가로세로 또는 사선이 되게 메우는 복권식 놀이.

빙공영사 (憑公營私)[-녕-] 〖명〗〖하자〗 공적(公的)인 일을 빙자하여 개인의 이익을 꾀함.

빙과 (氷菓)〖명〗 얼음과자(아이스케이크·아이스크림 따위).

빙괴 (氷塊)〖명〗 얼음의 덩이.

빙구 (氷球)〖명〗 아이스하키(ice hockey).

빙그레 〖부〗〖하자〗 입을 약간 벌려 소리 없이 부드럽게 웃는 모양. ▷ ~ 미소를 짓다. 〈작〉뱅그레. 〈센〉뼁그레.

빙그르 〖부〗〖하자〗 미끄럽게 한 바퀴 도는 모양. ▷ ~ 몸을 돌리다.

빙그르르 〖부〗〖하자〗 원을 그리며 미끄럽게 한 바퀴 도는 모양. ▷ 팽이가 ~ 돌다. 〈작〉뱅그르르. 〈센〉뼁그르르. 〈거〉핑그르르1.

빙글-거리다 〖자〗 입을 약간 벌리고 소리 없이 부드럽게 자꾸 웃다. ▷ 빙글빙글거리다. **빙글-빙글**¹ 〖부〗〖하자〗 ~ 웃다. 〈센〉뼁글그레.

빙글-대다 〖자〗 빙글거리다.

빙글-빙글² 〖부〗 자꾸 미끄럽게 도는 모양. ▷ 팽이가 ~ 돌아가다. 〈작〉뱅글뱅글². 〈거〉핑글핑글.

빙긋 [-귿] 〖부〗〖하자〗 입을 슬쩍 벌리고 소리 없이 가볍게 한 번 웃는 모양. ▷ 혼자서 ~ 웃다. 〈작〉뱅긋. 〈센〉뼁긋.

빙긋-거리다 [-귿꺼-] [자] 자꾸 빙긋 웃다. [작]뱅긋거리다. **빙긋-빙긋** [-귿뼁귿] [부][하자]
빙긋-대다 [-귿때-] [자] 빙긋거리다.
빙긋-이 [부] 빙긋. [작]뱅긋이. [센]삥긋이.
빙기 (氷肌) [명] **1** 얼음처럼 맑고 깨끗한 살결. 빙부(氷膚). **2** 빙기옥골1.
빙기 (氷技) [명] 스케이팅.
빙기 (氷期) [명] 〖지〗 빙하 시대 가운데서 특히, 온대 지방에까지 빙하가 덮였던 시기. 빙하기(氷河期). *빙하 시대·간빙기(間氷期).
빙기옥골 (氷肌玉骨) [-꼴] [명] **1** 매화의 곱고 깨끗함의 비유. **2** 살결이 맑고 깨끗한 미인의 비유.
빙낭 (氷囊) [명] 〖의〗 얼음주머니. ❑환부에 ~을 대다.
빙당 (氷糖) [명] 얼음사탕.
빙렬 (氷裂) [-녈] [명] 얼음의 표면에 갈라진 금 모양의 무늬.
빙렴 (氷廉) [-념] [명] 땅속에 묻은 송장이 추위로 어는 일.
빙례 (聘禮) [-녜] [명] 혼례(婚禮).
빙륜 (氷輪) [-뉸] [명] 빙경(氷鏡).
빙모 (聘母) [명] 장모(丈母).
빙무 (氷霧) [명] 〖지〗 추운 지방에서, 공중에 뜨는 미세한 얼음의 결정으로 말미암아 생기는 안개.
빙문 (聘問) [명][하타] 예를 갖추어 방문함.
빙문 (憑文) [명] 〖역〗 여행 허가증. 빙표(憑票).
빙문 (憑聞) [명][하타] 남을 통해 간접적으로 들음.
빙물 (聘物) [명] 남의 집을 방문할 때 가지고 가는 예물.
빙박 (氷泊) [명][하자] 항행(航行) 중인 배가 물에 얼어붙음.
빙반 (氷盤) [명] 얼음판.
빙벽 (氷壁) [명] 얼음이나 눈에 덮인 낭떠러지. 얼음벽. ❑~을 타다.
빙부 (氷夫) [명] 예전에, 강에서 얼음을 떠내는 일에 종사하던 사람.
빙부 (氷膚) [명] 빙기(氷肌)1.
빙부 (聘父) [명] 장인(丈人).
빙-빙 [부] **1** 자꾸 도는 모양. 또는 자꾸 돌리는 모양. ❑회전목마가 ~ 돌아간다. **2** 갑자기 정신이 자꾸 어찔하여지는 모양. ❑눈앞이 ~ 돌다. **3** 하는 일 없이 이리저리 슬슬 돌아다니는 모양. [작]뱅뱅. [센]삥삥. [거]핑핑.
빙빙과거 (氷氷過去) [명][하자] '세상을 어름어름 지냄'의 뜻의 신소리.
빙-사과 (氷砂菓) [명] ☞ 빈사과.
빙산 (氷山) [명] 〖지〗 남극이나 북극의 바다에 산처럼 떠 있는 얼음덩이.
빙상 (氷上) [명] 얼음판의 위. ❑~ 낚시.
빙상 경:기 (氷上競技) 얼음판 위에서 하는 경기《스케이팅·아이스하키 따위》. ❑동계 ~ 대회. [준]빙상.
빙석 (氷釋) [명][하자] 얼음이 녹듯이 의혹 따위가 풀림.
빙설 (氷雪) [명] **1** 얼음과 눈. ❑~로 덮이다 / ~에 갇히다. **2** 본디 타고난 마음씨가 결백함의 비유.
빙수 (氷水) [명] **1** 얼음냉수1. **2** 얼음을 눈처럼 간 다음 그 속에 삶은 팥·설탕 따위를 넣어 만든 음식. ❑과일 ~.
빙시 (憑恃) [명][하타] 남에게 기대어 의지함.
빙시레 [부][하자] 입을 조금 벌리며 소리 없이 부드럽게 웃는 모양. [작]뱅시레. [센]삥시레.
빙식 (氷蝕) [명] 〖지〗 빙하의 이동으로 인해 생긴 침식.
빙식-곡 (氷蝕谷) [-꼭] [명] 〖지〗 곡빙하(谷氷河)의 침식 작용으로 그 단면이 'U' 자형으로 된 계곡.
빙식 단구 (氷蝕段丘) [-딴-] 〖지〗 거듭되는 빙식 작용으로 생긴 단구.
빙식 윤회 (氷蝕輪廻) [-싱뉸-] 〖지〗 빙하에 의한 침식 작용으로 생기는 지형의 윤회 과정《유년기·장년기·만장년기(晩壯年期)·노년기의 순서로 지형이 변함》.
빙식 작용 (氷蝕作用) [-짜공] 〖지〗 빙하가 바위를 깎아 부스러뜨리는 작용.
빙식 평야 (氷蝕平野) 〖지〗 대륙 빙하가 운반해 온, 거칠고 메마른 모래와 자갈 따위로 이루어진 평야.
빙식-호 (氷蝕湖) [-시코] [명] 〖지〗 빙하의 침식 작용으로 말미암아 만들어진 호수. 빙하호(氷河湖).
빙신 (憑信) [명][하타] 남을 믿고 의지함.
빙실 (氷室) [명] 얼음을 저장하여 두는 곳. 빙고(氷庫).
빙실-거리다 [자] 입을 슬며시 벌릴 듯하면서 소리 없이 부드럽게 자꾸 웃다. [작]뱅실거리다. [센]삥실거리다. **빙실-빙실** [부][하자]
빙실-대다 [자] 빙실거리다.
빙심옥호 (氷心玉壺) [-시모코] [명] 얼음이나 옥같이 맑고 깨끗한 마음.
빙싯 [-싣] [부][하자] 입을 슬며시 벌릴 듯하면서 소리 없이 가볍게 한 번 웃는 모양. [작]뱅싯. [센]삥싯.
빙싯-거리다 [-싣꺼-] [자] 자꾸 빙싯 웃다. [작]뱅싯거리다. **빙싯-빙싯** [-싣뼁싣] [부][하자]
빙싯-대다 [-싣때-] [자] 빙싯거리다.
빙압 (氷壓) [명] 얼음이 얼 때 부피가 팽창하기 때문에 생기는 압력.
빙야 (氷野) [명] 〖지〗 빙원(氷原).
빙어 [명] 〖어〗 바다빙엇과의 물고기. 하류와 하구 부근의 바다에 삶. 몸은 15cm 정도로 가늘고 길며 조금 납작스름함. 빛은 연한 회색 바탕에 누른빛을 띠고, 옆구리에는 검은 세로줄이 하나 있음. 이른 봄 산란기에 하천으로 올라옴. [주의] '氷魚'로 씀은 취음.
빙예 (氷瞖) [명] 〖한의〗 눈 속에 아무 이상이 없는 것 같으면서도 잘 보이지 않는 눈병.
빙옥 (氷玉) [명] **1** 얼음과 옥. **2** 맑고 깨끗하여 아무 티가 없음의 비유.
빙용 (聘用) [명][하타] 예를 갖추어 사람을 맞이하여 씀.
빙원 (氷原) [명] 〖지〗 땅거죽의 전면이 두꺼운 얼음으로 덮여 있는 벌판. 빙야(氷野). 빙전(氷田)2. ❑남극의 ~.
빙의 (憑依) [-/-이] [명][하자] **1** 다른 것에 몸이나 마음을 기댐. **2** 떠도는 영혼이 다른 사람의 몸에 옮겨 붙음. ❑~ 현상.
빙인 (氷人) [명] '월하빙인(月下氷人)'의 준말.
빙자 (憑藉) [명][하타] **1** 남의 힘을 빌려서 의지함. ❑공권력을 ~한 보복은 막아야 한다. **2** 말막음을 위하여 핑계로 내세움. ❑신병을 ~하여 결석하다 / 혼인 ~ 협의를 받다.
빙자-옥질 (氷姿玉質) [-찔] [명] **1** 얼음같이 맑고 깨끗한 살결과 구슬같이 아름다운 자질. **2** '매화(梅花)'의 이칭(異稱).
빙장 (聘丈) [명] '장인'의 높임말. 악장(岳丈).
빙전 (氷田) [명] **1** 얼음이 언 논밭. **2** 〖지〗 빙원(氷原).
빙점 (氷點) [-쩜] [명] 〖물〗 어는점. ↔비등점.
빙점-하 (氷點下) [-쩜-] [명] 물이 얼기 시작하거나 얼음이 녹기 시작할 때의 온도 이하. 곧

섭씨 0℃ 이하. 영하(零下).
빙정 (氷程) [명] 얼음이 언 길.
빙정 (氷晶) [명] 〔물〕 대기의 온도가 0℃ 이하로 내려갈 때 생기는, 상층운을 형성하는 작은 얼음의 결정.
빙정-석 (氷晶石) [명] 〔광〕 나트륨·알루미늄·플루오르의 화합물《괴상 광물로 무색·회색의 유리 광택이 나며, 알루미늄의 야금(冶金)이나 젖빛 유리 제조에 씀》.
빙정-옥결 (氷貞玉潔)[-껼] [명][하형] 절개가 얼음이나 옥(玉)같이 깨끗하고 흠이 없음.
빙정-점 (氷晶點)[-쩜] [명] 〔물〕 얼음 결정이 생기거나 녹기 시작하는 온도.
빙주 (氷柱) [명] 고드름.
빙주 (氷酒) [명] 과실즙에 시럽과 주류(酒類)를 섞어 살짝 얼려서 먹는 음료.
빙주-석 (氷洲石) [명] 〔광〕 무색투명한 방해석의 하나. 복굴절(複屈折)이 강해 니콜 프리즘(Nicol prism)을 만드는 데 씀《아이슬란드에서 많이 남》.
빙주-석 (氷柱石) [명] 〔광〕 돌고드름.
빙준 (憑準) [명][하타] 어떤 근거에 따라서 표준을 삼거나 일을 해 나감.
빙질 (氷質) [명] 물건을 냉각시키거나 스케이트를 타기 위한 얼음의 질.
빙-초산 (氷醋酸) [명] 〔화〕 수분이 5% 이하로 섞였으며, 16℃ 이하에서 얼음 결정을 이루는 순수한 아세트산.
빙:충-맞다 [-맏따] [형] 똘똘하지 못하고 어리석으며 수줍다. ❑빙충맞은 표정을 짓다. [작] 뱅충맞다.
빙충-맞이 [명] ☞빙충이.
빙:충-이 [명] 빙충맞은 사람. [작]뱅충이.
빙층 (氷層) [명] 해마다 얼음이 겹쳐 쌓여서 지층처럼 된 얼음의 층.
빙침 (氷枕) [명] 〔의〕 얼음 베개.
빙탁 (氷卓) [명] 〔지〕 '빙하탁(氷河卓)'의 준말.
빙탄 (氷炭) [명] 얼음과 숯이라는 뜻으로, 서로 정반대가 됨의 비유.
빙탄-간 (氷炭間) [명] 얼음과 숯처럼, 서로 조화될 수 없는 사이.
빙탄불상용 (氷炭不相容)[-쌍-] [명] 얼음과 숯처럼 정반대이어서 서로 용납하지 못한다는 뜻으로, 사물이 서로 화합하기 어려움을 일컫는 말.
빙택 (聘宅) [명] 남의 처가에 대한 경칭.
빙퇴-석 (氷堆石) [명] 〔지〕 빙하에 의해 운반되어 하류에 쌓인 암석 부스러기. 퇴석(堆石).
빙퉁그러-지다 [자] **1** 하는 짓이 꼭 비뚜로만 나가다. **2** 성질이 싹싹하지 못하고 뒤틀어지다. ❑빙퉁그러진 녀석.
빙판 (氷板) [명] 얼음이 깔린 길바닥. ❑~에 자빠지다.
빙편 (氷片) [명] 〔한의〕 용뇌향.
빙폐 (聘幣)[-/-페] [명] 공경하는 뜻으로 보내는 예물.
빙표 (憑票·憑標) [명] 〔역〕 빙문(憑文).
빙하 (氷河) [명] 〔지〕 높은 산의 저온 지대에서 응고한 만년설이 그 무게의 압력으로 얼음덩이가 되어 천천히 낮은 곳으로 흘러내리는 것《산악 빙하와 대륙 빙하로 나뉨》.
빙하 계류 (氷河溪流)[-/-게-] 〔지〕 빙하 때문에 생긴, 산골짜기의 시냇물.
빙하-곡 (氷河谷) [명] 〔지〕 빙하 때문에 생긴 계곡.
빙하-기 (氷河期) [명] 〔지〕 빙기(氷期).
빙하 성층 (氷河成層) 〔지〕 붕괴한 암석이 빙하에 의하여 흘러내려 퇴적해서 이루어진 지층. 빙성층.
빙하 시대 (氷河時代) 〔지〕 지구 상의 기후가 몹시 한랭하여 북반구 대부분이 대규모의 빙하로 덮였던, 70-80만 년 전으로 추측되는 시대. *빙기(氷期)·간빙기(間氷期).
빙하-탁 (氷河卓) [명] 〔지〕 탁자 모양의 넓은 빙원(氷原). [준]빙탁.
빙하-토 (氷河土) [명] 〔지〕 빙하 작용으로 운반되어 퇴적한 흙.
빙하-호 (氷河湖) [명] 〔지〕 빙식호(氷蝕湖).
빙해 (氷海) [명] 얼어붙은 바다. 얼음으로 뒤덮인 바다.
빙해 (氷解) [명][하자] 빙석(氷釋).
빙화 (氷花) [명] 식물 따위에 수분이 얼어붙어 흰 꽃처럼 되는 현상.
빙환 (氷紈) [명] 빛이 곱고 얼음같이 흰 명주.
빚 [빋] [명] **1** 남에게 갚아야 할 돈. 부채. 차금(借金). ❑~을 갚다 / ~에 쪼들리다 / ~을 지다 / ~이 눈덩이처럼 불어나다. **2** 갚아야 할 은혜나 마음의 부담. ❑마음의 ~을 갚다. [빚 보증하는 자식은 낳지도 마라] 남의 빚에 보증을 서는 것은 매우 위험한 일이라는 말. [빚 주고 뺨 맞기] 남에게 후하게 하고도 도리어 봉변을 당하게 됨의 비유.
빚(을) 놓다 [구] 남에게 빚을 주다.
빚(을) 물다 [구] 남의 빚을 대신 갚다.
빚(을) 주다 [구] 이자를 받기로 하고 돈을 꾸어 주다.
빚-거간 (-居間)[빋꺼-] [명][하자] 빚을 내고 주는 데 중간에서 소개하는 것을 업으로 삼음. 또는 그런 일을 하는 사람.
빚-꾸러기 [빋-] [명] 빚을 많이 진 사람을 낮잡아 일컫는 말.
빚-내다 [빋-] [자] 빚을 얻다. ❑빚내어 사업을 시작하다.
빚-놀이 [명] ☞돈놀이.
빚다 [빋따] [타] **1** 흙 따위의 재료를 이겨서 어떤 형태를 만들다. ❑흙으로 빚은 토기. **2** 가루를 반죽해 경단·만두·송편 등을 만들다. ❑만두를 ~. **3** 지에밥과 누룩을 버무려 술을 담그다. ❑향토주를 ~. **4** 어떤 결과나 현상 따위를 만들다. ❑인정이 빚은 애화 / 물의를 ~ / 소동을 ~.
빚-더미 [빋떠-] [명] 많은 빚을 진 상태. ❑~에 올라앉다.
빚-돈 [빋똔] [명] 빚으로 낸 돈. 또는 빚으로 놓은 돈. ❑~을 끌어대다 / ~을 떼어먹다.
빚-두루마기 [빋뚜-] [명] 빚에 얽매여 헤어날 수가 없게 된 사람.
빚-물이 [빋무리] [명][하자] 남의 빚을 대신 갚아 주는 일.
빚-받이 [빋빠지] [명][하자] 남에게 준 빚돈을 받아들이는 일. 빚추심.
빚-보증 (-保證)[빋뽀-] [명][하자] 다른 사람이 빚을 내는 데 참여하여 보증을 하는 일. ❑~을 서다.
빚어-내다 [타] **1** 흙 따위 재료를 이겨서 어떤 형태를 만들어 내다. ❑도자기를 ~. **2** 가루를 반죽하여 경단·만두·송편 등을 만들어 내다. **3** 지에밥과 누룩을 버무려 술을 담가 내다. **4** 어떤 결과나 현상을 만들어 내다. ❑현란한 색채를 ~.
빚-잔치 [빋짠-] [명][하자] 빚쟁이들이 몰려와서 빚진 사람의 물건을 빚돈 대신 가져가는 일.
빚-쟁이 [빋쨍-] [명] **1** 남에게 돈을 빌려 준 사람을 낮잡아 이르는 말. ❑~에게 시달리다.

2 빚을 진 사람을 낮잡아 이르는 말. ❑부도가 나서 하루아침에 ~가 되었다.

빚-지다 [빋찌-] 자 1 남에게 돈을 꾸어 쓰다. ❑빚진 돈. 2 남한테 신세를 지다.
[빚진 죄인] 빚진 사람은 빚을 준 사람한테 굽실거리게 됨의 비유.

빚-지시 [빋찌-] 명하자 빚을 주고 쓰는 데 중간에서 소개하는 일.

빛 [빋] 명 1 〖물〗 시신경을 자극하여 사물을 볼 수 있게 하는 것. 태양이나 고온의 물질에서 나오는 일종의 전자기파임. 광(光). ❑~을 비추다 / ~이 환하다. 2 빛깔. ❑~이 곱다. 3 안색. 얼굴빛. 기색(氣色). ❑피로한 ~을 나타내다 / 실망의 ~을 보이다 / 기쁜 ~을 감추지 못하다. 4 눈에 나타나는 기색. ❑눈~. 5 희망. 광명. ❑구원의 ~ / ~은 동방(東方)으로부터. 6 번쩍이는 광택. ❑구두가 반짝반짝 ~이 난다. 7 〖기〗 죄악의 암흑에 대한 진리의 힘. ❑어두운 이 세상에 ~을 던지시다.
[빛 좋은 개살구] 겉만 그럴듯하고 실속이 없음을 일컫는 말.
빛을 보다 구 업적이나 보람 등이 드러나다.
빛을 잃다 구 제구실을 하지 못하게 되거나 보잘것없게 되다.

빛-깔 [빋-] 명 빛을 받아 물체의 거죽에 나타나는 빛. 색. 색깔. 색채. ❑~이 곱다 / ~이 화사한 옷 / 일곱 가지 무지개 ~ / 붉은 ~을 띠다.

빛-나다 [빈-] 자 1 빛이 환하게 비치다. ❑석양에 빛나는 산 / 노을이 아름답게 ~. 2 반짝거리거나 윤이 나다. ❑번쩍번쩍 빛나는 보석. 3 영광스럽고 훌륭하다. ❑영원히 빛날 작품 / 빛나는 성공 / 청사(青史)에 ~.

빛-내다 [빈-] 타 《'빛나다'의 사동》 빛나게 하다. ❑국위를 ~.

빛-바래다 [빋빠-] 형 (주로 '빛바랜'의 꼴로 쓰여) 낡거나 오래되다. ❑빛바랜 사진 / 그 일은 빛바랜 추억으로 잊혀지고 있다.

빛-발 [빋빨] 명 내어 뻗치는 빛의 줄기. ❑강렬한 ~.

빛-살 [빋쌀] 명 광선.

빛-색 (-色) [빋쌕] 명 한자 부수(部首)의 하나 《'艴'·'艶' 등에서 '色'의 이름》.

빛-없다 [비덥따] 형 1 생색이나 면목이 없다. 2 보람이 없다. **빛-없이** [비덥씨] 부. ❑~ 자기 일에 충실하다.

빛-접다 [빋쩝따] 〔빛저워, 빛저우니〕 형ㅂ 떳떳하고 번듯해 부러울 것이 없다.

빟다 타 〈옛〉 뿌리다.
ᄇᆞ 명 〈옛〉 바디.
ᄇᆞᄃᆡ집 명 〈옛〉 바디집.
ᄇᆞ라다 타 〈옛〉 바라다. 바라보다.
ᄇᆞ라ᅀᆞᆸ다 타 〈옛〉 바라옵다. 바라보옵다.
ᄇᆞ라ᄋᆞ다 타 〈옛〉 바라다.
ᄇᆞ리다 타 〈옛〉 버리다.
ᄇᆞᄅᆞ다 타 〈옛〉 (칠을) 바르다.
ᄇᆞᄅᆞᆷ 명 〈옛〉 1 바람. 2 바람벽.
ᄇᆞᄅᆞᆺ 명 〈옛〉 보리수나무 열매. 보리수.
ᄇᆞᅀᆞ다 타 〈옛〉 바수다. 부수다.
ᄇᆞᅀᅵ다 자 〈옛〉 눈부시게 비치다.
ᄇᆞ얌 명 〈옛〉 뱀.
ᄇᆞᆯ[1] 명 〈옛〉 팔.
ᄇᆞᆯ[2] ㊀명 〈옛〉 겹. ㊁의명 〈옛〉 번.
ᄇᆞᆯ[3] 의명 〈옛〉 (옷·책 따위의) 벌.
ᄇᆞᆯ[4] 의명 〈옛〉 (양팔을 벌린) 발.
ᄇᆞᆯ기 부 〈옛〉 밝게.
ᄇᆞᆯ기다 타 〈옛〉 밝히다.
ᄇᆞᆯ써 부 〈옛〉 벌써.
ᄇᆞᆯ옴 타 〈옛〉 밟음. '오다'의 명사형.
ᄇᆞᆰ다 형 〈옛〉 1 밝다. 2 붉다.
ᄇᆞᆰ쥐 명 〈옛〉 박쥐.
ᄇᆞᆲ다 자타 〈옛〉 밟다.
ᄇᆞᆺ 조 〈옛〉 곧. 만.
ᄇᆞᇫ다 타 〈옛〉 부수다. 빻다.
ᄇᆡ[1] 명 〈옛〉 배. 복부.
ᄇᆡ[2] 명 〈옛〉 배. 선박.
ᄇᆡ[3] 명 〈옛〉 〖식〗 배.
ᄇᆡ골ᄑᆞᆷ 명 〈옛〉 배고픔.
ᄇᆡ다 타 〈옛〉 (아이 따위를) 배다.
ᄇᆡᄃᆞ리 명 〈옛〉 배다리. 뱃길.
ᄇᆡ브르 부 〈옛〉 배불리.
ᄇᆡ브르다 형 〈옛〉 배부르다.
ᄇᆡ술 명 〈옛〉 배알. 내장.
ᄇᆡ야신다 타 〈옛〉 죄어 신다.
ᄇᆡ얌 명 〈옛〉 뱀.
ᄇᆡ얌댱어 명 〈옛〉 뱀장어.
ᄇᆡ양 명 〈옛〉 〖식〗 빵대쑥.
ᄇᆡ어 명 〈옛〉 뱅어.
ᄇᆡ치 명 〈옛〉 배추.
ᄇᆡ호다 타 〈옛〉 배우다.
ᄇᆡ홋 명 〈옛〉 버릇.
ᄇᆡᆨᄇᆡᆨᄒᆞ다 형 〈옛〉 빽빽하다.
ᄇᆡᆨ셜아ᄆᆞᆯ 명 〈옛〉 흰말.
ᄇᆡᆺ 명 〈옛〉 뱃머리에서 젓는 노.
ᄇᆡᆺ고ᄆᆞᆯ 명 〈옛〉 배의 고물.
ᄇᆡᆺ곶 명 〈옛〉 배나무의 꽃.
ᄇᆡᆺ니ᄆᆞᆯ 명 〈옛〉 배의 이물.
ᄇᆡᆺ대 명 〈옛〉 돛대.
ᄇᆡᆺ돍 명 〈옛〉 돛.
ᄇᆡᆺ복 명 〈옛〉 배꼽.
ᄇᆡᆺ시울 명 〈옛〉 뱃전.
ᄠᅡᆯ기 명 〈옛〉 딸기.
ᄠᅥ디다[1] 자 〈옛〉 1 떨어지다. 2 뒤떨어지다.
ᄠᅥ디다[2] 자 〈옛〉 터지다.
ᄠᅥ러디다 자 〈옛〉 떨어지다.
ᄠᅥᆯ기 명 〈옛〉 떨기.
ᄠᅥᆯ다 자타 〈옛〉 떨다.
ᄠᅥᆯ티다 타 〈옛〉 떨치다.
ᄠᅦ 명 〈옛〉 떼[1]. 무리.
ᄠᅩ로 부 〈옛〉 따로.
ᄠᅱ 명 〈옛〉 띠[2].
ᄠᅱ놀다 자 〈옛〉 뛰놀다.
ᄠᅱ다 자 〈옛〉 뛰다.
ᄠᅳ다[1] 자 〈옛〉 사이가 뜨다.
ᄠᅳ다[2] 자 〈옛〉 (물에) 뜨다[1].
ᄠᅳ다[3] 자 〈옛〉 뜨다[3].
ᄠᅳ다[4] 타 〈옛〉 (눈을) 뜨다[6].
ᄠᅳᆮ 명 〈옛〉 뜻.
ᄠᅳᆮ다 타 〈옛〉 뜯다.
ᄠᅳᆮ다ᄫᅵ 부 〈옛〉 뜻대로. 뜻과 같이.
ᄠᅳᆮ듣다 자 〈옛〉 떨어지다.
ᄠᅳᆯ 명 〈옛〉 뜰.
ᄠᅴ우다[1] 타 〈옛〉 (물에) 띄우다.
ᄠᅴ우다[2] 타 〈옛〉 띄우다. 뜸 들이다.
ᄧᅵ다 타 〈옛〉 찌다[4].
ᄠᆞ다 타 〈옛〉 따다[1].
ᄠᆞ로 부 〈옛〉 따로. 유다르게.
ᄠᆞᆯ기 명 〈옛〉 딸기.
ᄣᆡ 명 〈옛〉 때[2].

ㅃ (쌍비읍) ㅂ의 된소리. 목젖으로 콧길을 막으면서 목청을 닫고 두 입술을 다물었다가 뗄 때에 나는 맑은 소리.

빠각 부하자타 작고 단단하거나 질기고 빳빳한 물건 따위가 맞닿는 소리. ㊔빼걱. ㊕바각.

빠각-거리다 [-꺼-] 짜태 빠각 소리가 자꾸 나다. 또는 그런 소리를 자꾸 내다. 빠각-빠각 〔부〕〔하〕〔자태〕

빠각-대다 [-때-] 짜태 빠각거리다.

빠개다 태 1 단단한 물건을 두 쪽으로 가르다. ⬜ 장작을 ~. 2 다 되어 가는 일을 어긋나게 하다. ⬜ 혼사를 ~. ❷빼개다. 3 작고 단단한 물건의 틈을 넓게 벌리다.

빠그라-지다 짜 빠개져서 못 쓰게 되다. ❷빼그러지다.

빠그르르 〔부〕〔하〕 적은 물이나 잔거품 따위가 넓게 퍼져 세차게 끓어오르는 모양. 또는 그 소리. ⬜ ~ 거품이 일며 끓어오른다. ❷빼그르르. ❹바그르르.

빠근-하다 〔형〕 근육이 피로해서 몸을 움직이기가 거북하다. ⬜ 어깨가 ~. ❷뻐근하다. 빠근-히 〔부〕

빠글-거리다 짜 적은 물이나 잔거품 따위가 넓게 퍼져 자꾸 세차게 끓어오르거나 일어나다. ❷뻐글거리다. ❹바글거리다1. 빠글-빠글 〔부〕〔하〕〔자〕

빠글-대다 짜 빠글거리다.

빠기다 짜 우쭐대며 자랑하다. 으쓱거리며 잘난 체하다. ❷뻐기다.

빠꿈-벼슬 〔역〕 조선 때, 곡물·포백·돈 등을 공명첩(空名帖)을 사서 얻던 벼슬.

빠끔¹ 〔부〕〔하〕〔희〕〔부〕 작은 틈이나 구멍이 깊고 또렷하게 나 있는 모양. ❷뻐끔².

빠끔² 〔부〕〔하〕 1 담배를 세게 빨면서 피우는 모양. 2 물고기 따위가 입을 벌렸다 오므렸다 하는 모양. ❷뻐끔².

빠끔-거리다 짜 1 담배를 잇따라 세게 빨아 피우다. 2 물고기 따위가 자꾸 입을 벌렸다 오므렸다 하면서 공기나 물을 들이마시다. ❷뻐끔거리다. 빠끔-빠끔¹ 〔부〕〔하〕

빠끔-대다 태 빠끔거리다.

빠끔-빠끔² 〔부〕〔하〕 여러 군데가 빠끔한 모양. ❷뻐끔뻐끔².

빠닥-빠닥 〔부〕〔형〕 물기가 없어 매끄럽지 못하고 빡빡한 모양. ❷뻐덕뻐덕.

빠닥빠닥-하다 [-다카-] 〔형〕 종이나 지폐 따위가 구김살이 없이 빳빳하다. ⬜ 빠닥빠닥한 새 지폐.

빠드득 〔부〕〔자태〕 1 단단하고 질기거나 반질질한 물건을 되게 맞비비는 소리. ⬜ 분해서 ~ 이를 갈다. 2 무른 똥을 힘들여 눌 때되 바라지게 나는 소리. ❷뿌드득. ❹바드득.

빠드득-거리다 [-꺼-] 짜태 빠드득 소리가 자꾸 나다. 또는 그런 소리를 자꾸 내다. ❷뿌드득거리다. 빠드득-빠드득 〔부〕〔자태〕

빠드득-대다 [-때-] 짜태 빠드득거리다.

빠득-빠득 〔부〕 1 무리하게 제 고집만 자꾸 부리거나 졸라대는 모양. ⬜ ~ 우기다. 2 악지스럽게 애쓰는 모양. ❷뿌득뿌득. ❹바득바득.

빠득빠득-하다 [-드카-] 〔형〕〔여〕 1 말이나 행동이 고분고분하지 아니하다. 2 눈이 부드럽지 못하고 빡빡하다. 3 입 안에 떫은맛이 있다. ❷뻐득뻐득하다.

빠듯-이 〔부〕 빠듯하게. ⬜ ~ 시간에 대다 / 적은 월급으로 ~ 산다. ❷뿌듯이. ❹바듯이.

빠듯-하다 [-드타-] 〔형〕〔여〕 1 한도에 차거나 꼭 맞아서 빈틈이 없다. ❷뿌듯하다. 2 정도에 겨우 미치다. ⬜ 예산이 ~ / 아이들이 많아 살기가 ~. ❹바듯하다.

빠:-뜨리다 태 1 물·허방 또는 나쁜 데에 빠지게 하다. ⬜ 웅덩이에 ~ / 계략에 ~. 2 빼어 버리다. ⬜ 합격 명단에서 ~. 3 부주의로 물건을 흘려 잃어버리다. ⬜ 지갑을 ~.

빠르기-표 (-標) 〔명〕〔악〕 악곡의 빠르기를 나타내는 기호. 속도 기호.

빠르다 〔빨라, 빠르니〕 〔형〕〔르〕 1 더디지 않고 속도가 크다. ⬜ 발놀림이 ~. 2 어떤 일이 이루어지는 과정이나 동안이 짧다. ⬜ 회복이 ~ / 출세가 ~ / 눈치가 ~ / 이해가 ~. 3 때가 아직 오지 않다. ⬜ 외투를 입기에는 아직 ~. 4 순서가 앞서다. ⬜ 그는 나보다 1년 빠르게 졸업했다. 5 어떤 기준보다 이르다. ⬜ 시계가 5분 ~.

빠르작-거리다 [-꺼-] 태 괴롭고 어려운 고비를 헤어나려고 팔다리를 내저으며 몸을 자꾸 움직이다. ⬜ 늪에 빠져 ~. ❷뻐르적거리다. ❹바르작거리다. ❷빠룻거리다. 빠르작-빠르작 〔부〕〔하〕

빠르작-대다 [-대-] 태 빠르작거리다.

빠른-우편 (-郵便) 〔명〕 접수한 날의 다음 날까지 배달되는 우편(전의 속달 우편 제도가 바뀐 것임).

빠룻-거리다 [-를꺼-] 태 '빠르작거리다'의 준말. 빠룻-빠룻 [-를-를] 〔부〕〔하〕〔태〕

빠룻-대다 [-를때-] 태 빠룻거리다.

빠삭-하다 [-사카-] 〔형〕〔여〕 어떤 일을 자세히 알고 있어서 그 일에 대하여 환하다. ⬜ 컴퓨터에 대해 ~. 빠삭-히 [-사키] 〔부〕

빠이 〔감〕 (←bye-bye) 〈소아〉 '잘 가라'·'잘 있어'·'안녕'의 뜻의 작별 인사말.

빠작-빠작 〔부〕〔하〕〔자태〕 1 마른 물건을 잇따라 씹거나 빻는 소리. 2 마른 물건이 타는 소리. ⬜ 마른 콩대가 ~ 타다. 3 마음이 몹시 죄이는 모양. ⬜ 속이 ~ 타다. 4 진땀이 몹시 나는 모양. ❷뻐적뻐적. ❹바작바작.

빠:-져나가다 [-저-] 짜태 제한된 환경이나 경계 밖으로 나가다. ⬜ 대열에서 ~ / 감시의 눈을 피해 ~.

빠:-져나오다 [-저-] 짜태 제한된 환경이나 경계 밖으로 나오다. ⬜ 굴에서 ~ / 마을을 빠져나오면 큰길이 있다.

빠:-지다¹ 짜 1 물이나 구멍 따위로 떨어져 들어가다. ⬜ 웅덩이에 ~. 2 주색이나 못된 곳에 마음을 빼앗기다. ⬜ 주색에 ~. 3 곤란한 처지에 놓이다. ⬜ 3연패의 늪에 ~ / 협상이 교착 상태에 ~. 4 지니거나 박힌 것이 떨어져 나가다. ⬜ 이가 ~ / 칼이 ~. 5 탈락하여 없다. ⬜ 서류가 ~. 6 기체나 냄새 따위가 흘러 나가다. ⬜ 물이 잘 ~. 7 참여하지 않다. ⬜ 동창회에 ~. 8 기운이 없어지다. ⬜ 맥이 ~. 9 살이 여위다. ⬜ 살이 ~. 10 빛깔·때·김 등이 씻기거나 없어지다. ⬜ 김이 빠진 맥주 / 얼룩이 ~. 11 관계한 자리에서 물러나다. ⬜ 모임에서 ~. 12 여럿 가운데 다른 것만 못하다. ⬜ 인물이 그 중 빠진다. 13 그럴듯한 말이나 행동에 속다. ⬜ 계략에 ~. 14 제비에 뽑히다. ⬜ 계알이 ~. 15 어느 정도이익이 남다. ⬜ 본전을 건지고도 운임이 빠졌다. 16 방이나 집이 전세로 나가거나 팔리다. ⬜ 방이 쉽게 ~. 17 다른 데로 벗어나다. ⬜ 옆길로 ~. 18 생김새가 균형이 잡히다. ⬜ 몸매가 아름답게 쭉 빠졌다.

빠:-지다² 〔보형〕 일부 형용사 뒤에 붙어, '-어 빠지다'·'-아 빠지다'의 구성으로 쓰여 아주 심하게 됨을 나타낸다. ⬜ 약아 빠진 아이 / 흔해 빠진 물건 / 정신 상태가 썩어 ~. ＊터지다ᴸ.

빠지지 〔부〕〔하〕〔자〕 1 뜨거운 쇠붙이에 물기가 조금 닿을 때 나는 소리. 2 물기 있는 물건이 뜨거

운 열에 닿아 가볍게 타거나 졸아들 때 나는 소리. [큰]뿌지지. [여]바지지.

빠지직 [부][하][자] **1** '빠지지' 소리가 급하게 그치는 모양. 또는 그 소리. **2** 묽은 똥을 급하게 눌 때 되바라지게 나는 소리. [큰]뿌지직. [여]바지직.

빠지직-거리다 [-꺼-] [자] 빠지직 소리가 잇따라 나다. [여]바지직거리다. **빠지직-빠지직** [부][하][자]. ❑생나무가 ~ 타다.

빠지직-대다 [-때-] [자] 빠지직거리다.

빠:짐-없다 [-지멉따] [형] 하나도 빠뜨리지 않고 모두 다 있다. **빠:짐-없이** [-지멉씨] [부]. ❑자료를 ~ 갖추다 / 투표에 ~ 참가하다.

빠:짐-표 (-標) [명] 〔언〕 글자의 빠진 자리를 보일 때 쓰는 문장 부호《빠진 글자 대신에 하나씩 'ㅁ'를 씀》.

빠:-트리다 [타] 빠뜨리다.

빡빡[1] [부] 얼굴이 몹시 얽은 모양. [여]박박[2].

빡빡[2] [부] **1** 몹시 세게 긁거나 문지르는 모양이나 소리. ❑등을 ~ 긁다. **2** 얇고 질긴 물건을 잇따라 찢는 모양이나 소리. ❑신문지를 ~ 찢다. **3** 머리 따위를 아주 짧게 깎은 모양. ❑머리를 ~ 깎다. **4** 자꾸 기를 쓰거나 우기는 모양. [여]박박[1]. **5** 담배를 세게 빠는 모양이나 소리. [큰]뻑뻑.

빡빡-이[1] [부] 짐작컨대 틀림없이. 응당. [큰]뻑뻑이[1]. [여]박박이.

빡빡-하다 [-빠카-] [형][여] **1** 물기가 적어서 부드러운 맛이 없다. ❑찌개가 너무 ~. **2** 꼭 끼어서 헐렁하지 아니하다. ❑미닫이문이 ~. **3** 여유가 없어서 조금 빠듯하다. ❑일정이 ~. **4** 융통성이 없고 고지식하다. ❑빡빡하지 않은 사람 / 너무 빡빡하게 군다. [큰]뻑뻑하다. **빡빡-이**[2] [부]

빡작지근-하다 [-짝찌-] [형][여] 가슴이나 목구멍 따위가 뻐근하게 좀 아픈 느낌이 있다. [큰]뻑적지근하다. **빡작지근-히** [-짝찌-] [부]

빤둥-거리다 [자] 아무 일도 하지 않고 빤빤스럽게 놀기만 하다. [큰]뻔둥거리다. [여]반둥거리다. [거]판둥거리다. **빤둥-빤둥** [부][하][자]

빤둥-대다 [자] 빤둥거리다.

빤드럽다 [-따] 〔빤드러워, 빤드러우니〕 [형][ㅂ] **1** 거칠지 아니하고 윤기가 나며 매끈매끈하다. **2** 사람됨이 약아서 어수룩한 맛이 없다. [큰]뻔드럽다. [여]반드럽다.

빤드레-하다 [형][여] 실속 없이 외모만 빤드르르하다. [큰]뻔드레하다. [여]반드레하다.

빤드르르 [부][하][형] 윤기가 있고 매끄러운 모양. [큰]뻔드르르. [여]반드르르.

빤득 [부][하][자][타] 한 번 빤득이는 모양. [큰]뻔득. [여]반득.

빤득-이다 [자][타] 물체에 반사된 작은 빛이 잠깐씩 나타나다. 또는 그렇게 되게 하다. [큰]뻔득이다. [여]반득이다.

빤들-거리다[1] [자] **1** 거칠지 않고 윤이 나며 매끈매끈하게 되다. **2** 어수룩한 맛이 전혀 없이 약게 굴다. [큰]뻔들거리다[1]. [여]반들거리다[1]. **빤들-빤들**[1] [부][하][형]

빤들-거리다[2] [자] 이리 핑계 저리 핑계하여 게으르게 놀기만 하다. ❑빤들거리기만 할 뿐 일은 하지 않는다. [큰]뻔들거리다[2]. [여]반들거리다[2]. [거]판들거리다. **빤들-빤들**[2] [부][하][자]

빤들-대다[1] [자] 빤들거리다[1].

빤들-대다[2] [자] 빤들거리다[2].

빤빤-스럽다 [-따] 〔-스러워, -스러우니〕 [형][ㅂ] 빤빤한 데가 있다. ❑하는 짓이 너무나 ~. [큰]뻔뻔스럽다. **빤빤-스레** [부]. ❑~ 얼굴을 내밀다.

빤빤-하다 [형][여] 부끄러울 만한 일에도 염치없이 태연하다. ❑파렴치한의 빤빤한 얼굴. [큰]뻔뻔하다. **빤빤-히** [부]

빤작 [부][하][자][타] 한 번 빤작이는 모양. [큰]뻔적. [여]반작. [센]빤짝.

빤작-거리다 [-꺼-] [자][타] 자꾸 빤작이다. [큰]뻔적거리다. **빤작-빤작** [부][하][자][타]

빤작-대다 [-때-] [자][타] 빤작거리다.

빤작-이다 [자][타] 빛이 잠깐 나타났다가 사라지다. 또는 그렇게 되게 하다. [큰]뻔적이다. [여]반작이다. [센]빤짝이다.

빤지르르 [부][하][형] **1** 기름이나 물기 따위가 묻어 매끄럽고 윤이 나는 모양. **2** 말과 행동 따위가 실속 없이 겉만 그럴듯한 모양. [큰]뻔지르르. [여]반지르르.

빤질-거리다 [자] **1** 기름이 흠뻑 묻어 윤이 나며 매끈거리다. **2** 몹시 약게 굴며 맡은 일을 하지 아니하다. [큰]뻔질거리다. [여]반질거리다. **빤질-빤질** [부][하][자][형]

빤질-대다 [자] 빤질거리다.

빤짝 [부][하][자][타] 한 번 빤짝이는 모양. ❑형광등이 ~ 빛나다. [큰]뻔쩍. [여]반작·반짝·빤작.

빤짝-거리다 [-꺼-] [자][타] 자꾸 빤짝이다. [큰]뻔쩍거리다. **빤짝-빤짝** [부][하][자][타]

빤짝-대다 [-때-] [자][타] 빤짝거리다.

빤짝-이다 [자][타] 빛이 세게 잠깐 나타났다가 사라지다. 또는 그렇게 되게 하다. [큰]뻔쩍이다. [여]반작이다.

빤:-하다 [형][여] **1** 어두운 가운데 밝은 빛이 비치어 환하다. **2** 무슨 일의 내용이 환하게 들여다보이듯이 분명하다. ❑빤한 거짓말 / 눈치가 빤한 아이. **3** 바쁜 가운데 잠깐 틈이 있다. **4** 병세가 조금 회복되어 그만하다. [큰]뻔하다. [여]반하다. **빤:-히** [부]

빨 [의명] 사물이 되어 가는 형편과 모양. ❑그~로는 아무 소용없다.

빨가-벗기다 [-벋끼-] [타] 《'빨가벗다'의 사동》 **1** 알몸뚱이가 되도록 옷을 죄다 벗기다. [큰]뻘거벗기다. **2** 재산을 몽땅 없애게 하거나 빼앗아 빈털터리가 되게 하다. [여]발가벗기다.

빨가-벗다 [-벋따] [자] **1** 옷을 죄다 벗다. 알몸뚱이가 되다. ❑꼬마들이 빨가벗고 물장구를 친다. **2** 비유적으로, 산에 나무나 풀이 없어 흙이 드러나다. ❑빨가벗은 산. [큰]뻘거벗다. [여]발가벗다.

빨가-숭이 [명] 빨가벗은 알몸뚱이. [큰]뻘거숭이. [여]발가숭이1.

빨강 [명] 빨간 빛깔이나 물감. [큰]뻘겅. [여]발강.

빨강이 [명] 빨간 빛깔을 띤 물건. [큰]뻘겅이. [여]발강이1.

빨강-자주 (-紫朱) [명] 빨간색이 짙게 섞인 자줏빛.

빨:갛다 [-가타] 〔빨가니, 빨개서〕 [형][ㅎ] 밝고 짙게 붉다. ❑빨갛게 익은 딸기. [큰]뻘겋다. [여]발갛다.

빨:개-지다 [자] 빨갛게 되다. ❑밤새 울어서 눈이 ~. [큰]뻘게지다. [여]발개지다.

빨갱이 [명] 공산주의자를 속되게 이르는 말.

빨그대대-하다 [형][여] 산뜻하지 않고 좀 천하게 빨그스름하다. [큰]뻘그데데하다. [여]발그대대하다.

빨그댕댕-하다 [형][여] 고르지 않게 빨그스름하다. [큰]뻘그뎅뎅하다. [여]발그댕댕하다.

빨그스레-하다 [형][여] 빨그스름하다.

빨그스름-하다 [형][여] 조금 붉다. [큰]뻘그스름하다. [여]발그스름하다.

빨그족족-하다 [-조카-] 형여 칙칙하고 고르지 못하게 빨그스름하다. ⓒ뻘그죽죽하다. 여빨그족족-히 [-조키] 무

빨긋-빨긋 [-귿-귿] 명 붉은 점이 곱게 군데군데 박힌 모양. ⓒ뻘긋뻘긋. 여발긋발긋.

빨깍 무 1 갑자기 화를 내거나 기운을 쓰는 모양. □분노가 치밀다. 2 갑작스럽게 소란해지거나 야단스러워지는 모양. □회사가 ~ 뒤집혔다. 3 닫혀 있던 것을 갑자기 열어젖히는 모양. □창문을 ~ 열다. ⓒ뻘꺽. 여발깍.

빨끈 무하자 1 걸핏하면 발깍 성을 내는 모양. □화를 ~ 내며 대들다. 2 뒤집어엎을 듯이 시끄러운 모양. ⓒ뻘끈. 여발끈.

빨끈-거리다 자 성을 자꾸 빨끈 내다. ⓒ뻘끈거리다. **빨끈-대다** 무하자

빨끈-대다 자 빨끈거리다.

빨다¹ [빨아, 빠니, 빠는] 타 1 입에 대고 입속으로 당겨 들어오게 하다. □젖을 ~. 2 입 안에 넣고 녹이거나 혀로 핥다. □손가락을 ~ / 사탕을 입에 넣고 ~. 3 남의 것을 가혹하게 빼앗다. □고혈(膏血)을 ~.

빨다² [빨아, 빠니, 빠는] 타 더러워진 옷 따위를 물에 넣어 주물러 때를 빼다. □수건을 ~.

빨다³ [빨아, 빠니, 빤] 형 끝이 차차 가늘어져 뾰족하다. □턱이 ~.

빨-대 [-때] 명 물이나 음료수 따위를 빨아 먹는 데 쓰는 대롱. 스트로(straw). □~를 대고 빨아 먹다.

빨딱 무 1 눕거나 앉아 있다가 갑자기 급하게 일어나는 모양. □자리에서 ~ 일어서다. 2 갑자기 뒤로 자빠지거나 젖히는 모양. □고개를 ~ 젖히다. ⓒ뻘떡. 여발딱.

빨딱-거리다 [-꺼-] 자타 1 맥이나 가슴이 힘있게 자꾸 뛰다. 2 액체를 힘있게 자꾸 들이마시다. 3 겨우 힘이 날 만큼 자란 아이가 그 힘을 부리고 싶어서 자꾸 애를 쓰다. ⓒ뻘떡거리다. **빨딱-빨딱** 무하자타

빨딱-대다 [-때-] 자타 빨딱거리다.

빨랑-거리다 자 가뿐가뿐하고 민첩하게 행동하다. ⓒ뻘렁거리다. 여발랑거리다. **빨랑-빨랑** 무하자

빨랑-대다 자 빨랑거리다.

빨래 명하자 1 더러운 옷이나 피륙 따위를 물에 빠는 일. 세탁. □개울에서 ~하는 아낙네 / ~를 끝내다. 2 빨기 위해 벗어 놓은 옷이나 피륙 따위. 빨랫감. 세탁물. □~가 쌓이다 / ~를 빨아 널다 / ~를 걷다.

빨래-집게 [-께] 명 빨랫줄에 빨래를 널어 말릴 때, 세탁물을 집어서 고정시켜 두는 기구.

빨래-터 명 시내나 샘터에서 빨래할 수 있게 만든 장소.

빨래-판 (-板) 명 빨래할 때 쓰는 판. □~에 빨래를 치대다.

빨랫-감 [-래깜/-랟깜] 명 빨래할 옷이나 피륙 따위. 빨래. 세탁물. □~ 중에서 물빨래할 것만 고르다.

빨랫-돌 [-래똘/-랟똘] 명 빨래할 때 빨랫감을 올려놓고 문지르고 두드릴 때 쓰는 넓적한 돌.

빨랫-말미 [-랜-] 명 긴 장마에 날이 잠깐 들어서 옷을 빨아 말릴 만한 겨를.

빨랫-방망이 [-래빵-/-랟빵-] 명 빨래를 두드려서 빨 때 쓰는 방망이.

빨랫-비누 [-래삐-/-랟삐-] 명 빨래할 때 쓰는 비누. 세탁비누.

빨랫-줄 [-래쭐/-랟쭐] 명 빨래를 널어 말리는 줄.

빨리 무하타 걸리는 시간이 짧게. □~ 걸어가

1147　　　　　　　　　　　　　　**빵**

다 / 손놀림을 ~하다 / 늦게 시작해서 남보다 ~ 일을 끝냈다.

빨리다¹ 자 (('빨다'의 피동)) 빨아 먹음을 당하다. □잘 맞은 타구가 3루수 글러브에 빨려 들어가다. □('빨다'의 사동)) 빨게 하다. □아기에게 젖을 ~.

빨리다² 타 (('빨다'의 피동)) 빨래가 빪을 당하다. □샘물에는 빨래가 잘 빨린다. □타 (('빨다'의 사동)) 빨래를 빨게 하다.

빨리-빨리 무 아주 빠르게. □일을 ~ 해라.

빨-병 (-瓶) [-뼝] 명 먹는 물을 담아 가지고 다니며 마실 수 있게 만든, 병 따위의 그릇. 수통(水筒).

빨-부리 [-뿌-] 명 물부리.

빨빨 무 1 빠르게 쏘다니는 모양. 2 땀을 많이 흘리는 모양. □땀을 ~ 흘리면서 달린다. ⓒ뻘뻘.

빨빨-거리다 자 여기저기로 마구 바쁘게 돌아다닌다. □빨빨거리고 쏘다닌다. ⓒ뻘뻘거리다.

빨빨-대다 자 빨빨거리다.

빨아-내다 타 속에 있는 것을 빨아서 나오게 하다. □뱀에 물린 자리에 입을 대고 독을 빨아냈다.

빨아-들이다 1 빨아서 속으로 들어오게 하다. □해면이 물을 ~. 2 마음을 강하게 끌어들이다. □그녀의 큰 눈은 사람을 빨아들이는 듯한 힘이 있다.

빨아-먹다 [빠라-따] 타 남의 것을 우려내어 제 것으로 만들다.

빨아-올리다 타 밑에 있는 것을 빨아서 위로 올라오게 하다. □양수기로 지하수를 ~.

빨쭉 무하자타 1 속의 것이 약간 드러나 보이게 바라진 모양. □~ 바라진 석류. 2 입을 작게 벌리고 소리 없이 웃는 모양. 3 끝이 뾰족하게 약간 나온 모양. ⓒ뻘쭉.

빨쭉-이 무 빨쭉하게. ⓒ뻘쭉이.

빨쭉-하다 [-조카-] 형여 좁고 길게 바라져서 쳐들려 있다. ⓒ뻘쭉하다. 여발쭉하다.

빨치산 명 (러 partizan) 정규군이 아닌, 민간인으로 조직된 유격대. 파르티잔.

빨-판 《동》 낙지·오징어·거머리 등이 다른 물체에 달라붙는 기관. 흡반.

빨판-상어 《어》 빨판상엇과의 바닷물고기. 길이는 30~40cm이고, 가느다랗게 길고, 머리 위에는 등지느러미가 변해 생긴 달걀 모양의 빨판이 있음. 빛은 갈색. 다른 큰 물고기 또는 배의 바닥에 붙어삶.

빨-펌프 (-pump) 명 《공》 피스톤에 날름쇠가 있어 밑으로 누르면 판이 열려 물이 위로 올라오고 올리면 판이 막히면서 옆으로 물이 흐르게 된 펌프. ↔밀펌프.

빳빳-이 [빧빠시] 무 빳빳하게. □고개를 ~ 들다 / 깃을 ~ 세우다.

빳빳-하다 [빧빠타-] 형여 1 물체가 단단하고 꼿꼿하다. □고개를 빳빳하게 세우고 걷다. 2 풀기가 세다. □빳빳한 만 원권 / 여름에는 빳빳한 옷이 좋소. 3 태도나 성격이 억세다. □빳빳하게 굴다.

빵 (←포 pão) 명 1 밀가루에 소금·설탕·효모 등을 섞어 반죽해서 불에 굽거나 찐 음식. □~을 굽다〔찌다〕. 2 생활에 필요한 양식. □사람은 ~만으로는 살 수 없다.

빵 무 1 바퀴나 풍선 따위가 갑자기 터지는 소리. □타이어가 ~ 터지다. 2 작은 구멍이 뚫리는 모양. 또는 그 소리. 여팡. 3 공을 세차게 차는 모양. 또는 그 소리. ⓒ뻥.

빵-가루 [-까-] [명] 빵을 말려서 빻아 만든 가루.
빵그레 [부][하자] 입만 약간 벌리고 소리 없이 예쁘게 웃는 모양. [큰]뻥그레. [여]방그레.
빵글-거리다 [자] 잇따라 빵그레 웃다. [큰]뻥글거리다. [여]방글거리다. **빵글-빵글** [부][하자]
빵글-대다 [자] 빵글거리다.
빵긋 [-귿] [부][하자] 입만 약간 벌리고 소리 없이 살짝 웃는 모양. [큰]뻥긋. [여]방긋. [센]빵끗.
빵긋-거리다 [-귿꺼-] [자] 자꾸 빵긋 웃다. [큰]뻥긋거리다. **빵긋-빵긋** [-귿-귿] [부][하자]
빵긋-대다 [-귿때-] [자] 빵긋거리다.
빵긋-이 [부] 빵긋하게. [큰]뻥긋이. [센]빵끗이.
빵긋-하다 [-그타-] [형][여] 닫혀 있던 문이나 입 따위가 조금 열려 있거나 벌려 있다. [큰]뻥긋하다. [여]방긋하다. [센]빵끗하다.
빵-깐 [명] '감방(監房)'의 변말.
빵꾸 (일 パンク) [명] 〔puncture〕 〈속〉 펑크.
빵끗 [-끋] [부][하자] 입만 약간 벌리고 소리 없이 살짝 웃는 모양. [큰]뻥끗. [여]방긋·방끗·빵긋.
빵끗-거리다 [-끋꺼-] [자] 자꾸 빵끗 웃다. [큰]뻥끗거리다. **빵끗-빵끗** [-끋-끋] [부][하자]
빵끗-대다 [-끋때-] [자] 빵끗거리다.
빵끗-이 [부] 빵끗하게. [큰]뻥끗이. [여]방긋이.
빵끗-하다 [-끄타-] [형][여] 닫혀 있던 문이나 입 따위가 조금 열려 있거나 벌려 있다. [큰]뻥끗하다. [여]방긋하다·방끗하다·빵긋하다.
빵-따냄 [명] 바둑에서, 빵때림으로 상대방의 돌을 따내는 일.
빵-때림 [명] 바둑에서, 네 개의 돌로 상대방의 돌 한 점을 둘러싸서 잡음. 또는 그러한 형세.
빵빵 [부][하자타] 자동차 따위가 자꾸 경적을 울리는 소리. ❑자동차가 ~ 경적을 울리며 마구 달린다. [큰]뻥뻥2.
빵빵-거리다 [자타] 잇달아 빵빵 소리를 내다.
빵빵-대다 [자타] 빵빵거리다.
빵시레 [부][하자] 입을 약간 벌려 소리 없이 밝고 예쁘게 웃는 모양. ❑~ 미소를 짓다. [큰]뻥시레. [여]방시레.
빵실 [부] 입을 소리 없이 벌려 밝고 예쁘게 한 번 웃는 모양. [큰]뻥실.
빵싯 [-싣] [부][하자] 입을 살며시 벌려 소리 없이 만족스럽고 예쁘게 한 번 웃는 모양. [큰]뻥싯. [여]방싯.
빵-점 (-點)[-쩜] [명] 〈속〉 영점(零點). ❑수학 시험에 ~을 맞다.
빵-집 [-찝] [명] 빵을 만들어 파는 집. 「추를 ~.
빻:다 [빠타] [타] 짓찧어서 가루로 만들다. ❑고
빼 [부] **1** 어린아이의 우는 소리. **2** 피리 따위를 부는 소리. [큰]삐.
빼각 [부][하자타] 딴딴한 물건끼리 서로 되게 마찰되어 나는 소리. [큰]삐걱. [여]배각.
빼곡 [부][하형][히부] 사람이나 물건이 어떤 공간에 빈틈없이 꽉 찬 모양. ❑대합실에는 사람들이 ~히 들어차 있다.
빼:기 [명][하타] 〖수〗 빼는 일. ↔더하기·보태기.
-빼기 [미] 일부 명사 뒤에 붙는 접미사. **1** 앞말의 특성이 있는 사람이나 물건의 뜻을 나타냄. ❑곱~ / 얽죽~ / 밥~. **2** 앞말을 속되게 이르는 뜻을 나타냄. ❑코~ / 이마~.
빼:-깃 [-긷] [명] 매의 꽁지 위에 표를 하려고 덧꽂는 새의 깃.
빼끗 [-끋] [부][하자] **1** 맞추어 낄 물건이 맞지 않아 어긋나는 모양. **2** 일이 될 듯하면서 잘되지 않는 모양. [큰]삐끗. [여]배끗.
빼-나다 [형] '빼어나다'의 준말.
빼:-내다 [타] 〔←빼어 내다〕 **1** 박히거나 꽂힌 것을 뽑다. ❑가시를 ~. **2** 여럿 가운데 필요한 것만 골라내다. ❑미디엄 사이즈만 ~. **3** 남의 것을 돌려내다. ❑비밀 서류를 ~. **4** 남을 꾀어 나오게 하다. ❑기술자를 ~. **5** 얽매인 몸을 자유롭게 해 주다. ❑유치장에서 ~. **6** 연을 날릴 때 상대의 공격을 피하려고 안전한 곳으로 끌어내다.
빼:-놓다 [-노타] [타] 〔←빼어 놓다〕 **1** 한 무리에 들어야 할 것을 그 무리에 넣지 아니하다. ❑부녀자는 빼놓고 장정들을 다 데리고 가다 / 몇몇 아이만 빼놓고 모두 나를 따랐다. **2** 꽂히거나 박힌 것을 뽑아 놓다. ❑빈방의 전구를 ~. **3** 여럿 중에서 어떤 것을 골라 놓다. ❑무리 중에서 실한 놈만 ~.
빼:다 [一][타] **1** 속에 들어 있는 것을 밖으로 나오게 하다. ❑손가락에서 가시를 ~ / 주머니에서 손을 ~. **2** 일정한 곳에 갇혀 있는 물·바람·공기 따위를 밖으로 나오게 하다. ❑나쁜 공기를 ~ / 문을 열어 비린내를 ~. **3** 덜어내다. ❑9에서 3을 ~. ↔더하다. **4** 때나 얼룩 따위를 빨거나 씻어 없애다. ❑옷의 때를 ~. **5** 짐짓 행동이나 태도를 꾸미다. ❑점잔을 ~. **6** 책임 등을 회피해 물러나다. ❑꽁무니를 ~. **7** 힘이나 기운 따위를 몸에서 없애다. ❑어깨에 힘을 빼야 동작이 부드러워진다. **8** 목이나 목소리 따위를 길게 뽑다. ❑닭이 목을 빼고 운다 / 목청을 길게 빼며 노래하다. **9** 예금·전세금·보증금 따위를 도로 찾다. ❑통장에서 돈을 빼 쓰다. **10** 살 따위를 줄이다. ❑뱃살을 ~. **11** 꼭 그대로 물려받다. ❑어머니를 쏙 뺀 딸. **12** 차림을 말끔히 하다. ❑신사복을 쫙 빼고 나서다. [二][자] **1** '내빼다'의 준말. ❑시간 중에 빼는 학생. **2** 두렵거나 싫어서 하지 않으려고 하다. ❑자꾸 빼지 말고 한 곡 불러 봐라.
빼도 박도 못하다 [구] 이럴 수도 저럴 수도 없는 난처한 처지에 빠져 있다.
빼:-닮다 [-담따] [타] 생김새나 성품 따위를 그대로 닮다. ❑아버지를 그대로 빼닮았다.
빼:-도리[1] [명] 〖건〗 풍판(風板)이 의지하도록 뱃집의 양쪽 기둥에 얹어 밖으로 길게 내밀게 한 도리.
빼:도리[2] [명][하타] 사물의 짜임새를 고르기 위해 요리조리 변통하는 일.
빼:-돌리다 [타] 사람이나 물건을 슬쩍 빼내어 다른 곳으로 보내다. ❑유능한 사원을 ~ / 거액의 공금을 ~.
빼딱-거리다 [-꺼-] [자] 물건이 배스듬하게 이리저리 자꾸 기울어지다. [큰]삐딱거리다. [여]배딱거리다. **빼딱-빼딱** [부][하자형]
빼딱-대다 [-때-] [자] 빼딱거리다.
빼딱-이 [부] 빼딱하게. [큰]삐딱이.
빼딱-하다 [-따카-] [형][여] **1** 한쪽으로 조금 비뚤어져 있다. **2** 마음·생각이나 행동 따위가 바르지 못하고 조금 배뚤어져 있다. [큰]삐딱하다. [여]배딱하다.
빼뚜로 [부] 빼뚤어지게. [큰]삐뚜로. [여]배뚜로.
빼뚜름-하다 [형][여] 한쪽으로 빼뚤어져 있다. ❑모자를 빼뚜름하게 쓰다. [큰]삐뚜름하다. [여]배뚜름하다. **빼뚜름-히** [부]
빼뚝-거리다 [-꺼-] [자타] **1** 한쪽이 낮아 약간 흔들리다. 또는 그리 되게 하다. **2** 한쪽 다리가 짧거나 바닥이 고르지 못하여 기우뚱거리며 걷다. [큰]삐뚝거리다. [여]배뚝거리다. **빼뚝-빼뚝** [부][하자타]
빼뚝-대다 [-때-] [자타] 빼뚝거리다.
빼뚤-거리다 [자타] **1** 기울어서 이리저리 자꾸 흔들리다. 또는 그리 되게 하다. **2** 곧지 못하

고 이리저리 자꾸 꼬부라지다. 또는 그리되게 하다. 웹삐뚤거리다. ㉯배뚤거리다. **삐뚤-삐뚤**[閉형자타]

삐뚤다[삐뚤어, 삐뚜니, 삐뚠][형] 바르지 못하고 한쪽으로 약간 기울어지거나 치우쳐 있다. 웹삐뚤다. ㉯배뚤다.

삐뚤-대다[자타] 자꾸 삐뚤거리다. ㉯배뚤대다.

삐뚤어-지다[자] 1 반듯하거나 꼿꼿하지 못하고 한쪽으로 기울어지거나 쏠리다. 2 성이 나서 뒤틀어지다. 웹삐뚤어지다. ㉯배뚤어지다. 3 마음이 바르지 못하고 비꼬이다. □삐뚤어진 마음을 타쳐라. 웹삐뚤어지다.

빼:-먹다[-따][타] [←빼어 먹다] 1 남의 물건 따위를 몰래 빼내어 가지다. 2 말이나 글의 구절 따위를 빠뜨리다. □깜빡하다가 받침을 빼먹고 썼다. 3 규칙적으로 하던 일을 하지 않다. □수업을 ~. 4 남의 물건을 몰래 빼내어 가지다. □정부 양곡을 ~.

빼:-물다[빼물어, 빼무니, 빼무는][자타] [←빼어 물다] 1 거만하거나 성난 태도로 입을 뿌루퉁하게 내밀다. 2 혀를 입 밖으로 늘어뜨리다. □혀를 빼물고 헐떡거리다.

빼-박다[타] ☞ 빼쏘다.

빼빼[─][속] 살가죽이 쪼그라 붙을 만큼 여윈 사람. [─][부형] 살가죽이 쪼그라 붙을 만큼 여윈 모양. □~ 마르다. 웹삐삐.

빼-쏘다[타] 얼굴이나 성격이 꼭 닮다. □딸은 어머니를 ~.

빼-앗기다[-앗끼-][타] ('빼앗다'의 피동) 빼앗음을 당하다. □불량배에게 돈을 ~. ㉷뺏기다.

빼-앗다[-앋따][타] 1 남의 것을 억지로 제 것으로 가지다. □지갑을 빼앗아 달아나다. 2 남의 일·지위·시간 등을 억지로 차지하다. □일자리를 빼앗아 직장에서 몰아내다. 3 남의 마음이나 생각을 사로잡다. □여자의 마음을 ~. 4 정조 등을 짓밟다. □순결을 ~. ㉷뺏다.

빼어-나다[형] 여럿 가운데서 두드러지게 뛰어나다. □몸매가 ~. ㉷빼나다.

빼:-입다[-따][타] 옷을 잘 차려입다. □실크로 빼입은 벌 빼입었다.

빼주룩-빼주룩[부형] 여러 개가 모두 빼주룩한 모양. 웹삐주룩삐주룩. ㉯배주룩배주룩. ㉷빼죽빼죽.

빼주룩-이[부] 빼주룩하게. 웹삐주룩이.

빼주룩-하다[-루카-][형여] 물체의 끝이 조금 내밀려 있다. 웹삐주룩하다. ㉯배주룩하다. ㉷빼죽하다.

빼죽-거리다[-꺼-][타] 비웃거나 언짢거나 울려고 할 때 입을 내밀고 샐룩거리는 모양. 웹삐죽거리다. ㉯배죽거리다. **빼죽-빼죽**[부타]

빼죽-대다[-때-][타] 빼죽거리다.

빼죽-빼죽²[부형] '빼주룩빼주룩'의 준말.

빼죽-이[부] 빼죽하게. 웹삐죽이.

빼죽-하다[-주카-][형여] '빼주룩하다'의 준말.

빼쭉[부형] 1 어떤 일이 비위에 거슬릴 때나 비웃을 때 입을 쑥 내미는 모양. 2 형체를 조금만 살짝 내밀거나 나타내는 모양. 웹삐쭉. ㉯배쭉.

빼쭉-빼쭉[부형] 여러 개가 모두 빼쭉한 모양. 웹삐쭉삐쭉². ㉯배쭉배쭉.

빼쭉-이[부] 빼쭉하게. 웹삐쭉이.

빼쭉-하다[-쭈카-][형여] 끝이 날카롭다. 웹삐쭉하다.

빼치다[타] 1 억지로 빠져 나오게 하다. □팔을 빼치고 나갔다. 2 끝이 점점 가늘어져 뾰족하게 하다. □글씨의 끝 부분을 ~.

빽[명] 백(back).

빼트작-거리다[-꺼-][타] 몸을 가누지 못하고 약간 비틀거리며 걷다. ㉯배트작거리다. **빼트작-빼트작**[부하타]

빼트작-대다[-때-][타] 빼트작거리다.

빽¹[부] 갑자기 날카롭게 지르거나 내는 소리. 웹삑¹.

빽²[부] 여럿이 배게 들어선 모양. 웹삑².

빽-빽[부] 기적(汽笛)이나 짐승·사람 따위가 갑자기 잇따라 날카롭게 지르거나 내는 소리. □~ 고함을 지르고 야단이다.

빽빽-거리다[-꺼-][자] 빽빽 소리가 자꾸 나다.

빽빽-대다[-때-][자] 빽빽거리다.

빽빽-이[부] 빽빽하게. □집이 ~ 들어차다.

빽빽-하다[-빼카-][형여] 1 사이가 촘촘하다. □상자에 빽빽하게 담다. 2 구멍이 막힐 정도로 좁아서 갑갑하다. 3 소견이 좁다. □녀석은 생각이 좀 ~. 웹삑삑하다.

뺀둥-거리다[자] 하는 일 없이 게으름만 부리고 밉살스럽게 놀다. 웹뺀둥거리다. ㉯밴둥거리다. ㉔팬둥거리다. **뺀둥-뺀둥**[부하자]

뺀둥-대다[자] 뺀둥거리다.

뺀들-거리다[자] 하는 일 없이 밉살스럽게 놀기만 하다. 웹뺀들거리다. ㉯밴들거리다. ㉔팬들거리다. **뺀들-뺀들**[부하자]

뺀들-대다[자] 뺀들거리다.

뺀질-거리다[자] 자꾸 뺀질뺀질하다. □그만 뺀질거리고 일 좀 해라.

뺀질-대다[자] 뺀질거리다.

뺀질-뺀질[부하자] 요령을 피우며 일을 충실히 하지 않는 모양. □~ 놀기만 한다.

뺀질-이[명][속] 뺀질거리는 사람.

뺄-목[명]〔건〕도리의 끝이 기둥을 뚫고 내민 부분.

뺄:-셈[-쎔][명][자] 어떤 수에서 어떤 수를 덜어 내는 셈. 감법. 감산. ↔덧셈.

뺄:셈-법[-法][-쎔뻡][명]〔수〕뺄셈을 하는 법. ↔덧셈법.

뺄:셈 부:호[-符號][-쎔-][명]〔수〕뺄셈표.

뺄:셈-표[-標][-쎔-][명]〔수〕뺄셈의 부호 '-'의 이름. 마이너스. ↔덧셈표.

뺄:기다[뺄끼-][타] '빼앗기다'의 준말. □대수롭지 않은 일에 시간을 ~ / 폭행을 당하고 지갑까지 뺐겼다.

뺏:다[뺃따][타] '빼앗다'의 준말. □남의 물건을 ~ / 행인을 때리고 돈을 뺏어 달아나다.

뺑[부] 1 세게 한 바퀴 도는 모양. 2 둘레를 둘러싼 모양. 3 갑자기 정신이 아찔해지는 모양. 웹뼁. ㉯뱅.

뺑그레[부형] 입만 살짝 벌리고 소리 없이 보드랍게 웃는 모양. 웹뼁그레. ㉯뱅그레.

뺑그르르[부하자] 매끄럽게 도는 모양. 웹뼁그르르. ㉯뱅그르르. ㉷뺑그르1.

뺑글-거리다[자] 입만 살짝 벌리고 소리 없이 보드랍게 자꾸 웃다. 웹뼁글거리다. ㉯뱅글거리다. **뺑글-뺑글¹**[부하자]

뺑글-대다[자] 뺑글거리다.

뺑글-뺑글²[자] 자꾸 미끄럽게 도는 모양. 웹뼁글뼁글.

뺑긋[-귿][부하자] 입만 살짝 벌려 소리 없이 가볍게 한 번 웃는 모양. 웹뼁긋. ㉯뱅긋.

뺑긋-거리다[-귿꺼-][자] 자꾸 뺑긋 웃다. 웹뼁긋거리다. ㉯뱅긋거리다. **뺑긋-뺑긋**[-귿-긋][부하자]

뺑긋-대다[-귿때-][자] 뺑긋거리다.

뺑긋-이[부] 뺑긋. 웹뼁긋이. ㉯뱅긋이.

뺑당-그리다 国 고개를 틀면서 싫다는 뜻을 보이다. ⓒ뺑등그리다.

뺑:-대 [-때] 圀 1 뺑대쑥의 줄기. 2 뱁댕이.

뺑:대-쑥 [-때-] 圀 〖植〗 국화과의 여러해살이풀. 산이나 들에 나는데, 높이는 1.5m 정도이며, 줄기는 굵고 단단하며 자주색을 띰. 늦여름에 갈색 양성화가 원추꽃차례로 줄기 끝에 핌. ⓒ뺑대.

뺑-뺑 图 1 잇따라 빨리 도는 모양. □주위를 ~ 돌다. 2 이리저리 자꾸 돌아다니는 모양. ⓒ뺑뺑. ⓐ뱅뱅. ⓗ뼁뼁.

뺑뺑-이 圀 1 숫자가 적힌 원판이 회전하는 동안 화살로 맞혀 그 등급을 정하는 기구. 또는 그런 노름. □~로 복권 추첨을 하다. 2 제자리에서 빙글빙글 도는 일. □~을 돌다.

뺑소니 圀 몸을 빼쳐 급히 달아나는 짓. □~운전사 / ~를 놓다.

뺑소니-차 (-車) 圀 교통사고를 내고 그대로 도망치는 자동차. □~를 찾아내다.

뺑소니-치다 国 몸을 빼쳐서 급히 달아나다. □사람을 치고 ~.

뺑시레 图ⓕ 입만 약간 벌려 소리 없이 부드럽고 예쁘게 웃는 모양. ⓒ뼁시레. ⓗ뱅시레.

뺑실-거리다 国 입을 벌릴 듯하며 소리 없이 부드럽게 자꾸 웃다. ⓒ뼁실거리다. ⓗ뱅실거리다. **뺑실-뺑실** 图ⓕ

뺑실-대다 国 뺑실거리다.

뺑싯 [-싣] 图ⓕ 입을 슬며시 벌릴 듯하면서 소리 없이 가볍고 온화하게 한 번 웃는 모양. ⓒ뼁싯. ⓗ뱅싯.

뺑싯-거리다 [-싣꺼-] 国 자꾸 뺑싯 웃다. ⓒ뼁싯거리다. ⓗ뱅싯거리다. **뺑싯-뺑싯** [-싣-싣] 图ⓕ

뺑싯-대다 [-싣때-] 国 뺑싯거리다.

뺑:-쑥 圀 〖植〗 '뺑대쑥'의 준말.

뺑줄 圀 1 남이 날리는 연줄을 장대나 돌멩이를 단 줄로 걸어 당겨서 빼앗는 짓. 2 남의 일을 가로채는 짓의 비유.
뺑줄(을) 치다 国 ㉠남의 연을 빼앗다. ㉡남의 물건을 중간에서 가로채다.

뺑-코 圀 〈속〉 코가 큰 서양 사람. 또는 미국 사람.

빠드득 图ⓕ자国 1 단단한 물건이 빠듯한 틈에 끼어 마찰되어 나는 소리. 2 장난감 피리 따위를 부는 소리. ⓒ삐드득.

빠드득-거리다 [-꺼-] 国国 빠드득 소리가 자꾸 나다. 또는 그런 소리를 자꾸 내다. ⓒ삐드득거리다. **빠드득-빠드득** 图ⓕ자国

빠드득-대다 [-때-] 国国 빠드득거리다.

빡: 图 '삐악'의 준말.

빡:-빡 图 '삐악삐악'의 준말.

빡:-하다 圀ⓕ '빡하다'를 좀 더 절실하게 이르는 말. ⓐ빡하다.

뺨 圀 1 얼굴의 양쪽 관자놀이 아래의 살이 많이 붙은 부분. □~을 붉히다 / ~을 비비다. 2 물건의 두쪽 볼의 넓이.

뺨-따구니 圀 ☞뺨따귀.

뺨-따귀 圀 〈속〉 뺨. ⓐ따귀.

뺨-살 [-쌀] 圀 1 소의 뺨에 붙은 고기. 2 소의 뭉치의 거죽에 붙은 고기.

뺨-치다 国国 1 남의 뺨을 때리다. 2 비교의 대상을 능가하다. □전문가 뺨칠 정도의 무용 실력.

뻐개다 国 1 단단한 것을 두 쪽으로 조각을 내다. □장작을 ~. 2 일을 그르치다. □다 된 흥정을 ~. ⓐ빠개다.

뻐걱 图ⓕ자国 크고 단단한 물건이나 질기고 빳빳한 물건 같은 것이 맞닿는 소리. ⓐ빠각. ⓗ버걱.

뻐그러-지다 国 뻐개져서 못 쓰게 되다. ⓐ빠그러지다. ⓗ버그러지다.

뻐그르르 图ⓕ자 많은 액체 따위가 넓게 퍼지면서 야단스럽게 끓어오르는 소리. 또는 그 모양. ⓐ빠그르르. ⓗ버그르르.

뻐근-하다 圀ⓕ 근육이 피로해서 몸을 움직이기가 거북하다. □어깨가 ~. ⓐ빠근하다. **뻐근-히** 图

뻐글-거리다 国 많은 액체 따위가 넓게 퍼지면서 야단스럽게 자꾸 끓어오르다. ⓐ빠글거리다. ⓗ버글거리다. **뻐글-뻐글** 图ⓕ

뻐글-대다 国 뻐글거리다.

뻐기다 国 얄미울 정도로 잘난 체하며 으쓱대다. 뽐내다. □수능 시험을 잘 쳤다고 뻐긴다. ⓐ빠기다.

뻐꾸기 圀 〖鳥〗 두견과의 새. 얕은 산이나 삼림 속에 살며, 두견이와 비슷한데 훨씬 큼. 개개비 등 딴 새의 둥지에 알을 낳아 까게 함. 초여름에 남쪽에서 날아오는데, '뻐꾹뻐꾹' 하고 구슬피 욺. 뻐꾹새.

뻐꾸기-시계 (-時計) [-/-게] 圀 ☞뻐꾹종.

뻐꾹 图 뻐꾸기가 우는 소리.

뻐꾹-새 [-쌔] 圀 〖鳥〗 '뻐꾸기'를 분명히 일컫는 말.

뻐꾹-종 (-鐘) [-쫑] 圀 시간이 되면 뻐꾸기 모형이 나와 울게 된 시계. 뻐꾹기시계.

뻐끔¹ 图ⓕ圀ⓕ 틈이나 구멍이 크고 뚜렷하게 나 있는 모양. □벽에 구멍이 ~ 뚫려 있다. ⓐ빠끔¹.

뻐끔² 图ⓕ国ⓕ 1 담배를 힘 있게 빨면서 피우는 모양. 2 물고기 따위가 입을 벌렸다 오므리며 물이나 공기를 들이마시는 모양. ⓐ빠끔².

뻐끔-거리다 国 1 담배를 계속 힘 있게 빨아 피우다. 2 물고기 따위가 입을 벌렸다 오므리며 계속 물이나 공기를 들이마시다. □붕어가 입을 ~. ⓐ빠끔거리다. **뻐끔-뻐끔¹** 图ⓕ国

뻐끔-담배 圀 연기를 깊이 들이마시지 않고 입 안까지만 넣었다 내보내며 피우는 담배.

뻐끔-대다 国 뻐끔거리다.

뻐끔-뻐끔² 图ⓕ圀ⓕ 여러 군데가 뻐끔한 모양. ⓐ빠끔빠끔².

뻐덕-뻐덕 图ⓕ圀ⓕ 물기가 없어 미끄럽지 못하거나 부드럽지 못한 모양. □가죽이 ~하다. ⓐ빠닥빠닥.

뻐드러-지다 国 1 끝이 밖으로 벌어져 나오다. □뻐드러진 앞니. 2 부드럽던 것이 굳어서 빳빳하게 되다. ⓐ빠드러지다.

뻐드렁-니 圀 밖으로 벋은 앞니.

뻐드렁-이 圀 〈속〉 뻐드렁니가 난 사람.

뻐드름-하다 圀ⓕ 밖으로 약간 뻗은 듯하다. ⓗ버드름하다. ⓐ빠드름하다. **뻐드름-히** 图. □앞니가 ~ 나다.

뻐득-뻐득-하다 [-드카-] 圀ⓕ 1 말과 행동이 고분고분하지 않다. 2 눈이 부드럽지 못하다. 3 입 안에 떫은맛이 있다. ⓐ빠득빠득하다.

뻐듬-하다 圀ⓕ '뻐드름하다'의 준말.

뻐르적-거리다 [-꺼-] 国 어려운 일이나 고통스러운 고비에서 헤어나려고 팔다리를 내저으며 몸을 잇따라 움직이다. ⓐ빠르작거리다. ⓒ뻐릇거리다. **뻐르적-뻐르적** 图ⓕ国

뻐르적-대다 [-때-] 国 뻐르적거리다.

뻐릇-거리다 [-를꺼-] 国 '뻐르적거리다'의 준말. **뻐릇-뻐릇** [-른-른] 图ⓕ国

뻐릇-대다[-른때-] 타 뻐릇거리다.
뻐세다 형 뻣뻣하고 거세다.
뻐적-뻐적 부하자타 1 바싹 마른 물건을 깨물거나 빻는 소리. 2 단단하게 바싹 마른 물건이 타들어 가는 소리. 3 마음이 퍽 죄고 애타는 모양. 4 진땀이 몹시 나는 모양. 좌빠작빠작. 예버적버적.
뻐젓-하다[-저타-] 형어 1 남의 시선을 생각해 조심하거나 굽히는 데가 없다. 2 뻣뻣하고 떳떳하여 흠잡히거나 굽힐 것이 없다. 예버젓하다.
뻐쭈-하다 형어 불쑥 내밀어 있다.
뻐치다 자 ☞ 뻗치다■.
뻑 부 담배를 세게 빠는 모양. 또는 그 소리. 담배를 ~ 빨다. 좌빡빡²5.
뻑-이¹[배-] 미루어 헤아려 보건대 틀림없이. 응당. 좌빡빡이¹. 예벅벅이.
뻑뻑-하다[-빠카-] 형어 1 물기가 적어서 부드러운 맛이 있다. 죽이 너무 ~. 2 꼭 끼거나 맞거나 헐렁하지 않다. 자동차 브레이크가 ~. 3 여유가 없어 빠듯하다. 새 구두가 ~. 4 융통성이 없고 고지식하다. 좌빡빡하다. 뻑뻑-이² 부.
뻑적지근-하다[-쩍 찌-] 형어 가슴이나 목구멍이 뻑뻑하게 아프다. 가슴이 뻑적지근하고 답답하다. 좌빡작지근하다. 뻑적지근-히 [-쩍 찌-] 부.
뻔둥-거리다 자 아무 일도 않고 뻔뻔스럽게 게으름만 부리다. 좌빤둥거리다. 예번둥거리다. 큰편둥거리다. 뻔둥-뻔둥 부하자
뻔둥-대다 자 뻔둥거리다.
뻔드럽다[-따] [뻔드러워, 뻔드러우니] 형■ 1 윤기가 나고 미끄럽다. 2 사람의 됨됨이가 약아서 어수룩한 맛이 없다. 예번드럽다.
뻔드레-하다 형어 실속 없이 외모만 뻔드르르하다. 좌빤드레하다. 예번드레하다.
뻔드르르 부하형 매우 윤기 있고 미끄러운 모양. 좌빤드르르. 예번드르르.
뻔득 부하자타 한 번 뻔득이는 모양. 칼날이 ~ 빛나다. 좌빤득. 예번득.
뻔득-이다 자 물건에 반사된 큰 빛이 잠깐씩 나타나는 것. 또는 그렇게 되게 하다. 칼날을 ~. 좌빤득이다. 예번득이다.
뻔들-거리다¹ 1 부드럽고 윤기가 날 정도로 매우 미끄럽게 되다. 2 어수룩한 맛이 없이 아주 약게만 굴다. 좌빤들거리다¹. 예번들거리다¹. 뻔들-뻔들 부하형
뻔들-거리다² 하는 일 없이 게으름을 부리며 밉살맞게 놀기만 하다. 좌빤들거리다². 예번들거리다². 큰펀들거리다. 뻔들-뻔들 부하형
뻔들-대다¹ 자 뻔들거리다¹.
뻔들-대다² 자 뻔들거리다².
뻔뻔-스럽다[-따] [-스러워, -스러우니] 형■ 뻔뻔한 데가 있다. 뻔뻔스러운 녀석 / 뻔뻔스럽게도 돈을 꾸러 오다. 좌빤빤스럽다. 뻔뻔-스레 부
뻔뻔-하다 형어 잘못이 있어도 부끄러운 줄을 모르다. 좌빤빤하다. 뻔뻔-히 부
뻔적 부하자타 한 번 뻔적이는 모양. 좌빤작. 예번적. 쎈뻔쩍.
뻔적-거리다 자타 자꾸 뻔적이다. 좌빤작거리다. 예번적거리다. 쎈뻔쩍거리다
뻔적-대다[-때-] 자타 뻔적거리다.
뻔적-이다 자타 빛이 기세 있게 잠깐 나타났다 없어지다. 또는 그렇게 되게 하다. 좌빤작이다. 예번적이다. 쎈뻔쩍이다.

뻔죽-거리다[-꺼-] 자 번지르르하게 생긴 사람이 이죽이죽하면서 느물거리다. 예번죽거리다.
뻔죽-대다[-때-] 자 뻔죽거리다.
뻔지레 부하형 물체의 거죽이 윤이 나고 미끄러운 모양. ~하게 치장하다. 예번지레.
뻔지르르 부하형 1 매우 미끄럽고 윤이 나는 모양. 2 말과 행동 따위가 실속 없이 겉만 그럴듯한 모양. 좌빤지르르. 예번지르르.
뻔질-거리다 자 1 윤이 나며 매끈거리다. 2 게으름을 부리며 맡은 일을 하지 않다. 좌빤질거리다. 예번질거리다. 뻔질-뻔질 부하자형
뻔질-나다[-라-] 자 (주로 '뻔질나게'의 꼴로 쓰여) 드나드는 것이 매우 잦다. 뻔질나게 매점에 드나들다.
뻔질-대다 자 뻔질거리다.
뻔쩍 부하자타 한 번 뻔쩍이는 모양. 좌빤짝. 예번적·번쩍.
뻔쩍-거리다[-꺼-] 자타 자꾸 뻔쩍이다. 좌빤짝거리다. 뻔쩍-뻔쩍 부하자타
뻔쩍-대다[-때-] 자타 뻔쩍거리다.
뻔쩍-이다 자타 빛이 똑똑하고 기세 있게 잠깐 나타났다가 없어지다. 또는 그렇게 되게 하다. 좌빤짝이다. 예번쩍이다·번적이다.
뻔:-하다¹ 형어 1 어두운 가운데 빛이 비쳐 조금 환하다. 2 그리 될 것이 분명하다. 어차피 우리가 이길 게 뻔하다 / 그가 빚을 갚지 않을 게 뻔하니 잘 생각해라. 3 바쁜 가운데 잠깐 틈이 생기다. 4 병세가 조금 가라앉다. 좌빤하다. 뻔-히 부. □나쁜 일인 줄 ~ 알면서 되풀이한다.
뻔:-하다² [보형어] '-ㄹ'·'-을'과 어울려 '까딱하면 그렇게 될 형편이었으나 결국 그렇게 되지 않았다'는 뜻을 나타내는 말. 죽을 ~ / 차에 치일 ~.
뻔:-히² 부 사물이 끊어지지 않고 잇닿아 있는 모양. 가로수가 ~ 서 있다.
뻔-가다[-까-] 자 올바른 길에서 벗어나게 행동하다. 사춘기에는 뻔가기가 쉽다. 예번가다.
뻗다[-따] 타 자 1 나뭇가지나 덩굴 따위가 바깥쪽으로 길게 자라나다. 뿌리가 ~. 2 힘이 어디까지 미치다. 외국에까지 세력이 ~. 예벋다. 3 〈속〉죽거나 기운이 없어 바닥에 눕다. 몇 대 맞더니 뻗어 버렸다. 타 자 1 꼬부렸던 것을 펴서 길게 내밀다. 다리를 ~ / 팔을 쭉 뻗고 기지개를 켜다. 2 어떤 것에 손을 댈 수 있게 손 따위를 내밀다. 구원의 손길을 ~.
뻗-대다[-때-] 자 1 순종하지 아니하고 힘껏 버티다. 아무리 뻗대도 소용이 없다. 예번대다. 2 뻗서다. 타 자 넘어지거나 미끄러지지 않으려고 손이나 발을 받치어 대고 버티다.
뻗-디디다[-띠디-] 타 1 발에 힘을 주고 버티어 디디다. 2 테두리나 끝 밖으로 내어 디디다. 예벋디디다. 준뻗딛다.
뻗-딛다[-딛따] 타 '뻗디디다'의 준말.
뻗-서다[-써-] 자 반항하는 언행으로 맞서 겨루다. 뻗대다. 예벋서다.
뻗정-다리[-쩡-] 명 1 구부렸다 폈다 하지 못하고 늘 뻗어 있는 다리. 또는 그런 다리를 가진 사람. 2 물건 따위가 뻣뻣하여져서 마음대로 굽힐 수가 없이 된 물건. 예번정다리.
[뻗정다리 서나 마나] 뻗정다리는 서거나 앉거나 똑같다는 뜻으로, 하나 마나 마찬가지임을 비유하는 말.

뻗-지르다[-찌-][뻗질러, 뻗지르니] 태르 길
게 뻗쳐서 내지르다.

뻗-질리다[-찔-][타]('뻗지르다'의 피동) 뻗
지름을 당하다.

뻗쳐-오르다[-처-][-올라, -오르니] 자르 물
줄기나 불길 같은 것이 뻗쳐서 위로 오르다.
①불길이 바람을 타고 맹렬한 기세로 뻗쳐오
른다. 여번쳐오르다.

뻗치다[자] 이 끝에서 저 끝까지 닿다. 三자
타 '뻗다'의 힘줌말. ①힘이 ~.

뻗-팔이[명] 선천적 또는 병으로 인해 굽혀지
지 아니하는 팔. 또는 그런 팔을 가진 사람.

뻗-히다[뻐치-][타]('뻗다'의 피동) 쭉 펴지
다. ①발이 아파서 잘 뻗히지 않는다.

뻘 '개흙'의 방언.

-뻘[명] 1 친족 간의 촌수와 항렬을 나타내는
말. ①아저씨~/할아버지~. 2 친족 간이 아
닌 사람들 사이에 나이를 따져 포갠 관계. ①그
는 아버지~이 되는 분이다.

뻘거-벗기다[-번끼-][타]('뻘거벗다'의 사동)
알몸이 되도록 옷을 죄다 벗기다. 좌빨가벗
기다 1. 여벌거벗기다.

뻘거-벗다[-번따][자] 1 옷을 죄다 벗다. ①뻘
거벗은 알몸뚱이. 2 산에 나무나 풀이 없어
흙이 드러나다. 좌빨가벗다. 여벌거벗다.

뻘거-숭이[명] 뻘거벗은 알몸뚱이. 좌빨가숭이.
여벌거숭이1.

뻘것[명] 뻘건 빛깔이나 물감. 좌빨강. 여벌겅.

뻘겅-이[명] 뻘건 빛을 띤 물건. 좌빨강이. 여
벌겅이.

뻘:겋다[-거타][뻘거니, 뻘게서][형ㅎ] 어둡고
짙게 붉다. ①얼굴이 뻘겋게 상기되다. 좌빨
갛다. 여벌겋다.

뻘:게-지다[자] 뻘겋게 되다. 좌빨개지다. 여벌
게지다.

뻘그데데-하다[형여] 곱지 아니하고 조금 천하
게 뻘그스름하다. 좌빨그대대하다. 여벌그데
데하다.

뻘그뎅뎅-하다[형여] 고르지 않게 뻘그스름하
다. 좌빨그댕댕하다. 여벌그뎅뎅하다.

뻘그스레-하다[형여] 뻘그스름하다. ①술기운
으로 얼굴이 ~.

뻘그스름-하다[형여] 조금 붉다. 좌빨그스름하
다. 여벌그스름하다.

뻘그죽죽-하다[-쭈카-][형여] 칙칙하고 고르
지 않게 뻘그스름하다. 좌빨그족족하다. 여
벌그죽죽하다.

뻘긋-뻘긋[-귿-귿][부하형] 군데군데 뻘건 점
이 박힌 모양. 좌빨긋빨긋. 여벌긋벌긋.

뻘꺽[부] 1 갑자기 화를 내거나 기운을 쓰는 모
양. 2 갑작스럽게 소란해지거나 야단스러워
지는 모양. 3 닫혀 있던 것을 갑자기 열어젖
히는 모양. 좌빨깍. 여벌컥.

뻘끈[부하형] 1 걸핏하면 성을 벌컥 내는 모양.
2 뒤집어엎을 듯이 매우 시끄러운 모양. ①집
안은 ~ 뒤집다/온 장안이 ~ 뒤집히다. 좌
빨끈. 여벌끈.

뻘끈-거리다[자] 걸핏하면 벌컥 성을 자주 내
다. 좌빨끈거리다. 뻘끈-뻘끈[부하자]

뻘끈-대다[자] 뻘끈거리다.

뻘떡[부] 1 눕거나 앉아 있다가 갑자기 일어나
는 모양. 2 뒤안간 뒤로 자빠지거나 젖히는
모양. 좌빨딱. 여벌떡.

뻘떡-거리다[-꺼-][자타] 1 맥이나 가슴이 힘
있게 자주 뛰다. 2 물 같은 것을 힘차게 계속
들이마시다. 3 힘이 겨우 날 만큼 자란 아이

가 그 힘을 부리고 싶어서 자꾸 애를 쓰다.
좌빨딱거리다. 뻘떡-뻘떡[부하자타]

뻘떡-대다[-때-][자타] 뻘떡거리다.

뻘렁-거리다[자] 거뿐하고 재빠르게 행동하다.
좌빨랑거리다. 여벌렁거리다. 뻘렁-뻘렁
[부하자]

뻘렁-대다[자] 뻘렁거리다.

뻘뻘[부] 1 몹시 바쁘게 여기저기 돌아다니는 모
양. ①어디를 그리 ~ 쏘다니느냐. 2 땀을 많
이 흘리는 모양. ①땀을 ~ 흘리다. 좌빨빨.

뻘뻘-거리다[자] 몹시 바쁘게 여기저기 마구
돌아다니다. 좌빨빨거리다.

뻘뻘-대다[자] 뻘뻘거리다.

뻘쭉[부하자타] 1 속의 것이 약간 드러나 보이
도록 벌어진 모양. 2 이가 약간 드러나 보이
도록 입을 조금 크게 벌리고 소리 없이 웃는
모양. 3 끝이 뾰죽하도록 조금 크게 내민 모양.
좌빨쭉.

뻘쭉-이[부] 뻘쭉하게. 좌빨쭉이.

뻘쭉-하다[-쭈카-][형여] 좁고 길게 벌어져 쳐
들려 있다. 좌빨쭉하다. 여벌쭉하다.

뻘쭘-하다[형여] 어색하고 겸연쩍다.

뻣뻣-이[뻗뻐지-][부] 뻣뻣하게. ①~ 굴다/~
서 있다. 좌빳빳이.

뻣뻣-하다[뻗뻐타-][형여] 1 물체가 굳고 꼿꼿
하다. ①뻣뻣한 종이/목이 ~. 2 풀기가 매
우 세다. ①여름옷은 뻣뻣한 것이 좋다. 3 고
분고분한 맛이 없이 억세다. 조금도 굽히지
않고 뻣대다. ①뻣뻣한 말투. 좌빳빳하다.

뻣-세다[뻗쎄-][형] 뻣뻣하고 억세다. ①너무
뻣세지 마라.

뻥[1] 1 '뻥짜!'의 준말. 2 〈속〉 거짓. 허풍.
①~을 치다 / ~이 세다.

뻥[2] 1 바퀴나 풍선 따위가 갑자기 터지는 소
리. ①풍선이 ~ 터지다. 준펑. 2 구멍이 뚫
리는 소리. 또는 그 모양. ①구멍이 ~ 뚫린
양달. 3 공 따위를 세차게 차는 소리. 또는
그 모양. ①엉덩이를 ~ 차다. 준펑.

뻥그레[부하자] 입을 조금 크게 벌리고 소리 없
이 부드럽게 웃는 모양. 좌빵그레. 여벙그레.

뻥글-거리다[자] 계속 뻥그레 웃다. 좌빵글거
리다. 여벙글거리다. 뻥글-뻥글[부하자]

뻥글-대다[자] 뻥글거리다.

뻥긋[-귿][부하자] 입을 좀 크게 벌리고 소리
없이 가볍게 한 번 웃는 모양. 좌빵긋. 여벙긋.

뻥긋-거리다[-귿꺼-][자] 자주 뻥긋 웃다. 좌
빵긋거리다. 뻥긋-뻥긋[-귿-귿][부하자]

뻥긋-대다[-귿때-][자] 뻥긋거리다.

뻥긋-이[부] 뻥긋하게. ①입을 ~ 벌리다. 좌빵
긋이. 여벙긋이. 세뺑긋.

뻥긋-하다[-그타-][형여] 닫혀 있던 문이나 입
따위가 조금 열려 있거나 벌어져 있다. ①그
일에 대해서는 입도 뻥긋하지 않았다. 좌빵
긋하다. 여벙긋하다. 세뺑긋하다.

뻥-까다[자] 〈속〉 거짓말하다.

뻥끗[-끋][부하자] 입을 조금 크게 벌리고 소리
없이 거볍게 한 번 웃는 모양. 좌빵끗. 여벙끗.

뻥끗-거리다[-끋꺼-][자] 자주 뻥끗 웃다. 좌
빵끗거리다. 뻥끗-뻥끗[-끋-끋][부하자]

뻥끗-대다[-끋때-][자] 뻥끗거리다.

뻥끗-이[부] 뻥끗하게. 좌빵끗이. 여벙끗이.

뻥끗-하다[-끄타-][형여] 닫혀 있던 문이나
입 따위가 조금 크게 열려 있거나 벌어져 있
다. 좌빵끗하다. 여벙끗하다·벙긋하다·뺑끗
하다.

뻥-나다[자] 비밀이 드러나다. ①금방 뻥날 짓
을 하는가 하는데. 좌뻥나다.

뻥-놓다[-노타][자] 〈속〉 1 거짓말하다. ①그

녀석 뻥놓는 데는 선수다. **2** 허풍을 치다.

뻥 〔부〕 **1** 구멍이 여러 개 뚫어진 모양. **2** 공 따위를 세차게 잇따라 차는 소리. **3** 무엇이 갑자기 잇따라 터지는 소리. ㉮펑펑. **4** 잇따라 큰소리치는 모양.

뻥뻥-하다 〔형〕 **1** 어쩌할 줄을 몰라 가슴이 먹먹하다. **2** 어떻다고 말을 딱 잘라 하기가 어렵다. 뻥뻥-히 〔부〕

뻥시레 〔부하자〕 입을 약간 벌려 소리 없이 부드럽게 웃는 모양. ㉦빵시레. ㉲벙시레.

뻥실 〔부〕 입을 조금 크게 벌리고 소리 없이 환하고 부드럽게 한 번 웃는 모양. ㉦빵실.

뻥싯 〔-싣〕 〔부하자〕 입을 벌리고 소리 없이 부드럽고 가볍게 슬쩍 한 번 웃는 모양. ㉦빵싯. ㉲벙싯.

뻥-쟁이 '거짓말쟁이'나 '허풍쟁이'를 낮잡아 이르는 말.

뻥 짜 **1** 아주 틀려 버려 소망이 없게 된 일. ㅁ계획이 ~가 되다. ㉣뻥. **2** 똑똑하지 못한 사람을 얕잡아 일컫는 말.

뻥-치다 〔속〕 허풍을 치다.

뻥-튀기 〔명〕하타〕 **1** 쌀이나 옥수수 따위를 밀폐된 용기에 넣고 열을 가하여 튀김. 또는 그 튀긴 과자. **2** 작은 일을 큰 일처럼 부풀림. ㅁ~해서 말하다.

뻬빠 (←일 ペーペー) 〔명〕 〔paper〕 ☞ 사포(沙布).

뻰찌 (←일 ペンチ) 〔명〕 〔pinchers〕 ☞ 펜치.

뻰끼 (←일 ペンキ) 〔명〕 〔네 pek〕 ☞ 페인트.

뼈 〔명〕 **1** 〔생〕 척추동물의 근육을 붙여 몸집을 이루고 지탱하는 물질. 골(骨). ㅁ~가 굵다 / ~가 부러지다 / ~에서 살을 발라내다 / ~를 고향에 묻다. ↔살. **2** 중심. 핵심. ㅁ~만 추려서 설명하다. **3** 속뜻. ㅁ~ 있는 말. **4** 기개나 줏대. ㅁ~가 없는 사람.

뼈(가) 빠지다 〔구〕 오래도록 고통을 참아 가며 힘겨운 일을 치러 나가는 것의 비유. 뼈가 휘도록.

뼈도 못 추리다 〔구〕 죽은 뒤에 추릴 뼈조차 없을 만큼 상대와 싸움의 적수가 되지 않아 손실만 보고 남는 것이 전혀 없다.

뼈를 깎다(갈다) 〔구〕 참기 어려울 정도로 몹시 고통스럽다. ㅁ뼈를 깎는 노력으로 마침내 성공했다.

뼈에 사무치다 〔구〕 원한·고통·기쁨 따위가 뼛속까지 맺히도록 깊고 강하다.

뼈-고도리 〔명〕 뼈로 만든 화살촉. 뼈살촉.

뼈-골 (-骨) 〔명〕 한자 부수(部首)의 하나('骸'·'體' 등에서 '骨'의 이름).

뼈-끝 〔-끋〕 〔명〕 **1** 뼈마디의 끝. ㅁ~이 저리다 / ~이 쑤시다 / ~까지 사무치다. **2** 뼈에 붙은 고기.

뼈-낚시 〔-낙씨〕 〔명〕 짐승이나 물고기의 뼈로 만든 낚시.

뼈-다귀 〔명〕 뼈의 낱개.

뼈-대 〔명〕 **1** 〔생〕 몸을 이룬 뼈의 크고 작은 생김새. 골격. ㅁ앙상한 ~ / ~가 굵다. **2** 사물의 얼개. 또는 핵심이나 중심. ㅁ문장의 ~ / 글의 ~를 간추리다 / 건물의 ~를 세우다.

뼈대(가) 있다 〔구〕 ㉠문벌이 좋다. ㉡대대 있는 집안. ㉢심지(心志)가 굳고 줏대가 있다.

뼈대-근 (-筋) 〔명〕 〔생〕 골격근(骨格筋).

뼈-다가니 〔명〕 소의 무릎의 종지뼈에 붙은 질긴 고기(흔히 곰이나 회를 만드는 데 씀).

뼈들다 〔뼈들어, 뼈드니, 뼈드는〕 〔자〕 **1** 힘만 들고 끝이 나지 않아 오래 걸리다. **2** 연장을 가지고 손장난하다.

뼈들어-지다 〔자〕 칼이나 낫 따위 연장의 날이

무디어 들지 않게 되다.

뼈-뜯이 〔-뜨지〕 〔명〕 소의 뼈에서 뜯어낸 질긴 고기.

뼈-마디 〔명〕 〔생〕 **1** 뼈와 뼈가 이어진 부분. ㅁ~가 시큰거리다 / ~가 쑤시고 아프다. **2** 뼈의 낱낱의 토막. ㅁ~가 굵다.

뼈물다 〔뼈물어, 뼈무니, 뼈무는〕 〔자〕 **1** 옷차림을 하다. ㉡말쑥하게 뼈물고 나타나다. **2** 자꾸 성내다. ㉡뼈물기만 하지 말고 말 좀 해 봐라. **3** 무슨 일을 하려고 자꾸 벼르다.

뼈-바늘 〔명〕 뼈로 만든 뜨개바늘. 골침(骨針).

뼈-붙이 〔-부치〕 〔명〕 여러 가지의 뼈. ㅁ~로 만든 공예품.

뼈-아프다 〔뼈아파, 뼈아프니〕 〔형〕 어떤 감정이 뼛속이 저릴 정도로 마음속 깊이 사무치다. 뼈저리다. ㅁ뼈아픈 아픔을 하다.

뼈-오징어 〔명〕 〔동〕 갑오징어.

뼈-저리다 〔형〕 뼈아프다. ㅁ뼈저리게 뉘우치다.

뼈-지다 〔형〕 **1** 속이 옹골차서 살 속에 뼈가 있는 것 같다. ㉡몸은 작아도 뼈지게 생겼다. **2** 하는 말이 여무져 감단이 있다. ㉡사정이 딱하여 뼈진 소리를 못했다. **3** 온갖 고통을 견디어 가면서 일을 하는데 힘에 겹다. ㉡그간의 노력이 뼈지게 느껴졌다.

뼘 〔=명〕 **1** 엄지손가락과 다른 손가락과의 잔뜩 벌린 거리. ㅁ~을 재다. **2** '장뼘'의 준말. 〔=의명〕 엄지손가락과 다른 손가락을 최대한 벌려 잰 길이를 세는 단위. ㅁ한 ~ 정도의 길이.

뼘-내기 〔명〕하자〕 돈치기의 하나. 맞힐 돈과 던진 목대와의 거리가 이미 정해 놓은 뼘 밖에 나가게 되면 그 사람은 떨어지고 딴 사람이 갈마들게 됨.

뼘-다 〔타〕 뼘으로 물건의 길이를 재다.

뼘-들이로 〔부〕 동안을 별로 띄지 않고 잇따라 번갈아 들어서. ㅁ그 식당은 손님들이 ~ 찾는다.

뼘-치 〔명〕 주로 낚시에서, 길이가 한 뼘쯤이 되는 물건. 또는 그런 물고기.

뼛-가루 〔뼈까루 / 뼏-〕 〔명〕 골분(骨粉).

뼛-골 (-骨) 〔뼈꼴 / 뼏꼴〕 〔명〕 〔생〕 뼈의 골수. 골. 뼛속. ㅁ~이 쑤시다.

뼛골(에) 사무치다 〔구〕 고통이나 원한 따위가 마음속 깊이 강하게 느껴지다.

뼛골(을) 빼다 〔구〕 원기(元氣)를 탈진하게 만들다.

뼛골(이) 빠지다 〔구〕 몹시 힘든 일을 치르다.

뼛골(이) 아프다 〔구〕 너무나 고통스러워서 뼛속까지 아프다.

뼛-성 〔뼈썽 / 뼏썽〕 〔명〕 갑자기 발칵 일어나는 짜증. ㅁ~을 내다.

뼛-속 〔명 〔뼈쏙 / 뼏쏙〕 〔명〕 〔생〕 골수. ㅁ~에 스미는 찬바람 / ~ 깊이 뉘우치다.

뽀그르르 〔부하자〕 적은 액체 따위가 좁은 범위로 세차고 야단스럽게 끓어오르거나 일어나는 모양. 또는 그 소리. ㅁ거품이 일며 물이 끓다. ㉣뿌그르르.

뽀글-거리다 〔자〕 적은 액체 따위가 좁은 범위 안에서 세고 야단스럽게 자꾸 끓거나 일어나다. ㉣뿌글거리다. ㉲보글거리다. 뽀글-뽀글 〔부하자〕

뽀글-대다 〔자〕 뽀글거리다.

뽀도독 〔부하자타〕 '뽀드득'의 변한말.

뽀도독-거리다 〔타〕 '뽀드득거리다'의 변한말. 뽀도독-뽀도독 〔부하자타〕

뽀도독-대다 〔-때-〕 〔타〕 뽀도독거리다.

뽀독-뽀독 〔부〕〔형〕 몹시 뽀독한 모양. ⓐ뿌둑뿌둑. ⓝ보독보독.

뽀독-하다 [-도카-] 〔형〕〔어〕 물기가 거의 다 말라서 약간 빳빳하게 굳은 듯하다. ⓐ뿌둑하다. ⓝ보독하다.

뽀드득 〔부〕〔자타〕 **1** 단단하거나 반드러운 물건을 되게 맞비비는 소리. **2** 무른 똥을 힘들여 누는 소리. ⓐ뿌드득. ⓝ보드득. ㉤포드득. **3** 쌓인 눈 따위를 힘 주어 밟는 소리.

뽀드득-거리다 [-꺼-] 〔자타〕 뽀드득 소리가 자꾸 나다. 또는 그런 소리를 자꾸 내다. ⓐ뿌드득거리다. **뽀드득-뽀드득** 〔부〕〔자타〕

뽀드득-대다 [-때-] 〔자타〕 뽀드득거리다.

뽀로통-하다 〔형〕〔어〕 **1** 부어올라서 볼록하다. **2** 불만스럽거나 시무룩하여 얼굴에 성난 빛이 있다. ⓐ뿌루퉁하다. **뽀로통-히** 〔부〕

뽀록-나다 [-롱-] 〔자타〕〈속〉 숨기던 사실이 드러나다. ❏거짓말이 ~.

뽀뽀 〔명〕〔어〕〈소아〉 '입맞춤'을 귀엽게 일컫는 말. ❏볼에 ~하다.

뽀:얗다 [-야타] 〔뽀야니, 뽀얘서〕 〔형〕〔ㅎ〕 연기나 안개 빛처럼 투명하거나 선명하지 않고 희고 무레하다. ❏황사에 가려 아침 해가 ~. ⓐ뿌옇다. ⓝ보얗다.

뽀:얘-지다 〔자〕 뽀얗게 되다. ❏유리창에 김이 서려 ~. ⓐ뿌예지다. ⓝ보얘지다.

뽀유스레-하다 〔형〕〔어〕 뽀유스름하다.

뽀유스름-하다 〔형〕〔어〕 조금 뽀얗다. ⓐ뿌유스름하다. ⓝ보유스름하다. **뽀유스름-히** 〔부〕

뽈그스레-하다 〔형〕〔어〕 뽈그스름하다.

뽈그스름-하다 〔형〕〔어〕 산뜻하게 조금 붉다. ❏뽈그스름하게 익은 산딸기. ⓐ뿔그스름하다. ⓝ볼그스름하다. **뽈그스름-히** 〔부〕

뽈그족족-하다 [-쪼카-] 〔형〕〔어〕 칙칙하고 고르지 않게 뽈그스름하다. ⓐ뿔그죽죽하다. ⓝ볼그족족하다. **뽈그족족-히** [-쪼키-] 〔부〕

뽈긋-뽈긋 [-귿-귿] 〔부〕〔형〕 여기저기 군데군데가 붉은 모양. ⓐ뿔긋뿔긋. ⓝ볼긋볼긋.

뽐-내다 〔자〕 기를 펴고 잘난 체하다. ❏그만하면 뽐낼 만도 하다. 〔타〕 보라는 듯이 능력을 자랑하다. ❏승리를 ~/ 노래 실력을 ~.

뽑다 [-따] 〔타〕 **1** 박힌 것을 잡아당겨서 빼내다. ❏잡초를 ~. **2** 길게 늘이다. ❏목을 쭉 ~. **3** 여럿 가운데에서 가려내다. ❏대표 선수를 ~ / 반장을 ~. **4** 무엇에 들인 돈 따위를 도로 거두어들이다. ❏본전을 다 ~. **5** 속에 들어 있는 기체나 액체를 밖으로 나오게 하다. ❏주사기로 피를 ~. **6** 원료나 재료로 길게 생긴 것을 만들다. ❏떡가래를 ~. **7** 나쁜 생각이나 버릇을 없애다. ❏나쁜 근성은 뿌리째 뽑아야 한다. **8** 소리를 길게 내다. ❏민요를 한 곡조 ~. **9**〈속〉모집하다. ❏신입 사원을 ~. **10**〈속〉 돈을 넣고 자판기에서 커피·콜라 따위의 음료수를 빼내다. ❏커피 한 잔 뽑아 드릴까요.

뽑아-내다 〔타〕 **1** 박힌 것을 잡아당기어 밖으로 뽑다. ❏살에 박힌 가시를 ~. **2** 여럿 가운데서 어떤 것을 골라서 뽑다. ❏책장에서 사전을 ~. **3** 속에 들어 있는 기체나 액체를 밖으로 빼내다. ❏피를 ~. **4** 돈이나 밑천을 들인 만큼 거두어들이다. ❏일 년 만에 투자 원금을 ~. **5** 운동 경기 따위에서 점수를 내다. ❏한 골을 ~.

뽑히다 [뽀피-] 〔자〕〈'뽑다'의 피동〉 **1** 뽑아지다. 빠지다. ❏못이 절로 ~. **2** 뽑음을 당하다. ❏반장으로 ~. 〔二〕〔타〕〈'뽑다'의 사동〉 뽑

게 하다. ❏묘지기에게 잡초를 ~.

뽕[1] 〔식〕 '뽕잎'의 준말. **뽕도 따고 임도 보고** 〔관〕 두 가지 일을 동시에 이룸을 일컫는 말.

뽕[2] 〔부〕 막혔던 공기나 가스가 좁은 구멍으로 세차게 터져 나오는 소리. ❏방귀를 ~ 뀌다. ⓐ풍. ⓝ봉. ㉤퐁[1].

뽕-나다 〔자〕 **1** 〈속〉 비밀이 드러나다. ⓐ뺑나다. **2** 뽕빠지다.

뽕-나무 〔명〕 〔식〕 뽕나뭇과의 낙엽 활엽 교목 또는 관목. 밭에서 재배하는 것은 높이가 2~3m임. 검은 자줏빛의 핵과(核果)인 '오디'는 식용하고 잎은 누에의 먹이, 나무껍질은 노란색 염료, 목재는 가구재로 씀. 상목(桑木). 오디나무.

뽕나무-겨우살이 〔명〕〔식〕 겨우살잇과의 기생목. 뽕나무 가지 사이의 껍질에서 줄기가 나와 마치 다른 나뭇가지를 꽂아 놓은 모양임. 줄기와 잎은 약재로 씀. 상기생(桑寄生).

뽕나무-벌레 〔명〕 〔충〕 뽕나무하늘소의 애벌레. 뽕나무의 줄기를 갉아 먹는 해충인데 한방에서는 경풍(驚風)·여성의 하혈(下血)에 씀.

뽕나무-하늘소 [-쏘] 〔명〕 〔충〕 뽕나무하늘솟과의 곤충. 나무에 구멍을 뚫고 사는 뽕나무의 해충임. 몸의 길이는 4cm 정도로 청색을 띤 황회색이고 더듬이가 몸의 길이보다 김. 상우(桑牛). 상천우(桑天牛).

뽕-놓다 [-노타] 〔자〕〈속〉 남의 비밀을 들추어내다.

뽕-밭 [-받] 〔명〕 뽕나무 밭. 상원(桑園).

뽕-빠지다 〔자〕〈속〉 **1** 밑천이 다 없어지다. **2** 손해를 크게 입어 아주 거덜나다. 뽕나다. ❏증권에 손댔다가 뽕빠졌다.

뽕-뽕 〔부〕〔자타〕 막혔던 공기나 가스가 좁은 구멍으로 잇따라 터져 나오는 소리. ⓐ풍풍[1]. ㉤퐁퐁[1].

뽕-잎 [-닢] 〔명〕〔식〕 뽕나무의 잎. ❏~을 따서 누에에게 먹이다. 준뽕.

뽕짝 〔명〕〈속〉 트로트풍(風)의 우리 대중가요를 이르는 말. 또는 그 리듬의 흉내말.

뾰두라지 〔명〕 뾰루지.

뾰로통-하다 〔형〕〔어〕 잔뜩 성이 나서 노여워하는 빛이 나타나 있다. ❏입을 뾰로통하게 내밀고 말대꾸를 하다. ⓐ쀼루퉁하다.

뾰롱-뾰롱 〔부〕〔형〕 성질이 순하지 못하고 걸핏하면 남에게 톡톡 쏘기를 잘하는 모양.

뾰루지 〔명〕 뾰족하게 부어오른 작은 부스럼. 뾰두라지.

뾰조록-뾰조록 〔부〕〔형〕 여러 개가 모두 뾰조록한 모양. ⓐ쀼주룩쀼주룩.

뾰조록-이 〔부〕 뾰조록하게. ⓐ쀼주룩이.

뾰조록-하다 〔형〕〔어〕 끝이 뾰조록하게 약간 내밀어 있다. ⓐ쀼주룩하다.

뾰족 〔부〕〔형〕 차차 가늘어져서 끝이 날카로운 모양. ❏~한 송곳. ⓐ쀼죽. ⓢ뾰쪽.

뾰족-구두 [-꾸-] 〔명〕 뒷굽이 썩 높고 뾰족한 구두. 하이힐.

뾰족-뾰족 〔부〕〔형〕 모두가 두루 뾰족한 모양. ❏~ 나온 싹. ⓐ쀼죽쀼죽. ⓢ뾰쪽뾰쪽.

뾰족-이 〔부〕 뾰족하게. ❏피뢰침이 ~ 솟아 있다. ⓐ쀼죽이.

뾰족-하다 [-조카-] 〔형〕〔어〕 (주로 '뾰족한'의 꼴로 쓰여) 계책이나 성능 등이 신통하다. ❏별로 뾰족한 수가 없다.

뾰주리 〔명〕 **1** '뾰주리감'의 준말. **2** 머리통이 뾰족한 사람의 별명.

뾰주리-감 〔명〕 〔식〕 모양이 좀 기름하고 끝이 뾰족한 감(장준·고추감 따위). 준뾰주리.

뽀쪽 胃하형 끝이 차차 가늘어져서 날카로운 모양. ⊜뾰쪽. ⊕뽀족.

뽀쪽-뽀쪽 胃하형 모두가 두루 뾰쪽한 모양. ⊜뾰쪽뾰쪽. ⊕뽀족뽀족.

뽀쪽-이 胃 뾰쪽하게. ⊕뽀쪽이.

뿌그르르 胃하자 많은 액체 따위가 좁은 범위에서 야단스럽게 끓어오르거나 일어나는 소리. 또는 그 모양. ⊛뽀그르르.

뿌글-거리다 困 많은 액체 따위가 세고 야단스럽게 자꾸 끓어오르거나 일어나다. ⊛뽀글거리다. ⊕부글거리다. **뿌글-뿌글** 胃하자

뿌글-대다 困 뿌글거리다.

뿌다구니 圀 물건의 삐쭉 내민 부분. 또는 쑥 내민 모퉁이. ⊙~에 옷이 걸리다. ⊜뿌다귀.

뿌다귀 圀 '뿌다구니'의 준말.

뿌더뿌덕-하다 [-더카-] 형 부드럽지 못하고 아주 뻑뻑하다.

뿌두둑 胃하자타 '뿌드득'의 변한말.

뿌둑-뿌둑 胃하형 몹시 뿌둑한 모양. ⊛뽀둑뽀둑. ⊕부둑부둑.

뿌둑-하다 [-두카-] 형 물기가 거의 말라 굳은 듯하다. ⊛뽀둑하다. ⊕부둑하다.

뿌드드-하다 형 1 인색하게 꽉 움켜쥐고 내놓지 않는다는 태도가 있다. ⊕부드드하다. 2 '찌뿌드드하다'의 준말.

뿌드득 胃하자타 1 단단하거나 질긴 물건을 되게 맞비비는 소리. 2 무른 똥을 힘들여 누는 소리. ⊛뽀드득·뾰드득. ⊕부드득. **뿌드득-거리다** [-꺼-] 困타 뿌드득 소리가 자꾸 나다. 또는 그런 소리를 자꾸 내다. ⊛뾰드득거리다·뽀드득거리다. **뿌드득-뿌드득** 胃하자타

뿌드득-대다 [-때-] 困타 뿌드득거리다.

뿌득-뿌득 胃 억지를 부려 제 고집만 자꾸 부리거나 졸라 대는 모양. ⊙자기 말이 옳다고 ~ 우긴다. ⊛뽀득뽀득. ⊕부득부득.

뿌듯-이 胃 뿌듯하게. ⊛뽀듯이. ⊕부듯이.

뿌듯-하다 [-드타-] 형 1 가득 차서 빈틈이 없거나 꼭 맞아서 헐렁거리지 않다. ⊙배가 ~. ⊛뽀듯하다. 2 기쁨이나 감격 따위의 감정이 마음에 가득 차서 벅차다. ⊙가슴 뿌듯한 보람을 느끼다. ⊕부듯하다.

뿌루퉁-하다 형 1 부어서 불룩하다. 2 불만스러운 빛이 얼굴에 나타나 있다. ⊛뽀로통하다. ⊕부루퉁하다. **뿌루퉁-히** 胃

뿌리 1 ⦗식⦘ 땅속에 묻히거나 다른 물체에 박혀 식물체를 떠받치고 수분이나 양분을 빨아올리는 식물의 한 기관. ⊙~를 캐다가 깊이 박히다. 2 깊숙이 박힌 물건의 밑동. ⊙이가 썩어 ~만 남았다. 3 깊숙이 자리 잡아 굳어진 일의 근본. ⊙갈등의 ~ / 사건의 ~를 캐다.
[뿌리 없는 나무가 없다] 무엇이나 그 근본이 있다는 말.

뿌리(가) 깊다 句 ⊙뿌리가 땅속에 깊이 박혀 있다. ⊙사물이 연유하는 바가 오래다. ⊙뿌리 깊은 원한.

뿌리(를) 뽑다 句 근본을 깨끗이 제거해 버리다. ⊙사회악을 뿌리 뽑다.

뿌리-골무 圀 ⦗식⦘ 뿌리 끝에 붙어 있는 모자 모양의 조직. 생장점을 보호하는 작용을 함. 근관(根冠).

뿌리-내리다 困 1 옮겨 심은 식물이 뿌리를 뻗다. ⊙꺾꽂이하는 개나리가 ~. 2 옮긴 곳에서 자리를 잡다. 정착하다. ⊙이민 와서 뿌리내린 지 30년이 지났다.

~ / 저기압이 다가와 비를 뿌리고 지나가다.
=타 1 작은 물건이나 물 따위를 곳곳에 흩어지도록 끼얹거나 던지다. ⊙물을 ~ / 씨를 ~. 2 돈을 여기저기 다니며 쓰다. ⊙팁을 뿌리고 다니다. 3 슬퍼서 눈물을 많이 흘리다. ⊙눈물을 뿌리고 떠나가다. 4 좋지 않은 소문을 퍼뜨리다. ⊙염문을 ~.

뿌리-등걸 圀 뿌리가 붙은 나무의 등걸.

뿌리-박다 [-따] 困타 토대를 잡아 정착하다. ⊙대대로 고향에 뿌리박고 산다.

뿌리박-히다 [-바키-] 困 어떤 것이 토대가 되어 자리가 깊이 잡히다. ⊙권위 의식에 ~.

뿌리-압(-壓) 圀 ⦗식⦘ 근압(根壓).

뿌리-잎 [-입] 圀 ⦗식⦘ 뿌리나 땅속줄기 등에서 직접 땅 위로 나온 잎. 근생엽(根生葉). 근엽(根葉). ↔줄기잎.

뿌리-줄기 圀 ⦗식⦘ 줄기가 변태된 땅속줄기의 하나. 뿌리처럼 땅속으로 뻗어 나가며, 많은 마디가 생기고, 각 마디에 막뿌리가 남(대·연(蓮)·대나무 따위). 근경(根莖).

뿌리-채소(-菜蔬) 圀 뿌리를 먹는 여러 가지 채소. 수분·녹말 따위의 함유량이 많음(무·당근·우엉·토란·생강 따위). 근채(根菜). 근채류.

뿌리-치다 困타 1 붙잡은 것을 홱 뿌려 놓치게 하거나 붙잡지 못하게 하다. ⊙손목을 ~. 2 만류나 권고를 물리치다. ⊙유혹을 ~. 3 따라붙는 것을 막아 내다. ⊙뒤따라오는 선수를 ~.

뿌리-털 圀 ⦗식⦘ 뿌리의 끝에 실같이 가늘고 부드럽게 나온 털. 근모(根毛).

뿌리-혹 圀 ⦗식⦘ 세균이나 균사가 고등 식물의 뿌리에 침입하여 그 자극으로 이상(異常) 발육하여 생긴 혹 모양의 조직. 근류.

뿌리혹-균(-菌) [-꾼] 圀 ⦗식⦘ 뿌리혹박테리아.

뿌리혹-박테리아(-bacteria) 圀 ⦗식⦘ 주로 콩과(科) 식물의 뿌리에 기생하여 뿌리혹을 생기게 하는 세균. 콩과 식물로부터 탄수화물을 받고, 공기 중의 질소를 섭취하여 질소 화합물을 만들어 이것을 콩과 식물에 주면서 공생(共生) 생활을 함. 근류(根瘤)박테리아.

뿌:-옇다 [-여타] [뿌!여니, 뿌!예서] 형 연기나 안개가 낀 것처럼 선명하지 않고 희끄무레하다. ⊙먼지가 뿌옇게 일다. ⊕부옇다.

뿌:예-지다 困 뿌옇게 되다. ⊙거울에 입김을 쐬자 뿌예지다. ⊛뽀얘지다. ⊕부예지다.

뿌유스레-하다 형 뿌유스름하다.

뿌유스름-하다 형 선명하지 않고 조금 뿌옇다. ⊛뽀야스름하다. ⊕부유스름하다. **뿌유스름-히** 胃

뿔장귀 圀 뿔처럼 길쭉하게 내민 가장귀.

뿌지지 困하자 1 뜨거워진 쇠붙이 등에 물기가 닿는 소리. 2 물기 있는 물건이 뜨거운 열에 닿아 타거나 졸아드는 소리. ⊛빠지지. ⊕부지지.

뿌지직 胃하자 1 '뿌지지' 소리가 급하게 그치는 소리. 2 무른 똥을 급하게 눌 때 되바라지게 나는 소리. ⊛빠지직. ⊕부지직.

뿍 胃 방귀를 짧게 뀌는 소리. 또는 그 모양.

뿐 의명 용언 뒤에 붙어, '다만 어떠하거나 어찌할 따름'의 뜻을 나타내는 말. ⊙말해 봤을 ~이다 / 들었을 ~만 아니라 직접 보았다.

뿐 조 체언 뒤에 붙어, '그것만이고 더는 없음'의 뜻을 나타내는 보조사. ⊙둘~이다 / 내가 가진 것이 이것~이다 / 친구에게~만 아니라

후배에게도 인기가 있다.

뿔 1 ⓜ〖동〗 소·염소·사슴 등 동물의 머리나 얼굴에 뾰족하고 딱딱하게 솟은 물질. ⫽ ~이 돋다 / ~로 받다 / ~이 달리다. 2 물건의 머리 부분이나 표면에서 불쑥 나온 부분. [**뿔** 뺀 쇠 상(相)이라] 지위는 있으되 실세력은 없음을 비유하는 말.

뿔-각(-角)ⓜ 한자 부수(部首)의 하나(('觜'·'解' 등에서 '角'의 이름).

뿔-관자(-貫子)ⓜ 동물의 뿔로 만든 관자.

뿔그레-하다[혱여] 뿔그스름하다.

뿔그스름-하다[혱여] 조금 붉다. ⫽큰불그스름하다. 예불그스름하다. **뿔그스름-히**[튀]

뿔그죽죽-하다[-쭈키-]{혱여} 칙칙하고 고르지 않게 뿔그스름하다. ⫽큰불그죽죽하다. 예불그죽죽하다. **뿔그죽죽-히**[-쭈키]{튀}

뿔긋-뿔긋[-귿-긋]{혱여} 군데군데 붉은 모양. ⫽ ~ 단풍이 곱게 물들었다. ⫽큰불긋불긋. 예불긋불긋.

뿔-끝[-끋]ⓜ 활의 뿔과 뽕나무 끝이 서로 닿은 곳.

뿔-나다[-라-]{자}〈속〉화가 나다. 골이 나다.

뿔-나비[-라-]ⓜ〖충〗뿔나비과의 곤충. 편 날개의 길이는 5 cm 정도이고, 몸빛은 흑갈색, 날개 중앙에는 등황색의 큰 무늬가 있음. 아랫입술 수염이 뿔처럼 돌출한 것이 특징임.

뿔나비-나방[-라-]ⓜ〖충〗뿔나비나방과의 하나. 몸길이는 1 cm 정도, 편 날개의 길이는 3 cm 가량으로, 날개는 넓고 둥근 모양의 얼룩무늬가 있으며, 몸빛은 암자색임. 아랫입술의 수염이 김. 애벌레는 양치류의 해충임.

뿔-다귀[-따-]ⓜ〈속〉뿔따구.

뿔-따구ⓜ〈속〉성. ⫽ ~가 나다.

뿔-매ⓜ〖조〗수릿과의 새. 높은 산에 사는데, 수리보다 작고 꾸은 암갈색, 가슴과 배는 흰. 발가락까지 털로 덮이고 꽁지는 둥긂(사냥매로 길들여 씀).

뿔-매미ⓜ〖충〗뿔매밋과의 작은 곤충. 잡초의 줄기에서 사는데, 몸길이는 7 mm 정도이고, 검고 누런 잔털이 많으며 앞가슴에 뿔처럼 돌기가 두 쌍 있음.

뿔-면(-面)ⓜ〖수〗한 정점(定點)을 통하되, 그 점을 포함하지 않는 평면 상의 일정한 곡선의 각 점을 통과하는 직선군(直線群)으로 생기는 면. 추면(錐面).

뿔-벌레ⓜ〖충〗뿔벌렛과의 곤충. 몸길이는 4~5 mm로 적갈색, 더듬이는 실 모양이고 등에 뿔 모양의 돌기가 있음.

뿔뿔-이[튀] 따로따로 흩어지는 모양. ⫽ ~ 헤어지다.

뿔-쇠오리ⓜ〖조〗갈매깃과에 속하는 새의 하나. 바다쇠오리와 비슷하나 조금 작고, 날개 길이는 125 mm가량임. 머리에 10개가량의 까만 깃이 있는데, 이 깃의 뒤쪽은 백색인데 겨울에는 백색 부분이 없어짐. 섬의 해안이나 암초에서 삼.

뿔-자ⓜ 뿔이나 플라스틱 따위로 만든 자.

뿔-잔(-盞)ⓜ 뿔로 만든 술잔.

뿔-잠자리ⓜ〖충〗뿔잠자릿과의 곤충. 몸길이는 3 cm 정도, 편 날개 길이는 8 cm 정도이며, 앉을 때 날개를 위로 뻗쳐 세움. 촉각이 김. 한국·일본·대만 등지에 분포함.

뿔-종다리ⓜ〖조〗종다릿과의 새. 종달새와 비슷하나 부리가 크고 몸빛이 회갈색이며 가슴에 진한 반점(斑點)이 있고 정수리에 검은 줄의 긴 갓털이 있음. 울 때에 머리의 흰 털

을 뿔처럼 뻗치는 것이 특색임. 풀밭이나 논 근처에 삼.

뿔-체(-體)ⓜ〖수〗하나의 뿔면과 하나의 평면으로 둘러싸인 입체.

뿔-테ⓜ 암소가 새끼를 낳을 때마다 그 뿔에 하나씩 생기는 테. 각테.

뿜-다[-따]{타} 1 속에 있는 기체나 액체 따위를 밖으로 세차게 불어 내다. ⫽연기를 뿜는 굴뚝 / 분수가 물을 ~. 2 빛이나 냄새 따위를 세차게 내어 보내다. 3 감정 따위를 표정에 잔뜩 드러내 보이다. ⫽독기를 ~.

뿜어-내다{타} 속의 것을 뿜어 밖으로 나오게 하다. 분출하다. ⫽물줄기를 높이 ~.

뿜이-개ⓜ 분무기(噴霧器).

뿡[튀] 막혀 있던 공기나 가스가 약간 큰 구멍으로 터져 나오는 소리. ⫽큰뿡. 센뿡. 거풍1.

뿡-뿡{튀하자}{타} 1 막혀 있던 공기나 가스가 약간 큰 구멍으로 잇따라 터져 나오는 소리. ⫽큰뿡뿡. 2 자동차 같은 것이 잇따라 울리는 경적 소리. ⫽큰뺑뺑.

뿌루퉁-하다{혱여} 얼굴에 성이 나거나 원망을 품은 기색이 있다. ⫽큰뾰로통하다.

뾰주룩-뾰주룩{튀하형} 여러 개가 모두 뾰주룩한 모양. ⫽큰뾰조록뾰조록.

뾰주룩-이[튀] 뾰주룩하게. ⫽큰뾰조록이.

뾰주룩-하다[-루카-]{혱여} 끝이 약간 뾰주이 내밀어 있다. ⫽큰뾰조록하다.

뾰죽{튀하형} 차차 끝이 가늘어져서 날카로운 모양. 센뾰쪽.

뾰죽-뾰죽{튀하형} 여럿이 다 뾰죽한 모양. ⫽큰뾰쪽뾰쪽. 센뾰쭉뾰쭉.

뾰죽-이[튀] 뾰죽하게. 센뾰쭉이.

뾰쭉{튀하형} 끝이 차차 가늘어져서 날카로운 모양. ⫽큰뾰쭉. 예뾰죽.

뾰쭉-뾰쭉{튀하형} 여럿이 다 뾰쭉한 모양. ⫽큰뾰쭉뾰쭉.

뾰쭉-이[튀] 뾰쭉하게. ⫽큰뾰쪽이.

삐[튀] 1 어린아이의 우는 소리. ⫽ ~ 하고 울음을 터뜨리다. 2 피리를 부는 소리. 센삐.

삐걱{튀하자타} 딴딴한 물건끼리 서로 되게 마찰되어 나는 소리. ⫽큰빼각. 예비걱.

삐걱-빼각{튀하자타} 삐걱 소리와 빼각 소리가 한데 어울러서 나는 소리. 센삐꺽빼깍.

삐꺽{튀하자타} 딴딴한 물건끼리 서로 매우 되게 마찰되어 나는 소리. 예삐걱.

삐꺽-빼깍{튀하자타} 삐꺽 소리와 빼깍 소리가 한데 어울러서 나는 소리. 예삐걱빼각.

삐꾸러-지다{자} 1 몹시 삐뚤어지다. 2 그릇된 방향으로 벗어나다. 예비꾸러지다.

삐끗[-끋]{튀하자} 1 맞추어 끼일 물건이 어긋나서 맞지 않는 모양. 2 잘못하여 일이 어긋나는 모양. ⫽큰빼끗. 예비끗.

삐:다¹ 괸 물이 빠져서 줄다.

삐:다²{자타} 몸의 어느 부분이 접질리거나 비틀려서 뼈마디가 어긋나다. ⫽손목을 ~.

삐-대다{타} 한군데에 오래 진대 붙어 괴롭게 굴다. ⫽한 달이나 선배 집에 삐대고 있다.

삐드득{튀하자타} 1 단단한 물건이 빠듯한 틈에 끼어 세게 문질릴 때 나는 소리. 2 장난감 피리 따위를 세게 부는 소리. ⫽큰빼드득.

삐드득-거리다[-꺼-]{자타} 삐드득 소리가 자꾸 나다. 또는 그런 소리를 자꾸 내다. ⫽큰빼드득거리다. **삐드득-삐드득**{튀하자타}

삐드득-대다[-때-]{자타} 삐드득거리다.

삐딱-거리다[-꺼-]{자} 비스듬하게 이쪽저쪽으로 자꾸 기울어지다. ⫽큰빼딱거리다. 예비딱거리다. **삐딱-삐딱**{튀하자형}

삐딱-대다[-때-]{자} 삐딱거리다.

삐딱-이 [부] 삐딱하게. ▢ 모자를 ∼ 쓰다. 잘빼딱이.

삐딱-하다 [-따카-] [형여] 1 한쪽으로 기울어져 있다. 2 마음·생각이나 행동 따위가 바르지 못하고 조금 비뚤어져 있다. 잘빼딱하다. 예비딱하다.

삐뚜로 [부] 삐뚤어지게. 잘빼뚜로. 예비뚜로.

삐뚜름-하다 [형여] 조금 비뚤다. 잘빼뚜름하다. 예비뚜름하다. 삐뚜름-히 [부]

삐뚝-거리다 [-꺼-] [자타] 1 한쪽으로 기울어서 자꾸 흔들리다. 또는 그렇게 하다. 2 한쪽 다리가 짧거나 바닥이 고르지 못하여 끼우뚱거리며 걷다. ▢ 발이 아파 삐뚝거리며 걷다. 잘빼뚝거리다. 예비뚝거리다. 삐뚝-삐뚝 [부하자타]

삐뚝-대다 [-때-] [자타] 삐뚝거리다.

삐뚤-거리다 [자타] 1 이리저리 기울어서 자꾸 흔들리다. 또는 그렇게 하다. 2 곧지 못하고 이리저리 자꾸 구부러지다. 또는 그렇게 하다. 잘빼뚤거리다. 예비뚤거리다. 삐뚤-삐뚤 [부하형자타]

삐뚤다 (삐뚤어, 삐뚜니, 삐뚠) [형] 바르지 못하고 한쪽으로 기울어지거나 쏠려 있다. 잘빼뚤다. 예비뚤다.

삐뚤-대다 [자타] 삐뚤거리다.

삐뚤-빼뚤 [부하형자타] 1 이쪽저쪽으로 기울어지며 자꾸 흔들리는 모양. 2 곧지 못하고 이쪽저쪽으로 자꾸 구부러지는 모양. ▢ 글씨를 ∼ 쓰다.

삐뚤어-지다 1 반듯하거나 꼿꼿하지 못하고 한쪽으로 기울어지거나 쏠리다. 2 마음이 바르지 않고 비꼬이다. 3 성이 나서 뒤틀어지다. 잘빼뚤어지다. 예비뚤어지다.

삐뚤-이 [명] 1 몸의 한 부분 또는 마음이 삐뚤어진 사람. 2 경사진 땅. 잘빼뚤이.

삐라 (←일 ビラ) [명] [bill] ☞ 전단(傳單).

삐리 [명] 『민』 남사당패에서, 각 재주의 선임자 밑에서 재주를 배우는 초보자.

삐삐¹ [명] 호출 전용의 소형 휴대용 수신기인 '무선 호출기'의 속칭《호출 신호의 소리를 본뜬 말임》.

삐삐² [부하형] 배틀리도록 바짝 여윈 모양. ▢ ∼ 마른 사람. 잘빼빼.

삐삐³ [부] 1 어린아이가 듣기 싫게 자꾸 우는 소리. 2 피리나 호드기 따위를 불 때 시끄럽게 나는 소리.

삐악 [부] 병아리의 우는 소리. 예비악. 큰빽.

삐악-삐악 [부하형자] 병아리가 자꾸 우는 소리. 예비악비악. 큰빽빽.

삐져-나오다 [-져-] [자] 속에 있는 것이 밖으로 불거져 나오다. ▢ 솜이 삐져나온 이불 / 속옷이 겉으로 ∼.

삐주룩-삐주룩 [부하형] 여러 개가 모두 삐주룩한 모양. 잘빼주룩빼주룩. 예비주룩비주룩. 큰삐죽삐죽².

삐주룩-이 [부] 삐주룩하게. ▢ 입을 ∼ 내밀다. 잘빼주룩이.

삐주룩-하다 [-루카-] [형여] 물건의 끝이 밖으로 조금 내밀려 있다. 잘빼주룩하다. 예비주룩하다. 큰삐죽하다¹.

삐죽-거리다 [-꺼-] [타] 비웃거나 울려고 할 때 소리 없이 입을 내밀고 실룩거리다. 잘빼죽거리다. 예비죽거리다. 삐죽-삐죽¹ [부하타]

삐죽-대다 [-때-] [타] 삐죽거리다.

삐죽-이 □[명] 삐죽거리기 잘하는 사람. □[부] 삐죽하게. 잘빼죽이.

삐죽-하다¹ [-주카-] [형여] '삐주룩하다'의 준말.

삐죽-하다² [-주카-] [형여] 내민 물건의 끝이 날카롭게 솟아 있다. 센삐쭉하다.

삐지다 [자] 삐치다².

삐쩍 [부] 볼품없이 매우 야윈 모양. ▢ 키만 크고 ∼ 마른 사람.

삐쭉 [부하타] 1 비웃거나 성내거나 울려고 할 때 소리 없이 입을 쑥 내미는 모양. ▢ 입을 ∼ 내밀다. 2 형체를 잠깐 내밀거나 나타내는 모양. ▢ 얼굴만 ∼ 내밀고 갔다. 잘빼쭉.

삐쭉-거리다 [-꺼-] [타] 비웃거나 성내거나 울려고 할 때 소리 없이 입 끝을 실룩거리다. 삐쭉-삐쭉¹ [부하타]

삐쭉-대다 [-때-] [타] 삐쭉거리다.

삐쭉-삐쭉² [부하형] 여러 개가 모두 삐쪽한 모양. 잘빼쭉빼쭉.

삐쭉-이 [부] 삐쭉하게. 잘빼쭉이.

삐쭉-하다 [-주카-] [형여] 물건 끝이 썩 날카롭다. ▢ 송곳 끝이 ∼. 잘빼쭉하다. 예비쭉하다. 큰삐죽하다.

삐:치다¹ [자] 일에 시달리어 몸이나 마음이 느른하고 기운이 없어지다.

삐:치다² [자] 마음이 비틀어져 토라지다. ▢ 그녀는 조그마한 일에도 잘 삐친다.

삐:치다³ [자] 글자의 획을 비스듬히 내려쓰다. ▢ 획을 길게 ∼.

삐:천-석삼 (三-三) [-쌈] 터럭삼(三). 「그 획.

삐:침 [명] 글자의 획을 비스듬히 내려씀. 또는 그 획.

삐:침-별 (-丿) [명] 한자 부수(部首)의 하나 (「乃·'ノ' 등에서 'ノ'의 이름).

삐트적-거리다 [-꺼-] [타] 몸을 가누지 못하고 조금 삐틀거리며 걷다. 잘빼트작거리다. 예비트적거리다. 삐트적-삐트적 [부하타]

삐트적-대다 [-때-] [타] 삐트적거리다.

삐틀-거리다 [타] 몸을 가누지 못하고 이리저리 쓰러질 듯이 걷다. ▢ 술에 취해 ∼. 예비틀거리다. 삐틀-삐틀 [부하타]

삐틀-대다 [타] 삐틀거리다.

삐틀어-지다 [자] 1 물건이 어느 한쪽으로만 틀어져서 꼬이거나 돌려지다. ▢ 오랜 가뭄으로 말라 삐틀어진 벼. 2 일이 꼬여서 순조롭지 아니하게 되다. 3 친하던 사이가 나빠지다. 예비틀어지다.

삑¹ [부] 매우 크고 날카롭게 지르거나 내는 소리. ▢ 기차가 ∼ 기적 소리를 낸다.

삑² [부] 여럿이 배게 들어선 모양. ▢ 약장수를 ∼ 둘러싼 구경꾼. 잘빽².

삑-이 [부] 삑하게.

삑삑-하다 [-삐카-] [형여] 1 사이가 촘촘하다. ▢ 삑삑하게 들어선 나무. 2 구멍 따위가 좁아서 갑갑하다. 3 소견이 좁고 너그럽지 못하다. 잘빽빽하다. 4 국물이 적고 건더기가 많다.

삔둥-거리다 [자] 아무 일도 하지 않고 게으름만 부리다. ▢ 삔둥거리며 놀기만 하다. 잘빈둥거리다. 예빈둥거리다. 거핀둥거리다. 삔둥-삔둥 [부하자]

삔둥-대다 [자] 삔둥거리다.

삔들-거리다 [자] 부끄러운 줄 모르고 게으름을 피우며 놀기만 하다. 잘뺀들거리다. 예빈들거리다. 거핀들거리다. 삔들-삔들 [부하자]

삔들-대다 [자] 삔들거리다.

삘기 [명] 『식』 띠의 어린 새순.

삘기-살 [명] 죽바디나 쥐머리에 붙은 쇠고기.

삥¹ [명] 화투 놀음이 섰다에서, 두 장의 화투장 가운데 하나가 솔인 끗수.

삥² [부] 1 둘레를 둘러싼 모양. ▢ 난롯가에 ∼ 둘러앉다. 2 한 바퀴 도는 모양. ▢ 산길을 ∼

돌아서 가다. **3** 정신이 갑자기 아찔해지는 모
양. ㈜빙. ㉠핑. **4** 눈물이 갑자기 글썽해지는 모양.
㈜빙. ㉠핑.

뻥그레 〔튀하자〕 입을 약간 벌리고 소리 없이 부
드럽게 웃는 모양. ㈜뺑그레. ㈜빙그레.

뻥그르르 〔튀하자〕 미끄럽게 한 바퀴 도는 모양.
㈜뻥그르르. ㈜빙그르르. ㉠핑그르르1.

뻥글-거리다 〔자〕 입을 약간 벌리고 소리 없이
부드럽게 자꾸 웃다. ㈜뺑글거리다. ㈜빙글
거리다. **뻥글-뻥글** 〔튀하자〕

뻥글-대다 〔자〕 뻥글거리다.

뻥글-뻥글² 〔튀〕 자꾸 미끄럽게 도는 모양. ㈜뺑
글뺑글. ㈜빙글빙글. ㉠핑글핑글.

뻥긋 〔-귿〕 〔튀〕 입을 슬쩍 벌리고 소리 없이 가
볍게 한 번 웃는 모양. ㈜뺑긋. ㈜빙긋.

뻥긋-거리다 〔-귿꺼-〕 〔자〕 자꾸 뻥긋 웃다. ㈜
뺑긋거리다. **뻥긋-뻥긋** 〔-귿-귿〕 〔튀하자〕

뻥긋-대다 〔-귿때-〕 〔자〕 뻥긋거리다.

뻥긋-이 〔튀〕 뻥긋. ㅁ~ 웃기만 하고 말을 하지
않는다. ㈜뺑긋이. ㈜빙긋이.

뻥등-그리다 〔타〕 고개를 돌리면서 싫다는 뜻을
보이다. ㈜뺑당그리다.

뻥땅 〔명〕하〕 〈속〉 다른 사람에게 넘겨주어야
할 돈 따위의 일부를 중간에서 가로채는 짓.
ㅁ남의 돈을 ~을 치다.

뻥-뻥 〔튀〕 **1** 물건이 자꾸 도는 모양. ㅁ가장자
리를 ~ 돌다. **2** 갑자기 정신이 자꾸 어찔하
여지는 모양. ㉠핑핑. **3** 이리저리 자꾸 돌아
다니는 모양. ㈜뺑뺑. ㈜빙빙.

뻥뻥-매다 〔자〕 어찌할 줄을 몰라 쩔쩔매면서 돌
아다니다.

뻥시레 〔튀하자〕 입을 조금 벌리면서 소리 없이
가볍고 부드럽게 웃는 모양. ㈜뺑시레. ㈜빙
시레.

뻥실-거리다 〔자〕 입을 벌릴 듯하면서 소리 없
이 부드럽게 자꾸 웃다. ㈜뺑실거리다. ㈜빙
실거리다. **뻥실-뻥실** 〔튀하자〕

뻥실-대다 〔자〕 뻥실거리다.

뻥싯 〔-싣〕 〔튀하자〕 입을 벌릴 듯하면서 소리 없
이 부드럽고 가볍게 한 번 웃는 모양. ㈜뺑
싯. ㈜빙싯.

뻥싯-거리다 〔-싣꺼-〕 〔자〕 입을 벌릴 듯하면서
소리 없이 부드럽고 가볍게 자꾸 웃다. ㈜뺑
싯거리다. ㈜빙싯거리다. **뻥싯-뻥싯** 〔-싣-
싣〕 〔튀하자〕

뻥싯-대다 〔-싣때-〕 뻥싯거리다.

삐끄미다 〔타〕 〈옛〉 싸매다.

뻐 〔튀〕 〈옛〉 써.

뻐곰 〔튀〕 〈옛〉 '뻐'를 강조한 말.

뽀다 〔타〕 〈옛〉 쏘다.

뽕불쥐다 〔자〕 〈옛〉 제비 뽑다.

뽁 〔명〕 〈옛〉 쑥1.

뽁갓 〔명〕 〈옛〉 쑥갓.

뽐 〔자타〕 〈옛〉 씀. '쓰다'의 명사형.

뽓돌 〔명〕 〈옛〉 숫돌.

쓰다¹ 〔타〕 〈옛〉 쓰다3〔用〕.

쓰다² 〔형〕 〈옛〉 쓰다6〔苦〕.

쓰서리 〔명〕 〈옛〉 쓰레질. 청소.

쓸개 〔명〕 〈옛〉 쓸개.

쓸게 〔명〕 〈옛〉 쓸개.

쓸다 〔타〕 〈옛〉 쓸다1.

삐 〔명〕 〈옛〉 씨1.

삐둪다 〔타〕 〈옛〉 씨를 덮다.

삥긔다 〔타〕 〈옛〉 찡그리다.

삭눈 〔명〕 〈옛〉 싸라기눈.

삭다 〔타〕 〈옛〉 싸다1. 꾸리다.

쌀 〔명〕 〈옛〉 쌀.

쌀풀 〔명〕 〈옛〉 쌀풀.

쌔혀다 〔타〕 〈옛〉 깨뜨리다.

뼈듐 〔자〕 〈옛〉 빠짐. '뻐디다'의 명사형.

뼈디다 〔자〕 〈옛〉 꺼지다. 빠지다.

뿌다 〔타〕 〈옛〉 꿰다.

뿔 〔명〕 〈옛〉 꿀.

뛰이다 〔타〕 〈옛〉 꾸이다.

쁴 〔명〕 〈옛〉 때1.

쁴다 〔타〕 〈옛〉 끄다.

쁴리다 〔타〕 〈옛〉 꾸리다. 메우다.

쁠¹ 〔명〕 〈옛〉 때를. '쁴'의 목적격형.

쁠² 〔명〕 〈옛〉 끌.

쁨 〔명〕 〈옛〉 틈. 금.

쁴 〔명〕 〈옛〉 때.

삐니 〔명〕 〈옛〉 끼. 때1.

삐니 〔명〕 〈옛〉 끼니.

삐다 〔타〕 〈옛〉 끼다.

삐들다 〔타〕 〈옛〉 껴들다.

삐우다 〔타〕 〈옛〉 끼우다.

쁴다 〔타〕 〈옛〉 **1** 까다. 껍질을 벗기다. **2** 까다.
알을 까다.

쁴 〔명〕 〈옛〉 때1. 시간.

쯰리 〔명〕 〈옛〉 천연두.

쯰다 〔자〕 〈옛〉 찌다.

쯰르다 〔타〕 〈옛〉 찌르다.

쯰리다 〔타〕 〈옛〉 때리다.

짝 〔명〕 〈옛〉 짝1.

쪽 〔명〕 〈옛〉 쪽3. 조각.

쫀머리 〔명〕 〈옛〉 상투.

쬐다 〔타〕 〈옛〉 쬐다.

쯷다 〔형〕 〈옛〉 인자스럽다. 돌보다.

쯧다 〔타〕 〈옛〉 찢다.

쯧다¹ 〔타〕 〈옛〉 (직물을) 짜다1.

쯧다² 〔타〕 〈옛〉 (비틀어) 짜다1.

쯧다³ 〔형〕 〈옛〉 (맛이) 짜다2.

쯰다 〔타〕 〈옛〉 째다4.

쯱혀다 〔타〕 〈옛〉 마구 째다.

쯰디다 〔자〕 〈옛〉 터지다.

쯰놀다 〔자〕 〈옛〉 뛰놀다.

쯰다 〔타〕 〈옛〉 뛰다.

쯰우다 〔타〕 〈옛〉 뛰어오르게 하다. 솟아오르게
하다.

쯰다 〔자〕 〈옛〉 트다1.

쯧다 〔타〕 〈옛〉 뜯다. 타다6.

쭌다¹ 〔타〕 〈옛〉 **1** 타다6. **2** 쪼개다. 타다5.

쭌다² 〔타〕 〈옛〉 타다3.

ㅸ¹ (가벼운 비읍) 〈옛〉 자음의 하나. 입술을 닿
을락 말락 할 정도로 하고 공기를 마찰시켜
내는 무성음.

ㅸ² 〔조〕 〈옛〉 '의'의 뜻으로서의 사잇소리.

범 〔명〕 〈옛〉 범. 호랑이.

ㅅ

ㅅ¹ (시옷[-읃]) 《언》 1 한글 자모의 일곱째. 2 자음의 하나. 목젖으로 콧길을 막고 혀의 앞바닥을 입천장의 앞바닥에 닿을락말락한 정도로 올려서, 내쉬는 숨이 그 사이를 갈면서 나갈 때 나는 무성음임. 끝소리로 그칠 때는 혀 앞바닥과 입천장 앞바닥이 아주 맞닿아서 숨길을 막는 소리로, 'ㄷ'과 같음.

ㅅ² 《옛》 중세 국어의 관형격 조사.

ㅅ 불규칙 용:언 (-不規則用言)[-칭농-] ⇒ㅅ 불규칙 활용을 하는 용언.

ㅅ 불규칙 활용 (-不規則活用)[-치콰룡] 어간의 끝 'ㅅ'이 모음으로 시작되는 어미 앞에서 탈락하는 형식('낫다'가 '나아서'·'나으면'과 같이 되는 따위).

사¹ 圐 올이 풀리지 않게 단춧구멍이나 꿰맨 솔기 따위의 가장자리를 실로 감치는 일.

사² 圐 《악》 솔(sol) 음의 우리나라 음이름.

사: (士) 圐 1 선비. 2 장기에서, 궁밭 안에서 궁을 호위하는 말.

사: (巳) 圐 《민》 1 십이지(十二支)의 여섯째. 2 '사방(巳方)'의 준말. 3 '사시(巳時)'의 준말.

사: (死) 圐 죽음. ➡생과 ~의 갈림길에 서다. ↔생(生).

사 (私) 圐 1 사사로움. ➡공(公)과 ~의 구별. ↔공(公). 2 개인적인 욕심과 이익만을 꾀하는 일. ➡~가 없는 사람.

사 (邪) 圐 1 바르지 못함. ↔정(正). 2 요사스러운 것. ➡~가 끼다.

사 (社) 圐 1 '회사'의 준말. ➡우리 ~의 경영방침. 2 옛 중국에서, 토지의 수호신 및 그 제사. 또는 그 수호신을 중심으로 한 스물다섯 가구의 부락을 이르는 말.

사: (使) 圐 《역》 고려·조선 때, 목(牧)·도호부(都護府) 등 지방 관아의 으뜸 벼슬.

사 (砂) 圐 1 모래. 2 《민》 풍수지리에서, 혈(穴)의 주위의 형세.

사 (射) 圐 육예(六藝)의 하나로 활을 쏘는 법. 사예(射藝).

사 (紗) 圐 옷감의 한 가지(생견(生絹)으로 발이 성기게 짠, 얇고 가벼운 여름 옷감)).

사 (師) 圐 점괘의 하나. 사괘(師卦)의 준말.

사: (赦) 圐하타 1 죄나 허물을 용서함. 2 《법》 사면(赦免)의 준말. 3 《역》 '사전(赦典)'의 준말.

사 (詞) 圐 특히 문어체의 말. 2 《문》 한시(漢詩)의 한 체(體).

사 (辭) 圐 1 사상을 한데 글로 나타낸 것. 2 《문》 한문의 한 체(흔히 운어(韻語)를 씀).

사: (事) 의롭 ('-ㄹ'·'-을'의 뒤에 쓰여) '일'·'것' 따위의 뜻을 나타내는 말. ➡정시(定時)에 귀가할 ~.

사: (四) 주괜 넷. 넷째. ➡~ 년 / ~ 권 / ~ 등 / ~ 미터.

사 (沙) 주괜 십진급수(十進級數)의 단위(單位)의 하나. '섬(纖)'의 아래로 1의 1억분의 1. 곧, 10^{-8}.

사 (絲) 주괜 십진급수(十進級數)의 단위. '모(毛)'의 아래, 1의 1만분의 1. 곧, 10^{-4}.

-사 (士) 圙 일정한 자격을 가지고 그 일에 종사하는 사람의 뜻. ➡변호~ / 세무~.

-사 (史) 圙 '역사'의 뜻. ➡동양~ / 국문학~.

-사 (寺) 圙 절 이름 뒤에 붙이는 말. ➡불국~ / 통도~ / 해인~.

-사 (社) 圙 사업체나 회사의 뜻. ➡신문~ / 방송~ / 출판~.

-사 (事) 圙 '일'의 뜻. ➡중대~ / 가내~ / 관심~ / 세상~.

-사 (師) 圙 그 일에 숙달한 사람이나 그것을 업으로 삼는 사람을 일컫는 말. ➡도박~ / 이발~ / 요리~ / 전도~.

-사 (詞) 圙 '품사'의 뜻. ➡명~ / 형용~.

-사 (辭) 圙 말이나 글의 뜻. ➡개회~ / 송별~ / 취임~.

-사 어미 '-시어'의 뜻의 예스러운 말. ➡하느님이 보우하~ 우리나라 만세 / 성품이 온순하~ 역정을 내지 않으셨다.

사:가 (史家) 圐 '역사가'의 준말.

사가 (私家) 圐 사삿집.

사가 (査家) 圐 사돈집.

사가 (師家) 圐 스승의 집. 선생의 집.

사:가 (賜暇) 圐하타 조정에서 관리에게 휴가를 줌. 말미를 줌.

사가-댁 (査家宅)[-땍] 圐 사돈댁.

사:가 독서 (賜暇讀書)[-써] 圐 《역》 조선 세종 때, 장래가 유망한 젊은 문신들에게 휴가를 주어 독서당에서 공부하게 하던 일.

사가-판 (私家版) 圐 《역》 사각본(私刻本)1.

사:각 (四角) 圐 1 네 개의 각. 2 네 개의 각이 있는 모양. ➡~ 탁자 / ~의 링. 3 《수》 '사각형'의 준말.

사:각 (史閣) 圐 《역》 조선 때, 사고(史庫) 안에 실록을 넣어 두던 곳.

사:각 (死角) 圐 1 어느 각도에서도 보이지 않는 범위. ➡바위 뒤에 ~에 숨다. 2 눈길이나 영향이 미치지 못하는 범위. ➡단속의 ~.

사각 (射角) 圐 《군》 탄알을 발사할 때, 총신이나 포신이 수평면과 이루는 각. 발사각.

사각 (斜角) 圐 《수》 '빗각'의 구용어.

사각 (斜脚) 圐 비스듬히 걸어가는 일. 또는 그런 걸음걸이.

사각 (寫角) 圐 영 사진기로 촬영할 수 있는 각도. 카메라 앵글.

사각 閉 1 벼·보리·밀 따위를 베는 소리. 2 눈 따위를 밟는 소리. 3 연한 과자나 배, 사과 따위를 씹는 소리. 4 갈대나 풀 먹인 천 따위가 스치는 소리. 第서걱. 셴싸각.

사각-거리다 재타 1 벼·보리·밀 따위를 베는 소리가 잇따라 나다. 2 눈이 내리거나 눈 따위를 밟는 소리가 잇따라 나다. 3 연한 과자나 배, 사과 따위를 씹는 소리가 자꾸 나다. 또는 그런 소리를 자꾸 내다. 4 갈대나 풀 먹인 천 따위가 스치는 소리가 자꾸 나다. 또는 그런 소리를 자꾸 내다. 第서걱거리다. 셴싸각거리다. **사각-사각** [-싸-] 閉하자타 ➡사과를 ~ 소리를 내며 먹다.

사:각-건 (四角巾)[-껀] 圐 지난날, 상제가 소렴(小斂) 때부터 성복 때까지 머리에 쓰던 네모진 건(지금은 대개 두건으로 대신함).

사각-근 (斜角筋)[-끈] 圐 《생》 목 속 깊이 있

는 근육《머리의 운동을 자유롭게 하여 주며, 늑골을 들어 올려 흉곽(胸廓)을 넓히고 숨쉬는 것을 도움》.

사:각-기둥 (四角-)[-끼-] 명 《수》 옆면과 밑면이 사각형으로 된 기둥. 사각주(四角柱).

사각-대다 [-때-] 재타 사각거리다.

사:각-모 (四角帽)[-강-] 명 '사각모자'의 준말. □~를 쓴 졸업생.

사:각-모자 (四角帽子)[-강-] 명 윗면이 네모진 모자《예전에는 대학생이나 전문학교 학생들이 쓰고 다녔으나, 요즘은 학위 수여식 때만 씀》. 사방모자. ⤵각모·사각모.

사각-본 (私刻本)[-뽄] 명 《역》 1 관본(官本)이 아닌, 민간에서 간행한 책. 사가판(私家版). 2 개인이 비용을 부담하여 한정된 부수를 출판하고 유지(有志)들과 나누어 가지던 책.

사:각-뿔 (四角-) 명 《수》 밑면이 사각형인 각뿔. 사각추(四角錐).

사:각-식 (四角植)[-씩] 명하다 《농》 논밭에 네모꼴로 곡식이나 묘목을 심는 일.

사:각-주 (四角柱)[-쭈] 명 《수》 '사각기둥'의 구용어.

사각-주 (斜角柱)[-쭈] 명 《수》 '빗각기둥'의 구용어. ↔직각주.

사:각-지대 (死角地帶)[-찌-] 명 1 어느 위치에 섰으로써 보이지 않게 되는 각도. □커브 길의 ~. 2 관심이나 영향이 미치지 못하는 구역을 이르는 말. □인권의 ~.

사:각-추 (四角錐) 명 《수》 '사각뿔'의 구용어.

사:각-치부 (四脚置簿) 명 사개다리치부.

사:각-팔방 (四角八方) 명 사방팔방.

사:각-형 (四角形)[-가켱] 명 《수》 네 개의 선분으로 둘러싸인 평면 도형. 사변형. 네모꼴. ⤵각형·사각.

사간 (司諫) 명 《역》 조선 때, 사간원(司諫院)의 종삼품 벼슬. 헌납(獻納)의 위, 대사간(大司諫)의 아래. 세조 12년(1466)에 지원사(知院事)를 고친 이름.

사:간 (死諫) 명하다 죽음을 무릅쓰고 간함.

사간 (射干) 명 《한의》 범부채의 뿌리《후증(喉症)·어혈(瘀血) 따위에 쓰는 한약》.

사간-원 (司諫院) 명 《역》 조선 때, 임금에게 간(諫)하는 일을 맡아보던 관아. ⤵간원.

사:간-통 (四間通) 명 《건》 방 하나 크기만큼의 칸수를 네 칸으로 만든 건축 양식.

사갈 명 1 지난날, 산에 오를 때 미끄러지지 않도록 밑바닥에 못을 박아 신던 나막신. 2 눈이나 얼음 위에서 미끄러지지 않도록 신 바닥에 대는 것.

사갈 (蛇蝎) 명 1 뱀과 전갈. 2 남을 해치는 사람을 비유하는 말.

사갈-시 (蛇蝎視)[-씨] 명하다 뱀이나 전갈을 보듯이 한다는 뜻으로, 어떤 것을 끔찍이 싫어함을 이르는 말.

사감 (私感) 명 사사로운 감정. □공적인 일에 ~을 개입시켜서는 안 된다.

사감 (私憾) 명 사사로운 일로 언짢게 여기는 마음. □~을 품다.

사감 (舍監) 명 1 기숙사에서 기숙생들의 생활을 지도하고 감독하는 사람. □~ 선생의 감독이 갈수록 심해진다. 2 《역》 궁가(宮家)의 논밭을 맡아 관리하던 사람.

사:강-웅예 (四强雄蕊) 명 《식》 이생 웅예(離生雄蕊)의 하나. 한 송이의 꽃 속에 여섯 개의 수술이 있고, 그 가운데 넷은 길고 둘은 짧음《무·배추·냉이 따위》. 사강수술.

사:개 명 1 상자 따위의 네 모퉁이를 들쭉날쭉하게 만들어 끼워 맞추게 된 부분. 또는 그 짜임새. □~가 물러나다 / ~를 맞추다. 2 《건》 기둥머리를 도리나 장여를 박기 위하여 네 갈래로 도려낸 부분.

사개(가) 맞다 굉 말이나 사리의 앞뒤 관계가 딱 들어맞다.

사개 (砂疥·沙疥) 명 《의》 피부에 좁쌀 같은 것이 돋아서 가렵고 아픈 병.

사:개다리-치부 (四-置簿) 명 예전에, 개성에서 발달한 복식 부기의 일종《대차를 구별하여 기록함》. 사각치부. 사개부기. ⤵사개치부(四脚置簿).

사:개-대승 (四個大乘) 명 《불》 대승 불교의 사대 종파(화엄종·천태종·진언종·선종(禪宗)》. 사가대승(四家大乘).

사:개-맞춤 [-맏-] 명 《건》 기둥머리를 도리나 장여를 박기 위하여 네 갈래로 도려내고 맞추는 일. 또는 그 부분.

사:개-치부 (四介置簿) 명 '사개다리치부'의 준말.

사:개-통 명 《건》 기둥머리에 사개를 맞추기 위하여 도려낸 자리. 화통.

사:객 (使客) 명 《역》 연로(沿路)에 있는 고을의 수령이 '봉명(奉命) 사신'을 일컫던 말.

사객 (詞客) 명 시문(詩文)을 잘 짓는 사람. 또는 그런 일에 종사하는 사람.

사:객 (謝客) 명하다 찾아오는 손님을 만나기를 거부함.

사갱 (斜坑) 명 《광》 광산이나 탄광에서, 땅속으로 비스듬하게 판 갱도.

사:거 (死去) 명 죽어서 세상을 떠남. 사망.

사거 (絲車) 명 물레를 돌리는 바퀴. 물레바퀴.

사거 (辭去) 명하다 작별하고 떠남. 인사를 하고 떠남.

사:-거리 (四-) 명 네거리. □목 좋은 ~에 점포를 내다.

사-거리 (射距離) 명 《군》 탄알·포탄·미사일 따위가 발사되어 도달할 수 있는 곳까지의 거리. 사정(射程). 사정거리. □~가 길다 / ~가 짧다 / ~를 벗어나다.

사:건 (事件)[-껀] 명 1 사회적으로 문제가 되거나 주목을 받을 만한 뜻밖의 일. □역사적인 ~ / ~의 진상을 밝히다. 2 《법》 '소송(訴訟) 사건'의 준말.

사:겁 (四劫)[-껍] 명 《불》 세계가 생겨났다 없어질 때까지의 네 시기《인류가 생겨나서 번식하는 성겁(成劫), 안주하는 주겁(住劫), 온 세계가 괴멸하는 괴겁(壞劫), 공허로 돌아가는 공겁(空劫)의 네 가지》.

사격 (寺格)[-껵] 명 《불》 절의 자격이나 등급《문적(門跡)·본산·별원(別院)·말사(末寺) 따위》.

사격 (射擊)[-껵] 명하다 총이나 대포, 활 따위를 쏨. □엄호 ~ / 백발백중의 ~ 솜씨를 자랑하다 / 무차별 ~을 가하다 / 표적을 조준 ~ 하다.

사격 경:기 (射擊競技)[-껵-경-] 명 사격장에서, 정해진 총기·탄약으로 일정 목표물을 쏘아 그 득점을 다투는 경기《실탄을 쏘는 라이플 사격과 산탄을 쏘는 클레이 사격이 있음》.

사격-수 (射擊手)[-껵쑤] 명 사수(射手).

사격-술 (射擊術)[-껵쑬] 명 사격하는 기술.

사격-장 (射擊場)[-껵짱] 명 사격 연습이나 경기를 하기 위하여 표적 등을 마련하여 놓은 곳.

사견 (私見) 명 자기 개인의 생각이나 의견. □~임을 전제로 의견을 말하다.

사견 (邪見) 명 요사스럽고 바르지 못한 의견.

사견 (絲繭) 명 명주실을 뽑기 위하여 쓰는 고

치. ↔종견(種繭).

사결(辭訣)**명** 작별 인사를 하고 떠남.

사경(四更)**명** 하룻밤을 다섯 등분한 넷째 시간(새벽 1시부터 3시까지). 정야(丁夜).

사경(四京)**명**『역』고려 때의 남경(南京;서울)·동경(東京;경주)·중경(中京;개성)·서경(西京;평양)의 총칭.

사경(四經)**명** **1** 시경·서경·역경·춘추의 네 경서(經書). **2** 좌씨춘추(左氏春秋)·곡량춘추(穀梁春秋)·고문상서(古文尙書)·모시(毛詩)의 네 경서.

사경(四境)**명** **1** 동·서·남·북 사방의 경계 또는 지경. **2** 천하 또는 세계를 이르는 말.

사경(死境)**명** 죽을 지경. 죽음에 임박한 경지. 생사경. 생사지경. □~을 헤매다.

사경(私耕)**명** **1** 새경¹. **2** 농가에서 머슴에게 주는 연봉(年俸). 새경.

사경(私逕)**명** **1** 떳떳하지 못한 길. 사사로운 길. **2** 세력을 구하는 부정한 인연. 곡경(曲逕).

사경(沙耕·砂耕)**명하타** 모래에 필요한 양분을 주어 작물을 재배하는 일.

사경(査經)**명하자**『기』교인들이 모여 성경을 공부함.

사경(斜徑)**명** 비탈길.

사경(斜頸)**명**『의』목이 한쪽으로 비스듬히 구부러져서 잘 펴지지 않는 병증. 또는 그 목.

사경(寫經)**명하타**『불』후세에 전하거나 공양을 위하여 경문(經文)을 베끼는 일.

사경-답(私耕畓)**명** 사래논.

사경-법(砂耕法)[-뻡]**명**『농』불순물을 제거한 모래에 식물의 성장에 필요한 양분을 주어 식물을 기르는 방법. 모래가꾸기.

사경-전(私耕田)**명** 사래밭.

사-경제(私經濟)**명** 개인이나 사법인(私法人)이 경영하는 경제(가정 경제·회사 경제·조합 경제 따위). ↔공경제.

사-경추(四更－)**명** 보통 닭이 우는 때보다 조금 일찍 사경쯤에 우는 닭. 사경추니.

사경-회(査經會)**명**『기』일정한 기간 동안 교인들이 성경(聖經) 공부를 하는 모임.

사계(四季)[-/-게-]**명** **1** 봄·여름·가을·겨울의 네 계절. 사시(四時). 사철. **2** 계춘(季春)·계하(季夏)·계추(季秋)·계동(季冬)의 음력으로 사시(四時)의 마지막 달인 3월·6월·9월·12월. *사맹(四孟)·사시(四時). **3**『식』월계화(月季花).

사계(四界)[-/-게-]**명** **1** 천계(天界)·지계(地界)·수계(水界)·양계(陽界)의 총칭. **2**『불』세상의 모든 것을 구성하는 네 가지 기본적인 물질(지(地)·수(水)·화(火)·풍(風)을 이름). 사대(四大).

사-계(四計)[-/-게-]**명** 삶에서의 네 가지 계획. 하루의 계획은 새벽에, 한 해의 계획은 봄에, 일생의 계획은 부지런함에, 한 집안의 계획은 화목함에 있음을 이르는 말.

사계(司計)[-/-게-]**명**『역』조선 말, 국가 재정의 회계 사무를 맡아보던 관원.

사계(私計)[-/-게-]**명** **1** 자기 혼자의 계획. 사사로운 계교. **2** 자신의 사사로운 이익을 위한 계교.

사계(沙界·砂界)[-/-게-]**명**『불』 **1** 갠지스 강의 모래처럼 무수한 세계. **2** 무량(無量)·무수(無數)한 것.

사계(邪計)[-/-게-]**명** 바르지 못한 꾀. 간사한 꾀.

사계(私戒)[-/-게-]**명하자**『불』계율을 받들어 지킴.

사계(射界)[-/-게-]**명** 사격을 할 수 있는 범

위. 곧. 탄알이 미치는 범위.

사계(射稧)[-/-게-]**명** 지난날, 사정(射亭)에서 활을 쏘는 사람들로 조직되었던 단체.

사-계(捨戒)[-/-게-]**명하자**『불』계율을 버리고 지키지 않음.

사계(詐計)[-/-게-]**명** 간사(奸邪)한 꾀. 남을 속이는 꾀.

사계(斯界)[-/-게-]**명** 그 사회. 그 전문 분야. □~의 권위자.

사-계-도(四季圖)[-/-게-]**명** 병풍 따위에 봄·여름·가을·겨울의 각기 독특한 풍경을 그린 그림.

사:-계명(四誡命)[-/-게-]**명**『종』천도교의 네 계명. 곧, 약속을 뒤집지 말 것, 물욕에 빠지지 말 것, 헛된 말로 남을 미혹하지 말 것, 한울님을 속이지 말 것.

사:-계삭(四季朔)[-/-게-]**명** 음력으로 네 철의 마지막 달(3월·6월·9월·12월).

사:-계절(四季節)[-/-게-]**명** 사철. □우리 나라는 ~이 뚜렷하다.

사계 편사(射稧便射)[-/-게-]**명**『역』사정(射亭)의 사원들이 편을 갈라 활의 기예를 겨루던 일.

사:-계-화(四季花)[-/-게-]**명**『식』월계화(月季花).

사고(四苦)**명**『불』인생(人生)의 네 가지 고통(생고(生苦)·노고(老苦)·병고(病苦)·사고(死苦)). 사환(四患).

사고(史庫)**명**『역』고려 말기부터 조선 후기까지 실록 따위 역사에 관한 기록이나 중요한 서적을 보관하던 정부의 서고.

사고(死苦)**명** **1**『불』사고(四苦)의 하나. 사람이 반드시 죽는 괴로움. **2** 죽을 때의 고통.

사고(私考)**명** 자기 혼자의 고찰. 자기 개인의 생각.

사고(私稿)**명** 개인의 사사로운 원고. 사초.

사고(社告)**명** 회사에서 내는 광고. □~에 인사 발령이 실리다.

사:고(事故)**명** **1** 뜻밖에 일어난 불행한 사건. □대형 ~/자동차 ~가 발생하다/불의의 ~로 세상을 떠나다. **2** 해를 입히거나 말썽을 일으키는 나쁜 짓. □~를 치다/~를 저지르다. **3** 어떤 일이 일어난 까닭.

사고(思考)**명하타** **1** 생각하고 궁리함. □~ 능력/~의 틀을 바꾸다/~의 영역을 넓히다/논리적으로 ~하다. **2**『철』사유(思惟)2. **3**『심』단순한 감성(感性)의 작용과 구별되는, 개념·판단·추리 따위의 작용.

사:고-결(事故缺)**명** 사고로 말미암은 결근이나 결석.

사-고기(私-)**명** **1** 허가 없이 몰래 잡은 쇠고기. 사육(私肉). **2** 여러 사람의 공유물을 부당하게 사사로이 차지하는 물건의 비유.

사고-력(思考力)**명** 생각하고 궁리하는 힘. □~을 키워 주다.

사:고-무(四鼓舞)**명** 고전 무용의 하나. 네 개의 북을 사방에 걸어 놓고 치면서 춤.

사:고-무인(四顧無人)**명하형** 주위에 사람이 없어 쓸쓸함.

사:고-무친(四顧無親)**명하형** 의지할 데가 도무지 없음. □~의 고아. *무의무탁.

사:고-뭉치(事故-)**명** 늘 사고나 말썽을 일으키는 사람을 낮잡아 일컫는 말. □녀석은 이름난 ~이다.

사고-방식(思考方式)**명** 어떤 문제를 생각하고 판단하는 방식이나 태도. □건전한 ~/

~이 고루하다 / ~이 구태의연하다.

사:고-사 (事故死)圐 갑작스러운 사고로 목숨을 잃음. 또는 그런 죽음. ▣의문의 ~로 목숨을 잃다.

사:고-팔고 (四苦八苦)圐 **1** 온갖 고통. 또는 매우 심한 고통. **2**〖불〗생로병사(生老病死)의 사고(四苦)에, 사랑하는 사람과 헤어지는 고통, 구하여도 얻지 못하는 고통, 원수나 미워하는 사람과 만나는 고통, 오온(五蘊)이 너무 성한 고통의 네 가지를 더한 여덟 가지 고통을 아울러 이르는 말.

사고-팔다 [-팔아, -파니, -파는]国 물건 따위를 사기도 하고 팔기도 하다. ▣벼룩시장에서는 온갖 물건을 사고판다.

사곡 (私穀)圐 개인의 소유의 곡식. ↔공곡(公穀).

사곡 (絲穀)圐 '사신곡복(絲身穀腹)'의 준말.

사곡-하다 (私曲-)[-고카-]혱 불공평하고 바르지 못하다.

사곡-하다 (邪曲-)[-고카-]혱 요사스럽고 바르지 못하다.

사:골 (四骨)圐 짐승, 특히 소의 네 다리뼈(주로 몸을 보신하는 데 씀). ▣~을 푹 고다.

사:골 (死骨)圐 죽은 사람의 뼈.

사골 (篩骨)圐 두개골의 일부. 비강(鼻腔)과 앞 두개(頭蓋) 및 두 눈구멍 사이에 있어 벌집 모양을 함.

사:공 (四空)圐 사방의 하늘.

사공 (司空)圐〖역〗**1** 고려 때, 삼공(三公)의 하나〔정일품〕. **2** 조선 때, 공조(工曹) 판서의 딴 이름.

사공 (沙工·砂工)圐 '뱃사공'의 준말.
〔사공이 많으면 배가 산으로 간다〕 주관하는 사람이 없이 각자가 자기주장만 하면 일이 제대로 되기 어렵다.

사:과 (四科)圐 **1** 유학(儒學)의 네 학과〔덕행·언어·정사(政事)·문학〕. **2** 천도교에서, 도를 닦는 네 과정〔성(誠)·경(敬)·신(信)·법(法)〕.

사과 (沙果·砂果)圐 사과나무의 열매. 평과(苹果). ▣~ 궤짝 / 빨갛게 익은 ~.

사과 (絲瓜)圐〖식〗수세미외.

사:과 (謝過)圐하자타 잘못에 대해 용서를 빎. ▣~를 받다 / ~의 뜻을 표하다 / 잘못을 ~하다.

사과-나무 (沙果-)圐〖식〗장미과의 낙엽 교목. 봄에 흰 꽃이 핌. 열매인 사과는 식용함. 품종이 많은데, 홍옥·국광·부사 따위가 많이 알려짐.

사:과-문 (謝過文)圐 공식적으로 사과하는 뜻을 적은 글. ▣신문 광고로 ~을 발표하다.

사과-산 (沙果酸)圐〖화〗말산(酸).

사과-주 (沙果酒)圐 사과즙을 발효시켜 만든 알코올성 음료. 사과술.

사과-즙 (沙果汁)圐 사과에서 짜낸, 신맛이 있는 즙.

사과-참외 (沙果-)圐〖식〗살이 아주 연하고 달며 물이 많은 참외〔백사과·개구리사과 따위〕.

사:과-탕 (四-湯)圐 소의 뼈도가니·아롱사태·허파·꼬리를 넣어 끓여 만든 곰국.

사:관 (士官)圐 **1** 병사를 지휘하는 무관. **2** 장교의 총칭. ▣당직 ~의 순찰함.

사관 (仕官)圐하자 〖역〗**1** 벼슬살이를 함. **2** 예전에, 부하가 다달이 상관을 찾아뵙던 일.

사:관 (史官)圐〖역〗역사를 기록하던 관리.

사:관 (史館)圐〖역〗**1** 역사를 편찬하던 관청. **2** '춘추관(春秋館)'의 구칭.

사:관 (史觀)圐 역사적 현상을 파악하여 이것을 해석하는 입장. 역사관.

사:관 (四關)圐〖한의〗**1** 급히 체했을 때에 통기(通氣)시키기 위하여 손과 발의 네 관절에 침을 놓는 곳. **2** 양쪽의 팔꿈치와 슬관절의 총칭.
　사관(을) 트다 团 곽란이 일어나 사관에 침을 놓다.

사관 (舍館)圐하자 객지에서 남의 집에 일시 숙식을 부치는 일. 또는 그 집.

사관 (査官)圐〖역〗검사하는 일을 맡아보던 관원.

사관 (蛇管)圐 **1** 열을 흡수하거나 내보내는 면적을 크게 할 목적으로 주름을 잡아 만든 관. **2** 호스(hose).

사관 (絲管)圐〖악〗줄로 소리를 내는 악기와 불어서 소리를 내는 악기〔관현(管絃)이나 음악의 비유〕.

사관 (篩管)圐〖식〗체관.

사:관 (辭官)圐〖역〗임금의 명령을 전달하던 내시(內侍) 등의 벼슬아치.

사:관-생도 (士官生徒)圐〖군〗각 군 사관학교에서 교육을 받고 있는 생도.

사관-청 (仕官廳)圐〖역〗조선 때, 포교(捕校)가 포도대장의 사삿집 근처에 머물며 공무를 보던 곳.

사:관 학교 (士官學校)[-꾜]〖교〗〖군〗육·해·공군의 정규 장교를 양성하는 군사 학교〔졸업 후 육·해·공군의 소위로 임관됨〕.

사:관-후보생 (士官候補生)圐〖군〗장교가 되기 위해 일정한 기간 동안 군사 교육을 받는 사람. 간부 후보생.

사:광 (四光)圐 화투 놀이에서, 네 개의 광(光)패를 모아서 되는 약.

사광 (沙鑛·砂鑛)圐〖광〗사금·사철(砂鐵) 따위를 캐는 곳. 사광상(沙鑛床).

사광 (射光)圐하자 빛을 내쏨.

사광 (斜光)圐 비스듬히 비추는 광선.

사-광상 (沙鑛床)圐〖광〗사광(沙鑛).

사괘 (師卦)圐〖민〗육십사괘(六十四卦)의 하나. 곤괘(坤卦)와 감괘(坎卦)가 거듭된 것〔땅속에 물이 있음을 상징함〕. 준사(師).

사:괴-석 (四塊石)圐〖건〗벽이나 돌담을 쌓는 데 쓰는, 한 사람이 네 덩이를 질 수 있을 만한 크기의 돌.

사:교 (四敎)圐 **1**〖불〗석가의 일생 동안의 설법을 넷으로 나눈 것〔곧, 장교(藏敎)·통교(通敎)·별교(別敎)·원교(圓敎)의 총칭〕. **2** 유교에서, 시·서·예·악의 네 가지 가르침. **3** 유교에서, 문(文)·행(行)·충·신의 네 가지 가르침. **4** 유교에서, 부덕(婦德)·부언(婦言)·부용(婦容)·부공(婦功)의 네 가지 가르침.

사교 (司敎)圐〖종〗대종교 교의회(敎議會)에서 공개적으로 선출하는 교직〔학덕이 높은 교인에게 줌〕.

사:교 (死交)圐 죽을 때까지 변하지 않는 교분.

사교 (私交)圐 사사로운 교제.

사교 (邪敎)圐 그릇된 교리로 사회에 해를 끼치는 종교. 사도(邪道). 사종(邪宗).

사교 (社交)圐하자 사회적 활동을 통해 서로 어울려 사귐. ▣~ 범위가 넓다.

사교 (師敎)圐 스승의 가르침.

사교 (斜交)圐하자〖수〗두 직선이나 평면이 비스듬하게 교차함. ＊직교.

사교 (斜橋)圐〖건〗기울게 놓인 다리.

사교 (詐巧)圐하타 남을 교묘하게 속임.

사교-가 (社交家)圐 사회적으로 사귀기를 즐기는 사람. 또는 사교술이 능란한 사람.

사교-계 (社交界)[-/-계]圐 주로 상류 계급

사람들의 교제를 위한 사회. ▢ ~의 여왕 / ~를 주름잡다.

사교-댄스 (社交dance) 圀 연회 등에서 사교를 위해 남녀가 짝을 지어 추는 춤〔왈츠·탱고·블루스 따위〕. 사교춤.

사교-도 (邪敎徒) 圀 사교를 믿는 사람.

사교-복 (社交服) 圀 무도회나 연회 따위에 참석할 때 격식에 맞추어 차려입는 옷.

사교-성 (社交性)[-썽] 圀 1 남과 잘 사귀고 또 사귀기를 좋아하는 성질. ▢ ~이 좋다. 2 사회를 이루려는 인간의 특성. 사회성.

사교-술 (社交術) 圀 사교하는 솜씨. ▢ ~을 발휘하다 / ~에 능하다.

사-교육 (私敎育) 〖敎〗 개인이나 사법인의 재원으로 운영하는 교육. ↔공교육.

사교육-비 (私敎育費)[-삐] 圀 공교육비 이외로 학부모가 자녀의 교육을 위해 추가로 지출하는 비용〔과외 교육비·교재비·부교재비·학용품비 따위〕.

사교-장 (社交場) 圀 사람들이 모여 사교를 하는 곳.

사교-적 (社交的) 관형 사교에 관한 (것). 또는 사교에 능숙한 (것). ▢ ~ 수완 / 인간은 ~ 동물이다 / 그는 아주 ~이다.

사교-춤 (社交-) 圀 사교댄스.

사긆 타 〈옛〉 새김. '사기다'의 명사형.

사구 (司寇) 圀 〖역〗 '형조 판서'의 딴 이름.

사:구 (四球) 圀〖체〗, 포볼(four ball).

사:구 (死句) 圀 1 〖불〗 평범하고 속되어 선(禪)의 수행에 별 도움이 되지 않는 말을 적은 구(句). 2 시에서, 깊고 은은한 정취(情趣)가 없는 평범한 구. ↔활구(活句).

사:구 (死球) 圀 야구에서, 데드 볼.

사구 (沙丘·砂丘) 圀 〖지〗 바람이 몰아쳐 이루는 모래 언덕〔해안·강변·사막 등에 생김〕.

사구 (査究) 圀하타 조사하여 밝힘.

사구 (射毬) 圀[-꾸] 고려 때부터 조선 중기까지 말을 타고 하던 운동 경기. 한 사람이 말을 타고 공을 끌면서 달려가면, 뒤에서 여러 사람이 말을 타고 쫓아가며 촉이 없는 화살로 쏘아 맞힘.

사구-체 (絲球體·絲毬體) 圀〖생〗 신장의 말피기 소체(Malpighi小體) 안에 모세 혈관이 모여서 된 공 모양의 작은 조직체〔혈구(血球)나 단백질 이외의 성분을 걸러 오줌을 만듦〕.

사:구-팔가 (四衢八街) 圀 사방팔방으로 통하는 길.

사-국 (史局) 圀 〖역〗 사관(史官)이 사초(史草)를 꾸미던 곳〔실록청(實錄廳)·일기청(日記廳)을 두루 이르던 말〕.

사-국 (事局) 圀 일이 되어 가는 형편.

사:군 (使君) 圀 〖역〗 지난날, 나라의 사명을 받들고 온 사신을 높이어 일컫던 말.

사:군 (師君) 圀하타 '스승'의 높임말.

사군 (嗣君) 圀 사왕(嗣王).

사:군이충 (事君以忠) 圀 임금을 충성으로 섬김〔세속 오계(世俗五戒)의 하나〕.

사:군자 (土君子) 圀 덕행이 높고, 학문이 깊은 사람.

사:군자 (四君子) 圀 〖미술〗 동양화에서, 고결함이 군자와 같다는 뜻으로, 매화·난초·국화·대나무를 일컫는 말. ▢ ~는 문인화의 대표적 소재가 된다.

사:군자 (使君子) 圀 〖식〗 사군자과의 상록 덩굴나무. 줄기 높이는 7m가량, 잎은 달걀꼴로 길이는 약 10cm 임. 여름·가을에 흰 다섯 잎꽃이 피며, 과실은 3cm가량의 원뿔꼴로

흑색임. 동남 아시아에 분포함.

사:군자-탕 (四君子湯) 圀 〖한의〗 인삼·백출(白朮)·백복령(白茯苓)·감초의 네 가지를 각각 한 돈씩 넣어 달여 만드는 탕약. 원기를 보충하고 소화를 돕는 데에 씀.

사:군지도 (事君之道) 圀 임금을 섬기는 도리.

사굴 (私掘) 圀하타 1 남의 무덤을 허가 없이 사사로이 파냄. 2〖광〗 광물을 사사로이 캐는 일.

사굴 (蛇窟) 圀 뱀의 굴.

사:궁 (四窮) 圀 네 가지의 궁한 처지. 늙은 홀아비, 늙은 홀어미, 부모 없는 아이, 자식 없는 늙은이의 총칭.

사권 (私權)[-꿘] 圀 〖법〗 사법상(私法上) 인정되는 재산·신분에 관한 개인의 권리〔인격권·물권·채권·상속권 따위〕. ↔공권(公權).

사권-화 (絲圈花) 圀 가는 철사에 깁을 감아 가지로 하고, 비단 헝겊으로 만든 꽃을 그 철사 끝에 붙여 어울리게 만든 조화(造花).

사:궤장 (賜几杖) 圀하타 〖역〗 늙어 관직을 물러나는 대신이나 중신에게 임금이 안석(案席)과 지팡이를 내려 주던 일.

사귀 (邪鬼) 圀 요사스러운 귀신.

사귀다 자타 서로 가까이하여 얼굴을 익히고 사이좋게 지내다. ▢ 이웃과 ~ / 여자를 ~ / 8년을 사귄 끝에 결혼하다.

사:귀신속 (事貴神速) 圀 일을 함에는 빠르게 하는 것을 중요하게 여김.

사:귀일성 (四歸一成)[-썽] 圀 넷이 모여 하나를 이룸. 목화 네 근이 솜 한 근으로, 수삼 네 근이 건삼 한 근으로 되는 따위.

사귐-성 (-性)[-썽] 圀 사람들과 어울려 잘 사귀는 성품. ▢ ~이 좋다.

사규 (寺規) 圀 절의 규칙.

사규 (社規) 圀 회사의 규칙. ▢ ~에 따라 사원을 모집하여라.

사그라-뜨리다 타 사그라지게 하다. ▢ 분노를 ~ / 불안감을 ~.

사그라-지다 자 삭아서 없어지다. ▢ 불길이 ~ / 울분이 차츰 ~.

사그라-트리다 타 사그라뜨리다.

사그랑-이 圀 다 삭아서 못 쓰게 될 물건.

사그랑-주머니 圀 다 삭은 주머니라는 뜻으로, 겉모양만 있고 속은 다 삭은 물건.

사-그릇 (沙-)[-를] 圀 '사기그릇'의 준말.

사:극 (四極) 圀 사방의 맨 끝. 사방의 끝이 닿은 먼 곳.

사:극 (史劇) 圀 〖연〗 '역사극'의 준말. ▢ ~ 영화가 상영되다.

사극 (伺隙) 圀하타 기회나 틈을 엿봄.

사:근 (四近) 圀 1 사방의 가까운 곳. 2 임금을 가까이 모시는 네 신하나 시신(侍臣).

사:근 (事根) 圀 사본(事本). ▢ ~을 캐다.

사근사근-하다 혱 1 성질이 부드럽고 친절하여 붙임성이 있다. ▢ 사근사근하여 호감이 가는 청년. 2 배나 사과를 씹는 것과 같이 연하다. 사근사근하다. 사근사근-히 부

사근-주 (莎根酒) 圀 〖한의〗 잔디 뿌리를 썰어서 볶아 담근 술. 건위제나 진통제 따위로 씀.

사:근취원 (捨近取遠) 圀하타 가까운 것을 버리고 먼 것을 취한다는 뜻으로, 일의 순서나 차례를 바꾸어 함을 일컫는 말.

사글사글-하다 혱 생김새나 성품이 상냥하고 너그럽다. ▢ 눈매가 ~. 큰서글서글하다.

사글-세 (-貰)[-쎄] 圀 〔←삭월세(朔月貰)〕 남의 집이나 방을 빌려 살면서 다달이 내는 세. 또는 집이나 방을 빌려 주고 받는 세. 월세

(月貰). □~를 살다.

사글셋-방(-貰房)[-쎼빵/-쎈빵]명 사글세로 얻은 방. □~을 살다.

사금(沙金·砂金)명〖광〗강변이나 해변의 모래나 자갈 속에 섞인 알맹이나 비늘 모양의 금. 금모래. □~을 캐다.

사:금(謝金)명 사례로 주는 돈. 사례금.

사금-광(沙金鑛)명 사금을 캐는 금광.

사금-석(沙金石)명〖광〗석영(石英)의 한 가지. 적철석(赤鐵石)이나 운모(雲母)의 작은 결정을 많이 함유하며, 노랑·빨강·갈색 따위의 색깔을 띰. 점점이 빨간빛을 내므로 닦아서 장식품으로 씀.

사금석-유(沙金石釉)명 다금유(茶金釉).

사금-파리명 사기그릇의 깨어진 작은 조각.

사:급(賜給)명하타 사여(賜與).

사-기(士氣)명 **1** 의욕이나 자신감 따위로 가득 차서 굽힐 줄 모르는 기세. □~가 높다 / ~를 꺾다 / ~를 북돋우다 / ~를 진작시키다 / ~가 하늘을 찌를 듯하다. **2** 선비의 꿋꿋한 기개.

사기(仕記)명〖역〗'사진기(仕進記)'의 준말.

사:기(四氣)명 철에 따라 바뀌는, 따뜻하고 덥고 서늘하고 추운 네 가지 기운.

사기(史記)명 역사적 사실을 기록한 책. 사서(史書), 사승(史乘), 사적(史籍), 사책(史冊).

사기(寺基)명 절터.

사:기(死期)명 **1** 목숨이 다한 때. 임종. **2** 목숨을 버릴 시기.

사기(私記)명 **1** 개인의 기록. **2**〖불〗교리의 깊은 뜻을 사사로이 기록한 책.

사기(沙器·砂器)명 사기그릇. □~를 굽다.

사기(邪氣)명 **1** 요사스럽고 나쁜 기운. □~가 감돌다. **2**〖한의〗병이 나게 하는 나쁜 기운. 사(邪).

사:기(事記)명 사건의 기록.

사:기(使氣)명하자 자기의 기세를 부림.

사기(社基)명 회사의 기초.

사기(社旗)명 회사를 상징하는 깃발. 회사기.

사:기(事機)명 일이 되어 가는 가장 중요한 기틀.

사기(射技)명 활 쏘는 재주. 사예(射藝).

사기(射騎)명 **1** 궁술과 마술. **2** 사수(射手)와 기수(騎手).

사기(詐欺)명하타 이익을 취하기 위하여 나쁜 꾀로 남을 속임. □~를 당하다 / ~를 치다 / ~ 행각을 벌이다.

사:기(肆氣)명하자 함부로 성미를 부리고 마음대로 행동함.

사색(辭色)명 사색(辭色).

사기-그릇(沙器-)[-른]명 백토를 원료로 하여 구워 만든 그릇《흡수성이 없으므로 식기로 많이 씀》. 사기. 자기(瓷器). ⑥사기그릇. *도기(陶器).

사기-꾼(詐欺-)명 상습적으로 사기를 일삼는 사람. 사기한(詐欺漢). □~에게 속다 / ~에 걸려들어 손해를 본다.

사기다타〖옛〗새기다〔刻〕.

사기-담(沙器-)명 도자기의 깨어진 조각들을 모아 둔 곳.

사기-대접(沙器-)명 사기로 만든 대접. ⑥사기대접.

사-기업(私企業)명〖경〗민간에서 출자하여 운영하는 기업. ↔공(公)기업.

사기-장(沙器匠)명 사기그릇 만드는 일을 직업으로 하는 사람.

사기-전(沙器廛)명 사기그릇을 파는 가게. 사기점.

사기-점(沙器店)명 **1** 사기그릇을 구워 만드는 곳. 사기소(所). **2** 사기전.

사기-죄(詐欺罪)[-쬐]명〖법〗남을 속여 재물을 빼앗거나, 재산상 불법한 이득을 얻거나, 남을 시켜 이를 얻게 함으로써 성립되는 죄. □~로 구속되다.

사기-질(沙器質)명 법랑질(琺瑯質).

사:기-충천(士氣衝天)명하형 사기가 하늘을 찌를 듯도 높음.

사기 파:산(詐欺破產)〖법〗파산자가 파산 선고의 전후에 자기나 남의 이익을 꾀하거나 채권자를 해할 목적으로 그 재산을 처분하거나 은닉하거나 채무를 허위로 증가시키는 일.

사기-한(詐欺漢)명 사기꾼.

사기-횡령(詐欺橫領)[-녕]명하타 남의 재물을 속여서 빼앗음.

사기-흙(沙器-)[-흑]명 사기그릇을 만드는 데 쓰는 흙.

사깃-물(沙器-)[-긴-]명 사기그릇을 구울 때 쓰는 잿물.

사나-나달명 사날이나 나달. 삼사 일이나 사오 일. □~이 걸리다 / ~ 예정으로 고향에 다녀오다.

사나이명 한창때의 혈기가 왕성한 젊은 남자. □다부진 몸매의 ~. ⑥사내.

사나올명〈옛〉사나흘.

사나-흘명 사흘이나 나흘. 삼사일. □~ 걸리는 일. ⑥사날.

사:난(死難)명하자 국가의 위난을 극복하기 위해 목숨을 바침.

사날[1] '사나흘'의 준말. □몸살로 ~ 쉬다.

사날[2] 명 **1** 제멋대로 하는 태도나 성미. □일을 제 ~로만 하다. **2** 비위 좋게 남의 일에 참견하는 일.

사날-없:다[-나럽따]형 붙임성이 없이 무뚝뚝하다. **사날-없이**[-나럽씨]부

사납-금(社納金)[-끔]명 회사에 바치는 돈. □~을 채우다.

사:납다[-따]〔사나워, 사나우니〕형ᄇ **1** 성질이나 행동이 모질고 억세거나 생김새가 험하고 무섭다. □사나운 호랑이 / 사납게 생긴 얼굴 / 성질이 ~. **2** 비나 바람 따위가 몹시 거칠고 심하다. □비바람이 사납게 몰아치다 / 사나운 풍랑을 만나다. **3** 여건이나 사정 따위가 순탄치 못하고 나쁘다. □팔자가 ~ / 꿈자리가 ~.

[사나운 개 콧등 아물 틈이 없다] 난폭한 사람은 늘 싸움만 하여 상처가 미처 나을 사이가 없다는 말.

사낭(沙囊)명 모래주머니2. *소낭(嗉囊).

사내명 **1** '사나이'의 준말. **2**〈속〉남편. 또는 남자. ↔계집.

사내(寺內)명 절의 안.

사내(社內)명 회사의 내부. 회사의 안. 사중(社中). □~ 결혼을 하다.

사내끼명 물고기를 잡을 때, 물에 뜬 고기를 건져 뜨는 기구《긴 자루 끝에 철사나 끈으로 망처럼 얽었음》.

사내-대장부(-大丈夫)명 '대장부'를 강조하여 이르는 말. □~라면 눈물을 보여서는 안 된다.

사내-보(社內報)명 사내에서 사원들을 대상으로 발행하는 신문이나 잡지.

사내-아이명 어린 남자아이. ↔계집아이. ⑥사내애.

사내-애명 '사내아이'의 준말.

사내 유보 (社內留保) 〖경〗 매 분기별 이익 처분의 결과, 사내에 유보·축적된 부분《퇴직 급여 적립금·배당 평균 적립금 따위》. 내부(內部) 유보.
사내-자식 (―子息) [명] 〈속〉 **1** 사나이. ❏ ~이 울기는 왜 울어. **2** 아들.
사내-종 [명] 남자 종. 노복. ↔계집종.
사냥 [명][하타] 〔←산행(山行)〕 **1** 산이나 들의 짐승을 잡는 일. 수렵(狩獵). 전렵(畋獵). ❏ 노루 ~을 가다 / 꿩을 ~하다. **2** 힘센 짐승이 약한 짐승을 먹이로 잡는 일. ❏ 먹이를 ~하다.
사냥-감 [―깜] [명] 사냥하여 잡으려고 하는 짐승. ❏ ~을 찾아다니다.
사냥-개 [―깨] [명] **1** 사냥할 때 쓰는 개. 엽견(獵犬). 엽구(獵狗). ❏ ~를 풀어 사냥감을 쫓다. **2** 〈속〉 염탐꾼.
사냥개-자리 [―깨―] [명] 〖천〗 북두칠성의 남쪽에 있는 별자리. 5월 하순 무렵 저녁에 천정(天頂)에 옴.
사냥-꾼 [명] 사냥하는 사람. 또는 사냥을 직업으로 하는 사람. 엽부(獵夫). 엽호(獵戶). 유렵가(遊獵家). ❏ ~에 쫓기는 사슴.
사냥-질 [명][하자] 사냥하는 일.
사냥-철 [명] **1** 사냥이 허가된 시기. **2** 어떤 짐승을 사냥하는 데 알맞은 때. 수렵기.
사냥-총 (―銃) [명] 사냥에 쓰는 총. 엽총.
사냥-터 [명] 사냥을 하는 곳. 엽장(獵場).
사:녀 (士女) [명] **1** 선비와 부인. **2** 선비의 아내. **3** 남자와 여자. **4** 신사와 숙녀.
사:년 (巳年) [명] 〖민〗 태세(太歲)의 지지(地支)가 사(巳)로 된 해. 뱀해.
사념 (邪念) [명] 올바르지 못한 그릇된 생각. 사사(邪思). ❏ ~을 품다 / ~을 떨쳐 버리다.
사념 (思念) [명][하타] 근심하고 염려하는 따위의 생각. 사려(思慮). ❏ 깊은 ~에 잠기다.
사녕 (邪佞) [명] 간사(奸邪)하게 남에게 아첨하는 일.
사노 (私奴) [명] 〖역〗 '사노비(婢)'의 준말. ↔관노(官奴).
사-노비 (私奴婢) [명] 〖역〗 권문세가(權門勢家)에서 사적(私的)으로 부리던 노비. ↔관노비. [준]사노.
사:농공상 (士農工商) [명] 예전에, 선비·농부·공장(工匠)·상인의 네 가지 신분을 아울러 일컫던 말.
사농-시 (司農寺) [명] 〖역〗 고려·조선 때, 궁중의 제사에 쓰는 미곡과 적전(籍田)의 일을 맡아보던 관아.
사:-놓다 (赦―) [―노타] [타] 죄인을 용서해 주다.
사뇌-가 (詞腦歌) [명] 〖문〗 향가의 별칭.
사뇌-조 (詞腦調) [―쪼] [명] 〖악〗 사뇌가(詞腦歌)의 가락.
사느랗다 [―라타] 〔사느라니, 사느래서〕 [형][ㅎ] **1** 물체의 온도나 기후가 약간 찬 듯하다. ❏ 날씨가 ~. **2** 갑자기 놀라거나 무서워 마음속에 찬 기운이 도는 것 같다. ❏ 이상한 소리가 나 가슴에 사느란 느낌이 들었다. [큰]서느렇다. [센]싸느랗다.
사늘-하다 [형][여] **1** 물체의 온도나 기온이 약간 찬 듯하다. ❏ 사늘한 바람이 불다 / 날씨가 으스스하면서 ~. **2** 갑자기 놀라서 마음에 좀 찬 기운이 도는 것 같다. ❏ 간담이 ~. **3** 성격이나 태도가 조금 차가운 데가 있다. ❏ 사늘한 표정. [큰]서늘하다. [센]싸늘하다. **사늘-히** [부]
사니 (沙泥·砂泥) [명] **1** 모래가 많이 있는 수렁. **2** 모래와 진흙.
사니-질 (沙泥質) [명] 모래와 진흙이 섞인 토질.
사다 [타] **1** 남의 것을 돈을 치르고 자기 것으로 만들다. ❏ 책을 ~. ↔팔다. **2** 자기 탓으로 병이나 욕 따위를 얻다. ❏ 반감을 사는 일 / 원한을 ~. **3** 다른 사람에게 어떤 감정을 갖게 하다. ❏ 호감을 ~ / 의혹을 ~. **4** 가치를 인정하다. ❏ 노력을 높이 ~. **5** 대가를 치르고 사람을 부리다. ❏ 품을 ~ / 일꾼을 사서라도 일을 끝내자. **6** 음식을 함께 먹기 위해 값을 치르다. ❏ 오늘은 내가 한잔 사겠다. **7** 곡식 등을 팔아서 돈으로 바꾸다. ❏ 쌀을 팔아 돈을 ~. ↔팔다.
사서 고생(을) 하다 [구] 고생하지 않아도 될 일을 제 스스로 만들어 고생하다. ❏ 무엇이 부족하다고 사서 고생을 하나.
사다리 [명] 높은 곳에 오르내릴 때 디딜 수 있도록 만든 기구. ❏ ~를 타고 지붕에 올라가다.
사다리-꼴 [명] 〖수〗 네 변 가운데 한 쌍의 대변(對邊)이 평행한 사각형. 제형(梯形).
사다리-차 (―車) [명] 사다리를 갖추고 있는 차《화재 진압이나 이삿짐 운반에 씀》.
사다-새 [명] 〖조〗 사다샛과의 큰 물새. 날개 길이는 65–80 cm이며, 몸빛은 백색, 날개는 흑갈색, 턱주머니는 황색임. 부리는 앞 끝이 구부러짐. 턱주머니에 물고기를 잡아 넣어 두면 새끼가 꺼내어 먹음. 못·냇가에 서식함. 가람조(伽藍鳥). 제호(鵜鶘). 펠리컨.
사닥-다리 [―따―] [명] 사다리. ❏ ~를 딛고 서다.
사닥다리-분하 (―分下) [―따―] [명][하타] 여러 사람에게 물건을 나누어 줄 때 각각 그 분수에 따라 층이 지게 주는 일.
사:단 (四端) [명] 〖철〗 사람의 본성에서 우러나오는 네 가지 마음씨. 곧 인(仁)에서 우러나오는 측은지심(惻隱之心), 의(義)에서 우러나오는 수오지심(羞惡之心), 예(禮)에서 우러나오는 사양지심(辭讓之心), 지(智)에서 우러나오는 시비지심(是非之心)을 이름. 자유지정(自有之情).
사:단 (事端) [명] 일의 실마리. 또는 사건의 단서. ❏ ~을 구하다.
사단 (社團) [명] 〖법〗 **1** 일정한 목적을 위해 설립된 단체. **2** '사단 법인'의 준말.
사단 (社壇) [명] 〖역〗 **1** '사직단(社稷壇)'의 준말. **2** 토신(土神)에게 제사를 지내는 제단.
사단 (師團) [명] 〖군〗 군대 편제의 하나. 군단(軍團)의 아래, 연대(聯隊)의 위임.
사단 (紗緞) [명] 사(紗)와 비단.
사단 (詞壇) [명] 문단(文壇).
사단 법인 (社團法人) 〖법〗 법에 의한 권리와 의무의 주체로 인정을 받은 단체《공익 사단 법인과 영리 사단 법인 따위》. [준]사단. *재단 법인.
사단-장 (師團長) [명] 〖군〗 사단 사령부의 업무를 통할하고, 관할 각 부대를 지휘·감독하는 직위. 또는 그 사람.
사-단조 (―短調) [―쪼] [명] 〖악〗 '사' 음을 으뜸음으로 하는 단조. 지(G) 단조.
사달 [명] 사고나 탈. ❏ ~이 나다 / ~이 생겨 일이 뜻대로 되지 않았다.
사:달 (四達) [명][하자] 길이 사방으로 통함. 사통(四通).
사:달-오통 (四達五通) [명][하자] 사통오달.
사:담 (史談) [명] 역사에 관한 이야기. 사실(史實)에 관한 이야기.
사담 (私談) [명][하자] 사사로이 이야기함. 또는

그런 이야기. ▯ ~을 나누다 / 회의 중에 ~
은 삼가시기 바랍니다. ↔공담(空談).

사담(卸擔)[─] 1 진 짐을 내려놓음. 2 책임
이나 부담을 벗음.

사답(寺畓)명 절 소유의 논. 사전(寺田).

사답(私畓)명 개인 소유의 논. ↔공답(公畓).

사당'명 〔옛〕 사탕(砂糖).

사:당(─堂)〔民〕 조선 때, 무리를 지어 떠돌아다
니면서 노래와 춤을 팔던 여자. 또는 그 무
리. 사당패. *남사당. 주의 "寺黨·社黨·社
堂" 으로 씀은 취음(取音).

사당(私黨)명 사사(私事)로운 목적으로 모인
무리. 한 개인 중심의 정파. ↔공당(公黨).

사당(邪黨)명 사악한 무리.

사당(祠堂)명 조상의 신주(神主)를 모셔 놓은
집. 가묘(家廟). 사우(祠宇). ▯ ~에 위패를
모셔 놓다.

사:당-무(─舞)명 사당춤.

사당-방(祠堂房)명 조상의 신주(神主)를 모신
방. 사우방(祠宇房).

사당-양자(祠堂養子)[─냥─]명 신주양자.

사:당-춤(祠堂─)명 승려의 파계 장면을 보여 주는 봉
산 탈놀이의 한 장면. 사당무.

사당-치레(祠堂─)명하자 1 사당을 보기 좋게
꾸밈. 2 겉모양만 번드르르하게 꾸밈. 외면치
레. 면치레.
[사당치레하다가 신주(神主) 개 물려 보낸
다] 겉치레만 지나치게 하다가 그만 중요한
것을 잃어버린다는 뜻.

사:당-패(─牌)명〔民〕 사당².

사대명 투전이나 골패 따위에서, 같은 짝을
모으는 일.

사:대(四大)명 1《불》세상 만물을 구성하는
땅·물·불·바람의 네 가지 요소. 사대종(四大
種). 2 사람의 몸《위의 네 가지 요소로 이루
어졌다고 하여 이름》. 3《종》도가(道家)에서
말하는 도(道)·천·지·왕.

사대(私大)명 '사립 대학'의 준말. ▯ 고득점
지원자들이 ~에 많이 몰렸다.

사대(私貸)명하타 공금이나 남의 돈을 사사로
이 빌려 줌.

사:대(事大)명하자타 1 약자가 강자를 붙좇아
섬김. 2 작은 나라가 큰 나라를 섬김. ▯ ~의
예를 갖추다.

사대(師大)명 '사범 대학'의 준말. ▯ ~ 출신
의 교사.

사:대(射臺)명 양궁에서 활을 쏠 때에 서는 자
리. ▯ ~에 서서 표적을 겨냥하다.

사:-대가(四大家)명 1 조선 선조 때, 이름난
네 사람의 한문학자. 곧, 이정구(李廷龜)·신
흠(申欽)·장유(張維)·이식(李植). 2 중국 원
말(元末)의 네 사람의 화가(畫家). 곧, 황공망
(黃公望)·예찬(倪瓚)·오진(吳鎭)·왕몽(王蒙).
3 중국 명대(明代)의 시(詩)·서(書)·화(畫)에
이름난 네 사람의 대가. 곧, 심주(沈周)·당백
호(唐伯虎)·문징명(文徵明)·동기창(董其昌).

사:대교린-주의(事大交隣主義)[─/─이]명 1
큰 나라를 받들어 섬기고 이웃 나라와 화평
하게 사귀는 외교상의 한 방책. 2〔역〕조선
초기에, 중국의 명나라를 섬기고 왜나 여진
등과는 탈 없이 지내고자 했던 외교 정책.

사:대 기서(四大奇書)〔文〕중국 명나라 때에
나온 네 편의 걸작 소설. 수호지(水滸誌)·삼
국지연의(三國志演義)·서상기(西廂記)·비파
기(琵琶記). 또는 수호지·삼국지연의·서유기
(西遊記)·금병매(金瓶梅).

사:대-당(事大黨)명 큰 나라의 세력을 붙좇
는 무리.

사:-대문(四大門)명〔역〕조선 때, 서울에 있
던 네 대문. 동, 동의 흥인지문(興仁之門), 서
의 돈의문(敦義門), 남의 숭례문(崇禮門), 북
의 숙정문(肅靖門). 준사대문(四大門).

사:-대부(士大夫)명〔역〕1 문무(文武) 양반
의 일반적인 총칭. 2 벼슬이나 문벌이 높은
사람. ▯ ~ 집안의 자손. 준사부(士夫).

사:대-사상(事大思想)명 세력이 강한 나라
또는 사람을 붙좇아 의지하려는 사상. ▯ ~
에 젖다.

사:대-삭신(四大─)[─씬]명〈속〉사대육신(四
大六身). ▯ ~ 육천 마디.

사대-석(莎臺石)명〔民〕능을 보호하기 위해
둘레에 병풍석 대신으로 둘러 세운 돌.

사:대 성:인(四大聖人)〔철〕고금동서(古今
東西)에 으뜸가는 네 성인《예수·소크라테스·
석가모니·공자. 소크라테스 대신 마호메트를
넣기도 함》. 사성(四聖).

사:대-육신(四大六身)[─씬]명 사대(四大)로
이루어진 사람의 온몸《두 팔·두 다리·머리·
몸뚱이》. ▯ ~이 멀쩡한 사람이 빌어먹고 다
니느냐.

사대접(沙─)명 '사기대접'의 준말.

사:대 제:자(四大弟子)〔불〕석가모니의 으
뜸가는 네 제자《수보리(須菩提)·가전연(迦旃
延)·가섭(迦葉)·목건련(目犍連)》.

사:대-주의(事大主義)[─/─이]명 주체성이
없이, 세력이 강한 나라나 사람을 붙좇아
자신의 존립을 유지하려는 주의. ▯ ~에 물
들다.

사댁(查宅)명 사돈댁¹.

사:덕(四德)명 1 천지자연의 네 가지 덕(원형이정(元亨利貞)). 2 여자로서 갖추
어야 할 네 가지 덕《마음씨·말씨·맵시·솜씨》.
사행(四行). 3 인륜의 네 가지 덕《효·제(悌)·
충·신》.

사:도(士道)명 선비로서 마땅히 지킬 도리.

사도(司徒)명 1 고려 때, 삼공(三公)의 하
나. 정일품. 2 조선 때, 호조 판서의 딴 이름.

사도(仕途)명 벼슬길.

사:도(四都)명〔역〕조선 때, 유수(留守)를 두
었던 네 도읍《개성·광주(廣州)·수원·강화》.

사도(私屠)명하타 관청의 허가 없이 소나 돼
지를 잡음.

사도(私道)명 1 공명하지 못한 방법. 2 개인
땅에 사사로이 낸 도로. ↔공도(公道).

사도(邪道)명 1 올바르지 않은 길. 사로(邪
路). ▯ ~에 빠지다. ↔정도. 2 사교(邪教).

사:도(使徒)명 1《기》예수가 복음을 널리 전
하기 위하여 특별히 뽑은 열두 제자. 십이 사
도. 종도(宗徒). 2 비유적으로, 신성한 일을 위
하여 헌신적으로 힘쓰는 사람. ▯ 평화의 ~.

사도(師道)명 스승된 사람으로서 지켜야 할
도리.

사도(斯道)명 1 유가에서 이르는 유교의 도
덕. 2 전문적으로 종사하는 그 방면의 도(道)
나 기예. ▯ ~의 대가.

사도-공(寫圖工)명 작성된 도면을 그대로 베
끼는 일을 직업으로 하는 사람.

사도-기(寫圖器)명《공》팬터그래프를 써서
원그림을 축소하거나 확대하는 기구.

사:도 신:경(使徒信經)〔기〕기독교의 기본
적인 교리를 담은 신앙 고백문.

사:도-팔도(四都八道)[─또]명 네 개의 도읍
과 여덟 개의 도라는 뜻으로, 곧 우리나라의
모든 곳.

사:도-행전 (使徒行傳)**명**『기』 신약 성서의 하나. 사도들이 예수의 복음을 전도한 행적과 초기 교회의 건설 및 발달 과정을 기록함 《총 28장》.

사-독 (四瀆)**명**『역』 나라에서 해마다 제사를 지내던 네 강. 곧, 동독(東瀆)인 낙동강, 남독인 한강, 서독인 대동강, 북독인 용흥강(龍興江).

사독 (邪毒)**명** 병을 일으키는 나쁜 독기.

사독 (蛇毒)**명** 뱀의 독.

사독 (肆毒)**명**[하다**자**] 독한 성미를 부림.

사돈 (査頓)**명** **1** 혼인한 두 집의 부모들끼리 또는 그 두 집의 같은 항렬이 되는 사람끼리 서로 부르는 말. **2** 혼인 관계로 척분이 있는 사람. 인친(姻親). □ 두 집안이 ~을 맺었다. ──하다**자** 사돈 관계를 맺다. □ 친구 집과 사돈하게 되다.
[사돈 남 나무란다] 제 잘못을 제쳐 두고 남의 잘못만 나무란다는 말.
사돈의 팔촌 (八寸)**구** ㉠남이나 다름없는 먼 인척. ㉡별로 가깝지 않은 사이의 남에 대한 비유.

사돈-댁 (査頓宅)[-땍]**명 1** '사돈집'의 높임말. 사가댁(査家宅). 사댁(査宅). **2** 사돈의 아내. 안사돈.

사돈-도령 (査頓-)**명** '사돈집 총각'을 대접하여 부르는 말.

사돈-집 (査頓-)[-찝]**명** 서로 사돈이 되는 사람의 집. 사가(査家).
[사돈집과 뒷간은 멀어야 한다] 사돈집 사이에는 말이 나들기 쉽고 뒷간은 고약한 냄새가 나므로 멀수록 좋다. [사돈집 잔치에 갓 놓아라 배 놓아라 한다] 자기와는 아무 상관없는 일에 이래라저래라 참견한다는 말.

사:동 (使童)**명** 관청이나 회사 따위에서 잔심부름을 하는 아이. *사환.

사동 (絲桐)**명**『악』 '거문고'의 별칭.

사:-동사 (使動詞)**명**『연』 문장의 주체가 자기 스스로 행하지 않고 남으로 하여금 어떤 동작이나 행동을 하게 함을 나타내는 동사 《놀리다·먹이다 따위》. 사역 동사. 하임동사씨. *주동사.

사:-치마 (四-)**명** 전체를 세로로 4등분하여 네 가지 빛깔로 꾸민 연.

사-되다 (私-)**형** ☞ 삿되다.

사-되다 (邪-)**형** ☞ 삿되다.

사두 (射頭)**명** 사정(射亭)을 관리하고 대표하는 우두머리.

사두개-파 (-派─Sadducees派)**명 1**『기』 기원전 2세기경 바리새파에 대항하여 일어난 유대교의 한 파. **2** 물질주의자의 비유.

사:-두-고근 (四頭股筋)**명**『생』 넓적다리의 앞쪽에 있는, 네 개의 크고 단단한 근육. 대퇴사두근(大腿四頭筋).

사둘명 손잡이가 길고 국자처럼 생긴, 고기 잡는 그물.

사득 (査得)**명**[하다**타**] 조사하여 사실을 알아냄.

사-들이다타 물건 등을 사서 들여오다. □ 정부에서 추곡(秋穀)을 ~ / 생필품을 마구 사들여 사재기하다 / 땅을 헐값에 ~.

사-등롱 (紗燈籠)[-농]**명** 여러 가지 빛깔의 사(紗)로 거죽을 바른 등롱. ㉗사롱.

사디스트 (sadist)**명** 사디즘의 경향(傾向)이 있는 사람.

사디즘 (sadism)**명**『심』 이상 성욕의 한 가지. 이성을 학대함으로써 성적 만족을 얻음. 가학. 학대 음란증. ↔마조히즘.

사드새명 [옛] 사다새.

사:또명 [←사도(使道)]『역』**1** 부하인 장졸이 그들의 주장(主將)을 높이어 일컫던 말. **2** 백성이나 하관이 자기 고을의 원(員)을 높여 일컫던 말.
[사또 덕분에 나팔 분다] 남의 힘을 빌려 행세를 하거나 우쭐거리는 모양의 비유. [사또 떠난 뒤에 나팔 분다] 마땅히 하여야 할 때에 하지 않다가 그 시기가 지난 뒤에 함을 조롱하는 말.

사-뜨다 [사떠, 사뜨니]**타** 단춧구멍이나 수눅 따위의 가장자리를 실로 감치다.

사뜻-이부 사뜻하게.

사뜻-하다 [-뜨타-]**형여** 깨끗하고 말쑥하다. □ 웃맵시가 ~.

사라-능단 (紗羅綾緞)**명** 얇은 사(紗)와 두꺼운 단(緞) 따위의 비단의 총칭. 사단주속(紗緞紬屬).

사라다명 ☞ 샐러드.

사라사 (포 saraça)**명** 다섯 가지 빛깔을 이용하여 인물·조수(鳥獸)·화목(花木)이나 기하학적 무늬를 물들인 피륙. 또는 그 무늬.

사라센 (Saracen)**명**『역』 고대 유럽에서, 시리아 부근의 아랍 인을 부르던 이름《중세 이후에는 이슬람교도의 총칭》. □ ~ 문화.

사라-수 (沙羅樹)**명 1**『식』 용뇌향과의 상록 교목. 높이는 30 m 정도이고 잎은 얇은 혁질(革質)로, 3월에 담황색 다섯잎꽃이 핌. 히말라야·인도 중서부에 분포함. 목재는 단단하여 건축재·기구재로 쓰임. **2**『불』 사라쌍수.

사라-쌍수 (沙羅雙樹)**명**『불』 석가모니가 열반한 곳의 주위 사방에 한 쌍씩 서 있던 사라수《석가모니가 열반하자 빛이 하얗게 변하여 말라 죽었다 함》. 사라수. 쌍림(雙林).

사라지명 1 쌈지의 담배가 마르지 않게, 그 속에 까는 유지(油紙). **2** 종이를 기름에 결어서 만든 담배쌈지.

사라지다 1 모양이나 자취가 차차 없어지다. □ 모습이 ~. **2** 생각이나 감정 따위가 없어지다. □ 슬픔이 ~. ㉑스러지다. **3** '죽다'를 달리 이르는 말. □ 형장의 이슬로 ~.

사란 (Saran)**명**『화』 합성 섬유의 한 가지《질겨서 낚싯줄·어망·커튼 등에 사용함. 상표명》.

사:람명 1 지구상에서 가장 지능이 발달한 고등 동물. 서서 다니고 언어를 사용하며, 기구 따위를 만들어 쓰고 사회생활을 영위함. 인류. 인간. □ 점잖은 ~ / 유행과는 거리가 먼 ~이다 / ~은 만물의 영장이다. **2** 어떤 사회나 지역의 출신자. □ 동네 ~들 / 한국 ~ / 외지에서 온 ~. **3**『법』 권리·의무의 주체인 인격자. **4** 타인. 남. □ ~들의 입에 오르내리다. **5** 자기. 나. □ ~을 깔보지 마라. **6** 윤리·도덕을 지키는 선량한 사람. □ ~을 만들다. **7** 사람의 됨됨이나 성질. □ ~이 좋다. **8** 자기 아내를 남에게 일컫는 말. □ 우리 집 ~. **9** 적절한 인재. □ ~을 구하기 힘들다. **10** 일꾼이나 인원. □ ~을 늘려 일을 끝마치다. **11** 친근한 상대편을 부르거나 가리키는 말. □ 이 ~아, 말 좀 들어. **12** 사람을 세는 단위 《의존 명사적 용법》. □ 두 ~이 함께 가다.
[사람 나고 돈 났지 돈 나고 사람 났나] 돈이 아무리 귀중하여도 사람보다는 못하다는 뜻으로, 돈밖에 모르는 사람을 비꼬는 말.
[사람 위에 사람 없고 사람 밑에 사람 없다] 사람은 본디 태어날 때부터 권리나 의무가 평등하다. [사람은 입성이 날개라] 옷을 잘 입으면 사람의 품격이 돋보인다는 뜻으로,

옷을 품위 있게 잘 입어야 함을 비유하는 말. [사람은 죽으면 이름을 남기고 범은 죽으면 가죽을 남긴다] 인생의 목적은 좋은 일을 하여 이름을 후세에 남기는 데 있다. [사람은 키 큰 덕을 입어도 나무는 키 큰 덕을 못 입는다] 나무는 큰 나무가 있으면 작은 나무가 자라지 못하지만, 사람은 윗사람이나 권세 있는 사람이 있으면 그 덕을 입는다. [사람의 마음은 하루에도 열두 번] 사람의 마음은 자주 변한다는 말. [사람의 새끼는 서울로 보내고 마소 새끼는 제주[시골]로 보내라] 사람은 서울에 있어야 견문이 넓어지고 출세할 기회가 있다는 말.

사람 같지 않다 퀸 사람으로서 마땅히 지녀야 할 품행이나 덕성이 없다.

사람(을) 잡다 퀸 ㉠사람을 죽이다. ㉡남을 극심한 곤경으로 몰아넣다. ㉢사람 잡을 소리 말게. ㉢사람의 마음을 황홀하게 하거나 녹여 주다.

사람(이) 되다 퀸 ㉠사람으로서 자질을 갖춘 인간이 되다. ㉡고생을 해 봐야 사람이 되는 것이다.

사람(이) 좋다 퀸 됨됨이나 성질이 유순하다. 또는 너그러워서 사귀기 좋다. ㉠사람이 좋다 보니 바보 취급한다.

사람 죽이다 퀸 ㉠매우 힘들고 고달프다. ㉡사람을 어이없게 만들다. ㉠조그만 사람이 웃으면서 사람 죽이네. ㉢황홀하게 하거나 녹여 주다. ㉢그 맛은 참 사람 죽이는군.

사:람-값 [-깝] 뗑 사람으로서 지닌 가치나 구실. ㉠인제 ~ 좀 해라.

사:람-대이름씨 (-代-) 뗑 《언》 '인칭 대명사'의 풀어쓴 말.

사:람-됨 뗑 사람의 됨됨이나 인품. 위인(爲人)이 분명하다.

사:람-멀미 뗑 사람이 많은 데서 느끼는 머리 아프고 어지러운 증세.

사:람사람-이 튄 사람마다 모두. ㉠~ 손에 태극기를 들었다.

사:람-인 (-人) 뗑 한자 부수(部首)의 하나 (《'仁'·'代' 따위에서 '亻'의 이름).

사랑 뗑뻔 1 아끼고 베풀며 따뜻하게 여기는 마음. ㉠어머니의 ~ / ~으로 대하다. 2 남녀가 서로 애틋이 그리는 일. 또는 그 마음. ㉠~이 싹트다 / ~에 빠지다 / ~을 고백하다 / ~을 속삭이다. 3 남을 돕고 이해하려는 마음. ㉠~의 손길을 뻗치다. 4 어떤 사물이나 대상을 몹시 아끼고 귀중히 여기는 마음. 자연에 대한 ~. 5 열렬히 좋아하는 이성(異性). ㉠그대는 영원한 나의 ~. [사랑은 내리사랑] 윗사람이 아랫사람 사랑하기는 예사이나, 아랫사람이 윗사람을 사랑하기는 어렵다는 말.

사랑 (舍廊) 뗑 바깥주인이 거처하며 손님을 대접하는 곳(안채와 떨어져 있음). 외당(外堂). 외실. ㉠~에서 손님을 맞다.

사랑-놀이 (舍廊-) 뗑뻔 사랑방에서 음식과 기악(妓樂)을 갖추어 노는 일.

사랑-니 (舍廊-) 뗑 어금니가 다 난 뒤, 성년기에 맨 구석에 새로 나는 작은 어금니. 지치(智齒).

사랑-문 (舍廊門) 뗑 대문 안에서 사랑방이나 사랑채로 드나드는 문.

사랑-방 (舍廊房) 뗑 사랑에 있는 방. 또는 사랑으로 쓰는 방.

사랑-스럽다 [-따] [-스러워, -스러우니] 톈뻔 사랑을 느낄 만큼 귀여운 데가 있다. ㉠깜찍

하고 ~. **사랑-스레** 튄. ㉠강아지를 ~ 쓰다듬다.

사랑-싸움 뗑뻔 부부나 애인 사이에 일어나는 악의 없는 다툼.

사랑-양반 (舍廊兩班) [-냥-] 뗑 1 남의 남편을 그의 부인 앞에서 이르는 말. 바깥양반. 2 하인에 대하여 그 집 남자 주인을 일컫던 말.

사랑-옵다 [-따] [-오워, -오우니] 톈뻔 〔←사랑홉다〕 마음에 꼭 들도록 귀엽다.

사랑-채 (舍廊-) 뗑 사랑으로 쓰는 집채.

사랑-홉다 [-따] 톈뻔 '사랑옵다'의 본딧말.

사래¹ 뗑 예전에, 묘지기나 마름이 수고의 대가로 얻어서 부쳐 먹던 논밭. 사경(私耕).

사래² 뗑 《건》 추녀 끝에 잇대어 댄 네모지고 짧은 서까래.

사래³ 〔옛〕 이랑.

사래-논 뗑 묘지기나 마름이 수고의 대가로 얻어서 부쳐 먹는 논. 사경답(私耕畓).

사래-밭 [-받] 뗑 묘지기나 마름이 수고의 대가로 얻어서 부쳐 먹는 밭. 사경전(私耕田).

사래-쌀 뗑 묘지기나 마름에게 수고의 대가로 주는 쌀.

사래-질 뗑뻔 키 따위에 곡식을 담고 흔들어서 뉘·싸라기와 굵은 것과 잔 것을 따로 가려내는 일.

사:략 (史略) 뗑 간략하게 쓴 역사.

사략-하다 (些略-) [-랴카-] 톈어 사소하고 간략하다.

사:량 (四樑) 뗑 《건》 들보 네 개를 세로로 평행하게 얹은 지붕틀의 꾸밈새.

사량 (思量) 뗑뻔 깊이 생각하여 헤아림. 사료(思料).

사량 (飼糧) 뗑 소·말·돼지 등 가축의 먹이.

사:량-집 (四樑-) [-찝] 뗑 《건》 사량으로 지은 집.

사:레 뗑 음식을 잘못 삼키어 숨구멍으로 들어갈 때 재채기처럼 뿜어 나오는 기운.

사:레-들다 〔-들어, -드니, -드는〕 전 사레들리다. ㉠사레들겠다, 천천히 먹어라.

사:레-들리다 전 사레에 걸리다. 사레가 들다. ㉠급히 마시다가 사레들렸다.

사려 〔민〕 윷판에서, '방'의 다음 밭.

사려 (思慮) 뗑뻔 여러 가지 일에 대해 깊게 생각함. 또는 그런 생각. 사념(思念). ㉠~ 깊은 사람 / ~가 부족하다.

사:력 (死力) 뗑 목숨을 아끼지 아니하고 쓰는 힘. 죽을힘. ㉠~을 다하다.

사력 (私力) 뗑 사사로운 힘. 관력(官力)에 의지하지 않는 힘. ↔관력(官力).

사력 (沙礫·砂礫) 뗑 자갈.

사:력 (事力) 뗑 일이 되어 가는 형편과 재력(財力).

사력 (社歷) 뗑 1 회사의 역사. 사사(社史). 2 입사 후의 경력이나 햇수.

사력 단구 (沙礫段丘) [-딴-] 뗑 《지》 하상(河床)에 퇴적되었던 사력층(沙礫層)으로 이루어진 하안(河岸) 단구의 하나.

사력 댐 (沙礫dam) 뗑 《건》 중앙에는 진흙을 넣고, 주변에는 자갈과 모래로 다지고 돌을 쌓아 만든 댐(소양강 댐 따위).

사력-지 (沙礫地) [-찌] 뗑 자갈밭.

사련 (邪戀) 뗑 떳떳하지 못한 연애. 도리에 벗어난 남녀 간의 사랑. ㉠~에 빠지다.

사렴 (思念) 뗑뻔 생각하여 그리워함.

사렵 (射獵) 뗑뻔 활을 쏘아 하는 사냥.

사령 (司令) 뗑뻔 《군》 1 군대나 함대를 통솔하고 지휘함. 또는 그런 직책. 2 대대급 이상의 단위 부대에서, 일직 등 당직 근무를 맡은

책임 장교. ❏일직 ~.

사:령(四齡)뗑 누에가 석 잠 잔 후부터 넉 잠 잘 때까지의 사이.

사:령(四靈)뗑 전설상의 신령한 네 가지 동물《기린·봉황·거북·용》.

사:령(死靈)뗑 죽은 사람의 영혼(靈魂). ↔생령(生靈).

사령(私領)뗑 **1** 개인 소유의 영지(領地). **2** 제후의 영지.

사:령(使令)뗑 조선 때, 각 관아에서 심부름하던 사람. **2** 명령하여 일을 시킴.

사:령(赦令)뗑 《역》 사전(赦典)을 널리 공포하던 영(令).

사령(辭令)뗑 **1** 남에게 응대하는 말. ❏외교 ~. **2** 관직의 임명·해임에 대한 공식적인 발령. **3**'사령장'의 준말.

사령-관(司令官)뗑 《군》 사령부의 장.

사:령-방(使令房)뗑 《역》 사령청(使令廳).

사령-부(司令部)뗑 《군》 사단급 이상의 부대에서, 사령관이 소속 부대를 통솔하고 지휘하는 본부.

사령-서(辭令書)뗑 사령장(辭令狀).

사령-선(司令船)뗑 《군》 사령관이 타고 함대를 지휘하고 통솔하는 선박. 기함(旗艦).

사:령 숭배(死靈崇拜)[종]고대 원시 종족의 신앙 형태의 하나. 죽은 사람의 영혼도 생전과 같은 생활을 하며, 살아 있는 사람에게 화복(禍福)을 가져온다고 믿는 생각이나 의례《조상 숭배도 여기에 포함됨》.

사령-장(辭令狀)[-짱]뗑 관직의 임명이나 해임 따위의 인사에 관한 명령을 적어 본인에게 주는 문서. 사령서. 준사령.

사:령-청(使令廳)뗑 《역》 사령이 모여 있던 곳. 사령방.

사령-탑(司令塔)뗑 **1**《군》 군항이나 항공 기지 등에서, 함장이나 사령관이 지휘를 할 수 있도록 높게 만든 탑 모양의 장소. **2** 작전을 짜고 지시를 내리는 중추부. ❏구조 조정의 ~.

사:례(四禮)뗑 관례·혼례·상례·제례의 네 가지 의례. 관혼상제.

사례(私禮)뗑 비공식적으로 사사로이 차리는 인사.

사:례(事例)뗑 어떤 일의 전례(前例)나 실례(實例). ❏성공 ~ / 구체적인 ~ / ~를 들어 설명하다.

사례(射禮)뗑 활을 쏠 때 행하는 의식.

사:례(謝禮)뗑하자타 언행이나 물품으로 상대에게 고마운 뜻을 나타냄. ❏~의 편지.

사:례-금(謝禮金)뗑 사례하는 뜻으로 주는 돈. 사례비. ❏~을 지급하다 / 돈을 찾아 주고 후한 ~을 받다.

사:례-비(謝禮費)뗑 사례금.

사로(仕路)뗑 벼슬길. 환로(宦路).

사:로(死路)뗑 막다른 길. 또는 죽음의 길.

사로(邪路)뗑 그릇된 길. 옳지 않은 길. 사도(邪道).

사로(沙路·砂路)뗑 모래가 깔린 길. 또는 모래를 깐 길.

사로(思路)뗑 글을 지을 때 생각을 더듬어 가는 과정.

사로(斜路)뗑 **1** 큰길에서 갈라져 빗나간 길. **2** 비탈길.

사로-자다재 불안하여 조바심하며 자는 둥 마는 둥 하게 자다.

사로-잠그다[-잠가, -잠그니]타 자물쇠나 빗장 따위를 반쯤 걸어 놓다.

사로-잡다[-따]타 **1** 산 채로 붙잡다. ❏범을 ~. **2** 생각이나 마음을 온통 한곳으로 쏠리게

하다. ❏마음을 ~.

사로-잡히다[-자피-]재《'사로잡다'의 피동》**1** 산 채로 잡히다. ❏적에게 ~. **2** 마음이 한곳에 쏠리어 얽매이다. ❏미모에 ~ / 욕심에 ~.

사:록(四綠)뗑 《민》 음양가(陰陽家)에서 이르는 구성(九星)의 하나. 목성(木星)을 이름.

사:록(史錄)뗑 역사에 관한 기록.

사록(寫錄)뗑하타 베끼거나 옮겨 씀.

사:록(麝鹿)뗑 《동》 사향노루.

사:론(士論)뗑 선비들의 공론(公論).

사:론(史論)뗑 역사에 관한 논설이나 주장.

사론(私論)뗑 사사로운 주장이나 이론. ↔공론(公論).

사론(邪論)뗑 도리에 어긋나는 이론이나 주장.

사롱(紗籠)뗑 **1**'사등롱(紗燈籠)'의 준말. **2** 현판에 먼지가 앉지 않게 덮어씌우는 천.

사롱(斜籠)뗑 《건》 대문이나 중문 위에 만들어 댄 창살.

사롱(sarong)뗑 인도·스리랑카·말레이시아·인도네시아 등지의 이슬람교도들이 허리에 감아서 입는 옷.

사뢰다타 웃어른에게 삼가 말씀을 드리다. 아뢰다. ❏선생님께 삼가 사뢰겠습니다.

사:료(史料)뗑 역사 연구의 소재가 되는 문헌이나 유물 따위의 자료. 사재(史材).

사료(思料)뗑하타 깊이 생각하여 헤아림. 사량(思量). ❏하자 없다고 ~됩니다.

사료(飼料)뗑 가축에게 주는 먹이.

사료 식물(飼料植物)[-싱-]뗑 《농》 사료로 쓰는 식물. *사료 작물.

사료 작물(飼料作物)[-짱-]뗑 《농》 사료로 쓰기 위하여 재배하는 작물《귀리·고구마·피 따위》. 먹이 작물.

사:료-학(史料學)뗑 역사 자료의 기술적인 처리를 다루는 역사학의 한 분야.

사룡(蛇龍)뗑 이무기가 변하여 된다는 용.

사루(沙漏·砂漏)뗑 모래시계.

사:류(士類)뗑 학덕이 높은 선비의 무리.

사류(絲柳)뗑 《식》 수양버들.

사:륙-문(四六文)[-룡-]뗑 변려문(駢儷文).

사:륙 반:절(四六半切)[-빤-]뗑 《인》 사륙판의 절반이 되는 인쇄물의 규격. 또는 그 인쇄물.

사:륙 배:판(四六倍版)[-빼-]뗑 《인》 사륙판의 갑절이 되는 인쇄물의 규격. 또는 그 인쇄물.

사:륙-체(四六體)뗑 《문》 변려문(駢儷文).

사:륙-판(四六版)[-판]뗑 《인》 가로 13cm, 세로 19cm 되는 인쇄물의 규격. 또는 그 규격에 쓰이도록 된, 가로 78.8cm, 세로 109.1cm의 인쇄용지. *국판.

사:륜(四輪)뗑 **1** 네 개의 바퀴. **2**《불》 땅속에서 이 세계를 버티고 있다는 금륜·수륜·풍륜·공륜(空輪)의 네 개의 큰 바퀴.

사:륜-차(四輪車)뗑 바퀴가 넷 달린 차. 사륜거(四輪車).

사르다[살라, 사르니]타재 **1** 불에 태워 없애다. ❏묵은 서류를 불에 ~. **2** 아궁이나 화덕 따위에 불을 붙이다. 불사르다. ❏아궁이에 불을 ~.

사르다[살라, 사르니]타재 키 따위로 곡식을 사래질하여 못 쓸 것을 떨어 버리다.

사르르뗑 **1** 얽히거나 묶인 것이 저절로 힘없이 풀리는 모양. ❏옷고름이 ~ 풀리다. **2** 얼음이나 눈이 저절로 녹는 모양. ❏지붕 위의 눈이 ~ 녹았다. **3** 졸음이 살며시 오는 모양. ❏~ 졸음이 오다. **4** 힘없이 눈을 감거나 뜨

는 모양. ㅁ졸음을 못 이겨 눈을 ~ 감다. **5**
살며시 순하게 움직이는 모양. ㅁ방문을 ~
열고 들어왔다. **6** 원한·노여움 따위가 저절
로 풀리는 모양. ㅁ노여움이 눈 녹듯 ~ 풀어
졌다. 徵스르르.

사름 [명] 모낸 지 4~5일 후에 뿌리가 땅에 잘
내려 모가 생생한 푸른빛을 띠게 되는 상태.

사름 [명] 말·소·개 따위의 나이가 세 살임.

사릉 (斜稜) [명] 〔수〕 '빗모서리'의 구용어.

사리¹ ㅡ[명] **1** 국수·새끼·실 따위를 사리어 감
은 뭉치. ㅁ국수 ~. **2** 윷놀이에서, 모나 윷
을 이르는 말. ㅡ[의] **1** 국수·새끼·실 따위의
뭉치를 세는 단위. ㅁ국수 한 ~. **2** 윷놀이에
서, 모나 윷을 던진 횟수를 세는 단위. ㅁ윷
두 ~를 치다.

사리² [명] '한사리'의 준말.

사리 (私利) [명] 사사로운 이익. ㅁ~를 취하다.
↔공리(公利).

사:리 (事理) [명] 일의 이치. ㅁ~가 밝다 / 에
어긋나다 / ~를 분별하다.

사리 (舍利·奢利) 〔산 śarīra〕 〔불〕 **1** 부처나
성자의 유골((후세에는 화장한 뒤에 나오는
구슬 모양의 것을 일컬음). 사리골(舍利骨).
불사리(佛舍利). **2** 부처의 법신(法身)의 자취
인 경전(經典).

사리 (射利) [명] 수단과 방법을 가리지 않고
이익을 얻으려고 노림.

사리 (瀉痢) [명] 〔의〕 설사.

사리 (saree, sari) [명] 인도의 여성들이 일상복
으로 입는 민족 고유 복장. 재단한 의복이 아
니고, 허리를 감고 머리를 덮어씌우거나 어깨
너머로 늘어뜨리는 기다란 면포(綿布) 또는
견포(絹布)임.

사리다 [타] **1** 국수·새끼·실 따위를 둥그렇게 포
개어 감다. ㅁ국수를 뭉뚝으로 ~. **2** 뱀 따위
가 몸을 똬리처럼 감다. ㅁ독사가 둥글게 몸
을 ~. 徵서리다². **3** 박아서 나온 못 끝을 꼬
부리어 붙이다. **4** 어떤 일에 적극적으로 나서
지 않고 몸을 아낀다. ㅁ몸을 사리지 않고 덤
비다. **5** 짐승이 겁을 먹고 꼬리를 뒷다리 사
이로 끼다. ㅁ개가 꼬리를 ~. **6** 정신을 바짝
가다듬다. ㅁ마음을 굳게 사려 먹다.

사리-물다 [-물어, -무니, -무는] [타] 이를 악
물다.

사리-사리¹ [부] 연기가 가늘게 올라가는 모양.

사리-사리² [부] **1** 국수·새끼·실 따위를 둥그랗
게 포개어 감아 놓은 모양. **2** 감정 따위가 복
잡하게 얽힌 모양. ㅁ온갖 생각이 ~ 얽히다.
徵서리서리.

사리-사욕 (私利私慾) [명] 사사로운 이익과 욕
심. 사리사복. ㅁ~을 꾀하다.

사리-염 (瀉利鹽) [명] 〔화〕 황산마그네슘.

사리-탑 (舍利塔) [명] 〔불〕 부처의 사리를 모셔
둔 탑.

사리-풀 [명] 〔식〕 가짓과의 한해살이풀 또는 두
해살이풀. 높이는 약 1m이고, 잎은 달걀꼴
임. 잎과 씨에 맹독이 있어 마취 약재로 씀.
사리나물.

사:린 (四隣) [명] **1** 사방의 이웃. **2** 사방에 이웃
하여 있는 나라들. ㅁ~에 위세를 떨치다.

사:린-교 (←四人轎) [명] '사인교'의 변환말.

사:린-남여 (←四人籃輿) [명] '사인남여'의 변
한말.

사:린-방상 (←四人方床) [명] '사인방상'의 변
한말.

사:림 (士林) [명] 유림(儒林).

사:림 (史林) [명] 역사에 관한 책.

사림 (詞林) [명] **1** 시문을 모아서 엮은 책. **2** 시
인이나 문인들의 사회. 문단(文壇).

사림 (辭林) [명] 사전(辭典).

사림-문 '사립문'의 준말.

사립 (四立) [명] 입춘·입하·입추·입동의 총칭.

사립 (沙粒) [명] 모래알.

사립 (私立) [명] 개인이 공익의 사업 기관을 설
립하여 유지하는 일. ↔공립·국립.

사립 (絲笠) [명] 명주실로 싸개를 해서 만든 갓.

사립 (簑笠) [명] 도롱이와 삿갓.

사립 대:학 (私立大學)[-때-] 〔교〕 개인이나
사법인(私法人)이 설립하여 경영하는 대학.
사법인이 교육비가 많이 든다. 徵사대.

사립-문 (-門)[-립-] [명] 사립짝을 달아서 만든
문. 사립(柴門). 徵사립.

사립-짝 [명] 잡목의 가지로 엮어 만든 문짝. 경
비(扃扉). 徵삽짝.

사립 학교 (私立學校)[-리파교] 〔교〕 개인이
나 사법인(私法人)이 설립하여 경영하는 학
교. *공립학교.

사루-잡다 [타] [옛] 사로잡다.

사룸 [명] 〔옛〕 사람.

사마 (司馬) [명] 〔역〕 **1** 중국 주(周)나라 때 벼슬
로, 육경(六卿)의 하나. 군정(軍政)을 맡아보
았음. **2** 병조 판서의 딴 이름. **3** '사마시(司
馬試)'의 준말.

사:마 (四魔) [명] 〔불〕 네 가지의 마. 곧, 온마(蘊
魔)·번뇌마(煩惱魔)·사마(死魔)·천마(天魔).

사:마 (死魔) [명] **1** 〔불〕 사마(四魔)의 하나. 목
숨을 빼앗고 오온(五蘊)을 파멸시키는 악마.
2 죽음의 신. 죽음이란 마물.

사마 (邪魔) [명] 〔불〕 수행의 방해가 되는 마귀.

사:마 (駟馬) [명] 하나의 수레를 끄는 네 필의
말. 또는 네 필의 말이 끄는 마차.

사마괴 [명] 〔옛〕 사마귀¹.

사:마귀¹ [명] 〔의〕 살갗에 낟알만 하게 돋은 군
살. 흑자(黑子).

사:마귀² [명] 〔충〕 사마귓과의 곤충. 몸은 가늘
고 길며, 길이는 7~8cm이고, 머리는 삼각형
임. 몸빛은 녹색 또는 황갈색, 앞다리 끝의
돌기가 낫처럼 되어 딴 곤충을 잡아먹는 데
편리함. 엄지벌레는 여름에 나타나서 풀밭에
삶. 버마재비. 당랑(螳螂).

사마륨 (samarium) [명] 〔화〕 희토류에 속하는
원소의 하나. 누르스름한 회색을 띤 굳고 무
거운 금속. 약한 자연 방사능을 가짐. [62 번:
Sm : 150.4]

사마 방:목 (司馬榜目) [명] 〔역〕 조선 때, 새로 등
과(小科)에 합격한 진사·생원의 성명·연령·
주소 및 사조(四祖)를 적은 명부.

사마-소 (司馬所) [명] 〔역〕 조선 때, 각 지방의
고을마다 생원과 진사들이 모여 유학을 가르
치고 정치를 논하던 곳.

사마-시 (司馬試) [명] 〔역〕 조선 시대의 과거의
하나(생원과(生員科)와 진사과(進士科)가 있
었음). 감시(監試). 소과(小科). 徵사마.

사마치 [명] 예전에, 융복(戎服)을 입고 말을 탈
때에 두 다리를 가리던 아랫도리옷.

사막 (沙漠·砂漠) [명] 〔지〕 메마르고 건조하여
식물이 거의 자라지 않으며, 모래와 자갈로
뒤덮인 매우 넓은 불모의 지역.

사막 기후 (沙漠氣候)[-끼-] 〔지〕 아열대·온
대에 걸친 건조 지대의 극단적 대륙성 기후
((강수량이 극히 적고 일사(日射)가 강해 식물
이 거의 자라지 못하며, 낮과 밤의 기온 차가
극심함).

사막-뢰 (沙漠雷)[-망뇌] [명] 〔지〕 사막 지대에

서 모래가 강풍에 날릴 때 일어나는 천둥.

사:막-스럽다 [-쓰-따] [-스러워, -스러우니] 휑ㅂ 사막한 데가 있다. ⓔ심악스럽다. **사:막-스레** [-쓰-] 튄

사막 식물 (沙漠植物) [-씽-] 〖식〗 사막에서 자라는 식물의 총칭〈선인장·야자 따위〉.

사막 지대 (沙漠地帶) [-찌-] 〖지〗 사막으로 되어 있는 지대. 사막대.

사:막-하다 [-마카-] 휑ㅇ 1 몹시 악하다. 2 가혹하여 조금도 용서함이 없다. 2심악하다.

사막-화 (沙漠化) [-마콰] 명하자 사막의 주변 지대에서 벌어지는 개발 사업으로 건조 지대가 사막으로 변함. 또는 그 현상.

사:말 (巳末) 명 〖민〗 사시(巳時)의 끝 무렵. 곧, 오전 열한 시쯤.

사:말 (四末) 명 1 두 손과 두 발의 끝. 2 〖가〗 사람이 면하지 못할 네 가지 종말〈죽음·심판·천당·지옥〉.

사망 명 장사에서 이익을 많이 보는 운수.

사:망 (死亡) 명하자 사람이 죽음. ☐~ 통지 / 암으로 ~하다. ↔출생.

사:망-률 (死亡率) [-뉼] 명 1 사망자의 수와 생존자 수의 비율. 2 일 년 동안의 사망자 수의 총인구에 대한 비율.

사:망 보:험 (死亡保險) 〖경〗 생명 보험의 하나. 피보험자가 죽었을 때 보험액을 지급하는 보험. *생존 보험.

사:망 신고 (死亡申告) 〖법〗 사람이 죽었을 때 사망 진단서 따위를 첨부하여 그 사실을 관청에 알리는 일. ↔출생 신고.

사:망-자 (死亡者) 명 죽은 사람. 사망인. ☐~의 유해를 화장하다.

사:망 진:단서 (死亡診斷書) 〖법〗 의사가 사람의 사망을 의학적으로 증명하는 사실을 적은 서류.

사-매 (私-) 명 예전에, 권세 있는 사람이 백성을 사사로이 때리던 매. *린차·사형(私刑).

사매-질 (私-) 명하타 사매로 때리는 짓.

사:맥 (死脈) 명 1 〖의〗 죽음에 가까운 상태의 약한 맥박. 2 〖광〗 광석을 다 캐내어 광물이 없는 광맥.

사:맥 (事脈) 명 일의 내력과 갈피.

사맥 (絲脈) 명 예전에, 남자 의원이 귀부인을 진찰할 때 병자 손목에 실의 한쪽 끝을 매고 따로 떨어져 다른 한 끝을 쥐어 실을 통하여 맥을 짚던 일.

사:맹 (四孟) 명 맹춘(孟春)·맹하(孟夏)·맹추(孟秋)·맹동(孟冬)의 총칭. *사계(四季)1.

사:-맹삭 (四孟朔) 명 봄·여름·가을·겨울의 각 첫 달〈음력의 정월·사월·칠월·시월〉.

사:면 (四面) 명 1 모든 주위. 사방. ☐~이 산으로 둘러싸이다. 2 네 개의 면.

사:면 (赦免) 명하타 〖법〗 죄를 용서하여 형벌을 면제함〈일반 사면과 특별 사면이 있음〉. 사(赦). ☐~ 복권 / ~을 받다 / 모범수가 ~되다.

사면 (斜面) 명 1 비스듬한 면. 경사진 면. 비탈. 비탈면. 2 언덕 ~에 밭을 일구다. 2〖수〗'빗면'의 구용어.

사면 (絲麵) 명 실국수.

사면 (辭免) 명하타 맡아보던 일자리를 그만두고 물러남.

사:면-각 (四面角) 명 〖수〗 입체각의 하나. 네 평면이 공통의 꼭짓점에서 만나 뾰족한 모양을 이룬 것. *다면각(多面角).

사면-묘사 (斜面描寫) 명 대상을 정면으로 묘사하지 않고 비스듬히 또는 엇비슷한 위치에서 묘사하는 일.

사:면-발니 [-리] 명 1〖충〗 사면발닛과의 이. 길이는 1~2 mm, 폭은 1 mm 정도로 납작함. 사람의 거웃 속에 알을 까며 가려움증을 일으킴. 모두충(毛蠹蟲). 모슬(毛蝨). 음슬. 2 여러 곳으로 다니며 아첨을 잘하는 사람을 조롱하는 말.

사:면-잠 (四眠蠶) 명 〖농〗 알에서 깨어 네 번 잠을 잔 뒤에 고치를 짓는 누에.

사:면-장 (赦免狀) [-짱] 명 죄를 사면한다는 뜻을 적은 서장(書狀). 2면장.

사:면-체 (四面體) 명 〖수〗 네 개의 삼각형으로 둘러싸인 입체. 세모뿔.

사:면-초가 (四面楚歌) 명 아무에게도 도움을 받지 못하는, 외롭고 곤란한 지경에 빠진 형편을 이르는 말〈중국 초(楚)나라 항우가 한(漢)나라 군사에게 포위되었던 고사에서 유래함〉.

사:면-춘풍 (四面春風) 명 두루춘풍.

사:면-팔방 (四面八方) 명 사면과 팔방. 모든 방면. 사방팔방. ☐~이 어둠에 싸이다.

사:멸 (死滅) 명하자 죽어 없어짐. ☐모든 육신은 언젠가는 ~할 운명에 놓여 있다.

사:명 (死命) 명 1 죽게 된 목숨. 2〖가〗까까스로 ~을 건지다. 2 죽음과 생명. 사생(死生).

사명 (社名) 명 회사나 결사(結社)의 이름.

사명 (社命) 명 회사의 명령.

사:명 (使命) 명 1 사신이나 사절이 받은 명령. 2 맡겨진 임무. ☐맡은 바 ~을 다하다.

사명 (師命) 명 스승의 명령.

사:명 (詞命·辭命) 명 1 임금의 말이나 명령. 2 사신이 명을 받아 외교 무대에서 하는 말.

사:명 (賜名) 명 공이 있는 신하에게 임금이 이름을 지어 줌. 또는 그 이름.

사:명-감 (使命感) 명 주어진 임무를 수행하려는 기개나 책임감. ☐~이 투철한 사람.

사:-명산 (四名山) 명 백두산에서 내려온 명산. 곧, 동의 금강산, 서의 구월산(九月山), 남의 지리산, 북의 묘향산.

사:-명일 (四名日) 명 1 우리나라의 사대 명일. 곧, 설·단오·추석·동지. 사명절. 2 예전에, 설·왕의 탄신일·단오·동지의 네 명일을 일컫던 말.

사:-명절 (四名節) 명 사명일1.

사모 (私募) 명 〖경〗 1 새로 주식이나 사채 등을 발행할 때, 일반으로부터 모집하지 않고 발행 회사와 특정한 관계가 있는 곳에서 모집하는 일. 비공모(非公募)발행. 사모발행. 연고 모집. 2 금융 기관이나 거액의 투자가가 대량의 주(株)를 처분할 때, 급격한 시세 변동을 막기 위하여 거래소의 거래원이 거래소 밖에서 이를 사들이거나 매개하는 일. 장외 거래. *공모(公募).

사모 (邪謀) 명 부정한 책모. 나쁜 모의.

사모 (思慕) 명하타 1 애틋하게 생각하며 그리워함. ☐~의 마음이 간절하다. 2 우러러 받들고 마음속 깊이 그리워함. ☐스승을 ~하다.

사모 (師母) 명 1 스승의 부인. 2〖기〗 목사의 부인.

사:모 (紗帽) 명 〖역〗 고려 말에서 조선 시대에 걸쳐 벼슬아치들이 쓰던, 검은 사붙이로 만든 예모〈지금은 전통 혼례식 때 신랑이 씀〉. 오사모(烏紗帽).
[사모 쓴 도둑놈] 재물을 탐하는 벼슬아치나 양반을 욕하는 말. [사모에 갓끈이다] 제격에 맞지 않아 서로 어울리지 않음.

사모 (詐冒) 명하타 거짓으로 속임.

사모(詐謀)〔명〕남을 속이려는 꾀.

사모-곡(思母曲)〔명〕〔문〕고려 가요의 하나. 작자·제작 연대 미상. 6구체 단련(單聯). 아버지보다 어머니의 사랑이 훨씬 깊고 자애롭다는 내용. '악장가사'와 '시용향악보'에 전함. 엇노리.

사:모-관대(紗帽冠帶)〔명〕사모와 관대《지금은 전통 혼례나 폐백 때 씀》.

사모-님(師母-)〔명〕**1** 스승의 부인을 높여 일컫는 말. **2** 윗사람이나 존경할 만한 사람의 부인을 높여 일컫는 말.

사:모-뿔(紗帽-)〔명〕사모의 뒤에 좌우로 뻗어 나온 잠자리 날개 모양의 뿔.

사:모-싸개(紗帽-)〔명〕사모를 싸 바른 사(紗).

사:모-정(四-亭)〔명〕네모반듯한 정자. 사각정(四角亭).

사:모-턱(紗帽-)〔명〕〔건〕이을 목재의 끝에 네모지게 파낸 턱. ▢~이 지다.

사목(司牧)〔명〕〔하자〕〔가〕사제가 신자를 가르치고 지도하여 구원의 길로 이끄는 일. ▢~ 교서 / ~ 위원회가 구성되다.

사:목(事目)〔명〕〔역〕공사(公事)에 관하여 정한 규칙.

사목(肆目)〔명〕〔하자〕마음껏 보고 싶은 대로 봄.

사:못-집(四-)[-모찝/-묻찝]〔명〕지붕이 네모난 집. 사방집.

사:몽비몽(似夢非夢)〔명〕비몽사몽.

사:묘(四廟)〔명〕고조·증조·조부·부(父)의 네 위패를 모신 사당.

사무(寺務)〔명〕절의 사무.

사무(私貿)〔명〕〔하타〕〔역〕대궐에서 쓰는 물품을 공계(貢契)에서 바치게 하지 아니하고, 임시로 상인에게서 사들이던 일.

사무(私務)〔명〕개인의 사사로운 일. ↔공무(公務).

사무(社務)〔명〕회사의 일.

사:무(事務)〔명〕자신이 맡은 직책에 관련된 여러 가지 일을 처리하는 일(주로, 책상에서 문서 따위를 처리하는 일을 이름). ▢~를 보다 / 경리 ~에 능하다. *업무.

사:무-가(事務家)〔명〕사무를 맡아보는 사람. 또는 사무에 능숙한 사람.

사:무-관(事務官)〔명〕〔법〕일반직 국가 공무원의 직급 명칭. 서기관의 아래, 주사(主事)의 위로 5급임.

사:무 관리(事務管理)[-괄-]**1**〔법〕법률상 의무는 없으나 남을 위하여 남의 사무를 처리하는 일. **2**〔경〕생산이나 판매 등 경영 활동의 합리화를 위한 일들을 관리하는 일.

사:무-국(事務局)〔명〕조직·단체에서, 주로 일반 행정 사무를 맡아보는 큰 단위의 부서.

사:무-복(事務服)〔명〕사무를 볼 때 입는 옷.

사무사-하다(思無邪-)〔형여〕마음에 조금도 나쁜 일을 생각함이 없다.

사:무-소(事務所)〔명〕사무를 보는 곳.

사:무송(使無訟)〔명〕〔하타〕서로 타협하여 시비가 없도록 함.

사:무-실(事務室)〔명〕사무를 보는 방. ▢임대 ~을 얻다.

사:무여한(死無餘恨)〔명〕죽어도 한이 없음.

사:무-원(事務員)〔명〕사무직원.

사:무 자동화(事務自動化)〔경〕사무의 효율성을 높이기 위하여 사무실에 각종 정보 처리 기기를 도입하여, 종합적으로 정보화된 사무 시스템을 구성해서 운용하는 일. 오에이(OA). 오피스 오토메이션.

사:무-장(事務長)〔명〕**1** 사무직원을 지휘하고 그 사무를 관리하는 우두머리. **2** 상선(商船)이나 여객기 따위에서 사무를 처리하는 사람. 또는 그런 직위.

사:무-적(事務的)〔관〕**1** 사무에 관한 (것). ▢~인 일. **2** 성의가 없이 형식적이며 상투적인 (것). ▢~인 대답.

사:무-직(事務職)〔명〕사무를 맡아보는 직책.

사:무-직원(事務職員)〔명〕사무를 맡아보는 직원. 사무원. ~기술직원.

사:무-처(事務處)〔명〕일반 사무를 맡아보는 처(處). ▢~ 직원.

사:무-총장(事務總長)〔명〕사무국의 일을 총괄·지휘하는 우두머리. 또는 그 직위.

사무치다〔자〕깊이 스며들거나 멀리까지 미치다. ▢원한이 뼈에 ~ / 그리움이 가슴에 ~.

사:무한신(事無閑身)〔명〕하는 일이 없어 한가한 사람.

사:문(四門)〔명〕**1** 네 개의 문. 사방의 문. **2**〔역〕'사대문'의 준말.

사:문(死文)〔명〕조문만 있을 뿐 효력이 없는 법령이나 규칙. 공문(空文).

사:문(死門)〔명〕**1** 점술에서, 팔문 가운데 흉한 문의 하나. **2**〔불〕저승의 문. 곧, 죽음.

사문(寺門)〔명〕**1** 절의 문. **2** 절.

사문(私門)〔명〕자기 개인의 집이나 가문의 낮춤말.

사문(沙門)〔명〕〔불〕머리를 깎고 불문에 들어 도를 닦는 사람. 곧, 출가한 승려.

사문(査問)〔명〕〔하타〕조사하여 캐물음.

사문(師門)〔명〕**1** 스승의 집. **2** 스승의 문하.

사:문(赦文)〔명〕〔역〕나라의 경사를 당하여 죄수를 석방할 때에 임금이 내리던 글.

사문(蛇紋)〔명〕뱀 껍질 모양의 무늬.

사문(斯文)〔명〕**1** 유교에서, 유교의 문화를 이르는 말. **2** '유학자'의 경칭.

사문-결박(私門結縛)〔명〕〔하타〕지난날, 권세가 있는 집안에서 백성을 잡아다가 사사로이 결박하던 일.

사문-난적(斯文亂賊)〔명〕성리학에서, 교리를 어지럽히고 사상에 어긋나는 언행을 하는 사람을 이르는 말.

사-문서(私文書)〔명〕〔법〕사인(私人)이 권리·의무 또는 사실 증명에 관하여 작성한 문서. ▢~ 위조 혐의로 고소하다. ↔공문서.

사문서 위조죄(私文書僞造罪)[-쬐]〔법〕행사할 목적으로 사문서를 위조 또는 변조함으로써 성립하는 죄.

사문-석(蛇紋石)〔명〕〔광〕주로 마그네슘과 규산으로 이루어진 함수 광물. 녹색 바탕에 붉은색·노란색·검은색 등이 섞여 있고, 연마할 때 광택이 나면서 뱀 껍질 같은 무늬가 나타남(장식품·건축 재료로 씀).

사문-암(蛇紋岩)〔명〕〔지〕사문석을 주성분으로 하는 암석. 녹색·암적색을 띠며, 윤이 나고 질이 치밀함(무늬가 아름다워 실내 장식에 씀).

사문-형(私門刑刑)[-농-]〔명〕〔하타〕지난날, 권세 있는 집안에서 사람을 사사로이 감금하거나 형벌을 가하던 일.

사:문-유관(四門遊觀)[-뉴-]〔명〕〔불〕석가모니가 태자 때 동문 밖에 나갔다가 노인을, 남문 밖에서 병자를, 서문 밖에서 죽은 사람을, 북문 밖에서 석가의 위의(威儀)를 갖춘 사문(沙門)을 보고, 늙고 병들고 죽는 고통에 해탈하고자 출가를 결심한 고사(故事).

사문-직(斜紋織)〔명〕무늬가 비스듬히 사선으로 나타나게 짠 옷감.

사:문-화 (死文化) 〖명〗〖하ㅣ자타〗 법령이나 규칙 따위가 실제적인 효력을 잃어버림. 또는 그렇게 되게 함. ◻~된 지 오랜 법조문.

사:물 (四勿) 〖명〗 논어에서 금하는 네 가지. 예가 아니면 보지 말며, 듣지 말며, 말하지 말며, 움직이지 말 것. 사잠(四箴).

사:물 (四物) 〖명〗**1** 〖민〗 풍물에 쓰는 네 가지 악기. 즉, 꽹과리·징·북·장구의 총칭. **2** 〖불〗 법고(法鼓)·운판(雲板)·목어(木魚)·대종(大鐘)의 총칭.

사:물 (死物) 〖명〗**1** 죽은 생물. ↔활물(活物). **2** 쓰지 못할 물건.

사물 (私物) 〖명〗 개인이 사사로이 소유하는 물건. 사유물. ◻~함을 정리하다 / ~의 반입을 엄금함. ↔관물.

사물 (邪物) 〖명〗 사악한 물건. 또는 부정을 탄 불길한 물건.

사:물 (事物) 〖명〗**1** 일과 물건. **2** 물질 세계에 있는 모든 구체적이며 개별적인 존재의 총칭. **3**〖법〗 사건과 목적물.

사:물 (賜物) 〖명〗**1** 임금이 하사하는 물건. **2** 윗사람이 아랫사람에게 내려 주는 물건.

사물-거리다 〖자〗 아리송한 것이 눈앞에 삼삼히 떠올라 자꾸 아른거리다. **사물-사물** 〖부〗〖하ㅣ자〗

사:물 기생 (死物寄生) 〖생〗 죽은 생물체에 기생하여 양분을 섭취하는 일. 부생(腐生). ↔활물 기생.

사:물-놀이 (四物─) 〖로리〗 〖명〗〖악〗 네 사람이 각기 꽹과리·징·장구·북 등 4가지 타악기로 농악·무악 등에서 연주되는 리듬 음악을 합주하는 민속 음악.

사물-대다 〖자〗 사물거리다.

사:물 대:명사 (事物代名詞) 〖언〗 지시 대명사.

사:물-잠 (四勿箴) 〖명〗 사물을 경계하는 잠언. 사잠(四箴).

사:물-탕 (四物湯) 〖명〗〖한의〗 여성과 아이들의 보혈제로 쓰는 탕약의 하나《숙지황·백작약·천궁·당귀를 조합하여 만듦》.

사릇 〖문〗 〖부〗**1** 거리낌 없이 마구. 마음대로 마냥. ◻흥에 겨워 ~ 떠들어 댄다. **2** 아주 딴판으로. ◻예상과는 ~ 다르다. **3** 줄곧. ◻~ 바쁘기만 했다. **4** 마음에 사무치도록 매우. ◻~ 놀라다.

사미 (沙彌) 〖명〗〖불〗 십계를 받고 불도를 닦는 어린 남자 승려. 사미승.

사:미 (賜米) 〖명〗〖하ㅣ자〗 예전에, 나라에서 노인에게 쌀을 하사하던 일. 또는 그 쌀.

사미-니 (沙彌尼) 〖명〗〖불〗 불문에 든 지 얼마 안 되는, 수행이 미숙한 여승.

사미-승 (沙彌僧) 〖명〗〖불〗 사미(沙彌).

사미인-곡 (思美人曲) 〖명〗 조선 선조(宣祖) 때, 송강 정철(鄭澈)이 지은 가사(歌辭). 임금을 그리는 정을 간곡하게 읊은 작품임《'송강가사(松江歌辭)'에 실려 있음》.

사:민 (士民) 〖명〗**1** 양반과 평민. **2** 육예(六藝)를 배운 백성.

사:민 (四民) 〖명〗**1** 사농공상(士農工商)의 네 가지 신분의 백성. **2**온 백성.

사민 (私民) 〖명〗 예전에, 귀족에게 예속되어 그 지배를 받던 백성.

사:민-평등 (四民平等) 〖명〗 모든 백성이 평등하게 자유와 권리를 가지는 일.

사바 (娑婆) 〖명〗〔산 sabhā〕〖불〗 중생이 갖가지 고통을 참고 견디어야 하는 이 세상. 인간 세계. 속세계. 사바세계.

사바나 (savanna) 〖명〗〖지〗 열대의 비가 적은 지대의 초원《우기에만 키가 큰 풀이 자람》.

사바나 기후 (savanna氣候) 〖기상〗 열대 기후

의 하나. 열대보다 약간 위도가 높은 아열대에 가까운 지방에서 볼 수 있는, 우기와 건기의 구별이 뚜렷한 기후(기호는 Aw). 열대 사바나 기후.

사바-세계 (娑婆世界)〖-/-게〗〖명〗〖불〗 사바.

사박-거리다 〖-꺼-〗〖자타〗**1** 밤·사과 등을 씹는 것 같은 소리가 자꾸 나다. 또는 그런 소리를 자꾸 내다. **2** 모래밭을 걷는 것 같은 소리가 자꾸 나다. 또는 그런 소리를 자꾸 내다. 큰 서벅거리다. **사박-사박** 〖-싸-〗〖부〗〖하ㅣ자타〗. ◻모래 위를 ~ 걷다.

사박-대다 〖-때-〗〖자타〗 사박거리다.

사박-스럽다 〖-쓰-따〗 〖-스러워, -스러우니〗〖형〗 성질이 독살스럽고 야멸친 데가 있다. **사박-스레** 〖-쓰-〗〖부〗

사:-박자 (四拍子)〖-짜〗〖명〗〖악〗 악곡의 한 소절이 네 박자로 된 것.

사:반공배 (事半功倍) 〖명〗 들인 노력은 적고 얻은 성과는 큼.

사:반-기 (四半期) 〖명〗 사분기(四分期).

사-반상 (沙飯床) 〖명〗 사기로 만든 반상기.

사:반-세기 (四半世紀) 〖명〗**1** 세기의 4분의 1. 곧, 25년.

사발 (沙鉢) 〖명〗 사기로 된 국그릇이나 밥그릇. 위는 넓고 아래는 좁으며 굽이 있음. ◻막걸리 두 ~ / ~에 밥을 푸다.

사발-고의 (沙鉢─)〖-/-이〕〖명〗 가랑이가 무릎까지만 오는 짧은 남자용 홑바지.

사발-농사 (沙鉢農事)〖-롱-〗〖명〗〖하ㅣ자〗 밥을 빌어 먹는 일의 비유.

사발-막걸리 (沙鉢─)〖-껄-〗〖명〗 별다른 안주도 없이 사발을 술잔으로 하여 파는 막걸리.

사발-무더기 (沙鉢─) 〖명〗 사발에 가득히 담은 음식의 부피. ◻밥을 ~로 담다.

사발-밥 (沙鉢─)〖-빱〗〖명〗 사발에 담은 밥. 또는 한 사발의 밥.

사발-색 (沙鉢─) 〖명〗〖광〗 사발에 감돌·감흙·복대기 따위를 넣고 물에 일어 금이 있고 없음을 시험하는 일. ◻~을 보다.

사발-시계 (沙鉢時計)〖-/-게〗〖명〗 사발 모양의 둥근 탁상시계.

사발-옷 (沙鉢─)〖-바론〗〖명〗 가랑이가 무릎 아래까지만 오는 짧은 여자 바지.

사발-잠방이 (沙鉢─)〖명〗 가랑이가 짧은 농부용 잠방이.

사발-지석 (沙鉢誌石) 〖명〗 안쪽에 먹으로 글자를 쓰고 밀을 발라 지석 대신으로 무덤 앞에 묻는 사발.

사발-통문 (沙鉢通文) 〖명〗 호소문이나 격문 따위를 쓸 때에, 주모자를 숨기기 위하여 서명에 참여한 사람들의 이름을 둥글게 뼁 돌려 적은 통문. ◻~을 돌리다.

사:-발허통 (四八虛通) 〖명〗〖하ㅣ형〗 사방이 툭 터져서 허전함.

사:방 (巳方) 〖명〗〖민〗 이십사방위의 하나. 남동으로부터 남쪽으로 15도 되는 방위를 중심으로 한 15도의 각도 안. 준사(巳).

사:방 (四方) 〖명〗**1** 동·서·남·북의 네 방위의 총칭. ◻~으로 둘러싸이다. **2** 둘레의 모든 방향. 여러 곳. 주위 일대. ◻~이 고요하다 / 지원자가 ~에서 몰려오다 / 천천히 ~을 둘러보다.

사방 (沙防·砂防) 〖명〗〖건〗 산·바닷가·강가 따위에서 모래나 흙이 비나 바람에 씻기어 무너져 떠내려가는 것을 막기 위해 시설하는 일.

사방 공사 (沙防工事) 〖공〗 사방 시설을 하는

공사.

사:방-관(四方冠)圓 망건 위에 쓰는 네모반듯한 관.

사방 댐(沙防dam)〖공〗하천의 흙이나 모래가 흘러내리는 것을 막기 위해 만든 댐.

사:방-등(四方燈)圓 네모반듯한 등. 네 면에 유리를 끼우거나 종이나 헝겊을 바르고 그 안에 불을 켜서 들고 다니게 되었음.

사:방-란(四方卵)[-난]圓 네모나게 삶아 굳힌 알(알을 식초에 담가 껍질이 물러지면 네모진 나무 그릇에 넣어서 삶음).

사방-림(沙防林)[-님]圓〖지〗산이나 바닷가의 흙·모래가 비에 떠내려가는 것을 막기 위하여 이루어 놓은 숲. 🗆〜을 조성하다.

사:방-모자(四方帽子)圓 사각모자.

사:-방영(四防營)圓〖역〗조선 때, 평안도의 창성·강계·선천·삼화(三和)의 네 곳에 둔 방어영(防禦營).

사:-방위(四方位)圓 동·서·남·북의 네 방위.

사방 정계(斜方晶系)[-/-게]〖광〗세 개의 결정축이 서로 직각으로 마주 접촉하고 각 축의 길이가 서로 다르며, 앞뒤의 축이 좌우의 축보다 짧은 결정계(황옥·홍석주 따위에 나타남).

사:방 제기(四方-)圓 네 사람이 네 귀에 벌여서서 차례차례로 제기를 발로 주고받으며 차는 놀이.

사:방-치기(四方-)圓 **1** 돌차기. **2**〖민〗양주 별산대놀이에서, 도포나 장삼 자락을 머리 위에 펴서 두 손으로 잡고, 주춤주춤 한 방향씩 돌아가면서 두 번 절하는 춤사위.

사:방-침(四方枕)圓 팔꿈치를 괴고 비스듬히 기대어 앉게 된 네모진 베개.

사:방-탁자(四方卓子)[-짜]圓 다과·책·꽃병 따위를 올려놓는 네모반듯한 탁자(선반이 너덧 층 있음).

사:방-팔방(四方八方)圓 모든 방향이나 방면. 사각팔방. 🗆〜으로 흩어지다.

사:방-형(四方形)圓〖수〗사각형.

사방-형(斜方形)圓〖수〗'평행 사변형'의 구용어.

사방-휘석(斜方輝石)圓〖광〗사방 정계(斜方晶系)에 속하는 휘석. 주로 마그네슘·철을 함유함(완화(頑火)휘석, 자소(紫蘇)휘석 따위가 있음).

사:배(四拜)圓하자 네 번 절함. 또는 그 절.

사:배(四配)圓 문묘(文廟)에 함께 모신, 오른쪽의 안자(顔子)·자사(子思)와 왼쪽의 증자(曾子)·맹자의 네 현인. 사유(四侑).

사:배(賜杯)圓 임금이 신하에게 술잔을 내림. 또는 그 술잔.

사:배-체(四倍體)圓〖생〗보통 개체의 염색체 수가 2n이라면 그런 4n의 염색체 수를 가지는 것(과실이 굵든지 크기가 큼).

사:백(死魄)圓 달이 아주 이지러졌다는 뜻으로, 음력 초하룻날을 일컫는 말. 또는 그날의 달을 일컫는 말.

사백(舍伯)圓 남에게 자기의 맏형을 겸손하게 일컫는 말. 가형(家兄). 사형(舍兄).

사백(詞伯)圓 시문에 조예가 깊은 사람을 높이어 이르는 말. 사종(詞宗).

사:무사 병(四百四病)[-씨-]〖한의〗사람이 걸리는 모든 병을 이르는 말. 곧, 오장에 있는 각각 81종의 병을 총합한 405종 중 죽는 병을 제외한 404종의 병.

사:번-스럽다(事煩-)[-따][-스러워, -스러우

니]圓ᄇ 사번한 데가 있다. 사:번-스레 用

사:번-하다(事煩-)圓어 일이 많고 번거롭다. 사:번-히 用

사:범(事犯)圓〖법〗법적인 처벌을 받을 만한 행위. 🗆시국 〜 / 경제 〜을 검거하다.

사범(師範)圓 **1** 남의 스승이 될 만한 모범이나 본보기. **2** 유도·권투·바둑 따위의 기술을 가르치는 사람. 또는 그 자격. 🗆유도 〜으로 일하다.

사범 교:육(師範教育)〖교〗초등학교나 중·고등학교 교사 양성을 목적으로 하는 교육.

사범 대:학(師範大學)〖교〗중·고등학교 교사 양성을 목적으로 하는 고등 교육 기관. ⓐ 사대.

사범 학교(師範學校)[-꾜]〖교〗'교육 대학'의 전신.

사법(司法)圓〖법〗국가의 기본적인 작용의 하나. 어떤 문제에 대하여 법을 적용하여 그 적법성이나 위법성, 권리관계 따위를 확정하여 선언하는 일. *입법·행정.

사:법(四法)圓 **1**〖문〗한시(漢詩)의 기(起)·승(承)·전(轉)·결(結)의 작법. **2**〖불〗삼보 가운데, 법보(法寶)를 나눈 교법·이법(理法)·행법(行法)·과법(果法)의 네 가지.

사:법(史法)圓 역사의 기록은 사실 그대로 써야 한다는 원칙.

사:법(死法)圓〖법〗실제로 쓰이지 않는 법률. 곧, 효력을 잃은 법률.

사법(私法)圓[-뻡]〖법〗개인 사이의 권리나 의무 관계를 규정한 법률(민법·상법 따위). ↔공법(公法).

사법(邪法)圓 **1** 바르지 못한 길. **2** 마법(魔法).

사법(師法)圓하타 **1** 스승으로서 지켜야 할 도리. **2** 스승으로 삼아 그를 본떠서 배움.

사:법(射法)[-뻡]圓 활이나 총포 따위를 쏘는 방법.

사:법(嗣法)圓하자 〖불〗법사(法師)에게서 심법(心法)을 이어받음. 또는 이어받을 사람.

사법 경:찰(司法警察)[-경-]〖법〗범죄 수사·범인 체포·증거 수집 따위의 형사 재판에 관한 일을 하는 경찰.

사법-관(司法官)[-꽌]〖법〗사법권 행사를 맡은 공무원. 법관을 가리키며, 때로는 검찰관까지 포함됨. *행정관.

사법 관청(司法官廳)[-꽌-]〖법〗국가의 사법 작용을 맡아 하는 관청이라는 뜻으로, 법원을 이르는 말. ⓐ법원.

사법-권(司法權)[-꿘]〖법〗사법을 행하는 국가 통치권의 작용. 곧, 민사·형사·행정의 재판을 포함하는 권능.

사법 기관(司法機關)[-끼-]〖법〗민사·형사 및 기타 일반적으로 재판을 행하는 국가 기관. 곧, 법원(넓은 의미로 검찰청·사법 경찰 기관·행형 기관 따위도 포함됨).

사법 대:서인(司法代書人)[-때-]〖법〗'법무사1'의 구칭.

사법-법(司法法)[-뻡]圓〖법〗사법 제도 및 사법권의 행사를 규정하는 법규의 총칭(보통 법원 조직법 및 민사·형사의 소송법을 이름).

사법-부(司法府)[-뿌]圓〖법〗대법원 및 그 관할에 속하는 모든 기관의 총칭. 🗆-의 수장(首長)은 대법원장이다. *입법부·행정부.

사법 서사(司法書士)[-써-]〖법〗'법무사(法務士)1'의 구칭.

사법 시험(司法試驗)[-씨-]〖법〗국가 고시의 하나. 판사·검사·변호사 또는 군 법무관이 되려는 사람의 학식이나 능력을 검정하기 위한 시험. ⓐ사시(司試).

사법 연:수생 (司法研修生)[-법년-] 『법』 사법 시험에 합격하여 사법 연수원에서 법률에 관한 이론과 실무를 배워 익히는 사람(연수 기간은 2년임).

사-법인 (私法人) 똉 『법』 사법(私法)에 바탕을 둔 법인(내부 조직에 따라 사단 법인·재단 법인으로 나누고, 그 목적에 따라 영리 법인·공익 법인으로 나눔). ↔공법인.

사법 재판 (司法裁判)[-째-] 『법』 민사 및 형사 재판의 총칭.

사법 재판소 (司法裁判所)[-째-] 『법』 민사·형사의 재판권을 행사하는 국가 기관(법원의 딴 이름).

사법-적 (司法的)[-쩍] 팬똉 법을 적용하는 (것). ▢~ 절차 / ~인 처리 방안.

사법 처:분 (司法處分) 『법』 사법 관청이 내리는 처분. ▢경미한 선거 사범도 ~에 부치기로 했다. *행정 처분.

사법 행정 (司法行政)[-뻥] 『법』 사법권에 관련된 행정(대법원·법무부·검찰청이 맡아 관리함). 법원 행정(法院行政).

사벌 (네 sabel) 똉 **1** 군인이나 경관이 허리에 차던 서양식의 긴 칼. 양검(洋劍). **2** 사브르.

사:벽 (四壁) 똉 사방의 벽. 또는 방의 네 벽.

사벽 (沙壁·砂壁) 똉 『건』 모래와 흙을 섞어서 바른 벽.

사벽 (邪辟·邪僻) 똉혱 마음이 비뚤어지고 한쪽으로 치우쳐 있음.

사:변 (四邊) 똉 **1** 사방의 네 변두리. **2** 주위. 또는 근처. **3**『수』네 개의 변. ▢~의 길이가 같은 도형은 정사각형이나 마름모꼴이다.

사:변 (事變) 똉 **1** 천재(天災)나 그 밖의 큰 변고. **2** 경찰력으로 막을 수 없어 병력을 사용하게 되는 국가적 재난나 난리. **3** 한 나라가 상대국에 선전 포고 없이 무력을 쓰는 일. ▢만주 ~.

사변 (思辨) 똉혱타 **1** 생각으로 사물의 옳고 그름을 가려냄. **2**『철』경험에 의하지 않고 순수한 사유(思惟)만으로 인식에 도달하는 일.

사변 (斜邊) 똉 『수』'빗변'의 구용어.

사:변-가주서 (事變假注書) 『역』 조선 때, 승정원(承政院)의 정칠품 벼슬(정원 이외에 둔 주서(注書)로, 비변사(備邊司)와 국청(鞫廳)의 일을 담당했음). 가관(假官).

사변-적 (思辨的) 팬똉 경험에 의하지 않고 순수하게 이론적인 (것). ▢~ 방법으로 해결을 시도하다.

사:변-주서 (事變注書) 똉 『역』 사관(史官)이 기록하여 둔, 사변에 관한 공적인 기록.

사변 철학 (思辨哲學) 『철』 경험 철학에 대하여, 이성을 지식의 근거로 삼는 철학(피히테·셀링·헤겔의 철학 따위). ↔경험 철학.

사:변-형 (四邊形) 똉 『수』 사각형.

사:별 (死別) 똉혱자타 죽어서 이별함. ▢~의 아픔 / 어려서 양친과 ~하다.

사:병 (士兵) 똉 『군』 장교가 아닌 부사관과 병사. ↔장교.

사:병 (死病) 똉 죽을병. ▢~에 걸리다.

사병 (私兵) 똉 권세를 가진 개인이 사사로이 길러 부리는 병사. 가병(家兵). ▢~을 거느리다. ↔관병(官兵).

사병 (詐病) 똉혱자 꾀병.

사:보 (四寶) 똉 네 가지 보배라는 뜻으로, 붓·먹·종이·벼루의 일컬음.

사보 (私報) 똉혱타 **1** 개인적으로 사사로이 알림. **2** 공적인 전보 이외의 사사로운 전보. ↔공보(公報).

사보 (私寶) 똉 개인이 가지고 있는 보물.

사보 (社報) 똉 회사에서 사원을 대상으로 펴내는 정기 간행물(사내보(社內報)와 사외보가 있음). ▢~에 기고하다.

사보 (師保) 똉혱타 남의 스승이 되어 가르치며 돌보아 기름. 또는 그 사람.

사보 (寫譜) 똉혱타 악보를 베껴 적음. 또는 그 베낀 악보.

사-보두청 (私-廳) 똉 '사포도청'의 변한말.

사보타주 (프 sabotage) 똉혱자 태업(怠業)1.

사보텐 (에 ←sapoten) 똉 『식』 선인장.

사-보험 (私保險) 똉 『보』 보험 관계자 개인의 경제적인 이익을 목적으로 하는 보험.

사복 (司僕) 똉 『역』 '사복시(司僕寺)'의 준말.

사복 (私服) 똉 **1** 관복이나 제복이 아닌 사사로이 입는 보통 옷. ▢~ 차림 / ~ 경찰. **2** '사복형사'의 준말. ——하다[-보카-] 자예 사복을 입다. ▢사복한 경찰관.

사복 (私腹) 똉 개인의 사사로운 이익이나 욕심. ▢~을 채우다. 「음에 둠.

사복 (思服) 똉혱타 늘 생각하여 잊지 않고 마

사복-개천 (司僕-川)[-깨-] 똉 더러운 개천이라는 뜻으로, 거리낌 없이 상말을 마구 하는, 입이 더러운 사람을 낮추어 일컫는 말.

사복-거덜 (司僕-)[-꺼-] 똉 『역』 배종(陪從)의 옷차림에 벙거지를 쓰고 벽제를 하며 권마성(勸馬聲)을 외치던 하인.

사복-마 (司僕馬)[-봉-] 똉 『역』 사복시에서 관리하던 말.

사복-시 (司僕寺)[-씨-] 똉 고려·조선 때, 궁중의 가마나 말에 관한 일을 맡아보던 관아. 태복(太僕). 사어(司馭). ⒣사복(司僕).

사:-복음 (四福音) 똉 『성』 신약 성서 가운데 있는 네 복음서(마태복음·마가복음·누가복음·요한복음).

사복-형사 (私服刑事)[-보켱-] 똉 범죄 수사나 잠복, 미행 따위를 할 때, 신분을 숨기기 위해 사복을 입고 근무하는 경찰관. ▢~가 따라붙다. *경사복을 입은 형사.

사:본 (事本) 똉 일의 근본. 또는 사건의 근원. 사근(事根).

사본 (寫本) 똉혱타 **1** 원본을 옮기어 베낌. 또는 그 베낀 책이나 서류. **2** 원본을 사진으로 찍거나 복사하여 만든 책이나 서류. ▢주민등록증 ~.

사:-부 (士夫) 똉 '사대부(士大夫)'의 준말.

사:-부 (四部) 똉 **1** 넷으로 나눈 부류. **2**『불』 사중(四衆). **3** 『악』 '사부 합창'의 준말. *사중주·사부 합주'의 준말. **4** 중국 고전의 네 부류(곧, 경부(經部)·사부(史部)·자부(子部)·집부(集部)). *경사자집(經史子集).

사:-부 (史部) 똉 중국 고전 사부(四部)의 하나. 역사·지리·관직에 관한 책. 을부(乙部).

사부 (私夫) 똉 **1** 예전에, 관기(官妓)가 남몰래 두고 있던 남편. **2** 샛서방.

사부 (思婦) 똉 **1** 근심이나 걱정이 있는 여자. **2** 멀리 떠난 남편을 그리워하는 부인.

사부 (師父) 똉 **1** '스승'을 높여 일컫는 말. **2** 스승과 아버지.

사부 (師傅) 똉 스승.

사부 (詞賦) 똉 **1** 운자(韻字)를 달아 지은 한시의 총칭. **2** 사(詞)와 부(賦).

사부 (謝簿) 똉 『식』 체완판.

사:-부-가 (士大夫) 똉 사대부의 집안. 사대부가(士大夫家).

사부랑-거리다 자타 주책없이 실없는 말을 자꾸 지껄이다. ⒣시부렁거리다. ⒲싸부랑거리

다. **사부랑-사부랑¹** 閉하자타.
사:-분합 (四分闇) 圀 〖건〗 문짝이 넷으로 되어
사부랑-대다 자타 사부랑거리다.
사부랑-사부랑² 閉 여럿이 다 사부랑한
모양. 셈서부렁서부렁.
사:-불상 (死不瞑目) 〖한〗 한(恨)이 많아 죽
어서도 눈을 편히 감지 못함.
사부랑-삽작 [-짝] 閉 힘들이지 않고 가볍게
살짝 건너뛰거나 올라서는 모양. 〇 ~ 도랑
을 건너뛰다. 셈서부렁섭적.
사불범정 (邪不犯正) 圀하자 바르지 못한 것이
바른 것을 감히 범하지 못함. 곧, 정의가 반
드시 이김을 일컫는 말.
사부랑-하다 형에 묶거나 쌓은 물건이 다붙지
않고 조금 느슨하다. 셈서부렁하다.
사:-불상 (四不像) [-쌍] 圀 〖동〗 사슴과의 포유
동물. 어깨의 높이는 1m 정도임. 목은 낙타,
뿔은 사슴, 꼬리는 당나귀, 발굽은 소와 비슷
한 데서 이 이름이 지어짐.
사-부인 (査夫人) 圀 '안사돈'의 존칭.
사부자기 閉 힘들이지 않고 가볍게. 〇 일을 ~
해치우다. 셈시부저기.
사:-불여의 (事不如意) [-/-이] 圀하자 일이 뜻
대로 되지 않음.
사부작-사부작 [-싸-] 閉하자 별로 힘들이지
않고 계속 가볍게 행동하는 모양. 셈시부적
시부적.
사붓 [-붇] 閉 소리가 나지 않을 정도로 발을
가볍게 얼른 내디디는 모양. 또는 그런 소리.
셈서붓. 셰사뿟.
사:-부주 圀 격식을 갖추는 데 필요한 여러 조
건. 〇 ~가 잘 맞는다.
사붓-사붓 [-붇-] 閉하자 소리가 나지 않을
정도로 발걸음을 계속 가볍게 옮기는 모양.
또는 그런 소리. 〇 ~ 걸음을 옮기다. 셈서붓
서붓. 셰사뿟사뿟.
사:-부중 (四部衆) 〖불〗 사중(四衆).
사:-부 합주 (四部合奏) [-쭈] 〖악〗 소리의 고저
를 조화시키기 위하여 네 성부의 악기로 합
주하는 일(한 성부의 악기가 둘 이상인 점이
사중주와 다름). 줄사부.
사붓-이 閉 사붓. 〇 ~ 걷다.
사-붙이 (紗-)[-부치] 圀 발이 얇고 성긴 깁의
종류(갑사·은조사 따위). 사속(紗屬).
사:-부 합창 (四部合唱) 〖악〗 목소리의 고저를
조화시키기 위하여 네 성부로 합창하는 일
(한 성부가 두 사람 이상인 점이 사중창과 다
름). 줄사부.
사브르 (ㄷ sabre) 圀 펜싱 경기에 쓰는 길이
105cm, 무게 500g 이하의 칼. 또는 그 칼로
벌이는 경기. 사벨. *에페·플뢰레.
사:-부-향 (士夫鄕) 圀 사대부가 많이 사는 시골.
사비 (私費) 圀 개인이 부담하는 비용. 자비(自
費). 〇 ~로 유학하다. ↔관비·공비.
사북 圀 1 쥘부채의 아랫머리나 가위다리의 교
차된 곳에 못과 같이 박아서 돌쩌귀처럼 쓰
이는 물건. 〇부채 ~. 2 가장 긴요한 곳.
사비 (私備)圀하자 개인의 돈으로 여러 사람이
쓰는 물건을 마련하는 갖춤.
사:-분 (四分) 圀하타 네 부분으로 나눔. 〇 ~의
일 / 유산을 ~하다 / 천하가 ~되다.
사비 (社費) 圀 회사에서 내는 비용.
사분 (私憤) 圀 사사로운 분노. ↔공분(公憤).
사비-생 (私費生) 圀 사비로 공부하는 학생. ↔
관비생.
사분-거리다 자 1 슬쩍슬쩍 우스운 소리를 해
가며 자꾸 성가시게 굴다. 2 가만가만 행동하
거나 지껄이다. **사분-사분** 閉하자.
사:-비팔산 (四飛八散) [-싼] 圀하자 사방으로 날
리어 이리저리 흩어짐.
사-분기 (四分期) 圀 한 기간, 특히 1회계 연
도를 넷으로 나눈 한 기간(차례에 따라 일사
분기, 이사분기, 삼사분기, 사사분기로 부름).
사반기(四半期).
사빈 (社賓) 圀 회사의 손님. 또는 회사에서 모
시는 빈객.
사빈 (沙濱·砂濱) 圀 〖지〗 모래가 깔려 있는 바
닷가의 땅.
사분-대다 자 사분거리다.
사:-분면 (四分面) 圀 〖수〗 1 원의 4분의 1. 2
평면상에서 두 직선이 서로 직각으로 만날
때, 직선이 나누는 평면의 네 부분 가운데 한
평면.
사뿐 閉 소리가 나지 않게 발을 살짝 내디디는
모양. 셈서뿐. 쥔사뿐. ──히¹ 閉. 〇담에서
~ 뛰어내리다.
사뿐-사뿐 閉하자 소리가 나지 않게 가볍게 발
걸음을 계속 옮기는 모양. 〇 가볍게 ~ 걷다.
셈서뿐서뿐. 쥔사뿐사뿐.
사분사분-하다 형에 성질이나 마음씨가 보드
랍고 상냥하다. 셈서분서분하다.
사뿐-하다 형에 몸과 마음이 아주 가볍고 시원
하다. 셈서뿐하다. ──히² 閉. 〇 ~ 걷다.
사:-분-쉼표 (四分-標) 〖악〗 온쉼표의 4분의
1의 길이를 나타내는 쉼표(𝄽).
사뿟 [-뿓] 閉 발을 가볍게 얼른 내디디는 모
양. 또는 그런 소리. 셈서뿟. 셰사붓. 쥔사붓.
사:-분-오열 (四分五裂) 圀 1 여러 갈래로
갈기갈기 찢어짐. 2 질서 없이 어지럽게 여러
갈래로 분열함. 〇당이 ~되다.
사뿟-사뿟 [-뿓-] 閉하자 소리가 나지 않을
정도로 발걸음을 계속 가볍게 옮기는 모양.
또는 그런 소리. 〇 ~ 걷다. 셈서뿟서뿟. 쥔
사붓사붓.
사:-분-원 (四分圓) 圀 〖수〗 한 개의 원을 서로
수직인 두 지름으로 나눈 네 부분의 하나.
사뷔 圀 〖옛〗 새우.
사:-분-음 (四分音) 圀 〖악〗 최소 음정인 반음
을 다시 이등분한 음.
사:-사 (士師) 圀 1 〖역〗 옛날 중국에서, 법령과
형벌을 맡아보던 재판관. 2 〖기〗 구약 시대
에, 이스라엘 백성을 다스리던 지배자.
사:-분음 음악 (四分音音樂) 〖악〗 사분음을 사
용한 음악(19세기 말에서 20세기에 걸쳐 제
작된 사분음 피아노곡이나 현악곡·합창곡 따
위가 있음).
사:-사 (四史) 圀 사기(史記)·전한서(前漢書)·후
한서·삼국지의 네 가지 중국 역사책.
사:-분-음표 (四分音標) 〖악〗 온음표의 4분
의 1의 길이를 나타내는 음표(♩).
사:-사 (四絲) 圀 네 가닥의 실이나 노끈을 꼬아
서 만든 끈목(대님·허리띠·주머니 끈 따위에
썼음).
사:-분 포자 (四分胞子) 〖식〗 조류(藻類)에서,
편모 없는 부동체(不動) 포자의 하나. 포자낭
속의 한 개의 모세포가 감수 분열을 하여 부
동 포자 네 개를 만듦.
사:-사 (死士) 圀 죽기를 각오하고 나선 군사.
사사 (些事) 圀 사소한 일이나 하찮은 일. 쇄사
(瑣事). 소사(小事).
사사 (私事) 圀 사삿일. ↔공사(公事).

사사 (社史) 圀 회사의 역사. 또는 그 기록.

사사 (邪思) 圀 올바르지 못한 그릇된 생각. 사념(邪念).

사사 (事事) 圀 이 일 저 일. 모든 일.

사사 (師事) 圀ᄒᆞ타 스승으로 삼고 섬김. 또는 스승으로 삼고 가르침을 받음. ▫그림을 ~ 하다.

사-사 (賜死) 圀ᄒᆞ자타 『역』 죽일 죄인을 대우하여 사약을 내려 스스로 죽게 하던 일. ▫~를 당하다 / ~를 내리다.

사-사 (謝辭) 圀ᄒᆞ자 1 사례의 말. 또는 사죄의 말. 2 예로써 사양함. 또는 그런 말.

사사 (謝謝) 圀ᄒᆞ타 사퇴(辭退)2.

사:사건건 (事事件件)[-껀껀] 圀ᄇ 모든 일. 온갖 사건. 건건사사. ▫~에 말썽을 부리다. ⊟ᄇ 모든 일마다. 매사에. 건건사사. ▫트집을 잡다 / ~ 걸고넘어지다.

사사-롭다 (私私-)[-따][-로워, -로우니] 휑ᄇ 공적이 아니고 개인적인 관계의 성질을 띠고 있다. ▫사사로운 감정 / 사사로운 일에 참견 마라. **사사-로이** 凰. ▫그것은 ~ 한 일로 공무와는 무관하다.

사사-망념 (私思妄念) 圀 몰래 사사로이 품은 망령된 생각.

사사-망념 (邪思妄念) 圀 좋지 못한 온갖 망령된 생각.

사:사물물 (事事物物) 圀 모든 사물. 또는 모든 현상.

사:-사분기 (四四分期) 圀 1년을 넷으로 나눈 넷째 기간. 곧, 10-12월의 3개월. 사사반기(四四半期).

사:사불성 (事事不成)[-썽] 圀ᄒᆞ자 일마다 이루어지지 않음.

사사-스럽다 (邪邪-)[-따][-스러워, -스러우니] 휑ᄇ 하는 짓이 간사하고 바르지 못한 데가 있다. **사사-스레** 凰.

사:사언청 (事事言聽) 圀ᄒᆞ타 일마다 남의 말대로 좇아서.

사:사여의 (事事如意)[-/-이] 圀ᄒᆞ휑 일마다 뜻대로 됨.

사:-사오입 (四捨五入) 圀ᄒᆞ타 『수』 '반올림'의 구용어.

사:-사조 (四四調)[-쪼] 圀 『문』 시나 산문에서, 네 음절씩 되풀이 배열하는 율조.

사산 (四山) 圀 사면에 둘러 있는 산들.

사:산 (四散) 圀ᄒᆞ자 사방으로 흩어짐.

사산 (寺山) 圀 1 절이 있는 산. 2 절의 소유로 되어 있는 산.

사:산 (死産) 圀ᄒᆞ타 『의』 임신 4개월이 지난 후 죽은 아이를 낳는 일. ▫태아를 ~하다.

사산 (私山) 圀 개인 소유의 산림.

사산 (私産) 圀 개인 소유의 재산. 사재(私財).

사산 (嗣産) 圀 남의 집의 대를 이어서 물려받는 재산. 곧, 양가(養家)에서 받는 재산.

사:산-분리 (四散分離)[-불-] 圀ᄒᆞ자타 사방으로 흩어져 따로따로 떨어짐. 또는 그렇게 떼어 놓음.

사:산-분주 (四散奔走) 圀ᄒᆞ자 사방으로 뿔뿔이 흩어져 달아남.

사:산-아 (死産兒) 圀 『의』 죽어서 태어난 아이. 석아(石兒).

사:산화-삼납 (四酸化三-) 圀 『화』 납이나 산화납을 공기 속에서 400℃ 이상으로 가열하여 얻는 붉은색의 가루(붉은 안료·도료 따위의 원료로 씀). 속칭은 연단(鉛丹).

사:산화-삼철 (四酸化三鐵) 圀 『화』 자철석으로 산출되는 검은 빛깔의 물질(산화 방지제·촉진·녹음테이프 따위를 만드는 데 씀). 자

성 산화철(磁性酸化鐵).

사:설 (辭說) 圀 '사설(辭說)2'의 변한말.

사살 (射殺) 圀ᄒᆞ타 활이나 총 따위로 쏘아 죽임. ▫포로 ~ / 적군에게 ~되다 / 무참히 ~ 당한 양민들.

사삼 (沙蔘·砂蔘) 圀 1 『식』 더덕. 2 『한의』 더덕의 뿌리(말려서 기침을 멈추게 하고 담을 제거하는 데 씀).

사삼 (私蔘) 圀 개인이 기르고 쪄서 말린 인삼. ↔관삼(官蔘).

사-삼각형 (斜三角形)[-까켱] 圀 『수』 '빗각 삼각형'의 구용어.

사삼-버무레 圀 『식』 이삭과 수염이 길고 열매가 약간 푸른 조.

사삽 (斜揷) 圀ᄒᆞ타 비스듬히 꽂음.

사삿-사람 (私私-)[-사싸-/-살싸-] 圀 사인(私人).

사삿-일 (私私-)[-산닐] 圀 개인의 사사로운 일. 사사(私事).

사삿-집 (私私-)[-사찝/-삳찝] 圀 개인의 살림집. 사가(私家).

사:상 (史上) 圀 역사에 나타나 있는 바. 역사상. ▫대회 ~ 최대의 인원이 참가하다.

사:상 (四相) 圀 『불』 1 사람이 겪는 네 가지 상. 곧, 생(生)·노(老)·병(病)·사(死). 2 만물이 생멸 변화하는 네 가지 상. 곧, 생상(生相)·주상(住相)·이상(異相)·멸상(滅相). 3 중생이 실재라고 믿는 네 가지 상. 곧, 아상(我相)·인상(人相)·중생상(衆生相)·수명상(壽命相).

사:상 (四象) 圀 1 '일월성신'의 총칭. 2 음양의 네 가지 상징. 곧, 태양(太陽)·소양(少陽)·태음(太陰)·소음(少陰). 3 땅속의 물·불·흙·돌.

사:상 (死狀) 圀 1 거의 죽게 된 상태. 2 죽어 버린 상태.

사:상 (死相) 圀 1 죽을 상. 거의 다 죽게 된 얼굴. ▫놀란 나머지 ~을 하고 있다. 2 죽은 사람의 얼굴.

사:상 (死傷) 圀ᄒᆞ자 죽거나 다침. ▫이번 사고로 많은 사람이 ~했다.

사상 (私傷) 圀 공무(公務) 중이 아닌 때의 부상(負傷). ↔공상(公傷).

사:상 (事狀·事相) 圀 사태(事態).

사:상 (事象) 圀 어떤 사정 때문에 일어나는 일. 사건이나 사실의 현상.

사상 (沙上·砂上) 圀 모래 위.

사:상 (思想) 圀 1 생각. 의견. ▫건전한 ~. 2 사고 작용의 결과로 얻은 체계적 의식 내용. ▫원효의 불교 ~. 3 사회나 인생 따위에 관한 일정한 견해. 〖개혁적 ~ / 보수적 ~.

사:상 (捨象) 圀ᄒᆞ타 『논』 현상의 특성이나 공통성 이외의 다른 요소를 버림. 추상 작용에 필연적으로 수반되는 부정적인 측면임. *추상(抽象).

사상 (絲狀) 圀 실처럼 가늘고 긴 모양.

사상 (寫像) 圀 1 『물』 광학계에서, 물체와 상의 대응. 2 『수』 공간의 일점에 대하여 다른 공간 또는 동일한 공간의 일점을 일정한 법칙에 따라 대응시키는 일.

사:상-가 (思想家) 圀 어떤 사상을 깊이 알고 이를 적극적으로 주장하는 사람. ▫많은 ~를 배출하다.

사:상-계 (思想界)[-/-게] 圀 1 사상 활동이 이루어지는 세계. 곧, 학술·종교 등의 세계. 2 학자나 사상가, 종교가들의 사회.

사상균-류 (絲狀菌類)[-뉴] 圀 『식』 실 모양의

균사(菌絲)를 가진 균류《곰팡이류(類)가 이에 속함》.

사상균-증(絲狀菌症)[-쯩][명] 〖의〗피부 사상균 때문에 일어나는 병증《백선(白癬)·황선(黃癬)·어루러기·방사균증 따위》. 진균증.

사상-누각(沙上樓閣)[명] 기초가 약하여 오래 견디지 못할 일이나 실현 불가능한 일.

사상-범(思想犯)[명] 〖사〗현존 사회 체제에 반대하는 사상을 가지고 개혁을 꾀하는 행위로 말미암은 범죄. 또는 그런 죄를 지은 사람. □~으로 옥고를 치르다.

사:상-병(死傷兵)[명] 〖군〗전투나 사고로 죽거나 다친 병사. □전투가 치열하여 많은 ~이 생겼다.

사:상 의학(四象醫學) 〖한의〗사람의 체질을 태양인·태음인·소양인·소음인으로 나누어, 각각의 체질에 따라 다른 약을 써야 한다고 하는 주장《조선 고종 때, 의학자 이제마(李濟馬)가 내세운 한의학설임》.

사:상-자(死傷者)[명] 죽은 사람과 다친 사람.

사상자(蛇床子)[명] 〖한의〗뱀도랏의 종자를 말린 것《소변 불금(小便不禁)·요통·음위 따위의 치료에 씀》.

사:상-적(思想的)[관] [명] 어떤 사상에 관계되는 (것). □~ 기반 / ~인 동요가 일어나다.

사:상-전(思想戰)[명] 선전 따위를 이용하여, 적국 국민의 사상을 현혹하고 혼란시켜 전의(戰意)를 잃게 하는 전술.

사:상-제자(泗上弟子)[명] 공자의 제자.

사:상지도(事上之道)[명] 윗사람을 받들고 섬기는 도리.

사상-체(絲狀體)[명] **1** 〖식〗선태식물의 포자가 발아하여 생기는 실 모양의 배우체. 원사체(原絲體). **2** 〖생〗세포질에 흩어져 있는 실이나 낱알 모양의 소체.

사상-충(絲狀蟲)[명] 〖동〗주혈(住血)사상충.

사:색(四色)[명] **1** 네 가지 빛깔. **2** 〖역〗조선 때, 붕당의 네 당파. 곧, 노론·소론·남인·북인. 사색당파.

사:색(四塞)[명] **1** 사방이 산이나 내로 둘러싸여서 외적이 침입하기 힘든 요새. **2** 사방이 막힘. 또는 사방을 막음.

사:색(死色)[명] 죽어 가는 얼굴빛. 죽은 사람처럼 창백한 얼굴빛. □안색이 ~으로 변하다 / ~을 하고 항변하다.

사색(思索)[명] [하타] 사물의 이치를 따져 깊이 생각함. □~의 계절 / ~에 잠기다 / 인생을 깊이 ~하다.

사색(辭色)[명] 말과 얼굴빛. 사기(辭氣). □~을 드러내다.
　　사색(이) 없다[구] 태연하여 말과 얼굴빛에 변함이 없다. □겉으로는 사색이 없으나 속으로는 애가 탄다.

사:색 벼름(四色-)[-뼈-] 〖역〗조선 중기 이후, 사색 당파에 나누어서 벼슬을 골고루 시키던 일. 사색 분배(分排).

사:색-보(四色保)[-뽀] 〖역〗조선 때, 군역을 면제받기 위하여 바치던 무명베나 곡식.

사:색 분배(四色分排)[-뿐-] 〖역〗사색 벼름.

사색불변(辭色不變)[-뼌] [명] [하자] 태연자약하여 말이나 얼굴빛이 변하지 않음.

사:색-잡놈(四色雜-)[명] **1** 이것저것 가리지 않고 함부로 노는 잡놈. **2** 온갖 잡놈.
　　＊오색잡놈.

사:색지지(四塞之地)[-찌-] [명] 사방의 지세가 험하여 쉽게 넘보지 못하는 땅.

사:색-판(四色版)[명] 〖인〗황·청·적·흑의 네 가지 색으로 박는 원색판.

사-생(巳生)[명] 〖민〗뱀해에 난 사람.

사-생(四生)[명] 〖불〗생물이 태어나는 네 가지 방식. 곧, 태생·난생·습생(濕生)·화생(化生)의 총칭.

사-생(死生)[명] 죽음과 삶. 사명(死命). □그것은 우리의 ~이 걸린 사건이다.

사생(私生)[명] [하자] 법률상 부부가 아닌 남녀 사이에서 아이가 태어남.

사생(寫生)[명] [하타] 실물이나 경치를 있는 그대로 그림. □산수(山水)를 ~하다.

사:생-가판(死生可判)[명] 생사가판.

사:생-결단(死生決斷)[-딴] [명] [하자] 죽고 삶을 돌보지 않고 끝장을 내려고 함. □~을 내리다 / ~하고 덤비다.

사:생-관두(死生關頭)[명] 죽느냐 사느냐의 매우 위태로운 고비. 생사관두. □~에 서다.

사:생-동고(死生同苦)[명] 죽고 삶을 함께한다는 뜻으로, 아무리 어려운 고생도 같이 함을 일컬음. 사지동고(死地同苦).

사생-문(寫生文)[명] 〖문〗사물을 있는 그대로 묘사하는 글.

사생-아(私生兒)[명] 법률상 부부가 아닌 남녀 사이에서 태어난 아이. 사생자(私生子). □~로 태어나다.

사-생애(私生涯)[명] 사사로운 일에 종사하는 개인으로서의 생애. ↔공생애(公生涯).

사-생-유명(死生有命) **1** 죽고 사는 것이 운명에 매였다는 뜻으로, 사람의 힘으로는 어찌할 수 없음을 일컫는 말. **2** 의리를 위해 죽음을 피하지 않음.

사생-자(私生子)[명] 사생아.

사:생-존망(死生存亡)[명] 생사존망.

사:생-존몰(死生存沒)[명] 생사존망.

사생-첩(寫生帖)[명] 〖미술〗사생화(寫生畵)를 그릴 수 있도록 도화지 따위를 여러 장 한데 모아 맨 책. 스케치북.

사:생-출몰(死生出沒)[명] 생사존망.

사:생-취의(捨生取義)[-/-이] [명] [하자] 목숨을 버리고 의를 좇는다는 뜻으로, 목숨을 버리더라도 옳은 일을 함의 일컬음.

사생-화(寫生畵)[명] 〖미술〗실물을 보고 그대로 그린 그림. ↔상상화.

사-생활(私生活)[명] 개인의 사사로운 일상생활. □~을 보호받다 / ~이 드러나다 / 남의 ~에 간섭하다.

사:서(士庶)[명] **1** '사서인(士庶人)'의 준말. **2** 일반 백성.

사:서(史書)[명] **1** 역사에 관한 책. **2** 사관(史官)의 글씨체.

사서(司書)[명] **1** 도서관에서 도서의 정리·보존 및 열람에 관한 사무에 종사하는 사람. **2** 〖종〗시천교(侍天敎)에서, 서기의 직무.

사:서(四序)[명] 사시(四時)1.

사:서(四書)[명] 유교의 경전인 논어·맹자·중용·대학의 총칭.

사서(私書)[명] **1** 개인의 편지. 사신(私信). **2** 비밀히 하는 편지.

사서(私署)[명] 한 개인으로서 서명함. 또는 그 서명.

사서(社鼠)[명] 사람이 함부로 손댈 수 없는 사당에 숨어 사는 쥐라는 뜻으로, 어떤 기관이나 세력가에 의지해서 간사한 일을 하는 사람을 비유한 말.

사서(寫書)[명] [하자] 서류를 베끼는 일. 또는 그 서류.

사서(辭書)[명] 사전(辭典).

사:서 (鼫鼠)〔명〕〔동〕 사향뒤쥐.
사:서-삼경 (四書三經)〔명〕 사서와 삼경.
사:서-오경 (四書五經)〔명〕 사서와 오경.
사:~서인 (士庶人)〔명〕 사대부(士大夫)와 서인(庶人). ㉠사서.
사서 증서 (私署證書)〔법〕 사인(私人)이 작성하고 서명한 증서. 사문서. ㉠공정 증서.
사서-함 (私書函)〔명〕 '우편 사서함'의 준말.
사:석 (死石)〔명〕 바둑에서, 상대편에게 잡혀 죽은 돌. 죽은 돌.
사석 (沙石·砂石)〔명〕 모래와 돌.
사석 (私席)〔명〕 사사로운 자리. 사좌(私座). ㉠~에서는 흉허물 없이 지낸다. ↔공석(公席).
사석 (沙錫·砂錫)〔광〕 암석에서 떨어져 강물 속에 가라앉은 모래나 자갈에 섞여 있는 주석.
사석 (射席)〔명〕 사수(射手)의 자리.
사:석 (捨石)〔명〕 1 바둑에서, 버릴 셈 치고 작전상 놓는 돌. ㉠~을 넘다. 2〔건〕 토목 공사에서, 물 밑에 던져 넣어 기초로 삼는 돌.
사:석 방파제 (捨石防波堤)[―빵―]〔건〕 잡석(雜石)으로 둑같이 양쪽을 비스듬히 쌓아 올린 방파제.
사석지지 (沙石之地)[―찌―]〔명〕 모래와 돌이 많아 메마르고 거친 땅.
사:선 (四禪)〔불〕 욕계(欲界)를 떠나 색계(色界)에서 도를 닦는 네 과정. 곧, 초선(初禪)·이선·삼선·사선. 또는 그 넷째 과정.
사:선 (死線)〔명〕 1 죽을 고비. ㉠~을 넘다. 2〔법〕 감옥이나 포로수용소 따위의 둘레에 일정한 선을 정하여 이를 넘어서면 총살하도록 규정된 한계선.
사선 (私船)〔명〕 1 개인 소유의 선박. 2 국제법상, 사인(私人)의 용도에 쓰는 선박. ↔공선.
사선 (私線)〔명〕 개인이 가설한 전신선이나 철도선. ↔관선(官線).
사선 (私選)〔명〕〔하타〕 개인이 선택하거나 선임함.
사선 (紗扇)〔명〕 1 사(紗)를 발라 만든 부채. 2〔역〕 벼슬아치가 외출할 때 바람과 먼지를 막기 위해 얼굴을 가리던 제구.
사선 (射線)〔명〕 1 쏜 탄알이나 화살이 지나가는 선. 2 발사 준비를 하였을 때의 총신이나 포신의 축을 가상적으로 연장한 직선. 3〔군〕 사격장에서 표적과 거리를 두고, 앉거나 서서 소총 따위를 쏠 수 있게 시설한 곳. ㉠~에서 사격하다.
사선 (斜線)〔명〕 1 비스듬히 그은 줄. 2〔수〕 한 평면 또는 직선에 수직이 아닌 선. 빗금.
사선 (蛇線)〔명〕 뱀이 기어가는 모양으로 구불구불한 줄.
사선 (詐善)〔명〕〔하자〕 뒤로는 못된 짓을 하면서 겉으로만 착한 체함.
사:선-무 (四仙舞)〔명〕 조선 때, 대궐 안 잔치 때 추던 궁중 무용의 한 가지.
사선 변:호인 (私選辯護人)〔법〕 피고인이나 그의 가족 또는 법정 대리인이 선임한 변호인. ↔국선 변호인.
사:선-상 (四仙床)[―쌍]〔명〕 네 사람이 둘러앉게 만든, 네 다리가 달린 네모진 상.
사설 (私設)〔명〕〔하타〕 개인이 사사로이 설립함. 또는 그 시설. ㉠~ 독서실 / ~ 기관. ↔공설·관설.
사설 (私說)〔명〕 개인의 의견이나 설.
사설 (邪說)〔명〕 그릇되고 간사한 말. 또는 올바르지 않은 논설.
사설 (社說)〔명〕 신문이나 잡지 따위에서, 그 사(社)의 주장으로 게재하는 논설. ㉠신문의 ~.

사세부득이

사설 (絲屑)〔명〕 실보무라지.
사설 (辭說)〔명〕 1 가사의 내용을 이루는 말. 2 잔소리나 푸념을 길게 늘어놓음. 또는 그 잔소리나 푸념. ㉠~이 길다 / ~을 늘어놓다. 3〔악〕 판소리 따위에서, 연기자가 사이사이에 엮어 넣는 이야기.
사설-시조 (辭說時調)〔문〕 초장·중장이 제한없이 길며, 종장도 길어진 시조. 조선 중기 이후 발달한 것으로, 산문적 성질을 띠며 서민적 내용임. 장시조.
사설 철도 (私設鐵道)—[또] 민간에서 부설하고 운영하는 철도. ㉠사철(私鐵).
사설-탐정 (私設探偵)〔명〕 사사로이 탐정 업무에 종사하는 사람.
사섬-시 (司贍寺)〔명〕〔역〕 조선 때, 저화(楮貨)의 제조 및 지방 노비의 공포(貢布) 등에 관한 사무를 맡아보던 관아. 사섬고(司贍庫).
사:성 (四姓)〔명〕〔사〕 카스트(caste).
사:성 (四星)〔명〕〔민〕 사주단자의 봉투에 쓰는 말. 사주(四柱).
　사성(을) 받다 〔구〕 혼담이 결정되어 사주단자를 받다.
　사성(을) 보내다 〔구〕 혼담이 결정되어 사주단자를 적어 보내다.
　사성(이) 가다 〔구〕 혼담이 결정되어 사주단자를 가지고 가다.
　사성(이) 오다 〔구〕 혼담이 결정되어 사주단자를 가지고 오고 오다.
사:성 (四聖)〔명〕 1 공자·석가·예수·소크라테스의 네 성인. 2 중국에서, 복희씨(伏羲氏)·문왕(文王)·주공(周公)·공자의 네 성인. 3〔불〕 아미타불·관세음보살·대세지(大勢至)보살·대해중(大海衆)보살의 네 성인.
사:성 (四聲)〔명〕〔언〕 1 한자의 음을 소리의 높낮이와 고저로 분류한 네 가지 음운(平聲·상성(上聲)·거성(去聲)·입성(入聲)). 사운(四韻). 2 현대 중국어에서, 성조(聲調)를 나타내는 제일성(第一聲)·제이성·제삼성·제사성을 일컫는 말.
사성 (莎城)〔명〕〔민〕 1 풍수지리에서, 묏자리의 뒤에 작은 맥이 혈(穴)의 가를 에워싼 두둑. 2 무덤 뒤를 반달형으로 두툼하게 둘러쌓은 토성(土城).
사:성 (賜姓)〔명〕〔하자〕〔역〕 임금이 공신에게 성을 내려 줌. 또는 그 성.
사:성-보 (四星褓)[―뽀]〔명〕 사주단자를 싸 보내는, 붉은 비단으로 만든 작은 보.
사:-성부 (四聲部)〔명〕〔악〕 소프라노·알토·테너·베이스의 네 성부.
사:성-장군 (四聖將軍)〔명〕〔군〕 대장(大將).
사:성-점 (四聲點)[―쩜]〔명〕〔언〕 한자의 사성을 나타내는 표점. 방점(傍點). 성점(聲點).
사세 (司稅)〔명〕〔하자〕 조세에 관한 사무를 주관해서 맡아봄.
사세 (社勢)〔명〕 회사의 사업이 뻗어 나가는 기세. ㉠~를 확장하다 / ~가 신장되다.
사:세 (事勢)〔명〕 일이 되어 가는 형세. ㉠~가 급박하다 / ~를 관망하다.
사세 (斯世)〔명〕 이 세상의.
사세 (辭世)〔명〕〔하자〕 이 세상을 떠난다는 뜻으로, '죽음'을 일컫는 말.
사:세-난처 (事勢難處)〔명〕〔하형〕 일의 형세가 처리하기 어려움.
사:세부득이 (事勢不得已)〔부〕〔하형〕 일의 형세가 그렇게 하지 않을 수 없어. ㉠~하여 물러나다. ㉩세부득이.

사세-하다 (些細─) 〖혬여〗 사소(些少)하다.

사-셈 (私─) 〖몡하타〗 공동의 재물을 맡아서 다른 사람에게는 보이지 않고 혼자서 사사이 셈함.

사-소 (死所) 〖몡〗 죽을 곳. 또는 죽은 장소. ◻️~를 얻다.

사소 (私消) 〖몡하타〗 공공의 금품을 사사로운 일에 씀.

사소 (私訴) 〖몡하타〗〖법〗 예전에, 범죄에 의해 자유·명예·재산 따위를 침해당한 사람이 형사 소송에 곁들여 손해의 배상을 요구하기 위해 청구하던 민사 소송. ↔공소(公訴).

사-소설 (私小說) 〖몡〗〖문〗 작가 자신의 체험이나 심경을 소재로 한 사회성이 적은 소설(형식적으로 일인칭 소설).

사소취대 (捨小取大) 〖몡하자〗 작은 것을 버리고 큰 것을 취함.

사소-하다 (些少─) 〖혬여〗 보잘것없이 작거나 적다. 사세(些細)하다. ◻️사소한 일로 다투다.
　사소-히 〖부〗

사속 (紗屬) 〖몡〗 사(紗)붙이.

사속 (嗣續) 〖몡하타〗 대(代)를 이음.

사속-죽 (死粟粥)[─쭉] 좁쌀로 쑨 죽.

사속지망 (嗣續之望)[─찌─]〖몡〗 대(代)를 이을 희망. 곧, 대를 이을 자식을 바라는 일.

사삼 (沙喙·砂喙) 〖몡〗〖동〗 더덕(海蔘).

사-손 (使孫) 〖몡〗〖역〗 조선 때, 자녀가 없이 죽은 사람의 유산을 상속받을 수 있는 형제자매·조카·삼촌·사촌 등의 친족.

사손 (祀孫) 〖몡〗 '봉사손(奉祀孫)'의 준말.

사손 (嗣孫) 〖몡〗 대(代)를 이을 손자.

사손 (獅孫) 〖몡〗 외손(外孫).

사송 (詞訟) 〖몡〗〖역〗 조선 때, 민사에 관한 소송.

사-송 (賜送) 〖몡하타〗〖역〗 임금이 신하에게 물건을 내려 보내던 일.

사송-아문 (詞訟衙門) 〖몡〗〖역〗 조선 때, 소송을 관할하던 수령·관찰사·한성부·형조·사헌부 따위의 관서.

사-수 (四獸) 〖몡〗 **1** 범·표범·곰·큰곰의 총칭. **2** 〖민〗 사신(四神).

사-수 (死水) 〖몡〗 흐르지 않고 괴어 있는 물. 죽은 물. ↔활수(活水).

사-수 (死囚) 〖몡〗〖법〗 사형수.

사-수 (死守) 〖몡하타〗 목숨을 걸고 지킴. ◻️진지 ~ / 수도를 끝까지 ~하다.

사수 (沙水·砂水) 〖몡〗 모래에 밭은 물.

사수 (私水) 〖몡〗〖법〗 공공 목적에 이용되지 않는 물. 지하수나 우물물 따위와 같이 한곳에 괴어 있고 다른 곳으로 흐르지 않는 물. ↔공수(公水).

사수 (邪祟) 〖몡〗〖한의〗 제정신을 잃고 미친 사람처럼 되는 증세.

사수 (私讎) 〖몡〗 개인의 사사로운 원수.

사수 (査受·査收) 〖몡하타〗 물품이나 서류 따위를 조사해서 거두어들임.

사수 (射手) 〖몡〗 총포나 활 따위를 쏘는 사람. 사격수. ◻️기관총 ~ / ~ 교대.

사수 (師受) 〖몡하타〗 스승에게서 학문이나 기예의 가르침을 받음.

사수 (詐數) 〖몡〗 속임수.

사수 (寫手) 〖몡〗 글씨를 베껴 쓰는 사람.

사수 (辭受) 〖몡〗 사양함과 받음.

사수리-살 〖몡〗 옛날에 쓰던 화살의 일종.

사-수 현:상 (死水現象) 〖몡〗 밀도가 낮고 수온이 높은 바닷물이 밀도가 높고 수온이 낮은 바닷물 위를 덮고 있어, 배가 나아가는 데

장애가 되는 현상.

사숙 (司稤) 〖몡〗〖역〗 조선 때, 곡창의 일을 맡아보던 벼슬. 또는 그 직에 있던 관원.

사숙 (私淑) 〖몡하타〗 가르침을 직접 받지는 않았으나 그 사람의 인격이나 학문을 본으로 삼고 배움. ◻️~하는 작가.

사숙 (私塾) 〖몡〗 사설의 서당. 글방. 가숙(家塾). ◻️~을 열다.

사숙 (舍叔) 〖몡〗 자기의 삼촌을 남에게 이르는 말.

사숙 (師叔) 〖몡〗〖불〗 스님의 형제 되는 중.

사-순 (四旬) 〖몡〗 마흔 살. 사십 대의 나이.

사-순-재 (四旬齋) 〖몡〗〖기〗 사순절(四旬節) 동안 술과 고기를 금하고 예수의 고난을 되새기는 재계(齋戒).

사-순-절 (四旬節) 〖몡〗〖기·가〗 광야에서 그리스도가 40일간 금식하고 시험받은 것을 되살리기 위하여 단식·속죄를 행하는 기간(부활절 전 40일간).

사-술 (四術) 〖몡〗 시(詩)·서(書)·예(禮)·악(樂)의 네 가지 도(道).

사술 (邪術) 〖몡〗 요사스러운 술법. 못된 술법. ◻️~을 부리다.

사술 (射術) 〖몡〗 대포·총·활 따위를 쏘는 기술.

사술 (詐術) 〖몡〗 남을 속이는 수단.

사스레-피나무 〖몡〗〖식〗 차나뭇과의 상록 활엽 교목. 해변의 산기슭에 나는데, 높이는 3m 가량이고, 봄에 자줏빛의 흰색 꽃이 핌. 관상용이고 재목은 세공재로 씀.

사슬¹ 〖몡〗 **1** '쇠사슬'의 준말. ◻️~을 풀다[끊다] / ~에 매이다. **2** 〖화〗 화학 구조식에서, 여러 개의 원자가 고리를 이루지 않고 한 줄로 곧게 이어진 짜임새. 직쇄(直鎖).

사슬² 〖몡〗〖역〗 조선 때, 강경과(講經科)의 등급을 표시하던 패(자그마하고 둥근 나뭇조각에 통(通)·약(略)·조(粗)·불(不)의 글자를 씀).

사슬-고리 〖몡〗〖건〗 배목과 고리 사이에 사슬이 달린 고리.

사슬-누르미 [─루─]〖몡〗 꼬챙이에 꿰지 않은 누르미.

사슬-누름적 (─炙)[─루─]〖몡〗 꼬챙이에 꿰지 않은 누름적.

사슬-돈 〖몡〗 싸거나 꿰지 않은 흩어진 쇠붙이 돈이란 뜻으로, '잔돈'을 가리키는 말. 산전(散錢).

사슬-문고리 (─門─)[─꼬─]〖몡〗〖건〗 사슬고리로 된 문고리.

사슬-산적 (─散炙)〖몡〗 꼬챙이에 꿰지 않은 산적. 생선회에 양념한 쇠고기를 한편에 붙이고 달걀을 씌워 번철에 지진 음식. 사슬적. 연산적. ⑪산적.

사슬-적 (─炙) 〖몡〗 사슬산적.

사슴 〖몡〗〖동〗 사슴과의 짐승. 어깨 높이는 80~90cm이고, 몸빛은 갈색에 성질이 온순함. 풀·이끼 따위를 먹고 반추하며, 6~7개월 만에 새끼를 낳음. 뿔은 '녹용'이라 해서 강장제로 쓰고 피혁은 공예 재료로 씀.

사슴-록 (─鹿)[─녹] 〖몡〗 한자 부수(部首)의 하나('麟'·'麟'·'麗' 따위에서 '鹿'의 이름).

사슴-벌레 〖몡〗〖충〗 사슴벌렛과의 갑충. 길이가 약 4cm로, 흑갈색 바탕에 황색 털이 있음. 수컷의 큰 턱은 사슴뿔 같은 집게 모양임. 봄·여름에 나무의 진이나 등불에 모여듦. 애벌레는 고목 속에 사는데 풍뎅이와 비슷함. 하늘가재.

사슴-풍뎅이 〖몡〗〖충〗 꽃무짓과의 곤충. 몸길이는 2cm 정도이고, 빛깔은 검으며, 수컷의 정수리에 굽은 뿔이 하나 있음. 쇠똥에 모여

둚. 한국·중국 등지에 분포함.

사습(私習)**명타** **1** 혼자 스스로 배워 익힘.
2 활쏘기에서, 정식으로 쏘기 전에 연습으로
쏘는 일.
사:승(史乘)**명** 사기(史記).
사승(私乘)**명** 개인이 쓴 역사.
사:승(使僧)**명** 사자(使者)인 승려.
사승(師承)**명타** 스승에게서 가르침을 받음.
사승(師僧)**명** 〖불〗 스님.
사:승-습장(死僧習杖)[-짱]**명** 죽은 승려의
볼기를 친다는 뜻으로, 저항할 힘이 없는 사
람에게 폭행을 가하거나 위엄을 부리는 일.
사:시(巳時)**명** 〖민〗 **1** 십이시의 여섯째 시(오
전 9-11시). **2** 이십사시의 열한째 시(오전
9시 반부터 10시 반까지). ㈜사(巳).
사:시(司試)**명** 〖법〗 '사법 시험'의 준말.
사:시(四始)**명** 그해·그달·그날·그때의 처음
이라는 뜻으로, 정월 초하룻날의 아침.
사:시(四時)**명** **1** 한 해의 네 철. 곧, 춘·하·
추·동. 사계(四季). 사서(四序). ❏ ~ 푸른 소
나무. **2** 한 달 중의 네 때. 곧, 회(晦)·삭
(朔)·현(弦)·망(望). **3** 하루의 네 때. 곧, 단
(旦)·주(晝)·모(暮)·야(夜).
사:시(四詩)**명** **1** 시경의 네 가지 시체(詩體).
곧, 국풍(國風)·대아(大雅)·소아(小雅)·송(頌).
2 시경의 네 가지 고전(古典). 곧, 노시(魯
詩)·제시(齊詩)·한시(韓詩)·모시(毛詩).
사:시(史詩)**명** 〖문〗 역사적 사실을 소재로 지
은 서사시.
사:시(死時)**명** **1** 죽을 때. **2** 죽어야 할 시기.
사시(沙匙)**명** **1** 사기로 만든 숟가락. **2** 스푼1.
사시(私諡)**명** 학덕은 높은데 지위가 낮아 나
라에서 시호를 내리지 않을 때, 일가나 고향
사람·제자들이 올리던 시호.
사시(社是)**명** 회사나 결사(結社) 따위의 경영
방침이나 주장. ❏ ~로 성실을 내세운다.
사시(徙市)**명** 〖역〗 신라 때, 농사철에 몹시
가물면 기우제를 지내고 시장을 옮기던 일.
사:시(捨施)**명타** 〖불〗 시주하는 일.
사시(斜視)**명타** **1** 〖의〗 안근(眼筋)의 이상으
로 양쪽 눈의 시선이 평행하게 되지 않는 상
태. **2** 눈을 모로 뜨거나 곁눈질로 봄.
사시(鯊翅)**명** 상어 지느러미의 껍질을 벗겨
말린 식료품(중국 요리에서 귀히 씀).
사:시-가절(四時佳節)**명** 네 철의 명절.
사시-나무(四時-)**명** **1** 버드나뭇과의 낙엽 활엽
교목, 산 중턱 밑의 화전 터에 많이 나는데,
봄철에 잎보다 앞서 꽃이 핌(상자·성냥개비·
제지용 따위로 쓰임). 백양(白楊).
　　사시나무 떨듯 ㉿ 몸을 몹시 떠는 모양.
사:시-도(四時圖)**명** 사철의 풍경을 그린 그림.
사시랑이(명) **1** 가늘고 약한 물건이나 사람. **2**
간사한 사람이나 물건.
사:시 마지(巳時麻旨)〖불〗 사시인 오전 아홉
시에서 열한 시 사이에 부처 앞에 올리는 밥.
사:시 불공(巳時佛供)〖불〗 사시인 오전 아홉
시에서 열한 시 사이에 부처에게 올리는 불공.
사:시-사:철(四時四-)**명** 네 철 내내의 동안.
❏ 요즘은 ~ 과일이 출하된다.
사시-안(斜視眼)**명** 〖의〗 사팔눈.
사:시이비(似是而非)**명** 사이비(似而非).
사:시-장철(四時長-)**부** 사철 가운데 어느 때
나 늘. ❏ ~ 꽃이 피다.
사:시-장청(四時長靑)**명하형** 소나무·대나무
같이 잎의 사철 푸름.
사:시-장춘(四時長春)**명** **1** 어느 때나 늘 봄과
같음. **2** 늘 잘 지냄.
사:-시절(四時節)**명** 봄·여름·가을·겨울의 사

계절. 사철.
사:시-춘풍(四時春風)**명** 두루춘풍.
사:시-풍류(四時風流)[-뉴]**명** 사철 내내 늘
풍류임. 또는 늘 풍류로 지냄.
사식(私食)**명** 유치장이나 교도소에 갇힌 사람
에게 개인이 들여보내는 음식. ❏ ~을 차입
하다. ↔관식(官食).
사식(寫植)**명** 〖인〗 '사진 식자'의 준말.
사식-기(寫植機)[-끼]**명** 〖인〗 '사진 식자기'
의 준말.
사:신(史臣)**명** 〖역〗 사초(史草)를 쓰던 신하.
곧, 예문관의 검열.
사:신(四神)**명** 〖민〗 네 방위를 맡은 신(동의
청룡(靑龍), 남의 주작(朱雀), 서의 백호(白
虎), 북의 현무(玄武)). 사수(四獸).
사신(司晨)**명** 예전에, 날이 밝아 새벽임을 알
리는 것을 맡아보던 닭.
사:신(邪臣)**명** 나쁜 마음을 품은 신하.
사:신(邪神)**명** 재앙을 내리는 요사스러운 귀신.
사:신(私信)**명** 개인의 사사로운 편지. 사서.
사한(私翰).
사:신(使臣)**명** 임금이나 국가의 명령으로 외
국에 사절로 가는 신하. ❏ ~으로 가다 / ~
을 맞다.
사:신(捨身)**명하자** 〖불〗 **1** 수행·보은(報恩)을
위하여 속계를 버리고 불문에 둚. **2** 불사(佛
事)나 불도를 위해 목숨을 버림.
사신-곡복(絲身穀腹)[-뽁]**명** 입는 것과 먹는
것. 곧, 의식. 곡복사신(穀腹絲身). ㆍ사곡.
사:신-공양(捨身供養)**명** 〖불〗 보리(菩提)를
위해 손·발·살 또는 전신을 부처나 보살에게
바침.
사신-교(邪神敎)**명** 사신이나 우상을 믿고 받
드는 종교.
사:신-성도(捨身成道)**명** 〖불〗 속세를 떠나 불
문에 들어가 도를 이룸.
사신-인수(蛇身人首)**명** 뱀의 몸에 사람의 머
리를 한 중국 복희씨(伏羲氏)의 괴상한 모양
을 이르는 말.
사:신-행(捨身行)**명** 〖불〗 목숨을 아끼지 않
고 닦는 수행.
사:실(史實)**명** 역사에 실제로 있는 사실(事
實). ❏ ~에 바탕을 둔 사극(史劇).
사:실(私室)**명** 개인의 방.
사:실(事實)㈠**명** **1** 실제로 있었던 일. 또는 현
재에 있는 일. ❏ 숨길 수 없는 ~ / ~을 밝히
다 / ~로 나타나다 / ~과 다르다. **2** 〖철〗 우
연계의 객관적 현상. **3** 〖법〗 일정한 법률 효
과를 발생·변경·소멸시키는 원인이 되는 사
물의 관계. ❏ 혐의 ~을 부인하다. ㈡**부** 진실
로. 정말로. 사실상. ❏ ~ 그 얘기가 맞는 말
이다.
사실(査實)**명하타** 사실(事實)을 조사함.
사실(寫實)**명하타** 사물을 있는 그대로 그려 냄.
❏ ~ 묘사.
사:실 관계(事實關係)[-/-게]〖법〗 사람과
사람, 사람과 사물의 사실상의 관계.
사:실-무근(事實無根)**명하형** 근거가 없음. 사
실과 다름. ❏ ~의 흑색 선전이 선거판을 흐
린다.
사:실-상(事實上)[-쌍]㈠**명** 실제로 있었거나
현재에 있는 상태. ❏ ~의 부부. ㈡**부** 실지에
있어서. ❏ 계획이 ~ 수포로 돌아간다.
사실 소:설(寫實小說)〖문〗 현실을 있는 그대
로 그려 낸 소설.
사:실-심(事實審)**명** 〖법〗 소송 사건의 법률

문제뿐만 아니라 사실문제도 심리하거나 판
단하는 심판 순서(보통 일심(一審)·항소심을
말함). ↔법률심.

사실-적(寫實的)[-쩍] 관 명 사물을 있는 그대
로 그려 내는 (것). 📖~인 묘사.

사실-주의(寫實主義)[-/-이] 명 현실을 있는
그대로 묘사·재현하려고 하는 문학상·미술상
의 창작 태도. 리얼리즘. ↔이상주의.

사실-파(寫實派) 명 《미술》 사실주의 예술을
지향하는 한 유파.

사:실 행위(事實行爲) 《법》 법률 효과의 발생
에 일정한 의사 표시가 필요하지 않는 행위
(주소 설정·유실물 습득·가공(加工) 따위).

사:실-혼(事實婚) 명 《법》 사실상 부부 관계
이나 혼인 신고를 하지 않았기 때문에 법률
상의 부부로 인정할 수 없는 상태(내연(內緣)
관계 따위). ↔법률혼.

사:심(死心) 명 죽음을 각오한 마음.

사심(邪心) 명 바르지 않은 간사한 마음. 📖~
을 품다.

사심(私心) 명 1 사사로운 마음. 자기 욕심을
채우려는 마음. 사의(私意). 📖~을 버리다.
↔공심(公心). 2 '자기의 마음'의 낮춤말.

사심(蛇心) 명 남을 해치려는 음험한 마음.

사:심-관(査審官) 명 《역》 고려 때, 서울에 있
으면서 고향의 일에 관여하던 벼슬아치(부역
을 고르게 하고 풍속을 바로잡는 임무가 있
었음). 사심.

사심-불구(蛇心佛口) 명 마음은 간악하되 입
으로는 착한 말을 꾸밈. 또는 그런 사람.

사-심판(私審判) 명 《가》 사람이 죽은 후에 개
별적으로 따로 받는 심판. ↔공심판.

사:십(四十) 주 관 마흔.
[사십에 첫 버선] 나이 들어 처음으로 해 보
는 일. 사십초발(四十初發).

사:십구공-탄(四十九孔炭)[-꾸-] 명 49 개의
구멍이 있는 연탄.

사:십구 년 설법(四十九年說法)[-꾸-뻡] 《불》
석가모니가 도를 깨달은 뒤, 마흔아홉 해 동
안 설법한 일.

사:십구-일(四十九日)[-꾸-] 《불》 1 사람
이 죽고 나서 다음 생(生)을 얻을 때까지의
날수. 곧, 중음(中陰)이 차는 날. 칠칠일. 2
'사십구일재'의 준말.

사:십구일-재(四十九日齋)[-꾸-] 명 《불》 사
람이 죽은 지 사십구일 되는 날에 지내는 재.
칠칠재(七七齋). 사십구재. 📖~를 염수하다.
⚫사십구일.

사:십구-재(四十九齋)[-꾸-] 명 사십구
일재.

사:십팔-원(四十八願) 명 《불》 아미타불이 중
생을 구제하기 위해 마음먹었던 마흔여덟 가
지 서원(誓願).

사슬 명 〈옛〉 화살대.

사슴 명 〈옛〉 사슴.

사슈 명 〈옛〉 주사위.

사:아(死兒) 명 죽은 아이.

사:악(四惡) 명 논어에 있는 말로, 나라를 다
스리는 데 네 가지 나쁜 일(가르치지 않고 죽
이는 일, 훈계하지 않고 되어 가는 꼴만 바라
보는 일, 영(令)을 태만히 하다가 후에 서두
르는 일, 남에게 인색하게 구는 일).

사악(邪惡) 명 하 형 간사하고 악함. 📖~을 물
리치다.

사악(肆惡) 명 하자 악독한 성질을 함부로 부림.

사:악(賜樂) 명 하자 《역》 임금이 신하에게 풍

류를 내려 주던 일. 또는 그런 풍류.

사:-악도(四惡道)[-또] 명 《불》 악인이 죽어서
가는 네 가지 고통스러운 길. 곧, 지옥·아귀
(餓鬼)·축생(畜生)·아수라(阿修羅).

사안(私案) 명 개인적인 생각이나 사사로이 만
든 안.

사:안(事案) 명 법률적으로 문제가 되어 있는
일의 안건. 📖중대 ~ / 시급한 ~ / ~을 다루
다 / ~이 ~이니만큼 대책 마련이 시급하다.

사안(査案) 명 사건을 조사하여 적은 문서.

사안(斜眼) 명 곁눈질로 흘겨보는 눈.

사:안(賜顔) 명 하자 방문한 아랫사람에게 면회
를 허락함. 또는 방문한 아랫사람을 좋은 낯
으로 대함.

사알(私謁) 명 하타 윗사람을 사사로이 뵘.

사:알(賜謁) 명 하자 임금이 신하에게 만날 것
을 허락함.

사암(寺庵) 명 절과 암자.

사암(沙岩·砂岩) 명 《지》 모래가 물속에 가라
앉아서 단단해진 바위. 사암석.

사암-석(沙岩石) 명 《지》 사암.

사앗-대[-아때 /-앋때] 명 '상앗대'의 준말.

사애(私愛) 명 1 공평하지 않고 치우친 사
랑. 편애. 2 남몰래 사랑함.

사:액(賜額) 명 《역》 임금이 사원(祠院)·
서원 따위에 이름을 지어 편액(扁額)을 내리
던 일.

사:액 서원(賜額書院)[-써-] 《역》 임금이 이
름을 지어 새긴 편액(扁額)을 내린 서원.

사:야(四野) 명 사방의 들.

사:약(死藥) 명 먹으면 죽는 약.

사약(私約) 명 개인끼리의 약속. 은밀한 약속.
↔공약(公約).

사:약(賜藥) 명 하자 《역》 왕족이나 사대부가 죽
을 죄를 범하였을 때, 임금이 독약을 내림.
또는 그 독약. 📖~을 내리다(받다).

사약(瀉藥) 명 설사하는 약. 사하제(瀉下劑).
하제(下劑).

사양(斜陽) 명 1 저녁때 서쪽으로 기울어진 해.
또는 그 햇빛. 사조(斜照). 석양(夕陽). 📖~
이 비치다. 2 시세의 변화에 따라 쇠퇴해 감
의 비유. 📖~ 산업 / ~의 길을 걷다.

사양(飼養) 명 하타 사육(飼育).

사양(辭讓) 명 하타 겸손해서 받지 않거나 응하
지 않음. 또는 남에게 양보함. 📖~의 미덕 /
술을 ~하다.

사양-길(斜陽-)[-낄] 명 새로운 것에 밀려 점
점 사라지거나 몰락해 가는 중. 📖~로 접어
들다 / ~에 들어서다.

사양 산:업(斜陽産業) 《경》 사회적·경제적 변
화 또는 수요의 변동 따위에 대응하지 못하
고 쇠퇴해 가는 산업.

사양지심(辭讓之心) 명 사단(四端)의 하나. 겸
손히 사양할 줄 아는 마음.

사-양토(沙壤土·砂壤土) 명 《지》 진흙이 비교
적 적게 섞인 보드라운 흙.

사:어(死語) 명 《언》 옛날에는 썼으나 현재는
쓰이지 않는 말. 죽은말. ↔활어.

사어(沙魚·鯊魚) 명 《어》 1 모래무지. 2 상어.

사어(私語) 명 하자 1 드러나지 아니하게 가만
히 속삭임. 또는 그런 말. 2 사사로이 부탁하
는 말.

사어(射御) 명 활쏘기와 말타기.

사어-피(鯊魚皮) 명 상어의 껍질. 상어피. ⚫어
피(魚皮).

사:언-시(四言詩) 명 《문》 한 구(句)가 넉 자
로 이루어진 한시(漢詩).

사:업(事業) 명 하자 1 어떤 일을 일정한 목적

과 계획을 가지고 지속적으로 경영함. 또는
그 일. ▢~ 능력 / ~을 벌이다. 2 일정한 목
적을 가지고 진행되는 비영리적인 사회 활
동. ▢자선~ / 공공 취로 ~.
사:업-가 (事業家)[-까] 📓 사업을 하는 사람.
또는 사업에 능한 사람.
사:업 공채 (事業公債)[-공-] 『經』 국가나 지
방 자치 단체가 철도·통신 그 밖의 공익사업
에 자금을 조달하기 위해 발행하는 공채.
사:업-비 (事業費)[-삐] 📓 사업을 하는 데 드
는 비용. ▢~의 투자〔지원〕.
사:업-소 (事業所)[-쏘] 📓 사업 활동이 이루어
지는 곳. 사업장.
사:업 소:득 (事業所得)[-쏘-] 『經』 사업에서
생기는 소득. *근로 소득.
사:업 연도 (事業年度)[-엄년-] 『經』 업무와
결산의 편의를 위해 정한 기간. 곧, 결산기와
다음 결산기 사이.
사:업-자 (事業者)[-짜] 📓 사업하는 사람.
사:업 자본 (事業資本)[-짜-] 『經』 사업 경영
에 필요하거나 투자되어 운용되는 자본.
사:업-장 (事業場) 📓 사업소.
사:업-주 (事業主)[-쭈] 『經』 사업의 임자가
되는 사람(흔히, 자본주를 말함). ▢~로서
자본을 대다.
사:업-채 (事業債) 『經』 금융 기관 이외의
회사가 발행하는 사채(社債).
사:업-체 (事業體) 『經』 사업을 경영하는 기
관. ▢~를 거느리다〔경영하다〕 / ~를 차려
▢업체.
사:업 회:사 (事業會社)[-어뙤-] 『經』 1 공업·
광업·운수업·수산업 따위의 생산업을 경영하
는 회사. 2 사업을 경영하는 회사.
사:에이치 클럽 (四Hclub) 『社』 1914년 미국
에서 시작된 농촌 청소년 조직. 4H(=head·
hand·heart·health) 곧, 지(智)·덕·체·기(技)
를 연마해서 보다 나은 지역 사회를 위한 개
발을 목적으로 함.
사:여 (賜與) 📓하타 나라나 관청에서 금품을 내
려 줌. 사급(賜給). 시여(施與).
사:역 (使役) 📓하타 1 남을 부려서 일을 시킴.
▢~에 동원하다. 2 〔언〕 남에게 어떤 동작을
하게 하는 것을 나타내는 어법. ▢주동사(主
動詞)를 ~형으로 표현한다. 3 〔군〕 본디의
임무 이외에 임시로 하는 잡무. ▢~에 차출
되다.
사:역 동:사 (使役動詞)[-똥-] 〔언〕 사동사(使
動詞).
사역-원 (司譯院) 📓 〔역〕 고려·조선 때, 번역
및 통역 사무를 맡아보던 관청.
사:연 (事緣) 📓 일의 앞뒤 사정과 까닭. ▢~
이 깊다〔많다〕 / ~이 복잡하다.
사연 (詞筵) 📓 문인들이 모이는 자리.
사:연 (賜宴赐宴) 📓 〔역〕 나라에서 잔치를 베
풀어 줌. 또는 그 잔치.
사연 (辭緣·詞緣) 📓 편지나 말의 내용. ▢~을
띄우다 / ~을 적어 보내다.
사열 (査閲) 📓하타 1 조사 또는 검열하기 위해
죽 살펴봄. 2 〔군〕 사열관이나 지휘관 등이
열병과 분열을 통해서 군사 교육 성과 및 장
비 유지 상태 등을 살펴봄. ▢부대를 ~하다.
사열-대 (査閲臺)[-때] 📓 〔군〕 사열식 때 사열
하는 사람이 올라서는 높은 단.
사열-식 (査閲式) 📓 〔군〕 사열을 하는 의식.
*분열식.
사:염화-규소 (四塩化硅素) 📓 〔화〕 무색의 유
동성 액체. 염소의 기류 속에서 규소·탄화규
소 또는 탄소와 규산무수물과의 혼합물을 가

열해 얼음((암모니아와 혼합해서 연막을 만드
는 데 씀)).
사영 (私營) 📓하타 개인이 사업을 사사로이 경
영함. ↔관영(官營)·공영(公營)·국영.
사영 (射影) 📓하타 1 물체의 그림자가 비치는
일. 또는 그 그림자. 2 〔수〕 도형이나 입체를
다른 평면에 옮기는 일. 또는 그것에 의해 평
면에 생기는 도형. 투영(投影).
사영 (斜映) 📓 빛이 비스듬히 비침.
사영 (斜影) 📓 비스듬히 비친 그림자.
사영 (寫影) 📓 물건의 형상을 비추어 나타
냄. 또는 비친 그림자.
사영 기하학 (射影幾何學) 『수』 기하학 도형
의 크기에 상관없이, 점·직선·평면을 기초
도형으로 해서 그 결합 관계를 연구하는 근
세 기하학.
사:예 (四藝) 📓 거문고·바둑·글씨·그림의 네
가지 기예.
사예 (射藝) 📓 활 쏘는 기예. 사기(射技).
사:오 (四五) 관 (일부 단위를 나타내는 명사
앞에 쓰여) 그 수량이 넷이나 다섯임을 나타
내는 말. ▢~ 명 / ~일 만에 다시 만나다.
-사오- 선어미 '-사옵-'의 'ㅂ'이 'ㄴ·ㄹ·ㅁ'
이나 모음으로 시작된 어미를 만나서 줄어진
선어말 어미. ▢가사오니. *-으오-·-사옵-.
사오납다 ⊙ 〈옛〉 사납다.
-사오이다 어미 '-으오이다'를 정중하게 나타
낸 말. ▢먼 길 오시느라 욕보셨소~. ▣-사외
다·-소이다. *-오이다·-으오이다.
사:오-일 (四五日) 📓 나흘이나 닷새.
사육 (柶木) 📓 〔식〕 장미과의 낙엽 활엽 교목. 따뜻
한 골짜기에 나는데 산벚나무 비슷함. 봄에
연분홍 꽃이 피고, 열매는 6월에 익으며 식
용함. 정원수로 심음.
사:옥 (史獄) 📓 역사에 관련된 역적이나 살인
범 따위의 중대한 범죄를 다스린 사건. *사화
(史禍).
사옥 (社屋) 📓 회사가 들어 있는 건물. ▢본사
~ / ~을 짓다 / ~을 이전하다.
사온-서 (司醞署) 📓 〔역〕 고려·조선 때, 대궐
에서 술에 관한 일을 맡아보던 관아.
사:온-일 (四溫日) 📓 삼한 사온의 기후에서,
비교적 따뜻한 나흘 동안.
-사옵- 선어미 '-으옵-'의 뜻으로 더 공손하
게 나타내는 선어말 어미. ▢재물이 많~더
니 결국 화를 입었더이다. ▣-삽-. *-으
옵-·-사오-.
-사옵니까 [-옴-] 어미 '-사오-'에 '-ㅂ니까'
가 결합한 의문을 나타내는 종결 어미. ▢언
제쯤 가시겠~.
-사옵니다 [-옴-] 어미 '-사오-'에 '-ㅂ니다'
가 결합한 종결 어미. ▢내일 보내겠~.
-사옵디까 [-띠-] 어미 '-사오-'에 '-ㅂ디까'
가 결합한 종결 어미. ▢좋기는 좋~.
-사옵디다 [-띠-] 어미 '-사오-'에 '-ㅂ디다'
가 결합한 종결 어미. ▢매우 깊~.
사옹 (司饔) 📓 〔역〕 조선 때, 대궐에서 음식을
만들던 사람.
사옹-원 (司饔院) 📓 조선 때, 어선(御膳) 및
대궐의 음식에 관한 일을 맡아보던 관아((사
옹방을 고친 이름)).
-사와 어미 '-사오-'와 어미 '-아'가 합해서 된
말. ▢은혜를 입~ 갚을 길이 막막합니다 /
여기 있~요.
사:왕 (死王) 📓 1 죽은 왕. 2 〔불〕 염라대왕의
별칭.

사왕(嗣王)圈 왕위를 이은 임금. 사군(嗣君).

사:왕-천(四王天)圈【불】욕계 육천(欲界六天)의 하나. 수미산(須彌山) 중턱에 있으며, 사천왕이 다스린다고 함. 사천왕천(四天王天). 사천왕. 준사천(四天).

사외(社外)圈 회사의 외부. 또는 회사의 직원이나 관계자가 아닌 사람. ▣회사 비밀을 ~로 유출하다.

-사외다|어미| '-사오이다'의 준말. *-소이다·-외다·-으외다.

사외 이:사(社外理事)【경】회사의 경영을 직접 맡는 이사 이외에 회사 밖의 전문가로 선임된 이사. 회사 경영진과 직접적인 관계가 없으므로 객관적인 입장에서 경영을 감독하고 조언할 수 있음.

사:요(史要)圈 역사의 개요. 또는 그것을 쓴 책. ▣문학 ~.

사욕(沙浴·砂浴)圈하자 1 닭 따위의 날짐승이 그 몸에 꾀는 벌레를 떨치려고 모래를 파헤쳐 몸에 끼얹는 일. 2 해수욕장 등에서 모래찜질을 함. 3 모래찜질.

사욕(私慾)圈 자기 한 개인의 이익만 꾀하는 욕심. ▣~을 채우다 / ~에 눈이 어두워지다.

사욕(邪慾)圈 1 바르지 못한 욕망. ▣~에 빠지다. 2 육욕(肉慾).

사용(私用)圈하타 1 공용물을 사사로이 사용함. 2 개인의 사사로운 소용이나 용무. ↔공용(公用).

사용(私傭)圈하타 사사로이 고용함. 또는 개인에게 고용됨.

사용(社用)圈 회사의 소용이나 용무. ▣~으로 출장 가다.

사:용(使用)圈하타 물건을 쓰거나 사람을 부림. ▣~ 방법 / ~ 기간 / 존댓말을 ~하다 / 노트북 컴퓨터를 업무용으로 ~하다.

사:용 가치(使用價値)【경】사람의 욕망을 충족시키는 재화나 용역의 효용성. 쓸 만한 가치. *교환 가치.

사:용-권(使用權)[-꿘]【법】남의 땅·물건이나 권리 따위를 사용할 수 있는 권리. ▣상표를 ~ / ~을 얻다.

사:용 대:차(使用貸借)【법】남의 물건을 빌려 무상으로 사용하고 이득을 본 후에 돌려주기로 함으로써 성립되는 계약(친구에게서 자동차를 빌려 쓰는 따위).

사:용-량(使用量)[-냥]圈 사용하는 양. ▣전기 ~이 늘다.

사:용-료(使用料)[-뇨]圈 사용하는 대가로 내는 요금. ▣~를 물다.

사:용-법(使用法)[-뻡]圈 사용하는 방법. ▣기계의 ~ / 약 먹는 ~.

사:용-세(使用稅)[-쎄]圈 소비세의 한 가지. 유흥 음식세·입장세·통행세·전기세 따위.

사:용-수(使用水)圈 먹는 물 이외의 목적에 쓰는 물.

사:용-인(使用人)圈 1 사용자1. 2 남의 부림을 받는 사람. 고용인.

사:용-자(使用者)圈 1 물건이나 시설 등을 사용하는 사람. 사용인. ▣휴대 전화 ~. 2 【법】고용 계약에 따라 근로자에게 일을 시키고 그 대가로 보수를 주는 사람. 고용주. 사용주. ▣노동자와 ~ 대표가 만나다.

사:용 절도(使用竊盜)[-또]【법】남의 재물을 승낙 없이 일시 사용하는 행위.

사:용-주(使用主)圈 사용자2.

사:우(四友)圈 1 문방사우(文房四友). 2 눈 속에 피는 네 가지의 꽃. 곧, 동백꽃·납매(臘梅)·수선(水仙)·산다화(山茶花).

사:우(四隅)圈 1 네 모퉁이의 방위. 곧, 서남·서북·동남·동북.

사:우(死友)圈 1 죽음을 함께 할 만한 절친한 벗. 2 죽은 친구.

사우(社友)圈 1 같은 회사나 같은 결사 단체에서 함께 일하는 동료. ▣~ 일동의 이름으로 축하하다. 2 사원은 아니나, 회사에서 사원과 같은 대우를 받는 사람. ▣전·현직 ~들이 친목 단체를 조직하다.

사우(師友)圈 1 스승과 벗. 2 스승으로 삼을 만한 벗.

사우(祠宇)圈 따로 세운 사당집. 사당(祠堂).

사우(絲雨)圈 바람에 날려 비껴 뿌리는 비.

사우(絲雨)圈 실같이 가늘게 내리는 가랑비.

사우(飼牛)圈하자 소를 먹여 기름. 또는 그 소.

사:우(麝牛)圈【동】사향소.

사우나(sauna)圈 핀란드식 증기 목욕. 가열한 돌에 물을 뿌려 증기를 일으켜서 그 열로 땀을 내고 자작나무 가지로 가볍게 몸을 두들겨 마사지를 함. 사우나탕.

사우나-탕(sauna湯)圈 사우나.

사우-방(祠宇房)[-빵]圈 사당방(祠堂房).

사우스포(southpaw)圈 1 야구에서, 왼손잡이 투수(投手). 좌완 투수. 2 권투에서, 왼손잡이 선수.

사:운(四韻)圈 1 네 개의 운각(韻脚)으로 된 율시(律詩). 2 【언】사성(四聲)1.

사운(社運)圈 회사의 명운이나 운수. ▣~이 기울다 / ~을 걸다.

사운드-박스(sound-box)圈【기】1 공명(共鳴) 상자. 2 구식 축음기에서, 레코드 바늘의 진동을 받아 음을 내게 하는 장치.

사운드 카드(sound card)【컴】소리를 저장하고 재생하는 기능을 수행하는 기본적인 장치의 하나. PC의 본체에 내장할 수 있도록 카드 형태로 만들어졌음.

사운드 트랙(sound track) 영화 필름에서, 소리가 녹음된 가장자리 부분. 음구(音溝).

사운드-판(sound版)【연】대사 없이 음악이나 음향만 수록된 영화.

사운드 필름(sound film)【연】1 발성 영화. 2 영화에서, 화상은 없고 음만 수록된 필름.

사:운지시(四韻之詩)【문】네 구(句)의 끝에 운(韻)을 맞추어 지은 한시. 율시.

사원(寺院)圈 1 절. 사찰. 2 이슬람교·힌두교 따위의 교당.

사원(私怨)圈 사사로이 품은 원한. 사한(私恨). ▣~을 품다 / ~을 풀다.

사원(社員)圈 1 회사에 근무하는 사람. 회사원. ▣신입 ~ / ~을 모집하다. 2 【법】사단 법인의 구성원. ▣~을 뽑다.

사원(沙原·砂原)圈 모래벌판.

사원(射員)圈 사정(射亭)에서, 활 쏘는 일에 참가한 사람.

사:원(赦原)圈하타 정상을 참작하여 죄인을 용서함.

사원-권(社員權)[-꿘]【법】사단 법인의 구성원이 법인에 대해서 가지는 권리(공익권과 자익권(自益權)으로 나뉨).

사:원-법(四元法)[-뻡]圈【수】고등 수학의 한 분과. 벡터(vector)에 관한 이론과 응용을 연구하는 학문.

사-원추(斜圓錐)圈【수】'빗원뿔'의 구용어.

사:원-합금(四元合金)[-끔]圈【화】네 가지의 원소로 만들어진 합금.

사:월(巳月)圀『민』월건(月建)의 지지(地支)가 사(巳)로 된 달. 곧, 음력 4월.

사:월(四月)圀 한 해 가운데 넷째 달.

사월(斜月)圀 서쪽 하늘에 기운 달. 지는 달.

사월(蜡月)圀 음력 섣달의 별칭.

사:월 파:일(四月八日)『불』석가가 탄생한 기념일인 음력 4월 8일. 초파일.

사위¹圀하짜 미신으로 좋지 않은 일이 생길까 두려워 언행을 꺼림.

사위² 1 윷놀이나 주사위를 놀 때, 목적한 끗수. □~가 오르다. 2 '큰사위²'의 준말. 3 어떤 일의 기본이 되는 긴요한 마디. □고빗~를 넘기다. 4 '춤사위'의 준말.

사위³ 딸의 남편. 여서(女婿). □~를 맞다 [보다] / ~로 삼다.
[사위는 백 년 손이라] 사위는 영원한 손님이라는 뜻으로, 사위는 언제나 장인·장모에게 소홀히 대할 수 없는 존재라는 말. [사위도 반자식(이라)] ㉠장인·장모에게 사위에 대한 정이 자식에 대한 정 못지않다는 말. ㉡사위도 때로 자식 노릇을 할 때는 한다는 말. [사위 사랑은 장모] 사위를 아끼고 사랑하는 마음은 장인보다 장모가 더 극진하다는 말.

사:위(四圍)圀 사방의 둘레. 사주(四周). □~가 산으로 둘러싸인 두메산골.

사위(斜位)圀『의』모체 속에서 태아의 위치가 바르지 못하고 비스듬히 자리 잡은 상태.

사위(詐僞)圀하짜 거짓을 꾸미어 속임.

사위(嗣位)圀하짜 왕위를 이어받음.

사위다짜 불이 다 타서 재가 되다. □화롯불이 ~로.

사위-스럽다[-따][-스러워, -스러우니]휑타 불길한 느낌이 들고 께름칙하다. □사위스러운 생각이 들다. **사위-스레**튀

사-위토(寺位土)圀 절에 딸린 논밭.

사윗-감[-위깜/-윋깜]圀 사위로 삼을 만한 사람. □~을 고르다 / ~으로 점찍다.

사:유(四有)圀『불』중생이 나서 죽고 다시 태어날 때까지의 기간을 넷으로 나눈 것[생유(生有)·본유(本有)·사유(死有)·중유(中有)].

사:유(四侑)圀 사배(四配)

사:유(四維)圀 1 건(乾)·곤(坤)·간(艮)·손(巽). 곧, 서북·서남·동북·동남의 네 방위. 2 나라를 다스리는 데 필요한 네 가지 원칙. 곧, 예·의(義)·염(廉)·치(恥).

사:유(死有)圀『불』사유(四有)의 하나. 중생이 이승에서 목숨이 끊어지는 찰나.

사유(私有)圀하짜 개인이 사사로이 소유함. 또는 그 소유물. □~의 토지. ↔관유(官有)·공유(公有)·국유.

사:유(事由)圀 일의 까닭. 연고. 연유. 정유(情由). □결격 ~ / ~를 밝히다 / ~가 분명하지 않다.

사유(思惟)圀하타 1 대상을 두루 생각하는 일. □논리적인 ~. 2『철』개념·구성·판단·추리 따위를 행하는 인간의 이성적인 작용. 사고(思考).

사유(師儒)圀 도를 가르치는 유생(儒生).

사:유(赦宥)圀하타 죄를 용서해 줌.

사유-권(私有權)[-꿘]圀 사사로이 재물을 소유할 수 있는 권리. □~의 침해.

사유-림(私有林)圀 개인이나 사법인(私法人)이 소유하는 산림. ↔공유림.

사유-물(私有物)圀 개인이나 사법인(私法人)이 소유하는 물건. 사물. ↔공유물.

사유-수(思惟樹)圀『불』'보리수(菩提樹)'의 딴 이름.

사유-장(師儒長)圀『역』성균관의 장관인 '대

사성(大司成)'의 딴 이름.

사유 재산(私有財産)『법』개인 또는 사법인(私法人)이 소유하는 재산.

사유 재산 제:도(私有財産制度)『법』재산을 개인이 소유할 수 있도록 법률로 보호하며, 소유자의 자유로운 관리·운영에 맡기는 사회 제도.

사유-지(私有地)圀 개인이나 사법인(私法人)이 소유하는 토지. □~ 매입[임대]. ↔공유지·국유지.

사유-화(私有化)圀 개인의 소유가 됨. 또는 개인의 소유로 만듦. □공기업이 ~되다.

사:육(四肉)圀 네발 가진 짐승의 고기.

사육(私肉)圀 사고기1.

사:육(事育)圀하짜 어버이를 섬기고 자식을 기름.

사육(飼育)圀하타 짐승을 먹여 기름. 사양(飼養). □가축의 ~ / 타조를 ~하다.

사육 동:물(飼育動物)[-똥-]圀『동』사람이 사육하는 동물. ↔야생 동물.

사:-육신(死六臣)[-씬]圀『역』조선 세조 때 단종의 복위를 꾀하다 잡혀 죽은 이개(李塏)·하위지(河緯地)·유성원(柳誠源)·유응부(兪應孚)·성삼문(成三問)·박팽년(朴彭年)의 여섯 충신. 육신. ＊생육신(生六臣).

사육-제(謝肉祭)[-쩨]圀『가』사순절(四旬節)이 시작되기 직전의 3-7일 동안 열리는 축제. 술과 고기를 먹고 가장행렬 따위를 하며 즐김. 카니발.

사:율(四律)圀『문』율시(律詩)의 하나. 오언(五言)이나 칠언(七言)으로 여덟 짝, 곧 네 구로 된 시.

사:은(四恩)圀『불』사람이 세상에 나서 받는 네 가지 은혜. 삼보(三寶)·국왕·부모·중생의 은혜, 또는 부모·스승·국왕·시주의 은혜.

사은(私恩)圀 사사로이 입은 은혜. 또는 사사로이 베푸는 은혜.

사은(師恩)圀 스승의 은혜. □~에 보답하다.

사:은(謝恩)圀하짜 은혜를 감사하고 여겨 사례함. □코 ～ 대잔치 / ～의 꽃다발.

사:은-숙배(謝恩肅拜)[-빼]圀하짜 예전에, 임금의 은혜에 감사하며 공손히 절하던 일.

사:은-품(謝恩品)圀 성원(聲援)에 감사하는 뜻으로 사례하는 물품. □～ 증정 행사.

사:은-회(謝恩會)圀 졸업생이나 동창생이 스승의 은혜에 감사하는 뜻으로 베푸는 연회나 다과회.

사음(邪淫)圀하휑 1 마음이 사악하고 음탕함. 2『불』아내나 남편이 아닌 자와 음탕한 짓을 하는 일. 욕사행(慾邪行).

사음(舍音)圀 마름³.

사음(寫音)圀하타 부호 따위로 소리 나는 대로 적음. 또는 그 소리.

사음 문자(寫音文字)[-짜]『언』표음 문자.

사음자리-표(-音-標)圀『악』높은음자리표.

사:의(死義)[-/-이]圀하짜 1 의를 위해 죽음. 2 죽음의 의의.

사의(私意)[-/-이]圀 1 개인의 의사. 사견(私見). 2 사욕만을 차리는 마음. 사심(私心).

사의(私誼)[-/-이]圀 개인 사이에 오래 사귀어 온 정분.

사의(私議)[-/-이]圀하타 1 사사로이 의논함. 또는 그런 의논. 2 은밀히 비평함. 또는 뒤에서 비방함.

사의(邪意)[-/-이]圀 사악한 마음. 못된 생각. 사심(邪心).

사:의 (事宜)[-/-이]图 일이 이치에 맞아 마땅함. 알맞은 일. ▣~에 맞도록 타이르다.

사:의 (事意)[-/-이]图 일의 내용.

사의 (寫意)[-/-이]图 1 그림 따위를 그리고 싶은 마음. 2 의미를 옮겨 쓰는 일. 3 그림에서, 사물의 형태보다도 그 내용이나 정신에 치중해서 그림.

사의 (蓑衣)[-/-이]图 도롱이.

사:의 (謝意)[-/-이]图 1 감사하는 뜻. ▣심함한 ~를 표하다. 2 사과하는 뜻.

사:의 (謝儀)[-/-이]图 감사의 뜻을 나타내는 예의. 또는 사례의 뜻으로 보내는 물품.

사의 (辭意)[-/-이]图 1 맡아보던 일자리를 그만두고 물러날 뜻. ▣~를 표[번복]하다. 2 글이나 말의 뜻.

사-의무 (私義務)[-/-이-]图〖法〗사법(私法) 관계에서 성립하는 의무. ↔공의무(公義務).

사이 图 1 한 곳에서 다른 곳까지의 거리. 또는 거리 안의 어떤 곳. ▣서울과 강릉 ~/ 하늘과 땅 ~에 / ~가 벌어지다 / 를 넘히다. 2 어떤 때에서 다른 때까지의 동안. ▣눈 깜짝할 ~. 3 (주로 '없다'와 함께 쓰여) 어떤 일에 들이는 시간적 여유나 겨를. ▣바빠서 편지 쓸 ~도 없다. 4 서로 맺은 관계. ▣부부 ~ / 흉허물 없이 지내는 ~. 5 서로 사귀는 정분. ▣사이 나쁘다 / 둘은 ~가 가깝다. ⚫새. ─-하다재여 사이에 두다. ▣탁자를 ~하고 마주 앉다.

사이(가) 뜨다 ꏀ ㉠사이가 멀다. ㉡친하던 사이가 틀어지다. ⚫새뜨다.

사:이 (四夷)图 옛날, 중국에서 주변의 다른 민족을 오랑캐라고 낮추어 부르던 말. 곧, 동이(東夷)·서융(西戎)·남만(南蠻)·북적(北狄).

사이 (재 さい)[의명]〖建〗1 재목의 부피의 단위. 한 치 각의 열두 자. 2 석재(石材)의 부피의 단위. 사방 두 자.

사이-갈이 [-이]ꏀ여〖農〗농작물이 자라는 도중에, 그 사이사이의 겉흙을 얇게 갈아서 부드럽게 하는 일. 중경(中耕).

사이다 (cider)图 1 설탕물에 탄산나트륨과 향료를 섞어 만든, 달고 시원한 청량음료. 2 사과즙을 발효시켜 만든 독한 술.

-사이다어미 하소서할 자리에, 받침 없는 동사 어간에 붙어, 청유(請誘)함을 나타내는 종결 어미. ▣저것을 보~. ＊-으사이다.

사이드 드럼 (side drum)〖樂〗작은북2.

사이드라인 (sideline)图 구기(球技)에서, 경기장이나 코트의 좌우쪽에 그어진 줄. 터치라인. ▣공이 ~을 넘어 아웃되다.

사이드 브레이크 (side brake) 주차 중에 자동차가 움직이지 않도록 손으로 작동하는 브레이크.

사이드 스로 (←side-arm throw) 야구에서, 투수가 팔을 지면과 거의 평행되게 휘두르면서 공을 던지는 투구법.

사이드 스텝 (side step) 1 댄스에서, 한 발을 옆으로 내고 다른 발을 끌어다 붙이는 스텝. 2 권투에서, 발을 좌우로 옮기면서 상대편의 공격을 피하는 기술.

사이드스트로크 (sidestroke)图 모잽이헤엄.

사이드 아웃 (side out) 1 테니스에서, 공이 사이드라인 밖으로 나가는 일. 2 배구에서, 서브를 한 쪽이 득점하지 못하고 서브권을 상대편에 넘기는 일.

사이드-카 (sidecar)图 1 오토바이 옆에 사람이나 짐을 싣도록 달린 운반차. 또는 그것이 달린 오토바이. 2 칵테일의 하나. 브랜디·큐라소·레몬 즙 따위를 섞어 만듦.

사이렌[1] (Siren)图〖文〗그리스 신화에 나오는 바다의 요정. 세이렌(Seiren)의 영어명. 〖動〗사이렌과의 양서류. 연못·도랑·진흙에 살며, 북아메리카 남부에 분포함. 몸길이는 60 cm 정도이고, 뱀장어와 비슷하며 몸빛은 회색이고, 짧은 앞다리와 아가미가 있고 도마뱀 같기도 함.

사이렌[2] (siren)图 시간이나 경고를 알리기 위한 음향 장치. 많은 공기 구멍이 뚫린 원판(圓板)을 빠른 속도로 돌려, 공기 진동으로 소리나게 한다. ▣공습경보 ~이 울리다.

사이버 (cyber)图〖컴〗컴퓨터 통신망. 전자두뇌의 뜻. ▣~ 주식 거래가 늘어나다.

사이버 공간 (cyber空間)〖컴〗실제 세계와 비슷하게 만들어 내는 가상 공간.

사이버네이션 (cybernation)〖컴〗[cybernetic automation]〖컴〗컴퓨터와 자동 제어 기기의 결합 또는 그 결합 시스템.

사이버네틱스 (cybernetics)图〖物〗사람 및 기계에 나타난 제어와 통신의 이론·기술을 종합적으로 연구하는 학문. 인공 지능·제어 공학·뇌신경학에 응용함. 인공두뇌학.

사이버 대:학 (cyber大學) 인터넷을 이용해서 실제 교실에서 이루어지는 것과 같은 강의를 컴퓨터 화상을 통해 받을 수 있는 가상 공간에 세워지는 대학. 컴퓨터 단말기와 화상(畫像) 회의 시스템을 이용한 교수와 1대 1의 교육을 할 수 있는 장점이 있는 등 시간과 공간에 제약을 받지 않는 장점이 있음.

사이보그 (cyborg)图 [cybernetic organism] 인공 신장·인공 심장 및 인공의 팔 따위로 개조된 인간.

사:이비 (似而非)图여형 겉은 비슷하나 속은 완전히 다름. 사시이비(似是而非). ▣~ 기자 / ~ 종교.

사이-사이 ㈀图 사이와 사이. ▣~에 끼다 / 바위 ~로 씨가 돋다. ㈁부 틈이 있을 때마다. 또는 틈이 있는 데마다. 틈틈이. ⚫새새.

사이-시옷 [-온]图〖언〗순 우리말, 또는 순 우리말과 한자어의 된 합성어로서, 앞말의 모음으로 끝날 때 뒷마디의 첫소리를 된소리로 나게 하거나 'ㄴ' 소리를 첨가하기 위해서 앞말에 받쳐 적는 'ㅅ' 받침('깃발'·'나뭇잎' 따위의 'ㅅ').

사이-좋다 [-조타]형 서로 다정하거나 친하다. ▣친구와 사이좋게 지내다.

사이즈 (size)图 신발이나 옷 따위의 치수. 크기. 치수. ▣~를 재다 / 맞는 ~가 없다.

사이-짓기 [-진기]图하타〖農〗주되는 작물 사이에 다른 작물을 심어 가꿈. 간작(間作).

사이-참 图하자 일을 하다가 잠시 쉬는 동안. 또는 그때 먹는 음식. ⚫새참.

사이코드라마 (psychodrama)图〖心〗심리극.

사이클 (cycle) ㈀图 1 자전거. 2〖物〗주기(週期). 3 사물이 일정한 주기로 되풀이해서 순환하는 일. ▣물가 동향에는 계절적인 ~이 있다. ㈁의명〖物〗진동·주파수의 단위(현재 '헤르츠(Hertz)'를 씀).

사이클로이드 (cycloid)图〖數〗한 원이 일직선 위를 구를 때, 그 원의 원둘레 위의 한 점이 그리는 자취.

사이클로트론 (cyclotron)图〖物〗수소·헬륨 따위의 가벼운 원소의 핵을 전자기력(電磁氣力)으로 고속도로 가속시키는 장치(원자핵의 연구나 원자로의 인공 파괴에 씀).

사이클론 (cyclone)图 1〖地〗주로 인도양에서

발생하는 열대성 저기압 중 폭풍을 동반하는 것. **2**『광』유체(流體) 속에 들어 있는 비중이 다른 물질을 원심력을 이용해서 분리하는 것.

사이클링 (cycling) 명 운동이나 오락으로, 자전거를 타고 교외 등지로 멀리 나가는 일.

사이 히트 (cycle hits) 야구에서, 한 타자가 한 게임에서 1루타·2루타·3루타·홈런을 모두 치는 일.

사이키델릭 아트 (psychedelic art) 환각적 분위기를 만들어 내는 예술적 기교나 효과《디스코텍의 형광 도료를 파도처럼 칠한 디자인, 섬광의 점멸(點滅), 강렬하고 자극적인 음향 따위》.

사이트 (site)『컴』웹 사이트.

사이트 엘시 (sight L/C)『경』일람 출급(一覽出給) 어음을 발행할 수 있는 신용장.

사이펀 (siphon) 명 **1**『물』한쪽은 길고 other 한쪽은 짧은 'U' 자 모양의 굽은 관. 압력의 차를 이용해서 그릇 속의 물을 다른 곳에 옮기는 데 씀. **2** 커피를 끓이는 기구. 플라스크 위에 깔때기 모양의 유리관을 붙이 것.

사:이후이 (死而後已) 명하타 죽은 뒤에야 그 만둠. 곧, 살아 있는 한 끝까지 힘씀.

사익 (私益) 명 개인의 이익. 사리(私利). ↔공익(公益).

사:인 (士人) 명 벼슬을 하지 않은 선비. 사자(士子).

사:인 (死人) 명 사자(死者).

사:인 (死因) 명 죽게 된 원인. ▢~ 불명 /~을 규명하다 / ~을 밝히다.

사인 (私人) 명 개인 자격으로서의 사람. 사삿 사람. ▢~ 자격으로 참여하다. ↔공인(公人).

사인 (私印) 명 개인의 도장. ▢~을 도용하다. ↔관인.

사인 (邪人) 명 사심(邪心)을 품은 사람.

사인 (社印) 명 회사의 공식적인 인장(印章).

사인 (沙仁·砂仁) 명『한의』축사밀(縮沙蔤)의 씨《구토·설사·소화 불량에 씀》.

사인 (詞人) 명 시문(詩文)을 짓는 사람. 문사.

사인 (sign) 명하자 **1** 서류 따위에 자기만의 방식으로 서명하는 일. 또는 그 서명. ▢결재 서류에 ~하다. **2** 몸짓이나 눈짓 따위로 의사를 전달함. 또는 그런 동작. ▢~을 보내다 / 투수와 포수가 ~을 주고받다.

사인 (sine) 명『수』삼각 함수에서, 직각 삼각형의 한 예각의 대변과 빗변의 비를 그 각에 대해 일컫는 말《기호는 sin》. 정현(正弦). ↔코시컨트.

사:인-교 (四人轎) 명 앞뒤에 각각 두 사람씩 모두 네 사람이 메는 가마.

사인 기관 (私人機關)『법』개인이나 사법인(私法人)이 사무를 보기 위해 둔 기관《이사(理事)·감사(監事) 등》.

사:인-남여 (四人籃輿) 명 네 사람이 사인교를 메듯이 메는 남여.

사:인-방상 (四人方牀) 명 앞뒤에 각각 둘씩 모두 네 사람이 메는 상여.

사인-북 (sign+book) 명 저명 인사·연예인 또는 친구들의 서명을 받아 기념으로 엮어 두는 책. 사인첩(帖). 서명장.

사인 소추 (私人訴追)『법』국가 기관이 아닌 개인이 행하는 형사 소추《우리나라는 이를 인정하지 않으며, 국가 소추주의를 적용함》.

사:인여천 (事人如天)[--녀-] 명『종』천도교의 한울님을 공경하듯이 사람도 그처럼 대해야 한다는 뜻.

사:인 증여 (死因贈與)『법』증여자가 사망함

으로써 그 효력이 발생하는 증여.

사:인 처:분 (死因處分)『법』행위자가 사망하면 효력이 발생하는 법률 행위《유언·사인(死因) 증여 따위》. 사후 처분.

사인-파 (sine波) 명『물』파형(波形)이 삼각 함수의 사인 곡선으로 표시되는 곡선《전파·음파 따위》.

사인-펜 (sign+pen) 명 나일론이나 폴리에스테르 섬유를 굳혀 만든 심에 수성 잉크를 넣은 필기도구.

사:일 (巳日) 명『민』일진(日辰)의 지지(地支)가 사(巳)로 된 날《을사(乙巳)·정사(丁巳) 따위》. 뱀날.

사일 (仕日) 명 벼슬을 지낸 날수.

사일 (社日) 명『민』입춘이나 입추가 지난 뒤 다섯째의 무일(戊日).

사일 (斜日) 명 서쪽으로 기운 해. 사양(斜陽).

사일로 (silo) 명『농』돌·벽돌 따위로 지은 원형 탑 모양의 창고《겨울철에 가축의 먹이인 풀·곡물 따위를 저장함》. 저장탑.

사:일-성복 (四日成服) 명하자 장례에서, 사람이 죽은 지 나흘 만에 상주 이하의 복인(服人)들이 상복을 입음.

사일-하다 (奢佚-) 자여 사치스럽고 방탕하게 놀다.

사임 (辭任) 명하타 맡아보던 직책을 스스로 그만두고 물러남. ▢교직(敎職)을 ~ 하다.

사잇-소리 [-이쏘-/-인쏘-] 명『언』**1** 한 소리와 한 소리 사이에서 나는 소리. **2** 단어 사이에 들어가는 'ㅅ'과 'ㅎ'. 훈민정음 제정 당시에는 'ㄱ·ㄷ·ㅂ·ㅸ·ㆆ·ㅅ·ㅿ'들이 쓰였음.

사잇소리 현:상 (-現象)[-이쏘-/-인쏘-]『언』합성 명사에서, 앞의 말의 끝소리가 울림소리이고, 뒷말의 첫소리가 안울림 예사소리일 때, 뒤의 예사소리가 된소리로 변하는 일《깃발·냇가·뱃사공·산골·종소리 따위》.

사울 명[옛] 사홀.

사:자 (士子) 명 사인(士人).

사:자 (死者) 명 죽은 사람. 사인(死人).

사:재 (私財) 명 사재(私財).

사:자 (使者) 명 **1** 명령이나 부탁을 받고 심부름하는 사람. **2**『불』죽은 사람의 혼을 저승으로 잡아간다는 저승 귀신.

사자 (師子) 명『불』스승과 제자 승려.

사자 (師資) 명 **1** 스승과 제자의 관계. **2** 학문이나 덕행을 닦는 데 도움을 주는 사람이나 스승.

사자 (嗣子) 명 대(代)를 이을 아들.

사자 (獅子) 명『동』고양잇과의 맹수. 범과 비슷한데, 수컷은 머리에서 목까지 갈기가 있으며, 몸길이는 2m, 꼬리는 90cm, 어깨 높이는 1m가량임. 밤에 활동하며 사냥은 주로 암컷이 함. 동물의 왕으로 불리며 인도 northwest·아프리카 초원 지대 등지에 분포함. 라이온.

[사자 없는 산에 토끼가 왕 노릇 한다] 주장되는 사람이 없는 데서 하찮은 사람이 우쭐거림을 놀림조로 이르는 말.

사자 (寫字) 명하타 글씨를 베껴 씀.

사자-관 (寫字官)『역』조선 때, 승문원(承文院)과 규장각에서 문서를 정서(正書)하는 일을 맡아보던 벼슬.

사자구『어』황줄돔과의 바닷물고기. 황줄돔과 비슷하고 몸길이는 20cm 정도임. 주둥이는 뾰족하고 눈은 크며, 몸빛은 회흑색(灰黑色), 머리 부분은 조잡하고 배지느러미도 길고 거칢. 깊은 바다에 분포함.

사자-궁(獅子宮)**명**〘천〙황도(黃道) 십이궁의 다섯째. 게자리의 서쪽에서 사자자리의 서쪽까지 걸려 있음.

사자-기(獅子伎)**명**〘민〙사자놀이.

사자-놀음(獅子-)**명**〘민〙사자놀이.

사자-놀이(獅子-)**명**〘민〙음력 정월 보름날, 사자탈을 쓰고 마을을 돌며 돈이나 곡식 등을 거두는 민속놀이. 사자기. 사자놀음.

사자-무(獅子舞)**명**〘민〙사자춤.

사자-분신(獅子奮迅)**명하자**사자가 성낸 듯 그 기세가 거세고 날램. □~의 기세.

사자-생(寫字生)**명**글씨를 베껴 써 주는 일을 업으로 삼는 사람. 필생(筆生).

사자-성(獅子星)**명**〘천〙사자자리의 별.

사-자-성어(四字成語)**명**한자 넉 자로 된 관용구('勸善懲惡'·'苦盡甘來'따위).

사자-어금니(獅子-)**명**힘을 쓰는 데에 없어서는 안 될 물건이나 사람.

사자-자리(獅子-)**명**① 〘불〙부처의 자리. 고승(高僧)의 자리. 사자좌(座). ② 〘천〙황도(黃道) 십이궁의 다섯째 별자리(게자리와 처녀자리와의 사이에 있음. 수성(首星)은 레굴루스(Reglus)임). 예좌(猊坐).

사-자-채반(使者-盤)**명**〘민〙초상난 집에서, 사잣밥을 담는 채반.

사자-춤(獅子-)**명**〘민〙정재(呈才) 때, 사자의 탈을 쓰고 추는 춤. 사자무. ＊산예.

사자-코(獅子-)**명**사자의 코처럼 생긴 들창코. 또는 그런 코를 가진 사람.

사자-탈(獅子-)**명**〘민〙사자의 형상을 본떠 만든 탈.

사자-후(獅子吼)**명하자**① 〘불〙부처의 설법에 모든 짐승이 두려워하고 굴복함. ② 크게 부르짖어 열변을 토하는 말. □~를 토하다 / 그의 ~에 청중은 뜨거운 박수를 보냈다.

사-잠(四箴)**명**사물잠(四勿箴).

사잠(沙蠶·砂蠶)**명**〘동〙갯지렁이.

사-잣-밥(使者-)[-자빱/-잗빱]**명**〘민〙초상집에서 죽은 사람의 넋을 부를 때 저승사자에게 대접하는 밥(세 그릇을 담 밑이나 지붕모롱이에 놓았다가 발인할 때 치움).

사-잣-짚신(使者-)[-자찝씬/-잗찝씬]**명**〘민〙초상 때, 사잣밥과 함께 놓는 짚신. 사자신.

사장(司長)**명**〘역〙대한 제국 때, 궁내부와 각 부에 속하던 사(司)의 책임자.

사-장(四葬)**명**① 〘역〙고대 중국의 네 가지 장례 방식. 수장·화장·토장(土葬)·조장(鳥葬). ② 〘불〙네 가지 장례 방식. 수장·화장·토장·임장(林葬).

사-장(四障)**명**〘불〙정도(正道) 수행의 네 가지 장애. 곧, 물질에 혹하는 혹장(惑障), 악업으로 일어나는 악장(惡障), 악취(惡趣)의 보(報)를 받는 보장(報障), 사견(邪見)인 견장(見障).

사-장(四藏)**명**〘불〙네 가지 불전(佛典). 곧, 경장(經藏)·율장(律藏)·논장(論藏)에 주장(呪藏)이나 잡장(雜藏)을 넣은 네 가지.

사-장(死藏)**명하자**활용하지 않고 쓸모없이 묵혀 둠. □값진 책이 창고 속으로 ~되다.

사장(私藏)**명하자**개인이 사사로이 감추거나 간직해 둠. □국보급 도자기를 ~하다.

사장(沙場·砂場)**명**모래톱. 모래사장.

사장(社長)**명**① 회사의 대표자. □출판사 ~. ② 〘역〙조선 때, 사창(社倉)의 곡식을 관리하던 사람.

사장(社章)**명**회사 또는 결사(結社)의 기장

(記章).

사장(社葬)**명**회사가 맡아 치르는 장례.

사장(査丈)**명**사돈집 웃어른의 높임말. □~어른.

사장(師丈)**명**'스승'의 존칭.

사장(師匠)**명**학문이나 기예에 뛰어나 남의 스승이 될 만한 사람.

사장(師長)**명**스승과 나이 많은 어른.

사장(紗帳)**명**얇고 가벼운 비단으로 만든 휘장(揮帳).

사장(射場)**명**활터.

사-장(赦狀)[-짱]**명**① 형벌을 용서한다는 서장(書狀). 사면장(赦免狀). ② 대사(大赦)·특사(特赦)를 명하는 서장.

사장(詞章·辭章)**명**시가(詩歌)와 문장.

사장(寫場)**명**① 사진 찍는 시설을 갖춘 곳. ② 사진관.

사-장(謝狀)**명**① 사례(謝禮)하는 편지. 사함(謝函). ② 사과하는 편지.

사장(辭狀)**명**사표(辭表).

사-장-간(沙-間)[-깐]**명**〔←쇄장간(鎖匠間)〕〘역〙옥졸들이 모여 있던 방.

사-장구(沙-)〔←사장고(沙杖鼓)〕〘악〙통을 사기로 만든 장구.

사-장석(斜長石)**명**〘광〙알루미늄·나트륨·칼슘 따위가 들어 있는 규산염으로, 유리빛이 나며 흰색을 띰.

사-장암(斜長岩)**명**〘광〙주로 사장석으로 이루어진 심성암(深成岩).

사-장조(-長調)[-쪼]**명**〘악〙'사' 음이 으뜸음으로 된 장조('#'가 하나 붙음).

사장-파(詞章派)**명**〘역〙조선 초기·중기 때, 문장과 시부(詩賦)를 중요시하던 학파. ↔도학파(道學派).

사-재(史才)**명**사관(史官)이 될 만한 재능.

사-재(史材)**명**사료(史料).

사-재(四宰)**명**〘역〙삼재(三宰)의 다음이라는 뜻으로, 우참찬(右參贊)을 일컫던 말.

사재(私財)**명**개인이 가지고 있는 재산. 사산. 사자(私資). □~를 들여 야학교를 세우다.

사재(社財)**명**회사의 재산.

사재(渣滓)**명**가라앉은 찌꺼기.

사-재기(私-)**명하자**품귀(品貴)나 값이 오를 것을 예상하고 필요 이상으로 사 두는 일. 매점(買占). □곡물을 ~하다.

사-재발-쑥(私-)**명**〘식〙산쑥.

사-쟁이(私-)**명**〘역〙'옥사쟁이'의 준말.

사저(私邸)**명**① 개인의 저택. ② 고관이 사사로이 거주하는 저택. 사제(私第). □관저를 마다하고 ~에서 생활하다. ↔관저(官邸).

사저(沙渚·砂渚)**명**강가의 모래밭.

사저(沙底·砂底)**명**〘공〙도자기 밑바닥에 잿물이 잘 묻지 않아 흙바탕 그대로 남아 좀 껄껄한 부분.

사-적(史的)[-쩍]**관명**역사에 관계되는 (것). □~고찰 / ~인 관점.

사-적(史蹟·史跡)**명**① 역사적으로 중요한 사건이나 시설의 자취. □~답사. ② 국가가 역사적으로 지정한 문화재.

사-적(史籍)**명**사기(史記).

사적(私的)[-쩍]**관명**개인에 관계되는 (것). □~감정(憾情) / ~제재를 가하다 / 그와 ~으로는 친분이 없다. ↔공적(公的).

사-적(私積)**명하자**임금을 개인이 사사로이 뵘.

사-적(事績)**명**일의 실적이나 공적. 업적.

사-적(事跡·事迹)**명**오랜 동안에 걸쳐 있었던 일이나 사건의 자취. □역사상의 ~.

사적(射的)**명하자**① 활이나 총포를 쏘는 과녁.

2 목표를 향해 활이나 총을 쏨.

사적-비 (寺跡碑)[-삐]《불》절의 역사를 기록한 비석.

사:적 유물론 (史的唯物論)[-쩡뉴-]《철》유물 사관(唯物史觀).

사적 자치 (私的自治)[-쩍짜-]《법》개인의 사법(私法) 관계를 각 개인의 의사대로 정하는 일.

사적-장 (射的場)[-짱]圏 활이나 총을 쏘는 연습을 하는 곳.

사적 제:재 (私的制裁)[-쩍쩨-]《법》사형(私刑).

사:적-지 (史跡地)[-찌]圏 역사적으로 중요한 사건이나 사실의 자취가 남아 있는 곳. ▣유서 깊은 ~.

사:적 현:재 (史的現在)[-쩌껀-]《언》과거의 일이나 역사적인 사건을 생생하게 묘사하기 위해서, 동사를 현재형으로 쓰는 일.

사:전 (史傳)圏 역사와 전기.

사전 (寺田)圏 절에 딸린 밭.

사:전 (死戰)圏하(타) 죽을 각오로 싸움. 또는 그런 싸움.

사전 (沙田·砂田)圏 모래가 많이 섞인 밭.

사전 (私田)圏 개인이 소유하는 논밭. ↔공전 (公田).

사전 (私電)圏 개인의 사사로운 전보. ↔공전 (公電).

사전 (私錢)圏 1 '사천'의 본딧말. 2 개인이 위조한 가짜 돈.

사전 (私戰)圏 국가의 의사와는 상관없이 개인이나 사사로운 단체가 외국에 대해서 일으킨 전투 행위.

사전 (祀典)圏 제사를 지내는 예전(禮典).

사:전 (事典)圏 여러 가지 사항을 모아 일정한 순서로 배열하고 그 하나하나에 해설을 붙인 책. ▣백과ー /세계사 ~. *사전(辭典).

사:전 (事前)圏 일이 있기 전. 일을 시작하기 전. ▣~ 통고[준비] /사고를 ~에 예방하다 / ~에 미리 양해를 구하다. *사후.

사전 (師傳)圏하(타) 스승에게서 전수(傳授)함. ▣비법을 ~하다.

사:전 (赦典)圏《역》나라에 경사가 있을 때 죄인을 석방하던 은전(恩典). ㉰사(赦).

사:전 (賜田)圏《역》고려·조선 때, 임금이 내려 준 논밭.

사전 (辭典)圏 어떤 범위 안에서 낱말을 모아 일정한 순서로 배열해서, 발음·뜻·용법·어원 따위를 해설한 책. 사서(辭書). 사림(辭林). 어전(語典). ▣국어ー /ー을 찾다 /ー을 편찬하다. *사전(事典).

사전-꾼 (私錢-)圏 지난날, 가짜 돈을 몰래 만들던 사람.

사:전-학 (史前學)圏 선사학(先史學).

사전-학 (辭典學)圏《언》사전 편찬에 관한 일을 연구하는 학문.

사:절 (士節)圏 선비의 절개.

사:절 (四節)圏 사철.

사:절 (死絶)圏하(자) 1 숨이 끊어져 죽음. 2 자손이 다 죽어 대(代)가 끊어짐.

사:절 (死節)圏하(자) 절개를 위해 목숨을 버림. 또는 그런 절개.

사:절 (使節)圏《법》어떤 사명을 띠고 국가나 정부를 대표해서 외국에 파견되는 사람. ▣외교[친선] ~.

사:절 (謝絶)圏하(타) 요구나 제의를 받아들이지 않고 사양해 물리침. ▣면회[외상] ~.

사절 (辭絶)圏하(자) 사양하고 받지 않음.

사:-절기 (四節氣)圏 춘분·하지·추분·동지의

네 절기.

사:절-단 (使節團)[-딴]圏 사절로 외국에 가는 일단. ▣통상ー / 축하 ~을 보내다.

사절-면 (斜截面)圏 비스듬히 베어 낸 면(面).

사:절-지 (四折紙)[-찌]圏 전지(全紙)를 넷으로 접어 자른 종이. ▣~ 크기의 주간 신문.

사:점 (死點)[-쩜]圏《공》왕복 기관 따위에서, 피스톤이 실린더의 중심선 위에 있어서 일시적으로 속도가 제로가 되는 점.

사접圏해(자) 재앙을 가져다 주는 요사스러운 귀신이 몸에 붙음.

사-접시 (沙-)[-씨]圏 사기로 만든 접시.

사:정 (巳正)圏《민》사시(巳時)의 한가운데. 곧, 오전 열 시.

사:정 (四正)圏 자(子)·오(午)·묘(卯)·유(酉)의 네 방위.

사정 (司正)圏하(타) 그릇된 일을 다스려 바로잡음. ▣표적 ~ / ~ 위원회의 구성.

사정 (沙汀·砂汀)圏 바닷가의 모래톱.

사정 (邪正)圏 그릇됨과 올바름을 아울러 일컫는 말. ▣~을 가리다.

사:정 (私情)圏 개인의 사사로운 정. ▣~에 끌리다.

사:정 (使丁)圏 지난날, 관청이나 기관에서 잔심부름하던 남자 하인.

사:정 (舍亭)圏 정자(亭子).

사:정 (事情)圏하(자타) 1 일의 형편이나 까닭. ▣~이 딱하다 / ~을 모르다 / 전후 ~을 설명하다. 2 처하고 있는 처지. 정상. ▣가정 ~. 3 일의 형편이나 까닭을 말하고 무엇을 간청함. ▣아무리 ~해도 소용없다.
[사정이 사촌보다 낫다] 사정만 잘하면 웬만한 것은 통할 수 있다는 말.

사정(을) 두다 남의 형편을 헤아려 생각하다.

사정 (査正)圏하(타) 조사해서 그릇된 것을 바로잡음.

사정 (査定)圏하(타) 조사하거나 심사해서 결정함. ▣입학[세액] ~.

사정 (射亭)圏 활량들이 활쏘기를 연습하는, 활터에 세운 정자.

사정 (射程)圏《군》사거리(射距離). ▣~에서 벗어나다.

사정 (射精)圏하(자)《생》남성의 생식기에서 정액을 반사적으로 내쏘는 일. 파정(破精).

사정 (寫情)圏하(자) 보거나 느낀 실정을 그대로 그려 냄.

사정 가격 (査定價格)《경》관청이나 기관에서 조사하거나 심사해서 매긴 가격.

사정-거리 (射程距離)圏《군》사거리(射距離). ▣~에 들다.

사정-관 (射精管)圏《생》남성 생식기의 수정관(輸精管)의 한 부분으로, 정액을 내쏘는 가느다란 관.

사:정-사정 (事情事情)圏하(자타) 남에게 자신의 딱한 사정을 간곡하게 하소연하거나 비는 모양. ▣~해서 빌린 돈.

사:정-없:다 (事情-)[-업따]圏 남의 사정을 헤아려 돌봄이 없이 매몰차다. ▣사정없는 처사. **사:정-없이**[-업씨]冊. ~ 내쫓다.

사정-편사 (射亭便射)圏하(자) 터편사.

사제 (司祭)圏《가》1 주교와 신부. 2 주교의 아래인 성직자(의식과 전례를 맡음).

사:제 (四諦)圏《불》영원히 변하지 않는 네 가지 성스러운 진리. 곧, 고제(苦諦)·집제(集諦)·멸제(滅諦)·도제(道諦). 사성제(四聖諦).

사제 (私第)〔명〕개인 소유의 집. 사택(私宅).
사제 (私製)〔명〕〔하타〕개인이 사사로이 만들다. 또는 그 물건. ▱ ~ 엽총〔폭탄〕. ↔관제(官製).
사제 (舍弟)〔명〕남에게 대한 자기 아우의 겸칭. 가제(家弟). ㅌ〔인대〕편지 따위에서, 아우가 형에게 자기를 일컫는 말. ↔사형(舍兄).
사제 (査弟)〔인대〕편지 따위에서, 바깥사돈 사이에 쓰는 자기의 겸칭.
사제 (師弟)〔명〕**1** 스승과 제자. ▱ ~ 간. **2**〔불〕한 스승의 불법을 이어받은 후배.
사:제 (賜第)〔명〕자 〔역〕**1** 임금의 명령으로 특별히 과거에 급제한 사람과 똑같은 자격을 주던 일. **2** 임금의 명령으로 특별히 집을 내려 주던 일.
사제 (瀉劑)〔명〕〔의〕설사시키는 약. 하제(下劑).
사제-곡 (莎堤曲)〔명〕조선 광해군 때, 박인로(朴仁老)가 지은 가사. 사제(莎堤)의 좋은 경치와 한가로이 살아가는 이덕형(李德馨)의 모습을 읊은 것. 전문 181구.
사제-관 (司祭館)〔가〕본당 안의 신부들이 거주하는 집.
사제-단 (司祭團)〔가〕사제들이 모인 단체《사제직에 있는 주교·사제·부제로 구성됨》.
사제-삼세 (師弟三世)〔명〕스승과 제자의 인연은 전세·현세·내세에까지 계속된다는 말로, 그 관계가 매우 깊고 밀접하다는 뜻.
사제-엽서 (私製葉書)〔-써〕〔명〕개인이 사사로이 만들어 쓰는 우편엽서. ↔관제엽서.
사제지간 (師弟之間)〔명〕스승과 제자의 관계. ▱그분과는 ~이다.
사제-품 (私製品)〔명〕개인이 사사로이 만든 물품.
사조 (四祖)〔명〕아버지·할아버지·증조할아버지·외할아버지를 통틀어 이르는 말.
사조 (査照)〔명〕〔하타〕조사하여 대조함.
사조 (思潮)〔명〕한 시대의 일반적인 사상의 경향. ▱근세의 문예 ~.
사조 (斜照)〔명〕사양(斜陽).
사조 (詞藻·辭藻)〔명〕〔문〕**1** 시가(詩歌)나 문장. **2** 시문의 재주. **3** 시문의 문채(文彩) 또는 말의 수식.
사조 (飼鳥)〔명〕집에서 기르는 새. 농조(籠鳥). ↔야조(野鳥).
사조 (寫照)〔명〕**1** 실제의 형상을 그대로 찍어내는 일. **2** 초상화 또는 사진.
사조 (辭朝)〔명〕자 〔역〕외직으로 부임하는 관원이 임금에게 하직하던 일.
사:조-구 (四爪鉤)〔역〕적선(敵船)을 잡아 끌던 병기(이순신 장군이 창안함).
사:조 단자 (四祖單子)〔명〕사조(四祖)의 성명·생년월일·벼슬 따위를 기록한 단자.
사조직 (私組織)〔명〕개인이 사사로운 목적을 위해 만든 조직. ▱선거에 ~을 동원하다.
사:족 (士族)〔명〕**1** 문벌이 높은 집안. 또는 그 자손. **2** 선비나 무인의 집안. 또는 그 자손.
사:족 (四足)〔명〕**1** 짐승의 네 발. 또는 네 발 가진 짐승. **2**〈속〉사지(四肢).
〔사족 성한 병신〕아무 일도 하지 않고 놀고 먹는 사람.
사족(을) 못 쓰다 〔구〕무엇에 반하거나 혹해서 꼼짝을 못하다.
사족 (蛇足)〔명〕'화사첨족(畵蛇添足)'의 준말. ▱~을 달다〔붙이다〕.
사:족-백이 (四足-)〔-빠기〕〔명〕네 굽이 흰 말. 사명마(四明馬). 사족백이. 은제마(銀蹄馬).
사:족-백이 (四足白-)〔-빠기〕〔명〕사족발이.

사:족-수 (四足獸)〔-쑤〕〔명〕네발 가진 짐승.
사:졸 (士卒)〔명〕**1**〔군〕군사(軍士). **2** 장기에서, 사(士)와 졸(卒).
사:총 (四從)〔명〕십촌뻘 되는 형제자매.
사종 (邪宗)〔명〕사교(邪教).
사종 (師宗)〔명〕스승으로 받들어 모시는 사람.
사종 (詞宗)〔명〕사백(詞伯).
사:종 (肆縱)〔명〕자 자기 마음대로 방자하게 행동함.
사종 (辭宗)〔명〕시문(詩文)의 대가.
사:종-성 (四種姓)〔명〕〔사〕카스트(caste).
사:좌 (巳坐)〔명〕풍수지리에서, 묏자리나 집터가 사방(巳方)을 등진 좌.
사좌 (師佐)〔명〕〔불〕스님과 상좌(上佐).
사:좌-해향 (巳坐亥向)〔명〕풍수지리에서, 사방(巳方)을 등지고 해방(亥方)을 향하여 앉은 자리.
사:죄 (死罪)〔명〕죽어 마땅한 죄. 죽을죄.
사죄 (私罪)〔명〕**1** 개인이 사사로운 일로 저지른 죄. ↔공죄(公罪). **2** 영혼의 생명을 빼앗는 죄《살인·자살·낙태 따위》.
사:죄 (赦罪)〔명〕〔하타〕**1** 죄를 용서해서 죄인을 석방함. **2**〔가〕고해 성사(告解聖事)를 통해 죄를 용서함.
사:죄 (謝罪)〔명〕자타 지은 죄나 잘못에 대해 용서를 빎. ▱~하고 보상을 약속하다.
사:주 (四周)〔명〕사위(四圍).
사:주 (四柱)〔명〕〔민〕**1** 태어난 해·달·날·시의 네 육십갑자(혼인이나 운수를 점치는 자료가 됨). ▱~가 좋다 / ~를 풀다. **＊**팔자. **2** 사주단자. ▱~를 보내다.
사주(가) 세다 〔구〕㉠태어난 해·달·날·시가 나쁘다. ㉡일생에 풍파가 많다.
사주(를) 보다 〔구〕태어난 해·달·날·시로 신수를 점치다.
사:주 (四洲)〔명〕〔불〕수미산(須彌山)을 중심으로 사방에 있는 네 개의 섬. 사대주(四大洲).
사주 (私鑄)〔명〕〔하타〕돈 따위를 개인이 사사로이 주조함.
사주 (社主)〔명〕회사나 결사(結社)의 주인. ▱~가 인사를 전단(專斷)하다.
사:주 (使酒)〔명〕술김에 기세를 부림.
사:주 (使嗾)〔명〕〔하타〕남을 부추겨 좋지 않은 일을 시킴. 사촉(唆囑). ▱~를 받다 / 배후에서 ~하다.
사주 (沙洲·砂洲)〔명〕〔지〕바람·파도·조류에 밀린 잔돌이나 모래가 해안이나 하구(河口)에 쌓여서 이루어진 모래톱.
사주 (師主)〔명〕〔불〕스님2.
사주 (飼主)〔명〕짐승을 먹여 기르는 임자.
사:주-단자 (四柱單子)〔-딴-〕〔명〕〔민〕혼인을 정하고 신랑 집에서 신부 집으로 신랑의 사주를 적어 보내는 간지(簡紙). 사주. ㉺주단(柱單).
사:주리 〔←사주뢰(私周牢)〕〔역〕개인 집에서 사사로이 틀던 주리.
사:주인 (私主人)〔명〕〔역〕조선 때, 벼슬아치가 객지에서 묵던 사삿집. ━━하다〔자여〕벼슬아치가 객지의 사삿집에서 묵다.
사:주-쟁이 (四柱-)〔명〕남의 사주를 보아 주는 일을 업으로 하는 사람.
사주-전 (私鑄錢)〔명〕자 개인이 사사로이 돈을 주조함. 또는 그 돈.
사:주-점 (四柱占)〔-쩜〕〔명〕〔민〕사주로 신수를 헤아려 보는 점. ▱~을 치다.
사:주체 (斜柱體)〔명〕〔수〕'빗각기둥'의 구용어.

사-주-팔자 (四柱八字)[-짜] 명 《민》 1 사주의 간지(干支)가 되는 여덟 글자. 2 타고난 운수. ▢ ~가 사납다.

사죽 (斜竹) 명 1 제기 따위에 과일을 괼 때 무너지지 않도록 꽂는 대꼬챙이. 2 구겨지거나 늘어지기 쉬운 물건을 빳빳하게 버티게 하기 위해서 틈이나 격자에 끼는 가는 대오리.

사죽 (絲竹) 명 《악》 관현(管絃).

사줄 명 〈옛〉 사슬.

사:중 (四中) 명 국궁에서, 화살 다섯을 쏘아서 그중 넷을 맞힘.

사:중 (四仲) 명 중춘(仲春)·중하(仲夏)·중추(仲秋)·중동(仲冬)의 총칭.

사:중 (四重) 명 1 네 겹. 네 번 겹침. 2 《불》 살생·투도(偸盗)·사음(邪淫)·망어(妄語)의 네 가지 금계(禁戒)를 범한 큰 죄. 사중죄.

사:중 (四衆) 명 《불》 불문의 네 가지 제자인 비구(比丘)·비구니(比丘尼)·우바새(優婆塞)·우바니(優婆尼)의 총칭. 사부중(四部衆).

사중 (寺中) 명 절의 안. 방중(房中).

사중 (沙中·砂中) 명 모래의 속. 또는 모래벌판의 가운데.

사중 (社中) 명 사(社)의 안. 사내(社內).

사:중-구생 (死中求生) 명하자 사중구활.

사:중-구활 (死中求活) 명하자 죽을 수밖에 없는 지경에서 한 가닥 살길을 찾아냄. 사중구생(死中求生).

사중-금 (沙中金·砂中金) 명 《민》 육십갑자(六十甲子)에서, 갑오(甲午)·을미(乙未)에 붙이는 납음(納音). [一추는 춤.

사:중-무 (四重舞) 명 네 사람이 한꺼번에 추는 춤.

사:중삭 (四仲朔) 명 네 철의 각각 가운데 달. 곧, 음력의 이월·오월·팔월·십일월. 사중월(四仲月).

사:중-성 (四重星) 명 《천》 네 개의 별이 우연히 같은 방향에 있어, 육안으로 하나처럼 겹쳐 보이는 별.

사:중-주 (四重奏) 명 《악》 실내악의 한 가지. 바이올린 둘과 비올라(viola)·첼로로 구성되는 현악 사중주와 피아노·바이올린·비올라·첼로로 구성되는 피아노 사중주 따위가 있음. [一관현악一.

사:중-창 (四重唱) 명 《악》 네 사람이 각각 다른 높이의 목소리로 하는 합창(남성·여성·혼성 사중창 따위로 나뉨).

사중-토 (沙中土) 명 《민》 육십갑자에서, 병진(丙辰)·정사(丁巳)에 붙이는 납음(納音).

사:즉동혈 (死則同穴)[-똥-] 명하자 부부가 죽은 뒤 한 무덤에 묻힌다는 뜻으로, 부부 사이가 좋음의 비유.

사증 (沙蒸·砂蒸) 명하자 모래찜질.

사증 (邪症)[-쯩] 명 멀쩡한 사람이 때때로 미친 듯이 행동하는 증세.

사증 (査證)[-쯩] 명 1 조사해서 증명함. 2 여권 소유자가 정당한 이유와 자격으로 여행한다는 증명(여행하려는 나라의 주재 영사(領事)가 함). 비자(visa). ▢ ~을 발급하다. *여권.

사증 (辭證)[-쯩] 명 《법》 소송 당사자가 신청한 증거.

사-증권 (私證券)[-꿘] 명 《경》 개인이 사사로이 발행한 유가 증권(화물 상환증·창고 증권 따위).

사지 명 배의 멍에 두 끝에 세우는 짤막한 나무.

사:지 (四知) 명 하늘과 땅, 그리고 자신과 상대편의 네 존재가 안다는 뜻으로, 세상에는 비밀이 없다는 말.

사:지 (四肢) 명 《생》 두 팔과 두 다리. 사체(四體). ▢ ~가 멀쩡한 사람 / ~를 뻗다 / ~가

늘어지다.

사:지 (四智) 명 《불》 부처가 갖추는 네 지혜. 곧, 대원경지(大圓鏡智)·평등성지(平等性智)·묘관찰지(妙觀察智)·성소작지(成所作智).

사:지 (死地) 명 1 죽을 곳. 죽어야 할 장소. 2 도저히 살아 나올 수 없는 위험한 곳. ▢ ~로 몰아넣다 / ~에서 벗어나다.

사지 (寺地) 명 절터.

사지 (沙地·砂地) 명 모래땅.

사지 (沙紙·砂紙) 명 사포(沙布).

사지 (私地) 명 개인 소유의 땅. 사유지(私有地).

사지 (私智) 명 1 개인의 작은 지혜. 2 공정하지 못한 사사로운 지혜.

사지 (邪智) 명 간사한 지혜. ▢ ~에 능하다.

사지 (舍知) 명 《역》 신라 때의, 십칠 관등(十七官等)의 열셋째 관등. 대사(大舍)의 아래, 길사(吉士)의 위.

사지 (絲紙) 명 제사나 잔치 때, 누름적이나 산적을 꽂을 꼬챙이 끝에 감아 늘어뜨린 좁고 가늘게 오린 종이(제사에는 흰 종이, 잔치에는 오색 종이를 씀).

사:지곡직 (事之曲直)[-찍] 명 일의 옳고 그름. ▢ ~을 따지다 (가리다).

사:지-골 (四肢骨) 명 《생》 팔다리의 뼈(사지의 모든 뼈의 총칭). [一상태.

사:지 궐랭 (四肢厥冷) 명 《의》 팔다리가 차가는

사:지문지 (使之聞之) 명하자 자기의 뜻을 다른 사람을 통해 간접적으로 남에게 전함.

사:지-서리 (事知書吏) 명 《역》 조선 때, 비변사(備邊司)에 딸려, 모든 일을 잘 알고 능숙하게 처리하던 서리.

사:지선다-형 (四枝選多型) 명 《교》 한 문제에 대하여 네 가지 답 가운데 맞는 답을 고르게 하는 문제 형식.

사지 식물 (沙地植物)[-싱-] 명 《식》 해안·강가·사막 따위 모래땅에서 자라는 식물의 총칭(선인장·패랭이꽃·개쑥·보리사초 따위).

사지-어금니 명 사자(獅子)어금니.

사:지오등 (死之五等) 명 《역》 신분에 따른 죽음의 다섯 등급. 천자는 붕(崩), 제후는 훙(薨), 대부(大夫)는 졸(卒), 선비는 불록(不祿), 서인(庶人)은 사(死)라 함.

사:지유무 (事之有無) 명 일의 있음과 없음. ▢ ~를 캐다.

사:지 축닉 (四肢搐搦)[-충-] 명 《의》 뇌척수의 병·회충이나 정신 감동 따위로 인해 팔다리의 힘줄이 땅겨 오그라드는 병.

사지-춤 명 《민》 ☞ 사자춤.

사지-코 명 ☞ 사자코.

사지-탈 명 《민》 ☞ 사자탈. [아픈 병.

사:지-통 (四肢痛) 명 《한의》 팔다리가 쑤시고

사:지-하다 (事知-) 형여 일에 매우 익숙하다.

사:직 (司直) 명 1 법에 따라 일의 옳고 그름을 가리는 법관이나 재판관. ▢ ~ 당국에 고발하다. 2 《역》 조선 때, 오위(五衛)의 한 군직(軍職). 현직에 있지 않은 정오품 문관·무관·음관(蔭官)으로 채움.

사직 (社稷) 명 1 나라 또는 조정. 2 천년 ~이 무너지다. 2 《역》 고대 중국에서, 새로 나라를 세울 때 천자나 제후가 제사를 지내던 토지신과 곡식신.

사직 (辭職) 명하자타 맡은 직무를 내놓고 물러남. ▢ ~하고 직업을 바꾸다.

사직-단 (社稷壇)[-딴] 명 《역》 임금이 백성을 위해 토신(土神)과 곡신(穀神)에게 제사 지내던 제단. 준사단(社壇).

사직-서 (社稷署)[-써] 〖명〗 〖역〗 조선 때, 사직 (社稷)의 제사에 관한 일을 맡아보던 관아.

사직-서 (辭職書)[-써] 〖명〗 사직원. ▣~가 수리 되다.

사직-원 (辭職願) 〖명〗 사직을 바라는 뜻을 적은 문서. 사직서. ▣~을 제출하다.

사직위허 (社稷爲墟) 〖명〗 사직이 폐허가 됨. 곧, 나라가 망함.

사직지신 (社稷之臣)[-찌-] 〖명〗 나라의 안위(安危)와 존망(存亡)을 맡은 중신(重臣). 주석지신(柱石之臣).

사직지신 (社稷之神)[-찌-] 〖명〗 사직단에 모신 토신(土神)과 곡신(穀神).

사진 (仕進) 〖명〗〖하자〗 벼슬아치가 규정된 시간에 출근함.

사ː진 (四診) 〖명〗 〖의〗 환자를 진찰하는 네 가지 방법《시진(視診)·청진(聽診)·문진(問診)·촉진(觸診)》.

사진 (沙塵·砂塵) 〖명〗 모래 섞인 흙먼지. ▣사방에 자욱한 ~.

사진 (寫眞) 〖명〗 물체의 형상을 감광막 위에 나타나도록 찍어 오랫동안 보존할 수 있게 만든 영상. ▣컬러 ~ / ~을 찍다 / ~을 잘 받다 / ~이 잘 나왔다.

사진-결혼 (寫眞結婚) 〖명〗〖하자〗 서로 멀리 떨어져 있는, 모르는 사이의 남녀가 사진으로 선을 보고 결혼하는 일.

사진-관 (寫眞館) 〖명〗 사진 찍는 일을 영업으로 하는 집. 사장(寫場).

사진-기 (仕進記)[-끼] 〖명〗 〖역〗 벼슬아치의 출근을 기록하던 종이《오늘날의 출근부와 비슷함》. 사기(仕記).

사진-기 (寫眞機) 〖명〗 카메라.

사진 기자 (寫眞記者) 신문사·잡지사·통신사 따위에서 보도 사진을 찍는 기자.

사진 동판 (寫眞銅版) 〖인〗 사진과 같이 농담(濃淡)이 있는 원도(原圖)를 복제하는 인쇄용 동철판(銅凸版). 망판(網版).

사진 등ː급 (寫眞等級) 〖천〗 사진에 나타나는 농도에 따라 별의 밝기를 정한 등급.

사진 렌즈 (寫眞lens) 카메라 렌즈.

사진-사 (寫眞師) 〖명〗 사진 찍는 일을 업으로 하는 사람. 사진 기사.

사진 섬광 전ː구 (寫眞閃光電球) 실내나 야간 촬영에 쓰는 특수한 전구《속에 알루미늄박(箔)과 산소가 들어 있어 전류를 통하면 강렬한 빛을 발함》. 플래시 벌브(flash bulb).

사진-술 (寫眞術) 〖명〗 사진을 찍어 음화 또는 양화를 만드는 방법이나 기술.

사진 식자 (寫眞植字)[-짜] 〖인〗 활자를 사용하지 않고 사진 식자기로 인화지나 필름에 직접 글자를 찍어 인쇄하는 일. ㉰사식(寫植).

사진 식자기 (寫眞植字機)[-짜-] 〖인〗 활자를 쓰지 않고, 사진으로 문자를 한 자씩 감광지나 필름에 찍는 기계. ㉰사식기.

사ː진-신퇴 (巳進申退)[-퇴] 〖명〗 〖역〗 벼슬아치가 아침 사시(巳時)에 출근하고 저녁 신시(申時)에 퇴근하던 일.

사진 요판 (寫眞凹版)[-뇨-] 〖인〗 그라비어.

사진 유제 (寫眞乳劑)[-뉴-] 〖화〗 사진의 감광 재료 제조에 쓰는 약품. 할로겐화은의 미세한 결정을 콜로이드 매질(媒質) 속에 분산시킨 것《유리·종이·필름 따위의 표면에 얇게 바름》. 감광제.

사진의부진 (辭盡意不盡)[-지늬- / -지니-] 〖명〗〖하형〗 말은 다 하였으나 말하고 싶은 뜻은 아

직 남아 있음.

사진 저ː작권 (寫眞著作權)[-꿘] 〖법〗 문예·학술·미술에 관한 사진에 대해서 그 사진을 창작한 사람에게 인정하는 저작권.

사진-전 (寫眞展) 〖명〗 사진을 전시하는 모임.

사진 전ː송 (寫眞電送) 사진이나 그림을 전기적 신호로 바꾸어 유선이나 무선으로 먼 곳에 보내 재현시키는 일. ＊전송 사진.

사진 제ː판 (寫眞製版) 〖인〗 사진술을 응용한 인쇄 제판법《신문·잡지·서적의 도판은 이 방법에 따름》.

사진 철판 (寫眞凸版) 〖인〗 사진판의 하나. 아연판 위에 감광성 약품을 바르고, 이것에 영상을 밀착시켜 묽은 질산으로 부식시켜 만듦. 사진 볼록판.

사진-첩 (寫眞帖) 〖명〗 사진을 붙이거나 끼워 정리해서 보존하기 위한 책. 앨범. ▣~에 붙이다 / ~을 넘기다.

사진 측량 (寫眞測量)[-층냥] 〖지〗 지표(地表)를 항공기에서 사진으로 촬영하고, 그것을 바탕으로 측량하는 일《지형도·지적도를 작성하는 데 이용됨》.

사진-틀 (寫眞-) 〖명〗 사진이나 그림을 끼워 넣어 벽에 걸거나 책상머리에 놓는 틀.

사진-판 (寫眞版) 〖명〗 **1** 〖인〗 사진 제판법에 따라 만든 인쇄판의 총칭. 콜로타이프·사진 동판·사진 아연판·사진 석판·그라비어·사진판 따위가 있으며, 제법에 따라 요판(凹版)·철판(凸版)·평판으로 나눔. **2** 신문·잡지 따위의 사진으로 인쇄한 판.

사진 판독 (寫眞判讀) 〖군〗 군사 작전을 계획하고 수립하는 데 자료를 얻기 위하여 군사 관련 첩보 사진, 특히 항공사진을 연구·분석·비교하는 일. ▣~의 결과, 미사일 발사체를 확인했다.

사진 판정 (寫眞判定) 스포츠 경기·경마 따위에서, 고속도 촬영 사진으로 순위를 판정하는 일. ▣~으로 순위를 확정했다.

사진 평판 (寫眞平版) 〖인〗 오프셋 인쇄용의 평판의 한 가지. 알루미늄판 따위의 표면에 감광제를 바르고, 네거티브 필름을 포개어 노출시켜 만드는 인쇄판《지도나 잡지의 색채 그림·포스터·서적 따위의 복제(複製)에 씀》.

사질 (俟姪) 〖명〗 **1** 남에게 자기의 조카를 일컫는 말. **2** 조카가 삼촌에게 자기를 이르는 말.

사질-토 (沙質土·砂質土) 〖명〗 모래 성분이 많은 흙.

사ː집 (四集) 〖명〗 〖불〗 불교의 네 가지 기본적 과정. 사미과(沙彌科) 다음에 배우는 과목으로, 서장(書狀)·도서(都序)·선요(禪要)·절요(節要).

사집 (私集) 〖명〗 아직 출판되지 않은 개인의 문집이나 시집.

사짜-신 (-신) 〖명〗 예전에 남자들이 신던, 올이 얇고 코가 크며, 코와 울 사이를 직각으로 모나게 파낸 가죽신.

사ː차 방정식 (四次方程式) 〖수〗 미지수의 최고 차수가 4차인 항을 가지는 방정식.

사ː차불후 (死且不朽) 〖명〗〖하자〗 죽더라도 썩지 않음. 곧, 몸은 죽어 없어져도 명성만은 후세에 길이 전함.

사ː-차손 (死差損) 〖경〗 생명 보험에서, 실제 사망률이 예정 사망률보다 높음으로써 생기는 보험 회사의 손실. ↔사차익(死差益).

사ː-차원 (四次元) 〖명〗 〖수〗 공간과 시간은 네 개의 실수로 나타낼 수 있음을 이르는 말. 공간의 3차원에 시간이 더해진 것임.

사ː차원 공간 (四次元空間) 〖물〗 물리학, 특

히 상대성 이론에서 3차원의 공간에 제4차원으로서 시간을 보탠 4차원의 연속체.

사:차원 세:계(四次元世界)[-/-게]〖물〗시공간2.

사:-차익(死差益)〖경〗생명 보험에서, 실제 사망률이 예정 사망률보다 낮아 보험금을 적게 지급해서 생기는 보험 회사의 이익. ↔사차손(死差損).

사찬(沙湌)〖역〗신라 때, 십칠 관등(十七官等)의 여덟째 관등. 길길찬(一吉湌)의 아래, 급벌찬(級伐湌)의 위임.

사찬(私撰)〖하자〗개인이 편찬함. 또는 그 편찬물.

사:찬(賜饌)〖명〗〖하자〗임금이 음식을 내려 주던 일. 또는 그 음식.

사:찰(四察)〖명〗〖하타〗눈·귀·입·마음의 네 가지로 살펴 아는 일.

사찰(寺刹)〖명〗〖불〗절1.

사찰(私札)〖명〗개인 사이에 주고받는 편지. 사함(私函).

사찰(伺察)〖명〗〖하타〗몰래 엿보아 살핌.

사:찰(使札)〖명〗심부름하는 사람에게 주어 보내는 편지.

사찰(査察)〖명〗〖하타〗**1** 조사해서 살핌. ▫핵 ∼을 실시하다. **2** 전에, 주로 사상적인 동태를 조사해서 처리하던 경찰의 한 직분.

사참(寺站)〖명〗어떤 절에서 다른 절로 가는 중간에 잠시 쉴 수 있는 절.

사:참(事懺)〖명〗〖하자〗〖불〗기도하며 죄과를 뉘우쳐 회개하는 일.

사참-하다(奢僣-)〖형여〗분수에 넘치게 사치스럽다.

사창(私娼)〖명〗관청의 허가 없이 비밀히 매음하는 창녀. 밀매음녀. ↔공창(公娼).

사창(社倉)〖명〗〖역〗조선 때, 각 고을에 환곡(還穀)을 쌓아 두던 곳집.

사창(紗窓)〖명〗사(紗)붙이나 깁으로 바른 창.

사창-가(私娼街)〖명〗사창들이 많이 모여 있는 곳. 사창굴. 매음굴.

사창-굴(私娼窟)〖명〗사창가.

사채(私債)〖명〗개인이 사사로이 진 빛. ▫∼를 쓰다. ↔공채.

사채(社債)〖법〗주식회사가 자금을 일반인에게서 빌리기 위해 발행하는 채권(무담보사채와 담보부 사채, 무기명 사채와 기명 사채로 나눔). 회사채. ▫∼를 발행하다.

사채권-자(社債權者)[-꿘-]〖법〗사채의 채권자. 사채의 보유에 따르는 모든 권리를 주장할 수 있는 사람.

사채 시:장(私債市場)〖경〗개인 간에 융자가 거래되는 시장.

사:책(史冊·史策)〖명〗사기(史記).

사처〖명〗〖하자〗[←하처(下處)] 점잖은 손님이 길을 가다가 묵음. 또는 그 집.

사:처(四處)〖명〗여러 곳. 사방. ▫∼로 떠돌다.

사처(私處)〖명〗개인이 사사로이 거처하는 곳.

사천〖명〗[←사전(私錢)] **1** 여자가 절약해서 몰래 모아 둔 돈. **2** 개인이 사사로이 가진 돈.

사:천(四天)〖명〗**1** 사철의 하늘. 곧, 봄의 창천(蒼天), 여름의 호천(昊天), 가을의 민천(旻天), 겨울의 상천(上天). **2**〖불〗'사왕천(四王天)'의 준말.

사천(沙川·砂川)〖명〗바닥이 모래로 이루어진 내. *사탄(沙灘).

사천(私賤)〖명〗〖역〗개인이 부리거나 매매하던 종(백정(白丁)·창녀(娼女) 따위).

사천(祀天)〖명〗〖하자〗하늘에 제사를 지냄.

사천-대(司天臺)〖명〗〖역〗고려 때, 천문에 관

한 사무를 맡아보던 관아.

사:왕-천(四天王)〖불〗사왕천(四王天)의 주신(主神)으로 사방을 진호(鎭護)하며 국가를 수호하는 네 신. 수미산 중력에 있는 동의 지국천(持國天)왕, 남의 증장천(增長天)왕, 서의 광목천(廣目天)왕, 북의 다문천(多聞天)왕을 말함. 사대 천왕. 사왕. *사왕천.

사:천왕-문(四天王門)〖명〗〖불〗절을 지키기 위해 동·서·남·북의 사천왕을 만들어 좌우에 세운 문.

사:철(四-)〖명〗〖부〗봄·여름·가을·겨울의 네 철. 사절(四節). 사시(四時). 사시절. 늘. 항상. ▫∼ 푸른 나무.

사철(私鐵)〖명〗'사설 철도'를 줄여 이르는 말. ↔국철(國鐵).

사철(沙鐵·砂鐵)〖명〗〖광〗모래 모양으로 잘게 부스러져, 하상(河床)이나 해안에나 자갈과 함께 쌓여 있는 자철광. 철사(鐵砂).

사:철-나무(四-)[-라-]〖명〗〖식〗노박덩굴과의 상록 관목. 해안에 나는데 높이는 2~3 m이고, 여름에 녹백색 네잎꽃이 피고 가을에 둥근 삭과가 익음. 동청(冬靑).

사:철-베고니아(四-begonia)〖명〗〖식〗베고니아과의 원예 화초. 높이는 20~60 cm 가량이고, 잎은 어긋나게 나며 잎줄기와 주맥(主脈)은 담홍색(淡紅色)을 띰. 4-10월 동안 백색·홍색·연분홍색의 꽃이 핌. 널리 재배되어 분이나 화단에 심어 관상함.

사:철-쑥(四-)〖명〗〖식〗국화과의 여러해살이풀. 개울가 모래땅에 나는데 높이는 30~60 cm이고, 초가을에 노란 꽃이 핌. 어린잎은 식용하고, 한약재로 쓰. 인진(茵蔯)쑥.

사첩(寺牒)〖명〗〖불〗절에서 관청에 내는 문서.

사첫-방(-房)[-처빵/-천빵]〖명〗[←하처방(下處房)]점잖은 손님이 묵고 있는 방.

사청(乍晴)〖명〗〖하자〗지루하게 내리던 비가 그치고 잠깐 갬.

사:체(四體)〖명〗**1** 사지(四肢). **2** 팔다리와 머리와 몸통이. 곧, 온몸. **3** 서예(書藝)의 네 체. 초(草)·장초(章草)·예(隸)·산례(散隸) 또는 고문(古文)·전(篆)·예(隸)·초(草).

사:체(史體)〖명〗〖역〗역사를 서술하는 체제(편년체(編年體)와 기전체(紀傳體)).

사:체(死體)〖명〗사람이나 동물의 죽은 몸뚱이. ▫∼를 부검하다.

사:체(事體)〖명〗**1** 사리와 체면. **2** 사태(事態).

사체(斜體)〖명〗〖인〗활자나 사진 식자에서, 오른쪽으로 또는 왼쪽으로 비스듬히 기운 자체(字體). 이탤릭.

사체(寫體)〖명〗조선 때, 사자관(寫字官)이 쓰던 글씨체.

사체(辭遞)〖명〗〖하자〗벼슬자리를 내놓고 물러남.

사:체 검:안(死體檢案)〖법〗의사가 사체에 대해서 사망의 원인·시간·장소 따위를 의학적으로 확인하는 일. ▫∼으로 의문사의 원인을 밝히다.

사:체 유기죄(死體遺棄罪)[-죄]〖법〗사체를 화장하거나 매장하지 않고 버림으로써 성립하는 죄. ▫∼로 실형을 선고하다.

사:초(巳初)〖명〗〖민〗사시(巳時)의 처음(오전 아홉 시경).

사:초(史草)〖명〗조선 때, 사관(史官)이 기록해 둔 사기(史記)의 초고(실록의 원고가 됨).

사:초(死草)〖명〗말라 죽은 풀.

사초(私草)〖명〗사고(私稿).

사초1(莎草)〖명〗〖식〗**1** 사초과의 골사초·두메

사초·산사초·낚시사초·바랭이사초 따위의 총칭. **2** 향부자(香附子). **3** 잔디.
사초²(莎草)[─짜][하타] 무덤에 떼를 입히고 다듬음. □ ~를 들이다 / 선산을 ~하다.
사초(飼草)[명] 가축의 사료로 쓰는 풀.
사-초롱(紗─籠)[명] 사등롱.
사촉(唆囑)[명][하타] 사주(使嗾).
사:촌(四寸)[명] **1** 네 치. **2** 아버지의 친형제의 아들딸. 또는 그 촌수. 사촌 형제. □ ~오빠 / ~ 형.
[사촌이 땅을 사면 배가 아프다] 남이 잘되는 것을 기뻐해 주지 않고 질투하고 시기하는 경우의 비유.
사:촌-척(四寸戚)[명] 사촌이 되는 척분(내외 종이나 이종들).
사:촌 형제(四寸兄弟)[명] 사촌2.
사추(邪推)[명][하타] 못된 의심을 품고 짐작함.
사:-추덕(四樞德)[명]『가』 윤리적(倫理的)가운데 가장 중요한 네 가지 덕(지덕(智德)·의덕(義德)·용덕(勇德)·절덕(節德)).
사축[명] 품삯으로 농군에게 떼어 주는 논이나 밭. *사래¹.
사축(私蓄)[명][하타] 개인이 사사로이 저축함. 또는 그 재물.
사축(飼畜)[명][하자] 가축을 기름.
사축-서(司畜署)[─써][명]『역』 조선 때, 잡축(雜畜)을 기르는 일을 맡아보던 관아.
사춘-기(思春期)[명] 몸의 생식 기능이 거의 완성되며, 이성(異性)에 관심을 갖게 되고 춘정을 느낄 만한 나이. 춘기 발동기. □ ~에 들어선 소녀 / ~를 맞다 / ~를 보내다.
사출(査出)[명][하타] 조사해서 드러냄.
사출(射出)[명][하자타] **1** 화살·탄알이나 가스 따위를 쏘아 내보냄. **2** 액체를 내뿜. **3**『군』 함선(艦船) 위에서 비행기 따위를 캐터펄트로 발진시킴.
사출-기(射出機)[명]『군』 캐터펄트.
사출-나다(査出─)[─라─][자] 조사를 받고 진상이 드러나다. □ 모든 일이 ~.
사출-맥(射出脈)[명]『식』 잎자루의 맨 끝에서 쭉 벋어 나간 잎맥(종려나무의 잎 따위).
사출-수(射出髓)[─쑤][명]『식』 나무줄기의 중심에서 사방으로 뻗어 나간 가는 줄(주로 물과 양분의 통로임). 사출 목수(木髓).
사출 좌:석(射出座席)[명] 전투기 따위에서 사고가 났을 때, 승무원을 기외(機外)로 비상 탈출시키기 위한 소형 로켓 장치가 달린 좌석.
사춤[명] **1** 갈라지거나 벌어진 틈. **2** 담이나 벽 따위의 갈라진 틈을 진흙으로 메우는 일.
사춤을 치다[관] 담이나 벽 따위의 벌어진 틈을 진흙으로 메우다.
사충(詐忠)[명] 거짓으로 꾸미는 충성.
사취(沙嘴·砂嘴)[명]『지』 바다 가운데로 길게 뻗어 나간 모래톱(토사가 조류에 밀려 퇴적해서 형성됨).
사취(詐取)[명][하타] 남의 것을 거짓으로 속여 빼앗음. □ 금품을 ~하다.
사취(辭趣)[명] 문장이나 말의 뜻.
사치(奢侈)[명][하자] 필요 이상의 돈이나 물건을 쓰거나 분수에 지나친 생활을 함. □ ~ 풍조 / ~ 생활 / ~를 부리다 / ~와 허영에 빠지다.
사치-비(奢侈費)[명]『경』 생활필수품 이외의 소비재에 드는 비용.
사치-성(奢侈性)[─썽][명] 사치스러운 성향(性向). □ ~ 소비 풍조 / ~을 근절하다.

사치-세(奢侈稅)[─쎄][명]『법』 사치품이나 사치 행위에 대하여 부과하는 조세(특별 소비세 명목으로 과세함).
사치-스럽다(奢侈─)[─따][─스러워, ─스러우니][형] 사치할 데가 있다. □ 사치스러운 옷차림[여행] / 생활에 ~. 사치-스레[부]
사치-품(奢侈品)[명] 분수에 지나치거나 생활의 필요한 정도에 넘치는 물품. □ ~ 수입.
사-칙(四則)[명]『수』 덧셈·뺄셈·곱셈·나눗셈의 네 가지 계산 방법.
사칙(社則)[명] 회사나 결사 단체의 규칙. □ ~으로 휴일을 정하다.
사칙(舍則)[명] 기숙사나 숙사 등의 규칙. □ ~에 외출 시간이 정해져 있다.
사:칙-산(四則算)[─싼][명]『수』 사칙을 이용한 운산(運算). 사칙 연산(演算).
사친(私親)[명] **1** 서자의 생모(生母). **2**〔역〕종실(宗室)로서 왕위를 이어받은 임금의 친아버지. **3**〔역〕후궁에게서 난 임금의 친어머니.
사친(事親)[명][하자] 어버이를 섬김.
사친(思親)[명][하자] 어버이를 그리워하며 생각함. □ ~의 정.
사친(師親)[명] 선생과 학부형.
사:친이효(事親以孝)[명] 세속 오계의 한 가지. 어버이를 효도로 섬김.
사:친지도(事親之道)[명] 어버이를 섬기는 도리(道理).
사친-회(師親會)[명] '육성회(育成會)'의 전신(前身).
사:칠-론(四七論)[명]『철』 주자학의 사단(四端)과 칠정(七情)을 연구하는 학설(이황(李滉)이 제창함).
사침[명] '사침대'의 준말.
사침-대[─때][명] 베틀의 비경이 옆에서 날의 사이를 띄어 주는 두 개의 나무나 대. 교곤(攪棍). ⑥사침.
사칭(詐稱)[명][하자타] 성명·직업·주소 따위를 거짓으로 속여 말함. □ 사장이라고 ~하다 / 고위층의 친척을 ~하다.
사카로스(saccharose)[명]『화』 수크로오스.
사카리미터(saccharimeter)[명]『화』 검당계(檢糖計).
사카린(saccharin)[명]『화』 인공 감미료의 하나. 무색 반투명 결정으로 단맛이 설탕의 500배임(톨루엔이 원료임).
사커(soccer)[명] 축구.
사타구니[명]〈속〉샅. ⑥사타귀.
사타귀[명] '사타구니'의 준말.
사탁(私橐)[명] 개인이 사사로이 모아 둔 돈. 또는 그 돈주머니.
사탁(思度)[명][하타] 생각하고 헤아림.
사탄(沙灘·砂灘)[명] 모래가 깔린 여울. 또는 모래톱가의 여울. *사천(沙川).
사탄(Satan)[명]『기』 하나님에 대립하는 악을 인격화한 것. 마귀.
사탄-하다(詐誕─)[형여] 말이나 행동이 간사하고 허황하다.
사탑(寺塔)[명] 절에 있는 탑.
사탑(斜塔)[명] 한쪽으로 비스듬히 기울어진 탑. □ 피사의 ~.
사탕(沙糖·砂糖)[명] **1** 설탕. **2** 눈깔사탕·드롭스 따위처럼 설탕을 끓여 여러 가지 모양으로 만든 과자. □ ~ 한 봉지 / ~을 빨아 먹다.
사탕-가루(沙糖─)[─까─][명] 설탕.
사탕-무(沙糖─)[명]『식』 명아줏과의 두해살이풀. 열대·아열대에서 많이 재배함. 줄기는 곧고 높이는 약 1m임. 잎은 좀 두껍고 달걀꼴, 자색을 띰. 뿌리에는 당분이 들어 있어 사탕

을 만듦. 감채(甘菜). 첨채(甜菜).
사탕-밀(沙糖蜜)**명** 당밀(糖蜜).
사탕-발림(沙糖-)**명**하짜 달콤한 말로 비위를
맞추어 살살 달램. 또는 그런 말이나 짓. 겉
발림. ▢~에 넘어가다 / 그따위 ~으로는 어
림없지.
사탕-수수(沙糖-)**명**〖식〗볏과의 여러해살이
풀. 열대·아열대에서 많이 재배함. 높이는
2~4m이고, 대체로 수수와 같은데 마디 사이
가 짧음. 사탕의 원료임. 감자(甘蔗).
사탕-절이(沙糖-)**명** 과일이나 채소 따위를
설탕물에 절이는 일. 또는 그 식품. 사탕절
임. ▢복숭아 ~.
사탕-초(沙糖醋)**명** 설탕을 넣고 끓인 식초.
사태〖명〗소의 다리 아랫마디 뒤쪽에 붙은 살덩
이〔곰거리로 씀〕.
사:태(死胎)**명** 배 속에서 죽어 나온 태아.
사태(沙汰·砂汰)**명 1** 산비탈·언덕 또는 쌓인
눈 따위가 비바람이나 충격 따위로 무너져
내려앉는 일. ▢축대가 무너져 ~가 지다〔나
다〕. **2** 사람이나 물건이 한꺼번에 많이 쏟아
져 나오는 일의 비유. ▢길에 자동차들이 ~
를 이루다.
사:태(事態)**명** 일이 되어 가는 형편이나 상
태. 사체(事體). ▢천안문 ~ / ~를 수습하
다 / 폭력 ~가 벌어지다.
사태(沙胎·砂胎)**명**〖공〗도자기의 면이 모래
알같이 거칠거칠한 모양새.
사태(蛇蛻)**명**〖한의〗살갗이 돋비늘이나 뱀
허물같이 되는 증상.
사택(私宅)**명** '사제(私第)'의 높임말. ▢~ 방
문.
사택(舍宅)**명 1** 기업체나 기관 따위의 직원들
위해서 지은 살림집. 택사(宅舍). **2** 거주하는
'집'의 존칭. 택사(宅舍).
사택(社宅)**명** 회사가 사원의 살림집으로 쓰기
위해 마련한 주택.
사:토(死土)**명**〖민〗풍수지리에서, 한번 파내
었던 흙이나 땅.
사토(私土)**명** 개인이 가지고 있는 논밭. ↔공
토(公土).
사토(沙土·砂土)**명**〖지〗모래흙. 모래땅.
사토-장이(莎土-)**명** 구덩이를 파고 무덤을
만드는 일을 업으로 하는 사람.
사토-질(沙土質)**명** 모래 성분으로 된 토질.
사:통(四通)**명**하짜 도로·교통·통신 따위가 사
방으로 통함. 사달(四達).
사통(私通)**명**하짜 **1** 공사(公事)에 관해서 관
원끼리 편지 등으로 사사로이 연락함. 또는
그 편지. **2** 부부가 아닌 남녀가 몰래 정을 통
함. 내통(內通).
사:통-오달(四通五達)**명**하짜 도로나 교통망
따위가 이리저리 사방으로 통함. 사통팔달.
사:통-팔달(四通八達)[-딸]**명**하짜 사통오달.
사퇴(仕退)**명**하짜 벼슬아치가 일과를 마
치고 물러 나옴. 퇴사(退仕). 파사(罷仕).
사퇴(蛇退)**명**〖한의〗뱀의 허물 벗은 껍질〔어
린아이의 풍증(風症)과 외과(外科)에 씀〕.
사퇴(辭退)**명**하짜 **1** 어떤 일을 그만두고 물
러남. ▢의원직을 ~하다 / 관련자의 ~를 요
구하다. **2** 사절해서 물리침. 사사(辭謝).
사퇴-서(辭退書)**명** 어떤 직책에서 물러난다
는 뜻을 적은 글. ▢~를 제출하다.
사:투(死鬪)**명**하짜 죽을 힘을 다해서 싸움.
또는 그런 싸움. ▢~를 벌이다〔거듭하다〕 /
~ 끝에 구조되다.
사투(私鬪)**명**하짜 사사로운 이해관계나 감정
문제로 싸움. 또는 그런 싸움.

사:투리〖언〗어느 지방에서만 쓰는, 표준
어가 아닌 말. 방언. 와어(訛語). 와언(訛言).
토어(土語). ▢경상도 ~. ↔표준말.
사-투영(斜投影)**명** 광선이 평면에 비스듬히
투사(投射)한 그림자. 빗투영.
사특(私慝)**명** 남에게 알려지지 않은 나쁜 일.
또는 숨기고 있는 비행(非行)이나 악행.
사특-하다(邪慝-)[-트카-]**형여** 요사스럽고
간특하다. ▢사특한 생각.
사파(娑婆)**명**〖불〗'사바(娑婆)'의 본딧말.
사파리(safari)**명** (주로 아프리카 동부의) 자
연공원에서 자동차를 타고 다니며 야생 동물
을 구경하는 일〔원래는 수렵 여행의 뜻〕.
사:-파수(四把守)**명**〖건〗기둥 위에 보와 도
리가 짜이도록 만든 네 갈래로 된 받침대.
사파이어(sapphire)**명 1**〖광〗청옥(靑玉). **2**
벽색(碧色). 청옥색.
사판(仕版)**명**〖역〗벼슬아치의 명부.
사판(私版)**명** 개인이 자비(自費)로 출판하는
일. 또는 그 책. *관판(官版).
사:-판(事判)**명**〖불〗절의 모든 재물과 사
무를 맡아 처리함. *이판(理判).
사판(祠版·祠板)**명** 신주(神主).
사:판-승(事判僧)**명**〖불〗절의 재물과 사무
를 맡아보는 승려. *이판승.
사:판-화(四瓣花)**명**〖식〗네잎꽃.
사:팔-눈[-룬]**명**〖한〗한쪽 눈의 시선이 바르
게 향하지 않는 눈. 또는 그런 눈을 가진 사
람. 사시안(斜視眼).
사:팔-뜨기〖명〗'사팔눈을 가진 사람'의 낮춤
말. 사시안이.
사:패(賜牌)**명**하짜 〖역〗**1** 고려·조선 때, 궁
가(宮家)나 공신에게 나라에서 종·산판·논밭
따위를 내려 주던 일. **2** 고려·조선 때, 공로가
있는 시골 아전에게 나라에서 부역을 면제해
주던 일.
사:패-기지(賜牌基地)**명**〖역〗임금이 내려 준
터.
사:패-땅(賜牌-)**명**〖역〗사패지지(賜牌-之地).
사:패지지(賜牌-之地)**명**〖역〗임금이 내려 준
땅. 사패땅.
사:폐(私弊)[-/-폐]**명** 일의 폐단. ▢~를 숨
기다.
사폐(辭陛)[-/-폐]**명**하짜 먼 길을 떠나게 된
사신이 임금에게 하직 인사를 드림.
사:포(四包)**명**〖건〗공포(栱包)를 넷으로 겹
친 것.
사포(沙布·砂布)**명** 금강사(金剛沙)나 유리 가
루·규석 가루 따위를 발라 붙인 헝겊이나 종
이. 녹을 닦거나 가구 따위의 거죽을 반드럽
게 하는 데 씀. 사지(沙紙). 샌드페이퍼. 여
지(礪紙). 연마지. ▢~로 문지르다.
사-포도청(私捕盜廳)**명** 예전에, 백성들을 함
부로 잡아다가 형벌을 가하던 권세 있는 집
을 비꼬아 일컫던 말. 사포청.
사포-서(司圃署)**명**〖역〗조선 때, 궁중의 원
포(園圃)나 채소 따위에 관한 일을 맡아보던
관아.
사-포청(私捕廳)**명** 사포도청.
사폭(邪幅)**명** 남자의 한복 바지나 고의에서,
허리와 마루폭 사이에 잇대어 붙이는 크고
작은 네 쪽의 헝겊.
사:표(四表)**명** 나라 사방의 바깥이라는 뜻으
로, 온 세상을 이르는 말.
사:표(四標)**명** 사방의 경계표.
사:표(死票)**명**〖법〗선거 때, 낙선한 후보자

에게 던져진 표. ▢후보자의 난립으로 ~가 늘었다.

사표(師表)團 학식·덕행이 높아 남의 모범이 될 만한 사람. ▢~로 삼다.

사:표(謝表)團 임금의 은혜를 감사하는 뜻으로 올리던 글. 사장(謝章).

사표(辭表)團 직책을 사임하겠다는 뜻을 적어 내는 문서. 사장(辭狀). ▢~를 수리하다.

사푼囝 소리가 나지 않도록 발을 가볍게 내딛는 모양. ▢~ 발을 내딛다. ②서푼. ④사뿐.

사푼-사푼囝ⓗ자ⓗ 소리가 나지 않도록 잇따라 발을 가볍게 내딛는 모양. ▢양탄자 위를 ~ 걸어 나가다. ②서푼서푼. ④사뿐사뿐.

사품團 (주로 '사품에'의 꼴로 쓰여) 어떤 동작이나 일이 진행되는 바람이나 겨를. ▢이 ~에 잠이나 실컷 자자.

사풋[-풋]囝 발을 살짝 가볍게 얼른 옮기는 소리. 또는 그 모양. ②서풋. ④사뿟.

사풋-사풋[-풋싸-]囝ⓗ자ⓗ 발을 살짝 가볍게 자꾸 옮기는 소리. 또는 그 모양. ②서풋서풋. ④사뿟사뿟.

사:풍(士風)團 선비의 기풍.

사풍(邪風)團 **1** 경솔하여 점잖지 못한 태도. **2** 못된 풍습.

사풍(斜風)團 비껴 부는 바람.

사풍(社風)團 어떤 회사 특유의 기풍.

사풍-맞다(邪風-)[-맏따]휑 말이나 행동을 함부로 해서 경솔하다.

사풍-세우(斜風細雨)團 비껴 부는 바람과 가늘게 내리는 비. 세우사풍.

사풍-스럽다(邪風-)[-따][-스러워, -스러우니]휑ⓗ 변덕이 많고 경망스러운 데가 있다. **사풍-스러이**囝

사풍-스레(邪風-)囝

사프란(네 saffraan)團[植] 붓꽃과의 여러해살이풀. 온대 각지에서 재배함. 마늘 비슷한 비늘줄기가 있고 잎은 침상으로 가늘고 깊. 가을에 담자색 여섯잎꽃이 핌. 암술머리는 말려서 건위제(健胃劑)·진정제 따위로 씀.

사피(斜皮)團 **1**[악]ⓗ 장구의 줄을 고를 때 늦추거나 조르는 가죽 고리. **2** 돈피(激皮).

사피(蛇皮)團 뱀 껍질. 뱀 가죽.

사피-장(斜皮匠)團[역] 조선 때, 공조(工曹)와 상의원(尙衣院)에 속해서 모피를 다루던 장인.

사피즘(sapphism)團 여자의 동성연애.

사:필(史筆)團 사관(史官)이 역사를 적던 필법.

사:필귀정(事必歸正)團ⓗ자ⓗ 모든 일은 반드시 바른길로 돌아감.

사-하다타여 휘감쳐서 뜨다. ▢단춧구멍을 ~.

사-하다(瀉-)자여 설사하다.

사:-하다(謝-)□團團 감사의 뜻으로 인사를 하다. 사례하다. □타여 그의 노고를 사하고 치하하다. □타여 **1** 사과하다. ▢내 불찰을 사하는 바입니다. **2** 사절하다. ▢호의를 ~.

사:-하다(赦-)타여 지은 죄를 용서하다.

사:-하다(賜-)타여 하사(下賜)하다.

사:학(史學)團 '역사학'의 준말. □~과(科).

사:학(四學)團[역] 조선 때, 서울의 중앙 및 동·서·남의 네 곳에 세운 교육 기관《중학·동학·남학 및 서학》.

사:학(死學)團 실용적인 가치가 없는 학문. 사학문(死學問).

사학(私學)團[교] 개인이 설립한 교육 기관. □~의 명문.

사학(邪學)團[역] 조선 때, 주자학에 반대되는 학문을 이르던 말. 조선 중기에는 양명학,

후기에는 천주교나 동학을 가리켰음.

사:학(斯學)團 이 학문. 그 학문. □~의 대가.

사학-가(史學家)[-까]團 역사학을 전문적으로 연구하거나 사학에 밝은 사람. 사학자.

사:학-자(史學者)團 사학가.

사한(私恨)團 **1** 사원(私怨). **2** 혼자 마음속에 품은 원한.

사한(私翰)團 개인의 사사로운 편지. 사신. ↔공한(公翰).

사한-단(司寒壇)團[역] 조선 때, 빙고(氷庫)에 얼음을 저장하거나 꺼낼 때 제사를 지내던 제단.

사한-제(司寒祭)團[역] 조선 때, 겨울이 너무 따뜻하거나 너무 오지 않을 때, 또는 얼음을 떠서 빙고(氷庫)에 넣거나 빙고를 열 때 지내던 제사《음력 12월에 지냄》.

사함(私函)團 **1** 사찰(私札). ↔공함(公函). **2** 사서함(私書函).

사함-석(蛇含石)團[한의] 뱀이 겨울잠을 잘 때, 입에 물고 있다가 내뱉은 흙덩이《난산(難産)·경간(驚癇) 따위의 약으로 씀》. 사황(蛇黃).

사합(沙盒·砂盒)團 사기로 만든 그릇.

사:합-사(四合絲)[-싸]團 네 가닥으로 꼬아 만든 실.

사:항(四項)團[수] 비례식·방정식 따위에서의 넷째 항.

사:항(事項)團 일의 항목이나 내용. □주의 ~ / 전달 ~ / 관련 ~를 설명하다.

사항(詐降)團ⓗ자ⓗ 거짓으로 항복함.

사:해(四海)團 **1** 사방의 바다. **2** 온 천하. 세계. **3**[불] 수미산(須彌山)의 사방에 있는 큰 바다. 사대해(四大海).

사:해(死骸)團 죽은 사람의 몸. 사체.

사해(詞海)團 사조(詞藻)의 바다《문장·시가(詩歌)의 풍부함을 바다의 깊이와 넓음에 비유한 말》.

사해(詐害)團ⓗ자ⓗ 속임수로 남에게 손해를 입히는 일.

사:해-동포(四海同胞)團 사해형제.

사:해동포-주의(四海同胞主義)[-/-이]團[철] 박애주의.

사:해-용왕(四海龍王)團 동서남북 네 바다 가운데 있다는 용왕.

사해 행위(詐害行爲)團[법] 채무자가 고의로 재산을 줄여서 채권자가 충분한 변제를 받지 못하게 하는 행위.

사:해-형제(四海兄弟)團 온 세상 사람들이 모두 형제와 같다는 뜻으로, 친밀함을 이르는 말. 사해동포.

사핵(査覈·査核)團ⓗ타ⓗ 실제 사정을 자세히 조사함.

사:행(四行)團 **1** 네 가지 도덕 행위《효(孝)·제(悌)·충(忠)·신(信)》. **2** 사덕(四德)2.

사행(私行)團ⓗ자ⓗ **1** 개인의 사사로운 행위. **2** 남몰래 가만히 함. 또는 그런 행위. **3** 관리(官吏)가 사삿일로 여행함.

사행(邪行)團 옳지 못한 행위. □~을 일삼다 /~을 저지르다.

사:행(使行)團[역] 사신의 행차(行次).

사행(射倖)團ⓗ자ⓗ 요행을 노림으로.

사행(蛇行)團ⓗ자ⓗ **1** 뱀이 구불구불 기어가는 것처럼 몸을 구부리고 엉금엉금 걸어감. **2** 강물 따위가 뱀처럼 구불구불 흐름.

사행 계:약(射倖契約)[-/-껴-]團[법] 우연한 이익을 얻기 위해 맺는 계약《보험 계약·경마·복권 따위》.

사행-성(射倖性)[-씽]團 요행을 바라는 성질.

□ ~을 조장하다.

사:행-시 (四行詩) 명 『문』 하나의 작품 또는 작품의 한 연(聯)이 네 개의 행으로 이루어진 시. 넉줄시.

사행-심 (射倖心) 명 요행(僥倖)을 바라는 마음. □ ~을 조장하다.

사:행정 기관 (四行程機關) 명 『물』 두 번의 피스톤 운동으로 흡입·압축·폭발·배기의 모든 동작을 끝내는 내연 기관.

사:향 (四向) 명 동서남북의 네 방향.

사향 (思鄕) 명하자 고향을 생각함.

사:향 (麝香) 명 사향노루·사향고양이 등의 수컷의 향낭(香囊)에서 채취되는 흑갈색 가루 《여러 가지 약·향료로 씀》.

사:향-고양이 (麝香-) 명 『동』 사향고양잇과의 작은 식육류. 족제비·고양이와 비슷한데, 몸길이는 60cm, 꼬리가 30cm가량이며, 몸은 회갈색에 흑색 반점이 있음. 생식기와 항문 사이에 사향샘이 있어 냄새를 풍김.

사:향-낭 (麝香囊) 명 『동』 사향노루의 수컷이나 사향고양이 따위에 있는 분비샘(번식기에만 발달하며, 말려서 사향 또는 영묘향(靈猫香)을 만듦).

사:향-내 (麝香-) 명 사향의 냄새.

사:향-노루 (麝香-) 명 『동』 사향노룻과의 짐승. 산림에 사는데, 몸길이 1m, 어깨 높이는 50cm가량이며, 뿔이 없음. 배꼽 근처의 향낭에 사향이 들어 있음. 궁노루. 사록(麝鹿).

사:향-뒤쥐 (麝香-) 명 『동』 뒤쥣과의 짐승. 몸길이는 12cm, 꼬리는 7cm가량이고, 빛은 회갈색임. 주둥이가 뾰족하며 눈은 작음. 옆구리에 악취 풍기는 분비샘이 있어 고양이·뱀이 싫어함. 사서(麝鼠).

사:향-소 (麝香-) 명 『동』 솟과의 짐승. 북아메리카 북단의 툰드라에 떼를 지어 삶. 어깨 높이는 1.5m가량이고, 털이 길며 보통 암갈색을 띰. 좌우 뿔이 서로 붙어 있고 수컷은 번식기에 강한 사향 냄새를 냄. 사우(麝牛).

사:향-수 (麝香水) 명 사향으로 만든 향수.

사헌-대 (司憲臺) 명 『역』 고려 초에 당시의 정치를 논하고, 풍속을 바로잡으며, 관리의 비행을 조사해서 그 책임을 다스리던 관청.

사헌-부 (司憲府) 명 『역』 고려·조선 때, 삼사(三司)의 하나《구실은 사헌대와 같음》. 상대(霜臺). 오대(烏臺). 춘부(春府).

사:혈 (四穴) 명 『악』 앞쪽에 구멍 셋, 뒤쪽에 구멍 하나가 뚫린 통소.

사:혈 (死血) 명 『한의』 상처에 꺼멓게 모인 죽은피.

사혈 (瀉血) 명하자 『의』 치료의 목적으로 환자의 혈액을 몸 밖으로 뽑아냄.

사혐 (私嫌) 명 개인적인 혐오나 혐오.

사:형 (死刑) 명하타 『법』 범죄인의 목숨을 끊음. 또는 그 형벌. 생명형. □ ~에 처하다 / ~을 당하다 / ~을 집행하다.

사형 (私刑) 명 『법』 국가 또는 공공의 권력이나 법률에 따르지 않고 개인이나 사적 단체가 사사로이 행하는 제재. 사적 제재. 사형벌. 린치.

사:형 (似形) 명 『광』 비교적 미세한 광물이 모여 그 광물의 결정형과는 상관없이 산출될 경우의 결정 형태. ✽자형(自形).

사형 (舍兄) □ 명 자기 형을 남에게 겸손히 일컫는 말. 사백(舍伯). □ 인대 형이 아우에 대해 자기를 일컫는 말. ↔사제(舍弟). ✽가형(家兄)·가백(家伯).

사:형 (査兄) 명 바깥사돈 사이에 상대편을 높여 일컫는 말.

사형 (師兄) 명 1 나이나 학덕이 자기보다 높은 사람을 존경해 일컫는 말. 2 『불』 같은 스승 밑에서, 자기보다 먼저 제자가 된 사람.

사형 (詞兄) 명 친구로 사귀는 문인이나 학자끼리 서로 높여 부르는 말.

사-형벌 (私刑罰) 명[법] 사형(私刑).

사:형 선고 (死刑宣告) 명 『법』 공판정에서 사형에 처한다는 판결 내용을 알리는 고지.

사:형-수 (死刑囚) 명 『법』 사형 선고를 받은 죄수. 사수(死囚).

사:형-장 (死刑場) 명 『법』 사형을 집행하는 장소. 형장.

사호 (社號) 명 회사의 이름. 사명(社名).

사호 (絲毫) 명 극히 적은 수량.

사:호 (賜號) 명하자 임금이 호를 하사함. 또는 그 호.

사호다 자 〈옛〉 싸우다.

사혼 (私混) 명하타 『역』 조선 때, 면서원(面書員)이 환곡(還穀)과 함께 보수나 사례비로 곡식을 받아 착복하던 일.

사홈 명 〈옛〉 싸움.

사:화 (士禍) 명 『역』 조선 때, 조신(朝臣) 및 선비들이 정치적 반대파에게 몰려 참혹한 화를 입던 일《갑자사화·기묘사화 따위》.

사:화 (四華) 명 『불』 1 석가가 영산회상을 말할 때 하늘에서 내려온 네 가지 연꽃《백련화(白蓮華)·대일련화(大日蓮華)·홍련화(紅蓮華)·대홍련화(大紅蓮華)》. 사종화(四種花). 2 백·청·동·황색의 네 가지 연꽃.

사:화 (史畫) 명 '역사화(歷史畵)'의 준말.

사:화 (史話) 명 역사 이야기.

사:화 (史禍) 명 1 사서(史書)에 관련된 필화(筆禍). 2 사필(史筆)로 말미암은 옥사(獄事).

사:화 (死火) 명 1 꺼진 불. 2『불』'죽음'을 큰 화재가 꺼짐에 비유한 말.

사:화 (死貨) 명 현재 쓰이지 않거나 통용되지 않는 돈.

사화 (私和) 명하자 1 송사(訟事)를 개인끼리 서로 좋게 풀어 버림. 2 원한을 풀고 서로 화평함. □ 과거를 잊고 ~하다.

사화 (私話) 명 개인이 사사로이 말을 함.

사화 (詞華) 명 화려하게 수식된 사조(詞藻).

사:-화산 (死火山) 명 『지』 지질상으로 보아 화산임이 인정되지만, 유사(有史) 이래로 화산활동의 기록이 없는 화산《백두산·한라산 따위》. 휴화산. ↔활화산.

사:화-잠 (四化蠶) 명 『농』 한 해에 네 번 새끼를 치는 누에《누에고치가 작음》.

사:환 (仕宦) 명하자 벼슬살이함.

사:환 (四患) 명 1 정치가에게 빠지기 쉬운 일로서 특히 경계해야 할 네 가지《허위·사사로움·방심·사치》. 2『불』 인생에서 우려되는 네 가지《생로병사(生老病死)》. 사고(四苦).

사:환 (使喚) 명 관청이나 회사, 가게 따위에서, 잔심부름을 시키기 위해서 고용한 사람. ✽사동(使童).

사환 (社還) 명 『역』 조선 고종 때 '환곡(還穀)'을 고친 말.

사:환-가 (仕宦家) 명 대대로 벼슬하는 집안.

사환곡-제 (社還穀制) [-쩨] 명 『역』 조선 때, 춘궁기에 농민에게 곡식이나 종자를 꾸어 주었다가 가을에 추수해서 되돌려 받던 제도.

사:활 (死活) 명 죽느냐 사느냐의 갈림. □ ~이 걸린 문제 / □을 걸다.

사-활강 (斜滑降) 명 스키에서, 사면(斜面)을 비스듬히 잘라 직선으로 활강하는 기법.

사횟-술 (私和-)[-화쑬 / -환쑬] 명 화해하는 뜻에서 함께 나누는 술.

사황 (蛇黃) 명 〖한의〗 **1** 사함석(蛇含石). **2** 황달의 하나. 허리와 등이 뒤로 잦혀지고 혀가 [말려듦.

사회 명 〈옛〉 사위.

사회 (司會) 명하자 **1** 회의·예식 따위의 진행을 맡아봄. ❏ ~를 보다 / ~를 맡다. **2** '사회자'의 준말. ❏ ~를 소개하다.

사:회 (死灰) 명 불이 꺼진 재.

사회 (沙灰) 명 굴 껍데기를 태워 만든 가루.

사회 (社會) 명 **1** 같은 무리끼리 모여 이루는 집단. ❏ 상류 ~ / 귀족 ~. **2** 세상1. ❏ 요지경 속의 ~. **3** 학생·군인·죄수 들이 자기가 속한 영역 이외의 영역을 이르는 말. ❏ ~에 진출하다 / ~에 적응하다. **4** 〖사〗 공동생활을 영위하는 모든 형태의 인간 집단《가족·마을·조합·계급·국가·회사 따위》. ❏ 근대 ~의 전환점. **5** 〖역〗 촌민이 사일(社日)에 모이던 모임.

사회 간:접 자본 (社會間接資本)[-짜-] 〖경〗 국민 경제 발전의 기초가 되는 도로·항만·철도·통신·전력·수도 따위의 공공시설. 에스오시(SOC). 준사회 자본.

사회 개:량주의 (社會改良主義)[-/-이] 〖사〗 자본주의 사회의 체제를 유지하면서 점진적으로 개량함으로써 그 폐해를 고쳐 나가려는 입장. 개량주의.

사회 개발 (社會開發) 〖사〗 도시·농촌·교통·주택·보건·공중위생·교육 따위를 사회적으로 개발해서 국민의 복지 향상을 꾀하는 일.

사회 개벽 (社會開闢) 〖종〗 천도교의 삼대 개벽의하나. 사회 제도와 생활양식, 물질 등을 변혁해서 사회를 새롭게 한다는 후천적 인문(人文) 개벽.

사회 경제 (社會經濟) 〖경〗 **1** 각 경제 단위의 활동이 사회적 상호 의존에 따라 이루어지는 경제 상태. ↔고립 경제. **2** 국민 경제.

사회 계:약설 (社會契約說)[-썰 / -게-썰] 〖사〗 사회나 국가는 본디 개인이 주체적 의지로 계약을 맺어 형성하였다고 하는 학설. 국가 계약설. 민약설(民約說). 준계약설.

사회 계층 (社會階層)[-/-게-] 〖사〗 한 사회 안에서, 능력이나 재산의 정도 또는 지위나 교육 수준 따위로 구별되는 인간 집단《빈민층·부유층 따위》.

사회 공학 (社會工學) 〖사〗 인간의 사회적 행동을 과학적으로 연구해서, 사회생활상의 실제 문제를 해결하려고 하는 학문.

사회-과 (社會科)[-꽈] 명 〖교〗 초등학교·중등학교에서, 사회 현상과 사회생활을 가르치는 교과《정치·경제·문화 따위의 영역》.

사회 과:정 (社會過程) 〖사〗 사회력을 바탕으로 인류가 결합되어 가는 과정. 곧, 집단생활에서의 일체의 생성·변화·발전 따위의 과정《문화적 과정·경제적 과정 따위》.

사회 과학 (社會科學) 〖사〗 사회 현상을 지배하는 객관적 법칙을 해명하려는 경험 과학《정치학·경제학·철학·종교학·역사학 등》.

사회-관 (社會觀) 명 〖사〗 사회를 통일적인 전체로 보아 그 의의와 가치에 대해서 가지는 견해나 주장. ❏ 그의 ~은 비교적 견실하다.

사회-관계 (社會關係)[-/-게] 명 〖사〗 사람과 사람 사이에 사회적 행동의 교환이 계속된 결과로 생기는 인간관계.

사회 관계망 서비스 (社會關係網service)[-/-게-] 〖컴〗 에스엔에스(SNS).

사회 교:육 (社會教育) 〖교〗 사회인으로서 필요한 사항에 대해, 일반인에게 베푸는 교육.

사회 구조 (社會構造) 〖사〗 사회 및 집단을 구성하는 요소가 일정한 원리에 따라 유기적으로 배치되는 체계.

사회 국가 (社會國家)[-까] 〖정〗 국민 각자에 대해서 인간다운 생존을 보장할 것을 임무로 하는 국가. 사회 정의의 실현을 목적으로 하는 국가.

사회-권 (社會權)[-꿘] 명 〖법〗 국민이 인간다운 생활을 위해서 필요한 사회적 보장책을 국가에 요구할 수 있는 권리《건강한 생활을 누릴 권리, 교육을 받을 권리, 노동권, 근로자의 단결권 따위》. *자유권.

사회 규범 (社會規範) 〖사〗 사회생활을 규제하며, 사회 질서를 유지하기 위해서 그 구성원에게 요구하는 당위적 관념《법률·종교·도덕 따위》.

사회-극 (社會劇) 명 〖연〗 사회 문제를 주제로 다룬 연극이나 희곡. 개인과 집단, 개인과 사회 사이에서 생기는 모순이나 갈등에 초점을 맞춤.

사회-단체 (社會團體) 명 사회사업이나 사회 문제의 해결을 목적으로 하는 단체.

사회-당 (社會黨) 명 〖정〗 자본주의의 극복과 사회주의의 실현을 목적으로 하는 정당.

사회 도태 (社會淘汰) 〖사〗 사회 환경에 적응하지 못하여 사회적으로 도태되는 현상. 사회 진화의 한 요인으로서 행하여지는 의식적 도태.

사회-면 (社會面) 명 신문에서, 사회의 일반적 사건 기사를 싣는 지면.

사회 문:제 (社會問題) 사회 제도의 모순이나 결함에서 오는 문제《실업자·교통·공해·주택 문제 따위》.

사회 민주주의 (社會民主主義)[-/-이] 〖정〗 폭력에 의한 혁명이나 프롤레타리아 독재를 부인하고, 의회 정치를 통한 합법적인 방법으로 사회주의를 실현하려는 주의.

사회-법 (社會法)[-뻡] 명 〖법〗 각 개인의 이해에 중점을 두는 시민법에 대해, 노동법·경제법·사회 사업법 등 사회 본위로 제정되는 법률.

사회 법칙 (社會法則) 〖사〗 **1** 사회 질서를 유지하고 있는 법칙. **2** 사회의 변화 특히 사회 진화를 지배하고 있는 법칙. **3** 반복되는 사회 현상을 지배하고 있는 법칙.

사회 법학 (社會法學)[-버팍] 〖법〗 사회법을 연구하는 법학의 한 분과.

사회 변:동 (社會變動) 〖사〗 한 사회의 현존하는 질서 및 정신적·물질적 문명의 형태가 일부 또는 전체적으로 변화하는 과정.

사회 변:혁 (社會變革) 사회 질서를 의도적으로 바꾸는 일. ❏ 점진적인 ~을 꾀하다.

사회 병:리 (社會病理)[-니] 〖사〗 개인이나 집단, 지역 사회나 전체 사회, 문화 따위에 나타나는 기능 장애 및 이상 현상《범죄·비행·자살·매음·실업·빈곤 따위》.

사회 병:리학 (社會病理學)[-니-] 〖사〗 범죄·비행·실업·빈곤 따위의 사회 병리를 연구 대상으로 하는 학문.

사회 보:장 (社會保障) 〖사〗 국민이 직면하고 있는 질병·폐질·실업 따위를 해결하고 최저 문화생활을 보장하기 위한 제도《사회 보험이 한 걸음 더 나아간 사회 개량 정책임》. ❏ ~이 잘된 복지 국가를 지향하다.

사회 보:험 (社會保險) 〖사〗 사회 정책상 질병·부상·폐질·노쇠·사망 등 재난을 입은 사

람의 생활을 보장하기 위한 보험(의료 보험·연금 보험 따위).

사회 복지 (社會福祉)[-찌]《사》국민의 최저 한도의 생활을 보장하기 위해 빈곤자의 생활 보호·공중위생·공동 모금 따위의 사업을 조직적으로 행하는 일.

사회-본능 (社會本能)명 인간이나 동물이 무리를 이루어 생활하려는 선천적 경향. ☐야생의 짐승에는 대체로 무리를 이루는 ~이 있다.

사회 본위주의 (社會本位主義)[-뉘-/-보뉘-]《사》사회의 번영 및 발전을 위해서는 개인의 복리를 희생시켜도 무방하다고 하는 주의.

사회-봉사 (社會奉仕)명 사회 복지의 증진을 위해 금품이나 노동력 등을 제공하는 행위.

사회-부 (社會部)명 신문사 따위에서, 사회 문제의 기사를 맡아보는 부서. ☐ ~ 기자.

사회 분화 (社會分化)《사》분업 발달에 의하여 사회가 단순하고 동질적인 상태에서부터 복잡하고 이질적인 상태로 발전하고 변화하는 일. ☐ ~가 가속화하고 있다.

사회-사상 (社會思想)명 1 사회 문제에 관한 이론 체계의 총칭. 2 개인보다 사회를 중히 여기는 사상.

사회-사업 (社會事業)명《사》사회 복지에 관한 사업(빈곤자·이재민의 구제나 실업 보호·의료 보호 따위).

사회-상 (社會相)명 사회의 양상이나 실태(實態). ☐작품에 ~을 반영하다.

사회-생활 (社會生活)명 1《사》여러 사람이 집단으로 모여서 질서를 유지하며 살아가는 공동생활. ☐ ~에 적응하다. 2《생》많은 수의 생물이 모여서 일을 맡아 공동으로 영위하는 생활.

사회-성 (社會性)[-썽]명 1 어떤 사회의 고유한 성질. 2《심》사회생활을 하려고 하는 인간의 근본 성질. 사교성. 3 흔히 예술 작품에서, 사회 문제에 대해 관심을 기울이는 경향. ☐ ~ 짙은 작품.

사회 소:설 (社會小說)《문》사회 문제나 사회 현실을 주제로 하는 소설.

사회 실재론 (社會實在論)[-째-]《사》사회는 개인을 바탕으로 성립하는 것이지만 개인과는 달리, 개인이 나고 없어지는 일과는 상관 없이 엄연히 실재한다고 하는 사회학론. ↔사회 유명론(唯名論).

사회-심 (社會心)명《심》사회를 각 개인의 마음이 종합해서 이룬 하나의 심리적 유기체로 볼 때의 그 마음.

사회 심리학 (社會心理學)[-니-]《심》사회 현상을 심리적으로 고찰·연구하는 학문.

사회-아 (社會我)명《심》다른 사람과의 상호 관계를 의식함으로써 일어나는 사회적 존재로서의 자아의 관념.

사회-악 (社會惡)명 사회의 모순에서 생기는 해악(마약·범죄·도박·매음 따위). ☐각종 ~으로부터 청소년을 보호하다.

사회 연대 (社會連帶)《사》사회의 각 구성원 사이의 상호 의존 관계, 특히 개인 간의 상호 의존 관계.

사회 운:동 (社會運動)《사》구체적인 사회 문제를 해결하거나 현존 제도를 변혁하려는 운동(노동 운동·농촌 운동·여성 운동·학생 운동·사회 혁명 운동 따위).

사회 유:기체설 (社會有機體說)《사》사회 체제를 생물의 체제와 비교하여 사회를 자연 유기체와 비슷한 존재로 보는 학설. 사회 진화론.

사회 유대 (社會紐帶)《사》사회를 이루고 있는 조건(혈연·지연(地緣)·이해(利害) 따위). 사회적 유대.

사회 유명론 (社會唯名論)[-논]《사》사회의 본질을 하나의 실재로 보지 않고 단지 개인의 집합체 또는 개인 간의 상호 작용이라고 주장하는 사회 학설. 사회 명목론(名目論). ↔사회 실재론.

사회 유:형 (社會類型)《사》어떤 분류 기준에 따라 구분된 사회나 집단의 유형.

사회 윤리 (社會倫理)[-윤-]《윤》1 인간의 사회적·협동적 생활 방면에 관한 도덕적인 규범의 총칭. ↔개인 윤리. 2 도덕의 기원이나 평가를 인간의 사회적 조건으로 설명하는 윤리. 사회적 윤리.

사회-의식 (社會意識)[-/-이-]명《사》1 집단의식. 2 자기가 속한 집단의 다른 구성원에 대한 자기의 의식.

사회 의:지 (社會意志)《사》통일적으로 조직된 사회 일반의 의지.

사회 의학 (社會醫學)《의》사회적인 인간을 대상으로 하여, 병에 걸리기 쉬운 사회 환경이나 생활 조건을 없애려는 데 중점을 둔 일종의 예방 의학. ↔개인 의학. *산업 의학.

사회 이동 (社會移動)《사》인간 또는 사회적인 사물이나 가치가 일정한 사회적 위치에서 다른 사회적 위치로 이동하는 일(수평 이동과 수직 이동 따위가 있음).

사회-인 (社會人)명《사》1 사회의 일원으로 생활을 영위하는 사람. 2 군대 따위의 단체에서 제한된 생활을 하는 사람들이 일반 사회의 사람들을 일컫는 말.

사회 인류학 (社會人類學)[-일-]《사》미개인의 사회생활을 대상으로 연구해서 인간 사회 일반을 밝히려는 인류학의 한 부문.

사회 입법 (社會立法)[-뻡]《법》사회 정책적인 입장에서 행하는 법률의 제정. 또는 그 법률. 사회 정책적 입법.

사회-자 (司會者)명 모임이나 예식 따위에서 진행을 맡아보는 사람. ☐방송 프로그램 ~. ⊛사회.

사회 자본 (社會資本)《경》'사회 간접 자본'의 준말.

사회-장 (社會葬)명 사회에 공로가 큰 사람의 죽음에 사회단체가 연합하여 장례를 치름. 또는 그 장례. ☐ ~으로 치르다.

사회-적 (社會的)관명 사회에 관계되거나 사회성을 지닌 (것). ☐ ~으로 물의를 빚은 인물 / 인간은 ~ 동물이다.

사회적 감:정 (社會的感情)[-깜-]《심》사회 생활에서 느끼는 애정·동정·애국심 따위의 감정.

사회적 개:성 (社會的個性)[-깨-]《사》한 사회를 구성하는 개인에 비교할 때의 그 사회의 국민성·지방색·가풍 따위의 독특한 성질.

사회적 거:리 (社會的距離)[-꺼-]《사》개인과 개인, 개인과 집단, 집단과 집단 사이의 친근·소원(疏遠)의 관계로 나타나는 감정적 거리.

사회적 교통 (社會的交通)[-꾜-]《사》사회의 구성원인 개인과 개인 사이에 서로 교섭하는 관계.

사회적 구속 (社會的拘束)[-꾸-]《사》어떤 집단이 그 단체의 질서를 유지하고 옹호하기 위하여 필연적으로 그 구성원의 행동을 구속하는 일.

사회적 기본권(社會的基本權)[-끼-]〖법〗사회권.

사회적 긴장(社會的緊張)[-낀-]〖사〗국제간 또는 한 나라 안의 집단·당파·계급 간의 상호 교섭에서 생기는 반감·대립·불신·경쟁 따위의 긴장된 상태나 관계의 일컬음.

사회적 부적응아(社會的不適應兒)[-부저긍-]〖심〗소속된 사회 질서에 순응할 수 없는 아동(나태아(懶怠兒)·불량아 등).

사회적 분업(社會的分業)[-뿌넙]〖경〗사회 안에서 직업의 분화·전문화 또는 직능적 분담으로 사회 전체의 생산을 이끌어 가는 분업.

사회적 분화(社會的分化)[-뿐-]〖사〗개인·집단 및 사회가 단순하고 동질적인 상태에서 복잡하고 이질적인 상태로 변화하는 것, 이와 병행하여 전체로서의 사회의 통합을 강화해 가는 변천 과정.

사회적 성:격(社會的性格)[-썽격]〖사〗같은 집단·계층에 속하는 구성원의 성격에서 공통적 특성을 추출해서 유형화한 추상적 성격의 형(남성적·소시민적·관료적 성격 따위).

사회적 소:득(社會的所得)[-쏘-]〖사〗근로 자가 임금 이외에 복리 시설·사회 보험 따위에서 얻는 간접적 소득.

사회적 암:시(社會的暗示)〖심〗군중 심리에 따라 무비판적으로 받아들이는 암시. 또는 개인이 소속 집단의 구성원에게서 받는 암시.

사회적 압력(社會的壓力)[-저감녁]〖사〗개인이나 집단의 태도·의견·행동을 특정 방향으로 유도하고 변화하도록 작용하는 사회적 영향.

사회적 욕구(社會的欲求)[-쩡녹꾸]〖사〗사회의 모든 사람들이 한결같이 평안하게 또 골고루 잘살기를 바라는 일. 사회적 욕망.

사회적 욕망(社會的欲望)[-쩡농-]〖사〗사회적 욕구.

사회적 유대(社會的紐帶)[-쩡뉴-]〖사〗사회 유대.

사회적 적응(社會的適應)[-쩌긍]〖사〗개인이 가정의 일원이나 근로자·시민으로서, 가정·직업·소비 생활 따위의 영역에 적응하여 활동하는 일.

사회적 지위(社會的地位)[-찌-]〖사〗일반적으로 수입·직업·출신·가문·사회적 활동·교육 정도 따위에 따라 전체 사회 속에서 차지하는 위치.

사회적 풍토(社會的風土)〖사〗사회나 집단의 생활을 특징짓고 있는 특유의 분위기.

사회 정:의(社會正義)[-/-이]〖사〗사회 일반의 통념으로 판단한 올바른 도리. ▫법과는 무관하게 ~를 거스르는 행위.

사회 정책(社會政策)〖사〗노동 문제·실업 문제 따위의 모든 사회 문제를 해결하기 위한 국가나 공공 단체에서 시행하는 정책.

사회 제:도(社會制度)〖사〗한 사회에 의하여 지지되고 있는 정치나 경제 제도.

사회 조사(社會調査)〖사〗사회생활의 여러 조건에 관한 이모저모를 알아내는 조사.

사회 조직(社會組織)〖사〗사회의 생존과 질서를 유지하고 있는 협동의 조직(문화의 유지·발전의 주체가 됨). *사회 체제.

사회-주의(社會主義)[-/-이]〖사〗생산 수단을 공유하는 사회 제도를 실현하려는 사상이나 운동.

사회주의 문학(社會主義文學)[-/-이-]〖문〗프롤레타리아 문학.

사회주의-자(社會主義者)[-/-이-]명 사회주의를 신봉하고 그 실현에 노력하는 사람.

사회 진:화(社會進化)〖사〗일정한 방향에 따라 사회가 계속적으로 변화하고 발달하는 현상.

사회 진:화론(社會進化論)〖사〗사회 유기체설.

사회 질서(社會秩序)[-써]〖사〗사회를 구성하는 여러 요소와 세력이 조화롭게 균형을 이루는 관계.

사회 집단(社會集團)[-딴]〖사〗공통의 관심과 목적, 그에 따른 역할 분담과 규율을 가진 집합체(가족·학교·정당 따위).

사회 참여(社會參與)〖사〗학자나 예술가 등이 정치·사회 문제에 관심을 가지고 그 계획에 참가하거나 간섭하는 일. 앙가주망.

사회 철학(社會哲學)〖철〗사회에 관한 형이상학적 및 가치적 연구 따위를 하는 철학의 한 부문.

사회 체육(社會體育)〖사〗가정과 학교 이외에서 하는 체육.

사회 체제(社會體制)〖사〗1 어떤 국민·정당의 어느 특정 목표나 사태에 대응하는 본연의 자세(전시 체제·거당(擧黨) 체제 따위). 2 특정한 국가의 지배적인 정치 질서(자유주의 체제·파시즘 체제 따위). 3 역사적 사회의 구조적인 상태(자본주의 체제·사회주의 체제 따위). *사회 조직.

사회 통:계(社會統計)[-/-게]〖사〗사회 현상에 관한 통계(인구 통계·경제 통계·문화 통계 따위). *인구 통계.

사회 통:계학(社會統計學)[-/-게-]〖사〗사회 집단에 관하여 대량 관찰을 가하여 수량적으로 기술하고 분석하는 학문.

사회 통념(社會通念)〖사〗사회 일반에 널리 퍼져 있는 상식이나 판단. ▫~으로는 용납되지 않는 행위.

사회 통:제(社會統制)〖사〗사회나 사회 내의 어떤 집단이 그 구성 단위인 개인이나 하위(下位) 집단의 동조와 복종을 확보하는 수단 및 과정의 총칭.

사회-학(社會學)명〖사〗사회관계의 여러 현상 및 사회 조직의 원리·법칙·역사 따위를 대상으로 하는 학문.

사회 혁명(社會革命)[-형-]〖사〗정치 체제뿐만 아니라 사회 제도 전반에 걸친 변혁을 목표로 하는 혁명.

사회 현:상(社會現象)〖사〗인간의 사회생활에 나타나는 모든 현상(경제·도덕·법률·예술·종교 따위).

사회-형(社會型)명〖사〗사회 조직에서 볼 수 있는 유형(이익 사회·공동 사회·산업 사회 따위).

사회 형상(社會形象)〖사〗다수의 사회관계의 복합적 통일체.

사회 형태(社會形態)〖사〗사회의 구조적인 형태(원시 공산체·노예 사회·봉건 사회·자본주의 사회·사회주의 사회·공동 사회 따위).

사회-화(社會化)[화어타]〖사〗1 개인의 상호 작용으로 집단이나 사회가 형성되어 가는 과정. 2 개인이 집단의 구성원으로 생활하도록 기성세대에 동화함. 또는 그런 일. ▫교육을 통하여 개인이 ~된다. 3 생산 수단 등을 개인의 소유·관리에서 사회의 소유·관리로 바꾸어 감. 또는 그런 것.

사횟대명〖옛〗상앗대.

사:효(四爻)명〖민〗육효의 넷째 효.

사:후(死後)명 죽은 후. 신후(身後). ▫~세계. ↔생전(生前).

[사후 약방문 ; 사후 청심환] 일이 틀어진 후에야 뒤늦게 대책을 세움을 비유하는 말.

사ː후(伺候)[-후]困하困자] 1 웃어른의 분부를 기다림. 대후(待候). 2 웃어른께 문안을 드림.

사:후(事後)명 일이 끝난 뒤. 또는 일을 끝낸 뒤. ▢ ∼ 대책 / ∼ 처리. ↔사전(事前).

사후(射侯)명 활 쏠 때 과녁으로 쓰는 베(사방 열 자가량임).

사:후 강:도(事後强盜)〖법〗 절도범이 훔친 것을 빼앗기지 않으려고 반항하거나 체포를 피하거나 증거를 없애기 위해 폭행이나 협박을 하는 일.

사ː후 경직(死後硬直)〖의〗 생물이 죽은 지 5~6시간이 지난 후, 몸의 마디가 뻣뻣해지는 상태. ▢∼으로 미루어 사망 시간을 추정하다.

사ː후-공명(死後功名)명 죽은 뒤에 내리는 벼슬이나 시호(諡號).

사ː후-명장(死後名將)명 죽은 뒤에 비로소 이름이 높아진 장수.

사후-선(伺候船)명 〖역〗 수영(水營)에 딸린 적의 형편이나 지형 따위를 살피는 데 쓰던 전선(戰船).

사ː후 승낙(事後承諾) 승낙을 요하는 사항을 승낙 없이 행한 경우, 그에 대해 추후에 행해지는 승낙.

사ː후-심(事後審)명 〖법〗 원심의 기록을 토대로 원심 판결이 옳은지 그른지를 심판하는 심급(審級)(상고심(上告審)이 이에 해당됨).

사ː후 처ː분(死後處分)〖법〗 사인 처분.

사훈(社訓)명 사원이 지켜야 할 회사의 방침. ▢정직을 ∼으로 삼다.

사훈(師訓)명 스승의 교훈.

사휘(辭彙)명 〖언〗 어휘(語彙)2.

사흘-날[-흔-]명 '초사흗날'의 준말.

사흘명 1 세 날. 2 '초사흘'의 준말.

[사흘 굶어 도둑질 아니 할 놈 없다] 아무리 착한 사람이라도 빈곤이 극도에 이르면 옳지 못한 짓을 하게 된다는 말. [사흘 길에 하루쯤 가서 열흘씩 눕는다] ㉠몹시 게을러서 도저히 일을 성취시킬 성실지 않음의 비유. ㉡일을 너무 급하게 서두르면 도리어 더디게 됨의 비유.

사흘-돌이(주로 '사흘돌이로'의 꼴로 쓰여) 사흘에 한 번씩. ▢병을 ∼로 앓다.

사히다[-혀-]困〈옛〉삭히다.

사흐다困〈옛〉썰다.

삭¹명〈옛〉싹.

삭(朔)困-困 1 〖천〗 '합삭(合朔)'의 준말. 2 '삭일(朔日)'의 준말. 囗의困 달수를 나타내는 말. 개월. ▢사오 ∼가량.

삭(蒴)명 〖식〗 1 선태류의 포자낭(수정의 결과로 생기는데, 긴 꼭지가 있고 속에 많은 포자가 있음). 2 삭과(蒴果).

삭²困 1 종이나 헝겊 따위를 칼이나 가위로 단번에 베는 소리. 또는 그 모양. 2 단번에 밀거나 쓸어 나가는 소리. 또는 그 모양. 3 조금도 남김없이 죄다. ▢배가 고파 동생이 남긴 밥까지 ∼ 먹어 치웠다. 쎔석. 쎔싹.

삭-갈다[-깔-][삭갈아, 삭가니, 삭가는] 困〖농〗논을 미리 갈아 두지 못하고 모낼 때에 한 번만 갈다.

삭-갈이[-까리]명困困 〖농〗논을 삭가는 일.

삭감(削減)명困困 비용 따위를 깎아서 줄임. 감삭. ▢임금 ∼ / 예산을 ∼하다.

삭거(削去)[-꺼]명困困 깎아서 버림.

삭고(朔鼓)[-꼬]명 〖악〗 아악기에 속하는 북의 한 가지. 좌고와 비슷한데, 나무 틀에 매

달아 놓고 치게 된 북(틀에 달 모양을 새겼으며, 풍악의 시작을 알릴 때 침).

삭과(削科)[-꽈]명困〖역〗과거를 볼 때, 규칙을 위반한 사람의 급제를 취소하던 일.

삭과(蒴果)[-꽈]명 〖식〗열과(裂果)의 하나. 속에 여러 칸으로 나뉘고 각 칸에 많은 씨가 든 열매. 심피(心皮)의 등이나 심피 사이가 터져 씨가 나옴. 삭(蒴).

삭구(索具)[-꾸]명 배에서 쓰는 밧줄이나 쇠사슬 따위의 총칭.

삭뇨-증(數尿症)[상-쯩] 〖한의〗방광 결석(膀胱結石)・요도(尿道) 질환 따위로 오줌을 자주 누는 병.

삭다[-따]困 1 오래되어서 본바탕이 변해 썩은 것처럼 되다. ▢노끈이 삭아 툭툭 끊어진다. 2 걸쭉하던 것이 묽어지다. ▢식혜가 ∼. 3 먹은 음식이 소화되다. ▢먹은 것이 삭지 않고 체하다. 4 긴장이나 화가 풀려 가라앉다. ▢분노가 ∼. 5 젓갈이나 김치 따위가 익어 맛이 들다. 6 기침이나 가래 따위가 잠잠해지거나 가라앉다. 7 얼굴이나 몸이 생기를 잃어 늙어 보이다. ▢못 본 새 얼굴이 많이 삭았네.

[삭은 바자 구멍에 노란 개 주둥이] 말참견을 잘하는 사람의 비유.

삭-다례(朔茶禮)[-따-]명 매달 음력 초하룻날 사당에서 지내는 차례. 삭단(朔單).

삭도(削刀)[-또]명〖불〗승려의 머리털을 깎는 칼.

삭도(索道)[-또]명 〖건〗 가공(架空) 삭도.

삭둑[-뚝]囗 작고 연한 물건을 단번에 가볍게 베거나 자르는 모양. 또는 그 소리. 쎔석둑.

삭둑-거리다[-뚝꺼-]困困 작고 연한 물건을 자꾸 가볍게 베거나 자르다. 쎔싹둑거리다. **삭둑-삭둑**[-뚝싹뚝]囗困困

삭둑-대다[-뚝때-]困困 삭둑거리다.

삭둑-삭둑-하다[-뚝싹뚜카-]困 글이 토막토막 끊어져서 문맥이 순조롭지 아니하다. 쎔싹둑싹둑하다.

삭마(削磨)[상-]명困困 1 깎아서 문지름. 또는 작용. 2〖지〗침식・풍화로 암석이 닳음. 또는 그런 현상.

삭막-하다(索莫-・索漠-・索寞-)[상마카-]형困 1 잊어버려 생각이 아득하다. 2 황폐하여 쓸쓸하다. ▢삭막한 풍경.

삭말(削抹)[상-]명困困困 깎아서 지워 버림.

삭망(朔望)[상-]명 1 음력 초하룻날과 보름날. 2 '삭망전(朔望奠)'의 준말.

삭망-조고(朔望高潮)[상-]명 음력 초하룻날에서 보름날 사이의 만조(滿潮).

삭망-월(朔望月)[상-]명 〖천〗달이 초하루를 지나 다음 초하루까지, 보름날에서 다음 보름날까지 이르는 시간. 태음월(太陰月).

삭망-전(朔望奠)[상-]명 상중(喪中)에 있는 집에서, 매달 초하룻날과 보름날 아침에 지내는 제사. 쥰삭망(朔望).

삭맥(數脈)[상-]명 〖한의〗보통 사람보다 빠른 맥. 속맥(速脈).

삭면(索麵)[상-]명 밀가루를 소금물에 반죽하여 기름을 치고 얇게 밀어서 실오리처럼 썬 것을 햇볕에 말린 국수의 한 가지. 삶아서 냉수에 담갔다 먹음.

삭-모[상-]명 〖농〗논을 삭갈고 심은 모.

삭모(削毛)[상-]명困困困 털을 깎음.

삭모(槊毛)[상-]명 기나 창 따위의 머리에 이

삭 모양으로 만들어 다는 붉은 빛깔의 가는 털. 상모(象毛).

삭박(削剝)[-빡]**명하자타** 1 닳아서 벗어짐. 또는 깎아서 벗김. 2 『지』 하수(河水)·빙하·바람 따위로 지표(地表)가 깎여서 평평해지는 일. 또는 그 작용.

삭박 작용(削剝作用)[-빡짜굥] 『지』 바람·물 따위가 땅이나 바위를 깎아 닳게 하는 작용. 삭마 작용.

삭발(削髮)[-빨] **명하자타** 1 머리털을 깎음. 또는 그런 머리. 낙발(落髮). ❏~하고 단식하다. 2 출가하여 승려가 됨을 이르는 말. 3 나무나 푸성귀 따위를 함부로 베고 깎아 냄의 비유.

삭발-염의(削髮染衣)[-빨려믜/-빨려미] 『불』 불문(佛門)에 들어 머리털을 깎고 검은 옷을 입음.

삭발-위승(削髮爲僧)[-빨뤼-] **명하자** 머리털을 깎고 승려가 됨. 낙발위승.

삭방(朔方)[-빵] 명 북방(北方).

삭방-도(朔方道)[-빵-] 명 『역』 고려 성종 때 두었던 10도(道)의 하나(지금의 강원도 북부 지방).

삭변-증(數便症)[-뼌쯩] 명 『한의』 장(腸)의 질환으로 대변을 자주 누는 병증.

삭북(朔北)[-뿍] 명 북방. ❏~의 땅.

삭-삭[-싹] **부** 1 종이나 헝겊 따위를 칼이나 가위로 계속 베는 소리. 또는 그 모양. ❏가위로 ~ 오려 내다. 2 잇따라 거침없이 밀거나 쓸어 나가는 모양. 또는 그 소리. ❏마당을 ~ 쓸다. 3 조금도 남김없이 죄다. ❏~ 긁어모으다. 웬삭삭. 셈싹싹.

삭삭(數數)[-싹] **부** 자주자주.

삭삭-거리다[-싹꺼-] **자타** 삭삭 소리가 자꾸 나다. 또는 그런 소리를 자꾸 내다. 겐석석거리다. 셈싹싹거리다.

삭삭-대다[-싹때-] **자타** 삭삭거리다.

삭서(朔書)[-써] 명 1 『역』 조선 때, 마흔 살 이하의 당하(堂下) 문관을 승정원에서 뽑아 매달 초하룻날에 써서 내게 하던 해서(楷書)와 전서(篆書). 2 글씨에서 쓰는 습자(習字).

삭신[-씬] 명 몸의 근육과 뼈마디. ❏~이 쑤신다.

삭-심다[-씸따] **타** 『농』 논을 삭갈아서 모를 심다.

삭아-접(削芽椄) 명 『농』 접붙이기의 하나. 접본(椄本)의 한쪽을 접도(椄刀)로 깎아 접붙일 눈을 붙이고 묶는 방법.

삭여(朔餘) 명 한 달이 넘음. 한 달 남짓함. 달포. ❏~가 되어도 소식이 없다.

삭역(朔易)[-력] **명하자** 해가 바뀜.

삭연-하다(索然-)[-련-] **형여** 1 외롭고 쓸쓸하다. 2 흥미가 없다. 삭연-히 **부**.

삭월(朔月)[-궐] 명 『천』 음력 초하룻날의 달.

삭월-세(朔月貰) 명 ☞ 사글세.

삭은-니 명 벌레 먹은 이. 충치(蟲齒). ❏~가 흔들리다.

삭이다¹[-] 《'삭다'의 사동》 1 먹은 음식을 소화시키다. ❏그 나이에 돌인들 못 삭이겠나. 2 분한 마음을 가라앉히다. ❏분을 ~.

삭이다²[-] 돈·시간·힘 등을 써 버리다. ❏노름판에서 가진 돈을 모두 삭여 버렸다.

삭일(朔日) 명 음력으로 매달 초하룻날. 준삭.

삭적(削籍)[-쩍] **명하타** 호적이나 학적(學籍) 따위의 기록을 지워 없애 버림. ✽제적.

삭-전(-田)[-쩐] 명 오랫동안 경작하여 땅이

메마른 밭.

삭전(朔奠)[-쩐] 명 상가(喪家)에서 매달 음력 초하룻날 아침에 지내는 제사. ↔망전(望奠).

삭정-이[-쩡-] 명 살아 있는 나무에 붙은 채 말라 죽은 가지. ❏~로 불을 피우다.

삭제(削除)[-쩨] **명하타** 1 깎아서 없애거나 지워 버림. ❏명부에서 ~하다 / 기사의 일부가 검열에서 ~되다. ↔첨가. 2『컴』화면에서 나타난 문서를 지우는 일. 또는 파일에 저장된 정보를 제거하거나 기억 장치에서 프로그램을 지우는 일.

삭제(朔祭)[-쩨] 명 『역』 왕실에서 음력 초하룻날과 조상에게 지내던 제사.

삭조(索條)[-쪼] 명 삼이나 강철로 만든 줄을 드린 것을 심으로 하고 거기에 몇 줄의 철사 꼰 것을 감은 밧줄. 강삭(鋼索).

삭지(朔地)[-찌] 명 북쪽에 있는 땅.

삭직(削職)[-찍] **명하타** 『역』 '삭탈관직(削奪官職)'의 준말.

삭참(朔參) **명하자** 『민』 매달 음력 초하루 아침에 사당에 참배하는 일.

삭체(數遞) **명하자** 벼슬아치를 자주 갊. 또는 벼슬아치가 자주 갈림.

삭출(削黜) **명하타** 벼슬을 빼앗고 내쫓음.

삭-치다(削-)[-] **타** 1 뭉개어 없애다. 2 셈을 맞비기다.

삭탈(削奪) **명하타** 『역』 '삭탈관직'의 준말.

삭탈-관직(削奪官職) **명하타** 『역』 죄지은 사람의 벼슬과 품계를 빼앗고 벼슬아치의 명부에서 이름을 지우던 일. 준삭직·삭탈.

삭풍(朔風) 명 겨울철에 북쪽에서 불어오는 찬바람. ❏~이 살을 에듯 차갑다.

삭회(朔晦)[사회] 명 음력 초하루와 그믐.

삭히다[사키-] **타** 《'삭다'의 사동》 삭게 하다. ❏김치를 ~ / 멸치젓을 ~ / 홍어를 부뚜막에 두어 ~.

삯[삭] 명 1 일한 데 대한 대가로 주는 돈이나 물건. ❏~으로 쌀을 받다. 2 어떤 물건이나 시설을 이용하는 대가로 주는 돈. ❏자동차 ~ / 배를 빌린 ~을 치르다.

삯-꾼[삭-] 명 삯을 받고 임시로 일하는 사람. 고군(雇軍). ❏~을 사다.

삯-돈[삭똔] 명 삯으로 받는 돈. 삯전. ❏~을 받다 / 인력난으로 ~이 오르다.

삯-말[삭-] 명 세를 주고 빌려 쓰는 말[馬].

삯-메기[상-] **명하자** 끼니는 먹지 않고 품삯만 받고 해 주는 일.

삯-바느질[삭빠-] **명하자** 삯을 받고 해 주는 바느질. ❏~로 삼 남매를 대학에 보내다.

삯-방아[삭빵-] 명 삯을 받고 찧어 주는 방아.

삯-일[상닐] **명하자** 삯을 받고 하는 일. ❏~로 근근이 살아간다. ↔공일.

삯-전(-錢)[삭쩐] 명 삯돈.

삯-짐[삭찜] 명 삯을 받고 나르는 짐. ❏~을 지다.

삯-팔이[삭파리] **명하자** 삯을 받고 막일을 하여 주는 일. 삯벌이.

삯팔이-꾼[삭파리-] 명 삯팔이하여 먹고사는 사람. 삯벌이꾼.

산(山) 명 1 평지보다 썩 높이 솟아 있는 땅덩이. ❏~ 좋고 물 좋은 고장 / ~에 오르다 / ~을 타다 / ~이 가파르다 / 앞으로 넘어야 할 ~이 많다(비유적으로). 2 '산소(山所)'의 준말. ❏~에 벌초하러 가다.
[산 넘어 산이다] 고생이 갈수록 점점 더 심해짐을 비유적으로 이르는 말. [산 밖에 난 범이요 물 밖에 난 고기라] ㉠의지할 데나 기반(基盤)을 잃어 맥을 못 쓰게 된 경우의 비

유. ⑤제 능력을 발휘할 수 없는 처지에 몰린 경우의 비유. [산보다 골이 더 크다] 사리에 맞지 않음의 비유. [산에 가야 범을 잡는다] ⑤모든 일은 그 요소(要所)를 찔러야 한다. ⑥위험을 겪은 뒤에야 일이 성취된다. [산이 높아야 골이 깊다] 품은 뜻이 높고 커야 품은 포부도 크다. [산 진 거북이요 돌 진 가재라] 의지할 근거가 든든한 상태임을 이르는 말.

산 설고 물 설다ꝏ 타향이라 모든 것이 생소하고 익숙하지 아니하다는 말.

산(疝)『한의』'산증(疝症)'의 준말.

산(散)몡『한의』**1** 땀을 내는 일. **2** '가루약'의 딴 이름. **3** 막히고 엉긴 것을 푸는 일.

산(算)몡 셈. ▢암만 따져도 ~이 틀리다.

산(酸)몡『화』물에 용해되면 수소 이온을 내어 산성 반응을 나타내는 물질. 신맛이 있고 푸른 리트머스를 붉은빛으로 바꿈.

-산(產)미 어디서 생산이나 산출된 것을 나타내는 말. ▢국내~/중국~.

산가(山家)몡 산속에 있는 집. 산집.

산:가(產家)몡 아이를 낳은 집.

산가(酸價)[-까]몡『화』유지(油脂)나 지방 1g 속에 들어 있는 유리된 지방산을 중화하는 데 필요한 수산화칼륨의 mg 수.

산:-가지(算-)[-까-]몡 예전에, 수효를 셈하는 데 쓰던 막대기(대나 뼈 따위로 젓가락처럼 만듦). 산목(算木).

산각(山脚)몡 산기슭.

산간(山間)몡 산과 산 사이. 산골짜기가 많은 땅. 산골. ▢~ 부락 / ~에는 아직 눈이 남아 있다.

산간-벽지(山間僻地)[-찌]몡 산간의 구석지고 후미진 산골. ▢전화(電化) 사업에서 소외된 ~.

산간-벽촌(山間僻村)몡 구석지고 후미진 산골의 마을.

산간 분지(山間盆地)『지』지반이 내려앉으면서 생긴 낮고 편평한 지역.

산간-수(山澗水)몡 산과 산 사이의 골짜기로 흐르는 물.

산간 오:지(山間奧地)산간의 아주 외진 곳.

산감(山監)몡『광』'산감독2'의 준말.

산-감독(山監督)[-또기]몡 **1**『역』산림감수. **2**『광』광산에서 인부나 작업 등을 감독하는 사람. ⓒ산감(山監).

산-갓(山-)[-깓]몡 눈이 녹은 양지바른 산에 절로 나서 자라는 갓. 산개자.

산강(山薑)몡 **1**『식』삽주. **2**『한의』백출(白朮).

산:개(刪改)몡하타 잘못된 글의 구절을 지우고 고치어 바로잡음.

산:개(散開)몡하자타 **1** 흩어져 벌림. **2**『군』밀집된 군대나 병력이 각개로 적당한 간격으로 해산하거나 벌림. 소개(疏開). ▢집중 포화를 맞고 황급히 ~하다 / 적기 내습을 행군 대열이 ~되다.

산:개 대:형(散開隊形)『군』군대가 산개한 상태로 있는 전투 대형.

산:개 성단(散開星團)『천』항성이 불규칙하게 밀집해 있는 별의 집단. 구상(球狀) 성단에 비해 거리가 가깝고 은하면 안에 집중되어 있음(플레이아데스성단 따위가 있음). * 구상 성단.

산객(山客)몡 **1** 산에 살며 세상에 나타나지 않는 사람. 산인. **2** 등산객. **3**『식』철쭉.

산거(山居)몡하자 산속에서 삶.

산:견(散見)몡하자타 여기저기에 보임. ▢옻놀이가 여기저기서 ~되다.

산경(山徑)몡 산길.

산경(山景)몡 산의 경치.

산계(山系)[-/-계]몡『지』같은 줄기로 이루어진 산맥들. ▢히말라야 ~.

산계(山薊)[-/-계]몡 **1**『식』삽주. **2**『한의』백출(白朮).

산계(山鷄)[-/-계]몡 꿩.

산:계(散階)[-/-계]몡『역』이름만 있고 직무는 없는 벼슬의 품계(숭록(崇祿)대부·절충(折衝)장군·종사랑(從仕郎) 등). 산관(散官).

산계-야목(山鷄野鶩)[-/-계]몡 산 꿩과 들오리란 뜻으로, 성미가 거칠고 사나워서 다잡을 수 없는 사람을 가리키는 말.

산:고(產苦)몡 아이를 낳을 때의 고통. 산로(產勞). ▢~를 겪다.

산:고(產故)몡 아이를 낳는 일.

산고딕(散-)몡〈옛〉상고딕.

산고수장(山高水長)몡 산은 높이 솟고 큰 강은 길게 흐른다는 뜻으로, 인자(仁者)나 군자(君子)의 덕이 뛰어남을 비유한 말.

산고수청(山高水淸)몡하타 산이 높고 물이 맑다는 뜻으로, 경치가 좋다는 말.

산곡(山谷)몡 산골짜기.

산:곡(產穀)몡하자 곡식을 생산함. 또는 생산한 그 곡식.

산곡(散穀)몡 흩어진 곡식의 낟알.

산곡-풍(山谷風)몡『지』산의 모양에 따라 일어나는 바람. 사면의 온도 변화가 원인이 되어 낮에는 골짜기에서 불어 올리는 골바람과, 밤에는 산꼭대기에서 불어 내리는 산바람이 맑은 날에 일어남. 산골바람.

산-골(山-)몡『광』구리가 스며들어 나는 푸른빛을 띤 누런색의 자연동(自然銅)(정육면체인데 갈아서 접골 약으로 씀).

산-골(山-)[-꼴]몡 **1** 깊은 산속. 산간(山間). ▢~ 사람 / 깊은 ~ 외딴집. **2** 산골짜기.

산-골짜기(山-)[-꼴-]몡 산과 산 사이로 깊이 패어 들어간 곳. 산골. ⓒ산골짝.

산-골짝(山-)[-꼴-]몡 '산골짜기'의 준말.

산과(山-)몡 ☞산국(山菊).

산과(山果)몡 산에서 나는 과실. 산과실.

산:과(產科)[-꽈]몡『의』임신·분만 등에 관한 전문 의술의 하나. ▢~ 수술.

산:과 겸자(產科鉗子)[-꽈]『의』난산(難產) 때, 태아의 머리를 잡아끌어 분만을 쉽게 도와주는 집게 모양의 금속제 기구.

산곽(山郭)몡 **1** 높이 우뚝 솟아 벽갈이 된 산. **2** 산을 따라서 있는 마을. 산에 둘러싸인 마을. 산촌.

산곽(山廓)몡『민』골상학에서, 눈동자의 윗부분 반쪽을 가리키는 말.

산:곽(產藿)몡 해산미역.

산:관(散官)몡『역』일정한 사무가 없는 벼슬. 또는 그런 벼슬아치. 산반(散班). 산원(散員). 산직(散職).

산:광(散光)몡『물』불규칙하게 반사하는 광선. 또는 빛의 방향이 일정하지 않고 그늘이 생기지 않는 빛.

산:광 성운(散光星雲)『천』태양계 안에 있는 성운 가운데 그 형상이 불규칙하고 윤곽이 불명료한 성운(오리온(Orion)성운·삼렬(三裂)성운 따위).

산괴(山塊)몡『지』산줄기에서 따로 떨어져 있는 산의 덩어리.

산:구(產具)몡 아이 낳을 때 쓰는 여러 가지 기구(산과 겸자(鉗子) 따위).

산-국(山菊)[-꾹] 〖식〗 국화과의 여러해살이풀. 줄기에 잔털이 있고 높이는 60~90cm이며, 잎은 어긋나게 남. 산과 들에 나며, 우리나라 각지에 분포함. 9~10월에 노란 꽃이 피는데 약용 또는 식용함. 산국화.

산-국화(山菊花)[-구콰] 〖식〗 산국(山菊).

산군(山君)명 1 〖민〗 산신령. 2 〖동〗 호랑이 1.

산군(山軍)명 〖역〗 나라의 산림을 지키던 사람.

산군(山郡)명 산읍(山邑).

산군(山群)명 봉우리가 많이 모여 있는 산의 무리.

산-군읍(山郡邑)명 산골에 있는 여러 고을.

산-굴(山窟)[-꿀] 산속에 있는 굴.

산-굽이(山-)[-꾸-]명 산기슭의 휘어서 구부러진 곳. □~를 돌아가다.

산궁-수진(山窮水盡)〖하자〗 산이 막히고 물줄기가 끊어져 더 갈 길이 없다는 뜻으로, 막다른 경우에 이름을 이르는 말. 산진수궁(山盡水窮).

산-그늘(山-)[-끄-]명 산에 가려서 생긴 그늘. □~이 지다 / ~이 내리다 / ~이 계곡으로 음영을 드리우다.

산근(山根)명 1 〖민〗 골상학에서, 콧마루와 두 눈썹 사이를 이르는 말. 2 산줄기가 벋어 나가기 시작한 곳.

산근(酸根)명 〖화〗 산기(酸基).

산금(山金)명 〖광〗 광석 가운데 석영맥(石英脈)에서 나는 누런색이나 누런 흰색을 띠는 자연금《팔면체의 결정이 많고 약간의 은을 함유함》.

산금(山禽)명 산새.

산:금(産金)〖하자〗 금을 생산함. □~ 지대(地帶).

산기(山氣)명 산속 특유의 냉랭한 공기. 산에서 느끼는 서늘한 기운.

산:기(疝氣)〖한의〗 산증(疝症).

산:기(産氣)[-끼]명 아이를 낳을 기미. 산점(産漸). □~가 보이다.

산:기(産期)명 아이를 낳을 시기. □~가 다가오다.

산기(酸基)명 〖화〗 산(酸)의 분자 가운데 금속 원소와 바꿀 수 있는 수소 원자를 제외한 나머지의 기(基)《황산기(SO₄)·질산기(NO₃) 따위》. 산근(酸根).

산:-기둥(건 벽 등에 붙어 있지 않고 따로 서 있는 기둥《흔히 대청 한가운데 세움》.

산-기슭(山-)[-끼슭]명 산의 아랫부분. 산각(山脚). 산록(山麓).

산-길(山-)[-낄]명 산에 나 있는 길. 산경(山徑). 산도. 산로(山路). □인적이 드문 ~ / ~을 오르다.

산-꼬대(山-)명하자 밤중에 산 위에 바람이 불어 몹시 추워짐. 또는 그런 현상.

산-꼭대기(山-)[-때-]명 산의 맨 위. 산머리. 산두(山頭). 산정(山頂).

산-나리(山-)명 〖식〗 백합과의 여러해살이풀. 산에 나는데, 줄기 높이는 1~1.5m이며, 잎은 어긋나며 여름철에 흰색에 붉은 갈색 반점이 있는 흰 여섯잎꽃이 줄기 끝에 핌. 비늘줄기는 식용함.

산-나물(山-)명 산에서 나는 나물. 멧나물. 산채(山菜). □~ 비빔밥 / ~을 캐다.

산내(山內)명 1 산속. 2 〖불〗 절의 경계 안.

산-내림(山-)명하타 산에서 벤 나무를 산기슭이나 평지까지 굴려 내리는 일. 산떨음.

산내 말사(山内末寺)[-싸] 〖불〗 본사(本寺)와 같은 산 안에 있는 말사. ↔산외 말사.

산농(山農)명 산지(山地)의 농사. 산전(山田)에 짓는 농사.

산-누에(山-)명 〖충〗 산누에나방과의 나방의 애벌레. 집누에와 비슷하나 마디가 9개, 길털이 났으며 몸이 더 크고 무게는 네 배가량임. 참나무·떡갈나무 등의 잎을 먹고 엷은 갈색의 고치를 지음. 산잠(山蠶). 야잠(野蠶).

산누에-고치(山-)명 산누에가 지은 고치. 야견(野繭). 작견(作繭). 작잠견(作蠶繭).

산누에-나방(山-)명 〖충〗 산누에나방과의 곤충의 총칭. 새누에나방. 산잠아(山蠶蛾). 작잠아(作蠶蛾). 야잠아(野蠶蛾).

산다(山茶)명 〖식〗 동백나무.

산다리(山-)명 〖식〗 팥의 일종. 열매가 잘고 휨.

산다-화(山茶花)명 〖식〗 동백나무의 꽃. 동백꽃.

산-닥나무(山-)[-당-]명 〖식〗 팥꽃나뭇과의 낙엽 활엽 관목. 산이나 들에 나는데, 높이는 1.5m가량임. 달걀 모양의 잎은 마주나며 여름에 노란 꽃이 피고 열매는 긴 타원형으로 가을에 익음. 나무껍질은 한지(韓紙)의 원료로 씀.

산-달(山-)명 산이 있는 곳. 산지(山地).

산:-달(産-)[-딸]명 해산달. □~이 다가오다.

산달(山獺)명 〖동〗 1 담비. 2 검은담비. 3 너구리.

산달-피(山獺皮)명 잘¹.

산:답(散畓)명 한 사람의 소유로 여기저기 흩어져 있는 논.

산당(山堂)명 〖민〗 '산신당'의 준말.

산대[-때]명 고기 잡는 그물의 하나《대나 쇠로 만든 틀에 삼각형 또는 둥근 그물을 주머니처럼 붙임》.

산대(山臺)명 〖민〗 1 산대놀음과 같은 민속놀이를 하기 위하여 큰길가나 빈터에 매어 다는 틀을 쌓고, 그 위에서 연극을 하는 일. 또는 그 무대. 2 '산대놀음'의 준말. *산디.

산:대(散大)명하자 죽을 때가 임박해 눈동자가 열리는 일.

산대(蒜薹)명 마늘종.

산대-극(山臺劇)명 〖민〗 산대놀음.

산대-놀음(山臺-)명하자 〖민〗 고려·조선 때 성행하던 우리나라 가면극《탈을 쓰고 산대에서 하는데, 음악에 맞춰 춤을 추며 장면이 바뀔 때마다 재담, 곧 우스운 말·시늉·몸짓 따위로 관중을 웃김》. 산대극. 산대놀이. 산대도감극. 나의(儺儀). 산붕희(山棚戲). 오산(鰲山). 준산대.

산대-놀이(山臺-)명하자 〖민〗 산대놀음.

산대-도감(山臺都監)명 〖민〗 산대놀음을 하는 사람들의 모임.

산대도감-극(山臺都監劇)명 〖민〗 산대놀음.

산대-잡극(山臺雜劇)[-끅]명 〖민〗 산대놀음.

산대-탈(山臺-)명 〖민〗 산대놀음할 때에 출연하는 사람이 쓰는 여러 가지 탈.

산대-판(山臺-)명 〖민〗 산대놀음을 하는 곳.

산-더미(山-)[-떠-]명 물건이나 일이 썩 많이 있음의 비유. □쓰레기가 ~같이 쌓이다 / 일감이 ~같이 밀리다.

산도(山道)명 산길.

산도(山圖)명 〖민〗 묏자리를 표시한 그림.

산:도(産道)명 〖동〗 분만할 때, 태아가 나오는 모체 안의 통로.

산도(酸度)명 〖화〗 1 산성도. 2 염기의 한 분자 속에 있는 수산기의 수《그 수에 따라 일산염기·이산염기라고 함》.

산독-증(酸毒症)[-쯩]명 〖의〗 신진대사의 장애로 말미암아 체내의 산의 형성이 병적으로 왕성해져서 혈액의 산 중화 능력이 감소의

상태. 산 중독. 아시도시스(acidosis). ↔알칼리 중독.

산:-돈(算-)[-똔] 뗑 노름판 따위에서, 산가지 대신 쓰는 돈.

산-돌림(山-)[-똘-] 뗑 **1** 이리저리 옮겨 다니면서 한 줄기씩 오는 소나기. **2** 산기슭으로 내리는 소나기.

산-돌배(山-)[-똘-] 뗑 **1** 〖식〗 산돌배나무. **2** 산돌배나무의 열매. 녹리(鹿梨).

산돌배-나무(山-)[-똘-] 뗑 〖식〗 장미과의 낙엽 활엽 교목. 촌락 부근 및 산지에 나는데, 늦봄에 흰 꽃이 피고, 열매는 가을에 노랗게 익는데 식용함. 나무는 도구재로 씀. 산돌배. 산리(山梨).

산-돌이(山-) 뗑 **1** 다른 산에서 온 호랑이. **2** 산에 익숙한 사람.

산동(山洞) 뗑 산촌(山村).

산동(山童) 뗑 두메에서 자란 아이.

산:-동(散瞳) 뗑 〖생〗 교감(交感) 신경의 지배를 받는 동공 확대근의 작용으로 동공이 확대되는 현상. ↔축동(縮瞳).

산-동네(山洞-)[-똥-] 뗑 달동네.

산:-동-약(散瞳藥)[-냑] 뗑 〖약〗 동공(瞳孔)을 확대시키는 약. 백내장 수술과 안저(眼底) 검사 따위에 씀.

산동-주(山東紬) 뗑 중국 산둥 지방에서 나는 명주(산누에 실로 짬). 견주(繭紬).

산:-돼지(山-) 뗑 멧돼지.

산두(山斗) 뗑 '태산북두'의 준말.

산두(山頭) 뗑 산꼭대기.

산두-화(山頭火) 뗑 〖민〗 육십갑자에서, 갑술(甲戌)과 을해(乙亥)에 붙이는 납음(納音).

산드러-지다 혱 태도가 맵시 있고 경쾌하다. 〈센드러지다.

산득 閉하혱 갑자기 놀라서 싸늘한 느낌이 드는 모양. 〈큰선득. 〈센산뜩.

산득-거리다[-꺼-] 재 산득한 느낌이 자꾸 들다. 〈큰선득거리다. **산득-산득**[-싼-] 閉하혱

산득-대다[-때-] 재 산득거리다.

산들-거리다 1 시원한 기운을 띤 바람이 있따라 가볍게 불다. **2** 바람에 물건이 가볍고 보드랍게 자꾸 흔들리다. ▣깃발이 산들거린다. **3** 시원스러우면서도 가볍게 행동하다. 〈큰선들거리다. **산들-산들** 閉하혱 ▣강바람이 ~ 불다 / 나뭇가지가 ~ 흔들린다.

산들다[산들어, 산드니, 산드는] 재 바라던 일이나 소망이 틀어지다.

산들-대다 재 산들거리다.

산들-바람 1 시원하고 가볍게 부는 바람. 산들산들 부는 바람. 〈큰선들바람. **2** 〖기상〗 풍력 계급 3 의 바람(초속 3.4-5.4 미터로 부는 바람). 연풍(軟風).

산-등(山-)[-뜽] 뗑 '산등성이'의 준말. ▣~을 타다.

산-등성(山-)[-뜽-] 뗑 산등성이.

산-등성마루(山-)[-뜽-] 뗑 산등성이의 가장 높은 곳. 산척(山脊). 〈준산마루.

산-등성이(山-)[-뜽-] 뗑 산의 등줄기. 산등성. 〈준등성이·산등.

산디 뗑 〖민〗 '산대(山臺)'의 변한말.

산디-도감(-都監) 뗑 〖민〗 '산대도감'의 변한말.

산딕 뗑 〈옛〉산대.

산-딸기(山-) 뗑 **1** 산딸기나무의 열매. **2** '산딸기나무'의 준말.

산-딸기나무(山-) 뗑 〖식〗 장미과의 낙엽 활엽 관목. 산이나 들에 나는데, 높이는 1-2 m 이고, 온몸에 가시가 남. 초여름에 흰 꽃이

피며, 둥근 열매는 한여름에 검붉은 색으로 익으며 약용·식용함.

산-딸나무(山-)[-라-] 뗑 〖식〗 층층나뭇과의 낙엽 활엽 교목. 산지의 숲 속에 나는데, 높이는 6 m 가량이고, 잎은 달걀꼴에 톱니는 없음. 6 월에 흰 꽃이 피며, 열매는 10 월에 붉게 익고 식용함.

산:-똥(酸-) 뗑 배탈이 나서 먹은 것이 소화되지 못하고 나오는 똥.

산뜩 閉하혱 갑자기 놀라거나 찬 느낌을 받는 모양. ▣새파란 칼날을 보니 ~한 느낌이 든다. 〈큰선뜩.

산뜩-거리다[-꺼-] 재 계속 산뜩한 느낌이 들다. 〈큰선뜩거리다. **산뜩-산뜩**[-싼-] 閉하혱

산뜩-대다[-때-] 재 산뜩거리다.

산뜻[-뜯] 閉 행동이 빠르고 시원스러운 모양. ▣~ 내닫다. 〈큰선뜻.

산뜻-이 閉 산뜻하게. 〈큰선뜻이.

산뜻-하다[-뜨타-] 혱 **1** 기분이나 느낌이 깨끗하고 시원하다. ▣기분이 ~ / 산뜻한 산속 공기. **2** 시원스럽고 말쑥하다. ▣옷차림이 ~ / 이발을 하니 산뜻해 보이는구나. 〈큰선뜻하다.

산:-락(散落)[살-] 뗑하재 흩어져 떨어짐.

산:-란(産卵)[살-] 뗑하재 알을 낳음. ▣연어가 ~하려고 바다에서 강으로 거슬러 오른다.

산:-란(散亂)[살-] 뗑 〖물〗 파동(波動)이나 입자선(粒子線) 등이 물체와 충돌하여 불규칙하게 흩어지는 현상.

산:-란-관(産卵管)[살-] 뗑 〖충〗 곤충의 배 끝에 바늘 모양으로 되어 있는 알을 낳는 기관(벌·모기·메뚜기 따위에 있음).

산:-란-기(産卵期)[살-] 뗑 알을 낳는 시기.

산:-란무통(散亂無統)[살-] 뗑하혱 흩어지고 어지러워 통일성이 없음.

산:-란성 사고(散亂性思考)[살-썽-] 〖심〗 사고 장애의 하나. 피로할 때나 꿈꿀 때처럼 줄거리가 없고, 여러 단편적인 것이 무질서하게 어울려 이루어지는 사고.

산:-란-파(散亂波)[살-] 뗑 〖물〗 전리층에서 생기는 전자 밀도의 차이나 대류권(對流圈)에서 발생하는 대기의 굴절률의 흐트러짐 때문에 산란하는 전파. ▣~ 통신 방식.

산:-란-하다(散亂-)[살-] 혱여 **1** 흩어져 어지럽다. **2** 어수선하고 뒤숭숭하다. ▣정신이 ~ / 마음이 산란하여 일이 손에 잡히지 않는다. **산:-란-히**[살-] 閉

산:-란 회유(産卵回游)[살-] 〖어〗 물고기가 알을 낳기 위해 알맞은 곳으로 옮겨 가는 일(뱀장어는 강에서 바다로, 연어·송어 따위는 바다에서 강으로 회유함).

산:-략(刪略)[살-] 뗑하타 **1** 문구(文句) 따위를 깎아서 줄임. **2** 안부의 말을 줄이고 용건만 적는다는 뜻으로, 쪽지 따위에 쓰는 말.

산령(山嶺)[살-] 뗑 산봉우리.

산령(山靈)[살-] 뗑 〖민〗 산신령.

산로(山路)[살-] 뗑 산길.

산:로(産勞)[살-] 뗑 산고(産苦).

산록(山麓)[살-] 뗑 산기슭.

산:-록(散錄)[살-] 뗑 〖문〗 마음에 떠오르는 것을 붓 가는 대로 써 둔 기록. 만필(漫筆).

산록-대(山麓帶)[살-] 뗑 〖지〗 산지의 수직 분포상의 한 지대(교목대(喬木帶)의 아래로 일반 평야와 같은 식물이 남).

산록 빙하(山麓氷河)[살-뼁-] 〖지〗 산악 빙하의 하나. 산허리에서 산기슭에 걸쳐 퍼져

있는 빙하.
산뢰 (山籟)[살-][명] 산바람이 나뭇가지를 스치며 부는 소리.
산류 (山流)[살-][명] **1** 경사가 급한 비탈을 흐르는 내. □~에 휩쓸리다. **2** 하천의 상류와 중류를 일컫는 말.
산-류 (産瘤)[살-][명]《의》해산 때, 태아가 좁은 산도(産道)를 통과하면서 받은 압박으로 태아의 신체 일부가 혹같이 붓는 증상(보통 2-3일 이내에 자연히 없어짐).
산류 (酸類)[살-][명]《화》산성이 있는 화합물의 총칭(황산·질산·염산·타르타르산 따위). *염류(塩類).
산-륜 (散輪)[살-][명] 무거운 물건을 옮길 때, 그 밑에 괴는 둥근 나무토막.
산-륜-질 (散輪-)[살-][명]하[자] 산륜을 써서 무거운 물건을 옮기는 일.
산릉 (山陵)[살-][명] **1** 산과 언덕. **2**《역》인산(因山) 전에 아직 이름을 짓지 않은 새 능.
산릉 (山稜)[살-][명] 산꼭대기와 다음 산꼭대기로 이어진 줄기. 능선.
산릉-도감 (山陵都監)[살-][명]《역》임금이나 왕비의 능을 새로 만들 때 임시로 두던 관아.
산리 (山里)[살-][명] 산속에 있는 마을. 산촌.
산리 (山梨)[살-][명]《식》**1** 돌배나무. **2** 산돌배나무.
산리 (山理)[살-][명]《민》풍수지리에서, 묏자리의 내룡(來龍)·방향·위치에 따라 재앙과 복이 달라진다는 이치.
산림 (山林)[살-][명] **1** 산과 숲. 산에 있는 숲. □~ 보호. **2** 학식과 덕이 높으나 벼슬을 하지 않고 시골에서 지내는 선비. 산장(山長).
산림-간수 (山林看守)[살-][명]《역》일제 강점기에, 산림을 지키던 하급 관리.
산림-감수 (山林監守)[살-][명]《역》일제 강점기에, 산림을 지키고 관리하던 공무원. 산감독(山監督)1.
산림-녹화 (山林緑化)[살-노콰][명] 황폐한 산에 나무를 심고 보호하여 초목을 무성하게 하는 일. 또는 그런 운동.
산림-대 (山林帯)[살-][명]《지》산림 지대.
산림-문하 (山林門下)[살-][명]《역》학덕은 높으나 벼슬을 하지 않고 산속에서 지내는 선비의 제자.
산림-욕 (山林浴)[살-녹][명] 삼림욕(森林浴).
산림 조합 (山林組合)[살-][명]《농》산림 소유자와 임업인의 업무를 원활하게 하고 공동 이익의 증진을 목적으로 조직된 단체.
산림 지대 (山林地帯)[살-][명]《지》산림이 있는 지대. 산림대(山林帯).
산림-처사 (山林處士)[살-][명] 관직이나 세속을 떠나 산골에 파묻혀 글이나 읽고 지내는 사람.
산림천택 (山林川澤)[살-][명] 산과 숲과 내와 못. ⑥산택(山澤).
산림-청 (山林廳)[살-][명]《법》농림수산 식품부 소속의 중앙 행정 기관의 하나(산림 경영의 연구와 개선 따위에 관한 사무를 맡아봄).
산림-학파 (山林學派)[살-][명]《역》조선 연산군 때 사화(士禍)와 당쟁으로 정계를 떠나 강호에 파묻혀 글이나 읽던 선비들(이황(李滉), 이이(李珥) 등). 강호파.
산-마루 (山-)[명] '산등성마루'의 준말. □노루 떼가 ~를 넘나들다.
산-마루터기 (山-)[명] 산마루의 두드러진 턱. ⑥산마루턱.

산-마루턱 (山-)[명] '산마루터기'의 준말.
산막 (山幕)[명] **1** 사냥을 하거나 약초를 캐는 동안 임시로 쓰려고 산속에 지은 집. □~에 묵다 / ~으로 긴급 피난하다. **2** 산지(山地)에 있는 숙박 및 휴게 시설.
산:-만 (刪蔓)[명] '제번(除煩)'의 뜻으로 편지 첫머리에 쓰는 말.
산: 만 신경계 (散漫神経系)[-/-계]《생》신경 세포가 산재해 그물 모양으로 연결된, 아직 분화되지 않은 신경계(히드라·말미잘 따위의 자포(刺胞)동물 등에서 볼 수 있음).
산:-만-하다 (散漫-)[형][여] 어수선하게 흩어져 있다. □문장이 ~ / 주위가 ~.
산:-말 [명] 절실하거나 꼭 알맞게 표현한 말.
산:-망 (散亡)[명]하[자] 흩어져 없어짐. □자료가 ~하다.
산:-망-스럽다 [-따][-스러워, -스러우니][형][비] 말이나 행동이 경망하고 좀스러운 데가 있다. □진득하지 못하고 왜 그렇게 산망스러우냐. 산:-망-스레.
산매 (山魅)[명] 요사스러운 산 귀신.
산매(가) 들리다 [관] 요사스러운 산 귀신이 몸에 붙다.
산-매 (散賣)[명]하[타] 소매(小賣).
산-매-상 (散賣商)[명] 소매상.
산-매-업 (散賣業)[명] 소매업.
산-매자 (山-)[명] 산매자나무의 열매.
산매자-나무 (山-)[명]《식》진달랫과의 낙엽 활엽 관목. 산 중턱에 나는데, 높이는 1m가량임. 초여름에 엷은 붉은색 네잎꽃이 피며 꽃잎은 밖으로 말리고 수술이 길게 나옴. 가을에 붉고 둥근 열매가 익는데, 신맛이 강하고 관상용으로 심음.
산-매점 (散賣店)[명] 소매점.
산맥 (山脈)[명]《지》여러 산악이 계속 길게 뻗치어 줄기를 이룬 지대. *산줄기.
산-머리 (山-)[명] 산꼭대기1.
산:-멱 [명] 산멱통. □~을 찌르다.
산:-멱통 [명] 살아 있는 동물의 목구멍. 산멱. 멱통.
산면 (山面)[명] 산의 표면.
산명 (山鳴)[명]하[자] 땅속의 변화로 산이 울리는 소리. 산울림.
산: 명 (算命)[명]하[자] 운수를 점침. 또는 그런 점.
산: 명 선생 (算命先生)《민》명수(命數)의 길흉을 점치는 사람의 높임말.
산명수려 (山明水麗)[명] 산수의 경치가 아름다움.
산명수자 (山明水紫)[명]하[형] 산수의 경치가 맑고 아름다움. 산자수명.
산명수청 (山明水清)[명]하[형] 산수가 맑고 깨끗해 경치가 좋음.
산-모 (産毛)[명] 배냇머리.
산-모 (産母)[명] 해산한 지 며칠 안 되는 여자. 산부. □~와 아이가 모두 건강하다.
산모 (酸模)[명]《식》수영.
산-모롱이 (山-)[명] 산모퉁이의 휘어져 돌아간 곳. □~를 돌아가다 / ~에 가려 마을이 보이지 않다.
산-모-섬유 (散毛繊維)[명] 괴깔.
산-모퉁이 (山-)[명] 산기슭의 쑥 내민 귀퉁이. 산갑(山岬). □저 ~를 돌면 마을이 보인다.
산-목 (散木)[명] 재목으로 쓸모가 없는 나무.
산-목숨 [-쑴][명] 살아 있는 목숨.
산-몸 [명] 살아 있는 생체(生體).
산무애-뱀 (山-)[명]《동》뱀과의 독이 없는 뱀. 야산·풀밭·습지 등에 사는데, 길이는 1.4m 가량이고, 갈색 바탕에 네 개의 검은 줄무늬

가 머리에서 꼬리까지 있음. '화사(花蛇)'라 하여 한방에서 약으로 씀. 백화사(白花蛇).

산문 (山門)명 **1** 산의 어귀. **2**〖불〗절 또는 절의 바깥문. □~을 지나가다.

산:문 (產門)〖생〗해산하는 여자의 음부. 포문(胞門). 해탈문(解脫門).

산:문 (散文)명 글자의 수나 운율 따위에 제한 없이 자유롭게 쓰는 보통의 문장(소설·수필 따위). 줄글. ∗운문(韻文).

산:문-시 (散文詩)명〖문〗일정한 운율 없이 자유로운 형식으로 쓰는 시.

산:문-정신 (散文精神)명〖문〗외형적 규범이나 낭만적 감상, 시적 감각을 배제하고, 현실을 객관적으로 탐구하여 자유로운 문장으로 표현하려는 문학상의 태도.

산:문-체 (散文體)명〖문〗율격과 같은 외형적 규범에 얽매이지 않고 사실을 자유롭게 표현하는 문체. ∗운문체(韻文體).

산:물 (產物)명 **1** 어떤 지방에서 생산되는 물건. □이 고장의 대표적 ~은 포도다 / 토지가 비옥하고 ~이 풍부하다. **2** 어떤 일의 결과로 생겨나거나 얻어지는 것. □노력의 ~ / 예술품은 감수성과 상상력의 ~이다.

산미 (山味)명 **1** 산에서 나는 나물·과실 따위의 맛. **2** 산에서 나는 맛깔스러운 것이라는 뜻으로, 산나물·산과실을 이르는 말.

산:미 (產米)명 **1** 농사를 지어 산출한 쌀. **2** 해산한 쌀.

산미 (酸味)명 신맛.

산미자 명〈옛〉산매자.

산-바람 (山─)[─빠─]명 **1** 산에서 부는 바람. **2**〖지〗저녁에 산꼭대기에서 산기슭으로 불어 내려오는 바람(해가 지면 산의 공기가 냉각되므로 일어남). 산풍(山風). 재넘이.

산-박쥐 (山─)[─빡쥐]명〖동〗애기박쥣과의 동물. 산속에 사는데, 몸길이는 8cm가량으로, 크고 귓바퀴는 넓고, 털빛은 밤색 또는 누런 갈색임. 곤충을 잡아먹음. 똥은 '오령지(五靈脂)'라 하여 한방에서 약재로 씀. 산편복(山蝙蝠). 한호충(寒號蟲).

산:반 (散班)명〖역〗산관(散官).

산:발 (散發)명하자 때때로 일어남.

산:발 (散髮)명하자 머리를 풀어 헤침. 또는 그 머리. □당황한 나머지 ~한 채로 도망치다.

산:발-성 (散發性)[─썽]명〖의〗전염병 따위가 한꺼번에 널리 퍼지는 것이 아니고, 여기저기서 불쑥불쑥 발생하는 성질.

산:발-적 (散發的)[─쩍]관명 때때로 여기저기 흩어져 발생하는 (것). □~인 데모.

산-밤 (山─)[─빰]명 산밤나무의 열매.

산-밤나무 (山─)[─빰─]명 **1** 산에서 저절로 나서 자란 밤나무. **2**〖식〗참나뭇과의 낙엽 활엽 교목. 산에 나는데, 잎은 긴 타원형이고 열매는 견과(堅果)로 가을에 익음. 과실은 식용과 약용함.

산방 (山房)명 **1** 산속에 있는 집. 또는 그 방. **2**〖역〗조선 말기에 재인(才人)들이 조직한 조합. **3** (일부 명사 앞에 쓰여) '서재(書齋)'를 일컫는 말.

산방 (訕謗)명하타 흉보고 헐뜯음. 비방.

산:방 (產房)명 산실(產室).

산:방 (散枋)명〖건〗집의 추녀 곁의 도리 위에 서까래를 걸기 위해, 한쪽 머리는 두껍고 다른 쪽 머리는 얇게 깎아 붙이는 삼각형의 나뭇조각.

산:방-꽃차례 (繖房─)[─꼳─]명〖식〗무한(無限)꽃차례의 하나. 꽃가지의 길이가 밑의 것은 길고 위로 갈수록 짧아 각 꽃은 거의 동일

평면으로 나란히 달림(개망초 따위). 산방 화서(花序).

산:방 화서 (繖房花序)명〖식〗산방꽃차례.

산배 (山背)명 산등성이의 뒤쪽.

산-벌 (山─)명〖빌〗산에 사는 야생의 벌.

산:벌 (山伐)명하자 산에 있는 나무를 벰.

산:법 (算法)[─뻡]명〖수〗셈하는 법. 셈법.

산:벚나무 (山─)[─벋─]명〖식〗장미과의 낙엽 활엽 교목. 바다 근처 숲 속에 나는데, 높이는 25m가량이고, 검은 밤색의 나무껍질은 가로 째져 틈이 감. 봄에 연붉은색 꽃이 피고, 여름에 까만 둥근 열매가 익음(정원수로 심음).

산:-벼락 명 죽지 않을 정도로 맞는 벼락이라는 뜻으로, 몹시 심하게 당하는 재난을 이르는 말. □~을 맞다.

산병 (疝病)[─뼝]명〖한의〗산증(疝症).

산:병 (散兵)명하자〖군〗**1** 흩어진 병사. 산졸(散卒). **2** 밀집된 병사를 산개(散開)시킴. 또는 그 병사.

산:병 (散餠)명 흰떡을 개피떡 비슷하게 반달 모양으로 빚어 소를 넣은 떡. 썩 잘게 만들어 갖가지 색의 물감을 들여 서너 개씩을 붙임.

산:병-선 (散兵線)명〖군〗부대를 산개(散開)하여 형성한 전투 대형.

산:병-전 (散兵戰)명〖군〗부대가 산개(散開)한 상태로 하는 전투.

산:병-호 (散兵壕)명〖군〗산병이 전투에 이용하기 위해 만든 호. 경화기의 사격 설비를 하고, 아울러 사격수의 엄호 및 교통을 편하게 함. 엄보(掩堡). ∗참호.

산:보 (刪補)명하타 불필요한 것은 깎아 내고, 모자라는 것은 보충함.

산:보 (散步)[─뽀]명하자타 산책(散策). □~를 나가다.

산:-보살 (─菩薩)명 **1**〖불〗보살처럼 덕이 높은 승려. **2** 부처와 같은 마음을 가진 사람을 비유하여 이르는 말.

산복 (山腹)명 산의 중턱. 산허리.

산봉 (山峰)명 산봉우리.

산-봉우리 (山─)[─봉─]명 산꼭대기의 뾰족한 부분. 산령. 산봉. □~까지 올라가다. 준봉(峰)·봉우리. ∗멧부리.

산:-부 (產父)명 산모(產母).

산-부리 (山─)[─뿌─]명 산의 어느 부분이 부리같이 쑥 내민 곳.

산:부인-과 (產婦人科)[─꽈]명〖의〗임신·해산·신생아 및 부인병 따위를 다루는 의술의 한 분야. 또는 그러한 것을 진료하는 부서(산과와 부인과의 병칭). ∗부인과.

산:-부처 (山─)명 **1**〖불〗도를 통하여 부처처럼 된 승려. 산여래. **2** 아주 착하고 어진 사람을 비유적으로 이르는 말.

산분 (酸分)명 어느 물질에 함유되어 있는 산의 양.

산-불 (山─)[─뿔]명 산에 난 불. 산화(山火). □바람을 타고 ~이 확산되다.

산붕 (山崩)명〖지〗산사태.

산붕-희 (山棚戱)[─히]명하자〖민〗산대놀음.

산-비둘기 (山─)[─삐─]명〖조〗염주비둘기.

산-비취 (山翡翠)명〖조〗청호반새.

산-비탈 (山─)[─삐─]명 산기슭의 몹시 경사진 곳. □~이 가파르다.

산비-하다 (酸鼻─)형여 슬프거나 참혹하여 콧마루가 시큰시큰하다.

산빈 (山殯)명 산속에 만들어 놓은 빈소.

산-뽕(山-)〖명〗 **1** 산뽕나무. **2** 산뽕나무의 잎.

산-뽕나무(山-)〖명〗《식》뽕나뭇과의 낙엽 활엽 교목. 봄에 꽃이 피며, 과실은 '오디'라 하여 여름에 익음. 잎은 양잠 사료, 나무껍질은 약용·제지용으로 씀. 산뽕. 산상(山桑).

산사(山寺)〖명〗 산속에 있는 절. ▣고요한 ~.

산사(山査)〖명〗 **1**《식》산사나무. **2**《한의》산사자(山査子).

산-사(散仕)〖명〗 예전에, 관직에 있지 않고 민간에서 문필에만 종사하던 사람.

산사-나무(山査-)〖명〗《식》장미과의 작은 낙엽 활엽 교목. 골짜기·촌락 부근에 남. 초여름에 흰 꽃이 피고 가을에 붉은 열매가 익음. 과실 '산사자'는 약용 또는 식용함. 산사(山査). 아가위나무.

산-사람(山-)[-싸-]〖명〗 **1** 산에서 사는 사람. ▣겨울은 ~에게도 견디기 어려운 계절이다. **2** 등산하는 사람.

산사-육(山査肉)〖한의〗 씨를 발라낸 산사나무의 열매(건위 소화제로서 위산 과다증·두진·산증 따위에 씀).

산사-자(山査子)〖한의〗 산사나무의 열매. 산사(山査). 아가위.

산-사태(山沙汰)〖지〗 큰비나 지진 따위로, 산 중턱의 암석이나 흙이 갑자기 무너져 내리는 현상. 산붕. 산붕괴. 산태(山汰).

산:삭(刪削)〖명〗〖하타〗 필요하지 않은 글자나 글귀를 지워 버림. 산제.

산(産朔)〖명〗 해산달.

산:산-이(散散-)〖부〗 여지없이 깨어지거나 흩어지는 모양. ▣~ 부서지다 / ~ 흩어지다.

산:산-조각(散散-)〖명〗 아주 잘게 깨어진 여러 조각. ▣접시가 ~이 나다 / 사업 실패로 꿈이 ~이 되다.

산산-하다〖형〗〖여〗 시원한 느낌이 들 정도로 사늘하다. ▣가을바람이 ~. 큰선선하다.

산삼(山蔘)〖명〗《식》깊은 산속에 저절로 생겨나서 자라는 삼(약효가 재배종보다 월등함).

산상(山上)〖명〗 **1** 산 위. ↔산하(山下). **2** 뫼 쓰는 일을 하는 곳.

산상(山相)〖명〗 산의 형상이나 기상.

산상(山桑)〖명〗《식》산뽕나무.

산상 보:훈(山上寶訓)〖기〗 산상 수훈.

산상 수:훈(山上垂訓)〖기〗 신약 성서 마태복음 5-7장에 실린 예수의 교훈(신앙생활의 근본 원리를 간단명료하게 총괄하여 나타냄). 산상 보훈.

산-새(山-)[-쌔]〖명〗 산에서 사는 새의 총칭. 멧새. 산금(山禽). 산조(山鳥).

산색(山色)〖명〗 **1** 산의 빛깔. **2** 산의 경치. ▣~이 수려하다.

산서(山墅)〖명〗 산장(山莊)1.

산:서(算書)〖명〗 수판을 놓는 법을 적은 책.

산석(山石)〖명〗 **1** 산에 있는 돌. **2**《민》능에서 산신제를 지낼 때 쓰는 돌.

산-석류(山石榴)[-뉴]〖명〗《식》가을에 꽃이 피는 철쭉의 하나.

산설(山雪)〖명〗 산에 쌓인 눈.

산성(山城)〖명〗 산 위에 쌓은 성.

산성(酸性)〖명〗《화》산이 나타내는 성질. 물에 녹으면 신맛을 내고 청색 리트머스(litmus) 시험지를 붉은색으로 변하게 하며, 염기(塩基)를 중화시켜 염을 만듦. ↔염기성.

산성-도(酸性度)〖명〗《화》산성의 강도를 나타내는 정도. 수소 이온의 농도 또는 수소 이온 농도 지수(pH)로 표시함. 산도. *염기도.

산성 물감(酸性-)[-깜]〖화〗술폰산기·니트로기·히드록시기·카르복시기 등이 들어 있는 물감. 황산이나 아세트산의 산성 용액 속에서 동물성 섬유를 잘 물들임. 산성 염료.

산성 반:응(酸性反應)〖화〗푸른 리트머스 시험지를 붉게 변하게 하고, 노란 메틸 오렌지를 붉게 변하게 하는 반응(산의 간단한 검출법으로서 중요함). ↔알칼리성 반응.

산성 백토(酸性白土)〖화〗극히 미세한 가루로 된 점토의 한 가지. 산성이 있고 탈색력이 강한 특수한 흙으로 하얀색이나 황색 따위가 있으며, 불에 구우면 보통 황색이 됨(탈색제·흡착제(吸着劑) 등으로 널리 씀). 표포토(漂布土).

산성-비(酸性-)〖지〗대기 오염 물질인 황산화물·질소 산화물이 섞여 내리는 산성의 비(건물·다리 및 구조물을 부식시키고, 토양·삼림·하천 따위에 심각한 피해를 줌).

산성 비:료(酸性肥料)〖농〗 **1** 그 자체가 산성인 비료(과인산석회·황산 등). **2**《농》사용 후 토양이 산성으로 되는 비료(황산암모늄·퇴거름·염화암모늄 따위).

산성 산화물(酸性酸化物)〖화〗비금속 원소 산화물로, 물에 풀면 산을 내고 염기와 반응하여 염을 만드는 산화물(황산 무수물·탄산 무수물 따위).

산성 식물(酸性植物)[-싱-]〖식〗산성 토양에서 잘 자라는 식물(물이끼·갈대·쇠뜨기·벼·밀·수수 따위). ↔알칼리 식물.

산성 식품(酸性食品)〖화〗몸 안에서 소화·흡수된 다음 산성으로 되는 식품. 곧, 그 식품의 회분(灰分)에 의한 산량이 알칼리량보다 많은 것(곡류·생선·육류 따위). ↔알칼리성 식품.

산성-암(酸性岩)〖명〗〖광〗규산이 많이 들어 있는 화성암(화강암·유문암(流紋岩) 따위). ↔염기성암.

산성-염(酸性塩)[-념]〖화〗금속으로 치환할 수 있는 수소 원자를 포함하는 염(탄산수소나트륨·황산수소나트륨 따위). ↔염기성염.

산성 염:료(酸性染料)[-념뇨]〖화〗산성 물감.

산성-천(酸性泉)〖명〗〖지〗광천(鑛泉)의 하나. 그 물 속에 수소 이온 1mg 이상이 들어 있으며, 황산이나 염산 등이 주요 성분이고, 수소 이온 농도가 3 이하인 강산성의 온천.

산성 토양(酸性土壤)〖농〗흙 속의 알칼리 성분이 없어져 산성으로 된 토양. 비가 많이 오는 지방에 많은데 석회나 퇴비 따위로 중화시켜 농토로 사용함.

산성-화(酸性化)〖명〗〖자타〗 산성으로 변함. 또는 산성으로 변화시킴. ▣화학 비료를 써서 농토가 ~되어 간다.

산세(山勢)〖명〗 산의 모양. ▣~가 험하다 / ~가 수려하다.

산소(山所)〖명〗 **1** '뫼'를 높여 일컫는 말. ▣~를 찾아 성묘하다. **2** 뫼가 있는 곳. 영역(塋域). 큰산소.

산소(訕笑)〖명〗〖하타〗 남을 흉보고 비웃음.

산소(酸素)〖명〗《화》원소의 하나. 모든 원소 가운데 가장 많이 존재하여 대기의 5분의 1, 물의 무게의 9분의 8, 지각 질량의 2분의 1을 차지함. 빛깔·맛·냄새가 없는 기체로, 모든 물질의 분자량을 측정하는 기준이 되며, 사람의 호흡과 동식물의 생활에 없어서는 안 될 물질임. [8번:O:16]▣~는 수소와 화합하여 물을 만든다.

산소-땜(酸素-)〖명〗〖공〗산소 용접.

산:-소리 〖명〗〖한자〗 어려운 가운데서도 속은 살아서 남에게 굽히지 않으려고 하는 큰소리.

산소-마스크 (酸素mask) 〖명〗 고공이나 갱 속 따위 산소가 희박한 곳에 들어갈 때 휴대하거나 호흡이 곤란한 환자에게 쓰는 마스크 《산소 탱크에 연결하여 호흡을 도움》.

산소-산 (酸素酸) 〖화〗 **1** 산소를 함유하는 무기산(無機酸)《황산·질산·인산 따위》. **2** 히드록시기를 함유하는 유기산(有機酸).

산소 아세틸렌 불꽃 (酸素acetylene一)[-꼳]〖화〗 아세틸렌과 산소의 혼합 가스를 연소시킬 때, 3,000~4,000℃의 고열을 내면서 타는 불꽃《철판의 용접·절단에 씀》. 산소 아세틸렌염(焰).

산소 요법 (酸素療法)[-뻡]〖의〗 신체 조직 내에 산소가 결핍되었을 때, 수술에서 전신 마취를 할 때, 산소를 공급하여 병을 고치는 방법《흔히 산소마스크를 씀》.

산소 용접 (酸素鎔接)〖공〗 산소 아세틸렌 불꽃을 사용하여 철판·쇠붙이 따위를 용접하는 일. 산소땜.

산소 호흡 (酸素呼吸)〖생〗 산소를 호흡하는 일《생물체 안에 흡입한 산소에 의해 양분을 산화하여 에너지를 얻음》.

산소 화:합물 (酸素化合物)[-함-]〖화〗 산화물(酸化物).

산소 흡입 (酸素吸入)〖의〗 인체 조직 안의 산소 결핍으로 호흡이 곤란할 때, 혈액의 산소량을 증대시키기 위해 산소를 흡입시키는 일《빈혈·폐 및 심장의 질환, 천식 등에 행함》.

산-속 (山一)[-쏙]〖명〗 산의 속. 산내. 산중(山中). ▷길을 잃고 ~을 헤매다.

산-솔새 (山一)[-쌔]〖명〗〖조〗 휘파람샛과의 새. 날개 길이는 수컷이 59~67cm, 암컷은 57~64cm이고 빛깔은 어두운 갈색이며 깃의 가장자리는 황색. 가슴과 배는 하얀색임.

산송 (山訟)〖명〗 묘지에 관한 송사(訟事).

산:-송장 (山一)〖명〗 살아 있으되 활동력이 없고 감각이 무디어져 죽은 것이나 다름없는 사람을 이르는 말. ▷~이나 다름없다.

산수 (山水)〖명〗 **1** 경치. ▷~가 아름답다 / ~를 화폭에 담다. **2** 산에서 흐르는 물. **3**〖미술〗'산수화'의 준말.

산:수 (刪修)〖명〗〖하타〗 글의 글자나 구절을 깎고 다듬어 잘 정리함. 산정(刪定).

산:수 (算數)〖명〗 초보적인 셈법.

산수-갑산 (山水甲山) ☞ 삼수갑산(三水甲山).

산수-도 (山水圖)〖명〗 **1** 산수의 형세를 그린 약도. **2**〖미술〗 산수화.

산수-병 (山水屛)〖명〗 산수의 풍경을 그린 병풍.

산-수소 (酸水素)〖명〗〖화〗 산소와 수소를 혼합한 기체. 용접에 씀.

산수소 불꽃 (酸水素一)[-꼳]〖화〗 산소와 수소가 섞인 기체가 타서 생기는 2,500~3,000℃의 불꽃. 백금을 녹이고, 산화칼슘을 달구어 눈부신 빛을 냄. 산수소염.

산수소 취:관 (酸水素吹管)〖화〗 산수소 불꽃을 내는 데 쓰는 이중으로 된 금속관《안은 산소, 외관은 수소를 통하게 하고 관 끝에 불을 붙임》.

산-수유 (山茱萸)〖명〗〖한의〗 산수유나무의 열매. 또는 그 씨를 말린 것《해열·강장제로 씀》. 석조(石棗).

산수유-나무 (山茱萸一)〖명〗〖식〗 층층나뭇과의 낙엽 활엽 교목. 산과 들에 나는데, 높이는 3m가량이고, 봄에 노란 네잎꽃이 잎보다 먼저 피며, 핵과(核果)는 길이 1.5cm 정도의 긴 타원형으로 가을에 익음. 과실·씨는 말려 약

방에서 약재로 씀. 석조(石棗).

산수-이 (山水一)〖명〗 산이 무너지거나 울리는 일, 큰 물결이 갑자기 일어나 육지로 넘쳐 오르는 일, 강물의 빛이 변하거나 마르거나 하는 따위의 이상한 일.

산수-화 (山水畵)〖명〗〖미술〗 동양화에서, 자연의 풍경을 제재(題材)로 하여 그린 그림. 산수도. ㊀산수.

산:술 (刪述)〖명〗〖하타〗 쓸데없는 글귀를 삭제하고 정리하여 기술함.

산:술 (算術)〖수〗 일상생활에 실지로 응용할 수 있는 수와 양의 간단한 성질 및 셈을 다루는 수학의 초보적 부문. 산수(算數).

산:술-급수 (算術級數)[-쑤]〖명〗〖수〗 등차급수(等差級數).

산:술-적 (算術的)[-쩍]〖관형〗 산술의 방법으로 이루어지는 것. ¶~ 통계.

산:술 평균 (算術平均)〖수〗 여러 수의 합을 그 개수로 나눈 평균값. 상가(相加) 평균. ↔기하 평균.

산스크리트 (산 Sanskrit)〖명〗〖언〗 인도·유럽 어족 가운데 인도·이란 어파에 속하는 옛 인도·아리안 말《전 인도의 고급 문장어로 오늘날까지 지속되는데, 불경이나 고대 인도 문학은 이 문자로 기록되었음》. 산스크리트어. 범어(梵語).

산승 〖명〗 찹쌀가루를 반죽하여 얇게 밀어 모지거나 둥글게 만들어 기름에 지진 웃기떡.

산승 (山僧)〖명〗〖불〗 산속의 절에 있는 승려. ㊁인대〖불〗 승려가 자기를 낮추어 일컫는 말.

산:식 (産殖)〖명〗〖하자〗 번식.

산:식 (散植)〖명〗〖농〗 허튼모.

산:식 (算式)〖명〗〖수〗 숫자 또는 수를 대신하는 글자나 부호 등으로 계산하는 방법을 표시한 식. 식(式).

산-식물 (酸植物)[-싱-]〖식〗 몸의 세포액 가운데 말산·옥살산과 같은 유기산을 많이 함유한 식물《수영·괭이밥·선인장 따위》.

산신 (山神)〖명〗〖민〗 산신령.

산:신 (産神)〖명〗〖민〗 삼신(三神).

산신-각 (山神閣)〖명〗〖불〗 절에서 산신을 모신 전각. 산왕단(山王壇).

산신-나무 (山神一)〖명〗〖민〗 무덤을 보호한다고 하여 무덤 부근에 심는 나무. 산신목(山神木).

산신-당 (山神堂)〖명〗〖민〗 산신을 모신 당집. 산제당(山祭堂). ㊀산당(山堂).

산신-령 (山神靈)[-녕]〖명〗〖민〗 산을 지키고 다스리는 신. 산군(山君). 산령. 산신.

산신-목 (山神木)〖명〗〖민〗 산신나무.

산신-제 (山神祭)〖명〗〖민〗 산신령에게 지내는 제사. ▷산사람들이 모여 ~를 지내다. ㊀산제(山祭).

산신 탱화 (山神幀畵)〖불〗 산신이 그려져 있는 족자《흔히 호랑이와 함께 그려져 있음》.

산:실 (産室)〖명〗 **1** 아이를 낳는 방. 산방(産房). **2** 어떤 일을 꾸미거나 이루어 내는 곳의 비유. ¶기술 개발의 ~.

산:실 (散失)〖명〗〖하타〗 흩어져 잃어버림. ▷전쟁으로 ~된 고서화.

산:실-청 (産室廳)〖명〗〖역〗 비(妃)·빈(嬪)의 아기 낳는 일을 맡아보던 궁내의 임시 관아.

산:심 (散心)〖명〗〖하자〗 **1** 마음이 어지럽게 흩어짐. **2** 방심1.

산-쑥 (山一)〖명〗〖식〗 국화과의 여러해살이풀. 산에 나는데 높이는 2m가량이고, 줄기와 잎의 뒷면에 회백색 솜털이 남. 어린잎은 식용,

말린 잎은 '애엽(艾葉)'이라 하여 뜸쑥을 만드는 재료로 쓴다. 애호(艾蒿). 사재발쑥.

산:아(產兒)[-]	**하**	아이를 낳음. 또는 그 아이. □ ~를 보살피다.

산:아 제:한(產兒制限)《사》인공적 피임 방법으로 수태나 출산을 제한하는 일. □ ~으로 출산율이 낮아지다. 준산제(產制).

산:아 조절(產兒調節)《사》산아 제한을 실현하기 위하여 인공적으로 출산이나 수태를 조절하는 일.

산악(山岳·山嶽)	**명**	높고 험준하게 솟은 산들. □ ~ 지대 / 험준한 ~으로 둘러싸이다.

산악-국(山岳國)[사낙꾹]	**명**	산악이 많은 나라. 국토의 대부분이 산지(山地)인 나라.

산악-기상(山岳氣象)[사낙끼-]	**명**	산악같이 씩씩하고 웅장한 기상.

산악 기후(山岳氣候)[사낙끼-]《지》산악 지대에 특유한 기후형(기온·기압 따위가 몹시 낮으며, 일기의 변화가 심하고 바람이 셈). □ 변덕이 심한 ~.

산악-림(山岳林)[사낭님]	**명**	산악 지대에 이루어진 삼림. ↔평지림.

산악-병(山岳病)[사낙뼝]	**명**	《의》고산병.

산악 빙하(山岳氷河)[사낙 삥-]《지》높은 산의 산마루나 계곡에 이루어진 빙하(권곡(圈谷) 빙하·곡(谷)빙하·산록(山麓) 빙하 따위).

산악-숭배(山岳崇拜)[사낙쑹-]	**명**	산악을 신성한 곳으로 여겨 숭배하는 일.

산악-인(山岳人)[사낙낀-]《지》산악 등산을 즐기거나 잘하는 사람. □ ~들이 원정 등반에 나서다.

산악-자전거(山岳自轉車)[사낙짜-]	**명**	산이나 험한 길에서도 탈 수 있게 만든 자전거.

산악-전(山岳戰)[사낙쩐]	**군**	산악 지대에서 벌이는 전투.

산악 철도(山岳鐵道)[사낙-또] 아프트(Abt)식 철로를 깐 산악 지대의 철도.

산악-회(山岳會)[사나쾨]	**명**	등산에 대한 취미를 가진 사람들이 연구를 하는 사람들로 구성된 단체. □ ~를 결성하다.

산안(山眼)	**명**	《민》풍수지리에서, 묏자리의 좋고 나쁨을 알아보는 능력.

산:액(產額)	**명**	물건의 생산되는 수량.

산앵(山櫻)	**명**	《식》1 벚나무. 2 산벚나무.

산-앵두(山-)	**명**	1《식》산앵두나무. 2 산앵두나무의 열매. 산이스랏. 욱리(鬱李).

산앵두-나무(山-)	**명**	《식》장미과의 낙엽 관엽 관목. 산기슭 숲 속에 나는데, 높이는 1.5 m가량이고, 봄에 연분홍색 또는 백색 다섯잎꽃이 잎과 함께 피며, 여름에 까만 열매가 익음. 씨는 약용함. 산앵두. 산이스랏나무. 당체(棠棣).

산야(山野)	**명**	산과 들. □ 흰 눈이 덮인 ~.

산양(山養)	**명**	《한의》마의 덩이뿌리(강장제로서 유정(遺精)·대하(帶下)·소갈(消渴)·설사 따위에 씀).

산:약(散藥)	**명**	가루약. ＊환약(丸藥)·탕약.

산양(山羊)	**명**	《동》1 염소. 2 영양(羚羊).

산양(山陽)	**명**	산의 양지. 산의 남쪽 편. ↔산음(山陰).

산양(山養)	**명**	산에 옮겨 심어 기른 인삼.

산양-유(山羊乳)[사냥뉴]	**명**	산양의 젖. 염소의 젖.

산양-피(山羊皮)	**명**	염소의 가죽.

산-언덕(山-)	**명**	산으로 된 언덕. 또는 평지보다 좀 높은 지대.

산-언저리(山-)	**명**	산 둘레의 근방. □ ~에

하나 둘씩 인가가 산재해 있다.

산:업(產業)	**명**	《경》1 사람이 생활하기 위해 행하는 일. 2 근대의 생산을 목적으로 하는 사업(《농업·수산업·임업·광업 따위. 넓게는 생산과 직접 관계되지 않는 상업·금융업·서비스업 따위도 포함함). □ ~ 기반이 취약하다.

산:업-계(產業界)[사넙 계 / 사넙 게]	**명**	산업에 종사하는 사람들의 사회.

산:업-공해(產業公害)[사넙꽁-]	**명**	산업으로 인하여 일어나는 공해(매연·폐수·소음 따위). □ ~로 자연환경이 훼손되고 있다.

산:업 교:육(產業敎育)[사넙꾜-]《교》공업·농업·수산업 등의 생산적인 직업에 필요한 지식·기능·태도 등을 습득시키는 교육. □ ~의 필요성이 제기되고 있다.

산:업 구조(產業構造)[사넙꾸-]《경》한 나라의 국민 경제에 존재하는 각 산업의 짜임새와 그 관계.

산:업 국유화(產業國有化)[사넙꾸규-]《경》영리적인 자본 지배를 배제하고, 중요 산업을 국유로 하여 그 사회화를 도모하는 일.

산:업 규격(產業規格)[사넙뀨-]《공》'한국 산업 규격'의 준말.

산:업 금융(產業金融)[사넙끔늉 / 사넙끔늏]《경》생산 자본을 대상으로 하는 금융.

산:업 기계(產業機械)[사넙끼-/사넙끼께]	산업에 직접·간접으로 소용되는 기계의 총칭.

산:업 도시(產業都市)[사넙또-]《지》산업이 발달한 도시. 주민이 광산업·공업 따위의 산업을 주요 생업으로 하는 도시.

산:업 디자인(產業design)《미술》대량 생산되는 공업 제품에 대한 디자인.

산:업 민주주의(產業民主主義)[사넙- / 사넙-의]《사》노동자의 발언권과 참가권을 강화해서 산업을 민주적으로 경영하려는 주의.

산:업 박람회(產業博覽會)[사넙빵남-]《경》산업을 진흥시키기 위해, 각종 생산품을 수집·진열하여 일반에게 관람·구매시키는 박람회.

산:업 부문(產業部門)[사넙뿌-]《경》생산을 행하는 경제의 각 영역.

산:업 사회(產業社會)[사넙싸-]《사》산업화와 경제 성장을 축(軸)으로 하는 현대 사회를 일컫는 말.

산:업 스파이(產業spy)《경》경쟁 상대 회사의 기술·생산 따위의 정보를 탐지하는 사람. □ ~로 처벌을 받다.

산:업 심리학(產業心理學)[사넙씸니-]《심》산업 활동에 종사하는 인간의 심리를 연구 대상으로 하는 응용 심리학의 한 분야(《직업 심리학·노동 심리학·광고 심리학의 세 분야로 나뉨).

산:업 연관표(產業聯關表)[사넙년-]《경》일정한 기간의 최종 생산물·중간 생산물의 동향을 산업 간의 관련을 중심으로 정리한 표.

산:업-예비군(產業豫備軍)[사넙녜-]《경》자본주의 사회의 고도화에 따라 생기는 완전 실업자나 반(半)실업자 등의 과잉 노동 인구를 일컫는 말.

산:업-용(產業用)[사넙농]	**명**	산업 활동에 씀. □ ~ 자재를 구입하다.

산:업용 로봇(產業用robot)[사넙농-]《공》산업 현장에서, 사람을 대신하여 컴퓨터의 지시에 따라 다양한 작업을 하는 산업용 기계.

산:업용 상품(產業用商品)[사넙농-]《경》생산자가 재생산을 위하여 사용하는 원료용 또는 재료용의 상품.

산:업 의학(產業醫學)〖의〗직업병 등을 다루어 건강 증진·작업 능률의 증대 등을 꾀하는 사회 의학의 한 분야. *사회 의학.

산:업 입지(產業立地)[사너빕찌]〖지〗산업 활동을 하기 위한 장소 및 그곳의 경제적·지리적 조건.

산:업 자금(產業資金)[사넙짜─]〖경〗산업 활동에 필요한 자금(시설 자금과 운전 자금으로 나눔).

산:업 자본(產業資本)[사넙짜─]〖경〗산업에 투자되어 상품 생산에 쓰는 자본. ❑~이 영세하다.

산:업 자원 위원회(產業資源委員會)[사넙짜워눠─]〖법〗국회 상임 위원회의 하나. 산업 자원부 소관 사항을 심의하였음.

산:업 재산권(產業財産權)[사넙째─꿘]〖법〗저작권과 함께 지적 재산권을 구성하는 재산권. 특허·실용신안·상표·의장(意匠) 따위의 부문이 있음(공업 재산권의 바뀐 이름).

산:업 재해(產業災害)[사넙째─]〖사〗생산적 노동 장소에서 발생하는 사고 또는 직업병으로 말미암아 노동자가 받는 신체의 장해. 노동 재해. ㉣산재(產災).

산:업 재해 보:상 보:험(產業災害補償保險)[사넙째─]〖경〗근로자의 업무상 질병·부상 및 사망 따위의 재해를 보상하기 위한 보험제도. ㉣산재 보험.

산:업 지리학(產業地理學)[사넙찌─]〖지〗지리학의 한 부문(농업·목축·수산업·임업·광업 등을 지리학적으로 연구함).

산:업 채:권(產業債券)[사넙─꿘]〖경〗산업 자금을 조달하기 위하여 발행하는 채권.

산:업체(產業體)[사넙체]

산:업 통상 자원부(產業通商資源部)〖법〗중앙 행정 기관의 하나. 상업·무역·공업, 에너지 정책, 공산 교섭 따위에 관한 사무를 맡아봄. ㉣산자부.

산:업 통:제(產業統制)〖경〗각 산업 분야에서 자주적으로 또는 국가가 자유 경쟁을 제한하는 일.

산:업 폐:기물(產業廢棄物)[사넙─／사넙페─]〖공〗산업 활동에 따라 생긴 폐기물(폐유·폐수·폐액·페플라스틱·광재(鑛滓) 따위).

산:업 포장(產業褒章)〖법〗산업의 개발이나 발전에 기여한 사람에게 주는 포장.

산:업 표준 규격(產業標準規格)〖공〗공업 제품의 생산·유통·소비를 표준화하기 위하여 제정한 규격.

산:업 합리화(產業合理化)[사너팜니─]〖경〗경제 정책의 하나. 새 기술의 도입, 고용 감소 등으로 불필요한 경비를 줄이고 생산 능률을 올려 이윤의 증대를 꾀하는 일. ❑~로 고용이 줄다.

산:업 항:공(產業航空)[사너팡─]사진 측량·기상 관측 및 어업·농업 따위는 신문 취재 등 산업에 이용하는 항공.

산:업 혁명(產業革命)[사너평─]〖역〗18세기 후반부터 약 백 년간 유럽에서 발명된 기계 및 증기 기관 등으로 인한 생산 기술의 변혁과 그에 따른 사회 조직의 큰 변화.

산:업화(產業化)[사너퐈]⬚⬚⬚⬚산업의 형태가 됨. 또는 그렇게 되게 함. ❑~를 이루다／~가 급속하게 진행되다.

산:업 훈장(產業勳章)[사너문─]국가의 산업 발전에 기여한 사람에게 주는 훈장(금탑·은탑·동탑·철탑·석탑의 5등급).

산역(山役)⬚⬚⬚⬚무덤을 만듦. 또는 그 일.

산역꾼(山役─)⬚산역을 하는 일꾼.

산연(潸然)⬚⬚⬚⬚⬚⬚눈물이 줄줄 흐르는 모양. 산언(潸焉).

산:열(散熱)⬚⬚⬚열을 흩어 내보냄. ❑~반응／~ 분해.

산열매(山─)[─녈─]⬚산과 들에 절로 나서 자라는 나무에 열리는 열매. ❑~를 따 먹다.

산염(山塩)〖광〗암염(岩塩). ↔해염(海塩).

산염화물(酸塩化物)[─념─]〖화〗산의 히드록시기를 염화물로 바꾸어 놓은 화합물. 자극적인 냄새가 나는 무색 액체로 유기물의 합성에 쓰임.

산영(山影)⬚산의 그림자. ❑~이 호수에 비치다.

산:영장(─永葬)[─녕─]⬚⬚⬚⬚병을 낫게 하기 위하여, 죽었다고 거짓 장사를 지내는 데 쓰는 제웅. *허장(虛葬).

산예(狻猊)⬚⬚⬚사자의 탈을 쓰고 춤을 추는 가면. 본디는 인도에서 행해지던 동물의장무(擬裝舞)임. 우리나라에서는 '삼국사기'의 '악지(樂志)'에 노래가 실려 있음. 산예놀이. *사자춤.

산올벼(山─)⬚⬚⬚올벼의 하나(쌀알이 잘고 일찍 여뭄).

산옹(山翁)⬚산골에 사는 늙은이.

산와(山蝸)⬚⬚⬚달팽이.

산왕단(山王壇)⬚⬚⬚산신각.

산왕대신(山王大神)⬚⬚⬚절이 있는 산을 지키는 신장(神將).

산외(山外)⬚산의 바깥.

산외 말사(山外末寺)[사뇌─싸]⬚⬚⬚본산에서 멀리 떨어진 곳에 있는 말사. ↔산내 말사.

산욕(山慾)⬚⬚⬚좋은 묏자리를 얻으려는 욕심.

산:욕(產褥)⬚⬚⬚1 아이를 낳을 때 산모가 까는 요. 2〖의〗해산 자리.

산:욕기(產褥期)[사뇩끼]⬚⬚⬚해산으로 말미암은 상처가 낫고, 자궁이 정상이 되며 신체의 각 기관이 임신 전의 상태로 회복되기까지의 기간(보통 6∼8주간). 산욕(產褥)기.

산:욕부(產褥婦)[사뇩뿌]⬚⬚⬚산욕기에 있는 산부.

산:욕열(產褥熱)[사뇩녈]⬚⬚⬚분만할 때 생긴 생식기의 상처로 침입한 연쇄상 구균 따위에 의해 일어나는 병. 산후열.

산용(山容)⬚산의 모양. 산형(山形). ❑~이 수려하다.

산용수상(山容水相)⬚산의 생김새와 물의 흐르는 모양이라는 뜻으로, 산천의 형세를 이르는 말. 산용수태(山容水態).

산:용 숫:자(算用數字)[사농수짜／사농숟짜]〖수〗아라비아 숫자.

산우(山芋)〖식〗마³.

산우(山雨)⬚산에 내리는 비. 산비.

산운(山雲)⬚산에 낀 구름. ❑~이 골짜기를 덮다.

산운(山運)⬚⬚⬚묏자리의 좋고 나쁨에 따라 생기는 운.

산:울(山─)⬚'산울타리'의 준말.

산울(散鬱)⬚⬚⬚우울한 기분을 떨어 버림.

산울림(山─)⬚⬚⬚1 땅속의 변화로 산이 울리는 일. 또는 그런 소리. 산명. 2 메아리. ❑'야호' 하고 외치는 소리가 ~이 되어 되돌아온다.

산:울타리(山─)⬚⬚⬚살아 있는 나무를 심어서 만든 울타리. ㉣산울.

산:원(產院)⬚산모의 해산을 돕고 그 산모와 신생아를 돌보아 주는 곳.

산:원(散員)〖역〗1 산관(散官). 2 고려·조선

때, 정팔품 무관 벼슬.
산:월 (產月) 명 해산달. ❑ ~이 꽉 차다.
산:유 (產油) 명 원유(原油)를 생산함.
산유 (酸乳) 명 젖산 음료.
산:유-국 (產油國) 명 원유(原油)를 생산하는 나라. ❑ ~의 산유 제한으로 유가 파동이 일어나다.
산유-화 (山有花) 명 〔악〕 메나리의 한 가지.
산:육 (產育) 명하타 아이를 낳아서 기름.
산음 (山陰) 명 산의 그늘. 산의 북쪽 편. ↔산양(山陽).
산음 (山蔭) 명 〔민〕 좋은 자리에 쓴 산소로 인해 그 자손이 받는다는 복. 산응(山應).
산읍 (山邑) 명 산골에 있는 고을. 산군(山郡).
산:의 (產衣)[사늬 / 사니] 명 신생아에게 처음 입히는 옷. 깃저고리.
산-이스랏 (山-)[사니-랃] 명 산앵두2.
산인 (山人) 명 **1** 세상을 등지고 산속에서 사는 사람. 산객. **2** 산속에 사는 승려나 도사.
산:인 (散人) 명 **1** 세상일을 버리고 한가히 지내는 사람. **2** 벼슬을 버리고 자연을 즐기며 지내는 사람《흔히 아호(雅號) 밑에 붙여 씀》.
산일 (山日) 명 산속에서 지내는 나날. ❑ ~이 적적하다.
산:일 (散佚·散逸·散軼) 명하자 흩어져서 일부가 빠져 없어짐. ❑ 문집이 ~되다.
산:입 (算入) 명하타 셈에 넣음. ❑ 미수금은 월수에 ~하지 않았다 / 급료에는 특근 수당이 ~되었다.
산:자 (橵子) 명 〔건〕 지붕 서까래 위나 고미 위에 흙을 받치기 위해 엮어 까는 나뭇개비나 수수깡. 산자발. ❑ ~를 받다.
산:자 (糤子·饊子) 명 유밀과의 하나. 찹쌀가루를 반죽하여 얇고 반듯하게 조각을 만들어 말린 뒤에 기름에 튀겨 내서 꿀을 바르고 튀긴 밥풀을 앞뒤에 붙임.
산-자고 (山茨菰·山慈姑) 명 〔식〕 까치무릇.
산:자-널 (橵子-) 명 〔건〕 지붕 서까래 위에 까는 널빤지. 산자판(橵子板).
산-자락 (山-) 명 밋밋하게 경사진 산의 밑 부분. ❑ 안개가 ~을 휘감다.
산:자-밥풀 (饊子-) 명 산자나 강정 따위의 겉에 붙이는 것으로, 쪄서 말린 찹쌀을 기름에 튀긴 것.
산:자-부 (產資部) 명 〔법〕 '산업 통상 자원부'의 준말.
산자-수명 (山紫水明) 명하형 산은 자줏빛으로 선명하고 물은 맑다는 뜻으로, 산수의 경치가 썩 좋음을 이르는 말. 산명수자.
산:-자전 (-字典) 명 살아 있는 자전이라는 뜻으로, 낱말이나 한자 따위를 많이 알고 있는 사람을 일컫는 말.
산작 (山雀) 명 〔조〕 곤줄박이.
산작 (山鵲) 명 〔조〕 삼광조.
산잠 (山蠶) 명 〔충〕 산누에.
산잠-아 (山蠶蛾) 명 〔충〕 산누에나방.
산:잡-하다 (散雜-)[-자파-] 형여 산만하고 어수선하다.
산:-장 (-葬) 명하타 생장(生葬).
산장 (山長) 명 학식이나 도덕이 높으나 벼슬을 하지 않고 산중에 묻혀 사는 선비. 산림(山林)2.
산장 (山莊) 명 **1** 산에 있는 별장. 산서(山墅). **2** 등산자의 휴식이나 숙박을 위해 산에 세운 집. ❑ 해가 저물어 ~에서 묵다.
산:장 (散杖) 명하자 〔역〕 죄인을 신문할 때, 위협하는 뜻으로 형장이나 태장(笞杖)을 죄인의 눈앞에 벌여 놓던 일.
산장 (酸漿) 명 **1** 〔식〕 꽈리. **2** 〔한의〕 꽈리의 뿌리《허로(虛勞)·골증(骨蒸)·번열(煩熱)·난산(難產)·황달(黃疸)의 약으로 씀》.
산재 (山材) 명 산에서 나는 목재.
산재 (山齋) 명 산속에 지은 서재(書齋)나 운치 있게 지은 집.
산:재 (產災) 명 〔사〕 '산업 재해'의 준말.
산:재 (散在) 명하자 흩어져 있음. ❑ 문화재가 여기저기 ~해 있다 / 장애물이 도처에 ~해 있다.
산:재 (散材) 명 쓸모없는 재목이나 사람.
산:재 (散財) 명하자 재산을 이리저리 써서 없애 버림.
산:재 (散齋) 명하자 〔역〕 제사를 지내기 전에 7일간 목욕재계하던 일.
산:-재목 (-材木) 명 아직 다듬지 않고 멧갓에 자른 채로 있는 목재.
산:재 보:험 (產災保險) 〔경〕 '산업 재해 보상 보험'의 준말.
산-쟁이 (山-) 명 산속에 살면서 사냥과 약초 캐는 일을 업으로 삼는 사람. 산척(山尺).
산저 (山豬) 명 〔동〕 멧돼지.
산저-담 (山豬膽) 명 〔한의〕 멧돼지의 쓸개《진경(鎭痙)·홍분제 따위로 씀》.
산저-황 (山豬黃) 명 〔한의〕 멧돼지의 배 속에 생기는 누렇게 뭉킨 물질《간질 치료제나 지혈제(止血劑) 따위로 씀》. 야저황(野豬黃).
산적 (山賊) 명 산속에 근거지를 두고 활동하는 도둑. ❑ ~을 만나다. *해적(海賊).
산적 (山積) 명하자 물건이나 일이 산더미같이 쌓임. ❑ 할 일이 ~해 있다.
산:적 (散炙) 명 **1** 쇠고기 따위를 길쭉길쭉하게 썰어 양념을 하여 꼬챙이에 꿰어서 구운 적. ❑ ~을 부치다. **2** '사슬산적'의 준말.
산:적-꽂이 명 〔건〕 상량(上樑) 위에 얹힐 서까래 머리에 구멍을 뚫고 흘러내리지 않도록 잇대어 꿴 싸리나 대.
산:적-도둑 (散炙-)[-또-] 명 **1** 맛있는 음식만 골라 먹는 사람을 농으로 가리키는 말. **2** 친정에 와서 좋은 것만 골라 간다 하여, 시집간 딸을 비유적으로 일컫는 말.
산-적정 (酸滴定)[-쩡] 명하자 〔화〕 중화할 때, 색소의 빛깔을 이용해서 산의 양을 알칼리의 표준액에 의해 적정(滴定)하는 일.
산적-하다 (山積-)[-저카-] 형여 일이나 물건이 쌓인 것이 산더미 같다. ❑ 산적한 업무 / 산적한 쌀가마니.
산전 (山田) 명 산에 있는 밭. 산밭.
산전 (山巓) 명 산꼭대기.
산:전 (產前) 명 아이를 낳기 바로 전. ↔산후.
산:전 (散田) 명 여기저기 흩어져 있는 밭.
산:전 (散錢) 명 **1** 사슬돈. **2** 잔돈.
산전-수전 (山戰水戰) 명 산에서도 싸우고 물에서도 싸웠다는 뜻으로, 세상살이를 하면서 온갖 어려운 일을 다 겪었음을 비유하는 말. ❑ ~ 다 겪은 사람.
산:점 (產漸) 명 산기(產氣).
산정 (山亭) 명 산속에 지은 정자. ❑ ~에 머무르다.
산정 (山頂) 명 산꼭대기.
산정 (山情) 명 **1** 산의 정경(情景). **2** 산에서 느끼는 정취.
산정 (山精) 명 **1** 〔식〕 삽주. **2** 〔한의〕 창출(蒼朮). **3** 산의 정기(精氣).
산:정 (刪定) 명하타 산수(刪修).
산:정 (散政) 명 〔역〕 도목정사(都目政事) 이외

에 임시로 벼슬을 시키고 갈고 하던 일.

산:정 (算定)〔-하타〕 셈하여 정함. ▢높은 ~ 가격 / ~ 방식에 따라 금액에 차이가 난다 / 피해액이 ~되다.

산제 (山祭)〔명〕『민』'산신제'의 준말.

산:제 (刪除)〔-하타〕 삭삭(刪削).

산:제 (產制)〔사〕'산아 제한'의 준말.

산:제 (散劑)〔명〕 가루약.

산제-당 (山祭堂)〔명〕『민』산신당.

산조 (山鳥)〔명〕 산새.

산:조 (散調)〔악〕 민속 음악의 하나. 느린 속도의 진양조장단으로 시작해서 차츰 급하게 중모리·자진모리·휘모리로 끝남.

산조 (酸棗)〔명〕 멧대추.

산조-인 (酸棗仁)〔명〕『한의』멧대추 씨에 있는 알맹이《원기를 돕고 땀을 흘리지 않게 하며 잠을 잘 자게 함》.

산:졸 (散卒)〔명〕 1 『군』산병(散兵)1. 2 장기에서, 여기저기 흩어져 있는 졸.

산주 (山主)〔명〕 1 산의 임자. 2 『민』산대탈을 보존하는 사람. 3 『민』무당들이 조직한 도를 닦는 곳의 직책의 하나.

산주 (山紬)〔명〕 산누에고치로 짠 명주.

산:주 (算珠)〔명〕 1 수를 셈하는 데 쓰는 구슬. 2 활의 순(巡)을 셈하는 데 쓰는 구슬.

산죽 (山竹)〔명〕 산에서 나는 대.

산준수급 (山峻水急)〔-하형〕 산이 험하고 물살이 빠름.

산-줄기 (山-)〔-쭐-〕〔명〕 큰 산에서 뻗어 나간 산의 줄기. *산맥.

산중 (山中)〔명〕 산속. ▢첩첩한 ~ / 깊은 ~에서 길을 잃다.

산중-귀물 (山中貴物)〔명〕 1 산속에서만 나는 귀한 물건. 2 그 고장에서는 나지 않는 귀한 물건.

산 중독 (酸中毒)〔의〕 산독증(酸毒症).

산중-재상 (山中宰相)〔명〕 산중에 은거하면서 나라에 중대한 일이 있을 때에만 나와 일을 보는 사람.

산중-호걸 (山中豪傑)〔명〕 산속에 있는 호걸이라는 뜻으로, 범을 가리키는 말.

산증 (疝症)〔-쯩〕『한의』아랫배와 생식기에 탈이 생기어 붓고 아픈 병. 산기(疝氣). 산병(疝病). 춘산(疝).

산:-증인 (-證人)〔명〕 어떤 분야의 역사 따위를 생생하게 증언할 수 있는 사람. ▢~으로 지명되다.

산지 〔명〕『건』산지못.

산지 (山地)〔명〕 1 들이 적고 산이 많은 지대. 산달. ▢~는 평지보다 기온이 낮다. 2 묏자리로 적당한 땅. ▢~를 구하다.

산지 (山紙)〔명〕 산골에서 수공업으로 만든, 질이 낮은 종이.

산:지 (產地)〔명〕 1 '산출지'의 준말. ▢쌀의 ~ / 배의 ~로는 나주가 유명하다. 2 사람이 출생한 땅.

산지-구멍 〔명〕『건』산지못을 박는 구멍.

산지-기 (山-)〔명〕 남의 산이나 뫼를 맡아 돌보는 사람. 산직(山直). ▢~가 부치는 논밭.

산-지니 (山-)〔명〕『조』산에서 자라 여러 해를 묵은 매나 새매. 산진(山陳). 산진매. ↔수(手)지니.

산지-대 (山地帶)〔명〕『지』낙엽 활엽수가 우거져 있는 지대의 일컬음《우리나라에서는 해발(海拔) 1,000~1,500 m의 층이 이에 속함》.

산지-못 〔-몯〕〔명〕『건』재목 따위의 이음이나 맞춤 자리를 든든히 하기 위해 박는 굵은 나무못. 산지.

산:-지사방 (散之四方)〔-하자〕 사방으로 흩어짐. 또는 흩어져 있는 각 방향. ▢낙엽이 ~으로 흩어지다.

산:-지식 (-知識)〔명〕 현실 생활에 직접 활용할 수 있는 지식. ▢견학을 통하여 ~을 얻다.

산:-지옥 (-地獄)〔명〕 생지옥. ▢참상이 ~을 연상케 한다.

산직 (山直)〔명〕 산지기.

산:직 (散職)〔명〕『역』산관(散官).

산진 (山陳)〔명〕『조』산지니.

산진-매 (山陳-)〔명〕『조』산지니.

산진수궁 (山盡水窮)〔-하자〕 산궁수진(山窮水盡).

산진해미 (山珍海味)〔명〕 산해진미.

산진해착 (山珍海錯)〔명〕 산해진미.

산:질 (散帙)〔-하자〕 낙질(落帙).

산-짐승 (山-)〔-찜-〕〔명〕 산속에 사는 짐승. 산수(山獸). ▢~을 밀렵하다. *들짐승.

산창 (山窓)〔명〕 산속에 있는 집의 창.

산채 (山菜)〔명〕 산나물. ▢~ 비빔밥.

산채 (山寨·山砦)〔명〕 1 산에 돌이나 목책 따위를 둘러쳐 만든 진터. 2 산적들의 소굴.

산:책 (散策)〔-하자타〕 휴식을 취하거나 건강을 위하여 멀지 않은 거리를 천천히 거닒. 산보(散步). ▢~을 나가다 / 공원을 ~하다.

산:책-길 (散策-)〔-낄〕〔명〕 산책하는 길.

산:책-로 (散策路)〔-쌩노〕〔명〕 산책할 수 있게 만든 길. 산책길. ▢~를 거닐다.

산척 (山尺)〔명〕 1 산을 재는 데 사용하는 자. 2 산쟁이.

산척 (山脊)〔명〕 산등성마루.

산-척촉 (山躑躅)〔명〕 1 산철쭉. 2 진달래.

산천 (山川)〔명〕 1 산과 내. ▢주로 ~을 경계로 행정 구역이 나뉜다. 2 자연. 또는 자연의 경치. 산택(山澤). ▢고향 ~ / 아름다운 ~.

산천-어 (山川魚)〔명〕『어』연어과의 민물고기. 송어와 비슷하며 몸길이는 40 cm 정도이고 등 쪽은 짙은 청색, 배 쪽은 엷은 적갈색에 얼룩무늬가 있음. 강원도 이북의 동해로 흐르는 하천에 서식함.

산천초목 (山川草木)〔명〕 산과 내와 풀과 나무라는 뜻으로, 자연을 이르는 말. ▢~도 나를 반기는 듯하다.

산-철쭉 (山-)〔명〕『식』진달랫과의 낙엽 활엽 관목. 높이는 1~2 m이고, 산지의 습한 곳에 나는데, 늦봄에 자주색 꽃이 가지 끝에 핌. 관상용임. 산척촉(山躑躅).

산체 (山體)〔명〕 산의 생긴 모양.

산초 (山草)〔명〕 1 산에 나는 풀. 2 산지(山地)의 밭에 심은 담배.

산초 (山椒)〔명〕 산초나무의 열매. 분디.

산:초 (散草)〔명〕 묶지 않은 썬 담배.

산초-나무 (山椒-)〔명〕『식』운향과의 낙엽 관목. 산과 들에 나는데, 높이는 약 3 m이고, 작은 가지에 가시가 나 있음. 9월에 연한 녹색 꽃이 줄기 끝에 피고, 열매는 녹갈색인데 말려서 식용이나 약재로 쓰며, 씨는 기름을 짜 식용하기도 함. 분디나무.

산초-어 (山椒魚)〔명〕『동』도롱뇽.

산촌 (山村)〔명〕 산속에 있는 마을. 두메. 산곽(山郭). 산동. ▢~의 하루는 일찍 저문다.

산:촌 (散村)〔명〕 인가가 밀집하지 않고, 넓은 지역에 흩어져 있는 마을. ↔집촌(集村).

산:출 (產出)〔명〕〔-하타〕 물건이 천연적·인공적으로 생산되어 나옴. ▢광물을 ~하다 / 평야에서는 쌀이 ~된다.

산:출(算出)〖명〗〖하타〗 계산하여 냄. ▢원가 ~ / 주행 거리를 ~하다 / 이윤이 ~되다.

산:출-가(算出價)[-까]〖명〗 계산하여 낸 값. 셈한 값. ▢~를 정하다.

산:출-량(産出量)〖명〗 산출되어 나오는 양. ▢~을 늘리다.

산:출-물(産出物)〖명〗 산출한 물건.

산:출-지(産出地)[-찌]〖명〗 산출한 곳. ⬩산지.

산취(山醉)〖명〗〖의〗 고산병(高山病).

산치(山梔)〖명〗〖식〗 산치자나무.

산-치(散置)〖명〗〖하타〗 이리저리 흩어 놓음.

산-치성(山致誠)〖명〗〖민〗 산신령에게 정성을 드리는 일. ▢~을 드리다.

산-치자(山梔子)〖명〗〖한의〗 산치자나무의 열매(해열·이질·이뇨 따위의 약재로 씀).

산-치자나무(山梔子-)〖명〗〖식〗 산에 절로 나는 치자나무. 열매는 약재로 씀. 산치.

산칠(山漆)〖명〗〖식〗 산속에 절로 나는 옻나무.

산타(Santa)〖명〗 '산타클로스'의 준말. ▢~ 할아버지가 오시는 날.

산타 마리아(Santa Maria)〖기〗 예수의 어머니에 대한 존칭. 성모 마리아.

산타클로스(Santa Claus)〖명〗 크리스마스 전날 밤에 굴뚝으로 몰래 들어와 착한 어린이의 양말이나 신발 속에 선물을 넣고 간다는, 붉은 외투를 입고 흰 수염이 난 노인. ⬩산타.

산-탁목(山啄木)[-탁-]〖명〗〖조〗 청딱따구리.

산:탄(散彈)〖명〗〖군〗**1** 산탄(霰彈). **2** 총포의 사격에서 탄착점이 널리 흩어짐. ⬩산탄.

산:탄(霰彈)〖명〗〖군〗 폭발할 때 잔 탄알이 한꺼번에 터져 나오게 된 탄환. 가까운 거리에 있는 적이나 새 따위에 씀. 산탄(散彈).

산태〈옛〉삼태기.

산태(山汰)〖명〗〖지〗 산사태.

산택(山澤)〖명〗**1** 산천2. **2** '산림천택'의 준말.

산-턱(山-)〖명〗 산이 비탈져서 내려오다가 조금 두두룩한 곳. ▢~을 깎아 길을 내다.

산토(山-)〖명〗〖동〗 산토끼.

산-토끼(山-)〖명〗〖동〗 토끼과의 짐승. 야산에 사는데, 몸길이는 43~54cm이고, 등은 갈색, 배 쪽은 흰색이나, 겨울에는 온몸이 하얗게 변함. 모피는 방한용으로 씀. 산토(山兔). 야토(野兔). ↔집토끼.

산토닌(santonin)〖명〗〖약〗 회충약의 하나(무색 무취의 판상(板狀) 결정 또는 흰색 가루로, 냄새가 없고 맛이 약간 쓰며 알코올에 녹음).

산통(疝痛)〖명〗〖의〗 복부 내장의 여러 질환에 따라 간격을 두고 되풀이하여 일어나는 격심한 발작성의 복통.

산:통(産痛)〖명〗〖의〗 진통(陣痛).

산:통(算筒)〖명〗 맹인이 점을 칠 때 쓰는, 산가지를 넣는 통. ▢~을 흔들어 산가지를 뽑다.

　산통(을) 깨다〖관〗 다 된 일을 이루지 못하게 뒤틀다.

　산통이 깨지다〖관〗 다 된 일이 뒤틀리다.

산:통-계(算筒契)[-계/-게]〖명〗〖역〗 계원들이 통 속의 계알을 흔들어, 뽑힌 사람에게 일정한 금액을 태워 주는 계. ⬩통계(筒契).

산:통-점(算筒占)〖명〗〖민〗 산통 속에 꽂거나 집어넣은 산가지를 구멍으로 집어내어, 거기에 새겨진 숫자에 따라 치는 점.

산:파(産婆)〖명〗'조산사'의 구용어. ▢~가 애를 받다. **2** 산파역.

산:파(散播)〖명〗〖하타〗〖농〗 흩어뿌리기.

산:파-법(産婆法)[-뻡]〖명〗〖교〗 소크라테스가 사용한 교수 방법의 하나. 대화를 통해 상대방의 막연하고 불확실한 지식을 진정한 개념으로 유도하는 방법.

산:파-술(産婆術)〖명〗〖의〗 해산·임부·태아 등을 다루는 기술.

산:파-역(産婆役)〖명〗 어떤 일을 주선하여 이루어지게 하는 구실. 또는 그런 역할을 하는 사람. ▢건군(建軍)의 ~ / 조직의 ~을 맡다.

산판(山坂)〖명〗**1** 멧갓. **2**~에서 갓 나온 재목. **2** 나무를 찍어 내는 일판.

산:판(算板)〖명〗 수판.

산판걸목-돌[-건-똘]〖명〗〖건〗 석재를 채취할 때 필요한 크기보다 크게 떠낸 돌.

산패(酸敗)〖명〗〖하자〗〖화〗 술이나 지방류 따위의 유기물이 산화하여, 유리 지방산을 발생하는 현상(맛과 색이 변하고 냄새가 남). ▢술이 ~되다.

산패-액(酸敗液)〖명〗〖의〗 신물1.

산패-유(酸敗乳)〖명〗 산패한 젖.

산:편(散片)〖명〗 산산이 흩어진 조각.

산포(山砲)〖명〗**1** '산포수'의 준말. **2**〖군〗 산악전에 쓸 수 있도록 만든 가벼운 대포.

산:포(散布)〖명〗〖하타〗 흩어져 퍼짐. 흩어 퍼뜨림. ▢격문(檄文)을 ~하다.

산:포(散脯)〖명〗 쇠고기를 조각조각 떠서 소금에 주물러 별에 말린 포.

산포(撒布)〖명〗⬩살포.

산-포도(山葡萄)〖명〗〖식〗**1** 머루. **2** 담쟁이덩굴. **3** 왕머루.

산:포-도(散布度)〖명〗〖수〗 도수(度數) 분포의 모양을 조사할 때에, 변량(變量)이 평균에서 분포되어 있는 정도를 나타낸 값. 분산도.

산-포수(山砲手)〖명〗 산속에서 사냥을 생업으로 하는 사람. ⬩산포(山砲).

산:표(散票)〖명〗 투표에서, 표가 한 사람에게 집중되지 않고 여러 사람에게 흩어짐. 또는 그 표. ▢~가 많이 나오다 / ~로 과반수 득표자가 나오지 않다.

산풍(山風)〖명〗〖지〗 산바람.

산피(山皮)〖명〗 산짐승의 가죽. 산수피. ▢벽에 ~걸다.

산하(山下)〖명〗**1** 산 아래. ↔산상(山上). **2** '선산하(先山下)'의 준말.

산하(山河)〖명〗 산과 큰 내. 또는 자연. 산천(山川). ▢조국의 ~ / 전쟁으로 ~가 온통 피로 물들었다.

산하(傘下)〖명〗 어떤 세력이나 조직체의 관할 아래. ▢경찰청 ~의 각급 기관.

산하-화(山下火)〖명〗〖민〗 육십갑자에서, 병신(丙申)과 정유(丁酉)에 붙이는 납음(納音). 해가 서산에 기우니 마치 불꽃이 산 밑에 가리는 것 같다는 말.

산:학(産學)〖명〗 산업계와 학계. ▢~ 연계 / ~이 공동으로 추진하는 프로젝트.

산:학(算學)〖명〗〖수〗 셈에 관한 학문.

산:학 협동(産學協同)[-하첩똥]〖사〗 기술 교육에서, 산업계와 교육 기관이 협동하는 일(기술자 양성과 산업계의 위탁 연구를 주로 함).

산해(山海)〖명〗 산과 바다.

산해(山害)〖명〗〖민〗 묏자리가 좋지 못해 입는 다는 해. 산화(山禍).

산해진미(山海珍味)〖명〗 산과 바다에서 나는 갖가지 진귀한 산물로 잘 차린 맛이 좋은 음식. 산진해미. 산진해착. 수륙진미. ▢~를 차리다.

산행(山行)〖명〗〖하자〗 산길을 걸어감. 등산하러 산에 감. ▢~을 가다 / ~에 동행하다.

산-허리(山-)〖명〗**1** 산 둘레의 중턱. 산요(山

腰). ☐~에 터널을 내다. **2** 산등성이의 잘록하게 들어간 곳. ☐~에 길이 나 있다.

산:현(散見)圓현지 여기저기에 보임.

산혈(山穴)圓 **1** 산에 둘려 있는 구멍. **2**『민』풍수지리에서, 산의 정기가 모인다는 묏자리.

산:혈(產血)圓『생』해산할 때 산모의 몸에서 나오는 피.

산협(山峽)圓 **1** 깊은 산속의 골짜기. **2** 두메. ☐~의 경치.

산형(山形)圓 산의 생김새.

산:형-꽃차례(繖形-)[-꼳-]圓『식』무한꽃차례의 하나. 꽃대의 끝에 많은 꽃자루가 방사상(放射狀)으로 나와 우산살처럼 퍼져 피는 꽃차례(미나리·파꽃 따위). 산형 화서.

산호(山戶)圓 산속에 사는 화전민의 집.

산호(珊瑚)圓『동』산호충의 자포동물로서, 흔히 그 골격을 말함. 산호충이 모여서 나뭇가지 모양을 형성한 것인데, 바깥쪽은 무르고 속은 단단한 석회질로 되어 있어 속을 가공하여 장식품으로 씀. **2** 산호충.
[산호 기둥에 호박 주추다] 매우 호화스럽게 꾸미고 삶을 비유한 말.

산호-도(珊瑚島)圓『지』산호초가 수면 위로 5 m 이상 노출되어 형성된 섬.

산호-만세(山呼萬歲)圓『역』나라의 중요 의식에서, 임금에게 경축의 뜻으로 부르던 만세. ⑤산호(山呼).

산호-망(珊瑚網)圓 산호를 채취하는 데 쓰는 어구(漁具).

산호-수(珊瑚樹)圓『식』**1** 아왜나무. **2** 자금우과의 상록 소관목. 낮은 지대의 숲이나 골짜기에 나는데 높이는 5-8 cm이며, 잎은 돌려나고 타원형임. 여름에 흰색 꽃이 잎겨드랑이에 나와 피고 가을에 붉은 열매가 익는데 관상용임.

산호-유(珊瑚釉)圓 산홋빛 잿물.

산호-잠(珊瑚簪)圓 산호로 만든 비녀.

산호-주(珊瑚珠)圓 산호로 만든 구슬(여러 가지 장식에 씀).

산호-지(珊瑚枝)圓 산호가지.

산호-초(珊瑚礁)圓『지』산호충 군체의 골격이 퇴적하여 생긴 암초나 섬.

산호-충(珊瑚蟲)圓『동』산호충의 자포(刺胞)동물. 난해(暖海)에 사는데, 언제나 군체(群體)를 이룸. 윗면 중앙에 입을 벌리고 그 주위에 8개의 긴꼴 촉수가 있어 국화 비슷함. 개체가 죽어 골격화한 것이 산호임.

산호혼-식(珊瑚婚式)圓 서양 풍습에서, 결혼 35주년이 되는 날을 축하하며, 부부가 산호 제품 선물을 주고받아 기념함.

산호-가지(珊瑚-)[-호가-/-호까-]圓 나뭇가지처럼 생긴 산호의 가지. 산호지.

산화(山火)圓 산불. ☐~ 방지 계몽.

산화(山花)圓 산에 핀 꽃. 산꽃.

산화(山禍)圓『민』묏자리가 좋지 못하여 받는다는 재앙. 산탈.

산:화(散花·散華)圓 **1**『식』꽃이 피어도 열매를 맺지 못하는 꽃. **2** 꽃다운 목숨이 전장(戰場) 등에서 죽음. ☐~한 무명용사의 명복을 빌다. **3**『불』부처를 공양하기 위하여 꽃을 뿌리는 일.

산화(酸化)圓현지 『화』순물질(純物質)이 산소와 화합하거나 수소를 잃는 반응. 넓은 뜻으로는 순물질에서 전자를 잃는 변화 또는 그에 따르는 화학 반응. ☐쇠가 ~해서 녹이 슬다. ↔환원(還元).

산화-구리(酸化-)圓『화』구리의 산화물. 산화 제일(第一)구리와 산화 제이구리가 있음.

산화-대(酸化帶)圓『지』광상(鑛床)이 지표에 드러난 부분(금속의 황화물이 공기나 빗물에 의해 산화되어 적갈색을 띠며, 광상 발견에 중요한 구실을 함).

산화-마그네슘(酸化magnesium)圓『화』마그네슘을 공기 속에서 연소시킨다거나 탄산염·수산화물을 가열하여 만드는 하얀 가루(제산제(制酸劑)·내화(耐火) 시멘트 제조 등에 씀). 고토(苦土). 마그네시아(magnesia).

산화-물(酸化物)圓『화』산소와 다른 원소의 화합물. 분자 속에 포함된 산소 수에 따라 일산화물·이산화물·삼산화물 등으로 나뉘며, 성질에 따라 산성·중성·염기성으로 나뉨. 산소 화합물.

산화 물감(酸化-)[-깜]『화』산화 염료.

산화-바륨(酸化barium)圓『화』질산바륨을 가열하여 얻는 하얀 가루(수산화물이나 과산화물의 제조 원료로 씀). 중토(重土).

산화 방지제(酸化防止劑)圓『화』산화 물질에 첨가하여 산화 작용을 방지하거나 억제시키는 물질[페놀(phenol)류·아민(amine)류 따위].

산화 수소(酸化水素)圓『화』'물'의 화학적인 명칭.

산화-수은(酸化水銀)圓『화』수은의 산화물. 산화제일수은과 산화 제이수은 따위가 있음.

산화-아연(酸化亞鉛)圓『화』천연적으로는 홍아연광의 주성분으로 산출되고, 인공적으로는 아연을 태워 만든 하얀 가루[백색 페인트 및 분(粉)의 제조, 고무의 가황(加黃) 촉진제·유약·촉매·의약품 등으로 씀]. 아연화(亞鉛華). 아연백.

산화-알루미늄(酸化aluminium)圓『화』알루미늄의 산화물. 천연적으로 강옥석(鋼玉石)으로 산출되는 이외에 수산화알루미늄을 태워 만드는 하얀 가루[알루미늄의 제조 원료·연마제(研磨劑)·내화제(耐火劑) 등으로 씀].

산화-염(酸化焰)圓『화』겉불꽃.

산화 염료(酸化染料)[-뇨]圓『화』섬유 위에서 산화되어 염색되는 물감[아닐린 블랙(anilin black) 따위]. 산화 물감.

산화-은(酸化銀)圓『화』은의 산화물. 산화수(酸化數) 1과 2의 화합물이 있음. **1** 질은 갈색의 등축 정계(等軸晶系)의 분말. 합성 유기 화학적 탈(脫)할로겐 따위에 씀. **2** 검은 회색의 단사 정계(單斜晶系) 분말. 강한 산화제로서 작용하며, 높은 열을 가하면 은과 산소가 나뉨.

산화-제(酸化劑)圓『화』물질을 산화시키는 데는 쓰는 물질[산소·오존(ozone)·질산·이산화망간 따위]. ↔환원제.

산화 제:이구리(酸化第二-)『화』천연적으로는 흑동석으로 산출되고, 인공적으로는 탄산구리를 가열하여 얻는 검은 가루[산화제로 쓰며, 유리·도자기의 청색 착색제로도 씀]. 산화제이동. 흑색 산화구리.

산화 제:이철(酸化第二鐵)『화』질산염이나 수산화물 따위를 공기 속에서 가열하여 얻는 적색 결정성 가루[철의 원료, 유리·금속·보석의 연마재 또는 적색 안료로 씀]. 산화철(Ⅲ).

산화 제:일구리(酸化第一-)『화』천연으로는 적동석으로 산출되고 인공적으로는 산화 제이구리를 가열하여 얻는 적색 결정성 가루[도자기·유리의 적색 착색제·광전지(光電池)의 재료로 씀]. 산화철(Ⅰ).

산화 제:일철(酸化第一鐵)『화』인공적으로 옥살산 제일철을 가열하여 얻는 흑색 가루

《공기 속에 방치하면 산소를 흡수하여 산화 제이철이 됨》.

산화-질소 (酸化窒素)[-쏘]圀〖화〗 질소의 산화물인 일·이·삼·오산화질소 따위의 총칭.

산화-철 (酸化鐵)圀〖화〗 철의 산화물의 총칭. 산화 제이철·산화 제이철 따위가 있음.

산화-칼슘 (酸化calcium)圀〖화〗 탄산칼슘·질산칼슘 따위를 가열하여 만드는 백색 무정형의 물질(물을 타면 고열을 내며 수산화칼슘이 됨. 대표적인 염기로 소석회·카바이드 등의 원료, 건조제·토양 개량제 등으로 널리 씀). 백회(白灰). 생석회. 속칭 : 회(灰).

산화-탄소 (酸化炭素)圀〖화〗 **1** 탄소의 산화물. 즉, 일산화탄소·이산화탄소의 총칭. **2** 일산화탄소. **3** 이산화탄소.

산-회 (散會)圀하재 회의나 모임을 마치고 사람들이 흩어짐. ▢~를 선포하다 / 예정보다 일찍 ~했다.

산-후 (産後)圀 아이를 낳은 뒤. ▢~ 몸조리를 잘하다. ↔산전(産前).

산:-후취 (-後娶)圀 아내가 있는데 또 장가들거나 아내를 내쫓고 다시 장가드는 일.

산-휴 (産休)圀〖법〗'출산 휴가'의 준말.

산힝圀[←산행(山行)]〈옛〉 사냥.

삼圀〈옛〉 삿자리.

삼갈圀〈옛〉 삿갓.

살¹圀 **1** 사람이나 동물의 뼈를 싸고 있는 부드러운 물질. ▢~이 찌다 / ~이 오르다. **2** 조개나 게 따위의 껍데기나 다리 속에 든 연한 물질. **3** 과실 따위의 껍질 속에 든 부드러운 물질. 과육(果肉). **4** 살가죽의 겉면. ▢~이 곱다 / 햇볕에 ~이 까맣게 탔다.

[살이 살을 먹고 쇠가 쇠를 먹는다] 동포끼리 서로 해치려 함을 이르는 말.

살로 가다图 먹은 것이 살이 되다.

살을 깎고 뼈를 갈다图 몸이 야윌 정도로 매우 고생하며 애쓰다.

살(을) 붙이다图 이미 되어 있는 바탕에 여러 가지를 덧붙여 보태다.

살(을) 섞다图 남녀가 성교하다.

살을 에다图 추위나 슬픔으로 살을 베어 내듯 고통스럽다. ▢살을 에는 추위 / 살을 에는 듯한 슬픔을 겪다.

살이라도 베어 먹이다图 제 몸의 살까지도 베어서 먹일 만큼 알뜰히 보살펴 주다.

살²圀 **1** 창문·얼레·부채·연 또는 바퀴의 뼈대가 되는 부분. 으레 촘촘한 부재. **2** 빗의 낱낱으로 갈리어진 이. **3** '어살'의 준말. **4** '화살'의 준말. **5** 벌의 꽁무니에 있는 침. **6** 해·볕·불 또는 흐르는 물 따위의 내뻗치는 기운. ▢햇~ / 물~. **7** 떡살로 찍은 무늬. **8** 주름이나 구김으로 생기는 금. ▢주름~ / 눈~.

[살은 쏘고 주워도 말은 하고 못 줍는다] 화살은 쏘아도 찾을 수 있으나 말은 다시 수습할 수 없다《말을 삼가라는 뜻》.

살을 먹이다图 화살을 활시위에 대고 활을 당기다.

살(을) 박다图 흰떡 따위에 떡살로 무늬를 박다.

살(을) 잡다图 기울어진 집 따위를 바로잡아 세우다.

살(이) 잡히다图 ㉠구김살이 지다. ㉡살얼음이 얼다.

살³圀 노름판에서, 걸어 놓은 몫에 덧붙여 더 태워 놓는 돈. ▢~ 들어가다 / ~을 지르다.

살 (煞)圀〖민〗 **1** 사람을 해치거나 물건을 깨뜨리는 독하고 모진 기운(악귀의 짓). ▢~을 풀다. **2** 친족 간에 좋지 않은 띠앗. ▢그의 형제는 ~이 세다.

살(을) 맞다图 초상집이나 혼인집에 갔다가 갑자기 탈이 나다.

살(이) 가다图 대수롭지 않은 일로 상하거나 깨졌을 때 이르는 말. ▢한 번 친 것이 살이 가서 죽있다.

살이 끼다图 ㉠사람이나 물건 등을 해치는 불길한 기운이 들러붙다. ㉡띠앗머리 없게 하는 기운이 들러붙다. 살(이) 붙다. 살(이) 오르다.

살(이) 나가다图 살(이) 내리다㉡.

살(이) 내리다图 ㉠사람이나 물건 따위를 해치는 불길한 기운이 떨어져 나가다. ㉡띠앗머리 없게 하는 기운이 떨어져 나가다. 살(이) 나가다. ↔살(이) 오르다.

살(이) 붙다图 살이 끼다.

살(이) 세다图 ㉠친족 사이에 띠앗이 없다. ㉡운수가 나쁘다.

살(이) 오르다图 살이 끼다. ↔살(이) 내리다.

살⁴의圀 나이를 세는 말. ▢한 ~ / 서른 ~.

살-가죽[-까-]圀 동물의 몸 거죽을 싸고 있는 껍질. 피부. ▢~이 벗겨지다 / 뼈와 ~만 남아 몰골이 말이 아니다.

살갑다[-따][살가워, 살가우니]휑圀 **1** 집이나 세간 등이 겉으로 보기와는 다르게 속이 너르다. **2** 마음씨가 너그럽고 다정스럽다. ▢살가운 사람 / 살갑게 맞아 주다. **3** 닿는 느낌이 가볍고 부드럽다. **4** 물건 따위에 정이 들다. 圀슬겁다.

살강圀 그릇 따위를 얹어 놓기 위해 부엌의 벽 중턱에 드린 선반.

[살강 밑에서 숟가락 얻었다]㉠남이 빠뜨린 물건을 얻어서 횡재했다고 좋아하나 물건 임자가 나타나 헛좋았다는 뜻. ㉡하찮거나 아주 쉬운 일을 하고 자랑한다는 뜻.

살강-거리다재 설삶은 콩이나 밤 등이 씹히는 소리가 자꾸 나다. 또는 그것을 씹을 때 입 안에서 무르지 아니한 느낌이 자꾸 들다. 圀설겅거리다. 匣쌀강거리다·쌀캉거리다·쌀강거리다. 살강-살강 匣하자형

살강-대다재 살강거리다.

살-갗[-깓]圀 살가죽의 겉면. 피부. ▢~이 희다 / ~이 볕에 그을다 / 차가운 기운이 ~에 닿다.

살-같이[-가치]匣 쏜살같이. ▢~ 흐르는 세월 / ~ 지나가는 오토바이.

살-거름圀〖농〗 씨를 뿌릴 때 씨와 섞어서 쓰는 거름.

살-거리[-꺼-]圀 몸에 붙은 살의 정도나 모양. ▢~가 좋다.

살-걸음圀 화살이 날아가는 속도. ▢~으로 달아나다.

살-결[-껼]圀 살갗의 결. ▢~이 곱다 / ~이 부드럽다.

살-결박 (-結縛)圀하타 죄인의 옷을 벗기고 알몸뚱이 상태로 묶음. 육박(肉縛). ▢~을 지우다.

살구圀 개살구나무·살구나무 따위의 열매. 살은 식용하고 씨는 한약과 화장품의 재료로 씀. 행과(杏果). 행자(杏子).

살구-꽃[-꼳]圀 살구나무의 꽃.

살구-나무圀〖식〗 장미과의 낙엽 활엽 교목. 높이는 5∼7m이고, 초봄에 연분홍 다섯잎꽃이 잎보다 먼저 피고, 둥근 핵과(核果)가 여름에 익음.

살-군두〖농〗가랫날을 장부의 바닥에 얼러 매는 줄(쇠 대신으로 씀).

살균(殺菌)**명하다** 약품이나 높은 열로 세균 따위 미생물을 죽여 무균(無菌) 상태로 하는 일. 멸균(滅菌). ▷─된 우유 / 행주를 삶아 ~하다.

살균-력(殺菌力)[-녁]**명** 세균을 죽이는 힘. ▷~력이 강하다.

살균-제(殺菌劑)**명** 살균하는 데 쓰는 약제 《페놀·크레졸·알코올 따위》.

살그니 **부** '살그머니'의 준말. ☜슬그니.

살그머니 **부** 남이 모르게 넌지시. ▷~ 다가서는 그림자 / 자리에서 ~ 일어나다. ☜슬그머니. ②살그니·살그미.

살그미 **부** '살그머니'의 준말.

살근-거리다 **자** 물체가 서로 맞닿아 매우 가볍게 자꾸 비벼지다. ☜슬근거리다. **살근-근** **부** **자**

살근-대다 **자** 살근거리다.

살금-살금 **부** 남이 모르게 눈치를 보아 가며 살며시 행동하는 모양. ▷~ 곁에 다가서다. ☜슬금슬금.

살긋-거리다[-귿꺼-]**자타** 한쪽으로 배뚤어지거나 기울어지게 자꾸 움직이다. 또는 그리 되게 하다. ☜실긋거리다. ⓼쌀긋거리다. **살긋-살긋**[-귿쌀-]**부** **하** **자타**

살긋-대다[-귿때-]**자타** 살긋거리다.

살긋-하다[-귿타-]**형여** 물체가 한쪽으로 배뚤어지거나 기울어져 있다. ☜실긋하다. ⓼쌀긋하다. ☜샐긋하다.

살기[-끼]**명** 몸에 살이 붙은 정도.

살기(殺氣)**명** **1** 독살스러운 기운. ▷눈에 ~가 어리다. **2** 남을 죽이거나 해치려는 무서운 낯빛이나 분위기. ▷~를 띠다 / ~가 돌다 / ~가 등등하다.

살기-담성(殺氣膽盛)**명하다** 살기가 있어서 무엇이든지 무서워하지 아니함.

살기등등-하다(殺氣騰騰-)**형여** 살기가 얼굴에 잔뜩 올라 있다. ▷표정이 ~ / 살기등등하게 노려보다.

살기-충천(殺氣衝天)**명하다** 살기가 하늘을 찌를 듯함.

살-길[-낄]**명** 화살이 날아가는 길.

살:-길[-낄]**명** 살아가기 위한 방도. ▷~이 막연하다 / ~을 찾다.

살-깃[-낃]**명** 화살대의 뒤끝에 붙인 새의 깃.

살:-날[-랄]**명** **1** 앞으로 세상에 살아 있을 날. ▷~이 얼마 남지 않다. **2** 잘살게 될 날. ▷우리에게도 ~이 올 것이다.

살-내[-래]**명** 몸에서 나는 냄새.

살년(殺年)[-련]**명** 크게 흉년이 든 해.

살-눈[-룬]**명** 〖식〗주아(珠芽).

살:다〔살아, 사니, 사는〕**자** **1** 목숨을 이어 가다. ▷죽느냐 사느냐 문제 / 90 살까지 ~. **2** 사람이 생활을 하다. ▷장사를 하고 ~ / 믈가고로 살기 힘들다. **3** 살림을 하고 지내다. ▷가정을 이루고 ~. **4** 어느 곳에 거주하거나 머물다. ▷산에 사는 짐승 / 고향에서 농사지으며 ~. **5** 그림이나 글이 생생한 효과를 내다. ▷산 글 / 그림이 살아 있다. **6** 장기·바둑에서 말이나 돌이 제 기능을 하다. ▷대마가 살았으니 해볼 만하다. **7** 소용·효용·쓸모 따위가 있다. ▷산 교훈 / 그 정신은 아직 살아 있다. **8** 성질이나 기세 따위가 꺾이지 않고 뚜렷이 나타나다. ▷기가 살아서 사람을 몰아대다. **9** 의식이나 기억 속에 남아 있다. ▷어린 시절의 기억이 아직 살아 있다. **10** 불 따위가 타거나 비치다. ▷불씨가 살아 있다.

国타 **1** 어떤 직책이나 신분으로 지내다. ▷머슴을 ~ / 벼슬을 ~. **2** 징역이나 귀양살이를 치르다. ▷교도소에서 3년을 ~. **3** ('삶'을 목적어로 취하여) 어떤 생활을 영위하다. ▷남을 도우며 풍요로운 삶을 ~.

[산 사람 입에 거미줄 치랴] 살기가 어렵다고 쉽사리 죽기야 하겠느냐는 말. [산 호랑이 눈썹] 도저히 얻을 수 없는 것을 얻으려 한다는 말.

살:다²〔살아, 사니, 산〕**형** 기준이나 표준보다 조금 크거나 많다.

살-다듬이 **명하다** 다듬잇살이 오르도록 짓두드리는 다듬이질.

살-담배 **명** 칼로 썬 담배. 각연초(刻煙草). 절초(切草). ↔잎담배.

살-닿다[-다타]**자** 본밑천에 손해가 나다. 밑지다.

살-대[-때]**명** **1** '화살대'의 준말. **2**〖건〗넘어지려 하는 기둥이나 벽을 바로잡기 위해 버티는 나무.

살-덩어리[-떵-]**명** 살로 이루어진 덩어리. ②살덩이.

살-덩이[-떵-]**명** '살덩어리'의 준말.

살-돈[-똔]**명** **1** 노름의 밑천이 되는 돈. **2** 어떤 일을 하며 밑졌을 때, 본디 밑천이 되었던 돈을 일컫는 말. 육전(肉錢).

살:-똥-스럽다[-따]〔-스러워, -스러우니〕**형** 말이나 행동이 독살스럽고 당돌하다. ▷살똥스럽게 굴다. **살:-똥-스레** **부**

살뜰-하다 **형여** **1** 일이나 살림을 정성스럽고 규모 있게 하여 빈틈이 없다. 매우 알뜰하다. ▷살뜰하게 살림을 꾸려 가다. **2** 사랑하고 위하는 마음이 자상하고 지극하다. ▷아내를 살뜰하게 아껴 주다. **살뜰-히** **부**

살-뜸 **명하다**〖한의〗살 위에 바로 뜸을 뜸. 또는 그런 일.

살라미(salami) **명** 이탈리아식 소시지의 하나. 가열하지 않은 날고기에 소금·향료 따위를 쳐서 차게 말려서 만듦《샐러드·샌드위치 따위에 씀》.

살랑 **부** 바람이 가볍게 부는 모양. ▷~ 불어오는 봄바람.

살랑-거리다 **자타** **1** 조금 사늘한 바람이 가볍게 자꾸 불다. **2** 팔이나 꼬리 따위가 가볍게 자꾸 흔들리다. 또는 그렇게 하다. ☜설렁거리다. ⓼쌀랑거리다. **살랑-살랑** **부** **하** **자타**

살랑-대다 **자타** 살랑거리다.

살랑살랑-하다 **형여** 사늘한 기운이 있어 매우 추운 느낌이 있다. ☜설렁설렁하다.

살랑-하다 **자타** **1** 조금 추운 듯하다. ▷강바람이 ~. **2** 갑자기 놀라 가슴속에 찬바람이 도는 것 같다. ☜설렁하다. ⓼쌀랑하다.

살래-살래 **부** 몸의 한 부분을 가볍게 가로흔드는 모양. ▷고개를 ~ 흔들다. ☜설레설레. ⓼쌀래쌀래. ②살살.

살략(殺掠·殺略)**명하타** 사람을 죽이고 재물을 빼앗음.

살롱(ㅍ salon)**명** **1** 객실. 응접실. **2** 프랑스 상류 가정의 객실에서 열리는 사교적인 모임. **3** 미술 전람회. 미술품 전람실. **4**〈속〉양장점·미장원 또는 양주 파는 술집 등의 이름.

살롱 음악(salon音樂)〖악〗살롱이나 레스토랑에서 연주하는 내용의 악곡. 또는 고전적인 명곡을 통속적으로 편곡한 음악.

살륙(殺戮)**명** ☞살육(殺戮).

살리다¹ **타** **1** 어떤 부분을 덜어 내지 않고 본바

땅대로 두든지, 좀 보태든지 하다. ❑본맛을
살린 요리. **2** 제구실을 하게 하다. 활용하다.
❑개성을 ~ / 특성을 ~ / 경험을 가진 기량
을 발휘하다.

살리다² 〔타〕 '살다'의 사동) **1** 죽게 된 목숨을
살게 하다. ❑살리고 죽이는 권력. **2** 생활 방
도를 찾아 목숨을 유지하게 하다. ❑식구들
을 먹여 ~.

살리실-산 (salicyl酸) 〔명〕〔화〕 빛깔이 없는 바
늘 모양의 결정. 산미(酸味)와 자극성이 있으
며 강한 살균 작용을 함(의약·방부제·물감
따위로 널리 씀).

살림 〔명〕〔하자〕 **1** 한집안을 이루어 살아가는 일.
❑~을 차리다 / ~을 나다 / ~을 도맡아 하
다. **2** 살아가는 형편이나 정도. ❑~이 넉넉
하다 / ~에 쪼들리다 / ~이 궁하다. **3** 집 안
에서 쓰는 세간. ❑~을 장만하다.
【살림에는 눈이 보배라】가정생활에는 일일
이 잘 보살핌이 제일이라는 뜻.

살림(을) 맡다 〔구〕 어떤 일이나 집안의 살림
을 맡아서 처리한다.

살림-꾼 〔명〕 **1** 살림을 맡아서 하는 사람. **2** 살림
을 알뜰하게 꾸려 가는 사람. ❑~으로 소문
이 나다.

살림-때 〔명〕 살림을 하면서 찌드는 일. ❑~가
묻다.

살림-방 (-房) [-빵] 〔명〕 살림하는 방. ❑~을 가
겟방으로 개조하다.

살림-살이 〔명〕〔하자〕 **1** 살림을 차려서 사는 일.
❑알뜰한 ~ / ~하는 솜씨가 제법이다. **2** 살
림에 쓰는 온갖 물건. ❑부엌 ~ / ~가 늘다.

살림-집 [-찝] 〔명〕 살림하는 집. ❑~을 따로 얻
다. *가겟집.

살림-터 〔명〕 생활하는 곳. ❑~로 적당한 곳.

살-막 (-幕) 〔명〕 어살을 쳐 놓고 물고기가 걸리
기를 기다리기 위해 지어 놓은 움막. 어살막.

살-맛¹ [-맏] 〔명〕 **1** 남의 살과 서로 맞닿아 느끼
는 감각. **2** 〈속〉 성행위에서, 상대편의 육체
에서 느껴지는 쾌감.

살:-맛² [-맏] 〔명〕 세상을 살아가는 재미나 보
람. ❑~ 나는 세상 / ~을 잃다 / ~이 없다 /
~이 떨어진다.

살망-살망 〔부〕 살망한 다리로 걷는 모양. 참설
명슬명.

살망-하다 〔형여〕 **1** 아랫도리가 가늘고 어울리
지 않게 조금 길다. **2** 옷의 길이가 키보다 좀
짧다. 참설명하다.

살며시 〔부〕 드러나지 않게 넌지시. ❑~ 다가오
다 / ~ 일러 주다 / ~ 만 원권 한 장을 쥐어
주다. 참슬며시.

살멸 (殺滅) 〔명〕〔하타〕 죽여 없앰.

살몃-살몃 [-멷쌀멷] 〔부〕 잇따라 살며시. 참슬
몃슬몃.

살모넬라-균 (salmonella菌) 〔명〕〔의〕 사람·포
유류나 조류 따위의 장(腸)에 기생하는 세균
(간균(杆菌)으로, 장티푸스성 질환·위장염이
나 식중독을 일으킴).

살-목 (-木) 〔명〕〔건〕 집을 살잡이할 때 기둥을
솟구는 지렛대.

살무사 (-蛇) 〔동〕 살무삿과의 뱀. 길이는 70 cm
가량인데, 머리는 삼각형이고 목이 가늘며,
엷은 회색 바탕에 흑갈색 둥전 모양의 무늬
가 있음. 위턱 끝에 독니가 있음(예로부터 강
장제로 씀). 복사(蝮蛇). 살모사(殺母蛇).

살-문 (-門) 〔명〕〔건〕 가로세로 살을 넣어서 짠
문의 총칭.

살미 〔명〕〔건〕 궁궐이나 성문 따위의 기둥 위
도리 사이에 장식하는, 촛가지를 짜서 만든
물건.

살미 살창 (-窓) 〔건〕 촛가지를 짜서 살을 박
아 만든 창문.

살믜 〔명〕〈옛〉 살미.

살-밀이 〔명〕〔하자〕〔건〕 문살의 둥이나 모서리를
밀어서 장식하는 일. 또는 그런 일에 쓰는
대패.

살-밀치 〔명〕 안장을 말의 꼬리에 걸어 매는 줄.

살-밑 [-믿] 〔명〕 화살촉.

살-바람 〔명〕 **1** 좁은 틈에서 새어 들어오는 찬
바람. ❑~에 감기 들겠다. **2** 초봄에 부는 찬
바람.

살-받이 [-바지] 〔명〕 **1** 과녁에 화살이 꽂힐 자
리. ❑~를 세우고 활을 쏘다. **2** 과녁의 앞뒤
좌우에 화살이 떨어지는 자리.

살-방석 (-方席) 〔명〕 화살을 닦는 데 쓰는 방석
모양의 것.

살벌 (殺伐) 〔명〕〔하형〕 분위기나 행동 따위가 거칠
고 무시무시함. ❑~한 분위기 / 눈초리가 ~
하다.

살-별 〔명〕〔천〕 혜성(彗星)1.

살부지수 (殺父之讐) 〔명〕 아버지를 죽인 원수.

살-붙이 [-부치] 〔명〕 **1** 혈육으로 볼 때 가까운
사람. 보통 부모와 자식 관계에서 일컬음. 피
붙이. ❑제 ~도 돌보지 않는 비정한 세상. **2**
짐승의 여러 가지 살코기.

살비 (撒肥) 〔명〕〔하자〕 비료를 뿌림.

살-빛 [-삗] 〔명〕 살갗의 빛깔. 살색.

살살¹ 〔부〕 **1** 넓은 그릇의 물이 천천히 고루 끓는
모양. ❑물이 ~ 끓어오른다. **2** 온돌방이 고
루 뭉근하게 더운 모양. ❑방바닥이 ~ 더워
진다. **3** 짧은 다리로 가볍게 기어가는 모양.
❑송충이가 꿈틀거리며 ~ 기어간다. **4** '살래
살래'의 준말. ❑싫다고 고개를 ~ 흔든다.
쎈쌀쌀¹. **5** 두려워서 기를 펴지 못하는 모양.

살살 기다 〔구〕 두려워서 행동을 자유로이 하
지 못하다. ❑고양이 앞의 쥐처럼 ~.

살살² 〔부〕 **1** 남이 모르게 살그머니 행동하는 모
양. ❑~ 뒤쫓아 가다 / 빚쟁이를 ~ 피하다.
2 눈이나 설탕 따위가 모르는 사이에 녹는 모
양. ❑사탕이 입 안에서 ~ 녹다. **3** 남을 살
그머니 달래거나 꾀는 모양. ❑우는 아이를
~ 달래다. **4** 가볍게 문지르는 모양. ❑아픈
배를 ~ 문질러 주다. **5** 바람이 보드랍게 부
는 모양. ❑봄바람이 ~ 불어온다. **6** 가만히
눈웃음을 치는 모양. **7** '살금살금'의 준말.
쎈슬슬.

살살³ 〔부〕 배가 조금씩 쓰리면서 아픈 모양. 쎈
쌀쌀².

살살-거리다 〔자〕 **1** 계속해서 가볍게 기어 다니
다. **2** 머리를 계속해서 가볍게 흔든다. **3** 상
대편을 계속해서 꾀거나 눈웃음을 치며 알랑
거리다. 참설설거리다. 쎈쌀쌀거리다.

살살-대다 〔자〕 살살거리다.

살살-이 〔명〕 가볍게 알랑거리는 사람.

살살-하다 〔형여〕 **1** 교활스럽고 간사하다. **2** 가냘
프고 곱다. **3** 매우 아슬아슬하다.

살상 (殺傷) [-쌍] 〔명〕〔하타〕 사람을 죽이거나 상처
를 입힘. ❑적을 ~하다 / 인명이 ~되다.

살-색 (-色) [-쌕] 〔명〕 살빛. ❑~이 까맣다.

살생 (殺生) [-쌩] 〔명〕〔하타〕 짐승이나 사람을 죽임.
❑전쟁에서 ~은 불가피하다.

살생-계 (殺生戒) [-쌩- / -쌩게] 〔명〕〔불〕 오계·
십계의 하나. 살생을 못하게 하는 계율.

살생-금단 (殺生禁斷) [-쌩-] 〔명〕〔불〕 자비의 정

신으로 수렴을 금하는 일.

살생-부 (殺生簿)[-쌩-] 명 어떤 조직에서, '죽이고 살릴 사람의 이름을 적은 명부'를 비유하여 이르는 말. □~가 나돌다.

살생-유택 (殺生有擇)[-쌩뉴-] 명 세속 오계의 하나. 살생을 하는 데는 가림이 있다는 뜻으로, 함부로 살생하지 말아야 함을 이르는 말.

살생-죄 (殺生罪)[-쌩쬐]『불』 생물을 죽이고 무자비한 행동을 한 업보로 받는 죄.

살서-제 (殺鼠劑)[-써-] 명 쥐를 죽이는 약제(황린·아비산 따위). 쥐약.

살-성 (-性)[-썽] 명 살갗의 성질. □~이 거칠다 / ~이 좋다.

살성 (殺星)[-썽]『민』 사람의 운명과 재수를 맡았다는 흉한 별.

살-소매 명 옷소매와 팔 사이의 빈 곳.

살-손 명 1 어떤 일을 할 때 연장 따위를 쓰지 않고 바로 대서 만지는 손. 2 어떤 일을 정성껏 하는 손.
　살손(을) 붙이다 団 정성을 다해 힘껏 하다.

살수 (殺手)[-쑤] 명 1 칼과 창을 가진 군사. 2 『역』죄인을 죽이는 사람. 망나니.

살수 (撒水)[-쑤] 명하자 물을 뿌림. □잔디밭에 ~하다.

살-수건 (-手巾)[-쑤-] 명 화살을 문질러서 닦는 데 쓰는 수건.

살수-기 (撒水器)[-쑤-] 명 물을 흩어 뿌리는 데 쓰는 기구.

살-수세미 [-쑤-] 명 화살촉을 문질러서 닦는 데 쓰는, 대로 만든 수세미.

살수-차 (撒水車)[-쑤-] 명 살수 장치가 있어 도로·운동장 등에 물을 뿌리는 차. 물자동차.

살신성인 (殺身成仁)[-씬-] 명하자 몸을 죽여 인(仁)을 이룸. 즉, 옳은 일을 위해 목숨을 버림.

살-쐐기 『한의』 여름철에 나는 피부병의 하나(가렵고 따끔거림).
　살쐐기(가) 일다 団 살쐐기가 나다.

살아-가다 재태[거라] 1 목숨을 이어 가다. □대로록 이 고장에서. 2 살림을 꾸려 나가다. □살아가는 재미 / 온 가족이 행복하게 ~ / 고단하게 인생을 ~.

살아-나다 재 1 죽게 된 생명이 다시 살게 되다. □죽었다 ~ / 구사일생으로 ~. 2 꺼져 가던 불이 다시 일어나다. □연탄불이 ~. 3 심한 곤경에서 벗어나다. □도산 직전 살아난 회사. 4 약해졌던 세력이 다시 성해지다. □투지가 ~. 5 패었던 자리가 도로 돌아나다. □새살이 ~. 6 잊었던 기억·감정·정취 등이 다시 떠오르다. □학창 시절의 기억이 살아나기 시작했다.

살아-남다 [-따] 재 1 여럿 가운데 일부가 죽음을 모면하고 살아서 남아 있게 되다. □가족 중에 혼자만 살아남았다. 2 어떤 일이나 효력 따위가 계속되다. □감동이 오래오래 가슴속에 ~. 3 어떤 분야에서 밀려나지 않고 존속하다. □치열한 생존 경쟁에서 ~.

살아내다 団 『옛』살려 내다.

살아-생이별 (-生離別)[사라-니-] 명 '생이별'을 강조한 말.

살아-생전 (-生前)[-쩐] 명투 이 세상에 살아 있는 동안. □그분이 ~에 하시던 말씀.

살아-오다 재너러 1 목숨을 이어 오거나 생활해 오다. □정직하게 살아왔다. 2 죽지 않고 돌아오다. □전장에서 구사일생으로 살아왔다. 3 일정한 신분으로 근무하거나 어떤 일을 계속하여 겪어 오다. □교사로 긴 세월을 ~. 4 견디며 지내 오다. □암울한 시대를 ~.

살아잡다 団 『옛』 사로잡다.

살아-평생 (-平生) 명 사람이 살아가는 일생 내내의 동안. □~ 이런 희한한 일은 처음 겪는다.

살-언치 명 겉언치에 덧대는 작은 짚자리나 부대 조각.

살-얼음 명 얇게 살짝 언 얼음. 박빙(薄氷). □~이 끼다.
　살얼음을 밟듯이 団 극히 위험한 지경에 임하여 매우 조심함의 비유.

살얼음-판 (-板) 명 1 얇게 언 얼음판. 2 큰 변이 날 듯이 아슬아슬하게 위태로운 고비의 비유. □~을 걷는 심정이다.

살없는-창 (-窓)[사럼-] 명 네 쪽에 문얼굴만 있고 살이 없이 만든 창.

살-여울 [-려-] 명 물살이 급하고 빠른 여울.

살오늬 명 『옛』 살의 오늬.

살옥 (殺獄) 명 『역』 조선 때, 사람을 죽인 옥사(獄事)를 일컫던 말.

살-올실 명 근섬유(筋纖維).

살육 (殺戮) 명하자 [←살륙(殺戮)] 많은 사람을 마구 죽임. □무참히 ~되다.

살육지변 (殺戮之變)[사륙찌-] 명 사람을 마구 죽이는 변고.

살의 (殺意)[사릐 / 사리] 명 사람을 죽이려는 생각. □~를 느끼다 / ~를 품다.

-살이 명 무엇에 종사하거나 기거하여 살아감을 나타내는 말. □머슴~ / 셋방~.

살인 (殺人) 명하자 사람을 죽임. □~ 사건 / ~ 혐의를 받다 / ~을 저지르다.

살인-강도 (殺人強盜) 명 재물을 빼앗기 위하여 사람을 죽이는 도둑.

살인-광 (殺人狂) 명 미치광이처럼 사람을 마구 죽이는 사람.

살인 광선 (殺人光線)『군』 강력한 에너지를 가지고 사람을 죽이거나 무기를 파괴할 수 있는 광선(레이저 광선 따위).

살인-귀 (殺人鬼) 명 함부로 사람을 죽이는 사람을 악귀(惡鬼)에 비유하여 일컫는 말. 살인마. □희대의 ~.

살인-극 (殺人劇) 명 사람을 죽이는 소동. 살인 사건. □백주에 ~이 벌어지다.

살인-나다 (殺人-) 재 살인 사건이 생기다.

살인-내다 (殺人-) 団 살인을 죽이다.

살인-마 (殺人魔) 명 살인귀.

살인 미:수 (殺人未遂)『법』 사람을 죽이려다 가 이루지 못하는 일. □~로 기소되다.

살인-범 (殺人犯)『법』 살인죄를 저지른 사람. 또는 그 범죄.

살인-자 (殺人者) 명 살인한 사람.

살인-적 (殺人的) 관명 사람의 목숨을 빼앗을 정도로 험악한 (것). 굉장한 (것). □~(인) 더위.

살인-죄 (殺人罪)[사린쬐]『법』 사람을 고의로 죽인 죄(고의가 아닌 경우에는 상해 치사죄 또는 과실 치사죄가 성립함).

살입문 명 『옛』 사립문.

살-잡다 명하자 기울어져 가는 집 따위를 살대로 버티어 바로잡아 세우는 일.

살-장 [-짱] 명 『광』 광산의 동발과 띳장 사이에 끼워서 흙과 돌이 떨어지지 않게 하는 나무나 널빤지.

살-점 (-點)[-쩜] 명 큰 덩이에서 떼어 낸 살의 조각.

살정-제 (殺精劑)[-쩡-] 명 정자(精子)를 죽이는 피임약.

살-조개 圏 꼬막.

살줄-치다 [-쭐-] 困 연을 얼리어 나가다가 섰던 자리를 바꾸거나 얼레를 이리저리 넘겨서 다시 풀리게 하다.

살-지다 圈 1 몸에 살이 많다. ▢살진 암소. 2 땅이 기름지다.

살-지르다 [살질러, 살지르니] 困旦 1 노름판에서, 걸어 놓은 돈에다 덧붙여 돈을 더 대어 놓다. 2 '어살(을) 지르다'의 준말. 3 칸살을 지르다.

살지무석 (殺之無惜)[-찌-] 圏 죽여도 아깝지 않을 만큼 그 죄가 매우 무거움.

살-집 [-찝] 圏 살이 붙어 있는 정도나 부피. ▢~이 좋다 / ~이 붙다 / ~이 실팍하다.

살깃 圏〈옛〉살깃.

살짝 冑 1 남모르는 사이에 재빠르게. ▢~ 빠져나가다. 2 힘들이지 않고 가볍게. ▢~ 뛰어내리다. 3 심하지 않게 약간. ▢시금치를 ~ 데치다. 4 표 나지 않게 가만히. ▢비밀을 ~ 알려 주다. 匣슬쩍.

살짝-곰보 [-꼼-] 圏 약간 얽은 곰보. 또는 그런 얼굴을 가진 사람.

살짝-궁 [-꿍] 冑 '살짝'을 강조하여 이르는 말.

살짝-살짝 [-짝-] 冑 1 남에게 들키지 않게 잇따라 재빠르게 하는 모양. ▢~ 호주머니에 감추다. 2 힘들이지 않고 잇따라 가볍게 하는 모양. ▢발걸음을 ~ 옮겨 놓다. 3 심하지 않게 약간씩. ▢~ 못질을 하다. 4 표 나지 않게 잇따라 가만히 하는 모양. 匣슬쩍슬쩍.

살쩍 圏 1 관자놀이와 귀 사이에 난 머리털. 귀밑털. 빈모(鬢毛). ▢~을 길게 기르다. 2 '살쩍밀이'의 준말.

살쩍-밀이 [-찡미리] 圏 망건을 쓸 때, 귀밑털을 망건 밑으로 밀어 넣는 데 쓰는 물건(대나 뿔로 만듦). 匣살쩍.

살쭈 圏 '쇠살쭈'의 준말.

살찌 圏 화살이 날아가는 모양새. ▢~가 몹시 곱다.

살-찌다 困 1 몸에 살이 많아지다. 살이 오르다. ▢살쪄서 걱정이다. 2 힘이 강해지거나 생활이 풍요로워지다.
   [살찐 놈 따라 붓는다] 무리하게 남을 모방함을 비웃는 말.

살-찌우다 匣《'살찌다'의 사동》몸에 살이 많아지게 하다. ▢가축을 ~.

살-차다 圈 1 혜성의 꼬리 빛이 세차다. 2 성질이 붙임성이 없이 차고 매섭다.

살-창 (-窓) 圏 가는 나무나 쇠 오리로 살을 대어 만든 창. 살창문. 전창(箭窓).

살-창문 (-窓門) 圏 살창.

살천-스럽다 [-따][-스러워, -스러우니] 圈旦 쌀쌀하고 매섭다. **살천-스레** 冑

살초-제 (殺草劑) 圏 제초제.

살-촉 (-鏃) 圏 화살촉.

살충 (殺蟲) 圏困자 벌레나 해충을 죽임. 제충. ▢~ 효과.

살충-등 (殺蟲燈) 圏 해충을 잡기 위하여 마련한 등(燈)《유아등(誘蛾燈) 따위》.

살충-제 (殺蟲劑) 圏 농작물·가축·사람에 해가 되는 벌레를 죽이거나 없애는 약품의 총칭. 구충제. 살충약.

살치 圏 쇠갈비의 윗머리에 붙은 고기《찜감·구잇감·탕감 등에 씀》.

살-치다 困 못 쓰게 되거나 잘못된 글이나 문서 따위에 'X' 자 모양의 줄을 그어 못 쓴다는 뜻을 나타내다.

살-친구 (-親舊) 圏 남색(男色)의 상대가 될 정도로 친한 친구.

살캉-거리다 困 설삶은 밤·콩·감자 등이 씹힐 때에 부서지는 소리가 자꾸 나다. 또는 그것을 씹을 때 입 안에서 무르지 아니한 느낌이 자꾸 나다. 匣설컹거리다. 웹살강거리다. 쎈쌀캉거리다. **살캉-살캉** 冑하자형

살캉-대다 困 살캉거리다.

살-코기 圏 기름기·힘줄·뼈 따위가 없는, 살로만 된 고기. 정육.

살-쾡이 圏《동》고양잇과의 산짐승. 고양이보다 좀 크며, 빛은 갈색, 등에 흑갈색 반문이 얼룩짐. 성질이 사납고 꿩·다람쥐·닭 등을 잡아먹음. 들고양이. 삵. 야묘(野貓).

살-통 圏 살대를 받힌 채로 물건을 옮겨 움직이는 기구.

살파 (撒播) 圏하타 씨를 뿌림.

살팍-지다 [-찌-] 圈 근육이 살지고 단단하다. ▢살팍진 앞소 / 살팍진 어깨.

살-판 圏 활쏘기에서, 화살 50개를 쏘아서 20개를 과녁에 맞히는 일.

살-판 圏 1 '살판뜀'의 준말. 2 ☞살얼음판.

살-판 (-板) 圏《건》집을 살잡이할 때 살대를 받치는 데 쓰는 두꺼운 널.

살-판나다 困 1 돈이나 좋은 직업이 생겨 생활이 윤택하게 되다. ▢살판났다고 흥청망청 쓴다. 2 기를 펴고 살 수 있게 되다. ▢동네 사람들은 살판난 듯이 생기가 나서 몰려나 녔다.

살판-뜀 圏 남사당놀이의 셋째 놀이. 몸을 날려 넘는 땅재주. 匣살판.

살판-쇠 圏《민》땅재주꾼의 우두머리.

살펴-보다 匣 1 하나하나 자세히 주의해서 보다. ▢주위를 ~. 2 찾거나 알아보다. ▢역에 나가서 열차 시간을 ~. 3 자세히 따져서 생각하다. ▢문제를 살펴본 후 답안을 쓰다.

살-평상 (-平床) 圏 바닥에 나무오리로 사이를 띄어서 죽 박아 만든 평상.

살포 圏 논에 물꼬를 트거나 막을 때 쓰는 농기구《두툼한 쇳조각의 머리쪽 가운데에 괴통이 비죽이 내밀어 붙은, 모가 난 삽》.

살포 (撒布) 圏하타 1 액체·가루 등을 흩뿌림. ▢분무기로 농약을 ~하다. 2 돈·전단 등을 여러 사람에게 나누어 줌. ▢선거 유세장에 전단을 ~하다.

살포시 冑 보드랍고 가볍게. 살며시. ▢눈을 감다 / ~ 안기다.

살포-제 (撒布劑) 圏 1 소독·살충을 위하여 뿌리는 약제의 총칭. 2 겨드랑이나 가랑이같이 습하기 쉬운 곳에 흩어 뿌려 습진의 예방 및 피부의 상처 따위의 치료에 쓰는 외용약《아연화 녹말·요오드포름 따위》.

살-풀이 (煞-) 圏하자 1 타고난 흉살을 풀기 위하여 하는 굿. ▢~로 굿을 하다. 2 남도(南道) 무악 장단의 한 가지《12/8 박자로 됨》. 살풀이장단.

살-품 圏 옷과 가슴 사이에 생기는 빈틈.

살-풍경 (殺風景) 圏하형 1 자연 풍경 따위가 운치가 없고 메마름. ▢가지만 앙상한 나무들로 산이 ~하였다. 2 단조롭고 흥취가 없음. ▢거리가 통행인도 적고 ~하다. 3 살기를 띤 광경.

살피 圏 1 땅과 땅 사이의 경계선을 표시한 표. 2 물건과 물건의 사이를 구별 지은 표. ▢책들 사이에 ~를 끼우다.

살피다 匣 1 주의하여 두루두루 자세히 보다. ▢눈치를 ~ / 안색을 ~ / 동정을 ~. 2 잘 미루어 헤아리거나 생각하다. ▢형세를 ~.

살피다² 團 짜거나 엮은 것이 거칠고 성기다.
⑬설피다.
살-피듬 團 몸에 살이 피둥피둥한 정도. ❑~
이 좋다.
살핏-살핏 [-필쌀핀] 囝혱 여럿이 다 살핏한
모양. ⑬설핏설핏.
살핏-하다 [-피타-] 혱囝 짜거나 엮은 것이 좀
거칠고 성긴 듯하다. ❑싸리 울타리가 ~. ⑬
설핏하다.
살해 (殺害) 團하타 사람을 죽임. 남의 생명을
해침. ❑~ 현장 / ~한 동기가 애매하다 / 끝
내 ~하고 말았다 / 괴한에게 ~되다 / 측근에
게 ~당하다.
살해-범 (殺害犯) 團 살인죄를 저지른 사람. 살
인범. ❑~에게 사형이 구형되다.
살-홍 (-紅) 團 홍살문·정문·샛문 등의 위에
있는 살창.
살활 (殺活) 團 사람을 죽임과 살림.
살획 (殺獲) 團 죽이거나 사로잡음.
삵 [삭] 團〖동〗살쾡이.
삵-괭이 團〖동〗☞ 살쾡이.
삵-피 (-皮)[삭-] 團 살쾡이의 가죽(옷을 만드
는 데 씀). 야묘피(野貓皮).
삶 : [삼] 團 1 사는 일. 살아 있는 현상. ❑새로
운 ~을 찾다 / 인간다운 ~을 누리다. 2 생
명. 목숨. 생(生). ❑~을 소중히 여기다. ↔
죽음.
삶기다 [삼-] 勖《'삶다'의 피동》 삶아지다.
삶 : 다 [삼따] 타 1 물에 넣고 끓이다. ❑국수를
~ / 빨래를 ~. 2 달래거나 으르거나 꾀거나
하여 아주 고분고분하게 만들다. 구워삶다.
❑술을 대접하고 삶아 두었다. 3 논밭의 흙을
써레로 썰고 나래로 골라서 노글노글하게 만
들다. ❑논을 골자리를 만들었다.
[삶은 무에 이 안 들 소리] 삶은 무에 이가
들어박지 않을 리가 없다는 뜻으로, 사리에
맞지 않는 말을 함을 이르는 말.
삶이 [살미] 團하재 1 논을 삶는 일(건삶이와
무삶이가 있음). 2 못자리를 따로 하지 않고
처음 삶은 논에 바로 볍씨를 뿌리는 일.
삼¹ 團 태아를 싸고 있는 막과 태반(胎盤).
삼(을) 가르다 囝 해산한 뒤에 탯줄을 끊다.
태를 가르다. ❑삼을 가르고 아이를 씻다.
삼² 團〖의〗눈동자에 좁쌀만 하게 생기는 흰
점. 또는 붉은 점. ❑며칠 동안 잠을 설쳤더
니 ~이 섰다.
삼³ 團 배의 바닥에 댄 널.
삼⁴ 團〖식〗뽕나뭇과의 한해살이풀. 유라시아
의 온대·열대에서 재배함. 줄기 높이 1~3 m,
줄기 껍질은 섬유의 원료로 삼베·어망(漁
網)·포대·밧줄 등에 씀. 대마(大麻). 마(麻).
화마(火麻).
삼 (參)〖천〗'삼성(參星)'의 준말.
삼 (蔘)團〖식〗1 인삼과 산삼의 총칭. ❑~을
캐다. 2 '인삼'의 준말.
삼 (三)㉮囝 셋. ❑~에 ~을 더하다 / ~ 개월.
[삼 년 가뭄에는 살아도 석 달 장마에는 못
산다] 가뭄 피해보다 장마 피해가 더 무섭다
는 말.
삼가 囝〔←삼가아〕 겸손하고 조심하는 마음으
로 정중히. ❑~ 명복을 빕니다.
삼가다 타 몸가짐을 조심하고 지나치지 않도록
하다. ❑어른 앞에서 말을 ~ / 모름지기 술
과 담배를 삼가야 한다.
삼가-하다 타 ☞ 삼가다.
삼각 (三角) 團 1 세모. 2〖수〗'삼각형'의 준
말. 3〖수〗'삼각법'의 준말.
삼각 (三刻) 團 세 시각(時刻). 셋째 시각.

삼각 (三脚) 團 1 비경이. 2 '삼각가(三脚架)'의
준말.
삼각 (三覺) 團〖불〗부처가 갖춘 깨달음의 세
가지 상(相). 곧, 본각(本覺)·시각(始覺)·구경
각(究竟覺).
삼각-가 (三脚架)[-까] 團 도가니를 괴어 놓는
데 쓰는 정삼각형 모양의 기구.
삼각-건 (三脚架)[-까] 團 삼발이2. ⑬삼각.
삼각-강 (三角江)[-깡] 團〖지〗침식되어 나팔
모양으로 벌어진 강구(江口).
삼각-건 (三角巾)[-끈] 團 부상자의 응급 치료
에 쓰는 삼각형의 헝겊(정사각형을 대각선으
로 이등분하여 만듦).
삼각-관계 (三角關係)[-관-/-꽌계] 團 1 세 남
녀 사이의 연애 관계. ❑애인의 친구와 가까
워져 ~에 빠졌다. 2 세 사람 또는 세 단체
사이의 관계. ❑독자·저자·출판사의 ~.
삼각-근 (三角筋)[-끈] 團〖생〗팔의 윗마디 뼈
와 어깻죽지를 잇고 있는 삼각형의 근육(팔
뚝을 위로 펴서 움직이게 하는 힘줄임). 삼릉
근(三稜筋).
삼각-급수 (三角級數)[-끕쑤] 團〖수〗삼각 함
수를 항으로 하는 급수.
삼각-기둥 (三角-)[-끼-] 團〖수〗밑면이 삼각
형으로 된 각기둥. 세모기둥. 삼각주. 삼각도.
삼각-대 (三脚臺)[-때] 團 사진기나 기관총 따
위를 얹어 놓는, 세 발 달린 받침대.
삼각 동맹 (三角同盟)[-똥-] 團 삼자나 삼국 사
이에 어떤 일정한 목적을 위해 맺은 동맹.
삼각-망 (三角網)[-깡] 團 삼각 측량에서, 삼
각점을 연결하여 이루는 삼각형의 모임.
삼각 무:역 (三角貿易)[-뭐-] 團 두 나라 사이의
무역 균형을 위하여 특례 조약에 따라 제삼
국을 개입시키는 무역.
삼각 방정식 (三角方程式)[-빵-] 團〖수〗미지각
(未知角)의 삼각 함수를 포함하는 방정식.
삼각-법 (三角法)[-뻡] 團〖수〗삼각 함수의 성
질을 구명하고 그것을 응용하여 삼각형의 변
과 각과의 상호 관계를 연구하는 수학의 한
분과(측량(測量)·건축·천문 관측·항해 등 여
러 방면에 응용됨). ⑬삼각.
삼각-비 (三角比)[-삐] 團〖수〗직각 삼각형
ABC의 한 예각(銳角) A에 대하여 각 변 a,
b, c 의 사이의 비(比) a/b, c/b, a/c, b/c,
c/a, b/a 의 값.
삼각-뿔 (三角-) 團〖수〗밑면이 삼각형인 각뿔.
삼각-산 (三角山)[-싼] 團〖지〗서울에 있는 북
한산의 딴 이름(백운대·인수봉·만경대의 세
봉우리가 있어 이렇게 부름).
[삼각산 바람이 오르락내리락] 거들먹거리면
서 하는 일 없이 놀아난다는 뜻. 삼각산 풍류.
[삼각산 풍류] 삼각산 바람이 오르락내리락.
삼각-수 (三角鬚)[-쑤] 團 두 뺨과 턱에 삼각형
을 이루고 있는 수염.
삼각-익 (三角翼) 團 위에서 본 형상이 삼각형
인, 초음속 항공기에 쓰는 날개. 델타(delta)
날개.
삼각익-기 (三角翼機)[-가긔 끼] 團 삼각익을
갖춘 비행기. 델타기.
삼각-자 (三角-)[-짜] 團 삼각형으로 된 자(보
통, 밑각이 60°와 30°로 된 직각 삼각자와 두
밑각이 모두 45°로 된 직각 이등변 삼각자의
두 가지가 있음). 트라이앵글. 세모본. 세모자.
삼각-점 (三角點)[-쩜] 團〖건〗삼각 측량 때,
측정 기준으로 정한 세 점. 또는 그 점을 표
시한 표지.

삼각-주 (三角洲)[-쭈]명《지》강과 바다가 만나는 어귀에 강물이 운반해 온 토사가 쌓여 이루어진 지형(대개 삼각형임). 델타(delta).

삼각-지 (三角紙)[-찌]명 곤충을 채집할 때 쓰는 삼각형의 종이봉투.

삼각 측량 (三角測量)[-층냥] 삼각형의 한 변의 길이와 두 개의 끼인각을 알면 그 삼각형의 모든 길이와 각을 알 수 있다는 원리를 이용한 지형 측량의 기초적 방법.

삼각-파 (三角波)명 진행 방향이 다른 둘 이상의 물결이 겹쳐서 생기는 불규칙한 파도.

삼각-패 (三角貝)명《동》중생대의 표준 화석《특히, 쥐라기·백악기에 많이 살았던 조개》.

삼각-표 (三角表)명《수》'삼각 함수표'의 준말.

삼각 플라스크 (三角flask)《화》밑이 넓고 목이 좁은 원뿔 모양의 실험용 유리 기구.

삼각 함:수 (三角函數)[-가감쑤]《수》직각 삼각형의 한 예각 A의 크기 x에 의해 결정되는 삼각비를 x의 함수로 보고 정의한 함수 및 이것과 대수(代數) 함수 등과의 합성에 의해 얻어지는 여러 함수.

삼각 함:수표 (三角函數表)[-가감쑤-]《수》삼각 함수표와 그 값의 로그를 적어 놓은 표. 준삼각표.

삼각-형 (三角形)[-가켱]명 세 개의 직선이 세 모를 이룬 형상(다각형(多角形) 중 가장 간단하고 기초적인 것으로 기하학적 성질이 매우 풍부한 도형임). 세모꼴. 준삼각형.

삼간 (三竿)명하자 일고삼장(日高三丈).

삼간-동발 (三間-)명《광》무너지지 않게 하려고 갱에 설치하는 세 개의 동바리 중에 중간에 있는 동바리를 일컫는 말.

삼간-두옥 (三間斗屋)명 몇 칸 되지 않는 작은 오막살이집.

삼간-초가 (三間草家)명 썩 작은 초가. 삼간초옥. 초가삼간.

삼-간택 (三揀擇)명하타《역》임금·왕자·왕녀의 배우자가 될 사람을 세 번에 걸쳐 고른 후에 정하던 일.

삼간-통 (三間通)명 세 칸이 전부 통하게 되어 있는 통.

삼강 (三綱)명 유교 도덕에서 기본이 되는 세 가지 강령. 곧, 임금과 신하, 부모와 자식, 남편과 아내 사이에 마땅히 지켜야 할 도리로 군위신강(君爲臣綱)·부위자강(父爲子綱)·부위부강(夫爲婦綱)을 이름.

삼-강령 (三綱領)[-녕] 명 사서(四書)의 하나인 '대학'의 근본 정신인 세 강령. 곧, 명덕(明德)을 밝히는 '명명덕(明明德)', 백성을 새롭게 하는 '신민(新民)', 지선(至善)에 그치게 하는 '지어지선(止於至善)'임.

삼강-오륜 (三綱五倫)명 삼강과 오륜.

삼강-오상 (三綱五常)명 삼강과 오상. 강상(綱常).

삼개 (三開)명《역》죽을죄에 해당하는 죄인이 비록 스스로 죄를 인정하더라도 신중을 기하기 위해 세 번 국청을 열고 조사·보고하던 일.

삼거 (三車)명《불》법화경에 나오는 세 수레《양거(羊車)·녹거(鹿車)·우거(牛車)의 세 수레《양거는 성문승(聲聞乘), 녹거는 연각승(緣覺乘), 우거는 보살승(菩薩乘)에 비유하는 말》.

삼-거리(三-)명 1 세 갈래로 갈라진 길. 세거리. □천안 ~/~에 이르다/이 길로 곧장 가면 ~가 나온다. 2 '갖은삼거리'의 준말.

삼-거웃 [-꺼옫]명 삼 껍질을 다듬을 때 긁혀 떨어지는 검불.

삼검 (三檢)명하타《역》살인 사건이 일어났을 때, 시체를 세 번 검사하던 일. 또는 그 세 번째의 검사.

삼겹-살 (三-)[-쌀]명 비계와 살이 세 겹으로 되어 있는 것처럼 보이는 돼지고기. □술안주로 ~을 구워 먹다.

삼겹-실 (三-)[-씰]명 세 가닥의 올로 꼰 실. 삼합사(三合絲).

삼경 (三更)명 하룻밤을 다섯 등분한 셋째《밤 11시부터 오전 1시까지》. 삼고(三鼓).
[삼경에 만난 액이라] 뜻밖에 맞이하는 액(厄)이라는 뜻.

삼경 (三京)명《역》고려 때의 삼경. 1 중경(개성)·서경(평양)·동경(경주). 2 중경을 제외한 지방 행정 구획으로서, 서경·동경·남경.

삼경 (三庚)명 삼복(三伏) 1.

삼경 (三敬)명 천도교에서, 경천(敬天)·경인(敬人)·경물(敬物)의 세 가지.

삼경 (三經)명 시경(詩經)·서경(書經)·주역(周易)의 세 경서.

삼계 (三戒)명 [-/-계]명 1 청년 시대에는 여색을, 장년 시대에는 투쟁을, 노년 시대에는 이욕(利慾)을 경계하라는 공자의 교훈. 2《불》재가계(在家戒)·출가계(出家戒)·도속 공수계(道俗共守戒)의 세 가지.

삼계 (三界)[-/-계]명《불》1 천계(天界)·지계(地界)·인계(人界)의 세 세계. 2 중생이 사는 세 세계. 즉, 욕계(欲界)·색계(色界)·무색계(無色界). 3 불계(佛界)·중생계(衆生界)·심계(心界). 4 과거·현재·미래의 세 세계. 삼세(三世).

삼계 (三計)[-/-계]명 곡식을 가꾸는 1년 계획, 나무를 가꾸는 10년 계획, 인재를 가꾸는 종신(終身) 계획을 이르는 말.

삼계-유일심 (三界唯一心)[-씸/-게-씸]명 삼계유일심.

삼계-일심 (三界一心)[-씸/-게-씸]명《불》삼계는 모두가 자기 마음에서 생겨난 것으로 자기 마음 외에는 삼계가 없다는 뜻. 삼계유일심.

삼계-제천 (三界諸天)[-/-게-]명《불》삼계 곧, 욕계(欲界)·색계(色界)·무색계(無色界)에 있는 모든 하늘.

삼계-탕 (蔘鷄湯)[-/-게-]명 어린 닭의 내장을 빼내고 인삼·찹쌀·대추 따위를 넣고 푹 곤 음식. 계삼탕.

삼계-팔고 (三界八苦)[-/-게-]명《불》삼계의 중생이 받는 여덟 가지의 고통《생(生)·노(老)·병(病)·사(死)·애별리(愛別離)·원증회(怨憎會)·구부득(求不得)·오음성(五陰盛)의 팔고(八苦)》.

삼계-화택 (三界火宅)[-/-게-]명《불》중생의 번뇌가 마치 화염(火焰)이 타고 있는 집과 같다는 뜻.

삼고 (三古)명 상고(上古)·중고(中古)·하고(下古)의 세 고대(古代).

삼고 (三考)명하타 세 번 생각함. 또는 잘 생각함. □~ 끝에 실행하다.

삼고 (三鼓)명 삼경(三更).

삼고 (三顧)명 삼고초려의 고사에서, 윗사람이나 임금으로부터 특별한 신임이나 우대를 받는 일.

삼고-초려 (三顧草廬)명 중국 삼국 시대에, 유비가 제갈량의 초려를 세 번이나 방문하여 마침내 그를 군사(軍師)로 삼았다는 데서, 인재를 맞아들이기 위해 참을성 있게 노력한다는 말. 초려삼고.

삼골 (三骨)圀《역》 신라 때의 왕족과 귀족의 혈통이던 성골(聖骨)·진골(眞骨)·제이골(第二骨)의 세 가지.

삼공 (三公)圀《역》 **1** 삼정승. **2** 고려 때, 태위(太尉)·사도(司徒)·사공(司空)의 통칭.

삼공-육경 (三公六卿)[-뉵꼉]圀《역》 조선 때의 삼정승과 육조 판서.

삼-공형 (三公兄)圀《역》 조선 때, 각 고을의 호장(戶長)·이방(吏房)·수형리(首刑吏)의 세 구실아치. ⓒ공형.

삼과 (三過)圀《불》 몸·입·뜻이 저지르는 세 가지 잘못.

삼과 (三寡)圀 생각을 적게 하여 신(神)을 쉬게 하고, 기호와 욕심을 적게 하여 정(精)을 쌓으며, 말을 적게 하여 기(氣)를 기르는 양생법(養生法). *삼양(三養).

삼관 (三館)圀《역》 조선 때, 홍문관(弘文館)·예문관(藝文館)·교서관(校書館)의 통칭.

삼관 (三觀)圀《불》 공(空)·가(假)·중(中) 삼제(三諦)의 진리를 관찰하는 일.

삼관-왕 (三冠王)圀 **1** 세 종류의 칭호나 영예를 동시에 지닌 사람. **2** 야구에서, 한 시즌에 수위 타자·홈런왕·타점왕을 혼자서 차지한 선수. ▯현역으로 있는 동안 두 번이나 ~을 차지했다. **3** 운동 경기에서, 세 종목이나 세 부문에 걸쳐 우승을 하거나 수위를 차지한 사람. ▯수영에서 ~을 차지하다.

삼광 (三光)圀 **1** 해와 달과 별. 삼정(三精). **2** 화투에서 솔·공산·벚꽃의 세 광.

삼광-조 (三光鳥)圀 까마귀과의 새. 자웅한 쌍씩 산림에 삶. 날개 길이 8.5∼9.5 cm, 수컷의 꽁지의 길이는 15∼35 cm로 긺. 등은 수컷이 갈색, 암컷은 어두운 자색, 머리·목·윗가슴은 검은빛을 띤 푸른색, 배는 흼. 산작(山鵲). 긴꼬리딱새.

삼교 (三校)圀《인》 인쇄물의 교정에서, 재교(再校) 다음에 세 번째로 보는 교정. 또는 그 교정지.

삼교 (三敎)圀 유교·불교·도교. 또는 유교·불교·선교(仙敎).

삼구 (三仇)圀《가》 선행을 하지 못하게 막는 세 가지 원수(육신·세속·마귀).

삼구 (三垢)圀《불》 사람의 마음을 더럽히는 세 가지 욕심(탐욕·진에(瞋恚)·치우(癡愚)).

삼구 (三懼)圀 임금이 두려워해야 할 세 가지 일(아랫사람의 말을 참고하지 않는 일, 연로(年老)해서 교만해지는 일, 듣기만 하고 행하지 않는 일).

삼구 부동총 (三九不動塚)圀《민》 음력 3월과 9월에 무덤을 옮기면 재앙을 받는다고 하여 무덤을 옮기지 아니함을 일컫는 말.

삼국 (三國)圀《역》 **1** 신라·백제·고구려의 세 나라. **2** 중국 후한(後漢) 말의 위(魏)·오(吳)·촉(蜀)의 세 나라.

삼국 시대 (三國時代)[-씨-]《역》 **1** 신라·백제·고구려의 세 나라가 정립(鼎立)하고 있던 시대. **2** 중국 후한 말에 위·오·촉의 세 나라가 정립하여 항쟁하던 시대.

삼국-정립 (三國鼎立)[-쩡닙]圀 **1** 세 나라가 솥발처럼 서로 대립함. **2**《역》 중국 후한 말의 위·오·촉의 삼국 대립. **3**《역》 고구려·백제·신라의 대립.

삼군 (三軍)圀 **1**《군》 전체의 군대. 전군(全軍). **2**《군》 육군·해군·공군의 총칭. ▯ ~의 총수가 되다. **3**《역》 군대의 좌익(左翼)·중군(中軍)·우익(右翼)의 총칭.

삼군-도총제부 (三軍都摠制府)圀《역》 고려 말·조선 전기에, 중외(中外)의 군사를 통할하던 기관.

삼군문 (三軍門)圀《역》 조선 때, 훈련도감·금위영(禁衛營)·어영청(御營廳)의 세 군문. 삼영문(三營門).

삼군-부 (三軍府)圀《역》 조선 후기에, 중요한 군무를 의논하던 관아.

삼-굿 [-꾿]圀 삼 껍질을 벗기기 위해 삼을 찌는 구덩이나 큰 솥. --하다 [-꾸따-]邳에 삼굿에 삼을 넣고 찌다.

삼권 (三權)[-꿘]圀《법》 입법권·사법권·행정권의 세 가지 국가적 권력.

삼권 분립 (三權分立)[-꿘불-] 권력의 남용을 막기 위하여 권력을 입법·사법·행정의 상호 독립된 세 기관에 분산하는 국가 조직의 원리. ▯ ~은 명목뿐, 총통이 전권을 행사한다.

삼귀 (三歸)圀 '삼귀의(三歸依)'의 준말.

삼-귀의 (三歸依)[-/-이]圀《불》《불》·법(法)·승(僧)의 삼보(三寶)에 돌아가 의지함. ⓒ삼귀(三歸).

삼극 (三極)圀 **1**《민》 삼재(三才). **2**《전》 양극·음극·그리드(grid)의 세 극.

삼극 진공관 (三極眞空管)[-찐-] 이극 진공관의 양극과 음극 사이에 그리드라는 극을 하나 더 넣어 전류와 전압 등의 증폭이나 변조, 검파 따위에 사용하는 진공관.

삼금 (三笒)圀[←삼함(三笒)]《악》 대금(大笒)·중금·소금의 세 가지. 삼죽(三竹).

삼기다 邳타《옛》 생기다. 만들다. 태어나다.

삼-꽃 [-꼳]圀《한의》 **1** 삼의 꽃(월경과 더불어 씀). **2** 젖먹이의 살갗에 열기로 생기는 불긋불긋한 점. ▯ 아기의 온몸에 ~이 피었다.

삼-끈圀 삼의 줄기를 벗겨 꼰 끈.

삼-나무 (杉-)圀《식》 낙우송과의 상록 교목. 일본 특산인데, 줄기는 곧고 높이는 약 50∼70 m, 둘레는 5∼10 m, 나무껍질은 갈색이며 잎은 짧은 바늘 모양으로 뭉쳐남. 나무 질이 좋아 건축·가구재로 씀. 삼목. 삼송(杉松).

삼남 (三男)圀 **1** 셋째 아들. 三〜으로 태어나다. **2** 세 아들. ▯ ~이 모두 직장에 다닌다.

삼남 (三南)圀《지》 충청도·전라도·경상도의 총칭. 삼남삼도. *하도(下道).

삼남-삼도 (三南三道)圀《지》 삼남(三南).

삼남이圀 대로 결어 만든, 하인이 쓰는 모자.

삼-낳이 [-나-]圀回邳에 삼베를 낳는 일.

삼녀 (三女)圀 **1** 셋째 딸. ▯ ~만이 대학에 다닌다. **2** 세 딸. ▯ ~가 모두 미인이다.

삼년부조 (三年不弔)圀回邳 삼 년의 상기(喪期)를 마칠 때까지 남의 상사(喪事)에 조상(弔喪)하지 못하거나 아니함. 삼상불문(三喪不問).

삼년불비 (三年不蜚)圀 삼 년 동안 한 번도 날지 아니한다는 뜻으로, 후일에 웅비할 기회를 기다림을 일컫는 말.

삼년-상 (三年喪)圀 부모의 상을 당해 삼 년 동안 거상(居喪)하는 일. 삼년초토(三年草土). 삼상(三喪).

삼-노圀 삼노끈.

삼-노끈圀 삼 껍질로 꼰 노끈. 삼노.

삼-노두 (蔘蘆頭)圀 인삼 대가리에 붙은 줄기의 밑.

삼농 (蔘農)圀 인삼을 재배하는 농사.

삼-눈 (蔘-)圀《의》 눈망울에 삼이 생겨 몹시 쑤시고 눈알이 붉어지는 병.

삼다 (三多)圀 **1** 글을 짓는 세 가지 법. 곧, 많이 읽고, 많이 짓고, 많이 생각함. **2** 제주도에 바람·여자·돌이 많음을 이르는 말.

삼:다¹[-따] 目 1 인연을 맺어 자기와 관계 있는 사람으로 만들다. ▷며느리로 ~. 2 무엇으로 무엇이 되게 하다. 는 되다시피 여기다. ▷구실로 ~ / 문제 ~. 3 (주로 '삼아'의 꼴로 쓰여) 무엇을 무엇으로 가정하다. ▷운동 삼아 걷다.

삼:다²[-따] 目 1 짚신·미투리 따위를 만들다. ▷짚신을 ~. 2 삼이나 모시풀 따위의 섬유를 비벼 꼬아 잇다. ▷삼을 ~.

삼다-도(三多島) 圀 여자·돌·바람이 많은 섬이라는 뜻으로, '제주도'를 달리 일컫는 말.

삼-단[-딴] 圀 삼의 묶음.
[삼단 같은 머리] 숱이 많고 긴 머리.

삼단(三端) 圀 유교 사회에서, 군자가 피해야 할 세 가지 끝. 문사(文士)의 붓끝, 무사(武士)의 칼끝, 변사(辯士)의 혀끝.

삼단 교:수(三段敎授) 圀 1 직관·총괄·응용의 세 단계로 나누어 하는 교수법. 2 단원 전개에서, 예비·교수·정리의 세 단계.

삼단 논법(三段論法)[-뻡] 〔논〕 대전제·소전제·결론의 세 판단으로 이루어진 추리 방식 《모든 사람은 죽는다(대전제), 그는 사람이다 (소전제), 따라서 그는 죽는다(결론) 따위》.

삼단-뛰기(三段-) 圀 세단뛰기.

삼-단전(三丹田) 圀 도가(道家)에서 말하는 상·중·하의 세 단전(丹田)《뇌·심장·배꼽 아래를 이름》. ⬮단전.

삼단 전:법(三段戰法)[-뻡] 배구에서, 패스·토스·스파이크의 정통적 공격법.

삼-달덕(三達德)[-떡] 圀 어떤 경우에도 통하는 세 가지 덕《지(智)·인(仁)·용(勇)》.

삼당(三堂) 圀 '삼당상'의 준말.

삼-당상(三堂上) 圀 〔역〕 1 조선 때, 육조(六曹)의 판서·참판·참의. 2 조선 때, 나라에 길흉례(吉凶禮)가 있을 때 두던 도감(都監)의 세 제조(提調). ⬮삼당.

삼-당숙(三堂叔) 圀 아버지의 팔촌 형제. 삼종숙. ✽당숙·재당숙.

삼당숙-모(三堂叔母)[-쑹-] 圀 아버지의 팔촌 형제의 아내. 삼종숙모.

삼-대[-때] 圀 삼의 줄기. 마경(麻莖).

삼대(三代) 圀 1 아버지·아들·손자의 세 대. 삼세(三世). ▷~가 한집에서 산다. 2 〔역〕 고대 중국의 하(夏)·은(殷)·주(周)의 세 왕조.

삼대 개벽(三大開闢) 천도교에서, 정신 개벽·민족 개벽·사회 개벽을 함께 이르는 말.

삼대-선(三-船) 圀 돛대를 세 개 세운 배. 세대박이.

삼-대양(三大洋) 圀 태평양·대서양·인도양의 통칭. ✽오대양.

삼-대월(三大月) 圀 음력으로, 연거푸 세 번 드는 큰달. ↔삼소월.

삼대-일월(三代日月) 옛날 중국에서, 왕도 정치가 행해졌던 하(夏)·은(殷)·주(周) 세 왕조의 시대.

삼대 추증(三代追贈) 〔역〕 조선 때, 종친·문관·무관·음관 중에 종이품 이상 되는 사람의 아버지·할아버지·증조와 그들의 배위(配位)에 대하여 품계에 따라 관직을 추증하던 일. 삼대 추영(追榮).

삼덕(三德) 圀 1 정직·강(剛)·유(柔). 2 지(智)·인(仁)·용(勇). 3 〔기·가〕 믿음과 소망과 사랑. 4 〔불〕 법신덕·반야덕·해탈덕 또는 은덕·단덕(斷德)·지덕(智德)의 통칭.

삼덕-송(三德誦)[-쏭] 圀 〔가〕 믿음(신덕송)·소망(망덕송)·사랑(애덕송)의 세 가지 덕을 구하는 기도문.

삼도(三道) 圀 1 효자가 부모를 섬기는 세 가지 길. 곧, 부모를 봉양하는 일, 상사에 근신하는 일, 제사를 받드는 일을 이름. 삼행(三行). 2 〔군〕 군사를 쓰는 세 가지 병법. 정병(正兵)·기병(奇兵)·복병(伏兵)을 이름. 3 〔불〕 성문이나 보살이 수행하는 세 과정. 번뇌도·업도(業道)·고도(苦道)를 이름.

삼도(三道·三途) 圀 〔불〕 '삼악도(三惡道)'의 준말.

삼도-내(三途-) 圀 〔불〕 사람이 죽어서 저승으로 가는 길 중도에 있다는 내. 삼도천(三途川). ▷를 건너다《죽다》.

삼도 수군통제사(三道水軍統制使) 〔역〕 임진 왜란 때, 이순신에게 경상·전라·충청의 삼도 수군을 통솔시키기 위해 둔 군직. ⬮통제사.

삼도-습의(三度習儀)[-스비 /-스비] 〔역〕 나라에 큰일이 있을 때 세 번 미리 그 의식을 익히던 일.

삼도 육군통어사(三道陸軍統禦使)[-꾼-] 〔역〕 조선 때, 충청·전라·경상 삼도의 육군을 통솔하던 장수《충청도의 병마절도사가 겸하였음》. ⬮통어사.

삼도-천(三途川) 圀 〔불〕 삼도내.

삼도-어사(三道統禦使) 〔역〕 조선 때, 경기·충청·황해 삼도의 수군을 관령(管領)하던 장수《경기의 수군절도사가 겸하였음》. ⬮통어사.

삼독(三毒) 圀 〔불〕 사람의 착한 마음을 해치는 세 가지 번뇌. 곧, 욕심·성냄·어리석음을 이름.

삼-독(參毒) 圀 인삼이 체질에 맞지 않거나 지나치게 먹어서 생기는 신열(身熱). 삼불. 삼열(蔘熱). ▷체질 탓인지 인삼을 먹으면 ~이 생긴다.

삼-돌이(三-) 圀 감돌이·베돌이·악돌이를 통틀어 이르는 말.

삼동(三冬) 圀 1 겨울의 석 달. 동삼(冬三). 2 세 해의 겨울. 3년.

삼동(三同) 圀円目 세 가지의 물건을 합함. 또는 그렇게 합한 것.

삼-동네(三洞-) 圀 가까운 이웃 동네.

삼동-물림(三-) 圀 담뱃설대 중간에 은이나 금을 물려 뺐다 끼웠다 하는 담뱃대.

삼동-치마(三-) 圀 전체 길이를 셋으로 나누어 삼색을 칠해서 만든 연.

삼동-편사(三同便射) 〔역〕 두 사정(射亭)이 각각 당상(堂上)·출신(出身)·한량의 세 계급을 한쪽 편을 짜서 활쏘기를 겨루던 경기.

삼두-근(三頭筋) 〔생〕 머리 부분이 세 갈래로 갈라진 근육《상박(上膊) 삼두근·상퇴(上腿) 삼두근 따위》.

삼두-박근(三頭膊筋)[-끈] 圀 상완 삼두근.

삼두육비(三頭六臂)[-뼈] 圀 머리가 셋에 팔이 여섯이라는 뜻으로, 힘이 매우 센 사람을 일컫는 말.

삼두-음(三豆飮) 圀 녹두·팥·검정콩을 각각 같은 분량으로 합하여 물을 붓고 감초나 댓잎을 조금 넣어 끓인 물《약으로 쓰며, 여름에 차 대신 마시기도 함》.

삼두 정치(三頭政治) 〔역〕 고대 로마에서 세 지도자가 동맹하여 행한 전제 정치.

삼등(三等) 圀 세 번째 등급. ▷~ 열차.

삼-등분(三等分) 圀円目 셋으로 곱게하여 나눔.

삼디 산:업(三D産業) 〈속〉 제조업·광업 및 건축업 등 더럽고(dirty)·힘들고(difficult)·위험한(dangerous) 분야의 산업을 일컫는 말.

삼-딸(蔘-) 圀 인삼의 열매.

삼라-만상 (森羅萬象)[-나-] 圓 우주에 존재하는 온갖 사물과 현상. 만휘군상.

삼라-하다 (森羅-)[-나-] 圈돼 숲의 나무처럼 많이 벌여 서 있다.

삼락 (三樂)[-] 圓 군자의 세 가지 즐거움. 곧, 부모가 살아 계시고 형제가 탈 없이 지내는 것, 하늘과 사람에게 부끄러워할 것이 없는 것, 천하의 영재를 얻어서 교육하는 것을 이름. 인생삼락. *일락(一樂)·이락(二樂).

삼량 (三樑)[-] 圓『건』보를 석 줄로 놓아 한 칸통으로 집을 짓는 방식.

삼량-집 (三樑-)[-냥찝] 圓『건』삼량으로 지은 집.

삼력 (三力)[-녁] 圓『역』조선 때, 힘쓰기의 셋째 등급(50근 무게의 물건을 두 손에 하나씩 들고 100보를 걷는 수준임). *역(力).

삼렬-성운 (三裂星雲)[-녈-] 圓『천』궁수자리에서 볼 수 있는 산광(散光) 성운. 성운의 바로 앞에 암흑 성운이 있어서 셋으로 나뉘어 보임. 거리는 약 5,600광년. *산광 성운.

삼렬-하다 (森列-)[-녈-] 圈돼 촘촘하게 늘어서 있다.

삼령 (三齡)[-녕] 圓 누에가 두 잠을 잔 뒤로부터 세 잠을 잘 때까지의 사이.

삼령 (三靈)[-녕] 圓 1 천(天)·지(地)·인(人). 삼재(三才). 2 천·지·인의 신(神). 3 일(日)·월(月)·성신(星辰).

삼령-오신 (三令五申)[-녕-] 圓『역』세 번 호령하고 다섯 번 거듭 말한다는 뜻으로, 되풀이하여 자세히 명령함.

삼례 (三禮)[-] 圓『역』1 세 번 절함. 2 예기(禮記)·주례(周禮)·의례(儀禮)의 세 가지 책.

삼례-업 (三禮業)[-녜-] 圓『역』고려 때, 잡과의 한 과목으로 예기·주례·의례의 삼례로써 시험을 보이던 일.

삼론 (三論)[-논] 圓『불』삼론종의 세 가지 책. 곧, 용수(龍樹 : Nāgārjuna)가 지은 중론(中論)과 십이문론(十二門論), 그 제자인 제파(提婆 : Deva)가 지은 백론(百論).

삼론-종 (三論宗)[-논-] 圓 불교의 한 종파(삼론(三論)에 의지하여 무상개공(無相皆空)을 베풂을 목적으로 함).

삼루 (三壘)[-] 圓 야구에서, 셋째 베이스. 서드 베이스. ▣원 히트, 원 에러로 ~까지 뛰다.

삼루 (滲漏)[-누] 圓하돼 액체가 스며 나옴.

삼루-수 (三壘手)[-누-] 圓 야구에서, 삼루를 지키는 선수. 서드 베이스맨.

삼루-타 (三壘打)[-누-] 圓 야구에서, 타자가 한 번에 삼루까지 나갈 수 있을 만큼 친 안타. ▣~를 치다.

삼류 (三流)[-뉴] 圓 어떤 사물을 세 부류로 나누었을 때 정도나 수준이 가장 낮은 층. ▣~소설가 / ~ 극장.

삼륙-판 (三六判)[-뉵-] 圓『인』책의 판형의 하나. 가로가 약 103 mm(세 치), 세로가 약 182 mm(여섯 치)인 책의 크기.

삼륜 (三輪)[-뉸] 圓 1 세 개의 바퀴. 2『불』지하에서 이 세상을 받치고 있다는 금륜(金輪)·수륜(水輪)·풍륜(風輪). 3『불』중생의 번뇌를 없애는 부처의 몸·입·의지의 힘.

삼륜-차 (三輪車)[-뉸-] 圓 바퀴가 셋 달린 화물 운반용 소형 자동차.

삼릉 (三稜)[-능] 圓 1 세 모서리. 2『한의』매자기의 뿌리(산후의 악혈(惡血)을 다스림).

삼릉-경 (三稜鏡)[-능-] 圓『물』프리즘.

삼릉-근 (三稜筋)[-능-] 圓『생』'삼각근'의 구용어.

삼릉-장 (三稜杖)[-능-] 圓『역』죄인을 때리는 데 쓰던 세모진 방망이.

삼릉-체 (三稜體)[-능-] 圓 세모진 물체.

삼릉-침 (三稜鍼)[-능-] 圓『한의』끝이 세모진 침. 타박상 등에 피를 뽑아낼 때 씀.

삼리-혈 (三里穴)[-] 圓『한의』경혈(經穴)의 하나. 종지뼈 아래의 바깥쪽으로 오목한 곳. ▣~에 침을 놓다.

삼림 (森林)[-] 圓 나무가 많이 우거진 수풀. ▣~ 보호 / ~이 울창하다 / ~ 자원을 보전하다.

삼림 경계 (森林境界)[-님-/-님-게] 『지』온도의 고저(高低)나 우량(雨量)의 대소에 따라서 자연적으로 생기는 삼림의 경계.

삼림-대 (森林帶)[-님-] 圓『지』활엽수·침엽수 같은 교목이 무성해서 큰 삼림을 이룬 지대. 수림대(樹林帶).

삼림-욕 (森林浴)[-님녹] 圓하돼 치료나 건강을 위하여 숲 속에 들어가 숲의 공기와 향기를 쐬는 일. 산림욕.

삼림 지대 (森林地帶)[-님-] 나무가 많이 우거져 있는 지대.

삼림 철도 (森林鐵道)[-님-또] 임산물을 운반하기 위하여 특별히 부설한 철도.

삼림-학 (森林學)[-님-] 圓 임업에 관한 이론과 운영 방법을 연구하는 학문. ⑤임학.

삼림 한:계선 (森林限界線)[-님-/-님-게-] 삼림대와 고산대(高山帶)의 경계선. 산의 높이가 높아질수록 기후가 차서 삼림대가 없어지고 고산대가 나타남.

삼립 (森立)[-닙] 圓하돼 나무숲처럼 빽빽이 들어섬.

삼-마 (麻) 圓 한자 부수의 하나('磨·麾' 등에서 '麻'의 이름).

삼-마누라 (三-) 圓『민』무당굿의 열두 거리 중 셋째 거리.

삼망 (三忘) 圓 병사가 전장에서 잊어야 할 세 가지 일. 명(命)을 받고서는 가정을 잊고, 싸움에 임해서는 부모를 잊고, 공격의 북소리를 듣고서는 자신을 잊어야 함(사기(史記)에 나오는 말).

삼망 (三望) 圓『역』1 벼슬아치를 발탁할 때 후보자 셋을 추천하던 일. 2 시호를 정할 때 세 가지를 들어 그중 하나를 고르던 일.

삼매 (三昧) 圓[산 samādhi]『불』잡념을 버리고 한 가지에만 마음을 집중시키는 경지. 삼매경(三昧境).

삼매-경 (三昧境) 圓『불』삼매.

삼매-당 (三昧堂) 圓『불』승려가 법화(法華) 삼매·염불 삼매 따위를 닦는 집. 삼매 도량.

삼매-승 (三昧僧) 圓『불』법화당·상행당(常行堂) 등에 늘 있으면서 법화 삼매·염불 삼매를 닦는 승려.

삼면 (三面) 圓 세 방면. ▣~이 바다로 둘러싸인 한반도.

삼면-각 (三面角)[-] 『수』세 개의 평면으로 이루어진 입체각.

삼면-경 (三面鏡) 圓 거울 세 개가 나란히 붙은 경대.

삼면 계:약 (三面契約)[-/-게-] 『법』세 당사자 사이에 성립하는 계약.

삼면-기사 (三面記事) 圓 예전에, 신문의 제3면에 게재된 기사라는 뜻으로, 흔히 사회 기사를 일컫던 말.

삼면 소송 (三面訴訟) 세 사람 이상의 당사자가 서로 대립하는 소송.

삼면육비 (三面六臂)[-뉵삐] 명 세 개의 얼굴과 여섯 개의 팔이란 뜻으로, 한 사람이 여러 사람 몫의 일을 함을 이르는 말.

삼면-잠 (三眠蠶) 명 [충] 한 세대 동안에 잠을 세 번 자는, 곧 세 번 허물을 벗고 고치를 만드는 누에. *사면잠.

삼-명일 (三名日) 명 [역] 삼명절(三名節).

삼-명절 (三名節) 명 [역] 임금의 탄신일과 정월 초하루 및 동지(冬至)의 세 명절. 삼명일.

삼모 (三毛) 명하타 '삼모작'의 준말.

삼모-작 (三毛作) 명하타 한 해 동안에 세 가지 농작물을 같은 논밭에 차례로 재배하여 거두는 일. ⓒ삼모.

삼모-창 (三-槍) 명 날이 세모로 된 창.

삼목 (杉木)[-목] 명 삼나무.

삼목지형 (三木之刑)[-찌-] 명 [역] 죄인의 목에 칼을 씌우고, 손에 수갑을 채우고, 발에 차꼬를 채우던 형벌.

삼무 (三務) 명 봄·여름·가을 세 철의 농사일.

삼무 (三無) 명 무성(無聲)의 음악과 무체(無體)의 예(禮)와 무복(無服)의 상(喪). 곧, 형체는 없어지고 그 정신만 있음을 이르는 말.

삼무-도 (三無島) 명 도둑·거지·대문이 없는 섬이라는 뜻으로 제주도(濟州島)를 이르는 말. *삼다도(三多島).

삼문 (三門) 명 1 대궐·관청 등의 앞에 있는 세 개의 문〔정문·동협문(東夾門)·서협문〕. 2 [불] 법공·열반으로 들어가는 세 가지 해탈문. 곧, 공문·무상문·무작문. 3 [불] 교종·율종·선종을 아울러 이르는 말.

삼물 (三物) 명 '회삼물(灰三物)'의 준말.

삼물-막 (三物幕) 명 매장할 때, 관(棺) 주위를 메울 석회와 세사(細沙)와 백토(白土)를 섞기 위해 세운 둠집.

삼민-주의 (三民主義)[-/-이] 명 중국의 쑨원(孫文)이 제창한 중국 근대 혁명의 기본 이념〔민족·민권·민생의 세 주의〕.

삼밀 (三密) 명 [불] 밀교에서, 계인(契印)을 맺는 신밀(身密), 진언(眞言)을 분명히 외는 구밀(口密) 및 마음에 본존(本尊)을 보는 의밀(意密)의 셋.

삼밀-행법 (三密行法)[-뻡] 명 [불] 삼밀의 법을 닦는 일.

삼밀-호마 (三密護摩) 명 [불] 삼밀을 닦으며 태우는 호마.

삼바 (samba) 명 [악] 브라질의 대표적인 춤. 또는 그 춤곡〔4분의2 박자로 매우 빠르고 정열적임〕.

삼박 부 작고 연한 물건이 잘 드는 칼에 쉽게 베어지는 모양. 또는 그소리. □두부가 ~ 잘리다. ⓒ섬벅. ⓢ삼빡·쌈박·쌈빡.

삼박-거리다 [-꺼-] 재타 눈까풀을 움직여 자꾸 눈을 감았다 떴다 하다. 또는 그렇게 되게 하다. □아픈 눈을 삼박거리며 교정지를 들여다보다. ⓒ슴벅거리다. **삼박-삼박**[-쌈-] 부

삼박-대다 [-때-] 재타 삼박거리다.

삼박-삼박² [-쌈-] 부의자형 작고 연한 물건이 칼에 자꾸 잘 베어지는 모양. 또는 그 소리. ⓒ섬벅섬벅. ⓢ쌈박쌈박²·쌈빡쌈빡.

삼-박자 (三拍子)[-짜] 명 1 [악] 악곡에서, 한 마디가 3박이 되는 박자. 제1박이 강박으로 시작하는 강·약·약의 형을 가짐이 보통임. 2 일을 이루기 위한 세 가지 요소. □~를 고루 갖추다.

삼반 (三反) 명하자 1 세 번 왕복함. 2 세 차례

삼-반규관 (三半規管) 명 [생] 반고리관.

삼발-이 (三-) 명 1 발이 셋 붙은, 쇠로 만든 기구〔화로의 재 속에 박아 놓고 그릇을 얹어 음식을 끓이는 데 씀〕. 동그랑쇠. 2 세 발이 달린 받침대〔나침반·망원경·카메라 등을 올려놓는 데 씀〕. 삼각가(三脚架).

삼발-점 (三-點)[-쩜] 명 귀결부(歸結符)로 쓰는 '∴'의 이름. '그러므로'의 뜻.

삼-밭 [-받] 명 삼을 가꾸는 밭.
[삼밭에 쑥대] 좋은 환경에서 자란 사람은 그 영향을 받아 자기도 모르는 사이에 바르게 된다는 말. 마중지봉(麻中之蓬).

삼-밭 (蔘-) 명 인삼을 재배하는 밭. 삼포(蔘圃). 인삼포.

삼배 (三拜) 명하자 1 세 번 거듭 절함. 2 [불] 이마를 지면에 대고 세 번 무릎을 꿇고 배례(拜禮)함.

삼-배목 (三-) 명 [건] 비녀장에 배목 셋을 꿴 장식.

삼배지치 (三北之恥) 명 번번이 싸움에 지는 수치스러움을 이르는 말.

삼배-체 (三倍體) 명 [생] 염색체의 수가 보통 생물의 생식 세포 염색체 수의 세 배인 생물.

삼백 (三白) 명 음력 정월에 사흘 동안에 내린 눈을 일컫는 말.

삼백예순-날 (三百-)[-뺑녜-] 명 일 년을 두고 날마다. 일 년 내내. □~을 놀고만 지낸다.

삼백-주 (三白酒)[-쭈] 명 술의 한 가지. 같은 분량의 백출(白朮)·백복령(白茯苓)·백하수오(白何首烏)를 술독에 넣었다가 20일 만에 걸러 낸 막걸리. 양기를 돕는 데 좋다고 함.

삼백-초 (三白草) 명 [식] 삼백초과의 여러해살이풀. 길가 또는 숲에 나는데, 높이 50-100cm, 잎은 심장 모양이며, 초여름에 흰 꽃이 핌. 한방에서 땅속줄기와 잎을 달여 이뇨(利尿)·구충제로 씀.

삼-벌레 (三-) 명 [충] 삼하늘소의 애벌레. 나무줄기병이의 하나로 삼의 줄기를 파먹는 해충. 한방에서 경풍의 약재로 씀. 마두충(麻蠹蟲). 마충.

삼-법사 (三法司)[-싸] 명 [역] 조선 때, 형조와 한성부(漢城府) 및 사헌부(司憲府)의 총칭. ⓒ삼사(三司).

삼-베 명 삼실로 짠 피륙. 마포(麻布). ⓒ베.

삼베-길쌈 명하자 삼 껍질을 찢어 실을 만들어 베를 짬.

삼베-옷 [-옫] 명 삼베로 만든 옷〔여름철이나 초상났을 때 입음〕. 마의(麻衣).

삼벽 (三碧) 명 [민] 구성(九星)의 하나. 음양가(陰陽家)에서 목성(木星)을 가리키는 말.

삼-별초 (三別抄) 명 [역] 고려 고종 때, 좌별초와 우별초 및 신의군(神義軍)의 총칭.

삼보 (三甫) 명 [불] 절에서 손님을 맞고 보내고 시중하는 일을 맡아보는 승려. 지객(知客).

삼보 (三報) 명 [불] 중생이 지은 업(業)으로 받는 세 가지 과보. 곧, 순현보(順現報)·순생보(順生報)·순후보(順後報).

삼보 (三寶) 명 1 도가(道家)에서, 귀·입·눈을 이르는 말. 2 맹자(孟子)에서, 토지와 국민과 정치를 이르는 말. 3 [불] 불(佛)·법(法)·승(僧). ⓒ-에 귀의(歸依)하다.

삼보-가지 (三寶加持) 명 [불] 불보(佛報)·법보(法報)·승보(僧報)의 세 가호. 또는 그 가호를 비는 기도.

삼보-리 (三菩提) 명 [불] 1 보리(菩提). 2 진성(眞性)보리·실지(實智)보리·방편(方便)보리의 총칭.

삼보-인 (三寶印) 명 [불] 선종에서 쓰는, '불

법승보(佛法僧寶)'의 넉 자를 새긴 도장.

삼보-정 (三步庭) 명 아주 좁은 마당.

삼복 (三伏) 명 **1** 초복·중복·말복의 총칭. 삼경 (三庚). **2** 여름철의 가장 더운 기간. ▢ ~ 무더위가 한창이다.

삼복 (三復) 명 하 세 번 되풀이함.

삼복 (三覆) 명 하 역 죽을죄에 해당하는 죄인의 심사에서, 신중을 기하기 위해 세 차례 거듭 조사하던 일. 삼복제.

삼복-더위 (三伏-) [-떠-] 명 삼복 무렵의 몹시 심한 더위. 삼복증염(三伏蒸炎). 삼복염천(三伏炎天). ▢ ~가 기승을 부리다 / ~도 한풀 꺾였다. 준복더위.

삼복-제 (三覆制) [-쩨] 명 역 삼복(三覆).

삼복-중 (三伏中) [-쭝] 명 삼복 동안.

삼본 (三本) 명 순자(荀子)에서 이르는 예(禮)의 세 가지 근본. 곧, 천지와 조상과 군사(君師).

삼봉-낚시 (三鋒-) [-낙씨] 명 세 갈래의 갈고리가 있는 큰 낚시.

삼부 (三父) 명 역 복제(服制)에서, 최복(衰服)의 아버지와 구별하는 세 가지 계부(繼父) (함께 사는 계부, 함께 살지 않는 계부 및 친모가 후살이 간 데 따라가 섬기는 계부).

삼부 (三府) 명 행정부·사법부·입법부의 총칭. ▢ ~요인.

삼부 (三賦) 명 역 백성에게 부과하던 가지 세. 조(租)·용(庸)·조(調)를 이름.

삼부 (三附) 한의 인삼과 부자(附子).

삼부-경 (三部經) 불 불경 중에서 계통이 같은 중요한 경전을 묶은 것(정토삼부경·법화삼부경 따위).

삼부-곡 (三部曲) 악 삼부작의 악곡.

삼부리 명 역 포교(捕校)를 책임졌던 사람.

삼-부여 (三扶餘) 명 옛날 만주의 대부분을 차지하고 있던 민족(고구려의 모체로, 북부여·동부여 및 백제 남천 직후의 남부여를 일컬음).

삼-부자 (三父子) 명 아버지와 두 아들.

삼부-작 (三部作) 명 세 개의 부분으로 나누어져 있으나, 주제가 서로 관련되어 하나를 이룬 작품.

삼-부패 (三-) 명 광 분광(分鑛)을 세 사람이 동업하는 조직. *맞부패.

삼부 합주 (三部合奏) [-쭈] 악 세 종류의 악기 여러 개를 합쳐 연주하는 일(간혹 삼중주로 틀릴지라도 함).

삼부 합창 (三部合唱) 악 세 성부(聲部)로 이루어진 합창. 소프라노·메조소프라노·알토의 삼부 합창이 대표적임.

삼부 형식 (三部形式) 악 세도막 형식.

삼-부회 (三部會) 명 역 중세 후기 프랑스에서, 성직자·귀족·평민의 세 계급 대표로 구성된 신분제 의회.

삼분 (三分) 명 하 타 셋으로 나눔. ▢ 돈을 정확히 ~해서 나누어 가지다.

삼분-법 (三分法) [-뻡] 논 구분되는 대상을 세 가지로 나누어 생각하는 방법(대(大)·중(中)·소(小) 또는 천(天)·지(地)·인(人), 상(上)·중(中)·하(下) 따위).

삼분-오열 (三分五裂) 명 하 자 여러 갈래로 갈려 흩어짐. ▢ 선거 후 당(黨)이 ~되다.

삼분-정립 (三分鼎立) [-닙] 명 하 자 천하를 셋으로 나누어 세 나라가 정립함. ▢ 고구려·신라·백제의 ~ 시대.

삼분-천하 (三分天下) 명 하 자 한 나라를 세 사람의 군주·영걸(英傑)이 나누어 차지함.

삼불 [-뿔] 명 해산 후에 태(胎)를 태우는 불.

삼불 (三佛) 명 불 **1** 법신·보신(報身)·응신

(應身)의 삼신. 삼신불(三身佛). **2** 서방 정토의 주불(主佛)인 아미타불과 사바세계의 교주인 석가모니불, 염불하는 중생의 왕생을 보증하는 제불(諸佛)을 이르는 말.

삼불 (參佛) 명 하 자 삼독(參毒).

삼불-거 (三不去) 명 유교에서, 아내가 칠거지악(七去之惡)을 범했어도 버리지 못할 세 경우. 곧, 갈 데가 없거나, 부모의 삼년상을 같이 치렀거나, 장가들 때 가난하다가 나중에 부자가 된 경우.

삼불 보리 (三佛菩提) 불 법(法)·보(報)·응(應)의 삼신(三身)의 불과(佛果). 곧, 법신불(法身佛) 보리·보신불(報身佛) 보리·응신불(應身佛) 보리.

삼-불외 (三不畏) 명 예전에, 거상(居喪) 중에 있는 사람이 두려워하지 말아야 했던 세 가지. 곧, 비·도둑·범.

삼불 제:석 (三佛帝釋) 민 무당이 모시는 삼위(三位)의 불신(佛神). 무당이 굿할 때 쓰는 부채에 그려진 그림.

삼-불토 (三佛土) 불 삼신불(三身佛)이 사는 세 가지 불토. 곧, 법신불(法身佛)이 사는 법성토(法性土), 보신불(報身佛)이 사는 수용토(受用土) 및 응신불(應身佛)이 사는 변화토(變化土).

삼-불행 (三不幸) 명 맹자가 말한 세 가지 불행. 재산을 모으는 것에만 힘쓰는 일, 자기의 처자(妻子)만을 사랑하는 일, 부모에게 효도하는 것을 소홀히 하는 일.

삼-불혹 (三不惑) 명 혹하여 빠지지 말아야 할 세 가지. 곧, 술·여자·재물.

삼-불효 (三不孝) 명 세 가지 불효. 곧, 부모를 불의(不義)에 빠지게 하는 일, 부모가 늙고 가난하여도 벼슬하지 않는 일, 자식이 없어 조상의 제사를 끊어지게 하는 일.

삼-불후 (三不朽) 명 언제까지나 썩지 않는 세 가지. 곧, 덕·공(功)·언.

삼-빛 (三-) [-삣] 미술 단청을 칠할 때, 채색의 진한 정도가 '이빛'보다 더욱 진한 빛. *이빛·초빛.

삼빡 부 작고 연한 물건이 잘 드는 칼에 쉽게 베어지는 모양. 또는 그 소리. 큰섬뻑. 여삼박. 센쌈빡.

삼빡-삼빡 [-쌈-] 부 하 자 작고 연한 물건이 칼에 자꾸 잘 베어지는 모양. 또는 그 소리. 큰섬뻑섬뻑.

삼사 (三史) 명 중국의 대표적인 세 가지 역사책. 사기(史記)·한서(漢書)·후한서(後漢書). 후한서 대신에 동관한기(東觀漢記) 또는 전국책(戰國策)을 넣는 경우도 있음.

삼사 (三司) 명 역 **1** 고려 때, 전곡(錢穀)의 출납과 회계 업무를 맡아보던 관아. **2** 조선 때, 사헌부·사간원·홍문관을 이름. **3** '삼법사(三法司)'의 준말.

삼사 (三使) 명 역 **1** 중국에 파견하던 세 사신. 곧, 상사(上使)·부사(副使)·서장관(書狀官). **2** 일본에 파견하던 세 사신. 곧, 통신사·부사·종사관.

삼사 (三思) 명 하 타 어떤 일에 대해 여러 번 생각함.

삼사 (三師) 명 역 고려 때, 왕의 고문 역할을 하던 벼슬. 곧, 태사(太師)·태부(太傅)·태보(太保).

삼사 (三徙) 명 맹자의 어머니가 아들의 교육을 위해 세 번 이사한 일. 삼천지교(三遷之敎).

삼사 (三赦) 명 역 죄를 용서받을 수 있는 세

부류의 사람. 곧, 일곱 살 이하의 어린이와 여든 살 이상의 노인과 정신병자.
삼사 (三四) [一][수] 서넛. [二][관] 서너.
삼사-계 (三事戒)[-/-게] [명] 〖불〗 몸·입·뜻의 세 가지를 삼가는 계율. 삼업계(三業戒).
삼사미 [명] **1** 세 갈래로 갈라진 곳. **2** 활의 먼오금과 뿔끝 사이《대와 뽕나무가 연결된 곳》.
삼-사미 (三沙彌) [명] 〖불〗 나이에 따라 셋으로 나눈 사미. 곧, 7세부터 13세까지의 구오(驅烏)사미, 14세부터 19세까지의 응법(應法)사미, 20세 이상의 명자(名字)사미.
삼-사분기 (三四分期) [명] 1년을 넷으로 나눈 셋째 기간《7·8·9월의 3개월》. ❑ ~의 수출입 통계.
삼사-월 (三四月) [명] 삼월과 사월. 또는 삼월이나 사월《곧, 봄을 뜻함》.
삼사월 긴긴 해 [구] 음력 삼월이나 사월의 낮이 매우 긴 것을 이르는 말.
삼사 정계 (三斜晶系)[-/-게] 〖광〗 결정계의 하나. 길이가 각각 다른 세 개의 결정축이 서로 경사지게 만나는 결정계.
삼사-조 (三四調)[-쪼] [명] 〖문〗 시나 산문에서, 3음구와 4음구가 되풀이되는 율조(律調).
삼사-하다 [형][여] 서로의 사이가 어울리지 아니하고 서먹하다. [큰]섬서하다.
삼사-합계 (三司合啓)[-꼐/-께] [명] 〖역〗 조선 때, 홍문관·사헌부·사간원이 합의해서 임금에게 상주하던 일. 삼사교장(交章).
삼산 (三山) [명] '삼신산'의 준말.
삼산화-이비소 (三酸化二砒素) [명] 〖화〗 황비철광(黃砒鐵鑛)을 공기 중에서 태워 만든 승화성(昇華性)의 백색 분말. 양성 산화물로 유독성 물질임. 의약으로 쓰는 외에 방부제·쥐약 등으로 씀. 속칭은 아비산(亞砒酸). 백비(白砒). 비석(砒石). 산화비소.
삼산화-황 (三酸化黃) [명] 〖화〗 산화물로서 백색 바늘꼴을 한 결정체. 알파·베타·감마의 세 변태가 있으며, 모두 맹독성임《황산·화약을 만드는 데 씀》. 황산 무수물.
삼살-방 (三煞方) [명] 〖민〗 세살(歲煞)·겁살(劫煞)·재살(災煞)에 해당하는 불길한 방위.
삼삼 (三三) [명] 바둑판의 가로세로 각각 제3선이 만나는 네 귀의 네 점.
삼삼오오 (三三五五) [명] 서넛이나 대여섯 사람씩 떼를 지어 다니거나 무슨 일을 하는 모양. ❑ ~ 짝을 지어 함께 몰려다니다.
삼삼-하다 [형][여] **1** 음식 맛이 조금 싱거운 듯하면서 맛이 있다. ❑ 대구탕 맛이 ~. [큰]심심하다[1]. **2** 당구에서, 공이 너무 흩어졌거나 겹쳐 있어 칠 엄두도 못 낼 상태에 있다. **3** 잊히지 않고 눈앞에 보이는 듯 또렷하다. ❑ 그때 그 일이 눈에 ~. **4** 사물의 됨됨이나 사람의 생김새가 마음에 끌리게 그럴듯하다. ❑ 삼삼하게 생긴 얼굴. **삼삼-히** [부]
삼삼-하다 (森森-) [형][여] 나무 따위가 많이 우거져서 빽빽하다. **삼삼-히** [부]
삼-삿반 (蔘-盤)[-삳빤] [명] 인삼을 담아서 널어 말리는, 갈대로 만든 채반.
삼상 (三上) [명] **1** 시문(詩文)을 평하는 등급에서, 세 등급 중의 첫째 등급. **2** 시문을 생각하기 좋은 세 곳. 곧, 마상(馬上)·침상(枕上)·측상(廁上).
삼상 (三喪) [명] **1** '삼년상'의 준말. **2** 초상·소상·대상의 총칭.
삼상 (三殤) [명] 미성년으로 죽은 경우에 그 나이에 따라 구별한 세 가지. 곧, 상상(上殤)·중상(中殤)·하상(下殤).
삼상 (蔘商) [명] 인삼을 파는 장사. 또는 그런 장수.
삼상 교류 (三相交流) 〖전〗 전압·주파수가 같고 위상이 120°씩 다른 세 개의 교류를 한 조로 한 것.
삼상불문 (三喪不問) [명][하자] 삼년부조.
삼상지탄 (參商之歎·參商之嘆) [명] 멀리 떨어져 있는 삼성(參星)과 상성(商星)처럼 두 사람이 떨어져 있어 서로 만나기 어려움을 한탄(恨歎)하는 말.
삼-상향 (三上香) [명] 분향할 때, 향을 세 번 집어 불에 태우는 일.
삼색 (三色) [명] **1** 세 가지 색. ❑ ~ 신호등. **2** '삼색과실'의 준말. **3** 〖불〗 세 가지 색법(色法). 즉, 오근(五根)·오경(五境)·무표색(無表色). 삼종색(三種色).
삼색-과 (三色果)[-꽈] [명] 삼색과실.
삼색-과실 (三色果實)[-꽈-] [명] 제사에 쓰는 세 가지 과실《밤·대추·잣 또는 잣 대신 감을 씀》. 삼색과. [준]삼색.
삼색-군보 (三色軍保)[-꾼-] [명] 〖역〗 조선 때, 세 사람의 장정 중에서 한 사람만 군역을 치르게 하고 둘은 군역을 면제하는 대신 베나 무명 따위를 바치게 하던 일.
삼색-기 (三色旗)[-끼] [명] **1** 세 가지 빛깔로 된 기. **2** 프랑스의 국기.
삼색-도 (三色桃)[-또] [명] 한 나무에 세 가지 빛깔의 꽃이 피는 복숭아나무.
삼색-보 (三色保)[-뽀] [명] 〖역〗 조선 때, 삼색군보로 받던 베나 무명 따위.
삼색 분해 (三色分解)[-뿐-] 인쇄용 사진판을 만들기 위해, 그림이나 사진 원고를 빨강·파랑·노랑의 세 가지 색으로 분해해서 촬영하는 일.
삼색-판 (三色版) [명] 〖인〗 빨강·노랑·파랑의 삼원색으로 분해한 석 장의 판을 써서 원그림의 빛깔대로 복제하는 제판 인쇄법. 또는 세 원색으로 박은 사진.
삼색-휘장 (三色揮帳)[-새퀴-] [명] 빨강·노랑·파랑의 삼색으로 된 상여의 휘장.
삼생 (三生) [명] 〖불〗 전생(前生)·현생(現生)·후생(後生)을 이르는 말.
삼생 (三牲) [명] 산 제물(祭物)로 쓰던 세 가지 짐승. 곧, 소·양·돼지. 삼살(三殺).
삼생-아 (三生兒) [명] 세쌍둥이.
삼생 연분 (三生緣分) 〖불〗 삼생에 걸쳐 끊을 수 없는 부부의 인연. 삼생지연.
삼생 원:수 (三生怨讐) 〖불〗 삼생에 걸쳐 끊을 수 없는 깊은 원수.
삼선 (三選) [명][하자] 세 번 당선됨. ❑ ~ 의원.
삼-선근 (三善根) [명] 〖불〗 **1** 좋은 과보(果報)를 받을 세 가지 행위《시(施)·자(慈)·혜(慧)》. **2** 온갖 선의 근원이 되는 세 가지《무탐(無貪)·무진(無瞋)·무치(無痴)》.
삼성 (三性) [명] 〖불〗 사람의 세 가지 성품. 곧, 선성(善性)·악성(惡性)·무기성(無記性).
삼성[1] (三省) [명][하타] 매일 세 번씩 자신을 반성함. ❑ 일일(一日) ~의 좌우명.
삼성[2] (三省) [명] 〖역〗 고려 때, 최고의 의정 기관이던 중서성(中書省)·문하성(門下省)·상서성(尙書省).
삼성 (三聖) [명] 〖역〗 **1** 우리나라 상고 시절의 세 성인. 곧, 환인(桓因)·환웅(桓雄)·환검(桓儉). **2** 세계의 세 성인. 곧, 석가·공자·예수. **3** 중국 고대의 세 성인. 곧, 노자(老子)·공자(孔子)·안회(顔回), 또는 요(堯)·순(舜)·우(禹). **4** 고대 그리스의 세 성인. 곧, 소크라테

스·플라톤·아리스토텔레스.

삼성(參星)圓 〖천〗 이십팔수의 스물한째 별 (《오리온자리에 있으며, 중앙에 있는 세 개의 큰 별을 삼형제별이라 함). ②삼(參).

삼성-교(三聖敎)圓 우리나라 고유 종교의 하나. 환인(桓因)·환웅(桓雄)·환검(桓儉)을 숭배하였음(1934년에 해산함).

삼성-들리다재 **1** 음식을 욕심껏 먹다. **2** 무당이 굿할 때, 음식을 욕심껏 입에 넣다.

삼성-사(三聖祠)圓 환인(桓因)·환웅(桓雄)·환검(桓儉)을 모신 사당.

삼성-사(三姓祠)圓 제주도에서 고(高)·부(夫)·양(良)의 세 을나(乙那)를 제사 지내는 사당.

삼성 장군(三星將軍)〖군〗'중장(中將)'의 이칭. ▢~으로 단격장을 지냈다.

삼성-추국(三省推鞫)圓〖역〗의정부·사헌부·의금부(義禁府)의 관원이 모여 앉아서 죄인을 국문하던 일. 삼성국문(三省鞫問).

삼성-혈(三姓穴)圓 고(高)·부(夫)·양(良)의 삼신이 나왔다는 구멍(제주시에 있음).

삼세(三世)圓 **1** 삼대(三代)1. **2** 〖불〗 과거·현재·미래. 삼계(三界). 삼제(三際).

삼세(三稅)圓〖역〗조선 때, 백성들에게 부과하던 세 가지 조세. 곧, 대동미(大同米)·전세(田稅)·호포(戶布).

삼-세번(三-番)圓 더도 덜도 말고 꼭 세 번. ▢~은 해야지.

삼세-인과(三世因果)圓〖불〗과거·현재·미래를 통해 길이 연속되는 인과 관계.

삼세-제불(三世諸佛)圓〖불〗과거·현재·미래에 나타나는 모든 부처. 삼세불.

삼세치윤(三歲置閏)圓 음력으로 3년에 한 번 윤달이 드는 일.

삼-세판(三-)圓 더도 덜도 말고 꼭 세 판. ▢이제 ~으로 결판내자야.

삼소(三蘇)圓〖역〗**1** 고려 중기 이후에 개경(開京)의 지덕(地德)을 되살리기 위해 새로 궁궐을 지었던 세 곳. 지금의 장단 백학산(白鶴山)인 좌소(左蘇)와, 개풍 백마산(白馬山)인 우소(右蘇)와, 신계 기달산(箕達山)인 북소(北蘇)의 세 곳. **2** 중국 송(宋)나라 때의 문장가인 소순(蘇洵)·소식(蘇軾)·소철(蘇轍)의 삼부자를 일컫는 말.

삼-소월(三小月)圓 음력으로 세 번 연거푸드는 작은달. ↔삼대월.

삼-소임(三所任)圓〖역〗**1** 세 가지의 소임. **2** 동리(洞里)의 소임인 동장(洞長)·집강(執綱)·풍헌(風憲)의 일을 번갈아 맡아보던 세 사람.

삼속(三屬)圓 친가·외가·처가의 삼족(三族).

삼-손우(三損友)圓 사귀어 손해가 될 세 종류의 벗. 곧, 편벽하고, 말만 잘하고 성실하지 못하면서 착하기만 하고 줏대가 없는 벗. 손자삼우(損者三友). ↔삼익우(三益友).

삼송(杉松)圓〖식〗삼나무.

삼-쇠(三-)圓〖민〗농악·두레패·굿중패·걸립패(乞粒牌)에서, 꽹과리를 치는 상쇠·중쇠 다음의 셋째 쇠잡이.

삼수(三手)圓〖역〗임진왜란 때 훈련도감에 둔 포수(砲手)·사수(射手)·살수(殺手).

삼-수(三修)圓圓자 주로 대학 입학시험에 두 번 실패하고 다시 이듬해 시험을 준비하는 일. ▢~해서 대학에 들어가다. *재수.

삼수(三壽)圓 세 가지 장수. 곧, 상수(上壽)(100세)·중수(中壽)(80세)·하수(下壽)(60세)의 총칭.

삼수(渗水)圓圓자 **1** 물에 잠김. **2** 물이 스며

1229 삼신상제

듦. 또는 그 물.

삼수-갑산(三水甲山)[-싼]圓 함경남도의 삼수와 갑산이 교통이 불편한 오지(奧地)라는 뜻으로, '몹시 어려운 지경'을 이르는 말.

삼수갑산에 가는 한이 있어도 자기에게 닥칠 어떤 위험을 무릅쓰고라도 어떤 일을 단행할 때 쓰는 말.

삼수-량(三手糧)圓〖역〗삼수미.

삼수-미(三手米)圓〖역〗조선 때, 삼수(三手)를 훈련하는 비용으로 징수하던 세미(稅米). 삼수량.

삼수-변(三水邊)圓 한자 부수의 하나(('液'·'淺' 등에서 'ⵑ'의 이름).

삼숙(參熟)圓 인삼과 숙지황.

삼숙-하다(森肅-)[-쑤카-]圓예 엄숙하다.

삼순(三旬)圓 **1** 상순·중순·하순. 삼한(三澣). **2** 삼십 일. **3** 삼십 세.

삼순(三巡)圓 **1** 활을 쏠 때의 세 번째 차례. **2** 초순(初巡)·재순(再巡)·삼순(三巡)의 세 차례.

삼순-구식(三旬九食)圓 삼십 일 동안에 아홉 끼니를 먹는다는 뜻으로, 몹시 가난함을 이르는 말.

삼승(三乘)圓 **1**〖수〗'세제곱'의 구용어. **2**〖불〗중생을 열반에 이르게 하는 세 가지 교법. 곧, 성문승(聲聞乘)·연각승(緣覺乘)·보살승(菩薩乘).

삼승-근(三乘根)圓〖수〗'세제곱근'의 구용어.

삼승-비(三乘比)圓〖수〗'세제곱비'의 구용어.

삼승-포(三升布)圓 석새삼베.

삼시(三始)圓 연·월·일의 처음이란 뜻으로, 정월 초하루의 아침. 삼원(三元). 삼조(三朝).

삼시(三施)圓〖불〗금전·의복·음식의 재시(財施), 설교하는 법시(法施), 병자·외로운 사람을 위로하는 무외시(無畏施)의 세 보시.

삼시(三時)圓 **1** 아침·점심·저녁의 세 끼니 또는 세 때. **2** 과거·현재·미래. **3** 밭 갈고 씨 뿌리는 봄, 풀 베는 여름 및 추수하는 가을.

삼시-선(三時禪)圓 새벽·한낮·저녁의 세 때에 하는 좌선. 삼시 좌선.

삼시 염:불(三時念佛)〖불〗새벽·낮·저녁의 세 때에 하는 염불.

삼시 좌:선(三時坐禪)〖불〗삼시선(三時禪).

삼식(三食)圓 아침·점심·저녁의 세 끼 음식.

삼-시윤(三-)[-윱]圓 세 가닥으로 꼰 노끈.

삼-신(-神)圓 생삼으로 거칠게 삼은 신.

삼신(三辰)圓 해·달·별의 세 가지를 이르는 말(별은 특히 북두칠성을 이름).

삼신(三身)圓〖불〗부처가 변신하여 세상에 나타난 세 가지 모습. 곧, 법신(法身)·보신(報身)·응신(應身). 삼불(三佛).

삼신(三神)圓 **1** 우리나라의 땅을 마련했다는 세 신. 곧, 환인(桓因)·환웅(桓雄)·환검(桓儉). **2** 아기를 점지한다는 신. 삼신령.

삼신-메(三神-)圓〖민〗삼신에게 빌 때 차려 놓는 쌀밥.

삼신-불(三身佛)圓〖불〗법신불(法身佛)·보신불(報身佛)·응신불(應身佛)의 세 부처. 삼불(三佛).

삼신-산(三神山)圓 중국 전설에서 신선이 산다는 봉래산(蓬萊山)·방장산(方丈山)·영주산(瀛州山)의 세 산. ②삼산(三山).

삼신-상제(三神上帝)圓〖민〗'삼신(三神)2'의 높임말. 삼신제석. 삼신제왕.

삼신-풀이 (三神-) 圓하자 〖민〗 아이를 낳게 해 달라고 삼신에게 빎. 또는 그런 굿.

삼신-할머니 (三神-) 圓 〖민〗 〈속〉 삼신 (三神)2.

삼-실 圓 삼 껍질에서 뽑아낸 실. 베실.

삼실 (三室) 圓 **1** 삼취(三娶). **2** 낡은 재목으로 세 번째 고쳐 지은 집.

삼심 제:도 (三審制度) 〖법〗 한 가지 사건에 대하여 세 번의 재판을 받을 수 있는 제도.

삼십(三十) ㊂圓 서른. ▢～ 명 / 나이 ～에 기받을 다지다.

삼십삼-신 (三十三身)[-쌈-] 圓 〖불〗 중생을 구하기 위해 바꾸어 나타내는 관세음보살의 서른세 가지 몸.

삼십삼-천 (三十三天)[-쌈-] 圓 〖불〗 도리천 (利利天).

삼십-성도 (三十成道)[-썽-] 圓 〖불〗 석가모니가 서른 살에 대도(大道)를 이룬 일.

삼십육-계 (三十六計)[-심뉵께 /-심뉵계] 圓 **1** 물주가 맞히는 노름에서 살돈의 서른여섯 배를 주는 노름. **2** 서른여섯 가지의 계략. 많은 계교. **3** 〈속〉 뺑소니.
[삼십육계 줄행랑이 제일] 불리할 때에는 도망하여 몸을 보전함이 상책임.
　삼십육계(를) 놓다 ㊀ 급하게 도망을 치다.
　삼십육계(를) 부르다[치다] ㊀ 삼십육계(를) 놓다.

삼십육-금 (三十六禽)[-심뉵끔] 圓 〖민〗 지지(地支)의 각각 셋씩 분배한 서른여섯 가지 짐승(곧, 자(子)의 쥐·박쥐·제비, 축(丑)의 소·게·자라 따위).

삼십이-상 (三十二相) 圓 〖불〗 부처가 갖춘 서른두 가지의 독특한 신체적 특징.

삼십팔도-선 (三十八度線)[-또-] 圓 위도가 38도 되는 선. 특히 한반도 위를 지나는 북위 38도선을 이름. ㊎삼팔선.

삼-씨 圓 〖한의〗 삼의 씨(난산(難産)·공수병·변비 등에 씀). 마인(麻仁). 마자(麻子).

삼씨-기름 圓 삼씨를 짜서 만든 기름. 대마유(大麻油). 마유(麻油). 마자유(麻子油).

삼악 (三樂) 圓 〖악〗 국악에서, 아악(雅樂)·향악(鄕樂)·당악(唐樂)의 총칭.

삼-악도 (三惡道)[사막또] 圓 〖불〗 악인이 죽어서 간다는 세 가지의 괴로운 세계(지옥도(地獄道)·축생도(畜生道)·아귀도(餓鬼道)). 삼악추. ㊎삼도(三途).

삼-악성 (三惡聲)[사막썽] 圓 세 가지의 듣기 싫은 흉한 소리. 곧, 사람이 죽었을 때 외치는 소리, 불이 나서 외치는 소리, 도둑이 들었을 때 외치는 소리. ↔삼희성(三喜聲).

삼양 (三養) 圓 **1** 제 분수에 만족하여 복(福)을 기르고, 음식을 절제하여 기(氣)를 기르고, 낭비를 삼가서 재(財)를 불리는 일. **2** 신(神)·정(精)·기(氣)를 기르는 양생법.

삼언-시 (三言詩) 圓 〖문〗 한 구가 세 자로 된 한시(漢詩).

삼엄 (森嚴) 圓 엄한 세 사람이란 뜻으로, 임금·아버지·스승의 일컬음.

삼엄-하다 (森嚴-) 휑에 질서가 바로 서고 무서우리만큼 매우 엄중하다. ▢경계가 ～ / 분위기가 살벌하고 ～. **삼엄-히** 튀

삼업 (三業) 圓 〖불〗 몸·입·마음의 세 가지 움직으로 인해 짓는 죄업.

삼업 (參業) 圓 인삼을 생산하는 사업.

삼업-계 (三業戒)[사법계 / 사법꼐] 圓 〖불〗 삼사계(三事戒).

삼-에스 (三S) 圓 [sex, sports, screen 또는 speed] 성(性)의 해방, 운동 및 영화(또는 속도)의 세 가지를 가리키는 말.

삼에스 운·동 (三S運動) 〖산업의 전문화(spe-cialization)·표준화(standardization)·단순화(simplification)를 촉진하여 생산성 향상을 구체화하려는 운동.

삼여 (三餘) 圓 독서삼여(讀書三餘).

삼-역성 (三易姓)[사몃썽] 圓하자 세 번 성을 바꾼다는 뜻으로, 외손녀가 자식을 낳는 것을 말함.

삼-연음부 (三連音符)[-년음-] 圓 〖악〗 '셋잇단음표'의 한자 이름.

삼연-하다 (森然-) 휑에 **1** 숲이 깊이 우거져 있다. **2** 엄숙하다. **삼연-히** 튀

삼엽 (蔘葉)[-녑] 圓 삼의 잎(蔘葉).

삼염화-비소 (三鹽化砒素)[-념-] 圓 상온(常溫)에서 무색인 기름 모양의 액체. 공기 중에서 발연(發煙)함. 각종 비소 화합물의 원료임.

삼엽-충 (三葉蟲) 圓 〖동〗 삼엽충류 화석 동물의 총칭. 고생대(古生代)에 얕은 바다나 바다 밑의 진흙에 살던 것으로, 몸은 타원형으로서 납작하고 머리·가슴·꼬리 부분으로 나뉘며, 몸길이는 큰 것이 45 cm 가량임. 종류가 많음. 세족히.

삼오-야 (三五夜) 圓 음력 보름날 밤. 특히 음력 8월 보름날 밤을 이름. 십오야(十五夜).

삼오칠언-시 (三五七言詩) 〖문〗 한시에서, 삼언구(三言句) 두 개, 오언구 두 개, 칠언구 두 개를 갖춘 시.

삼오-판 (三五判) 圓 양지로 매는 책의 크기의 이름. 또는 그 규격의 인쇄물(가로 84 mm(세 치), 세로 148 mm(다섯 치)).

삼왕 (三王) 圓 〖역〗 중국 고대의 세 임금. 곧, 우왕(禹王)·탕왕(湯王)·문왕(文王).

삼외 (三畏) 圓 논어에 있는 말로, 군자가 두려워해야 할 세 가지. 곧, 천명(天命)과 대인(大人)의 말과 성인(聖人)의 말.

삼요 (三樂) 圓 논어에 있는 말로, 사람이 좋아하는 세 가지. 예악(禮樂)을 좋아하고 사람의 착함을 좋아하며 착한 벗이 많음을 좋아하는 익자삼요(益者三樂), 분에 넘치게 사물을 좋아하고 일하지 않고 놀기를 좋아하며 주색을 좋아하는 손자삼요(損者三樂)가 있음.

삼욕 (三慾) 圓 〖불〗 사람의 세 가지 욕심. 곧, 식욕·수면욕·음욕(淫慾).

삼용 (蔘茸) 圓 〖한의〗 인삼과 녹용.

삼우 (三友) 圓 **1** 흔히 함께 어울리는 세 가지 운치. 곧, 시와 술과 그림. **2** 소나무·대·매화. 세한삼우. **3** 산수(山水)·송죽(松竹)·금주(琴酒).

삼우 (三虞) 圓 장사 지낸 뒤에 세 번째 지내는 제사. 삼우제. ＊재우(再虞)·초우(初虞).

삼우-제 (三虞祭) 圓 삼우(三虞).

삼원 (三元) 圓 **1** 도가(道家)에서 이르는 하늘·땅·물. **2** 삼재(三才). **3** 술가(術家)에서, 상원(上元)·중원·하원의 세 가지 갑자. **4** 삼시(三始). **5** 세상의 시작과 중간과 끝. **6**〖수〗방정식에서 모르는 수가 셋임을 일컫는 말. ▢～연립 방정식을 풀다.

삼원 (三怨) 圓 남의 원망을 듣는 세 가지 일. 곧, 벼슬이 높으면 다른 사람에게, 관직의 세력이 크면 임금에게, 관록이 많으면 백성에게 원망을 들음.

삼원 (三垣) 圓 〖천〗 고대 중국의 천문학에서 별자리의 세 구획. 곧, 북극 부근인 자미원(紫微垣), 사자자리 부근인 태미원(太微垣), 뱀자리 부근인 천시원(天市垣).

삼원 (三遠)〖명〗중국 산수화(山水畵)의 용어. 산기슭에서 산꼭대기를 올려다보는 고원(高遠), 가까운 산에서 먼 산을 바라다보는 평원(平遠), 산 앞에서 산의 뒤쪽을 살피는 심원(深遠)의 총칭.

삼-원색 (三原色)〖명〗**1** 그림물감에서, 모든 빛깔의 바탕이 되는 빨강·노랑·파랑의 세 가지색. **2** 빛에서, 빨강·초록·파랑의 세 가지 색.

삼월 (三月)〖명〗한 해 가운데 셋째 달.

삼월 삼짇날 (三月三─)[사필─진─] 삼짇날.

삼월 삼질 (三月三─) 삼짇날.

삼월 혁명 (三月革命)[사뤌형─]〖역〗**1** 1848년 3월에 독일을 비롯한 유럽 여러 나라에서 일어난 자유주의적 혁명 운동. **2** 1917년 3월 12일(러시아력〔曆〕 2월 27일) 러시아의 노동자·농민이 황제의 전제 정치를 타도한 혁명.

삼위 (三位)〖기·가〗성부(聖父)와 성자(聖子)와 성령(聖靈)을 이르는 말.

삼위-일체 (三位一體)〖명〗**1** 세 가지가 같은 목적을 이루기 위하여 하나로 통합되는 일. ▢민(民)·관(官)·군(軍)이 ~가 되어 수해에 대비하다. **2**〖성〗성부인 하느님과 성자인 예수와 성령(聖靈)을 동일한 신격(神格)으로 여기는 교의(敎義).

삼유 (三由)〖명〗〖역〗조선 때, 벼슬아치가 말미를 늦추어 달라고 세 번씩 청하던 일.

삼유 (三有)〖명〗〖불〗**1** 삼계(三界)에서 제각기 생존하는 모습. **2** 본유(本有)·당유(當有)·사유(死有)의 총칭. **3** 생유(生有)·사유(死有)·중유(中有)의 세 가지.

삼유-생사 (三有生死)〖명〗〖불〗욕계(欲界)·색계(色界)·무색계(無色界)를 유전(流轉)하여 생사를 거듭하는 일. 또는 그 생사.

삼은 (三隱)〖명〗고려 말엽의 세 학자. 곧, 포은(圃隱) 정몽주(鄭夢周)·목은(牧隱) 이색(李穡)·야은(冶隱) 길재(吉再). 고려삼은.

삼의 (三衣)[사믜／사미]〖명〗〖불〗중이 입는 세 가지의 옷. 곧, 대의(大衣)·오조(五條)·칠조(七條).

삼이 (三易)〖명〗문장을 쉽게 짓는 세 조건. 곧, 보기 쉽게, 쉬운 글자로, 읽기 쉽게 씀.

삼-이웃 (三─)[─이욷]〖명〗이쪽저쪽의 가까운 이웃. ▢~이 의좋게 산다.

삼-익우 (三益友)〖명〗사귀어 이로운 세 가지 벗《정직한 사람, 믿음직한 사람, 견문이 많은 사람을 이름》. 익자삼우(益者三友). ↔삼손우.

삼익-주의 (三益主義)[사믹쭈─／사믹쮸─]〖명〗〖경〗이윤을 자본가·경영자 및 노동자가 일정한 비율로 분배하는 주의.

삼인성호 (三人成虎)〖명〗거짓말도 여러 사람이 하면 곧이듣게 된다는 말.

삼인-조 (三人組)〖명〗세 사람이 한 조를 이룬 무리. ▢빈집에 ~ 강도가 침입했다.

삼-인칭 (三人稱)〖명〗〖언〗제삼 인칭.

삼일 (三一)〖명〗**1** 천지의 세 신(神). 곧, 천일(天一)·지일(地一)·태일(泰一). **2** 도가(道家)에서 말하는 정(精)·신(神)·기(氣).

삼일 (三日)〖명〗**1**〖기〗수요일을 예배하는 날로 일컫는 말. **2** 해산한 지 사흘째 되는 날. **3** 혼인한 지 사흘째 되는 날.

삼일-곡 (三日哭)〖명〗〖한자〗**1** 사당(祠堂)이 타 버렸을 때 사흘 동안 슬피 우는 예절. **2** 오랫동안 울어 댐.

삼일 기도회 (三日祈禱會)〖기〗주일의 삼일 뒤인 수요일 밤에 하는 기도회. 삼일 예배.

삼일 신고 (三一神誥) 대종교에서, 단군이 한 울님·한울집·누리·참이치의 다섯 가지를 삼천단부(三千團部)에게 가르친 말.

삼일-신행 (三日新行)〖명〗결혼한 지 사흘 만에 가는 혼행.

삼일 예배 (三日禮拜) 삼일 기도회.

삼일-우 (三日雨)〖명〗삼일 동안 계속해서 오는 비. 곧, 많이 오는 비.

삼일 운:동 (三一運動)〖역〗제1차 세계 대전 후, 손병희(孫秉熙) 등 33인이 주동이 되어, 1919년 3월 1일 독립 선언문을 낭독하고, 이후 전국적으로 일제(日帝)로부터의 해방과 민족의 독립을 외친 일. 기미운동.

삼일-유가 (三日遊街)〖사믜류─〗〖명〗과거에 급제한 사람이 사흘 동안 시험관·선배 급제자·친척을 찾아보던 일.

삼일-장 (三日葬)〖명〗죽은 지 사흘 만에 지내는 장사. ▢장례는 ~로 엄수되었다.

삼일-절 (三一節)[사밀쩔]〖명〗3·1 운동을 기념하는 국경일(3월 1일).

삼일-점고 (三日點考)〖명〗〖역〗수령이 부임한 뒤 사흘 되는 날에 관속(官屬)을 점고하던 일.

삼일-정신 (三一精神)〖명〗3·1 운동에서 나타난 우리 민족의 정신. 전 민족이 단결하여 조국의 독립·자유 및 평화를 쟁취하려는 정신.

삼일-제 (三日製)[사밀쩨]〖명〗조선 때, 오순절제(五巡節製)의 하나《음력 삼월 초사흘날 보이던 과거》. 화제(花製).

삼일-주 (三日酒)[사밀쭈]〖명〗담근 지 사흘 만에 마실 수 있는 맑은술.

삼일-천하 (三日天下)〖명〗**1** 짧은 기간 동안 정권을 잡았다가 곧 밀려남을 이르는 말. 바인각은 ~로 끝났다. **2**〖역〗개화당이 갑신정변으로 3일 동안 정권을 잡은 일을 이르는 말.

삼일치 법칙 (三一致法則) 연극은 하나의 사건이, 24시간 안에, 한 장소에서 전개되어야 한다는 이론. 곧, 때·장소·줄거리의 일치. 아리스토텔레스의 비평에서 유래함.

삼입 (滲入)〖명〗〖하자〗물 따위가 스며듦.

삼자 (三者)〖명〗**1** 당사자 이외의 사람. 제삼자. ▢~에 개입 금지 조항. **2** 세 사람. ▢회담.

삼자-대면 (三者對面)〖명〗삼조대질.

삼자 범퇴 (三者凡退) 야구에서, 타자 셋이 누에 나가지 못하고 잇따라 아웃됨. ▢강속구로 눌러 ~로 맥없이 물러나다.

삼-자승 (三自乘)〖명〗〖수〗'세제곱'의 구용어.

삼작 (三作)〖명〗'삼작노리개'의 준말.

삼작-년 (三昨年)[─장─]〖명〗그끄러께.

삼작-노리개 (三作─)[─장─]〖명〗여자의 옷에 다는 장신구의 하나. 밀화(蜜花)·산호·옥·금·은 등으로 만든 세 개의 노리개를 황색·적색·남색의 세 가닥 진사(眞絲) 끈에 색을 맞추어 단 것《옥고름·안고름·허리띠 등에 매닮》. 세줄노리개. ⑥삼작. ＊단작노리개.

삼작-야 (三昨夜)〖명〗그끄저께 밤.

삼작-일 (三昨日)〖명〗그끄저께.

삼-잡이 (三─)〖민〗삼눈을 앓을 때에, 미신적인 방법으로 예방하는 일.

삼장 (삼장)〖명〗'농삼장'의 준말.

삼장 (三長)〖명〗역사가가 되는 데 필요한 세 가지의 장점. 곧, 재지(才智)·학문·식견(識見).

삼장 (三場)〖명〗〖역〗과거 시험에서 초장(初場)·중장(中場)·종장(終場)의 3단계 시험.

삼장 (三障)〖명〗〖불〗불도 수행과 착한 마음을 갖는 데 중대한 장애가 되는 세가지. 곧, 번뇌장(煩惱障)·업장(業障)·보장(報障).

삼장 (三藏)〖명〗〖불〗**1** 경장(經藏)·율장(律藏) 및 논장(論藏). **2** 불·보살·성문(聲聞). **3** 삼장에 통달한 고승. 삼장 법사.

삼장 (蔘場) 명 삼포(蔘圃).
삼장 법사 (三藏法師)[-싸] 〖불〗 **1** 경·율·논 삼장에 정통한 승려. 삼장(三藏). **2** 중국 당나라의 고승 '현장(玄奘)'을 일컫는 말.
삼장-선 (三檣船) 명 돛대가 세 개인 배. 삼범선(三帆船).
삼장-육재일 (三長六齋日)[-뉵째-] 명 〖불〗 음력 정월·오월·구월 석 달의 각 초하룻날과 보름날. 이날은 살생을 금하고 행동을 조심하며 선행을 닦음.
삼장 장:원 (三場壯元) 〖역〗 과거의 초시(初試)·복시(覆試)·전시(殿試)에 번번이 첫째로 합격한 사람.
삼장-제 (三長制) 명 모임 따위에서, 이끌어 갈 책임자로 세 사람을 뽑는 제도《하나는 정(正), 둘은 부(副)임》.
삼재 (三才) 명 **1** 하늘과 땅과 사람. 삼극(三極). 삼령(三靈). 삼원(三元). 삼의(三儀). **2** 관상에서, 이마·코·턱.
삼재 (三災) 명 〖불〗 **1** 수재(水災)·화재(火災)·풍재(風災). 대삼재. **2** 전란(戰亂)·질병·기근. 소삼재.
삼재 (三宰) 명 〖역〗 재상의 차례에서 세 번째인 '좌참찬(左參贊)'을 일컫던 말.
삼재-팔난 (三災八難)[-란] 명 〖불〗 삼재와 팔난이라는 뜻으로, 모든 재난.
삼적 (蔘賊) 명 밭의 인삼을 훔치는 도둑.
삼전 (三傳) 명 춘추삼전. 곧, 좌씨전(左氏傳)·공양전(公羊傳)·곡량전(穀梁傳).
삼전-업 (三傳業) 명 〖역〗 고려 때, 잡과의 한 과목《좌씨전·공양전·곡량전의 삼전으로 과거를 보였음》.
삼절 (三絶) 명 **1** '위편삼절'의 준말. **2** 세 가지 뛰어난 재주. 또는 그런 재주를 가진 사람. ❏ 조선 때의 안견(安堅)은 시·서·화의 ~이었다. **3** 〖문〗 세 수(首)의 절구(絶句).
삼정 (三正) 명 **1** 천(天)·지(地)·인(人) 삼재(三才)의 바른 도리. **2** 삼강(三綱)의 바른 도리. 곧, 군신의 의(義), 부자(父子)의 친(親), 부부의 별(別).
삼정 (三政) 명 〖역〗 나라의 정사 중 가장 중요한 전정(田政)·군정(軍政)·환곡(還穀).
삼정 (三精) 명 **1** 삼광(三光)1. **2** 삼혼(三魂).
삼정 (蔘精) 명 인삼의 유효 성분만을 추출하여 만든 약제. 인삼의 진액.
삼-정승 (三政丞) 명 영의정·좌의정·우의정. 삼공(三公). 태정(台鼎).
[삼정승 부러워 말고 내 한 몸 튼튼히 가지라] 헛된 욕심을 갖지 말고 제 몸의 건강에 대해서나 주의하라는 말. [삼정승을 사귀지 말고 내 한 몸을 조심하라] 윗사람에게 아첨하지 말고 원칙적 입장에서 제 일만을 잘하라는 뜻.
삼제 (三際) 명 〖불〗 삼세(三世) 2.
삼제 (三諦) 명 〖불〗 **1** 공제(空諦)·가제(假諦)·중제(中諦). **2** 공제·색제(色諦)·심제(心諦).
삼제 (芟除) 명 하타 풀을 깎듯이 베어 없애 버림. ❏ 악습을 ~하다.
삼조 (三曹) 명 〖역〗 호조(戶曹)·형조(刑曹)·공조(工曹)의 총칭.
삼조 (三朝) 명 **1** 삼시(三始). **2** 그달의 세 번째 날. **3** 삼대의 조정(朝廷).
삼조-대면 (三造對面) 명 하자 삼조대질(三造對質).
삼조-대질 (三造對質) 명 하자 원고·피고·증인이 모여 하는 무릎맞춤. 삼자대면. 삼조대면.
삼족 (三族) 명 **1** 부모와 형제와 처자. **2** 부(父)·자(子)·손(孫)의 총칭. **3** 부계(父系)·모계(母系)·처계(妻系)의 세 족속. ❏ ~을 멸하던 가혹한 형벌.
삼족-반 (三足盤)[-빤] 명 발이 셋인 소반. 세발소반.
삼족-오 (三足烏) 명 **1** 중국 신화에서, 태양 속에 산다는 세 발 가진 까마귀. **2** '태양'을 달리 일컫는 말.
삼족 토기 (三足土器) 발이 셋 달린 토기의 총칭. 세발 토기.
삼존 (三尊) 명 **1** 〖불〗 본존과 그 좌우에 모시는 부처나 보살을 이르는 말《미타 삼존(彌陀三尊)·석가(釋迦) 삼존·약사(藥師) 삼존 따위》. **2** 받들어 모셔야 할 세 사람. 곧, 임금·아버지·스승.
삼종 (三宗) 명 〖불〗 존재의 실상에 대해 설명하는 세 가지 교의(敎義). 곧, 법상종·법성종·파상종.
삼종[1] (三從) 명 '삼종형제'의 준말.
삼종[2] (三從) 명 삼종지의.
삼종 (三鐘) 명 〖가〗 '삼종 기도'의 준말.
삼종 기도 (三鐘祈禱) 〖가〗 대천사 가브리엘이 마리아에게 수태한 사실을 고지한 것을 기념하는 뜻으로, 매일 아침·낮·저녁에 세 번 종을 칠 때마다 드리는 기도와 외는 기도문. ㊟삼종.
삼종-매 (三從妹) 명 팔촌 누이.
삼종-매부 (三從妹夫) 명 팔촌 누이의 남편.
삼종-손 (三從孫) 명 칠촌 조카의 아들.
삼종-수 (三從嫂) 명 팔촌 형제의 아내.
삼종-숙 (三從叔) 명 아버지의 팔촌 형제. 구촌 아저씨. 삼당숙.
삼종-씨 (三從氏) 명 **1** 남의 삼종형제의 높임말. **2** 삼종형제를 남에게 말할 때 쓰는 말.
삼종-제 (三從弟) 명 팔촌 동생.
삼종-조 (三從祖) 명 할아버지의 육촌 형제.
삼종지의 (三從之義)[-/-이] 명 예전에, 여자가 지켜야 했던 도리《어려서는 아버지를, 시집가서는 남편을, 남편이 죽은 후에는 아들을 좇음을 이름》. 삼종(三從). 삼종의탁(三從依托). 삼종지도. 삼종지탁.
삼종-질 (三從姪) 명 팔촌 형제의 아들. 구촌 조카.
삼종-형 (三從兄) 명 팔촌 형.
삼종-형제 (三從兄弟) 명 고조가 같고 증조가 다른 형제. 팔촌 형제. ㊟삼종(三從).
삼주 (三走) 명 〖역〗 조선 때, 무과의 달음질 취재(取才)의 셋째 등수. *이주(二走).
삼주-기 (三周忌) 명 사람이 죽은 지 만 2년이 되는 제삿날.
삼죽 (三竹) 명 〖악〗 **1** 저·생황·필률의 세 관악기. **2** 삼금(三笒).
삼중 (三中) 명 **1** 활을 다섯 번 쏘아 세 번 맞힘. **2** 〖역〗 시문을 평(評)하는 등급 중에 셋째 등의 둘째 급(級).
삼중 (三重) 명 세 겹. 또는 세 번 거듭되는 일. ❏ ~ 유리 / ~ 추돌 사고 / 이중 ~으로 에워싸다.
삼중 결합 (三重結合) 〖화〗 분자 안에 있는 두 개의 원자가 세 개의 원자가(原子價) 단위로 화합된 결합《CH≡CH 따위》.
삼중-고 (三重苦) 명 고통이 세 가지로 겹치는 일. 특히, 못 보고, 못 듣고, 말 못하는 고통을 아울러 갖고 있는 것을 이름.
삼중-례 (三中禮)[-녜] 명 지난날, 사정(射亭) 관례의 하나로, 새로 들어온 사원(射員)이 화살 다섯 중 처음으로 세 대를 맞혔을 때 여러

사원에게 잔치를 베풀어 사례하던 일.

삼중-살 (三重殺) 〖명〗 트리플 플레이.

삼중-석 (三重席) 〖명〗 세 겹으로 깔아 놓은 좌석《예로써 극진히 대접할 때 씀》.

삼중-성 (三重星) 〖천〗 세 개의 별이 우연히 같은 방향에 있어, 눈으로 보면 하나같이 보이는 별.

삼중 수소 (三重水素) 〖화〗 수소 동위 원소의 하나. 질량수 3인 인공 방사성 원소. 트리튬. [T·³H : 3.0165]

삼중-점 (三重點)[-쩜] 〖명〗 **1** 〖수〗 한 개의 곡선이 셋으로 나뉘어 갈라져서 통과하는 동일점. **2** 〖물〗 하나의 성분으로부터 이루어지는 계(系)에서 기상(氣相)·액상(液相)·고상(固相)의 삼상(三相)이 공존하는 상태.

삼중-주 (三重奏) 〖명〗 서로 다른 세 개의 악기에 의한 합주《피아노·바이올린·첼로에 의한 피아노 삼중주 따위》. 트리오(trio).

삼중-주 주명곡 (三重奏鳴曲) 〖악〗 '트리오 소나타'의 역어.

삼중-창 (三重唱) 〖악〗 성부(聲部)가 다른 세 사람이 하는 중창. 트리오.

삼중 협주곡 (三重協奏曲)[-쭈-] 〖주-〗 〖악〗 협주곡 또는 합주 협주곡의 독주부가 삼중주로 된 협주곡.

삼지 (三知) 〖명〗 도(道)를 깨닫는 지(知)의 세 단계. 곧, 나면서 아는 생지(生知), 배워서 아는 학지(學知), 애써서 아는 곤지(困知).

삼지 (三指) 〖명〗 활을 쏠 때, 활을 잡은 줌손의 아래 세 손가락.

삼지 (三智) 〖명〗 〖불〗 **1** 묘법연화경에서, 진지(眞智)·내지(內智) 및 외지(外智)의 일컬음. **2** 능가경에서, 세간지(世間智)·출세간지(出世間智)·출세간상상지(出世間上上智)의 일컬음.

삼지구엽-초 (三枝九葉草) 〖식〗 매자나뭇과의 여러해살이풀. 숲 속에 나는데, 높이 30cm가량. 늦봄에 홍자색 또는 흰 네잎꽃이 핌. 관상용. 한방에서 잎 말린 것을 '음양곽(淫羊藿)'이라 하여 강정제(强精劑)로 씀.

삼지-끈 (三指-) 〖명〗 활 쏠 때에 삼지에 끼는, 실로 만든 가락지.

삼지-놓이 (三指-)[-노-] 〖명〗 손가락 셋의 폭만한 넓이.

삼지니 (三-) 〖명〗 세 살이 된 새매《동작이 느리어 사냥에는 못 씀》. 삼진(三陳).

삼지-례 (三枝禮) 〖명〗 비둘기는 어미가 앉은 가지에서 셋째 가지 아래 앉는다는 뜻으로, 사람은 마땅히 부모를 공경해야 함의 일컬음.

삼지-사방 (-四方) 〖명〗 ⇨삼지사방.

삼지-창 (三枝槍) 〖명〗 **1** 당파창(鐺把槍). **2**〈속〉 포크(fork).

삼직 (三職) 〖명〗 〖불〗 절의 주지를 돕는 세 직무. 곧, 총무·교무·재무.

삼진 (三振) 〖명〗 야구에서, 타자가 스트라이크를 세 번 당하여 아웃이 되는 일. 스트라이크 아웃(strike out).

삼진 (三眞) 〖명〗 대종교에서, 사람이 날 때에 한얼로부터 받은 세 가지의 참된 것. 곧, 성(性)·명(命)·정(精).

삼진-귀일 (三眞歸一) 〖명〗〖하자〗 대종교에서, 한얼에게 받은 삼진을 곱게 지녔다가 한얼세계로 되돌아감.

삼진-삼퇴 (三進三退) 〖명〗 〖역〗 선배 급제자들이 새로 급제한 사람을 부릴 때, 앞으로 나아가고 세 번 뒤로 물러가게 하던 일.

삼-진작 (三眞勺) 〖명〗 〖악〗 고려 가요의 정과정 진작에서 둘째로 빠른 곡조. 또는 일진작·이진작·삼진작의 총칭. ＊진작(眞勺).

삼짇-날 (三-)[-진-] 〖명〗 음력 삼월 초사흗날. 겨우내 집 안에서 생활하다가 이날 꽃놀이를 하고 새 풀을 밟으며 봄을 즐김. 상사(上巳). 삼월 삼짇날. 삼월 삼질. 중삼(重三). ⇨삼질.

삼질 (三-) 〖명〗 '삼짇날'의 준말.

삼징칠벽 (三微七僻) 〖명〗 예전에, 초야(草野)에 묻혀 있는 선비를 임금이 벼슬하라고 자주 부르던 일.

삼차 (三叉) 〖명〗 세 갈래로 갈림. 또는 그 세 갈래. 세 가닥.

삼차 (三次) 〖명〗 **1** 세 차례. **2** 〖수〗 멱수(冪數)가 3인 차(次).

삼차 곡선 (三次曲線)[-썬] 〖수〗 삼차 방정식이 나타내는 곡선.

삼차 방정식 (三次方程式) 〖수〗 미지수의 가장 높은 멱(冪)을 가진 항이 3차인 방정식《$ax^3+bx^2+cx=0$ 따위》.

삼차 산:업 (三次産業) '제삼차 산업'의 준말.

삼차-색 (三次色) 〖명〗 두 빛깔을 섞은 색에 다른 빛을 하나 더 섞은 색.

삼차 신경 (三叉神經) 〖생〗 다섯 번째의 뇌신경. 눈·위턱·아래턱의 세 신경으로 나뉨《안면(顔面)·비강(鼻腔) 및 구강 점막(口腔粘膜) 등의 지각과 저작근(咀嚼筋)의 운동을 맡음》.

삼차 신경통 (三叉神經痛) 〖의〗 삼차 신경의 지각지(知覺枝)에 일어나는 신경통. 얼굴 한쪽에 심한 경련이 일고 동통이 후두부·견갑부(肩胛部)에 오는 병. 속칭은 안면 신경통.

삼-차원 (三次元) 〖명〗 가로·세로·높이로 표현되는 차원이 셋 있는 입체적 공간.

삼차원 세:계 (三次元世界)[-/-게] 〖물〗 차원이 셋인 공간의 현실적 세계. ＊시공(時空) 세계.

삼차원 영화 (三次元映畵)[-녕-] 〖명〗 입체 영화.

삼창 (三唱) 〖명〗〖하타〗 세 번 부름. ꠲ 일제히 큰 소리로 만세를 ～하다.

삼채 (三彩) 〖명〗 녹·황·백으로 채색한 도자기.

삼척 (三尺) 〖명〗 **1** '삼척검'의 준말. **2** '삼척법'의 준말.

삼척-검 (三尺劍)[-껌] 〖명〗 석 자 길이의 긴 칼. ⇨삼척(三尺).

삼척-동자 (三尺童子)[-똥-] 〖명〗 키가 석 자에 지나지 않는 아이. 곧, 철없는 어린아이. ꠲ 그 정도는 ～라도 알 수 있다.

삼척-법 (三尺法)[-뻡] 〖명〗 고대 중국에서 석 자 길이의 죽간(竹簡)에 법률(法律)을 썼던 고사(故事)에서, 법률을 이르는 말. ⇨삼척(三尺).

삼척-장검 (三尺長劍)[-짱-] 〖명〗 길고 큰 칼.

삼척-추수 (三尺秋水) 〖명〗 날이 퍼렇게 선 긴 칼.

삼천 (三遷)[-천자] 〖명〗 **1** 세 번 옮기거나 이사함. **2** '삼천지교'의 준말.

삼천 (三千) 〖명〗 〖불〗 천태종에서, 만물(萬物)을 통틀어 이르는 말.

삼천-갑자 (三千甲子)[-짜] 〖명〗 **1** 육십갑자의 삼천 배. 곧, 18만 년. **2** 꼭두각시놀음에 나오는 검은 머리ের 늙은이.

삼천갑자 동방삭 (⇨) 중국 전한(前漢)의 동방삭이 18만 살이나 살았다 하는 데서 장수하는 사람의 비유.

삼천 대:천세계 (三千大千世界)[-/-게] 〖불〗 수미산(須彌山)을 중심으로 이루어진 하나의 세계를 천 개 모은 것을 하나의 소천세계(小千世界)라 이르고, 이것을 천 개 모은 것을 하나의 중천세계(中千世界), 또 이것을 다시 천 개 합친 것을 대천세계(大千世界)라고 통틀어 일컫는 말. ⇨삼천 세계.

삼천-리 (三千里)[-철-] 명 우리나라의 남북 길이가 삼천 리라 하여 우리나라 전체를 일 컫는 말. ▢ ～ 방방곡곡 / ～를 유람하며 보고 싶다.

삼천리-강산 (三千里江山)[-철-] 명 우리나라 의 강산.

삼천리-강토 (三千里疆土)[-철-] 명 우리나라 의 강토. ▢ ～를 침범한 일본 제국주의.

삼천-만 (三千萬) 명 지난날, 우리나라의 인구 가 약 3천만이었을 때 국민 전체를 비유적으 로 일컫던 말. ▢ ～ 동포가 하나로 뭉치다.

삼천-발이 (三千-)[명] 삼천발잇과의 극피 (棘皮)동물. 대한 해협 등지에 분포하는데, 불가사리와 비슷하며, 몸빛은 흑갈색, 복(輻) 은 팔 모양으로 다섯 개, 지름이 약 12cm, 10 갈래로 갈라짐.

삼천-불 (三千佛) 명 [불] 과거세(過去世)의 천 불, 현재세의 천불 및 미래세의 천불.

삼천 세:계 (三千世界)[-/-게] 명 '삼천 대 천세계'의 준말.

삼천지교 (三遷之敎) 명 맹자의 어머니가 맹자 를 가르치기 위해 집을 세 번 옮긴 일. 맹모 삼천지교. 삼사(三徙). ☞삼천.

삼-첨판 (三尖瓣) 명 [생] 포유류의 심장에서, 우심실(右心室)과 우심방(右心房) 사이에 있 는 판막(심실이 수축할 때 혈액이 심방으로 역류(逆流)하는 것을 막음).

삼첩-계 (三疊系)[-계/-게] 명 [지] 중생대 삼 첩기에 퇴적한 지층. 트라이아스계.

삼첩-기 (三疊紀)[-끼] 명 [지] 트라이아스기.

삼첩-지 (三疊紙·三貼紙)[-찌] 명 백지보다 두 껍고 길이와 폭이 곱쟁 누르께한 종이.

삼청 (三靑) 명 동양화에서, 진채(眞彩)의 하 나. 하늘빛같이 푸른빛.

삼청 (三淸) 명 도교(道敎)에서, 옥청(玉淸)·상 청(上淸)·태청(太淸)을 일컫는 말(신선이 산 다 함).

삼청 (三請) 명 [민] 노래 따위를 잇따라 세 번 청함. ▢ ～을 받다.

삼청 (三廳) 명 [역] 금군청.

삼청-냉돌 (三廳冷突) 명 불을 안 때던 금군 (禁軍)의 삼청 방에서 유래한 말로, 차디찬 방의 비유. ▢ ～에서 자고 일어났다.

삼청-좌 (三請座) 명하다 혼인 때, 신부 집에서 신랑이 오기를 세 번 청함.

삼체 (三體) 명 1 세 개의 형체나 물체. 2 [물] 물질의 세 가지 상태. 곧, 고체·액체·기체. 3 해서(楷書)·초서(草書)·행서(行書)의 세 서 체. 4 중국 명(明)나라 때부터 쓰인, 그림을 그 리는 세 가지 기법. 곧 해체(楷體)·초체(草體)· 행체(行體).

삼체 웅예 (三體雄蕊) [식] 수술이 세 몸으로 되어 있는 화생(合生) 수술의 하나(고추나물 의 수술 따위).

삼초 (三焦·三膲) [한의] 육부(六腑)의 하 나. 상초·중초·하초로 나뉨(상초(上焦)는 심 장 위, 중초(中焦)는 위경(胃經) 속, 하초(下 焦)는 방광 위에 있어, 각각 음식의 흡수·소 화·배설을 맡는다 함).

삼초 룰 (三秒rule) 명 농구에서, 공을 가지고 있 는 팀의 선수가 상대편 바스켓에 가까운 제 한 구역 안에 3초 이상 머무는 것을 금지하 는 규칙. 이 규칙을 위반하면 반칙이 됨.

삼촌 (三寸) 명 1 세 치. 2 아버지의 형제.

삼촌-댁 (三寸宅)[-땍] 명 [속] 숙모.

삼촌불률 (三寸不律) 명 길이가 세 치밖에 안

되는 짧은 붓.

삼촌-설 (三寸舌) 명 세 치 길이밖에 안 되는 사람의 짧은 혀라는 뜻으로, 뛰어난 언변을 비유하는 말.

삼추 (三秋) 명 1 가을의 석 달. 구추(九秋). 2 세 해의 가을. 곧, 삼 년의 세월. 3 긴 세월. ▢ 하루가 ～ 같다.

삼춘 (三春) 명 1 봄의 석 달. 곧, 맹춘(孟春)· 중춘(仲春)·계춘(季春). 2 세 해의 봄.

삼출 (滲出) 명하다 1 액체가 안에서 밖으로 스 며 나옴. ▢ 노후한 하수관에서 물이 ～되다. 2 [의] 혈관·림프관 등의 맥관(脈管)의 내용 물이 맥관 밖으로 스며 나오는 일.

삼출성 결핵 (滲出性結核)[-썽-] [의] 삼출성 염이 생기는 결핵(발열·객담이 심하며 화학 요법이 잘 듣지 아니함).

삼출성-염 (滲出性炎)[-썽념] 명 [의] 삼출을 주로 하는 급성 염증의 총칭.

삼출-액 (滲出液) 명 1 내부에서 표면으로 스며 나오는 액체. 2 [의] 염증이 있을 때 혈관 밖 으로 액체가 나와 병소(病巢)에 모인 물질.

삼취 (三吹) 명 지난날, 군대가 출발할 때 세 번 나팔을 불던 일.

삼취 (三娶) 명하다 세 번째 장가감. 또는 그 세 번째 아내. 삼실(三室).

삼층-밥 (三層-)[-빱] 명 삼 층이 되게 지은 밥. 즉, 맨 위는 설거나 죽처럼 질게 되고, 중간은 제대로 되고, 맨 밑은 타게 된 밥을 농으로 이르는 말. ▢ 신혼 때는 ～도 달게 먹 었다.

삼층-장 (三層欌)[-짱] 명 삼 층으로 된 옷장.

삼치 명 [어] 고등엇과의 바닷물고기. 몸길이 1 m 정도, 빛깔은 연청색(鉛靑色)을 띠고, 등 쪽에 짙은 청갈색 무늬가 있으며, 배는 흼. 식용하며 봄철에 산란함. 한국·일본·오스트 레일리아 등지의 연해에 분포함.

삼치-구이 명 삼치를 토막 내서 양념하거나 소금만을 뿌려 구운 반찬.

삼친 (三親) 명 세 가지의 가장 친한 관계. 곧, 부자(父子)·부부·형제.

삼칠 (三七) 명 1 '삼칠제2'의 준말. 2 '스물한 살'의 별칭. 3 세이레.

삼칠-근 (三七根) 명 [한의] 삼칠초의 뿌리(지 혈제·강장제로 씀).

삼칠-일 (三七日) 명 [민] 세이레.

삼칠일 금기 (三七日禁忌) 명 아이를 낳은 지 세이 레 동안 지키는, 여러 가지 꺼리는 일들.

삼칠-제 (三七制)[-쩨] 명 1 지난날, 수확한 곡 식의 3할은 지주에게 주고, 나머지 7할은 소 작인이 가지던 제도. 2 이익금을 분배할 때, 한쪽이 3할을 가지고 다른 한쪽이 7할을 가 지는 방법. ☞삼칠.

삼-칼 명 삼의 잎을 치는, 나무로 만든 칼.

삼-칼 (蔘-) 명 수삼(水蔘)으로 백삼(白蔘)을 만들 때 껍질을 긁는 대나무 칼.

삼키다 타 1 입에 넣어 목구멍으로 넘기다(비 유적으로도 씀). ▢ 알약을 ～ / 뱀이 개구리 를 ～ / 물결이 사람을 ～. 2 남의 것을 불법으 로 차지하다. ▢ 남의 땅을 ～. 3 나오는 눈물 이나 웃음 따위를 억지로 참다. ▢ 눈물을 ～.

삼탄 (三歎) 명하다 1 여러 번 한탄함. 2 여러 번 감탄함.

삼탄 (滲炭) 명하다 탄소 또는 고온에서 탄소를 발생하는 물질을 철과 함께 가열하여, 탄소 를 철 속에 스며들게 하는 일.

삼탄-강 (滲炭鋼) 명 표면만을 삼탄(滲炭)해서 굳힌 강철(마찰이나 닳아 없어지는 일에 잘 견딤).

삼태 (三胎) 圐 삼태생.

삼태-그물 圐 삼태정 모양으로 대를 결어 만든 그물.

삼태기 圐 대오리·짚·싸리 등으로 엮어 흙·거름 따위를 담아 나르는 그릇. ▢~로 흙을 담아 나르다.
[삼태기로 앞 가리기] 속이 빤히 들여다보이는 일을 속이려 드는 어리석음을 비유한 말.

삼태-불 圐 채소, 특히 숙주·콩나물 따위의 뿌리에 많이 난 잔뿌리.

삼태-생 (三胎生) 圐 한 태에서 세 아이를 낳음. 또는 그 아이들. 삼태.

삼태-성 (三台星) 圐〖천〗큰곰자리에 딸린 자미성을 지키는 별. 각 한 쌍씩인 상태성·중태성·하태성으로 이루어짐.

삼태-육경 (三台六卿) [-경] 〖역〗삼정승과 육조 판서. 삼공육경.

삼탯-국 (三太-) [-태쑥 /-탣쑥] 圐 콩나물·두부·쇠고기 및 고추장을 풀어서 끓인 국. 삼태탕. ▢~으로 해장하다.

삼토 (三吐) 圐 신분이 높은 사람이 방문객을 친절히 맞이함을 일컫는 말(중국 고사에서 유래함).

삼토 (參土) 圐 인삼을 재배하기 위하여 거름한 땅. 그루를 확보해 둔다.

삼투 (滲透) 圐[하자] 1 액체 따위가 스미어 들어감. 2 〖물〗농도가 다른 두 액체를 반투막(半透膜)으로 막아 놓았을 때, 농도가 낮은 쪽의 용매가 막을 통하여 농도가 높은 쪽으로 옮겨 가는 현상.

삼투-압 (滲透壓) 圐 〖물〗삼투 현상이 일어날 때 반투막(半透膜)이 받는 압력. 침투압.

삼투 작용 (滲透作用) 〖물〗반투막을 사이에 두고 농도가 다른 두 가지 용액이 있을 때, 두 용액의 농도가 서로 같아질 때까지 낮은 농도의 용매가 높은 농도의 용액 속으로 이동해 가는 작용.

삼파-전 (三巴戰) 圐 셋이 어우러져 싸움. 또는 그런 싸움. ▢결승전은 결국 명문 팀 간의 ~으로 압축되었다.

삼판 (三板) 圐 '삼판선'의 준말.

삼판 (杉板) 圐 삼나무로 된 널빤지.

삼판-선 (三板船) 圐 항구 안에서 사람·물건을 실어 나르는 거룻배. ⬪삼판.

삼판-양승 (三-兩勝) [-냥-] 圐[하타] 내기나 승부를 겨룰 때 세 판 중에서 두 판을 이김. 또는 그렇게 겨루는 일. ▢결승전은 ~으로 승부를 겨루다.

삼팔-따라지 (三八-) 圐 1 노름판에서 세 끗과 여덟 끗을 합하여 된 한 끗. 2〈속〉삼팔선 이북에서 월남한 동포의 일컬음.

삼팔-선 (三八線) [-썬] 圐 '삼십팔도선'의 준말.

삼포 (三包) 圐〖건〗세 겹으로 된 공포(栱包).

삼포 (三浦) 圐〖역〗조선 세종 때, 왜인과 통신·교역을 하기 위해 개항한 세 항구. 곧, 동래의 부산포(釜山浦), 웅천(熊川)의 제포(薺浦), 울산(蔚山)의 염포(塩浦).

삼포 (蔘圃) 圐 인삼을 재배하는 밭. 삼밭. 삼장(蔘場).

삼포식 농법 (三圃式農法) 圐 '삼포식 농법'의 준말.

삼포식 농법 (三圃式農法) [-싱-뻡] 圐 농지를 셋으로 구분해서 매년 그 삼분의 일씩을 휴경지(休耕地)로 하여 지력(地力)을 회복시키는 농사법. 삼포 농법. ⬪삼포식(三圃式).

삼품 (三品) 圐〖역〗1 벼슬의 셋째 품계(正·從이 있음). 2 중국 서화에서, 세 가지 품격. 곧, 신품(神品)·묘품(妙品)·능품(能

品). **3** 선비의 세 가지 품위. 곧, 도덕(道德)·공명(功名)·부귀(富貴)의 세 가지에 뜻을 두는 선비의 품위.

삼하 (三下) 圐〖역〗시문(詩文)을 평가하는 12등급으로 나눈 중에서 아홉째 급(級). 곧, 셋째 등(等)의 셋째 급.

삼하 (三夏) 圐 1 여름의 석 달 동안. 2 세 해의 여름.

삼-하늘소 [-쏘] 圐〖충〗하늘솟과의 벌레. 몸길이가 9-16mm, 등은 암회색, 앞가슴 및 겉날개는 회백색임. 삼밭에 사는 벌레는 '삼벌레'라 하며 삼 줄기를 파먹는 해충임. 마천우(麻天牛). 대마천우.

삼-하다 閣 어린아이의 성질이 순하지 않고 사납다.

삼-하다 閣 어린아이.

삼학 (三學) 圐 1 〖불〗불교의 세 가지 학문. 곧, 오계(五戒)·팔계(八戒) 등의 계학(戒學)과 사선(四禪)·구상(九想) 등의 정학(定學)과 사제(四諦)·십이 인연(十二因緣) 등의 혜학(慧學). 2 〖역〗조선 시대에, 음양과에서 공부를 가르쳐 보이던 세 과목. 곧, 천문·지리·명과(命課). 3 도학(道學)·유학(儒學)·불학(佛學).

삼한 (三瀚) 圐 삼순(三旬)1.

삼한 (三韓) 圐〖역〗상고 시대에 우리나라 남쪽에 있던 마한·진한·변한을 이름.

삼한-갑족 (三韓甲族) [-쪽] 圐 우리나라에서, 예로부터 대대로 문벌이 높은 집안.

삼한 사:온 (三寒四溫) 겨울철에 한국·만주·중국 등지에서 추운 날씨가 약 3일 계속되다가 다음에 따뜻한 날씨가 4 일가량 계속되는 주기적 기후 현상.

삼한-중보 (三韓重寶) 圐 고려 중엽에 쓰던 엽전. 둥근 모양이며, 가운데에 정사각형의 구멍이 있음.

삼한-통보 (三韓通寶) 圐 고려 중엽에 쓰던 엽전의 한 가지.

삼-할미 圐 해산 일을 돕는 노파를 낮추어 일컫는 말.

삼합 (三緘) 圐〖불〗몸과 입과 뜻을 삼가라는 뜻으로, 절의 큰방 뒷벽에 써 붙이는 글.

삼합-미음 (三合米飮) [-함-] 圐 해삼과 홍합과 쇠고기를 넣고 물을 부어 충분히 끓인 뒤에 찹쌀을 넣고 더 고아서 체에 밭친 미음.

삼합-사 (三合-씨) 圐 삼겹실.

삼함-식 (三項式) 圐〖수〗다항식의 하나. 항(項)이 셋인 수식(數式).

삼해리-설 (三海里說) 圐 국제법상, 간조 때의 물가에서 바다 쪽으로 3 해리를 그 나라의 영해로 하는 설.

삼행 (三行) 圐[하자] 1 삼도(三道)1. 2 신랑이 세 번째로 처가에 인사하러 감. 또는 그 인사.

삼헌 (三獻) 圐[하자] 제사 때, 술잔을 초헌(初獻)·아헌(亞獻)·종헌(終獻)에 세 번 올림.

삼-헌관 (三獻官) 圐 나라에서 제사 지낼 때, 술을 부어 올리는 일을 맡은 세 벼슬아치. 곧, 초(初)헌관·아(亞)헌관·종(終)헌관.

삼혁 오:인 (三革五刃) 圐 갑옷·투구·방패의 세 가지 가죽 무장(武裝)과 칼[刀]·큰 칼[劍]·세모창[矛]·가지 달린 창[戟]·화살[矢]의 다섯 가지 쇠붙이 무기.

삼현 (三絃) 圐〖악〗세 가지 현악기. 곧, 거문고·가야금·향비파.

삼현-금 (三絃琴) 圐〖악〗줄이 셋인 거문고.

삼-현령 (三懸鈴) [-현-] 圐[하자] 〖역〗급한 공문을 보낼 때 봉투에 동그라미 셋을 찍던 일.

삼현 육각 (三絃六角) [-뉵깍] 〖악〗1 삼현과

육각의 여러 악기. **2** 두 개의 피리와 대금·해금·장구·북이 각각 하나씩 편성되는 풍류.

삼혈-포 (三穴砲)[-포] 〖역〗조선 후기에, 총신이 세 개가 겹쳐 있는 총. 삼안포(三眼砲).

삼형제-별 (三兄弟-) 〖천〗오리온자리 중앙에 나란히 있는 세 개의 큰 별.

삼혜 (三慧)[-/-혜] 몡 〖불〗세 가지 지혜. 경전을 들어서 아는 문혜(聞慧), 진리를 생각하여 깨닫는 사혜(思慧) 및 선정(禪定)을 닦아서 얻는 수혜(修慧).

삼혹 (三惑) 몡 〖불〗도를 닦는 데 방해가 되는 세 가지. 곧, 견사혹(見思惑)·진사혹(塵沙惑)·무명혹(無明惑).

삼혼 (三魂) 몡 도교(道敎)에서, 사람의 몸 가운데 있다는 세 가지 정혼(精魂). 곧, 태광(台光)·상령(爽靈)·유정(幽精), 삼정(三精).

삼혼-칠백 (三魂七魄) 몡 사람들의 혼백을 통틀어 일컫는 말.

삼화 (三和) 몡 〖불〗근(根)·경(境)·식(識) 세 가지의 화합.

삼-화음 (三和音) 몡 〖악〗어떤 음(音) 위에 3도와 5도의 음정을 가진 음을 겹쳐서 만든 화음. 트라이어드.

삼환-설 (三丸說) 몡 조선 때의 학자 김석문(金錫文)이 주장한, 태양·달·지구가 모두 둥글다는 학설.

삼황 (三皇) 몡 중국 고대 전설에 나오는 세 임금. 천황씨(天皇氏)·지황씨(地皇氏)·인황씨(人皇氏), 또는 수인씨(燧人氏)·복희씨(伏羲氏)·신농씨(神農氏).

삼-회장 (三回裝·三回粧) 몡 여자 저고리에 갖추어진 세 가지 회장. 곧, 깃·소맷부리·겨드랑이에 대는 회장.

삼회장-저고리 (三回裝-) 몡 삼회장을 댄 저고리. 젊은 핫어미나 처녀들이 흔히 입음.

삼효 (三孝) 몡 유교에서 말하는 세 가지 효도. 우선 어버이를 우러러 받들고, 다음에 어버이를 욕보이지 않으며, 끝으로 어버이를 잘 봉양하는 일《예기(禮記)에 나오는 말》.

삼-희성 (三喜聲)[-히-] 몡 마음을 기쁘게 하는 세 가지 소리. 곧, 다듬이 소리·글 읽는 소리·갓난아이의 우는 소리를 이름. ↔삼악성(三惡聲).

삽 몡 땅을 파고 흙을 뜨는 데 쓰는 연장. ▣흙을 한 ~ 뜨다 / 시멘트를 ~으로 개다 / ~과 곡괭이로 구덩이를 파다.

-삽- 〔선어미〕'-사옵-'의 준말. ▣먹~고.

삽-괭이 [-괭이] 몡 볼이 좁고 자루가 긴 괭이《논의 물꼬를 보는 데 흔히 씀》.

삽구 (揷句)[-꾸] 몡 글 한가운데에 덧붙이는 구를 넣음. 또는 그 구.

삽뇨-증 (澁尿症)[삽-쯩] 몡 〖한의〗오줌소태.

삽도 (揷圖)[-또] 몡 〖인〗삽화(揷畵).

삽두 몡 〖식〗〈옛〉삽주.

삽말 (揷-)[삼-] 몡하자 말뚝을 박음.

삽목 (揷木)[삼-] 몡하타 꺾꽂이.

삽미 (澁味)[삼-] 몡 떫은맛.

삽사리 [-싸-] 몡 **1** 털이 복슬복슬하게 많이 난 개 품종의 하나. 천연기념물 제368호. 삽살개. **2** 〖충〗메뚜깃과의 곤충. 몸길이 2~3cm, 빛은 황색, 날개는 회황색임. 수컷은 앞날개를 문질러 '삽사삽사' 소리를 냄. 여름에 풀밭에서 욺.

삽살가히 몡 〈옛〉삽살개.

삽살-개 [-쌀-] 몡 삽사리.

삽삽-하다 (颯颯-)[-싸파-] 혱어 바람이 느끼기에 쌀쌀하다.

삽삽-하다 (澁澁-)[-싸파-] 혱어 **1** 매끄럽지 않고 껄껄하다. **2** 맛이 매우 떫다. **3** 말이나 글이 분명치 못해 이해하기 어렵다.

삽상-하다 (颯爽-)[-쌍-] 혱어 **1** 바람이 시원하게 불어 마음이 상쾌하다. **2** 씩씩하고 시원스럽다.

삽수 (揷穗)[-쑤] 몡 꺾꽂이에 쓰는 묘목.

삽시 (揷匙)[-씨] 몡 제사 때 숟가락을 메에 꽂음. 또는 그런 의식.

삽시 (霎時)[-씨] 몡 '삽시간(霎時間)'의 준말.

삽시-간 (霎時間)[-씨-] 몡 (주로 '삽시간에'의 꼴로 쓰여) 극히 짧은 시간. 일순간. ▣들판은 ~에 물바다가 되었다. ㉜삽시(霎時).

삽앙 (揷秧) 몡하자 논에 모를 심음.

삽어 (澁語) 몡 떠듬거리는 말.

삽연-하다 (颯然-) 혱어 바람이 가볍고 시원하다. ▣삽연히 틧

삽요-사 (揷腰辭) 몡 〖언〗접요사(接腰辭).

삽입 (揷入) 몡하타 끼워 넣음. ▣항문에 좌약을 ~하다 / 효과음으로 대포 소리를 ~하다 / 수정된 조항이 ~되다 / 추가 설명문을 ~시키다.

삽입-곡 (揷入曲)[사밉곡] 몡 에피소드.

삽입-구 (揷入句)[사밉꾸] 몡 **1** 〖문〗어떤 문장 속에, 그 문장의 구조를 변경시키지 않으면서 삽입한 영탄(詠歎)이나 설명 따위의 어구(語句). **2** 〖악〗악곡 가운데 주제의 사이에 삽입된 부분.

삽제 (澁劑)[-쩨] 몡 맛이 떫은 약제.

삽주 [-쭈] 몡 〖식〗국화과의 여러해살이풀. 산과 들, 언덕 등에 나는데, 높이 50cm 가량. 잎은 달걀 모양의 타원형임. 가을에 연보라를 띤 흰 꽃이 핌. 어린잎은 식용하며, 뿌리는 한방에서 '백출(白朮)·창출(蒼朮)'이라 하여 이뇨(利尿)·건위(健胃)제로 씀. 산강(山薑). 산계(山薊). 산정(山精).

삽주-벌레 [-쭈-] 몡 〖충〗삽주벌렛과의 곤충. 몸길이 약 1.5mm. 빛은 짙은 갈색. 앞뒤 날개는 막대 같고 긴 털이 빽빽이 남. 벼의 해충(害蟲)임.

삽지 (揷枝)[-찌] 몡하자 꺾꽂이.

삽지 (揷紙)[-찌] 몡하자 〖인〗인쇄할 때, 기계에 종이를 먹임.

삽지-공 (揷紙工)[-찌-] 몡 〖인〗인쇄할 때, 기계에 종이를 먹이는 사람.

삽-질 [-찔] 몡하자 삽으로 땅을 파거나 흙을 떠냄. 또는 그런 일. ▣~이 제법 능란하다.

삽-짝 몡 '사립짝'의 준말.

삽-차 (-車) 몡 유압을 이용하여 기계 삽으로 땅을 파내는 차. 포클레인.

삽체 (澁滯) 몡하자 일이 막혀 잘 나가지 못함.

삽탄 (揷彈) 몡하타 총기에 탄알을 삽입함.

삽혈 (歃血)[사폘] 몡하자 옛날에, 서로 맹세할 때 짐승의 피를 나누어 마시거나 입가에 바르던 일.

삽화 (揷花)[사꽈] 몡하자 꽃꽂이.

삽화 (揷話)[사꽈] 몡 이야기·문장 가운데서 본 줄거리와 관계없는 이야기. 에피소드(episode).

삽화 (揷畵)[사꽈] 몡 〖인〗서적·신문·잡지 등에 삽입하여 내용을 보완하거나 이해를 돕도록 하는 그림. 삽도(揷圖).

삽화-가 (揷畵家)[사꽈-] 몡 삽화를 그리는 것을 업으로 하는 사람.

삿[삳] 몡 '삿자리'의 준말.

삿[삳] 〈옛〉 **1** 삿. **2** 사이.

삿-갓 [삳깓] 몡 **1** 비나 햇볕을 가리기 위해 대오리나 갈대로 거칠게 엮어서 만든 갓. **2** 〖식〗버섯의 균산(菌傘).

삿갓(을) 씌우다 ㉮ 손해를 보게 하거나 책임을 지우다.

삿갓-가마 [삳깓까—] 명 예전에, 초상 중에 상제가 타던 가마(가마 가장자리에 흰 휘장을 두르고 위에 큰 삿갓을 얹음). 초교(草轎).

삿갓-구름 [삳깓꾸—] 명 외따로 떨어진 산봉우리 꼭대기 부근에 걸리는 삿갓 모양의 구름.

삿갓-나물 [삳깓—] 명 《식》 우산나물.

삿갓-들이 [삳깓뜨리] 명 논에 아주 드물게 심은 모.

삿갓-반자 [삳깓빤—] 명 삿갓처럼 가운데가 높은 형태로 천장을 꾸미지 않고 그대로 바른 반자.

삿갓-버섯 [삳깓뻐섣] 명 《식》 학버섯.

삿갓-연 (—椽)[삳깓년] 명 《건》 내부의 지붕 밑에 천장이 없이 드러나 보이게 한 서까래. 삿갓서까래.

삿갓-장이 [삳깓짱—] 명 삿갓을 만드는 일을 업으로 하는 사람. *갓장이.

삿갓-쟁이 [삳깓쨍—] 명 삿갓을 쓰고 다니는 사람의 낮춤말.

삿갓-집 [삳깓찝] 명 《건》 지붕을 삿갓 모양으로 지은 집.

삿기 명 〈옛〉 새끼².

삿:대 [삳때] 명 '상앗대'의 준말. ▢ 강가의 배를 ～로 밀어 강 가운데로 나가다.

삿:대-질 [삳때—] 명㉵자 1 '상앗대질'의 준말. 2 마구 대듦. 주먹이나 손가락으로 상대의 얼굴을 향해 푹푹 내지르는 짓. ～을 하며 대들다 / 얻다 대고 ～이야.

삿-되다 (私—)[사뙤—][사뛔—] 형 보기에 하는 짓이 사사롭다.

삿-되다 (邪—)[사뙤—/사뛔—] 형 보기에 하는 짓이 떳떳하지 못하고 나쁘다.

삿-반 (—般)[삳빤] 명 갈대로 채반같이 만든 그릇. ▢ ～에 찐 고구마를 담아내다.

삿-자리 [삳짜—] 명 갈대를 엮어서 만든 자리. ▢ 평상에 ～를 깔다. ⑥삿.

삿자리-깔음 [삳짜—까름] 명 《건》 삿자리를 결어 놓은 무늬 모양으로 돌·벽돌·타일 따위를 까는 일.

삿자리-장 (—欌)[삳짜—] 명 앞면의 알갱이 등을 삿자리로 대어 만든 장.

상: (上) 명 1 '상감 (上監)'의 준말. 2 품질이나 등급 따위가 가장 빼어남. ▢ 이 제품의 품질 등급은 ～이다. 3 물체의 위아래를 이르는 말. ▢ 지구 ～ / 도로 ～. ↔하(下).

상 (床) 명 음식을 차려 내거나 책 따위를 올려 놓을 수 있게 만든 가구의 총칭(소반·평상 따위). ▢ ～을 보다 / ～을 물리다 / ～을 치우다 / 떡 벌어지게 한 ～ 차리다.

상 (相) 명 1 관상에서, 얼굴의 생김새. 2 얼굴이 부자될 ～이다. 2 그때그때 나타나는 얼굴의 표정.

상(을) 보다 ㉮ 사람의 얼굴·골격·체격 따위나 지세(地勢)를 살펴보고 그 운명·길흉을 점치다.

상(을) 보이다 ㉮ 관상쟁이 같은 사람에게 상을 보게 하다.

상 (祥) 명 소상 (小祥)과 대상 (大祥)의 총칭.

상 (商) 명 1《수》'몫'의 구용어. ↔적(積). 2 《악》동양 음악의 오음 (五音)의 하나. 곧, 궁 (宮)을 주음 (主音)으로 하여 둘째 음. 3 '상업'의 준말.

상 (喪) 명 1 '거상 (居喪)'의 준말. ▢ ～을 당하다. 2 부모·승중 (承重)의 조부모·증조부모와 맏아들의 상사에 대한 의례. ▢ ～을 치르다.

상 (象) 명 '象' 자를 새긴 장기짝의 하나. 양편

상객

에 각각 둘씩 넷이 있고, 앞으로 세 칸, 옆으로 두 칸 건너 있는 밭으로 다님.

상 (想) 명 1 작품을 제작하는 작자의 생각. ▢ 좋은 ～이 떠오르다. 2《불》대상 (對象)을 속으로 가만히 생각하는 일.

상 (像) 명 1 부처·사람·동물 등의 형체를 조각하거나 그린 것. 2 '가장 바람직한 모습'을 나타내는 말. ▢ 지도자～ / 교사～. 3《물》광원 (光源)에서 비치는 광선이 거울이나 렌즈에 의하여 굴절 또는 반사한 뒤에 다시 모여 생긴 원래의 발광 물체의 형상. ▢ ～을 맺다.

상 (賞) 명 잘한 일이나 우수한 성과를 칭찬해 주는 표적. ▢ ～을 타다 / ～을 주다 / ～을 내리다 / ～으로 손목시계를 받았다.

-상 (上) 🅟 일부 명사 뒤에 붙어, '…에 관하여'·'…에 따라서'·'…의 관계로'의 뜻을 나타내는 말. ▢ 관습～ / 체면～ / 절차～.

-상 (狀) 🅟 '모양'·'상태'의 뜻을 나타내는 말. ▢ 연쇄～ / 나선～ / 포도～.

-상 (商) 🅟 '장사'·'장수'의 뜻을 나타내는 말. ▢ 잡화～ / 고물～.

상가 (桑稼) 명 누에 치는 일과 농사짓는 일.

상가 (商家) 명 장사하는 집. ▢ ～가 모두 문을 닫았다.

상가 (商街) 명 가게가 죽 늘어서 있는 거리. ▢ 도매 ～ / 지하에 ～가 형성되다 / ～에서 쇼핑을 하다.

상가 (喪家) 명 1 사람이 죽어 장례를 치르는 집. 상갓집. 2 상제의 집.

상가-아파트 (←商街apartment) 명 건물의 일부가 각각 상가와 아파트로 된 건축물.

상가 평균 (相加平均)《수》산술 (算術) 평균. ↔상승(相乘) 평균.

상각 (償却) 명㉵자 1 보상하여 갚아 줌. 2《경》'감가상각'의 준말.

상간 (相姦) 명㉵자 남녀가 도리를 어겨 사사로이 정을 통함.

상간-혼 (相姦婚) 명 간통으로 이혼 또는 형의 선고를 받은 사람과 상간자가 결혼하는 일.

상:감 (上監) 명 '임금'의 높임말. ⑥상(上).

상감 (象嵌) 명 1 금속·도자기 등의 표면에 여러 가지 무늬를 파서 그 속에 금은 (金銀) 등을 넣어 채우는 기술. 또는 그 작품. 2 연판(鉛版) 등의 오자 (誤字)만을 갈아 내는 일. 상안(象眼).

상:감-마마 (上監媽媽) 명 〈궁〉 상감(上監).

상감 세:공 (象嵌細工) 귀금속·도자기 등의 표면에 상감을 하는 세공.

상감 청자 (象嵌靑瓷)《공》상감 기법을 이용하여 무늬를 놓은 청자.

상:-갑판 (上甲板) 명 배의 이물에서 고물까지 통하는 갑판 중 제일 위층에 있는 갑판.

상갓-집 (喪家—)[—가찝 / —간찝] 명 상가(喪家)1. ▢ ～에서 밤샘하다.

상강 (霜降) 명 이십사절기의 하나. 서리가 내리기 시작할 무렵으로 양력 10월 24일경.

상개 (床蓋) 명 온상의 온도가 내려가거나 수분이 증발되는 것 등을 막기 위하여 덮는 온상의 뚜껑.

상:객 (上客) 명 1 자기보다 지위가 높은 손님. 중요한 손님. 상빈(上賓). 2 위요 (圍繞)². ▢ 조카 혼인에 ～으로 가다.

상객 (商客) 명 타향으로 다니며 장사하는 사람. 상려 (商旅).

상객 (常客) 명 늘 찾아오는 손님. 단골손님. 고객 (顧客).

상거(相距)[명][하자] 서로 떨어져 있음. 또는 떨어져 있는 두 곳의 거리.

상-거래(商去來)[명] 상업상의 거래. ▢ ~가 활발하다.

상:-거지(上-)[명] 아주 말할 수 없을 정도로 불쌍한 거지. ▢ 거지 중의 ~.

상:건(上件)[-껀][명] 1 품질이 제일 좋은 물건. 2 앞서 말한 사건.

상건(床巾)[-껀][명] 1 상보(床褓). 2 예식이나 잔치에 쓰는, 다리가 긴 상의 아래를 가리는 헝겊.

상-것(常-)[-껀][명] 1 예전에, 양반이 평민을 낮추어 이르던 말. 2 남을 심하게 욕하는 말.

상:게(上揭)[명][하타] 위에 게재하거나 게시함. ▢ ~의 도표.

상격(相格)[명] 관상에서, 얼굴의 생김새. ▢ ~이 귀상(貴相)이다.

상격(相隔)[명][하자] 서로 떨어져 있음.

상격(賞格)[명] 1 공로의 대소에 따라 상을 주는 격식. 2《역》과거에 급제한 사람을 격려하기 위해 임금이 하사하던 책. 상전(賞典).

상:견(上繭)[명] 기계 제사(製絲)의 원료가 되는, 질이 좋은 누에고치.

상견(相見)[명][하타] 서로 만나 봄.

상견(常見)[명]《불》세계나 모든 존재는 영겁 불변의 실재이며, 사람은 죽으나 자아는 멸하지 않는다는 고집스럽고 그릇된 믿음. ↔ 단견(斷見).

상:견(想見)[명][하타] 1 지난 일이나 일어날 일을 생각해 봄. 2 그리워함.

상견-례(相見禮)[-네][명] 1 공식적으로 서로 만나 보는 예. ▢ 양당 원내 총무의 ~. 2 결혼식에서 신랑 신부가 마주 서서 절하는 일. ▢ 신랑 신부의 ~. 3《역》고려·조선 때, 새로 임명된 사부(師傅)·빈객(賓客)이 동궁을 뵙던 예.

상:경(上京)[명][하자] 지방에서 서울로 올라옴. 상락(上洛). 출경(出京). ▢ 집안이 가난해서 무작정 ~했다. ↔하경.

상:경(上卿)[명]《역》조선 때, 정일품(正一品)과 종일품의 판서.

상경(相敬)[명][하타] 1 마주 이야기를 할 때, 서로 경어를 씀. 2 서로 존경함.

상경(常經)[명] 사람이 마땅히 지켜야 할 떳떳한 도리.

상경(祥慶)[명] 기쁜 일. 경사스러운 일.

상:경지례(上敬之禮)[명]《가》모든 성인이나 천사의 지위보다 훨씬 높은 성모 마리아에 대한 특별한 공경. ✽흠숭지례.

상:계(上界)[-/-계][명]《불》'천상계(天上界)'의 준말. ↔하계(下界).

상:계(上計)[-/-계][명] 상책(上策). ↔하계(下計).

상:계(上啓)[-/-계][명][하타] 조정이나 윗사람에게 사정이나 의견을 아룀.

상계(相計)[-/-계][명][하타]《법》두 사람이 서로 같은 종류의 채무를 부담하고 있는 경우에, 서로 변제하는 대신에 당사자의 일방의 의사 표시에 따라 양쪽의 채무를 같은 액수만큼 소멸시키는 일. ▢ 두 나라의 수입과 수출을 ~하다.

상:계(商界)[-/-계][명] '상업계'의 준말.

상계(商計)[-/-계][명][하타] 1 생각하여 헤아림. 2 장사하는 수단. 상략(商略).

상계(詳計)[-/-계][명] 차근차근 계획한 꾀.

상계 계:약(相計契約)[-/-계계-]《법》두 사람 이상이 서로 채무(債務)를 지고 있는 경우, 상호 간의 채무를 같은 액수만큼 동시에 소멸시키는 계약.

상계 관세(相計關稅)[-/-계-]《경》차별 관세의 일종으로, 수출국이 수출 촉진을 위하여 지출하고 있는 교부금의 효과를 상계하기 위하여 수입국이 교부 금액만큼 부과하는 관세.

상:고(上古)[명] 1 아주 오랜 옛날. 상세(上世). 2《역》역사상 시대 구분의 하나. 문헌에 나타난 가장 오래된 옛날.

상:고(上考)[명] 예전에, 관리의 고시에서 성적이 뛰어남을 나타내던 말.

상:고(上告)[명][하타] 윗사람에게 아룀. 2《법》제이심 판결의 파기 또는 변경을 상급 법원에 신청하는 일. 불복상고. ▢ ~가 기각되다.

상고(尙古)[명][하타] 옛 문물을 귀하여 여김.

상고(相考)[명][하타] 서로 비교하여 고찰함.

상고(商高)[명] '상업 고등학교'의 준말.

상고(商賈)[명] 장수.

상고(喪故)[명] 상사(喪事). ▢ 집안에 ~가 나서 결근하다.

상고(詳考)[명][하타] 꼼꼼하게 따져서 참고하거나 검토함.

상고대[명] 나무나 풀에 내려 눈같이 된 서리. 몽송. 무송(霧淞). 수빙(樹氷). 수상. ▢ ~가 끼다.

상:고-대(上古代)[명] 상고 시대.

상:고-머리[명] 뒷머리를 치올려 깎고 앞머리는 약간 길게 두고 정수리를 평평하게 깎은 머리. 스포츠머리.

상고-배(商賈輩)[명] 장사치.

상:고 법원(上告法院)[명]《법》상고심을 하는 법원. 곧, 대법원.

상:고-사(上古史)[명]《역》상고 시대의 역사 《우리나라는 고조선 때부터 삼한(三韓) 시대까지》.

상고-선(商賈扇)[명] 품질이 낮은 부채.

상고-선(商賈船)[명] 장사할 물건을 싣고 다니는 작은 배.

상:고 시대(上古時代)[명] 상고의 시대. 상고대(上古代). 상대(上代).

상:고-심(上告審)[명]《법》상고한 소송 사건에 대한 심판.

상:고-장(上告狀)[-짱][명]《법》상고의 의사를 표시한 서류.

상:고-하포(上告下布)[명]《역》나라에 중대한 일이 있을 때, 위로 종묘에 고하고 아래로 백성에게 알리던 일.

상:공(上工)[명] 실력이 뛰어난 기술자.

상:공(上空)[명] 1 높은 하늘. ▢ ~에 연을 띄우다 / 헬기가 수백 미터 ~을 날고 있다. 2 어떤 지역 위에 있는 공중. ▢ 비행기는 대구 ~을 지나고 있다.

상공(相公)[명] '재상'의 높임말.

상공(商工)[명] '상공업'의 준말.

상공(翔空)[명][하자] 하늘을 날아다님.

상공-업(商工業)[명] 상업과 공업. ㉣상공.

상공 회:의소(商工會議所)[-이-]《경》상공업자들이 그 지방 상공업의 개선·발전을 도모하기 위해 조직한 특수 법인.

상과(桑果)[명]《식》복화과(複花果)의 한 종류. 짧은 꽃대에 많은 꽃이 한 덩어리로 피고 열매가 다닥다닥 붙음(오디·파인애플 따위).

상과(商科)[-꽈][명] 상업에 관한 교과목.

상:관(上官)[명][하자] 1 관공서나 군대에서 자기보다 직위나 계급이 윗자리인 사람. ▢ ~의 명령에 따르다. ↔부하·하관(下官). 2 도임(到任).

상관(相關)**명하자타 1** 서로 관련을 가짐. 또는 그 관계. 口이 일과 그 일은 아무런 ~이 없다 / 그 두 사건은 밀접하게 ~되어 있다. **2** 남의 일에 간섭함. 口남의 일에 ~하지 마시오. **3** 남녀가 육체관계를 맺음. 口유부녀와 ~하다. **4**〖물〗두 개의 양이나 현상이 어느 정도로 규칙성 있게 같은 시간에 변화되어 가는 성질.

상관 개:념(相關概念)〖논〗상대 개념 중 특히 관계가 깊어 서로 상대를 예상하게 되는 개념('위'와 '아래', '부(父)'와 자(子) 등).

상관 계:수(相關係數)[-/-게-]〖수〗두 변량(變量) 또는 현상 사이의 상관적 관계를 나타낸 계수.

상관-관계(相關關係)[-/-게]**명 1** 한쪽이 변하면 다른 한쪽도 따라서 변하는 관계. 口두 사물은 ~에 있다. **2**〖수〗한쪽이 증가하면 다른 한쪽도 증가 또는 감소하는 두 변량(變量) 사이의 통계적 관계.

상관-설(相關說)**명**〖철〗주관과 객관은 서로 분리할 수 없는 존재라는 인식론적인 이론.

상관-성(相關性)[-썽]**명** 두 가지의 사건이나 사물 사이에 서로 관계되는 성질. 口두 사건의 ~을 밝히다.

상-관습(商慣習)**명** 상거래에 관한 관행(에누리·덤 따위).

상관습-법(商慣習法)[-뻡]**명**〖법〗상거래에 관한 관행으로, 법의 성질을 가진 것《상거래에 관해서는 민법보다 우선적으로 적용됨》.

상관-없다(相關-)[-업따]**형 1** 서로 관계가 없다. 口그것과는 상관없는 일이다. **2**《주로 '-어도'와 함께 쓰여》염려할 것 없다. 괜찮다. 口좀 늦어도 ~. **상관-없이**[-업씨]**부**. 口이번 행사는 날씨와 ~ 진행된다.

상관-있다(相關-)[-읻따]**형** 관계있다. 口그 일은 나와 ~.

상:강(上鑛)**명** 가려내지 않고 바로 제련소에 보낼 수 있을 정도로 품질이 좋은 광석.

상광(祥光)**명** 서광(瑞光)1.

상:괘(上卦)〖패〗**명 1** 두 괘로 된 육효(六爻)에서 위의 괘. **2** 가장 좋은 점괘(占卦). ↔하괘(下卦).

상:교(上敎)**명 1** 임금의 지시. **2** 윗사람의 가르침.

상:구(上矩)〖천〗외행성이 태양의 동쪽에 있어 황경(黃經)의 차가 90°일 때를 이름. 동구(東矩). ↔하구(下矩).

상구(喪具)**명** 장례를 치를 때 쓰는 제구.

상:구-보리(上求菩提)〖불〗깨달음을 얻기 위해 노력하는 일. 상구(上求). ↔하화중생(下化衆生).

상:국(上國)**명** 예전에, 작은 나라의 조공을 받던 큰 나라.

상국(相國)**명**〖역〗조선 때, 영의정·좌의정·우의정의 총칭. 상신(相臣).

상국(喪國)**명하자** 나라를 잃어버림.

상국(霜菊)**명** 서리 내릴 때에 피는 국화.

상군(湘君)**명**〖중〗중국 전설에 나오는 상수(湘水)의 신. 요(堯)임금의 두 딸 아황(娥皇)·여영(女英)이 순(舜)임금에게 시집갔다가 순임금이 죽자 상수에 빠져 죽어 신이 되었다고 함.

상군(廂軍)**명**〖역〗거둥 때, 임금을 호위하는 군사.

상궁(尙宮)**명**〖역〗조선 때, 내명부의 하나인 여관(女官)의 정오품 벼슬.

상궁지조(傷弓之鳥)**명** 화살을 한 번 맞아 혼이 난 새는 구부러진 나무만 봐도 놀란다는 뜻으로, 항상 의심과 두려운 마음을 갖는 것

을 이르는 말.

상:권(上卷)**명** 두 권 또는 세 권으로 가른 책의 첫째 권. *중권·하권.

상권(商圈)[-꿘]**명** 상업상의 세력이 미치는 지리적 범위. 口~을 형성하다. *역세권.

상권(商權)[-꿘]**명** 상업상의 권리. 口지역 ~을 장악하다.

상례(常軌)**명 1** 항상 따라야 하는 떳떳하고 바른 규칙이나 규정. 口~를 벗어나다. **2** 늘 변하지 않는 규칙.

상귀(翔貴)**명하자** 등귀(騰貴).

상규(常規)**명** 일반적인 규정 또는 규칙.

상그레[부하자] 소리 없이 귀엽고 부드럽게 눈웃음을 짓는 모양. 口~ 웃으며 고개를 끄덕하다. 죵성그레. 졘쌍그레.

상극(相剋)**명하자 1** 둘 사이에 마음이 서로 맞지 않아 항상 충돌함. 口둘은 ~이라 만나면 싸운다. **2**〖민〗오행설에서, 금(金)은 목(木)을, 목(木)은 토(土)를, 토(土)는 수(水)를, 수(水)는 화(火)를, 화(火)는 금(金)을 각각 이김을 이르는 말. ↔상생(相生).

상:근(上根)**명**〖불〗불도를 잘 닦는 사람. 상기(上機). ↔하근(下根).

상근(常勤)**명하자** 날마다 출근하여 일정한 시간 동안 근무함. 口~ 직원. ↔비(非)상근.

상근 백피(桑根白皮)〖한의〗뽕나무 뿌리의 속껍질《오줌을 순하게 하고 담을 삭히는 데 효과가 있음》.죵상백피(桑白皮).

상글-거리다[부하자] 소리 없이 귀엽고 부드럽게 자꾸 눈웃음치다. 죵성글거리다. 졘쌍글거리다. **상글-상글**[부하자]. 口늘 ~ 웃고 있다.

상글-대다[부하자] 상글거리다.

상글-방글[부하자] 소리 없이 정답고 환하게 웃는 모양. 죵성글벙글. 졘쌍글빵글.

상:금(上金)**명** 품질이 좋은 금.

상금(賞金)**명** 상으로 주는 돈. 口~을 걸다 / ~을 타다 / 상패와 부상으로 거액의 ~을 받았다.

상금(償金)**명 1** 갚는 돈. **2** 물어 주는 돈. 배상하는 돈.

상금(尙今)**부** 지금까지. 이제까지. 口아침에 나간 후 ~ 돌아오지 않았다.

상:급(上級)**명** 위의 등급이나 계급. 口~ 관청 / ~ 학교. ↔하급.

상급(賞給)**명하자** 상으로 줌. 또는 그런 돈이나 물건. 口~을 받다.

상:급-반(上級班)[-빤]**명** 윗반.

상:급 법원(上級法院)[-뻐뭔]심급 제도(審級制度) 가운데, 하급의 심리(審理)를 행하는 지방 법원에 대하여 상급의 심리를 행하는 법원《제일심을 행하는 지방 법원에 대하여 그 항소심을 행하는 고등 법원 따위》.

상:급-생(上級生)[-쌩]**명** 학년이 높은 학생. ↔하급생.

상:급-심(上級審)[-씸]**명**〖법〗상급 법원에서 하는 소송의 심리. ↔하급심.

상:급-자(上級者)[-짜]**명** 계급·등급이 위인 사람.

상긋[-귿]**부하자** 다정스럽게 얼핏 가벼운 눈웃음을 짓는 모양. 口~ 웃고 지나가다. 죵성긋. 졘상끗·쌍긋·쌩끗.

상긋-거리다[-귿꺼-]**자** 다정스럽게 소리 없이 가볍게 자꾸 눈웃음치다. 죵성긋거리다. 졘상끗거리다·쌍긋거리다. **상긋-상긋**[-귿쌍긋]**부하자**

상긋-대다[-귿때-]**자** 상긋거리다.

상긋-방긋[-귿빵귿] [부][하자] 소리 없이 가볍고 환하게 웃는 모양. ③성긋벙긋. ④상끗방끗·쌍긋방긋·쌍끗빵끗.

상긋-이 [부] 다정하게 지그시 눈웃음치는 모양. ③성긋이. ④상끗이·쌍긋이.

상:기 (上記) [명][하자] 글의 위나 앞쪽에 기록함. 또는 그 내용. ▣~와 같이. →하기(下記).

상:기 (上氣) [명][하자] 1 흥분하거나 부끄러워서 얼굴이 붉어짐. ▣붉게 ~된 얼굴 / 얼굴을 ~시켜 가며 떠들다. 2〖한의〗피가 머리로 몰리어 홍조·두통·이명(耳鳴) 등을 일으키는 현상.

상기 (相器) [명] 재상이 될 만한 기량(器量).

상기 (祥氣) [명] 경사스러운 전조의 기운.

상:기 (爽氣) [명] 상쾌한 기분.

상기 (商機) [명] 상업상의 기회 또는 기밀. ▣~를 놓치다.

상기 (喪氣) [명][하자] 풀이 죽음. 기가 꺾임.

상기 (喪期) [명] 상복을 입는 동안.

상기 (詳記) [명][하타] 상세히 기록함. 또는 그 기록. ⑨상록(詳錄).

상:기 (想起) [명][하타] 지난 일을 다시 생각하여 냄. ▣~하자 6·25 / 지난 일이 ~되다 / 그전의 처지를 ~시키다.

상기 (霜氣) [명] 서리가 조금 내린 기운. 서리의 찬 기운. 서릿김.

상기다 [형] 사이가 배지 않고 뜨다. ③성기다.
↔배다.

상:-기도 (上氣道) [명] 〖생〗 기도에서, 기관지·후두(喉頭)·인두(咽頭)·비강(鼻腔)이 있는 부위. 윗숨길.

상:-기둥 (上-) [명] 안방과 마루 사이에 있는 가장 중요한 기둥.

상-기생 (桑寄生) [명] 1〖식〗뽕나무겨우살이. 2〖한의〗'상상기생(桑上寄生)'의 준말.

상:-길 (上-)[-낄] [명] 여럿 가운데 가장 나은 품질. 상질(上秩). ▣~의 것만 골라내다. ↔하길.

상긋-상긋 [-귿쌍귿] [부][하형] 여러 군데가 상긋한 모양. ③성깃성깃.

상긋-하다 [-기타-] [형][어] 조금 상긴 듯하다. ③성깃하다.

상끗 [-끋] [부][하자] 다정하게 얼핏 가벼운 눈웃음을 짓는 모양. ③성끗. ④상긋.

상끗-거리다 [-끋꺼-] [자] 자꾸 다정하게 가벼운 눈웃음을 짓다. ③성끗거리다. ④상긋거리다. **상끗-상끗** [-끋쌍끋]

상끗-대다 [-끋때-] [자] 상끗거리다.

상끗-방끗 [-끋빵끋] [부][하자] 소리 없이 가볍고 환하게 웃는 모양. ③성끗벙끗. ④상긋방긋. ④쌍긋빵긋.

상끗-이 [부] 다정하게 지그시 눈웃음치는 모양. ③성끗이. ④상긋이. ④쌍끗이.

상:-납 (上-) [명]〖광〗1 '주석(朱錫)'의 이전 이름. 2 품질이 좋은 납.

상:납 (上納) [명] 1 나라에 조세를 바침. 또는 그 세금. 2 윗사람에게 금품을 바침. 또는 그 금품. ▣~하고 좋은 자리를 지키다.

상:납-금 (上納金) [-끔] [명] 1 상납전(上納錢). 2 윗사람에게 바치는 돈. ▣~을 마련하기 위해 부정을 저지르다.

상:납-미 (上納米) [-남-] [명] 지난날, 조세로 바치던 쌀.

상:납-전 (上納錢) [-쩐] [명] 지난날, 조세로 바치던 돈. 상납금.

상냥-스럽다 [-따] [-스러워, -스러우니] [형][비] 상냥한 데가 있다. ▣말씨가 ~. **상냥-스레** [부]

상냥-하다 [형][여] 성질이 싹싹하고 부드럽다. ▣상냥하고 재치가 있다. **상냥-히** [부]

상:-년 (上年) [명] 지난해.

상-년 (常年) [명] 1 예전에, 신분이 낮은 여자를 낮추어 이르던 말. 2 버릇없는 여자를 욕하는 말. ④쌍년.

상년 (祥年) [명] 운수가 좋은 해. *길년(吉年).

상:-념 (想念) [명] 마음속에 품은 여러 가지 생각. ▣~에 잠기다.

상노 (床奴) [명] 예전에, 밥상 나르는 일이나 잔 심부름을 하던 아이.

상:-노인 (上老人) [명] '상늙은이'의 경칭.

상-놈 (常-) [명] 1 예전에, 신분이 낮은 남자를 낮추어 이르던 말. 2 본데없고 버릇없는 남자를 욕하는 말. ④쌍놈.

상:-농 (上農) [명] 농사를 대규모로 짓는 농부. 또는 그러한 농가.

상:농-주의 (尙農主義) [- / -이] [명]〖경〗중농(重農)주의.

상:-늙은이 (上-)[-느그니] [명] 여러 노인 중 가장 나이 많은 사람. 상노인(上老人).

상:-다리 (床-)[-따-] [명] 상에 붙여서 그 상을 받치는 다리. ▣~가 휘어지게 차리다.

상:-단 (上段) [명] 1 글의 위쪽 부분. 2 위에 있는 단(段). ▣책장 ~에 꽂다. ↔하단(下段).

상:-단 (上端) [명] 위의 끝. ▣불탑의 ~에는 수연(水煙)이 있다. ↔하단(下端).

상:-단 (上壇) [명]〖불〗불상을 모신 곳.

상:-단전 (上丹田) [명] 도가(道家)에서, 삼단전(三丹田)의 하나인 뇌(腦)를 이르는 말.

상:단 축원 (上壇祝願) [명]〖불〗불상을 봉안한 상단을 향하여 축원하는 일.

상:-달 (上-)[-딸] [명] '시월상달'의 준말.

상:-달 (上達) [명][하타] 윗사람에게 말이나 글로 여쭈어 알게 함. ▣사건의 자초지종을 ~하다.

상담 (相談) [명][하타] 어떠한 문제를 해결하거나 궁금증을 풀기 위해 서로 의논함. 상의(相議). ▣인생 ~ / ~에 응하다.

상담 (常談) [명] 1 보통 쓰는 평범한 말. 2 상스러운 말.

상담 (商談) [명][하자] 상업상의 거래를 위해 나누는 의논·협의. ▣~을 벌이다.

상담 (象膽) [명]〖한의〗알로에의 액즙을 건조시켜 만든 약재(변비에 씀).

상담 (嘗膽) [명] '와신상담'의 준말.

상담-소 (相談所) [명] 어떤 일에 관해 묻고 의논할 수 있도록 설치된 사회 시설. ▣법률 ~ / 결혼 ~를 열다.

상담-역 (相談役) [-녁] [명] 상담의 상대가 되는 사람. 특히, 회사 등에서 중대한 일 또는 분쟁 따위가 있을 때, 적당한 조언이나 조정을 하는 사람.

상담-원 (相談員) [명] 카운슬러.

상담 (裳欌) [명] 자녀의 혼인에 쓰거나 뒷날에 쓰기 해 마련해 둔 옷감.

상:-답 (上畓) [명] '상등답(上等畓)'의 준말.

상:-답 (上答) [명][하자] 아랫사람이 윗사람에게 대답함. ↔하답(下答).

상당 (相當) [명] 일정한 액수나 수치 따위에 해당함. ▣~한 ~ / 5만 원 ~의 상품.

상당-수 (相當數) [명] 어지간히 많은 수. ▣~의 학생들이 담배를 피운 경험이 있다고 대답했다.

상당-액 (相當額) [명] 1 어지간히 많은 금액. ▣~을 기부하다. 2 어떤 기준량에 해당하는 금액. ▣피해 ~을 보상하다.

상당-직 (相當職) [명]〖역〗품계(品階)에 알맞은

벼슬을 이르는 말.
상당-하다 (相當-)〔형어〕 **1** 알맞다. ▢그의 죄는 죽음에 ~ / 능력에 상당한 급료. **2** 어느 정도에 가깝다. ▢백만 원 상당하는 시계. **3** 어지간하게 많다. ▢상당한 노력이 필요하다 / 상당한 비용이 들었다. **4** 꽤 대단하다. ▢상당한 실력을 갖추고 있다. **상당-히**〔부〕
상:대 (上代)〔명〕 **1** 윗대. **2** 상고 시대.
상:대 (上隊)〔명〕 상피.
상대 (相對)〔명〕〔하자태〕 **1** 서로 마주 대함. 또는 그 대상. ▢대화의 ~ / ~를 편안하게 해 주다 / 신랑과 신부가 ~하여 서다. **2** 마주 겨룸. 또는 그런 대상. ▢가 만만치 않다 / ~의 기선을 제압하다 / 강한 팀을 ~하여 싸우다. **3** '상대자'의 준말. ▢결혼 ~ / 경쟁 ~. **4** 서로 대비함. ▢이성에 ~되는 말은 감성이다. **5**〔철〕 다른 사물에 의존하거나 제약을 받아 존재함. ↔절대(絶對).
상대 (霜臺)〔명〕〔역〕 사헌부(司憲府)1.
상대 가격 (相對價格)[-까-]〔경〕 어떤 상품의 일정한 가격과 비교한 다른 상품의 가격. ↔절대 가격.
상대 개:념 (相對概念)〔논〕 다른 개념과 비교하여 그 뜻이 보다 명료해지는 개념(밝음 낮, 하늘과 땅 따위). ↔절대 개념.
상대-국 (相對國)〔명〕 외교 교섭의 상대가 되는 나라. ▢과 통상 협정을 맺다.
상대-권 (相對權)[-꿘]〔명〕〔법〕 사권(私權)의 하나. 특정인을 의무자로 하는 권리(채무에 대한 채권 따위). ↔절대권.
상대 높임법 (相對-法)[-노핌뻡]〔언〕 높임법의 하나. 일정한 종결 어미를 선택하여 상대방을 높이는 것으로, 해라체·하게체·하오체·합쇼체 등이 있음.
상:-대등 (上大等)〔명〕〔역〕 신라 때의 최고 벼슬로, 정권을 맡은 대신. 상신(上臣).
상대-매매 (相對賣買)〔경〕 파는 사람과 사는 사람이 협의상 계약을 맺고 하는 매매.
상대-방 (相對方)〔명〕 상대편. ▢~을 존중하다 / ~의 입장에서 생각하다.
상대-성 (相對性)[-썽]〔철〕 모든 사물이 각각 따로 떨어져 있는 것이 아니고, 부분과 전체, 부분과 부분이 서로 의존적인 관계를 가지고 있는 성질.
상대성 원리 (相對性原理)[-썽월-]〔물〕 서로 등속도 운동을 하는 좌표계(座標系)에서 물리의 기본 법칙은 변하지 않는다는 원리(아인슈타인의 특수 상대성 이론의 하나).
상대성 이:론 (相對性理論)[-썽-]〔물〕 아인슈타인이 확립한 물리학상의 기본 이론. 뉴턴 역학의 절대 공간과 절대 시간을 부정하고 상대성 원리에 바탕을 둔 것(광속도(光速度) 불변의 원리로 이루어지는 특수 상대성 원리와 특수 상대성 이론을 확장하여 좌표계(座標系)에 대한 상대성을 충족시키도록 이론화한 일반 상대성 이론이 있음).
상대 속도 (相對速度)[-또] 운동하는 하나의 물체에서 본, 다른 하나의 물체의 속도.
상대 습도 (相對濕度)[-또]〔물〕 현재 대기 중에 있는 수증기의 양과 그 온도에서의 포화 수증기의 양과의 비. 관계(關係) 습도.
상대-어 (相對語)〔언〕 뜻이 상대되는 말. 반대어. 반의어(反義語). ↔동의어.
상대-역 (相對役)〔명〕 연극이나 영화에서, 어떤 배역의 상대가 되는 역. ▢그는 ~을 잘 해냈다는 호평을 받았다.
상대 연대 (相對年代)〔지〕 화석이나 층서(層序)에 의해서 추정되는 암석 상호 간의 시대

적 관계.
상대 운:동 (相對運動)〔물〕 한 물체의 다른 물체에 대한 상대적 운동.
상대 음감 (相對音感)〔악〕 기준이 되는 음이 주어졌을 때, 그와 상관되는 다른 음을 식별하는 능력. ↔절대 음감.
상대 의:무 (相對義務) 권리와 서로 대립하는 의무(채권에 대한 채무 따위). ↔절대 의무.
상대-자 (相對者)〔명〕 말이나 일을 할 때 상대가 되는 사람. ▢~의 의견. ⑤상대.
상대-적 (相對的)〔명〕 다른 것과의 관계나 비교에 있어 존재하는 (것). ▢~ 우월감〔열등감〕에 사로잡히다 / 크니 작으니 하는 것은 ~ 개념이다. ↔절대적.
상:-대정맥 (上大靜脈)〔명〕〔생〕 상반신의 피를 모으는 정맥계의 본간(本幹)으로, 좌우의 완두(腕頭) 정맥이 합류한 정맥.
상대-주의 (相對主義)[-/-이]〔명〕〔철〕 모든 가치의 절대적 타당성을 부인하고 모든 것이 상대적이라는 입장. 상대설(說). ↔절대주의.
상대-편 (相對便)〔명〕 상대가 되는 편. ▢~의 결정에 따르겠다.
상대 평:가 (相對評價)[-까] **1** 무엇인가와 비교하여 그 우열을 비평하는 일. **2** 어떤 일정한 집단 안에서의 개인 학력의 상대적 지위가 나타내는 평가 방식. ↔절대 평가.
상:덕 (上德)〔명〕 웃어른에게서 받는 은덕.
상:덕 (尙德)〔명〕〔하자〕 덕을 받들어 귀하게 여김.
상:도 (上都)〔명〕〔역〕 고려 때, 동경(東京)과 서경(西京)을 일컫던 말.
상도 (常度)〔명〕 정상적인 법도.
상도 (常道)〔명〕 **1** 항상 변하지 않는 떳떳한 도리. ▢민주 정치의 ~. **2** 항상 지켜야 할 도리. ▢~를 벗어난 행위 / ~에 어긋나다.
상도 (商道)〔명〕 상업의 도덕.
상:도 (想到)〔명〕〔하자〕 생각이 미침.
상도 (傷悼)〔명〕〔하자〕 가슴 아프게 슬퍼함.
상도 (霜刀)〔명〕 서슬이 서릿발같이 푸르고 번쩍번쩍하는 칼.
상도-꾼 (喪徒-)〔명〕 ☞ 상두꾼.
상-도덕 (商道德)〔명〕 상업 활동에서 지켜야 할 도덕. 상업자들 사이에서 지켜야 할 도의. 상도. 상도의.
상-도의 (商道義)[-/-이]〔명〕 상도덕.
상-도 (床-)[-똘]〔명〕 무덤 앞에 제물을 차려 놓는, 돌로 만든 상. 상석(床石). *석상.
상:-동 (上冬)〔명〕 겨울의 처음 달(음력 10월을 일컬음). 초겨울. 맹동(孟冬).
상:-동 (上同)〔명〕 위에 적힌 사실과 같음. 동상(同上).
상동 (相同)〔명〕 **1** 서로 같음. **2**〔생〕 생물의 기관이 외관상으로는 다르나 본래 기관의 원형을 ون 일컫는 것(새의 날개와 짐승의 앞다리 따위). *상동 기관.
상동 기관 (相同器官)〔생〕 형태나 기능은 다르나 본디 기관의 원형은 같은 것이라고 생각되는 기관(식물의 잎과 꽃 또는 물고기의 부레와 사람의 폐 따위).
상동 염색체 (相同染色體)[-념-]〔생〕 감수 분열의 중기에 둘씩 짝을 지어 이가(二價) 염색체를 만드는 두 개의 염색체.
상:-인 (上洞人)〔명〕 중국 저우커우뎬(周口店) 부근의 석회암 동굴에서 발굴된, 말기 홍적세(洪積世)에 속하는 화석 현생(現生) 인류.
상동-증 (常同症)[-쯩]〔명〕〔심〕 정신적·신경적 이상으로 무의미한 말이나 동작을 반복 또는

오래 지속하는 증후.

상-되다(常-)[-뙤-]〔형〕말이나 행동이 예의에서 벗어나고 불순하여 보기에 천하다. ▯본데없이 자라서 ~. 〔센〕쌍되다.

상두[1](上頭)〔명〕'상투'의 본딧말.

상두[2](喪-)〔명〕〔한의〕〔←상토(桑土)〕뽕나무 뿌리의 껍데기〔이뇨·진해에 약으로 씀〕.

상두(喪-)〔명〕〈속〉상여(喪輿).

상두-꾼(喪-)〔명〕〈속〉상여꾼.

상두받잇-집(喪-)[-바지찝 /-바진찝]〔명〕〔민〕지나가는 상여가 그 집 대문을 정면으로 마주친 뒤에 돌아 나가게 자리 잡은 집〔이런 집을 꺼리는 풍속이 있음〕.

상두-복색(喪-服色)[-쌕]〔명〕**1** 상여를 꾸미기 위해 둘러치는 오색 비단의 휘장. ⚗복색(服色). **2** 겉은 번듯하나 속은 보잘것없는 것이나 사람의 비유.

상두-쌀(喪-)〔명〕〔역〕상을 당한 사람에게 주려고 상포계(喪布契)에서 마련한 쌀.

상두-충(桑蠹蟲)〔명〕〔충〕뽕나무벌레. ⚗상충(桑蟲).

상돗-도가(喪-都家)[-두또-/-돋또-]〔명〕**1** 상여를 두는 집. **2** 상여와 그에 딸린 제구를 파는 집.

상돗-술(喪-)[-두쑬/-둗쑬]〔명〕상주가 상여꾼에게 먹이려고 내는 술.
[**상돗술로 벗 사귄다**: 상돗술에 낯 내기] 남의 것으로 제 체면을 세우거나 생색내는 사람을 빗댄대.

상득-하다(相得-)[-드카-]〔형〕어 두 사람이 서로 마음이 맞아 잘 통하는 상태에 있다.

상-등(上等)〔명〕높은 등급이나 수준. 또는 좋은 품질. ↔하등(下等).

상등(上騰)〔명〕하자 주식이나 물가 등이 오름. ↔하락(下落).

상등(常燈)〔명〕**1** 신불 앞에 언제나 켜 놓는 등불. **2** 거리를 밝히려고 밤새도록 켜 놓는 등.

상-등-답(上等畓)[-땁]〔명〕토질이 아주 좋은 논. ⚗상답(上畓).

상-등-병(上等兵)〔명〕〔군〕육·해·공군 사병의 한 계급〔병장의 아래, 일등병의 위임〕. ⚗상병(上兵).

상-등-석(上等席)〔명〕높은 등급의 좋은 자리.

상-등-전(上等田)〔명〕토질이 썩 좋은 논밭.

상-등-품(上等品)〔명〕품질이 좋은 물건.

상등-하다(相等-)〔형〕어 등급이나 정도가 서로 비슷하거나 같다.

상-띠(上-)〔명〕연전(揀箭)띠내기에서, 화살을 먼저 쏘는 편. 또는, 활을 쏴서 가장 많이 맞힌 편. 상대(上隊). ↔하띠.

상-락(上洛)[-낙]〔명〕하자 상경(上京).

상락(常樂)[-낙]〔명〕〔불〕언제나 괴롭지 않고 즐거움.

상-란(上欄)[-난]〔명〕위쪽에 있는 난. ↔하란(下欄).

상란(喪亂)[-난]〔명〕전쟁·전염병·천재지변 따위로 사람이 죽는 재난.

상-람(上覽)[-남]〔명〕하타 어람(御覽).

상람(詳覽)[-남]〔명〕하타 자세히 봄.

상-략(上略)[-냑]〔명〕하타 글이나 말의 앞부분을 생략함. ＊중략·하략.

상략(商略)[-냑]〔명〕장삿상의 책략. 장사하는 수단. 상계(商計). ▯~상 부득이한 일.

상략(詳略)[-냑]〔명〕상세함과 간략함.

상-량(上樑·上梁)[-냥]〔명〕하자 〔건〕**1** 기둥에 보를 얹고 그 위에 마룻대를 올림. 또는 그

일. **2** 마룻대.

상량(商量)[-냥]〔명〕하타 헤아려 생각함.

상-량-도리(上樑-)〔명〕☞마룻대.

상-량-문(上樑文)[-냥-]〔명〕상량식을 할 때에 읽는, 상량을 축복하는 글. ▯~의 해석으로 건조 연대를 밝혀내다.

상-량(上樑)[-냥]〔명〕상량할 때에 베푸는 의식. ▯신축 교사의 ~을 거행하다.

상-량 장여(上樑長欐)[-냥-녀]〔건〕마룻대를 받치고 있는 장여〔상량할 때 올림〕.

상-량 쪼구미(上樑-)[-냥-]〔건〕마룻대를 받치고 있는 들보 위의 짧은 기둥.

상-량하다(爽凉-)[-냥-]〔형〕날씨가 기분이 좋을 만큼 서늘하다. ▯상량한 가을바람.

상려(商旅)[-녀]〔명〕상객(商客).

상련(相連)[-년]〔명〕하자타 **1** 서로 이어 붙음. **2** 서로 잇댐.

상련(相憐)[-년]〔명〕하자 서로 가엾게 여겨 동정함.

상-례(上例)[-녜]〔명〕위에 든 예. ▯~와 같다.

상례[1](相禮)[-녜]〔명〕하자 서로 예로써 대함.

상례[2](相禮)[-녜]〔역〕**1** 조선 때, 통례원(通禮院)의 종삼품 벼슬. **2** 대한 제국 때, 장례원(掌禮院)·예식원(禮式院)의 주임(奏任) 벼슬.

상례(常例)[-녜]〔명〕보통 있는 일. 늘 있는 일. 항례(恒例). ▯모임면 술 한잔하는 것이 ~가 되었다.

상례(常禮)[-녜]〔명〕보통의 예법.

상례(喪禮)[-녜]〔명〕상중(喪中)에 지키는 모든 의례. 흉례(凶禮).

상로(上老)[-노]〔명〕하자 장수(長壽)하여 부부가 함께 늙음. ＊해로(偕老).

상로(商路)[-노]〔명〕장삿길.

상로(霜露)[-노]〔명〕서리와 이슬.

상-로-교(上路橋)[-노-]〔명〕도리 위에 통로를 만든 다리. ↔하로교.

상로-배(商路輩)[-노-]〔명〕장사치.

상록(常綠)[-녹]〔명〕나뭇잎이 사철 늘 푸름.

상록(詳錄)[-녹]〔명〕하타 상세히 기록함. 또는 그런 기록. 상기(詳記).

상록(賞祿)[-녹]〔명〕〔역〕벼슬아치에게 상으로 주던 녹.

상록 관-목(常綠灌木)[-녹꽌-]〔식〕사철 내내 잎이 푸른 관목. 늘푸른떨기나무.

상록 교목(常綠喬木)[-녹꾜-]〔식〕사철 내내 잎이 푸른 교목. 늘푸른큰키나무.

상록-송(常綠松)[-녹쏭]〔명〕〔식〕사철 내내 잎이 푸른 소나무.

상록-수(常綠樹)[-녹쑤]〔명〕〔식〕사철 내내 잎이 푸른 나무〔소나무·대나무 따위〕. 늘푸른나무. 정목(貞木). ↔낙엽수.

상록 침엽수(常綠針葉樹)[-녹치멉쑤]〔식〕사철 내내 잎이 푸른 침엽수. 늘푸른바늘잎나무.

상록 활엽수(常綠闊葉樹)[-노콰렵쑤]〔식〕사철 내내 잎이 푸른 활엽수. 늘푸른넓은잎나무.

상론(相論·商論)[-논]〔명〕하타 서로 의논함. 상의. ▯복잡한 문제를 ~해서 처리하다.

상론(常論)[-논]〔명〕보통의 의론.

상론(詳論)[-논]〔명〕하타 자세히 논함.

상-루하습(上漏下濕)[-누-]〔명〕위에서 비가 새고 밑에서 습기가 오른다는 뜻으로, 허술하고 가난한 집의 비유.

상-류(上流)[-뉴]〔명〕**1** 물의 근원에 가까운 곳. 물위. ▯~로 거슬러 올라가다. **2** 수준이나 정도가 높은 지위나 생활. ▯~ 계층에 속하는 사람. ＊중류·하류.

상:류 계급 (上流階級)[-뉴-/-뉴게-] 신분·지위·생활 수준 따위가 높은 계층.
상:류 사회 (上流社會)[-뉴-] 상류 계급에 속하는 사람들의 사회. 상층 사회.
상:류-층 (上流層)[-뉴-] [명] 상류 생활을 하고 있는 사회 계층.
상:륙 (上陸)[-뉵] [명][하자] 배에서 육지로 오름. ❑ ~ 부대가 집결하다 / 중국 관광단이 제주에 ~했다.
상륙 (商陸)[-뉵] [명]〘한의〙 자리공의 뿌리《부종(浮腫)·적취(積聚)를 다스리고 이뇨제(利尿劑)로 씀》.
상륙 (象陸)[-뉵] [명] '쌍륙(雙六)'의 본딧말.
상:륙-세 (上陸稅)[-뉵쎄] [명] 화물을 육지에 내려놓는 데에 부과하는 세금.
상:륙용 주정 (上陸用舟艇)[-뉵뇽-] 〘군〙 병력·보급물·장비 등을 육지로 나르는 데 쓰는 배. 상륙정. 엘시티.
상:륙 작전 (上陸作戰)[-뉵짝쩐] 〘군〙 바다에서 적지로 상륙할 때 벌이는 공격 작전. ❑ 적전에서 ~을 벌이다.
상륜 (相輪)[-뉸] [명]〘불〙 **1** 불탑 꼭대기의 수연(水煙) 바로 밑에 있는, 청동으로 만든 아홉 층의 둥근 테. 구륜(九輪). 공륜(空輪). **2** '상륜탑'의 준말.
상륜-탑 (相輪塔)[-뉸-] [명]〘불〙 한 개의 기둥 위에 상륜을 올린 탑. [준]상륜.
상률 (常律)[-뉼] [명] 보통의 규율. 상규(常規).
상:리 (上里)[-니] [명] 윗마을. ↔하리(下里).
상리 (相離)[-니] [명][하자] 서로 떨어짐.
상리 (商利)[-니] [명] 장사하여 얻은 이익.
상리 (商理)[-니] [명] 장사하는 도리나 이치.
상리 (常理)[-니] [명] 떳떳한 도리. 당연한 이치.
상리 공:생 (相利共生)[-니-] 생물이 공생에 의해 상호 간에 이익을 얻고 있는 공생 상태. 상리 작용.
상린-관계 (相隣關係)[-닌-/-닌-게] [명]〘법〙 서로 인접한 부동산의 소유자나 이용자 상호 간의 법적 관계.
상린-자 (相隣者)[-닌-] [명] 법률적으로, 상린 관계에 있는 사람.
상림 (霜林)[-님] [명] 서리가 내린 수풀.
상립 (喪笠)[-닙] [명] 〈속〉 방갓.
상마 (-馬) [명] 다 자란 수말. 복마. ↔피마.
상:마[1] (上馬) [명] 좋은 말. 또는 잘 달리는 말. ❑ ~를 고르다.
상:마[2] (上馬) [명][하자] 말에 올라탐. ↔하마(下馬). ❑ 야생마는 길을 들여야 ~가 가능하다.
상마 (相馬) [명][하타] 말의 생김새를 보고 그 말의 좋고 나쁨을 감정함.
상마 (桑麻) [명] 뽕나무와 삼.
상마-잠적 (桑麻蠶績) [명] 뽕을 따서 누에를 치고, 삼을 심어 실을 뽑아 길쌈하는 일.
상마지교 (桑麻之交) [명] 전원에 은거하여 시골 사람들과 사귀며 지냄.
상막-하다 [-마카-] [형][여] 기억이 분명치 않고 아리송하다.
상-말 (常-) [명][하자] **1** 품격이 낮은 상스러운 말. 점잖지 못한 말. ❑ ~을 마구 쓰는 교양 없는 사람. [센]쌍말. **2** 이언(俚言).
상망[1] (相望) [명][하자] 서로 바라봄.
상망[2] (相望) [명] 재상이 될 만한 명망(名望).
상망 (喪亡) [명][하자타] 망하여 없어짐. 또는 잃어버림. 상실(喪失).
상:망 (想望) [명][하타] **1** 사모하여 우러러봄. **2** 상상한 일이 이루어지기를 마음속으로 기대함. 기대.
상망지지 (相望之地) [명] 서로 바라볼 수 있을 만큼 가까운 곳.
상-머리 (床-) [명] 상의 옆이나 앞. ❑ ~에 앉아서 잡담을 하다.
상:-머슴 (上-) [명] 힘든 일 따위를 잘하는 장정 머슴.
상:면 (上面) [명] 위쪽의 겉면. 윗면. ↔하면(下面).
상면 (相面) [명][하자타] **1** 서로 만나서 얼굴을 마주 봄. ❑ ~하고 이야기를 나누다. **2** 서로 처음 만나 인사하고 알게 됨. ❑ 전에 ~한 적이 있다.
상:명 (上命) [명] **1** 상부의 명령. ❑ ~에 따라 행동하다. **2** 임금의 명령. 어명(御命).
상명 (常命) [명]〘불〙 사람의 보통 수명. 사람이 제명대로 사는 수명.
상명 (喪明) [명][하자] **1** 아들의 죽음을 당함. **2** 실명(失明).
상명 (償命) [명][하타] 살인한 사람을 죽임.
상명지통 (喪明之痛) [명] 눈이 멀 정도로 슬프다는 뜻으로, 아들이 죽은 슬픔을 비유적으로 이르는 말.
상:명-하다 (爽明-) [형][여] 날씨가 시원하고 밝다. ❑ 상명한 가을 날씨. **상:명-히** [부]
상명-하다 (詳明-) [형][여] 상세하고 분명하다. **상명-히** [부]
상모 (相貌·狀貌) [명] 얼굴의 생김새. 용모.
상모 (象毛) [명] **1** 삭모(槊毛). **2** 농악에서, 모자 꼭대기에 흰 새털이나 긴 종잇조각을 달아 빙글빙글 돌리게 된 것.
상모-끝 (象毛-)[-끋] [명]〘동〙 상모끝과의 해면(海綿)동물. 깊은 바다의 진흙 속에 사는데, 길이 10-15 cm이며, 그 하부에 순백색 섬유질의 자루 같은 것이 길게 늘어져 있음. 자루 끝 부분을 진흙 속에 파묻어 몸을 지탱함. 자루 부분은 장식품을 만듦. 상발.
상모-돌리기 (象毛-) [명] 농악에서, 전복(戰服)을 입고 털상모나 열두 발 상모를 돌리면서 추는 춤. 상모놀이.
상:-모막이 (上-) [명] 나무 그릇의 윗마구리에 막아 댄 널조각.
상모-솔새 (象毛-)[-쌔] [명]〘조〙 상모솔샛과의 새. 유라시아의 침엽수림에 사는데, 날개 길이는 5.5 cm, 꽁지 길이는 4 cm 정도임. 등 쪽은 누른빛을 띤 녹색, 허리는 황색, 배 쪽은 엷은 황색임.
상:-모전 (上毛廛) [명]〘역〙 조선 때, 서울 종로의 샌전 병문(지금의 무교동) 근처에서 과일을 팔던 가게.
상:-목 (上-) [명] 내나 강의 상류 쪽.
상:목[1] (上木) [명] **1** 품질이 썩 좋은 무명. **2** 목질이 썩 좋은 나무.
상:목[2] (上木) [명][하타] 상재(上梓).
상목 (桑木) [명]〘식〙 뽕나무.
상목 (常木) [명] 품질이 좋지 않은 무명베.
상목 (橡木) [명]〘식〙 상수리나무.
상목재지 (常目在之)[-째-] [명][하타] 늘 눈여겨보게 됨.
상:몽 (上夢) [명] 상몽(祥夢).
상몽 (祥夢) [명] 상서로운 꿈. 길몽(吉夢). ❑ 산불이 나거나 홍수가 지는 꿈은 ~이다.
상묘 (相墓) [명][하자] 지관(地官)을 데려다가 묘지로 적당한 곳을 정하거나 쓸 묘의 길흉을 알아봄.
상묘 (桑苗) [명] 뽕나무 모종.
상:무 (尙武) [명][하자] 무예를 중히 여겨 숭상함. ❑ ~의 기풍. ↔상문(尙文).

상무 (常務) 몡 **1** 일상의 업무. **2** '상무위원'의 준말. **3** '상무 이사'의 준말.

상무 (商務) 몡 상업상의 용무.

상무-관 (商務官) 몡 재외 공관(在外公館)에 주재하며, 통상·외교 사무를 맡아보는 공무원.

상무-위원 (常務委員) 몡 공공 단체에서 일상의 일을 처리하는 위원. ㉜상무.

상무 이:사 (常務理事) 재단·회사 등의 이사 중 특히 일상의 업무를 집행하는 기관. 또는 그 사람. ㉜상무.

상:문 (上文) 몡 위의 글. 또는 처음 부분의 글.

상:문 (上聞) 몡 어떤 사실이나 이야기를 임금에게 들려 드림.

상:문 (尙文) 몡[하자] 문예를 귀히 여겨 높이 받듦. →상무(尙武).

상문 (桑門) 몡〖불〗**1** 불가(佛家)1. **2** 승려.

상문 (喪門) 몡〖민〗 지극히 흉한 방위(方位).

상문 (傷門) 몡〖민〗 술가(術家)에서, 팔문(八門) 가운데 흉한 문의 하나.

상문 (詳問) 몡[하타] 상세히 질문함. 또는 그런 질문.

상문-방 (喪門方) 몡〖민〗 불길한 방위(方位).

상문-살 (喪門煞)[-쌀] 몡〖민〗 사람이 죽은 방위로부터 퍼진다는 살.

상문-상 (喪門床)[-쌍] 몡 무당이 명복을 비는 굿을 할 때, 뒷전풀이에 쓰는 제물상의 하나.

상문-풀이 (喪門-) 몡[하자] 초상집에서, 그 집에 드나드는 사람이 부정을 타지 않도록 장님 집에 가서 경을 읽는 일. 또는 초상집에 다녀와서 몸이 불편할 때, 상문이 들었다 하여 이를 제거하기 위해 하는 굿.

상-물림 (床-) 몡 '큰상물림'의 준말.

상:미 (上米) 몡 품질이 가장 좋은 쌀. ▯~로 한 가마 보내 주세요. *중미(中米)·하미(下米).

상:미 (上味) 몡 음식의 좋은 맛.

상미 (詳味) 몡[하타] 찬찬히 맛봄. *음미(吟味).

상미 (嘗味) 몡[하타] 맛을 봄.

상미 (賞味) 몡[하타] 맛을 칭찬하며 먹음.

상미 (賞美) 몡[하타] 칭찬함.

상:미만-하다 (尙未晩-) 혭옝 아직 늦지 않다.

상:-미전 (上米廛) 몡 조선 때, 서울 종로의 서쪽에 있던 싸전.

상민 (常民) 몡 상사람. *양반.

상민-단 (商民團) 몡〖역〗 조선 때, 보부상(褓負商)들이 조직했던 단체.

상밀-하다 (詳密-) 혭옝 자상하고 세밀하다.
　상밀-히 閉

상:-박 (上膊) 몡〖생〗 팔꿈치에서 어깨까지의 사이. 상완(上腕). 위팔.

상박 (相撲) 몡[하자] **1** 서로 마주 때림. **2** 씨름1.

상박 (商舶) 몡 상선(商船).

상박 (霜雹) 몡 서리와 우박.

상:박-골 (上膊骨)[-꼴] 몡〖생〗 상완골.

상:박-근 (上膊筋)[-끈] 몡〖생〗 상박의 근육.

상:박 동:맥 (上膊動脈)[-뙹-] 〖생〗 상박부에 있는 굵은 동맥.

상:반 (上半) 몡 아래위로 절반 나눈 것의 위. →하반(下半).

상:반 (上盤) 몡〖광〗 광맥의 위쪽에 있는 모양(母岩). →하반(下盤).

상반 (床飯) 몡 상밥.

상반 (相反) 몡[하자] 서로 어긋나거나 반대됨. ▯~된 주장 / 서로 ~된 의견을 보이다 / 그에 대한 평가는 아주 ~된다.

상반 (相半) 몡[하형] 서로 반반임. 또는 절반씩 어슷비슷함. ▯공과(功過)가 ~하다.

상반 (相伴) 몡[하자] 서로 짝이 됨. 또는 서로 함께함.

상반 (常班) 몡 상인(常人)과 양반. 반상.

상:-반각 (上反角) 몡 앞에서 비행기의 날개를 바라볼 때 수평보다 날개가 위로 치올라 가게 보이는 그 각도.

상:-반기 (上半期) 몡 한 해나 어느 기간을 둘로 나눈 그 앞의 반 동안. ▯~ 영업 실적. →하반기.

상:-반부 (上半部) 몡 아래위로 절반 나눈 위의 부분. 상부(上部). ▯탑의 ~는 전망대와 식당으로 되어 있다. →하반부.

상:-반신 (上半身) 몡 사람의 몸에서 허리 위의 부분. ▯여권용 ~ 사진. →하반신.

상반-심 (相反心) 몡 서로 반대되는 마음.

상발 (霜髮) 몡 흰 머리털. 백발(白髮).

상밥 (床-)[-빱] 몡 음식점에서, 상에 갖추어서 파는 밥. 상반.

상밥-집 (床-)[-빱찝] 몡 상밥을 파는 음식집.

상:-방 (上方) 몡 위쪽. 위쪽 방향. →하방.

상:방 (上房) 몡 **1**〖역〗 관아를 이끄는 책임자가 거처하던 방. **2** 바깥주인이 거처하는 방. **3**〖불〗 사찰의 서기(書記).

상:방 (上枋) 몡〖건〗 '상인방(上引枋)'의 준말.

상:방 (相助) 몡[하자] 서로 방해함.

상배 (床排) 몡[하자] 음식상을 차림. 또는 그 상. ▯~를 보다.

상배 (喪配) 몡[하자] '상처(喪妻)'를 높여 이르는 말. ▯~ 후 재혼하지 않고 지낸다.

상배 (賞盃·賞杯) 몡 상으로 주는 잔이나 컵(금배·은배·목배·옥배 등). ▯우승~를 받다.

상백-사 (常白絲)[-싸] 몡 국산 명주실로 만든 연줄.

상:백시 (上白是) [-씨] 몡 상사리.

상-백피 (桑白皮) 몡〖한의〗 '상근 백피(桑根白皮)'의 준말.

상:번 (上番) 몡 **1** 당직자 가운데서 든번인 사람. **2**〖역〗 군인이 돌림 차례로 번을 들러 군영으로 들어가던 일. **3**〖역〗 지방의 군인이 서울로 번을 들러 올라가던 일. →하번(下番).

상:번-병 (上番兵) 몡〖역〗 **1** 지방에서 교대로 번을 들러 서울로 올라오던 병사. **2** 번차례에 걸린 병사.

상벌 (賞罰) 몡[하자] **1** 상과 벌. ▯~을 내리다. **2** 잘한 것에 상을 주고, 잘못한 것에는 벌을 줌. ▯~을 엄격하게 하다.

상법 (相法)[-뻡] 몡 상술(相術).

상법 (商法)[-뻡] 몡 **1** 장사의 이치. 장사하는 방법. **2**〖법〗 넓은 뜻으로는 영리 기업에 관한 법규의 총칭. 좁은 뜻으로는 상사(商事)에 관한 사권(私權)의 관계를 규정한 법률. **3**〖법〗 상법전(商法典).

상법 (常法)[-뻡] 몡 **1** 정해져서 변하지 않는 법. 일정한 규칙. **2** 보통의 방법.

상법 (像法) 몡〖불〗 상법시.

상법-시 (像法時)[-씨] 몡〖불〗 삼시(三時)의 하나. 정법(正法) 다음의 천 년간(千年間). 이 시대에는 신앙이 형식에 치우쳐, 결과 탑을 세우는 데만 힘써 깨달음의 경지에 이를 사람이 적어짐.

상법-전 (商法典)[-뻡쩐] 몡 상사(商事)에 관한 일반 기본 법규를 편집한 책. 상법.

상변 (喪變) 몡 상사(喪事).

상:-병 (上兵) 몡〖군〗 '상등병'의 준말.

상병 (傷兵) 몡 전상병(戰傷兵). ▯~을 야전 병원으로 후송하다.

상병 (傷病) 몡 다치거나 병듦.

상병-자(傷病者)圈 다치거나 병든 사람. 병상자(病傷者).

상-보(床褓)[—뽀]圈 차려진 음식상을 덮는 보자기. 상건(床巾).

상보(尙父·尙甫)圈[역] 임금이 특별한 대우로 신하에게 내리던 칭호의 하나.

상보(相補)團재 서로 관계.

상보(常步)圈[군] 일제 강점기에, 기마대가 가장 느린 속도로 행진하던 걸음걸이(광복 후는 평보(平步)라고 함).

상보(商報)圈 주로 상사(商社)나 상업에 관한 일을 알리는 보고. 또는 그런 목적을 위해 펴낸 간행물.

상보(詳報)圈재타 자세하게 보고함. 또는 그러한 보고. ▢차후에 ~될 예정이다.

상보-성(相補性)[—썽]圈 1 서로 보충하는 관계에 있는 성질. 2〖물〗두 개의 성질이 서로 상보적인 관계에 있는 성질(전자나 빛은 각각 입자성과 파동성을 갖고 있어 그 두 성질이 상보하여 전체의 성질을 이룸. 덴마크의 물리학자 보어(Bohr, N.)가 도입한 말).

상보-적(相補的)圈 서로 보완하는 관계에 있는 (것). ▢~(인) 역할.

상복(常服)圈재타 약이나 음식 등을 오랜 기간 계속 먹음.

상복(祥福)圈 상서로운 일과 복된 일.

상복(喪服)圈 상중(喪中)에 입는 예복(성긴 삼베로 만들며 바느질을 곱게 하지 않음). 소복(素服). 흉복(凶服).

상복(賞福)[—복]圈 상을 탈 만한 행운. ▢~이 있어야 만년 2등만 한다.

상복(殤服)圈 여덟 살에서 열아홉 살 사이의 자녀가 죽었을 때 입는 복제. *상사(殤死).

상복(償復)圈재타 빚 따위를 갚아 주거나 물어 줌.

상본(像本)圈[가] 예수, 성모 마리아, 천사, 성인 등의 화상(畫像).

상봉(上峰)圈 가장 높은 산봉우리.

상봉(相逢)圈재타 서로 만남. ▢50년 만에 극적으로 ~을 하다.

상:봉-하솔(上奉下率)圈재 위로는 부모님을 모시고 아래로는 아내와 자식을 거느림. 춘봉솔.

상:부(上府)圈 상사(上司).

상:부(上部)圈 1 위쪽 부분. ▢~ 구조물을 떠받치다. 2 보다 위인 직위나 관청. ▢~의 지시 / ~에 보고하다 / ~의 명령을 기다리다. ↔하부(下部).

상부(相扶)圈재타 서로 도움.

상부(相符)圈재타 서로 들어맞음.

상부(桑婦)圈 뽕잎을 따는 여자.

상부(喪夫)圈재타 남편의 상고를 당함. ↔상처(喪妻).

상부(孀婦)圈 나이 젊은 과부. 청상과부.

상:부 구조(上部構造)圈 1 윗부분의 구조. 또는 선로상에 노반 위에 설치된 부분. 2〖철〗사회 형성의 토대가 되는 경제적 구조를 하부 구조라 하는 데에 대하여, 이를 기초로 하는 정치·법률·도덕·예술 등의 관념 및 이에 대응하는 제도·체계의 일컬음(마르크스주의자들의 용어). 상층 구조.

상:부-사(上副使)圈 상사와 부사(副使).

상부-살(喪夫煞)[—쌀]圈 남편을 여의고 과부가 될 흉한 살.

상부-상조(相扶相助)圈재타 서로서로 도움. ▢협동과 ~의 미풍.

상-부인(湘夫人)圈 중국 전설에서, 천제(天帝)의 딸로, 상군(湘君)과 함께 상수(湘水)에

산다는 여신.

상분(嘗糞之徒)圈 1 부모의 병세를 살피기 위해 자식이 부모의 대변을 맛봄. 2 몹시 아첨하는 것을 비유하여 이르는 말.

상분지도(嘗糞之徒)圈 똥을 핥을 놈이라는 뜻으로, 남에게 아첨하는 사람이나 그 무리.

상비(常備)圈재타 필요할 때에 쓸 수 있도록 늘 준비하여 둠. ▢구급약을 ~하다.

상비(喪費)圈 초상을 치르는 데 드는 비용. 상수(喪需).

상비(傷悲)圈재타 통탄하고 슬퍼함.

상비-군(常備軍)圈 유사시에 출동하기 위하여 편성된 군대. 또는 그 군인.

상비-금(常備金)圈 필요할 때에 쓸 수 있도록 항상 마련하여 두는 돈. 비상금(非常金).

상비-병(常備兵)圈 상비군으로 복무하는 병사.

상비-약(常備藥)圈 병원이나 가정 등에 항상 비치해 두는 약품. ▢소화제를 가정 ~으로 챙겨 두다.

상비-충(象鼻蟲)圈〖충〗바구밋과에 속하는 벌레의 총칭.

상:빈(上賓)圈 상객(上客)1.

상빈(傷貧)圈재타 가난에 쪼들려서 마음이 상(傷)함.

상빈(霜鬢)圈 허옇게 센 살쩍. 백빈(白鬢).

상사團圈 ☞ 쌍사(雙絲). 2 화살대 아래의 대통으로 싼 부분.

상:사(上士)圈 1〖군〗부사관 계급의 하나(중사의 위, 원사(元士)의 아래). 2〖불〗보살1.

상:사(上巳)圈 삼짇날.

상:사(上司)圈 1 위 등급의 관청이나 기관. 2 자기보다 벼슬이나 지위가 위인 사람. 상부(上府). ▢~의 명령. ↔하사(下司).

상:사(上舍)圈 1 생원. 2 진사(進士).

상:사(上使)圈 1 정사(正使). 2 상급 관청이 하급 관청에 명하여 죄인을 잡아 오게 하던 일.

상사(相似)圈재타 1 모양이 서로 비슷함. 2〖생〗종류가 다른 생물의 기관에서, 구조는 서로 다르나 그 형상과 작용이 서로 일치하는 현상(새의 날개와 벌레의 날개 따위). 3〖수〗'닮음'의 구용어.

상사(相思)圈재타 서로 생각하고 그리워함. ▢~로 병을 앓으며 자리에 눕다.

상사(商社)圈 1 수출입 무역을 주로 하는 상업적인 회사. 2 '상사 회사'의 준말.

상사(商事)▢圈 상업에 관한 일. ▢의圈 회사 따위의 상호 아래에 붙이는 말.

상사(常事)圈 '예상사(例常事)'의 준말.

상사(祥事)圈 대상(大祥).

상사(喪事)圈 초상이 난 일. 상고(喪故). 상변(喪變). ▢~가 나다.

상:사(想思)圈재타 곰곰이 생각함.

상사(殤死)圈재타 스무 살이 되기 전에 죽음. *요사(夭死).

상사(賞詞)圈 칭찬의 말. 찬사(讚辭).

상사(賞賜)圈재타 임금이 칭찬하여 상으로 물품을 내려 줌.

상사-곡(相思曲)圈 남녀 사이의 연정을 주제로 한 노래.

상사-기(常沙器)[—싸—]圈 품질이 좋지 않은 백사기.

상사 다각형(相似多角形)[—가켱]〖수〗서로 변의 수가 같고 각의 크기가 같으며, 대응변의 비가 같은 두 개 이상의 다각형.

상사 대:리(商事代理)圈 상행위의 대리.

상사-도 (相似圖)圓 일정한 비율로 축소하거나 확대한 그림.

상사-디야〔갑〕〔악〕민요, 특히 농부가의 후렴구의 이름. 상사듸야. ▢ 얼럴러 ~.

상-사람 (常-)[-싸-]圓 조선 중엽 이후에 양반들이 평민을 이르던 말. 상인(常人). 상민(常民).

상사-례 (庠謝禮)圓 예전에, 자녀의 스승에게 주던 예물.

상:-사리 (上-)圓 사뢰어 올린다는 뜻(웃어른에게 올리는 편지의 첫머리나 끝에 씀). 상백시(上白是). ▢ 어머님 전 ~.

상사-마 (相思馬)圓 상사말.

상사-말 (相思-)圓 발정(發情)하여 성질이 사나워진 수말. 상사마.

상사 매매 (商事賣買)〔법〕당사자의 쌍방 또는 한쪽에 대해서 상행위가 되는 매매.

상사-목 두드러진 턱이 있고 그 다음이 잘록하게 된 골짜기.

상사-몽 (相思夢)圓 남녀 사이에 서로 사모하여 꾸는 꿈.

상사-밀이圓 ☞ 쌍사밀이.

상-사발 (常沙鉢)[-싸-]圓 품질이 낮은 사발.

상사-범 (常事犯)〔법〕국사범이 아닌 보통 범죄. 또는 그런 범죄를 저지른 범인.

상사 법정 이:율(商事法定利率)[-쩡-]〔경〕상행위에 따라 생긴 채무의 법정 이율.

상사 변:환 (相似變換)〔수〕'닮음 변환'의 구용어.

상사-병 (相思病)[-뼝]圓 이성을 몹시 그리워하는 마음에 사로잡혀 생기는 마음의 병. 화풍병(花風病). ▢ ~을 앓다 / ~에 걸리다 / ~이 나다.

상사 보증 (商事保證)〔경〕상행위에 관한 모든 보증. 또는 보증 행위가 상행위인 경우의 보증.

상사불견 (相思不見)圓하타 남녀가 서로 그리워하면서도 만나지 못함.

상사불망 (相思不忘)圓하타 서로 그리워하여 잊지 못함.

상사-비 (相似比)圓 '닮음비'의 구용어.

상사 비:송사건 (商事非訟事件)[-껀]〔법〕상사에 관한 비송사건(회사의 경매, 사채 및 회사의 정리, 청산에 관한 사건 등).

상사 시효 (商事時效)〔법〕상사 채권의 소멸시효(상행위로 인해 생긴 채권의 시효는 원칙적으로 5년임).

상사-원 (商社員)圓 상사(商社)에 근무하는 사람. ▢ 외국 주재 ~.

상사 위임 (商事委任)圓 상행위의 위임.

상:-사일 (上巳日)圓〔민〕음력 정월의 첫 번째 사일(巳日)(이날 머리를 빗거나 깎으면 그해 집 안에 뱀이 들어온다는 미신이 있음).

상사-일념 (相思一念)[-렴]圓 서로 그리워하는 한결같은 생각.

상사 조정 (商事調停)〔경〕상행위에 관한 분쟁을 해결할 목적으로 행하는 조정.

상사 중개인 (商事仲介人) 남의 상행위를 매개하는 것을 업으로 하는 사람.

상사 채:권 (商事債權)[-꿘]〔법〕상행위로 인하여 생긴 채권.

상-사향 (常麝香)[-싸-]圓〔한의〕(당사향에 대하여) 우리나라에서 나는 사향.

상사-형 (相似形)圓〔수〕'닮은꼴'의 구용어.

상사-화 (相思花)圓〔식〕수선화과의 여러해살이풀. 산과 들에 나는데, 꽃줄기 높이는

---

60 cm 정도이며, 여름에 담홍자색 여섯잎꽃이 핌. 꽃과 잎이 서로 등져 볼 수 없으므로 이 이름으로 불림. 관상용.

상사 회:사(商事會社)〔법〕상행위를 목적으로 상사법의 규정에 의하여 설립된 사단법인(합명 회사·합자 회사·주식회사·유한 회사 등). ↔민사(民事) 회사. ▢상사(商社).

상산 (常山)圓 1〔식〕운향과의 낙엽 활엽 관목. 줄기 높이는 2 m 정도이며, 봄에 황록색 꽃이 핌. 산기슭에 남. 2〔한의〕조팝나무의 뿌리(학질이나 담 등의 치료제로 씀).

상산 (傷産)圓 해산할 시기에 과로 따위로 양수가 일찍 터져 해산하기 어렵게 되는 일.

상:산-상 (山産床)[-쌍]圓〔민〕무당이 굿을 할 때, 산신에게 올리기 위해 차리는 제물상.

상:-상 (上上)圓 더없이 좋음. 최상.

상:-상 (上相)圓〔역〕영의정(領議政).

상:-상 (上殤)圓하자 나이 15~20세 사이의 소년이 장가를 들기 전에 죽음.

상상 (床上·牀上)圓 1 마루나 의자 따위의 위. 2 자리에서 일어난다는 뜻으로, 병의 회복을 이르는 말.

상:상 (想像)圓하타 1 경험하지 못한 일을 마음속으로 그리며 미루어 생각함. ▢~에 맡기다 / ~의 날개를 펴다 / ~을 초월하다 / 그것은 ~을 뛰어넘는 일이다. 2〔심〕현실의 지각에 없는 사물의 심상(心象)을 마음에 생각하여 그림.

상:상-건 (上上件)[-껀]圓 좋은 것 가운데서도 가장 좋은 것.

상상-기생 (桑上寄生)圓 1〔식〕뽕나무겨우살이. 2〔한의〕뽕나무겨우살이의 줄기와 잎《부인병에 약으로 씀》. ⑪상기생.

상:상-력 (想像力)[-녁]圓 상상을 하는 심적 능력. ▢~이 풍부하다 / ~에 호소하다.

상:상-봉 (上上峰)圓 여러 봉우리 중에서 가장 높은 봉우리. ▢ 백두산 ~에 오르다.

상:상-외 (想像外)圓 예상 밖. ▢~의 일 / ~로 관람객이 많았다.

상:상 임:신 (想像妊娠)〔의〕임신을 간절히 원하는 여성이 실제 임신이 아닌데도 불구하고, 입덧·태동·진통 따위의 임신 증상을 나타내는 일.

상:상-적 (想像的)관圓 상상에 의한 (것). ▢~ 체험 / ~인 그림.

상:상-치 (上上-)圓 가장 좋은 품질의 물건.

상:상-품 (上上品)圓 좋은 물건 중에서도 가장 좋은 물건. 최상품.

상:상-화 (想像畫)圓〔미술〕상상하고 창작하여 그리는 그림. ↔사생화(寫生畫).

상:-색 (上色)圓 좋은 빛. 좋은 빛깔.

상:-탁기 (上色琢器)[-끼]圓 품질이 썩 좋은 탁기.

상:-생 (上生)圓〔불〕극락왕생의 구품(九品) 가운데 상품·중품·하품의 각 윗자리.

상생 (相生)圓하자〔민〕음양오행설에서, 금에서는 물이, 물에서는 나무가, 나무에서는 불이, 불에서는 흙이, 흙에서는 금이 남을 이름. ↔상극(相剋).

상생-상극 (相生相剋)圓〔민〕오행(五行)의 운행에서, 각각 서로 돕고 돕는 일과 다른 것을 이기는 일. 상생과 상극.

상생지리 (相生之理)圓〔민〕오행이 상생하는 이치.

상:서 (上書)圓하자 웃어른에게 글을 올림. 또는 그 글. ▢ 아버님 전 ~. ↔하서(下書).

상서[1] (尙書)圓〔역〕1 고대 때 설치한 육부의 으뜸 벼슬《정삼품》. 2 중국의 진시황 이래 상

서성(尙書省)의 장관. 조신과 천자 간에 왕래하는 문서에 관한 일을 맡아보던 벼슬(당·송 때에는 중앙 정부의 수위(首位), 육부(六部)의 장관이 됨).

상:서² (尙書) 명 '서경(書經)'의 구칭.

상서 (庠序) 명 〔향교(鄕校)를 주(周)나라에서는 상(庠), 은(殷)나라에서는 서(序)라고 부른 데서〕 학교의 딴 이름.

상서 (相書) 명 '관상서(觀相書)'의 준말.

상서 (祥瑞) 명 복되고 길한 일이 일어날 징조.

상서-롭다 (祥瑞-)[-따][-로워,-로우니] 형ㅂ 복되고 좋은 일이 있을 듯하다. □ 상서로운 조짐. 상서-로이 튀.

상서-성 (尙書省) 명 〔역〕 고려 때, 백관(百官)을 거느리던 관청. 처음 광평성(廣評省)이라 하였다가 그 뒤에 어사 도성(御事都省)·상서도성(尙書都省)·첨의부(僉議府)·삼사(三司) 등의 여러 가지 이름으로 고쳤음.

상-석 (上席) 명 일터나 계급 따위에서의 윗자리. □ ~에 앉다 / ~에 모시다. ↔말석(末席).

상석 (床石) 명 상돌.

상석 (象石) 명 왕이나 왕후, 왕세자, 세자빈 따위의 무덤에 사람이나 짐승의 모양을 돌로 만들어 세운 물건.

상-선 (上仙·上僊) 명하자 1 하늘에 올라 신선이 됨. 2 귀인의 죽음.

상:선 (上船) 명하자 배에 오름. 등선(登船). 승선. □ 출항합니다. 모두 ~하세요. ↔하선.

상:선 (上善) 명 가장 뛰어난 선(善).

상선 (相先) 명 맞선략.

상선 (商船) 명 상업적인 목적으로 쓰는 선박(여객선·화물선 등). 상박(商舶).

상:선 계:약 (上船契約)[-/-게-] 〔법〕 선원이 특정 선박에서 선원으로 일할 것을 약속하는 계약.

상선-기 (商船旗) 명 항해 중인 상선에 달아 그 국적·선적을 나타내는 기.

상선 포:획 (商船捕獲) 전쟁 중에 교전국의 군함이 적국이나 중립국의 상선을 포획하는 일.

상선 호:송 (商船護送) 전쟁 중에 군함이 상선을 호송하는 일.

상선 회:사 (商船會社) 〔경〕 상선을 부려서 여객·화물을 실어 나르는 영리 회사.

상설 (常設) 명하타 언제나 이용할 수 있도록 설비와 시설을 갖추어 둠. □ ~할 할인 매장 / 농산물 매장에 ~되다.

상설 (詳說) 명하타 자세하게 속속들이 설명함. 또는 그런 설명. ↔약설(略說).

상설 (霜雪) 명 서리와 눈. 눈서리.

상설-관 (常設館) 명 언제든지 이용할 수 있도록 시설을 갖추어 놓은 건물(영화관·체육관 등이 있음).

상설 영화관 (常設映畫館)[-령-] 영화만을 늘 상영하는 시설.

상설 위원 (常設委員) 상임 위원1.

상:성 (上聲) 명〔언〕 1 중세 국어 사성(四聲)의 하나로 소리 끝이 끝이 높은 소리(글자에 표할 때는 왼쪽에 점 두 개를 찍음). 2 한자의 사성의 하나. 높고 맹렬한 소리(이에 딸린 글자들은 거성(去聲)·입성(入聲)의 글자들과 아울러 측자(仄字)라 함).

상성 (喪性) 명하자 1 본디의 성질을 잃어버리고 전혀 다른 사람처럼 변함. 2 몹시 보챔.

상:세 (上世) 명 1 상고(上古)1. 2 윗대(代).

상세 (常稅) 명 늘 내야 하는 일정한 조세.

상세 (常勢) 명 늘 일정한 형세.

상세 (商勢) 명 상업의 형세.

상세-하다 (詳細-) 형여 속속들이 자세하다. □ 상세한 지도 / 상세한 설명을 덧붙이다. 상세-히 튀. □ 기록하다.

상:소 (上疏) 명하자 〔역〕 임금에게 글을 올림. 또는 그 글. 주소(奏疏).

상:소 (上訴) 명하자 〔법〕 하급 법원의 판결에 따르지 않고 상급 법원에 심리를 청구하는 일. 판결에 불복하여 ~하다.

상:소-권 (上訴權)[-꿘] 〔법〕 법원의 판결·결정에 대하여 불복하는 당사자가 상급 법원에 상소할 수 있는 권리(상고권·항고권 등).

상:소권-자 (上訴權者)[-꿘-] 상소를 제기할 권리가 있는 사람.

상:소-대개 (上疏大槪) 명 〔역〕 임금에게 올린 글의 줄거리. 소개(疏槪).

상-소리 (常-)[-쏘-] 명 상스러운 말. 또는 상스러운 소리. ⑬ 쌍소리.

상-소반 (常小盤)[-쏘-] 명 값싸게 만든 소반.

상:소 법원 (上訴法院) 상소 사건을 심리하는 상급 법원.

상:소-심 (上訴審) 명 상소 법원의 심리.

상속 (相續) 명하타 1 다음 차례에 이어 주거나 이어받음. 2 〔법〕 일정한 친족적 신분 관계가 있는 사람 사이에서, 한 사람의 사망으로 다른 사람이 재산에 관한 권리·의무를 이어받는 일. □ 재산이 아들에게 ~되다.

상속 결격 (相續缺格)[-껵격] 〔상속에 관한 범죄로 인해〕 상속권을 상실하는 일.

상속-권 (相續權)[-꿘] 〔법〕 상속인이 상속의 효력으로 가지는 권리.

상속 능력 (相續能力)[-능-녁] 법률상 상속인이 될 수 있는 자격.

상속-법 (相續法)[-뺍] 〔법〕 상속에 관한 법률 관계를 통틀어 이르는 말.

상속-분 (相續分)[-뿐] 유산 상속이 여럿 있을 때, 각 사람이 재산을 계승하는 비율.

상속-세 (相續稅)[-쎄] 상속이나 유증(遺贈)으로 재산을 얻은 사람에게 부과하는 세금.

상속 순:위 (相續順位)[-쑨뉘] 법률상 정해진 상속의 순위.

상속-인 (相續人) 명 상속을 받는 사람. 상속자.↔피상속인.

상속-자 (相續者)[-짜] 명 상속인.

상속 재산 (相續財産)[-째-] 상속인이 피상속인으로부터 물려받는 재산.

상속 채:권자 (相續債權者)[-꿘-] 〔법〕 피상속인의 채권자로서 상속에 의해 상속인을 채무자로 하게 된 사람.

상송 (相送) 명하타 피차간에 서로 보냄.

상쇄 (相殺) 명하타 1 셈을 서로 비김. □ 차입금과 대출금이 ~되다 / 복구 작업으로 피해를 ~시키다. 2 상반되는 것이 서로 영향을 주어 효과가 없어지는 일. 3 〔법〕 '상계(相計)'의 구민법상의 용어.

상-쇠 (上-) 명〔민〕 두레패·굿중패·걸립패·농악대 따위에서, 꽹과리를 치면서 그 패의 앞잡이가 되어 전체를 지도하는 사람. 뜬쇠. 상쇠재비.

상:수 (上手) 명 뛰어난 솜씨나 수. 또는 그런 솜씨나 수를 가진 사람. ↔하수(下手).

상:수 (上水) 명 1 음료수나 사용수로 쓰기 위해 수도관을 통해 보내는 맑은 물. ↔하수(下水). 2 '상수도(上水道)'의 준말.

상:수 (上壽) 명 1 보통 사람보다 나이가 아주 많음. 또는 그 나이. □ ~를 누리다. 2 백 살 이상 된 나이. 또는 그 노인. 3 헌수(獻壽).

상:수 (上數)〔명〕 상책(上策). 〔관〕감당이 되지 않을 때는 뛰는 게 ~다.

상수 (常數)〔명〕**1** 정해진 수량. 일정한 수. **2** 정하여진 운명. 정수(定數). **3**〔수〕어느 관계를 통해서 변하지 않는 값을 가진 수 또는 양《원주율·탄성률 따위》. 정수(恒數). ↔변수(變數). **4**〔물〕물질의 물리적 또는 화학적 성질을 표시하는 수치, 즉 일정한 상태에 있는 물질의 성질에 관한 일정량을 보이는 수《비열(比熱)·비중·굴절률 따위》.

상수 (常隨)〔명〕〔하타〕늘 수행함. 언제나 일정한 임무를 띠고 따라다님.

상수 (喪需)〔명〕**1** 상비(喪費). **2** 초상 치르는 데 드는 물건.

상:수-도 (上水道)〔명〕음료수나 공업·방화 따위에 쓰이는 물을 수도관을 통해 보내 주는 설비. ↔하수도. ⬱상수·수도.

상:수리 상수리나무의 열매. 상실(橡實).

상:수리-나무〔명〕〔식〕참나뭇과의 낙엽 교목. 산과 마을 근처에 나는데, 높이 15m가량. 둥근 모양의 열매는 식용됨. 재목은 단단하여 수레바퀴·가구 등의 재료로 씀. 참나무.

상:수리-밥〔명〕상수리쌀에 붉은팥 간 것을 섞어 지은 뒤, 풀 때에 꿀을 쳐서 담은 밥.

상:수리-쌀〔명〕상수리를 껍데기째 삶아 겨울 동안에 얼렸다가, 봄에 녹은 것을 말려서 쓿은 뒤에, 알맹이를 다시 물을 쳐 가며 빻은 것. 밥·떡·묵 등을 만듦.

상수 비:례 (常數比例)〔화〕어떤 화합물이 만들어질 때에 각 물질 사이의 일정불변한 비례《수소 2와 산소 1로써 화합되는 물이나, 탄소와 산소가 1대 2로 화합하는 이산화탄소 따위》. 정수 비례.

상:순 (上旬)〔명〕초하루부터 초열흘까지의 사이. 상완(上浣). 상한(上澣). 초순(初旬).

상:순 (上脣)〔명〕윗입술. ↔하순(下脣).

상:술 (床-)[-쑬]〔명〕안주를 상에 차리고 이에 곁들여서 파는 술.

상:술 (上述)〔명〕〔하타〕윗부분이나 앞부분에서 말함. 〔관〕~한 바와 같이 시행됩니다.

상술 (相術)〔명〕인상(人相)이나 가상(家相)으로 상을 보는 방법. 또는 그 기술. 상법(相法).

상술 (商術)〔명〕장사하는 솜씨나 꾀. 〔관〕유대인은 ~이 뛰어나다고 알려져 있다.

상술 (詳述)〔명〕〔하타〕자세하게 설명하여 말함. 〔관〕사고 경위를 ~하다.

상-스럽다 (常-)[-쓰-따][상스러워, 상스러우니]〔형〕말이나 행동이 품위가 낮고 교양이 없다. 〔관〕말씨가 ~ / 상스럽게 굴다. **상-스레** [-쓰-]〔부〕

상습 (常習)〔명〕늘 하는 버릇. 〔관〕~ 절도 / ~으로 담배를 피우다.

상습-범 (常習犯)[-뻠]〔명〕〔법〕일정한 범죄를 상습적으로 저지름으로써 성립하는 범죄. 또는 그 범인. 관행범.

상습-자 (常習者)[-짜]〔명〕어떤 나쁜 일을 버릇처럼 되풀이하는 사람.

상습-적 (常習的)[-쩍]〔관·명〕좋지 않은 일을 버릇처럼 하는 (것). 〔관〕~으로 약속을 어기다.

상습-화 (常習化)[-쓰롸]〔명〕〔하타〕늘 하는 버릇처럼 반복함. 〔관〕식전 산책이 ~되다.

상:승 (上昇·上升)〔명〕〔하자〕낮은 데서 위로 올라감. 〔관〕인기가 나날이 ~하다 / 물가가 ~되다 / 기구를 ~시키다 / 국제 반도체 값 ~이 예상된다. ↔하강·하락.

상승 (相承)〔명〕〔하타〕**1** 서로 계승함. **2**〔불〕스승

이 제자에게 교법의 깊은 뜻을 전수하고, 이를 다음에서 다음으로 받아 전함.

상승 (相乘)〔명〕〔하타〕**1**〔수〕두 개 이상의 수를 서로 곱함. **2** 두 가지 이상의 요소가 합하여 곱절의 효력을 내는 일.

상승 (常勝)〔명〕〔하자〕항상 이김. 싸울 때마다 이김. 번번이 이김.

상승 가도 (街道)**를 달리다**〔관〕상승하는 기세를 몰아 냅다 몰아쳐 나아가다.

상:승-경 (上昇莖)〔명〕〔식〕다른 물건에 의지하여 위로 올라가는 덩굴의 줄기.

상승-곱 (相乘-)〔명〕두 개 이상의 수를 곱하여 얻은 수치. 상승적.

상승-군 (常勝軍)〔명〕싸움에서 늘 이기는 군대.

상:승 기류 (上昇氣流)〔명〕대기 중에서 위로 오르는 공기의 흐름. 구름이 생기고 비가 내리는 원인이 됨. 〔관〕~를 타고 있다.

상:승-도 (上昇度)〔명〕위로 올라가는 정도.

상:승-력 (上昇力)[-녁]〔명〕위로 올라가는 힘.

상승-비 (相乘比)〔명〕〔수〕복비(複比).

상승-상부 (相勝相負)〔명〕〔하자〕이기고 진 횟수가 서로 같음.

상:승-선 (上昇線)〔명〕위로 향하여 올라가는 선. 〔관〕주가 오름세가 ~을 긋고 있다. ↔하강선(下降線).

상:승-세 (上昇勢)〔명〕위로 올라가는 기세나 상태. 〔관〕~로 돌아서다 / 물가의 ~가 좀처럼 꺾이지 않는다. ↔하락세.

상승 작용 (相乘作用)〔명〕몇 가지 원인이 동시에 겹쳐 작용하면 하나씩 따로따로 작용할 때보다 많은 효과를 나타내는 일.

상승-장군 (常勝將軍)〔명〕적과 싸울 때마다 항상 이기는 장군.

상승-적 (相乘積)〔명〕〔수〕상승곱.

상승 평균 (相乘平均)〔명〕〔수〕기하 평균. ↔상가(相加) 평균.

상:승 한:도 (上昇限度)〔명〕항공기가 그 이상 상승하지 못하는 고도. 양력(揚力)과 중력이 평형을 이루는 고도.

상승-효과 (相乘效果)〔명〕상승 작용에 의하여 나타나는 효과.

상:시 (上試)〔명〕〔역〕조선 때, 과거의 시관(試官)을 대표하는 책임자.

상시 (常時)〔명〕〔부〕**1** 임시가 아니고 관례대로의 보통 때. 늘. 항시(恒時). 〔관〕주민 등록증은 ~ 휴대해야 한다. **2** '평상시'의 준말. [상시에 먹은 마음 취중에 난다] 술에 취하면 평소 마음먹었던 것이 언행에 나타난다.

상시지계 (嘗試之計)[-/-게]〔명〕남의 뜻을 시험하여 떠보는 꾀.

상:식 (上食)〔명〕상가(喪家)에서, 아침저녁으로 영좌(靈座)에 올리는 음식. 또는 그것을 올리는 일.

상식 (相識)〔명〕〔하타〕서로 얼굴을 알 정도로 친분이 있음.

상식 (常食)〔명〕〔하타〕늘 먹음. 또는 그런 음식. 〔관〕잡곡밥을 ~하다.

상식 (常識)〔명〕일반 사람으로서 가져야 할 일반적인 지식·이해력·판단력. 〔관〕~ 밖의 행동 / ~에 어긋나다 / ~을 벗어나다 / ~이 풍부하다.

상식-적 (常識的)[-쩍]〔관·명〕상식에 관한 (것). 〔관〕~인 과학 지식 / 아주 ~인 이야기.

상식-화 (常識化)[-시롸]〔명〕〔하자타〕상식적인 것이 됨. 상식이 됨. 또는 상식이 되게 함. 〔관〕상대성 원리도 이제는 ~되었다.

상:신 (上申)〔명〕〔하타〕웃어른이나 관청 등에 일에 대한 의견이나 사정 등을 말이나 글로 고함. 〔관〕의견을 ~하고 재가를 얻다.

상:신 (上臣)〖역〗상대등(上大等).

상신 (相臣)圐〖역〗상국(相國).

상신 (相信)圐하타 서로 믿음.

상신 (喪神)圐하자 실신(失神).

상신 (傷神)圐하자 정신을 해침.

상신 (霜信)圐 서리와 함께 오는 소식이라는 뜻에서, '기러기'의 딴 이름.

상신-간 (相信間)圐 서로 믿는 사이.

상-신서 (上申書)圐 상부에 보고할 내용을 적은 문서.

상-신석 (常信石)〖한의〗강원도에서 나는 비상(砒霜)《학질·치루 등의 약으로 씀》.

상실 (桑實)圐 뽕나무의 열매. 오디.

상실 (喪失)圐하타 잃어버림. 없어지거나 사라짐. ▢의욕 ~ / 응시 자격이 ~되다 / 기억을 ~하다.

상실 (詳悉)圐하타 내용을 자세히 앎.

상실 (橡實)圐 상수리.

상실-감 (喪失感)圐 잃어버린 후의 느낌이나 감정 상태. ▢~을 맛보다 / ~에 빠지다.

상심 (喪心)圐하자 실심(失心).

상심 (傷心)圐하자 슬픔이나 걱정 따위로 마음을 상함. ▢~하여 방 안에만 틀어박히다.

상심 (詳審)圐하타 자세히 살핌.

상:-씨름 (上-)圐 씨름판에서 결승을 다투는 씨름. 소걸이.

상아 (象牙)圐 코끼리의 위턱에 나서 입 밖으로 길게 튀어나온 엄니《악기·도장 등 공예품을 만드는 데 씀》.

상아 (嫦娥)圐 1 달 속에 있다는 선녀. 항아(姮娥). 2 '달'1의 다른 이름.

상아-색 (象牙色)圐 상아의 빛깔《연한 황백색》. 아이보리.

상아-질 (象牙質)圐〖생〗척추동물의 치아(齒牙)의 주성분이 되는 물질《황백색이며 뼈보다 단단함》.

상아-탑 (象牙塔)圐 1 속세를 떠나 오로지 학문이나 예술만을 즐기는 경지(境地). 2 대학이나 대학의 연구실을 비유하는 말.

상아-하다 (詳雅-)혱 자상하고 단아하다.

상아-홀 (象牙笏)圐〖역〗조회 때, 1품부터 4품까지의 벼슬아치가 조복에 갖추어 지녔던, 상아로 만든 홀.

상:악 (上顎)圐 위턱. ↔하악(下顎).

상:악-골 (上顎骨)[-꼴]圐〖생〗두개골의 한 부분으로, 위턱을 이루는 한 쌍의 뼈. 위턱뼈. ↔하악골(下顎骨).

상:악-동 (上顎洞)[-똥]圐〖생〗부비강(副鼻腔)의 하나. 상악골 가운데에 있는 한 쌍의 공동(空洞).

상안 (象眼)圐하타 상감(象嵌)2.

상압 (常壓)圐 특별히 압력을 높이거나 줄이지 않을 때의 압력. 보통, 대기압과 같은 1기압 정도의 압력.

상압 증류 (常壓蒸溜)[-쯩뉴]보통의 압력 상태에서 행하는 증류 방법. *진공 증류.

상앗-대 [-아때/-압때]圐 배를 댈 때나 띄울 때 또는 물이 얕은 데서 배를 밀어 나갈 때 쓰는 장대. ㉣삿대.

상앗대-질 [-아때-/-압때-]圐하자 상앗대로 배질을 함. ㉣삿대질.

상앗-빛 (象牙-)[-아삗/-압삗]圐 상아와 같은 빛깔《연한 황백색》.

상애 (相愛)圐하자 서로 사랑함.

상애-상조 (相愛相助)圐하자 서로 사랑하고 서로 도움. *상부상조.

상야 (霜夜)圐 서리 내리는 밤.

상야 (霜野)圐 서리 내린 들판.

상야-등 (常夜燈)圐 밤새도록 켜 놓는 등.

상:-약 (上藥)圐 좋은 약.

상약 (相約)圐하타 서로 약속함. 또는 그 약속. ▢~을 맺다.

상약 (常藥)圐 가정이나 개인이 경험에 의하여 만들어 쓰는 약. *민간약.

상약 (嘗藥)圐하자 1 남에게 약을 권하기 전에 먼저 맛을 봄. 2 약을 먹거나 마심.

상양 (相讓)圐하자 서로 사양함.

상양 (徜徉)圐하자 천천히 이리저리 거닒.

상양 (賞揚)圐하타 칭찬하여 높임.

상어圐〖어〗연골어강 악상어목에 속하는 고래상어/귀상어·곱상어 등의 총칭. 몸은 원뿔꼴, 골격은 연골임. 꼬리지느러미는 칼 모양, 거친 피부는 이빨 모양의 비늘로 덮임. 대개 태생(胎生)인데 성질이 사납고 민첩함. 고기는 식용, 껍질은 공구의 장식용으로 씀. 교어(鮫魚), 사어(沙魚).

상:언 (上言)圐하타〖역〗백성이 임금에게 글을 올리던 일. 또는 그 글.

상:언-별감 (上言別監)圐〖역〗임금의 거동 때, 백성이 올리는 글을 받아들이던 임시 벼슬.

상업 (商業)圐 상품을 사고팔아 이익을 얻는 영업. ▢~ 활동 / ~에 종사하다 / ~이 발달하다.

상업-계 (商業界)[-계/-께]圐 상업하는 사람들의 사회. ㉣상계(商界).

상업 고등학교 (商業高等學校)[-꾜-꾜] 상업에 종사하려는 사람에게 이에 관한 보통 지식과 기술을 가르치는 실업 고등학교《일부 학교는 '정보 산업 고등학교'로 개칭됨》. ㉣상업학교·상고.

상업 공:황 (商業恐慌)[-꽁] 상업 거래상의 투기 활동으로 인해 많은 상사(商社)가 파산(破産)하는 공황.

상업 교:육 (商業敎育)[-교-] 상업에 필요한 이론과 기술을 가르치는 교육.

상업-국 (商業國)[-꾹] 상업으로써 발달한 나라.

상업 금융 (商業金融)[-끔늉/-끄늉] 상업에 필요한 자금의 융통《보통 60일이나 90일을 기한으로 하는 단기 금융을 이름》.

상업 기관 (商業機關)[-끼-]〖경〗상거래에 편의를 주어 상업의 발달을 돕는 기관《은행·해운·철도 따위》.

상업-도덕 (商業道德)[-또-]〖법〗상업 활동을 할 때 지켜야 할 도덕. 상도덕.

상업 등기 (商業登記)[-뜽-]〖법〗상법에서, 상인의 영업에 관한 일정 사항을 상업 등기부에 등기하는 일.

상업 등기부 (商業登記簿)[-뜽-]〖법〗등기소에 비치되어 있는, 상업 등기를 하는 데 쓰는 공부(公簿).

상업 디자인 (商業design) 상품의 판매와 선전을 위한 디자인. 주로, 포스터·포장·전시 등의 설계를 가리킴.

상업 미:술 (商業美術)[-염-] 응용 미술의 하나. 광고 도안·포장 등 주로 상업상으로 필요한 미술. 광고 미술.

상업 방:송 (商業放送)[-빵-] 광고 방송 수입 등으로 경영되는 방송. *공영 방송.

상업 부기 (商業簿記)[-뿌-]〖경〗상업의 회계에 응용되는 부기《단식과 복식이 있으며, 상품 매매에서 생기는 손익의 계산을 목적으로 함》.

상업-성 (商業性)[-썽]圐 상업으로 이윤을 얻

는 것을 중요시하는 특성. ☐~을 배제하다/ ~을 추구하다.

상업-신문(商業新聞)[-씬-] 圀 신문의 판매나 광고에서 나오는 수입으로 운영하는 신문《특히 기관지 따위의 당파적 신문에 대하여 일컬음》. 상업지(紙).

상업 신:용(商業信用)[-씨늉]〖經〗상인 사이의 신용 거래 관계. 곧, 산업 및 상업 자본가가 상품 거래에서 서로 주고받는 신용《외상 거래 등》.

상업 신:용장(商業信用狀)[-씨늉짱]〖經〗수입업자의 의뢰를 받고 외국의 수출업자에 대해 수입업자의 신용을 보증하고자 수입지의 은행이 발행하는 서장(晝狀).

상업 어음(商業-)〖經〗상인이 상거래를 하기 위해 다른 상인이나 은행 앞으로 발행하는 어음. 상품 어음. ↔융통 어음.

상업-영어(商業英語)[-엄녕-] 圀 국제적 상거래를 위해 쓰는 영어.

상업 은행(商業銀行) 상업 및 그 밖의 일반 산업 금융을 행하는 은행《주된 업무는 대부·할인임》. ㉭상은(商銀).

상업 이:윤(商業利潤)[-엄니-] 상업으로 얻는 이윤.

상업 자본(商業資本)[-짜-] 상업에 투자해 이윤을 얻기 위한 자본.

상업 장부(商業帳簿)[-짱-] 상인이 모든 거래 관계를 기록·정리하는 장부. 일기장·재산 목록·대차(貸借) 대조표의 총칭.

상업-적(商業的)[-쩍] 圀 상업과 관계되는 (것). ☐~인 목적에 이용하다.

상업 조합(商業組合)[-쪼-]〖經〗중소 상인들이 서로의 이익을 높이기 위하여 조직하는 조합.

상업-주의(商業主義)[-쭈-/-쭈이] 圀 무엇이든지 영리 추구(營利追求)의 대상으로 보는 사고방식. ☐~가 팽배하다.

상업 증권(商業證券)[-쯩꿘] 상업 거래의 목적물이 될 수 있는 유가 증권《어음·주권(株券)·수표 따위》.

상업-지(商業紙)[-찌] 圀 상업신문.

상업 지역(商業地域)[-찌-] 도시 계획에서 지정하는 용도 지역의 하나. 주로 상업과 기타 업무의 편익을 증진하기 위하여 정하는 지역.

상업 통신(商業通信) 상업상의 통신.

상업 학교(商業學校)[-어퍄꾜] **1** 상업 교육을 실시하던 구제 실업 학교의 하나. **2** '상업 고등학교'의 준말.

상-없:다(常-)[-업따] 圀 보통의 이치에서 벗어나 막되고 상스럽다. ☐상없는 말버릇/상없게 굴다. **상-없이**[-업씨] 圀. ~굴다.

상여(喪輿) 사람의 시체를 묘지까지 실어 나르는 제구. 영여(靈輿). 행상(行喪). ☐~를 메다.

상여(賞與) 圀하탸 **1** 상으로 금품을 줌. **2** 관청이나 회사 등에서, 사원의 업적·공헌도에 따라 명절·연말 등에 정기 급여와는 별도로 돈을 줌. 또는 그 돈.

상여-금(賞與金) 圀 상여로 주는 돈. 보너스. ☐1년에 800 % 의 ~을 받는다.

상여-꾼(喪輿-) 圀 상여를 메는 사람. 상두꾼. 향도(香徒).

상:연(上椽) 圀〖建〗오량(五樑) 이상의 집에서, 마룻대에서 양쪽으로 급경사 지게 건 서까래.

상:연(上演) 圀하탸 연극을 무대 위에서 펼쳐 보임. ☐절찬리에 ~된 연극/오페라 '카르멘'을 ~하다/아동극을 ~하다.

상:-연권(上演權)[-꿘]〖法〗각본을 독점 상연할 수 있는 권리. 연주권·상영권과 더불어 공연권의 한 가지임.

상:연-료(上演料)[-뇨] 어떤 희곡의 흥행권을 작가한테 일정 기간 넘겨받는 대가로 주는 돈.

상:-하다(爽然-) 圀여 몸과 마음이 매우 시원하고 상쾌하다. 상:연-히 뷘

상엽(桑葉) 圀 뽕나무의 잎사귀. 뽕잎.

상엽(霜葉) 圀 서리를 맞아 단풍이 든 잎사귀.

상영-소리(喪輿-)[-어쏘-/-열쏘-] 圀 상여를 메고 갈 때 상여꾼들이 부르는 구슬픈 소리. 상여소리.

상영-집(喪輿-)[-여찝/-열찝] 圀 상여 및 그에 딸린 제구를 넣어 두는 초막《보통, 산 밑의 외딴 곳이나 마을 옆에 있음》. 곳집.

상:영(上映) 圀하탸 영화관 따위에서, 영화를 영사하여 관람객에게 보임. ☐~ 시간이 길다/종일 ~하다/영화가 여러 극장에서 동시에 ~되다.

상:영권(上映權)[-꿘] 圀〖法〗영화를 상영할 수 있는 권리.

상:-영산(上靈山) 圀〖樂〗영산회상(靈山會相)의 첫째 곡조. 둘째나 셋째 곡조보다 가락이 매우 느림. 4장(章)으로 되어 있음. 춤의 반주에 많이 씀.

상예(賞譽) 圀하탸 칭찬하여 칭찬함. 기림.

상:오(上午) 圀 밤 0시부터 낮 12시까지의 동안. 오전. ↔하오(下午).

상:오(晌午) 圀 정오(正午).

상:옥(上屋) 圀〖建〗부두나 역 가까이 또는 플랫폼 등에서, 화물을 일시 보관하거나 승객이 비바람을 피할 수 있도록 기둥에 지붕만 얹어 지은 건물.

상온(常溫) 圀 **1** 늘 일정한 온도. 항온(恒溫). **2** 평상시의 온도. ☐~에 보관하다.

상:온(想蘊) 圀〖佛〗오온(五蘊)의 하나. 어떤 일을 생각하여 마음속에 받아들이고 의식하는 여러 가지 감정과 생각.

상온 동:물(常溫動物)〖動〗정온(定溫) 동물. ↔변온(變溫) 동물.

상온-층(常溫層) 圀〖地〗땅속의 온도가 계절과 밤낮에 관계없이 항상 일정한 층. 항온층.

상:완(上浣) 圀 상순(上旬).

상:완(上腕) 圀〖生〗상박(上膊). 위팔.

상완(賞玩) 圀하탸 즐겨 구경함. 좋아하여 보고 즐김. ☐청자(靑瓷)를 ~하다.

상:완-골(上腕骨)[-꼴]〖生〗위팔을 이루는 뼈《위는 견갑골, 아래는 척골(尺骨) 및 요골(橈骨)이 접함》. 위팔뼈.

상:완 삼두근(上腕三頭筋)〖生〗위팔의 뒤쪽에 있는 큰 근육. 셋으로 갈라진 두부가 합쳐 큰 건(腱)이 되어 팔꿈치 끝에 붙음. 팔꿈치를 펴는 작용을 함. 삼두박근(三頭膊筋).

상:완 이:두근(上腕二頭筋)〖生〗위팔의 앞쪽에 있는 큰 근육. 둘로 갈라진 두부가 합쳐서 요골(橈骨) 위 끝에 붙었으며 팔꿈치를 굽히는 작용을 함. 이두박근(二頭膊筋).

상:왕(上王) 圀 '태상왕(太上王)'의 준말.

상욕(相辱) 圀하탸 서로 욕함.

상욕-상투(相辱相鬪)[-쌍-] 圀하탸 서로 욕을 하며 때리고 다툼.

상용(常用) 圀하탸 늘 씀. 일상적으로 사용함. ☐영어를 ~하다/학생들 사이에 ~되는 말

이 다양하다.

상용(商用)[명][하타] **1** 상업상의 용무. ▱∼으로 외국에 출장 가다. **2** 장사하는 데에 씀.

상:용(常備)[명][하타] 늘 고용하고 있음.

상용(賞用)[명][하타] 즐겨 씀.

상용 근로자(常備勤勞者)[-글-][법] 근로자 중에서 1일 고용이 아닌 상시 고용되어 있는 사람(3개월을 통하여 45일 이상 고용되고 있는 사람까지를 말함).

상용-로그(常用log)[명][수] 10을 밑으로 하는 로그.

상용-문(商用文)[명] 상업상으로 쓰이는 글.

상용-시(常用時)[명] 일반적으로 쓰이는 시간. 평균 태양시(平均太陽時)에서, 자정(子正)을 하루의 기점(起點), 곧 영시로 하는 시법(時法). ↔천문시.

상용-어(常用語)[명] 일상생활에서 늘 쓰는 말. ▱영어를 ∼로 쓰는 나라.

상용-어(商用語)[명] 상업용으로 쓰는 말.

상용-자(常用者)[명] 어떤 물건을 항상 쓰는 사람. ▱수면제 ∼가 의외로 많다.

상용-차(商用車)[명] 상업적인 목적으로 쓰이는 차(주로 많은 승객 또는 화물의 운송 사업에 쓰이는 버스·트럭 따위).

상용-한자(常用漢字)[-짜][명] 일상적으로 사용하는 한자. *교육한자.

상우(相遇)[명][자타] 서로 만남.

상우(喪偶·喪耦)[명][하자] 상처(喪妻).

상우(賞遇)[명][하타] 죄를 뉘우치고 마음을 바로 잡은 죄수에게 상으로 주는 특별 대우(면회 횟수를 늘리거나, 작업의 변경을 허용하는 따위).

상우다(傷-)[타] 상하게 하다. ▱마음을 ∼.

상우-례(相遇禮)[명][하자] 신랑이나 신부가 처가나 시가의 친척과 처음 만나 보는 예식.

상운(祥雲)[명] 복되고 좋은 일이 생길 조짐이 보이는 구름. 서운(瑞雲).

상운(祥運)[명] 복되고 좋은 일이 생길 조짐이 보이는 운수. 서운(瑞運).

상운(商運)[명] 상업상의 운명이나 운수. ▱∼이 활짝 트이다.

상:원(上元)[명] 명절의 하나. 음력 정월 보름날. 대보름날. *중원(中元)·하원(下元).

상:원(上院)[명][정] 양원제 국회에서, 하원(下院)과 더불어 의회를 구성하는 입법 기관. ↔하의원.

상원(桑園)[명] 뽕나무 밭. 상전(桑田).

상:-원수(上元帥)[명][역] 고려 때, 출정군을 통솔하던 장수. 또는 한 지방의 병권을 책임지던 장수.

상:원 의원(上院議員) 미국 등에서, 상원에 속하는 국회의원.

상월(祥月)[명] 죽은 지 두 돌 만에 지내는 제사를 치르는 달.

상월(霜月)[명] **1** '동짓달'의 별칭. **2** 서리가 내리는 밤의 달.

상:위(上位)[명] 높은 위치나 지위. ▱∼에 들다/∼에 속하다.

상위(相位)[명][역] **1** 정승(政丞)의 지위. **2** 의정부의 하래(下隷)가 의정(議政)을 일컫던 말. 우위(右位).

상위(相違)[명][하자] 서로 틀림. 서로 어긋남. ▱두 사람의 주장이 ∼하다.

상위(常委)[명] '상임 위원회'의 준말.

상위(霜威)[명] **1** 서리가 내려 찬기가 심함. **2** 위엄 있는 기세의 비유.

상:위 개:념(上位概念)[논] 한 개념이 다른 개념보다 그 외연(外延)이 넓어 그것을 그 개

념 안에 포함하는 개념(생물은 식물에 대하여 상위 개념임). 고급 개념. ↔하위 개념.

상:위-권(上位圈)[-꿘][명] 상위에 속하는 테두리 안. ▱성적이 ∼에 들다.

상:유(上諭)[명] 임금의 말씀.

상은(商銀)[명] '상업 은행'의 준말.

상은(傷恩)[명][하자] 남에게 받은 은혜나 정을 상하게 함.

상:음(上音)[명][물] **1** 기본음에 대하여 이것보다 진동수가 많고 높은 음(음은 기본음과 상음으로 구성되고 그 강도에 따라 각 음색이 정해짐). **2** (넓은 뜻의) 배음(倍音).

상:음(上淫)[명][하자] 자기보다 지위가 높은 여자와 몰래 정을 통함.

상응(相應)[명][하자] **1** 서로 응하거나 어울림. ▱성(城)의 안팎에서 ∼하다. **2** 서로 맞음. 알맞음. ▱분수에 ∼하는 생활/죄과에 ∼하는 형벌을 받는다.

상:의(上衣)[-/-이][명] 윗옷. ▱∼를 벗다/거울을 보며 ∼를 입다. ↔하의.

상:의(上意)[-/-이][명] **1** 임금의 마음. 상지(上旨). **2** 웃어른·지배자의 마음. ↔하의.

상:의(上醫)[-/-이][명] 진단이나 치료 기술이 훌륭한 의사. 명의.

상:의(上議)[-/-이][명][하타] 어떤 일을 의제(議題)에 올림. 의안으로 올림.

상의(相依)[-/-이][명][하자] 서로 의지함.

상의(相議·商議)[-/-이][명][하타] 서로 의논함. 상담. 상론. ▱가부는 ∼하여 정하자/결혼 문제를 ∼하다.

상의(常衣)[-/-이][명] 늘 입고 있는 옷. 보통 입는 옷. 평상복.

상의(詳議)[-/-이][명][하타] 상세히 의논함. 또는 그 의논.

상의-원(尙衣院)[-/-이-][명][역] 조선 때, 임금의 의대(衣帶)나 대궐 안의 재물과 보물을 맡아 관리하던 관아. 상방(尙方).

상:의-하달(上意下達)[-/-이][명] 윗사람의 뜻이나 명령을 아랫사람에게 전함. ▱∼의 임무를 띠고 있는 비서. ↔하의상달.

상:의-하상(上衣下裳)[-/-이][명] 위에 입는 옷과 아래에 입는 옷. 또는 저고리와 치마.

상이(桑栮)[명][식] 뽕나무에서 나는 버섯.

상이(傷痍)[명][하자] 상처.

상이(霜異)[명] **1** 철이 아닌 때에 내린 서리. **2** 상재(霜災).

상이-군인(傷痍軍人)[명] 전투나 군사상 공무 집행 중에 부상한 군인.

상이-기장(傷痍記章)[명] 전투나 공무 수행 중 부상한 사람에게 주는 기장.

상이-용사(傷痍勇士)[명] 군에서 복무하다가 부상하여 제대한 용사.

상이-점(相異點)[-쩜][명] 서로 다른 점. ▱둘 사이에 ∼이 많다.

상이-하다(相異-)[형여] 서로 다르다.

상:인(上人)[명][불] 지덕(智德)을 갖춘 승려의 높임말.

상인(相引)[명][하자] 서로 자기 쪽으로 끌어당김. ↔상척(相斥).

상인(常人)[명] 상사람.

상인(商人)[명] 장사하는 사람. 장수.

상인(喪人)[명] 상제(喪制).

상인(霜刃)[명] 서슬이 시퍼런 칼날.

상인 계급(常人階級)[-/-계-][명] **1** 서민층. 평민층. **2** 양반이 아닌 보통 백성.

상:-인방(上引枋)[명][건] 창이나 문짝의 윗

부분에 가로지르는 인방. 윗중방. ⓹상방(上枋). *하인방.

상:-인일(上寅日)[명]『민』음력 정월의 첫 번째 인일(寅日)(이날 여자가 외출하여 남의 집에서 대소변을 보면 그 집 사람이 호랑이에게 잡혀간다 하여 여자는 바깥출입을 삼갔음). 범날.

상인해물(傷人害物)[명][하자] 성품이 음흉하여 사람을 해치고 손해를 끼침.

상-일(常-)[-닐][명][하자] 별다른 기술이 없어도 할 수 있는 노동. ⓹배운 재주는 없고 ~로 생계를 유지한다. *막일.

상일(常日)[명] 보통의 날. 평일.

상일(祥日)[명] 죽은 지 두 돌 만에 지내는 제사를 치르는 날.

상일-꾼(常-)[-닐-] 상일하는 것을 업으로 삼는 사람.

상임(常任)[명][하타] 일정한 일을 늘 계속해 맡음. ⓹~ 고문을 맡다 / ~ 이사에 취임하다.

상임 위원(常任委員) 1 일정한 임무를 항상 담당하는 위원. 상설 위원. 2『법』국회 상임위원회를 구성하는 위원.

상임 위원회(常任委員會) 1 항상 일정한 임무를 담당하는 위원회. 2『법』국회에서, 의원을 각 전문 분야별로 나누어 설치하는 상설 위원회. ⓹상위(常委).

상자(相者)[명] 관상가.

상자(桑梓)[명] 시경(詩經)에 있는 말로, 담 밑에 뽕나무와 가래나무를 심어서 자손에게 남겨서 양잠과 기구(器具)를 만들게 하였다는 뜻으로, '조상 대대의 고향 또는 고향집'을 일컫는 말.

상자(箱子)[一][명] 나무·대·종이 따위로 만든 네모난 그릇. ⓹선물 ~ / 물건을 ~에 담다 / ~의 뚜껑을 열다. [의존] 물건이 든 상자를 세는 말. ⓹과일 한 ~ / 라면 두 ~.

상자(橡子)[명] 상수리나 도토리.

상자-다식(橡子茶食)[명] 상수리나 도토리를 갈아 앙금을 내어 말려서 꿀과 반죽하여 판에 박은 다식.

상자-목(桑柘木)[명]『민』육십갑자에서, 임자(壬子)·계축(癸丑)에 붙이는 납음(納音).

상-자성(常磁性)[명]『물』물체를 자기장(磁氣場) 안에 놓으면 자기장과 같은 방향으로 자력을 띠는 성질.

상자성-체(常磁性體)[명]『물』자기장과 같은 방향으로 자성을 띠는 물질(망간·알루미늄·백금 따위).

상:-자일(上子日)[명]『민』음력 정월의 첫 자일(子日).

상자-주(橡子酒)[명] 상수리나 도토리를 넣고 담근 술.

상자지향(桑梓之鄕)[명] 여러 대 조상의 무덤이 있는 고향. 또는 조상 대대로 살아온 고향.

상:작(上作)[명] 곡식이 썩 잘됨. *평작(平作)·흉작(凶作).

상잔(相殘)[명][하자] 서로 싸우고 해침. ⓹동족(同族)끼리 ~하는 비극.

상:장(上長)[명] 자기보다 나이가 많거나 지위가 높은 사람.

상:장(上狀)[명] 공경하는 뜻이나 조상(弔喪)하는 뜻을 나타내는 편지.

상:장(上場)[명][하타]『경』주식이나 어떤 물건

을 시장의 매매 대상으로 하기 위해 거래소에 등록하는 일. ⓹증권 거래소에 ~된 주식 / 주식 ~에는 일정한 기준이 있다.

상장(喪杖)[명] 상제(喪制)가 짚는 지팡이(부상(父喪)에는 대막대기, 모상(母喪)에는 오동나무 막대기를 씀).

상장(喪章)[명] 거상(居喪)이나 조상(弔喪)의 뜻을 나타내기 위해 옷가슴·소매 등에 다는 표.

상장(喪葬)[명] 장사 지내는 일과 상중(喪中)에 하는 모든 예식.

상장(賞狀)[-짱][명] 상을 주는 뜻을 적어서 주는 증서. ⓹~과 상패를 받았다 / ~을 수여하다.

상:-장군(上將軍)[명]『역』1 신라 때, 대장군의 다음이고 하장군의 상위에 있던 무관. 2 고려 때, 이군(二軍)과 육위(六衛)의 으뜸 장수.

상장-막대(喪杖-)[-때][명][속] 상장(喪杖).

상:장-주(上場株)[명]『경』증권 거래소에 상장되어 매매되는 주식.

상:장 회:사(上場會社) 발행 주식을 증권 시장에 상장시키고 있는 회사.

상:재(上才)[명] 남보다 뛰어난 재주. 또는 그런 재주를 가진 사람.

상:재(上梓)[명][하자] 〔←상자(上梓)〕 출판하기 위하여 인쇄에 돌림.

상:재(上裁)[명] 1 임금의 재가(裁可). 2 상부의 결재.

상재(相才)[명] 대신이 될 만한 재능. 재상이 될 수 있는 능력.

상재(商才)[명] 장사하는 재능.

상재(霜災)[명] 서리가 내려서 곡식이 해를 입는 일. 상이(霜異).

상쟁(相爭)[명][하자] 서로 다툼. ⓹~을 벌이다.

상-쟁이(相-)[명]『관상쟁이'의 준말.

상적(商敵)[명] 상업상의 경쟁자.

상-적광토(常寂光土)[-꽝-][명]『불』변하지 않는 영원한 세계라는 뜻으로, 부처의 거처나 빛나는 마음의 세계를 이르는 말. ⓹상적토.

상적-토(常寂土)[명]『상적광토'의 준말.

상적-하다(相敵-)[-저카-][형어] 양편의 실력이나 처지가 서로 비슷하다.

상:전(上田)[명] 수확이 많은 좋은 밭. *하전(下田). *상토(上土).

상:전(上典)[명] 예전에, 종에 대해 그 주인을 일컫던 말. ⓹~으로 모시다 / ~ 노릇을 하다. [상전 배부르면 종 배고픈 줄 모른다] 잘사는 사람이 제 배가 부르니 저에게 매여 사는 사람의 어려움을 모른다.

상:전(上殿)[명][하자] 궁전으로 올라감.

상전(床廛)[명]『역』잡화를 팔던 가게.

상전(相傳)[명][하타] 대대로 이어 전함. 서로 전함. ⓹부자 대대로 ~된 비법.

상전(相戰)[명][하자] 서로 싸움. 서로 겨룸.

상전(桑田)[명] 뽕나무를 심어 가꾸는 밭. 뽕밭. 상원(桑園).

상전(商戰)[명] 상업상의 경쟁.

상전(詳傳)[명] 상세하게 쓴 전기(傳記).

상전(賞典)[명] 상격(賞格).

상전-벽해(桑田碧海)[-벼캐][명] 뽕나무 밭이 변하여 푸른 바다가 된다는 뜻으로, 세상일이 덧없이 변천함이 심함을 비유하는 말. 벽해상전. 상전창해. 창상(滄桑). ⓹상해.

상:전-옥답(上田沃畓)[-땁][명] 수확이 많은 좋은 밭과 기름진 논.

상-전이(相轉移)[명]『물』물질이 조건에 따라 한 형태에서 다른 형태로 바뀌는 현상(융해·고화·기화·응결 따위).

상점(商店)[명] 물건을 파는 가게. 상전(商廛).

상포(商鋪). ▯아동용품 ~을 내다 / ~이 손님들로 북적거린다 / 거리에 ~들이 줄지어 늘어서다.
상점-가 (商店街) 몡 상가(商街).
상접 (相接) 몡-하다재 서로 한데 닿거나 붙어 있음. ▯피골이 ~한 몰골.
상:정 (上丁) 몡〔민〕 음력으로 매달 첫째 정(丁)의 날《연제(練祭)나 담제(禫祭) 따위는 대개 이날에 지냄》.
상:정 (上程) 몡-하다타 의안을 회의에 내어 놓음. ▯의안을 ~하고 제안 설명을 듣다 / 의제가 본회의에 ~되다.
상정 (常情) 몡 사람에게 공통적으로 있는 보통의 인정. ▯부귀를 좇는 것은 사람의 ~이다.
상:정 (想定) 몡-하다타 어떤 상황이나 조건을 가정적으로 생각하여 판정함. ▯화재를 ~하여 소방 훈련을 하다 / 이 도자기는 고려 때의 것으로 ~된다.
상정 (詳定) 몡-하다타〔역〕나라의 제도나 관아에서 필요한 물건의 값 따위를 심사해서 결정해 놓고, 오랫동안 이를 변경하지 못하게 하던 일.
상정 (傷情) 몡-하다자 정분을 해침.
상:정-량 (想定量)[-냥] 몡 어떤 정황을 가정적으로 생각하여 정한 분량. 추정량.
상:제 (上帝) 몡 하느님1.
상:제 (上第) 몡-하다자〔역〕과거에서 첫째로 급제하던 일. 또는 첫째로 급제한 사람.
상:제 (上製) 몡 1 상등으로 만든 것. ▯~의 물건. 2 '상제본(上製本)'의 준말.
상제 (相制) 몡-하다타 서로 견제함.
상제 (常制) 몡 항상 정해져 있는 제도.
상제 (喪制) 몡 1 부모나 조부모의 거상 중(居喪中)에 있는 사람. 극인(棘人). 상인(喪人). 2 상례(喪禮)에 관한 제도.
[상제보다 복재기가 더 설워한다] 무슨 일에 당사자보다 제삼자가 더 염려한다.
상제 (喪祭) 몡 상례(喪禮)와 제례(祭禮). ▯~를 지내다.
상제 (霜蹄) 몡 굽에 흰 털이 난 좋은 말.
상제-나비 (喪制-) 몡〔충〕흰나빗과의 곤충. 편 날개의 길이 7cm가량, 몸빛은 검은데, 투명한 것처럼 보임. 애벌레는 사과나무·벚나무 등의 잎을 해침.
상:-제본 (上製本) 몡 실로 꿰맨 후, 가장자리를 자르고 다듬은 다음 표지를 붙이는 제본 양식의 하나. ㉰상제(上製).
상제-설 (相制說) 몡〔철〕몸과 정신 사이에서 제약하는 인과 관계를 인정하는 학설.
상:조 (尙早) 몡 '시기상조(時機尙早)'의 준말.
상조 (相助) 몡-하다자 서로 도움. ▯이웃과 ~하며 지내다.
상조 (相照) 몡-하다타 서로 대조함.
상조 (商調) 몡〔악〕동양 음악에서, 상(商)의 음을 주음으로 하는 음계《중국 중세 속악(俗樂)에 사용됨》.
상:족 (上族) 몡-하다타 누에를 발이나 섶에 올림.
상존 (尙存) 몡-하다자 아직 그대로 있음. ▯아직도 일제의 잔재가 ~하고 있다.
상존 (常存) 몡-하다자 언제나 존재함. ▯도로에는 항상 사고의 위험이 ~한다.
상:-존호 (上尊號) 몡-하다자〔역〕임금의 성덕을 기리기 위하여 존호를 지어 올리던 일.
상종 (相從) 몡-하다자 서로 따르며 친하게 사귐. ▯다시는 그런 친구와 ~하지 않겠다.
상:-종가 (上終價)[-까] 몡〔경〕상한가(上限價). ▯연일 ~를 기록하다. ←하종가.
상:좌 (上佐) 몡〔불〕1 행자(行者)2. 2 스승의

대를 이을 여러 제자 가운데 가장 높은 사람. 상족(上足).
[상좌가 많으면 가마솥을 깨뜨린다] 간섭자가 많으면 일이 제대로 안 된다.
상좌 중의 법고 (法鼓) **치듯** 돤 무엇을 자주 빨리 쾅쾅 치는 모양.
상:좌 (上座) 몡 1 정면에 설치한, 가장 높은 사람이 앉는 자리. 고좌. 윗자리. 2〔불〕절의 주지·강사·선사(禪師)·원로 들이 앉는 자리.
상:좌-승 (上座僧) 몡 상좌에 앉는 승려.
상:-좌평 (上佐平) 몡〔역〕백제 때, 육좌평 가운데 으뜸되는 대신.
상:주 (上奏) 몡-하다자타 임금에게 말씀을 아룀.
상주 (上酒) 몡 질이 썩 좋은 술.
상주 (常主) 몡 1 정해진 주인. 2 임금. 천자.
상주 (常住) 몡-하다자 1 항상 살고 있음. 늘 있음. 2〔불〕생멸(生滅)의 변화가 없이 늘 그대로 있음. 3〔불〕'상주물'의 준말.
상주 (常駐) 몡-하다자 언제나 머물러 있음. ▯~ 대사관을 설치하다 / 군대가 ~하다.
상주 (喪主) 몡 주장되는 상제. 맏상제.
[상주 보고 제삿날 다툰다] 어떤 방면에 대해 잘 아는 사람을 상대로 자신의 의견을 고집한다.
상주 (詳註) 몡 상세한 주해(註解). ▯책장마다 ~를 달았다.
상주 (賞酒) 몡 상으로 주는 술. ↔벌주.
상주-물 (常住物) 몡〔불〕절에 딸린 논밭이나 건물, 집기 따위의 재산을 통틀어 이르는 말. ㉰상주(常住).
상주-부단 (常住不斷) 몡 상주불멸.
상:주-불 (上住佛) 몡〔불〕염주 가운데 꿴 가장 큰 구슬.
상주-불멸 (常住不滅) 몡〔불〕본연진심(本然眞心)이 없어지지 아니하고 영원히 있음. 상주부단.
상:주-서 (上奏書) 몡 임금께 아뢰는 글.
상:주-안 (上奏案) 몡 임금께 올리는 안건.
상주-인구 (常住人口) 몡 한 지역에 주소를 두고 살고 있는 사람. 일시적으로 머무르는 사람을 제외하며, 일시적으로 떠나 있는 사람은 포함함.
상준 (詳準) 몡-하다타 자세히 견주어 살핌.
상중 (喪中) 몡 상제(喪制)로 있는 동안. ▯~이라 행동거지를 삼가다.
상:-중하 (上中下) 몡 위와 가운데 아래. 상등과 중등과 하등.
상:지 (上旨) 몡 임금의 뜻이나 명령. 상의(上意).
상:지 (上枝) 몡 위쪽에 있는 나뭇가지.
상:지 (上肢) 몡〔생〕어깨 부위에 달린 운동 기관《사람의 팔, 동물의 앞다리 부분》. ↔하지(下肢).
상:지 (上智) 몡 가장 뛰어난 지혜. 또는 그런 지혜를 가진 사람.
상지 (相地) 몡〔민〕풍수지리에서, 땅의 생김새를 보고 길흉을 판단하는 일.
상지 (相知) 몡-하다타 서로 앎. 또는 아는 사이.
상지 (相持) 몡-하다타 양보하지 않고 서로 자기의 견을 고집함.
상지 (常紙) 몡 품질이 좋지 않은 보통의 종이.
상:-지골 (上肢骨) 몡〔생〕어깨·팔·손을 이루는 모든 뼈.
상:지-근 (上肢筋) 몡〔생〕상지를 움직이는 근육《견갑근(肩胛筋)·상박근·전박근·수근(手筋) 등》. ↔하지근.

상:지-대 (上肢帶) 몡 《생》 상지를 버티는 뼈대(견갑골·쇄골(鎖骨) 등으로 이루어짐). 견대(肩帶). ↔하지대.

상:지상 (上之上) 몡 시문을 끊는 등급의 하나. 첫째 등(等) 가운데의 첫째 급(級).

상:지-전 (上知殿) 몡 《불》 대웅전과 법당을 맡아보는 승려의 숙소.

상:지중 (上之中) 몡 시문을 끊는 등급의 하나. 첫째 등(等) 가운데의 둘째 급(級).

상:지하 (上之下) 몡 시문을 끊는 등급의 하나. 첫째 등(等) 가운데의 셋째 급(級).

상:직 (上直) 몡하자 1 당직. 2 숙직.

상:직 (上職) 몡 윗자리에 있는 직원 또는 직위.

상직 (常職) 몡 1 일상의 직무나 직업. 2 일정한 직무나 직업.

상:직-꾼 (上直-) 몡 1 당직이 된 사람. 2 상직파(上直婆).

상:직-파 (上直婆) 몡 집 안에서 부녀의 시중을 드는 노파. 상직꾼.

상:질 (上秩)[-찔] 몡 상길.

상:질 (上質) 몡 품질이 썩 좋음. ▢~의 원석(原石). *중질(中質).

상집 (翔集) 몡하자 날아와서 모임.

상징 (象徵) 몡하타 (사회 집단의 약속으로서) 말로는 설명하기 힘든 추상적인 사물·개념 따위를 구체적인 사물로 나타냄. 또는 그 대상물. 표상. 심벌. ▢비둘기는 평화의 ~이다 / 국기는 국가를 ~한다.

상징-극 (象徵劇) 몡 《연》 인간의 숙명 따위를 암시나 상징에 의하여 표현하는 희곡이나 연극. 자연주의에 대한 반동으로, 19세기 후반 프랑스에서 비롯되었음.

상징-성 (象徵性)[-썽] 몡 상징으로 나타내는 성질. ▢~을 띠다 / ~을 지니다.

상징-시 (象徵詩) 몡 《문》 상징파의 시. 음악적·암시적 형태로 내용을 파악하기 어려운 것을 상징으로 표현하려는 시.

상징-어 (象徵語) 몡 《언》 의성어·의태어처럼 자연·사람·동물 따위의 움직임·상태 등을 상징적으로 나타내는 말(쏴쏴·싱글벙글·따옥따옥·멍멍·엉금엉금 따위).

상징-적 (象徵的) 관몡 상징을 나타내는 (것). 무엇을 상징하는 (것). ▢~ 표현 / 명예직은 ~ 지위일 뿐 실권은 없다.

상징-주의 (象徵主義)[-/-이] 몡 《문》 어떤 사상이나 정서를 구상적(具象的)인 상징에 의하여 나타내려는 예술상의 입장·주의(19세기 말 프랑스에서 일어남). 심벌리즘.

상징-파 (象徵派) 몡 《문》 상징주의를 주장하는 문예상의 한 파.

상징-화 (象徵化) 몡하타 상징으로 됨. 또는 상징이 되게 함. ▢이것은 평화를 ~한 작품이다 / 신화(神話)에서 ~된 조상(彫像).

상:차 (上車) 몡하자 짐 따위를 차에 싣는 일. ↔하차(下車).

상-차례 (床-例) 몡 상을 차리는 순서.

상-차림 (床-) 몡 음식상을 차리는 일. 또는 그 상. ▢~이 푸짐하다.

상차 운:송 (相次運送) 《법》 몇 사람의 운송인이 연대 책임을 지고 공동으로 잇따라 운송하는 일. 연대 운송.

상:찬 (上饌) 몡 매우 좋은 반찬.

상찬 (常餐) 몡 늘 먹는 식사.

상찬 (常饌) 몡 늘 먹는 반찬.

상찬 (賞讚) 몡하타 기리어 칭찬함. 찬상(讚賞). ▢~을 받다.

상찰 (詳察) 몡하타 자세히 살핌.

상:찰 (想察) 몡하타 생각하여 헤아림.

상참 (常參) 몡하자 《역》 의정(議政)과 중신·시종신(侍從臣)이 날마다 편전(便殿)에서 임금께 국무를 아뢰던 일.

상:창[1] (上唱) 몡 뛰어난 창(唱).

상:창[2] (上唱) 몡하타 높은 소리로 창함.

상창 (傷創) 몡 다친 상처. 창상(創傷).

상채 (喪債) 몡 초상을 치르기 위하여 진 빚.

상채 (償債) 몡하자 빚을 갚음.

상:책 (上策) 몡 가장 좋은 꾀. 상계(上計). 상수(上數). ▢지난 일은 빨리 잊는 게 ~이다.

상책 (商策) 몡 상업에 관한 계책.

상:처 (喪妻) 몡하자 아내의 죽음을 당함. 상배(喪配). ▢그는 ~하고 홀아비로 지낸다. ↔상부(喪夫).

상처 (傷處) 몡 1 부상한 자리. ▢~에 약을 바르다 / ~가 아물다 / ~가 덧나다. 2 피해를 입은 흔적. ▢마음에 ~를 입다 / 전쟁의 ~는 쉬 아물지 않는다.

상척 (相斥) 몡하자 서로 배척함. ↔상인(相引).

상:천 (上天) 몡 1 하늘. 2 하느님.

상천 (常賤) 몡 상인(常人)과 천인(賤人).

상천 (霜天) 몡 서리가 내리는 밤의 하늘.

상:천-하지 (上天下地) 몡 위에 있는 하늘과 아래에 있는 땅. 곧, 온 천지.

상:첨 (上籤) 몡 《민》 신묘(神廟) 따위에서 산가지를 뽑아 길흉을 점칠 때, 가장 길한 산가지.

상:청 (上請) 몡하타 1 썩 긴한 청(請). 으뜸가는 청. 2 윗사람에게 청함.

상:청 (上廳) 몡 위청.

상청 (喪廳) 몡 〈속〉 궤연(几筵).

상청-하다 (常靑-) 閉ꟁ 늘 푸르다.

상:체 (上體) 몡 몸의 윗부분(보통 배꼽 위를 이름). ▢~를 세우다 / ~를 굽히다 / ~를 일으키다 / ~를 뒤로 젖히다. ↔하체(下體).

상체 (相替) 몡하타 서로 바꿈.

상:초 (上草) 몡 품질이 썩 좋은 살담배.

상:초 (上焦) 몡 《한의》 삼초(三焦)의 하나. 횡경막의 위에 있으며 심장과 폐가 위치함.

상초 (霜草) 몡 서리 맞은 풀.

상:초-열 (上焦熱) 몡 《한의》 상초에 열이 생겨 입안이 헐고 눈이 충혈되고 머리가 아픈 병.

상:총 (上寵) 몡 임금의 총애. 임금의 은총.

상추 몡 《식》 국화과의 한해살이 또는 두해살이풀. 잎은 크고 타원형, 초여름에 담황색 꽃이 핌. 잎은 쌈을 싸서 먹음.
[상추 밭에 똥 싼 개는 저 개 저 개 한다] 한 번 나쁜 짓을 하다가 들킨 사람은 나쁜 일이 드러날 때마다 의심을 받는다는 뜻.

상:추 (上秋) 몡 초가을. 음력 칠월. 초추. 신추.

상:추 (爽秋) 몡 상쾌한 가을.

상추-쌈 몡 고추장·된장 등과 함께 밥을 싸서 먹는 상추 쌈. 또는 그 음식.

상:춘 (上春) 몡 음력 정월의 별칭.

상춘 (常春) 몡 항상 봄이 계속됨.

상춘 (賞春) 몡하자 봄 경치를 구경하며 즐김.

상춘-객 (賞春客) 몡 봄 경치를 구경하며 즐기는 사람. ▢공원은 ~으로 가득 차 있다.

상춘-곡 (賞春曲) 몡 《악》 조선 때, 가사(歌辭)의 하나. 성종 때 정극인(丁克仁)이 지은 노래로 가사 문학의 효시임.

상춘-등 (常春藤) 몡 《식》 1 댕댕이덩굴. 2 송악.

상:충 (上衝) 몡하자 위로 치밀어 오름.

상충 (相沖) 몡하자 1 서로 어울리지 않고 마주침. 2 《민》 방위(方位)·일진(日辰)·시(時)이 서로 맞질림.

상충(相衝)〖명〗〖하자〗 어울리지 않고 서로 어긋남. ㅁ노사(勞使)의 이해가 ~되다.

상췌(傷悴)〖명〗〖하자〗 마음이 상해서 얼굴이 파리해지고 몸이 축남.

상:측(上側)〖명〗 위쪽. ↔하측.

상측(喪側)〖명〗 시체가 있는 곁.

상:층(上層)〖명〗 **1** 위층. ↔하층. **2** 위의 계급. 높은 계급.

상:층 계급(上層階級)[-/-/-게-]〖명〗 사회적 신분과 생활수준이 상류에 속하는 계급. 또는 그런 계층의 사람. ↔하층 계급.

상:층 구조(上層構造)〖철〗 상부 구조2.

상:층 기단(上層氣團)〖기상〗 대기의 침강에 따라 생기는, 온난하고 건조한 기단.

상:층 기류(上層氣流) 상공의 기류.

상:층-류(上層流)[-뉴]〖명〗 상층의 조류(潮流) 또는 기류(氣流).

상:층-부(上層部)〖명〗 위층을 이룬 부분. ㅁ기업의 ~ / 대기의 ~.

상:층 사회(上層社會)〖사〗 상류 사회(上流社會). ↔하층 사회.

상:층-운(上層雲)〖명〗 높이에 따른 구름 분류의 하나. 지상에서 5~13km의 높이에 얼음의 결정으로 이루어진 구름. 권운(卷雲)·권적운(卷積雲)·권층운(卷層雲) 등으로 구분함. 위턱구름. *중층운·하층운.

상치〖명〗〖식〗상추.

상:-치(上-)〖명〗 종류가 같은 것 중에서 품질이 가장 좋은 것. 상품. ↔하치.

상:치(上齒)〖명〗 윗니.

상:치(尙齒)〖명〗〖하자〗 노인을 존경함. 경로(敬老).

상치(相馳)〖명〗〖하자〗 일이나 뜻이 서로 어긋남. ㅁ의견이 ~되다 / 노사의 입장이 ~하다.

상치(常置)〖명〗〖하타〗 늘 설치하거나 비치하여 둠. ㅁ공중전화 박스에 전화번호부를 ~하다.

상:치-세전(尙齒歲典)〖명〗〖역〗 조선 때, 신년 초에 70세 이상의 조관(朝官) 부인에게 쌀·고기·소금 등을 하사하던 일.

상:-치은(上齒齦)〖명〗〖생〗 윗잇몸. ↔하치은.

상칙(常則)〖명〗 정해진 규칙. 상규(常規).

상친(相親)〖명〗〖하자〗 서로 친밀하게 지냄.

상친-간(相親間)〖명〗 서로 친밀히 지내는 사이.

상:침(上針)〖명〗 **1** 품질이 좋은 바늘. **2** 박이옷이나 보료·방석 따위의 가장자리를 실밥이 겉으로 드러나게 꿰매는 일.

상침을 놓다〖관〗 박이옷이나 보료·방석 등의 가장자리를 실밥이 겉으로 드러나게 꿰매다.

상침(相針)〖명〗〖물〗 대칭(對稱)3.

상:쾌-하다(爽快-)〖형여〗 기분이 썩 시원하고 유쾌하다. ㅁ상쾌한 아침 / 기분이 ~ / 바람이 상쾌하게 불다. **상:쾌-히**〖부〗

상크름-하다〖형여〗 **1** 옷감의 발이 썩 가늘고 성글다. **2** 바람기가 있어 좀 선선하다. 㐀성크름.

상큼〖부〗 발을 사뿐사뿐 들어 가볍게 걷는 모양. ㅁ발을 ~ 내디디다. 㐀성큼.

상큼-상큼〖부〗 잇따라 발을 사뿐사뿐 들어 가볍게 걷는 모양. ㅁ~ 걸어가다. 㐀성큼성큼.

상큼-하다[1]〖형여〗 아랫도리가 윗도리와 어울리지 않게 길쭉하다. 㐀성큼하다.

상큼-하다[2]〖형여〗 **1** 냄새나 맛 따위가 향기롭고 시원하다. ㅁ사과 맛이 ~. **2** 보기에 시원스럽고 좋다. ㅁ차림이 차려입다.

상탁(床卓)〖명〗 제상과 향탁(香卓).

상:탁하부정(上濁下不淨)[-타카-]〖명〗 윗물이 흐리면 아랫물도 깨끗하지 못하다는 뜻으로, 윗사람이 부패하면 아랫사람도 부패하을 비유하여 일컫는 말.

상탄(傷嘆·傷歎)〖명〗〖하타〗 마음이 상하여 슬퍼함.

상탄(賞嘆·賞歎)〖명〗〖하타〗 탄복하여 크게 칭찬함. 칭탄(稱歎). ㅁ~을 금치 못하다.

상탐(詳探)〖명〗〖하타〗 자세하게 찾아봄.

상탑(牀榻)〖명〗 깔고 앉거나 눕거나 하는 제구《평상·침상 따위》.

상:탕(上湯)〖명〗 온천 안에서 가장 뜨거운 곳. *하탕(下湯).

상태(狀態)〖명〗 사물이나 현상이 놓여 있는 형편이나 모양. ㅁ무방비 ~ / 실신 ~.

상태(常態)〖명〗 평상시의 모양이나 형편. 정상적인 상태. ↔변태(變態).

상태 감:정(狀態感情)〖심〗 몸과 마음의 상태에 따라 발생하는 기분이나 정서《권태·불안·희망·초조 따위》.

상:태-성(上台星)〖명〗〖천〗 문창성(文昌星)가까이에 있는 삼태성(三台星) 중의 두 별.

상:토(上土)〖명〗 농사짓기에 썩 좋은 땅. *상답(上畓)·중토(中土)·하토(下土).

상토(床土)〖명〗 모판흙.

상:토-권(上土權)[-꿘]〖명〗〖법〗 남의 토지를 개간하는 사람이 가지는 그 토지의 경작권.

상:토하사(上吐下瀉)〖명〗 위로 토하고 아래로는 설사함. 㐀토사(吐瀉).

상:통(上通)〖명〗〖하타〗 아랫사람이 윗사람에게 의사를 통함.

상통(相-)〖속〗 얼굴. ㅁ찌푸린 ~.

상통(相通)〖명〗〖하자〗 **1** 서로 막힘 없이 길이 트임. **2** 서로 마음과 뜻이 통함. ㅁ눈빛만으로 ~한다 / 그와는 ~되는 점이 많다. **3** 서로가 어떤 일에 공통되는 바가 있음. ㅁ영화를 좋아하는 점에서 피차 ~한다.

상:통-천문(上通天文)〖명〗〖하자〗 천문을 환히 앎. ↔하달지리(下達地理).

상통-하다(傷痛-)〖형여〗 마음이 몹시 상하고 아프다.

상:퇴(上腿)〖명〗〖생〗 하지(下肢)의 윗부분《골반에서 무릎까지》. 넓적다리.

상투〖명〗〔←상두〕 **1** 예전에, 장가든 남자가 머리털을 끌어 올려서 정수리 위에 틀어 감아 매던 것. 대개 망건(網巾)을 쓰고 동곳을 꽂아 맴. ㅁ~를 짜다 / ~를 틀어 올리다 / 화가 ~ 끝까지 치밀다. **2** 〖속〗 증권 거래에서, 최고로 오른 시세. 㐀상투. ↔바닥.

[상투가 국수버섯 솟듯 하다] 스스로 자기를 어른이라 일컫고 우쭐거리며 남을 부리는 사람을 이르는 말.

상투(를) 틀다〖관〗 총각이 장가를 가서 어른이 되다.

상투 위에 올라앉다〖관〗 상대를 만만히 보고 기어오르는 행동을 하다.

상투(相鬪)〖명〗〖하자〗 서로 때리고 다툼.

상투(常套)〖명〗 보통으로 하는 투.

상투-관(-冠)〖명〗 지난날, 머리털이 적은 노인이 관을 쓸 때 상투에 씌우는, 검은 종이 또는 베로 만든 관.

상투-기둥〖명〗〖건〗 위를 상투처럼 만들어 도리에 구멍을 뚫어 끼우게 된 기둥.

상투-꼬부랑이〖명〗 상투쟁이.

상투-빗[-빋]〖명〗 상투를 틀어 올릴 때 쓰는 빗.

상투 수단(常套手段) 버릇이 되어서 예사로 쓰는 투의 수단.

상투-어(常套語)〖명〗 늘 쓰는 예사로운 말. 투어(套語).

상투-잡이〖명〗〖하자〗 **1** 씨름 기술의 하나《샅바를 쥐지 않은 손으로 상대편의 꼭뒤를 짚어 누

르며 넘어뜨리는 공격). **2** 증권 시장에서, 시세의 최고가로 사는 일.

상투-쟁이 阁 상투를 튼 사람을 낮잡아 이르는 말.

상투-적(常套的)[관]阁 늘 써서 버릇이 되다시피 한 (것). ▢~ 표현 / ~(인) 수법.

상툿-고[-투꼬/-툳꼬]阁 상투의 틀어 감아 맨 부분.

상툿-바람[-투빠-/-툳빠-]阁 상투 튼 머리에 갓이나 건을 쓰지 않고 나선 차림새.

상파(床播)阁하자 못자리나 묘상(苗床)에 씨를 뿌림.

상:-판[1](上-)阁 첫판. ↔하(下)판.

상:-판[2](上-)阁〖불〗대중이 함께 거처하는 절의 큰방의 윗목. ▢↔하판.

상-판(相-)阁 '상판대기'의 준말. ▢그 녀석 ~도 보기 싫다. ▢쌍판.

상-판대기(相-)[-때-]阁〈속〉얼굴. ▷상판. [상판대기가 꽹과리 같다] 파렴치한 사람을 일컫는 말.

상-판대기(相-)阁 ☞ 상판대기.

상:-팔십(上八十)[-씹]阁 옛날 강태공이 80년 동안 낚시질로 가난하게 살다가 나중 80년 동안은 정승을 했는데, 가난하게 산 먼저의 80년을 이름. 선(先)팔십. 전(前)팔십. * 달(達)팔십. [상팔십이 내 팔자] 가난한 것이 내 팔자.

상:-팔자(上八字)[-짜]阁 썩 좋은 팔자. ▢세끼 걱정 없으면 ~지 뭐…….

상:패(上牌)阁 **1** 골패·화투·트럼프 따위의 좋은 패. **2**〖역〗조선 때, 홍문관(弘文館)의 서리(書吏)를 출납할 때 쓰던, 상아로 된 패.

상패(賞牌)阁 상으로 주는 패. ▢우승 ~.

상:-편(上篇)阁 두 편 또는 세 편으로 된 책의 첫째 편. *중편·하편.

상:-평(上平)阁 '상평성(上平聲)'의 준말.

상평-곡(常平穀)阁〖역〗조선 때, 상평청(常平廳)에 보관해 두던 곡식.

상:-평성(上平聲)阁〖언〗한자의 평성의 하나로, 평성에 속하는 운을 상하로 나누었을 때의 위의 반. 소리가 좀 낮고 가늘며 길지 그 높이가 다르지 않은 것. ↔하평성. 준 상평(上平).

상평-창(常平倉)阁〖역〗고려·조선 때, 물가를 조절하던 기관(물가가 내릴 때 생활 필수품을 사들였다가 오르게 되면 싼값으로 팖).

상평-청(常平廳)阁 **1** 조선 인조 11년(1633)에 설치하여 상평통보(常平通寶)를 주조하던 관아. **2** 조선 인조 26년(1648), 진휼청(賑恤廳)의 고친 이름.

상평-통보(常平通寶)阁〖역〗조선 인조 11년(1633)부터 조선 후기까지 만들어 사용했던 엽전의 이름.

상포(常布)阁 품질이 낮은 베.

상포(商布)阁〖역〗거래할 때, 화폐 대신으로 쓰던 포목.

상포(商鋪)阁 상점.

상포(喪布)阁 초상 때 쓰는 포목.

상포-계(喪布契)[-/-계]阁 초상(初喪)을 치를 때 드는 비용을 서로 도와 마련하기 위하여 조직한 계. 초상계.

상:표(上表)阁하자 임금에게 축하하는 뜻으로 글을 올림. 또는 그 글.

상표(商標)阁〖경〗상공업자가 자기의 상품임을 일반 구매자에게 보이기 위해 상품에 붙이는 표지. 트레이드마크. ▢~명 / 외래 ~ /

등록 ~ / 유명 ~의 제품.

상표-권(商標權)[-꿘]阁 산업 재산권의 하나. 상표의 등록에 의하여 발생하는, 상표를 전용(專用)할 수 있는 권리. ▢~ 분쟁.

상표-법(商標法)[-뻡]阁〖법〗상표를 보호함으로써 상표 사용자의 업무상의 신용 유지를 도모하고 수요자 수요자(需要者)의 이익을 보호함을 목적으로 하는 법률.

상:품(上品)阁 **1** 높은 품위. **2** 질이 좋은 물건. **3**〖불〗극락정토의 최상급.

상품(商品)阁 **1** 사고파는 물품. ▢~ 구매 / ~을 진열하다. **2** 팔 목적으로 생산된 유형 또는 무형의 재화(財貨). **3**〖법〗동산(動産)과 같이 상거래를 목적으로 하는 물건.

상품(賞品)阁 상으로 주는 물품. ▢~을 걸다 / ~으로 시계를 탔다.

상품 관리(商品管理)[-꽐-]〖경〗상품의 구입·재고·진열·판매·인도(引渡)를 분석·확인하며 기록하는 관리.

상품 광:고(商品廣告) 상품 또는 서비스 따위의 내용을 세상에 널리 알려 소비자가 구입하도록 하는 광고.

상품-권(商品券)[-꿘]阁 액면 가격에 상당하는 상품과 교환할 수 있는 무기명식 유가 증권. ▢~으로 구두를 샀다.

상품 담보(商品擔保) 상품을 은행 대출의 담보로 삼는 일.

상품-명(商品名)阁 매매할 상품의 고유한 이름. ▢~을 기재하다.

상품 목록(商品目錄)[-뭉녹]〖경〗상품의 이름·특성·가격 따위를 적어 고객에게 배부하는 책자. 카탈로그.

상품 생산(商品生産)〖경〗교환을 목적으로 한 재화(財貨)의 생산.

상품 신:탁(商品信託)〖경〗상품을 관리 또는 처분함을 목적으로 하는 신탁.

상품 어음(商品-)〖경〗상업 어음.

상:품 연대(上品蓮臺)[-년-]〖불〗극락세계의 가장 높은 연대.

상품 유통(商品流通)[-뉴-]〖경〗화폐에 의해서 중개되는 상품의 교환. ↔자본 유통.

상품 작물(商品作物)[-장-]시장에 내다 팔기 위해 재배하는 농작물.

상품-진열관(商品陳列館)阁 상품을 진열해 놓고 일반에게 관람시키는 곳.

상품-진열창(商品陳列窓)阁 진열창. 쇼윈도.

상품-학(商品學)阁 상품의 품질·분류 방법·규격 등 상품에 관한 문제를 연구하는 학문.

상품-화(商品化)阁하자타 상품으로 되거나 상품으로 됨. ▢~되어 가는 토속 공예품 / 연구 성과를 ~하다.

상품 화폐(商品貨幣)[-/-페]물물 교환 시대에 화폐 구실을 하던 물건(조가비·짐승 가죽·베·곡식 따위). 물품 화폐.

상품 회전율(商品回轉率)[-뉼]〖경〗일정한 기간 내의 평균 상품 재고량으로써 그 기간의 상품 매상 원가(原價)를 나눈 몫(자본의 회전 속도를 측정하기 위한 것으로, 이 비율이 높을수록 판매 능력이 큼을 뜻함).

상풍(商風)阁 가을바람. 추풍(秋風).

상풍(傷風)阁한의 바람을 쐬어서 생기는 모든 병증. 열이 나며 바람을 싫어하는 증세가 나타남.

상풍(霜楓)阁 서리 맞은 단풍잎. 또는 시든 단풍.

상풍-고절(霜風高節)阁 곤경에 처하여도 굽히지 않는, 서릿바람 같은 높은 절개.

상풍-증(傷風症)[-쯩]阁한의 코감기.

상풍-패속 (傷風敗俗) 【하자】 풍속을 문란하게 함. 또는 부패하고 문란한 풍속.
상:피 (上皮) 명 〖생〗 거죽을 둘러싼 가죽.
상피 (相避) 명 1 지난날, 친족 또는 기타의 관계로 같은 곳에서 벼슬하는 일이나, 청송(聽訟)·시관(試官) 따위를 피하던 일. 2 가까운 친척 관계인 남녀가 성적 관계를 맺는 일. ▷~가 나다 / ~붙다.
상피 (象皮) 명 코끼리의 가죽.
상피리 명 〖어〗 게르치.
상피-병 (象皮病)[-뼝] 명 〖의〗 열대·아열대에서 흔히 발생하는 풍토병의 하나. 국소(局所)나 림프의 울체(鬱滯) 또는 사상충(絲狀蟲)의 기생으로 피부나 피하 조직이 부어올라 코끼리의 피부처럼 되는 만성병.
상:피 세:포 (上皮細胞) 〖생〗 상피 조직을 구성하는 세포.
상:피 소:체 (上皮小體) 〖생〗 부갑상선(副甲狀腺) 곁목밑샘.
상:피 조직 (上皮組織) 〖생〗 신체의 표면과 기관의 내면 및 체강(體腔)의 표면을 싸고 있는 세포층(보호·분비·배설·흡수·자극의 감각 작용을 맡음).
상:필 (想必) 부 아마도 반드시.
상:하 (上下) 명하다 1 위와 아래. 위아래. ▷~로 요동치다. 2 높고 낮음. 3 귀함과 천함. 4 윗사람과 아랫사람. ▷~ 관계가 확고하다 / 난국 타개에 ~가 협력하다. 5 물과 나름. 6 오르고 내림. ▷발행 부수가 백만 부를 ~하다. 7 책의 상권과 하권. ▷~로 구성된 책.
상하 (常夏) 명 항상 계속되는 여름. ▷그 나라 태국.
상하-걸 (霜下傑) 명 국화의 별칭.
상:하-권 (上下卷) 명 두 권으로 된 책의 상권과 하권.
상:하노소 (上下老少) 명 윗사람과 아랫사람, 그리고 늙은이와 젊은이. 곧, 모든 사람.
상-하다 (傷-) 자재 1 물건이 깨어지거나 헐다. ▷유리그릇은 상하기 쉽다. 2 음식이 썩거나 맛이 가다. ▷더운 날씨에 생선이 ~. 3 몸이 다쳐 상처를 입다. ▷눈이 ~. 4 여위다. ▷감기를 앓더니 얼굴이 많이 상했다. ─ 자재타여 1 근심·슬픔·노여움 따위로 마음이 언짢게 되다. 또는 마음을 언짢게 하다. ▷불친절에 기분이 몹시 상했다 / 그의 농담에 자존심이 상했다.
상-하다 (尙-) 타여 공주·옹주를 혼인시키다.
상:하-대 (上下-) 명 위아래의 영창(映窓)대.
상:하-동 (上下洞) 명 위아래의 동네.
상:하-동 (上下動) 명하자 지진이 일어날 때, 수직 방향으로 움직이는 진동.
상:하-부 (上下部) 명 상부와 하부를 아울러 이르는 말.
상:하-분 (上下墳) 명 상하장(上下葬)으로 쓴 무덤. 연분(連墳).
상:하사불급 (上下寺不及) 명 위로도 아래로도 모두 닿지 못한다는 뜻으로, 두 가지 일이 모두 실패하게 됨을 이르는 말. ▷이러다가는 ~이 되겠소.
상:하-상몽 (上下相蒙) 명하자 윗사람과 아랫사람이 서로 속임.
상:-하수도 (上下水道) 명 상수도와 하수도.
상:하-순설 (上下脣舌) 명 남의 입길에 자꾸 오르내림.
상:하-장 (上下葬) 명 부부를 같은 묏자리에 위아래로 잇대어 매장하는 장사.
상:하지분 (上下之分) 명 위아래의 분별.
상:하-차 (上下車) 명하자 1 사람이 차에 오르

1257 | **상항**

거나 차에서 내림. ▷~ 때에 발밑을 조심하세요. 2 차에 짐을 싣거나 차에서 짐을 내려 부림.
상:하-탱석 (上下撐石) 명하자 아랫돌을 빼서 윗돌을 괴고, 윗돌을 빼서 아랫돌을 괸다는 뜻으로, 몹시 꼬이는 일을 당하여 임시변통으로 이리저리 견디어 감.
상:-현 (上弦) 명 〖천〗 상현과 하현.
상:하-화목 (上下和睦) 명하자 위아래가 서로 화목하게 지냄.
상:하-화순 (上下和順) 명하형 위아래가 서로 뜻이 맞아 부드럽고 온화함.
상:학 (上學) 명하자 학교에서 그날의 공부를 시작함. ▷~ 시간이 되자 학생들이 모두 교실로 들어갔다. ↔하학.
상학 (相學) 명 인상(人相)을 연구하는 학문(관상학·골상학·수상학 등이 있음.
상학-자 (相學者)[-짜] 명 상학을 연구하는 사람.
상:학-종 (上學鐘)[-종] 명 상학 시간을 알리는 종(鐘). ▷~이 울리다 / ~을 치다. ↔하학종.
상:한 (上限) 명 1 수 또는 값의 위쪽의 한계. ▷~을 설정하다 / ~ 한도를 초과하다. ↔하한. 2 시대의 상고(上古)의 한계.
상:한 (上澣) 명 상순(上旬).
상한 (常漢) 명 상놈.
상한 (象限) 명 〖수〗 1 '사분면(四分面)'의 구용어. 2 공간을 서로 수직으로 만나는 두 평면으로 네 등분할 때의 각 부분을 말함. 사분 공간(四分空間).
상한 (傷寒) 명 〖한의〗 1 추위 때문에 생긴 병(감기·유행성 전염병 따위). 2 지나친 성행위나 성욕 억제로 생기는 병.
상:한-가 (上限價)[-까] 명 〖경〗 증권 거래소에서, 개별 주식이 하루에 오를 수 있는 최고의 가격. 상종가(上終價). ▷~를 기록하다 / 증시에서 여러 종목이 ~까지 뛰다. ↔하한가.
상한-동계 (傷寒動悸)[-/-계] 명 〖한의〗 가슴이 울렁거리는 급성 열병.
상한-동기 (傷寒動氣) 명 〖한의〗 배 속의 묵은 적(積)과 한기(寒氣)가 서로 충돌하여 배속이 흔들리는 것 같고 복통이 심한 병.
상한-번조 (傷寒煩燥) 명 〖한의〗 가슴이 답답하고 열이 나면서 정신이 불안한 상한.
상한-선 (上限線) 명 더 이상 올라갈 수 없는 한계선. ▷~을 돌파하다 / ~를 밑돌다. ↔하한선.
상한-양증 (傷寒陽症)[-냥-] 명 〖한의〗 오한·발열·두통 따위와 같은 증상이 일어나는 상한. 태양증(太陽症). ↔상한음증.
상한-음증 (傷寒陰症)[-하늠쯩] 명 〖한의〗 손발이 차고 토사와 맥박이 약해지는 증상이 일어나는 상한. 태음증(太陰症). ↔상한양증.
상한-이증 (傷寒裡症)[-하니쯩] 명 〖한의〗 더운 것을 싫어하고, 찬 것을 좋아하며 구갈(口渴)·변비가 생기고 헛소리를 하는 상한.
상한-전율 (傷寒戰慄) 명 〖한의〗 오한이 심하여 몸을 떠는 상한.
상한-표증 (傷寒表症)[-쯩] 명 〖한의〗 병이 난 뒤 이삼 일 동안 머리가 아프고 사지 권태·오한·발열을 느끼는 급성 열병.
상:합 (上合) 명 〖천〗 외합(外合). ↔하합(下合).
상합 (相合) 명하자 서로 잘 맞음. ▷의기~.
상:항 (上項) 명 위의 항목.
상항 (商港) 명 상선이 드나들고 여객이 오르내리며 화물을 싣고 풀 수 있는 항구. 무역항.

상해(桑海)[명] '상전벽해'의 준말.
상해(傷害)[명][하타] 남의 몸에 상처를 내어 해를 입힘. ◁전치 6주의 ~를 입히다 / ~ 혐의로 구속되다.
상해(詳解)[명][하타] 자세히 풀이함. 또는 자세한 풀이. ◁고려사 ~.
상해(霜害)[명] 때 아닌 서리로 입는 농작물 등의 피해. ◁~로 수확이 줄었다.
상해 보:험(傷害保險)[법] 상해에 대한 치료비를 지급할 목적으로 하는 보험(개인 보험·사회 보험의 두 가지가 있음).
상:해 임시 정부(上海臨時政府)[역] 대한민국 임시 정부.
상해-죄(傷害罪)[-쬐][명][법] 폭행이나 그 밖의 행위로 남의 신체에 일부러 상처를 입힘으로써 이루어지는 범죄.
상해 치:사(傷害致死) 남의 신체를 고의로 상해하여 생명을 잃게 함. ◁~ 혐의로 구속 기소되다.
상해 치:사죄(傷害致死罪)[-쬐][법] 남의 신체를 고의로 상해하여 생명을 잃게 함으로써 성립되는 범죄. ◁~로 실형이 선고되다.
상:행(上行)[명][하타] 1 위쪽으로 올라감. ◁~ 결장(結腸). 2 지방에서 서울로 올라감. ◁~ 도로 / ~ 열차. ↔하행.
상행(常行)[명] 1 늘 하는 일. 2 늘 취하는 행동.
상행(喪行)[명] 상여를 따르는 행렬.
상행 삼매(常行三昧)[불] 1 천태종에서, 90일 동안 늘 아미타불만을 생각하는 일. 2 항상 일념으로 염불하는 일.
상:행-선(上行線)[명] 1 지방에서 서울로 올라가는 도로나 선로. ◁~ 일부 구간이 정체되어 있다. 2 지방에서 서울로 올라가는 교통수단. ◁~ 좌석이 매진되다 / ~ 운행이 일시 중단되013다.
상:행위(商行爲)[명] 영리를 목적으로 하는 매매·교환·운수(運輸)·임대 따위의 행위. ◁불공정한 ~를 규제하다.
상:행-하효(上行下效)[명] 윗사람이 하는 일을 아랫사람이 본받음.
상:향(上向)[명][하타] 1 위를 향함. 2 수치·기준 따위를 지금보다 높게 잡음. ◁금리를 ~ 조정하다. 3 물가나 시세가 오르는 기세를 보임. ◁~주(株).
상:향(尙饗)[명] '신명께서 제물을 받으소서'라는 뜻으로, 제례 축문의 끝에 쓰는 말.
상향(常香)[명][불] 불전에 늘 피워 두는 향.
상:향-세(上向勢)[명] 일의 진행이나 활동 상태가 오르막인 형세. ◁경제 지표들이 ~를 보이고 있다. ↔하향세.
상:현(上玄)[명] 하늘. 또는 하느님.
상:현(上弦)[명][천] 매달 음력 7-8일경에 나타나는 달의 상태(신월(新月)과 만월의 중간 되는 반달로, 둥근 모양이 아래로 향함). ↔하현.
상:현-달(上弦-)[-딸][명] 상현 때의 반원형의 달. ◁~이 떠 있다.
상:혈(上血)[명][하타] 1 피가 위로 솟구침. ◁지나친 흥분으로 ~이 되다. 2 [의] 토혈(吐血).
상형(相形)[명] 얼굴 모양.
상형(常形)[명] 정해진 모양. 일정한 형상(形狀).
상형(象形)[명] 1 어떤 물건의 모양을 본뜸. 2 '상형 문자'의 준말.
상형(賞刑)[명] 포상(褒賞)과 형벌.
상형 문자(象形文字)[-짜][언] 물체의 형상을 본떠서 만든 글자(한자의 일부와 고대 이집트 문자 따위). 형상(形象) 문자. ⑥상형.

상혜(霜蹊)[-혜] 서리가 내린 산길.
상:호(上戶)[역] 조선 때, 연호법(煙戶法)의 한 등급(서울에서는 호주가 현임(現任)으로 일·이품(一二品)인 집, 시골에서는 식구 15인 이상이 되는 집을 이름).
상호(相互)[명][부] 피차가 서로. 호상(互相). ◁~ 명령 / ~ 간의 신뢰 / ~ 빈번한 교류가 요망된다.
상호¹(相好)[명][하다] 서로 좋아함.
상호²(相好)[명][불] 얼굴의 형상.
상호(相呼)[명][하타] 서로 부름.
상호(桑戶)[명] 뽕나무로 만든 지게문(가난한 집의 비유).
상호(常戶)[명] 상사람의 집. ↔반호(班戶).
상호(商戶)[명] 장사하는 집.
상호(商號)[명] 상인이 영업상으로 자기를 나타내는 데 쓰는 칭호. ◁~를 바꾸다 / ~가 눈에 잘 띄다.
상호 계:약(相互契約)[-/-게-] 계약 당사자가 언제든지 자유로운 입장에서 내용을 협정하는 계약.
상호-권(商號權)[-꿘][명][법] 상인이 자기의 상호를 아무런 방해 없이 사용할 수 있으며, 남이 부정한 목적으로 사용할 수 없는 권리.
상호 동화(相互同化)[언] 인접하는 두 개의 음(音)이 서로 영향을 주고받아 피차 동화하는 현상. '독립'이 '동납'으로, '사이'가 '새'로, '아이'가 '애'로 되는 따위. 호상(互相) 동화. *순행(順行) 동화·역행(逆行) 동화.
상호 방위 조약(相互防衛條約) 두 나라 또는 그 이상의 나라 사이에서 외국의 침략을 받았을 때, 서로 군사적으로 도울 것을 약속한다는 조약.
상호 보:험(相互保險)[경] 같은 위험을 당할 우려가 있는 사람들끼리 모여서 단체를 조직, 각자가 일정한 보험료를 내어 손해를 입은 사람에게 그 손해를 보전(補塡)하는 보험.
상호 보:험 회:사(相互保險會社)[경] 상호 회사.
상호 부:금(相互賦金)[경] 서민 금융의 하나로, 은행이 가입자와 일정한 기간을 정하여 그 중도 또는 만료 시에 일정한 금액을 급부할 것을 약정하는 해당 기간 내의 부금.
상호 부조(相互扶助) 1 서로 돕는 일. ◁품앗이는 ~의 전형이다. 2 생물이 공동생활에서 서로 돕는 일.
상호 부조론(相互扶助論) 사회 발달의 최대 요인은 상호 부조에 있다고 주장하는, 러시아의 무정부주의자 크로포트킨의 설.
상호 비:례의 법칙(相互比例-法則)[-/-에-] 물질 A가 다른 물질 B, C와 화합할 때, A의 일정량에 대하여 화합하는 B, C의 질량 상호의 비는 직접 화합하는 때의 질량의 비와 같거나, 간단한 정수비(整數比)를 이룬다는 법칙.
상호 신:용 금고(相互信用金庫)[경] 서민 금융 회사의 하나. 상호 신용계(契), 신용 부금, 소액 신용 대출, 어음 할인 따위의 업무를 취급함.
상호 원:조 조약(相互援助條約) 침략을 당할 때 서로 도울 것을 약속하는 조약.
상호-유도(相互誘導)[명][물] 하나의 코일 속의 전류가 변화할 때, 그 근방에 있는 다른 코일 속의 전류에 동전력(動電力)이 유도되어 일어나는 현상. ↔자체(自體) 유도.
상호 작용(相互作用) 1 서로 작용하고 영향을 주는 일. 2 [물] 두 물체의 변화와 운동이 독

립하지 않고 서로 작용을 미치는 일.
상호 조약(相互條約) 호혜(互惠) 조약.
상호 조합(相互組合) 서로의 이익을 도모하여 설립한 조합(동업(同業) 조합).
상호-주의(相互主義)[-/-이] 圀 『법』 자국인이 외국에서 누리고 있는 범위 안에서, 외국인에게도 같은 정도의 권리를 인정한다고 하는 주의.
상호 회:사(相互會社) 사원의 상호 보험을 목적으로 하며 공익 법인이나 영리 법인의 어느 것에도 속하지 않는 비영리 법인. 상호 보험 회사.
상혼(商魂) 圀 이익을 추구하려는 상인의 심리. ▯약삭빠른 ~ / 얄팍한 ~.
상혼(喪魂) 圀[하]자 매우 놀라거나 혼이 나서 얼이 빠짐.
상혼(傷魂) 圀[하]자타 마음을 상함. 상심(傷心).
상홀(象笏) 圀 상아(象牙)로 만든 홀.
상화(床花) 圀 잔칫상 따위에 꽂는 조화(造花).
상화(相和) 圀[하]자 서로 고르게 어울림. 서로 조화됨.
상:화(想華) 圀 『문』 수필(隨筆).
상화(霜花) 圀 1 꽃 같은 서릿발. 2 ▯달빛 속으로 기어드는 싸늘한 ~와 상의 속으로 녹아 흐르는 차가운 달빛. 2 '상화떡'의 준말.
상화-떡(霜花-) 圀 밀가루를 누룩과 막걸리 따위로 부풀려서 갖풀을로 만든 소를 넣고 빚어 시루에 쪄 낸 여름 음식. 상화고(糕). 상화병(餠). 준상화.
상화-방(賞花坊) 圀 창기(娼妓)를 두고 손님을 받던 기생집.
상확(相確·商確) 圀[하]타 서로 의논하여 확실히 결정함.
상확-하다(詳確-)[-화카-] 혱예 자세하고 확실하다. 상확-히[-화키] 閅
상환(相換) 圀[하]타 서로 맞바꿈. ▯이 증(證)과 ~으로 물품을 인도함.
상환(償還) 圀[하]타 1 다른 것으로 대신하여 돌려 줌. 2 빚을 갚음. ▯대출금 ~ / 원리금 ~ / 주식을 처분해 부채를 ~하다.
상환 공채(償還公債) 『경』 일정한 기간 안에 원금을 상환하기로 규정한 공채.
상환-권(償還權)[-꿘] 圀 『법』 상환 의무자가 상환 권리자로부터 상환 청구를 기다리지 아니하고 자진해서 상환을 할 수 있는 권리.
상환 기금(償還基金) 『경』 공채 상환을 위해 준비해 둔 기금.
상환 적립금(償還積立金)[-정닙끔] 『경』 상환 주식의 상환을 가능하게 하기 위하여, 순이익 속에서 적립하는 준비금.
상환 주식(償還株式) 『경』 회사가 장차 상환한다는 조건부로 발행한 주식. 주식과 사채(社債)를 절충한 형태로 일시적인 자금 조달에 쓰임.
상환-증(相換證)[-쯩] 『경』 서로 맞바꾸는 증서. 구용어: 인환증.
상:-활(上-) 圀 돛의 맨 위에 달려 있는 활대.
상:-황(上皇) 圀 '태상황(太上皇)'의 준말.
상황(狀況) 圀 일이 되어 가는 형편이나 모양. ▯현재의 진행 ~을 파악하다 / ~이 유리하다 / ~이 나쁘다 / 절박한 ~에 놓이다 / 돌발적인 ~에 대비하다.
상황(常況) 圀 평상시(平常時)의 형편.
상황(桑黃) 圀 『식』 상황버섯.
상황(商況) 圀 상업상의 형편. ▯금주의 ~ / ~이 점차 활기를 띠다.
상황-도(狀況圖) 圀 어떤 일의 진행 과정을 나

타낸 도표나 지도.
상황-버섯(桑黃-) 圀 『식』 뽕나무비늘버섯과의 버섯. 갓은 검은색, 가장자리는 누런색임. 산뽕나무에 나는데, 강원도에 분포함. 약용함. 상황.
상황-실(狀況室) 圀 행정상 또는 작전상의 계획, 통계, 상황판 등을 갖추어 전반적 상황을 파악할 수 있게 마련한 방.
상황-판(狀況板) 圀 진행되는 상황을 쉽게 판단할 수 있도록 작성한 도판(圖板).
상:회(上廻) 圀[하]타 어떤 수량이나 기준보다 많아짐. 웃돎. ▯섭씨 39도를 ~하는 폭염 / 목표를 ~하다. ↔하회(下廻).
상회(常會) 圀 늘 일정한 때에 여는 모임.
상회(商會) 圀 1 상점에 쓰는 칭호. 2 몇 사람이 모여 장사하는 회사. ▯전기 ~를 경영하다.
상회(傷懷) 圀[하]타 마음속으로 애통히 여김.
상회-례(相會禮) 圀[하]자 서로 처음으로 만날 때 하는 인사.
상회-수(桑灰水) 圀 『한의』 뽕나무 잿물(종기를 씻거나 찜질하는 데 씀).
상효(霜曉) 圀 서리 내린 새벽.
상:후(上候) 圀[하]자 1 성후(聖候) 2 편지로 옷어른께 안부를 여쭘.
상후-도(霜後桃) 圀 서리가 내린 뒤에야 익는 복숭아.
상:후-하박(上厚下薄) 圀[하]형 윗사람에게는 후하고 아랫사람에게는 박함. ▯~의 봉급 인상률. ↔하후상박.
상훈(賞勳) 圀 1 상과 훈장. ▯~을 관장하다. 2 훈공을 포상(褒賞)함.
상휼(相恤) 圀[하]타 재난 따위를 당하여 서로 돕고 보살핌.
상흔(傷痕) 圀 상처 자리에 남은 흔적(비유적으로도 씀). ▯목에 꿰맨 ~이 있다 / 아직도 전쟁의 ~이 남아 있다.
상힐(相詰) 圀[하]타 서로 힐난함. ▯이러니저러니 시시비비를 ~.
상화 圀〈옛〉만두.
살[삳] 圀 1 두 다리의 사이. 고간(股間). 2 두 물건의 틈.
살-바[살빠] 圀 1 씨름을 할 때, 허리와 다리에 매어 상대편의 손잡이로 쓰는, 포목으로 만든 바. ▯~를 매다 / ~을 잡다 / ~ 싸움. 2 『역』 죄인의 다리를 얽어 묶던 바.
살바 씨름[살빠-] 다리에 살바를 걸고 하는 씨름. 준~은 우리 민족 고유의 씨름이다.
살바-지르다[살빠-][-질러, -지르니] 자 圐 씨름에서, 다리에 살바를 둘러 묶다.
살바-채우다[살빠-] 타 살바지르다.
살살-이[살싸치] 閅 틈이 있는 곳마다. 빈틈없이 모조리. 속속들이. ▯~ 뒤지다 / 진상을 ~ 알아내다.
살-폭(-幅)[-삳-] 圀 바지 따위의 샅에 대는 좁은 헝겊.
새¹[쌩] 금 성분이 들어 있는 구새.
새²(塞) 『식』 띠나 억새 따위의 총칭.
새³[쌩] '샛바람'의 준말.
새⁴〈옛〉새것.
새:⁵ '사이'의 준말. ▯~가 뜨다 / 쉴 ~도 없다 / ~가 벌어지다.
새:⁶(鳥) 날짐승의 총칭. ▯~가 날다 / ~가 지저귀다. *조류(鳥類).
[새 까먹은 소리] 근거 없는 말을 듣고 잘못 옮긴 헛소문. [새도 가지를 가려서 앉는다] 친구를 사귀거나 직업을 택하는 데 잘 가려야

한다. [새도 앉는 곳마다 깃이 떨어진다] 이
사를 자주 하면 세간이 줄어든다. [새 발의
피] 분량이 아주 적음의 비유. 조족지혈(鳥足
之血).

새(璽) 몜 [역] '국새(國璽)'의 준말.

새⁷ 엄 피륙의 날을 헤아리는 단위. ◻석 ~
삼베.

새⁸ 괜 새로운. ◻~ 며느리 / ~ 학기 / ~ 옷
~ 담배.
[새 바지에 똥 싼다] 염치없는 짓을 한다.

새- 뛰 어두움이 된소리·거센소리 또는 'ㅎ'이
고 첫 음절의 모음이 양성인 말 앞에 붙어,
빛깔이 짙고 산뜻함을 나타내는 말. ◻~빨갛
다 / ~카맣다 / ~하얗다. ⑧시-. ◆셋-.

-새 몜 명사꼴의 말에 붙어, '됨됨이'·'모양'·
'상태' 등의 뜻을 나타내는 접미사. ◻'모양~ /
짜임~ / 쓰임~ / 생김~.

새:-가슴 몜 1 새의 가슴처럼 가슴뼈가 불거진
가슴. 2 겁이 많고 도량이 좁은 사람의 마음
을 비유한 말. ◻~으로 두근거리고 있다.

새갓-통 (-桶)[-갇-] 몜 귀때 달린 바가지에
손잡이를 단 그릇.

새개 (鰓蓋) 몜 ◇ 아감딱지.

새-것 [-걷] 몜 1 새로 나온 것. ◻에어컨을 ~
으로 바꾸다. 2 아직 쓰지 않은 물건. ◻이
만년필은 한 번도 사용하지 않은 ~이다. 3
낡지 아니한 물건. ◻오래 썼는데 아직도 ~
이다. ↔헌것.

새겨-듣다 [-따][-들어, -들으니, -듣는] 틔◇
'새기어 듣다'의 준말로 1 말하는 뜻을 잘 헤
아려 듣다. ◻의도를 ~. 2 잊지 않도록 주의
하여 듣다. ◻스승의 훈계를 ~.

새경 몜 '사경(私耕)2'의 변한말. ◻~으로 쌀
한 가마니를 받다.

새:-고기 몜 1 새의 고기. 조육(鳥肉). 2 참새
고기.

새-고자리 몜 지게의 윗세장 위의 가장 좁은
사이.

새골 (鰓骨) 몜 [어] 아감뼈.

새곰-새곰 뛰하몜 여럿이 모두 새곰한 모양.
◻~한 풋사과. ⑧시굼시굼.

새곰-하다 톙◇ 조금 신 맛이 있다. ◻배추김
치가 ~. ⑧시굼하다.

새공 (鰓孔) 몜 ◇ 아감구멍.

새그무레-하다 톙◇ 새금한 듯하다. ◻김치 맛
이 ~. ⑧시그무레하다. ◆시크무레하다.

새:-그물 몜 새를 잡는 그물. 조망(鳥網).

새근-거리다¹ 잼틔 1 고르지 않고 가쁘게 숨
쉬는 소리가 자꾸 나다. 또는 그런 소리를 자
꾸 내다. ◻가쁜 숨을 새근거리며 달려가다.
2 어린아이가 곤히 잠들어 조용히 숨 쉬는 소
리가 자꾸 나다. ⑧시근거리다. ◆째근거리
다. **새근-새근¹** 뛰틔◇ ◻아기가 엄마 품에
서 ~ 잠이 들다.

새근-거리다² 잼 뼈마디가 잇따라 새근하다.
◻손목이 ~. ⑧시근거리다. ◆새큰거리다.
새근-새근² 뛰잼◇

새근-대다¹ 잼틔 새근거리다¹.

새근-대다² 잼 새근거리다².

새근덕-거리다 [-꺼-] 잼틔 새근거리고 할딱
거리다. 매우 거칠게 새근거리다. ⑧시근덕
거리다. ◆째근덕거리다. **새근덕-새근덕** [-
쩨-] 뛰잼◇자틔◇

새근덕-대다 [-때-] 잼틔 새근덕거리다.

새근-발딱 뛰잼◇자틔◇ 숨이 차서 새근거리며 할
딱이는 모양. ⑧시근벌떡. ◆째근발딱. ◆째

근팔딱.

새근발딱-거리다 [-꺼-] 잼틔 자꾸 새근발딱
하다. ⑧시근벌떡거리다. ◆째근팔딱거리다.

새근발딱-새근발딱 뛰잼◇자틔◇

새근발딱-대다 [-때-] 잼틔 새근발딱거리다.

새근-하다 톙◇ 뼈마디가 조금 시다. ◻발목
이 ~. ⑧시근하다. ◆새큰하다.

새금-새금 뛰하몜 1 여럿이 다 새금한 모양. 2
매우 새금한 모양. ◻귤이 ~ 시다. ⑧시금시
금. ◆새큼새큼.

새금-하다 톙◇ 조금 신 맛이 있다. ◻새금한
맛이 도는 풋과일. ⑧시금하다. ◆새큼하다.

새기다¹ 틔 1 글씨나 형상을 나무나 돌 등에 파
다. 조각하다. ◻바위에 이름을 ~ / 도장을
~ / 비석에 비문을 ~ / 팔뚝에 문신을 새긴
청년. 2 마음속에 깊이 간직하여 두다. 명심하다.
◻마음에 ~.

새기다² 틔 1 말이나 글의 뜻을 알기 쉽게 풀이
하다. ◻이 말뜻을 새겨 보아라. 2 번역하다.
◻한문을 새기어 일러 주다.

새기다³ 틔 소나 양 따위의 반추 동물이 먹었
던 먹을 되내어 다시 씹다. 반추하다. ◻소가
여물을 ~.

새긴-잎 [-닙] 몜 [식] 가장자리가 패어 들어
간 식물의 잎.

새긴-창 (-窓) 몜 [건] ☞ 새김창.

새김¹ 몜 1 글의 뜻을 알기 쉽게 풀이함. 2 한
자를 뜻을 새길 때의 뜻. 하늘 천(天)의 '하늘'
은 것. 훈(訓). ↔음(音). 3 글씨나 형상을 나
무나 돌 따위에 새기는 일. 새김질. 4 윷놀이
에서, 사위 뒤나 상대편의 말을 잡았을 때,
윷을 한 번 더 던지는 일.

새김² 몜 소나 양 같은 반추 동물이 먹은 것을
되내어서 씹는 일. 반추(反芻).

새김-밥통 (-桶) 몜 [동] 반추위(反芻胃).

새김-위 (-胃) 몜 [동] 반추위(反芻胃).

새김-질¹ 몜◇틔◇ 새김¹3.

새김-질² 몜◇하틔◇ 반추(反芻).

새김질 동:물 (-動物) 몜 [동] '반추 동물'의 풀
어쓴 말.

새김-창 (-窓) 몜 [건] 여러 가지 꽃무늬 따위
를 새겨서 만든 창.

새김-칼 몜 새김질에 쓰는 칼. 각도(刻刀).

새-까맣다 [-마타][새까마니, 새까매서] 톙◇
1 매우 까맣다. ◻피부색이 새까만 아이. ⑧
시꺼멓다. ◆새카맣다. 2 매우 까마득하다.
◻새까만 후배 / 앞길이 ~. 3 기억이나 아는
바가 전혀 없다. ◻새까맣게 잊어 버렸다.

새까마-지다 [-마-] 잼 새까맣게 되다. ◻햇볕에 타
서 ~. ⑧시꺼메지다. ◆새카마지다.

새-꽤기 몜 띠·갈대·억새 등의 껍질을 벗긴 줄
기. 준꽤기.
[새꽤기에 손 베었다] 변변하지 못한 이에게
또는 대단치 않은 일에 뜻밖의 해를 입었다.

새끼¹ 몜 짚으로 꼰 줄. ◻한 타래 / ~ 열
발 / ~를 꼬다 / ~로 칭칭 동여매다.
[새끼에 맨 돌] ㉠서로 떨어질 수 없는 관계
를 일컫는 말. ㉡주견 없이 남이 하자는 대로
하는 사람.

새끼² 몜 1 난 지 얼마 안 되는, 동물의 어린
것. ◻개가 ~를 낳다. 2 〈속〉 자식. ◻제 ~
귀한 줄은 아는군. 3 〈비〉 '자식'의 뜻으로
욕하는 말. ◻망할 놈의 ~ / 빌어먹을 놈의
~. 4 〈속〉 본전에 대한 변리. ◻돈이 ~를
치다.
[새끼 많이 둔 소 길마 벗을 날 없다] 자식
많은 부모가 분주하다.

새끼(를) 치다 괜 ㉠동물이 새끼를 낳거나

알을 까서 번식하다. ⓒ무엇을 바탕으로 하여 그 수를 늘어나게 하다.

새끼-가락 명 새끼손가락과 새끼발가락.
새끼-낮 [-낟] 명 정오가 채 되지 아니한 낮.
새끼-똥구멍 [-꾸-] 명 항문 위에 조금 옴푹한 부분.
새끼-발 명 새끼발가락.
새끼-발가락 [-까-] 명 맨 가에 있는 가장 작은 발가락. 계지(季指). 새끼발.
새끼-발톱 명 새끼발가락의 발톱.
새끼-벌레 명 《충》 애벌레.
새끼-손 명 새끼손가락.
새끼-손가락 [-까-] 명 맨 가에 있는 가장 작은 손가락. 계지(季指). 새끼손.
새끼-손톱 명 새끼손가락의 손톱.
새끼-시계 [-時計] [-/-계] 명 고대의 불시계의 한 가지. 새끼에 불을 붙여 타들어 가는 것으로 시간을 헤아렸음.
새끼-장 [-欌] 《역》 갑오 안에 맏나니가 있던 집 《문에 새끼를 쳐 놓고 함부로 밖에 나가지 못하게 함》.
새끼-줄 명 새끼로 만든 줄. ▢-로 꽁꽁 매다 / ~을 꼬다 / 문 앞에 ~을 치다 / ~에 굴비를 엮다.
새끼-집 명 짐승의 아기집.
새끼-틀 명 볏짚으로 새끼를 꼬는 기계.
새:-나다 자 비밀 등이 드러나다. 새다.
새-나무 명 띠·억새 따위의 땔나무.
새-날 명 1 새로 동터 오는 날. ▢~이 밝다. 2 새로운 시대. 또는 닥쳐올 앞날. ▢~을 열어 가다 / 역사의 ~이 오다.
새남 명하자 《민》 '지노귀새남'의 준말.
새남-터 명 조선 때, 사형 집행장(천주교의 순교지로 유명함. 오늘의 서울 신용산의 철교 부근).
새납 명 [←쇄납(瑣吶)] 《악》 태평소(太平簫).
새내 명 1 요새(要塞)의 안. 2 중국의 만리장성 이남. ↔새외(塞外).
새-내기 명 학교나 회사 따위에 갓 들어온 사람을 이르는 말. 신출내기. ↔환영회.
새너토리엄 (sanatorium) 명 《의》 1 일광(日光) 요양소. 또는 요양지. 2 학교의 부속 병원.
새-누에-나방 명 《충》 누에나방과의 곤충. 야생하여 누에나방의 원종으로 어두운 갈색이며 앞날개 끝에 짙은 무늬가 크게 있음. 애벌레는 '새누에'라고 하며 뽕잎을 먹고 야생함. 작잠아(柞蠶蛾). 산누에나방.
새-눈치 《어》 감성돔과의 바닷물고기. 감성돔과 매우 닮았는데 몸빛이 연한 회색이며 몸 길이는 30 cm 정도임. 동해와 남해에 분포함.
새:다¹ 자 1 날이 밝아 오다. ▢날이 ~/밤이 새도록 기다리다. 2 구명·틈으로 조금씩 흘러나오다. ▢물이 ~/비가 새는 지붕 / 공이 바람에 ~/불빛이 새어 나오다 / 가스가 새지 않도록 조심하다. 3 새나다. ▢비밀이 ~. 4 〈속〉 모임에서 슬쩍 빠져나오다. ▢회의 도중에 ~/녀석이 어디로 샜을까.
새다² 타 ⇒새우다¹.
새-다래 명 《어》 새다랫과의 원해성(遠海性) 바닷물고기. 길이는 45cm가량, 달걀꼴로 생겨 옆으로 매우 납작하며 머리 위가 솟아 있음. 둥근 비늘로 덮여 있고 빛은 회흑색, 꼬리지느러미는 길게 두 가닥으로 되어 있음.
새-달 명 새로 오는 달. 다음 달. 내달. 내월 (來月). ▢~ 그믐께.
새:-대가리 명 1 연의 꼭지를 달리 이르는 말. 조두(鳥頭). 2 우둔한 사람을 놀림조로 이르는 말.

새-댁 (-宅) 명 1 '새색시'의 높임말. ▢친정에 가는 ~에게 태기가 있다. 2 혼인 때, 혼 가끼리 서로 부르는 말.
새-되다 형 목소리가 높고 날카롭다. ▢새된 목소리 / 새되게 악을 쓰다.
새-둥주리 명 짚 따위로 바구니와 비슷하게 엮어 만든 새의 보금자리.
새득-새득 부하형 조금 시들어 윤기가 없는 모양. ▢생선이 ~ 마르다. 쉬시득시득.
새:-들다 [새들어, 새드니, 새드는] 타 1 물건을 사고파는 데 거간을 하다. 2 혼인을 중매하다.
새들-새들 부하형 조금 시들어 힘이 없는 모양. ▢배추가 ~하다. 쉬시들시들.
새:-때 명 끼니와 끼니의 중간 되는 때.
새:-똥 명 새의 똥.
새뜻-이 부 새뜻하게.
새뜻-하다 [-뜨타-] 형여 새롭고 산뜻하다. ▢차림새가 ~.
새-로 부 1 전에 없이 처음으로. ▢~ 오신 선생님. 2 전과 달리 새롭게. ▢기술을 ~ 개발하다.
새로에 조 조사 '는'·'은'의 뒤에 붙어, '고사하고'·'커녕'의 뜻을 나타내는 보조사. ▢늘기는 ~ 줄어 간다.
새-로이 부 ⇒새로.
새록-새록 [-쌔-] 부 1 새로운 일이나 물건 따위가 자꾸 생기는 모양. ▢~ 일이 벌어지다. 2 거듭하여 새로움을 느끼는 모양. ▢옛 추억이 ~ 떠오른다.
새-롭다 [-따] [새로워, 새로우니] 형비 1 지나간 일이 달리 생각되어 새삼스럽다. ▢추억이 ~. 2 전에 본 것을 다시 보니 새삼스럽다. ▢볼수록 새로운 풍경. 3 본디의 새것인 상태로 되다. ▢이것은 언제 보아도 ~. 4 지금까지 있던 일이 없다. ▢새로운 기술. 5 매우 절실하게 필요하다. ▢단돈 천 원이 ~.
새롱-거리다 자 1 경솔하고 방정맞게 계속 지껄이다. 2 남녀가 점잖지 못한 말이나 행동으로 자꾸 희롱하다. 쉬시룽거리다. 새롱-새롱 부하형
새롱-대다 자 새롱거리다.
새마을 금고 (-金庫) 《경》 자금 조성 및 이용과 회원의 경제적 지위의 향상 및 지역 사회 개발을 목적으로 설립된 금융 기관.
새마을 운:동 (-運動) 《사》 근면·자조·협동 정신을 바탕으로 한 범국민적인 지역 사회 개발 운동(1970년부터 시작함).
새마을 포장 (-褒章) 《법》 새마을 운동을 통하여, 지역 사회 개발과 주민 복리 증진에 이바지한 공적이 뚜렷한 사람에게 주는 포장.
새마을 훈장 (-勳章) 《법》 새마을 운동을 통하여, 국가 사회 발전에 공적이 뚜렷한 사람에게 주는 훈장《자립장(自立章)·자조장(自助章)·협동장(協同章)·근면장(勤勉章)·노력장(努力章)의 다섯 등급이 있음》.
새:-막 (-幕) 명 곡식이 익을 무렵에 모여드는 새를 쫓기 위해 논밭 가에 지은 막.
새-말 명 《언》새로 생긴 말. 신어(新語).
새-맑다 [-막따] 형 아주 맑다. ▢새맑은 가을 하늘 / 하늘이 새맑게 개다.
새:-매 명 《조》 수릿과의 새. 텃새 또는 떠돌이새로, 숲 속에 혼자 삶. 날개 길이는 수컷이 20 cm가량, 암컷이 25 cm가량, 빛은 회색임. 수컷을 '난추니', 암컷을 '익더귀'라 함. 천연기념물 제 323호임. 도롱태².

새:-머루 명 《식》 포도과의 낙엽 활엽 덩굴성 식물. 산기슭에 나는데, 잎은 심장형, 여름에 담황록색의 작은 꽃이 피고 초가을에 검은색의 장과(漿果)가 익음.

새:-머리 명 소의 갈비뼈 마디 사이에 붙은 고기(찜의 재료로 씀).

새모래-덩굴 명 《식》 새모래덩굴과의 낙엽 활엽 덩굴성 식물. 산기슭 양지에 남. 여름에 담황색 꽃이 피고 가을에 둥글납작하고 흑색인 핵과가 익음.

새무룩-이 부 새무룩하게.

새무룩-하다 [-루카-] 형여 1 못마땅히 여기어 말이 없이 보로통해 있다. ▢새무룩한 얼굴. 2 날이 흐리어 그늘지다. ▢새무룩한 하늘. ⦿시무룩하다. ⦿째무룩하다.

새:-무리 명 《조》 조류(鳥類).

새-문 (-門) 명 《역》 숭례문(崇禮門)·흥인문(興仁門)보다 늦게 새로 세웠다는 뜻에서 돈의문(敦義門)을 이름.

새-물¹ 명 1 새로 나온 과실·생선 따위. ▢참외. 2 빨래하여 갓 입은 옷.

새-물² 명 새로운 사상이나 경향을 비유하여 이르는 말. ▢~에 젖다 / ~을 먹다.

새물-거리다 재 입술을 약간 샐그러뜨리며 소리 없이 자꾸 웃다. ⦿시물거리다. ⦿쌔물거리다. 새물-새물 부재밀

새물-내 [-래] 명 빨래하여 갓 입은 옷에서 나는 냄새.

새물-대다 재 새물거리다.

새물-청어 (-青魚) 명 1 새로 나온 청어. 2 새로 와서 일에 경험이 없는 사람.

새미¹ [민] 경기 농악에서, 악기는 치지 않고 어른의 어깨 위에 올라서서 춤을 추는 남자 아이.

새미² [어] 잉엇과의 민물고기. 몸의 길이는 10cm가량, 옆으로 납작하며 주둥이가 둥글고, 몸빛은 연청색(鉛青色)을 띰.

새:-박 《한의》 박주가리 열매의 씨(보양제로 씀). 나마자(蘿摩子).

새:박-덩굴 [-떵-] 명 《식》 박주가리.

새:박-뿌리 [-뿌-] 《한의》 박주가리의 뿌리(강장제로 씀). 토우(土芋). 하수오(何首烏).

새:발-심지 (-心-) 명 종이나 솜으로 새의 발처럼 밑에 세 갈래지게 꼬아 세워 놓게 만든 등잔의 심지.

새:발-장식 (-裝飾) 명 새의 발처럼 만들어 문짝에 박는 쇠 장식.

새-밭 [-받] 명 띠나 억새가 우거진 곳.

새배 명 〈옛〉 새벽¹.

새:-벼룩 《충》 쥐벼룩과의 벼룩. 길이는 1mm가량, 닭의 볏에 붙어서 피를 빨아 먹으며 암종(癌腫)을 일으킴(사람·개 따위에도 기생함).

새벽¹ 명 날이 밝을 녘. 먼동이 트기 전. ▢한 시가 넘어 귀가하다 / 이른 ~부터 부지런을 떨다 / ~부터 밤중까지 쉴 틈이 없다. [새벽 봉창 두들긴다] 뜻밖의 일이나 말을 갑자기 불쑥 내미는 행동의 비유.

새벽² 명하자 《건》 1 누른빛의 차지고 고운 흙. 2 누런 빛깔의 차진 흙에 고운 모래나 말똥 따위를 섞어 초벽에 덧바르는 흙. ▢~을 바르다. 3 '새벽질'의 준말.

새벽-같이 [-까치] 부 아침에 썩 일찍이. ▢~일어나다.

새벽-길 [-낄] 명 날이 샐 무렵에 일찍 걷는 길. ▢~을 걷다 / ~을 떠나다.

새벽-녘 [-병녁] 명 날이 샐 무렵. 신명(晨明). 효천(曉天). ▢~까지 잠을 청하지 못하다.

새벽-달 [-딸] 명 음력 하순의 새벽에 보이는 달. ▢~이 지다. [새벽달 보자고 초저녁부터 기다린다] 일을 너무 서두른다. [새벽달 보려고 으스름달 안 보랴] 미래의 일만 믿고 당장의 일을 소홀히 할 수는 없다.

새벽-닭 [-따] 명 날이 샐 무렵에 우는 닭. ▢~이 울다.

새벽-동자 [-똥-] 명하자 새벽녘에 밥을 지음. ▢~를 하기 전.

새벽-바람 [-빠-] 명 새벽녘에 부는 찬 바람. ▢~이 옷 속을 파고든다.

새벽-밥 [-빱] 명 새벽녘에 밥을 지음. 또는 그 밥. ▢~을 짓다.

새벽-빛 [-삗] 명 동이 트는 훤한 빛. ▢~이 밝아 오다.

새벽-일 [-병닐] 명 새벽녘에 하는 일.

새벽-잠 [-짬] 명 새벽녘에 깊이 드는 잠. ▢~이 많다.

새벽-종 (-鐘) [-쫑] 명 새벽녘에 치는 종소리. ▢~이 울리다.

새벽-질 [-찔] 명하자 《건》 벽이나 방바닥에 새벽을 바르는 일. ⦿새벽.

새별 〈옛〉 샛별.

새보 (璽寶) 명 옥새(玉璽)와 어보(御寶).

새:-보다 재 논밭의 곡식이나 우케 멍석에 날아드는 새를 쫓기 위해 지키다.

새-봄 명 새 기분으로 맞는 첫봄. 신춘(新春). ▢~을 맞다.

새비-나무 명 《식》 마편초과의 낙엽 활엽 관목. 산기슭의 숲 속에 나는데 여름에 연한 자주색 꽃이 피고 가을에 자주색 핵과를 맺음(양산 자루·나무젓가락 따위를 만듦).

새-빨갛다 [-가타] [새빨가니, 새빨개서] 형ㅎ 매우 빨갛고 새뜻하다. ▢~빨갛다.
새빨간 거짓말 구 아주 터무니없는 거짓말.

새-빨개-지다 재 새빨갛게 되다. ▢얼굴이 ~. ⦿새뻘게지다.

새-뽀얗다 [-야타] [새뽀야니, 새뽀얘서] 형ㅎ 빛깔이 산뜻하고 뽀얗다. ▢아기의 새뽀얀 얼굴. ⦿새뿌옇다.

새뽀얘-지다 재 새뽀얗게 되다. ⦿시뿌예지다.

새-사람 명 1 새로 나타난 사람. 신인(新人). 2 새로 시집온 사람을 손윗사람이 일컫는 말. ▢~이 집에 온 지가 벌써 석 달. 3 이전의 생활 태도를 버리고 새 정신으로 생활하게 된 사람. ▢잘못을 뉘우치고 ~이 되다. 4『기』성령(聖靈)의 힘을 입어 회개하고 거듭난 사람.

새-살 명 곪아 썩은 자리에 새로 돋아나는 살. 생살. ▢~이 돋다.

새살-거리다 재 상글상글 웃으면서 재미있게 자꾸 지껄이다. ▢손녀딸의 새살거리는 소리. ⦿새실거리다·시설거리다. 새살-새살 부 하자

새살-궂다 [-굳따] 형 매우 새살스럽다. ⦿새실궂다·시설궂다.

새살-대다 재 새살거리다.

새살-떨다 [-떨어, -떠니, -떠는] 재 새살스럽게 행동하다. ⦿새실떨다·시설떨다.

새-살림 명하자 결혼해서 처음으로 시작하는 살림. ▢~을 차리다.

새살-스럽다 [-따] [-스러워, -스러우니] 형ㅂ 차분하지 못하고 가벼워 실없이 수선 부리기를 좋아하다. ⦿새실스럽다·시설스럽다. 새살-스레 부

새:-삼 명 《식》 메꽃과의 한해살이 기생(寄生)

덩굴풀. 산과 들에 나는데 줄기는 황갈색 철사 모양임. 잎이 없으며 여름에 황백색 종모양의 꽃이 핌. 한방에서 토사자(菟絲子)라 하여 약으로 씀. 토사(菟絲). 샘.

새삼명 다시금 새롭게. □ ~ 놀라다 / 지난날이 ~ 그립다.

새삼스러이튀 새삼스럽게.

새삼-스럽다[-따][-스러워, -스러우니]형비 1 지난 일이 다시 생각되어, 새로운 것인 듯한 느낌이 있다. □그날의 감격이 ~. 2 지난 일을 공연히 다시 들추는 느낌이 있다. □새삼스럽게 말할 필요도 없다. 새삼-스레튀. □그게 ~ 무슨 소리냐.

새:-새[1]튀 '사이사이'의 준말. □공부하는 ~ 운동도 한다 / 상추밭 ~에 쑥갓을 심다.

새새[2]튀 실없이 까불며 소리 없이 자꾸 웃는 모양. □뽀로통한 녀석이 금세 ~ 웃기 시작했다.

새새-거리다자 실없이 까불며 자꾸 웃다.

새새-대다자 새새거리다.

새:-새-틈틈튀 사이마다 틈마다. □ ~ 닦아 내어라.

새-색시[-씨]명 새로 시집온 여자. 신부. 새댁. □갓 결혼한 ~. 준색시.

새서(璽書)명 옥새(玉璽)가 찍혀 있는 문서.

새-서방(-書房)[속] 1 신랑. 2 새로 맞이한 서방.

새서-표리(璽書表裏)명 『역』 임금이 신하에게 주던 포상(褒賞)의 하나《새보(璽寶)를 찍은 유서(諭書)와 관복감으로 주는 명주나 비단 두 필》.

새:-소리명 새가 우는 소리. 조성(鳥聲). □고운 ~.

새수-나다자 1 갑자기 좋은 수가 생기다. 2 뜻밖에 재물이 생기다.

새수-못하다[-모타-]자여 손을 대지 못하다.

새-순(-筍)명 새로 나온 순. □~이 돋다.

새시(sash)명 창틀. 또는 출입구의 틀과 창·출입구의 건구(建具)까지를 포함하여 이름. □알루미늄 ~를 설치하다.

새신(賽神)명하자 『민』 굿 또는 푸닥거리.

새-신랑(-新郞)[-닐-]명 갓 결혼한 신랑.

새신-만명(賽神萬明)명 1 경박한 무당. 2 경솔하고 방정맞은 사람을 일컫는 말.

새실-거리다자 생글생글 웃으며 재미있게 자꾸 지껄이다. □새살거리다 아양을 떠는 말. 〈큰〉시설거리다. 〈작〉새살거리다. 새실-새실튀하자. □ ~ 웃다.

새실-궂다[-굳따]형 매우 새실스럽다. 〈작〉새살궂다.

새실-대다자 새실거리다.

새실-떨다[-떨어, -떠니, -떠는]자 새실스럽게 행동하다. 〈작〉시설떨다. 〈작〉새살떨다.

새실-스럽다[-따][-스러워, -스러우니]형비 차분하지 못하고 실없이 수선 부리다. 〈작〉시설스럽다. 〈작〉새살스럽다. 새실-스레튀.

새-싹명 1 새로 돋은 싹. 신아(新芽). □~이 움트는 계절. 2 사물의 근원이 되는 새로운 시초. □어린이는 나라의 ~이다.

새삼명 〈옛〉새삼.

새-아가명 시부모가 새 며느리를 사랑스럽게 이르는 말.

새-아기명 시부모가 새 며느리를 친근하게 이르는 말.

새-아기씨명 '새색시'의 높임말. 준새아씨.

새-아씨명 '새아기씨'의 준말.

새-아주머니명 새로 시집온 형수·제수 또는 숙모뻘 되는 사람.

새:-알명 1 새의 알. 2 참새의 알.

새:알-사탕(-砂糖)명 새알만 하게 만든 사탕.

새:알-심(-心)명 찹쌀·수수 가루로 새알만 하게 덩어리를 지어 팥죽에 넣은 것. □~을 넣은 팥죽. 준샐심.

새:-알-콩명 콩의 한 가지《한편은 푸르고 다른 편은 검거나 누르데 아롱아롱한 점이 있음》.

새:-알-팥[-판]명 팥의 한 가지《알이 작고, 한편은 희고 한편은 아롱아롱한 점이 있음》.

새암명 ☞ 샘[2].

새앙명 『식』 생강(生薑). 준생.

새앙-각시[-씨]명 『역』 새앙머리를 땋은 어린 궁녀. 애기 나인.

새앙-나무명[식] 생강나무. 준생강나무.

새앙-머리명 예전에, 여자 아이가 예장(禮裝)할 때 머리털을 두 갈래로 갈라 땋던 머리.

새앙-뿔명 1 매우 뿌리의 뿌다귀. 2 두 개가 모두 짧게 난 소의 뿔. 생강뿔. 준생뿔.

새앙-손이명 손가락의 모양이 새앙같이 생긴 사람.

새앙-쥐명 『동』 ☞ 생쥐.

새앙-즙(-汁)명 새앙을 짓찧거나 갈아서 짜낸 물. 강즙. 생강즙.

새앙-차(-茶)명 생강차. 준생차.

새앙-토끼명 『동』 새앙토끼과의 동물. 산의 바위·돌이 많은 곳에 모여 살며 밤에 활동함. 토끼와 비슷하나 귀는 쥐처럼 짧고 둥글며 꼬리는 없음. 쥐토끼.

새-어머니명 새로 시집온 아버지의 후취(後娶). 계모(繼母).

새-언니명 새로 시집온 오빠의 아내.

새-얼굴명 연예계나 창작 또는 그 밖의 분야에 새롭게 등장한 인물. □가요계에서 ~들이 돌풍을 일으키다.

새-엄마명 새어머니를 친근하게 일컫는 말. □친엄마가 돌아가시자 ~가 들어왔다.

새열(鰓裂)[-녈]명 『생』 척추동물 특히 어류나 양서류의 유생(幼生)의 머리에서 볼 수 있는 대여섯 쌍의 갈라진 구멍.

새오다타 〈옛〉새우다. 시기하다.

새옹-마명 놋쇠로 만든 작은 솥. □~을 걸고 밥을 짓다.

새옹-득실(塞翁得失)[-씰]명 한때의 이(利)가 장차 해가 되기도 하고, 한때의 화(禍)가 장차 복을 가져오기도 함을 이르는 뜻. 새옹화복(塞翁禍福).

새옹마(塞翁馬)명 '새옹지마'의 준말.

새옹지마(塞翁之馬)명 모든 것은 변화가 많아서 인생의 길흉화복을 예측할 수 없다는 뜻. 〈준〉인간 만사 ~. 준새옹마.

새:-완두(-豌豆)명 『식』 콩과의 두해살이 덩굴풀. 들에 나는데 줄기는 50 cm가량, 끝에 덩굴손이 있음. 초여름에 백자색 나비 모양의 꽃이 피고 완두보다 약간 작은 열매가 맺힘. 목초용.

새외(塞外)명 1 요새의 밖. 2 중국의 북쪽 곧, 만리장성의 바깥. □~ 민족. ↔새내(塞內). *변경(邊境).

새요명종 새우젓.

새우[1]명 『동』 절지동물 십각류(十脚類) 장미아목(長尾亞目)의 총칭. 몸은 머리와 가슴·배로 나뉘며 머리와 가슴은 한 장의 딱지로 덮여 있음. 다섯 쌍의 걷는다리와 다섯 쌍의 헤엄다리를 가지며, 배는 일곱 마디로 되어 자유로이 구부릴 수 있음.

[새우로 잉어를 낚는다] 적은 밑천으로 큰

이득을 얻음. [새우 싸움에 고래 등 터진다] 아랫사람이 저지른 일로 윗사람에게 해가 미친다.

새우²몜 〖건〗 지붕의 기와와 산자 사이에 까는 흙.

새우-난초(-蘭草)몜 〖식〗 난초과의 여러해살이풀. 산림·대밭 등 음지에 남. 높이는 50 cm 가량, 새우 등 비슷한 마디를 가진 뿌리줄기가 뻗으며, 잎은 긴 타원형, 늦봄에 백색 또는 담홍색 꽃이 핌.

새우다¹탄 한숨도 자지 않고 온밤을 밝히다. ▯밤을 새워 공부하다 / 뜬눈으로 밤을 ~.

새우다²탄 샘을 내다. 시새우다.

새우-등몜 새우의 등처럼 구부러진 등의 비유. ▯~을 하고 잠이 들다.

새우등-지다짜 등이 새우처럼 구부러지다.

새우-잠몜 새우같이 모로 몸을 꼬부리고 자는 잠. ▯차디찬 방에서 ~을 자다.

새우-젓[-전]몜 빛이 흰 작은 새우로 담근 젓. ⓒ새젓.

새우-탕(-湯)몜 새우를 맑은장국에 넣고 달걀을 풀어서 끓인 국.

새우-튀김몜 새우를 통째로 기름에 튀긴 음식.

새:-을(-乙)몜 한자 부수의 한 가지(〈'九'나 '乾' 등에서 '乙'의 이름).

새-잎[-입]몜 새로 돋아난 초목의 잎.

새-잡다¹[-따]탄 〖광〗 도광기(搗鑛機)로 잘게 찧은 복대기에서 금분(金分)을 함유한 황화물을 가려내다.

새-잡다²[-따]탄 남의 비밀 이야기를 엿듣다.

새:-장(-欌)몜 새를 넣어 기르는 장. 조롱(鳥籠). ▯~에 갇힌 새.

새-장가몜 남자가 새로 하는 결혼.

새전(賽錢)몜하짜 신불 앞에 참배할 때 드리는 돈. 또는 돈을 드림.

새:-점(-占)몜 〖민〗 새장 속에 새와 여러 개의 괘사(卦辭)를 적은 쪽지를 넣어, 새가 물어 내는 괘로 길흉화복을 판단하는 점.

새:-젓[-전]몜 '새우젓'의 준말.

새:-조(-鳥)몜 한자 부수의 하나(〈'鴨'·'鳩' 등에서 '鳥'의 이름).

새:-조개몜 〖조개〗 새조갯과의 조개. 만(灣) 안의 모래땅 속에 사는데 껍데기 높이 9 cm 가량, 폭 6 cm가량으로 원반 모양임. 내면은 홍색이며, 보드라움. 살빛은 담황색으로 맛이 새고기와 비슷함. 조합(鳥蛤).

새줄랑이몜 소견 없이 방정맞고 경솔한 사람. ▯무작정 덤벙거리는 ~ 녀석.

새:-중간(-中間)몜 '중간'의 강조어. ▯~에 끼었으다 / ~에서 일장이 곤란하옵다.

새-집¹몜 1 새로 지은 집. 새로 든 집. ▯~으로 이사하다 / ~을 짓다. 2 새로 맺은 사돈 집. 3 '새색시'를 의미할이 일컬음.

새:-집²몜 1 새가 깃들이는 집. 2 참새의 집.

새-쪽몜 '동쪽'의 뱃사람 말.

새:-참몜 '사이참'의 준말. ▯~을 먹다.

새:-창몜 소의 창자의 한 부분(〈이자머리와 동창의 두 부분으로 됨. 국거리로 씀). ▯~을 넣고 끓인 국.

새척지근-하다[-찌-]혱여 음식이 쉬어서 맛이 조금 새금하다. ▯새척지근한 맛 / 팥죽이 ~. ⓒ시척지근하다. 쎈새큼하다.

새-청몜 날카롭고 새된 목소리.

새초¹몜 작게 만든 엽전.

새초²몜 '새초미역'의 준말.

새초롬-하다짜혱여 새치름하다. 새초롬-히뷘

새초-미역몜 장곽(長藿)보다 짧게 채를 지어 말린 미역(〈빛이 검고 품질이 좋음). ⓒ새초.

새:-총(-銃)몜 1 새를 잡는 데 쓰는 공기총. 2 'Y'자 모양의 쇠붙이나 나뭇가지에 고무줄을 매고 돌멩이를 끼워 튕기는 장난감.

새:-추(-隹)몜 한자 부수의 한 가지(〈'隻'·'雄' 등에서 '隹'의 이름).

새:-치몜 젊은 사람의 검은 머리에 섞여 난 흰 머리카락. ▯~를 뽑다 / ~가 희끗희끗하다.

새치근-하다혱여 '새치근하다'의 준말.

새:-치기몜하짜 1 순서를 어기고 남의 자리에 끼어드는 짓. ▯~하지 마시오. 2 맡은 일 외에 짬짬이 다른 일을 하는 것.

새치름-하다혱여 ☞ 새치름하다.

새치름-하다짜자 짐짓 조금 쌀쌀한 기색을 꾸미다. 혱여 시치미를 떼고 태연하거나 얌전한 체하는 태도가 있다. ▯새치름하게 앉아 있다. ⓒ시치름하다. 새치름-히뷘

새치미몜 천연덕스레 시치미를 떼는 태도. ▯~를 떼다. ⓒ새침.

새치-부리다몜 몹시 사양하는 체하다.

새:침몜 '새치미'의 준말. ▯~을 떨다.

새침-데기[-떼-]몜 새침한 태도가 있는 사람. ▯~ 아가씨. [새침데기 골로 빠진다] 얌전한 체하는 사람 일수록 한번 길을 잘못 들면 걷잡지 못하게 된다.

새침-하다짜혱여 쌀쌀맞게 시치미를 떼는 태도가 있다. ▯새침한 표정을 짓다. 짜짜여 짐짓 쌀쌀한 기색을 꾸미다. ⓒ시침하다.

새-카맣다[-마타]〔새카마니, 새카매서〕혱여 아주 검다. ▯해수욕으로 새카맣게 타다. ⓒ시커멓다. 쎈새까맣다.

새카매-지다짜 새카맣게 되다. ▯흰옷이 ~. ⓒ시커메지다. 쎈새까매지다.

새코-미꾸리몜 〖어〗 기름종갯과의 민물고기. 몸길이는 15~17 cm 가량이며, 몸빛은 어두운 황색, 몸의 옆면에는 암갈색의 불규칙한 구름무늬가 있음. 한국 특산어로, 낙동강·금강·한강 등지에 살. 새코미꾸라지.

새콤달콤-하다혱여 약간 시면서 맛갈스럽게 달다. ▯새콤달콤한 알사탕. *새콤달콤하다.

새콤-새콤뷘하짜 여럿이 다 새콤하거나 매우 새콤한 모양. ▯다 익은 오렌지. ⓒ시큼시큼. 쎈새콤새콤.

새콤-하다혱여 조금 신 맛이 있다. ▯석류의 새콤한 맛. ⓒ시큼하다. 쎈새꼼하다.

새:-콩몜 〖식〗 콩과의 한해살이 덩굴풀. 줄기는 길게 뻗으며 가는 털이 나 있음. 늦여름에 담자색 꽃이 핌. 땅속에서 열매를 맺으며, 구황용(救荒用) 재배 식물임.

새크무레-하다혱여 좀 새큼하다. ▯김밥이 더운 날씨에 상했는지 ~. ⓒ시크무레하다. 쎈새그무레하다.

새큰-거리다짜 뼈마디가 자꾸 새큰하다. ▯날씨가 흐리면 뼈마디가 새큰거린다. ⓒ시큰거리다. 쎈새근거리다. 새큰-새큰뷘하짜

새큰-대다짜 새큰거리다.

새큰-하다혱여 뼈마디가 조금 시다. ▯발목이 ~. ⓒ시큰하다. 쎈새근하다.

새큼달큼-하다혱여 약간 새큼하면서 맛갈스럽게 달다.

새큼-새큼뷘하짜 모두가 다 새큼하거나 매우 새큼한 모양. ⓒ시큼시큼. 쎈새금새큼.

새큼-하다혱여 맛이나 냄새가 맛갈스럽게 조금 시다. ▯새큼한 라일락의 향기. ⓒ시큼하다. 쎈새금하다.

새:-털몜 새의 털. ▯~같이 가볍다.

새:털-구름 [명] 권운(卷雲).
새퉁 [명] 밉살스럽고 경망한 짓. 또는 어처구니없는 짓. ❑ ~을 부리다.
새퉁-빠지다 [형] 매우 새퉁스럽다.
새퉁-스럽다 [-따]〔-스러워, -스러우니〕[형][ㅂ] 어처구니없이 새삼스러운 데가 있다. ❑ 새퉁스러운 장난 / 새퉁스러운 소리를 하다. **새퉁-스레** [부]
새퉁-이 [명] 밉살스럽고 경망한 짓. 또는 그런 사람. ❑ ~ 부리다.
새-파랗다 [-라타]〔새파라니, 새파래서〕[형][ㅎ] **1** 몹시 파랗다. ❑ 새파란 하늘. **2** 춥거나 겁에 질려 얼굴이나 입술이 아주 푸르께하다. ❑ 입술이 새파랗게 질리다. **3** 썩 젊다. ❑ 새파란 젊은이. **4** 날 따위가 매우 날카롭다. ❑ 칼날을 새파랗게 갈다. [큰]시퍼렇다.
새파래-지다 [자] 새파랗게 되다. ❑ 얼굴빛이 ~. [큰]시퍼레지다.
새-판 [명] 새로 벌어진 판. 새 판국. ❑ ~을 벌이다 / ~으로 놀아 보세 / 무엇이 부족해 ~으로 수작이냐.
새:-팥 [-팓] [명]〔식〕 콩과에 속하는 한해살이 덩굴풀. 줄기는 가늘고 다른 것에 감기어 올라감. 잎은 어긋맞게 나고 8월에 담황색의 꽃이 줄기 끝에 피고, 협과(莢果)를 맺음.
새-품 [명]〔식〕 억새의 꽃.
새-하얗다 [-야타]〔새하야니, 새하얘서〕[형][ㅎ] 몹시 하얗다. ❑ 새하얀 버선. [큰]시허옇다.
새하얘-지다 [자] 새하얗게 되다. ❑ 세탁을 해서 새하얘진 빨래. [큰]시허예지다.
새-해 [명] 새로 시작되는 해. 신년(新年). 신세(新歲). ❑ ~ 복 많이 받으십시오.
새해 문:안 (-問安) 새해를 맞아 웃어른에게 하는 인사. ❑ ~을 드리다.
새해 전갈 (-傳喝)〔민〕 정초에, 양반이나 부잣집 부녀들이 친인척의 집에 계집종을 보내어 인사를 전하던 일.
새해 차례 (-茶禮)〔민〕 정월 초하룻날 지내는 차례. 신세 차례.
새:-호리기 [명]〔조〕 맷과의 새. 매와 비슷하나 좀 작고, 몸은 아래쪽이 황백색, 가슴·옆구리에는 검은 점이 많으며, 배·꽁지는 적갈색인데 꽁지에는 흑갈색 띠가 있음. 산·들에서 작은 새를 잡아먹음.
색 [명]〔광〕 감돌·복대기·감흙 따위를 조금 빻고 갈아서 사발 따위에 넣고 물에 일어서 금분이 있고 없음을 시험하는 일. ❑ ~을 보다.
색 (色) [명] **1** 빛. ❑ 짙은 ~ / ~이 바래다 / ~을 칠하다 / 벽지를 밝은 ~으로 고르다. **2** 같은 부류를 가리키는 말. ❑ 그 친구는 ~이 다르다. **3** 색정이나 여색(女色), 색사(色事) 따위를 이르는 말. ❑ ~에 빠지다 / ~을 밝히다 / ~이 동하다. **4**〔불〕 오온(五蘊)의 하나. 눈에 보이는 현상(現象) 세계, 곧 물질 세계.
　색(을) 갈다 [구] 이것저것 색다르게 바꾸다.
　색(을) 쓰다 [구] ㉠성교를 하다. ㉡〈속〉 성적 교태를 부리다.
색 (sack) [명] 물건을 넣어 어깨에 메고 다닐 수 있게 만든 작은 배낭. ❑ ~을 메다.
-색 (色) [미] 일부 명사에 붙어, 그러한 특색 또는 경향임을 나타냄. ❑ 지방~ / 향토~.
색각 (色覺)[-깍] [명]〔생〕 빛의 파장을 느껴서 색채를 식별하는 시각(視覺). 색신(色神).
색-갈이 (色-)[-까리] [명][하타] 봄에 묵은 곡식을 꾸어 주었다가 가을에 새 곡식으로 받는 일. ❑ ~를 내다 / ~를 갚다 / ~를 얻어 오다.
색감 (色感)[-깜] [명] 색채나 빛깔에서 받는 느낌. ❑ ~이 뛰어나다 / ~이 좋다.
색계 (色界)[-계 / -게] [명] **1**〔불〕 삼계의 하나《욕계(欲界)와 무색계의 중간 세계로 욕계처럼 탐욕은 없으나 아직 색법을 벗지 못한 세계》. **2** 여색의 세계.
색골 (色骨)[-꼴] [명] 색을 즐겨 탐하는 사람. 또는 그런 생김새. 호색꾼. ❑ ~로 생겼다.
색광 (色狂)[-꽝] [명] 색에 미쳐 행동이 비정상적인 사람. 색정광(色情狂).
색광-증 (色狂症)[-꽝쯩] [명]〔의〕 색정의 만족만을 동경하는 정신병.
색구 (色驅)[-꾸] [명]〔역〕 높은 벼슬아치의 하인들 가운데 우두머리.
색구 (索具) [명] ☞ 삭구(索具).
색깔 (色-) [명] **1** 빛깔. ❑ 울긋불긋한 ~ / ~이 선명하다 / ~이 진하다. **2** 정치나 사상 따위의 경향. ❑ 정치적인 ~ / 노선과 ~이 뚜렷하다.
색난 (色難)[생-] [명] **1** 자식이 늘 부드러운 얼굴빛으로 부모를 섬기기가 어렵다는 뜻. **2** 부모의 얼굴빛을 보고 그 뜻에 맞게 봉양하기가 어렵다는 뜻.
색-노끈 (色-)[생-] [명] **1** 고운 물감을 들인 노끈. **2** 색종이로 꼰 노끈.
색-다르다 (色-)[-따-]〔색달라, 색다르니〕[형][르] 종류가 다르다. 보통 것과 다른 특색이 있다. ❑ 색다른 분위기 / 색다른 취미 / 느낌이 ~.
색달 (色疸)[-딸] [명]〔한의〕 여로달(女勞疸).
색-대 (色-)[-때] [명] 가마니나 섬 속에 든 곡식을 찔러 빼 보는 연장《보통 대통이나 쇠통의 끝을 엇비슷하게 베어서 만듦》. 간색대. 태관(兌管).
색-대님 (色-)[-때-] [명] 고운 빛과 무늬의 천으로 만든 대님. 꽃대님.
색-대리석 (色大理石)[-때-] [명]〔광〕 흰빛 외의 다른 빛깔의 대리석.
색-대자 (色帶子)[-때-] [명] 오색실로 사이를 걸러서 짠 띠.
색덕 (色德)[-떡] [명] 여자의 미모와 아름다운 덕행.
색도 (色度)[-또] [명]〔물〕 명도(明度)를 제외한 광선 빛깔의 종별을 지정한 수치.
색도 (索道) [명]〔건〕 ☞ 삭도(索道).
색도-계 (色度計)[-또- / -또게] [명]〔물〕 색도를 측정하는 기구.
색동 (色-)[-똥] [명] 여러 색의 옷감을 잇대거나 여러 색으로 염색해서 만든, 아이의 저고리나 두루마기의 소맷감.
색동 (色動)[-똥] [명][하자] 놀라거나 성이 나서 얼굴빛이 변함.
색동-마고자 (色-)[-똥-] [명] 색동으로 소매를 댄 어린이의 마고자.
색동-옷 (色-)[-똥옫] [명] 색동을 대서 만든 옷. ❑ ~으로 치장하다.
색동-저고리 (色-)[-똥-] [명] 색동으로 소매를 댄 어린아이의 저고리.
색동-천 (色-)[-똥-] [명] 무지개같이 여러 가지 빛깔로 짠 천.
색등 (色燈)[-뜽] [명] 빨강·파랑·노랑 따위의 빛깔로 비치는 등. ❑ ~이 요란한 유흥가 / 비상구에 붉은 ~이 켜져 있다.
색-떡 (色-) [명] 여러 가지 빛깔로 물들여 만든 떡. 색병(色餠).
색량-계 (色量計)[생냥- / 생냥게] [명]〔물〕 색의 농도를 비교하고 측정해서 그 색소량을 재는 계기.
색론 (色論)[생논] [명][하자]〔역〕 조선 때, 사색

(四色)당파 사이의 논쟁.

색료 (色料)[생뇨][명] 색을 들이는 재료.

색리 (色吏)[생니][명] 〖역〗 감영(監營)이나 군아(郡衙)의 아전.

색마 (色魔)[생-][명] 색을 좋아하는 사람을 마귀에 비유하여 이르는 말. 색광(色狂).

색-망치 [생-][명] 〖광〗 사발색을 볼 때 전용으로 쓰는 망치.

색맹 (色盲)[생-][명] 〖생〗 색채를 분간할 시력이 아주 없거나 불완전한 상태. 또는 그런 증상이 있는 사람. 색소경.

색모 (色貌)[생-][명] 1 여자의 아름다운 생김새. 2 안색과 용모.

색목 (色目)[생-][명] 〖역〗 조선 때, 사색당파의 파별(派別).

색목-인 (色目人)[생모긴][명] 중국 원나라 때, 유럽·서아시아·중앙아시아에서 온 외국인을 통틀어 이르던 말.

색-무명 (色-)[생-][명] 물들인 무명.

색-미투리 (色-)[생-][명] 총에 여러 가지 물을 들여 만든 어린이나 젊은 여자들의 미투리.

색-바꿈 (色-)[-빠-][명][하타] 같은 용도의 물건 가운데 마음에 드는 것으로 바꿈.

색-바람 (色-)[-빠-][명] 이른 가을에 부는 선선한 바람.

색법 (色法)[-빱][명] 〖불〗 색이나 형체를 갖고 있는 현상 세계. ↔심법(心法).

색별 (色別)[-뱔][명][하타] 1 종류가 다른 것마다 다른 색깔을 칠하는 일. 〇지도를 각국색으로 ~하다. 2 종류에 따라 구별하는 일. 〇가지미와 넙치는 ~이 어렵다.

색-병 (-餠)[-뼝][명] 1 색떡. 2 색절편.

색-보다 [-뽀-][자][광] 사발이나 함지 따위로 금분(金分)이 있고 없음을 알아보다.

색복 (色服)[-뽁][명] 빛깔이 있는 의복. 무색옷. 색의(色衣).

색 분해 (色分解)[-뿐-][명] 〖인〗 컬러 인쇄를 하기 위해 그림이나 사진의 빛깔을 바탕으로 하는 몇 가지 색으로 가르는 일.

색-비름 (色-)[-삐-][명] 〖식〗 비름과의 한해살이풀. 줄기는 높이 1.5m가량. 8–9월에 담홍색의 잔 꽃이 핌. 정원에서 재배함. 당비름.

색사 (色事)[-싸][명][하자] 남녀 간의 육체적 교접에 관한 일. 춘색(春色).

색사 (色絲)[-싸][명] 색실.

색-사발 (-沙鉢)[-싸-][명] 〖광〗 색보는 데 쓰는 사발.

색-사지 (色絲紙)[-싸-][명] 잔치 때, 누름적의 꼬챙이 끝에 감는 오색 종잇조각.

색상 (色相)[-쌍][명] 1 색조(色調). 〇밝은 ~의 옷. 2 빛깔의 세 속성의 하나(빛깔의 구별에 상당함). *명도·채도. 3 〖불〗 육안으로 볼 수 있는 모든 물질의 형상.

색상 (色傷)[-쌍][명][하자] 〖의〗 방사를 지나치게 하여 병이 생김. 또는 그 병. 색병(色病).

색-상자 (色箱子)[-쌍-][명] 여러 가지 빛깔의 종이로 바른 상자.

색상-환 (色相環)[-쌍-][명] 〖미술〗 색상에 따라 계통적으로 색을 둥그렇게 배열한 것. 색환(色環).

색색 (色色)[-쌕][명] 1 여러 가지의 빛깔. 〇~의 종이 / ~의 단풍이 계곡을 물들이다. 2 여러 가지. 〇혼수를 ~으로 갖추다.

색색 [-쌕][부][하타] 숨을 가느다랗게 쉬는 소리. 〇아기가 ~ 잘도 잔다. ⑤식식. ⑩쌕쌕.

색색-거리다 [-쌕꺼-][타] 잇따라 색색 소리를 내다. 〇아기가 색색거리며 잔다. ⑤식식거리다.

색색-대다 [-쌕때-][타] 색색거리다.

색색-이 (色色-)[-쌕기][부] 여러 가지 빛깔로. 〇~ 물들이다.

색선 (色扇)[-썬][명] 여러 가지 색종이나 형겊을 붙인 부채.

색소 (色素)[-쏘][명] 물체의 색의 본질. 또는 물체에 빛깔을 나타나게 하는 염료 등의 성분. 〇인공 ~ / 유해 ~ / 모 물들인 단무지.

색소 결핍증 (色素缺乏症)[-쏘-쯩][명] 선천적으로 피부에 색소가 적은 증세〔야맹증도 눈에 색소가 부족한 증세임〕.

색-소경 (色-)[-쏘-][명] 〖생〗 색맹(色盲).

색소-뇨 (色素尿)[-쏘-][명] 체내의 혈색소·담즙 색소 따위가 섞여 배설되는 오줌.

색소 세:포 (色素細胞)[-쏘-][명] 〖생〗 색소를 산출·세:포하는 세포의 총칭.

색소-체 (色素體)[-쏘-][명] 〖식〗 식물 세포의 세포질 안에 들어 있는, 색소를 함유한 작은 알갱이(엽록체·백색체·유색체 등이 있음).

색소폰 (saxophone) [명] 〖악〗 목관 악기의 한 가지. 18개 또는 20개의 음전(音栓)과 단엽 리드가 있음. 부드럽고 감미로운 음을 내며, 취주악 또는 재즈에 씀.

색쇠애이 (色衰愛弛)[-쐬-][명][하자] 젊어서 사랑받던 미인도 늙어지면 사랑을 잃는다는 뜻.

색 수차 (色收差)[-쑤-][명] 〖물〗 렌즈가 맺는 상(像)이, 빛의 파장에 따른 굴절률의 상이(相異)로, 빛깔에 따라 그 위치나 배율이 바뀌는 현상. 〇~ 렌즈.

색-순응 (色順應)[-쑤능][명] 〖물〗 광원(光源)의 종류에 따라서 분광 에너지 분포가 다르고, 따라서 그 빛을 받은 물체의 색도도 다르게 보이는데, 그 차를 적게 하는 눈의 자동 조절을 일컬음.

색-스럽다 (色-)[-쓰-따][색스러워, 색스러우니][형ㅂ] 보기에 아롱다롱하고 색다른 데가 있다. 〇여러 가지 깃발이 ~.

색스혼 (saxhorn) [명] 〖악〗 취주악의 중심이 되는 금관(金管) 악기의 하나(관은 몇 겹으로 구부러졌음).

색:시 [-씨][명] 1 시집 안 간 처녀. 〇참하고 얌전한 ~. 2 '새색시'의 준말. 3 술집 등의 접대부.
　[색시 그루는 다홍치마 적에 앉혀야 한다] 아내나 새 며느리를 길들이고 법도를 세우려면 처음부터 똑바로 다잡아야 한다는 말. [색시 짚신에 구슬 감기가 웬일인고] 본분에 적당치 않음을 일컫는 말.

색시 (色視)[-씨][명] 〖의〗 빛깔이 없는 물체가 빛깔만 있는 것처럼 보이는 병적 상태.

색:시-걸음 [-씨거름][명] 새색시처럼 아주 얌전하고 조심스럽게 걷는 걸음.

색신 (色身)[-씬][명] 1 물질적 존재로서 형체가 있는 몸. 곧, 육체. 2 석가모니나 보살의 육신(肉身).

색신 (色神)[-씬][명] 〖생〗 색각(色覺).

색-실 (色-)[-씰][명] 물을 들인 실. 색사(色絲). 〇~로 수를 놓다.

색심 (色心)[-씸][명] 1 색욕을 일으키는 마음. 2 〖불〗 색법(色法)과 심법(心法). 곧, 유형의 물질과 무형의 정신.

색:싯-감 [-씨깜/-씯깜][명] 신부가 될 만한 처녀. 색시로 삼을 만한 대상자. 신붓감. 〇~을 물색하다.

색:싯-집 [-씨찝/-씯찝][명] 1 접대부를 두고 술을 파는 집. 2 〈속〉 처가.

색-안경 (色眼鏡) 명 **1** 눈을 보호하기 위하여 색유리를 낀 안경. 선글라스. **2** 감정이나 선입견에 얽매인 관찰을 비유하는 말. ▫~을 벗고 호의적으로 대해라.

색안경을 쓰고 보다 団 편견이나 선입견을 가지고 보다.

색약 (色弱) 〖생〗 색맹만큼 심하지는 않으나 빛의 판별력이 약한 현상 (유전적임). *색맹.

색-연필 (色鉛筆) [생년-] 명 심에 물감을 섞어 빛깔이 나게 만든 연필.

색-온도 (色溫度) 〖물〗 발광체의 온도를 나타내는 방법의 하나. 또는 그 수치 (직접 측정할 수가 없는 높은 온도의 물체나 별 같은 것의 온도를 측정할 때 씀). ~계(計).

색-옷 (色-) [새곧] 명 '무색옷'의 준말.

색욕 (色慾) 명 이성에 대한 성적 욕망. 성욕. 색정(色情).

색원 (塞源) 명하타 근원을 없애 버림. ▫발본(拔本)~.

색-유리 (色琉璃) [생뉴-] 명 빛깔이 있는 유리. 철·망간·코발트·탄소 따위의 착색제를 써서 착색한 유리. 착색유리.

색의 (色衣) [새긔 / 새기] 명 무색옷.

색인 (索引) 명 책 속의 낱말이나 사항 등을 찾아보기 쉽게 일정한 순서로 배열해 놓은 목록. 찾아보기. 인덱스. ▫인명~ / 외래어~ / ~을 달다.

색장-나인 (色掌-人) [-짱-] [~장내인(掌內人)] 〖역〗 궁중에서 편지를 전하던 나인.

색적 (索敵) [-쩍] 명하자 적을 색출함.

색전 (塞栓) [-쩐] 명 〖의〗 혈관을 막아 색전증을 일으키는 물질.

색전-증 (塞栓症) [-쩐쯩] 명 〖의〗 혈관이나 림프관 속에서 생기거나, 밖에서 들어간 유리물(遊離物)이 혈관을 막아 생기는 병증.

색-절편 (色-) [-쩔-] 명 흰떡에 여러 빛깔을 물들여 절편처럼 박아 만든 떡. 색병(色餠).

색정 (色情) [-쩡] 명 남녀 간의 성적 욕망. 색욕. ▫~을 느끼다.

색정-광 (色情狂) [-쩡-] 명 색광(色狂).

색정 도:착증 (色情倒錯症) [-쩡-쯩] 〖심〗 비정상적 자극으로만 색정이 동하는 일 (학대음란증·동성애 따위).

색정-적 (色情的) [-쩡-] 관명 색정에 쏠리는 (것). ▫~인 표현 / ~인 자태.

색정적 피:해망상 (色情的被害妄想) [-쩡-] 〖심〗 성적인 폭행을 당한다고 생각하는 이상심리.

색조 (色租) [-쪼] 명 〖역〗 세곡(稅穀)이나 환곡(還穀)을 받을 때 간색(看色)으로 받던 곡식.

색조 (色調) [-쪼] 명 **1** 빛깔의 조화. **2** 빛깔의 강약이나 농담(濃淡) 따위의 정도. 톤(tone). ▫현란한 ~ / 신비로운 ~를 띠다.

색조 (索條) 명 ☞ 삭조(索條).

색-종이 (色-) 명 물을 들인 종이. 색지(色紙). ▫~를 접어 만든 꽃.

색주 (色紬) [-쭈] 명 물을 들인 명주.

색주-가 (色酒家) [-쭈-] 명 술과 몸을 함께 파는 집. 또는 그런 여자. 색줏집.

색줄-멸 (色-) [-쭐-] 명 〖어〗 색줄멸과의 바닷물고기. 멸치와 비슷하고, 비늘 가에 두른 톱니를 가지고 있음. 옆구리에 청색을 띤 은백색의 세로띠가 한 줄 있음. 우리나라 동남해·인도·대만 등지에 분포한다.

색주-집 (色酒-) [-쭈찝 / -쭌찝] 명 색주가.

색즉시공 (色卽是空) [-쪽씨-] 명 〖불〗 반야심경에 나오는 말. 색(色)이란 유형(有形)의 만물을 말하며, 이 만물은 모두 일시적인 모습

일 뿐 그 실체는 없다는 뜻. *공수시색.

색지 (色紙) [-찌] 명 색종이. ▫~를 붙이다.

색지움 렌즈 (色-lens) [-찌-] 〖물〗 망원경수차를 보정한 렌즈계(lens系)를 이름. 흔히 크라운 유리의 볼록 렌즈와 플린트 유리의 오목 렌즈를 짝 지어 만듦. 소색(消色) 렌즈.

색-차지 (色次知) 명 놀이에서 기생을 맡아 주선하는 사람.

색채 (色彩) 명 **1** 빛깔. ▫강렬한 ~ / ~가 곱다 / ~가 조화를 이루다. **2** 사물을 대하는 태도에서 드러나는 경향이나 성질. ▫종교적 ~가 짙다.

색채-감 (色彩感) 명 〖미술〗 색채가 잘 조화되고 묘한 것에 대한 느낌.

색채 감:각 (色彩感覺) 〖생〗 색각(色覺).

색채-상징 (色彩象徵) 명 색채로 어떤 사상(事象)을 상징하는 일 (빨강이 정열을, 초록이 희망을 상징하는 따위).

색채-설 (色彩說) 명 〖심〗 색채 감각의 현상을 설명하는 학설 (삼색설·사색설 따위).

색-채움 (色-) 명하자 구색을 갖추어 물건을 채우는 일. 준색쳄.

색채 조절 (色彩調節) 명 〖심〗 색의 심리적·생리적·물리적 성격을 이용하여 건축·설비 등에서 합리적인 채색으로 건강 유지·노동의 능률 증진·재해 방지 등의 효과를 얻는 일.

색채 청각 (色彩聽覺) 명 〖심〗 색청(色聽).

색책 (塞責) 명하자 책임을 면하기 위하여 겉으로만 둘러대어 꾸밈.

색청 (色聽) 명 〖심〗 어떤 소리를 들었을 때 본디의 청각 외에 특정한 색채 감각이 일어나는 현상. 색채 청각.

색체 (色滯) 명하형 화색이 없는 얼굴.

색출 (索出) 명하타 뒤져서 찾아냄. ▫범인을 ~하다 / 주동자를 ~하다.

색칠 (色漆) 명하자 색을 칠함. 또는 그런 칠. ▫물감으로 ~하다.

색-코트 (色 sack coat) 명 **1** 신사복의 상의. **2** 유아용의 느슨하고 짧은 웃옷.

색탐 (色貪) 명하자 여색을 몹시 탐함. ▫~이 심하다.

색태 (色態) 명 **1** 여자의 곱고 아리따운 자태. ▫서시(西施)의 ~를 겸하고 있다. **2** 빛깔의 맵시.

색택 (色澤) 명 빛나는 윤기. 광택.

색판 (色板) 명 색칠한 널빤지.

색판 (色版) 명 〖인〗 채색을 하여 인쇄한 출판물.

색한 (色漢) [새칸] 명 **1** 여색을 몹시 좋아하는 사내. 호색한. **2** 치한(癡漢).

색향 (色香) [새캉] 명 **1** 꽃 따위의 색과 향기. **2** 용모의 아름다움.

색향 (色鄕) [새캉] 명 **1** 미인이 많이 나는 고을. **2** 기생이 많이 나는 고을. ▫옛날에 개성은 ~으로 유명했다.

색환 (色環) [새콴] 명 〖미술〗 색상환(色相環).

색황 (色荒) [새쾅] 명하자 여색에 빠져 타락함.

샌:-님 (-) 명 **1** '생원님'의 준말. **2** 소심하고 보수적이며 고루한 사람을 얕잡아 이르는 말. ▫남 앞에서는 아무 말 못하는 ~이다.

샌:님-탈 (-) 명 〖민〗 산대놀음에서 쓰는 탈의 하나. 눈썹과 수염은 흰색이고 입은 언청이인 양반의 모습임.

샌드백 (sandbag) 명 권투에서, 치는 힘을 기르고 치는 방법을 연습하기 위해 천장에 매달아 놓은 타격 연습용 모래주머니.

샌드-스키 (sand-ski)**명** 눈 대신에 모래 언덕에서 미끄러져 내리는 스키.

샌드위치 (sandwich)**명 1** 얇게 썬 빵 두 조각의 사이에 고기·야채·치즈 등을 넣은 음식. **2** 무엇인가의 사이에 끼어 있는 상태를 비유하는 말. □ 이러지도 저러지도 못할 ~가 되다.

샌드위치-맨 (sandwich man)**명** 광고의 효과를 높이기 위해 몸 앞뒤에 두 장의 광고판을 달고 거리를 돌아다니는 사람.

샌드페이퍼 (sandpaper)**명** 사포(砂布). 사지(砂紙). **준**페이퍼.

샌들 (sandal)**명** 가죽·비닐·나무 등으로 바닥을 만들고 이를 가느다란 끈으로 발등에 매어 신는 신발.

샌퍼라이즈 (⑪ Sanforize)**명하타** 면직물에 수지(樹脂) 가공을 하여서 줄어들지 않게 하는 방법. 또는 그렇게 가공한 무명《상표명》.

샐그러-뜨리다타 샐그러지게 하다. □못마땅해서 입술을 ~. **큰**실그러뜨리다. **센**쌜그러뜨리다.

샐그러-지다자 한쪽으로 배뚤어지거나 기울어지다. □샐그러진 눈으로 바라보다. **큰**실그러지다. **센**쌜그러지다.

샐그러-트리다타 샐그러뜨리다.

샐긋-거리다 [-귿-]자타 자꾸 샐긋질 듯하다. 자꾸 갸울이거나 배뚤이다. □쌓아 놓은 책들이 ~. **큰**살긋거리다·실긋거리다. **센**쌜긋거리다. **샐긋-샐긋** [-귿-] **부하자타**

샐긋-대다 [-귿-]자타 샐긋거리다.

샐긋-하다 [-그타-]**형여** 한쪽으로 배뚤어져 있다. **큰**살긋하다·실긋하다. **센**쌜긋하다.

샐기죽-거리다 [-꺼-]자타 자꾸 천천히 샐그러지다. **큰**실기죽거리다. **센**쌜기죽거리다. **샐기죽-샐기죽** [-쌜-] **부하자타**

샐기죽-대다 [-때-]자타 샐기죽거리다.

샐:-녘 [-력]**명** 날이 샐 무렵. □ ~이 되어 잠이 들다.

샐:-닢 [-립]**명** 쇠천 반 푼의 뜻으로, 매우 적은 돈. □쇠천 ~도 없다.

샐러드 (salad)**명** 생야채나 과실을 주로 하여 냉육류(冷肉類)를 섞고 기름·마요네즈·초 등의 소스로 버무린 서양 음식.

샐러드-드레싱 (salad dressing)**명** 샐러드에 치는 소스《주로 마요네즈 소스를 많이 씀》.

샐러드-유 (salad油)**명** 샐러드용의 기름.

샐러리-맨 (←salaried man)**명** 봉급생활자.

샐룩 **부하자타** 근육의 일부분이 또는 일부분을 움직이는 모양. □힘살이 ~ 움직이다 / 눈을 ~ 치뜨다. **큰**실룩. **센**쌜룩.

샐룩-거리다 [-꺼-]자타 계속 샐룩하다. 또는 계속 샐룩 움직이게 하다. □볼을 ~. **큰**실룩거리다. **센**쌜룩거리다. **샐룩-샐룩** [-쌜-] **부하자타**

샐룩-대다 [-때-]자타 샐룩거리다.

샐비어 (salvia)**명** 〖植〗 **1** 꿀풀과의 여러해살이풀. 높이 50~80cm, 잎은 마주나고 긴 타원형이며 여름에 빨간 꽃이 줄기 끝에 남. 잎은 약용함. **2** 꿀풀과의 한해살이풀. 높이 80cm 가량이고 잎은 달걀꼴이며 가을에 크고 진한 홍색의 입술꽃이 핌. 깨꽃.

샐:샐 **부하자** 소리 없이 실없게 살며시 웃는 모양. □얄밉게 ~ 웃다. **큰**실실.

샐:-심 [-심]**명** '새알심'의 준말.

샐쭉 **부하자타 1** 어떤 감정의 표현으로서 입이나 눈이 한쪽을 샐긋하고 움직이는 모양. □ ~ 웃다. **2** 마음에 차지 않아서 약간 고까워하는 몸가짐을 하는 모양. □왜 또 ~ 돌아서니. **큰**실쭉.

샐쭉-거리다 [-꺼-]자타 계속 샐쭉하다. 또는 계속 샐쭉 움직이게 하다. **큰**실쭉거리다. **샐쭉-샐쭉** [-쌜-] **부하자타**

샐쭉-경 (-鏡)[-꼉]**명** 타원형의 안경.

샐쭉-대다 [-때-]자타 샐쭉거리다.

샐쭉-하다 [-쭈카-]**형여 1** 마음에 차지 않아서 약간 고까워하는 태도가 있다. □샐쭉한 표정. **2** 한쪽으로 갈쭉이 샐그러져 있다. □할 말이 있는지 입이 샐쭉해진다. **큰**실쭉하다.

샘:¹명 1 물이 땅에서 솟아 나오는 곳. 또는 그 물. □ ~이 솟다 / ~을 파다. **2** '샘터'의 준말. **3**〖生〗 생물체 속에서, 액체 물질을 분비하거나 배설하는 상피(上皮) 조직성의 기관. 선(腺). □땀~.

샘:²명하타 남의 일이나 물건을 탐내거나, 자기보다 나은 처지에 있는 사람을 미워함. 또는 그 마음. 시기. 질투. □ ~이 많다 / ~을 부리다 / ~이 나다.

샘이 불 같다판 샘이 너무 많다.

샘:³〖食〗 새삼.

샘:-구멍 [-꾸-]**명** 샘물이 솟는 구멍.

샘:-굿 [-굳]**명** 〖民〗 마을의 공동 우물에 물이 잘 나오라고 치성 드리는 굿.

샘:-나다자 샘하는 마음이 생기다.

샘:-내다자타 샘하는 마음을 먹다. 샘을 부리다. □동생이 언니를 ~.

샘:-물 **명** 샘에서 나오는 물. 천수(泉水). □ ~이 솟다 / ~을 긷다.

샘:-줄기 [-쭐-]**명** 샘물이 솟아나는 땅속의 물줄기.

샘:-바르다 [샘발라, 샘바르니]**형르** 샘이 심하다.

샘:-바리 **명** 샘이 많아 안달하는 사람. □ ~아가씨.

샘:-받이 [-바지]**명 1** 샘물을 끌어 대는 논. **2** 샘물이 나는 논.

샘:-솟다 [-솓따]**자 1** 샘물이 솟아나다. **2** 힘·용기 따위가 줄기차게 솟아나다. □샘솟는 애국심 / 정력이 ~.

샘:-창자 **명** 〖生〗 십이지장.

샘:-터 **명** 샘이 있는 곳. 샘물이 솟아 나오는 빨래터. □ ~에서 빨래하다 / ~에서 물을 떠 마시다. **준**샘.

샘플 (sample)**명** 본보기. 견본. 표본. □ ~을 채취하다 / ~을 제작하다.

샘플링 (sampling)**명 1** 표본. 표본 뽑기. **2** 〖水〗 표본 추출.

샘플-카드 (sample card)**명** 양복감의 견본 따위를 붙인 카드.

삽-조개 [-조-]**명** 〖조개〗 조개의 하나. 가까운 바다에서 남. 가막조개와 비슷한데 껍데기는 길이가 약 4cm, 높이 3cm, 폭 2cm의 삼각형임. 맛이 좋음.

샛- [샏]**뒤** (어둡고 유성음이고 첫 음절의 모음이 'ㅏ'·'ㅗ'인 말 앞에서) 빛깔이 매우 산뜻하게 짙음을 나타내는 말. □ ~노랗다. **큰**싯-.

샛:-강 (-江)[새깡 / 샏깡]**명** 큰 강에서 줄기가 갈려 나가서 중간에 섬을 이루고, 아래에 가서 다시 본류와 합류하게 되는 지류.

샛-검불 [새껌- / 샏껌-]**명** 잡풀이 섞인 새나무의 검불.

샛-골목 [새꼴- / 샏꼴-]**명** 골목들 사이에 난 작은 골목. □ ~에서 담배를 피우다.

샛:-길 [새낄 / 샏낄]**명** 큰길들 사이에 난 작은 길. 간로(間路). □ ~로 질러가다.

샛-노랗다 [샌-라타]〔샛노라니, 샛노래서〕[형][ㅎ] 매우 노랗다. ❑샛노란 개나리 / 은행 잎이 샛노랗게 물들었다. [큰]싯누렇다.

샛-노래지다 [샌-] [자] 샛노랗게 되다. [큰]싯누레지다.

샛:-눈 [샌-] [명] 감은 듯하면서 살짝 뜨고 보는 눈. ❑~을 뜨다 / ~으로 보다.

샛-돔 [샏똠] [명]〘어〙 샛돔과의 온해성 바닷물고기. 길이 20 cm 가량의 타원형으로, 벗겨지기 쉬운 은백색의 둥근 비늘로 덮여 있음. 몸에서 점액(粘液)을 많이 냄. 식용함.

샛-말갛다 [샌-가타]〔샛말가니, 샛말개서〕[형][ㅎ] 매우 말갛다. ❑샛말간 눈망울로 바라보다. [큰]싯멀겋다.

샛말개-지다 [샌-] [자] 샛말갛게 되다. [큰]싯멀게지다.

샛-멸 [샌-] [명]〘어〙 샛멸과의 심해성 바닷물고기. 등은 은청색, 배는 은백색임. 부레가 크며 혀 위에 이가 있고, 비늘이 잘 벗겨짐.

샛:-문 (-門)[샌-] [명] **1** 정문 외에 따로 만든 작은 문. ❑대문 옆에 달린 ~을 열어 주었다. **2** 방과 방 사이의 작은 문. ❑옆방으로 통하는 작은 ~을 열었다.

샛-바람 [새빠- /샏빠-] [명] 동풍의 뱃사람 말. ❑~이 세차다. [준]새.

샛-바리 [새빠- /샏빠-] [명] 띠나 억새 따위의 새를 실은 짐.

샛:-방 (-房)[새빵 / 샏빵] [명] 방과 방 사이에 있는 작은 방.

샛:-벽 (-壁)[새뼉 / 샏뼉] [명]〘건〙 방과 방 사이를 막는 벽. ❑~을 내다.

샛:-별 [새뼐 / 샏뼐] [명] **1**〘천〙 새벽 동쪽 하늘에 반짝이는 금성(金星). 계명성(啓明星). 명성(明星). 신성(晨星). **2** 새 시대나 앞길을 밝혀 줄 만한 사람. ❑겨레의 ~로 떠오르다.

샛:별-눈 [새뼐룬 / 샏뼐룬] [명] 샛별처럼 맑고 초롱초롱한 눈.

샛-비늘치 [샏삐-] [명]〘어〙 샛비늘칫과의 바닷물고기. 온몸에 발광기가 발달되어 있으며, 깊은 바다에 삶.

샛:-서방 (-書房)[새써- / 샏써-] [명] 남편 있는 여자가 남편 몰래 관계하는 남자. 간부(間夫). ❑~을 두다 / ~이 생기다.

샛-수 (-數)[새쑤 / 샏쑤] [명] 피륙의 날을 세는 단위인 새의 수.

샛:-장지 (-障-)[새짱- / 샏짱-] [명] 방과 방 사이를 칸막이한 장지.

샛줄-멸 [샏쭐-] [명]〘어〙 눈퉁멸과의 바닷물고기. 눈퉁멸과 비슷한데 길이 8-10 cm 가량, 빛은 청갈색. 폭이 넓은 은백색 가로띠가 있음. 눈이 크고 비늘도 큼. 식용함.

생: [명]〘식〙 '새앙'의 준말.

생[1] (生) [명] **1** 생명. ❑~을 받다 / ~을 누리다. **2** 삶. ❑~과 사(死) / ~에 대한 회의 / ~을 마감하다. ↔사(死).

생 (笙) [명]〘악〙 '생황(笙簧)'의 준말.

생[2] (生) [인대] 어른에게 자기를 낮추어 이르는 말《흔히 편지에 씀》. ❑~의 간절한 청을 살펴주시옵소서.

생- (生) [두] **1** 과실·음식 따위가 아직 익지 않았음을 나타내는 말. ❑~쌀 / ~감. **2** 가공되지 않은 그대로의 상태임을 뜻하는 말. ❑~굴 / ~맥주. **3** 피륙을 빨거나 누이지 않았음을 나타내는 말. ❑~모시. **4** 무리하거나 애매하거나 공연함을 이르는 말. ❑~사람 / ~트집 / ~걱정 / ~떼 / ~야단. **5** 지독하거나 혹독함을 나타내는 말. ❑~지옥. **6** 살아서 당하는 불행을 나타내는 말. ❑~과부 / ~이별. **7** 초목 따위가 아직 마르지 않음을 나타내는 말. ❑~가지 / ~나무 / ~장작. **8** '직접 낳은'의 뜻. ❑~부모 / ~아버지 / ~어머니.

-생 (生) [미] **1** 성(姓) 뒤에 붙어, 젊은 사람이라는 뜻을 나타내는 말. ❑이(李)~. **2** 간지(干支)나 연수 아래에 붙어, 그 해에 태어남을 뜻하는 말. ❑임진(壬辰)~ / 1963 년~. **3** 햇수를 뜻하는 말에 붙어, '그 햇수 동안 자람'의 뜻을 나타냄. ❑1년~ 식물 / 6년~ 인삼.

생가 (生家) [명] **1** '본생가(本生家)'의 준말. ❑양자로 갔어도 ~ 제사를 모신다. **2** 그 사람이 태어난 집. ❑~ 복원.

생-가슴 (生-) [명] 공연한 걱정으로 상하는 마음속. ❑~을 앓다 / ~을 태우다.

생가슴(을) 뜯다 [구] 무리하거나 공연한 일로 속을 태우다.

생-가시아비 (生-) [명] 살아 있는 장인.

생가시아비 묶듯 [구] 엄격해야 할 자리에 너무 너그럽게 하면, 도리어 상대방이 도리에 어긋나는 짓을 한다는 말.

생-가죽 (生-) [명] 가공하지 않은, 벗긴 그대로의 가죽. 날가죽.

생가죽(을) 벗기다 [구] 갖은 수단을 다 부려 모두 빼앗다.

생-가지 (生-) [명] 살아 있는 나무의 가지. ❑~를 꺾지 맙시다.

생각 [명][하][자타] **1** 어떤 일에 대한 의견이나 느낌. 또는 사물을 헤아리고 판단하는 작용. ❑올바른 ~ / 케케묵은 ~ / ~이 서로 다르다. **2** 바라는 마음. ❑술 ~이 간절하다. **3** 사리를 따져 분별하고 판단함. ❑~이 깊다 / ~이 있는 사람이다. **4** 어떤 사람이나 일 따위에 대한 기억. ❑옛 ~ / ~에 잠기다 / ~이 떠오르다 / 고향 ~이 나다. **5** 마음을 써 주거나 헤아려 줌. 고려. 배려. ❑잘 ~해 주기 바랍니다. **6** 어떤 일을 하려고 마음을 먹음. 또는 그런 마음. ❑숨길 ~은 없다 / 그녀에게 청혼할 ~이다.

생각다 못하여 [구] 아무리 생각하여도 별로 신통한 수가 없어서. ❑~ 이곳을 떠나기로 했다. [준]생각다 못해.

생각이 꿀떡 같다 [구] 생각이 매우 간절하다.

생각하는 갈대 [구] 사람은 자연 가운데 가장 약하여 마치 갈대와도 같으나, 사고(思考)하는 점이 존귀하고 위대하다는 뜻.

생각 (生角) [명] **1** 저절로 빠지기 전에 잘라 낸 사슴의 뿔. **2** 삶지 아니한 짐승의 뿔《각세공에 많이 씀》.

생각-나다 [-강-] [자] **1** 생각이나 느낌이 떠오르다. ❑좋은 방안이 ~. **2** 기억이 떠오르다. ❑어릴 적 친구가 생각난다. **3** 어떤 일을 하고 싶은 마음이 생기다. ❑술이 ~.

생-갈이 (生-) [명][하][타]〘농〙 '홍두깨생갈이'의 준말.

생-감 (生-) [명] 빨거나 누이지 않고 필에서 끊어 낸 채로의 천.

생강 (生薑) [명] **1**〘식〙 생강과의 여러해살이풀. 높이 30-60 cm, 잎은 어긋나며 피침형, 보통 꽃이 피지 않으나 따뜻한 곳에서는 황록색의 잔 꽃이 핌. 뿌리줄기는 향신료·건위제로 씀. 새앙. **2** 생강의 뿌리. ❑~ 가루.

생강-나무 (生薑-) [명]〘식〙 녹나뭇과의 작은 낙엽 활엽 교목. 높이 3 m 가량, 늦겨울에 황색 꽃이 모여 피고 초가을에 둥그런 장과를 맺음. 향기가 좋아 생화로 쓰고 열매로는 기름을 짬. 황매(黃梅). 새앙나무.

생강-뿔 (生薑-) 명 새앙뿔.

생강-손이 (生薑-) 명 ☞ 새앙손이.

생강-엿 (生薑-) [-년] 명 생강즙을 넣고 고아서 만든 엿.

생강-주 (生薑酒) 명 생강즙을 내어 만들거나 생강을 우려서 만든 술.

생강-즙 (生薑汁) 명 강즙(薑汁).

생-강짜 (生-) 명 터무니없이 억지를 부리는 강짜. 또는 그런 사람.

생강-차 (生薑茶) 명 생강을 넣어 달인 차.

생강-초 (生薑醋) 명 생강즙을 넣고 끓여 내서 만든 식초.

생강-편 (生薑-) 명 생강즙에 꿀과 검은엿을 넣고 조리어 한 치쯤 되게 타원형으로 만들어 잣가루를 뿌린 떡. 새양편.

생-거름 (生-) 명 잘 썩지 않은 거름.

생-걱정 (生-) [-쩡] 명 하 자 대수롭지 않은 것을 가지고 공연히 마음을 써키는 일. 또는 그런 걱정. ▢공연한 일로 ~했다.

생-건지황 (生乾地黃) 명 『한의』 날로 말린 지황의 뿌리(해열·보혈 등의 약재로 씀).

생겁 (生怯) 명 대수롭지 않은 일에 내는 겁.

생-것 (生-) [-건] 명 생으로 된 물건. ▢~을 먹다 / 봄나물을 ~으로 무치다.

생게-망게 부 하 형 말이나 행동이 갑작스럽고 터무니없는 모양. ▢~한 말[짓] / 없는 사실을 ~ 끄집어내다.

생겨-나다 자 1 없던 것이 있게 되다. 생기다. ▢새 직종이 ~. 2 출생하다. 발생하다. ▢의혹이 ~.

생견 (生絹) 명 생사로 좀 거칠게 짠 깁.

생견 (生繭) 명 건조하지 아니한 고치. 생고치.
↔건견(乾繭).

생경 (生梗) 명 하 자 두 사람 사이에 불화(不和)가 생김.

생경지폐 (生梗之弊) [-/-폐] 명 두 사람 사이의 불화로 일어난 폐단.

생경-하다 (生硬-) 형 혀 1 세상 물정에 어두워 완고하다. ▢생경한 태도. 2 시문 등의 표현이 세련되지 못하고 어설프다. ▢생경한 문장 [대목]. 3 익숙지 않아 어색하다. ▢도시 생활이 ~. 생경-히 부

생계 (生計) [-/-게] 명 살아 나갈 방도. 또는 현재 살아가는 형편. 구복지계. 생로. ▢~를 잇다 / ~를 유지하다 / ~를 꾸려 나가다 / ~가 막막하다 / ~에 타격을 입다.

생계 (生界) [-/-게] 명 생물의 사회. 생물의 세계.

생계-무책 (生計無策) [-/-게-] 명 하 형 살아 나갈 방책이 없음.

생계-비 (生計費) [-/-게-] 명 『경』 생활하는 데 드는 비용. 생활비.

생계비 지수 (生計費指數) [-/-게-] 『경』 봉급생활자·근로자 가족을 표준으로 하여 생계비 변동을 표시하는 지수(식료비·주거비·광열비·피복비·잡비의 지수를 계산함). *물가지수.

생고 (生苦) 명 『불』 사고(四苦)의 하나. 모태에 있을 때부터 출생할 때까지 받는 고통.

생고 (笙鼓) 명 『악』 생황(笙簧)과 태고(太鼓).

생-고기 (生-) 명 1 날고기. 2 얼리거나 양념하지 않은 고기. 날고기. ▢~ 3 인분과 소주 한 병.

생-고무 (生-) 명 파라고무나무의 껍질에서 빼낸 유액(乳液)을 아세트산(酸)으로 응결시켜 만든 것(탄성 고무의 원료임). 천연고무.

생-고사 (生庫紗) 명 생명주실로 짠 비단의 하나. ▢~ 옥색 치마.

생-고생 (生苦生) 명 하 자 하지 않아도 되는 고생. ▢~을 사서 하다 / ~을 시키다.

생-고집 (生固執) 명 어거지로 부리는 공연한 고집. ▢~을 부리다.

생-고치 (生-) 명 생견(生繭).

생곡 (生穀) 명 하 자 1 익히지 않은 곡식. 날곡식. 2 곡식을 산출함.

생과 (生果) 명 '생과실'의 준말.

생-과부 (生寡婦) 명 1 남편이 있으면서도 떨어져 있거나 소박을 맞아 과부나 다름없는 여자. 2 약혼자나 갓 결혼한 남편이 죽어서 혼자 사는 여자. ☞평생을 ~로 수절하다.

생-과실 (生果實) 명 아직 덜 익은 과실. 생실과(生實果). ⓜ생과.

생-과일 (生-) 명 가공하지 아니한 싱싱한 과일. ▢~ 주스.

생-과자 (生菓子) 명 물기가 약간 있게 무름하게 만든 과자. 진과자.

생광 (生光) 명 하 자 1 빛이 남. 2 영광스러워 낯이 남. 생색. ▢~을 내다 / 참석해 주시면 ~ 이겠습니다. 3 아쉬울 때 잘 쓰게 되어 보람이 있음.

생-광목 (生廣木) 명 누이지 않은 광목.

생광-스럽다 (生光-)[-따][-스러워, -스러우니] 형 ㅂ 1 낯이 서 듯하다. ▢생광스럽게 잘 썼습니다. 2 아쉬울 때에 요긴하게 쓰게 되어 보람이 있다. ▢돈 십만 원이 퍼 생광스러웠다. 생광-스레 부

생구 (生口) 명 1 포로. ▢~로 붙잡히다. 2 가축(家畜).

생-굴 (生-) 명 익히지 않은 굴. 날굴. ▢~을 초고추장에 찍어 먹다.

생-귀신 (生鬼神) 명 1 『민』 제명대로 살지 못한 사람의 넋. 2 살아 있는 귀신.

생균 (生菌) 명 살아 있는 세균.

생그레 부 하 자 소리 없이 살며시 눈웃음만 치는 모양. ▢~ 웃다. ☜싱그레. ❄쌩그레.

생글-거리다 자 소리 없이 부드럽고 정답게 계속 눈웃음 치다. ☜싱글거리다. ❄쌩글거리다. 생글-생글 부 하 자

생글-대다 자 생글거리다.

생글-뱅글 부 하 자 생글거리면서 뱅글거리는 모양. ☜싱글벙글. ❄쌩글뱅글.

생금 (生金) 명 『광』 정련하지 않은, 캔내 그대로의 금.

생금 (生擒) 명 하 타 사로잡음. 생포. ▢토끼를 ~하다 / ~의 치욕을 입다.

생금-판 (生金-) 명 자연 상태 그대로인 금광의 일터.

생-급살 (生急煞) [-쌀] 명 급작스럽게 닥치는 매우 혹독한 화나 액(厄).

생급-스럽다 [-쓰-따][-스러워, -스러우니] 형 ㅂ 1 하는 일이나 행위 따위가 뜻밖이고 갑작스럽다. ▢생급스럽게 뛰쳐나가다. 2 하는 말이 터무니없다. ▢생급스러운 소문. 생급-스레 [-쓰-] 부

생긋 (-긋) 부 하 자 소리 없이 얼핏 정답게 눈웃음만 치는 모양. ▢~ 웃다. ☜싱긋. ❄생끗·쌩끗·쌩긋.

생긋-거리다 [-끄거-] 자 계속 생긋 눈웃음치다. ☜싱긋거리다. 생긋-생긋 [-끗쌩끗] 부 하 자

생긋-대다 [-끄때-] 자 생긋거리다.

생긋-뱅긋 [-끄뱅끗] 부 하 자 생긋거리면서 뱅긋거리는 모양. ☜싱긋빙긋. ❄생끗뱅끗·쌩긋뱅긋·쌩긋뱅긋.

생긋-이 부 소리 없이 살며시 눈웃음치는 모양. ▢~ 웃다. ☜싱긋이. ❄생끗이·쌩긋이·

쌩긋이.

생기 (生起) 몡하자 어떤 일·사건이 일어남.

생기 (生氣) 몡 활발하고 생생한 기운. 활기. ▢~가 넘치다 /~가 돌다 /~를 잃다 /~가 없다.

생기 (省記) 몡 **1** 약기(略記). **2** 〖역〗 조선 때, 관아의 숙직자 이름을 기록하던 서류.

생기다 国자 **1** 없던 것이 있게 되다. ▢흉터가 ~ / 구멍이 ~. **2** (기관·시설이나 제도 등이) 새로 만들어지다. ▢철도가 ~ / 새로 생긴 기구. **3** (결과 등이) 나타나다. ▢능력의 차로 생긴 결과. **4** 어떤 일이 일어나다. 발생하다. ▢문제가 ~ / 말썽이 ~ / 뭔 일이 생길 것 같은 예감. **5** (어떤 것이) 자기의 소유가 되다. ▢내 방이 생겼다 / 일자리가 ~. **6** 새로 있게 되다. ▢꾀가 ~ / 버릇이 ~. **7** (어떤 마음이) 들다. ▢자신감이 ~ / 삶에 대한 회의가 ~. **8** (병이) 발생하다. ▢술병이 ~ / 황병이 ~. **9** 임신되다. (아이가) 태어나다. ▢아이가 더 생기면 고생이다. **10** 친구나 애인이 새로 있게 되다. ▢애인이 ~. **11** ('-으로'나 어미 '-게'의 꼴, 부사 '처럼', 또 '-이'·'-히' 따위 부사에 붙어) 사람이나 사물의 생김새가 어떠한 모양으로 되어 있다. ▢동양적으로 ~ / 사냥꾼처럼 ~ / 약. 国보형 (동사 뒤에서 '-게 생기다'의 꼴로 쓰여) 부정적(否定的)인 상태에 이르다의 뜻을 나타냄. ▢학교가 문을 닫게 ~ / 시끄럽게 생겼다.

생기-론 (生氣論) 몡 〖철〗 생기설(生氣說).

생기-롭다 (生氣-) [-따] [-로워, -로우니] 형ㅂ 싱싱하고 힘찬 기운이 넘치는 듯하다. ▢점심 때는 생기로운 볕이 들었다.

생기발랄-하다 (生氣潑剌-) 형여 생기 있고 발랄하다. ▢생기발랄한 여학생.

생기-법 (生氣法) [-뻡] 〖민〗 사람의 그날의 운수를 보는 법의 하나(일진(日辰)과 나이를 팔괘에 나누어 봄).

생기-보다 (生氣-) 자 〖민〗 생기법으로 그날의 운수를 보다.

생기-복덕일 (生氣福德日) [-떠길] 몡 〖민〗 생기일과 복덕일. ㈜생기복덕.

생기-설 (生氣說) 몡 〖철〗 우주에는 물리 화학적 법칙 외에 일종의 생명력이 있어 이 생명력의 운동으로 우주는 유지·창조·진화된다고 하는 학설. 생기론. 생기론.

생기-일 (生氣日) 몡 〖민〗 생기법으로 본 길일의 하나.

생기-짚다 (生氣-) [-집따] 자 〖민〗 생기법으로 일진(日辰)과 나이를 팔괘에 맞춰 따지다.

생기-판 (省記板) 몡 〖역〗 조선 때, 관아에서 당직자의 이름과 군호를 써서 보이던 게시판.

생-김 (生-) 몡 굽거나 양념을 하지 아니한 김.

생김-새 몡 생긴 모양새. ▢얼굴 ~ /~가 특이하다 /~가 우락부락하다.

생김-생김 몡 생긴 모양. ▢씩씩한 ~ /~이 참하다 /~을 뜯어보다.

생-김치 (生-) 몡 날김치. 풋김치.

생-꾼 (生-) 몡 〈속〉 생무지.

생꿋 [-끋] 閉하자 예쁘게 살짝 가벼운 눈웃음을 짓는 모양. ㈜싱꿋. ㈔쌩꿋.

생꿋-거리다 [-끄러-] 자 계속 생꿋 눈웃음치다. ㈜싱긋거리다. ㈔생긋거리다. **생꿋-생꿋** [-끋쌩끋].

생꿋-대다 [-끋때-] 자 생꿋거리다.

생꿋-뺑꿋 [-끋뺑끋] 閉하자 생꿋거리며 뺑꿋거리는 모양. ㈜싱긋빙꿋. ㈔생긋뺑긋. ㈔쌩꿋뺑꿋.

생꿋-이 閉 예쁘게 살며시 눈웃음을 치는 모양. ㈜싱꿋이. ㈔쌩꿋이.

생:-나무 (生-) 〖식〗 '새앙나무'의 준말.

생-나무 (生-) 몡 **1** 살아 있는 나무. **2** 베어 낸 지 얼마 안 되어 물기가 아직 마르지 않은 나무. 생목(生木). ▢~를 패서 말리다.

생-나물 (生-) 몡 익히지 아니하고 생것으로 무친 나물.

생-난리 (生亂離) [-날-] 몡 아무 까닭 없이 몹시 시끄러운 판. ▢~를 겪다 /~를 치다 /~가 나다.

생남 (生男) 몡하자 아들을 낳음. 득남. ▢아내가 잉태하여 ~하다. ↔생녀(生女).

생남-기도 (生男祈禱) 몡하자 〖민〗 아들을 낳고자 신불(神佛)에게 드리는 기도.

생남-례 (生男禮) [-녜] 몡하자 아들을 낳고 한턱내는 일. 득남례(得男禮). 생남턱.

생남-주 (生男酒) 몡 생남례로 내는 술.

생남-턱 (生男-) 몡 생남례.

생녀 (生女) 몡하자 딸을 낳음. 득녀. ↔생남.

생년 (生年) 몡 태어난 해.

생년월일 (生年月日) 몡 태어난 해와 달과 날.

생-논 (生-) 〖농〗 갈이가 잘되지 않은 논.

생-눈 (生-) 몡 아프지도 다치지도 아니한 멀쩡한 눈.

생-니 (生-) 몡 병들거나 아프지 아니한 성한 이. ▢~를 뽑다.

생달-나무 [-라-] 몡 〖식〗 녹나뭇과의 상록 교목. 산기슭에 나며 높이 15 m가량. 초여름에 담황색 잔 꽃이 핌. 땔감으로 씀.

생-담배 (生-) 몡 피우지 않는데도 저절로 타는 담배. ▢~ 타는 연기.

생-당목 (生唐木) 몡 생옥양목.

생-당포 (生唐布) 몡 누이지 않은 당모시.

생도 (生徒) 몡 〖교〗 **1** 중등학교 이하의 학생을 일컫던 말. **2** 군의 교육 기관, 특히 사관학교의 학생. ▢육사 ~들의 행진.

생도 (生道) 몡 살아 나가는 방도. 생계(生計). ▢농사에다 ~를 의탁하다.

생-도라지 (生-) 몡 말리지 아니하였거나 익히지 아니한 도라지.

생도지방 (生道之方) 몡 살아 나갈 방책. ▢~으로 삯바느질을 시작하다.

생-돈 (生-) 몡 공연한 일에 들이는 돈. ▢~을 쓰다 /~을 들이다 /~ 버리지 마라.

생동 몡 〖광〗 아직 채굴하지 않은 광맥.

생동 (生動) 国몡하자 생기 있게 살아 움직임. ▢~하는 기상(氣象). 国하형 그림이나 글씨가 살아 움직이는 듯 힘이 있어 보임. ▢~한 색감(色感).

생-동 (生銅) 몡 〖광〗 불리어지 아니한 구리.

생동-감 (生動感) 몡 생동하는 것과 같은 느낌. ▢~이 넘치다 /~이 있다 /~을 느끼다.

생동-생동 閉하형 본디의 기운이 그대로 남아 있어 생생한 모양. ▢~한 모습 /~ 활기가 느껴지다. ㈜싱둥싱둥.

생동-쌀 몡 생동찰의 쌀. 청량미(靑粱米). 청정미(靑精米).

생동-찰 몡 〖식〗 차조의 하나. 이삭에 털이 있고 알이 잘며 빛이 푸름.

생동-팥 [-판] 몡 〖식〗 팥의 종류. 음력 4~5월경에 씨를 뿌림.

생-되다 (生-) [-뙤-] 형 일에 익숙하지 않고 서투르다. ▢생된 손놀림.

생득 (生得) 몡 타고남. 태어날 때부터 가지고 있음. ▢~의 성질.

생득 관념 (生得觀念)[-관-] 〖철〗 날 때부터 가지고 있는 관념. 본유 관념.

생득-설 (生得說)[-썰] 〖철〗 모든 사람은 성질·지식·기능을 나면서부터 가지고 있다고 하는 학설.

생득-적 (生得的)[-쩍] 판명 타고난 (것). 본유적(本有的). ▢ ~ 특질 / ~으로 타고난 본능.

생-등심 (生-)명 냉동(冷凍)하지 않은 냉장(冷藏) 상태의 등심.

생디칼리스트 (ㅍ syndicaliste)명 생디칼리슴의 신봉자.

생디칼리슴 (ㅍ syndicalisme)명 《사》 19~20세기 초에 걸쳐 이탈리아·프랑스에서 발생한 급진적 산업 조합주의《정치 행동을 배격하고, 총동맹 파업이나 직접 행동으로 산업 관리의 실현, 사회 개조를 달성하려 했음》.

생-딱지 (生-)[-찌]명 아직 덜 나은 상처의 딱지. ▢ ~가 앉다 / ~를 떼다.

생-딴전 (生-)명 엉뚱한 딴 짓. ▢ ~을 부리다〔피우다〕.

생-땅 (生-)명 갈거나 판 적이 없는 본디의 굳은 땅. ▢ ~을 일구다.

생때-같다 (生-)[-따] 형 몸이 튼튼하고 병이 없다. ▢ 생때같은 사람이 죽다니 / 생때같은 자식들을 굶길 수야 없지.

생-떡국 (生-)[-꾹]명 쌀가루를 새알만 하게 반죽해 장국에 넣어 끓인 음식.

생-떼 (生-)명 억지를 부리는 떼. ▢ ~를 쓰다 / ~를 부리다.

생-떼거리 (生-)명 〈속〉 생떼. ▢ 녀석이 ~ 울어댄다.

생뚱-맞다 [-맏따] 형 말이나 행동이 앞뒤가 맞지 않고 엉뚱하다. ▢ 생뚱맞은 얘기.

생뚱-스럽다 [-따] [-스러워, -스러우니] 형비 생뚱맞은 데가 있다.

생란 [-난] 명 매운맛을 우려낸 생강을 다져 꿀을 넣어 조린 다음, 대추만 하게 떼어 내서 조청과 잣가루를 묻힌 것.

생래 (生來)[-내] ▣ 성정(性情)을 타고남. ▢ ~의 바보 / ~의 타고난 재능. ▣ 부 세상에 태어난 이래. ▢ ~ 처음 / ~ 초문이다.

생랭 (生冷)[-냉] 명 생랭지물.

생랭지물 (生冷之物)[-냉-]명 날것과 찬 것. 생랭(生冷).

생략 (省略)[-냑] 명하타 줄이거나 뺌. ▢ 이하 ~ / 긴 설명을 ~하다. ◉약.

생략-법 (省略法)[-냑-] 명 《문》 문장을 간결하게 하여 여운이나 암시를 남기는 수사법.

생략 삼단 논법 (省略三段論法)[-냑쌈-뻡] 《논》 논리에서 대전제·소전제 또는 결론 가운데 어느 하나를 생략하는 논법《이론을 간결히, 표현을 세게 하기 위한 생략》. 생략 추리법.

생략-표 (省略標)[-냑-]명 《언》 줄임표.

생량 (生涼)[-냥] 명하자 가을이 되어 서늘한 기운이 생김. 또는 그런 기운. ▢ ~한 바람 / 기후가 ~이 완연해지다.

생량-머리 (生涼-)[-냥-]명 초가을이 되어 서늘해질 무렵. ▢ 나날이 달라 가는 ~에……

생력 (省力)[-녁] 명 1 힘을 덞. 2 기계화 따위로 작업 시간과 노력을 덞. ▢ ~ 산업.

생력-꾼 (生力-)[-녁-] 명 기운이 한창 왕성한 사람.

생력 농업 (省力農業)[-녕-] 《농》 기계화·공동화·집단화·화학화 따위에 따른 노동 절약 농업.

생력 투자 (省力投資)[-녁-] 《경》 산업의 기계화·자동화·무인화를 촉진시켜 노동력을 줄이기 위한 투자.

생력-화 (省力化)[-녀콰] 명하자타 《경》 산업의 기계화·자동화·무인화를 촉진시켜 노동력을 줄이는 일. ▢ ~ 시대.

생령 (生靈)[-녕] 명 1 생명. 2 ~을 구하옵소서. 2 생민(生民). 3 살아 있는 사람의 영혼. ↔사령.

생례 (生禮)[-녜] 상중(喪中)에 있는 사람에게 보내는 편지의 첫머리에 쓰는 말《예절을 생략하고 쓴다는 말》. 생식(省式).

생로 (生路)[-노] 명 살아 나갈 방도. 생계(生計). ▢ 집 잃고 ~마저도 잃었다.

생로병사 (生老病死)[-노-] 《불》 인생에서 겪는 네 가지 고통《태어나고 늙고 병들고 죽는 일》. 사고(四苦).

생록-지 (生漉紙)[-녹찌]명 닥나무의 겉껍질로 뜬 종이.

생률 (生栗)[-뉼]명 1 날밤². 2 나부죽하게 쳐서 깎은 날밤. ▢ 제사상에 ~을 괴다.

생률(을) 치다 〔귀〕 날밤의 껍질을 벗기고 나부죽하게 쳐서 깎다.

생리 (生利)[-니] 명하자 이익을 냄. ▢ ~가 윤택해지다.

생리 (生理)[-니] 명 1 생물이 살아 나가는 사리(事理). 생활하는 길. 2 생물이 생명을 유지하여 가는 여러 가지 작용이나 기능. 또는 그 원리. ▢ ~ 현상 / ~에 맞다. 3《생》'생리학'의 준말. 4《의》월경(月經). ――하다 자타 월경을 하다.

생리-대 (生理帶)[-니-]명 여자가 월경할 때 나오는 피가 밖으로 흘러나오지 않도록 막고 흡수하는 천이나 종이로 만든 제품. 월경대(月經帶).

생리-사별 (生離死別)[-니-] 명하자 살아서는 멀리 떨어져 있고 죽어서는 아주 이별함.

생리-식염수 (生理食鹽水)[-니시겸-]명 사람의 체액과 같은 농도의 식염수《환자의 주사용이나 콘택트렌즈 세척용으로 쓰임》. ◉식염수.

생리-위생 (生理衛生)[-니-]명 1 생리와 위생. 2 생리학의 과학.

생리-일 (生理日)[-니-]명 《생》월경(月經)이 있는 날.

생리 작용 (生理作用)[-니자꽁] 《생》 생물이 생활하는 작용《혈액 순환·호흡·소화·배설·생식 등에 관한 작용의 총칭》.

생리-적 (生理的)[-니-]명 《생》신체의 조직·기능에 관한 (것). ▢ ~ 발작 / ~ 변화.

생리적 분업 (生理的分業)[-니-뿌넙] 《생》 생물의 각 기관이 특유한 기능을 발휘함으로써 생물체를 유지·발달하게 하는 일.

생리적 생활시간 (生理的生活時間)[-니-쌩-] 《생》생활시간 가운데, 수면·식사·휴양 따위의 생존을 위해 필요한 시간.

생리적 영도 (生理的零度)[-니정녕-] 《심》 피부에 온각(溫覺)도 냉각(冷覺)도 일으키지 아니하는 온도. 대략 28.9℃임.

생리-통 (生理痛)[-니-] 《생》 월경통(月經痛).

생리-학 (生理學)[-니-]명 《생》 생물의 생리 작용 전반에 관하여 연구하는 학문. ◉생리.

생리 휴가 (生理休暇)[-니-] 《사》 근로 기준법에 따라, 여성 근로자에게 생리일에 주는 특별 휴가. ＊분만(分娩) 휴가.

생-마 (生馬)명 길들이지 않은 거친 말.

생-마(生麻)명 누이지 않은 삼. 날삼.
생마-새끼(生馬-)명 **1** 길들지 않은 망아지. **2** 〈속〉예의범절을 모르는 사람.
생-매(生-)명 길을 들이지 아니한 매.
생-매(生埋)하타 산 채로 땅속에 묻음. 산장. 생매장.
생-매장(生埋葬)명하타 **1** 사람을 산 채로 땅에 묻음. **2** 아무런 잘못이 없는 사람에게 허물을 씌워서 사회적 집단에서 몰아냄의 비유. ▣사회에서 ~당하다.
생-맥(生脈)명 힘차게 뛰는 맥. ▣~이 끊어지다.
생-맥주(生麥酒)[-쭈]명 살균용 열을 가하지 않은, 양조한 그대로의 맥주.
생맥줏-집(生麥酒-)[-쭈찝/-쭏찝]명 생맥주를 전문으로 파는 술집.
생:-머리명〔역〕'생앙머리'의 준말.
생-머리(生-)명 **1** 파마를 하지 않은 자연 그대로의 머리. 2를 길게 늘어뜨리다. **2** 특별한 이유 없이 갑자기 아픈 머리. ▣~를 심하게 앓다.
생-먹다(生-)[-따]国타 **1** 남이 이르는 말을 듣지 않다. ▣남의 말을 ~. **2** 일부러 모르는 체하다. ▣약속을 ~. □자 매 따위를 사냥을 위해 가르쳐도 길이 잘 들지 않다. ▣생먹은 매를 길들이다.
생-멧소(生-)[-메쏘/-멛쏘]명 예전에, 소 한 마리의 값을 미리 쓰고 그 값을 때까지 해마다 도조를 물어 주던 관례. *돈도지.
생면(生面)명하타 **1** '생면목(生面目)'의 준말. 熟面). **2** 생면을 냄.
생면-강산(生面江山)명 **1** 처음으로 보는 강산. **2** 처음으로 보고 듣는 일. ▣그 얘기는 ~인데.
생면-대책(生面大責)명하타 일의 내용을 잘 알지도 못하고 상관없는 사람을 나무람.
생-면목(生面目)명 처음으로 대하는 사람. 준 생면(生面).
생면부지(生面不知)명 만나 본 적이 없어 전혀 모르는 사람. 또는 그 관계. ▣~의 사람.
생멸(生滅)명하타〔불〕우주 만물의 생겨남과 없어짐. ▣만물은 ~ 유전(流轉)한다.
생명(生命)명 **1** 목숨. ▣그의 은인 / ~을 걸다 / ~이 위태롭다 / ~을 구하다 / ~을 건지다 / ~에는 지장이 없다. **2** 사물을 유지하는 기한. ▣정치적 ~을 잃다 / 이 기계는 ~이 길다. **3** 사물의 중요한 점. ▣장사는 신용이 ~이다. **4** 살아 있는 사람이나 생물. ▣~을 잉태하다 / 배 속에서 ~이 자라다.
생명-감(生命感)명 한 작품이 살아 있는 것처럼 생생하게 느껴지는 예술적 매력. ▣~이 넘치는 시.
생명 감:정(生命感情)〔심〕허기·갈증·쾌·불쾌·성적 흥분 따위 인간의 근원적인 욕구에 관여하고 있는 감정.
생명 공학(生命工學)〔공〕생물이 하는 여러 기능을 공업적으로 이용하려는 기술. 유전자 재조합·세포 융합 등의 기술로 품종 개량 및 의약품·식량 등의 생산 환경 정화 등에 응용하는 새로운 산업 기술. 바이오테크놀로지.
생명 과학(生命科學)〔철〕생명이나 생체의 유지·보호에 관한 것을 해명하기 위하여, 생리학·생물학·의학·인류학·사회학 등의 분야를 종합적으로 연구하려는 과학.
생명-권(生命權)[-꿘]명〔법〕생명이 불법으

로 침해당하지 아니할 인격권의 하나.
생명-나무(生命-)명〔종〕생명수(生命樹).
생명-력(生命力)[-녁]명 생명의 힘. 살아 나가려고 하는 힘. ▣~이 강하다 / 끈질긴 ~을 잃다.
생명-록(生命錄)[-녹]명〔기〕하늘나라에서 기록되는 교인의 명부. 생명책.
생명 보:험(生命保險)〔경〕피보험자가 사망하였을 때나 일정한 연령까지 생존했을 때 보험금을 지급할 것을 약정한 보험. ▣~에 가입하다. 준생보(生保).
생명-선(生命線)명 **1** 사느냐 죽느냐의 경계선. 생존을 위해 기필코 지켜야 할 가장 중요한 한계. **2** 국가의 독립을 유지하기 위한 최후의 방위선. **3**〔민〕수상(手相)에서, 수명과 관계된다는 손금.
생명-소(生命素)명 생명을 유지하는 데 필요한 요소.
생명-수(生命水)명〔기〕영원한 영적 생명에 필요한 물이라는 뜻으로, 하나님의 복음을 비유하는 말. 생수.
생명-수(生命樹)명〔종〕생명의 원천. 세계의 중심 또는 인류의 발상지가 된다는 나무. 메소포타미아·이집트·이란·인도·북부 유럽 등의 민간 신앙·신화·전설 속에 분포된 사상으로, 에덴 동산의 '지혜의 나무'와 세계수(世界樹). 생명나무. 선악과(善惡果)나무.
생명 연금(生命年金)[-년-]〔경〕지급 기일에 당사자가 살아 있으면 지급되는 연금.
생명 유지 시스템(生命維持system)〔컴〕해저 잠수 장치와 우주선에서, 생명을 유지할 수 있도록 환경을 제어하는 장치와 체계. 호흡용 혼합 공기 공급 시스템·공기 정화 및 여과 시스템 따위.
생명-점(生命點)[-쩜]명〔생〕호흡 중추·심장 중추가 존재하는 연수(延髓)의 한 점(이곳을 바늘로 찌르면 죽음).
생-명주(生明紬)명 생사로 짠 명주. 생면주(生綿紬). 준생주(生紬).
생-명주실(生明紬-)명 삶지 않은 명주실.
생명 철학(生命哲學)〔철〕삶의 체험에서 생명의 진실을 찾으려는 철학. 생의 철학.
생명-체(生命體)명 생명이 있는 물체.
생명-표(生命表)명〔사〕국민을 연령별·인구별·남녀별·직업별 등으로 분류하여, 사망수·생존율·사망률·평균 여명(餘命) 등을 나타낸 통계표.
생명-형(生命刑)명〔법〕사형(死刑).
생-모(生-)명 윷놀이에서, 말을 새로 다는 모. ▣~로 달다.
생모(生母)명 자기를 낳은 어머니. 생어머니. ▣~와 생이별하다. ↔양모.
생-모시(生-)명 누이지 않은 본디 그대로의 모시. 생저(生苧).
생:-목(-木)명 〔←서양목(西洋木)〕당목(唐木).
생-목(生-)명 입으로 되치밀어 오르는 삭지 않은 음식물이나 위액. ▣~이 오르다.
생-목(生木)명 **1** 누이지 않은 본디 그대로의 무명. **2** 생나무(生-).
생-목숨(生-)[-쑴]명 **1** 살아 있는 목숨. ▣~을 잃다 / ~을 끊을 수야 없지. **2** 죄 없는 사람의 목숨. ▣~을 앗아 가다.
생몰(生沒)명 태어남과 죽음. ▣~ 연대.
생몰-년(生沒年)[-련]명 생년(生年)과 몰년(沒年). 생졸년(生卒年). ▣~ 미상.
생-무지(生-)명 어떤 일에 익숙하지 못한 서

푸른 사람. 생수(生手). 생꾼. **주의** '生無知'로 씀은 커름.

생-문 (生門) 圏 〖민〗 팔문(八門) 가운데 길(吉)한 문의 하나.

생-문자 (生文字)[-짜] 圏 새로 만들어 쓰이지 않는 낯선 문자.

생물 (生物) 圏 **1** 생명을 가지고 생활 현상을 영위하는 물체. 영양·생장·생식을 하며, 동물과 식물로 크게 분류함. ❏~의 진화 / 멸종 위기에 놓인 ~. ↔무생물. **2** 〖생〗 생물학. ❏~ 선생님 / ~ 시간.

생물 검:정 (生物檢定) 〖생〗 생물이 물질의 종류에 관하여 나타내는 특이성을 이용하여 물질을 검정하는 일(비타민·호르몬 등의 검정에 이용됨).

생물-계 (生物界)[- / -게] 圏 〖생〗 생물의 총칭. 또는 생물이 살고 있는 세계.

생물 계:절 (生物季節)[- / -게-] 〖생〗 생물계가 주기적으로 되풀이하는, 계절에 따르는 변화(열매맺기·털갈이·탈피(脫皮) 따위).

생물 공학 (生物工學) 〖생〗 생물이 가진 기능을 공학적으로 연구하여 활용하는 것을 목적으로 하는 학문. 생체 공학. 바이오닉스.

생물-권 (生物圈)[-꿘] 〖생〗 지구 상이나 대기 가운데 생물이 생활하고 있는 장소의 총칭. 생활권(生活圈).

생물 기상학 (生物氣象學) 〖지〗 생물의 중요한 환경 조건으로서의 기상의 연구.

생물 농약 (生物農藥)[-뇽-] 〖생〗 천적(天敵)을 이용한 식물 해충의 방제(防除). 천적 농약.

생물 물리학 (生物物理學) 〖생〗 생물의 생리 작용의 물리적 방면을 연구하는 학문.

생물 발광 (生物發光) 〖생〗 생물체가 빛을 내는 현상(균류·세균류·반딧불이·야광충 등에서 볼 수 있음).

생물 발전 (生物發電)[-쩐] 〖생〗 생물체에서 전기가 일어나는 현상.

생물-상 (生物相)[-쌍] 〖생〗 일정한 환경 또는 지역에 살고 있는 모든 종류의 생물(동물상과 식물상을 합친 것).

생물 시대 (生物時代) 〖지〗 무생물 시대의 다음 시대(선캄브리아대(先Cambria代)·원생대·고생대·중생대·신생대의 총칭).

생물-암 (生物岩) 〖지〗 수성암의 하나(생물의 생리 작용이나 생물체 자체의 침전으로 된 바위).

생물 요법 (生物療法)[-료뻡] 〖의〗 생물학적 약제를 사용하는 치료법.

생물-자원 (生物資源) 圏 자원의 견지에서 본 생물(농산·임산·축산·수산 자원 따위).

생물 전:기 (生物電氣) 〖생〗 생물의 조직이나 기관에서 일어나 흐르는 미약한 전기.

생물 전선 (生物前線) 〖생〗 어떤 생물의 활동 개시 시기와 장소를 전선(前線)처럼 연결하여 지도에 나타낸 것. 또는 그 이은 선.

생물 지리학 (生物地理學) 〖생〗 생물의 분포와 유래에 관하여 연구하는 학문(동물 지리학과 식물 지리학으로 나뉨).

생물 지표 (生物指標) 〖생〗 서식(棲息)하는 생물의 종류로써 그곳의 대기나 수질 등의 오염도(汚染度)를 알 수 있는 지표.

생물-체 (生物體) 圏 〖생〗 살아 있는 물체. 생물의 몸. 생체(生體).

생물-학 (生物學) 圏 〖생〗 생물이 나타내는 생명 현상을 연구 대상으로 하는 자연 과학의 한 분과(동물학·식물학·미생물학으로 구분함). 생물.

생물학 무:기 (生物學武器)[-항-] 〖군〗 세균·바이러스 및 특수한 생화학 물질을 이용하여 사람과 가축·식물 등을 살상·고사시키는 무기의 총칭. 생물학 병기.

생물학 병기 (生物學兵器)[-뼝-] 〖군〗 생물학 무기.

생물학적 리듬 (生物學的rhythm)[-쩍-] 〖의〗 생물체에서 볼 수 있는 주기적인 현상.

생물학적 산소 요구량 (生物學的酸素要求量)[-쩍싼-] 〖화〗 수중의 유기물을 미생물이 분해할 때 필요로 하는 산소량(물의 오염도를 나타내는 기준으로, 단위는 ppm으로 나타내고, 이 숫자가 클수록 오염이 심함). 약칭: 비오디(BOD).

생물학-전 (生物學戰)[-쩐] 圏 〖군〗 세균전(細菌戰).

생물 화:학 (生物化學) 〖화〗 생화학.

생-미역 (生-) 圏 말리지 아니한 미역. ❏~을 날로 먹다.

생민 (生民) 圏 살아 있는 백성이라는 뜻으로, 일반 국민. 민생. 생령. ❏어사를 보내어 생은 ~을 보호하고자 합니다.

생밀 (生蜜) 圏 정제하지 않은 꿀.

생-박 (生縛) 圏하타 사로잡아 묶음.

생반 (生飯) 圏 〖불〗 밥을 먹기 전에, 아귀 또는 새와 들짐승 따위에게 주기 위하여 조금 떠내는 밥.

생-밤 (生-) 圏 날밤².

생방 (生放) 圏하타 '생방송'의 준말. ❏~ 프로그램.

생-방송 (生放送) 圏 미리 녹음·녹화한 것의 재생이 아니라 스튜디오 또는 현장에서 직접 방송하는 일. 또는 그 방송. ❏~으로 중계하다. **준**생방.

생배-앓다 (生-)[-알타] 困 **1** 아무런 이유 없이 갑자기 배가 아프다. **2** 남이 잘되는 것을 시기하다. ❏놀부 심사라, 남이 잘되면 괜히 생배앓는다.

생배-앓이 (生-)[-아리] 圏 아무런 이유 없이 갑자기 앓는 배앓이.

생-백신 (生vaccine) 圏 〖의〗 병원성(病源性)을 약하게 한 병원균으로 만든 백신(비시지(BCG)·우두 백신 따위). 생균(生菌) 백신.

생-베 (生-) 圏 누이지 않은 베. 생포(生布). ❏~ 두건을 눌러쓴 상여꾼.

생-벼락 (生-) 圏 **1** 아무런 잘못 없이 맞는 벼락. **2** 아무런 잘못 없이 뜻밖에 당하는 재앙. 날벼락. ❏~을 맞다.

생-별 (生別) 圏하자타 '생이별'의 준말. ❏부부가 ~하다. ↔사별(死別).

생-병 (生病) 圏 **1** 힘에 겨운 일을 하여 생긴 병. ❏무리해서 일을 한 탓에 ~이 났다. **2** 자기 스스로 공연히 않는 병. ❏별로 심각한 일도 아닌데 혼자 ~을 앓고 있다. **3** 꾀병. ❏학교 가기 싫어서 ~을 앓다.

생보 (生保) 圏 '생명 보험'의 준말.

생-복 (生-) 圏 익히지 않은 전복. ↔숙복.

생-부 (生父) 圏 자기를 낳은 아버지. 친아버지. 생아버지. ❏~를 찾다. ↔양부(養父).

생-부모 (生父母) 圏 '본생(本生)부모'의 준말.

생-불 (生佛) 圏 〖불〗 살아 있는 부처라는 뜻으로, 덕행이 썩 높은 승려. 활불(活佛).

생불여사 (生不如死)[-려-] 圏 형편이 몹시 어려워서 삶이 죽느니만 못하다는 뜻.

생불-일여 (生佛一如) 圏 〖불〗 중생과 부처가 그 천성에 있어서는 다름이 없다는 뜻. 생불이(生佛不二).

생비 (省費) 명하자 비용을 줄이고 아낌.
생-빚 (生-)[-빋] 명 공연히 얻게 된 빚. ❑~을 지다.
생:뿔 명 '새앙뿔'의 준말.
생:-사 (-紗) 명 '서양사(紗)'의 변한말.
생사 (生死) 명 **1** 사는 일과 죽는 일. 삶과 죽음. ❑~가 걸린 문제 / ~를 확인하다 / ~를 함께하다 / ~가 묘연하다. **2** 〖불〗 생로병사(生老病死)의 사고(四苦)의 시작과 끝.
생사 (生絲) 명 삶지 않은 명주실.
생사-가판 (生死可判) 명하자 살고 죽는 것을 능히 판단함. 사생가판(死生可判).
생사-경 (生死境) 명 사느냐 죽느냐의 위급한 경지. ❑전쟁터에서 ~을 헤매다.
생사-관두 (生死關頭) 명 사생(死生)관두. ❑~의 고비.
생-사당 (生祠堂) 명 〖역〗 감사·수령의 선정(善政)을 기리어 백성들이 그 사람이 살아 있을 때부터 받들어 제사 지내던 사당.
생사-대해 (生死大海) 명 〖불〗 생로병사(生老病死)의 인생을 큰 바다에 비유한 말.
생-사람 (生-) 명 **1** 아무 잘못이 없는 사람. ❑~에게 누명을 씌우다. **2** 아무 관계가 없는 사람. ❑괜히 ~ 끌어들이지 마라. **3** 생때같은 사람. ❑어제까지 멀쩡하던 ~이 교통사고로 죽었다.
  생사람(을) 잡다 구 아무 잘못이 없는 사람을 모해하여 구렁에 넣다.
생사-입판 (生死立判) 명 사느냐 죽느냐가 당장에 판정됨.
생사-존망 (生死存亡) 명 살아 있음과 죽어 없어짐. 사생존망. ❑부친의 ~을 알 길이 없다.
생사-탕 (生蛇湯) 명 〖한의〗 산 뱀을 달여 만드는 탕약.
생산 (生産) 명하타 **1** 〖경〗 자연물에 인력을 가하여 재화를 만들어 내거나 증가시키는 일. 또는 그런 활동. ❑~ 원가 / 식량 ~을 늘리다 / 자동차를 ~하다. ↔소비. **2** 아이를 낳음. 출산. ❑옥동자를 ~하다.
생산-가 (生産價)[-까] 명 〖경〗 생산 가격.
생산 가격 (生産價格)[-까-] 〖경〗 생산비에 평균 이윤을 보탠 금액. 생산가.
생산-고 (生産高) 명 〖경〗 **1** 생산액. **2** 생산량.
생산 공정 (生産工程) 〖경〗 원료 또는 재료에서 제품에 이르기까지의 제조 과정에서 행하여지는 일련의 작업.
생산 공채 (生産公債) 〖경〗 생산적 사업의 경비를 마련하기 위해 모집하는 공채(철도·항만의 창설이나 확장을 위한 공채 따위). 건설공채.
생산 공학 (生産工學) 〖경〗 산업 공학.
생산 과:잉 (生産過剩) 〖경〗 사회의 구매력을 초과하여 상품이 생산되는 일.
생산 과:정 (生産過程) 〖경〗 노동에 의하여 원료에서 생산물을 만들어 내는 과정.
생산 관리 (生産管理)[-괄-] **1** 〖경〗 최고의 생산력과 능률의 발휘를 위해 과학적 방법으로 연구하여 관리하는 일. **2** 〖사〗 노동 쟁의의 한 수단으로, 노동조합 등의 단체가 사용자의 경영권을 장악하여 생산 과정의 모든 부문을 관리하는 일.
생산 교:육 (生産教育) 〖교〗 생산 활동의 교육적 가치를 중시하는 교육.
생산 금융 (生産金融)[-늉 / -그뮹] 〖경〗 생산에 쓰이는 자금의 융통. ↔소비 금융.
생산 기간 (生産期間) 〖경〗 자본 등 생산의 요소가 생산 과정에 투입되어 그것이 생산물로 되기까지의 기간.
생산 기관 (生産機關) 〖사〗 생산 수단에서 노동력을 제외한 기계·원료 등의 총칭.
생산 도시 (生産都市) 〖사〗 생산 활동이 중심적 기능으로 되어 있는 도시(공업 도시·광산 도시·수산 도시 따위). ↔소비 도시.
생산-량 (生産量)[-냥] 명 〖경〗 일정한 기간에 생산되는 분량. 생산고(高). ❑제품의 ~을 크게 늘리다. ↔소비량.
생산-력 (生産力)[-녁] 명 〖경〗 재화를 생산하는 능력(생산 수단과 그것을 사용하여 생산을 실현하는 노동력으로 성립됨).
생산-물 (生産物) 명 〖경〗 생산되는 물품. 생산품. ❑~ 가격.
생산-비 (生産費) 명 〖경〗 물질적 재화를 생산하는 데 드는 비용(원료비·노임·동력비 등의 가변(可變) 비용과 사무비·판매비·감가상각비·이자 등의 불변 비용으로 나뉨).
생산비-설 (生産費說) 명 〖경〗 가격은 이윤을 포함한 생산비에 따라 결정된다는 설. *노동가치설.
생산-성 (生産性)[-썽] 명 **1** 〖경〗 노동·설비·원재료 등의 투입량과 이것으로 만들어 내는 생산물 산출량의 비율. **2** 〖농〗 단위 면적의 땅에서 생산되는 특정 농작물의 수확량.
생산성 향:상 운:동 (生産性向上運動)[-썽-] 〖사〗 노사(勞使)의 협력으로 노동 생산성을 높여, 생산과 이윤을 증가시키고 임금 인상을 실행해서 경영의 합리화를 꾀하는 운동.
생산 수단 (生産手段) 〖경〗 생산 과정에서 물질적 조건으로서 사용되는 것(토지·삼림(森林)·매장물·원료·생산 용구·생산용 건물·교통 및 통신 수단 따위).
생산-액 (生産額) 명 〖경〗 일정한 기간에 생산된 재화(財貨)의 액수. 생산고(高).
생산 양식 (生産樣式)[-냥-] 〖경〗 사회가 재화(財貨)를 생산하는 양식. 생산력과 생산 관계가 결합하여 이루어짐(원시 공동체·노예제·봉건제·자본주의·사회주의의 다섯 기본 양식이 있음).
생산-업 (生産業) 명 〖경〗 재화를 생산하는 사업 또는 생산 사업에 종사하는 직업. 산업.
생산 연령 (生産年齡)[-녈-] 〖법〗 생산 활동, 특히 노동에 종사할 수 있는 연령(보통 만 15세 이상 65세 미만을 이름).
생산 요소 (生産要素)[-뇨-] 〖경〗 생산에 반드시 필요한 요소(토지·노동·자본 또는 지대·임금·이윤 따위).
생산-자 (生産者) 명 **1** 〖경〗 재화의 생산에 종사하는 사람. **2** 〖생〗 생태계에서, 다른 생물의 영양원이 되는 무기물에서 유기물을 합성하는 생물. 광합성을 하는 독립 영양 생물. ↔소비자.
생산자 가격 (生産者價格)[-까-] 〖경〗 생산자가 생산물을 판매하는 가격. 특히, 정부가 농민에게 지급하는 수매 양곡의 가격. ↔소비자 가격.
생산 자본 (生産資本) 〖경〗 생산 과정의 여러 요소, 곧 노동력·생산 수단의 형태를 취한 자본. ↔유통 자본.
생산-재 (生産財) 명 〖경〗 생산 수단으로 사용되는 재화(넓은 뜻으로는 자본재(資本財)와 같으며, 좁은 뜻으로는 한 번의 생산에 소비되는 것). ↔소비재.
생산-적 (生産的) 관명 **1** 생산에 관계가 있는 (것). **2** 그것이 바탕이 되어 새로운 것이 생겨나는 (것). 건설적. ❑~ 사고(思考). ↔비

생산적.

생산적 소비 (生産的消費)[-쏘-] 생산을 위해 생산 수단·원자재 등을 사용하는 일.

생산 조합 (生産組合)《사》 소규모의 생산자들이 경제적 약점을 보충하기 위하여 공동으로 생산 수단의 구입, 생산물의 가공 및 판매를 하기 위해 조직한 조합.

생산-지 (生産地)圓 어떤 물품이 생산되는 곳. ▣~ 표시의 의무화. ↔소비지.

생산 지수 (生産指數)《경》 생산량의 변동을 기준 시점의 생산량과 비교한 지수.

생산 카르텔 (生産Kartell)《경》 같은 종류의 산업에 종사하는 기업가들이 생산상의 상호 이익을 위해 조직한 카르텔.

생산-품 (生産品)圓《경》 생산된 물품. 생산물. ▣~을 수출하다.

생-살 (生-)圓 1 새살. ▣~이 돋아나다. 2 아프지 않은 성한 살. ▣~을 째다.

생살 (生殺)圓[하타] 살리고 죽이는 일.

생살-권 (生殺權)[-꿘]圓 생살지권.

생살-여탈 (生殺與奪)[-려-]圓[하타] 살리기도 하고 죽이기도 하고, 주기도 하고 빼앗기도 한다는 뜻으로, 남의 목숨이나 재물을 마음대로 함. ▣~의 권한을 잡다.

생살여탈-권 (生殺與奪權)[-려-꿘]圓 생살여탈하는 권리. ▣~을 쥐다.

생살지권 (生殺之權)[-찌꿘]圓 살리고 죽이는 권리. 생살권.

생삼 (生蔘)圓《식》 수삼(水蔘).

생삼-사칠 (生三死七)圓《민》 사람이 태어난 뒤의 사흘 동안과 죽은 뒤의 이레 동안을 부정하다고 꺼리는 일.

생-삼팔 (生三八)圓 생실로 짠 삼팔주(紬).

생색 (生色)圓 다른 사람 앞에 나서서 자신을 치켜세우는 일. ▣~이 나지 않는 일이다 / 일은 안 하면서 혼자 ~만 낸다.

생색-나다 (生色-)[-생-]자 체면이 서다. 낯나다.

생색-내다 (生色-)[-생-]자 자기가 한 일을 지나치게 내세우다.

생-가 (生家)圓 친아버지가 태어난 집.

생-생목 (生-木)圓 누이지 않은 당목(唐木).

생생-발전 (生生發展)[-쩐]圓[하자] 끊임없이 힘차게 발전함.

생생이 圓 노름판 따위에서, 속임수를 써서 남의 돈을 빼앗는 짓.

생생이-판 (生生-)圓 노름판 따위에서, 속임수를 써서 남의 돈을 빼앗는 판.

생생-자 (生生字)圓《인》 조선 정조 때, 중국 취진판 자전(聚珍板字典)의 자체(字體)를 모방하여 만든 나무 활자.

생생지리 (生生之理)圓 모든 생물이 번식하는 자연의 이치.

생생-하다 (生生-)[형어] 1 생기가 왕성하다. ▣생생한 젊은 기운 / 생생한 야채 / 생생하게 자라다. 센쌩쌩하다. 2 빛이 맑고 산뜻하다. ▣생생한 초록빛. 큰싱싱하다. 3 눈앞에 보이듯이 명백하고 또렷하다. ▣생생한 증언 / 기억이 ~.

생생-히 閉

생생-화육 (生生化育)圓[하타] 천지자연이 만물을 낳고 길러 우주를 경영함.

생석 (生石)圓《광》 광석의 하나(회청색이고 표면이 우둘투둘하며 맷돌을 만드는 데 씀. 차돌처럼 부싯돌로도 씀).

생-석회 (生石灰)[-서쾨]圓《화》〈속〉 산화칼슘. ⓒ생회.

생선 (生鮮)圓 말리거나 절이지 않은, 잡은 그대로의 물고기. 생어(生魚). 선어(鮮魚). ▣싱싱한 ~ / ~을 굽다 / ~ 비린내가 풍기다.

생선-국 (生鮮-)[-꾹]圓 생선으로 끓인 국. 어탕(魚湯).

생선-묵 (生鮮-)圓 생선의 살을 갈고, 소금·화학조미료 등을 넣고 나무판에 올려 쪄서 익힌 음식. 어묵.

생선-장 (生鮮場)圓 시장 안에 생선 가게만 모여 있는 곳. 어시장(魚市場).

생선-저냐 (生鮮-)圓 생선의 살을 얇게 저며서 소금을 뿌리고 밀가루를 묻혀 달걀을 씌워 지진 음식.

생선-전 (生鮮廛)圓 1 생선을 파는 가게. 2《역》 조선 때, 서울 종로 서쪽 길가에 있던 생선을 팔던 노점.

생선-젓 (生鮮-)[-전]圓 1 생선을 소금에 절여 삭힌 젓갈. 어해(魚醢). 2 생선을 토막 친 뒤에 소금과 흰밥을 ета 버무려 삭힌 음식. 식해(食醢). 어초(魚酢).

생선-회 (生鮮膾)圓 생선을 얇게 저며서 간장이나 초고추장에 찍어 먹는 음식. 어회(魚膾).

생성 (生成)圓[하자타] 1 사물이 생겨남. 생겨 이루어지게 함. ▣~ 과정 / 유독성 물질이 ~되다 / 핵반응으로 에너지를 ~하다. 2《철》 사물이 어떤 상태로 변해 딴것이 됨.

생세지락 (生世之樂)圓 세상에 태어나서 살아가는 재미.

생-소나무 (生-)圓 1 살아 있는 소나무. ▣~ 가지를 꺾지 마라. 2 벤 지 얼마 되지 않아 물기가 아직 마르지 않은 소나무. 생솔.

생-소리 (生-)圓[하자] 1 이치에 맞지 않는 엉뚱한 소리. ▣그런 ~로 사람 잡지 마시오. 2 새삼스러운 말.

생-소산 (生燒散)圓[하타]《불》 아직 죽지 않고 살아 있는 사람을 화장하는 일. 생화장.

생소-하다 (生疏-)[형어] 1 낯이 설다. ▣생소한 사이 / 모든 것이 생소하기만 한 타향. 2 서투르다. ▣농사일이 ~.

생-손 (生-)圓 '생인손'의 준말. ▣~을 앓다.

생-손톱 (生-)圓 손가락에 나 있는 본디 그대로의 손톱. ▣~을 물어뜯는 버릇.

생-솔 (生-)圓 생소나무2.

생수 (生水)圓 1 샘에서 나오는 맑은 물. 2《기》 생명수. 3 먹는 샘물. ▣~를 사 먹다.

생-수 (生手)圓 생무지. →익수.

생수-받이 (生水-)[-바지]圓 샘물을 이용하여 경작하는 논.

생-수절 (生守節)圓 남편이 죽은 것도 아닌 상태로 하는 수절.

생-수철 (生水鐵)圓《공》 무쇠.

생숙 (生熟)圓 1 날것과 익은 것. 2 서투름과 익숙함.

생숙-탕 (生熟湯)圓《한의》 끓인 물에 냉수를 섞은 물(곽란·구토에 약으로 씀).

생시 (生時)圓 1 태어난 시간. 2 자지 아니하고 깨어 있을 때. ▣꿈이랴 ~냐. 3 살아 있는 동안. ▣부모님 ~에 잘 모셔라.

생-시치미 (生-)圓 '시치미'를 강조하여 이르는 말. ▣~를 떼다.

생식 (生食)圓[하타] 익히지 않고 날로 먹는 일. ▣~은 건강 유지의 한 방법이라고 한다. ↔화식(火食).

생식 (生殖)圓[하타] 1 낳아서 불림. 2《생》 생물이 같은 종류의 생물을 새로 낳는 현상(유성(有性) 생식·무성(無性) 생식으로 나뉨). ▣~ 능력.

생식-기 (生殖期)[-끼]圓《생》 생식이 행하여

생식-기 (生殖器)[-끼] 圓 〖生〗 **1** 생물의 유성 생식을 하는 기관〔동물에서는 생식샘·교접기, 식물에서는 포자낭·배우자낭 따위. 사람은 남자의 고환(睾丸)·음경 등과 여성의 난소·자궁·질(膣) 따위〕. **2** 외부 생식기, 곧 교접기. 생식 기관.

생식 기능 (生殖機能)[-끼-] 〖生〗 새로운 개체를 만들 수 있는 기능.

생식기 숭배 (生殖器崇拜)[-끼-] 〖宗〗 풍요와 다산의 상징으로서 생식기를 여러 가지 모양으로 나타내어 숭배하는 원시 신앙.

생식 불능 (生殖不能)[-릉-] 〖醫〗 성교는 가능하나 임신이 되지 않는 현상.

생식-세:포 (生殖-)[-쎼] 圓 〖生〗 **1** 생식 세포, 곧 정자나 난자를 만드는 기관. **2** 생식기에 부속하는 분비선의 총칭. 생식선.

생식샘 자극 호르몬 (生殖-刺戟 hormone)[-쌤-] 〖生〗 생식샘에 작용하여 성호르몬의 분비를 촉진하는 호르몬〔난포 자극 호르몬·황체 형성 호르몬〕. 성선 자극 호르몬.

생식-선 (生殖腺)[-썬] 圓 생식샘.

생식 세:포 (生殖細胞)[-쎄-] 〖生〗 생식에 관계하는 세포〔수컷의 정(精)세포와 암컷의 난(卵)세포〕. 성세포.

생식-소 (生殖素)[-쏘] 圓 〖生〗 생식 세포 안에 있는, 형질(形質) 유전의 특수한 능력을 가진 물질.

생식-소 (生殖巢)[-쏘] 圓 〖生〗 성소(性巢).

생식-수관 (生殖輸管)[-쑤-] 圓 〖生〗 수정관·수란관과 같이 생식 세포나 배(胚)를 간직했다가 외부로 내보내는 관.

생식-욕 (生殖慾)[-쌍녹] 圓 〖生〗 생물이 본능적으로 생식을 하고자 하는 욕구. *성욕.

생신 (生辰) 圓 '생일'의 공대말. ▯어머님의 ～을 축하드립니다.

생신 (生新) 圓혭재 종기나 상처가 아물면서 새살이 돋아나는 일.

생신-차례 (生辰茶禮) 圓 죽은 사람의 생신에 지내는 차례〔보통 삼년상 안에 지냄〕.

생신-하다 (生新-)혬 산뜻하고 새롭다. ▯생신한 기운 / 분위기를 생신하게 바꾸다.

생-실과 (生實果) 圓 생과실.

생-심 (生心) 圓혭재 어떤 일을 하려고 마음을 먹음. 또는 그 마음. 생의(生意). ▯～을 내다 / 평상시에는 ～하지 못할 일을 해내다.

생심-코 (生心-) 튀 마음대로 감히. ▯누구더러 ～ 물어 / ～ 못 가겠습니다.

생-쌀 (生-) 圓 익히지 않은 쌀. ▯～을 먹다 / 밥이 아니라 ～이구나.

생-아버지 (生-) 圓 양자로 간 사람이 친아버지를 부르는 말. 생부. ↔양아버지.

생-아편 (生阿片) 圓 덜 익은 양귀비 열매 껍질을 칼로 베었을 때 흘러나오는, 말리지 아니한 진. 날아편.

생안-손 圓 ☞ 생인손.

생애 (生涯) 圓 **1** 살아 있는 동안. 평생. ▯애국자로서의 ～ / ～ 최고의 날. **2** 생계(生計).

생-야단 (生惹端)[-냐-] 圓혭재 **1** 공연히 야단스럽게 굴거나 꾸짖음. ▯애꿎 왜 우리에게 ～이야 / 갑자기 불이 나자 집집마다 ～이다. **2** 일이 매우 곤란하게 됨. ▯폭우로 길이 막혔으니 ～이다.

생약 (生藥) 圓 **1** 〖한의〗 식물성 초재(草材). **2** 〖藥〗 동물·식물 또는 광물 가운데 약으로 쓸 성분이 들어 있는 부분을 채취하여, 그대로 쓰거나 말리거나 썰거나 정제하여 쓰는 약재.

생양 (生養) 圓혭재 부양하여 기름.

생-양가 (生養家) 圓 생가와 양가.

생양가-봉사 (生養家奉祀) 圓 양자로 간 사람이 생가(生家)의 제사까지 맡아 받드는 일.

생-양목 (生洋木) 圓 생옥양목.

생어 (生魚) 圓 **1** 살아 있는 물고기. **2** 생선.

생-어머니 (生-) 圓 양자로 간 사람이 자기를 낳은 어머니를 부르는 말. 생모. 친어머니. ↔양어머니.

생-억지 (生-)[-찌] 圓 생판으로 부리는 억지. ▯～를 부리다 / ～를 쓰다 / 세상에 이런 ～가 어디 있나.

생업 (生業) 圓 살아가기 위해 하는 일. 직업. ▯～에 종사하다 / 고기잡이를 ～으로 하다 / 취미가 ～이 되다.

생영 (生榮) 圓혭재 삶을 누림.

생-옥양목 (生玉洋木) 圓 빨지 않은 옥양목. 생당목. 생양목.

생-옹이 (生-) 圓 재목에 단단히 붙어 있는 옹이. ▯그 널은 ～가 많아 못 된다.

생왕 (生旺) 圓혭재 **1** 자유로운 삶. ▯～을 누리다. **2** 왕성하게 삶.

생왕-방 (生旺方) 圓 〖民〗 오행(五行)으로 따져서 길(吉)한 방위.

생-외가 (生外家) 圓 양자로 간 사람의 생가 쪽의 외가. ↔양(養)외가.

생-욕 (生辱) 圓 생판으로 당하는 욕. ▯공연히 ～만 당했다.

생-욕 (生慾) 圓 살려는 의욕. ▯～을 버리다.

생-우유 (生牛乳) 圓 가공하지 않은 우유. 준생유(生乳).

생-울타리 (生-) 圓 ☞ 산울타리.

생원 (生員) 圓 〖歷〗 **1** 조선 때, 소과 종장(小科終場)에 합격한 사람. **2** 나이 많은 선비를 대접하여 성 뒤에 붙여 부르던 말. ▯허 ～.

생원-님 (生員-) 圓 예전에, 상사람이 선비를 부르던 말. 준샌님.
[생원님이 종만 업신여긴다] 무능한 사람이 손아랫사람에게 큰소리치고 멸시만 한다.

생월 (生月) 圓 태어난 달.

생월-생시 (生月生時) 圓 태어난 달과 태어난 시. ▯～를 묻다 / ～로 점을 보다.

생유 (生有) 圓 〖佛〗 사유(四有)의 하나. 모태(母胎)에 의탁하여 처음으로 생(生)을 받는 순간.

생유 (生乳) 圓 **1** '생우유'의 준말. **2** 가공하지 않은 우유·양젖·사람의 젖 따위.

생-육 (生肉) 圓 날고기.

생육 (生育) 圓혭잯재 낳아서 기름. 또는 나서 자람. ▯～ 기간 / ～이 빠르다 / 자식을 ～하다.

생-육신 (生六臣)[-씬] 圓 〖歷〗 조선 때, 단종을 몰아낸 세조의 그릇된 처사에 분개하여 벼슬을 하지 않던 여섯 사람〔이맹전(李孟專)·조여(趙旅)·원호(元昊)·김시습(金時習)·성담수(成聃壽)·남효온(南孝溫)〕. *사육신.

생-윷[-눋] 圓 윷놀이에서, 말을 새로 달아 네 밭을 각각 쓰게 된 사위.

생-으로 (生-) 圓 **1** 익거나 마르거나 삶지 않은 그대로. ▯～ 먹다. **2** 저절로 되지 아니하고 무리하게. 억지로. ▯～ 정을 떼다 / ～ 억지 쓰다 / 고생을 ～ 사서 하다.

생-음악 (生音樂) 圓 〖樂〗 관객 앞에서 직접 노래하거나 연주하는 생생한 음악.

생의 (生意)[- /-이] 圓혭재 생심(生心). ▯～를 내다 / 그런 짓을 ～했을 리가 없다.

생이 圈 〖動〗새우의 하나. 담수·연못의 풀에 삶. 길이 3cm가량. 투명하며 빛은 청록색. 말리면 붉게 됨. 젓을 담거나 말려서 먹음. 애새우. 토하(土鰕).
[**생이 벼락 맞던 이야기를 한다**] 까맣게 잊어 버린 지난 일을 새삼스럽게 들추어내어 이야기함.

생이-가래 圈 〖植〗생이가랫과의 한해살이풀. 무논·연못·도랑 등에 나는데 줄기는 가늘고 길며 잔털이 배게 남. 잎은 세 개씩 돌려나며 두 잎은 물 위에 뜨고, 한 잎은 물속에 잠겨 뿌리 구실을 함.

생-이별 (生離別)[─니─] 圈하자타 살아서 이별함. 또는 그런 이별《주로 혈육이나 부부 사이의 이별을 뜻함》. 雷생별.

생-이-젓 [─전] 圈 생이로 담근 젓. 토하젓.

생이지지 (生而知之) 圈하자 배우지 않아도 스스로 깨달아 앎.

생인 (生人) 圈 **1** 살아 있는 사람. **2** 처음으로 대하는 낯선 사람.

생인 (生因) 圈 사물이나 현상이 생기게 된 원인. ▢~을 밝히다.

생인-발 (生─) 圈 발가락 끝에 나는 종기.

생인-손 (生─) 圈 손가락 끝에 나는 종기. 雷생손.

생-일 (生─)[─닐] 圈 억지로 하는 서투른 일. ▢들에 나가 ─이라고 할까.

생일 (生日) 圈 출생한 날. 또는 해마다 그 달의 그날. *생신(生辰)·수신(晬辰).

생일-날 (生日─)[─랄] 圈 생일이 되는 날.
[**생일날 잘 먹으려고 이레를 굶는다**] 미리 지나치게 기대함.

생일-맞이 (生日─) 圈하자 〖民〗생일날에 음식을 차려 놓고 무당을 시켜 복을 비는 일.

생일 불공 (生日佛供) 〖佛〗생일에 올리는 불공. ▢~을 올리다.

생일-빠낙 (生日─) 圈 생일잔치를 베푸는 때.

생일-상 (生日床)[─쌍] 圈 생일잔치를 하기 위하여 음식을 차려 놓은 상. ▢~을 차리다 / ~을 받다.

생일-잔치 (生日─) 圈하자 생일에 베푸는 잔치. 수연(晬宴). 호연(弧宴). ▢~를 열다 / ~에 초대받다.

생-입 (生─)[─닙] 圈 쓸데없이 놀리는 입. ▢~을 놀리다.

생자 (生子) 圈하자 생남(生男).

생자 (生者) 圈 **1** 살아 있는 사람. **2**〖佛〗생명 있는 모든 것.

생-자리 (生─) 圈 손을 대거나 건드린 적이 없는 자리. ▢~에 처음으로 손을 대다.

생자 필멸 (生者必滅) 〖佛〗생명이 있는 것은 반드시 죽음. *성자필쇠(盛者必衰).

생장 (生長) 圈하자 나서 자람. ▢~ 과정 / ~ 기간 / ~ 발육 / 도시에서 ~하다.

생장 (生葬) 圈 산 채로 땅에 묻음. 산장(山葬). 생매(生埋).

생-장작 (生長斫) 圈 마르지 않은 장작.

생장-점 (生長點)[─쩜] 圈 〖植〗식물의 줄기·뿌리 등의 끝에 있어 세포 분열을 일으켜 생장을 하는 부분. 성장점.

생장 호르몬 (生長hormone) 〖生〗성장(成長) 호르몬.

생재 (生財) 圈하자 재물을 늘림. ▢땅을 팔아 ~하다.

생재 (眚災) 圈하자 과실이나 재난 따위로 잘못을 저지름. 또는 그로 말미암아 생긴 재앙.

생-재기 (生─) 圈 종이나 피륙 따위의 성한 곳.

생재기(가) 미다 ⚑ 생재기가 찢어져 구멍이 나다.

생재지방 (生財之方) 圈 **1** 살아 나갈 방도. ▢~을 찾다. **2** 재물을 늘리는 방법.

생저 (生苧) 圈 생모시.

생전 (生前) 圈🇺 살아 있는 동안. 죽기 전. ▢고인의 ─ 모습을 떠올리다 / ~ 처음 보는 사람이다. ↔사후.

생전-예수 (生前豫修)[─녜─] 圈 〖佛〗죽은 후의 명복을 위해 생전에 미리 자신의 재(齋)를 지냄.

생전 처:분 (生前處分) 〖法〗생전 행위.

생전 행위 (生前行爲) 〖法〗행위자가 살아 있는 동안에 효력이 발생하는 법률 행위《매매·임대차 등의 일반적인 법률 행위가 이에 속함》. 생전 처분.

생정 (生庭) 圈 '생가(生家)'의 높임말. ↔양정(養庭).

생-정문 (生旌門) 圈 〖歷〗효자·열녀를 기리기 위해 그 동네 가운데나 그 집으로 들어가는 어귀에 세우던 정문.

생-젖 (生─)[─전] 圈 **1** 생유(生乳). **2** 억지로 일찍 떼는 젖. ▢~을 떼다.

생존 (生存) 圈하자 살아 있음. 또는 끝까지 살아서 남음. ▢~ 가능성 / 실종자의 ~ 여부를 확인하다.

생존 경:쟁 (生存競爭) **1**〖生〗살아남기 위해 먹이나 사는 곳 따위를 서로 차지하려는 생물끼리의 경쟁. **2** 생활이나 지위 따위를 둘러싼 인간 사회의 모든 경쟁. ▢~이 치열한 업계.

생존-권 (生存權)[─꿘] 〖法〗사람의 기본적인 자연권의 하나. 각 개인이 완전한 사람으로서의 생존을 누릴 권리.

생존 보:험 (生存保險) 〖經〗피보험자가 일정한 나이에 이르렀을 때 소정의 보험금을 지급하는 생명 보험.

생존-자 (生存者) 圈 살아 있는 사람. 살아남은 사람. ▢수색 결과 ~는 없었다.

생졸-년 (生卒年)[─련] 圈 생년(生年)과 졸년(卒年). 생몰년.

생주 (生紬) 圈 '생명주(生明紬)'의 준말.

생-죽음 (生─) 圈하자 명대로 살지 못하고 죽음《횡사·자살·타살 등》. ▢뜻밖의 사고로 ~을 당했다.

생중 (生中) 圈 술에 취하지 않았을 때. ▢~에 한 말이라 믿을 수 있다. ↔취중(醉中).

생-중계 (生中繼)[─/─게] 圈하타 운동 경기나 행사 따위를 따로 녹화하거나 편집하지 않고 실시간으로 그대로 보여 주는 중계방송. ▢올림픽 개막식 ~.

생:-쥐 (生─) 圈 〖動〗쥐의 일종. 인가(人家)·농경지에 사는데 몸길이 6∼10cm, 꼬리 5∼10cm. 쥐 종류 가운데 가장 작으며 귀가 큼. 곡물·야채 등을 해침.
[**생쥐 볼가심할 것도 없다**] 몹시 가난하다.

생쥐 볼가심 ⚑ 아주 미미한 음식으로 겨우 요기나 함.

생즉무생 (生卽無生)[─즉─] 圈 〖佛〗태어난다고 생각하는 그 생(生)도, 인연에 따른 가생(假生)에 불과한 것이므로 그 실제로는 무생(無生)이라는 말.

생즙 (生汁) 圈 익히지 않은 채소나 과실 따위를 짓찧어서 짜낸 액즙.

생지 (生地) 圈 **1** 난 땅. **2** 생소한 땅. ▢오랜만에 고향에 와 보니 ~에 온 느낌이다. **3** 출생한 곳.

생지 (生知) 圈하자 삼지(三知)의 하나. 곧, 생이지지(生而知之).

생지 (生紙) 圏 가공하지 않은, 뜬 채로의 종이. 생종이.

생지살지 (生之殺之) [-찌] 圏하타 살리기도 하고 죽이기도 함.

생지안행 (生知安行) 圏하자 천성이 총명해서 배우지 않고도 사물의 이치를 깨달으며 편안한 마음으로 도를 행함.

생-지옥 (生地獄) 고통스럽고 어지러운 곳이나 형편. 산지옥. ▣출근 때의 지하철은 ~이다.

생-지황 (生地黃) 『한의』 지황 뿌리의 날것《혈중(血症)을 다스림》. ↔숙지황.

생진 (生進) 圏 『역』 생원(生員)과 진사(進士).

생-진과 (生進科) 圏 『역』 생원과(生員科)와 진사과(進士科).

생-진헌 (生進獻) 圏 얇고 가벼운 생모시.

생질 (甥姪) 圏 누이의 아들.

생질-녀 (甥姪女) [-려] 圏 누이의 딸.

생질-부 (甥姪婦) 圏 누이의 며느리.

생질-서 (甥姪壻) [-써] 圏 누이의 사위.

생징 (生徵) 圏하타 백징(白徵).

생-짜 (生-) 圏 1 익히거나 삶지 않은 날것 그대로의 것. ▣수박이 ~로구나. 2 어떤 일에 익숙하거나 숙련되지 못한 것. 또는 그런 사람.

생:쪽-매듭 [-종-] 圏 생강 쪽처럼 생긴 매듭.

생:-차 (-茶) 圏 '새양차'의 준말.

생채 (生彩) 圏 생생한 빛이나 기운. 생기(生氣). ▣~를 잃다.

생채 (生菜) 圏 날로 무친 나물. ▣~를 해서 먹다.

생-채기 圏 손톱 따위로 할퀴어지거나 긁혀서 생긴 작은 상처. ▣~가 나다 / ~를 내다.

생-채색 (生彩色) 圏 『미술』 조각 전면에 얇은 칠을 해서 칠박(漆箔)을 박고, 그 위에 짙게 칠한 채색.

생:-철 (-鐵) 圏 〔←서양철(西洋鐵)〕 안팎에 주석을 입힌 얇은 철판(통조림통·석유통 등을 만듦). 양철.

생철 (生鐵) 圏 『광』 무쇠.

생:철-통 (-鐵桶) 圏 양철통(洋鐵桶).

생청 시치미를 떼고 하는, 앞뒤가 맞지 않는 말. 생떼. ▣~으로 잡아떼다.

생청 (生清) 圏 벌의 꿀물에서 떠낸 가공하지 않은 그대로의 꿀.

생청-붙이다 [-부치-] 郞 시치미를 떼고 앞뒤가 맞지 않는 말을 하다.

생청-스럽다 [-따] 〔-스러워, -스러우니〕 郞 생청붙이는 태도가 있다. ▣술만 마시면 생청스럽게 군다. **생청-스레** 閉

생체 (生體) 圏 생물의 몸. 살아 있는 몸. 산몸. ▣~ 해부 / ~ 실험. ↔사체(死體).

생체 검:사 (生體檢査) 『의』 병을 진단하거나 치료 경과를 검사하기 위해 신장이나 간 따위의 조직을 조금 잘라 내어 현미경으로 검사하는 일. 바이옵시(biopsy).

생체 공학 (生體工學) 『생』 생물 공학.

생체 리듬 (生體rhythm) 圏 바이오리듬.

생체 반:응 (生體反應) 『생』 1 살아 있는 세포 내에서 일어나는 발색 반응·침전(沈澱) 형식 반응. 2 생활 반응.

생체 실험 (生體實驗) 『의』 사람의 살아 있는 몸을 사용해서 실험하는 일.

생초 (生草) 圏 살아 있거나 마르지 않은 풀. 생풀. ↔건초(乾草).

생초 (生綃) 圏 생사(生絲)로 얇고 성기게 짠 옷감.

생-초목 (生草木) 圏 살아 있는 풀과 나무.

〔생초목에 불붙는다〕 뜻밖에 재난을 당하거나 젊은 사람이 요절(夭折)한 경우를 비유하는 말.

생-초상 (生初喪) 圏 제명대로 살지 못하고 죽은 사람의 초상. ▣~이 나다 / ~을 치르다.

생축 (生祝) 圏 『불』 살아 있는 사람의 복을 비는 일.

생치 (生雉) 圏 익히거나 말리지 않은 꿩고기. ▣~구이 / ~만두.

생치 곤:란 (生齒困難) [-골-] 『의』 이가 날 때 그 부분의 잇몸에 염증을 일으키는 일.

생칠 (生漆) 圏 1 불에 달이지 않은 옻칠. 2 정제하지 않은 옻나무의 진.

생-침 (生-) 圏 긴장하거나 답답할 때 공연히 삼키는 침. ▣~을 삼키다.

생침 (生鍼) 圏 멀쩡한데 공연히 맞는 침. ▣~을 맞다〔놓다〕.

생-코 (生-) 圏 자는 척하면서 공연히 고는 코. ▣~를 골다.

생-크림 (生cream) 圏 우유에서 뽑아낸 담황백색의 지방분. 버터의 원료가 되고, 양과자·커피 등에도 씀.

생탄 (生誕) 圏하자 탄생(誕生).

생탈 (生頃) 圏하자 일부러 탈을 만듦. 또는 그 탈. ▣~을 부리다〔내다〕.

생태 (生太) 圏 얼리거나 말리지 않은, 잡은 그대로의 명태.

생태 (生態) 圏 생물이 자연계에 살고 있는 모양이나 상태. ▣식물의 ~ / 원숭이의 ~를 관찰하다.

생태-계 (生態系) [-/-게] 圏 『생』 일정한 지역의 생물과 그것을 제어하는 요인을 포함하는 체계.

생태 변:화 (生態變化) 『생』 생물이 환경에 따라 그 생활 상태를 바꾸는 일.

생태-학 (生態學) 圏 『생』 생물의 생활 상태. 생물과 환경의 관계를 연구하는 생물학의 한 부문.

생-트집 (生-) 圏하자 아무 까닭이 없이 트집을 잡음. 또는 그 트집. ▣~을 잡다 / ~을 부리다.

생-파리 (生-) 圏 남이 조금도 가까이 할 수 없을 정도로 성격이 쌀쌀하고 까다로운 사람. 〔생파리 잡아떼듯 한다〕 쌀쌀하게 잡아떼거나 매정하게 거절한다.

생파리-같다 (生-) [-갇따] 郞 남이 조금도 가까이 할 수 없게 쌀쌀하고 까다롭다.

생판 (生-) 🄵圏 어떤 일에 대해서 전혀 모르거나 손을 대지 않음. 또는 그런 사람. ▣이 일에는 ~이다 / ~을 상대로 가르치거나 애를 먹는다. 🄳閉 1 매우 생소하게 / ~ 처음 듣는 이야기 / ~ 모르는 사람 / ~ 남이다. 2 터무니없이 무리하게. ▣~ 떼를 쓰다 / 모르는 일이라고 ~ 잡아떼다.

생폐 (生弊) [-/-폐] 圏하자 폐단이 생김.

생폐 (牲幣) [-/-폐] 圏 희생과 폐백(幣帛).

생포 (生布) 圏 생베.

생포 (生捕) 圏하타 산 채로 잡음. 생금. ▣호랑이를 ~하다 / 적에게 ~되다.

생-풀[1] (生-) 圏 밀가루 따위를 맹물에 타서 그대로 쓰는 풀. ▣삼베에 ~을 먹이다.

생-풀[2] (生-) 圏 잿물ртеん 풀과 희고 부드럽게 된 모시 따위를 피째로 풀을 먹여서, 다듬이질을 하지 않고 두 사람이 마주 잡고 흔들어 말리는 일.

생-풀[3] (生-) 圏 마르지 않은 싱싱한 풀. 생초

(生草).

생-피 (生-)圀 살아 있는 동물의 몸에서 갓 빼낸 피. 생혈.

생피 (生皮)圀 생가죽.

생-판잔 (生-)圀 아무 까닭 없이 하는 핀잔. ▯~을 듣다 / ~을 주다.

생-필름 (生film)圀 노출하거나 감광(感光)하지 않은 필름. 찍지 않은 필름.

생필-품 (生必品)圀 '생활필수품'의 준말. ▯~ 수요 / ~을 공급하다 / ~ 가격이 오르다.

생-하수 (生下水)圀 하수 처리를 하지 않고 흘러보내는 하수.

생합 (生蛤)圀 익히지 않은 대합조개.

생-합성 (生合成)[-썽]〖生〗생물체의 세포 작용에 따른 유기 물질의 합성.

생-항라 (生亢羅)[-나]圀 1 당항라. 2 삶아 익히지 않은 항라.

생해 (生骸)圀 화석 가운데, 특히 지층 속에 남아 있는 과거 생물의 유물.

생혈 (生血)圀 1 생피. 2 피를 만듦.

생-호령 (生號令)圀圀冾 까닭 없이 하는 호령. 강호령. ▯~을 내리다 / ~이 떨어지다.

생혼 (生魂)圀 1 사람의 혼백. 2 동식물이 생활하는 근본적인 힘.

생혼-나다 (生魂-)囚 뜻밖에 죽을 뻔하게 몹시 혼나다.

생화圀 먹고 살아가는 데 도움이 되는 벌이나 직업. ▯막노동을 ~로 삼다.

생화 (生化)圀 태어나서 성장하는 일. 또는 생성하고 변화하는 일.

생화 (生花)圀 살아 있는 화초에서 꺾은 꽃. ▯~로 꽃다발을 만들다. ↔조화(造花).

생-화장 (生火葬)圀圀冾〖佛〗생소산.

생-화학 (生化學)圀〖化〗생물체를 구성하는 물질이나 생물의 생명 현상을 화학적으로 연구하는 학문. 생물 화학.

생환 (生還)圀圀冾 1 살아서 돌아옴. ▯개에 감혔던 광원의 ~ / 격전지에서 ~하다. 2 야구에서, 주자가 본루에 돌아와 득점함. 홈인.

생활 (生活)圀圀冾 1 사람이나 동물이 일정한 환경에서 활동하며 살아감. ▯동물의 ~ 형태 / ~ 터전을 잡다 / 노후 ~을 보장하다. 2 생계나 살림을 꾸려 나감. ▯~ 수단 / ~에 여유가 있다 / ~이 어렵다. 3 조직체의 구성원으로 활동함. ▯교회〔단체〕 ~. 4 어떤 행위를 하며 살아가는 상태. ▯연구〔취미〕 ~.

생활 감:정 (生活感情) 실제 생활에서 느끼거나 우러나오는 감정(쾌(快)·불쾌(不快) 따위).

생활 개:선 (生活改善) 생활 양식이나 용구를 근대적이고 합리적으로 개선하는 일. ▯농촌의 ~.

생활-고 (生活苦)圀 경제적인 곤란으로 겪는 생활상의 괴로움. 생활난. ▯~를 겪다 / ~에 시달리다.

생활 공간 (生活空間) 1〖社〗일상생활을 해 나가는 장소. ▯넓은 ~. 2〖心〗물리적 공간이 균등한 넓이를 가지는 데 대하여, 주관적인 심리로 파악되는 공간.

생활 공:동체 (生活共同體) 함께 생활을 영위하는 협동체.

생활-관 (生活館)圀 학생이 사회생활에 필요한 경험을 쌓고 생활 속의 예절이나 관습 따위를 익히도록 마련한 시설.

생활 교:육 (生活敎育) 실생활의 경험을 통해 지식·기능을 습득하게 하는 산 교육.

생활-권 (生活圈)[-꿘]圀 1 행정 구역과는 상관없이 통학이나 통근, 쇼핑·오락 따위의 일상생활의 활동 범위. 2 생물권.

생활-권 (生活權)[-꿘]圀〖法〗사회적·문화적·경제적으로 일정한 수준의 생활을 할 수 있는 권리.

생활-급 (生活給)〖經〗노동자의 최저 생활의 보장을 전제로 해서 주는 기본 임금. 생활임금.

생활 기능 (生活機能) 생물이 살아 나가는 기능. 구활의 오염으로 인한 ~의 마비.

생활 기록부 (生活記錄簿)[-뿌]圀 교육 목적을 달성하기 위해서, 학생의 인적, 신체·행동의 발달, 지능·성격 따위에 관한 사항을 기록하는 장부. 학적부.

생활-난 (生活難)[-란]圀 물가의 오름이나 수입의 감소, 실직 등으로 말미암아 생활하는 데 생기는 어려움. 생활고.

생활-대 (生活帶)[-때]圀 생물의 분포대(기후·토양·생물상(生物相)이 같은 지역).

생활-력 (生活力)圀 사회생활을 해 나가는 데 필요한 능력(특히, 경제적인 능력을 일컬음). ▯~이 강하다 / ~을 기르다.

생활-면 (生活面)圀 1 생활해 나가는 양상. 2 생활의 분야.

생활 반:응 (生活反應)〖生〗법의학에서 이르는, 살아 있을 때만 나타나는 몸의 반응(피하 출혈(皮下出血), 염증성(炎症性)의 발적(發赤) 따위). 생체 반응.

생활 방식 (生活方式) 생활하는 방법과 양식(樣式). ▯~이 다르다.

생활 보:호 (生活保護) 사회 보장의 하나로서, 국가 또는 지방 자치 단체가 살기 어려운 사람의 생활을 보호하는 일.

생활-비 (生活費)圀 생활해 나가는 데 드는 비용. 생계비. ▯~가 많이 든다.

생활-사 (生活史)[-싸]圀〖生〗생물체가 발생하고 자라서 다음 세대를 낳고 죽을 때까지의 생활 과정. 라이프 사이클.

생활-상 (生活相)[-쌍]圀 생활해 나가는 모습. 생활 상태. ▯주민들의 소박한 ~을 엿보다.

생활 설계사 (生活設計士)[-/-게-]圀 보험 계약의 모집을 업으로 삼는 사람. 보험 모집인.

생활 수준 (生活水準)〖經〗소득·소비 수준 또는 여가 이용 상태 등에 따라 수량적으로 헤아리는 생활의 내용이나 정도. ▯~의 향상.

생활-신조 (生活信條)圀 생활을 해 나가는 데 굳게 믿고 지키는 조항. ▯정직을 ~로 삼다.

생활 양식 (生活樣式)[-량]〖社〗어떤 사회나 집단에서 공통적으로 볼 수 있는, 생활에 대한 인식이나 생활하는 방식. ▯~의 변화 / 전통적인 ~.

생활 연령 (生活年齡)[-령-]〖心〗출생을 기점으로 하는 달력상의 연령. 햇수와 만으로 따지는 연령이 있음. 역(曆)연령. ↔정신 연령.

생활 온도 (生活溫度)〖生〗생물이 생활할 수 있는 온도(보통 0-45℃).

생활-용수 (生活用水)[-룡-]圀 일상생활에 쓰이는 물. ▯~ 공급 / ~ 사용 / ~를 아껴 쓰다.

생활-인 (生活人)圀 1 세상에서 활동하며 살아가는 사람. ~의 지혜. 2 현실 생활 자체에 가치를 부여하고, 실생활의 체험을 중시하는 사람.

생활 임:금 (生活賃金) 생활급.

생활 정보 (生活情報) 쇼핑이나 행사 등 일상생활과 직접 관련을 갖는 정보.

생활 지도 (生活指導)〖敎〗학생의 일상생활 활동을 직접 지도해서 좋은 습관이나 태도를 기르는 일.

생활 지표 (生活指標)〖經〗국민 생활수준을 파악하는 데 기준이 되는 지표(특히 국제적으로 비교하고 검토할 경우에 요구되는 지표를 이름).

생활 통지표 (生活通知表) 학교에서 학생의 품행·학업 성적·건강 상태·출석 상황 등을 기록해서 가정에 보내는 표. 준통지표.

생활 평면 (生活平面) 가정에서 생활하는 소비의 수준.

생활 필수품 (生活必需品)[―쑤―] 일상생활에 꼭 필요한 물품. 준생필품.

생활 하:수 (生活下水) 일상생활을 하는 데 쓰이고 난 뒤 하천으로 내려오는 물. ▣정화되지 않은 ~가 마구 방류되다.

생활 학습 (生活學習)[―씁]〖教〗실생활을 통해서 이루어지는 학습.

생활 현:상 (生活現象) 영양·번식·생장·운동·지각 등 생물체에 특유한 여러 현상.

생활-화 (生活化)〖―하자타〗생활 습관이 되거나 실생활에 옮겨짐. ▣저축의 ~ / 경로 사상이 ~되다 / 자연보호를 ~하다.

생활 환경 (生活環境) 생활하는 주위의 조건이나 사정. ▣~의 변화[개선].

생황 (笙簧·笙簧)〖樂〗아악(雅樂)에 쓰는 관악기(17개의 가는 대를 세우고, 주전자 귀 때 비슷한 부리로 붊). 준생(笙).

생황-장 (生黃醬) 콩과 밀가루를 섞어서 쑨 메주로 담근 장류.

생회 (生灰)〖명〗'생석회'의 준말.

생획 (省劃)〖명하타〗글자의 획을 줄여 쓰는 일.

생후 (生後)〖명〗태어난 뒤. ▣~ 3개월 된 아기.

생흔 (生痕)〖명〗〖生〗과거에 살았던 생물의 생활 현상과 생명 현상의 흔적(발자취, 기어간 자취, 살던 동굴 따위).

생―흙 (生―)[―흑]〖명〗1 생땅의 흙. ▣~ 냄새가 코를 찌르다. 2 잘 이겨지지도 물에 잘 풀리지도 않는 흙. 생토.

―샤〖어미〗〈옛〉 ―시어.

―샤딕〖어미〗〈옛〉 ―시되.

샤라부루〖명〗〖式〗시화.

샤머니즘 (shamanism)〖명〗〖宗〗원시적 종교 형태의 하나. 신령·악령(惡靈) 등의 초자연적 존재와의 교류는 오로지 무당에 의한 주술·기도로만 가능하다고 하는 신앙이나 행사. 무술(巫術).

샤먼 (shaman)〖명〗샤머니즘에서, 신령·정령 등과 영적으로 교류하는 능력을 가진 사람. 곧, 박수·무당 따위.

샤쓰 (←shirts)〖명〗셔츠.

샤약〖명〗〈옛〉작약(芍藥).

샤옹〖명〗〈옛〉남편.

샤워 (shower)〖명〗하자〗샤워기를 이용해서 몸을 씻는 일.

샤워-기 (shower器)〖명〗소나기처럼 물을 뿌리는, 물뿌리개 모양의 목욕용 기구.

샤프 (sharp)〖명〗1〖樂〗올림표. ↔플랫. 2 '샤프펜슬'의 준말.

샤프롱 (프 chaperon)〖명〗젊은 여자가 사교장 등에 나갈 때에 수행해서 보살피는 나이 지긋한 부인.

샤프-펜슬 (sharp+pencil)〖명〗가는 연필심을 조금씩 밀어내면서 쓰게 만든 필기도구. 준샤프.

―샨〖어미〗〈옛〉―신.

산체 (독 Schanze)〖명〗스키의 도약대.

―샬〖어미〗〈옛〉―실.

샬레 (독 Schale)〖명〗의학·약학 검사 등에 쓰는, 운두가 낮은 둥근 유리그릇.

샴페인 (champagne)〖명〗이산화탄소를 함유한 발

포성 포도주로 프랑스의 샹파뉴(Champagne) 지방에서 처음 만든 술. 거품이 많고 상쾌한 향미가 있음. 삼편주(三鞭酒).

샴푸 (shampoo)〖명〗하타〗1 머리를 감는 데 쓰는 액체 비누. 2 머리를 감는 일.

샷 (shot)〖명〗골프 따위에서, 공을 한 번 치는 일.

―샷다〖어미〗〈옛〉―시도다.

상들리에 (프 chandelier)〖명〗천장에 매달아 드리우게 된, 여러 개의 가지가 달린 방사형 모양의 장식등(가지 끝마다 불을 켬). ▣호화찬란한 ~.

샹송 (프 chanson)〖명〗〖樂〗서민적인 가벼운 내용을 지닌 프랑스의 대중가요. ▣~ 가수.

샹녜〖뿌〗〈옛〉늘. 항상.

샹도빗다〖형〗〈옛〉상스럽다.

섀도-복싱 (shadow-boxing)〖명〗권투에서, 상대가 앞에 있는 것으로 가정하고 공격·수비·풋워크 따위의 동작을 혼자 연습하는 일.

섀도 캐비닛 (shadow cabinet) 영국에서, 야당이 정권을 잡을 경우를 예상해서 조직하는 내각(각료의 유력한 후보가 됨).

섀미 (chamois)〖명〗무두질한 염소나 양의 부드러운 가죽.

섀시 (chassis)〖명〗1 자동차 등의 차대(車臺). 2 라디오 따위의 세트를 조립하는 대(臺). 밑판.

서[1] 피리와 같은 목관 악기의 부리에 끼워 소리를 내는, 대나무 따위로 만든 얇고 기름한 조각. 리드(reed).

서[2]〖명〗'서까래'의 준말.

서 (西)〖명〗'서쪽'의 준말. ↔동(東).

서: (序)〖명〗1 문장의 한 체(사적(事蹟)의 요지를 적은 글). 2〖불〗'경찰서'의 준말. ▣~에 연행되다. 2 '세무서'·'소방서' 따위를 일컫는 말.

서:[3]〖관〗'ㄷ·ㅁ·ㅂ·ㅍ' 등을 첫소리로 한 일부 날말 앞에 쓰이는 '세'의 특별 용법. ▣~ 돈 / ~ 말 / ~ 발 / ~ 푼.

서[4]〖조〗1 '에서'의 준말. ▣서울~ 부산까지 / 길거리~ 놀지 마라. 2 '―고·―아·―어' 따위 어미에 붙어 말뜻을 밝히고 여유를 주는 보조사. ▣아침을 먹고~ 출근하다 / 속아~ 살다. 3 사람의 수를 나타내는 말 또는 그 말에 조사 '이'가 붙은 말에 붙여 그 뜻을 강조하는 주격 조사. ▣혼자~ 무얼 하니 / 셋이~ 일을 해냈다.

서: (庶)〖투〗본처 아닌 몸에서 난 사람임을 나타내는 말. ▣~동생 / ~아들.

서:가 (序歌)〖명〗1 서사(序詞)를 붙인 노래. 2 서(序)를 대신하는 노래.

서가 (書架)〖명〗책 따위를 얹어 두거나 꽂아 두는 선반. 서각(書閣). ▣책을 ~에 꽂아 두다.

서가 (書家)〖명〗글씨를 잘 쓰는 사람. 서공(書工), 서사(書師).

서:가 (庶家)〖명〗서자 자손의 집. ↔적가(嫡家).

서각 (書閣)〖명〗1 서가(書架). 2 서재1.

서:각 (犀角)〖명〗〖한의〗무소의 뿔을 약재로 일컫는 말(성질이 차서 해열제·지혈제·정신 안정제 따위로 씀).

서간 (西間)〖명〗〖역〗조선 때, 의금부(義禁府) 안 서쪽에 있던 옥사(獄舍). ＊남간(南間).

서간 (書簡·書柬)〖명〗편지.

서간-문 (書簡文)〖명〗편지글. 서한문(書翰文).

서간 문학 (書簡文學)〖文〗서한 문학.

서간-전 (書簡箋)〖명〗편지를 쓰는 용지.

서간-집 (書簡集)〖명〗편지 글을 모아 엮은 책.

서간-체 (書簡體)〖명〗〖文〗서한체. ▣~ 소설.

서:간충비(鼠肝蟲臂)圄 쥐의 간과 벌레의 발이란 뜻으로, 쓸모없고 하찮은 사람이나 물건을 비유하는 말.

서:감(暑感)圄 여름에 드는 감기.

서:거(逝去)圄'사거(死去)'의 높임말. ▣백범 김구 선생 ~ 50주년.

서거리-깍두기 [-뚜-]圄 소금에 절인 명태 아가미를 넣고 담근 깍두기.

서걱圄 1 벼·보리·밀 따위를 베는 소리. 2 눈 따위를 밟는 소리. 3 연한 과자나 배, 사과 따위를 씹는 소리. 4 갈대나 풀 먹인 천 따위가 스치는 소리. 솅사각. 쎈써걱.

서걱-거리다 [-꺼-]짜타 1 벼·보리·밀 따위를 베는 소리가 잇따라 나다. 2 눈이 내리거나 눈 따위를 밟는 소리가 잇따라 나다. 3 배·사과나 연한 과자 따위를 씹는 소리가 자꾸 나다. 또는 그런 소리를 자꾸 내다. 4 갈대나 풀 먹인 천 따위의 스치는 소리가 자꾸 나다. 또는 그런 소리를 자꾸 내다. 솅사각거리다.

서걱-서걱 [-써-]圄짜타 ▣사과를 ~ 씹어 먹다.

서걱-대다 [-때-]짜타 서걱거리다.

서경(西京)圄〔역〕고려 때 사경(四京)의 하나(지금의 평양).

서경(西經)圄〔지〕본초 자오선을 0°로 해서 그 서쪽의 180° 까지의 사이. ↔동경(東經).

서경(書痙)圄〔의〕직업적으로 붓글씨를 많이 쓰는 사람에게 오는 신경증(동통(疼痛)·경련 을 일으켜 글씨를 못 쓰게 됨).

서경(書經)圄 삼경(三經) 또는 오경(五經)의 하나. 중국의 요순(堯舜) 때부터 주나라 때까지의 정사(政事)에 관한 문서를 수집해서 공자(孔子)가 편찬한 책. 상서(尙書).

서:경(敍景)圄하타 자연의 경치를 글로 나타냄.

서:경-문(敍景文)圄 자연의 경치를 적은 글.

서:경-시(敍景詩)圄〔문〕자연의 경치를 읊은 시.

서계(書契)[-/-게]圄 1 글자로 사물을 표시하는 부호. 2〔역〕조선 때, 정부에서 일본과 주고받던 문서.

서계(書啓)[-/-게]圄〔역〕조선 때, 임금의 명을 받아 일을 처리한 신하가 결과를 보고하여 올리던 문서.

서:계(庶系)[-/-게]圄 서자 자손의 계통.

서고(書庫)圄 책을 보관해 두는 건물이나 방. 문고(文庫). ▣보내온라 ~.

서:고(暑苦)圄 더위로 말미암은 괴로움. ↔한고(寒苦).

서:고(誓告)圄하타〔역〕임금이 나라의 큰일을 종묘에 고하던 일.

서고동저(西高東低)圄 기상에서, 겨울에 우리나라 부근에 형성되는 대표적인 기압 배치(한파를 몰고 오며, 대체로 건조하고 맑은 날씨가 됨).

서:고-문(誓告文)圄〔역〕서고하는 내용을 쓴 글.

서:곡(序曲)圄 1〔악〕가극·성극(聖劇) 따위에서, 개막 전에 연주하는 기악곡. 2〔악〕소나타 형식을 써서 단악장으로 맺게 된 악곡 형식. 오버추어. 서악(序樂). ▣에그몬트 ~. 3 어떤 일의 시작. ▣봄의 ~.

서:곡(黍穀)圄 조·수수·옥수수 따위 잡곡.

서공(書工)圄 서가(書家).

서과(西瓜)圄〔식〕수박.

서:곽(暑霍·暑癨)圄〔한의〕더위로 말미암아 일어나는 토사곽란.

서관(西關)圄〔지〕서도(西道).

서:관(敍官)圄하자 임관(任官).

서관(書館)圄 서점(書店).

서광(西光)圄〔불〕서방 극락의 부처의 빛.

서:광(瑞光)圄 1 상서로운 빛. 상광(祥光). 2 좋은 일이 일어날 조짐.

서:광(曙光)圄 1 새벽에 동이 틀 무렵의 빛. 신광(晨光). 2 기대하는 일에 대해서 나타난 희망의 징조를 비유하는 말. ▣통일의 ~ / ~이 비치다.

서교(西郊)圄 1 서쪽 교외. 2 서울 서대문 밖.

서교(西敎)圄 서양 종교. 곧, 기독교.

서:교-증(鼠咬症)[-쯩]〔의〕쥐에 물려 일어나는 일종의 스피로헤타병(病)(약 20일의 잠복기를 거쳐 상처가 붓거나 쑤시고 아프며 오한·발열이 남). 서독증(鼠毒症).

서구(西歐)圄〔지〕1 유럽과 북아메리카를 이르는 말. 2 서유럽. ▣~ 문물 / 식생활의 ~화(化). ↔동구(東歐).

서권(書卷)圄 책.

서궐(西闕)圄〔역〕서쪽에 있는 대궐이라는 뜻으로, '경희궁(慶熙宮)'을 달리 이르던 말.

서궤(書几)圄 책상.

서궤(書櫃)圄 1 책을 넣어 두는 궤짝. 2 여러 분야에 대해 아는 것이 많은 사람.

서귀다圄 1 서로 바꾸다. 2 서로 달리하다.

서그러-지다짜 너그럽고 서글서글하게 되다.

서그럽다 [-따]〔서그러워, 서그러우니〕圄田 너그럽고 서글서글하다.

서근서근-하다圄囮 1 생김새나 성품이 상냥하고 시원스럽다. ▣서근서근한 성미. 2 사과나 배처럼 부드럽고 연하다. 솅사근사근하다. 서근서근-히圄

서글서글-하다圄囮 생김새나 성품이 상냥하고 너그럽다. ▣서글서글한 성격〔눈매〕. 솅사글사글하다.

서글프다〔서글퍼, 서글프니〕圄 1 쓸쓸하고 외로워 슬프다. ▣서글픈 노래〔신세〕. 2 섭섭하고 언짢다. ▣서글픈 마음을 달래다.

서글피圄 서글프게. ▣소쩍새 ~ 우는 밤.

서:기(西紀)圄'서력기원'의 준말. ▣~ 2001.

서:기(序記)圄 머리말.

서기(書記)圄 1 문서를 관리하거나 기록을 맡아보는 사람. 일을 맡다. 2 사회주의 국가에서, 정당 서기국의 구성원. 3 일반직 공무원의 직급. 주사보(主事補)의 아래, 서기보의 위로 8급임.

서:기(庶幾)圄圄 거의.

서:기(暑氣)圄 더운 기운. ↔한기(寒氣).

서:기(瑞氣)圄 상서로운 기운. 가기(佳氣). ▣~가 감돌다.

서기-관(書記官)圄 일반직 공무원의 직급. 부(副)이사관의 아래, 사무관의 위로 4급임.

서:기-발(序記跋)圄 서문(序文)과 본문(本文)과 발문(跋文).

서기-보(書記補)圄 일반직 공무원의 직급. 서기의 아래로 가장 낮은 직위임. 9급임.

서:기-양두각(鼠忌羊頭角)圄〔민〕원진살(元嗔煞)의 하나. 궁합에서 쥐띠는 양띠를 꺼린다는 말.

서기-장(書記長)圄 사회주의 정당에서, 중앙집행 위원회를 통솔하는 서기국을 통솔하는 직위.

서:기지망(庶幾之望)圄 거의 이루어질 듯한 희망.

서까래圄〔건〕마룻대에서 도리 또는 보에 걸쳐 지른 나무(그 위에 산자(橵子)를 얹음). 연목(椽木). 준서.

서껀 조 여럿 가운데 섞여 있음을 나타내는 보조사. ◻동생∼ 함께 왔다.

서-나무 명 《식》 자작나뭇과의 낙엽 활엽 교목. 산에 나는데 높이 15 m가량. 껍질은 암회백색이고 반드러움. 늦봄에 잎에 앞서 꽃이 핌. 건축재로 씀.

서낙-하다 [-나카-] 명 장난이 심하고 극성맞다. ㉜선하다. **서낙-히** [-나키] 閂

서남 (西南) 명 1 서쪽과 남쪽. 2 '서남간'의 준말. ↔동북.

서남-간 (西南間) 명 남서간. ㉜서남.

서남-방 (西南方) 명 남서간. 남서쪽.

서-남서 (西南西) 명 서쪽과 남서쪽의 중간이 되는 방위.

서남-아시아 (西南Asia) 명 《지》 이란 지방·아라비아 지방과 소아시아 반도를 포함한 터키까지의 지역을 일컫는 말.

서남-쪽 (西南-) 명 서쪽과 남쪽 사이의 방위.

서남-풍 (西南風) 명 남서풍.

서남-향 (西南向) 명 남서향.

서낭 명 〔←성황(城隍)〕《민》 1 서낭신이 붙어 있다는 나무. 2 '서낭신'의 준말.
서낭에 나다 閂 ㉠어떤 물건으로 인하여 재앙이 생기다. ㉡물건 값이 어처구니없이 싸다.

서낭-단 (-壇) 명 《민》 서낭신에게 제사를 지내는 단.

서낭-당 (-堂) 명 《민》 서낭신을 모신 당.

서낭-상 [-床] [-쌍] 명 《민》 무당이 굿을 할 때 쓰는 제물상의 하나.

서낭-신 (-神) 명 《민》 토지와 마을을 지켜 준다는 부락의 수호신. ㉠고갯마루에 있는 느티나무를 ∼으로 모신다. ㉜서낭.

서낭-제 (-祭) 명 서낭신에게 지내는 제사.

서너 쥐 '셋이나 넷쯤'의 뜻. 삼사(三四). ◻∼명 / ∼ 되 / ∼ 개 먹었다.

서너-너덧 [-덛] 쥐관 서넷이나 너덧. 셋이나 넷에서 다섯이나 여섯. ◻∼은 없어진 것 같다. ◻관 '서넷이나 너덧'의 뜻. ◻배 ∼ 개를 먹었다.

서너-째 쥐관 셋째나 넷째쯤 되는 차례(의).

서넛 [-넏] 쥐 셋이나 넷. 삼사(三四). ◻∼씩 무리를 짓다.

서:녀 (庶女) 명 첩의 몸에서 난 딸. ↔적녀.

서-녘 (西-) [-녁] 명 서쪽 방면. 서쪽. ◻해가 ∼으로 진다 / ∼ 하늘에 별이 반짝이다.

서느렇다 [-러타] 〔서느러니, 서느레서〕 형 1 온도나 기후가 꽤 찬 듯하다. ◻서느런 바람. 2 갑자기 놀라거나 무서워 찬 기운이 도는 듯하다. ◻서느런 가슴을 가라앉혔다. ㉜사느랗다. 瀬써느렇다.

서늘-바람 명 첫가을에 부는 서늘한 바람.

서늘-하다 형 1 온도나 기온이 꽤 찬 느낌이 있다. ◻서늘한 날씨. 2 갑자기 놀라거나 무서워 찬 기운이 느껴지다. ◻간담이 서늘해지다. 3 눈 따위가 시원스러운 느낌이 있다. ◻눈매가 맑고 ∼. ㉜사늘하다. 瀬써늘하다. **서늘-히** 閂

서다 쥐 1 발로 땅을 딛고 몸을 곧게 하다. ◻차렷 자세로 ∼. 2 기둥 따위가 땅에 수직으로 박혀 있다. ◻전봇대가 서 있는 큰 길거리. 3 높은 것이 솟아 있다. ◻우뚝 선 고. 4 앉았거나 누웠다가 다리를 세워 똑바로 되게 하다. ◻앉았다가 서니 발이 저리다 / 물구나무를 ∼. 5 멈추었던 동작을 멈추다. ◻시계〔기차〕가 ∼. 6 곳곳이 위쪽으로 뻗어 있다. ◻개의 귀가 ∼ / 머리가 쭈뼛 ∼. 7 건조물이 만들어지게 되다. ◻건물〔동상〕이 ∼. 8 끝이 날카롭게 되다. ◻날이 선 칼. 9 어떤 모양이나

현상이 나타나다. ◻핏발이 ∼ / 무지개가 ∼. 10 장이나 씨름판 따위가 열리다. ◻오일장〔씨름판〕이 ∼. 11 임신하다. ◻아이가 ∼. 12 나라 기관 따위가 처음으로 성립되다. ◻나라〔정부〕가 ∼. 13 명령이나 규칙대로 잘 시행되다. ◻규율이 ∼ / 질서가 ∼. 14 손상되지 않고 떳떳하게 되다. ◻위신〔면목〕이 ∼. 15 이치에 맞게 되다. ◻말발이 ∼ / 조리가 ∼. 16 계획·결심·자신감 따위가 마음속에 이루어지다. ◻계획〔결심〕이 ∼ / 줏대가 ∼. 17 두드러지게 되거나 빳빳하게 되다. ◻와이셔츠의 깃이 ∼ / 바지의 주름이 ∼. 18 어떤 위치나 입장에 놓이다. ◻선두〔기로〕에 ∼. ㉠타 1 어떤 구실을 맡아 하다. ◻보증〔앞장〕을 ∼ / 들러리〔중매〕를 ∼. 2 줄을 짓다. ◻줄을 서서 기다리다. 3 벌 따위를 받다. ◻벌 ∼.

서단 (西端) 명 서쪽 끝.

서단 (西壇) 명 《역》 '서방 토룡단(西方土龍壇)'의 준말.

서당 (書堂) 명 글방. 당(堂).
〔서당 개 삼 년에 풍월한다〕 무식한 사람이라도 어떤 부문에 오래 있으면 얼마간의 지식과 경험을 갖게 된다. 당구(堂狗) 삼 년에 폐풍월(吠風月).

서대 명 1 소의 앞다리에 붙은 고기(주로 곰거리로 씀). 2 《어》 '서대기'의 준말.

서:대 (犀帶) 명 《역》 조선 때, 정일품·종일품의 벼슬아치가 허리에 두르던 띠(서각(犀角)으로 장식하였음). 서(犀)띠.

서대기 명 《어》 양서댓과의 바닷물고기. 바다 밑 땅속에 삶. 몸은 혀·나뭇잎처럼 납작하고 왼쪽에 두 눈이 달림. ㉜서대.

서-대륙 (西大陸) 명 《지》 서반구의 대륙. 곧, 남아메리카와 북아메리카.

서-대문 (西大門) 명 서울 '돈의문(敦義門)'의 통칭. 지금은 없어졌음.

서덜 명 1 냇가나 강가의 돌이 많은 곳. 돌서덜. 2 생선의 살을 발라낸 나머지 부분(뼈·대가리·껍질 따위).

서도 (西道) 명 《지》 황해도·평안남북도 지방의 통칭. 서관(西關). 서로(西路). 서토(西土). ◻∼ 민요 / ∼ 소리 / ∼ 잡가(雜歌).

서도 (書刀) 명 1 옛날 중국에서, 대쪽에 글자를 새기거나 그 새긴 글자를 깎아 내어 지우는 데 쓰던 칼. 2 종이를 자르는 작은 칼.

서도 (書道) 명 글씨를 쓰는 방법. 또는 그 방법을 배우고 익히는 일(주로 붓으로 쓰는 것을 이름).

서도 (書圖) 명 글씨와 그림. ◻∼에 능하다.

서독 (西獨) 명 《지》 독일의 서부 지역에 있던 연방 공화국. 1990년 동독과 통일하여 독일연방 공화국을 이룸. 당시 수도는 본(Bonn).

서독 (西瀆) 명 《역》 사독(四瀆)의 하나. 대동강을 이름.

서독 (書牘) 명 편지.

서:독 (暑毒) 명 더위의 독기(毒氣).

서돌 명 《건》 집 짓는 데 중요한 재목인 서까래·도리·보·기둥 등의 통칭.

서동 (書童) 명 글방에서 글을 배우는 아이. 학동(學童).

서-동문 (書同文) 명 '거동궤서동문(車同軌書同文)'의 준말.

서:동부언 (胥動浮言) 명하자 거짓말을 퍼뜨려 인심을 어지럽게 함.

서동-요 (薯童謠) 명 《문》 향가의 하나. 백제

무왕이 신라 진평왕의 딸 선화 공주를 사모한 끝에, 이 노래를 지어 아이들에게 부르게 하였다 함. 사구체의 노래로, '삼국유사'에 전함.

서:두(序頭)몡 **1** 일이나 말의 첫머리. ㅁ~를 장식하다 / ~를 꺼내다. **2** 어떤 차례나 순서의 맨 앞. ㅁ내가 ~로 나서겠다.

서두를 놓다 囹 본론으로 들어가기 전에 어떤 말이나 글을 시작하다.

서두(書頭)몡 **1** 글을 시작하는 첫머리. **2** 책의 윗난의 빈자리. **3** 초벌 매어 놓은 책 등의 가장자리. ——하다囹어 초벌 맨 책의 가장자리를 도련(刀鍊)하다.

서두르다〔서둘러, 서두르니〕ᄀ자르 일을 빨리 끝내려고 바삐 움직이다. ㅁ조급하게 ~ / 서둘러 자리를 일어섰다. ㄴ타르 일 따위를 빨리 끝내려고 급히 처리하거나 죄어치다. ㅁ채비를 ~ / 일을 너무 서둘러 실패하다. 囹서둘다.

서둘다〔서둘러, 서두니, 서두는〕자타 '서두르다'의 준말. ㅁ급하게 서둘지 마라.

서등(書燈)몡 글을 읽을 때 켜 놓는 등불.

서:-띠(犀-)몡 서대(犀帶).

서라-말몡 흰빛에 거뭇한 점이 섞인 말.

서라벌(徐羅伐)몡 **1** '신라'의 옛 이름. **2** '경주(慶州)'의 옛 이름.

서랍〔←설합(舌盒)〕 책상·문갑·장롱·경대 따위에 빼었다 끼웠다 하게 만든 뚜껑이 없는 상자. ㅁ~을 열다〔닫다〕 / 잡likely물건을 ~에 넣다 / ~을 정리하다.

서:랑(壻郞)몡 남의 사위의 높임말.

서래(西來)몡동자 **1** 서쪽에서 옴. **2** 서쪽 나라에서 옴.

서:량(恕諒)몡하다 사정을 헤아려 용서함.

서러브레드(thoroughbred)몡《동》말의 한 품종. 영국산 경마용의 우수한 말.

서:러움몡 설움.

서:러워-하다타어 서럽게 여기다. ㅁ이별을 ~. 囹설워하다.

서:러-이튀 서럽게. ㅁ~ 생각하다〔울다〕.

서:럽다〔-따〕〔서러워, 서러우니〕囹囸〔-섧〕원통하고 슬프다. ㅁ서럽게 울다 / 외롭고 서러운 신세.

서력(西曆)몡 예수 탄생을 기원(紀元)으로 한 서양의 책력. ㅁ~ 연대.

서력-기원(西曆紀元)〔-끼-〕몡 서력으로 연대를 헤아리는 데 쓰는 기원. 에이디(AD). 그리스도 기원. 기원후. 囹서기(西紀).

서례(書例)몡 서식(書式).

서:로(西路)몡 **1** 서쪽으로 가는 길. **2**《지》서도(西道).

서:로(庶老)몡 서민(庶民) 가운데 70세 이상 된 노인.

서로ᄀ몡 짝을 이루거나 관계를 맺고 있는 상대. ㅁ~를 이해하다 / ~가 힘을 합치다 / ~의 얼굴을 마주 쳐다보다. ㄴ튀 관계를 이루는 둘 이상 사이에서, 각각 그 상대에 대하여. 또는 양방이 번갈아서. ㅁ둘은 ~ 모르는 사이다 / ~가깝게 지내다.

서로-서로ᄀ몡 '서로█'을 강조해 이르는 말. ㅁ~를 이해하고 ~가 돕는 사회 / ~가 한가족처럼 지내다. ㄴ튀 '서로█'를 강조해 이르는 말. ㅁ~ 돕자.

서로-치기몡하타 같은 종류의 일을 서로 바꾸어 가며 해 줌. ㅁ~로 끝내다.

서록(書錄)몡하타 기록(記錄).

서록(書籠)몡 **1** 책을 넣어 두는 궤짝. **2** 내용의 참뜻은 잘 이해 못한 채 많이 읽기만 하는 사람을 비유하는 말.

서:-론(序論·緖論)몡 말이나 글 따위에서, 본격적인 논의를 하기 위한 실마리가 되는 부분. 머리말. 서설(序說). ✱본론·결론.

서론(書論)몡 **1** 책에 쓰인 의론. **2** 서법(書法)에 대한 의론.

서:료(庶僚)몡 일반 관료.

서류(書類)몡 기록이나 사무에 관한 문서. ㅁ기밀 ~ / ~ 뭉치 / ~를 정리〔작성〕하다 / ~를 꾸미다.

서:-류(庶流)몡 서자(庶子)의 계통. 서가(庶家)의 출신. ↔적류(嫡流).

서:류(書類)몡 여러 가지 흔한 종류.

서류 송:청(書類送廳)《법》사법 경찰관이 형사 사건의 피의자는 없이, 조서와 증거 물품만을 검사에게 넘기는 일. 서류 송검(送檢).

서류-철(書類綴)몡 여러 가지 서류를 한데 모아 매어 두게 만든 도구. 또는 그렇게 매어 둔 묶음. 파일(file). ㅁ~을 뒤적이다 / 문서를 ~로 만들어 보관하다.

서류-함(書類函)몡 서류를 넣어 두는 함. ㅁ~에 보관하다.

서르뵈〈옛〉서로.

서른쉬관 열의 세 배가 되는 수. 또는 그런 수의. 삼십(三十). ㅁ참석자는 ~이 넘었다 / ~을 넘겨 시집가다 / 논 ~ 마지기 / ~ 명이 왔다. 〔서른 과부는 넘겨도 마흔 과부는 못 넘긴다〕삼십 대의 과부는 혼자 살아도 사십 대의 과부는 혼자 못 산다는 말.

서름서름-하다囹어 매우 서름하다. ㅁ처음 오니까 서로 ~.

서름-하다囹어 **1** 남과 가깝지 못하다. ㅁ서름한 사이. **2** 사물에 익숙하지 못하다. ㅁ컴퓨터에 ~.

서릇다〔-릳따〕타 좋지 않은 것을 쓸어 치우다.

서리[1]몡 **1** 기온이 어는점 이하로 내려갈 때, 공기 중의 수증기가 지표에 하얗게 얼어붙은 가루 모양의 얼음. ㅁ~가 내리다〔앉다〕. **2** 타격 또는 피해의 비유. **3** '흰머리'의 비유. 〔서리 맞은 구렁이〕㉠행동이 굼뜨고 힘이 없는 사람의 비유. ㉡세력이 다해서 모든 희망이 좌절된 사람의 비유.

서리(를) 맞다 囹㉠시들시들 힘이 풀리다. ㉡권력 또는 난폭한 힘에 의하여 타격이나 피해를 받다. ㅁ서리 맞은 상가 / 시세 폭락으로 ~.

서리(를) 이다 囹 머리카락이 하얗게 세다. 서릿발(을) 이다. ㅁ머리에 ~.

서리[2]몡하타 떼 지어 남의 과일·곡식·가축 따위를 훔쳐 먹는 장난. ㅁ닭〔수박·참외〕~ / ~를 맞다.

서리[3]몡 많이 모여 있는 무더기의 가운데. ㅁ나무 ~ / 사람들 ~.

서리[4]몡〈옛〉사이. 가운데.

서:리(胥吏)몡《역》조선 때, 관아에 딸려 말단의 행정 실무에 종사하던 이속(吏屬). 이서(吏胥).

서리(書吏)몡《역》조선 때, 경아전(京衙前)에 속하여 문서의 기록과 서책(書冊)의 관리 업무를 맡아보던 하급의 구실아치.

서:리(鼠李)몡《식》갈매나무.

서:리(暑痢)몡 더위를 먹어 설사하는 병. 열리(熱痢).

서:리(署理)몡하타 결원(缺員)이 생겼을 때 그 직무를 대리함. 또는 그 사람. ㅁ학장 ~ / 국무총리 ~.

서리-꽃 [-꼳] 圏 유리창 따위에 서린 김이 얼어서 꽃처럼 엉긴 무늬. 〖~이 앉다〔피다〕.

서리-꾼 圏 서리를 하는 장난꾼. 〖밤새 ~을 지키다 / ~을 막다.

서리다¹ 匨 **1** 수증기가 찬 기운을 받아 물방울을 지어 엉기다. 〖창에 김이 ~ / 안개가 ~. **2** 어떤 기운이 어려서 나타나다. 〖조상의 숨결이 ~. **3** 어떤 생각이 마음속 깊이 자리 잡다. 〖가슴에 서린 한 / 추억이 ~. **4** 냄새 따위가 흠뻑 풍기다. 〖구수한 흙냄새와 향기로운 풀 냄새가 ~.

서리다² 匨 **1** 국수·새끼·실 따위를 헝클어지지 않도록 둥그렇게 포개어 감다. 〖새끼줄을 ~. **2** 뱀 따위가 몸을 따리처럼 둥그렇게 감다. 〖뱀이 몸을 ~. 짝사리다.

서리-병아리 圏 이른 가을에 깬 병아리. **2** 힘이 없고 추레한 사람의 비유.

서리-서리 閅 **1** 국수·새끼·실 따위를 서리어 놓은 모양. 〖가슴속에 ~ 얽힌 한 / 분노가 ~ 맺히다. 짝사리사리.

서리-자 (鼠李子) 『한의』 갈매나무의 열매 〔하제(下劑)로 씀〕.

서:리지탄 (黍離之歎·黍離之嘆) 圏 세상의 영고성쇠의 무상함을 탄식하여 이르는 말.

서:리-피 (鼠李皮) 『한의』 갈매나무의 껍질 〔하제로 씀〕.

서리 피해 (-被害) 봄의 늦서리나 가을의 올서리 때문에 농작물과 초목이 입는 해.

서:리-하다 (犀利-) 톙옌 단단하고 날카롭다. 〖서리한 칼날.

서림 (書林) 圏 서점(書店).

서릿-김 [-리낌/-릳낌] 圏 서리가 내린 찬 기운. 상기(霜氣).

서릿-바람 [-리빠-/-릳빠-] 圏 서리 내린 아침의 쌀쌀한 바람.

서릿-발 [-리빨/-릳빨] 圏 서리가 땅바닥이나 풀포기 등의 위에 엉기어 성에처럼 된 모양. 〖~이 서다.

서릿발 같다 꾸 권위나 형벌 따위가 매섭고 준엄함의 비유. 〖서릿발 같은 위엄.

서릿발(을) 이다 꾸 서리(를) 이다. 〖어느새 머리에 서릿발을 이게 되었구나.

서릿발(이) 치다 꾸 ⊙서릿발을 이루다. ⓒ 기세가 매우 매섭고 준엄하다. 〖서릿발 치는 눈빛.

서릿-점 (-點) [-리쩜/-릳쩜] 圏 『기상』 대기(大氣) 가운데의 수분이 냉각되어 서리가 되기 시작할 때의 온도. 상점(霜點).

서루 閅 〈옛〉 서로.

서-마구리 (西-) 圏 『광』 동서로 번은 맥을 따라 뚫은 구덩이의 서쪽 면.

서:막 (序幕) 圏 **1** 연극 따위에서, 처음 여는 막. 〖오페라의 ~. **2** 일의 시작이나 발단. 〖통일 〔혁명〕의 ~.

서막을 올리다 꾸 어떤 일이 시작되다.

서:맥 (徐脈) 『생』 심장의 느린 맥박. 보통 1분간의 맥박 수(數)가 60 번 이하로 뛰는 경우를 말함.

서머서머-하다 톙옌 매우 서머하다.

서머-스쿨 (summer school) 圏 하기 학교. 여름학교.

서머 타임 (summer time) 여름에 긴 낮 시간을 유효하게 이용하기 위해 표준 시각을 한 시간쯤 앞당기는 제도. 일광 절약 시간. 하기(夏期).

서머-하다 톙옌 미안해서 대할 낮이 없다.

서먹서먹-하다 [-써머카-] 톙옌 매우 서먹하다. 〖남의 방에 들어가기가 ~.

서먹-하다 [-머카-] 톙옌 낯이 설거나 익숙하지 않아 어색하다. 〖인사하기가 어쩐지 ~.

서면 (西面) 圏훼 **1** 앞을 서쪽으로 향함. 〖~한 방. **2** 서쪽의 면.

서:면 (恕免) 圏훼 죄를 용서하고 벌을 면(免)하게 함.

서면 (書面) 圏 **1** 글씨를 쓴 지면. 또는 그 내용. 문면(文面). **2** 일정한 내용을 적은 문서. 서류. 〖~으로 작성하다 / ~으로 제출하다.

서:면 (黍麵) 圏 기장으로 만든 국수.

서면 결의 (書面決議) [-겨릐/-겨리] 『법』 유한(有限) 회사 등에서, 총회를 열지 않고 각 구성원의 서면에 따른 의사 표시로써 하는 결의.

서면 계:약 (書面契約) [-/-게-] 『법』 서면의 작성을 계약 성립의 요건으로 하는 계약. ↔ 구두 계약.

서면 심리 (書面審理) [-니] 『법』 법원이 당사자가 제출한 서면으로 사건을 다루는 심리. ↔구두 심리.

서면 심리주의 (書面審理主義) [-니-/-니-이] 『법』 서면주의.

서면 위임 (書面委任) 『법』 서면의 작성을 성립 요건으로 하는 위임.

서면-주의 (書面主義) [-/-이] 圏 『법』 당사자의 변론이나 법원의 증거 조사를 서면으로 할 것을 주장하는 주의. 서면 심리주의. ↔구두(口頭)주의.

서명 (書名) 圏 책의 이름. 〖~ 목록.

서:명 (署名) 圏훼 **1** 자기의 성명을 써넣음. 또는 써넣은 것. 서기(署記). 사인(sign). 〖서류에 ~하다. **2** 『법』 문서에서, 성명 및 상호(商號)의 표시.

서:명 날인 (署名捺印) 문서에 성명 또는 상호(商號)의 표시와 인장을 찍는 일. 기명날인.

서:명 대:리 (署名代理) 『법』 대리인이 대리권에 의해 본인의 서명을 직접 하는 일.

서:명 운:동 (署名運動) 어떤 주장이나 의견에 대해 찬성의 뜻으로 서명을 받기 위한 운동. 〖대(對)국민 ~을 벌이다.

서:명-인 (署名人) 圏 서명자.

서:명-자 (署名者) 圏 서명을 한 사람. 서명인.

서:모 (庶母) 圏 아버지의 첩.

서:몽 (瑞夢) 圏 **1** 상서로운 꿈. **2** 어떤 일을 미리 알리는 꿈.

서묘 (西廟) 圏 『역』 서울 서대문 밖에 있던 관왕묘(關王廟)(1902 년에 설치하고 1909 년 동묘와 합쳐짐).

서무 (西廡) 圏 『역』 고려·조선 때, 문묘(文廟) 안에 유현(儒賢)을 모신 집(대성전(大成殿) 서쪽에 있음). ↔동무(東廡).

서:무 (庶務) 圏 특별한 명목이 없는 여러 가지 일반적인 사무. 또는 그 일을 맡은 사람. 〖~를 보다.

서:무 (署務) 圏 '서(署)' 자가 붙은 관청(경찰서·세무서 따위).

서무-날 圏 무수기를 볼 때, 음력 열이틀과 스무이레를 이르는 말.

서문 (西門) 圏 서쪽으로 낸 문.

서:문 (序文) 圏 **1** 머리말. 권두언(卷頭言). 서

사(序詞). 서제(序題). **2** 한문체의 한 가지인 서(序)의 체로 쓴 글. ⑤서(序).

서:문(誓文)圈 '서약문'의 준말.

서:물(庶物)圈 **1** 온갖 물건. **2** 주물(呪物).

서:민(庶民)圈 **1** 아무 벼슬이나 신분적 특권이 없는 일반 사람. 서인(庶人). 하민(下民). **2** 경제적으로 중류 이하의 넉넉지 못한 생활을 하는 사람. 범민(凡民). ◻~들의 생활을 옮긴 소설.

서:민 계급(庶民階級)[-/-께-] 서민층의 계급. ◻~ 출신.

서:민 금융(庶民金融)[-늉/-그늉] 서민 계급에 대한 금융(마을금고·신용 금고·전당포 따위에서 주로 담당함).

서:민 문학(庶民文學)〖文〗 일반 서민을 주인공으로 해서 그들의 생활과 풍습을 그린 문학. ＊대중 문학.

서:민-적(庶民的)관圈 서민과 같은 태도·경향이 있는 (것). ◻~인 모습[정서].

서:민-층(庶民層)圈 서민에 속하는 계층.

서바이벌 게임(survival game) '생존 게임'의 뜻으로, 총알을 맞으면 물감이 튀어나오게 되어 있는 모의총으로, 전쟁놀이를 즐기는 레저 스포츠.

서반(西班)圈〖歷〗무관(武官)의 반열. 무반(武班). 호반(虎班). ↔동반(東班).

서:반(序盤)圈 초반(初盤).

서-반구(西半球)圈〖地〗지구를 경도 0° 및 180° 선에서 동서 두 쪽의 반구로 나눈 것의 서쪽 부분. ↔동반구.

서반아(西班牙)圈〖地〗'에스파냐'의 음역.

서:발(序跋)圈 서문과 발문.

서방(西方)圈 **1** 서쪽. 서쪽 방향. **2** 서쪽 지방. **3** '서방 국가'의 준말. **4**〖佛〗'서방 정토'의 준말. ◻~의 자유 진영.

서방(書房)〔—〕圈 남편의 낮춤말. ◻~을 얻다.
〔—〕의圈 **1** 지난날, 벼슬이 없는 사람의 성 뒤에 붙여 부르던 말. **2** 성 뒤에 붙여, 사위나 손아래 친척 여자의 남편, 아래 동서(同壻) 등을 호칭할 때 쓰는 말. ◻박 ~.

서방(西方) 맞다圈 서방을 얻다.

서방 국가(西方國家)[-까] 동유럽의 공산 국가에 대항해서 미국과 서유럽 국가들을 중심으로 한 민주주의 국가를 이르는 말. 서방 세계. ⑤서방.

서방 극락(西方極樂)[-궁낙]〖佛〗서쪽 십만억토(十萬億土)를 지나면 있다는 아미타불의 세계. 서방 세계. 서방 정토(淨土). ⑤서방.

서방-님(書房—)圈 **1** 남편의 높임말. **2** 결혼한 시동생에 대한 호칭. **3** 지난날, 벼슬 없는 젊은 선비를 상사람이 부르던 말.

서방-맞이(書房—)圈하困 서방을 맞는 일.

서방 세:계(西方世界)[-/-게] **1** 서방 국가. **2**〖佛〗서방 극락.

서방 정토(西方淨土)〖佛〗서방 극락.

서방-주(西方主)〖佛〗서방 극락의 교주인 아미타불.

서방-질(書房—)圈하困 자기 남편이 아닌 남자와 정을 통하는 짓. 샵계집질. ↔계집질.

서방-측(西方側)圈 서방 국가의 쪽.

서방 토룡단(西方土龍壇)〖歷〗조선 때, 오방 토룡제(五方土龍祭)를 지내던 제단의 하나 《서울 마포에 있다가 양화도(楊花渡) 옆으로 옮겼음》. ⑤서단(西壇).

서:배(鼠輩)圈 쥐새끼같이 하찮은 무리.

서버(server)圈 **1** 테니스·탁구·배구 등에서, 서브하는 쪽. 또는 그 사람. ↔리시버. **2**〖컴〗주된 정보의 제공이나 작업을 수행하는 컴퓨터 시스템. 클라이언트 시스템이 요청한 작업이나 정보의 수행 결과를 돌려줌.

서벅-거리다[-꺼-]困 **1** 배·사과 등을 씹는 소리가 자꾸 나다. 또는 그런 소리를 자꾸 내다. **2** 모래나 눈을 밟는 소리가 자꾸 나다. 또는 그런 소리를 자꾸 내다. 샵사박거리다.

서벅-서벅[-써-]튀困자困 서벅거리다.

서벅-돌[-똘]圈 단단하지 못하고 잘 부스러지는 돌.

서법(書法)[-뻡]圈 글씨 쓰는 법.

서:법(敍法)[-뻡]圈〖언〗문장의 내용에 대한, 말하는 사람의 심적 태도를 나타내는 동사의 어형 변화.

서벽(書癖)圈 **1** 글 읽기를 좋아하고 즐기는 버릇. **2** 글씨를 쓰는 버릇.

서:보(徐步)圈 천천히 걷는 걸음.

서부(西部)圈 **1** 어떤 지역의 서쪽 부분. ◻~ 개척 시대. ↔동부. **2**〖歷〗조선 때, 서울의 오부(五部)의 행정 구역 가운데 서쪽의 부. 또는 그 구역을 관할하던 관아.

서부-극(西部劇)〖演〗서부 활극.

서부렁-서부렁튀하困 여럿이 모두 서부렁한 모양. ◻묶어 놓은 짐이 ~하다. 샵사부랑사부랑.

서부렁-섭적[-쩍]튀 힘들이지 않고 선뜻 건너뛰거나 올라서는 모양. ◻지붕에 ~ 올라서다 / 개울을 ~ 뛰어넘다. 샵사부랑삽작.

서부렁-하다형回 묶거나 쌓은 물건이 다붙지 않고 조금 느슨하거나 틈이 좀 벌어져 있다. 샵사부랑하다.

서부 영화(西部映畫) 미국 서부 개척 시대를 배경으로 카우보이 등의 활약을 주제로 한 영화. 웨스턴 무비.

서부 음악(西部音樂) 미국 서부의 카우보이가 즐기던 경쾌한 음악. 웨스턴 뮤직.

서부진언(書不盡言)圈 글로는 의사를 모두 표현할 수 없음.

서-부터조 '에서부터'의 준말. ◻여섯 시~ 공연은 시작된다.

서부 활극(西部活劇) 미국 서부 개척 시대를 배경으로 총잡이들의 활약상을 그린 영화나 연극. 서부극.

서북(西北)圈 **1** 서쪽과 북쪽. **2** 북서쪽. **3** 서도(西道)와 서관(西關).

서북-간(西北間)[-깐]圈 서쪽과 북쪽의 사이가 되는 방위. 북서간.

서북-방(西北方)[-빵]圈 북서쪽.

서-북서(西北西)[-써]圈 서쪽과 북서쪽의 중간이 되는 방위. ↔남동동.

서북송탐(西北松耽)[-쏭-]圈 서도·북관·송도(松都)·탐라(耽羅).

서북-쪽(西北—)圈 북서쪽.

서북-풍(西北風)圈 북서풍.

서북-향(西北向)[-부향]圈 동남쪽에서 서북쪽으로 향함. 또는 그런 방향. 북서향.

서분서분-하다형回 성질이나 마음씨가 부드럽고 친절하다. 샵사분사분하다.

서분-하다형回 좀 서부렁하다. 샵사분하다. **서분-히**튀

서분한-살圈 굵으면서도 가벼운 화살.

서:-불한(舒弗邯)圈 이벌찬(伊伐飡).

서붓[-붇]튀 발을 가볍게 얼른 내디디는 모양이나 소리. 샵사붓. 센서뿟. 刃서풋.

서붓-서붓[-붇써붇]튀 발을 가볍고 빠르게 자꾸 내딛는 모양이나 소리. ◻~ 걷다. 샵사

붓사붓.

서브 (serve) 명하자 테니스·배구·탁구 등에서, 공격하는 쪽이 먼저 상대 코트에 공을 쳐 넣는 일. 또는 그 공. 서비스.

서브루틴 (subroutine) 명 〖컴〗 프로그램 가운데 하나 이상의 장소에서 필요할 때마다 되풀이해서 사용할 수 있는 부분적 프로그램. 독립해서 쓰이지 않고 메인 루틴과 결합해서 그 기능을 발휘함.

서브타이틀 (subtitle) 명 1 부제(副題). 2 영화의 설명 자막. ↔메인타이틀.

서비스 (service) 명하자 1 생산된 재화를 운반·배급하거나 생산·소비에 필요한 노무를 제공함. 2 개인적으로 남을 위해 돕거나 시중을 듦. 〔종업원들이 친절하고 ~가 좋다. 3 장사에서 값을 깎아 주거나 덤을 붙여 줌. 〔필름 한 통을 ~하다. 4 서브(serve).

서비스 공장 (service工場) 주로 자동차를 수리하는 공장.

서비스 라인 (service line) 테니스에서, 서비스 박스의 라인.

서비스 박스 (service box) 테니스에서, 서브할 때 공을 쳐 넣는 직사각형의 구획.

서비스 산:업 (service産業) 〖經〗 운수·통신·상업·금융·관광 따위와 같이 서비스 상품을 제공하는 산업.

서비스-업 (service業) 명 여관·하숙 같은 숙박 설비 대여업(貸與業), 광고업, 자동차 등의 수리업, 영화·연극 따위 흥행업 따위를 가리킴.

서비스 에어리어 (service area) 1 라디오·텔레비전의 시청(視聽)·청취 가능 지역. 2 테니스·배구 따위에서, 서브를 넣는 구역.

서비스 에이스 (service ace) 배구·테니스·탁구 따위에서, 서브한 공을 상대편이 받지 못하여 득점하는 일. 또는 그 서브. 에이스.

서비스 프로그램 (service program) 〖컴〗 시스템의 운영·관리·변경이나 사용자의 프로그램 작성·실행을 돕기 위해서 컴퓨터 제조 회사가 제공하는 프로그램.

서-빙고 (西氷庫) 명 〖역〗 조선 초에, 지금의 서울 용산 부근 한강변에 두었던 얼음 저장 소의 하나.

서뿐 부 발소리가 나지 않게 살짝 내디디는 모양. 〔센사뿐.

서뿐-서뿐 부 발소리가 나지 않게 계속 살금 살금 걷는 모양. 〔발소리를 죽이고 ~ 걷다. 〔센사뿐사뿐.

서뿟 [-뿓] 부 발을 소리가 나지 않게 가볍게 얼른 내디디는 모양이나 소리. 〔센사뿟. 예서 붓. 겐서뭇.

서뿟-서뿟 [-뿓써뿓] 부 소리가 나지 않게 발걸음을 가볍게 계속하는 모양이나 소리. 〔~ 걸어 나가다. 〔센사뿟사뿟. 겐서붓서붓.

서:사 (序詞) 명 머리말. 서문(序文).

서:사 (敍事) 명 사실을 있는 그대로 적는 일.

서사 (書士) 명 대서나 필사(筆寫)를 업으로 삼는 사람. 〔행정 ~.

서사 (書史) 명 1 서적(書籍)과 2 경서(經書)와 사기(史記).

서사 (書司) 명 절에서, 서기(書記)를 이르는 말.

서사 (書舍) 명 지난날, 선비들이 모여서 글공부를 하던 집.

서사 (書師) 명 붓글씨에 능한 사람. 서가(書家).

서사 (書肆) 명 서점.

서사 (書寫) 명 글씨를 베낌.

서사 (書辭) 명 편지에 쓰는 말. 편지 글.

서:사 (誓詞) 명 맹세하는 말. 서언.

서:사-문 (敍事文) 명 〖문〗 서사체로 쓴 글(소설 따위). *서정문(抒情文).

서:사-시 (敍事詩) 명 〖문〗 역사적 사실이나 신화, 전설·영웅의 사적 따위를 서사적 형태로 쓴 시(서정시·극시와 함께 시의 3대 부문 가운데 하나). *극시·서정시.

서사-왕복 (書辭往復) 명하자 편지가 오고 감.

서:사-체 (敍事體) 명 사실을 있는 그대로 시간의 경과에 따라 객관적으로 묘사하는 문체.

서산 (西山) 명 서쪽에 있는 산. 〔해가 ~으로 넘어가다.

서산 (書算) 명 글 읽는 횟수를 세는 물건(봉투처럼 만들어 거죽에 두 층으로 눈을 다섯씩에서서 접었다 폈다 하여 셈함). 서수(書數).

서산-낙일 (西山落日) 명 1 서산에 지는 해. 2 힘이나 형세가 기울어져 멸망하게 된 판국. 〔~의 운명.

서산-대 (書算-)[-때] 명 책을 읽을 때, 글줄이나 글자를 짚기도 하고 서산을 눌러두는 가는 막대기.

서:-삼촌 (庶三寸) 명 서숙(庶叔).

서:-상 (瑞相) 명 상서로운 징조. 서조(瑞兆).

서-상 (暑傷) 명하자 더위를 먹음.

서-상방 (西上房) 명 대청이 남향이고, 안방이 오른쪽에 있는 집. ↔동(東)상방.

서상-학 (書相學) 명 필적학(筆跡學).

서:-색 (瑞色) 명 상서로운 빛.

서:-색 (鼠色) 명 쥐의 털빛과 같은 짙은 잿빛.

서:-색 (曙色) 명 1 새벽의 빛. 2 서광(曙光)을 받은 새벽녘의 경치.

서생 (書生) 명 1 유학을 공부하는 사람. 2 남의 집에서 일해 주며 공부하는 사람. 3 세상일에 서투른 선비의 비유.

서:생 (庶生) 명 첩의 소생. 서출.

서:-생원 (鼠生員) 명 〈속〉 '쥐'를 의인화(擬人化)하여 부르는 말.

서서 (瑞西) 명 〖지〗 '스위스'의 음역(音譯).

서서 (筮書) 명 복서(卜筮)를 의뢰받은 사람이 의뢰한 사람의 길흉을 써 낸 문서.

서:설 (誓書) 명 서약서.

서:서-히 (徐徐-) 부 천천히. 〔경기(景氣)가 ~ 호전되고 있다.

서:설 (序說) 명 서론.

서:설 (敍說) 명하타 차례대로 설명함.

서설 (絮說) 명하자 너절하게 길게 말함. 또는 그 이야기.

서:설 (棲屑) 명하자 한곳에 머물지 않고 떠돌아다님.

서:설 (暑泄) 명 여름철 더위로 인해서 생기는 설사.

서:설 (瑞雪) 명 상서로운 눈.

서:성 (瑞星) 명 태평성대에 나타난다는 상서로운 별. 경성(景星). 덕성(德星).

서성-거리다 자타 어떤 일을 결단하지 못해서 한곳에서 이 쪽저쪽으로 자꾸 주위를 왔다 갔다 하다. 〔문밖에서 ~. 서성-서성 부하타타

서성-대다 자타 서성거리다.

서:세 (逝世) 명 '별세'의 존댓말.

서:속 (黍粟) 명 기장과 조.

서:손 (庶孫) 명 서자의 자손. 또는 아들의 서자. ↔적손(嫡孫).

서:수 (序數) 명 〖수〗 순서를 나타내는 수(첫째·둘째 따위). 순서수. *기수(基數).

서수 (書手) 명 잔글씨 쓰는 일에 능한 사람. 또는 잔글씨 쓰는 것을 업으로 삼는 사람.

서수 (書數)명 서산(書算).

서:수-사 (序數詞)명 〖언〗 차례를 나타내는 수사(첫째·둘째 따위).

서:수-필 (鼠鬚筆)명 쥐의 수염으로 만든 붓.

서숙 (黍≈)명 글방.

서-숙 (庶叔)명 할아버지의 서자. 서삼촌.

서:숙 (棲宿)명하자 서식(棲息).

서:술 (敍述)명 사건이나 생각 따위를 차례를 좇아 적거나 말함. □사건을 ~하다.

서:술-격 (敍述格)[-격]명 〖언〗 문장에서, 서술어 구실을 하게 하는 조사의 성격. *序격.

서:술격 조:사 (敍述格助詞)[-격쪼-]명 〖언〗 문장에서, 체언에 붙어 서술어가 되게 하는 격조사('이다'를 기본꼴으로 하고, '이냐·이로구나, 이거든, 인데' 등으로 변형하는데, 받침 없는 말 뒤에서는 '이'가 빠짐).

서:술-법 (敍述法)[-뻡]명 말끝을 예사로 마치는 법('-다·-오·-나이다' 따위).

서:술-부 (敍述部)명 문장의 본체부를 이루는 중요 구성 요소의 하나. 서술어와 서술어에 딸린 부속어. 곧, 보어·목적어 등을 합하여 일컫는 말. 술부(述部). ↔주어부.

서:술-어 (敍述語)명 한 문장에서, 주어의 움직임·상태·성질 등을 서술하는 말(동사·형용사 따위). 술어. 풀이말. ↔주어(主語).

서:술-절 (敍述節)[-쩔]명 문장에서, 서술부의 구실을 하는 절. '장수는 배가 고프다'에서 '배가 고프다' 따위.

서:술-형 (敍述形)명 어미 변화에서, 어미를 서술로 마치는 어형.

서스펜디드 게임 (suspended game)야구에서, 경기를 계속할 수 없게 되었을 때, 다음 날 경기를 다시 계속할 것을 조건으로 중단된 경기.

서스펜스 (suspense)명 영화·드라마·소설 따위에서, 줄거리의 전개가 관객이나 독자에게 주는 불안감과 긴박감. □스릴과 ~.

서슬명 1 쇠붙이로 만든 연장이나 유리 조각 따위의 날카로운 부분. □~이 시퍼런 칼. 2 강하고 날카로운 기세. □~에 기가 죽다. 서슬이 시퍼렇다 ㉠칼날 등이 날카롭게 빛나다. ㉡권세나 기세 따위가 대단하다. □서슬이 시퍼레서 역성을 든다.

서슴-거리다자 자꾸 서슴다. □서슴거리지 말고 빨리 결정해라. 서슴-서슴 부하자

서슴다[-따]자타 결단을 내리지 못하고 머뭇거리며 망설이다. □극단적인 발언도 서슴지 않았다 / 서슴지 말고 얼른 대답해라.

서슴-대다자 서슴거리다.

서슴-없다[-슴따]형 말이나 행동에 망설임이나 거침이 없다. □서슴없는 말투. 서슴-없이[-슴씨]부. □~ 말하다.

서:습지기 (暑濕之氣)[-찌-]명 덥고 습한 기운. ㉮서습(暑濕).

서:승 (序陞)명하타 〖역〗 관직에 있는 햇수에 따라서 품계나 벼슬을 올리던 일.

서시명 노름판에서, 여섯 끗을 이르는 말.

서:시 (序詩)명 1 책의 첫머리에 서문 대신 쓴 시. 2 긴 시에서 머리말 구실을 하는 부분.

서시 (薯鼓)명 감자로 담근 된장.

서시-옥시 (西施-)[-씨]명 '미인'의 비유.

서식 (書式)명 증서·원서·신고서 따위와 같은 서류를 쓰는 일정한 법식. 서례(書例). □공문 ~ / ~대로 쓰다.

서:식 (棲息)명하자 동물이 깃들여 삶. 서숙. □백로가 ~하는 곳.

서:식-지 (棲息地)[-찌]명 동물이 깃들여 사는 곳. □철새 ~.

서신 (書信)명 편지. □~ 왕래 / ~을 받다.

서:신 (庶神)명 여러 귀신.

서실 (書室)명 서재(書齋)1.

서-아시아 (西Asia)명 〖지〗 아시아의 남서부 지역. 동쪽의 파키스탄에서 시작해서 서쪽으로 아프가니스탄·이란·이라크·아라비아 반도를 거쳐 터키에 이르는 지역.

서:악 (序樂)명 서곡(序曲)2.

서안 (西岸)명 서쪽에 있는 강가 또는 바닷가·물가. 서쪽 연안. □라인 강 ~. ↔동안(東岸).

서안 (書案)명 1 예전에, 책을 얹던 책상. 2 문서의 초안.

서:압 (署押)명하타 수결(手決)을 둠.

서:약 (誓約)명하자타 맹세하고 약속함. □~을 깨다〔지키다〕/ 국민 앞에 엄숙히 ~한다.

서:약-금 (誓約金)[-약-]명 서약서. ↔서문서.

서:약-서 (誓約書)[-써]명 서약하는 글. 또는 그 문서. 서서(誓書). 서약문(文). 서장(誓狀). □~를 쓰다〔작성하다〕.

서양 (西洋)명 동양에서 유럽과 아메리카 주의 여러 나라를 이르는 말. 구미(歐美). 태서(泰西). □~ 문명. ↔동양.

서양-과자 (西洋菓子)명 양(洋)과자.

서양-류 (西洋流)[-뉴]명 서양풍.

서양-목 (西洋木)명 당목(唐木).

서양 무:용 (西洋舞踊)서양에서 발생한 무용. 동적이고 다리를 많이 움직이는 것이 특징임(발레·현대 무용 따위).

서양 미:술 (西洋美術)유럽에서 발생해서 발달한 미술(이집트 미술·페르시아 미술 따위).

서양-사 (西洋史)명 유럽·아메리카·중동(中東) 등 여러 나라의 역사. ↔동양사.

서양-사 (西洋紗)명 가는 무명 올로 폭이 넓고 도 설피게 짠 피륙. ㉮생사·양사.

서양-식 (西洋式)명 서양풍의 양식(樣式)이나 격식. ㉮양식(洋式).

서양 요리 (西洋料理)[-뇨-]명 서양식의 요리. 양식(洋食). ㉮양요리.

서양 음악 (西洋音樂)서양에서 발생해서 발달된 음악. ㉮양 음악. ㉮양악(洋樂).

서양-인 (西洋人)명 서양의 여러 나라 사람. ㉮서인(西人)·양인(洋人).

서:-양자 (婿養子)명하타 사위를 양자로 삼음. 또는 그 양자.

서양-장기 (西洋將棋)명 체스(chess).

서양-종 (西洋種)명 원산지가 서양인 종자. 주로 동물·식물에 대해서 씀. 양종(洋種).

서양-풍 (西洋風)명 서양의 양식을 본뜬 모양. 서양류. □~의 건물 / ~에 물들다. ↔동양풍. ㉮양풍(洋風).

서양-화 (西洋化)명하자타 서양의 문화나 생활 양식의 영향을 받아 닮아 감. □의식까지도 ~하고 있지는 않은가.

서양-화 (西洋畵)명 서양에서 발달된 기법으로 그린 그림(유화·파스텔화·연필화·수채화 따위). ↔동양화. ㉮양화(洋畵).

서어-하다 (齟齬-·鉏鋙-)형여 1 의견이 맞지 않아 서먹하다. □서어한 사이. 2 익숙지 않아 서름서름하다. □무과 출신인데 어찌 무예에 서어하리오.

서언 (西諺)명 서양의 속담.

서:언 (序言·緒言)명 머리말. □책의 ~ / ~을 붙이다.

서:언 (誓言)명 맹세의 말. 서사(誓詞).

서:얼 (庶孼)명 서자와 그 자손. 일명(逸名).

서:얼-차대(庶孼差待)圓〖역〗조선 때, 서얼을 차별하여 대우하던 일.

서역(西域)圓 1 서쪽 지역. 2〖역〗중국 역사상, 좁게는 지금의 신강 성(新疆省) 일대를, 넓게는 중앙아시아·서부 아시아·인도를 이르는 말. 동서 무역의 중요한 교통로였음.

서역(書役)圓 잔글씨를 쓰는 수고로운 일. □~에는 큰글씨 쓰는 것보다 잔글씨 쓰는 일이 많다.

서연(書筵)圓〖역〗1 고려 때, 임금 앞에서 경서(經書)를 강론하던 자리. 2 조선 때, 왕세자에게 경서(經書)를 강론하던 자리.

서연-관(書筵官)圓〖역〗서연에 참례하던 벼슬아치.

서:열(序列)圓 순서를 좇아 늘어섬. 또는 그 순서. □~이 높다 / ~을 매기다.

서:열(暑熱)圓 찌는 듯한 더위.

서:염(暑炎)圓 타는 듯한 더위.

서영(西營)圓〖역〗1 조선 때, 서쪽에 있던 금위영(禁衛營)의 분영(分營). 2 경희궁 서쪽에 있던 훈련도감의 분영. 3 평양에 둔 친군영(親軍營)의 하나.

서영-사(西營使)圓〖역〗서영의 주장(主將).

서예(書藝)圓 붓으로 글씨를 쓰는 예술. □~부문의 입상자 / ~의 대가.

서예-가(書藝家)圓 붓글씨를 직업적으로 쓰는 예술가.

서-오릉(西五陵)圓〖지〗경기도 고양시에 있는 다섯 능(陵). 창릉(昌陵)·명릉(明陵)·익릉(翼陵)·홍릉(弘陵)·경릉(敬陵)의 일컬음. 사적(史蹟) 제198호.

서옥(書屋)圓 글방.

서:완-하다(徐緩-)휑옝 진행이 느리다.

서왕-모(西王母)圓 중국 신화에서, 곤륜산(崑崙山)에 산다는 표범꼬리(豹尾虎齒), 반인반수(半人半獸)의 신녀(神女). 음양설에서는 일몰(日沒)의 여신.

서외(書外)圓 서면에 씌어진 이외의 것.

서:용(敍用)圓[하]〖역〗조선 때, 죄를 지어 면관(免官)되었던 사람을 다시 등용하던 일.

서:용(恕容)圓[하] 서유(恕宥).

서:우(暑雨)圓 더운 여름날에 내리는 비.

서:우(瑞雨)圓 곡물의 생장을 돕는 고마운 비. 자우(慈雨). □~가 내리다.

서:운(瑞運)圓 상서로운 운수. 상운(祥運).

서:운(瑞雲)圓 상서로운 구름. 상운(祥雲).

서:운(曙雲)圓 새벽녘의 구름.

서운-관(書雲觀)圓〖역〗고려·조선 때, 천문·역법(曆法)·측후(測候) 등을 맡아보던 관아.

서운-하다휑옝 마음에 모자라 아쉽거나 섭섭한 느낌이 있다. □여비를 주지 못한 것이 못내~. 서운-히 [!. □~.

서울圓 1 한 나라의 중앙 정부가 있는 곳. 경도(京都). 경락(京洛). 경사(京師). 도성. 도읍. 수도. 수부. 2 우리나라의 수도 이름. [서울 소식은 시골 가서 들어라] 자기 주위의 일은 먼 데 사람이 더 잘 아는 경우가 많음의 비유. [서울이 낭이라] 서울은 낭떠러지와 같다는 뜻으로, 서울 인심이 야박함의 비유. [서울이 무섭다니까 남대문부터 긴다] 미리부터 겁내어 서두름의 비유.

서울-까투리圓 수줍음이 없고 숫기가 많은 사람을 비유한 말.

서울-깍쟁이 [-쩽-]圓 시골 사람이 서울 사람의 까다롭고 인색한 모양을 놀림조로 하는 말.

서울-내기 [-래-]圓 서울에서 태어나고 자란 사람. 경종(京種). *시골내기.

서울-뜨기圓 시골 사람이 서울 사람을 조롱

하는 말. *시골뜨기.

서울-말圓 서울 사람이 쓰는 말. □표준어는 교양 있는 사람들이 두루 쓰는 현대 ~로 정한다. *시골말.

서원(書院)圓〖역〗조선 때, 선비들이 모여 학문을 강론(講論)하고, 석학(碩學)이나 충절로 죽은 사람을 제사 지내던 곳.

서:원(書員)圓〖역〗경찰서·세무서 등 '서(署)' 자 기 붙은 관공서에 근무하는 사람의 총칭.

서:원(誓願)圓[하] 1〖불〗부처·보살이 중생을 구하고자 하는 소원이 이루어지기를 기원하는 일. 2〖가〗보다 선하고 훌륭하게 살겠다고 하느님에게 약속하는 일. 허원(許願).

서:원-력(誓願力)[-녁]圓〖불〗부처나 보살이 서원하는 염력(念力).

서:위(敍位)圓[하] 벼슬자리를 내려 줌.

서:위(暑威)圓 몹시 심한 더위. ↔한위(寒威).

서:유(恕宥)圓[하] 잘못을 너그럽게 용서함. 서용(恕容).

서-유럽(西Europe)圓〖지〗서부 유럽. 유럽 서부에 있는 프랑스·독일·영국 등의 국가가 있는 지역. 서구(西歐). ↔동유럽.

서융(西戎)圓〖역〗중국에서, 서쪽 변방의 이 민족을 이르던 말. 서이(西夷).

서음(書淫)圓 글 읽기를 지나치게 즐김. 또는 그런 사람.

서:응(瑞應)圓 임금의 어진 정치에 하늘이 감응해서 나타난 길한 징조.

서의(書意)[-/-이]圓 책이나 편지 따위에 씌어 있는 글의 뜻.

서:의(誓意)[-/-이]圓 맹세하는 마음.

서이㈜ '셋'의 방언.

서이(西夷)圓 서융(西戎).

서인(西人)圓 1〖역〗조선 선조 때, 심의겸을 중심으로 해서 김효원의 동인(東人)과 대립한 당파. ↔동인(東人). 2 '서양인'의 준말.

서:인(庶人)圓 서민1.

서:임(敍任)圓[하] 벼슬자리를 내림.

서:자(庶子)圓 1 첩에게서 태어난 아들. 별자(別子). 얼자(孽子). □~로 태어난 홍길동. ↔적자(嫡子). 2 중자(衆子). □환용은 환인의 ~의 .

서:자(逝者)圓 죽은 사람.

서:-자녀(庶子女)圓 첩이 낳은 아들과 딸.

서자서아자아(書自書我自我)圓 글은 글대로 나는 나대로라는 뜻으로, 글은 읽고 있으나 정신은 딴 데 씀.

서:작(敍爵)圓[하] 작위(爵位)를 내림.

서장(西藏)圓〖지〗'티베트'의 한자 이름. 중국식 발음은 시짱.

서장(書狀)圓 1 편지. 2〖역〗'서장관(書狀官)'의 준말.

서:장(誓狀)[-짱]圓 서약서.

서:장(署長)圓 '서(署)' 자가 붙은 관서의 책임자. □세무서 ~.

서장-관(書狀官)圓〖역〗삼사(三使)의 하나. 외국에 보내는 사신을 수행해서 기록을 맡던 임시 벼슬. ㉤서장.

서장-대(西將臺)圓〖역〗산성(山城) 서편에 쌓아 올린 높은 대〔장수가 올라서서 지휘하던 곳임〕.

서재(書齋)圓〖역〗성균관이나 향교(鄕校)의 명륜당 서쪽에 있던 집〔유생이 거처하며 공부하던 곳〕.

서재(書齋)圓 1 책을 갖추어 두고 글을 읽고 쓰는 방. 문방. 서각(書閣). 서실(書室). □~

에 틀어박혀 글만 쓰고 있다. **2** 글방.

서재다 圈〈옛〉교만하다.

서재-인(書齋人)圈 서재에만 박혀 있어 세상 물정에 어둡거나 사회와의 교제가 적은 사람《학자나 문필가를 일컬음》.

서적(書籍)圈 책. 서사(書史). ▢~상(商).

서:적(鼠賊)圈 좀도둑.

서전(書典)圈 책.

서:전(書傳)圈 '서경(書經)'에 주해를 단 책.

서:전(瑞典)圈〖지〗'스웨덴'의 음역(音譯).

서:전(緖戰)圈 전쟁의 발단이 되는 싸움. 또는 경기의 초반. ▢~을 장식하다.

서:절(暑節)圈 여름의 더운 때. 곧, 삼복(三伏)의 때.

서:절(鼠竊)圈 서절구투.

서:절-구투(鼠竊狗偸)圈 쥐나 개처럼 몰래 물건을 훔친다는 뜻으로, 좀도둑을 이르는 말. 서절.

서점(西漸)圈彫자 어떤 세력이나 영향 따위가 점점 서쪽으로 옮겨 감.

서점(西點)[─쩜]圈 지평선과 자오선이 서쪽에서 교차하는 점.

서점(書店)圈 책을 팔거나 사는 가게. 서관(書館). 서림(書林). 서사. 서포(書鋪). 책방. 책사. 책점(冊店).

서:정(西征)圈彫자 서쪽을 정벌함.

서정(西庭)圈 **1** 집 안의 서쪽에 있는 뜰. **2**〖역〗명륜당 서쪽에 있는 뜰《승학시(陞學試) 때 유생들이 앉던 곳임》.

서:정(抒情·敍情)圈 자기의 감정이나 정서를 시·글 따위에 나타내는 일.

서:정(庶政)圈 여러 방면에 걸친 정사(政事). ▢~ 개혁.

서:정-문(抒情文)圈〖문〗자기의 주관적인 감정이나 정서를 표현한 글. *서사문.

서:정 소:곡(抒情小曲)圈〖악〗환상적이고 로맨틱한 소곡.

서:정-쇄신(庶政刷新)圈 정사를 처리함에 나쁜 폐단을 없애고, 그 면목을 새롭게 함.

서:정-시(抒情詩)圈〖문〗서사시·극시(劇詩)와 달리, 자기의 감정이나 정서를 주관적으로 나타낸 시. *극시·서사시.

서:정-적(抒情的)관圈 정서를 듬뿍 담고 있는 (것). ▢~인 문장 / 이 노래는 참 ~이다.

서:제(序題)圈 서문(序文)1.

서:제(庶弟)圈 서모에게서 태어난 아우.

서:제-막급(噬臍莫及)[─꿉]圈 이미 저지른 잘못에 대해 후회해도 소용없다는 말. 후회막급.

서제-소(書題所)圈〖역〗정일품 벼슬아치의 사신(私信)에 대한 일을 맡아보던 곳.

서:조(瑞兆)圈 서상(瑞相).

서:조(瑞鳥)圈 상서로운 새(봉황 따위).

서:-조모(庶祖母)圈 할아버지의 첩.

서:족(庶族)圈 서자(庶子)의 자손으로 이루어진 겨레붙이. 좌족(左族).

서죄(書罪)圈彫자〖역〗조신(朝臣)의 죄를 징계하기 위해, 야다시(夜茶時)에 사헌부의 감찰이 그 죄상을 흰 널빤지에 써서 그의 집 문 위에 붙이던 일.

서:죄(恕罪)圈彫타 정상을 살펴 죄를 용서함.

서:주(序奏)圈〖악〗뒤에 나올 악곡을 도입하는 준비로 연주하는 전주(前奏).

서주(書籌)圈 글씨 쓰기와 셈하기.

서중(書中)圈 책·문서·편지 따위의 글 가운데. ▢~에서 의미하는 것은 무엇인가.

서:중(暑中)圈 여름의 더운 때.

서증(書證)圈〖법〗재판에서 문서를 증거로 삼는 방법. *인증(人證).

서증(書贈)圈彫타 글씨를 써서 증정함.

서:증(暑症)[─쯩]圈〖한의〗여름에 날씨가 몹시 더워서 생기는 병.

서지(書旨)圈 서면의 취지.

서지(書誌)圈 **1** 책. **2** 책이나 문서의 형식이나 체제·성립·전래 따위에 관한 사실을 기술한 것. **3** 어떤 인물이나 제목에 관한 문헌 목록.

서지(serge)圈 본디 견모 교직(絹毛交織)을 일컬었으나, 근래에는 주로 소모사로써 능직으로 짠 옷감을 이름. 바탕이 올차고 내구성이 있어 학생복 따위에 씀.

서지-학(書誌學)圈 도서의 고증·해제·역사 따위를 연구하는 학문. 문헌학.

서:진(西進)圈彫자 서쪽으로 나아감.

서진(書鎭)圈 책장이나 종이쪽이 바람에 날리지 않도록 누르는 물건《쇠나 돌로 만듦》. 문진(文鎭).

서질(書帙)圈 **1** 책. **2** 한 권 또는 여러 권의 책을 한목에 넣어 두기 위해 헝겊으로 만든 책개.

서-쪽(西─)圈 해가 지는 쪽. 서녘. 서방(西方). ▢해가 ~ 산마루에 걸릴 무렵. ↔동쪽.

서쪽에서 해가 뜨다 관 절대로 있을 수 없는 일이나 아주 희귀한 일의 비유.

서:차(序次)圈 차례.

서찰(書札)圈 편지.

서창(西窓)圈 서쪽으로 난 창. ↔동창(東窓).

서:창(敍唱)圈〖악〗말하듯이 노래하는 일《오페라·오라토리오에 씀》.

서창(書窓)圈 서재의 창. 또는 서재.

서:창(舒暢)圈彫자타 한가롭고 여유 있게 지냄.

서책(書冊)圈 책. ▢서가에 꽂힌 많은 ~.

서척(書尺)圈 편지.

서:척(敍戚)圈彫자 멀어진 딴 성(姓)의 겨레붙이가 그 척분 관계를 서로 말하는 일.

서천圈 목수의 품삯.

서천(西天)圈 **1** 서쪽 하늘. ▢해가 ~에 걸려 있다. ↔동천. **2** '서천 서역국'의 준말.

서:천(暑天)圈 **1** 더운 여름의 하늘. **2** 더운 날씨.

서천(曙天)圈 새벽 하늘.

서천 서역국(西天西域國)[─꾹] '인도'의 옛 이름. ⓒ서천.

서철(西哲)圈 **1** 서양의 훌륭한 사상가나 철학자. **2** 서양 철학.

서첨(書簽)圈 책의 제목으로 쓴 글씨. 또는 그 글씨를 쓴 종이《책 겉장에 붙임》.

서첩(書帖)圈 이름난 사람의 글씨나 명필(名筆)을 모아 꾸민 책《여러 겹으로 접게 되어 있음》. 묵첩(墨帖).

서체(書體)圈 **1** 글씨체. ▢~가 독특하다. **2** 붓글씨에서, 글씨를 쓰는 일정한 격식이나 양식《한자에서 해서·행서·초서·예서·전서, 한글에서 궁체 따위》. **3** 활자의 자체(字體)《명조·송조·청조·고딕체 따위》.

서:체(書滯)圈 더위로 인해 생기는 체증.

서초(西草)圈 평안도산의 질 좋은 담배.

서초-머리(西草─)圈 서초처럼 빛이 누르고 나슬나슬한 머리털.

서:총-대(瑞葱臺)圈〖역〗**1** 임금이 무관(武官)의 활 쏘는 것을 점검하던 대(臺). **2** '서총대과(科)'의 준말.

서:총대-과 (瑞葱臺科) [명] 서총대에서 임금이 친림(親臨)해서 행하던 무과(武科). [준]서총대.
서:총대-베 (瑞葱臺-) [명] 품질이 낮고 길이가 짧은 무명베를 농으로 부르는 말《조선 연산군 때 서총대를 쌓을 비용으로 무명을 거두었는데, 백성들의 살림이 어려워지면서 무명의 길이가 점점 짧아지고 질이 낮아지게 되었다는 데서》. 서총대포(布).
서추 (西樞) [명] 〖역〗 '중추부(中樞府)'의 별칭.
서축 (書軸) [명] 글씨를 쓴 족자.
서:축 (鼠縮) [명] 쥐가 곡식을 먹어서 모자라거나 줄어든 양.
서:출 (庶出) [명] 첩의 소생. 서생(庶生). ❏ 양반의 ~. ↔적출(嫡出).
서:치 (序齒) [명] 나이의 차례대로 함. ❏ ~에 따르다.
서치 (書癡) [명] 글 읽기에만 온 정신을 쏟고 다른 일은 돌아보지 않는 어리석음. 또는 그런 사람.
서치라이트 (searchlight) [명] 탐조등. ❏ ~를 비추다.
서캐 [명] 〖충〗 이의 알.
[서캐 훑듯] 하나도 빠뜨리지 않고 샅샅이 조사함.
서캐-조롱 [명] 〖민〗 여자 아이들이 액막이로 차고 다니는 조롱의 하나. ↔말조롱.
서캐-훑이 [-훌치] [명] 서캐를 훑어 내는, 빗살이 가늘고 배게 박힌 참빗.
서커스 (circus) [명] 여러 가지 곡예와 마술, 동물의 묘기 따위를 보여 주는 흥행물. 또는 그것을 공연하는 흥행 단체. 곡마(曲馬). 곡예. 곡마단. ❏ ~단(團).
서클 (circle) [명] 같은 이해관계나 직업, 취미 따위로 모인 사람들의 단체. 동아리. ❏ 독서〔문학〕 ~ / ~ 활동 / ~에 가입하다.
서킷 (circuit) [명] 1 전기 회로. 2 순회(巡廻) 경기. ❏ 아시아 ~ 골프. 3 자동차·오토바이 따위의 경주용 환상(環狀) 도로.
서킷 브레이커 (circuit breaker) 주식 시장에서, 주가 지수의 하락 폭이 갑자기 커질 주식.
서킷 트레이닝 (circuit training) 종합적으로 일련의 운동을 되풀이함으로써 호흡이나 근육을 단련하여 몸의 전반적인 힘을 기르는 체력 단련법.
서털-구털 [부][하][형] 말이나 행동이 침착하고 단정하지 못한 모양. ❏ ~ 지껄이다.
서토 (西土) [명] 1 서쪽 땅. 2 〖지〗 서도(西道).
서통 (書通) [명][하][자] 편지 따위를 보내어 뜻을 서로 통함.
서통 (書筒) [명] 봉투.
서:퇴 (暑退) [명][하][자] 더위가 물러감.
서:투르다 〔서툴러, 서투르니〕 [형][르] 1 무엇에 익숙하지 못하여 다루기가 설다. ❏ 일이 ~ / 서투른 장단. 2 낯이 익지 않아 어색하고 서먹하다. ❏ 서투른 분위기. 3 (주로 '서투르게'의 꼴로 쓰여) 앞뒤를 가늠함이 부족하다. ❏ 서투르게 행동하다가 낭패를 보다. [준]서툴다.
[서투른 무당이 장구만 나무란다] 기술이나 능력이 부족한 사람이 도구나 조건만 탓함.
서:툴다 〔서투니, 서툰〕 [형] '서투르다'의 준말. ❏ 외국어에 ~.
서:파 (庶派) [명] 서자의 자손들로 이루어진 계통. ↔적파(嫡派).
서판 (書板) [명] 글씨를 쓸 때, 종이 밑에 받치는 널조각.
서편 (西便) [명] 서쪽 편. ❏ ~ 산기슭 / 노을이 ~ 하늘에 번지다. ↔동편.
서편-제 (西便制) [명] 〖악〗 판소리에서, 조선 말기의 명창 박유전(朴裕全)의 법제(法制)에 따라 부르는 창법의 유파(流派). 음색이 곱고 애절함《보성·광주·나주 등 섬진강 서쪽에 전승됨》. *동편제.
서평 (書評) [명] 책의 내용에 대한 평. ❏ ~란(欄) / ~을 쓰다.
서포 (書鋪) [명] 서점(書店).
서포터 (supporter) [명] 1 축구 따위에서, 운동 선수들이 음부나 중요 부위를 보호하기 위해 몸에 대거나 차는 것. 2 특정 팀을 응원하기 위해 조직된 단체의 일원.
서폭 (書幅) [명] 글씨를 써서 걸 수 있도록 꾸민 천이나 종이의 조각. ❏ ~을 걸다. *화폭.
서표 (書標) [명] 읽던 곳이나 필요한 곳을 찾기 쉽게 책갈피에 끼워 두는 종이쪽지나 끈. 표지(表紙).
서:-푼 [명] 한 푼짜리 엽전 세 개라는 뜻으로, 아주 보잘것없는 값을 이르는 말. ❏ 그 물건은 ~어치도 안 된다.
서푼 [부] 1 소리가 나지 않을 정도로 가볍게 발을 내디디는 모양. 2 매우 가볍게 움직이는 모양. [작]사푼. [센]서뿐.
서푼-목정 [-쩡] [명] 소의 목덜미 아래에 붙은 살.
서푼-서푼 [부][하][자][형] 1 소리가 나지 않을 정도로 가볍게 발을 내디디며 자꾸 걷는 모양. 2 매우 가볍게 잇따라 움직이는 모양. [작]사푼사푼. [센]서뿐서뿐.
서:품 (序品) [명] 〖불〗 경전(經典)의 내용을 추려 나타낸 개론 부분.
서:품 (敍品) [명][하][타] 〖가〗 안수에 의해 주교가 사제·부제를 임명하는 일.
서:품-식 (敍品式) [명] 〖가〗 신품(神品)에 올리는 의식. 서품을 하는 예식.
서풋 [-푿] [부] 소리가 거의 나지 않도록 가볍게 발을 빨리 내디디는 소리. 또는 그 모양. [작]사풋. [여]서붓. [센]서뿟.
서풋-서풋 [-푿써푿] [부][하][자][형] 소리가 거의 나지 않도록 가볍게 발을 내디디며 자꾸 걷는 소리. 또는 그 모양. ❏ ~한 걸음걸이. [작]사풋사풋. [여]서붓서붓. [센]서뿟서뿟.
서풍 (西風) [명] 서쪽에서 불어오는 바람.
서풍 (書風) [명] 붓으로 글씨를 쓰는 방식이나 양식. ❏ 자유분방한 ~.
서피 (書皮) [명] 책의 표지. ❏ ~가 화려하다.
서:피 (犀皮) [명] 코뿔소의 가죽.
서:피 (鼠皮) [명] 쥐의 가죽.
서:피-목도리 (鼠皮-) [-또-] [명] 쥐의 가죽으로 만든 목도리.
서핑 (surfing) [명] 1 파도타기. 2 〈속〉 텔레비전 채널을 여기저기 돌리며 조금씩 시청하는 일. 3 〈속〉 인터넷에서, 이곳저곳 사이트를 접속해 들여다보는 행위. 웹서핑.
서하 (書下) [명][하][타] 〖역〗 임금이 벼슬시킬 사람의 이름을 직접 적어 내리던 일.
서:하 (暑夏) [명] 더위가 심한 여름.
서학 (西學) [명] 1 서양의 학문. 신학(新學). 2 〖역〗 조선 때, 천주교를 이르던 말. ↔동학.
서:학 (暑瘧) [명] 〖한의〗 열학(熱瘧).
서한 (書翰) [명] 편지.
서:한 (暑寒) [명] 한서(寒暑).
서한-문 (書翰文) [명] 편지에 쓰는 특수한 형식의 문체. 또는 그런 문체로 쓴 글. 서간문.
서한 문학 (書翰文學) 〖문〗 편지 글 형식의 문학 작품. 서간 문학.
서한-체 (書翰體) [명] 서한문 형식으로 된 문체.

서간체.

서:함 (書函)團 1 편지. 2 책을 넣는 상자. 3 편지를 넣는 통.

서:합 (噬嗑)團 '서합괘'의 준말.

서:합-괘 (噬嗑卦)[-괘]團《민》육십사괘의 하나. 이괘(離卦)와 진괘(震卦)가 거듭된 것으로 번개와 우레를 상징함. ⊜서합(噬嗑).

서해 (西海)團 1 서쪽에 있는 바다. 2 우리나라에서 '황해'의 일컬음. ↔동해.

서해-안 (西海岸)團 1 서쪽 해안. 2 우리나라의 황해와 접하고 있는 곳의 해안. ⊜동(東)해안.

서행 (西行)團 1 서쪽으로 감. 2《불》서방 극락세계에 왕생(往生)하는 일.

서:행 (徐行)團 사람이나 자동차, 기차 따위가 천천히 감. ⊡~ 운전.

서향 (西向)團[하자] 서쪽을 향함. 또는 그 방향. ⊡건물이 ~으로 앉아 있다 /~으로 창이 나 있다.

서:향 (瑞香)團《식》팥꽃나뭇과의 상록 관목. 높이 약 1m. 잎은 양 끝이 좁고 타원형이며 광택이 있다. 3-4월에 흰빛 또는 붉은 자줏빛 꽃이 줄기 끝에 뭉쳐 피고 향기가 강하며, 대개 열매를 맺지 못함. 중국 원산.

서향-집 (西向-)[-찜]團 대청이 서쪽을 향하고 있는 집.

서향-판 (西向-)團 집터나 묏자리 따위가 서쪽으로 향하고 있는 터전.

서헌 (書軒)團 공부하는 방.

서:혈 (棲穴)團 짐승이 사는 굴.

서-협문 (西夾門)[-혐-]團 궁궐·관아의 삼문(三門) 가운데 서쪽에 있는 문. ↔동(東)협문.

서:형 (庶兄)團 서모에게서 난 형.

서:혜 (鼠蹊)[-/-혜]團《생》샅1.

서:혜-관 (鼠蹊管)[-/-혜-]團《생》서혜부의 인대(靭帶)를 뒤에서 엇비슷하게 앞으로 향해 뻗은 길이 4cm 가량의 관.

서:혜 림프샘 (鼠蹊lymph-)[-/-혜-]團《생》서혜샘.

서:혜 림프 육아종 (鼠蹊lymph肉芽腫)[-유가-/-혜-유가-]團《의》음부에 미란(糜爛)·수포(水疱)·소궤양(小潰瘍) 등이 나며 서혜부의 림프샘이 붓고 경결(硬結)이 만드는 질환. 제사 성병.

서:혜-부 (鼠蹊部)[-/-혜-]團《생》불두덩 옆에 오목하게 된 곳.

서:혜-샘 (鼠蹊-)[-/-혜-]團《생》허벅다리 서혜부에 있는 림프샘. 서혜선(鼠蹊腺). 서혜 림프샘.

서:호-필 (鼠毫筆)團 쥐의 털로 만든 붓.

서화 (書畫)團 글씨와 그림. ⊡~ 전시회 /~와 골동품을 즐기다.

서:화 (瑞花)團 풍년이 들게 하는 꽃이란 뜻으로, '눈'의 이칭.

서화-가 (書畫家)團 서화에 능한 사람. 또는 그것을 업으로 삼는 사람.

서화-상 (書畫商)團 서화를 전문으로 사고파는 장사. 또는 그런 일을 업으로 삼는 사람.

서화-전 (書畫展)團 글씨·그림 등의 전시회.

서화-첩 (書畫帖)團 글씨와 그림을 모은 책.

서화-포 (書畫鋪)團 서화를 사고파는 가게.

서:회 (敍懷·舒懷)團[하자] 회포를 풀어 말함. ⊡오랜만에 ~하며 밤을 지새다.

서:훈 (敍勳)團 훈공의 등급에 따라 훈장을 내림. ⊡국가 유공자에게 ~하다.

서흐레團〈옛〉 1 써레. 2 등급. 계급.

석團 '석동'의 준말.

석 (釋)團[하자]《불》 1 아침저녁으로 부처 앞에 예불하는 일. 2 불법에 귀의한 사람이 석가의 제자임을 나타내기 위해서 성(姓)으로 쓰는 말. 3 새벽에 목탁이나 종을 쳐서 사람을 깨우는 일.

석 (石)[의명] 섬¹. ⊡공량미 300 ~.

석:² 수관형사 '세'의 특별 용법. ㄴ·ㄷ·ㅅ·ㅈ 등을 첫소리로 하는 몇몇 말의 앞에 씀. ⊡~ 냥 /~ 달 /~ 섬 /~ 장.

석³團 1 종이 따위를 칼이나 가위로 베는 소리나 모양. 2 거침없이 밀거나 쓸어 나가는 소리나 모양. ⊡문을 ~ 열다. 3 조금도 남김없이 모두. ⊡~ 밀어놓다. 준삭. 쎈썩.

-석 (席)回 '자리'의 뜻을 나타내는 말. ⊡경로~ / 내빈 / 관람~.

석가 (石瘕)[-까]團《한의》자궁에 어혈이 모여 임신 때처럼 월경이 없고 아랫배가 아픈 병.

석가 (釋迦)[-까]團 1 아리아 족의 크샤트리아 계급에 속하는 종족(釋迦)종은 이 종족에서 났음). 2《불》'석가모니'의 준말.

석가 (釋家)[-까]團《불》불가(佛家) 1.

석가모니 (釋迦牟尼)[-까-]團《불》불교의 개조(開祖). 세계 4대 성인의 하나. 성은 고타마, 이름은 싯다르타. 석씨. 준석가.

석가모니-불 (釋迦牟尼佛)[-까-]團《불》부처로 모시는 석가모니. ⊜모니불.

석가모니-여래 (釋迦牟尼如來)[-까-]團《불》석가모니를 신성하게 이르는 말. 준석가여래·여래.

석가-법 (釋迦法)[-까뻡]團《불》밀교(密敎)에서, 석가모니를 본존으로 하고, 장애·병을 물리치기 위해 쌓는 수법(修法).

석-가산 (石假山)[-까-]團 정원 등에 돌을 모아 쌓아서 조그맣게 만든 산. 준가산(假山).

석가 삼존 (釋迦三尊)[-까-]團《불》가운데의 석가모니와 그 왼쪽의 문수(文殊)보살, 오른쪽의 보현(普賢)보살의 세 부처. 준삼존(三尊).

석가-세존 (釋迦世尊)[-까-]團《불》'석가모니'의 존칭. 준석존(釋尊)·세존.

석가-여래 (釋迦如來)[-까-]團《불》'석가모니여래'의 준말.

석가 탄:신일 (釋迦誕辰日)[-까-시닐] 부처님의 탄생을 기념하는 날(음력 4월 8일). 강탄절(降誕節). 불탄일(佛誕日).

석가-탑 (釋迦塔)[-까-]團《불》석가의 치아·머리털·사리(舍利) 등을 모신 탑.

석가 탱화 (釋迦幀畫)[-까-]團《불》석가모니의 화상(畫像).

석가 행적 (釋迦行跡)[-까-]團《불》석가모니 일생의 역사.

석각 (夕刻)[-깍]團 저녁때 1.

석각 (石角)[-깍]團 돌의 뾰족한 모서리.

석각 (石刻)[-깍]團[하자] 돌에 글이나 그림을 새김. 또는 그렇게 새긴 것. ↔목각(木刻).

석각-장이 (石刻-)[-깍짱-]團 석수(石手).

석각-화 (石刻畫)[-까콰]團 돌이나 비석 따위에 새긴 그림.

석간 (夕刊)[-깐]團 '석간신문'의 준말. ⊡~이 나오다. ↔조간(朝刊).

석간 (石澗)[-깐]團 돌이 많은 산골짜기에 흐르는 시내.

석간-송 (石間松)[-깐-]團 바위틈에서 자란 소나무.

석간-수 (石間水)[-깐-]團 바위틈에서 나오는 샘물. 석천(石泉). 돌샘.

석간-수 (石澗水)[-깐-]團 돌이 많은 산골짜기에 흐르는 맑은 물. 돌샘. 석천(石泉).

석간-신문 (夕刊新聞)[-깐-]團 저녁때 발행하는

는 신문. 석간지. ↔조간신문. [준]석간.
석간-주 (石間硃)[-깐-] [명] 〖광〗 산화철이 많이 포함되어 빛이 붉은 흙. 석회암·혈암(頁岩) 등이 분해된 곳에 남《안료로서, 제도용(製圖用) 및 산수화에 많이 쓰고, 인물화에는 살빛에만 씀》. 대자(代赭). 적토(赤土). 자토(赭土). 주토(朱土). 토주(土朱).
석간-지 (夕刊紙)[-깐-] [명] 석간신문. ❑관련 기사가 ~에 실렸다. ↔조간지.
석간-토혈 (石間土穴)[-깐-] [명] 〖민〗 바위틈에 무덤 구덩이를 팔 만한 땅.
석갈 (釋褐)[-깔] [명][하자] 〖역〗 문과에 급제하여 처음 벼슬하던 일《천민이 입는 갈의(褐衣)를 벗는다는 뜻》.
석감 (石龕)[-깜] [명] 〖불〗 불상을 두기 위해 돌로 만든 감실(龕室).
석-감청 (石紺靑)[-깜-] [명] 천연으로 나는 감청(紺靑) 물감《남동광을 곱게 빻은 가루》. ↔화(花)감청.
석강 (夕講)[-깡] [명][하자] 〖역〗 임금이 저녁에 신하들과 더불어 글을 강론하던 일. 또는 그런 강론.
석갱 (石坑)[-깽] [명] 암석에 판 구멍.
석검 (石劍)[-껌] [명] 돌로 만든 긴 칼.
석-결명 (石決明)[-껼-] [명] **1** 〖식〗 콩과의 한해살이풀. 높이 1-1.5 m, 잎은 깃꼴 겹잎, 소엽(小葉)은 피침형임. 여름에 황색 다섯잎꽃이 피고 협과(莢果)를 맺음. 씨는 약용함. 중국 원산. **2** 〖한의〗 전복의 껍데기《칼슘 성분이 많아 안약으로 씀》.
석경 (夕景)[-꼉] [명] **1** 저녁 햇빛의 그늘. **2** 저녁때의 경치.
석경 (石徑·石逕)[-꼉] [명] 돌이 많은 좁은 길. 돌길¹.
석경 (石磬)[-꼉] [명] 〖악〗 돌로 만든 경쇠《아악기의 하나》. 돌경.
석경 (石鏡)[-꼉] [명] **1** 유리로 만든 거울. *동경(銅鏡). **2** 면경(面鏡).
석계 (石階)[-꼐 / -께] [명] 섬돌. ❑~를 오르다.
석고 (石膏)[-꼬] [명] 〖광〗 황산칼슘을 주성분으로 한 석회질 광물. 보통 무색이지만 불순물이 섞여 회색·붉은색으로 수성암 중에 남. 소(燒)석고로서 미술 공예용 또는 광학용·안료·시멘트 따위의 원료로 씀.
석고-끌 (石膏-)[-꼬-] [명] 석고상을 만들 때 쓰는 끌.
석고-대죄 (席藁待罪)[-꼬-] [명] 〖역〗 거적을 깔고 엎드려서 임금의 처분이나 명령을 기다리던 일.
석고 모델 (石膏model)[-꼬-] 석고형(石膏型).
석고 붕대 (石膏繃帶)[-꼬-] 깁스붕대.
석고-상 (石膏像)[-꼬-] [명] 석고로 만든 조각이나 인물상.
석고-형 (石膏型)[-꼬-] [명] 미술이나 공예품 따위를 만들 때 쓰는, 석고로 만든 형틀. 석고 모델.
석곡 (夕哭)[-꼭] [명][하자] 상제가 소상(小喪) 때까지 저녁마다 위패 앞에서 곡을 하는 일.
석곡 (石斛)[-꼭] [명] 〖식〗 난초과의 상록 여러해살이풀. 높이 20 cm가량, 양지바른 곳의 나무 또는 바위에 남. 줄기는 뭉쳐나며, 초여름에 백색이나 연분홍색 꽃이 핌. 줄기와 잎은 건위(健胃) 강장제로 씀. 석골풀.
석골-풀 (石-)[-꼴-] [명] 석곡.
석공 (石工)[-꽁] [명] **1** 석수(石手). 돌장이. **2** '석공업'의 준말.
석공-업 (石工業)[-꽁-] [명] 돌·콘크리트·벽돌 등을 다루는 직업. [준]석공.
석-공예 (石工藝)[-꽁-] [명] 돌을 재료로 하는 공예.
석-공장 (石工場)[-꽁-] [명] 돌을 가공하는 공장.
석과불식 (碩果不食)[-꽈-씩] [명] 큰 과실은 다 먹지 않고 남긴다는 뜻으로, 자기만의 욕심을 버리고 자손에게 복을 줌을 이르는 말.
석곽 (石槨)[-꽉] [명] 돌로 만든, 관을 담는 궤.
석곽-묘 (石槨墓)[-꽝-] [명] 〖역〗 돌덧널무덤.
석관 (石棺)[-꽌] [명] 돌널.
석광 (石鑛)[-꽝] [명] **1** 광물이 바위 속에 든 광산. 석혈(石穴). **2** 돌을 캐내는 광산.
석광 (錫鑛)[-꽝] [명] 〖광〗 **1** 주석을 파내는 광산. **2** 주석이 들어 있는 광석.
석괴 (石塊)[-꾀] [명] 돌덩이.
석교 (石交)[-꾜] [명] 언제까지나 변치 않는 굳은 교제. 돌과 같이 단단한 교제.
석교 (石橋)[-꾜] [명] 돌다리².
석교 (釋敎)[-꾜] [명] 불교.
석구 (石臼)[-꾸] [명] 돌절구.
석-굴 (石-)[-꿀] [명] 〖조개〗 바위에 붙어사는 '굴'을 '미네굴'에 대해서 일컫는 말.
석굴 (石窟)[-꿀] [명] 바위에 뚫린 굴. 암굴(岩窟). 암혈(岩穴).
석굴 사원 (石窟寺院)[-꿀-] 〖불〗 암벽에 굴을 파서 불상을 안치하거나 벽면에 불상을 새겨서 사원으로 만든 곳《인도·중국 등지에 전함》.
석굴-암 (石窟庵)[-꾸람] [명] 〖불〗 경주의 토함산 동쪽에 있는 우리나라의 대표적인 석굴 사원(寺院). 신라 경덕왕 때 김대성(金大成)이 축조한 것으로, 간단하고도 기묘한 모양과 영묘함이 불교 예술의 극치임. 1996년에 유네스코 세계 문화유산으로 지정됨. 국보 제24 호.
석궁 (石弓)[-꿍] [명] 중세 유럽에서 쓰던 활의 한 가지《돌을 쏘는 데 썼음》.
석권 (席卷·席捲)[-꿘] [명][하타] 자리를 말듯이 무서운 기세로 영토를 휩쓸거나 세력 범위를 넓힘. ❑전 종목의 ~ / 국내 시장을 ~하다.
석권지세 (席卷之勢)[-꿘-] [명] 세력이 빠르고 거침없이 휩쓸어 나가는 기세.
석궐 (石闕)[-꿜] [명] 중국에서, 능묘(陵墓)나 묘(廟) 앞에 좌우 한 쌍으로 돌을 쌓아 만든 장식적인 문.
석귀 (石龜)[-뀌] [명] 〖동〗 남생이.
석금 (石金)[-끔] [명] 돌에 박혀 있는 금. ❑~광(鑛).
석기 (石基)[-끼] [명] 〖광〗 화성암의 반상(斑狀) 구조에서, 반정(斑晶) 이외의 미세한 결정이 모인 부분.
석기 (石器)[-끼] [명] 돌로 만든 갖가지 기구. 특히, 석기 시대의 유물을 이름. 돌연모.
석기 (炻器)[-끼] [명] 도기(陶器)와 자기(瓷器)의 중간물로 볼 수 있는 도자기. 초벌구이를 하지 않고 단번에 만들며, 잿물에 철분을 넣고 약한 불로 구움. 흡수성이 거의 없고 투명하지 못함. 토관(土管)·화로 따위에 씀.
석기 시대 (石器時代)[-끼-] 〖역〗 돌로 도구를 만들어 쓰던 인류 초기의 시대《구석기 시대·신석기 시대로 나눔》.
석남-등 (石南藤)[성-] [명] 〖식〗 마가목.
석녀 (石女)[성-] [명] **1** 아이를 낳지 못하는 여자. 돌계집. **2** 성욕이나 성적 흥분을 느끼지 못하는 여자.

석년 (昔年)[성-] 뎽 1 여러 해 전. 옛날. ▣~의 성대(盛代)를 말하는 유물. 2 지난해.

석노 (石砮)[성-] 뎽 석기 시대에 쓰던, 돌로 만든 화살촉.

석뇌-유 (石腦油)[성-] 뎽 나프타.

석다[-따] 困 뎽 1 쌓인 눈이 속으로 녹다. 2 담근 술이나 식혜 따위가 익을 때 괴는 거품이 속으로 사라지다.

석다[2] 困 〈옛〉 썩다.

석다-치다[-따-] 困-目 말에 재갈을 물리고 채찍으로 치면서 달리다.

석단 (石段)[-딴] 뎽 돌로 만든 계단. 석계(石階). 섬돌.

석단 (石壇)[-딴] 뎽 돌로 만든 단.

석담 (石潭)[-땀] 뎽 바위가 깊게 파여 물이 맑게 괴어 있는 곳. ▣계곡 물이 ~을 이루다.

석대 (石臺)[-때] 뎽 1 돌을 쌓아 만든 대(臺). 2 돌로 만든 밑받침. ▣~ 위에 세워진 동상.

석대-하다 (碩大-)[-때-] 혱어 몸피가 굵고 크다. ▣몸집이 ~.

석덕 (碩德)[-떽] 뎽 1 높은 덕. 2 덕이 높은 사람. 특히, 덕이 높은 승려.

석도 (石刀)[-또] 뎽 돌로 만든 칼. 돌칼.

석-돌[-똘] 뎽 '푸석돌'의 준말.

석-동[-똥] 뎽 윷놀이에서, 세 번째 가는 동. ⑥석].

석-동-무니[-똥-] 뎽 윷놀이에서, 석동을 한데 업고 가는 말.

석두 (石頭)[-뚜] 뎽 아무리 가르쳐 주어도 알지 못하는 머리. 돌대가리.

석둑[-뚝] 뮈 연한 물건을 단번에 자르거나 베는 모양이나 소리. ▣호박을 ~ 자르다. 衡삭둑. 倁썩둑.

석둑-거리다[-뚝꺼-] 目 자꾸 석둑 소리를 내다. 衡삭둑거리다. 倁썩둑거리다. **석둑-석둑**[-뚝썩뚝] 뮈-하다

석둑-대다[-뚝때-] 目 석둑거리다.

석등 (石燈)[-뜽] 뎽 돌로 네모지게 만든 등. 석등롱. 장명등. ▣극락전 앞의 ~.

석-등롱 (石燈籠)[-뜽농] 뎽 석등(石燈).

석란 (石欄)[-난] 뎽 돌로 만든 난간. ▣석교 양쪽에 ~을 가설하다.

석란 (石蘭)[-난] 뎽〖식〗나비난초.

석랍 (石蠟)[-납] 뎽〖화〗파라핀.

석량 (碩量)[-냥] 뎽 큰 도량(度量).

석려 (夕麗)[-녀] 뎽 저녁노을이 곱게 물드는 모양.

석려 (釋慮)[성녀] 뎽-하자 염려하던 마음을 놓음. 방심(放心).

석력 (石礫)[성녁] 뎽 작은 돌. 자갈.

석로 (碩老)[성노] 뎽 학문과 덕행이 높은 나이 많은 사람.

석로 (釋老)[성노] 뎽 석가(釋迦)와 노자(老子).

석록 (石綠)[성녹] 뎽 1〖광〗공작석(孔雀石). 2 그림 그릴 때, 진한 녹색을 이르는 말. 청황 간색(間色)인데 진채(眞彩)에 속함.

석룡-자 (石龍子)[성농-] 뎽 도마뱀.

석류 (石榴)[성뉴] 뎽 1 석류나무의 열매. 2〖한의〗석류나무 열매의 껍질〖설사·복통·촌충을 다스리거나 촌충 구제약으로 씀〗. 3 떡의 웃기의 하나〖찹쌀가루를 반죽해서 붉게 물들여 석류처럼 기름에 지져 냄으로 씀〗.

석류 (石硫)[성뉴] 뎽〖한의〗석영(石礐).

석류-꽃 (石榴-)[성뉴꽃] 뎽 석류나무의 꽃. 석류화.

석류-나무 (石榴-)[성뉴-] 뎽〖식〗석류나뭇과의 낙엽 활엽 교목. 높이 3 m가량. 초여름에 질은 주홍색 여섯잎꽃이 피고 가을에 꽃받침이 발달한 과실인 석류가 둥글게 익음. 나무껍질과 뿌리, 열매의 껍질은 말려서 약용함. (納音)

석류-목 (石榴木)[성뉴-] 뎽〖민〗육십갑자에서, 경신(庚申)과 신유(辛酉)에 붙이는 납음(納音).

석류-문 (石榴紋)[성뉴-] 뎽〖미술〗석류를 도안한 무늬.

석류-석 (石榴石)[성뉴-] 뎽〖광〗마그네슘·철·망간·칼슘·알루미늄 등을 포함한 규산염 광물. 등축 정계(等軸晶系)이고 빛깔은 노랑·갈색·검정 등임. 가닛(garnet).

석류-잠 (石榴簪)[성뉴-] 뎽 꼭지에 석류 꽃송이 무늬를 새긴 은비녀나 금비녀.

석류-피 (石榴皮)[성뉴-] 뎽〖한의〗석류 껍질. 구충제로 씀.

석류-화 (石榴花)[성뉴-] 뎽〖식〗석류꽃.

석리 (石理)[성니] 뎽 암석의 겉모습, 암석을 구성하는 광물의 크기·배열·모양 등의 상태나 조직.

석림 (石淋·石痳)[성님] 뎽〖한의〗임질의 하나〖신장·방광 속에 돌 같은 것이 생김〗.

석마 (石馬)[성-] 뎽 왕릉 따위의 앞에 돌로 만들어 세워 놓은 말. *석양(石羊)·석호(石虎).

석마 (石磨)[성-] 뎽 맷돌.

석말 (席末)[성-] 뎽 말석(末席).

석망 (碩望)[성-] 뎽 크고 높은 명망.

석매 (惜賣)[성-] 뎽-하다 매석(賣惜).

석면 (石綿)[성-] 뎽〖광〗사문석(蛇紋石) 또는 각섬석(角閃石)이 섬유질로 변한 규산염 광물〖내화재·단열재·보온재·절연재 등으로 씀〗. 돌솜. 석융(石絨). 아스베스토스(asbestos).

석면 도기 (石綿陶器)[성-] 원료에 석면이 포함된 도기〖잘 깨지지 않음〗.

석면-복 (石綿服)[성-] 뎽 소화(消火) 작업 따위를 할 때 입는, 석면으로 만든 옷〖요즘은 유리 섬유 따위로 만듦〗. 내화복(耐火服).

석면-사 (石綿絲)[성-] 뎽 석면의 섬유를 무명·명주·삼 등의 섬유와 섞어 짜서, 이들과 태워 없앤 실〖은빛 또는 노르스름한 빛이며, 열에 잘 견디고 전기가 잘 통하지 않아 소방용 옷을 만드는 데 씀〗.

석면 슬레이트 (石綿slate)[성-] 석면과 시멘트를 물에 이겨 틀에 부어 만든 널빤지 모양의 슬레이트〖지붕을 이는 데 씀〗.

석면-판 (石綿板)[성-] 뎽 석면을 주재료로 만든 판〖전기 절연재·내화재 등으로 씀〗.

석면 펠트 (石綿felt)[성-] 석면의 섬유로 만든 펠트〖방화재(防火材)나 흡음재(吸音材) 등으로 씀〗.

석명 (釋名)[성-] 뎽-하타 경론(經論)을 해석할 때 제목의 의미를 풀이함. 또는 그런 풀이.

석명 (釋明)[성-] 뎽-하자타 1 사실을 설명하여 밝힘. 2 오해나 비난 따위에 대해서, 사정을 설명하고 양해를 구함. 석변(釋辯). ▣~을 구하다.

석명-권 (釋明權)[성-뀐] 뎽〖법〗소송 관계를 명확하게 하기 위해 당사자에게 법률적·사실적인 사항에 대해 설명할 기회를 주며 입증을 촉구하는 법원의 권한.

석명 의:무 (釋明義務)[성-] 뎽 석명권을 법원의 직무로 보아 붙인 이름.

석모 (席帽)[성-] 뎽 스스로 마음에 흡족하는 벼슬.

석-목탁 (釋木鐸)[성-] 뎽〖불〗새벽에 예불을 할 때 치는 목탁. *석(釋)쇠.

석무 (夕霧)[성-] 뎽 저녁에 끼는 안개.

석묵 (石墨)[성-][명]『광』흑연.

석문 (石文)[성-][명] 비석이나 벽돌, 기와 따위에 새긴 글.

석문 (石門)[성-][명] 돌로 만든 문.

석문 (石紋)[성-][명] 돌에 난 무늬.

석문 (釋文)[성-][명] **1** 전서·초서·행서체의 글자를 바통의 글자로 고쳐 쓰는 일. 또는 그 글자. **2**『불』불교 경론을 해석한 문장이나 문구.

석문 (釋門)[성-][명]『불』불가(佛家).

석물 (石物)[성-][명] 무덤 앞에 돌로 만들어 놓은 여러 가지 물건(석인(石人)·석수(石獸)·석주(石柱)·석등(石燈)·상석(床石) 따위). *석인석수.

석민 (惜閔·惜憫)[성-][명][하타] 아끼고 슬퍼함.

석밀 (石蜜)[성-][명] 석청(石淸).

석박 (錫箔)[-빡][명] 납지(鑞紙).

석반 (夕飯)[-빤][명] 저녁밥.

석반 (石板)[-빤][명] 석판(石板).

석반-석 (石盤石)[-빤-][명] 석판을 만들 때 쓰는 석재(石材).

석반어 (石斑魚)[-빠너][명]『어』쥐노래미.

석발-미 (石拔米)[-빨-][명] 돌 따위를 골라낸 쌀. 고른쌀.

석방 (釋放)[-빵][명][하타]『법』구속하였던 사람을 풀어 자유롭게 하는 일(사면이나 형기의 만료, 체포·구류 기간의 만료나 구류의 취소, 구류의 집행 정지, 보석 등에 의함). ◇양심수의 ~ / ~ 운동을 벌이다 / 무혐의로 ~되다.

석-방향 (石方響)[-빵-][명]『악』민속 악기의 하나. 돌로 만든 방향. *철(鐵)방향.

석-벌 (石-)[-뻘][명]『충』바위틈에 집을 짓고 사는 벌(이 벌의 꿀이 석청(石淸)임).

석벌의 집 ⇨ 엉성한 물건의 비유.

석범 (釋梵)[-뻠][명]『불』제석(帝釋)과 범천(梵天)을 아울러 이르는 말.

석벽 (石壁)[-뼉][명] **1** 돌로 쌓은 벽이나 담. **2** 깎아지른 언덕의 바위. ◇~을 기어오르다.

석별 (惜別)[-뼐][명][하자타] 서로 애틋하게 이별함. 또는 그런 이별. ◇~의 정(情)을 나누다.

석별-연 (惜別宴)[-뼈련][명] 석별의 정을 나누기 위해 베푸는 연회.

석별지정 (惜別之情)[-뼐지-][명] 서로 헤어지는 것을 섭섭히 여기는 마음.

석보 (石堡)[-뽀][명] 돌로 쌓아 만든 보(堡).

석복 (惜福)[-뽁][명][하자] 검소하게 생활해서 복을 오래 누림. ◇내 어찌 ~의 도리를 생각지 않겠는가.

석부 (石斧)[-뿌][명] 돌도끼.

석부 (石趺)[-뿌][명] 비석이나 조각물 따위에서 돌로 만든 받침.

석부 (石部)[-뿌][명] 국악기의 전통적 분류의 하나. 편경(編磬)·특경(特磬) 따위의 돌을 깎아 만든 악기를 이르는 말.

석부 (釋負)[-뿌][명] **1** 크고 무거운 책임을 면함. **2**『역』의정(議政)의 자리에서 물러남.

석분 (石粉)[-뿐][명] **1**『공』장석(長石)의 가루. 도자기의 재료나 유리의 원료가 됨. **2**『건』건축 재료의 하나. 한수석(寒水石)이나 석회암의 가루. 돌가루.

석분 (石糞)[-뿐][명]『지』지질 시대 동물의 똥이 굳어서 된 화석. 분화석.

석불 (石佛)[-뿔][명]『불』돌부처. *목불.

석불가난 (席不暇暖)[-뿔-][명][하자] 앉은 자리가 따뜻할 겨를이 없다는 뜻으로, 자리나 거처를 자주 옮기거나 매우 바쁘게 활동함을 이르는 말.

석비 (石碑)[-삐][명] 돌비.

석-비레 [石-][-삐-][명] 푸석돌이 많이 섞인 흙. ◇~층(層) / ~의 황무지.

석비레-담 (石-)[-삐-][명] 석비레로 쌓은 담.

석사 (碩士)[-싸][명] **1** 대학원 과정을 마치고 전공과목에 대한 학위 논문이 통과된 사람에게 수여하는 학위. 또는 그 학위를 받은 사람. ◇~ 과정을 마치다 / ~ 논문이 통과되다. *박사·학사. **2**『역』예전에 벼슬이 없는 선비를 높여 이르던 말.

석산 (石山)[-싼][명] 돌로 이루어진 산. 돌산.

석산 (石蒜)[-싼][명]『식』수선화과의 여러해살이풀. 꽃줄기 높이 30∼50 cm, 잎은 넓은 선 모양이며 늦여름에 여섯잎꽃이 핌. 비늘줄기는 알칼로이드의 독성이 있어 토하게 하거나 창에 찔린 데에 약용함. 돌마늘.

석산-화 (石蒜花)[-싼-][명] 석산의 꽃.

석:년 (三年)[-쌴][명] 세 번 거듭되는 삼 년 곧 아홉 해라는 뜻으로, 여러 해나 오랜 세월을 이르는 말. ◇~이 걸리다[흐르다] / 죽은 지 ~이 되다.

석상 (石床)[-쌍][명] 혼유석(魂遊石).

석상 (石像)[-쌍][명] 돌을 조각해서 만든 사람이나 동물의 형상. ◇~을 세우다[부수다] / 놀라움과 공포로 ~처럼 굳어졌다.

석상 (席上)[-쌍][명] 여러 사람이 모인 자리. 좌상(座上). ◇회의(會議)~.

석상 (席一)[-쌍][명]『역』돗자리를 짜던 공장(工匠).

석-상식 (夕上食)[-쌍-][명] 저녁상식.

석상-휘호 (席上揮毫)[-쌍-][명] 앉은자리에서 휘둘러 쓰거나 그린 그림이나 글씨.

석:새 [-쌔][명] '석새삼베'의 준말.

석:새-베 [-쌔-][명] '석새삼베'의 준말.

[석새베에 열새 바느질] ㉠아무리 허름해도 기술과 정성을 가하면 좋아짐. ㉡솜씨는 좋은데 재료가 나쁠 때 솜씨가 아깝다는 말.

석:새-삼베 [-쌔-][명] 240 올의 날실로 짠 성글고 굵은 베. 삼승포(三升布). ㉰석새·석새베.

석:새-짚신 [-쌔집씬][명] 총이 매우 성글고 굵은 짚신.

[석새짚신에 구슬 감기] 격에 어울리지 않는 모양이나 차림새.

석서 (鼫鼠)[-써][명]『동』다람쥣과의 짐승. 다람쥐와 같은 동물인데, 빛은 황갈색, 꼬리 끝이 희고 배는 회황색, 볼에 협낭(頰囊)이 있음. 곡식을 해침. 만주 특산.

석석 (錫石)[-썩][명] 주석의 주요 광석. 정방정계(正方晶系)로, 기둥 모양·추 모양으로 세로 홈 줄이 패어 있고, 투명 또는 반투명함. 무색·황갈색·암갈색을 띰. 주석석(朱錫石).

석석 [-썩][뷔] **1** 거침없이 자꾸 밀거나 비비거나 쓰는 소리나 모양. ◇두 손을 ~ 비비다 / 마당을 싸리비로 ~ 쓸다. **2** 종이나 헝겊 따위를 거침없이 가볍게 베는 소리나 모양. ◇삼베를 가위로 ~ 베다. ㉱삭삭. ㉲썩썩.

석석-거리다 [-썩꺼-][자타] 자꾸 석석 소리가 나다. 또는 그런 소리를 자꾸 내다. ㉱삭삭거리다.

석석-대다 [-썩때-][자타] 석석거리다.

석선 (石船)[-썬][명] 돌을 실어 나르는 배.

석성 (石城)[-썽][명] 돌로 쌓은 성. ◇~의 흔적.

석성 (石聖)[-썽][명]『불』덕이 높고 믿음이 굳은 승려.

석송 (石松)[-쑹][명]『식』석송과의 상록 여러해살이 덩굴풀. 산기슭 양지에 나는데, 줄기

는 길이 약 2 m, 많은 가지에 흰 수염뿌리가 달림. 잎은 가늘고 길며 줄기에 빽빽이 남. 관상용임.

석송-자 (石松子)[-송-][명]《한의》 석송의 어린 홀씨를 모은 담황색 가루《지방분·흡습성이 있어 피부가 헌데에 뿌림》.

석-쇠 [-쐬][명] 고기나 생선 따위를 굽는 기구《쇠테에 철사로 그물 뜨듯이 만듦》. 적철.

석-쇠 (釋-)[-쐬][명]《불》 1 아침저녁 예불할 때 치는 종. 2 새벽에 사람을 깨우기 위해 치는 종. *석목탁.

석쇠-무늬 [-쐬-니][명] 격자(格子)무늬.

석수 (石手)[-쑤][명] 돌을 다루어 물건을 만드는 사람. 석공(石工). ⇒-와 목수.

석수 (石數)[-쑤][명] 곡식 섬의 수효.

석수 (石獸)[-쑤][명] 돌짐승.

석수 (汐水)[-쑤][명] 저녁때 밀려왔다가 나가는 바닷물. 석조. ↔조수(潮水).

석수-선 (石數船)[-쑤-][명] '석수(石數)'로 용적(容積)을 나타내는 배.

석수-어 (石首魚)[-쑤-][명]《어》 조기.

석수-장이 (石手-)[-쑤-][명] '석수'를 낮잡아 일컫는 말.
[석수장이 눈깜작이부터 배운다] ㉠쉽고 낮은 기술부터 배우게 된다는 말. ㉡일의 내용보다 형식부터 본뜨는 사람을 비웃는 말.

석수-질 (石手-)[-쑤-][명][하자] 돌을 다루어 물건을 만드는 일.

석순 (石筍)[-쑨][명]《광》 종유굴 안의 천장에 매달려 있는 종유석에서 떨어진 탄산칼슘의 용액이 물과 이산화탄소의 증발로 굳어 죽순(竹筍) 모양으로 이루어진 돌 기둥. 돌순.

석순 (席順)[-쑨][명] 석차(席次) 1.

석시 (昔時)[-씨][명] 옛날. 옛적.

석식 (夕食)[-씩][명] 저녁밥.

석신 (石神)[-씬][명] 민간 신앙에서, 신으로 받들어 섬기는 돌.

석-신명 (惜身命)[-씬-][명][하자] 행동을 조심해서 위험을 피함.

석실 (石室)[-씰][명] 돌방.

석실-묘 (石室墓)[-씰-][명]《역》 돌방무덤.

석실-분 (石室墳)[-씰-][명]《역》 돌방무덤.

석씨 (釋氏)[-씨][명]《불》 1 석가모니. 2 불가(佛家).

석씨-매듭 (釋氏-)[-씨-][명] 납작이매듭의 상하 좌우로 생쪽매듭이 둘러싼 모양의 매듭.

석안 (石案)[명] 혼유석(魂遊石).

석안유심 (釋眼儒心)[서간뉴-][명] 석가의 눈과 공자의 마음이라는 뜻으로, 자비롭고 어진 마음을 이르는 말.

석약 (石藥)[명] 돌 따위의 광물질로 만든 약재.

석양 (夕陽)[명] 1 저녁때의 햇빛. 낙양. 낙조. 만양(晚陽). 석일(夕日). ㉠뉘엇뉘엇 넘어가는 ~ / ~에 타는 저녁놀 / ~이 갈리다. ⇒조양(朝陽). 2 석양이 질 무렵. ㉠~ 무렵. 3 '노년(老年)'을 비유하는 말. 황혼.

석양 (石羊)[명] 왕릉 주위에 돌로 만든 양 모양의 조각물. *석마(石馬)·석호(石虎).

석양-녘 (夕陽-)[서경녁][명] 해 질 무렵.

석양-볕 (夕陽-)[서경볃][명] 저녁때의 햇볕.

석양-빛 (夕陽-)[서경삗][명] 저녁때의 햇빛. ㉠~이 비치다〔붉다〕. ~을 받다.

석양-천 (夕陽天)[명] 해 질 무렵의 하늘.

석양-판 (夕陽-)[명] 해 질 무렵. 또는 석양빛이 비치는 곳. ㉠~이 지나고 어둑한 초저녁이 되었다.

석어 (石魚)[명] 조기.

석언 (釋言)[명][하다] 변명을 함. 또는 그런 말.

석-얼음 (石-)[명] 1 물 위에 뜬 얼음. 2 유리창에 붙은 얼음. 3《광》 수정 속에 보이는 가느다란 결.

석역 (石役)[명] 돌을 다루어 물건을 만드는 일.

석연 (夕煙)[명] 저녁밥을 짓는 연기.

석연 (石硯)[명] 돌을 조아 만든 벼루.

석-연대 (石蓮臺)[성년-][명] 돌로 만든 연대. 돌연대.

석연-하다 (釋然-)[형][여] (뒤에 '않다'·'못하다' 따위 부정어를 수반하여) 의혹이나 꺼림칙한 마음이 없이 환하다. ㉠석연치 못한 점 / 석연치 않은 얼굴 / 분위기가 석연치 않다. **석연-히** [부]

석염 (石塩)[명]《광》 암염(岩塩).

석염 (腊葉)[명] 종이나 책 따위의 사이에 끼워 말린 나뭇잎의 표본.

석영 (石英)[명]《광》 이산화규소로 된 광물. 삼방 정계(三方晶系) 또는 육방(六方) 정계 결정. 유리 광택이 있으며 순수한 것은 수정(水晶)이라 함. 변성암(變成岩)·수성암은 대개 석영을 포함한 차돌임《유리·도자기·장식·통신 기기의 재료 등으로 씀》. 차돌.

석영 (石癭)[명]《한의》 돌같이 단단하게 된 혹. 석류(石瘤).

석영-렌즈 (石英lens)[명] 석영 유리로 만든 렌즈.

석영-사 (石英沙·石英砂)[명] 규사(硅砂).

석영 유리 (石英琉璃)[서경뉴-] 순수한 규석·규사를 녹여 만든 내열 유리《보통 유리보다 질기며 자외선을 잘 통함. 이화학 기구 제조용임》. 실리카 유리. 차돌 유리.

석-우황 (石牛黃)[명] 돌처럼 단단한 우황.

석-웅황 (石雄黃)[명] 1《광》 천연으로 나는 비소 화합물. 빛은 등황색 또는 황색, 염료·화약에 씀. ㉰석황(石黃)·웅황(雄黃). 2 조금 탁한 누른빛의 그림물감.

석월 (夕月)[명] 저녁에 뜨는 달.

석위 (石葦)[명]《식》 고란초과의 상록 양치식물. 바위·나무줄기에 붙어 모여 사는데 잎은 직립, 두꺼운 혁질(革質)임. 잎·줄기는 한방에서 이뇨제로 씀. 와위(瓦葦).

석유 (石油)[명]《광》 지하에서 천연으로 나는 탄화수소를 주성분으로 하는 가연성 광물성 기름. 이것을 증류하여 휘발유·등유·경유·중유·석유 피치·아스팔트 따위를 얻음. 좁은 뜻으로는 원유 또는 등유를 가리키기도 함.

석유 (碩儒)[명] 거유(巨儒).

석유-갱 (石油坑)[명]《광》 석유의 원유를 퍼내는 샘. 석유정(井).

석유 경유 (石油輕油)[화] 석유의 원유를 분류(分溜)할 때, 200-350℃ 사이에서 얻는 기름. 동력/기계 세척용으로 씀.

석유-곤로 (石油焜爐)[서콜골-][명] 석유풍로.

석유 공업 (石油工業) 가연성 천연가스나 원유를 원료로 해서 생활에 유용한 제품을 만드는 일.

석유 기관 (石油機關) 휘발유·석유·중유 등을 연료로 해서 동력을 발생시키는 내연 기관. 석유 발동기.

석유-난로 (石油煖爐)[서큐날-][명] 등유를 연료로 하는 난로. 석유스토브. ㉠~에 불을 붙이다.

석유-남포 (石油-)[명] 석유램프.

석유-등 (石油燈)[명] 석유를 연료로 해서 불을 켜는 등.

석유-램프 (石油lamp)[명] 석유를 사용해서 불을 켜는 조명 기구. 석유남포.

석유-벤진 (石油benzine) 명 벤진.
석유 산:업 (石油産業) 원유의 탐사·채굴·수송·정제·판매 따위를 하는 산업.
석유 수출국 기구 (石油輸出國機構)[서규-끼-] 산유국 간의 석유 정책 조정과 이를 위한 정보의 수집·교환, 석유 가격의 안정 등을 꾀하기 위한 국제 및 기구. 약칭 및 오펙(OPEC).
석유-스토브 (石油stove) 명 석유난로.
석유 에테르 (石油ether) 『화』 석유의 원유를 분류(分溜)할 때 40~70℃에서 유출되는 무색의 액체. 용제(溶劑)·연료 등으로 씀.
석유 유제 (石油乳劑) 석유에 비눗물을 타서 젖빛으로 만든 액제(구충제·소독제로 씀).
석유 정제 (石油精製) 석유의 원유를 정제해서 휘발유·중유·경유 등의 각종 석유 제품으로 만드는 것.
석유 제:품 (石油製品) 석유의 원유를 처리하고 가공해서 주로 연료 및 윤활유로 쓰도록 만든 제품(윤활유·파라핀·아스팔트 따위).
석유 코크스 (石油cokes) 석유의 원유를 정제하고 남은 찌꺼기에서 얻는 코크스. 전극(電極)·연료·전기 브러시 등의 공업용 탄소 재료로 씀.
석유 탐사 (石油探査) 석유가 존재하는 장소와 석유의 집적의 상태를 조사하는 일(지질학적 방법, 지구 물리학적 방법, 지구 화학적 방법, 시추 등을 종합해서 행함).
석유 파동 (石油波動) 유류(油類) 파동.
석유-풍로 (石油風爐)[서규-노] 석유를 연료로 하는 풍로. 석유곤로.
석유 피치 (石油pitch) 『화』 중유에서 유분(油分)을 빼낸 뒤의 암갈색 또는 흑색의 고형물(절연체·아스팔트로 도로포장 등에 씀).
석유 합성 (石油合成)[서규-썽] 『화』 천연가스나 분해 석유 제조의 부산물인 가스를 분리해서, 이것과 수소를 원료로 하여 고온·고압으로 중합(重合)시키는 일.
석유 혈암 (石油頁岩) 『광』 석유가 들어 있는 혈암. 유모(油母) 혈암. 함유 혈암. 함유 세일(含有shale).
석유 화:학 (石油化學) 석유 화학 공업의 기초를 이루는 석유계 탄화수소에 관한 화학.
석유 화:학 공업 (石油化學工業)[서규-공-] 석유 또는 천연가스를 원료로 해서 연료 및 윤활유 이외의 화학 제품을 만드는 공업.
석유 화:학 제:품 (石油化學製品)[서규-제-] 석유 또는 천연가스로부터 만들어진, 연료 및 윤활유 이외의 주로 유기 합성 화학 제품(고무·플라스틱·섬유·세제 따위).
석유 화:학 콤비나트 (石油化學combinat) 석유 정제·나프타(naptha) 분해 플랜트를 중심으로 여러 가지 화학 제품 공장이 원료·제품 수송의 파이프로 결합된 공장 집단. 석유 콤비나트.
석음 (夕陰) 명 1 땅거미. 2 흐린 저녁때.
석음 (惜陰) 명하자 시간을 아낌.
석의 (釋義)[서기 / 서기] 명하타 1 글의 뜻을 해석함. 2 한문으로 된 서적에 주석을 달고 자신의 의견을 덧붙임.
석이 (石耳·石栮) 명 『식』 석이과의 버섯. 깊은 산의 바위 위에 남. 편평한 원반형으로 지름 3~10cm, 겉은 번들번들하고 회갈색이며, 안쪽은 흑색이고 거칠거칠함. 맛과 향기가 좋아 식용함.
석이다 타 '석다'의 사동' 1 폭한 날씨가 쌓인 눈을 속으로 녹게 하다. 2 더운 기운이 술·식혜 따위를 석게 하다.
석이-버섯 (石耳-)[서기-선] 명 『식』 '석이(石

耳)'를 분명히 일컫는 말.
석인 (石人) 명 무덤 앞에 세우는, 돌로 만들어 놓은 사람의 형상(문인석(文人石)·무인석 등이 있음). 인석(人石).
석인 (石印) 명 1 돌에 새긴 도장. 2 '석판 인쇄'의 준말.
석인 (昔人) 명 옛사람. 고인(古人).
석인 (碩人) 명 덕이 높은 사람.
석인-본 (石印本) 명 석판 인쇄로 된 책.
석인-석수 (石人石獸)[서기-쑤] 명 무덤 앞에 세우는, 돌로 만든 사람이나 짐승의 형상. * 석물(石物).
석일 (夕日) 명 석양(夕陽)1.
석일 (昔日) 명 옛날.
석임 명하자 빚어 담근 술이나 식혜 따위가 익을 때, 부글부글 괴면서 방울이 속으로 삭음. 또는 그 일.
석자 [-짜] 명 철사로 그물처럼 엮어서 바가지 모양으로 만든, 긴 자루 달린 조리 기구(주로 튀김 따위를 건져 내는 데 씀).
석자 (昔者)[-짜] 명 1 옛날. 2 어제.
석자 (席子)[-짜] 명 돗자리.
석자 (碩者)[-짜] 명 석가의 제자. 불제자.
석잠 (石蠶)[-짬] 명 '물여우'를 한방에서 일컫는 말(해열·이뇨제로 씀).
석잠-아 (石蠶蛾)[-짜머] 명 『충』 날도래.
석장 (石腸)[-짱] 명 '철석간장'의 준말.
석장 (石匠)[-짱] 명 『역』 조선 때, '석수(石手)'의 일컬음.
석장 (席長)[-짱] 명 좌장(座長).
석장 (錫杖)[-짱] 명 『불』 승려가 짚고 다니는 지팡이(위는 탑(塔) 모양인데, 고리를 여러 개 달아 소리가 나게 함).
석:장-볏 (-張-)[-짱볃] 명 석 장으로 된 닭의 볏.
석-장승 (石-)[-짱-] 명 돌로 만든 장승.
석재 (石材)[-째] 명 토목·건축 및 그 밖의 다른 재료로 쓰는 돌. □~를 캐다. *목재.
석재 (碩材)[-째] 명 학문에 대한 뛰어난 재능. 또는 그런 재능을 지닌 사람.
석저 (石疽)[-째] 명 『한의』 살이 쑤시고 아프며, 돌처럼 단단해지는 종기.
석전 (夕奠)[-쩐] 명 염습 때부터 장사 때까지 저녁마다 신위 앞에 제물을 올리는 의식.
석전 (石田)[-쩐] 명 1 돌이 많은 밭. 돌밭. 2 쓸모없는 것의 비유.
석전 (石殿)[-쩐] 명 돌로 만든 전당.
석전 (石戰)[-쩐] 명 『민』 돌팔매질로 승부를 겨루는 놀이. 돌싸움.
석전 (釋典)[-쩐] 명 불경(佛經).
석전 (釋奠)[-쩐] 명 '석전제'의 준말.
석전-경우 (石田耕牛)[-쩐-] 명 자갈밭을 가는 소라는 뜻으로, 황해도 사람의 인내심이 강하고 부지런한 성격을 평한 말.
석전-제 (釋奠祭)[-쩐-] 명 음력 2월과 8월의 상정일(上丁日)에 문묘(文廟)에서 공자(孔子)에게 지내는 제사. ㉥석전.
석정 (石井)[-쩡] 명 돌우물.
석정 (石精)[-쩡] 명 나프금.
석정 (石鼎)[-쩡] 명 돌솥.
석제 (石梯)[-쩨] 명 섬돌.
석조 (夕照)[-쪼] 명 저녁때의 햇빛. 낙조(落照). 석휘(夕暉). 여휘(餘暉).
석조 (夕潮)[-쪼] 명 석수(汐水).
석조 (石造)[-쪼] 명 돌로 물건을 만드는 일. 또는 그 물건. □~ 건물.

석조 (石彫)[-조] 명 돌에 조각함. 또는 그런 조각품.

석조 (石棗)[-조] 명 1 〔식〕 산수유(山茱萸)나무. 2 〔한의〕 산수유.

석조 (石槽)[-조] 명 큰 돌을 파서 물을 부어 쓰도록 만든 돌그릇. 큰 절에서 잔치를 끝내고 그릇 따위를 닦을 때 흔히 씀.

석조-전 (石造塼)[-조-] 명 돌로 지은 전각.

석존 (釋尊)[-쫀] 명 〔불〕 '석가세존(釋迦世尊)'의 준말.

석-종유 (石鍾乳)[-쫑-] 명 〔광〕 돌고드름.

석좌 교:수 (碩座敎授)[-쫘-] 기업이나 개인이 기부한 기금으로 연구 활동을 하도록 대학에서 지정한 교수.

석주 (石柱)[-쭈] 명 돌로 만든 기둥. 돌기둥.

석죽 (石竹)[-쭉] 명 〔식〕 패랭이꽃.

석죽-색 (石竹色)[-쭉쌕] 명 분홍색.

석지 (石地)[-찌] 명 돌이 많은 땅.

석질 (石質)[-찔] 명 돌의 본바탕이나 성질. ▷ 벼루의 ∼.

석질-운석 (石質隕石)[-찔룬-] 명 〔광〕 주성분이 규산염 물질로 된 운석. *석철운석·운철(隕鐵).

석차 (席次) 명 1 자리의 차례. 석순. ▷∼를 정하다. 2 성적의 차례. ▷∼를 매기다 /∼가 오르다 /∼가 떨어지다.

석찬 (夕餐) 명 만찬(晩餐).

석창 (石槍) 명 석기 시대에 사냥에 쓰던, 돌로 만든 창.

석-창포 (石菖蒲) 명 〔식〕 천남성과의 상록 여러해살이풀. 물가에 남. 뿌리줄기는 두껍고 마디가 많으며, 잎은 가늘고 길며, 봄에 황록색 꽃이 핌. 뿌리줄기는 소화 불량·건망증 등의 약으로 씀.

석척 (蜥蜴) 명 〔동〕 도마뱀.

석천 (石泉) 명 석간수(石間水).

석철-운석 (石鐵隕石) 명 〔광〕 주성분이 금속과 규산염 광물로 된 운석. *석질운석·운철.

석청 (石淸) 명 산속의 나무나 돌 사이에 석벌이 모아 둔 질이 좋은 꿀. 석밀(石蜜).

석촉 (石鏃) 명 돌로 만든 화살촉(석기 시대에 무기로 많이 쓰였으며, 타제품(打製品)·마제품(磨製品)이 있음). 돌살촉.

석총 (石塚) 명 〔역〕 돌무덤.

석축 (石築) 명 1 돌로 쌓아 만든 옹벽(擁壁). ▷∼을 쌓다. 2 돌로 쌓아 만드는 일.

석춘 (惜春) 명 가는 봄을 아쉬워함.

석출 (析出)[-]명하타 〔화〕 1 화합물을 분석해서 어떤 물질을 분리해 냄. ▷독물을 ∼하다. 2 액체 속에서 고체가 생기는 현상(용액을 냉각했을 때 용질(溶質)이 결정되는 것 따위).

석-치다 (釋-) 재 〔불〕 절에서 아침저녁으로 예불할 때 종을 치다.

석탄 (石炭) 명 〔광〕 태고 때의 식물질이 땅속 깊이 묻혀 오랫동안의 지압·지열로 분해되어 생긴 함수 탄소 물질의 화석 연료. 탄화 정도에 따라 역청탄(瀝靑炭)·토탄(土炭)·갈탄(褐炭)·흑탄(黑炭)·무연탄으로 나눔. 매탄. 준탄.

석탄-가루 (石炭-)[-까-] 명 석탄이 잘게 부스러진 가루.

석탄 가스 (石炭gas) 〔화〕 석탄을 건류(乾溜)해서 얻는 가연성의 가스(수소·메탄·일산화탄소 등의 혼합물, 가정용·공업용의 연료).

석탄-갱 (石炭坑) 명 〔광〕 탄갱.

석탄 건류 (石炭乾溜)[-걸-] 〔화〕 석탄을 밀폐된 용기 속에서 열을 가하여 분해하는 일 《수분·석탄 가스·콜타르를 유출(溜出)하고,

코크스가 남음》.

석탄-계 (石炭系)[-/-계] 명 〔지〕 석탄기에 생긴 지층.

석탄-광 (石炭鑛) 명 〔광〕 탄광.

석탄-기 (石炭紀) 명 〔지〕 고생대의 데본기(紀)와 페름기(紀)의 중간 시대(양치(羊齒)식물이 번성하고, 곤충류·파충류가 나타났음).

석탄-산 (石炭酸) 명 〔화〕 페놀.

석탄산-수 (石炭酸水) 0.1~0.2%의 페놀이 들어 있는 무색투명한 액체(방부제·소독제로 씀).

석탄 액화 (石炭液化)[-타녀콰] 〔화〕 인조 석유 제법의 하나. 석탄을 고온·고압으로 열분해하고 수소를 첨가해서 석유 비슷한 액체 연료를 만드는 방법.

석-탄일 (釋誕日) 명 불탄일(佛誕日).

석-탄자 (石彈子) 명 쇠뇌로 튀겨서 쏘는 잔돌멩이.

석탄-재 (石炭-)[-째] 명 석탄을 태우고 남은 재. 탄재.

석탄-층 (石炭層) 명 〔광〕 탄층.

석탑 (石塔) 명 돌로 쌓은 탑. 돌탑. ▷5층 ∼.

석탑 산:업 훈장 (錫塔産業勳章)[-싸녀푼-] 제5등급의 산업 훈장.

석태 (石胎) 명 〔식〕 돌처럼 굳고 묵직한 사기그릇의 몸(빛이 희고 불투명함).

석태 (石苔) 명 〔식〕 돌김.

석투 (石投) 명 〔역〕 고려 때, 별무반(別武班)에 속하여 돌팔매질하던 군대.

석투-당 (石投幢) 명 〔역〕 신라 때, 돌팔매질을 맡아 하던 군대.

석판 (石板) 명 석판석을 얇게 깎아, 석필로 글씨를 쓰거나 그림을 그리게 된 기구. 석반.

석판 (石版) 명 석판 인쇄에서, 글씨를 쓰거나 그림을 그리는 인쇄판.

석판-석 (石板石) 명 〔광〕 석판의 재료가 되는 점판암(粘板岩).

석판 인쇄 (石板印刷) 평판 인쇄의 하나. 표면에 비누와 기름을 섞은 재료로 글자를 쓰거나 그림을 그려 제판하는데, 물과 지방의 반발성을 이용함. 준석인(石印).

석판-화 (石版畵) 명 석판(石版)에 그림을 그려서 찍어 낸 그림.

석패 (惜敗) 명하자 운동 경기 등에서, 약간의 점수 차이로 아깝게 지는 일. 분패(憤敗).

석편 (石片) 명 돌의 깨어먹진 조각. 돌조각.

석폐 (石肺)[-/-폐] 명 〔생〕 광산이나 공장 따위에서 발생한 광물성 먼지를 오랫동안 들이마시고, 그것이 쌓여서 병적 변화를 일으킨 폐. *진폐(塵肺).

석필 (石筆) 명 1 검은색이나 붉은색 점토를 붓처럼 만들어 서화를 그리는 기구. 2 납석(蠟石) 따위를 붓처럼 만들어 석판에 글씨를 쓰거나 그림을 그리는 도구.

석필-석 (石筆石) 명 〔광〕 납석의 하나. 불투명하고 백색·회색·녹색을 띠며 지방(脂肪) 광택이 남(석필·내화 벽돌 제조에 씀).

석하 (夕霞)[서카] 명 해가 질 무렵의 안개. 만하(晩霞).

석학 (碩學)[서칵] 명 학식이 많고 학문이 깊음. 또는 그런 사람.

석함 (石函)[서캄] 명 돌함.

석해 (石蟹)[서캐] 명 〔동〕 가재.

석핵 석기 (石核石器)[서캑썩-] 구석기 시대의 석기 중, 돌멩이의 둘레를 깨어 내고 남은 속 부분을 석기로 한 것.

석현 (昔賢)[서켠] 명 옛날의 현인. 고현(古賢).

석혈 (石穴)[서켤] 명 석광1. ▷돌에 뚫린 ∼

구덩이. ↔사금광.

석호 (石虎)[서코] 圏 왕릉 등에 세운, 돌로 만들어 세운 범. 호석. *석마(石馬)·석양(石羊).

석호 (潟湖)[서코] 圏 『지』 사취(砂嘴)·사주(砂洲)·연안주(沿岸洲) 등에 의해 바다의 일부가 외해(外海)와 분리되어 생긴 호수.

석-혹 (石-)[서콕] 圏 〈속〉 석영(石瘿).

석혼-식 (錫婚式)[서콘-] 圏 결혼기념식의 하나. 결혼 10주년이 되는 날을 축하해서, 부부가 주석 제품을 선물로 주고받음.

석화 (石火)[서콰] 圏 1 돌이 서로 맞부딪치거나 돌과 쇠가 맞부딪칠 때 일어나는 불. 2 몹시 빠른 것의 비유. ☞전광(電光)~ 같다.

석화 (石化)[서콰]圏하자 생물의 유해(遺骸)에 탄산석회·규산(硅酸) 따위가 스며들어 본디 조직을 딱딱하게 만듦.

석화 (石花)[서콰] 圏 1 『조개』 굴. 2 『식』 지의(地衣).

석화 (石貨)[서콰] 圏 돌로 만든 돈.

석화 (席畵)[서콰]圏하자 연회나 집회 등의 자리에서 주문(注文)에 따라 즉석에서 그림을 그림. 또는 그 그림.

석화 (錫花)[서콰] 圏 윤택이 없는 흰빛의 납 성분이 들어 있는 잿물(도자기에 입힘).

석화-광음 (石火光陰)[서콰-] 圏 빠른 세월을 비유하는 말.

석화-반 (石花飯)[서콰-] 圏 굴밥.

석화 작용 (石化作用)[서콰자굥] 생물의 유해 등에 탄산칼슘·규산 등이 들어가서 변질시켜 굳게 하는 작용. 화석화(化石化) 작용.

석황 (石黃)[서쾅] 圏 『광』 '석웅황(石雄黃)'의 준말.

석회 (石灰)[서쾨] 圏 『화』 석회암을 태워 이산화탄소를 제거해서 얻는 생석회(＝산화칼슘)와, 생석회에 물을 부어 만들어지는 소석회(＝수산화칼슘)의 총칭. 칼크. ☺회.

석회 가마 (石灰-)[서쾨-] 『공』 석회를 굽는 데 쓰는 가마.

석회-동 (石灰洞)[서쾨-] 圏 『지』 종유굴.

석회 모르타르 (石灰mortar)[서쾨-] 소석회(消石灰)에 모래를 섞어 물로 반죽해서 만든 도료(塗料)(건축 재료로 씀).

석회-분 (石灰分)[서쾨-] 圏 석회의 성분.

석회 비:료 (石灰肥料)[서쾨-] 간접 비료로 사용하는 석회. 칼슘을 주성분으로 해서 토양의 성질을 개선하고 작물에 대한 양분 공급력을 높임.

석회 산호 (石灰珊瑚)[서쾨-] 『동』 산호 군체(群體)가 분비한 석회질의 뼈.

석회-석 (石灰石)[서쾨-] 圏 『광』 석회암.

석회-수 (石灰水)[서쾨-] 圏 『화』 소석회(＝수산화칼슘)를 녹인 무색투명의 액체(알칼리성 반응을 보이며 이산화탄소를 흡수하여 부옇게 됨. 소독·살균제로 씀). 횟물.

석회-암 (石灰岩)[서쾨-] 圏 『광』 탄산칼슘을 주성분으로 한 수성암(건축 용재·석회 또는 시멘트 제조의 원료로 씀). 석회석. 횟돌.

석회-유 (石灰乳)[서쾨-] 圏 소석회(＝수산화칼슘)를 10배의 물에 녹인 흰 액체(알칼리성이고 소독수로 씀).

석회-유 (石灰釉)[서쾨-] 圏 『공』 탄산칼슘을 매용제(媒熔劑)로 한 도자기용 잿물의 총칭.

석회-질 (石灰質)[서쾨-] 圏 『광』 석회 성분을 주로 가진 물질.

석회질 도기 (石灰質陶器)[서쾨-] 『공』 장석(長石) 성분의 흙으로 만든 오지그릇.

석회질 비:료 (石灰質肥料)[서쾨-] 『석회 비료.

석회-질소 (石灰窒素)[서쾨-쏘] 圏 가열된 카바이드(＝탄화칼슘)에 질소를 작용시켜 얻는 흑회색의 분말(비료 등으로 씀).

석회-층 (石灰層)[서쾨-] 圏 『지』 바다에 퇴적한 탄산칼슘이나 생물체가 침전되어 생기는 회백색의 지층.

석회-토 (石灰土)[서쾨-] 圏 탄산칼슘이 많이 섞인 흙.

석회-화 (石灰華)[서쾨-] 圏 『광』 석회질의 수용액에서 침전된 탄산칼슘(온천 근처에 많음).

석후 (夕後)[서쿠] 圏 저녁밥을 먹고 난 뒤. ㅁ~의 산책.

석훈 (夕曛)[서쿤] 圏 해 진 뒤의 어스레한 빛.

석휘 (夕暉)[서퀴] 圏 석조(夕照).

섞-갈리다 [석깔-] 짜 갈피를 잡지 못하게 여러 가지가 한데 뒤섞이다. ㅁ이야기가 ~ / 정신이 ~.

섞다 [석따] 타 1 두 가지 이상의 것을 한데 합치다. ㅁ쌀에 보리를 ~. 2 어떤 말이나 행동에 다른 말이나 행동을 함께 나타내다. ㅁ거짓말을 섞어 가며 지껄이다.

섞-바꾸다 [석빠-] 타 차례를 번갈아 바꾸다. ㅁ남학생과 여학생을 섞바꾸어 앉히다.

섞-바뀌다 [석빠-] 짜 ('섞바꾸다'의 피동) 차례가 번갈아 바뀌다. ㅁ애증이 뒤섞이고 섞바뀌어 나타나다.

섞박-지 [석빡찌] 圏 김치의 한 가지. 절인 배추·무·오이를 넓적하게 썰고 고명에 국물을 쳐서 한데 버무려 담은 뒤에, 조기젓 국물을 약간 부어서 익힘.

섞-사귀다 [석싸-] 짜 지위와 환경이 다른 사람들끼리 서로 가깝게 사귀다.

섞어-찌개 圏 고기와 여러 가지 야채를 섞어서 끓인 찌개.

섞이다 짜 ('섞다'의 피동) 서로 섞어지다. ㅁ쌀에 돌이 섞여 있다.

섟[1] 圏 물가에 배를 매어 두기 좋은 곳.

섟[2] [석] 圏 불끈 일어나는 감정. ㅁ~ 김에 내리다 / ~이 삭다 / 아이의 ~을 죽이지 마오.

섰[3] [석] 圏 '-ㄹ'이나 '-을' 따위 쓰는 경우, 조사 '에'를 붙여 '마땅히 해야 할 경우에 그렇게 하지는 못하나마 도리어'의 뜻을 나타내는 말. ㅁ도와줄 ~에 방해를 하다니.

선:[1] 圏 1 사람의 좋고 나쁨과 마땅하고 마땅하지 않음을 가리는 일. ㅁ색시의 ~을 보다. 2 물건의 좋고 나쁨을 가려보는 일.

선:[2] 圏 채소·두부·쇠고기 따위를 잘게 썰거나 다져서 만든 음식(가지선·겨자선·고추선·두부선 따위).

선 (先) 圏하자 1 첫째 차례. 선번(先番). 2 바둑이나 장기를 시작할 때 상대편보다 먼저 두는 일. 또는 그 사람. ㅁ~을 정하다 / ~을 잡다. 3 화투를 칠 때, 패를 돌리고 먼저 패를 떼는 사람(보통 앞 판에서 이긴 사람이 선이 됨). 4 윷놀이에서, 맨 처음에 다른 사람보다 먼저 노는 일. 또는 그 사람.

선 (扇) 圏 『역』 임금이 거동할 때 쓰던 부채.

선: (善) 圏하자 1 착하고 올바름, 어질고 좋음. 또는 그런 일. ㅁ~을 행하다(쌓다) / 악을 ~으로 갚다. 2 『철』 도덕적 생활의 최고 이상. ↔악.

선 (腺) 圏 『생』 샘[3].

선 (線) 圏 1 그어 놓은 줄이나 금. ㅁ~을 긋다(치다) / ~이 비뚤어지다. 2 철사나 전선 따위의 총칭. ㅁ~이 짧아서 컴퓨터 연결이 안

된다. **3** 정해진 노선을 다니는 기차·버스·항공기 따위의 교통 기관이나 전화 따위의 경로. ❑서울로 가는 기차 ~. **4** 서로 접하는 두 개 면의 경계. ❑~을 넘다. **5** 대강의 방침·방향이나 줄기. ❑그 ~에서 타협하자. **6** 어떤 인물이나 단체와 맺고 있는 관계. ❑그와 ~이 닿다. **7**〔수〕길이와 위치는 있으나 넓이와 두께는 없는 것《직선·곡선》. ❑점과 ~ / 평행한 ~. **8** 물체의 윤곽을 이루는 부분. ❑~이 뚜렷하다 / 얼굴 ~이 부드럽다.

선을 긋다 구 한계를 정하다. ❑저들과는 분명히 선을 긋고 지낸다.

선을 넘다 구 한도나 경계를 넘다. ❑그와는 아직 선을 넘지 않았다.

선을 대다 구 잇속이나 배경이 될 기관이나 사람과 관계를 맺다. ❑감독과 선을 대고 부정을 저지르다.

선이 가늘다 구 ㉠생김새가 섬세하고 약하다. ㉡성격이 잘고 꼼꼼하다.

선이 굵다 구 ㉠생김새가 크고 튼튼하다. ㉡성격이나 행동 따위가 대범하거나 통이 크다.

선 (璇) 명 북두칠성의 둘째 별.

선 (縇) 명 옷이나 방석 등의 가장자리에 덧대는 좁은 헝겊. ❑~을 두르다.

선: (選) 一명 시험이나 심사에 든 사람을 뽑는 일. ❑~에 들다. 二의명 여럿 가운데 뽑힌 횟수나 차례를 세는 말. ❑삼 ~ 의원.

선 (禪) 명〔불〕**1** 삼문(三門)의 하나. 마음을 가다듬어 번뇌를 끊고 진리를 깊이 생각해서 무아(無我)의 경지에 드는 일. **2** '선종(禪宗)'의 준말. **3** '좌선'의 준말.

선:- 투 '익숙하지 못한'·'덜된'·'격에 맞지 않은'의 뜻을 나타냄. ❑~잠 / ~무당 / ~웃음 / ~하품.

선- (先) 투 **1** '이미 죽은'의 뜻. ❑~대왕 / ~대인(大人). **2** '앞선'·'먼저'의 뜻. ❑~세(貰) / ~보름.

-선 (線) 미 **1** 길게 뻗쳐 있는 전선이나 선로 따위의 뜻. ❑경부~ / 국내~ / 전화~. **2** '경계'의 뜻. ❑국경~ / 비상~ / 휴전~. **3** '한계'의 뜻. ❑합격~ / 최저~. **4** '광선'의 뜻. ❑엑스~ / 알파~.

-선 (腺) 미 동물의 몸 안에 있는 분비선(分泌腺)의 뜻. ❑갑상~ / 림프~ / 편도~.

-선 (船) 미 '배'의 뜻. ❑유조~ / 화물~ / 유람~ / 여객~.

-선 (選) 미 가려 뽑아 모은 것의 뜻. ❑걸작~ / 고문(古文)~ / 당시(唐詩)~.

선가 (仙家) 명 **1** 신선이 사는 집. 선관(仙館). 선장(仙莊). **2** 선도(仙道)를 닦는 사람. **3** 선인이 되는 길을 가르치는 사람. 도가(道家).

선가 (仙駕) 명 임금이나 신선이 타는 수레.

선가 (船架) 명 배를 수리하기 위해 땅 위로 끌어 올리는 데 쓰는 설비.

선가 (船歌) 명 뱃노래.

선가 (船價)[-까] 명 뱃삯.

[선가 없는 놈이 배에 먼저 오른다] 실력 없는 사람이 실력 있는 사람보다 먼저 나서서 서두르거나 덤벙댐을 이르는 말.

선:가 (善價)[-까] 명 후하고 좋은 값.

선가 (禪家) 명〔불〕**1** 참선하는 승려. 선객. **2** 참선하는 집. **3** 선종(禪宗).

선가 오:종 (禪家五宗)〔불〕선종의 다섯 종파《임제종(臨濟宗)·운문종(雲門宗)·조동종(曹洞宗)·위앙종(潙仰宗)·법안종(法眼宗)》.

선각 (先覺) 명하타 **1** 남보다 앞서서 사물이나 세상일에 대해 깨달음. ↔후각. **2** '선각자'의 준말.

선각-자 (先覺者)[-짜] 명 남달리 앞서 깨달은 사람. 준선각(先覺).

선간 (線間) 명 **1** 줄과 줄의 사이. **2**〔악〕보표의 오선에서 각 줄의 사이.

선:감 (善感) 명하자 우두 따위의 접종 결과가 좋아 효과가 나타남.

선강 (銑鋼) 명 선철(銑鐵)과 강철.

선개-교 (旋開橋) 명 교각(橋脚) 위에서 다리의 일부가 수평으로 회전하여 열렸다 닫혔다 하는 가동교. 회선교.

선객 (仙客) 명 신선(神仙).

선객 (先客) 명 먼저 온 손님. ❑~이 있다.

선객 (船客) 명 배를 탄 손님.

선객 (禪客) 명〔불〕선가(禪家)1.

선거 (船車) 명 배와 수레.

선거 (船渠) 명 배의 건조·수리·하역(荷役)을 하기 위한 설비. 독(dock).

선:거 (選擧) 명하타 **1** 일정한 조직이나 집단이 대표자나 임원을 뽑는 일. ❑반장 ~ / 새로 ~된 임원 / ~를 치르다. **2**〔정〕선거권을 가진 사람이 공직에 임할 사람을 투표로 뽑는 일. ❑대통령 ~.

선:거 간섭 (選擧干涉) 중앙 정부나 지방 자치 단체가 권력을 남용해서 부당하게 선거 운동을 방해·간섭하는 일.

선:거 공보 (選擧公報) 각종 선거에서, 후보자의 기호·성명·경력·정견 등을 게재한 문서.

선:거 공약 (選擧公約) 선거 운동 때, 정당이나 입후보자가 유권자에게 제시하는 공적(公的)인 약속.

선:거 공영 (選擧公營) 국가나 지방 자치 단체가 선거 운동의 공평을 기하기 위해서, 운동에 일정한 제한을 가하면서 각종 편의를 주어, 그 비용을 부담하는 제도.

선:거 관리 위원회 (選擧管理委員會)[-괄-] 선거와 국민 투표의 공정한 관리 및 정당에 관한 사무를 관장하는 기관《중앙 선거 관리 위원회를 비롯해 각 시·도·구·군 및 투표구의 선거 관리 위원회가 있음》. 준선관위.

선:거-구 (選擧區) 명 의원을 선출하는 단위로 구분한 구역. ❑선거인 수에 따라 ~가 조정되다.

선:거-권 (選擧權)[-꿘] 명〔법〕선거에 참가해서 투표를 할 수 있는 권리.

선:거-법 (選擧法)[-뻡] 명 각종 선거에 관한 법률.

선:거 사:범 (選擧事犯)〔법〕각종 선거법에 관련된 위법 행위. 또는 그 범법자.

선:거 소송 (選擧訴訟)〔법〕절차의 잘못을 이유로 선거의 전부 또는 그 일부의 무효를 주장하는 소송.

선:거 운:동 (選擧運動) 선거에서 특정한 후보자를 당선시키기 위해서 선거인을 대상으로 벌이는 활동.

선:거-인 (選擧人) 명 선거권을 가진 사람. 유권자.

선:거인 명부 (選擧人名簿) 선거권자의 성명·주소·성별·생년월일 등을 적은 장부《여기에 기록되어야만 선거권을 행사할 수 있음》.

선:거-일 (選擧日) 명 선거를 하는 날.

선:거 자격 (選擧資格)〔법〕선거인이 될 수 있는 법률상의 자격.

선:거 재판 (選擧裁判)〔법〕대법원을 제일심 법원으로 해서 선거 소송을 다루는 재판.

선:거-전 (選擧戰) 명 선거에 입후보한 사람들이 당선을 위해서 벌이는 경쟁. ❑~이 치열

하다.

선건전곤 (旋乾轉坤) 〔명〕 **1** 천지를 뒤집는다는 뜻으로, 나라의 난을 평정함을 이르는 말. **2** 나라의 나쁜 습속을 크게 고침을 이르는 말.

선-걸음 〔명〕 지금 걷고 있는 그대로의 걸음. 기왕 내디딘 걸음. □~에 일른 다녀오너라.

선겁다 〔─따〕〔선거워, 선거우니〕〔형〕〔어〕 **1** 놀랍다. □선거운 사건. **2** 재미없다. □선거운 책.

선격 (船格) 〔명〕〔역〕 배를 부리던 곁꾼. 격군.

선견 (先見) 〔명〕 일이 일어나기 전에 미리 앞을 내다보고 앎.

선견 (先遣) 〔명〕〔하타〕 먼저 파견함. □~ 부대.

선견-대 (先遣隊) 〔명〕〔군〕 본부대나 주력 부대에 앞서 파견되는 부대.

선견-자 (先見者) 〔명〕 어떤 일이 일어나기 전에 미리 앞을 내다보고 아는 사람. 선견지인.

선견지명 (先見之明) 〔명〕 어떤 일이 일어나기 전에 미리 앞을 내다보고 아는 지혜. □~이 있다 / ~을 가지다.

선결 (先決) 〔명〕〔하타〕 다른 문제보다 앞서 해결함. □~ 과제〔조건〕.

선결-문제 (先決問題) 〔명〕 **1** 다른 문제보다 먼저 해결해야 될 문제. **2**〔법〕 어떤 소송 사건을 판결하기 전에 먼저 결정해야 하는 문제. □돈의 변동이 ~이다.

선경 (仙境) 〔명〕 **1** 신선이 산다는 곳. 선계. 선향 (仙鄕). **2** 경치가 신비스럽고 그윽한 곳의 비유. □이런 ~이 있을 줄 몰랐단 말이냐. ☞무릉도원.

선계 (仙界) 〔─/─/─게〕 〔명〕 선경(仙境)1. ↔속계.

선계 (船契) 〔─/─/─게〕 〔명〕 배를 장만하거나 수리하기 위해 모은 계.

선:계 (善計) 〔─/─/─게〕 〔명〕 뛰어난 계획이나 좋은 대책.

선고 (先考) 〔명〕 세상을 떠난 아버지. 선군. 선친(先親). □죽어서 무슨 낯으로 ~를 대하리. ↔선비(先妣).

선고 (先姑) 〔명〕 세상을 떠난 시어머니. 황고(皇姑).

선고 (宣告) 〔명〕〔하타〕 **1** 선언하여 널리 알림. □퇴장 □. **2**〔법〕 공판정에서 재판장이 판결을 알리는 일. □사형 / 무죄를 ~하다.

선고 (船庫) 〔명〕 작은 배를 넣어 두는 곳집.

선:고 (選考) 〔명〕〔하타〕 전형(銓衡).

선고 유예 (宣告猶豫) 〔법〕 죄가 가벼운 범죄인에 대해서 형의 선고를 일정한 기간 미루는 일. ＊집행 유예.

선고-장 (先考丈) 〔명〕 세상을 떠난 남의 아버지의 존칭. ☜선장(先丈).

선고-형 (宣告刑) 〔명〕〔법〕 법원이 처단형의 범위 안에서 어떤 범죄에 대한 형량을 정해서 피고인에게 알리는 형. ＊법정형.

선:곡 (選曲) 〔명〕〔하타되〕 많은 곡 가운데 몇 곡을 고름. □빠른 곡을 ~하다.

선골 (仙骨) 〔명〕 신선의 골격(비범한 골상(骨相)을 이름).

선골 (船骨) 〔명〕 용골(龍骨)2.

선공 (先攻) 〔명〕〔하자〕 야구 따위에서, 먼저 공격하는 일. ↔후공(後攻).

선공 (船工) 〔명〕 배를 만드는 목공. 선장(船匠).

선:공 (善功) 〔명〕 좋은 결과를 낳는 공덕.

선:공-감 (繕工監) 〔명〕〔역〕 고려·조선 때, 토목·영선에 관한 일을 맡아보던 관아.

선:공-무덕 (善供無德) 〔명〕 부처에게 공양을 잘하여도 공덕이 없다는 뜻으로, 남을 위해 힘을 썼으나 별로 소득이 없음을 이르는 말.

선공-후사 (先公後私) 〔명〕〔하자〕 공적인 일을 먼저 하고 사사로운 일을 뒤로 미룸.

선:과 (善果) 〔명〕〔불〕 좋은 과보(果報). 선행에

대한 훌륭한 보답. 선보(善報). ↔악과(惡果).

선:과 (選果) 〔명〕〔하타〕 과일을 가려냄. 또는 그 과일.

선:과 (選科) 〔─꽈〕 〔명〕 **1** 학과나 과목을 선택함. 또는 그 학과나 과목. **2** 규정된 학과목 가운데 일부를 선택하여 학습하는 과. □~생(生).

선과 (禪科) 〔명〕〔역〕 조선 때, 예조(禮曹)에서 승려에게 도첩(度牒)을 내려 줄 때 실시하던 과거.

선:과-기 (選果機) 〔명〕 귤·감·배·양파 등을 크기에 따라 몇 개의 등급으로 골라내는 기계.

선관 (仙官) 〔명〕 **1** 선경(仙境)에 있다는 관원. **2** '여자 무당'의 별칭.

선관 (仙館) 〔명〕 선가(仙家)1.

선:관위 (選管委) 〔명〕 '선거 관리 위원회(選擧管理委員會)'의 준말.

선:광 (選鑛) 〔명〕〔하타〕〔광〕 **1** 광석의 등분을 가림. **2** 캐낸 광석에서 가치가 낮거나 쓸모없는 것을 골라내는 일.

선:광-기 (選鑛機) 〔명〕〔광〕 종류가 다른 광물을 분류하는 기계. 분리기(分離機).

선광-성 (旋光性) 〔─썽〕 〔명〕〔물〕 광학 활성.

선:광-장 (選鑛場) 〔명〕 선광 작업을 하는 곳.

선교 (仙敎) 〔명〕 선도(仙道)를 닦는 종교.

선교 (宣敎) 〔명〕〔하자〕 종교를 전하여 널리 펼침. 포교. □~ 활동을 벌이다.

선교 (船橋) 〔명〕 **1** 배다리1. **2** 배의 상갑판 중앙의 앞쪽에 있어, 항해 중 선장이 지휘하는 곳. 브리지(bridge).

선:교 (善巧) 〔명〕〔불〕 중생을 교화하는 수단과 방법이 훌륭함.

선:교 (善交) 〔명〕〔하자〕 잘 사귐.

선:교 (善敎) 〔명〕 좋은 교훈.

선교 (禪敎) 〔명〕〔불〕 **1** 선종과 교종(敎宗). **2** 선학과 교법.

선교-관 (宣敎官) 〔명〕 조선 때, 반교문(頒敎文)을 읽던 임시 벼슬.

선교-사 (宣敎師) 〔명〕 **1** 외국에 파견되어 기독교의 전도에 종사하는 사람. □~를 파견하다. **2**〔종〕 종교를 널리 전도하는 사람.

선구 (先驅) 〔명〕 **1** '선구자'의 준말. **2** 말을 탄 행렬에서 맨 앞에 선 사람.

선구 (船具) 〔명〕 배에서 쓰는 기구〔노·닻·키·돛 따위〕.

선:구 (選球) 〔명〕〔하자〕 야구에서, 타자가 투수가 던지는 공의 볼과 스트라이크를 가려냄.

선:구-안 (選球眼) 〔명〕 야구에서, 투수가 던진 공을 선구하는 타자의 능력. □~이 뛰어난 선수.

선구-자 (先驅者) 〔명〕 일이나 사상에서 다른 사람보다 앞선 사람. ☜선구.

선:국 (選局) 〔명〕〔하자〕 수신기를 조절해서 방송국을 고름. □~ 다이얼.

선군 (先君) 〔명〕 **1** 선왕(先王). **2** 선고(先考).

선굴 (仙窟) 〔명〕 신선이 사는 굴이라는 뜻으로, 속세를 떠난 사람이 사는 곳을 이르는 말.

선-굿 〔─굳〕 〔명〕〔민〕 무당이 서서 뛰놀며 벌이는 굿.

선궁 (仙宮) 〔명〕 신선이 산다는 궁전.

선궁 (禪宮) 〔명〕〔불〕 절1.

선규 (先規) 〔명〕 종전부터 있던 규칙. 전례.

선:근 (善根) 〔명〕 **1** 좋은 과보를 낳게 하는 착한 일. **2** 온갖 선을 낳는 근본.

선글라스 (sunglass) 〔명〕 햇빛 또는 햇빛의 반사로부터 눈을 보호하려고 쓰는 색안경.

선금 (仙禽) 〔명〕〔조〕 두루미.

선금 (先金)閲 무엇을 사거나 세낼 때 먼저 치르는 돈. ▢~을 치르다〔받다〕.

선급 (先給)閲하타 값이나 삯을 미리 치름. 선하. ▢임금을 ~하다. ↔후급(後給).

선급 (船級)閲 선박의 규모·설비 등에 따라 선급 협회가 매긴 국제적인 등급(매매·보험 따위의 기준이 됨). 선박 급수.

선급-금 (先給金)〔-끔〕閲 미리 치러 주는 돈. 전도금. ↔선수금(先受金).

선급 비:용 (先給費用)〔-삐-〕『經』아직 제공되지 않은 용역에 대해서 미리 지급한 비용. 전불(前拂) 비용.

선급-선 (船級船)〔-썬〕閲 선박의 국제적 등급이 부여된 배.

선-기 (一氣)閲 선선한 기운. ▢아침저녁으로 ~가 느껴지다.

선기 (先期)閲하자 약속한 기한보다 앞섬.

선기 (船旗)閲 배에 다는 기.

선기후인 (先己後人)閲하자 남의 일보다 자신의 일을 먼저 처리함.

선-나다 (禪-)자 『佛』선방(禪房)에서 참선을 마치고 나오다. 방선(放禪)하다. ↔선들다.

선나후주 (先拿後奏)閲 『歷』죄지은 사람을 먼저 잡아 놓고, 후에 임금께 아뢰던 일(죄 있는 주임관(奏任官)을 잡던 절차임). ↔선주후나.

선난 (船難)閲 배가 항해 중에 당하는 재난.

선:남 (善男)閲 1 착한 남자. 2 『佛』불법에 귀의한 남자.

선:남-선:녀 (善男善女)閲 1 착한 남자와 여자. 곧, 착하고 어진 사람들. 2 『佛』불법에 귀의한 남녀.

선납 (先納)閲하타 약속한 기한 전에 돈을 미리 바침. 예납(豫納). 전납.

선내 (船內)閲 배의 안. ▢파도가 높아지자 모두들 ~로 들어갔다.

선-내다 (禪-)타 『佛』('선나다'의 사동) 참선을 마친 사람을 선방(禪房)에서 나가게 하다. ↔선들이다.

선-네고 (←先negotiation)閲 『經』수출품이 선적되기 전에 은행이 수출 신용장을 매입하는 형식으로 해 주는 대출.

선녀 (仙女)閲 선경에 산다는 여자 신선. 선아(仙娥). 옥녀. ▢~ 같은 미녀.

선:녀 (善女)閲 1 착한 여자. ↔악녀. 2 『佛』불법에 귀의한 여자.

선-녹색 (鮮綠色)〔-쌕〕閲 밝고 산뜻한 녹색.

선농-단 (先農壇)閲 고려·조선 때, 신농씨(神農氏)와 후직씨(后稷氏)에게 풍년이 들기를 빌던 제단(서울 동대문 밖에 있었음).

선니 (禪尼)閲 『佛』불문에 들어간 여자. ↔선문(禪門).

선다-님閲 '선달(先達)'의 높임말.

선:-다-형 (選多型)閲 필기시험의 문제 형식의 하나. 한 문제에 대해서 세 개 이상의 항목을 제시해, 그중 정답 또는 가장 적당한 항을 고르게 하는 형식. ▢사지(四肢) ~ 문제.

선-단 (仙丹)閲 신선이 만든다고 하는 장생불사의 영약. 금단(金丹). 단약(丹藥). 선약(仙藥).

선단 (先端)閲 앞쪽의 끝.

선단 (船團)閲 어떤 일을 공동으로 하는 배의 무리. ▢~수송〔포경〕 ~ / ~을 이루다.

선달閲 『建』살판이나 살목 위에 세우는 나무.

선달 (先達)閲 『歷』문무과에 급제하고 아직 벼슬하지 않은 사람(조선 중기 이후에는 주로 무과에 급제하고 벼슬을 받지 못한 사람만을 가리켰음).

선당 (禪堂)閲 『佛』참선(參禪)하는 곳(보통 절 안의 왼쪽에 있음).

선대 (先代)閲 조상의 세대. 선세(先世). ▢~의 유적〔유산〕 / ~부터 살아온 고향 / ~가 물려준 농토. ↔후대(後代).

선대 (先貸)閲하타 나중에 치르기로 한 돈을 그 기일 이전에 꾸어 줌.

선대 (船隊)閲 비슷한 종류와 형태로 이루어진 배의 무리. ▢~수송 ~.

선대閲 배를 만들 때, 선체를 올려놓고 작업하는 대(臺).

선:-대 (善待)閲하타 잘 대접함. 선우(善遇).

선대-미 (禪-米)〔-때-〕閲 『佛』대주으로 부챗살처럼 만들어 선들이고 선낼 때마다 치는 제구.

선대 (禪代)閲하자 시대가 바뀜. 또는 그 바뀐 시대.

선대 (禪臺)閲 『佛』선(禪)대를 올려놓는 상. 선상(禪床).

선대-금 (先貸金)閲 치를 돈에서 기일 이전에 꾸어 주는 돈.

선-대부인 (先大夫人)閲 남의 돌아가신 어머니를 높여 일컫는 말.

선-대왕 (先大王)閲 죽은 전왕(前王)의 높임말.

선-대인 (先大人)閲 남의 돌아가신 아버지를 높여 일컫는 말.

선-대칭 (線對稱)閲 도형 가운데 서로 대응하는 When 두 점을 연결하는 직선이 모두 주어진 직선에 의해서 수직으로 이등분되는 위치 관계. 선대칭.

선:-덕 (善德)閲 착한 마음씨나 바른 행동. ▢~을 쌓다. ↔악덕(惡德).

선덕 (禪德)閲 『佛』선(禪)에 밝아서 덕망이 높은 사람.

선도 (仙桃)閲 선경에 있다는 복숭아.

선도 (仙道)閲 신선이 되기 위해 닦는 도.

선도 (先到)閲 남보다 먼저 도착함.

선도 (先渡)閲 거래 매매에서, 계약 후 일정한 기한이 지난 뒤에 화물이 인도되는 일.

선도 (先導)閲하타 앞장서서 이끌거나 안내함. ▢지역 경제를 ~하다 / ~ 차량을 따라가다.

선:-도 (善途)閲 『佛』1 선근(善根)을 닦는 길. 2 불상을 만들어 불도에 귀의하는 길.

선:-도 (善道)閲 1 바르고 착한 도리. 2 『佛』선취(善趣).

선:-도 (善導)閲하타 올바른 길로 이끎. ▢청소년을 ~하다.

선도 (線圖)閲 선으로 나타낸 그림.

선도 (鮮度)閲 생선이나 채소 따위의 신선한 정도. ▢~높은 생선이기 ~가 좋다.

선도 (禪道)閲 『佛』1 참선(參禪)하는 도. 2 선종(禪宗).

선도-기 (線度器)閲 길이의 표준기 또는 길이를 재는 도구의 총칭(대자·줄자 따위).

선도미후지미 (先掉尾後知味)閲 개가 음식을 먹고자 할 때는 먼저 꼬리를 흔들고 난 뒤에 먹는다는 뜻으로, 무엇을 먼저 계획한 다음 일을 이루고자 하는 일을 얻는다는 말.

선도-반 (仙桃盤)閲 『歷』헌선도(獻仙桃)를 출때 선도를 담던 은쟁반. ⊛도반(桃盤).

선도-자 (先導者)閲 앞장서서 인도하는 사람.

선도-적 (先導的)관 앞장서서 인도하는 (것). ▢~ 역할.

선도-주 (先導株)閲 『經』상장 주식 가운데 어느 종목보다 앞서 시장 동향에 민감하게 움

직이는 주식.

선-도지 (先賭地) 圏 가을에 받을 것을 봄이나 여름에 미리 받는 도지.

선도-창 (先導唱) 圏《악》여러 사람이 패를 갈라 노래를 부를 때 먼저 메기는 일. 노래는 그 구실을 맡은 사람.

선-도표 (線圖表) 圏 통계 숫자를 곡선 또는 꺾은선으로 나타낸 도표.

선-돌 圏《역》선사 시대에, 자연석이나 약간 다듬은 돌을 기둥 모양으로 하나 또는 여러 개를 세운 거석(巨石) 기념물. 입석(立石). 멘히르(menhir).

선동 (仙洞) 圏 신선이 사는 곳.

선동 (仙童) 圏 선경에 산다는 아이 신선.

선동 (煽動) 圏圏타 남을 부추겨 일을 일으키게 함. 圁 ~ 정치가 / 대중을 ~하다.

선동-적 (煽動的) 冠圏 선동을 하는 (것). 圁 ~(인) 언사 / 연설 ~이다.

선동 정치가 (煽動政治家) 대중의 편견과 감성에 호소해서 대중을 선동함으로써, 공익을 위장하여 사익을 꾀하는 정치가.

선두 (先頭) 圏 첫머리. 圁 ~ 주자 / ~에 서다 / ~로 나서다 / ~를 지키다.

선두 (船頭) 圏 이물. ↔선미(船尾).

선-두르다 〔선둘러, 선두르니〕타재 가장자리에 무엇을 그리거나 꾸미다.

선두리 圏《충》물방개.

선-둥이 (先-) 圏 쌍둥이 중에서 먼저 태어난 아이. ↔후(後)둥이.

선드러-지다圏 태도가 맵시 있고 경쾌하다. 圁 선드러지게 걷다. 窗산드러지다.

선득 凰圏 갑자기 서늘한 느낌이 드는 모양. 圁 ~ 찬 기운을 느끼다. 窗산득. 엔선뜩.

선득-거리다 〔-꺼-〕재 선득한 느낌이 자꾸 들다. 窗산득거리다. 선득-선득 〔-선-〕凰圏재

선득-대다 〔-때-〕재 선득거리다.

선들-거리다 圏 서늘한 바람이 가볍고 부드럽게 잇따라 불다. 2 경쾌하고 시원스럽게 행동하다. 窗산들거리다. 선들-선들 凰圏재圏. 圁 ~ 불어오는 강바람.

선-들다 (禪-) 〔선들어, 선드니, 선드는〕재《불》선방(禪房)으로 참선하러 들어가다. ↔선나다.

선들-대다재 선들거리다.

선들-바람圏 가볍고 시원하게 부는 바람. 圁 ~이 부는 들판. 窗산들바람.

선-들이다 (禪-) 타《불》('선들다'의 사동) 참선하러 선방으로 들어가게 하다. ↔선내다.

선등 (先쯢) 圏圏재 맨 먼저 오름.

선등 (先等) 圏圏재 남보다 먼저 함. 圁 ~으로 나서다.

선등 (船燈) 圏 배에 다는 등불.

선-떡 잘 쪄지지 않아 설익은 떡.

선:떡-부스러기 〔-뿌-〕圏 1 선떡의 부스러진 조각. 2 어중이떠중이 실속 없는 무리. 3 엉성하고 덜된 일은 한번 흩어지면 다시 결합하기 어려움을 비유한 말.

선:똥圏 과식으로 완전히 삭지 않고 밀려 나오는 똥.

선뜩 凰圏 갑자기 서늘한 느낌이 드는 모양. 窗산뜩. 엔선득.

선뜩-거리다 〔-꺼-〕재 선뜩한 느낌이 자꾸 들다. 窗산뜩거리다. 선뜩-선뜩 〔-선-〕凰圏재圏.

선뜩-대다 〔-때-〕재 선뜩거리다.

선뜻 〔-뜯〕凰 행동이 빠르고 시원스러운 모양. 圁 ~ 응낙〔대답〕하다 / ~ 나서다. 窗산뜻.

선뜻-선뜻 〔-뜯썬뜯〕凰圏 몹시 선뜻한 모양. 또는 여럿이 모두 선뜻한 모양. 圁주저하

지 않고 ~ 나서다.

선뜻-이 凰 선뜻하게. 窗산뜻이.

선뜻-하다 〔-뜨타-〕圏어 1 기분이나 느낌이 깨끗하고 시원하다. 2 차림새나 생김새가 시원스럽고 멀쑥하다. 圁 선뜻한 옷차림. 窗산뜻하다.

선래 (先來) 〔설-〕圏《역》외국에 갔던 사신이 돌아올 때 앞서서 돌아오는 역관(譯官).

선:량 (善良) 〔설-〕圏圏형 착하고 어짊. 圁 ~한 성품. ↔불량.

선량 (線量) 〔설-〕圏《물》물질이나 생물체가 받은 방사선의 양(뢴트겐을 단위로 씀). 圁 ~계(計).

선:량 (選良) 〔설-〕圏 1 뛰어난 인물을 뽑음. 또는 그렇게 뽑힌 인물. 2 '국회의원'의 별칭.

선려 (仙侶) 〔설-〕圏 동행자나 함께 노는 사람을 칭찬하는 말.

선려 (先廬) 〔설-〕圏 조상 때부터 대대로 살아온 집.

선려 (鮮麗) 〔설-〕圏하형 산뜻하고 아름다움. 圁동녘 하늘에 ~한 햇빛이 쏟아지다.

선력 (宣力) 〔설-〕圏하타 힘써 주선함.

선령 (先靈) 〔설-〕圏 1 선조의 영혼. 2 선열(先烈)의 영혼.

선령 (船齡) 〔설-〕圏 배가 진수한 때부터 경과한 햇수. 배의 나이.

선례 (先例) 〔설-〕圏 1 이전부터 있었던 사례. 전례. 圁 ~를 깨뜨리다〔따르다〕 / ~가 없다. 2《법》일정한 판결에 내려 취지나 원칙이 그 후의 판결에 의해서 답습되는 경우, 앞의 판결을 이름. 선결례(先決例).

선례후학 (先禮後學) 〔설-〕圏 먼저 예의를 배우고 나중에 학문을 배우라는 뜻으로, 예의가 우선임을 이르는 말.

선로 (船路) 〔설-〕圏 뱃길.

선로 (船艫) 〔설-〕圏 고물³.

선로 (線路) 〔설-〕圏 1 열차나 전차의 바퀴가 굴러 가는 레일 길. 궤도. 圁 ~ 보수 공사. 2 송전선이나 전화선 등 전기 회로의 총칭.

선:록 (選錄) 〔설-〕圏하타 가려서 기록함.

선루 (船樓) 〔설-〕圏 1 배 위의 다락집. 2 배의 이물·중앙 또는 고물의 상갑판 위의 구조물.

선-룸 (sunroom) 圏 일광욕을 하기 위해서 벽을 유리로 만든 방. 일광욕실.

선류 (蘚類) 〔설-〕圏《식》선태(蘚苔)식물에 속하는 한 강(綱). 유성(有性) 세대의 것은 잎과 줄기의 구분이 분명하고 복잡한 헛뿌리를 가짐(물이끼·솔이끼 따위). ↔태류(苔類).

선륜 (線輪) 〔설-〕圏《물》'코일(coil)'의 구용어.

선륜-차 (旋輪車) 〔설-〕圏《공》물레.

선리 (先利) 〔설-〕圏 선이자(先利子).

선리 (善吏) 〔설-〕圏 선량한 관리.

선:린 (善隣) 〔설-〕圏 이웃하고 있는 지역 또는 나라와 사이좋게 지냄. 또는 그런 이웃. 圁 ~ 우호(友好).

선:린 외:교 (善隣外交) 〔설리뇨-〕 이웃 나라와의 친선을 꾀하여 취하는 외교 정책.

선:린 정책 (善隣政策) 〔설-〕 이웃 나라와 친선을 꾀하기 위한 정책.

선림 (禪林) 〔설-〕圏《불》선종(禪宗)의 사원.

선마 (宣麻) 〔설-〕圏《역》임금이 신하에게 궤장(几杖)을 내릴 때 함께 주던 글.

선망 (先望) 圏 선보름. ↔후망(後望).

선망 (旋網) 圏 두릿그물. 圁 ~ 어업.

선:망 (羨望) 圏하타 부러워하여 바람. 圁 ~의

대상 / 연예인을 ~하다.

선망후실 (先忘後失)〖명〗〖하타〗 자꾸 잊어버리기 일쑤임.

선-맞섬 (線-)[-맏썸]〖명〗〖수〗선대칭(線對稱).

선매 (先買)〖명〗〖하타〗 남보다 먼저 삼. 예매(豫買).

선매 (先賣)〖명〗〖하타〗 때가 되기 전에 미리 팖. 예매(豫賣). ❏벼가 여물기 전에 ~하다.

선매-권 (先買權)[-꿘]〖법〗 남보다 먼저 물건이나 권리를 살 수 있는 권리.

선-머리 (先-)〖명〗 1 일정한 순서가 있는 일의 맨 처음. 2 행렬 따위의 앞부분. ↔후머리.

선:-머슴 장난이 심하고 몹시 덜렁거리는 사내아이.

선면 (扇面)〖명〗 부채의 거죽.

선명 (宣明)〖명〗〖하타〗 분명하게 널리 말해서 밝힘.

선명 (鮮明)〖명〗〖하형〗〖히무〗 산뜻하고 뚜렷해서 다른 것과 혼동되지 않음. ❏~한 인쇄물 / 학창 시절의 기억이 ~하다 / 옷 색깔이 ~하다.

선모 (旋毛)〖명〗 가마.

선모 (腺毛)〖명〗〖생〗식물과 곤충 따위의 몸 겉에 있는 털. 식물은 줄기·잎·꽃·포(苞) 따위에 있으며, 점액(粘液) 또는 그 밖의 액체를 분비함. 곤충은 온몸에 있는데 털뿌리에 독선(毒腺)이 있어 독액이 흘러나옴. 토마토 줄기의 털, 독나방·송충이의 털 따위.

선:-모 (羨慕)〖명〗〖하타〗 부러워하고 그리워함.

선:-모 (選毛)〖명〗 양모 방적 공정에서, 양모의 섬유를 길이나 품질에 따라 선별하는 일.

선모-충 (旋毛蟲)〖명〗〖동〗선충강(線蟲綱) 선모충과의 선형(線形)동물. 돼지·개·쥐 따위에 기생하는데, 길이 1-4 mm로 실 모양임.

선묘 (先墓)〖명〗 선산(先山).

선묘 (線描)〖명〗 선(線)만으로 그림.

선묘 (鮮妙)〖명〗〖하형〗〖히무〗 산뜻하고 미묘함.

선무 (先務)〖명〗 먼저 처리해야 할 요긴한 일.

선무 (宣撫)〖명〗〖하타〗 지방이나 점령지의 주민에게 정부 또는 본국의 본뜻을 이해시켜 민심을 안정시키는 일.

선무 공작 (宣撫工作) 지방이나 점령지 주민의 민심을 안정시키고 정부 또는 본국의 시책을 이해시키기 위한 활동.

선:-무당 서투르고 미숙한 무당.
[선무당이 사람 잡는다[죽인다]] 서투른 사람이 잘하는 체하다가 일을 그르침다.

선무-사 (宣撫使)〖명〗〖역〗조선 때, 큰 재해나 난리가 났을 때 왕명을 받들어 그곳 민심을 어루만져 안정시키던 임시 벼슬.

선문 (先文)〖명〗〖역〗벼슬아치가 지방에 출장할 때 그 도착 날짜를 미리 알리던 공문.

선문 (先聞)〖명〗 일이 일어나기 전에 미리 전해지는 소문. 선성(先聲).

선문 (旋紋)〖명〗 소용돌이치는 물결 모양의 무늬.

선문 (線紋)〖명〗 줄무늬.

선문 (禪門)〖명〗〖불〗 1 선종(禪宗)의 문파. 2 불가(佛家)1. 3 불문(佛門)에 들어간 남자. ↔선니(禪尼).

선-문답 (禪問答)〖명〗〖하자〗 1〖불〗참선하는 사람들끼리 진리를 찾기 위해 주고받는 대화. 2 하는 일과 상관없이 한가로이 주고받거나 이야기를 놀림조로 이르는 말. ❏~으로 시간을 허비하다.

선물 (先物)〖명〗 1 만물. 2〖경〗장래의 일정한 시기에 현품을 넘겨줄 조건으로 매매 계약을 맺는 거래 종목.

선:-물 (膳物)〖명〗〖하자타〗 남에게 축하나 고마움의 뜻을 담아 어떤 물건 따위를 선사함. 또는 그

물건. ❏생일 ~ / 졸업 ~ / ~ 꾸러미 / ~을 주고받다.

선물 거:래 (先物去來)〖경〗장래의 일정한 기일에 현품을 인수·인도할 것을 조건으로 매매 약정을 맺는 거래. 선물 매매. ↔실물 거래.

선물 매매 (先物賣買)〖경〗선물 거래.

선물-환 (先物換)〖명〗〖경〗 인수·인도의 시기, 외화의 종류, 금액, 환시세 따위의 거래 조건을 미리 정해 놓은 외국환.

선미 (船尾)〖명〗 고물³. ↔선두(船頭).

선:미 (善美)〖명〗〖명〗 1 선과 미. 2 착하고 아름다움.

선미 (線美)〖명〗 파선(波線)·곡선에서, 선 자체의 특유한 형식에 따르는 미.

선미 (禪味)〖명〗〖불〗 1 참선의 오묘한 맛. 2 세속을 떠난 담담한 맛.

선미 (鮮美)〖명〗〖하형〗 산뜻하고 아름다움.

선미-기 (船尾旗)〖명〗 고물에 올리는 기.

선미-등 (船尾燈)〖명〗 고물에 단 항해등.

선미-루 (船尾樓)〖명〗 고물에 만든 선루(船樓).

선미-묘 (船尾錨)〖명〗 고물에 있는 닻.

선미-파 (船尾波)〖명〗 배가 달릴 때, 고물 뒤에 이는 흰 물결.

선민 (先民)〖명〗 1 선철(先哲). 2 선대의 사람.

선:민 (善民)〖명〗 선량한 백성. 양민.

선:민 (選民)〖명〗 1〖기〗 하나님이 '거룩한 백성'으로 택한 민족이라는 뜻으로, 이스라엘 백성이 스스로를 이르는 말. 2 한 사회에서 특별한 혜택을 받을 잘사는 소수의 사람. ❏~의식.

선:-바람 (주로 '선바람에'·'선바람으로'의 꼴로 쓰여) 차리고 나선 그대로의 차림새. ❏~으로 뛰어 나가다.

선:-바람쐬다 〖자〗 낯선 지방의 바람을 쐬이다. 낯선 지방으로 돌아다니다.

선박 (船舶)〖명〗 배. ❏~ 검사 / ~ 회사.

선박 공학 (船舶工學)〖명〗 선박의 설계 및 건조에 관해 연구하는 학문. 조선학(造船學).

선박 등기 (船舶登記)[-뜽-] 선박에 관한 일정한 사항을 선박 등기부에 기재하는 일(이로써 소유권의 소재가 명시됨).

선박 보:험 (船舶保險)[-뽀-] 선박에 생길 수 있는 손해를 보상할 목적으로 하는 해상 보험.

선박 신:호 (船舶信號)[-씬-] 배와 배 또는 배와 육지 사이에 쓰는 신호.

선박 억류 (船舶抑留)[-낭뉴] 자기 나라 항만에 있는 외국 선박을 억류하는 일. 선박 압류. 엠바고(embargo).

선반 〖명〗[-(-현반(懸盤)] 물건을 얹어 두기 위해서 까치발을 받쳐 벽에 달아맨 널빤지. ❏~을 매달다 / ~ 위에 짐을 얹다.

선반 (宣飯)〖명〗〖역〗관아에서 관원에게 끼니때에 식사를 제공하는 일. 또는 그 식사. 2 일터에서 일꾼에게 식사 시간을 줌. 또는 그 식간.

선반(을) 놓다 〖관〗 일터에서 일꾼에게 식사 시간을 주다.

선반 (旋盤)〖명〗〖공〗각종 금속 소재를 회전시켜서 갈거나 파내거나 도려내는 데 쓰는 금속 공작 기계. ❏~공.

선반-턱 〖명〗 얹은 물건이 떨어지지 않도록 선반 가장자리에 따로 붙인 나무.

선-발 〖명〗 (주로 '선발로'·'선발에'의 꼴로 쓰여) 집 안에서 종일 일하느라고 서서 돌아다니는 발.

선발 (先發)〖명〗〖명자〗 1 남보다 먼저 어떤 일을 시작하거나 길을 떠남. ↔후발. 2 야구에서, 경기가 시작되는 1회부터 출전함. ❏~시합에

~ 등판할 예정이다.

선:발(選拔)圓閾퇴 많은 가운데에서 고름. □ ~ 기준 / 국가 대표를 ~하다.

선발-대(先發隊)[-때]圓 먼저 출발한 부대 또는 무리. □~를 파견하다 / ~로 출발하다. ↔후발대.

선발-제인(先發制人)圓閾쟈 남의 꾀를 미리 알아차리고 일이 일어나기 전에 미리 막아 냄.

선발 투수(先發投手) 야구에서, 1회부터 출전해서 공을 던지는 투수.

선:발-팀(選拔team)圓 1 선발된 팀. 2 여러 팀의 선수 중 우수 선수만을 뽑아 구성한 팀.

선:방(善防)圓 골키퍼의 ~.

선방(禪房)圓 〖불〗참선(參禪)하는 방. 선실(禪室). □~에서 좌선하다.

선배(先輩)圓 1 같은 분야에서, 학문·경험·연령 등이 자기보다 많거나 나은 사람. 선진(先進). □직장 ~ / ~로 모시다. 2 자기의 출신 학교를 먼저 졸업한 사람. 전배. □대학 ~를 만나다. ↔후배.

선-버들〖식〗버드나뭇과의 낙엽 활엽 교목. 높이는 10 m 정도이며, 잎은 어긋나고 3월 봄에 암수딴그루의 꽃이 핌. 제방림으로 심고, 목재는 땔감으로 씀.

선번(先番)圓 1 먼저 해야 할 차례가 됨. 또는 그 차례. 2 바둑에서, 흑을 가지고 먼저 둘 차례. 또는 그 차례의 사람.

선번(線番)圓

선-번호(線番號)圓 철사·전선 등의 굵기를 나타내는 번호. 선번.

선:벌(選伐)圓閾퇴 나무를 골라서 벰.

선법(旋法)[-뻡]圓〖악〗어떤 음계에 따르는 선율에 관해서, 그 움직임의 성격을 규율하고 있는 법칙(장음계는 장(長)선법, 단음계는 단(短)선법임). 모드(mode).

선:법(善法)[-뻡]圓 도리에 맞고 자기에게 도움이 되는 방법.

선법(禪法)[-뻡]圓〖불〗참선하는 법.

선-변(-邊)圓 빌려 쓴 돈에 대해 다달이 갚는 이자. 누운변.

선변(先邊)圓 선이자.

선:변(善變)圓閾쟈 성행(性行)이나 사물 또는 형편이 보다 좋게 변함. □성품이 ~하다 / 사태가 ~하다.

선:별(選別)圓閾퇴 가려서 따로 나눔. 선분(選分). □~ 작업 / 일정한 기준에 따라 ~된 선수들.

선:별 금리(選別金利)[-니] 거래선이나 자금의 용도에 따라 다른 금리를 적용하는 일.

선:별 금융(選別金融)[-늉 / -그뮹]〖경〗금융 기관이 융자 대상을 차등화해서 융자하는 일. 선별 융자.

선병(腺病)圓〖의〗삼출성·림프성 체질의 어린아이에게서 많이 나타나는 결핵성 전신병(全身病).

선병-자(先病者)圓 같은 병을 먼저 앓은 사람.

선병-질(腺病質)圓 체격이 약하고 흉곽이 편평하며 빈혈질 등의 약한 체질.

선:보(善報)圓〖불〗선과(善果).

선:보(繕補)圓閾퇴 고치고 기움.

선:-보다閾퇴 1 인물의 좋고 나쁨, 마땅하고 마땅하지 않음을 알아보기 위해 만나서 살펴보다(주로 결혼 상대를 고를 때 쓰나, 머느리·사위 따위를 가려 뽑을 때도 씀). □색싯감을 ~. 2 물건의 좋고 나쁨을 가려보다.

선-보름(先-)圓 한 달 중에서 보름 이전(초하루부터 보름까지). 선망. ↔후보름.

선:-보이다《'선보다'의 사동》1 선을 보게 하다. 2 사물을 처음으로 공개해서 여러 사람에게 보이다. □신형 트럭을 ~ / 고난도 묘기를 ~. ㉣선뵈다.

선복(船卜)圓 배에 실은 짐. 뱃짐.

선복(船腹)圓 1 배의 중간 부분. 2〖해〗선박의 화물을 싣는 부분. 또는 그 적재 용량.

선:본(善本)圓 1 보존 상태가 좋거나 본문의 계통이 오랜 희귀한 책. 2 내용이 뛰어나고 교정이 되어 있으며 제본도 잘된 책.

선:본(善本)圓〖불〗좋은 과(果)를 얻을 수 있는 선근(善根) 공덕. 일체의 선의 근본.

선봉(先鋒)圓 1 무리의 앞자리. 또는 그 자리에 선 사람. □반대 운동의 ~ / ~을 맡다 / ~에 나서다. 2 부대의 맨 앞에 나서서 작전을 수행하는 군대. 선봉군.

선봉-군(先鋒軍)圓 선봉2.

선봉-대(先鋒隊)圓 선봉에 서는 대열이나 부대. □평화 유지군의 ~로 파견되다.

선봉-대장(先鋒大將)圓 선봉군을 지휘하는 장수. 선봉장.

선봉-장(先鋒將)圓 선봉대장.

선:-뵈다(先-)閾퇴 '선보이다'의 준말.

선부(先夫)圓 죽은 남편. 망부(亡夫).

선부(先父)圓 돌아가신 아버지. 선친.

선부(船夫)圓 뱃사공.

선:부(善否)圓 좋음과 좋지 않음. 양부(良否).

선-부군(先父君)圓 '선고(先考)'의 높임말.

선-부형(先父兄)圓 돌아가신 아버지와 형.

선부후빈(先富後貧)圓 잘살던 사람이 나중에 가난해짐. ↔선빈후부.

선분(線分)圓〖수〗직선 위의 두 점 사이의 한정된 부분. 유한 직선.

선:분(選分)圓閾퇴 선별(選別).

선-불(-)圓 설맞은 총알. ~된불.
[설불 맞은 노루 모양 ; 설불 맞은 호랑이 뛰듯] 분에 못 이겨 또는 노기등등하여 매우 사납게 날뛰을 비유하는 말.
선불(을) 걸다㊀ ㉠설불리 건드리다. ㉡상관없는 일에 참견하다 해를 입다.
선불(을) 놓다㊀ 어설픈 타격을 주다.

선불(仙佛)圓 1 신선과 부처. 2 선도(仙道)와 불도.

선불(先拂)圓閾퇴 일이 끝나기 전이나 물건을 받기 전에 미리 돈을 치름. □운임 ~ / 월급을 ~하다 / ~로 대금을 지급하다. ↔후불.

선:-불선(善不善)[-썬]圓 1 착함과 착하지 않음. 2 잘됨과 잘못됨.

선:불-질圓閾쟈 서투르게 총을 쏨.

선불-카드(先拂card)圓 일정액의 현금을 미리 내고 구입한 뒤, 그 액면 내에서 결제하는 카드(공중전화 카드·버스 카드 따위).

선비(先-)圓 1 예전에, 학식은 있으나 벼슬하지 않은 사람. 2 '학문을 닦는 사람'의 예스러운 말. 3 어질고 순하여 현실에 어두운 사람.

선-비(先-)圓 서서 쓸게 될 자루가 긴 비.

선비(先妣)圓 남에게 세상을 떠난 자기 어머니를 이르는 말. 전비(前妣). ↔선고(先考).

선비(船費)圓 1 뱃삯. 2 선박을 운항하는 데 드는 경비. 선용(船用).

선비(鮮卑)圓〖역〗고대 아시아의 몽골 족에 속하는 유목 민족(발상지는 싱안링(興安嶺) 동쪽으로, 흉노(匈奴)의 옛 땅 남쪽과 몽골을 영유. 2 세기 중엽에 극성(極盛)하였음).

선비-사(-士)圓 한자 부수의 하나('壬'·'壺' 등에서 '士'의 이름).

선비잡이-콩 〔식〕 약간 푸르고 눈 양편에 검고 둥근 점이 있는 콩.

선빈후부 (先貧後富) 〔명〕 가난하던 사람이 나중에 부자가 됨. ↔선부후빈.

선사 (先史) 〔명〕 역사 시대 이전의 역사. 유사 이전.

선사 (先祀) 〔명〕 선조에 대한 제사.

선사 (先師) 〔명〕 **1** 돌아가신 스승. **2** 선철(先哲).

선사 (旋師) 〔명〕〔하자〕 싸움에 이겨 군사를 돌려 돌아옴.

선:사 (善事) 〔명〕〔하타〕 **1** 좋은 일. 착한 일. **2** 윗사람을 잘 섬김. **3** 신불에게 공양함.

선:사 (善射) 〔명〕 총이나 활 따위를 잘 쏨.

선:사 (膳賜) 〔명〕 존경·축하·애정의 뜻으로 남에게 선물을 줌. ¶꽃다발을 ~하다 / 즐거운 노래와 춤을 ~합니다.

선사 (禪寺) 〔불〕 선종(禪宗)의 절. 선찰. ¶풍경 소리가 ~에 울려 퍼지다.

선사 (禪師) 〔불〕 **1** 선종(禪宗)의 법리에 통달한 법사. **2** '승려'의 높임말.

선:-사령 (善辭令) 〔명〕 묘하게 잘하는 말. 뛰어난 말솜씨.

선:사-상관 (善事上官) 〔명〕〔하자〕 상관을 잘 섬김.

선사 시대 (先史時代) 문헌적 사료가 전혀 없는 시대(석기 시대·청동기 시대).

선:사-품 (膳賜品) 〔명〕 존경·축하·애정의 뜻으로 남에게 주는 물품.

선사-학 (先史學) 〔명〕 선사 시대의 일을 연구하는 학문. 사전학(史前學).

선산 (先山) 〔명〕 조상의 무덤이 있는 곳. 선묘(先墓). 선영(先塋). ¶~으로 성묘를 가다.

선산 (選算) 〔명〕〔하타〕 돈을 적절하게 잘 씀.

선산-발치 (先山-) 〔명〕 조상의 무덤이 있는 산기슭. 선산의 한쪽 구석. ¶~에 묻히다.

선상 (先上) 〔명〕〔하타〕 물건 값 또는 빚의 일부를 먼저 받음.

선상 (扇狀) 〔명〕 부채를 편 것과 같은 모양. 선형(扇形). 부채꼴.

선상 (船上) 〔명〕 **1** 배의 위. **2** '항해 중인 배를 타고 있음'의 뜻.

선상 (船商) 〔명〕 **1** 배의 매매를 업(業)으로 하는 사람. **2** 배에 물건을 싣고 다니며 장사하는 사람.

선상 (線上) 〔명〕 **1** 선의 위. ¶선분 AB ~에 있는 점 O. **2** 어떤 일정한 상태에 있음. ¶수사 ~에 오르다 / 방학은 수업의 연장 ~에 있다.

선상 (線狀) 〔명〕 실같이 가늘고 긴 줄을 이룬 모양. 선형.

선:상 (選上) 〔명〕〔하타〕 **1** 〔역〕 지방의 노비를 뽑아 서울의 관아에 보내던 일. **2** 골라 뽑아서 바침.

선상 (禪床) 〔불〕 **1** 선가(禪家)에서, 설법하는 승려가 올라앉는 법상(法床). **2** 선대(禪臺).

선상-대장 (先廂大將) 〔명〕〔역〕 임금의 거동 때 전위군을 거느리던 장수.

선-상선 (先相先) 〔명〕 바둑에서, 처음에 선으로 두고 다음부터는 선을 바꾸어 가며 두는 일.

선상-지 (扇狀地) 〔명〕〔지〕 강이 산지(山地)에서 평지로 흐를 때, 흐름이 갑자기 느려지면서 물과 함께 쓸려 온 토사가 부채 모양으로 쌓여 생긴 지형.

선상-진 (先廂陣) 〔명〕〔역〕 임금의 거동 때, 앞장을 서던 전위대.

선-상피 (腺上皮) 〔명〕〔생〕 분비 작용이 특히 왕성한 상피 조직(편도선과 림프샘을 제외한

선색 (鮮色) 〔명〕 산뜻한 빛. 고운 빛.

선:-샘 〔명〕 장마철에 땅속으로 스며들었던 빗물이 다시 솟아 나오는 샘.

선생 (先生) 〔명〕 **1** '교사'의 존칭. ¶국어 ~ / 중학교 ~. **2** '학문이나 기예가 뛰어난 사람'의 존칭. ¶퇴계 ~. **3** 어떤 부문에서 경험이 많거나 잘 아는 사람. ¶장기는 김씨가 ~이지요. **4** 남을 높여 이르는 말(성·직함 등 뒤에 쓴). ¶김 ~ / 의사 ~. **5** 자기보다 나이가 적은 남자 어른을 높여 부르는 말. ¶이 ~, 오래간만이오.

선생-님 (先生-) 〔명〕 '선생'의 존칭.

선생-안 (先生案) 〔명〕〔역〕 조선 때, 각 관아에서 전임 관원(官員)의 성명·관명·생년월일·본적 등을 기록하던 안책.

선생-질 (先生-) 〔명〕〔하자〕 학교에서 학생을 가르치는 일을 낮잡아 이르는 말.

선서 (宣誓) 〔명〕〔하자타〕 **1** 여럿 앞에서 성실할 것을 맹세함. ¶히포크라테스 ~ / 선수 대표가 ~를 하다. **2** 〔법〕 증인이나 감정인 등이 진실을 말할 것을 맹세함. ¶증인 ~. **3** 대통령이 취임식에서 헌법을 지켜 국정에 성실할 것을 맹세함. ¶대통령 취임 ~.

선:서 (善書) 〔명〕 **1** 글씨를 잘 씀. 또는 그 글씨. **2** 양서(良書).

선서-식 (宣誓式) 〔명〕 선서를 하는 의식.

선선-하다 〔형〕 **1** 시원한 느낌이 들 정도로서 늘하다. ¶새벽엔 제법 ~. @산산하다. **2** 성질이나 태도가 쾌활하고 시원스럽다. ¶선선한 대답. 선선-히 〔부〕. ~ 응하다.

선성 (仙聖) 〔명〕 신선과 성인.

선성 (先聖) 〔명〕 **1** 옛날의 성인. **2** 중국의 주공(周公)을 일컫는 말.

선성 (先聲) 〔명〕 **1** 전부터 알려져 있는 명성. ¶~은 익히 들었습니다. **2** 선문(先聞).

선:성 (善性) 〔명〕 착한 본성.

선성-탈인 (先聲奪人) 〔명〕〔하자〕 **1** 소문을 먼저 펴뜨려 남의 기세를 꺾음. **2** 소리를 먼저 질러 남의 기세를 꺾음.

선세 (先世) 〔명〕 선대(先代).

선세 (先貰) 〔명〕 〔법〕 임차인(賃借人)이 임대료의 지불 및 임대차 계약에 따른 채무를 담보하기 위해 임대인에게 주는 보증금.

선-셈 (先-) 〔명〕〔하타〕 어떤 일이 되기 전이나 기준이 되기 전에 미리 돈을 치름.

선-소리¹ 〔명〕〔하자〕 대여섯 사람이 둘러서서 서로 주고받으며 속요(俗謠)를 부름. 또는 그 속요. 입창(立唱). ¶~앉은소리.

선:-소리² 〔명〕〔하자〕 이치에 맞지 않는 서툰 말. ¶익은 밥 먹고 ~하지 마라.

선:-소리 (先-) 〔악〕 민요를 부를 때 한 사람이 먼저 메기는 소리. 메기는소리.

선소리-꾼 (先-) 〔명〕 선소리에서 메김소리를 메기는 사람. 앞소리꾼.

선소리-치다 (先-) 〔자〕 뒤를 이어서 여러 사람이 따라 하도록 맨 앞에 서서 소리를 지르다.

선소-하다 (尠少-) 〔형〕〔하〕 대단히 적다.

선속 (船速) 〔명〕 배의 항행 속도.

선-손 (先-) 〔명〕 **1** 남이 하기 전에 앞질러 하는 행동. **2** 선수(先手).

　선손(을) 걸다 〔관〕 선수(를) 걸다.

　선손(을) 쓰다 〔관〕 선수(를) 쓰다.

선손-질 (先-) 〔명〕〔하자〕 먼저 손찌검을 함. 또는 그런 짓.

　[선손질 후 방망이] 남을 해치면 뒤에 자신은 더 큰 해를 입게 됨.

선수 (先手) 〔명〕 **1** 먼저 손찌검을 함. 선손. **2** 기

선을 제하여 공격의 지위에 섬. ▣~를 잡다 [빼앗기다]. **3** 바둑·장기에서, 상대편이 어떤 수를 쓰기 전에 중요한 자리에 먼저 수를 쓰는 일. ↔후수(後手).

선수(를) 걸다 관 먼저 손찌검을 하다. 선손(을) 걸다.

선수(를) 쓰다 관 남보다 먼저 착수하다. 선손(을) 쓰다. 선수(를) 치다.

선수(를) 치다 관 ⊙선수(를) 쓰다. ⓒ남이 예상하기 전에 앞질러서 대책을 세우다. ▣내 그럴 줄 알고 선수를 쳤다.

선수(船首)몡 이물. ▣~를 남으로 돌리다.

선:수(善手)몡 솜씨가 뛰어난 사람.

선:수(選手)몡 **1** 운동 경기·기술 등에 뛰어나 많은 사람 속에서 대표로 뽑는 사람. ▣국가 대표~ / 야구~. **2** 어떤 일을 능숙하게 하거나 버릇으로 자주 하는 사람을 비유하는 말. ▣다림질에 ~가 되다.

선:수(選授)몡하타 인재(人材)를 뽑아 벼슬자리를 줌.

선:수-권(選手權)[-꿘]몡 경기에서, 우승한 개인 또는 단체에 주는 지위나 자격. ▣~ 보유자 / ~ 쟁탈전.

선:수권 대:회(選手權大會)[-꿘--]몡 여럿 가운데 대표 선수를 뽑는 경기 대회.

선:수-금(先受金)몡 미리 받은 돈. ↔선급금.

선:수-단(選手團)몡 어떤 경기의 선수들로 조직된 단체. ▣~을 파견하다.

선:수-상(膳羞床)[-쌍]몡 〖민〗 무당이 굿할 때 차려 놓는 제물상(祭物床)의 하나.

선:수-촌(選手村)몡 큰 경기 등에 집단으로 숙식할 수 있는 시설을 갖추어 놓은 일정한 지역.

선-순위(先順位)몡 다른 것보다 앞서는 차례.

선술(仙術)몡 신선이 행하는 술법.

선술-집[-찝]몡 술청 앞에 선 채로 술을 마시게 된 술집. ▣~에서 한잔하다.

선승(先勝)몡하자 여러 번 겨루는 경기에서 먼저 이김. ▣~을 거두다.

선승(禪僧)몡 〖불〗 **1** 선종의 승려. **2** 참선하는 승려.

선시(宣示)몡하타 사람들에게 널리 알림.

선-시력(線視力)몡 〖의〗 매우 가는 선의 있고 없음을 분간할 수 있는 눈의 능력. ↔점시력(點視力).

선:시선:종(善始善終)몡하자 처음부터 끝까지 한결같이 잘함.

선식(禪食)몡 **1** 〖불〗 참선을 할 때 머리를 맑게 하고 위에 부담을 주지 않기 위해 먹는 음식. **2** 여러 가지 곡류 따위를 찌거나 볶거나 하여 가루로 만든 음식.

선신-세(鮮新世)몡 〖지〗 '플라이오세'의 구용어.

선실(船室)몡 배 안에 마련한 승객의 방. 캐빈. ▣3등 ~.

선실(璇室)몡 옥(玉)으로 꾸민 방.

선실(禪室)몡 〖불〗 **1** 선방(禪房). **2** '승려'의 존칭.

선실기도(先失其道)몡하자 일을 하는 데 먼저 그 방법부터 잘못됨.

선:심(善心)몡 **1** 선량한 마음. ↔악심. **2** 남에게 베푸는 후한 마음. ▣~공세 / ~을 입다.

선심(을) 쓰다 관 남에게 착한 마음을 베풀어 돕다.

선심(線審)몡 '선심판'의 준말. ▣주심과 ~들이 경기를 이끌다.

선-심판(線審判)몡 테니스·야구·축구·배구 등에서, 공이 선에 관련된 규칙의 위반 여부 등을 판정하는 보조 심판원. 라인즈맨. ⤚선

심(線審).

선아(仙娥)몡 **1** 선녀. **2** '달'의 이칭.

선악(仙樂)몡 신선의 풍악.

선:악(善惡)몡 착함과 악함. ▣~을 가리다.

선:악-개오사(善惡皆吾師)[서낙깨-]몡 착한 일이나 악한 일이 모두 자기 몸가짐의 거울이 된다는 말.

선:악-과(善惡果)[서낙꽈]몡 **1**〖성〗 먹으면 선악을 알게 된다는 선악과나무의 열매(에덴 동산에서 아담과 이브가 여호와의 계명을 어기고 따 먹음으로써 원죄를 범하였다고 함). **2**〖불〗 선과(善果)와 악과(惡果).

선:악과-나무(善惡果-)[서낙꽈-]몡 〖성〗 선악과가 달렸던 에덴동산의 과일나무. 생명수. 선악수(樹).

선:악-관(善惡觀)[서낙꽌]몡 선과 악에 관한 견해.

선:악불이(善惡不二)[서낙뿌리]몡 〖불〗 선악은 분리된 것이 아니고 평등 무차별한 하나의 불리(佛理)로 돌아간다는 말.

선:악-상반(善惡相半)[서낙쌍-]몡하형 선과 악이 서로 반씩 섞여 있음.

선:악지보(善惡之報)[서낙찌-]몡 선악에 대한 응보.

선암(腺癌)몡 〖의〗 샘세포에 생긴 암(위암·대장암 따위).

선암(禪庵)몡 〖불〗 선종의 절이나 암자.

선야(先夜)몡 전날 밤.

선약(仙藥)몡 **1** 선단(仙丹). **2** 효험이 썩 뛰어난 약. 성약(聖藥).

선약(先約)몡하자타 먼저 약속함. 또는 그런 약속. 전약. ▣~이 있어 먼저 실례합니다.

선양(宣揚)몡하타 명성이나 권위 따위를 널리 떨치게 함. ▣국위 ~.

선양(煽揚)몡하타 부추겨 일으킴.

선양(禪讓)몡하타 선위(禪位).

선:어(善語)몡하자 말을 잘함.

선어(鮮魚)몡 생선. ▣~ 수출.

선어말 어:미(先語末語尾)〖언〗 어말 어미 앞에 나타나는 활용 어미. '-시-'·'-옵'·'-오-' 따위 경어법에 관한 것과, '-았-'·'-었-'·'-더-'·'-겠-'·'-리-' 따위 시상(時相)에 관한 것 등으로 나뉨. 종래에 '보조 어간'이라 불린 형태들이 이에 속함. 비어말(非語末) 어미.

선언(宣言)몡하자타 **1** 널리 펴서 말함. 또는 그런 내용. **2** 국가나 단체가 자기의 방침이나 주장을 외부에 정식으로 표명함. ▣독립 ~ / 비핵화 ~을 발표하다 / 엄정중립 ~하다. **3** 어떤 회의의 진행에 한계를 두기 위해 말함. 또는 그런 말. ▣의장이 개회를 ~하다 / 휴정(休廷)이 ~되다.

선언-문(宣言文)몡 선언하는 취지를 적은 글. ▣~을 낭독하다.

선언-서(宣言書)몡 어떤 일을 선언하는 내용을 적은 글이나 문서. ▣독립 ~.

선:언-율(選言律)[서넌뉼]몡 〖논〗 사고 법칙의 하나('A는 A이든지, A가 아니든지이다'의 형식).

선:언-적(選言的)관몡 〖논〗 몇 개의 배타적 개념이나 빈사 가운데 선택하게 되어 있는 (것). ↔정언적.

선:언적 개:념(選言的槪念)[서넌-깨-]몡 〖논〗 같은 종류의 개념이면서 그 외연이 전혀 달라 교차하지 않고 분리되어 있는 개념(흑과 백, 삼각형과 사각형 따위).

선ː언적 명ː제(選言的命題)〖논〗 가언적(假言的) 명제와 함께 형식 논리학의 복합적 명제의 하나. p·q를 명제로 한다면 'p 또는 q'라는 형식으로 표현되는 명제인데, 그 두 가지 명제의 어느 한쪽이 '참'임을 주장함.

선ː언적 삼단 논법(選言的三段論法)〖서넌─쌈─뻡〗〖논〗 선언적 판단을 대전제로, 소전제에서 그 선언지(選言肢)의 어느 쪽을 긍정 또는 부정하여 결론을 얻는 추리 방법《'A는 B이든가 또는 C이다(대전제). A는 B가 아니다(소전제). 그러므로 A는 C이다(결론).' 따위》. 선언적 추리.

선ː언적 판ː단(選言的判斷)〖논〗 둘 이상의 판단을 '또는'으로 연결해 이루어진 판단《'A는 B나 C나 D 중의 하나다' 따위》.

선업(先業)명 1 선대의 기업(基業). 2〖불〗 전생에서 지은 선악의 업인(業因). 숙업(宿業).

선ː업(善業)명〖불〗 좋은 과보를 받을 수 있는 착한 일. 정업(淨業). ↔악업(惡業).

선ː여인교(善與人交)명하자 남을 공경하여 오래도록 잘 사귐.

선역(腺疫)명 말이나 당나귀 따위의 림프샘이 붓는 급성 전염병.

선연(仙緣)명 신선과의 인연.

선연(船緣)명 뱃전.

선ː연(善緣)명 좋은 인연. ▱악연(惡緣)을 ～으로 바꾸다.

선연-하다(嬋妍─)형여 몸맵시가 날씬하고 아름답다. **선연-히**뷔

선연-하다(嬋娟─)형여 얼굴이 곱고 아름답다. **선연-히**뷔

선연-하다(鮮妍─)형여 산뜻하고 아름답다. ▱선연한 가을빛 / 푸른 강물이 ～. **선연-히**뷔

선열(先烈)명 나라를 위해 싸우다 죽은 열사.

선열(船列)명 배가 늘어섰거나 항해하는 배의 열. ▱수송 선단의 ～.

선열(禪悅)명〖불〗 선정(禪定)에 들어 느끼는 기쁨. ▱～을 느끼다.

선열(腺熱)명〖의〗 림프샘이 부어 열이 나는 병《어린이나 젊은 사람에게 많음》.

선열-법회(禪悅法喜)〖서녈버퀴〗명〖불〗 선정(禪定)에 들어간 즐거움과 부처의 교법(敎法)을 듣는 즐거움.

선열-위식(禪悅爲食)명〖불〗 선정(禪定)의 기쁨으로 몸과 마음을 건전하게 하고 지혜로운 생명을 얻는 일. 선열식(食).

선염(渲染)명〖미술〗 선염법.

선염-법(渲染法)〖서념뻡〗명〖미술〗 동양화에서, 화면에 물을 칠하고 마르기 전에 물감을 칠해 몽롱하고 침중한 맛을 나타내는 채색기법. 번짐법. 선염.

선영(先塋)명 선산(先山).

선온(宣醞)명하자〖역〗 임금이 신하에게 술을 내리던 일. 또는 그 술.

선옹(仙翁)명 늙은 신선.

선옹-초(仙翁草)명〖식〗 너도개미자릿과의 한 해살이풀. 줄기의 높이는 80 cm 정도. 잎은 선형(線形). 초여름에 자색 꽃이 핌. 관상용임.

선-완장(先阮丈)명 남의 죽은 삼촌을 높여 일컫는 말.

선왕(先王)명 1 선대의 임금. 선군(先君). 2 옛날의 어진 임금.

선왕-유제(先王遺制)〖서왕뉴─〗명 선대의 임금이 남긴 제도.

선-왕재(善往齋)명〖불〗 죽은 넋을 좋은 세계에 태어나게 하기 위해 부처 앞에 공양

하는 재.

선왕-조(先王朝)명 선대의 임금이 다스리던 시대. 또는 그때의 세상.

선ː외(選外)명 입선(入選)에 들지 못함. ▱～로 밀려난 작품.

선-외가(先外家)명 선대의 외가.

선ː외-가작(選外佳作)명 입선되지는 못했으나 꽤 잘된 작품.

선외 활동(船外活動)〖서뇌─똥〗 우주 비행 중에, 우주 비행사가 우주선 밖으로 나와 활동하는 일.

선용(仙容)명 1 선인의 용모. 2 두루미[1].

선용(先用)명하타 1 선셈으로 미리 꾸어 씀. 2 남보다 앞서 사용함.

선용(船用)명 1 선비(船費) 2. 2 뱃삯.

선ː용(善用)명하타 알맞게 또는 좋은 일에 씀. ▱여가 ～. ↔악용.

선ː용(選用)명하타 여럿 가운데서 골라 씀.

선용-품(船用品)명 식료·연료·소모품·강삭(鋼索) 등 선박에서 사용하는 물품.

선우(單于)명〖역〗 흉노(匈奴)의 '추장'을 일컫는 말.

선ː우(善友)명 착하고 어진 벗.

선ː우(善遇)명하타 선대(善待).

선우-월(蟬羽月)명 '음력 6월'의 별칭.

선우후락(先憂後樂) 근심할 일은 남보다 먼저 근심하고 즐거워할 일은 남보다 나중에 즐거워한다는 뜻으로, 지사(志士)나 어진 사람의 마음씨를 이르는 말.

선운(船運)명하타 배로 실어 나름.

선운-산(禪雲山)〖광〗 광산 구덩이의 왼쪽.

선ː-웃음 우습지도 않은데 꾸며서 웃는 웃음. ▱～을 치다.

선원(船員)명 선박의 승무원. 뱃사람.

선원(禪院)명〖불〗 1 선종(禪宗)의 사원. 2 좌선을 주로 하는 도량.

선원계보기략(璿源系譜記略)〖서넌─/서원계─〗 조선 왕실의 족보.

선원-대향(璿源大鄕)명 조선 이씨(李氏) 왕실의 본관의 높임말.

선원-수첩(船員手牒)명 선원의 신분을 증명하는 수첩.

선원-실(船員室)명 배 안의, 선원들이 거처하는 방.

선원-주의(先願主義)〖서넌─/서원─이〗명〖법〗 둘 이상의 출원이 있을 때, 먼저 출원된 것을 우선적으로 다루는 주의.

선위(船位)명 해상에서의 배의 위치.

선위(禪位)명하타 왕위를 다음 임금에게 물려 줌. 선양(禪讓).

선위-사(宣慰使)명〖역〗 큰 재해나 난리가 있을 때, 왕명으로 위문하던 임시 벼슬.

선유(先儒)명 옛 선비. 선대의 유학자.

선유(宣諭)명하타〖역〗 임금의 훈유(訓諭)를 백성에게 널리 알리던 일.

선유(船遊)명 뱃놀이.

선유-락(船遊樂)명〖악〗 나라 잔치 때 추던 춤의 한 가지. 무기(舞妓)가 채선(彩船)을 끌고 배 떠나는 정경을 그린 것.

선유-사(宣諭使)명〖역〗 병란(兵亂) 때, 왕명으로 백성을 훈유(訓諭)하던 임시 벼슬.

선ː유-하다(善柔─)형여 마음이 착하고 곰상스러우나 줏대가 없다.

선육(鮮肉)명 신선한 고기. 생육.

선율(旋律)명 '가락[2]'의 한자 이름. ▱바이올린의 ～ / 은은하고 감미로운 ～이 흐르다.

선율(禪律)명〖불〗 1 선종(禪宗)과 율종(律宗). 2 선종의 계율.

선음(先蔭)몡 조상의 숨은 은덕.

선:음(善飮)몡하자 술을 잘 마시거나 좋아함.

선의(船醫)[서늬 / 서니]몡 배 안에서 승무원·선객의 건강을 보살피는 일을 맡은 의사.

선:의(善意)[서늬 / 서니]몡 **1** 착한 마음. **2** 남을 위해 생각하는 마음. 호의(好意). □ ~로 받아들이다. **3** 〖法〗 자신의 행위가 법률 관계의 발생·소멸 및 그 효력에 영향을 미치는 사실을 모르는 일. □ ~의 피해자. ↔악의.

선의(禪衣)[서늬 / 서니]몡〖불〗 선승(禪僧)이 입는 옷.

선의(鮮衣)[서늬 / 서니]몡 산뜻하고 아름다운 옷.

선의-권(先議權)[서늬꿘 / 서니꿘]몡 국민 부담과 중대한 관계가 있는 예산·재정 법안을 하원이 상원보다 먼저 심의할 수 있는 권리.

선:의 점유(善意占有)[서늬저뮤 / 서니저뮤]〖法〗점유할 권리가 없는 것을 모르고 행하는 점유.

선:의 취:득(善意取得)[서늬— / 서니—]〖法〗권리가 없는 점유임을 모르고 동산(動産)을 점유했을 때, 유효한 거래에 따라 동산의 소유권 또는 질권(質權)을 넘겨받는 일. 즉시(卽時) 취득. 즉시 시효(時效).

선-이자(先利子)[—니—]몡 빚을 쓸 때, 본전에서 먼저 떼어 내는 이자. 선리(先利). 선변(先邊). □ ~를 떼다.

선익-지(蟬翼紙)[서닉찌]몡 두께가 매미의 날개처럼 매우 얇은 종이.

선인(仙人)몡 **1** 신선(神仙). **2** 도를 닦은 사람. 도사(道士).

선인(先人)몡 **1** 선친(先親). **2** 전대(前代)의 사람.

선인(船人)몡 **1** 뱃사공. **2** 뱃사람.

선:인(善人)몡 선량한 사람. ↔악인(惡人).

선:인(善因)〖불〗 선과(善果)를 가져오는 원인이 되는 행위. ↔악인(惡因).

선:인(選人)몡 뽑힌 사람.

선인-망(船引網)몡 연안에 들어온 고기 떼를 그물에 몰아넣고 배에서 끌어 올려서 담는 그물《후릿그물 비슷하되 작고 끝줄이 짧음. 까나리·도루묵·빙어·멸치 따위를 잡는 데 씀》.

선:인-선:과(善因善果)〖불〗 착한 일을 쌓으면 좋은 과보(果報)가 따름. 복인복과. ↔악인악과.

선인-장(仙人掌)몡〖植〗 선인장과의 여러해살이풀. 열대·아열대의 사막 지대에 분포함. 줄기는 살지고 즙이 많으며, 원주형·편평상의 마디로 연결되거나 덩어리짐. 잎은 잎의 바늘 모양의 가시로 변함. 백·적·황·자색 따위의 꽃이 핌. 사보텐. 백년초(百年草). 패왕수(霸王樹).

선인-죽(仙人粥)몡 껍질을 벗긴 새박뿌리를 저며서 끓이다가 흰쌀을 넣어 쑨 죽.

선일(—日)[—닐]몡하자 서서 하는 일. ↔앉은일.

선일(先日)몡 지난날.

선임(先任)몡 먼저 그 임무나 직무를 맡음. 또는 그 사람. □ ~소대장〔연구원〕. ↔후임(後任). *전임(前任).

선임(船賃)몡 뱃삯.

선:임(選任)몡하자 사람을 뽑아서 직무를 맡길. □ 이사로 ~하다.

선임-권(先任權)[서님꿘]몡 선임제에서, 고참자가 신참자보다 우대를 받을 권리. 고참권.

선임 부:사(先任副士)〔'선임 부사관'의 준말.

선임 부:사관(先任副士官)〔군〕특정한 부대의 부사관 중에서 가장 높은 계급의 부사관. ⓐ선임 부사.

선임-자(先任者)몡 **1** 어떤 직무나 임무를 먼저 맡아 하던 사람. □ ~후임자. **2** 모임이나 단체에서, 계급이나 직급이 먼저 된 사람.

선임-제(先任制)몡 승진·해고·휴직 등에서 고참자를 우대하는 제도.

선인(先人)몡 **1** 이전부터 마음속에 품고 있음. **2** 애초에 배워서 익힘. **3** 먼저 들어가거나 넣어짐.

선:입(選入)몡하자 가려 뽑아서 넣음.

선입-감(先人感)[서닙깜]몡 선입관.

선입-견(先人見)[서닙껸]몡 선입관.

선입-관(先人觀)[서닙꽌]몡 어떤 대상에 대해 이미 마음속에 가지고 있는 고정적인 관념이나 견해. 선입감. 선입견. 선입주. □ ~이 좋지 않다 / ~을 버리다 / ~에 사로잡히다.

선입 선출법(先入先出法)[서닙썬—뻡]〖經〗재고 자산의 출고 단가를 결정할 때, 장부상으로 먼저 입고된 것부터 차례로 출고되는 것으로 보고, 재고 자산의 출고 단가를 결정하는 방법《물가가 떨어질 때 자산 내용이 견실하게 평가됨》.

선입-주(先入主)[서닙쭈]몡 선입관.

선자(仙子)몡 **1** 신선(神仙). **2** 용모가 아름다운 여자.

선자(仙者)몡 신선(神仙).

선자(先子)몡 옛사람. 특히, 세상을 떠난 아버지나 스승.

선자(先資)몡 일을 착수하기에 앞서 드는 돈.

선자(先慈)몡 세상을 떠난 어머니. 망모.

선자(扇子)몡 **1** 부채. **2** '선자추녀'의 준말.

선:자(選者)몡 작품 따위를 가려 뽑는 사람.

선자 개:판(扇子蓋板)〖建〗선자추녀의 서까래를 덮은 널빤지.

선자 고래(扇子—)몡 부챗살처럼 퍼져 나가게 만든 방고래.

선-자귀[1]몡 반 칸 퇴의 두 짝으로 된 분합문.

선-자귀[2]몡 서서 나무를 깎을 때에 쓰는 큰 자귀.

선자귀-장이몡 큰 자귀로 나무를 깎는 목수.

선-자물쇠[—쐬]몡 배목에 비녀장을 꽂는 구조로 된 간단한 자물쇠《좌우로 여닫는 문짝에만 씀》.

선자 서까래(扇子—)몡 선자연.

선자-연(扇子椽)몡〖建〗 선자추녀에 부챗살같이 댄 서까래. 선자 서까래.

선자-옥질(仙姿玉質)[—찔]몡 신선의 자태에 옥의 바탕이라는 뜻으로, 몸과 마음이 매우 아름다운 사람을 형용하는 말.

선자-지(扇子紙)몡 부채에 바르는 질기고 단단한 종이.

선자-추녀(扇子—)몡〖建〗 서까래를 부챗살처럼 댄 추녀. ↔말굽추녀. ⓐ선자.

선:-잠[—짬]몡 깊이 들지 못하거나 제대로 이루지 못한 잠. 겉잠 2. □ ~이 들다 / ~을 자다 / ~에서 깨다.

선잠(先蠶)몡〖民〗누에치기를 처음 시작했다는 신(神). 잠신(蠶神).

선장(先丈)몡 '선고장(先考丈)'의 준말.

선장(船匠)몡 배를 만드는 목수.

선장(船長)몡 배의 항해와 배 안의 모든 사무를 책임지고 선원들을 통솔하는 최고 책임자.

선장(船裝)몡 배의 장식, 곧 배가 항해할 수 있도록 설비와 장비를 갖추는 일.

선장(船檣)몡 **1** 배의 돛대. **2** 배의 무전 안테나의 지주(支柱), 선기(船旗)의 게양, 기중기의 받침대 등에 쓰는 기둥. 마스트.

선:장(選獎)**명하타** 좋은 것을 골라 장려함.

선장(禪杖)**명** 1 승려의 지팡이. 2『불』좌선할 때 졸고 있는 승려를 깨우는 데 쓰는, 대나 갈대로 만든 막대기.

선장-등(船檣燈)**명** 배의 진로 방향을 나타내기 위해 앞 돛대에 다는 등.

선장-집물(船什物)[-짐-]**명** 1 배의 장식에 필요한 물건. 2 배의 운용과 항해에 필요한 물건.

선재(仙才)**명** 뛰어난 재주. 또는 그런 재주를 가진 사람.

선재(船材)**명** 배를 만드는 데 쓰는 자재.

선재-하다(先在-)**형여** 먼저부터 있다.

선저(船底)**명** 배의 밑바닥.

선적(先蹟)**명** 조상의 사적(事蹟).

선적(船積)**명하타** 배에 짐을 실음. ▣~ 기일 / 화물을 ~하다 / 수출품이 컨테이너로 ~되다.

선적(船籍)**명**『법』선박 원부에 등록되어 있는 배의 소속지를 나타내는 적. 선박의 국적. ▣파나마 ~ 화물선.

선적-도(船積圖)[-또]**명**『해』배에 실려 있는 모든 화물의 위치를 나타낸 도면.

선적 서류(船積書類)[-써-]**명**『해』수출 화물을 선적할 때 작성하는 서류(선하 증권·보험 증권·송장(送狀) 외에 원산지 증명, 각종 검사 증명이 포함되기도 함).

선적-항(船積港)[-저캉]**명** 배에 짐을 싣는 항구. 적출항(積出港).

선적-항(船籍港)[-저캉]**명** 배의 국적이 등록되어 있는 항구(배가 항해하지 않을 때 머무는 곳).

선전(宣傳)**명하타** 1 어떤 것의 존재나 효능 또는 주의·주장 등을 남에게 설명하고 이해를 구하는 일. 또는 그 운동과 활동. ▣새 상품을 ~하다. 2 사실 이상으로 과장해서 말을 퍼뜨리는 일. ▣만병통치약이라고 ~하다. 3 『역』'선전관(宣傳官)'의 준말.

선전(宣戰)**명자** 다른 나라에 대해서 전쟁을 시작하겠다고 선포함.

선전(旋轉)**명자타** 뱅뱅 돌아서 굴러 가거나 굴러 가게 함.

선:전(善戰)**명하자** 있는 힘을 다해 잘 싸움. ▣~ 분투 / ~을 펼치다.

선전(縞廛·線廛)**명**『역』조선 때, 비단을 팔던 가게. ⊛선전.

선전-관(宣傳官)**명**『역』조선 때, 선전관청의 무관 벼슬. ⊛선전.

선전-관청(宣傳官廳)**명**『역』조선 때, 병조에 속하여 형명(形名)·계라(啓螺)·시위(侍衛)·전령(傳令)·부신(符信)의 출납 등을 맡아 보던 관아.

선전-문(宣傳文)**명** 선전의 취지나 내용을 적은 글.

선전 삐라(←宣傳bill)선전이나 광고를 위해, 여러 사람에게 돌리거나 뿌리는 인쇄물.

선전-술(宣傳術)**명** 주의·주장·효능 따위를 효과적으로 알리는 기술.

선전-원(宣傳員)**명** 선전하는 일을 직업으로 삼는 사람.

선전-전(宣傳戰)**명** 1 많은 사람의 이해를 얻기 위해 서로 다투어 선전하는 일. ▣~을 펼치다. 2『군』아군의 사기를 높이고 적군의 사기를 떨어뜨리기 위해 선전을 주로 하는 싸움.

선전-탑(宣傳塔)**명** 선전·계몽을 목적으로 일정한 기간 세우는 탑.

선전 포:고(宣戰布告)다른 나라에 대하여 전쟁이 시작한다는 것을 선포함. ▣~도 없이 침공하다.

선점(先占)**명하타** 1 남보다 앞서서 차지함. ▣시장을 ~하기 위해 경쟁하다. 2『법』'선점 취득'의 준말.

선:점(選點)[-쩜]**명하자** 측량 전에 현지에서 기점(基點)이 될 만한 곳을 정함.

선점 취:득(先占取得)1 민법에서, 소유주가 없는 물건을 남보다 먼저 점유하는 일. 2 국제법에서, 어느 나라 영토에도 속하지 않는 땅을 다른 나라보다 먼저 점유함. ⊛선점.

선접(先接)**명하타**『역』과거 때, 남보다 먼저 시험장에 들어가 좋은 자리를 차지하는 일. 또는 그 자리. ▣~을 잡다.

선접-꾼(先接-)**명**『역』과거 때, 맨 먼저 선접하는 사람.

선정(先正)**명** 선대의 현인(賢人).

선:정(善政)**명하자** 백성을 바르고 어질게 잘 다스리는 정치. 선치(善治). ▣~을 베풀다(펴다). ↔악정.

선정(煽情)**명하자** 정욕을 북돋우어 일으킴. ▣~성(性)이 짙은 영화.

선:정(選定)**명하타** 여럿 가운데서 가려서 정함. 택정. ▣작품 ~ / 대표 선수로 ~되다.

선정(禪定)**명**『불』속정(俗情)을 끊고 마음을 가라앉혀 삼매경(三昧境)에 이름. 정(定). ▣~을 닦다.

선:정-비(善政碑)**명** 예전에, 선정을 베푼 관원의 덕을 기념하기 위해 세운 비석.

선정-적(煽情的)**명관** 욕정을 북돋우어 일으키는 (것). ▣~인 잡지 / ~인 장면이 많은 영화.

선제(先制)**명하타** 선수를 쳐서 상대방을 제압함. 기선을 제압함.

선제(先帝)**명** '선황제(先皇帝)'의 준말.

선:제(先除)**명하타** 먼저 계산하여 덜어 냄.

선제(船梯)**명** 배에 오르내릴 때 쓰는 사다리.

선제-공격(先制攻擊)**명하타** 상대편을 견제하거나 제압하기 위해 선수를 쳐서 공격하는 일. ▣~을 가하다.

선:제-후(選帝侯)**명**『역』중세 독일, 곧 신성 로마 제국의 제후 가운데 황제의 선거권을 가졌던 일곱 사람의 제후. 선거후(選擧侯).

선조(先祖)**명** 먼 윗대의 조상. ▣~의 뜻을 받들다.

선조(先朝)**명** 전조(前朝).

선조(線條)**명**『물』필라멘트(filament).

선조-관(宣詔官)**명**『역』조선 때, 나라에 경사가 있을 때 조서(詔書)를 읽던 임시 벼슬.

선-조모(先祖母)**명** 돌아가신 할머니의 높임말.

선-조부(先祖父)**명** 돌아가신 할아버지의 높임말.

선조-총(旋條銃)**명** 라이플(rifle)1.

선족(跣足)**명** 맨발.

선:종(善終)**명하타**『가』'선생 복종(善生福終)'에서 나온 말로, 임종할 때 성사(聖事)를 받아 큰 죄가 없는 상태에서 죽는 일.

선종(旋踵)**명하자** 발길을 돌려 돌아섬.

선종(腺腫)**명**『의』선상피(腺上皮) 세포가 증식해서 결절상(結節狀) 또는 유두상(乳頭狀)을 이룬 종양(腫瘍).

선:종(選種)**명하타**『농』충실하고 좋은 씨앗을 고르는 일.

선종(禪宗)**명**『불』참선으로 자신의 본성을 구명해서 성불함을 목표로 하는 종파. 중국 양나라 때 달마 대사가 중국에 전함. 우리나

라에는 신라 중엽에 전해져 구산선문(九山禪門)이 성립됨. 선가(禪家). 선도(禪道). ◎~사원(寺院). ↔교종(敎宗). ㉥선.

선주 (先主)명 1 선대의 군주. ↔후주. 2 전반의 주인.

선주 (船主)명 배의 임자.

선-주민 (先住民)명 먼저 살던 사람. *원주민(原住民).

선주-민족 (先住民族)명 먼저 살던 민족.

선주-인 (船主人)명 《역》배로 나르는 화물의 흥정을 붙이던 사람.

선주후나 (先奏後拿)명 《역》죄를 범한 칙임관을 잡을 때 임금에게 먼저 아뢰던 일. ↔선나후주.

선-줄 (船-)명 《광》세로로 박혀 있는 광맥.

선중 (船中)명 배의 안.

선지 짐승, 특히 소를 잡아서 받은 피. 식어서 굳어진 덩어리를 국이나 찌개 따위의 재료로 씀. 선지피.

선지 (先志)명 조상이 남긴 뜻.

선지 (先知)명 1 앞일을 미리 앎. 2 남보다 일찍 도를 깨달아 앎. 3[성] '선지자'의 준말.

선지 (宣旨)명하타 임금의 명을 널리 선포함.

선지 (宣紙)명 동양화와 서예에 쓰는 종이.

선:-지식 (善知識)명 《불》불도를 잘 알고 덕이 높아 사람들을 교화할 만한 능력이 있는 승려.

선지-자 (先知者)명 《기》예수 이전에 나타나 예수의 강림과 하나님의 뜻을 예언한 사람. 예언자. 선견자. ◎~선지(先知).

선지증 (船之證)[-쯩]명 《역》배로 화물을 운송할 때 발행하는 증서.

선지-피 1 선지. 2 다쳐서 선지처럼 쏟아져 나오는 피.

선지-후행설 (先知後行說)명 주자학에서, 먼저 그 이치를 알고 난 뒤에 행해야 한다는 학설. *지행합일설.

선진 (先陣)명 본진 앞에 자리잡거나 앞서서 나아가는 부대. ◎~의 뒤를 따르다.

선진 (先進)명 1 어느 한 방면에서, 연령·지위·기량 등이 앞섬. 또는 그런 사람. 2 발전의 단계나 진보의 정도가 다른 것보다 앞섬. ◎~ 문물을 받아들이다. ↔후진(後進).

선진-국 (先進國)명 경제와 문화 따위가 앞선 나라. ◎~ 대열에 들어서다. ↔후진국.

선-진배 (先進排)명 '선진배후수'의 준말.

선진배-후수 (先進排後受)명하타 먼저 물건을 바치고 나중에 값을 받음. ㉥선진배.

선진 사회 (先進社會)개인 소득이 많고 문명이 고도로 발전한 사회.

선:집 (選集)명 한 사람에서 여러 사람의 작품 가운데, 몇 가지를 추려 엮은 책.

선짓-국 [-지꾹 /-진꾹]명 선지를 넣고 끓인 국. ◎구수한 맛이 나는 ~.

선차 (先次)명 1 차례에서의 먼저. 2 지난번.

선차 (旋車)명 발로 돌리는 물레.

선착 (先着)명자타 1 남보다 먼저 도착함. 2 결승~. 2 '선착수(先着手)'의 준말. 3 '선착편'의 준말.

선착 (船着)명 배가 와 닿음.

선-착수 (先着手)[-쑤]명하타 남보다 먼저 손을 댐. ㉥선착(先着).

선착-순 (先着順)[-쑨]명 먼저 와 닿는 차례. 도착순. ◎~ 집합 / 입장권을 ~으로 나누어 주다.

선착-장 (船着場)[-짱]명 배가 와서 닿는 곳. 나루. 나루터. ◎배가 ~에 도착하다.

선착-편 (先着鞭)명하타 1 남보다 앞서 시작하

거나 자리를 잡음. 선참(先站). 2 남보다 앞서 공을 세움. ◎~선편(先鞭).

선찰 (禪刹)명 《불》선사(禪寺).

선참 (先站)명하자타 1 길을 먼저 떠남. 2 선착편1. ◎먼저 온 주객들이 들어차다.

선참-후계 (先斬後啓)[-/-계]명하타 《역》군율(軍律)을 어긴 사람을 먼저 처형한 뒤에 임금에게 아룀.

선창 (先唱)명하타 1 맨 먼저 주장함. 2 노래나 구령 따위를 맨 먼저 부름. ◎누군가의 ~으로 군가 합창이 울려 퍼진다.

선창 (宣暢)명하타 드러내어 세상에 널리 폄.

선창 (船倉)명 배 안의 갑판 아래에 있는 짐칸.

선창 (船窓)명 배의 창문.

선창 (船廠)명 조선소(造船所).

선창 (船艙)명 1 물가에 다리처럼 만들어 배가 닿을 수 있게 된 곳. ◎배가 좌현을 ~에 대다. 2 배다리1.

선창 (癬瘡)명 《한의》버짐.

선채 (先債)명 이전에 진 빚.

선채 (先綵)명 혼례 전에 신랑 집에서 신부 집으로 보내는 채단.

선채 (鮮菜)명 싱싱한 야채.

선:채-마니 (善採-)명 심마니들의 은어로, 산삼을 잘 캐는 능숙한 심마니를 이르는 말.

선:책 (善策)명 뛰어난 계획이나 대책.

선:처 (善處)명하자 사안에 따라, 적절하게 처리함. ◎~를 부탁하다[바랍니다].

선척 (先尺)명 《역》돈을 받기 전에 관아에 먼저 내던 영수증.

선척 (船隻)명 배2.

선천 (先天)태어날 때부터 몸에 지니고 있음. ↔후천.

선천-독 (先天毒)명 어떤 생물체가 생겨날 때부터 몸에 지니고 있는 병독.

선천-론 (先天論)[-논]명 《철》사람의 성질과 능력은 태어나면서부터 갖추어져 있다는 이론. 선천설. 천부설.

선천-병 (先天病)[-뼝]명 태어날 때부터 가지고 있는 병. 선천성 질환.

선천 부족 (先天不足)《한의》타고난 체력이 허약한 상태.

선천-사 (先天事)명 지나간 옛날의 일.

선천-설 (先天說)명 선천론.

선천-성 (先天性)[-썽]명 타고난 성질. ◎~색맹.

선천성 기형 (先天性畸形)[-썽-]《의》태어나면서부터 신체에 구조적 이상을 나타내는 일. 곧, 배냇병신의 의학적인 일컬음.

선천성 면:역 (先天性免疫)[-썽면녁]《의》자연 면역.

선천-적 (先天的)관명 태어나면서부터 지니고 있는 (것). ◎~ 재능 / ~으로 체질이 약하다. ↔후천적.

선철 (先哲)명 옛날의 어질고 사리에 밝은 사람. 선민(先民). 선사(先師). 선현(先賢). 현철(賢哲).

선철 (銑鐵)명 무쇠.

선체 (船體)명 배의 몸체. ◎~를 인양하다.

선초 (扇貂)명 부채고리에 매어 다는 장식품. 선추(扇錘).

선축 (先蹴)명하자 축구에서, 공격권을 얻은 팀이 공을 먼저 참. ◎A팀의 ~으로 경기가 시작되다.

선출 (選出)명하타 여럿 가운데서 가려냄. ◎

대표의 ~ 과정〔방식〕.

선충-류 (線蟲類)[-뉴]圏《동》선형(線形)동물의 한 강(綱). 몸은 실 모양 또는 원통상으로 기생충의 대부분이 이에 속함. 동식물에 기생하는 것과 민물이나 바다에 사는 것이 있음《회충·십이지장충·요충 따위》. 원충류(圓蟲類).

선취 (先取)圏하타 남보다 먼저 얻음. □~ 득점 / 한 점을 ~하다.

선취 (船醉)圏 뱃멀미.

선:취 (善趣)圏《불》육취(六趣) 가운데서 비교적 즐거움이 있는 경계(境界). 곧, 천(天)·인(人)의 이취(二趣). 선도(善道).

선취-권 (先取權)[-꿘]圏 '선취 특권'의 준말.

선-취득 (先取得)圏하타 남보다 먼저 차지함.

선취-점 (先取點)[-쩜]圏 운동 경기 등에서, 먼저 딴 점수. □~을 올리다[내주다].

선취 특권 (先取特權)[-꿘]《법》특수한 채권자가 다른 채권자가 앞서 채무자의 재산에서 변제를 받을 수 있었던 권리《현행법에서는 인정하지 않음》. 쥰선취권.

선측 (船側)圏 1 뱃전. □~수출항 ~ 인도(引渡) 조건. 2 배의 곁.

선:치 (善治)圏하타 백성을 잘 다스림. 선정(善政). □~수령(守令)으로 백성의 인심을 얻다.

선치부-후출급 (先置簿後出給)圏 먼저 장부에 기입하고 나중에 물품을 내어 줌.

선친 (先親)圏 돌아가신 자기 아버지를 남에게 이르는 말. 선인(先人).

선침 (仙寢)圏 능(陵).

선칼도-방 (-刀傍)圏 한자 부수의 하나《'劍·刊'의 '刂'의 이름》.

선캄브리아-대 (先cambria代)圏《지》캄브리아기(紀) 이전의 지질 시대. 약 6억 년 전 이전을 이름. 선캄브리아기. 선(先)캄브리아 시대. 전(前)캄브리아 시대. 태고대(太古代).

선-키圏 섰을 때의 키. ↔앉은키.

선탁 (宣託)圏 신탁(神託).

선:탄 (選炭)圏《광》원탄(原炭) 가운데 나쁜 것을 가려 정탄(精炭)으로 만드는 일.

선:탄 공장 (選炭工場)《광》탄광·제철소 등에 부속되어 선탄 작업을 하는 공장. 선탄장.

선:탄-장 (選炭場)《광》1 선탄 작업을 하는 곳. 2 선탄 공장.

선탈 (蟬脫)圏하타 매미가 허물을 벗는다는 뜻으로, 낡은 인습이나 속박에서 벗어남을 이르는 말.

선탑 (禪榻)圏《불》참선할 때 앉는 의자.

선태 (鮮太)圏 갓 잡은 싱싱한 명태.

선태 (蘚苔)圏《식》이끼.

선태-류 (蘚苔類)圏《식》선태식물의 종류. 이끼류.

선태-식물 (蘚苔植物)[-싱-]圏 민꽃식물의 한 문. 음습한 곳에 남. 몸은 작고, 줄기·가지·잎의 구별이 없는 엽상체로, 헛뿌리로 양분을 섭취하고 세대 교번이 뚜렷함《선류(蘚類)·태류(苔類)로 나눔》. 이끼 식물.

선:택 (選擇)圏하타 1 여럿 가운데서 필요한 것을 골라 뽑음. □~ 사항 / 적절한 어휘의 ~ / ~의 폭을 넓히다 / ~의 여지가 없다 / 직업을 잘 ~하다. 2《생》적자생존(適者生存)에 의하여 환경이나 조건에 맞는 생물만이 살아남고 그렇지 않은 것은 죽어 없어지는 현상. 도태(淘汰).

선:택 과목 (選擇科目)[-꽈-]圏 선택해서 학습할 수 있는 학과 또는 교과목. ↔필수 과목.

선:택-권 (選擇權)[-꿘]圏 1 선택할 권리. 2《법》선택 채권에서, 여러 개의 변제물 가운데 그 하나를 채무자가 고를 수 있는 권리.

선:택-도 (選擇度)[-또]圏《물》수신기가 다른 주파수에 대해서 어떤 특별한 신호를 수신하는 능력의 정도.

선:택-형 (選擇刑)[-태켱]圏《법》선고할 때, 법정형에 둘 이상의 것을 규정하고, 그 가운데 하나를 선택하도록 한 형.

선탠 (suntan)圏 살갗을 햇볕에 알맞게 그을려 고운 갈색으로 만드는 일.

선통 (先通)圏하타 미리 통지함.

선퇴 (蟬退)圏《한의》매미가 탈바꿈할 때 벗은 허물. 성질이 차서 두드러기·열병·소아경련 등의 약재로 씀.

선:투 (善投)圏하타 공 따위를 잘 던짐.

선파 (璿派)圏 전주 이씨 가운데 조선 왕실에서 갈려 나온 파.

선패 (先牌)圏 화투나 카드놀이에서, 맨 먼저 주거나 받는 패.

선패 (宣牌)圏《역》임금이 관원을 부를 때 쓰던 패.

선-팽창 (線膨脹)圏《물》고체에 열을 가하면 그 길이가 늘어나는 현상. ↔체(體)팽창.

선팽창 계:수 (線膨脹係數)[-/-계-]《물》물체가 온도 1℃ 오를 때 그 길이가 늘어나는 비율. 선팽창률.

선-페스트 (腺pest)圏《의》페스트균에 감염되어 림프샘에 출혈성 염증을 일으키는 병. 페스트에 걸린 쥐나 페스트 환자를 물었던 쥐벼룩에 물려서 옮는데, 장티푸스같이 빠른 속도로 열이 오르며 종창(腫脹)은 경우에 따라 주먹만 함. 1주일 안에 사망함.

선편 (先便)圏 앞선 편. 또는 지난번의 편. ↔후편(後便).

선편 (先鞭)圏하타 '선착편(先着鞭)'의 준말.

선편 (船便)圏 배편. □~을 기다리다 / ~에 짐을 부치다.

선:평 (選評)圏하타 많은 작품 가운데 좋은 것을 골라 비평함. 또는 그런 비평.

선포 (宣布)圏하타 세상에 널리 알림. □경제 수역 ~ / 계엄령이 ~되다 / 마약과의 전쟁을 ~하다.

선폭 (船幅)圏 배에서 가장 넓은 부분을 잰 폭.

선표 (船票)圏 배표.

선풍 (仙風)圏 신선과 같은 기질이나 풍채.

선풍 (旋風)圏 1 회오리바람. 2 돌발적으로 일어나 세상을 뒤흔드는 사건의 비유. □겸거~이 불다 / 그의 소설이 일대 ~을 일으켰다.

선풍 (颶風)圏 온대 및 아한대에 발생하는 이동성 저기압계의 회오리바람《태풍보다 큼》.

선풍-기 (扇風機)圏 회전축에 붙은 날개를 전동기로 돌려 바람을 일으키는 장치.

선풍-도골 (仙風道骨)圏 신선의 풍채와 도인의 골격이란 뜻으로, 뛰어나게 고아한 풍채를 이르는 말.

선풍-적 (旋風的)관圏 돌발적으로 발생하여, 사회에 큰 영향을 끼치거나 관심의 대상이될 만한 (것). □~인 인기를 끌다.

선하 (先下)圏 선급(先給).

선하 (船荷)圏 뱃짐.

선-하다[1]형예 '서낙하다'의 준말.

선:-하다[2]형예 잊혀지지 않고 눈앞에 생생하게 보이는 듯하다. □그때의 모습이 눈에 ~. **선:-히**閉. □환하게 웃던 모습이 아직도 ~ 떠오른다.

선하심후하심 (先何心後何心)圏 먼저는 무슨 마음이고 나중에는 무슨 마음이냐는 뜻으로,

이랬다저랬다 하는 변덕스러운 마음을 이르는 말.

선하-주(船荷主)〔명〕 배에 실은 짐의 주인. 선화주(船貨主).

선하 증권(船荷證券)[-꿘] 선화 증권.

선:-하품〔명〕 몸에 이상이 있거나 흥미 없는 일을 할 때 나오는 하품.

선학(仙鶴)〔명〕〘조〙 두루미.

선학(先學)〔명〕 학문상의 선배. ◻～의 가르침을 받다 / ～들의 연구 성과를 정리하다. ↔후학(後學).

선학(禪學)〔명〕〘불〙 선종(禪宗)의 교리를 연구하는 학문.

선학-원(禪學院)〔명〕〘불〙 선학을 연구하기 위하여 세운 학원.

선한(先限)〔명〕〘경〙 3 개월제의 청산 거래에서, 주식을 매매 계약한 뒤, 다음 월말에 인수·인도하는 일. *당한(當限)·중한(中限).

선행(先行)〔명〕〔하자〕 1 앞서 가거나 앞에 있음. ◻～ 부대. 2 다른 일에 앞서 행함. 또는 그런 행위. ◻～ 작업 / ～ 지표(指標)를 살펴보다 / 제도 개선이 ～되다.

선행(旋行)〔명〕〔자〕 1 돌아서 감. 2〘악〙 음률이 한 음에서 다른 음으로 옮겨 감.

선:행(善行)〔명〕 착하고 어진 행실. ◻～을 베풀다 / ～ 학생을 표창하다. ↔악행.

선행 조건(先行條件)[-껀] 1 선행해야 할 조건. 2〘법〙 권리를 행사하기 전에 생긴 조건.

선향(仙鄕)〔명〕 선경(仙境)1.

선향(先鄕)〔명〕 관향(貫鄕). ◻조상 대대로 살아온 ～.

선향(線香)〔명〕 향료의 가루를 가늘고 긴 선 모양으로 만들어 굳힌 향.

선험(先驗)〔명〕〘철〙 경험에 앞서 선천적으로 가능한 인식 능력.

선험-론(先驗論)[-논]〘철〙 선험주의.

선험-적(先驗的)〔관〕〘철〙 경험에 앞서서 인식의 주관적 형식이 인간에게 있다고 주장하는 (것).

선험적 관념론(先驗的觀念論)[-꽌-논]〘철〙 칸트 철학에서, 인식은 경험에서 얻어지는 것이 아니라, 선천적인 직관과 사고로 이루어진다는 주장.

선험-주의(先驗主義)[- / -이]〘철〙 선험적인 것의 존재를 주장해서, 그것을 철학의 원리로 삼는 입장. 선험론.

선험 철학(先驗哲學)〘철〙 비판 철학.

선-헤엄〔명〕 물속에서 서서 치는 헤엄. 입영(立泳). ↔앉은헤엄.

선현(先賢)〔명〕 선철(先哲). ◻～의 가르침 / ～의 지혜.

선현(船舷)〔명〕 뱃전. ◻파도가 ～에 부딪쳐 부서지다.

선혈(鮮血)〔명〕 생생한 피. ◻～이 낭자하다 / ～이 흐르다.

선형(扇形)〔명〕〘수〙 '부채꼴2'의 한자 이름.

선형(船型·船形)〔명〕 1 배의 모양. 2 배의 겉모양을 나타낸 모형.

선형(線形)〔명〕 1 선처럼 가늘고 긴 모양. 2〘식〙 잎의 모양의 하나. 폭이 좁고 길며 가장자리가 고른 것.

선형-동물(線形動物)〔명〕〘동〙 후생동물의 한 문(門). 몸은 대체로 실 모양이고, 가로면은 원형임. 자웅 이체로 혈관·호흡기가 없음. 바다·민물 따위에 널리 분포하는데 기생하기도 함(선충류·갈고리촌충 따위).

선:-형용(善形容)〔명〕〔하타〕 그럴듯하게 시늉이나 형용을 잘함.

선혜-당상(宣惠堂上)[- / -헤-]〔명〕〘역〙 선혜청의 제조(提調). ◉혜당(惠堂).

선혜-청(宣惠廳)[- / -헤-]〔명〕〘역〙 조선 때, 대동미(大同米)·대동목(木) 따위의 출납을 맡아보던 관청. ◉혜청(惠廳).

선호(船號)〔명〕 배의 이름.

선:호(選好)〔명〕〔하타〕 여럿 가운데서 특별히 가려 좋아함. ◻남아 ～ 사상 / 기술직보다 사무직을 더 ～하다.

선:호-도(選好度)〔명〕 여럿 가운데서 특별히 가려 좋아하는 정도. ◻직업에 대한 ～ 조사 / ～가 높다〔낮다〕.

선혹(煽惑)〔명〕〔하타〕 부추겨 현혹하게 함.

선-홈통(-桶)〔명〕 빗물을 내리기 위해 지붕에서 땅바닥까지 수직으로 댄 홈통.

선-홍색(鮮紅色)〔명〕 밝고 산뜻한 붉은색. ◻～ 장미 / 아가미가 ～을 띤 생선이 신선하다.

선화(仙化)〔명〕〔하자〕 늙어서 병 없이 곱게 죽음.

선화(旋花)〔명〕〘식〙 메꽃.

선화(船貨)〔명〕 배에 실은 화물. 뱃짐.

선:화(善化)〔명〕〔하자〕 선한 방향으로 인도해서 변화시킴.

선:화(善畫)〔명〕〘역〙 조선 때, 도화서(圖畫署)의 종육품의 잡직.

선화(線畫)〔명〕 색을 칠하지 않고 선으로만 그린 그림.

선화(禪話)〔명〕〘불〙 선학(禪學)에 관한 이야기.

선화-당(宣化堂)〔명〕〘역〙 각 도의 관찰사가 사무를 보던 정당(正堂).

선화 증권(船貨證券)[-꿘]〘경〙 해상 운송에서, 화물의 인도 청구권을 표시하는 유가 증권. 비엘(B / L). 선하 증권.

선화-지(仙花紙)〔명〕 닥나무 껍질로 만든, 두껍고 질기며 빛이 누르스름한 종이(봉투나 포장지로 씀).

선화 철판(線畫凸版)〘인〙 문자나 선화 등을 사진 제판한 아연 철판. 선화 볼록판.

선화후과(先花後果)〔명〕 먼저 꽃이 피고 나중에 열매가 맺힌다는 뜻으로, 먼저 딸을 낳고 뒤에 아들을 낳음을 일컫는 말.

선환(旋環)〔명〕〔하자〕 둥글게 돎.

선황(先皇)〔명〕 '선황제'의 준말.

선-황제(先皇帝)〔명〕 선대의 황제. ◉선제(先帝). ◉선황(先皇).

선회(旋回)〔명〕〔하자〕 1 빙빙 돎. ◻공중을 ～하는 매. 2 항공기가 곡선을 그리듯 진로를 바꿈. ◻～ 비행. 3 노선이나 방침 따위가 바뀜. ◻강경 노선으로 ～하다.

선회(禪會)〔명〕〔하자〕〘불〙 참선하는 모임.

선후(先後)〔명〕〔하타〕 1 먼저와 나중. ◻일의 ～를 가리다. 2 앞섬과 뒤섬. 앞서거나 뒤서거니 함.

선:후(善後)〔명〕 뒷갈망을 잘함.

선후-걸이(先後-)〔명〕 말의 가슴걸이와 후걸이를 아울러 일컫는 말.

선후-당착(先後撞着)〔명〕〔하자〕 앞뒤가 서로 맞지 않고 모순됨.

선후-도착(先後倒錯)〔명〕〔하자〕 먼저 할 것과 나중 할 것이 서로 뒤바뀜.

선-후배(先後輩)〔명〕 선배와 후배. ◻대학 ～ 사이 / ～ 관계가 영향을 미친다.

선:후지책(善後之策)〔명〕 선후책.

선후-차(先後次)〔명〕 일의 먼저와 나중. 일의 차례.

선후-책(先後策)〔명〕 먼저 할 것과 나중 할 것을 연관해서 꾸미는 계책. ◻～을 강구하다.

선:후-책 (善後策) 圀 뒷갈망을 잘하려는 계책. 선후지책.

선:후-평 (選後評) 圀 문예 작품 따위를 골라 등급을 매기고, 그 경과 및 작품에 대해서 내리는 평.

선후-획 (先後劃) 圀 글씨를 쓸 때, 차례에 따라 획을 긋는 법. 오른쪽보다 왼쪽을 먼저 쓰고 아래쪽보다 위쪽을 먼저 씀.

선훈 (船暈) 圀 뱃멀미.

선흐다 圀 〈옛〉 서낙하다. 그악하다.

섣:-달 [-딸] 圀 음력으로 한 해의 마지막 달. 극월(極月).
[**섣달 그믐날 흰떡 맞듯**] 몹시 두들겨 맞는 모습의 비유. [**섣달이 둘이라도 시원treatment섯** 다] 시일을 아무리 늦추어도 일의 성공을 기약할 수 없음의 비유.

섣:-달-그믐 [-딸-] 圀 음력으로 한 해의 마지막 날. 제일(除日).

섣:달-받이 [-딸바지] 圀 음력으로 섣달 초순에 함경도 해안에 몰려드는 명태의 떼.

섣:-부르다 [-뿌-] (선불러, 선부르니) 圀[르] 솜씨가 설고 어설프다. 口선부른 도움이나 간섭은 금물이다 / 선부르게 발설하지 마라.

섣:-불리 [-뿔-] 톙 섣부르게. 어설프게. 口건드리다간 큰코다친다 / 결과를 ~ 예측할 수 없다.

설: 圀 1 새해의 첫날을 명절로 일컫는 말. 세수(歲首). 口~을 쇠다. 2 새해의 처음. 연시. 정초. 3 '설날'의 준말.

설 (說) 圀圀타 1 의견. 주의. 학설. 口~이 분분하다 / ~을 달리하다. 2 풍설. 口이상한 ~이 나돌다.

설- 톙 동사나 동사로 된 명사 앞에 붙어 '불충분함'의 뜻을 나타내는 말. 口~익다 / ~마르다 / ~깨다 / ~취하다.

-설 (說) 의 '견해'·'학설'·'풍설' 따위의 뜻을 나타냄. 口풍수~ / 윤회~ / 우주 팽창~.

설가 (挈家) 圀圀자 온 가족을 이끌고 가거나 옴. 설권(挈眷). 솔가(率家).

설-가다 톙 [광] 광맥이 단단하지 않고 금분(金分)이 적다.

설강-증 (舌强症) [-쯩] 圀 [의] 혀가 뻣뻣하게 굳어 말하기 어렵게 되는 병.

설강-하다 (舌强-) 톙자 혀가 굳어 뻣뻣하다.

설객 (說客) 圀 ➡ 세객(說客).

설거지 圀圀자타 1 먹고 난 뒤의 그릇을 씻어 정리하는 일. 설겆이. 口~를 끝내다. 2 '비설거지'의 준말.

설거지-물 圀 설거지에 쓰는 물. 곧 개숫물.

설거지-통 (-桶) 圀 설거지물을 담는 통. 개수통.

설겅-거리다 자 설익은 콩·밤 등이 씹히는 소리가 자꾸 나다. 또는 그런 느낌이 자꾸 들다. 口덜 익은 무를 설겅거리며 씹다. 찬살강거리다. 쎈썰겅거리다. 겐설컹거리다·썰컹거리다.

설겅-설겅 톙자 口콩알이 ~ 씹힌다.

설겅-대다 자 설겅거리다.

설견 (屑繭) 圀 부스러기 고치.

설경 (舌耕) 圀圀타 강연·변호 등 말을 하는 것을 직업으로 삼음.

설경 (雪徑) 圀 눈이 쌓인 좁은 길.

설경 (雪景) 圀 눈이 내리거나 눈이 쌓인 경치. 설광. 설색. 口~ 산수도를 그리다 / ~을 감상하다.

설경 (說經) 圀圀타 [불] 경전(經典)을 해설함.

설계 (設計) [-/-게] 圀圀타 1 계획을 세움. 또는 그 계획. 口생활 ~를 세우다 / 내일을 ~하다. 2 건축·토목·기계 제작 따위에 대한 실제적인 계획을 세워 도면 등으로 명시하는 일. 口주택의 ~를 맡다 / ~대로 건물을 짓다. 3 '설계도'의 준말.

설계 (設契) [-/-게] 圀圀타 계를 만듦. ↔파계(破契).

설계 (雪溪) [-/-게] 圀 [지] 쌓인 눈이, 녹을 때가 되어도 녹지 않고 그대로 남아 있는 높은 산골짜기.

설계 (說戒) [-/-게] 圀圀타 [불] 계율을 설명하여 들려줌.

설계-도 (設計圖) [-/-게-] 圀 1 설계한 구조·형상·치수 등을 일정한 규약에 따라서 그린 도면. 口~를 작성하다. 준설계. 2 미래에 대한 구상을 담은 전체적인 계획. 口미래의 멋진 ~.

설계-사 (設計士) [-/-게-] 圀 설계를 전문으로 하는 기사(技士).

설계-서 (設計書) [-/-게-] 圀 설계한 내용을 써 놓은 문서.

설계-자 (設計者) [-/-게-] 圀 설계한 사람. 계획을 세워 만든 사람. 디자이너.

설고-빵 (雪餻-) 圀 카스텔라.

설골 (舌骨) 圀 [생] 혀뿌리에 있는 '브이(V)'자 모양의 작은 뼈.

설-공이 (雪-) 圀 맹인들이 '눈⁵'을 이르는 말.

설광 (雪光) 圀 1 눈빛². 2 설경(雪景).

설괴 (雪塊) 圀 눈의 덩어리.

설교 (說敎) 圀圀타 1 종교의 교리를 설명함. 또는 그런 설명. 口예배 시간에 목사님의 ~를 듣다. 2 단단히 타일러 가르침. 또는 그런 가르침. 口그는 나만 보면 ~를 늘어놓는다.

설교-사 (說敎師) 圀 [불] 경전을 이해해서 설법하는 사람.

설구-이 (雪-) 圀圀타 1 유약을 바르지 않고 낮은 온도의 열로 구운 질그릇. 2 사기그릇을 만들 때, 마침구이하기 전에 슬쩍 구워 굳히는 공정. 애벌구이. ↔마침구이.

설국 (設局) 圀圀타 1 약국을 차림. 2 노름판을 벌임.

설국 (雪國) 圀 눈이 많이 오는 나라나 지방.

설굴 (雪窟) 圀 눈이 쌓인 구덩이.

설-굽다 [-따] (설구워, 설구우니) 타[ㅂ] 덜 굽다. 口쇠고기를 ~.

설궁 (說窮) 圀圀타 설빈(說貧).

설권 (舌卷) 圀 혀가 말려 펴지지 않는 병.

설권-증권 (設權證券) [-꿘-꿘] 圀 [경] 증권상의 권리가 증권을 작성함으로써 비로소 발생하는 유가 증권(어음·수표 따위).

설근 (舌根) 圀 1 혀의 뿌리. 2 [불] 미각 기관인 혀를 이르는 말.

설근 (舌筋) 圀 [생] 혀를 이루는 힘살.

설기¹ 圀 '백설기'의 준말.

설기² 圀 싸리 채나 버들 채 따위로 결어서 만든 직사각형의 상자(아래위 두 짝으로 되어, 위짝으로 아래짝을 덮게 되어 있음).

설기 (泄氣) 圀圀타 휘발성 물질의 기운이 담겨 있지 않고 새어 날아감.

설기 (雪肌) 圀 설부(雪膚).

설-깨다 자 잠이 완전히 깨지 못하다. 口아기가 잠이 설깨어 자꾸 보챈다.

설-꼭지 [-찌] 圀 질그릇 따위의 넓죽한 꼭지.

설-깃 [-낃] 圀 소의 볼기에 붙은 고기(구이나 회 따위에 씀).

설:-날 [-랄] 圀 명절의 하나. 정월 초하룻날. 신원(新元). 원일(元日). 口~에 설빔을 입다. 준설.

설농-탕(雪濃湯)[-롱-] 圐 '설렁탕'의 취음.
설-늙은이[-를그니] 圐 나이는 그다지 많지
않지만 기질이 노쇠한 사람.
설니(雪泥) 圐 1 눈과 진흙. 2 눈이 녹아
뒤범벅이 된 진땅.
설니-홍조(雪泥鴻爪)[-리-] 圐 눈 위의 기러
기 발자취가 눈이 녹으면 없어지듯이, 인생
의 자취가 사라져 무상함을 비유하는 말.
설:다¹〔설어, 서니, 선〕🔲圐 1 열매 따위가 덜
익다. 🔲선 사과 / 밤이 ~. 2 잘 삶아지다.
🔲밥(떡)이 ~. 3 발효가 덜 되다. 🔲선 김치 /
술이 ~. 4 잠이 깊이 들지 않다. 🔲잠이 ~.
🔲圐익숙하지 못하다. 🔲낯이 ~ / 눈에 설
게 느껴지다 / 산도 설고 물도 ~.
설:다² 圐 ☞ 섧다.
설-다듬이 圐 대강대강 다듬는 다듬이.
설-다루다 🔲 서투르게 또는 섣불리 다루다.
설단(舌端)[-딴] 圐 혀끝.
설단-음(舌端音)[-따늠] 圐〖언〗혀끝소리.
설단-증(舌短症)[-딴쯩] 圐〖의〗혀가 갑자기
짧아져서 말하기가 어렵게 되는 병. 음강증
(陰强症).
설당(雪糖) 圐 ☞ 설탕.
설대¹[-때] 圐 '담배설대'의 준말.
설-대²[-때] 圐〖식〗대의 하나. 높이는 2-
6m, 지름은 2cm 정도이며, 마디와 마디 사
이가 깊. 바구니·화살 따위를 만드는 데 씀.
설대(舌代)[-때] 圐 말의 대신이라는 뜻으로,
편지나 쪽지 따위의 첫머리에 쓰던 말. 관생
(冠省).
설-데치다 🔲 덜 데치다. 🔲시금치를 ~.
설도(舌刀)[-또] 圐 날카로운 말.
설도(說道)[-또] 圐🔲🔲 도리를 설명함.
설-되다 🔲 충분히 되게 되다. 🔲밥이 ~.
설두(舌頭)[-뚜] 圐 혀끝.
설두(設頭)[-뚜] 圐🔲🔲 앞장서서 일을 주선
함. 🔲일이 그의 ~로 시작되다.
설득(說得)[-뜩] 圐🔲🔲 여러 가지로 설명해서
납득시킴. 🔲~과 호소 / 가출 소녀를 ~해서
귀가시키다.
설득-력(說得力)[-뜽녁] 圐 설득하는 힘. 🔲~
이 있다 / ~을 얻다〔가지다〕.
설득 요법(說得療法)[-뜽뇨뻡] 정신병 환자가
스스로 증상의 원인을 이해하고 고치도록 설
득해서 치료하는 방법(강박 신경증·히스테리
따위).
설-듣다[-따]〔설들어, 설들으니, 설듣는〕🔲
🔲 제대로 듣지 못하다.
설랑 🔲 조사 '서'와 'ㄹ랑'이 겹친 보조사. 🔲
여기~ 놀지 마라 / 모두 앉아~ 기다렸다.
설랑-은 🔲 '설랑'의 강조어. 🔲밥을 먹고~
곧 가 버렸다.
설량(雪量) 圐 눈이 내린 분량.
설렁 圐〔←현령(懸鈴)〕처마 끝 같은 곳에 달
아 놓고, 사람을 부를 때 줄을 잡아당기면 소
리를 내는 방울.
설렁-거리다 🔲 1 좀 설늘한 바람이 가볍게 자
꾸 불다. 🔲가을바람이 ~. 2 많은 물이 걸어
오르며 자꾸 이리저리 움직이다. 🔲물이 설
렁거리며 끓다. 3 팔을 가볍게 저어 바람을
내면서 걷다. 🔲기뻐서 설렁거리며 걷는다.
🔲살랑거리다. 🔲썰렁거리다. **설렁-설렁** 🔲
🔲🔲
설렁-대다 🔲 설렁거리다.
설렁설렁-하다 🔲🔲 설늘한 기운이 있어 매우
추운 듯하다. 🔲살랑살랑하다.
설렁-줄[-쭐] 圐 설렁을 울릴 때 잡아당기는
줄. 🔲~을 흔들다.

설렁-탕(-湯) 圐 소의 머리·내장·족·무릎도가
니 등을 푹 고아서 만든 국. 또는 그 국에 밥
을 말 만 음식. 주의 '설농탕(雪濃湯)'으로 씀은
취음.
설렁-하다 🔲🔲 1 서늘한 기운이 있어 조금 추
운 듯하다. 2 갑자기 놀라 가슴속에 찬바람이
도는 듯하다. 🔲살랑하다. 🔲썰렁하다.
설레 🔲🔲 가만히 있지 않고 자꾸 움직이는 행
동이나 현상. 🔲아이들이 ~에 정신이 없다.
설레기 圐〖낚시〗낚싯봉 없이 또는 가벼운 낚
싯봉을 달아서, 낚시가 물살에 떠밀려 가게
해서 물고기를 잡는 방법.
설레-꾼 圐 직업적인 노름꾼이나 야바위꾼.
설레다 🔲 1 마음이 가라앉지 않고 들떠서 두
근거리다. 🔲가슴이 ~. 2 가만히 있지 않고
자꾸 움직이다. 🔲설레지 말고 앉거라. 3 물
따위가 설설 끓거나 일렁거리다.
설레-발 圐 몹시 서두르며 부산하게 구는 행
동. 🔲~이 요란스럽다 / ~을 떨다.
설레발-놓다[-노타] 🔲 설레발치다.
설레발-치다 🔲 몹시 서두르며 부산하게 굴
다. 🔲아이들이 설레발치고 온 집안을 돌아
다닌다.
설레-설레 🔲🔲🔲 머리 따위를 크고 가볍게 잇
따라 흔드는 모양. 🔲머리를 ~ 가로젓다. 🔲
살래살래. 🔲썰레썰레. 🔲설설.
설레이다 🔲 ☞ 설레다.
설령(雪嶺) 圐 눈으로 덮인 산봉우리.
설령(設令) 🔲 가정해서 말하여. 설사. 설약.
설혹(주로 부정적 뜻을 가진 문장에 씀). 🔲
~ 내가 잘못했다 해도 화는 내지 마라.
설로(雪路) 圐 눈길. 설정(雪程).
설론(舌論) 圐🔲🔲 말다툼.
설리-고(雪梨膏) 圐〖한의〗잘게 썬 배, 호두·
붕사 가루에 생강을 넣고 끓인 다음 꿀을 탄
약(감기·술탈에 씀).
설-립(-立) 圐 한자 부수의 하나('端'·'竭'
등에서 '立'의 이름).
설립(設立) 圐🔲🔲 기관이나 조직체 따위를 만
들어 일으킴. 🔲연구소 ~ / 노조를 ~하다.
설립 강:제(設立强制)[-깡-] 〖법〗일정한 자
격을 갖춘 사람에 대해서 법령으로 단체의
설립을 명령하는 일(변호사회·변리사회·의
사회 따위에 적용됨).
설립 행위(設立行爲)[-리뺑-] 〖법〗사단 법
인 또는 재단 법인 등을 설립하는 행위.
설마 🔲 아무리 그러기로 '부정적인 추측을
강조할 때 씀). 설마하니. 설마한들. 🔲~ 그
가 욕이야 했겠습니까.
〔설마가 사람 죽인다〔잡는다〕〕 설마 그럴
리야 없겠지 하고 마음을 놓는 데서 탈이 난다.
설-마르다〔설말라, 설마르니〕🔲🔲 충분하지
않게 마르다. 🔲옷이 설말랐는지 눅눅하다.
설마-하니 🔲 설마. 🔲~ 굶어 죽기야 하겠나.
설마-한들 🔲 설마. 🔲~ 하룻밤에 수백 리를
갈까.
설만-하다(褻慢-) 🔲🔲 하는 짓이 거만하고
무례하다. 설만-히 🔲
설-망(-網) 圐〖낚시〗견지낚시에서, 미끼를
담아 물 밑으로 내리는 그물주머니.
설망-낚시(-網-)[-낙씨] 圐〖낚시〗미끼를 넣
은 설망을 물 밑에 내려놓고 하는 견지낚시.
설망-추(-網錘) 圐〖낚시〗설망을 물 밑에 가
라앉도록 매단 납덩이.
설-맞다[-맏따] 🔲 1 총알 따위가 바로 맞지
않다. 🔲총을 설맞은 멧돼지. 2 매 따위를 조

금 맞다. ▷매를 설맞아서 여전히 까분다.

설맹(雪盲)圀『의』눈이 많이 쌓인 곳에서, 눈에 반사된 햇빛의 자외선이 눈을 자극해서 일어나는 눈의 염증. 설안염.

설멍-설멍圀 설명한 다리로 걷는 모양. ⒸⒶ살망살망

설멍-하다혱여 **1** 아랫도리가 가늘고 어울리지 않게 길다. **2** 키가 설명하게 크다. **2** 옷이 몸에 맞지 않고 짧다. ▷설멍한 바지를 입은 모습이 우스꽝스러웠다. ⒸⒶ살망하다.

설면-자(雪綿子)圀 풀솜.

설면-하다 **1** 자주 만나지 못해서 낯이 좀 설다. ▷얼마 동안 헤어져 있었더니 좀 ~. **2** 사이가 정답지 않다.

설명(說明)圀하卧 어떤 일의 내용·이유·의미 따위를 상대가 알기 쉽게 밝혀서 말함. 또는 그런 말. ▷사건 경위를 ~하다 / 컴퓨터에 관한 ~을 듣다 / 그의 ~만으로는 이해되지 않았다.

설명 개:념(說明概念) 일정한 사상(事象)이 생기는 이유를 나타내기 위해 구성되는 개념.

설명-과학(說明科學)圀 여러 현상의 원인을 캐고 그 일어나는 까닭을 인과율로 설명하는 과학의 총칭(물리학·화학·동식물학·광물학 따위).

설명-문(說明文)圀『문』어떤 사항에 대해 이해할 수 있도록 객관적이고 논리적으로 설명하여 호소하는 글. 문학 작품 이외의 실용적인 글을 이름.

설명 문법(說明文法)[-뻡]圀『언』문법 현상의 단순한 기술이 아니고, 그 발생·변화의 비유·과정 등을 기술하는 문법.

설명-서(說明書)圀 내용이나 이유, 사용법 등을 설명한 문서. ▷전자 제품의 사용 ~.

설명-어(說明語)圀 서술어.

설문(設問)圀하卧 조사를 하거나 통계 자료 따위를 얻기 위해 어떤 주제에 대해서 문제를 내어 물음. 또는 그 문제. ▷신제품에 대한 ~ 조사 / ~에 답하다.

설문(說文)圀하卧 한자의 구조와 본디의 뜻을 설명함.

설문-지(設問紙)圀 조사를 하거나 통계 자료 따위를 얻기 위해 어떤 주제에 대해서 문제를 내어 묻는 질문지.

설믜〈옛〉지혜. 총명. 눈썰미.

설미(雪眉)圀 흰 눈썹. 또는 그런 눈썹을 가진 노인.

설미지근-하다혱여 **1** 음식 따위가 충분히 익지 않고 미지근하다. ▷설미지근한 밥. **2** 방바닥 따위가 어설프게 미지근하다. **3** 어떤 일에 임하는 태도가 분명하지 않고 흐리멍덩하다. ▷설미지근한 태도. **설미지근-히** 閉

설-밑[-믿]圀 세밑. ▷~ 대목을 맞은 백화점과 시장.

설백-하다(雪白-)[-배카-]혱여 눈의 빛깔과 같이 희다.

설법(說法)[-뻡]圀하卧『불』불교의 교의를 풀어 밝힘. ▷주지의 ~을 듣다.

설병(設病)圀하卧 병의 증세를 설명함.

설-보다卧 건성으로 보다.

설복(說伏·說服)圀하卧 알아듣도록 말해서 수긍하게 함. ▷목사님을 말씀에 ~되다.

설봉(舌鋒)圀 날카롭고 매서운 말재주.

설봉(雪峰)圀 눈으로 덮인 산봉우리.

설부(雪膚)圀 눈처럼 흰 살갗이라는 뜻으로, 미인의 살결을 비유하는 말. 설기(雪肌).

설부-화용(雪膚花容)圀 눈같이 흰 살결과 꽃같이 아름다운 얼굴이라는 뜻으로, 미인의 용모를 이르는 말.

설분(雪憤)圀하卧 분풀이.

설분-신원(雪憤伸冤)圀하卧 원통함을 풀고 부끄러움을 씻어 버림. 신원설치(伸冤雪恥).

설비(設備)圀하卧 어떤 목적에 필요한 기계·기구·건물 등을 갖춤. 또는 그런 시설. ▷소방 ~ 점검 / 경보 장치를 ~하다 / 생산 ~를 갖추다.

설비 자금(設備資金) 기업체에서, 생산 설비의 창설·확장·개량 따위에 드는 자금.

설비 자본(設備資本)『경』산업 자본 가운데 설비로 보유되는 고정 자본. ↔운전 자본.

설비 투자(設備投資) 공장·기계 등 생산 설비의 신설·증설을 위한 투자.

설빈(雪貧)圀하卧 살림의 구차한 형편을 남에게 이야기함. 설궁(說窮).

설:-빔 圀하卧 설에 새로 차려입거나 신는 옷이나 신발 따위. ▷~으로 단장하다.

설사(泄瀉)[-싸]圀하卧 세균 감염이나 배탈이 났을 때 누는 묽은 변. 또는 그러한 증세. 사리(瀉痢). ▷~가 나다 / ~가 멈추지 않다.

설사(設使)[-싸]閉 설령(設令). ▷~ 그가 떠난다 해도 실망하지 마라.

설사-약(泄瀉藥)[-싸-]圀 설사를 멈추게 하는 약의 총칭. 설사제. 지사제(止瀉劑).

설산(雪山)[-싼]圀 **1** 눈이 쌓인 산. **2**『불』'히말라야 산'을 달리 이르는 말.

설산-대사(雪山大士)[-싼-]圀『불』'석가모니'를 달리 이르는 말.

설산-동자(雪山童子)[-싼-]圀『불』석가모니가 동자로 있으면서 설산에서 불도를 닦던 일.

설산-성도(雪山成道)[-싼-]圀『불』석가모니가 설산에서 수행하여 불도를 깨달은 일.

설산-수도(雪山修道)[-싼-]圀『불』석가모니가 전세(前世)에 설산에서 행한 수도.

설-삶기다[-삼-]困《'설삶다'의 피동》덜 삶기다. ▷설삶긴 감자.

설-삶다[-삼따]卧 푹 삶지 않다.
[설삶은 말 대가리] ㉠고집이 세고 말을 알아듣지 못하는 사람의 비유. ㉡격에 어울리지 않게 멋대가리 없는 모습의 비유.

설상(舌狀)[-쌍]圀 혀의 모양. 또는 혀처럼 생긴 모양.

설상(雪上)[-쌍]圀 눈 위.

설상(雪霜)[-쌍]圀 눈과 서리. 상설(霜雪).

설상(楔狀)[-쌍]圀 쐐기와 같은 모양.

설상-가상(雪上加霜)[-쌍-]圀 눈 위에 또 서리가 덮인다는 뜻으로, 난처한 일이나 불행이 잇따라 겹침을 이르는 말. 설상가설(加雪). ▷가뜩이나 늦었는데 ~으로 길까지 막히다.

설상-골(楔狀骨)[-쌍-]圀『생』**1** 척추동물 머리뼈 중앙부에 있는 쐐기 모양의 뼈. **2** 발뼈를 이루는 부골(跗骨)의 일부.

설상-차(雪上車)[-쌍-]圀 폭이 넓은 무한궤도를 장치해서 눈이나 얼음 위를 달릴 수 있도록 한 특수 자동차.

설상-화(舌狀花)[-쌍-]圀『식』혀꽃.

설상 화관(舌狀花冠)[-쌍-]『식』혀꽃부리.

설색(雪色)[-쌕]圀 **1** 눈빛². **2** 설경(雪景).

설선(雪線)[-썬]圀『지』1년 내내 쌓인 눈이 녹지 않는 부분과 녹는 부분과의 경계선(적도 부근에서는 5000 m, 위도 50° 에서는 1000 m, 극지방은 해면까지 내려옴). 항설선.

설설閉 **1** 물 따위가 천천히 고루 끓는 모양.

□가마솥 물이 ~ 끓다. **2** 온돌방이 뭉근하게
고루 더운 모양. □~ 끓는 아랫목. **3** 벌레
따위가 가볍게 기는 모양. □송충이들이 ~
기어간다. **4** '설레설레'의 준말. □고개를 ~
흔들다. 4살살. 4썰썰.

설설 기다 구 남 앞에서 기를 펴지 못하고
눈치를 살피며 복종하다. □형 앞에서는 설
설 기면서 누나한테는 곧잘 대든다.

설설-거리다 재 **1** 잇따라 가볍게 기어다니다.
2 마음이 들떠서 계속해서 돌아다니다. **3** 머
리를 잇따라 가볍게 흔들다. 4살살거리다.
4썰썰거리다.

설설-고사리 〖식〗 고사릿과의 여러해살이
양치식물. 산의 그늘진 곳에 나는데, 잎자루
에 잔털이 있음.

설설-대다 재 설설거리다.

설수 (雪水)[-쑤] 명 눈이 녹은 물. 눈석임물.

설:-술 [-쑬] 명 설에 쓰는 술.

설시 (設始)[-씨] 명 설비를 처음으로 베풂.

설시 (設施)[-씨] 명하타 시설(施設).

설-신경 (舌神經)[-씬-] 명 〖생〗 혀의 앞부분
의 점막에 분포해서 미각과 지각을 맡은 신경.

설심주의 (設心做意)[-씸-/-씸-이] 명하타 계
획적으로 간사한 꾀를 꾸밈.

설-안경 (雪眼鏡) 명 눈이 많이 쌓였거나 스키
를 탈 때, 눈을 보호하기 위해 쓰는 색안경.

설-안염 (雪眼炎)[서란념] 명 〖의〗 설맹(雪盲).

설-앓이 [서라리] 명 가볍게 앓는 병.

설-암 (舌癌)[-삼] 명 〖의〗 충치의 자극, 끽연, 혀의
만성 궤양 따위로 인해 혀끝이나 가장자리에
생기는 암종(癌腫).

설야 (雪夜) 명 눈이 내리는 밤.

설야 (雪野) 명 눈에 덮인 들.

설약 (設若) 부 설령(設令).

설연 (設宴) 명하타 잔치를 베풂.

설연 (設筵) 명하타 거적이나 돗자리를 깔아 자
리를 만들어 놓음.

설염 (舌炎) 명 〖의〗 혀의 염증(혀끝이나 가장
자리에 흰빛 또는 회백색 반점이 생기고 몹
시 아픔).

설영 (設營) 명하타 야외에 회장이나 시설을 준
비함. □관측 기지의 ~.

설왕설래 (說往說來) 명하자 서로 변론해서 말
로 옥신각신함. 언왕설래. □재개발 문제로
~하다.

설-외 (-桅) 명 〖건〗 벽 속에 세로로 세워서 얽
는 외. ↔누울외.

설욕 (雪辱) 명하타 승부 따위에 이겨 전에 패
배했던 부끄러움을 씻고 명예를 되찾음. 설
치(雪恥). □~의 기회로 삼다 / 지난번의 패
배를 ~하다.

설욕-전 (雪辱戰)[서룩쩐] 명 설욕하기 위해 벌
이는 싸움. 복수전.

설운 (雪雲) 명 **1** 눈과 구름. **2** 눈을 내리게 하
는 구름.

설:움 명 서럽게 느껴지는 마음. 서러움. □배
고픈 ~을 겪다 / ~이 북받치다 / ~에 겨워
눈물을 흘리다 / ~을 달래다.

설:-워-하다 재여 '서러워하다'의 준말. □늙
어 가는 것을 ~.

설원 (雪原) 명 **1** 고산 지방 및 극지방에서, 눈
이 녹지 않고 늘 쌓여 있는 지역. □히말라야
의 ~. **2** 눈이 덮인 벌판.

설원 (雪冤) 명하자 원통함을 풂.

설월 (雪月) 명 **1** 눈과 달. **2** 눈 위에 비친 달빛.

설-월야 (雪月夜) 명 눈이 내린 달밤.

설위 (設位) 명하자 자리를 베풀어 만듦.

설유 (說諭) 명하타 말로 타이름.

설차다

설-유두 (舌乳頭)[-류-] 명 〖생〗 혓바닥에 빽
빽이 난 돌기.

설음 (舌音) 〖언〗 혓소리.

설:-음식 (-飮食) 명 설에 먹는 색다른 음식
(떡국·수정과·식혜·약식·유밀과 따위).

설의 (雪意) 〖서리 / 서리〗 눈이 올 듯한 하늘
의 모양. □~를 머금은 하늘.

설의 (設疑)[서리] 명하타 의문을 내세움.

설이 (雪異) 명 **1** 유달리 많이 내리는 눈. **2** 때
아니게 내리는 눈.

설-익다 [-릭따] 재 **1** 충분히 익지 못하다. □
설익은 과일 / 설익은 밥을 먹고 체하다. **2** 충
분히 무르익지 못하다. □설익은 청춘을 주
체하지 못하다.

설인 (雪人) 히말라야의 산속에 살고 있다
는, 인간과 비슷한 정체불명의 동물. 실재하
는지는 의문시됨.

설인 신경 (舌咽神經) 〖생〗 연수(延髓) 뒤쪽에
서 나와 혀뿌리 및 인두에 퍼진 혼합 신경.

설-자리 [-짜-] 명 **1** 서 있을 자리. □~를 잃
다. **2** 활을 쏠 때 서는 자리.

설-잡다 [-따] 타 어설프게 붙잡다.

설-잡죄다 [-쬐-] 타 어설프게 잡죄거나 잡도
리하다.

설-장구 [-짱-] 명 〖악〗 농악에서, 일어서서
장구를 어깨에 걸어 메고 치는 장구.

설저 (舌疽)[-쩌] 명 〖한의〗 혀에 생기는 부스
럼.

설전 (舌戰)[-쩐] 명하자 말다툼. □~이 오가
다 / ~을 벌이다.

설전 (雪田)[-쩐] 명 눈밭.

설전 (雪戰)[-쩐] 명하자 눈싸움.

설전-음 (舌顫音)[-쩌늠] 명 〖언〗 혀끝을 윗잇
몸에 굴려 내는 소리('사람'·'구름'의 'ㄹ'
소리 따위). 굴림소리, 전동음.

설점 (雪點)[-쩜] 명 〖물〗 공기 중의 수증기가
승화해서 눈이 될 때의 온도.

설정 (設定)[-쩡] 명하타 **1** 새로 만들어 정해
둠. □상황〔목표〕 ~ / 개발 제한 구역이 ~
되다 / 연구의 방향을 ~하다. **2** 〖법〗 제한 물
권을 새로이 발생시키는 행위. □담보를 ~
하다 / 근저당을 ~하다.

설정 (雪程)[-쩡] 명 눈이 쌓인 길. 설로(雪路).

설제 (雪堤)[-쩨] 명 눈이 많은 지역에서 눈사
태로 인한 철도의 피해를 막기 위해 눈을 둑
담처럼 쌓아 올린 것.

설제 (設題)[-쩨] 명하타 문제를 새로 만들거나
제목을 정함. 또는 그 문제나 제목.

설주 (-柱)[-쭈] 명 〖건〗 '문설주'의 준말.

설죽 (雪竹)[-쭉] 명 〖식〗 자죽(紫竹).

설-죽다 [-따] 재 완전히 죽지 않다.

설중 (雪中)[-쭝] 명 **1** 눈이 내리는 가운데. □
이 ~에 어디를 가려느냐. **2** 눈이 쌓인 속.
□~에 핀 매화.

설중-매 (雪中梅)[-쭝-] 명 눈 속에 핀 매화.

설중-사우 (雪中四友)[-쭝-] 명 겨울에도 즐길
수 있는 네 가지 꽃〔옥매(玉梅)·납매(臘
梅)·다매(茶梅)·수선(水仙)〕.

설중-송백 (雪中松柏)[-쭝-] 명 눈 속의 소나
무와 잣나무라는 뜻으로, 높고 굳은 절개를
일컫는 말.

설증 (泄症)[-쯩] 명 〖의〗 설사의 증세.

설진 (舌診)[-찐] 명 혀의 상태를 보고 병의 유
무나 증상을 진단하는 일.

설진 (設陣)[-찐] 명하타 진을 침.

설-차다 재 마음에 덜 차다. □그의 행동이 마

음에 설찬다.

설:-차림(設─)명하자 설에 쓸 음식 따위를 차리는 일. □∼으로 바쁘다.

설창(雪窓)명 1 눈이 내리는 것이 내다보이는 창. 2 가난한 집〈창밖에 내린 하얀 눈빛으로 책을 읽었다는 고사에서〉.

설채(設彩)명하자 색을 칠함. 부채(賦彩).

설천(雪天)명 1 눈 내리는 날. 2 눈이 내리고 있는 하늘.

설철(屑鐵)명 1 철제품을 만들 때 나오는 쇠 부스러기. *쇠똥¹. 2 파쇠1.

설첨(舌尖)명 혀끝.

설체-하다(褻─)타어 1 흔하게 쓰다. 2 음식 따위를 마음껏 먹다.

설-취하다(─醉─)자어 덜 취하다.

설측-음(舌側音)명《언》혀옆소리.

설치(屑─)《어》1 괴도라치의 새끼〈'뱅어포'는 이것을 말린 것임〉. 2 황어(黃魚).

설치(雪恥)명하타 설욕(雪辱).

설치(設置)명하타 어떤 목적에 유용하게 쓰기 위하여 기관·설비 등을 만들어서 두는 일. □ 도서관의 ∼/신호등이 횡단보도에 ∼되다/ 시도(市道)에 지부를 ∼하다.

설치(楔齒)명 엽습(殮襲) 전에, 입에 낟 알을 물리려고 시체의 이를 벌리는 일.

설-치다¹자 1 마구 날뛰다. □불량배가 ∼. 2 침착하지 못하고 조급하게 행동하다. □약속 시간도 많이 남았는데 나가고 싶어 몸달아 설친다.

설-치다²타 필요한 정도에 미치지 못한 채로 그만두다. □잠을 ∼/숙취가 심해 아침밥을 설치고 출근했다.

설치-류(齧齒類)명《동》쥐목(目).

설치 미:술(設置美術)《미술》미술 작품을 주위의 공간과 융합하게 설치하는 일. 또는 그렇게 완성된 미술.

설컹-거리다자 설삶은 콩·밤 등이 씹힐 때 부서지는 소리가 자꾸 나다. 또는 그것을 씹을 때 입 안에서 무르지 않은 느낌이 자꾸 나다. ⓐ살캉거리다. ⑩설경거리다. ⑯썰겅거리다. 설컹-설컹부자형. □감자가 덜 물러서 ∼ 씹힌다.

설컹-대다자 설컹거리다.

설탕(雪糖)명 맛이 달고 물에 잘 녹는 무색 결정〈사탕수수·사탕무 등을 원료로 하여 만듦〉. 사탕. 사탕가루. 가루사탕.

설탕-물(雪糖─)명 설탕을 탄 물.

설태(舌苔)명《의》혓바닥에 생기는 이끼 모양의 물질〈백색·황색 또는 갈색을 띠며, 열병·위장의 질환이 원인이 됨〉. □∼가 끼다.

설토(說吐)명하타 사실을 모두 털어놓고 말함. 실토(實吐). 토설(吐說).

설-통(─筒)명 설통발.

설-통발(─筒─)명 위로부터 내려오는 물고 기를 잡으려고 거꾸로 놓은 통발. 설통.

설파(說破)명하타 1 사물의 내용을 밝혀서 말함. □중생들에게 진리를 ∼하다. 2 상대의 이론을 깨뜨려 뒤엎음.

설파-제(sulfa劑)명 술파제.

설판(設辦)명《불》신도와 승려가 한 법회의 모든 비용을 마련하는 일.

설판 재자(設辦齋者)《불》한 법회의 모든 비용을 마련하여 내는 사람.

설편(雪片)명 눈송이.

설폐-구폐(設弊救弊)[─/─폐-폐]명하자 폐단을 말하고 그 폐단을 바로잡음.

설-포장(設布帳)명 집 밖에 치는, 베 또는 무명 따위로 만든 휘장.

설풍(雪風)명 1 눈과 함께 불어오는 차가운 바람. 눈바람. 2 눈과 바람.

설피(雪皮)명 산간 지대에서, 눈에 빠지지 않도록 신 바닥에 대는 일종의 덧신.

설피다혱 1 짜거나 엮은 것이 거칠고 성기다. □설핀 삼베로 지은 옷이라 여름에도 시원하다. ⓐ살피다. 2 솜씨가 거칠고 서투르다. □ 장작 패는 솜씨가 설피어서 힘만 든다. 3 언행이 덜렁덜렁하고 거칠다. □말투가 ∼.

설피-창이명 올이 거칠고 성긴 피륙.

설핏[-핃]图 1 해의 밝은 빛이 약해진 모양. □해가 ∼ 기울다/늦가을 해가 ∼해진 저녁 무렵. 2 잠깐 나타나거나 떠오르는 모양. □두려운 생각이 ∼ 머리를 스쳤다. 3 풋잠이나 얕은 잠에 빠져 든 모양.

설핏-설핏[-핃썰핃]图하 1 짜거나 엮은 것이 여럿이 다 거칠고 성긴 모양. ⓐ살핏살핏. 2 잠깐잠깐 나타나거나 떠오르는 모양. 3 잠깐잠깐 풋잠이나 얕은 잠에 빠져 드는 모양.

설핏-하다[-피타-]혱어 짜거나 엮은 것이 보기에 좀 거칠고 성기다. ⓐ살핏하다.

설-하다(說─)명타어 1 설명해서 말하다. 2 도리나 이치, 학설 등을 이해하기 쉽게 풀어서 말하다. □스님이 법당에서 불법을 ∼.

설하-선(舌下腺)명《생》혀밑샘.

설하 신경(舌下神經)《생》설근(舌筋)에 분포하는 운동 신경. 혀밑 신경.

설한(雪恨)명하자 원한을 씻음.

설한(雪寒)명 눈이 오거나 온 뒤의 추위.

설한-풍(雪寒風)명 눈과 함께 휘몰아치는 차고 매서운 바람. 눈바람. 설풍. □∼에 휘둘리는 것처럼 와들와들 떨다/겨울 ∼ 속에서도 잎이 청청한 대나무.

설합(舌盒)명 ☞서랍.

설해(雪害)명 눈이 많이 내려서 입는 피해.

설형(楔形)명 쐐기의 모양. 쐐기꼴.

설형 문자(楔形文字)[-짜]《언》쐐기 문자.

설혹(設或)图 설령. □돈도 있지만 ∼ 있다손 치더라도 그런 일에 쓸 수는 없다.

설화(舌禍)명 1 강연이나 연설 따위가 법률에 저촉되거나 남을 화나게 하여 받는 재난. 2 남의 험담이나 중상 따위로 입는 재난.

설화(屑話)명 자질구레한 이야기.

설화(雪花·雪華)명 1 눈송이. 2 나뭇가지에 꽃처럼 붙은 눈발.

설화(雪禍)명 많이 내리는 눈으로 말미암은 재난.

설화(說話)명 1 이야기5. 2《문》신화·전설 등을 줄거리로 사실처럼 꾸민 옛이야기. □ 구전(口傳) ∼/민간 ∼을 채집하다.

설화 문학(說話文學)《문》전설·신화·동화 등을 소재로 문학적 형태를 갖춘 문학.

설화 석고(雪花石膏)[-꼬]흰 알맹이의 치밀한 덩어리로 된 석고〈암염(岩鹽) 등에 붙어 층을 이룸〉. 앨러배스터.

설화 소:설(說話小說)《문》설화를 소재로 하여 지은 소설〈심청전·흥부전 따위〉.

설화-지(雪花紙)명 흰 종이의 하나〈강원도 평강에서 남〉.

설후(雪後)명 눈이 내린 뒤.

섥명〈옛〉설기.

섧:다[설따][설워, 설우니]혱ㅂ 원통하고 슬프다. '서럽다'의 본딧말. □섧게 울다.

섬¹一명 곡식 따위를 담기 위하여 짚으로 결어 만든 멱서리. □밤을 따서 ∼에 담다. 一의 용량(容量)의 단위〈한 말의 열 곱절〉. 석(石).

□벼 한 ~을 지다 / 보리 두 ~을 찧다.
[섬 진 놈 멱 진 놈] 가지각색의 어중이떠중이를 일컫는 말.

섬²[섬] 1 돌로 쌓은 층계의 계단. 층층대. 2 '섬돌'의 준말.

섬³[섬] 사면이 물로 둘러싸인 육지. □~ 마을 / ~과 육지가 다리로 연결되다.

섬(纖)[수관] 소수(小數)의 단위의 하나. 미(微)의 10분의 1, 사(沙)의 십 배, 곧 10⁻⁷.

섬개(纖芥)[명] 검부러기.

섬-거적[-꺼-][명] 섬을 엮거나 뜯어낸 거적. □짚으로 ~을 치다 / ~으로 움막을 덮다. ⑥거적.

섬:-게[명][동] 성게.

섬-곡식(-穀-)[-꼭씩][명] 한 섬쯤 되는 곡식.

섬광(閃光)[명] 순간적으로 강렬하게 번쩍이는 빛. 섬화(閃火). □~이 번쩍이다 / 총구에서 ~을 내뿜다.

섬광-등(閃光燈)[명] 섬광 신호에 쓰는 등.

섬광 방:전등(閃光放電燈) 축전기로 2,000볼트 정도의 높은 전압을 공급하여 순간적으로 방전·발광하는 방전관《고속도 사진·천연색 필름 촬영에 씀》.

섬광-분(閃光粉)[명] 사진 촬영의 광원으로 쓰는 마그네슘 가루와 염소산칼륨 가루의 혼합물.

섬광-성(閃光星)[명][천] 때때로 몇 분(分) 또는 수십 분 동안 갑자기 밝아지는 변광성(變光星).

섬광 신:호(閃光信號) 주로 배에서 밤에 일정한 간격으로 섬광을 나타내는 신호.

섬광 전:구(閃光電球) 사진 촬영용의 전구《얇은 알루미늄 조각을 채우고 산소를 넣음》.

섬교-하다(纖巧-)[형여] 섬세하고도 교묘하다.

섬기다[타] 신이나 윗사람을 잘 모시어 받들다. □스승으로 ~ / 충신은 두 임금을 섬기지 않는다.

섬:-나라[명] 사방이 바다로 둘러싸인 나라. 도국(島國). 해국(海國).

섬:-놈[명] '섬사람'의 낮춤말.

섬-누룩[명] 막걸리나 소주를 만드는 데 쓰는 품질이 낮은 누룩.

섬도(纖度)[명] 실의 굵기의 정도.

섬도-지(閃刀紙)[명] 도련을 칠 때 귀가 접혀서 잘려 나가지 아니한 종이.

섬-돌[-똘][명] 오르내릴 수 있게 놓은 돌층계. 댓돌. 보석(步石). 석계(石階). 석제(石梯). □~을 딛고 올라서다.

섬:-둑[-뚝][명] 섬의 둘레를 둘러쌓은 둑.

섬-떡[명] 1 쌀 한 섬으로 만든 떡. 2 고수레떡.

섬뜩[부하형] 갑자기 소름이 끼칠 만큼 무섭고 끔찍한 느낌이 드는 모양. □가슴이 ~하다 / 등 뒤가 ~한 것이 불길한 예감이 들었다.

섬려-하다(纖麗-)[-녀-][형여] 섬세하고 아름답다.

섬록-암(閃綠岩)[-노감][명][광] 주로 사장석·각섬석의 성분으로 이루어진 암석의 하나. 조직이 단단하고 치밀하여 건축용 석재로 씀.

섬마-섬마[갑] 어린아이를 따로 세울 때 하는 소리. 따로따로따로.

섬망(譫妄)[명][의] 알코올·모르핀 중독 및 급성 전염병 등으로 인한 병증《의식이 흐리고 착각·망상 및 알아들을 수 없는 말을 하며, 몹시 흥분했다가 불안해하면서 때로 비애·고민에 빠지기도 하면서 마비를 일으킴》.

섬-멍구럭[섬] 섬을 묶어서 짊어지는.

섬멸(殲滅)[명][하타] 모조리 무찔러 멸망시킴. □반란군을 ~하다 / 적은 완전히 ~되었다.

서 없애는 것. □을 펼치다.

섬모(纖毛)[명] 1 가는 털. 2[생] 섬모충류의 체표(體表)나 많은 후생(後生)동물의 섬모 상피(上皮) 세포 등에 난 가늘고 짧은, 털과 같은 물질《물체를 일정한 방향으로 운반하거나 세포 자체를 이동시킴. 대장균(大腸菌) 등 장내(腸內) 세균에 붙어 있고, 인체 기관의 거죽에 가장 발달되어 있음》. 물결털. 섬유. * 편모(鞭毛).

섬모 상:피(纖毛上皮)[생] 세포 표면에 많은 운동 섬모가 있는 상피 조직.

섬모 운:동(纖毛運動)[생] 섬모충류나 섬모 상피 따위에 있는 섬모의 운동. 섬모를 일정한 방향으로 매초 수회(數回)에서 수십 회씩 움직여서 먹이를 잡거나 몸을 이동하며, 노폐물·이물을 배출하기도 함. 물결운동.

섬모-충(纖毛蟲)[명][동] 짚신벌레·종벌레 따위와 같이 몸에 섬모가 나 있는 원생동물의 총칭.

섬-밥[-빱][명] 쌀 한 섬으로 지은 밥.

섬벅[부] 연한 물건이 잘 드는 칼에 쉽게 베어지는 모양. 또는 그 소리. □수박을 ~ 자르다. ⑦삼박. ⑧섬뻑·썸벅·썸벅.

섬벅-섬벅[-썸-][부하자] 연한 물건이 잘 드는 칼에 쉽게 잇따라 베어지는 모양. 또는 그 소리. □무를 ~ 썰다. ⑦삼박삼박. ⑧섬뻑섬뻑·썸벅썸벅·썸벅썸벅.

섬-벼[명] 섬에 넣은 벼.

섬부-하다(贍富-)[형여] 넉넉하고 풍부하다. 섬족하다. □섬부한 재력 / 학식이 ~.

섬뻑[부] 연한 물건이 잘 드는 칼에 쉽게 베어지는 모양. 또는 그 소리. ⑦삼빡. ⑧섬벅. ⑧썸뻑.

섬뻑-섬뻑[-썸-][부하자] 연한 물건이 잘 드는 칼에 쉽게 잇따라 베어지는 모양. 또는 그 소리. □참외를 ~ 잘라 놓다. ⑦삼빡삼빡. ⑧섬벅섬벅. ⑧썸뻑썸뻑.

섬:-사람[-싸-][명] 섬에 사는 사람. 도민(島民). ↔뭍사람.

섬서-하다[형여] 1 관계가 서먹서먹하다. 친절하지 않다. □나를 대하는 태도가 전과 다르게 섬서해졌다. ⑦삼사하다. 2 대접이나 관리가 소홀하다. □무슨 일을 그렇게 섬서하게 다루니.

섬섬(閃閃)[부하형] 번쩍이는 모양. □~한 비수(匕首).

섬섬-약질(纖纖弱質)[-냑찔][명] 가냘프고 연약한 체질. 섬섬약골.

섬섬-옥수(纖纖玉手)[-서목쑤][명] 가냘프고 고운 여자의 손.

섬섬-하다(纖纖-)[형여] 가냘프고 연약하다. □섬섬한 손. 섬섬-히[부]

섬세-하다(纖細-)[형여] 1 곱고 가늘다. □섬세한 공예품 / 섬세한 필치를 보이다 / 손이 희고 ~. 2 아주 찬찬하고 세밀하다. □섬세한 심리 / 섬세하고 참을성 있게 버티어 나가다. 섬세-히[부]

섬소-하다(纖疏-)[형여] 체격이나 구조가 가냘프고 어설프다.

섬수(纖手)[명] 가냘픈 손.

섬-아연광(閃亞鉛鑛)[명][광] '섬아연석'의 구용어.

섬-아연석(閃亞鉛石)[명][광] 괴상(塊狀)·입상(粒狀)·포도상의 아연의 중요 광석《순수한 것은 빛깔이 없으며, 보통 누런 갈색이나 검은

색으로 금속 광택이 있음).

섭약-하다 (纖弱-)[서먀카-] 〖형〗어 가냘프고 약하다. 연연(軟娟)하다. □섭약한 음성 / 섭약한 손 / 섭약한 여자의 몸으로 거친 일을 어떻게 하겠소.

섭어 (讘語) 〖명〗하자 1 헛소리. 2 잠꼬대.

섭:-엄나무 〖명〗〖식〗돔나무.

섭여 (蟾蜍) 〖명〗두꺼비.

섭연-하다 (纖妍-) 〖형〗어 가냘프고 아름답다.

섭영 (閃影) 〖명〗번쩍거리는 그림자.

섭월 (纖月) 〖명〗초승에 가늘게 보이는 달.

섭유 (纖維) 〖명〗 1〖생〗생물체의 몸을 이루는 가늘고 긴 실 같은 물질. 섬모2. 2 실 모양의 고(高)분자 물질(천연·인조·합성의 세 섬유로 구별).

섭유 공업 (纖維工業) 경공업의 하나. 섬유를 가공하여 물품을 만드는 공업.

섭유-소 (纖維素) 〖명〗 1〖화〗셀룰로오스. 2 〖생〗피브린.

섭유 식물 (纖維植物)[서뮤싱-] 〖식〗직물·종이·밧줄 등의 원료가 되는 섬유를 공급하는 식물(목화·삼·삼지닥나무 따위).

섭유 작물 (纖維作物)[서뮤장-] 섬유를 채취하기 위하여 재배하는 작물(방적 원료의 목화·아마, 제지 원료의 삼지닥나무·닥나무, 조편(組編) 원료의 골풀·파나마풀, 가구 원료의 대·을름덩굴 따위).

섭유 제:품 (纖維製品) 섬유를 원료로 하여 만든 물품. 주로 의류를 일컬음.

섭유 조직 (纖維組織) 섬유 세포로 된 조직. 관다발 따위에서 볼 수 있음.

섭유-종 (纖維腫) 〖의〗결합 조직 세포 및 그 섬유로 이루어진 양성(良性)의 종양(흔히 피부·신경·신장·자궁·난소 따위에 발생함).

섭유-질 (纖維質) 섬유로 된 물질.

섭유-판 (纖維板) 〖건〗목재 따위의 섬유 식물 부스러기를 합성수지와 접착제를 섞어 압축하여 만든 판자. 텍스.

섭유-하다 (纖柔-) 〖형〗어 가늘고 부드럽다.

섭:-잣나무 [-잔-] 〖명〗〖식〗소나뭇과의 상록 침엽 교목. 높이 20~25 m, 잎은 다섯 개가 돌려나고 뒷면에는 뚜렷한 흰 줄이 있다. 6월에 연한 녹색의 꽃이 피며, 열매는 이듬해 9월에 익음. 잣나무에 비하여 열매가 작음. 산지에 나는데, 목재는 건축재나 도구재로 씀.

섭전 (閃電) 〖명〗순간적으로 번쩍하는 번갯불 또는 전기의 불꽃.

섭조 (纖條) 〖명〗 1 금속 따위의 가는 줄. 2〖물〗 필라멘트.

섭족-하다 (贍足-)[-조카-] 〖형〗어 섬부(贍富)하다.

섭주 (蟾注) 〖명〗두꺼비 모양으로 된 연적(硯滴).

섭-지기 〖의명〗볍씨 한 섬의 모를 심을 만한 논의 넓이. □한 ~ / 두 ~의 논.

섭진 (纖塵) 〖명〗매우 잔 티끌.

섭질 (纖質) 〖명〗넓빤자 따위의 옆모서리를 대패로 밀어 깎는 일.

섭쩍지근-하다 [-찌-] 〖형〗어 무섭고 꺼림칙한 느낌이 오랫동안 사라지지 않다. □섭쩍지근한 무서움에 휘감기다. **섭쩍지근-히** [-찌-] 〖부〗

섭토 (蟾兎) 〖명〗달 속에 있다는 금 두꺼비와 옥토끼(달의 별칭).

섭-통 〖명〗곡식을 담은 섬의 부피.

섭-틀 〖명〗섬을 치는 틀.

섭호 (纖毫) 〖명〗 1 매우 가는 털. 2 썩 작은 사물을 비유하는 말.

섭화 (閃火) 〖명〗번쩍이는 불빛. 섬광(閃光).

섭화 (閃花) 〖명〗눈에 병이 났을 때 불빛을 보면 나타나는 형상.

섭화 방:전 (閃火放電) 〖전〗불꽃 방전.

섭금-류 (涉禽類)[-끔뉴] 〖명〗〖조〗조류 분류상의 한 가지. 다리·목·부리가 모두 길고 얕은 물에서 걸어 다니며 물고기와 곤충을 잡아먹는 새의 총칭(두루미·백로·황새 따위).

섭나모 〖명〗〈옛〉섶나무.

섭동 (攝動) 〖명〗하자 1 행동을 다스림. 2〖천〗태양계의 천체가 다른 행성의 인력으로 타원 궤도에 변화를 일으키는 일. 3〖물〗역학계(系)에서, 힘의 작용에 의한 운동이 부차적 힘의 영향으로 교란되는 운동.

섭동-력 (攝動力)[-똥녁] 〖천〗천체가 상호 인력의 영향을 받아 그 운동 궤도에 변화를 일으키는 힘.

섭력 (涉歷)[섬녁] 〖명〗하타 물을 건너고 산을 넘는다는 뜻으로, 여러 가지 일을 많이 경험함을 일컫는 말.

섭렵 (涉獵)[섬녑] 〖명〗하타 물을 건너 찾아다닌다는 뜻으로, 온갖 책을 널리 읽거나 여기저기 찾아다니며 여러 일을 경험함을 이르는 말. □산야를 ~하다 / 널리 내외 문헌을 ~하다.

섭리 (燮理)[섬니] 〖명〗하타 음양(陰陽)을 고르게 다스림.

섭리 (攝理)[섬니] 〖명〗하타 1 병에 걸려 아픈 몸을 잘 조리함. 2 대신하여 처리하고 다스림. 3 자연계를 지배하고 있는 원리와 법칙. □자연의 ~ / 높은 데서 낮은 데로 흐르는 것이 물의 ~이다. 4〖기〗세상의 모든 것을 다스리는 하나님의 뜻.

섭백 (鑷白)[-빽] 〖명〗하타 센 머리털을 뽑아 버림.

섭복 (懾服)[-뽁] 〖명〗하자 두려워서 복종함.

섭사 (攝祀)[-싸] 〖명〗하타 남을 대신하여 제사를 지냄. 또는 그런 일을 하는 사람.

섭-산적 (-散炙)[-싼-] 〖명〗쇠고기를 잘게 다져 갖은 양념을 하고 반대기를 지어 구운 적. [섭산적이 되도록 맞았다] 많은 상처가 나도록 매우 심하게 두들겨 맞다.

섭-새기다 [-쌔-] 〖타〗조각에서, 글자나 그림이 두드러지게 가장자리를 파내거나 뚫어지게 새기다.

섭-새김 [-쌔-] 〖명〗하타 조각에서, 글자나 그림이 두드러지도록 섭새기는 일.

섭-새김-질 [-쌔-] 〖명〗하자 섭새김하는 일.

섭생 (攝生)[-쌩] 〖명〗하자 양생(養生)1. □의사가 시키는 대로 ~을 하다.

섭섭-하다 [-써파-] 〖형〗어 1 정(情)에 끌려 서로 헤어지기가 마음에 서운하고 아쉽다. □이렇게 헤어져야 한다니 정말 ~. 2 없어지는 것이 애틋하고 아깝다. □그의 죽음은 참으로 섭섭한 일이다. **섭섭-히** [-써피] 〖부〗. □~ 여기다 / 본의가 아니니 그 일은 너무 ~ 생각 말게.

섭세 (涉世)[-쎄] 〖명〗하자 세상을 살아감.

섭-수 (-數)[-쑤] 〖명〗 1 볏짚의 수량. □~가 적다. 2 잎나무의 수량. □~가 많다.

섭수 (涉水)[-쑤] 〖명〗하타 물을 건넘.

섭수 (攝受)[-쑤] 〖명〗하타 〖불〗자비로운 마음으로 모든 중생을 살피어 보호함.

섭수-금 (涉水禽)[-쑤-] 〖명〗섭금류(涉禽類)의 새. 섭수조.

섭수-조 (涉水鳥)[-쑤-] 〖명〗섭수금.

섭식 (攝食)[-씩] 〖명〗하타 음식을 섭취함.

섭심 (攝心)[-씸] 〖명〗하자 마음을 가다듬음.

흩어지지 않게 다잡음.

섭씨(攝氏)명 〖물〗 섭씨온도계의 눈금의 명칭. 'C'로 표시함. ＊열씨(列氏)·화씨(華氏).

섭씨-온도계(攝氏溫度計)[-/-계]명 〖물〗물이 어는점을 0도, 끓는점을 100도로 하고, 그 사이를 백 등분한 온도계. ＊열씨온도계·화씨온도계.

섭양(攝養)명하자 양생(養生)1.

섭-옥잠(鑷玉簪)[서복잠]명 대가리에 구멍을 뚫어 여러 가지 모양을 새긴 옥비녀.

섭외(涉外)명하타 1 외부와 연락·교섭하는 일. ▷출연자 ~ / ~ 일을 맡다 / 광고주를 ~하다. 2 〖법〗 어떤 법률 사항이 내외국에 관계·연락되는 일.

섭유(囁嚅)명하자 말을 하지 못하고 머뭇거리며 입만 벌렸다 오므렸다 함.

섭유(顳顬)명 〖한의〗 태양혈(穴).

섭유-골(顳顬骨)명 〖생〗 두개골 바깥쪽을 이루는 뼈의 총칭. 측두골(側頭骨). 옆머리뼈.

섭유-근(顳顬筋)명 〖생〗 섭유골을 싸고 있는 부채 모양의 근육. 옆머리살.

섭의-하다(涉疑-)[서비-/서비-]형여 확실하지가 않아 의심스럽다.

섭적[-쩍]부 '서부렁섭적'의 준말. ▷광한루에 ~ 올라 다면을 살펴보니……

섭정(攝政)[-쩡]명하자 임금을 대신하여 정치함. 또는 그 사람. ▷나이 어린 왕을 대신하여 대비가 ~하다.

섭-조개[-쪼-]명 〖조개〗 진주담치.

섭-죽(-粥)[-쭉]명 섭조개와 쌀을 넣고 쑨 죽.

섭중(攝衆)[-쭝]명하자 〖불〗 중생을 거두어 보호함.

섭-집게[-찝께]명 섭조개를 잡는 집게.

섭취(攝取)명하타 좋은 요소나 양분 따위를 몸속에 빨아들임. ▷영양 ~ / 갖가지 지식을 ~하다 / 동물성 단백질을 ~.

섭치명 여러 가지 물건 중 변변하지 않고 너절한 것.

섭포(懾怖)명하자 두려워함.

섭-하다형 ☞ 섭섭하다.

섭행(攝行)[서팽]명하타 1 대리로 일을 함. 2 일을 아울러 행함. 3 통치권을 행사함.

섭험(涉險)[서펌]명하자 위험을 무릅씀. 섭위.

섭호-선(攝護腺)[서포-]명 〖생〗 전립선(前立腺).

섭화(攝化)[서롸]명하타 〖불〗 중생을 거두어 보살펴 교화함.

섯결다타 〈옛〉 엇결다.

섯돌다자 〈옛〉 섞이어 돌다.

섯듣다자 〈옛〉 섞여서 떨어지다.

섯등[섣등]명 염전에서, 소금을 만들 때 바닥을 거르기 위해 땅바닥을 다지고 가장자리를 넓고 길게 둘러막은 장치《그 속에 대발 따위로 정그레를 놓고 양편에 구멍을 내어 소금물을 받아 냄》.

섯밑[섣민]명 〖←혓밑〗 소의 혀 밑에 붙은 살코기《편육 따위로 씀》.

섯버믈다타 〈옛〉 섞어 버무리다.

섯브다타 〈옛〉 섞어 붙다.

섯자[섣짜]명 〈옛〉 섯자.

섯다타 〈옛〉 섯다.

섰다[섣따]명 화투 두 장씩으로 하는 노름의 한 가지《가장 높은 끗수를 가진 사람이 판돈을 가져 감. 돈을 더 태우며 버틸 때 '섰다'라고 외침》.

섰다-판[섣따-]명 '섰다'를 하는 노름판. ▷~을 벌이다.

성:¹ 불쾌한 충동으로 왈칵 치미는 노여운 감정. ▷~이 나서 큰 소리로 외치다.
성이 머리끝까지 나다 루 화가 몹시 나다.

성:(姓)명 한 혈통을 잇는 겨레붙이의 칭호《김(金)·이(李) 등》. ▷이름도 ~도 모른다.
성을 갈겠다 루 단언할 때나, 다시는 하지 않겠다고 다짐할 때에, 굳은 맹세를 간곡하게 이르는 말. ▷앞으로 답배를 다시 피우면 ~.

성:(性)명 1 사람·사물 따위의 본바탕이나 본성. 2 〖철〗 사람이 나면서부터 지닌 품성. 3 〖생〗 남녀·자웅·암수의 구별. 또는 그 구별 / 남녀의 ~의 특성. 4 남녀의 육체적 관계. 또는 그에 관련되는 일. ▷~의 문란 / ~을 금기시하다 / ~에 눈뜨다. 5 〖언〗 문법상의 남성·여성·중성.

성에 [성이] 차다 루 흡족하게 여기다. ▷밥 한 공기를 다 먹어도 성에 차지 않았다.

성(省)명 1 옛날 중국에서, '궁중(宮中)'의 뜻. 2 〖역〗 옛 중국의 중앙 정부. 곧, 중서성(中書省). 3 〖지〗 중국의 지방 행정 구획. 산동(山東) 따위. 4 외국의 중앙 행정 기관《미국·일본 따위》. ▷국무 ~ / 외무 ~ / 문부 ~.

성(城)명 적을 막기 위해 높이 쌓은 담이나 튼튼하게 지은 큰 건물. 또는 그런 담으로 둘러싼 지역. ▷~을 지키다 / ~을 쌓다 / ~을 겹겹이 포위하다 / ~을 함락시키다.

성:¹(聖)명 1 지덕이 가장 뛰어나 천하가 우러러 사표로 삼음. 또는 그 사람. 2 그 방면에 가장 걸출한 인물. ▷시(詩)~. 3 '신성(神聖)'의 준말.

성²의명 용언의 관형형 어미 '-ㄴ'·'-은'·'-는'·'-ㄹ'·'-을'의 뒤에 붙어서 '싶다'·'하다'·'부르다' 따위와 함께 쓰이어, '것 같다'의 뜻으로 막연한 추측이나 가능성을 나타내는 말. ▷한 번 ~싶다 / 그렇게 하는 것이 좋을 ~싶다 / 좋은 분일 ~싶소. ＊듯¹.

성:²(聖)판 〖가〗 성인의 이름 앞에 쓰는 말. ▷~ 바울 / ~ 베드로.

성:-(聖)루 기독교에 관한 몇몇 명사 앞에 붙어, '거룩한'의 뜻이나 그 관계를 나타내는 말. ▷~만찬 / ~금요일.

-성(成)의 은이나 황금의 순도(純度)를 나타내는 말《십 등분하여 십성(十成)이면 순은이나 순금임》.

-성(性)의 일부 명사 뒤에 붙어, 그러한 성질·경향을 나타내는 말. ▷인간~ / 적극~ / 양면~.

성가(成家)명하자 1 결혼하여 따로 한 가정을 이룸. ▷아우들은 모두 ~했다. 2 재산을 모아 집안을 일으켜 세움. 3 학문·기술이 탁월하여 하나의 파(派)나 체계를 이룸. 4 성취(成娶).

성:가(聖架)명 예수가 못 박힌 십자가.

성:가(聖家)명 성가정(聖家庭).

성:가(聖歌)명 1 신성한 노래. 2 천주·천신·성인을 칭송하는 노래. 찬송가. ▷~집(集).

성:가(聖駕)명 거가(車駕)1.

성가(聲價)[-까]명 사람이나 물건에 대하여 세상에 드러난 좋은 평판이나 가치. ▷~가 높다 / ~를 높이다.

성:-가극(聖歌劇)명 〖악〗 오라토리오.

성:-가대(聖歌隊)명 〖기〗 예배나 미사 의식을 거행할 때 성가를 부르는 합창단. 찬양대.

성가시다형 자꾸 들부꺼나 번거롭게 굴어 괴롭고 귀찮다. ▷성가신 일 / 오라 가라 성가시게 굴다 / 만사가 귀찮고 ~.

성:-가정 (聖家庭) 圏 〖가〗 아기 예수, 성모 마리아, 성 요셉으로 이루어진 나사렛에서의 가정. 성가(聖家). 〖∼ 축일.

성-가퀴 (城-) 圏 성 위에 낮게 쌓은 담(몸을 숨겨 적을 감시하거나 공격하는 곳). 성첩(城堞). 여장(女墻).

성:-가회 (聖家會) 圏 성가정을 본받자는 뜻으로 세운 신자들의 모임.

성각 (城閣) 圏 성루(城樓).

성간 가스 (星間gas) 〖천〗 별과 별 사이의 물질의 대부분을 차지하는 기체. 우주 가스.

성간 물질 (星間物質)[-찔] 〖천〗 별과 별 사이에 떠 있는 극히 희박한 물질(성간 가스·우주진 따위).

성:-감 (性感) 圏 성기 또는 성감대(性感帶)를 자극할 때의 생리적 쾌감.

성감 (誠感) 圏하타 참된 마음으로 남의 마음을 움직임.

성:-감 (聖鑑) 圏 사물을 분별하는 임금의 안목.

성:-감대 (性感帶) 圏 외부의 자극으로 성적 쾌감을 느끼는 신체의 부위. 〖∼를 자극하다.

성:-개 (盛開) 圏하재 꽃이나 열매 따위가 성하게 피거나 열림.

성:-거 (盛擧) 圏 장거(壯擧).

성겁 (成劫) 圏 〖불〗 사겁(四劫)의 하나. 세계가 파괴된 후 오랜 세월이 지나 다시 세계가 생기고 인류가 번식하는 시기.

성-게 圏 〖동〗 극피동물의 하나. 간조선 부근 암석에 사는데, 몸은 공 모양, 굳은 껍질 표면에 빼빼히 가시가 있어 밤송이 같음. 입은 아래에, 항문은 위에 있음. 알·정소(精巢)는 식용함. 섬게.

성격 (成格)[-껵] 圏하재 격식이 이루어짐.

성:-격 (性格)[-껵] 圏 1 개인이 가지는 고유한 성질이나 품성. 〖낙천적 ∼ / 대범한 ∼ / ∼이 쾌활하다 / ∼이 모가 나다 / 다혈질의 ∼이다. 2 사물이나 현상에 구비된 고유의 본질이나 특성. 〖독자적인 ∼을 띠다 / 뮤지컬은 종합 예술적 ∼을 갖고 있다. 3 〖심〗 개인의 개성을 특징짓는 독특한 심리적 체계나 행동 양식. 〖외향적 ∼.

성:격-극 (性格劇)[-껵끅] 圏 〖연〗 주인공의 특수한 성격의 활동을 특히 선명하게 표현하고, 그것이 근본이 되어 일어나는 희비(喜悲)의 사건을 전개한 희곡이나 연극.

성:격 묘:사 (性格描寫)[-꼉-] 〖문〗 소설이나 영화·희곡 등에서 등장인물의 성격을 그려 내는 일.

성:격 배우 (性格俳優)[-꼉배-] 〖연〗 어떤 등장인물의 개성적인 특별한 성격을 잘 표현하는 배우.

성:격-비극 (性格悲劇)[-꼉삐-] 〖연〗 주인공의 성격으로 인하여 대립, 알력이 생겨 파멸적 결과로 이끄는 사건을 그린 성격극(셰익스피어의 '햄릿', '맥베스'와 같은 비극 따위).

성:격 유:형 (性格類型)[-껵뉴-] 여러 성격의 비슷하고 가까운 정도에 따라 나눈 형.

성:격 이:상 (性格異常)[-껵기-] 〖의〗 주로 감정이나 의지의 통제력에 결함이 있는 정신적 불완전 상태.

성견 (成犬) 圏 다 자란 개. 〖이제 ∼이 다 된 바둑이.

성:-결 (性-)[-껼] 圏 성품의 바탕. 〖∼이 고약하다.

성:-결 (聖潔) 圏하ㅁ 거룩하고 깨끗함.

성:결-교 (聖潔敎) 圏 〖기〗 기독교의 한 교파

(특별히 성결을 내세움).

성:결 교:회 (聖潔敎會) 〖기〗 1 성결교. 2 성결교 교파의 교회.

성경 (誠敬) 圏하타 1 정성스러움과 공경스러움. 2 정성을 다해 공경함.

성:-경 (聖經) 圏 1 종교상 신앙의 최고 법전이 되는 책. 기독교의 신구약 성서, 불교의 팔만대장경, 유교의 사서오경, 이슬람교의 코란 따위. 성전(聖典). 2 성인이 지은 책. 3 성서(聖書).

성경신 (誠敬信) 천도교의 기본 신조인 정성과 공경과 믿음을 이르는 말. 이 세 가지로 한울님을 섬기고 사람을 섬기고 세상 모든 것의 기준으로 삼는다는 뜻.

성:경-책 (聖經冊) 圏 기독교의 경전인 성서.

성:경-현전 (聖經賢傳) 유학의 성현(聖賢)이 지은 책. 준경전(經傳).

성:계 (姓系)[-/-게] 圏 1 성씨와 그 계통을 아울러 이르는 말. 2 계도(系圖).

성:계-제도 (姓階制度)[-/-게-] 圏 태어나면서부터 일정한 계급에 속하게 되는 사회 제도(인도의 카스트 따위).

성:-골 (聖骨) 圏 〖역〗 신라 때 골품(骨品)의 하나. 부모가 다 왕계인 사람. ＊진골.

성공 (成功) 圏하재 1 목적을 이룸. 뜻을 이룸. 〖∼ 사례 / 실패는 ∼의 어머니 / ∼의 비결을 말하다 / ∼을 빌다 / ∼을 축하하다 / ∼을 거두다. ↔실패(失敗). 2 부(富)나 명예, 사회적 지위를 얻음. 〖주식 투자로 크게 ∼하다.

성:-공 (性空) 圏 〖불〗 물체의 본성이 원래는 공허하다는 말.

성:-공 (聖功) 圏 거룩한 공적.

성:-공 (聖供) 圏 〖불〗 부처에게 공양하는 일.

성공-률 (成功率)[-뉼] 圏 어떤 일이 성공하는 비율. 〖수술의 ∼이 높다.

성공-적 (成功的) 관圏 성공했다고 할 만한 (것). 〖이번 행사는 ∼으로 끝마쳤다.

성:-공회 (聖公會) 圏 기독교 신교의 한 파. 영국 국교회의 전통과 조직을 같이하는 교회의 총칭.

성과 (成果)[-꽈] 圏 이루어진 결과. 〖∼를 거두다 / ∼를 보이다 / 기대 이상의 ∼를 올리다 / 향상의 ∼이 빨리 끝났다.

성과-급 (成果給)[-꽈-] 圏 일의 성과를 기준으로 하여 지급되는 임금. ↔시간급.

성곽 (城郭·城廓) 圏 1 내성과 외성. 〖∼을 쌓다. 2 성과 성의 둘레.

성곽 도시 (城郭都市)[-또-] 외적을 막기 위해 둘레를 성곽으로 둘러싼 도시.

성관 (成冠) 圏하재 관례(冠禮)를 행함.

성:-관 (盛觀) 圏 성대한 구경거리.

성관 (誠款) 圏 성심(誠心).

성:-관계 (性關係)[-/-게] 圏 남녀가 성기를 통하여 육체적으로 관계를 맺는 일. 〖∼를 맺다 / ∼를 갖다.

성:-관세음 (聖觀世音) 圏 〖불〗 모든 관음의 근본이 되는 관음(상호(相好) 원만, 대자비심을 나타냄). 준성관음(聖觀音).

성:-관음 (聖觀音) 圏 '성관세음'의 준말.

성광 (成狂) 圏하재 미친 사람이 됨.

성:-광 (星光) 圏 별빛.

성:-광 (聖光) 圏 〖가〗 성체 현시, 성체 강복 등에 성체를 모시는 제구(祭具).

성:-교 (性交) 圏하재 남녀가 성기를 결합하여 육체적으로 관계를 맺음. 방사(房事). 교구(交媾). 교접(交接). 교합(交合). 구합. 성행위. 〖혼전 ∼를 금하다.

성:-교 (聖敎) 圏 모세 이전에, 문자가 없었을

때 교리 형식을 갖추지 못하고 본성적(本性的)으로만 하나님을 섬기던 교회. 곧, 구약 이전의 교회.

성:교 (聖教) [명] **1** 임금의 교명(教命). **2** 성인의 가르침. 공맹(孔孟)의 교(教). **3** 가톨릭교. **4** 불교.

성교 (聲教) [명] 제왕(帝王)이 백성을 교화(教化)하는 덕(德). 풍교(風教).

성:-교육 (性教育) [명] 성장기의 아이들에게 성에 관한 올바른 지식을 가지도록 하는 교육. *순결 교육.

성:교 중절법 (性交中絶法)[-뻡] 피임법의 한 가지. 질(膣) 밖에 사정(射精)하여 정자가 자궁 안의 난소에 이르지 않게 하는 방법.

성:-교회 (聖教會) [명] 천주교회.

성구 (成句)[-꾸] [명][하자] **1** 글귀를 이룸. **2** 〖언〗 하나의 뭉뚱그려진 뜻을 나타내는 글귀. 예로부터 내려오는 관용구(《가을을 형용하는 '천고마비(天高馬肥)' 따위》).

성구 (筬簆) [명] 바디¹.

성:구 (聖句)[-꾸] [명] 성서의 글귀.

성구-어 (成句語)[-꾸-] [명] 〖언〗 이미 이루어진 구절.

성국 (成局) [명] 체격·구조 따위가 잘 어울림.

성군 (成群) [명][하자] 떼를 지음.

성군 (星群) [명] 〖천〗 성단(星團).

성:군 (聖君) [명] 덕이 아주 뛰어난 어진 임금. 성왕(聖王). 성제. 성주(聖主).

성군-작당 (成群作黨)[-땅] [명][하자] 여럿이 모여 떼를 지음. 또는 그 무리.

성:궁 (聖躬) [명] 임금의 몸을 높여 이르는 말. 성체(聖體).

성규 (成規) [명] 성문화된 규칙.

성균-관 (成均館) [명] 〖역〗 조선 때, 유교의 교육을 맡아보던 관아. 학궁(學宮). 태학(太學).

성그레 [부][하자] 천연스럽게 소리 없이 부드럽게 웃는 모양. ❏흡족한 표정으로 ~ 웃다. [큰]상그레. [센]썽그레.

성:극 (聖劇) [명] **1** 성경에서 소재를 따서 꾸민 종교극. **2** 〖악〗 오라토리오.

성근-하다 (誠勤-) [형][여] 성실하고 근면하다.
  성근-히 [부]

성글-거리다 [자] 천연스러운 태도로 소리 없이 정답게 자꾸 웃다. [작]상글거리다. [센]썽글거리다. **성글-성글** [부][하자]

성글다 〔성글어, 성그니, 성근〕 [형] 성기다. ❏성글게 엮은 발 / 돗자리 올이 굵고 ~.

성글-대다 [자] 성글거리다.

성글-벙글 [부][하자] 천연스러운 태도로 소리 없이 정답고 환하게 웃는 모양. [작]상글방글. [센]썽글뻥글.

성금 [명] **1** 말한 보람. ❏너의 말이 ~이 섰다. **2** 일의 효력. 일한 보람. ❏먹은 것이 ~에 안 간다. **3** 꼭 지켜야 할 명령.
  성금이 서다 [구] 명령 따위의 효력이 나다.

성금 (誠金) [명] 정성으로 내는 돈. ❏수재민 구호 ~ / ~ 모금 / ~을 거두다 / ~을 내다 / 사회 각계에서 ~이 답지하다.

성:-금요일 (聖金曜日) [명] 〖가〗 예수가 십자가에 못 박혀 죽은 일을 기념하는 날. 성주간(聖週間)의 금요일로, 부활절의 이틀 전날임. 수난일(受難日).

성:급-하다 (性急-)[-그파-] [형][여] 성미가 팔팔하고 급하다. ❏성급한 결정을 내리다 / 성급하게 재촉하지 말게. **성:급-히** [-그피] [부]. ❏너무 ~ 서두르다.
  [성급한 놈 술값 먼저 낸다] 성미가 급한 사람은 손해를 보기 쉽다는 말.

성긋 [-귿] [부][하자] 천연스럽게 소리 없이 가벼운 눈웃음을 짓는 모양. [작]상긋. [센]성끗·썽긋·썽끗.

성긋-거리다 [-귿꺼-] [자] 자꾸 성긋하다. [작]상긋거리다. **성긋-성긋** [-귿썽귿] [부][하자]

성긋-대다 [-귿때-] [자] 성긋거리다.

성긋-벙긋 [-귿뻥귿] [부][하자] 천연스럽게 소리 없이 가볍고 환하게 웃는 모양. [작]상긋방긋. [센]성끗벙끗·썽긋뻥긋·썽끗뻥끗.

성긋-이 [부] 천연스럽게 지그시 눈웃음치는 모양. [작]상긋이. [센]썽긋이.

성기 (成器) [명][하자] **1** 그릇을 완전하게 만듦. 또는 그 그릇. **2** 사람의 인격과 재주가 한 틀을 이룸.

성:기 (性器) [명] 〖생〗 생식기.

성기 (星期) [명] **1** 음력 7월 7일. **2** 〔칠석(七夕)의 견우성·직녀성의 전설에서〕 혼인의 기일(期日). 혼인날. **3** 일요일(日曜日).

성:기 (盛氣) [명][하자] 성한 기운이 버쩍 오름. 또는 그 기운.

성:기 (盛期) [명] 한창 때.

성기 (聲氣) [명] **1** 음성과 기운. **2** 음성과 안색. 음성과 기색.

성:-기능 (性機能) [명] 성생활에 관계되는 신체의 각 기관의 기능. ❏~에 장애가 오다.

성기다 [형] 물건의 사이가 배지 않고 뜨다. 성글다. ❏스웨터를 성기게 짜다 / 성긴 눈발이 희끗희끗 날리다. [작]상기다. ↔배다.

성기-상통 (聲氣相通) [명][하자] **1** 소식이 서로 통함. **2** 마음과 뜻이 서로 통함.

성깃-성깃 [-긷썽긷] [부][하형] 여러 군데가 성깃한 모양. ❏~ 흰 터럭이 서리처럼 수염에 섞여 있다. [작]상깃상깃.

성깃-하다 [-기타-] [형][여] 물건의 사이나 간격이 배지 않고 뜬 듯하다. ❏성깃한 머리털. [작]상깃하다.

성:-깔 (性-) [명] 성질을 거칠게 부리는 버릇이나 태도. ❏~이 있다 / ~을 부리다 / ~이 사납다 / ~이 고약하다.

성:깔-머리 (性-) [명] 〈속〉 성깔. ❏그 사람, ~가 보통이 아니더군.

성끗 [-끋] [부][하자] 천연스럽게 소리 없이 가볍게 웃는 모양. [작]상끗. [여]성긋. [센]썽끗.

성끗-거리다 [-끋꺼-] [자] 천연스러운 태도로 잇따라 소리 없이 가볍게 웃는 모양. [작]상끗거리다. **성끗-성끗** [-끋썽끋] [부][하자]

성끗-대다 [-끋때-] [자] 성끗거리다.

성끗-벙끗 [-끋뻥끋] [부][하자] 천연스러운 태도로 소리 없이 가볍고 환하게 웃는 모양. [작]상끗방끗. [여]성긋벙긋. [센]썽끗뻥끗.

성끗-이 [부] 천연스럽게 지그시 소리 없이 가볍게 웃는 모양. [작]상끗이. [여]성긋이. [센]썽끗이.

성:-나다 [자] **1** 노엽거나 언짢은 기분이 일다. ❏성난 얼굴. **2** 흥분하여 거친 기운이 일다. ❏성난 파도. **3** 잘못 건드려 종기 따위가 덧나다. ❏상처가 벌겋게 성나 있다.
  [성나 바위 차기] 성이 난다고 분별없이 화풀이하다가 자기만 손해 보게 되는 경우를 비꼬는 말. 성내어 바위를 차니 발부리만 아프다.

성남 (城南) [명] 성(城)의 남쪽.

성:낭 (聖囊) [명] 〖가〗 미사 때와 봉성체하러 갈 때에 성체를 담는 네모난 주머니.

성내 (城內) [명] 성의 안. ↔성외(城外).

성:-내다 [자] **1** 노여움을 나타내다. ❏친구에게 ~. **2** 흥분하여 거친 기운을 내다. ❏성낸 물

결이 바위에 철썩철썩 부딪친다.
[성내어 바위를 차니 발부리만 아프다] ㉠성나 바위 차기. ㉡안될 일을 억지로 하면 스스로 해를 당한다는 것.
성냥¹〖명〗〔←석유황(石硫黃)〕마찰하여 불을 켜는 제구의 하나. □~ 한 갑 / ~을 켜다 / ~으로 담배에 불을 붙이다.
성냥²〖명〗〖타〗 쇠를 불에 불려 재생하거나 연장을 만듦.
성냥-갑(─匣)[─깝]〖명〗성냥개비를 담은 갑.
성냥-개비[─깨]〖명〗성냥의 낱개비.
성냥-노리[─女]〖명〗예전에, 대장장이가 외상으로 일해 준 값을 받기 위하여 섣달에 농가로 다니며 거두던 일.
성냥-불[─뿔]〖명〗성냥으로 켜는 불. □~을 당기다 / ~을 켜다 / ~로 담뱃불을 붙이다.
성-녀(聖女)〖명〗1 지덕이 뛰어난 여성. 2〖가〗여자 성인(聖人).
성년(成年)〖명〗〖법〗신체나 지능이 완전히 발달하여 법적 권리를 행사할 수 있는 나이. 만 20세 이상. ↔미성년.
성:년(盛年)〖명〗한창때의 젊은 나이. 또는 그런 나이의 사람. 장년(壯年).
성:년(聖年)〖명〗〖가〗성년 대사(大赦)를 베푸는 해(1470년 이래 25년마다 설정함).
성:년 대:사(聖年大赦)〖가〗25년마다 또는 큰 경사가 있을 때 교황이 전 세계 신자에게 베푸는 대사.
성년-식(成年式)〖명〗1 성년이 되는 것을 기념하는 의식. 2 미개인 사회에서 일정한 나이에 이른 남녀에게 씨족이나 종교 단체 등의 구성원으로서 가입하는 자격을 주는 의식.
성년의 날(成年─)[─녀늬 / ─녀네]〖명〗성년이 되는 것을 기념하는 날. 우리나라에서는 만 20세가 되는 젊은이들을 대상으로 행사를 함. 5월의 셋째 월요일.
성:노(盛怒)〖명〗〖자〗크게 성냄.
성:능(性能)〖명〗기계 따위의 성질과 기능. 엔진의 ~을 시험하다 / ~이 좋은 카메라 / ~이 뛰어나다.
성단(星團)〖명〗〖천〗천구(天球) 위에 군데군데 밀집해 있는 항성의 집단(구상(球狀) 성단과 산개(散開) 성단으로 나눔). 성군(星群).
성:단(聖壇)〖명〗1 신을 모신 단. 2 신성한 단(교회의 강단 따위).
성:단(聖斷)〖명〗임금의 판단을 높여 이르는 말.
성:단-곡(聖譚曲)〖명〗〖악〗오라토리오.
성당(成黨)〖명〗〖자〗도당을 지음.
성:당(盛唐)〖명〗〖역〗한시(漢詩)에서, 당(唐)을 4분한 둘째 시기(개원(開元)부터 대력(大曆)까지. 당시(唐詩)의 최성기).
성:당(聖堂)〖명〗1 천주교의 종교의식이 행해지는 건물. □~에 다니다. 2 공자를 모신 사당. 문묘(文廟).
성대〖명〗〖어〗양성댓과의 바닷물고기. 길이 40cm 정도. 가늘고 길며 주둥이는 뾰족함. 등은 보라색에 어두운 적색 무늬가 흩어져 있음. 큰 지느러미에는 푸른 반점이 선명함.
성:대(聖代)〖명〗성세(聖世).
성:대(聖帶)〖명〗1〖역〗천사육대. 2〖가〗미사 제구의 하나.
성대(聲帶)〖명〗〖생〗후두(喉頭) 중앙에 있는 발성 기관(탄력 있는 두 줄의 인대(靭帶)로, 자유로이 수축·신장하여 폐에서 나오는 공기에 의해 진동되어 소리가 남). 목청.

성대-모사(聲帶模寫)〖명〗자신의 목소리로 다른 사람의 목소리나 새·짐승 따위의 소리를 흉내 내는 일.
성대-음(聲帶音)〖언〗목청소리.
성:대-하다(盛大─)〖형〗규모가 성하고 크다. 푸짐하다. □성대한 혼례식 / 성대하게 거행하다. **성:대-히**〖부〗. □장례식을 ~ 치르다 / ~ 환영하다.
성덕(成德)〖명〗〖자〗덕을 닦아 큰 인격을 이룸. 또는 그러한 덕.
성:덕(盛德)〖명〗크고 훌륭한 덕.
성:덕(聖德)〖명〗1 성인의 덕. 2 임금의 덕. □~을 기리다.
성덕-군자(成德君子)[─꾼─]〖명〗덕이 매우 높은 훌륭한 사람.
성도(成道)〖명〗1 도를 닦아 이룸. 또는 학문의 참뜻을 체득함. 2〖불〗음력 섣달 초여드렛날 석가여래가 보리수 아래서 큰 도(道)를 이룬 일.
성:도(性度)〖명〗성품과 도량.
성도(星度)〖명〗〖천〗별이 돌아가는 도수.
성도(星圖)〖명〗〖천〗천구 위의 항성이나 별자리를 지도와 같은 법으로 평면 위에 나타낸 그림. 적위(赤緯) 및 적경(赤經)·등급 등을 표시함. 항성도.
성:도(聖徒)〖명〗1 기독교 신자의 존칭. 2 천주교에서, 특히 공덕이 높은 신자.
성:도(聖都)〖명〗성스러운 도시. 영도(靈都).
성:도(聖道)〖명〗1 도. 2〖불〗스스로의 힘으로 번뇌를 끊고 도를 깨닫는 교법.
성:─도덕(性道德)〖명〗남녀 간의 성에 대한 사회적 윤리 규범. □~이 문란하다.
성:─도착(性倒錯)〖명〗〖심〗색정 도착증.
성동(成童)〖명〗열다섯 살 된 소년.
성동(城東)〖명〗도성(都城)의 동쪽.
성:동(盛冬)〖명〗한겨울.
성동격서(聲東擊西)[─써]〖명〗〖자〗동쪽을 칠 듯이 말하고 실제로는 서쪽을 친다는 뜻으로, 기발하게 적을 공략함의 비유.
성두(星斗)〖명〗1 별1. 2 북두칠성과 남두육성.
성두-토(城頭土)〖명〗〖민〗육십갑자에서, 무인(戊寅)·기묘(己卯)에 붙이는 납음(納音).
성라-기포(星羅碁布)[─나─]〖명〗별이나 바둑돌처럼 넓게 펼쳐져 있다는 뜻으로, 많은 물건이 벌여 있는 모양을 이르는 말.
성라-하다(星羅─)[─나─]〖형〗〖어〗하늘의 별처럼 펼쳐져 있다.
성:람(聖覽)[─남]〖명〗〖타〗어람(御覽).
성랑(城廊)[─낭]〖명〗성루(城樓).
성량(聲量)[─냥]〖명〗목소리의 크거나 작게 울리는 정도. □~이 풍부한 가수.
성:려(聖慮)[─녀]〖명〗임금의 염려를 높여 이르는 말. □황제 폐하께서 ~하사 기우제까지 하시고……
성력(誠力)[─녁]〖명〗정성과 힘. 성실한 노력. □~을 다하다 / 각기 최대의 ~을 보여라.
성:령(聖靈)[─녕]〖명〗〖기·가〗삼위일체 중의 하나인 하나님의 영혼을 이르는 말. 성신(聖神).
성:령 강:림절(聖靈降臨節)[─녕─님─]〖기〗예수 부활 후 50일 되는 제 7일 요일. 마가의 다락방에 모였던 제자들에게 성령이 임하여 교회의 초석을 이룬 날. 오순절.
성례(成禮)[─녜]〖명〗혼인의 예식을 지냄. □~을 올리다 / 날을 받아 ~하다.
성:례(聖禮)[─녜]〖명〗1 거룩한 예식. 2〖기〗세례식·성찬식 등의 예식.
성:로(聖路)[─노]〖명〗〖가〗예수가 십자가를 지

고 골고다 언덕까지 지나간 길을 성스럽게 일컫는 말.

성:론 (性論)[-논]圓 〖철〗 사람이 타고난 성(性)에 관한 논의《중국 철학의 중요 과제). 성설(性說).

성루 (城樓)[-누]圓 성곽의 곳곳에 세운 다락집. 성각(城閣). 성랑(城廊).

성루 (城壘)[-누]圓 **1** 성 둘레에 쌓은 토담. **2** 성보(城堡).

성루 (聲淚)圓 우는 소리와 흘리는 눈물.

성류 (星流)[-뉴]圓 〖천〗 항성의 집단적 운동《항성계에서 은하면에 평행하며 방향이 반대인 두 가지 성류가 있음).

성률 (聲律)[-뉼]圓 **1** 〖악〗 음악의 율려. 음률. **2** 〖언〗 한자의 성조인 사성(四聲)의 규율.

성:리 (性理)[-니]圓 **1** 인간의 성품과 자연의 이치. **2** 인성의 원리.

성:리-학 (性理學)[-니-]圓 〖철〗 중국 송(宋)·명(明)나라 때에 성한 형이상학적 유학의 한 계통《훈고학에 만족하지 않고, 우주의 본체와 인성(人性)을 논함). ㉰이학(理學). * 송학(宋學).

성림 (成林)[-님]圓하자 나무들이 자라서 숲을 이룸. 또는 그 숲.

성립 (成立)[-닙]圓하자 일이나 관계 따위가 제대로 이루어짐. □봉건 사회의 ~ / 알리바이가 ~되다 / 계약이 ~되다.

성립 예:산 (成立豫算)[-님녜-]圓 〖법〗 국회의 의결을 거쳐 성립된 예산.

성:-마르다 (性-)〔성말라, 성마르니〕혱리 참을성이 없고 성질이 조급하다.

성:만 (盛滿)圓하둉 **1** 넘치도록 가득 참. 영성(盈盛). **2** 집안이 번창함.

성:-만찬 (聖晚餐)圓 〖기〗 **1** 최후의 만찬. **2** 성찬식(聖餐式)의 식사(가톨릭교에서는 '영성체'라 이름).

성망 (星芒)圓 별빛.

성:망 (盛望)圓 높고 큰 덕망.

성망 (聲望)圓 **1** 명성과 덕망. 명망(名望). **2** 좋은 평판.

성:면 (聖面)圓 **1** 임금의 얼굴을 높여 이르는 말. **2** 〖가〗 예수의 얼굴. 성용(聖容).

성:면 (聖麵)圓 〖가〗 미사 때 쓰는 축성(祝聖)한 면병(麵餅)《예수의 살을 상징함).

성명 (成命)圓 **1** 이미 내려진 천명(天命). **2** 임금이 신하의 신상에 관하여 결정적으로 내리는 명령.

성:명 (姓名)圓 성과 이름. 씨명(氏名). □~을 대다 / ~을 부르다 / ~을 밝히다.

성:명 (性命)圓 **1** 인성(人性)과 천명. **2** 생명1. □모든 생물의 ~.

성:명 (盛名)圓 떨치는 명성. 명성(名聲). □~이 자자하다.

성:명 (聖名)圓 〖가〗 **1** 세례명. **2** 예수의 거룩한 이름.

성:명 (聖明)圓 임금의 밝은 지혜. □상감의 ~이 일월과 같다.

성명 (聲名)圓 명성(名聲).

성명 (聲明)圓하타 어떤 사항에 관한 견해나 의견을 공개적으로 발표하는 일. 또는 그 의견. □하여 ~ / ~을 발표하다 / 반대하는 ~을 내다.

성:명부지 (姓名不知)圓 성명(姓名)을 알지 못함. 성(姓)부지명(名)부지.

성명-서 (聲明書)圓 정치적·사회적 문제 또는 외교상의 문제에 대한 의견을 발표하는 글.

성:명-없다 (姓名-)[-업따]혱 세상에 그 이름이 알려지지 않아 평범하다. **성:명-없이**[-업

씨)튀

성:명 철학 (姓名哲學)圓 음양설에 입각, 성명의 좋고 나쁨을 연구하는 학문. 성명학.

성:명 판단 (姓名判斷)圓 성명을 분석, 그 사람의 운명·길흉 따위를 점침.

성명-학 (星命學)圓 사람의 운명과 길흉 따위를 판단하는 학문.

성:모 (聖母)圓 **1** 성인의 어머니. **2** 백성이 국모를 높여 이르는 말. **3**〖가〗성모 마리아.

성:모 (聖謨)圓 임금이 통치하는 방책이나 규모를 높여 이르는 말.

성모 (聲貌)圓 말소리와 얼굴 모습.

성:-모듬 (姓-)圓하자 총기(聰氣)를 겨루는 장난의 한 가지. 책을 펴 놓고 범위를 한정하여, 그 안에서 성자(姓字)가 되는 글자만을 골라 가장 많이 적은 사람이 이김.

성:모 마리아 (聖母Maria)〖가〗예수의 어머니를 일컫는 말. 산타 마리아. 성모(聖母). 동정녀(童貞女).

성:모 성:월 (聖母聖月)〖가〗성모 마리아를 특별히 공경하는 달《매년 5월).

성:모 영보 (聖母領報)〖가〗성모 마리아가 구세주의 어머니가 되리라는 뜻을 하느님이 가브리엘 천사를 시켜 계시한 일. 영보(領報).

성:모 찬:가 (聖母讚歌)〖악〗성모 마리아를 예찬하는 노래. 슈베르트·구노 등의 곡이 유명함. *아베 마리아.

성목 (成木)圓하자 나무가 다 자람. 또는 그 나무.

성:-목요일 (聖木曜日)圓 〖가〗성주간의 하루로, 예수가 죽은 전날.

성묘 (成墓)圓 다 자란 모나 묘목.

성묘 (省墓)圓하자 조상의 산소를 찾아 돌봄. 간산(看山). 참묘(參墓). □한식을 맞아 ~를 가다 / 선영에 ~하다.

성:묘 (聖廟)圓 문묘(文廟).

성무 (星霧)圓 〖천〗 성운(星雲).

성무 (政務)圓 임무를 벗어남.

성:무 (聖務)圓 〖가〗성직자의 직무《설교, 전례 집전, 교리 교육, 교회 지도 따위).

성문 (成文)圓 문자나 문장으로 나타냄. 또는 그 문장이나 문서. ↔불성문.

성문 (城門)圓 성의 출입구에 만든 문. □~을 열다 / ~을 지키다.

성:문 (聖門)圓 **1** 성인의 도(道)에 들어가는 문. **2** 공문(孔門).

성:문 (聖聞)圓하타 임금이 듣는 일을 높여 이르는 말.

성문 (聲門)圓 〖생〗 양쪽 성대(聲帶) 사이에 있는 좁은 틈. 숨이 통하는 구멍.

성문 (聲紋)圓 주파수 분석 장치로 목소리를 줄무늬 모양의 그림으로 바꾼 것《사람마다 고유의 형상이 있기 때문에 범죄 수사 등에 응용함).

성문 (聲聞)圓 **1** 명성(名聲). **2**〖불〗부처의 설법을 듣고 사제(四諦)의 이치를 깨달아 아라한(阿羅漢)이 된 불제자(佛弟子).

성문 계:약 (成文契約)[-/-게-]圓 문서로 만들어 맺는 계약. *구두 계약.

성문-법 (成文法)[-뻡]圓 〖법〗 문서로 작성된 법률. 성문율. ↔불문법(不文法).

성문-율 (成文律)[-뉼]圓 〖법〗 성문법.

성문-음 (聲門音)圓 〖언〗 목구멍에서 나오는 소리. 곧, 'ㅎ·ㅇ'. 목청소리.

성문 헌:법 (成文憲法)[-뻡] 절차를 거쳐 문자로 표현하고 문서의 형식을 갖추어 성립된

헌법. ↔불문 헌법.

성문-화(成文化)몡하자타 문장으로 나타남. 또는 문장으로 옮겨 나타냄. ▣건축비 보조를 ~해서 협정서에 조인했다.

성:-물(聖物)몡《가》종교 의식에 사용하는 거룩한 물건(《십자가·묵주·성모상 따위).

성:-미(性味)몡 성질·마음씨·비위·버릇 따위의 총칭. ▣까다로운 ~ / ~가 괴팍하다 / ~를 죽이다 / ~가 급하다 / ~에 맞지 않다.

  성미가 가시다 귀 발끈 일어난 성미가 가라앉다.

성미(誠米)몡 1 신불에게 바치는 쌀. 헌미. 2 《종》신도들이 신에게 기도하거나 은총에 보답하기 위해 정성껏 모아 바치는 쌀. 기도미(祈禱米). ▣아침저녁으로 ~를 뜨다.

성:-미-나다(性味-)혱 성미가 발끈 일다. ▣한번 성미나면 물불을 가리지 않는다.

성:-미-부리다(性味-)자 뜻대로 되지 않는다고 신경질을 내다.

성:-바지(姓-)몡 성(姓)의 종류. ▣여러 ~ / 우리 마을의 ~ 중에는 이씨가 많다.

성-밖(城-)[-박]몡 성문의 바깥. ↔성안.

성-반(聖盤)몡《가》미사 때 성체를 모셔 두는 둥근 접시.

성-배(聖杯)몡 1 신성한 술잔. 2 《기》예수가 최후의 만찬에 쓴 술잔.

성:-범(聖凡)몡 1 성인과 범인. 2 성스러움과 범상함.

성:-범죄(性犯罪)몡 성(性)에 관계된 범죄(《강간·강제 추행·외설죄·음란죄 따위).

성:-법(聖法)[-뻡]몡 1 성인이 베푼 법도. 2 성스러운 법.

성:-벽(性癖)몡 굳어진 성질이나 버릇. 몸에 밴 습관. ▣여간해서는 남을 믿지 않는 ~이 있다.

성벽(城壁)몡 성곽의 담벼락. ▣~을 쌓다 / ~이 에워싸다.

성변(星變)몡 별의 위치나 빛에 생긴 이상.

성:-변화(聖變化)몡《가》성체 성사에서 면병(麵餠)과 포도주가 그리스도의 몸과 피로 변화되는 현상.

성:-별(性別)몡 남녀 또는 암수의 구별. ▣인구 구성 / 나이나 ~을 따지지 않는다.

성:-별(聖別)몡하자 신성한 용도에 쓰기 위해 보통 것과 구별하는 일.

성병(成病)몡하자 근심·걱정 따위로 병이 됨.

성:-병(性病)[-뼝]몡《의》주로 성교로 남녀 간에 옮는 병(매독·임질·연성 하감(下疳)·제4 성병 따위). 화류병.

성병(城兵)몡 성을 지키는 병사.

성보(城堡)몡 적을 막기 위해 임시로 쌓은 작은 산성. 성루. 성자(城子).

성복(成服)몡 초상이 났을 때 처음으로 상복을 입는 일(《보통 초상난 지 나흘 되는 날에 입음).

  [성복 뒤에 약방문] 사후 약방문.

성:-복(盛服)몡 특별한 의식을 치르려고 잘 차려입은 옷.

성부(成否)몡 성불성(成不成).

성부(城府)몡 1 성시(城市). 2 다른 사람에게 터놓지 않는 마음속에 쌓은 담.

성:-부(聖父)몡《기·가》삼위일체 중의 하나인 하나님을 이르는 말.

성부(聲部)몡《악》소리의 높낮이에 따라 차지하는 위치(《소프라노·테너 따위).

성:-부동-남(姓不同-)몡 성이 달라 남이지

친분은 일가와 같은 사람.

성:-부동-형제(姓不同兄弟)몡 성은 달라도 형제처럼 다정한 사람.

성:-부지-명부지(姓不知名不知)몡 성도 모르고 이름도 모름(《도무지 관계없는 사람이라는 뜻). 성명부지.

성북(城北)몡 도성(都城)의 북쪽.

성분(成分)몡 1 물체를 이루는 바탕이 되는 요소. ▣화학적 ~을 분석하다 / 다량의 농약 ~이 검출되다. 2 하나의 문장을 이루는 각 부분. ▣문장의 ~을 분석하다. 3 사람의 사상적인 성행(性行). 또는 사회적인 계층. ▣출신 ~ / 과거의 ~을 조사하다.

성분(成墳)몡하자 봉분(封墳).

성분-력(成分力)[-녁]몡《물》하나의 힘이 둘 이상의 힘을 합(合)한 결과라고 할 때, 합쳐지기 전 각각의 힘을 이름. 분력(分力).

성분-비(成分比)몡《화》한 물체를 이루고 있는 여러 성분의 양의 비.

성불(成佛)몡 1《불》모든 번뇌를 해탈하여 불과(佛果)를 얻음. 곧, 죽어서 부처가 됨. 득도함. ▣~한 스님. 2 사람의 죽음을 비유적으로 이르는 말.

성:-불구(性不具)몡 생식 기능을 제대로 갖추지 못한 상태.

성불-도(成佛道)[-또]몡《불》성불1.

성-불성(成不成)[-썽]몡 일의 됨과 아니 됨. 성부(成否). ▣~은 하늘에 달린 노릇이다 / ~을 따질 때가 아니다.

성-불성간-에(成不成間-)[-썽가네]틘 일이 되든 아니 되든지간에. ▣~ 통지 바람.

성:-비(性比)몡 출생시의 암수 또는 남녀 개체 수의 비율. ▣남아 선호 사상 때문에 ~의 불균형이 심화되다.

성빈(成殯)몡하자 빈소(殯所)를 차림.

성사(成事)몡하자 일을 이룸. 또는 일이 이루어짐. 일이 의외로 쉽게 ~되었다 / 일의 ~ 여부가 불투명하다.

성:-사(盛事)몡 성대한 일.

성:-사(聖史)몡《가》예전에, 그리스도의 복음을 기록한 마태·마가·누가·요한의 네 복음서.

성:-사(聖事)몡 1 성스러운 일. 2《가》형상 있는 표적으로 형상 없는 성총(聖寵)을 나타내는 거룩한 행사. 곧, 세례·견진·고백·성체·병자·신품·혼인의 일곱 가지.

성:-사(聖師)몡 천도교에서, 제3대 교주인 손병희(孫秉熙)의 경칭.

성사-재천(成事在天)몡 일의 되고 안 됨은 오로지 천운(天運)에 달려 있음.

성산(成算)몡 일이 이루어질 가능성. ▣이 보이다 / ~이 서다.

성산(星散)몡하자 사물이 새벽 하늘의 별같이 뿔뿔이 흩어짐을 이르는 말.

성:-삼(聖三)몡《기·가》'성삼위'의 준말.

성:-삼위(聖三位)몡《기·가》성부·성자·성령의 삼위. 춘성삼위.

성:-삼일(聖三日)몡《기·가》성금요일, 성토요일 및 부활 주일의 일컬음.

성:-상(性狀)몡 1 사람의 성질과 행실. ▣사람마다 ~이 다르다. 2 사물의 성질과 상태.

성:-상(性相)몡《불》만물의 본성과 현상(現相). 곧, 모든 사물.

성상(城上)몡 성곽의 위.

성상(星狀)몡 별 모양. 흔히, 다섯 개의 방사상 돌기가 있는 형상.

성상(星象)몡《천》별자리의 모양.

성상(星霜)몡 1 한 해 동안의 세월. ▣~이 바뀌다. 2 햇수를 나타내는 말. ▣열 개 ~을

덧없이 보냈다.
성:상 (聖上) [명] 살아 있는 자기 나라의 임금을 높여 이르는 말.
성:상 (聖像) [명] 성인·임금의 화상이나 초상.
성:상 관형사 (性狀冠形詞) 〖언〗 사람이나 사물의 모양·상태·성질 등을 나타내는 관형사(('새'·'헌' 따위)).
성:상 부:사 (性狀副詞) 〖언〗 사람이나 사물의 모양·상태·성질을 한정하여 꾸미는 부사(('잘'·'몹시' 따위)).
성:상-학 (性相學) [명] 인상(人相)·골상·수상 따위로 사람의 성질·운명을 판단하는 학문.
성:상 형용사 (性狀形容詞) 〖언〗 형용사의 큰 분류. 사물의 성질이나 상태를 나타내는 형용사(('뜨겁다'·'크다'·'기쁘다' 따위)). *지시(指示) 형용사.
성새 (城塞) [명] 성과 요새. 성채(城砦).
성색 (聲色) [명] **1** 노래와 여색. ❑~에 빠지다. **2** 말소리와 얼굴빛. ❑~을 가다듬다.
성:-생활 (性生活) [명] 남녀의 성적 방면에 관한 생활 상태. ❑문란한 ~.
성:서 (盛暑) [명] 한더위.
성:서 (聖書) [명] **1** 성인이 쓴 책. 또는 성인의 행적을 적은 책. **2** 〖종〗 교리를 기록한 경전. **3** 〖기〗 기독교의 성경((구약·신약으로 나뉨)). 바이블. 성경(聖經).
성:서 공회 (聖書公會) 〖기〗 성서를 각국어로 번역·출판·반포하는 공회.
성석 (成石) [명][하자] 회(灰) 따위가 굳어서 돌처럼 됨.
성:석 (聖石) [명] 〖가〗 순교자의 유해(遺骸)가 들어 있는 돌 판((제대(祭臺) 중심에 안치함)).
성선 (成善) [명][하자] 착한 일을 이룸.
성:선 (性腺) [명] 〖생〗 생식샘1.
성:선-설 (性善說) [명] 〖윤〗 인간의 본성은 선천적으로 착하다는 맹자의 설. ↔성악설.
성:선 자:극 호르몬 (性腺刺戟hormone) 〖생〗 생식샘 자극 호르몬.
성:설 (性說) [명] 중국 철학에서, 사람의 본성에 관한 설((성선설·성악설·선악 혼효설 따위)).
성:설 (盛設) [명][하타] 잔치를 성대하게 차림.
성성 (星星) [명] 〖천〗 이십팔수의 하나. 곧, 스물다섯째의 별. [준]성(星).
성:성 (聖性) [명] 거룩한 품성.
성:성 (聖省) [명] 〖가〗 로마 교황청의 각 부서를 일컫는 말((추기경으로 구성되며, 지금은 9개 성성이 있음)).
성성-이 (猩猩-) [명] 〖동〗 오랑우탄.
성성-전 (猩猩氈) [명] 성성이의 피로 물들인 진한 빨강의 전(氈).
성성-하다 (星星-) [형][여] 머리털 따위가 희끗희끗하다. ❑백발이 ~ / 수염이 ~.
성세 (成勢) [명][하자] 세력을 이룸.
성세 (城勢) [명] 성 안의 상태. 성곽의 형세.
성:세 (盛世) [명] 한창 융성한 세대. ❑태평 ~를 누리다.
성:세 (聖世) [명] 성군이 다스리는 시대. 성대.
성:세 (聖洗) [명] 〖가〗 영세(領洗). ❑~를 받다. [준]세(洗).
성세 (聲勢) [명] 명성과 위세.
성:-세포 (性細胞) [명] 〖생〗 생식 세포.
성:소 (性巢) [명] 〖생〗 내부 생식기 중에서 생식 세포를 형성하는 부분((고환·난소 따위)).
성:소 (聖召) [명] 〖가〗 성직 또는 수도 생활을 위해 하느님이 부름.
성:소 (聖所) [명] 성스럽고 거룩한 장소.
성속 (成俗) [명][하자] 풍속을 이룸. 또는 풍속이 됨.
성:손 (姓孫) [명] 후손(後孫).
성:쇠 (盛衰) [명] 성함과 쇠퇴함. 흥체(興替). ❑문화의 ~ / 노사 협의에 따라 기업의 ~가 달려 있다.
성:쇠지리 (盛衰之理) [명] 성하고 쇠함이 끊임없이 바뀌는 이치.
성수 (成遂) [명][하타] 어떤 일을 끝까지 다 해냄.
성수 (成數) [명][하타] 일정한 수효를 이룸.
성수 (成獸) [명] 〖동〗 다 자란 짐승. 어미 짐승.
성수 (星宿) [명] 〖천〗 **1** 고대 중국에서, 하늘에 떠 있는 별을 이십팔수로 나눈 것. 스물다섯째 별자리. **2** 모든 별자리의 별. 진수(辰宿).
성수 (星數) [명] 운수(運數). ❑좋은 ~를 타고난 사람이다.
성:수 (聖水) [명] 〖가〗 종교적인 의식 때 쓰기 위해 축성(祝聖)한 물.
성:수 (聖壽) [명] 임금의 나이 또는 수명을 높여 이르는 말.
성:수-기 (盛需期) [명] 상품이나 서비스의 수요(需要)가 많은 때. ❑~가 지난 상품들을 세일하다 / 선풍기와 에어컨의 ~는 여름이다. ↔비수기.
성:수-만세 (聖壽萬歲) [명][하자] 성수무강.
성:수-무강 (聖壽無疆) [명][하자] 임금이 오래 살기를 기원하는 말. 성수만세.
성:수-반 (聖水盤) [명] 〖가〗 성당의 현관이나 내부 입구 쪽에 설치된, 성수를 담은 그릇.
성:수불루 (盛水不漏) [명][하형] 물을 담아도 새지 않을 만큼 사물이 잘 짜이어 틈이 없음.
성:수-채 (聖水-) [명] 〖가〗 축복과 축성 등의 전례에서 성수를 뿌릴 때 쓰는 기구.
성숙 (成熟) [명][하자] **1** 초목의 열매가 무르녹게 익음. ❑오곡이 ~하는 계절. **2** 생물이 충분히 발육됨. ❑~한 처녀. **3** 경험이나 훈련을 쌓아 익숙해짐. **4** 어떤 현상이 새롭게 발전할 수 있도록 적당한 시기에 이름. ❑자본주의 경제가 ~하다.
성숙-기 (成熟期)[-끼] [명] **1** 성숙하는 시기. ❑근대화의 ~ / 새 품종의 개발로 벼의 ~가 단축되었다. **2** 사람의 육체와 정신의 발육이 한창인 시기. ❑~의 청소년.
성숙-란 (成熟卵)[-숭난] [명] 난소 안에서 성숙한 난세포.
성숙-아 (成熟兒) [명] 임신 10개월이 경과된 뒤에 태어난 아이. ↔미숙아·조산아.
성:-스럽다 (聖-)[-따] 〔성스러워, 성스러우니〕 [형][ㅂ] 거룩하고 고결하다. ❑성스러운 말 / 성스러운 감동 / 분위기가 성스럽고 엄숙하다. **성:-스레** [부]
성습 (成習) [명][하자] 버릇이 됨.
성시 (成市) [명][하자] **1** 장이 섬. 또는 시장을 이룸. **2** 사람이 붐빔의 비유. ❑~를 이루다.
성시 (城市) [명] 성으로 둘러싸인 시가. 성부.
성:시 (盛市) [명] 풍성한 시장(市場).
성:시 (盛時) [명] 혈기나 국운이 왕성한 때. ❑신라 통일기의 ~.
성:시 (聖屍) [명] 〖가〗 예수가 수난을 당하여 부활할 때까지의 예수의 시신.
성시 (聲嘶) [명] **1** 목이 쉼. **2** 〖한의〗 '성시증'의 준말.
성시-증 (聲嘶症)[-쯩] [명] 〖한의〗 창병 또는 후두 따위의 병으로 목이 쉬는 증세. [준]성시(聲嘶).
성:식 (盛飾) [명][하자] 성장(盛裝).
성식 (聲息) [명] **1** 음신(音信). **2** 소문(所聞).
성신 (星辰) [명] 많은 별.

성:신 (聖臣) 몡 육정신의 하나. 인격이 뛰어난 신하.

성:신 (聖神) 몡 《기·가》 성령(聖靈). ▱성부와 성자와 ~.

성신 (誠信) 몡 1 성실. 2 성실한 신앙.

성:신-말법 (-法)[-뻡] 몡 《민》 무당이 점을 치고 굿을 하는 법을 적은 책.

성신 숭배 (星辰崇拜) 성신에게 신비로운 힘이 있다 하여 숭배하는 신앙과 의례.

성실 (成實) 몡하자 성숙하여 열매를 맺음.

성실 (誠實) 몡하형하웹 정성스럽고 참됨. 성신 (誠信). ▱~한 학생 / 일을 ~히 하다 / ~함이 돋보이다.

성실-성 (誠實性)[-씽] 몡 정성스럽고 진실된 품성. ▱그의 ~을 믿는다.

성:심 (聖心) 몡 1 성스러운 마음. 2 예수와 성모의 마음.

성심 (誠心) 몡 정성스러운 마음. 단념(丹念). 성관. ▱~을 다하여 간호하다.

성심-껏 (誠心-)[-껃] 몡 정성을 다해. ▱~ 돕다 / 시부모를 ~ 모시다.

성심-성의 (誠心誠意)[-/-이] 몡 참되고 성실한 마음과 뜻.

성심성의-껏 (誠心誠意-)[-껃/-이껃] 몡 참되고 성실한 마음과 뜻을 다하여. ▱~ 일하다.

성-싶다 (-십다)[보형] 앞말을 받아 주관적·추리적인 추측을 나타내는 말(어미 '-ㄴ'·'-은'·'-는'·'-ㄹ'·'-을' 뒤에 붙음). ▱한 번쯤은 본 ~ / 네가 읽기에 좋을 성싶어서 가져왔다 / 잠이 올 성싶지 않다.

성:씨 (姓氏) 몡 '성'의 높임말. ▱그 분은 저와 ~가 같은 어른이십니다.

성:악 (聖樂) 몡 1 종교적이고 장엄·엄숙한 음악. 2 교회에서 부르는 음악.

성악 (聲樂) 몡 《악》 사람의 목소리로 하는 음악. ↔기악.

성악-가 (聲樂家)[-까] 몡 《악》 성악을 전공하는 음악가.

성:악-설 (性惡說)[-썰] 몡 《윤》 인간의 본성은 악하다고 하는 순자(荀子)의 설. ↔성선설.

성:악-하다 (性惡-)[-아카-] 형예 성미가 악하다.

성안 (成案) 몡하타 안을 작성함. 또는 그 안. ▱새해 예산안을 ~하다 / 5개년 계획의 ~이 완성되다.

성:안 (聖顔) 몡 용안(龍顔).

성-안 (城-) 몡 성문의 안. 성내. 성중. ▱~에 살다 / ~ 모습이 한눈에 들어오다. ↔성밖.

성애 몡 1 물건을 팔고 살 때에 흥정이 다 된 증거로 옆에 있는 사람들에게 술·담배 따위를 대접하는 일. 2 물건을 살 때에 값어치 이외의 다른 물건을 더 얹어 받는 일.

성:애 (性愛) 몡 남녀 간의 성적 본능에 의한 애욕. ▱~ 영화.

성애-술 몡 흥정을 도와준 대가로 대접하는 술. ▱~을 내다 / ~을 먹다.

성야 (星夜) 몡 별빛이 밝은 밤.

성:야 (聖夜) 몡 거룩한 밤이라는 뜻으로, 크리스마스 전날 밤을 이르는 말. ▱~ 미사.

성약 (成約) 몡하자 계약이 이루어짐.

성:약 (聖藥) 몡 효력이 매우 좋은 약. 선약.

성양 (成樣) 몡하자 형식이나 모양을 갖춤. ▱입은 의복이 ~되지 못했다.

성어 (成魚) 몡 다 자란 물고기. ↔치어(稚魚).

성어 (成語) 몡하자 1 말을 이룸. 2 옛사람들이 만든 말. ▱잘 알려진 고사 ~. 3 《언》 숙어.

성:어-기 (盛漁期) 몡 물고기가 많이 잡히는 계절이나 시기. ↔어한기.

성:언 (聖言) 몡 1 성인의 말. 2 성서에 기록된 말. ▱교리와 ~을 터득하다.

성업 (成業) 몡하자 학업이나 사업 따위를 이룸.

성:업 (盛業) 몡 사업이 번창함. ▱~을 이루다 / 현재 ~ 중인 식당을 운영하다.

성:업 (聖業) 몡 1 거룩하고 신성한 사업. ▱조국 통일의 ~을 이룩하다. 2 임금의 업적.

성에[1] 몡 쟁깃술의 윗머리에서 뒤 끝을 맞추고 앞으로 길게 뻗어 나간 나무(허리에 한마루 구멍이 있고, 앞 끝에는 물추리막대가 가로 끼어 있음). *쟁기.

성에[2] 몡 1 추운 겨울, 유리창이나 벽 따위의 찬 곳에 수증기가 허옇게 얼어붙어 생긴 서릿 발. ▱냉장고에 낀 ~을 녹일 수 없을까 / 차창에 ~가 끼어 밖이 뿌옇게 보인다. 2 '성엣장'의 준말.

성에-꽃 [-꼳] 몡 성에의 조그만 덩어리를 꽃에 비유하여 이르는 말. ▱유리창에 ~이 하얗게 피다.

성엣-장 [-에짱 /-엔짱] 몡 물 위에 떠서 흘러가는 얼음덩이. 유빙(流氷). ○성에.

성역 (城役) 몡 성을 쌓거나 고치는 일.

성:역 (聖域) 몡 1 신성한 지역이나 구역. 2 비유적으로, 간섭하거나 문제 삼지 않게 되어 있는 사항이나 분야. ▱~ 없는 수사 / ~이라는 불가침의 영역 / 부정부패 척결에 ~이 있을 수 없다. 3 성인(聖人)의 경지.

성역 (聲域) 몡 《악》 사람이 노래 부를 수 있는 음넓이. 높낮이에 따라 차례로, 여성(女聲)은 소프라노·메조소프라노·알토, 남성(男聲)은 테너·바리톤·베이스로 나눔. 소리넓이.

성역-당상 (城役堂上)[-땅-] 몡 《역》 성을 쌓거나 고치는 일을 잘 감독한 공으로 승진한 통정대부(通政大夫).

성:연 (盛宴) 몡 성대히 베푼 잔치. ▱당선을 축하하는 ~을 베풀다.

성:열 (盛熱) 몡 한더위.

성:염 (盛炎) 몡 한더위.

성:-염색체 (性染色體)[-념-] 몡 암수의 성을 결정하는 데 관계가 되는 염색체.

성:영 (聖詠) 몡 《가》 하느님을 특별히 찬송한 구약 시편 제150편의 이름.

성:예 (盛譽) 몡 매우 칭찬함.

성예 (聲譽) 몡 명성과 칭예(稱譽). 훌륭한 명망. ▱~가 높다.

성오 (省悟) 몡하타 반성해 깨달음.

성옥 (成獄) 몡하타 《역》 살인 사건을 재판하던 일.

성:왕 (盛旺) 몡하형하부 왕성(旺盛).

성:왕 (聖王) 몡 성군(聖君).

성외 (城外) 몡 성문 밖. 성 밖. ↔성내.

성:욕 (性慾) 몡 성적 행위에 대한 욕망. 육욕 (肉慾). ▱~을 느끼다.

성:욕 이:상 (性慾異常) 《의》 심리적 원인이나 신체적 질환으로 일어나는 성욕의 장애.

성:용 (聖容) 몡 1 《가》 예수의 얼굴. 성면(聖面). 2 신불 등의 거룩한 자태. 3 천자의 용모와 자태.

성우 (成牛) 몡 다 자란 소.

성우 (星雨) 몡 《천》 유성우(流星雨).

성:우 (聖佑) 몡 《가》 하느님의 특별한 사랑과 은혜.

성우 (聲優) 몡 라디오 드라마나 영화의 음성 녹음 따위에서 목소리만 연기하는 배우.

성운 (星雲) 몡 《천》 엷은 구름같이 보이는 천체(기체와 작은 고체의 입자로 구성되어 있

음》. 성무.
성:운 (盛運) 명 잘되어 가는 운수.
성:운 (聖運) 명 임금의 운수. 또는 임금이 될 운수.
성운 간 물질 (星雲間物質)[-찔] 〖천〗 은하계의 성운과 성운 사이 공간에 있는, 성간(星間) 물질보다 훨씬 희박한 물질.
성운-군 (星雲群) 명 〖천〗 은하군(銀河群).
성운-단 (星雲團) 명 〖천〗 은하단(銀河團).
성:웅 (聖雄) 명 많은 사람들이 드높이 받들어 존경하는 영웅. ❑~ 이순신.
성원 (成員) 명 **1** 모임이나 단체를 구성하는 사람. ❑한 사회의 ~. **2** 회의 성립에 필요한 인원. ❑~ 미달로 개회가 연기되다 / ~이 되었으니 회의를 시작합시다.
성원 (聲援) 명하타 **1** 소리쳐서 사기를 북돋우어 줌. ❑지지와 ~의 고함 소리. **2** 하는 일이 잘되도록 격려하거나 형세를 도와줌. ❑~에 보답하다 / ~에 힘입어 크게 성장하다 / 뜨거운 ~을 부탁드립니다.
성원-국 (成員國) 명 어떤 조직을 구성하는 각각의 국가.
성월 (星月) 명 별과 달.
성:월 (聖月) 명 〖가〗 천주나 성인을 특별히 공경하는 달. ❑예수 성심(聖心) ~.
성위 (星位) 명 〖천〗 항성의 위치.
성위 (聲威) 명 들날리는 위엄.
성위-표 (星位表) 명 〖천〗 항성표(恒星表).
성:유 (聖油) 명 〖가〗 의식이나 전례를 베풀 때에 쓰는, 축성(祝聖)한 올리브유.
성육 (成育) 명하자 자라서 크게 됨.
성:은 (盛恩) 명 넘치는 은혜.
성:은 (聖恩) 명 **1** 임금의 거룩한 은혜. ❑~을 입다 / ~이 망극하옵니다. **2** 〖가〗 하나님의 거룩한 은혜.
성음 (聲音) 명 목소리1.
성읍 (城邑) 명 고을.
성:의 (盛儀)[-/-이] 명 성전(盛典).
성:의 (聖衣)[-/-이] 명 〖기·가〗 예수가 입었던 옷.
성:의 (聖意)[-/-이] 명 **1** 성지(聖旨). **2** 〖가〗 천주의 거룩한 뜻.
성의 (誠意)[-/-이] 명 참되고 정성스러운 뜻. ❑~를 다하다 / ~가 없다 / 최소한의 ~를 보이다 / 그의 ~가 지극하다.
성의-껏 (誠意-)[-껃/-이껃] 부 성의를 다하여. 정성껏. ❑~ 돌보아 주다 / 음식을 ~ 장만하다.
성인 (成人) 명하자 자라서 어른이 됨. 성년이 됨. 또는 그 사람《보통, 만 20세 이상의 남녀를 이름》. 대인(大人). ↔미성인.
성인 (成仁) 명하자 인(仁)을 이룸. 또는 덕을 갖춤.
성인 (成因) 명 사물이 이루어지는 원인.
성:인 (聖人) 명 **1** 지혜와 덕이 뛰어나 길이길이 우러러 받들어 본받을 만한 사람. 성자(聖者). ❑옛 ~의 가르침. **2** 〖가〗 신앙과 덕이 특히 뛰어난 사람에게 교회에서 내리는 칭호. ❑~ 반열에 오르다.
[성인도 시속을 따른다] 성인군자도 시대적 풍속을 따라 임기응변을 하며 산다는 뜻으로, 보통 사람은 더 말할 나위가 없음을 이르는 말.
성인 교:육 (成人敎育) 사회 교육의 한 부문. 일반 성인의 문맹 퇴치 및 농촌 계몽·생활 개선 등에 관한 새로운 지식과 기능을 교육함.
성:인-군자 (聖人君子) 명 성인과 군자를 아울러 일컫는 말.
성인-병 (成人病)[-뼝] 명 〖의〗 주로 중년 이후에 많이 나타나는 병의 총칭《동맥 경화·고혈압·암종·심근 경색증·폐기종·당뇨병·백내장 따위》.
성인 영화 (成人映畵)[-녕-] 미성년자가 보기에 부적당하여, 성인용으로 지정된 영화.
성인지미 (成人之美) 명 남의 훌륭한 점을 도와 완전하게 함.
성:일 (聖日) 명 〖기〗 성스러운 날. 곧, 주일.
성일-하다 (誠一-) 형여 마음과 뜻이 한결같이 곧고 굳다.
성:자 (姓字)[-짜] 명 성을 나타내는 글자. ❑자기 ~를 적다 / 제 ~도 쓸 줄 모르다.
성자 (城子) 명 성보(城堡).
성자 (省字)[-짜] 명 〖역〗 조선 때, 왕세자가 군사 문서에 찍던 '省' 자를 새긴 도장.
성:자 (盛者) 명 세력을 크게 떨치는 사람.
성:자 (聖子) 명 〖기·가〗 삼위일체 중의 하나인 예수 그리스도를 이르는 말.
성:자 (聖者) 명 **1** 성인(聖人)1. **2** 〖불〗 온갖 번뇌를 끊고 바른 이치를 깨달은 사람. **3** 〖기〗 거룩한 신도나 순교자를 일컫는 말.
성:자-신손 (聖子神孫) 명 임금의 자손을 높여 이르는 말.
성:자필쇠 (盛者必衰)[-쐬] 명 〖불〗 아무리 성한 사람도 반드시 쇠할 때가 있다는 말. *생자필멸.
성:작 (聖爵) 명 미사 때 포도주를 담는 잔.
성장 (成長) 명하자 **1** 사람이나 동물 따위가 자라서 점점 커짐. ❑~이 빠르다〔멎다〕/ 자신의 ~ 과정을 뒤돌아보다. **2** 사물의 규모나 세력 따위가 점점 커짐. ❑경제의 고도 ~ / ~ 산업 / 강대국으로 ~하다.
성장 (星章) 명 별 모양의 표.
성장 (城將) 명 성을 지키는 장수.
성:장 (盛粧) 명하자 짙은 화장을 함.
성:장 (盛裝) 명하자 화려하게 차려입음. 또는 그런 차림. 성식(盛飾). ❑~한 귀부인 / 모처럼 ~하고 외출하다.
성장 곡선 (成長曲線)[-썬] 동물의 성장 속도나 변화해 가는 길이·무게 등을 도표로 나타낸 것. 생장 곡선.
성장-기 (成長期) 명 **1** 성장하는 시기. 발육기. ❑~의 어린이. **2** 성장하는 동안. ❑~가 짧은 벼의 신품종.
성장-률 (成長率)[-뉼] 명 **1** 자라는 정도. **2** '경제 성장률'의 준말. ❑올해의 ~은 8.6%로 예상하고 있다.
성장-선 (成長線) 명 〖생〗 물고기의 비늘이나 조개가 자람에 따라 조가비 겉면에 생기는 줄. 생장선.
성장-세 (成長勢) 명 어떤 일이나 상태가 자라 가는 형세나 기세. ❑~로 돌아서다 / 높은 ~를 보이다.
성장-소 (成長素) 명 **1** 〖식〗 식물의 성장을 촉진하고 굴성(屈性)의 원인이 되는 물질. 옥신. **2** 〖동〗 성장 호르몬.
성장 운:동 (成長運動) 생장 운동.
성장-점 (成長點)[-쩜] 명 〖식〗 생장점.
성장-주 (成長株) 명 〖경〗 사업이 장래 크게 발전될 것이 기대되는 기업의 주(株). *자산주.
성장-통 (成長痛) 명 **1** 〖의〗 청소년기에 발육이나 성장 과정에서 나타나는 관절·근육 따위의 통증. **2** 발전이나 변화의 과정에서 겪는 어려움이나 고통.
성장 호르몬 (成長hormone) 〖동〗 포유류의

성장을 촉진하는 단백질 호르몬. 뇌하수체 전엽에서 분비되며, 과잉일 때는 거인증·말단 비대증이 됨. 생장 호르몬. 성장소.

성재(成才)**명하자** **1** 인재를 기름. 또는 그 재능. **2** 기예를 숙달시켜 대성시킴.

성:재(聖裁)**명하자** 임금의 재가(裁可)를 높여 이르는 말. ◻ 엎드려 ~하옵심을 기다리옵나 이다.

성적(成赤)**명하자** 혼인날 신부가 얼굴에 분을 바르고 연지를 찍는 일.

성적(成績)**명 1** 어떤 일을 다 마친 뒤의 결과. ◻ 근무 ~이 좋다 / 기대 이상의 좋은 ~을 올리다. **2** 학습한 지식·기능·태도 등의 평가된 결과. ◻ 시험 ~ / 내신 ~ / ~이 오르다 / ~이 떨어지다.

성:적(性的)[一쩍]**관명 1** 성 구별에 관계되는 (것). ◻ ~(인) 차별. **2** 성욕에 관계되는 (것). ◻ ~ 충동을 받다.

성적(城跡)**명** 성터.

성:적(聖蹟)**명** 성스러운 사적이나 고적. ◻ 이름난 불교의 ~.

성적(聲績)**명** 명성과 공적.

성:적 도:착(性的倒錯)[一쩍또一]**[심]** 이상 성욕증, 성행위 및 그 대상이 정상이 아닌 것(동성애·사디즘·마조히즘 따위).

성:적 매력(性的魅力)[一쩍一쩡一] 성욕상으로 상대자의 마음을 호리어 끄는 힘. 섹스 어필.

성적-분(成赤粉)[一뿐]**명** 혼인날, 신부가 얼굴에 바르는 분.

성적-표(成績表)**명** 성적을 기록할 표. ◻ 이 말 고사 ~가 나오다.

성전(成典)**명 1** 정해진 법칙. **2** 정해진 의식. **3** 글로 쓰여진 법전. **4**[역] 신라 때, 절의 영선(營繕)과 운영을 맡아보던 관아.

성:전(性典)**명** 성(性)에 관한 지식을 일러 주기 위하여 만든 책.

성:전(盛典)**명** 성대한 의식. 성의(盛儀). ◻ ~을 거행하다.

성:전(聖典)**명** 성경(聖經)1.

성:전(聖殿)**명 1** 신성한 전당. **2**[기·가] 예배당. 성당. ◻ ~을 짓다.

성:전(聖傳)**명**[가] 성서(聖書) 외에 입으로 나 표적으로 전해 오는 예수의 행적에 관한 전설.

성:전(聖戰)**명 1** 거룩한 사명을 띤 전쟁. ◻ 광복을 위한 ~. **2** 종교적 이념에 의하여 수행하는 전쟁.

성:-전환(性轉換)**명** 암수의 성(性)이 반대의 성으로 바뀌는 현상. ◻ ~ 수술을 받다.

성:절(聖節)**명** 성인이나 임금의 생일을 축하 하는 명절.

성점(聲點)[一쩜]**명** 한자의 사성(四聲)을 표시 하기 위한 부호의 점. 사성점.

성정(成丁)**명**[역] 남자의 나이가 열여섯 살이 됨. 또는 그 남자.

성:정(性情)**명 1** 성질과 심정. **2** 타고난 본성. 성품. ◻ ~이 어질고 착한 사람 / ~이 온순하다 / ~이 거칠다.

성:정-머리(性情一)**명**〈속〉 성정(性情).

성:제(聖帝)**명 1** 성군(聖君). **2** 성제님.

성:제(聖祭)**명 1**[종] 종교적인 축제. **2**[가] 미사.

성:제-님(聖帝一)**명** 무당·전내(殿內)들이 위하는 관우(關羽)의 혼. 성제(聖帝).

성:제-명왕(聖帝明王)**명** 덕이 높고 지혜가 밝은 임금.

성조(成鳥)**명** 다 자라서 생식력을 가진 새. 어미 새. 자란 새.

성:조(聖祚)**명** 임금의 지위를 높여 이르는 말. 제위(帝位).

성:조(聖祖)**명 1** 거룩한 조상. 곧, 성인이나 성왕의 조상. **2** 예수의 선조인 아브라함, 이삭, 야곱을 이르는 말.

성:조(聖詔)**명** 성왕(聖王)의 칙유(勅諭).

성:조(聖朝)**명 1** 어진 임금이 다스리는 조정(朝廷). **2** 당대의 왕조를 백성들이 높여 이르는 말.

성조(聲調)**명 1** 목소리의 가락. **2**[언] 음절 안에서의 소리 높이의 차이(한자의 사성(四聲) 따위).

성조-기(星條旗)**명** 미국의 국기(독립 당시의 13 주를 상징하는 13 개의 적백색 가로줄과 푸른 바탕에 현재의 주를 상징하는 50 개의 흰 별을 그림).

성:조-하다(性燥一)**형여** 성질이 조급하다.

성:족(盛族)**명** 왕성한 족속. 세력 있는 족속.

성:졸-하다(性拙一)**형여** 성질이 너그럽지 못하고 옹졸하다.

성종(成宗)**명** 대종가(大宗家)에서 갈려 나와 4 대가 지난 새 종가.

성:종(成腫)**명하자** 곪아 종기가 됨.

성:종(聖鐘)**명** 교회나 성당에서 예배나 미사의 시각을 알리기 위해 치는 종.

성:좌(星座)**명**[천] 별자리.

성:좌(聖座)**명 1** 신성한 자리. 곧, 성인(聖人)·임금이 앉는 자리. **2**[가] 로마의 주교좌, 곧 교황청의 자리. '교황청'의 별칭.

성:좌-도(星座圖)**명**[천] 별자리를 그려 넣은 천체의 그림.

성주(城主)**명**[민] **1** 집을 지키는 신령. **2** 배에 지내는 고사에서, 배의 주된 신.

성주(를) 받다 ⇨ 성주받이를 하다.

성주(城主)**명 1** 성의 우두머리. **2** 조상의 무덤이 있는 지방의 수령. **3**[역] 삼국·통일 신라 때, 성을 지키던 으뜸 장수.

성주(星主)**명**[역] 조선 때, '제주 목사(濟州牧使)'를 달리 이르던 말.

성:주(聖主)**명** 성군(聖君).

성:-주간(聖週間)**명** 예수의 수난을 기념하는 부활절 전의 일주일 동안. 성칠일(聖七日).

성:-주기(性週期)**명**[동] 암컷의 발정(發情) 주기(사람의 월경 주기 따위).

성주-대감(一大監)**명**[민] 집을 다스린다는 신. 성주신.

성주-독(一一)**명**[민] 보리나 쌀을 넣어 마루 한구석에 놓고 성주로 모시는 독.

성주-받이[一바지]**명하자** 집을 새로 짓거나 이사를 한 뒤에 새로 성주를 받아들이는 굿. 성줏굿.

성주-제(一祭)**명**[민] 각 가정에서 시월 상달의 오일(午日)이나 길일(吉日)을 택해서 성주에게 지내는 제사.

성주-탕(醒酒湯)**명** 해장국.

성주-풀이(一一)**명** 무당이 성주받이를 할 때 복을 빌기 위하여 부르는 노래. 또는 그 굿.

성죽(成竹)**명** 대나무를 그릴 때 마음속으로 그려 본다는 뜻으로, 미리 마음속에 세운 계획을 이르는 말.

성줏-굿[一꾿/一꾿]**명** 성주받이.

성줏-상(一床)[一꾸쌍/一꾿쌍]**명** 성주받이를 할 때 성주를 위해서 차려 놓은 상.

성중(城中)**명** 성내. 성(城)안. ◻ ~의 백성들은 성을 사수하겠다고 결의를 다졌다.

성:중(聖衆)**명**[불] **1** 성자의 무리. **2** 극락세

계에 있는 모든 보살.

성ː즉리 (性卽理)[一쯩니]團 [철] 중국 송나라 때, 철학자 정이(程頤)가 제창하고 주자가 계승한 주자학의 근본 원리. 성(性)은 우주 만유의 존재 근원인 이(理)로서 만인에 내재하는 보편적인 인간성이 된다고 주장하였음.

성ː지 (性智)團 타고난 지혜.

성지 (城池)團 성과 그 주위에 파 놓은 못.

성지 (城址)團 성터. ▷후백제의 ~.

성ː지 (聖地)團 [종] 1 종교와 관련된 유적이 있는 곳. 2 종교의 발상지《기독교에서는 예루살렘, 이슬람교에서는 메카 따위》. ▷~를 순례하다.

성ː지 (聖旨)團 임금의 뜻. 성의(聖意). 성충(聖衷). ▷~를 받들다.

성ː지 (聖枝)團 [가] 성지 주일에 축성(祝聖)한 나뭇가지《보통, 종려나무나 올리브나무의 가지로 승리를 상징함》.

성ː지 (聖智)團 성인의 지혜.

성ː지 순례 (聖地巡禮)[一례] 순례자가 성지 또는 본산(本山) 소재지 등을 차례로 찾아가 참배하는 일.

성ː지 주일 (聖枝主日) 부활절 바로 전의 주일 《예수가 수난 전에 예루살렘으로 들어간 날을 기념함》. 예수 수난 성지 주일.

성ː직 (聖職)團 1 거룩한 직분. 2 [기] 교회의 선교사·목사·장로 등의 교직.

성ː직-자 (聖職者)[一짜]團 종교적 직분을 맡은 교역자(教役者)《신부·목사·선교사·승려 등》.

성직-하다 (誠直一)[一지카一]㘝어 성실하고 바르다. 참되고 정직하다.

성ː질 (性質)團 1 사람이 지닌 마음의 본바탕. ▷~이 고약한 사람 / ~이 급하다 / ~이 괄괄하다 / 못된 ~을 부리다. 2 사물이나 현상이 본디부터 가지고 있는 고유한 특성. ▷물리적 ~을 측정하다 / 사건의 ~로 보아 전문가가 필요하다.

성ː질-나다 (性質一)[一라一]㘝 언짢거나 못마땅한 것이 있어 화가 나다. ▷참으려 해도 성질 나서 도저히 어쩔 수 없었다.

성ː질-내다 (性質一)[一래一]㘝 분노 또는 불만 따위가 솟구쳐 화를 내다. 성질부리다. ▷그는 웬만해서는 성질내지 않는 사람이다.

성ː질-부리다 (性質一)㘝 성질내다.

성ː징 (性徵)團 남녀나 암수를 구별하는 신체적 특징. 남녀의 생식기의 차이를 제1차 성징이라 말하며, 성년에 달하면 남자는 수염이 나고 목소리가 변하며, 여자는 유방이 커지는 등의 차이를 제2차 성징이라고 함.

성ː차 (性差)團 남성과 여성의 성에 따른 차이. ▷생물학적인 ~와 문화적인 ~.

성차 (星次)團[천] 이십팔수(宿)의 차례.

성ː-차별 (性差別)團 성이 다른 데에서 발생하는 사회적인 불평등.

성ː찬 (盛饌)團 풍성하게 잘 차린 음식. ▷~을 베풀다.

성ː찬 (聖餐)團 1 [기] 성찬식 때 쓰는 음식 《예수의 살을 상징하는 빵과 피를 상징하는 포도주》. 2 [불] 부처 앞에 올렸던 음식.

성ː찬-식 (聖餐式)團 [기] 예수의 최후를 기념하여 그 살과 피를 상징하는 빵과 포도주를 나누어 먹는 의식.

성찰 (省察)團㘝타 1 자기의 마음을 반성하여 살핌. ▷자기 자신을 ~하다. 2 [가] 고백성사를 받기 전에 자신이 지은 죄를 자세히 생각하는 일.

성ː창-하다 (盛昌一)㘝어 세력이 왕성하다.

성채 (星彩)團 1 별빛. 2 어떤 광물 따위를 빛

에 비추어 볼 때 생기는 별과 같이 반짝이는 찬란한 빛.

성채 (城砦)團 성과 요새. ▷~를 쌓다 / 호족들의 ~를 습격하다.

성책 (成冊)團㘝타 책이 됨. 또는 책을 만듦.

성책 (城柵)團 성에 둘러친 목책(木柵). ▷~을 구축하다.

성천 (成川)團㘝타 개울이나 내를 이룸.

성ː-천자 (聖天子)團 덕이 높은 천자.

성천-포락 (成川浦落)團㘝타 논밭 따위가 흐르는 냇물에 씻기거나 개개어서 무너져 떨어져 나감.

성ː철 (聖哲)團 1 성인과 철인. 2 만사에 통달하고 사리에 밝은 사람.

성첩 (成貼)團 [역] 문서에 관인(官印)을 찍던 일.

성첩 (城堞)團 성가퀴.

성청 (成聽)團㘝타 지난날, 세력 있는 집의 하인들끼리 뭉쳐 떼를 이룸.

성체 (成體)團 [생] 다 자라서 생식 능력이 있는 동물. 또는 그런 몸《곤충은 엄지벌레》. ↔유생(幼生).

성ː체 (聖體)團 1 성궁(聖躬). 2 [가] 빵과 포도주로 상징하는 예수의 몸과 피.

성ː체 강ː복 (聖體降福) [가] 주일 또는 다른 특정한 날에 성체로써 강복하여 주는 일.

성ː체 거ː동 (聖體擧動) [가] 성체를 모시고 성당 밖을 행렬하는 행사.

성ː체 대ː회 (聖體大會) [가] 성체에 대한 신심(信心)을 드높이기 위하여 가톨릭 신자가 행하는 국제적인 집회.

성ː체 성ː사 (聖體聖事) [가] 칠성사(七聖事) 중 성체를 받는 성사.

성ː총 (盛寵)團 풍성한 은총.

성ː총 (聖聰)團 임금의 총명. ▷~을 흐리게 하는 간신들.

성ː총 (聖寵)團 1 임금의 은총. 2 [가] 천주가 내리는 은총. 성삼(聖三)이 내리는 은총.

성ː추 (盛秋)團 가을이 한창인 때. 한가을.

성ː-추행 (性醜行)團㘝타자 강간 따위를 하거나 성희롱을 하는 짓. ▷~ 사건 / ~을 당하다 / ~ 혐의로 구속되다.

성축 (成軸)團㘝타 시회(詩會) 때에 지은 글을 두루마리에 차례로 붙이어 적음.

성축 (城築)團㘝타 축대를 쌓음. 또는 그 축대.

성ː축 (聖祝)團㘝타 성탄을 축하함.

성충 (成蟲)團 [충] 다 자라서 생식 능력이 있는 곤충. 어른벌레. 엄지벌레. 자란벌레. ↔유충(幼蟲).

성충 (誠忠)團㘝타 충성(忠誠).

성ː충 (聖衷)團 성지(聖旨).

성취 (成娶)團㘝타자 장가들어 아내를 얻음. 성가(成家).

성취 (成就)團㘝타 목적한 바를 이룸. ▷소원을 ~하다 / 민족의 숙원인 통일을 ~하다.

성취 (腥臭)團 비린내.

성취 (醒醉)團 술에 취함과 술에서 깸.

성취-도 (成就度)團 목표한 바를 달성한 정도. ▷작품의 ~를 가늠하다.

성취-동기 (成就動機)團 목적한 바를 이루어 보겠다는 의지가 생기게 된 원인.

성취 지수 (成就指數) 교육 지수를 지능 지수로 나눈 것에 100을 곱한 수치. 지능에 비하여 학습이 어느 정도인가를 나타냄. 에이큐 (AQ).

성층 (成層)團㘝타자 겹쳐서 층(層)을 이룸. 또

는 그 층.

성층-권(成層圈)[-꿘]圀 대류권과 중간권 사이에 있는, 거의 안정된 대기층(높이 약 10~50 km).

성층-면(成層面)圀〖지〗 층리면.

성층-암(成層岩)圀〖광〗 퇴적암(堆積岩).

성층 화:산(成層火山)〖지〗 분출 용암·화산탄(彈)·화산재 따위가 자주 분출하여, 그 분출물이 층을 이룬 화산. 일반적으로, 중앙에 분화구가 있고 원추형을 이룸. 층상 화산.

성:칙(聖勅)圀 '칙명(勅命)'의 높임말.

성:칭(盛稱)圀하타 매우 칭찬함. 크게 칭찬함.

성크름-하다혱예 1 바람기가 많고 좀 쌀쌀하다. □성크름한 날씨. 2 사物새 보이도록 옷감의 발 따위가 가늘고 성글다. □성크름한 삼베 저고리. 상크름하다.

성큼튀 1 발을 거볍게 높이 들어 크게 떼어 놓는 모양. □마루로 ~ 오르다. 상상큼. 2 동작이 망설임 없이 매우 시원스럽고 빠른 모양. □~ 대답하다 / ~ 손을 잡아 넣다. 3 어떤 때가 갑자기 가까워진 모양. □여름이 ~ 다가왔다.

성큼-성큼튀 발을 잇따라 거볍게 높이 들어 크게 떼어 놓는 모양. □~ 걷다. 상상큼상큼.

성큼-하다혱예 아랫도리가 윗도리보다 안 어울리게 길쭉하다. □나이에 비해 키가 ~. 상상큼하다.

성:탄(聖誕)圀 1 임금이나 성인의 탄생. 2〖기·가〗'성탄절'의 준말.

성:탄-일(聖誕日)圀 1 임금이나 성인이 탄생한 날. 2〖기·가〗크리스마스.

성:탄 전야(聖誕前夜) 성탄절의 전날. 크리스마스이브.

성:탄-절(聖誕節)圀〖기·가〗1 크리스마스. 2 12월 24일부터 1월 1일 또는 6일까지의 성탄을 축하하는 명절. 준성탄.

성:택(聖澤)圀 임금의 은택. 천은.

성:택-무(聖澤舞)[-탱-]圀〖악〗조선 때, 대궐에서 잔치가 있을 때에 추는 궁중 무용의 하나. 모두 열두 사람이 가사(歌詞)를 노래하며 춤을 춤.

성터(城-)圀 성이 있었던 자리. 성적(城跡). 성지. □황폐한 백제의 옛 ~.

성:토(城土)圀하타 흙을 쌓음.

성토(聲討)圀하타 여럿이 모여 어떤 잘못을 소리 높여 비판하고 규탄함. □~대회(大會)가 열리다 / 매국노에 대한 ~를 벌이다.

성:-토요일(聖土曜日)圀〖가〗성주간의 마지막 날. 예수 부활의 전날.

성패(成貝)圀 다 자란 조개.

성패(成敗)圀 성공과 실패. □~ 여부 / 일의 ~를 가름하다 / 일의 ~를 좌우하다 / 사업의 ~가 달려 있다.

성:패(聖牌)圀 1〖역〗임금이 친히 내리던 여러 가지 패물(牌物). 2〖가〗예수·마리아·성인·교회적인 사건 등을 새긴 둥전 모양의 금속 메달.

성패-간(成敗間)圀 성공하든 실패하든지 간에. □~에 최선을 다해 볼 작정이다.

성편(成篇)圀하타 시문을 지어 한 편을 완성함.

성:-폭력(性暴力)[-폭녁]圀 성적인 행위로 남에게 육체적·정신적 손상을 주는 물리적 강제력. □~을 당하다 / ~에 시달리다.

성:-폭행(性暴行)[-포캥]圀하타 '강간(强姦)'을 완곡하게 이르는 말.

성표(成標)圀하타 증서를 작성함.

성표(星表)圀〖천〗'항성표(恒星表)'의 준말.

성:-풀이圀하자 성난 마음을 푸는 일.

성:-품(性品)圀 사람의 성질과 됨됨이. 성질과 품격. □강직한 ~ / 매사에 너그럽고 차분한 ~ / 타고난 ~이라야 어쩔 수 없다.

성:-품(性稟)圀 성정(性情). □~이 나약하다.

성:-품(聖品)圀 신품 성사.

성:-품 성:사(聖品聖事)〖가〗신품 성사.

성풍(腥風)圀 피비린내가 풍기는 바람. □전쟁터에 이는 ~.

성:-풍-하다(盛豊-)혱예 풍성하다. 성:풍-히튀

성하(城下)圀 성 밑. 성의 아래.

성하(星河)圀〖천〗은하(銀河).

성:하(盛夏)圀 한여름. □뜨거운 ~의 햇살이 사정없이 내리쬐는 땡볕.

성:-하(聖下)〖가〗'교황'을 높여 이르는 말. □교황 ~.

성-하다¹혱예 1 물건이 본디대로 온전하다. □성한 그릇 / 성한 옷. 2 몸에 병이나 상처가 없다. □성한 다리 / 사지가 성한 사람이 동냥질을 하다니 / 하도 맞아 성한 데가 없다. 성-히튀. □몸 ~ 잘 있다.

성:-하다(盛-)㉠혱예 1 기운이나 세력이 한창 왕성하다. □전자 공업이 성한 나라 / 섬에서는 김 양식이 ~. 2 나무나 풀이 무성하다. □뒤뜰에 잡풀이 ~. ㉡자예 1 세력이 한창 일어나다. □범죄가 성하는 것을 그냥 보고 있을 순 없다. 2 벌레·물고기 따위가 퍼져서 수가 부쩍 늘어나다. □밭에 벌레가 성하지 못하게 약을 뿌리다. 3 집안이나 자손이 퍼져서 흥하다. □자손이 ~ / 쇠락한 가문이 다시 성하게 되다. 성:-히튀

성-하다²보톄예 용언(用言)의 어미 '-ㄴ'·'-은'·'-는'·'-ㄹ'·'-을' 뒤에 붙어, 그 주체의 가능성을 추측하여 나타내는 말. □그가 온 ~ / 모자랄 ~ / 그럴 성하여 중단했다.

성:-하-염열(盛夏炎熱)圀 한여름의 심한 더위. 성하지열.

성하지맹(城下之盟)圀 패전국이 적군에게 항복하고 맺는 굴욕적인 강화의 맹약.

성학(星學)圀〖천〗천문학.

성:학(聖學)圀 성인이 가르친 학문. 특히, 유학(儒學).

성학-가(星學家)[-까]圀 1 천문학자. 2 별을 보고 길흉을 점치는 사람.

성:함(姓銜)圀 '성명'의 경칭. □~은 들어 알고 있습니다.

성합(聖盒)圀〖가〗성체를 모셔 두는 금빛 은으로 만든 합.

성항(星港)圀〖지〗'싱가포르'의 음역.

성:해(聖骸)圀〖가〗성인의 유골.

성행(性行)圀 성질과 행실. □~이 온순한 학생을 추천하시오.

성행(盛行)圀하타 매우 성하게 유행함. □밀수의 ~ / 사실주의는 19세기에 ~하던 예술 양식이다.

성:-행위(性行爲)圀 성교(性交).

성:향(性向)圀 성질에 따른 경향. 기질(氣質). 성미(性味). □정치적 ~ / 보수적인 ~.

성:-향(姓鄕)圀 관향(貫鄕).

성향(聲響)圀 소리의 울림. 또는 울려서 나는 소리.

성:현(聖賢)圀 성인과 현인. □~의 가르침을 따르다.

성혈(腥血)圀 비린내가 나는 피.

성:혈(聖血)圀〖기·가〗예수의 거룩한 피.

성형(成形)圀하타 1 일정한 형체를 만듦. 2

〔공〕 그릇의 형체를 만듦. **3** 외과적 수단으로 신체의 어떤 부분을 고치거나 만듦.
성형 (成型) [명][하타] 〔공〕 물건의 원료를 거푸집에 넣고 압축기로 눌러서 형체를 만듦. ❏플라스틱의 ~ 가공.
성형 (星形) [명] 별의 모양. 별 같은 모양.
성형 도법 (星形圖法)[-뻡] 편의(便宜) 도법에 속하는 지도 투영법(投影法)의 한 가지《별과 같은 형상의 윤곽 안에 한 극(極)을 중심으로 세계 전도(全圖)를 나타내는 방법》.
성형 수술 (成形手術) 〔의〕 기형이거나 상처를 입었거나 미관상 보기에 흉한 신체의 부분을 외과적으로 교정·회복시키는 수술. 성형술. ❏~로 쌍꺼풀을 만들다.
성형-외과 (成形外科)[-꽈] [명] 성형 수술을 전문으로 하는 외과.
성형-품 (成形品) [명] 쇠붙이나 합성수지류 따위를 높은 온도에서 가열한 후에 거푸집에 넣어 만들어 낸 물품.
성형-형 (成形型) [명] 도자기의 모양을 만드는 데 쓰는 거푸집《석고제(石膏製)·질그릇·금속제가 있음》.
성호 (城壕) [명] 해자(垓字)2.
성:호 (聖號) [명] 〔가〕 거룩한 표라는 뜻으로, 신자가 가슴에 손으로 긋는 십자가를 일컫는 말. ❏~를 긋다.
성:-호르몬 (性hormone) [명] 〔생〕 생식샘에서 분비되어, 성적 특징 및 기능을 발달시키고 유지하는 호르몬《남성 및 여성 호르몬이 있음》.
성혼 (成婚) [명][하자] 혼인이 이루어짐. 또는 혼인을 함. ❏~한 자식을 분가시키다 / 이어서 주례 선생님의 ~ 선포가 있겠습니다.
성홍-열 (猩紅熱)[-녈] [명] 〔의〕 어린이에게 많이 생기는 급성 전염병. 고열·목의 아픔·전신 발진 등의 증상을 보임《잠복기는 보통 3-7일》. 양독(陽毒).
성화 (成火) [명][하자] **1** 뜻대로 되지 않아 몹시 애를 쓰면서 번민함. ❏여행을 못 가서 ~를 내다 / 사위를 못 봐서 ~다. **2** 몹시 조르거나 귀찮게 구는 일. ❏~에 시달리다 / 공부하라고 ~하다 / 오토바이를 사 달라고 ~를 부리다.
성화(를) 대다 [구] 몹시 귀찮게 굴다.
성화를 먹이다 [구] 자꾸 귀찮게 굴어 속 타게 하다.
성화 (星火) [명] **1** 〔천〕 유성(流星). **2** 유성이 떨어질 때의 불빛. **3** 매우 다급함. **4** 매우 작은 숯불. 불티.
성:화 (盛火) [명] 활활 타오르는 불.
성:화 (聖火) [명] **1** 신에게 바치는 성스러운 불. **2** 〔기〕 하나님이 재림함으로써 나타나는 신성한 불. **3** 올림픽 같은 큰 체육 대회장에 켜 놓는 횃불. ❏~ 릴레이 / ~가 타오르다 / ~를 봉송(奉送)하다.
성:화 (聖化) [명][하타] **1** 성인이나 임금의 덕화(德化). ❏~에 감동하다. **2** 성스럽게 함. 거룩하게 만듦. **3** 〔기·가〕 신의 은총에 의하여 의(義)를 받은 사람이 성령을 받아 신성한 인격을 완성함.
성:화 (聖花) [명] 〔불〕 불전에 바치는 꽃.
성:화 (聖畫) [명] 기독교의 내용을 그린 종교화.
성화 (聲華) [명] 세상에 널리 알려진 명성.
성화-같다 (星火-)[-갇따] [형] 남에게 해 대는 독촉 따위가 몹시 다급하다. ❏성화같은 재촉. **성화-같이** [-가치] [부]. ❏~ 조르다.
성:화-대 (聖火臺) [명] 올림픽 경기나 전국 체육 대회 때 성화를 켜 놓기 위해 경기장에 설치한 대(臺).
성화-독촉 (星火督促) [명][하자타] 몹시 다급하게 재촉함. ❏빚을 빨리 갚으라고 ~이다.
성황 (城隍) [명] 〔민〕 '서낭'의 본딧말.
성:황 (盛況) [명] 모임 따위에 많은 사람이 모여 활기에 찬 분위기. ❏~을 이루다 / 단풍놀이가 ~이었다고 전한다.
성황-단 (城隍壇) [명] 〔민〕 '서낭단'의 본딧말.
성황-당 (城隍堂) [명] 〔민〕 '서낭당'의 본딧말.
성:황-리 (盛況裏)[-니] [명] (주로 '성황리에'의 꼴로 쓰여) 성황을 이룬 가운데. ❏올림픽은 ~에 끝났다.
성황-상 (城隍床) [명] 〔민〕 '서낭상'의 본딧말.
성황-신 (城隍神) [명] 〔민〕 '서낭신'의 본딧말.
성황-제 (城隍祭) [명] 〔민〕 '서낭제'의 본딧말.
성회 (成會) [명][하자] 회칙의 요건에 따라 회의가 이루어짐. ❏과반수의 회원이 참석하였으므로 ~를 선포합니다. ↔유회.
성:회 (盛會) [명] 성대한 모임.
성:회 (聖灰) [명] 〔가〕 성회례에 사용하는 재. 지난해에 축성(祝聖)한 종려나무 가지를 태워 만듦.
성:회 (聖會) [명] **1** 〔기·가〕 성스러운 교회. **2** 종교적 의식이나 제전(祭典) 따위의 신성한 모임. ❏~를 소집하다.
성:회-례 (聖灰禮) [명] 〔가〕 사제(司祭)가 신도의 머리 위에 성회를 뿌리는 의식을 이르는 말《사순절이 시작되는 첫날인 수요일에 행함》.
성효 (誠孝) [명] 효성(孝誠).
성:후 (聖候) [명] 임금의 평안한 소식. 또는 임금 신체의 안위. ❏~가 쇠약해지다.
성:훈 (聖訓) [명] 성인이나 임금의 교훈.
성:휘 (聖諱) [명] 죽은 성인의 이름.
성:희 (性戱)[-히] [명] 성적(性的)인 유희.
성:-희롱 (性戱弄)[-히-] [명][하자타] 이성에게 상대편의 의사에 관계없이 성적으로 수치심을 주는 말이나 행동을 하는 일. 또는 그러한 말이나 행동. ❏요즘 직장 내에서의 ~을 추방하자는 운동이 일고 있다.
섶¹ [섭] [명] 덩굴지거나 줄기가 가냘픈 식물이 쓰러지지 않게 받치기 위하여 옆에 꽂는 막대기.
섶² [섭] [명] '옷섶'의 준말. ❏저고리에 ~을 달다 / ~을 여미다.
섶³ [섭] [명] '섶나무'의 준말.
[섶을 지고 불로 들어가려 한다] 앞뒤 가리지 못하고 미련하게 행동하여 화를 더 당하려 한다.
섶⁴ [섭] [명] **1** 누에섶. **2** 물고기가 많이 모이거나 김이 잘 자라도록 물속에 쌓아 놓은 나무.
섶-나무 [섬-] [명] 잎나무·풋나무·물거리 따위의 통칭. ❏~ 무더기에 불을 붙이다. [준]섶³.
섶-청올치 [섭-] [명] 꼬지 않은 채로 얽는 칡덩굴의 속껍질.
섶-폭 (-幅)[섭-] [명] 섶의 너비.
세: (洗) [명] 〔가〕 '성세(聖洗)'의 준말.
세: (貰) [명] 남의 건물이나 물건 따위를 빌려 쓰기로 하고 내는 돈. 또는 그것을 빌리거나 빌려 쓰는 일. ❏~를 받다 / ~로 살다 / ~를 주다 / ~를 내다 / 남의 집에 ~를 들다.
세: (稅) [명] **1** 〔역〕 사전(私田)의 수확물을 일정한 비율로 나라에 바치게 한 구실. **2** '조세(租稅)'의 준말.
세: (勢) [명] **1** '세력'의 준말. ❏~를 꺾다 / ~를 펴다 / ~가 대단하다 / ~가 꺾이다. **2** 인원수. 병력. ❏~가 불리하다. **3** 형세. ❏그런 경향은 자연의 ~이다.

세(歲)〔의〕명〔한자말로 된 숫자 뒤에 쓰여〕 나이를 나타내는 단위. ▷방년 십팔 ~.

세: '셋'의 뜻. ▷ ~ 사람 / 양복 ~ 벌 / ~ 가지 나쁜 버릇. *석.

[세 사람만 우겨 대면 없는 호랑이도 만들어 낼 수 있다] ⑦셋이 모여 우겨 대면 누구나 곧이듣게 된다. ⑥여럿이 떠들어 소문내면 사실이 아닌 것도 사실처럼 됨의 비유. [세 살 적 버릇이 여든까지 간다] 어릴 때 버릇은 늙어 죽을 때까지 고치기 어렵다.

-세(世)명 **1** '세상'의 뜻. ▷인간~. **2**〔지〕'기(紀)'를 세분하는 지질 시대의 단위. ▷홍적~. **3** 서양에서, 부자(父子)가 같은 이름을 계속 쓰거나 한 왕조에서 같은 왕호를 대를 이어 사용할 때 그 차례를 나타내는 말. ▷나폴레옹 3~ / 헨리 8~ / 록펠러 2~.

-세(어미) 동사 및 일부 형용사의 어간에 붙어, 같은 연배나 손아랫사람에게 어떤 행동을 함께 하자는 뜻을 나타내는 종결 어미. ▷집으로 가~ / 밥을 먹~ / 좀 더 부지런하~.

세:가(世家)명 대대로 나라의 중요한 지위나 특권을 누리는 집안. 세족(世族).

세:가(貰家)명 셋집.

세:가(勢家)명 **1** 권세 있는 집안. 세문(勢門). ▷명문 ~를 이루다. **2** '세력가'의 준말.

세:가-자제(勢家子弟)명 권세 있는 집안의 아들과 딸.

세:간명 집안 살림에 쓰는 모든 기구. 살림살이. 가장집물. ▷ ~을 갖추어 놓다 / ~을 장만하다 / ~이 불어나다.

세간(을) 나다구 함께 살던 사람이 따로 살림을 차리다. 분가하다.

세간(을) 내다구 함께 살던 사람을 따로 내보내어 살게 하다.

세:간(世間)명 **1** 세상■**1**. ▷ ~의 소문 / ~의 비난을 받다 / ~의 이목을 끌다. **2**〔불〕중생이 서로 의지하며 살아가는 세상. 속세(俗世). ▷그는 ~을 등지고 글만 읽었다.

세:간-사(世間事)명 세상사. ▷ ~를 등지고 살아가고 있다.

세:간-살이명 세간.

세:간-인(世間人)명 세상 사람.

세:간-차지(-次知)명 일정한 삯을 받고 남의 집 세간을 맡아보는 사람.

세:간-치장(-治粧)명하자 세간을 매만지고 가꿈. 또는 세간으로 집 안을 꾸밈.

세:강-속말(世降俗末)〔-송-〕명 세상이 그릇되어 모든 풍속이 어지러움.

세:객(勢客)명 권세 있는 사람. 세력가.

세:객(歲客)명 세배(歲拜)꾼. ▷이른 아침부터 ~이 찾아오다.

세:객(說客)명 능란한 말솜씨로 유세(遊說)하며 다니는 사람.

세:거(世居)명하자 한 고장에 대대로 삶.

세:-거리명 세 갈래로 난 길. 삼거리.

세:거-우(洗車雨)명 음력 7월 7일에 내리는 비.

세:거지지(世居之地)명 대대로 살아오고 있는 곳.

세:견-선(歲遣船)명〔역〕조선 세종 때, 왜인의 교역을 허락하여 매년 일정 수의 배를 우리나라에 보내게 한 일종의 무역선.

세:경(細徑)명 소로(小路).

세:경(細莖)명 식물 따위의 가는 줄기.

세:계(世系)〔-게-〕명 대대로 내려오는 계통.

세:계(世界)〔-게-〕명 **1** 지구 위의 모든 나라. 온 세상. ▷ ~ 평화 / ~ 일주 / 이름을 ~에 떨치다. **2** 객관적 대상이나 현상의 모든 범위. ▷정신 ~ / 작품 ~ / 미지의 ~를 동경하다. **3** 같은 종류의 한 집단. 어떤 분야나 영역. ▷젊은이의 ~ / 동물의 ~.

세:계(歲計)〔-게-〕명하자 한 회계 연도나 한 해의 세입·세출을 계산함. 또는 그 계획.

세:계-고(世界苦)〔-게-〕명〔철〕인간의 욕망·욕구를 충족하지 못하는 데서 오는 고통((인간 세계의 결함과 사악(邪惡)함에서 오는 인간의 고뇌)).

세:계-고금(世界古今)〔-게-〕명 온 세계를 통해 온 과거와 현재. ▷ ~을 통틀어 그 유례를 찾아볼 수 없을 만큼 큰 지진.

세:계 공:황(世界恐慌)〔-게-〕명〔경〕온 세계에 걸친 경제 공황((19세기 중엽 이후 여러 번 있었음)).

세:계-관(世界觀)〔-게-〕명〔철〕세계 전체의 의의·가치 등에 관해 가지는 철학적 견해. *인생관.

세:계 국가(世界國家)〔-까 -게-까〕명 인류 전체에 의해 전 세계에 걸쳐 이루어지는 국가.

세:계 기록(世界記錄)〔-게-〕명 경기 등에서 지금까지 없었던 세계 최고의 기록. 세계 신기록. ▷ ~ 보유자 / ~에 도전하다 / ~을 세우다.

세:계 기상 기구(世界氣象機構)〔-게-〕명 유엔 전문 기구의 하나. 기상 관측망을 확립하여 기상 정보의 교환, 항해·항공·농업 등에서 기상 관측의 응용과 촉진을 목적으로 함. 본부는 제네바.

세:계-기시(世界起始)〔-게-〕명〔불〕불교의 우주 개벽론(開闢論).

세:계 기업(世界企業)〔-게-〕명 다국적 기업.

세:계 대:전(世界大戰)〔-게-〕명 20세기 전반기에 있었던 두 차례의 세계적인 규모의 큰 전쟁((1차는 1914-1918년, 2차는 1939-1945년에 걸쳐 일어났음)).

세:계-력(世界曆)〔-게-〕명 날짜와 요일을 고정되게 만든 역법(曆法).

세:계-만방(世界萬邦)〔-게-〕명 세계의 모든 나라. ▷국위를 ~에 떨치다.

세:계 무:대(世界舞臺)〔-게-〕명 세계적인 범위의 활동 분야. ▷ ~에 당당히 서다.

세:계 무:역(世界貿易)〔-게-〕명 국제 무역.

세:계 무:역 기구(世界貿易機構)〔-게 -끼〕명 가트(GATT), 곧 관세 무역 일반 협정의 발전형으로 1995년에 발족한 국제 무역의 규정을 통괄하는 기관. 약칭: 더블유티오(WTO).

세:계 문학(世界文學)〔-게-〕명 세계 여러 나라 사람에게 널리 이해될 수 있는, 인류 전체의 문화재로서의 문학.

세:계 보:건 기구(世界保健機構)〔-게-〕명 국제 연합 전문 기구의 하나. 보건 위생 향상을 위한 국제 협력 기관. 약칭: 더블유에이치오(WHO).

세:계-사(世界史)〔-게-〕명 **1** 동서양사를 합친 역사. **2** 통일적 관련성을 지닌 전체로서의 세계 역사. ▷ ~적(的)으로 중대한 의의를 갖는다.

세:계-상(世界像)〔-게-〕명 어떤 일정한 입장에서 묘사되는 세계 전체의 모습.

세:계-선(世界線)〔-게-〕명〔물〕4차원 (次元)의 시공(時空) 세계에서 세계점(世界點)이 만드는 궤적(軌跡)((러시아의 수학자 민코프스키(Minkowsky)가 제창함)).

세:계-시(世界時)〔-게-〕명 영국의 그리니

치 자오선 상의 평균 태양시로, 세계 공통의 시각《1935년에 제정됨》.

세:계 시:장 (世界市場)[-/-계-][『經』] **1** 국제 시장. **2** 세계적 무역에 의하여 형성되는 추상적 시장. ▢ ~으로 진출하다.

세:계 신기록 (世界新記錄)[-/-계-] 세계 신기록.

세:계-어 (世界語)[-/-계-][명] 세계 각국에서 공통적으로 사용하려고 만든 언어《에스페란토 따위》. 국제어.

세:계-열강 (世界列強)[-/-계-][명] 세계의 여러 강대국.

세:계-인 (世界人)[-/-계-][명] **1** 세계의 모든 사람. ▢ 월드컵 축구 경기에 ~들의 뜨거운 관심이 쏠려 있다. **2** 세계적으로 유명한 사람. **3** 세계주의자.

세:계 인권 선언 (世界人權宣言)[-권선년/-계-권선년] 1948년 12월 10일 제3차 국제 연합 총회에서 채택된 선언《인권의 보호와 촉진을 국제 사회의 의무로 규정함》.

세:계-적 (世界的)[-/-계-][관][명] 온 세계에 관계되는 (것). 세계성을 띤 (것). ▢ ~ 발명 / ~으로 유명하다.

세:계-점 (世界點)[-점/-계점][명][『物』] 상대성 이론에서, 4차원 시공(時空) 세계의 한 점.

세:계-정세 (世界情勢)[-/-계-][명] 세계가 움직여 나가고 있는 형편. 국제 정세. ▢ 급변하고 있는 ~에 대응하다.

세:계 정책 (世界政策)[-/-계-] 제국주의의 한 형태로서 국가의 영역, 세력 범위를 세계적으로 확대하려는 정책.

세:계 종교 (世界宗敎)[-/-계-] 국경·인종을 초월하여 온 세상의 인류가 믿고 있는 보편적 종교《기독교·불교·이슬람교 따위》.

세:계-주의 (世界主義)[-/-계-이][명] 편협한 국경과 민족을 초월하여 전 세계를 한 국가, 온 인류를 한 동포로 보고 인류 사회의 평화를 꾀하고자 하는 주의. 코즈머폴리터니즘.

세:계주의-자 (世界主義者)[-/-계-이-][명] 세계주의 사상을 가진 사람. 세계인. 코즈머폴리턴. 유니버설리스트.

세:계 지도 (世界地圖)[-/-계-] 세계를 그린 지도. 만국지도.

세:계 지적 소유권 기구 (世界知的所有權機構)[-쩍쏘-껸/-/-계-쩍쏘-껸] 국제 연합의 전문 기구의 하나. 발명·상표·의장(意匠) 등에 관한 산업 재산권 및 문학·음악·미술 작품의 저작권 등을 국제적으로 보호하기 위한 기구. 본부는 제네바. 더블유아이피오.

세:계-항 (世界港)[-/-계-] 연간 무역량이 300만 톤을 넘는 세계적인 항구. 또는 세계 각 지방과 항로가 개설되어 있는 항구.

세:계-화 (世界化)[-/-계-][명][하자타] 세계적으로 됨. 또는 그렇게 되게 함. ▢ 기술의 ~가 이루어지다.

세:계 화:폐 (世界貨幣)[-/-계-폐][『經』] 세계적인 규모로 유통되는 화폐.

세:고 (世故)[명] 세상의 이러저러한 일. 또는 속세의 일. ▢ ~에 부대끼다.

세:고 (細故)[명] 작은 사고. 작은 탈.

세:곡 (稅穀)[명] 조세로 바치는 곡식.

세:골 (洗骨)[명] 유해 처리법의 한 가지. 시체를 어느 기간 동안 보존해 살 부분이 제거된 뒤, 뼈를 깨끗이 씻어 무덤에 묻음.

세:공 (細工)[명][하자타] 잔손을 많이 들여 정밀하게 만듦. 또는 그런 수공. ▢ 유리 ~ / 귀금속 ~ / 정교하게 ~된 다이아 반지 / 보석을 ~하는 솜씨가 뛰어나다.

세:공 (細孔)[명] 가는 구멍.

세:공 (歲功)[명] **1** 해마다 철을 따라 짓는 농사. 또는 그것으로 얻는 수확. **2** 해마다 철을 따라 해야 할 일.

세:공 (歲貢)[명][『譯』] 해마다 지방에서 나라에 바치던 공물(貢物).

세:공-물 (細工物)[명] 세공한 물건. 세공품.

세:공-품 (細工品)[명] 세공물. ▢ 금은 ~.

세:과 (歲過)[명][하자] 한 해가 지나감. 또는 세월이 흐름.

세:관 (細管)[명] 가느다란 관.

세:관 (稅關)[명][『法』] 관세청에 딸리어, 비행장·항만·국경 지대에서 수출입 물품의 통관, 관세의 부과·징수, 선박·항공기의 입출항 절차 및 검색에 관한 사무를 맡아보는 행정 관청. ▢ ~ 검사 / ~을 통과하다.

세:관-가치장 (稅關假置場)[-장][『法』] 세관에서 검사한 물건을 임시로 보관하는 곳.

세:관 공항 (稅關空港)[『法』] 항공기에 의한 수입 화물에 관세를 부과하기 위하여 법으로 지정한 공항.

세:관-도 (稅關渡)[명] '세관 구내도(構內渡)'의 준말. 화물을 세관 구내에서 인도할 것을 조건으로 하는 매매 계약.

세:관 면:장 (稅關免狀)[-짱][『法』] 세관에서 발행하는 면허장(免許狀)《수출 면장·수입 면장·반송 면장 따위》.

세:관 보:세 구역 (稅關保稅區域)[『法』] 통관 절차를 밟고자 하는 물품을 보관하거나 검사하기 위한 장소.

세:관-원 (稅關員)[명] 항구·비행장 또는 국경 지대에서, 여행하는 사람들의 소지품이나 수출입 화물에 대하여, 검사·허가·관세 사무를 맡아보는 공무원.

세:광 (洗鑛)[명][하자타][『鑛』] 구덩이에서 파낸 광석을 물에 씻어 흙과 잡물을 떨어 버림.

세:괘 (細罫)[명][『印』] 조판할 때 쓰는 가는 괘선(罫線).

세:교 (世交)[명] 대대로 맺어 온 교분. ▢ ~가 두텁다 / 고향에서 ~가 있던 집안이다.

세:교 (世敎)[명] 세상의 가르침. 살아가며 세상에서 얻는 교훈.

세:교 (勢交)[명] 오교(五交)의 하나. 세력과 이익 따위를 얻기 위해 사귀는 일.

세:구 (世仇)[명] 대대로 내려오는 원수.

세:구-하다 (歲久-)[형여] 여러 해가 지나서 오래다. ▢ 헤어진 지 세구하여….

세:궁-민 (細窮民)[명] 매우 가난한 사람.

세:궁-역진 (勢窮力盡)[-녁찐][명][하자] 기운이 다 빠져 꼼짝할 수 없게 됨.

세:궁-하다 (細窮-)[형여] 매우 가난하다. 형세가 매우 어렵다.

세:권 (稅權)[-꿘][『法』] **1** 과세권. **2** 국제 무역에서 관세를 평등하게 내는 권리.

세:규 (世規)[명] 세상을 살면서 지켜야 할 규율.

세:균 (細菌)[명] 생물계 중 가장 미세하고 하등인 단세포 동물. 박테리아. ▢ ~ 검출 / ~ 감염 / ~이 번식하다 / ~을 배양하다. ㉣균.

세:균 무:기 (細菌武器)[『軍』] 병원체를 살포, 적지에 전염병을 유행시키는 무기. 생물학 무기.

세:균 바이러스 (細菌virus) 세균류에 기생하는 바이러스. 박테리오파지.

세:균성 식중독 (細菌性食中毒)[-썽-쭝-][『醫』] 세균의 오염으로 발생하는 식중독. 복통·구토·설사·두통·발열(發熱) 등의 급성 위장

장애의 증상을 나타냄.

세:균-성 이:질(細菌性痢疾)[─썽─]『의』이질균이 음식물과 함께 입을 통하여 전염하는 급성의 대장(大腸) 질환. 봄에서 여름 사이에 많고 잠복기는 2~4일. 피와 곱이 섞인 똥이 나옴(법정 제1종 전염병임).

세:균-역적(勢均力敵)[─녁쩍]**명** 세력이 서로 균등하고 힘이 엇비슷함.

세:균-전(細菌戰)『군』병원체를 배양하여 이것을 적지에 살포하여 사람과 동식물을 죽게 하거나 하는 전투 수단. 생물학전.

세:균-학(細菌學)**명** 세균의 형태·성질 등을 연구하는 생물학의 한 분과. 의학·농학·유전학 따위에 널리 응용된다.

세그먼테이션(segmentation)**명 1** 구분. 분할. **2** 세포 분열. **3** 시장을 구분하여 각 시장에 알맞은 상품을 제조하고 판매하는 활동을 하는 일. **4**『컴』프로그램의 필요한 부분만을 보조 기억 장치에서 주기억 장치로 옮기기 위하여 짧은 단위로 분할하는 일.

세:극(細隙)**명 1** 가느다란 틈. **2** 슬릿(slit)1.

세:근(細根)『식』잔뿌리.

세:금(稅金)**명** 국가의 필요한 경비를 위하여 국민이 소득의 일부를 의무적으로 내는 돈. 세전(稅錢). 조세. **□** ~ 징수 / ~ 계산서 / ~을 거두다 / ~을 내다 / ~을 납부하다 / ~을 부과하다.

세:금(貰金)**명** 셋돈.

세:기(貰器)『물』강도(强度)3.

세:기(世紀)**명 1** 시대 또는 연대. **□**중(中)~ / 암 치료의 새로운 ~를 열다. **2** 서력에 있어서 100년을 단위로 하여 연대를 세는 말(21세기는 2001년부터 2100년까지). **□**기원전 6~. **3**(수량을 나타내는 말 뒤에 쓰여) 100년 동안의 일컬음. **□**반~에 걸친 노력. **4**('세기의'의 꼴로 쓰여) 100년 동안에 한 번밖에 나타나지 않음을 이르는 말. **□**~의 영웅 / ~의 결작. **5** 오랜 세월. **□**~를 두고 온 민족이 바라던 조국 통일.

세:기(細技)**명** 운동 경기 따위에서의 세밀하고 섬세한 재간〔기술〕. 잔기술. **□**~에 능한 선수.

세:기(貰器)**명** 세를 받고 빌려 주는 그릇.

세:기-말(世紀末)**명 1** 한 세기의 끝. **2** 19세기말. 특히, 프랑스를 풍미한 회의적·퇴폐적·병적인 경향. **3** 사회의 몰락기에 나타나는 비정상적 상태나 경향. 퇴폐적인 풍조가 넘치고 인간 사회의 쇠퇴를 느끼게 하는 시기. 말세(末世). **□**~ 현상.

세:기말-적(世紀末的)[─쩍]**관명** 세기말과 같은 경향이 있는 (것). 말세기적. **□** ~ 풍조 / ~ 현상이 나타나다.

세:기-병(世紀病)[─뼝]**명** 그 세기의 특이한 병적인 경향.

세:기-적(世紀的)**관명 1** 세기를 대표할 만한 (것). **□**~ 예술품 / ~인 과학자 / ~인 비극. **2** 여러 세기에 걸칠 만큼 오랫동안 내려오는 (것). **□**~인 문명에서 벗어나야 한다.

세:-끼(貰─)**명** 아침·점심·저녁으로 하루에 세 번 먹는 밥. **□**~를 꼭 챙겨 먹어라 / ~ 밥도 제대로 먹지 못할 정도로 가난하다.
[세끼를 굶으면 쌀 가지고 오는 놈 있다] 아무리 궁해도 굶으란 법은 없다.

세:-나다¹**자** 상처나 부스럼 따위가 덧나다. **□**세난 상처가 저리고 아프다.

세:-나다²**자** 물건이 잘 팔리다.

세:-나절 명 잠깐이면 끝마칠 수 있는 것을 늑장을 부려 늦어지는 동안을 조롱하는 말. **□**~이나 걸려서 한 일이 겨우 요거냐.

세:납(稅納)**명** 납세(納稅).

세:납-자(稅納者)[─짜]**명** 납세자(納稅者).

세:-내다(貰─)**타 ··** 돈을 주기로 약속하고 남의 것을 빌려 쓰다. **□**버스를 세내어 야유회를 가다. ↔세놓다. **□자** 셋돈을 주다.

세:념(世念)**명** 세상살이에 대한 온갖 생각. **□**~을 떨쳐 버리다 / ~을 물리치다.

세:농(細農)**명 1** 소규모로 짓는 농사. **2** '세농가'의 준말.

세:농-가(細農家)**명 1** 아주 가난한 농가. **2** 소규모로 농사를 짓는 농가. ☺세농.

세:-놓다(貰─)[─노타]**타** 돈을 받기로 하고 자기 물건을 남에게 빌려 주다. **□**방을 ~. ↔세내다.

세:뇌(洗腦)**명하타** 본디 품었던 생각을 잊게 하고 특정한 사상·주의 따위를 주입시켜 그 내용을 따르도록 하는 일. **□**~ 교육 / ~ 공작 / ~를 당하다.

세:뇨-관(細尿管)**명**『생』혈액 속에 있는 노폐물을 오줌으로 걸러 내는 신장 속의 무수한 가는 관.

세:다¹**자 1** 머리카락이나 수염 따위의 털이 희어지다. **□**머리가 허옇게 ~. **2** 얼굴의 혈색이 없어지다.

세:다²**타 1** 사물의 수효를 헤아리거나 꼽다. **□**수를 ~. **2** '세우다'의 준말.

세:다³**자 1** 힘이 많다. **□**힘이 ~ / 주먹이 ~ / 공을 세게 던지다. **2** 주량이 크다. **□**술이 ~. **3** 물·불·바람 따위의 기운이 강하거나 빠르다. **□**화력이 ~ / 불길이 ~ / 바람이 ~ / 물살이 ~. **4** 기질 따위가 강하다. **□**고집이 ~ / 대가 ~ / 콧대가 ~. **5** 감촉이 딱딱하고 뻣뻣하다. 또는 보드랍지 아니하고 거칠다. **□**가시가 ~ / 살결이 ~ / 풀기가 ~. **6** 운수나 터 따위가 나쁘다. **□**집터가 ~ / 팔자가 ~. **7** 일이 벅차서 감당해 나가기가 힘들다. **□**일이 센 집. **8** 장기·바둑 등의 수가 높다. **□**바둑은 약하지만 장기는 세다.

세:단(細斷)**명하타** 가늘게 자름.

세:단(歲旦)**명** 정월 초하룻날의 아침. 원단(元旦).

세단(미 sedan)**명** 상자 모양의 좀 납작한, 운전석을 칸막이하지 않은 4~5인승의 승용차.

세:단-뛰기(─段─)**명** 육상 경기에서, 도약 운동의 하나. 달음질하다가 구름판을 디디어 차례로 한 발씩 양긴질하며 마지막에 두 발을 모아 땅에 떨어지는 멀리뛰기. 삼단(三段)뛰기. 홉 스텝 앤드 점프.

세:담(細談)**명하타** 잔말.

세:답(洗踏)**명하타** 빨래1. **□**~장(匠) / ~방(房) 나인.

세:-답(貰畓)**명** 남에게 세(貰)를 내고 얻어 짓는 논.

세:답족백(洗踏足白)[─쪽빽]**명** 상전의 빨래를 하느라 종의 발꿈치가 희어진다는 뜻으로, 남의 일을 해 주면 그만한 소득이 있음을 이르는 말.

세:대(世代)**명 1** 혈통으로 보아 한 대가 다음 대로 바뀌기까지의 약 30년 정도 되는 기간. **2** 같은 시대에 사는, 비슷한 연령층의 사람 전체. **□**~ 차 / 젊은 ~ / 아버지 ~ / ~ 간의 갈등. **3** 생물이 생겨나서 생존을 끝마칠 때까지의 기간. **4** 그때에 당면하는 시대. **□**지난 ~의 잘못이 되풀이되다.

세:대(世帶)**명의명** 가구(家口).

세:대 (細大) [명] **1** 가는 것과 굵은 것. **2** 작은 일과 큰일.
세:대 교번 (世代交番) 〖생〗 생물의 번식 형태의 하나. 무성(無性) 생식을 하는 무성 세대와 유성(有性) 생식을 하는 세대가 번갈아 나타나는 현상《해파리·진디 따위》. 세대교체. 세대 윤회.
세:대-교체 (世代交替) [명] **1** 〖생〗 세대 교번. **2** 신세대가 구세대와 교대하여 어떤 일을 맡아 봄. ❑ ~를 이루다.
세:대-박이 [명] 돛대 셋을 세운 큰 배. 삼대선.
세:대 윤회 (世代輪廻) 〖생〗 세대 교번.
세:대-적 (世代的) [관][명] 세대나 세대가 이루는 계층에 관한 (것). ❑ ~ 특징 / ~(인) 차이점.
세:대-주 (世帶主) [명] 한 세대의 주장이 되는 사람. 가구주.
세당 [명] 〈옛〉 목책(木柵).
세:덕 (世德) [명] 대대로 쌓아 내려오는 미덕.
세:도 (世道) [명] **1** 세상을 올바르게 다스리는 도리. **2** 세상을 살면서 지켜야 할 도의.
세:도 (勢道) [명][하자] 정치상의 권세. 또는 그러한 권세를 마구 휘두르는 일. ❑ ~ 가문 / ~를 잡다 / ~가 당당하다 / ~를 누리다 / ~에 붙어 아부하다.
세도가 빨랫줄이다 [구] 세도가 든든하고 오래 가다.
세도(를) 부리다 [구] 사회적 지위나 권세를 이용하여 부당하게 세력을 부리다.
세도(를) 쓰다 [구] 세도(를) 부리다.
세:도-가 (勢道家) [명] 세도를 부리는 사람. 또는 그런 집안.
세:도-꾼 (勢道-) [명] 세도를 부리는 사람을 낮잡아 이르는 말.
세:도막 형식 (-形式)[-마켱-] 〖악〗 한 곡이 세 부분으로 나뉘어 전부(前部)와 중부는 다른 형식으로 되고, 후부는 전부의 되풀이나 변형으로 된 작곡 형식. 삼부 형식.
세:도-인심 (世道人心) [명] 세상을 살아가며 지켜야 할 도의와 사람의 마음.
세:도-재상 (勢道宰相) [명] 세도를 잡고 정치를 좌우하는 재상.
세:도 정치 (勢道政治) 〖역〗 조선 정조(正祖) 이후, 세도가(勢道家)에 의해 온갖 정사(政事)가 좌우되던 정치.
세:독 (細讀) [명][하타] 글을 자세히 읽음. ❑ 고전을 ~하여 내용을 익히다.
세:동가리-돔 [명] 나비고깃과의 바닷물고기. 몸빛은 엷은 갈색에 옆구리를 두르는 넓은 두 줄의 진한 갈색 띠가 있음. 몸길이 15 cm 가량이고 옆으로 납작하며 아래위가 길어 사각형에 가깝고 주둥이는 뾰족하고 작음.
세:뚜리 [명] **1** 한 상에서 세 사람이 식사하는 일. **2** 새우젓 따위를 나눌 때, 한 독에 든 것을 세 몫으로 가르는 일. 또는 그 분량.
세라믹 (ceramics) [명] 고온(高溫)으로 열처리하여 만든 비금속 무기질 고체 재료의 총칭. 도자기·유리·벽돌·시멘트 등으로부터 근래에 개발 이용되고 있는 첨단 기술 기기의 신소재(新素材)인 파인 세라믹스까지 포함하여 이름.
세:량 (細凉) [명] 가는 바탕에 얇은 깁으로 바른 갓양태.
세레나데 (serenade) [명] 〖악〗 **1** 저녁 음악이라는 뜻으로, 밤에 애인의 집 창가에서 부르거나 연주하던 사랑의 노래. **2** 서정적인 현악 합주 또는 소관현악을 위한 조곡(組曲). 세레나드. 소야곡(小夜曲).
세:려 (細慮) [명][하타] 무언가를 꼼꼼히 생각함. 또는 그런 생각.
세:력 (勢力) [명] **1** 남을 복종시키는 기세와 힘. ❑ 정치 ~ / ~ 다툼을 벌이다 / ~을 잡다 / ~을 확장하다. [준] 세(勢). **2** 어떤 속성이나 힘을 가진 집단. ❑ 지배 ~ / 핵심 ~ / 주도 ~을 형성하다.
세력이 빨랫줄 같다 [구] 세도가 오래가다.
세:력-가 (勢力家)[-까] [명] 세력을 가진 사람. 세객(勢客). ❑ ~로 부상하다 / ~와 결탁하다. [준] 세가(勢家).
세:력-권 (勢力圈)[-꿘] [명] 세력이 미치는 범위. ❑ ~을 넓히다 / ~에서 벗어나다 / ~을 형성하다 / 자신의 ~ 아래 두다.
세:력 균형 (勢力均衡)[-뀬-] 근대 국가에서의 국내 정치 원리의 하나. 국제 관계에서, 어떤 한 나라가 다른 나라들을 압도할 만큼 세력이 강대하게 되지 않도록 서로 다른 나라와 세력의 균형을 이루는 일.
세:련 (洗練·洗鍊) [명][하타] **1** 말이나 글 따위가 어색한 데가 없이 능숙하고 미끈하게 다듬어짐. ❑ ~된 말솜씨 / 문장이 ~되다. **2** 모습 따위가 환하고 말쑥함. ❑ ~된 몸매 / ~된 옷차림.
세:련-미 (洗練味) [명] 사물이 세련된 데서 느껴지는 맛. ❑ ~가 넘치다 / ~가 돋보이다 / ~를 갖추다.
세:렴 (細簾) [명] 가는 대로 촘촘히 엮은 발. ❑ 옥교에 ~이 드리워져 있다.
세:례 (洗禮) [명] **1** 〖기〗 입교(入敎)하려는 사람에게 죄악을 씻는 표시로 행하는 의식《물세례와 성령 세례로 나눔》. ❑ ~를 받다 / ~를 베풀다. **2** 공격·비난·제재 따위가 한꺼번에 쏟아짐. ❑ 주먹 ~를 받다 / 질문 ~가 쏟아지다.
세:례-명 (洗禮名) [명] 〖가〗 세례 때 받는 이름《성인(聖人)의 이름에서 땀》. 본명(本名).
세:례-자 (洗禮者) [명] 세례를 주는 사람. ❑ ~ 요한.
세:로 [명][부] 위에서 아래로 곧게 내려오는 모양. 또는 그렇게 놓인 상태. 종(縱). ❑ ~의 길이를 재다 / 글씨를 ~로 쓰다. ↔가로.
세:로 (世路) [명] 세상을 살아가는 길. 행로(行路). ❑ 험난한 ~를 헤쳐 나가다.
세:로 (細路) [명] 작은 길. 좁은 길.
세:로-결 [명] 판자나 종이 따위의 세로로 난 결. ↔가로결.
세:로-글씨 [명] 글줄을 세로로 쓰는 글씨. 내리글씨. ↔가로글씨.
세:로-금 [명] 세로줄1. ↔가로금.
세:로-끼움표 (-標) [명] 문장에 끼움표로 쓰는 부호 '<'의 이름. 세로쓰기에 씀.
세:로-대 [명] 〖수〗 와이축(Y軸). ↔가로대.
세:로-띠 [명] 세로로 길게 내려 띤 띠. 종대(縱帶). ↔가로띠.
세:로-무늬 [-니] [명] 세로로 길게 나타난 무늬. 종문(縱紋). ↔가로무늬.
세:로-쓰기 [명][하타] 글씨를 세로로 쓰는 일. 종서(縱書). 내리쓰기. ↔가로쓰기.
세로 좌:표 (-座標) 〖수〗 와이 좌표(Y座標). ↔가로 좌표.
세:로-줄 [명] **1** 세로로 그은 줄. 종렬. 종선(縱線). 세로금. ↔가로줄. **2** 〖악〗 악보에서, 마디를 구분하기 위하여 그은 수직선. **3** 〖악〗 세로줄 가운데, 특히 한 줄로 그은 가느다란 수직선. 단종선(單縱線).
세:로-지 [명] **1** 엮은 발로 뜬 종이를 그 결이

세로가 되게 접거나 자르거나 쓰거나 할 때 의 종이나의 결. **2** 종이·피륙 등의 세로로 긴 조각. →가로지. ⑤세지.

세:로-짜기 (-)[명][인] 활자를 세로로 짜는 방식. 종조(縱組). →가로짜기.

세:로-축 (-軸)[명][수] 와이축(Y軸).

세:로-획 (-劃)[명] 글자에서, 위에서 아래로 내리긋는 획. →가로획.

세:록 (世祿)[명] 대대로 받는 녹봉. 가록(家祿). ▫~을 받다.

세:록지신 (世祿之臣)[--찌-][명] 대대로 녹봉을 받는 신하. ⑤세신.

세:론 (世論)[명] 여론(輿論). ▫~이 크게 들끓 다 / ~에 따르다.

세:론 (細論)[명][하타] 어떤 일에 대해 자세하게 의논함. 또는 그 의논. ▫대비책을 ~하다.

세:롱 (細聾)[명] 가는귀가 먹어 소리를 잘 듣지 못하는 일.

세:루 (世累)[명] 세상의 번잡한 걱정과 괴로움.

세루 [프 serge] 모직물의 하나. 서지 비슷하나 그보다 바탕이 얇고 올새가 가늚. *서지(serge).

세:류 (洗流)[명][물] 비행기가 날 때, 날개 뒤에서 일어나는 기류.

세:류 (細柳)[명][식] 세버들. ▫~같이 가는 허리.

세:류 (細流)[명] 가늘게 흐르는 시냇물.

세륨 (cerium)[명][화] 납 비슷한 금속 원소. 갈렴석(褐簾石)·모나자이트 따위에서 산출되며, 공기 중에서 쉽게 산화함. 발화(發火) 합금 따위에 씀. [58 번 : Ce : 140.12].

세륨-족 (cerium族)[명][화] 희토류(稀土類) 원소 가운데 란탄·세륨·프라세오디뮴·네오디뮴·프로메튬·사마륨의 6개 원소의 총칭. *이트륨족(yttrium族).

세:리 (稅吏)[명] 세금을 받는 관리.

세:리 (勢利)[명] **1** 세력과 권리. ▫모든 ~를 박탈당하다. **2** 권세와 이익. ▫~를 좇다.

세리신 (sericin)[명][화] 생사(生絲)의 표면에 붙어 있는 아교 모양의 단백질. 열탕으로 처리하면 녹아 없어져 피브로인(fibroin)만 남김.

세리오소 (이 serioso)[명][악] '비장하게'·'장중하게'의 뜻.

세리프 (serif, ceriph)[명] 로마자 활자의 글씨에서 획의 시작이나 끝 부분에 있는 작은 돌출선(突出線).

세:린 (細鱗)[명] **1** 물고기의 자잘한 비늘. **2** 작은 물고기.

세:립 (細粒)[명] 매우 잔 알갱이.

세:마 (貰馬)[명] 세를 받고 빌려 주는 말.

세:-마치 [명][하자] 대장간에서 쇠를 불릴 때에 세 사람이 돌려 가며 치는 큰 마치. 또는 그렇게 치는 일.

세:-마치-장단 [명][악] 우리 민속 장단에서, 보통 빠른 3박자의 8분의9 박자(《아리랑》·《양산도》 따위).

세:-마포 (細麻布)[명] 가는 삼실로 짠 매우 고운 베. 세포(細布).

세:만 (歲晚)[명] 세밑.

세:-말 (細末)[명][하타] 아주 곱게 가루를 빻음. 또는 그 가루.

세:말 (歲末)[명] 세밑. ▫만추한 ~ 풍경.
　세말에 팔리다 〔구〕 세말 아니면 기를 펴지 못한다는 뜻으로, 가는 곳마다 욕을 먹거나 누구에게나 좋지 않은 감정을 산다는 말.

세:망 (勢望)[명] 세력과 인망. ▫~을 얻다.

세:맥 (細脈)[명][식] **1** 가는 맥. **2** 측맥(側脈)과 측맥 사이를 연결하는 가는 잎맥.

세메다인 (Cemedine)[명] 고체를 붙일 때 쓰는 합성 접착제의 상표명.

세:-면 (洗面)[명][하자] 얼굴을 씻음. 세수. 세안. ▫~을 하고 면도도 하다.

세:-면 (細麵)[명] '세국수'의 준말.

세:면-구 (洗面具)[명] '세면도구'의 준말.

세:면-기 (洗面器)[명] 얼굴을 씻는 그릇. 대야.

세:면-대 (洗面臺)[명] 세면 시설을 해 놓은 대.

세:면-도구 (洗面道具)[명] 얼굴을 씻거나 머리를 감거나 면도 따위를 하는 데에 쓰는 여러가지 물건(비누·칫솔·수건 따위). ⑤세면구.

세:면-소 (洗面所)[명] 세면하는 곳. 세수간.

세:면-장 (洗面場)[명] 세면 시설을 갖추어 놓은 곳. 세수간.

세:-모 [명] 삼각형의 세 개의 모. 삼각.

세:모 (世母)[명] 세부(世父)의 아내. 큰어머니. 백모(伯母).

세:모 (洗毛)[명][하타] 양모 방적 공정에서, 양모에 묻은 불순물을 씻어서 없애는 일.

세:모 (細毛)[명] **1** 썩 가는 털. **2**[식] 참가사리.

세:모 (歲暮)[명] 세밑.

세:모-게 [명][동] 말랑겟과의 게. 얕은 바다에 삶. 등딱지는 삼각형이고 등 쪽은 매끈함. 다리는 납작하고 썩 긺. 한국·일본 및 인도양 각지에 분포함. 모밀꽃.

세:모-기둥 [명][수] 삼각기둥.

세:모-꼴 [명][수] '삼각형'을 풀어쓴 말.

세:모-끌 [명][공] 날은 반듯하나 등이 모져서 세모를 이룬 끌(나무를 다 내는 데 씀).

세:모-나다 [명] 모양이 세모꼴로 되어 있다. ▫종이를 세모나게 자르다.

세:모-뿔 [명][수] 삼각뿔.

세:모-송곳 [-곧][명] 끝이 세모진 송곳.

세:-모시 (細--)[명] 올이 가늘고 고운 모시. 세저(細苧). ▫~옥색 치마. ↔장작모시.

세:모-자 [명] 삼각자.

세:모-제 (歲暮祭)[명] **1** 세밑에 지내는 제사. **2**[역] 섣달 그믐날, 나라에서 지내던 제사.

세:모-줄 [명] 쇠붙이를 깎는 세모진 줄.

세:모지다 [명] 세모가 나 있다. ▫얼굴이 ~.

세:모-창 (-槍)[명] 날의 끝이 세모진 창.

세모-필 (細毛筆)[명] 가는 털로 만든 붓. ▫~로 쓴 글씨.

세:-목 (細木)[명] 올이 썩 가늘고 고운 무명.

세:-목 (細目)[명] '세절목(細節目)'의 준말.

세:-목 (稅目)[명] 조세의 종목. ▫각종 ~의 조세를 징수하다.

세:목-장 (稅目帳)[-짱][명] 세목을 기록하는 장부.

세:-몰이 (勢-)[명] 선거 등에서, 유세 따위를 통하여 자신의 지지 세력을 늘리려고 분위기를 조성하는 일. ▫유세장에 ~꾼들을 동원하다 / 선거에 이기려면 ~를 잘해야 한다.

세:-무 (世務)[명] 세상을 살아가며 겪는 온갖 일. ▫~에 부대끼다.

세:-무 (細務)[명] 자질구레한 사무.

세:-무 (稅務)[명] 세금을 매기고 거두어들이는 일에 관한 사무. ▫~ 관리 / ~ 비리를 폭로하다.

세:무-관 (稅務官)[명][역] 조선 때, 탁지부(度支部)의 주임관(奏任官) 벼슬의 하나. 세무에 관한 일을 맡음.

세:무-사 (稅務士)[명] 세무사법에 따라, 세금 업무에 관한 일을 대신 하여 주거나 상담하는 일을 업으로 하는 사람.

세:-무 사찰 (稅務査察) 조세 범칙(租稅犯則)

행위에 대한 강제 조사.
세:무-서 (稅務署) 圀 내국세의 사무를 맡아보는 지방 행정 관청.
세:무 조사 (稅務調査) 세법(稅法)에 따라 행하는 세무 당국의 조사.
세:묵 (細墨) 圀 《미술》 '시멍'의 취음(取音).
세:문 (細紋) 圀 가늘고 잔 무늬.
세:문 (勢門) 圀 세가(勢家).
세:문 (歲問)하타 해마다 일정한 시기에 선물을 보내어 문안하는 일. 囗~을 드리다.
세:-문안 (歲問安)하타 새해에 윗사람에게 문안을 드림. 또는 그 문안. 囗~을 올리다.
세:물 (貰物) 圀 세를 받고 빌려 주는 물건.
세:물-전 (貰物廛) 圀 지난날, 혼인이나 장사 (葬事) 때에 쓰는 물건을 세를 받고 빌려 주던 가게. 도가(都家).
【세물전 영감이다】 아는 것이 매우 많은 사람을 비유적으로 이르는 말.
세:미 (世味) 圀 세상맛. 囗세상이 어수선해서 아무런 ~를 맛볼 수 없다.
세:미 (稅米) 圀 조세로 바치던 쌀.
세:미 (歲米) 圀 지난날, 세초(歲初)에 나라에서 노인들에게 나누어 주던 쌀.
세미나 (seminar) 圀 1 대학에서 교수의 지도 아래, 특정한 주제에 대해 학생들이 모여서 연구 발표나 토론 등을 통해서 하는 공동 연구. 2 전문인 등이 특정한 과제에 관하여 하는 연수회나 강습회. 囗경영 ~를 열다.
세미다큐멘터리 (semidocumentary) 圀 기록적인 것에 극적인 요소를 섞어 작품의 효과를 높이는 수법. 또는 그런 영화나 방송 프로그램.
세미콜론 (semicolon) 圀 쌍반점.
세미클래식 (←semiclassical music) 圀 클래식 악곡 가운데 가벼운 소품이나 분위기 위주의 경음악을 이르는 말.
세미파이널 (semifinal) 圀 권투에서, 주요 경기 바로 전에 하는 경기.
세미프로 (semipro) 圀 '세미프로페셔널'의 준말.
세미프로페셔널 (semiprofessional) 圀 어떤 일에 대하여 직업적으로 활동을 하지는 않으나 전문적인 지식이나 소양을 가지고 있는 사람. ⑪세미프로.
세:미-하다 (細美-)혱여 가늘고 곱다.
세:미-하다 (細微-)혱여 1 매우 가늘고 작다. 세소하다. 2 신분이나 지위가 낮고 천(賤)하다.
세:민 (細民) 圀 빈민.
세:민-가 (細民街) 圀 빈민가.
세:민-층 (細民層) 圀 빈민층.
세:밀-하다 (細密-)혱여 자세하고 꼼꼼하다. 囗세밀한 지도 / 인물을 세밀하게 묘사하다 / 세밀한 파악이 필요하다. **세:밀-히** 튀. 囗~ 관찰하다.
세:밀-화 (細密畵) 圀 세밀한 묘사로 대상을 치밀하게 나타낸 그림. 미니아뷔르.
세:-밑 (歲-)[-믿] 圀 한 해의 마지막 때. 섣달 그믐께. 설밑. 세만. 세말. 세모. 세저(歲底). 세종(歲終). 연말. 연종(年終). 囗~이 가까워 오다.
세:반 (細飯) 圀 찐 찹쌀을 말려 부수거나 빻은 가루《산자나 강정 따위에 묻혀 먹음》.
세:반-강정 (細飯-) 圀 세반에 꿀이나 조청을 묻혀 만든 강정의 한 가지.
세:반고리관 (-半-管) 圀 반고리관.
세:반-산자 (細飯橵子) 圀 세반을 묻힌 산자 《흰 것과 붉은 것이 있음》.
세:-받다 (洗-)[-따] 짜 《가》 신부에게서 영세

를 받다. ↔세주다.
세:-발 (洗髮)하타 머리를 감음.
세:-발-솥 [-솓] 圀 《역》 다리가 세 개 달린 솥 《흔히, 두 개의 귀가 붙어 있음》.
세:-자전거 (-自轉車) 圀 어린애들이 타는, 바퀴가 세 개 달린 자전거.
세:배 (歲拜)하타 섣달그믐이나 정초에 웃어른께 인사를 하는 절. 세알(歲-). 囗~를 드리다 / ~를 받다 / ~를 다니다 / 어른들께 ~하러 가다.
세:배-꾼 (歲拜-) 圀 세배하러 다니는 사람.
세:배-상 (歲拜床)[-쌍] 圀 세배꾼을 대접하는 음식상. 囗~을 차리다.
세:-백목 (細白木)[-뱅-] 圀 올이 가늘고 고운 무명.
세:-백저 (細白苧)[-쩌] 圀 누여서 빛이 희어진, 발이 가는 모시.
세:뱃-값 (歲拜-)[-배깝 / -뱉깝] 圀 세뱃돈.
세:뱃-돈 (歲拜-)[-배똔 / -뱉똔] 圀 세배하러 오는 아이들에게 주는 돈. 세뱃값. 囗~을 받다 / ~을 주다 / ~을 모아 책을 샀다.
세:-버들 (細-) 圀 가지가 실같이 몹시 가는 버드나무. 세류.
세:벌 (世閥) 圀 지체.
세:벌-상투 (細-) 圀 고를 두 번 돌려 짠 상투.
세:벌-장대 (-長臺) 圀 세 층으로 포개어 쌓아 놓은 긴 댓돌.
세:법 (稅法)[-뻡] 圀 국세(國稅)의 종목과 세율 및 징수와 처벌 등에 관한 법률을 통틀어 이르는 말. 조세법. 囗~을 개정하다.
세:변 (世變) 圀 세상의 변고. 囗~을 막다.
세:별 (細別)하타 사물을 세밀하게 구별함. 囗종류별로 ~하다.
세:보 (世譜) 圀 계보를 모아 엮은 책.
세:보 (細報)하타 자세히 보고함. 또는 그런 보고. 상보(詳報). 囗~를 듣다 / ~를 제공하다 / 사건 경위를 ~하다.
세봉 〈속〉 좋지 않은 일, 큰 탈이 날 일을 이르는 말. 囗한데서 자다가 감기나 걸리면 ~인데.
세:부 (世父) 圀 아버지의 맏형. 백부(伯父).
세:부 (細部) 圀 자세한 부분. 囗~ 보고 / ~ 계획을 보고하다.
세:-부득이 (勢不得已)튀하혱 '사세부득이'의 준말. 囗~하여 퇴각하다.
세:부-적 (細部的)관圀 세세한 부분에까지 미치는 (것). 囗계획을 ~으로 검토하다.
세:분 (洗粉) 圀 물건을 닦는 데 쓰는 가루.
세:분 (細分)하타 여럿으로 잘게 나눔. 또는 자세하게 분류함. 囗업무 내용을 ~되다 / 교과 과정을 ~하다.
세:분-화 (細分化)圀짜타 사물이 여러 갈래로 자세히 갈라짐. 또는 그렇게 갈라지게 함. 囗~된 교과 과정 / 업무의 ~가 이루어지다.
세:-불양립 (勢不兩立)[-량닙] 圀 비슷한 두 세력이 함께 존재할 수 없음. 곧, 한 집에 주인이 둘 있을 수 없다는 말.
세븐 시스템 (seven system) 럭비에서, 포워드(forward)를 일곱 명으로 하고, 백(back)을 여덟 명으로 배치하는 일.
세:비 (歲費) 圀 1 국가 기관의 일 년간의 경비. 세용. 2 국회의원의 보수로 매달 지급되는 수당 및 활동비.
세:빙 (細氷) 圀 공기 중의 수증기가 미세한 얼음 결정이 되어 공기 중에 떨어지거나 떠다니는 현상. 한랭지에서 기온이 아주 낮을 때

에 볼 수 있음.

세:-뿔 명 날갈.

세:-사 (世事) 명 세상에서 일어나는 온갖 일. ▢ ~에 밝다 / ~에 시달리다 / ~에 어둡다.

세:-사 (世祀) 명 대로 지내는 제사. ▢ ~를 지내다.

세:-사 (世嗣) 명 후손(後孫).

세:-사 (細沙) 명 가늘고 고운 모래. 모새. 잔모래. 시새.

세:-사 (細事) 명 자질구레한 일.

세:-사 (細思) 명하타 곰곰하고 치밀하게 생각함. 또는 그렇게 하는 생각.

세:-사 (細査) 명하타 빈틈없이 세밀하게 조사함. 또는 그런 조사.

세:-사 (歲事) 명 일 년 중에 일어나는 일.

세:-사-난측 (世事難測) 명 세상의 일은 변화가 심해 미리 헤아릴 수 없음.

세:-사-토 (細沙土) 명 고운 모래흙.

세:-살-문 (細-門) 명 살을 성기게 대어 거칠게 만든 문짝.

세:-살-부채 (細-) 명 **1** 살이 아주 가늘거나 살의 수가 적은 부채. **2** 거의 다 찢어져 살이 조금만 남은 부채.

세:-살-창 (細-窓) 명 《건》 창살을 아주 가늘게 다듬어 만든 창.

세:상 (世上) ▢명 **1** 모든 사람이 살고 있는 사회의 총칭. 천하(天下). 사회. 세간. ▢ ~을 떠들썩하게 하다 / ~ 물정을 모르다 / 넓은 ~을 구경하다. 2 한 사람이 살고 있는 동안. 평생. ▢ 가난 속에서 한 ~을 보내다. 3 어떤 특정한 사람 또는 계통에 의해서 지배·통치가 행해진 동안. ▢ 오늘 임금의 ~. 4 마음대로 활동할 수 있는 시간이나 공간. ▢ ~을 만나다 / 제 ~인 것처럼 날뛰다. 5 천상에 대한 지상. ▢ 하느님의 ~에 내려오시다. 6 절·수도원·교도소 등에서 일컫는 바깥 사회. ▢ ~에 나가다 / ~ 소식이 궁금하다. 7 '세상인심'의 준말. ▢ 야속하다 / ~ 따뜻한 ~을 바란다. ▢부 1 비할 바 없이. 아주. ▢ 좋은 물건이라도 내겐 무용지물이다. 2 도무지. 조금도. ▢ 아무리 불러도 ~ 와야 말이지 / ~ 시끄러워 살 수가 있나.

세상에 서다 관 세상에 나서서 제구실을 하다. 세상에 나가 상당한 지위에 올라서다.

세상(을) 떠나다〔뜨다〕 관 사람의 죽음을 일컫는 말.

세상(을) 버리다 관 죽다. 세상을 떠나다.

세:상 (世相) 명 세태(世態).

세:상-만사 (世上萬事) 명 세상에서 일어나는 온갖 일. ▢ 새옹지마(塞翁之馬) / ~가 귀찮게 여겨졌다.

세:상-맛 (世上-)[-맏] 명 세상을 살아가는 재미. 세상을 살아가며 겪는 온갖 경험. 세미(世味). ▢ ~을 모르고 살다 / ~을 알 만하다.

세:상-모르다 (世上-)[-몰라, -모르니] 자타 1 세상 물정에 어두워 일상생활의 주변에서 일어나는 일을 모르다. ▢ 세상모르고 설치다. 2 의식하지 못할 만큼 깊은 잠에 빠져 아무 것도 모르다. ▢ 세상모르고 곤히 자다.

세:상-사 (世上事) 명 세상에서 일어나는 일. 세상일. ▢ ~에 무관심하다.

세:상-살이 (世上-) 명 사람이 세상을 살아가는 일. ▢ ~가 고달프다 / ~가 이렇게 힘들어서야.

세:상-없다 (世上-)[-업따] 형 세상에 다시없다. 또는 비할 데 없다. ▢ 그는 세상없는 착

한 사람이다.

세:상-없어도 (世上-)[-업써-] 부 무슨 일이 있더라도 꼭. 천하없어도. ▢ ~ 이 일은 하고야 꼭 가야 한다.

세:상-없이 (世上-)[-업씨] 부 더할 나위 없이. 아무리. 천하없이. ▢ ~ 좋은 사람 / ~ 힘든 일이라도 해내겠다 / ~ 떠들어도 소용없다.

세:상-에 (世上-) 갑 너무나 뜻밖의 일이 생겨서, 크게 놀라는 뜻으로 쓰는 말. ▢ ~, 별놈 다 보겠다.

세:상-인심 (世上人心) 명 세상 사람들의 마음. ▢ ~이 이토록 사나워져야. 준세상.

세:상-일 (世上-)[-닐] 명 세상사(世上事). ▢ ~, 뜻대로 되는 게 있나.

세:상-천지 (世上天地) 명 (주로 '세상천지에'의 꼴로 쓰여) '세상'을 강조하여 이르는 말. ▢ 아니, ~에 이렇게 억울한 일도 있습니까.

세:-서 (細書) 명하타 글씨를 잘게 씀. 또는 그 글씨.

세:-서 (歲序) 명 세월이 바뀌는 순서.

세:-서-성문 (細書成文) 명하타 썩 가늘고 잔 글씨로 씀. 또는 그 기록.

세:-석 (細石) 명 조그마한 돌. 잔돌.

세:-석 (細席) 명 올이 가는 돗자리.

세:-석기 (細石器)[-끼] 명 《역》 잔석기.

세:-선 (細線) 명 가는 줄. 잔금.

세:-설 (細說) 명 세평(世評).

세:-설 (洗雪) 명하타 부끄럼 등을 씻어 버림. 설욕(雪辱).

세:-설 (細雪) 명 가랑눈. 분설(粉雪). ▢ ~이 바람에 흩날리다.

세:-설 (細說) 명하자타 1 잔말. 잔소리. ▢ ~은 그만두고 요점을 말하시오. 2 자세히 설명함. 또는 그런 설명. 3 문제가 되지도 않는 너절한 말을 함. 또는 그 말.

세:-섬-덩이 [-썸떵-] 김맬 때 흙을 떠서 앞으로 엎어 놓는 덩어리.

세:성 (細聲) 명 《악》 판소리 창법에서, 아주 가늘게 내는 목소리.

세:성 (歲星) 명 《천》 목성(木星).

세:세 (世世) 명 대대(代代).

세:세 (歲歲) 명 연년(年年).

세:세-상전 (世世相傳) 명하타 대를 이어 전함.

세:세생생 (世世生生) 명 《불》 몇 번이든지 다시 환생(還生)하는 일. 또는 그런 때. 생생세세(生生世世). ▢ 내생에 가서도 ~ 꼭 상감마마만 모시기를 빌고 바라옵네.

세:세손손 (世世孫孫) 명 대대손손.

세:세-연년 (歲歲年年) 명부 '매년'을 강조하여 이르는 말. 연년세세. ▢ ~ 풍년이 들다 / ~ 화평하게 살다.

세:세-하다 (細細-) 형 1 아주 자세하다. ▢ 세세한 사연 / 세세한 설계도 / 세세하게 설명하다. 2 나 따위의 내용이 너무 잘아 보잘것없다. ▢ 세세한 일들은 무시해 버린다 / 세세한 사정으로 큰일을 그르칠 수 없다. 3 물건의 굵기나 결이 아주 가늘다. 세:-세-히 부. ▢ ~ 살피다 / ~ 기록하다.

세:-소고연 (勢所固然) 명 일의 형세가 그렇게 되어 이르는 말.

세:-소-하다 (細小-) 형 세미(細微)하다.

세:속 (世俗) 명 1 이 세상. 속세. ▢ ~을 등지고 살다 / ~의 때가 묻다. 2 세상의 풍속. ▢ ~을 따르다 / ~에 물들다 / ~에 얽매이다.

세:속 오:계 (世俗五戒)[-오계- / -오:계] 《역》 신라 진평왕 때 원광 법사가 지은 화랑의 다섯 가지 계율. 곧, 사군이충(事君以忠).

사친이효(事親以孝)·교우이신(交友以信)·임전무퇴(臨戰無退)·살생유택(殺生有擇)을 이름.

세:속-적(世俗的)[-쩍]**관명** 세속의 테두리를 벗어나지 못한 (것). □~ 관심 / ~인 사고방식을 버리다 / ~인 명예를 추구하다.

세:속-화(世俗化)[-소콰]**명하자타** 세속적으로 됨. □종교의 ~에 반기를 들다 / 무분별한 서구 문화의 모방은 생활의 급속한 ~를 가져왔다.

세:손(世孫)**명** '왕세손(王世孫)'의 준말.

세:손-강서원(世孫講書院)**명** 『역』 조선 때, 왕세손(王世孫)의 시강(侍講)을 맡아보던 관아. 강서원.

세:손-궁(世孫宮)**명** 『역』**1** '왕세손(王世孫)'의 높임말. **2** 왕세손이 거처하던 궁전.

세:손목-한카래명 한 사람이 가랫장부를 잡고, 두 사람이 줄을 잡아 세 사람이 하는 가래질.

세:손-부(世孫傅)**명** 『역』 조선 때에, 세손강서원에 속한 종일품 벼슬. 세손의 스승으로, 다른 관아의 벼슬아치가 겸임하였음.

세:수(世守)**명하자** 여러 대(代)를 이어 지켜 옴. □집안의 가훈을 ~하다.

세:수(世數)**명** 조상으로부터 자손으로 이어져 내려오는 대(代)의 수.

세:수(世壽)**명** 승려의 세속의 나이. *법랍(法臘).

세:수(洗手)**명하자** 물로 손이나 얼굴을 씻음. 세면(洗面).

세:수(稅收)**명** '세수입(稅收入)'의 준말. □~가 줄다 / ~가 대폭 늘었다.

세:수(歲首)**명** 새해의 처음. 설. 세초(歲初). 연두(年頭). □~를 맞다.

세:수-간(洗手間)[-깐]**명** 세수할 수 있도록 시설을 갖추어 놓은 곳. 세면소. 세면장.

세:수-수건(洗手手巾)[-쑤-]**명** 세수를 하고 물기를 닦아 내는 수건.

세:수입(稅收入)**명** 조세의 수입. □~을 늘리다. ⓒ세수(稅收).

세:수-천(歲首薦)**명** 『역』 해마다 새해 처음에 관찰사나 수령이 되기에 적당한 사람을 천거하던 일.

세:숫-대야(洗手-)[-때-/-숟때-]**명** 세숫물을 담는 그릇. □~에 물을 떠 오다.

세:숫-물(洗手-)[-쑨-]**명** 세수하는 물. □~을 뜨다 / ~을 데우다.

세:숫-비누(洗手-)[-쑤뻐-/-숟뻐-]**명** 세수할 때에 쓰는 비누. 화장비누.

세슘(cesium)**명** 『화』 알칼리 금속 원소의 하나. 은백색으로 무르고 가벼움. 광전관(光電管)에 이용함. [55 번 : Cs : 132.91]

세:습(世習)**명** 세상의 풍습. □~을 따르다 / ~에 맞지 않다.

세:습(世襲)**명하타** 한 집안의 재산·신분·직업 따위를 그 자손들이 대대로 물려받는 일. □~ 왕조 / 자손에게 권력을 ~하다 / 왕위가 ~되다 / 자식들에게 재산을 ~하다.

세:습 군주국(世襲君主國)[-꾼-]**명** 군주의 지위가 일정한 혈통에 의해 세습되는 국가.

세:습-무(世襲巫)[-습-]**명** 조상 대대로 무당의 신분을 이어받아 된 무당.

세:습 재산(世襲財産)[-째-]『법』 대대로 한 집안의 계승자가 물려받기는 하나, 자유 처분·채권자의 강제 집행을 할 수 없는 재산.

세:습-적(世襲的)[-쩍]**관명** 세습하는 (것). □~ 정권 / ~ 관료 집단 / ~인 신분 사회를 형성하다.

세:승(細繩)**명** **1** 가는 노끈. **2** 가는 새끼. **3** 모시의 발.

세역

세:승-포(細升布)**명** 실이 가는 베.

세:시(歲時)**명** **1** 한 해의 절기나 달, 계절에 따른 때. □~ 풍속집. **2** 해와 시(時). **3** 새해. 설.

세:시-기(歲時記)**명** 일 년 중, 철을 따라서 행하게 되는 여러 가지 행사를 적어 놓은 책.

세:시-복랍(歲時伏臘)[-봉납]**명** 새해·삼복(三伏)·납향의 총칭.

세:시-증(歲時峸)**명** 설날에 먹는 떡을 찌는 시루라는 뜻으로, 많은 사람이 같은 행사 때에 쓰려고 찾는 물건을 이르는 말.

세:시 풍속도(歲時風俗圖)[-또] 일상생활 장면이나 사철의 풍속을 그린 그림.

세:신(世臣)**명** **1** 대대로 한 가문이나 왕가를 섬기는 신하. **2** '세록지신'의 준말.

세:신(細辛)**명** 『한의』 족두리풀이나 민족두리풀의 뿌리(말려서 두통·발한·거담 따위 증세의 약재로 씀).

세:실(世室)**명** 나라에서 지내는 제사의 위패를 모시던 종묘(宗廟)의 신실(神室).

세:실(細-)**명** 가는 실.

세:실-과(細實果)**명** 잘게 만든 숙실과(熟實果).

세:심(洗心)**명** 마음을 깨끗하게 함.

세:심-하다(細心-)**형여** 작은 일에도 꼼꼼하게 주의를 기울여 빈틈이 없다. □세심한 배려 / 세심한 주의를 기울이다 / 성격이 ~ / 세심하게 살피다. **세:심-히 부**

세:-쌍둥이(-雙-)**명** 한 태(胎)에서 잇따라 태어난 세 아이. 삼생아(三生兒).

세:악(細樂)**명** 『역』 취타(吹打)가 아닌 장구·북·피리·저 따위로 연주하는 군악.

세:악-수(細樂手)[-쑤]**명** 『역』 세악을 연주하던 군사.

세:안(洗眼)**명하자** 눈을 씻음. □식염수로 ~하다.

세:안(洗顔)**명하자** 얼굴을 씻음. 세면(洗面).

세:안(細案)**명** 자세하고 빈틈없는 안건(案件).

세:-안(歲-)**명** 새해가 되기 이전. 세전(歲前). □일을 ~에 끝내다.

세:알(歲謁)**명하자** **1** 세배. **2** 예전에, 섣달 그믐이나 설날에 사당(祠堂)에 가서 인사 드리던 일.

세:알-모끼(-)『공』 세 줄을 치도록 이가 셋이 있는 대패.

세:압명 『민』 초상이 나도 그해에 장사를 치를 수 없는 운수.

세:액(稅額)**명** '과세액'의 준말. 조세의 액수. □~을 산출하다 / ~ 공제를 받다.

세:약(洗藥)**명** 병든 자리나 상처를 씻는 데에 쓰는 약.

세:양(歲陽)**명** 『민』 '천간(天干)'을 음양(陰陽)의 구별로 일컫는 말. ↔세음(歲陰).

세:언(世諺)**명** 속담1.

세:언(洗堰)**명** 하천의 수량 조절을 위해 바닥에 있는 돌에 콘크리트 따위로 가로질러 길처럼 만든 둑(보통 때에는 길이 되고, 물이 날 때는 둑의 구실을 함).

세:업(世業)**명** 대대로 물려 내려오는 직업. 가업(家業).

세:여(歲餘)**명** 일 년 남짓한 동안. 해포.

세:여파죽(勢如破竹)**명하형** 기세가 매우 맹렬하여 감히 대항할 만한 적이 없다는 뜻.

세:역(歲役)**명** 해마다 일정하게 실시되는 부역(賦役).

세:-연 (細緣) 圏 세상의 인연. ▣~을 끊다.

세:열 (細裂) 圏혱타 잘게 갈라짐. 또는 잘게 찢음. ▣~ 수류탄.

세:염 (世染) 圏 세상에서 일어나는 온갖 지저분한 일. ▣~에 물들다.

세:염 (勢焰) 圏 기세(氣勢)1.

세:-영산 (細靈山) 圏 〖악〗 '잔영산'의 한자이름.

세오돌라이트 (theodolite) 圏 천체나 다른 물체의 방위각과 올려본각을 재는 기계《천체용(天體用)과 측량용이 있음》. 경위의(經緯儀).

세:외 (世外) 圏 세상 밖이란 뜻으로, 속세를 떠난 곳을 이르는 말. ▣~에 은거하다 / 일찍이 ~에 노닐 뜻에 들은 생각다.

세:외 수입 (稅外收入) 국가와 공공 단체의 수입 가운데, 조세 밖의 여러 가지 수입《수수료·전매 수입 따위》.

세:요 (細腰) 圏 1 가는허리. 2 허리가 가늘고 날씬한 여자.

-세요 어미 받침 없는 용언의 어간 뒤에 붙어, 서술·청원·의문·명령의 뜻을 나타내는 해요체의 종결 어미. -셔요. ▣많이 잡수~ / 어서 오~. ＊-으세요.

세:요-고 (細腰鼓) 圏 〖악〗 허리가 잘록한 장구.

세:용 (歲用) 圏 세비2.

세:우 (細雨) 圏 가랑비.

세:우 (貰牛) 圏 세를 내고 부리는 소. 셋소. ▣~를 부리다.

세우 图 〖옛〗세차게. 자주.

세우다 타 1 눕거나 넘어진 것을 바로 서게 하다. 일으켜 서게 하다. ▣환자를 부축해~ / 무릎을 세우고 앉다 / 허리를 꼿꼿하게 ~. 2 길쭉한 물건을 세로로 서게 하다. ▣기둥을 ~ / 팻말을 ~ / 동상을 ~ / 지팡이를 벽에 기대어 세워 놓다. 3 건물이나 시설을 짓거나 만들다. 건립하다. ▣집을 ~ / 교외에 양로원을 ~ / 교회를 ~ / 학교를 ~. 4 계획·예측 등을 확실하게 정하다. ▣휴가 계획을 ~ / 작전을 ~ / 목표를 ~ / 큰 뜻을 ~ / 방도를 ~. 5 새 주장·의견을 펴내다 ▣새로운 가설을 ~. 6 공로나 업적 따위를 성취하다. ▣공을 ~ / 신기록을 ~. 7 제도·조직·전통 따위를 이룩하다. ▣전통을 ~ / 나라를 ~. 8 명령·규칙·위엄 등이 잘 지켜지게 하다. ▣규율을 ~ / 국가의 기강을 ~. 9 특별한 역할을 하는 사람을 어떤 자리에 나아가게 하거나 차지하게 하다. ▣초대 왕으로 ~ / 후보자로 ~ / 선봉에 ~ / 교단에 ~ / 보초를 ~ / 증인을 ~ / 들러리를 ~ / 보증인을 ~. 10 줄을 짓게 하다. 줄이 서게 하다. ▣차례로 줄을 세워서 안으로 들여보내다 / 바지에 금을 세워 다리다. 11 벌을 서게 하다. ▣무릎 꿇어 앉히고 벌을 ~. 12 움직이거나 가는 것을 멈추게 하다. ▣차를 ~ / 기계를 세우고 고장난 데를 고치다 / 나가려는 아들을 불러 ~. 13 위를 향하여 곧추다. ▣귀를 쫑긋 ~ / 역정을 내고 눈꼬리를 ~ / 외투의 깃을 ~. 14 날을 날카롭게 ~ / 손톱을 세우고 할퀴다. 15 생활을 유지하다. ▣생계를 ~. 16 잃지 않고 보전하다. ▣면목을 ~ / 가장의 체면을 ~. 17 고집을 꺾지 않고 부리다. ▣고집을 ~. 18 핏발이나 심줄 등이 나타나게 하다. ▣미간에 심줄을 ~ / 목의 핏줄을 세우고 소리치다. 19 신경을 날카롭게 하다. ▣

신경을 ~ / 촉각을 세우고 긴장하다. ㉦세다.

세:우-사풍 (細雨斜風) 圏 사풍세우.

세:운 (世運) 圏 세상의 운수. ▣~이 기울다.

세운-알 (世運-) 圏 '건오(建五)'의 풀어쓴 말.

세위-총 (-銃) 圏 〖군〗 병사가 차려 자세를 취하고, 소총은 개머리판이 땅에 닿게 하여 우측에 잡는 집총 자세. ㉦갑 '세워총'의 구령.

세:원 (稅源) 圏 〖경〗 세금 부과의 원천이 되는 소득(所得)이나 재산. ▣~을 발굴하다.

세:월 (歲月) 圏 1 흘러가는 시간. 광음(光陰). ▣기나긴 ~이 흐르다 / ~가는 줄 모르다. 2 지내는 형편이나 사정 또는 재미. ▣~이 많이 좋아졌다 / 장사가 그전만큼 ~이 없다. 3 기간이나 때. ▣어느 ~에 그 일을 끝내겠니.

세월을 만나다 ㉧좋은 때를 만나 활개 치다.

세월이 나다 ㉧제때를 만나서 돈벌이가 잘 되다.

세월이 좀먹다 ㉧세월이 가지 않는다는 뜻.

세:월-없다 (歲月-)[-업따] 혱 1 돈벌이가 잘 안 되다. ▣세월없는 장사. 2 일이 너무 더디어서 끝날지 알 수 없다. 세:월-없이 [-업씨] 图

세:월여류 (歲月如流)[-려-] 圏 세월이 흐르는 물과 같다는 뜻으로, 세월이 매우 빨리 흘러감을 이르는 말.

세:위 (勢威) 圏 기세와 위엄. ▣~를 높이다.

세:유 (世儒) 圏 1 세상에 떠받드는 속된 유학자나 학자. 2 대대로 가문에 전통적 학문을 전하는 유생(儒生).

세:육 (歲肉) 圏 정초에 쓰는 고기.

세:율 (稅率) 圏 〖경〗 '과세율'의 준말. ▣~이 높다.

세:은 (稅銀) 圏 〖역〗 은을 파는 가게에서 세(稅)로 바치던 은.

세:음 (歲陰) 圏 〖민〗 '지지(地支)'를 음양의 구별로 일컫는 말. ↔세양.

세:의 (世誼)[-/-이] 圏 대대로 사귀어 온 정의(情誼). ▣~가 두텁다.

세:의 (世醫)[-/-이] 圏 여러 대를 이어 내려온 의원 노릇.

세:의 (歲儀)[-/-이] 圏 연말에 선사하는 물건. 세찬(歲饌).

세:-이레 圏 〖민〗 아이를 낳은 지 스무하루가 되는 날《대개는 이날 금줄을 거둠》. 삼칠일.

세이브 (save) 圏혱타 1 프로 야구에서, 구원 투수가 팀의 리드를 끝까지 지켜 내는 일. 2 〖컴〗 컴퓨터로 작업한 데이터나 프로그램을 기억 장치에 저장하는 일.

세이프 (safe) 圏 1 야구에서, 주자가 베이스까지 안전하게 나가는 일. ▣심판이 ~를 선언하다. 2 테니스 따위의 구기에서, 공이 경기장의 규정선 안에 떨어지는 일. ↔아웃.

세이프티 번트 (safety+bunt) 야구에서, 타자가 일루에 살아 나가기 위해 행하는 번트.

세:인 (世人) 圏 세상 사람. ▣~의 관심을 끌다 / ~의 지탄을 받다 / ~을 놀라게 하다.

세:인 (細人) 圏 1 간인. 2 소인(小人).

세일 (sale) 圏혱타 판매. 특히 염가 판매·할인 판매를 이르는 말. ▣~ 기간 / 백화점에서 ~옷을 ~한다.

세일러-복 (sailor服) 圏 1 해군 병사들이 입는 군복. 윗옷이 짧고 목 뒤로 네모꼴의 형겊이 달렸으며, 바지가 밑으로 넓다. 해군복. 2 해군복을 본뜬 어린이·여학생용의 윗옷. ▣~을 입은 소녀.

세:-일배 (歲一拜) 圏혱자 윗사람에게 한 해에 한 번 세배하는 일.

세일즈-맨 (salesman) 명 주로 고객을 찾아다니며 상품을 판매하는 사람. 외판원. ❑그 사람은 자동차 ~으로 일하고 있다.
세:입 (稅入) 명 조세의 수입.
세:입 (歲入) 명〖경〗국가나 지방 자치 단체의 1년 또는 한 회계 연도 안의 총수입. ❑~의 증가. ↔세출.
세:입-자 (貰入者)[-짜] 명 세를 내고 남의 집이나 방을 빌려 쓰는 사람. ❑~를 들이다.
세:자 (世子) 명 '왕세자'의 준말. ❑~를 책봉하다.
세:자 (洗者) 명〖가〗영세자에게 성세(聖洗)를 주는 사람.
세:자 (細字) 명 잘게 쓴 글자. 잔글씨.
세:자 (細疵) 명 자디잔 흠이나 티.
세:자-궁 (世子宮) 명〖역〗**1** '왕세자'의 높임말. **2** 왕세자가 거처하던 궁전. 동궁(東宮).
세:자-부 (世子傅) 명〖역〗왕세자의 스승.
세:자-빈 (世子嬪) 명〖역〗왕세자의 아내.
세:자-시강원 (世子侍講院) 명〖역〗왕세자의 교육을 맡아보던 관청. 춘방(春坊).
세:작 (細作) 명 간첩(間諜).
세장 명 지게나 걸채 따위의 두 짝이 함께 짜여 있도록 가로질러 박은 나무.
세:장 (世丈) 명 대대로 사귀어 친분이 두터운 집안의 어른.
세:장 (洗腸) 명하자〖의〗병의 치료를 위해 장속의 유독 물질을 제거하여 깨끗이 함.
세:장지지 (世葬之地) 명 대대로 묘를 쓰고 있는 땅. 선산(先山).
세장-질 명하타 어린아이를 운동시키기 위하여, 일으켜 앉혀 두 손을 붙들고 '달강달강' 소리를 내며 앞뒤로 자꾸 밀었다 당겼다 하는 짓.
세:장-하다 (細長-) 형여 가늘고 길다.
세:재 (世才) 명 세상 물정에 밝은 재주. 또는 그런 사람.
세:저 (細苧) 명 세모시.
세:저 (歲底) 명 세밑.
세:적 (稅籍) 명 세무서에 비치하는 납세자의 기본 대장(臺帳).
세:전 (世傳) 명하자타 대대로 전함. 또는 대대로 전해 내려옴. ❑가업을 ~하다 / ~의 비방을 가르쳐 주다.
세:전 (細箭) 명 아기살.
세:전 (貰錢) 명 셋돈. ❑~을 받아 빠듯이 살아가는 형편이다.
세:전 (稅錢) 명 세금(稅金).
세:전 (歲前) 명 새해가 되기 전. 세안. ↔세후.
세:전 노비 (世傳奴婢)〖역〗한 집안에서 대대로 이어 내려오는 종.
세:전-문 (細箭門) 명〖건〗아기살같이 문살이 짧은 문.
세:전지물 (世傳之物) 명 대대로 전해 내려오는 물건. 세전품. ❑이것은 우리 집에 하나뿐인 ~입니다.
세:전지보 (世傳之寶) 명 대대로 전해 내려오는 보물.
세:-절목 (細節目) 명 자질구레한 조목(條目). 준세목(細目).
세:정 (世情) 명 **1** 세태와 인정. **2** 세상의 물정. ❑~을 살피다 / ~에 어둡다 / ~을 듣다.
세:정 (洗淨) 명하타 깨끗하게 씻음. 세척.
세:정 (細情) 명 **1** 세세히 맺힌 정. 살뜰한 정. **2** 자세한 사정이나 형편.
세:정 (稅政) 명 세무에 관한 행정.
세:정-제 (洗淨劑) 명 세제(洗劑)1.
세:제 (世弟) 명 '왕세제(王世弟)'의 준말.
세:제 (世諦) 명〖불〗속제(俗諦).
세:제 (洗劑) 명 **1** 세수·빨래·청소 따위에서 때나 표면에 붙은 이물질을 씻어 내는 데 쓰는 물질《비누 따위》. 세정제. ❑중성 ~ / 드라이클리닝 ~ / 기름때를 ~로 닦다. **2** 세척제(洗滌劑).
세:제 (稅制) 명 조세에 관한 제도. ❑~ 개혁.
세:제 (歲除) 명 제석(除夕).
세:-제곱 명하타〖수〗**1** 같은 수를 세 번 곱함. 또는 그 결과인 값. 삼승(三乘). **2** 길이의 단위명 앞에 붙여, 그 길이를 한 변으로 하는 육면체에 해당하는 부피를 나타내는 말. 입방(立方).
세:제곱-근 (-根)[-끈] 명〖수〗A를 세제곱한 것이 B일 때, B에 대한 A《3은 27의 세제곱근임》. 입방근(立方根).
세:제곱근 풀이 (-根-)[-끈푸리]〖수〗세제곱근을 계산하여 구하는 일. 개입방.
세:제곱-미터 (-meter) 의명 가로·세로·높이가 각 1미터인 정육면체의 부피. 입방미터.
세:제곱-비 (-比)[-삐] 명〖수〗세 개의 같은 비로 된 복비(複比)《$a \times a \times a : b \times b \times b = a^3 : b^3$ 따위》. 삼승비(三乘比).
세:족 (世族) 명 세가(世家).
세:족 (洗足) 명하자 발을 씻음. 탁족(濯足).
세:족 (勢族) 명 세력이 있는 족속.
세:족-례 (洗足禮)[-종녜] 명〖가〗성목요일 저녁 미사 때에, 열두 제자의 발을 씻긴 예수를 본받아 거행하는 예절. 12명의 어른이나 어린이를 뽑아 그들의 오른발을 씻긴 뒤 닦아 줌.
세:존 (世尊) 명〖불〗'석가세존'의 준말.
세:존-단지 (世尊-)[-딴-] 명〖민〗영남·호남 지방에서 농신(農神)에게 바치는 뜻으로, 햇곡식을 넣어 모시는 단지.
세:종 (歲終) 명 세밑.
세:주 (細註) 명 **1** 자세히 설명한 주석. **2** 잔글씨로 단 주석. 잔주(註).
세:주 (歲酒) 명 설에 쓰는 술. 설술. ❑~를 마시다 / ~를 한 잔씩 권하다.
세:-주다 (洗-) 자〖가〗입교(入敎)하려는 사람에게 세례를 주다. ↔세받다.
세:-주다 (貰-) 타 남에게 일정한 세를 받기로 하고 집이나 물건 따위를 빌려 주다. ❑젊은 부부에게 문간방을 ~.
세:줄-베도라치 명〖어〗양장갱잇과의 바닷물고기. 몸이 옆으로 납작하고 길이는 약 13 cm 가량임. 몸의 양쪽에 세 줄의 옆줄이 있고, 몸빛은 잿빛을 띤 누런색에 불투명한 검은색의 가로띠가 있음. 우리나라 동남 연해와 일본 등지의 연안에 분포함.
세:줄-볼락 명〖어〗양볼락과의 바닷물고기. 몸길이 30 cm 가량으로 모양이 볼락과 비슷하나 몸빛은 녹황색에 검은 갈색을 띤 세 줄의 세로띠가 있음. 우리나라 동해안과 서해안, 특히 인천 북방·남포(南浦)와 일본 북부해에 분포함.
세:줄-얼게비늘 명〖어〗동갈돔과의 바닷물고기. 몸길이는 15 cm 가량으로, 몸빛은 연한 복숭아색이며 옆구리에는 세 줄의 짙은 세로띠가 있음. 우리나라 남해와 일본 남부, 대만·필리핀 등지에 분포함.
세:지 명 '세로지'의 준말.
세:지 (世智) 명 **1** 세상을 살아 나가는 지혜. ❑~가 밝다. **2**〖불〗세속적인 지혜.
세:진 (細塵) 명 작은 티. 자디잔 먼지.
세:진-계 (細塵計)[-/-게] 명〖물〗공기 중에

있는 먼지의 함유량을 측정하는 기계.
세-째 囹콴 ☞ 셋째.
세:차 (洗車) 명하타 차체·바퀴·기관 따위에 묻은 먼지나 흙 따위를 씻음.
세:차 (貰車) 명 세를 받고 빌려 주는 차. 렌터카. 전세차.
세:차 (歲次) 명 간지(干支)를 좇아 정한 해의 차례.
세:차 (歲差) 명 춘분점이 황도 위를 동쪽에서 서쪽으로 해마다 50초가량씩 이동하는 현상. 또는 그 차.
세:-차다 협 기세나 형세 따위가 힘차고 억세다. ▢세찬 바람 / 세찬 파도 / 비가 세차게 쏟아지다.
세:차 운:동 (歲差運動) 1 『물』 넘어지려는 팽이의 축이 그리는 원뿔꼴의 운동. 2 『지』 지구의 자전축이 궤도에 대하여 23°30′의 기울기를 가지고 자전하는 운동.
세:차-장 (洗車場) 명 세차 시설을 갖추고 돈을 받고 세차해 주는 곳.
세:찬 (歲饌) 명 1 설에 세배하러 온 사람에게 대접하는 음식. ▢ ~이 나오다. 2 세의(歲儀). 세찬 가다 团 세찬을 보내다.
세:찬-계 (歲饌契) [-/-계] 명 세찬을 준비할 목적으로 만든 계.
세:찰 (細察) 명하타 자세히 살핌.
세:책 (貰冊) 명하타 돈을 받고 책을 빌려 줌. 또는 그 책. 대본(貸本). ▢ ~ 놓다.
세:책-례 (洗冊禮) [-챙녜] 명 책씻이.
세:척 (洗滌) 명하타 깨끗이 씻음. 세정. ▢ 위를 ~하다 / 효과가 뛰어나다.
세:척-기 (洗滌器) [-끼] 명 『의』 상처·위·질(膣) 등을 세척하는 데 쓰는 기구.
세:척-제 (洗滌劑) [-쩨] 명 상처·눈·귀·질 등을 세척하는 약품(생리 식염수·과산화수소수·합성 세제 따위).
세:첨-하다 (細尖-) 혱여 끝이 가늘고 뾰족하다. ▢세첨한 주삿바늘.
세:-청 (細聽) 명 『악』 주로 서울·경기 지방 정통 음악의 여창(女唱)에 쓰이는 창법(唱法)의 하나. 비단실을 뽑아내는 듯한 가느다란 목소리를 이름. 속청. 가성(假聲).
세:초 (洗草) 명하타 『역』 조선 때, 실록의 편찬이 완료된 뒤에, 훗날의 시시비비를 막기 위하여 그 초고(草稿)를 없애 버리던 일.
세:초 (歲抄) 명 『역』 1 조선 때, 해마다 유월과 섣달에 이조와 병조에서 죄가 있는 벼슬아치의 이름을 적어 임금에게 올리던 일. 2 조선 때, 사망·질병 따위로 빠져 나간 군인을 조사하여 유월과 섣달에 보충하던 일.
세:초 (歲初) 명 한 해의 첫머리. 설.
세:초-연 (洗草宴) 명 『역』 국사 찬수(撰修)를 마치고 초고(草稿)를 치운 뒤에 열던 잔치.
세:총 (細葱) 명 『식』 실파.
세:출 (歲出) 명 국가나 지방 자치 단체의 한 회계 연도 동안의 총지출. ▢ ~ 초과액이 나왔다. ↔세입.
세:-출입 (歲出入) 명 『경』 세출과 세입.
세:치 (歲雉) 명 새해 선물로 보내는 꿩.
세:치-각 (-角) 명 '세치각목'의 준말.
세:치-각목 (-角木)[-강-] 명 세 치 넓이로 네모지게 만든 재목. 세치각목.
세:치-하다 (細緻-) 혱여 자세하고 면밀하다. 치밀하다.
세:칙 (細則) 명 기본이 되는 규칙을 다시 나누어 자세하게 만든 규칙. ▢ 시행 ~을 정하다.

세:칙 (稅則) 명 세금의 부과·징수에 관한 규칙.
세:침 (細針) 명 가는 바늘.
세:칭 (世稱) 명 세상에서 흔히 말함. ▢ ~ 일류 학교라는 곳에 다닌다.
세컨드 (second) 명 1 권투에서, 경기 중에 선수를 돌보거나 작전 지시를 하는 사람. 2〈속〉첩(妾)을 이르는 말.
세:-코-짚신 [-집씬] 명 발을 편하게 하기 위하여, 앞쪽 양편에 약간씩의 총을 터서 코를 낸 짚신. 세코신.
[세코짚신에는 제 날이 좋다] 무엇이나 분수에 알맞은 것이 가장 좋다.
세쿼이아 (sequoia) 명 『식』 낙우송과의 상록교목. 북아메리카 태평양 연안의 산지 일부에 자생함. 세계에서 가장 크고 오래 살아 있는 나무로서 유명함.
세크 (sec) 명 『수』 시컨트(secant).
세:탁 (洗濯) 명하타 빨래 1. ▢ 밀린 빨랫감을 ~하다.
세:탁-기 (洗濯機) [-끼] 명 전력을 이용하여 빨래하는 기계.
세:탁-물 (洗濯物) [-탕-] 명 빨랫감. ▢ ~을 세탁소에 맡기다.
세:탁-부 (洗濯婦) [-뿌] 명 빨래하는 일을 맡아 하는 여자.
세:탁-비누 (洗濯-) [-삐-] 명 빨랫비누.
세:탁-소 (洗濯所) [-쏘] 명 돈을 받고 남의 빨래나 다림질 따위를 해 주는 곳.
세:탁 소다 (洗濯soda) 세탁에 쓰는 소다. 탄산소다의 진한 용액을 냉각시켜 만듦.
세:탁-제 (洗濯劑) [-쩨] 명 빨래할 때 쓰는 비누와 약품 따위를 통틀어 이르는 말.
세:탄 (細炭) 명하타 석탄을 씻어 불순물이나 불량탄을 없애는 일.
세탄 (cetane) 명 『화』 석유 속에 들어 있는 파라핀족 탄화수소의 하나. 무색의 기름으로, 따뜻한 알코올이나 에테르에 잘 녹음. 디젤 연료의 내폭성 판정 기준으로 씀.
세:태 (世態) 명 세상의 상태나 형편. 세상(世相). ▢ ~가 어지럽다 / 요즘의 ~를 풍자하다.
세:태 소:설 (世態小說) 그 사회의 인정·유행·풍속·제도 따위 세태를 묘사한 소설.
세:태-인정 (世態人情) 명 인심세태.
세터 (setter) 명 1 『동』 영국산 사냥개. 습지대 사냥에 적당한데 꼬리 끝, 다리 뒤에 아름다운 털이 수북함. 사람을 잘 따라 애완견으로도 기름. 2 배구에서, 공격을 할 수 있도록 공격수에게 토스를 해 주는 선수.
세텐 (cetene) 명 『화』 불포화 탄화수소의 하나. 고래 기름 속에 들어 있으며 알코올·에테르에 녹음.
세:-톨박이 명 세 톨의 알이 든 밤송이.
세:-톱 (細-) 명 이가 잘고 날이 얇은 작은 톱.
세:투 (歲鬪) 명 청초에 하는 노름.
세트 (set) 명 1 도구·가구 등의 한 벌. ▢ 화장품 ~ / 선물 ~를 샀다. 2 영화·텔레비전 드라마 등의 촬영용으로 꾸며진 여러 장치. ▢ 야외 ~를 장치하다. 3 테니스·배구·탁구 등에서, 한 시합 중의 한 판. ▢ 첫 ~를 내주다. 4 파마할 때, 머리카락을 마는 일. 또는 이에 쓰이는 도구.
세트 스코어 (set score) 테니스·탁구·배구 등에서, 세트로 이긴 셈수다.
세트 스크럼 (set scrum) 럭비에서, 가벼운 벌칙에 대하여 양편의 포워드로 하여금 짜게 하는 스크럼.
세트 올 (set+all) 테니스·탁구에서, 이긴 세트의 수가 서로 같아서 다음 세트로 승패가 결

정되는 상태.

세트 포인트 (set point) 테니스·탁구·배구 등에서, 세트의 승부를 결정짓는 마지막 한 점.

세트 포지션 (set position) 야구에서, 투수가 타자를 향해 한쪽 발을 완전히 투수판에 대고 다른 발은 앞으로 내밀고, 공을 두 손으로 몸 앞쪽에 쥐었으로 1초 이상 정지(靜止)하고 있어야만 하는 자세(투수가 주자를 견제할 때 취하게 되는 자세).

세트 플레이 (set play) 구기 경기에서, 2~3명의 선수가 상대편의 방어 형태에 따라 조직적·계획적으로 펼치는 공격 전술.

세틀먼트 (settlement) 명 인보 사업.

세팅 (setting) 명하타 1 주변의 물건과의 미적 관계나 일의 목적 따위를 고려하면서 사물을 배치하거나 새로 갖추는 일. ▷~이 단조로운 반지 / 실내 가구의 ~이 잘되어 있다. 2 [인] 식사할 때, 앞줄 또는 사용하기 쉽도록 스틱에 넣은 것. 3 녹음·영화 촬영 등의 장치를 배치하는 일. 4 열을 가하여 머리카락을 둥글게 말아 전체적인 머리 모양을 보기 좋게 다듬는 일. ▷머리를 ~하다.

세:파 (世波) 명 모질고 거센 세상살이의 어려움. ▷~에 시달리다 / 온갖 ~를 다 겪다.

세:파 (世派) 명 한 겨레붙이에서 갈려나온 파. 지파(支派).

세:파 (細波) 명 잔물결.

세:파 (歲破) 명 [민] 팔장신(八將神)의 하나. 바닷물을 맡아 다스린다는 신으로 이 신이 있는 방향으로 배를 타고 가거나 이사하는 것을 꺼림.

세팍타크로 (sepaktakraw) 명 한 팀이 3명으로 구성되어, 배드민턴 코트와 같은 규격의 코트에서 등나무 줄기로 엮은 타크로 공을 상대편 코트에 차 넘기는 경기. 15점 3세트 경기이며, 1990년 베이징 아시안 게임에서 정식 종목으로 채택되었음.

세퍼레이츠 (separates) 명 1 원피스같이 보이나 실제로는 위아래로 나누어지는 여성복. 2 위아래를 서로 다른 종류의 옷으로 자유롭게 맞추어 입는 옷차림(블라우스와 스커트 차림 따위).

세퍼릿 코스 (separate course) 육상 경기의 단거리·중거리 경주나 스피드 스케이팅 따위에서, 흰 선으로 구분되어 있는 주로(走路)(≪400 m 이내의 경주에서는 경기자마다 주로를 구분함).

세:편 (細片) 명 작은 조각.

세:평 (世評) 명 세상 사람들 사이에 떠도는 평판. ▷~이 좋다 / ~에 귀를 기울이다.

세:평 (細評) 명하타 자세하게 비평함. 또는 그런 비평.

세:포 (細布) 명 세마포.

세:포 (細胞) 명 1 [생] 생물체를 이루는 기본 단위. 세포질 및 세포핵으로 구성됨. 2 어떤 단체 특히 공산당 조직의 최소 구성 단위.

세:포 공학 (細胞工學) [생] 세포 배양, 세포 융합 등 세포에 대한 유전자(遺傳子) 조작에 의하여 생명 현상을 규명하고 배양 세포에 의한 유용 물질의 생산 등을 목표로 하는 응용 생물학의 한 분야.

세:포 기생충 (細胞寄生蟲) [동] 세포 속에 기생하는 기생충.

세:포 단체 (細胞團體) 한 단체를 조직하는 구성 요소로서의 하급 단체.

세:포-막 (細胞膜) 명 [생] 세포질의 바깥쪽에 있어 원형질을 싸고 있는 막. 선택적 투과와 물질의 운반에 관계함. 동물 세포의 경우에

는 외표면에 접하고, 식물 세포의 경우에는 세포벽에 접함.

세:포 배:양 (細胞培養) [생] 생물 조직에서 떼어 낸 세포를 단독으로 배양액에서 자라게 하는 조직 배양.

세:포-벽 (細胞壁) 명 [식] 식물 세포의 원형질막을 둘러싼 두꺼운 막. 셀룰로오스와 펙틴이 주성분임(세포를 보호하고 그 형상을 유지함).

세:포 분열 (細胞分裂) [생] 하나의 세포가 둘 이상의 세포로 분열·증식하는 일.

세:포-설 (細胞說) 명 모든 생물은 세포로 이루어져 있으며, 그 세포는 생물의 생명 활동의 기본 단위라고 하는 학설.

세:포 소:기관 (細胞小器官) [생] 세포의 원형질의 일부가 변해서 된 구조. 막(膜)으로 싸여 있고 일정한 기능을 가짐(핵·미토콘드리아·소포체(小胞體)·엽록체 따위).

세:포 식물 (細胞植物) [−싱−] [식] 엽상(葉狀)식물.

세:포-액 (細胞液) 명 [생] 식물 세포의 액포(液胞)를 채우고 있는 액체.

세:포 융합 (細胞融合) [생] 둘 이상의 세포가 융합하여 단일 세포막으로 싸이고, 핵·세포질이 서로 섞인 상태가 되는 일.

세:포 조직 (細胞組織) 1 [생] 망양(網樣)조직. 2 [생] 생물체의 기본 단위인 각 세포가 연결되어 이루어진 생물체의 조직. 3 정당이나 단체의 기본 말단 조직. ▷공산당의 ~.

세:포-진 (細胞診) 명 [의] 가래·혈액·분비물·오줌·복수(腹水) 등 생체에서 채취한 세포 따위를 현미경으로 조사하여 악성 세포를 가려내고 질병을 판단하는 진단법. *생체 검사.

세:포-질 (細胞質) 명 [생] 세포를 구성하는 원형질 중 핵을 제외한 부분. 각종 세포 소기관(小器官)·막(膜)·과립(顆粒) 등을 포함함.

세:포-학 (細胞學) 명 [생] 세포를 구성하는 세포의 구조·발생·생식·생리 등을 연구하는 학문. 세포 유전학·세포 생리학·핵학(核學) 등으로 나뉨.

세:포-핵 (細胞核) 명 [생] 핵(核)2.

세:풍 (細風) 명 솔솔 부는 바람. 미풍(微風).

세:풍 (歲豊) 명하자 연풍(年豊).

세:풍-사우 (細風斜雨) 명 사풍세우.

세:-피리 (細−) 명 [악] 피리의 하나. 향피리와 같은데 조금 가늘고 작음. 가곡·가사·시조 따위의 연주용으로 쓰이고, 세악(細樂)에 편성됨.

세피아 (라 sepia) 명 서양화에 쓰는 채색의 하나. 오징어의 먹물에서 얻어지는 짙은 갈색으로, 주로 수채화에 씀.

세:필 (洗筆) 명하자 글씨를 쓴 뒤에 붓을 씻음.

세:필 (細筆) 명하자 잔글씨를 씀. 또는 잔글씨를 쓰는 가느다란 붓.

세:한 (歲寒) 명 설 전후의 추위라는 뜻으로, 매우 심한 한겨울의 추위.

세:한-삼우 (歲寒三友) 명 추운 겨울철의 세 벗이라는 뜻으로, 추위에 잘 견디는 소나무·대나무·매화나무를 이르는 말(동양화의 화제(畫題)). *송죽매.

세:항 (世行) 명 대대로 교분(交分)이 있는 집안의 비슷한 또래의 벗.

세:혐 (世嫌) 명 두 집안 사이에 대대로 내려오는 원한과 미움. ▷오랜 ~을 씻다.

세:화 (細畫) 명 섬세하게 그린 작은 그림. 미니아튀르. ↔약화(略畫).

세-화 (歲畵) 몡 〖역〗 조선 때, 새해를 축하하는 뜻으로 궐내에서 만들어 임금이 신하에게 내려 주던 그림.

세-환 (世患) 몡 세상살이에서 오는 근심과 걱정. □~에 시달리다.

세-황 (歲況) 몡 설을 쇠는 사정.

세-후 (歲後) 몡 설을 쇤 뒤. ↔세전.

섹스 (sex) 몡 1 성(性)4. 2 성욕. 3 성교(性交). □이성 간의 ~ / ~로 인해 감염되는 질병.

섹스-어필 (sex appeal) 몡하자 성적인 매력을 보이는 일. 성적 매력. □~한 옷차림.

섹시-하다 (sexy-) 톙여 외모나 말, 행동에 성적 매력이 있다. □섹시한 여자.

섹터 (sector) 몡 컴퓨터의 자기 디스크나 자기 드럼 따위에 구분하여 놓은 정보 기록 영역의 단위. 디스크의 중심에서 방사상(放射狀)으로 된 부채꼴 모양의 구획임.

섹트-주의 (sect主義) [-/-이] 몡 분파주의.

센-개 몡 털빛이 흰 개.

센-내기 몡 〖악〗 센박으로부터 시작하여 그곡에 지정된 박자의 셈여림이 일정하게 되풀이되는 곡.

센달로이 (sendalloy) 몡 〖화〗 탄화텅스텐을 주재로 하는 합금. 유리를 끊거나 깎는 공구에 사용됨.

센-둥이 몡 1 털빛이 흰 동물(특히, 흰 털빛의 강아지를 이름). 2 백색 인종이나 살갗이 흰 사람을 놀림조로 이르는 말.

센-말 〖언〗 뜻은 같되, 어감이 강한 말. 예사소리 대신에 된소리를 씀('굼틀'에 대한 '꿈틀' 따위).

센-머리 몡 털이 희게 된 머리. 백발. □~에 허연 수염을 흩날리다.

센-물 몡 칼슘 이온이나 마그네슘 이온이 많이 들어 있어 비누 거품이 잘 일지 않는 물. 경수(硬水). ↔단물.

센-바람 몡 〖기상〗 풍력 계급 7의 바람. 초속 13.9-17.1 m로 부는 바람. 큰 나무 전체가 흔들리고, 바람을 거슬러 걷기가 힘듦. 강풍(强風).

센-박 (-拍) 몡 〖악〗 한 마디 안에서 세게 연주하는 박자. ↔여린박.

센서 (sensor) 몡 감지기(感知器).

센서스 (census) 몡 1 국세 조사. 인구 조사. □인구 ~. 2 특정한 사회 현상에 대하여 어느 시점에 일제히 시행하는 통계적 조사. □공업 ~를 실시하다.

센세이션 (sensation) 몡 많은 사람을 갑자기 흥분시키거나 많은 사람의 관심을 모음. □~을 불러일으키다.

센-숫돌 [-숟똘] 몡 질이 거친 숫돌.

센스 (sense) 몡 사물의 미묘한 느낌이나 의미를 깨닫는 감각이나 판단력. □~가 있다 / ~가 빠르다 /~를 유감없이 발휘하다.

센터 (center) 몡 1 중앙. 중심. 2 축구·배구·농구·야구 등의 구기에서, 중앙의 위치. 또는 그 위치에 선 선수. 3 어떤 분야의 전문적·종합적 설비나 기능이 집중되어 있는 곳. □문화·~를 개설하다 / 암 ~의 연구원.

센터 라인 (center line) 운동 경기장의 중앙에 그어 놓은 선.

센터링 (centering) 몡 축구·하키 등에서, 터치라인 근처의 선수가 중앙에 있는 자기편 선수에게 볼을 패스하는 일.

센터 서클 (center circle) 농구·축구 따위에서, 경기장 중앙에 그어 놓은 원.

센터 포워드 (center forward) 축구에서, 맨 앞쪽의 중앙에서 공격하는 선수. ⓒ센터.

센터 플라이 (center fly) 야구에서, 타자가 중견수 쪽으로 날린 플라이.

센터 필더 (center fielder) 야구의 중견수.

센터 필드 (center field) 야구에서, 외야의 중앙. ⌐양 위치.

센터 하프 (center half) 하프 센터. └양 위치.

센:-털¹ 몡 빛이 희어진 털.

센:-털² 몡 억센 털. 빳빳한 털.

센텐스 (sentence) 몡 1 〖언〗 문장. 2 〖악〗 주로 8소절로 이루어진 하나의 완결된 악구(樂句).

센트 (cent) 의몡 미국의 화폐 단위. 1 달러의 1/100(기호는 ₵).

센티 (←centimeter) 의몡 '센티미터'의 준말.

센티-그램 (centigram) 의몡 무게의 단위. 1그램의 1/100(기호는 cg).

센티-리터 (centiliter) 의몡 부피의 단위. 1 리터의 1/100(기호는 cl).

센티멘털리즘 (sentimentalism) 몡 감상주의.

센티멘털-하다 (sentimental-) 톙여 감정적·감상적인 특성이 있다. ⓒ센티하다.

센티-미터 (centimeter) 의몡 길이의 단위. 1 미터의 1/100(기호는 cm). ⓒ센티.

센티-하다 (←sentimental-) 톙여 '센티멘털하다'의 준말.

셀 (cell) 몡 〖컴〗 기억 장치로서의 기능을 갖는 위치를 나타내는 단위. 즉 한 비트, 한 바이트, 한 워드 같은 정보의 한 단위에 대한 기억 장소.

셀러리 (celery) 몡 〖식〗 미나릿과의 한해살이풀 또는 두해살이풀. 스웨덴 원산으로, 높이는 60 cm 정도이며 잎은 깃 모양의 겹잎임. 6-9월에 백색의 작은 꽃이 피며 전체에 향과 단맛이 있어서 식용함.

셀레늄 (selenium) 몡 〖화〗 셀렌.

셀렌 (독 Selen) 몡 희유 원소의 하나. 황과 비슷하여 공기 중에서 푸른 불꽃을 내며 타고, 물에 안 녹음. 천연적으로는 황화물 중에 소량이 산출됨. 유리의 착색·광전지(光電池)·정류기 등에 씀. 셀레늄. [34 번 : Se : 78.96]

셀로얀 (celloyarn) 몡 셀로판을 가늘게 잘라 꼰 끈(수예용이나 꽃바구니 등을 만드는 데 씀).

셀로텍스 (Celotex) 몡 사탕수수 찌끼와 깻묵을 압축하여 만든 건축 자재(벽·반자 등에 사용; 상표명).

셀로판 (cellophane) 몡 비스코스로 만든 무색 투명하고 얇은 막질의 물질(포장용으로 씀). 셀로판지(紙).

셀로판-지 (cellophane紙) 몡 셀로판.

셀로판-테이프 (cellophane tape) 몡 셀로판에 점착제(粘着劑)를 바른 접착테이프(문방구로서 널리 이용됨).

셀룰로오스 (cellulose) 몡 〖화〗 식물의 세포막 및 섬유의 주요 성분. 보통 솜을 처리하여 얻는 백색·무미·무취의 가루. 많은 포도당 분자가 결합하여 된 다당류(多糖類)로 열과 전기의 부도체(不導體)이며 극히 안전함. 니트로셀룰로오스·아세트산셀룰로오스·종이 등의 원료로 널리 씀. 섬유소. 세포막질.

셀룰로이드 (celluloid) 몡 니트로셀룰로오스 75%에 장뇌(樟腦) 약 25%를 섞어서 압착하여 만든 일종의 플라스틱. 장난감·필름·문방구·장신구 등에 쓰이나 최근에는 아세틸셀룰로오스계(系)의 플라스틱을 많이 씀.

셀카 (←self+camera) 몡 자신의 모습을 스스로 동영상이나 사진으로 찍는 일. 또는 그 동영상이나 사진.

셀프-서비스 (self-service) 몡 음식점·슈퍼마

켓 등에서 고객이 필요한 물품을 손수 챙기도록 하는 판매 방법.

셀프-타이머 (self-timer)똉 일정한 시간 후에 자동적으로 셔터가 눌리도록 되어 있는 카메라의 장치.

셈:똉하타 1 수효를 세는 일. ▯～이 빠르다 / ～을 배우다 → 해 보니 100 명이 넘더라. 2 주고받을 액수를 서로 따지어 밝히는 일. ▯～이 흐리다 / ～을 가리다 / ～을 치르다. 3 '셈판'의 준말. ▯어찌 된―인지 모르겠다. 4 '속셈'의 준말. ▯떼어먹을 ～으로 돈을 꾸다 / 어찌할 ～인가. 5 어떤 정도나 결과. ▯괜찮은 ～이다 / 내 스스로 포기한 ～이다. 6 ('-은·-는·-을' 다음에 '셈 치다'의 꼴로 쓰여) 미루어 가정함을 나타냄. ▯속은 ～ 치다 / 없는 ～ 치다 / 죽을 ～ 치고 매 위로 뛰어오르다. 7 사물을 분별하는 슬기. ▯～이 들다.

셈(에) 들다관 어떤 차례나 범위 안에 있다.

셈을 끌다관 물품 따위의 셈을 하지 않고 미루다.

셈을 차리다관 일이나 사정을 잘 분별하여 점잖게 대하다.

셈(을) 치다[잡다]관 셈을 하다.

셈이 질기다관 셈하지 않고 미룬 지가 오래되다. ▯당신은 셈이 질겨 외상은 안 되오.

셈-나다재 사물을 분별하는 판단력이 생기다.

셈-낱씨 [-낟-] 똉〖언〗'양수사(量數詞)'의 풀어쓴 말.

셈-들다 [셈들어, 셈드니, 셈드는]재 사물을 분별하는 판단력이 생기다.

셈-법 (-法)[-뻡]똉 '산법(算法)'을 풀어쓴 말.

셈-본똉 1 초등학교 교과인 '수학'의 전 이름. ▯～ 교과서. 2 셈에 관한 법칙.

셈-속 [-쏙]똉 1 옥신각신한 일의 속 내용. ▯그 일의 ～을 알 수가 없다. 2 속셈의 실속. 이해타산. ▯장사꾼의 ～을 알 수가 있어.

셈:-수 (-數)[-쑤] 똉 계산식. ▯양지.

셈 어:족 (Sem語族)〖언〗북아프리카에서 남아시아에 걸쳐 있는 어족의 하나(《히브리어와 아라비아어 등이 이에 속함》.

셈:여림-표 (-標)[-녀-] 똉〖악〗악보에서, 그 곡을 세게 또는 여리게 연주하라는 것을 나타내는 부호. 강약 기호(強弱記號). 강약 부호.

셈:-자똉 계산자.

셈:-제기똉 제기 놀이의 한 가지. 한 번에 계속하여 많이 찬 사람이 이김.

셈 족 (Sem族) 노아의 맏아들인 셈의 자손이라고 전해지는 인종. 중기에 머리털과 눈동자는 검고 좁은 코가 특징이며 셈 어를 사용함. 서아시아·아라비아·아프리카 동북부에 분포함.

셈:-판 (-板)똉 1 사실의 형편 또는 그 까닭. ▯어찌된 ～인지 모르겠다. (준꼴. 2 수판(數板).

셈:-평똉 1 이익을 따져 보는 생각. 셈수. ▯～이 있는 사람 같아 보인다. 2 생활의 형편.

셈평 펴이다관 생활이 아쉬움이 없을 정도로 넉넉하여지다. ▯셈평 펴일 날이 없다.

셈프레 (이 sempre)똉〖악〗'항상'·'늘'의 뜻.

─셈프레…… 피아노(늘 약하게).

셈플리체 (이 semplice)똉〖악〗'단순한'·'평범한'의 뜻.

셈플리체멘테 (이 semplicemente)똉〖악〗'단순하게'의 뜻.

셋:[셷]㈜ 둘에 하나를 더한 수. 삼(三).

셋:-갖춤[셷깓-] 똉 저고리·바지·조끼를 다 갖춘 한 벌의 양복. 셋붙이.

셋:-겸상 (-兼床)[셷겸-] 똉 한 상에서 세 사람이 함께 먹을 수 있도록 차린 상.

셋:-돈 (貰-)[세똔 / 섿똔] 똉 남의 물건이나 집 따위를 빌려 쓰고 내는 돈. 세전. ▯～을 올리다 / ～을 받다.

셋:-방 (貰房)[세빵 / 섿빵] 똉 세를 내고 빌려 쓰는 방. ▯남의 집 ～을 전전하다 / 단칸 ～ 얻어 따로 산다.

셋:방-살이 (貰房-)[세빵사리 / 섿빵사리]똉하자 셋방을 빌려 사는 살림살이.

셋:-붙이 [섿뿐치] 똉 1 산병의 하나. 개피떡 세 개를 붙여서 만든 떡. 2 셋갖춤.

셋:-잇단음표 (-音標)[셷닏따늠-] 똉〖악〗본래 이등분할 음표를 삼등분한 음표. 트리플렛.

셋:-줄 (勢-)[세쭐 / 섿쭐]똉 권세의 힘을 빌려 쓸 수 있는 연줄. 뒷줄. ▯～이 든든하다 / ～ 없는 사람이야 바랄 수가 있나.

셋:-집 (貰-)[세찝 / 섿찝] 똉 세를 내고 빌려 사는 집. 세가(貰家). 대가(貸家). ▯～에 들다 / ～을 얻어 이사하다.

셋:-째 [섿-] ─똉 세 개째. ─㈜관 세 번째. ▯～ 아들.

셋:째-가리킴 [셷-] 똉〖언〗제삼 인칭.

셋:째-자리바꿈 [셷-] 똉〖악〗7화음의 제 7음을 베이스 또는 가장 낮은 음으로 하는 자리바꿈.

셍기다타 1 이 말 저 말을 자꾸 주워대다. ▯순이도 제법 몇 마디 셍깁디다. 2 남의 곁에서 일거리를 잇따라 대어 주다. ▯볏단을 추려 벼훑이하는 아저씨에게 한 줌씩 셍기어 주었다.

셔똉〈옛〉서까래.

셔다재〈옛〉서다.

셔방맛다재〈옛〉시집가다.

셔방호다재〈옛〉시집가다.

셔벗 (sherbet)똉 과즙에 물·우유·크림·설탕을 넣고, 아이스크림 모양으로 얼린 얼음과자.

셔볼똉〈옛〉서울.

─셔요어미 '-시어요'의 준말. -세요. ▯가～ / 하～. ＊-으셔요.

셔츠 (shirts)똉 대개 칼라가 있고 앞쪽에 작은 단추가 달린, 긴팔이나 반팔로 된 남자용의 가벼운 서양식 웃옷. 샤쓰. ▯속～ / ～ 바람으로 어딜 가니.

셔터 (shutter)똉 1 폭이 좁은 철판을 가로로 연결하여 만들어 위로 감아올리거나 내릴 수 있게 된 문. ▯～를 내리다. 2 카메라에서, 필름에 적당한 광선을 비추기 위하여 렌즈의 뚜껑을 재빨리 여닫는 장치. ▯～를 누르다.

셔틀 (shuttle)똉 직조기나 재봉틀에서 실을 감는 실패. 북.

셔틀-버스 (shuttle bus)똉 일정한 구간을 정기적으로 반복하여 다니는 버스. 순환 버스. ▯전철역까지 가는 ～가 있다.

셔틀록 (shuttlecock)똉 배드민턴 경기에서 사용하는 깃털 공.

셕[1]똉〈옛〉고삐.

셕[2]똉〈옛〉직분(職分).

셔빅똉〈옛〉선비.

선:찮다 [-찬타]혱 '시원찮다'의 준말. ▯선찮은 발음으로 말했다 / 선찮게 먹었더니 속이 출출하다.

션트 (shunt)똉〖물〗분로(分路)2.

설이뮈〈옛〉섧게.

설흔㈜관〈옛〉서른.

셟다혱〈옛〉섧다. 괴롭다.

섬 〈옛〉섬[島].

섬기다 目 〈옛〉섬기다.

섯-아웃 (shutout) 圈 **1** 공장 폐쇄. **2** 야구에서, 상대편을 영패시키는 일. 완봉(完封).

성각희 圈 〈옛〉성가퀴.

성가시다 圈 〈옛〉성가시다.

성낭바지 圈 〈옛〉대장장이.

성뎡 圈 〈옛〉공작품. 수공업.

셰가탈 圈 〈옛〉심하지 아니한 가탈.

셰다 目 〈옛〉세다.

셰다 目 〈옛〉세우다.

-셰라 어미 〈옛〉-셰라. -구나.

셰르파 (Sherpa) 圈 히말라야 산중의 티베트계 의 한 종족. 산을 잘 타서 히말라야 산중대의 짐을 나르고 길을 안내하는 인부로 유명함.

셰리 (sherry) 圈 에스파냐 남부 지방에서 생산 되는 백포도주. 식사 전에 식욕을 돋우기 위 하여 마시는 술 가운데 최고로 꼽힘.

셰어 (share) 圈 〔market share〕 《경》 상품의 시장 점유율(占有率).

셰이빙 크림 (shaving cream) 면도할 때 쓰는 크림.

셰이커 (shaker) 圈 칵테일 따위를 만들 때, 재 료를 혼합하는 기구.

셰이크핸드 그립 (shakehand grip) 탁구에서, 라켓을 악수하는 것처럼 잡는 방법. *펜홀더 그립.

셰이퍼 (shaper) 圈 작은 공작물의 평면이나 홈 을 깎는 기계. 형삭반(形削盤).

셰일 (shale) 圈 《광》 수성암의 하나로 진흙이 굳어서 이루어진 암석《대개 얇은 층(層)으로 되어 있으며, 빛은 회색이나 검은 갈색을 띠 고, 석회암·사암 등과 겹쳐서 지층을 이룸》. 혈암(頁岩). 이판암(泥板岩).

셰퍼드 (shepherd) 圈 개의 한 품종. 늑대와 흡 사한데 주둥이는 뾰족하고 귀는 톡바로 서 있음. 영리하고 충실·용감하며, 후각이 예민 함《경찰견·군용견 따위로 씀》.

셀 [shell] 圈 **1** 인승의 극히 경쾌한 경조용(競 漕用) 보트.

셀 [shell] 圈 《컴》 **1** 명령어를 해석하는 데 쓰 는 프로그램. 사용자가 입력하는 명령어를 해석하고 수행시켜 그 결과를 화면에 나타 냄. **2** 유닉스(UNIX) 운영 체제의 명령어 해 석기 이름.

셀락 (shellac) 圈 《화》 락깍지진디가 분비하는 수지상(樹脂狀) 물질《니스 원료 외에 레코드 의 성형 재료·절연재(絶緣材)로 씀》.

소 圈 《동》 솟과의 포유동물. 몸집이 크고 다 리가 짧으며 온몸에 짧은 털이 빽빽이 남. 발 굽은 둘로 갈라져 있고 초식성이며 되새김질 함. 옛날부터 기른 유용한 가축으로 운반·경 작 따위에 사용되어 왔으며, 고기나 젖은 식 용으로 가죽·뿔 따위도 여러 가지로 이용되 어 왔음. 〔~에게 꼴을 먹이다 / ~가 생기 를 끓다.

〔소가 크면 왕 노릇 하나〕 힘만으로는 큰일 을 못하며 반드시 훌륭한 지략을 갖추어야 한다는 말. 〔소같이 벌어서 쥐같이 먹어라〕 애써 번 것을 절약하여 쓰라는 말. 〔소 궁둥 이에다 꼴을 던진다〕 둔한 사람은 아무리 교 육을 시켜도 효능이 없음의 비유. 〔소 닭 보 듯 닭 소 보듯〕 아무 관심이 없이 본 둥 만 둥 함을 이르는 말. 〔소더러 한 말은 안 나도 처(妻)더러 한 말은 난다〕 제아무리 다정한 사이라도 말은 삼가라. 〔소도 언덕이 있어야

비빈다〕 의지할 곳이 있어야 무슨 일을 할 수 있다. 〔소 잃고 외양간 고친다〕 이미 실패한 뒤에 뉘우쳐도 소용이 없다. 〔소한테 물렸 다〕 뜻밖의 상대에게 해를 입은 경우를 이르 는 말.

소 (가) 뜨물 켜듯이 큐 물 따위의 액체를 한 꺼번에 많이 들이켜는 모양.

소가 짖겠다 큐 너무나 어처구니없는 일을 본 경우를 이르는 말.

소 (가) 푸주에 들어가듯 큐 어떤 곳에 무척 가기 싫어하는 모양.

소같이 먹다 큐 엄청나게 많이 먹다.

소 잡아먹다 큐 아주 음흉한 일을 하다.

소 圈 **1** 송편이나 만두 따위를 만들 때, 맛을 내기 위하여 익히기 전에 속에 넣는 여러 가 지 재료. □송편에 넣을 ~를 넉넉히 준비하 다. **2** 통김치나 오이소박이 등의 속에 넣는 각 종 고명.

소: (小) 圈 크기에 따라 세 가지 또는 두 가지 로 나눌 때의 가장 작은 것. □대, 중, ~.

소 (沼) 圈 **1** 땅바닥이 둘러빠지고 물이 깊게 된 곳. **2** 늪1.

소: (素) 圈하자 **1** 흰 빛의 비단. **2** 흰 빛. **3** 꾸 미지 않고 수수한 것. **4** 음식에 고기나 생선 따위를 쓰지 않고 채소류만으로 만든 음식. □ ~로 끓인 콩나물국. **5** 상중(喪中)에 고기 나 생선 따위를 먹지 않음.

소 (疏) 圈 **1** 《불》 죽은 사람을 위해 부처 앞의 명부(冥府)에 아뢰는 글. **2** 임금에게 올리던 글. □유생들이 탄핵하는 ~를 올리다. **3** 《불》 경전이나 논서(論書)의 글귀를 풀이하 여 놓은 글.

소 (訴) 圈 《법》 법원에 대해 사법상(私法上)의 권리 또는 법률 관계의 존부에 관한 심판을 청구하는 행위. □ ~를 제기하다.

소 (簫) 圈 《악》 아악기에 속하는 피리의 하나 《대로 만든 열여섯 개의 피리를 틀에 한 줄로 꽂고 두 손으로 들고 붊》.

소- 目 쇠-2. □ ~고기 / ~뿔.

소- 目 '작다'는 뜻. □ ~규모 / ~사전.

-소 (所) 미 '어떤 일을 하는 장소 또는 기관' 의 뜻. □연구~ / 사무~ / 교습~.

-소 어미 하오할 자리에 용언 어간이나 어미 '-었---겠-' 뒤에 붙어서, 평서·의문·명령 등을 나타내는 종결 어미. □수고가 많았~ / 날 좀 가겠~.

소:가 (小家) 圈 **1** 규모가 작은 집. **2** 가난한 집. **3** 첩이나 첩의 집을 높여 이르는 말. □ 혹 외출을 ~라도 하는 것 아닐까.

소:가 (小暇) 圈 얼마 안 되는 짧은 겨를. 소한 (小閑).

소:가 (小駕) 圈 임금이 타는 수레의 하나《대가 (大駕)나 법가(法駕) 이외의 약식으로 만든 작은 수레》.

소가리 圈 〈옛〉쏘가리.

소:-가족 (小家族) 圈 **1** 식구 수가 적은 가족. **2** 부부와 미혼 자녀로써 구성된 가족. 핵가족.

소-가죽 圈 쇠가죽.

소:-가지 圈 〈속〉심성(心性). □못된 ~ / ~가 고약하다 / ~가 불퉁스러워 말을 참지 못하 는 것 같다.

소가지(를) 내다 큐 〈속〉성내다.

소:-각 (小角) 圈 **1** 《건》 너비 20 cm 이하의 각 재(角材). **2** 《악》 작은 나발.

소각 (消却·銷却) 圈하타 **1** 지워 없애 버림. **2** 남에게 진 빚을 갚아 버림.

소각 (燒却) 圈하타 불에 태워 버림. □쓰레기 를 ~하다.

소각-로(燒却爐)[-강노][명] 쓰레기나 폐기물 따위를 태워 없애는 시설물.

소각-소독(燒却消毒)[-쏘-][명] 태워 버리는 소독법.

소각-장(燒却場)[-짱][명] 쓰레기나 폐기물 따위를 불에 태워 버리는 장소. ▷쓰레기 ~.

소-간(-肝)[명] 쇠간.

소:간(小簡)[명] 잘고 작은 편지 종이.

소:간(所幹)[명] 볼일.

소:간-사(所幹事)[명] 볼일.

소갈(消渴)[명] '소갈증'의 준말.

소:갈-딱지[-찌][명] 소갈머리.

소:갈-머리[명]〔俗〕마음이나 속생각. 또는 마음 씀씀이. ▷녀석은 ~가 좁다 / ~ 없는 소리만 한다.

소갈이[명][하][타] 소로 논밭을 가는 일.

소갈-증(消渴症)[-쯩][명]〔한의〕목이 말라 물이 자꾸 먹히는 증세〔당뇨병 따위〕. 준소갈.

소:감(少監)[명]〔역〕고려·조선 때의 사품 벼슬〔감(監)의 다음〕.

소:감(所感)[명] 마음에 느낀 바. 느낀 바의 생각. ▷~을 묻다 / ~을 피력하다 / 수상 ~을 밝히다.

소:강(小康)[명][하][자] 1 병이 조금 나아진 기색이 있음. 2 소란하거나 혼란하던 상태가 가라앉아 조금 잠잠함.

소강(遡江)[명][하][자] 강을 거슬러 올라감. 소류(遡流).

소:강-상태(小康狀態)[명] 소란이나 혼란 따위가 그치고 조금 잠잠한 상태. ▷~로 들어가다 / 장마 전선이 잠시 ~를 보인다.

소개(紹介)[명][하][타] 1 두 사람 사이에 들어서 어떤 일을 어울리게 함. ▷직업 ~. 2 모르는 두 사람을 알고 지내도록 관계를 맺어 줌. ▷친구의 ~로 여자를 만났다. 3 잘 알려지지 않았거나, 모르는 내용이나 사실을 사람들에게 알리는 일. ▷신간 ~ / 작가 ~ / 소녀 가장의 딱한 이야기가 신문에 ~되었다.

소개(疏開)[명][하][타] 1 땅을 파서 물이 흐르도록 함. 2 공습·화재 등의 피해를 덜기 위해 한곳에 집중되어 있는 주민·시설 등을 분산시킴. 3 산개(散開).

소:-개념(小概念)[명] 삼단 논법에서, 결론의 주사(主辭)가 되는 개념. ↔대개념.

소개-말(紹介-)[명] 어떤 사실이나 내용을 소개하여 알리는 말.

소개-비(紹介費)[명] 소개하여 준 대가로 소개업자에게 치르는 돈.

소개-소(紹介所)[명] 1 소개업을 하는 곳. 2 '직업소개소'의 준말.

소개-업(紹介業)[명] 직업의 알선과 집·토지 등의 매매나 임대(賃貸) 등의 소개를 하여 주는 업. ▷부동산 ~.

소개-장(紹介狀)[-짱][명] 사람을 소개하는 내용의 편지나 문서. ▷~을 써 주다 / 그는 ~을 내놓으며 인사를 했다.

소객(騷客)[명] 소인(騷人).

소거(消去)[명][하][타] 1 글자나 그림 따위를 지워 없앰. ▷낙서를 ~하다. 2〔수〕연립 방정식으로부터 특정의 미지수가 포함되지 않은 방정식으로 유도하는 일. 3〔전〕자기 테이프를 강력한 자기장이나 고주파 교류 자기장 속을 지나게 함으로써 기록을 제거하는 일.

소거-법(消去法)[-뻡][명]〔수〕몇 개의 미지수를 가진 방정식에서 어떤 미지수를 없애는 방법〔연립 1차 방정식의 경우에는 대입법·가감법·등치법 등으로 불림〕.

소건(訴件)[-껀][명] '소송 사건'의 준말.

소-걸음[명] 소처럼 느릿느릿 걷는 걸음.

소-걸이[명] 상으로 소를 걸고 겨루는 씨름. 곧, 상씨름.

소:검(小劍)[명] 작은 칼. ↔대검.

소:게(小憩)[명][하][자] 잠깐 쉼.

소-겨리[명] 겨리질을 할 수 있게 겨리에 두 마리의 겨릿소를 짝을 지어 묶는 일.

소경앗다[타]〔옛〕속여 빼앗다.

소격(疏隔)[명] 서로 사귀는 사이가 멀어져서 왕래가 막힘. 소원. ▷서로의 일이 바빠 본의 아니게 ~했었다.

소격-감(疏隔感)[-깜][명] 어쩐지 서먹서먹해지는 느낌. ▷서로 소식이 끊긴 지 오래되어 ~이 든다.

소견(召見)[명][하][타] 윗사람이 아랫사람을 불러서 만나 봄. ▷대비가 대신들을 ~했다.

소:견(所見)[명] 어떤 일이나 사물을 살펴 보고 가지게 되는 생각이나 의견. ▷짧은 ~ / ~을 밝히다 / ~이 좁다.

소견(消遣)[명] 소일(消日)2. ▷학교는 그저 ~ 삼아 다니는 터이다.

소:견-머리(所見-)[명]〔俗〕소견(所見). ▷~가 없다 / ~가 좁다 / ~가 터지다.

소견-세월(消遣歲月)[명][하][자] 1 하는 일 없이 세월을 보냄. 2 어떤 것에 마음을 붙이고 세월을 보냄.

소:견-표(所見表)[명] 학생의 학업·신체·품행 등 신상에 관한 것을 적은 서류〔학생이 상급 학교로 진학하거나 전학을 할 때 이전 학교 교장이 새 학교 교장에게 보냄〕.

소결(疏決)[명][하][타] 죄수를 너그럽게 처결함.

소결(燒結)[명][하][자]〔화〕가루로 된 그것을 다른 형태로 가압(加壓)·성형(成形)한 것을 녹는점 이하의 온도로 가열했을 때, 가루가 녹으면서 서로 밀착·고결(固結)하는 현상.

소:경[명] 1 '시각 장애인'을 낮잡아 이르는 말. ▷사고로 시력을 잃어 ~이 되다. 2 세상 물정에 어둡거나 글을 모르는 사람. ▷그는 낫 놓고 기억 자도 모르는 눈뜬 ~이나 다름없다 / 글만 알았지 세상일에는 ~이다.
[소경 개천 나무란다] 자기 잘못은 모르고 남만 탓한다. [소경 기름 값 내기] 전혀 관계 없는 일에 억울하게 배상함. [소경 단청 구경] 내용의 분별도 못하며 사물을 봄. [소경 더러 눈멀었다 하면 노여워한다] 결점을 지적하면 싫어한다. [소경 매질하듯] 옳고 그름을 판별 못하고 일을 함부로 처리함. [소경 문고리 잡듯] 우연히 어떤 일을 이루거나 맞힘. [소경이 저 죽을 날 모른다] 무엇이나 다 아는 체해도 제 앞일은 모름. [소경이 코끼리 만지고 말하듯] 객관적 사실을 잘 모르면서 일부분만 보고 해석하는 일. [소경 잠자나 마나] 일을 해도 하나 마나 하여 일의 성과가 없음. [소경 제 닭 잡아먹기] 횡재라고 좋아한 일이 결국은 손해가 되거나 아무런 이익도 없는 일임.

소:경(小京)[명]〔역〕신라 때, 정치적·군사적으로 중요한 곳에 특별히 두었던 작은 서울.

소:경(小逕·小徑)[명] 좁은 길.

소:경(小莖)[명] 작은 줄기.

소:경(小景)[명] 1 작은 경치. 2 작은 규모의 풍경화. ▷설악산의 ~.

소:경(少頃)[명] 잠시 동안.

소:경(少卿)[명]〔역〕고려·조선 때, 종사품 벼슬〔경(卿)의 다음〕.

소경(疏耕)[명][하][자] 괭이로 땅을 긁어 헤쳐 씨

를 뿌리고, 수확 때까지 일절 손질을 하지 않는 원시적 농경 방법.

소경 (蘇莖·蘇梗) [명] 〔한의〕 차조기의 줄기. 발한·진정·진통·이뇨제 등의 약으로 씀.

소:경-낚시 [-낙씨] [명] 미늘이 없는 낚시.

소:경-막대 [-때] [명] 소경이 짚고 다니는 지팡이.

소:경-사 (所經事) [명] 겪어 온 일. ❏ ~를 물어 보다 / ~를 들려주다.

소:경-수수 [명] 〔식〕 수수의 하나《껍질이 두껍고 씨가 잚》.

소:계 (小計) [-/-게] [명] 전체가 아닌 한 부분만의 합계. ❏ ~를 내다. ↔총계.

소:고 (小考) [명] **1** 체계를 세우지 아니한 부분적·단편적인 고찰. ❏ 향가에 대한 ~. **2** 자기의 생각을 낮추어 이르는 말.

소:고 (小故) [명] **1** 작은 사고. **2** 작은 이유.

소:고 (小鼓) [명] 〔악〕 농악기의 하나. 운두가 낮고 양면을 얇은 가죽으로 메운 작은 북으로 대개 자루 손잡이가 달려 있으며 나무 채로 침. 수고(手鼓).

소고 (溯考) [명][하타] 옛일을 거슬러 올라가서 자세히 고찰함. ❏ 지난 일을 ~하다.

소-고기 [명] 쇠고기.

소:고-무 (小鼓舞) [명] 소고춤.

소-고의 [-/-이] [명] 〈궁〉 여자가 입는 짧은 저고리.

소:고-재비 (小鼓-) [명] 〔악〕 농악에서 소고를 맡아 치는 사람.

소-고집 (-固執) [명] 쇠고집.

소:고-채 (小鼓-) [명] 〔악〕 소고를 치는 막대기. ❏ ~를 쥐다.

소:고-춤 (小鼓-) [명] 농악무(農樂舞)의 하나. 긴 상모(象毛)가 달린 전립(戰笠)에 전복(戰服) 차림을 하고 소고로 장단을 두드리며 추는 춤. 이때, 흔히 상모를 빙빙 돌리며 춤. 소고무(小鼓舞).

소:곡 (小曲) [명] 〔악〕 '소품곡'의 준말.

소:곤 (小棍) [명] 〔역〕 조선 때, 형구(刑具)의 하나. 죄인의 볼기를 치던 작은 곤장(棍杖).

소곤-거리다 [자타] 남이 알아듣지 못하도록 낮은 목소리로 자꾸 말하다. ❏ 귀에다 입을 대고 무언가를 ~. [큰]수군거리다. [센]쏘곤거리다. **소곤-소곤** [부][하자타]

소곤-대다 [자타] 소곤거리다.

소곰 [명] 〈옛〉 소금.

소곳-소곳 [-곧쏘곧] [부][하타형] 여럿이 모두 고개를 귀엽게 조금 숙인 듯한 모양. ❏ 이삭들이 ~ 고개를 숙이기 시작하다. [큰]수굿수굿.

소곳-이 [부] 소곳하게. ❏ ~ 고개를 수그리다. [큰]수굿이.

소곳-하다 [-고타-] [一][타여] 고개를 귀엽게 조금 숙이다. [二][형여] **1** 고개를 귀엽게 조금 숙인 듯하다. **2** 흥분이 좀 가라앉은 듯하다. ❏ 간곡히 말하니까 소곳해지더군. [큰]수굿하다.

소:공 (小功) [명] **1** 오복(五服)의 하나《소공친(小功親)의 상사(喪事)에 다섯 달 동안 입는 복제》. **2** 작은 공로(功勞).

소:공-친 (小功親) [명] 유복친의 하나로 소공의 복을 입는 친척. 종조부모·재종형제·종질(從姪)·종손(從孫) 등.

소:과 (小科) [명] 〔역〕 생원과 진사를 뽑던 과거. ❏ ~ 급제. ↔대과(大科).

소:과 (小過) [명] **1** 작은 잘못. ↔대과(大過). **2** '소과괘(卦)'의 준말.

소과 (蔬果) [명] 나물과 과실.

소:과-괘 (小過卦) [명] 육십사괘의 하나. 진괘(震卦)와 간괘(艮卦)가 거듭된 것. 산 위에 우레가 있음을 상징함. [준]소과(小過).

소과리 [명] 〈옛〉 쏘가리.

소:관 (小官) [一][명] 지위가 낮은 관리. [二][인대] 관리가 상관에 대하여 스스로 자기를 낮추어 일컫는 말. 소직(小職).

소:관 (所管) [명] 어떤 사무를 맡아 관리함. 또는 그 사무. ❏ ~ 부처 / ~ 사항 / ~ 업무 / 이것은 내 ~ 밖의 일이다.

소:관 (所關) [명] 관계되는 바. ❏ 무슨 ~이 있어서 왔소.

소:관-사 (所關事) [명] 관계가 있는 일. ❏ 그 일은 내 ~가 아닙니다.

소:-괄호 (小括弧) [명] 〔수〕 묶음표의 하나. 문장 부호 '( )'의 이름. 원어·연대·주석·설명 등을 넣거나 빈 자리임을 나타낼 때 등에 씀. 손톱괄호. 손톱묶음.

소광 (消光) [명][하자] **1** 하는 일 없이 세월을 보냄. **2** 어두워짐.

소광 (韶光) [명] 춘광(春光).

소광-하다 (疏狂-) [一][자여] 지나치게 소탈하여 일반적인 규칙이나 규범에서 벗어나다. [二][형여] 일반적인 규칙이나 규범에서 벗어날 정도로 지나치게 소탈하다.

소:괴 (小塊) [명] 작은 덩어리.

소:괵 (小斛) [명] 옛날 민가에서 곡식 열다섯 말을 되는 데 쓰던 양기(量器).

소:교 (素轎) [명] 장례에서, 상제가 타기 위하여 희게 꾸민 교자(轎子).

소:-교의 (素交椅) [-/-이] [명] 장사 지내기 전에 신위(神位)를 모시는 흰 교의.

소곰 [타] 〈옛〉 속임. '소기다'의 활용형.

소구 [명] ☞소고(小鼓).

소:구 (小球) [명] 작은 공.

소구 (訴求) [명][하타] 〔법〕 소송에 의하여 권리를 행사하는 일. 특히, 청구권을 행사함을 이름.

소구 (遡求) [명][하타] 〔법〕 어음·수표의 지급이 없거나 또는 그 우려가 있을 때, 그 어음이나 수표의 소지인이 어음의 작성이나 유통에 관여한 사람에 대하여 어음의 금액과 기타 비용을 물어 달라고 청구하는 일. ❏ ~권을 행사하다.

소-구멍 [명] 〔광〕 광산에서 갱의 위쪽으로 뚫는 남폿구멍.

소:-구분 (小區分) [명][하타] 작게 구분함. 또는 작은 구분.

소:-구치 (小臼齒) [명] 〔생〕 송곳니 뒤에 두 개씩 있는 작은 어금니《상하 좌우 모두 8개임》.

소:국 (小局) [명] **1** 좁은 소견. **2** 작은 판국.

소:국 (小國) [명] 국력이 약하거나 국토가 작은 나라. ❏ 태평양 가운데에 있는 ~. ↔대국.

소:-국민 (少國民) [-궁-] [명] 나이 어린 국민. 어린이.

소:군 (小君) [명] 〔역〕 고려 때, 천첩(賤妾)의 소생으로 승려가 된 왕자를 이르던 말.

소굴 (巢窟) [명] 범죄자나 악한들의 무리가 모이는 본거지. 소혈(巢穴). ❏ 도둑의 ~ / ~에서 빠져나오다 / 해적들의 ~을 소탕하다. [준]굴.

소:권 (小圈) [-꿘] [명] 〔수〕 **1** 작은 권점(圈點). **2** 소원(小圓)2.

소권 (訴權) [-꿘] [명] 〔법〕 법원에 소송을 제기하여 판결을 요구할 수 있는 권리.

소귀-나무 [명] 〔식〕 소귀나뭇과의 상록 활엽 교목. 산기슭 양지에 남. 높이 10-20 m, 봄에 누런빛을 띤 붉은색 꽃이 피고, 여름에 자줏빛 둥근 열매를 맺음. 열매는 식용하고 껍질은 물감으로 씀. [준]속나무.

소:-규모 (小規模) 圐 범위나 크기가 작음. ▷
~ 거래 / ~ 공장 / ~의 자본으로 사업을 시
작하다. ↔대규모.

소:-규모 집적 회로 (小規模集積回路)[-쩌
꾀-]《컴》집적도에 따른 집적 회로 분류의
하나. 하나의 기판(基板) 위에 10~100 회로를
꾸민 집적 회로.

소극 (消極) 圐 마지못해 일을 하거나 자발적이
아닌 비활동적 태도. ↔적극(積極).

소:-극 (笑劇) 圐 익살과 웃음거리를 주로 하여
관중을 웃기는 연극. 웃음극. 파스(farce).

소극 (素劇) 圐《연》소인극.

소극 개:념 (消極概念)[-깨-]《논》부정적 개
념.

소극 대:리 (消極代理)[-때-]《법》민법에서,
상대편의 의사 표시를 받아들이는 대리. 수
동 대리.

소극 명사 (消極名辭)[-궁-]《논》부정적인
개념을 나타내는 명사《부정직(不正直)·무학
(無學) 등》.

소극 명:제 (消極命題)[-궁-]《논》부정 명제.

소극 방어 (消極防禦)[-빵-]《군》군사적 주
도권을 장악하려는 의도 없이, 오직 적이 해
오는 공격의 효과를 최소한으로 국한시키려
는 방책. ↔적극 방어.

소극-성 (消極性)[-썽] 圐 소극적인 성질. ▷ ~
을 띠다.

소극 의:무 (消極義務)《법》일정한 행위를 하
지 않는 의무《부작위의 의무나 남의 재산을
침해하지 않는 의무 따위》. ↔적극 의무.

소:-극장 (小劇場)[-짱]圐 연극을 상업주의에
서 벗어나 자유롭고 합리적인 조직에 입각한
예술성을 추구하는, 규모가 작은 극장.

소극 재산 (消極財産)[-째-]《법》채무·부채
를 일컫는 말. ↔적극 재산.

소극-적 (消極的)[-쩍] 圐圐 스스로 나서서 일
을 하지 않으려는 (것). 적극적이 아닌 (것).
▷ ~ 대응 / ~ 태도 / ~인 자세 / 매사에 ~이
다. ↔적극적.

소극적 판단 (消極的判斷)[-쩍-] 부정 판단.

소극-주의 (消極主義)[-쭈- / -쭈이] 圐《윤》
행위를 적극적으로 하지 않음으로써 악을 피
하려는 주의《금욕주의·보수주의 따위》. ↔적
극주의.

소극-책 (消極策) 圐 소극적인 방책. ↔적극책
(積極策).

소금 圐 짠맛이 나는 백색의 결정체. 대표적인
조미료로, 주성분은 염화나트륨임. 양념·식
품의 저장·화학 공업의 원료 따위로 쓰임. 염
(鹽). ▷ ~을 치다 / ~을 뿌리다 / 배추를 ~
으로 절이다.

[소금 먹은 놈이 물을 켠다] 무슨 일이든 그
렇게 된 까닭이 있다는 말. [소금 섬을 물로
끌어라 하면 끈다] 무슨 일이나 시키는 대로
순종함을 이르는 말. [소금으로 장을 담근다
해도 곧이듣지 않는다] ㉠평소에 거짓말을 잘
하는 사람의 말은 도무지 믿을 수 없다는 말.
㉡남의 말을 믿지 않는다는 뜻. [소금이 쉰
다] 그럴 리가 없다. [소금이 쉴 때까지 해보
자] 시간이 간 걸리더라도 끝까지 해보자는.

소금도 없이 간 내먹다 㑚 ㉠준비나 밑천도
없이 큰 이득을 차지하려 한다. ㉡몹시 인색
하다.

소금 들고 덤빈다 㑚 부정(不淨)한 것을 대
하듯 한다는 뜻.

소금 먹은 푸성귀 㑚 기가 죽어 후줄근한 사
람을 두고 이르는 말.

소:-금 (小金) 圐《악》1 대금보다 작은 타악기

의 하나. 2 꽹과리.

소:-금 (小笒) 圐 저의 하나. 삼금(三笒) 가
운데 가장 작음《지금은 전하지 않음》.

소:-금 (小禽) 圐 참새·제비 따위의 작은 새.

소금 (銷金) 圐圐 그린 초상화 옷에 금으로
비단 무늬를 칠함. 또는 그 그림.

소금-구이 圐圐 1 바닷물을 달여 소금을 만
드는 일. 또는 그런 일을 하는 사람. 2 생선
이나 고기 따위에 소금을 쳐서 굽는 일. 또는
그렇게 구운 고기.

소금-국 [-꾹] 圐 소금을 넣어서 끓인 국. 염탕
(鹽湯).

소금-기 (-氣)[-끼] 圐 염분이 섞인 약간 축축
한 기운. 염분. ▷ ~가 섞인 바닷바람 / ~를
머금다.

소금-깍두기 [-뚜-] 圐 간장이나 젓국 따위를
넣지 않고 소금으로만 담근 깍두기. ↔장깍
두기.

소금-물 圐 소금을 녹인 물. 또는 짜디짠 물.
염수(鹽水). ▷ ~로 양치질하다.

소금-밥 圐 1 '소금엣밥'의 준말. 2 소금물을
묻혀 뭉친 주먹밥. 3 소금을 섞은 밥. 농가에
서 염증(炎症)을 풀게 하는 데 씀.

소금-밭 [-받] 圐 염전(鹽田).

소금-버캐 圐 소금이 엉기어서 굳어진 덩이.

소금엣-밥 [-그메빱 / -그멛빱] 圐 반찬이 변변
하지 못한 밥. 염반. ㉧소금밥.

소금쟁이 圐《충》소금쟁잇과의 곤충. 못·개천
또는 연못이 많은 물에 떼 지어 삶. 길이
1.5 cm 정도, 빛은 흑색, 긴 발끝에 털이 있
어 물 위를 달림.

소금-절이 圐圐 고기·채소 등을 소금에 절
임. 또는 그 고기나 채소.

소:-금정 (小金井) 圐 관(棺)을 덧씌우거나 송
장을 담는 제구《대나 나무의 오리로 만들고
거죽을 종이로 바름》.

소금-쩍 圐 물건 거죽에 소금기가 배거나 내솟
아 허옇게 엉긴 조각.

소금-편포 (-片脯) 圐 소금을 쳐서 만든 편포.

소급 (遡及) 圐圐圐圐 지나간 일에까지 거슬러
올라가서 미치게 함. ▷ ~ 적용 / 월급을 ~
해서 인상하다.

소급-력 (遡及力)[-금녁] 圐《법》새로 제정·
공포된 법률이 그 법률의 시행 이전에 일어
난 일에까지 거슬러서 미치는 힘.

소급-효 (遡及效)[-그표] 圐《법》법률이나 법
률 요건의 효력이 법률 시행 이전 또는 법률
요건 성립 이전까지 거슬러 올라가 효력을
미치게 하는 일.

소:-기 (小技) 圐 조그마한 재주.

소:-기 (小朞) 圐 소상(小祥).

소:-기 (小器) 圐 1 작은 그릇. 2 작은 기량. 기
량이 작은 사람.

소:-기 (小飢) 圐 그리 심하지 않은 기근(飢饉).

소:-기 (小妓) 圐 나이 어린 기생.

소기 (沼氣) 圐《화》메탄(methane).

소:-기 (所期) 圐 (주로 '소기의'의 꼴로 쓰여)
기대한 바. ▷ ~의 성과 / ~의 목적을 달성
하다.

소:-기 (笑氣) 圐《화》마시면 얼굴 근육에 경련
이 일어나 웃는 표정이 되는 기체라는 뜻으
로, '일산화이질소'의 속칭.

소기 (燒棄) 圐圐圐 불살라 없애 버림.

소기 (驕氣) 圐 멋있고 아담한 기질(氣質).

소기다 囤〈옛〉속이다.

소-기름 圐 쇠기름.

소:-기업 (小企業)圈 규모가 작은 기업.

소:-기후 (小氣候)圈 좁은 범위 안에 나타나는 기후《사방 약 10 km² 이내에 나타나는 기후 현상을 이름》.

소:-김치 (素-)圈 젓국을 넣지 않고 소금으로만 담근 김치.

소:-깍두기 (素-)[-뚜-]圈 젓국이나 양념을 하지 않고 소금에만 절여 담근 깍두기.

소꿉圈 아이들이 소꿉질에 쓰는 장난감의 통칭.

소꿉-놀이 [-꼰노리]圈하짜 소꿉질하며 노는 아이들의 놀이.

소꿉-동무 [-똥-]圈 어린 시절 함께 소꿉질하며 놀던 동무. 圓아내는 어렸을 때부터 붙어 다니던 내 ~이다.

소꿉-장난 [-짱-]圈하짜 소꿉질하며 노는 장난. 圓어릴 때 ~하고 놀던 시절이 그립다.

소꿉-질 [-찔]圈하짜 아이들이 자질구레한 그릇 따위의 장난감을 가지고 살림살이 흉내를 내는 짓. 圓~을 하고 놀다.

소나 (SONAR)圈〔sound navigation and ranging〕음파를 이용하여 수중의 물체 따위를 탐지하는 기기《음향 측심기(測深機)·수중 청음기·어군 탐지기 따위》. 음파 탐지기.

소나기圈 **1** 갑자기 세차게 쏟아지다가 곧 그치는 비. 소낙비. 백우(白雨). 취우(驟雨). 圓~가 쏟아지다 / ~를 만나다 / ~를 피하다 / 곳에 따라 ~가 내리겠습니다. **2** 갑자기 들이퍼붓는 것을 비유하여 이르는 말. 圓~ 펀치를 퍼붓다.

[소나기 삼 형제] 소나기는 반드시 세 줄기로 쏟아진다는 말.

소나기-구름 (積亂雲)圈 적란운.

소나기-밥圈 보통 때는 조금 먹다가 갑자기 많이 먹는 밥. 圓~에 체하다.

소나기-술圈 보통 때는 마시지 아니하다가도 입에만 대면 한정 없이 많이 마시는 술.

소-나무圈〔←솔나무〕〔植〕소나뭇과의 상록 침엽 교목. 높이는 30 m, 둘레는 6 m 정도, 껍질은 검붉고 비늘 모양이며 잎은 바늘 모양으로 두 개씩 모여 남. 꽃은 늦봄에 피고 다음 해 가을에 각과(殼果)를 맺음. 중요한 삼림 식물로, 건축재·침목·도구재 따위의 여러 가지 용도로 씀.

소나무-겨우살이圈〔植〕소나무겨우살잇과의 지의류(地衣類). 깊은 산에 있는 소나무의 가지 따위에 기생함. 길이 6-8 m, 잔가지가 털처럼 서로 엉킴. 빛은 담녹색, 한방에서 이뇨·거담제(祛痰劑)로 씀. 송라(松蘿).

소나타 (이 sonata)圈〔樂〕악곡의 한 형식. 기악을 위한 독주곡 또는 실내 악곡으로, 2악장 이상으로 이루어짐. 주명곡(奏鳴曲).

소나타 형식 (sonata形式)〔樂〕소나타·교향곡·실내악곡의 제 1 악장에 주로 쓰이는 기악 형식의 하나《제시(提示)·전개(展開)·재현(再現)의 삼부로써 이루어짐》.

소나티나 (이 sonatina)圈〔樂〕악장의 규모가 짧거나 간략화된 소나타. 소나티네. 소주명곡(小奏鳴曲).

소낙-비 [-삐]圈 소나기. 圓잠시 멈추었던 ~가 다시 퍼붓기 시작했다.

소낙비-구름 [-삐-]圈 적란운.

소:-난 (小難)圈 사소한 어려움. 圓그 정도의 ~은 도움 없이도 해결할 수 있다.

소:-날圈〔民〕축일(丑日).

소:-납圈 어떤 일을 하는 데 쓰이는 물건.

소:-납 (笑納)圈하짜 보잘것없는 것이지만 웃으며 받아 달라는 검사의 말《편지에 씀》.

소:-낭 (嗉囊)圈〔鳥〕모이주머니.

소네트 (sonnet)圈〔文〕13세기경 이탈리아에서 발생한 10음절 14행으로 이루어진 짧은 시. 특수한 운을 띰. 십사행시.

소:-녀 (小女)□圈 키나 몸집이 작은 여자 아이. □閸대 여자가 웃어른에게 자기를 겸손히 이르는 말. 圓~ 문안드리옵니다.

소:-녀 (少女)圈 아직 완전히 성숙하지 않은 어린 여자 아이. 圓~ 시절. ↔소년.

소:-녀 가장 (少女家長) 한 가족의 살림을 책임진 어린 여자 아이.

소:-단 (少女團) 걸 스카우트.

소:-년 (少年)□圈 **1** 아주 어리지도 않고 완전히 성숙하지도 않은 남자 아이. 圓~ 가장(家長) / ~ 시절. ↔소녀. **2** 젊은 나이. 또는 그런 나이의 사람. 圓~ 재상.

소:-년-고생 (少年苦生)圈 젊은 시절에 겪는 고생. 圓~을 겪은 사람.

[소년고생은 사서 하랬다] 젊었을 때 고생을 많이 하는 것이 훗날 살아가는 데 크게 도움이 된다는 말.

소:-년-공 (少年工)圈 소년 직공.

소:-년 교:도소 (少年矯導所)〔法〕형의 집행을 받고 있는 20세 미만의 사람을 수용하는 교도소.

소:-년 근:로자 (少年勤勞者)[-글-] 만 18세 미만의 어린 근로자. 육체적·정신적 나쁜 영향과 착취·혹사를 방지하기 위하여 근로 기준법상 특별한 보호를 받게 되어 있음.

소:-년-기 (少年期)圈 소년·소녀로 있는 미성년의 시기. 일반적으로 아동기의 후반을 가리킴. 圓~에 읽은 시 / ~를 외면섬에서 보내다.

소:-년-단 (少年團)圈 보이 스카우트.

소:-년-등과 (少年登科)〔歷〕젊은 나이에 과거에 급제하던 일.

소:-년-배 (少年輩)圈 소년의 무리. 圓불량 ~.

소:-년 범:죄 (少年犯罪)〔法〕20세 미만의 사람이 저지른 범죄《소년범과 다름》.

소:-년-법 (少年法)[-뻡]〔法〕소년의 건전한 육성을 기하기 위하여 비행(非行) 소년의 형사 사건 등에 대하여 특별 조치를 행하도록 규정한 법률.

소:-년-원 (少年院)圈〔法〕가정 법원 소년부나 지방 법원 소년부의 보호 처분에 의해 송치된 소년을 수용하여 교정 교육을 실시하는, 법무부 장관 소속의 기관.

소:-념 (所念)圈 마음먹은 일. 마음먹은 바.

소노미터 (sonometer)圈〔樂〕음의 높낮이를 측정하는 장치.

소노시트 (Sonosheet)圈 보통의 레코드판보다 얇고 부드러운 비닐·플라스틱제의 간단한 레코드《상표명》.

소:-농 (小農)圈 소규모의 논밭을 소유하여 가족끼리 경작하는 농사. 또는 그런 농사를 짓는 농민.

소:-농가 (小農家)圈 소규모로 농사를 짓는 집.

소:-뇌 (小腦)圈〔生〕대뇌의 아래, 연수(延髓)의 뒤에 있는 타원형 뇌수의 일부. 몸의 평형 감각과 근육 운동을 조절함. 작은골.

소니圈〈옛〉쇠뇌.

소닉 붐 (sonic boom)〔物〕제트기가 급강하하여 음속을 돌파할 때 내는 충격파 때문에 생기는 폭발음.

소다 (soda)圈〔化〕금속 나트륨과 화합하여 된 염《가성 소다·탄산소다 따위》. 圓부드러운 헝겊에 ~를 찍어서 반지를 닦다.

소다탄 〈옛〉 쏘다.
소다 공업 (soda工業) 소다를 제조하는 공업. 또는 식염을 원료로 그 성분인 나트륨·염소를 이용하여 화학 약품을 제조하는 공업.
소다 비누 (soda-) 양칼리 비누에 대하여, 고급 지방산의 나트륨염을 원료로 한 딱딱한 보통 비누.
소다 석회 (soda石灰)[-서쾨] 산화칼슘을 수산화나트륨의 용액에 섞어 가열해 만든 알갱이 모양의 백색 고체(이산화탄소의 흡수제나 흡습제·건조제 따위로 씀).
소다-수 (soda水) 탄산수(炭酸水).
소다-크래커 (soda cracker) 밀가루에 소다를 넣어 구운 짭짤한 비스킷의 하나.
소다-회 (soda灰) 불순(不純)한 탄산나트륨 무수물의 공업 약품. 유리·비누·종이·페인트 색소 따위의 제조나 섬유 공업에 씀.
소:-단원 (小單元) 단원 학습에서, 장시간을 필요로 하는 대단원을 다시 몇 개로 구분한 단원(單元).
소-달구지 소가 끄는 수레. 우차(牛車). ▣ 아이들이 ~ 위에 걸터앉는다.
소달깃-날 [-긴-] 음력 정월의 첫 축일(丑日). 이날은 마소를 부리지 아니함.
소담 (消痰) 한의 가래를 삭힘.
소-담 (笑談) 웃으운 이야기. ▣~에 반응이 없어 쑥스럽다.
소담-스럽다 [-따] [-스러워, -스러우니] 형 소담한 데가 있다. ▣소담스럽게 쌓인 눈 / 함박꽃이 소담스럽게 피다 / 과일이 소쿠리에 소담스럽게 담겨 있다. 소담-스레 厚
소담-하다 형여 1 음식이 넉넉하여 보기에도 먹음직하다. ▣나물을 무쳐 소담하게 담다. 2 생김새가 탐스럽다. ▣소담한 꽃송이. 소담-히 厚. ▣~ 열린 포도송이.
소:-담-하다 (小膽-) 형여 겁이 많고 용기가 없다. 요조하다.
소:당 (小黨) 소속된 사람 수가 적은 당파나 정당. ▣~ 분립.
소:대 (小隊) 군 군대를 편성하는 단위의 하나. 보통, 분대(分隊)의 위, 중대(中隊)의 아래인 육군의 정규 부대.
소대 (召對) 역 왕명으로 임금과 대면하여 정사에 대한 의견을 상주하던 일.
소대 (昭代) 나라가 잘 다스려져 태평하고 밝은 세상.
소대 (疏待) 명 타 푸대접. ▣ 옷차림이 남루하다고 손님을 ~해서는 안 된다.
소대 (燒臺) 불 재(齋)를 지내고 나서 옷·위패 따위를 불사르는 대.
소:-대기 (小大朞) 소대상(小大祥).
소:-대상 (小大祥) 소상과 대상, 소대기. ▣돌아가신 부모님의 ~을 정성껏 지내다.
소-대성 (蘇大成) 고전 소설의 주인공 이름으로, 잠이 몹시 많은 사람을 비유적으로 이르는 말. ▣~이 같은 잠꾸러기는 찾아 무얼 하려고.
소:대-원 (小隊員) 소대를 이루는 구성원.
소:대-장 (小隊長) 소대를 지휘·통솔하는 장교. 보통 소위·중위가 맡음.
소:-대한 (小大寒) 소한과 대한.
소댕 솥을 덮는 쇠뚜껑. 솥뚜껑. ▣낯이 ~처럼 두껍다.
소댕-꼭지 [-찌] 소댕의 바깥쪽 한가운데에 뽀족하게 달린 손잡이.
소:-덕 (所德) 남의 덕을 입음. ▣~을 보다.
소:-도 (小刀) 작은 칼.
소:-도 (小島) 작은 섬.

소:-도 (小盜) 좀도둑. ↔대도.
소:-도 (小道) 1 작은 길. 2 작은 도의(道義). 3 행정 구획에서 작은 도(道). ↔대도.
소도 (蘇塗) 역 삼한 시대에, 천신(天神)을 제사 지내던 성역(聖域). 각 고을에 있는 이 지역에 신단(神壇)을 설치하고, 그 앞에 큰 나무를 세워 제사를 올렸음.
소:-도구 (小道具) 연 연극이나 영화 촬영에서, 무대 장치나 분장에 쓰는 작은 도구류.
소-도둑 1 소를 훔치는 짓. 또는 그 도둑. 2 음충맞고 욕심 많은 사람을 비유적으로 이르는 말. ▣귀한 내 딸을 꾀어내다니 ~ 같으니라고.
소도둑-놈 [-둑-] 속 1 소를 도둑질하는 사람. 2 음충맞고 욕심 많은 사람. ▣~같이 의뭉하게 생겼다.
소도록-이 厚 소도록하게. ▣~ 담다.
소도록-하다 [-로카-] 형여 수량이 제법 많아서 소복하다. ▣흰 눈이 소도록하게 쌓이다. 촨소두룩하다.
소도리 작은 장도리(흔히 톱니를 때려 고르거나 금은 세공을 하는 데 씀).
소:-도시 (小都市) 규모가 작은 도시.
소독 (消毒) 명타 병의 감염이나 전염을 예방하기 위하여 병원균을 죽이는 일(일광·열·약품 소독 등이 있음). ▣수술 기구를 ~하다 / ~된 솜으로 상처 부위를 닦는다.
소독-기 (消毒器)[-끼] 의 소독하는 데 쓰는 기구.
소독-내 (消毒-)[-동-] 소독약의 냄새. ▣병원에 들어서자 ~가 코를 찔렀다.
소독-면 (消毒綿)[-동-] 탈지면(脫脂綿).
소독-수 (消毒水)[-쑤] 소독약을 푼 물.
소독-약 (消毒藥)[-동냑] 소독에 쓰는 약제(알코올·요오드·석탄산·산화칼슘·크레졸 따위). 소독제. 살균제.
소독-의 (消毒衣)[-도긔 /-도기] 의사·간호사 등이 입는 소독한 겉옷. 위생복.
소독-저 (消毒-)[-쩌] 소독한 나무로 만든 젓가락. 나무젓가락. 위생저.
소독-제 (消毒劑)[-쩨] 소독약.
소독-차 (消毒車) 소독하는 설비(設備)를 갖춘 차.
소:-동 (小童) 1 열 살 안짝의 어린아이. 2 남의 집에서 심부름하는 어린아이.
소동 (騷動) 명 자타 여럿이 법석을 떪. 여럿이 떠들어 댐. ▣~을 일으키다 / ~을 피우다 / 한바탕 큰 ~이 벌어지다.
소두 혼인한 지 얼마 되지 않은 안팎 사돈끼리 생일 같은 때 서로 보내는 선물.
소:-두 (小斗) 닷 되들이 말. *대두(大斗).
소:-두 (小豆) 식 팥.
소:-두 (小痘) 의 작은마마. 수두.
소두 (疏頭) 역 연명(連名)하여 올리는 상소(上疏)에서 맨 먼저 이름을 적은, 주동이 되는 사람.
소:-두증 (小頭症)[-쫑] 의 머리가 지나치게 작은 병. 뇌의 발육이 늦어서 작은 경우나 신생아 시절에 두개골의 봉합이 너무 빨라 그 이상 머리가 커지지 않아서 작은 경우가 있는데 대개 정신박약을 수반함.
소듐 (sodium) 화 '나트륨'의 영어명.
소드락-질 [-찔] 명 타 남의 재물 따위를 뺏앗는 짓.

소:-득 (所得)[명] **1** 어떤 일을 한 결과로 얻은 이익. ¶~이 많은 이야기. **2** 자기 것이 된 물품·이익이나 이익·수입. ¶이달에는 ~이 많았다. **3** 《법》 세법에서, 일정 기간의 근로·사업·자산 등에서 얻는 수입. 또는 거기서 필요 경비를 뺀 잔액. ¶근로 ~/불로 ~에 세금을 무겁게 부과하다 / ~ 수준이 높다.

소:-득 공:제 (所得控除)[-공-] 《법》 과세 소득액을 결정하기 위하여 총소득액에서 법으로 정한 금액을 공제하는 일(기초 공제·배우자 공제·부양가족 공제 등이 있음).

소득-밤 [-빰][명] 겉껍데기를 벗기지 아니한 채로 소득소득하게 반쯤 말린 밤.

소:-득세 (所得稅)[-쎄][명] 《법》 개인의 소득에 대하여 부과하는 국세(國稅).

소득-소득 [-쏘-][부][하형] 풀이나 뿌리, 열매 따위가 시들고 말라서 좀 거친 모양. ¶~ 마른 인삼. ®수득수득.

소:-득액 (所得額)[명] 소득으로 들어온 돈의 액수. ¶~을 누락 신고하다.

소:-득원 (所得源)[명] 소득이 생기게 하는 원천. ¶~을 추적하다.

소들-소들 [부][하형] 풀이나 뿌리, 열매 따위가 시들고 말라서 생기가 조금 없는 모양. ®수들수들.

소들-하다 [형여] 분량이 생각보다 적어 마음에 차지 않다. 소들-히[부]

소등 (消燈)[명][하자] 등불을 끔. ¶빨리 ~하고 취침해라. ↔점등(點燈).

소등-나팔 (消燈喇叭)[명] 군대 등에서 소등 시간을 알리는 나팔. ¶~이 울리다.

소-등에 (-⟪충⟫)[명] 등엣과의 곤충. 몸길이 24-29mm, 몸빛은 회흑색 내지 회갈색임. 소·말 따위의 가축에 붙어 피를 빪. 쇠등에.

소:-딱지 [명] 머리초나 먹머리동이에 흰 꼭지를 붙인 종이 연(鳶).

소:-띠 [명] 소해에 태어난 사람의 띠. 축생(丑生).

소:-라¹ [명][동] 소랏과의 연체동물. 껍데기의 지름은 8cm, 높이는 10cm 정도이며 두껍고 단단함. 해초를 먹고 삶. 살은 식용하고 껍데기는 자개·단추·바둑돌 따위를 만듦.

소:-라² [악] ☞ 나각(螺角).

소:-라 (小鑼)[명][악] 꽹과리보다 약간 작은 징의 한 가지.

-소:-라 [어미] ⟪옛⟫ -었노라. -노라.

소:-라-게 [명][동] 십각류(十脚類) 변미아목(變尾亞目)의 바닷게의 총칭. 새우와 게의 중간형인데, 꽁무니를 다른 권패(卷貝)의 빈 껍데기 속에 박고 살며, 항상 그것을 끌고 다님. 발은 좌우 각 다섯 개이고, 배딱지가 말랑말랑함. 몸의 양편이 똑같지 아니하며, 집게발도 좌우가 같지 아니함. 살은 식용함.

소:-라-고둥 [명][조개] 소라고둥과의 권패(卷貝). 난해(暖海) 암초에 나는데 껍데기 길이 약 40cm, 지름 약 19cm, 나탑(螺塔)은 8층. 껍질은 홍색·갈색·백색의 반문이 있음. 껍데기는 옛날부터 악기로 사용함. 법라(法螺).

소:-라-딱지 [-찌][명] 소라의 껍데기.

소:-라-젓 [-젇][명] 소라의 살로 담근 젓. 나해(螺醢).

소:-라-진 (-陣)[명] 예전에, 소라 모양으로 뺑뺑 돌아가며 치던 진.

소락-소락 [-쏘-][부][하형] 말이나 행동을 요량 없이 경솔하게 하는 모양. ¶~한 몸가짐 / 언제나 ~ 함부로 말을 하다. ®수럭수럭.

소:-란 (巢卵)[명] 밑알.

소란 (騷亂)[명][하형][히부] 어수선하고 시끄러움. 쟁란(爭亂). ¶~한 분위기 / 빚쟁이들이 ~을 피우다 / ~을 떨다 / 아이들 떠드는 소리가 ~하다.

소:란 반자 (小欄-)[건] 반자틀을 '井' 자 여럿을 모은 것처럼 소란을 맞추어 짜고 그 구멍마다 네모진 개판(蓋板) 조각을 얹은 반자. 현란(懸-).

소:란 반자틀 (小欄-)[건] 소란 반자의 반자틀.

소란-스럽다 (騷亂-)[-따][-스러워, -스러우니][형ㅂ] 소란한 듯하다. ¶장내가 ~. 소란-스레[부] ¶개가 ~ 짖어 댄다.

소:-람 (笑覽)[명][하타] 주로 편지에서, 보잘것없지만 자기 것을 웃으며 보아 달라는 뜻으로 겸손하게 하는 말.

소:-랑 (小娘)[명] 나이 어린 여자 아이.

소래 [명] '소래기'의 준말.

소래기 [명] 굽 없는 접시 모양의 넓은 질그릇. ¶간장독을 덮은 ~. ®소래.

소랭-하다 (蕭冷-)[형여] 쓸쓸하고 싸늘하다.

소략-하다 (疏略-)[-랴카-][형여] 꼼꼼하지 못하고 엉성하다. ¶사전을 소략하게 설명하다. 소략-히[-랴키][부]

소:-량 (小量)[명] 좁은 도량.

소:-량 (少量)[명] 적은 분량. ¶~ 생산 / ~의 독극물이 검출되다. ↔다량.

소:-량 (素量)[명][물] 구체적인 어떤 종류의 양의 최소 단위. ¶전기(電氣) ~.

소:-련 (素輦)[명] 임금이 상중(喪中)에 쓰던 흰 수레.

소련 (蘇聯)[명] '소비에트 사회주의 공화국 연방'의 준말.

소:-렴 (小殮)[명][하타] 염습(殮襲)의 처음 절차로, 시체에 새로 지은 옷을 입히고 이불로 쌈. ¶~, 대렴을 마치고 입관하다.

소렴 (疏簾)[명] 성기게 엮은 발.

소:-렴-금 (小殮衾)[명] 소렴할 때에 시체를 싸는 이불.

소:-렴-포 (小殮布)[명] 소렴할 때에 시체를 싸는 베.

소:-령 (少領)[명] 영관(領官) 계급의 하나. 중령의 아래, 대위의 위임.

소:-례 (小禮)[명] 변변치 아니한 예의. ¶~를 대례로 받으시옵소서.

소:-로 (小路)[명] 작고 매우 좁다란 길. ↔대로(大路).

소:-로 (小櫨)[명][건] 접시받침.

소로-소로 [부] ⟪옛⟫ 살금살금.

소:-로 수장집 (小櫨修粧-)[-찝][건] 도리와 장여 밑에 접시받침을 한 집.

소:-록 (小錄)[명] 요점만 간단히 적은 기록. 또는 그런 종이쪽.

소:-록 (小祿)[명] 작은 녹봉.

소록-소록 [-쏘-][부][하형] **1** 아기가 곱게 자는 모양. ¶아기가 ~ 잠이 들다. **2** 비나 눈 따위가 부드럽고 조용히 내리는 모양. ¶비가 ~ 내리다.

소:-론 (小論)[명] 규모가 작은 논설이나 논문. ¶저서 몇 권과 ~ 몇 편.

소:-론 (少論)[명][역] 조선 숙종(肅宗) 때의 서인(西人) 가운데, 그 우두머리인 송시열(宋時烈)과 반목하여 윤증(尹拯) 등의 소장파가 갈리어 나와 세운 당파. ↔노론(老論).

소:-론 (所論)[명] 논하는 바.

소롱-하다 (消-) 타여 재산을 되는대로 그렁저렁 써서 없애다. ☐조상으로부터 물려받은 재산을 소롱해 버렸다.

소:뢰 (少牢) 명〔역〕나라에서 제사 지낼 때, 양(羊)을 통째로 제물(祭物)로 바치던 일.

소뢰-정 (掃雷艇) 명 소해정.

소:료 (所料) 명 요량한 바. 미루어 생각한 바. ☐일이 자기의 ～대로 되어 가는 것이라고 좋아한다.

소:루 (小累) 명〔건〕접시받침.

소:루-쟁이 명〔식〕마디풀과의 여러해살이풀. 줄기는 높이 60cm가량, 잎은 어긋맞나며 긴 타원형의 피침 모양인데 매우 주글주글함. 6~7월에 담록색의 작은 꽃이 많이 피고, 수과(瘦果)를 맺음. 들의 습지에 남. 어린잎은 식용함. 양제(羊蹄). 양제초(草). 춘솔쟁이.

소루-하다 (疏漏-) 형여 생각이나 행동 따위가 꼼꼼하지 못하고 소홀하다. ☐손님 대접에 소루함이 없도록 신경을 쓰다. 소루-히 부. ☐임무를 ～하다.

소:류 (小流) 명 실개천.

소:류 (笑留) 명하타 소납(笑納).

소류 (遡流) 명 1 물이 거슬러 흐름. 또는 그 물길. 2 소강(遡江).

소르디노 (이 sordino) 명〔악〕약음기(弱音器).

소르르 부 1 뭉치거나 얽히거나 걸린 물건이 잘 풀리거나 흘러내리는 모양. ☐옷고름이 ～ 풀어지다. 2 부드러운 바람이 천천히 부는 모양. ☐바람이 ～ 불다. 3 물이나 가루 따위가 부드럽게 가만히 흐르거나 무너지는 모양. ☐밀가루 더미가 ～ 무너지다. 4 졸음이 오거나 잠이 드는 모양. ☐수업 시간에 졸음이 ～ 왔다 / 눈이 ～ 감기다. 춘수르르.

소:름 명 춥거나 무섭거나 징그러울 때 피부에 좁쌀 같은 것이 돋아나는 현상. ☐무시무시한 장면을 보니 온몸에 ～이 돋는다.

소름(이) 끼치다 관 피부에 소름이 돋다. ☐소름 끼치는 사고 현장을 목격하다.

소리 명 1 물체가 진동할 때, 청각으로 느끼게 되는 것. ☐비바람 ～ / 피아노 치는 ～ / ～를 줄이다 / 멀리서 개 짖는 ～가 들렸다. 2 사람의 목소리. ☐～를 지르다 / ～를 치다. 3 〔언〕말. ☐똥딴지 같은 ～ / 죽는 ～를 하다 / 답답한 ～ 그만 해라 / 그게 무슨 ～냐. 4 〔악〕판소리·잡가·민요 등의 총칭. ☐그는 ～를 잘한다. 5 항간의 여론이나 소문. ☐국민의 ～ / 침묵하는 다수의 ～가 더 무섭다 / 이상한 ～가 돌고 있다. 6 소식. ☐～ 없이 찾아가다.

[소리 없는 고양이 쥐 잡듯] 일을 솜씨 있게 해내는 사람은 말이 많지 않다는 뜻. [소리 없는 총이 있으면 놓겠다] 상대방이 몹시 미울 때에 하는 말.

소리를 죽이다 관 소리를 몹시 낮추어 말하거나 소리를 내지 않다.

소리 소문도 없이 관 동작이 드러남이 없이 슬그머니. ☐～ 사라지다.

소:리 (小吏) 명〔역〕아전(衙前).

소:리 (小利) 명 작은 이익. ☐～에 눈이 어두워 도리에 어긋난 짓을 했다 / 눈앞의 ～만 탐내지 마라.

소리 (疏履) 명 내간(內艱)에 상제(喪制)가 신는 엄짚신.

소리개 명〔조〕☞솔개.

소리-굽쇠 명〔一쐬〕명〔물〕발음체의 진동수를 계산하는 기구. 강철 막대를 구부려 'U'자 모양으로 만듦. 음향 측정이나 악기의 조율

따위에 씀. 음차(音叉).

소리-글 (一글자)의 준말.

소리-글자 (一字)〔一짜〕명〔언〕표음 문자. ↔뜻글자. 춘소리글.

소리-꾼 명 1 온갖 노래를 아주 잘 부르는 사람. 2 판소리나 잡가 등 소리하는 것을 직업으로 삼는 사람.

소리-나무 명〔식〕참나뭇과의 낙엽 활엽 교목. 잎은 어긋나고 긴 타원형이며 양면에 털이 있음. 산 중턱이나 꼭대기에 나는데 제주도 특산종임. 목재는 신탄·침목 등으로 쓰고, 열매는 식용함.

소리-내기 명〔언〕'발음(發音)'의 풀어쓴 말.

소리-넓이〔一널비〕명〔악〕성역(聲域).

소리-마디 명〔언〕'음절(音節)'의 풀어쓴 말.

소리-맞추기 명〔一맏─〕명 체조·행진 따위에서, 동작을 '하나·둘·셋·넷' 하는 구령에 맞추는 일.

소리-북 명〔악〕판소리 반주에 사용하는 북.

소리-소리 명 감정이 몹시 격하여 잇따라 큰 소리로 외치거나 큰 소리를 지르는 모양. ☐아이는 ～ 지르더니 결국 울음을 터뜨렸다.

소리-시늉 명〔언〕'의음(擬音)'을 풀어쓴 말. ↔짓시늉.

소리-음 (一音) 명 한자 부수의 하나('訁'·'韻' 등에서 '音'의 이름).

소:리장도 (笑裏藏刀) 명 소중도(笑中刀).

소리-쟁이 명 노래 부르는 일을 직업으로 하는 사람.

소리-치다 자 소리를 크게 지르다. ☐산 정상에 올라 목청껏 ～ / 큰 소리로 다그치듯 ～.

소리-틀 명〔생〕'발음 기관'의 풀어쓴 말.

소리-판 명 음반(音盤). ☐～을 찾아서 축음기에 걸어 놓았다.

소리-판 명 2 소리와 노래를 부르며 즐겁게 노는 판. ☐～이 흥겹게 벌어지다 / 걸쭉하게 ～을 벌이다.

소리-하다 자여 판소리나 잡가를 부르다. ☐소리하고 춤추며 놀다.

소림 (疏林) 명 나무가 듬성듬성 들어서 있는 숲. ↔밀림.

소:립 (小粒) 명 작은 알갱이.

소:립자 (素粒子)〔一짜〕명〔물〕물질 또는 장(場)을 구성하는 기본적인 단위가 된다고 생각되는 물질. 광양자·전자·양성자·중성자·중간자·양전자 따위.

소:립자-론 (素粒子論)〔一짜─〕명〔물〕소립자의 성질 및 그 상호 작용을 연구하는 물리학의 한 부문. 소립자 물리학.

소릿-값〔一릿깝 /一릳깝〕명〔언〕'음가(音價)'의 풀어쓴 말.

소릿-결〔一릿결 /一릳결〕명〔물〕음파(音波).

소릿-바람〔一릿빠─ /一릳빠─〕명 크게 떨치는 기세와 그 반향.

소력 명〈옛〉소리.

소:마 명 '오줌'을 점잖게 이르는 말.

소:마-구유 명 오줌을 누거나 모아 두는, 구유 모양으로 만든 나무통.

소:마-보다 자 '오줌을 누다'를 점잖게 이르는 말.

소마-세월 (消磨歲月) 명하자 하는 일 없이 헛되이 세월만 보냄. ☐그는 이곳저곳 떠돌아다니며 ～하다가 환갑이 지나서야 고향으로 돌아왔다.

소마-소마 부하형 겁이 나거나 무서워서 마음이 초조한 모양. ☐～ 가슴을 졸이다.

소:만 (小滿) 명 이십사절기의 하나. 양력 5월

21일경임.

소:-만(掃萬) 몡[하자] 모든 일을 제쳐 놓음.

소:-만두(素饅頭) 몡 고기 없이 채소 따위로만 소를 만들어 넣은 만두.

소:-만왕림(掃萬枉臨)[-마눙님] 몡[하자] 모든 일을 제쳐 놓고 왕림함. ▣의논 드릴 일이 있으니 ~하시기 바랍니다.

소만-하다(疏慢-) 몡[형] 일에 게으르고 둔한다.

소말-소말 부[하형] 마맛자국이 점점이 얕게 얽어 있는 모양.

소:-망(所望) 몡[타] 어떤 일을 바람. 또는 그 바라는 것. 의망(意望). ▣ ~을 이루다 / ~을 품다 / ~을 들어주다 / ~이 이루어지다 / 남북이 통일되기를 간절히 ~하다.

소망(을) 보다 꾸 심마니들의 은어로, 산삼 캐는 일을 실지로 이루다.

소망(消亡) 몡[하자] 소멸(消滅)1.

소망(消忘) 몡[하자] 기억에서 사라져 잊혀짐.

소망(素望) 몡 본디부터의 희망. 평소(平素)에 늘 바라는 일.

소망(燒亡) 몡[하자타] 불타서 없어짐. 소실(燒失). ▣화재로 창고의 물품이 모두 ~하였다.

소:-망-스럽다(所望-)[-따][-스러워, -스러우니] 형[ㅂ] 소망할 만한 데가 있다. ▣소망스러운 미래를 설계하다. **소:망-스레** 부

소:-망일(小望日) 몡 음력 정월 열나흗날을 이르는 말. 이날은 여러 가지 나물을 먹음.

소매 몡 윗옷의 좌우에 있는, 두 팔을 꿰는 부분. 옷소매. ▣ 짧은 ~ / ~를 걷어붙이다 / ~를 잡아당기다 / ~로 이마의 땀을 훔치다.

[소매 긴 김에 춤춘다] 별로 생각이 없던 일이라도 그 일을 할 조건이 갖추어졌기 때문에 하게 됨의 비유.

소매를 걷다 꾸 모든 일을 제쳐 놓고 일을 시작하다. ▣ 소매를 걷고 나서다.

소매 속에서 놀다 꾸 손으로 하는 동작이 남의 눈에 띄지 않게 몰래 이루어지다.

소:-매(小妹) 몡 어린 누이동생.

소:-매(小梅) 몡 초라니2.

소:-매(小賣) 몡[하타] 물건을 생산자나 도매상에게서 사들여 직접 소비자에게 팖. 산매. ▣ ~로 팔면 도매로 파는 것보다 이익이 더 많이 남는다. ☞도매.

소:-매(笑罵) 몡[하타] 비웃으며 꾸짖음.

소:매-가(小賣價) [-까] 몡 소매가격.

소:매-가격(小賣價格)[-까-] 몡 물건을 소매할 때의 가격. 소매가. ☞도매가격.

소매-걷이[-거지] 몡 『건』 모난 기둥에 얹는 보의 너비가 기둥보다 넓을 때 기둥의 양쪽 모서리를 둥글게 깎아서 기둥 면이 드러나게 하는 일.

소:매 물가 지수(小賣物價指數)[-까-] 『경』 소매 시장에서의 물가 변동을 나타낸 물가 지수.

소:매-상(小賣商) 몡 소매하는 장사. 또는 그런 장수. ☞도매상.

소:매 시:장(小賣市場) 소매상들이 모여서 이룬 시장. 산매 시장. ☞도매 시장.

소:매-업(小賣業) 몡 소매하는 영업. ☞도매업.

소:매-인(小賣人) 몡 소매하는 장수.

소:매-점(小賣店) 몡 소매하는 상점. ▣영세 ~. ☞도매점.

소매-치기 몡[하타] 길거리나 차 안 등의 혼잡한 곳에서 남의 몸이나 가방에 지닌 금품을 슬쩍 훔치는 짓. 또는 그런 사람. 도모(掏摸). ▣지갑을 ~당하다. ＊날치기·들치기.

소매-통 몡 소매의 넓이. ▣ ~이 너무 넓다.

소:매-하다(素昧-) 형[여] 견문(見聞)이 좁고 사리에 어둡다.

소:-맥(小脈) 몡[의] 맥박이 뛰는 파동의 폭이 작은 맥박.

소:-맥(小麥) 몡[식] 밀1.

소:-맥-면(小麥麵)[-멘] 몡 1 밀가루. 2 밀국수.

소:-맥-분(小麥粉)[-뿐] 몡 밀가루.

소:-맥-장(小麥醬)[-짱] 몡 참밀로만 메주를 쑤어 담근 장.

소맷-귀[-꿔 /-맨꿔] 몡 소맷부리의 구석.

소맷-길[-낄 /-맨낄] 몡 옷의 소매가 되는 조각.

소맷-동[-동 /-맨똥] 몡 옷소매의 끝을 이은 동아리. ▣소매 끝에 ~을 달다.

소맷-동냥[-똥- /-맨똥-] 몡[하타] 여러 집을 다니며 먹을 것을 얻어 소매 안에 넣어 가지고 다님. 또는 그런 동냥. ▣ ~을 다니다 / ~을 하기 위해 외지로 나가다.

소맷-부리[-뿌- /-맨뿌-] 몡 옷소매의 아가리. 메구(袂口). ▣ ~가 닳아서 풀어진 올이 늘어져 있다.

소맷-자락[-짜- /-맨짜-] 몡 옷소매의 자락. ▣ ~을 끌다 / ~으로 눈물을 닦다 / ~만 스쳐도 인연이라고 한다.

소:-맹선(小猛船) 몡 『역』 조선 때, 수영(水營)에 속했던 작은 싸움배의 하나.

소:-면(素面) 몡 화장을 하지 않은 얼굴.

소:-면(素麵) 몡 고기붙이를 넣지 않은 국수.

소면-기(梳綿機) 몡 대강 탄 솜에서 불순물을 없앤 후 조면(繰綿)으로 만들어 실을 뺄 수 있게 하는 면방적기.

소멸(消滅) 몡[하자] 1 사라져 없어짐. 소망(消亡). ▣ 보험의 효력이 ~되다 / 태풍이 완전히 ~되다 / 백팔 번뇌를 ~하기 위해서 염주를 굴리고 있다. 2 『물』 반입자(反粒子)와 소립자(素粒子)가 합체해서, 그 정지 에너지를 다른 입자의 형태로 내보내는 과정.

소멸(掃滅) 몡[하타] 싹 쓸어서 없앰. ▣마약을 사회에서 ~하다 / 적을 완전히 ~하다.

소멸(燒滅) 몡[하타] 불살라 없앰. ▣산불로 삼림의 태반이 ~되었다.

소멸 시:효(消滅時效) 『법』 권리자가 권리를 행사할 수 있을 때부터 기산(起算)하여 법정 기간 안에 권리를 행사하지 않으면 그 권리를 소멸하는 제도.

소명(召命) 몡 1 신하를 부르는 왕의 명령. ▣ ~을 받들다 / ~을 받다. 2 『기』 사람이 어떤 특수한 신분으로 신에 봉사하도록 신의 부름을 받음. ▣그는 ~을 받고 목사가 되었다.

소명(疏明) 몡[하자타] 1 까닭이나 이유를 밝혀 설명함. 2 『법』 재판에서, 당사자가 그 주장한 사실에 대하여, 법관으로 하여금 일단 확실해 보인다고 믿는 마음을 갖게 하는 일. 또는 이를 위해 당사자가 증거를 제출하려고 노력함. ▣ ~ 자료를 제출하다.

소:-명사(小名辭) 몡 『논』 소개념(小槪念)을 나타낸 명사.

소명-하다(昭明-) 형[여] 분별이 밝고 똑똑하다. ▣그는 자기처럼 소명하고 싹싹한 사람이라고 믿고 있다.

소모(召募) 몡[하타] 의병 따위를 불러 모음. ▣ 민병을 ~하다.

소모(消耗) 몡[하타] 써서 없앰. ▣에너지 ~가 많다 / 쓸데없이 시간과 정력을 ~하다.

소모(梳毛) 몡[하타] 짐승의 털을 다듬어 짧은

섬유는 없애고, 길이가 고른 긴 섬유만을 골라 끝이 가지런하게 하는 일. 또는 그 긴 섬유.
소모-관 (召募官) [명] 〖역〗 조선 때, 의병을 모집하던 임시 관직.
소모-량 (消耗量) [명] 소모하는 양. 또는 소모되는 분량. ❑ 연료의 ~에 비해 화력이 신통치 않은 난로.
소모 방적 (梳毛紡績) 5-30 cm 길이의 긴 양모를 소모(梳毛)한 뒤 털실로 만드는 일.
소모-비 (消耗費) [명] 써서 없애는 비용.
소모-사 (梳毛絲) [명] 소모로 만들어진 실. 또는 소모에 다른 섬유를 섞어서 만든 털실. ❑ ~로 뜬 스웨터.
소모성 자산 (消耗性資産)[-썽-] 확대 재생산이 불가능한, 한정된 자원으로 이루어진 자산《유전·광산·산림 따위》.
소모-율 (消耗率) [명] 일정한 기간에 어떤 물자가 써서 없어지는 비율을 나타내는 계수.
소모-전 (消耗戰) [명] **1** 인원·병기·물자 따위를 자꾸 투입하여 쉽게 승부가 나지 않는 전쟁. ❑ ~을 벌이다 / ~을 치르다. **2** 인력이나 자금이 계속 소모되는 힘든 일.
소모-증 (消耗症)[-쯩] [명] 〖의〗 영양 실조증의 증상이 심한 것《체조직(體組織)의 파괴가 일어나고 식사량을 늘려도 체중이 증가하지 않고 오히려 더 감소되며 몹시 마름》.
소모-품 (消耗品) [명] 쓰는 대로 닳아서 점점 줄어들어 못 쓰게 되거나 아주 없어지는 물품《잉크·연필·종이 또는 장작·숯 따위》. ❑ 일회용 ~ / 사무실에서 쓰는 ~을 절약하자. ↔ 비품(備品).
소-목 (-目) [명] 〖동〗 포유류의 한 목(目). 발굽은 두 개 또는 네 개로 짝수이고 좌우 대칭임. 보통 셋째와 넷째 발가락이 발달하여 한 개의 발굽이 둘로 갈라진 것처럼 보임. 위는 여러 개의 방으로 되어 있고 대개가 초식성임. 육상 생활을 함. 소·사슴·돼지·양·낙타 등이 이에 속함.
소:목 (小木) [명] '소목장이'의 준말. ❑ ~들이 장롱의 장식을 고쳐 박고 있다.
소:목 (小目) [명] 바둑에서, 3선과 4선의 교점(交點). 보통, 귀에 선착(先着)하는 경우 및 걸치거나 굳히는 단계에서 두어짐. ❑ ~을 두다 / 상대편 ~에 걸치다.
소목 (昭穆) [명] 종묘나 사당에 조상의 신주를 모시는 차례. 왼편을 소(昭), 오른편을 목(穆)이라 하며, 시조의 신주를 가운데 모시고 2·4·6 세를 소에, 3·5·7 세를 목에 모심.
소목 (燒木) [명] **1** 대궐에서 땔감으로 쓰던 잘게 쪼갠 참나무. **2** 〖불〗 화장할 때 쓰는 나무.
소목 (蘇木) [명] **1** 〖한의〗 약제로 쓰는 다목의 붉은 속살《통경제(通經劑) 및 외과약으로 씀》. **2** '소방목(蘇方木)'의 준말.
소:목-장 (小木匠)[-짱] [명] 소목장이.
소:목-장이 (小木-)[-짱-] [명] 나무로 가구나 문방구 등을 짜는 일을 업으로 하는 사람. 소목장. [준]소목.
소-몰이 [명][하자] 소를 모는 일. 또는 그 사람.
소몰이-꾼 [명] 소몰이하는 사람을 낮잡아 이르는 말.
소:묘 (素描) [명][하타] 〖미술〗 형태와 명암을 위주로 하여 단색으로 그림을 그림. 또는 그 그림. 데생(dessin). *분본(粉本).
소:문 (小門) [명] **1** 작은 문. **2** 여자의 음부를 완곡하게 이르는 말.
소:문 (所聞) [명] 사람들 입에 오르내려 전하여 들리는 말. ❑ 이상한 ~이 돌다 / ~이 자자하다 / ~이 퍼지다.
소문 (疏文) [명] 〖불〗 부처나 명부전(冥府殿) 앞에 죽은 사람의 죄복(罪福)을 아뢰는 글.
소문 (謏聞) [명] 명성(名聲)이 조금 퍼짐.
소:문-나다 (所聞-) [자] 소문이 퍼지다. ❑ 병을 잘 고친다고 소문난 의원 / 용하기로 소문난 점쟁이 / 바람둥이로 ~.
[소문난 잔치에 먹을 것 없다] 평판과 실제와는 일치하지 않는다는 뜻. [소문난 호랑이 잔등이 부러진다] 세상에 떠들썩하게 소문이 나면 오히려 좋지 않은 일이 끼어들기 쉽다는 말.
소:문-내다 (所聞-) [타] 소문을 퍼뜨리다. ❑ 용한 점쟁이라고 소문내고 다니다.
소:문-만복래 (笑門萬福來)[-봉내] [명] 화목한 집안에 많은 복이 깃든다는 뜻.
소:-문자 (小文字)[-짜] [명] 서양 문자의 작은 체의 문자. ↔대문자.
소:물 (素物) [명] 소찬(素饌)에 쓰는 나물 따위.
소:미 (小米) [명] 좁쌀.
소:-미사 (小Missa) [명] 〖가〗 소규모의 미사.
소:민 (小民) [명] 상사람.
소밀 (疏密) [명] 성김과 빽빽함.
소밀 (巢蜜) [명] 개꿀.
소밀-파 (疏密波) [명] 〖물〗 물체의 밀도 변화의 파(波). 액체와 기체 속을 전하는 음파는 이것임. 탄성체(彈性體) 속에서는 종파(縱波)로서 전파함.
소-바구미 [명] 〖충〗 소바구밋과의 곤충. 나뭇등걸 따위에 삶. 길이 약 0.8 cm, 흑갈색 내지 암갈색이며, 딱지날개에 회색 털이 빽빽이 남. 쇠바구미.
소-바리 [명] 소의 등에 짐을 실어 나르는 일. 또는 그 짐. ❑ ~로 짐을 나르다.
소바리-짐 [명] 소바리로 실어 나르는 짐.
소박 (疏薄) [명][하타] 처나 첩을 인정 없이 모질게 대함. ❑ ~을 당하다 / 조강지처를 ~하다.
소박-데기 (疏薄-)[-떼-] [명] 남편에게 소박을 맞은 여자를 얕잡아 이르는 말.
소박-맞다 (疏薄-)[-방맏따] [자] 남편에게 소박을 당하다. ❑ 소박맞고 친정으로 쫓겨 오다.
소박-미 (素朴美)[-방-] [명] 꾸밈이나 거짓이 없는 수수하고 순박한 아름다움.
소-박이 [명] **1** '오이소박이김치'의 준말. **2** 소를 넣어서 만든 음식의 총칭.
소박이-김치 [명] '오이소박이김치'의 준말.
소박-하다 (素朴-)[-바카-] [형][여] 꾸밈이나 거짓이 없고 수수하다. 박소(朴素)하다. ❑ 소박한 인심 / 소박한 인품 / 소박한 옷차림 / 소박하게 살다.
소:반 (小盤) [명] 밥·반찬과 그 밖의 음식들을 벌여 놓고 먹는 작은 밥상. ❑ 둥근 ~ / 아내가 ~에 술상을 차려 왔다.
소반 (沼畔) [명] 못가. 늪 언저리.
소:반 (素飯) [명] 소밥.
소:반-다듬이 (小盤-) [명][하타] 소반 위에 쌀 따위의 곡식을 펴 놓고 뉘나 모래 따위의 잡물을 낱낱이 고르는 일. 또는 그렇게 고른 곡식.
소발 (燒髮) [명][하자] 〖민〗 한 해 동안 머리를 빗을 때 빠진 머리카락을 모아 두었다가 이듬해 음력 설날 저녁에 대문 밖에서 살라 버리는 일《이렇게 하면 병마가 물러간다고 함》.
소:-밥 (素-) [명] 고기반찬이 없는 밥. 소반(素飯). 소식(素食).
소방 (消防) [명][하타] 화재를 예방하고 불난 것을 끄는 일. ❑ ~ 시설 / ~ 안전을 점검하다.
소방 (疏放) [명][하타][형] **1** 죄수를 너그럽게 처결

하여 놓아줌. **2** 데면데면하고 방자함. ▣~한 행위 / 그의 ~한 태도에 모두 놀랐다.

소방 (蘇方·蘇枋·蘇芳) 圐 다목의 목재 속에 는 붉은 살[깎아서 달인 물을 물감으로 쓰는 데, 빛이 새빨갛고 고우나 잘 바램).

소방 공무원 (消防公務員) 『법』 화재를 예방·경계 또는 진압하는 일을 맡아 하는 공무원. 국가 소방 공무원과 지방 소방 공무원이 있음.

소방-관 (消防官) 圐 '소방 공무원'의 통칭.

소방-대 (消防隊) 圐 소방원(消防員)으로 조직된 단체. 관공설(官公設) 및 의용(義勇)의 두 가지가 있음.

소방대-원 (消防隊員) 圐 소방대의 구성원. 소방원.

소방-도로 (消防道路) 圐 화재를 대비하여 소방차가 다닐 수 있도록 낸 도로.

소방-망대 (消防望臺) 圐 소방망루.

소방-망루 (消防望樓)[-누] 圐 화재를 재빨리 발견하고 급히 소방력을 발동시키기 위하여 설치한 망루. 소방망대.

소방-목 (蘇方木) 圐 『식』 다목. ⨀소목(蘇木).

소방-복 (消防服) 圐 불을 끌 때 소방관이 착용하는 소방모·제복(制服)·소방화·표지장(標識章) 등의 총칭.

소:-방상 (小方牀) 圐 『역』 험한 길이나 좁은 곳에서 쓰던 작은 상여. 높은 벼슬아치의 장사에 썼음. 소여(小輿).

소방-서 (消防署) 圐 소방관을 두어 소방 사무를 맡아보는 기관.

소방-선 (消防船) 圐 항만에 정박한 배 및 해안 건물의 화재 때 불을 끄는 일을 하는 배.

소방-수 (消防手) 圐 소방에 종사하는 사람.

소방-원 (消防員) 圐 소방대원.

소방 자동차 (消防自動車) 소방차.

소:-방전 (小方甎) 圐 성벽 따위를 쌓는 데 쓰는 네모반듯한 작은 벽돌.

소방-차 (消防車) 圐 불을 끄고 인명을 구조하는 데 필요한 각종 장비를 갖춘 자동차. 불자동차. 볼차.

소방-펌프 (消防pump) 圐 불을 끄는 데 쓰는 펌프.

소-배 (少輩) 圐 젊은 축. 젊은 후배.

소-배우자 생식 (小配偶子生殖) 『생』 영양체(營養體)보다 작은 배우자의 융합(融合)에 의한 유성(有性) 생식. 원생(原生)동물이나 조류(鳥類)에서 볼 수 있음.

소-백의 (小白衣)[-배그 /-배기] 圐 『가』 신부가 예식을 행할 때 입는 짧은 흰 옷.

소:-범 (所犯) 圐 **1** 범한 죄(罪). **2** '소범상한(所犯傷寒)'의 준말.

소:범-상한 (所犯傷寒) 圐 『한의』 방사(房事)의 피로로 일어나는 상한증. ⨀소범.

소:-법정 (小法廷)[-뻥] 圐 대법원의 대법관 3명 이상, 전체의 3분의 2 미만으로 구성되는 합의체 재판 기관. ↔대법정.

소벽 (召辟) 圐하타 민간(草野)에 있는 사람을 예를 갖추어 불러 벼슬을 시킴. 징벽(徵辟).

소:-변 (小便) 圐 오줌. ▣~ 검사를 하다 / ~을 누다 / ~이 마렵다[급하다]. ↔대변.

소:-변 (小變) 圐 **1** 약간의 달라지는 변화. **2** 조그마한 사변(事變).

소:변-기 (小便器) 圐 오줌을 누게 만든 여러 가지의 기구.

소:변-보다 (小便-) 困 오줌을 누다.

소:변-불금 (小便不禁) 圐 『한의』 오줌이 나오는 것을 참지 못하는 병.

소:변-불통 (小便不通) 圐 『한의』 병으로 인하여 오줌이 나오지 아니함. 또는 그 병.

소:-별 (小別) 圐하타 잘게 나눔. 소분(小分). ↔대별(大別).

소:-별지 (小別紙)[-찌] 圐 『역』 대각지(大角紙)보다 좀 얇은, 책 표지나 관리에게 주는 사령장으로 쓰던 종이.

소:-병 (小兵) 圐 적은 수의 병사. ⨀대 병사(兵士)가 자기를 낮추어 이르는 말.

소:병 (小병) 圐 작은 병.

소:병 (素屛) 圐 그림이나 글씨가 없이 흰 종이나 비단만 발라서 꾸민 병풍(주로 제사를 지낼 때 침).

소:병 (笑病)[-뼝] 圐 실없이 자꾸 웃는 정신병.

소:-보 (少保) 圐 『역』 **1** 고려 때, 태자부(太子府)의 종이품 벼슬. **2** 삼고(三孤)의 하나로, 소사(少師)·소부(少傅)와 더불어 삼공(三公)을 보좌함.

소보록-하다 [-보카-] 혱어 **1** 물건이 도드라지게 많이 담겨 있거나 쌓여 있다. ▣밥을 소보록하게 푸다. **2** 식물이나 털 따위가 좀 빽빽하고 길다. ▣잔디가 ~. **3** 살이 붓거나 찐 데가 좀 도드라져 있다. ▣발목이 소보록하게 붓다.

소:-복 (小腹) 圐 아랫배.

소:-복 (小福) 圐 조그마한 복력(福力).

소:-복 (素服) 圐 하얗게 차려입은 옷. 흔히 상복으로 입음. 흰옷. ⨀~ 차림. ↔화복(華服). ──하다 困어 소복을 입다. ▣소복한 젊은 과부가 청승맞게 울다.

소복 (蘇復) 圐困어 병이 나은 뒤에 원기가 회복됨. 또는 원기가 회복되게 함. ▣원기가 ~되다.

소:-복단장 (素服丹粧)[-딴-] 圐하타 흰옷을 입고 맵시 있게 몸을 꾸밈. 또는 그러한 차림. ▣~한 젊은 여자가 나타나다.

소:-복담장 (素服淡粧)[-땀-] 圐하타 흰옷을 입고 옅게 화장함. 또는 그러한 차림.

소복-소복 (-쏘-) 튀하형 여럿이 모두 소복한 모양. ▣눈이 쌓이다 / 밥을 공기마다 ~ 담다. ⨀수북수북.

소복-이 튀 소복하게. ▣광주리에 밤을 ~ 담다 / 마당에 잡초가 ~ 자랐다 / 아랫배가 ~ 나왔다. ⨀수북이.

소:복-하다 [-보카-] 혱어 **1** 물건이 도드라지게 많이 담겨 있거나 쌓여 있다. ▣밥을 소복하게 담다 / 흰 눈이 소복하게 쌓이다. **2** 살이 찌거나 부어서 도드라져 있다. ▣얼마나 울었는지 눈두덩이 소복하게 부었다. **3** 식물이나 털 따위가 촘촘하고 길게 나 있다. ▣마당에 풀이 ~. ⨀수북하다.

소:본 (小本) 圐 같은 종류 중에서 본새가 작은 물건.

소본 (疏本) 圐 상소문의 원본.

소:-부 (小富) 圐 작은 부자.

소:-부 (少傅) 圐 『역』 **1** 고려 때 태자부(太子府)의 종이품 벼슬. **2** 삼고(三孤)의 하나로 소사(少師)·소보(少保)와 더불어 삼공(三公)을 보좌함.

소:-부 (少婦) 圐 젊은 부녀. 젊은 아낙네.

소:-부 (少負) 圐 **1** 남에게 진 신세. 남에게 힘입은 바. 또는 남에게 진 부채. 소채(所債). **2** 책임진 바.

소:-부대 (小部隊) 圐 규모가 작은 부대.

소:-부등 (小不等) 圐 굵기가 굵지 않은 둥근 나무.

소:-부분 (小部分) 圐 작은 부분.

소:-북 (小北) 圐 『역』 조선 선조 때 북인(北人)

에서 갈린 당파의 하나. ↔대북(大北).

소:분 (小分) 명 하타 작게 나눔. 또는 그런 부분. 소별(小別).

소:분 (小忿) 명 조금 화를 냄. 또는 조금 분한 마음.

소:분 (小紛) 명 작은 분란(紛亂).

소분 (掃墳) 명 경사로운 일이 있을 때 조상의 산소에 가서 제사 지내던 일. ▣산소에 ~하다.

소분 (燒焚) 명 불에 태움.

소:불 (小佛) 명 작은 불상.

소불간친 (疏不間親) 명 친분이 먼 사람이 친분이 가까운 사람들을 떼어 놓지 못한다는 말.

소:불개의 (少不介意)[-/-이] 명 하타 조금도 개의하지 않음. 조금도 마음에 두지 않음.

소:불동념 (少不動念) 명 하자 조금도 마음을 움직이지 아니함.

소:불여의 (少不如意)[-/-이] 명 하형 조금도 뜻과 같지 않음. 조금도 뜻대로 되지 아니함.

소:불하 (少不下) 뭐 적어도. 적게 잡아도. 하불하(下不下). ▣모두 합하면 ~ 서른 섬은 될 것이다.

소:비 (所費) 명 일에 든 비용.

소비 (消費) 명 하타 1 돈·물건·시간·노력 등을 써서 없앰. 비소(費消). ▣행사를 치르는 데 비용이 많이 ~되다 / 피해 복구에 1년이라는 세월을 ~하다. 2 《경》 욕망을 충족시키기 위해 재화를 소모하는 일. ▣~ 욕구 / ~가 늘다 / 개인 ~를 자극하다. ↔생산.

소비 (疏批) 명 《역》 상소(上疏)에 대하여 임금이 내리던 대답.

소비 경기 (消費景氣) 《경》 소비자의 소비 활동이 활발해짐으로써 생기는 경기.

소비 경제 (消費經濟) 《경》 재화의 직접 소비를 목적으로 하는 경제.

소비 금융 (消費金融)[-늉/-그늉] 《경》 각종 금융 기관이 개인의 소비자를 대상으로 하여 행하는 자금의 대부(貸付) 또는 할부(割賦)에 의한 각종 물품의 판매 제도 등의 총칭. 소비자 금융.

소비 대:차 (消費貸借) 《법》 금전 따위의 물품을 빌려 쓴 사람이 이와 동일한 종류·질·양의 물건을 반환할 것을 약속하는 계약.

소비 도시 (消費都市) 생산 기업체는 적고, 소비층 주민이 대부분인 도시. ↔생산 도시.

소비-량 (消費量) 명 소비하는 분량. ▣에너지 ~을 줄이다 / ~이 급증하다. ↔생산량.

소비-력 (消費力) 명 《경》 어떤 물품을 사들여 소비하는 능력.

소비 사:업 (消費事業) 생산을 직접 목적으로 하지 않는 사업(문화 사업·교육 사업 따위).

소비 성:향 (消費性向) 《경》 소득 증가에 따라 변화하는 소비의 경향. ↔저축 성향.

소비-세 (消費稅)[-쎄] 명 《법》 소비재에 부과되어 소비자가 직접·간접으로 납부하게 되는 세금(직접 소비세와 간접 소비세로 구분됨).

소비 수준 (消費水準) 《경》 실질 소비량의 수준을 사회 계층 상호 간이나 지역 상호 간을 비교하여 얻는 지표. *생활수준.

소비-액 (消費額) 명 소비하는 돈의 액수. ▣가솔린의 연간 ~.

소비에트 (러 Soviet) 명 1 회의. 평의회. 2 러시아의 구성체였던 '소비에트 사회주의 공화국 연방'의 준말. 3 《정》의 한 방식.

소비에트 연방 (Soviet聯邦) 러시아의 통칭인 '소비에트 사회주의 공화국 연방'의 준말.

소비-자 (消費者) 명 1 《경》 재화를 소비하는 사람. 2 《생》 생태계에서, 독립 영양 생활을

하지 못하고 다른 생물을 통하여 영양분을 얻는 생물체. ↔생산자.

소비자 가격 (消費者價格)[-까-] 《경》 1 어떤 재화의 생산자 가격에 이윤·운임 등을 가산한 가격. ▣~이 오르다. 2 정부가 소비자에게 파는 가격. ↔생산자 가격.

소비자 가격 지수 (消費者價格指數)[-까-찌-] 《경》 소비자 가격의 변동을 일정한 시기의 소비자 가격을 100으로 해서 이와 비교하여 나타낸 수(數). 소비자 물가 지수. 시피아이(CPI).

소비자 금융 (消費者金融)[-늉/-그늉] 《경》 소비 금융.

소비자 단체 (消費者團體) 소비자의 권리와 이익을 지킬 목적으로 소비자들 스스로 구성한 단체.

소비자 물가 지수 (消費者物價指數)[-까-] 《경》 소비자 가격 지수.

소비자 보:호 운:동 (消費者保護運動) 상품의 품질·성능·가격·유통(流通)에서의 생산자가 저지르기 쉬운 횡포를 막기 위한 소비자의 권익 옹호 운동.

소비자 자본 (消費者資本) 《경》 소비자의 손에서 소비되는 재화. ↔생산 자본.

소비자 파:산 (消費者破産) 《법》 신용 대출·신용 카드 사용 등 과다한 채무를 진 채무자가 빚을 갚을 능력이 없게 될 경우, 사회적 구제 차원에서 파산을 선고함으로써 채무를 면제시켜 사회적 갱생을 돕는 제도.

소비-재 (消費財) 명 개인의 욕망을 충족시키기 위해 직접 소비되는 모든 재화(식료품·소모품 따위. 자동차·가정용 전기 기구·가구 등은 '내구(耐久) 소비재'라 함). ▣내수용 ~ 수입이 급증하다. ↔생산재.

소비-조합 (消費組合) 소비자의 공동 출자로 일용품을 직접 도매상·생산자로부터 싸게 구입, 조합원에게 염가로 제공하고, 그 이익을 조합원에게 분배하는 조합.

소비-지 (消費地) 명 어떤 상품이 소비되는 곳. ▣생산된 상품은 유통 경로를 거쳐 ~로 운송된다. ↔생산지.

소비 지출 (消費支出) 소비자가 소비재를 사들이기 위해 하는 지출. 소득에서 조세와 저축을 공제한 나머지의 식료비·피복비·주거비·광열비·잡비 따위의 지출.

소비-품 (消費品) 명 소비하는 물품. 소비물. ▣사치성 ~의 수입이 늘었다.

소비 함:수 (消費函數)[-쑤] 소비와 그것을 결정하는 요인과의 관계를 함수로 나타낸 것.

소비 혁명 (消費革命) 소득 수준의 상승, 기술 향상, 매스컴의 발달 따위로 소비 의욕이 높아지거나, 소비의 형태·구조가 급속하게 변화하는 일.

소:사 (小史) 명 줄여서 간략하게 기록한 역사.

소:사 (小使) 명 사환.

소:사 (小事) 명 작은 일. 대수롭지 아니한 일. ↔대사(大事).

소:사 (小辭) 명 《논》 삼단 논법에서 소전제(小前提)와 결론의 주사(主辭)가 되는 말.

소:사 (少師) 명 《역》 1 고려 때 태자부(太子府)의 종이품 벼슬. 곧, 태자소사(太子少師)의 일컬음. 2 삼고(三孤)의 하나로 소부(少傅)·소보(少保)와 더불어 삼공(三公)을 보좌함.

소:사 (素沙) 명 흰 모래. 백사(白沙).

소사 (掃射) 명 하타 《군》 기관총 등을 상하 좌우로 휘두르며 연달아 쏘는 일. ▣기총 ~.

소사 (疏食)图 거친 음식. 소식(疏食).
소사 (燒死)图하자 불에 타서 죽음. 분사(焚死). □~를 겨우 면하다.
소사 (蔬食)图 채소 반찬뿐인 밥. 소식(蔬食).
소사 (召史)의图 성 뒤에 쓰여, '과부'의 뜻을 나타내는 말. □김 ～가.
소사-거 (繰絲車)图 고치로 실을 켜는 물레. 준소거(繰車).
소사-나무 图『식』자작나뭇과의 작은 낙엽 활엽 교목. 산기슭에 저절로 나는데, 늦봄에 꽃이 피고, 견과는 가을에 익음. 목재는 가구재나 땔감으로 쓰고 관상용으로 재배함.
소-사미 (少沙彌)图『불』젊은 사미.
소사-스럽다 [-따][-스러워,-스러우니]웹日 하는 짓이 간사하고 좀스럽다. □소사스럽게 생글생글 웃다. 소사-스레图
소사-탕 (繰絲湯)图 명주실을 켤 때에 고치를 삶은 물(약으로 씀).
소삭 (疏數)图 드묾과 잦음.
소:산 (消産)图하자 『한의』임신 3개월 이후 저절로 낙태되는 일.
소:산 (所産)图 '소산물'의 준말. □꾸준한 노력의 ～/ 연구의 ～/ 허영의 ～으로 그 꼴이 되었다.
소산 (消散)图하자 흩어져 사라짐.
소산 (疏散)图하타 1 탐탁하지 않아서 헤어짐. 2 특정 지역에 밀집한 주민 또는 건조물을 분산시킴. □인구를 ～시키다.
소산 (燒散)图하타 1 불살라 흩어 버림. 2『불』화장(火葬).
소:산-물 (所産物)图 1 어떤 지역에서 생산되는 모든 물건. 2 어떤 행위나 상황 따위에 따른 결과로 나타나는 현상. □환경오염은 산업 발달의 ～이다. 준소산(所産).
소:산-지 (所産地)图 물건이 생산되는 지역. □이곳은 고추의 ～로 유명하다.
소:살 (笑殺)图하타 1 웃어넘기고 문제 삼지 아니함. 일소에 부침. 2 큰 소리로 비웃음.
소살 (燒殺)图하타 불에 태워 죽임.
소:-살판 (小-)图 관사(官射)에서 세 순(巡)을 맞히는 일. *대살판.
소삼-하다 (蕭森-)웹어 1 마음이 쓸쓸하고 을씨년스럽다. □소삼한 느낌이 든다 / 마음이 ～. 2 나무가 빽빽이 들어서 있다. □나무가 소삼하여 하늘이 안 보인다.
소:삽-하다 (小澁-)[-싸파-]웹어 어렵고 분명하지 아니하다. □정신이 소삽하여 이만 적사옵니다.
소삽-하다 (蕭颯-)[-싸파-]웹어 바람이 차고 쓸쓸하다.
소:상 (小祥)图 사람이 죽은 지 1년 만에 지내는 제사. 일주기(一週忌). □～을 치르다 / ～을 지내다. *대상.
소:상 (素像)图 채색을 하지 아니한 상(像).
소:상 (塑像)图『미술』찰흙으로 만든 인물의 형상(주로 조각·주물의 모형을 이름).
소상 (溯上)图하자 강이나 내의 상류로 거슬러 올라감.
소:-상인 (小商人)图 1 작은 규모로 장사하는 사람. 2『법』자본금이 1천만 원에 미달하는 상인으로서, 회사를 이루고 있지 않은 사람.
소상-하다 (昭詳-)웹어 분명하고 자세하다. □소상하게 밝히다 / 지방 사정에 ～. 소상-히图. □～ 기록하다 / ～ 알고 있다.
소색 (消色)图하타자『물』색 수차를 없앰.
소색 렌즈 (消色lens)『물』색지움 렌즈.

소:생 (所生)图 자기가 낳은 아들이나 딸. □본처 님 / ～이 없어 양자를 들이다.
소생 (疏生)图하자 나무나 풀 따위가 띄엄띄엄 성기게 남. ↔밀생(密生).
소생 (蘇生·甦生)图하자 거의 죽어 가다가 다시 살아남. 회생(回生). □생명의 ～ / 만물이 ～하는 봄 / ～을 갈망이 있다.
소:생-가 (所生家)图 본생가(本生家).
소:서 (小序)图 시문의 각 편 머리 따위에 쓴 짧은 서문.
소:서 (小暑)图 이십사절기의 열한째(양력 7월 7일경이며, 이때부터 본격적인 무더위가 시작됨). □하지를 지나 ～로 접어들다.
소:서 (少西)图『역』조선 때, 공서(功西)의 수령인 김류(金瑬)에 반발하여 분파한 서인(西人)의 한 파. *노서(老西).
소서 (消暑·銷暑)图하자 더위를 가시게 함.
-소서 어미 합쇼할 자리에서, 받침 없는 동사의 어간 및 일부 형용사 어간에 붙어, 정중한 부탁이나 기원을 나타내는 종결 어미. □고이 잠드～ / 용서하～ / 건강하～ / 만수무강을 누리～. *-으소서.
소:석 (小石)图 잔돌. 자갈.
소-석고 (燒石膏)[-꼬]图『화』석고를 약 160-170℃로 가열하여 결정수를 얻은 흰색 가루. 물을 더하면 석고의 작은 결정으로 되돌아가 굳음. 모형·분필 따위를 만드는 데 씀. 구운 석고.
소-석회 (消石灰)[-서쾨]图『화』수산화칼슘.
소:선 (小船)图 1 작은 배. 2 거룻배.
소:선 (小善)图 조그마한 선행.
소:선 (素膳)图 어물이나 육류를 쓰지 아니한, 간소한 반찬. 소찬.
소:선 (素扇)图 깁부채.
소:-선거구 (小選擧區)图『정』한 선거구에서 의원 한 사람을 뽑는 제도의 선거구.
소:설 (小雪)图 이십사절기의 스무째(양력 11월 22·23일경. 이 무렵부터 눈이 내리기 시작함). *대설(大雪).
소:설 (小說)图 1『문』사실 또는 작가의 상상력에 바탕을 두고 허구적으로 이야기를 꾸며 나간 산문체의 문학 양식(분량에 따라 단편·중편·장편으로 나눔). 2 탐정 ～. 2 '소설책'의 준말.
소:설 (所說)图 1 설명하는 바. 2 주장하는 바.
소설 (昭雪)图하타자 원통한 죄나 억울한 누명 따위를 밝혀 씻음.
소설 (掃雪)图하자 제설(除雪).
소설 (騷說)图 시끄럽게 떠도는 소문.
소:설-가 (小說家)图 소설을 전문적으로 쓰는 사람.
소설-기 (掃雪機)图 제설기.
소:설-책 (小說冊)图 소설이 실린 책. □～을 읽다. 준소설.
소:설-화 (小說化)图하자타 어떤 사실을 소설로 꾸밈. 또는 그렇게 꾸며짐. □판소리의 ～를 계획하다.
소섬 (梳纖)图『공』아마(亞麻) 방직의 공정에서, 헝클어진 섬유를 풀고 불순물을 제거하여 간추리는 일.
소:성 (小成)图하자 1 조그맣게 이룸. □～에 만족하지 마라. 2『역』소과(小科) 가운데 초시나 종시(終試)에 합격하던 일.
소:성 (小星)图 1 작은 별. 2 첩.
소:성 (小聲)图 1 작은 소리. 2 낮은 소리.

소성 (素性) 명 본디 타고난 성품. ❏ ~이 선한 녀석.
소:성 (笑聲) 명 웃음소리.
소:성 (塑性) 명 〖물〗 고체에 외력을 가하여 탄성 한계 이상으로 변형시켰을 때, 외력을 빼어도 원래의 상태로 돌아가지 않는 성질. 가소성(可塑性).
소성 (燒成) 명하타 가마에서 석회석 따위를 구워 도자기나 벽돌을 만듦.
소성 (蘇醒) 명하자 **1** 까무러쳤다가 다시 깨어남. **2** 중병을 앓고 난 뒤 몸이 회복됨.
소:성 가공 (塑性加工) 〖공〗 물체의 소성을 이용하여 금속이나 플라스틱 재료 따위를 변형시켜 필요한 형태로 만드는 일.
소:성 변:형 (塑性變形) 〖물〗 외부의 힘이 작용하여 변형된 고체가 그 힘을 없애도 본디 상태로 돌아가지 않는 변형.
소:성 시멘트 (塑性cement) 〖건〗 건물의 틈을 메울 때 쓰는 소성 재료.
소성 인비 (燒成燐肥) 〖화〗 인(燐)광석을 다른 원료와 함께 구워 인산 가루가 물에 녹기 쉽게 만든 인산 비료.
소:성-체 (塑性體) 명 〖물〗 열·압력 또는 이 두 가지로 성형할 수 있는 고분자 화합물의 총칭《천연수지·합성수지 따위》. 가소물(可塑物). 가소성 물질.
소:세 (小勢) 명 **1** 작은 세력. **2** 적은 인원.
소세 (梳洗) 명하자 머리를 빗고 낯을 씻는 일.
소:-세계 (小世界) 명 **1** 소우주2. **2** 좁은 세계.
소세지 명 ☞ 소시지(sausage).
소셜 덤핑 (social dumping) 〖경〗 저임금·장시간 노동 따위를 통하여 생산비를 적게 들여 생산한 상품을 해외 시장에 싸게 파는 일.
소:소 (少小) 명 나이가 젊음. 또는 그런 사람.
소소 (昭蘇) 명하자 웅크리고 있던 벌레가 땅속에서 밝은 곳으로 나온다는 뜻에서, 되살아남. 소생(蘇生). 회생(回生).
소:소 (塑塐) 명 〖미술〗 흙으로 만든 사람이나 사물의 형상. 소형(塑型)·소상(塑像)·조소(彫塑) 따위.
소:소-곡절 (小小曲折)[-쩔] 명 자질구레한 여러 가지 까닭.
소소리 부 높이 우뚝 솟은 모양. ❏ ~ 높은 산봉우리.
소소리-바람 명 이른 봄에 살 속으로 스며드는 듯한 차고 매서운 바람. ❏ 서리 찬 ~.
소소리-패 (-牌) 명 나이가 어리고 경망한 무리. ❏ ~들과 어울려 다니다.
소소명명-하다 (昭昭明明-) 형여 밝고 명백하다. **소소명명-히** 부
소소-배 (宵小輩) 명 간사하고 소견이 좁은 사람의 무리.
소소쓰다 자 〈옛〉 솟아 뜨다.
소소-응감 (昭昭應感) 명하자 분명히 마음에 응하여 느낌.
소:소-하다 (小小-) 형여 대수롭지 않고 자질구레하다. ❏ 소소한 일로 시간을 낭비하다. **소:소-히** 부
소:소-하다 (小少-) 형여 **1** 키가 작고 나이가 젊다. ❏ 깡마르고 ~. **2** 얼마 되지 아니하다. ❏ 소소한 푼돈. **소:소-히** 부
소소-하다 (炤炤-) 형여 밝고 환하다.
소소-하다 (昭昭-) 형여 사리가 밝고 뚜렷하다. 소연(昭然)하다. ❏ 소소하게 밝히다. **소소-히** 부
소소-하다 (疏疏-) 형여 드문드문하고 성기다. **소소-히** 부
소소-하다 (蕭蕭-) 형여 바람이나 빗소리가 쓸쓸하다. ❏ 바람이 소소하게 불다 / 빗소리가 소소하게 들려오다. **소소-히** 부
소소-하다 (瀟瀟-) 형여 비바람이 세차다. **소소-히** 부
소소-하다 (騷騷-) 형여 부산하고 시끄럽다. ❏ 교실 분위기가 ~. **소소-히** 부
소:속 (所屬) 명하자 어떤 기관·단체에 딸림. 또는 그 딸린 사람이나 물건. ❏ 문화부 ~ 기자 / ~을 밝히다 / ~ 부대가 어디냐.
소:속-감 (所屬感)[-깜] 명 자신이 어떤 집단에 소속되어 있다는 느낌. ❏ ~을 느끼다 / ~을 갖도록 하다.
소손 (燒損) 명하타 불에 타서 부서짐. 또는 불에 태워서 부숨.
소:손 (小孫) 인대 손자가 할아버지에 대하여 자기를 이르는 일인칭 대명사. ❏ ~이 불민하여 이제야 뵈옵니다.
소:솔 (所率) 명 딸린 식구. ❏ 그는 ~ 하나 없이 혼자 산다.
소송 (訴訟) 명하타 〖법〗 법률상의 판결을 법원에 요구하는 일. 또는 그런 절차《민사·형사·행정·선거 소송 등으로 나뉨》. ❏ ~을 걸다 / ~에서 패소하다 / ~을 의뢰하다.
소송 (燒送) 명하타 〖불〗 영가(靈駕)나 위패(位牌)를 불살라 버림.
소송 계:속 (訴訟係屬)[- / -게-] 〖법〗 특정의 민사 사건이나 형사 사건이 법원에서 심리되고 있는 상태.
소송 고:지 (訴訟告知) 〖법〗 민사 소송에서, 당사자가 소송 참가를 할 수 있는 제삼자에게 소송이 계속되고 있음을 통지하는 행위.
소송 관계인 (訴訟關係人)[- / -게-] 〖법〗 소송에서 당사자·대리인·증인 및 기타 법률적으로 관계가 있는 사람들.
소송 기록 (訴訟記錄) 〖법〗 특정 소송에 대한 재판 자료를 일시순(日時順)으로 철한 장부.
소송 능력 (訴訟能力)[-녁] 〖법〗 당사자가 소송에서 자기의 이익을 충분히 주장하고 방어할 수 있는 능력.
소송 당사자 (訴訟當事者) 〖법〗 법원에 대하여 재판권의 행사를 요구하는 사람 및 그 대상자《민사 소송의 원고와 피고, 형사 소송의 검찰관과 피고인 따위》.
소송 대:리인 (訴訟代理人) 〖법〗 소송 당사자를 대신하여 소송 행위를 하는 사람.
소송-물 (訴訟物) 명 〖법〗 민사 소송에서, 재판의 대상이 되는 사항.
소송-법 (訴訟法)[-뻡] 명 〖법〗 소송 절차를 규정한 법규《민사·형사·행정·선거 소송법 등》.
소송 비:용 (訴訟費用) 〖법〗 소송 행위에서 발생하는 모든 비용《패소자가 부담함》.
소송 사:건 (訴訟事件)[-껀] 〖법〗 소송을 일으킨 일. 준소건·소송건·사건.
소송 요건 (訴訟要件)[-뇨껀] 〖법〗 민사 소송에서, 법원이 판결을 하기 위하여 갖추어야 할 전제 조건《형사 소송법상으로는 소송 조건이라고도 함》.
소송 자료 (訴訟資料) 〖법〗 소송에서 심판의 자료가 되는 사실의 주장 및 증거.
소송-장 (訴訟狀)[-짱] 명 〖법〗 소장(訴狀).
소송 절차 (訴訟節次) 〖법〗 기소에서 판결에 이르는 동안의 소송에 관하여 당사자 및 법원이 행하는 절차.
소송 참가 (訴訟參加) 〖법〗 소송에 관하여 법률상 이해관계를 가지는 제삼자가 계속(繫屬) 중인 소송에 참가하는 일.

소송 판결(訴訟判決)〖법〗소송 요건에 부족한 점이 있을 때, 소(訴) 또는 상소를 기각하는 마지막 판결. ↔본안(本案) 판결.

소송 행위(訴訟行爲)〖법〗소송 절차에서 소송법상의 효과 발생을 직접 목적으로 하는 소송 관계자의 의사 표시 행위.

소쇄(掃灑)〖명·하자〗비로 쓸고 물을 뿌림.

소쇄-하다(瀟灑-)〖형어〗기운이 맑고 깨끗하다. 〖소쇄한 풍체를 가진 신사.

소:수(小綬)〖명〗4등급·5등급의 훈장 및 포장을 달 때, 가슴에 다는 작은 수(綬).

소:수(小數)〖명〗1 작은 수. ↔대수(大數). 2〖수〗1보다 작은 실수(무한 소수·유한 소수가 있음).

소:수(少數)〖명〗적은 수효. 〖~의 의견을 존중하다 / 찬성한 사람은 ~에 불과하다 / 그를 알아본 사람은 ~였다. ↔다수.

소수(所祟)〖명〗귀신이 준 재앙.

소수(消愁)〖명·하자〗시름을 없애 버림.

소수(素數)〖-쑤〗〖수〗1과 그 자신 이외의 자연수로는 똑 떨어지게 나눌 수 없는 자연수(2·3·5·7·11 따위).

소수(疏水)〖명〗〖건〗인공 관개용 및 급수용으로 만든 수로(하천·저수지·호수 등을 수원(水源)으로 함).

소수〖의명〗몇 말·몇 냥·몇 달에 조금 넘음을 나타내는 말. 〖두 말 ~ / 한 냥 ~ / 넉 달 ~.

소수 공사(疏水工事)〖건〗물을 뽑아내거나 물꼬를 트기 위해 하는 공사.

소수-나다〖자〗그 해의 농산물 소출이 증가하다. ⓐ솟나다.

소:수 내:각(少數內閣)〖정〗주요한 소수 각료만으로 중요 정책을 신속히 심의·결정하는 내각(전시·비상사태에서 볼 수 있음).

소:수-당(少數黨)〖명〗소수의 사람으로 조직된 정당. 또는 국회에서 의석이 적은 정당. ↔다수당.

소:수 대:표제(少數代表制)〖정〗다수파의 의석(議席) 독점을 막고 소수파도 어느 정도의 의석을 확보할 수 있도록 한 선거 제도.

소:수력 발전(小水力發電)〖-빨쩐〗〖전〗산간 벽지의 작은 하천이나 폭포수를 이용하여 낙차의 원리로 전기를 일으키는 일.

소:수 민족(少數民族)〖사〗여러 민족이 한 국가를 구성할 때, 인구가 적고 언어·풍습 따위를 달리하는 민족.

소수-성(疏水性)〖-씽〗〖명〗〖화〗물에 대하여 친화력을 갖지 않는 성질. 곧, 용해되지 않고 물에 쉽게 가라앉는 일. 〖~ 광물. ↔친수성(親水性).

소:-수술(小手術)〖명〗〖의〗생명에 위험이 없는 작은 규모의 수술(충수 수술이나 탈장 수술 따위).

소:수-자(少數者)〖명〗적은 수의 사람. 〖~의 권익을 보호하다.

소:수-점(少數點)〖-쩜〗〖수〗소수의 부분과 정수(整數)의 부분을 구획하기 위해 첫자리와 10 분의 1 되는 자리 사이에 찍는 점(3.14의 '.').

소:수정예-주의(少數精銳主義)〖-/-이〗〖명〗적은 수의 우수한 사람들에 기초를 두어 질적으로 뛰어난 집단 활동의 효과를 얻고자 하는 태도.

소:수 주주권(少數株主權)〖-꿘〗〖경〗다수 주주에 의한 횡포를 막고 회사의 이익을 보호하기 위하여 소수 주주에게 주는 권리.

소:수 지배의 철칙(少數支配-鐵則)〖-/-에〗〖사〗지배 권력을 실제로 쥐는 것은 집단이나 사회의 원칙 여하를 불문하고 항상 소수의 인간이라는 이론.

소:수 집단(少數集團)〖-딴〗1 어떤 집단 내의 소수파 의견의 그룹. 2〖사〗소수 민족이나 소수 인종이라는 특성으로 결합된 집단(공동 의식이 강하고 배타적임).

소수 콜로이드(疏水colloid)〖화〗물과 콜로이드 입자(粒子)와의 친화력이 약한 콜로이드(틴들(Tyndall) 현상을 나타냄). ↔친수 콜로이드.

소:수-파(少數派)〖명〗속에 있는 사람의 수가 적은 쪽의 파. ↔다수파.

소:-순환(小循環)〖명〗1〖생〗폐순환. 2〖경〗짧은 기간을 주기로 되풀이되는 경기 순환.

소:술(所述)〖명〗말하는 바.

소스(sauce)〖명〗서양 요리에서, 맛과 빛깔을 돋우기 위해 음식에 치는 액체 조미료. 〖토마토 ~ / ~를 치다 / ~를 뿌리다.

소스(source)〖명〗(정보 따위의) 출처. 또는 정보를 제공하는 사람이나 자료. 〖~를 주다 / ~를 밝히지 않다.

소스라-뜨리다〖타〗깜짝 놀라 몸을 갑자기 솟구치듯 움직이다. 소스라트리다. 〖몸을 소스라뜨리며 일어서다.

소스라-치다〖타〗깜짝 놀라 몸을 갑자기 떠는 듯이 움직이다. 〖소스라치게 놀라다.

소스라-트리다〖타〗소스라뜨리다.

소스-치다〖타〗몸을 위로 높게 올리다. 〖몸을 소스치어 뛰어넘다.

소스테누토(이 sostenuto)〖명〗〖악〗'소리를 충분히 끌면서 음을 유지하여'라는 뜻.

소슬(蕭瑟)〖-쓸〗〖뼈-〗명 가을에, 으스스하고 쓸쓸하게 부는 바람. 〖서늘한 ~이 불다.

소슬-하다(蕭瑟-)〖형어〗으스스하고 쓸쓸하다. 〖소슬한 가을바람. 소슬-히〖부〗

소:승(小乘)〖불〗후기 불교의 2 대 유파의 하나. 수행을 통한 개인의 해탈을 가르치는 교법. 자기의 해탈만을 구하는 성문(聲聞)이나 연각(緣覺)의 입장을 비판적으로 이른 데서 비롯됨. ↔대승(大乘).

소:승(少僧)〖명〗젊은 중. ↔노승(老僧).

소:승(小僧)〖대〗승려가 자기를 낮추어 이르는 말.

소:승-경(小乘經)〖명〗〖불〗소승 불교의 경전. 사아함경(四阿含經)을 비롯하여, 인연 본생(因緣本生) 등을 설명한 모든 원시 경전을 이름. ↔대승경(大乘經).

소:승-교(小乘敎)〖명〗〖불〗소승 불교. ↔대승교(大乘敎).

소:승 불교(小乘佛敎)〖불〗소승의 교법(敎法)을 기본 이념으로 하는 불교. ↔대승 불교.

소:승-적(小乘的)〖관명〗작은 일에 얽매여 대국적인 면을 보지 못하는 (것). 시야가 좁아 옹졸한 (것). 〖~ 편견 / ~인 정치의식. ↔대승적.

소:시(小市)〖명〗1 작은 도시. 2 작은 시장.

소:시(小柿)〖명〗고욤.

소:시(少時)〖명〗젊었을 때. 〖아버지는 ~부터 근력이 좋으셨다.

소:시(所視)〖명〗남이 보는 바.

소시(昭示)〖명·하타〗명백하게 나타내 보이거나 알림.

소:-시민(小市民)〖명〗〖사〗사회적 지위나 재산 따위가 자본가와 노동자의 중간 계급에 속하는 사람. 〖평범한 ~으로 만족하다.

소:시민 계급(小市民階級)〖-/-게-〗〖사〗자

본가 계급과 노동자 계급의 중간에 속하는 계급. 프티 부르주아지.

소:시민-성 (小市民性)[-씽] 圐 소시민이 가지는 성질. 또는 소시민의 사회에서 흔히 볼 수 있는 성질.

소:시민-적 (小市民的) 관圐 소시민의 특징을 나타내는 (것). □~발상 / ~인 생활.

소시오그램 (sociogram) 圐〖心〗 어떤 집단 내의 인간관계를 알아보기 쉽도록 그림으로 정리한 도표.

소시지 (sausage) 圐 돼지·소 따위의 창자에, 양념하여 곱게 다진 고기를 채우고 삶은 서양식 순대. 양순대.

소:시지과 (少時之過) 젊었을 적에 저지른 〔잘못.

소:식 (小食)圐허찌 음식을 적게 먹음. □장수의 비결은 ~과 적당한 운동이다. ↔대식.

소:식 (所食) 圐 1 요식 (料食). 2 먹는 분량.

소:식 (素食) 圐 소 (素)밥.

소식 (消息) 圐 1 안부를 전하는 말이나 글 따위. □~을 듣다 / ~을 전하다 / ~을 가지고 오다 / ~이 끊기다. 2 상황이나 동정을 알리는 보도 따위. □고향 ~ / 경제계 ~. 3 천지의 시운 (時運)이 자꾸 변화하는 것.
  소식이 깡통 圐〈俗〉소식을 전혀 모름을 이르는 말. □아직도 모르다니, ~이군.

소식 (掃拭) 圐허타 쓸고 닦음. 소제 (掃除).

소식 (蘇息) 圐허찌 거의 끊어질 듯하던 숨이 되살아남.

소식-란 (消息欄)[-난] 圐 신문 등에 어떤 개인이나 단체의 동정 등에 관한 기사를 싣는 난. 인사란.

소식-불통 (消息不通)[-뿔] 圐 1 소식이 서로 끊김. 2 어떤 일이나 사정에 대하여 전혀 알지 못함. □다들 알고 있는데 너만 ~이구나.

소식-자 (消息子)[-짜] 圐〖醫〗진단이나 치료를 위하여 체강 (體腔)·장기 (臟器) 조직 속에 삽입하는 대롱 모양의 기구. 존데 (Sonde).

소:식-주의 (小食主義)[-쭈-/-쮜-] 圐 적게 먹으면 경제적으로 이익이 될 뿐만 아니라, 건강을 증진시키고 두뇌를 명석하게 한다고 주장하는 주의.

소식-통 (消息通) 圐 1 어떤 일의 내막이나 사정을 잘 아는 사람. □정계의 ~. 2 새로운 소식이 전해지는 일정한 경로나 연줄. □입을 통한다.

소:신 (小臣) 댄대 신하가 임금에 대하여 자기를 낮추어 이르던 말. □~의 잘못을 용서해 주옵소서.

소:신 (所信) 圐 굳게 믿는 바. 또는 생각하는 바. □~을 가지다 / ~을 굽히지 않다 / ~대로 밀고 나가다 / ~을 피력하다.

소신 (燒身) 圐허찌 분신 (焚身). 〔워 버림.

소신 (燒燼) 圐허자타 다 타 버림. 또는 다 태

소신-공양 (燒身供養) 圐허찌〖佛〗자기 몸을 불살라 부처 앞에 바침. 또는 그런 일. □~을 올리다.

소:신-껏 (所信-)[-껃] 圐 자기가 믿고 주장하는 바에 따라. □~ 밀고 나가다.

소:실 (小室) 圐 첩. □~을 두다. ↔정실.

소:실 (所失) 圐 1 허물²1. 2 노름을 해서 잃은 돈의 액수.

소실 (消失) 圐허자타 사라져 없어짐. 또는 그렇게 잃어버림. □문헌이 ~되다 / 전쟁통에 많은 문화재가 ~됐다.

소실 (燒失) 圐허자타 불에 타서 없어짐. 또는 그렇게 잃음. □창고가 ~되다.

소:실-댁 (小室宅)[-땍] 圐 첩이나 그 살림집을 높여 이르는 말.

소실-점 (消失點)[-쩜] 圐〖數〗눈으로 보았을 때, 평행한 두 선이 멀리 가서 한 점에서 만나는 점. 소점 (消點).

소:심 (素心) 圐 평소의 마음. 소지 (素志).

소:심 공:포증 (小心恐怖症)[-쫑]〖心〗하찮은 일에 공연히 겁을 먹는 병적 증상 (정신 쇠약이나 강박 신경증에서 볼 수 있음).

소:심-근신 (小心謹愼) 圐허찌 마음을 조심하여 말과 행동을 삼감.

소:심-스럽다 (小心-)[-따][-스러워, -스러우니] 圐 소심한 데가 있다. 소:심-스레 閉

소:심-자 (小心者) 圐 소심한 사람.

소:심-하다 (小心-) 圐 대담하지 못하고 조심성이 지나치게 많다. □소심한 성격 / 소심하게 굴다. 소:심-히 閉

소:싯-적 (少時-)[-시쩍 / -싣쩍] 圐 젊었을 때. □~ 버릇.

소-싸움 圐〖民〗단옷날에 남부 지방에서, 사나운 소 두 마리를 골라 넓은 들에서 싸움을 시키는 행사. 투우 (鬪牛).

소:아 (小我) 圐 1〖哲〗우주의 절대적인 나와 구별한 자아 (自我). 2〖佛〗감정이나 욕망 따위에 사로잡힌 자기 자신.

소:아 (小兒) 圐 어린아이. □~들을 위한 놀이 시설이 의외로 부족하다. 〔리는 결핵.

소:아 결핵 (小兒結核)〖醫〗어린아이에게 걸

소:아-과 (小兒科)[-꽈] 圐〖醫〗어린아이의 병을 전문으로 예방하고 치료하는 의학의 분과. 소아 청소년과로 이름이 바뀜.

소:아-마비 (小兒痲痺) 圐〖醫〗어린아이에게 발생하는 운동 기능의 마비성 질환 (선천성인 척수성 소아마비와 후천성인 뇌성 소아마비로 나눔).

소:아-반 (小兒斑) 圐〖醫〗몽고반 (蒙古斑). 盦 아반 (兒斑).

소:아-병 (小兒病)[-뼝] 圐〖醫〗어린아이에게서 흔히 볼 수 있는 내과적인 병 (백일해·디프테리아·홍역·작은마마·성홍열 따위). 소아 질환.

소:아병-적 (小兒病的)[-뼝쩍] 관圐 생각이나 행동이 유치하고 극단으로 치닫는 성향인 (것). □~인 사고에서 벗어나다.

소:아-복 (小兒服) 圐 어린아이의 옷. 아동복.

소:-아시아 (小Asia)〖地〗아시아의 서쪽 끝에 있는 흑해·에게 해 (Aegae海)·지중해에 둘러싸인 반도.

소:아 실어증 (小兒失語症)[-시러쯩]〖心〗어린아이가 말을 할 수 없게 되거나 언어 기능이 저하되는 증상.

소:아 청소년과 (小兒靑少年科)[-꽈]〖醫〗어린아이와 청소년의 내과적인 병을 진찰·치료하는 의학 분야.

소:아-하다 (騷雅-) 圐 시문에 풍치가 있고 아담하다. 문아 (文雅)하다.

소:악 (小惡) 圐 대수롭지 않은 나쁜 짓. 또는 그렇게 저지른 사람.

소:-악절 (小樂節)[-쩔] 圐〖樂〗작은악절.

소:안 (素顏) 圐 1 흰 얼굴. 2 화장하지 아니한 얼굴. 3 수염이 없는 얼굴.

소:안 (笑顏) 圐 웃는 얼굴. 웃음 띤 얼굴. 소용 (笑容). □손님을 ~하다.

소안 (韶顏) 圐 젊은이처럼 자신감과 생기가 넘치는, 노인의 환한 얼굴. 소용 (韶容).

소:안-하다 (小安-) 圐 1 마음이 조금 편안하다. 2 작은 일에 만족하고 큰 뜻이 없다.

소:암 (小庵) 圐 조그마한 암자.

소:애(少艾)圓 젊고 예쁜 여자.

소:액(少額)圓 적은 액수. □ ～ 거래 / ～ 투자자 / ～ 대출을 받다. ↔다액.

소액(訴額)圓〖法〗소송물의 가액(價額).

소:액-권(少額券)[-꿘]圓〖經〗액면 금액이 적은 지폐. ↔고액권.

소:액 지폐(少額紙幣)[-찌-/-찌폐]〖經〗보조 화폐의 성질을 띤, 액면 금액이 적은 지폐.

소:액-환(少額換)[-애콴]圓 우편환의 하나. 환증서를 가진 사람에게 어느 우체국에서나 그 증서와 바꾸어 현금을 지급함.

소:야-곡(小夜曲)〖樂〗세레나데.

소:약-하다(小弱-)[-야카-]혱엳 작고 힘이 약하다.

소:양(小恙)圓 대수롭지 않은 병.

소양(素養)圓 평소에 닦아 놓은 교양. □ 문학적 ～ / 깊은 ～을 가지다 / 음악에 ～이 있다.

소:양(掃攘)圓하타 몽땅 휩쓸어 없앰. 소탕.

소양(搔痒·搔癢)圓하타 가려운 데를 긁음.
──하다혱엳 아프고 가렵다.

소양(霄壤)圓 하늘과 땅. 천지.

소양-감(搔痒感)圓 아프고 가려운 느낌. 가려움증.

소양배양-하다혱엳 아직 어려서 함부로 날뛰기만 하고 분수나 철이 없다.

소:양-인(少陽人)〖한〗사상 의학에서 네 가지로 나눈 사람의 체질 가운데 하나. 소화기 계통이 강하고 생식기 계통이 약하며, 감정적이고 끈기가 부족한 체질임. 상체가 실하고 하체가 빈약함. ＊소음인.

소양-증(搔痒症)[-쯩]〖한의〗피부가 가려운 증세.

소양지간(霄壤之間)圓 하늘과 땅 사이의 차이라는 뜻으로, 사물들이 서로 엄청나게 다름을 가리키는 말. 소양지차(霄壤之差). 소양지판.

소양지판(霄壤之判)圓 소양지간(霄壤之間).
□ ～으로 다르다.

소양-진(搔痒疹)〖한의〗몹시 가려운 신경성 피부병의 한 가지.

소:어(小魚)圓 잔고기.

소:어(笑語)圓 우스운 이야기. 또는 웃으면서 하는 말.

소어-소(蘇魚所)〖歷〗조선 때, 생선의 진상을 맡아보던 사옹원의 한 직소《경기도 안성군에 있었음》.

소:언(少焉)圓 잠깐 동안.

소:언(笑言)圓하자 웃으면서 말을 함. 또는 우스운 이야기.

소업(所業)圓 업으로 삼는 일. □ 토지 가옥 중개업을 ～으로 하다.

소업(素業)圓 평소의 일. 또는 행실.

소:여(小輿)圓 국상(國喪) 때, 좁거나 험한 길에서 쓰이던 작은 상여. ↔대여.

소:여(所與)圓 1 주어진 것. 부여된 것. □ ～의 문제를 해결하다. 2〖論〗연구 등의 출발점으로서 이의 없이 받아들이게 되는 사실이나 원리. 여건(與件). □ ～의 명제. 3〖哲〗사고의 대상으로 의식에 직접 주어지는 자료.

소:여-꾼(小輿-)圓〖역〗소여를 메던 사람.

소-여물圓 쇠여물.

소여-하다(掃如-)혱엳 남김없이 쓸어 낸 듯하다.

소:역(小驛)圓 작은 역.

소:연(小宴)圓 작은 규모로 벌인 잔치. □ ～을 벌이다.

소:연(素鳶)圓 색종이를 바르지 아니한 흰 연. □ 푸른 하늘에 ～이 둥둥 떠 올라간다.

소-연방(蘇聯邦)〖지〗'소비에트 사회주의 공화국 연방'의 준말.

소연-하다(昭然-)혱엳 일이나 이치 따위가 밝고 뚜렷하다. 소연-히튄. □ 사실을 ～ 알다.

소연-하다(蕭然-)혱엳 호젓하고 쓸쓸하다.
□ 소연한 황야. 소연-히튄.

소연-하다(騷然-)혱엳 시끄럽고 떠들썩하다.
□ 장내가 소연하여지다. 소연-히튄.

소염-제(消炎劑)〖藥〗염증을 치료하고 방지하는 약제의 총칭.

소염 진:통제(消炎鎭痛劑) 염증을 내리게 하고 아픔을 가라앉히는 약품.

소:엽(小葉)圓 1 작은 잎. 2〖植〗겹잎을 이루는 작은 잎. 3〖動〗기관(氣管)을 이루는 작은 조각.

소엽(蘇葉)圓〖한의〗차조기의 잎. 땀을 내게 하며 속을 조화시키는 효력이 있어, 해수(咳嗽)·천촉(喘促)·자현(子懸)·곽란(霍亂)·각기(脚氣) 따위에 약으로 씀. 자소(紫蘇).

소:엽-맥문동(小葉麥門冬)[-몽]〖식〗─엽맹─ 圓〖植〗백합과의 상록 여러해살이풀. 꽃줄기는 높이 10cm 정도이며 숲에 나는데 좁은 선 모양의 잎이 뿌리에서 자라남. 늦봄에 자주색 또는 흰 꽃이 핌. 둥근 장과(漿果)는 푸른 자주색으로 익음. 실개우살이풀.

소:영(素英)圓 중국산 비단의 한 가지. 영초(英綃)와 비슷한데 무늬가 없음.

소-영:사(所營事)圓 업으로 경영하는 일.

소:─예배(小禮拜)圓하타〖佛〗부처님 앞에서 단히 절하는 예배.

소:옥(小屋)圓 조그마한 집.

소옴圓〈옛〉솜.

소왕(素王)圓 왕자는 아니나 왕자의 덕을 갖춘 사람.

소외(疎外)圓하타 1 어떤 무리에서 꺼리며 따돌리거나 멀리함. 소원. 소척(疏斥). □ ～ 계층 / ～ 의식 / ～를 당하다 / 학교와 사회로부터 ～되다. 2〖철〗거기 소외.

소외-감(疏外感)圓 남에게 따돌림을 당한 것 같은 느낌. □ ～을 느끼다.

소:요(所要)圓하타 요구되는 바. 또는 필요한 바. □ ～ 인원 / ～ 경비를 마련하다 / 많은 시간이 ～되는 일이다.

소요(逍遙)圓하자타 슬슬 거닐며 돌아다님. 산책(散策). □ 거리를 ～하다.

소요(騷擾)圓하타 1 여러 사람이 떠들썩하게 들고일어남. □ ～ 떨지 마라. 2〖法〗여러 사람이 들고일어나서 폭행·협박 또는 파괴 행위를 함으로써 공공질서를 문란하게 함. 또는 그런 행위. □ ～ 사건이 벌어지다.

소:요-량(所要量)圓 소요되는 분량. □ ～을 산출하다 / ～에 훨씬 못 미치다.

소요-산(逍遙散)〖한의〗당귀(當歸)·시호(柴胡)·백출(白朮)·백복령(白茯苓)·백작약·감초 등을 넣어 달여 만든 약. 부인의 신경 쇠약·히스테리·불면증·월경 불순 등에 씀.

소:요 시간(所要時間) 무엇을 하는 데 걸리는 시간.

소:요-액(所要額)圓 필요로 하는 금액.

소요-음영(逍遙吟詠)圓하자 자유롭게 이리저리 슬슬 거닐며 나직이 시를 읊조림.

소요-죄(騷擾罪)[-쬐]〖法〗여러 사람이 모여 폭행·협박 또는 파괴 행위를 함으로써 성립하는 죄《내란죄와는 구별됨》.

소요-학파(逍遙學派)〖哲〗고대 그리스 철학파의 하나《아리스토텔레스가 학원 내의 나

무 사이를 산책하면서 제자들을 가르쳤다는 데서 나온 말). 페리파토스학파.

소:욕 (少慾) 〖명〗〖하〗욕심이 적음. 또는 적은 욕심.

소:욕 (所欲) 〖명〗하고 싶은 바. ▢~을 채우다.

소용 〖명〗기다랗고 자그마한 병.

소:용 (小用) 〖명〗 **1** 작은 일. **2** 소변. 오줌.

소:용 (小勇) 〖명〗조그마한 용기. 하찮은 용기. ▢~을 부리다.

소:용 (所用) 〖명〗쓸 곳. 또는 쓰이는 바. ▢~ 있는 물건.

소용(에) 닿다 〖관〗쓸데가 있다.

소용 (昭容) 〖명〗〖역〗조선 때, 내명부(內命婦)의 정삼품 계급.

소:용 (笑容) 〖명〗소안(笑顔).

소용-돌이 〖명〗 **1** 바닥이 패어 물이 세차게 돌며 흐르는 현상. 또는 그런 곳. 선와(旋渦). **2** 힘이나 사상, 감정 따위가 뒤엉켜 어지럽고 혼란스러운 상태의 비유. ▢분쟁의 ~에 말려들다 / 구조 조정의 ~에 휘말리다.

소용돌이-무늬 [-도리-니] 〖명〗소용돌이치는 모양과 같은 무늬. луан문(渦紋).

소용돌이-치다 〖자〗 **1** 물이 빙빙 돌면서 세차게 흐르다. ~소용돌이치는 검푸른 물살. **2** 힘이나 사상, 감정 따위가 뒤엉켜 세차고 어지럽게 움직이다. ▢소용돌이치는 불안한 생각.

소:용-되다 (所用-) 〖자〗일정한 용도로 쓰이다. ▢지금 소용되는 것은 돈이다.

소:용-없다 (所用-)[-업따] 〖형〗아무런 도움이 나 득이 될 것이 없다. 쓸데없다. ▢그런 것 내게는 소용없어 / 이제 와서 후회해 봤자 소용없는 일이야. **소:용-없이** [-업씨] 〖부〗쓸데없이.

소-우 (-牛) 〖명〗한자 부수의 하나(('牧'·'物' 등에서 '牜'의 이름)).

소:우 (小雨) 〖명〗조금 내리는 비. 조금 내리다가 그친 비. ↔대우(大雨).

소우 (疏雨) 〖명〗성기게 내리는 비.

소:-우주 (小宇宙) 〖명〗 **1**〖천〗은하계 및 은하계와 동일한 규모와 구조의 성운(星雲)을 통틀어 이르는 말. **2**〖철〗우주의 한 부분이면서 마치 그것이 한 덩어리의 우주와도 같은 상(相)을 나타내는 것. 특히 인간 또는 인간의 혼을 말함. 소세계.

소:웅-좌 (小熊座) 〖명〗〖천〗작은곰자리.

소:원 (小圓) 〖명〗 **1** 작은 원. **2**〖수〗구면(球面)을 자를 때, 구(球)의 중심을 통과하지 않는 평면에 나타나는 원. 소권(小圈). ↔대원.

소:원 (所員) 〖명〗'소(所)'라고 이름 붙은 곳에서 일하는 사람. ▢연구소 ~.

소:원 (所願) 〖명〗하타 바라고 원함. 또는 바라고 원하는 일. 원(願). ▢~을 빌다 / ~을 풀다 / 통일을 ~하다 / ~이 이루어지다.

소원 (素願) 〖명〗본디부터 늘 원하는 마음.

소원 (昭媛) 〖명〗〖역〗조선 때, 내명부(內命婦)의 정사품 계급.

소원 (訴冤) 〖명〗하타 억울한 일을 당해 관아에 호소함.

소원 (訴願) 〖명〗하타 **1** 호소하여 청원함. **2**〖법〗어떤 행정 행위가 위법 또는 부당할 때, 그 상급 관청에 행위의 취소·변경을 청구하는 일.

소원 (溯源) 〖명〗하타 **1** 사물의 근원을 찾아 거슬러 올라감. **2** 사물의 근원을 따져 밝힘.

소:원 성취 (所願成就) 〖명〗소원을 달성함. 원하던 바를 이룸. ▢~를 빌다.

소원-인 (訴願人) 〖명〗소원을 제기한 사람.

소원-하다 (疏遠-) 〖형〗여〗지내는 사이가 두텁지 않고 거리가 있어서 서먹서먹하다. ▢사이가

───────────────

~. 소원-히 〖부〗

소:월 (小月) 〖명〗작은달.

소:월 (素月) 〖명〗백월(白月).

소:위 (小委) 〖명〗'소위원회'의 준말.

소:위 (小尉) 〖명〗〖군〗위관의 최하급. 중위의 아래, 준위의 위임. ▢해군 ~.

소:위 (所爲) 〖명〗 **1** 하는 일. 하는 짓. ▢~가 괘씸하다. **2** 소행(所行). ▢인간의 ~라고는 생각되지 않는다.

소:위 (所謂) 〖부〗이른바. ▢~ 학자란 사람이 저러하니.

소:-위원회 (小委員會) 〖명〗위원회의 위원 가운데 몇 사람을 뽑아 특정한 일을 맡게 한 위원회. ②소위(小委).

소:유 (所有) 〖명〗하타 가지고 있음. 또는 그 물건. ▢토지를 많이 ~하다 / 누구 ~입니까.

소:유-권 (所有權)[-꿘] 〖명〗〖법〗어떤 물건을 지배할 수 있는 권리. 소유물을 자유로이 사용·수익·처분할 수가 있음. ▢~ 분쟁.

소:유권-자 (所有權者)[-꿘-] 〖명〗〖법〗소유권을 가진 사람.

소:유 대:명사 (所有代名詞)〖언〗서구어에서, 소유를 나타내는 인칭 대명사(영어의 'mine·yours·ours' 따위). 가진대이름씨.

소:유-물 (所有物) 〖명〗 **1** 자기 것으로 가지고 있는 물건. **2**〖법〗소유권의 목적물. 또는 소유권이 있는 물건.

소:유-욕 (所有慾) 〖명〗소유하고자 하는 욕망. ▢~이 강한 여자.

소:유-자 (所有者) 〖명〗 **1** 어떤 성질이나 능력을 가진 사람. ▢불같은 성격의 ~ / 비범한 두뇌의 ~. **2**〖법〗소유주(所有主). ▢부동산 ~.

소:유-주 (所有主) 〖명〗소유권을 가진 사람. 소유자. ▢이 땅의 ~를 찾습니다.

소:유-지 (所有地) 〖명〗 **1** 가지고 있는 땅. **2** 소유권을 가진 땅. ▢문중의 ~.

소:은 (小恩·少恩) 〖명〗적은 은혜. 사소한 은혜.

소:음 (少陰) 〖명〗〖한의〗사상(四象) 의학에서, 네 가지로 분류한 체질의 하나((콩팥이 크고 지라가 작음)).

소음 (消音) 〖명〗하자〗소리를 없앰. ▢~ 장치.

소음 (騷音) 〖명〗불쾌하고 시끄러운 소리. ▢~ 공해 / ~이 심하다 / 거리의 ~에 짜증이 난다.

소음-계 (騷音計)[-/-게] 〖명〗〖물〗소음의 크기를 측정하는 기계.

소:음-기 (消音器) 〖명〗〖공〗 **1** 내연 기관에서, 배기(排氣)가스가 배출될 때 나는 폭음을 없애는 장치. 머플러. **2** 총포 따위의 발사음을 감소시키는 장치. 소음 장치.

소:음-인 (少陰人) 〖명〗〖한의〗사상 의학에서 네 가지로 나눈 사람의 체질 가운데 하나. 소화기 계통이 아주 심하다 / 생식기 계통이 강하며, 유순하고 침착하며 사색적인 체질임. ＊소양인.

소:읍 (小邑) 〖명〗주민과 산물이 적고 땅이 작은 고을. ↔대읍(大邑).

소응 (昭應) 〖명〗하자〗감응이 또렷이 드러남.

소:의 (少義)[-/-이] 〖명〗하형〗의리가 부족함. 또는 그 의리.

소:의 (所依)[-/-이] 〖명〗의거하는 바.

소의 (昭儀)[-/-이] 〖명〗〖역〗조선 때, 내명부(內命婦)의 정이품 계급.

소:의 (素衣)[-/-이] 〖명〗색과 무늬가 없는 흰옷. ▢~ 소식(素食).

소:의 (素意)[-/-이] 〖명〗평소부터의 생각. 소지(素志). ▢~에 따라 행동하다.

소의(疏意)[-/-이]圓 따돌리고 멀리하는 마음. 격의(隔意).

소의한식(宵衣旰食)[-/-이-]圓하자 날이 채 밝기 전에 옷을 입고 해가 진 후에 저녁밥을 먹는다는 뜻으로, 임금이 정사(政事)에 바빠 겨를이 없음을 이르는 말. ㉺소한(宵旰).

소:이(所以)圓 까닭. ㅁ이것이 제군에게 기대하는 ~이다.

소이(燒夷)圓하타 태워 버림.

-소이까어미 '이다'의 어간, 용언의 어간이나 '-었-'·'-겠-' 뒤에 붙어, 예스럽게 정중히 묻는 뜻을 나타내는 종결 어미. ㅁ어떻~ / 애들 말을 믿~.

-소이다어미 '-사오이다'의 준말. ㅁ좋~ / 고맙~. *-사외다.

소:이연(所以然)圓 그렇게 된 까닭. ㅁ이게 그 ~이다.

소이탄(燒夷彈)圓〖군〗 사람이나 짐승 또는 가옥 따위를 불살라 버리는 데 쓰는 포탄이나 폭탄.

소:이하다(小異-)형어 약간 다르다.

소:인(小人)㊀圓 1 나이가 어린 사람. ㅁ~은 입장료가 반액이다. ↔대인(大人). 2 키나 몸집이 작은 사람. 3 도량이 좁고 간사한 사람. ㅁ~은 상대하지 마라. ㊁대데 윗사람에 대하여 자기를 낮추어 이르는 말.

소:인(小引)圓 책의 내용을 간단히 소개하는 짧은 머리말.

소인(素人)圓 어떤 일을 전문적으로나 직업적으로 하지 않는 사람. 또는 익숙하지 않은 사람. 아마추어.

소인(素因)圓 1 근본이 되는 원인. 2 병에 걸리기 쉬운 신체적인 소질.

소인(消印)하타 1 지우는 표시로 찍는 인장. 또는 그 인장의 자국. ㅁ~을 찍다. 2 우체국에서, 접수된 우편물의 우표 따위에 도장을 찍음. 또는 그 도장(접수 날짜·국명(局名) 등이 새겨져 있음). ㉺우체국 ~이 찍힌 편지.

소인(訴因)圓〖법〗 형사 소송에서, 공소 사실을 범죄의 구성 요건에 맞추어 공소장에 기재한 주장.

소인(燒印)圓 불에 달구어 물건에 찍는, 쇠붙이로 만든 도장. 낙인(烙印).

소인(騷人)圓 문인이나 시인. 소객(騷客).

소:인국(小人國)圓 난쟁이들만 살고 있다는 상상의 나라.

소인극(素人劇)圓〖연〗 전문가가 아닌 사람들이 출연하는 연극. 소극(素劇).

소:인네(小人-)대데 '쇤네'의 본딧말.

소인묵객(騷人墨客)[-깩]圓 시문과 서화(書畫)를 일삼는 사람.

소:인물(小人物)圓 도량이 좁고 쩨쩨한 사람. 소인(小人).

소:인배(小人輩)圓 간사하고 도량이 좁은 사람. 또는 그 무리.

소인수(素因數)〖수〗 어떤 정수(整數)를 소수(素數)만의 곱으로 나타낼 때의 각 인수(30의 소인수는 30=2×3×5에서 2·3·5임). 소인자. 원소자. 원인자.

소인수 분해(素因數分解)〖수〗 합성수(合成數)를 소수(素數)의 곱의 형식으로 표시하는 일(600=2³×3×5² 따위).

소:인스럽다(小人-)[-따][-스러워, -스러우니]형ㅂ 마음 씀씀이가 좁고 간사한 데가 있다. ㅁ소인스러운 생각. **소:인스레**뷔. ㅁ~굴다.

소인자(素因子)〖수〗 소인수(素因數).

소:인지용(小人之勇)圓 혈기에서 오는 필부의 용기.

소일(消日)圓하자 1 하는 일 없이 세월을 보냄. ㅁ할아버지는 매일 노인정에서 ~하신다. 2 어떤 일에 마음을 붙여 세월을 보냄. 소견(消遣). ㅁ정원 손질로 ~하다.

소일거리(消日-)[-꺼-]圓 그럭저럭 세월을 보내기 위해 심심풀이로 하는 일. ㅁ~를 찾다 / ~가 생기다 / 소일 거리 삼아 그림을 그리다.

소:임(所任)圓 맡은 바 직책 또는 임무. ㅁ~으로 여기다 / ~을 맡기다 / ~을 다하다 / 막중한 ~을 완수하다.

소:입(所入)圓 무슨 일에 쓰인 돈이나 재물.

소:자(小子)㊀圓 스승이 제자를 사랑스럽게 부르는 말. ㊁圓 1 아들이 부모에 대하여 자기를 낮추어 일컫는 말. ㅁ~ 문안드립니다. 2 임금이 조상이나 백성에 대하여 자기를 겸손하게 이르는 말.

소:자(小字)圓 1 조그마한 글자. 2 어릴 때의 이름. 아명(兒名).

소:자(小疵)圓 작고 하찮은 흠집이나 결점.

소:자(少者)圓 젊은 사람.

소자(消磁)圓〖물〗 자성체(磁性體)의 자성을 없애는 일.

소자(素子)圓〖물〗 전기·전자 기기나 회로에서, 중요한 기능을 갖는 개개의 구성 요소(진공관·트랜지스터·코일·콘덴서 등).

소자(蘇子)圓〖한의〗 차조기의 씨. 가래를 없애고 기침 따위의 호흡기 질환을 다스리는 데 약재로 씀.

소:자문서(小字文書)圓 여진(女眞)의 글(고려 때 전습(傳習)시켰다 함).

소:자본(小資本)圓 얼마 되지 않는 약간의 자본. 또는 적은 밑천. ㅁ~으로 장사를 시작하다.

소:자주(蘇子酒)圓 차조기 씨를 볶아 짓찧어 헝겊 주머니에 넣고 술에 담근 뒤 사흘쯤 지나 먹는 술.

소:자출(所自出)圓 어떤 사물이 나온 근본이나 출처. ㅁ~을 캐다.

소:작(小作)圓하타 〖농〗 남의 땅을 빌려 농사를 지음. 반작(半作). ㅁ~을 부치다. ↔자작(自作).

소작(을) 주다구 소작료를 받고 토지를 빌려 주다.

소:작(小斫)圓 잘게 팬 장작. ↔대작(大斫).

소:작(小酌)圓하자 1 작고 간소한 술잔치. 소연(小宴). 2 술을 조금 마심.

소:작(所作)圓 어떠한 사람의 제작 또는 작품.

소:작 관행(小作慣行)[-관-]〖사〗 관습으로 인정되어 행하여지는 소작 제도.

소:작권(小作權)[-꿘]圓〖법〗 소작료를 치르고 지주의 농토를 빌려 농사를 짓고 이익을 얻을 권리.

소:작농(小作農)[-농-]圓〖농〗 소작료를 물고 남의 땅을 빌려 짓는 농사. 또는 그런 농민. ↔자작농.

소:작료(小作料)[-장뇨]圓 소작인이 농지를 빌려 농사를 지은 대가로 지주에게 무는 사용료.

소:작문제(小作問題)[-짱-] 1 소작 제도로 말미암아 일어나는 모든 사회적·정치적·경제적 문제. 2 지주와 소작인 사이에 일어나는 여러 가지 문제.

소:작인(小作人)圓 남의 땅을 빌려 농사를 짓고 그 대가로 사용료를 내는 사람. ㉺소작(作人).

소:작 쟁의 (小作爭議)[-쨍-/-쨍이] 《사》 소작 문제로 말미암은 지주와 소작인 사이의 다툼질.

소:작-제 (小作制)[-쩨] 图 《사》 소작 제도.

소:작 제:도 (小作制度)[-쩨-] 소작 관계에 관한 법률상 또는 관습상의 제도. 소작제.

소:작-지 (小作地)[-찌] 图 소작인이 지주에게서 빌려 농사를 짓고 소작료를 무는 땅. ↔자작지.

소잔 (銷殘) 图하자 쇠가 녹듯이 사그라짐.

소잠 (掃蠶) 图하자 《농》 알에서 깨어 나온 누에를 누에 채반에 떨어 내려 일정한 자리를 조정하고 첫 뽕을 주는 일. 누에떨기.

소잡-하다 (騷雜-)[-자파-] 혱여 시끄럽고 번잡하다.

소:장 (小腸) 图 《생》 위와 대장 사이에 있는 소화기. 길이 6-7m, 위로부터 십이지장·공장(空腸)·회장(回腸)으로 나누는데, 연동·분절 운동을 행하여 양분을 흡수함. 작은창자.

소:장 (少壯) 图혱 젊고 기운참. □ ~ 학자.

소:장 (少長) 图 젊은이와 늙은이. □ 동네 ~들이 모두 모인.

소:장 (少將) 图 《군》 장관(將官)의 하나. 중장의 아래, 준장의 위임.

소:장¹ (所長) 图 연구소·출장소 등과 같이 '소(所)'자가 붙은 기관의 우두머리.

소:장² (所長) 图 자기의 재능이나 장기 가운데 가장 뛰어난 재주.

소:장 (所掌) 图 맡아보는 일.

소:장 (所藏) 图하타 간직하여 둠. 또는 그 물건. □박물관에 ~된 문화재.

소장 (消長) 图하자 쇠하여 사라짐과 성하여 자라남. □제국주의의 ~.

소:장 (素帳) 图 장사 지내기 전에 궤연(几筵) 앞에 드리우는 흰 포장.

소:장 (素粧) 图하자 화장하지 않고 깨끗이 차린 차림.

소장 (疏章) 图 《역》 상소하는 글.

소장 (訴狀)[-짱] 图 《법》 1 관청에 대해 하소연하는 서면. 소첩(訴牒). 2 소송을 제기하는 문서. 소송장.

소장지변 (蕭墻之變) 图 안에서 일어난 변란. 소장지변.

소:장-파 (少壯派) 图 젊고 의기가 왕성한 사람들로 이루어진 파. □ ~ 의원.

소:장-품 (所藏品) 图 자기의 것으로 소유하고 있는 물품. □ 개인 ~.

소:재 (小才) 图 변변치 못한 재주. 또는 그런 재주를 가진 사람. ↔대재.

소:재 (小齋) 图 《가》 '금육재'의 구용어.

소:재 (所在) 图하자 1 어떤 곳에 있음. 또는 있는 곳. □ ~ 불명 / 책임의 ~를 묻다 / 비자금의 ~를 밝히다. 2 '소재지'의 준말. □ 수도권에 ~한 중학교.

소:재 (所載) 图 신문이나 잡지 따위에 기사가 실려 있음.

소재 (素材) 图 1 예술 작품의 바탕이 되는 재료. □ 소설의 ~ / 그림의 ~. 2 가공을 하지 않은 본디 그대로의 재료.

소:재-지 (所在地) 图 주요 건물이나 기관 따위가 자리 잡고 있는 곳. □ 군청 ~. 춘소재지.

소:저 (小姐) 图 '아가씨'를 한문 투로 이르는 말. □ 이(李) ~.

소:저 (小著) 图 1 분량이 적은 저서. 2 '자기 저서'의 겸칭.

소저-하다 (昭著-) 혱여 분명하고 뚜렷하다.

소:적 (小賊) 图 좀도둑.

소:적 (小敵) 图 대수롭지 아니한 적.

소:적 (少敵) 图 적은 수의 적.

소:적 (素炙) 图 두부와 파 따위를 버무려서 꼬챙이에 꿰어서 불에 구운 음식.

소적 (消積) 图하자 심심풀이로 어떤 일을 함.

소적-하다 (蕭寂-)[-저카-] 혱여 쓸쓸하고 호젓하다.

소:전 (小傳) 图 1 줄여서 간략하게 적은 전기(傳記). 약전(略傳). 2 책에서 저자의 이름 아래나 책 끝에 저자의 경력·학력 등을 간단히 적은 글.

소:전 (小篆) 图 한자의 팔자체(八字體)의 하나 《중국 진시황 때 이사(李斯)가 대전(大篆)을 간략히 변형하여 만든 글씨체》.

소:전 (所傳) 图 말·글·물건 등이 후세에 전하는 일. 또는 그 전하는 것.

소:-전제 (小前提) 图 《논》 삼단 논법에서, 소개념을 가진 전제. ↔대전제.

소:절 (小節) 图 1 대수롭지 않은 작은 예절. 2 대의에 뜻을 두지 않은 절조나 의리. 3 《악》 마디7. □ 첫째 ~.

소:점 (小店) 图 1 작은 상점. 2 자기 가게를 겸손하게 이르는 말. 폐점(弊店).

소접 (召接) 图하타 임금이 신하를 불러 만나보는 일.

소:정 (小正) 图 '소정자(小正字)'의 준말.

소:정 (小亭) 图 작은 정자.

소:정 (小艇) 图 작은 배.

소:정 (所定) 图 정한 바. 정해진 바. □ ~의 양식 / ~의 절차를 밟다 / ~의 교육을 마치다.

소:-정맥 (小靜脈) 图 《생》 대정맥으로 모여 붙은 정맥. 작은정맥.

소:정월 (小正月) 图 음력 정월 14일부터 16일까지를 이르는 말.

소:-정자 (小正字) 图 《인》 알파벳의 인쇄체 소문자(a·b·c·d 따위). 춘소정(小正).

소:제 (小弟) ━图 나이가 가장 어린 아우. ━인대 자기보다 나이가 조금 위인 사람에게 자기를 낮추어 이르는 말.

소:제 (小題) 图 책의 편명(篇名)을 그 책의 이름에 상대하여 일컫는 말.

소:제 (掃除) 图하타 청소. □ ~를 마치다.

소:-제목 (小題目) 图 1 긴 문장에서 문장의 내용에 따라 군데군데 붙이는 작은 제목. 2 신문이나 잡지의 기사에서 표제(標題)에 곁들이는 작은 제목.

소:-제상 (素祭床)[-쌍] 图 장사를 지내기 전에 제물을 차려 놓는 흰 제상.

소:조 (小朝) 图 《역》 섭정하는 왕세자.

소:조 (小照) 图 1 작게 찍은 얼굴의 사진이나 작게 그린 화상(畫像). 2 자기의 사진이나 화상의 겸칭.

소:조 (小潮) 图 《지》 간만(干滿)의 차가 가장 적을 때의 조수. 조금. ↔대조(大潮).

소:조 (所遭) 图하자 치욕이나 고난을 당함.

소:조 (塑造) 图하타 《미술》 찰흙·석고 따위로 조각의 원형을 만듦. 조소.

소조-하다 (蕭條-) 혱여 고요하고 쓸쓸하다. 소삭(蕭索)하다. 소적(蕭寂)하다. 소조-히 몟

소족 (疏族) 图 원족(遠族).

소:존 (所存) 图 '소존자(所存者)'의 준말.

소:존-자 (所存者) 图 아직 남아 있는 것. 춘소존(所存).

소:졸 (小卒) 图 힘없고 하찮은 졸병.

소졸-하다 (疏拙-) 혱여 꼼꼼하지 못하고 서투르다.

소:종 (小宗) 图 대종가(大宗家)에서 갈려 나간

방계(傍系).

소:종(小鐘) 명 〖불〗절에서 쓰는 작은 종.

소:-종래(所從來)[-내] 명 지내 온 내력. ▷ ~를 따지다.

소:죄(小罪) 명 **1** 작은 죄. 사소한 죄. **2** 〖가〗십계명에 해당하지는 않으나 천주의 법을 거스른 가벼운 죄.

소:주(小舟) 명 작은 배.

소:주(小註) 명 옛 문헌에서, 본주 아래 더 자세히 풀어 단 주석. 잔주.

소주(疏註) 명 본문 또는 이전 사람의 주해(註解)에 대한 주해(소(疏)는 주(註)를 해석·부연한 것이고, 주(註)는 경(經)을 해석한 것임). ▷ ~를 달다.

소주(燒酒) 명 곡식을 쪄서 누룩과 물을 섞어 발효시켜 증류하거나 알코올에 물을 섞어 만든 무색투명의 술(알코올 성분이 20-35 %임). ▷ ~ 두 홉 / ~를 마시다 / ~ 한 병을 단숨에 들이켜다.

소주(를) **내리다** 관 익은 술을 고아 소줏고리에서 소주를 받다.

소:-주명곡(小奏鳴曲) 명 〖악〗소나티나.

소-주방(燒廚房) 명 〖역〗조선 때, 대궐 안의 음식을 만들던 곳. ☞주방.

소주-병(燒酒瓶)[-뼝] 명 소주를 넣어 두는 병. ▷ ~을 기울이다 / ~을 따다.

소주-잔(燒酒盞)[-짠] 명 소주를 따라 마시는 데 쓰는, 운두가 얕고 작은 술잔. ▷ ~을 돌리다 / ~을 비우다.

소:-주주(小株主) 명 주식을 조금 가진 주주.

소줏-고리(燒酒-)[-주꼬-/-준꼬-] 명 소주를 내리는 데 쓰는 그릇(구리나 오지 따위로 위아래 두 짝을 겹쳐 만듦). ☞고리.

소줏-불(燒酒-)[-주뿔/-준뿔] 명 **1** 독한 소주에 붙인 푸르스름한 불(연극 등에서 씀). **2** 소주를 너무 많이 마신 탓에 코와 입에서 나오는 독한 술기운.

소줏-집(燒酒-)[-주찝/-준찝] 명 소주를 파는 술집.

소:중-도(笑中刀) 명 웃음 속에 칼이 있다는 뜻으로, 겉으로 웃으면서 속으로는 해칠 마음을 품음. 소리장도(笑裏藏刀).

소:중-하다(所重-) 형예 매우 귀중하다. ▷ 소중한 물건. 소:중-히 튀 ▷ 시간을 ~ 여기다 / 그는 아내를 ~ 생각한다.

소:증(素症)[-쯩] 명 푸성귀 종류만 먹어서 고기가 먹고 싶은 증세.

[**소증 나면 병아리만 좇아도 낫다**] ㉠생각이 간절하면 비슷한 것만 보아도 마음이 좀 풀린다는 말. ㉡평소에 소식(素食)하던 사람이 어쩌다 육식을 하게 되면 더 고기를 먹고 싶어 한다는 말.

소:-증사납다(-따)[-사나워, -사나우니] 형ㅂ 하는 짓의 동기가 아름답지 못하다.

소:지(小志) 명 작은 뜻. 원대하지 않은 뜻.

소:지(小枝) 명 나뭇가지.

소:지(小指) 명 **1** 새끼손가락. **2** 새끼발가락.

소:지(小智) 명 작은 지혜. 소혜(小慧).

소:지(小誌) 명 **1** 조그마한 잡지. **2** 자기가 관여하고 있는 잡지의 겸칭.

소지(沼池) 명 늪과 못. 소택(沼澤).

소지(所持) 명 가지고 있음. ▷ 무기 불법 ~ / 가진 돈 / 면허증 ~.

소지(素地) 명 본디의 바탕. 밑바탕. ▷ 말썽의 ~가 있다 / 오해의 ~를 없애다.

소지(素志) 명 평소의 뜻. 본디의 뜻. 소심(素心). 소의(素意).

소:지(燒紙) 명하자 〖민〗신령 앞에서, 부정(不淨)을 없애고 소원을 비는 뜻으로 얇은 종이를 불살라서 공중으로 올리는 일. 또는 그런 종이. ▷ ~를 올리다.

소:지-무여(掃地無餘) 명 다 쓸어 낸 듯이 전혀 없음.

소:-지의(素地衣)[-/-이] 명 흰 형겊으로 가장자리를 꾸민 돗자리.

소:지-인(所持人) 명 어떤 물건을 가지고 있는 사람. 소지자. ▷ 수표의 ~.

소지인 출급(所持人出給) 〖경〗수표나 어음 등을 소지한 사람이면 누구에게나 그 액면대로 지급하라고 적은 형식.

소:지-자(所知者) 명 알고 있는 사람. 또는 알고 있는 일.

소:지-자(所持者) 명 어떤 것을 가지고 있는 자. 소지인. ▷ 운전면허 ~.

소:지-죄(所持罪)[-쬐] 명 〖법〗법으로 금지하는 물건을 가지고 있음으로써 성립하는 죄(마약이나 총포를 소지하는 따위).

소:지-품(所持品) 명 가지고 있는 물건. ▷ ~ 검사 / 개인 ~을 챙기다.

소:직(小職) 대 소관(小官).

소진(消盡) 명하자 점점 줄어들어 다 없어짐. 또는 다 써서 없앰. ▷ 정력이 ~하다 / 시간을 ~하다 / 힘이 ~되다.

소진(訴陳) 명하자 〖법〗소송의 뜻을 진술함(원고와 피고의 진술).

소진(燒盡) 명하자 다 타서 없어짐. ▷ 6·25 전쟁 때 ~된 절.

소진-동(蘇秦童) 명 말을 잘하는 아이.

소진-장의(蘇秦張儀)[-/-이] 명 소진(蘇秦)과 장의(張儀)처럼 구변이 좋은 사람을 이르는 말.

소질(素質) 명 본디부터 가지고 있는 성질. 또는 타고난 능력이나 기질. ▷ 운동에 뛰어난 ~이 있다 / 타고난 능력과 ~을 계발한다.

소집(召集) 명하자 **1** 불러서 모음. ▷ ~ 날짜 / 총회를 ~하다 / 국회가 ~되다. **2** 〖군〗국가 비상사태나 교육 훈련 따위를 위하여, 예비역·보충역 따위에 대해서 현역 복무 이외의 군 복무를 부과하는 행정 행위.

소집-령(召集令)[-짐녕] 명 소집을 행하는 명령. ▷ ~이 내리다.

소집 명:령서(召集命令書)[-짐-녕-] 〖군〗국가 비상사태나 교육 훈련 따위를 위하여 예비역 또는 보충역을 불러 모으려는 명령서.

소집 영장(召集令狀)[-짐녕짱] 〖군〗〈속〉소집 명령서.

소:-집회(小集會)[-지푀] 명 인원수(人員數)가 적은 집회.

소쩍-새 [-쌔] 명 〖조〗올빼밋과의 새. 깊은 숲 속에 살며, 온몸에 회색 바탕에 갈색 줄무늬가 있음. 머리 위에 귀깃이 있고 짧은 부리는 끝이 안으로 구부러짐. 벌레를 잡아먹음. '소쩍소쩍' 하고 욺. 천연기념물 제 324 호임.

소:차(小次) 명 〖역〗임금이 거둥 때 잠깐 쉬기 위하여 막을 쳐 놓던 곳. 소차방(小次房).

소:차(小借) 명 〖한의〗약차(藥借)의 한 가지. 간단한 약을 먹어 힘을 웬만큼 세게 하는 일.

소:차(小差) 명 조그마한 차이. ↔대차(大差).

소차(疏箚) 명 〖역〗상소(上疏)와 차자(箚子).

소착(疏鑿) 명하자 개천이나 도랑을 쳐서 물이 흐르게 함.

소찬(素餐) 명하자 하는 일 없이 녹(祿)을 타 먹음. ▷ 시위(尸位)~.

소:찬(素饌) 명 **1** 고기나 생선이 들지 아니한

반찬. **2** 남에게 식사를 대접할 때의 겸양어. ▢~이나마 많이 드시오.

소창 圀 이불 따위의 안감.

소:창(逍暢) 圀하자 심심하거나 갑갑한 마음을 풀어 후련하게 함.

소:-창옷(小氅-)[-옫] 圀 예전에, 중치막 밑에 입던 웃옷의 하나《두루마기와 같은데 소매가 좁고 무가 없음》. ⟶창옷.

소채(蔬菜) 圀 밭에 가꾸는 온갖 푸성귀와 나물. 채소. ☞재배 / 청청 ~.

소채-류(蔬菜類) 圀 곡식 이외에 줄기·잎·뿌리·열매를 부식물로 하는 초본(草本)의 총칭.

소:책(小策) 圀 조금 아는 것으로 재주를 피우는 쓸모없는 계책.

소:-책자(小冊子)[-짜] 圀 얇고 자그마하게 만든 책. ▢~를 배포하다.

소척(疏斥) 圀하자 버성기게 하여 물리침.

소:천(小川) 圀 자그마한 내.

소천(召天) 圀『기』 하늘의 부름을 받았다는 뜻으로 죽음을 이르는 말.

소:천(所天) 圀 아내가 남편을 이르는 말.

소:-천세계(小千世界)[-/-계] 圀『불』 욕계(欲界)로 이루어진 일세계(一世界)를 천 개 모은 것으로, 수미산(須彌山)을 중심으로 해·달·사대주(四大洲)·육욕천(六欲天) 등으로 이루어진 한 세계를 천 개 합친 세계.

소:-천지(小天地) 圀 좁은 사회.

소철(蘇鐵) 圀『식』 소철과의 열대산 상록 교목. 높이는 3 m 정도. 잎은 대형의 깃꼴 겹잎인데 줄기 끝에 돌려나고, 수꽃은 긴 원통형의 솔방울 모양임. 열매는 식용하거나 약용함. 관상용으로 심음.

소:첩(小妾) 인대 부인이 남편에 대하여 자기를 낮추어 이르던 말.

소:첩(少妾) 圀 나이 어린 첩. ▢~을 얻다.

소첩(訴牒) 圀『법』 소장(訴狀)1.

소:청(所請) 圀 남에게 청하거나 바라는 일. ▢~이 무어냐.

소청(訴請) 圀하자 **1** 하소연하여 청함. ▢~을 들어주다. **2**『법』 징계 처분·휴직·면직 등으로 불리한 처분을 받은 공무원이 그 처분에 불복하여 취소 또는 변경을 청구하는 일.

소청(疏請) 圀하자 임금에게 상소하여 청함.

소청(疏廳) 圀『역』 조선 때, 유생(儒生)들이 모여 건의·상소하던 집.

소:체(小體) 圀『생』 어떤 물질의 구조 안이나 생체 조직 따위에 있는 특수한 기능을 갖는 작은 부분《신소체(腎小體)·촉각 소체 따위가 있음》.

소체(消滯) 圀하자 체한 음식을 삭여서 내려가게 함.

소체(疏遞) 圀하타『역』 조선 때, 상소하여 벼슬을 사직하던 일.

소:초[1](小草) 圀『한의』 애기풀의 싹《몽설(夢泄)에 한약재로 씀》.

소:초[2](小草) 圀 **1** 잘게 흘리어 쓴 글씨. **2** 알파벳 필기체의 소문자. ⟶대초(大草).

소:초(小哨) 圀『군』 군대에서, 중요한 곳의 경계 임무를 맡은, 적은 인원의 부대.

소초(疏草) 圀 상소문의 초고(草稿).

소:촌(小村) 圀 작은 촌락.

소:총(小塚) 圀 작은 무덤.

소:총(小銃) 圀『군』 개인 휴대용 전투 화기의 하나《단발·연발·자동·반자동 등이 있음》.

소:-총수(小銃手) 圀『군』 소총을 주무기로 삼아 싸우는 병사.

소:총-탄(小銃彈) 圀『군』 소총에 재어 쓰는 탄알.

소추(訴追) 圀하타『법』 **1** 검사가 특정한 사건에 관하여 공소를 제기하고 유지하는 일. **2** 탄핵 발의를 하여 파면을 요구함.

소:축-괘(小畜卦)[-꽤] 圀『민』 육십사괘의 하나. 손괘(巽卦)와 건괘(乾卦)가 거듭된 것으로, 바람이 하늘 위에 다님을 상징함. ⟶소축(小畜).

소축-의 지도(小縮尺地圖)[-찌-] 圀『지』 축척의 비가 매우 작은 지도. 보통 100 만분의 1 내외로 하여 넓은 지역을 간략하게 나타낸 지도.

소:춘(小春) 圀 음력 시월을 달리 이르는 말.

소:출(所出) 圀하타 논밭에서 나는 곡식. 또는 그 양. ▢~이 많은 땅 / ~이 평년작을 밑돌다 / 작년보다 밀을 더 ~하다.

소취(消臭) 圀하자 악취를 없앰. ＊탈취.

소:-취타(小吹打) 圀『역』 매일 새벽과 밤에 진문(陣門)을 여닫을 때 행하던 약식의 취타.

소치(召致) 圀하타 불러서 오게 함.

소:치(所致) 圀 어떤 까닭에서 빚어진 일. 탓. ▢무능의 ~ / 부덕의 ~.

소치(騷致) 圀 시문의 우아한 멋.

소:친(疏親) 圀 비슷한 나이로 친하게 지내는 사이. 또는 그런 관계에 있는 사람.

소:침(小針) 圀 작은 바늘. ↔대침.

소침(消沈·銷沈) 圀하자 의기나 기세 따위가 사그라지고 까라짐. ▢사업이 부진하여 ~해 있다.

소:칭(小秤) 圀 자그마한 저울.

소:칭(所稱) 囘 이른바.

소켓(socket) 圀 전구 따위를 끼우는 전기 기구의 하나.

소쿠라-지다 困 빠른 물결이 굽이쳐 용솟음치다. ▢물이 소쿠라지며 쏟아지다.

소쿠리 圀 대나 싸리로 앞이 트이고 테를 둥글게 걸어 만든 그릇. ▢떡을 ~에 담다 / 이고 있던 ~를 내려놓다.

소탈-하다(疏脫-) 휑 예절이나 형식에 얽매이지 않고 수수하며 털털하다. ▢소탈한 성격 / 소탈하게 웃다.

소:탐대실(小貪大失) 圀하자 작은 것을 탐내다가 큰 것을 잃음.

소:탕(素湯) 圀 **1** 고기나 생선을 넣지 아니한 국. **2** 제사에 쓰는 탕. 고기 없이 두부와 다시마를 넣고 맑은 장에 끓임.

소탕(掃蕩) 圀하타 휩쓸어 모조리 없애 버림. ▢도적의 무리를 ~하다.

소탕-전(掃蕩戰) 圀『군』 적의 패잔병을 샅샅이 뒤져서 없애는 전투.

소태 圀 **1**『식』 '소태나무'의 준말. **2** '소태껍질'의 준말. ▢~ 씹는 듯한 얼굴. **소태(와) 같다** 囹 맛이 몹시 쓰다.

소:태(素胎) 圀『공』 잿물을 입히기 전의 도자기의 흰 몸.

소태-껍질(-질) 圀 소태나무의 껍질《한약재로 쓰는데 맛이 몹시 씀》. ⟶소태.

소태-나무 圀『식』 소태나뭇과의 작은 낙엽 활엽 교목. 산중턱·골짜기에 남. 높이는 4 m 정도이며, 초여름에 누런 녹색 꽃이 피고 초가을에 핵과를 맺음. 과실은 맛이 쓰며 위약·살충제 등으로 쓰임. 고목(苦木). ⟶소태.

소택(沼澤) 圀 늪과 못. 소지(沼池).

소택 식물(沼澤植物)[-씽-] 圀『식』 물가의 습지나 얕은 물속에 나는 식물《갈대·벗풀 따위》. 습지 식물.

소택-지 (沼澤地)[-찌] 圓 늪과 못으로 둘러싸인 습한 땅.

소토 (燒土) 圓하자 『농』 논밭의 걸흙을 긁어모아 그 위에 마른풀이나 나뭇조각을 놓고 태우거나, 흙을 깔아 놓은 철판 밑에서 불을 때어 살균하는 토양 소독법.

소-톱 (小-) 圓 작은 동가리톱.

소-통 (小桶) 圓 1 작은 통. 2 서 말가량의 분량을 담을 수 있는 소금 섬.

소통 (疏通) 圓하자타 1 막히지 아니하고 잘 통함. ¶차량의 ~이 원활하다. 2 생각하는 바가 서로 통하여 오해가 없음. ¶영어로 서로의 의사를 ~하다.

소트 (sort) 圓타 일정한 조건에 따라 자료 등을 분류·구분하는 일. 정렬(整列).

소-파 (小派) 圓 작은 당파.

소-파 (小波) 圓 잔물결.

소-파 (小破) 圓하자타 조금 파손됨.

소파 (搔爬) 圓하타 『의』 조직을 긁어내는 일 ¶인공 유산 등에 행함).

소파 (sofa) 圓 두 사람 이상이 앉게 된, 등받이와 팔걸이가 있는 긴 안락의자. ¶폭신한 ~.

소파 수술 (搔爬手術) 자궁 내막의 질환을 치료하거나 인공 유산을 시킬 때처럼 자궁 속의 조직을 긁어내는 수술.

소-편 (小片) 圓 작은 조각.

소-편 (小篇) 圓 『문』 단편(短篇) 1.

소-포 (小布) 圓 무명으로 만든 과녁. 솔.

소-포 (小包) 圓 1 조그맣게 포장한 물건. 2 '소포 우편·소포 우편물'의 준말. ¶~를 받다 / 선물을 ~로 부치다.

소-포 (小圃) 圓 채소·약초 등을 심는 작은 밭.

소-포 (所逋) 圓하타 관청의 물건·공금을 사사로이 소비함.

소포 우편 (小包郵便) 1 물건을 소포로 해서 보내는 우편(무게와 크기 등에 제한이 있음). 2 '소포 우편물'의 준말.

소포 우편물 (小包郵便物) 소포 우편으로 보내는 물건. ⓒ소포우·소포 우편.

소포-체 (小胞體) 圓 『생』 동식물의 세포질 안에 그물눈 모양으로 연결된 가느다란 관(管) 모양의 세포 소기관. 단백질 합성, 지방질 대사 및 세포 안의 물질 운반 등의 기능을 수행함.

소-폭 (小幅) 圓 ㉠ 좁은 범위. 적은 정도. ¶~의 개각을 단행하다. ㉡圓 적은 정도로. ¶물가가 ~ 상승하다. ↔대폭(大幅).

소-품 (小品) 圓 1 '소품물'의 준말. 2 실물을 정교하게 본떠 아주 작게 만든 모형. 3 변변하지 못한 물품. 4 무대에서 사용되는 도구 가운데 비교적 작은 것들.

소-품-곡 (小品曲) 圓 『악』 작은 규모의 곡. ⓒ소곡(小曲).

소-품-문 (小品文) 圓 『문』 어떤 형식을 갖추지 아니하고 일상생활에서 보고 느낀 것을 자유로운 필치로 간단히 쓴 글.

소-품-물 (小品物) 圓 자그마한 그림이나 조각 따위. ⓒ소품.

소풍 (逍風·消風) 圓하자 1 『교』 학교에서, 자연 관찰이나 역사 유적 따위의 견학을 겸해 야외로 갔다 오는 일. ¶~ 가는 날. 2 산책.

소풍-농월 (嘯風弄月) 圓하자 바람에 휘파람 불고 달을 희롱한다는 뜻으로, 자연 풍경을 구경하며 즐김.

소프라노 (이 soprano) 圓 『악』 여성이나 어린이의 가장 높은 음역(音域). 또는 그 음역의 가수.

소프트-드링크 (soft drink) 圓 알코올 성분이 없는 가벼운 음료(¶탄산음료·과즙 음료·홍차 따위).

소프트볼 (softball) 圓 가죽으로 만든, 야구공보다 부드럽고 큰 공. 또는 그 공으로 하는 야구와 같은 경기(¶주로 어린이·여자들이 함).

소프트웨어 (software) 圓 『컴』 컴퓨터 시스템의 작동과 관련된 프로그램과 데이터의 복합체 또는 프로그램과 그 작동 방법, 절차, 관련된 지식의 총체를 가리키는 용어(¶운영 프로그램과 응용 프로그램 등으로 나눔). ¶~ 하드웨어.

소프트-칼라 (soft collar) 圓 풀기가 적고 감이 부드러운 칼라.

소프트-크림 (soft cream) 圓 특수한 기계로 공기를 넣으면서 얼린, 부드러운 아이스크림.

소프트 포커스 (soft focus) 사진 용어로, 화면에 부드러운 감을 주기 위해 초점을 흐리는 일. 연초점(軟焦點).

소-피 (所避) 圓하자 오줌. 또는 오줌을 누는 일. ¶~가 마렵다.

소-피-보다 (所避-) 자 소변을 보다. 오줌을 누다. ¶전봇대에 소피보는 주정뱅이.

소피스트 (sophist) 圓 1 『철』 기원전 5세기경의 아테네의 궤변학파(교양이나 학예, 특히 변론술을 가르쳤는데, 뒤에 자기 이익을 위해 변론술을 악용하는 경향이 있었음). 궤변학파. 2 궤변가.

소하 (消夏·銷夏) 圓하자 여름에 더위를 덜어 잊게 함.

소하 (遡河) 圓하자 바닷물고기가 산란을 위해서 강물을 거슬러 올라감.

소-하다 (素-) 圓여 육식을 하지 아니하고 채소만을 먹다.

소-하물 (小荷物) 圓 기차 편에 쉽게 부칠 수 있는 자그맣고 가벼운 짐. 잔짐. *수화물(手貨物).

소하-어 (遡河魚) 圓 『어』 산란기에만 알을 낳기 위해 강으로 올라오는 바닷물고기(¶연어·송어 따위). ↔강하어(降河魚).

소-학 (小學) 圓 1 '소학교'의 준말. ¶~생. 2 『역』 옛날 중국에서, 소년에게 초등 교육을 실시하던 학교.

소-학교 (小學校)[-교] 圓 '초등학교'를 예전에 일컫던 말. 圓준말.

소-한 (小寒) 圓 이십사절기의 스물셋째(¶동지와 대한 사이로, 양력 1월 6일경. 이 무렵부터 깊은 추위가 시작된다고 함).

소-한 (小閑·小閒) 圓 소가(小暇).

소한 (宵旰) 圓하자 '소의한식(宵衣旰食)'의 준말.

소한 (消閑) 圓하자 한가한 겨를을 메움. 심심풀이. 파적(破寂).

소-할 (所轄) 圓 관할하는 바.

소합-유 (蘇合油)[-합뉴] 圓 소합향에서 나오는 끈끈한 기름(¶피부병에 씀).

소합-향 (蘇合香)[-향] 圓 1 『식』 조록나뭇과의 낙엽 교목. 소아시아에 분포함. 높이는 10 m 정도이며, 잎은 손바닥 모양임. 2 소합향의 수지로 만든 향.

소합-환 (蘇合丸)[-하뫈] 圓 『한의』 사향·주사(朱沙) 따위를 원료로 하여 만든 환약(¶위장을 맑게 하고 정신을 상쾌하게 하는 약).

소항 (溯航) 圓하자 강을 거슬러 항해함.

소-해 圓 축년(丑年).

소해 (掃海) 圓하타 『군』 바다 속에 부설된 수뢰 따위를 제거하여 항해의 안전을 꾀하는

일. ❏ ~ 작업.

소해-정(掃海艇)명〖군〗소해 임무를 띤 작은 군함. 소뢰정(掃雷艇). 소해선.

소:-행(所行)명 이미 행한 일이나 짓. 소위(所爲). ❏쾌씸한 ~ / 범행 수법으로 보아 면식범의 ~이 분명하다.

소행(素行)명 평소의 행실. ❏ ~이 나쁘다.

소행(行行)명하자 밤길을 감.

소행(溯行)명하자 물의 흐름을 거슬러 올라감.

소:-행성(小行星)명〖천〗화성과 목성 사이의 궤도에서 태양을 도는 작은 천체(궤도가 확정된 소행성의 수는 7천여 개임). ↔대행성(大行星).

소:-향(所向)명 향하여 가는 곳.

소향(燒香)명하자 분향(焚香).

소:-향-무적(所向無敵)명하형 어디를 가든지 대적할 사람이 없음.

소:-향탁(素香卓)명 장사 지내기 전에 쓰는, 칠을 하지 않은 향탁.

소:허(少許)명 얼마 안 되는 분량.

소혈(巢穴)명 소굴(巢窟).

소:형(小形)명 사물의 작은 형체. ↔대형.

소:형(小型)명 같은 종류의 사물 가운데 작은 것. ❏ ~ 아파트. ↔대형.

소:형-기(小型機)명 비교적 기체가 작은 비행기(전투기·정찰기·합자기 등).

소:형 면:허(小型免許)명 소형 자동차의 운전에 필요한 면허.

소:형 자동차(小型自動車)명 크기가 작은 자동차. 승용차는 배기량 1,500 cc 미만, 화물차는 적재량 1톤 이하, 승합차는 15인승 이하의 것을 이름. ㉣소형차.

소:형-주(小型株)명〖경〗자본금이 적은 회사의 주식.

소:형-차(小型車)명 '소형 자동차'의 준말.

소:형 행성(小型行星)명〖천〗지구보다 작은 행성(수성, 수성·금성·화성을 가리킴).

소:호(小戶)명 **1** 작은 집. **2** 가난한 집. **3** 식구가 적은 집.

소:호(小毫)명 작은 터럭이라는 뜻으로. 아주 적은 분량이나 정도.

소호(沼湖)명 늪과 호수. 호소(湖沼).

소호(SOHO)명〔small office, home office〕최첨단 비즈니스의 한 형태. 개인이 인터넷을 활용하여 자기 집이나 작은 사무실에서 하는 일을 일컬음.

소혼(消魂)명하자 근심으로 넋이 빠짐.

소혼-단장(消魂斷腸)명하자 근심과 슬픔으로 넋이 빠지고 창자가 끊어지는 듯함.

소홀(疏忽)명하형부 예사롭게 여겨서 정성이나 조심이 부족함. ❏준비가 ~하다 / ~히 생각하다 / 대접을 ~히 하다 / 감독을 ~로 사고가 일어났다.

소:화(小火)명 작은 불. 또는 작은 화재. ↔대화(大火).

소:화(小話)명 짤막한 이야기. ❏프랑스 ~.

소화(消火)명하타 불을 끔. ❏ ~ 설비.

소화(消化)명하자타 **1**〖생〗먹은 음식물을 삭임. 곧, 섭취한 음식물을 분해하여 영양분을 흡수하기 쉬운 상태로 변화시키는 일. 또는 그런 작용. ❏ ~를 촉진하다 / ~가 잘 안되다 / 음식을 체내에서 ~하다. **2** 배운 지식이나 기술을 익혀 자기 것으로 만듦. ❏배역을 잘 ~해 내다 / 어려운 곡을 무난히 ~하다 / 수업 내용을 ~하지 못하다. **3** 채권 또는 상품 등을 팔아 없앰. ❏주문량을 다 ~시키다. **4** 처리할 일 따위의 결말을 지음. ❏작업량을 ~하다.

소화(消和)명하타〖화〗생석회에 물을 부어 소석회로 만듦.

소:화(笑話)명하자 우스운 이야기를 함. 또는 그 이야기. ❏ ~ 한 토막을 들려주다.

소화(燒火)명하타 불에 태우거나 사름.

소화(燒化)명하타 태워서 성질을 변화시킴.

소화-관(消化管)명〖동〗동물이 섭취한 음식물을 소화·흡수하는 기관(식도·위·소장·대장 따위). 장관(腸管).

소:-화기(小火器)명〖군〗소구경의 총기인 소총·기관총·권총 따위의 총칭.

소화-기(消化器)명 불을 끄는 데 쓰는 기구. ❏ ~를 비치하다.

소화-기(消化器)명〖생〗섭취한 음식물을 소화·흡수하는 기관의 총칭(소화관과 소화샘으로 이루어짐).

소화-력(消化力)명 음식물을 소화시키는 능력.

소:-화물(小貨物)명 철도에서, 여객 열차로 신속하게 운송되는, 수화물(手貨物) 이외의 가벼운 화물의 총칭.

소화 불량(消化不良)의 먹은 음식을 위나 장에서 잘 받아들이지 못하여 영양분을 흡수하지 못하는 증상.

소화-샘(消化-)명〖생〗소화액을 분비하는 샘의 총칭(침샘·위샘·장샘·간·이자 따위). 소화선(消化腺).

소화-선(消化腺)명〖생〗소화샘.

소화-액(消化液)명〖생〗음식물을 소화시키기 위해 소화샘에서 분비되는 액체(침·위액·이자액·담즙·장액 따위).

소화 작용(消化作用)〖생〗먹은 음식물의 영양분을 분해하여 흡수하기 쉬운 물질로 변화시키는 작용.

소화-전(消火栓)명 소화 호스를 장치하고 위하여 상수도의 급수관에 설치하는 시설.

소화-제(消化劑)명 소화를 촉진하는 약제(디아스타아제·펩신·트립신 따위).

소화 효:소(消化酵素)명 음식물의 소화를 돕는 효소의 총칭. 소화샘에서 분비되는 것과 세포 내의 소화에 관여하는 것이 있음(아밀라아제·리파아제·펩신 따위가 있음).

소환(召喚)명하타〖법〗법원이 피고인·증인 등에 대해 일정한 일시에 지정한 장소로 나올 것을 명령하는 일. ❏검찰에 ~되다.

소환(召還)명하타〖법〗국제법에서, 외교 사절·영사 등을 본국으로 불러들임. ❏대사를 ~하다.

소환-장(召喚狀)[-짱]명〖법〗**1** 민사 소송법에서, 당사자나 그 밖의 소송 관계인에게 기일을 출석을 명하는 뜻을 기재한 서면. 호출장. **2** 형사 소송법에서, 소환의 재판을 기재한 영장. ❏ ~을 발부하다.

소환-제(召還制)명〖정〗임기 만료 전에 선거민의 투표에 의하여 공무원을 파면시키는 제도. 리콜제(recall制).

소활-하다(疏闊-)형여 **1** 서먹서먹하여 가깝지 아니하다. 소원(疏遠)하다. **2** 꼼꼼하지 못하고 어설프다.

소:회(小會)명 인원수가 적은 집회.

소:회(所懷)명 마음에 품고 있는 회포. ❏ ~를 털어놓다.

소회(素懷)명 평소에 품고 있는 회포나 뜻.

소회(溯洄)명하타 배를 저어 흐르는 물을 거슬러 올라감.

소:-회향(小茴香)명〖한의〗회향(茴香)의 한 가지. 산증(疝症)·요통(腰痛)·복통(腹痛)·위

한(胃寒) 등에 약으로 씀.

소:-후(小堠)[명]〚역〛 조선 때, 지방 도로에 10리마다 세웠던 이정표.

소:-후-가(所後家)[명] 양가(養家).

소훼(燒燬)[-하자타] 불에 타서 없어짐. 또는 불에 태워 없앰.

소흔(燒痕)[명] 불에 탄 흔적이나 자리.

소:흥(小興)[명] 조그마한 흥취.

소:-희(笑戲)[-히][명하자] 웃으며 장난하는 일.

속[명] **1** 물체의 안쪽 부분. ▢굴 ～/바다 ～/신발 ～. ↔겉. **2** 일정하게 둘러싸인 것의 안. ▢주머니 ～/안개 ～/어둠 ～/구름 ～. ↔밖. **3** 사람 몸의 배 안 또는 위장. ～이 더부룩하다. **4** 사람이나 사물을 대하는 자세나 태도. ～이 넓다. **5** 마음이나 생각. 마음가짐. 심성(心性). ～이 검은 사람/～을 털어놓다 / ～ 다르고 겉 다르다. **6** 사리를 분별할 수 있는 힘이나 정신. ～ 좀 차려라. **7** 어떤 현상이나 상황, 일의 안이나 가운데. ▢드라마 ～의 이야기 / 가난 ～에서도 웃음을 잃지 않다. **8** $\times^2$. ▢만두 ～. **9** 여럿의 가운데. ▢군중 ～에 파묻히다.

[속 빈 강정] 겉만 그럴듯하고 실속이 없음을 이르는 말. **[속으로 호박씨만 깐다]** 어리석은 듯하지만 의뭉한 데가 있어 제 실속은 다 차림을 이르는 말.

속(을) 긁다 〔주〕 비위를 건드리어 속이 뒤집히게 만들다.

속(을) 끓이다 〔주〕 마음을 태우다. ▢시집 일로 ～.

속을 달래다 〔주〕 위장의 상태를 좀 편안하게 하다. ▢해장국으로 ～.

속(을) 뜨다(떠보다) 〔주〕 남의 속마음을 알려고 넘겨짚다. ▢넌지시 ～.

속(을) 빼놓다 〔주〕 욕심과 감정을 억제하다.

속(을) 뽑다 〔주〕 남의 마음을 살피어 알아내다.

속(을) 뽑히다 〔주〕 자기 마음속을 남이 알아차리게 되다.

속(을) 썩이다 〔주〕 ㉠뜻대로 되지 않거나 좋지 않은 일로 몹시 괴로워하다. ▢자식의 일로 ～. ㉡남의 마음을 상하게 하다. ▢부모 ～.

속(을) 주다(터놓다) 〔주〕 마음속을 숨김없이 드러내어 보이다.

속(을) 차리다 〔주〕 ㉠지각 있게 처신하다. ㉡자기 실속을 차리다.

속(을) 태우다 〔주〕 ㉠걱정이 되어 마음을 졸이다. ㉡남의 마음을 달게 하다. ▢속을 태우지 말고 말 좀 들어라.

속(이) 깊다 〔주〕 생각하는 폭이 넓고 이해심이 많다. ▢그는 속이 깊은 녀석이다.

속이 끓다 〔주〕 ㉠소화가 잘 안되어 배 속이 편안하지 않다. ㉡몹시 화가 나다. 걱정이 되어 애가 타다.

속(이) 달다 〔주〕 마음이 죄이고 안타까워지다. ▢구경을 못 가서 속이 달아 있다.

속(이) 뒤집히다 〔주〕 ㉠비위가 상해 욕지기가 날 듯하게 되다. ▢역겨운 냄새로 속이 뒤집힐 것 같다. ㉡아니꼽게 느껴지다.

속이 떨리다 〔주〕 몹시 겁이 나다. ▢너무 무서워 속이 떨린다.

속(이) 보이다(들여다보이다) 〔주〕 엉큼한 마음이 들여다보이다.

속(이) 살다 〔주〕 겉으로는 수그러진 듯하나 속으로는 반항하는 마음이 있다.

속(이) 시원하다 〔주〕 바라던 대로 되어서 마음이 상쾌하다. 기분이 후련하다. ▢일이 해결되어 ～.

속(이) 썩다 〔주〕 마음이 상하다.

속(이) 앉다 〔주〕 배추·양배추 따위의 속이 단단한 상태가 되다.

속(이) 타다 〔주〕 걱정이 되어서 마음이 달다. ▢남의 속 타는 줄도 모르고.

속(이) 트이다 〔주〕 마음이 넓고 언행이 대범하다. ▢속이 트인 사람.

속(이) 풀리다 〔주〕 ㉠불편한 가슴 속·배 속이 가라앉다. ㉡화를 냈거나 토라졌던 감정이 누그러지다.

속(屬)[명] **1** '속관'의 준말. **2**〚생〛 생물의 분류 단위. 과(科)와 종(種)의 중간.

속(贖)[명] 예전에, 죄에 대한 벌 대신 대갚음으로 재물이나 노력을 바치던 일.

속(을) 바치다 〔주〕 속전(贖錢)을 내다. ▢형을 면하려고 ～.

속(束)[의][명] 묶음. 뭇. ▢장미 열 ～/김 세 ～.

속-(續)[두] '그 전 것에 잇대어 된'의 뜻. ▢～미인곡(續美人曲).

속가(俗家)[-까][명]〚불〛 **1** 불교를 믿지 않는 사람의 집. **2** 승려가 되기 전에 태어난 집.

속가(俗歌)[-까][명] **1** 속된 노래. ↔아가(雅歌). **2**〚악〛 '잡가(雜歌)'의 딴 이름.

속:-가량(-假量)[-까-][명하타] 마음속으로 대강 어림잡아 보는 셈. ▢100만 원은 될 것이라고 ～해 보다. *겉가량.

속:-가루[-까-][명] 무엇을 빻을 때, 맨 나중에 나오는 가루. ↔겉가루.

속:-가죽[-까-][명] 겉가죽 속에 있는 가죽. 내피(內皮).

속각(粟殼)[-깍][명]〚한의〛 '앵속각(罌粟殼)'의 준말.

속간(俗間)[-깐][명] **1** 민간 1. **2** 속세간.

속간(續刊)[-깐][명하타] 간행을 중단하였던 신문·잡지 등을 다시 간행함.

속:-감[-깜][명] 쌍시(雙柿) 속에 든 감.

속강(續講)[-깡][명하자] 계속하여 강의함. 또는 그런 강의.

속개(續開)[-깨][명하타] 일단 멈추었던 회의 따위를 다시 계속하여 엶. ▢경기의 ～를 선언하다 / 재판이 ～되다.

속객(俗客)[-깩][명] **1** 풍류를 모르는 사람을 좀 속되게 이르는 말. **2**〚불〛 속가(俗家)에서 온 손님.

속거-천리(速去千里)[-꺼-천-][명하자]〚민〛 귀신을 쫓을 때에 어서 멀리 가라는 뜻으로 쓰는 말.

속-겨[-껴][명] 곡식의 겉겨가 벗겨진 뒤에 나오는 고운 겨. ↔겉겨.

속격(俗格)[-껵][명] 속된 격식. 또는 세상에서의 일반적인 격식.

속견(俗見)[-껸][명] 속된 생각. 세속적이거나 통속적인 견해.

속결(速決)[-꼍][명하타] 빨리 결정하거나 처리함. ▢～을 요하다.

속계(俗戒)[-꼐/-꼐][명]〚불〛 오계·팔계 등 속세의 신도들이 지켜야 할 계율.

속계(俗界)[-꼐/-꼐][명] 속인(俗人)들이 살고 있는 현실 세계. ▢～에 묻혀 살다. ↔선계.

속고(續稿)[-꼬][명] 앞에 쓴 원고에 계속되는 원고.

속:-고갱이[-꼬-][명] 속 한가운데 있는 고갱이. ▢배추 ～.

속-고삿[-꼬삳][명] 초가지붕을 일 때 먼저 지붕 위에 건너질러 매는 새끼. ↔겉고삿.

속:-고의 [-꼬-/-꼬이] 圏 바지 속에 껴입는 고의.

속:-곡 (俗曲)[-꼭] 圏 **1** 세상에 유행하는 노래 곡조. **2** 저속한 노래 곡조.

속:-곡식 (-穀食)[-꼭씩] 圏 겉껍질을 벗겨 낸 곡식. ↔겉곡식.

속골 (俗骨)[-꼴] 圏 평범한 생김새. 또는 그런 사람.

속:-곳 [-꼳] 圏 속속곳과 단속곳의 총칭. 단의 (單衣).

속:-곳 바람 [-꼳빠-] 치마를 입지 않고 속곳만 입은 차림새. ◻불이 났다는 소리에 ~으로 뛰어나왔다.

속공 (速攻)[-꽁] 圏圄囤 재빠른 동작으로 공격함. 또는 그런 공격. ◻~에 능하다 / ~ 작전을 펴다 / ~으로 득점하이다 / 상대 팀의 ~에 휘말리다. ↔지공(遲攻).

속공 (屬公)[-꽁] 圏囮囤《歷》 임자가 없는 물건이나 금제품, 장물 등을 관부(官府)의 소유로 넘기던 일.

속공-법 (速攻法)[-꽁뻡] 圏 운동 경기에서, 재빠른 동작으로 공격하는 방법.

속관 (屬官)[-꽌] 圏 장관에게 속한 관원. ㉣속.

속교 (俗交)[-꾜] 圏 세속에서의 교제.

속구 (俗句)[-꾸] 圏 비속한 글귀.

속구 (速球)[-꾸] 圏 야구에서, 투수가 빠르게 던지는 공. ◻시속 140km가 넘는 ~를 뿌리다. /~완구(緩球).

속국 (屬國)[-꾹] 圏 다른 나라의 지배를 받고 있는 나라. 예속국. 종속국. 속방(屬邦).

속:-궁합 (-宮合)[-꿍-] 圏 **1** 신랑·신부의 생년월일을 오행에 맞추어 보는 궁합. **2** 한 남자와 여자의 성적 어울림.

속:-귀 [-뀌] 圏《생》내이(內耳).

속금 (贖金)[-끔] 圏 속전(贖錢).

속:-굿 [-끋] 圏 글씨나 그림을 처음 배우는 사람에게, 그 위에 덮어 쓰거나 그리며 익히도록, 가늘고 흐리게 그어 주는 획.

속굿(을) 넣다 囨 속굿을 그어 주다.

속기 (俗忌)[-끼] 圏囮囨《民》세속에서 꺼리는 일.

속기 (俗氣)[-끼] 圏 속계의 공통된 기풍. ◻~를 벗다.

속기 (速記)[-끼] 圏囮囤 **1** 빨리 적음. **2** 속기법으로 적음. 또는 그런 기록. ◻~로 기록하다.

속기 (速棋·速碁)[-끼] 圏 짧은 시간에 두는 바둑의 대국. ◻~의 명수.

속기-록 (速記錄)[-끼-] 圏 **1** 속기술로 적은 기록. **2** 속기술로 적은 것을 다시 보통 글자로 고쳐서 엮은 책. ◻국회의 ~.

속기-법 (速記法)[-끼뻡] 圏 간단한 부호로 사람의 말을 그대로 빨리 적는 방법.

속기-사 (速記士)[-끼-] 圏 속기술을 직업으로 하는 사람.

속기-술 (速記術)[-끼-] 圏 속기법으로 빨리 적는 기술.

속:-꺼풀 圏 겉꺼풀 안에 겹으로 되어 있는 꺼풀. ↔겉꺼풀.

속:-껍데기 [-떼-] 圏 겉껍데기 안에 겹으로 있는 껍데기. ◻~가 벗겨지다. ↔겉껍데기.

속:-껍질 [-찔] 圏 겉껍질 안에 겹으로 있는 껍질. ◻~을 벗기다. ↔겉껍질.

속:-나깨 [-송] 圏 메밀의 고운 나깨. ↔겉나깨.

속-나무 [-송] 圏《植》'소귀나무'의 준말.

속:-내 [-송] 圏 겉으로 드러나지 않는 속마음이나 일의 내막. 속내평. ◻~를 떠보다 / ~를 털어놓다 / ~를 내비치다 / 젊은이들의 ~를 가감 없이 그려 냈다.

속:-내다 [-송] 囤 대패나 끌 등을 갈아서 새 날카로운 날이 서게 하다.

속:-내복 (-內服)[-송] 圏 속내의(內衣) 1.

속:-내의 (-內衣)[-송/-송-이] 圏 **1** 내의 속에 껴입는 내의. 속내옷. **2** 속옷.

속:-내평 [-송] 圏 속내.

속념 (俗念)[-송] 圏 세상에 얽매인 생각. 속려(俗慮). 속회(俗懷).

속노 (粟奴) 圏 조의 깜부기.

속:-눈¹ [-송] 圏 곱자를 반듯하게 'ㄱ' 자 모양으로 놓을 때 아래쪽에 새겨 있는 눈금. ↔겉눈¹.

속:-눈² [-송] 圏 눈을 감은 체하면서 조금 뜬 눈. ◻~을 뜨다 / ~을 짓다.

속:-눈썹 [-송] 圏 눈시울에 난 털. ◻~이 길다 / 가짜 ~을 붙이다. ↔겉눈썹.

속다 [-따] 圏 남의 거짓이나 꾀에 넘어가다. ◻사기꾼에게 ~ / 감언이설에 ~. **2** 어떤 것을 다른 것으로 잘못 알다. ◻마네킹을 산 사람으로 속을 정도로 잘 만들었다.

속:-다짐 [-따-] 圏囮囨囤 **1** 마음속으로 하는 다짐. ◻~을 받다 / 꼭 이루겠다고 ~하다. **2** 속셈1.

속닥-거리다 [-딱꺼-] 囨囤 남이 알아듣지 못하도록 작은 목소리로 계속 가만가만 이야기하다. ◻뭘 그리 속닥거리고 있느냐. ㉣속닥이다. 셴쏙닥거리다. **속닥-속닥** [-딱쏙딱] 囝囮囨囤

속닥-대다 [-딱때-] 囨囤 속닥거리다.

속닥-이다 [-따기-] 囨囤 남이 알아듣지 못하도록 작은 목소리로 은밀하게 이야기하다. ◻자기들끼리 뭐라고 ~. ㉣속닥이다. 셴쏙닥이다.

속단 (速斷)[-딴] 圏囮囤 신중을 기하지 않고 서둘러 판단함. ◻결론을 내리다 / ~은 금물이다 / 아직 결과를 ~할 수 없다.

속달 (速達)[-딸] 圏囮囤 **1** 속히 배달함. **2** '속달 우편'의 준말. ◻편지를 ~하다.

속달-거리다 [-딸-] 囨囤 작은 목소리로 약간 수선스럽게 자꾸 이야기하다. ㉣속달이다. **속달-속달** [-딸쏙딸] 囝囮囨囤

속달-대다 [-딸-] 囨囤 속달거리다.

속달-뱅이 [-딸-] 圏 작은 규모.

속달 우편 (速達郵便)[-딸-] 圏 전에, 보통 우편보다 빨리 배달하던 우편(지금은 '빠른우편'으로 바뀜). ㉣속달.

속담 (俗談)[-땀] 圏 **1** 옛날부터 민간에 전하여오는 쉬운 격언이나 잠언. ◻우리 ~에 '오는 말이 고와야 가는 말이 곱다'는 말이 있다. **2** 속된 이야기. 속설(俗說). 속어(俗語).

속답 (速答)[-땁] 圏囮囨囤 빨리 대답하거나 해답함. 또는 그 대답이나 해답. ◻~을 주다.

속:-대¹ [-때] 圏 푸성귀의 겉대 속에 있는 줄기나 잎. ↔겉대¹.

속:-대² [-때] 圏 댓개비의 속살 부분. ↔겉대².

속대 (束帶)[-때] 圏囮囨 관을 쓰고 띠를 맴. 곧, 예복을 입음.

속:-대-쌈 [-때-] 圏 배추속대로 싸서 먹는 쌈.

속:-대중 [-때-] 圏 마음속으로만 헤아리는 대강의 짐작. ↔겉대중.

속:-댓국 [-때꾹/-땓꾹] 圏 된장을 풀고 배추 속대를 넣고 끓인 국. ◻어머니가 끓여 주시던 ~.

속:-더께 [-떠-] 圏 물건의 속에 찌들어 낀 때. ↔겉더께.

속도 (速度)[-또] 圏 **1** 빠른 정도. 빠르기. 스피

드. ▢성장 ~ /~를 조절하다 / ~가 빠르다 / 일정한 ~로 달리다. **2**《물》운동 물체가 단위 시간에 이동하는 거리. **3**《악》악곡을 연주하는 빠르기.

속도(屬島)[-또-] 圀 **1** 육지나 큰 섬에 딸려 있는 섬. **2** 그 나라에 속하는 섬. ▢독도는 대한민국의 ~이다.

속도-감(速度感)[-또-] 圀 빠르게 움직이거나 변한다는 느낌. ▢속도를 내건만 ~이 느껴지지 않는다.

속도-계(速度計)[-또-/-또계] 圀《물》움직이는 물체의 속도를 재는 계기(計器)(자동차·항공기·함선 등에 장치됨).

속도 기호(速度記號)[-또-]《악》'빠르기표'의 구용어.

속도-위반(速度違反)[-또-] 圀하타 **1** 교통 법규상 제한되어 있는 차량의 속도를 넘어 속력을 내는 일. ▢~으로 딱지를 떼다. **2**〈속〉결혼 전에 아기를 갖는 일.

속도 제:한(速度制限)[-또-] 철도나 도로를 달리는 열차나 차량의 속도에 일정한 한계를 정하는 일.

속독(束毒)[-똑] 圀《민》신라 때의 탈춤의 하나. 쑥대머리에 남색 탈을 쓰고 북소리에 맞추어 떼를 지어 이리 뛰고 저리 뛰면서 춤.

속독(速讀)[-똑] 圀하타 책 따위를 빨리 읽음.

속독-법(速讀法)[-똑뻡] 圀 책 따위를 빨리 읽는 방법. 한눈에 많은 양의 글자를 읽는 훈련을 통해서 익힘.

속:-돌[-똘] 圀《광》화산 용암의 하나(분출된 용암이 갑자기 식어서 된 다공질(多孔質)의 가벼운 돌). 경석(輕石). 고석(鼓石). 부석(浮石). 수포석(水泡石). 해석(海石).

속-되다(俗-)[-뙤-] 匢 **1** 고상하지 못하고 천하다. ▢속된 말씨/속된 유행가. **2** 세속적이다. ▢속된 인간.

속등(續騰)[-뚱] 圀하타 물가·시세 등이 계속 오름. ▢생필품 값이 ~하다. ↔속락(續落).

속-등겨 圀 ☞ 쌀겨.

속:-뜨물 圀 곡식을 여러 번 씻은 다음에 나오는 깨끗한 뜨물. ↔겉뜨물.

속:-뜻[-뜯] 圀 **1** 마음속에 품고 있는 깊은 뜻. ▢내 ~은 그게 아니다. **2** 글의 표현 속에 흐르고 있는 기본 뜻. ▢글의 ~.

속락(續落)[-똥] 圀하타 물가 등이 자꾸 떨어짐. ▢주가가 ~하다. ↔속등.

속량(贖良)[-냥] 圀하타 **1**〔역〕몸값을 받고 종의 신분을 풀어 주어 양민이 되게 하던 일. 속신(贖身). **2**〔기〕속죄(贖罪)**2**.

속려(俗慮)[-녀] 圀 속념(俗念).

속력(速力)[-녁] 圀 빠르기. ▢~을 늦추다 / ~을 내다.

속령(屬領)[-녕] 圀 어떤 나라에 딸린 영토.

속례(俗例)[-녜] 圀 세속의 관례.

속례(俗禮)[-녜] 圀 풍속에서 생긴 예절.

속론(俗論)[-논] 圀 **1** 세속의 논의. **2** 하찮은 의견. **3** 통속적인 이론.

속론(續論)[-논] 圀하타 토론할 때에 다 펴지 못한 뜻을 다른 사람이 잇대서 논함. 또는 그런 내용을 적은 책.

속료(屬僚)[-뇨] 圀 요속(僚屬).

속루(俗累)[-누] 圀 세상살이에 얽매인 너더분한 일. 진루(塵累).

속루-하다(俗陋-)[-누-] 匢어 속되고 천하다. *속악(俗惡)하다.

속류(俗流)[-뉴] 圀 속된 무리. 속배(俗輩).

속리(俗吏)[-니] 圀 견식이 없고 속된 관리.

속리(屬吏)[-니] 圀 하급 관리. 이속(吏屬).

속립(粟粒)[-닙] 圀 **1** 좁쌀의 낟알. **2** 극히 작은 물건.

속립 결핵(粟粒結核)[-닙결-]《의》결핵균이 전신에 퍼져 좁쌀 크기의 결핵 결절(結節)을 만드는 질환.

속:-마음[-솜-] 圀 겉으로 드러나지 않은 참마음. 내심(內心). ▢~을 감추다 / ~을 알아차리다. ③속맘.

속:-말[-솜] 圀하자 속마음에서 우러나오는 참된 말. ▢~을 털어놓다. ↔겉말.

속:-맘[-솜] 圀 '속마음'의 준말.

속맥(速脈)[-솜] 圀《생》빨리 상승했다가 곧 내려오는 맥박. 빈맥(頻脈).

속명(俗名)[-솜] 圀 **1** 본명이나 학명 외에 통속적으로 부르는 이름. **2** 승려가 되기 전의 이름. **3** 속된 명성.

속명(屬名)[-솜] 圀《생》생물을 분류할 때 속(屬)에 주어진 이름.

속:-모[-솜] 圀《민》윷놀이에서, 앞밭에서 다섯째 말.

속모 가다 ㉮ 윷놀이에서, 말이 속모에 가다.

속모(를) 보내다 ㉮ 윷놀이에서, 말을 속모에 몰다.

속무(俗務)[-솜] 圀 여러 가지 세속적인 잡무.

속문(俗文)[-솜] 圀 **1** 통속적인 글. **2** 하찮은 글. **3** 알기 쉬운 글.

속문(屬文)[-솜] 圀하자타 문구를 읽어서 글을 지음.

속-문학(俗文學)[-솜]《문》예술적 가치가 없는 저속한 문학.

속물(俗物)[-솜] 圀 **1** 속된 물건. **2** 교양이 없거나 식견이 좁고 세속적인 일에만 급급한 사람. ▢보기와는 달리 ~이다 / 너 같은 ~과는 말도 하기 싫다.

속물(贖物)[-솜] 圀 속죄하기 위해 내는 물건.

속물-근성(俗物根性)[-솜] 圀 금전이나 명예를 제일로 치고 눈앞의 이익에만 관심을 가지는 생각이나 성질. 스노비즘. ▢~에 유념하다.

속물-적(俗物的)[-솜-쩍] 판圀 속물과 같은 (것). ▢~인 인간 / ~인 사고방식을 버려라.

속미(粟米)[-솜] 圀 좁쌀.

속-미음(粟米飮)[-솜] 圀 좁쌀미음.

속미인-곡(續美人曲)[-솜] 圀 조선 선조 때, 송강(松江) 정철(鄭澈)이 지은 가사. 임금을 그리는 정(情)을 두 선녀가 대화하는 형식으로 표현하였음.

속민(俗民)[-솜] 圀 세속의 백성.

속민(屬民)[-솜] 圀 **1** 어디에 딸린 백성. **2** 백성을 모음.

속:-바람[-솜빠] 圀 몹시 지친 때 숨이 고르지 않고 몸이 떨리는 현상. ▢~이 일어나다.

속:-바지[-솜빠] 圀 바지나 치마 속에 껴입는 바지. ▢~ 차림 / ~ 바람으로 밖으로 뛰어나가다.

속-바치다(贖-)[-솜빠] 타 죄를 면하기 위하여 돈을 바치다.

속박(束縛)[-솜빡] 圀하타 어떤 행위나 권리 행사를 자유롭게 하지 못하도록 얽어매거나 제한함. ▢~당한 생활 / ~에서 벗어나다.

속박 전:자(束縛電子)[-솜빡쩐-]《물》자유 전자에 대하여 원자나 분자 안에 있으면서 자유롭게 이동할 수 없는 전자.

속반(粟飯)[-솜빤] 圀 조밥.

속발(束髮)[-솜빨] 圀하자 **1** 머리털을 잡아 묶음. **2** 상투를 짬.

속발(速發)[-빨] 명하자 **1** 속히 떠남. **2** 효과가 빨리 나타남.

속발(續發)[-빨] 명하자 사건이나 사고 따위가 계속하여 일어남. ▢도난 사건이 ~하다.

속:-발톱[-톱] 명 발톱의 뿌리 쪽에 있는 반달 모양의 흰 부분.

속:-밤[-빰] 명 껍데기 속에 든 밤톨. ↔겉밤.

속방(屬邦)[-빵] 명 =속국.

속배(屬輩)[-빼] 명 속류(俗流).

속:-배포(-排布)[-빼] 명 복안(腹案).

속백(束帛)[-빽] 명 《역》 **1** 나라 사이에 서로 방문할 때, 공경의 뜻으로 보내던 물건(비단 다섯 필을 각각 양 끝을 마주 말아 한데 묶었음). **2** 가례 때, 납폐(納幣)로 쓰던 검은 비단 여섯 필과 붉은 비단 네 필.

속백-함(束帛函)[-빽캄] 명 《역》 가례 때, 속백을 담던 함.

속:-버선[-뻐-] 명 솜버선 속에 신는 겹버선. ↔겉버선.

속:-벌[-뻘] 명 두루마기 속에 입는 옷의 각 벌(저고리·바지·조끼·마고자 등). ↔겉벌.

속:-병(-病)[-뼝] 명 **1** 오래된 가슴앓이·체증 따위. ▢~을 앓다 / ~을 얻다 / ~이 들다. **2** 〈속〉 위장병.

속보(速步)[-뽀] 명 빨리 걸음. 빠른 걸음.

속보(速報)[-뽀] 명하자 빨리 알림. 또는 그런 보도. ▢뉴스 ~에 귀를 기울이다.

속보(續報)[-뽀] 명 앞의 보도에 잇대어 알림. 또는 그런 보도. ▢열차 사고 ~.

속보-판(速報板)[-뽀-] 명 중요 사항을 빨리 알리는 데 쓰는 게시판.

속복(屬服)[-뽁] 명하자 복종하여 따름.

속본(俗本)[-뽄] 명 속서(俗書).

속:-불꽃[-뿔꼳] 명 《화》 불꽃의 안쪽에 있는 녹색을 띤 푸른색의 부분. 공기와 혼합된 가스가 불타서 수성(水性) 가스가 생김. 내염(內焰). 환원성(還元性) 불꽃. ↔겉불꽃.

속빙(續聘)[-뼁] 명하타 예를 갖추어 계속 초빙함.

속:-뼈대[-뼈-] 명 《생》 물고기·새·짐승 등의 등뼈를 중심으로 하는 뼈대.

속사(俗士)[-싸] 명 **1** 속사(俗事)에 능한 선비. **2** 학예나 견식이 모자라는 평범한 사람.

속사(俗事)[-싸] 명 일상생활의 잡다한 일. 속용(俗用).

속사(速射)[-싸] 명하타 총이나 포 따위를 계속하여 빨리 쏨.

속사(速寫)[-싸] 명하타 **1** 글씨를 빨리 베껴 씀. 또는 그 글. **2** 사진을 빨리 찍음.

속사(屬司)[-싸] 명 어느 관청에 딸려 있는 하급 관청.

속사(贖死)[-싸] 명하자 재물을 바쳐서 죽을 죄를 면함.

속:-사랑[-싸-] 명 겉으로 나타나지 않게 속으로 하는 사랑. ▢깊은 ~.

속-사미인곡(續思美人曲)[-싸-] 명 《문》 조선 정종 때, 문신 이진유(李眞儒)가 지은 가사. 작자가 추자도에서 귀양살이하는 억울함을 임금에게 하소연한 내용임.

속:-사정(-事情)[-싸-] 명 겉으로 드러나지 않거나 감추어진 일의 형편. ▢~을 털어놓다.

속:-사주(-四柱)[-싸-] 명 사주단자에 적어 보내는 신랑의 사주. ↔겉사주.

속사-포(速射砲)[-싸-] 명 **1** 탄알을 쉽게 장전하여 빨리 발사할 수 있는 포. **2** 예전에, 기관총이나 기관포의 속칭.

속삭-거리다[-싹꺼-] 자타 나지막한 소리로 가만가만 자꾸 이야기하다. 속삭-속삭[-싹

-싹] 부하자타

속삭-대다[-싹때-] 자타 속삭거리다.

속삭-이다[-싸기-] 자타 나지막한 목소리로 가만가만 이야기하다. ▢귓전에 입을 대고 ~.

속삭임[-싸김] 명 낮은 목소리로 가만가만히 하는 말. ▢달콤한 사랑의 ~ / 다정한 ~ / 시냇물의 ~이 귓가에 맴돌다.

속산(速算)[-싼] 명하타 셈을 빨리 함. 또는 그런 셈.

속:-살¹[-쌀] 명 **1** 옷에 가려진 부분의 피부. ▢옷이 얇아 ~이 비치다. ↔겉살¹. **2** 속으로 실속 있게 찬 살. ▢~이 보기 좋게 찌다. **3** 소의 입 안에 붙은 고기. **4** 식물의 겉껍질 안의 부분. ▢사과의 ~을 숟가락으로 긁다.

속살(이) 찌다 구 겉으로 드러나지 않지만 실속이 있다.

속:-살²[-쌀] 명 절구채의 겉살과 겉살 사이의 많은 살. ↔겉살².

속살-거리다[-쌀-] 자타 남이 알아듣지 못하도록 작은 목소리로 자질구레하게 자꾸 말하다. 준숙설거리다. 셴쏙살거리다. 속살-속살[-쌀-쌀] 부하자타

속살-대다[-쌀-] 자타 속살거리다.

속:-살이-게[-쌀리-] 명 《동》 속살이겟과의 게. 둥근 등딱지 길이는 7.5cm 정도이며, 표면이 매끈함. 가리비·재조개 따위의 외투강 속에 숨어 삶. 조갯속게.

속:-상하다(-傷-)[-쌍-] 형어 화가 나거나 걱정이 되어 마음이 불편하고 괴롭다. ▢차를 놓쳐서 ~.

속새[-쌔] 명 《식》 속새과의 상록 여러해살이풀. 산·들의 음지에 사는데, 줄기 높이 30-60cm, 속이 비고 잎은 흑갈색이며 각 마디에 돌려남. 줄기는 규산염이 많아 나무·뿔 등의 기구를 닦는 데 씀. 목적(木賊).

속생(續生)[-쌩] 명하자 잇따라 생겨남. 속출.

속:-생각[-쌩-] 명하자타 마음속으로 헤아려 보는 생각. ▢~을 털어놓다.

속서(俗書)[-써] 명 **1** 내용이 속되고 저급한 책. **2**〈종〉불경·성경이 아닌 책. 속본.

속설(俗說)[-썰] 명 **1** 세간에 전해 내려오는 설이나 견해. **2** 속담2.

속성(俗性)[-썽] 명 속되고 천한 성질.

속성(俗姓)[-썽] 명 《불》 승려가 되기 전의 성.

속성(速成)[-썽] 명하자타 빨리 이룸. 속히 이루어짐. ▢작업을 ~으로 진행시키다. ↔만성(晩成).

속성(屬性)[-썽] 명 **1** 사물의 특징이나 성질. **2**〈철〉사물의 본질을 이루는 특징이나 성질. 부성(附性).

속성 개:념(屬性槪念)[-썽-] 명 《논》 사물의 성질·상태·동작 등을 나타내는, 판단의 빈사가 될 수 있는 개념. ↔대상 개념.

속성-속패(速成速敗)[-썽-] 명하자 급히 이루어진 것은 쉬 결딴남.

속세(俗世)[-쎄] 명 **1** 《불》 속인의 세상. 곧, 일반 사회. ▢~와의 인연을 끊다. **2** 속세간.

속-세간(俗世間)[-쎄-] 명 속된 세상. 곧, 현실 사회. 속간(俗間). 세속.

속:-셈[-쎔] 명하타 **1** 마음속으로 하는 궁리. 심산(心算). 흉산(胸算). ▢~이 음흉하다 / ~을 간파하다. 준셈. **2** 연필이나 계산기를 쓰지 않고 머릿속으로 하는 계산. 암산(暗算). 주먹셈.

속:셈 학원(-學院)[-쎔하권] 명 《교》 유치원생이나 초등학교 학생을 대상으로 속셈을 가르

치는 학원.

속:-셔츠 (-shirts) 圓 맨 속에 입는 셔츠.

속소그레-하다 [-쏘-] 톙어 조금 작은 여러 개의 물건이 거의 고르다. ⓐ숙수그레하다. ⑩쏙소그레하다.

속:-소리 [-쏘-] 圓 **1** 속에서 가늘게 내는 소리. **2** ☞ 속말. **3**〔언〕 가운뎃소리.

속속 (續續) [-쏙] 튀 자꾸 계속하여. ▢~ 모여들다 / ~ 입하하다 / ~ 드러나다.

속:-속곳 [-쏙꼳] 예전에, 여자들이 맨 속에 입던 아랫도리 속옷.

속:속-들이 [-쏙뜨리] 튀 깊은 속까지 샅샅이. ▢ 내막을 ~ 파헤치다.

속속-히 (速速-) [-쏘키] 튀 썩 빨리. ▢ ~ 귀가해라.

속:-손톱 [-쏜-] 圓 손톱의 뿌리 쪽에 있는 반달 모양의 하얀 부분.

속수 (束手) [-쑤] 圓죄 **1** 손을 묶음. **2** '속수무책'의 준말.

속수 (束修) [-쑤] 圓죄 마음을 닦고 몸을 단속하여 행실을 삼감.

속수 (束脩) [-쑤] 圓 **1** 포개어서 묶은 포(脯)〔옛날의 예물〕. **2** 예전에, 성인이 되어 의관을 갖추던 일. **3** 입학할 때 내는 돈. **4** '속수지례'의 준말.

속수 (束數) [-쑤] 圓 묶음이나 다발의 수효.

속수 (俗手) [-쑤] 圓 바둑이나 장기 따위에서, 속되고 평범한 수.

속수-무책 (束手無策) [-쑤-] 圓 어쩔 도리가 없어 꼼짝 못함. ▢ 그 고집에는 ~이다. ⓐ속수(束手).

속수-자 (續隨子) [-쑤-] 〔식〕 대극과의 두해살이풀. 줄기 높이는 50–70 cm 정도, 잎은 피침 모양. 여름에 누런빛을 띤 자주색의 네 잎꽃이 핌. 뿌리と 씨는 약용함.

속수지례 (束脩之禮) [-쑤-] 圓 예전에, 제자가 되어서 스승을 처음 뵐 때에 드리는 예물. ⓐ속수(束脩).

속습 (俗習) [-씁] 圓 **1** 세속의 풍습. **2** 저속한 풍습.

속승 (俗僧) [-씅] 圓 세속의 티를 벗지 못하고 불도에 서투른 승려.

속시 (俗詩) [-씨] 圓 속되고 저속한 시.

속신 (束身) [-씬] 圓 몸을 삼감.

속신 (俗信) [-씬] 圓 민간에서 행해지는 미신적인 신앙 관습.

속신 (贖身) [-씬] 圓하타 〔역〕 속량(贖良) 1.

속-심 (-心) [-씸] ☞ 속마음.

속심 (俗心) [-씸] 圓 명예나 이익에 끌리는 속된 마음.

속:-싸개 圓 여러 겹으로 쌌을 때, 겉으로 드러나지 않게 속에 싼 싸개. ↔겉싸개.

속:-쌀뜨물 圓 쌀을 한두 번 씻어 낸 다음의 깨끗한 뜨물.

속:-씨껍질 [-찔] 圓〔식〕 내종피(內種皮). ↔겉씨껍질.

속:-씨-식물 (-植物) [-씽-] 圓〔식〕 종자식물 가운데 밑씨가 씨방 안에 싸여 있는 식물《감나무·벚나무·벼 따위》. 피자(被子)식물. ↔겉씨식물.

속:-아가미 圓〔동〕 양서류 무미목의 아가미. 복부 쪽에 발달하여 있으며, 아가미의 딱지로 가려서 겉에서는 보이지 아니한. 내새(內鰓). ↔겉아가미.

속악 (俗樂) 圓〔악〕 **1** 민간에 전해 내려오는 음악《정악(正樂)에 상대하여 판소리·잡가·민

요 따위를 말함》. ↔정악. **2** 속된 음악.

속악-스럽다 (俗惡-) [-스] 톙 (-스러워, -스러우니) 톙비 보기에 속되고 고약한 데가 있다. 속악-스레 튀.

속악-스레 (俗惡-) 튀 속악스럽게.

속악-하다 (俗惡-) [-카-] 톙어 속되고 고약하다.

속안 (俗眼) 圓 속인이 보는 안목. 얕은 식견.

속-앓이 [-아리] 圓하죄 **1** 속병. **2** 마음속으로만 걱정하거나 괴로워하는 일.

속어 (俗語) 圓 **1** 통속적으로 쓰는 저속한 말. ↔아어(雅語). **2** 상말. **3** 속담.

속:-어림 圓하타 속짐작. ↔겉어림.

속언 (俗諺) 圓 **1** 세간에 떠도는 상스러운 말. **2** 예로부터 전하여 내려오는 말.

속:-없다 [소겁따] 톙 **1** 생각에 줏대가 없다. 속없는 말. **2** 악의가 없다. ▢ 속없는 웃음.

속:-없이 [소겁씨] 튀. ▢ ~ 떠들지 마라.

속-여의 (-女衣) 圓 송녀- / 송녀이 圓〔궁〕 속곳.

속연 (俗緣) 圓 속세와의 인연. ▢ ~을 끊다.

속연 (續演) 圓하타 **1** 연극이 예정한 기간을 연장하여 상연함. **2** 1회의 상연이 끝난 뒤에 간격을 두지 아니하고 계속하여 상연함.

속영 (續映) 圓하타 **1** 영화가 예정한 기간을 연장하여 상영함. **2** 1회의 상영이 끝난 뒤에 간격을 두지 아니하고 계속하여 상영함.

속:-옷 [소곧] 圓 몸의 살갗에 닿게 입는 옷. 내복. 내의. 속내의. ▢ ~ 바람 / ~ 차림 / ~를 갈아입다 / ~이 땀에 푹 젖다. ↔겉옷.

속:-옷-가지 [소곧까-] 圓 여러 속옷들. ▢ 빨랫줄에 ~를 빨아 널다.

속요 (俗謠) 圓 **1** 민간에 널리 떠도는 속된 노래. 속창. 속가. **2**〔악〕'잡가'의 판 이름.

속:-요량 (-料量) [송뇨-] 圓하타 하는 일에 대하여 혼자 마음속으로 헤아림. ＊속짐작.

속용 (俗用) 圓 속사(俗事).

속운 (俗韻) 圓 속된 음운.

속유 (俗儒) 圓 식견이나 행실이 변변하지 못한 선비.

속:-윷 [송눋] 圓〔민〕 윷판의 앞밭에서부터 넷째 밭.

속음 (俗音) 圓 한자음을 읽을 때, 본음과는 달리 일반 사회에서 쓰는 음('유월(六月)'을 '유월'로, '곤난(困難)'을 '곤란'으로 읽는 따위). 관용음. 익은소리. 통용음.

속음 (續音) 圓〔언·악〕'지속음(持續音)'의 준말.

속음 (屬音) 圓〔악〕 딸림음. ▢ - 말.

속읍 (屬邑) 圓〔역〕 큰 고을에 딸린 작은 고을.

속의 (俗議) [소긔 / 소기] 圓 속인(俗人)의 의론. 속론(俗論).

속이다 匣 ('속다'의 사동) 거짓을 참으로 곧이듣게 하다. ▢ 좋은 물건처럼 ~ / 감쪽같이 속여 넘기다 / 피는 못 속인다.

속인 (俗人) 圓 **1** 일반의 평범한 사람. **2** 학문이 없거나 풍류를 모르는 속된 사람. **3**〔불〕 승려가 아닌 일반 사람. 백의(白衣).

속인-주의 (屬人主義) [소긴- / 소긴-이] 圓〔법〕 **1** 사람이 어디에 있든지 본국법을 적용하여야 한다는 국제 사법의 원칙. ↔속지주의(屬地主義). **2** 혈통주의.

속임-수 (-數) [소김쑤] 圓 남을 속이는 짓. 또는 그런 술수. ▢ 얕팍한 ~를 쓰다 / 뻔한 ~에 넘어가다.

속:-잎 [송닙] 圓 **1** 배추·양배추 따위의 안쪽 잎. 속대. **2** 풀이나 나무의 우듬지 속에서 새로 돋아나는 잎.

속자 (俗字) [-짜] 圓 세간에서 널리 쓰는, 정자

가 아닌 한자('竝'에 대한 '並', '晉'에 대한 '晋', '巖'에 대한 '岩' 따위). ↔정자(正字).

속:-자락 [-짜-] 명 〖건〗 기둥머리의 단청 안쪽에 옷자락같이 그린 무늬. ↔겉자락.

속:-잠 [-짬] 명 깊이 든 잠. 🔲 피곤해서 그런지 드러눕자마자 ~이 들었다.

속:-잠방이 [-짬-] 명 아랫도리 옷의 맨 속에 입는 잠방이.

속:-장 (-張) [-짱] 명 〖인〗 신문·책 등의 겉장 안에 접어 넣은 각 지면의 종이. 간지(間紙). 속지. ↔겉장.

속장 (束裝) [-짱] 명 하자 행장을 갖추어 차림.

속장 (屬長) [-짱] 명 〖기〗 감리교에서, 속회(屬會)를 맡아 인도하는 교직. 또는 그 사람.

속재 (俗才) [-째] 명 세속의 일에 능통한 재주를 가진 사람. 세재(世才).

속재 (續載) [-째] 명 연재(連載).

속:-재목 (-材木) [-째-] 명 통나무의 속에 있는 단단한 부분. ↔겉재목.

속:-저고리 [-쩌-] 명 속에 입는 여자의 저고리. ↔겉저고리.

속:-적삼 [-쩍쌈] 명 저고리나 적삼 안에 껴입는 적삼(저고리에 땀이 배지 않게 하기 위하여 입음). 한삼(汗衫).

속전 (俗傳) [-쩐] 명 하자 민간에 널리 전함. 또는 그렇게 전해 오는 것.

속전 (速戰) [-쩐] 명 하타 전쟁이나 운동 경기 따위에서, 재빨리 몰아쳐 싸움.

속전 (續田) [-쩐] 명 〖역〗 조선 때, 땅이 나빠 해마다 계속하여 농사짓기 어려운 논밭.

속전 (贖錢) [-쩐] 명 죄를 면하고자 바치는 돈. 속금(贖金).

속전-속결 (速戰速決) [-쩐-껼] 명 하타 1 싸움을 오래 끌지 않고 빨리 끝장을 냄. 2 일을 빨리 행하여 속히 끝냄. 🔲 ~로 처리하다.

속절 (俗節) [-쩔] 명 〖민〗 제삿날 외에 철에 따라 사당이나 선영(先塋)에 차례를 지내는 날(음력 설날이나 한식·단오·추석 따위).

속절-없다 [-쩌럽따] 형 어찌할 도리가 없다. 🔲 속절없는 세월은 유수같이 흘러간다. 속절-없이 [-쩌럽씨] 부. ~ 애간장을 태우다.

속:-젓 [-쩐] 명 조기의 내장으로 담근 젓.

속:-정 (-情) [-쩡] 명 1 비밀한 사정이나 내용. 🔲 ~을 헤아리다. 2 은근하고 진실한 정. 🔲 ~을 주다 / ~이 깊다.

속정 (俗情) [-쩡] 명 1 세간의 인정. 2 명예와 이익을 바라는 속된 생각.

속제 (俗諦) [-쩨] 명 〖불〗 속세의 실상에 따라 알기 쉽게 설명한 진리. ↔진제(眞諦).

속조 (俗調) [-쪼] 명 1 속세에서 부르는 가락. 2 천한 가락. 3 평범한 가락.

속:-종 [-쫑] 명 마음속에 품고 있는 소견.

속죄 (贖罪) [-쬐] 명 하자타 1 물건을 주거나 공을 세우는 따위로 지은 죄를 비겨 없앰. 🔲 죽음으로써 ~하다. 2 〖기〗 예수가 인류의 죄를 대신해 십자가에 못박힘. 속량(贖良).

속죄-양 (贖罪羊) [-쬐-] 명 남의 죄 등을 대신 지는 사람의 비유.

속중 (俗衆) [-쭝] 명 1 승려에 대하여 일반 사람을 일컫는 말. 2 속된 사람들의 무리.

속:-증 (-症) [-쯩] 명 속병.

속지 (俗知·俗智) [-찌] 명 세상일에 관한 지혜.

속지 (屬地) [-찌] 명 어느 나라에 속한 땅. 속토(屬土).

속지-주의 (屬地主義) [-찌- / -찌-이] 명 〖법〗한 영토 안에 있는 사람은 누구나 국적에 관계없이 그 나라의 법률을 따라야 한다는 주의. 출생지주의. ↔속인(屬人)주의.

속진 (俗塵) [-찐] 명 속세의 티끌이라는 뜻으로, 세상의 여러 가지 번잡한 일. 황진(黃塵). 🔲 ~을 피하여 산으로 들어가다.

속:-짐작 (-斟酌) [-찜-] 명 하타 마음속으로 하는 짐작. 속어림. 🔲 ~만으로 애매한 소리 마라. ↔겉짐작. *속요량.

속집 (續集) [-찝] 명 본디 있던 서책에 잇대어 수집하여 펴낸 문집이나 시집. 🔲 ~을 발간하다.

속:-창 명 구두 속에 덧까는 창. ↔밑창.

속창 (俗唱) 명 속요 1.

속:-청 대나무나 갈대 따위의 속에 있는 얇다란 꺼풀.

속:-청 (-聽) 〖악〗 세청.

속출 (續出) 명 하자 잇따라 나옴. 속생(續生). 🔲 사고가 ~하다.

속취 (俗臭) [-쮜] 명 1 비속한 냄새. 🔲 ~가 가시지 않은 승려. 2 돈이나 헛된 명예에 집착하는 기풍.

속취 (俗趣) [-쮜] 명 속된 취미.

속:-치레 명 하자 속을 잘 꾸며 모양을 냄. 또는 그 모양. ↔겉치레.

속:-치마 명 속에 입는 치마. ↔겉치마.

속:-치장 (-治粧) 명 하자 속 부분을 꾸밈. 또는 그런 꾸밈새.

속칭 (俗稱) 명 하타 세상에서 보통 쓰는 이름.

속:-타점 (-打點) 명 하타 마음속으로 어떤 것을 정하여 놓음.

속:-탈 (-頉) 명 먹은 것이 잘 삭지 아니하여 생기는 병. 🔲 ~이 나다.

속태 (俗態) 명 고상하지 못한 모습.

속토 (屬土) 명 속지(屬地).

속티 (俗-) 명 속태(俗態).

속투 (俗套) 명 세속의 습관이 된 격식.

속:-판 (-板) 명 1 목차(目次). 2 〈속〉 속마음. 🔲 그놈의 ~을 알 수 없다.

속판 (續版) 명 하타 이미 펴낸 출판물에 잇대어 출판함. 또는 그 출판물.

속편 (續篇) 명 이미 만들어진 책이나 영화 따위의 뒷이야기로 만들어진 것.

속편 (續編) 명 이미 편찬한 책에 잇대어 편찬한 책.

속:-표지 (-表紙) 명 〖인〗 책의 겉표지 다음에 붙이는 얇은 종이로 된 표지(책의 제목·저자명·발행처명 따위를 적음). 비지(扉紙). 안장. 안표지.

속:-풀이 명 하자 ☞ 분풀이.

속풍 (俗風) 명 세속적인 풍습.

속필 (俗筆) 명 속되고 품위 없는 필적.

속필 (速筆) 명 빨리 쓰는 글씨. 또는 그렇게 쓰는 사람.

속-하다 (屬-) [소카-] 자여 관계되어 딸리다. 🔲 우리 반에 속하다.

속-하다 (續-) [소카-] 타여 잇다. 계승하다.

속-하다 (速-) [소카-] 형여 빠르다. 🔲 효험이 ~. 속-히 [소키] 부. ~ 돌아오너라. [속히 더운 방이 쉬 식는다] 쉽게 되는 것은 또한 쉽게 없어진다.

속학 (俗學) [소칵] 명 속되고 정도가 낮은 학문.

속한 (俗漢) [소칸] 명 성품이 저속한 사람.

속항 (續航) [소캉] 명 하자 항해를 계속함.

속해 (俗解) [소캐] 명 하타 일반 사람들이 쉽게 알 수 있도록 풀이함. 또는 그런 풀이.

속행 (速行) [소캥] 명 하자타 1 빨리 감. 2 빨리 행함.

속행 (續行) [소캥] 명 하자타 계속하여 행함. 🔲

경기가 ~되다.

속현 (續絃)[소련] **명**하자 거문고와 비파의 끊어진 줄을 다시 잇는다는 뜻으로, 아내를 여읜 뒤 새 아내를 맞음.

속현 (屬縣)[소켠] **명** 〖역〗 큰 고을의 관할에 속해 있던 작은 고을. 속읍(屬邑).

속형 (贖刑)[소켱] **명**하자 돈을 바쳐 형벌을 면함. 또는 그 형벌.

속화 (俗化)[소콰] **명**하자타 속되게 변함. 또는 그렇게 되게 함.

속화 (俗畫)[소콰] **명** 속되거나 저속한 그림.

속화 (俗話)[소콰] **명** 고상하지 않은 세속의 이야기.

속화 (速禍)[소콰] **명**하자 재앙을 부름.

속환-이 (俗還-)[소콰니] **명** '중속환이'의 준말.

속회 (俗懷)[소쾨] **명** 세속의 생각. 속념(俗念).

속회 (續會)[소쾨] **명**하자타 회의가 다시 계속됨. 또는 그렇게 되게 함. ▢본회의를 ~하다 / 점심 후에 ~합시다.

속회 (屬會)[소쾨] **명** 〖기〗 감리교에서, 구역을 나누어 모이는 기도회.

속효 (速效)[소쿄] **명** 빠르게 나타나는 효과. ▢~를 보다. ↔지효(遲效).

속효성 비:료 (速效性肥料)[소쿄썽-] 〖농〗 비교적 분해가 쉬우며 단시일에 효과가 나타나는 비료(황산암모늄·초석(硝石)·과인산석회 등의 금비(金肥)나 분뇨 같은 것). ↔지효성(遲效性) 비료.

솎다 [속따] **타** 촘촘히 나 있는 것을 군데군데 골라 뽑아 성기게 하다. ▢배추를 ~.

솎아-베기 **명**하자 〖벌〗 간벌(間伐).

솎음 [소금] **명**하타 촘촘히 난 푸성귀 등을 군데군데 솎아 내는 일.

솎음-국 [소금꾹] **명** '솎음배춧국'의 준말.

솎음-배추 **명** 솎아 낸 어린 배추.

솎음-배춧국 [소금-추꾹 / 소금-춘꾹] **명** 솎음배추를 토장에 끓인 국. ⑥솎음국.

솎음-질 **명**하타 배게 난 채소 따위를 솎아 내는 일.

손[손] **1** 사람의 팔목에 달린, 손가락과 손바닥이 있는 부분. ▢~을 씻다 / ~이 곱다 / ~에 땀이 나다. **2** 손가락. ▢~에 낀 반지. **3** 일손. 품. ▢~이 모자라다 / ~이 달리다 / ~이 많이 가다. **4** 기술. ▢그 사람이 가야 한다. **5** 수완. 잔꾀. ▢그의 ~에 놀아나다. **6** 주선. 돌봐 주는 일. ▢그의 ~을 빌리다 / 할머니 ~에서 자라다. **7** 소유나 권력의 범위. ▢손에 넣은 물건 / 남의 ~에 넘어가다. **8** 힘. 역량. 능력. ▢국토 통일은 우리 ~으로.
[손 안 대고 코 풀기] 일을 힘 들이지 않고 아주 쉽게 해치운다는 말. [손이 발이 되도록 빌다] 허물이나 잘못을 용서하여 달라고 간절히 빌다.

손에 걸리다 **귀** ㉠어떤 사람의 손아귀에 잡혀 들다. ㉡너무 흔해서 어디나 다 있다.

손에 땀을 쥐다 **귀** 아슬아슬하여 마음이 조마조마하고 몹시 애가 달다.

손에 물 한 방울 묻히지 않고 살다 **귀** 여자가 힘든 일을 하지 않고 호강하며 살다.

손에 붙다 **귀** 능숙해져서 의욕과 능률이 오르다.

손에 손을 잡다 **귀** 다정하게 서로 힘을 합쳐 행동을 같이하다.

손에 익다 **귀** 일이 손에 익숙해지다. ▢일이 손에 익지 않아 어려움이 많았다.

손에 잡히다 **귀** 차분하게 마음을 집중하여 일에 임할 수 있게 되다. ▢취직 문제 때문에 공부가 손에 잡히지 않는다.

손에 잡힐 듯하다 **귀** 매우 가깝게 또는 또렷하게 보이거나 들리다.

손에 쥐다 **귀** 수중에 넣다. 자기 소유로 만들다.

손(을) 끊다 **귀** 교제나 거래 따위를 끊다. 관계나 인연을 끊다. ▢오랜 친구와 아주 손을 끊을 수야 있나.

손(을) 나누다 **귀** ㉠이별하다. 헤어지다. ㉡일을 여럿이 나누어 하다.

손(을) 내밀다 **귀** ㉠무엇을 달라고 요구하거나 얻어 내려고 하다. 손(을) 벌리다. ㉡친하려고 나서다.

손(을) 넘기다 **귀** ㉠물건을 잘못 세어, 넘기는 번수를 더하거나 적게 하다. ㉡시기를 놓치다.

손(을) 놓다 **귀** 하던 일을 그만두거나 잠시 멈추다.

손을 늦추다 **귀** 긴장을 풀고 일을 더디게 하다. ▢마감이 내일이라고 손을 늦출 수 없다.

손(을) 떼다 **귀** ㉠하던 일을 그만두다. ▢사업에서 손을 뗀 지 오래되었다. ㉡하던 일을 마치어 결말을 내다.

손을 맞잡다 **귀** 서로 긴밀하게 협조하다.

손(을) 멈추다 **귀** 하던 동작을 잠깐 중지하다.

손(을) 벌리다 **귀** 손을 내밀다❶.

손(을) 빼다 **귀** ㉠관계를 끊고 물러나다. ㉡바둑에서, 상대방의 착수에 대하여 바로 수하지 않고 다른 곳으로 옮기다.

손(을) 뻗치다 **귀** ㉠이제까지 하지 않던 일까지 활동 범위를 넓히다. ㉡적극적인 도움·요구·간섭·침략 따위의 행위를 멀리까지 미치게 하다.

손(을) 씻다 **귀** 부정적인 일 따위에서 관계를 끊다.

손(을) 젓다 **귀** 손을 휘저어서, 제지나 거절 또는 부인을 나타내는 신호를 보내다.

손(을) 주다 **귀** 덩굴 따위가 타고 올라가게 섶 등을 대어 주다.

손(을) 털다 **귀** ㉠일을 완전히 마치다. ㉡노름판 따위에서 본전까지도 모조리 잃다. ▢손을 털고 일어서다.

손(이) 거칠다 **귀** ㉠도둑질 같은 나쁜 손버릇이 있다. ㉡일을 하는 솜씨가 꼼꼼하지 못하다.

손이 나다 **귀** 어떤 일에서 조금 쉬거나 다른 일을 할 틈이 생기다.

손이 놀다 **귀** 일거리가 없어 쉬는 상태이다.

손이 닿다 **귀** ㉠힘이나 능력이 미치다. ㉡연결이 되거나 관계가 맺어지다.

손이 뜨다 **귀** 일하는 동작이 매우 느리다. ↔손(이) 빠르다.

손이 맑다 **귀** ㉠재수가 없어 생기는 것이 없다. ㉡후하지 아니하고 다랍다.

손이 맞다 **귀** 함께 일하는 데 생각이나 방법 따위가 서로 맞다.

손이 맵다 **귀** 손끝(이) 맵다. *손끝.

손이 비다 **귀** ㉠할 일이 없어 아무 일도 하지 않고 있다. ㉡수중에 돈이 없다.

손이 빠르다 **귀** ㉠일 처리가 빠르다. 손(이) 싸다. 손(이) 재다. ↔손(이) 뜨다. ㉡파는 물건이 잘 팔려 나가다.

손이 서투르다 **귀** 일이 익숙하지 않다.

손이 싸다 **귀** 손(이) 빠르다❶.

손이야 발이야 **귀** 용서해 달라고 애처롭게 비는 모양.

손(이) **여물다** 匣 손끝(이) 여물다. *손끝.

손(이) **작다** 匣 ㉠마음이 후하지 못하여 씀씀이가 작다. ㉡수단이 적다. ↔손(이) 크다.

손(이) **잠기다** 匣 다른 일에 매어서 빠져나갈 수 없게 되다.

손(이) **재다** 匣 손(이) 빠르다❶.

손(이) **저리다** 匣 뜻밖의 상황에 놀라거나 당황하다.

손(이) **크다** 匣 ㉠씀씀이가 넉넉하다. ㉡수단이 많다. ↔손(이) 작다.

손²명 **1** 딴 곳에서 찾아온 사람. ▣~을 맞다 / ~을 보내다 / 사랑방에 ~들이 모이다. **2** 지나다가 잠시 들른 사람. **3** 여관·음식점 따위의 영업하는 집에 찾아온 사람. 객(客). ▣~이 들다.
[손은 갈수록 좋고 비는 올수록 좋다] 비가 많이 오면 농사에 좋으나 찾아온 손님은 빨리 돌아가 주는 것이 고맙다는 뜻.

손(을) **치르다** 匣 큰일에 여러 손님을 대접하다.

손³〖민〗 날수를 따라 여기저기로 다니면서 사람을 방해한다는 귀신. ▣할머니는 ~ 없는 날을 잘 따지신다.

손〈孫〉명 '후손(後孫)'의 준말. ▣~이 귀한 집 / ~이 끊기다.

손〈巽〉명 〖민〗 **1** '손괘'의 준말. **2** '손방'의 준말. **3** '손시'의 준말.

손〈損〉명 **1** '손해'의 준말. **2**〖민〗'손괘(損卦)'의 준말.

손⁴의명 손아랫사람을 일컬을 때, '사람'보다는 낮추고 '자'보다는 좀 대접하여 이르는 말. ▣그 ~ / 젊은 ~.

손⁵의명 물건을 세어 잡을 만한 분량을 세는 단위《조기·고등어·통배추 따위는 큰 것과 작은 것을 끼어 둘씩을, 미나리 따위는 한 줌을 이름》.

손⁶조 어미 '-다·-ㄴ다·-는다'의 뒤에 붙어, 양보의 뜻을 나타내는 보조사《주로 '치더라도·치자' 따위와 함께 씀》. ▣아무리 재주가 있다~ 치더라도.

-손〈孫〉미 '대(代)·세(世)'의 뒤에 붙어, '자손'의 뜻을 나타냄. ▣오 대~.

손-가늠[-까-]명하타 손으로 대중하여 길이 따위를 재는 짓. ▣장롱의 길이를 ~하다.

손-가락[-까-]명 손끝에 달려 있는 다섯 개의 가락. ▣다섯 ~ / ~에 반지를 끼다 / ~을 걸어 약속하다 / ~ 마디가 굵다.
[손가락으로 하늘 찌르기] 막연해서 이룰 가망이 없는 일을 비유하는 것.

손가락 안에 꼽히다 匣 어떤 단체나 무리 가운데 몇 되지 않게 특별하다.

손가락에 장을 지지겠다 匣 ㉠상대편이 어떤 일을 하려고 할 때 도저히 할 수가 없을 것이라고 장담할 때 하는 말. ㉡자기가 주장하는 것이 틀림없다고 장담하다.

손가락(을) 꼽다 匣 손가락으로 셀 수 있을 만큼 수효가 매우 적다. ▣손가락을 꼽을 정도의 청중.

손가락 하나 까딱 않다 匣 아무 일도 하지 않고 뻔뻔스레 놀고만 있다.

손가락-뼈[-까-]명 〖생〗 손가락을 이루고 있는 14개의 뼈. 지골(指骨).

손가락-질[-까-찔]명하자타 **1** 손가락으로 가리키는 짓. **2** 얕보거나 흉보는 짓. ▣~을 당하다.

손가락질(을) 받다 匣 남에게 비웃음을 당하다. 지탄을 받다. 비난을 받다. ▣남의 손가락질 받을 만한 짓.

손가락-표(-票)[-까-]명 손가락으로 가리키는 모양의 부호 '☞'의 이름. 손표.

손-가마[-까-]명 두 사람이 손을 '井' 자처럼 엮어서 사람을 태우는 놀이.

손-가방[-까-]명 손에 들고 다니는 작은 가방. 핸드백.

손-거스러미[-꺼-]명 손톱이 박힌 자리 주위에 살갗이 일어난 것. ▣~가 일다.

손-거울[-꺼-]명 손에 들고 쓰는 작은 거울.

손-겪다[-격따]자 손님을 대접하다.

손-겪이명하자타 손님을 대접하는 일.

손-결[-껼]명 손의 살결. ▣~이 부드럽다.

손-공(-功)[-꽁]명 손재주나 손의 힘으로 이룬 공.

손:괘(巽卦)명 〖민〗 팔괘(八卦)의 하나. 상형(象形)은 '☴', 바람을 상징함. ⓒ손(巽).

손:괘(損卦)명 〖민〗 육십사괘의 하나. 간괘(艮卦)와 태괘(兌卦)가 거듭된 것. ⓒ손(損).

손:괴(損壞)명하타 어떤 물건을 부서뜨림.

손-구구(-九九)[-꾸-]명하타 손가락을 꼽으며 하는 셈.

손-국수[-꾹쑤]명 손으로 직접 만든 국수.

손-궤(-櫃)[-꿰]명 **1** 손으로 들고 다니기 좋게 만든 조그마한 궤. **2** 거처하는 곳에 두고 쓰는 조그마한 궤.

손-그릇[-끄릇]명 가까이 두고 쓰는 작은 세간(반짇고리 따위).

손-글씨명 손으로 직접 쓴 글씨.

손-금[-끔]명 손바닥에 있는 줄무늬를 이룬 금. 수상(手相).

손금(을) 보다 匣 ㉠〖민〗손금을 보고 그 사람의 운수·길흉을 헤아리다. ㉡〈속〉화투·골패·투전 따위 패를 손바닥에 들고 보는 노름을 하다.

손금(을) 보듯 하다 匣 낱낱이 안다.

손:금(損金)명 손해가 난 돈.

손금-쟁이[-끔-]명 손금을 보아 주는 것을 직업으로 하는 사람. 「상함.

손:기(損氣)명하자 심한 자극을 받아 기운이.

손-기계(-機械)[-끼-/-끼계]명 동력 대신 사람의 손으로 돌리는 기계. 손틀. ↔발기계.

손 기술(-技術)[-끼-]명 씨름 기술의 한 가지. 손으로 상대의 무릎·팔다리를 치거나 당기거나 하는 공격 기술.

손-길[-낄]명 **1** 손바닥을 펴 내민 손. ▣뻗으면 ~이 닿는 거리 / 후려치는 매운 ~을 피하다 / 어머니의 ~에 매달려 응석을 부리다. **2** 돌보거나 도와주는 일. ▣구원의 ~을 뻗다 / 사랑의 ~ / 따뜻한 구호의 ~을 기다리다. **3** 손의 움직임. 가꾸고 다듬는 솜씨. ▣조상의 ~이 느껴지는 골동품 / 벼를 베는 농부의 ~이 바쁘다.

손길을 뻗치다 匣 적극적인 도움·요구·간섭·침략 등의 행위가 미치다. ▣단속의 ~ / 눈에 보이지 않는 침략의 ~.

손길(을) 잡다 匣 두 손을 펴서 서로 잡다.

손꼴 겹잎[-꼅닙]〖식〗 잎의 한 종류. 한 개의 잎자루에 여러 개의 작은 잎이 손바닥처럼 방사상으로 붙은 겹잎(으갈피나무·으름덩굴 등의 잎). 손모양 겹잎. 장상 복엽(掌狀複葉).

손-꼽다[-따]타 **1** 손가락을 꼽아 수를 세다. 손꼽아 기다리다. **2** 많은 가운데 손가락을 꼽아 셀 정도로 뛰어나거나 그 수가 적다. ▣손꼽을 만한 부자.

손꼽이-치다자 손가락에 꼽힐 정도로 상당한 축에 끼다.

손-꼽히다 [-꼬피다] 困 《'손꼽다2'의 피동》 많은 가운데 손가락으로 꼽아 셀 정도로 뛰어난 축에 속하다.

손-끝 [-끋] 圓 1 손가락의 끝. ▯~이 시리다 / ~ 하나 까딱하지 않다. 2 손매2. 3 손을 놀리어 하는 일솜씨. ▯~이 야무지다.

[손끝에 물도 안 튀긴다] 아무 일도 하지 않고 뻔뻔하게 놀고만 있다는 말.

손끝(에) 물이 오르다 丑 가난하던 살림이 넉넉해지다.

손끝(을) 맺다 丑 할 일이 있는데도 아무 일도 하지 않다. 손(을) 맺다.

손끝(이) 맵다 丑 손으로 건드렸거나 매만진 결과가 모질다. 손(이) 맵다.

손끝(이) 여물다 丑 일하는 것이 빈틈없고 매우 야무지다. 손(이) 여물다.

손-나발 圓 1 손을 입에다 대고 나발을 부는 것처럼 소리를 내는 일. 2 나발 모양처럼 만들어 입에 대는 손.

손-날 圓 태권도에서, 엄지손가락을 구부리고 손가락을 편 공격 자세 때, 새끼손가락 끝에서 손목까지의 부분을 이르는 말. 수도(手刀).

손녀 (孫女) 圓 아들의 딸. 또는 딸의 딸.

손녀-딸 (孫女-) 圓 '손녀'를 귀엽게 이르는 말.

손녀-사위 (孫女-) 圓 손녀의 남편. 손서(孫婿). 손자사위.

손-놀림 圓困困 손을 이리저리 움직이는 일. 손의 동작. ▯~이 날렵하다 / ~이 능숙하다 / ~이 서투르다.

손-누비 圓 지은 옷이나 마른 옷감을 손으로 누비는 일. 또는 그 옷이나 옷감.

손-님 圓 1 '손'의 높임말. ▯초대 ~ / ~을 받다 / ~을 치르다 / 귀한 ~들이니 잘 모셔라 / 재래 시장에 ~들의 발걸음이 뚝 끊겼다. 2 결혼식·장례식에 참석하러 온 사람. 3 공연·전시회 등에 구경하러 온 사람. ▯무대 아래 객석에 ~들이 꽉 들어차다. 4 영업 행위를 하는 교통편을 이용하는 사람. ▯택시에 탄 ~과 합승을 하다. 5 '손님마마'의 준말.

손님-마마 (-媽媽) 圓 '천연두'의 딴 이름. 별성(別星)마마. 兪마마·손님. ──하다困어 천연두를 앓다.

손님-상 (-床) [-쌍] 圓 1 손님을 위하여 차린 밥상. 2 〔民〕무당이 굿을 할 때에 손님마마를 위하여 차린 제물상.

손님-장 (-欌) [-짱] 圓 특별한 때 쓰려고 따로 작은 그릇에 담그는 간장. 별간장.

손대 [-때] 圓 〔民〕내림대.

손대 내리다 丑 무당 등이 경문을 읽어 귀신이 내림대에 ~을. 兪대내리다.

손대기 圓 잔심부름을 할 만한 아이.

손-대다 困 1 손으로 만지거나 건드리다. ▯그림에 손대지 마라. 2 일을 시작하다. ▯출판 사업에 ~. 3 어떤 일에 관계하다. ▯노름에 ~. 4 남을 때리다. ▯어린아이에게 손대지 마라. 5 수정하다. 고치다. ▯헌 집에 ~. 6 남의 재물 따위를 불법으로 가지거나 쓰다. ▯공금에 손댈 ~. 7 처리하거나 다스리다. ▯어떻게 손댈 수 없는 문제라 녀석.

손-대야 [-때-] 圓 작은 대야.

손-대중 [-때-] 圓困困 손으로 쥐거나 들어 보아 헤아림. 또는 그 분량. ▯~으로 나누다.

손-더듬이 圓困困 무엇을 찾으려고 손으로 더듬는 일.

손-덕 (-德) [-떡] 圓 노름할 때, 우연히 잘 맞는 손속. 수덕(手德). ▯~을 보다.

손-도 (損徒) 圓困困 오륜에 벗어난 행실이 있는 사람을 그 지방에서 쫓아냄.

손도-(를) (損徒-) 圓 오륜에 벗어난 행실이 있어서 그 지방에서 쫓겨나다. 남에게 배척을 당하다.

손-도끼 [-또-] 圓 한 손으로 쓸 수 있게 만든 작은 도끼. 수부(手斧).

손-도장 (-圖章) [-또-] 圓 도장 대신 찍는 엄지손가락의 무늬. 지장(指章).

손-독 (-毒) [-똑] 圓 가려운 자리를 손으로 긁거나, 헌 살에 손을 대어서 생긴 독기. ▯~이 오르다.

손돌이-바람 (孫乭-) 圓 손석풍.

손돌이-추위 (孫乭-) 圓 음력 10월 20일 무렵의 심한 추위. *손석풍.

손-동작 (-動作) [-똥-] 圓困困 손을 놀리는 동작. 손의 움직임. ▯~이 재빠르다.

손-득 (損得) 圓 손실과 이득. ▯~을 도외시하고 추진하다.

손-들다 [손들어, 손드니, 손드는] 困 1 항복하다. 굴복하다. 포기하다. ▯저 고집쟁이에겐 정말 손들었다. 2 어떤 제안이나 의견에 찬성하다.

손-등 [-뜽] 圓 손의 바깥쪽. 곧, 손바닥의 뒤. ▯소매가 ~을 덮다 / ~을 어루만지다 / 이마에 흐르는 땀을 ~으로 닦다.

손-등 (-燈) 圓 1 손에 들고 다니는 등불. 2 손전등.

손-때 圓 1 오랜 세월을 두고 매만져서 길이 든 흔적. ▯~가 타다. 2 손을 대어 건드리거나 매만져서 생긴 때. 손끝.

손때(가) 먹다 丑 그릇·가구 따위에 손이 많이 가서 길이 들다.

손때(가) 묻다 丑 오래 사용하여 손으로 만진 때가 묻다. ▯손때 묻은 사전.

손때(를) 먹이다 丑 ㉠광이 나게 하다. ㉡오랜 세월을 두고 길들이어 쓰다. ㉢어루만지어 기르다. 兪손때 먹다.

손-떠퀴 圓 무슨 일에든지 손만 대면 좋거나 궂은 일이 따르는 일. ▯~가 사납다.

손-뜨겁다 [-따] [손뜨거워, 손뜨거우니] 휑田 낯부끄럽다.

손-료 (損料) [솔-] 圓 물건 따위를 빌려 주고, 닳고 상한 값으로 받는 돈.

손-마디 圓 손가락의 마디. ▯~가 굵다 / 투박한 농부의 ~.

손-말명 圓 〔民〕처녀로 죽어서 된 귀신.

손-말사 (孫末寺) [-싸] 圓 〔佛〕말사에 딸려서 본사(本寺)의 지배를 간접으로 받는 작은 절.

손-맛 [-맏] 圓 1 손으로 만져 보고 느끼는 느낌. ▯~으로 속옷맛을 알아채다. 2 낚싯대를 잡고 있을 때, 고기가 입질하거나 물고 당기는 힘이 손에 전해 오는 느낌. ▯손 짜릿한 ~ / ~이 짜릿하다. 3 음식을 만들 때의 솜씨에서 우러나오는 맛. ▯어머니의 ~이 밴 음식. 4 ☞ 맛깔.

손-모 (損耗) 圓困困 써서 닳아 없어짐.

손-모가지 圓 〈속〉1 손. 2 손목.

손-목 圓 손과 팔이 잇닿은 부분. 곧, 손의 관절이 있는 곳. ▯~에 시계를 차다 / ~을 낚아채다 / ~을 잡히다.

[손목을 잡고 말리다] 기어코 하지 못하게 말리다.

손목-뼈 圓 〔生〕손목을 이루는 8개의 짧은 뼈. 완골(腕骨).

손목-시계 (-時計) [-씨- / -씨게] 圓 손목에 차는 작은 시계.

손밀이-대패 명 〖공〗 손으로 나무를 밀어 깎게 된, 동력으로 돌리는 기계 대패.

손-바꿈 명하타 **1** 능한 솜씨를 서로 바꾸어 일함. **2** 사람을 서로 바꾸어 일함.

손-바느질 [-빠-] 명하타 기계를 쓰지 않고 직접 손으로 하는 바느질.

손-바닥 [-빠-] 명 손의 안쪽. 손금이 있는 쪽. ⬜~만 한 땅 / ~을 비비다 / ~을 쫙 펴다 / ~에 못이 박이다.

　손바닥 들여다보듯 관 아주 분명하게. 모르는 것 없이. ⬜마음을 ~ 읽다.

　손바닥(을) 뒤집듯 하다 관 ㉠갑자기 또는 노골적으로 태도를 바꾸다. ㉡아주 쉽게 일을 해내다.

손바닥-뼈 [-빠-] 명 〖생〗 손바닥을 이루는 5개의 뼈. 손뼈. 장골(掌骨).

손-바람 [-빠-] 명 **1** 일을 치러 나가는 솜씨나 힘. ⬜~이 나다 / ~을 내다. **2** 손을 흔들어서 내는 바람.

손-발 명 **1** 손과 발. ⬜~을 착착 맞추다 / ~을 꽁꽁 묶다 / ~을 가지런히 모으다 / ~이 닳도록 빌다. **2** 자기 마음대로 부리는 사람의 비유. 수족(手足). ⬜~처럼 부리다 / 충직한 ~ 노릇을 하다.

　손발(을) 걷다 관 사람이 죽은 뒤 몸이 굳어지기 전에 팔과 다리를 거두어 놓다.

　손발(을) 치다 관 자기가 발견한 것을 여러 사람에게 외쳐 보이다.

　손발이 되다 관 그 사람의 뜻대로 움직이다. ⬜남의 손발이 되어 일하다.

　손발이 따로 놀다 관 모임이나 조직에서, 그 구성원들의 협동이 잘되지 않다. ⬜손발이 따로 노니까 모임이 이 모양이지.

　손발(이) 맞다 관 남과 일을 하는 데 보조가 맞다. ⬜손발이 맞아야 일을 하지.

손발-톱 명 손톱과 발톱.

손:-방 명 아주 할 줄 모르는 솜씨. ⬜수영은 ~이다.

손:-방(巽方) 명 〖민〗 **1** 이십사방위의 하나. 정동(正東)과 정남(正南)에서 남쪽으로 45도 각도의 안의 15도 각도의 안. **2** 팔방(八方)의 하나. 정동과 정남의 사이 한가운데를 중심으로 한 45도 각도의 안. ⓒ손(巽).

손-버릇 [-뻐릇] 명 **1** 손에 익은 버릇. **2** 남의 물건을 훔치거나 남을 때리는 따위의 나쁜 버릇. ⬜~이 나쁘다 / ~이 고약하다.

　손버릇(이) 사납다 관 남의 물건을 훔치거나 망가뜨리거나 남을 때리는 버릇이 있다.

손-보기¹ 명 어떤 일이나 물건 등을 손을 대어 보살핌. 손질.

손-보기² 명 여자가 정조를 파는 것으로 업을 삼는 일.

손-보다¹ 타 **1** 잘 손질하여 보살피다. ⬜고장난 시계를 ~. **2** 〈속〉 혼이 나도록 몹시 때리다. ⬜까부는 녀석은 손보아 주겠다.

손-보다² 자 찾아온 손님을 만나 보다.

손:-복(損福) 명하자 복을 전부 또는 일부 잃음.

손부(孫婦) 명 손자며느리.

손-부끄러이 부 손부끄럽게.

손-부끄럽다 [-따] 〔손부끄러워, 손부끄러우니〕 형태 무슨 물건·일에 손을 내밀었다가 허탕이 되어 무안하고 부끄럽다.

손:비(損費) 명 손익 계산에서, 일정한 기간에 생긴 수익 때문에 쓴 비용.

손-빨래 명하타 손으로 비벼 빠는 빨래.

손-뼈 명 〖생〗 손바닥뼈.

손뼉 명 손바닥과 손가락을 합친 전체의 바닥.

　손뼉(을) 치다 관 어떤 일에 찬성하거나 좋

아하다. ⬜남의 실패에 손뼉 치다니.

손-사래 [-싸-] 명 어떤 말이나 사실을 부인하거나 남에게 조용하라고 할 때 손을 펴서 휘젓는 일. ⓒ손살.

　손사래(를) 치다 관 거절이나 부인의 뜻으로 손을 펴서 마구 휘젓다.

손사랫-짓 [-싸래찓 / -싸랟찓] 명하자 손사래를 치는 짓.

손:-사-풍(巽巳風) 명 〖민〗 손방(巽方)과 사방(巳方)에서 부는 바람(동남풍).

손-살 [-쌀] 명 '손사래'의 준말.

손:-상(損傷) 명하타 **1** 물체가 깨지거나 상함. ⬜~이 가다. **2** 병이 들거나 다침. ⬜사고로 인명의 ~이 많았다. **3** 명예·체면이나 가치 따위가 떨어짐. ⬜품위를 ~시키다 / 회사 이미지가 ~되다.

손:-상박하(損上剝下)[-바카] 명하자 나라에 해를 끼치고 백성의 재물을 빼앗음.

손:-상익하(損上益下)[-이카] 명하자 윗사람에게 해를 끼쳐서 아랫사람을 이롭게 함.

손-살 [-쌀] 명 손가락 사이.

손:-색(遜色) 명 (주로 '없다'와 함께 쓰여) 서로 견주어 보아 못한 점. ⬜가전제품은 외국 제품과 비교해도 전혀 ~이 없다.

손:-색-없다(遜色-)[-새겁따] 형 (주로 '손색없는'의 꼴로 쓰여) 다른 것과 견주어 뒤지는 점이 없다. ⬜손색없는 실력을 갖추다. 손:색-없이[-새겁씨] 부

손서(孫壻) 명 손녀사위.

손석-풍(孫石風) 명 음력 10월 20일께 부는, 몹시 매섭고 추운 바람. 손돌바람. 손돌이바람. 손돌풍. ✽손돌이추위.

손:-설(飧泄) 명 〖한의〗 먹은 음식이 소화되지 않고 그대로 배설되는 설사.

손세(孫世) 명 **1** 자손이 늘어가는 정도. **2** 손자의 세대.

손-속 [-쏙] 명 노름할 때, 손대는 대로 잘 맞아 나오는 운수. ⬜~이 좋다.

손수 부 남의 힘을 빌리지 않고 직접 자기 손으로. ⬜~ 밥을 짓다.

손-수(-手) 명 한자 부수의 하나('拳'·'技' 등에서 '手'·丿·扌'의 이름).

손-수건(-手巾) [-쑤-] 명 몸에 지니고 다니는 작은 수건. ⬜~으로 눈물을 닦다.

손-수레 명 사람이 손으로 끌거나 미는 작은 수레.

손숫-물 [-순-] 명 손을 씻는 물.

손-쉽다 [-따] 〔손쉬워, 손쉬우니〕 형태 처리하거나 다루기가 매우 쉽다. ⬜손쉬운 일.

손-시(巽時) 명 〖민〗 이십사시의 열째 시(오전 여덟시 반부터 아홉시 반까지). ⓒ손(巽).

손-시늉 [-씨-] 명 손으로 하는 시늉. ⬜~으로 소통을 한다.

손:-실(損失) 명하타 잃어버리거나 축이 나서 손해를 봄. 또는 그 손해. ⬜재산에 ~을 입다 / 경제적 ~을 보다 / 연료의 ~이 많다 / 전쟁은 많은 인명과 물자의 ~을 가져온다.

손:-실-금(損失金) 명 손실된 금액.

손-심부름 [-씸-] 명하자 몸 가까이 있는 일에 대한 잔심부름.

손-쓰다 〔손써, 손쓰니〕 ㉠자 어떤 일에 필요한 조치를 취하다. ⬜손쓸 겨를 없이 불이 번졌다. ㉡타 남에게 선심을 쓰다.

손-씻이 명하자 남의 수고에 보답하는 마음으로 적은 물건을 주는 일. 또는 그 물건.

손소 부 〈옛〉 손수.

손-아귀 명 **1** 엄지손가락과 다른 네 손가락과의 사이. □~ 힘이 세다 / ~가 억세다. **2** 세력이 미치는 범위. 수중(手中). □적의 ~에서 벗어나다.
　손아귀에 넣다 관 완전히 자기 것으로 만들거나 자기 통제 아래에 두다.

손-아래 명 나이나 항렬이 자기보다 낮은 관계. 또는 그런 관계에 있는 사람. 수하(手下). □~ 동서. ↔손위.

손아래-뻘 명 손아래가 되는 관계를 나타내는 말. 준아래뻘.

손아랫-사람 [소나래싸- / 소나랟싸-] 명 손아래가 되는 사람. 수하자(手下者). 아랫사람.
　□그는 내 ~이었다. ↔손윗사람.

손-안 명 **1** 수중(手中). **2** 세력을 부릴 수 있는 범위. □~에 들다 / ~에서 꼼짝 못하다.
　손안에 넣다 관 자기 것으로 만들다. 차지하여 가지다.
　손안에 놓인 듯 관 썩 가까이 접근해 있는 것처럼 뚜렷한 모양.

손-액 (損額) 명 손해를 본 액수.

손-양 (遜讓) 명하타 겸손하게 사양함.

손-어림 명하타 손으로 만지거나 들어서 대강 헤아림. 또는 그 분량. □~으로 맞춰 보다.

손-우 (損友) 명 사귀어서 해가 되는 벗. ↔익우(益友).

손-위 명 나이나 항렬이 자기보다 높거나 위인 관계. 또는 그런 관계에 있는 사람. □~ 동서. ↔손아래.

손-위 (遜位) 명하타 임금의 자리를 내어 놓음.

손윗-사람 [소뉘싸- / 소뉟싸-] 명 손위가 되는 사람. □~에게 공경으로 대하다. ↔손아랫사람.

손-익 (損益) 명 **1** 손해와 이익. □~을 따지다. **2** '손익 계정'의 준말.

손:익 계:산 (損益計算) [소닉꼐- / 소닉께-] 《경》 사업의 손익을 회계적 절차에 따라 계산하여 확정하는 일. 성과 계산.

손:익 계:산서 (損益計算書) [소닉꼐- / 소닉께-] 《경》 일정한 영업 기간의 사업 성적과 그에 따른 수익과 비용을 비교하여 손익의 정도를 나타내는 표. 손익표.

손:익 계:정 (損益計定) [소닉꼐- / 소닉께-] 《경》 한 회계 기간의 사업 성적을 알기 위해 결산기에 모든 수익과 비용 항목을 집계하여 원장(元帳)에 기재하는 집합 계정. 준손익.

손:익 분기점 (損益分岐點) [소닉뿐-쩜] 《경》 손익 계산서에서, 수입과 비용이 일치하여 손실과 이익의 갈림길이 되는 점(수입이 이 분기점을 넘으면 이익이 생김).

손:익-표 (損益表) 명 《경》 손익 계산서.

손자 (孫子) 명 아들의 아들. 또는 딸의 아들. □~의 재롱을 즐기다.

손-자국 [-짜-] 명 손이 닿았던 흔적. □뺨에 ~이 나다.

손-자귀 [-짜-] 명 한 손으로 쓰는 작은 자귀.

손자-며느리 (孫子-) 명 손자의 아내. 손부(孫婦). □~를 보다.

손-자삼요 (損者三樂) 명 사람에게 손해되는 세 가지. '논어'에 나오는 말로, 분수에 넘치게 즐기는 것, 한가하게 노는 것을 즐기는 것, 주색을 즐기는 것을 이르는 말.

손-자삼우 (損者三友) 명 삼손우(三損友). ↔익자삼우.

손-잡다 [-따] 짜 **1** 손과 손을 마주 잡다. □손잡고 해변을 거닐다. **2** 힘을 합하여 함께 일

을 하다. □서로 손잡고 일하다.

손-잡이 명 어떤 것에 덧붙여 손으로 잡게 된 부분. □컵의 ~ / 버스의 ~를 잡다 / ~를 돌려 문을 열다.

손-장난 [-짱-] 명하타 **1** 쓸데없이 손을 놀려서 하는 장난. □~이 심한 아이 / ~을 치다. **2** '노름'을 달리 일컫는 말.

손-장단 [-짱-] 명 손으로 맞추어 치는 장단. □~을 치다.

손:재 (損財) 명하타 재물을 잃어버림. 또는 그 재물.

손-재간 (-才幹) [-째-] 명 손재주. □~을 부리다.

손-재봉틀 (-裁縫-) 명 손으로 손잡이를 돌려서 사용하는 소형의 재봉틀. ↔발재봉틀. 준손틀.

손:재-수 (損財數) [-쑤] 명 재물을 잃을 운수.

손-재주 [-째-] 명 손으로 무엇을 만드는 재주. 손재간. □~가 좋다 / ~가 있다.

손-저울 [-쩌-] 명 손으로 쥐고 물건의 무게를 다는 작은 저울.

손-전등 (-電燈) [-쩐-] 명 건전지를 전원으로 하여 불이 들어오게 된 휴대용의 작은 전등. 회중전등. 손동.

손-절:매 (損切賣) 명하타 《경》 앞으로 주가(株價)가 더 떨어질 것을 예상하여, 손해를 감수하고 주식을 매입 가격보다 싸게 파는 일.

손-제 (損弟) 대 친구끼리 편지할 때, 자기를 낮추어 일컫는 말.

손-제자 (孫弟子) 명 《불》 제자의 제자.

손:-좌 (巽坐) 명 《민》 풍수지리에서, 묏자리나 집터 따위가 손방(巽方)을 등지고 앉은 자리.

손:-좌건향 (巽坐乾向) 명 《민》 풍수지리에서, 집터나 묏자리 따위가 손방(巽方)을 등지고 건방(乾方)을 바라보고 앉은 자리.

손주 (孫-) 명 손자와 손녀를 아울러 이르는 말.

손-지 (孫枝) 명 가지에서 또 돋아 나온 곁가지.

손-지갑 (-紙匣) [-찌-] 명 돈이나 은행 카드 따위를 넣고 손에 가지고 다닐 수 있게 만든 작은 지갑.

손-질 명하타 **1** 손을 대어 잘 매만지는 일. 손보기. □법을 ~하다 / 정원을 잘 ~되어 있다. **2** 손으로 남을 함부로 때리는 짓. 매질.

손-짐작 (-斟酌) [-찜-] 명하타 손어림. □~으로 헤아리다.

손-짓 [-찓] 명하타 손을 놀려서 어떤 뜻을 나타내는 짓. □~해서 부르다 / ~으로 오라는 시늉을 하다.

손-짭손 [-쏜] 명하타 좀스럽고 얄망궂은 손장난.

손-찌검 명하타자타 손으로 남을 때리는 일. □~이 잦다 / ~을 당하다 / 툭하면 ~이다.

손-치다[1] 타 돈을 받고 손님을 묵게 하다.

손-치다[2] 자타 **1** 물건을 매만져서 바로잡다. **2** 가지런히 되어 있는 물건의 일부가 없어지거나 어지럽게 되다.

손-칼국수 [-쑤] 명 손으로 직접 반죽하고 밀어서 칼로 썰어 만든 국수.

손-톱 명 손가락 끝에 있어 그 부분을 보호하는 딱딱하고 얇은 조각. □~을 깎다 / ~을 다듬다 / ~에 매니큐어를 바르다.
　[손톱 밑에 가시 드는 줄은 알아도 염통 밑에 쉬스는 줄은 모른다] 사소한 일이나 이익에는 밝아도 큰 일이나 큰 손해에는 어둡다.
　[손톱 발톱이 젖혀지도록 벌어 먹인다] 저 사람을 위해 온갖 힘을 다해 애를 쓴다.
　손톱도 안 들어가다 관 사람됨이 무척 야무

지고 굳으며 인색하다.
손톱만큼도 閈 아주 조금도《뒤에 부정하는 말이 따름》. 閆인정이라곤 ～ 없다.
손톱을 튀기다 閈 일을 하지 않고 놀면서 지내다.
손톱 제기다 閈 손톱자국을 내다.
손톱 하나 까딱하지 않다 閈 손가락 하나 까딱 않다. *손가락.
손톱-괄호 (-括弧)[-꽐-] 명 《언》 소괄호.
손톱-깎이[-깍-] 명 손톱을 깎는 기구.
손톱-눈[-톱-] 명 손톱 양쪽 가장자리와 살의 사이.
손톱-독 (-毒)[-똑] 명 손톱으로 긁거나 우벼서 생기는 독기. 閆～이 오르다.
손톱-묶음[-톱무끔] 명 《언》 소괄호.
손톱-자국[-짜-] 명 손톱 끝을 박거나 손톱으로 할퀴어 난 자국.
손톱-조 (-爪)[-쪼] 명 한자 부수의 하나《'爪'·'爭' 등에서의 '爪'·'爫'의 이름》.
손-틀 1 손기계. 2 '손재봉틀'의 준말. 閆～ 쓰는 일이 어설프다. ↔발틀.
손-티 명 약간 곱게 얽은 얼굴의 마맛자국.
손포 명 1 일할 사람. 閆～가 모자라다. 2 일할 양. 閆～를 떨다.
손-표 (-標) 명 손가락표.
손-풀무 명 1 손잡이를 잡아당겼다 밀었다 하여 바람을 일으키는 풀무. 2 손잡이를 돌려 바람을 일으키는 풀무.
손풀무-질 명[하자] 손풀무로 바람을 내는 일.
손-품 명 손을 놀리면서 일을 하는 품. 閆～이 많이 들다.
손-풍금 (-風琴) 명 《악》 아코디언.
손:피 (遜避) 명[하자] 겸손하게 사양하여 피함.
손:하익상 (損下益上)[-쌍] 명 아랫사람에게 해를 끼치고 윗사람을 이롭게 함.
손:-하절 (巽下絶) 명 《민》 손괘(巽卦)의 상형(象形)인 '☴'의 일컬음.
손항 (孫行) 명 손자뻘 되는 항렬《종손·재종손·족손(族孫) 따위》.
손:해 (損害) 명 1 금전적·물질적으로 본디보다 밑짐. 閆～를 끼치다 / ～를 입다 / 큰 ～를 보다 / ～를 보상하다. 2 해를 봄. 閆공부를 게을리 하면 어느 날인가 알아 둬서 ～될 것 없다. ↔이익(利益). 쥰손(損).
손해(가) 가다 閈 손해가 되다. 閆이번 일에 나만 손해 갔다.
손:해-나다 (損害-) 재 손해가 생기다. 閆잘 생각해서 손해날 일은 하지 마라.
손:해 배상 (損害賠償) 《법》 법률에 따라 남에게 끼친 손해를 물어 줌. 또는 그 돈이나 물건. 閆～을 청구하다.
손:해 보:험 (損害保險) 《경》 불의의 사고로 인하여 생기는 재산상의 손해를 메우기 위한 보험《화재 보험·해상 보험 따위》. 쥰손보.
손헤다 재 〈옛〉 손꼽다.
손-화로 (-火爐) 명 한 손으로 들어 옮길 수 있도록 된 작은 화로.
손-회목 명 손목의 잘록하게 들어간 곳.
손 흑치기 씨름에서, 손으로 상대자의 무릎 관절을 밖으로 걸어 당기면서 어깨로 밀어 넘어뜨리는 기술.
솜바당 명 〈옛〉 손바닥.
솜바독 명 〈옛〉 손바닥.
솜팟 명 〈옛〉 솔.
솔¹ 명 1 《식》 소나무. 2 소나무를 그린 화투짝《1월이나 한 곳을 나타냄》.
　　[솔 심어 정자라] 장래의 성공이 까마득함.
솔:² 명 먼지·때를 쓸어 떨어뜨리거나 풀칠할

솔라닌

때 쓰는 도구.
솔:³ 명 '솔기'의 준말.
솔:⁴ 명 《의》 피부병의 한 가지. 살에 좁쌀 같은 것이 돋고 나중에는 그 속에 물이 생김.
솔:⁵ 명 솔을 쓸 때에 쓰는 무명실.
솔 (이 sol) 명 《악》 서양 음계의 장음계에서 다섯째 음.
솔가 (率家) 명[하자] 온 집안 식구를 데려감.
솔-가리[-까-] 명 1 말라서 땅에 떨어진, 불쏘시개로 쓰는 솔잎. 閆～를 긁다. 2 소나무 가지를 꺾어서 묶은 땔나무.
솔-가지[-까-] 명 꺾어서 말린 소나무 가지의 땔나무. 閆～로 화톳불을 지피다.
솔개 《조》 수릿과에 속하는 새. 몸빛은 어두운 갈색이며 가슴에 흑색의 세로무늬가 있음. 날개 길이는 48 cm 정도이며, 꽁지는 제비처럼 교차됨. 공중을 맴돌며 들쥐·개구리 따위를 잡아먹음.
솔개 까치집 뺏듯 閈 남의 것을 강제로 빼앗음을 이르는 말.
솔개-그늘 명 《민》 아주 작게 지는 그늘《음력 2월 20일에 날씨가 흐리면 풍년이 든다고 하며, 솔개의 그림자만 한 그늘만 끼어도 좋다고 함》.
솔거 (率去) 명[하자] 여러 사람을 거느리고 감.
솔권 (率眷) 명[하자] 솔가(率家).
솔기 옷이나 천의 두 폭을 맞대고 꿰맨 줄. 閆옷의 터진 ～를 꿰매다. 쥰솔.
솔깃-이 閈 솔깃하게 ~. 귀를 기울이다.
솔깃-하다[-기타-] 명[형] 그럴듯해 보여 마음이 쏠리다. 閆그의 말에 귀가 ～.
솔-나리[-라-] 명 《식》 백합과의 여러해살이풀. 산지에 나는데, 잎은 선형으로 길이는 15cm 내외임. 초여름에 붉은 자주색 꽃이 핌.
솔-나무[-라-] 명 《식》 소나무의 본딧말.
솔-나물[-라-] 명 《식》 꼭두서닛과의 여러해살이풀. 산과 들에 남. 높이는 80cm 가량으로, 마디가 많고 잔털이 있으며 잎은 선형임. 여름철에 노란 꽃이 핌.
솔-나방[-라-] 명 《충》 솔나방과의 곤충. 몸의 길이는 3cm 가량. 몸 전체의 길이는 4~8 cm로 불규칙한 흰 줄 또는 검은 줄이 있음. 애벌레는 송충이로 담황갈색인데 그 털에 쓰이면 아픔. 소나무의 해충. 송충나방.
솔:다¹ (솔아, 소니, 소는) 재 1 물기가 있던 것이나 상처 따위가 말라서 굳어지다. 閆상처가 솔아서 진물이 멎다. 2 빠른 물결이 굽이쳐 용솟음치다. 소쿠라지다.
솔:다² (솔아, 소니, 소는) 재 '무솔다'의 준말.
솔:다³ (솔아, 소니, 소는) 형 ('귀'와 함께 쓰여) 시끄러운 소리나 귀찮은 말을 자꾸 들어서 귀가 아프다. 閆그 얘기라면 귀가 솔도록 들었다.
솔:다⁴ (솔아, 소니, 소는) 형 넓이나 폭이 좁다. 閆저고리의 품이 ～. ↔너르다.
솔:다⁵ (솔아, 소니, 소는) 형 굵으면 아프고 그냥 두자니 가렵다.
솔:-대¹[-때] 명 활을 쏠 때 과녁으로 쓰는 솔을 버티는 나무.
솔:-대²[-때] 명 《건》 판장의 틈이나 문설주 따위에 가늘게 오려 붙인 나무오리. 솔대목.
솔:-대-목 (-木)[-때-] 명 《건》 솔대².
솔-따비 명 솔뿌리 따위를 캘 때 쓰는 농기구.
솔라닌 (solanine) 명 《화》 감자의 싹눈이나 토마토 따위에 들어 있는 자극성이 있는 알칼

로이드의 한 가지. 독성이 있어서 많이 먹으면 중독 증상을 일으킴《천식·간질병의 치료제로 씀》.

솔래 (率來)〖명〗〖하타〗 여러 사람을 거느리고 옴.

솔래-솔래 〖부〗 조금씩 조금씩 살짝 빠져나가는 모양.

솔레노이드 (solenoid)〖명〗〖전〗 둥근 대롱 모양으로 감은 코일.

솔로 (이 solo)〖명〗〖악〗 독창. 독주. ▷피아노 ~.

솔리스트 (프 soliste)〖명〗〖악〗 독창이나 독주를 전문으로 하는 사람.

솔-문 (-門)〖명〗 경축이나 환영의 뜻을 나타내기 위하여 푸른 솔잎을 입혀 꾸며 세운 문.

솔-바람 〖명〗 소나무 사이를 스쳐 부는 바람. 송뢰(松籟).

솔:-바탕 〖명〗 활터의 활 쏘는 지점에서 솔대까지의 거리《보통 120보》.

솔반 (率伴)〖명〗 거느리고 함께 감.

솔발 (銶鈸)〖명〗 놋쇠로 만든 종 모양의 큰 방울《군령(軍令)·경고 신호에 씀》.

솔발(을) 놓다 〖판〗 ㉠솔발을 흔들다. ㉡남의 비밀을 소문내다.

솔발-수 (銶鈸手)〖명〗〖역〗 군중(軍中)에서 솔발을 흔드는 임무를 맡던 사람.

솔방 (率榜)〖명〗〖하타〗〖역〗 과거 합격의 방이 붙은 그 이튿날, 급제자가 임금을 뵐 때 집안의 먼저 급제한 사람이 따라가서 지도하던 일.

솔-방울 [-빵-]〖명〗 소나무 열매의 송이.

솔-밭 [-받]〖명〗 소나무가 많이 들어선 땅. ▷울창한 ~.

솔-버덩 〖명〗 소나무가 무성하게 들어선 버덩.

솔베이-법 (Solvay法)〖명〗 암모니아 소다법.

솔병 (率兵)〖명〗 군사를 거느림.

솔-보굿 [-뽀굳]〖명〗 소나무의 보굿. 곧. 비늘같이 생긴 소나무의 껍질.

솔복 (率服)〖명〗〖하타〗 아랫사람을 거느리고 와서 윗사람에게 복종함.

솔봉이 〖명〗 나이가 어리고 촌스러운 티를 벗지 못한 사람.

솔-부엉이 〖명〗〖조〗 올빼밋과의 새. 날개 길이 22 cm 정도. 등 쪽은 흑갈색, 배 쪽은 백색에 갈색 세로무늬가 많음. 부리 주위에는 센 털이 남. 밤에 쥐·새를 잡아먹음. 흔한 여름새로 '부엉부엉' 하고 욺. 천연기념물 제 324 호.

솔-불 [-뿔]〖명〗 '관솔불'의 준말.

솔비-나무 〖명〗〖식〗 콩과의 낙엽 활엽 교목. 잎은 깃꼴 겹잎으로 남. 8월에 황백색의 꽃이 총상꽃차례로 피고, 협과는 10월에 익음. 목재는 가구재, 나무껍질은 물감용으로 씀.

솔빈 (率濱)〖명〗 '솔토지빈(率土之濱)'의 준말.

솔-뿌리 〖명〗 소나무의 뿌리.

솔-새[1]〖명〗〖식〗 볏과의 여러해살이풀. 산과 들에 나는데, 높이는 1 m 정도. 잎은 선형으로 축 늘어짐. 8월에 백색 꽃이 피며, 이삭은 갈색임. 뿌리로 솔을 만들고 대로는 지붕을 이음.

솔-새[2]〖–째〗〖조〗 휘파람샛과 솔새속의 새의 총칭《쇠솔새·산솔새 따위가 있음》.

솔선 (率先)〖명〗〖하타〗 남보다 앞장서서 먼저 함. ▷~을 보이다 / ~하여 청소를 하다.

솔선-수범 (率先垂範)[-썬-]〖명〗〖하타〗 남보다 앞장서 행하여 다른 사람의 본보기가 됨. ▷~하는 자세.

솔성 (率性)[-썽]〖명〗 1 천성(天性)을 좇음. 2 타고난 성질. 천성. 성품. 성격.

솔솔 〖부〗 1 물·가루 따위가 잇따라 가볍게 새어

나오는 모양. ▷밀가루가 자루에서 ~ 새어 나온다. 2 이슬비 따위가 가볍게 내리는 모양. ▷~ 내리는 봄비. 3 얽힌 실·끈 따위가 쉽게 풀리는 모양. 4 말이나 글이 막힘없이 나오거나 써지는 모양. 5 바람이 부드럽게 부는 모양. ▷봄바람이 ~ 분다. 6 냄새나 가는 연기 따위가 가볍게 풍기거나 피어오르는 모양. ▷그녀에게서 향수 냄새가 ~ 난다. ㉣술. 7 얽히었던 일이 쉽게 풀리는 모양. ▷사업이 ~ 풀려 나간다. 8 재미가 은근한 모양. ▷신혼 재미가 ~ 나다.

솔솔-바람 〖명〗 약하게 솔솔 부는 바람.

솔:-이 〖부〗 솔이마다.

솔송-나무 〖명〗〖식〗 소나뭇과의 상록 침엽 교목. 산중턱 아래에 나는데, 높이는 20 m 정도, 나무껍질은 회갈색임. 봄에 자주색 꽃이 피고 가을에 구과(毬果)를 맺음. 건축재·펄프재 따위로 씀.

솔-수펑이 〖명〗 솔숲이 있는 곳.

솔-숲 [-숲]〖명〗 소나무가 우거진 숲. 송림(松林). ▷~이 울창하다.

솔악 (率樂)〖명〗〖하타〗〖역〗 과거에 급제한 사람이 북과 피리를 갖춘 악대를 앞세우고 식장(式場)으로 가던 일.

솔양 (率養)〖명〗 양자로 삼거나 데려옴.

솔옷 〖명〗〈옛〉 송곳.

솔이-하다 (率易-)〖형어〗 언행이 까다롭지 않고 솔직하다.

솔-잎 [-립]〖명〗 소나무의 잎. 송엽(松葉). ▷송충이는 ~을 먹는다.

솔잎-대강이 [-립때-]〖명〗 짧게 깎아 빳빳이 일어선 머리 모양을 이르는 말.

솔잎-상투 [-립쌍-]〖명〗 짧은 머리털을 끌어 올려 뭉뚱그려 짠 상투.

솔-잣새 [-잗쌔]〖명〗〖조〗 참샛과의 철새. 참새보다 조금 큰데, 암컷은 녹황색, 수컷은 암홍색, 부리는 독특하고 가위처럼 생겨 잣이나 솔의 씨 등을 쪼아 먹기에 알맞음. 잣새.

솔-장다리 〖명〗〖식〗 명아줏과의 한해살이풀. 줄기 높이는 30 cm 정도이며, 잎은 잎자루가 없고 어긋나며 가시 모양임. 여름에 담녹색의 꽃이 피고, 열매는 달걀꼴의 포과(胞果)임. 바닷가에 자며 어린잎은 식용으로 함.

솔:-쟁이 〖명〗〖식〗 '소루쟁이'의 준말.

솔정 (率丁)[-쩡]〖명〗 자기 밑에 거느리어 부리는 사람.

솔직-하다 (率直-)[-찌카-]〖형어〗 거짓이나 숨김이 없이 바르고 곧다. ▷솔직한 대답. **솔직-히** [-찌키]〖부〗 ~고 고백하다.

솔:-질 〖명〗〖하타〗 솔로 먼지 따위를 문질러 털거나 닦는 일.

솔-찜 〖명〗〖하타〗 솔찜질.

솔-찜질 〖명〗〖하타〗 솔잎으로 찜질하여 병을 고치는 방법《온몸에 솔잎을 덮고 방에 불을 많이 때어 솔잎의 김을 쐬어서 땀을 냄》.

솔창 (率倡)〖명〗〖하타〗〖역〗 과거에 급제한 사람이 고향에 돌아갈 때, 광대를 앞세우고 피리를 불게 하던 일.

솔토 (率土)〖명〗 '솔토지빈'의 준말.

솔토지민 (率土之民)〖명〗 온 나라 안의 백성.

솔토지빈 (率土之濱)〖명〗 온 나라의 영토 안. ㉣솔빈·솔토.

솔트 (SALT)〖명〗〖정〗 [Strategic Arms Limitation Talks] 1969 년 미국과 소련이 전략 무기의 양적·질적 제한을 위해 맺은 협정. 전략 무기 제한 협정.

솔-파 (이 sol-fa)〖명〗〖악〗 계이름부르기.

솔-포기 〖명〗 가지가 다보록하게 퍼진 작은 소나무. ㉣솔폭.

솔-폭 圏 '솔포기'의 준말.
솔하(率下) 圏 자기 밑에 거느리고 있는 부하.
솜: 圏 1 목화씨에 달라붙은 털 모양의 흰 섬유질. 부드럽고 가벼우며 탄력이 풍부하고 흡습성·보온성이 있어서, 가공하여 직물 따위로 널리 쓰임. ▣~을 넣은 이불 / ~을 타다 / ~을 틀다. 2 식물성·동물성·광물성 섬유나 화학 섬유의 뭉치. ⑪아크릴 ~.
솜:-구름 圏〈속〉 적운(積雲).
솜:-나물 『식』 국화과의 여러해살이풀. 산이나 들에 나는데, 꽃줄기는 봄에는 10-15 cm, 가을에는 30-60 cm까지 자라며, 잎은 뿌리에서 나고 긴 타원형임. 백색 또는 담자색 꽃이 핌. 어린잎은 식용함.
솜:-다리 『식』 국화과의 여러해살이풀. 백색의 솜털이 빽빽이 나고 줄기 높이는 30 cm가량이며 잎은 긴 타원형임. 7-8월에 노란 꽃이 줄기 끝에 여러 개씩 뭉쳐 피고, 과실은 수과(瘦果)임. 어린잎은 식용함.
솜:-대 圏『식』 볏과의 대의 일종. 줄기 높이는 10 m 정도이고, 잎은 피침 모양이며 뒤쪽에 잔털이 있음. 중국 원산으로 약 60년을 주기로 꽃이 핌. 죽순은 식용됨.
솜:-덩이 [-뗑-] 圏 솜이 뭉키어 이루어진 덩이. ▣물먹은 ~처럼 밑으로 가라앉다.
솜:-돗 [-똗] 圏 솜반을 만드는 데 쓰는 돗자리.
솜:-몽둥이 圏 헝겊 조각에 솜을 싸서 몽둥이처럼 만든 물건(윤을 내거나 칠을 할 때 씀).
솜:-뭉치 圏 솜을 뭉쳐 놓은 덩어리. ▣피를 ~로 닦다.
   [솜뭉치로 가슴을 칠 일이다] 몹시 답답하고 원통함의 비유.
솜:-반 [-빤] 圏 솜돗에 펴서 잠을 재운 반반한 솜의 조각.
솜:-방망이¹ 圏『식』 국화과의 여러해살이풀. 잎은 어긋나며, 줄기에 솜털이 있음. 5-6월에 노란 꽃이 줄기 끝에 피고, 수과는 흰 갓털이 있음. 산과 들의 습지에 나는데, 어린잎은 식용하고 꽃은 거담제로 씀.
솜:-방망이² 圏 막대기 끝에 뭉쳐 붙이고 방망이처럼 묶은 것(기름을 찍어 불을 붙여 횃불로 씀). ▣~에 불을 당기다.
솜:-버선 圏 안에 솜을 넣은 두꺼운 버선.
솜:-병아리 圏 알에서 갓 깬 병아리(털이 솜처럼 부드러움).
솜:-붙이 [-부치] 圏 겹솟이나 홑솟을 입을 철에 입는 솜옷. ↔맞붙이.
솜브레로 (에 sombrero) 圏 에스파냐·멕시코 등지에서 쓰는, 챙이 퍽 넓은 모자.
솜:-사탕(-砂糖) 圏 빙빙 도는 기계에 설탕을 넣어 솜같이 부풀려 만든 과자.
솜솜 閈 얼굴에 잘게 얕게 얽은 자국이 듬성듬성 있는 모양. ▣얼굴이 ~ 얽다. ⑩숨숨.
솜씨 圏 1 손으로 무엇을 만들거나 어떤 일을 하는 재주. ▣요리 ~ / ~가 좋다 / ~가 서투르다 / ~를 발휘하다. 2 일을 처리하는 수단이나 수완. ▣놀라운 ~로 사태를 기민하게 수습하다.
솜:-옷 [소몯] 圏 안에 솜을 넣고 지은 옷. 핫옷. ▣두툼한 ~ / ~을 지어 입다.
솜:-이불 [-니-] 圏 안에 솜을 두어 지은 이불. ▣~을 덮다.
솜:-채 圏 펴 놓은 솜을 잠재우려고 두드릴 때 쓰는, 대로 만든 채.
솜:-털 圏 썩 잘고 보드랍고 고운 털. ▣~이 보얀 아기 얼굴.
솜:-틀 圏 솜을 틀어 부풀려 펴는 기계.
솜:-틀-집 [-찝] 圏 솜 타는 일을 업으로 하는

집. ▣~에서 솜을 튼다.
솜:-화약(-火藥) 圏『화』 솜을 질산과 황산의 혼합액에 담가 만든 화약(솜과 비슷하나 불을 붙이면 폭발함). 면화약(綿火藥).
숍 圏〈옛〉 솝.
솝호스 (러 sovkhoz) 圏 예전에, 소련의 대규모 국영 농장.
솟고라-지다 [솟꼬-] 재 1 용솟음치며 끓어오른다. 2 솟구쳐 오르다.
솟구다 [솟꾸-] 타 세게 날듯이 높이 뛰어오르다. ▣몸을 솟구어 단상에 오르다.
솟구-치다 [솟꾸-] 재타 1 세차게 위로 솟아오르다. ▣불길이 ~. 2 감정이나 힘 따위가 급격히 솟아오르다. ▣분노가 ~. 재타 빠르고 세게 솟구다. ▣몸을 솟구쳐 울타리를 뛰어넘었다.
솟-국(素-) [소꾹·솟꾹] 圏 고기를 넣지 않고 끓인 국.
솟-나다 [손-] 재 '소수나다'의 준말.
솟다 [솓따] 재 1 아래에서 위로 또는 속에서 겉으로 세차게 나오다. ▣샘물이 ~. 2 해나 달이 뜨다. ▣해가 솟았다. 3 건물이나 산 같은 것이 우뚝 서다. ▣산이 우뚝 솟아 있다. 4 힘이나 의욕 따위가 생기다. ▣자신이 ~ / 흥이 ~ / 부르면 힘이 솟는 노래. 5 땀이나 눈물 따위가 몸 밖으로 나오다. ▣이마에 구슬땀이 솟는다 / 눈물이 솟아 앞을 가리다.
솟-대 [솓때] 圏 1 『역』 과거에 급제한 사람을 위해 마을 어귀에 높이 세우던 붉은 장대. 2 『민』 농가에서 설달 무렵에 새해의 풍년을 바라는 뜻으로 볍씨를 주머니에 넣어 높이 달아매는 장대. 3 『민』 솟대쟁이가 올라가 재주를 부리는 장대.
솟:대-쟁이 [솓때-] 圏『민』 탈을 쓰고 솟대 꼭대기에 올라가 재주를 부리는 사람.
솟돋다 재〈옛〉 솟아 일어나다.
솟-보다 [솓뽀-] 타 물건을 잘 살펴보지 않고 비싸게 사다.
솟아-나다 [소사-] 재 1 솟아서 밖으로 나오다. ▣눈물이 ~ / 하늘이 무너져도 솟아날 구멍이 있다. 2 힘이나 감정 따위가 생기다. ▣힘이 ~. 여럿 가운데서 뚜렷이 드러나다.
솟아-오르다 [-솓아-, -오르니] 재타 1 솟아서 위로 오르다. ▣불길이 ~ / 달이 동산 위에 ~. 2 힘이나 감정 등이 힘차게 일어나다. ▣솟아오르는 열정 / 기쁨이 ~.
솟을-대문(-大門) [소슬때-] 圏『건』 행랑채의 지붕보다 높이 솟게 만든 대문. 고주(高柱) 대문.
솟을-무늬 [소슬-니] 圏 피륙 따위에 조금 도드라지게 놓는 무늬.
솟-치다 [손-] 재타 (주로 '화·분노' 따위의 부정적 감정 명사를 주어로 하여) 느낌 따위가 세차게 일어나다. ▣화가 높게 올리다.
송: (宋) 圏『역』 중국 왕조의 이름. 1 남북조(南北朝) 시대에, 유유(劉裕)가 세운 나라. 2 조광윤(趙匡胤)이 오대(五代)의 분쟁을 수습하고 통일하여 세운 나라.
송: (訟) 圏『민』 '송쾌'의 준말.
송: (頌) 圏 공덕을 기리는 글.
송: (誦) 圏 경문이나 주문 따위를 욈.
송:가(頌歌) 圏 공덕을 기리는 노래.
송간(松間) 圏 소나무 사이.   「보냄.
송:객(送客) 圏하재 떠나는 손님을 작별하여
송경(松京) 圏 조선 때 이후, 고려의 서울이던 개성(開城)을 일컫던 말.
송:경(誦經) 圏하재 1 점치는 소경이 경문을

윔. **2**〖불〗불경을 윔.

송:고 (送稿)**명하타** 신문·잡지·방송 기사 따위
의 원고를 편집 담당자에게 보냄.

송고리 명 '송골매'의 사냥군 말.

송골 (松鶻)명〖조〗송골매.

송골-매 (松鶻-)명〖조〗매⁶. ⓝ골매.

송골-송골 부형하 땀·물방울·소름 따위가 살
갗이나 표면에 잘게 많이 돋아나 있는 모양.
ⓛ코에 땀이 ~ 돋다.

송:곳 [-곧]명 작은 구멍을 뚫는 데 쓰는 연장.
[송곳도 끝부터 들어간다] 무슨 일이든 순서
가 있다. [송곳 박을 땅도 없다] ⓞ대만원이
다. ⓛ땅이라고는 조금도 없다.

송:곳-눈 [-곧-]명 날카롭게 쏘아보는 눈초리
를 이르는 말.

송:곳-니 [-곧-]명〖생〗앞니와 어금니 사이
에 있는 뾰족한 이.
[송곳니가 방석니가 된다] 몹시 분하여 이를
갈 정도로 앙심을 품다.

송:곳-질 [-곧찔]명하타 송곳으로 구멍을 뚫
으려고 자꾸 찌르는 일.

송:곳-치기 [-곧-]명 송곳을 나무 따위에 던
져 꽂으며 노는 장난.

송:곳-칼 [-곧-]명 한끝은 송곳으로, 다른 한
끝은 칼로 되어 있는 도구.

송과-선 (松果腺)명 좌우 대뇌 반구 사이
셋째 뇌실(腦室)의 뒷부분에 있는 솔방울 모
양의 내분비 기관. 생식샘 자극 호르몬을 억
제하는 멜라토닌을 분비함. 골윗샘.

송:관 (訟官)명〖역〗송사(訟事)를 맡아 다스
리던 관원.

송:괘 (訟卦)명〖민〗육십사괘의 하나. 건괘
(乾卦)와 감괘(坎卦)가 거듭된 것(하늘과 물
이 어긋나서 행함을 상징함). ⓝ송(訟).

송:괴-스럽다 (悚愧-)[-따][-스러워, -스러우
니]형 죄송스럽고 부끄러운 데가 있다.

송:괴-스레 부

송:괴-하다 (悚愧-)형여 죄송스럽고 부끄럽
다. 송:괴-히 부

송:구 (送球)명하자 **1** 공을 던져 보냄. ⓛ공을
2루로 ~ 하다. **2** 핸드볼(handball).

송:구-스럽다 (悚懼-)[-따][-스러워, -스러우
니]형 두렵고 거북한 데가 있다. ⓛ폐를
끼쳐 송구스럽습니다. 송:구-스레 부

송:구-하다 (悚懼-)형여 마음에 두렵고 거북
하다. ⓛ이런 말씀을 드려 대단히 송구합니
다. ⓛ송구 엄마를 기다립니다.

송:구-영신 (送舊迎新)명하자 묵은해를 보내
고 새해를 맞음. ⓝ송영(送迎).

송그리다타 몸을 작게 오그리다. ⓛ몸을 송그
리고 앉아 엄마를 기다린다.

송근-유 (松根油)[-뉴]명 솔뿌리를 건류(乾溜)
하여 얻는, 테레빈유 비슷한 자극적인 냄새를
풍기는 무색의 기름(페인트·니스 따위의 용
제로 씀).

송글-송글 부 ☞ 송골송골.

송금 (松禁)명하자 소나무를 베지 못하게 함.

송:금 (送金)명 돈을 부쳐 보냄. 또는 그
돈. ⓛ부모님께 생활비를 ~ 하다.

송:금 수표 (送金手票)〖경〗송금에 쓰는 수표
(은행이 자기의 지점 또는 거래가 있는 다른
거래 은행 앞으로 발행함).

송:금 어음 (送金-)〖경〗송금 환어음.

송:금-환 (送金換)〖경〗먼 곳에 돈을 부치
려는 사람이 현금 대신 환어음을 보내어 우
체국 또는 은행으로 하여금 돈을 지급하게
하는 일.

송:금 환:어음 (送金換-)〖경〗송금 위탁을
받은 은행이, 보낼 곳의 은행으로 하여금 특
정인에게 일정한 돈을 지급하게 하는 어음.
송금 어음.

송기 (松肌)명 소나무의 속껍질. 쌀가루와 섞
어서 떡도 만들고 죽도 쑴.

송기-떡 (松肌-)명 송기에 멥쌀가루를 섞어
반죽해서 빚은 절편·송편·개피떡 같은 것.
송기병(松肌餅).

송기-죽 (松肌粥)명 송기를 넣고 쑨 죽.

송낙 명 [←송라(松蘿)] 예전에, 소나무겨우살
이를 엮어 만든, 여승(女僧)이 쓰던 모자.

송낙-뿔 명 둘 다 옆으로 꼬부라진 쇠뿔. ↔우
걱뿔.

송:년 (送年)명하자 묵은 한 해를 보냄. ⓛ~
의 밤. ⓝ영년(迎年).

송:년-사 (送年辭)명 묵은해를 보내면서 하는
인사말이나 이야기. ↔신년사.

송:년-호 (送年號)명 신문이나 잡지 따위의 한
해를 보내서 그해 마지막으로 발행하는 호.

송:년-회 (送年會)명 연말에 한 해를 보내며
베푸는 모임.

송:달 (送達)명하타 **1** 편지·서류·물품 따위를
보냄. ⓛ우편물을 ~ 하다. **2**〖법〗소송 관계
의 서류를 일정한 방식에 따라 당사자나 소
송 관계인에게 보내는 일.

송:달-리 (送達吏)명〖법〗법원 서기의 위임
을 받아서 송달을 하는 사람(주로 집행관이
나 우편집배원이 맡음).

송당-송당 부타 **1** 연한 물건을 조금 작고 거
칠게 빨리 써는 모양. ⓞ호박을 ~ 썰다. **2**
바느질을 거칠게 호는 모양. ⓛ옷잇을
~ 시치다. ⓛ숭덩숭덩. ⓝ쏭당쏭당.

송:덕 (頌德)명하타 공덕을 기림.

송:덕-문 (頌德文)[-덩-]명 공덕을 기리는 글.

송:덕-비 (頌德碑)[-덩-]명 공덕을 기리기 위하
여 세운 비.

송도 (松都)명〖지〗'개성(開城)'의 옛 이름.
[송도 말년의 불가사리라] 무지하고 못된 행
패를 하는 사람. [송도 오이 장수] 이곳 저곳
에 왔다 갔다 하다가 낭패를 본 사람.

송도 (松濤)명 소나무가 바람에 흔들려 물결
소리처럼 들리는 소리.

송:도 (頌禱)명하타 송축(頌祝).

송도-삼절 (松都三絶)명 조선 때, 개성의 세
가지 뛰어난 존재. 곧, 서경덕(徐敬德)·황진
이(黃眞伊)·박연 폭포.

송:독 (誦讀)명하타 **1** 소리 내어 글을 읽음. **2**
외워서 읽음.

송:동 (竦動)명하자 너무 황송하여 몸이 떨림.

송두리 명 있는 것 전부. ⓛ단번에 ~를 빼다.

송두리-째 부 있는 전부를 모조리. ⓛ재산을
~ 날리다 / 생활양식을 ~ 바꾸다.

송두리-채 부 ☞ 송두리째.

송라 (松蘿)[-나]명〖식〗소나무겨우살이.

송로 (松露)[-노]명 **1** 솔잎에 맺힌 이슬. **2**
〖식〗알버섯과의 버섯. 봄에 솔밭 모래땅에
남. 알 모양이며, 겉껍질은 본디 흰색이나 파
내면 담갈색이 됨. 솔 향기가 있고 식용함.

송뢰 (松籟)[-뇌]명 솔바람.

송:료 (送料)[-뇨]명 물건을 부치는 데 드는
비용.

송:름-스럽다 (悚懍-)[-늠-따][-스러워, -스
러우니]형 두려워서 불안한 데가 있다.

송:름-스레 [-늠-]부

송:름-하다 (悚懍-)[-늠-]형여 두려워서 불안
하다.

송:리 (訟理)[-니]명 송사(訟事)를 거는 까닭.

송린 (松鱗)[-닌] 圖 물고기 비늘처럼 생긴, 늙은 소나무의 껍질.

송림 (松林)[-님] 圖 솔숲. ▷올창한 ~.

송명 (松明) 圖 **1** 관솔. **2** 관솔불.

송목 (松木) 圖 〖식〗 소나무.

송:무 (訟務) 圖 〖법〗 소송에 관한 사무.

송무백열 (松茂柏悅) 圖 소나무가 무성하면 잣나무가 기뻐한다는 뜻으로, 벗이 잘되는 것을 기뻐함의 비유.

송방 (松房) 圖 〖역〗 개성 사람이 서울에서 주단·포목 따위를 팔던 가게.

송:배 (送配) 圖하타 나누어 보냄. ▷전력 ~.

송:-배전 (送配電) 圖 송전과 배전.

송백 (松柏) 圖 **1** 소나무와 잣나무. **2** 껍질을 벗겨 솔잎에 꿴 잣.

송백-목 (松柏木) 圖[-뱅-] 〖민〗 육십갑자에서, 경인(庚寅)·신묘(辛卯)에 붙이는 납음(納音).

송백-조 (松柏操) 圖[-조] 圖 결코 변하지 않는 굳센 절개.

송:-변 (訟辯) 圖하타 송사(訟事)하는 곳에서 변론함.

송:별 (送別) 圖하타 떠나는 사람을 작별하여 보냄. ↔유별(留別).

송:별-사 (送別辭)[-싸] 圖 떠나는 사람에게 보내는 사람이 하는 인사말. ⊜송사(送辭).

송:별-식 (送別式)[-씩] 圖 떠나는 사람을 작별하여 보내는 의식.

송:별-연 (送別宴) 圖 떠나는 사람을 위해 베푸는 잔치.

송:별-회 (送別會) 圖 송별의 서운함을 달래고 앞날의 행운을 바라는 뜻으로 베푸는 모임.

송병 (松餠) 圖 송편.

송:부 (送付) 圖하타 문서 따위를 보냄.

송:사 (送辭) 圖 '송별사'의 준말.

송:사 (訟事) 圖하타 〖역〗 백성끼리의 분쟁이 있을 때, 관부에 호소하여 판결을 구하던 일. **2**〖법〗 소송. ▷~를 벌이다.

송:사 (頌辭) 圖 공덕을 기리는 말. ▷~를 올리다.

송:사리 (松─) 圖 **1**〖어〗송사릿과의 민물고기. 몸의 길이 3~4cm 정도, 잿빛을 띤 엷은 갈색으로, 옆구리에 작고 검은 점이 많이 있고 눈이 큼. **2** 권력이 없는 약자나 하찮은 사람. ▷단속에 ~만 걸려들었다.

　송사리 끓듯 圍 수없이 많이 모여 있는 모양.

송삼 (松蔘) 圖 개성에서 나는 인삼.

송:상 (送像) 圖하타 〖물〗 텔레비전이나 전송사진 따위에서, 영상을 전파로 보냄. ↔수상(受像).

송:상-기 (送像機) 圖 〖물〗 텔레비전이나 전송사진 따위에서, 영상을 전파로 보내는 장치. ↔수상기(受像機).

송:성 (頌聲) 圖 **1** 공덕을 기리어 말하는 소리. **2** 태평한 세상을 노래하는 음악 소리.

송송 圖 **1** 연한 물건을 조금 잘게 빨리 써는 모양. ▷파를 ~ 썰다. **2** 작은 구멍이 많이 나 있는 모양. ▷옷에 구멍이 ~ 나다. **3** 피부에 잔 땀방울이나 소름 따위가 많이 돋아나는 모양. ▷콧등에 땀방울이 ~ 맺히다. ⊜숭숭.

송수 (松樹) 圖 〖식〗 소나무.

송:수 (送水) 圖하타 물을 보냄.

송:수 (送受) 圖 **1** 보냄과 받음. **2** 송신(送信)과 수신(受信).

송:수-관 (送水管) 圖 상수도의 물을 보내는 관.

송:-수신 (送受信) 圖 송신과 수신. ▷~ 상태가 좋다.

송:수화-기 (送受話器) 圖 **1** 송화기와 수화기. **2** 전화기의 말을 보내고 받는 장치. ▷통화를

끝내고 ~를 내려놓다.

송순 (松筍) 圖 소나무의 새순.

송순-주 (松筍酒) 圖 소나무의 새순을 넣고 빚은 술. 또는 소주에 송순을 담가 우린 술.

송:시 (頌詩) 圖 공덕을 기리는 시.

송시-요 (宋时窯) 圖 소나무를 때서 자기(瓷器)를 굽는 큰 가마.

송:신 (送信) 圖하타 통신을 보내는 일. ▷팩스로 자료를 ~ 하다. ↔수신(受信).

송:신 (送神) 圖하자 〖민〗 제사가 끝난 뒤에 신을 보내는 일. ↔영신(迎神).

송:신 (竦身) 圖하자 **1** 몸을 움츠림. **2** 채신없이 안달함.

송:신-관 (送信管) 圖 송신기에 사용되는 전자관《수신관보다 더 많은 전력이 쓰이기 때문에 모양이 큼》.

송:신-기 (送信機) 圖 무선 통신·방송에서, 신호를 고주파 전류로 바꾸어 송신 안테나를 통해 보내는 장치. ↔수신기.

송:신-소 (送信所) 圖 방송 전파 따위를 송신하는 곳.

송:신-탑 (送信塔) 圖 방송 전파·무선 통신 따위에서, 송신하기 위한 안테나 장치가 되어 있는 높은 철탑.

송실 (松實) 圖 소나무의 열매. 솔방울.

송심 (松蕈) 圖 〖식〗 송이(松栮).

송아리 圖의 열매나 꽃 등이 잘게 한데 모여 달린 덩어리. ▷포도 ~. ⊜송이. ⤷의 ■를 세는 단위. ▷장미꽃 한 ~. *송이.

송아지 圖 어린 소.

　[송아지 못된 것은 엉덩이에 뿔이 난다] 되지 못한 것이 엇나가는 짓만 한다는 뜻.

송악 圖 〖식〗 두릅나뭇과의 상록 활엽 덩굴나무. 산기슭에 나며 공기뿌리가 있음. 가을에 녹색 꽃이 피고 겨울에 검은 핵과가 익음. 줄기·잎은 약용함.

송:안 (訟案) 圖 〖역〗 송사의 기록.

송알-송알 圖 **1** 술 등이 괴어 거품이 이는 모양. **2** 땀방울·물방울 따위가 잘게 많이 엉긴 모양. ▷땀방울이 ~ 맺힌 이마.

송액 (松液) 圖 소나무의 뿌리를 자른 자리에서 흘러나오는 진.

송:양지인 (宋襄之仁) 圖 지나치게 착하기만 하여 쓸데없는 아량을 베풀어 실속이 없음을 이르는 말.

송어 (松魚) 圖 〖어〗 연어과의 바닷물고기. 연어 비슷한데 길이는 60cm 정도이며, 등은 짙은 푸른색, 배는 은백색임. 산란기에 강을 거슬러 올라가 알을 낳음. 맛이 좋음.

송연 (松煙) 圖 소나무를 태운 그을음《먹의 원료로 씀》.

송연-묵 (松煙墨) 圖 숯먹.

송:연-하다 (竦然─悚然─) 圖어 두려워 몸을 옹송그릴 정도로 오싹한 느낌이 있다. ▷모골(毛骨)이 ~. **송:연-히** 圖

송엽 (松葉) 圖 솔잎.

송엽-주 (松葉酒)[-쭈] 圖 솔잎을 넣고 빚은 술. 또는 소주에 솔잎을 담가 우린 술.

송:영 (送迎) 圖하자타 **1** 가는 사람을 보내고 오는 사람을 맞음. ▷공항에서 ~ 나온 사람들로 붐빈다. **2** '송구영신(送舊迎新)'의 준말.

송:영 (誦詠) 圖 시가(詩歌)를 외워 읊조림.

송:영-대 (送迎臺) 圖 공항 등에서 송영할 때, 서로 바라볼 수 있도록 만든 대.

송운 (松韻) 圖 소나무가 바람에 흔들려서 나는 맑은 소리.

송:유 (宋儒) 명 중국 송나라 때 정주(程朱)학파의 선비(정호(程顥)·정이(程頤)·주희(朱熹) 따위).

송유 (松油) 명 **1** 솔가지를 잘라 불에 구워 받은 기름. **2** 《화》 테레빈유(油).

송:유-관 (送油管) 명 석유나 원유 등을 다른 곳으로 보내기 위해 시설한 관.

송이 ─명 꽃·눈·열매 따위가 따로 된 한 덩이. ▷포도 ~. ─의명 ─을 세는 단위. ▷장미 백 ~. *송아리.

송이 (松栮) 명 《식》 송이과의 버섯. 솔잎이 쌓인 습지에 나는데, 줄기는 원통상이고 갓의 지름은 20cm 정도. 독특한 향기와 맛을 지닌 대표적인 식용 버섯임. 송심(松蕈).

송이-밤 명 까지 않은 밤송이 속에 들어 있는 밤. ↔알밤.

송이-밥 (松栮-) 명 송이를 썰어 넣고 버무려서 지은 밥. 송이반(松栮飯).

송이-버섯 (松栮-)[-섣] 명 《식》 '송이(松栮)'를 분명히 일컫는 말.

송이-송이 부 송이마다 모두. ▷포도가 ~ 영글다 / 진달래가 ~ 자태를 자랑하고 있다.

송이-술 명 익은 술독에서 전국으로 떠낸 술.

송이-재강 명 전국을 떠내고 남은 술찌끼.

송이-채 (松栮菜) 명 잘게 썰어 양념하여 볶은 쇠고기에 날 송이를 썰어 넣고 다시 살짝 볶은 음식.

송이-풀 명 《식》 현삼과의 여러해살이풀. 산지에 남. 높이는 60cm 정도이며, 잎은 마주나고 달걀꼴임. 여름에 자줏빛의 붉은색 꽃이 핌. 어린잎은 식용함.

송잇-국 (松栮-)[-이꾹/-잇꾹] 명 송이에 녹말을 묻히고 달걀을 씌워서 맑은장국에 끓인 국. 송이탕.

송:자 (宋瓷) 명 중국 송(宋)나라 때에 만들어진 도자기.

송자 (松子) 명 **1** 솔방울. **2** 잣'.

송자-송 (松子松) 명 《식》 잣나무.

송:장 명 사람의 죽은 몸뚱이. 시신. 시체. [송장 치고[때리고] 살인났다] 섣불리 상관했다가 억울하게 화를 당하는 경우를 이르는 말. [송장 빼놓고 장사 지낸다] 가장 긴요한 것을 빼고 일을 치른다는 말.

송:장 (送狀)[-짱] 명 **1** 송증(送證). **2** 《경》 인보이스(invoice).

송:장-통 (-桶) 명 《광》 아연석(亞鉛錫)을 담아 두고 복대기 물을 걸어 대어 그 속에 섞인 금의 성분을 가려내는 널 모양의 통.

송:장-하늘소 [-쏘] 명 《충》 하늘솟과의 하늘소의 하나. 몸은 까맣고 목은 붉음. 살구나무에 많이 삶.

송:장-헤엄 명 배영(背泳). ▷~을 치다.

송:적 (送籍)[명][하타] 혼인·양자 등으로 인해 다른 집의 호적으로 옮겨 넣음. ▷결혼과 동시에 ~하다.

송전 (松田) 명 솔밭.

송:전 (送傳) 명 보내어 전함.

송:전 (送電) 명[하타] 《전》 발전소에서 생산된 전력을 변전소로 보내는 일.

송:전-선 (送電線) 명 《전》 발전소에서 생산된 전력을 보내기 위해 시설한 전선.

송절 (松節) 명 소나무의 마디.

송:정 (送呈) 명[하타] 윗사람에게 편지나 물건을 보내어 드림.

송:정 (訟廷·訟庭) 명 지난날, 송사(訟事)를 처리하던 법정(法廷).

송:조 (宋朝) 명 **1** 중국 송나라 왕조나 조정. **2** '송조체'의 준말.

송:조-체 (宋朝體) 명 중국 송나라 때의 글씨체. 해서체(楷書體)로 폭이 좁고 획이 가늘며 끝이 날카로움. (준송조(宋朝)·송체(宋體).

송:종 (送終) 명 장례에 관한 모든 일. 또는 장례를 끝마침.

송:주 (誦呪) 명 **1** 주문을 욈. **2** 《불》 다라니(陀羅尼)를 욈. 주송(呪誦).

송:주 (誦奏) 명[하타] 임금에게 상주문을 읽어 올림.

송죽 (松竹) 명 소나무와 대나무. ▷~같이 굳은 절개.

송죽 (松粥) 명 솔잎을 날로 짓찧어서 짜낸 물.

송죽-매 (松竹梅)[-중-] 명 소나무·대나무·매화나무. *세한삼우(歲寒三友).

송죽지절 (松竹之節)[-찌-] 명 소나무같이 꿋꿋하고 대나무같이 곧은 절개.

송:증 (送證)[-쯩] 명 물품 발송자가 인수인에게 보내는 물품 명세서. 송장(送狀).

송지 (松脂) 명 송진(松津).

송지-유 (松脂油) 명 《화》 테레빈유.

송진 (松津) 명 소나무나 잣나무에서 나는 끈끈한 액체. 송지(松脂).

송:채 (送綵) 명 혼인 때, 신랑 집에서 신부 집으로 청색과 홍색의 채단을 보냄. 또는 그런 일.

송:척 (訟隻) 명 송사(訟事)하는 상대자.

송:청 (送廳) 명[하타] 《법》 수사 기관에서 피의자를 검찰청으로 넘겨 보냄. ▷범인을 검찰에 ~하다.

송:체 (宋體) 명 '송조체(宋朝體)'의 준말.

송추 (松楸) 명 산소 둘레에 심는 나무의 총칭.

송:축 (悚縮·竦蹙) 명[하타] 송구하여 몸을 움츠리는 일.

송:축 (頌祝) 명[하타] 경사를 기리고 축하함. 송도(頌禱).

송:춘 (送春) 명[하타] 봄을 보냄.

송:춘 (頌春) 명[하타] 새봄을 칭송함(새해의 인사말로 씀).

송:출 (送出) 명[하타] **1** 사람을 해외로 내보냄. ▷인력 ~. **2** 전기·전파·정보 따위를 기계적으로 전달함. ▷프로그램 ~.

송충 (松蟲) 명 《충》 송충이.

송충-나방 (松蟲-) 명 《충》 솔나방.

송충-목 (松蟲木) 명 《농》 송충이의 해를 입은 나무.

송충-이 (松蟲-) 명 솔나방의 애벌레. 몸은 누에 모양이며 몸빛은 검은 갈색임. 온몸에 긴 털이 나 있으며 소나무의 잎을 갉아 먹는 해충임. 송충(松蟲).
[송충이가 갈잎을 먹으면 죽는다[떨어진다]] 자기가 맡은 일은 하지 않고 딴생각을 하다가는 낭패를 당한다는 말.

송치 명 암소 배 속에 들어 있는 새끼.

송:치 (送致) 명[하타] 《법》 수사 기관에서 검찰청으로, 또는 한 검찰청에서 다른 검찰청으로 피의자와 관련 서류를 넘겨 보냄. ▷범인을 검찰청으로 ~하다.

송:판 (宋板) 명 중국 송나라 때 송조체로 간행한 책.

송판 (松板) 명 소나무를 켠 널빤지.

송편 (松-) 명 반죽한 멥쌀가루에 팥·콩·밤·깨 따위 소를 넣고 빚어 솔잎을 깔고 찐 떡. 송병(松餅). ▷~을 빚다 / 이웃과 ~을 나누어 먹다.
[송편으로 목을 따 죽지] 어처구니없는 일로 억울하고 원통함을 이르는 말.

송:품 (送品) 명[하타] 물건을 보냄. 또는 그 물건.

송풍(松風)[명] 솔숲을 스치어 부는 바람.

송:풍(送風)[명] 기계 따위로 바람을 일으켜서 보냄.

송:풍-기(送風機)[명] 공기를 압축하여, 압력을 올려 바람을 보내는 기계《갱내의 환기, 용광로 등의 통풍에 씀》.

송:하-인(送荷人)[명] 운송 계약에서, 물품의 운송을 맡기는 사람. ↔수하인(受荷人).

송:학(宋學)[명]〖철〗중국 송나라 때의 유학《복고적 색채를 가지며, 단순한 지식에서 실천으로 옮겨진 것이 특징임. 한나라·당나라 때의 훈고학과 대조됨》. *성리학.

송학(松鶴)[명] **1** 소나무 위의 학. **2** 소나무와 학을 그린 형상.

송화(松花)[명] 소나무의 꽃. 또는 그 꽃가루.

송:화(送話)[명][하자] 전화 등으로 상대편에게 말을 보냄. ↔수화(受話).

송:화-기(送話器)[명] 전화기에서 말을 보내는 장치. 음성의 진동을 전기적 진동으로 바꾸어 줌. →수화기(受話器).

송화-다식(松花茶食)[명] 송홧가루를 꿀에 반죽하여 판에 박아 낸 과자.

송화-밀수(松花蜜水)[-쑤][명] 송홧가루를 탄 꿀물.

송화-색(松花色)[명] 소나무의 꽃가루 빛깔과 같이 옅은 누른빛.

송:화-자(送話者)[명] 전화 등으로 말을 보내는 사람. ↔수화자(受話者).

송:화-주(松花酒)[명] 소나무의 꽃을 줄거리째 넣고 빚은 술.

송:환(送還)[명][하타] 도로 돌려보냄. ▣포로를 본국으로 ~하다.

송홧-가루(松花-)[-화까/-환까][명] 소나무의 꽃가루. 또는 그것을 물에 넣고 휘저어 잡물을 없앤 뒤 말린 가루.

송:황-하다(悚惶-)[혱여] 송구하고 황송하다.

솥[솓][명] 쇠·양은 등으로 만들어, 밥을 짓거나 국 따위를 끓이는 데 쓰는 그릇. ▣에 쌀을 안치다 / ~을 부뚜막에 걸다.
　[솥 떼어 놓고 삼 년이라] 오랫동안 결정을 짓지 못하고 망설인다는 말. [솥 씻어 놓고 기다리기] 준비를 다 해 놓고 기다림을 이르는 말. [솥은 부엌에 걸고 절구는 헛간에 놓아라 한다] 누구나 다 아는 일을 특별히 자기만이 아는 것인 양 똑똑한 체하며 남을 가르치려 드는 사람을 비웃는 말.

솥-귀[솓뀌][명] 솥의 운두 위로 두 귀처럼 쪼옥이 돋은 부분.

솥-뚜껑[솓-][명] 솥의 뚜껑. 소댕.
　[솥뚜껑에 엿을 놓았나] 찾아온 사람이 서둘러 돌아가려고 함을 놀림조로 이르는 말.

솥-손[솓-][명] 새 솥에서 우러나는 쇳물.

솥-발[솓빨][명] 솥 밑에 달린 세 개의 발.

솥발-이[솓빠리][명] 한배에서 난 세 마리의 강아지.

솥-전[솓쩐][명] 솥 몸의 바깥 중턱에 둘러 댄 전. 솥을 들거나 걸 때 씀.

솥-정(-鼎)[솥쩡][명] 한자 부수의 하나《'鼎'·'鼏' 등에서 '鼎'을 이름》.

솥-젖[솓쩓][명] 솥이 걸리도록 솥 몸의 바깥 중턱에 대어 단 세 개의 쇳조각.

솨[부] **1** 나뭇가지나 물건의 틈 사이로 스치는 바람 소리. **2** 비바람이 치거나 물결이 밀려오는 소리. ▣소나기가 ~ 쏟아지다. **3** 물·액체가 세차게 흐르거나 쏟아지는 소리. ▣수돗물이 ~ 쏟아진다. 쎈솨.

솨-솨[부] 잇따라 나는 '솨' 하는 소리. 쎈쏴솨.

솨줄[명]〖옛〗쇠사슬.

쌀쌀[부] **1** 물 따위가 거침없이 흐르는 모양이나 소리. **2** 고운 가루나 모래 따위가 좁은 틈이나 구멍으로 거침없이 자꾸 흘러내리는 모양이나 소리. **3** 머리털을 빗질하거나 짐승의 털을 솔질하는 모양이나 소리.

솽불쥐다[자]〖제비 뽑다.

쇄(刷)[의명] 책을 같은 내용으로 다시 인쇄할 때, 그 횟수를 세는 단위. ▣초판 3~.

쇄[부] **1** 나무나 물건의 틈 사이로 몰아쳐 부는 바람 소리. **2** 소나기가 몰아쳐 내리는 소리. **3** 액체가 급히 나오거나 흐르는 소리. 쎈쐐.

쇄:골(鎖骨)[명]〖생〗가슴 좌우의 앞면 위쪽에 있어 'S' 자 모양을 이루는 한 쌍의 뼈《앞은 흉골에, 뒤는 견갑골(肩胛骨)에 이어짐》. 빗장뼈.

쇄:골-분신(碎骨粉身)[명][하자] 분골쇄신.

쇄:광(碎鑛)[명][하타]〖광〗광석을 부수어 광물의 성분을 빼내는 일. 또는 ~기(機).

쇄:국(鎖國)[명][하자] 외국과의 통상과 교역을 금함. ↔개국(開國).

쇄:국　정책(鎖國政策)[-쩡-][명]〖정〗외국과의 통상과 교역을 하지 않는 정책. ↔개방 정책.

쇄:국-주의(鎖國主義)[-쭈-/-쭈이][명]〖정〗쇄국을 주장하는 주의. ↔개국주의.

쇄:금(碎金)[명] **1** 금의 부스러기. **2** 금을 깨뜨리면 빛이 더 찬란하다는 뜻으로, 아름다운 시나 문장을 가리키는 말.

쇄:도(殺到)[명][하자] 한꺼번에 세차게 몰려듦. ▣주문 ~ / 지원자가 ~하다 / 인터뷰 요청이 ~하다.

쇄:락-하다(灑落-·洒落-)[-라카-][혱여] 기분이나 몸이 시원하고 상쾌하다. ▣기분이 ~ / 모처럼 정신이 ~.

쇄:마(刷馬)[명]〖역〗지방에 배치해 두었다가 관용(官用)으로 쓰던 말.

쇄:말(瑣末)[명][하형] 매우 작음. 매우 작은 것.

쇄:문(鎖門)[명] 문을 걸어 잠금.

쇄:문-도주(鎖門逃走)[명][하자] 문을 걸어 잠그고 몰래 도망함.

쇄:빙(碎氷)[명][하자] 얼음을 깨뜨려 부숨.

쇄:빙-선(碎氷船)[명] 얼어붙은 바다나 강의 얼음을 깨뜨려 부수고 뱃길을 내는 배《강력한 추진 기관이 장착되어 있음》.

쇄:사(瑣事)[명] 쓸모없고 사소한 일.

쇄:상(鎖狀)[명] 쇠고리를 길게 이어 놓은 것과 같은 모양.

쇄:서(曬書)[명][하타] 책 따위를 볕에 쬠.

쇄:석(碎石)[명][하타] 돌을 잘게 깨뜨려 부숨. 또는 그 돌.

쇄:석-기(碎石機)[-끼][명]〖건〗바위나 돌을 부수어 알맞은 크기의 자갈로 만드는 기계.

쇄:석-도(碎石道)[-또][명] 잘게 부순 돌을 깔아 고른 길.

쇄:설(瑣屑)[명] 자질구레한 부스러기.

쇄:소(刷掃)[명][하타] 쓸고 닦아 깨끗이 함.

쇄:소(灑掃·洒掃)[명][하타] 물을 뿌리고 비로 쓰는 일.

쇄:쇄-하다(瑣瑣-)[혱여] 잘고 사소하다. 미세하다.

쇄:신(刷新)[명][하타] 나쁜 폐단이나 묵은 것을 없애고 새롭게 함. ▣국정을 ~하다 / 분위기가 ~되다.

쇄:신(碎身)[명][하자] '분골쇄신'의 준말.

쇄:열(碎裂)[명][하자] 부수어지고 찢어짐.

쇄:원(鎖院)[명]〖역〗과거 시험의 성적 발표가 있기 전에는 시관(試官)이 시험장을 떠나지

못하던 일.
쇄-자 (刷子) 圀 갓·탕건 등의 먼지를 터는 솔.
쇄-장 (鎖匠) 圀 『옥쇄장(獄鎖匠)'의 준말.
쇄-점-제 (殺粘劑) 圀 도자기를 만드는 흙의 끈기를 줄일 때 쓰는 약제.
쇄-직 (鎖直) 圀 계속되는 숙직으로 여러 날 외출하지 못함.
쇄-진 (灑塵) 圀하타 물로 먼지를 씻어 냄.
쇄-창 (鎖窓) 圀 쇠사슬 무늬를 새긴 창문.
쇄-탈-하다 (灑脫−·洒脫−) 혱어 소탈하다.
쇄-토 (碎土) 圀하타 굳은 흙덩이를 부숨.
쇄-파 (碎破) 圀하타 부수어 깨뜨림. 파쇄(破碎).
쇄-편 (碎片) 圀 부스러진 조각.
쇄-풍 (曬風) 圀하재 볕에 말리며 바람을 쐼.
쇄-항 (鎖港) 圀하타 외국 선박의 출입을 금하여 통상을 하지 못하게 함.
쇄-행 (刷行) 圀하타 『인』 인쇄하여 출판함.
쇄-환 (刷還) 圀하타 『역』 1 조선 때, 외국에서 유랑하던 동포를 데리고 돌아오던 일. 2 도망친 노비를 찾아서 주인에게 돌려보내던 일.
쇠 圀 1 옛 '쇠'를 녹이다 / ~를 달구다. 2 쇠붙이의 총칭. 3 '열쇠'의 준말. 4 '자물쇠'의 준말. 圀 ~를 채우다. 5 〈속〉 돈. 6 〈속〉 자석(磁石).
[쇠가 쇠를 먹고 살이 살을 먹는다] 친척이나 동류끼리 서로 다툼을 이름.
쇠-¹ 圀 동식물의 이름 앞에 붙어서 작은 종류의 뜻을 나타내는 말. 圀 ~고래 / ~기러기.
쇠-² 圉 '소의·소와 같은'의 뜻을 나타내는 말. 圀 ~가죽 / ~고기 / ~고집.
쇠-가락지 [−찌] 圀 창·칼 따위의 자루에 끼우는, 쇠붙이로 된 둥근 테.
쇠-가래 圀 『농』 바닥이 쇠로 된 가래.
쇠-가죽 圀 소의 가죽. 소가죽. 우피(牛皮). 圀 ~처럼 질긴 고집.
쇠가죽을 무릅쓰다 句 부끄러움이나 체면을 돌아보지 아니하며.
쇠-간 (−肝) 圀 소의 간. 소간. 우간(牛肝).
쇠-갈고리 圀 쇠로 만든 갈고리.
쇠-갈비 圀 소의 갈비. 소갈비.
쇠경 (衰境) 圀 늙바탕. 圀 ~에 접어들다.
쇠-고기 圀 소의 고기. 소고기. 우육(牛肉). 圀 수입 ~ / ~를 굽다 / ~ 한 근을 사다.
쇠-고랑 圀 〈속〉 수갑. 圀 ~을 차다. 줖고랑.
쇠-고리 圀 쇠로 만든 고리.
쇠-고삐 圀 소의 굴레에 매어 끄는 줄.
쇠-고집 (−固執) 圀 몹시 센 고집. 또는 그런 고집이 있는 사람. 소고집. 황소고집.
[쇠고집과 닭고집이다] 고집이 몹시 세다.
쇠곤-하다 (衰困−) 혱어 쇠약하고 피곤하다.
쇠-골 圀 소의 골.
쇠골 (衰骨) 圀 가냘프고 약하게 생긴 골격. 또는 그러한 사람.
쇠-공이 圀 쇠로 만든 공이.
쇠-구들 圀 불을 때도 덥지 아니한 방.
쇠-귀 圀 소의 귀. 소귀. 우이(牛耳).
[쇠귀에 경 읽기] 아무리 가르치고 일러 주어도 알아듣지 못하거나 효과가 없다는 말. ＊우이독경(牛耳讀經).
쇠-나물 圀 『식』 백사과의 여러해살이풀. 무논에 남. 뿌리줄기는 짧고, 화살촉 모양의 뿌리잎이 뭉쳐남. 여름에 흰 꽃이 피며 덩이줄기는 녹말이 많음. 소귀나물.
쇠-귀신 (−鬼神) 圀 1 소가 죽어서 된다는 귀신. 우신(牛神). 2 성질이 몹시 검질긴 사람. 소귀신.

쇠-금 (−金) 圀 한자 부수의 하나(('銀'·'鋼' 등에서 '金'의 이름).
쇠-기둥 圀 1 쇠로 만든 기둥. 2 작두의 날을 끼우기 위하여 바탕에 박아 놓은 두 개의 쇳조각.
쇠-기러기 圀 『조』 오릿과의 철새. 무논이나 습지, 초원 등에 떼 지어 삶. 몸은 기러기보다 작으며, 가슴과 배에 불규칙한 검은 얼룩무늬가 있음. 우리나라에서 겨울을 보냄.
쇠:-기름 圀 소의 기름. 소기름. 우지(牛脂).
쇠-기침 圀 오래도록 낫지 않아 쇤 기침.
쇠-꼬리 圀 1 소의 꼬리. 소꼬리. 2 베틀신과 신대를 잇는 끈.
쇠-꼬리-채 圀 베틀에 달려, 당겨서 날과 씨를 서로 오르내리게 하는 장치.
쇠-꼬챙이 圀 1 쇠로 만든 꼬챙이. 2 매우 여위었으면서도 옹골차고 날카로움의 비유. 圀 성질이 ~ 같은 사람.
쇠:-꼴 圀 소에게 먹이는 풀. 꼴. 圀 ~을 베다.
쇠-끄트러기 圀 1 물건을 만들고 남은 쇠 부스러기나 동강. 2 잔 쇠붙이.
쇠-끝 [−끋] 圀 창·칼·화살 따위의 날 끝.
쇠-나기 圀 소나기.
쇠-나다 재 1 솥의 녹이 음식에 물들다. 2 부스럼이 덧나다.
쇠년 (衰年) 圀 늙어서 점점 쇠약해 가는 나이.
쇠뇌 圀 『역』 여러 개의 화살을 한꺼번에 쏘는 활의 한 가지. 노포(弩砲).
쇠다¹ 재 1 채소 따위가 너무 자라 연하지 않고 억세어지다. 圀 나물이 ~. 2 한도를 지나쳐 점점 나쁜 쪽으로 심해지다. 圀 감기가 ~. 3 성질이나 성품이 억세지고 비뚤어진다.
쇠:-다² 타 명절·생일 같은 날을 기념하고 지내다. 圀 설을 ~ / 추석을 쇠러 고향에 가다.
-쇠다 어미 '−소이다'보다 낮은 말. 圀 잘 알았−.
쇠:-다리 圀 쇠족.
쇠-달구 圀 쇠로 만든 달구.
쇠-닻 [−닫] 圀 쇠로 만든 닻. 철묘.
쇠-도끼 圀 쇠로 만든 도끼.
쇠-도리깨 圀 『역』 쇠로 도리깨처럼 만든 옛 병장기의 하나. 포졸이 순라를 돌 때 가지고 다녔음.
쇠-돌피 圀 『식』 볏과의 두해살이풀. 들에 나는데, 5∼6월에 녹자색(綠紫色) 꽃이 줄기 꼭대기에 핌.
쇠-두엄 圀 외양간에서 쳐낸 두엄.
쇠-딱따구리 圀 『조』 딱따구릿과의 새. 깊은 산속에 삶. 몸빛은 회갈색, 등에는 흰색 얼룩무늬가 있음. 소탁목(小啄木).
쇠-딱지 [−찌] 圀 어린아이의 머리에 덕지덕지 눌어붙은 때.
쇠-똥¹ 圀 쇠를 불에 달구어 불릴 때, 달아오른 쇠에서 튀는 부스러기. 철설(鐵屑). 철소(鐵㨘). ＊설철1.
쇠:-똥² 圀 소의 똥.
[쇠똥도 약에 쓰려면 없다] 아주 흔한 것도 쓰일 때 없어 찾으면 눈에 띄지 않는다.
쇠:-똥-구리 圀 『충』 풍뎅잇과의 갑충. 길이 1.8 cm가량으로 몸빛은 검고 광택이 있으며, 짐승의 똥을 둥글리어 흙 속에 묻고 그 속에 산란함. 말똥구리. 쇠똥벌레.
쇠:-똥-찜 圀하타 쇠똥을 구워서 부스럼 자리에 대고 하는 찜질.
쇠뜨기 圀 『식』 속샛과의 여러해살이풀. 들에 남. 땅속줄기는 가로 뻗고, 땅위줄기는 포자를 형성하지 않는 줄기와 포자경의 두 가지가 있음. 어린 포자경은 '뱀밥'이라 하여 식

용합. 필두채(筆頭菜).

쇠락(衰落)**명하자** 쇠약하여 말라서 떨어짐. ▢~의 길을 걷다.

쇠령(衰齡)**명** 쇠년(衰年).

쇠로(衰老)**명하자** 늙어 몸이 쇠약해짐.

쇠로기명〈옛〉솔개.

쇠:-마구간(-馬廏間)[-깐]**명** 소의 외양간. 쇠마구.

쇠-막대기[-때-]**명** 쇠로 만든 막대기. 금봉(金棒).

쇠망(衰亡)**명하자** 쇠퇴(衰退)하여 망함. ▢~한 명문거족의 후예.

쇠-망치명 쇠로 만든 망치.

쇠:-머리명 소의 머리. 소머리.

쇠:-머릿-살[-리쌀 / -릳쌀]**명** 소의 머리에 붙은 살코기.

쇠:-먹이명 소에게 먹이는 사료나 여물 따위.

쇠-메명 쇠로 만든 메.

쇠멸(衰滅)**명하자** 쇠퇴하여 없어짐.

쇠모(衰耗)**명하자** 쇠퇴하여 줄어듦.

쇠목명 장롱의 앞쪽 두 기둥 사이에 가로지르는 나무.

쇠-못[-몯]**명** 쇠로 만든 못. ↔나무못.

쇠-몽둥이명 쇠로 만든 몽둥이. 철봉.

쇠-몽치명 쇠로 만든 짤막한 몽둥이. ▢~를 휘두르다.

쇠:-무릎[-릅]**명**〈식〉비름과의 여러해살이풀. 줄기는 마디가 불룩하고 타원형의 잎이 마주남. 여름에 녹색의 다섯잎꽃이 피고 열매는 포과(胞果)로 겉에 가시가 있어 옷에 잘 붙음. 뿌리는 강장제·이뇨제로 쓰고, 줄기와 잎은 뱀에 물렸을 때 해독약으로 씀.

쇠-문(-門)**명** 쇠로 된 문. 철문.

쇠문(衰門)**명** 쇠퇴하여 기울어진 집안.

쇠문-이(衰門-)**명** 집안을 망치는 사람이라는 뜻으로, 행실이 못되고 진취성이 없는 사람을 낮잡아 이르는 말.

쇠-뭉치명 뭉쳐진 쇳덩어리. ▢~로 말뚝을 박다.

쇠미-하다(衰微-)**형여** 쇠잔(衰殘)하고 미약하다. ▢기억력이 ~하다.

쇠:-발-개발명 소의 발과 개의 발이라는 뜻으로, 아주 더러운 발을 비유하는 말.

쇠:-백장[-짱]**명** 쇠백정.

쇠:-백정(-白丁)[-쩡]**명** 소를 잡는 것을 업으로 삼는 사람. 쇠백장.

쇠-버짐명〈의〉백선(白癬)1.

쇠-별꽃[-꼳]**명**〈식〉석죽과의 두해살이풀 또는 여러해살이풀. 물기 있는 곳에 야생함. 초여름에 흰 꽃이 피며 어린잎·줄기는 식용함.

쇠병(衰病)**명** 늙고 쇠약하여 생긴 병.

쇠-보리명〈식〉볏과의 여러해살이풀. 흔히 해안에 남. 줄기 높이는 30~80 cm, 여름에 보라색을 띤 붉은색의 꽃이 줄기 끝에 피며, 이삭에는 까끄라기가 없음.

쇠북명〈옛〉종(鐘).

쇠:-불알명 소의 불알. 소불알.

[쇠불알 떨어지면 구워 먹기] 노력은 없이 요행만 바라고 기다린다는 말.

쇠붚명〈옛〉종(鐘).

쇠-붙이[-부치]**명** 1 금속. ▢~를 녹이다 / ~에 녹이 슬다 / ~를 달구어 연장을 만들다. 2 철물이나 쇳조각 등의 총칭. ▢날카로운 ~의 금속성이 나다.

쇠붚명〈옛〉종(鐘).

쇠:-비름명〈식〉쇠비름과의 한해살이풀. 길가나 밭에 나며, 줄기 높이는 15~30 cm, 여름에 노란 다섯잎꽃이 핌. 사료나 약재로 쓰

며 번식력이 큼. 오행초(五行草). 장명채(長命菜). 마치현(馬齒莧).

쇠:-뼈명 소의 뼈. 소뼈. 우골(牛骨).

쇠:-뿔명 소의 뿔. 소뿔. 우각(牛角). ▢~에 받히다.

[쇠뿔도 단김에 빼랬다] 무엇을 하려고 했으면 망설이지 말고 곧 행동으로 옮기라는 말.

쇠-고추명 쇠뿔처럼 생긴 고추.

쇠-뿔-참외명 쇠뿔처럼 생긴 참외.

쇠-사다리명 쇠로 만든 사다리.

쇠-사슬명 1 쇠로 만든 고리를 여러 개 걸어 이어서 만든 줄. 철쇄(鐵鎖). ▢~에 묶이다. 2 억압이나 압박의 비유. ▢노예의 ~에서 벗어나다. ⓟ사슬.

쇠-살문(-門)**명**〈건〉쇠로 된 살대로 짠 문.

쇠:-살쭈명 장에서 소를 팔고 사는 것을 흥정 붙이는 사람. ⓟ쇠살주.

쇠-살창(-窓)**명** 쇠로 만든 살을 댄 창.

쇠상(衰相)**명**〈불〉쇠한 모습.

쇠:-서명 1 고기로서의 소의 혀. 2〈건〉'쇠서받침'의 준말.

쇠:-서-받침명〈건〉전각의 기둥 위에 붙이는, 소의 혀와 같이 생긴 장식. ⓟ쇠서서.

쇠세(衰世)**명** 망해 가는 세상.

쇠세(衰勢)**명** 약해진 세력이나 기세.

쇠-소댕명 쇠로 만든 솥뚜껑.

쇠-솥[-솓]**명** 쇠로 만든 솥.

쇠-숟가락[-까-]**명** 놋쇠 따위의 쇠붙이로 만든 숟가락. ⓟ쇠술.

쇠-술명 '쇠숟가락'의 준말.

쇠스랑명〈농〉쇠로 서너 개의 발을 만들고 자루를 박은 갈퀴 모양의 농기구.

쇠시리명〈건〉기둥 모서리나 문살의 표면을 모를 접어 두 골이 나게 하는 일.

쇠-시위명 쇠로 된 활시위. 철현(鐵弦).

쇠:-심명 소의 힘줄.

쇠:-심-떠깨명 힘줄이 섞여 있어 질긴 쇠고기. ⓟ쇠심떠깨.

쇠안(衰眼)**명** 시력이 약해진 눈.

쇠안(衰顔)**명** 쇠약해져 핼쑥한 얼굴.

쇠야기명〈옛〉쐐기.

쇠약(衰弱)**명하형** 몸이 쇠하여 약함. ▢기력이 ~하다 / 병치레로 몸이 ~하다.

쇠양배양-하다형여 1 철없이 함부로 날뛰는 경향이 있다. 2 요량이 적고 분수가 없어 아둔하다.

쇠:-여물명 소에게 먹이는 여물.

쇠:-오줌명 소의 오줌.

쇠:-옹두리명 소의 정강이뼈.

쇠용(衰容)**명** 쇠약한 모습. 또는 여윈 얼굴.

쇠운(衰運)**명** 쇠하는 운수. 기우는 운수.

쇠-자루명 쇠로 만든, 연장이나 기구 따위의 손잡이.

쇠잔(衰殘)**명하자** 쇠하여 힘이나 세력이 점점 약해짐. ▢기력이 ~ / 몸이 ~하다.

쇠-잡이명 농악에서, 꽹과리나 징을 맡아 치는 일. 또는 그 사람.

쇠:-장(-場)**명** 소를 사고파는 장. 소장. 우시장(牛市場).

쇠:-전(-廛)**명** 쇠장(場). 우~이 서다.

쇠:-젖[-젇]**명** 소의 젖. 우유.

쇠:-족(-足)**명** 고기로서의 소의 발. 쇠다리.

쇠:-좆-매[-존-]**명**〈역〉황소의 생식기를 말려 형구(刑具)로 쓰던 매.

쇠:-죽(-粥)**명** 소의 먹이로 짚과 콩 따위를

섞어 끓인 죽.

쇠-죽-가마 (-粥-)[-까-]圓 쇠죽을 쑤는 큰 가마.

쇠-죽-솥 (-粥-)[-쏟]圓 쇠죽가마.

쇠-줄圓 쇠로 만든 줄(鐵絲 따위).

쇠증(衰症)[-쯩]圓 늙고 쇠약하여 생기는 증세. ❏~으로 누워 있다.

쇠지랑-물圓 외양간 뒤에 괸 검붉은 쇠오줌.

쇠지랑-탕圓 쇠지랑물을 받아서 썩히는 웅덩이. 소지랑탕.

쇠-지레圓 쇠로 만든 지레.

쇠진(衰盡)圓하자 점차로 쇠하여 기력이나 세력이 다함. ❏기력이 ~해 가다.

쇠-짚신[-집씬]圓 소에게 일을 시킬 때 신기는 짚신.

쇠-차돌圓 산화철이 들어 있어 붉은빛이나 누른빛을 띤 차돌.

쇠-창살(-窓-)[-쌀]圓 쇠로 만든 창살.

쇠-채圓 거문고 따위를 타는 데 쓰는, 쇠로 만든 채.

쇠천圓〈속〉 소전(小錢). ❏~ 한 닢도 없다.

쇠-코圓 1 소의 코. 2〔농〕보습 뒷면의 네모진 구멍 위에 가로로 지른 부분.

쇠-코-걸련圓〔건〕단청(丹靑)에서, 쇠코와 고삐를 늘어뜨린 것 같은 무늬.

쇠-코뚜레圓 소의 코를 꿰뚫어 끼는, 고리 모양의 나무. ⑥코뚜레.

쇠-코-잠방이圓 여름에 농부가 일할 때 입는, 무릎까지 내려오는 짧은 잠방이.

쇠태(衰態)圓 쇠약한 상태나 모습.

쇠-털圓 소의 털.
[쇠털같이 하고많은[허구한] 날] 헤아릴 수 없이 많은 나날. [쇠털을 뽑아 제 구멍에 박는다] 견식이 좁고 융통성이 없거나 고지식함을 이르는 말.

쇠-테圓 쇠로 만든 테. 철고(鐵箍).

쇠-톱圓 쇠를 자르는 데 쓰는 톱.

쇠퇴(衰退·衰頹)圓하자 기세나 상태가 쇠하여 전보다 못하여 감. ❏기력의 ~ / 기억력이 ~하다 / 국력의 ~의 길을 걷다.

쇠-파리圓〔충〕쇠파릿과의 파리. 몸의 길이는 1.5cm 정도, 빛은 황갈색에 온몸에 검은 털이 빽빽이 남. 마소의 살갗에 파고들어 피를 빨며, 그 속에 산란함.

쇠-판(-板)圓 철판(鐵板).

쇠패(衰敗)圓하자 1 쇠하여 패망함. 2 늙어서 기력이 약해짐.

쇠폐(衰弊)[-/-페]圓하자 지치고 쇠약해짐.

쇠폐(衰廢)[-/-페]圓하자 힘이나 세력이 점점 줄어서 없어짐.

쇠-푼圓 얼마 안 되는 돈. ❏~이나 있다고 으스댄다.

쇠-풀圓 [식] 볏과의 한해살이풀. 높이는 30cm 정도이며, 잎은 어긋나고 매우 얇음. 늦여름에 자주색 꽃이 피고, 잘고 가는 수과를 맺음. 산야에 남.

쇠-풍경(-風磬)圓 소의 턱 밑에 다는, 풍경 모양의 방울.

쇠-하다(衰-)자어 힘이나 세력 따위가 점점 줄어서 약해지다. ❏근력이 ~ / 형세가 쇠해 가다.

쇠-호두圓 꺼풀이 두꺼워 딱딱한 호두.

쇠-화덕(-火-)圓 쇠로 만든 화덕.

쇤-네ᷣ대 (소인네의 준말로) 예전에, 상전(上典)에 대하여 하인·하녀 등이 자신을 낮추어 일컫던 말.

쇤네를 내붙이다⬛ 자기 스스로 쇤네라 일컬으며 비굴하게 아첨하다.

쇰직-하다[-지카-]혬여 다른 것보다 크기나 정도가 조금 더하거나 비슷하다.

쇳-가루[쇠까-/쇧까-]圓 1 쇠붙이의 부스러진 가루. 2 '뇟물'을 비유적으로 이르는 말.

쇳-내[쇤-/쇧-]圓 음식이나 물에 쇠붙이가 우러나서 나는 냄새. ❏수돗물에서 ~가 나다.

쇳-냥(-兩)[쇤-/쇧-]圓 돈냥.

쇳-덩어리[쇠떵-/쇧떵-]圓 쇠붙이가 뭉쳐서 된 덩어리. ❏가슴 위에 묵직한 ~가 얹혀 있는 느낌이다.

쇳-덩이[쇠떵-/쇧떵-]圓 쇠붙이가 뭉쳐져서 된 덩이. ❏불에 달군 ~를 망치로 두드리다.

쇳-독(-毒)[쇠똑/쇧똑]圓 쇠붙이에 다치어 생긴 독기(毒氣). 철독. ❏~이 오르다.

쇳-돌[쇠똘/쇧똘]圓 쇠붙이의 성분이 들어 있는 광석.

쇳-물[쇤-/쇧-]圓 1 쇠의 녹이 우러난 물. 2 쇠가 높은 열에 녹은 물.

쇳-소리[쇠쏘-/쇧쏘-]圓 1 쇠붙이가 부딪쳐 나는 소리. 2 쨍쨍 울리는 야무지고 날카로운 목소리. 철성. 금속성(金屬聲). ❏카랑카랑한 ~가 나다.

쇳-조각[쇠쪼-/쇧쪼-]圓 1 쇠붙이의 조각. 철편. 2 성미가 매몰차고 경망한 사람을 비유하는 말.

쇳-줄[쇠쭐/쇧쭐]圓〔광〕광맥. ⑥줄.

쇼圓〈옛〉소[1].

쇼 (show)圓하자 1 구경거리나 구경거리가 된 사진. ❏한바탕 ~를 벌이다. 2〔연〕춤과 노래를 엮어 무대에 올리는 연예 오락. ❏뮤지컬 ~. 3 일부러 꾸미는 일의 비유. ❏~를 부리다.

쇼랜 (shoran)圓 〔short+range+navigation〕배나 비행기가 지상의 두 곳에 전파를 보내어, 그 응답 시각의 차로 자기 위치를 알아내는 라디오 비컨 항법의 하나.

쇼맨십 (showmanship)圓〔사〕특이한 언행으로 사람들의 이목을 끌고 그들을 즐겁게 하는 재능이나 기질. ❏~을 발휘하다.

쇼비니즘 (chauvinism)圓〔사〕광신적(狂信的)이고 배타적인 애국(愛國)주의.

쇼시랑圓〈옛〉쇠스랑.

쇼-윈도 (show window)圓 진열창. ❏~에 걸려 있는 옷가지 / ~를 들여다보다. ⑥윈도.

쇼크 (shock)圓 1 갑자기 당하는 일 때문에 생기는 마음의 놀라움과 동요. 심적 충격. ❏갑작스러운 그의 죽음에 ~를 받았다. 2〔의〕출혈·외상(外傷)·돌발적인 자극 등으로 급격한 생체 기능의 저하나 의식 장애 등을 일으키는 증상. 주사 ~로 경련을 일으키다.

쇼크(를) 먹다⬛〈속〉충격을 심하게 받다.

쇼크-사 (shock死)圓〔의〕외상을 입었을 때나 수술을 하였을 때, 쇼크 증상을 일으켜 죽는 일. 충격사.

쇼크 요법 (shock療法)[-뻡]圓〔심〕정신적인 장애를 치료하는 방법의 하나(인슐린이나 전기 따위로 충격을 주어 치료함).

쇼킹-하다 (shocking-)혬여 어떠한 일 따위가 충격을 받을 만큼 매우 놀랍다. 충격적이다. ❏쇼킹한 뉴스.

쇼트 (short)圓 1 탁구의 단타법. 탁구대 가까이에 있다가 공이 튀어 오르자마자 되받아치는 법. 2 '쇼트서킷'의 준말.

쇼트닝 (shortening)圓 과자나 빵을 만드는 데에 많이 쓰는 반고체 상태의 기름(쇠기름·콩기름·땅콩기름 등을 섞어 굳힘).

쇼트-서킷 (short circuit) [명] 〔전〕 합선(合線). 단락(短絡). [준]쇼트.
쇼트스톱 (shortstop) [명] 야구에서, 유격수나 그 수비 위치를 이르는 말.
쇼트-커트 (short cut) [명] **1** 여성의 짧게 자른 머리 모양. **2** 탁구에서, 짧게 깎아 내리치는 타법.
쇼트-타임 (short time) [명] 〔경〕 조업 단축.
쇼트-톤 (short ton) [명] 미국에서 쓰는, 무게를 다는 단위《약 907 kg》. 미국톤.
쇼트 트랙 (short track) 실내에서 하는 스피드 스케이트 경기. 또는 그 트랙. 트랙을 한 바퀴 도는 거리는 111.2 m 임.
쇼트 패스 (short pass) 축구·농구 등에서, 공을 짧게 주고받는 일.
쇼핑 (shopping) [명][하자] 백화점이나 상점을 구경하고 돌아다니며 물건을 사는 일. 물건 사기. 장보기. ❑ ~을 가다.
쇼핑-몰 (shopping mall) [명] 쇼핑센터.
쇼핑-백 (shopping bag) [명] 산 물건을 넣는 손잡이가 달린 자루나 가방 따위.
쇼핑-센터 (shopping center) [명] 한군데에서 여러 가지 물건을 살 수 있도록 상점들이 모여 있는 곳.
속절업다 [형] 〈옛〉 속절없다.
숄 (shawl) [명] 여자들이 장식용이나 보온용으로 어깨에 걸치는 넓고 긴 천. 어깨걸이. ❑ ~을 두르다.
숄더-백 (shoulder bag) [명] 어깨에 메는 가방.
숑골 [명] 〈옛〉 송골매.
숑아지 [명] 〈옛〉 송아지.
숑의마 [명] 〈옛〉 창포(菖蒲).
쇠거름 [명] 〈옛〉 소걸음.
쇠고기 [명] 〈옛〉 쇠고기.
수[1] [명] 생물에서, 새끼나 알을 배지 않거나 열매를 맺지 않는 쪽의 성(性). ❑ 암과 ~를 감별하다.
수[2] [一][명] 일을 처리하는 방법이나 수단. ❑ 좋은 ~가 생각나다 / 뾰족한 ~가 없다 / 그런 ~에는 안 넘어간다. [二][의명] (어미 '-은·-는'·'-을' 따위의 뒤에서 '있다'·'없다' 따위와 함께 쓰여) 어떤 일을 할 만한 힘이나 가능성. ❑ 있을 ~ 없는 일 / 기다리는 ~밖에 다른 방도가 없다 / 그럴 ~도 있겠지.
수가 익다 [구] 일 따위가 손에 익거나 익숙해지다.
수 (手) [一][명] 바둑·장기 등을 두는 기술. ❑ 멋진 ~ / ~를 읽다 / ~가 깊다. [二][의명] 바둑·장기 등을 번갈아 두는 횟수를 세는 말. ❑ 한 ~ 물러 주게 / 몇 ~ 앞을 내다보다.
수가 세다 [구] 남을 휘어잡거나 다루는 힘이 세차다.
수 (水) [명] **1** 〔민〕 오행(五行)의 하나. 방위는 북쪽, 계절로는 겨울, 빛깔로는 검정을 가리킴. **2** '수요일'의 준말.
수 (秀) [명] 성적 평점의 최고《우(優)의 위》.
수 (需) [명] 〔민〕 '수괘(需卦)'의 준말.
수 (壽) [명] **1** 오복의 하나로 오래 사는 일. ❑ ~를 누리다. **2** 늙은 사람의 나이를 높이어 일컫는 말. **3** '수명'의 준말. ❑ ~를 다하다.
수 (綬) [명] **1** 중국에서, 직인(職印)을 허리에 차는 데 쓰는 끈. **2** 패옥(佩玉)의 끈. **3** 훈장·포장·기장 등을 띠는 데 쓰는 끈.
수:[1] (數) [명] **1** '운수'의 준말. ❑ ~가 좋다 / ~가 사납다. **2** 좋은 운수. ❑ ~를 만나 횡재했다 / 복권에 당첨되다니 ~가 났네그려.
수:[2] (數) [一][명] **1** 셀 수 있는 사물의 많고 적음을 나타내는 값. ❑ 관중의 ~ / ~가 많구나.

2 〔수〕 자연수·정수·유리수·분수·무리수·실수·허수 등의 총칭. [二][관] 단위를 나타내는 말 앞에 쓰여, '몇·여러·약간'의 뜻을 나타내는 말. ❑ 길이가 ~ 킬로미터에 달하다.
수(를) 놓다 [구] 수를 계산하다.
수: (繡) [명] 헝겊에 색실로 그림·글자 등을 바늘로 떠서 놓는 일. 또는 그 그림이나 글자. ❑ ~를 놓은 손수건.
수 (隨) [명] 〔민〕 '수괘(隨卦)'의 준말.
수 (首) [의명] **1** 시나 노래를 세는 단위. ❑ 시조 한 ~. **2** 마리. ❑ 오리 한 ~.
수- [두] **1** 생물의 수컷을 나타내는 말. ❑ ~소 / ~개미 / ~캐 / ~탉 / ~퇘지 / ~평아리. **2** 웅성적(雄性的)·능동적 특성을 빌려, 비유적으로 쓰는 말. ❑ ~키와 / ~톨쩌귀 / ~나사 / ~무지개. ↔암-.
수:- (數) [두] 수와 관계되는 말 앞에 붙어, '여러·몇의·약간의'의 뜻을 나타내는 말. ❑ ~백만 / ~차례.
-수 (手) [미] 일부 명사 뒤에 붙어, 그에 종사하는 사람 또는 선수 등을 나타내는 말. ❑ 운전~ / 공격~ / 외야~.
-수 (囚) [미] '죄수'의 뜻을 나타내는 말. ❑ 미결~ / 사형~.
수가 (收家) [명][하자] 〔역〕 빚쟁이의 청구로 관아에서 채무자의 집을 압류하던 일.
수가 (受呵) [명][하자] 꾸지람을 들음.
수가 (酬價)[-까] [명] 보수로 주는 대가(代價). ❑ 의료 보험 ~.
수가 (隨駕) [명][하자] 〔역〕 거둥 때, 임금을 모시고 따라가던 일.
수각 (手刻) [명][하타] 기계를 쓰지 않고 손으로 조각하는 일. 또는 그 조각품.
수각 (水閣) [명] 물가나 물 위에 지은 정자.
수각 (守閣) [명][하자] 〔역〕 의정(議政)이 긴급한 일로 임금에게 만나기를 청한 뒤, 그 답이 있기까지 편전의 문을 떠나지 않던 일.
수각-집 (水閣-)[-찝] [명] 터가 습하여 물이 늘 나는 집.
수간 (手簡) [명] 수서(手書).
수:간 (數間) [명] 집의 두서너 칸.
수간 (樹間) [명] 나무와 나무 사이.
수간 (樹幹) [명] 나무의 줄기.
수간 (獸姦) [명][하자] 짐승과의 변태적인 성행위.
수:간-두옥 (數間斗屋) [명] 몇 칸 되지 않는 아주 작은 집. ❑ ~에서 기거하다.
수:간-모옥 (數間茅屋) [명] 수간초옥.
수:간-초옥 (數間草屋) [명] 몇 칸 되지 않는 작은 초가(草家). 수간모옥.
수-간호사 (首看護師) [명] 종합 병원 등에서, 병동(病棟) 등의 특정 단위에 속하는 간호사들의 우두머리.
수감 (收監) [명][하타] 사람을 구치소나 교도소에 가두어 넣음. ❑ 죄인을 ~하다.
수감 (隨感) [명] 마음에 일어나는 그대로의 생각이나 느낌.
수감-록 (隨感錄)[-녹] [명] 마음에 느껴지는 그대로 적은 글. 또는 그런 글을 모은 책.
수감-자 (收監者) [명] 구치소나 교도소 등에 갇힌 사람.
수갑 (手匣) [명] 죄인이나 피의자의 손목에 채우는 쇠로 만든 형구(刑具). ❑ 손목에 ~을 채우다 / ~을 풀어 주다.
수강 (受講) [명][하타] 강의나 강습을 받음. ❑ ~신청 / 두 과목을 ~하다.
수강-료 (受講料)[-뇨] [명] 강의나 강습을 받기

위해 내는 돈.

수강-생 (受講生) 뗑 강의나 강습을 받는 학생.

수강-자 (受講者) 뗑 강의나 강습을 받는 사람.

수-개 (修改) 뗑하타 수리하여 고침.

수-개미 뗑 개미의 수컷.

수-개월 (數箇月) 뗑 두서너 달. 몇 달. ⃞작업을 ~ 미루다.

수갱 (豎坑·竪坑) 뗑 『광』 '수직 갱도'의 준말.

수거 (收去) 뗑하타 거두어 감. ⃞쓰레기를 ~해 가다.

수-거미 뗑 거미의 수컷. ↔암거미.

수-건 (手巾) 뗑 얼굴·몸 등을 닦기 위한 천 조각. 타월. ⃞~으로 얼굴을 닦다 / 머리를 흰 ~으로 질끈 동이다.

수-건-건 (手巾巾) 뗑 한자 부수의 하나(('希'·'師' 등에서 '巾'의 이름)).

수걸 (秀傑) 뗑형하形 재주와 기상이 남보다 빼어남. 또는 그러한 사람.

수검 (受檢) 뗑하자 검사나 검열 등을 받음.

수검 (搜檢) 뗑하자 금제품(禁制品) 따위를 수색하여 검사함. 수험(搜驗).

수-게 뗑 게의 수컷. ↔암게.

수격 (手格) 뗑하타 주먹으로 침.

수결 (手決) 뗑 지난날, 자기 성명이나 직함 아래 도장 대신 자필로 글자를 직접 쓰던 일. 또는 그 글자. 수압(手押). ⃞~을 놓다.

수결(을) 두다 쉬 수결을 쓰다.

수경 (水莖) 뗑 『식』 '수중경(水中莖)'의 준말.

수경 (水耕) 뗑 『식』 물재배.

수경 (水鏡) 뗑 물안경.

수경-법 (水耕法)[-뻽] 뗑 『농』 수경 재배에 따른 방법. 물재배.

수경-성 (水硬性)[-썽] 뗑 석회·시멘트처럼 물에 의하여 굳어지는 성질.

수경-시멘트 (水硬cement) 뗑 물속에서 굳어지는 시멘트.

수경-증 (手痙症)[-쯩] 뗑 『한의』 뇌척수막염 등으로 손이 싸늘해지고 뻣뻣해지는 증상.

수경-하다 (瘦勁-·瘦硬-) 형예 글자의 획이나 그림의 선이 가늘면서도 힘이 있다.

수계 (水系)[-/-계] 뗑 『지』 지표의 물이 점차로 모여서 같은 물줄기를 이루는 계통((주체는 하천이지만 이에 딸린 호소(湖沼)도 같은 수계에 속함)). ⃞한강 ~.

수계 (水界)[-/-계] 뗑 **1** 『지』 수권(水圈). **2** 물과 육지의 경계.

수계 (水鷄)[-/-계] 뗑 『조』 비오리.

수계 (囚繫)[-/-계] 뗑하타 죄인을 잡아 가둠.

수계 (守誡)[-/-계] 뗑하자 『가』 계명을 지킴.

수계 (受戒)[-/-계] 뗑하자 『불』 불교에 귀의한 사람이 지켜야 할 계율을 받음.

수계 (受繼)[-/-계] 뗑하타 계승(繼承).

수계 (授戒)[-/-계] 뗑하타 『불』 부처의 가르침을 받드는 사람에게 지켜야 할 계율을 줌.

수계 감:염 (水系感染)[-가몀/-계가몀] 『의』 어떤 전염병이 물에 의해 옮겨지는 일((콜레라·장티푸스·이질 등에서 볼 수 있음)).

수:-계수 (數係數)[-/-계-] 『수』 문자와 숫자의 곱으로 된 단항식에서, 숫자 인수(因數)가 문자 인수에 대하여 일컫는 말.

수계 전염 (水系傳染)[-저념/-계저념] 『의』 수계 감염.

수:-고 뗑하자 일을 하는 데 힘을 들이고 애를 씀. 또는 그런 어려움. ⃞~를 끼치다 / ~를 덜다 / ~를 아끼지 않다 / 멀리서 오시느라 ~하셨습니다.

수고 (水鼓) 뗑 『민』 물장구2.

수고 (愁苦) 뗑하자 근심과 걱정으로 괴로워함.

수고 (壽考) 뗑하자 오래 삶.

수고 (樹高) 뗑 나무의 높이.

수:고-롭다 [-따][-로워, -로우니] 형ㅂ 일을 처리하기가 괴롭고 고되다. ⃞마음을 수고롭게 하다 / 수고로운 일을 맡아 하다. 수:고-로이 ㅎ

수:고-비 (-費) 뗑 수고한 대가(代價)로 주는 돈. ⃞는 넉넉히 드리겠습니다.

수:고-스럽다 [-따][-스러워, -스러우니] 형ㅂ 일을 하기에 수고로움이 있다. ⃞수고스럽지만 이 짐을 좀 들어 주지 않으시겠습니까. 수:고-스레 ㅎ

수-고양이 뗑 고양이의 수컷. ↔암고양이. 준수쾡이.

수곡-선 (垂曲線)[-썬] 뗑 『수』 현수선(懸垂線).

수골 (手骨) 뗑 『생』 손가락 끝에서 손목까지의 뼈((손목뼈·손바닥뼈·손가락뼈로 이루어짐)).

수골 (收骨) 뗑하자 **1** 화장하고 남은 뼈를 거둠. **2** 매장하기 위하여 흩어진 뼈를 주워 모음.

수골 (壽骨) 뗑 오래 살 수 있게 생긴 골격.

수-곰 뗑 곰의 수컷. ↔암곰.

수공 (手工) 뗑 **1** 손으로 하는 비교적 간단한 공예. **2** 잔손이 많이 가는 일감. ⃞~을 들이다. **3** 손으로 하는 일의 품삯. ⃞~은 얼마나 주시겠습니까.

수공 (手空) 뗑 손공.

수공 (水孔) 뗑 『식』 잎 끝에 있어, 뿌리에서 빨아들인 수액(水液)을 배출하는 작은 구멍.

수공 (水攻) 뗑 『군』 물을 이용한 공격. 물길을 끊거나, 큰 물을 끌어다가 침수시켜 공격하는 전법.

수공 (首功) 뗑 적장의 목을 벤 공훈.

수공 (殊功) 뗑 뛰어난 공훈.

수공-구 (手工具) 뗑 공작에 사용하는 비교적 간단한 공구((쇠톱·톱·줄·대패·끌·송곳·칼·나사돌리개 따위)).

수공-업 (手工業) 뗑 손과 간단한 도구를 사용하여 생산하는 소규모의 공업. ↔기계 공업.

수-공예 (手工藝) 뗑 수예와 공예.

수공-품 (手工品) 뗑 손이나 간단한 도구로 만든 물품.

수-공후 (豎箜篌) 뗑 『악』 국악기의 하나. 사다리꼴의 틀에 길이가 다른 21개의 줄을 매어 소리를 내는 현악기.

수과 (水瓜) 뗑 『식』 수박.

수과 (瘦果) 뗑 『식』 식물의 열매로 폐과(閉果)의 하나. 껍질이 말라서 목질(木質)이나 혁질(革質)이 되고 속에 하나의 씨가 들어 있음((메밀·민들레·해바라기 따위의 열매)).

수과 (樹果) 뗑 나무의 열매.

수곽 (水廓) 뗑 물가에 있는 마을. 수향(水鄕).

수관 (水管) 뗑 **1** 물을 통하여 흐르게 하는 관. **2** 『동』 연체동물의 외투막의 일부가 변해 대롱 모양을 한 것으로, 호흡·배출·운동 기능을 겸함.

수관 (水灌) 뗑하자 『불』 관정(灌頂)을 받음.

수관 (竪罐) 뗑 양이 적고 압력이 낮은 증기를 발생시키는 데에 쓰는, 곧게 세운 원통형의 증기관(蒸氣罐).

수관 (樹冠) 뗑 『식』 많은 가지와 잎이 달려 있는 줄기의 윗부분.

수관-계 (水管系)[-/-계] 뗑 『동』 극피동물 특유의 운동 기관. 대롱 모양의 관으로서 속에 바닷물이 차 있는데, 호흡·배출·운동 기능을 겸함. 보관계(步管系).

수:-관형사 (數冠形詞) 『언』 명사나 의존 명사

앞에 쓰여 수량을 나타내는 관형사('세 사람'의 '세', '두 척'의 '두' 따위).

수광(水光)圓 물의 빛.

수광-벌(受光伐)圓『농』잘 자라는 나무가 충분한 햇빛과 양분을 받도록 주위의 잘 자라지 않는 초목을 베어 내는 일.

수괘(需卦)圓 육십사괘의 하나. 감괘(坎卦)와 건괘(乾卦)가 거듭된 것(하늘에 구름이 오름을 상징함). ㉰수(需).

수괘(樹掛)圓 상고대.

수괘(隨卦)圓『민』육십사괘의 하나. 태괘(兌卦)와 진괘(震卦)가 거듭된 것(못 가운데 우레가 있음을 상징함). ㉰수(隨).

수-괭이圓 '수고양이'의 준말.

수괴(水塊)圓『해』수온·염분·물빛·투명도·플랑크톤 분포 등이 비교적 고른, 바닷물의 한 덩어리.

수괴(首魁)圓 괴수(魁首). ☐반란군의 ~.

수괴-스럽다(殊怪-)[-따][-스러워, -스러우니]圓固 수상하고 괴이한 데가 있다. ☐수괴스러운 언행. **수괴-스레**圓

수괴-스럽다(羞愧-)[-따][-스러워, -스러우니]圓固 부끄럽고 창피한 데가 있다. **수괴-스레**圓

수괴-히다(殊怪-)圓固 수상하고 괴이하다. **수괴-하다**圓

수괴-하다(羞愧-)圓固 부끄럽고 창피하다. **수괴-히다**圓

수교(手巧)圓 손재주.

수교(手交)圓固固 손으로 직접 전해 줌. ☐항의문을 ~하다 / 신임 대사에게 신임장을 ~하다.

수교(手敎)圓『역』훈작(勳爵)을 봉할 때 공신에게 내리던 임금의 책명(策命).

수교(受敎)圓『역』조선 때, 임금이 내리던 교명(敎命).

수교(垂敎)圓固固 가르침을 내리거나 받음.

수교(首校)圓『역』각 고을 장교의 우두머리.

수교(修交)圓固固 나라와 나라 사이에 외교 관계를 맺음. ☐동구권 여러 나라와 ~하다.

수-교위圓 밀가루를 반죽하여 얇게 빚어 쇠고기·오이 따위의 소를 넣고 만두 모양으로 찐 음식.

수교 조약(修交條約)『정』국교를 맺기로 정하는 조약.

수교 포장(修交褒章)『법』국권의 신장 및 우방과의 친선에 뚜렷한 공을 세운 사람에게 주는 포장.

수교 훈장(修交勳章)『법』국권의 신장 및 우방과의 친선에 뚜렷한 공을 세운 사람에게 주는 훈장(광화장(光化章)·흥인장(興仁章)·숭례장(崇禮章)·창의장(彰義章)·숙정장(肅靖章)의 다섯 등급이 있음).

수구(水口)圓 1 물이 흘러 들어오거나 흘러 나가는 곳. 2 『민』풍수지리에서, 득(得)이 흘러간 곳.

수구(水球)圓 수상 경기의 하나. 7 명씩 짠 두 편이 풀 안에서 헤엄을 치며 공을 서로 상대편의 골에 던져 넣어 득점을 겨루는 경기. 워터 폴로.

수구(守口)圓固固 비밀을 지킴. 말을 삼감.

수구(守舊)圓固 옛 제도나 관습을 그대로 지키고 따름. ☐~와 진보. *보수(保守).

수구(秀句)圓 뛰어난 시구(詩句).

수구(首句)圓 시문의 첫구. 기구(起句).

수구(袖口)圓 소맷부리.

수구(需求)圓固固 필요하여 찾아 구하는 일.

수구(壽具)圓 염(殮)할 때 쓰는 옷·버선·이불·

베개의 총칭.

수구(瘦軀)圓 수척한 몸. 여윈 몸.

수구-당(守舊黨)圓 1 옛 제도를 지키려는 당파. 2『역』조선 후기, 개화를 반대하고 옛 제도를 지키기를 주장한 보수적 당파.

수-구령이圓 구렁이의 수컷. ↔암구렁이.

수구레¹圓 쇠가죽에서 벗겨 낸 질긴 고기.

수구레²圓『광』지형이나 장소 때문에 몸을 구부리어 풀어야 하는 남폿구멍.

수구레-편圓 수구레를 고아서 굳힌 음식.

수구-막이(水口-)圓『민』풍수지리에서, 골짜기의 물이 돌아 흘러서 하류가 보이지 않는 땅의 형세(좋은 묏자리의 조건임). 수구장문.

수구-문(水口門)圓 1 성안의 물이 흘러 나가는 수구에 있는 문. 2『역』'광희문'의 다른 이름.
[수구문 차례] ㉠여럿이 둘러앉아 술을 마실 때 순배가 나이 많은 사람에게 먼저 가는 것을 조롱하여 일컫는 말. ㉡늙고 병들어 죽을 때가 가까운 사람을 두고 하는 말.

수구-초심(首丘初心)圓 여우가 죽을 때 머리를 자기가 살던 굴 쪽으로 둔다는 뜻으로, 고향을 그리워하는 마음을 일컫는 말.

수국(水國)圓 1 바다의 세계. 2 물나라.

수국(水菊)圓『식』범의귓과의 낙엽 활엽 관목. 줄기는 뭉쳐지고 잎은 넓은 타원형으로 톱니가 있음. 가을에 보라색 또는 흰색 꽃이 뭉쳐 피며 결실을 못함. 꽃은 말려 약재로 씀.

수군(水軍)圓 1『역』조선 때, 바다를 방위하던 군대. 또는 거기에 딸린 병졸. 2 해군.

수군-거리다圓固 낮은 소리로 자꾸 가만가만 말하다. ☐수군거리는 소리가 들리다. 웹소곤거리다. 웬쑤군거리다. **수군-수군**圓固固

수군-대다圓固 수군거리다.

수군덕-거리다[-꺼-]圓固 제멋대로 수군거리다. 웬쑤군덕거리다. **수군덕-수군덕**[-꺼-]圓固固

수군덕-대다[-때-]圓固 수군덕거리다.

수군-절도사(水軍節度使)[-또-]圓『역』조선 때, 각 도에 있는 수군의 진수부(鎭守府)인 수영(水營)의 정삼품 외직 무관(수군을 통솔하던 으뜸 벼슬). ㉰수사(水使).

수굿-수굿[-굳수굳]圓固固固 여럿이 모두 수굿한 모양. 웹소곳소곳.

수굿-이圓 수굿하게. 웹소곳이.

수굿-하다[-구타-]圓固 고개를 조금 숙인 듯하다. ㉠固固 1 고개를 좀 숙인 듯하다. 2 흥분이 좀 누그러진 듯하다. 웹소곳하다.

수궁(水宮)圓 물속에 있다는 상상의 용궁.

수궁(守宮)圓固固 궁궐을 지킴.

수궁(壽宮)圓 임금이 살아 있을 때 나라에서 미리 만들어 두던 임금의 관(棺).

수궁-대장(守宮大將)圓『역』조선 때, 임금이 궁을 비웠을 때 궁문을 지켜 대궐을 호위하던 무관의 임시직.

수-궁하다(數窮-)圓固 운수가 사납다.

수권(水圈)[-꿘]圓『지』지구 표면에서 물이 차지하는 부분(지구 표면의 약 74 % 가 물이나 얼음으로 덮여 있으며, 그 가운데 바다가 70 % 정도를 차지함). 수계(水界).

수권(受權)[-꿘]圓 선거에 의해 정권을 얻는 일. ↔야당.

수권(首卷)圓 한 질의 책 가운데 첫째 권.

수권(授權)[-꿘]圓『법』일정한 자격·권리·권한 등을 특정인에게 부여하는 일.

수권 (獸圈)[-꿘] 圓 **1** 짐승이 서식하고 있는 권역. **2** 짐승을 넣어 두는 우리.

수권 (授權行爲)[-꿘-] 〖법〗 대리권을 발생시키는 법률 행위《본인과 대리인과의 합의로 성립됨》.

수규 (首揆) 圓 〖역〗 '영의정(領議政)'의 별칭.

수그러-들다 [-들어, -드니, -드는] 짜 **1** 안쪽으로 굽어 들거나 기울어지다. **2** 형세나 기세가 점점 약해지다. □ 더위가 ~.

수그러-지다 짜 **1** 깊이 숙여지다. □ 머리가 ~. **2** 형세나 기세가 점점 줄어지다. □ 불길이 ~.

수그리다 태 **1** 깊이 숙이다. □ 고개를 ~. **2** 형세나 기세를 줄이거나 굽히다.

수-극화 (水克火)[-끄콰] 圓 〖민〗 음양오행설에서, 물이 불을 이긴다는 뜻.

수근 (水芹) 圓 〖식〗 미나리.

수근 (水根) 圓 **1** 논에 댈 물이 나오는 곳. **2** 〖식〗 물뿌리.

수근 (樹根) 圓 나무의 뿌리.

수근 (鬚根) 圓 〖식〗 수염뿌리.

수-글 圓 **1** 배워서 잘 써먹는 글. **2** 옛날에, 한문을 남자의 글이란 뜻으로 한글에 상대하여 일컫던 말. ↔암글.

수금 (水金) 圓 염화금(塩化金)을 테레빈유에 녹여 도자기에 금빛 글씨나 그림을 넣는 데 쓰는 물감.

수금 (水禽) 圓 〖조〗 물새.

수금 (囚禁) 圓태 죄인을 잡아 가두어 둠.

수금 (收金) 圓태 받을 돈을 거둬들임. □ ~을 나가다 / 외상값을 ~하다.

수금 (竪琴) 圓 〖악〗 하프(harp).

수금 (燧金) 圓 부싯돌을 쳐서 불이 일어나게 하는 쇳조각. 부시.

수금-원 (收金員) 圓 받을 돈을 거두어들이는 일을 하는 사람. 수금인.

수급 (收給) 圓 수입과 지급. □ ~을 이루다.

수급 (受給) 圓태 **1** 급여·연금·배급 등을 받음. □ 연금 ~ 요건을 갖추다. **2** 받고 줌.

수급 (首級) 圓 **1** 싸움터에서 베어 얻은 적군의 머리. **2** 으뜸가는 급(級).

수급 (需給) 圓 수요와 공급. □ ~의 균형 / ~을 조절하다 / 전력 ~에 차질을 빚다.

수급-비 (水汲婢)[-삐] 圓 〖역〗 관아에 딸려 물을 긷던 여자 종.

수급-인 (受給人) 圓 〖법〗 도급을 맡은 사람.

수긍 (首肯) 圓태 옳다고 인정함. 긍수(肯首). □ ~하기 어렵다 / ~이 가다.

수기 (手技) 圓 손으로 물건을 만들거나 다루는 기술. 손재주.

수기 (手記) 圓 **1** 자기의 생활이나 체험 따위를 직접 쓴 기록. 수록(手錄). □ 생활 ~. **2** 글이나 글씨를 자기 손으로 직접 씀.

수기 (手旗) 圓 **1** 손에 쥐는 작은 기. 손기. **2** 군대·철도·선박에서 신호로 쓰는 작은 기. □ ~로 신호를 보내다. **3** 〖역〗 행군할 때 장수가 들던 기《계급에 따라 기의 넓이와 색깔이 다름》.

수기 (水氣) 圓 **1** 물기. **2** 〖한의〗 신경(腎經)의 음기(陰氣).

수기 (受記) 圓태재 〖불〗 부처로부터 내생(來生)에 부처가 되리라는 예언을 받음.

수기 (授記) 圓태재 〖불〗 **1** 문답식 또는 분류적 설명으로 되어 있는 부처의 설법. **2** 부처가 그 제자에게 내생에 부처가 되리라고 예언함. 또는 그 교설(敎說).

수기 (修己) 圓태재 자신의 몸과 마음을 닦음. 자기 수양을 함.

수기 (羞氣) 圓 부끄러운 기색.

수기 (需期) 圓 수요(需要)가 있는 시기.

수기 (壽器) 圓 살아 있을 때에 미리 만들어 두는 관.

수기 (隨機) 圓태재 **1** 어떠한 기회에 따름. **2** 〖불〗 중생의 근기(根機)에 따름. **3** '수기응변'의 준말.

수기-량 (隨其量) 圓태재 식량에 알맞게 맞춤.

수기-력 (隨其力) 圓태재 제힘에 알맞게 맞춤.

수기 신:호 (手旗信號) 근거리 통신의 하나《오른손에 붉은 기, 왼손에 흰 기를 들고 신호함》. □ ~가 오고 가다.

수기-응변 (隨機應變) 圓태재 그때그때의 기회에 따라 일을 적절하게 처리함. □ ~으로 대처하다.

수:기-하다 (數奇-) 휑여 운수가 기이하다.

수건 (-巾) 〈궁〉 수건(手巾).

수-꽃 [-꼳] 圓 암술은 없고 수술만 있는 꽃. 웅화(雄花). ↔암꽃.

수-꽃술 [-꼳쑬] 圓 〖식〗 수술. ↔암꽃술.

수-꽃이삭 [-꼳니-] 圓 〖식〗 수꽃이 피는 꽃이삭. 웅화수(雄花穗). ↔암꽃이삭.

수꿀-하다 휑여 무서워서 몸이 으쓱하다.

수-꿩 圓 꿩의 수컷. 장끼. ↔암꿩.

수-나귀 圓 '수탕나귀'의 준말.

수-나무 〖식〗 암수딴그루로 된 나무에서 열매가 열리지 않는 나무. ↔암나무.

수-나비 圓 나비의 수컷. ↔암나비.

수-나사 (-螺絲) 圓 표면에 나선형의 홈이 나 있어 암나사에 끼우게 되어 있는 나사. ↔암나사.

수나이 圓 피륙 두 필을 짤 감으로 주어서, 한 필은 받고 한 필은 그 삯으로 주는 일.

수난 (水難) 圓 비나 홍수 따위의 물 때문에 겪는 재해《익사·난선·침몰 따위》.

수난 (受難) 圓 **1** 견디기 힘든 어려운 일을 당함. □ ~의 역사 / ~ 시대 / ~을 겪다 / ~이 닥치다. **2** 〖기〗 예수 그리스도가 십자가에 못 박힐 때 당한 고난.

수난-곡 (受難曲) 圓 〖악〗 예수 그리스도 또는 그 밖의 순교자들의 수난을 극적으로 구성한 음악《바흐의 '마태 수난곡' 따위》.

수난-극 (受難劇) 圓 〖연〗 예수의 십자가 수난·부활·승천에 이르기까지의 생애를 내용으로 한 연극.

수난-기 (受難記) 圓 수난을 겪은 사실을 적은 수기(手記).

수난-기 (受難期) 圓 수난을 겪는 시기. □ ~가 지나가다.

수난-일 (受難日) 圓 〖기〗 예수가 십자가에 못 박혀 죽은 날. 성금요일.

수납 (收納) 圓태 돈이나 물품 따위를 받아 거두어들임. □ ~ 창구 / 세금을 ~하다.

수납 (受納) 圓태 받아서 넣어 둠. 납수(納受). □ 의연금을 ~하다 / 그릇을 ~하다.

수납 (袖納) 圓태 편지 등을 직접 가지고 가서 드림.

수납 (輸納) 圓태 실어다가 바침.

수납-공간 (受納空間)[-꽁-] 圓 물건을 넣어 두는 공간. □ 널찍한 ~.

수납 기관 (收納機關)[-끼-] 〖법〗 조세나 그 밖의 수입금을 거두어들이는 행정 기관.

수낭 (水囊) 圓 접었다 폈다 할 수 있게 만든 휴대용 물주머니.

수:낭 (繡囊) 圓 수주머니.

수냇-소 [-내쏘 / -낻쏘] 圓 송아지를 주고 그

것을 기르게 한 뒤에 소 값을 빼고 도조(賭租)를 내는 소작.

수냉-식 (水冷式) 명 ☞ 수랭식(水冷式).

수녀 (修女) 명 《가》 독신으로 수도하는 여자.

수녀 (須女) 명 《민》 베와 비단에 관한 일을 맡은 별 이름.

수녀-원 (修女院) 명 《가》 수녀들이 일정한 규율 아래 공동생활을 하면서 수도하는 곳.

수:년 (數年) 명 두서너 해. 대여섯 해.

수:년-래 (數年來)[-녈-] 명 두서너 해 또는 대여섯 해를 지나 지금까지 이르는 동안. ▫~의 연구가 마무리되다.

수노 (首奴) 명 《역》 관노(官奴)의 우두머리.

수-노루 명 노루의 수컷. ↔암노루.

수-놈 명 짐승의 수컷. ↔암놈.

수-놓다 (繡-)[-노타] 타 **1** 피륙에 색실로 그림·글씨·무늬 따위를 떠서 놓다. **2** 비유적으로, 색실로 수를 놓은 것처럼 아름다운 경치를 이루다. ▫폭죽이 밤하늘을 오색으로 ~.

수뇌 (首腦) 명 어떤 조직·단체의 가장 중요한 자리에 있는 사람. ▫~ 회의.

수뇌 (髓腦) 명 《생》 **1** 뇌(腦). **2** 골수와 뇌. 척추동물의 발생 시기에, 배(胚)의 신경관 앞부분에 있는 것. 뒤에 연수(延髓)가 됨.

수뇌-부 (首腦部) 명 어떤 단체나 기관의 가장 중요한 자리에 있는 사람들.

수뇌 회:담 (首腦會談) 《정》 어떤 조직이나 집단의 최고 책임자가 모여서 여는 회의. 정상 회담.

수뇨-관 (輸尿管) 명 《생》 신장에서 방광으로 오줌을 보내는 가늘고 긴 관. 요관(尿管).

수눅 명 버선 등의 꿰맨 솔기.

수능 (修能) 명 '대학 수학 능력 시험'의 준말.

수니-파 (Sunni派) 명 《종》 이슬람교의 정통파. 이슬람교도의 약 90％를 차지함.

수:다 명하형 쓸데없이 말이 많음. 또는 그런 말. ▫~가 늘다 / ~를 떨다 / ~를 부리다 / ~를 피우다.

수다라 (首陀羅) 명 수드라.

수:다-스럽다 [-따][-스러워, -스러우니] 형 쓸데없이 말수가 많은 데가 있다. ▫수다스러운 여자. **수:다-스레** 부

수:다-식구 (數多食口)[-꾸] 명 많은 식구.

수:다-식솔 (數多食率)[-쏠] 명 수다식구.

수:다-쟁이 명 몹시 수다스러운 사람을 얕잡아 이르는 말.

수:다-하다 (數多-) 형여 수효가 많다. 중다(衆多)하다. ▫수다한 의견. **수:다-히** 부

수단 (手段) 명 **1** 일을 처리해 나가는 솜씨와 꾀. ▫~이 뛰어나다. **2** 목적을 이루기 위한 방법. ▫표현 / ~과 방법을 가리지 않다.

수단 (水團·水糰) 명 쌀가루나 밀가루를 반죽하여 한 푼 반 길이로 썰어 삶은 후, 꿀물에 넣고 실백잣을 띄운 음식(흔히 유월 유두에 먹음).

수단 (收單) 명하자 여러 사람의 이름을 쓴 단자(單子)를 거두어들임. 또는 그 단자.

수단 (壽短·脩短) 명 수요(壽夭).

수-단 (繡緞) 명 수놓은 것같이 짠 비단.

수단-가 (手段家) 명 수단이 좋은 사람. 수단꾼.

수단-꾼 (手段-) 명 수단가. ▫요령 좋은 ~.

수-단추 똑딱단추에서 암단추에 끼우는, 가운데가 볼록한 단추. ↔암단추.

수달 (水獺·水獭) 명 《동》 족제빗과의 짐승. 강기슭·늪가에 굴을 파고 삶. 족제비 비슷한데 몸이 길고, 꼬리도 굵고 길며 사지는 짧음. 발가락 사이에 물갈퀴가 발달하여 수중 생활

에 적합함. 물고기·게 등을 잡아먹음.

수달-피 (水獺皮) 명 수달의 가죽.

수담 (手談) 명 서로 상대하여 말이 없이도 의사가 통한다는 뜻으로, 바둑 또는 바둑 두는 일을 일컫는 말. ▫~을 즐기다.

수담-관 (輸膽管) 명 《생》 간과 쓸개에서 쓸개 즙을 받아 십이지장에 보내는 관의 총칭. ⑱ 담관(膽管).

수답 (水畓) 명 무논. 골답.

수답 (酬答) 명하자 묻는 말에 대답함.

수당 (手當) 명 봉급 이외에 따로 주는 보수. ▫야근 ~ / 초과 근무 ~ / ~을 지급하다.

수당 (壽堂) 명 수실(壽室).

수-대 (手帶) 명 미사 때, 사제가 왼쪽 팔목에 거는 짧은 헝겊 띠.

수대 (水大) 명 《불》 만물을 구성하는 사대(四大)의 하나. 습성(濕性)으로 물체를 하나로 뭉치게 하는 작용을 함.

수대 (樹帶) 명 같은 높이의 나무가 띠처럼 산기슭을 무성하게 둘러싸고 있는 곳.

수대 (獸帶) 명 《천》 황도대(黃道帶).

수더분-하다 형여 성질이 까다롭지 않고 순하고 소박하다. ▫수더분한 성격 / 수더분해 보이다 / 수더분하게 생기다.

수덕 (手德) 명 손속.

수덕 (修德) 명하자 덕을 닦음.

수도 (手刀) 명 태권도에서, 새끼손가락 끝 부분에서 손목에 이르는 부분(상대편의 급소를 치는 데 씀).

수도 (水都) 명 강이나 호수 등이 있는 경치 좋은 도시.

수도¹ (水道) 명 **1** 수돗물을 받아 쓸 수 있게 만든 시설. ▫~에서 물을 받다. **2** 상수도(上水道). ▫~를 놓다. **3** 하수도. **4** 수도꼭지. ▫~를 틀다 / ~를 잠그다.

수도² (水道) 명 뱃길 또는 물길. ▫한려(閑麗) ~.

수도 (水稻) 명 논에 물을 대어 심는 벼. 논벼. ↔육도(陸稻).

수도 (囚徒) 명 감옥에 갇혀 있는 죄수.

수도 (受渡) 명하자 금품을 내줌과 넘김.

수도 (首都) 명 나라의 중앙 정부가 있는 도시. 서울. 수부(首府). ▫행정 ~ / ~를 옮기다.

수도 (修道) 명하자 도를 닦음.

수도 (隧道) 명 터널.

수도-고동 명 ☞ 수도꼭지.

수도-관 (水道管) 명 상수도의 물이 통하는 관(管). ▫~을 설치하다.

수도-교 (水道橋) 명 《건》 하천이나 도로 등의 위를 가로지르는 상하수도를 받치기 위해서 만든 다리.

수도-권 (首都圈)[-꿘] 명 수도를 중심으로, 인접 도시와 함께 이룬 대도시 지역(서울을 중심으로 한 경기도 일대). ▫~ 개발 계획 / ~ 인구 집중을 억제하다.

수도-기 (囚徒記) 명 감옥에 가둔 죄수의 이름과 죄명을 적은 책.

수도-꼭지 (水道-)[-찌] 명 수돗물이 나오게 하거나 그치게 하는 장치. 급수전. 수도. ▫~를 잠그다.

수도-료 (水道料) 명 수돗물을 사용하고 내는 요금. 급수료.

수도-사 (修道士) 명 《가》 수사(修士).

수도-세 (水道稅)[-쎄] 명 '수도료'의 속칭.

수도-승 (修道僧) 명 《불》 도를 닦는 승려.

수도-원 (修道院) 명 《가》 수녀나 수사가 일정

규율에 따라 공동생활을 하면서 수도하는 집《수녀원과 수사원으로 나뉨》.

수도-자(修道者)몡❶도를 닦는 사람. ❷〖가〗 수사 또는 수녀.

수도-전(水道栓)몡 수통(水筒).

수도-회(修道會)〖가〗 수도자들의 단체. 수도원 안에서 생활하면서 기도·노동에 전념하는 곳과 수도원 밖에서 선교(宣敎)·교육·사회 복지 사업에 종사하는 곳이 있음.

수돗-물(水道-)[-돈-]몡 상수도에서 나오는 물. □∼을 공급하다.

수동(手動)몡 기계 따위를 동력을 이용하지 않고 손으로 움직임. 또는 손의 힘만으로 움직이도록 되어 있는 것. □∼ 변속기 / ∼으로 움직이는 장난감.

수동(受動)몡 스스로 움직이지 않고 다른 것의 작용을 받아서 움직임. 피동(被動). ↔능동(能動).

수동(竪童)몡 심부름하는 더벅머리 아이.

수동 면:역(受動免疫)〖생〗타동 면역.

수동-사(受動詞)〖언〗 피동사.

수동-성(受動性)[-썽]몡 스스로 움직이지 않고 다른 것의 작용을 받아 움직이는 성질. ↔능동성.

수동-식(手動式)몡 다른 동력을 이용하지 않고 손으로 움직여 쓰도록 만든 방식. 또는 그런 것. □∼ 펌프.

수-동이ˌ몡〖광〗광산에서 석유통을 이르는 말. ˌ의뜻ˌ광석 무게의 단위(37.5 kg).

수동-적(受動的)관몡 스스로 움직이지 않고 다른 것의 작용을 받아 움직이는 (것). □∼인 태도. ↔능동적.

수동-태(受動態)〖언〗 주어가 어떤 동작의 대상이 되어 그 작용을 받는 관계를 보이는 동사의 형태. 피동태. 피동태. ↔능동태.

수동-형(受動形)〖언〗 피동형.

수두(水痘)몡〖의〗작은마마.

수두(首頭)몡 '수두자(首頭者)'의 준말.

수두(樹頭)몡 나무의 꼭대기. 나뭇가지의 위.

수두룩-이뮈 수두룩하게. □일거리가 ∼ 쌓이다.

수두룩-하다[-루카-]혱뗘 매우 많고 흔하다. □그런 건 ∼. 쟂소득록하다.

수-두부(水豆腐)몡❶물두부. ❷순두부.

수두-상기(垂頭喪氣)몡 근심 걱정으로 고개가 숙어지고 맥이 풀림.

수두-자(首頭者)몡 어떤 일에 앞장선 사람. 쥰수두.

수둑-하다혱뗘 ☞수두룩하다.

수드라(산 Sudra)몡 인도의 카스트 중에서 최하위인 노예 계급. 주로 농업과 도살업에 종사함. 수다라(首陀羅).

수득(收得)몡뗘 거두어들여 제 것으로 함.

수득(修得)몡뗘 배워서 체득함.

수득-세(收得稅)[-쎄]몡〖법〗일정한 기간에 얻은 재산에 매기는 직접세《소득세·수익세·특별 소득세 따위》.

수득-수득[-수-]뮈혱 풀·뿌리·열매 따위가 시들고 말라서 거친 모양. 쟂소득소득.

수득수실(誰得誰失)[-쑤-]몡 득실이 분명하지 않은 형편.

수들-수들뮈혱 풀·뿌리·열매 따위가 시들고 말라서 생기가 없는 모양. 쟂소들소들.

수디새몡〖옛〗수키와.

수-땜(數-)몡뗘 앞으로 닥쳐올 나쁜 운수를 미리 다른 고난을 겪어서 대신함.

수-떨다〔수떨어, 수떠니, 수떠는〕쟈 수다스럽게 떠들다. □수떨지 말고 조용해라.

수-띠(繡-)몡 수를 놓아 장식한 띠.

수라(水剌)몡〈궁〉임금께 올리는 진지.

수라(修羅)몡〖불〗'아수라'의 준말.

수라-간(水剌間)[-깐]〈궁〉임금의 진지를 짓는 부엌.

수라-상(水剌床)[-쌍]몡〈궁〉임금에게 올리는 진짓상.

수라-장(修羅場)몡❶〖불〗아수라왕이 제석천과 싸운 마당. ❷전란이나 싸움 따위로 큰 혼란에 빠진 곳. 또는 그런 상태. □회의장이 ∼이 되다.

수락(受諾)몡뗘 요구를 받아들여 승낙함. □요구가 ∼되다.

수락석출(水落石出)[-썩-]몡❶물이 말라서 밑바닥의 돌이 드러난다는 뜻으로, 겨울 강의 경치를 이르는 말. ❷어떤 일이 나중에 명백히 드러남의 비유.

수란(水卵)몡 달걀을 깨뜨려 수란짜에 담아서 끓는 물에 반쯤 익힌 것.

　　수란(을) 뜨다 구멍 수란을 만들다.

수란(秀卵)몡 숭어 알로 만든 어란.

수:란(繡襴)몡❶수놓은 치마. ❷〖역〗예식 때 궁중 나인들이 입던 수놓은 치마.

수란-관(輸卵管)〖생〗나팔관(喇叭管).

수란-스럽다(愁亂-)[-따]〔-스러워, -스러우니〕혱 시름이 많아 정신이 어지러운 데가 있다. 수란-스레 뮈

수란-짜(水卵-)몡 수란을 뜨는 데 쓰는, 쇠로 만든 기구.

수란-하다(愁亂-)혱뗘 시름이 많아 정신이 어지럽다.

수람(收攬)몡뗘 인심 따위를 거두어 잡음. □인심을 ∼하다.

수랑(守廊)몡 행랑과 조금 떨어진 객실.

수랭-식(水冷式)〖공〗기계나 시설 등에서 나는 열을 물로 식히는 방식. ↔공랭식.

수랭식 기관(水冷式機關)[-끼-]〖공〗물을 순환시켜 기통을 냉각시키는 내연 기관.

수량(水梁)몡 강물이 흐르다가 좁아진 곳.

수량(水量)몡 물의 분량. □∼이 풍부하다.

수:량(數量)몡 수효와 분량. □∼을 채우다.

수:량 경기(數量景氣)〖경〗물가가 안정되어 있고 거래량이 증대함으로써, 기업의 수익이 늘고 경기가 좋아지는 것. ↔가격 경기.

수량-계(水量計)[-/-게]몡 양수기(量水器).

수:량 대:명사(數量代名詞)〖언〗수사(數詞).

수:량-적(數量的)관몡 수효와 분량을 기준으로 하는 (것). □주관이나 감정 등은 ∼으로 나타낼 수 없다.

수:량 지수(數量指數)〖경〗수량의 변화를 표시하는 지수《생산 수량 지수·무역 수량 지수 따위가 있음》.

수력-수력[-쓰-]뮈혱 말이나 행동이 씩씩하고 시원스러운 모양. 쟂소락소락.

수력-스럽다[-쓰-따]〔-스러워, -스러우니〕혱뗘 수력수력한 데가 있다. 수력-스레 [-쓰-]뮈

수런-거리다쟈 여러 사람이 한데 모여서 수선스럽게 자꾸 지껄이다. 수런-수런 뮈쟈. □∼ 이야기하는 소리가 들린다.

수런-대다쟈 수런거리다.

수렁몡❶곤죽이 된 진흙이나 개흙이 괸 웅덩이. □진흙 ∼에 발목이 빠지다. ❷'헤어나기 힘든 처지'를 비유하는 말. □악의 ∼ / 절망의 ∼에서 빠져나오다 / 4 연패의 ∼에 빠졌다.

수렁-논몡 수렁처럼 무른 개흙으로 된 논.

수령-배미 [-뻬-] 명 수령처럼 무른 개흙으로 된 논배미.

수레 명 사람이 타거나 짐을 싣는, 바퀴를 달아 굴러 가게 만든 기구. ▫소가 ~를 끌다. [수레 위에서 이를 간다] 이미 때가 지난 뒤에 원망하고 있음을 비유하는 말.

수레-거 (一車) 명 한자 부수의 하나('輪'·'軸' 등에서 '車'의 이름).

수레-바퀴 명 수레 밑에 댄 바퀴.

수려-하다 (秀麗-) 형예 빼어나게 아름답다. ▫이목구비가 ~.

수력 (水力) 명 1 물의 힘. 2 『물』 물이 가지고 있는 운동 에너지 또는 위치 에너지 어떤 일에 이용하였을 때의 물의 동력. 또는 그 에너지.

수력 기계 (水力機械)[-끼-/-끼게] 『공』 물에서 에너지를 얻거나, 물에 에너지를 주는 기계(수차(水車)·펌프·수압기 따위).

수력 발전 (水力發電)[-쩐] 『전』 물의 힘을 이용하여 발전기를 돌려서 전기를 일으키는 발전 방식. ↔화력 발전.

수력 전:기 (水力電氣)[-쩐-] 『전』 물의 힘을 동력으로 하여 발전기를 돌려서 일으키는 전기. ↔화력 전기. ▫수전(水電).

수력 터빈 (水力turbine) 『공』 물이 갖고 있는 에너지를 기계적 에너지로 바꾸는 터빈.

수련 (垂憐) 명하타 가련히 여겨 돌봄.

수련 (首聯) 명 한시의 율시(律詩)에서 제일련. 기련(起聯). 두련(頭聯).

수련 (修鍊·修練) 명하타 인격·기술·학문 등을 닦아서 단련함. ▫~ 과정 / 심신을 ~하다 / 피나는 ~을 쌓다.

수련 (睡蓮) 명 『식』 수련과의 여러해살이 수초. 연못·늪에 남. 뿌리줄기는 물 밑바닥으로 뻗고 수염뿌리가 많음. 잎은 물 위에 뜨며 말굽 모양임. 여름에 흰 꽃이 꽃줄기 끝에 한 송이씩 핌. 관상용임.

수련 병:원 (修鍊病院) 보건 복지부 장관의 지정을 받아 전공의를 수련시키는 의료 기관.

수련 수녀 (修鍊修女) 『가』 수녀가 되려고 수련 중인 여자. 곧, 예비 수녀.

수련-의 (修鍊醫)[-늬/-려늬] 명 『의』 전문의의 자격을 얻기 위해 병원 등에서 일정한 기간 수련을 하는 인턴과 레지던트. 전공의.

수련-자 (修鍊者) 명 『가』 수도회에 들어가 수련하고 있는 사람.

수련-장 (修鍊場) 명 인격·기술·학문 따위를 닦고 단련하는 장소.

수련-장 (修鍊帳)[-짱] 명 학생의 자습을 위해 교과서 내용에 대한 설명이나 풀이 문제 등을 모아 놓은 책.

수련-하다 형예 몸가짐이나 마음씨가 맑고 순수하다. 수련-히 부

수렴 (水廉) 명 『민』 무덤 안에 물이 괴어 송장이 해를 입음.

수렴 (收斂) 명하타 1 돈이나 물품을 거두어들임. 2 의견·주장·여론 등을 한데 모음. ▫여론 ~에 들어가다. 3 방탕한 사람이 심신을 다잡음. 4 오그라들게 함. ▫혈관이 ~되다. 5 조세 따위를 거두어들임. 6 『수』 변수 x가 유한한 확정된 수 a에 한없이 가까워지는 일. 수속(收束). 7 『물』 광선속·유체·전류 등이 한 점에 모이는 일. 수속(收束). ↔발산(發散).

수렴 (垂簾) 명 1 발을 드리움. 또는 그 발. 2 『역』 '수렴청정'의 준말.

수렴 렌즈 (收斂lens) 『물』 1 평행하는 광선 따위를 한 점에 모으는 렌즈(볼록 렌즈 따위). 2 전자 현미경에서, 전자선을 모아 시험

재료에 비추기 위한 전자 렌즈.

수렴-막 (垂簾膜)[-의] 『의』 트라코마의 독소가 각막을 침범해 눈망울이 흐려지는 눈병.

수렴-전 (收斂錢) 명 거두어 모은 돈.

수렴-제 (收斂劑) 명 위나 창자에 작용해서 설사를 멈추게 하거나 점막이나 피부의 상처에 얇은 막을 만들어 보호하는 약(소염(消炎)·지혈·진통·방부의 작용을 함). ▫수렴.

수렴-청정 (垂簾聽政) 『역』 임금이 어린 나이로 즉위하였을 때, 왕대비나 대왕대비가 정사를 돌보던 일. ▫수렴.

수렵 (狩獵) 명하자 사냥. ▫~ 금지 구역.

수렵-기 (狩獵期)[-끼] 명 사냥철.

수렵 면:허 (狩獵免許)[-렴-] 수렵법에 따라 특정한 사람에게 사냥을 허락하는 면허.

수렵-법 (狩獵法)[-뻡] 명 수렵의 규제 및 짐승의 보호와 번식 등을 위해 제정한 법률.

수렵 시대 (狩獵時代)[-씨-] 인류가 야생의 짐승을 사냥해서 주식으로 삼던 원시 시대.

수렵-조 (狩獵鳥)[-쪼] 명 사냥이 허가된 새.

수령 (守令) 명 『역』 고려·조선 때, 각 고을을 맡아 다스리던 지방관(관찰사·목사·부사·군수 따위). 원(員).

수령 (受領) 명하타 돈이나 물품을 받아들임. ▫피해 보상금을 ~하다.

수령 (首領) 명 한 당파나 무리의 책임자. ▫지하 조직의 ~.

수령 (樹齡) 명 나무의 나이. ▫~ 400 년.

수령 능력 (受領能力)[-녁] 『법』 남의 의사 표시의 내용을 이해할 수 있는 능력.

수령-스럽다 (秀靈-)[-따][-스러워, -스러우니] 형 재주가 뛰어나고 신령스러운 데가 있다. 수령-스레 부

수령-인 (受領人) 명 수령하는 사람. 수령자.

수령-증 (受領證)[-쯩] 명 돈이나 물품을 받았다는 표로 주는 증서.

수령-하다 (秀靈-) 형예 재주가 뛰어나고 신령스럽다.

수례 (手例) 명하자 수결(手決).

수로 (水路) 명 1 물길2. ▫~를 내어 물을 대다. 2 뱃길. ▫~를 따라 배가 가다. ↔육로. 3 수영 경기에서 각 선수가 헤엄쳐 나가도록 정해 놓은 길. 레인(lane).

수로 (手爐) 명 손을 쬐게 만든 작은 화로.

수로 (囚虜) 명 갇혀 있는 포로.

수로 (酬勞) 명하자 수고나 공로에 대해 돈으로 보답하는 일.

수로-교 (水路橋) 명 『건』 물길이 철로·도로 등을 횡단할 때 이를 지탱하기 위해 가설한 다리.

수로-기 (修路機) 명 『건』 로드 롤러.

수로-도지 (水路圖誌) 명 『해』 배의 안전하고 능률적인 운행을 위해 간행한 책(해도(海圖)와 수로서지가 있음).

수로-만리 (水路萬里)[-말-] 명 매우 먼 뱃길.

수로-서지 (水路書誌) 명 『해』 수로·등대·조석(潮汐) 따위를 알아보기 쉽게 만든 책.

수로-선 (水路線) 명 『지』 지도 따위에 수로를 표시한 선.

수로식 발전 (水路式發電)[-빨쩐] 『전』 하천 상류의 물을 끌어들여, 경사진 수로로 하류의 발전소까지 끌어 온 다음, 수압관을 통해 발전기를 돌리는 방식.

수로 안:내인 (水路案內人) 『해』 '도선사(導船士)'를 흔히 이르는 말.

수록 (手錄) 명하타 수기(手記)1.

수록 (收錄) 명하타 **1** 모아서 기록함. 또는 그런 기록. **2** 책이나 잡지에 실음. ▷사진과 도해가 많이 ~된 사전.

수록 (蒐錄) 명하타 수집하여 기록함.

수뢰 (水雷) 명 〔군〕 물속에서 폭발시켜 적의 함정을 파괴하는 무기(어뢰(魚雷)와 기뢰(機雷)로 나뉨).

수뢰 (受賂) 명하자 뇌물을 받음. ▷~ 혐의로 구속되다. ↔증뢰.

수뢰 구축함 (水雷驅逐艦)[-추캄] 〔군〕 구축함.

수뢰-정 (水雷艇) 명 〔군〕 적의 함정을 수뢰로 공격해서 격침시키는 소형의 쾌속 함정.

수료 (修了) 명하타 일정한 학과를 다 배워 마침. ▷박사 과정을 ~하다.

수료-법 (水療法)[-뻡] 명 광천(鑛泉)에서 솟는 물을 마시거나 그 물에 목욕해서 병을 고치는 요법.

수료-생 (修了生) 명 일정한 학과를 다 배워 마친 학생.

수료-증 (修了證)[-쯩] 명 일정한 학과를 마친 사람에게 주는 증서.

수루 (水樓) 명 물가에 세운 누각.

수루 (戍樓) 명 적군의 동정을 살피기 위해 성위에 지은 누각.

수루 (垂淚) 명하자 눈물을 흘림.

수류 (水流) 명 물의 흐름.

수류 (垂柳) 명 〔식〕 수양버들.

수류 (獸類) 명 포유류(哺乳類)의 총칭.

수류-운공 (水流雲空) 흐르는 물과 하늘에 뜬 구름이라는 뜻으로, 지나간 일이 흔적 없이 사라져 허무함을 이르는 말.

수-류탄 (手榴彈) 명 〔군〕 근접 전투에서 사용하는 소형 폭탄(손으로 던져 터뜨려 적을 죽이거나 다치게 함). ▷~ 투척.

수류 펌프 (水流pump) 〔물〕 수돗물 따위의 빠른 물의 흐름을 이용한 진공 펌프.

수륙 (水陸) 명 **1** 물과 뭍. 물과 육지. ▷~ 양면으로 교통이 편리한 곳. **2** 수로와 육로. ▷~의 요충지.

수륙-도량 (水陸道場)[-또-] 명 〔불〕 수륙재를 올리는 마당.

수륙-만리 (水陸萬里)[-룽말-] 명 바다와 육지에 걸쳐 멀리 떨어진 거리.

수륙 병:진 (水陸竝進)[-뻥-] 바다와 육지에서 동시에 공격해 나아가는 일.

수륙 양:용 (水陸兩用)[-룽용-] 물 위에서나 땅 위에서나 두루 사용할 수 있는 것. ▷~의 자동차.

수륙 양:용 장갑차 (水陸兩用裝甲車)[-룽냥-] 〔군〕 땅 위에서뿐만 아니라 물 위에서도 전투를 할 수 있게 만든 전차.

수륙-재 (水陸齋)[-째] 명 〔불〕 물과 육지에 떠도는 잡귀에게 재를 올리는 법회. 수륙회.

수륙-전 (水陸戰)[-쩐] 명 해전과 육전.

수륙-진미 (水陸珍味)[-찐-] 명 산해진미.

수륜 (水輪) 명 **1** 눈동자. **2** 〔불〕 삼륜(三輪)의 하나. 곧 금륜(金輪)과 풍륜(風輪)의 사이에서 수미산을 떠받치고 있는 물의 층(層).

수륜 (垂綸) 명하자 낚싯줄을 드리워서 고기를 낚음.

수르르 부 **1** 뭉치거나 얽히거나 걸린 물건이 쉽게 풀리거나 흘러내리는 모양. ▷치마가 ~ 흘러내리다 / 실이 ~ 풀리다. **2** 바람이 부드럽게 천천히 불어오는 모양. ▷바람이 ~ 불어오다. **3** 물이나 가루 따위가 부드럽게 새

어 나가는 모양. ▷밀가루가 ~ 새다. **4** 슬며시 졸음이 오거나 잠이 드는 모양. ▷~ 눈이 감기다. 큰소르르.

수릉 (壽陵) 명 예전에, 죽기 전에 미리 만들어 두던 임금의 무덤.

수릉-관 (守陵官) 명 〔역〕 왕릉을 지키던 벼슬.

수리[1] 〔조〕 독수릿과 수리속에 딸린 독수리·참수리·검독수리 따위 맹금의 총칭. 몸집이 크고 힘이 세며, 끝이 굽은 부리와 날카롭고 굵은 발톱을 가짐. 산악이나 평야에 살며, 들쥐·토끼 등을 잡아먹음.

수리[2] 〔옛〕 단오(端午).

수리 (水利) 명 **1** 수상(水上) 운송의 편리. **2** 음료수 또는 관개용·공업용으로 물을 이용하는 일. ▷~ 시설을 확충하다.

수리 (水理) 명 수맥(水脈)2.

수리 (受理) 명하타 서류를 받아서 처리함. ▷사표를 ~하다.

수리 (修理) 명하타 고장 나거나 허름한 데를 손보아 고침. ▷낡은 집을 ~하다.

수:리 (數理) 명 **1** 수학의 이론이나 이치. **2** 계산의 이치. 셈. ▷~에 밝다.

수:리 경제학 (數理經濟學) 〔경〕 수학적 방법을 써서 경제 이론을 연구하는 학문.

수리-권 (水利權)[-꿘] 〔법〕 하천의 물을 관개·발전·수도·선박 항행 따위의 목적으로 계속해서 독점적으로 사용하는 권리.

수리-먹다[-따] 짜 밤·도토리 따위의 일부분이 상해서 퍼슬퍼슬하게 되다.

수:리 물리학 (數理物理學) 물리의 이론적 구조 체계를 수학적 해석에 중점을 두고 연구하는 물리학의 한 분야.

수리-부엉이 〔조〕 올빼밋과의 새. 깊은 산이나 암벽에 삶. 몸길이는 70cm 정도, 머리 양쪽에 귀 모양의 털이 있음. 적갈색 또는 담갈색에 흑색 반점이 있음. 밤에 들쥐·토끼 등을 포식함. 수알치새.

수리-수리 부하형 눈이 흐려 보이는 것이 어렴풋하고 희미한 모양.

수리 안전답 (水利安全畓) 수리·관개 시설이 잘되어 가뭄에도 안전하게 농사를 지을 수 있는 논. ↔천수답.

수:리적 위치 (數理的位置) 〔지〕 지구 표면을 경도와 위도의 수치로 나타낸 위치.

수리 조합 (水利組合) '농지 개량 조합'의 구용어.

수:리 지리학 (數理地理學) 〔지〕 지구의 크기·위치·형상·방위 및 지도 등을 연구하는 지리학의 한 분야.

수:리 철학 (數理哲學) 〔철〕 수학의 원리와 방법의 논리적·인식론적 근거를 연구하는 철학의 한 분야.

수리취 명 〔식〕 국화과의 여러해살이풀. 산과 들에 남. 줄기 높이 80~100cm. 줄기에서 나온 길둥근 잎은 뒷면에 흰 털이 남. 9~10월에 자색 또는 백색 꽃이 가지 꼭대기에 핌. 어린잎은 식용함. 구설초.

수리취-떡 명 단오에, 수리취의 잎을 섞어서 만든 시루떡. 단오떡.

수리-학 (水理學) 명 수로·하천·운하 따위의 물이 흐르는 상태를 연구하는 학문.

수:리학-파 (數理學派) 명 수학의 원리를 다른 학문에 응용하려는 학파.

수림 (樹林) 명 나무가 우거진 숲. 나무숲. ▷~ 지대 / ~이 무성하다.

수립 (竪立) 명하타 꼿꼿하게 세움.

수립 (樹立) 명하타 국가나 정부, 제도·계획 따

위를 이룩하여 세움. ▢새 정부가 ~되다 / 경제 개발 계획을 ~하다.

수릿-날 [-린-] 圓 《민》 단오.

수마 (手馬) 圓 보병전에 참가하기 위해 기마병이 내려서, 사람이 타고 싸우지 않은 말.

수마 (水魔) 圓 아주 심한 수해. ▢~가 할퀴고 간 자리.

수마 (睡魔) 圓 견딜 수 없이 오는 졸음. ▢~에 사로잡히다.

수마노 (水瑪瑙) 圓 빛이 아름답고 광택이 나는 석영의 하나(흥·흑·백색의 세 가지).

수-마력 (水馬力) 圓 《물》 일정한 양의 물을 일정한 높이까지 끌어 올리는 데 필요한 동력.

수마-석 (水磨石) 圓 물결에 씻겨 닳아서 반들반들한 돌.

수막 (髓膜) 圓 《생》 뇌척수막(腦脊髓膜).

수-막새 [-째] 圓 '막새'를 달리 이르는 말. ↔암막새.

수:-만 (數萬) 주엄 1 만의 두서너 배가 되는 수(의). ▢~의 인파 / ~ 명의 군사를 거느리다. 2 썩 많은 수. ▢~ 개의 별.

수:-많다 (數-)[-만타] 圈 (주로 '수많은'의 꼴로 쓰여) 수가 매우 많다. ▢수많은 군중.

수:-많이 (數-)[-마니] 圕 수가 매우 많게. ▢~ 모인 사람들.

수-말 圓 말의 수컷. ↔암말.

수말 (水沫) 圓 1 물거품. 수포(水泡). 2 물보라.

수말 (首末) 圓 머리와 끝.

수망 (首望) 圓 《역》 조선 때, 벼슬아치를 임명할 때 이조(吏曹)·병조(兵曹)에서 올리는 세 사람의 후보자 가운데 첫째. ☞장망(長望).

수매 (水媒) 圓 《식》 물에 사는 꽃식물이 물을 매개로 하여 꽃가루를 암술에 수정하는 일.

수매 (收買) 圓하타 거두어 사들임. 또는 그런 일. ▢추곡 ~ / 농산물 ~.

수매-가 (收買價)[-까] 圓 수매하는 가격. ▢추곡 ~를 책정하다.

수매-화 (水媒花) 圓《식》 물을 매개로 하여 꽃가루를 수정하는 꽃(수초는 대개 이에 속함). ☀충매화·풍매화.

수맥 (水脈) 圓 1 강이나 바다에서, 배가 다니는 길. 2 땅속을 흐르는 물의 줄기. 수리(水理).

수명 圓 논에 물을 대거나 빼기 위해 방축 따위의 밑에 뚫어 놓은 물구멍.

수면 (水面) 圓 물의 표면. ▢~에 달이 비치다.

수면 (水綿) 圓 《식》 해감.

수면 (睡眠) 圓하자 1 잠을 자는 일. ▢~ 부족 / 깊은 ~에 빠지다. 2 활동을 쉬는 상태의 비유. ▢~ 광구(鑛區).

수면 (獸面) 圓 1 짐승의 얼굴. 또는 짐승의 얼굴처럼 험상궂게 생긴 얼굴. 2 짐승 얼굴을 본뜬 탈이나 조각.

수면-계 (水面計)[-/-게] 圓 보일러 따위 용기 내부의 수면 높이를 밖에서 알 수 있도록 만든 장치.

수면-병 (睡眠病)[-뼝] 圓 1 어떤 병이 원인이 되어 잠이 자꾸 오는 증상. 2 《의》 아프리카 콩고 강 유역 따위에서 발생하는 전염성 풍토병(두통이 나고 전신이 부어오르며 혼수상태에 빠져 죽게 됨).

수면 운:동 (睡眠運動) 《식》 식물의 잎·꽃이 밤이 되면 오므라들거나 아래로 처지는 운동(민들레·강낭콩 따위). 취면 운동.

수면-제 (睡眠劑) 圓 잠이 들게 하는 약.

수명 (受命) 圓하자 1 명령을 받음. 2 '수명어천(受命於天)'의 준말.

수명 (差明) 圓 《의》 안력(眼力)이 부실해서 밝

은 빛을 잘 보지 못하는 병.

수명 (壽命) 圓 1 생물이 살아 있는 연한. ▢~이 길다 / ~을 연장하다. 춘수(壽). 2 물품 따위가 사용에 견디는 기간. ▢배터리 ~.

수명 (隨命) 圓 타고난 운명에 따름.

수명 법관 (受命法官)[-꽌] 《법》 합의부를 대표하여 소송 행위를 하는 법관. 재판장이 합의부의 법관 가운데서 지정함.

수명어천 (受命於天) 圓 천명을 받아서 왕위에 오름. 춘수명.

수명-장수 (壽命長壽) 圓 목숨이 길어 오래 삶. 어린아이의 명이 길어 오래 살기를 빌 때 쓰는 말.

수모 (手母) 圓 전통 혼례 때, 신부의 단장과 그 밖의 일을 곁에서 거들어 주는 여자.

수모 (水母) 圓 《동》 해파리.

수모 (受侮) 圓하타 모욕을 받음. ▢~를 겪다 / ~를 받다 / ~를 참다.

수모 (首謀) 圓하타 1 앞장서서 일을 꾀함. 2 '수모자'의 준말.

수모 (誰某) 때 아무개.

수모-곁시 (手母-)[-곁씨] 圓 수모를 따라다니며 그 일을 배우는 여자.

수모-수모 (誰某誰某) 때 아무아무. ▢~가 그런 말을 했답니다.

수모-시 (壽母詩) 圓 어머니의 생신 때 장수를 빌며 바치는 시.

수모-자 (首謀者) 圓 일을 꾀하는 사람들 중의 책임자. 주모자.

수목 낡은 솜으로 실을 켜서 짠 무명.

수:-목 (數目) 圓 낱낱의 수.

수-목 (樹木) 圓 1 살아 있는 나무. 2 《식》 목본 식물의 총칭. ▢~이 울창하다.

수목 (鬚目) 圓 수염과 눈매.

수몰 (水沒) 圓하자 물에 잠김. ▢~ 지구.

수무족도 (手舞足蹈)[-또] 圓하자 몹시 좋아서 날뜀.

수-무지개 쌍무지개에서 유난히 맑고 고운 쪽의 무지개. ↔암무지개.

수무푼전 (手無一錢) 圓 수중에 돈이 한 푼도 없음.

수묵 (水墨) 圓 1 빛이 옅은 먹물. 2 《미술》 유묵(流墨) 무늬가 있는 그릇.

수묵(을) 치다 꽥 잘못된 곳에 수묵을 발라 감추다.

수묵(이) 지다 꽥 그림이나 글씨의 획이나 점 가장자리에 수묵이 번져 나타나다.

수묵 산수 (水墨山水)[-싼-] 《미술》 채색을 쓰지 않고 수묵만으로 그린 산수화.

수묵-화 (水墨畫)[-무콰] 圓 《미술》 채색을 쓰지 않고, 수묵으로 짙고 옅은 효과를 내어 그린 그림. 먹그림. 묵화.

수문 (水紋) 圓 1 수면에 일어나는 물결의 무늬. 2 물결처럼 어른어른한 잘고 고운 무늬.

수문 (水門) 圓 저수지나 수로에 설치하여 수량을 조절하는 문. 물문. ▢~을 열다.

수문 (手紋) 圓 손금.

수문 (守門) 圓하자 문을 지킴.

수문 (壽門) 圓 대대로 장수하는 집안.

수문수답 (隨問隨答) 圓하자 묻는 대로 거침없이 대답함.

수문-장 (守門將) 圓 《역》 궁궐이나 성의 문을 지키던 무관 벼슬.

수문-전 (修文殿) 圓 《역》 고려 때, 학사(學士)들이 임금에게 경서(經書)를 강론하던 곳.

수문-지기 (水門-) 圓 수문을 지키는 사람.

수문-학(水文學)[명]『지』지구상의 물의 발생·순환·분포와 그 물리적·화학적 특성, 환경과의 상호 작용 등을 연구 대상으로 삼는 학문.

수미(秀眉)[명]뛰어나게 아름다운 눈썹.

수미(首尾)[명]**1** 사물의 머리와 꼬리. **2** 일의 처음과 끝. 두미(頭尾).

수미(愁眉)[명]근심에 잠겨 찌푸린 눈썹. 또는 그런 얼굴이나 기색.

수미(壽眉)[명]노인의 눈썹 가운데 가장 긴 털.

수미(鬚眉)[명]수염과 눈썹.

수미-단(須彌壇)[명]『불』절의 불전(佛殿) 내부의 정면에 부처를 모셔 두는 단.

수-미분(水米粉)[명]무리³.

수미-산(須彌山)[명]『불』세계의 중앙에 있다는 산. 꼭대기에 제석천(帝釋天)이, 중턱에는 사천왕(四天王)이 살며, 그 높이가 8만 유순(由旬)이라고 함.

수미-상응(首尾相應)[명][하자]**1** 양쪽 끝이 서로 통함. **2** 서로 응하여 도움.

수미-상접(首尾相接)[명]양쪽 끝이 서로 이어짐. 서로 이어 끊이지 않음.

수미-하다(秀美-)[형여]뛰어나게 아름답다.

수미-하다(粹美-)[형여]순수하고 아름답다.

수민-하다(愁悶-)[형여]걱정스럽고 괴롭다.

수밀(水密)[명]『물』그릇 따위가 속에 담긴 물을 조금도 흘리지 않고 물의 압력에 견디어 내는 상태. 또는 그런 작용.

수밀 격벽(水密隔壁)[-뼉] 선박이 파괴되어 침수할 때, 이를 일부분에만 그치게 하려고 내부를 여러 방으로 갈라 막은 벽.

수밀-도(水蜜桃)[-또][명]껍질이 얇고 살과 물이 많으며 맛이 단 복숭아.

수:-바늘(繡-)[명]수놓을 때 쓰는 바늘.

수-박[명]『식』박과의 한해살이 덩굴풀. 여름에 연한 누런색 꽃이 핌. 열매는 둥글고 크며 무게는 5~6kg까지 나가고, 속살은 붉고 맛이 달며 물이 많음. 아프리카 원산.
　[수박 겉 핥기] 일의 속 내용은 모르고 겉만 건드리는 일.

수반(水畔)[명]물가.

수반(水飯)[명]물에 만 밥. ↔건반(乾飯).

수반(水盤)[명]사기나 쇠붙이로 만든, 바닥이 평평하고 운두가 낮은 그릇(물을 담아 꽃을 꽂거나 수석(壽石)을 담아 두는 데 씀).

수반(首班)[명]**1** 반열 가운데 으뜸가는 자리. **2** 행정부의 가장 높은 자리에 있는 사람. 　내각 ~.

수반(隨伴)[명][하자타]**1** 붙좇아서 따름. **2** 어떤 일과 더불어 생김. 　이 문제에 ~해서 일어난 사건 / 지역 개발에는 환경 파괴가 ~된다.

수-반구(水半球)[명]『지』지구 표면을, 남극을 48°S, 179°W로 해서 2분할 때의 남반구《전면적의 88.7%가 바다임》. ↔육(陸)반구.

수발[명][하타]신변 가까이에서 시중을 듦. 　음식 ~ / 시부모 ~.

수발(鬚髮)[명]수염과 머리털.

수발-들다[-드다, -드니, -드는][타]신변 가까이에서 시중을 들다. 　어머니 병을 ~.

수발-하다(秀拔-)[형여]뛰어나게 훌륭하다.

수발-황락(鬚髮黃落)[-낙][명]수염과 머리털이 세어 빠진다는 뜻으로, 늙어서 쇠약해짐을 이르는 말.

수방(水防)[명][하자]홍수나 제방의 붕괴 따위로 인한 수해를 막음. 또는 그런 일. 　~ 공사 / ~ 대책.

수방(守防)[명][하타]지키고 막음. 방위(防衛).

수방(守房)[명]혼례 때, 첫날밤에 신방의 곁을 지키던 일《가까운 친척들이나 여자 하인들이 하던 풍습》.

수방(殊邦)[명]다른 나라.

수방(搜訪)[명][하타]수소문하여 찾아감.

수방-림(水防林)[-님][명]'수해 방비림(防備林)'의 준말.

수:-방석(繡方席)[명]수를 놓은 방석.

수배(手背)[명]손등.

수배(手配)[명][하타]**1** 어떤 일을 갈라 맡아서 하게 함. **2** 범인을 잡으려고 수사망을 폄. 　용의자 ~ / ~를 받다.

수배(受配)[명][하자]배급을 받음.

수배(隨陪)[명]『역』수령을 따라다니며 시중을 들던 구실아치.

수배-자(手配者)[명]『역』수배를 받는 사람.

수백(水伯)[명]물귀신1.

수:-백(數百)[수관]백의 두서너 배(의). 　~가지 방법.

수:-백만(數百萬)[-맨][수관]이삼백만 또는 사오백만(의). 　~의 인파.

수-버선(繡-)[명]수를 놓은 젖먹이의 버선.

수번(首番)[명]상여꾼의 선도자.

수-벌[명]벌의 수컷. 웅봉(雄蜂). ↔암벌.

수벌(受罰)[명][하자]벌을 받음.

수-범[명]범의 수컷. ↔암범.

수범(首犯)[명]범인 가운데 우두머리.

수범(垂範)[명][하자]모범이 됨. 　솔선~.

수법(手法)[-뻡][명]**1** 수단과 방법. 　교묘한 ~ / ~을 달리하다. **2** 작품을 만드는 솜씨. 　글의 전개 ~ / 초현실주의적인 ~.

수법(受法)[명][하자]『불』밀교에서, 스승에게서 불법을 받음.

수법(修法)[명]**1** 수도(修道)하는 방법. **2**『불』밀교에서, 단(壇)을 설치하고 본존(本尊)을 안치하여, 공양을 올리고 기도하며 법을 닦는 일.

수:-법(數法)[-뻡][명]셈하는 방법.

수:-법(繡法)[-뻡][명]수놓는 방법.

수:-베개(繡-)[명]수를 놓아서 만든 베개. 수침(繡枕).

수벽(手擗)[명]**1** 손바닥. **2** 둘이 마주 앉아 손바닥을 마주치는 장난.

수변(水邊)[명]물가.

수병(水兵)[명]해군의 병사.

수병(手兵)[명]'수하친병(手下親兵)'의 준말.

수병(守兵)[명]수비하는 군사. 수병(戍兵).

수병(受病)[명][하자]병을 얻음.

수병(銹病)[명]녹병(綠病).

수:-병(繡屛)[명]수를 놓은 병풍.

수보(修補)[명][하타]보수(補修).

수:-보다(數-)[자]**1** 점을 쳐서 운수나 재수 따위를 알아보다. **2** 좋은 운수나 재수를 보다.

수복(收復)[명][하타]잃었던 땅을 되찾음. 　~ 지구 / 서울이 ~되다.

수복(守僕)[명]『역』조선 때, 묘(廟)·사(社)·능(陵)·원(園)·서원(書院) 따위의 청소하는 일을 맡아보던 구실아치.

수복(修復)[명][하타]**1** 고쳐서 본모습과 같게 함. **2** 편지의 답장을 함.

수복(壽福)[명]오래 사는 일과 복을 누리는 일.

수복-강녕(壽福康寧)[-깡-][명][하형]오래 살고 복을 누리며 건강하고 평안함.

수:-북이(數-)[명]쇠고기 부위의 쇠고기를 조금씩 베어 내어 양념해서 볶은 음식.

수본(手本)[명]『역』공사(公事)에 대해 상관에게 보고하던 서류.

수:-본(繡本)[명]수를 놓기 위해 어떤 모양을

종이나 헝겊 따위에 그려 놓은 바탕. ▢~ 위에 자수하다.

수봉(收捧)囘하타 1 세금을 징수함. 2 남에게 빌려 준 돈이나 외상값 따위를 거두어들임.

수봉(秀峰)囘 매우 높거나 빼어나게 아름다운 산봉우리.

수부(水夫)囘 1 배에서 허드렛일을 맡아 하는 하급 선원. 2 뱃사람. 3 조졸(漕卒).

수부(水缶)囘 물장구2.

수부(水府)囘 1 물을 맡아 다스린다는 신의 궁전. 2 조선 때, 공조(工曹)의 별칭.

수부(囚俘)囘 사로잡은 포로.

수부(首府)囘 1 수도(首都). 2〖역〗한 도(道) 안에서 감영(監營)이 있던 곳.

수부(首富)囘 으뜸가는 부자.

수부다남자(壽富多男子)囘하형 오래 살고 부유하며 아들이 많음.

수부-전(水夫田)囘〖역〗고려 말·조선 초에, 수부에게 급료로 주던 논밭.

수-부족(手不足)囘하형 1 일손이 부족함. 2 바둑·장기 등에서, 수가 모자람.

수-부종(水付種)囘하자 못자리를 하지 않고 논에 직접 볍씨를 뿌림.

수부-하다(壽富-)형여 오래 살고 부유하다.

수북-수북[-쑤-]囘하형 쌓이거나 담긴 물건이 모두 불룩하게 많은 모양. ㈜소복소복.

수북-이囘 수북하게. ▢낙엽이 ~ 쌓이다 / 밥을 ~ 담다. ㈜소복이.

수북-하다[-부카-]형여 1 물건이 많이 담겨 있거나 쌓여 있다. ▢먼지가 ~ / 풀초가 ~. 2 살이 찌거나 부어 불룩하게 두드러져 있다. ▢잠을 너무 자 눈두덩이 ~. 3 식물이나 털 따위가 촘촘하고 길게 나 있다. ▢잡초가 ~ / 수염이 ~. ㈜소복하다.

수분(水分)囘 물기. ▢~이 많은 과일.

수분(水盆)囘 물을 담아 화초를 꽂거나 수석(壽石) 등을 넣어 두는 그릇.

수분(水粉)囘 1 무리³. 2 물분.

수분(守分)囘하자 분수나 본분을 지킴.

수분(受粉)囘하자〖식〗꽃식물에서, 수술의 꽃가루가 암술머리에 옮겨 붙어 열매를 맺게 되는 현상. 가루받이.

수분(授粉)囘하자〖식〗꽃식물의 암꽃술에 수꽃술의 꽃가루를 붙여 주는 일.

수불(水拂)囘 받음과 치름.

수불석권(手不釋卷)[-꿘]囘하타 손에서 책을 놓지 않고 늘 글을 읽음.

수비(水肥)囘 액체로 된 비료. 물거름.

수비(水飛)囘 곡식의 가루나 그릇을 만드는 흙 따위를 물에 넣고 휘저어 잡물을 없앰. 또는 그 일을 하는 사람.

수비(守備)囘하타 외부의 침략이나 공격을 막아 지킴. ▢국경 ~ / 철통같은 ~ 태세.

수비-군(守備軍)囘 수비대.

수비-대(守備隊)囘〖군〗특정 지역의 경계와 수비를 맡은 군대. 수비군.

수비둘기囘 비둘기의 수컷. ↔암비둘기.

수비-수(守備手)囘 야구나 축구 따위에서, 수비를 기본적인 임무로 하는 선수. ↔공격수.

수비-진(守備陣)囘 수비하는 군대나 선수들의 조직. ▢철통같은 ~.

수비-질(水飛-)囘하타 수비(水飛)하는 일.

수비토(이 subito)囘〖악〗'즉시·곧'의 뜻.

수빙(樹氷)囘 냉각된 안개가 나뭇가지 등에 붙어 이루어진 얇은 얼음 층. 상고대.

수-빠지다(手-)囘 말이나 행동을 실수해서 남에게 약점을 잡히다.

수비囘〈옛〉쉬이. 쉽게.

수사(水使)囘〖역〗'수군절도사'의 준말.

수사(水師)囘〖역〗수군(水軍)1.

수사(手寫)囘하타 1 손으로 직접 베낌. 2 글을 직접 씀.

수사(秀士)囘 학문과 덕행이 뛰어난 선비.

수사(首寺)囘〖불〗도나 군에서 으뜸가는 절.

수사(修士)囘〖가〗수도원에서 독신으로 수도하는 남자. 수도사.

수사(修史)囘 역사를 엮고 가다듬음.

수사(修辭)囘하자 말이나 글을 다듬고 꾸며서 보다 아름답고 조리 있게 만드는 일. 또는 그런 기술.

수사(殊死)囘하자 1 목을 베어 죽임. 또는 그런 형벌. 2 죽기를 각오하고 결행함.

수사(搜査)囘하타 1 찾아서 조사함. 2〖법〗검사나 사법 경찰관이 공소(公訴)를 제기하고 유지하기 위해, 범인 및 범죄에 관한 증거를 발견하고 수집하는 활동. ▢~ 보고서 / 공개 ~ / ~를 벌이다.

수사(搜射)囘하자〖군〗적의 잠복 여부를 알아내기 위해 행하는 사격.

수사(愁思)囘하자 지나친 근심·걱정으로 인하여 죽음.

수사(愁思)囘 근심스러운 생각.

수사(遂事)囘 이미 다 된 일.

수사(壽死)囘하자 건강하게 살다가 늙어서 죽음.

수사(瘦死)囘하자 몸이 여위어 죽음.

수사(壽詞)囘 장수를 축하하는 시가나 문장.

수:사(數詞)囘〖언〗수량이나 차례를 나타내는 품사(양(量)수사와 서(序)수사가 있음).

수사-관(搜査官)囘 범죄 수사를 하는 관리.

수사 기관(搜査機關)〖법〗범죄 수사의 권한을 가진 국가 기관(검사·사법 경찰관 따위).

수:-사납다(數-)[-따]〔수사나워, 수사나우니〕형탑 운수가 나쁘다.

수사-돈(-査頓)囘 사위 쪽의 사돈. ↔암사돈.

수사두호(隨事斗護)囘하타 일마다 돌보아 줌.

수-사또(水-)囘〖역〗'수사(水使)'의 높임말.

수사-력(搜査力)囘 범죄 수사를 하는 능력이나 역량. ▢~을 총동원하다.

수사-류(垂絲柳)囘〖식〗능수버들.

수사-망(搜査網)囘 수사관을 그물처럼 배치해 놓은 태세. ▢~을 좁히다 / ~을 벗어나다.

수사-반(搜査班)囘 범죄 수사를 맡은 작은 부서. 또는 그 부서의 사람들. ▢검찰과 경찰의 합동~.

수사-법(修辭法)[-뻡]囘〖문〗말이나 글을 꾸미고 다듬는 기교나 방법.

수사-본(手寫本)囘 손으로 베껴 쓴 책.

수사-본부(搜査本部)囘 중대한 범죄 등이 발생하였을 때 임시로 설치해서 수사 지휘를 맡아보는 본부.

수사-전(殊死戰)囘하자 죽기를 각오하고 벌이는 싸움.

수사-진(搜査陣)囘 범죄 수사를 위한 수사관들로 이루어진 진용. ▢~을 보강하다.

수사-학(修辭學)囘〖문〗사상이나 감정 따위를 효과적·미적으로 표현할 수 있도록 문장과 언어의 사용법을 연구하는 학문. 레토릭.

수:-삭(數朔)囘 몇 달. ▢~이 지나다.

수산(水疝)囘〖한의〗불알이 붓고 아픈 병.

수산(水産)囘 바다·강 따위의 물에서 남. 또는 그 산물. ▢~ 식품. ↔육산.

수산(授産)囘 살길을 열어 주기 위해 일자리를 마련해 줌.

수산 (蓚酸)뗑《화》 '옥살산(酸)'의 구칭.

수산 가공업 (水産加工業) 수산물을 원료로 식료·사료·비료·유지 등을 생산하는 공업.

수산-기 (水酸基)뗑《화》히드록시기.

수산-물 (水産物)뗑 바다·강·호수 따위의 물에서 나는 산물.

수산-비료 (水産肥料)뗑 수산물을 원료로 해서 만든 비료.

수산 시험장 (水産試驗場) 수산물에 관한 시험·조사·분석·검사·감정·보급·지도 등을 목적으로 세운 연구 기관.

수산-업 (水産業)뗑 수산물의 어획·양식·제조 등에 관한 사업.

수산업 협동조합 (水産業協同組合)[-싸너 펍똥-] 어민과 수산업 관계 업자들의 경제적 지위와 생산력을 높이려고 만든 협동조합. 준수협.

수산 자원 (水産資源) 바다나 강 따위에서 생산되는 자원《어류(魚類)·패류(貝類)·조류(藻類) 따위》.

수산-학 (水産學)뗑 수산에 관한 기술·생물·화학 따위를 연구하는 응용과학.

수-산호 (水珊瑚)뗑 산호와 빛깔의 산호.

수산화-나트륨 (水酸化Natrium)뗑《화》식염 용액의 전해(電解)로 얻는 흰색 무정형의 결정체《강한 염기로 비누 제조·펄프 공업 등에 쓰임》.

수산화-물 (水酸化物)뗑《화》히드록시기(基) '-OH'를 갖는 무기 화합물의 총칭.

수산화-바륨 (水酸化barium)뗑《화》산화바륨에 물을 작용시켜서 얻는 흰색의 비결정성 가루. 분석 시약(試藥)으로 씀.

수산화-철 (水酸化鐵)뗑《화》철의 수산화물. 수산화 제일철과 수산화 제이철이 있음. 수산화 제이철은 천연의 갈철광(褐鐵鑛)으로 산출하며 비소(砒素)의 해독제로 씀.

수산화-칼륨 (水酸化kalium)뗑《화》탄산칼륨의 물은 열용액에 수산화칼슘을 가하거나, 염화칼륨의 수용액을 전해(電解)로 만드는 흰색의 비결정성 덩어리.

수산화-칼슘 (水酸化calcium)뗑《화》산화칼슘에 물을 섞어 만드는 흰색의 가루. 물에 약간 녹음. 포화(飽和) 수용액을 '석회수(石灰水)'라고 함. 표백분의 원료, 모르타르 등의 건축 재료, 비료·소독 등에 씀. 소석회.

수살 (水殺)뗑《민》마을을 수호한다고 여기는, 마을 입구에 서 있는 돌이나 나무.

수살 (愁殺)하다 매우 근심스럽고 슬픔.

수-삼 (-蔘)뗑 삼의 수포기. ↔암삼.

수삼 (水蔘)뗑 말리지 않은 인삼. □~을 찌다.

수-삼 (數三)ꅊ 일부 단위를 나타내는 말 앞에 쓰여, 그 수량이 두서너 개임을 나타내는 말. □~ 마리.

수삽-스럽다 (羞澁-)[-쓰-따][-스러워, -스러우니]톙ꂇ 부끄럽고 수줍은 데가 있다. 수삽-스레[-쓰-]ꅊ

수삽-하다 (羞澁-)[-싸파-]톄 어찌해야 좋을지 모를 정도로 부끄럽고 수줍다.

수상 (手上)뗑 팔상.

수상 (手相)뗑 1 손금. 2 손금의 모양이나 손의 생김새 따위로 운수·길흉을 판단하는 점.

수상 (水上)뗑 1 물의 위. 또는 물길. □~ 가옥 / ~ 교통수단. 2 물의 상류.

수상 (水象)뗑 기상(氣象)이나 지상(地象)에 관련된 육수(陸水)나 해양의 여러 현상. *기상·지상·천상(天象).

수상 (受傷)뗑하다 상처를 입음.

수상 (受像)뗑하자《물》텔레비전이나 사진 전송 따위에서, 사물의 상을 신호로 받아서 재생함.

수상 (受賞)뗑하타 상을 받음. □~ 소감 / ~ 경력. ↔수상(授賞).

수상 (首相)뗑 1 내각의 최고 직위. 국무총리. □~ 관저. 2《역》영의정.

수상 (授賞)뗑하자 상을 줌. ↔수상(受賞).

수상 (愁傷)뗑하다 근심하여 마음이 상함.

수상 (樹上)뗑 나무의 위. □~에서 생활하다.

수상 (樹狀)뗑 나무처럼 가지가 있는 형상.

수상 (樹霜)뗑 상고대.

수상 (隨喪)뗑하다 장사를 지내는 데 따라감.

수상 (隨想)뗑 그때그때 떠오르는 생각이나 느낌. 또는 그것을 적은 글.

수상 (穗狀)뗑 이삭과 같은 모양.

수-:상 (繡裳)뗑 수놓은 치마. 수치마.

수-:상 (繡像)뗑 사람의 얼굴을 수를 놓아 만든 형상.

수상 경:기 (水上競技) 경영(競泳)·다이빙·수구(水球)·싱크로나이즈드 스위밍 등 물에서 하는 운동 경기의 총칭.

수상 경:찰 (水上警察) 하천·항만에서, 방범·경비·선박의 교통 정리·조난 구조 따위의 일을 맡은 경찰.

수상-관 (受像管)뗑《물》텔레비전의 전기 신호를 화상(畫像)으로 바꾸는 것을 목적으로 하는 대형의 음극선관.

수상-기 (水上機)뗑 '수상 비행기'의 준말.

수상-기 (受像機)뗑 방송된 영상 전파를 받아 화상으로 변화시키는 장치. □텔레비전 ~.

수상-기 (殊常氣)[-끼]뗑 수상스러운 낌새.

수상-꽃차례 (穗狀-)[-꼳-]뗑《식》무한꽃차례의 한 개의 긴 꽃대의 둘레에 꽃자루가 없는 여러 개의 꽃이 이삭과 같은 모양으로 피는 꽃차례《벼·보리·밀 따위》. 수상 화서. 이삭꽃차례.

수상 돌기 (樹狀突起)《생》신경 세포에 있는 돌기. 외부에서 흥분을 받아들이는 작용을 함. 원형질(原形質) 돌기. ↔축삭(軸索) 돌기.

수상-록 (隨想錄)[-녹]뗑 그때그때 떠오르는 느낌과 생각을 적은 책.

수상-목 (水上木)뗑 상류에서 떼로 띄워 내려온 재목.

수상-문 (隨想文)뗑 그때그때 떠오른 생각이나 느낌을 적은 글.

수상 비행기 (水上飛行機) 물 위를 활주하여 뜨고 내리는 비행기.

수상-생활 (水上生活)뗑 물 위에 지은 집이나 배 등에서 하는 생활.

수상-선 (水上船)뗑 물윗배.

수상-술 (手相術)뗑 손금으로 사람의 운수·장래를 점치는 방법과 기술.

수상-스럽다 (殊常-)[-따][-스러워, -스러우니]톙ꂇ 보통과는 달리 이상해서 의심스러운 데가 있다. **수상-스레**ꅊ

수상 스키 (水上ski) 모터 보트에 맨 로프를 잡고 보트에 이끌려 스키로 수면을 활주하는 스포츠.

수상 식물 (樹上植物)[-싱-]《식》건생(乾生) 식물의 하나로 나무 위에서 자라는 식물《지의류(地衣類) 따위》.

수상-자 (受賞者)뗑 상을 받는 사람. □노벨상 ~ / ~ 후보에 오르다.

수상-작 (受賞作)뗑 상을 받은 작품. □~으로 선정되다.

수상-전 (手相戰)뗑 바둑에서, 단독으로 살지

못하고 고립된 돌끼리 사활을 걸고 싸움을 벌이게 된 상황.

수상-쩍다(殊常-)[-따]〖형〗수상한 데가 있다. ▫거둥이 ~.

수상-판(受像板)〖명〗텔레비전 수상기의 영상을 나타내는 형광막의 판.

수상-하다(殊常-)〖형여〗보통과 다르게 이상해서 의심스럽다. ▫거둥이 ~. **수상-히**〖부〗 ▫행동을 ~ 여기다.

수상-화(穗狀花)〖명〗수상꽃차례로 핀 꽃.

수상 화서(穗狀花序)〖식〗수상꽃차례.

수-새〖명〗새의 수컷. ↔암새.

수색(水色)〖명〗물빛.

수색(秀色)〖명〗산천의 뛰어나게 아름다운 경치.

수색(殊色)〖명〗여자의 뛰어난 용모.

수색(愁色)〖명〗부끄러운 기색.

수색(搜索)〖명〗하타〗1 구석구석 뒤져 찾음. ▫실종자 ~. 2〖법〗압수해야 할 물건 또는 체포·구인·구류해야 할 범인을 찾아내기 위해 주거·물건, 사람의 신체 또는 장소 따위에 행하는 강제 처분. ▫~을 하다.

수색(愁色)〖명〗근심스러운 기색. ▫~이 가득한 얼굴.

수색-경(搜索鏡)[-꼉]〖천〗큰 망원경에 딸려, 천체의 위치를 찾는 데 쓰는 작은 망원경. *시준의(視準儀).

수색-대(搜索隊)[-때]〖명〗적의 위치·병력·화력 따위를 알아내거나 조난자를 구출하기 위해 수색하는 부대.

수색-망(搜索網)[-생-]〖명〗수색하기 위해 각 방면으로 펼쳐 놓은 조직망. ▫~을 좁히다.

수색 영장(搜索令狀)[-생녕짱]〖법〗검사나 사법 경찰관 등이 수색할 수 있게 법원에서 발부하는 명령서.

수색-원(搜索願)〖명〗〖법〗잃어버린 사람이나 도망친 사람을 찾아 달라고 해당 기관에 제출하는 청원.

수생(水生)〖명〗하자〗물에서 나거나 삶.

수생 동:물(水生動物)〖명〗물에서 사는 동물의 총칭. 수서 동:물. 수중(水中) 동:물.

수생-목(水生木)〖민〗오행설(五行說)에서, 물에서 나무가 생긴다는 뜻.

수생 식물(水生植物)[-뭉-]〖식〗수중 식물.

수서(手書)〖명〗손수 글이나 편지를 씀. 또는 그 글이나 편지《손아랫사람에게 쓰는 자신의 '편지'를 이르는 말》.

수서(手署)〖명〗하자〗손수 서명함. 또는 그 서명.

수서(小書)〖명〗고전(古篆) 팔체(八體)의 하나. 옛날에 무기 위에 썼음.

수서(水棲)〖명〗물에서 삶. ↔육서.

수-서기(首書記)〖명〗〖역〗지방 관아에 속한 서기의 우두머리.

수서 동:물(水棲動物)〖명〗수생 동물.

수서-양단(首鼠兩端)〖명〗쥐가 구멍에서 머리를 내밀고 나갈까 말까 망설인다는 뜻으로, 머뭇거리며 진퇴나 거취를 결정짓지 못하는 상태를 이르는 말.

수석(水石)〖명〗1 물과 돌. 2 물과 돌로 이루어진 경치. 천석(泉石). 3 물속에 있는 돌. 4 수석(壽石).

수석(首席)〖명〗등급이나 직위 따위에서, 맨 윗자리. ▫~ 연구원 / ~ 합격 / ~을 차지하다. ↔말석(末席).

수석(壽石)〖명〗관상용의 자연석. 수석(水石).

수석(樹石)〖명〗나무와 돌.

수석(燧石)〖명〗부싯돌.

수석-대표(首席代表)[-때-]〖명〗여러 대표 가운데의 우두머리.

수선〖명〗하형〗정신을 어지럽히는 부산한 말이나 행동. ▫~을 떨다 / ~을 피우다 / 아침부터 웬 ~이냐.

수선(水仙)〖명〗1 물속에 산다는 신선. 2 '수선화'의 준말.

수선(手選)〖명〗하타〗〖광〗광석이나 석탄 등을 손으로 골라내는 일.

수선(垂線)〖명〗〖수〗일정한 직선이나 평면과 직각을 이루는 직선. 수직선.

수선(受禪)〖명〗하자〗임금의 자리를 물려받음. ↔양위(讓位).

수선(首線)〖명〗〖수〗'시초선(始初線)'의 구용어.

수선(修繕)〖명〗하타〗낡거나 헌 물건을 손보아 고침. ▫옷 ~.

수:선(繡扇)〖명〗수를 놓은 부채.

수선-거(修船渠)〖명〗건선거(乾船渠).

수선-거리다〖자〗1 정신이 어지럽게 자꾸 떠들다. 2 시끄러워서 정신이 산란해지다. **수선-수선**〖부재자형〗.

수선-공(修繕工)〖명〗수선하는 일을 하는 직공. ▫구두 ~.

수선-대다〖자〗수선거리다.

수선-비(修繕費)〖명〗수선하는 데 드는 비용.

수선-스럽다[-따]〖-스러워, -스러우니〗〖형ㅂ〗 수선한 느낌이 있다. **수선-스레**〖부〗.

수선-장(修船場)〖명〗배를 고치는 곳.

수선-쟁이〖명〗몹시 수선을 떠는 사람.

수선-화(水仙花)〖명〗〖식〗수선화과의 여러해살이풀. 따뜻한 해변에 남. 잎은 가늘고 길며 모여남. 1-2월에 달걀 모양의 비늘줄기에서 나오는 꽃줄기 끝에서 5-6개의 노란색 또는 흰색 꽃이 핌. 관상용이고 비늘줄기는 약재로 씀.

수설(水洩)〖명〗물찌똥.

수설불통(水泄不通)〖명〗하자〗물이 샐 틈이 없다는 뜻으로, 경비나 단속이 엄해 비밀이 새어 나가지 못함.

수성(水性)〖명〗1 물의 성질. 2 물에 녹기 쉬운 성질. 수용성(水溶性). ▫~ 페인트. 3〖민〗오행(五行)에서, 수(水)를 사람의 생년월일에 배정하여 일컫는 말.

수성(水姓)〖명〗〖민〗오행(五行)의 수(水)에 해당하는 성(姓).

수성(水星)〖명〗〖천〗행성 가운데 가장 작고 태양에 제일 가까운 별《일몰 직후나 직전에만 보임. 지름이 지구의 0.38배, 공전 주기는 88일, 자전 주기는 59일임》. 진성(辰星). 머큐리.

수성(水聲)〖명〗물소리.

수성(守成)〖명〗하자〗조상이 이루어 놓은 일을 이어 나감.

수성(守城)〖명〗하자〗성을 지킴.

수성(垂成)〖명〗하자〗일이 거의 이루어짐.

수성(首星)〖명〗〖천〗별자리 가운데 가장 밝은 항성(恒星). 거문고자리의 직녀성, 작은곰자리의 북극성 따위. 알파성(α星).

수성(修成)〖명〗하타〗고쳐서 완성하게 이룸.

수성(愁聲)〖명〗1 근심하여 탄식하는 소리. 2 구슬픈 소리.

수성(遂成)〖명〗하타〗어떤 일을 다 해냄.

수성(遂誠)〖명〗하자〗성의(誠意)를 다함.

수성(壽星)〖명〗1 남극성. 2 '음력 8월'의 이칭.

수성(獸性)〖명〗1 짐승의 성질. 2 짐승과 같은 육체의 정욕. 3 야만적이거나 잔인한 성질.

수성 가스(水性gas)〖화〗수소와 일산화탄소의 혼합 가스《기체 연료·수소 가스의 원료》.

수성 광:상(水成鑛床)〖광〗지표수(地表水)에

용해된 광물 성분이 침전해서 생긴 광상.

수성 도료(水性塗料) 수성 페인트.

수성-암(水成岩) 암석의 조각이나 생물의 유해, 화학적 침전물 등이 물속에 퇴적해서 생긴 암석. 퇴적암.

수성지업(垂成之業)圓 자손에게 물려주어 그 일을 이루게 하는 것.

수성지주(守成之主)圓 창업(創業)의 뒤를 이어 그 기초를 튼튼히 다지는 군주.

수성 페인트(水性paint) 아교·카세인 따위의 수용액에 안료를 혼합한, 광택이 없는 페인트(주로 실내 장식에 씀). 수성 도료(塗料).

수세圓〔←휴서(休書)〕〖역〗지난날, 남자가 여자에게 주던 이혼 증서.

수세(를) 베어 주다句〖역〗옛날 하류층의 사람이 아내와 이혼할 때에 수세 대신으로 옷고름을 베어 주었다는 뜻에서, 아내와 갈라선다는 말.

수세(水洗)圓 1 물로 씻음. 2 사진에서 네거티브 필름을 현상한 뒤에 인화 과정에서 필름 겉면의 약액을 씻어 내는 일. 3〔가〕성수(聖水)로 씻는 방법의 한 가지. 4 '수세식'의 준말.

수세(水稅)圓 1 농업용수를 이용하고 내는 물값. 2 '보수세(洑水稅)'의 준말.

수세(水勢)圓 흐르는 물의 힘이나 형세.

수세(收稅)圓〖하자〗세금을 거둠.

수세(守勢)圓 적을 맞아 지키는 형세. 또는 힘이 달려 밀리는 형세. □~에 몰리다 / ~를 취하다. ↔공세(攻勢).

수세(守歲)圓〖민〗음력 섣달 그믐날 밤에 등촉을 밝히고 밤을 새우는 풍습(이날 밤에 자면 눈썹이 센다고 함). 별세(別歲).

수세(受貰)圓〖기〗세례를 받음.

수세(漱洗)圓〖하자〗양치질하고 세수함.

수세(樹勢)圓 나무가 자라나는 기세나 상태.

수세(隨世)圓〖하자〗세상의 형편을 좇음.

수-세공(手細工)圓 손으로 만드는 세공.

수세미圓 1 설거지할 때, 그릇을 씻는 데 쓰는 물건(예전에는 짚이나 수세미외의 열매 속 따위로 만들었음). 2 심하게 구겨지거나 더러워진 물건을 이르는 말.

수세-미(水稅米)圓 지난날, 수세로 걷던 곡식.

수세미-외圓〖식〗박과의 한해살이 덩굴풀. 잎은 어긋나게 나고 손 모양이며, 과실은 원통상으로 긺. 열매의 섬유로는 수세미를 만들고, 줄기의 액즙으로는 화장수를 만듦. 열대 아시아 원산.

수세-식(水洗式)圓 변소에 급수 장치를 해서 오물을 물에 씻겨 내려가게 처리하는 방식. ㉛수세(水洗).

수세지재(需世之才)圓 세상에 쓸모가 있어 등용할 만한 인재.

수-소圓 소의 수컷. 모우(牡牛). 황소. ↔암소.

수소(水素)圓〖화〗무색·무미·무취의 가연성이 높은, 모든 물질 가운데 가장 가벼운 기체 원소. 물을 전기 분해 하거나 아연에 묽은 황산을 작용시켜 만듦. [1번: H:1.0079]

수소(受訴)圓〖하자〗소송을 받아 처리함.

수소(愁訴)圓〖하자〗자신의 사정을 애처롭게 호소함.

수-소문(搜所聞)圓〖하타〗세상에 떠도는 소문을 두루 찾아 살핌. □여기저기 ~해 보다.

수소 법원(受訴法院)圓〖법〗사건의 판결 절차가 현재 계속되고 있거나 과거에 계속되었거나 앞으로 계속될 법원.

수소 이온(水素ion)〖화〗수소 원자가 전자 1개를 잃은 1가(價)의 양이온. 용액 속에서 산성이 되는 원인을 이름.

수소 이온 농도(水素ion濃度)〖화〗용액 속에 해리(解離)된 수소 이온의 농도(보통, 수소 이온 농도 지수 pH로 표시함).

수소 이온 농도 지수(水素ion濃度指數)〖화〗수소 이온의 농도를 나타내는 수치. 기호: pH. 수소 지수.

수소-탄(水素彈)圓 수소 폭탄.

수소 폭탄(水素爆彈) 중수소(重水素)의 원자핵이 열핵 반응에 의해 융합해서 헬륨 원자핵을 만들 때 방출하는 막대한 에너지를 이용해 만든 폭탄.

수속(手續)圓〖하타〗어떤 일을 수행하거나 처리하기 위해 거쳐야 하는 과정이나 단계. 절차(節次). □입국 ~ / 퇴원 ~을 밟다.

수속(收束)圓〖하타〗1 모아서 한데 묶음. 2 거두어들여 다잡음. 3〔수·물〕수렴(收斂).

수속(收贖)圓〖하자〗예전에, 죄인의 속전(贖錢)을 거두던 일.

수속(殊俗)圓 특이하거나 색다른 풍속.

수속(隨俗)圓〖하자〗세상의 풍속을 따름.

수송(輸送)圓〖하타〗차·선박·비행기 등으로 사람이나 물건을 실어 나름.

수송-기(輸送機)圓 항공 수송에 사용하는 비행기의 총칭.

수송-량(輸送量)〔―냥〕圓 교통 기관이 실어 나르는 사람이나 물건 따위의 양.

수송-력(輸送力)〔―녁〕圓 교통 기관이 사람이나 물건을 실어 나를 수 있는 능력.

수송-로(輸送路)〔―노〕圓 수송하는 길.

수송-선(輸送船)圓 사람이나 물건 따위를 실어 나르는 배.

수송-업(輸送業)圓 사람이나 물건 등을 실어 나르는 일을 맡아 하는 영업.

수쇄(手刷)圓〖하자〗인쇄기를 손으로 움직여 인쇄함. 또는 그 인쇄물.

수쇄(收刷)圓〖하자〗1 수봉(收捧)1. 2 수습1.

수-쇠圓 1 맷돌 아래짝 한가운데에 박힌 뾰족한 쇠. 맷수쇠. 2 자물쇠 안의 뾰족한 쇠. ↔암쇠. 3 수톨쩌귀.

수수圓〖식〗볏과의 한해살이풀. 줄기 높이는 1.5–3m 정도이며, 한여름에 줄기 끝에 원추꽃차례의 꽃이 피고 가을에 열매가 익음. 열매는 곡식이나 과자·술 따위의 원료로 쓰고 줄기는 비를 만들거나 건축재로 씀. 인도 원산. 고량(高粱). 촉서(蜀黍).

수수(收受)圓〖하타〗1 거두어서 받음. 2〖법〗무상으로 금품을 받음. 또는 그런 행위(형법에서, 수뢰죄 및 장물죄 따위를 이루는 요건이 됨). □금품 ~.

수수(袖手)圓〖하자〗팔짱을 낌.

수수(授受)圓〖하타〗물품을 주고받음. □뇌물을 ~하다.

수수-경단(-瓊團)圓 찰수수 가루를 찬물에 반죽해 둥글게 빚어 녹말을 묻히고 살짝 삶아서 냉수에 건져 식힌 다음 팥고물을 묻힌 떡.

수수-깡圓 수수의 줄기. 수숫대.

수수께끼圓 1 어떤 사물을 빗대어 말해서 알아맞히는 놀이. □~를 내다 / ~를 알아맞히다. 2 사물이나 현상이 복잡하고 이상하여 내막을 알 수 없는 일. □영원한 우주의 ~ / ~의 인물.

수수-꾸다㊀ 실없는 농담으로 남을 부끄럽게 만들다.

수수-돌圓〖광〗금분(金分)이 섞여 있는 붉은 차돌.

수수-떡명 찰수수 가루로 만든 떡.

수수러-지다재 돛 따위가 바람에 부풀어 둥글게 되다.

수수-롭다(愁愁-)[-따][-로워, -로우니]형ㅂ 서글프고 산란한 데가 있다. **수수-로이**부

수수-료(手數料)명 어떤 일을 맡아서 처리해 준 대가로 받는 요금.

수수-목명 수수 이삭의 목.

수수목-대[-때]명 수수목을 이룬 줄기.

수수-미꾸리명 기름종갯과의 미꾸라지. 길이는 10~13 cm로, 담황색에 암갈색 세로 줄이 있음. 낙동강 수계의 우리나라 특산.

수수미-틀명 김맬 때 흙덩이를 떠서 들다가 반을 꺾어 누이는 일.

수수-밥명 찰수수로만 짓거나 수수쌀을 섞어서 지은 밥.

수수-방관(袖手傍觀)명하타 팔짱을 끼고 보고만 있다는 뜻으로, 간섭하거나 거들지 않고 그냥 버려둠을 이르는 말. ▢~할 수 없는 문제.

수수-부꾸미명 수수 가루를 반죽하여 둥글고 넓게 만들어 기름에 지진 떡.

수수-비명 이삭을 떨어낸 수수 줄기로 맨 비.

수수-쌀명 수수 열매를 대끼어 껍질을 벗긴 낟알. 고량미. 당미(糖米).

수수-엿[-녓]명 수수를 고아 만든 엿.

수수-전병(-煎餅)명 찰수수 가루로 만든 전병. 촉서(蜀黍)전병. 출전병(秫煎餅).

수수-풀떡명 소금으로 간을 맞춘 물에 팥과 검정콩을 삶다가 무를 때쯤 찰수수를 넣고 버무려 익혀서 끓이나 설탕을 친 떡. 출호병(秫糊餅).

수수-하다¹형어 시끄럽고 떠들썩해서 정신이 어지럽다.

수수-하다²형어 1 옷차림이 수수하고 태도·성질이 무던하다. ▢수수하게 차리다. 2 물건의 품질이나 겉모양이 좋지도 나쁘지도 않다.

수숙(嫂叔)명 형제의 아내와 남편의 형제.

수숙-하다(手熟-)[-수카-]형어 손에 익다.

수순(手順)명 일하는 차례나 순서.

수술명[식] 꽃실과 꽃밥의 두 부분으로 된 식물의 생식 기관의 하나. 웅예(雄蘂). 수꽃술. ↔암술.

수술(手術)명하타 1 [의] 몸의 일부를 째거나 도려내거나 해서 병을 낫게 하는 외과적인 치료 방법. ▢맹장 ~ /~을 받다. 2 어떤 결함 따위를 근본적으로 고치는 일의 비유. ▢사회의 모순을 ~하고 개혁하다.

수술-대[-때]명 수술의 꽃밥이 달려 있는 가느다란 줄기. 꽃실. 화사(花絲). ↔암술대.

수술-대(手術臺)명 수술을 하기 위해 설비한 대. 메스대. ▢~에 눕다.

수술-머리명 수술의 맨 윗부분. ↔암술머리.

수술-비(手術費)명 수술하는 데 드는 비용.

수술-실(手術室)명 수술에 필요한 설비를 갖춘 방.

수술-의(手術醫)[-의 /-이]명 수술을 맡은 의사.

수숫-대[-수때 /-숟때]명 수수깡.

수숫잎-괭이[-순닙꽹-]명 볼이 엷고 넓죽하며 자루를 끼는 부분이 수숫잎의 밑동 모양으로 생긴 괭이.

수숫잎-덩이[-순닙떵-]명 논에서 김맬 때, 호미로 모 포기 사이를 깊게 파서 당겨 수수의 잎과 같은 덩어리로 넘기는 흙.

수슬-수슬부하ㅂ 천연두나 헌데 따위가 진물 기 없이 조금 마른 모양.

수습(收拾)명하타 1 흩어진 재산이나 물건을

주워 거둠. 수쇄. ▢유품을 ~하다. 2 어지러운 마음이나 사태 따위를 거두어 바로잡음. ▢~ 국면에 접어들다.

수습(修習)명하타 학업이나 실무 따위를 배워 익힘. 또는 그런 일. ▢~ 기간.

수습-공(修習工)[-꽁]명 실무를 배워 익히는 과정에 있는 공원(工員).

수습-기자(修習記者)[-끼-]명 실무를 배워 익히는 과정에 있는 기자.

수습-사원(修習社員)[-싸-]명 정식 사원이 되기 위해 회사 업무를 배워 익히는 과정에 있는 사원.

수습-생(修習生)[-쌩]명 실무를 배워 익히면서 일하는 사람.

수습-책(收拾策)명 사건을 수습하는 방책.

수승(首僧)명 승려 가운데 가장 높은 사람.

수승(殊勝)명하여 특히 뛰어난 일.

수시(水柿)명 물기가 많고 연하며 맛이 단 감의 하나.

수시(收屍)명하타 시신을 거두어 머리·팔다리를 바로잡음.

수시 걷다구 고복(皐復)이 끝난 뒤, 시체가 굳기 전에 송장의 손발을 바로 펴서 시신을 끈으로 대충 묶다.

수시(垂示)명하자 수교(垂敎).

수시(隨時)명하자 일정하게 정해 놓은 때 없이 그때그때 형편에 따름. ▢~ 모집 /~ 접수 / 세율을 ~ 조정하기로 했다.

수시렁이명[충] 수시렁잇과의 딱정벌레. 들어간 앞가슴에 촉각이 있고, 머리는 신축성이 있음. 건어물·누에고치·곡물 등의 해충임.

수시렁-좀(-좀)명[충] 수시렁이의 애벌레. 몸길이는 1 cm 정도이며, 둥글고 온몸에 광택이 있는 적갈색 털이 덮여 있음. 누에고치·모직물·식료품 따위를 파먹는 해충임.

수시-로(隨時-)부 아무 때나 늘. ▢~ 드나들다 /~ 확인해 보다.

수시-변통(隨時變通)명하타 일을 형편에 따라 그때그때 처리함.

수시-순응(隨時順應)명하자 무슨 일이든지 때와 형편에 맞추어 함.

수시-응변(隨時應變)명하자 그때그때 변하는 대로 따라 함.

수식(水蝕)명[지] 빗물이나 하천의 유수, 파도 따위가 지표(地表)를 침식해서 깎아 내는 현상. ▢~ 작용.

수식(垂飾)명 공예품이나 의복에 드리운 장식.

수식(首飾)명 여자의 머리에 꽂는 장식품.

수식(修飾)명하타 1 겉모양을 꾸밈. 2[언] 문법에서 체언·용언에 딸려 그 뜻을 꾸미거나 한정하는 일.

수:식(數式)명 수 또는 양을 나타내는 숫자나 문자를 계산 기호로 연결한 식(등식·부등식 따위).

수식(樹植)명하자 1 나무를 심어 뿌리를 내리게 함. 2 일의 기초를 닦아 놓음.

수식-곡(水蝕谷)[-꼭]명[지] 수식 작용으로 생긴 골짜기.

수식-사(修飾詞)[-싸]명[언] 수식어.

수식-산(水蝕山)[-싼]명[지] 침식산.

수식-어(修飾語)명[언] 1 수식언. 2 말이나 글을 보다 또렷하고 아름답게, 또는 효과적으로 표현하기 위해 꾸미는 말.

수식-언(修飾言)명[언] 체언이나 용언 앞에서 뒤의 말을 꾸미거나 한정하는 말(활용하지 않으며, 관형사와 부사가 이에 속함). 수

식어. 수식사(詞). 꾸밈말.
수신(水神)圓 물을 다스리는 신.
수신(守身)圓團타 본분을 지켜 불의(不義)에 빠지지 않도록 함.
수신¹(受信)圓團타 **1** 우편이나 전보 따위의 통신을 받음. 또는 그런 일. **2** 전신·전화나 라디오·텔레비전 방송 따위의 신호를 받음. 또는 그런 일. ↔발신.
수신²(受信)圓 금융 기관이 고객으로부터 신용을 받음. 곧. 고객이 예금을 하는 일. ▢~금리. ↔여신(與信).
수신(帥臣)圓『역』병마절도사(兵馬節度使)·수군절도사(水軍節度使)의 병칭.
수신(修身)圓團자 마음과 행실을 바르게 닦아 수양함.
수신(晬辰)圓 편지에서, ‘생신(生辰)’을 이르는 말. 수일(晬日).
수신(瘦身)圓 마르고 야윈 몸.
수신(獸身)圓 짐승의 몸.
수-신(繡─)圓 수를 놓은 비단으로 만든 신. 수혜(繡鞋).
수신-관(受信管)圓 라디오나 텔레비전에서, 수신용으로 만든 진공관.
수신-기(受信機)圓 유선·무선 통신기에서, 신호나 정보 등의 통신을 받는 장치.
수신-료(受信料)圓 수신의 대가로 내는 돈.
수신-사(修信使)圓『역』조선 말 고종 때, 일본에 보내던 외교 사절.
수신-소(受信所)圓 무선 통신에서, 송신소의 전파를 수신하는 곳.
수신-인(受信人)圓 전화·전보·우편물 따위를 받는 사람. ↔발신인.
수신-제가(修身齊家)圓團자 몸과 마음을 닦아 수양하고 집안을 다스림.
수신-주의(受信主義)[─/─이]圓『법』도달주의(到達主義).
수신-함(受信函)圓 우편물을 받기 위해 대문 등에 설치한형.
수-신호(手信號)圓 손으로 하는 신호. ▢~로 교통정리를 하다.
수-실(繡─)圓 수를 놓는 데 쓰는 실.
수-실(壽室)圓 살아 있을 때 미리 마련한 무덤. 수당(壽堂). 수장(壽藏). 수역(壽域).
수심(水心)圓 수면의 중심.
수심(水深)圓 물의 깊이. ▢~이 얕은 곳.
수심(垂心)圓『수』삼각형의 각 꼭짓점에서 대변(對邊)에 내린 세 개의 수선(垂線)이 서로 만나는 점.
수심(愁心)圓團자 매우 근심함. 또는 그런 마음. ▢~에 찬 얼굴 / ~이 가득하다.
수심(獸心)圓 짐승같이 사납고 모진 마음.
수심-가(愁心歌)圓『악』구슬픈 가락의 서도(西道) 민요의 하나《인생의 무상함을 한탄하는 사설로 됨》.
수심-정기(守心正氣)圓 천도교에서, 한울님의 마음을 항상 잃지 않고 도의 기운을 길러, 천인합일(天人合一)에 이르고자 하는 수련 방법.
수-십(數十)㊀줄 십의 두서너 갑절이 되는 수(의). 이삼십 또는 삼사십(의). ▢~개.
수-십만(數十萬)[─심─]㊀줄 십만의 두서너 배가 되는 수(의). ▢~년의 역사 / ~ 명의 인파가 거리를 가득 메우다.
수씨(嫂氏)圓 형제의 아내.
수스다자〈옛〉떠들다. 수떨다.
수스워리다자〈옛〉떠들다. 수떨다.

수아-주(─紬)圓〔←수화주(水禾紬)〕품질이 좋은 비단의 한 가지.
수악(首惡)圓 악한 무리 가운데 우두머리. 원흉(元兇).
수안(水眼)圓『미술』잿물에 생긴 물거품 같은.
수알치-새[─튀]『조』수리부엉이. 　　［잔 눈.
수압(手押)圓 수결(手決).
수압(水壓)圓 물의 압력. ▢~을 올리다.
수압-기(水壓機)[─끼]圓 물의 압력으로 움직이는 기계의 총칭.
수압 기관(水壓機關)[─끼─]圓 물의 압력을 이용해서 동력을 일으키는 기계 장치.
수압 시험(水壓試驗)[─씨─]圓 물의 압력을 이용해서 물이 새는 것, 변형의 유무, 내압력(耐壓力) 따위를 조사하는 일.
수애(水涯)圓 물가.
수액(水厄)圓 물로 말미암은 재액.
수:액(數厄)圓 운수에 관한 재액.
수:액(數額)圓 물건의 수효.
수액(樹液)圓 **1** 땅속에서 나무줄기를 통해 잎으로 올라가는, 양분이 되는 액. **2** 나무껍질 등에서 분비하는 액《고무나무의 유액(乳液) 따위》.
수액료-작물(樹液料作物)[─앵뇨장─]圓『식』식물체의 분비액을 이용하기 위해 재배하는 작물《파라고무나무·옻나무 따위》.
수-양(─羊)圓 ☞숫양.
수양(收養)圓團타 남의 자식을 맡아 제 자식처럼 기름.
수양(垂楊)圓『식』‘수양버들’의 준말.
수양(修養)圓團자 몸과 마음을 닦아 품성·지식·도덕심 따위를 높은 경지로 끌어올림. ▢정신 ~ / ~을 쌓다.
수양-가다(收養─)자 남의 집에 수양딸 또는 수양아들로 가다.
수양-골圓 쇠머리 속에 든 골.
수양-녀(收養女)圓 수양딸.
수양-딸(收養─)圓 남의 자식을 데려다가 제 자식처럼 기른 딸. 수양녀. 양딸. ▢~을 삼다. [수양딸로 며느리 삼는다] 아무렇게나 제 편한 대로만 일을 처리하여 자신의 이익만을 꾀하는 경우의 비유.
수양-모(收養母)圓 수양어머니.
수양-버들(垂楊─)圓『식』버드나뭇과의 낙엽 활엽 소교목. 가지가 가늘고 길게 늘어지며, 잎은 선상 피침형임. 봄에 노란 수꽃과 원기둥꼴의 이삭 모양을 한 암꽃이 핌.
수양-부(收養父)圓 수양아버지.
수양-부모(收養父母)圓 수양아버지와 수양어머니. 곧, 자기를 낳지 않았으나 데려다가 길러 준 부모.
수양-아들(收養─)圓 남의 자식을 데려다가 제 자식처럼 기른 아들. 수양자.
수양-아버지(收養─)圓 자기를 낳지 않았으나 친자식같이 길러 준 아버지.
수양-아비(收養─)圓 ‘수양아버지’의 낮춤말.
수양-액(水樣液)圓『생』눈의 앞쪽 공간을 채우는 맑은 용액. 각막·수정체·홍채 사이를 채우고 있음.
수양-어머니(收養─)圓 자기를 낳지 않았으나 친자식같이 길러 준 어머니.
수양-어미(收養─)圓 ‘수양어머니’의 낮춤말.
수양-오다(收養─)자 수양아들 또는 수양딸로 남의 집에 오다.
수양-자(收養子)圓 수양아들.
수어(手語)圓 수화 언어.
수어(守禦)圓團타 외적의 침입을 막음.
수:어(秀魚)圓『어』숭어.

수어 (狩漁) 명 사냥과 낚시질.
수:어 (數語) 명 두어 마디의 말.
수어-사 (守禦使) 명 《역》 조선 때, 수어청(守禦廳)의 으뜸 벼슬.
수어 시대 (狩漁時代) 어렵(漁獵) 시대.
수어지교 (水魚之交) 명 물과 물고기의 관계처럼 아주 친밀해서 떨어질 수 없는 사이.
수어-청 (守禦廳) 명 《역》 조선 인조 때 설치한 남한산성을 지키던 군영(軍營).
수:억 (數億) 수명 여러 억(의). 억의 두서너 배되는 수(의). □~의 인구 / ~ 개의 별.
수업 (受業) 명하자 기술이나 학업의 가르침을 받음. 또는 그런 일.
수업 (修業) 명하자 기술이나 학업을 익히고 닦음. 또는 그런 일. □작가 ~ / 배우 ~.
수업 (授業) 명하자 교사가 학생에게 지식이나 기능을 가르쳐 줌. 또는 그런 일. □~ 시간 / ~ 계획 / 정규 ~.
수업-료 (授業料)[-뇨] 명 수업의 대가로 학생이 내는 돈. □~를 내다.
수업 연한 (授業年限)[-년-] 학술이나 기예 따위를 습득하는 데 소요되는 기간.
수업 일수 (授業日數)[-일쑤] 학교 교육에서, 일정한 기간 수업하도록 규정한 일수.
수업-증서 (修業證書)[-쯩-] 명 학교 등에서 일정한 과정을 마친 학생에게 주는 증서.
수:없다 (數-)[-업따] 형 (주로 '수없는'의 꼴로 쓰여) 헤아릴 수 없이 많다. □수없는 명산들. 수:-없이 [-업씨] 부. ~ 몰려들다.
수여 (授與) 명하자 상장이나 훈장 따위를 줌. □상장 ~ / 훈장 ~.
수여리 명 《충》 꿀벌의 암컷.
수역 (水域) 명 수면의 일정한 구역. □위험 ~ / 전관(專管) ~.
수역 (囚役) 명 죄수에게 일을 시킴. 또는 그 일.
수역 (殊域) 명 멀리 떨어진 지역.
수역 (壽域) 명 1 딴 곳에 비해 장수하는 사람이 많이 사는 고장. 2 오래 살았다고 할 만한 나이. 3 수실(壽室).
수역 (獸疫) 명 가축에 유행하는 전염성 질병.
수역 혈청 (獸疫血淸)[-혈-] 가축의 전염병을 예방하는 혈청.
수연 (水煙) 명 1 물방울이 퍼져 자욱한 연기처럼 보이는 것. 2 《불》 불탑의 구륜(九輪) 윗부분에 불꽃 모양으로 된 장식. 3 수연통(水煙筒).
수연 (水鉛) 명 《화》 몰리브덴.
수연 (垂涎) 명하자 1 음식이 먹음직해서 침을 흘림. 2 탐이 나서 갖고 싶어 함.
수연 (晬宴) 명 생일잔치.
수연 (壽宴·壽筵) 명 장수를 축하하는 잔치(보통 환갑잔치를 말함).
수-연장 (壽延長) 명 《악》 밑도드리와 수연장무(壽延長舞)를 아울러 일컫는 말.
수연장-무 (壽延長舞) 명 《역》 나라 잔치 때, 임금의 장수를 축원하면서 추던 춤.
수연-통 (水煙筒) 명 중국 사람이 쓰는 담뱃대통의 하나(연기가 물을 거쳐 나오게 되어 있음). 수연. 수연대.
수연-하다 (愁然-) 형여 시름이나 걱정에 잠겨 있다. □수연한 표정.
수연-하다 (粹然-) 형여 얼굴이나 마음이 꾸밈이 없고 순박하다.
수:열 (數列) 명 《수》 일정 규칙에 따라 순번을 매긴 수를 $a_1, a_2, a_3 \cdots a_n$과 같이 번호순으로 배열한 것(등차수열·등비수열·조화수열 따위). □수열(數列).
수염 (鬚髯) 명 1 성숙한 남자의 입가·턱·뺨에

나는 털. 나룻. □~을 깎다 / ~을 기른 노인. 2 벼·보리·옥수수 등의 낟알 끝 또는 사이에 난 까끄라기나 털 모양의 것. 3 동물의 입 근처에 난 뻣뻣하고 긴 털.
[수염이 대 자라도 먹어야 양반이다] 배가 불러야만 체면도 차릴 수 있다.
수염-발 (鬚髯-)[-빨] 명 길게 길러서 치렁치렁 늘어뜨린 수염의 채.
수염-뿌리 (鬚髯-) 명 《식》 뿌리줄기의 밑동에서 수염처럼 많이 뻗어 나온 뿌리(벼나 보리 따위의 뿌리). 수근(鬚根).
수염-소 명 ☞ 숫염소.
수염-수세 (鬚髯-) 명 수염의 술.
수엽 (樹葉) 명 나뭇잎.
수엽-량 (收葉量)[-냥] 명 따 들이는 뽕잎의 양. □1단보의 ~.
수영 (식) 마디풀과의 여러해살이풀. 줄기 높이는 80cm 가량이며, 잎은 어긋나고 넓은 피침 모양임. 초여름에 담홍색 꽃이 피고, 수과를 맺음. 어린잎과 줄기는 식용하며, 뿌리는 약용함. 산모(酸模). 승아.
수영 (水泳) 명하자 스포츠나 놀이로서 물속을 헤엄치는 일. □~ 대회.
수영 (水營) 명 《역》 조선 때, 수군절도사가 있던 군영.
수영 (秀穎) 명하형 1 잘 여문 벼나 수수 따위의 이삭. 2 재능이 뛰어남.
수영 (樹影) 명 나무의 그림자.
수영 경:기 (水泳競技) 명 수영 기량을 겨루는 경기(경영(競泳)·다이빙·수구(水球) 따위).
수영-모 (水泳帽) 명 수영할 때 쓰는 모자.
수영-복 (水泳服) 명 수영할 때 입는 옷.
수영-장 (水泳場) 명 수영하며 놀거나 수영 경기를 할 수 있는 시설. 풀장(pool場).
수영-하다 (秀英-) 형여 재능이나 지혜가 뛰어나다.
수예 (手藝) 명 자수·뜨개질 따위의 손으로 하는 재주.
수예 (樹藝) 명하자 곡식이나 나무 따위를 심어 가꾸는 일. 식예(植藝).
수예-품 (手藝品) 명 손으로 만든 공예품(자수나 편물 따위).
수오 (羞惡) 명하자 자기의 옳지 못함을 부끄러워하고 남의 착하지 못함을 미워함.
수오지심 (羞惡之心) 명 자기의 옳지 못함을 부끄러워하고 남의 착하지 못함을 미워하는 마음.
수옥 (囚獄) 명 뇌옥(牢獄).
수온 (水溫) 명 물의 온도. □~ 상승.
수완 (手腕) 명 1 일을 꾸미거나 치러 나가는 재간. □~을 발휘하다. 2 손회목.
수완-가 (手腕家) 명 수완이 좋은 사람.
수왕지절 (水旺之節) 명 《민》 오행(五行)에서, 수기(水氣)가 왕성한 절기. 곧, 겨울을 이름.
수요 (壽夭) 명 오래 삶과 일찍 죽음. 수단(壽短). 수요장단(壽夭長短).
수요 (需要) 명 어떤 재화나 용역을 일정한 가격으로 사려고 하는 욕구. □~와 공급 / ~가 늘다.
수요 공:급의 법칙 (需要供給-法則)[-그븨- / -그베-] 《경》 시장에서 상품의 가격은 그 상품의 수요와 공급의 변화에 따라 정해진다는 법칙.
수요-량 (需要量) 명 소비자가 요구하는 상품의 양. □~과 공급량 / ~이 증가하다.
수요-일 (水曜日) 명 일요일로부터 네 번째 되

는 날. ⓒ수(水).

수요-자(需要者)명 필요해서 사거나 얻고자 하는 사람. 수요가(需要家).

수요-장단(壽夭長短)명 수요(壽夭).

수요 탄:력성(需要彈力性)[-탈-썽]【경】상품 가격의 변동에 따라 생기는 수요 변동의 정도. *가격 탄력성.

수요-하다(愁擾-)형여 수란(愁亂)하다.

수요 함:수(需要函數)[-쑤]【경】가격의 변화에 대한 수요량의 변화를 나타내는 함수.

수욕(水浴)명하자 물로 미역을 감음.

수욕(受辱)명하자 남에게 모욕을 당함.

수욕(羞辱)명하자 부끄럽고 욕됨.

수욕(獸慾)명 **1** 짐승과 같은 모질고 사나운 욕심. **2** 짐승과 같은 음란한 성적 욕망. □~을 채우다.

수욕-주의(獸慾主義)[-쭈-/-쭈의]명 도덕이나 윤리를 무시하고 관능에 따라 동물적 욕망만을 채우려는 주의.

수용(水茸)명 말리지 않은 녹용.

수용(收用)명하타 **1** 거두어들여 씀. **2**【법】공익 사업을 위해 특정물의 소유권 등의 권리를 국가나 제삼자의 소유로 강제로 옮김. □국가에 ~된 토지.

수용(收容)명하타 **1** 거두어서 넣어 둠. **2** 범법자·포로·난민·관객이나 물품 따위를 일정한 곳에 모아 넣음. □난민 ~ 시설 / 포로 ~.

수용(受用)명하타 받아 씀.

수용(受容)명하타 받아들임. □요구 조건을 ~하다 / 외국 문화의 무비판적인 ~.

수용(羞容)명 부끄러워하는 빛을 띤 얼굴.

수용(晬容)명 임금의 화상. 어진(御眞).

수용(愁容)명 근심스러운 빛을 띤 얼굴.

수용(需用)명하타 사물을 꼭 써야 할 곳에 씀. 또는 그 일이나 물건.

수용(瘦容)명 수척한 얼굴.

수용-기(受容器)명【생】귀·눈·코 따위와 같이 외부의 자극을 받아들여 뇌에 전달하는 감각 기관.

수용산출(水湧山出)명하자 물이 샘솟고 산이 솟아 나온다는 뜻으로, 시문을 짓는 재주가 비상함의 비유.

수용-성(水溶性)[-썽]명【화】어떤 물질이 물에 녹는 성질. □~ 물질 / ~ 비타민.

수용-소(收容所)명 많은 사람을 집단적으로 한곳에 가두거나 모아 넣는 곳. □피난민 ~.

수용-액(水溶液)명 어떤 물질을 물에 녹인 액체《식염수 따위》.

수용-자(需用者)명 사물이나 사람을 구해 쓰는 사람.

수용-토(受用土)명【불】삼불토(三佛土)의 하나. 보신불(報身佛)이 사는 불토.

수용-품(需用品)명 필요에 따라 꼭 써야 할 물품.

수우(水牛)명【동】물소.

수우(殊遇)명 특별한 대우.

수우(樹羽)명【악】나무로 만든 공작《편종(編鐘)·편경(編磬) 등의 가자(架子) 위에 꽂음》.

수우-하다(殊尤-)형여 매우 훌륭하다.

수운(水運)명 강이나 바다를 이용하여 사람이나 물건을 배로 실어 나름. □~을 이용하다.

수운(愁雲)명 근심스러운 기색.

수운(輸運)명하타 물건을 운반하는 일.

수운-교(水雲教)명【종】수운 최제우(崔濟愚)를 교조로 하는 동학 계통의 한 교《'천도교'의 한 파임》.

수울〈옛〉 술[酒].

수원(水源)명 물이 흘러나오는 근원.

수원(收援)명하자 원조를 받음.

수원(修院)명【가】'수도원(修道院)'의 준말.

수원(隨員)명 지위가 높은 사람을 따라다니며 시중을 드는 사람.

수원수구(誰怨誰咎)명하자 누구를 원망하고 누구를 탓하겠느냐는 뜻으로, 남을 원망하거나 탓할 것이 없음을 이르는 말. 수원숙우.

수원숙우(誰怨孰尤)명하자 수원수구.

수원-지(水源地)명 강물이나 냇물 등의 물이 흘러나오는 근원이 되는 곳.

수원-지(水源池)명 상수도에 보낼 물을 모아 두는 곳.

수월(水月)명 **1** 물과 달. **2** 물에 비친 달.

수:월(數月)명 두서너 달. □~ 내에 끝내다.

수월-내기[-래-]명 다루기 쉬운 사람.

수월래-놀이명 '강강술래'의 춤과 노래를 하는 놀이. ☞수월놀이.

수월-수월부어 힘을 들이지 않고 아주 쉽게. □일이 ~ 풀리다.

수월-스럽다(-따)[-스러워, -스러우니]형ㅂ 수월한 데가 있다. 수월-스레 부

수월-찮다[-찬타]형 **1** 수월하지 않다. □작업이 ~. **2** 꽤 많다. □수월찮은 돈을 모았다.

수월-찮이[-차니]부 수월찮게. □비용이 ~들다.

수월-하다형여 까다롭거나 힘들지 않아 하기 쉽다. □수월한 작업. 수월-히 부. □돈을 벌다.

수위(水位)명 **1** 바다·강·호수·댐 등의 수면의 높이. □~가 높아지다. **2** 어떤 일이 진행되는 정도. □비판의 ~를 높이다 / 오염이 심각한 ~에 달하다.

수위(守衛)명하타 관청·회사·학교 등의 경비를 말아봄. 또는 그런 일을 하는 사람.

수위(首位)명 첫째가는 지위. □~를 유지하다 / ~에 오르다.

수위-계(水位計)[-/-게]명 물의 높이를 재는 계기.

수위-진폭(水位振幅)명 일정한 기간 동안의 최고 수위와 최저 수위의 차(差).

수위 타:자(首位打者)명 야구에서, 타율이 가장 높은 타자. 리딩 히터.

수위-하다(秀偉-)형여 뛰어나게 위대하다.

수유(受由)명 말미를 받음. 또는 그 말미. □말미를 얻다 / 휴를 청하다.

수유(受遺)명하타 유산이나 유물을 물려받음.

수유(茱萸)명【식】쉬나무의 열매. 기름을 짜서 머릿기름으로 씀.

수유(授乳)명하자 젖먹이에게 젖을 먹임. □모유 ~.

수유(須臾)ㅡ명 잠시 동안. ㅡ주관 소수의 단위의 하나. 준순(逡巡)의 십분의 일, 순식(瞬息)의 십배. 곧 10^{-15}.

수유-기(授乳期)명 젖먹이에게 젖을 먹여 기르는 기간.

수유-나무(茱萸-)명【식】쉬나무.

수육(-肉)명 [←숙육(熟肉)] 삶아 익힌 쇠고기. 익은이. □안주로 ~을 주문하다.

수육(獸肉)명 사람이 먹을 수 있는 짐승의 고기《쇠고기·돼지고기 따위》.

수율(收率)명 원자재에 화학적 과정을 가해 원하는 물질을 얻을 때, 실제로 얻어진 양과 이론적으로 기대했던 양을 백분율로 나타낸 비율.

수은(水銀)명【화】상온(常溫)에서 유일하게

액체 상태로 있는 은백색의 금속 원소(진사(辰沙)에서 얻어지며, 어느 금속과도 합금이 쉬움. 금의 정련·온도계·의약 등에 씀). [80번 : Hg : 200.6]

수은(受恩) 은혜를 입음.
수은(殊恩) 圓 특별한 은혜.
수은 건전지 (水銀乾電池) 수은 전지.
수은 기압계 (水銀氣壓計)[─계/─게] 『물』유리관 속의 수은이 그 무게와 기압의 균형을 이루는 성질을 이용해 기압을 재는 기압계. 수은 청우계.
수은-등 (水銀燈) 圓 『물』전극을 넣은 진공 유리관 속에 수은 증기를 넣고 전압을 걸 때 발생하는 강렬한 빛을 이용한 방전관(放電管).
수은 온도계 (水銀溫度計)[─계/─게] 『물』수은의 열팽창을 이용한 온도계. 수은 한란계.
수은 요법 (水銀療法)[─뇨뺍] 『의』수은제로 매독을 치료하는 방법.
수은 전:지 (水銀電池) 양극에 산화수은, 음극은 아연, 전해액에 수산화칼륨을 쓰는 건전지(소형이며 방전 성능이 우수해서 시계·카메라·보청기 등에 널리 씀). 수은 건전지.
수은 정:류기 (水銀整流器)[─뉴─] 『물·전』저압(低壓)의 수은 증기 안에서 발생하는 아크 방전을 이용한 정류기(부작용이 많아 사용이 제한되고 있음).
수은-제 (水銀劑) 圓 수은의 살균 작용을 이용한 약제의 총칭.
수은-주 (水銀柱) 圓 『물』수은 온도계나 수은 기압계의 유리관에 채운 수은의 부분. ☐~가 영하로 내려가다.
수은 중독 (水銀中毒) 『의』수은이나 수은 화합물에 의한 중독. 만성과 급성이 있음.
수은 청우계 (水銀晴雨計)[─/─계] 『물』수은 기압계.
수은 한란계 (水銀寒暖計)[─할─/─할─게] 『물』수은 온도계.
수-은행나무 (─銀杏─) 圓 『식』수꽃만 피고 열매를 맺지 않는 은행나무. ↔암은행나무.
수을 [옛] 술¹.
수음(手淫) 圓하자 손 따위로 자기의 생식기를 자극하여 성적 쾌감을 얻는 행위. 자위(自慰).
수음(秀吟) 圓 훌륭한 시가(詩歌).
수음(殊音) 『악』가락이 특수한 음.
수음(樹陰) 圓 나무의 그늘.
수응(酬應) 圓하자 남의 요구에 응함.
수의(囚衣)[─/─이] 圓 죄수가 입는 옷. 죄수옷. 죄수복. ☐~를 입다.
수의(遂意)[─/─이] 圓하자 뜻을 이룸.
수의(愁意)[─/─이] 圓 수심(愁心).
수의(壽衣·襚衣)[─/─이] 圓 염습할 때 시체에 입히는 옷.
수의(隨意)[─/─이] 圓 자기 뜻대로 함.
수:의(繡衣)[─/─이] 圓 1 수를 놓은 옷. 2 [역] '암행어사'의 별칭.
수의(獸醫) 圓 '수의사'의 준말.
수의 계:약(隨意契約)[─/─이게─] 경쟁 또는 입찰에 따르지 않고 상대방을 임의로 골라 체결하는 계약. ☐~을 맺다.
수의과 대:학(獸醫科大學)[─꽈─/─이꽈─] 수의학(獸醫學)을 전공하는 단과 대학.
수의 과목(隨意科目)[─/─이─] 선택 과목.
수의-근(隨意筋)[─/─이─] 圓 『생』척추동물에서, 의식에 따라 움직일 수 있는 근육. 가로무늬근 따위. 맘대로근. ↔불수의근.
수의-대(獸醫大)[─/─이─] 圓 '수의과 대학'의 준말.
수의-사(獸醫師)[─/─이─] 圓 가축의 병을 진

찰하고 치료하는 의사. ㉡수의(獸醫).
수:의-사도(繡衣─)[─/─이─] ←수의사도(繡衣使道)『역』'어사또'의 별칭.
수:의-야행(繡衣夜行)[─/─이─] 圓 비단옷을 입고 밤길을 걷는다는 뜻으로, 영광스러운 일을 남에게 알리지 않음을 이르는 말.
수의-학(獸醫學)[─/─이─] 圓 가축의 질병 치료 및 예방·위생·사육·관리·경영 따위를 연구하는 학문.
수이 图 ☞쉬이.
수-이입(輸移入) 圓 수입과 이입(移入).
수이-하다(殊異─) 혱 특별히 다르다.
수익(收益) 圓하자 일이나 사업을 해서 이익을 거두어들임. 또는 그 이익. ☐~ 사업/막대한 ~을 올리다.
수익(受益) 圓하자 이익을 얻거나 받음.
수익 가치(收益價値)[─까─] 『경』화폐 수익을 기준으로 평가한 재산 가치.
수익-권(受益權)[─꿘] 圓 1 이익을 받는 권한. 2 [법] 국가에 대해 특정한 이익의 제공을 요구할 수 있는 국민의 권리(교육을 받을 권리, 근로권 따위).
수익-금(收益金)[─끔] 圓 사업 따위에서 이익으로 들어오는 돈.
수익-률(收益率)[─잉뉼] 圓 투자한 돈에 대한 이익금의 비율. ☐~이 낮다.
수익-성(收益性)[─썽] 『경』이익을 거둘 수 있는 정도. ☐~ 높은 사업.
수익-세(收益稅)[─쎄] 圓 직접세의 하나. 소득이나 기타의 수익에 대하여 부과하는 조세(재산세·영업세 따위).
수익-자(受益者)[─짜] 圓 1 이익을 얻은 사람. 2 『경』신용장에 따라 어음을 발행할 자격이 있는 사람.
수익자 부:담(受益者負擔)[─짜─] 『경』국가 또는 공공 단체가 특정 공익사업의 경비를 충당하기 위해, 그 사업에서 이익을 받는 사람에게 지우는 부담.
수익 자산(收益資産)[─짜─] 『경』1 수익을 낳는 자산. 2 은행 수익의 원천이 되는 할인·대부·유가 증권 등의 총칭.
수익 증권(受益證券)[─꿘] 『경』남에게 재산의 운용을 맡겨 그 수익을 얻을 권리를 표시한 증권(증권 투자와 투자 신탁의 두 가지).
수인(手印) 圓 1 손바닥을 도장처럼 찍어서 증거로 삼는 일. 2 자필의 서명 또는 문서. 3 『불』주문을 욀 때, 두 손의 손가락으로 나타내는 여러 가지 모양. 불보살의 깨달음의 내용이나 활동을 상징적으로 나타냄.
수인(囚人) 圓 죄수.
수:인(數人) 圓 두서너 사람.
수인-감과(修因感果) 『불』선악의 인(因)을 행함에 따라서 고락과 깨달음의 과보(果報)를 이룸.
수-인사(修人事) 圓하자 1 인사를 차림. ☐서로 ~를 나누다. 2 사람으로 할 수 있는 일을 다함.
수인사-대천명(修人事待天命) 사람의 할 바를 다하고 천명을 기다림.
수인성 전염병(水因性傳染病)[─썽저넘뺑] 『의』물·음식물에 들어 있는 세균에 의해 전염되는 병(이질·장티푸스·콜레라 따위).
수인-씨(燧人氏) 圓 중국 고대 전설상의 삼황제(三皇帝)의 하나(불 쓰는 법 및 음식 조리법을 전했다 함).
수일(晬日) 圓 수신(晬辰).

수-일(數日)〖명〗 두서너 날. 또는 대여섯 날. ▯ ~ 내로 좋은 소식이 올 것이다.

수일(讎日)〖명〗 원망스러운 날이라는 뜻으로, 해마다 돌아오는 부모가 돌아가신 날을 이르는 날.

수일-하다(秀逸-)〖형여〗 빼어나게 우수하다.

수-읽기(手-)[-일끼]〖명〗 바둑·장기에서, 앞으로 놓을 자리나 변화를 미리 생각하는 일.

수임(受任)〖명하타〗 **1** 임무나 위임을 받음. **2** 〖법〗 위임 계약에 따라 법률 행위나 사무 처리를 맡음. ▯ 변호사 ~ 계약서.

수임-자(受任者)〖법〗 위임 계약에 따라 법률 행위나 사무 처리를 위탁받은 사람.

수입(收入)〖명하타〗 **1** 금품 등을 거두어들임. 또는 그 금품. ▯ ~이 줄다. **2** 개인·단체·국가 등이 합법적으로 벌어들이는 일정한 금액. ▯ 조세 ~ / ~을 허가하는 사업. ↔지출.

수입(輸入)〖명하타〗 **1** 외국의 물품을 사들임. ▯ ~ 규제 / ~ 개방. **2** 외국의 사상·문화·제도 등을 배워 들여옴. ▯ 된 불교 문화. ↔수출.

수입-국(輸入國)[-꾹]〖명〗 용역이나 물품 따위를 수입하는 나라. ▯ 곡물 ~.

수입-금(收入金)[-끔]〖명〗 거두어들인 돈. ▯ ~ 명세.

수입 금:제품(輸入禁制品)[-끔-]〖법〗 법률로 수입을 금지하거나 제한하는 물품.

수입 대:체 산:업(輸入代替産業)[-때-사넙]〖경〗 수입에 의존하던 물품을 국내에서 직접 생산하여 자급하는 산업.

수입 면:장(輸入免狀)[-임-짱]〖명〗 세관에서 발급하는, 수입을 허가하는 문서.

수입-상(輸入商)[-쌍]〖명〗 외국 물품을 수입하는 장사. 또는 그 상인. ↔수출상.

수입 성:향(輸入性向)[-썽-]〖경〗 일정 기간의 국민 소득에 대한 수입액의 비율.

수입-세(輸入稅)[-쎄]〖명〗 수입하는 물품에 대해 부과하는 관세. ↔수출세.

수입 신:용장(輸入信用狀)[-씨농짱]〖경〗 상품을 수입할 때, 외화 지급에 대한 수입업자의 금융상의 신용을 보증하기 위해서 은행이 발행하는 증서를 수입업자 입장에서 일컫는 말. ↔수출 신용장.

수입-원(收入源)〖명〗 돈을 벌어들이는 원천. ▯ ~이 다양하다.

수입 의존도(輸入依存度) 한 나라의 경제가 수입에 의존하는 일 있는 정도(국민 소득이나 국민 총생산에서 차지하는 수입의 비율).

수입 인지(收入印紙) 국고 수입이 되는 수수료 등을 징수하기 위해 붙이게 하는 정부 발행의 증표.

수입 초과(輸入超過)〖경〗 일정 기간에, 한 나라의 수입 총액이 수출 총액을 초과하는 일. ↔수출 초과. ⓟ입초(入超).

수입-품(輸入品)〖명〗 외국에서 수입한 물품. ▯ ~에 관세를 부과하다. ↔수출품.

수입 할당 제:도(輸入割當制度)[-이팔땅-]〖경〗 일정한 상품에 대해서 그 수입 총량을 결정하고, 그 범위 내에서 수입하게 하는 수입 관리 제도.

수입-환(輸入換)[-이환]〖경〗 수출 어음을 지급인인 수입상이 부르는 말. 보통 대금을 지급할 목적으로 수입상이 사들이는 환어음을 이름. ↔수출환.

수:자(數字)〖명〗 두서너 글자.

수자(豎子)〖명〗 **1** 더벅머리. **2** '풋내기'라는 뜻으로, 남을 업신여겨 부르는 말.

수자리(戍-)〖명하자〗〖역〗 국경을 지키던 일. 또는 그 병사. ▯ ~를 살다.

수-자원(水資源)〖명〗 농업·공업·발전용 따위의 자원이 되는 물. ▯ ~을 보호하다.

수자-직(繻子織)〖명〗 날줄과 씨줄을 서로 얽혀 짜지 않고 일정하게 몇 올을 떼어서 짜는 직조법의 하나(두껍고 윤이 남).

수자-폰(sousaphone)〖명〗〖악〗 끝이 나팔꽃 모양으로 된 금관 악기의 하나.

수작(秀作)〖명〗 뛰어난 작품. ▯ 문학사의 ~으로 평가 받다.

수작(酬酌)〖명하자〗 **1** 술잔을 주고받음. **2** 말을 주고받음. 또는 그 말. ▯ ~을 걸다 / ~을 붙이다. **3** 남의 말·행동이나 계획 따위를 낮잡아 이르는 말. ▯ 못된 ~ / ~을 부리다.

수-작업(手作業)〖명〗 손으로 직접 하는 작업. ▯ ~으로 처리하다.

수:-잠〖명〗 깊이 들지 않은 잠. 겉잠. 선잠.

수장(水葬)〖명하타〗 **1** 시체를 물속에 넣어 장사 지냄. 물속으로 가라앉히거나 버림.

수장(手掌)〖명〗 손바닥.

수장(戍將)〖명〗〖역〗 변방을 지키던 장수.

수장(收藏)〖명하타〗 거두어서 깊이 간직함. ▯ 박물관에 ~된 골동품.

수장(首長)〖명〗 집단이나 단체를 지배·통솔하는 사람. 우두머리. ▯ 국회의 ~.

수장(修粧)〖명하타〗 집이나 기구 따위를 손질하고 꾸밈.

수장(袖章)〖명〗 군인·경찰관 따위의 정복의 소매에 금줄 따위로 관등(官等)을 표시한 표장.

수장(壽藏)〖명〗 수실(壽室).

수:-장(繡帳)〖명〗 수놓은 휘장.

수장-기둥(修粧-)〖명〗〖건〗 목조 건물에서, 치장을 위해 임시로 세운 기둥. 수장주(柱).

수장-도리(修粧-)〖명〗〖건〗 장식을 위해 겉으로 돌러나 보이게 하는 도리.

수장-목(修粧木)〖명〗〖건〗 건축물의 치장이나 가구 제작에 쓰는, 무늬와 빛깔이 고운 목재.

수장-열(手掌熱)[-녈]〖한의〗 손바닥에 열이 있어 화끈거리는 증상.

수장-주(修粧柱)〖명〗 수장기둥.

수장-판(修粧板)〖명〗 **1** 장식용으로 쓰는 널이나 합판. **2** 집을 짓는 데 쓰는 얇은 널의 총칭.

수재(手才)〖명〗 손재주.

수재(水災)〖명〗 홍수나 장마 따위로 인한 재해. 수화(水禍). ▯ ~ 의연금 / ~를 겪다.

수재(收載)〖명하타〗 잡지나 신문 등에 원고 따위를 모아 실음.

수재(秀才)〖명〗 **1** 머리가 좋고 재주가 뛰어난 사람. ▯ 촉망 받는 ~ / 전교 제일의 ~. **2** 예전에, 미혼 남자를 높여 이르던 말.

수재(殊才)〖명〗 특별히 빼어난 재주.

수재-민(水災民)〖명〗 수재를 당한 사람.

수재-식(樹栽式)〖명〗 같은 밭에 여러 해를 두고 같은 작물을 재배하는 방식(뽕나무·차(茶)·과수 등의 재배 방식).

수저〖명〗 '숟가락'의 higher말. ▯ ~를 멈추다 / 밥을 한 ~ 뜨다. **2** 숟가락과 젓가락. 시저. ▯ ~를 놓다 / ~를 들다.

수-저(水底)〖명〗 물밑.

수저-선(水底線)〖명〗 강·호수·바다 따위의 밑바닥에 부설한 전신선이나 전화선.

수적(手迹)〖명〗 손수 쓴 글씨나 그린 그림. 또는 손수 만든 물건의 흔적.

수적(水賊)〖명〗 해적(海賊).

수적(水滴)〖명〗 **1** 물방울. **2** 연적(硯滴).

수적(水積)〖명〗〖한의〗 물 따위의 음료를 과음하여 생기는 병.

수적(垂迹)명『불』 부처나 보살이 중생을 구하기 위해 화신(化身)의 모습을 나타내는 일.
수적(讎敵)명 원수(怨讎)인 적.
수:적(數的)[-쩍]관형 숫자상으로 보는 (것). ▢~ 우세 / ~으로 열세에 놓이다.
수전(水田)명 무논.
수전(水電)명 '수력 전기'의 준말.
수전(水戰)하자 물 위에서 벌이는 싸움. 해전(海戰).
수전(守戰)하자 적을 막아 싸움. 방어전.
수전(收錢)하자 여러 사람에게서 돈을 거두어들임.
수전(袖傳)하타 편지·서류 따위를 직접 가지고 가서 전함.
수전-노(守錢奴)명 돈을 모을 줄만 알고 쓰려고는 하지 않는 사람을 얕잡아 이르는 말.
수전 동맹(水戰同盟) 두 나라 이상이 서로 협력해서 다른 나라의 공격을 막고자 하여 맺는 동맹.
수전-증(手顫症)[-쯩]명『의』 손이 떨리는 증세.
수절(守節)하자 1 절의(節義)를 지킴. 2 정절(貞節)을 지킴. ▢~ 과부.
수절-사의(守節死義)[-/-이]명하자 절개를 지키고 의롭게 죽음.
수절-원사(守節冤死)명하자 절개를 지키다 원통하게 죽음.
수절-하다(秀絶-)형어 매우 뛰어나고 훌륭하다.
수절-하다(殊絶-)형어 다른 것보다 매우 뛰어나게 훌륭하다.
수점(受點)하자『역』 이품 이상의 관원을 뽑을 때, 임금에게 낙점(落點)을 받던 일.
수접(袖接)하타 손님을 맞아 대접함.
수젓-집[-저낌/-전낌]명 숟가락과 젓가락을 넣어 두는 주머니.
수정(水亭)명 물 가운데나 물가에 지은 정자.
수정(水程)명 물길기.
수정(水晶)명『광』 석영의 한 가지. 육방 정계(六方晶系)의 결정으로 화학 성분은 이산화규소임. 불순물의 혼합 정도에 따라 자(紫)수정·흑수정·황수정·홍수정 등으로 갈림. 도장·장식품 장식 기계 등에 씀. 수옥(水玉). 파리(玻璃). 크리스털.
수정(水精)명 1 물의 정령(精靈). 또는 물속에 사는 요정. 2 '달'의 별칭.
수정(守貞)명하자 동정(童貞)을 지킴.
수정(受精)명하자 암수의 생식 세포가 하나로 합치는 현상. 정받이.
수정(修正)명하타 바로잡아 고침. ▢궤도 ~ / 계획이 대폭 ~되다.
수정(修訂)명하타 글이나 글자 등의 잘못을 고침. ▢원고 ~ / 초판의 오식을 ~하다.
수정(修整)명하타 1 고쳐서 정돈함. 2 사진에서, 원판의 흠을 지우거나 화상(畫像)을 손질하는 일.
수정(授精)명 정자(精子)를 난자(卵子)에 결합시키는 일.
수-정과(水正果)명 생강과 계피를 넣어 달인 물에 설탕이나 꿀을 타서 식힌 다음 곶감·잣을 넣어 만든 음료.
수정-관(輸精管)명『생』 정소(精巢)에서 만든 정충(精蟲)을 정낭(精囊)으로 보내는 관.
수정-낭(受精囊)명『동』 연체동물류·절지동물류 등의 암컷에 있는 생식 기관의 하나. 수컷으로부터 받은 정충을 저장하는, 주머니 모양의 기관.
수정-란(受精卵)[-난]명『생』 정충을 받아들

<hr>

여 수정을 한 난자. *무정란.
수정-렴(水晶簾)[-념]명 수정 구슬을 꿰어 꾸민 발.
수정-막(受精膜)명『생』 난자가 수정한 직후 그 주위에 형성되는 막. 다른 정자의 침입을 막음.
수정 시계(水晶時計)[-/-게] 수정의 압전(壓電) 효과를 이용한 수정 발진기를 사용해서 만든 시계(매우 정확함).
수정-안(修正案)명 원안의 잘못된 곳을 고친 의안. ▢~을 제출하다 / ~이 통과되다.
수정 유리(水晶琉璃)[-뉴-]명『공』 크리스털 글라스.
수정 자본주의(修正資本主義)[-/-이] 자본주의 자체를 변혁하지 않고 모순을 완화하려는 정책.
수정-주의(修正主義)[-/-이]명 마르크스주의의 혁명적 요소를 수정하고 사회 개량주의를 표방하며, 의회주의를 강조하는 주의. 수정파 사회주의.
수정-체(水晶體)명『생』 동공(瞳孔) 뒤에 있는 볼록 렌즈 모양의 투명체. 눈에 들어온 빛을 굴절시켜 망막 위에 상(像)을 맺게 함.
수정파 사회주의(修正派社會主義)[-/-이] 수정주의.
수제(手製)명하타 손으로 만듦. 또는 그 제품. ▢~ 수류탄 / ~ 폭탄.
수제(首題)명 공문서의 첫머리에 쓰는 제목. ▢~의 건에 관하여.
수제비명 밀가루를 반죽해서 맑은장국 따위에 적당한 크기로 떼어 넣어 익힌 음식.
수제비(를) 뜨다 ㉠밀가루 반죽을 조금씩 떼어 끓는 장국에 넣다. ㉡'물수제비뜨다'와 같은 말.
수제비-태껸명하자 어른에게 버릇없이 대드는 말다툼.
수-제자(首弟子)명 여러 제자 가운데 가장 뛰어난 제자. ▢~가 되다.
수제지건(首題之件)[-껀]명 글의 첫머리에 쓰는 제목에 관한 일(공문서를 작성할 때 쓰던 말).
수제-천(壽齊天)명『악』 신라 때, 아악의 하나. 궁중의 중요한 연례(宴禮) 및 무용에 연주하던 관악으로, 국가의 태평과 민족의 번영을 노래함.
수조(手爪)명 손톱.
수조(水鳥)명 물새1.
수조(水槽)명 물을 담아 두는 큰 통.
수조(水操)명하자『역』 강이나 바다에서 수군을 조련하던 일.
수조(水藻)명 물속에서 자라는 마름.
수조(守操)명하자 지조를 지킴. 수지(守志).
수조(垂釣)명하자 물속에 낚시를 드리움.
수-조기명『어』 민어과의 바닷물고기. 길이는 40 cm 정도이며, 모양이 민어 비슷한데 비늘이 작음. 몸빛은 황적색이며, 위턱이 아래턱보다 길. 식용함.
수조-안(收租案)명『역』 감사가 가을에 도내(道內)의 결세(結稅) 예정액을 호조(戶曹)에 보고하던 장부.
수족(手足)명 1 손발1. ▢~이 차다 / ~이 마비되다. 2 손발2. ▢~이 되어 일하다.
수족(水族)명 물에 사는 생물의 족속.
수족-관(水族館)[-꽌]명 물속에 사는 생물을 길러, 그 생태를 연구하거나 관람시키는 시설.
수족 군열(手足皸裂)[-꾸녈]명『한의』 손발이

얼어 피부가 터지는 병.
수족-삼각형(垂足三角形)[-쌈가켱]〖수〗 삼각형의 각 꼭짓점에서 그 대변에 내리그은 수선의 세 밑점을 꼭짓점으로 하는 삼각형.
수족-한(手足汗)[-조칸]〖한의〗 손바닥·발바닥에 땀이 많이 나는 병.
수졸(戍卒)〖역〗 수자리 서는 군졸.
수졸(守拙)〖명하자〗 1 시세에 제때에 적응하지 못하고 우직한 태도를 고집함. 2 바둑에서, '초단(初段)'을 달리 이르는 말.
수종(水宗)〖명〗 물마루.
수종(水腫)〖의〗 몸의 조직 간격이나 체강(體腔) 안에 림프액·장액(漿液) 따위가 괴어 몸이 붓는 병.
수종(首從)〖명〗 1 어떤 일을 앞장서서 하는 사람과 그를 따라 하는 사람. 2 주범과 종범.
수:종(數種)〖명〗 몇 종류. 두서너 가지. ❏~에 이르는 상품.
수종(樹種)〖명〗 수목(樹木)의 종류나 종자. ❏재래 ~/가로수의 ~.
수종(隨從)〖명하자〗 남을 따라다니며 시중을 드는 사람. ❏~을 들다.
수종-다리(水腫-)〖명〗 '수중다리'의 본딧말.
수종불분(首從不分)〖명하자〗 어떤 일을 앞장서서 한 사람과 따라 한 사람, 또는 주범과 종범을 가리지 않고 똑같이 취급함.
수좌(首座)〖명〗 1 수석(首席). 2〖불〗'국사(國師)'를 높여 이르는 말. 3〖불〗 절에서 참선하는 수행승.
수죄(首罪)〖명〗 여러 범죄 가운데 가장 중한 죄.
수:죄(數罪)〖명하타〗 1 여러 가지의 범죄. 2 범죄 행위를 하나하나 들추어냄.
수주(手珠)〖명〗 여러 개의 나무 구슬을 끈에 꿰어 고리같이 만든 물건(주로 나이 든 사람들이 손에 들고 계속 돌려 손의 뻣뻣한 증세를 푸는 데 씀).
수주(水柱)〖명〗 물기둥.
수주(水紬)〖명〗'수화주(水禾紬)'의 준말.
수주(受注)〖명하타〗 주문을 받음. 특히, 생산업자가 제품의 주문을 받는 일. ❏~가 늘다. ↔발주(發注).
수주(壽酒)〖명〗 장수를 기원하고 축하하는 술.
수주-대토(守株待兔)〖명〗〔중국 송(宋)나라의 한 농부가 토끼가 나무그루에 부딪쳐 죽은 것을 잡은 후, 농사는 팽개치고 나무그루만 지키고 토끼가 나타나기를 기다렸다는 고사에서〕한 가지 일에만 얽매여 발전을 모르는 어리석은 사람을 비유하는 말. 주수(株守).
수:-주머니(繡-)〖명〗 수를 놓은 비단 주머니.
수죽(脩竹)〖명〗 가늘고 긴 대.
수준(水準)〖명〗 1 사물의 가치나 질 따위의 기준이 되는 일정한 표준이나 정도. ❏문화 ~/~이 높다. 2 '수준기(水準器)'의 준말.
수준-급(水準級)[-끕]〖명〗 상당히 높은 수준에 있는 등급. ❏~에 이른 선수/피아노 솜씨가 ~이다.
수준-기(水準器)〖물〗 면이 평평한가를 재거나 기울기를 조사하는 데 쓰는 기구. 수평기(水平器). ⓒ수준.
수준 원점(水準原點)[-주넌쩜] 수준점의 높이를 재는 기준이 되는 원점.
수준-의(水準儀)[-주늬/-주니]〖명〗 지점의 높낮이를 측량하는 수준기를 장치한 망원경.
수준-점(水準點)[-쩜]〖명〗 측량할 지역에 일정한 간격으로 설치한 점이나 표지(標識).
수준 측량(水準測量)[-충냥]〖지〗 지구상의

각 지점 간의 높낮이를 재는 일. 고저(高低) 측량.
수줍다[-따]〖형〗 부끄러워하는 태도가 있다. ❏수줍어 어쩔 줄 몰라 하다.
수줍어-하다〖자여〗 부끄러워하다. ❏몹시 수줍어하는 아가씨.
수중(水中)〖명〗 물속. 물 가운데. ❏~ 탐사/~에 서식하는 생물.
수중(手中)〖명〗 1 손의 안. 손안. ❏~에 가진 돈. 2 자기가 소유할 수 있거나 권력을 행사할 수 있는 범위. 손아귀. ❏~에 넣다.
수중(睡中)〖명〗 잠든 동안.
수중-경(水中莖)〖식〗 물속줄기.
수중-다리〖명〗[←수중(水腫)다리]〖의〗 병으로 퉁퉁 부은 다리.
수중 동:물(水中動物) 수생(水生) 동물.
수중 발레(水中ballet) 싱크로나이즈드 스위밍.
수중 식물(水中植物)[-싱-]〖식〗 물속에서 자라는 식물의 총칭. 수생(水生) 식물.
수중-안경(水中眼鏡)〖명〗 물속에서 볼 수 있도록 만든 안경. 물안경.
수중-유행(睡中遊行)[-뉴-]〖명하자〗 자다가 갑자기 일어나 잠이 완전히 깨지 않은 상태로 여러 가지 행동을 하며 여기저기 돌아다님.
수중익-선(水中翼船)[-썬]〖명〗 선체의 앞쪽 밑에 날개를 단 배(날개가 돌면 양력(揚力)이 생겨 선체가 떠올라 물의 저항을 덜 받게 됨).
수중 청음기(水中聽音器) 음파가 전파되는 성질을 이용해서 잠수함 따위의 위치나 방향 등을 탐지하는 기계.
수중 카메라(水中camera) 물속에서 사용할 수 있도록 방수 처리를 한 카메라.
수중 텔레비전(水中television)〖물〗 텔레비전 카메라를 물속에서 이용할 수 있게 한 것(수중 장면 촬영이나 해저 조사 따위에 씀).
수중-혼(水中魂)〖명〗 물에 빠져 죽은 사람의 넋.
수족다욕(壽則多辱)[-따-]〖명〗 오래 살수록 그만큼 욕되는 일이 많음.
수즙(修葺)〖명하타〗 집을 고치고 지붕을 새로 이는 일.
수증(受贈)〖명하타〗 선물을 받음.
수증-기(水蒸氣)〖명〗 물이 증발해서 생긴 김. 기체 상태로 된 물. ❏~가 서리다. ⓒ증기.
수지(-紙)〖명〗 ☞휴지(休紙).
수지(手指)〖명〗 손가락.
수지(收支)〖명〗 1 수입과 지출. ❏~ 균형. 2 거래 관계에서 얻는 이익. ❏~가 맞는 장사.
수지(守志)〖명하자〗 지조를 지킴. 수조(守опера) .
수지(受持)〖명하타〗〖불〗 경전(經典)이나 계율을 받아 항상 잊지 않고 머리에 새겨 가짐.
수지(須知)〖명〗 모름지기 알아야 함.
수지(樹枝)〖명〗 나뭇가지.
수지(樹脂)〖명〗 1 나무의 진. 2 천연수지와 합성 수지의 총칭.
수지(獸脂)〖명〗 짐승의 기름.
수지 결산(收支決算)[-싼]〖경〗 일정한 기간의 수입과 지출의 결산.
수-지니(手-)〖명〗 사람의 손으로 길들인 매나 새매. 수진매. ↔산지니.
수지-맞다[-맏따]〖자〗 1 사업이나 장사 따위에서 이익이 남다. ❏수지맞는 장사. 2 뜻하지 않게 좋은 일이 생기다. ❏복권이 당첨되다니 정말 수지맞았네 그려.
수지-비누(樹脂-)〖명〗 수지를 수산화나트륨이나 탄산나트륨액과 함께 끓여 만든 비누.
수지-상(樹枝狀)〖명〗 나뭇가지처럼 여러 가닥으로 벋은 모양.

수-유 (樹脂油)[명]〖화〗수지를 건류하여 얻은 기름.

수지-침 (手指鍼)[명]〖한의〗손가락·발바닥·손등의 경혈(經穴)에 짧은 침을 1-3 mm 정도의 깊이로 놓아 치료하는 침술.

수직 (手織)[명][하타] 손으로 직물을 짬. 또는 그 직물.

수직 (守直)[명][하타] 건물이나 물건 따위를 맡아서 지킴. 또는 그 사람.

수직 (守職)[명]〖역〗품계는 낮으나 관직은 높은 벼슬.

수직 (垂直)[명] **1** 똑바로 드리움. 수평에 대해 직각을 이룬 상태. □∼으로 세우다. **2**〖수〗직선과 직선, 직선과 평면, 평면과 평면이 직각을 이루고 있는 상태.

수직 (首職)[명] 우두머리의 벼슬.

수직 (壽職)[명]〖역〗해마다 정월에 80세 이상의 관원과 90세 이상의 서민에게 은전(恩典)으로 주던 벼슬.

수직 갱도 (垂直坑道)[-갱-]〖광〗광산이나 탄광에서, 수직으로 파 내려간 갱도. 곧은바닥. 준수갱.

수직 거:리 (垂直距離)[-꺼-]〖수〗수직선 위의 두 점 사이의 거리.

수직-권 (垂直圈)[-꿘]〖천〗천정(天頂)·천저(天底)를 통하고 지평선에 수직인 천구상(天球上)의 대권(大圈).

수-직기 (手織機)[-끼]〖기〗사람의 손발로 움직여 베를 짜는 기계.

수직-기 (垂直鰭)[-끼]〖동〗물고기의 몸의 가운데 선 위에 하나씩 있는 지느러미(등지느러미·뒷지느러미 따위). ↔대기(對鰭).

수직 단:면 (垂直斷面)[-딴-]〖수〗원기둥·각기둥 따위를 그 측면에 수직이 되게 평면으로 자른 면. 직단면.

수직-면 (垂直面)[-찡-] 연직면(鉛直面).

수직 분포 (垂直分布)[-뿐-]〖식〗땅의 높이나 물의 깊이에 따라 나타나는 생물의 분포.

수직-선 (垂直線)[-썬][명] 수선(垂線).

수:-직선 (數直線)[-썬][명]〖수〗직선 위의 기준점과 단위 길이를 정하고, 각 점에 하나의 실수(實數)를 대응한 직선.

수직 이:등분선 (垂直二等分線)〖수〗평면 상에서 어떤 선분을 수직으로 이등분하는 직선.

수직 이착륙기 (垂直離着陸機)[-지기창눅끼] 활주하지 않고 수직으로 바로 이착륙할 수 있는 비행기. 브이톨(VTOL).

수직-적 (垂直的)[-쩍][관][명] **1** 똑바로 드리우는 (것). □∼화면 구성. **2** 동등한 관계가 아닌 상하 관계로 이루어진 (것). □∼가치관∼인 조직 구조.

수직 전:위 (垂直轉位)[-쩌뉘]〖지〗암층(岩層)의 일부가 중력 때문에 수직 운동을 일으켜 그 위치를 바꾸는 상태.

수직 투영도 (垂直投影圖)〖수〗정면도(正面圖). 입면도(立面圖).

수진 (手陳)[명] 수지니.

수진 (受診)[명][하자] 진찰을 받음.

수진-매 (手陳-)[명] 수지니.

수진-본 (袖珍本)[명] 소매 속에 넣고 다닐 수 있게 작게 만든 책.

수질 (水疾)[명] 뱃멀미.

수질 (水蛭)[명]〖동〗거머리1.

수질 (水質)[명] 물의 성질. □∼개선.

수질 (首経)[명] 상복을 입을 때 머리에 두르는, 짚에 삼 껍질을 감은 둥근 테. □∼을 쓰다.

수질 (髓質)[명]〖생〗콩알이나 콩팥 따위의 실질

성 기관의 내부를 차지하는 조직.

수질 오:염 (水質汚染)[명] 물이 오물이나 폐수 때문에 인체에 해를 끼치거나 생태계를 파괴할 정도로 더러워진 상태. □∼을 방지하다.

수집 (收集)[명][하타] 거두어 모음. □재활용품을 ∼하다.

수집 (粹集)[명][하타] 사물의 가장 중요한 부분만 골라 모음.

수집 (蒐集)[명][하타] 취미나 연구를 위해 여러 가지 물건이나 재료를 찾아 모음. 또는 그 물건이나 재료. □우표 ∼/정보 ∼.

수집 (蒐輯)[명][하타] 여러 가지 자료를 찾아 모아서 편집함.

수집-벽 (蒐集癖)[-뼉][명] 수집하기를 즐기는 버릇.

수집-상 (收集商)[-쌍][명] 여기저기에서 소량의 상품들을 사 모아 도매상이나 소매상에게 파는 장사. 또는 그런 장수. □과일이나 채소 등은 ∼ 에게 팔려 나간다.

수집 (壽徵)[명] 오래 살 징조.

수-쪽[명] 어음의 오른편 조각(채권자가 가짐). ↔암쪽.

수차 (水車)[명] **1** 물레방아. **2** 무자위.

수차 (收差)[명]〖물〗한 점에서 나온 빛이 렌즈나 거울에 의해서 상을 만들 때, 광선이 완전히 한 점에 모이지 않아 상이 흐려지거나 비뚤어지거나 굽는 현상. □∼가 적은 렌즈.

수차 (袖箚)[명]〖역〗임금을 뵙고 직접 바치던 상소(上疏).

수:차 (數次)[명] 두서너 차례. 여러 차례. □∼에 걸친 회담.

수찬 (修撰)[명][하타] 서책을 편집해서 펴냄.

수찰 (手札)[명] 수서(手書).

수찰 (首刹)[명]〖불〗수사(首寺).

수참 (水站)[명]〖역〗전라도·경상도·충청도 등의 세곡(稅穀)을 서울로 운반할 때, 중간에 배를 쉬게 하던 곳.

수참-하다 (羞慚-)[형어] 매우 부끄럽다.

수참-하다 (愁慘-)[형어] 을씨년스럽고 구슬프다. 매우 처참하고 슬프다.

수창 (水脹)[명]〖한의〗비장의 대사가 원활하지 않아 몸이 붓는 병. 복창증(腹脹症).

수창 (首唱)[명][하타] **1** 앞장서서 주창함. **2** 좌중에서 맨 먼저 시를 지어 읊음.

수창 (酬唱)[명][하자] 시가(詩歌)를 서로 주고받으며 부름.

수창 (壽昌)[명][하자] 오래 살고 자손이 번성함.

수-창포 (水菖蒲)[명]〖식〗붓꽃.

수채[명] 집 안에서 버린 허드렛물이 흘러 나가게 한 시설.

수채 (收採)[명][하타] **1** 거두어 모아들임. **2** 인재를 채용함.

수채 (受采)[명][하자] 신랑 집에서 보내는 납채(納采)를 신부 집에서 받음.

수:-채움 (數-)[명][하타] **1** 일정한 수를 채우기 위해 보탬. **2** 임시로 대봉을 침. 준수쩜.

수채-통 (-筒)[명] 수채에 버린 물이 흘러가도록 땅속에 묻은 통. 하수관. 하수통.

수채-화 (水彩畵)[명]〖미〗물감을 물에 풀어서 그린 그림. *유화(油畵).

수:-쩜 (數-)[명][하타] '수채움'의 준말.

수챗-구멍[-채꾸-][명][-꾸멍] 수채의 허드렛물이 빠져나가는 구멍. □∼을 뚫다.

수:처 (數處)[명] 두서너 곳. 몇 군데.

수척 (水尺)[명]〖역〗무자리.

수척-하다 (瘦瘠-)[-처카-][형어] 몸이 마르고

파리하다. ❏수척한 몸 / 얼굴이 ~.
수천 (水天) 명 물과 하늘.
수천 (水喘) 명 〖한의〗 심장병·신장병 등으로 인해 숨이 차게 되는 병.
수:천 (數千) 수관 천의 여러 배 되는 수효(의). 여러 천(의). ❏~ 명 / ~의 군사.
수:-천만 (數千萬) 수관 **1** 여러 천만(의). 몇 천만(의). ❏~ 원의 돈. **2** 헤아릴 수 없이 썩 많은 수효(의). ❏~의 메뚜기 떼.
수천-방불 (水天彷彿) 명 물과 하늘이 거의 비슷하다는 뜻으로, 멀리 바다와 하늘이 맞닿아 그 경계를 분별할 수 없음을 이르는 말.
수철 (水鐵) 명 무쇠.
수첩 (手帖) 명 간단한 기록을 하기 위해 몸에 지니고 다니는 작은 공책. 필첩2. ❏~에 메모하다.
수청 (守廳) 명 〖역〗 **1** 높은 벼슬아치 밑에서 심부름을 하던 일. **2** 아녀자나 기생이 높은 벼슬아치에게 몸을 바쳐 시중을 들던 일. ❏~을 물리치다. **3** 청지기.
수청(을) 들다 구 ㉠높은 벼슬아치 밑에서 시키는 대로 시중들다. ㉡기생이 높은 벼슬아치에게 잠시 몸을 바치다.
수청-방 (守廳房) 명 〖역〗 **1** 수청을 드는 기생이 거처하던 방. **2** 관청에서 청지기가 거처하던 방.
수체 (收替) 명 〖경〗 채권자의 요청에 따라 은행이 채무자로부터 지불 금액을 받아 주는 결제 방식.
수:체 (數體) 명 〖수〗 각 요소가 실수·유리수를 포함해서 복소수(複素數)로 이루어진 체.
수초 (手抄) 명하타 추려 적음. 또는 그런 기록. ❏전말을 ~해 두다.
수초 (水草) 명 〖식〗 물속이나 물가에 자라는 풀. 물풀.
수:초 (數炒) 명 수볶이.
수초 (髓鞘) 명 〖생〗 신경 섬유에서 중축(中軸)을 이루는 축색(軸索)의 둘레를 싸고 있는 칼집 모양의 희고 반짝이는 부분.
수-초자 (水硝子) 명 〖화〗 물유리.
수촌 (手寸) 명 〖역〗 조선 때, 노비의 수결(手決)을 일컫던 말《왼손의 가운뎃손가락의 첫째와 둘째 마디 사이의 길이를 재어 그림을 그려 도장 대신으로 썼음》.
수축 (收縮) 명하자 **1** 근육 따위가 오그라듦. ❏근육의 ~. **2** 부피나 규모가 줄어듦. ❏통화의 ~ / 목재는 습기에 의해 ~되기 쉽다.
수축 (修築) 명하타 집이나 방죽 따위를 고쳐 짓거나 고쳐 쌓음. ❏~ 공사.
수축-포 (收縮胞) 명 원생동물의 작은 세포. 일정한 율동으로 늘어났다 줄어들었다 하면서 배설과 호흡 작용을 함.
수출 (輸出) 명하타 국내의 상품이나 기술을 외국으로 팔아 내보냄. ❏~ 증대 / 중국에 ~되는 전자 제품.
수출 관세 (輸出關稅) 〖법〗 수출을 억제하기 위해 수출품에 부과하는 관세. 수출세.
수출 금:제품 (輸出禁制品) 〖법〗 법률로 수출을 금지하거나 제한하는 물품.
수출 드라이브 (輸出drive) 〖경〗 국내 경제의 불황으로 팔다 남은 과잉 생산물을 해외 시장에 팔기 위해 무리하게 행하는 수출.
수출 면:장 (輸出免狀)[-짱] 〖경〗 세관에서 발급하는, 수출을 허가하는 문서. ↔수입 면장.
수출 보:상 제:도 (輸出補償制度) 〖경〗 수출을 장려하기 위해, 수출 어음의 부도로 수출업자가 입는 손해를 보상하는 제도.
수출-불 (輸出弗) 명 물품을 해외에 수출해서 그 대금으로 받는 달러.
수출 산:업 (輸出産業) 〖경〗 수출품을 주로 생산하는 산업. ↔내수 산업.
수출-상 (輸出商)[-쌍] 명 국산품을 수출하는 상인. ↔수입상.
수출-세 (輸出稅)[-쎄] 명 〖법〗 수출 관세.
수출 송:장 (輸出送狀)[-짱] 〖경〗 수출품에 첨가하여 보내는, 품목·수량·가격 따위를 기록한 명세서.
수출 신:용장 (輸出信用狀)[-시뇽짱] 〖경〗 수출입 상품의 대금 결제를 위해 발행한 상업 신용장을 수출업자의 입장에서 일컫는 말. ↔수입 신용장.
수출-용 (輸出用) 명 수출을 목적으로 하는 물품. ❏~ 원자재.
수-출입 (輸出入) 명 수출과 수입. ❏~ 동향.
수출입 은행 (輸出入銀行) 수출입과 해외 투자에 관한 금융을 주로 다루는 특수 은행.
수출 자유 지역 (輸出自由地域) 외국인의 투자를 유치해서 수출을 진흥시키려고 지정한, 주로 바닷가에 위치한 특정 지역《면세 따위의 혜택을 줌》.
수출 초과 (輸出超過) 〖경〗 일정한 기간에 거래한 수출품의 총액이 수입품의 총액을 초과하는 일. 준출초(出超). ↔수입 초과.
수출-품 (輸出品) 명 외국에 수출하는 물품. ↔수입품.
수출-환 (輸出換) 명 〖경〗 수출업자가 수출 상품의 대금을 받기 위해 외국 수입상을 지급인으로 하는 어음을 발행한 환어음. 수출 어음. ↔수입환.
수취 (收取) 명하타 거두어들여서 가짐.
수취 (收聚) 명하타 거두어 모음.
수취 (受取) 명하타 받아 가짐.
수취 어음 (受取-) 받을어음.
수취-인 (受取人) 명 **1** 서류나 물건을 받는 사람. **2** 〖법〗 일정한 금액을 지급받도록 어음·수표에 지정되어 있는 사람.
수-치 명 배를 갈라 소금에 절여 말린 민어의 수컷. ↔암치.
수치 (羞恥) 명 부끄러움. ❏~를 당하다 / ~로 여기다 / 가문의 ~이다.
수:치 (數値) 명 〖수〗 **1** 계산하여 얻은 값. 숫값. ❏혈당의 ~. **2** 수식의 숫자 대신 넣는 수. 값.
수치-감 (羞恥感) 명 몹시 부끄러운 느낌. ❏~을 느끼다 / ~에 얼굴을 붉히다.
수:-치레 (數-) 명하자 좋은 운수를 만나 행운을 누림. 또는 그런 행운.
수치-스럽다 (羞恥-)[-따]〔-스러워, -스러우니〕 형ㅂ 창피하고 부끄러운 데가 있다. ❏그런 일은 입에 올리기도 ~. **수치-스레** 부
수치-심 (羞恥心) 명 부끄러움을 느끼는 마음. ❏~을 갖다 / ~으로 얼굴을 붉히다.
수-치질 (-痔疾) 명 항문 밖으로 콩알이나 엄지손가락만 한 것이 두드러져 나오는 치질. ↔암치질.
수칙 (守則) 명 행동이나 절차에 대해 지켜야 할 사항을 정한 규칙. ❏보초 근무 ~ / 안전 ~을 지키다.
수침 (水沈) 명하자 물에 잠기거나 가라앉음.
수침 (水枕) 명 물베개.
수침 (受鍼) 명하자 침을 맞음.
수:침 (繡枕) 명 수를 놓은 베개. 수베개.
수-캉아지 명 강아지의 수컷. ↔암캉아지.
수-캐 명 개의 수컷. ↔암캐.

수-컷 [-컫] 圈 동물의 남성. ↔암컷.
수-고양이 圈 ☞ 수고양이.
수-곰 圈 ☞ 수곰.
수-구렁이 圈 ☞ 수구렁이.
수글 圈 ☞ 수글.
수크로오스 (sucrose) 圈 〖화〗 사탕수수·사탕
무 따위의 식물에 들어 있는 단사 정계의 결
정. 물에 잘 녹으며 맛이 달아, 설탕을 만듦.
사카로오스. 자당 (蔗糖).
수-클 圈 ☞ 수글.
수-키와 圈 두 암키와 사이를 엎어 잇는 기와.
↔암키와.
수탁 (受託) 圈하타 1 의뢰나 부탁을 받음. 2 남
의 물건 따위를 맡음. 口화물의 ~.
수탁 매매 (受託賣買) [-탕-] 〖경〗 위탁을 받
아 상품을 파는 일.
수탁 법원 (受託法院) [-뻐뀐] 〖법〗 다른 법원
의 의뢰를 받아 관할 내에 있는 증거의 조사·
신문 (訊問)·송달 등을 하는 법원.
수탁-자 (受託者) [-짜] 〖법〗 1 위탁을 받은
사람. 2 신탁에서 신탁 재산의 관리나 처분을
맡은 당사자. 수탁인. ↔위탁자.
수탁 판매 (受託販賣) 〖경〗 남의 위탁을 받아,
자기의 이름으로 물품을 팔고 계산은 위탁자
가 하는 일.
수탄 (愁歎·愁嘆) 圈하타 근심하고 탄식함.
수탄 (獸炭) 圈 짐승의 피·고기·뼈·털 따위를
건류해서 얻는 검은색 활성탄 (活性炭)((탈색
용으로 씀)).
수탈 (收奪) 圈하타 강제로 빼앗음. 口일제의
식민지 ~/~에 시달리다.
수탈 계급 (收奪階級) [-/-계-] 착취 계급.
수-탉 [-탁] 圈 닭의 수컷. ↔암탉.
수탐 (搜探) 圈하타 수사하고 탐지함. 口정보를
~하다/~을 당하다.
수-탕나귀 圈 당나귀의 수컷. ↔암탕나귀. 준
수나귀.
수태 (水苔) 圈 〖식〗 해캄.
수태 (受胎) 圈하타 아이를 뱀. 또는 새끼를 뱀.
口인공 ~.
수태 (羞態) 圈 부끄러워하거나 수치스러워하
는 태도. 口~를 짓다.
수태 (愁態) 圈 근심스러워하는 모양.
수태 고:지 (受胎告知) 〖가〗 마리아가 성령에
의해 잉태했음을 천사 가브리엘이 마리아에
게 알린 일.
수태 조절 (受胎調節) 여러 가지 방법으로 피
임을 꾀하는 일.
수택 (水澤) 圈 물이 질펀하게 고인 못.
수택 (手澤) 圈 1 손이 자주 닿았던 물건에 손
때가 묻어서 생기는 윤기. 2 물건에 남아 있
는 옛 사람의 흔적.
수토 (水土) 圈 1 물과 흙. 2 도자기의 원료가
되는 흙의 한 가지 ((경기도 광주에서 남)).
수-토끼 圈 토끼의 수컷. ↔암토끼.
수토불복 (水土不服) 圈하타 풍토 (風土)나 물이
몸에 맞지 않아 위장이 상함.
수틀-쩌귀 圈 암톨쩌귀에 꽂게 된, 촉이 달린
돌쩌귀. ↔암톨쩌귀.
수통 (水桶) 圈 물통1.
수통 (水筒) 圈 빨병.
수통 (水筒) 圈 1 물이 통하는 관. 口~이 막히
다. 2 상수도의 물을 따라 쓰게 만든 장치.
수통-박이 (水筒-) 圈 길거리에 상수도의 수통
이 박혀 있는 곳.
수통-스럽다 (羞痛-) [-따] [-스러워, -스러우
니] 圈田 부끄럽고 분한 데가 있다. 수통-스
레 男

수통-하다 (羞痛-) 圈하여 부끄럽고 분하다.
수-돼지 圈 돼지의 수컷. ↔암돼지.
수투 (水套) 圈 내연 기관이나 공기 압축기 따
위의 내부에 찬물을 넣어 기통을 냉각시키는
장치.
수:-투전 (數鬪牋) 圈 〖민〗 사람·물고기·새·꿩·
노루·별·말·토끼 따위를 그린 투전. 팔대가.
팔목 (八目).
수통-니 圈 〔←수퉁이〕 〖충〗 크고 굵고 살진
이 〔蝨〕.
수:-틀 (繡-) 圈 수를 놓을 때 바탕을 팽팽하게
하기 위해 끼우는 틀. 口~에 천을 끼우다.
수-틀리다 囹 일이 뜻대로 되지 않다. 口수틀
리면 때려치울 거다.
수파 (水波) 圈 물결1.
수파-련 (水波蓮) 圈 〖민〗 잔치 때 또는 굿할
때, 장식으로 쓰던 종이로 만든 연꽃.
수파-충 (水爬蟲) 圈 〖충〗 게아재비류의 곤충
의 총칭.
수판 (壽板) 圈 수의 (壽衣)와 관곽 (棺槨).
수:판 (數板) 圈 셈을 놓는 데 쓰는 제구. 셈판.
주판 (籌板). 口~으로 셈을 하다.
수판(을) 놓다 团 어떤 일에 관해 이해득실
을 따지다.
수:판-셈 (數板-) 圈하자 수판으로 하는 셈.
수:판-알 (數板-) 圈 수판에서, 셈을 하는 단
위가 되는 작은 알맹이. 주판알.
수판알을 튀기다 团 ㉠수판을 놓아 셈하다.
㉡~을 놓다.
수:판-질 (數板-) 圈하자 1 수판으로 셈하는
일. 2 이해득실을 따지는 짓. 주판질.
수패 (水敗) 圈 1 수해 (水害). 2 물로 말미암은
실패.
수패 (獸牌) 圈 〖역〗 짐승의 얼굴을 그린 방패.
수-펄 圈 ☞ 수벌.
수-펌 圈 ☞ 수범.
수편 (隨便) 圈하타 편한 것을 따름.
수-평 圈 '수평아리'의 준말.
수평 (水平) 圈 1 기울지 않고 평평한 상태. 口
~을 이루다. 2 지구 중력의 방향과 직각을
이루는 방향. 口~으로 이동하다. 3 '수평봉'
의 준말. 4 '수평기'의 준말.
수평 (水萍) 圈 물 위에 떠 있는 개구리밥.
수평-각 (水平角) 圈 〖수〗 각의 두 변이 모두
수평면 위에 있는 각.
수평 거:리 (水平距離) 수평면 위에 있는 두
점 사이의 거리.
수평 곡선 (水平曲線) [-썬] 〖지〗 등고선.
수평-기 (水平器) 圈 수준기. 준수평.
수평-동 (水平動) 圈 지진으로 땅이 수평 방향
으로 진동하는 일.
수평-면 (水平面) 圈 수선에 수직인 평면.
수평-봉 (水平棒) 圈 평행봉 (平行棒). 준수평.
수평 사:고 (水平思考) 어떤 문제를 해결하는
데, 종래의 고정관념에 얽매이지 않고 여러
각도에서 접근하여 결론을 내리는 사고방식.
수평-선 (水平線) 圈 1 하늘과 바다가 맞닿아
경계를 이루는 선. 口끝없는 ~/~ 너머로
해가 지고 있다. 2 중력의 방향과 직각을 이
루는 선. ↔수직선은 ~보다 길게 보인다.
수평-실 (水平-) 圈 수평을 알기 위해 표준틀
에 매는 실.
수-평아리 圈 병아리의 수컷. ↔암평아리. 준
수평.
수평 암층 (水平岩層) 〖지〗 대지 (臺地)를 이룬
암석의 지층.

수포 (水泡) 명 1 물거품. 2 헛된 결과. ▣노력이 ~로 돌아가다.

수포 (水疱) 명 살가죽이 좁쌀·콰리·달걀만큼 부풀어 올라 속에 장액(漿液)이 잠긴 것.

수포-군 (守鋪軍) 명 《역》밤에 궁궐 문을 지키던 군사.

수-포기 명 수꽃이 피는 포기. 웅주(雄株). ↔ 암포기.

수포-석 (水泡石) 명 속돌.

수포성 가스 (水疱性gas)[-썽-] 독가스의 하나. 몸에 닿으면 피부에 물집이 생김.

수포-진 (水疱疹) 《의》좁쌀·콩알·호두알만 하게 표피가 볼록해지고 그 속에 장액(漿液)이 괴는 발진(發疹).

수폭 (水爆) 명 '수소 폭탄'의 준말.

수표 (手票) 《경》은행에 당좌 예금을 가진 사람이 지참인에게 일정한 금액을 지급해 줄 것을 은행에 위탁하는 유가 증권. ▣~를 발행하다.

수표 (手標) 명 돈이나 물건 따위의 대차(貸借)·기탁 등을 할 때 주고받는 증서.

수표 (水標) 명 '양수표표(量水標)'의 준말.

수-표 (數表) 명 《수》사물의 양이나 성질 따위를 나타낸 수치를 이용하기 쉽게 만든 표《삼각 함수표·로그표 따위》.

수풀 명 1 나무가 무성하게 우거지거나 꽉 들어찬 것. ▣~을 가꾸다. 2 풀·나무·덩굴 따위가 한데 엉킨 것. ▣~을 헤치고 나가다.

수프 (soup) 명 서양 요리에서, 고기나 채소 따위를 삶아서 맛을 낸 국물.

수피 (樹皮) 명 나무의 껍질.

수피 (獸皮) 명 짐승의 가죽.

수-피둘기 명 ☞수비둘기.

수필 (水筆) 명 붓촉을 늘 먹물이나 잉크 따위에 적셔서 쓰는 붓《만년필·펜·빌붓 따위》.

수필 (隨筆) 《문》일정한 형식을 따르지 않고 느낌이나 체험을 생각나는 대로 쓴 산문 형식의 글. ▣~ 두 편.

수필-가 (隨筆家) 명 수필로 일가를 이룬 사람.

수필-집 (隨筆集) 명 수필을 모아 엮은 책.

수하 (水下) 명 못·저수지 따위의 아래 또는 내의 하류.

수하 (手下) 명 1 손아래. 2 부하. ▣그는 ~들을 잘 다룬다.

수하 (首夏) 명 초여름. 맹하(孟夏). 초하(初夏).

수하 (樹下) 명 나무의 아래나 밑.

수하 (誰何) ▣명하자 《군》야간이나 시계(視界)가 흐릴 때, 경비하는 군인이 경계하는 자세로 상대편의 정체나 아군끼리 약속한 암호를 확인함. 또는 그런 일. ▣대 누구. ▣~를 막론하고.

수-하다 (壽-) 자여 오래 살다. 수를 누리다.

수-하물 (手荷物) 명 1 손에 간편하게 들고 다닐 수 있는 짐. 손짐. 2 기차 편에 손쉽게 부칠 수 있는 작고 가벼운 짐.

수하-인 (受荷人) 명 운송품을 인도 받는 사람. ↔송하인(送荷人).

수하-좌 (樹下座) 명 《불》나무 밑에 앉아 수도하는 일.

수하-친병 (手下親兵) 명 1 자기에게 직접 딸린 병졸. ▣~ 삼천을 거느리다. 2 자기의 수족처럼 부리는 사람. ☞수병(手兵).

수학 (受學) 명하다 학문을 배우거나 수업을 받음. ▣동문으로 ~하다.

수학 (修學) 명하타 학문을 닦음.

수-학 (數學) 명 수량 및 공간 도형의 성질을 논하는 학문의 총칭《산수·대수학·기하학·삼각법·해석학·미분학·적분학》. ▣공식.

수학 능력 (修學能力)[-항-녁] 《특히, 전문 대학 이상의 교육 기관에서》 교육 과정에 따른 학업을 닦을 수 있는 능력. ▣대학 ~ 시험. ☞수능(修能).

수학-여행 (修學旅行)[-항녀-] 명 교육 활동의 하나로서 학생들이 실제로 보고 들어서 지식을 넓힐 수 있도록 교사의 인솔하에 실시하는 여행.

수:학-적 (數學的)[-쩍] 관명 수학이나 수학의 방법과 관계된 (것). ▣~으로 따져 보다 / ~ 방법으로 경제 현상을 분석하다.

수한 (水旱) 명 장마와 가뭄.

수한 (手翰) 명 수서(手書).

수한 (壽限) 명 타고난 수명. 또는 목숨의 한도. ▣~이 짧다.

수한충박상 (水旱蟲雹霜)[-쌍] 명 수해(水害)·가뭄·충해(蟲害)·우박(雨雹)·이른 서리 등 농사에 피해를 주는 다섯 가지 재앙.

수할-치 명 매사냥을 하는 사람.

수함 (手函) 명 수서(手書).

수합 (收合) 명하타 거두어 합함. ▣투표함을 ~하다.

수항 (受降) 명하타 항복을 받음.

수해 (水害) 명 홍수로 인한 해. ▣~를 입다 / 범정부 차원의 ~ 복구 작업에 나서다.

수해 (受害) 명하자 해를 입음.

수해 (嗽咳) 명 기침1.

수해 (樹海) 명 울창한 삼림의 광대함을 바다에 비유한 말.

수해 방비림 (水害防備林) 홍수 때 수해를 방지하기 위해 설정한 삼림. ☞수방림(水防林).

수행 (修行) 명 1 행실·학문 따위를 닦음. ▣~을 쌓다. 2 불도(佛道)에 힘씀.

수행 (遂行) 명하타 계획한 대로 해냄. ▣임무를 ~하다.

수행 (隨行) 명하타 1 높은 지위에 있는 사람이나 일정한 임무를 띠고 가는 사람을 따라감. ▣대통령 ~ 기자. 2 따라 행함.

수행 (獸行) 명 1 짐승과 같은 행실. 2 수욕(獸慾)을 채우려는 행위.

수행-원 (隨行員) 명 높은 지위에 있는 사람을 따라다니며 그를 돕거나 신변을 보호하는 사람. 수행인.

수행-자 (修行者) 명 《불》불도(佛道)를 닦는 사람. ▣~의 길을 걷다.

수향 (水鄉) 명 수곽(水廓). ▣~의 정취.

수험 (受驗) 명하타 시험을 치름. ▣~ 자격 / ~ 준비 / ~ 공부를 하다.

수험-료 (受驗料)[-뇨] 명 시험을 치르는 사람이 내는 요금.

수험-생 (受驗生) 명 시험을 치르는 학생.

수험-표 (受驗票) 명 시험을 치르는 사람임을 증명하는 표. ▣~를 받다.

수혈 (竪穴) 명 세로로 판 구멍. 아래로 곧게 파 내려간 구멍.

수혈 (水穴) 명 수실(壽穴).

수혈 (輸血) 명하자 《의》중환자나 출혈이 심한 사람에게 그 혈액형과 같은 건강한 사람의 피를 혈관에 주입함. ▣~ 준비를 하다.

수혈성 황달 (輸血性黃疸)[-썽-] 《의》비형 간염(肝炎) 바이러스를 가진 혈액의 수혈로 감염되는 간염. 비형 간염.

수혈-식 (竪穴式) 명 구덩식.

수협 (水協) 명 '수산업 협동조합'의 준말.

수형 (水刑) 명하타 물을 덮어 씌우거나 콧구멍에 넣어 고통을 주는 고문.

수형 (受刑) 명하자 형벌을 받음.
수혜 (受惠)[-/-혜] 명 은혜를 입음. 혜택을 받음. 덕을 봄. ◻~ 대상자.
수:혜 (繡鞋)[-/-혜] 명 수(繡)신.
수혜-자 (水鞋子)[-/-혜-] 명 『역』 비가 올 때 신던 무관(武官)의 장화.
수혜-자 (受惠者)[-/-혜-] 명 혜택을 받는 사람. ◻무료 치료로 ~를 늘리다.
수호 (守護) 명하타 지키어 보호함. ◻민족 문화를 ~하다.
수호 (修好) 명하자 나라와 나라가 사이좋게 지냄. ◻이웃 나라와 ~ 관계를 돈독히 하다.
수호-부 (守護符) 명 몸을 지키기 위해 지니는 부적.
수호-성인 (守護聖人) 명 『가』 나라·마을·교구·성당·개인 등을 특별히 보호해 주는 성인. 주보(主保)성인. 보호성인.
수호-신 (守護神) 명 국가·민족·개인 등을 지키고 보호해 주는 신.
수호 조약 (修好條約) 아직 국제법을 지킬 수 없는 나라와 통교할 때, 미리 일정한 규약을 명시하여 준수할 것을 약속하는 조약.
수호-천사 (守護天使) 명 『가』 모든 사람을 착한 길로 이끌어 보호할 사명을 띤 천사.
수홍-색 (水紅色) 명 회색을 띤 연한 붉은색.
수홍-화 (水紅花) 명 『식』 들쭉나무.
수화 (水火) 명 물과 불.
수화 (水化) 명하자 『화』 물질이 물과 화합 또는 결합하여 수화물이 생기게 함.
수화 (水和) 명 1 수용액 중에서 용질(溶質) 분자 혹은 이온이 그 주위에 몇 개의 물 분자를 끌어들여 하나의 분자군을 이루는 현상. 2 수화(水化). 3 콜로이드 입자가 물속에서 운동할 때 물의 입자를 수반하는 현상.
수화 (水禍) 명 수재(水災). 수해(水害).
수화 (手話) 명 농아자(聾啞者)들이 손짓으로 하는 말. 지화(指話). *구화(口話).
수화 (受話) 명하타 전화를 받음. ↔송화(送話).
수화 (燧火) 명 1 횃불. 2 부시를 쳐서 낸 불.
수:화 (繡花) 명 도자기에 수놓은, 꽃과 같이 도드라지게 한 무늬.
수:화 (繡畵) 명 수놓아 만든 그림.
수화-기 (受話器) 명 전화기나 무선기 등에서, 전류를 음성으로 바꾸는 장치. 곧, 귀에 대고 듣는 부분. ↔송화기.
수화-물 (水化物) 명 『화』 물과 다른 분자가 결합하여 생성된 화합물(쉽게 물 분자를 제거할 수 있음).
수화-물 (水和物) 명 『화』 한 분자 속에 결합되어 있는 물 분자의 수가 일정하지 않은 수화물(水化物).
수-화물 (手貨物) 명 들고 다닐 수 있을 정도의 작은 짐.
수화-반 (水和飯) 명 물만밥.
수화-법 (手話法)[-뻡] 명 농아 교육에서, 손짓으로 말하는 법.
수화불통 (水火不通) 명하자 물과 불은 서로 어울릴 수 없다는 뜻으로, 절교함을 이르는 말.
수화-상극 (水火相剋) 명 물과 물이 서로 융납하지 않는다는 뜻으로, 서로 원수같이 지냄을 이르는 말.
수화-석회 (水化石灰)[-서푀] 명 '수산화칼슘'의 속칭.
수화-자 (受話者) 명 전화를 받는 사람. ↔송화자(送話者).
수화 작용 (水和作用) 『광』 암석이 풍화할 때, 광물이 물을 흡수하여 함수(含水) 광물로 변하는 작용.

수화-주 (水禾紬) 명 '수아주'의 본딧말. ㉣수주(水紬).
수확 (水壑) 명 『생』 동공(瞳孔).
수확 (收穫) 명하타 1 익은 농작물을 거두어들임. 또는 그 농작물. ◻예상한 대로의 ~을 보았다. 2 어떤 일을 하여 얻은 성과. ◻여행에서 얻은 ~ / 이번 협상으로 큰 ~을 거두었다.
수확-고 (收穫高)[-꼬] 명 수확량.
수확-기 (收穫期)[-끼] 명 농작물을 거두어들일 시기. ◻~라 몹시 바쁘다.
수확-량 (收穫量)[-냥] 명 농작물을 거두어들인 양. 수확고. ◻가뭄 때문에 ~이 줄었다.
수확 체감 (收穫遞減) 『경』 토지의 생산력이 일정 수준을 넘으면 자본과 노력을 증가하여도 이에 비례하지 않고 상대적으로 줄어드는 현상. 수익 체감.
수환 (水患) 명 수해로 인한 근심.
수환 (獸患) 명 맹수의 피해로 인한 근심.
수활-하다 (手滑-) 형여 일에 숙달되어 하는 일이 재빠르다.
수황-증 (手荒症)[-쯩] 명 병적으로 남의 것을 훔치는 손버릇.
수뢰 (收賄) 명하타 뇌물을 받음. 수뢰(受賂). ◻~ 혐의가 있는 공무원.
수회 (愁懷) 명 근심하는 회포.
수:회 (數回) 명 두서너 번. 여러 번. ◻~에 걸친 회의.
수:효 (數爻) 명 사물의 수. ◻~가 많다 / 가축의 ~를 헤아려 보다.
수훈 (垂訓) 명 후세에 전하는 교훈.
수훈 (受勳) 명하자 훈장을 받음.
수훈 (首勳) 명 첫째가는 큰 공훈.
수훈 (殊勳) 명 뛰어난 공훈. ◻~을 세우다.
수훈 (樹勳) 명 공훈을 세움.
수훼수보 (隨毁隨補) 명하타 훼손하는 대로 뒤미처 고침.
수희 (隨喜)[-히] 명하타 『불』 남의 좋은 일을 보고 자기의 일처럼 기쁘게 생각함.
숙감 (宿憾)[-깜] 명 오래된 유감.
숙-갑사 (熟甲紗)[-깝싸] 명 '숙소갑사(熟素甲紗)'의 준말.
숙객 (熟客)[-깩] 명 잘 알고 있는 손님. 단골손님.
숙경 (淑景)[-꼉] 명 1 자연의 맑은 경치. 2 봄의 맑은 경치.
숙경 (肅敬)[-꼉] 명하타 삼가 존경함.
숙계 (肅啓)[-꼐 /-꼐] 명 삼가 아룀(편지의 첫머리에 쓰는 말).
숙고 (熟考)[-꼬] 명하타 잘 생각함. 깊이 고려함. ◻장시간의 ~ 끝에 결정했다.
숙-고사 (熟庫紗)[-꼬-] 명 삶아 익힌 명주실로 짠 고사(봄·가을 옷감으로 씀).
숙공 (宿工)[-꽁] 명 오래 익혀서 숙달된 일.
숙과 (熟果)[-꽈] 명 '숙실과(熟實果)'의 준말.
숙군 (肅軍)[-꾼] 명 기강이 서 있지 않은 군을 숙정함.
숙근 (宿根)[-끈] 명 여러해살이뿌리.
숙근-초 (宿根草)[-끈-] 명 묵은 뿌리에서 해마다 다시 돋는 풀(민들레·백합 따위). 숙근 식물.
숙금 (宿芩)[-끔] 명 『한의』 황금(黃芩)의 묵은 뿌리(오줌소태·배앓이·하혈 등에 씀).
숙기 (夙起)[-끼] 명하자 아침에 일찍 일어남.
숙기 (宿耆)[-끼] 명 늙은이.
숙기 (淑氣)[-끼] 명 1 자연의 맑은 기운. 2 이른 봄날의 맑은 기운.

숙-김치 (熟-)[-낌-] 명 노인이 먹을 수 있게 무를 삶아서 담근 김치.
숙-깍두기 (熟-)[-뚜-] 명 노인이 먹을 수 있게 무를 삶아 담근 깍두기.
숙녀 (淑女)[숭-] 명 **1** 교양·예의·품격을 갖춘 점잖은 여자. ❑ 재색을 겸비한 ~. **2** 성숙한 여자를 아름답게 이르는 말. ↔신사.
숙-녹피 (熟鹿皮)[숭-] 명 **1** 부드럽게 만든 사슴의 가죽. **2** 성질이 유순한 사람을 이르는 말.
숙다 [-따] 자 **1** 앞으로 또는 한쪽으로 기울어지다. ❑ 기둥이 좀 숙었다 / 벼 이삭이 숙었다. **2** 기운이 줄어지다. ❑ 이제 더위도 점점 숙어 가는구나.
숙달 (熟達)[-딸] 명하자타 익숙하고 통달함. ❑ ~된 기예 / 서예에 ~하다.
숙당 (肅黨)[-땅] 명하타 정당이 내부의 부패를 바로잡는 일. ❑ 대대적인 ~ 작업을 벌이다.
숙덕 (宿德)[-떡] 명 오래도록 쌓은 덕망(德望).
숙덕 (淑德)[-떡] 명 정숙하고 단아한 여성의 미덕.
숙덕-거리다 [-떡꺼-] 자타 여럿이 모여서 남이 알아듣지 못하게 잇따라 수군거리다. ❑ 숙덕거리지 말고 당당히 말해 보아라. 작속닥거리다. 센쑥덕거리다. **숙덕-숙덕** [-떡쑥떡] 부하자타
숙덕-공론 (-公論)[-떡꽁논] 명하타 여러 사람이 모여 남이 알아듣지 못하게 숙덕거리며 하는 의논. 센쑥덕공론.
숙덕-대다 [-떡때-] 자타 숙덕거리다.
숙덕-이다 [-떠기-] 자타 남이 알아듣지 못하게 낮은 목소리로 이야기하다. 작속닥이다. 센쑥덕이다.
숙덜-거리다 [-떨-] 자타 여럿이 모여 작은 목소리로 좀 수선스럽게 자꾸 이야기하다. 작속달거리다. 센쑥덜거리다. **숙덜-숙덜** [-떨-떨] 부하자타
숙덜-대다 [-떨-] 자타 숙덜거리다.
숙독 (熟讀)[-똑] 명하타 익숙하도록 읽음. 뜻을 생각하며 자세히 읽음. ❑ 명작을 ~하다.
숙두 (熟頭)[-뚜] 명 〔불〕 절에서 반찬을 만드는 사람.
숙란 (熟卵)[숭난] 명 삶아 익힌 달걀. 돌알.
숙람 (熟覽)[숭남] 명하타 자세히 봄. 눈여겨 살펴봄.
숙랭 (熟冷)[숭냉] 명 **1** 숭늉. **2** 제사 때 올리는 냉수. 갱수(更水).
숙려 (熟慮)[숭녀] 명하타 곰곰이 잘 생각함. 숙사(熟思). ❑ 해결책을 ~하다.
숙련 (熟練)[숭년] 명하자 능숙하게 익힘. ❑ ~된 솜씨 / ~을 요하는 작업.
숙련-공 (熟練工)[숭년-] 명 능숙한 직공.
숙련-노동 (熟練勞動)[숭년-] 명 오랜 훈련 기간을 거쳐서 비로소 제 몫을 할 수 있는 노동. 복잡노동. *단순 노동.
숙로 (宿老)[숭노] 명 경험이 많고 사물에 밝은 노인.
숙로 (熟路)[숭노] 명 익숙하게 잘 아는 길.
숙률 (熟栗)[숭뉼] 명 삶은 밤.
숙마 (熟馬)[숭-] 명 길이 잘 든 말.
숙마 (熟麻)[숭-] 명 잿물에 삶아 희고 부드럽게 만든 삼 껍질.
숙망 (宿望)[숭-] 명하타 **1** 오래도록 품은 소망. ❑ ~을 이루다. **2** 오랜 명망.
숙맥 (菽麥)[숭-] 명 **1** 콩과 보리. **2** '숙맥불변'의 준말. ❑ 세상 물정 모르는 ~ 같은 소리는 하지도 마라.
숙맥불변 (菽麥不辨)[숭-뿔-] 명 콩과 보리를 구별하지 못한다는 뜻으로, 사리 분별을 못하는 어리석은 사람의 비유. 준숙맥.
숙면 (熟面)[숭-] 명 여러 번 보아 잘 아는 사람. 낯이 익은 사람. ↔생면(生面).
숙면 (熟眠)[숭-] 명하자 잠이 깊이 듦. 또는 그 잠. 숙수(熟睡). ❑ ~에 빠지다 / ~을 취하다 / ~을 했더니 피로가 풀린 것 같다.
숙명 (宿命)[숭-] 명 날 때부터 타고난 운명. 피할 수 없는 운명. ❑ ~의 대결.
숙명-관 (宿命觀)[숭-] 명 세계 및 인생의 모든 일은 이미 운명으로 정해져 있어 어찌할 수 없다고 보는 견해.
숙명-론 (宿命論)[숭-논] 명 〔철〕 운명론.
숙명-적 (宿命的)[숭-] 관명 이미 정해진 운명에 의한 (것). ❑ ~인 관계 / ~인 만남.
숙모 (叔母)[숭-] 명 숙부의 아내. 작은어머니.
숙묵 (宿墨)[숭-] 명 갈아서 하룻밤을 묵힌 먹물.
숙박 (宿泊)[-빡] 명하자 여관이나 호텔 따위에 들어 잠을 자고 머무름. ❑ 여인숙에 ~하다.
숙박-료 (宿泊料)[-빵뇨] 명 여관이나 호텔 따위에서 잠을 자고 머문 값으로 주는 요금.
숙박-부 (宿泊簿)[-빡뿌] 명 숙박인의 성명·주소 따위를 적는 장부.
숙박-업 (宿泊業)[-빠겁] 명 여관·호텔 따위와 같이 손님을 숙박시키고 요금을 받는 영업.
숙배 (肅拜)[-빼] 명하자 **1** 〔역〕 왕이나 왕족에게 하던 절. **2** 한문 투의 편지 끝에 상대편을 공경하여, '삼가 인사를 드립니다'의 뜻으로 쓰는 말. **3** 〔역〕 하직(下直)2.
숙변 (宿便)[-뼌] 명 장(腸) 속에 오래 묵어 있는 대변.
숙병 (宿病)[-뼝] 명 오래 전부터 가지고 있는 병. 숙아. 숙질(宿疾).
숙복 (熟鰒)[-뽁] 명 삶은 전복. ↔생복(生鰒).
숙부 (叔父)[-뿌] 명 아버지의 남동생. 작은아버지.
숙-부드럽다 [-뿌-따] 〔숙부드러워, 숙부드러우니〕 형ㅂ **1** 마음씨가 부드럽다. ❑ 상냥하고 붙임성 있는 숙부드러운 아가씨. **2** 얌전하고 점잖다. ❑ 참하고 숙부드러운 몸가짐.
숙-부인 (淑夫人)[-뿌-] 명 〔역〕 조선 때, 정삼품 당상관 아내의 봉작(封爵).
숙불환생 (熟不還生)[-뿔-] 명 한번 익힌 음식은 날것으로 되돌아갈 수 없다는 뜻으로, 남에게 음식을 권할 때 쓰는 말.
숙-붙다 [-뿓따] 자 '도숙붙다'의 준말.
숙사 (宿舍)[-싸] 명 **1** 숙박하는 집. **2** 여러 사람이 집단으로 살고 있는 집. ❑ 독신 여성 ~.
숙사 (肅謝)[-싸] 명하자 **1** 숙배와 사은(謝恩). **2** 정중하게 사례함.
숙사 (塾舍)[-싸] 명 **1** 숙생(塾生)들이 묵는 곳. **2** 글방과 숙소를 겸한 서당.
숙사 (塾師)[-싸] 명 글방의 스승.
숙사 (熟思)[-싸] 명하타 숙려(熟慮).
숙사 (熟絲)[-싸] 명 삶아 익힌 명주실.
숙상 (肅霜)[-쌍] 명 된서리1.
숙생 (塾生)[-쌩] 명 사숙(私塾)에 다니며 배우는 서생(書生).
숙석 (夙昔)[-썩] 명 좀 오래된 옛날.
숙석 (宿昔)[-썩] 명 그리 멀지 않은 옛날.
숙석 (熟石)[-썩] 명 인공으로 다듬은 돌.
숙설 (熟設)[-썰] 명하타 잔치 때 음식을 만듦.
숙설-간 (熟設間)[-썰깐] 명 잔치 때 음식을 만드는 곳. 과방(果房). 숙수간. 숙수방.
숙설-거리다 [-썰-] 자타 남이 알아듣지 못하게 말소리를 낮추어 자꾸 이야기하다. 작속

살거리다. ㉥쑥설거리다. **숙설-숙설** [-썰-썰] 부하자타

숙설-대다 [-썰-] 자타 숙설거리다.

숙설-소 (熟設所)[-썰-] 명 〖역〗 숙설청.

숙설-청 (熟設廳)[-썰-] 명 〖역〗 나라의 잔치 때 음식을 만들던 곳. 숙설소.

숙성 (淑性)[-썽] 명 얌전하고 착한 성질.

숙성 (熟成)[-썽] 명하자타 **1** 익어서 충분하게 이루어짐. **2** 〖화〗 물질을 적당한 온도로 오랜 시간 방치하면서 화학 변화를 일으키게 하여 발효시키거나, 생성된 콜로이드 입자의 크기를 조절하는 일. ❏김치는 ~ 기간을 잘 조절해야 제맛이 난다. **3** 동물체의 단백질·지방·글리코겐 등이 효소나 미생물의 작용으로 부패함이 없이 분해되어 특수한 향미를 내는 일.

숙성-하다 (夙成-)[-썽-] 형여 나이에 비하여 지각이나 발육이 빠르다. 조숙하다. ❏어린 놈이 꽤 숙성하구나.

숙세 (宿世)[-쎄] 명 〖불〗 전생의 세상. 전생(前生). ❏~의 업.

숙소 (宿所)[-쏘] 명 머물러 묵는 곳. ❏~를 정하다.

숙소 (熟素)[-쏘] 명 '숙소갑사'의 준말.

숙소-갑사 (熟素甲紗)[-쏘-싸] 명 누인 명주실로 짠 갑사. ㊟숙갑사·숙소.

숙속지문 (菽粟之文)[-쏙찌-] 명 여러 사람이 두루 알 수 있는 쉬운 글.

숙수 (菽水)[-쑤] 명 콩과 물의 뜻으로, 변변치 못한 음식의 일컬음.

숙수 (熟手)[-쑤] 명 **1** 잔치 때 음식을 만드는 사람. 또는 그 일을 업으로 하는 사람. **2** 어떤 일에 익숙한 사람.

숙수 (熟睡)[-쑤] 명하자 숙면(熟眠).

숙수-간 (熟手間)[-쑤깐] 명 숙설간(熟設間).

숙수그레-하다 [-쑤-] 형여 여러 개의 물건이 별로 크지도 작지도 않고 거의 고르다. ㉧속소그레하다.

숙-수단 (熟手段)[-쑤-] 명 익숙한 수단.

숙수-방 (熟手房)[-쑤빵] 명 숙설간(熟設間).

숙수지공 (菽水之供)[-쑤-] 명 콩과 물로 드리는 공이라는 뜻으로, 가난한 중에도 정성을 다하여 부모를 봉양하는 일.

숙숙-하다 (肅肅-)[-쑤카-] 형여 엄숙하고 고요하다. **숙숙-히** [-쑤키] 부

숙습 (宿習)[-씁] 명 **1** 예로부터의 풍습. **2** 〖불〗 전세(前世)로부터의 습관.

숙습 (熟習)[-씁] 명하타 **1** 익숙한 버릇. **2** 익숙하게 익힘.

숙습-난당 (熟習難當)[-씀-] 명 어떤 일에 익숙한 사람은 당해 내기 어려움.

숙습-난방 (熟習難防)[-씀-] 명 몸에 밴 습관은 고치기 어려움.

숙시 (熟柿)[-씨] 명 나무에 달린 채 잘 익은 감.

숙시 (熟視)[-씨] 명하타 눈여겨 자세히 봄.

숙시숙비 (孰是孰非)[-씨-삐] 명 시비가 분명하지 않음.

숙시-주의 (熟柿主義)[-씨- / -씨-이] 명 익은 감이 저절로 떨어지기를 기다리듯, 노력은 하지 않고 일이 저절로 잘되어 이익이 돌아올 때만을 기다리는 주의.

숙식 (宿食)[-씩] 명하자 자고 먹음. ❏~을 제공하다 / 기숙사에서 ~하다.

숙식 (熟識)[-씩] 명하타 **1** 잘 앎. 익히 앎. 숙지(熟知). **2** 친한 벗.

숙신 (肅愼)[-씬] 명 〖역〗 여진·말갈의 전신《만주와 연해주 일대에 살던 퉁구스 족》.

숙신-산 (←succinic酸) 명 〖화〗 호박(琥珀) 또는 갈탄(褐炭)을 건류(乾溜)하여 얻는 유기산《조미료로 씀》. 호박산.

숙실 (熟悉)[-씰] 명하타 어떤 사정이나 상대의 의사 따위를 충분히 앎.

숙-실과 (熟實果)[-씰-] 명 유밀과(油蜜果)를 실과에 견주어 일컫는 말. ㊟숙과(熟果).

숙씨 (叔氏) 명 남의 셋째 형이나 셋째 아우를 높여 이르는 말.

숙아 (宿痾·宿痾) 명 숙병(宿病).

숙악 (宿惡) 명 **1** 이전에 저지른 악행. 구악(舊惡). **2** 〖불〗 전세(前世)에서 범한 악행.

숙악 (宿萼) 명 〖식〗 꽃잎이 진 뒤에도 남아 있는 꽃받침. 늦은꽃받침.

숙안 (宿案) 명 미리부터 생각해 두었던 안.

숙야 (夙夜) 명 이른 아침과 깊은 밤.

숙약 (宿約) 명 오래전에 한 약속.

숙어 (熟語) 명 **1** 두 개 이상의 낱말이 합하여 하나의 뜻을 나타내어, 마치 하나의 낱말처럼 쓰이는 말. ❏한자 ~. **2** 특별한 뜻을 나타내는 성구(成句). 관용구(慣用句). 성어(成語). 익은말.

숙어-지다 자 **1** 앞으로 기울어지다. ❏졸음으로 자꾸 머리가 ~. **2** 기운이 약해지다. ❏태풍의 기세가 점점 ~.

숙업 (宿業) 명 〖불〗 지난 세상에서 지은 선악의 업(業).

숙연 (宿緣) 명 〖불〗 지난 세상에서의 인연. 숙인(宿因).

숙연-하다 (肅然-) 형여 고요하고 엄숙하다. ❏숙연한 분위기 / 숙연한 마음으로 묵념하다. **숙연-히** 부. ❏~ 옷깃을 여미다.

숙영 (宿營) 명 군대가 병영(兵營)을 떠나 다른 곳에서 숙박하는 일. 숙진(宿陣). ❏강가에서 ~하다.

숙오-하다 (夙悟-) 형여 어릴 때부터 영리하다. 숙성하여 영리하다.

숙용 (淑容) 명 〖역〗 조선 때, 종삼품(從三品) 내명부(內命婦)의 품계.

숙우 (宿雨) 명 **1** 지난밤부터 오는 비. **2** 연일 내리는 비.

숙원 (宿怨) 명 오래 묵은 원한. ❏~을 풀다.

숙원 (宿願) 명 오랜 소원. ❏~ 사업 / ~을 이루다.

숙원 (淑媛) 명 〖역〗 조선 때, 종사품(從四品) 내명부(內命婦)의 품계.

숙유 (宿儒) 명 학식과 명망이 높은 선비.

숙육 (熟肉) 명 '수육'의 본딧말.

숙은 (肅恩) 명하자 받은 은혜에 대해 정중히 사례함.

숙의 (淑儀)[수긔 / 수기] 명 〖역〗 조선 때, 종이품(從二品) 내명부(內命婦)의 품계.

숙의 (熟議)[수긔 / 수기] 명하타 깊이 생각하여 의논을 거듭함. ❏~에 ~를 거듭하다.

숙이다 타 《'숙다'의 사동》 숙게 하다. ❏부끄러운 듯이 머리를 ~.

숙인 (淑人) 명 〖역〗 조선 때, 정삼품의 당하관·종삼품의 아내인 외명부(外命婦)의 품계.

숙인 (宿因) 명 〖불〗 숙연(宿緣).

숙자 (淑姿)[-짜] 명 숙녀의 덕스러운 자태.

숙자 (熟字)[-짜] 명 둘 이상의 한자가 합하여 한 뜻을 나타내는 글자《임(林)·명(明) 따위》.

숙잠 (熟蠶)[-짬] 명 다 자라서 고치를 짓기 시작하려는 누에.

숙장 (宿將)[-짱] 명 나이도 많고 공훈도 많은 장수.

숙-장아찌 (熟醬-)[-짱-] 명 잘게 썬 무·두부·다시마 따위에 쇠고기를 섞고 간장에 조린

뒤에 갖은 양념을 한 반찬.

숙적(宿敵)[-쩍] 명 오래전부터의 원수. 또는 적수(敵手). ▢ ~을 쓰러뜨리다.

숙전(熟田)[-쩐] 명 해마다 농사짓는 밭.

숙정(肅正)[-쩡] 명 하타 부정(不正)을 엄격히 다스려 바로잡음. ▢ 관기(官紀)를 ~하다.

숙정-하다(肅靜-)[-쩡-] 혬어 엄숙하고 고요하다. 정숙(靜肅)하다.

숙제(宿題)[-쩨] 명 하자 1 학교에서 복습과 예습을 위해 내주는 과제. ▢ ~를 내다 / ~하고 나가 놀다. 2 두고 생각해 보거나 해결해야 할 문제. ▢ 그 문제는 후일의 ~로 남겨 두자.

숙족(熟足)[-쪽] 명 삶은 소의 다리.

숙죄(宿罪)[-쬐] 명 전생(前生)에 지은 죄.

숙주[-쭈] 명 '숙주나물'의 준말.

숙주(宿主)[-쭈] 명 기생 생물이 기생하는 대상으로 삼는 생물. 기주(寄主). ▢중간 ~.

숙주-나물[-쭈-] 명 1 녹두를 싹을 낸 나물. ㉘숙주. 2 숙주를 데쳐서 양념에 무친 반찬.

숙지(宿志·夙志)[-찌] 명 오래전부터 마음먹은 뜻. ▢~를 이루다.

숙지(熟知)[-찌] 명 하타 익히 앎. 충분히 앎. ▢주의의 사항을 ~.

숙지근-하다[-찌-] 혬어 맹렬하던 형세가 줄어져 가다. ▢더위가 다소 ~.

숙지다[-찌-] 짜 어떤 현상이나 기세 따위가 차차 줄어지다. ▢더위가 숙져 가는 초가을.

숙-지황(熟地黃)[-찌-] 명 『한의』 생지황을 술에 여러 번 쩐 약재(보혈·보음(補陰)하는 효능이 있음). 숙하(熟芐).

숙직(宿直)[-찍] 명 하자 관청·회사 따위의 직장에서 밤에 잠을 자며 건물이나 시설물 따위를 지킴. 또는 그 사람. 상직(上直). ▢수당 / ~을 서다. ↔일직(日直).

숙직-실(宿直室)[-찍씰] 명 숙직하는 사람이 자는 방.

숙직-원(宿直員)[-찍꿘] 명 숙직하는 사람.

숙질(叔姪)[-찔] 명 아저씨와 조카.

숙질(宿疾)[-찔] 명 숙병(宿病).

숙질-간(叔姪間)[-찔-] 명 아저씨와 조카 관계에 있는 사이.

숙찰(熟察)[-] 명 하타 익히 살핌. 자세히 관찰함.

숙채(宿債)[-] 명 오래 묵은 빚.

숙채(熟菜)[-] 명 익혀서 무친 나물.

숙철(熟鐵)[-] 명 시우쇠.

숙청(肅淸)[-] 명 하타 조직 내의 반대자들을 없앰. 특히, 독재 국가 등에서 내부의 반대파를 제거하는 일. ▢반대파를 ~하다.

숙청(熟淸)[-] 명 찌끼를 없앤 꿀. *생청(生淸).

숙청-하다(淑淸-)[-] 혬어 성품과 행동이 정숙하고 깨끗하다.

숙체(宿滯)[-] 명 『한의』묵은 체증.

숙초(熟綃)[-] 명 연사(練絲)로 짠 사(紗)의 하나.

숙취(宿醉)[-] 명 이튿날까지 깨지 않는 취기. ▢~로 머리가 띵하다.

숙친(熟親)[-] 명 혬하 사이가 스스럼없이 가까움.

숙폐(宿弊)[-/-폐] 명 오랜 폐단.

숙피(熟皮)[-] 명 다루어서 만든 가죽. 다룸가죽.

숙하(熟芐)[수카] 명 『한의』숙지황(熟地黃).

숙항(叔行)[수캉] 명 아저씨뻘의 항렬.

숙혐(宿嫌)[수켬] 명 오래된 혐의.

숙호충비(宿虎衝鼻)[수코-] 명 자는 범의 코를 찌른다는 뜻으로, 화(禍)를 스스로 불러들이는 일의 비유.

숙환(宿患)[수콴] 명 오래 묵은 병. ▢~으로

별세하다.

숙황(熟荒)[수쾅] 명 하자 풍년으로 쌀값이 내려, 농민이 도리어 곤궁해짐.

숙황-장(熟黃醬)[수쾅-] 명 볶은 콩과 밀가루로 띄운 메주로 담근 장.

숙흥-야매(夙興夜寐)[수킁냐-] 명 하자 아침 일찍 일어나고 밤에 늦게 자며 부지런히 일함.

순(旬) 명 한 달을 셋으로 나눈 열흘 동안. ▢입학한 지 사오 ~이 지났다.

순(巡) □명 1 '순행(巡行)'의 준말. ▢~을 돌다. 2 돌아오는 차례. 3 활을 쏘는 경기에서 각 사람이 화살 다섯 대까지 쏘는 한 바퀴. □의명 ■3을 세는 단위. ▢두 ~을 쏘다.

순(筍·笋) 명 식물의 싹. ▢대나무 ~.

순(純) 관 잡물이 섞이지 않은. 순수한. 순전한. ▢~ 살코기 / ~ 한국식.

순(純) (주로 좋지 않은 말 앞에 쓰여) '몹시·아주'의 뜻으로 쓰는 말. ▢~ 거짓말 / ~ 깍쟁이 / ~ 도둑놈.

-순(旬) 미 (수사 뒤에 붙어) 해당 수에 십을 곱한 나이를 나타내는 말. ▢육~ / 칠~ 노인.

-순(順) 미 어떤 말 뒤에 붙어 차례를 나타내는 말. ▢가나다~ / 선착~.

순각(楯桷) 명 뜻집의 불벽(佛壁)과 첨차(檐遮) 사이 또는 첨차와 첨차 사이를 막는 판자.

순간(旬刊) 명 열흘마다 간행함. 또는 그 간행물. ▢~ 잡지.

순간(旬間) 명 1 음력 초열흘께. 2 열흘 동안.

순간(瞬間) 명 1 잠깐 동안. 아주 짧은 동안. ▢극적인 ~ / 최후의 ~이 다가오다. 2 어떤 일이 일어난 바로 그때. ▢골인하는 ~ 모두들 환성을 질렀다.

순간-적(瞬間的) 관 아주 짧은 동안에 있는 (것). ▢~으로 일어난 사고.

순간-접착제(瞬間接着劑)[-쩨] 명 바른 후 몇 초 안에 달라붙는 강력한 접착제.

순간 풍속(瞬間風速) 『지』어떤 시각에서의 바람의 속도.

순강(巡講) 명 하자 여러 곳을 돌아다니며 강연함. 또는 그 강연.

순검(巡檢) 명 하타 1 순찰하며 살핌. 또는 그런 일을 하는 사람. ▢~을 돌다. 2 『역』밤마다 순청(巡廳)에서 맡은 구역 안을 돌며 통행을 감시하던 일. 3 『역』조선 후기에, 경무청에 속해 있던 경리(警吏)(지금의 순경).

순검-막(巡檢幕) 명 『역』순검이 일을 보던 조그마한 집.

순견(純絹) 명 순 명주실로만 짠 명주. 본견.

순결(純潔) 명 혬하 1 마음에 사욕(私慾)·사념(邪念) 따위가 없이 깨끗함. 2 순 사랑. 2 이성과의 육체 관계가 없음. ▢~을 지키다.

순결 교:육(純潔教育) 올바른 성 지식을 가르쳐 남녀 사이의 도덕을 확립함을 목적으로 하는 교육. *성교육.

순결무구-하다(純潔無垢-) 혬어 순결하여 조금도 더러운 티가 없다.

순경(巡更) 명 하자 밤에 도둑·화재 따위를 경계하기 위해 돌아다님. ▢~을 돌다.

순경(巡警) 명 하타 1 순찰. 2 경찰 공무원 계급의 하나(경장의 아래로 최하위직임).

순:경(順境) 명 모든 일이 순조로운 환경. ▢~에서 자라다. ↔역경.

순경-음(脣輕音) 명 『언』고어에서, 입술을 가벼게 하여 나오는 가벼운 소리(ㅸ·ㅱ·ㆄ·ㅹ 따위).

순계(純系) 명 『생』대대로 같은 유전 형질을 가진 것끼리만 생식을 계속해 얻는, 동일한 형질의 계통.

순계(純計)[-/-계] 명 『경』예산의 계산에서,

세입·세출의 중복된 부분을 뺀 순수한 총계.

순계 분리 (純系分離)[—] 여러 가지 계통이 뒤섞인 생물의 한 품종 중에서 순계를 골라내는 일. 순계 도태(淘汰).

순고-하다 (淳古—)〔형여〕 옛날 사람과 같이 순박하다.

순공 (殉公)〔하자〕 공(公)을 위해 자기 자신을 희생함.

순교 (殉敎)〔하자〕 자기가 믿는 종교를 위하여 목숨을 바침. □~의 길을 가다.

순교-자 (殉敎者)〔명〕 순교한 사람. □~의 신앙 정신을 본받다.

순국 (殉國)〔명〕〔하자〕 나라를 위하여 목숨을 바침. □~ 정신을 이어받다.

순국-선열 (殉國先烈)[—써녈]〔명〕 나라를 위하여 목숨을 바친 윗대의 열사. 애국선열.

순근-하다 (醇謹—)〔형여〕 성품이 양순하고 조심성이 많다.

순금 (純金)〔명〕 다른 금속이 섞이지 않은 순수한 황금. 정금(正金).

순:기 (順氣)〔명〕 1 풍작이 예상되는 순조로운 기후. 2 도리에 맞는 올바른 기상(氣象). 3 기후에 순응함. 4 순조로운 기분.

순:-기능 (順機能)〔명〕 원래의 목적에 맞게 작용하는 바람직한 기능. ↔역기능.

순난 (殉難)〔하자〕 국난으로 목숨을 바침. 공공의 위난에 처하여 의로이 몸을 희생함.

순년 (旬年)〔명〕 십 년.

순-담배 (筍—)〔명〕 담배의 순을 따서 말린 담배.

순:당-하다 (順當—)〔형여〕 도리에 맞아 당연하다. 마땅히 그리 되었어야 하다. □ 일이 순당하게 처리되었다.

순대 〔명〕 돼지의 창자 속에 쌀·두부·숙주나물·선지 따위를 양념하여 넣고 삶은 음식.

순댓-국 [—대꾹/—댄꾹]〔명〕 돼지를 삶은 국물에 순대를 넣고 끓인 국.

순도 (純度)〔명〕 품질의 순수한 정도. □~99 %의 금 / ~가 높다.

순도 (殉道)〔명〕〔하자〕 정의나 도의를 위하여 목숨을 바침.

순동 (純銅)〔명〕 다른 금속이 섞이지 않은 순수한 구리.

순:-되다 (順—)[—뙤]〔형〕 사람의 성품이 순직하고 진실하다. □ 곧고 순된 옛 고향 사람들.

순두 (脣頭)〔명〕 입술의 끝.

순-두부 (—豆腐)〔명〕 눌러서 굳히지 않은 두부. 수두부(水豆腐).

순라 (巡邏)[—]〔명〕 1 '순라군'의 준말. 2 '술래'의 본딧말.

순라-군 (巡邏軍)[—]〔명〕〔역〕 조선 때, 도둑이나 화재 따위를 경계하기 위하여 밤에 사람의 통행을 금하고 순찰하던 군졸. 줄경군. ⓒ순라.

순람 (巡覽)[—]〔명〕〔하타〕 여러 곳으로 돌아다니며 봄. □ 명승고적을 ~하다.

순량 (純量)[—]〔명〕 전체 무게에서 포장·용기 따위의 무게를 뺀 순수한 내용물의 양.

순량 (循良)[—]〔명〕 고을 수령(守令)의 어진 정사(政事).

순량-하다 (純良—·醇良—)[—]〔형여〕 성품이 순진하고 선량하다.

순량-하다 (淳良—)[—]〔형여〕 성품이 순박하고 선량하다. □ 순량한 백성.

순:-량하다 (順良—)[—]〔형여〕 성질이 유순하고 선량하다. □ 순량한 마음.

순량-하다 (馴良—)[—]〔형여〕 짐승이 길이 들어 온순하다.

순력 (巡歷)[—]〔명〕〔하타〕 1 각처로 두루 돌아다

님. 2 〔역〕 감사(監司)가 도내의 각 고을을 순회하던 일.

순령-수 (巡令手)[—]〔명〕〔역〕 대장의 명령을 전달하고 호위를 맡으며, 순시기·영기(令旗) 따위를 들던 군사.

순례 (巡禮)[—]〔명〕〔하타〕 종교상의 성지(聖地)·영장(靈場) 등을 차례로 찾아다니며 참배함. □ 성지를 ~하다.

순례 (循例)[—]〔명〕〔하자〕 관례를 좇음.

순례-자 (巡禮者)[—]〔명〕 종교적인 목적으로 성지를 순례하는 사람. □~들이 성지를 찾아 떠나다.

순:-로 (順路)[—]〔명〕 1 평탄한 길. 2 사물의 마땅하고 올바른 길. ↔역로(逆路).

순록 (馴鹿)[—]〔명〕〔동〕 사슴과의 짐승. 북극 지방에 분포하며 암수 모두 뿔이 있음. 다리가 길고 억세어 마소처럼 부리며, 고기와 젖은 식용함. *고라니.

순:-류 (順流)[—]〔명〕〔하자〕 1 물이 아래로 흘러감. 또는 그 물의 흐름. 2 형편이 돌아가는 대로 좇음. ↔역류(逆流).

순리 (殉利)[—]〔명〕〔하자〕 이익만을 좇다가 몸을 망침.

순리 (純利)[—]〔명〕 '순이익(純利益)'의 준말.

순리 (純理)[—]〔명〕 순수한 학문상의 이치 또는 이론.

순리 (循吏)[—]〔명〕 법을 잘 지키며 열심히 일하는 관리.

순:리 (順理)[—]〔명〕 1 도리나 이치에 순종함. □ 자연의 ~를 터득하다. 2 마땅한 이치나 도리.

순:리-롭다 (順理—)[—따]〔—로워, —로우니〕〔형여〕 무리가 없고 도리에 맞다.

순:리-적 (順理的)[—]〔관명〕 도리나 이치에 순종하는 (것). □ ~으로 해결하다.

순막 (瞬膜)〔명〕 척추동물에 있는 눈의 보호 기관(눈꺼풀 안에 있는 반투명의 막으로, 상하의 눈꺼풀을 신축하는 눈알을 덮음).

순망 (旬望)〔명〕 음력 초열흘과 보름.

순망-간 (旬望間)〔명〕 음력 초열흘부터 보름까지의 동안.

순망치한 (脣亡齒寒)〔명〕 입술이 없으면 이가 시리다는 뜻으로, 이해관계가 밀접한 사이에서 한쪽이 망하면 다른 한쪽도 온전하기 어려움을 이르는 말.

순면 (純綿)〔명〕 '순면직물'의 준말.

순-면직물 (純綿織物)[—징—]〔명〕 순전히 면사(綿絲)만으로 짠 직물. ⓒ순면(純綿).

순모 (純毛)〔명〕 순수한 모직물이나 털실.

순무 (—)〔식〕십자화과의 한해살이풀 또는 두해살이풀. 무의 하나로 뿌리가 큼. 봄에 노란 꽃이 피고, 잎과 뿌리는 채소로 먹음. 만청.

순무 (巡撫)〔명〕 여러 곳을 돌아다니며 백성들을 위로하고 달램.

순무-사 (巡撫使)〔명〕〔역〕 조선 때, 전시의 군무(軍務)를 맡아보던 임시 벼슬.

순무-어사 (巡撫御使)〔명〕〔역〕 조선 때, 지방에 변란·재해가 있을 때 왕명을 받들어 순행하며 진무(鎭撫)하던 특사.

순문 (詢問)〔명〕〔하자〕 하순(下詢).

순문 (脣紋)〔명〕 입술 표면의 무늬. 지문과 같이 개인적인 특색이 있음.

순-문학 (純文學)〔명〕 순수 문학.

순-물 〔명〕 순두부를 누를 때 나오는 물.

순-물질 (純物質)[—찔]〔화〕 홑원소 물질 또는 화합물이 단독으로 존재할 때, 혼합물과

구별하기 위하여 쓰는 말. 순수 물질.

순미(純味)〔명〕딴 맛이 섞이지 않은 순수한 맛.

순미(純美)〔명〕〔하형〕티 없이 깨끗하고 아름다움.

순미(醇味)〔명〕본디 지닌 그대로의 순수하고 진한 맛.

순:-민(順民)〔명〕순박하고 선량한 백성.

순:-민심(順民心)〔명〕〔하자〕민심을 따름.

순박-하다(淳朴-·醇朴-)[-바카-]〔형어〕순량하고 소박하다. □순박한 시골 청년.

순발-력(瞬發力)〔명〕근육이 순간적으로 수축하면서 나는 힘. 순간적으로 힘을 낼 수 있는 능력. □저 선수는 ~이 뛰어나다.

순발-신관(瞬發信管)〔명〕〔군〕조그마한 충격에도 곧 터지는 신관.

순방(巡房)〔명〕〔하자〕각 방을 순찰함.

순방(巡訪)〔명〕〔하타〕차례로 방문함. □대통령의 유럽 ~ / 수해 지역을 ~하다.

순배(巡杯)〔명〕술자리에서 술잔을 차례로 돌림. 또는 그 술잔. 주순(酒巡).

순백(純白·醇白)〔명〕〔하형〕1 순수하게 흼. 2 '순백색'의 준말. □~의 유니폼. 3 티 없이 맑고 깨끗함. □~의 마음.

순-백색(純白色)[-쌕]〔명〕순수한 흰빛. 새하얀 빛. ⊕순백.

순:-번(順番)〔명〕차례로 오는 번. 또는 그 순서. □~을 정하다.

순보(旬報)〔명〕1 열흘마다 내는 보고. 2 열흘에 한 번씩 발간하는 신문이나 잡지.

순:-복(順服)〔명〕〔하자〕순순히 잘 복종함.

순복(馴服)〔명〕길들어서 잘 순종함.

순분(純分)〔명〕금·은화 또는 지금(地金)에 함유된 순금·순은의 분량.

순분 공차(純分公差)〔경〕법정 화폐의 순분과 실제 주조 화폐의 순분과의 차.

순-뽕(筍-)〔명〕새순이 돋아 핀 연한 뽕잎.

순사(巡使)〔역〕'순찰사(巡察使)'의 준말.

순사(巡査)〔명〕일제 강점기 때, 경찰관의 최하위 계급(지금의 순경에 해당함).

순사(殉死)〔명〕〔하자〕1 나라를 위하여 목숨을 바침. 2 죽은 왕이나 남편을 따라서 자살함. 순절(殉節).

순-사또(巡使-)〔←순사도(巡使道)〕〔역〕'관찰사'를 높여 이르던 말.

순삭(旬朔)〔명〕초열흘과 초하루.

순산(巡山)〔명〕〔하자〕산림을 돌아보고 살핌.

순:-산(順産)〔명〕〔하타〕아이를 아무 탈 없이 순조롭게 낳음. 안산(安産). □~을 기원하다.

순:-상(順喪)〔명〕늙은 사람이 젊은 사람보다 먼저 죽는 일. ↔악상(惡喪).

순상-엽(楯狀葉)〔명〕방패 모양의 잎.

순상-지(楯狀地)〔지〕선캄브리아대의 암석이 방패 모양을 이루며, 중앙에서 주변으로 완만하게 경사진 넓은 지역(대륙의 핵심부를 형성함).

순상 화:산(楯狀火山)〔지〕화산의 한 형태. 밑면적이 현저히 큰 데 비해 높이가 낮은 화산(하와이의 화산 따위). 아스피테(Aspite).

순색(純色)〔명〕다른 색이 섞이지 않은 순수한 빛깔.

순-샘(脣-)〔명〕〔생〕사람이나 파충류 따위의 입술 점막에 흩어져 있는, 점액을 분비하는 샘. 순선.

순:-생-보(順生報)〔명〕〔불〕삼보(三報)의 하나. 현세(現世)에서 행한 선악에 따라 내세에 받는 과보(果報). 순생업.

순:-생-업(順生業)〔명〕〔불〕순생보.

순:-서(順序)〔명〕정해 놓은 차례. □~가 바뀌다 / ~를 밟아 일을 하다.

순:-서-도(順序圖)〔명〕〔컴〕컴퓨터로 처리하고자 하는 작업의 내용·순서·명령 등을 기호나 도형을 써서 보기 쉽게 나타낸 그림.

순석(巡錫)〔명〕〔하자〕〔불〕승려가 각지를 돌아다니며 수행(修行)·교도(敎導)함.

순선(脣腺)〔명〕〔생〕순샘.

순설(脣舌)〔명〕1 입술과 혀. 2 수다스러움.

순성(巡城)〔명〕〔하자〕1 성의 주위를 돌아다니며 경계함. 2 성을 두루 돌아다니며 구경함.

순성(馴性)〔명〕1 사람을 잘 따르는 짐승의 성질. □~이 좋은 소. 2 남이 하자는 대로 잘 따르는 성질.

순성(脣聲)〔명〕입술소리.

순:-성(順成)〔명〕〔하타〕아무 탈 없이 순조롭게 잘 이룸.

순-소득(純所得)〔명〕전체 소득에서 비용을 뺀 순수한 소득.

순속(淳俗)〔명〕순박한 풍속. 순풍(淳風).

순수(巡狩)〔명〕〔하타〕〔역〕왕이 나라 안을 두루 살피며 돌아다니던 일. 순행(巡幸).

순수(純粹)〔명〕〔하형〕1 다른 것이 조금도 섞이지 않음. □~한 증류수. 2 사사로운 욕심이나 못된 생각이 없음. □~한 호의 / 젊은이 특유의 ~한 감수성.

순수 개:념(純粹槪念)〔철〕칸트 철학에서, 경험에 바탕을 두지 않고 선천적으로 각자가 가지고 있다고 생각되는 개념.

순수 경제학(純粹經濟學)〔경〕경제 현상의 이론적 연구에서, 순수한 경제 현상만을 추출하여 연구하는 경제학.

순수 경험(純粹經驗)〔철〕어떤 매개나 지배도 받지 않고 직접적으로 주어진, 사유(思惟) 이전의 가장 근원적인 경험.

순수 문학(純粹文學)〔문〕어떤 정치적·계몽적 동기에서 이루어진 공리주의적 또는 대중 문학·통속 문학이 아닌, 순수한 예술적 충동에서 형성한 문학. 순문학. *대중 문학.

순수 배:양(純粹培養)〔생〕한 종류의 세균만을 분리하여 배양하는 일.

순수 법학(純粹法學)[-빠칵]〔법〕법을 정치적·사회적 관심에서 분리하여 법 규범 그 자체의 실증적 탐구를 사명으로 하는 법학.

순수-비(巡狩碑)〔역〕임금이 순수(巡狩)한 곳을 기념하여 세운 비석. □진흥왕 ~.

순수-성(純粹性)[-썽]〔명〕순수한 성질. □우리말의 ~을 보존하다.

순수-시(純粹詩)〔명〕〔문〕순수하게 정서(情緒)를 자극하는 것으로만 구성한 시. ↔목적시(目的詩).

순수 의:식(純粹意識)〔철〕경험의 지배를 받지 아니하는 선험적(先驗的) 의식.

순수 이:성(純粹理性)〔철〕칸트 철학에서, 경험의 인식을 가능하게 하는 선천적 인식 능력. ↔실천 이성.

순:-순-하다(順順-)〔형어〕1 성질이나 태도가 고분고분하고 온순하다. □순순한 성품 / 순순하게 항복하다. 2 음식의 맛이 순하다. 순: **순-히**〔부〕□~ 자백하다.

순순-하다(諄諄-)〔형어〕타이르는 태도가 매우 다정하고 친절하다. 순순-히〔부〕□~ 타이르다.

순순환 소:수(純循環小數)〔수〕소수점의 다음 자리의 숫자부터 순환하는 소수(0.444…, 0.1212… 따위).

순시(巡視)〔명〕〔하타〕돌아다니며 사정을 살펴봄. 또는 그런 사람. □지방 관청을 ~하다 / 관

할 구역을 ~다.

순시(瞬時)명 삼시간(霎時間).

순식(瞬息)─명 순식간. □수관 소수의 단위의 하나. 수유(須臾)의 십분의 일, 탄지(彈指)의 십 배의. 곧, 10^{-16}.

순식-간(瞬息間)[─깐]명 극히 짧은 동안. 순식. □~에 매진되다.

순실-하다(純實─)형여 순직하고 진실하다.

순실-하다(淳實─)형여 순박하고 진실하다.

순애(純愛)명 순수한 사랑. □~를 바치다.

순애(殉愛)명하자 사랑을 위하여 모든 것을 바침.

순양(巡洋)명하타 해양을 순찰함.

순양(純陽)명 1 다른 것이 조금도 섞이지 아니한 제대로 온전한 양기. 2 숫총각의 양기. ↔순음(純陰).

순양(純養)명하타 길들여서 기름. 순육.

순양-함(巡洋艦)명 군함의 한 가지. 전함과 구축함의 중간 함종으로, 전투력은 전함만 못하나 속력이 빠르고 기동력은 구축함만 못하나 전투력이 강함.

순업(巡業)명하타 여러 곳으로 돌아다니며 연극 따위를 흥행함.

순여(旬餘)명 열흘 남짓한 동안.

순:역(順逆)명 1 순종과 거역. 2 순리(順理)와 역리(逆理).

순연(巡演)명하타 순회공연.

순:연(順延)명하타 차례로 기일을 연기함. □ 우천시(雨天時)는 ~한다.

순:연(順緣)명 1 늙은 사람부터 차례로 죽는 일. 2〖불〗 선행(善行)이 불도에 들어가는 인연이 되는 일. ↔역연(逆緣).

순연-하다(純然─)형여 다른 것이 전혀 섞이지 아니하고 제대로 온전하다. **순연-히**부

순열(巡閱)명하타 돌아다니며 검열함.

순열(殉烈)명하자 충렬(忠烈)을 위하여 목숨을 바침. 또는 그런 사람.

순:열(順列)명 1 차례대로 늘어선 줄. 2〖수〗 n개의 각기 다른 물건 가운데서 r개의 물건을 집어내어 일렬로 늘어놓은 것을, 'r개의 물건의 n순열'이라고 함. 기호는 ,P,.

순-우리말(純─)명 한자어나 외래어에 상대하여 고유어를 이르는 말.

순월(旬月)명 열흘이나 한 달가량.

순:위(順位)명 순서를 나타내는 위치나 지위. □~를 매기다 / ~를 정하다.

순유(巡遊)명 각처로 돌아다니며 놂. 역유(歷遊). □북유럽을 ~하다.

순육(馴育)명하타 순양(馴養).

순은(純銀)명 잡물이 섞이지 않은 순수한 은. 정은(正銀).

순음(純音)명 단순음.

순음(純陰)명 1 다른 것이 조금도 섞이지 아니한 제대로 온전한 음기. 2 숫녀녀의 음기. ↔순양(純陽).

순음(脣音)명〖언〗 입술소리.

순:응(順應)명하자 1 환경이나 변화에 적응하여 따름. □대세에 ~하다. 2〖생〗 외계의 자극에 따라 감각·강도(感度)가 변화하는 일.

순의(殉義)명하자 의(義)를 위하여 죽음.

순-이익(純利益)[─니─]명 총이익에서 총비용을 제외한 순전한 이익. ㉰순리·순익.

순이익-금(純利益金)[─니─끔]명 순이익의 돈. ㉰순익금.

순익(純益)명 '순이익'의 준말. 「말.

순익-금(純益金)[수닉끔]명 '순이익금'의 준

순:인(順人)명〖역〗조선 때, 정육품 종친(宗親)의 아내의 품계.

순일(旬日)명 1 음력 초열흘. 2 열흘 동안.

순일(純一)명하형 다른 것이 섞이지 않고 순수함.

순-잎(筍─)[─닙]명 순이 돋아 핀 잎.

순장(殉葬)명 죽은 지 열흘 만에 지내는 장사.

순장(殉葬)명하타〖역〗왕이나 귀족이 죽었을 때, 살아 있는 신하나 종을 함께 묻던 일. 또는 그런 장례법.

순:장-바둑(順將─)명 우리나라 고유의 재래식 바둑. 16개의 화점(花點)에 각각 8개씩의 돌을 놓고 두는 바둑. 따낸 돌은 셈에 넣지 않으며 계가(計家)할 때 단수(單手)가 안 되는 곳의 돌은 모두 들어낸 다음에 집 수를 셈.

순적-백성(舜─百姓)[─빽썽]명 중국 순임금 때의 백성이라는 뜻으로, 착하고 어진 백성을 이르는 말.

순-전(─前)명 개자리의 앞.

순-전(旬前)명 음력 초열흘 전.

순전-하다(純全─)형여 순수하고 완전하다. □ 이것은 순전한 사기다. **순전-히**부. □그것은 ~ 내 잘못 때문이었다.

순절(殉節)명하자 충절(忠節)이나 정절(貞節)을 지키기 위해 죽음.

순:접(順接)명〖언〗두 개의 문장 또는 구가 양립할 수 있는 관계에서 앞뒤 문장이 내용상 서로 무리없이 같은 순조롭게 이어지도록 접속하는 일('그러므로·그래서·그러니' 따위를 씀). ↔역접(逆接).

순정(純正)명 1 순수하고 올바름. 2 학문에서, 이론이나 형식을 주로 하고 응용·경험은 생각지 않는 일. □~ 과학 / ~ 수학.

순정(純情)명 순수한 감정. 꾸밈없는 애정. □ ~ 가련한 처녀 / ~을 바치다.

순정-률(純正律)[─뉼]명〖악〗순정조.

순정-식품(純正食品)명 착색제·방부제 따위의 인공 첨가물을 쓰지 않은 순수한 식품.

순정-조(純正調)[─쪼]명〖악〗이론적으로 올바른 방법으로 구성된 음악의 가락. 순정률.

순:정-하다(順正─)형여 도리에 어긋나지 않고 올바르다.

순제(旬製)명〖역〗1 성균관(成均館)에서, 숙식하던 유생(儒生)에게 열흘마다 보이던 시문(詩文)의 시험. 2 승문원(承文院)의 벼슬아치에게 열흘마다 보이던 이문(吏文)의 시험.

순:조(順調)명 일이 아무 탈이나 말썽 없이 잘되어 가는 상태.

순:조(順潮)명 조수(潮水)의 흐름을 따름.

순:조-롭다(順調─)[─따] [─로워, ─로우니]형비 일이 아무 탈이나 말썽 없이 예정대로 잘되어 가다. □첫출발이 ~. **순:조-로이**부. □사건이 ~ 해결되었다.

순:종(順從)명하자타 순순히 복종함. □명령에 ~하다 / 부모님 말씀에 ~하다.

순종(純種)명 딴 계통과 섞이지 않은 순수한 종(種). *순계(純系).

순종(脣腫)명 입술에 나는 부스럼.

순증(純增)명 '순증가'의 준말.

순-증가(純增加)명 실질적인 순전한 증가. ㉰ 순증(純增).

순-지르기(筍─)명하자 초목의 곁순을 잘라 내는 일. 순지름.

순-지르다(筍─)[순질러, 순지르니]타르 초목의 곁순을 잘라 내다.

순직(殉職)명하자 직무를 다하다가 목숨을 잃음. □과로로 교단에서 ~하다.

순직-하다(純直─)[─지카─]형여 마음이 순진

하고 곧다.

순진무구-하다 (純眞無垢-)〔형〕〔여〕 티 없이 순진하다. ▯ 어린아이와 같은 순진무구한 표정 / 아이의 눈이 ~.

순진-하다 (純眞-)〔형〕〔여〕 마음이 순박하고 진실하다. ▯ 순진한 시골 처녀 / 어린아이처럼 ~.

순차 (循次)〔명〕〔하자〕 차례를 좇음.

순:-차 (順次)〔명〕 돌아오는 차례.

순:차-무사 (順且無事)〔명〕 아무 탈 없이 순조롭게 잘 되어 감.

순:차-적 (順次的)〔관〕〔명〕 순서대로 차례차례 하는 (것). ▯ ~으로 발표하다.

순:차적 제:어 (順次的制御)[--어-]〔컴〕 일정한 순서에 따라 제어의 단계가 차례로 이루어지는 자동 제어. 전기세탁기·전기밥솥·자동 판매기 및 각종 공작 기계 따위에 널리 씀.

순찰 (巡察)〔명〕〔하자〕 여러 곳을 돌아다니며 사정을 살핌. ▯ 밤거리를 ~하다 / ~을 강화하다.

순찰-대 (巡察隊)[-때]〔명〕 순찰의 임무를 수행하는 부대나 경찰대. ▯ 방범 ~.

순찰-사 (巡察使)[-싸]〔역〕 1 조선 때, 병란이 있을 때 지방의 군무를 순찰하던 임시 벼슬. 2 조선 때, 도(道) 안의 군무를 순찰하던 벼슬(관찰사가 겸함). ⊜순사.

순찰-차 (巡察車)〔명〕 범죄나 사고의 예방을 위하여 순찰하는 자동차. ▯ ~가 사이렌 소리를 울리며 지나간다.

순찰-함 (巡察函)〔명〕 경비상 중요한 곳에 달아 놓고, 순찰하는 사람이 순찰한 결과를 적어 넣는 상자.

순채 (蓴菜)〔명〕〔식〕 수련과의 여러해살이 물풀. 연못에 나는데, 잎은 물 위에 뜸. 여름에 암홍자색 꽃이 핌. 어린잎은 식용함.

순:천 (順天)〔명〕〔하자〕 '순천명'의 준말. ↔역천 (逆天).

순:-천명 (順天命)〔명〕〔하자〕 하늘의 뜻에 따름. ↔역천명. ⊜순천.

순철 (純鐵)〔명〕〔화〕 불순물이 전혀 섞이지 아니한 철(전자기·진공관·합금 등의 재료 및 내식판·촉매 등으로 씀).

순청 (巡廳)〔역〕 조선 때, 야간 순찰을 맡아보던 관아.

순청 (純靑)〔명〕 '순청색'의 준말.

순-청색 (純靑色)〔명〕 순수한 푸른색. ⊜순청.

순:체 (順遞)〔명〕〔하타〕 중요한 관직을 과실 없이 원만히 갈마들임. 또는 순조로이 교체함.

순초 (巡哨)〔명〕〔하타〕 돌아다니며 적의 사정이나 정세를 살핌.

순치 (馴致)〔명〕〔하타〕 1 짐승을 길들임. 2 목표로 하는 상태에 차차 이르게 함.

순-치다 (筍-)〔자〕 발육을 좋게 하기 위하여 식물의 순을 자르다.

순치-보거 (脣齒輔車)〔명〕 순망치한(脣亡齒寒)과 보거상의(輔車相依)를 합친 말로, 서로 없어서는 안 될 밀접한 관계를 이르는 말.

순치-음 (脣齒音)〔명〕〔언〕 아랫입술과 윗니 사이에서 나는 소리('ｖ·ｆ' 따위).

순치지국 (脣齒之國)〔명〕 입술과 이처럼 이해관계가 밀접한 두 나라.

순치지세 (脣齒之勢)〔명〕 입술과 이처럼 서로 의지하고 돕는 형세.

순:-탄하다 (順坦-)〔형〕〔여〕 1 성질이 까다롭지 않다. ▯ 순탄한 성격. 2 길이 험하지 않고 평탄하다. ▯ 길이 ~. 3 아무 탈 없이 순조롭다. ▯ 순탄한 인생 / 작가로서 그의 행보는 순탄한 편이었다 / 일이 출발부터 순탄치 않았다. 순:-탄히〔부〕

순통 (純通)〔명〕〔하자타〕 책을 외고 그 내용에 통달함. ▯ 논어를 ~하다.

순:통 (順通)〔명〕〔하자〕 일이 순조롭게 잘 통함.

순:-편하다 (順便-)〔형〕 순조롭고 편하다. 순:-편히〔부〕. ▯ ~ 살다.

순:-평하다 (順平-)〔형〕〔여〕 성질이 온순하고 화평하다. 순:-평히〔부〕

순풍 (淳風)〔명〕 순박한 풍속. 순속(淳俗).

순:-풍 (順風)〔명〕 1 순하게 부는 바람. 2 배가 가는 쪽으로 부는 바람. ▯ ~에 돛을 달다. ↔역풍(逆風).

순풍-미속 (淳風美俗)〔명〕 인정이 두텁고 아름다운 풍속.

순피 (筍皮)〔명〕 죽순의 껍질.

순-하다 (殉-)〔자〕〔여〕 목숨을 바치다.

순:-하다 (順-)〔형〕〔여〕 1 성질이 부드럽다. ▯ 순한 사람. 2 바람이나 물결 따위가 부드럽다. ▯ 바람이 순하게 불다. 3 맛이 독하지 않다. ▯ 이 술은 ~. 4 일이 까다롭지 않다. ▯ 일이 순하게 마무리되었다. 순:-히〔부〕

순:합 (順合)〔명〕〔천〕 외합(外合).

순항 (巡航)〔명〕〔하타〕 배로 여러 곳을 돌아다님.

순:-항 (順航)〔명〕〔하자〕 1 순조롭게 항행함. 또는 그런 항행. ▯ ~ 중이던 배에 이상이 생겼다. 2 일 따위가 순조롭게 진행됨의 비유. ▯ 말단부터 ~을 거듭해 마침내 사장이 되었다.

순항 미사일 (巡航missile) 고성능 유도 장치를 갖춘 미사일(초저공비행이나 우회 항행을 하여 레이더를 잘 피하며 목표물에 대한 명중률이 매우 높음). 크루즈 미사일.

순항 속도 (巡航速度)[-또] 배나 비행기가 운항 중 연료 효율을 가장 높여 항행할 수 있는 속도.

순해-선 (巡海船)〔명〕 해상을 순찰하는 경비선.

순행 (巡行)〔명〕〔하자〕 여행이나 공부를 위해 여러 곳으로 돌아다님. 순행(巡).

순행 (巡幸)〔명〕〔하타〕〔역〕 임금 순수(巡狩).

순:행 (順行)〔명〕〔하자〕 1 순서대로 감. 2 거스르지 않고 순행함. 3〔천〕 '순행 운동'의 준말.

순:행 동화 (順行同化)〔언〕 뒤에 오는 소리가 앞의 소리를 닮는 현상('일년(一年)'이 '일런'으로, '종로(鐘路)'가 '종노'로 소리 나는 따위). ↔역행 동화.

순:행 운:동 (順行運動)〔천〕 1 태양에서 보아, 천체가 지구와 같은 방향으로 공전하는 운동. 2 지구에서 보아, 지구의 자전 운동 방향과 같이 천체가 서쪽에서 동쪽으로 움직이는 운동. ↔역행 운동. ⊜순행.

순:-현보 (順現報)〔불〕 삼보(三報)의 하나. 현세에서 업(業)을 지어 현세에서 받는 과보(果報). 순현업(順現業).

순혈 (純血)〔명〕 깨끗한 피. 순수한 혈통.

순형 (楯形)〔명〕 방패와 같은 모양.

순형-화 (脣形花)〔명〕〔식〕 입술꽃.

순형 화관 (脣形花冠)〔식〕 입술꽃부리.

순홍 (純紅)〔명〕 '순홍색'의 준말.

순-홍색 (純紅色)〔명〕 순수한 다홍빛. ⊜순홍.

순화 (純化)〔명〕〔하타〕 불순한 것을 버리고 순수하게 함.

순화 (馴化)〔명〕〔하자〕 기후가 다른 땅에 옮겨진 생물이 점차 그 환경에 적응하는 체질로 변해 감. ▯ 저 품종은 아직 ~되지 않았다.

순화 (醇化)〔명〕〔하타〕 1 정성 어린 가르침으로 감화함. ▯ 불량 학생을 ~하다. 2 잡스러운 것을 떼어 버리고 순수한 것으로 만듦. ▯ 국어의 ~. 3〔미술〕 재료를 취사선택하여 불순 요소를 없애는 일.

순:화-롭다(順和-)[-따][-로워, -로우니] 형
터 순탄하고 평화롭다. 순화-로이 [부]
순화-어(醇化語) 명 불순한 요소를 없애고
깨끗하고 바르게 다듬은 말. 지나치게 어려운
말, 비규범적인 말, 외래어 따위를 알기 쉽고
규범적으로 또는 고유어로 순화한 말.
순:화-하다(順和-) 형여 순탄하고 화평하다.
순환(循環) 명 주기적으로 되풀이하여 돎.
또는 그런 과정. ▷혈액의 ~ / ~ 버스.
순환-계(循環系)[-/-계] 명 '순환 계통'
의 준말.
순환 계:통(循環系統)[-/-계-] 명〚생〛심장에
서 나온 피가 전신을 순환하며 골고루 영양을
공급하고 노폐물을 수용하는 작용의 조직. ⊛
순환계.
순환 과:정(循環過程) 물질이 어떤 변화를 일
으켰다가 다시 본디 상태로 돌아갈 때까지의
일련의 과정.
순환-급수(循環級數)[-쑤]〚수〛일정한 수
의 항(項)이 같은 차례로 되돌아 나오는 무한
급수의 하나.
순환-기(循環期) 명 자연현상 또는 인위적 기
일이 순환하는 기간.
순환-기(循環器) 명〚생〛혈액을 순환시키는
순환 계통에 속하는 관 모양의 기관(심장·혈
관·림프관 따위). 맥관계.
순환 논법(循環論法)[-뻡]〚논〛순환 논증.
순환 논증(循環論證)〚논〛논증되어야 할 명
제를 논증의 근거로 하는 잘못된 논증. 순환
론. 순환 논법.
순환 도:로(循環道路) 일정한 지역을 순환할
수 있도록 닦아 놓은 도로.
순환-론(循環論)[-논]〚논〛순환 논증.
순환-류(循環流)[-뉴] 명 흘러오던 방향으로
다시 방향을 바꾸어 흐르는 바닷물의 흐름.
순환 마디(循環-)〚수〛순환 소수에서, 같은
차례로 되풀이되는 몇 개의 숫자의 마디
(3.141414…의 14 따위).
순환 변:동(循環變動)〚경〛경제 현상을 시간
적 변화로 관찰할 때에, 수년 동안의 간격을
두고 오르내리는 현상.
순환-선(循環線) 명 기차·전차 따위가 한 바
퀴 돌아 그 출발점에 와서 다시 돌게 된 선
로. 또는 그 전차나 기차. ▷~인 서울 지하
철 2호선.
순환 소:수(循環小數)〚수〛무한 소수의 하
나. 소수점 이하의 어떤 자리 다음부터 숫자
몇 개가 같은 차례로 무한히 되풀이되는 소수
(3.1414… 따위).
순환 장애(循環障礙)〚의〛혈액의 순환을 막
는 장애(심장병·신장병·동맥 경화증 및 만성
과로 등이 그 원인이 됨).
순환적 정:의(循環的定義)[-쩡-/-쩡이] 정
의해야 할 개념을 그와 거의 같은 뜻의 말이
나 표현으로 바꾸어 정의하는 일. 곧, 말만 바
꾸어 놓고 외견상 정의한 것처럼 보이는 거
짓 정의.
순황(純黃) 명 '순황색'의 준말.
순-황색(純黃色) 명 순수한 누런빛. ⊛순황.
순회(巡廻) 명하타 여러 곳을 돌아다님. ▷전
국을 ~하며 공연하다.
순회-공연(巡廻公演) 명 여러 곳을 돌아다니
면서 하는 공연. 순연(巡演).
순회 대:사(巡廻大使) 일정한 나라에 주재하
지 않고, 특별한 사명을 띠고 여러 나라를 순
회하는 대사.
순회-도서관(巡廻圖書館) 명 자동차에 책을
싣고 도서관이 없는 지방을 순회하며 책을

술내

빌려 주는 소규모의 도서관. 순회문고(巡廻
文庫). 이동도서관.
순회 진:료(巡廻診療)[-질-] 의사와 간호사
가 무의촌 등을 순회하면서 환자를 진찰하고
치료하는 일.
순-후(旬後) 명 음력 초열흘이 지난 뒤.
순:후-보(順後報) 명〚불〛삼보(三報)의 하나.
현세에서 지은 죄를 삼생(三生) 뒤에 받는 선
악업의 과보(果報). 순후업(順後業).
순후-하다(淳厚-·醇厚-) 형여 순박하고 인정
이 두텁다.
순흑(純黑) 명 '순흑색'의 준말.
순-흑색(純黑色)[-쌕] 명 순수한 검은빛. ⊛
순흑.
숟-가락[-까-] 명 밥이나 국물을 떠먹는 식
사용 기구(은·백통·놋쇠 따위로 만듦). 日
의명 밥 따위의 음식물을 숟가락으로 뜨는
분량이나 횟수를 세는 단위. ▷두어 ~ 들다.
⊛숟갈.
숟가락(을) 놓다 ⫐ '죽다'의 완곡한 표현.
숟가락-질[-까-] 명하타 숟가락으로 음식을
떠먹는 일. 술질. ▷~이 서투르다.
숟가락-총[-까-] 명 숟가락의 자루.
숟-갈[-깔] 명의명 '숟가락'의 준말.
술¹ 명 알코올 성분이 있어서 마시면 취하는 음
료의 총칭. ▷~을 끊다 / ~을 마시다 / ~을
담그다 / ~에 취하다.
[술 먹은 개] 술에 취해 멋대로 행동하는 사
람을 흉보는 말. [술 받아 주고 뺨 맞는다]
남을 잘 대접해 주고 도리어 해를 당함.
술을 치다 ⫐ 술을 잔에 따라 붓다.
술이 술을 먹다 ⫐ 취할수록 자꾸 더 술을
마시다.
술² 명 '쟁깃술'의 준말.
술³ 명 가마·끈·옷 따위에 장식으로 다는
여러 가닥의 실.
술⁴ 명 책이나 종이, 피륙 따위의 포갠 부피.
술(戌) 명 1 지지(地支)의 열한째. 2 '술시(戌
時)'의 준말. 3 '술방(戌方)'의 준말.
술⁵ 의명 한 숟가락의 분량. ▷한 ~만 들어 보
시오 / 국물을 몇 ~ 뜨다.
-술(術) 回 '재주·기술'의 뜻. ▷최면~ / 점성
~ / 사교~.
술가(術家) 명 음양·복서(卜筮)·점술(占術)에
정통한 사람. 술객. 술사(術士).
술-값[-깝] 명 술을 마신 값. 주가(酒價). ▷
~을 내다.
술객(術客) 명 술가.
술계(術計)[-/-계] 명 술책(術策).
술-고래 명〈속〉술을 많이 마시는 사람.
술-구기[-꾸-] 명 독이나 항아리 따위에서 술
을 푸는 데 쓰는 도구.
술-구더기[-꾸-] 명 걸러 놓은 술에 뜬 밥알.
녹의(綠蟻). 주의(酒蟻).
술-국[-꾹] 명 술집에서 안주로 주는 된장국.
주탕(酒湯).
술국-밥[-꾹빱] 명 밥을 만 술국.
술-기(-氣)[-끼] 명 술기운.
술-기운[-끼-] 명 술에 취함으로써 생기는 기
운. 술기. 주기(酒氣). ▷~이 돌다 / ~을 빌
려 사랑을 고백하다.
술-김[-낌] 명 술에 취한 김. ▷~에 한 말 /
~에 실수를 저지르다.
술-꾼 명 술을 좋아하며 많이 마시는 사람.
술-내[-래] 명 술의 냄새. ▷입에서 지독한 ~
가 풍기다.

술년(戌年)[-련]圈 태세(太歲)의 지지(地支)가 '술(戌)'로 된 해《갑술(甲戌)·병술(丙戌) 등》.

술-대[-때]圈 거문고를 타는 데 쓰는, 대로 만들어 끝을 뾰로하게 후린 채.

술-대접(-待接)圈하자타 술을 차려 놓고 대접함. □~을 받다.

술덤벙-물덤벙튀하자 경거망동하여 함부로 날뛰는 모양.

술-도가(-都家)[-또-]圈 술을 만들어 도매하는 집. 양조장. 주장(酒場). 주조장(酒造場).

술-독[-똑]圈 1 술을 담그거나 담는 독. 2 술을 많이 마시는 사람을 농으로 일컫는 말.

술-독(-毒)[-똑]圈 술 중독으로 얼굴에 나타나는 붉은 점이나 빛. 주독(酒毒). □~이 올라 코끝이 빨갛다.

술-두루미圈 술을 담는 두루미.

술-등(-燈)[-뜽]圈 선술집 따위의 문밖에 달아 두는, 기름종이로 만든 초롱.

술:-띠圈 두 끝에 술을 단 가느다란 띠.

술래圈〔←순라(巡邏)〕 술래잡기에서, 숨은 아이들을 찾아내는 아이.

술래-잡기[-끼]圈하자 아이들 놀이의 하나. 여럿 가운데 한 아이가 술래가 되어 숨은 아이들을 찾아내는 놀이.

슬렁-거리다자 자꾸 어수선하게 소란이 일다. □청중이 ~. **슬렁-슬렁**튀하자

슬렁-대다자 슬렁거리다.

슬렁-이다자 어수선하게 소란이 일다.

술-마당圈 술잔치가 벌어진 자리.

술말(戌末)圈 술시(戌時)의 끝 무렵.

술-망나니圈 술주정이 아주 심한 사람을 비난조로 일컫는 말.

술명-하다휑어 수수하고 훤칠하게 걸맞다. □술명한 차림새. **술명-히**튀

술-밑[-믿]圈 누룩을 섞어 버무린 지에밥《술의 원료임》. 주모(酒母).

술-바닥[-빠-]圈 쟁기에 보습을 대는 넓적하고 삐죽한 부분.

술-밥[-빱]圈 1 술을 담글 때 쓰는 지에밥. □~을 찌다. 2 쌀에다 술·간장·설탕 따위를 섞어 지은 밥. 주반(酒飯).

술방(戌方)圈 이십사방위의 하나. 서북쪽에서 남쪽으로 15° 되는 방위를 중심으로 한 15° 각도의 안. 준술.

술-버릇[-뻐릇]圈 술을 마시면 나타나는 버릇. 주벽(酒癖). □~이 나쁘다.

술법(術法)[-뻡]圈 음양과 복술(卜術)에 관한 이치 및 그 실현 방법. 술수(術數).

술-벗[-뻗]圈 술로써 사귄 벗. 술친구. 주붕(酒朋). 주우(酒友).

술-병(-病)[-뼝]圈 술을 지나치게 많이 마셔서 생긴 병. □~이 나다.

술-병(-瓶)[-뼝]圈 술을 담는 병의 총칭. 주병(酒瓶). 주호(酒壺).

술부(述部)圈 서술부(敍述部). ↔주부(主部).

술-빚[-삗]圈 주채(酒債).

술사(術士)[-싸]圈 1 술가(術家). 2 술책에 능한 사람.

술-살[-쌀]圈 술을 많이 마셔서 찐 살. □~이 오르다.

술-상(-床)[-쌍]圈 술과 안주를 차려 놓은 상. 주안(酒案). 주안상(酒案床).

술생(戌生)[-쌩]圈 술년(戌年)에 태어난 사람. 개띠.

술서(術書)[-써]圈 술법에 관한 책.

술수(術數)[-쑤]圈 1 음양·복서(卜筮) 등에 관

한 이치. 술법. 2 술책. □~에 능한 사람.

술술튀 1 물·가루 따위가 잇달아 새어 나오는 모양. 2 가는 비나 눈이 잇달아 가볍게 내리는 모양. 3 끈이나 얽힌 실 따위가 풀려 나오는 모양. 4 얽혀 있던 일들이 쉽게 잘 풀리는 모양. □일이 ~ 풀리다. 5 말이 막힘없이 잘 나오는 모양. □말이 ~ 잘 나온다. 6 바람이 부드럽게 부는 모양. □~ 부는 바람. 참솔솔.

술시(戌時)[-씨]圈 1 십이시의 열한째 시. 곧, 오후 7시부터 9시까지의 시각. 2 이십사시(二十四時)의 스물한째 시. 곧, 오후 7시 반부터 8시 반까지의 시각. 준술.

술-쌀圈 술을 만들기 위한 쌀.

술-아비圈 술을 파는 남자.

술-안주(-按酒)圈 술 마실 때 곁들여 먹는 음식. 안주.

술어(述語)圈 1《언》서술어(敍述語). 풀이말. 2《논》논리의 판단이나 명제에서 주사(主辭)에 대하여 긍정 또는 부정의 입언(立言)을 하는 개념.

술어(術語)圈 '학술어'의 준말.

술어-절(述語節)圈《언》술어의 역할을 하는 절(節). 풀이마디. *주어절(主語節).

술업(術業)圈 음양·복서(卜筮) 따위의 일에 종사하는 업.

술월(戌月)圈 월건(月建)의 지지(地支)가 술(戌)로 된 달《갑술(甲戌)·병술(丙戌) 따위》.

술위圈〈옛〉수레.

술위삐圈〈옛〉수레바퀴.

술일(戌日)圈 일진(日辰)의 지지(地支)가 술(戌)로 된 날. 개날.

술-자리[-짜-]圈 술을 마시며 노는 자리. 술좌석. 주석(酒席). 주연(酒筵). □~를 마련하다.

술자지능(述者之能)[-짜-]圈 1 글의 잘되고 못됨은 쓴 사람의 재능에 달렸다는 말. 2 일의 잘되고 안됨은 그 사람의 수단에 달렸다는 말.

술작(述作)[-짝]圈하자타 책 따위를 저술함.

술-잔(-盞)[-짠]圈 1 술을 따라 마시는 그릇. 주배(酒杯). □~을 돌리다. 준잔. 2 몇 잔의 술. □~이나 마신 모양이다.

술잔을 나누다⬚ 함께 술을 마시다.

술잔-거리(-盞-)[-짠꺼-]圈 술잔이나 사 먹을 만한 돈이라는 뜻으로, 적은 돈의 비유.

술-잔치(-盞-)圈 술을 마시며 즐기는 간단한 잔치. 주연(酒宴).

술-장사圈하자 술을 파는 영업.

술-적심[-씸]圈 숟가락을 적신다는 뜻으로, 국이나 찌개처럼 국물이 있는 음식을 이르는 말. □~도 없는 밥을 먹었다.

술정(戌正)[-쩡]圈 술시(戌時)의 한가운데《곧, 하오 8시》.

술좌(戌坐)[-쫘]圈《민》술방(戌方)을 등진 좌향. 또는 그런 자리.

술-좌석(-座席)[-쫘-]圈 술자리. □~이 무르익어 간다.

술좌-진향(戌坐辰向)[-쫘-]圈《민》술방(戌方)을 등지고 진방(辰方)을 향한 좌향. 곧, 서북에서 동남쪽으로 향한 좌향.

술-주자(-酒榨)[-쭈-]圈 술을 거르거나 짜내는 틀. 주자(酒榨). 주조(酒槽).

술-주정(-酒酊)[-쭈-]圈하자 술에 취해 정신 없이 하는 말이나 행동. □~ 끝에 싸우다.

술-주정뱅이(-酒酊-)[-쭈-]圈 주정뱅이.

술-지게미圈 지게미1.

술-질圈하자 음식을 먹을 때에 숟가락을 쥐고

놀리는 일.

술-집[-찝] 圈 술을 파는 집. 주가(酒家). 주점(酒店).

술-찌끼 圈 재강.

술책(術策) 圈 어떤 일을 꾸미는 꾀나 방법. 술계(術計). 술수. ▢~을 부리다.

술-청 圈 주로 선술집에서 술을 따라 놓는 곳. 목로.

술초(戌初) 圈『민』술시(戌時)의 첫 무렵.

술-추렴[-하자] 圈 1 술값을 여럿이 분담하여 술을 마심. 갹음(醵飮). 2 차례로 돌아가며 내는 술.

술-친구(-親舊) 圈 술로써 사귄 친구. 술벗. 주붕(酒朋).

술-타령[-하자] 만사를 제쳐 놓고 술만 찾거나 마시는 일. ▢밤낮으로 ~이다.

술-탈(-頉) 圈 술을 마셔서 생긴 탈.

술-통(-桶) 圈 술을 담아 두는 큰 통.

술파구아니딘(sulfaguanidine) 圈『약』백색 바늘 모양의 결정성 가루(주로 이질과 같은 세균성 장내(腸內) 질환 및 적리의 약임).

술파닐아미드(sulfanilamide) 圈 '술파민'의 화학명.

술파다이아진(sulfadiazine) 圈 백색 또는 노르스름한 결정성 가루무(폐렴 구균·연쇄상 구균 따위의 세균성 질환의 치료에 씀).

술-파리 圈 여름에 술독에서 생기는 가늘고 작은 파리.

술파민(sulfamine) 圈『약』1 폐렴·임질·화농성 질환 및 세균성 질환에 쓰는 백색의 가루 또는 정제. 2 '술폰아미드제'의 일반 명칭.

술파-제(sulfa劑) 圈 술파닐아미드 유도체 따위를 갖는 화학 요법제(화농성 질환을 비롯하여 거의 모든 세균성 질환의 치료에 씀).

술-판 圈 술자리가 벌어진 자리. 또는 술을 마시는 자리. ▢~을 벌이다.

술폰아미드-제(sulfonamide劑) 圈『약』화농성 질환에 쓰는 술파닐아미드 유도체의 총칭(술파민·술파다이아진 따위).

술회(述懷)[-하자] 마음속에 품고 있는 여러 가지 생각을 말함. 또는 그 말. ▢지난날을 담담히 ~하다.

숨: 圈 1 사람이나 동물이 코나 입으로 공기를 들이마시고 내쉬는 기운. 또는 그렇게 하는 일. ▢~을 헐떡이다. 2 채소 따위의 생생하고 빳빳한 기운. ▢~을 죽인 배추.

숨 쉴 사이 없다 𝄐 조금도 쉴 만한 시간적 여유가 없다. ▢숨 쉴 사이 없이 지껄이다.

숨(을) 거두다[걷다] 𝄐 '죽다'를 완곡하게 이르는 말.

숨(을) 고다 𝄐 숨이 막혀서 질식 상태에 빠지다.

숨(을) 끊다 𝄐 스스로 죽거나 남을 죽이다.

숨(을) 넘기다 𝄐 숨을 쉬지 못하고 죽다.

숨(을) 돌리다 𝄐 ⓐ가쁜 숨을 가라앉히다. ⓑ바쁜 중에 잠시 휴식을 취하다. ▢숨 돌릴 틈도 없다.

숨(을) 쉬다 𝄐 살아서 움직이거나 활동하다.

숨(이) 가쁘다 𝄐 어떤 일이 몹시 힘에 겨거나 사태가 급박하다.

숨(이) 끊어지다 𝄐 '죽다'를 완곡하게 이르는 말.

숨(이) 넘어가는 소리 𝄐 몹시 다급하여 급하게 내는 소리.

숨(이) 막히다 𝄐 숨이 막힐 정도로 긴장하거나 답답함을 느끼다. ▢숨 막히는 순간.

숨(이) 붙어 있다 𝄐 간신히 살아 있다.

숨(이) 죽다 𝄐 ⓐ초목이 시들어서 생기를

잃다. ⓑ소금에 절인 채소 따위가 싱싱한 기운을 잃다.

숨이 턱에 닿다 𝄐 몹시 숨이 차다.

숨:-결[-껼] 圈 1 숨을 쉬는 속도나 높낮이. ▢~이 거칠다. 2 사물 현상의 어떤 기운이나 느낌. ▢자연의 ~.

숨:-골[-꼴]『생』연수(延髓).

숨:-구멍[-꾸-] 圈 1 숫구멍. 2 답답한 상황에서 조금 벗어나게 됨의 비유. ▢~이 트이다. 3『충』곤충류의 몸통이 옆에 있는, 숨을 쉬는 구멍. 기공(氣孔). 4『식』식물의 잎이나 줄기의 겉껍질에 있는 작은 구멍(탄소 동화 작용을 하며, 몸속의 수분과 이산화탄소의 증산(蒸散)을 조절함).

숨:-기(-氣)[-끼] 圈 숨기운.

숨기다 𝄐《'숨다'의 사동》드러나지 않게 감추다. 남이 알지 못하게 하다. ▢이름을 ~ / 조금도 숨길 생각은 없다.

숨:-기운[-끼-] 圈 숨을 쉬는 기운. 숨기.

숨:-기척[-끼-] 圈 숨 쉬는 기척.

숨김-없다[-기믑따] 圈 숨기는 일이 없다. 숨김-없이[-기믑씨] 𝄐. ▢~ 털어놓다.

숨김-표(-標) 圈『언』알면서도 고의로 드러내지 않음을 나타내는 문장 부호의 하나(' × × ', '○○' 따위).

숨:-넘어가다 𝄐 숨이 끊어져 죽다. ▢숨넘어가겠다, 천천히 마셔라.

숨:다[-따] 𝄐 1 보이지 않게 몸을 감추다. ▢인과 속에 ~. 2 (주로 '숨은'의 꼴로 쓰여) 겉으로 드러나지 않다. ▢숨은 천재 / 숨은 뜻이 있다.

숨바꼭-질[-찔] 圈[하자] 1 숨은 사람을 찾아내는 아이들의 놀이. 2 헤엄칠 때 물속으로 숨는 짓. 3 무엇이 숨었다 보였다 하는 일. ▢새벽이 되니 ~하던 별들도 사라져 간다. ⓟ숨박질.

숨박-질[-찔] 圈[하자] '숨바꼭질'의 준말.

숨:-소리[-쏘-] 圈 숨을 쉬는 소리. ▢~를 죽이다.

숨숨 𝄐[하다] 얼굴에 마맛자국 따위가 듬성듬성 있는 모양. ⓐ삼솜.

숨어-들다[-들어, -드니, -드는] 𝄐 몰래 기어들다. ▢빈집에 숨어든 도둑을 잡다.

숨은고-장식(-裝飾) 圈 몸이 문짝과 기둥에 한 쪽씩 속으로 들어가 박히는 경첩 장식.

숨은-눈 圈 식물 줄기의 껍질 밑에 생겨 드러나지 않는 눈. 잠복아.

숨은-장(-欌)『건』속 구멍을 파서 겉에 보이지 않게 쐐기를 지른 못.

숨:-죽이다 𝄐 1 숨을 멈추다. 2 숨소리가 들리지 않을 정도로 조용하다. ▢숨죽이고 주위를 살피다.

숨:-지다 𝄐 숨이 끊어지다. 죽다. ▢교통사고로 ~.

숨:-차다 圈 1 숨을 쉬기가 어렵다. ▢숨차서 더는 못 뛰겠다. 2 어떤 일이 매우 힘겨거나 급박하다. ▢외환 위기를 벗어나려고 숨차게 달려온 한 해가 저물어 간다.

숨:-탄것 圈 숨을 받아 태어난 것이라는 뜻으로, 동물을 일컫는 말.

숨:-통(-筒) 圈 1『생』기관(氣管)1. ▢~을 끊다. 2 생존 또는 어떤 상태를 유지하는 데 가장 중요한 부분. ▢~을 조여 오는 앞날의 불안 / 자금 조달의 ~이 트이다.

숨:-표(-標) 圈『악』쉼표 없는 곳에서 숨을 쉬는 기호(',' 또는 'Ⅴ' 따위).

숩명〈옛〉숲.

숫-¹[숟]튼 '더럽혀지지 않아 깨끗한'의 뜻. □~처녀/~총각/~음식.

숫-²[숟]튼 ('양'·'염소'·'쥐' 앞에 붙여) 수 컷임을 나타내는 말. □~양/~염소/~쥐. *수-.

숫:-값(數-)[숟깝/숟깝]《수》수치(數値)1.

숫-구멍[숟꾸-]명 갓난아이 정수리의, 숨을 쉴 때마다 발딱발딱 뛰는 연한 곳. 숨구멍. 정문(頂門).

숫-국[숟꾹]명 숫보기로 있는 사람이나 진솔 대로 있는 물건.

숫-기(-氣)[숟끼]명 활발하여 부끄럼이 없는 기운. □~가 없는 사람이라 장사도 못한다.

숫기(가) 좋다 좋다 수줍어하거나 부끄러워하 는 태도가 없다.

숫-놈명 ☞ 수놈.

숫-눈[숟-]명 쌓인 채 그대로 있는 눈.

숫눈-길[숟-낄]명 눈이 와서 쌓인 후에 아무 도 아직 지나가지 않은 눈길.

숫-닭[숟-]명 ☞ 수탉.

숫-당나귀(-唐-)명 ☞ 수탕나귀.

숫-대-집(數-)[수때-/숟때-]명 여러 사람이 산가지를 가지고 하는 놀이.

숫-돌[숟똘]명 칼 따위의 연장을 갈아서 날을 세우는 데 쓰는 돌. 여석(礪石). 지석(砥石). □~에 낫을 갈다.

숫-되다[숟뙤-]형 순진하여 약지 않고 어수 룩하다. □숫된 처녀.

숫-백성(-百姓)[숟빽썽]명 거짓을 모르는 순 박한 백성.

숫-병아리(-病-)[숟-]명 ☞ 수평아리.

숫-보기[숟뽀-]명 1 숫된 사람. 2 숫총각이나 숫처녀.

숫-사람[숟싸-]명 거짓이 없고 숫된 사람.

숫-색시[숟쌕씨]명 숫처녀.

숫-소[숟쏘]명 ☞ 수소.

숫-스럽다[숟쓰-따][숫스러워, 숫스러우니] 형ⓑ 순진하고 어수룩한 데가 있다. □숫스 러워 보이는 시골 젊은이. **숫-스레**[숟쓰-]튼

숫-양(-羊)[숟냥]명 양의 수컷. ↔암양.

숫-염소[숟념-]명 염소의 수컷. ↔암염소.

숫-음식(-飮食)[수듬-]명 만든 채 고스란히 있는 음식.

숫:-자(數字)[수짜/숟짜]명 1 수를 나타내는 글자(一·二·三… 또는 1·2·3… 따위). □~ 를 세다. 2 통계 따위에서 숫자로 표시되는 수 량적인 일이나 지식. □~에 밝다.

숫-적(數的)관명 ☞ 수적(數的).

숫-접다[숟쩝따][숫저워, 숫저우니]형ⓑ 순 박하고 진실하다.

숫제[숟쩨]튼 1 처음부터 차라리. 아예. □하 기 싫거든 ~ 오지도 마라. 2 거짓이 아니고 진실로. □~ 굶겠다지 뭐야.

숫-쥐[숟쮜]명 쥐의 수컷. ↔암쥐.

숫-지다[숟찌-]형 인정이 후하고 순박하다.

숫-처녀(-處女)[숟-]명 남자와 성적 관계가 한 번도 없는 처녀. 숫색시. 정녀(貞女). ↔ 숫총각.

숫-총각(-總角)[숟-]명 여자와 성적 관계가 한 번도 없는 총각. 정남(貞男). ↔숫처녀.

숫-티[숟-]명 숫된 몸가짐이나 모양. □그녀 에겐 아직도 ~가 남아 있다.

숫-하다[수타-]형에 순박하고 어수룩하다.

숭경(崇敬)명하타 높여 존경하고 사모함.

숭고(崇古)명하타 옛 문물을 숭상함.

숭고-하다(崇高-)형에 뜻이 높고 고상하다. □숭고한 희생 정신.

숭굴-숭굴튼형 1 얼굴이 귀염성 있고 덕성 스러운 모양. 2 심성이 너그럽고 원만한 모 양. □마음이 ~ 너그럽다.

숭늉명 밥을 지은 솥에서 밥을 퍼내고 물을 부어 데운 물. 숙랭.

숭늉에 물 탄 격 〔관〕 ㉠사람이나 음식이 매 우 싱거운 모양. ㉡아무런 재미도 없이 밍밍 한 경우.

숭덩-숭덩튼하타 1 물건을 큼직하고 거칠게 자꾸 빨리 써는 모양. □배추김치를 ~ 썰다. 2 바느질할 때 거칠게 자꾸 호는 모양. □이 불잇을 ~ 꿰매다. ㉱송당송당. 쵄숭덩숭덩.

숭려-하다(崇麗-)[-녀-]형에 높고 화려하다.

숭모(崇慕)명하타 우러러 사모함.

숭문(崇文)명 글을 숭상함. 또는 문학을 높임. □한문 중심의 ~ 교육.

숭미-하다(崇美-)형에 숭고하고 아름답다.

숭반(崇班)명 높은 지위나 벼슬. 숭위(崇位).

숭배(崇拜)명하타 1 우러러 공경함. □조상을 ~하다. 2 신이나 부처 따위의 종교적 대상을 우러러 신앙함. □우상을 ~하다.

숭보(崇報)명 은덕을 갚음.

숭봉(崇奉)명하타 숭배하여 받듦.

숭불(崇佛)명 부처·불교를 숭상함.

숭사(崇事)명하자 숭배하여 섬김.

숭사(崇祀)명하타 숭배하여 제사를 지냄.

숭상(崇尙)명하타 높여 소중히 여김. □학문 을 ~하다.

숭석(崇昔)명 아주 오랜 옛날. 태고(太古).

숭수-하다(崇秀-)형에 높고 빼어나다.

숭숭튼 1 물건을 듬성듬성 빨리 써는 모양. □ 파를 ~ 썰어 국에 넣다. 2 조금 큰 구멍이 많이 뚫린 모양. □창호지에 구멍이 ~ 뚫려 있다. 3 땀방울·소름·털 따위가 나거나 맺힌 모양. □털이 ~ 난 원숭이의 몸/이마에 땀 방울이 ~ 맺히다. 쵄송송.

숭신(崇信)명하타 존중하여 믿음.

숭신(崇神)명하자 신을 숭상함.

숭앙(崇仰)명하타 높여 우러러봄.

숭:어《어》숭엇과의 물고기. 몸길이가 70cm 내외로 옆으로 납작하고 머리는 비교적 작은 데 폭이 넓음. 몸빛은 등이 회청색, 배가 은 백색임. 태평양·대서양의 열대 지역 및 우리 나라의 전 연해에 분포함. 수어(秀魚).

숭:어-뜀명 광대가 넘는 재주의 하나. 손을 땅에 짚고 잇따라 거꾸로 뛰어넘음.

숭어리㉠명 열매나 꽃 따위가 굵게 모여 달린 덩어리. ㉡의명 열매나 꽃 따위가 굵게 모여 달린 덩어리를 세는 단위. □모란꽃 세 ~. 쵄송아리.

숭얼-숭얼튼 땀방울·물방울·열매 따위가 많 이 맺힌 모양. □이마에 땀방울이 ~ 맺혀 있 다. 쵄송알송알.

숭엄-하다(崇嚴-)형에 숭고하고 존엄하다. □숭엄한 백두 영봉.

숭위(崇位)명 숭반(崇班).

숭유(崇儒)명하자 유교를 숭상함.

숭조(崇祖)명하자 조상을 숭상함.

숭조(崇朝)명 새벽부터 아침밥을 먹을 때까지 의 사이.

숭조-상문(崇祖尙門)명하타 조상을 숭배하고 문중을 위함.

숭준-하다(崇峻-)형에 품위가 높고 귀하다.

숭중(崇重)명하타 받들어 존중함.

숭하(崇廈)명 높고 큰 집. 대하(大廈).

숯[숟]명 나무를 숯가마에 넣어서 구워 낸 검

은 덩어리. 연료로 씀. 목탄(木炭).
[숯이 검정 나무란다] 자기 흉은 생각지 않고 남의 허물을 들추어 낸다.
숯-가마[숟까-] 명 숯을 구워 내는 장치.
숯-검정[숟껌-] 명 숯의 그을음.
숯-내[순-] 명 숯불에서 나오는 가스의 냄새 《유해함》. ▯ ~를 맡다.
숯-등걸[숟등-] 명 숯가마에서 숯이 타고 남은 굵은 토막(불을 피우면 연기가 남).
숯-막(-幕)[순-] 명 숯을 굽는 곳에 지은 움막.
숯-머리[순-] 명 숯내를 맡아서 아픈 머리.
숯-먹[순-] 명 소나무를 태울 때 생기는 그을음을 기름에 개어 만든 먹. 송연묵. ↔참먹.
숯-불[숟뿔] 명 숯이 타는 불. 탄화(炭火). ▯ ~을 피우다 / ~에 떡을 굽다.
숯-장수[숟짱-] 명 **1** 숯을 파는 사람. **2** 얼굴이 검은 사람의 별명.
숯-쟁이[숟쟁-] 명 숯을 굽는 사람을 낮잡아 이르는 말.
술[술] 명 머리털 따위의 부피나 분량. ▯ 머리의 ~이 많다.
술-지다[술찌-] 형 술이 많다. ▯ 눈썹이 술진 사람.
술-하다[수타-] 형여 **1** 아주 많다. ▯ 술한 사연 / 술한 공직자들이 옷을 벗었다. **2** 흔하다. ▯ 술하게 볼 수 있는 물건.
숲[숩] 명 '수풀'의 준말. ▯ 소나무 ~.
숲-길[숩낄] 명 숲 속에 나 있는 길.
숲-정이[숩쩡-] 명 마을 근처에 있는 수풀.
쉬[쉬] 감 닭이나 참새 따위를 쫓는 소리.
쉬¹ 명 파리의 알. ▯ 파리가 ~를 슬다.
쉬:² 감 '쉬이'의 준말.
쉬:³ 감 떠들지 말라는 뜻으로 하는 소리. ▯ ~, 조용히 해라.
쉬:⁴ 명하자 〈소아〉 오줌. 또는 오줌을 누는 일. 쉬야. ▯ 어린아이에게 오줌을 누라고 옆에서 부추기는 소리.
쉬궁 명 〈옛〉 시궁.
쉬-나무 명 〖식〗 운향과의 낙엽 활엽 교목. 높이 10 m가량으로 여름에 흰 꽃이 피며, 삭과(蒴果)는 둥글게 익음. 중국 원산. 종자는 제유용(製油用)으로 새는 새의 사료로 씀. 수유나무.
쉬:다¹ 자 음식이 상하여 맛이 시큼하게 변하다. ▯ 여름철엔 음식이 금방 쉰다.
쉬:다² 자 목청에 탈이 생겨 목소리가 거칠고 맑지 않게 되다. ▯ 쉰 목소리 / 감기로 목이 ~.
쉬:다³ 자타 **1** 피로를 풀려고 몸을 편안히 두다. ▯ 바빠서 쉴 사이가 없다. **2** 사물이 움직임을 잠시 멈추다. ▯ 쉬지 않고 돌아가는 기계. **3** 잠을 자다. ▯ 밤새 편히 쉬게. **4** 결근 또는 결석하다. ▯ 어제는 아파서 회사를 쉬었다. **5** 잠시 머무르다. ▯ 며칠 쉬어 가게.
쉬:다⁴ 타 **1** 호흡하다. ▯ 깊이 숨을 ~. **2** 한숨을 짓다. ▯ 기가 꺼지게 한숨을 ~.
쉬:다⁵ 타 피륙의 빛깔을 곱게 하기 위해 뜨물에 담가 두다.
쉬르레알리슴(프 surréalisme) 명 초현실주의.
쉬:쉬-하다 타여 남이 알까 두려워하여 숨기다. ▯ 쉬쉬한다고 누가 모르나.
쉬-슬다[쉬슬어, 쉬슨니, 쉬스는] 자 파리가 쉬를 여기저기에 낳다.
쉬야 감명 쉬⁴. ──하다 자여 〈소아〉 쉬하다.
쉬어 감명 '열중쉬어' 자세보다 편한 자세를 취하라는 구령. 또는 그 구령에 따라 하는 동작.
쉬엄-쉬엄 부하자타 쉬어 가면서 천천히 길을 가거나 일을 하는 모양. ▯ 서두르지 말고 ~ 해라.

쉬[쉬] 부 **1** 쉽게. ▯ 그녀를 ~ 잊을 수가 없다. **2** 멀지 않은 가까운 장래에. ▯ ~ 한번 찾아뵙겠습니다. 준쉬.
쉬이-보다 타 가볍게 또는 쉽게 보다.
쉬이-여기다 타 쉽게 생각하다.
쉬지근-하다 형여 냄새가 조금 선 듯하다.
쉬척지근-하다[-찌-] 형여 냄새가 몹시 쉰 듯하다.
쉬-파리 명 〖충〗 쉬파릿과의 곤충. 수컷은 암컷보다 작음. 길이 1-1.5 cm, 빛은 회색. 여름에 음식·부패 식품에 쉬를 깔김. 왕파리.
쉬:-하다 자여 〈소아〉 오줌 누다. 쉬야하다.
쉰 수관 열의 다섯 배가 되는 수(의). 오십(五十). ▯ ~ 남짓 / ~은 넘은 것 같다.
쉰-내 명 음식 따위가 쉬어서 나는 시금한 냄새. ▯ ~ 나는 음식.
쉰-둥이 명 나이가 쉰 살이 넘은 부모가 낳은 아이.
쉰무우 명 〈옛〉 순무.
쉰-밥 명 쉬어서 쉰내가 나거나 시금하게 변한 밥.
쉼-표(-標) 명 **1** 〖언〗 문장 부호의 하나. 한 문장에서 짧게 쉬는 부분을 나타내는 ','의 이름. 반점. **2** 〖악〗 악보에서, 쉼을 나타내는 기호. 휴지부.
쉽:다[-따][쉬워, 쉬우니] 형여 **1** 힘들거나 어렵지 않다. ▯ 쉬운 문제 / 쉽지 않은 일. **2** (주로 '-기(가) 쉽다'의 꼴로 쓰여) 가능성이 많다. ▯ 칼을 갖고 놀면 다치기 ~. **3** (주로 '앓다'와 함께 쓰여) 예사롭거나 흔하다. ▯ 이번 일은 쉽게 포기하지 않겠다. ↔어렵다.
쉽게 부 ☞쉽게 생각하다. ☞갈보다.
쉽:-사리[-싸-] 부 매우 쉽게. 순조롭게. ▯ 그 일은 ~ 끝날 것 같지 않다.
쉽-싸리[-싸-] 명 〖식〗 꿀풀과의 여러해살이풀. 연못가·물가에 남. 땅속줄기는 희며, 줄기는 사각형, 높이는 1 m 내외, 잎은 넓은 피침형임. 여름에 작고 흰 꽃이 핌. 택란(澤蘭).
쉿무수 명 〈옛〉 순무.
슈룹 명 〈옛〉 우산.
슈미즈(프 chemise) 명 여자의 양장용 속옷의 하나(보온과 땀 흡수를 위해 입음).
슈박 명 〈옛〉 수박.
슈어(super) 명 〈옛〉 숭어.
슈-크림(프 chou+cream) 명 반죽한 밀가루를 얇게 구워 그 속에 크림을 넣어서 만든 서양 과자의 한 가지.
슈템보겐(독 Stemmbogen) 명 스키에서, 미끄러지며 몸의 중심을 뒷발 쪽에 옮겨서 회전하는 방법.
슈투름 운트 드랑(독 Sturm und Drang) 18세기 후반, 독일에서 일어난 문학 운동. 계몽주의의 반동으로 개성의 존중, 감정의 자유 및 천재성을 주장함.
슈트(shoot) 명 야구에서, '슬라이더(slider)'의 일본식 용어.
슈팅(shooting) 명하타 구기(球技)에서, 골이나 바스켓을 향해 공을 차거나 던져서 넣는 일.
슈퍼(super) 명 '슈퍼마켓'의 준말.
슈퍼마켓(supermarket) 명 물건을 살 사람이 직접 물건을 고르고 물건 값은 계산대에서 치르게 되어 있는 규모가 큰 소매점. 준슈퍼.
슈퍼맨(superman) 명 초능력을 가진 사람. 초인(超人).
슈퍼스타(superstar) 명 스포츠나 예능 따위의 분야에서, 많은 사람들의 우상이 되어 있다

시피 한 사람.
슈퍼에고 (superego) [명] 〖심〗 초자아.
슈퍼컴퓨터 (supercomputer) [명] 과학 기술 계산 전용의 초고속·초대형 컴퓨터《기상 예보·원자로 설계·우주 개발·원자력 계산·물질의 합성 연구 따위에 이용하고 있음》. *마이크로컴퓨터·메인 프레임 컴퓨터·미니컴퓨터.
슈퍼탱커 (supertanker) [명] 초대형 유조선.
슈퍼 헤비급 (super heavy級) 레슬링·역도 따위에서, 중량별 체급의 하나. 레슬링에서 아마추어 국제 경기의 경우 100 kg 이상, 역도는 110 kg 이상임.
슌 [명] 〈옛〉 순채(蓴菜).
슛 (shoot) [명][하타] **1** 구기에서, 바스켓이나 골을 향해 공을 던지거나 참. **2** 영화에서, 촬영을 시작하는 일.
스마ᄫᅵᆯ [명] 〈옛〉 시골.
스내치 (snatch) [명] 역도에서, 단숨에 들어 올리기. 인상(引上).
스낵-바 (snack bar) [명] 간단히 먹고 마실 수 있는 간이식당.
스냅 (snap) [명] **1** 똑딱단추. **2** 움직이는 물체를 빠른 속도로 찍는 사진. 스냅 사진. **3** 야구에서, 손목의 힘을 이용하여 공을 재빠르게 던지는 일.
스냅-숏 (snapshot) [명] 영화에서, 시사적인 인물이나 사건을 순간적으로 찍은 장면.
스노보드 (snowboard) [명] 널빤지 위에 몸을 싣고 눈이 쌓인 비탈을 미끄러지듯 내려오는 운동. 또는 그런 운동 기구로 쓰는 널빤지. 스키와는 달리 옆으로 선 자세로 탐.
스노-체인 (snow chain) [명] 눈길에서 미끄러지지 않도록 하기 위해 차바퀴에 감는 쇠사슬.
스노-타이어 (snow tire) [명] 눈길 주행용의 특수한 자동차 타이어《미끄러짐을 방지하기 위해 홈을 깊게 만듦》.
스님 [명] 〖불〗 **1** 승려가 자신의 스승을 부르는 말. 사승(師僧). **2** '중'의 높임말. 사주(師主).
스다 [타] 〈옛〉 쓰다〔書·冠〕.
스라소니 [명] 〖동〗 고양잇과의 짐승. 깊은 삼림에 삶. 살쾡이와 비슷한데 몸의 길이는 1 m 정도임. 앞발보다 뒷발이 길며 귀가 크고 뾰족함. 나무에 잘 오르고 헤엄을 잘 침. 토표.
스란-치마 [명] 폭이 넓고 입으면 발이 보이지 않는 긴 치마.
스러지다 [자] **1** 나타난 형태가 차츰 희미해지면서 없어지다. ❏스러져 가는 눈이 군데군데 남아 있다. **2** (불기운이) 사위어 없어지다. ❏숯불이 차차 스러져 가다. [작]사라지다.
-스럽다 〔-따〕〔-스러워, -스러우니〕 [미][ㅂ] (일부 명사 뒤에 붙어) '그러한 성질이 있다'는 뜻의 형용사를 만드는 접미사. ❏영광~/불안~/사랑~.
-스레하다 [미][여] -스름하다.
스로인 (throw-in) [명][하타] 축구나 농구 따위에서, 상대 팀 선수의 몸에 맞고 금 밖에 나간 공을 두 손으로 높이 들어 경기장 안으로 던지는 일.
스루다 [타] **1** 쇠붙이를 불에 달구어 센 기운을 덜다. **2** 풀이 센 다듬잇감을 잡아당겨 풀기를 죽이다.
스르르 [부] **1** 얽히거나 묶인 것이 저절로 풀리는 모양. ❏매듭이 ~ 풀리다. **2** 얼음이나 눈 따위가 저절로 녹는 모양. ❏입 안에서 사탕이 ~ 녹다. **3** 졸린 눈이 힘없이 저절로 감기는 모양. ❏눈이 ~ 감기다. **4** 미끄러지듯 슬며시 움직이는 모양. ❏창문이 ~ 열렸다. [작]사르르.
-스름하다 [미][여] (빛깔이나 형상을 나타내는 말의 어근에 붙어) 빛이 좀 옅거나 형상이 비슷하다는 뜻의 형용사를 이루는 말. -스레하다. ❏거무~/둥그~.
스리 [명] 음식을 먹다가 볼을 깨물어서 생긴 상처.
스리 번트 (three+bunt) 야구에서, 타자가 투스트라이크 이후에 하는 번트《파울이 되는 경우 타자는 아웃이 됨》.
스리 스피드 플레이어 (three speed player) 에스피(SP)반·이피(EP)반·엘피(LP)반을 모두 사용할 수 있는 레코드 플레이어.
스리쿼터 (three-quarter) [명] **1** 지프와 트럭의 중간형 자동차《적재량 4분의 3톤》. **2** '스리쿼터 백'의 준말.
스리쿼터 백 (three-quarter back) 럭비에서, 하프백과 풀백 사이에 자리하는 네 사람《공격을 주요한 임무로 함》. [준]스리쿼터.
스리피스 (three-piece) [명] 세 가지로 이루어진 한 벌의 양복. 남자용은 조끼·재킷·바지, 여자용은 재킷·스커트·블라우스로 됨.
스릴 (thrill) [명] 간담을 서늘하게 하거나 마음을 졸이게 하는 느낌. 전율(戰慄). ❏~이 넘치다/~ 만점의 추리 영화.
스릴러 (thriller) [명] 스릴이 있는 연극·영화·소설 따위.
스마트폰 (smart phone) [명] 휴대 전화에 첨단 정보 통신 기능과 컴퓨터를 결합한 지능형 단말기.
스마트-하다 (smart-) [형][여] 모양이 경쾌하고 말쑥하다. ❏옷차림이 ~.
스매시 (smash) [명][하타] 테니스·탁구·배구 따위에서, 공을 네트 너머로 세게 내려 꺾어 침.
스매싱 (smashing) [명][하타] 스매시하는 일.
스멀-거리다 [자] 살갗에 작은 벌레 따위가 자꾸 기어가는 것처럼 근질거리다. **스멀-스멀** [부][하자]
스멀-대다 [자] 스멀거리다.
스며-들다 〔-들어, -드니, -드는〕 [자] 속으로 배어들다. ❏뼛속까지 스며드는 추위.
스모그 (smog) [명] 자동차의 배기가스나 공장에서 내뿜는 연기가 안개와 같은 상태를 이룬 것. ❏광화학 ~/~ 공해(公害).
스모르찬도 (이 smorzando) [명] 〖악〗 '꺼져 가듯이 차차 약하게 연주하라'의 뜻.
스목 (smock) [명] **1** 보통 옷에 덧입는 느슨한 작업복. **2** 수예의 한 가지. 천의 주름을 잡아 얽어서 여러 가지 무늬를 놓는 일.
스무 [관] 스물을 나타내는 말. ❏돼지 ~ 마리/~ 살.
스무-고개 [명] 스무 번까지의 질문으로 어떤 문제를 알아맞히는 놀이.
스무-째 [수][관] 순서가 스무 번째가 되는 차례.
스물 [수] 열의 배. 이십(二十). ❏갓 ~의 젊은이들.
스물두-째 [수][관] 순서가 스물두 번째가 되는 차례.
스물입-발 (-廾-)〔-빨〕 [명] 한자 부수(部首)의 하나《'弁'·'弄' 따위에서 '廾'의 이름》.
스믈 [수] 〈옛〉 스물.
스미다 [자] **1** 물이나 기름 따위의 액체가 배어들다. ❏땀이 옷에 ~. **2** 기체나 바람 따위가 안으로 흘러들다. ❏찬바람이 옷 속으로 ~/향긋한 냄새가 코에 ~/음식 냄새가 스며 나오다. **3** 마음에 사무치다. ❏가슴속에 스미는 외로움.
스산-하다 [형][여] **1** 쓸쓸하고 어수선하다. ❏스

산한 가을 풍경. **2** 날씨가 흐리고 으스스하다. ▯유난히 스산한 겨울 날씨 / 바람이 스산하게 분다. **3** 마음이 가라앉지 않고 뒤숭숭하다. ▯기분이 ~.

스스럼-없다 [-럼업따] 휑 조심스럽거나 부끄러운 마음이 없다. ▯스스럼없는 사이. **스스럼-없이** [-럼업씨] 튀 ~ 말하다.

스스럽다 [-따] [스스러워, 스스러우니] 휑ᄇ **1** 정분이 두텁지 않아 조심스럽다. ▯스스러운 사이. **2** 수줍고 부끄러운 느낌이 있다. ▯혼자 만나기는 좀 ~.

스스로 ᄆ튀 **1** 저절로. ▯꽃은 ~ 핀다. **2** 자진하여. ▯~ 공부하다. **3** 제 힘으로. ▯자기 일은 ~ 해야 한다. ᄆ명 자기 자신. ▯~를 높이다.

스스로-자 (-自) 명 한자 부수(部首)의 하나(〈'臭'나 '臬' 따위에서 '自'의 이름).

스승 명 자기를 가르쳐 주는 사람. 선생. 사부(師傅). 함장(函丈). ▯~의 가르침에 따르다.

스싀 튀 〈옛〉 스스로.

스싀로 튀 〈옛〉 스스로.

스왜거-코트 (swagger coat) 명 풍성하게 만든 여성용 외투(〈대개 얇은 감으로 허리선이 없이 짧게 만듦).

스웨이드 (suede) 명 새끼 양·새끼 소의 가죽을 보드랍게 보풀린 가죽. 또는 그것을 모방하여 짠 직물(〈구두나 장갑 따위에 씀).

스웨터 (sweater) 명 털실로 두툼하게 짠 상의. ▯~를 뜨다.

스위치 (switch) 명 **1** 전기 회로를 이었다 끊었다 하는 장치. 개폐기. ▯~를 끄다 / ~를 켜다 / ~를 누르다 / ~를 내리다. **2** 레슬링에서, 공방(攻防) 태세나 전술을 바꾸는 일. **3** 야구에서, 경기 중 부진한 투수를 바꾸는 일.

스위치 무:역 (switch貿易) 삼각 무역의 일종. 자기 나라로 수송되는 구매품을, 계약 이행 중에 제삼국에 전매(轉賣)하여 거래를 전환하는 방식.

스위치보드 (switchboard) 명 배전반(配電盤).

스위치-히터 (switch-hitter) 야구에서, 좌우 어느 쪽의 타석에서도 칠 수 있는 타자.

스위트-룸 (suite room) 명 한데 이어져 있는 방이라는 뜻으로, 호텔 등에서 욕실이 딸린 침실, 거실 겸 응접실 따위가 하나로 이어져 있는 특별실.

스위트-피 (sweet pea) 명 〔식〕 콩과의 한해살이풀. 줄기 높이 1~2m, 향기가 있고 꼬투리는 완두와 비슷함.

스위퍼 (sweeper) 명 **1** 축구에서, 백(back)과 키퍼 사이에 위치하여 특정한 마크 상대를 갖지 않고 자유로이 수비의 허점을 메우는 선수. **2** 볼링에서, 핀을 옆에서 쓸어 내듯이 넘어뜨리는 볼.

스윙 (swing) 명 **1** 권투에서, 팔을 휘둘러 상대편을 치는 기술. **2** 야구에서, 배트를 휘두르는 일. ▯~ 아웃. **3** 골프에서, 골프채를 휘두르는 일. **4** 〔악〕 강렬한 리듬과 새로운 화성에 의한 재즈 음악의 한 스타일.

스쳐-보다 [-처-] 目 **1** 곁눈질을 하여 슬쩍 보다. ▯지나가면서 가게 안을 ~. **2** 세밀하지 않게 대강대강 빨리 보다. ▯그 소설은 한 번 스쳐본 적이 있다.

스치다[1] 자目 **1** 서로 살짝 닿으면서 지나가다. ▯쌀쌀한 바람이 얼굴을 스친다. **2** 어떤 느낌·생각·표정 따위가 잠깐 떠올랐다가 금방 사라지다. ▯불안해 하는 표정이 그의 얼굴을 스치고 지나갔다.

스치다[2] 目 〈옛〉 상상하다. 생각하다.

스카라무슈 (프 scaramouche) 명 〔연〕 이탈리아 즉흥 희극 중의 익살꾼 역(役)(〈17세기의 명우(名優) 피오렐리가 시작한 것으로 프랑스에서 인기를 모았음).

스카시 (SCSI) 〔Small Computer System Interface〕 〔컴〕 컴퓨터에서, 주변 장비를 연결하는 데 쓰는 직렬 인터페이스. 전송 속도가 빠르고, 장치의 연결과 분리가 쉬움.

스카우트 (scout) 명目자 **1** 우수한 운동선수나 연예인 등을 물색해 내는 사람. 또는 그 일. **2** '보이 스카우트·걸 스카우트'의 준말.

스카이다이버 (skydiver) 명 스카이다이빙을 하는 사람.

스카이다이빙 (skydiving) 명 비행 중인 항공기에서 뛰어내려, 공중을 활공하다가 낙하산을 펴고 내려와 목표 지점에 정확히 착지(着地)하는 것을 겨루는 스포츠.

스카이-라운지 (sky+lounge) 명 고층 빌딩의 맨 위층에 만들어 놓은 휴게실.

스카이라인 (skyline) 명 **1** 지평선. **2** 산·건물 등이 하늘을 배경으로 이루는 윤곽.

스카이웨이 (skyway) 명 산마루로 이어져 뻗은 관광 도로.

스카치-위스키 (Scotch whisky) 명 스코틀랜드산의 위스키. ⑥스카치.

스카치-테이프 (Scotch tape) 명 접착용 셀로판테이프의 상표명.

스카프 (scarf) 명 장식·방한용의 얇은 천(〈주로 여성이 머리에 쓰거나 목에 두름).

스칸듐 (scandium) 명 〔화〕 희토류 원소의 하나. 엷은 회백색의 금속으로 산에 잘 녹고 3가(價)의 염(鹽)을 만듦. 〔21번: Sc: 44.96〕

스칼라 (scalar) 명 〔물〕 하나의 수치만으로 완전히 표시되는 양. 방향의 구별이 없는 물리적 수량(〈질량·에너지·밀도·전기량 따위).

스캐너 (scanner) 명 **1** 〔인〕 색도 분해기의 하나. **2** 〔컴〕 그림이나 사진 또는 문자 따위를 복사하듯 읽어서 컴퓨터의 그래픽 정보로 바꾸는 입력 장치.

스캡 (미 scab) 명 동맹 파업의 이탈자.

스캔들 (scandal) 명 **1** 좋지 못한 소문. 추문(醜聞). ▯~에 휘말리다. **2** 부정·부도덕한 사건. ▯정치적 ~.

스커트 (skirt) 명 서양식 여자 치마.

스컬 (미 scull) 명 좌우의 노를 한 사람이 젓는 기다랗고 가벼운 보트 경주. 또는 그 보트.

스컹크 (skunk) 명 〔동〕 족제빗과의 동물. 북아메리카에 분포함. 땅속 구멍에 살며 위험이 닥치면 항문샘에서 악취를 내는 액체를 발사해 적을 물리침.

스케르찬도 (이 scherzando) 명 〔악〕 '익살스럽게'의 뜻.

스케르초 (이 scherzo) 명 〔악〕 익살스러우며 빠르고 경쾌한 기악곡. 흔히 소나타·심포니 등의 한 악장(樂章)을 이룸. 해학곡(諧謔曲).

스케이트 (skate) 명 구두 바닥에 쇠 날을 붙이고 얼음판 위를 지치는 운동 기구. ▯~를 신다 / ~를 타다.

스케이트보드 (skateboard) 명 길쭉하고 두꺼운 판자 밑에 바퀴를 단 놀이 기구(〈두 발을 올려놓고 선 자세로 탐).

스케이트-장 (skate場) 명 스케이팅을 위한 설비를 갖춘 곳. 아이스링크.

스케이팅 (skating) 명目자 스케이트를 신고 얼음판 위를 지침. 빙기(氷技).

스케일 (scale) 명 **1** 일이나 계획 따위의 규모.

□ ~이 큰 사업을 벌이다. 2 인물의 도량. □ ~이 큰 사람.

스케일링 (scaling) 명하타 《의》 치아에 낀 치석(齒石)을 제거하는 일.

스케줄 (schedule) 명 시간에 따라 구체적으로 짠 계획. 또는 그 계획표. 시간표. 일정표. □ ~을 잡다 / ~에 따라 일정을 진행시키다.

스케치 (sketch) 명하타 1 사생이나 사생화. 2 그 자리에서 느낀 인상을 간단한 문장이나 그림 또는 악곡 등으로 나타내는 일. 또는 그런 작품.

스케치북 (sketchbook) 명 사생첩(寫生帖).

스케치-판 (sketch板) 명 그림을 그리는 데 쓰는 화판.

스코어 (score) 명 1 경기의 득점. 또는 득점표. □ ~를 점검해 보다. 2《악》모음 악보. 총보(總譜).

스코어링 포지션 (scoring position) 야구에서, 단타(單打) 하나만 쳐도 득점할 수 있는 주자의 위치(흔히 2루나 3루를 말함).

스코어보드 (scoreboard) 명 득점 게시판. 득점판.

스코어북 (scorebook) 명 경기의 득점과 경과를 기록하는 책. 경기 경과 기록표.

스코치 (Scotch) 명 영국 스코틀랜드 남부에서 나는 면양의 털. 또는 그것으로 짠 털실이나 모직물.

스콜 (squall) 명 열대 지방의 소나기(거의 매일 오후에 강풍·우레와 함께).

스콜라 철학 (schola哲學) 《철》 8-17 세기에 걸친 유럽 중세의 기독교 교권 확립을 위한 신학 중심의 철학. 번쇄(煩鎖) 철학.

스콥 (네 schop) 명 가루·모래·덩어리 따위를 담아 올리거나 섞는 데 쓰는, 숟가락처럼 생긴 삽.

스쿠너 (schooner) 명 2-4 개의 돛대를 갖고 세로로 돛을 장치한 서양식 범선(帆船).

스쿠바 (scuba) 명 휴대용 수중(水中) 호흡기.

스쿠버 다이빙 (scuba diving) 스쿠버를 등에 지고 잠수하여 체력을 단련하는 수중 스포츠.

스쿠터 (scooter) 명 1 한쪽 발을 올려놓고 땅 위를 달리는 외발 롤러스케이트. 2 소형 오토바이의 하나.

스쿨링 (schooling) 명 통신 교육을 받는 학생이 등교하여 일정한 시간 수의 교실 수업을 받는 일.

스쿨-버스 (school bus) 명 학생들의 통학 편의를 위하여 운영하는 학교 버스. □ ~로 통학하다 / ~를 운행하다.

스쿼시 (squash) 명 1 과일즙을 소다수로 묽게 하고 설탕을 넣은 음료. □ 레몬 ~. 2 사방이 벽으로 둘러싸인 코트에서, 두 사람이 라켓으로 고무공을 벽에 맞추어 공이 마루에 두 번 튕기기 전에 되받아 치는 구기 경기.

스퀘어 댄스 (square dance) 여덟 사람이 사각을 이루면서 추는 단체 댄스.

스퀴즈 플레이 (squeeze play) 야구에서, 3루의 주자를 홈으로 불러들이기 위해 타자가 희생 번트로 득점을 꾀하는 공격법.

스크랩 (scrap) 명하타 신문·잡지 따위에서 필요한 글이나 사진을 오려 내는 일. 또는 오려 낸 조각.

스크랩북 (scrapbook) 명 신문·잡지 따위에서 필요한 부분만을 오려 붙이는 책.

스크럼 (scrum) 명 럭비에서, 양편 선수가 어깨를 맞대고 그 사이로 굴려 넣은 공을 자기

편 쪽으로 빼내어 돌리는 일. □ ~을 짜다. 2 여럿이 팔을 꽉 끼고 횡대를 이루는 일. □ ~을 짜고 행진하다.

스크롤 (scroll) 명 《컴》 컴퓨터 따위에서, 모니터의 화면에 나타난 내용이 상하 또는 좌우로 움직이는 일.

스크롤-바 (scroll bar) 명 《컴》 윈도의 아래쪽과 오른쪽에 나타나는 막대. 윈도에 나타난 화면을 상하 좌우로 움직일 때 사용함.

스크루 (screw) 명 배의 프로펠러형 추진기.

스크루 볼 (screw ball) 야구에서, 투수가 던진 공이 나사 모양으로 회전하면서 타자 앞에 와서 뚝 떨어지는 변화구의 한 가지.

스크린 (screen) 명 1 영화나 환등(幻燈)의 영사막(映寫幕). 또는 그 영화. 은막(銀幕). 2 인쇄 제판에 쓰는, 많은 점으로 된 줄이 그어진 유리(동판을 만들 때 감광판 앞에 대고 사진을 박음).

스크린 쿼터 (screen quota) 영화 상영 시간 할당제. 국산 영화의 보호·육성책으로, 일정한 시간을 국산 영화 상영에 충당토록 정부가 규제한 조치.

스크린 프로세스 (screen process) 영화나 텔레비전에서, 어떤 장면을 미리 찍어 이것을 배경으로 영사하고, 그 앞에서 배우의 연기를 촬영하는 일.

스크린-플레이 (screen play) 명 농구에서, 상대편의 방해를 막기 위하여 자기편 선수를 앞세우고 그 뒤에서 득점을 노리는 공격법.

스크립터 (scripter) 명 영화 촬영 현장에서 촬영이나 연출 사항을 상세히 적는 기록자.

스크립트 (script) 명 1 영화나 방송의 대본이나 각본 따위의 원고. □ ~ 라이터. 2 필기체의 활자.

스키 (ski) 명 눈 위를 지치는 데 쓰는, 가늘고 긴 판상(板狀)의 기구. 또는 그것을 사용하는 스포츠. □ ~를 타다.

스키드 (skid) 명 급브레이크를 밟았을 때, 자동차가 옆으로 미끄러지는 일.

스키-장 (ski場) 명 스키를 탈 수 있도록 시설을 갖춘 곳.

스킨 다이빙 (skin diving) 물안경·물갈퀴 따위 간단한 보조 용구만을 사용하여 하는 잠수(潛水).

스킨-로션 (skin lotion) 명 피부 보호에 쓰는 화장수(化粧水).

스킨 스쿠버 (skin scuba) '스쿠버 다이빙'과 '스킨 다이빙'을 함께 이르는 말.

스킨십 (skin+ship) 명 피부의 상호 접촉에 의한 애정의 교류.

스타 (star) 명 1 인기 있는 배우나 가수·운동선수. 또는 일반적으로 인기 있는 사람. □ 인기 ~. 2 장성(將星)이나 그 계급을 속되게 이르는 말. □ 투 ~.

스타덤 (stardom) 명 인기 스타의 지위. 또는 신분. □ ~에 오르다.

스타디움 (라 stadium) 명 관람석이 있는, 규모가 큰 운동 경기장.

스타일 (style) 명 1 복식이나 머리 따위의 모양. □ 새로운 ~의 복장. 2 일정한 방식. □ 의장의 의사 진행 ~. 3 문학 작품에서, 개성 있는 형식이나 구성의 특질. 4 미술·건축·음악 따위에서, 어떤 유파나 특유한 형식.

스타일리스트 (stylist) 명 1 멋을 중시하는 사람. 또는 치장을 잘하는 사람. 2 옷·실내 장식 따위의 지도나 조언을 하는 사람. 3 예술상의 양식(樣式)주의자.

스타일-북 (stylebook) 명 1 유행하는 복장이나

양식을 그림으로 엮어 놓은 책. **2** 인쇄소·출판사·신문사 따위에서, 철자·구두점·약자 따위를 모아 엮은 책.

스타카토 (㉠ staccato)명 〖악〗음을 한 음 표씩 끊어서 연주하는 일. 또는 그 기호(기호는 '‧'). 끊음표. 단음 기호. 단주(斷奏).

스타카티시모 (㉠ staccatissimo)명 〖악〗음을 아주 짧게 끊어서 하는 연주. 또는 그 기호.

스타킹 (stocking)명 **1** 목이 긴 여자용 양말. **2** 야구·축구 따위의 운동을 할 때 신는, 바닥이 없이 발바닥에 조금 걸치는 양말.

스타터 (starter)명 **1** 자동차 엔진 따위의 시동 장치. **2** 경주·경영 따위에서, 출발 신호를 하는 사람.

스타트 (start)명[하]자 출발. 출발점.
　스타트를 끊다 〔구〕 처음으로 어떤 일을 시작하다.

스타트 라인 (start+line) 출발선.

스타팅 멤버 (starting member) 선수 교대를 할 수 있는 단체 경기에서, 처음에 출장하는 선수. 선발(先發) 멤버.

스태그플레이션 (stagflation)명 〖경〗불황 중에도 물가가 계속 오르는 현상.

스태미나 (stamina)명 원기(元氣). 정력. 힘.

스태프 (staff)명 **1** 간부. 참모. 참모진. **2** 연극·영화의 제작에서, 연기자 이외의 제작에 관계하는 모든 사람《원작·제작·감독·각색·음악 등을 담당하는 사람》. 제작진.

스탠드 (stand)명 **1** 물건을 세우는 대(臺). **2** 경기장의 계단식 관람석. ☐~를 가득 메운 관중. **3** '전기스탠드'의 준말.

스탠드-바 (stand+bar) 명 서서 마시는 서양식 선술집.

스탠드인 (stand-in)명 영화 촬영 때, 스타의 대역이 됨. 또는 그 배우.

스탠딩 스타트 (standing start) 중·장거리 경주에서, 선 자세로 있다가 출발하는 방식. ↔크라우칭 스타트.

스탠바이 (←stand-by)명 **1** 정식 방송이 시작되기 전에 프로듀서가 스태프와 출연자에게 준비하라고 외치는 소리. **2** 돌발 사태로 예정된 방송 프로그램이 취소될 때를 대비하여 마련한 임시 프로그램. **3** 무선 전신에서, 조정을 하고 발신·수신을 기다리는 일.

스탠스 (stance)명 야구·골프 따위에서, 공을 칠 때의 두 발의 위치나 벌린 폭.

스탬프 (stamp)명 **1** 소인(消印). **2** 명승고적이나 특별한 행사를 기념하기 위해 찍는 고무 도장. ☐기념 ~.

스탬프-잉크 (stamp ink)명 고무도장 따위에 쓰는 잉크.

스턴트-맨 (stunt man)명 영화나 텔레비전 드라마의 위험한 장면을 찍을 때, 배우의 대역을 하는 사람.

스털링 (sterling)명 **1** 영국 정화(正貨)의 순도(純度)의 표준. **2** 영국 화폐.

스털링 지역 (sterling地域) 영국의 파운드 화폐로 무역 결제가 이루어지는 나라들. 파운드 지역.

스테고돈 (stegodon)명 〖동〗코끼릿과의 화석(化石) 동물로 동남 아시아의 특산. 현재의 코끼리와 마스토돈(mastodon)의 중간형으로 제3기 마이오세 중기부터 제4기 중기에 걸쳐 번성하였음.

스테레오 (stereo)명 2개 이상의 스피커를 사용하여 입체감을 낼 수 있게 한 음향 방식.

스테레오 방:송 (stereo放送) 입체 방송.

스테레오 타입 (stereo type) **1** 연판(鉛版). **2** 틀에 박힌 사고방식.

스테로이드 (steroid)명 〖화〗스테롤과 그와 유사한 분자 구조를 가진 화합물의 총칭. 동식물계에 널리 분포하며 성(性)호르몬·담즙산 등이 있는데, 특수한 생리 작용이나 약리 작용을 함.

스테롤 (sterol)명 〖화〗스테로이드의 유기 알코올의 총칭. 동식물계에 널리 분포하는 지방질 성분의 하나임《콜레스테롤·에르고스테롤 따위가 있음》.

스테아르-산 (←stearic酸)명 〖화〗고급 포화 지방산의 하나. 백색 결정으로 동식물 유지 중에 글리세린과의 에스테르로서 함유됨. 양초·비누·연고·좌약(坐藥) 따위의 원료임. 경지산.

스테아린 (stearin)명 〖화〗글리세린에 들어 있는 세 개의 히드록시기 가운데 수소를 스테아르산기로 치환한 화합물《지방의 성분을 이룸》.

스테이션 브레이크 (station break) 방송 프로와 프로 사이의 30초쯤의 짧은 시간에 방송국의 국명, 콜 사인, 광고 따위를 내보내는 일.

스테이지 (stage)명 무대1.

스테이지 댄스 (stage dance) 사교 댄스에 대해, 흥행을 목적으로 하는 무대 무용.

스테이크 (steak)명 **1** 서양 요리의 하나로, 두툼하게 썰어서 구운 고기. **2** '비프스테이크'의 준말.

스테이플러 (stapler)명 'ㄷ' 자 모양으로 생긴 철사 침(針)을 사용하여 서류 따위를 철하는 도구.

스테이플 파이버 (staple fiber) 인조 섬유를 짧게 자르고 적당히 컬(curl)을 한 인조 견사. 또는 그 섬유로 짠 옷감이나 실. 모직물을 대신으로 씀. ㉤스프·파이버.

스테인드-글라스 (stained glass)명 색유리를 쓰거나 색을 칠하여 무늬나 그림을 나타낸 장식용 판유리.

스테인리스-강 (stainless鋼)명 니켈·크롬 따위를 함유한, 녹이 슬지 않고 약품에도 부식되지 않는 강철. 스테인리스 스틸. 불수강(不銹鋼).

스테인리스 스틸 (stainless steel) 스테인리스강(鋼).

스텐실 (stencil)명 **1** 글자나 무늬, 그림 따위의 모양을 오려 낸 뒤, 그 구멍에 물감을 넣어 롤러로 눌러서 그림을 만드는 일. **2** '스텐실 페이퍼'의 준말.

스텐실 페이퍼 (stencil paper) 등사용 원지. ㉤스텐실.

스텔라이트 (stellite)명 코발트에 크롬·텅스텐·철·탄소 따위를 섞은 합금. 내연 기관이나 각종 바이트 따위에 씀.

스텝 (step)명 댄스에서, 동작의 기본이 되는 몸과 발의 움직임.

스텝 (steppe)명 시베리아 서남부 등지에 있는, 나무가 자라지 않는 온대 초원 지대.

스텝 기후 (steppe氣候) 스텝 지역의 기후《사막 기후보다는 다소 강우가 있어 덜 건조함》.

스토니 (stony)명 〖건〗시멘트에 특수한 약품을 혼합하여 딱딱하게 만든 것《건축 재료·금고·냉장고·금속제 미술품 따위에 씀》. 모조 대리석.

스토리 (story)명 이야기. 줄거리.

스토브 (stove)명 난로(煖爐).

스토아 철학 (Stoa哲學) 〖철〗 스토아학파의 철학. 윤리를 중심 과제로 삼아 욕망을 억제하고 자연의 법도를 따를 것을 주장함.

스토아-학파 (Stoa學派) 〖명〗〖철〗 기원전 3세기 초에 제논(Zenon)이 창시한 그리스 철학의 한 학파. 윤리학을 중시하고, 금욕과 극기(克己)를 통하여 자연에 순종하는 생활을 이상으로 삼았음. 극기파(克己派).

스토커 (stalker) 〖명〗 좋아하는 사람, 특히 인기있는 연예인이나 운동선수 등을 따라다니며 귀찮게 하거나 괴롭히는 사람.

스토킹 (stalking) 〖명〗 좋아하는 사람, 특히 유명 연예인이나 운동선수 등을 따라다니며 귀찮게 하거나 괴롭히는 일.

스톡 옵션 (stock option) 〖명〗〖경〗 회사가 임직원에게 자사의 주식을 시가보다 낮은 가격에 매도하고 일정 기간이 지난 후에 그 주식을 처분할 수 있도록 부여한 권리《근로자의 의욕을 북돋우고 우수한 인력 확보 및 기업의 효율성을 위한 수단으로 이용됨》.

스톱 (stop) 〖명〗하자타〗 1 멈춤. 또는 멈추라는 말. 2 사진기의 조리개. 3 〖악〗 오르간 따위의 음색(音色) 또는 음넓이를 바꾸기 위한 마개. 음전(音栓).

스톱 밸브 (stop valve) 수도(水道)·증기 기계 따위의 마개.

스톱워치 (stopwatch) 〖명〗 운동 경기나 학술 연구에서, 초(秒) 이하의 정밀한 시간을 재는 데 쓰는 시계. 초시계(秒時計).

스툴 (stool) 〖명〗 등받이와 팔걸이가 없는 의자.

스튜 (stew) 〖명〗 서양 요리의 하나. 육류에 조미료를 넣고 잘게 썬 감자·당근·마늘 따위를 섞어 끓인 음식.

스튜디오 (studio) 〖명〗 1 사진사·화가·공예가 등의 작업실. 제작실. 2 영화의 촬영소. 3 방송국의 방송실.

스튜어드 (steward) 〖명〗 여객기나 여객선 따위에서 승객을 돌보는 남자 승무원. ↔스튜어디스.

스튜어디스 (stewardess) 〖명〗 여객기·여객선 따위에서 승객을 돌보는 여자 승무원. ↔스튜어드.

스트라이커 (striker) 〖명〗 축구·배구에서, 득점력이 뛰어난 공격수.

스트라이크 (strike) 〖명〗 1 동맹 파업. 동맹 휴교. 2 야구에서, 투수가 던진 공이 스트라이크 존을 지나가는 일. 3 볼링에서, 제 1 구로 열 개의 핀을 모두 쓰러뜨리는 일.

스트라이크 존 (strike zone) 야구에서, 투수가 던진 공이 스트라이크로 판정되는 범위.

스트레스 (stress) 〖명〗 1 〖의〗 몸에 적응하기 어려운 육체적·정신적 자극이 가해졌을 때, 생체(生體)가 나타내는 반응. ▷해소. 2 억양. 어세(語勢). 강세(強勢). 악센트. 3 〖물〗 변형력.

스트레이트 (straight) 〖명〗 1 '곧음·똑바로임·곧장'의 뜻으로, 어떤 상황이 연속적임. ▷~로 이기다. 2 직구(直球). 3 권투에서, 팔을 곧장 뻗쳐 상대를 치는 타격. 4 양주에 물 따위를 타지 않고 그냥 마심. 또는 그 술.

스트레치 (stretch) 〖명〗 1 경기장이나 경마장의 직선 코스. 2 보트의 노를 한 번 젓는 거리.

스트레칭 (stretching) 〖명〗 몸과 팔다리를 쭉 펴는 일. ▷~체조.

스트렙토마이신 (streptomycin) 〖명〗〖약〗 항생물질의 한 가지《결핵·폐렴·세균성 이질 따위

의 치료약임》. ㉤마이신.

스트로 (straw) 〖명〗 빨대.

스트로보스코프 (stroboscope) 〖명〗 회전 운동 혹은 진동의 주기를 재고, 회전 중의 운동 상태를 관측하는 장치.

스트로크 (stroke) 〖명〗 1 조정(漕艇)에서, 노를 한 번 젓는 일. 2 골프에서, 클럽으로 공을 치는 일. 3 테니스에서, 라켓으로 공을 치는 일. 4 수영에서, 크롤을 할 경우 손을 움직이는 동작. 5 왕복 운동 기관에서, 피스톤이 실린더 속을 오르내리는 동작 및 그 거리. 행정(行程).

스트로풀루스 (라 strophulus) 〖의〗 젖먹이에게 생기는 특유의 피부병《손, 발 또는 몸에 두드러기 비슷한 발진(發疹)이 나타남》.

스트론튬 (strontium) 〖명〗 천연으로 산출되는 은백색(銀白色)의 금속 원소《상온(常溫)에서 물을 분해하여 수소를 발생시킴》. [38 번: Sr: 87.62]

스트리크닌 (strychnine) 〖명〗〖약〗 마전(馬錢)의 씨에 함유되어 있는 알칼로이드《독성이 강하나 미소량은 신경 자극제로 유효함》.

스트리킹 (streaking) 〖명〗 벌거벗고 사람들 앞에서 달리는 일.

스트리퍼 (미 stripper) 〖명〗 스트립쇼에 출연하는 무용수.

스트린젠도 (이 stringendo) 〖명〗〖악〗 '음을 차츰 빠르게'의 뜻.

스트립-쇼 (strip+show) 〖명〗 선정적인 감정을 일으키게 하기 위해 무용수가 춤을 추면서 차례로 옷을 벗어 나가는 쇼.

스티렌 (styrene) 〖명〗〖화〗 에틸벤젠을 탈수소하여 만든, 자극적인 냄새가 나는 무색의 액체《스티렌 수지·합성 고무·도료 따위의 원료로 널리 씀》. 스티롤.

스티렌 수지 (styrene樹脂) 〖화〗 합성수지의 한 가지. 스티렌의 중합체(重合體)로, 무색 투명하며 전기 절연성(絶緣性)이나 약품에 대한 내성이 강하여 절연체·전기 기구 따위를 만듦. 폴리스티렌.

스티로폴 (독 Styropor) 〖명〗 ☞ 스티로폼.

스티로폼 (Styrofoam) 〖명〗 발포(發泡) 스티렌 수지(樹脂)의 상표명. 작은 기포(氣泡)를 무수히 지닌 합성 수지로 단열재(斷熱材)·포장 재료·흡음재(吸音材)·장식재 따위로 널리 씀.

스티롤 (styrol) 〖명〗〖화〗 스티렌(styrene).

스티치 (stitch) 〖명〗 자수나 양재에서 바느질 자리. 또는 바느질 자리를 내는 일.

스티커 (sticker) 〖명〗 1 선전 광고 또는 어떤 표지(標識)로 붙이는, 풀칠되어 있는 작은 종이표. ▷~를 붙이다. 2 교통경찰이 교통 법규 위반자에게 떼어 주는 처벌의 서류. ▷차선 위반으로 ~를 떼다.

스틱 (stick) 〖명〗 1 식자공이 손에 들고 활자를 필요한 길이로 늘어놓는 데 쓰는 인쇄 용구. 2 하키 경기에 쓰는 나무 막대기.

스틸 (still) 〖명〗 영화의 한 장면을 크게 인화한 선전용 사진.

스틸 (steel) 〖명〗 강철.

스틸 (steal) 〖명〗 도루(盜壘).

스틸 기타 (steel guitar) 미국의 경음악용 전기 기타의 일종《왼손으로 강철제 원통 막대기를 쥐고 현을 누르며 오른손으로 튕겨 연주함》.

스틸 새시 (steel sash) 내화(耐火) 건축의 창문 따위에 쓰는 강철제 창틀.

스팀 (steam) 〖명〗 1 증기. 김. 2 증기 난방 장치.

스팀 해머 (steam hammer) 증기의 힘으로 상

하 운동을 하는 대형 망치.
스파게티 (이 spaghetti) 명 가늘고 구멍이 없는 국수로 만든 이탈리아식 요리.
스파르타 교:육 (Sparta敎育) 고대 스파르타에서 행하던 국가주의적 교육을 본뜬 극히 엄격한 교육 형태.
스파링 (sparring) 명 권투에서, 실전과 똑같이 3분씩 끊어서 하는 연습 경기. ❑공개 ~.
스파이 (spy) 명 간첩(間諜).
스파이커 (spiker) 명 배구에서, 스파이크를 하는 사람.
스파이크 (spike) 명 **1** 구두 밑창에 박는 뾰족한 징이나 못. **2** 배구에서, 공을 상대편 코트로 강하게 내리치는 일. **3** '스파이크 슈즈'의 준말.
스파이크 슈즈 (spike shoes) 바닥에 뾰족한 징이나 못을 박은 운동화. 러닝 슈즈. ㈜스파이크.
스파크 (spark) 명 방전할 때 일어나는 불꽃. 전기 불꽃. ❑~가 일어나다.
스패너 (spanner) 명 너트·볼트 따위를 죄거나 푸는 공구.
스팸 메일 (spam mail) 다수의 사람에게 일방적으로 보내는 광고성 이메일.
스팽글 (spangle) 명 반짝거리는 얇은 장식 조각. 플라스틱·합성수지 따위로 만들며, 무대 의상·핸드백·구두·야회복 따위에 붙임.
스퍼트 (spurt) 명 경주·경영 따위에서, 전속력을 냄. 또는 그런 일. 역주. 역영(力泳).
스펀지 (sponge) 명 고무나 합성수지 따위로 해면(海綿)처럼 만든 것. 쿠션이나 물건을 닦는 재료로 씀.
스펀지-케이크 (sponge cake) 명 카스텔라처럼 폭신폭신하게 구워 낸 서양식 케이크.
스페어 (spare) 명 급한 경우에 바꾸어 쓸 수 있도록 준비해 두는 같은 종류의 물건. 예비품.
스페어-타이어 (spare tire) 명 자동차의 펑크에 대비한 예비 타이어.
스페이드 (spade) 명 심장 모양의 나뭇잎을 검은색으로 그린 트럼프의 딱지.
스페이스 (space) 명 **1** 공간. **2** 신문·잡지 따위의 여백의 지면.
스펙터클 영화 (spectacle映畫) 호화로운 의상, 대규모의 장치, 많은 엑스트라 등을 쓴 장대한 규모의 영화.
스펙터클-하다 (spectacle–) 형여 거대하다. 웅장하다.
스펙트럼 (spectrum) 명 〖물〗 가시광선·자외선·적외선 따위를 분광기(分光器)로 분해하였을 때, 파장에 따라 배열되는 성분.
스펙트럼 광도계 (spectrum光度計)[–/–게] 스펙트럼 각 부분의 빛의 세기를 비교·측정하는 장치.
스펙트럼 분석 (spectrum分析) 〖물〗 **1** 분광(分光) 분석. **2** 스펙트럼선의 파장을 측정하고 이들 빛을 내는 원자·분자 따위의 에너지 준위(準位)를 정하는 일.
스펙트럼-형 (spectrum型) 명 〖천〗 별의 온도 따위의 물리적 상태를 스펙트럼의 종류와 세기에 따라 분류한 형(型).
스펠 (spell) 명 스펠링.
스펠링 (spelling) 명 주로 유럽 어의 바른 철자(綴字)(법). 스펠.
스포르차토 (이 sforzato) 명 〖악〗 스포르찬도.
스포르찬도 (이 sforzando) 명 〖악〗 '특히 그 음을 세게'의 뜻. 스포르차토.
스포이트 (네 spuit) 명 잉크·물약 따위를 옮겨 넣을 때 쓰는, 고무주머니가 달린 유리관.
스포츠 (sports) 명 여가 활동·경쟁·육체적 단련 따위의 요소를 지닌 모든 신체 운동의 일컬음.
스포츠-맨 (sportsman) 명 운동가. 운동선수.
스포츠맨-십 (sportsmanship) 명 정정당당하게 겨루는 운동가다운 정신이나 태도.
스포츠 센터 (sports center) **1** 여러 가지 운동 시설이 갖추어져 있는 큰 체육관. **2** 각종 경기장이 모여 있는 곳.
스포츠 의학 (sports醫學) 스포츠가 인체에 미치는 영향, 경기자의 건강 관리 등을 연구하는 의학.
스포츠-카 (sports car) 명 스피드 본위로 만들어진 오락용·경주용의 소형 자동차.
스포트라이트 (spotlight) 명 〖연〗 **1** 무대의 한 부분이나 특정한 인물만을 밝게 비추는 조명 방식. 또는 그런 조명. **2** 세상 사람들의 주목·관심 등을 비유하여 이르는 말. 각광(脚光). 주시(注視).
스포티-하다 (sporty–) 형여 복장 따위가 경쾌하다. 활동적이다.
스폰서 (sponsor) 명 **1** 행사나 자선 사업 따위에 기부금을 내어 돕는 사람. 후원자. **2** 상업 방송에서 프로그램을 제공하는 광고주. ❑~ 없는 자국(自局) 프로그램.
스폿 광:고 (spot廣告) 라디오나 텔레비전 방송에서, 프로그램과 프로그램 사이에 끼워 넣는 짧은 광고.
스폿 뉴스 (spot news) 라디오나 텔레비전 방송에서, 프로그램 중간에 하는 아주 짧고 간단한 뉴스.
스푼 (spoon) 명 **1** 양식에 쓰는 숟가락. 양숟가락. 사시(沙匙). ❑~으로 수프를 떠먹다. **2** 끝 부분이 숟가락 모양으로 된 골프채.
스프 명 '스테이플 파이버'의 준말.
스프레이 (spray) 명 분무. 분무기.
스프레이어 (sprayer) 명 분무기.
스프롤 현:상 (sprawl現象) 대도시의 교외가 무질서·무계획적으로 발전하는 현상.
스프린터 (sprinter) 명 육상 경기나 수영 경기 따위의 단거리 선수.
스프린트 (sprint) 명 육상·수영·빙상 경기 따위의 단거리 경주.
스프링 (spring) 명 용수철.
스프링-보드 (springboard) 명 도약판.
스프링 캠프 (spring camp) 프로 야구·프로 축구 따위에서, 춘계 합숙 훈련.
스프링-코트 (spring+coat) 명 봄·가을에 입는 가벼운 외투.
스프링클러 (sprinkler) 명 **1** 천장에 설비한 자동 소화(消火) 설비. **2** 작물이나 잔디에 자동적으로 물을 주는 데 사용하는 장치. 살수기.
스피넬 (spinel) 명 알루미늄·마그네슘의 산화물로 등축 정계(等軸晶系) 팔면체의 결정. 빛깔은 무색 또는 적·청·녹·황·갈·흑색 등이며 순수한 것은 보석으로 씀.
스피드 (speed) 명 속력. 속도. ❑~를 내다.
스피드 건 (speed gun) 자동차의 속도나 투수가 던지는 공의 속도 등을 측정하는 기계.
스피드 스케이팅 (speed skating) 속도로 승부를 겨루는 스케이트 활주 경주.
스피로헤타 (Spirochaeta) 명 가늘고 긴 나선 모양 미생물군의 총칭. 일반적으로 편모와 핵이 없으며 몸을 비틀어 운동함.
스피리토소 (이 spiritoso) 명 〖악〗 '활기 있게'의 뜻.

스피츠 (spitz) 圏 개의 한 품종. 짧고 뾰족한 얼굴에 귀가 서고, 몸은 희고 긴 털로 덮임〔애완용으로 기름〕.

스피카토 (이 spiccato) 圏〖악〗바이올린 따위의 현악기 연주에서, 손목을 움직여 활을 튀게 함으로써 음을 가늘고 짧게 끊는 연주법.

스피커 (speaker) 圏 소리를 크게 해 멀리까지 들리게 하는 기구. 확성기.

스핀 (spin) 圏 1〖물〗소립자의 기본적 성질의 하나. 전자(電子)의 자전 운동(自轉運動). 2 구기 종목에서, 공이 회전하는 일. 3 피겨 스케이팅에서, 제자리에 외발로 서서 몸을 회전하는 일. 4 비행기의 나선식 급강하.

스핏-볼 (spitball) 圏 야구에서, 투수가 공의 일부에 침을 발라 던지는 반칙 투구.

스핑크스 (Sphinx) 圏 1 고대 오리엔트 신화에 나오는, 사람의 머리와 사자의 몸을 가진 괴물. 이집트에서는 왕의 권력을 상징함. 2 그리스 신화의 괴물. 상반신은 여자이고, 하반신은 날개가 돋친 사자의 모습으로, 행인에게 수수께끼를 내어 풀지 못하면 죽였다 함.

슬 (瑟) 圏〖악〗앞은 오동나무로, 뒤는 밤나무로 된, 스물다섯 줄을 매어서 타는 고대 중국의 악기.

슬갑 (膝甲) 圏 추위를 막기 위해 무릎까지 내려오게 입는 옷.

슬개건 반:사 (膝蓋腱反射) 무릎 반사.

슬개-골 (膝蓋骨) 圏〖생〗무릎 앞 한가운데에 있는 종지 모양의 뼈. 종지뼈.

슬겁다 [-따]〔슬거워, 슬거우니〕형ㅂ 1 집이나 세간 따위가 겉으로 보기보다 속이 너르다. 2 마음씨가 너그럽고 미덥다. 왠살갑다.

슬-관절 (膝關節) 圏〖생〗무릎에 있는 관절. 무릎마디.

슬그니 뭐 '슬그머니'의 준말. 왠살그니.

슬그머니 뭐 1 남이 모르게 넌지시. ▢~ 사라지다 / 선물을 ~ 놓고 가다. 2 혼자 마음속으로 은근히. ▢~ 화가 났다. 왠살그머니. 준슬그니·슬그미.

슬그미 뭐 '슬그머니'의 준말.

슬근-거리다 困 물건과 물건이 서로 맞닿아 가볍게 자꾸 비벼지다. 왠살근거리다. 슬근-슬근 뭐形困.

슬근-대:다 困 슬근거리다.

슬근-슬쩍 뭐 남몰래 슬며시 재빠르게. ▢~ 빠져나가다.

슬금-슬금 뭐 남이 모르게 눈치를 보아 가면서 슬며시 행동하는 모양. ▢~ 도망치다. 왠살금살금.

슬-하다 (瑟-) 형어 겉으로는 어리석고 미련해 보이지만 속마음은 슬기롭고 너그럽다.

슬기 圏 사리를 밝혀 일을 잘 처리해 가는 능력. ▢여러 사람의 ~를 모으다 / ~를 발휘하다.

슬기-롭다 [-따]〔-로워, -로우니〕형ㅂ 슬기가 있다. ▢슬기로운 아내 / 슬기롭게 유혹을 물리치다. 슬기-로이 뭐.

슬다¹〔슬어, 스니, 스는〕困 1 푸성귀 따위가 진딧물 따위에 못 견디어 누렇게 죽어 가다. 2 몸에 돋았던 부스럼이나 소름 자국이 없어지다.

슬다²〔슬어, 스니, 스는〕困 1 쇠붙이에 녹이 생기다. ▢칼에 녹이 빨갛게 슬었다. 2 곰팡이가 생기다. ▢빵에 곰팡이가 ~.

슬다³〔슬어, 스니, 스는〕타 벌레나 물고기 따위가 알을 깔겨 놓다. ▢나방이 나뭇잎에 알

을 ~ / 쉬파리가 장독에 쉬를 슬었다.

슬다⁴〔슬어, 스니, 스는〕타 1 쇠붙이를 불에 달구어 무르게 하다. 2 풀이 센 빨래를 손질하여 풀기를 죽이다.

슬두 (膝頭)[-뚜] 圏〖생〗무릎.

슬라브 족 (Slav族) 유럽 동부 및 중부에 사는 아리안계(系) 여러 민족의 총칭.

슬라이더 (slider) 圏 야구에서, 투수가 던지는 공이 타자 가까이 와서 미끄러지듯 바깥쪽으로 빠지는 일. 또는 그런 공.

슬라이드 (slide) 圏 환등기에 넣어 영사(映寫)할 수 있게 만든 필름. ▢~ 필름 / ~를 상영하다.

슬라이드 글라스 (slide glass)〖물〗현미경에서, 조사하려는 것을 올려놓는 투명한 유리판. 깔유리.

슬라이딩 (sliding) 圏 1 미끄러짐. 활주(滑走). 2 야구에서, 미끄러지면서 베이스를 밟는 일.

슬라이딩 시스템 (sliding system)〖경〗물가의 오르내림에 따라, 임금이나 배당을 올리고 내리는 제도. 종가(從價)임금 지불법.

슬라이딩 태클 (sliding tackle) 축구에서, 상대편이 가진 공을 빼앗기 위해 미끄러져 들어가는 동작.

슬래그 (slag) 圏〖광〗광물을 제련(製鍊)한 뒤의 찌꺼기. 광재(鑛滓).

슬래브 (slab) 圏〖건〗바닥이나 지붕을 한 장의 판처럼 콘크리트로 부어 만든 구조물.

슬랙스 (slacks) 圏 여성용의 느슨하고 헐렁한 바지.

슬러거 (slugger) 圏 야구에서, 강타자.

슬럼 (slum) 圏 도시의 빈민굴. 빈민가.

슬럼프 (slump) 圏 1〖경〗경기(景氣)가 침체되어 있는 현상. ▢부동산 경기가 ~에 빠지다. 2 운동선수가 부진 상태에 빠지는 일. ▢~에서 벗어나지 못하다.

슬렁-슬렁 뭐困 서두르지 않고 느릿느릿 굼뜨게 행동하는 모양.

슬레이트 (slate) 圏 1 주로 지붕을 덮는 데 쓰는 석판(石板). 2 시멘트와 석면을 섞어 센 압력으로 눌러 만든, 물결 모양의 얇은 판〔지붕을 덮거나 벽을 치는 데 씀〕.

슬렌탄도 (이 slentando) 圏〖악〗'차차 느리게'의 뜻.

슬로건 (slogan) 圏 주의·주장 따위를 간결하게 나타낸 짧은 어구. 표어. ▢~을 내걸다.

슬로 모션 (slow motion) 고속도 촬영을 한 영화에서, 화면의 움직임이 실제 속도보다 느리게 보이도록 영사하는 일. 또는 그런 느린 동작.

슬로 볼 (slow ball) 야구에서, 투수가 던지는 속도가 느린 공.

슬로-비디오 (slow video) 圏 텔레비전이나 비디오테이프의 재생 때, 화면의 동작이 느리게 나타나게 하는 일. 또는 그런 화면.

슬로 크랭킹 (slow cranking) 영화 촬영 때 카메라의 회전을 느리게 하여, 영사했을 때는 그 움직임이 빠르게 보이도록 하는 촬영 기법.

슬로프 (slope) 圏 스키장 따위의 비탈.

슬롯 (slot) 圏〖컴〗개인용 컴퓨터에서, 별도로 추가용 보조 카드 따위를 끼워 넣는 구멍.

슬롯-머신 (slot machine) 圏 동전을 넣고 기계를 동작하여 짝을 맞추면 현금이 나오는 자동 도박기.

슬리퍼 (slipper) 圏 발끝만 꿰게 되어 있고 뒤축이 없는 실내용 신발.

슬리핑 백 (sleeping bag) 솜·깃털 따위를 넣고 자루 모양으로 만든 침구. 침낭.

슬립 (slip) 명 여성의 양장용 속옷의 하나. 소매 없는 원피스 모양으로, 어깨에 가는 끈으로 걸어 입음.

슬립 다운 (slip down) 권투에서, 상대방에게 맞지 않고 미끄러져 넘어지는 일《다운으로 인정하지 않음》.

슬릿 (slit) 명 1 광선 또는 입자선의 너비를 제한하기 위하여, 두 장의 날을 나란히 마주 보게 하여 만든 좁은 틈. 세극(細隙). 2 윗도리·스커트 따위의 아랫단에 튼 아귀.

슬며시 변 1 드러나지 않게 넌지시. ▢~ 주의를 주다 / 방문을 ~ 열고 들어가다. 2 마음속으로 은근히. ▢~ 화가 났다. ㉠살며시.

슬몃-슬몃 [-몯쏠몯] 변 잇따라 슬며시. ㉠살몃살몃.

슬믜다 타 〈옛〉싫고 밉다.

슬슬 변 1 드러나지 않게 슬그머니 움직이는 모양. ▢눈치를 ~ 살피다. 2 눈이나 설탕 따위가 모르는 사이에 녹는 모양. ▢입 안에서 ~ 녹는 사탕. 3 남을 슬그머니 속이거나 꾀거나 달래는 모양. ▢~ 달래다. 4 바람이 부드럽게 부는 모양. ▢봄바람이 ~ 불어온다. 5 가만가만 문지르거나 긁는 모양. ▢할머니가 아프다는 손자의 배를 ~ 문질러 주다. 6 서두르지 않고 천천히. ▢이제 우리도 ~ 일어나 볼까. ㉠살살.

슬쩍 변 1 남이 모르는 사이에 재빠르게. ▢옷을 ~ 훔치다. 2 힘들이지 않고 가볍게. ▢~ 건드리다. 3 심하지 않게 약간. ▢봄나물을 ~ 데치다. 4 표 나지 않게 넌지시. ▢~ 화제를 돌리다.

슬쩍-슬쩍 [-쏙] 변 1 남의 눈을 피해 잇따라 재빠르게. ▢~ 집어 가다. 2 힘들이지 않고 잇따라 가볍게. 3 심하지 않게 약간씩. 4 표 나지 않게 잇따라 넌지시. ㉠살짝살짝.

슬쩍-하다 [-쩌카-] 타여 남의 물건을 몰래 재빨리 가로채거나 훔치다. ▢지갑을 ~.

슬치 명 알을 슬고 난 뒤라서 배 속에 알이 없는 뱅어.

슬ㅋ장 변 〈옛〉싫도록.

슬ㅋ지 변 〈옛〉싫도록.

슬퍼-하다 타여 슬픈 마음이 되다. 슬프게 여기다. ▢부모의 죽음을 ~. ↔기뻐하다.

슬프다 [슬퍼, 슬프니] 형 원통한 일을 당하거나 불쌍한 일을 보고 마음이 아프고 괴롭다. ▢슬픈 노래 / 슬프게 울다 / 슬플 때나 즐거울 때. ↔기쁘다.

슬픔 명 슬픈 마음이나 느낌. ▢~을 달래다 / ~이 복받쳐 서럽게 울다. ↔기쁨.

슬하 (膝下) 명 무릎의 아래라는 뜻으로, 부모의 곁. ▢~를 떠나다.

슬한-증 (膝寒症) [-쯩] 명 무릎이 시리고 아픈 증세.

슬행 (膝行) 명하자 무릎으로 걸음.

슬흠 명 〈옛〉슬픔.

슬희여ㅎ다 타 〈옛〉싫어하다.

슬히 [-] 변 〈옛〉1 슬피. 2 싫게.

슳다 타 〈옛〉1 슬퍼하다. 2 싫어하다.

슴겁다 형 〈옛〉싱겁다.

슴벅-거리다 [-꺼-] 자타 눈까풀을 움직여 자꾸 눈을 감았다 떴다 하다. 또는 그렇게 되게 하다. ㉠삼박거리다. ㉣씀벅거리다. 슴벅-슴벅 [-쏙] 변하자

슴벅-대다 [-때-] 자타 슴벅거리다.

슴벅-이다 자타 눈까풀을 움직여 눈을 감았다 떴다 하다.

슴베 명 칼·호미·괭이 따위의 자루 속에 들어

박히는 부분.

습 (濕) 명 [한의] 하초(下焦)의 습기.

습격 (襲擊) [-껵] 명하타 갑자기 적을 덮쳐 공격함. ▢어둠을 틈타 ~하다 / 불의의 ~을 당하다.

습곡 (褶曲) [-꼭] 명 [지] 지각에 작용하는 횡압(橫壓)으로 지층에 주름이 지는 현상.

습곡 산맥 (褶曲山脈) [-꼭-] 명 [지] 지층이 물결 모양으로 주름이 잡혀 구부러진 산맥《알프스 산맥·히말라야 산맥 따위》.

습관 (習慣) [-꽌] 명 버릇. ▢일찍 일어나는 ~을 들이다 / 나쁜 ~을 고치다.

습관-법 (習慣法) [-꽌뻡] 명 [법] 관습법.

습관-성 (習慣性) [-꽌썽] 명 1 습관이 되어 버린 성질. 2 어떤 병증이 습관적으로 되풀이되는 성질. ▢~ 구토증 / ~ 탈구(脫臼). 3 [물] 관성(慣性).

습관-음 (習慣音) [-꽌늠] 명 [언] 어법에는 어긋나나 널리 쓰여 습관적으로 이루어진 말소리《'하고'를 '하구'로 발음하는 따위》.

습관-적 (習慣的) [-꽌-] 명관 습관처럼 되어 있는 (것). ▢~으로 담배를 피우다.

습관-화 (習慣化) [-꽌-] 명하자타 버릇이 되어 버리거나 버릇이 되게 함. ▢일찍 자는 것을 ~하다.

습구 (濕球) [-꾸] 명 [물] 건습구(乾濕球) 온도계에서, 축축한 헝겊으로 싼 온도계의 구부(球部). ↔건구(乾球).

습기 (濕氣) [-끼] 명 축축한 기운. ▢~가 많다 / ~가 찬 방.

습기 (襲器) [-끼] 명 염습(殮襲)할 때, 향탕(香湯)을 담는 질그릇. 습자 염습하기.

-습니다 [슴-] 어미 'ㄹ' 이외의 받침 있는 용언의 어간 등에 붙어, 하오할 자리에 확실히 거나 으레 있는 사실을 일러 줄 때 쓰는 종결 어미. ▢제일 많~. *-ㅂ니다.

-습니까 [슴-] 어미 'ㄹ' 이외의 받침 있는 용언의 어간 등에 붙어, 합쇼할 자리에서 의문을 나타내는 종결 어미. ▢높~ / 작~ / 가셨~. *-ㅂ니까.

-습니다 [슴-] 어미 'ㄹ' 이외의 받침 있는 어간 등에 붙어, 합쇼할 자리에 현재의 동작이나 상태를 있는 그대로 나타내는 종결 어미. ▢같~ / 아주 좋~ / 지금 오셨~. *-ㅂ니다.

습담 (濕痰) [-땀] 명 습기로 인해 생기는 담.

습답 (襲踏) [-땁] 명하타 답습.

습도 (濕度) [-또] 명 [물] 대기 중에 들어 있는 수증기의 정도. 또는 그것을 나타내는 양. ▢~가 높다 / 방 안의 ~를 조절하다.

습도-계 (濕度計) [-또-/-또계] 명 대기 중의 습도를 재는 계기. 검습계(檢濕計).

습독 (習讀) [-똑] 명하타 글을 익혀 읽음.

습-독 (濕dock) 명 습선거(濕船渠). 계선(繫船)독. ↔건독(乾dock).

습득 (拾得) [-뜩] 명하타 주인 잃은 물건을 주워서 얻음. ▢주민 등록증을 ~하다. ↔분실(紛失).

습득 (習得) [-뜩] 명하타 배워서 자기 것으로 함. ▢~이 빠르다 / 기술을 ~하다.

습득 관념 (習得觀念) [-뜩꽌-] 명 [철] 경험으로 얻을 수 있는 관념. ↔본유(本有) 관념.

습득-물 (拾得物) [-뜽-] 명 주워서 얻은 물건.

습득 형질 (習得形質) [-뜩-] 명 [뜨갱] 획득 형질.

-습디까 [-띠-] 어미 'ㄹ' 이외의 받침 있는 어간에 붙어, 하오할 자리에서 지난 일을 돌이켜 묻는 뜻을 나타내는 종결 어미. ▢많~ /

거기 있~ / 언제 왔~. *-ㅂ디까.
-습디다 [-띠-] 어미 'ㄹ' 이외의 받침 있는 어간에 붙어, 하오할 자리에 지난 일을 돌이켜 말하는 뜻을 나타내는 종결 어미. ❑ 영화가 좋~ / 사람이 많~. *-ㅂ디다.
-습딘다 [-띤-] 어미 'ㄹ' 이외의 받침 있는 어간에 붙어, 하오할 자리에 지난 일을 분명히 일러 주는 뜻을 나타내는 종결 어미. ❑ 저와 같~. *-ㅂ딘다.
습란 (濕爛)[습난] 명 〖의〗 피부가 서로 맞닿는 부분에 생기는 습진 모양의 피부염.
습래 (襲來)[습내] 명하자 습격하여 옴. 내습. ❑ 태풍의 ~.
습랭 (濕冷)[습냉] 명 〖한의〗 습기로 인해 허리 아래가 차게 되는 병. 냉습. 한습(寒濕).
습량 (濕量)[습냥] 명 **1** 공기 중에 포함된 수증기의 양. **2** 수분이 포함된 화물의 무게.
습례 (習禮)[습녜] 명하자 예법이나 예식을 미리 익힘.
습법 (濕法)[-뻡] 명 〖화〗 '습식 분석법'의 준말.
습벽 (習癖)[-뼉] 명 버릇.
습보 (習步)[-뽀] 명하자 걸음 걷는 법을 익힘. 또는 걷는 연습.
습보 (襲步)[-뽀] 명하자 말이 최대 속력으로 달리는 일. 모둠발로 달림.
습복 (慴伏·慴服)[-뽁] 명하자 위엄에 눌려서 복종함. 또는 황송하여 엎드림.
습비 (濕痹)[-삐] 명 〖한의〗 습기로 말미암아 뼈마디가 저리고 쑤시는 병.
습사 (習射)[-싸] 명하자 활쏘기를 연습함.
습생 (濕生)[-쌩] 명하자 **1** 〖불〗 사생(四生)의 하나. 습한 곳에서 태어나는 생물《뱀·개구리·모기·벌레 따위》. **2** 〖식〗 식물이 습한 곳에서 자람. ↔건생(乾生).
습생 동:물 (濕生動物)[-쌩-] 〖동〗 땅속이나 낙엽 밑과 같은 습한 곳에서 사는 동물《거머리·달팽이·지렁이 따위》. ↔건생 동물.
습생 식물 (濕生植物)[-쌩싱-] 〖식〗 물가나 습지에서 자라는 식물《갈대·골풀 따위》. ↔건생 식물.
습석 (襲席)[-썩] 명 염습(殮襲)할 때 시체 밑에 까는 돗자리.
습선 (濕癬)[-썬] 명 〖한의〗 진버짐.
습-선거 (濕船渠)[-썬-] 명 〖해〗 바람이나 조수(潮水)에 관계없이 배가 드나들어 짐을 싣거나 부릴 수 있게 만든 시설. 습독(濕dock). ↔건선거(乾船渠).
습설 (濕泄)[-썰] 명 〖한의〗 장마 때 습기로 인하여 생기는 설사병.
습성 (習性)[-썽] 명 **1** 버릇이 되어 버린 성질. ❑ ~을 지니다 / ~이 생기다. **2** 동물의 행동에 나타나는, 그 종(種)의 특유한 성질. ❑ 딱따구리는 부리로 나무를 쪼는 ~이 있다.
습성 (濕性)[-썽] 명 공기 중에서 잘 마르지 않고 젖어 있는 성질. ↔건성(乾性).
습성 늑막염 (濕性肋膜炎)[-썽능망념] 〖의〗 늑막강 안에 삼출성(滲出性) 액체가 괴는 늑막염. ↔건성 늑막염.
습성-화 (習性化)[-썽-] 명하자타 습성으로 됨. 또는 그렇게 되게 함. ❑ ~한 생활 방식 / 운동을 ~하다.
습속 (習俗)[-쏙] 명 습관이 된 풍속. ❑ 전통적 ~을 따르다.
습속 규범 (習俗規範)[-쏙뀨-] 〖법〗 습속이 된 사회 규범.
습숙 (習熟)[-쑥] 명하타 배워 익혀 숙달함.
습숙-견문 (習熟見聞)[-쑥껸-] 명하타 보고 들어서 익히 앎.
습습-하다 [-쓰파-] 형여 활발하고 너그럽다.
습습-하다 (習習-)[-쓰파-] 형여 바람이 산들산들하다. **습습-히** [-쓰피] 부
습식 (濕式)[-씩] 명 용액이나 용제(溶劑) 따위 액체를 쓰는 방식. ↔건식(乾式).
습식 구조 (濕式構造)[-씩꾸-] 〖건〗 물·흙·회반죽 따위를 써서 하는, 건축상의 구조. ↔건식 구조.
습식 분석법 (濕式分析法)[-씩뿐-뻡] 〖화〗 시험물의 용액을 만들어서 그 화학 성분을 조사하는 분석법. 주로 이온 반응을 이용함. ↔건식(乾式) 분석법. ㊟습법.
습식 정련 (濕式精鍊)[-씩쩡년] 〖공〗 금속을 액체에 녹아 나오게 하여 정련하는 방법.
습-신 (襲-)[-씬] 명 염습(殮襲)할 때 시체에 신기는, 종이로 만든 신.
습악 (習樂) 명하자 음악이나 풍류를 배움.
습업 (習業) 명하타 학업·예술·기술 등을 배워 익힘.
습여성성 (習與性成) 명하자 습관이 오래되면 마침내 천성이 됨.
습열 (濕熱) 명 〖한의〗 습증으로 생기는 열.
습염 (習染) 명하자 버릇이 고칠 수 없을 정도로 깊이 몸에 뱀.
습용 (襲用) 명하타 써 오던 대로 씀.
습유 (拾遺) 명하타 **1** 빠진 글을 뒤에 보충함. **2** 남이 잃은 것을 주움.
습윤 기후 (濕潤氣候) 〖지〗 강수량이 증발량보다 많은 지방의 기후. ↔건조 기후.
습윤-하다 (濕潤-) 형여 습기가 많은 느낌이 있다. 습기가 많다.
습의 (習儀)[스븨 / 스비] 명하자 〖역〗 나라의 의식(儀式)을 미리 배워 익힘.
습의 (襲衣)[스븨 / 스비] 명 장례 때 시체에 입히는 옷.
습자 (習字)[-짜] 명하자 글씨 쓰기를 배워 익힘《특히, 붓글씨를 연습하는 것을 이름》.
습-자배기 (襲-)[-짜-] 명 염습(殮襲)할 때, 향탕(香湯)을 담는 질그릇.
습자-지 (習字紙)[-짜-] 명 습자에 쓰이는 얇은 종이.
습작 (習作)[-짝] 명하타 시·소설·그림 따위의 작법이나 기법을 익히기 위해 연습 삼아 짓거나 그려 봄. 또는 그 작품. ❑ ~ 소설 / 등단 전에 긴 ~ 기간을 갖다.
습작 (襲爵)[-짝] 명하타 승습(承襲).
습장 (濕葬)[-짱] 명 시체를 습하게 처리하는 장법(葬法)의 하나《매장·수장 따위》. ↔건조장(乾燥葬).
습-전지 (濕電池)[-쩐-] 명 〖화〗 전해액(電解液)을 사용하는 전지. ↔건전지.
습종 (濕腫)[-쫑] 명 〖한의〗 부종(浮腫)의 하나. 습사(濕邪)로 말미암아 온몸이 붓고 누르면 자국이 남음.
-습죠 [-쬬] 어미 '-습지요'의 준말. ❑ 제가 맡~. *-ㅂ죠.
습증 (濕症)[-쯩] 명 〖한의〗 습사(濕邪)로 말미암아 생기는 병.
습지 (濕地)[-찌] 명 습기가 많은 축축한 땅.
습지 (濕紙)[-찌] 명 도배할 때에 종이를 바르고 그 위를 문지르는 축축한 종이.
습지 식물 (濕地植物)[-찌싱-] 〖식〗 습지에 나는 식물《끈끈이주걱·미나리 따위》.
-습지요 [-찌-] 어미 'ㄹ' 이외의 받침 있는 용언의 어간에 붙어, 합쇼할 자리에서 확실하다고 믿는 사실을 주장하거나 물음을 나타내

는 종결 어미. ▣제가 기다리고 있~ / 강물이 꽤 깊~ / 그 말을 믿~. ㉰습죠. ＊ㅡㅂ지요.

습직(襲職)[ㅡ찍] **몡하자** 직무를 이어 맡음.

습진(習陣)[ㅡ찐] **몡하자** 《군》 진법(陣法)을 연습함. 추격(追擊).

습진(濕疹)[ㅡ찐] **몡** 《의》 개선충(疥癬蟲)으로 인하여 살갗에 생기는 염증. 좁쌀알 같은 작은 물집이 돋아나며 가려움.

습집(拾集)[ㅡ찝] **몡하타** 하나하나 주워 모음.

습창(濕瘡) **몡** 《한의》 습종(濕腫).

습처(濕處) **몡하자** 습한 곳에서 삶.

습철(拾掇) **몡하타** 주워 거두어들임.

습초(濕草) **몡** 《식》 습한 곳에 나는 풀.

습취(拾取) **몡하타** 남이 잃어버린 물건을 주워서 가짐.

습토(濕土) **몡** 습기가 많은 땅.

습판(濕板) **몡** 《물》 사진 감광판의 하나. 유리판의 한 면에 콜로디온액(液)과 요오드화물의 혼합액을 발라 얇은 막을 만들어 질산은 용액에 담근 것(문서 복사·도면 촬영에 씀).

습포(濕布) **몡하자** 《의》 염증이 있을 때, 물이나 약액에 적신 헝겊을 환부에 대는 일. 또는 그 헝겊.

습-하다(襲ㅡ)[스파ㅡ] **타여** 시신을 씻기고 옷을 갈아입힘.

습-하다(濕ㅡ)[스파ㅡ] **형여** 축축하다.

숫 **몡** 〈옛〉 사이.

숫다 **타** 〈옛〉 **1** 씻다. **2** 시치다.

승¹(升) **몡** '승괘(升卦)'의 준말.

승(承) **몡** '승구(承句)'의 준말. ＊기(起).

승¹(乘) **몡** 《수》 **1** '승법(乘法)'의 준말. **2** '곱하기'의 구용어.

승²(乘) **몡** 《불》 중생을 태워서 생사의 고해(苦海)를 건너 열반의 세계에 이르게 하는 것.

승(勝) **몡** 승부 따위에서 이기는 일. ▣첫 ~을 올리다 / 바둑에서 흑이 반집 ~을 거두었다. **ㅡ의** 운동 경기에서, 이긴 횟수를 세는 단위. ▣5전 4~1패. ↔패(敗).

승¹(僧) **몡** 《불》 **1** 비구와 비구니의 총칭. 출가사문(出家沙門). **2** '승가(僧伽)'의 준말.

승²(升) **몡** 되. ▣10~은 1두다.

승³(升) **의** 새⁷.

승가(僧家) **몡** 《불》 절에 살면서 불도를 닦고 실천하는 사람들의 집단. ㉰승(僧).

승가(僧家) **몡** 《불》 **1** 승려들이 모여 사는 집. 곧, 절. **2** 승려가 사는 사회.

승가람마(僧伽藍摩) **몡** 《불》 승려가 살면서 불도를 닦는 집. ㉰가람.

승감(僧鑑) **몡** 편지 글에서, 받을 사람의 이름 밑에 쓰는 말('앞'보다 조금 높이는 뜻을 나타냄).

승강(昇降) **몡하자** 오르고 내림.

승강(乘降) **몡하자타** 배·기차·자동차 따위를 타고 내림.

승강-교(昇降橋) **몡** 《건》 승개교(昇開橋).

승강-구(昇降口) **몡** 층계를 오르내리는 출입구. ▣버스 ~ / ~에 올라서다.

승강-구(乘降口) **몡** 기차 따위를 타고 내리기 위하여 드나드는 문.

승강-기(昇降機) **몡** 동력으로 사람이나 화물을 아래위로 나르는 장치. 엘리베이터. ▣~를 타고 올라간다.

승강-이(昇降ㅡ) **몡하자** 서로 자기 주장을 고집하여 옥신각신함. ▣~가 나다 / ~를 벌이다.

승강-장(乘降場) **몡** 정거장·정류소에서 차를 타고 내리는 곳. ▣버스 ~.

승강-키(昇降ㅡ) **몡** 비행기의 승강·안정을 위한 조종에 쓰이는 키. ＊방향키.

승강-타(昇降舵) **몡** 승강키.

승개-교(昇開橋) **몡** 《건》 가동교(可動橋)의 하나. 다리의 양쪽 끝에 철탑을 세우고 큰 배가 지날 때는 다리 전체를 오르내리게 한 다리. 승강교.

승객(乘客) **몡** 배나 차·비행기 등을 타는 손님. ▣버스 ~ / ~을 태우다.

승검-초(ㅡ草) **몡** 《식》 미나릿과의 여러해살이풀. 산지(山地)에 나며 앵두와 비슷함. 높이는 1m가량으로, 잎은 깃꼴 겹잎이고 마주나며 여름에 흰 꽃이 핌. 뿌리는 당귀(當歸)라 하여 한약재로 씀. 신감채.

승급-들다[ㅡ뜰ㅡ][ㅡ들어, ㅡ드니, ㅡ든] **ㅡ타** 힘들이지 않고 저절로 이루다. **ㅡ형** 초조해 하지 않고 천연스럽다.

승격(昇格)[ㅡ껵] **몡하자타** 지위나 등급 따위가 오름. 또는 지위나 등급 따위를 올림. ▣종합대학으로 ~하다 / 광역시로 ~시키다.

승경(勝景) **몡** 뛰어난 경치. ▣설악산의 절경은 ~ 중의 ~이다.

승경-도(陞卿圖) **몡하자** 《민》 넓은 종이에 옛 벼슬의 이름을 품계·종별을 따라 써 놓고 알을 굴려서 나온 끗수에 따라 벼슬이 오르고 내림을 겨루는 놀이. 또는 그 놀이 기구.

승경도-알(陞卿圖ㅡ) **몡** 《민》 승경도를 할 때 쓰는 기구. 박달나무를 길이 16cm가량으로 다섯 모 나게 깎아서 면(面)마다 끗수를 써서 표시하였음.

승경-지(勝景地) **몡** 경치가 좋은 곳.

승계(昇階·陞階)[ㅡ/ㅡ계] **몡하자** 품계가 오름.

승계(承繼)[ㅡ/ㅡ계] **몡하타** **1** 뒤를 이어받음. ▣대통령직을 ~하다. **2** 《법》 다른 사람의 권리나 의무를 이어받음. ▣호주의 ~.

승계-인(承繼人)[ㅡ/ㅡ계ㅡ] **몡** 《법》 다른 사람의 권리나 의무를 이어받은 사람.

승계 취:득(承繼取得)[ㅡ/ㅡ계ㅡ] 《법》 상속이나 양도 따위에 의하여 다른 사람의 권리를 취득하는 일.

승공(勝共) **몡하자** 공산주의 세력을 무찔러 이겨 냄.

승과(勝果) **몡** 《불》 훌륭한 과보(果報).

승과(僧科) **몡** 《역》 고려·조선 때, 승려에게 보이던 과거.

승괘(繩卦) **몡** 《민》 육십사괘의 하나. 곤괘(坤卦)와 손괘(巽卦)가 거듭된 것(땅에 나무가 자라남을 상징함). ㉰승(升).

승교(乘轎) **몡하자** 가마. ▣~를 타다.

승교-바탕(乘轎ㅡ) **몡** 가맛바탕.

승교-점(昇交點)[ㅡ쩜] **몡** 《천》 천체가 황도의 남에서 북으로 지나가는 점. ↔강교점.

승구(承句) **몡** 《문》 한시(漢詩)에서, 절구의 제2구 또는 율시의 제3구 및 제4구.

승구(繩矩) **몡** **1** 먹줄과 곡척(曲尺). **2** 법이나 법도 또는 규칙.

승국(勝國) **몡** 바로 전대의 왕조. 전조(前朝).

승군(僧軍) **몡** 승려들로 조직된 군대. 승병(僧兵). ▣임진왜란 때는 ~이 조직되었다.

승귀-제(乘歸除) **몡** 《수》 승제법(乘除法).

승규(僧規) **몡** 《불》 승려들의 법규.

승극(僧隙) **몡하자** 잠시 틈을 탐. 승한(乘閑).

승근(乘根) **몡** 《수》 거듭제곱근.

승급(昇級·陞級) **몡하자** 급수나 등급이 오름. ▣부장으로 ~하다.

승급(昇給) **몡하자** 급료가 오름. ▣우리 회사는 1년에 한 번 ~한다.

승기(乘機) **몡하자** 기회를 탐.

승기(勝機)[명] 이길 수 있는 기회. ▢~를 놓치다 / 결정적인 ~를 잡다.

승기(僧祇)[명][불] 아승기(阿僧祇).

승낙(承諾)[명][하타] 상대가 청하는 바를 들어줌. ▢~을 얻다 / ~이 떨어지다 / 결혼은 ~하다.

승낙-서(承諾書)[-써][명] 승낙하는 바를 적은 문서. ▢~을 받다.

승냥이[명][동] 갯과의 짐승. 산에서 떼 지어 삶. 이리와 비슷한데 주둥이와 다리는 짧고, 귀는 곧으며 꼬리가 긺. 성질이 사나우며 초식성 동물을 잡아먹음.

승니(僧尼)[명][불] 비구와 비구니.

승단(昇段)[명][하타] 태권도·유도·바둑 등의 단수가 오름. ▢~ 대회 / ~ 심사.

승답(僧畓)[명] 승려가 소유한 논.

승당(承當)[명][하타] 받아들여 감당함.

승당(僧堂)[명][불] 승려가 좌선하며 거처하는 집.

승당-입실(升堂入室)[-씰][명] (마루에 오른 다음 방으로 들어온다는 말로) **1** 모든 일에는 순서가 있음을 이르는 말. **2** 학문이 점점 깊어짐의 비유.

승도(僧徒)[명][불] 수행하는 승려의 무리.

승도(僧桃)[명][식] 장미과인 복숭아나무의 하나. 과실 표면에 털이 없고 윤이 남. 승도복숭아.

승도-복숭아(僧桃-)[-쏭-][명][식] 승도.

승두-선(僧頭扇)[명] 머리를 둥그랗게 만든 부채.

승두지리(升斗之利·蠅頭之利)[명] 되나 말만한, 또는 파리 대가리만 한 이익이라는 뜻으로, 대수롭지 않은 이익을 이르는 말.

승두-화(僧頭花)[명][식] 불두화(佛頭花).

승등(昇騰)[명][하타] 값이 오름.

승등(陞等)[명][하타] 벼슬의 등급이 오름.

승랍(僧臘)[-납][명] 승려가 된 햇수.

승려(僧侶)[-너][명][불] 출가하여 불도를 닦는 사람. 중.

승률(勝率)[-뉼][명] 경기 등에서 이긴 비율(이긴 경기의 수를 전체 경기의 수로 나눈 백분율). ▢~을 올리다 / ~에만 집착하지 마라.

승률(僧律)[-뉼][명][불] 수도 생활을 하는 승려가 지켜야 할 계율.

승리(勝利)[-니][명][하자] 겨루어 이김. 최후의 ~ / ~를 거두다.

승리-감(勝利感)[-니-][명] 승리한 데서 오는 우월감이나 기쁨. ▢~에 도취하다.

승리-자(勝利者)[-니-][명] 승리한 사람. 승리한 쪽. ▢최후의 ~.

승리 타:점(勝利打點)[-니-쩜] 야구에서, 팀을 승리로 이끈 결정적인 타점.

승리 투수(勝利投手)[-니-] 야구에서, 팀이 이기는 데에 결정적인 공을 세운 투수. ↔패전 투수.

승림(僧林)[-님][명][불] 큰 절.

승마(升麻)[명] **1**[식] 미나리아재빗과의 여러해살이풀. 산지(山地)에 남. 줄기 높이는 1 m 가량이고, 여름에 흰 꽃이 핌. 뿌리는 약용함. **2**[한의] 승마·왜승마의 뿌리. 기운을 북돋우는 데 쓰는 약.

승마(乘馬)[명] **1** 말을 탐. **2** 사람이 말을 타고 여러 가지 동작을 함. 또는 그런 경기.

승마-복(乘馬服)[명] 말을 탈 때에 입는 옷.

승마-술(乘馬術)[명] 말을 타고 부리는 재주. ⑤마술(馬術).

승마 투표권(勝馬投票券)[-꿘] 경마(競馬)에서, '마권(馬券)'의 정식 명칭.

승망풍지(乘望風旨)[명][하자] 망루에 올라 바람결을 헤아린다는 뜻으로, 윗사람의 비위를 잘 맞추어 줌을 이르는 말.

승멱(昇冪)[명][수] '오름차'의 구용어. ↔강멱(降冪).

승멱(乘冪)[명][수] 거듭제곱.

승명(承命)[명][하자] 임금이나 부모의 명령을 받듦. 승령(承令).

승명(僧名)[명][불] 법명(法名)1.

승모-근(僧帽筋)[명][생] 등의 한가운데 선에서 시작하여, 다른 근육과 함께 어깨뼈의 운동을 맡은 삼각형의 근육.

승모-판(僧帽瓣)[명][생] 이첨판(二尖瓣).

승묘-하다(勝妙-)[형][여) 뛰어나게 기묘하다.

승무(陞廡)[명][하타] 학덕이 있는 사람을 문묘(文廟)에 올려 함께 제사 지냄.

승무(僧舞)[명] 고깔과 장삼을 걸치고 두 개의 북채를 쥐고 추는 민속춤(간간이 법고(法鼓)를 침). ▢~를 추다.

승무-원(乘務員)[명] 차·배·비행기 등에 타고 운행과 승객에 관한 일을 맡아서 하는 사람. ▢비행기 ~.

승묵(繩墨)[명] 먹줄1.

승문(承聞)[명][하타] 존경하는 사람에 관한 소식을 들음.

승문(僧門)[명][불] 같은 절이나 같은 승려 밑에서 공부하는 제자들.

승문-원(承文院)[명][역] 조선 때, 외교에 관한 문서를 맡아보던 관아.

승발(承發)[명][역] 조선 때, 지방 관아의 구실아치 밑에서 잡무를 맡아보던 사람.

승방(僧房)[명][불] '여승방(女僧房)'의 준말.

승법(乘法)[-뻡][명][수] '곱셈'·'곱하기'의 구용어. ⑤승(乘).

승법 기호(乘法記號)[-뻡끼-][명][수] '곱셈 기호'의 구용어.

승벽(勝癖)[명] '호승지벽(好勝之癖)'의 준말.

승벽(을) 부리다[丮] 어떻게 해서든지 이기려고 기를 쓰다.

승병(僧兵)[명] 승군(僧軍).

승보(僧譜)[명] 승니(僧尼)의 보첩(譜牒).

승보(僧寶)[명][불] 삼보(三寶)의 하나. 계율을 지키고 불도를 닦아 실천하는 승려를 보배에 비겨 하는 말. *법보(法寶)·불보(佛寶).

승보(勝報)[명] 싸움이나 경기에 이긴 소식, 또는 그 보도. ▢~를 전하다. ↔패보(敗報).

승보-시(陞補試)[명] **1** 조선 때, 매년 음력 10월에 성균관 대사성이 사학(四學)의 유생을 모아 12일 동안 매일 보이던 초시(합격자에게만 생원과 진사과에 응시할 자격을 줌). **2** 고려 때, 생원을 뽑던 시험.

승복(承服)[명][하자] **1** 납득하여 따름. ▢이 결과에 ~할 수 없다. **2** 죄를 스스로 고백함.

승복(僧服)[명] 승려의 옷. 승의(僧衣).

승봉(承奉)[명][하타] 윗사람의 지시나 명령을 받들어 지킴.

승부(承訃)[명][하자] 부고(訃告)를 받음.

승부(勝負)[명] 이김과 짐. 승패. ▢~가 나다 / ~를 가리다 / ~를 결정짓다.

승부-수(勝負手)[명] 바둑이나 장기에서, 판국의 승패를 좌우하는 결정적인 수. ▢~를 두다 / ~를 띄우다.

승부-욕(勝負慾)[명] 싸움이나 경기 등에서 이기고자 하는 욕심. ▢~이 강한 사람 / 지나친 ~으로 자주 반칙을 범한다.

승부-차기(勝負-)[명] 축구에서 무승부일 때,

양 팀에서 각각 일정한 수의 선수를 내어 페널티 킥을 하여 승패를 결정하는 일.

승비(繩菲)〔명〕 상복을 입을 때 신는 짚신.

승사(承嗣)〔명하타〕 뒤를 이음. 계승.

승사(僧舍)〔명〕 절.

승사(勝事)〔명〕 뛰어난 사적(事蹟). 또는 훌륭한 일.

승삭(繩索)〔명〕 노와 새끼.

승산(乘算)〔명〕《수》 '곱셈'의 구용어.

승산(勝算)〔명〕 이길 가망성. □~이 있다.

승상(丞相)〔명〕《역》 옛 중국의 벼슬 이름《우리 나라의 정승》.

승상(繩床)〔명〕 의창.

승상접하(承上接下)〔-저파〕〔명하타〕 윗사람을 받들고 아랫사람을 거느려서 두 사이를 잘 주선함.

승-새(升-)〔명〕 피륙의 올. □~가 곱다.

승서(承緖)〔명하타〕 제왕이나 선대(先代)의 업을 이음.

승서(陞敍)〔명하타〕 벼슬을 올림. □정삼품으로 ~하다.

승석(昇席)〔명하자〕 1 자리에 오름. 2 모임에서 지도자의 자리에 오름.

승석(僧夕)〔명〕 승려가 저녁밥을 먹을 때라는 뜻으로, 이른 저녁때를 이르는 말.

승선(乘船)〔명하자〕 배에 탐. 탑선(搭船). ↔유람선에 ~하다.

승선-권(乘船券)〔-꿘〕〔명〕 배표.

승선-입시(乘船入市)〔-서닙씨〕〔명〕《민》 무속에서, 입하(立夏) 뒤의 첫 갑자일에 비가 오면 그 여름에 큰 장마가 져서 배를 타고 장에 가게 된다는 말.

승선-표(乘船票)〔명〕 배표.

승세(乘勢)〔명하자〕 세력을 믿고 대듦.

승세(勝勢)〔명〕 이길 기세. □~가 보인다.

승소(承召)〔명하자〕 임금의 부름을 받음.

승소(僧梳)〔명〕 승려의 빗이라는 뜻으로, 쓸모 없는 물건을 이르는 말.

승소(勝訴)〔명하자〕《법》 소송에서 이김. □원고의 ~로 재판이 끝나다. ↔패소(敗訴).

승속(僧俗)〔명〕 승려와 속인.

승수(承受)〔명하타〕 아랫사람이 윗사람의 명을 받들어 이음.

승수(乘數)〔-쑤〕〔명〕《수》 어떤 수에 곱하는 수《3×2에서 2의 일컬음》. 곱수. ↔피승수.

승수(勝數)〔-쑤〕〔명〕 운동 경기에서, 팀이나 선수가 일정한 기간 치른 경기에서 승리한 횟수. □~를 쌓다.

승수 원리(乘數原理)〔-쑤월-〕〔경〕 투자가 소득과 소비를 많아지게 한다는 원리.

승순(承順)〔명하타〕 웃어른의 명을 잘 좇음.

승습(承襲)〔명하타〕 학풍(學風)이나 아버지의 봉작(封爵) 따위를 이어받음.

승승(繩繩)〔명하자〕 대(代)가 끊어지지 않음.

승승-장구(乘勝長驅)〔명하자〕 싸움에 이긴 여세를 타서 계속 몰아침. □~로 이기다.

승시(乘時)〔명하타〕 적당한 때를 타거나 기회를 얻음.

승아(僧-)〔식〕 수영.

승안(承顏)〔명하타〕 1 웃어른을 만나 뵘. 2 돌아가신 집안 어른의 생전 얼굴을 뵈었던 일.

승압(昇壓)〔명하타〕《전》 전압을 높임. ↔강압(降壓).

승압 변:압기(昇壓變壓器)〔-뼈납끼〕〔전〕 선로(線路)에 직렬로 넣어 전압을 높이는 변압기. 승압기.

승야(乘夜)〔명하자〕 밤중을 이용함.

승야-도주(乘夜逃走)〔명하자〕 밤에 남몰래 도

망감. □많은 빚을 지고 ~하다.

승야-월장(乘夜越牆)〔-짱〕〔명하자〕 밤중에 남의 집 담을 넘어 들어감.

승어부(勝於父)〔명하형〕 아버지보다 나음.

승언-빗(乘言-)〔-빋〕〔명〕 승언색.

승언-색(乘言色)〔명〕《역》 동궁(東宮)에 딸려 있던 내시. 승언빗.

승여(乘輿)〔명〕《역》 대가(大駕). 어가(御駕).

승역-국(承役國)〔-꾹〕〔명〕《법》 국제 지역의 설정으로, 다른 나라를 위하여 자기 나라의 영토 위에 어떤 의무를 지는 나라. ↔요역국.

승역-지(承役地)〔-찌〕〔명〕《법》 지역권(地役權)이 설정된 때, 두 개의 토지 가운데 편익을 제공하는 쪽의 토지《예를 들어 어떤 토지의 통로로 이용되는 토지 따위를 말함》. ↔요역지.

승용(乘用)〔명하타〕 사람이 타고 다니는 데 사용함. 또는 그런 것.

승용-마(乘用馬)〔명〕 사람이 타고 다니는 데 쓰는 말.

승용-차(乘用車)〔명〕 사람이 타고 다니는 데 쓰는 자동차. □자가용 ~.

승운(乘運)〔명하자〕 좋은 운수를 탐.

승운(勝運)〔명〕 이길 운수. □~을 놓치다.

승원(僧院·僧園)〔명〕 절.

승위-섭험(乘危涉險)〔-서펌〕〔명하자〕 위태롭고 험난함을 무릅씀.

승유(承遊)〔명하자〕 즐겁게 놂.

승윤(承允)〔명하자〕 임금의 허가를 받음.

승은(承恩)〔명하자〕 1 신하가 임금에게 특별한 은혜를 받음. 2 여자가 임금에게서 총애를 받아 잠자리를 같이함. □~을 입다.

승의(僧衣)〔-/-이〕〔명〕 승려가 입는 옷. 숭복.

승인(承認)〔명하타〕 1 어떤 사실을 마땅하다고 인정함. □~을 받다 / 손해 배상을 ~하다 / 부모의 ~을 받고 여행을 가다. 2《법》국가나 정부 등에 대하여, 그 국제법상의 지위를 인정하는 일. □신생 국가를 ~하다.

승인(勝因)〔명〕 1 이긴 원인. □~은 단결에 있다. 2《불》특별히 좋은 인연.

승인-서(承認書)〔명〕 승인하는 뜻을 적은 문서. □~을 받다.

승일(乘馹)〔명하자〕《역》 왕명을 띤 관원이 길을 갈 때 역마를 잡아타던 일.

승임(陞任)〔명하자〕 승직(陞職).

승자(乘子)〔명〕《수》 '인수(因數)'의 구용어.

승자(陞資)〔명하자〕《역》 정삼품 이상의 품계에 오르는 일.

승자(勝者)〔명〕 싸움이나 경기에서 이긴 사람. 승리자. □~도 패자도 잘 싸운 경기. ↔패자(敗者).

승자-총통(勝字銃筒)〔-짜-〕〔명〕《역》 조선 선조 때에 만들어 임진왜란 때 사용한 휴대용 소화기(小火器).

승장(僧將)〔명〕《역》 승군(僧軍)의 장수.

승적(承嫡)〔명하자〕 서자(庶子)가 적자로 됨.

승적(乘積)〔명〕《수》 곱³.

승적(僧籍)〔명〕《불》 승려의 신분으로 등록함. 또는 그런 호적. □~에 들다 / ~에 올리다.

승전(承前)〔명하자〕 앞의 것을 이음.

승전(承傳)〔명하타〕 1 임금의 뜻을 전함. 2 이어받아서 전함.

승전(勝戰)〔명하자〕 싸움에서 이김. 승첩(勝捷). □~ 소식을 알리다. ↔패전(敗戰).

승전-고(勝戰鼓)〔명〕 싸움에 이겼을 때에 치는 북. □~를 울리다.

승전-비(勝戰碑)〔명〕 싸움에서 이긴 것을 기념

하여 세운 비.

승전-빗(承傳-)[-빋] 몡 승전색.

승전-색(承傳色) 몡 《역》 조선 때, 내시부(內侍府)의 한 벼슬(임금의 뜻을 전달함). 승전빗.

승점(勝點)[-쩜] 몡 **1** 승리를 가져오는 점수. □~을 올렸다. **2** 이겨서 얻은 점수. □한국은 2승 1패 ~ 2점으로 조 2위에 올랐다.

승접(承接) 몡하타 앞에서 받아 뒤로 이어 줌.

승접(勝接) 몡 자기보다 학식(學識)이 나은 동접(同接).

승정-원(承政院) 몡 《역》 조선 때, 왕명의 출납을 맡았던 관아.

승제(乘除) 몡 《수》 곱하기와 나누기.

승제-법(乘除法)[-뻡] 몡 《수》 곱셈과 나눗셈. 승법과 제법. 승귀제(乘歸除).

승종(承從) 몡하타 명령을 좇음.

승중(承重) 몡 맏손자가 아버지와 할아버지를 대신하여 조상의 제사를 받듦.

승중(僧衆) 몡 여러 승려. 또는 승려의 무리.

승중-상(承重喪) 몡 아버지를 여읜 맏아들이 당한 조부모의 초상.

승지(承旨) 몡 《역》 **1** 고려 때, 광정원(光政院)의 한 벼슬. **2** 고려 때, 통례문(通禮門)·봉서(奉書署)·내고(內庫) 따위의 직임. **3** 고려 때, 밀직사의 좌우와 부승지의 총칭. **4** 조선 때, 왕명의 출납을 맡아보던 승정원의 도승지·좌승지·우승지·좌부승지·우부승지·동부승지의 총칭.

승지(勝地) 몡 경치가 좋은 곳. 경승지. □~를 유람하다.

승직(昇職·陞職) 몡하자 직위가 오름. 직위를 올림. ↔강직.

승직(僧職) 몡 《불》 법령·수계(授戒)·관정(灌頂) 따위 의식이나 절의 운영을 맡아보는 승려의 직무.

승진(承塵) 몡 천장에 반자처럼 치고, 지붕의 안쪽에서 떨어지는 먼지나 흙을 받는 돗자리나 피륙.

승진(昇進·陞進) 몡하자 직위가 오름. □~ 시험 / ~이 빠르다 / 과장으로 ~되다 / 유능한 사원을 발탁해 ~시키다.

승진 제:도(昇進制度) 몡 《사》 일정한 기준에 따라 직계를 올리는 제도.

승차(乘車) 몡하자 차를 탐. □~ 거부 / 차례대로 ~합시다.

승차(陞差) 몡하자 한 관아 안에서 윗자리의 벼슬로 오름.

승차(勝差) 몡 운동 경기에서, 이기고 진 경기 수의 차. □~가 벌어지다 / ~를 좁히다.

승차-권(乘車券)[-꿘] 몡 차표. □고속버스 ~ / ~을 예매하다.

승창 몡 직사각형의 가죽 두 끝에 네모진 다리를 내어 접고 펼 수 있고, 휴대하기에 편리하게 만든 걸상. 승상(繩床).

승척(繩尺) 몡 **1** 먹줄과 자. **2** 일정한 규율이나 규칙의 비유. **3** 노끈으로 만든 긴 자(측량할 때 씀).

승천(昇天) 몡하자 **1** 하늘에 오름. **2** 《기》 예수가 부활한 후 하늘에 올라간 일.

승천(陞遷) 몡하자 승직(陞職).

승천-입지(昇天入地)[-처빱찌] 몡[-처닙찌] 하늘로 오르고 땅으로 들어간다는 뜻으로, 자취를 감춤을 이르는 말.

승:첩(勝捷) 몡하자 승전(勝戰).

승취(乘醉) 몡하자 술에 취한 틈을 이용함. 또 취흥을 띰.

승:치(勝致) 몡 좋은 경치 또는 흥치.

승침(昇沈) 몡 인생에서 잘됨과 못됨.

승통(承統) 몡하자 종가(宗家)의 계통을 이음.

승통(僧統) 몡 **1** 승군(僧軍)을 통솔하던 승직(僧職). **2** 고려 때, 교종(敎宗) 법계(法階)의 하나로 왕사(王師)의 아래, 수좌(首座)의 위임.

승파(繩播) 몡하타 《농》 볍씨를 심는 법. 오디를 새끼줄에 문질러서 그 새끼줄째 심음.

승패(承牌) 몡 《역》 임금으로부터 소명(召命)의 패를 받음.

승:패(勝敗) 몡 이김과 짐. 승부(勝負). □~를 가르다 / ~에 연연하지 말자.

승평(昇平·承平) 몡 나라가 태평함.

승평-계(昇平契)[-/-계] 몡 《역》 조선 고종 때, 박효관(朴孝寬)과 안민영(安玟英) 등 평민 가객(歌客)들이 모여 조직한 교유 단체.

승평-세계(昇平世界)[-/-계] 몡 태평한 세상.

승품(陞品) 몡 《수》 '곱셈법'의 구용어.

승품(陞品) 몡하타 종삼품 이상의 품계에 오름.

승풍-파랑(乘風破浪) 몡 바람을 타고 거센 파도를 헤쳐 나간다는 뜻으로, 원대한 뜻이 있음을 이르는 말.

승핍(承乏) 몡하타 쓸만한 인재가 없어서 재능이 없는 사람이 벼슬을 함.

승하(昇遐) 몡하자 임금이 세상을 떠남. □임금의 ~를 애도하다. *붕어(崩御).

승-하다(乘-) 타여 《수》 곱하다.

승-하다(勝-) 재여 **1** 이기다. □형 **1** 낫다. 뛰어나다. **2** 의기 따위가 높다. □기가 ~.

승-하선(乘下船) 몡하자 배를 타고 내림. 승선(乘船)과 하선(下船).

승-하차(乘下車) 몡하자 차를 타고 내림.

승학(乘鶴) 몡 학을 타고 하늘로 올라간다는 뜻으로, 신선이 됨을 비유하는 말.

승학-시(陞學試)[-씨] 몡 《역》 조선 때, 성균관 유생(儒生)들에게 학업의 진전 정도를 알아보기 위해서 실시하던 시험.

승함(乘艦) 몡하자 군함에 올라탐.

승합(乘合) 몡하자 합승.

승합-자동차(乘合自動車)[-짜-] 몡 많은 사람, 보통 7인 이상을 태울 수 있게 만든 자동차. 준승합차.

승합-차(乘合車) 몡 '승합자동차'의 준말.

승행(承行) 몡하타 뒤를 이어서 행함. 명(命)을 받아서 행함.

승헌(陞獻) 몡 윗사람에게 올려 바침.

승혜(繩鞋)[-/-헤] 몡 미투리.

승호(乘號) 몡 《수》 '곱셈표'의 구용어.

승혼(乘昏) 몡하자 해 질 무렵을 이용함.

승홍(昇汞) 몡 《화》 '염화 제이수은'의 속칭.

승홍-수(昇汞水) 몡 염화 제이수은의 수용액. 강한 살균력이 있어 살균이나 소독에 씀.

승화(昇華) 몡하자 **1** 어떤 사물이나 현상이 더 높은 수준으로 발전하는 일. □민족 문화 운동으로 ~시키다. **2**《물》 고체가 액체를 거치지 않고 직접 기화(氣化)하여 기체(氣體)가 되는 현상(요오드·나프탈렌·드라이 아이스 따위에서 볼 수 있음). **3**《심》 정신 분석에서, 사회적으로 인정되지 않는 충동이 사회적으로 보람을 주는 예술 활동·종교 활동 등으로 전환하는 일.

승화-열(昇華熱) 몡 《화》 물질이 승화할 때 흡수 또는 방출되는 열.

승회(勝會) 몡 성대한 모임.

승후(承候) 몡하자 웃어른에게 문안을 드림.

승흥(乘興) 몡하자 **1** 흥을 띰. **2** 흥이 나는 기

회를 이용함.

승희 (繩戲)[-히] 명 〖민〗 줄타기. 승기(繩技).

숭랑이 명 〖옛〗 승냥이.

싁싁ᄒᆞ다 휑 엄숙하다. 장엄하다.

쉰다리 명 〖옛〗 넓적다리. 허벅지.

시: (市) 명 **1** 도시를 중심으로 하는 지방 행정 구역 단위(특별시·광역시 및 도에 딸린 일반 시가 있음). ▫️읍에서 ~로 승격하다. **2** '시청'의 준말. ▫️~에서 볼일을 보다. * 구(區)·군(郡)·도(道).

시: (是) 명 옳거나 맞는 일. ▫️~와 비를 가리다. ↔비(非).

시 (時) 명 **1** 사람이 태어난 시각. **2** 때². ▫️~를 잘 만나다. 三의명 **1** 시간의 단위. 하루의 1/24. ▫️지금 몇 ~냐 / 벌써 두 ~가 넘었다. **2** (일부 명사나 '-을' 뒤에 쓰여) 어떤 일·현상이 일어나는 때나 경우. ▫️차량 운전 ~ 휴대 전화 사용을 금함 / 결근할 ~에는 사전에 알릴 것.

시 (詩) 명 〖문〗 **1** 문학의 한 장르. 자연과 인생에 대한 감흥·사상 등을 함축적·음률적으로 표현한 글. ▫️~를 짓다 / ~를 낭송하다. **2** 한시(漢詩).

시: (諡) 명 시호(諡號).

시 (C, c) 명 〖언〗 영어의 셋째 자모의 이름. **2** 섭씨 온도를 나타내는 기호. ▫️영상 7도 ~. **3** 성적의 셋째 등급. ▫️~ 학점.

시 (이 si) 명 〖악〗 장음계의 일곱 번째 계이름.

시 갑 시쁘게 생각될 때 내는 말. ▫️~, 까짓것.

시- 튀 (어두음이 된소리·거센소리나 'ㅎ'으로 첫 음절의 모음이 긴 말 앞에 쓰여) 색의 짙고 선뜻함을 나타내는 말. ▫️~빨겋다 / ~커멓다 / ~퍼렇다 / ~허옇다. ㉥새-. * 싯-.

시- (媤) 접튀 '시집'의 뜻. ▫️~누이.

-시 (視) 回 '그렇게 여김'·'그렇게 봄'의 뜻을 나타내는 말. ▫️등한~ / 백안~ / 중요~.

-시- [선어미] 튀 받침 없는 용언의 어간에 붙어, 존경하는 뜻을 나타내는 선어말 어미. ▫️아버님이 오~다 / 키가 크~다. *-으시-. **2** 서술적 조사 '이다'의 어간에 붙어, 존경의 뜻을 나타내는 선어말 어미(받침 없는 말 앞에서는 '이'가 생략되기도 함). ▫️아버님은~다 / 고명한 학자~다.

시:가 (市街) 명 **1** 도시의 큰 길거리. **2** 인가(人家)나 상가(商家)가 많이 늘어선, 번창한 곳. 저잣거리.

시:가 (市價)[-까] 명 상품이 매매되는 가격. 시장 가격. ▫️~보다 싸게 사다.

시:가 (始價)[-까] 명 〖경〗 증권 거래소에서, 그날의 첫 거래 시세. ↔종가(終價).

시가 (時價)[-까] 명 어느 일정한 시기의 물건 값. ▫️~가 뛰다.

시가 (媤家) 명 시집.

시가 (詩家) 명 시인(詩人).

시가 (詩歌) 명 **1** 시². **2** 시와 노래.

시가 (cigar) 명 엽궐련.

시:가-전 (市街戰) 명하자 시가지에서 벌이는 전투. ▫️~이 벌어지다.

시:가-지 (市街地) 명 도시의 큰 길거리를 이루는 지역.

시:가-행진 (市街行進) 명하자 시가를 통해 행진함. ▫️~을 벌이다.

시:각 (始覺) 명 〖불〗 불법을 듣고 무명(無明)에서 벗어나 깨달음을 얻는 일.

시각 (時角) 명 〖천〗 천구(天球)의 한 점과 하늘의 극을 잇는 대원(大圓)이 하늘의 자오선과 이루는 각.

시각 (時刻) 명 **1** 시간의 한 점. ▫️해 뜨는 ~.

---

2 짧은 시간. ▫️~을 다투다.

시:각 (視角) 명 **1** 사물을 관찰하고 파악하는 기본적인 자세. ▫️~의 차이. **2** 〖물〗 물체의 두 끝에서 눈에 이르는 두 직선이 이루는 각.

시:각 (視覺) 명 〖생〗 빛의 에너지가 눈의 망막을 자극하여 일어나는 감각.

시:각 교:육 (視覺教育)[-꾜-] 〖교〗 눈으로 직접 볼 수 있는 사진·그림·표본 등을 이용하는 교육.

시각-권 (時角圈)[-꿘] 명 〖천〗 시권(時圈).

시:각-기 (視覺器)[-끼] 명 〖생〗 빛의 자극을 받아들이는 기관. 시각 기관. 시기(視器).

시:각-대변 (時刻待變)[-때-] 명하자 **1** 병세가 아주 위독하게 됨. **2** 마음이 잘 변함.

시:각 언어 (視覺言語) 〖언〗 문자가 아닌 색채나 도형 따위로 뜻을 전달하는 언어(수화(手話)·상징 도형·표지 따위).

시:각 장애인 (視覺障礙人)[-짱-] 〖사〗 선천적이거나 후천적인 요인으로 시각에 이상이 생겨 잘 보지 못하는 사람.

시:각-적 (視覺的)[-쩍] 관명 눈으로 보는 (것). ▫️~ 기호 / ~ 예술.

시:각-화 (視覺化)[-가콰] 명하자타 볼 수 없는 것을 일정한 형태로 만들어 보임. ▫️내적 갈등을 ~한 그림.

시:간 (屍姦) 명하자 시체를 간음함.

시:간 (屍諫) 명하자 죽음을 무릅쓰고 임금에게 간언(諫言)함.

시간 (時間) 명 **1** 어떤 시각과 시각과의 사이. ▫️~은 돈이다. **2** 시각. ▫️마감 ~. **3** 어떤 행동을 할 틈. 어떤 일을 하기로 정해진 동안. ▫️휴식 ~ / 잠을 잘 ~도 없다. **4** 〖철〗 과거·현재·미래가 무한하게 연속하는 것. ↔공간. 三의명 하루의 24분의 1이 되는 동안. 60분 동안. ▫️여덟 ~을 자다.

시간 가는 줄 모르다 군 몹시 바쁘거나 어떤 일에 몰두하여 시간이 어떻게 지났는지 알지 못하다.

시간을 벌다 군 시간적인 여유를 더 확보하다. ▫️시간을 벌기 위해 꾀병을 부리다.

시간 강:사 (時間講師) 〖교〗 매주 정해진 시간에만 강의를 하는 강사.

시간 개:념 (時間概念) 〖심〗 시간 지각(知覺)을 통하여 얻은 개념.

시간-관념 (時間觀念) 명 시간을 소중히 여기거나 시간을 지키려는 마음. ▫️~이 철저한 사람 / ~이 없다.

시간-급 (時間給) 명 〖경〗 일한 시간에 따라 계산하여 주는 급료. ↔성과급. ㉵시급.

시간-기록계 (時間記錄計)[-계 / -께] 명 시각을 기록하는 장치(회사원의 출퇴근을 자동으로 기록하는 데 쓰임). 타임리코더.

시간-대 (時間帶) 명 하루 가운데 어떤 시각과 어떤 시각 사이의 일정한 시간. ▫️출퇴근 ~를 조절하다.

시간-문제 (時間問題) 명 오래지 않아 곧 풀릴 문제. ▫️협상 타결은 ~이다.

시간-밥 (時間-)[-빱] 명 날마다 일정한 시각에 먹게 짓는 밥.

시간 부:사 (時間副詞) 〖언〗 동작이나 상태의 시간을 나타내는 부사(다음·금방·먼저·일찍·자주 따위).

시간-성 (時間性)[-썽] 명 일정한 시간 안에 하거나 이루어져야 하는 성질.

시간 예:술 (時間藝術)[-녜-] 명 음악·무용·영화처럼 시간의 흐름에 따라 표현되는 예술.

시간-적 (時間的)[-꺽] 똅 시간에 관한 (것). ▣ ~ (인) 여유 / ~으로 촉박한 사안.

시간-제 (時間制) 똅 일정한 시간에만 일을 하는 것. ▣ ~ 근무.

시간차 공:격 (時間差攻擊) 배구에서, 공격 순간을 교묘하게 변화시켜 상대편의 수비를 혼란하게 하는 전법.

시간-표 (時間表) 똅 1 시간을 나누어 할 따위를 적어 넣은 표. ▣ 수업 ~ / ~대로라면 국어 시간이다. 2 정기적으로 운행하는, 기차·비행기·자동차·배 따위의 출발하고 도착하는 시간을 적어 넣은 표.

시-감 (時感) 똅 돌림감기.

시:감 (視感)[-생] 똅 시각(視覺).

시감 (詩感) 똅 시적 감흥. ▣ ~이 떠오르다.

시:강 (侍講) 똅 〖역〗1 왕이나 세자 앞에서 학문을 강의하던 일. 또는 그 사람. 2 조선 때, 경연원(經筵院)·홍문관의 한 벼슬.

시:강-관 (侍講官) 똅 〖역〗조선 때, 경연청(經筵廳)에 속하여 임금에게 경서를 강의하던, 정사품 문관직.

시:강-원 (侍講院) 똅 〖역〗조선 때, 세자시강원·왕세자시강원·황태자시강원의 총칭.

시객 (詩客) 똅 시를 즐겨 짓는 풍류객. 시인.

시거에 튄 1 우선 급한 대로. 2 머뭇거리지 말고 곧.

시:거-의 (視距儀)[-/-이] 똅 〖공〗거리·높낮이를 간단하게 측정할 수 있는 측량 기계.

시-건드러지다 혱 시큰둥하게 건드러지다.

시-건방지다 혱 시큰둥하게 건방지다. ▣ 시건방진 말투 / 태도가 ~.

시게 똅 예전에, 장에서 팔고 사는 곡식이나 그 시세를 이르던 말.

시게-전 (-廛) 똅 시장에서 곡식을 파는 노점.

시겟-금 [-게끔 / -겐끔] 똅 시장에서 파는 곡식의 시세.

시겟-돈 [-게똔 / -겐똔] 똅 시장에서 파는 곡식의 값으로 받는 돈.

시겟-바리 [-게빠리 / -겐빠리] 똅 시장으로 가는 곡식을 실은 짐바리.

시겟-박 [-게빡 / -겐빡] 똅 〔←식기(食器)박〕 1 식기를 담아 두는 함지박. 2 선사로 보내는 물건을 담는 함지박.

시겟-장수 [-게짱수 / -겐짱수] 똅 곡식을 마소에 싣고 다니며 파는 장수.

시격 (詩格) 똅 시의 격식이나 품격.

시:경 (市警) 똅 '시(市) 지방 경찰청'의 준말.

시경 (詩經) 똅 오경(五經)의 하나. 중국 최고(最古)의 시집으로, 주(周)나라 초부터 춘추 시대까지의 시 311편을 수록함. 공자(孔子)가 편찬하였다고 전함. 모시(毛詩).

시경 (詩境) 똅 1 시의 경지(境地). 2 시정(詩情)이 넘쳐흐르는 풍치. 시흥(詩興)을 불러일으키는 아름다운 경지.

시계 (時計)[-/-게] 똅 시간을 재거나 시각을 나타내는 장치의 총칭. ▣ ~가 느리다 / ~를 보다.

시:계 (視界)[-/-게] 똅 시야(視野). ▣ ~가 트이다 / ~에서 사라지다.

시계-방 (時計房)[-빵 / -게빵] 똅 시계를 고치거나 파는 가게. 시계포.

시계-불알 (時計-)[-부랄 / -게부랄] 똅 1 〈속〉시계추. 2 쓸데없이 왔다 갔다 하는 사람의 비유.

시:계 비행 (視界飛行)[-/-게-] 조종사가 지형을 보고 항공기를 조종하는 비행 방식.

시계 신:관 (時計信管)[-/-게-] 〖군〗시한(時限) 신관.

시-계열 (時系列)[-/-게-] 똅 〖수〗확률적 현상을 시간적으로 관측하여 얻은 수치의 계열 (〖기상(氣象)·경제 동향 등을 수량적으로 분석할 때 이용됨).

시계-자리 (時計-)[-/-게-] 똅 〖천〗에리다누스자리의 동쪽에 있고, 남쪽 하늘의 지평선에서 볼 수 있는 작은 별자리.

시계-추 (時計錘)[-/-게-] 똅 괘종시계 등에 매달려 있는 추. 좌우로 흔들림에 따라 일정한 속도로 태엽이 풀려 시곗바늘이 움직이게 됨.

시계-탑 (時計塔)[-/-게-] 똅 멀리서도 볼 수 있게 시계를 장치한 높은 탑.

시계-포 (時計鋪)[-/-게-] 똅 시계방.

시곗-바늘 (時計-)[-계바늘 / -겐바늘] 똅 시간·분·초 따위를 가리키는 시계의 바늘.

시고 (詩稿) 똅 시의 초고(草稿).

시-고모 (媤姑母) 똅 남편의 고모.

시-고모부 (媤姑母夫) 똅 시고모의 남편. 남편의 고모부.

시골 똅 1 도시에서 떨어진 지방. ▣ ~ 풍경. 2 고향. ▣ 추석 때 ~에 다녀오다.

시골-고라리 [-꼬-] 똅 어리석고 고집 센 시골 사람. ⑥고라리.

시골-구석 [-꾸-] 똅 아주 으슥하고 외딴 시골. 촌구석.

시골-길 [-낄] 똅 시골에 나 있는 길. 주로 울퉁불퉁한 비포장도로를 이름. 촌길. ▣ 먼지가 이는 ~을 가다.

시골-나기 똅 ⇒시골내기.

시골-내기 [-래-] 똅 시골에서 나서 자란 사람. *서울내기.

시골-뜨기 똅 견문이 좁은 시골 사람을 얕잡아 이르는 말. *서울뜨기.

시골-말 똅 1 시골에서 쓰는 말. 2 〖언〗사투리. *서울말.

시골-집 [-찝] 똅 1 시골에 있는 집. 촌가(村家). 2 고향에 있는 자기 집.

시골-티 똅 시골 사람의 촌스러운 모양이나 태도. 촌티. ▣ ~가 나다 / ~를 벗다.

시:공 (施工) 똅하타 공사를 시행(施行)함. ▣ ~ 업체 / 아파트를 ~하다.

시공 (時空) 똅 시간과 공간(空間). ▣ ~을 초월하다.

시-공간 (時空間) 똅 1 시간과 공간. 2 〖물〗삼차원의 공간에 제사차원으로서 시간을 가한 사차원의 세계. 시공 세계. 사차원 공간. 사차원 세계.

시:-공간 (視空間) 똅 〖심〗시각에 의해 지각되는 공간 세계.

시공간 예:술 (時空間藝術)[-네-] 연극·영화·무용 등과 같이 공간과 시간의 변화를 통하여 표현되는 예술.

시:-공사 (施工事) 똅 공사를 맡아서 하는 회사. ▣ ~를 선정하다.

시공 세:계 (時空世界)[-/-게] 〖물〗시공간2.

시:-공자 (施工者) 똅 공사를 맡아서 하는 사람. 또는 회사.

시:-공주 (施工主) 똅 공사를 의뢰한 사람. 또는 회사.

시:-공품 (試供品) 똅 약품·화장품·식품 따위에서 시험적으로 써 보도록 손님에게 제공하는 견본품.

시과 (時果) 똅 그 계절에 나는 과일.

시과 (翅果) 똅 〖식〗열매의 껍질이 자라서 날개처럼 되어 바람에 날려 흩어지는 열매.

시:-관 (視官) 똅 〖생〗시각(視覺)을 맡은 기관.

시:관(試官)〔역〕조선 때, 과거 시험에 관계되는 모든 관원의 총칭.

시:교(示敎)〔명〕〔하타〕보여 가르침. 교시(敎示).

시:구(市區)〔명〕**1** 시와 구. **2** 도시의 구역이나 시가의 구획.

시:구(始球)〔명〕야구에서, 경기 개시 직전에 지명인사가 상징적으로 처음 공을 던지는 일. 또는 그 공.

시:구(屍柩)〔명〕시체를 넣는 관.

시:구(屍軀)〔명〕송장.

시구(詩句)〔─꾸〕〔명〕〔문〕시의 구절. ☐좋아하는 ~를 암송하다.

시국(時局)〔명〕당면한 국내 및 국제적 정세. ☐~ 강연회 / ~이 어수선하다 / ~ 탓으로 돌리다.

시국-관(時局觀)〔─꽌〕〔명〕시국을 보는 관점이나 견해. ☐올바른 ~.

시국-담(時局談)〔─땀〕〔명〕시국에 관한 이야기.

시:굴(試掘)〔명〕〔하타〕〔광〕광상(鑛床)의 채굴 가치가 있는지를 조사하기 위해 시험적으로 파 봄.

시:굴-권(試掘權)〔─꿘〕〔명〕〔법〕특정한 광구(鑛區) 안에서 어떠한 광물을 캐낼 수 있는 권리.

시굼-시굼〔부〕〔하〕여럿이 다 시굼하거나 매우 시굼한 모양. ☜새곰새곰. ㉰시쿰시쿰.

시굼-하다〔형〕〔어〕깊은 맛이 있게 좀 시다. ☜새곰하다. ㉰시쿰하다.

시궁〔명〕더러운 물이 빠지지 않고 썩어서 질척질척하게 된 도랑.

시궁-구멍〔─꾸−〕〔명〕시궁의 구멍.

시궁-발치〔명〕시궁의 근처. ㉰시궁치.

시궁-쥐〔명〕〔동〕쥣과의 동물. 집 부근의 시궁창에 삶. 몸은 크며 귀는 두껍고 짧으며 등의 한가운데에는 검고 긴 털이 빽빽이 남. 페스트 병균을 옮김.

시궁-창〔명〕**1** 시궁의 바닥. 또는 그 속. ☐~에서 고약한 냄새가 난다. **2** 몹시 더럽거나 지저분한 환경 또는 그런 처지를 비유하는 말. 〔시궁창에서 용 났다〕개천에서 용 난다.

시궁-치〔명〕'시궁발치'의 준말.

시권(時圈)〔─꿘〕〔명〕〔천〕천구(天球)의 양극을 지나 적도와 수직으로 교차하는 대원(大圓). 시각권(時角圈).

시:권(試券)〔명〕〔역〕글장1.

시권(詩卷)〔명〕시를 모은 책. 시집(詩集).

시귀(詩句)〔명〕☞시구(詩句).

시그널(signal)〔명〕**1** 신호. **2** 신호기(機). 특히, 철도의 신호기.

시그널 뮤직(signal music)〔연〕연속적·정기적 방송 프로그램에서 그 방송의 직전·직후에 연주하는 음악.

시그러-지다〔자〕**1** 뻗친 힘이 빠져 사라지다. **2** 흥분 상태가 가라앉다.

시그마(σ Σ, σ, ς)〔명〕**1** 그리스 어의 열여덟째 자모. **2**〔수〕총합(總合)을 나타내는 기호(Σ를 씀).

시그무레-하다〔형〕〔어〕조금 시금하다. ☜새그무레하다. ㉰시크무레하다.

시극(詩劇)〔명〕〔문〕운문(韻文)이나 특별한 시의 형식으로 쓰인 희곡.

시:근(始根)〔명〕근본이 되는 원인.

시:근(試根)〔명〕〔광〕함지나 사발 등으로 색보 때, 육안으로 식별되는 금분(金分).

시근-거리다[1]〔자타〕숨 쉬는 소리가 가쁘고 거칠게 자꾸 나다. 또는 그런 소리를 자꾸 내다. ☜새근거리다. ㉳씨근거리다. **시근-시근**[1]〔부〕〔하〕〔자타〕

시근-거리다[2]〔자타〕뼈마디가 자꾸 시근하다. ☜새근거리다. ㉰시큰거리다. **시근-시근**[2]〔부〕〔하〕~하다. ☐무릎 관절이 ~하다.

시근-담〔건〕**1** 방고래를 만들 때, 구들장을 걸쳐 놓을 수 있도록 고막이의 안쪽으로 돌려서 나지막하게 쌓아 올린 담. **2** 삼굿의 어간에 건너지르는 담.

시근-대다[1]〔자타〕시근거리다[1].

시근-대다[2]〔자타〕시근거리다[2].

시근덕-거리다[−꺼−]〔자타〕몹시 거칠게 시근거리다. ☜새근덕거리다. ㉳씨근덕거리다. **시근덕-시근덕**[−씨−]〔부〕〔하〕〔자타〕

시근덕-대다[−때−]〔자타〕시근덕거리다.

시근-벌떡〔부〕〔하〕〔자타〕숨이 차서 시근거리며 헐떡이는 모양. ☜새근발딱. ㉳씨근벌떡.

시근벌떡-거리다[−꺼−]〔자타〕계속 시근벌떡하다. ☜새근발딱거리다. **시근벌떡-시근벌떡**[−씨−]〔부〕〔하〕〔자타〕

시근벌떡-대다[−때−]〔자타〕시근벌떡거리다.

시근치〔옛〕시금치.

시근-하다〔형〕뼈마디가 저리고 좀 시다. ☜새큰하다. ㉰시큰하다.

시글-시글〔부〕〔하〕사람이나 짐승 따위가 많이 모여 우글우글 들끓는 모양.

시:금(試金)〔명〕〔하타〕광석·금속이나 합금의 성분을 분석함. 또는 그렇게 하여 그 품위나 품질을 정함.

시금떨떨-하다〔형〕〔어〕맛이 시금하고도 떫다. ☐살구가 ~. ㉰시금털털하다.

시:금-석(試金石)〔명〕**1**〔화〕귀금속의 순도를 판정하는 데 쓰는, 경도가 높고 검은 빛깔의 돌. 충옥돌. **2** 가치나 능력 등을 시험해 알아보는 기회나 사물을 비유적으로 일컫는 말.

시금-시금〔부〕〔하〕여럿이 다 시금하거나 매우 시금한 모양. ☜새금새금. ㉰시큼시큼.

시금쌉쌀〔형〕〔어〕맛이 조금 시금하고 쌉쌀하다.

시금치〔식〕명아줏과의 한해살이풀 또는 두해살이풀. 뿌리는 담홍색, 줄기는 비었고 여름에 녹색의 잔 꽃이 핌. 잎은 어긋나고 세 모진 달걀꼴을 하고 있는데 비타민과 철분이 많아 널리 식용됨.

시금털털-하다〔형〕〔어〕맛이 조금 시면서 떫다. ㉳시금떨떨하다.

시금-하다〔형〕〔어〕맛이나 냄새 따위가 조금 신맛이 있다. ☜새금하다. ㉰시큼하다.

시급(時給)〔명〕〔경〕'시간급(時間給)'의 준말.

시급-하다(時急−)〔−그파−〕〔형〕시각이 절박하여 몹시 급하다. ☐시급한 과제. **시급-히**〔−그피〕〔부〕☐~ 해결되어야 할 문제.

시기(時期)〔명〕어떤 일이나 현상이 진행되는 시점. 때. ☐지금이 여행하기에 좋은 ~다.

시기(時機)〔명〕적당한 때나 기회. ☐~를 놓치다 / 지금은 그런 일을 할 ~가 아니다.

시기(猜忌)〔명〕〔하타〕샘을 내서 미워함. ☐사랑은 ~하지 않는다 / 그의 성공을 ~하다.

시:기(試技)〔명〕뛰기·던지기나 역도 따위에서, 선수에게 허용되어 있는 일정한 횟수의 기회. ☐높이뛰기 1차 ~에서 성공하다.

시기다〔타〕〔옛〕식히다.

시기-상조(時機尙早)〔명〕어떤 일을 하기에 때가 아직 이름. ㉳상조.

시기-심(猜忌心)〔명〕남을 샘하고 미워하는 마음. 암기. ☐~이 발동하다.

시-꺼멓다[−머타]〔시꺼머니, 시꺼메서〕〔형〕〔ㅎ〕**1** 아주 짙게 꺼멓다. ☐시꺼먼 눈썹. **2** (주로

'시꺼멓게'의 꼴로 쓰여) 헤아릴 수 없이 매우 많다. ▣사람들이 시꺼멓게 몰려오다. **3** 마음이나 행실 따위가 매우 엉큼하다. ▣속이 시꺼먼 사람. 옝새까맣다. 옍시꺼멓다. [시꺼먼 도둑놈] 마음씨가 몹시 음흉하고 험악한 사람의 일컬음.

시-꺼메지다 困 시꺼멓게 되다. ▣시꺼메진 아궁이. 옝새까매지다. 옍시꺼메지다.

시끄럽다 [-따][시끄러워, 시끄러우니] 혱① 듣기 싫게 떠들썩하다. ▣시끄러운 소리. **2** 말썽이 나서 어지러운 상태에 있다. ▣시끄러운 세상. **3** 마음에 들지 않아 귀찮고 성가시다. ▣시끄럽게 굴지 마라.

시끈-가오리 图 《어》 시끈가오릿과의 바닷물고기. 몸은 둥글고 눈은 작으며, 적갈색 바탕에 검은 점이 있음. 비늘은 없고, 가슴지느러미와 머리 사이에 한 쌍의 발전 기관이 있어 외적을 막음.

시끌벅적-하다 [-쩌카-] 혱 많은 사람이 벅적거려 시끌시끌하다. ▣아이들 떠드는 소리로 교실 안이 ~.

시끌시끌-하다 혱옉 **1** 몹시 시끄럽다. ▣손님들로 시끌시끌한 술집. **2** 일이 마구 얽혀져 정신이 어지럽다.

시나리오 (scenario) 图 **1** 《연》 영화 장면의 순서, 배우의 대사나 동작 따위를 적은 대본. 영화 각본. ▣~를 쓰다. **2** 미리 짜 놓은 계획이나 안(案). ▣전쟁 ~ / ~대로 일이 진행되다.

시나브로 團 모르는 사이에 조금씩. ▣모아 둔 돈을 ~ 다 썼다.

시나위 图 《악》 기악의 하나. 장단은 산조(散調)와 같으나 향피리·대금·해금·장구 등 여러 악기로 편성하여 연주하는 합주 음악. **2** 당악(唐樂)에 대한 '향악(鄕樂)'의 일컬음.

시난-고난 團혱困 병이 심하지 않으면서 오래 낳는 모양.

시:납 (施納) 图혱타 《불》 절에 시주로 금품 따위를 바침.

시:내 图 산골짜기나 평지에서 흐르는 자그마한 내. 圍강물 같은 것을 흐르는 ~.

시:내 (市內) 图 시의 구역의 안. 도시의 안. ▣~에 살다 / ~를 돌아다니다. ↔시외.

시:내-버스 (市內bus) 图 시내에서 특정한 구간을 운행하는 버스. ▣~ 요금 / ~ 노선을 변경하다. *시외버스.

시:내-판 (市內版) 图 주로 시내에서 발생한 일을 편집하여 시내에서만 배부하는 신문. *지방판.

시:내-가 [-내까 / -낻까] 图 시냇물이 흐르는 그 가의 땅. ▣~의 버드나무.

시:냇-물 [-낸-] 图 시내에서 흐르는 물. ▣~이 졸졸 흐르다.

시너 (thinner) 图 《화》 도료(塗料)의 점성도(粘性度)를 낮추기 위해 넣는 혼합 용제(溶劑) 〔휘발성이 크고 인화성이 강함〕.

시너지 (synergy) 图 분산 상태에 있는 집단이나 개인이 서로 적응하여 통합되어 가는 과정. 또는 그 과정에서 나타나는 힘이나 효과.

시네라리아 (cineraria) 图 《식》 국화과의 한해살이풀 또는 두해살이풀. 온실에서 관상용으로 재배함. 흰 솜털로 덮이고 초여름에서 초가을에 걸쳐 홍색·자색·남색·백색 따위의 꽃이 핌. 카나리아 제도가 원산지임.

시네라마 (Cinerama) 图 《연》 와이드 스크린 방식에 의한 영화〔한 대상을 세 개의 필름에 촬영한 후 3대의 영사기로 거대한 스크린에 영사하면서 입체 음향을 곁들여서 실감을 자아냄〕.

시네마-스코프 (Cinema-Scope) 图 《연》 특수 렌즈를 써서 넓은 범위를 압축하여 촬영하고, 이것을 다시 확대하여 와이드 스크린에 영사하는 영화. 裧시네스코.

시네마토그래프 (cinematograph) 图 《연》 영사기(映寫機) 겸 영화 촬영기.

시네스코 (Cinesco) 图 '시네마스코프'의 준말.

시네카메라 (cinecamera) 图 《연》 영화 촬영기.

시네포엠 (프 ciné-poème) 图 《문》 시나리오 형식의 시(詩). 영화시(映畵詩).

시:녀 (侍女) 图 《역》 지체 높은 사람의 가까이에서 시중을 들던 여자. 나인.

시:노 (侍奴) 图 지난날, 시중을 들던 남자 종.

시노 (柴奴) 图 지난날, 땔나무를 하던 머슴.

시뇨 (屎尿) 图 똥과 오줌. 분뇨.

시누 (媤-) 图 '시누이'의 준말.

시누-올케 (媤-) 图 '시누이올케'의 준말.

시-누이 (媤-) 图 남편의 누이. ▣손아래 ~. 裧시누·시뉘.

시누이-올케 (媤-) 图 시누이와 올케. 裧시누올케.

시뉘 (媤-) 图 '시누이'의 준말.

시늉 图혱타 어떤 모양이나 동작을 흉내 내는 짓. ▣우는 ~에 불과하다 / 술잔을 입에 대는 ~만 했다.

시늉-말 图 《언》 흉내말.

시름-시름 團 앓거나 시름시름.

시니시즘 (cynicism) 图 《철》 일반적인 상식·생활 풍습·사회 도덕 따위를 냉소적으로 보는 태도. 견유주의(犬儒主義). 냉소주의(冷笑主義).

시니어 (senior) 图 **1** 연장자. 선배. **2** 상급 학생. 裧주니어.

시니컬-하다 (cynical-) 혱옉 냉소적인 태도가 있다. ▣시니컬한 태도.

시다 (酸-) 혱 **1** 맛이 식초와 같다. ▣살구가 매우 ~. **2** 눈이 강한 빛을 받아 습벅습벅 찔리는 듯하다. ▣눈이 실 정도로 빛이 강하다. **3** 뼈마디가 뻐어서 시근시근하다. ▣손목이 ~. **4** 하는 짓이 비위에 거슬리다. ▣눈꼴이 ~. [시거든 떫지나 말고 얽거든 검지나 말지] 아무짝에도 쓸모가 없는 경우를 비유하는 말. [시지도 않아서 군내부터 먼저 난다] 돼먹지 않은 것이 점잔을 빼며 노숙한 체하는 경우를 비유하는 말.

시:다-림 (尸陀林) 图 《불》 죽은 사람에게 마지막으로 하는 설법.

시:다림-법사 (尸陀林法師)[-싸] 图 《불》 시다림을 하는 승려.

시닥-나무 [-당-] 图 《식》 단풍나뭇과의 작은 낙엽 활엽 교목. 잎은 마주나고 달걀 모양임. 여름에 황색 꽃이 피고 열매는 시과(翅果)로 가을에 익음. 정원수로 심음.

시단 (詩壇) 图 시인들의 사회. ▣~에 데뷔하다 / ~에 꽤 알려진 사람.

시:달 (示達)图혱타 상부에서 하부로 명령이나 통지 등을 문서로 전달함. ▣행동 지침을 ~하다.

시달리다 困 괴로움을 당하다. ▣생활에 ~ / 죽음의 공포에 ~ / 악몽에 ~ / 더위에 시달려 식욕을 잃다.

시:담 (示談) 图 **1** 싸움을 끝내고 화해하기 위해 붙이는 말. **2** 《법》 민사상의 분쟁을 당사자끼리 말로써 해결하는 일.

시답다 [-따] 〔시다워, 시다우니〕 **혱**ㅂ 〔←실(實)답다〕 (주로, '시답지 않다'의 꼴로 부정의 뜻으로 쓰여) 마음에 차다. 마음에 들다. ▣호의를 시답지 않게 여기다.

시답잖다 [-짠타] **혱** 〔←시(實)답지 않다〕 보잘것없어 마음에 차지 않다. ▣시답잖은 소리 마라.

시-당숙 (媤堂叔) **명** 남편의 당숙.

시대 (時代) **명** **1** 역사적으로 어떤 표준에 따라 구분한 일정한 기간. ▣우주 ~ / 평화 ~ / 부족 국가 ~. **2** 지금 있는 그 시기. ▣~의 총아 / ~가 변하다 / ~에 뒤떨어지다.

시대-감각 (時代感覺) **명** 시대의 특성이나 동향을 느낄 수 있는 감각. ▣~에 뒤떨어지는 사고방식.

시대-극 (時代劇) **명** 〔演〕 역사상 어떤 시대의 일을 다룬 연극이나 영화.

시대-물 (時代物) **명** 역사적 사건들을 취재하고 각색한 소설이나 연극 따위의 작품.

시대-별 (時代別) **명** 시대를 기준으로 한 구분. ▣과학사를 ~로 연구하다.

시대-병 (時代病) **명** 시대 풍조에 따라 일어나는 건전하지 못한 폐해나 유행병.

시대-사상 (時代思想) **명** 어떤 시대의 사회 일반에 통하는 사상.

시대-사조 (時代思潮) **명** 한 시대의 사회 일반의 주류나 특색을 이루는 사상적 경향.

시대-상 (時代相) **명** 어떤 시대의 되어 가는 모든 형편. 한 시대의 사회상. ▣~을 반영한 작품.

시대-성 (時代性) [-썽] **명** 어떤 시대의 사회가 나타내는 특성. ▣철학의 ~과 사회성.

시대 소:설 (時代小說) 〔文〕 과거의 어떤 시대를 배경으로 하여 쓴 소설.

시대-적 (時代的) **관** 그 시대에 특징적인 (것). ▣조선 시대를 ~(인) 배경으로 삼다.

시대-정신 (時代精神) **명** 한 시대의 사회 전체를 지배하는 정신.

시대-착오 (時代錯誤) **명** 〔社〕 그 시대의 경향에 맞지 않는 낡은 생각이나 방법으로 대처하는 일. 아나크로니즘.

시댁 (媤宅) **명** '시가(媤家)'의 높임말.

시데로스탯 (siderostat) **명** 〔天〕 일주(日週) 운동을 하는 천체에서 오는 광선을 임의의 일정한 방향으로 반사시키는 장치(회전하는 두 개의 반사경으로 이루어짐. 태양 관측·분광기 관측에 쓰임).

시:도 (市道) **명** **1** 관할 시장이 노선을 인정하고 시비(市費)로 건설·관리·유지하는 도로. **2** 시와 도.

시:도 (示度) **명** **1** 계기(計器)가 가리키는 눈금의 숫자. **2** 〔地〕 기압계가 나타내는 기압의 높이. ▣태풍의 중심 ~.

시:도 (示導) **명**하타 나타내 보여 지도함.

시:도 (視度) **명** 〔物〕 공기 중에 어떤 물질이나 가스가 섞인 정도를 나타내는 대기의 투명도 (《볼 수 있는 거리에 따라서 0에서 9까지의 도로 구분함).

시도 (詩道) **명** 시를 짓는 방법.

시:도 (試圖) **명**하타 무엇을 이루어 보려고 계획하거나 시험 삼아 하여 봄. ▣온실에서 난(蘭) 재배를 ~해 보다.

시:도-식 (始渡式) **명** 새로 다리를 놓고 처음 건너는 의식. 초도식.

시:독 (屍毒) **명** 〔生〕 동물의 시체가 박테리아의 작용으로 분해되어 생기는 독소.

시독 (柴毒) **명** 〔한의〕 나무의 가시에 찔려서 곪는 병.

시:동 (尸童) **명** 지난날, 제사를 지낼 때 신위(神位) 대신 앉히던 아이.

시:동 (始動) **명**하타 **1** 처음으로 움직이기 시작함. 또는 그렇게 되게 함. **2** 발전기·전동기·증기 기관·내연 기관 등의 운전을 시작함. 기동(起動). ▣~을 걸다 / ~이 꺼지다.

시:동 (侍童) **명** 지난날, 귀인(貴人) 밑에서 심부름하던 아이.

시:동 모:터 (始動motor) 〔工〕 자동차 따위의 엔진을 시동하는 데에 쓰는 부속 장치. 셀모터(cell motor).

시-동생 (媤同生) **명** 남편의 남동생. 시아주비.

시두-법 (時頭法) [-뻡] **명** 〔民〕 일진(日辰)의 천간(天干)을 보아, 그날의 자시(子時)가 육갑(六甲) 가운데 어느 자시가 되는지 알아내는 방법.

시드 (seed) **명** **1** 토너먼트 경기에서, 처음부터 강한 선수나 팀이 맞붙지 않게 대진표를 짜는 일. ▣~ 배정. **2** 바둑에서, 본선에서 성적이 우수한 사람에게 주는 차기 본선 진출권.

시드럭-부드럭 [-뿌-] **뮈형** 꽃·풀 따위가 시들고 말라서 윤기가 없고 거친 모양. 준시득부득.

시드럭-시드럭 [-씨-] **뮈형** 꽃·풀 따위가 시들고 말라서 생기가 없고 거친 모양. 준시득시득.

시드럽다 **혱** 〔옛〕 **1** 고달프다. **2** 잔약하다.

시드르 (프 cidre) **명** 사과로 만든 술.

시득-부득 [-뿌-] **뮈형** '시드럭부드럭'의 준말.

시득-시득 [-씨-] **뮈형** '시드럭시드럭'의 준말.

시들다 〔시들어, 시드니, 시드는〕 **자** **1** 꽃·풀 따위가 물기가 거의 말라 생기가 없어지다. ▣꽃이 ~. **2** 기운이 빠져 생기가 없고 쇠약해 죽다. ▣나이만 먹고 시들어 가는 인생. **3** 기세가 약해지다. ▣예술에 대한 열정이 점점 시들어 간다.

시들-마르다 〔-말라, -마르니〕 **혱**ㄹ 시들어 마르다.

시들먹-하다 [-머카-] **혱**여 기운이나 의욕이 시들한 데가 있다. ▣시들먹한 표정.

시들-방귀 **명** 시들한 사물을 우습게 여기는 말. ▣그까짓 말을 ~로 여기다.

시들-병 (-病) [-뼝] **명** 몸이 만성적으로 시들어 가는 병. 위병(萎病). ▣~에 걸리다.

시들-부들 **뮈형** 약간 시들어 생기가 없고 부드러워진 모양.

시들-시들 **뮈형** 약간 시들어 힘이 없는 모양. ▣가뭄으로 ~ 말라 가는 벼 / 야채가 ~해지다. 센새들새들.

시들-하다 **혱**여 **1** 꽃·풀 등이 시들어서 생기가 없다. ▣폭염으로 나무들이 ~. **2** 보잘것없다. **3** 마음에 차지 않아 내키지 않다. ▣시들한 표정을 하다.

시디 (CD) **명** 〔compact disk〕 〔物〕 '콤팩트디스크'의 약칭.

시디-롬 (CD-ROM) **명** 〔compact disk read only memory〕 〔컴〕 콤팩트디스크에 데이터를 기록해 둔 읽기 전용의 기억 장치.

시디-시다 **혱** 맛이 몹시 시다. ▣시디신 김치.

시디엠에이 (CDMA) **명** 〔code division multiple access〕 〔電〕 미국에서 개발한 디지털 휴대 전화 방식의 한 가지. 한 주파수 대역(帶域) 안에 많은 채널을 보유할 수 있으며 음성 품질이 좋고, 고속 데이터 통신이 가능하며,

도청(盜聽)하기가 어렵다는 등의 특징이 있음. 부호 분할 다원 접속 방식.

시디-플레이어 (CD player) 명 콤팩트디스크의 소리를 재생하기 위한 장치.

시뜻-이 무 시뜻하게.

시뜻-하다 [-뜨타-] 형여 1 마음이 내키지 않아 시들하고 싫증나는 데가 있다. 2 어떤 일에 물리거나 지루해져서 싫증나는 데가 있다. ㉝시뜻하다.

-시라 어미 받침 없는 동사 어간이나 'ㄹ' 받침 용언의 어간에 붙어, 간접 명령이나 불특정 다수에 대한 공손한 명령을 나타내는 종결 어미. ▷기대하~ / 보~. ＊-으시라.

시:랑 (侍郎) 명 《역》 1 신라 때, 집사성(執事省)·병부(兵部)·창부(倉部)의 버금 벼슬. 2 고려 때, 육부(六部)·육조의 버금 벼슬.

시:랑 (豺狼) 명 승냥이와 이리.

시래기 명 배추의 잎이나 무청을 말린 것. 청경(青莖). ▷~로 국을 끓이다.

시래깃-국 [-기꾹 /-긷꾹] 명 시래기를 넣어 끓인 토장국.

시래운도 (時來運到) 명하자 때가 되어 운이 돌아옴.

시:량 (柴糧) 명 땔나무와 먹을 양식.

시러 무 〈옛〉능히.

시러베-아들 명 실없는 사람을 낮잡아 일컫는 말. 시러베자식.

시러베-장단 명 실없는 말이나 행동을 낮잡아 일컫는 말.
[시러베장단에 호박 국 끓여 먹는다] 실없는 짓으로 엉뚱한 일을 저지른다는 말.

시럽 (syrup) 명 1 당밀에 시트르산 등을 넣어 신맛이 나게 하고 거기에 향료·색소를 넣어 착색한 음료. 2 설탕물에 과즙·생약 따위의 액을 넣어 걸쭉한 액체로 만든 약제.

시령 명 물건을 얹기 위해 방이나 마루의 벽에 가로지른 두 개의 긴 나무.
[시령 눈 부채 손] 견식만 높고 수완이 없음의 비유.

시령-가래 [-까-] 명 시령을 매는 데 사용하는 나무.

시:력 (視力) 명 물체의 형상을 인식하는 눈의 능력. ▷~이 약해지다 / ~을 재다.

시:력 검:사 (視力檢查) [-껌-] 《의》 시력의 좋고 나쁨을 검사하는 일.

시:력 검:사표 (視力檢查表) [-껌-] 《의》 시력을 검사하는 데 쓰는 표. 정해진 기준에 따라 확대하거나 축소한 여러 가지 글자나 그림 따위가 그려져 있음. ㉝시력표(視力表).

시:련 (試鍊·試練) 명하자 1 겪기 어려운 단련이나 고난. ▷~을 겪다 / ~을 극복하다 / 혼자서 ~을 헤쳐 나가다. 2 의지나 됨됨이 등을 시험하여 봄.

시련 (詩聯) 명 시구를 쓴 주련(柱聯).

시:련-기 (試鍊期) 명 시련의 시기. ▷신앙의 ~ / ~에 놓이다.

시령 (時令) 명 1 절기. 2 《한의》 시환(時患).

시령 (詩令) 명 지난날, 여러 사람이 시를 지을 때 미리 정해 두던 약속.

시례-고가 (詩禮故家) 명 시(詩)와 예(禮)로 여러 대에 걸쳐 이름난 집.

시례지훈 (詩禮之訓) 명 아버지가 아들에게 주는 교훈.

시론 (時論) 명 1 한 시대의 여론. 2 그때그때 일어나는 시사에 대한 평론이나 의론. 3 《역》 조선 정조 때, 벽론(僻論)과 맞섰던 시파(時派)의 당론.

시론 (詩論) 명 《문》 시의 본질이나 양식에 관한 이론. 또는 그 평론.

시:론 (試論) 명 시험 삼아 해 보는 의론.

시:료 (施療) 명하타 무료로 치료해 줌.

시료 (詩料) 명 시를 읊거나 짓는 재료. 시재(詩材).

시:료 (試料) 명 《화》 시험·검사·분석 등에 쓰는 재료. ▷~ 분석 / ~를 채취하다.

시:료-환자 (施療患者) 명 가난하여 무료로 치료를 받는 환자.

시루 명 떡이나 쌀 따위를 찌는 데 쓰는 둥근 질그릇《모양은 자배기 같고 바닥에 구멍이 여러 개 뚫렸음》. ▷~에 떡을 안치다.
[시루에 물 퍼 붓기] 공을 들여도 효과가 없음의 비유.

시루-떡 명 떡가루에 콩이나 팥 따위를 섞어 시루에 켜를 안쳐 찐 떡.

시룻-밑 [-룬밑] 명 시루의 구멍을 막아 시루 안의 것이 새지 않도록 하는 기구《가는 새끼 따위로 떠서 만듦》.

시룻-방석 (-方席) [-루빵-] / -룬빵-] 명 떡이나 쌀 따위를 찔 때, 시루를 덮는 방석《짚으로 두껍고 둥글게 틀어 만듦》.

시룻-번 [-루뻔 /-룬뻔] 명 시루를 솥에 안칠 때 그 틈에서 김이 새지 않도록 바르는 반죽. ㉝번.

시룽-거리다 자 경솔하고 방정맞게 까불며 계속 지껄이다. 시룽새룽거리다. 시룽-시룽 부하자

시룽-대다 자 시룽거리다.

시룽-새룽 부하자 실없이 방정맞게 까불며 계속 지껄이는 모양.

시류 (時流) 명 그 시대의 풍조나 경향. ▷~를 타다 / ~를 따르다.

시르 (詩流) 명 〈옛〉시루.

시르-죽다 [-따] 자 1 기운을 못 차리다. 2 기를 펴지 못하다. ▷시르죽어 가는 목소리.
[시르죽은 사람] 물골이 초췌하고 초라한 행색을 놀려 이르는 말.

시름 명 늘 마음에 걸려 풀리지 않는 근심과 걱정. ▷~에 잠기다 / ~을 달래다 / ~을 잊다.

시름-겹다 [-따] [-겨워, -거우니] 형ㅂ 못 견딜 정도로 시름이 많다. ▷시름겨운 한숨 소리가 들린다.

시름-시름 무 1 병세가 더하거나 낫거나 하지 않으면서 오래 끄는 모양. ▷~ 앓다. 2 비·눈 따위가 조용히 자꾸 내리는 모양. ▷~ 내리는 눈.

시름-없다 [-르멉따] 형 1 근심·걱정으로 맥이 없다. ▷시름없는 표정. 2 아무 생각이 없다.
시름-없이 [-르멉씨] 무. ▷~ 살다 / ~ 허공을 바라보다.

시리다 형 1 몸의 한 부분에 찬 기운을 느끼다. ▷마룻바닥에 앉았더니 엉덩이가 ~. 2 찬 것 등이 닿아 통증을 느끼다. ▷얼음물을 마셨더니 이가 ~. 3 (주로 '눈'과 함께 쓰여) 빛이 강하여 바로 보기 어렵다. ▷눈이 시리도록 하얀 눈.

시리우스-성 (Sirius星) 명 《천》 큰개자리의 으뜸가는 별. 천랑성(天狼星).

시리즈 (series) 명 1 같은 종류의 연속 기획물《연속 출판물·연속극·영화 따위》. ▷~로 발간되다. 2 특별한 기획에 의해 차례를 따라 계속하는 경기. ▷한국 ~ / 챔피언 ~.

-시릴씨 어미 〈옛〉-실 것이므로

시:립 (市立) 명 시의 경비로 설립하고 유지하는 것. ▷~ 도서관 / ~ 병원 / ~ 운동장.

시:립 (侍立) 명하자 웃어른을 모시고 섬.

시마 명 '동남풍'의 뱃사람 말.

시마(緦麻) 명 지난날, 종증조·삼종형제·중증손(衆曾孫)·중현손 등 팔촌 이내의 존비속의 상사(喪事)에 석 달 동안 입던 복.
시마(sima) 명 〖지〗 지구 내부에서, 시알(sial)의 밑으로 지하 수십 킬로미터에서 약 1,200 킬로미터 깊이에 이르는 층《현무암질로 규소와 마그네슘이 풍부함》.
시마-친(緦麻親) 명 지난날, 유복친의 하나. 오복(五服) 가운데 시마의 복에 따라서 인정되던 친족.
시:말(始末) 명 **1** 일의 처음과 끝. **2** 일의 전말(顚末).
시:말-서(始末書)[-써] 명 일을 잘못한 사람이 그 일의 전말(顚末)을 자세히 적은 문서. 전말서(顚末書). ❑ ~를 내다.
시:망(諡望) 명 〖역〗 공신의 시호(諡號)를 정할 때, 미리 세 가지 시호를 정하여 임금에게 올리던 일《왕이 하나를 고름》.
시:망-스럽다[-따][-스러워, -스러우니] 형ㅂ 몹시 짓궂은 데가 있다. **시:망-스레** 부
시맥(翅脈) 명 〖충〗 곤충의 날개에 무늬처럼 갈라져 있는 맥.
시맥(詩脈) 명 시의 문장 흐름. 또는 그 내용의 줄기.
시먹 명하자 〖미술〗 단청에서, 먹으로 가는 획을 그어 경계를 표시하는 일. 또는 그 줄.
시먹다[-따] 형 버릇이 나빠 남의 충고를 듣지 않다.
시-멀겋다 형 ☞ 싯멀겋다.
시-멀게지다 자 ☞ 싯멀게지다.
시멘트(cement) 명 〖건〗 토목이나 건축 재료로 쓰는 접합제. 보통 점토(粘土)를 포함한 석회석이나 석고를 구워 가루로 만든 것임. ❑ ~ 블록 / ~ 바닥.
시멘트 기와(cement-) 〖건〗 시멘트·모래·석면(石綿) 등을 섞어서 만든 기와.
시멘트 모르타르(cement mortar) 〖건〗 시멘트와 모래를 혼합해 만든 접합제《벽돌·돌·타일 따위를 쌓는 데 씀》.
시멘트 콘크리트(cement concrete) 〖건〗 시멘트와 모래, 자갈 따위를 물과 섞어 만든 콘크리트.
시:멸(示滅) 명 〖불〗 부처나 보살이 중생을 교화하기 위한 방편으로 열반(涅槃)을 나타내 보이는 일.
시:명(市名) 명 시의 이름.
시:명(示明) 명하타 일반에게 자세히 알림.
시:명(示命) 명하타 훈시하거나 명령함. 또는 그 훈시와 명령.
시명(詩名) 명 **1** 시를 잘 지어 얻은 명예. **2** 시의 제목.
시모(媤母) 명 시어머니.
시-모녀(媤母女) 명 시어머니와 며느리.
시목(柴木) 명 땔나무.
시:묘(侍墓) 명하자 부모의 거상 중에 그 무덤 옆에서 움막을 짓고 3년간 사는 일.
시:무(始務) 명하자 **1** 어떤 일을 맡아보기 시작함. **2** 관공서 등에서 새해 들어 업무를 시작함. ↔종무(終務).
시무(時務) 명 **1** 시급한 일. **2** 그 시대에 중요하게 다루어야 할 일.
시:무(視務) 명하자 사무를 봄.
시무룩-이 부 시무룩하게. ❑ ~ 앉아 있다.
시무룩-하다[-루카-] 형여 마음에 못마땅하여 말이 없고 언짢은 기색이 있다. ❑ 시무룩한 표정. 작새무룩하다. 센씨무룩하다.
시:무-식(始務式) 명 관공서나 회사 등에서, 새해 들어 근무를 시작할 때 행하는 의식. ↔종무식.
시:-무외(施無畏) 명 〖불〗 부처나 보살이 중생을 보호하여 두려운 마음을 없게 하는 일.
시문(時文) 명 **1** 그 시대의 글. 또는 현재 쓰이는 글. **2** 그 시대의 문화.
시문(柴門) 명 사립문.
시문(詩文) 명 시가(詩歌)와 산문(散文).
시:문(試問) 명하타 시험 삼아 물음.
시문서화(詩文書畵) 명 시가(詩歌)와 산문(散文), 그리고 글씨와 그림.
시문-집(詩文集) 명 시가나 산문 등을 모아 엮은 책. 문림(文林).
시 문학(詩文學) 시 또는 시가에 관한 문학.
시:물(施物) 명 〖불〗 시주로 내는 재물.
시물-거리다 자 **1** 입술을 약간 실그러뜨리며 소리 없이 자꾸 웃다. 작새물거리다. 센씨물거리다. **2** 한데 어울리지 않고 자꾸 능청스럽게 굴다. **시물-시물** 부하자
시물-대다 자 시물거리다.
시뮬레이션(simulation) 명 어떤 현상 따위를 예측하고 해석하기 위하여 실제와 같은 모형을 만들어 모의적으로 실험한 뒤에 그 결과로 해결 방법을 연구하는 일.
시뮬레이터(simulator) 명 〖컴〗 비행기·자동차 따위의 작동이나 운전 등의 훈련을 위하여, 컴퓨터로 실제 장면과 같도록 만든 장치.
시:민(市民) 명 **1** 시에 살고 있는 사람. 시의 주민. ❑ 민주 ~ / ~의 관심을 모으다. **2** 국정에 참여할 지위에 있는 국민. ❑ ~의 의무.
시:민 계급(市民階級)[-/-게-] 〖사〗 서양 봉건 시대의 제삼 계급이었던 도시 상공 시민. 산업 혁명 후의 근대 사회에서는 자본주의 시대를 주도하는 사람들. 부르주아지.
시:민-권(市民權)[-꿘] 명 〖법〗 시민으로서의 행동·재산·사상·신앙 등의 자유가 보장되며, 정치에 참여할 수 있는 권리. ❑ 미국의 ~을 얻다.
시:민 문학(市民文學) 〖문〗 근대 시민 의식을 반영한 문학《새로 대두한 부르주아 계급의 문제를 다룬 것으로 18-19세기 문학의 주류였음》.
시:민-법(市民法)[-뻡] 명 〖법〗 **1** 로마 시대에, 로마 시민권을 가진 사람에게만 적용하던 법. **2** 근대 시민 사회에서, 주로 사법(私法)을 중핵(中核)으로 한 법의 전체.
시:민 사회(市民社會) 〖사〗 신분적 구속에 지배되지 않으며 자유·평등·박애를 도덕적 이상으로 하는, 시민 혁명을 통해 이룩된 시민 계급의 사회.
시:민 혁명(市民革命)[-형-] 〖사〗 봉건제를 무너뜨리고 평등한 시민 계급이 지배하는 사회를 건설한 혁명. *부르주아 혁명.
시밀레(이 simile) 명 〖악〗 '먼저 부분과 같은 연주를 반복하라'는 뜻.
시바(Siva) 명 〖종〗 힌두교의 파괴와 생식의 신《과거·현재·미래를 투시하는 세 눈을 가졌음》.
시:반(侍飯) 명하자 웃어른을 모시고 음식을 먹음. 시식(侍食).
시:반(屍斑) 명 〖의〗 사람이 죽은 지 몇 시간 후 피부에 생기는 자주색의 반점.
시반(詩伴) 명 함께 시를 짓는 벗.
시:발(始發) 명하자 **1** 맨 처음의 출발이나 발차. ❑ 서울역에서 ~한다. **2** 어떤 일의 처음. ❑ 그의 말을 ~로 장내가 떠들썩해지기 시작했다. **3** 병세가 처음 생김. ❑ 내 병의 ~은 체한 때부터였다.

시:발-역 (始發驛)[-력][명] 기차나 전철이 처음 출발하는 역. →종착역.

시:발-점 (始發點)[-쩜][명] 1 첫 출발을 하는 지점. 2 일이 처음 시작되는 계기. ▣부부 싸움의 ~은 사소한 것이었다.

시방 (十方)[명] 〔←십방(十方)〕《불》사방(四方)·사우(四隅)·상하(上下)의 총칭. 십방.

시방 (時方)[명][부] 지금. ▣~도 가고 있다 / ~하고 있는 일.

시:방 (試放)[명][하타] 총이나 대포 등을 처음으로 시험 삼아 쏘아 보는 일. *시사(試射).

시방 (猜謗)[명][하타] 시기하여 비방함.

시방-공 (十方空)[명]《불》텅 빈 시방세계.

시:방-서 (示方書)[명] 공사 따위에서, 일정한 순서를 적은 문서. 공사·제품에 필요한 재료의 종류나 품질, 사용처·시공 방법 등 설계 도면에 나타낼 수 없는 사항을 기록함.

시방-세계 (十方世界)[-/-계][명]《불》온 세계. 시방찰(十方刹).

시방-정토 (十方淨土)[명]《불》시방에 있는 여러 부처의 정토.

시:배 (侍陪)[명][하타] 지난날, 따라다니며 시중들던 하인. 또는 그 일.

시배 (時輩)[명] 1 당시의 사람들. 2 때를 만나 뜻을 이룬 사람들.

시백 (詩伯)[명] 시로 이름이 높은 대가.

시버트 (sievert)[의명] 방사선 피폭량 측정 단위. 1시버트는 100렘. 기호는 Sv.

시:범 (示範)[명][하타] 모범을 보임. ▣~ 경기 / 태권도 ~을 보이다.

시:범-적 (示範的)[관][명] 모범을 보이는 (것). ▣영어 교육을 ~으로 실시하다.

시법 (詩法)[-뻡][명] 시를 짓는 방법. 시작법(詩作法).

시:법 (諡法)[-뻡][명] 지난날, 시호(諡號)를 의논하여 정하던 방법.

시벽 (詩癖)[명] 1 시 짓기를 좋아하는 버릇. 2 시에 나타나는 그 사람 특유의 버릇.

시:변 (市邊)[명] 1 시가지의 변두리. 2 장변(場邊).

시변 (時變)[명] 시세(時世)의 변화. 또는 그때의 변사(變事).

시:병 (侍病)[명][하자] 병자 곁에서 시중드는 일. 병구완.

시병 (時病)[명] 1《한의》계절에 따른 유행병. 시환(時患). 2 그 시대의 병폐. 시폐(時弊).

시보 (時報)[명] 1 그때그때의 보도. 또는 그런 글을 실은 신문이나 잡지. 2 표준 시간을 알리는 일.

시:보 (試補)[명] 어떤 관직에 임명되기까지 그 사무에 실제로 종사하며 연습하는 일. 또는 그 직책.

시:보 (諡寶)[명]《역》임금의 시호를 새긴 도장.

시보금 (Seaborgium)[명]《화》6족(族)에 속하는 인공 방사성 원소의 하나. 캘리포늄(californium) ^{249}Cf와 산소 ^{18}O의 핵융합 반응으로 얻어짐. 반감기(半減期)는 약 1초. 미국의 물리학자 시보그(Seaborg, G.T)의 이름에서 유래. [106 번 : sg : 263]

시:복 (施福)[명] 시주가 많이 들어오는 복.

시복 (時服)[명] 1 철에 맞는 옷. 2《역》입시(入侍)할 때나 공무를 볼 때 관원들이 입던 옷 《흉배가 없는 홍단령(紅團領)에 사모·띠 등을 갖추어 입음》.

시복 (總服)[명]《민》시마(總麻).

시:복 (諡福)[명][하자]《가》신앙의 모범을 보인

고인을 복자품(福者品)에 올리는 일.

시:봉 (侍奉)[명][하타] 부모를 모셔 받듦.

시부 (媤父)[명] 시아버지.

시부 (詩賦)[명] 시와 부(賦). ▣~를 짓다.

시부렁-거리다 [자타] 주책없이 가벼운 말을 함부로 자꾸 지껄이다. ▣낮은 소리로 뭐라고 시부렁거리고 있다. 〈자〉사부랑거리다. 〈센〉씨부렁거리다. 시부렁-시부렁 [부하자타]

시부렁-대다 [자타] 시부렁거리다.

시-부모 (媤父母)[명] 시아버지와 시어머니.

시부저기 [부] 별로 힘들이지 않고 크게 저절로. 〈자〉사부자기.

시부적-시부적 [-씨-][부하자] 계속 시부저기 행동하는 모양. 〈자〉사부작사부작.

시:분 (-粉)[명][하자] 1《미술》분(粉)으로 가늘게 그은 선. 2 단청할 때 물감을 칠한 뒤 무늬의 윤곽을 분으로 그리는 일.

시분할 시스템 (時分割system)[명]《컴》여러 명의 사용자가 한 대의 컴퓨터를 여러 대의 단말기를 통해 공동으로 이용하는 시스템.

시붕 (詩朋)[명] 시반(詩伴).

시:비 (市費)[명] 시(市)에서 부담하는 비용. 또는 시의 경비.

시:비 (侍婢)[명] 곁에서 시중드는 여자 종.

시:비 (是非)[명][하타자] 1 잘잘못. 옳음과 그름. ▣~를 가리다. 2 옳으니 그르니 하는 말다툼. ▣~가 붙다 / ~를 걸다.

시:비 (施肥)[명][하자]《농》논밭에 거름을 줌. 거름주기. ▣때에 맞추어 ~하다.

시비 (柴扉)[명] 사립문.

시:비 (詩碑)[명] 시를 새긴 비석. ▣~를 세우다.

시:비-곡직 (是非曲直)[-찍][명] 옳고 그르고 굽고 곧음. 시비선악. ▣~을 가리다.

시:비-조 (是非調)[-조][명] 트집을 잡아 시비하는 듯한 투. ▣말마다 ~다.

시:비지단 (是非之端)[명] 시비가 일어나는 꼬투리.

시:비지심 (是非之心)[명] 사단(四端)의 하나. 옳고 그름을 가릴 줄 아는 마음.

시:빗-주비 (是非-)[-삐주-/-빗쭈-][명] 1 시비가 일어나는 데 관여하는 패. 2 대수롭지 않은 남의 시비에 참견하기 좋아하는 사람의 별명.

시뻐-하다 [타여] 마음에 차지 않아 못마땅하게 여기다. ▣내 말이라면 늘 시뻐한다.

시-뻘겋다 [-거타][시뻘거니, 시뻘게서][형형] 몹시 뻘겋다. ▣얼굴이 시뻘겋게 달아오르다. 〈자〉새빨갛다.

시-뻘게지다 [자] 시뻘겋게 되다. ▣상처를 닦은 수건이 피로 시뻘게졌다. 〈자〉새빨개지다.

시-뿌옇다 [-여타][시뿌여니, 시뿌에서][형형] 아주 뿌옇다. ▣시뿌연 연기 / 안개가 시뿌옇게 끼다. 〈자〉새뿌옇다.

시-뿌예지다 [자] 아주 뿌옇게 되다. 〈자〉새뿌예지다.

시쁘다 [시뻐, 시쁘니][형] 마음에 차지 않아 시틋하다. 대수롭지 않다. ▣시쁜 표정.

시쁘둥-하다 [형여] 마음에 차지 않아 못마땅한 기색이다. ▣시쁘둥한 얼굴.

시:사 (示唆)[명][하타] 미리 간접적으로 일러 줌. ▣요今 인상을 ~하는 담화.

시:사 (市肆)[명]《역》시전(市廛).

시:사 (侍史)[명] 1 윗사람을 옆에서 모시면서 문서 작성 및 그 처리를 하는 사람. 2 편지 겉봉에 상대를 높이는 뜻으로, 받는 사람의 이름 아래 쓰는 말.

시:사 (侍師)[명] 스승을 모심. 또는 스승으로 모심.

시:사 (侍射) [명][하자] 〖역〗 임금이 활을 쏠 때 곁에서 모시고 활을 쏨. 또는 그 신하.
시사 (時仕) [명][하자] 지난날, 이속(吏屬)이나 기생이 그 매인 관아에서 맡은 일을 함. 또는 그 일.
시사 (時祀) [명] 시향(時享).
시사 (時事) [명] 그 당시에 생긴 여러 가지 세상일. ❑~ 문제를 다룬 보도 / ~에 밝다.
시:사 (視事) [명][하자] 〖역〗 임금이 신하들과 나랏일을 돌봄.
시사 (詩史) [명] 〖문〗 **1** 사시(史詩). **2** 시의 역사. 또는 시의 발생 과정이나 변천 상태·발달 형식 등을 밝힌 저술.
시사 (詩社) [명] 시인들이 조직한 문학적 단체.
시사 (詩思) [명] 시상(詩想).
시:사 (試射) [명][하타] **1** 활이나 총포 등을 시험 삼아 쏘아 봄. **2** 〖역〗 활을 잘 쏘는 사람을 시험을 보아 뽑던 일.
시:사 (試寫) [명][하타] 영화를 개봉하기에 앞서 시험적으로 특정인에게 상영해 보이는 일.
시사-담 (時事談) [명][하자] 시사에 관한 이야기. 시사를 담론함. ❑~을 나누다.
시사-만평 (時事漫評) [명] 당시에 생긴 여러 가지 세상일을 생각나는 대로 한 비평.
시사-물 (時事物) [명] **1** 시사에 관한 기삿거리. **2** 시사 문제를 다룬 간행물이나 방송 프로그램.
시사-성 (時事性)[-썽] [명] 시사가 내포하고 있는 시대적·사회적 성격. ❑~을 띤 영화.
시사-시 (時事詩) [명] 시사성을 띤 시.
시:사여귀 (視死如歸) [명][하자] 죽음을 고향에 돌아가는 것처럼 여긴다는 뜻으로, 죽음을 두려워하지 않는다는 말.
시사-용어 (時事用語) [명] 시사에 관한 용어.
시사-적 (時事的) [관][명] 시사에 관한 (것). 시사의 성질을 가진 (것). ❑아침 뉴스가 ~인 사건만 보도한다.
시사 해:설 (時事解說) 국내외의 중요 시사 문제를 일반 대중을 상대로 알기 쉽게 풀어 설명함.
시:사-회 (試寫會) [명] 영화 시사를 위한 모임. ❑~에 초대되다.
시:산 (試算) [명][하타] **1** 시험 삼아 하는 계산. **2** 계산이 틀림없는지를 검산하는 일.
시:-산제 (始山祭) [명] 산악인들이 연초에 산신에게 지내는 제사.
시:산-표 (試算表) [명] 〖경〗 부기(簿記)의 원장에 올린 계산이 틀림없는지를 검산하는 표.
시:산혈해 (屍山血海) [명] 사람의 시체가 산처럼 쌓이고 피가 바다같이 흐른다는 말. ❑~를 이룬 전투.
시:살 (弑殺) [명][하타] 부모나 임금을 죽임. 시역(弑逆). 시해(弑害).
시-삼촌 (媤三寸) [명] 남편의 삼촌.
시삼촌-댁 (媤三寸宅)[-땍] [명] **1** 시삼촌의 집. **2** 시삼촌의 아내.
시:상 (柿霜) [명] 시설(柿雪).
시:상 (施賞) [명][하타] 상장이나 상품·상금 따위를 줌. ❑~ 대상자를 선정하다.
시상 (時狀) [명] 그 당시의 세태.
시상 (時相) [명] **1** 시제(時制)와 상(相). **2** 〖역〗 당시의 정승. 시재(時宰).
시:상 (視床) [명] 〖생〗 간뇌(間腦)의 대부분을 차지하는 달걀 모양의 큰 회백질 덩어리《감각·충동·흥분 따위의 중계 역할을 함》.
시상 (詩想) [명] **1** 시의 구상. ❑~을 가다듬다. **2** 시에 나타난 사상이나 감정. **3** 시적인 생각이나 상념. 시사(詩思). ❑~에 잠기다.
시:상-식 (施賞式) [명] 상을 주는 의식 또는 행사. ❑~에 참석하다 / ~을 거행하다.
시:상-판 (屍床板) [명] 입관 전에 시체를 얹어 놓는 긴 널.
시:상 하:부 (視床下部) 〖생〗 간뇌(間腦)의 일부로서, 제3 뇌실(腦室)의 바깥벽 하부와 밑바닥을 둘러싸고 있는 부분. 물질 대사·수면·생식·체온 조절 등에 관여하는 자율 신경 작용의 중추를 이룸.
시:새 [명] 세사(細沙).
시새다 [자타] '시새우다'의 준말.
시새우다 [一][타] 저보다 나은 사람을 미워하고 싫어하다. ❑쓸데없이 남을 시새우지 마라. [二][자] 남보다 낫게 하려고 서로 다투다. ❑시새워 공부하다. [준]시새다.
시새움 [명][하타] 시새우는 일. 또는 그러한 마음. ❑~이 일다/ 친구를 ~하다. [준]시샘.
시:색 (柿色) [명] 감빛. 다갈색(茶褐色).
시색 (時色) [명] 시대의 추세.
시샘 [명][하타] '시새움'의 준말. ❑꽃을 ~하는 듯 비가 내린다.
시:생 (侍生) [인대] 말하는 사람이 웃어른에 대하여 자기를 낮추어 이르는 말.
시:생-대 (始生代) [명] 〖지〗 선캄브리아대(先Cambria代)를 둘로 나누었을 때의 첫째 시대《약 45억 년 전부터 25억 년 전까지의 기간에 해당되며 방산충(放散蟲)·해면(海綿) 등이 살았음》.
시:생대-층 (始生代層) [명] 〖지〗 시생대에 생긴 지층《화석이 극히 드물게 포함되어 있음》.
시서 (時序) [명] 돌아가는 계절의 순서.
시서 (詩書) [명] **1** 시와 글씨. ❑~에 능하다. **2** 시경과 서경.
시서늘-하다 [형][여] 음식이 식어서 매우 차다.
시서례 (詩書禮) [명] 시경(詩經)·서경(書經)·예기(禮記)의 총칭.
시-서모 (媤庶母) [명] 남편의 서모.
시서역 (詩書易) [명] 시경(詩經)·서경(書經)·주역(周易)의 삼경(三經).
시:석 (矢石) [명] 예전에, 전쟁에서 무기로 쓰던 화살과 돌.
시:선 (視線) [명] **1** 눈이 가는 길. 또는 눈의 방향. 눈길. ❑~이 마주치다 / ~을 피하다. **2** 〖생〗 눈동자의 중심점과 외계의 주시점(注視點)을 연결하는 선. **3** 주의나 관심. ❑사람들의 ~이 일제히 그에게 쏠렸다.
시선 (詩仙) [명] **1** 선풍(仙風)이 있는 천재적인 시인. **2** 시 짓는 일에만 몰두하여 세상일을 잊은 사람. **3** 두보(杜甫)를 시성(詩聖)이라 일컫는 데 대하여, 이백(李白)을 일컫는 말.
시선 (詩選) [명] 시를 뽑아 모은 책.
시:선 (試選) [명][하타] 시험을 보아 뽑음.
시:설 (柿雪) [명] 곶감 거죽에 돋은 흰 가루. 시상(柿霜).
시:설 (施設) [명][하타] 도구·기계·장치 따위를 베풀어 설비를 함. 또는 그 설비. ❑오락 ~ / ~을 완비하다 / 공용 안테나를 ~하다.
시설-거리다 [자] 싱글싱글 웃으면서 수다스럽게 자꾸 지껄이다. [작]새살거리다. **시설-시설** [부][하자]
시설-궂다 [-굳따] [형] 매우 시설스럽다. [작]새살궂다.
시설-대다 [자] 시설거리다.
시설-떨다 〔-떨어, -떠니, -떠는〕 [자] 시설스럽게 행동하다. [작]새살떨다.
시:설-물 (施設物) [명] 시설을 한 구조물《기계·

장치·도구류 따위). ▢ ~ 관리.

시:설-비 (施設費) 圆 시설을 하는 데 드는 비용. ▢ ~를 절감하다.

시설-스럽다 [-따][-스러워, -스러우니] 圈▣ 성질이 차분하지 못하고 실없이 수선 부리기를 좋아하다. ㉫새살스럽다. **시설-스레** 團

시:설 원예 (施設園藝) 〖農〗 도시 근교에서, 가까운 시장을 대상으로 행해지는 원예. 비닐하우스나 수경(水耕) 시설 등을 이용해서 채소·화초·과수 등을 재배하는 일. 시장 원예.

시:설 재:배 (施設栽培) 〖農〗 온실이나 비닐하우스 등의 시설을 사용하는 농작물 재배.

시성 (詩性) 圆 **1** 시가 본디 가지고 있는 성질. **2** 시에 공통되는 듯한 성질.

시성 (詩聖) 圆 **1** 역사상 뛰어난 위대한 시인. **2** 이백(李白)을 시선(詩仙)이라 일컫는 데에 대하여, 두보(杜甫)를 일컫는 말.

시:성 (諡聖) 圆 〖가〗 성인(聖人)이라는 칭호를 붙여 공경할 만한 사람이라고 인정되는 복자(福者)를 성인품에 올리는 일.

시:성-분석 (示性分析) 圆 〖化〗 각 원소의 함량을 알아내거나 각 원소의 결합 방식을 나타내기 위한 화학 분석.

시:성-식 (示性式) 圆 〖化〗 유기 화합물의 성질을 밝히기 위해 분자 가운데 원자단의 존재를 나타내는 식.

시:세 (市稅) 圆 〖法〗 시에서 부과하고 징수하는 지방세의 하나(주민세·취득세·부가세 따위).

시:세 (市勢) 圆 **1** 시의 인구·산업·재정·시설 등의 종합적인 상태. ▢ ~를 조사하다. **2** 〖經〗 수요와 공급의 관계가 원활한 정도.

시세 (時世) 圆 그 당시의 세상.

시세 (時勢) 圆 **1** 그 당시의 형세나 형편. ▢ ~의 변화 / ~가 불리하다. **2** 시가(時價). ▢ 주식 ~ / ~가 나다 / ~가 없다.
[시세도 모르고 값을 놓는다] 물건의 가치도 모르면서 평가한다.

시세가 기울다 丙 형세가 불리해지다.
시세(가) 닿다 丙 값이 시세에 맞다.

시세션 (secession) 圆 건축·미술·공예의 한 양식. 번잡한 것을 배제하고 형태·색채의 단순화를 지향한 직선 위주의 방법임. 분리파.

시세 예:측 (時勢豫測) 〖經〗 시세 변동의 통계에 따라 시세가 앞으로 어떻게 될 것인가를 미루어 알아봄.

시세 조작 (時勢操作) 〖經〗 증권 거래소에서 거래되는 유가 증권의 시세를 인위적으로 올리고 내리는 행위.

시:-세포 (視細胞) 圆 〖生〗 동물의 감각 세포의 한 가지. 빛을 받아들여 사물을 볼 수 있게 함.

시소 (試所) 圆 〖歷〗 과거를 치르는 곳.

시소 (seesaw) 圆 긴 널판의 한가운데를 괴어 그 양쪽 끝에 사람이 타고 서로 오르락내리락하는 놀이 기구.

시소-게임 (seesaw game) 圆 주로 운동 경기에서, 실력이 비슷하여 앞서거니 뒤서거니 하며 접전을 벌임. 백중전. ▢ 손에 땀을 쥐게 하는 ~.

시소러스 (thesaurus) 圆 〖컴〗 정보 검색을 위하여 컴퓨터에 기억된 용어 사전.

시속 (時俗) 圆 그 당시의 풍속. ▢ ~을 좇다 / ~을 따르다.

시속 (時速) 圆 한 시간을 단위로 해서 잰 평균 속도. ▢ ~ 80 km 로 달리는 차.

시:솔 (侍率) 圆 웃어른을 모시고 아랫사람을 거느림.

시:수 (矢數) 圆 과녁에 맞은 화살의 수효.

시:수 (屍水) 圆 추깃물.

시수 (柴水) 圆 땔나무와 마실 물. 신수(薪水).

시숙 (媤叔) 圆 남편의 형제. 아주버니.

시:술 (施術) 圆㷀자타 의술·최면술 등을 베풂. 또는 그런 일. ▢ ~ 결과가 좋다.

시스템 (system) 圆 **1** 어떤 목적을 위한 질서 있는 방법·체계·조직. ▢ 관리 ~. **2** 〖컴〗 필요한 기능을 실현하기 위하여 관련 요소를 일정한 법칙에 따라 조합한 집합체.

시스템 공학 (system工學) 〖工〗 시스템을 구성하는 각기의 작용·기기(機器) 등을 분석하여 가장 적합한 설계를 행하는 공학의 분야. 시스템 엔지니어링.

시스템 소프트웨어 (system software) 〖컴〗 컴퓨터 시스템 운영에 필요한 기본적인 소프트웨어(사용자가 필요로 하는 업무 처리를 위한 응용 프로그램의 기초가 됨).

시스템 엔지니어 (system engineer) 〖컴〗 새로운 컴퓨터 시스템을 연구 개발하거나 설계하는 전문 기술자.

시스템 프로그램 (system program) 〖컴〗 사용자가 컴퓨터를 작동할 수 있게 하기 위해서 생산자가 제공하는 프로그램. ✽응용 프로그램.

시스템 하우스 (system house) 〖컴〗 특정 시스템이나 사용자의 요구에 맞는 소프트웨어를 제조하고 판매하는 기업.

시습 (時習) 圆 **1** 배운 것을 때때로 다시 익힘. **2** 시속(時俗).

시:승 (市升) 圆 〖歷〗 예전에, 시장에서 쓰던 되. 장되.

시:승 (試乘) 圆㷀자타 차·배·말 따위를 시험적으로 타 봄. ▢ 새 자가용을 ~하다.

시승 (詩僧) 圆 시를 잘 짓는 승려.

시시 (CC, cc) 圆 [cubic centimeter] 가로·세로·높이가 각 1 cm 인 부피. 곧, 세제곱센티미터(1/1000 리터).

시시-각각 (時時刻刻) [-깍] 圓 각각으로 시각(時刻). ▢ ~으로 변하다 / 대결의 순간이 ~ 다가오나.

시시-거리다 囝 '시시덕거리다'의 준말.

시시껄렁-하다 圈△ 시시하고 꼴답지 않다. ▢ 하는 말마다 ~ / 그토록 시시껄렁한 영화인 줄은 몰랐다.

시시-대다 囝 시시거리다.

시시덕-거리다 [-꺼-] 囝 실없이 웃고 계속 지껄이다. ▢ 친구와 시시덕거리며 길을 걷다. ㉫시시거리다.

시시덕-대다 [-때-] 囝 시시덕거리다.

시시덕-이 圆 시시덕거리기를 잘하는 사람의 별명.

시시-때때로 (時時-) 團 '때때로'의 힘줌말. ▢ ~ 만나는 친구 / 생각이 ~ 변하다.

시시-로 (時時-) 團 때때로. ▢ ~ 나를 괴롭히는 망상 / ~ 바뀌다.

시:비비 (是非非) 圆㷀자타 옳은 것은 옳다고 하고 그른 것은 그르다고 함. ▢ ~를 가리다 / ~를 따지다.

시:비비-주의 (是非非主義) [-/-이] 圆 중립적인 입장에서 옳고 그름을 명확히 가리는 주의.

시시종종 (時時種種) 圆 때때로 있는 갖가지. 여러 가지.

시시-콜콜 團㷀圈㷀團 **1** 마음씨나 하는 짓이 좀스럽고 야박한 모양. **2** 자질구레한 것까지

미주알고주알 따지고 캐는 모양. ▯~ 남의
일을 캐묻다 / ~히 일러바치다.

시시 티브이 (CCTV) [closed circuit television] [전] 폐회로 텔레비전.

시시풍덩-하다 웹어 시시하고 실(實)답지 않다. ▯시시풍덩한 이야기를 늘어놓다.

시시-하다 웹어 1 신통한 점이 없고 하찮다. ▯시시한 이야기 / 듣기보다 ~. 2 좀스럽고 쩨쩨하다. ▯시시하게 굴다.

시:식 (侍食) 명하자 시반(侍飯).

시:식 (施食) 명하타 〖불〗1 음식을 보시함. 2 죽은 부모 또는 일체 고혼(孤魂)에게 법식(法食)을 주면서 법문을 일러 주고, 경전을 읽으며 염불하는 등의 의식. 또는 그 법식.

시식 (時食) 명 그 철에 특별히 있는 음식. 또는 그 철에 알맞은 음식.

시:식 (視息) 명 눈 뜨고 살아 있는 목숨.

시:식 (試食) 명하타 음식의 맛이나 요리 솜씨를 보려고 시험 삼아 먹어 봄.

시:식 (試植) 명하타 새 품종의 식물을 시험적으로 심음.

시:식-대 (施食臺) [-때] 명 〖불〗 시식돌.

시:식-돌 (施食-) [-똘] 명 〖불〗 영혼의 천도식(薦度式)을 마치고 마지막으로 문밖에서 잡귀에게 음식을 베풀어 주며 경문(經文)을 읽는 곳. 시식대. 헌식돌.

시:신 (侍臣) 명 임금을 가까이 모시는 신하. 근신(近臣).

시:신 (屍身) 명 송장. ▯~을 거두다 / ~을 안장하다.

시신 (柴薪) 명 땔나무.

시:-신경 (視神經) 명 〖생〗 망막에서 받은 자극을 뇌로 전달하는 신경(제2뇌신경에 속하며 시각을 전달함). ▯~이 마비되다.

시:신-세 (始新世) 명 〖지〗 에오세.

시:실 (屍室) 명 시체가 있는 방. 시체실.

시실-거리다 자 실없이 자꾸 웃거나 쓸데없이 짓궂게 굴다.

시실-대다 자 시실거리다.

시실-시실 뭐하자 실없이 자꾸 웃거나 쓸데없이 짓궂게 구는 모양. 솅새실새실. 준실실.

시:심 (矢心) 명하자 마음속으로 맹세함.

시심 (詩心) 명 시흥(詩興)이 돋는 심경. 시정(詩情). ▯~이 일다.

시:심마 (是甚麽) 명 〖불〗1 인생의 모든 생활 현상에 관한 근본적인 의문. 2 선종(禪宗)에서, 불법(佛法)을 연구하는 공안(公案).

시아노겐 (cyanogen) 명 〖화〗 시안.

시아르티 (CRT) [cathode-ray tube] 〖컴〗 텔레비전·싱크로스코프·컴퓨터의 모니터로 쓰이는 브라운관의 정식 이름을 줄여서 이르는 말. 음극관.

시-아버님 (媤-) 명 '시아버지'의 높임말.

시-아버지 (媤-) 명 남편의 아버지. 시부(媤父).

시-아비 (媤-) 명 '시아버지'의 낮춤말.

시아이에이 (CIA) 〖정〗 〔Central Intelligence Agency〕 미국의 중앙 정보국.

시-아주버니 (媤-) 명 남편의 형.

시-아주비 (媤-) 명 1 시동생. 2 '시아주버니'의 낮춤말.

시아-파 (Shiah派) 명 〖종〗 〔'시아'는 아랍 어로 당파(黨派)의 뜻〕 이슬람교의 2대 종파(二大宗派)의 하나. 마호메트의 사위인 알리를 정통으로 간주함.

시:악 (恃惡) 명하자 자기의 모진 성품을 믿음. ▯~을 쓰다.

시:안 (試案) 명 시험적으로 미리 만든 계획이나 의견. ▯~을 잡다 / ~을 검토하다.

시안 (詩眼) 명 1 시를 볼 줄 아는 안목과 식견. 2 〖문〗 한시(漢詩)에서, 잘되고 못됨을 결정짓는 중요한 글자.

시안 (네 cyaan) 명 〖화〗 수은·은이나 금의 시안화물을 열분해할 때 생기는 무색·유독한 기체(특이한 냄새가 있으며, 불을 붙이면 보라색 불꽃을 내며 탐. 군사용 독가스로 씀). 청소(靑素). 시아노겐.

시안화-나트륨 (cyaan化Natrium) 명 〖화〗 조해성(潮解性)을 가진 무색·입방체의 결정(금이나 은의 야금, 살충제 따위에 쓰임).

시안화-법 (cyaan化法) [-뻡] 명 〖공〗 금·은의 광석을 분해하여 시안화나트륨 등의 시안화알칼리 수용액으로 용해시키고, 아연분(亞鉛粉)을 가하여 금·은을 침전시켜 얻는 습식(濕式) 제련법. 청화법(靑化法).

시안화-수소 (cyaan化水素) 명 〖화〗 시안화칼륨에 황산을 가하고 증류하여 얻는 무색 액체(살충제나 유기물의 합성 등에 이용됨). 청산. 청화수소.

시안화-수소산 (cyaan化水素酸) 명 〖화〗 시안화수소의 수용액. 청산(靑酸).

시안화-수은 (cyaan化水銀) 명 〖화〗 산화수은과 시안화수소산을 작용시켜서 만든 무색투명의 기둥 모양 결정(독성이 강하며 가열하면 수은과 시안으로 분해됨. 의약 제조에 씀). 청화홍.

시안화-은 (cyaan化銀) 명 〖화〗 질산은의 수용액에 당량(當量)의 시안화알칼리를 가해 얻는 무미·무취·백색의 분말(매우 유독하며 햇빛에 의해 암색으로 됨). 청화은.

시안화-칼륨 (cyaan化Kalium) 명 〖화〗 이산화탄소를 정제할 때, 산화철에 흡수되어 생긴 시안화물로부터 만드는, 조해성이 강한 무색의 결정(매우 유독하며 금·은의 야금, 살충제 등에 씀). 청산가리.

시알 (sial) 명 〖지〗 지각의 최상층을 구성하는 부분. 주로 화강암질 암석으로 된 부분(대륙은 시알로 이루어짐).

시앗 [-안] 명 남편의 첩. ▯~을 보다. 〔시앗을 보면 길가의 돌부처도 돌아앉는다〕 남편이 첩을 얻으면 아무리 점잖고 무던한 부인네라도 시기를 한다는 말.

시액 (詩額) 명 시를 써서 거는 현판(懸板).

시:야 (視野) 명 1 시력이 미치는 범위. ▯~가 탁 트인 방 / ~를 가리다. 2 지식이나 사려가 미치는 범위. ▯~가 넓은 사람.

시:야비야 (是也非也) 명하타 옳고 그름을 말함. 왈시왈비(曰是曰非).

시:약 (示弱) 명하자 약점을 드러내 보임.

시:약 (試藥) 명 〖화〗 화학 분석에서, 물질을 검출하거나 정량하는 데 쓰는 약품.

시어 (詩語) 명 시에 있거나 쓰는 말.

시어-다골 (鯎魚多骨) 명 준치는 맛은 좋되 시가 많다는 뜻으로, 좋은 일의 한편에는 불편한 일이 있음을 이르는 말.

시-어른 (媤-) 명 시댁의 어른.

시-어머니 (媤-) 명 남편의 어머니.

시-어머님 (媤-) 명 '시어머니'의 높임말.

시-어미 (媤-) 명 '시어머니'의 낮춤말.

-시어요 어미 '이다'의 어간, 받침 없는 동사나 'ㄹ' 받침 동사의 어간에 붙어, 해요할 자리에서 설명·의문·명령의 뜻을 나타내는 종결 어미. ▯잡수~ / 어서 가~ / 집에 계~. 졸-셔요. *-으시어요.

시:언 (矢言) 명 맹세하여 언약한 말. ▯~을

저버리다.

시-언어 (C言語) 〖컴〗 프로그램을 기계어 명령에 가까운 형태로 기술할 수 있는 프로그래밍 언어. 간결한 표현 형식, 풍부한 제어 구조, 데이터 구조, 연산자(演算子)가 특징임 《소형 컴퓨터용 운영 체제인 유닉스(UNIX)의 대부분은 이 언어로 기술되어 있음》.

시:-업 (始業) 명하타 영업·학업 따위를 시작함. ↔종업.

시:-업-림 (施業林)[-업님] 명 특수한 목적을 위解 인위적으로 만든 삼림. ↔천연림.

시:-업-식 (始業式)[-씩] 명 1 어떤 일이나 사업 따위를 시작할 때 행하는 의식. 2 학교에서 수업을 시작하는 학기 초에 학생과 교사가 모두 모여서 하는 의식. ↔종업식.

시-에미 (媤-) 명 '시어머니'의 낮춤말.

시에이디 (CAD) 명 〔computer aided design〕 컴퓨터를 이용한 디자인.

시에이 티브이 (CATV) 1 〔cable television〕 케이블 텔레비전. 2 〔community antenna television〕 공동 청취 안테나 시설. 또는 이를 이용하여 수신하는 텔레비전.

시에프 (CF) 명 〔commercial film〕 광고 선전용 텔레비전 필름. ☐~ 촬영.

시에프 (cf.) 명 〔= confer〕 '비교하라'·'참조하라'는 뜻으로 쓰는 기호.

시엠 (CM) 명 〔commercial message〕 텔레비전이나 라디오 따위에서 방송하는 상업용 광고 선전 문구.

시엠-송 (CM song) 명 광고 선전용 노래.

시여 (施與) 명하타 남에게 물건을 거져 줌.

시여 (詩餘) 명 시의 한 체(體). 악부(樂府)가 변한 것. 전사(塡詞).

시-여 조 호격 조사 '여'의 높임말. ☐ 어버이 ~ / 어머니~. *이시여.

시역 명 힘이 드는 일. ☐ 계속된 ~으로 앓아 눕다.

시:-역 (市域) 명 시의 구역. ☐~ 확장.

시:-역 (始役) 명하타 토목이나 건축 따위 공사를 시작함. ☐교량 공사를 ~하다.

시역 (時疫) 명 철에 따라 생기는 질병. 유행병.

시:-역 (弑逆) 명하타 시살(弑殺).

시:-연 (侍宴) 명하자 대궐 안의 잔치에 모든 신하가 자리를 함께함. 또는 그 잔치. ☐~을 베풀다.

시:-연 (試演) 명하타 연극이나 무용 등을 일반에게 공개하기에 앞서 시험적으로 상연함.

시:-영 (市營) 명 시(市)의 사업으로 경영함. 또는 그 사업. ☐~ 버스.

시:-영 (始映) 명하타 극장에서, 영화를 상영하기 시작함.

시:-예 (試藝) 명 시재(試才).

시오니즘 (Zionism) 명 〖유대 인이 그들 조상의 땅인 팔레스타인에 조국을 재건하려는 운동. 1948년 이스라엘의 독립으로 실현됨. 유대주의. 시온 운동. 시온주의.

시오디 (COD) 명 〖화〗 〔chemical oxygen demand〕 〖화〗 화학적 산소 요구량.

시오지심 (猜惡之心) 명 시기하고 미워하는 마음. ☐~을 품다.

시온 (Zion) 명 〖지〗 1 예루살렘 부근의 언덕 이름. 2 '예루살렘'의 별칭.

시온 운·동 (Zion運動) 〖역〗 시오니즘.

시온-주의 (Zion主義)[-/ -이] 명 〖역〗 시오니즘(Zionism).

시옷 [-옫] 명 한글 자모 'ㅅ'의 이름.

시왕 (十王) 명 〔=십왕(十王)〕 〖불〗 저승에서 죽은 사람을 재판한다는 열 명의 대왕. 십대왕(十大王).

시왕(을) 가르다 굴 죽은 사람의 명복을 빌기 위해 무당이 굿을 하다.

시왕-가름 (十王-) 명 〖민〗 시왕을 가르는 일. 지노귀새남.

시왕-전 (十王殿) 명 〖불〗 시왕을 모신 법당.

시왕-청 (十王廳) 명 〖불〗 1 시왕이 저승에서 거처하는 곳. 2 저승. 명부(冥府).

시왕-탱화 (十王幀畵) 명 〖불〗 명부(冥府)의 시왕을 그린 탱화.

시:-외 (市外) 명 도시에 가까운 지역. ☐~로 바람을 쐬러 나가다. ↔시내.

시-외가 (媤外家) 명 남편의 외가.

시:-외-버스 (市外bus) 명 시내에서 그 도시 바깥 지역까지 운행하는 버스. ☐~ 터미널. * 시내버스.

시-외삼촌 (媤外三寸) 명 남편의 외삼촌.

시-외삼촌댁 (媤外三寸宅)[-땍] 명 1 남편의 외숙모. 2 시외삼촌의 집.

시-외조모 (媤外祖母) 명 남편의 외할머니.

시-외조부 (媤外祖父) 명 남편의 외할아버지.

시-외편 (媤外便) 명 남편의 외가 쪽.

시:-용 (施用) 명 베풀어서 사용함.

시:-용 (試用) 명하타 시험적으로 사용하여 봄.

시우 (時雨) 명 때를 맞추어 오는 비.

시우 (詩友) 명 시반(詩伴).

시우-쇠 명 무쇠를 불려서 만든 쇠붙이의 하나. 숙철(熟鐵). 유철(柔鐵).

시욱 〔옛〕 담요. 전(氈). 전방석(氈方席).

시운 (時運) 명 그때나 시대의 운수. ☐~을 잘 타고나다 / ~을 얻다.

시운 (詩韻) 명 1 시의 운율. 2 시의 운자(韻字).

시:-운동 (視運動) 명 〖천〗 지구에서 관측한 천체의 겉보기 운동.

시운불행 (時運不幸) 명하형 시대나 때의 운수가 좋지 않음.

시:-운전 (試運轉) 명하타 기차·선박 기타의 기계를 만들어 시험적으로 운전함. ☐고속 전철을 ~하다.

시울 명 눈이나 입 등의 언저리.

시울 〔옛〕 1 활시위. 2 줄. 현(絃).

시욹 〔옛〕 언저리.

시:-원 (始原) 명 사물이나 현상 따위가 시작되는 처음. ☐불의 ~ / 우주의 ~.

시:-원 (試院) 명 〖역〗 시소(試所).

시:-원 (試員) 명 〖역〗 고려 때, 감시(監試)를 보이던 관원.

시:-원-림 (始原林)[-울-] 명 원시림.

시원섭섭-하다 〔-써파-〕 형하여 한편으로는 시원하면서도 다른 한편으로는 섭섭하다. ☐딸을 시집보내고 나니 시원섭섭하구나. **시원섭섭-히** [-써피] 부

시원-스럽다 [-따] 〔-스러워, -스러우니〕 형하 시원한 태도나 느낌이 있다. ☐시원스러운 태도 / 대답이 ~. **시원-스레** 부

시원-시원 부하형하여 성질이나 생김새가 모두 매우 시원한 모양. ☐~한 대답 / ~ 처리해 가는 일솜씨 / ~히 말 좀 해 보아라.

시원-찮다 [-찬타] 형 〔준〕시원하지 않다. ☐대답이 ~ / 솜씨가 ~. 2 몸이나 상태 따위가 좋지 않다. ☐요새 몸이 좀 시원찮아 / 기계가 시원찮게 돌아간다. 준변음준

시원-하다 형여 1 알맞게 선선하다. ☐시원한 바람 / 밤 공기가 ~. 2 답답하던 마음이 풀려 후련하고 가뿐하다. ☐빚을 갚고 나니 ~. 3 가렵거나 속이 더부룩하던 것이 사라져 기분

이 상쾌하다. ▢소화제를 먹었더니 속이 시원해졌다. **4** 말이나 행동이 활발하고 명랑하다. ▢시원한 말투 / 걸음걸이가 ~. **5** 음식의 국물 맛이 텁텁하지 않다. ▢시원한 김칫국. **6** 막힌 데 없이 트여 있어 답답하지 않다. ▢시원하게 펼쳐진 평야. **7** (뒤에 부정의 말이 따라) 기대·희망 등에 부합하여 만족스럽다. ▢추수가 시원찮다. **시원-히**튀

시월 (十月)명〔←십월(十月)〕한 해의 열째 되는 달. ▢~은 문화의 달이다.

시:월 (是月)명 이달.

시월-막사리 (十月-)[-싸-]명 시월 그믐께.

시월-상달 (十月上-)[-딸]명 『민』'시월'의 예스러운 말(햇곡식을 신에게 드리기에 가장 좋은 달이라는 뜻). 준상달.

시위¹명'활시위'의 준말. ▢~를 당기다.

시위²명 비가 많이 내려서 강물이 넘쳐 육지를 침범하는 일. 또는 그 물. ▢~가 들다.

시위(가) 나다 구

시:위 (尸位)명 **1** 예전에, 제사 지낼 때 신주(神主) 대신에 시동(尸童)을 앉혔던 자리. **2** 재덕(才德)이 없으면서 함부로 관위(官位)에 오르는 일.

시:위 (示威)명하자타 **1** 위력이나 기세를 드러내어 보임. ▢무력 ~. **2** '시위운동'의 준말. ▢반정부 ~ / ~를 벌이다 / ~에 참가하다.

시:위 (侍衛)명하타 임금을 모셔 호위함. 또는 그 사람.

시:위 (施威)명하자 위엄을 베풀어 떨침.

시:위-대 (示威隊)명 시위를 하는 사람들의 무리. ▢~가 거리로 쏟아져 나왔다.

시:위-대 (侍衛隊)명 대한 제국 때, 임금을 호위하던 군대.

시:위-소찬 (尸位素餐)명하자 직책을 다하지 못하면서 자리만 차지하고 녹(祿)만 받아먹는 일.

시:위-운동 (示威運動)명 많은 사람이 의사나 요구를 공공연하게 표시하며, 그 실현을 위하여 집회나 행진 등으로 위력을 보이는 운동. 데먼스트레이션.

시위적-거리다 [-꺼-]자 일을 힘들이지 않고 되는대로 천천히 하다. **시위적-시위적** [-씨-]튀하튀

시위적-대다 [-때-]자 시위적거리다.

시:유 (市有)명 시(市)의 소유.

시유 (柴油)명 땔나무와 기름.

시:유-지 (市有地)명 시(市)가 소유하는 토지. ▢~에 무허가 건물을 짓다.

시율 (詩律)명 시의 율격이나 운율.

시:은 (市銀)명 『경』'시중 은행'의 준말.

시:은 (市隱)명 세상을 피하여 시중(市中)에 숨어 사는 사람.

시:은 (施恩)명하자 『불』**1** 은혜를 베풂. **2** 시주에게서 받은 은혜.

시:음 (侍飲)명하타 웃어른을 모시고 술을 마심.

시음 (詩吟)명하자 시를 읊음.

시음 (詩淫)명 시 짓기에만 골몰하고 생활에는 무관심한 일.

시:음 (試飲)명하타 술이나 음료수 따위의 맛을 보기 위해 시험 삼아 마심. ▢국산차를 ~하다.

시:읍 (試邑)명 『역』 조선 때, 도(道)에서 3년에 한 번씩 치르는 향시(鄕試)를 보일 곳으로 정한 고을.

시:읍면 (市邑面)[-음-]명 행정 구역인 시와 읍과 면.

시:의 (示意)[-/-이]명 남에게 보인 뜻.

시:의 (市議)[-/-이]명 『법』'시의회(市議會)'의 준말.

시:의 (侍醫)[-/-이]명 『역』 궁중에서, 임금·왕족의 진료를 맡아보던 의사.

시:의 (施醫)[-/-이]명 약간의 금품을 주어 자기의 성의를 표시함.

시의 (時衣)[-/-이]명 계절에 따라 입는 옷. 시복(時服).

시의 (時宜)[-/-이]명 그 당시의 사정에 맞음. ▢~ 적절한 조치 / ~에 따르다.

시의 (時議)[-/-이]명 그 당시 사람들의 의논.

시의 (猜疑)[-/-이]명하타 남을 시기하고 의심함. ▢~하는 마음을 없애라.

시의 (詩意)[-/-이]명 시의 뜻.

시:-의원 (市議員)[-/-이-이]명 『법』'시의회 의원'의 준말.

시:의회 (市議會)[-/-이]명 『법』 자치 단체로서의 시(市)의 의결 기관. 준시의.

시:의회 의원 (市議會議員)[-/-이-이]명 『법』 시민에 의해 선출된 시의회의 구성원(명예직으로 임기는 4년임). 준시의원.

시:이불견 (視而不見)명하타 보고 있으나 마음이 딴 데 있어 그것이 눈에 들어오지 않음. 시이불시(視而不視).

시이사왕 (時移事往)명하자 세월이 흐르면 사물이 변함.

시이오 (CEO)명〔chief executive officer〕기업의 최고 경영자.

시:인 (矢人)명 『역』 조선 때, 화살 만드는 일을 업으로 하던 사람.

시:인 (是認)명하타 어떤 내용이나 사실이 옳다고 인정함. ▢범행을 ~하다. ↔부인.

시인 (時人)명 그 당시의 사람들.

시인 (詩人)명 시를 잘 짓는 사람. 시를 전문적으로 짓는 사람. ▢여류 ~.

시인-하다 (猜忍-)형여 시기심이 강하고 잔인하다.

시:일 (侍日)명 『종』 천도교에서, '일요일'을 일컫는 말(교당에 모여 기도 의식을 치름).

시:일 (是日)명 이날.

시:일 (時日)명 **1** 때와 날. 날짜. ▢출발 ~을 결정하다. **2** 기일 또는 기한. ▢~을 끌다 / ~을 넘기다.

시:임 (時任)명 **1** 현임(現任). ▢~ 대신. **2** 현재의 관원.

시:자 (侍者)명 **1** 귀인을 모시는 사람. **2** 『불』 스승·장로(長老)를 모시고 시중드는 사람.

시:작 (始作)명하자타 **1** 어떤 일·행동·현상의 처음. ▢회의가 ~되다 / 수업은 아침 9시에 ~한다 / 이 정도의 더위는 ~에 불과하다. **2** ('-기' 뒤에 쓰여) 어떤 행동이나 현상 따위의 첫 부분이 행해지거나 이루어짐. ▢밥을 먹기 ~하다 / 꽃이 피기 ~하다. [시작이 반이라] 착수하기가 어렵지 손만 대면 반 이상을 한 것이나 같다는 말.

시작 (詩作)명하자 시를 지음. 또는 그 시.

시:작 (試作)명하타 시험 삼아 만들어 봄. 또는 그런 작품.

시:잠 (視箴)명 사물잠(四勿箴)의 하나. 예가 아니면 보지 말라는 규계(規戒).

시장명하형 배가 고픔. ▢~했던 참에 잘 먹었습니다. [시장이 반찬] 배가 고프면 반찬이 없어도 밥맛이 있다는 말.

시:장 (市長)명 『법』 지방 자치 단체인 시의 책임자(선거로 선출되며 임기는 4년임).

시:장 (市場)〔명〕 **1** 여러 가지 상품을 사고파는 곳. ¶수산물 ~ / ~에서 반찬거리를 사다 먹다 / 채소를 ~에 내다 팔다. **2**〔경〕상품으로서의 재화(財貨)·용역의 교환·매매를 수요와 공급의 상관관계로 나타내는 추상적인 개념《금융 시장·노동 시장·해외 시장 따위》.

시장 (柴場)〔명〕 **1** 나뭇갓. **2** 땔나무를 파는 장.

시장 (詩章)〔명〕 시의 장(章)과 구(句).

시:장 (試場)〔명〕 시험을 보는 장소. 시험장.

시:장 가격 (市場價格)[-까-]〔경〕 그때그때 시장에서 실제적으로 매매되는 가격. 시가(市價). ¶~이 형성되다. ↔정상 가격.

시:장 가치 (市場價値)〔경〕 시장 가격을 결정하는 기초가 되는 가치. 생산 조건이 다른 기업이 생산한 같은 종류에 속하는 상품 전체의 평균 가치.

시:장 경제 (市場經濟)〔경〕 시장을 통한 재화(財貨)나 용역의 거래를 중심으로 성립하는 경제.

시장-기 (-氣)[-끼]〔명〕 배가 고픈 느낌. ¶~가 돌다 / ~를 느끼다.

시:장 대:리인 (市場代理人)〔경〕 증권 회사의 직원으로서 증권 거래소의 승인을 얻어, 거래소 시장에서 그 증권 회사의 매매 거래 업무를 행하는 사람.

시:장 독점 (市場獨占)[-쩜]〔경〕 트러스트·카르텔 등의 방법을 이용하거나 큰 회사가 강대한 재력으로 상품 공급의 지배권을 장악하는 일.

시:장-바구니 (市場-)[-빠-]〔명〕 장 보러 갈 때 들고 가는 바구니. ¶~의 사용을 생활화하다. ⑥장바구니.

시:장 생산 (市場生産)〔경〕 시장에서 소비될 상품의 수요를 미리 예상하고 하는 생산. ↔주문 생산.

시:장-성 (市場性)[-썽]〔명〕〔경〕 가격이 안정되어 있어서, 용이하게 매매할 수 있는 유가 증권의 융통성. ¶~이 높다.

시장-시장〔갑〕 시장질할 때 내는 소리.

시:장 점유율 (市場占有率)〔경〕 경쟁 시장에서 어떤 상품의 총판매량 가운데 한 기업의 상품이 차지하는 비율.

시:장조 (C長調)[-쪼]〔악〕 시(C) 음을 기음으로 한 장조. 다장조.

시:장 조사 (市場調査)〔경〕 상품의 판매 촉진이나 신제품 개발 따위를 목적으로 상품의 수요와 공급, 소비자 동향, 판매 경로, 경쟁 상품 따위에 대해 조사·분석하는 일. 마케팅 리서치.

시장-질〔명〕하타〕 어린아이를 세워 두 손을 잡고 앞뒤로 밀었다 당겼다 하는 일. *부라질.

시:장-터 (市場-)〔명〕 장터.

시:장-판 (市場-)〔명〕 장판. ¶시글시글한 ~.

시재 (時在)〔명〕 **1** 당장에 가지고 있는 돈이나 곡식. **2** 현재1.

시:재 (試才)〔명〕하타〕 재주를 시험하여 봄.

시재 (詩才)〔명〕 시를 짓는 재능. ¶~가 출중하다 / ~를 발견하다.

시재 (詩材)〔명〕 시의 소재(素材). 시료(詩料).

시재-궤 (時在櫃)[-꿰]〔명〕 쓰고 남은 돈을 넣어 두는 궤.

시재-시재 (時哉時哉)〔갑〕 좋은 때를 만나 기뻐 감탄하는 소리. 시호시호(時乎時乎).

시재-액 (時在額)〔명〕 쓰고 남은 돈의 액수.

시재-장 (時在帳)〔명〕 현재 가지고 있는 돈이나 곡식의 양을 적은 장부.

시잿-돈 (時在-)[-돈 / -똔]〔명〕 지출이 끝난 뒤 현재 남은 돈. 시재금(時在金).

시:저 (匙箸)〔명〕 수저2.

시:적 (示寂)〔명〕〔불〕 부처·보살이나 고승의 죽음. 입적(入寂).

시적 (詩的)[-쩍]〔관명〕 시의 정취를 가진 (것). ¶~ 풍경.

시적-거리다[-꺼-]〔자〕 흥미가 없어 느릿느릿 말하거나 행동을 하다. **시적-시적**[-씨-]〔부〕하다〕 ¶발길을 옮기다.

시적-대다[-때-]〔자〕 시적거리다.

시적 조사법 (詩的措辭法)[-쩍조-뻽]〔문〕 시에서, 시어(詩語)를 선택하고 결합하는 방법. 포에틱 딕션.

시:전 (市典)〔명〕〔역〕 신라 때, 서울의 시장에 관한 일을 맡아보던 관아《동서남의 세 곳에 두었음》.

시:전 (市廛)〔명〕 시장 거리의 가게.

시전 (詩傳)〔명〕 시경(詩經)의 내용을 알기 쉽게 풀이한 책.

시전 (詩箋)〔명〕 시전지(詩箋紙).

시전-지 (詩箋紙)〔명〕 시나 편지를 쓰는 종이.

시 전:지 (C電池)〔전〕 삼극 진공관의 그리드(grid)에 전압을 주는 전지.

시절 (時節)〔명〕 **1** 계절. 철. ¶단풍이 드는 ~ 때는 춘삼월, 꽃피는 ~이 왔다. **2** 세상의 형편. ¶~이 좋았으면 나도 달라졌을걸. **3** 일정한 시기나 때. ¶소년 ~ / 학창 ~.

시절-가 (時節歌)〔악〕 **1** 시절을 읊은 속요(俗謠). **2** 시조(時調).

시점 (時點)[-쩜]〔명〕 시간의 흐름 가운데 어떤 한 순간. ¶현재 ~에서 다른 방법은 없다.

시:점 (視點)[-쩜]〔명〕 **1**〔생〕 시력의 중심이 가 닿는 점. 주시점(注視點). **2**〔미술〕 그림의 원근법에서, 화면과 시선이 직각으로 교차하는 가상점. **3**〔문〕 소설에서, 작가가 이야기를 서술하는 방식이나 관점.

시:접〔명〕 속으로 접혀 들어간 옷 솔기의 한 부분. ¶~을 넣다.

시:접 (匙楪)〔명〕 제사 때, 제상(祭床)에 수저를 담아 놓는 놋그릇.

시:정 (市井)〔명〕 **1** 인가가 많이 모인 곳. 방간(坊間). ¶~의 소인배(小人輩). **2** '시정아치'의 준말.

시:정 (市政)〔명〕 시의 행정. ¶~ 감사.

시:정 (侍丁)〔명〕〔역〕 조선 때, 나이가 많은 부모를 봉양하기 위해 국역(國役)을 면제받던 사람.

시:정 (始政)〔명〕하자〕 정치를 시작함.

시:정 (是正)〔명〕하타〕 잘못된 것을 바르게 잡음. ¶~ 명령 / 잘못된 점을 ~하다.

시:정 (施政)〔명〕하자〕 정치를 시행함. ¶~ 방침 / ~을 논하다.

시정 (時政)〔명〕 그 당시의 정사(政事).

시:정 (視程)〔지〕 육안으로 목표물을 명확히 볼 수 있는 최대 거리《대기의 혼탁도를 나타내는 척도의 하나》.

시정 (詩情)〔명〕 시적인 정취. 시취(詩趣). ¶~이 우러나다.

시:정-기 (時政記)〔명〕〔역〕 시정(時政) 가운데서 역사에 남을 만한 자료를 추려 사관(史官)이 기록한 것.

시:정-배 (市井輩)〔명〕 시정아치.

시:정 소:설 (市井小說)〔문〕 일반 시민의 생활상을 그린 소설.

시:정-아치 (市井-)〔명〕 시정의 장사치. 시정배. ㉣시정.

시:정-잡배 (市井雜輩)[-빠-]〔명〕 시정의 부랑배.

시제 (時制) 圏 《언》 동사·형용사의 과거·현재·미래를 표시하는 문법 범주. 시상(時相).
시제 (時祭) 圏 1 철마다 지내는 종묘의 제사. ▢~를 모시다. 2 시향(時享).
시:제 (試製) 圏하타 1 시험 삼아 만들어 봄. 2 시제품.
시제 (詩題) 圏 《문》 시의 제목이나 시의 제재(題材). ▢~를 내걸다.
시:제-품 (試製品) 圏 시험 삼아 만들어 본 제품. 시제. ▢~을 개발하다.
시:조 (始祖) 圏 1 한 겨레의 맨 처음이 되는 조상. ▢우리 민족의 ~로 알려진 단군. 2 어떤 학문이나 기술 따위를 처음 연 사람. ▢의학의 ~ 히포크라테스.
시:조 (始釣) 圏 얼음이 녹은 뒤 처음으로 하는 낚시질.
시조 (時鳥) 圏 1 철에 따라 우는 새. 2 《조》 두견이. 3 《조》 소쩍새.
시조 (時調) 圏 《문》 고려 말부터 발달한 우리 나라 고유의 정형시(초장·중장·종장의 3장으로 되어 있으며, 형식에 따라 평시조·엇시조·사설시조로 나뉨). ─하다 困困 1 《문》 시조를 읊거나 부르다. 2 남이 느릿느릿 말하고 행동하는 것을 얄궂이 일컫는 말. ▢그만 시조하고 떠나자.
시-조모 (媤祖母) 圏 시할머니.
시-조부 (媤祖父) 圏 시할아버지.
시:조-새 (始祖─) 圏 《조》 중생대 쥐라기(Jura紀)에 살았던 조류의 조상. 조류와 파충류의 중간형으로, 몸의 길이는 40cm 정도이며 날개의 앞 끝에는 세 개의 발가락이 있음. 시조조.
시조 장단 (時調─) 《악》 시조창(唱)을 위한 장단(한 장단 4분의5 박자와 4분의8 박자의 기본 장단이 있음).
시:조-조 (始祖鳥) 圏 《조》 시조새.
시조-창 (時調唱) 圏 《악》 시조에 곡을 얹어 부르는 느릿한 노래.
시:종 (始終) 〔日圏〕 처음과 끝. ▢사건의 ~을 알아보다. 〔日圏〕 처음부터 끝까지. ▢~ 침묵을 지키다 / ~ 웃음 띤 얼굴로 이야기를 듣다. ─하다 困困 처음부터 끝까지 한결같이 하다. ▢침묵으로 ~.
시:종 (侍從) 圏 1 《역》 대한 제국 때, 시종원의 한 벼슬. 왕 앞에서 항상 어복(御服)·어물(御物)을 나누어 맡던 직분. 2 《가》 미사 때, 사제(司祭)와 부제(副祭)를 거드는 일을 하는 사람.
시:종-무관 (侍從武官) 圏 《역》 조선 말, 궁내부의 시종무관부에 딸려 왕을 호종(扈從)하던 무관.
시:종-여일 (始終如─) 〔-녀-〕 圏하형 처음부터 끝까지 변함없이 한결같음. 시종일관. ▢그의 태도는 ~ 침착하였다.
시:종-원 (侍從院) 圏 《역》 조선 말, 궁내부에서 임금의 비서(祕書)·어복(御服)·어물(御物)·진후(診候)·의약(醫藥)·위생(衛生) 등에 관한 일을 맡아보던 관아.
시:종-일관 (始終一貫) 圏하困 처음부터 끝까지 한결같이 함. 시종여일. ▢~ 뜻을 굽히지 않다.
시:좌 (侍坐) 圏하타 1 웃어른을 모시고 앉음. 2 《역》 정전(正殿)에 나온 왕을 세자가 모시고 그 옆에 앉던 일.
시:주 (施主) 圏하타 《불》 승려나 절에 물건을 베풀어 주는 사람. 또는 그런 일. 화주(化主). ▢절에 공양미는 ~하다.
시:주 (試走) 圏하困 1 자동차 따위의 성능이나 상태 등을 확인해 보기 위해 운전해 봄. 2 경

주에서, 뛰기 전에 몸의 상태를 조절하기 위해 달려 보는 일.
시주 (詩酒) 圏 시와 술.
시:주-걸립 (施主乞粒) 圏 《불》 시주승이 시주의 곡식이나 돈을 얻기 위해 집집마다 문 앞에서 청하는 일.
시:주-서 (施主書) 圏 《불》 시주의 이름을 적은 문서.
시:주-승 (施主僧) 圏 《불》 시주로 돈이나 곡식을 얻으러 다니는 승려.
시:준 (視準) 圏 《물》 망원경의 축을, 바라보려는 물체의 방향에 평행되게 하는 조준.
시-준가 (時準價) 〔─까〕 圏 그 당시의 가장 비싼 시세.
시:준-기 (視準器) 圏 《물》 좁은 틈으로 들어오는 광선을 렌즈계(系)를 통해서 평행 광선으로 만드는 장치.
시:준-선 (視準線) 圏 《물》 망원경의 대물(對物)렌즈의 중심과 대안(對眼)렌즈의 초점을 잇는 직선. 시준축(視準軸).
시:준 오:차 (視準誤差) 《천》 망원경의 시준선과 십자선이 일치하지 않을 때 나타나는 오차.
시:준-의 (視準儀) 〔─주늬/─주니〕 圏 《천》 천체 망원경에 딸린 작은 망원경(이것으로 별의 방향을 잡은 다음에 큰 망원경으로 봄).
시:준-축 (視準軸) 圏 《물》 시준선(視準線).
시:준 화:석 (示準化石) 《지》 표준 화석.
시:줏-돈 (施主─) 〔─주똔/─준똔〕 圏 《불》 절이나 승려에게 바치는 돈.
시중 圏하타 옆에서 여러 가지 심부름을 하는 일. ▢~을 받다 / 환자를 ~하다.
시:중 (市中) 圏 1 도시의 안. 2 사람들이 생활하는 공개된 공간을 비유적으로 일컫는 말. ▢~에 나도는 악성 루머 / ~에 자금이 돌지 않는다.
시:중 (侍中) 圏 《역》 1 신라 때, 집사성(執事省)의 으뜸 벼슬. 2 조선 초, 문하부의 으뜸 벼슬.
시:중 금리 (市中金利) 〔─니〕 《경》 중앙은행 이외의 금융 기관이 세우는 표준적인 금리.
시중-꾼 圏 윗사람의 곁에 있으면서 온갖 시중을 드는 사람.
시중-들다 〔─들어, ─드니, ─드는〕 타 옆에서 심부름을 하거나 보살펴 주다. ▢병상의 아버지를 ~.
시:중 은행 (市中銀行) 《경》 큰 도시에 본점이 있고 전국에 지점을 둔 일반 은행. ⤵시은.
시:중 판매 (市中販賣) 《경》 시장이나 상점에서 일반에게 판매함. ⤵시판(市販).
시즌 (season) 圏 어떤 활동이 활발히 이루어지는 시기. 또는 어떤 활동을 하기에 적절한 시기. 계절. 철. ▢졸업 ~ / 프로 야구 ~.
시:즙 (屍汁) 圏 추깃물.
시:지 (試紙) 圏 《역》 과거 시험에 쓰던 종이. 정초(正草).
시지근-하다 圏困 음식이 쉬어서 맛이나 냄새가 좀 시큼하다. ▢어제 만든 콩나물 무침이 벌써 ~.
시지르다 〔시질러, 시지르니〕 困困 《속》 졸다[1].
시:-지름 (視─) 圏 《천》 천체의 외관상의 지름 〔시각(視角)으로 나타냄〕. 시직경(視直徑).
시지에스 단위계 (CGS單位系) 〔─다뉘-/─다뉘계〕 圏 《물》 단위계의 하나(길이는 센티미터, 질량은 그램, 시간은 초(秒)로 나타냄).
시:-직경 (視直徑) 〔─경〕 圏 《천》 시지름.

시진 (市塵)[명] **1** 거리의 티끌과 먼지. **2** 거리의 혼잡.

시진 (時辰)[명] 시간이나 시각.

시진 (視診)[명][하타]《의》의사가 눈으로 환자의 몸을 살펴보고 그 외부의 변화로써 병을 진단하는 일.

시집 (媤-)[명] 시부모가 사는 집. 남편의 집안. 시가(媤家). □ ~에서 시부모와 함께 살다. [시집도 가기 전에 기저귀 마련한다] 일을 너무 일찍 서두른다. [시집도 아니 가서 포대기 장만한다] 시집도 가기 전에 기저귀 마련.

시집 (詩集)[명] 여러 편의 시를 모아 엮은 책. □ ~을 내다.

시집가다 (媤-)[-까-][자] 여자가 결혼하다. 출가하다. □ 시집갈 나이가 된 딸.

시집보내다 (媤-)[-뽀-][타] 시집을 가게 하다. 여자를 결혼시키다. 출가시키다. □ 막내딸을 ~.

시집살이 (媤-)[-싸리][명][하자] **1** 여자가 시집에서 하는 살림살이. ↔친정살이. **2**〈속〉남의 밑에서 엄격한 감독이나 간섭을 받으면서 하는 고된 일의 비유.

시집오다 (媤-)[자] 여자가 결혼하여 시집에 들어오다. □ 갓 시집온 새색시.

시차 (時差)[명] **1**〈천〉균시차. **2**《지》세계 표준시를 기준으로 하여 정한 세계 각 지역의 시간 차이. □ 해외여행을 할 때는 ~에 적응해야 한다. **3** 일정 시간과 시간과의 차. □ ~를 두다 / ~가 나다.

시차 (視差)[명] **1** 서로 다른 두 곳에서 같은 물체를 보았을 때의 방향의 차. **2**《천》관측자의 위치에서 본 천체의 방향과 어떤 표준점에서 본 천체의 방향과의 차.

시차 압력계 (示差壓力計)[-녁-][명] 압력계[양력깨]《물》 'U'자 관의 양끝에 나타나는 액면(液面)의 차로 압력을 측정하는 장치.

시차 운동 (視差運動)[명]《천》태양계의 공간 운동에 따라 생기는 천체의 외관상의 운동.

시차제 (時差制)[명] 어떤 일을 하는 데 시간에 차이를 두는 제도(교통 혼잡을 줄이기 위해 출근 시간과 등교 시간에 차이를 두는 따위).

시찰 (視察)[명][하타] 두루 돌아다니며 실지(實地)의 사정을 살핌. □ 산업 ~ / ~을 가다 / 피해 현장을 ~하다.

시참 (詩讖)[명] 우연히 지은 시가 이상하게도 뒷일과 꼭 맞는 일.

시창 배의 고물머리에 깐 작은 마루.

시창 (始唱)[명][하타] **1** 처음으로 부름. **2** 학설 등을 처음으로 주창함.

시창 (視唱)[명]《악》악보를 보며 노래를 부름.

시찾다 (時-)[-찯따][자] 거의 죽게 되다.

시채 (市債)[명]《경》지방 자치 단체인 시(市)가 발행하는 채권(債券).

시책 (施策)[명][하타] 행정 기관 등에서 계획을 실지로 행하는 일. 또는 그 계획. □ 정부 ~을 발표하다 / 새로운 ~을 펴다.

시책 (時策)[명] 시국에 대처할 정책.

시책 (諡冊)[명] 시책문을 새긴 옥책(玉冊)이나 죽책(竹冊).

시책문 (諡冊文)[-쳉-][명] 제왕이나 후비(后妃)의 시호를 올릴 때, 그 생전의 덕행을 칭송하여 지은 글.

시처위 (時處位)[명] 때와 곳과 지위. 곧, 사람이 처해 있는 형편이나 사정.

시척지근하다[-찌-][형어] 음식이 쉬어서 비위에 거슬리게 맛이나 냄새 따위가 시다. ④새척지근하다. ⓒ시큰하다.

시천교 (侍天敎)[명]《종》이용구(李容九)를 교조로 하는 동학 계통의 한 교파.

시천주 (侍天主)[명]《종》천도교에서, '내 몸에 한울님을 모셨다'는 뜻으로, 한울님은 항상 마음속에 있다고 믿는 일.

시첩 (侍妾)[명] 귀인이나 벼슬아치의 시중을 드는 첩.

시청 (市廳)[명] 시의 행정 사무를 맡아보는 기관. 또는 그 청사(廳舍). ⓒ시(市).

시청 (視聽)[명][하타] 눈으로 보고 귀로 들음. 청시(聽視). □ 텔레비전 방송을 ~하다.

시청 (試聽)[명][하타] 새로운 곡이나 녹음한 내용 등을 시험 삼아 들어 봄.

시청각 (視聽覺)[명] 시각과 청각. □ ~ 기자재.

시청각 교육 (視聽覺敎育)[-교-][명]《교》학습 효과를 높이기 위하여 영화·라디오·텔레비전·슬라이드·모형 등 시청각 매체를 사용하여 행하는 교육.

시청료 (視聽料)[-뇨][명] 텔레비전을 시청하는 데 내는 요금.

시청률 (視聽率)[-뉼][명] 텔레비전에서, 특정한 프로그램이 시청되고 있는 정도. □ ~이 높은 프로. *청취율.

시청자 (視聽者)[명] 텔레비전을 시청하는 사람. □ ~의 의견을 묻다.

시체 (侍體)[명] '부모를 모시고 있는 몸'이라는 뜻으로, 편지를 받을 사람의 안부를 물을 때 씀. □ ~ 평안하신지요.

시체 (柿蒂)[명]《한의》감의 꼭지(딸꾹질을 그치게 할 때 씀).

시체 (屍體)[명] 송장. □ ~를 매장하다.

시체 (時體)[명] 그 시대의 풍습과 유행. □ ~ 물건 / ~ 학생.

시체 (詩體)[명]《문》시를 짓는 격식. 또는 시의 체재[형식].

시체병 (時體病)[-뼝][명] 유행병1.

시체실 (屍體室)[명] 병원에서 시체를 넣어두는 방. 사체실(死體室). 시실(屍室).

시쳇말 (時體-)[-쳉-][명] (주로 '시쳇말로'의 꼴로 쓰여) 그 시대에 유행하는 말. 요샛말. 유행어. □ 그들의 만남은 ~로 운명의 장난이었다.

시초 (市草)[명] 품질이 낮고 굵게 썬 살담배.

시초 (始初)[명] 맨 처음. □ 싸움의 ~ / ~부터 잘못되다.

시초 (柴草)[명] 땔나무로 쓰는 풀.

시초 (翅鞘)[명]《충》딱지날개.

시초 (詩抄)[명][하자]《문》시를 뽑아 적는 일. 또는 그 책.

시초 (詩草)[명] 시의 초고(草稿).

시초선 (始初線)[명]《수》극좌표에서, 기선으로 하는 일정한 직선. 시선(始線).

시추 (試錐)[명][하타]《광》지하자원의 탐사, 지층의 구조나 상태 등을 조사하기 위해 땅속 깊이 구멍을 파는 일. 보링.

시추선 (試錐船)[명]《해》바다 밑바닥에 구멍을 뚫어 석유를 탐사하는 데에 쓰는 특수한 배.

시추에이션 (situation)[명] 소설이나 연극·영화 등에서, 극적인 장면이나 상황.

시추에이션 코미디 (situation comedy) 시트콤(sitcom).

시축 (詩軸)[명] **1** 시를 적은 두루마리. **2** '시화축(詩畫軸)'의 준말.

시축 (始蹴)[명][하자] 킥오프(kickoff).

시:취(屍臭)몡 시체가 썩는 냄새.
시:취(試取)몡하타 시험을 보아 인재를 뽑음.
시취(詩趣)몡 1 시정(詩情). ⇨~를 자아내다.
2 시를 짓거나 감상하는 취미. 또는 시적(詩的)인 취미.
시:측(侍側)몡하타 곁에 있으면서 웃어른을 모심.
시치근-하다혱여 '시치적근하다'의 준말.
시치다타 바느질을 할 때, 여러 겹을 맞대어 듬성듬성 호다. ⇨치마폭을 ~.
시치름-하다혱여 시치름을 떼고 태연한 태도로 있다. ⇨시치름하게 앉아 있다. ⊏자여 짐짓 태연한 기색을 꾸미다. ⬮새치름하다.
시치름-히튀
시치미몡 1 매의 주인을 밝히기 위하여 주소를 적어 매의 꽁지털 속에다 매어 둔 네모꼴의 뿔. 2 알고도 모르는 체, 자기가 하고도 하지 않은 체하는 말이나 짓. ⬮시침.
시치미(를) 떼다(따다)⇨ 짐짓 모르는 체, 자기가 하고도 하지 않은 체하다. ⇨그렇게 시치미 떼지 마라.
시침몡 1 '시치미'의 준말. 2 '시침질'의 준말.
시:침(侍寢)몡하타 『역』 임금을 모시고 잠자던 일.
시:침(施鍼)몡하타 몸에 침을 놓음.
시침(時針)몡 시계에서, 시를 가리키는 짧은 바늘. 단침(短針).
시침-바느질몡하타 양복 등을 완성하기 전에 몸에 잘 맞는가를 보기 위하여 임시로 시치는 바느질. 가봉(假縫).
시침-질몡하타 바늘로 시치는 짓. ⬮시침.
시침-하다혱여 시치미를 떼는 태도가 있다. ⊏자여 짐짓 태연한 기색을 꾸미다. ⬮새침하다.
시-커멓다[-머타][시커머니, 시커메서]혱ㅎ 매우 꺼멓다. ⇨시커먼 연기 / 햇볕에 타서 얼굴이 ~. ⬮새카맣다. ⬯시꺼멓다.
시-커메지다자 시커멓게 되다. ⬯시꺼메지다. ⬱시꺼메지다.
시컨트(secant)몡 『수』 삼각 함수의 하나. 직각 삼각형의 빗변과 한 예각(銳角)을 낀 밑변과의 비를 그 각에 대하여 일컫는 말. 기호는 sec. 세크. ↔코사인.
시:쾌(市儈)몡 장주릅.
시쿰-시쿰튀ㅎ 여럿이 다 시쿰한 모양. 매우 시쿰한 모양. ⇨김치 맛이 ~하다. ⬮새콤새콤. ⬯시굼시굼.
시쿰-하다혱여 깊은 맛이 있게 조금 신맛이 있다. ⇨시쿰한 맛. ⬮새콤하다. ⬯시굼하다.
시퀀스(sequence)몡 1 『연』 영화에서, 몇 개의 장면이 모여 하나의 장면을 이룬 부분. 2 『교』 학습에서 단원(單元)이 발전하여 가는 차례.
시크무레-하다혱여 깊은 맛이 있게 조금 시큼하다. ⇨시크무레한 땀내. ⬮새크무레하다. ⬯시그무레하다.
시큰-거리다자 시큰한 느낌이 잇따라 들다. ⇨발목이 ~. ⬮새큰거리다. ⬯시근거리다.
시큰-시큰튀ㅎ ⬯손목이 ~하다.
시큰-대다자 시큰거리다.
시큰둥-이몡 시큰둥한 사람.
시큰둥-하다혱여 1 말이나 행동이 주제넘고 건방지다. ⇨녀석의 거동이 ~. 2 달갑지 않거나 못마땅하여 시들하다. ⇨시큰둥하게 대답하다.
시큰-하다혱여 뼈마디가 매우 저리고 시다. ⇨콧날이 ~. ⬮새큰하다. ⬯시근하다.
시클라멘(cyclamen)몡 『식』 앵초과의 여러해

살이풀. 관상용으로 온상·실내에서 재배하며 줄기 높이는 15~20 cm이고, 잎은 알뿌리에서 남. 겨울철에서 봄에 걸쳐 백색·홍색·자홍색 등의 꽃이 핌.
시큼-시큼튀ㅎ혱 여럿이 다 시큼한 모양. ⬮새큼새큼.
시큼씁쓸-하다혱여 맛이 조금 시면서 쓰다.
시큼-하다혱여 냄새나 맛 따위가 조금 시다. ⇨시큼한 김칫국. ⬮새큼하다. ⬯시굼하다.
시키다타 1 어떤 일이나 행동 등을 하게 하다. ⇨청소를 ~ / 노래를 ~. 2 음식 따위를 만들어 오거나 가지고 오도록 주문하다. ⇨중국집에 자장면을 ~.
-시키다⇥ 명사 뒤에서 '하게 하다'의 뜻을 나타냄. ⇨입학~ / 진정~ / 화해~.
시탄(柴炭)몡 땔나무와 숯. 신탄(薪炭).
시:탕(侍湯)몡하타 부모의 병환에 약시중을 드는 일.
시태몡 소의 등 위에 실은 짐.
시태(時態)몡 그 당시의 세상 형편.
시태-질몡하타 소의 등 위에 짐을 싣는 짓.
시토(SEATO)몡 [Southeast Asia Treaty Organization] 동남아시아 조약 기구.
시:통(始痛)몡 『한의』 천연두를 앓을 때, 발진하기 전에 나는 신열이나 그 밖의 증세.
시통(詩筒)몡 1 시객(詩客)이 한시의 운두(韻頭)를 붙은 대나무 조각에 써넣어 가지고 다니던 조그마한 통. 2 친구에게 지어 보내는 시를 넣는 대통.
시투(猜妬)몡하타 시기하고 질투함.
시퉁-머리몡〈속〉주제넘고 건방진 짓.
시퉁머리 터지다⇥〈속〉하는 짓이 매우 주제넘고 건방지다.
시퉁-스럽다[-따][-스러워, -스러우니]혱ㅂ 시퉁한 데가 있다. 시퉁-스레튀
시퉁-하다혱여 1 주제넘고 건방지다. 2 달갑지 않거나 못마땅하다. ⇨시퉁한 대답.
시트(seat)몡 야구·배구 따위에서, 선수의 수비 위치.
시트(sheet)몡 침대의 아래위로 덧씌우는 천. ⇨~를 깔다.
시트 노크(seat+knock) 야구에서, 수비 위치에 선 선수들에게 공을 받고 던지는 연습을 시키기 위하여 배트로 공을 쳐 보내는 일.
시트르-산(←citric酸)몡 『화』 레몬이나 밀감 등의 과실 속에 있는 염기성(鹽基性)의 산. 무색무취의 결정체로, 물과 알코올에 잘 녹고 신맛이 있음(청량음료·의약·염색 등에 씀). 레몬산(lemon酸). 구연산(枸櫞酸).
시트콤(sitcom)몡 [situation comedy] 『연』 코미디 형식의 하나. 무대와 등장인물은 같으나 매회 다른 이야기를 다루는 방송 코미디.
시트 파일(sheet pile) 『건』 토목 공사에서, 흙이 무너지지 않게 땅에 박는 강철판 말뚝.
시퉁-이튀 시퉁하게.
시툿-하다[-트타-]혱여 1 마음이 내키지 않아 시들하다. 2 어떤 일에 물리거나 지루해서 싫증이 난 기색이 있다. ⬯시뚱하다.
시티(CT)몡 [computed tomography] 『의』 인체의 횡단면을 각 방향에서 엑스선으로 촬영하여, 그 상을 컴퓨터로 처리해서 진단하는 의료 기기. 시티 스캐너.
시티 스캐너(CT scanner)몡 『의』 시티(CT).
시티시(CTC)몡 [Centralized Traffic Control] 열차 집중 제어.
시티에스¹(CTS)몡 [computerized typesetting

system) 전산 사식 조판(電算寫植組版) 시스템. 컴퓨터로 제어·관리하는 사진 식자·조판 등의 인쇄물 제작 공정의 한 방식.

시티에스² (CTS) 몡 [crude oil transshipment station] 대형 유조선으로 실어 온 원유를 대량으로 저장하는 기지.

시티 촬영 (CT撮影) 《의》 컴퓨터 단층 촬영.

시파 (柴杷) 몡 《농》 씨앗을 뿌리고 흙을 덮거나 평평하게 고를 때 쓰는 농기구.

시파 (時派) 몡 《역》 조선 후기에 일어난 당파의 하나. 사도(思悼) 세자를 동정한 남인(南人) 계열로, 세자를 무고하고 비방한 벽파(僻派)와 대립함.

시:판 (市販) 몡하타 《경》 '시중 판매'의 준말. ▢~ 가격 / 신제품을 ~하다 / 사전이 ~되자마자 불티나게 팔렸다.

시판 (時版·時板) 몡 시계에서, 시간을 나타내는 숫자나 기호를 그려 놓은 것.

시-퍼렇다 [-러타] [시퍼러니, 시퍼레서] 혱혱 1 매우 퍼렇다. ▢강물이 ~. 2 춥거나 겁에 질려 핥이 퍼렇다. ▢시퍼렇게 질린 얼굴. 3 위풍이나 권세가 당당하다. ▢서슬이 ~. 4 날 따위가 몹시 날카롭다. ▢시퍼런 칼날의 번득이다. 쌥새파랗다.

시-퍼레지다 쟈 시퍼렇게 되다. 쌥새파래지다.

시편 (詩篇) 몡 1 편 단위의 시. 2 시를 모아 묶은 책. ▢~을 내다. 3 《성》 구약 성서의 한 편(고대 히브리 사람들이 신을 찬송한 시 150편).

시평 (時評) 몡 1 그 당시의 비평이나 평판. 2 시사(時事)에 관한 평론. ▢사회 ~.

시평 (詩評) 몡 시에 대한 비평.

시폐 (時弊) [-/-폐] 몡 그 당시의 못된 폐단. 그 시대의 폐습. 시병(時病). ▢~에 물들다 / ~를 교정하다.

시:표 (視標) 몡 측량할 때, 측량의 기준점에 세우는 표적.

시푸르뎅뎅-하다 혱혱 고르지 않게 매우 푸르스름하다.

시푸르죽죽-하다 [-쭈카-] 혱혱 칙칙하고 고르지 않게 매우 푸르스름하다.

시품 (詩品) 몡 시의 품격. 시격(詩格).

시풍 (詩風) 몡 시인의 작품에 나타나는 독특한 기풍. ▢독특한 ~을 지니다.

시피¹ (CP) 몡 [Command Post] 《군》 지휘소.

시피² (CP) 몡 [commercial paper] 《경》 신종 기업 어음(기업이 발행하는 무담보의 약속 어음).

시피아이 (CPI) 몡 [Consumer Price Index] 《경》 소비자 가격 지수.

시피엑스 (CPX) 몡 [Command Post Exercise] 《군》 지휘소 연습.

시피유 (CPU) 몡 [central processing unit] 《컴》 중앙 처리 장치.

시:필 (試筆) 몡하타 시험 삼아 붓대를 놀린다는 숫자로, 글씨를 쓰거나 그림을 그려 봄. 시호(試毫).

시:하 (侍下) 몡 부모나 조부모를 모시고 있는 처지. 또는 그런 사람.

시하 (時下) 몡 '이때'·'요즈음'의 뜻으로 편지에 쓰는 말. ▢~ 엄동설한에 가내 두루 평안하신지요.

시:하-생 (侍下生) 몡 당신을 모시는 몸이라는 뜻으로, 부모와 비슷한 나이의 어른께 올리는 글월에 자기 이름자와 함께 쓰는 말.

시:하-인 (侍下人) 몡 시하의 사람에게, 그 편지를 그가 모시고 있는 웃어른께 전해 달라는 뜻으로, 편지 겉봉에 쓰는 말.

시:학 (視學) 몡하타 학교의 교육이나 경영 상태 등을 시찰함.

시학 (詩學) 《문》 시의 본질과 원리 또는 창작에 관한 기법 등을 연구하는 학문.

시한 (時限) 몡 일정한 기간이나 시각. ▢~ 내에 일을 끝내다 / 약속할 ~이 다 되다.

시한-부 (時限附) 몡 어떤 일에 일정한 시간의 한계를 둠. ▢~ 인생.

시한 신:관 (時限信管) 《군》 탄환이 일정 시간을 날아간 뒤 터지게 되어 있는 신관. 시계 신관.

시한-폭탄 (時限爆彈) 몡 일정한 시간이 지나면 저절로 폭발하게 되어 있는 폭탄.

시:합 (試合) 몡하타 운동이나 그 밖의 경기 따위에서, 서로 재주를 겨루어 승부를 다툼. 겨루기. ▢야구 ~ / ~을 벌이다.

시:항 (市巷) 몡 저잣거리.

시:항 (試航) 몡하쟈 시험적으로 항해함. 또는 그런 항해.

시:해 (弑害) 몡하타 시살(弑殺).

시:행 (施行) 몡하타 1 실지로 행함. ▢명령대로 ~할 것. 2 《법》 법령을 공포한 후 그 효력을 실제로 발생시킴. ▢헌법을 ~하다.

시:행 (試行) 몡하타 시험적으로 행함.

시:행 규칙 (施行規則) 《법》 법령의 시행에 관한 사항을 상세히 정한 규칙(대통령령의 시행에 관해 필요한 사항을 규정한 총리령 또는 부령(部令) 따위를 이름). 시행 세칙.

시:행 기일 (施行期日) 《법》 법령을 처음으로 시행하는 날.

시:행 기한 (施行期限) 《법》 법령이 공포된 후부터 효력이 발생되기까지의 기간.

시:행-령 (施行令) [-녕] 몡 《법》 법률 시행에 필요한 규정을 주요 내용으로 하는 명령(대통령령으로 제정됨).

시:행-착오 (施行錯誤) 몡 학습 원리의 하나. 학습자가 어떤 목표나 과제를 해결할 방법을 찾아 여러 가지 행동을 실행하면서 실패를 되풀이하다가 우연히 성공한 동작을 계속함으로써 점차 학습을 절약하여 목표에 도달할 수 있다는 원리. ▢~을 겪다 / ~를 거듭하다.

시향 (時享) 몡 1 매년 음력 2월·5월·8월·11월에 가묘(家廟)에 지내는 제사. 2 음력 10월에 5대 이상의 조상 산소에 가서 지내는 제사. 시사(時祀). 시제(時祭).

시-허옇다 [-여타] [시허여니, 시허에서] 혱혱 매우 허옇다. 쌥새하얗다.

시-허예지다 쟈 시허옇게 되다. 쌥새하얘지다.

시헌-력 (時憲曆) [-녁] 몡 《역》 태음력의 구법(舊法)에 태양력의 원리를 부합시켜 이십사 절기의 시각과 하루의 시각을 정밀하게 계산하여 만든 역법(조선 효종 때부터 사용함).

시험 (試驗) 몡하타 1 재능·실력·지식 따위의 수준이나 정도를 일정한 절차에 따라 알아봄. ▢기말 ~을 치르다. 2 사물의 성질·기능 등을 실지로 경험하여 봄. ▢새 컴퓨터의 성능을 ~하다.

시험-공부 (試驗工夫) 몡 시험을 치르기 위해 하는 공부. ▢밤을 새워 ~를 하다.

시험-관 (試驗官) 몡 시험 문제를 내거나 시험장의 감독 및 그 성적을 채점하는 사람.

시험-관 (試驗管) 몡 《화》 화학 실험에 사용하

는, 한쪽 끝이 막힌 길쭉한 원통형의 유리관.

시험관 아기 (試驗管-) 〖의〗 난자(卵子)를 몸 밖으로 꺼내어 유리관 안에서 정자와 수정 (受精)시키고, 포배기(胞胚期)까지 60시간을 배양시킨 배(胚)를, 다시 모체로 옮겨서 자궁 에 착상시켜 완전한 태아로 발육시킨 아기 (1978년 영국에서 세계 최초로 탄생됨).

시험-대 (試驗臺) 圓 1 자연 과학에 관한 현상 을 시험하고 연구할 수 있도록 만든 대. 2 가 치나 기량 따위를 시험하는 자리.
시험대에 오르다 句 시험하는 대상이 되다.

시험 매매 (試驗賣買) 〖경〗 1 새로 나온 상품 을 시장에 내놓아 시험 삼아 파는 일. 2 살 사람이 실제로 시험해 보고 마음에 들면 산 다는 조건으로 이루어지는 거래.

시험 문:제 (試驗問題) 〖교〗 시험을 보이기 위 하여 내놓은 문제. ▢~을 출제하다.

시험 비행 (試驗飛行) 비행기를 실제로 사용 하기 전에, 시험적으로 날아 보는 일.

시험-소 (試驗所) 圓 시험장2.

시험-액 (試驗液) 圓 1〖화〗 시험용으로 쓰는 액체. 2〖생〗시험이나 하등 동물을 시험적으 로 기르는 데 쓰는 액체.

시험-장 (試驗場) 圓 1 재능이나 기량 따위를 일정한 절차에 따라 검사하고 평가하기 위한 시설을 갖추어 놓은 곳. ▢운전면허 ~. 2 사 물의 성질이나 기능을 실지로 증험하기 위한 시설을 갖추어 놓은 곳. ▢농업 ~.

시험-지 (試驗紙) 圓 1 시험 문제가 적힌 종이 나 답안을 쓰는 종이. 시험용지. ▢답을 다 쓰지 못한 ~를 제출하다. 2〖화〗화학 실험 에 쓰는 시약(試藥)을 바른 특수 종이《리트머 스 시험지 따위》.

시험-지옥 (試驗地獄) 圓 지원자가 잦거나 경쟁 률이 심해 시험을 치르는 사람들이 큰 고통 을 느끼게 됨을 비유적으로 이르는 말.

시험-침 (試驗針) 〖공〗 다른 금속이 섞인 분량을 알아보기 위해 쓰는 바늘.

시험-하다 (猜險-) 圓釬 시기심이 많고 엉클하 다.

시:현 (示現·示顯) 圓釬탸 1 나타내 보임. 2 신 불(神佛)이 영험(靈驗)을 나타내는 일. 3 〖불〗 부처나 보살이 중생을 제도하기 위해 여러 가지 모습으로 바꾸어 나타나는 일.

시:현-탑 (示現塔) 圓 〖불〗 자연적으로 된 탑.

시혐 (猜嫌) 圓釬탸 시기하고 싫어함.

시형 (詩形) 圓 〖문〗 시의 형식.

시형-학 (詩形學) 圓 〖문〗 시의 형태학. 곧, 시 율(詩律)·시구(詩句)·압운(押韻)·시절(詩 節)·율어(律語) 등을 밝히는 학문.

시:혜 (施惠)〖-/-혜〗圓釬탸 은혜를 베풂. 또 는 그 은혜. ▢~를 받다.

시:호 (市虎) 圓 근거 없는 말도 퍼뜨리는 사람 이 많으면 끝내는 사실로 믿게 됨을 이르는 말. 삼인성호(三人成虎).

시호 (時好) 圓 그때의 유행.

시호 (柴胡) 圓 〖식〗 미나릿과의 여러해살이풀. 산지나 들에 남. 줄기는 1m가량이고 잎은 어긋나고 피침 모양이며, 초가을에 노란색 꽃이 핌. 마른 뿌리는 한방의 약재로 씀.

시호 (豺虎) 圓 1 승냥이와 호랑이. 2 사납고 악 독한 사람을 비유한 말.

시:호 (試毫) 圓釬탸 시필(試筆).

시호 (詩豪) 圓 시를 잘 짓는 뛰어난 사람.

시호 (詩號) 圓 시인의 아호(雅號).

시:호 (諡號) 圓 제왕·경상(卿相)·유현(儒賢)이 죽은 뒤에, 그 공덕을 칭송하여 임금이 추증 (追贈)하던 이름.

시호-시호 (時乎時乎) 昰 시재시재(時哉時哉).

시혹 튀 〖옛〗 혹시.

시혼 (詩魂) 圓 시를 쓰는 마음. 시정(詩情). ▢ ~을 일깨우다.

시화 (詩化) 圓釬탸 시적인 것이 됨. 또는 그 렇게 되게 함.

시화 (詩話) 圓 시나 시인에 관한 이야기.

시화 (詩畵) 圓 1 시와 그림. 2 시를 곁들인 그 림. ▢~에 뛰어난 재능을 지니다.

시:화-법 (視話法)〖-뻡〗圓 발음할 때의 입술이 나 혀의 움직임을 보고 발음법을 익히는 방 법《발음이 정확하지 않은 사람을 위해 씀》.

시화세풍 (時和歲豊) 圓 시화연풍.

시화연풍 (時和年豊) 圓 나라가 태평하고 풍년 이 듦. 시화세풍.

시화-전 (詩畵展) 圓 시와 그림을 전시하는 전 람회. ▢~을 열다.

시화-축 (詩畵軸) 圓 그림의 위쪽 여백에 그림 에 알맞은 한시를 쓴 두루마리. ⓟ시축.

시환 (時患) 圓 〖한의〗 때에 따라 유행하는 상 한(傷寒). 시령(時令).

시:황 (市況) 圓 〖경〗 상품이나 주식 따위가 시 장에서 매매되거나 거래되는 동향. 상황(商況).

시:황-판 (市況板) 圓 주식이나 상품 따위의 매매나 거래 동향을 보여주는 전광게시판.

시회 (詩會) 圓 시인 또는 시의 애호가들의 모 임《시에 대한 발표·강의·감상·비평 등을 목 적으로 함》. ▢~를 열다.

시효 (時效) 圓 〖법〗 일정한 법규에 따라 생기 는 권리를 취득 또는 소멸시키는 기간. ▢취 득 ~ / 소멸 ~.

시효 기간 (時效期間) 〖법〗 시효가 완성되기 위해 필요한 기간.

시효 정지 (時效停止) 〖법〗 시효를 중단하기 곤란한 사정이 있을 때, 시효의 완성을 일정 한 기간 유예(猶豫)하는 일.

시효 중단 (時效中斷) 〖법〗 시효를 인정할 수 없는 사실이 발생하였을 때, 시효의 진행을 중단하는 일.

시후 (時候) 圓 사시(四時)의 절후.

시휘 (時諱) 圓 그 시대에 맞지 않는 말이나 행 동.

시흥 (詩興) 圓 시를 짓고 싶은 마음. 또는 시 에 대한 흥취. ▢~에 젖다 / 술 몇 잔에 절로 ~이 일다.

식 (式) ▢圓 1 일정한 전례·표준·규정. 2 '의 식'의 준말. ▢~을 올리다 / ~이 거행되다. 3〖수〗숫자·문자·기호 따위를 써서 이들 사 이의 수학적 관계를 나타낸 것. 산식(算式). ▢x를 구하는 ~을 써라. ▢回의圓 일정한 방 식이나 투. ▢그런 ~이라면 나도 할 수 있 다 / 자기는 모르겠다는 ~으로 뒤로 물러섰다.

식 (識) 圓 〖불〗 사물을 인식하거나 이해하는 마음의 작용.

식 튀 좁은 틈으로 김이나 바람이 세차게 새어 나오는 소리. 또는 그 모양.

-식 回 〖옛〗 -씩.

-식 (式) 回 1 법식(法式)이나 방식을 나타내는 말. ▢한국~ / 기계~ / 자동~ / 현대~. 2 '의식'의 뜻을 나타내는 말. ▢기념~ / 개업 ~ / 총괄~.

식가 (式暇)〖-까〗圓 〖역〗 관원(官員)에게 주던 규정된 휴가.

식각 (蝕刻)〖-깍〗圓釬탸 부각(腐刻).

식각 오목판 (蝕刻-版)〖-까고-〗〖인〗 방식제 (防蝕劑)를 바른 판재(版材)에 그림을 그려

방식제를 찢어 낸 후, 약물로 부식시켜 만든 조각 오목판의 하나.

식각 판화(蝕刻版畵)[-깍-][-] 〖미술〗약물을 사용하여 유리·금속 따위에 조각한 그림.

식간(食間)[-깐] 끼니때와 끼니때의 사이. ▢~에 복용하십시오.

식객(食客)[-깩] 〖1〗 예전에, 세력가의 집에서 얻어먹으며 문객 노릇을 하던 사람. 〖2〗하는 일 없이 남의 집에서 얻혀 얻어먹고 지내는 사람.

식거(植炬)[-꺼] 〖역〗밤에 임금이 거둥할 때, 길 양쪽에 횃불을 죽 세우던 일.

식겁(食怯)[-껍] 뜻밖에 놀라 겁을 먹음.

식견(息肩)[-껸] 어깨를 쉬게 한다는 뜻으로, 무거운 책임을 벗음의 비유.

식견(識見)[-껸] 학식과 견문. 곧, 사물을 분별할 수 있는 능력. 견식. ▢~이 높다 / ~을 기르다.

식경(食頃)[-꼉] 한 끼의 밥을 먹을 만한 잠깐 동안. ▢한 ~이 지나다.

식경(息耕)[-꼉] 논밭의 면적을 어림으로 헤아리는 말로, 한참 갈 만한 넓이(곧, 논밭의 하루갈이의 6분의 1의 면적).

식계(蝕溪)[-꼐 / -꼐] 〖지〗평시에는 물이 없다가 큰비가 올 때 물이 사납게 흐르며 기울기가 몹시 급한 물길.

식곡(息穀)[-꼭] 이자를 붙여 갚기로 하고 꾸는 곡식.

식곤-증(食困症)[-꼰쯩] 〖생〗음식을 먹은 후 몸이 나른하고 졸음이 오는 증세. ▢~이 오다.

식공(食攻)[-꽁] 〖군〗적을 포위하여 식량난으로 저절로 항복하도록 하는 전법.

식공(食供)[-꽁] 〖명〗하다〖타〗음식을 제공함.

식과(式科)[-꽈] 〖역〗'식년과(式年科)'의 준말.

식관(食管)[-꽌] 〖생〗식도(食道).

식-교자(食交子)[-꾜-] 온갖 반찬과 국·밥 등을 차려 놓은 상. ↔건(乾)교자.

식구(食口)[-꾸] 한집에서 같이 살며 끼니를 함께하는 사람. 식솔(食率). ▢많은 ~를 거느리다 / 그와 한 ~가 되다.

식권(食券)[-꿘] 식당 등에서 음식과 바꾸는 표. ▢~을 끊다.

식궐(食厥)[-꿜] 〖한의〗음식을 너무 많이 먹어서 갑자기 졸도하여 말을 못하는 병.

식균 세:포(食菌細胞)[-꾼-] 〖생〗식세포.

식균 작용(食菌作用)[-꾼자굥] 〖생〗식세포 작용.

식근(食根)[-끈] 〖1〗 먹을거리가 나오는 곳이란 뜻으로, '논밭'의 일컬음. 〖2〗밥줄1.

식기(食器)[-끼] 음식을 담는 그릇. ▢~를 씻다.

식기-장(食器欌)[-끼짱] 식기를 넣어 두는 장.

식깃-박(食器-)[-끼빡 / -낃빡] '시겟박'의 본딧말.

식-나무[싱-] 〖식〗충충나뭇과의 상록 활엽 관목. 따뜻한 산지에 남. 높이 2 m 가량이고, 잎은 마주나며, 봄에 자주색 꽃이 피고, 초겨울에 홍·황·백색의 핵과가 익음(관상용으로 정원에 심음).

식년(式年)[싱-] 〖역〗과거를 보이는 시기를 지정한 해(태세(太歲)가 자(子)·묘(卯)·오(午)·유(酉)가 드는 해로서, 3년마다 한 번씩 돌아옴).

식년(蝕年)[싱-] 〖천〗태양이 황도(黃道)와 백도(白道)와의 교점을 통과하여 다시 그 교점에 돌아오기까지의 시간(약 346.62일임).

식년-과(式年科)[싱-] 〖역〗식년마다 보이던 과거의 총칭. ㉮식과.

식념(食念)[싱-] 음식을 먹고 싶은 생각.

식다[-따] 〖자〗〖1〗 더운 기가 없어지다. ▢국이 ~. 〖2〗열성이 줄다. 감정이 누그러지다. ▢교육열이 ~ / 의욕이 식었다. 〖3〗어떤 일에 품가 지나 시들하게 되다. 〖4〗경기가 끝날 때쯤에는 응원의 열기도 식어 갔다. 〖5〗땀이 마르다. ▢바람에 땀이 ~. 〖6〗(주로 '식은'의 꼴로 쓰여) 실속없이 허황하게 싱겁다. ▢식은 소리를 잘하다.
[식은 죽 먹기] 아주 쉽다는 말.

식단(食單)[-딴] 〖1〗 식당 등에서 파는 음식의 종류와 값을 적은 표. 차림표. 메뉴. 〖2〗가정 따위에서, 일정한 기간에 먹을 음식의 종류와 순서를 계획하여 짠 표. 식단표. ▢~을 짜다.

식단(食團)[-딴] 비빔밥을 완자처럼 둥글게 한 후 밀가루를 묻히고 달걀을 씌워 지져서, 그냥 먹거나 장국에 넣어 먹는 음식.

식단-표(食單表)[-딴-] 식단2. ▢~를 작성하다.

식달-하다(識達-)[-딸-] 〖형여〗식견이 있어서 사물의 도리에 밝다.

식당(食堂)[-땅] 〖1〗 건물 안에 식사를 할 수 있도록 시설을 갖춘 방. 〖2〗음식을 만들어 파는 집. ▢~에서 식사를 하다.

식당-차(食堂車)[-땅-] 열차에 식당의 설비를 갖추어 놓은 찻간.

식대(食代)[-때] 〖1〗 음식을 먹은 값으로 치르는 돈. ▢~를 내다. 〖2〗지난날, 공역(公役)에서 순서대로 교대하여 밥을 먹던 일.

식대(飾帶)[-때] 옷의 허리나 모자 따위에 두르는 장식용의 띠.

식도(食刀)[-또] 식칼.

식도(食道)[-또] 〖생〗고등 동물의 소화기 계통의 한 부분으로 목구멍에서 위까지에 이르는 부분. 밥줄. 식관(食管).

식도-경(食道鏡)[-또-] 〖의〗식도에 삽입하여 그 내벽의 관찰이나 이물(異物)의 제거 등에 쓰는 의료 기구.

식-도락(食道樂)[-또-] 여러 가지 음식을 두루 맛보는 것을 즐거움으로 삼는 일. ▢~을 즐기다.

식도-암(食道癌)[-또-] 〖의〗식도에 생기는 악성 종양. 음식을 삼키기가 어려워지는데, 보통 50~70세의 남자에게 많음.

식도　협착(食道狹窄)[-또-] 〖의〗식도의 일부가 좁아져 음식물을 삼키기 곤란한 증상.

식-되(食-)[-뙤] 집에서 곡식을 될 때 쓰는 작은 되. 「(量).

식량(食量)[싱냥] 음식을 먹는 분량. ㉮양.

식량(食糧)[싱냥] 양식1. ▢~을 구하다 / ~을 조달하다.

식량(識量)[싱냥] 식견과 도량.

식량-난(食糧難)[싱냥-] 흉작이나 인구 과잉 등으로 식량이 모자라서 겪는 어려움.

식량 연도(食糧年度)[싱냥년-] 〖농〗식량이 되는 농산물의 수확기를 기준으로 정한 연도(우리나라는 11월 1일부터 이듬해 10월 31일까지의 한 해임).

식력(識力)[싱녁] 사물을 식별하는 능력.

식례(式例)[싱녜] 전부터 있어 온 일정한 사례.

식록(食祿)[싱녹][][하자] 1《역》녹봉(祿俸). 2 녹을 받아 생활함.

식료(食料)[싱뇨][] 음식의 재료.

식료-품(食料品)[싱뇨-][] 음식의 재료가 되는 물품(육류·야채류 등 주(主)식품 외의 것을 가리킴). 식용물. 식용품. ▢~을 구입하다. ＊식품(食品).

식리(殖利)[싱니][][하자] 재물을 불리어 이익을 늘림.

식림(植林)[싱님][][하자] 나무를 심어 수풀을 만듦. 조림.

식멸(熄滅)[싱-][][자타] 1 불이 꺼져 없어짐. 2 흔적도 없이 없애 버림.

식모(式帽)[싱-][] 의식을 갖출 때 예복을 갖추어 쓰는 모자.

식모(食母)[싱-][] 남의 집에 고용되어 주로 부엌일을 맡아 하는 여자. ▢~를 살다 / ~를 두다.

식모(植毛)[싱-][][하자] 1 털을 옮겨 심음. 2《의》몸의 털이 없는 부분에 다른 곳의 털을 옮겨 심음. 또는 그런 일.

식모-술(植毛術)[싱-][]《의》머리카락을 모근(毛根)째로 옮겨 심는 방법.

식목(植木)[싱-][][하타] 나무를 심음. 또는 그 나무. 식수(植樹). 종수(種樹).

식목-일(植木日)[싱모길][] 국가에서 산림녹화를 위해서 정한, 나무를 심는 날(매년 4월 5일).

식물(食物)[싱-][] 먹을거리.

식물(植物)[싱-][]《생》생물을 동물과 함께 둘로 분류한 것의 하나. 나무나 풀과 같이 한곳에 고정하여, 공기·흙·물에서 영양분을 섭취하여 살아가는 생물. ↔동물.

식물 검:역(植物檢疫)[싱-거녁]《농》병균·해충 등의 침입을 막기 위하여 식물을 검사하고 병해충의 유무를 조사하는 일.

식물-계(植物界)[싱-게][]《식》1 식물이 생존하는 세계. 2 생물의 분류상 최대 단위의 하나로, 식물의 총칭. ＊동물계.

식물 고사병(植物枯死病)[싱-빵]《식》박테리아 따위의 기생으로 잎·가지·줄기가 검게 타고 열매나 꽃 등이 말라 죽는 병.

식물구-계(植物區系)[싱-게]《식》세계 각지에서 생육(生育)하는 식물의 전(全) 종류를 비교하여, 특징을 지닌 지역으로 분류한 각 지역.

식물 군락(植物群落)[싱-굴-]《식》토질·수분(水分)·일광 등 같은 자연환경 아래 모여 사는 식물의 집단.

식물-대(植物帶)[싱-][]《식》지구상의 식물 분포를 몇 부분으로 나눈 것(수직 분포에 따라 산록대(山麓帶)·관목대(灌木帶)·고산대(高山帶) 등으로 나누는 경우와 온도·위도에 따라 북대(北帶)·신열대(新熱帶)·남대(南帶) 등으로 나누는 경우가 있음).

식물-도감(植物圖鑑)[싱-][] 일정한 식물구계 안의 모든 식물을 채집하여 그 형상·생태 등을 정리하여 밝히고 이에 설명을 붙인 책. 식물지(誌).

식물 병:리학(植物病理學)[싱-니-]《식》식물의 병·재해나 예방 따위를 연구하는 학문.

식물 분류학(植物分類學)[싱-불-]《식》식물의 형태와 번식법 등의 구별에 따라 그 계통을 세우는 학문.

식물 분포(植物分布)[싱-]《식》지역에 따라 식물이 퍼져 있는 일. 또는 그런 상태(토지·기후·온도에 따름).

식물-산(植物酸)[싱-][]《화》옥살산(酸)이나

유기산 등 식물체 속에 들어 있는 산.

식물-상(植物相)[싱-쌍][]《식》어느 지역에 생육하는 식물의 모든 종류.

식물 상아(植物象牙)[싱-]《식》열대 아메리카나 솔로몬 제도에서 나는 상아야자 열매의 흰 배젖을 말린 것(상아와 모양이 비슷하며 단추나 기구 등에 씀).

식물 생리학(植物生理學)[싱-니-]《식》식물의 생리적 현상을 연구하는 학문으로 식물학의 한 분야. 식물의 물질대사·호흡·생장 등 생리적 현상과 그 원인을 연구함.

식물 생태학(植物生態學)[싱-]《식》식물과 그 환경 및 공생자(共生者)와의 관계를 연구하는 식물학의 한 분야.

식물-성(植物性)[싱-썽][]《식》1 식물에서만 볼 수 있는 성질. 2 식물에서 얻어지는 것.

식물성 기름(植物性-)[싱-썽-]《화》식물의 씨나 열매 등에서 짜낸 기름(식용·등용(燈用)·도료 기타 공업용으로 널리 씀). 식물유. 식물성유.

식물성 섬유(植物性纖維)[싱-썽서뮤]《공》식물에서 얻어지는 섬유. 주성분은 섬유소이며 동물성 섬유보다는 열의 전도와 흡습성이 좋고 알칼리에 강함. 식물의 열매·껍질·잎 등에서 채취함.

식물성 신경(植物性神經)[싱-썽-]《생》자율신경.

식물성 염:료(植物性染料)[싱-썽-뇨]《화》식물의 꽃·잎·나무껍질 열매·뿌리 등에서 얻어지는 천연물감(쪽·꼭두서니 따위). 식물염료.

식물성-유(植物性油)[싱-썽뉴][]《식》식물성 기름.

식물-암(植物岩)[싱무람][]《지》식물체의 침적(沈積)이나 변화로 이루어진 암석.

식물 연쇄(食物連鎖)[싱-련-]《동》먹이 연쇄.

식물-원(植物園)[싱무뤈][]《식》식물학의 연구 및 식물에 관한 지식의 보급을 위해 많은 종류의 식물을 모아 기르는 곳.

식물-인간(植物人間)[싱무린-]《의》대뇌의 손상으로 의식과 운동 기능은 상실되었으나, 호흡·소화·배설·순환 등의 기능은 유지하고 있는 환자.

식물 지리학(植物地理學)[싱-]《식》지구 상의 식물 분포 상태를 연구하고 그 종류를 비교하고 분류하여 식물구계를 밝히는 학문.

식물 채:집(植物採集)[싱-]《식》학습이나 학술상의 필요로 야생의 식물을 그대로 따서 모음.

식물-체(植物體)[싱-][] 식물로서의 유기체.

식물 표본(植物標本)[싱-]《식》채집한 식물을 계통적으로 분류한 표본.

식물-학(植物學)[싱-][]《식》동물학에 상대되는 생물학의 한 부문. 식물에 관한 모든 사항을 연구하는 자연 과학. ↔동물학.

식물 호르몬(植物hormone)[싱-]《식》식물의 체내에서 합성되는 여러 가지 생리 작용을 조절하는 물질.

식민(植民)[싱-][][하자]《정》강대국이 본국과 종속 관계에 있는 나라에 정치적·경제적 목적을 위하여 자국민을 이주시키는 일. 또는 그 이주민.

식민-국(植民國)[싱-][]《정》식민지를 가진 나라.

식민 정책(植民政策)[싱-]《정》식민지의 통치·경영에 관한 정책. 식민지 정책.

식민-지 (植民地)[싱-]〔명〕『정』본국의 밖에 있으면서 본국의 특수한 지배를 받는 지역.

식반 (食盤)[-빤]〔명〕음식을 차려 놓는 상.

식별 (識別)[-뼐]〔명〕〔하타〕분별해 알아봄. ▣~능력 / 사진이 흐릿하지만 ~이 가능하다.

식별-역 (識別閾)[-뼐역]〔명〕『심』변별역(辨別閾).

식보 (食補)[-뽀]〔명〕〔하자〕좋은 음식을 먹고 원기를 보충함.

식복 (食復)[-뽁]〔명〕『한의』중병 환자의 회복기에 음식을 잘못 먹어 병이 재발하는 일. 또는 그 병.

식복 (食福)[-뽁]〔명〕음식을 먹을 기회를 잘 만나게 되는, 타고난 복. ▣~이 없다 / ~을 타고나다.

식부 (植付)[-뿌]〔명〕〔하타〕1 나무나 풀을 심음. 2 모내기.

식분 (蝕分)[-뿐]〔명〕『천』일식이나 월식 때 태양이나 달이 이지러진 정도.

식불 (拭拂)[-뿔]〔명〕깨끗이 쓸고 닦음.

식불감미 (食不甘味)[-뿔-]〔명〕〔하형〕근심과 격정으로 음식을 먹어도 맛이 없음.

식불언 (食不言)[-뿐언]〔명〕음식을 먹을 때는 쓸데없는 말을 하지 않음.

식비 (食費)[-삐]〔명〕먹는 데 드는 비용. ▣우리 집은 대가족이라 ~가 많이 든다.

식빙 (食氷)[-삥]〔명〕먹기 위하여 인공적으로 만든 얼음.

식빵 (食-)〔명〕밀가루를 반죽하여 구운 주식용의 빵. ▣~에 버터를 바르다.

식사 (式辭)[-싸]〔명〕〔하자〕식장(式場)에서 그 식에 대하여 인사로 말함. 또는 그 말.

식사 (食事)[-싸]〔명〕〔하자〕끼니로 음식을 먹음. 또는 그 음식. ▣~ 시간 / 빵으로 ~를 대신하다.

식사 (飾詐)[-싸]〔명〕〔하자〕남을 속이기 위하여 거짓으로 꾸밈.

식사 (飾辭)[-싸]〔명〕듣기 좋게 꾸며서 하는 말. 겉치레로 하는 말.

식산 (殖産)[-싼]〔명〕〔하자타〕1 생산물을 더욱 늘림. 2 재산을 불리어 늘림. 식재(殖財).

식상 (食床)[-쌍]〔명〕밥상.

식상 (食傷)[-쌍]〔명〕〔하자〕1『한의』음식을 먹은 뒤 복통이나 토사 따위가 나는 병. 2 같은 음식이나 사물에 싫증이 나서 물리거나 질림. ▣기름기 많은 음식에 ~하다 / 그저 그런 코미디 프로에 ~했다.

식색 (食色)[-쌕]〔명〕식욕과 색욕.

식생 (植生)[-쌩]〔명〕『식』어떤 구역에서 생활하고 있는 식물의 집단(동일종의 식생을 순식생, 이종(異種)이 혼합한 것을 이종 식생이라고 함).

식생-도 (植生圖)[-쌩-]〔명〕『식』일정한 단위로 분류한 식물 군락의 지리적 분포를 지도상에 나타낸 것.

식-생활 (食生活)[-쌩-]〔명〕음식과 관련된 생활. ▣~ 개선 / ~ 수준이 향상되다.

식서 (飾緖)[-써]〔명〕변폭(邊幅)1.

식성 (食性)[-썽]〔명〕1 음식에 대하여 좋아하거나 싫어하는 성미. ▣~이 까다롭다. 2『동』동물의 먹이에 대한 습성(초식성·육식성·잡식성 따위로 나눔).

식-세포 (食細胞)[-쎄-]〔명〕『생』혈액이나 조직 안을 떠돌아다니면서 세균 등을 잡아먹는 세포(백혈구 따위).

식세포 작용 (食細胞作用)[-쎄-자꽁]〔명〕『생』살

아 있는 식세포가 몸 안에 있는 세균이나 이물질을 섭취하여 이들을 없애는 작용. 식균 작용. 식작용.

식소사번 (食少事煩)[-쏘-]〔명〕먹을 것은 적은데 할 일은 많음.

식솔 (食率)[-쏠]〔명〕한 집안에 딸린 식구. 권솔(眷率). ▣많은 ~을 거느리다.

식수 (食水)[-쑤]〔명〕식용으로 쓰는 물. ▣~를 공급하다.

식수 (食數)[-쑤]〔명〕뜻밖에 음식을 먹게 되는 재수.

식수 (植樹)[-쑤]〔명〕〔하타〕식목(植木).

식수-난 (食水難)[-쑤-]〔명〕식수의 부족으로 겪는 어려움. ▣~을 겪다.

식순 (式順)[-쑨]〔명〕의식(儀式)을 진행하는 순서. ▣~에 따라 진행하다.

식식 [-씩]〔부어미〕숨을 매우 가쁘고 거칠게 쉬는 소리. ▣숨을 ~ 내쉬며 달리다. ㉵색색. ㉵씩씩.

식식-거리다 [-씩꺼-]〔타〕식식 소리를 자꾸 내다. ▣숨이 차서 ~. ㉵색색거리다. ㉷씩씩거리다.

식식-대다 [-씩때-]〔타〕식식거리다.

식신 (食神)[-씬]〔명〕『민』음식을 맡은 귀신.

식심 (蝕甚·食甚)[-씸]〔명〕『천』일식이나 월식에서, 태양이나 달이 가장 많이 이지러진 때.

식야 (識野)〔명〕『심』어떤 순간에 의식하는 경험의 전체 범위.

식언 (食言)〔명어자〕약속한 말대로 지키지 않음. ▣~을 일삼다.

식역 (識閾)〔명〕『심』어떤 의식 작용이 일어났다 사라졌다 하는 경계. 자극으로 의식이 각성되어, 감각을 일으키는 그 경계.

식열 (食熱)〔명〕『한의』어린아이가 과식하여 나는 몸의 열.

식염 (食塩)〔명〕먹는 소금.

식염-수 (食塩水)〔명〕1 식염을 탄 물. 소금물. 2 '생리식염수'의 준말.

식염 주:사 (食塩注射)〔명〕『의』생리식염수를 혈관이나 피하에 주사하는 일(독소를 풀고 수분을 보충함). 염수 주사.

식염-천 (食塩泉)〔명〕『지』물속에 염분이 1000분의 1 이상 함유된 광천(욕용(浴用)으로는 만성 류머티즘·혈관 경화증 등에, 음용(飮用)으로는 만성 소화기병에 유효함). 염천(塩泉).

식예 (植藝)〔명〕수예(樹藝).

식욕 (食慾)〔명〕음식을 먹고 싶어하는 욕망. 밥맛. ▣~이 왕성하다 / ~을 잃다.

식욕 부진 (食慾不振)[-시꼭뿌-]〔의〕식욕이 줄어드는 현상. 또는 그런 증상.

식욕 이:상 (食慾異常)〔의〕식욕이 지나치게 생기거나 없어지는 병적 현상.

식용 (食用)〔명어타〕먹을 것으로 씀. 또는 그런 물건. ▣~ 버섯.

식용-개구리 (食用-)〔명〕『동』'황소개구리'를 식용한다 하여 일컫는 말.

식용-균 (食用菌)〔명〕『식』석이나 송이 등 식용으로 하는 담자균류.

식용-근 (食用根)〔명〕『식』식용으로 하는 식물의 뿌리나 뿌리줄기. 비대하며 녹말을 저장하고 있음(고구마·무·토란 따위).

식용-물 (食用物)〔명〕식료품.

식용 색소 (食用色素)[시꽁-쏘]〔공〕음식물에 빛깔을 내기 위하여 들이는 색소(향기가 있고 몸에 해롭지 않음).

식용 식물 (食用植物)[시꽁싱-]〔식〕사람이 먹을 수 있는 식물의 총칭(어린잎·뿌리·줄기·꽃 등). 먹이 식물.

식용-유 (食用油)[시굥뉴]명 15℃에서 완전한 액상(液狀)이 되는 식용의 기름(참기름·콩기름·땅콩기름 따위의 식물성 기름, 경유(鯨油)·어유(魚油) 따위의 동물성 기름이 있음). ㉦식유(食油).

식용 작물 (食用作物)[시굥장-]『농』식용으로 재배하는 농작물(곡식·채소 따위).

식용-품 (食用品)명 식료품.

식원-복 (食遠服)명하타 『의』음식을 먹은 뒤 한참 있다가 약을 먹는 일. ＊식후복.

식육 (食肉)명하자 1 고기를 먹음. 2 식용으로 하는 고기.

식육-류 (食肉類)[시귱뉴]명『동』포유류에 속하는 한 목(目)(육식을 주로 하는데, 발톱과 송곳니가 발달하여 고기를 물고 찢기에 적합함). 육식 동물.

식은-땀 명 1 몸이 쇠약하여 병적으로 나는 땀. 냉한(冷汗). ▢감기로 ~을 흘리다. 2 긴장하거나 놀랐을 때 나는 땀. ▢~이 나다. ＊진땀.

식음 (食飮)명하타 먹고 마심. 또는 그런 일. ▢~을 전폐하다. 「거리.

식-음료 (食飮料)[시금뇨]명 사람이 먹고 마실

식읍 (食邑)명『역』국가에서 공신에게 내리어, 조세를 개인이 받아 쓰게 하던 고을. 식봉(食封). ▢공신에게 ~을 내리다.

식이 (食餌)명 1 먹이. 2 조리한 음식물.

식이 반:사 (食餌反射)『심』실험 동물이 식기(食器) 소리를 듣거나 사육자가 오는 것을 보고 반사적으로 군침을 흘리는 현상. ＊조건 반사.

식이 요법 (食餌療法)[시기-뺩]『의』음식물의 품질·성분·분량 등을 조절하여 직접 질병을 치료하거나 예방하는 방법. 영양 요법.

식인 (食人)명 사람 고기를 먹음. 또는 그런 풍습. 「는 귀신.

식인-귀 (食人鬼)명『불』사람을 잡아먹는다

식인-종 (食人種)명 사람을 잡아먹는 풍습이 있는 미개 인종.

식일 (式日)▢명 의식(儀式)이 있는 날. ▢부 날마다.

식자 (植字)[-짜]명하타 『인』활판 인쇄에서, 문선공(文選工)이 뽑아 놓은 활자를 원고대로 맞추어 판(版)을 짜는 일.

식자 (識字)[-짜]명 글이나 글자를 아는 일.

식자 (識者)[-짜]명 학식과 식견이 있는 사람.

식자-공 (植字工)[-짜-]명『인』식자하는 직공.

식자-우환 (識字憂患)[-짜-]명 학식이 있는 것이 도리어 근심을 사게 된다는 말.

식자-판 (植字版)[-짜-]명『인』활판(活版).

식-작용 (食作用)[-짜굥]명『생』식세포 작용.

식장 (式場)[-짱]명 식을 거행하는 장소. ▢~이 하객으로 차다.

식재 (息災)[-째]명『불』불력(佛力)으로 온갖 재난을 없애는 일.

식재 (植栽)[-째]명하타 초목을 심어 재배함.

식재 (殖財)[-째]명하자 식산(殖産)2.

식적 (食積)[-쩍]명『한의』과식이나 소화 불량 등으로 음식물이 위(胃)에 정체되는 병.

식전 (式典)[-쩐]명 의식(儀式). ▢~에 참석하다.

식전 (食前)[-쩐]명 1 아침밥을 먹기 전. 곧, 이른 아침. 2 밥을 먹기 전. ▢~에 약을 먹다. ↔식후.

식전-바람 (食前-)[-쩐빠-]명 아침밥을 먹기 전의 이른 때. ▢~부터 웬 소란이냐.

식정-수 (食精水)[-쩡-]명 밥물2.

식-주인 (食主人)[-쭈-]명 나그네를 재워 주고

밥을 파는 집의 주인.

식-중독 (食中毒)[-쭝-]명『의』상한 음식물을 먹은 후 설사·구토·전신 부조(不調) 등의 증상이나 피부에 발진이 생기는 중독 상태. ▢여름철에는 ~을 특히 조심해라.

식지 (食指)[-찌]명 집게손가락.

식지 (食紙)[-찌]명 밥상과 음식 따위를 덮는 데 쓰는 기름종이.

식찬 (食饌)명 반찬.

식채 (食債)명 외상으로 음식을 먹고 갚지 못한 빚.

식체 (食滯)명『한의』먹은 음식이 소화가 잘 되지 않는 병.

식초 (食醋)명 식용으로 쓰는 액체 조미료(초산이 들어 있어 시고 약간의 단맛이 남). 초(醋). 「를 치다.

식충 (食蟲)명 1 벌레를 잡아먹음. 2 식충이.

식충-목 (食蟲目)명『동』척추동물 포유강의 한 목. 대개 몸이 물에 살며 몸은 작고 주둥이가 뾰족하며 다섯 발가락에 모두 갈고리 발톱이 있음. 밤에 돌아다니며 곤충을 잡아먹음(두더지·고슴도치 따위).

식충 식물 (食蟲植物)[-싱-]『식』벌레잡이 식물.

식충-이 (食蟲-)명 밥만 먹고 하는 일 없이 지내는 사람의 별명. 밥벌레. 식충.

식-칼 (食-)명 부엌에서 쓰는 칼. 부엌칼. 식도(食刀).

[식칼이 제 자루를 못 깎는다] ㉠자신이 관계된 일을 제 손으로 하기가 더 어렵다는 것을 비유하는 말. ㉡제 허물을 스스로 고치기가 어렵다는 말.

식탁 (食卓)명 식사용의 탁자. ▢~을 차리다 / ~에 오른 반찬들이 먹음직스럽다.

식탁-보 (食卓褓)[-뽀]명 식탁 위에 까는 천.

식탈 (食頉)명 먹은 것이 잘못되어 생기는 병. ▢과식으로 ~이 나다.

식탐 (食貪)명하자 음식을 욕심껏 탐내는 일. ▢~을 내다 / ~이 많다.

식-토 (植土)명『농』치토.

식판 (食板)명 밥·국·반찬을 담을 수 있도록 우묵하게 칸을 나누어 만든 식기.

식포 (食胞)명『생』원생(原生)동물의 체내에 일시적으로 형성되어 먹이를 소화시키는 작은 기관(器官).

식품 (食品)명 사람이 일상적으로 섭취하는 음식물. ＊식료품.

식품 (食稟)명 먹을새4.

식품 공학 (食品工學)『공』식품의 정제(精製)·제조·취급에 관한 이론을 응용하거나 기술을 연구하는 학문.

식품 위생 (食品衛生)『의』음식으로 인해 건강을 해치는 일을 방지하기 위한 위생 활동.

식품 의약품 안전처 (食品醫藥品安全處)『법』중앙 행정 기관의 하나. 국무총리실 소속으로 식품·의약품·의약 부외품·마약 따위에 관한 사무를 맡아봄.

식품 첨가물 (食品添加物)『공』식품을 조리 또는 가공·제조할 때, 맛을 내거나 보존을 위하여 첨가하는 화학적 합성물질.

식피-술 (植皮術)[-의]명 외상(外傷)·화상(火傷)·수술 등으로 결손된 피부에 건강한 다른 피부 조직을 이식하는 방법.

식해 (食害)[시캐]명 해충이나 쥐 등이 식물의 잎이나 줄기 따위를 갉아 먹어 해치는 일.

식해 (食醢)[시캐]명 생선젓2.

식혜 (食醯)[시혜 / 시케] 명 쌀밥에 엿기름가루를 우린 물을 부어 삭힌 것에 설탕을 넣고 끓여 식힌 다음, 건져 둔 밥알을 띄운 한국의 전통 음료.

식화 (食貨)[시콰] 명 경제의 뜻으로, 음식물과 재물을 아울러 이르는 말.

식화 (殖貨)[시콰] 명하자 재화(財貨)를 늘림.

식후 (食後)[시쿠] 명 밥을 먹은 뒤. ↔식전.

식후-경 (食後景)[시쿠-] 명 좋은 구경도 배가 불러야 구경할 맛이 난다는 말. ▫ 금강산도 ~이라.

식후-복 (食後服)[시쿠-] 명하타 음식을 먹은 뒤 잠깐 동안 있다가 약을 먹는 일. ＊식원복(食遠服).

식히다 [시키-] 타 ('식다'의 사동) 더운 것을 식게 하다. ▫ 머리를 ~ / 땀을 ~.

신[1] 명 발에 신고 걷는 데에 쓰는 물건. 신발. ▫ ~을 신다 / ~을 벗다.
　신을 거꾸로 신고 나가다 관 반가운 사람을 맞으러 허둥지둥 뛰어나가다.

신[2] 명 어떤 일에 흥미나 열성이 생겨 매우 좋아진 기분. 신명. ▫ ~이 나서 춤을 추다.
　[신에 붙잖다] 마음에 꼭 차지 않다. [신이야 넋이야 한다] 잔뜩 벼르던 것을 신이 나서 한다는 뜻.

신 (申) 명 「민」 1 지지(地支)의 아홉째. 원숭이를 상징함. 2 '신방(申方)'의 준말. 3 '신시(申時)'의 준말.

신 (辛) 명 「민」 1 천간(天干)의 여덟째. 2 '신방(辛方)'의 준말. 3 '신시(辛時)'의 준말.

신 (臣) 고 명 신하. ─ 대 명 신하가 임금에게 대하여 자기를 일컫던 말.

신- (信) 명 오상(五常)의 하나. 믿음성이 있고 성실함.

신 (神) 명 1 종교의 대상으로 우주를 주재하는 초인간적·초자연적인 존재. ▫ ~의 조화. 2 귀신. 3 「기」 하나님. 4 '신명'의 준말.
　신(이) 내리다 관 신이 무당에게 붙어 영적(靈的)인 행동을 하다.
　신(이) 지피다 관 신이 사람에게 내려, 모든 것을 알 수 있도록 영이 통하다.

신 (腎) 명 「생」 '신장(腎臟)'의 준말.

신 (scene) 명 「연」 연극이나 영화의 장면. ▫ 마지막 ~을 찍다.

신- (新) 투 '새로운'의 뜻. ▫ ~세계 / ~기록. ↔구-(舊).

신-가정 (新家庭) 명 1 신혼부부의 가정. ▫ ~을 꾸미다. 2 신시대의 가정.

신간 (新刊) 명하타 책을 새로 간행함. 또는 그 책. ▫ ~ 서적 / ~을 사다. ↔구간(舊刊).

신간 (新墾) 명하타 땅을 새로 개간함.

신-감각파 (新感覺派) 명 「문」 문법과 상식을 넘어 참신하고 주관적인 표현법을 쓰는 현대적이고 도시적인 문예상의 한 파.

신-감기 [-깜-] 명 '신경기'의 본딧말. ◉감기.

신객 (新客) 명 새로 온 손님.

신-갱기 [-깽-] 명 [←신감기] 짚신 등의 총갱기와 뒷갱기의 총칭. ◉갱기.

신건-이 [-껀-] 명 말이나 행동이 싱거운 사람의 별명. ▫ ~ 같은 사람.

신검 (身檢) 명 '신체검사'의 준말. ▫ ~을 받다.

신-겁 (腎怯) 명 「한의」 사정(射精)하기 전에 음경이 위축되는 현상.

신격 (神格)[-껵] 명 신으로서의 자격이나 격식. ▫ ~을 갖추다. ↔인격.

신격-화 (神格化)[-껵콰] 명하타 어떤 대상을 신의 자격을 가진 것으로 만듦. ▫ 자연물을 ~하여 숭배하다.

신:-결석 (腎結石)[-썩] 명 「의」 '신장 결석'의 준말.

신:-결핵 (腎結核) 명 「의」 '신장 결핵'의 준말.

신:경 (信經) 명 「기·가」 천주교·기독교의 신조를 적은 경문.

신경 (神經) 명 1 「생」 중추의 흥분을 몸의 각 부분에 전하고, 몸의 각 부분의 자극을 중추에 전하는 실 모양의 기관. 2 어떤 일을 느끼거나 생각하는 힘. ▫ ~에 거슬리다 / ~이 예민하다.
　신경(을) 쓰다 관 대수롭지 아니한 일에까지 세심하게 생각하거나 걱정하다. ▫ 별일 아니니 신경 쓸 것 없네.

신:경 (腎經) 명 1 「한의」 신장의 경락(經絡). 2 「생」 신경(腎經).

신경-계 (神經系)[-/-게] 명 「생」 몸의 각 기관계(器官系)를 연락하여 하나의 유기체로 통일하는 신경 조직 계통의 기관(중추 신경계·말초 신경계 등으로 구별됨). 신경 계통.

신경 계:통 (神經系統)[-/-게-] 「생」 신경계(神經系).

신경-과 (神經科)[-꽈] 명 「의」 정신과.

신경-과민 (神經過敏) 명 사소한 자극에도 민감한 반응을 보이는 신경계의 불안정한 상태. ▫ ~ 증세를 보이다 / ~으로 정신과 치료를 받다.

신경 마비 (神經痲痹) 「의」 말초 신경이 손상되어 그의 지배 영역의 근육이나 지각(知覺)에 마비를 일으키는 일.

신경-병 (神經病)[-뼝] 명 「의」 신경계와 관련되는 병의 총칭(신경증·정신병을 비롯하여 뇌졸중·신경통 따위도 포함됨).

신경 섬유 (神經纖維) 「생」 신경 세포의 돌기 부분에 있는 줄 모양 또는 실 모양의 섬유 물질(자극 전달의 기능을 맡음).

신경-성 (神經性)[-썽] 명 신경계의 이상으로 어떤 병이나 증세가 나타나는 것. ▫ ~ 위장병에 걸리다.

신경 세:포 (神經細胞) 「생」 신경 조직을 구성하는 세포(수상(樹狀) 돌기와 축삭(軸索) 돌기의 두 가지가 있음).

신경 쇠약 (神經衰弱) 「의」 신경이 자극을 계속 받아 피로가 쌓여 생기는 질환(감정이 발작적으로 변하여 성을 내거나 비관하기 쉽고, 권태나 피로를 쉽게 느끼며 기억력이 감퇴되고 불면증에 잘 걸림).

신경-염 (神經炎)[-념] 명 「의」 신경 섬유나 그 조직의 염증(통증·이상 감각·운동 마비 따위가 일어남).

신경-원 (神經元) 명 「생」 뉴런(neuron).

신경-전 (神經戰) 명 1 「군」 적극적인 공격을 피하고 모략·선전 등으로 적의 신경을 피로하게 하여 사기를 잃게 하는 전술. 또는 그런 싸움. 2 경쟁 관계에 있는 개인이나 단체 사이에서, 말이나 행동으로 상대방의 신경을 건드리는 일. ▫ ~을 벌이다.

신경-절 (神經節) 명 「생」 말초 신경 세포의 집합체(혹처럼 뭉쳐 있음).

신경 조직 (神經組織) 「생」 신경 세포와 이것에서 나온 축삭(軸索) 돌기와 수상(樹狀) 돌기로 이루어진 조직(자극에 감응하며 다른 세포에 전달하는 작용을 함).

신경 중추 (神經中樞) 「생」 신경 기관 가운데 신경 세포가 모여 있는 곳(자극을 받고 통제

하며 명령하는 작용을 함). 큣대 신경. 중추 신경. ⓒ중추.

신경-증(身硬症)[-쯩]圈 《한의》 뇌척수에 이상이 생겨 가끔 힘줄이 뻣뻣하게 되는 병《어린아이에게 있음》. 신경(身硬).

신경-증(神經症)[-쯩]圈 《의》 심리적 원인으로 나타나는 신체적·정신적 이상 증세.

신-경지(新境地)圈 새로운 경지. □∼를 찾아가다.

신경-질(神經質)圈 신경이 예민하여 사소한 일에도 곧잘 흥분하는 성질. □∼을 내다 / ∼을 부리다.

신경-초(神經草)圈《식》 미모사(mimosa).

신경-통(神經痛)圈《의》 일정한 감각 신경의 분포 구역에 발작적으로 일어나는 통증. □∼을 앓다.

신-경향(新傾向)圈 사상이나 풍속 등이 옛 모양을 벗어나려고 하는 경향.

신경향-파(新傾向派)圈《문》 1920 년 전후에 우리나라 문단에 등장한 사회주의 문학파.

신계(晨鷄)[-/-게]圈 새벽을 알리는 닭.

신고(申告)圈困탄 1 국민이 법률상의 의무로서 행정 관청에 일정한 사실을 진술·보고하는 일. □아기의 출생을 ∼하다. 2《군》 새로 발령받거나 승진된 사람이 소속 상관이나 지휘관에게 자신의 성명과 계급 및 업무를 보고함. □휴가를 가기에 앞서 소대장에게 ∼를 하다.

신고(辛苦)圈困자 어려운 일을 당하여 몹시 애씀. 또는 그 고생. □온갖 ∼를 겪다.

신고 납세 제:도(申告納稅制度)[-쎄-]《법》 납세자의 자진 신고에 따라 과세 표준을 확인하고 세액을 확정하는 제도《소득세·취득세·법인세 따위》.

신고-스럽다(辛苦-)[-따][-스러워, -스러우니]혱비 몹시 고생스러운 데가 있다. **신고-스레**튀

신-고전주의(新古典主義)[-/-이]圈《문》 20 세기 초 독일에서 일어난 문학 사조로서, 자연주의와 신낭만주의를 배척하고, 민족 정화를 기본으로 하는 새로운 고전주의. 네오클래시시즘.

신곡(新曲)圈 새로 지은 곡. □∼을 내다 / ∼을 발표하다.

신곡(新穀)圈 햇곡식. ↔구곡(舊穀).

신곡-머리(新穀-)[-공-]圈 햇곡식이 날 무렵.

신-골[-골]圈 신을 만드는 데 쓰는 골. □∼을 치다.

신골-방망이[-꼴-]圈 신골을 칠 때 쓰는 둥글고 기름한 방망이.

신공(神工)圈 1 물건 따위를 신묘하게 만듦. 또는 그 물건. 2 물건을 신묘하게 잘 만드는 사람.

신공(神功)圈 1 신령의 공덕. 2 불가사의한 공력. 3《가》 기도와 선공(善功).

신관圈 '얼굴'의 높임말. □∼이 좋으십니다.

신-관(信管)圈《군》 탄환·폭탄·어뢰 등에 장치하여 폭약을 터뜨리는 장치.

신관(新官)圈 1 새로 임명된 관리. 2 새로 부임한 관리. ∼사또. ↔구관(舊官).

신관(新館)圈 새로 지은 건물. □병원 ∼. ↔구관(舊館).

신-관(腎管)圈《동》 환형(環形)동물의 각 체절(體節)에 한 쌍씩 있는 배설기.

신광(身光)圈《불》 부처나 보살의 몸에서 내비치는 빛.

신광(晨光)圈 서광(曙光)1.

신괴-하다(神怪-)혱여 신비하고 괴상하다.

신:교(信敎)圈困타 종교를 믿음. 또는 그 종교. □∼의 자유.

신교(神交)圈困자 정신적으로 사귐.

신교(神敎)圈 신의 가르침.

신교(新敎)圈《기》 프로테스탄트(Protestant) 1. ↔구교(舊敎).

신교-도(新敎徒)圈《기》 신교를 신봉하는 교도. ↔구교도(舊敎徒).

신-교육(新敎育)圈《교》 1 옛날의 한학 중심의 교육에 대해 현대의 학교 교육. 2 종래의 형식적·획일적·주지적(主知的) 교육에 대하여 비판하고 자유·개성·환경을 존중하는 새로운 교육.

신구(伸救)圈困타 죄가 없음을 사실대로 밝혀 사람을 구원함.

신:구(愼口)圈困타 말을 할 때, 입에서 나오는 대로 함부로 함.

신:구(愼口)圈困자 말을 함부로 하지 않고 삼감. 신언(愼言).

신구(新舊)圈 새것과 헌것. □∼ 세력의 갈등.

신구-세(新舊歲)圈 새해와 지난해.

신구 세:계(新舊世界)[-/-게]《지》 1 신대륙과 구대륙. 2《생》 동식물의 분포학상 구분한 신세계와 구세계.

신구-약(新舊約)圈《기》 신약 성서와 구약 성서를 아울러 이르는 말.

신국(神國)圈《기》 신이 지배하고 통치하는, 영원하고도 완전한 나라.

신:국(訊鞫·訊鞠)圈困타 죄상을 엄격하게 조사함.

신국(神麴)圈《한의》 소화약으로 쓰는 누룩《메밀가루·붉은팥·살구씨 등을 섞어 반죽하여 만듦》.

신-국면(新局面)[-궁-]圈 새로 벌어진 국면. □∼에 접어들다.

신권(神權)[-꿘]圈 1 신의 권위. 2《역》 신에게서 받은 신성한 권력. 3《가》 성직자가 행사하는 직권.

신권-설(神權說)[-꿘-]圈《정》 '제왕 신권설'의 준말.

신귀(神龜)圈 신령한 거북.

신규(新規)圈 1 새로운 규정이나 규모. 2 새로이 하는 일. □∼ 채용 / ∼ 가입.

신규 등록(新規登錄)[-녹] 새로이 하는 등록.

신규 사:업(新規事業) 새로 경영하는 사업.

신-극(新劇)圈《연》 구극·신파극 등의 기성 연극에 대항하여 일어난 새로운 경향의 연극.

신근(伸筋)圈《생》 척추동물에서, 사지(四肢)를 뻗는 작용을 하는 근육의 총칭. 신장근(伸長筋). ↔굴근(屈筋).

신근(身根)圈《불》 오근(五根)의 하나. 촉각기관인 피부를 이르는 말. 육근의 하나이기도 함.

신:근(信根)圈《불》 오근(五根)의 하나. 부처의 가르침을 믿는 일.

신:금(信禽)圈《조》 기러기.

신금(宸襟)圈 임금의 마음.

신:급-하다(迅急-)[-끄파-]혱여 매우 급하다. 대급하다.

신기(神技)圈 대단히 뛰어난 기술이나 재주. □∼에 가까운 솜씨.

신기(神祇)圈 '천신지기(天神地祇)'의 준말.

신기(神氣)圈 1 만물을 만드는 원기(元氣). 2 신비롭고 불가사의한 운기(運氣). □∼가 감돌다. 3 정신과 기운. □∼가 약하다.

신기 (神器)圈 **1** 신령에게 제사를 올릴 때 쓰는 그릇. 대기(大器). **2** 임금의 자리. ▢~를 노리다.

신기 (神機)圈 **1** 신묘한 계기. **2** 헤아릴 수 없는 기략(機略).

신ː기 (腎氣)圈 **1** 성교할 때의 남자의 정력. **2** 사람의 활동하는 근원.

신기-누설 (神機漏泄)圈[하자] 비밀에 속하는 일을 누설함.

신기다囹《'신다'의 사동》 신게 하다. ▢작은 실을 억지로 ~.「신답(新畓).

신기-답 (新起畓)圈 새로 일구어 만든 논. *

신-기록 (新記錄)圈 종래보다 뛰어난 새로운 기록. ▢~을 세우다.

신기-롭다 (神奇—)[—따][—로워, —로우니]囹ㅂ 신묘하고 기이한 느낌이 있다. **신기-로이**튀

신기-롭다 (新奇—)[—따][—로워, —로우니]囹ㅂ 새롭고 기이한 느낌이 있다. ▢신기로운 현상. **신기-로이**튀

신기료-장수囹 헌 구두나 신을 깁는 일을 직업으로 하는 사람.

신ː기루 (蜃氣樓)圈 **1** 온도나 습도의 관계로 대기의 밀도가 층층이 달라져, 광선의 굴절로 인하여 엉뚱한 곳에 어떤 사물의 모습이 나타나는 현상. ▢~가 보이다. **2** 공중누각.

신기-스럽다 (神奇—)囹 ☞ 신기롭다.

신-기운 (新機運)圈 어떤 일이 새롭게 전개되는 기운이나 분위기.

신-기원 (新紀元)圈 **1** 새로운 기원. **2** 획기적인 사실로 말미암아 전개되는 새로운 시대. ▢~을 이루다.

신기-전 (神機箭)圈 예전에, 화약을 장치하거나 불을 달아 쏘던 화살. 불놀이나 신호용으로 사용하였음. 기화전.

신기-전 (新起田)圈 새로 일구어 만든 밭. ⤷ 신전(新田).

신-기축 (新機軸)圈 종래에 있던 것과 다른 방법이나 체제.

신기-하다 (神奇—)囹어 신비하고 기이하다. ▢신기한 일이 벌어지다.

신기-하다 (新奇—)囹어 새롭고 기이하다. ▢신기한 물건 / 아이는 새로 산 장난감이 신기한지 계속 만지작거렸다.

신나圈 ☞ 시너(thinner).

신-나다囝 어떤 일에 흥미나 열성이 생겨 기분이 몹시 좋아지다. ▢신나는 구경거리 / 신나게 춤을 추다 / 함박눈을 맞으며 아이들이 신나서 어쩔 줄을 모른다.

신-나무圈《식》 단풍나뭇과의 낙엽 활엽 교목. 개울이나 습지에 남. 높이는 약 3m이고, 초여름에 담녹색 꽃이 피고, 초가을에 시과(翅果)가 익음《나무줄기는 기구·지팡이의 재료로, 잎은 물감으로 씀》.

신-날圈 짚신이나 미투리 등의 바닥에 세로로 놓은 날.「녀(信女).

신ː남 (信男)圈《불》 불교를 믿는 남자. ↔신

신남-산 (←cinnamic酸)圈《화》 소합향(蘇合香) 등에서 추출되는 무색무취의 바늘 모양 결정(結晶)《인조 향료로 화장품 원료로 씀》. 계피산(桂皮酸). 육계산(肉桂酸).

신-낭만주의 (新浪漫主義)[—/—이]圈 20세기 초에 서유럽에서 일어난 새로운 문예 사조《자연주의에 대항하여 일어나 예술 지상주의·유미(唯美)주의 따위의 경향을 띰》. 네오로맨티시즘.

신ː녀 (信女)圈《불》 불교를 믿는 여자. ↔신

남(信男).

신년 (申年)圈《민》 태세(太歲)의 지지(地支)가 신(申)으로 된 해《갑신년(甲申年)·병신년(丙申年) 따위》. 원숭이해.

신년 (新年)圈 새해. ▢~ 인사 / ~을 맞이하다. ↔구년(舊年).

신년-사 (新年辭)圈 새해를 맞이하여 하는 공식적인 인사말. ▢~를 발표하다. ↔송년사.

신ː념 (信念)圈 굳게 믿는 마음. ▢~에 차다 / ~을 지키다.

신념 (宸念)圈 임금의 생각이나 걱정.

신노 (神怒)圈 하늘과 땅의 신령이 크게 노함.

신농-씨 (神農氏)圈 중국의 옛 전설 속의 제왕으로 삼황(三皇)의 한 사람《농사법·의료·교역 등을 민중에게 가르쳤다 함》.

신다[—따]囹 신이나 버선 따위를 발에 꿰다. ▢양말〔스타킹〕을 ~ / 구두를 신고 달리니 발이 아프다.

신단 (神壇)圈 신령에게 제사 지내는 단. ▢~을 쌓다.「그 재결.

신단 (宸斷)圈[하타] 임금이 재결(裁決)함. 또는

신답 (新畓)圈 새로 만들거나 사서 새로 생긴 논. *신기답.

신당 (神堂)圈 신령을 모신 집.

신당 (新黨)圈 새로 조직한 당. ▢~ 창당 / ~을 결성하다.

신-대[—때]圈 베틀의 용두머리 중간에 박아 뒤로 내뻗친 조금 굽은 막대기《그 끝에는 베틀신끈을 달아 놓았음》.

신-대륙 (新大陸)圈《지》 주로 아메리카 대륙이나 오스트레일리아를 가리키는 말로 발견된 대륙. 신세계. ↔구대륙.

신덕 (神德)圈 신의 공덕. ▢~을 입다.

신데렐라 (Cinderella)圈 **1**《문》 유럽의 동화 속의 여주인공《계모와 그의 딸에게 학대받다가 친어머니의 영혼의 도움으로 왕자와 결혼하게 됨》. **2** 무명의 신세에서 하루아침에 명사나 스타가 된 여자를 비유하는 말. ▢영화계의 ~로 떠오르다.「리.

신도 (臣道)圈 신하로서 마땅히 지켜야 할 도

신ː도 (信徒)圈 종교를 믿는 사람. ▢불교 ~.

신도 (神道)圈 **1** '귀신'의 높임말. **2** 영묘한 도리. 또는 신의 도리.

신도 (新都)圈 새로 정한 도읍. ↔구도(舊都).

신도-비 (神道碑)圈《역》 임금이나 종이품 이상의 벼슬아치의 무덤이 있는 근처의 길가에 세우던 비석.

신-도시 (新都市)圈 대도시 주변에 계획적으로 새로 건설된 주거 지역. ▢~가 들어서다.

신-도주 (新稻酒)圈 햅쌀로 빚은 술.

신ː독 (愼獨)圈[하자] 홀로 있을 때에도 도리에 어긋남이 없도록 언행을 삼감.

신-돌이圈 신발 가장자리에 둘러 댄 장식.

신동 (神童)圈 재주와 슬기가 남달리 썩 뛰어난 아이.

신ː동 (腎洞)圈《생》 콩팥 안의 큰 빈 자리《이 곳에 오줌이 괸》.

신둥-부러지다囝 지나치게 주제넘다.

신드롬 (syndrome)圈《의》 증후군(症候群). ▢~에 빠지다 / ~을 몰고 오다.

신-들리다 (神—)囝 사람에게 초인간적인 영적(靈的)인 존재가 씌다《열중도·기량 등이 남다를 때에 씀》. ▢신들린 듯한 연주.

신등 (神燈)圈 신명(神明) 앞에 켜는 등불.

신디케이트 (syndicate)圈《경》 **1** 몇 개의 기업이 연합하여 생산 할당이나 판매 따위를 독점적으로 행하는 조직. **2** 공채·사채·주식 따위의 인수에서, 위험을 분산할 목적으로

금융 기관 등이 조직하는 연합체.

신-딸(神-)[-] 『민』 늙은 무당의 수양딸이 되어 대를 잇는 젊은 무당. *신어미.

신라-방(新羅坊)[실-] 『역』 통일 신라 시대 때, 중국 연안 지대에 설치되었던 신라의 상인들과 유학승(留學僧)들의 집단 거류지.

신랄-하다(辛辣-)[-] 1 맛이 매우 쓰고 맵다. 2 사물의 분석이나 비평 따위가 매우 날카롭고 매섭다. ▷신랄하게 비판하다. **신랄-히**[실-] 閉

신랑(新郞)[실-] 명 곧 결혼할 남자나 갓 결혼한 남자. ▷~을 맞이하다. ↔신부(新婦).

신랑-감(新郞-)[실-깜] 명 신랑이 될 만한 인물. 또는 앞으로 신랑이 될 사람. 낭재(郞才). ▷나무랄 데 없는 ~이다. ↔신붓감.

신래(新來)[실-] 명 1 새로 옴. 2〔역〕 과거에 새로 급제한 사람. 신은(新恩).

신래(를) 불리다 귄 과거에 새로 급제한 사람을 선배들이 축하하는 뜻으로, 견디기 어려울 만큼 괴롭히다.

신량(新凉)[실-] 명 초가을의 서늘한 기운.

신려(宸慮)[실-] 명 임금의 뜻. 임금의 마음.

신:려(愼慮)[실-] 명하타 신중하게 생각함.

신:력(信力)[실-] 명 〔불〕 오력(五力)의 하나. 부처나 그 교법을 믿음으로써 새로 생기는 힘.

신력(神力)[실-] 명 1 신의 위력. 2 신통한 도력(道力).

신력(新曆)[실-] 명 1 새 책력(冊曆). 2〔천〕 태양력.

신령(神靈)[실-] 명 〔민〕 풍습으로 섬기는 모든 신. ⓒ영.

신령-님(神靈-)[실-] 명 〔민〕 '신령'을 공대하여 일컫는 말. 검님.

신령-스럽다(神靈-)[실-따][-스러워, -스러우니] 형口 신기하고 영묘한 데가 있다. **신령-스레**[실-] 閉

신령-하다(神靈-)[실-] 형여 신기하고 영묘하다. ▷신령하신 하느님의 조화.

신례(臣禮)[실-] 명 신하로서 지켜야 할 예의.

신례(新例)[실-] 명 새로운 예. ↔고례(古例).

신로심불로(身老心不老)[실-] 명 몸은 비록 늙었으나 마음은 늙지 않았다는 뜻.

신록(新綠)[실-] 명 늦봄이나 초여름에 새로 나온 잎의 푸른빛. ▷~의 계절.

신:뢰(迅雷)[실-] 명 맹렬한 우레.

신:뢰(信賴)[실-] 명하타 굳게 믿고 의지함. ▷~할 만한 자료 / ~를 저버릴 수 없다.

신:뢰-감(信賴感)[실-] 명 굳게 믿고 의지하는 마음. ▷~을 느끼다 / ~을 주다.

신:뢰-도(信賴度)[실-] 명 믿고 의지하는 정도. ▷~가 떨어진다.

신:뢰-성(信賴性)[실-썽] 명 굳게 믿고 의지할 수 있는 성질. 믿음성. ▷~을 회복하다.

신료(臣僚)[실-] 명 1 모든 신하. 많은 신하. 2 신하의 동료.

신린(臣隣)[실-] 명 한 임금을 모시는 신하끼리의 처지.

신말(申末)[-] 명 〔민〕 신시(申時)의 마지막 시각(오후 다섯 시의 바로 전).

신-맛[-맏] 명 식초의 맛과 같은 시름한 맛. 산미(酸味).

신:망(信望)[실-] 명하타 믿고 바람. 또는 그런 믿음과 덕망. ▷~이 두터운 사람 / ~이 높다.

신:망애(信望愛)[실-] 명 〔기〕 믿음·소망·사랑의 세가지 덕.

신-맬서스주의(新Malthus主義)[- / -이] 명 〔사〕 인구 증가의 도덕적 제한을 주장한 맬서스의 인구론에 기초하여, 인공적 피임에

따른 산아 제한의 필요성을 주장하는 주의.

신-면목(新面目)[명 달라진 새로운 모양새.

신:멸(燼滅)[명하타 남김없이 없앰.

신명(명 흥겨운 신과 멋. 신². ▷~이 나다 / ~을 내다.

신명(身命)[명 몸과 목숨. 구명(軀命). ▷~을 바치다 / ~을 다하다.

신명(神明)[명 하늘과 땅의 신령. ▷~께 비나이다. ⓒ신(神).

신명(晨明)[명 새벽녘.

신명-지다[형 신이 나고 멋들어지다.

신모(身謀)[명 자기 몸을 지키기 위한 꾀.

신모(神謀)[명 신통한 꾀.

신묘(辛卯)[명 육십갑자의 스물여덟째.

신묘(神妙)[명하형 신통하고 묘함. ▷~한 계책을 세우다.

신묘(神廟)[명 조상의 신주(神主)를 모신 사당.

신묘(新墓)[명 새로 생긴 묘. 신산(新山). ↔구산(舊山).

신묘불측(神妙不測)[명하형 신통하고 묘하여 헤아릴 수 없음.

신무(神武)[명 뛰어난 무예와 용맹.

신:묵(愼黙)[명하자 삼가 침묵을 지킴.

신문(凶門)[명 1 숫구멍. 2 정수리1.

신:문(訊問)[명하타 1 알고 있는 사실을 캐어물음. 2〔법〕 검찰이나 경찰이 증인이나 피고인 등에 대해 말로 물어 사건을 조사함.

신문(新聞)[명 1 새로운 소식이나 견문(見聞). 2 새로운 사건이나 화제에 따른 보도·해설·비평을 신속하게 널리 전달하는 정기 간행물. ▷~을 구독하다. 3 '신문지'의 준말.

신문-고(申聞鼓)[명 〔역〕 조선 태종 때, 대궐 문루(門樓)에 달아, 백성이 원통한 일을 하소연할 때 치게 하던 북.

신문 기자(新聞記者)[명 신문에 실을 기사의 자료 수집·취재·집필·편집에 종사하는 사람.

신-문명(新文明)[명 새 시대의 새로운 문명. 주로, 봉건 시대의 문명에 대하여 자본주의적 문명을 일컬음. ▷~에 접하다.

신문-사(新聞社)[명 신문을 발행하는 회사.

신문-辭(新聞辭令)[명 관리들의 정식 발령이 있기 전에 신문이 그 임명을 예상하거나 대중하여 보도하는 일.

신문 소:설(新聞小說)[〔문〕 신문에 연재하는 소설.

신-문예(新文藝)[〔문〕 새로운 경향의 문학예술(갑오개혁 이후의 문예를 말함).

신문-인(新聞人)[명 신문에 관한 일에 전문적으로 종사하는 사람.

신:문 조서(訊問調書)[〔법〕 신문을 받은 사람의 진술 내용을 주로 하여, 기타 신문의 전말을 기록한 문서.

신문-지(新聞紙)[명 신문 기사를 실은 종이. ▷~로 덮다 / ~를 깔고 앉다. ⓒ신문.

신문-철(新聞綴)[명 신문을 한데 모아 묶는 데 쓰는 기구. 또는 그 철해 놓은 신문. ▷~을 뒤적이다 / 신문을 ~에 꽂아 보관하다.

신문-팔이(新聞-)[명하자 거리에서 신문을 파는 일. 또는 그런 사람.

신-문학(新文學)[명 〔문〕 갑오개혁 이후 개화 사상의 영향을 받아 일어난 새로운 형식·내용의 문학으로서, 고대 문학과 현대 문학의 중간에 위치한 과도기 문학.

신문-학(新聞學)[명 신문을 중심으로 한 매스 커뮤니케이션을 연구 대상으로 하는 사회 과학의 한 분야.

신-물 명 1 〖생〗 먹은 것이 체하여 트림할 때 위에서 목구멍으로 넘어오는 시척지근한 물. 산패액. ▣~이 올라오다. 2 지긋지긋하고 진절머리가 나는 일.

신물(이) 나다 귄 하기 싫은 일을 오래 하여 지긋지긋하고 진절머리가 나다.

신:물(信物) 명 신표(信標). ▣~을 받다.

신물(神物) 명 신령스럽고 기묘한 물건.

신물(新物) 명 새로 나오는 물건. ↔구물(舊物).

신:물(贐物) 명 먼 길 가는 사람에게 선사하는 물건.

신미(辛未) 명 〖민〗육십갑자의 여덟째.

신미(辛味) 명 매운맛 1.

신미(新米) 명 햅쌀. ↔고미(古米).

신미(新味) 명 새로운 맛.

신미-양요(辛未洋擾) 명 〖역〗조선 고종 8년 (1871)에 미국 군함 5 척이 강화도 해협에 침입하여 소동을 일으킨 사건.

신민(臣民) 명 군주국에서 관리와 백성을 아울러 이르는 말.

신:밀-하다(愼密─) 형여 신중하고 꼼꼼하다.

신-바람 [─빠─] 명 어깻바람. ▣~이 나다.

신발 명 '신'을 똑똑하게 일컫는 말. ▣ 한 켤레/~을 신다.

신-발견(新發見) 명하타 새로 발견함. 또는 그런 발견. ▣지리상의 ~.

신-발명(新發明) 명하타 새로 발명함. 또는 그런 발명.

신발-장(─欌) [─짱] 명 신장. ▣신발을 ~에 넣다/~을 정리하다.

신발-차 명 심부름의 대가로 주는 돈. 신발값.

신발-하다 자여 짚신을 신고 발감개로 발을 감다.

신방(申方) 명 〖민〗이십사방위의 하나. 남서에서 서쪽으로 15°되는 방위를 중심으로 한 15°의 각도의 안. 곤방(坤方)과 경방(庚方)의 사이. ⓒ신(申).

신방(辛方) 명 〖민〗이십사방위의 하나. 서(西)에서 북쪽으로 15°되는 방위를 중심으로 한 15°의 각도의 안. 유방(酉方)과 술방(戌方)의 사이. ⓒ신(辛).

신:방(信防) 명 〖건〗일각 대문의 기둥 밑 좌우 양쪽에 받친 짧은 침목.

신방(神方) 명 효험이 신통한 약방문.

신:방(訊訪) 명하타 찾아가서 만나 봄.

신방(新房) 명 신랑·신부가 첫날밤을 치르도록 새로 차린 방. ▣~을 차리다.

신방(新榜) 명 〖역〗과거에 급제한 사람의 이름을 써서 게시하던 방.

신백(申白) 명하타 윗사람에게 사실을 자세하게 아룀.

신백(神帛) 명 빈전(殯殿)에 모시는, 베로 만든 신주(神主).

신백(新伯) 명 〖역〗새로 임명된 감사(監司).

신벌(神罰) 명 신이 내리는 벌. ▣~을 받다.

신법(新法) 명 1 새로 제정한 법. ▣~을 공포하다. ↔구법(舊法). 2 새로운 방법. ▣~을 도입하다.

신-벼늘 명 신의 울과 바닥 창을 잇대어 꿰맨 부분.

신변(身邊) 명 몸과 몸의 주위. ▣~ 보호/~에 위험을 느끼다.

신변(神變) 명 사람의 지혜로는 헤아릴 수 없는 신비로운 변화.

신변 소:설(身邊小說) 〖문〗자기 신변에 일어난 일을 주제로 하여 쓴 소설.

신변-잡기(身邊雜記) [─끼] 명 자기 주위에서 일어나는 여러 가지 일을 적은 수필체의 글.

신병(身柄) 명 보호나 구금의 대상이 되는 본인의 몸. ▣~을 확보하다/~을 인도하다.

신병(身病) 명 몸에 생긴 병. 신양(身恙). ▣~을 앓다.

신병(神兵) 명 신이 보낸 군사 또는 신의 가호를 받는 군사라는 뜻으로, 적과 맞서 절대 지지 않는 강한 군사를 비유적으로 이르는 말.

신병(新兵) 명 새로 입대한 병사. ▣~ 훈련소에 입소하다. ↔고병(古兵)·고참병.

신보(申報) 명하타 고(告)하여 알림.

신보(新報) 명 1 새로운 소식. 2 새로 간행된 신문이나 잡지.

신보(新譜) 명 1 새로운 곡의 악보. 2 새로 취입한 음반. ▣~가 날개 돋친 듯 팔리다.

신복(申複) 명하타 같은 사실을 되풀이해서 자세히 알림.

신복(臣服) 명하자 신하가 되어 복종함. ▣~을 맹세하다.

신복(臣僕) 명 신하(臣下).

신:복(信服) 명하자 믿고 복종함.

신본(申本) 명 〖역〗달본(達本).

신-붙이 [─ 붙─] 명 신의 폭.

신-봉(信奉) 명하타 사상·학설이나 교리 따위를 옳다고 믿고 받듦. ▣민주주의를 ~하다.

신:-부(信否) 명 믿을 수 있는 일과 믿을 수 없는 일.

신:부(信符) 명 〖역〗조선 때, 대궐에 드나드는 일정 하례(下隷)에게 병조(兵曹)에서 내어 주던 문표.

신부(神父) 명 〖가〗사제(司祭) 서품을 받은 성직자. 주로 다음가는 위치로, 성사를 집행하고 미사를 드리며 강론을 함.

신부(神符) 명 〖민〗부적(符籍).

신부(新婦) 명 곧 결혼할 또는 갓 결혼한 여자. ▣~ 화장을 하다. ↔신랑.

신부-례(新婦禮) 명하자 신부가 시집에 와서 처음으로 예를 올림. 또는 그 예식.

신:부-양난(信否兩難) 명 믿기도 어렵고 믿지 않기도 어려움. ▣~에 빠지다.

신:-부인(愼夫人) 명 〖역〗조선 때, 정삼품 당상관 종친(宗親)의 아내에게 내리던 외명부의 품계.

신:-부전(腎不全) 명 〖의〗신장의 생리 기능이 상실되어, 생체를 유지하는 데 장애를 나타내고 있는 상태(고혈압·빈혈·요소(尿素)·질소 등의 노폐물의 축적, 요(尿)의 비중 저하 등을 나타냄).

신분(身分) 명 1 개인의 사회적 지위. ▣학생의 ~/~을 감추다. 2 〖법〗사람의 법률상 지위나 자격. ▣딸의 ~으로 법정 상속을 요구하다.

신분-권(身分權) [─꿘] 명 〖법〗신분 관계에 따라 발생하고 소멸하는 사권(私權)의 하나(호주권(戶主權)·상속권·친권 등).

신분-범(身分犯) 명 〖법〗일정한 신분이 범죄의 구성 요건이 되는 범죄(위증죄·직권 남용죄·수뢰죄 따위).

신분-법(身分法) [─뻡] 명 〖법〗신분 관계를 규율하는 법의 전체(친족법·상속법 따위).

신분 상속(身分相續) 〖법〗민법에서, 호주가 사망했을 때 그 신분을 승계하는 상속.

신분-장(身分帳) [─짱] 명 〖법〗교도소에서 직원 및 재소자의 호적·이력·성적 등을 모아 둔 장부.

신분 제:도(身分制度) 〖사〗봉건 시대에, 신

분을 몇 등급으로 나누어 세습시키던 제도.

신분-증 (身分證)[-쯩] 몡 신분증명서. 回~을 발급하다 / ~을 제시하다.

신분-증명서 (身分證明書) 몡 관청·회사나 학교 따위에서 각기 그에 딸린 사람임을 증명하는 문서. 신분증. 아이디카드.

신불 (神佛) 몡 신령과 부처.

신-불림 (神-)형짜 지난날, 신 장수가 신을 팔려고 '신 사려' 하고 소리 높여 외치던 일.

신붓-감 (新婦-)[-부깜 / -분깜] 몡 신부가 될 만한 인물. 또는 앞으로 신부가 될 사람. 색싯감. 回참한 ~ / ~을 고르다. ↔신랑감.

신:붕 (信朋) 몡 서로 믿는 벗.

신비 (神祕)몡형 보통의 이론이나 상식으로는 이해할 수 없을 만큼 매우 신기하고 묘함. 또는 그런 일이나 비밀. 回자연의 ~ / ~한 현상.

신비-경 (神祕境) 몡 신비로운 지경. 回~에 빠지다.

신비-롭다 (神祕-)[-따][-로워, -로우니]형 신비한 느낌이 있다. 回모나리자의 신비로운 미소. 신비-로이₩

신비-스럽다 (神祕-)[-따][-스러워, -스러우니]형비 신비한 데가 있다. 回신비스럽고 경건한 일출과 일몰. 신비-스레₩

신비-주의 (神祕主義)[-/-이]몡 〖철〗일상적 감각 세계를 벗어나 내적인 직관에 따라 신이나 신비한 세계를 직접 체험하려고 하는 종교나 사상의 태도.

신:빙 (信憑) 몡하타 믿어서 근거나 증거로 삼음. 回출처가 분명한 정보로는 ~할 만하다.

신:빙-성 (信憑性)[-썽] 몡 믿어서 근거나 증거로 삼을 수 있는 정도나 성질. 回~이 높다.

신사 (辛巳) 몡 〖민〗 육십갑자의 열여덟째.

신사 (臣事) 몡하짜 신하가 되어 섬김.

신:사 (信士) 몡 **1** 신의(信義)가 두터운 선비. **2** 〖불〗우바새1.

신:사 (神祀) 몡 천신(天神)에게 제사 지내는 일.

신:사 (紳士) 몡 **1** 태도나 행동이 점잖고 예의가 바르며 교양이 있는 남자. 回↔답지 않은 행동. **2** '성인 남자'를 높여 이르는 말. 回숙녀 여러분. ↔숙녀.

신사 (神社) 몡 일본에서, 왕실의 조상 또는 국가에 공로가 큰 사람을 신으로 모신 사당. 回~ 참배.

신사 (神祠) 몡 신령을 모신 사당.

신:사 (愼思) 몡하타 신중히 생각함.

신:사-도 (紳士道) 몡 신사로서 품위를 유지하기 위해 지켜야 할 도리. 回~를 발휘하다.

신:사-록 (紳士錄) 몡 사회적 지위가 있는 사람의 성명·주소·경력·직업 등을 모아 적은 문서. 回~에 오르다.

신-사륙판 (新四六版) 몡 사륙판보다 길이와 너비가 조금씩 작은 책의 규격.

신-사복 (紳士服) 몡 성인 남자들이 평상시에 입는 양복. 回~ 차림.

신-사상 (新思想) 몡 새로운 사상. ↔구사상.

신-사실주의 (新寫實主義)[-/-이]몡 〖문〗 베르그송(Bergson)·오이켄(Eucken) 등의 철학에서 영향을 받아 사실주의를 더욱 철저화하여, 인생의 내면적 진리를 파악하려는 예술상의 주의. 네오리얼리즘.

신:사-적 (紳士的) 관몡 신사다운 (것). 回~(인) 태도 / ~한 차림.

신:사-협약 (紳士協約) 몡 **1** 비공식적인 국제 협정. **2** 서로 상대방을 믿고 맺는 사적인 비밀 협정. 신사협정.

신삭 (新削) 몡 〖불〗 머리를 갓 깎았다는 뜻으

로, 이제 막 승려가 된 사람.

신-산 (辛酸)몡형 **1** 맛이 맵고 심. **2** 힘들고 고된 세상살이의 비유. 回온갖 ~을 다 겪다.

신산 (神山) 몡 **1** 신을 모신 산. **2** 신선이 산다는 산. 3 〖민〗 영산(靈山).

신산 (神算) 몡 신통한 꾀. 영묘한 계략.

신산 (新山) 몡 새로 쓴 산소. 신묘(新墓).

신상 (身上) 몡 개인의 관한 일이나 형편. 回~ 발언 / ~에 관한 이야기.

신:상 (紳商) 몡 상류층에 속하는 점잖은 상인.

신:상 (神像) 몡 신의 형상을 나타낸 그림이나 조각.

신상-명세서 (身上明細書) 몡 개인에 관한 사항을 자세히 적은 기록. 回~를 작성하다.

신상 발언 (身上發言) 개인 형편에 관하여 말로 해명하거나 의견을 진술하는 일. 回~을 개진(開陳)하다.

신-상투 (新-) 몡 관례를 치르고, 처음으로 상투를 튼 것.

신:상-필벌 (信賞必罰) 몡 공이 있는 사람에게는 반드시 상을 주고, 죄가 있는 사람에게는 반드시 벌을 준다는 뜻으로, 상벌을 공정하고 엄중히 함을 이르는 말.

신-새벽 ☞ 첫새벽.

신색 (神色) 몡 '안색(顔色)'의 높임말. 回~이 좋아지셨습니다.

신:색 (愼色) 몡하짜 여색(女色)을 삼가는 일.

신생 (辛生) 몡 〖민〗 신년(辛年)에 태어난 사람을 이르는 말. 원숭이띠.

신생 (新生) 몡하짜 사물이 새로 생기거나 태어남. 回~ 농구팀.

신생-대 (新生代) 몡 〖지〗 지질 시대 중 가장 새로운 시대. 심한 지각 변동과 화산 운동이 있었고, 종자식물·척추동물·포유류 등이 많이 살았으며 인류 생활에서 가장 중요한 시대로 제3기·제4기로 크게 나뉨.

신-생명 (新生命) 몡 **1** 새로운 생명. **2** 정신적 개혁으로 새로워진 생명.

신생-아 (新生兒) 몡 갓난아이.

신-생활 (新生活) 몡 새로운 정신과 태도로 영위하는 생활.

신서 (臣庶) 몡 **1** 신하와 서민. **2** 많은 신하.

신:서 (信書) 몡 편지.

신서 (新書) 몡 **1** 새로 나온 책. 신서적. **2** '신서판(判)'의 준말.

신-서의 비:밀 (信書-祕密)[-/-에-] 〖법〗 법률에 따르지 않고는 편지의 비밀을 침해받지 않는 자유.

신-서적 (新書籍) 몡 신서(新書)1.

신-서판 (新書判) 몡 책의 판형(判型)의 하나 (세로 약 18cm, 가로 약 11cm. 값이 싸고 비교적 가볍게 읽을 내용을 싣는 총서). 준신서.

신석 (晨夕) 몡 새벽과 저녁.

신석 (新釋) 몡하타 새롭게 해석함. 또는 그런 해석.

신석기 시대 (新石器時代)[-끼-] 고고학상 구석기 시대와 청동기 시대의 중간으로, 석기 문화의 최성기를 이룬 시대.

신선 (神仙) 몡 도를 닦아서 인간 세상을 떠나 자연과 벗하여 늙지 않고 오래 산다는 상상의 사람. 선인(仙人). 선자(仙子).

신선 (新選) 몡하타 새로 뽑음.

신선-감 (新鮮感) 몡 새롭고 산뜻한 느낌.

신선-놀음 (神仙-) 몡하짜 신선처럼 걱정이나 근심 없이 지낸다는 뜻으로, 해야 할 일을 다 잊고 어떤 놀이에 열중함.

[신선놀이에 도낏자루 썩는 줄 모른다] 재미있는 일에 정신이 팔려 시간 가는 줄 모른다.

신선-도(新鮮度)몡 1 먹을거리의 싱싱한 정도. □～가 떨어지다 /～를 유지하다. 2 새롭고 산뜻한 정도. □평범한 어휘 구사는 소설의 ～를 떨어뜨린다.

신선-도(神仙圖)몡《미술》신선이 노니는 모양을 그린 그림.

신선-로(神仙爐)[-설-] 상 위에 놓고 연구자를 끓이는 그릇. 또는 그것에 끓인 음식(굽 높은 대접 모양인데 그 가운데 숯불을 담는 통이 있음).

신선-미(新鮮味)몡 새롭고 산뜻한 맛. □～를 띠다.

신선-하다(新鮮-)혱여 1 새롭고 산뜻하다. □신선한 공기 / 신선한 감동. 2 채소나 생선 따위가 싱싱하다. □식품은 신선할 때 맛과 영양이 좋다.

신설(伸雪)몡하자 '신원설치(伸冤雪恥)'의 준말.

신설(新設)몡하타 새로 설치함. □～ 학교 / 도서관을 ～하다.

신설(新說)몡 새로운 학설이나 의견. □～을 제기하다.

신:-섭(愼攝)몡하타 조심해서 몸조리를 함.

신성(辰星)몡《천》시각 측정의 기준이 되는 항성(恒星)《천랑성(天狼星) 따위》.

신성(神性)몡 신(神)의 성격. 또는 신과 같은 성격. □～을 지니다.

신성(神聖)몡하혱 매우 거룩하고 성스러움. □～한 의식 /～을 모독하다.

신성(晨星)몡 샛별.

신성(晨省)몡하자 이른 아침 부모의 침소에 가서 밤사이의 안부를 살핌.

신-성(新星)몡 1《천》희미하던 별이 갑자기 환히 빛났다가 얼마 후 다시 희미해지는 별《항성(恒星)의 폭발 현상 때문임》. 2 어떤 분야나 단체에 새로 등장하여 주목이나 인기를 모은 사람의 비유. □가요계의 ～.

신성 모:독(神聖冒瀆)《가》독성(瀆聖).

신성-불가침(神聖不可侵)몡 거룩하고 성스러워 함부로 침범할 수 없음. □자유권은 ～의 권리이다.

신세(身世)몡 1 한 사람의 처지나 형편《가련하거나 외롭거나 가난한 경우를 이름》. □～가 처량하다 /～를 망치다. 2 남에게 도움을 받거나 폐를 끼치는 일. □～를 지다 /～만 끼쳐 죄송합니다.

신세(新歲)몡 새해.

신-세계(新世界)[-/-게]몡 1 새롭게 생활하거나 활동하는 장소. □～가 펼쳐지다. 2 신대륙. ↔구세계.

신-세기(新世紀)몡 새로운 세기. □～가 시작되다.

신-세대(新世代)몡 새로운 세대. □～ 감각. ↔구세대.

신세 차례(新歲茶禮)《민》새해 차례.

신세-타령(身世-)몡하자 자신의 불우한 신세에 관해 넋두리하듯 뇌까리는 일. 또는 그런 이야기. □～을 늘어놓다.

신-소리[1][-쏘-]몡 신을 끌면서 걸을 때 나는 소리.

신-소리[2]몡하자 상대편의 말을 엉뚱한 다른 말로 재치 있게 슬쩍 받아넘기는 말《'감사합니다'라는 말에 '감만 사오지 말고 사과도 사오시오'라고 하는 따위》.

신-소설(新小說)몡《문》갑오개혁 이후의 개화기를 시대 배경으로 하여 이루어진 소설《고대 소설과 현대 소설의 과도기적 소설로, 계급 타파·개화·계몽·자유연애·자주독립 등이 그 주제임》. ↔구소설.

신-소재(新素材)몡 금속이나 플라스틱 등과 같은 종래의 재료에는 없는 뛰어난 특성을 가진 소재(素材)의 총칭《뉴 세라믹스·복합재료·형상 기억 합금·광섬유 따위》.

신:-소체(腎小體)몡《생》신장의 피질에 있는, 지름 0.1~0.2 mm 정도의 공 모양의 조직《신장 기능의 최소 단위임》. 말피기 소체.

신속(臣屬)몡하자 신하로서 예속됨. 또는 그 신하.

신:속(迅速)몡하혱히뷔 날쌔고 빠름. □～한 배달 /～하게 보도하다 / 일을 ～하게 처리하다 /～히 이동하다.

신속-하다(神速-)[-쏘카-]혱여 신기할 만큼 썩 빠르다. **신속-히**[-쏘키]뷔

신수(身手)몡 1 사람의 얼굴에 나타난 건강색. □～가 피다. 2 용모와 풍채. □～가 번듯하다.

신수가 훤하다 귄 용모가 단정하고 풍채가 시원스럽다.

신수(身數)몡 한 사람의 운수. □～가 사납다 /～를 보다.

신:수(信手)몡하자 일이 손에 익어 손의 움직임이 능숙하게 됨.

신수(神授)몡하타 신이 내려 줌.

신:수(腎水)몡《한의》1 신장의 물기. 2 정액(精液)1.

신수(薪水)몡 1 봉급. 2 시수(柴水).

신수-설(神授說)몡《정》왕권 따위를 신이 내려 준 것으로 보고, 신성하여 침범할 수 없다는 주장.

신수-점(身數占)몡《민》한 해 운수를 알아보기 위해 정초(正初)에 치는 점.

신수지로(薪水之勞)몡 나무를 하고 물을 긷는 수고라는 뜻으로, 근근이 생계를 이어가는 수고를 이르는 말.

신술(神術)몡 신기한 술법. 불가사의한 재주. □～을 닦다.

신승(辛勝)몡하자 경기 따위에서 간신히 이김. ↔낙승(樂勝).

신승(神僧)몡《불》신통(神通)한 승려.

신-승(新升)몡 새로 제정되어 현재 쓰이는 되《용량은 2리터임》.

신시(申時)몡《민》1 십이시의 아홉째 시(時)《오후 3시부터 5시까지》. 2 이십사시의 열일곱째 시《오후 3시 반부터 4시 반까지》. 준신(申).

신시(辛時)몡《민》이십사시의 스무째 시《오후 6시 반부터 7시 반까지》. 준신(辛).

신시(神市)몡《역》환웅(桓雄)이 태백산 신단수 아래에 세웠다는 도시.

신시(新詩)몡 1 내용이나 형식 등이 새로운 경향을 띠는 시. 2《문》신체시(新體詩).

신시(新柴)몡 장작나 생나무.

신-시가(新市街)몡 기존 도시에서 벗어나가 새로 발전한 시가. □～를 건설하다.

신-시가지(新市街地)몡 새롭게 형성된 시가지. □～를 조성하다.

신-시대(新時代)몡 새로운 시대. □～가 열리다. ↔구시대.

신시사이저(synthesizer)몡《악》전자 악기의 하나. 전자 회로를 이용하여 음을 여러 가지 음색으로 합성해 냄《대개 건반 악기임》.

신-시조(新時調)몡《문》개화기 이후에 서유

럽의 신시의 기법과 정신을 도입한 시조. 현대 시조.

신식(新式)圀 새로운 방식이나 형식. ▣~ 결혼/~ 무기. ↔구식.

신신-당부(申申當付)圀하타 신신부탁. ▣비밀을 꼭 지키라고 ~하다.

신신-부탁(申申付託)圀하타 되풀이하여 간곡히 하는 부탁. 신신당부. ▣담배를 끊을 것을 ~하다.

신신-하다(新新─)훼어 1 썩 신선하다. ▣신선한 채소와 생선. 2 새로운 데가 있다. 3 마음에 들게 시원스럽다. ▣신신한 대답을 듣다. *싱싱하다. **신신-히**閁

신:실(信實)圀하타 믿음직하고 착실함. ▣정직하고 ~한 청년.

신:심(信心)圀 1 옳다고 믿는 마음. 2 종교를 믿는 마음. ▣~이 돈독한 교인.

신:심리주의(新心理主義)[─니 / ─니-이]圀《문》 20세기 초, 정신 분석학을 문예상에 이용하여 새로운 경지를 개척한 주의.

신:심-직행(信心直行)[─지캥]圀하타 옳다고 믿는 대로 곧장 행함.

신아(新芽)圀 새싹1.

신악(神岳)圀 신령스러운 기운이 서린 산.

신안(神眼)圀 1 지술(地術)이나 관상술에 정통한 눈. 2 귀신을 능히 보는 눈.

신:안(腎岸)圀 불두덩.

신안(新案)圀 새로운 고안이나 제안.

신안 특허(新案特許)[시난트키]《법》 '실용신안 특허'의 준말.

신알(晨謁)圀하타 날마다 이른 아침에 집안에 모신 사당에 뵙는 일.

신:앙(信仰)圀하타 《종》 신이나 초자연적인 절대자를 믿고 받드는 일. ▣~을 가지다.

신:앙 개:조(信仰箇條)《기》 교회가 공인하는 표준적 교의(教義)의 요지를 간결하게 한 목으로 나타낸 것.

신:앙 고:백(信仰告白)《기·가》 신앙의 교의적 내용을 공적(公的)으로 나타내는 일(신의 계시에 대한 응답 따위).

신:앙-심(信仰心)圀 신이나 초자연적인 절대자를 믿고 따르는 마음. ▣~이 두텁다.

신:애(信愛)圀하타 믿고 사랑함. 또는 그 믿음과 사랑. ▣~를 받다.

신야(晨夜)圀 새벽과 밤.

신:약(信約)圀하타 믿음으로써 약속함. ▣~을 지키다.

신약(神藥)圀 신통한 효험이 있는 약.

신약(新約)《기》 1 하나님이 예수를 통하여 인간에게 새롭게 한 약속. 2 '신약 성서'의 준말.

신약(新藥)圀 1 새로 제조하여 판매하는 약. ▣~을 개발하다. 2 양약(洋藥).

신약 성:서(新約聖書)[시냑썽─]《기》 예수 탄생 후의 신의 계시를 기록한 성서(예수의 복음과 제자들의 전도 기록 및 그 편지들로 이루어짐. 모두 27권). 준신약.

신약 시대(新約時代)[시냑씨─]《기》 예수가 세상에 난 때부터 재림할 때까지의 시대.

신약-하다(身弱─)[시냐카─]훼어 몸이 허약하다. ▣신약하여 약을 달고 다녔다.

신양(身恙)圀 신병(身病).

신어(神御)圀 임금의 초상화나 사진. 어진.

신어(新語)圀《언》 새로 생긴 말. 또는 새로 들어와 쓰이게 된 외래어. 새말. ▣~사전/~를 수집하다.

신-어미(神─)圀《민》 젊은 무당을 수양딸로

삼아 신의 계통을 전해 주는 나이 많은 무당. *신딸.

신:언(愼言)圀하타 말을 삼감. 신구(愼口).

신언서판(身言書判)圀 예전에, 인물을 고르는 표준으로 삼던 네 가지 조건(신수·말씨·문필·판단력).

신업(身業)圀《불》 몸으로 지은 죄업(罪業).

신-여성(新女性)[─녀─]圀 개화기 때, 신식 교육을 받은 여자를 이르던 말.

신역(身役)圀 몸으로 치르는 노역(勞役). ▣고된 ~을 치르다.

신역(新役)圀 새로 맡은 일.

신역(新譯)圀하타 새로 번역함. 또는 그런 번역. ▣~ 성서.

신연(身軟)圀《한의》 '신연증'의 준말.

신연(宸宴)圀 임금이 베푸는 술잔치.

신연(新延)圀《역》 도(道)나 군(郡)의 장교(將校)·이속(吏屬)들이 새로 부임하는 감사나 사령을 그 집에 가서 맞아 오던 일.

신연-증(身軟症)[시년쯩]圀《한의》 뇌척수의 병으로 몸과 힘줄이 연약해지는 어린아이의 병. 준신연.

신열(身熱)圀 병으로 말미암아 오르는 몸의 열. ▣~이 나다. 준열.

신열대-구(新熱帶區)[─녈때─]圀《생》 식물구계(植物區系) 및 동물 지리 분포상의 한 구(남아메리카의 대부분과 중앙아메리카 지역).

신예(新銳)圀 어떤 분야에 새로 나타나서 뛰어난 실력이나 기세를 보임. 또는 그런 사람이나 물건. ▣~ 작가를 발굴하다.

신예-기(新鋭機)圀 새로 제작된 성능이 좋은 비행기.

신오(神奧)圀하형 신비하고 오묘함.

신외-무물(身外無物)圀 몸 외에 다른 것이 없다는 뜻으로, 몸이 무엇보다 귀하다는 말.

신:용(信用)圀하타 1 사람이나 사물이 틀림없다고 믿어 의심하지 않음. 또는 그런 믿음성의 정도. ▣~이 없는 사람/~을 잃다. 2 《경》 거래에서 물건을 먼저 주고받은 다음, 물건 값을 뒷날 치르는 거래.

신용(神勇)圀 사람의 지혜로는 생각할 수 없는 용기.

신용(神容)圀 신(神)과 같이 거룩한 용모.

신:용 거:래(信用去來)《경》 1 매매한 대금의 결재를 뒷날로 정하는 거래. 2 증권 회사가 고객으로부터 일정한 보증금을 받고, 고객에게 매수 대금이나 매매 증권을 대부하여 결제하게 하는 거래. ↔론 거래.

신:용 경제(信用經濟)《경》 신용이 경제 활동의 특징을 이루는 경제 조직(상거래는 수표·환(換)·어음으로 유통되고, 큰 자본은 주식·회사채(會社債) 등이 사용됨).

신:용 공여(信用供與)《경》 금융 거래에서, 자기의 재산을 타인에게 빌려 주어 일시적으로 이용하거나 하는 일.

신:용 공:황(信用恐慌)《경》 금융 공황.

신:용 기관(信用機關)《경》 신용을 이용해 돈을 융통하는 기관(은행·전당포 따위).

신:용 대:금(信用貸金)《경》 신용 대부.

신:용 대:부(信用貸付)《경》 채무자를 믿고 담보나 보증 없이 금전 또는 물건을 빌려 주는 일.

신:용 보:험(信用保險)《경》 채무자가 채무를 이행하지 않을 때에 생기는 채권자의 손해를 보상하기 위한 보험.

신:용 어음(信用─)《경》 담보 없이 신용에 기

초를 두는 어음.

신:용-장 (信用狀)[시뇽짱] 圓 《經》 은행이 수입자 또는 해외 여행자의 의뢰에 따라, 그 신용을 보증하기 위하여 발행하는 증서. 엘시(L/C).

신:용 조사 (信用調査) 《經》 금전 대부 따위를 할 때 상대방의 재산과 지급 능력을 조사하는 일.

신:용 조합 (信用組合) 《經》 신용 협동조합.

신:용 증권 (信用證券)[시뇽-꿘] 《經》 신용에 의하여 일반적으로 사용하는 증권《환(換)어음·채권 따위》.

신:용 카드 (信用card) 《經》 상품이나 서비스의 대금 지급을 은행이 보증해서 일정한 기간 뒤에 지급할 수 있게 하는, 신용 판매 제도에 이용되는 카드. 크레디트 카드.

신:용 판매 (信用販賣) 《經》 상품을 사는 사람을 신용하여 외상·월부 등 대금을 뒷날 받기로 하고 물건을 파는 일.

신:용 협동조합 (信用協同組合)[시뇽-똥-] 《經》 상호 유대가 있는 사람끼리 서로 협력하여 자금을 마련하고 이용할 목적으로 설립하는 비영리 법인.

신:용 화:폐 (信用貨幣)[시뇽-/시뇽-폐] 《經》 은행의 신용을 바탕으로 만들어져 화폐의 기능을 대신할 수 있는 것《은행권·어음·수표 따위》.

신우 (神佑) 圓 신조(神助).

신:우 (腎盂) 圓 《生》 척추동물의 신장 안에 있는 빈 곳《오줌은 이곳에 모였다가 방광으로 빠짐》.

신:우-염 (腎盂炎) 圓 《醫》 여러 가지 병원체(病原體), 특히 대장균에 의하여 생기는 신우의 염증《오한이 나고 떨리면서 열이 오르고, 신장부에 동통이 남》.

신운 (身運) 圓 운수(運數).

신운 (神韻) 圓 신비롭고 고상한 운치.

신:울 圓 신발의 양쪽 가에 댄, 발등까지 올라오는 울타리. ⑩울.

신원 (身元) 圓 개인에 관계되는 자료《주소·본적·신분·직업·품행 따위》. 圓 ~ 조회의 의무화 / ~을 보장하다 / ~ 파악에 나서다.

신원 (伸冤)[圓하타] 원통한 일을 품.

신원 (新元) 圓 설날.

신원 보증 (身元保證) 1 사람의 신상·자력(資力) 등의 확실함을 보임지는 일. 2 고용 계약에서, 사용자가 고용된 사람 때문에 입게 될지 모르는 손해의 배상을 보증인이 담보하는 계약.

신원-설치 (伸冤雪恥)[圓하타] 가슴에 맺힌 원통함을 풀고 부끄러운 일을 씻어 버림. 설분신원. ⑥신설치.

신-원소 (新元素) 圓 《化》 주로 인공 합성에 의하여 만들어진 원자 번호 93 이상의 초(超)우라늄 원소를 이름.

신월 (申月) 圓 《民》 월건(月建)의 지지(地支)가 신(申)으로 된 달. 곧, 음력 7월《갑신(甲申)·무신(戊申) 따위》.

신월 (新月) 圓 1 초승달. 2 《天》 음력 초하루에 보이는 달. 곧, 달과 해의 황경(黃經)이 같아진 때의 달.

신위 (神位) 圓 죽은 사람의 영혼이 의지할 자리《지방(紙榜)이나 고인의 사진 따위》. 圓 ~에 절을 올리다.

신위 (神威) 圓 1 신의 위엄. 2 감히 범할 수 없는 거룩한 위엄.

신유 (辛酉) 圓 《民》 육십갑자의 쉰여덟째.

신유-박해 (辛酉迫害)[시뉴바캐] 圓 《歷》 조선 순조 원년(1801)인 신유년(年)에 일어난 천주교인에 대한 박해.

신은 (神恩) 圓 신의 은혜.

신은 (新恩) 圓 《歷》 과거에 새로 급제한 사람. 신래(新來).

신음 (呻吟)[圓하자] 1 병이나 고통으로 앓는 소리를 냄. 圓 ~ 소리를 내며 쓰러지다. 2 고통이나 괴로움으로 고생하며 허덕임. 圓고통에 ~하다.

신:의 (信義)[시늬/시니] 圓 믿음과 의리. 圓 ~가 두텁다 / ~를 저버리다.

신:의 (信疑)[시늬/시니] 圓 믿음과 의심.

신의 (宸意)[시늬/시니] 圓 임금의 뜻. 신지(宸旨). 圓 ~를 따르다.

신의 (神意)[시늬/시니] 圓 신의 뜻. 圓 ~에 거슬리다.

신의 (神醫)[시늬/시니] 圓 의술이 뛰어나 병을 신통하게 잘 고치는 의원.

신의 (新醫)[시늬/시니] 圓 양의(洋醫).

신의-설 (神意說)[시늬-/시니-] 圓 국가의 기초나 군주 권력의 근원은 신(神)의 의사에 있다는 학설.

신-이상주의 (新理想主義)[시니-/시니-이] 圓 1 《哲》 자연주의·실증주의 및 유물론적 경향에 대해 독일 관념론의 정신을 부활·발전시키려는 철학적 경향. 2 《文》 자연주의에 대항하여 일어난 문예 사조《신비주의·신낭만주의·상징주의 따위》.

신이-하다 (神異-)[圓예] 신기하고 이상하다.

신-익다 (神-)[-닉따] 圓 일에 경험이 많아서 어떤 일에도 익숙하다.

신:인 (信認)[圓하타] 믿고 인정함. 圓 대외 ~도(度)를 떨어뜨리다.

신인 (神人) 圓 1 신과 사람. 2 신과 같이 숭고한 사람. 3 《基》 '예수 그리스도'의 일컬음.

신인 (新人) 圓 1 새색시. 2 예술계·체육계 등의 분야에 새로 등장한 사람. 圓 ~ 배우. 3 현대의 인류와 같은 종(種)인 호모 사피엔스에 속하는 화석 인류《그리말디인·크로마뇽인 따위》.

신:인 (愼人) 圓 《歷》 조선 때, 정삼품과 종삼품 종친의 아내에게 주던 외명부의 품계.

신인-공노 (神人共怒)[圓하타] 천인(天人)노함.

신:인-도 (信認度) 圓 믿고 인정할 만한 정도. 圓 국가 ~.

신-인문주의 (新人文主義)[시닌-/시닌-이] 圓 《文》 계몽주의의 반동으로 18세기 후반에 독일 문단에 일어난 운동《고대 그리스 이상(理想)의 부활을 꾀함》.

신-인상주의 (新印象主義)[시닌-/시닌-이] 圓 《美術》 인상파의 수법을 더욱 과학적으로 추구하여 일어난 회화의 한 경향《색조의 분할을 철저히 한 점묘법을 특징으로 함》. 점묘주의(點描主義).

신-인상파 (新印象派) 圓 《美術》 색을 팔레트 위에서 혼합시키지 않고 원색 그대로 화면에 작은 점으로 찍어서 배치하는 19세기 말에 일어난 프랑스의 화파. 점묘파(點描派).

신일 (申日) 圓 《民》 일진(日辰)의 지지(地支)가 신(申)인 날《갑신(甲申)·병신(丙申) 따위》. 원숭이날.

신일 (辛日) 圓 《民》 일진(日辰)의 천간(天干)이 신(辛)으로 된 날《신축(辛丑)·신묘(辛卯) 따위》.

신:임 (信任)[圓하타] 믿고 일을 맡김. 또는 그 믿음. 圓 ~이 두텁다 / ~을 받다.

신임 (新任)〖명〗〖하자〗 새로 임명되거나 취임함. 또는 그 사람. ▢ ~ 교사.

신:임-장 (信任狀)[시님짱]〖명〗〖정〗 파견국의 원수나 외무 장관이 정식으로 상대국에 특정한 사람을 외교 사절로 파견하는 취지를 통고하는 공문. ▢ ~을 제정하다.

신:임 투표 (信任投票)〖법〗국민의 대표 기관인 국회가 정부에 대한 신임 여부를 결정하기 위해 행하는 투표.

신입 (新入)〖명〗〖하자〗 어떤 모임이나 단체에 새로 들어옴. ▢ ~ 사원.

신입-구출 (新入舊出)[시닙꾸-]〖명〗〖하자〗 새것이 들어오고 묵은 것이 나감.

신-입사 (新入射)[시닙싸]〖명〗〖하자〗 활쏘기를 배우려고 처음으로 사원(射員)이 되는 일.

신입-생 (新入生)[시닙쌩]〖명〗 새로 입학한 학생. ▢ ~ 환영회 / ~ 모집.

신자 (臣子)〖명〗 신하(臣下). ↔군부(君父).

신:자 (信者)〖명〗 종교를 믿는 사람. 교도(教徒). ▢ 불교 ~.

신자 (新字)〖명〗 새로 만든 글자.

신-자본주의 (新資本主義)[-자-/-의]〖명〗〖사〗 수정 자본주의.

신-자유주의 (新自由主義)[-자-/-의]〖명〗〖사〗 자유방임적인 19세기 자유주의의 결함을 인정하여, 국가에 의한 사회 정책의 필요를 승인하면서도 자본주의의 자유 기업의 전통을 지키려는 사상.

신작 (新作)〖명〗〖하타〗 작품 따위를 새로 지어 만듦. 또는 그 작품. ▢ ~ 소설 / ~을 발표하다. ↔구작(舊作).

신작 (新斫)〖명〗 새로 팬 장작.

신작-로 (新作路)[-장노]〖명〗 옛날의 좁은 길에 대하여, 자동차가 다닐 수 있도록 넓게 새로 낸 길. ▢ ~가 뚫리다. ↔구로(舊路).

신-장 (-檬)[-짱]〖명〗 신을 넣어 두는 장. 신발장.

신장 (身長)〖명〗 키¹. ▢ ~을 재다.

신장 (伸長)〖명〗〖하자〗 길이를 길게 늘임.

신장 (伸張)〖명〗〖하자타〗 물체나 세력 따위를 늘려 넓게 퍼거나 뻗침. 또는 넓게 퍼지거나 뻗음. ▢ 국력 ~에 힘쓰다.

신:장 (信章)〖명〗 도장(圖章).

신:장 (訊杖)〖명〗 지난날, 죄인을 신문할 때 매질하던 몽둥이.

신장 (神將)〖명〗 1 신병(神兵)을 거느리는 장수. 2 전략과 전술에 능한 장수. 3〖민〗귀신 가운데 무력을 맡은 장수신. 4〖불〗'화엄신장'의 준말.

신장 (新粧)〖명〗〖하타〗 건물 따위를 새로 단장함. 또는 그 단장.

신장 (新裝)〖명〗〖하타〗 1 시설이나 외관 따위를 새로 장치함. 또는 그 장치. 2 새로운 복장.

신장 (腎臟)〖명〗〖생〗 척추동물의 오줌 배설 기관(사람에게는 척추 양쪽에 한 쌍이 있는데 강낭콩 모양임). 내신(內腎). 신경(腎經). 콩팥. 준신(腎).

신장-개업 (新裝開業)〖명〗〖하자타〗 새로이 꾸며 영업을 시작함.

신:장 결석 (腎臟結石)[-썩]〖의〗신장에 결석(結石)이나 결석이 생기는 질환(오줌 속의 염류(塩類)가 굳어진 것임). 준신결석.

신:장 결핵 (腎臟結核)〖의〗신장에 결핵균이 감염되어 생기는 병(20-40대에서 환자가 많이 발생함). 준신결핵.

신장-대 (神將-)[-때]〖명〗〖민〗 무당이 신장을 내릴 때 쓰는 막대기나 나뭇가지.

신장-률 (伸張率)[-뉼]〖명〗 경기·매출·수출 따

위가 기준 연도에 비해 늘어난 비율. ▢ 수출 ~ 이 둔화되다.

신:장-병 (腎臟病)[-뼝]〖명〗〖의〗 신장에 생기는 병의 총칭(신장염·신장 결석·신장암·요독증 따위).

신:장-세 (伸張勢)〖명〗 세력 따위가 커지는 추세. ▢ 꾸준한 매출 ~을 유지하다.

신:장-염 (腎臟炎)[-념]〖명〗〖의〗 신장에 생기는 염증(급성·만성 및 위축신(萎縮腎) 따위).

신:장-증 (腎臟症)[-쯩]〖명〗〖의〗 네프로제.

신저 (新著)〖명〗 새로 지은 책.

신-적 (神的)[-쩍]〖관〗〖명〗 신과 같은 (것). 신에 관한 (것). ▢ ~(인) 존재.

신-전 (-廛)〖명〗 예전에, 신을 파는 가게를 이르던 말.

신전 (伸展)〖명〗〖하자〗 늘이어 펼침.

신전 (神前)〖명〗 신령의 앞. ▢ ~에 바치다.

신전 (神殿)〖명〗 신령을 모신 전각(殿閣).

신전 (新田)〖명〗 1 새로 산 밭. 2 '신기전(新起田)'의 준말.

신전 (新錢)〖명〗 새로 주조한 돈.

신절 (臣節)〖명〗 신하가 지켜야 할 절개.

신:절 (愼節)〖명〗 남의 병(病)을 높여 이르는 말.

신점 (新占)〖명〗 집터·묏자리를 새로 잡음.

신접 (神接)〖명〗〖하자〗 신령이 몸에 내림. *마접.

신접 (新接)〖명〗〖하자〗 1 새로 살림을 차려 한 가정을 이룸. 2 다른 곳에서 옮겨 와서 새로 자리 잡고 삶.

신접-살림 (新接-)[-쌀-]〖명〗〖하자〗 신접살이.

신접-살이 (新接-)[-싸리]〖명〗〖하자〗 처음으로 차린 살림살이. 신접살림. ▢ ~를 시작하다.

신:정 (申正)〖명〗〖민〗 신시(申時)의 한가운데. 곧, 오후 네 시.

신정 (神政)〖명〗〖정〗 신의 대변자인 제사장이 지배권을 가진 정치. 신정치(神政治).

신정 (新正)〖명〗 1 새해의 첫머리. ▢ ~ 연휴. 2 양력 설. ↔구정(舊正).

신정 (新政)〖명〗 새로운 정치.

신정 (新訂)〖명〗〖하타〗 새롭게 고침. ▢ ~ 증보판을 출간하다.

신정 (新情)〖명〗 새로 사귄 정.

신제 (新制)〖명〗 새로운 제도나 체제. 신제도. ↔구제(舊制).

신제 (新帝)〖명〗 새로 즉위한 황제.

신제 (新製)〖명〗〖하타〗 새로 만듦. 또는 그 물건.

신:조 (信條)〖명〗 1〖종〗 신앙의 조목으로 정하여 신자에게 믿게 하는 교리. 2 굳게 믿어 지키고 있는 생각. ▢ 근검절약을 ~로 삼다.

신조 (神助)〖명〗 신의 도움. 신우(神佑).

신조 (神造)〖명〗 신이 만든 것.

신조 (新造)〖명〗〖하타〗 새로 만듦.

신조 (新調)〖명〗 1 새로 만듦. 특히, 양복 따위를 새로 만듦. 2 새로운 곡조.

신종 (臣從)〖명〗〖하자〗 신하로서 따라 좇음. 또는 그런 사람.

신:종 (信從)〖명〗〖하타〗 믿고 따름.

신종 (新種)〖명〗 1 새로운 종류. ▢ ~을 개발하다. 2 새로 발견되거나 새롭게 개량한 생물의 품종. ▢ ~이 나타나다.

신:종 (愼終)〖명〗〖하자〗 상사(喪事)를 당해 예절을 정중히 함.

신종 기업 어음 (新種企業-)〖경〗 기업의 단기 자금 조달을 쉽게 하려고 1981년에 새로 도입한 어음 형식. 금리를 자율적으로 결정하는 점이 가장 큰 특징임. 시피(CP).

신좌 (申坐)〖명〗〖민〗 풍수지리에서, 집터나 묏

자리 따위가 신방(申方)을 등진 자리.

신좌(辛坐) 몡 〖민〗 풍수지리에서, 집터나 묏자리 따위가 신방(辛方)을 등진 자리.

신좌-을향(辛坐乙向) 몡 〖민〗 풍수지리에서, 집터나 묏자리 따위가 신방(辛方)을 등지고 을방(乙方)을 바라보고 앉은 자리.

신좌-인향(申坐寅向) 몡 〖민〗 풍수지리에서, 집터나 묏자리 따위가 신방(申方)을 등지고 인방(寅方)을 바라보고 앉은 자리.

신주(神主) 몡 죽은 사람의 위패. 사판(祠版). [신주 개 물려 보내겠다] 하는 짓이 칠칠하지 못하고 흐리터분하다.

신주 모시듯 귄 조심스럽고 정성스럽게 다루는 모양.

신주(神酒) 몡 신령에게 올리는 술.

신주(新注·新註) 몡 새로운 주석. ↔고주.

신주(新株) 몡 〖경〗 주식회사가 자본을 늘리기 위해 새로 발행한 주식. ↔구주(舊株).

신주(新鑄) 몡하타 돈이나 활자 등을 새로 주조함. □~ 화폐를 발행하다.

신주-보(神主褓)[-뽀] 몡 독보(櫝褓).

신주-양자(神主養子) 몡 죽은 사람을 양자로 삼아 대를 잇는 일. 백골양자. 사당양자.

신주-치레(神主-) 몡하자 높은 벼슬 이름이 쓰인 신주를 특별히 모심. [신주치레하다가 제(祭) 못 지낸다] 모양만 내다가 정작 해야 할 일을 못한다.

신주-단지(神主-)[-딴-/-준따-] 몡 〖민〗 신주를 모시는 그릇(보통 장손의 집에서 항아리나 대바구니 따위에 조상의 이름을 써넣어 안방의 시렁 위에 모셔 두고 위함).

신-중 몡 〔←승중〕 〖불〗〈속〉 여승(女僧).

신-중(愼重) 몡하뎅히뮤 썩 조심스러움. □~을 기하다 / ~한 태도 / ~히 처리하다.

신-중상주의(新重商主義)[- / -이] 몡 〖경〗 외국과의 통상 무역에서 관세 정책 등을 통하여 수출을 촉진하고 수입을 억제함으로써 경제적 우위를 차지하려는 주의.

신중-절(-寺) 몡 〖불〗 여승들이 사는 절.

신-증(信證) 몡 믿을 만한 증거.

신지(宸旨) 몡 신의(宸意).

신지(神智) 몡 신령스럽고 기묘한 지혜.

신지(新枝) 몡 새로 자란 나뭇가지. 햇가지.

신-지무의(信之無疑)[- / -이] 몡하타 꼭 믿어 의심하지 않음.

신-지식(新知識) 몡 새로운 지식. □~을 넓히다.

신진(新陳) 몡 1 새것과 묵은 것. 2〖역〗 결세를 받아들일 때, '묵은 논밭'을 일컫던 말.

신진(新進) 몡하자 1 어떤 사회나 분야에 새로 나아감. 또는 그런 사람. □~ 세력 / ~들이 두각을 나타내다. 2 새로 벼슬에 오름. □~관료.

신진-대사(新陳代謝) 몡하자 1 묵은 것이 없어지고 새것이 대신 생김. 2 〖생〗 물질(物質)대사. □~가 활발하다.

신-짚[-찝] 몡 짚신을 삼을 짚.

신-짝 몡 1 신의 한 짝. 2〈속〉신¹.

신찐-나무 몡 베틀신대.

신찐-줄 몡 베틀신끈.

신착(新着) 몡 물건 따위가 새로 도착함. 또는 그 물건.

신-착립(新着笠) 몡하자 지난날, 관례를 지낸 후 나이가 더 들어서 초립을 처음으로 벗고 갓을 쓰던 일.

신찬(神饌) 몡 신령에게 올리는 음식물.

신찬(新撰) 몡하타 새로 책을 펴내거나 편집함. 또는 그 책.

신참(新參) 몡하자 1 단체나 부류에 새로 들어옴. 또는 그런 사람. □팀에 ~이 들어오다. ↔고참(古參). 2 새로 벼슬한 사람이 처음으로 관청에 들어감.

신-창(新-) 몡 1 신의 바닥에 대는 고무 또는 가죽. □~을 새로 갈다. 2 신의 안 바닥에 까는 얇은 물건.

신채(神采·神彩) 몡 1 정신과 풍채. 2 뛰어나게 훌륭한 풍채.

신책(神策) 몡 신기하고 뛰어난 꾀와 방법.

신-천옹(信天翁) 몡 〖조〗 신천옹과의 바닷새. 거위와 비슷하나 더 크고 살이 쪘으며, 날개와 꽁지는 검고 몸은 흼. 오래 날 수 있음《국제 보호조로 지정됨》. 앨버트로스.

신-천지(新天地) 몡 새로운 세상. □~를 개척하다 / ~가 펼쳐지다.

신철(伸鐵) 몡 〖공〗 강철 부스러기를 가열하고 압연하여 만든 강철.

신첩(臣妾) 때 여자가 임금에게 대해 스스로를 일컫던 말.

신청(申請) 몡하타 1 단체나 기관에 어떤 일이나 물건을 알려 청구함. □~을 받아들이다 / 휴가를 ~하다. 2 〖법〗 개인이 국가 기관·법원이나 공공 단체의 기관에 대하여 어떤 사항을 청구하기 위하여 그 의사를 표시함.

신-청(信聽) 몡하타 믿고 곧이들음.

신청-부-같다[-깐따] 혱 1 근심 걱정이 많아서 사소한 일을 돌아볼 틈이 없다. 2 사물이 너무 적거나 부족하여 마음에 차지 않다.

신-청주(新淸酒) 몡 햇곡식으로 새로 빚은 맑은 술. □~를 뜨다.

신체(身體) 몡 1 사람의 몸. □~를 단련하다. 2 갓 죽은 송장을 이르는 말.

신체(神體) 몡 신령을 상징하는 신성한 물체.

신체(新體) 몡 새로운 체재(體裁).

신체-검사(身體檢査) 몡하자타 1 몸의 발육 상태나 건강 상태를 검사하는 일. ⑧신검(身檢). 2 학교에서 학생들의 소지품이나 복장을 검사하는 일.

신체-권(身體權)[-꿘] 몡 〖법〗 사람이 불법으로 그 신체에 해를 입지 않을 권리.

신체발부(身體髮膚) 몡 몸과 머리털과 피부라는 뜻으로, 몸 전체를 이르는 말.

신체-시(新體詩) 몡 〖문〗 갑오개혁 이후에 서구시(西歐詩)의 영향을 받은 새로운 형식·체재·내용으로 된 시.

신체의 자유(身體-自由)[- / -에-] 〖법〗 법률에 따르지 않고는 체포·감금·심문·처벌 등을 받지 않을 자유.

신체-적성(身體適性)[-썽] 몡 여러 가지 일을 하는 데 개인이 그에 적응하는 능력.

신-체제(新體制) 몡 개혁이나 재조직된 새로운 질서와 체제.

신-체조(新體操) 몡 리듬 체조.

신체-형(身體刑) 몡 〖법〗 죄인의 신체에 고통을 주는 형벌(笞刑 따위).

신초(辛楚) 몡 괴로움. 고통.

신초(神草) 몡 〖식〗 산삼(山蔘).

신-초(新-) 몡 그해에 처음 난 담배. 햇담배.

신초리 몡 베틀신대.

신-총 몡 짚신이나 미투리의 총. □~을 엮다.

신추(新秋) 몡 1 첫가을. 2 '음력 7월'을 달리 이르는 말.

신축(辛丑) 몡 〖민〗 육십갑자의 서른여덟째.

신축(伸縮)**명**하**자타** 늘고 줆. 또는 늘이고 줄임. ▢~이 잘되는 고무줄.

신축(新築)**명**하**타** 새로 건축함. ▢아파트를 ~하다.

신축-성(伸縮性)[-썽] **명 1** 늘었다 줄었다 하는 성질. ▢~이 뛰어나다. **2** 일의 형편에 따라 적절하게 대처할 수 있는 성질. ▢~을 발휘하다.

신축-자재(伸縮自在)[-짜-] **하형** 마음대로 늘었다 줄었다 한다는 뜻으로, 조건과 환경에 맞게 움직이는 것이 여유가 있고 구속이 없음.

신춘(新春)**명** 겨울을 보내고 맞이하는 첫봄. 새봄. ▢~의 새싹.

신춘-문예(新春文藝)**명** 매해 봄마다 신문사에서 아마추어 작가들을 대상으로 벌이는 문예 경연 대회. ▢~에 입상하다.

신출(新出)**명**하**자 1** 새로 세상에 나옴. 또는 그런 인물이나 물건. **2** 말품.

신출-귀몰(神出鬼沒)**명**하**자** 귀신처럼 자유자재로 나타났다 사라졌다 함. ▢~의 재주.

신출-내기(新出-)[-래-] **명** 어떤 일에 처음 나서서 서투른 사람. ▢~라 걱정이 앞서다.

신충(臣忠)**명** 신하로서의 충성.

신칙(申飭)**명**하**타** 단단히 타일러서 조심함. ▢~이 엄하다.

신친(神親)**명**《가》 대부모(代父母)와 대자녀(代子女) 사이의 친권.

신친당지(身親當之)**명**하**타** 스스로 먼저 일을 맡음.

신-칸트학파(新Kant學派)**명**《철》 인식을 경험 범위 안에 제한하는 칸트 철학의 비판적 정신을 부흥 발전시키려고 한 학파.

신-케이에스강(新KS鋼)**명**《공》 자석강의 하나. 케이에스강에 비해 자성을 유지하려는 힘이 강하고 열처리가 쉬움. 영구 자석의 원료로 씀.

신-코명 신의 앞 끝의 뾰족한 곳.

신:탁(信託)**명**하**타 1** 믿고 맡김. **2**《법》재산의 관리·처분을 남에게 부탁함.

신탁(神託)**명** 신이 사람을 통해서 그의 뜻을 나타내거나 인간의 물음에 대답하는 일. 탁선(託宣).

신:탁 사:업(信託事業)[-싸-] 《경》신탁 받은 재산의 관리·운용·처분 등을 영업으로 하는 사업. 신탁업.

신:탁-업(信託業)**명**《경》신탁 사업.

신:탁 은행(信託銀行)**명**《경》신탁 사업과 일반 은행 업무를 겸하는 금융 기관.

신:탁 통:치(信託統治)**명**《정》국제 연합의 신탁을 받아 연합국이 일정한 지역에 대해 통치를 하는 일. ▢~을 반대 운동. 준신치.

신:탁 통:치 이:사회(信託統治理事會)**명**《정》신탁 통치에 관한 문제를 다루는, 국제 연합의 한 기관.

신:탁 회:사(信託會社)[-타뙤-] **명**《경》신탁 사업을 경영하는 회사.

신탄(薪炭)**명** 땔나무와 숯. 시탄(柴炭).

신탄-상(薪炭商)**명** 신탄을 파는 장사. 또는 그 가게나 장수. 시탄상.

신토불이(身土不二)**명** 사람의 신체와 그 사람이 태어난 고장의 토양은 둘이 아니고 하나라는 뜻으로, 우리나라에서 생산된 농작물이 우리 체질에 맞는다는 말.

신통(神通)**명** 신통력. ▢~을 얻다.

신통-력(神通力)[-녁] **명** 무슨 일이든지 해낼 수 있는 영묘(靈妙)하고 불가사의한 힘. 신통. ▢~을 지니다.

신통-스럽다(神通-)[-따] 〔-스러워, -스러우니〕**형** 신통한 데가 있다. 신통-스레 **부**

신통-하다(神通-)**형여 1** 이상하고 묘하다. ▢신통한 효과 / 신통하게 잘 맞히다. **2** 약효가 신기하게 빠르고 대단하다. ▢부스럼에 신통하게 잘 듣는 약. **3** 대견하고 훌륭하다. ▢고학을 하면서 장학생이 되었다니 참 신통하군. **4** 신기하게 깊이 통달하다. ▢불법에 신통한 사람. **5** 마음에 들 만큼 마땅하고 좋다. ▢신통한 생각이 떠오르지 않는다. 신통-히 **부**

신-트림명하**자** 신물이나 시큼한 냄새가 목구멍으로 넘어오면서 나는 트림.

신-틀명 미투리나 짚신을 삼을 때 신날을 걸어 놓는 틀.

신틸레이션 계수관(scintillation計數管)[-/-게-] 《물》방사성 측정용 계수관의 하나(방사선이 형광제에 닿아서 나오는 형광을 전류로 바꾸어 증폭시켜서 그 입자수나 에너지를 측정함). 섬광 계수기.

신파(新派)**명 1** 새로운 유파. ↔구파(舊派). **2** '신파극'의 준말. ▢~조(調)의 연극.

신파-극(新派劇)**명**《연》재래의 형식과 전통을 깨뜨리고 현대의 풍속과 인정 비화(人情悲話) 등을 제재(題材)로 한 통속적인 연극. 신파 연극. 준신파.

신파 연:극(新派演劇)**명**《연》신파극.

신판(新版)**명 1** 책의 내용이나 체제를 새롭게 한 판. 또는 그렇게 만든 책. ↔구판(舊版). **2** 과거에 있었던 것과 같은 사실·인물·작품을 두고 하는 말. ▢~ 봉이 김선달.

신:편(信便)**명**하**타** 믿을 만한 인편(人便).

신편(新編)**명**하**타** 책을 새로 편집함. 또는 그 책.

신포(身布)**명**《역》조선 후기에, 병역이나 부역 대신에 바치던 무명이나 베.

신:표(信標)**명** 뒷날에 보고 서로 알아보기 위해서 주고받는 물건. 신물(信物). ▢~를 지니다.

신-풀이(神-)**명**하**자** 귀신 들린 사람을 위해 푸닥거리를 함.

신-풀이(新-)**명**하**타** 한 번도 파헤친 적이 없는 굳은 땅이나 밭을 새로 논으로 만듦. 또는 그 논.

신품(神品)**명 1** 가장 신성한 품위. **2** 아주 뛰어난 물품이나 작품. **3**《가》'신품 성사(神品聖事)'의 준말.

신품(新品)**명** 새로운 물건. ▢~이나 다름없는 중고품.

신품 성:사(神品聖事)〔가〕천주교와 성공회에서, 주교와 신부와 부제(副祭)가 성무(聖務)를 완수하기 위하여 권한과 성총을 받는 성사. 성품. 성품(聖品) 성사. 준신품.

신풍(新風)**명 1** 신선한 바람. **2** 새로운 풍조나 풍속. ▢~을 받아들이다.

신-풍조(新風潮)**명** 새로운 풍조.

신-플라톤주의(新Platon主義)[-/-이-] **명**《철》로마 시대의 그리스 철학의 한 학파(플라톤 철학에 동방의 유대 사상을 절충하여 신비적 직관과 범신론적(汎神論的) 일원론을 주장하였음).

신필(神筆)**명** 아주 뛰어나게 잘 쓴 글씨. ▢천하의 ~.

신하(臣下)**명** 임금을 섬기어 벼슬하는 사람. 신(臣). 신복. 신자(臣子). 인신(人臣).

신하(新荷)**명** 새로 들어온 물건.

신하-신(臣下臣)**명** 한자 부수의 하나('臥'·

'臨' 등에서 '臣'의 이름).

신학(神學)〖기〗교리나 신앙에 대하여 이론적으로 연구하는 학문.

신학(新學)圀 '신학문'의 준말.

신-학교(神學校)[-꾜]圀 신학을 가르쳐 교역자(教役者)를 길러 냄을 목적으로 하는 학교.

신-학기(新學期)[-끼]圀 새로 시작되는 학기. □~를 맞다.

신-학문(新學問)[-항-]圀 재래의 한학(漢學)에 대해 개화기에 서양에서 들어온 새로운 학문을 이르는 말. ↔구학문. 준신학.

신학 삼덕(神學三德)[-쌈-]〖가〗가톨릭교에서의 세 가지 덕(德)(믿음·소망(所望)·사랑). 향주(向主) 삼덕.

신해(辛亥)圀〖민〗육십갑자의 마흔여덟째.

신행(新行)圀하자 혼행(婚行).

신향(新鄕)圀 지난날, 타향에서 새로 이사 온 향족(鄕族)을 이르던 말.

신-허(腎虛)圀하자〖한의〗하초(下焦)가 허약하여 정신이 노곤하고 식은땀이 나며 정수(精水)가 흐르는 병.

신험(神驗)圀 신비한 영험.

신-헤겔주의(新Hegel主義)[- / -이]圀〖철〗20세기에 들어와 헤겔주의를 부활시킨 사상.

신-헤겔학파(新Hegel學派)圀〖철〗20세기에 들어와 전 세계에서 헤겔 철학의 부흥에 힘쓴 학자의 총칭.

신혈(新穴)圀〖광〗광물을 캐내다가 새로 발견한 광맥.

신혈(을) 뜨다 귀 신혈을 발견하다.

신혈(을) 먹다 귀 신혈을 발견하여 큰 이익을 얻다.

신형(新型)圀 새로운 유형이나 형태. □~ 승용차가 출고되다. ↔구형.

신-호(信號)圀하자타자 부호·표지·소리·몸짓 따위로 특정한 내용이나 정보를 전달하거나 지시를 함. 또는 그 부호. □교통 ~ / 위반자 / ~를 보내다.

신호(新戶)圀 새로 지어서 생긴 집.

신-호-기(信號旗)圀 신호에 쓰는 기. □~를 내걸다.

신-호-기(信號機)圀 철도나 도로 등에서, 진행·주의·정지 따위의 신호를 표시하는 장치.

신-호-나팔(信號喇叭)圀 신호하는 데 쓰는 나팔.

신-호-등(信號燈)圀 신호를 알리는 등.

신-호-수(信號手)圀 신호하는 일을 맡아보는 사람.

신-호-탄(信號彈)圀 군대에서 신호로서 쏘는 탄환.

신혼(神魂)圀 정신과 넋.

신혼(晨昏)圀 새벽과 해 질 녘.

신혼(新婚)圀하자 갓 결혼함. □~의 단꿈에 젖어 있다.

신혼-부부(新婚夫婦)圀 갓 결혼한 부부.

신혼-살림(新婚-)圀 갓 결혼하여 꾸미는 첫 살림. □~을 차리다.

신혼-여행(新婚旅行)[-녀-]圀 결혼식을 마치고 신혼부부가 함께 가는 여행. 밀월여행. □~을 떠나다.

신화(神化)圀하자 1 신의 조화. 2 신기한 변화. 3 신으로 변함.

신화(神火)圀 도깨비불2.

신화(神話)圀 1 설화의 한 가지. 민족·국가의 기원, 초자연적 존재와 그 사적(事績), 유사 이전의 민족사 따위의 이야기로 구전됨. □

단군 ~. 2 절대적이고 획기적인 업적의 비유. □월드컵 축구 3 연패의 ~를 이루다.

신화-시대(神話時代)圀 신화로만 알려져 있는, 역사가 있기 이전의 시대.

신화-학(神話學)圀 신화의 기원·성립·발전·분포·기능 등을 연구하는 학문.

신환(新患)圀 신환자.

신-환자(新患者)圀 새로 온 환자. 신환.

신효(神效)圀하자 신기한 효과나 효험이 있음. □~한 약.

신후(申後)圀 신시(申時)가 지난 뒤. 곧, 오후 다섯 시 후.

신후(身後)圀 사후(死後).

신-후(愼候)圀 병중에 있는 웃어른의 안부.

신-후리圀 강원도 통천 지방에서, 고등어를 잡을 때 쓰는 후릿그물.

신후-사(身後事)圀 죽고 난 뒷일이라는 뜻으로, 장사 지내는 일.

신후지계(身後之計)[- / -계]圀 죽은 후의 자손을 위한 계획.

신후지지(身後之地)圀 살아 있을 때 미리 잡아 둔 묏자리.

신-후-하다(信厚-)혱예 믿음직하고 덕이 두텁다.

신흥(新興)圀하자 어떤 사회적 사실이나 현상이 새로 일어남. □~ 국가〔세력〕.

신흥 계급(新興階級)[- / -게-]사회 정세나 재계의 변동으로 경제 상태가 갑자기 윤택해진 계급.

신흥 문학(新興文學)〖문〗제1차 세계 대전 후, 새로 일어난 문학의 여러 유파(프롤레타리아 문학이나 미래파·표현파·초현실파·신즉물주의(新卽物主義) 따위).

신흥 종교(新興宗教)기성 종교에 대하여, 새로 성립된 종교.

신희(新禧)[-히]圀 새해의 복. 신지(新祉).

싣-나무圀〖옛〗신나무.

싣:다[-따](실어, 실으니, 싣는)타ⓒ 1 물건을 운반하려고 차·배·수레·짐승 따위에 얹다. □짐을 ~ / 배로 실어 나르다. 2 사람이 어떤 곳을 가기 위해 차·배·비행기 따위의 탈것에 오르다. □택시에 몸을 ~. 3 책이나 신문 따위에 글·그림 등을 넣다. □일면에 특종 기사를 ~. 4 어떤 뜻이나 기운을 띠거나 담다. □얼굴에 웃음을 가득 ~. 5 보(洑)나 논바닥에 물이 괴게 하다.

실¹圀〖옛〗시루.

실:²圀 고치·삼·솜·털 등을 가늘고 길게 뽑아 꼰 것(바느질에 씀). □~로 꿰매다.
[실 엉킨 것은 풀어도 노 엉킨 것은 못 푼다] 작은 일은 간단히 해결되어도 큰일은 좀처럼 해결하기 어렵다.

실(失)圀 1 노름판에서 잃은 돈. 2 손실. 잃음. □득과 ~ / 득보다 ~이 많다.

실(室)圀 관청이나 회사의 사무를 분담해서 처리하는 부서의 하나.

실(實)圀 1 실질. □명분보다 ~을 취하다. 2〖수〗피슛수 또는 피제슛수(被除數). 3〖수〗실슛수(實數). ↔허(虛).

실-:-튀 '가는, 작은, 엷은'의 뜻. □~바람 / ~연기 / ~핏줄.

실-(實)튀 '실제의, 착실한, 옹근'의 뜻. □~수입 / ~생활.

-실(室)미 1 '방'의 뜻. □연구~ / 숙직~. 2 '사무 부서'의 뜻. □비서~ / 홍보~.

실가(室家)圀 집. 가정. 일가(一家). □~를 이루다.

실가(實家)圀 1 자기가 태어난 집. 2〖법〗혼

인을 하거나 양자로 들어간 사람의 친정이나 생가.

실가 (實價)[-까] 명 에누리 없는 실제의 값.

실:-가지 명 실같이 가느다란 나뭇가지.

실가지락 (室家之樂) 명 부부 사이의 화목한 즐거움.

실각 (失脚) 명하자 **1** 발을 헛디딤. 실족(失足). **2** 실패하여 지위나 설자리를 잃음. ❏ 성추문으로 ~하다.

실각-성 (失脚星)[-썽] 명 〔천〕 전에는 있었다고 하나 지금은 찾아볼 수 없는 별.

실감 (實感) 명하타 실제로 체험하는 느낌. ❏ ~ 나다 / ~이 가다 / ~을 느끼다〔주다〕.

실:-감개 명 실을 감아 두는 물건.

실:-개울 명 폭이 아주 좁은 작은 개울.

실:-개천 명 좁다랗고 작은 개천. 소류(小流).

실:-갯지렁이 [-개찌-/-갣찌-] 명 〔동〕 갯지렁잇과의 환형동물. 민물이 들어가는 해변의 진흙 속에 사는데, 가늘고 길며 마디가 300개, 길이 20-25 cm 임. 낚싯밥에 씀.

실:-거위 명 〔동〕 요충(蟯蟲).

실격 (失格)[-껵] 명하자 **1** 격식에 맞지 않음. **2** 기준의 미달·초과, 규칙 위반 따위로 자격을 잃음. ❏ ~ 선언 / 심사에서 ~되다.

실경 (實景) 명 실제의 경치 또는 광경.

실계 (失計)[-/-게] 명 실책.

실:-고사리 명 〔식〕 실고사릿과의 양치류. 산과 들의 양지에 남. 뿌리는 가로 벋으며 줄기는 덩굴지고 잎은 엷음. 한방에서 누른 포자를 '해금사(海金砂)'라 해서 임질약에 씀. 해금사.

실:-고추 명 실처럼 가늘게 썬 고추.

실:-골목 명 폭이 썩 좁은 골목.

실공 (實功) 명 실제의 공적. 실효(實效).

실과 (實果) 명 먹을 수 있는 열매의 총칭.

실과 (實科)[-꽈] 명 **1** 실제 업무에 필요한 과목. **2** 예전에, 초등학교의 한 과목. 일상생활에 필요한 기초 지식과 기능의 부여를 목적으로 함《연모 만들기·음식 만들기·채소 가꾸기 따위》.

실과-나무 (實果-) 명 과수(果樹).

실과-즙 (實果汁) 명 과실즙.

실:-구름 명 실처럼 가늘고 긴 구름.

실:-국수 [-쑤] 명 발이 가는 국수. 사면(絲麵). 세면(細麵).

실:-굽 명 그릇의 밑바닥에 가늘게 둘려 있는 받침.

실:굽-달이 [-따리] 명 실굽이 달린 그릇.

실궁 (實弓) 명 강궁보다 약하고 실중힘보다 강한 활.

실권 (失權)[-꿘] 명하자 권리나 권세를 잃음. ❏ ~해서 낙향하다.

실권 (實權)[-꿘] 명 실제로 행사할 수 있는 권리나 권세. ❏ ~을 쥐다〔장악하다〕 / 이름뿐이고 ~이 없는 벼슬〔자리〕.

실권 약관 (失權約款)[-꿘냑꽌] 〔법〕 채무자가 채무를 이행하지 않을 때, 계약은 효력을 잃고 채무자도 계약에서의 권리를 상실한다는 뜻을 정한 약관.

실권-주 (失權株)[-꿘-] 명 〔경〕 신주 인수권자가 청약 기일까지 청약하지 않거나 납입일에 돈을 내지 않아 인수되지 않은 주식.

실그러-뜨리다 타 한쪽으로 비뚤어지거나 기울어지게 하다. ㉶샐그러뜨리다. ㉳씰그러뜨리다.

실그러-지다 자 한쪽으로 비뚤어지거나 기울어지다. ㉶샐그러지다. ㉳씰그러지다.

실그러-트리다 타 실그러뜨리다.

실:-그물 명 애기누에의 똥을 가릴 때 쓰는 그물. 실잠망.

실근 (實根) 명 〔수〕 대수 방정식의 실수(實數)인 근. ↔허근(虛根).

실:-금 명 **1** 그릇 따위에 가늘게 생긴 금. ❏ ~이 생기다. **2** 실같이 가늘게 그은 금.

실금 (失禁) 명하자 대소변을 참지 못하고 쌈.

실긋-거리다 [-귿꺼-] 자타 물체가 자꾸 한쪽으로 비뚤어지거나 기울어지다. 또는 그리되게 하다. ㉶살긋거리다·샐긋거리다. ㉳씰긋거리다. **실긋-실긋** [-귿씰귿] 부하자타

실긋-대다 [-귿때-] 자타 실긋거리다.

실긋-하다 [-그타-] 형여 물건이 한쪽으로 조금 비뚤어지거나 기울어져 있다. ㉶살긋하다·샐긋하다. ㉳씰긋하다.

실기 (失期) 명하자 시기를 놓침.

실기 (失機) 명하자 기회를 잃거나 놓침.

실기 (實技) 명 실제의 기능이나 기술. ❏ ~ 시험 / ~ 위주의 교육.

실기 (實記) 명 실제에 있었던 사실을 적은 기록. ❏ 궁중 ~.

실기죽-거리다 [-꺼-] 자타 비뚤어지거나 기울어지게 잇따라 천천히 움직이다. 또는 그리 되게 하다. ㉶샐기죽거리다. ㉳씰기죽거리다. **실기죽-실기죽** [-씰-] 부하자타

실기죽-대다 [-때-] 자타 실기죽거리다.

실기죽-샐기죽 [-쌜-] 부하자타 물체가 자꾸 한쪽으로 천천히 기울어지거나 쏠리는 모양. ㉳씰기죽쌜기죽.

실:-꾸리 명 둥글게 감은 실 뭉치. ❏ ~를 풀다.

실-꾼 (實-) 명 어떤 일을 능히 감당할 일꾼. ❏ ~의 몫을 다하다.

실:끝-매기 [-끈-] 명 실을 풀 때, 실마리를 쉽게 찾을 수 있도록 속실과 겉실의 끝을 매어 두는 일.

실:-낱 [-랃] 명 실의 올.

실:낱-같다 [-랃깓따] 형 **1** 아주 가늘다. **2** 목숨이나 희망 따위가 끊어지거나 사라질 듯하다. ❏ 실낱같은 희망. **실:낱-같이** [-랃까치] 부

실내 (室內)[-래] 명 **1** 방이나 건물 따위의 안. ❏ ~ 온도. ↔실외. **2** 남의 아내를 점잖게 일컫는 말.

실내-등 (室內燈)[-래-] 명 실내에 켜는 등불.

실내-복 (室內服)[-래-] 명 실내에서만 입는 옷.

실내-악 (室內樂)[-래-] 명 〔악〕 '실내 음악'의 준말.

실내 유희 (室內遊戲)[-래-히] 실내에서 하는 놀이《바둑·장기·트럼프·당구 따위》.

실내 음악 (室內音樂)[-래으막] 〔악〕 방 안이나 작은 집회실에서 적은 인원으로 연주하기에 알맞은 기악 합주곡. ㉡실내악.

실내 장식 (室內裝飾)[-래-] 건축물의 내부를 그 쓰임에 따라 아름답게 꾸미는 일.

실내-화 (室內靴)[-래-] 명 건물 안에서만 신는 신.

실념 (失念)[-렴] 명하타 **1** 생각에서 사라지거나 잊음. **2** 〔불〕 정념(正念)을 잃음.

실념-론 (實念論)[-렴논] 명 〔철〕 실재론의 하나. 특히, 중세의 스콜라 철학에서의 개념 실재론. ↔유명론.

실:-노린재 [-로-] 명 〔충〕 실노린잿과의 곤충. 산지의 낙엽이나 그늘진 곳에 떼 지어 삶. 몸길이 약 6 mm, 가늘며 빛은 담황록색임. 작물·수목의 해충임.

실농 (失農)[-롱] 명하자 **1** 농사의 시기를 놓침. **2** 농사에 실패함.

실-농가(實農家)[-롱-][명] 실농군(實農軍).
실-농군(實農軍)[-롱-][명] **1** 농사를 잘 짓는 착실한 농군. **2** 실지로 농사를 지을 힘이 있는 사람. 실농가(實農家).
실:-눈[-룬][명] **1** 가늘고 긴 눈. ▢~에 웃음을 띠고 있다. **2** 가늘게 뜬 눈. ▢아기가 ~을 뜨고 잔다 / 해를 ~으로 바라보다.
실다[타][옛] 얻다.
실달다(悉達多)[-딸따-][명]《불》'싯다르타'의 음역.
실담(失談)[-땀][명] 실수로 잘못된 말.
실담(悉曇)[-땀][명] 실담 자모.
실담(實談)[-땀][명] **1** 거짓이 없는 말. 또는 사실대로 말함. **2** 실제로 있었던 이야기.
실담 자모(悉曇字母)[-땀-][명] 산스크리트 어를 적던 인도 고대 문자의 자모(字母)[자음이 35자, 모음 12자임). 실담(悉曇).
실-답다(實-)[-따][실다워, 실다우니][형][비] 꾸밈이나 거짓이 없이 참되고 미덥다. ▢ 실답지 않은 말 / 실다운 친구.
실당(失當)[-땅][명][하자] 이치에 맞지 않고 도리에 어그러짐. 부당(不當).
실:-대패[명] 목재를 가늘게 깎아 내는, 날이 좁고 작은 대패.
실덕(失德)[-떡][명][하자] **1** 덕망을 잃음. 또는 그런 행실. **2** 점잖은 사람의 허물.
실덕(實德)[-떡][명] 참되고 진실한 덕성. ▢~에 감동을 받다.
실:-도랑[명] 좁고 작은 도랑.
실독-증(失讀症)[-똑쯩][명]《의》발음 기관에 이상이 없고 글을 읽을 지식이 있는데도 읽는 글자가 상실되는 병적 상태.
실동-률(實動率)[-똥뉼][명] 연간 날짜 수에 대한 기계나 설비를 사용한 날짜 수의 비율.
실:-뒤[명] 집을 짓고 남은 좁은 뒷마당.
실득(實得)[-뜩][명][하다타] 실제로 얻음.
실떡-거리다[-꺼-][자] 실없이 웃으며 쓸데없는 말을 자꾸 하다. 실떡-실떡[-씰-][부][하자]
실떡-대다[-때-][자] 실떡거리다.
실뚱머룩-하다[-루카-][형여] 마음에 내키지 않아서 덤덤하다.
실:-뜨기[명] 실의 두 끝을 마주 매어 두 손에 건 다음에 양쪽 손가락에 얽고 두 사람이 주고받으면서 여러 가지 모양을 만드는 놀이.
실:-띠[명] 실을 꼬거나 떠서 만든 띠.
실랑이[명][하자] '실랑이질'의 준말.
실랑이-질[명][하자] **1** 남을 못 견디게 굴거나 괴롭히는 짓. **2** 서로 옥신각신하는 짓. 승강이질. 춘실랑이.
실러캔스(coelacanth)[명]《어》데본기(Devon 紀)에서 백악기(白堊紀)까지 번성했다고 믿어지는 몸길이 1.6 m, 무게 약 80 kg의 바닷물고기. 화석으로만 알려졌다가 1938 년 마다가스카르 섬 부근에서 살아 있는 것이 잡힌 바 있음.
실력(實力)[명] **1** 실제의 힘이나 능력. ▢~이 좋다 [모자라다] / ~을 쌓다. **2** 강제력이나 무력. ▢~을 행사하다.
실력-굿[-꾿][명] 집안의 평안을 기원해서 삼 년에 한 번씩 하는 굿.
실력-다짐(實力-)[-따-][명][하자] **1** 힘이나 능력을 더욱 굳힘. **2** 힘이나 능력을 겨루어 남을 굴복시킴.
실력-자(實力者)[-짜][명] 실질적인 권력이나 역량을 가지고 있는 사람. ▢정계의 ~.
실력 행사(實力行使)[-려캥사] **1** 어떤 일을 이루기 위해 완력이나 무력 따위를 쓰는 일. **2** 노동 쟁의의 한 형태로 파업 따위를 하는 일.
실련(失戀)[명][하자] '실연(失戀)'의 본딧말.
실례(失禮)[명][하자] 말이나 행동이 예의에 벗어남. 또는 그런 말이나 행동. 실수. ▢~를 끼치다 / ~를 무릅쓰고 부탁하다.
실례(實例)[명] 구체적인 실제의 본보기. ▢~를 들다 / 그것은 좋은 ~이다.
실로(失路)[명][하자] 길을 잃음.
실-로(實-)[부] 참으로. ▢~ 위대한 인물이다 / ~ 어이없는 일이다.
실로폰(xylophone)[명] 타악기의 하나《대(臺) 위에 나무토막을 배열해서 두 개의 채로 때리거나 비벼서 소리를 냄》. 목금.
실록(實錄)[명] **1** 사실을 있는 그대로 적은 기록. ▢제2차 세계 대전 ~. **2**《역》한 임금이 재위(在位) 동안의 사적(事蹟)을 편년체로 기록한 것. ▢조선 역대의 ~.
실록-물(實錄物)[명] 사실에 공상을 섞어서 그럴듯하게 꾸민 이야기나 소설.
실록-자(實錄字)[-짜][명]《인》조선 때, 역대의 실록을 인쇄하기 위해 만든 구리 활자.
실루리아-기(←Silurian紀)[명]《지》지질 시대의 하나. 고생대에서 오르도비스기(紀)의 다음, 데본기(紀)의 앞 시대. 식물이 육상에 나타나기 시작하였고 동물은 산호충(珊瑚蟲)·두족류(頭足類) 따위가 번성하였음. 고틀란드(Gottland)기.
실루엣(ㅍ silhouette)[명] **1** 윤곽의 안을 검게 칠한 얼굴 그림. **2** 그림자 그림만으로 표현한 영화 장면. **3** 옷의 전체적인 윤곽. ▢우아한 ~의 웨딩드레스.
실룩[부][하자타] 근육의 일부분이 또는 일부분을 갑자기 움직이는 모양. ▢입술을 ~ 움직이다. 짠샐룩. 쎈씰룩.
실룩-거리다[-꺼-][자타] 자꾸 실룩하다. 또는 그렇게 되게 하다. 짠샐룩거리다. 쎈씰룩거리다. 실룩-실룩[-씰-][부][하자타]
실룩-대다[-때-][자타] 실룩거리다.
실룩-샐룩[-쌜-][부][하자] 실룩거리며 샐룩거리는 모양. 쎈씰룩쌜룩.
실리(失利)[명][하자] 손해를 봄.
실리(實利)[명] 실지로 얻은 이익. 실익(實益). ▢~를 따르다[추구하다].
실리다[자타]('싣다'의 피동) 글이나 짐이 실음을 당하다. ▢잡지에 글이 ~. [타자]('싣다'의 사동) 글이나 짐을 싣게 하다.
실리-실득(實利實得)[-뜩][명] 실제의 이득. 실리실익.
실리-실익(實利實益)[명] 실리실득.
실리-주의(實利主義)[-/-이][명] **1** 공리(功利)주의. **2**《법》형벌은 사회 방위의 수단으로서, 사회의 필요와 실익(實益)에 기인한다는 법리상의 태도. **3** 바둑에서, 세(勢)를 쌓거나 말을 잡는 것보다 집을 많이 만들려는 주의.
실리카 겔(silica gel) 형체가 일정하지 않은 규산(硅酸). 응집성(凝集性) 겔로, 무색 내지 흰색의 단단한 고체임. 암모니아 따위의 가스 또는 수증기·물 등에 대한 흡착성이 강해서, 탈수(脫水)·건조·흡착제 등으로 씀.
실리콘(silicon)[명]《화》규소(硅素).
실리콘(silicone)[명]《화》규소 유기 화합물의 중합체(重合體)의 총칭. 300℃의 고온이나 영하 60℃의 저온에도 견디고, 전기 절연성도 좋아 응용 범위가 넓음. 실리콘 수지. 규소 수지(樹脂).
실린더(cylinder)[명]《공》내연 기관이나 증기 기관 따위에서, 피스톤이 왕복 운동을 하는

원기둥 모양의 통. 기통(氣筒).

실링 (ceiling) 명 1 선진국이 발전도상국에서의 수입품에 대해서 일정 한도의 특혜 관세를 적용하는 일. 2 정부의 예산 편성 때 각 부처의 개산(槪算) 요구액의 상한(上限)을 정하는 일. 3 〖전〗로제트2.

실링 (shilling) 의명 영국 은화의 하나. 또는 화폐의 단위(1실링은 1파운드의 20분의 1).

실:-마디 명 실에 생긴 엉키거나 맺힌 부분.

실:-마리 명 1 감겨 있거나 헝클어진 실의 첫머리. 2 일이나 사건의 첫머리. 단서(端緖). 단초. 囗해결의 ~가 보이다 / 협상 타결의 ~를 찾다.

실망 (失望) 명하자 희망을 잃음. 또는 바라던 일이 뜻대로 되지 않아 마음이 몹시 상함. 실의(失意). 囗~에 빠지다 / 실물을 보고 크게 ~하다.

실망-감 (失望感) 명 희망을 잃거나 일이 뜻대로 되지 않아 마음이 상한 느낌. 囗희망은 일순간에 ~으로 변하였다.

실망-낙담 (失望落膽)[-땀] 명하자 희망을 잃고 맥이 풀림.

실:-머리동이 명 너비가 닷 푼 되는 색종이를 머리에 인 연.

실-머슴 (實-) 명 궂은일을 가리지 않고 착실하게 하는 머슴.

실면 (實綿) 명 씨를 빼지 않은 목화.

실명 (失名) 명 이름이 전해지지 않아 알 수 없음. 囗작자 ~의 시조.　　　　　「~ 용사.

실명 (失明) 명하자타 눈이 멂. 상명(喪明). 囗

실명 (失命) 명하자 목숨을 잃음. 죽음.

실명 (實名) 명 실제의 이름. 본명. 囗~임을 확인하다. ↔가명.

실명-씨 (失名氏) 명 무명씨.

실명-제 (實名制) 명〖경〗금융 실명제.

실모 (實母) 명 친어머니.

실:-몽당이 명 실을 꾸려 감은 뭉치.

실무 (實務) 명 실제의 업무나 사무. 囗~ 경험 / ~에 밝다.

실무-가 (實務家) 명 실무자.

실무-자 (實務者) 명 어떤 사무를 실지로 담당하는 사람. 실무에 능숙한 사람. 당무자. 실무가. 囗~에 밝다.

실무-적 (實務的) 관명 1 실무에 관계되는 (것). 囗~ 문제. 2 실무에 익숙한 (것). 囗~ 사무 처리.

실무-주의 (實務主義)[-/-이] 명 실무를 가장 중요하게 여기는 주장이나 태도.

실문 (實聞) 명하타 자기 귀로 직접 들은. 또는 그런 말.

실물 (失物) 명하자 물건을 잃어버림. 또는 그런 물건.

실물 (實物) 명 1 실제로 있는 물건이나 사람. 囗~ 크기의 사진. 2 주식이나 상품 따위의 현품. 현물. 囗~ 거래.

실물 거:래 (實物去來) 〖경〗증권 거래소에서, 매매 계약이 성립된 당일이나 그 다음날 현금과 증권을 맞바꾸는 일. ↔선물(先物) 거래.

실물 광:고 (實物廣告) 실물을 여러 사람 앞에 보이고 알리는 광고.

실물 교:수 (實物敎授) 학습자가 구체적인 사실과 사물을 직접 관찰하거나 만져 보도록 해서 학습하게 하는 방법. 직관 교수.

실물 교환 (實物交換) 〖경〗화폐를 쓰지 않고 실물로 교환하는 일.

실물-대 (實物大)[-때] 명 실물과 꼭 같은 크기. 囗~의 초상화.

실물-수 (失物數)[-쑤] 명 물건을 잃을 운수.

실물 임:금 (實物賃金) 〖경〗화폐 대신 물건으로 지급되는 임금.

실:-뭉치 명 실을 뭉쳐 감은 덩이.

실미적지근-하다 [-찌-] 형여 1 음식이 식어 미지근하다. 囗실미적지근한 국. 2 마음이 내키지 않아 열성이 적다. 囗실미적지근한 태도를 보이다. 囷실미지근하다.

실미지근-하다 형여 '실미적지근하다'의 준말. 囷실미지근하다.

실:-바람 명 1 솔솔 부는 바람. 2 〖기상〗풍력 1의 바람. 초속 0.3-1.5 m로 부는 바람. 지경풍.

실박-하다 (實樸-)[-바카-] 형여 수수하다².

실:-반대 [-빤-] 명 고치에서 뽑아낸 실을 둥글게 사려서 놓은 뭉치. 囗~를 짓다.

실:-밥 [-빱] 명 1 꿰맨 실이 밖으로 드러난 부분. 囗~이 드러나다 / ~을 뽑다 / ~이 타지다. 2 옷을 뜯을 때 뽑아내는 실의 부스러기. 囗~이 풀어지다.

실백 (實柏) 명 실백잣. 囗식혜에 ~을 띄우다.

실백-자 (實柏子)[-짜] 명 실백잣.

실백-잣 (實柏-)[-짠] 명 껍데기를 벗긴 알맹이 잣. 실백. 실백자. 囗약밥에 ~을 넣다. ↔겉잣.

실:-뱀 〖동〗뱀과의 파충류의 하나. 몸이 실 모양으로 긴데, 4분의 1은 꼬리임. 등은 녹색을 띤 연한 갈색, 배는 황백색임.

실:-뱀장어 (-長魚) 명 뱀장어의 새끼.

실:-버들 〖식〗가늘고 길게 늘어진 버들. '수양버들'의 다른 이름.

실버-산업 (silver産業) 명 노인을 상대로 노인을 위한 상품을 제조·판매하거나 의료·복지 시설을 세우는 따위의 산업. 囗~에 힘쓰다.

실버-타운 (silver town) 명 노인을 대상으로 돈을 내고 살아갈 수 있도록 주거 시설·휴양 시설 따위를 갖춘 마을.

실범 (實犯) 명 〖법〗실제로 죄를 저지른 사람.

실:-보무라지 [-뿌-] 명 실의 부스러기.

실-복마 (實卜馬)[-봉-] 명 무거운 짐을 실을 수 있는 튼튼한 말.

실본 (失本) 명하자 낙본(落本).

실봉 (實捧) 명 1 실제로 받을 금액. 2 빚을 꼭 갚을 사람.

실부 (實父) 명 친아버지.

실부 (實否) 명 실불실.

실-부모 (實父母) 명 친(親)부모.

실-불실 (實不實)[-씰] 명 1 착실함과 착실하지 않음. 2 살림이 넉넉함과 넉넉하지 못함. 실부.

실:-비 명 실처럼 가늘게 내리는 비.

실비 (實費) 명 실지로 드는 비용. ~ 제공.

실비 변:상 (實費辨償) 〖법〗공무원이 직무를 수행하기 위해서 필요한 비용을 자기가 지출했을 때, 국가가 이것을 보상하는 일.

실-사 (-絲) 명 한자 부수의 하나('紙·細' 따위에서 '糸'의 이름).

실사 (實事) 명 사실로 있는 일. 사실.

실사 (實査)[-싸] 명하타 실제를 조사하거나 검사함. 囗재고품 ~ / ~에 들어가다.

실사 (實寫)[-싸] 명하타 실물·실경·실황을 그리거나 찍음. 또는 그런 그림이나 사진. 囗~ 촬영.　　　　　「(虛辭)1.

실사 (實辭)[-싸] 명 〖언〗실질 형태소. ↔허사

실사-구시 (實事求是)[-싸-] 명 사실에 토대를 두어 진리를 탐구하는 일.

실사 영화 (實寫映畵)[-싸-] 배우나 세트를 쓰지 않고 실황을 찍은 영화.

실-사회 (實社會)[-싸-] 명 실제의 사회.

실-살 (實-)[-쌀] 명 겉으로 드러나지 않은 실 제의 이익.

실살-스럽다 (實-)[-쌀-따] [-스러워, -스러 우니] 형日 겉으로 드러나거나 객쩍은 것이 없고 내용이 충실하다. **실살-스레** [-쌀-] 부

실상 (實狀)[-쌍] 명 실제의 상태나 내용. ▢ ~을 파악하다. ▣부 실제로. ▢ ~ 잘못은 제 게 있습니다.

실상 (實相)[-쌍] 명 1 실제의 모양이나 상태. 2 《불》 모든 것의 있는 그대로의 참모습.

실상 (實像)[-쌍] 명 1 《물》한 물체의 각 점에 서 나온 광선이 렌즈 따위를 통과한 다음, 각 각 한곳에 다시 모여서 생기는 실제의 상 (像). 2 거짓 허울이 벗겨진 본디의 모습의 비유. ↔허상(虛像).

실상-중도 (實相中道)[-쌍-] 명 《불》진실의 상(相)과 중용(中庸)의 도(道).

실:-새삼 명 《식》메꽃과의 한해살이 기생(寄 生) 덩굴풀. 들에 남. 길이 약 50cm, 줄기는 황색, 실 모양이며 여름에 흰 꽃이 가지 위에 핌. 종자는 약용됨.

실색 (失色)[-쌕] 명하자 놀라서 얼굴빛이 달라 짐. ▢ 아연(啞然)~하다.

실생 (實生)[-쌩] 명 《식》씨가 싹이 터서 식물이 자람. 또는 그 식물. ↔접목.

실생-법 (實生法)[-쌩뻡] 명 식물·농작물 따위 를 씨로 번식시키는 방법.

실-생활 (實生活)[-쌩-] 명 이론이나 공상이 아닌 실제의 생활. ▢ ~에 응용하다.

실선 (實線)[-썬] 명 제도에서, 끊어진 데가 없 이 이어져 있는 선.

실섭 (失攝)[-썹] 명하자 몸조리를 잘하지 못함.

실성 (失性)[-썽] 명하자 정신에 이상이 생김. 미침. 실진(失眞). ▢ ~한 사람처럼 혼자서 중얼거리다.

실-성 (室星)[-썽] 명 이십팔수의 열째 별.

실성 (實性)[-썽] 명 본성(本性).

실세 (失勢)[-쎄] 명하자 세력을 잃음. ▢ ~를 만회하다. ↔득세(得勢).

실세 (實勢)[-쎄] 명 1 실제의 세력이나 기운. ▢ 강력한 ~. 2 실제의 시세. ▢ ~ 금리.

실-세계 (實世界)[-쎄-/-쎄게] 명 공상이 아 닌 실제의 세계.

실소 (失笑)[-쏘] 명하자 어처구니가 없어 저도 모르게 웃음이 툭 터져 나옴. 또는 그 웃음. ▢ ~를 자아내다 / ~를 금치 못하다.

실-소 (實-)[-쏘] 명 농사용으로 부릴 수 있는 튼튼한 소.

실-소득 (實所得)[-쏘-] 명 《경》개인의 의사에 따라 마음대로 쓸 수 있는 소득.

실속 (失速)[-쏙] 명하자 비행기 날개의 영각 (迎角)이 한도를 넘게 커지면 저항이 증가해 서 양력(揚力)이 떨어져 비행하지 못하고 추 락하는 일. ▢ ~으로 추락하다.

실-속 (實-)[-쏙] 명 1 실제의 알맹이가 되는 내용. ▢ ~ 없는 이야기. 2 겉으로 드러나지 않은 알짜 이익. ▢ ~만 차리다.

실속 (實速)[-쏙] 명 1 실제의 속도. 실속도. 2 비행기의 대지(對地)속도.

실-속도 (實速度)[-또] 명 실제로 움직이거나 돌고 있는 실제 속도.

실솔 (蟋蟀)[-쏠] 명 《충》귀뚜라미.

실수 (失手)[-쑤] 명하자타 1 부주의로 잘못함. 또는 그런 행위. ▢ ~ 없는 사람 / ~를 저지르다 [범하다]. 2 실례(失禮).

실수 (實收)[-쑤] 명 1 실제의 수입이나 수확. ▢ ~ 50만 원. 2 《광》광석에서 얻을 수 있는 금속의 비율을 백분율로 나타낸 것.

실수 (實需)[-쑤] 명 '실수요'의 준말.

실수 (實數)[-쑤] 명 1 실제의 수량. 2 《수》유 리수와 무리수의 총칭. ↔허수(虛數). 3 《컴》 컴퓨터에서 사용하는 수 가운데 소수점이 붙 어 있는 형태의 수.

실-수요 (實需要)[-쑤-] 명 실제로 소비하기 위한 수 요. ↔가수요(假需要). 준실수.

실-수요자 (實需要者)[-쑤-] 명 실제로 필요해서 쓰 거나 얻고자 하는 사람. ▢ ~를 위한 정책.

실-수익 (實收益)[-쑤-] 명 실제로 얻은 이익.

실-수입 (實收入)[-쑤-] 명 실제의 수입.

실습 (實習)[-씁] 명하자타 배운 이론을 토대로 실지로 해 보고 익히는 일. ▢ 현장 ~ / ~ 위 주의 교육 / ~ 시설.

실습-생 (實習生)[-씁쌩] 명 실습을 하는 학생.

실습-수업 (實習授業)[-씁쑤-] 명 가르치는 기 능과 숙련을 익히기 위해 교육 실습생이 받 는 수업.

실습-지 (實習地)[-씁찌] 명 실습하기 위한 땅. 또는 그곳. ▢ 농업 ~.

실시 (失時)[-씨] 명하자 때를 놓침.

실시 (實施)[-씨] 명하타 실제로 시행함. 실행 (實行). ▢ 금융 실명제 ~ / 버스 전용 차로제 가 ~되다.

실-시간 (實時間)[-씨-] 명 실제 흐르는 시간 과 같은 시간. ▢ ~ 검색어.

실시간 시스템 (實時間system) 《컴》데이터를 수신한 후 계산이나 정보 처리의 결과를 짧 은 시간에 빨리 보내는 시스템.

실시간 처:리 (實時間處理) 《컴》데이터가 발 생할 때마다 즉시 처리하고 그 결과를 출력 하거나 요구에 대해서 응답하는 방식. 즉시 처리. 리얼타임 처리.

실시 등:급 (實視等級)[-씨-] 《천》육안이나 이와 같은 감도를 가진 장치로 본 경우의 별 의 밝기의 등급. 겉보기 등급. *절대 등급.

실시 쌍성 (實視雙星)[-씨-] 명 망원경 따위로 그 궤도 운동을 실제로 볼 수 있는 쌍성.

실신 (失身)[-씬] 명하자 실절(失節).

실신 (失信)[-씬] 명하자 신용을 잃음.

실신 (失神)[-씬] 명하자 병이나 충격 따위로 정 신을 잃음. 상신(喪神).

실실 부의부 소리 없이 실없게 슬며시 웃는 모 양. ▢ 괜히 ~ 웃다 / 웃음을 ~ 흘리다 / ~ 눈웃음을 보내다. ⨂샐샐.

실심 (失心)[-씸] 명하자 근심 따위로 맥이 빠 지고 마음이 산란해짐. 상심(喪心).

실심 (實心)[-씸] 명 진심(眞心).

실쌈-스럽다 [-따] [-스러워, -스러우니] 형日 1 말이나 행동이 부지런하고 착실한 데가 있 다. 2 뒤스럭스럽다. **실쌈-스레** 부

실:-안개 명 엷게 긴 안개.

실액 (實額)[-쌕] 명 실제의 금액.

실어 (失語)[-썽] 명하자 1 잘못 말함. 2 말할 수 있 는 기능을 잃어 말을 잊어버리거나 바르게 말하지 못함. ▢ 교통사고로 ~ 상태가 되다.

실어-증 (失語症)[시러쯩] 명 《의》대뇌의 손상 으로 언어의 표현이나 이해에 장애가 생기는 병적 증상. ▢ ~에 걸리다.

실언 (失言)[-썽] 명하자 실수로 잘못 말함. 또는 그 런 말. ▢ ~을 용서하다.

실업 (失業)[-썽] 명하자 1 생업을 잃음. 2 일할 의사 와 노동력을 가진 사람이 일자리를 잃거나 일할 기회를 갖지 못하는 상태. ▢ ~ 구제 / 만성적 ~.

실업 (實業)[명] 농업·상업·공업·수산업 따위의 생산·제작·판매 따위에 관한 사업.

실업-가 (實業家)[시럽까][명] 상공업·금융업 등 사업을 경영하는 사람. ▢자수성가한 ~.

실업-계 (實業界)[시럽꼐 / 시럽꼐][명] 1 실업가의 사회. 2 실업의 범위.

실업 고등학교 (實業高等學校)[시럽꼬-꾜] 실업 교육을 위주로 하는 고등학교. ▣실업 학교.

실업 교:육 (實業教育)[시럽꾜-][명] 실업에 관한 지식·기능 따위를 가르치고 익히도록 하는 교육.

실업-률 (失業率)[시럼뉼][명] 노동할 의사와 능력을 가진 인구 가운데 실업자가 차지하는 비율. ▢~이 감소하다.

실업 보:험 (失業保險)[시럽뽀-] 근로자가 실업했을 때 일정한 기간 일정한 금액을 지급해서 생활의 안정을 꾀하게 하는 사회 보험.

실업 수당 (失業手當)[시럽쑤-] 실업 보험의 규약에 따라 실업자에게 지급되는 수당.

실업 인구 (失業人口) 노동할 의사와 능력이 있으나 현실적으로 취업하지 못하고 있는 인구. ↔유업 인구.

실업-자 (失業者)[시럽짜][명] 직업을 잃거나 얻지 못한 사람.

실업 학교 (實業學校)[시러팍꾜] [교] 1 실업 교육을 실시하는 학교. 2 '실업 고등학교'의 준말.

실-없다 [시럽따][형] 말이나 행동이 실답지 못하다. ▢실없는 농담. 실-없이 [시럽씨][부]. ▢~ 지껄이는 말.
   [실없는 말이 송사(訟事) 간다] 무심하게 한 말 때문에 큰 소동이 벌어질 수도 있다는 말.

실없-쟁이 [시럽쨍-][명] 실없는 사람을 놀림조로 이르는 말.

실에 [명]〈옛〉 시렁.

실역 (實役)[명] 현역으로 치르는 병역.

실연 (失戀)[명][하자] 〔←실련(失戀)〕 연애에 실패함. 또는 이루지 못한 연애. ▢~의 고통 / ~으로 인한 마음의 상처.

실연 (實演)[명][하타] 1 실제로 해 보임. ▢마술을 ~해 보이다. 2 배우가 무대에서 실제로 연기함.

실연적 판단 (實然的判斷) 〔논〕 주어와 술어와의 관계가 실제로 성립함을 나타내는 'A는 B이다'라는 형식의 판단.

실열 (實熱)[한의] 열이 높고 갈증이 나며, 대소변이 순조롭지 못하고 설태를 낌.

실:-오라기 실오리. ▢~ 같은 희망.

실:-오리 [명] 한 가닥의 실. 실오라기. ▢~ 하나 걸치지 않다.

실온 (室溫)[명] 실내 온도. ▢~에 보관하다.

실외 (室外)[명] 방이나 건물의 밖. ▢~ 제조. ↔실내.

실용 (實用)[명][하타] 실제로 씀. ▢~ 가치.

실용 단위 (實用單位) 〔물〕 기본 단위나 유도 단위와는 달리 실용에 맞게 습관적으로 쓰는 단위(마력(馬力)·볼트(volt) 따위).

실용-문 (實用文)[명] 실생활에서 쓰는 글(공문·서간문 따위).

실용-성 (實用性)[-썽][명] 실제로 쓸모가 있는 성질. ▢~을 강조한 그릇 제품 / ~이 높다 [떨어지다].

실용-신안 (實用新案)[명] 산업상·실용상 이용할 수 있도록 물품의 모양·구조 따위에 새로운 고안을 하는 일.

실용신안-권 (實用新案權)[시룡시난꿘][명] 실용신안을 등록한 사람이 독점적·배타적으로

가지는 지배권.

실용신안 특허 (實用新案特許)[시룡시난트커] 〔법〕 창조적인 고안에 대해서 독점적이며 배타적인 제작·판매의 권리를 허가하는 일. ▣신안 특허·실용 특허.

실용-적 (實用的)[명] 실제로 사용하기에 알맞은 (것). ▢병따개는 ~(인) 도구이다.

실용-주의 (實用主義)[시룡- / 시룡-이][명] 〔철〕 행동을 중시하며, 사고나 관념의 진리성은 실험적인 검증을 통해서 객관적으로 타당한 것이어야 한다는 주장. 프래그머티즘.

실용 특허 (實用特許)[시룡트커] '실용신안 특허'의 준말.

실용-품 (實用品)[명] 실생활에 알맞은 물품.

실용-화 (實用化)[명][하타] 실제로 쓰거나 쓰게 함. ▢~ 가능성.

실유 (實有)[명] 〔불〕 삼라만상은 공(空)임에도, 중생은 사리에 어두워 이를 실재라고 믿는 일. ↔가유(假有).

실은 (實-)[부] 사실은. 실제로는. ▢~ 네 말이 옳다 / ~ 그 여자는 내 동생일세.

실음 (失音)[명][하자] 〔한의〕 목소리가 쉬어 말을 하지 못함. 또는 그런 증세.

실의 (失意)[시릐 / 시리][명][하자] 뜻이나 의욕을 잃음. 실망(失望). ▢~에 빠지다〔잠기다〕.

실의 (實意)[시릐 / 시리][명] 1 진실한 마음. 본심. 2 친절한 마음. 성실.   └구하다.

실익 (實益)[명] 실제의 이익. 실리. ▢~을 추구하다.

실인 (失認)[명] 〔의〕 감각 기관에는 이상이 없지만, 뇌가 손상을 입어 사물을 인식하지 못하는 병적인 증상.

실인 (室人)[명] 자기의 아내를 일컫는 말.

실인 (實印)[명] 관계 관청에 인감 증명이 되어 있는 도장.

실-인심 (失人心)[명][하자] 남에게 인심을 잃음.

실자 (實子)[-짜][명] 자기가 낳은 아들. 친아들.

실자 (實字)[-짜][명] 한자에서, 형상이 있는 사물을 나타내는 글자(일(日)·월(月)·목(木) 따위). ↔허자(虛字).

실-작인 (實作人)[명] 1 착실히 농사를 잘 짓는 소작인. 2 실제의 경작인.

실-작자 (實作者)[-짜][명] 믿을 만한 사람.

실:-잠자리 [명] 〔충〕 실잠자릿과의 넓적다리실잠자리·노랑실잠자리·끝빨간실잠자리 따위의 총칭. 연못 둥에 삶. 시맥(翅脈)이 굵고 날개 기부(基部)는 가늘며 모두 작음.

실장 (室長)[명] '실(室)' 자가 붙은, 일정한 부서를 책임지고 있는 사람. ▢기획실 ~.

실:-장갑 (-掌匣)[명] 실로 뜬 장갑.

실재 (實才)[명] 글재주가 있는 사람.

실재 (實在)[-째][명][하자] 1 실제로 존재함. ▢~의 인물. 2〔철〕인간의 의식에서 독립해서 객관적으로 존재하는 것. ↔가상(假象).

실재-감 (實在感)[-째-][명] 그려진 물건이 실물 듯한 느낌.

실재-론 (實在論)[-째-][명] 〔철〕 의식이나 주관에서 독립하여 존재하는 객관적 존재를 인정하고, 그것을 올바른 인식의 기준으로 삼는 관점. ↔관념론(觀念論).

실재-성 (實在性)[-째썽][명] 〔철〕 사물이나 사상(事象)이 인간의 의식과는 독립해서 객관적으로 존재하는 성질. 현실성.

실재-적 (實在的)[-째-][명] 실재하거나 실재로서의 특성이 있는 (것).

실적 (失跡)[-쩍][명][하자] 흔적이 없어짐. 행방을 감춤.

실적 (實積)[-쩍] 명 실제의 용적이나 면적. 알부피.
실적 (實績)[-쩍] 명 실제의 업적이나 공적. ❑ 판매〔수출〕 ~을 올리다 / ~에 따라 임금이 책정된다.
실적-주의 (實績主義)[-쩍쭈- / -쩍쭈이] 명 실적을 기초로 임용·승진 등을 하는 주의. 시험 성적·근무 성적 따위에 중점을 둠.
실전 (失傳)[-쩐] 명하자타 묘지·고적·내력 등 전해져 오던 사실이 알 수 없게 됨.
실전 (實戰)[-쩐] 명 실제의 싸움. ❑ ~을 방불케 하는 훈련 / ~에 강하다.
실전-담 (實戰談)[-쩐-] 명 실제로 겪은 전쟁 이야기.
실절 (失節)[-쩔] 명하자 절개를 지키지 못함. 실신(失身). 실정(失貞).
실점 (失點)[-쩜] 명하타 경기나 승부 따위에서 점수를 잃음. 또는 그 점수. ❑ ~을 당하다. ↔득점.
실정 (失政)[-쩡] 명하자 정치를 잘못함. 또는 잘못된 정치.
실정 (失貞)[-쩡] 명하자 실절(失節).
실정 (實定)[-쩡] 명하타 실제로 정함.
실정 (實情)[-쩡] 명 **1** 실제의 사정이나 정세. ❑ ~을 모르는 이야기 / ~을 살피다 / ~에 어둡다. **2** 진실한 마음. 진정.
실정-법 (實定法)[-쩡뻡] 명〔법〕 경험적·역사적 사실에 의해서 성립되고, 현실적인 제도로 시행되고 있는 법. ❑ ~ 위반. ↔자연법.
실제 (實弟)[-쩨] 명 친아우.
실제 (實際)[-쩨] 명 실지의 경우나 형편. ❑ 이론과 ~는 다르다 / ~로 경험하다.
실조 (失調)[-쪼] 명 **1** 조화나 균형을 잃음. ❑ 영양의 ~. **2** 단독의 근육에는 이상이 없으나, 일부의 근육에 장애가 일어나 운동 협조가 잘되지 않는 일.
실족 (失足)[-쪽] 명하자 **1** 발을 헛디딤. 실각. ❑ ~해서 추락하다. **2** 행동을 잘못함.
실존 (實存)[-쫀] 명하자 **1** 실제로 존재함. 또는 그런 존재. **2**〔철〕 사물이 인식이나 의식에서 독립해서 존재하는 일. **3**〔철〕 가능적 존재로서의 본질에 대해 현실적 존재.
실존-주의 (實存主義)[-쫀- / -쫀-이] 명〔철〕 19세기의 합리주의적 관념론이나 실증주의에 반대하고, 개인으로서의 인간의 주체적 존재성을 강조하는 철학.
실존 철학 (實存哲學)[-쫀-]〔철〕 주체적 존재로서의 실존을 중심 개념으로 하는 철학적 입장.
실종 (失踪)[-쫑] 명 **1** 종적을 잃음. ❑ 개혁이 ~되다. **2** 사람의 소재 및 생사를 알 수 없게 됨. ❑ ~ 사건 / 산사태로 주민이 흙더미에 쓸려 ~됐다.
실종 선고 (失踪宣告)[-쫑-]〔법〕 일정한 기간(=5년) 소재 및 생사가 불명한 사람을 이해(利害)관계인의 청구에 따라 사망한 사람으로 간주하는 법원의 선고.
실종-자 (失踪者)[-쫑-] 명 **1** 실종된 사람. ❑ ~를 신고〔수색〕하다. **2** 법원에서 실종 선고를 받은 사람.
실주 (實株)[-쭈] 명 주식의 현물(現物). ↔공주(空株).
실죽 (實竹)[-쭉] 명 속이 비지 않은 대.
실-중력 (實中力)[-녁] 명 실중힘.
실-중힘 (實中-) 명 실궁(實弓)보다 약하고, 중힘보다 강한 활. 실중력(實中力).
실증 (實證)[-쯩] 명하타 **1** 확실한 증거. **2** 사실을 바탕으로 증명함. 또는 그런 사실.
실증-론 (實證論)[-쯩논] 명〔철〕 실증주의.
실증-성 (實證性)[-쯩썽] 명 사실이나 실험에 따른 증명, 즉 과학적 증명이 가능한 성질.
실증-적 (實證的)[-쯩-] 관명 사고(思考)에 의해 논증하는 것이 아니라, 경험적 사실의 관찰·실험에 의해 증명되는 (것).
실증-주의 (實證主義)[-쯩- / -쯩-이] 명〔철〕 형이상학적 사변을 배척하고 사실에 근거해서, 관찰과 실험으로 검증할 수 있는 지식만을 인정하려는 태도. 실증론. 실증 철학. 적극주의.
실증 철학 (實證哲學)[-쯩-] 실증주의.
실지 (失地)[-찌] 명 빼앗겨 잃어버린 땅. ❑ ~를 회복하다.
실지 (失志)[-찌] 명하자 뜻을 잃음. 마음이 나갈 방향을 잃거나 낙담함.
실지 (實地)[-찌] ㊀명 **1** 실제의 처지나 경우. ❑ ~ 경험에서 얻은 교훈 / ~ 훈련을 받다. **2** 실제의 장소. 현장. ❑ ~ 답사를 하다. ㊁부 실제로. ❑ ~ 겪은 이야기.
실지 (實智)[-찌] 명〔불〕 모든 존재의 있는 그대로의 진실한 모습을 밝게 아는 지혜. 근본지(根本智). ↔권지(權智).
실지 검:증 (實地檢證)[-찌-]〔법〕 현장 검증.
실지-로 (實地-)[-찌-] 부 실제로. 현실적으로. ❑ ~ 있었던 이야기.
실지-적 (實地的)[-찌-] 관명 실지와 같은 (것).
실직 (失職)[-찍] 명하자 직업을 잃음. ❑ ~을 당하다.
실직 (實職)[-찍] 명〔역〕 **1** 문무 양반만이 하던 벼슬. 정임(正任). 정직(正職). **2** 실무를 담당하던 실제의 관직. ↔차함(借銜).
실직-록 (實職祿)[-찡녹] 명〔역〕 실직의 관원에게 주던 봉록.
실직-하다 (實直-)[-찌카-] 형여 성실하고 정직하다. ❑ 실직한 젊은이.
실진 (失眞)[-찐] 명하자 실성(失性).
실질 (實質)[-찔] 명 실상의 본바탕. 실체. ❑ ~ 소득 / ~ 성장률.
실질 금리 (實質金利)[-찔-니] 금융 기관에서 대부를 받은 사람이 실질적으로 부담하는 금리. ↔표면(表面) 금리.
실질 명사 (實質名詞)[-찔-]〔언〕 자립 명사.
실질-범 (實質犯)[-찔-] 명〔법〕 결과범. ↔형식범.
실질-법 (實質法)[-찔뻡] 명〔법〕 국제 사법에서, 법률관계를 직접 규정하는 법.
실질 임:금 (實質賃金)[-찌림-]〔경〕 임금의 실질적인 가치를 나타내는 금액. 명목 임금을 물가 지수로 나누어 구함. ↔명목 임금.
실질-적 (實質的)[-찔쩍] 관명 실질에 맞는 (것). ❑ ~인 권한〔이익〕/ 이 일은 ~으로 불가능하다. ↔형식적.
실질-주의 (實質主義)[-찔- / -찔-이] 명 형식에 얽매이지 않고 내용을 중히 여기는 견해나 경향. 실질론.
실질 판결 (實質判決)[-찔-] 본안(本案) 판결.
실질 형태소 (實質形態素)[-찔-]〔언〕 구체적인 대상이나 동작, 상태를 나타내는 형태소. 곧, '철수가 밥을 먹었다.'에서 '철수·밥·먹'을 가리킴. 실사(實辭). ↔형식 형태소.
실쭉 부하자타 **1** 감정을 나타내면서 입이나 눈이 한쪽으로 실그러지게 움직이는 모양. ❑ ~ 웃다. **2** 마음에 차지 않아 고까워하는 태도를 드러내는 모양. ㉶샐쭉.
실쭉-거리다 [-꺼-] 자타 **1** 한쪽으로 실그러지

게 자꾸 움직이다. **2** 싫증이 나서 얼굴을 자꾸 실그러뜨리다. ⑪샐쭉거리다. **실쭉-실쭉**
[-씰-] 冊하자타

실쭉-대다[-때-] 재타 실쭉거리다.

실쭉-샐쭉[-쌜-] 冊하자타 실쭉거리며 샐쭉거리는 모양. ▢누나는 ~ 삐치기를 잘한다.

실쭉-하다[-쭈카-] 형어 **1** 한쪽으로 실그러져 있다. **2** 싫어서 한쪽으로 비켜서려는 태도가 있다. ⑪샐쭉하다.

실착(失着)명하타 바둑 따위에서, 잘못 둠. 또는 잘못 둔 점. 패착(敗着).

실책(失策)명 잘못된 계책이나 실수. 실계(失計). ▢~을 범하다.

실천(實踐)명하타 실제로 행함. ▢~에 옮기다. ↔이론.

실천-가(實踐家)명 행동으로 실천하는 사람.

실천-궁행(實踐躬行)명하자 실제로 몸소 이행함.

실천-력(實踐力)[-녁]명 계획이나 신념 따위를 실제로 이행할 수 있는 힘.

실천 윤리(實踐倫理)[-뉼-]『윤』도덕 원리를 응용하고 실천하는 일을 주로 연구하는 학문.

실천 이:성(實踐理性)『철』도덕적 원리를 인식해서 욕망을 통어(統御)하고, 의지·행위를 규정·평가하는 이성(칸트 철학의 중요 개념임). ↔순수(純粹) 이성.

실천-적(實踐的)명 실제로 행하는 (짓). ▢옛 전통의 ~ 계승. ↔이론적.

실천 철학(實踐哲學)『철』실천 또는 행위의 철학적 문제를 연구하는 학문(윤리학·미학·법률학·종교 철학 따위). ↔이론 철학.

실:-첩명 여자가 쓰는 손그릇의 하나(종이로 만들어, 실이나 헝겊 조각 따위를 담음).

실체(失體)명하타 체면이나 면목을 잃음.

실체(實體)명 **1** 실제의 물체. 또는 외형에 대한 실상(實相). ▢사건의 ~를 파악하다. **2**『철』늘 변하지 않고 일정하게 지속하면서 사물의 근원을 이루는 것.

실체-경(實體鏡)『물』입체경.

실체-론(實體論)명『철』**1** 존재론(存在論). **2** 현상과 작용의 뒤에 실체가 있다는 이론.

실체-법(實體法)[-뻡]명『법』권리나 의무의 발생·변경·소멸·내용·성질·소속 따위를 규정하는 법률(민법·상법·형법 따위). ↔절차법(節次法).

실체 자본(實體資本)『경』화폐 등을 포함한 실체적인 재화로 존재하는 기업 자본. ↔명목(名目) 자본.

실체 진:자(實體振子)『물』복(複)진자.

실체-파(實體波)명 진원지에서 지구 내부로 전달되는 지진파. ↔표면파.

실체-화(實體化)명하타『철』단순한 속성 또는 추상적 개념을 객관화해서 독립적 실체로 만드는 일.

실총(失寵)명하자 총애를 잃음.

실추(失墜)명하타 명예나 위신 따위를 떨어뜨리거나 잃음. ▢이미지 ~ / 위신을 ~시키다 / 부정부패로 공직자의 권위가 ~되다.

실측(實測)명하타 실제로 측량함. ▢~ 조사 [보고서].

실측-도(實測圖)[-또]명 실측한 결과를 그린 도면(圖面).

실컷[-컫]뷔 **1** 하고 싶은 대로 한껏. 마음껏. ▢~ 자다 / ~ 뛰어놀다 / 배부르게 ~ 먹었다. **2** 아주 심하게. ▢~ 얻어맞다.

실켓(silket)명 의견사(擬絹絲).

실:-켜다재 누에고치에서 실을 뽑아내다.

실크(silk)명 **1** 생사(生絲). **2** 견직물.

실크 로드(Silk Road) 아시아 내륙을 횡단해서 중국과 서아시아·유럽을 연결했던 고대의 통상로(중국 특산인 비단의 통상로였던 데서 유래한 말). 비단길.

실크 프린트(silk print) 명주에 날염한 것. ▢~의 원피스.

실크-해트(silk hat)명 남자가 쓰는 운두가 높은 정장용 모자.

실큼-하다형어 싫은 생각이 있다.

실:-타래명 실을 풀어 쓸 수 있게 사려 놓은 뭉치. ▢~를 풀다.

실탄(實彈)명 **1** 쏘아서 실제로 효력을 나타내는 탄알. ▢~을 장전[발사]하다. **2**〈속〉선거 따위에서, '현금'의 일컬음. **3**〈속〉거래 시장에서, 건네주고 건네받는 주식이나 현금 따위의 현물(現物).

실태(失態)명 **1** 본디의 면목을 잃음. **2** 볼썽사나운 모양. ▢만취해서 ~를 부리다.

실태(實態)명 있는 그대로의 상태. 실제의 형편. ▢인구 분포의 ~ 조사 / ~를 파악하다.

실:-터명 집과 집 사이의 길고 좁은 빈터. ▢~에 상추와 고추를 심다.

실:-테명 실 꾸리의 올레에 일정하게 감은 실의 분량. ▢~를 풀다.

실:-테-뜨기명 실올이 헝클어지지 않도록 얼레에 감긴 실테를 몇 군데 갈라 묶어 매는 일.

실토(實吐)명하자타 거짓 없이 사실대로 모두 말함. ▢자신의 심정(心情)을 ~하다.

실-토정(實吐情)명하자타 사정이나 심정을 솔직하게 말함. ▢내 사정을 누구에게 ~한단 말인가.

실:-톱명 얇은 널빤지에 도림질을 하는 실같이 가는 톱.

실:-톳[-톧]명 방추형(紡錘形)으로 감아 놓은 실뭉치(피륙을 짤 때 북에 넣어 씀).

실:-퇴(-退)명『건』좁게 놓은 툇마루.

실투(失投)명하자 야구·농구 따위에서, 공을 잘못 던지는 일.

실투-유(失透釉)명 도자기의 몸에 씌우는 불투명한 잿물.

실:-파『식』몸이 가느다란 파. 세총. ▢~를 송송 썰어 넣은 달걀찜.

실팍-지다[-찌-]형어 사람이나 물건 따위가 실팍한 데가 있다. ▢실팍진 암팡을 잡아 상에 올리다.

실팍-하다[-파카-]형어 사람이나 물건 따위가 보기에 매우 실하다. ▢실팍한 몸집.

실:-패명 실을 감아 두는 작은 도구.

실패(失敗)명하자 일을 잘못하여 뜻대로 되지 않거나 그르침. ▢~는 성공의 어머니 / ~로 끝나다(끝나가다). ↔성공.

실:패-강정명 실패같이 가운데를 잘록하게 만든 강정.

실:-핏줄[-피쭐 / -핃쭐]명『생』모세 혈관.

실-하다(實-)冊하어 **1** 떡고물로 쓸 깨를 물에 불려서 껍질을 벗기다. 冊형어 **1** 든든하고 튼튼하다. ▢실하게 생긴 어린애. **2** 재산이 넉넉하다. **3** 속이 옹골지다. ▢배추 속이 ~. **4** 착실하다. ▢실하게 일하다. **실-히**뷔 족히. 실하게. ▢~ 열 근은 되겠다.

실학(實學)명 **1** 실제로 소용되는 학문. **2**『역』조선 중엽, 성리학의 관념을 벗어나 실생활의 유익을 목표로 한 학문. 실사구시(實事求是)와 이용후생(利用厚生) 및 경세치용(經世致用)에 관해 연구하였음.

실학-주의 (實學主義)[-쭈-/-쭈이] 몡 사실과 실물의 직관을 특히 중요시하는 교육상의 입장.

실학-파 (實學派)《역》 조선 후기, 이용후생을 실천하고 실사구시를 연구하던 학파.

실함 (失陷) 몡하자타 어떤 진지나 도시가 잘못하여 함락됨. 또는 함락되게 함. 口최후의 보루가 ~했다.

실함 (實銜) 몡 실제로 직을 맡아 근무하는 벼슬. 실직(實職). ↔차함(借銜).

실행 (失行) 몡하자 옳지 못한 행동을 함.

실행 (實行) 몡하타 1 실제로 행함. 口~ 가능성 / ~에 옮기다. 2《컴》 컴퓨터를 프로그램에 따라 작동시키는 일.

실행 감독 (實行監督)《컴》 주어진 일의 순서·준비·실행 등을 제어하고 관리하는 컴퓨터 시스템의 구성 요소. 실행 감시 프로그램.

실행 미:수 (實行未遂)《법》 범죄를 저질렀으나 그 결과가 발생하지 않은 경우.

실행 예:산 (實行豫算)[-녜-] 확정된 예산의 범위 안에서 정부가 실제로 그 연도에 실행할 목적으로 재편성한 예산.

실행 정:범 (實行正犯)《법》 교사(敎唆)와 같은 간접적 정범에 대해, 범죄를 직접 실행하는 정범.

실행-증 (失行症)[-쯩]《의》 대뇌의 손상으로 스스로의 의지로는 운동이나 행위가 불가능한 병증.

실향 (失鄕) 몡하자 고향을 잃거나 빼앗김. 口~의 아픔을 사실적으로 표현한 시.

실향-민 (失鄕民) 고향을 잃고 타향살이를 하는 사람. 口통일을 기원하는 ~.

실험 (實驗) 몡하통타 1 실제로 시험함. 2 일정한 조건을 인위적(人爲的)으로 설정해서 기대했던 현상을 일으나는지, 또는 어떤 현상이 나타나는지 조사하는 일. 口화학 ~. 3 예술에서, 새로운 형식이나 방법을 시도하는 일. 口~ 연극.

실험 과학 (實驗科學) 일정한 조건에서 변화를 일으키게 하고 그 현상을 관찰·측정하는 방법을 주로 사용해서 법칙을 찾아내는 과학.

실험 극장 (實驗劇場)[-짱] 새로운 연극을 시도하고 모색하기 위해 운영하는 극장.

실험 소:설 (實驗小說)《문》 실험하는 것과 같은 관찰 태도로 작중 인물을 그려, 과학적으로 그 결과를 기초로 구성하는 소설.

실험-식 (實驗式)《화》 화합물의 조성을 원소 기호로 간단하게 표시한 화학식.

실험-실 (實驗室) 몡 실험하기 위해 기구와 장비를 설치한 방.

실험 심리학 (實驗心理學)[-니-]《심》 실험을 통해 정신 현상 및 행동을 연구하는 심리학.

실험-적 (實驗的) 관몡 1 실험에 의해 행하는 (것). 2 시험 삼아 해 보는 (것). 口~으로 도입하다.

실험 학교 (實驗學校)[-꾜] 새로운 교육의 이론이나 방법을 실제로 연구하고 실험하려고 설치한 학교.

실험 현:상학 (實驗現象學)《심》 직접 경험을 나타난 그대로 포착해서 그 특성의 근본 형태를 밝히려는 입장.

실현 (實現) 몡하자타 꿈·기대 따위를 실제로 이룸. 口꿈의 ~ / ~ 단계.

실현-성 (實現性)[-썽] 몡 실현될 가능성. 口~ 있는 이야기.

실혈 (失血) 몡하자 피가 자꾸 나서 그치지 않음. 탈혈(脫血).

실혈-증 (失血症)[-쯩] 몡《한의》 피가 몸 밖으로 나오는 병《각혈·변혈 따위》.

실형 (實兄) 몡 친형.

실형 (實刑) 집행 유예가 아닌, 실제로 받는 체형(體刑)《징역·금고·사형 따위》. 口~을 선고하다.

실혜 (實惠)[-/-혜] 몡 실지로 받은 은혜.

실혼 (失魂) 몡하자 몹시 두려워서 정신을 잃음. 口~ 낙담.

실화 (失火) 몡하자 잘못해서 불을 냄. 또는 그렇게 난 불. 口~인지 방화인지를 수사하다 / 산이 ~로 크게 타다. *방화.

실화 (失和) 몡하자 사이가 서로 좋지 않게 됨.

실화 (實話) 몡 실제로 있는 이야기. 또는 실제로 있었던 이야기. 口~를 바탕으로 만든 영화 / 이 이야기는 ~이다.

실화 문학 (實話文學)《문》 실화로써 예술적 가치보다 흥미를 앞세운 문학.

실화-죄 (失火罪)[-쬐] 몡《법》 실수로 건조물·차량·항공기·함선 따위를 태움으로써 성립되는 죄.

실황 (實況) 몡 실제의 상황. 口~ 중계.

실황 방:송 (實況放送) 실제의 상황을 현장에서 방송함. 口축구 경기를 ~하다.

실효 (失效) 몡하자 효력을 잃음. 口기일이 지나 ~되다.

실효 (實效) 몡 실제의 효과. 口체중 감소의 ~를 거두다[얻다].

실효 가격 (實效價格)[-까-] 물건을 살 때의 실제의 가격.

싫다 [실타] 몡 1 마음에 들지 않다. 口싫은 사람. 2 하고 싶지 않다. 口공부하기 ~. [싫은 매는 맞아도 싫은 음식은 못 먹는다] 무슨 짓을 하더라도 입에 맞지 않는 음식만은 먹을 수 없다는 뜻.

싫어-하다 [시러-] 타자 싫게 여기어 꺼리다. 口뱀을 ~ / 수학을 ~ / 그들은 서로 얼굴도 보기 싫어한다.

싫-증 (-症)[실쯩] 몡 싫은 생각이나 느낌. 염증(厭症). 口~이 나다 / ~을 내다[느끼다].

심¹ 몡 소의 심줄. 쇠심.

심² (心)〈옛〉 인삼(人蔘).

심 (心) 몡 1 죽에 곡식 가루를 잘게 뭉쳐 넣은 덩이《팥죽의 새알심 따위》. 2 종기 구멍에 약을 발라 찔러 넣은 헝겊이나 종잇조각. 3 나무의 고갱이. 4 무 따위의 뿌리 속에 섞인 질긴 줄기. 5 양복저고리의 어깨나 깃 따위를 빳빳하게 하기 위해 넣는 헝겊. 口양복 깃에 ~을 넣다. 6 연필 따위 대의 가운데 있는, 글씨를 쓰게 된 부분. 口~이 진하다. 7 '촉심(燭心)'의 준말. 口~이 다 타다. 8 '심성(心星)'의 준말.

-심 (心) 回 '마음'의 뜻. 口공포~ / 허영~.

심:각 (深刻) 몡하자 깊이 새김.

심:각-성 (深刻性)[-썽] 몡 심각한 상태를 띤 성질. 口사태의 ~을 깨닫다.

심:각-하다 (深刻-)[-까카-] 형에 상태나 정도가 매우 중대하고 절박하다. 口심각한 고민[논의·문제]. **심:각-히** [-카키] 튀. 口~ 생각하다.

심간 (心肝) 몡 1 심장과 간장. 2 깊은 마음속.

심:갱 (深坑) 몡《광》 깊은 구멍이.

심겁 (心怯) 몡하자 마음이 약해 사소한 일에도 겁을 냄. 口~이 나다.

심결 (審決) 몡 행정 기관의 심판에서 하는 심리의 결정《특허청의 공권적 판단 따위》.

심경 (心經) 몡 1 심장에서 갈려 나온 경락(經

絡). **2** 〖불〗 '반야심경(般若心經)'의 준말.

심경(心境)몡 마음의 상태. 의태(意態). ▯~의 변화 / ~을 토로하다.

심:경(深更)몡 심야(深夜).

심:경(深耕)몡하타 땅을 깊이 갊.

심:경(深境)몡 깊은 경지(境地).

심경 소:설(心境小說)〖문〗 작가의 일상생활을 소재로 자신의 솔직한 심경을 그린 소설. 본격 소설.

심계(心界)[-/-계]몡 **1** 마음의 세계. ▯군자는 ~를 다스릴 줄 알아야 한다. ↔물계(物界). **2** 마음이 편하거나 편하지 못한 형편.

심계(心悸)[-/-계]몡 사람 몸의 왼편 가슴의 전면 제오륵(第五肋) 사이에 느낄 수 있는 심장의 고동.

심:계(深戒)[-/-계]몡하타 깊이 조심함.

심계 항:진(心悸亢進)[-/-계-]〖의〗 정신적 흥분·발열·운동·과로 따위로 심장의 박동이 빠르고 세어지는 일.

심-고몡 활쏘기를 양냥고자에 걸기 위해 그 끝에 소의 심으로 만들어 댄 것.

심:곡(心曲)몡 간절하고 애틋한 마음. 충곡. ▯~을 터놓다.

심:곡(深谷)몡 깊은 골짜기.

심골(心骨)몡 **1** 마음과 뼈. **2** 마음속.

심교(心交)몡 마음을 터놓고 사귀는 벗.

심:교(深交)몡하자 깊게 사귐.

심교-하다(心巧-)혱여 마음 씀이 찬찬하고 꼼꼼하여 씩씩하다.

심구(心垢)몡〖불〗마음에 낀 때. 곧, 번뇌.

심구(深究)몡하타 깊이 연구함.

심구(尋究)몡하타 찾아서 밝힘.

심:굴(深窟)몡 깊은 굴.

심궁(心弓)몡 가슴 부분의 엑스선 사진에서, 활처럼 좌우로 구부러진 심장부의 그림자.

심:궁(深宮)몡 깊고 그윽한 대궐 안.

심:규(深閨)몡 여자가 거처하는, 깊이 들어앉은 집이나 방.

심근(心根)몡 마음. 마음씨.

심근(心筋)몡 심장의 벽을 형성하는 근육.

심근 경색증(心筋梗塞症)[-쯩]〖의〗관상 동맥에 혈전(血栓)·전색(栓塞) 따위로 혈액 순환에 장애가 생겨 심근이 괴사(壞死)하는 병.

심금(心琴)몡 외부의 자극을 받아 미묘하게 움직이는 마음.

심금(을) 울리다귇 자극을 받아 감동을 일으키다. ▯심금을 울리는 바이올린 선율.

심급(審級)몡〖법〗같은 소송 사건을 반복해서 심판하는 각각 다른 법원 사이의 심판 순서. 또는 상하의 관계.

심:급-하다(甚急-)[-그파-]혱여 몹시 급하다.

심기(心氣)몡 마음으로 느끼는 기분. ▯~가 불편하다(짧다).

심기(心機)몡 마음의 움직임.

심기다①타 '심다'의 사동 심게 하다. ▯마당에 나무를 ~. ②자 '심다'의 피동 심음을 당하다.

심기-일전(心機一轉)[-쩐]몡하자 어떤 동기로 이제까지 품었던 생각과 마음가짐을 완전히 바꿈. ▯~의 기회.

심기-증(心氣症)[-쯩]〖의〗근거 없이 자신이 큰 병에 걸린 것처럼 생각하는 정신병적 증상. 히포콘드리아시스.

심-나물몡 말린 쇠심을 물에 불려 끓는 물에 데친 다음 토막지게 썰어 숙주나물에 넣은 음식. 우근채.

심:난-하다(甚難-)혱여 몹시 어렵다. 지난

(至難)하다. ▯심난했던 지난날을 생각하니 눈물이 앞을 가린다.

심낭(心囊)몡 심장과 대혈관의 기부를 싼 얇은 막. 심막(心膜). 염통주머니.

심:녹색(深綠色)몡 짙은 초록색.

심뇌(心惱)몡 마음속에 일어나는 괴로움.

심:다[-따]타 **1** 풀·나무의 뿌리나 씨앗 따위를 땅속에 묻다. ▯뒷동산에 나무를 ~ / 마당에 고추를 ~ / 씨를 심어야 싹이 나지. **2** 비유적으로, 마음을 확고하게 자리 잡게 하다. ▯좋은 인상을 ~ / 꿈을 가슴에 ~. **3** 비유적으로, 새로운 사상이나 문화를 뿌리박게 하다. ▯미개 사회에 문화를 ~. **4** 비유적으로, 자기편 사람을 상대편 집단에 미리 넣다. ▯경쟁 회사에 사람을 ~. **5** 정해진 틀이나 대상에 꽂아 넣다. ▯머리털을 ~.

심담(心膽)몡 심지(心地)와 담력(膽力). ▯~이 약하다.

심:담(深潭)몡 깊은 연못. 심연(深淵).

심-대(心-)[-때]몡 수레바퀴·팽이 따위의 중심을 이루는 대. 축(軸).

심:대-하다(甚大-)혱여 깊고 크다. ▯심대한 손실을 끼치다.

심덕(心德)몡 어질고 너그러운 품성. ▯~이 무던한 며느리 / ~이 곱다.

심도(心到)몡 독서삼도의 하나. 글 읽는 데만 열중하고 다른 것은 생각하지 않음. *구도(口到)·안도(眼到).

심:도(深度)몡 깊은 정도. ▯바다의 ~를 가늠하다 / ~ 있는 이론 / ~ 있게 다루다.

심독(心讀)몡하타 마음속으로 읽음. *묵독(默讀).

심-돋우개(心-)몡 등잔의 심지를 돋우는 쇠꼬챙이.

심동(心動)몡하자 마음이 움직이거나 솔깃함.

심:동(深冬)몡 추위가 한창인 겨울. 한겨울.

심드렁-하다혱여 **1** 마음에 탐탁지 않아 관심이 없다. ▯심드렁한 대답[표정]. **2** 병이 더 중해지지 않고 오래 끌다.

심-떠깨몡 '쇠심떠깨'의 준말.

심란-하다(心亂-)[-난-]혱여 마음이 어수선하다. 심산하다. ▯심란해서 책을 읽을 수가 없다 / 심란한 표정을 짓다.

심:람(深藍)[-남]몡 짙은 남빛.

심:량(深量)[-냥]몡하타 깊이 헤아림. 또는 그런 마음.

심:량(深諒)[-냥]몡하타 사정 따위를 깊이 헤아려 살핌.

심:량-처지(深諒處之)[-냥-]몡하타 사정 따위를 깊이 헤아려서 처리함.

심려(心慮)[-녀]몡하타 마음으로 걱정함. 또는 그런 걱정. ▯~를 끼쳐 죄송합니다.

심:려(深慮)[-녀]몡하타 깊이 생각함. 또는 그런 생각.

심력(心力)[-녁]몡 **1** 마음과 힘. ▯~을 다하다(기울이다). **2** 마음의 힘.

심:렬(深裂)[-녈]몡하자타 깊이 터지거나 찢어짐. 또는 그리 되게 함.

심:령(心靈)[-녕]몡 **1** 마음속의 영혼. **2**〖철〗육체를 떠나서 존재한다고 생각되는 마음의 주체. **3**〖심〗과학으로는 설명할 수 없는 신비하고 불가사의한 정신 현상.

심령-론(心靈論)[-녕논-]몡 심리적 에너지가 물질계에 작용해서 기이한 현상을 일으킨다는 설.

심령-술(心靈術)[-녕-]몡 특이한 심령 현상

을 일으키는 여러 가지 술수.

심령-학(心靈學)[-녕-] 圏 사후(死後)에도 존재하는 것으로 믿어지고 있는 영혼 현상 등에 대하여 연구하는 학문.

심령 현ː상(心靈現象)[-녕-] 과학으로 설명할 수 없는, 심령의 존재로 일어난다고 하는 불가사의한 정신 현상. 죽은 사람의 영혼과의 교령(交靈), 텔레파시·투시(透視)·예지(豫知)·염동(念動) 따위.

심로(心勞)[-노] 圏하자 마음을 수고스럽게 씀. 또는 그런 수고. ▢~를 끼치다 / ~가 쌓여 병이 나다.

심료-내과(心療內科)[-노-꽈] 圏 〖의〗 내과적 증상과 관련되어 나타나는 신경증이나 심신증을 치료 대상으로 하는 임상 의학.

심리(心理)[-니] 圏 〖심〗 1 마음의 움직임(의식의 상태와 그의 표출된 행동). ▢청소년 ~를 연구하다. 2 '심리학'의 준말.

심리(審理)[-니] 圏하타 〖법〗 사실 관계 및 법률관계를 명확히 하려고 법원이 증거나 방법 따위를 심사하는 행위.

심리-극(心理劇)[-니-] 圏 〖심〗 사회 부적응이나 인격 장애의 진단 및 치료를 목적으로 하는 방법으로서의 극. 사이코드라마.

심리 묘ː사(心理描寫)[-니-] 〖문〗 소설 따위에서, 인물의 심리적 상태나 변화를 그려 내는 일.

심리 소ː설(心理小說)[-니-] 〖문〗 작중 인물의 심리 상태와 심리적 추이를 분석하고 묘사하는 소설.

심리 요법(心理療法)[-니-뻡] 〖의〗 정신 요법.

심리 유보(心裏留保)[-니-] 〖법〗 자기의 의사 표시가 본디의 의미와 다르게 이해될 것을 알면서 행하는 의사 표시.

심리-전(心理戰)[-니-] 圏 상대편에 대해 적대 행위를 명백히 취하지 않고, 상대편의 심리에 작용하여 제압하려고 하는 전쟁이나 경쟁. 심리 전쟁.

심리 전ː쟁(心理戰爭)[-니-] 심리전.

심리-주의(心理主義)[-니-/-니-의] 圏 〖철〗 심리적 발생·과정·구조 등의 사실적 연구, 가치·논리·규범 등 그 자체로서의 존립을 인정하지 않는 철학적 입장. 심리설(說). ↔논리(論理)주의.

심리 철학(心理哲學)[-니-] 〖철〗 정신의 본체 및 영혼 따위에 관해 연구하는 학문.

심리-학(心理學)[-니-] 圏 〖심〗 생물체의 의식의 작용 및 현상에 관한 정신생활의 특질을 연구하는 학문. ㉣심리.

심리학적 측정(心理學的測定)[-니-쩍-쩡] 심리학에서의 측정 방법의 총칭(정신 물리적 측정법·실험 심리학적 측정법·기억 실험법·성격 검사법·적성 검사법 따위).

심리 환경(心理環境)[-니-] 〖심〗 행동 환경.

심ː림(深林)[-님] 圏 초목이 무성한 수풀.

심-마니 圏 산삼 캐기를 업으로 삼는 사람. 채삼꾼.

심마니-말 圏 심마니들만이 쓰는 변말('쌀'을 '모새'라고 하는 따위).

심마-진(蕁麻疹) 圏 〖한의〗 두드러기.

심막(心膜) 圏 심낭(心囊).

심만의족(心滿意足)[-마늬-/-마니-] 圏하형 마음에 흡족함.

심-메 圏 산삼을 캐러 산에 가는 일.
  심메(를) 보다 翻 산삼의 싹을 찾아내다.

심ː모(深謀) 圏하타 깊은 계략이나 음모.

심ː모-원려(深謀遠慮)[-월-] 圏 깊은 꾀와 장래에 대한 생각.

심목(心目) 圏 1 마음과 눈. 2 〖건〗 기둥의 중심선.

심ː목(深目) 圏 움쑥 들어간 눈.

심ː목-고준(深目高準)[-꼬-] 圏 깊숙한 눈과 높직한 코의 뜻으로, 비교적 잘생긴 남자의 생김새를 이르는 말.

심무소주(心無所主) 圏하형 마음에 확실한 줏대가 없음.

심문(心門) 圏 〖생〗 혈액이 심장으로 들어가고 나가는 문.

심문(尋問) 圏하타 심방(尋訪).

심문(審問) 圏하타 1 자세히 따져서 물음. 2 법원이 당사자나 이해관계자에게 서면 또는 구두로 개별적으로 진술할 기회를 주는 일. ▢피고를 ~하다.

심미(審美) 圏 아름다움을 살펴 찾음.

심미 비ː평(審美批評) 비평의 기준을 쾌감이나 미감의 추출·분석 따위에 두는 주관적 문예 비평.

심미-안(審美眼) 圏 아름다움을 살펴 찾는 안목. ▢~이 있다.

심미-학(審美學) 圏 미학(美學).

심ː밀-하다(深密-) 圏예 1 생각이 깊고 빈틈이 없다. 2 깊숙하고 무성하다. 3〖불〗비밀.

심-박동(心搏動)[-똥] 圏 〖생〗 심장이 주기적으로 오므라졌다 부풀었다 하는 운동.

심ː발 지진(深發地震) 〖지〗 진원(震源)이 지하 100 km 이상인 지진.

심방(心枋) 圏 〖건〗 일각 대문 따위의 두 기둥 위를 가로지른 도리 같은 나무.

심방(心房) 圏 〖생〗 온몸에서 들어오는 혈액을 받는, 정맥과 이어진 심장의 윗부분(좌우로 구분됨). 염통방. ＊심실(心室).

심방(尋訪) 圏하타 방문해서 찾아봄. 심문(尋問). ▢가정 ~.

심방-변(心傍邊) 圏 한자 부수의 하나('快·怪' 따위에서 '忄'의 이름).

심ː배(深杯) 圏 우묵하고 큼직한 술잔.

심벌(symbol) 圏 1 상징. 2 기호(記號).

심벌리즘(symbolism) 圏 〖문〗 상징주의.

심벌즈(cymbals) 圏 〖악〗 쇠붙이로 둥글넓적하게 만든 타악기. 두 장을 마주치거나 한 장을 막대기로 쳐서 소리를 냄.

심법(心法)[-뻡] 圏 1 마음을 쓰는 법. 2〖불〗물질을 뜻하는 색법(色法)에 대해서 사물을 의식하는 정신, 곧 마음을 이르는 말. ↔색법(色法).

심벽(心壁) 圏 흙으로 둑을 쌓을 때, 물이 밖으로 새지 않도록 진흙 같은 재료로 속을 다져 그 가운데 넣는 벽.

심병(心病) 圏 1 마음속의 근심. 2〖의〗 기쁘거나 슬픈 일로 마음에 충격을 받을 경우에 까무러치는 병.

심-보(心-)[-뽀] 圏 마음보. ▢~가 고약하다.

심복(心服) 圏 '심열성복(心悅誠服)'의 준말.

심복(心腹) 圏 1 가슴과 배. 복심. 2 매우 요긴해서 없어서는 안 될 사물. 3 '심복지인(心腹之人)'의 준말. ▢~ 부하 / ~이 되어 일하다.

심복지인(心腹之人)[-찌-] 圏 마음 놓고 부리거나 일을 맡길 수 있는 사람. ㉣심복.

심복지환(心腹之患)[-찌-] 圏 1 없애기 어려운 근심. 2 쉽게 고치지 못하는 병.

심복-통(心腹痛) 圏 〖한의〗 근심으로 생긴 가슴앓이.

심-봤다 [-봗따] 감 심마니가 산삼을 발견했을 때 세 번 외치는 소리.
심:부 (深部) 명 깊은 부분. ❑ 권력의 ~ / 조직의 ~를 파헤치다.
심:부름 명하자 남의 시킴을 받아 해 주는 일. ❑ ~을 시키다〔가다〕.
심:부름-꾼 명 심부름을 하는 사람. ❑ ~을 부르다.
심-부전 (心不全) 명 〖의〗 심장의 수축 운동이 비정상적이어서 신체의 각 부위로 피를 충분히 내보내지 못하는 병적인 상태.
심불 (心佛) 명 〖불〗 **1** 마음의 부처. 곧, 제 마음의 성스러운 본성. **2** 수행한 결과로 깨달아 얻는 불신(佛身)의 경지. 곧, 만유의 본체가 되는 마음.
심사 (心事) 명 마음속으로 생각하는 일.
심사 (心思) 명 **1** 어떤 일에 대한 마음의 작용. ❑ ~를 헤아리다 / ~가 불편하다. **2** 마음에 맞지 않아 어깃장을 놓고 싶은 마음. ❑ ~를 부리다 / ~가 나다.
[심사가 놀부라] 인색하고 심술궂은 사람을 놀림조로 이르는 말. [심사는 좋아도 이웃집 불붙는 것 보고 좋아한다] 사람은 흔히 남의 불행을 좋아함을 뜻함.
심사가 꼴리다 구 심술궂은 생각이 자꾸 일어나다.
심사(가) 사납다 구 마음보가 나쁘고 심술궂다. ❑ 심사가 사나워 말을 걸기도 무섭다.
심:사 (深思) 명하타 깊이 생각함. 또는 그 생각. 담사(潭思).
심:사 (深謝) 명하타 성심으로 깊이 고마워하거나 진심으로 용서를 구함.
심사 (審査) 명하타 자세히 조사해서 등급이나 당락 따위를 결정함. ❑ ~ 결과 / 공정한 ~ / ~를 받다〔통과하다〕.
심:사-묵고 (深思默考) [-꼬] 명하타 고요하게 깊이 생각함.
심:사-숙고 (深思熟考) [-꼬] 명하타 깊이 잘 생각함. 심사숙려. ❑ ~를 거듭하다 / ~ 끝에 결정하다.
심:사-숙려 (深思熟慮) [-숭녀] 명하타 심사숙고.
심산 (心算) 명 속셈.
심:산 (深山) 명 깊은 산.
심:산-계곡 (深山溪谷) [-/-게-] 명 깊은 산속의 골짜기. ❑ ~을 헤매다.
심:산-궁곡 (深山窮谷) 명 깊은 산속의 험한 골짜기.
심:산-유곡 (深山幽谷) [-뉴-] 명 깊은 산속의 으슥한 골짜기.
심산-하다 (心散-) 형여 심란(心亂)하다.
심산-하다 (心酸-) 형여 마음이 몹시 고통스럽다.
심-살 (心-) [-쌀] 명 〖건〗 벽 속의 외를 튼튼하게 하기 위해 상인방(上引枋)과 하(下)인방 사이에 끼워 세우는 나무. 벽심(壁心).
심살-내리다 [-쌀래-] 자 잔 근심이 마음에서 늘 떠나지 않다.
심상 (心狀) 명 마음의 상태. ❑ ~이 복잡하다.
심상 (心喪) 명 상복은 입지 않으나 상제와 같은 마음으로 근신하는 일. ❑ ~의 예(禮).
심상 (心象) 명 〖심〗 감각 기관의 자극 없이 의식 속에 떠오르는 상.
심상 (心想) 명 마음속의 생각.
심상-인 (心喪人) 명 상제(喪制)가 아니면서 상제처럼 마음으로 근신하는 사람.
심상-하다 (尋常-) 형여 대수롭지 않고 예사롭다. 범상하다. ❑ 심상치 않은 사태. **심상-히** 부. ❑ ~ 여기다.
심선 (心線) 명 **1** 절연 전선·코드·케이블 따위의 중심부에 들어 있는 도선(導線). **2** 용접봉을 만드는 쇠줄.
심:설 (深雪) 명 깊이 쌓인 눈.
심성 (心性) 명 **1** 타고난 마음씨. 심성정(心性情). ❑ ~이 곱다〔바르다〕. **2** 〖불〗 참되고 변하지 않는 마음의 본체.
심성 (心星) 명 이십팔수의 다섯째 별. 동쪽에 있음. 준심(心).
심:성 (深省) 명하타 깊이 반성함.
심:성-암 (深成岩) 명 〖광〗 마그마가 지하에서 냉각되고 응고해서 이루어진 화성암.
심-성정 (心性情) 명 심성1.
심소 (心素) 명 〖법〗 법률 사실의 구성 요소로서 필요한 의사적(意思的) 요소《점유에 관해서 가장 문제가 됨》.
심수 (心受) 명하타 마음으로 받아들여 깨달음.
심수 (心授) 명하자 심법(心法)을 가르쳐 전함.
심수 (心髓) 명 **1** 중추(中樞)1. **2** 깊은 마음속.
심:수 (深愁) 명하타 깊이 근심함. 또는 큰 근심.
심:수-하다 (深邃-) 형여 **1** 깊숙하고 그윽하다. **2** 학문이나 예술 따위가 깊이가 있다.
심술 (心術) 명 **1** 온당하지 않게 고집을 부리는 마음. ❑ ~이 나다. **2** 남을 골리기 좋아하거나 남이 잘못되는 것을 좋아하는 마음보. ❑ ~을 피우다.
심술(을) 놀다〔놓다〕 구 심술궂은 행동을 하다. ❑ 동생이 안 놀아 준다고 심술을 놓는다.
심술(이) 사납다 구 심술이 나쁘고 모질다.
심술-궂다 (心術-) [-굳따] 형 심술이 매우 많다. ❑ 심술궂게 생긴 얼굴.
심술-기 (心術氣) [-끼] 명 심술스러운 기색이나 태도. ❑ 말투에 ~가 있다.
심술-꾸러기 (心術-) 명 심술이 많은 사람. 심술쟁이.
심술-딱지 (心術-) [-찌] 명 〈속〉 심술.
심술-부리다 (心術-) 자 심술궂게 행동하다.
심술-스럽다 (心術-) [-따] 〔-스러워, -스러우니〕 형ㅂ 심술궂은 데가 있다. **심술-스레** 부
심술-쟁이 (心術-) 명 심술꾸러기. ❑ ~ 영감.
심술-통이 (心術-) 명 심술을 잘 내는 사람.
심술-패기 (心術-) 명 심술이 있는 아이.
심슨-선 (Simson線) 명 〖수〗 삼각형의 외접원 둘레의 임의의 한 점에서, 삼각형의 세 변 또는 그 연장선에 그은 수선(垂線)의 발 셋이 이룬 일직선.
심신 (心身) 명 마음과 몸. ❑ ~을 단련하다.
심신 (心神) 명 마음과 정신.
심:신 (深信) 명하타 깊이 믿음. 꼭 믿음.
심신 (審愼) 명하타 말이나 행동 따위를 조심하고 삼감.
심신 미약자 (心神微弱者) [-짜] 〖법〗 정신 장애로 사물을 변별하거나 의사를 결정할 능력이 미약한 사람《형법상 형(刑)이 경감됨》. 심신 박약자.
심신 박약자 (心神薄弱者) [-바갹짜] 〖법〗 심신 미약자.
심신-불안 (心神不安) 명 마음과 정신이 편하지 않고 조마조마함.
심신-산란 (心神散亂) [-살-] 명 마음과 정신이 어수선하고 뒤숭숭함.
심신 상실자 (心神喪失者) [-짜] 〖법〗 자신이 한 행위의 결과를 합리적으로 판단할 능력을 갖지 못한 사람.
심신 장애 (心神障礙) 사물을 변별하거나 의사를 결정할 능력이 없는 상태. 정신 장애.

심신 장애자(心神障礙者)〖법〗정신 기능에
 장애가 있는 사람《심신 상실자와 심신 미약
 자 또는 박약자로 나누어짐》.
심실(心室)명〖생〗심장의 아래쪽에서 동맥과
 직결되어 혈액을 내보내는 부분. 염통집. *
 심방(心房).
심:심─산천(深深山川)명 아주 깊은 산천.
심심상인(心心相印)명 마음과 마음으로 뜻이
 통함. 이심전심.
심심─소일(─消日)명하자 심심풀이로 어떤 일
 을 하며 시간을 보냄. 또는 그런 일. ¶∼로
 낚시를 하다.
심:심─장지(深深藏之)명하타 물건을 깊이 감
 추어 둠.
심심─찮다[─찬타]형 (주로 '심심찮게'의 꼴
 로 쓰여) 드물지 않고 꽤 잦다. ¶심심찮게
 손님들이 찾아들었다.
심심─파적(─破寂)명하자 심심풀이. ¶∼으로
 하는 낙서질.
심심─풀이명하자 심심함을 잊고 시간을 보내
 기 위해 무엇을 함. 심심파적. ¶∼로 책을
 읽다 / ∼로 뜨개질을 하다.
심심─하다¹형 맛이 조금 싱겁다. ¶심심하
 게 간을 하다. 짭삼삼하다. **심심─히¹**부
심심─하다²형 하는 일이 없어 지루하고 재
 미가 없다. ¶심심해서 못 견디겠다. **심심─
 히²**부
심:심─하다(甚深─)형 (주로 '심심한'의 꼴
 로 쓰여) 마음의 표현 정도가 매우 깊고 간절
 하다. ¶심심한 사과의 말씀을 드립니다.
 심:심─히 부
심:심─하다(深深─)형 깊고 깊다. ¶심심한
 산골짜기. **심:심─히** 부
심─쌀(心─)명 죽을 끓일 때 넣는 쌀.
심─악─스럽다(甚惡─)[─스럽따]형[─스러워·─
 스러우니]가혹하거나 야박한 태도가 있
 다. 짭사막스럽다. **심:악─스레**[─스럽─]부
심─악─하다(甚惡─)[시마카─]형 ❶ 몹시 악
 하다. ❷ 모질고 독하여 야멸차고 인정이 없다.
 짭사막하다.
심안(心眼)명 사물을 살펴 분별하는 능력. 또
 는 그런 작용. 마음눈. ↔육안.
심안(審按)명하타 자세히 살펴 조사하거나 생
 각함.
심:야(深夜)명 깊은 밤. 심경(深更). ¶∼ 방
 송 / ∼ 영업 단속 / ∼에도 불야성을 이루고
 있는 거리.
심약─하다(心弱─)[시먀카─]형 마음이 여리
 고 약하다. ¶심약한 성격.
심:연(深淵)명 ❶ 깊은 못. 심담. ❷ 좀처럼 헤
 어나기 힘든 깊은 구렁. ¶절망의 ∼에 빠지
 다 / 인간성의 어두운 ∼을 들여다보다.
심열(心熱)명 ❶ 무엇을 간절히 바라는 열망.
 ❷〖한의〗울화로 생기는 열.
심열성복(心悅誠服)명하자 진심으로 기뻐하
 며 성심으로 순종함. 준심복(心服).
심:오─하다(深奧─)형 사상이나 이론 따위
 가 깊고 오묘하다. ¶심오한 교리 [이치].
심옹(心癰)명〖한의〗젖가슴에 나는 종기.
심와(心窩)명〖생〗명치.
심외(心外)명 생각 밖. 뜻밖.
심우(心友)명 마음으로 깊이 사귄 벗.
심:우(深憂)명 깊이 근심함. 또는 그 근심.
심원(心願)명하타 마음으로 바람. 또는 그런
 일. ¶입시의 합격을 ∼하다.
심:원(深怨)명하타 억울하게 여겨 깊이 원망

함. 또는 그런 원망.
심:─하다(深遠─)형 헤아리기 어려울 만
 큼 깊다. ¶심원한 철리(哲理)를 깨닫다.
심육(心肉)명 등심.
심음(心音)명 심장이 고동치는 소리.
심의(心意)[시미 / 시미]명 마음과 뜻.
심:의(深衣)[시미 / 시미]명 예전에, 신분이 높
 은 선비가 입던 웃옷.
심:의(深意)[시미 / 시미]명 깊은 뜻.
심:의(審議)[시미 / 시미]명하타 심사하고 논
 의함. ¶개정안 / ∼를 통과하다.
심:의─회(審議會)[시미─ / 시미─]명 어떤 사항
 을 심의하기 위해 모인 회.
심이(心耳)명〖생〗심장에서, 좌우 심방의 일
 부를 이루는 귓바퀴 모양의 돌출부.
심인(心印)명〖불〗부처님의 깨달음을 도장에
 비유한 말《모두가 깨달을 수 있다는 확고한
 믿음》.
심인(心因)명 정신적·심리적인 원인. ↔외인
 (外因).
심인─성(心因性)[시민썽]명 어떤 병이나 증세
 따위가 정신적·심리적 원인으로 생기는 성
 질. ↔건강(健康).
심인성 반:응(心因性反應)[시민썽바능]명 정신
 적·심리적 원인으로 일어나는 정신 장애《망
 상증·히스테리적 반응 따위》.
심:입(深入)명하타 깊이 들어감.
심─잡음(心雜音)명〖의〗심장부에서 들을 수
 있는 병적인 잡음.
심장(心腸)명 마음의 속내.
심장(心臟)명 ❶ 주기적인 수축에 따라 혈액을
 몸 전체로 보내는, 순환계의 중심적인 근육
 기관. 염통. ¶∼ 박동 / ∼이 멈추다. ❷ 사물
 의 중심이 되는 곳. ¶엔진은 차의 ∼이다. ❸
 뱃심을 두고 이르는 말.
 심장을 찌르다 관 ㉠핵심을 찌르거나 공격
 하다. ㉡감정이나 마음을 세게 자극하다.
 심장이 강하다 관 비위가 좋고 뱃심이 세다.
 심장이 끓다 관 어떤 마음이 용솟음치다.
 심장이 약하다 관 마음이 약하고 숫기가 없
 다. 뱃심이 없다.
심장 마비(心臟痲痺)〖의〗심장의 기능이 갑
 자기 멈추는 일. ¶∼를 일으키다.
심장─병(心臟病)〖의〗심장에 생기는
 병의 총칭《심장 내막염·심장 판막증·심장염·
 심장 파열 따위》.
심장─부(心臟部)명 ❶ 심장이 있는 부분. ❷ 중
 심이 되는 가장 중요한 부분의 비유. ¶나라
 의 ∼ / 한국의 ∼ 서울.
심장적구(尋章摘句)[─꾸]명 옛사람의 글귀를
 따서 글을 지음.
심장─통(心臟痛)명〖의〗가슴께 아래쪽의 심
 장부에 일어나는 통증.
심장 판막증(心臟瓣膜症)[─쯩]〖의〗심장 판
 막의 기능에 이상이 생겨 일어나는 병.
심:장─하다(深長─)형 뜻이 깊고 함축성이
 있다. ¶의미가 심장한 말.
심재(心材)명 나무줄기의 중심부에 있는 단단
 한 부분. 또는 그것으로 된 재목. ↔변재.
심적(心的)[─쩍]관[명] 마음에 관한 (것). ¶∼
 부담 / ∼(인) 변화. ↔물적.
심적 에너지(心的 energy)[─쩍─]〖심〗정신
 활동의 원천이 되는 힘.
심적 포:화(心的飽和)[─쩍─]〖심〗같은 일을
 되풀이함으로써 일에 대한 의욕을 잃게 되는
 상태.

심전 (心田) 圓 심지(心地).
심전-계 (心電計)[―/―게] 圓《의》심장이 박동할 때 심근에 생기는 활동 전류나 활동 전위의 시간적 변동을 파상(波狀)으로 기록하는 장치.
심전-도 (心電圖) 圓 심장의 수축에 따른 활동 전류 및 활동 전위차를 파상(波狀) 곡선으로 기록한 도면.
심절 (心絶)圓하자 마음을 끊는다는 뜻으로, 교제를 아주 끊어 버림을 이르는 말.
심:절―하다 (深切―)〔웽어〕깊고 절실하다.
심정 (心情) 圓 마음에 품은 생각과 감정. ▢～이 상하다 / ～을 헤아리다[털어놓다].
심정 (審廷) 圓 소송을 심판하는 법정.
심정-애 (心情愛) 圓 남녀 간의 동경·기대·열정을 통해 우러나오는 사랑(그 밑바닥에 성애(性愛)가 흐름).
심제 (心制) 圓 대상(大祥) 때부터 담제(禪祭) 때까지 입는 복제(服制).
심조-증 (心燥症)[―쯩]圓《의》정신의 과로로 마음이 번잡하고 조급해지는 병.
심주 (心柱) 圓 마음의 줏대.
심―줄 [―쭐] 圓 '힘줄'의 변한말. ▢고래 ～.
심중 (心中) 圓 마음속. ▢～을 헤아리다[꿰뚫어 보다·떠보다].
심중-소회 (心中所懷) 圓 마음속의 생각이나 느낌.
심:중―하다 (深重―)〔웽어〕1 생각이 깊고 침착하다. 2 심각하고 조심스럽다. 심:중―히 團
심중활 圓 셀활 다음가는 활.
심증 (心證)圓 1 마음에 받는 인상(印象). 2 《법》법관이 소송 사건 심리에서 얻은 인식이나 확신. ▢～이 가다 / ～을 굳히다.
심지 (心―) 圓 1 남포등·초·등잔 따위에 불을 붙이기 위해 꼬아서 꽂은 실이나 헝겊. 등심(燈心). ▢～가 타다 / ～를 돋우다. 2 남포나 폭탄 따위를 터뜨리기 위해 불을 붙이게 되어 있는 줄. 도화선(導火線). 3 구멍이나 틈에 박는 솜이나 헝겊. ▢수술한 자리에 ～를 박다.
심지 (心地) 圓 마음의 본바탕. 마음자리. 심전(心田). ▢～가 곧다[바르다].
심지 (心志) 圓 마음과 뜻. 마음에 품은 의지. ▢～가 굳다[강하다].
　심지가 깊다 ꞏ 생각하는 것이 성숙하고 믿음직하다.
심:지어 (甚至於) 團 심하다 못해 나중에는. ▢～ 주먹질까지 했다.
심찰 (審察)圓하타 자세히 살핌.
심:창 (深窓) 圓 1 깊숙이 있는 창. 2 깊숙한 방. 규방.
심:책 (深責)圓하타 몹시 꾸짖음. 또는 그런 꾸짖음. 절책(切責).
심:천 (深淺) 圓 깊음과 얕음.
심:청 (深靑) 圓 짙은 푸른빛.
심축 (心祝)圓하타 진심으로 축복함.
심:충 (深衷) 圓 깊고 참된 속마음.
심취 (心醉)圓하자 어떤 일이나 사람에 깊이 빠져 마음을 빼앗김. ▢인도 사상에 ～하다.
심:취 (深醉)圓하자 술 따위에 몹시 취함. ▢～하여 정신이 흐릿해지다.
심:층 (深層) 圓 1 사물의 속이나 밑의 깊은 층. ▢바다의 ～. 2 드러나지 않은, 사물이나 사건의 깊숙한 내부. ▢취재[보도].
심:층 심리학 (深層心理學)[―니―] 圓 의식에 떠오르지 않는 정신 활동인 무의식을 연구하는 심리학.
심토 (心土) 圓《농》겉흙의 아래에 있어 농기

구로 갈리지 않는 흙. 속흙.
심토리圓 땅을 깊이 갈기 위해 쟁기나 호리 따위에 덧대는 장치.
심-통 圓《광》도막도막 끊겨져 있는 광맥.
심통 (心―) 圓 마땅치 않게 여기는 나쁜 마음. ▢～이 사납다[나다] / ～을 부리다.
심통 (心痛)圓하형 마음이 괴롭고 아픔. ▢～한 표정.
심:통 (深痛)圓하자 몹시 아파하거나 슬퍼함.
심:판 (審判)圓하타 1《법》사건을 심리해 옳고 그름에 대해 판결을 내림. ▢～을 기다리다[내리다]. 2 경기에서, 반칙 따위를 가리고 승패나 우열 따위를 가림. 또는 그 사람. ▢～을 보다. 3《기》하나님이 지상에서의 삶에 대해서 사후(死後)나 역사의 종말에 판정을 내리는 일. ▢최후의 ～.
심:판-관 (審判官) 圓 1 심판원. 2 군사 법원의 재판관으로 임명된 군 판사 이외의 장교.
심:판-대 (審判臺) 圓 1 배구나 테니스 따위에서, 심판을 볼 수 있도록 만들어 놓은 자리. 2 선악이나 가부에 대한 판단이 내려지는 자리. ▢～에 오르다.
심:판-원 (審判員) 圓 경기의 심판을 하는 사람. 심판관. 엄파이어. 레퍼리.
심:판의 날 (審判―)[―파늬―/―파네―]《기》이 세상이 끝날 때에 하나님이 모든 인류를 심판한다는 날.
심폐 (心肺)[―/―페] 圓 심장과 폐.
심포니 (symphony) 圓《악》교향곡.
심포니 오케스트라 (symphony orchestra)《악》교향악단.
심포지엄 (symposium) 圓 특정한 문제에 대해서 둘 이상의 전문가가 서로 다른 각도에서 의견을 발표하고 참석자의 질문에 답하는 형식의 토론회.
심피 (心皮) 圓《식》속씨식물에서 암술이 되는 잎. 한 개나 몇 개의 잎이 변하여 씨방·암술대·암술머리를 이룸. 양치식물에서는 대포자엽이 이에 해당함.
심:-하다 (甚―)〔웽어〕정도가 지나치다. ▢피해가―/말이 ～. 심:-히 團. ▢～ 괴롭다.
심:항 (深巷) 圓 깊숙이 박혀 있는 마을.
심:해 (深海) 圓 깊은 바다. 보통 수심이 200 m 이상의 깊은 곳. ▢～ 탐사 / ～ 어로 작업. ↔천해(淺海).
심:해 성층 (深海成層)《지》태양 광선이 들어가지 않는 깊은 바다 밑에 생성된 지층(1,000~2,000 m 의 바다 및).
심:해-어 (深海魚) 圓 수심 200~1,000 m 의 깊은 바다에 사는 어류.
심핵 (審覈)圓하타 일의 실상을 자세히 조사하거나 심사함.
심허 (心許)圓하타 진정한 마음으로 허락함.
심허 (心虛)圓《한의》정신이 허약한 병증.
심험-하다 (心險―)〔웽어〕마음이 음흉하고 험상궂다.
심:험-하다 (深險―)〔웽어〕1 깊고 험하다. 2 엉큼하고 불량하며 사납다.
심:현-하다 (深玄―)〔웽어〕이치 따위가 깊고 아득하다.
심혈 (心血) 圓 1 심장의 피. 2 최대의 힘. ▢～을 기울이다[쏟다].
심:혈 (深穴) 圓 깊은 구멍.
심:협 (深峽) 圓 깊은 골짜기.
심:혜 (深慧)[―/―혜] 圓 깊은 슬기.
심:-호흡 (深呼吸)圓하자 공기를 깊숙이 들이

마셨다 내쉬었다 하며 크게 숨을 쉬는 일. 깊은숨. ▣산에 올라 ~을 하다.

심혼(心魂)圓 마음과 혼. 마음과 정신. ▣~을 기울이다 / ~이 혼미하다.

심-홍(深紅)圓 짙은 다홍빛.

심화(心火)圓 **1** 마음속에서 북받쳐 나는 화. ▣~가 나다 / ~를 끓이다. **2** 마음속의 울화로 가슴이 답답하고 열이 나는 병. 심화병.

심:화(深化)圓허자타 정도나 경지가 점점 깊어짐. 또는 그리 되게 함. ▣~ 학습 / 빈부 격차가 ~되다.

심화-병(心火病)[-뼝]圓 심화(心火)2.

심황(-黃)圓〖植〗생강과의 여러해살이풀. 열대 지방에서 재배함. 노란 뿌리줄기는 굵고 잎은 긴 타원형임. 가을에 노란 꽃이 피며, 뿌리줄기는 한방에서 지혈제 따위로 씀. 울금(鬱金).

심:황(深黃)圓 짙은 누른빛.

심회(心懷)圓 마음속에 품고 있는 생각이나 느낌. 심서(心緖). ▣~를 달래다〔토로하다〕.

심:-후하다(深厚-)휑여 인덕이나 마음씨 따위가 깊고 두텁다.

심흉(心胸)圓 가슴속 깊이 간직한 마음.

심:흑(深黑)圓 짙은 검은빛.

십(十)㉜펜 열. ▣~의 2배는 20이다 / ~ 년의 세월.
[십 년 세도 없고 열흘 붉은 꽃 없다] 부귀영화란 오래 지속하지 못한다.

십간(十干)[-깐]圓 천간(天干).

십걸(十傑)[-껄]圓 어떤 분야에 능력이 뛰어난 열 사람의 인물(대개 운동 기록 따위에서 상위 열 사람을 일컬음). ▣타격 ~.

십경(十經)[-꼉]圓 유가(儒家)의 열 가지 경서. 곧, 주역(周易)·상서(尙書)·모시(毛詩)·예기(禮記)·주례(周禮)·의례(儀禮)·춘추좌씨전(春秋左氏傳)·공양전(公羊傳)·곡량전(穀梁傳) 및 논어(論語)·효경(孝經)의 통칭.

십계(十戒)[-꼐 / -꼐]圓〖佛〗**1** 사미(沙彌)·사미니(尼)가 지켜야 할 열 가지의 계율. 곧, 살생(殺生)·투도(偸盜)·사음(邪淫)·망어(妄語)·음주(飮酒)의 오계(五戒)에, 몸치장을 하거나 향을 바르지 말고, 노래하고 춤추고 풍류를 즐기지 말며, 높고 큰 평상에 앉지 말고, 제때가 아니면 먹지 말고, 재물을 모으지 말라는 것을. 사미십계(十). **2** '십중금계(十重禁戒)'의 준말.

십계(十界)[-꼐 / -꼐]圓〖佛〗불계(佛界)·보살계(菩薩界)·연각계(緣覺界)·성문계(聲聞界) 등 오계(悟界)의 네 세계와, 천상계(天上界)·인간계·수라계(修羅界)·축생계(畜生界)·아귀계(餓鬼界)·지옥계 등 미계(迷界)의 여섯 세계의 총칭.

십계(十誡)[-꼐 / -꼐]圓 '십계명'의 준말.

십-계명(十誡命)[-꼐- / -꼐-]圓〖基〗하나님이 모세에게 내렸다고 하는 십 개조의 계시. 곧, 다른 신을 섬기지 말 것, 우상을 섬기지 말 것, 여호와의 이름을 망령되게 하지 말 것, 안식일을 지킬 것, 어버이를 공경할 것, 살인하지 말 것, 간음하지 말 것, 도둑질하지 말 것, 거짓말하지 말 것, 탐하지 말 것. ㉣십계(十誡).

십구공-탄(十九孔炭)[-꾸-]圓 19개의 구멍이 뚫린 연탄. ▣~ 난로. ㉣구공탄.

십년-감수(十年減壽)[심]-圓허자 목숨이 10년이나 줄 정도로 몹시 놀랐거나 매우 위험한 고비를 겪었을 때 이르는 말. ▣얼마나 혼났는지 ~했다.

십년-공부(十年工夫)[심-]圓 오랜 세월을 두고 쌓은 공.
[십년공부 나무아미타불 ; 십년공부 도로 아미타불] 오랫동안 들여 해 온 일이 하루아침에 허사가 됨을 이르는 말.

십년-일득(十年一得)[심년닐뜩]圓 큰물이 나거나 가뭄을 타기 쉬운 논에 간혹 풍년이 듦의 비유.

십년지계(十年之計)[심- / 심-계]圓 앞으로 십 년을 내다보고 세우는 계획.

십년-지기(十年知己)[심]-圓 오래전부터 친히 사귀어 온 친구. ▣그와는 ~이다.

십념(十念)[-념]圓허자〖佛〗**1** 승려가 나무아미타불의 명호를 신자에게 주어 부처와 인연을 맺어 주는 일. **2** 불(佛)·법(法)·승(僧)·계(戒)·시(施)·천(天)·휴식(休息)·안반(安般)·신(身)·사(死)의 열 가지 일을 집중해서 생각하여, 마음의 통일을 꾀하는 일.

십다(十-)圈 〈옛〉씹다.

십대(十代)[-때]圓 **1** 열 번째의 대(代). 째 서울에 살다. **2** 10세에서 19세까지의 나이. 또는 그런 나이의 사람들.

십-대왕(十大王)[-때-]圓〖佛〗시왕(十王).

십두드리다[-때]타〈옛〉짓씹다.

십량-주(十兩紬)[심냥-]圓 한 필의 무게가 열 냥쯤이 나가는, 중국에서 나는 좋은 명주.

십만(十萬)[심-]㉜펜 만의 열 배가 되는 수. ▣~ 대군 / ~ 대군(-軍) / ~ 원.

십만-억토(十萬億土)[심마녁-]圓〖佛〗**1** 사바와 극락 사이에 있다고 하는 불토(佛土)의 총칭. **2** 극락정토.

십맹일장(十盲一杖)[심-짱]圓 열 소경에 하나의 지팡이라는 뜻으로, 여러 곳에 긴요하게 쓰이는 물건을 이르는 말.

십목소시(十目所視)[심-쏘-]圓 여러 사람이 보고 있다는 뜻으로, 세상 사람을 속일 수 없음의 비유.

십방(十方)[-빵]圓 **1** 여러 방면. **2**〖佛〗시방(十方).

십벌지목(十伐之木)[-뻘찌-]圓 열 번 찍어 베는 나무라는 뜻으로, 열 번 찍어 넘어가지 않는 나무가 없음을 이르는 말.

십분(十分)[-뿐]튀 넉넉히, 충분히. ▣~ 유의하다 / 능력을 ~ 발휘하다.

-ㅂ시사[-싸]어미 받침이 없는 동사 어간에 붙어, '바람'·'소망'을 나타내는 합쇼체의 종결 어미. ▣소원을 들어 주~ 하고 빌다. *-읍시사.

십사-도(十四道)[-싸-]圓〖地〗우리나라의 지방 행정 구획으로서의 열네 도. 1946년 제주도를 도(道)로 승격시켜 14도가 됨.

십사행-시(十四行詩)[-싸-]圓 소네트(sonnet).

십상[-쌍]圓튀(←십성(十成)) 꼭 알맞은 일이나 물건을 두고 이르는 말. ▣주머니칼로는 ~이다. ▣꼭 맞게. 썩 잘 어울리게. ▣재멸이로 쓰기엔 ~ 좋다.

십상(十常)[-쌍]圓 '십상팔구'의 준말. ▣술을 늘 마시다가는 몸 버리기 ~이다.

십상-팔구(十常八九)[-쌍-]圓 열에 여덟이나 아홉 정도로 거의 예외가 없음. 십중팔구. ▣그렇게 급하게 먹다가는 체하기가 ~이다. ㉣십상.

십생구사(十生九死)[-쌍-]圓 위태로운 지경에서 겨우 벗어남. 구사일생.

십선(十善)[-썬]圓〖佛〗**1** 십악(十惡)을 행하지 아니함. 십계를 지킴. **2** 전세(前世)에서 십선을 행한 과보(果報)로 현세에 받는다는

천자(天子)의 지위.

십성(十成)[-썽] 图 **1** 금의 품질을 10등분한 첫째 등급. **2** '십상'의 본딧말.

십승-법(十乘法)[-쌍뻡] 图 〔수〕 '십진법(十進法)'의 구용어.

십승지지(十勝之地)[-쌍-] 图 **1** 국내에 있는 열 군데의 명승지. **2** 〔민〕 국내의 피란하기 좋다는 열 군데의 땅.

-십시다[-씨-] 어미 받침이 없거나 'ㄹ'로 끝난 동사 어간에 붙는, 합쇼체의 종결 어미. 어떤 행동을 함께 하자는 뜻을 나타냄. ▣ 함께 가~. ＊-으십시다.

-십시오[-씨-] 어미 받침이 없거나 'ㄹ'로 끝난 동사 어간에 붙는, 합쇼체의 종결 어미. 명령이나 권유를 나타냄. ▣ 이제 그만 하~ / 여기서 기다리~. ＊-으십시오.

십시일반(十匙一飯)[-씨-] 图 열 사람이 밥 한 술씩 보태면 한 사람 먹을 분량이 된다는 뜻으로, 여럿이 조금씩 힘을 합하면 한 사람을 돕기 쉬움을 이르는 말.

십실-구공(十室九空)[-씰-] 图 전쟁이나 병 따위의 재난으로 많은 사람이 흩어지거나 죽어 없어지는 일.

십악(十惡)〔불〕 몸·입·뜻의 삼업(三業)으로 짓는 열 가지 죄악. 곧, 살생(殺生)·투도(偸盜)·사음(邪淫)의 신삼(身三)과, 망어(妄語)·기어(綺語)·양설(兩舌)·악구(惡口)의 구사(口四)와, 탐욕(貪慾)·진에(瞋恚)·사견(邪見)의 의삼(意三).

십악-대죄(十惡大罪)[시박때-] 图 조선 때, 대명률(大明律)에 정한 열 가지 큰 죄. 곧, 모반(謀反)·모대역(謀大逆)·모반(謀叛)·악역(惡逆)·부도(不道)·대불경(大不敬)·불효(不孝)·불목(不睦)·불의(不義)·내란(內亂).

십오-야(十五夜)图 음력 보름날 밤. 삼오야(三五夜). ▣~ 밝은 달.

십왕(十王) 图 시왕(十王).

십육-방위(十六方位)[심뉵빵-]图 동서남북을 다시 열여섯 방향으로 나눈 방위.

십육분-쉼표(十六分-標)[심뉵뿐-]图〔악〕온쉼표의 16분의 1 길이를 가지는 쉼표(𝄿). 십육분휴지부.

십육분-음표(十六分音標)[심뉵뿐늠-]图〔악〕온음표의 16분의 1 길이를 가지는 음표(♬).

십이 가사(十二歌詞)〔문〕조선 때, 널리 불리던 12편의 작자 미상의 가장 가사. 곧, 백구사(白鷗詞)·죽지사(竹枝詞)·어부사(漁父詞)·행군악(行軍樂)·황계사(黃鷄詞)·춘면곡(春眠曲)·상사별곡(相思別曲)·권주가(勸酒歌)·처사가(處士歌)·양양가(襄陽歌)·수양산가(首陽山歌)·매화 타령(梅花打令).

십이-궁(十二宮)图 **1** 황도(黃道) 십이궁. **2** 〔민〕사람의 생년·월·일·시를 별자리에 배당한 것. 곧, 명궁(命宮)·형제궁(兄弟宮) 따위.

십이-분(十二分)톘 충분한 정도를 훨씬 넘는 정도로. ▣ 실력을 ~ 발휘하다.

십이 사:도(十二使徒)〔기〕예수를 따르던 열두 제자.

십이 사:화(十二士禍)〔역〕조선 단종 때에 일어난 열두 사화. 곧, 계유(癸酉)사화·병자(丙子)사화·무오(戊午)사화·갑자(甲子)사화·기묘(己卯)사화·신사(辛巳)사화·을사(乙巳)사화·정미(丁未)사화·기유(己酉)사화·축축(癸丑)사화·기사(己巳)사화·신임(辛壬)사화.

십이 성좌(十二星座)〔천〕황도 십이궁.

십이-승(十二升)图 가는 실로 매우 곱게 짠 모시.

십이-시(十二時)图 하루를 열둘로 나누어 십이지(十二支)의 이름을 붙여 일컫는 시간.

십이-신(十二神)图 **1** 열두 신장. **2** 구나(驅儺)할 때 쥐·소·호랑이·토끼·용·뱀·말·양·원숭이·닭·개·돼지의 형상의 탈을 쓴 나자(儺者)들.

십이 신장(十二神將)〔민〕열두 신장.

십이 연기(十二緣起)〔불〕과거에 지은 업(業)에 따라 현재의 과보(果報)를 받으며 현재의 업에 따라 미래의 고(苦)를 받는 열둘의 인연. 곧, 무명(無明)·행(行)·식(識)·명색(名色)·육근(六根)·촉(觸)·수(受)·애(愛)·취(取)·유(有)·생(生)·노사(老死). 십이 인연(十二因緣). 십이지(十二支).

십이-월(十二月)图 **1** 한 해 열두 달 가운데 마지막 달. **2** 섣달.

십이-율(十二律)〔악〕국악의 열두 음계. 육률(六律)과 육려(六呂).

십이율-관(十二律管)图〔악〕십이율의 소리를 내는 12개의 대롱으로 된 관악기《오래된 해죽(海竹)으로 만듦》.

십이-음(十二音)图〔악〕한 옥타브에 있는 서로 다른 12개의 음《반음계를 구성함》.

십이음 음계(十二音音階)[시비으음-/시비으음계] 12개의 반음으로 이루어지는 음계. 반음(半音) 음계.

십이음 음악(十二音音樂)〔악〕12개의 음을 바탕으로 악곡을 구성하는 음악. 도데카포니.

십이 인연(十二因緣)〔불〕십이 연기(緣起).

십이-자(十二子)图 십이지1.

십이-지(十二支)图 **1** 지지(地支)를 달리 이르는 말. 십이신1. **2** 십이 연기(緣起).

십이지-장(十二指腸)〔생〕소장(小腸)의 일부로서 위(胃)의 유문(幽門)에 접한 부분. 길이는 25~30cm이며, 'C'자 모양으로 굽음. 점액과 소화액을 분비하며 쓸개즙과 췌액을 받아들여 소화를 도움. 샘창자.

십이지장 궤:양(十二指腸潰瘍)〔의〕십이지장의 위쪽의 유문에 근접한 부분에 생기는 궤양.

십이지장-충(十二指腸蟲)图〔동〕선충류의 기생충. 몸은 젖빛, 길이는 1cm 정도이고, 사람의 십이지장에 기생함. 채독벌레.

십인-십색(十人十色)[시빈-쌕]图 사람의 모습이나 생각이 저마다 다름. ▣ 사람의 얼굴은 ~이다.

십일면관세음(十一面觀世音)〔불〕본체(本體) 외에 머리 위에 조그마한 얼굴 열한 개가 자비·분노·대소(大笑) 따위의 표정을 하고 있는 관세음보살. 십일면관음.

십일-세(十一稅)[시빌쎄]图 십일조(租)1.

십일-월(十一月)图 **1** 한 해의 열한째의 달. **2** 동짓달.

십일-제(十一除)[시빌쩨]图〔역〕조선 때, 장색(匠色)이 일터에서 필요한 것을 주문하면 상인이 물건 값에서 10분의 1을 심부름꾼에게 주던 일. 십일조(一條).

십일-조(十一租)[시빌쪼]图 **1**〔역〕중세 유럽 교회가 교구민에게 과세 대상의 10분의 1 비율로 징수하던 세. 십일세. **2**〔기〕교인이 자기 수입의 10분의 1을 헌납함을 일컬음.

십일-조(十一條)[시빌쪼]图 **1**〔기〕십일조(十一租)2. **2**〔역〕십일제(十一除).

십자(十字)[-짜]图 '十'자와 같은 모양.

십자-가(十字架)[-짜-]图 **1** 예전에, 서양에서

죄인을 못 박아 죽이던 십자형의 형틀. **2** 〔기〕 기독교도를 상징하는 '十' 자 모양의 표《예수가 못 박혀 죽은 표상으로서 예배의 대상임》.

십자가를 지다 [구] 큰 죄나 고난 등을 떠맡다.

십자-고상 (十字苦像)[-짜-] [명] 〔가〕 십자가에 못 박힌 예수의 수난을 그린 그림이나 새긴 조각상. [준]고상(苦像).

십자-군 (十字軍)[-짜-] [명] **1** 〔역〕 중세 유럽의 기독교도가 이슬람교도를 정벌하고자 일으킨 전쟁(1096-1291). **2** 이상이나 신념을 위해 집단적인 전투를 벌이는 군대. ❑ 평화의 ～.

십자-꽃 (十字-)[-짜꼳] [명] 〔식〕 십자형꽃부리를 이룬 꽃《무나 배추 따위》. 십자화(花).

십자-로 (十字路)[-짜-] [명] 네거리.

십-자매 (十姉妹)[-짜-] [명] 〔조〕 참새목의 새. 참새 비슷하며 길이는 12 cm 정도이고, 빛은 희며 가슴에 갈색 띠가 있고 눈알은 붉음.

십자-목 (十字木)[-짜-] [명] 물방아 굴대에 십자형으로 박아서 굴대가 돌아가는 대로 방앗공이를 올라가게 하는 나무.

십자-수 (十字繡)[-짜-] [명] 실을 십자형으로 엇갈리게 놓는 수. 크로스스티치.

십자 포화 (十字砲火)[-짜-] 〔군〕 앞뒤 양옆에서 쏘는 집중 포격. 십자화(火).

십자-표 (十字表)[-짜-] [명] 가로나 세로로 읽어도 모두 말이 되는 그림표.

십자-형 (十字形)[-짜-] [명] '十' 자와 같은 모양. 십자꼴.

십자형 꽃부리 (十字形-)[-짜-꼳뿌-] 〔식〕 갈라져 난 네 개의 꽃잎이 십자 모양을 이룬 꽃부리. 십자형 화관.

십자형 화관 (十字形花冠)[-짜-] 십자형 꽃부리. [준]십자 화관.

십자-화 (十字火)[-짜-] [명] 십자 포화.

십자-화 (十字花)[-짜-] [명] 〔식〕 십자꽃.

십자 화관 (十字花冠)[-짜-] 〔식〕 '십자형 화관'의 준말.

십장 (什長)[-짱] [명] **1** 공사장 따위에서 인부를 감독·지시하는 책임자. **2** 〔역〕 병졸 열 사람의 책임자.

십장-거리 (十帳-) [명] ☞ 십장걸이.

십장-걸이 (十帳-)[-짱거리] [명] 〔건〕 열 개의 서까래로 이루어진 선자연(扇子椽).

십-장생 (十長生)[-짱-] [명] 죽지 않고 오래 산다는 열 가지. 곧, 해·산·물·돌·구름·소나무·불로초·거북·학·사슴.

십-재일 (十齋日)[-째-] [명] 〔불〕 매월 팔재계(八齋戒)를 지켜 몸과 마음을 깨끗이 하고 부정(不淨)한 일을 멀리하도록 정해진 열흘《곧, 음력으로 1일, 8 일, 14 일, 15 일, 18 일, 23 일, 24 일, 28일, 29 일, 30 일》. 십재.

십전 (十全)[-쩐] [명][하형] **1** 모두 갖추어져 결점이 없음. 완전. **2** 위험이 조금도 없음. 안전.

십전-구도 (十顚九倒)[-쩐-] [명][하자] 칠전팔도(七顚八倒).

십전-대보탕 (十全大補湯)[-쩐-] [명] 〔한의〕 팔물탕에 황기와 육계를 더해서 원기를 돕는 탕약.

십종 경:기 (十種競技)[-쫑-] 육상 경기의 하나. 한 선수가 이틀 동안 열 가지 종목을 겨루어 얻은 점수의 합계로 승부를 가리는 경기《첫날에 100 m·400 m 달리기·멀리뛰기·포환던지기·높이뛰기, 둘째 날에 110 m 장애물달리기·원반던지기·장대높이뛰기·창던지기·1,500 m 달리기를 함》.

십-중금계 (十重禁戒)[-쭝- / -쭝-게] [명] 〔불〕 보살이 범해서는 안 되는 가장 무거운 열 가지 계율《곧, 살생, 도둑질, 음행, 거짓말, 술 팔기, 남의 허물 말하기, 남 비방하기, 제 것은 아끼고 남의 것은 탐내기, 화냄, 삼보(三寶) 비방하기 등임》. [준]십계.

십중-팔구 (十中八九)[-쭝-] [명] 십상팔구(十常八九). ❑ 그의 말은 ～ 거짓말이다.

십지 (十指)[-찌] [명] 열 손가락.

십지부동 (十指不動)[-찌-] [명] 열 손가락을 꼼짝하지 않는다는 뜻으로, 게을러서 아무 일도 하지 않음을 이르는 말.

십진급-수 (十進級數)[-찐-쑤] [명] 〔수〕 십진법으로 얻은 여러 가지의 단위에 붙는 이름《십·백·천·만·억, 또는 할·푼·리·모 따위》.

십진-법 (十進法)[-찐뻡] [명] 1·2·3·4·5·6·7·8·9를 기수(基數)로 하고, 9에 1을 더한 것을 10으로 하여 순차로 10배마다 새로운 단위 곧, 백·천·만 따위를 붙이는 법. 십승법(十乘法).

십진-분류법 (十進分類法)[-찐불-뻡] [명] 도서 분류법의 하나. 10 개의 기초류(基礎類)로 나눠, 그 아래에 10 개의 강·목을 두고 모든 것을 아라비아 숫자로 표기함.

십진-수 (十進數)[-찐-] [명] 〔수〕 십진법으로 나타낸 수. 십단위수.

십철 (十哲) [명] 공자의 열 사람의 뛰어난 제자. 곧, 안회(顔回)·민자건(閔子騫)·염백우(冉伯牛)·중궁(仲弓)·재아(宰我)·자공(子貢)·염유(冉有)·자로(子路)·자유(子游)·자하(子夏).

십촌 (十寸) [명] 같은 오대조의 자손.

십팔-공 (十八公) [명] 〔'松' 자의 파자(破字) 풀이〕 '소나무'의 별칭.

십팔-금 (十八金) [명] 금의 순도를 나타내는 말로, 순금의 금분(金分)을 24 로 할 때 금분 18을 가진 금.

십팔-기 (十八技) [명] 중국에서 전해 온 18가지 무예. 십팔반무예.

십팔반-무예 (十八般武藝) [명] 십팔기.

십팔-번 (十八番) [명] 가장 자랑으로 여기는 재주. 특히, 가장 즐겨 부르는 노래. 장기(長技). ❑ ～을 부르다 / 장타령이 그의 ～이다.

십편-거리 (十片-) [명] 열 뿌리가 열여섯 냥쭝 한 근이 되는 인삼.

십품-금 (十品金) [명] 불려서 만든 가장 좋은 십성(十成)의 금.

십한-일폭 (十寒一曝)[시파닐-] [명] 열흘 동안 춥다가 하루 볕이 쬔다는 뜻으로, 일이 중간에 자주 끊김을 이르는 말.

싯- [싣] [투] (어두음이 울림소리이고 첫 음절의 모음이 'ㅓ'·'ㅜ'인 말 앞에서) 빛깔이 짙고 선명함을 나타내는 말. [작]샛-. ＊시-.

싯-누렇다 [싣-러타] 〔싯누러니, 싯누레서〕 [형][ㅎ] 매우 누렇다. ❑ 홍수가 진 들판이 온통 ～. [작]샛노랗다.

싯-누레지다 [싣-] [자] 싯누렇게 되다. ❑ 흙먼지에 찌든 옷이 싯누레졌다. [작]샛노래지다.

싯다 [타] 〈옛〉 씻다.

싯다르타 (산 Siddhārtha) [명] 〔불〕 석가모니가 출가하기 전, 태자 때의 이름.

싯-멀겋다 [싣-거타] 〔싯멀거니, 싯멀게서〕 [형][ㅎ] 빛깔이 매우 멀겋다. [작]샛말갛다.

싯-멀게지다 [싣-] [자] 싯멀겋게 되다. [작]샛말개지다.

싯-발 (詩-)[시빨 / 싣빨] [명] 한시를 지을 때 다는 운자(韻字).

싯발(을) 달다 [구] 한시를 처음 배워 겨우 운자(韻字) 다는 법을 익히게 되다.

싯-허옇다 [형] ☞ 시허옇다.

싱건-김치 몡 소금물에 삼삼하게 담근 무김치. 싱건지.

싱건-지 몡 싱건김치.

싱겁다 [-따][싱거워, 싱거우니] 혱빈 **1** 짜지 않다. □나물 무침이 ~. **2** 술이나 담배 따위의 맛이 독하지 않다. **3** 말이나 행동이 다소 멋쩍다. □싱거운 사람. **4** 주위 여건에 체격이 어울리지 않다. □싱겁게 키만 크다.
[싱겁기는 고드름장아찌라] 매우 멋없고 싱겁기만 하다는 말.

싱겅싱겅-하다 혱여 방이 차고 써늘하다.

싱경이 몡 〖식〗 청태과의 녹조류. 한대·열대의 바다에 분포함. 속이 빈 관(管)모양의 한 켜의 세포로 되고 머리털 비슷함. 장조림·쌈 따위를 만들어 먹음.

싱그럽다 [-따][싱그러워, 싱그러우니] 혱빈 싱싱하고 향기롭다. □싱그러운 5월의 신록 / 싱그러운 꽃향기.

싱그레 튀하하 눈과 입을 슬며시 움직이며 소리 없이 부드럽게 웃는 모양. □대답 대신 ~ 웃다. 쟈생그레. 쎈씽그레.

싱글 (single) 몡 **1** 한 개. 단일. □~ 홈런 / 침대. **2** 테니스·탁구 따위에서, 단식 시합. **3** 〈속〉독신. □그는 아직 ~이라더라. **4** '싱글브레스트'의 준말.

싱글 튀 눈과 입을 슬며시 움직이며 소리 없이 정답게 웃는 모양. 쟈생글.

싱글-거리다 쟈 눈과 입을 슬며시 움직이며 소리 없이 자꾸 웃다. □혼자 좋아서 ~. 쟈생글거리다. 쎈씽글거리다. **싱글-싱글** 튀하하

싱글-대다 쟈 싱글거리다.

싱글-벙글 튀하하 눈과 입을 슬며시 움직이며 소리 없이 정답고 환하게 웃는 모양. □좋아서 ~ 하다. 쟈생글벙글. 쎈씽글벙글.

싱글-베드 (single bed) 몡 일인용의 작은 침대. *더블베드.

싱글-브레스트 (←single-breasted) 몡 홑자락. 준싱글. *더블브레스트.

싱긋 [-귿] 튀쟈 눈과 입을 슬며시 움직이며 소리 없이 가볍게 웃는 모양. □눈이 마주치자 ~ 웃는다. 쟈생긋. 쎈싱끗·씽긋·씽끗.

싱긋-거리다 [-귿꺼-] 쟈 눈과 입을 슬며시 움직이며 소리 없이 가볍게 자꾸 웃다. 쟈생긋거리다. **싱긋-싱긋** [-귿씽귿] 튀쟈

싱긋-대다 [-귿때-] 쟈 싱긋거리다.

싱긋-빙긋 [-귿삥귿] 튀하하 눈과 입을 슬며시 움직이며 소리 없이 가볍게 슬쩍 웃는 모양. 쟈생긋빙긋. 쎈싱끗빙끗·씽긋빙긋·씽끗빙끗.

싱긋-이 튀 싱긋. □대답 없이 ~ 웃다. 쟈생긋이. 쎈싱끗이·씽긋이·씽끗이.

싱끗 [-끋] 튀쟈 눈과 입을 슬며시 움직이며 소리 없이 가볍게 웃는 모양. 쟈생끗. 쎈씽끗.

싱끗-거리다 [-끋꺼-] 쟈 눈과 입을 슬며시 움직이며 소리 없이 가볍게 자꾸 웃다. 쟈생끗거리다. **싱끗-싱끗** [-끋씽끋] 튀하하

싱끗-대다 [-끋때-] 쟈 싱끗거리다.

싱끗-빙끗 [-끋삥끋] 튀하하 눈과 입을 슬며시 움직이며 소리 없이 가볍게 슬쩍 웃는 모양. 쟈생끗빙끗. 쎈씽끗빙끗.

싱끗-이 튀 싱끗. □~ 웃으며 오라고 손짓하다. 쟈생끗이. 쎈씽끗이.

싱둥-싱둥 튀하혱 본디의 기운이 그대로 남아 있어 싱싱한 모양. □~한 신선한 채소. 쟈생동생동.

싱둥-하다 혱여 싱싱하게 생기가 있다.

싱숭-생숭 튀하혱 마음이 들떠서 어수선하고 갈팡질팡하는 모양. □마음이 ~해서 안절부

잘못하다.

싱싱-하다 혱여 **1** 시들거나 상하지 않고 생기가 있다. □싱싱한 생선. **2** 빛깔 따위가 맑고 산뜻하다. □싱싱한 아침 햇살. **3** 힘이나 기운 따위가 왕성하다. □싱싱한 젊음. 쟈생생하다. 쎈씽씽하다. **싱싱-히** 튀

싱아 몡 〖식〗 마디풀과의 여러해살이풀. 잎은 어긋나고 피침 모양. 6~8월에 흰 꽃이 원추화서로 줄기 끝에 핌. 어린잎과 줄기는 식용함. 산이나 들에서 흔히 자람.

싱커 (sinker) 몡 야구에서, 투수가 던진 공이 회전 없이 타자 앞에서 급히 떨어지는 변화구.

싱커페이션 (syncopation) 몡 〖악〗 '당김음'의 영어명.

싱크-대 (sink臺) 몡 **1** 조리할 때나 설거지할 때 쓰는 부엌 세간. 설거지대(臺). □~를 개비하다. **2** 실험실·암실 등에서 물을 흘려보내며 물건을 씻는 대.

싱크로나이즈 (synchronize) 몡 **1** 동시 녹음. **2** 사진예서, 셔터가 열림과 동시에 플래시를 터뜨리는 일.

싱크로나이즈드 스위밍 (synchronized swimming) 음악 리듬에 맞춰 헤엄치면서 기술의 정확함과 표현의 아름다움을 겨루는 수상 경기의 일종. 수중(水中) 발레.

싱크로-사이클로트론 (synchro-cyclotron) 몡 〖물〗 이온 가속 장치의 하나. 고주파 가속 전압의 주파수를 점차 감소해서 사이클로트론의 가속 한계를 중대하는 방식.

싱크로트론 (synchrotron) 몡 〖물〗 원환상(圓環狀)의 입자 가속기의 하나. 사이클로트론과 베타트론의 두 가지 가속기의 원리를 병행 이용한 장치.

싱크홀 (sinkhole) 몡 땅이 움푹 꺼져 생긴 구멍. 또는 그렇게 땅이 갑자기 꺼지는 현상.

싶다 [십따] 보혱 **1** 용언의 어미 '-고' 뒤에 쓰여, 하고자 하는 마음을 나타내는 말. □먹고 ~ / 자고 ~. **2** 〈-시프다〉어미 'ㄴ가'·'-은가'·'-는가'·'-ㄹ까'·'-을까'의 뒤에 쓰여, 근사함이나 추측됨을 확실하지 않게 나타내는 말. □좀 적은가 ~ / 오지 않을까 ~. **3** 어미 '-면' 뒤에 쓰여, 그렇게 되었으면 좋겠다는 뜻을 나타내는 말. □이겼으면 ~ / 사실이면 ~.

스 의몡 〈옛〉것. 바.

사나히 몡 〈옛〉사나이.

-ᄉᆞ라 어미 〈옛〉'-자무나'의 -꾸나.

ᄉᆞ랑 몡 〈옛〉**1** 생각. **2** 사랑.

ᄉᆞ매 몡 〈옛〉소매.

ᄉᆞ뭇 튀 〈옛〉사뭇. 투철히.

ᄉᆞ뭇다 쟈 〈옛〉사무치다.

손[1] 몡 〈옛〉장정(壯丁).

손[2] 의몡 〈옛〉것.

손직 튀 〈옛〉오히려. 아직도. 이내.

술[1] 몡 〈옛〉살[肌].

술[2] 몡 〈옛〉쌀.

술[3] 의몡 〈옛〉것을. 줄은 'ᄉ'의 목적격형.

술고 〈옛〉살구.

술다 쟈 〈옛〉사르다.

술오다 타 〈옛〉사뢰다.

술지다 쟈 〈옛〉살찌다.

숧 몡 〈옛〉살랭이.

숢다 타 〈옛〉삶다.

슗다 타 〈옛〉사뢰다. 여쭙다.

슓씨다 타 〈옛〉삼키다.

슉기다 타 〈옛〉삼키다.

-숍- [선어미]〈옛〉-사웁-. 경어법의 선어말 어미.

숫뎽〈옛〉새끼.

싀다재〈옛〉새다[曙].

쉼뎽〈옛〉샘.

싱앙뎽〈옛〉생각.

싱포뎽〈옛〉전복.

써디다재〈옛〉꺼지다. 빠지다.

써리다타〈옛〉꺼리다.

썰비형〈옛〉꺼리어. 어렵게. '셟다'의 활용형.

썷다형〈옛〉꺼림칙하다. 어렵다.

쎄티다타〈옛〉꿰다. 꿰뚫다. 사무치다.

쇼리뎽〈옛〉꼬리.

쑬뎽〈옛〉꼴².

쐬뎽〈옛〉꾀. 계책.

쐬오다타〈옛〉에누리하다.

쑤미다타〈옛〉꾸미다.

쑤지나모뎽〈옛〉꾸지뽕나무.

쑬뎽〈옛〉꿀.

쑬다타〈옛〉꿇다.

씀뎽〈옛〉꿈.

씽뎽〈옛〉핑.

씀뎽〈옛〉금². 틈.

쯰조〈옛〉께. 에게.

쯰다타〈옛〉꺼리다. 시기하다.

쯰셔조〈옛〉께서.

쯧긋ᄒ다형〈옛〉깨끗하다.

쯰다[-타]〈옛〉1 끼다. 틈에 박다. 2 가두다. 얽매다. [-재]〈옛〉연기·수증기·먼지·때 따위가 끼다.

씐뎽〈옛〉끈.

ᄭᅡ라디다재〈옛〉까라지다.

쓸다타〈옛〉깔다.

씨다재타〈옛〉깨다.

씨돈다타〈옛〉깨닫다.

ᄯᅡ뎽〈옛〉1 땅¹. 2 곳¹.

ᄯᅡ디다타〈옛〉터지다.

ᄯᅡ보뎽〈옛〉따비.

ᄯᅢ다타〈옛〉때우다.

ᄯᅢ싣다재〈옛〉때묻다. 허물 잡히다.

ᄯᅥᆨ뎽〈옛〉떡¹.

ᄯᅩ부〈옛〉또.

ᄯᅩᆼ뎽〈옛〉똥.

ᄯᅳ다¹타〈옛〉(그릇에 담긴 물건을) 뜨다.

ᄯᅳ다²형〈옛〉뜨다. 둔하다. 느리고 더디다.

ᄯᅳ리뎽〈옛〉종기.

ᄯᅳ믈뎽〈옛〉뜨물.

ᄯᅳᆷ뎽〈옛〉뜸².

ᄯᅴ뎽〈옛〉띠¹·².

ᄯᅴ다타〈옛〉띠다¹. 띠를 두르다.

-ᄯᅡ나[어미]〈옛〉-말갛나.

-ᄯᅡ녀[어미]〈옛〉-랴. -겠느냐. -ㄹ까 보냐.

-ᄯᅡ니잇가[어미]〈옛〉-이겠나이까.

ᄯᅡ리다타〈옛〉깨뜨리다.

ᄯᅩ롬[의명]〈옛〉따름.

-ᄯᅥᆫ여[어미]〈옛〉-랴. -겠느냐. -ㄹ까 보냐.

ᄯᅡᆯ¹뎽〈옛〉근원.

ᄯᅡᆯ²뎽〈옛〉딸.

ᄯᅡᆷ뎽〈옛〉땀¹.

ᄯᅡᆷ되아기뎽〈옛〉땀띠.

ᄯᅩᆺ둘훔뎽〈옛〉1 오갈피. 2 멧두릅.

ᄲᅡ이다타〈옛〉빼다. 빼어내다.

ᄲᅡ혀나다형〈옛〉빼어나다.

ᄲᅢ혀다타〈옛〉빼다.

ᄲᅡᆷ뎽〈옛〉뺨.

ᄲᅢ티다타〈옛〉빼다.

ᄲᅢ혀다타〈옛〉빼다.

ᄲᅧ즉ᄒ다형〈옛〉비슷하다.

ᄲᅧ줏ᄒ다형〈옛〉비슷하다.

ᄲᅧ뎽〈옛〉뼈.

ᄲᅧ고도리뎽〈옛〉뼈로 만든 고두리살.

-ᄲᅮᆫ미〈옛〉-뿐. -만. -뿐만.

ᄲᅳ리다타〈옛〉뿌리다.

ᄲᅮᆯ뎽〈옛〉뿔.

ᄲᅦ유기뎽〈옛〉뻴기.

ᄲᅦᆯ다타〈옛〉뿌리다.

ᄲᅡᆺ뎽〈옛〉빼깃.

ᄲᅡᄅᆞ다형〈옛〉빠르다.

ᄲᅡ이다타〈옛〉뽑히다.

ᄲᅡᆯ다타〈옛〉1 빨다¹. 2 빨다[洗].

ᄲᅡᆯ리부〈옛〉빨리.

ㅆ (쌍시옷)[-올)]〖언〗'ㅅ'의 된소리.

--ㅆ-[선어미]〈옛〉'ㅏ'·'ㅓ'로 끝나는 받침 없는 어간 뒤에서, '-았-'·'-었-'의 '아'·'어'가 탈락된 꼴. ▷홍수가 났다 / 집으로 갔다. *-았-·-었-.

싸가지뎽 '싹수'의 방언.

싸각부 1 벼·보리·밀 따위를 베는 소리. 2 눈 따위를 밟는 소리. 3 연한 과자나 배·사과 따위를 씹는 소리. 4 갈대나 풀 먹인 천 따위가 스치는 소리. ❷써걱. ❹사각.

싸각-거리다[-꺼-][자타] 1 벼·보리·밀 따위를 베는 소리가 잇따라 나다. 2 눈이 내리거나 눈 따위를 밟는 소리가 잇따라 나다. 3 연한 과자나 배·사과 따위가 씹히는 소리가 자꾸 나다. 또는 그런 소리를 자꾸 내다. ▷사과를 싸각거리며 먹다. 4 갈대나 풀 먹인 천 따위가 스치는 소리가 자꾸 나다. 또는 그런 소리를 자꾸 내다. ❷써걱거리다. ❹사각거리다.

싸각-싸각[부ㅎ자타]

싸각-대다[-때-][자타] 싸각거리다.

싸개뎽 1 물건을 싸는 종이나 헝겊. ▷책~. 2 '싸개통'의 준말. ▷~가 나다. 3 '갓싸개'의 준말.

싸개-갓장이[-깓장-] 얇은 베로 갓의 겉을 싸는 일을 맡아 하는 사람.

싸개-쟁이뎽 싸개질을 업으로 하는 사람.

싸개-질뎽하타 1 물건을 포장하는 일. 2 의자나 침대 따위의 앉을 자리를 헝겊이나 가죽으로 싸는 일.

싸개-통뎽 1 여러 사람이 둘러싸고 다투며 승강이를 벌이는 일. ▷~에 장사가 될까. 2 여러 사람에게 둘러싸여 욕먹는 일. 윤싸개.

싸개-판뎽 싸개통이 벌어진 판. ▷~에 휘말리다.

싸고-돌다[-돌아, -도니, -도는]타 1 중심을 싸고 그 둘레에서 움직이다. 2 누구를 두둔하여 행동하다. ▷자기 아이만 ~. ⑩싸고돌다.

싸구려[ᄆ탄]값이 싸거나 품질이 좋지 않은 물건. [-갑] 상인이 손님을 끌기 위해 싸다는 뜻으로 외치는 소리.

싸구려-판뎽 질 낮은 물건이나 철 지난 물건 따위를 값싸게 파는 판.

싸느랗다[-라타][싸느라니, 싸느래서]형ㅎ 1 물체의 온도나 기온이 차다. ▷입술이 ~/날씨가 ~. 2 성격이나 태도 따위가 차가운 듯하다. ▷싸느란 표정. 3 놀라거나 무서워 찬 기운이 느껴지는 듯하다. ▷가슴이 싸느랗게 식다. ❷써느렇다. ❹사느랗다.

싸늘-하다[형여] 1 물체의 온도나 기온이 찬 느낌이 있다. ▷싸늘한 겨울 날씨. 2 성격이나 태도 따위가 차가운 듯하다. ▷싸늘한 눈길. 3 놀라거나 무서워 찬 기운이 느껴지다. ▷등골이 ~. ❷써늘하다. ❹사늘하다. 싸늘-히[부]

싸다¹ 回 1 물건을 보이지 않게 씌워 가리거나 둘러 말다. ▢선물을 포장지에 ~. 2 물건을 옮기기 위해 상자나 가방 따위에 넣거나 종이·천·끈 따위로 꾸리다. ▢도시락[짐]을 ~.

싸다² 回 불씨를 꾸러미 속에 넣어 불 지를 자리에 놓다.

싸다³ 回 1 똥이나 오줌을 함부로 누다. 2 〈속〉 똥이나 오줌을 누다.

싸다⁴ 혱 1 입이 가볍다. ▢그 친구는 입이 ~. 2 걸음이 재빠르다. ▢싸게 걷다. 3 불기운이 세다. ▢싼 불로 끓이다. 4 성질 따위가 곧고 굳세다. ▢성깔이 너무 ~. 5 기울기가 가파르다. ▢물매가 ~.

싸다⁵ 혱 1 물건 값이 적당한 값보다 적다. ▢물건을 싸게 팔다. ↔비싸다. 2 저지른 일 따위에 비추어 받은 벌이 마땅하거나 오히려 적다. ▢고놈 죽어야 싸다.
[싼 것이 비지떡] 값이 싼 물건은 그만큼 품질도 떨어진다는 말.

싸-다니다 재태 여기저기 채신없이 분주히 돌아다니다. ▢어디를 그토록 싸다니느냐. 図싸대다.

싸-다듬이 몡하태 매나 몽둥이 따위로 함부로 때리는 짓.

싸-대다 재 '싸다니다'의 준말.

싸-데려가다 재 신랑 쪽에서 모든 혼수를 장만해서 신부를 데려가다.

싸-돌다 [싸돌아, 싸도니, 싸도는] 태 '싸고돌다'의 준말.

싸-돌아다니다 재태 여기저기 마구 돌아다니다. 힘닿는 도록.

싸라기 몡 1 부스러진 쌀알. ▢~로 쑨 죽. 2 '싸라기눈'의 준말.

싸라기-눈 몡 빗방울이 갑자기 찬바람을 만나 얼어서 떨어지는 쌀알 같은 눈. 図싸라기·싸락눈.

싸라기-밥 몡 싸라기가 많이 섞인 쌀로 지은 밥. 図싸락밥.
[싸라기밥을 먹었나] 상대편이 함부로 반말질할 때 빈정거리는 말.

싸락-눈 [-랑-] 몡 '싸라기눈'의 준말.

싸락-밥 [-빱] 몡 '싸라기밥'의 준말.

싸리 〖식〗 콩과의 낙엽 활엽 관목. 산지에 남. 잎은 세 잎이 나오고 한여름에 짙은 자색이나 홍자색 꽃이 핌. 나무껍질은 섬유의 원료로 씀. 싸리나무.

싸리-나무 몡〖식〗 싸리. ▢~로 울타리를 치다.

싸리-말 몡 싸리를 어긋나게 엮어 짜서 만든 말(마마의 역신(疫神)을 태워 보내는 의식을 할 때 씀).
[싸리말(을) 태우다] ☞ '쫓아내다'의 결말.

싸리-문 [-門] 몡 1 싸릿가지를 엮어 만든 문. 2 ☞ 사립문.

싸리-바자 몡 싸리로 결은 울타리.

싸리-버섯 [-섣] 몡〖식〗 싸리버섯과의 버섯. 산속의 활엽수 숲 밑에 남. 높이와 폭은 15cm 정도이며, 모양은 양배추와 비슷함. 가지 끝은 담자색 또는 자홍색이며, 다른 곳은 흼. 널리 알려진 식용 버섯임.

싸리-비 몡 싸리의 가지를 묶어 만든 비. 주로 마당비로 씀.

싸리-철 [-鐵] 몡 기계로 싸리의 줄기처럼 가늘고 길게 둥글게 뽑아낸 쇠.

싸릿-개비 [-리깨-/-릳깨-] 몡 싸리의 한 줄기나 그것을 가늘게 쪼갠 도막.

싸릿-대 [-리때/-릳때] 몡 싸리의 줄기.

싸-매다 回 무엇을 싸서 풀어지지 않게 꼭 매

1499 싹¹

다. ▢상처를 붕대로 ~.

싸부랑-거리다 재태 실없이 쓸데없는 말을 자꾸 지껄이다. 윗씨부렁거리다. 예사부랑거리다. 싸부랑-싸부랑 틘하재태

싸부랑-대다 재태 싸부랑거리다.

싸-안다 [-따] 回 1 두 팔로 감싸 안다. ▢얼굴을 싸안고 울다. 2 싸서 안다. ▢아기를 포대기로 ~.

싸우다 재 1 말이나 힘, 무기 따위로 서로 이기려고 다투다. ▢그들은 만나기만 하면 싸운다. 2 기량의 우열을 가리다. ▢우승을 놓고 ~. 3 장애·곤란 따위를 이겨 내려고 애쓰다. ▢병마와 / 가난과 싸워 가며 공부하다.

싸울-아비 몡 무사(武士).

싸울-투 [-鬪] 몡 한자 부수의 하나(「鬪」·「鬨」 따위에서 「鬥」의 이름).

싸움 몡하재 싸우는 일. ▢~을 벌이다[걸다·붙이다] / ~이 나다 / ~에 이기다 / ~에서 지다. 図쌈.
[싸움은 말리고 흥정은 붙이랬다] 나쁜 일은 말리고 좋은 일은 권해야 함의 비유.

싸움-꾼 몡 싸움을 잘하는 사람. ▢~으로 소문이 나다.

싸움-닭 [-딹] 몡 1 닭싸움에 이용하는 수탉. 투계(鬪鷄). 2 쉽게 남과 다투는 사람의 비유. 図쌈닭.

싸움-질 몡하재 싸우는 짓. ▢~을 일삼다. 図쌈질.

싸움-터 몡 전쟁이나 싸움이 벌어진 곳. 전장(戰場). 전지(戰地). 전쟁터. ▢~로 나가다. 図쌈터.

싸움-판 몡 싸움이 벌어진 판. ▢~을 벌이다. 図쌈판.

싸움-패 [-牌] 몡 싸움을 일삼는 무리. 図쌈패.

싸이다¹ 재 1 《'싸다'의 피동》둘러싸음 당하다. 2 보자기에 싸인 패물. 2 헤어나지 못할 만큼 분위기나 여건에 뒤덮이다. ▢의문에 싸인 죽음 / 신비에 싸인 길. 図쌓이다.

싸이다² 재 《'싸다'의 사동》대소변을 싸게 하다. ▢아이에게 오줌을 ~.

싸-잡다 [-따] 回 1 그 가운데 함께 들게 하다. ▢싸잡아 비난하다. 2 손 따위로 움켜잡다. ▢돈지갑을 두 손으로 꼭 ~.

싸-잡히다 [-자피-] 재피 《'싸잡다'의 피동》싸잡음을 당하다. ▢싸잡혀 욕을 먹다.

싸-전 [-廛] 몡 쌀과 그 밖의 곡식을 파는 가게. 미전(米廛).
[싸전에 가서 밥 달라고 한다] 성질이 몹시 급함의 비유.

싸전-쟁이 [-廛-] 몡 싸전을 차려 놓고 쌀을 파는 장수.

싸-쥐다 回 손으로 싸듯이 하며 쥐다. ▢두 손으로 얼굴을 ~.

싸-지르다¹ [싸질러, 싸지르니] 재태區 〈속〉 싸다니다.

싸-지르다² [싸질러, 싸지르니] 태區 1 〈속〉 싸다². ▢불을 ~. 2 〈속〉 싸다³. ▢똥을 ~.

싸:-하다 혱여 혀나 목구멍에 자극을 받아 아린 듯한 느낌이 있다. ▢매워서 입안이 ~.

싸호다 재 〈옛〉 싸우다.

싹¹ 몡 1 씨앗·줄기·뿌리 따위에서 처음 나오는 어린잎이나 줄기. ▢~이 나다[트다]. 2 움트기 시작하는 현상 따위의 시초를 비유한 말. ▢농촌의 근대화의 ~ / 사랑의 ~이 돋다. 3 '싹수'의 준말.

싹이 노랗다 ☞ 가능성이 애초부터 보이지

않는다는 말. 싹수가 노랗다.

싹²[甲] **1** 종이나 형겊 따위를 칼이나 가위로 한 번에 베는 소리나 모양. **2** 거침없이 밀거나 쓸거나 비비는 소리나 모양. ▷마당을 ~ 쓸다. 〔큰〕썩. **3** 조금도 남기지 않고 죄다. ▷핏기가 ~ 가시다. 〔여〕싹

싹둑[-뚝][甲] 연한 물건을 단번에 자르거나 베는 소리나 모양. ▷무를 ~ 자르다. 〔큰〕썩둑. 〔여〕삭둑.

싹둑-거리다[-뚝꺼-][타] 연한 물건을 자르거나 베는 소리를 자꾸 내다. 〔큰〕썩둑거리다. **싹둑-싹둑**[-뚝-뚝][甲허타]

싹둑-대다[-뚝때-][타] 싹둑거리다.

싹둑-하다[-뚜카-][타여] 연한 물건을 잇따라 자르거나 베다. 〔큰〕썩둑. ▷글이 토막토막 끊어져 문맥이 순조롭지 않다. 〔여〕삭둑삭둑하다.

싹-수[-쑤][명] 어떤 일이나 사람이 앞으로 잘 될 것 같은 낌새나 징조. ▷~가 있다〔없다〕. 〔준〕싹.

싹수가 노랗다[관] 싹이 노랗다. *싹¹.

싹수-없다[-쑤업따][형] 장래성이 없다. 〔준〕싹수없다. **싹수-없이**[-쑤업씨][甲]

싹-싹[甲] **1** 여러 번 싹 하는 모양. 또는 그 소리. ▷종이를 ~ 자르다. **2** 조금도 남김없이 죄다. ▷돈을 ~ 쓸어 가다. **3** 거침없이 자꾸 밀거나 쓸거나 비비거나 하는 모양. 또는 그 소리. ▷~ 쓸어라 / ~ 문질러라 / 잘못했다고 ~ 빌다. 〔여〕삭삭.

싹싹-거리다[-꺼-][자타] 싹싹 소리가 자꾸 나다. 또는 그런 소리를 자꾸 내다. 〔큰〕썩썩거리다. 〔여〕삭삭거리다.

싹싹-대다[-때-][자타] 싹싹거리다.

싹싹-하다[-싸카-][형여] 성질이 상냥하고 눈치가 빠르다. 〔큰〕씩씩하게 대답하다 / 싹싹한 맛이라고는 조금도 없다. 〔큰〕썩썩하다.

싹쓸-바람[명]《기상》풍력 계급 12의 바람. 초속 32.7 m 이상의 바람으로, 엄청난 피해를 입히며 배가 침몰할 정도의 높은 파도를 일으킴. 흔히 '태풍(颱風)'이라 일컬음.

싹-쓸이[-쓰리][명하타] 하나도 남김없이 싹 쓸어 없앤다는 뜻으로, 없애야 할 것을 모두 없애거나 차지해야 할 것을 모두 차지하는 일. ▷판돈을 ~하다.

싹-없다[싹겁따][형] '싹수없다'의 준말. **싹-없이**[싸겁씨][甲]

싹-트다[싹터, 싹트니][자] 어떤 생각·감정·현상 따위가 처음 생겨나다. ▷새로운 기운이 ~ / 사랑이 ~.

싼-값[-갑][명] 시세에 비하여 헐한 값. 염가. ▷~에 사다.

싼-거리[명하타] 물건을 싸게 팔거나 사는 일. 또는 그 물건. ▷그녀는 ~만 찾아다닌다.

싼-흥정[명하타] 싼값으로 사고파는 일. ↔비싼흥정.

쌀[명] **1** 벼의 껍질을 벗긴 알맹이. **2** '입쌀'의 준말. **3** 볏과의 곡식 껍질을 벗긴 알의 총칭《보리쌀·좁쌀 따위》.

쌀-가게[-까-][명] 쌀을 파는 가게. 싸전.

쌀-가루[-까-][명] 쌀을 빻아 만든 가루.

쌀-가마[-까-][명] '쌀가마니'의 준말.

쌀-가마니[-까-][명] 쌀을 담는 가마니. ▷~를 져 나르다. 〔준〕쌀가마.

쌀-값[-깝][명] 쌀을 팔고 사는 값. 쌀금. ▷~이 계속 오르는 있다.

쌀강-거리다[자] 설익은 콩이나 밤 따위가 씹

힐 때 부서지는 소리가 자꾸 나다. 또는 입 안에서 무르지 않은 느낌이 자꾸 나다. 〔큰〕썰겅거리다. 〔여〕살강거리다. 〔거〕살캉거리다·쌀캉거리다. **쌀강-쌀강**[부허자]

쌀강-대다[자] 쌀강거리다.

쌀강쌀강-하다[형여] 설익은 콩이나 밤 따위가 자꾸 가볍게 씹히는 느낌이 있다. 〔큰〕썰겅썰겅하다. 〔여〕살강살강하다. 〔거〕살캉쌀캉하다·쌀캉쌀캉하다.

쌀-강아지[명] 털이 짧고 보드라우며 윤기가 나는 강아지.

쌀-강정[명] 쌀로 만든 강정.

쌀개¹[명] 방아 허리에 가로 맞추어 방아가 걸려 있도록 만든 나무 막대기.

쌀-개²[명] 털이 짧고 보드라우며 윤기가 흐르는 개.

쌀-겨[-껴][명] 쌀을 찧을 때 나오는 가장 고운 속겨.

쌀-고치[명] 희고 굵으며 야무지게 지은 좋은 고치. ↔무리고치.

쌀-골집[-찝][명] 돼지 창자에 돼지고기를 썰어 넣고 삶은 음식.

쌀-광[-꽝][명] 쌀을 넣어 두는 광.

쌀-금[-끔][명] 쌀값.

쌀긋-거리다[-끗꺼-][자타] 한쪽으로 빼뚤어지거나 기울어지게 자꾸 움직이다. 또는 그리 되게 하다. 〔큰〕씰긋거리다. 〔여〕쌀굿거리다. **쌀긋-쌀긋**[-끗-끗][부허자타]

쌀긋-대다[-끗때-][자타] 쌀긋거리다.

쌀긋-하다[-끗하-][그타여] 물건이 한쪽으로 빼뚤어지거나 기울어져 있다. 〔큰〕씰긋하다. 〔여〕쌀굿하다. 〔여〕살굿하다.

쌀-깃[-낏][명] 갓난아이에게 배냇저고리를 입히기 전에 몸을 둘러싸는 보드라운 헝겊 조각.

쌀-누룩[-루-][명] 쌀가루를 쪄서 띄운 누룩. 미국(米麴).

쌀-눈[-룬][명] 쌀의 씨눈.

쌀-독[-똑][명] 쌀을 넣어 두는 독. [쌀독에서 인심 난다] 자신이 넉넉해야 다른 사람도 도울 수 있음의 비유. [쌀독에 앉은 쥐] 부족함이 없이 넉넉한 상태에 놓임의 비유.

쌀-되[-뙤][명] **1** 쌀을 되는 데 쓰는 그릇. ▷~로 쌀을 퍼 담다. **2** 한 되 남짓한 쌀. ▷불쌍한 사람인데 ~나마 좀 내주어라.

쌀-뜨물[명] 쌀을 씻고 난 뿌연 물. 미감수(米泔水). 미즙(米汁).

쌀랑-거리다[자타] **1** 좀 사늘한 느낌의 바람이 가볍게 자꾸 불다. ▷아침저녁으로 가을바람이 제법 쌀랑거린다. **2** 팔이나 꼬리 따위가 가볍게 자꾸 움직이다. 또는 그렇게 하다. ▷꼬리가 ~. 〔큰〕썰렁거리다. 〔여〕살랑거리다. **쌀랑-쌀랑**[부허자타]

쌀랑-대다[자타] 쌀랑거리다.

쌀랑쌀랑-하다[형여] 날씨가 쌀쌀하리만큼 쌀랑거리는 상태에 있다. 〔큰〕썰렁썰렁하다. 〔여〕살랑살랑하다.

쌀랑-하다[형여] **1** 온도가 내려가서 차다. ▷쌀랑한 아침 공기 / 방 안이 ~. **2** 갑자기 놀라 가슴속에 찬바람이 도는 느낌이 있다. ▷분위기가 ~. 〔큰〕썰렁하다. 〔여〕살랑하다.

쌀래-쌀래[부허타] 몸의 한 부분을 가볍게 좌우로 잇따라 흔드는 모양. ▷머리를 ~ 흔들다. 〔큰〕설레설레. 〔여〕살래살래. 〔큰〕쌀쌀.

쌀-말[명] 한 말쯤 되는 쌀.

쌀-목탁(-木鐸)[명]《불》절에서 끼니때에 밥지을 쌀을 가져오라고 알리는 목탁. *쌀북.

쌀-미(-米)[명] 한자 부수의 하나《'粉'·'糊'

따위에서 '米'의 이름).

쌀-밥 圀 입쌀로만 지은 밥. 이밥. 백반. 흰밥. 미반(米飯). ▫어려운 시절엔 생일날에나 ~을 먹을 수 있었다.

쌀-벌레 圀 **1** 쌀을 갉아 먹는 벌레. **2** 하는 일 없이 놀고먹는 사람을 비유해 이르는 말.

쌀-보리 圀《식》볏과의 한해살이 재배초. 보리의 한 종류로 까끄라기가 짧고 껍질이 쉽게 벗겨짐. 나맥(裸麥). ↔겉보리.

쌀-부대 (-負袋)[-뿌-] 圀 쌀을 담는 부대.

쌀-북 圀《불》절에서 밥을 지을 때 여러 사람의 쌀을 모으기 위해 치는 북. *쌀목탁.

쌀-새우 圀《동》쌀새웃과의 새우. 몸의 길이는 7~8cm이고 편평하며, 약간 붉은빛을 띠나 무색투명하고, 마른 것은 흰색임. 깊은 바다에 살며 식용함. 백하(白蝦).

쌀-수수 圀《식》수수의 한 가지. 수수 알은 가시랭이가 없고 희읍스름한데 초가을에 익음.

쌀쌀[1] 图 **1** 벌레 따위가 가볍게 기어 다니는 모양. **2** 마음이 들떠서 쏘다니는 모양. **3** '쌀래쌀래'의 준말. **4** 물이 빨리 끓거나 온돌방이 끓듯이 끈끈다뜻한 모양. ⑤살살.

쌀쌀[2] 图 배 속이 조금씩 쓰리면서 아픈 모양. ▫배 속이 ~ 아프다. ⑥살살.

쌀쌀-거리다 困 **1** 짧은 다리로 계속해서 가볍게 기어 다니다. **2** 아이가 방 안을 쌀쌀거리며 기어 다닌다. **2** 마음이 들떠서 가만히 있지를 못하고 계속 돌아다니다. **3** 머리를 계속해서 빠르게 흔들다. ⑤썰썰거리다. ⑥살살거리다.

쌀쌀-대다 困 쌀쌀거리다.

쌀쌀-맞다[-맏따] 톙 성질이나 태도가 정다운 맛이 없고 차갑다. ▫쌀쌀맞은 표정을 짓다 / 쌀쌀맞게 굴지 마라.

쌀쌀-하다 톙 **1** 날씨나 바람 따위가 으스스하게 차다. ⑤쓸쓸하다. **2** 성질이나 태도가 정다운 맛이 없고 냉정하다. ▫쌀쌀한 눈으로 보다. **쌀쌀-히** 图. ▫아주 ~ 거절하다.

쌀-알 圀 쌀의 하나하나의 알. 낱알. 미립(米粒). ▫흩어진 ~을 줍다.

쌀-자루[-짜-] 圀 쌀을 담는 자루. 또는 쌀을 담은 자루.

쌀-장사 圀困 쌀을 사고파는 일. 미상(米商).

쌀-장수 圀 쌀장사를 하는 사람. 미상(米商).

쌀-죽 (-粥) 圀 입쌀로 쑨 죽.

쌀-집[-찝] 圀 쌀을 파는 가게.

쌀-책박[-빡] 圀 싸리로 엮어 만든, 쌀을 담는 그릇.

쌀캉-거리다 困 설익은 콩이나 밤 따위가 씹힐 때 부서지는 소리가 자꾸 나다. 또는 입 안에서 무르지 않은 느낌이 자꾸 나다. ⑤썰컹거리다. ⑥살강거리다. **쌀캉-쌀캉** 图困. ▫콩이 덜 익어 ~하다.

쌀캉-대다 困 쌀캉거리다.

쌀캉쌀캉-하다 톙困 설익은 콩이나 밤 따위가 자꾸 가볍게 씹히는 느낌이 있다. ⑤썰컹썰컹하다. ⑥살강살강하다. ⑥살강살강하다.

쌀포-몸 (-勹-) 圀 한자 부수(部首)의 하나 ('勿'·'匍' 따위에서 '勹'의 이름).

쌀-풀 圀 쌀가루로 쑨 풀.

쌈[1] 圀 김·상추·배추속대·취 따위로 밥과 반찬을 싼 음식.

쌈[2] 圀困 '싸움'의 준말.

쌈[3] 囗圀 **1** 바늘 24개를 단위로 세는 말. ▫바늘 한 ~. **2**《광》금 백 냥쭝. **3** 피륙을 다듬기에 알맞은 분량으로 싸 놓은 한 덩이. ▫빨랫감을 ~을 빨았다.

쌈-김치 圀 '보쌈김치'의 준말.

쌈-노 圀 나뭇조각을 붙이고 굳을 때까지 동여매는 데 쓰는 노끈.

쌈:-닭[-딱] 圀 '싸움닭'의 준말.

쌈박 图 잘 드는 칼에 쉽게 베어지는 모양. 또는 그 소리. ⑤썸벅. ⑥삼박.

쌈박-거리다[-꺼-] 困困 눈꺼풀이 자꾸 움직여 눈이 감겼다 떠졌다 하다. 또는 그렇게 되게 하다. ⑤썸벅거리다. ⑥삼박거리다. **쌈박-쌈박**[1] 图困困.

쌈박-대다[-때-] 困困 쌈박거리다.

쌈박-쌈박[2] 图困 잘 드는 칼에 계속해서 쉽게 베어지는 모양. ⑤썸벅썸벅. ⑥삼박삼박. ⑧쌈빡쌈빡.

쌈빡 图 잘 드는 칼에 쉽게 깊이 베어지는 모양. 또는 그 소리. ▫호박을 ~ 자르다. ⑤썸빡. ⑥삼박·삼빡·쌈박.

쌈빡-쌈빡 图困 잘 드는 칼에 계속해서 쉽게 깊이 베어지는 모양. 또는 그 소리. ⑤썸빡썸빡. ⑥삼박삼박·삼빡삼빡·쌈박쌈박.

쌈:-싸우다[困] **1** 서로 다투다. ▫철부지 아이들은 서로 ~ 친해진다. **2** 전쟁을 하다.

쌈-장 (-醬) 圀 쌈을 먹을 때 넣어 먹는, 양념한 된장이나 고추장.

쌈지 圀 담배·부시 따위를 담는 주머니.

쌈:-질 圀困 '싸움질'의 준말.

쌈짓-돈 [-짇똔] 圀 쌈지에 있는 돈이라는 뜻으로, 적은 돈을 일컫는 말. [쌈짓돈이 주머닛돈, 주머닛돈이 쌈짓돈] 그 돈이 그 돈이어서 구별 없이 마찬가지임의 비유.

쌈:-터 圀 '싸움터'의 준말.

쌈:-판 圀 '싸움판'의 준말.

쌈:-패 (-牌) 圀 '싸움패'의 준말. ▫거리의 ~들끼리 패싸움이 벌어졌다.

쌈싸래-하다 톙 쌉쌀한 듯하다. ▫쌈싸래한 쑥나물 맛. ⑥쏩쓰레하다.

쌈싸름-하다 톙 쌈싸래하다.

쌈쌀-하다 톙 조금 쓴맛이 있다. ▫국이 좀 ~. ⑤쏩쓸하다.

쌍 (雙) 囗圀 **1** 둘씩 짝을 이룬 것. ▫남녀가 ~을 지어 함께하다. **2** 둘씩 묶어 세는 단위. ▫주발 대접 한 ~ / 비둘기 한 ~. **3** '두 짝으로 이루어짐'의 뜻. ▫~가락지 / ~무지개 / ~지팡이.

쌍-가마[1] (雙-) 圀 머리 위 정수리에 가마가 둘 있음. 또는 그런 사람. 쌍선모.

쌍-가마[2] (雙-) 圀《역》말 두 필이 각각 앞뒤채를 메고 가는 가마. 가교. 쌍교. 쌍마교.

쌍가지 소켓 (雙-socket) 두 갈래로 갈라진 소켓.

쌍-각 (雙脚) 圀 두 다리. 양각(兩脚).

쌍-간균 (雙桿菌) 圀 두 개씩 연결된 간균.

쌍-갈 (雙-) 圀《건》인방(引枋) 머리 따위를 두 갈래의 장부나 촉이 되도록 깎고 다듬는 일. 또는 그렇게 만든 장부나 촉.

쌍갈-지다 (雙-) 圀 두 갈래로 갈라지다.

쌍검 (雙劍) 圀 **1** '쌍수검(雙手劍)'의 준말. **2**《역》십팔기(十八技) 또는 이십사반 무예(二十四般武藝)의 하나. 보졸(步卒)이 두 손에 짧은 요도(腰刀)를 하나씩 가지고 하는 검술.

쌍견 (雙肩) 圀 양쪽 어깨. 두 어깨.

쌍견 (雙繭) 圀 쌍고치.

쌍겹-눈 (雙-)[-겹-] 圀 가선 진 눈. 쌍꺼풀이 진 눈. ▫~을 감다.

쌍계 (雙鷄)[-/-게] 圀 한 알에서 나온 두 마리의 병아리.

쌍계 가족(雙系家族)[-/-게-] 부계·모계 양쪽의 계통을 인정하여 결합되는 가족.

쌍-고치(雙-)명 누에 두 마리가 같이 지은 고치. 공동견. 동공견. 쌍견.

쌍-곡선(雙曲線)[-썬]명『수』한 평면 위의 두 꼭짓점에서의 거리의 차가 일정한 점의 궤적으로 나타나는 곡선.

쌍곡선-면(雙曲線面)[-썬-]명 쌍곡선의 한 주축을 축으로 하여, 회전시켜서 얻은 곡면.

쌍-공후(雙箜篌)명『악』줄이 안팎으로 있어 양손으로 타는 현악기의 하나.

쌍관(雙關)명『문』'쌍관법'의 준말.

쌍관-법(雙關法)[-뻡]명『문』한시 작법(漢詩作法)의 하나. 상대되는 두 사물을 같이 쓸 때에, 상하(上下)가 상대되는 글귀에 의하여 서로 대응시키면서 한 편(篇) 또는 단(段)의 골자(骨子)를 구성하는 수사법. ☞쌍관(雙關).

쌍관-어(雙關語)명 한 단어가 두 가지의 뜻을 가진 말.

쌍교(雙轎)명『역』쌍가마².

쌍구(雙鉤)명 1 붓을 잡는 방법의 한 가지(엄지와 집게손가락 및 가운뎃손가락으로 붓대를 걸쳐 잡음). 쌍구법. ↔단구. 2 글씨를 새길 때, 글자의 획 주위로 돌려 가며 가늘게 줄을 그어 표시하는 법. 3 구륵법(鉤勒法).

쌍-구균(雙球菌)명 두 개의 균체(菌體)가 짝을 이루어 고치 모양을 한 구균(폐렴균·임질균 따위).

쌍구-법(雙鉤法)[-뻡]명 쌍구(雙鉤)1.

쌍구-전묵(雙鉤塡墨)명 남의 글씨를 그대로 베끼는 방법의 하나. 먼저 쌍구(雙鉤)를 그리고 그 다음에 먹칠을 하여 글씨를 본떠 냄. 중국 육조(六朝) 이후 성했음.

쌍굴뚝-박이(雙-)[-빠기]명 굴뚝이 두 개 달린 기선(汽船).

쌍-권총(雙拳銃)명 양손에 각각 하나씩 쥔 두 개의 권총. □~을 쏘다.

쌍-그네(雙-)명 한 그네에 두 사람이 마주 올라타고 뛰는 그네.

쌍그렇다(-러타)[쌍그러니, 쌍그레서]형종 찬바람이 불 때 베옷이나 여름옷 따위를 입은 모양이 보기에 매우 쓸쓸하다.

쌍그레부하자 소리 없이 귀엽게 눈웃음치는 모양. ☞썽그레. 안상그레.

쌍글-거리다자 소리 없이 계속 귀엽게 눈웃음치다. ☞썽글거리다. 안상글거리다. **쌍글-쌍글**부하자

쌍글-대다자 쌍글거리다.

쌍글-빵글부하자 소리 없이 정답고 환하게 웃는 모양. ☞썽글빵글. 안상글방글.

쌍금-쇠(雙-)명 나무 따위에 금을 긋는 쇠(칼과 같은 쇠 두 개가 달렸음).

쌍긋[-귿]부하자 소리 없이 귀엽게 살짝 눈웃음치는 모양. ☞썽긋. 안상긋. 쎈쌍끗.

쌍긋-거리다[-귿꺼-]자 소리 없이 계속해서 귀엽게 살짝 눈웃음치며 엄마를 쳐다본다. ☞썽긋거리다. **쌍긋-쌍긋**[-귿-귿]부하자

쌍긋-대다[-귿-]자 쌍긋거리다.

쌍긋-빵긋[-귿-귿]부하자 소리 없이 가볍고 환하게 웃는 모양. ☞썽긋빵긋. 안상긋방긋. 쎈쌍끗빵끗.

쌍긋-이[-그시]부 다정하게 지그시 눈웃음치는 모양. □그녀는 ~ 웃기만 했다. ☞썽긋이. 안상긋이. 쎈쌍끗이.

'ㄲ'의 이름.

쌍-까풀(雙-)명 쌍꺼풀.

쌍-꺼풀(雙-)명 겹으로 된 눈꺼풀. 또는 그런 눈. 쌍까풀. □~이 지다.

쌍끗[-끋]부하자 다정하게 얼핏 눈웃음치는 모양. 톤썽끗. 안상긋·쌍긋·쌍긋.

쌍끗-거리다[-끋꺼-]자 다정하게 얼굴로 계속해서 가볍게 눈웃음치다. 톤썽끗거리다. 안상긋거리다. **쌍끗-쌍끗**[-끋-끋]부하자

쌍끗-대다[-끋때-]자 쌍끗거리다.

쌍끗-빵끗[-끋-끋]부하자 소리 없이 가볍고 환하게 웃는 모양. 톤썽끗빵끗. 안상긋방긋·쌍긋방긋·쌍긋빵긋.

쌍끗-이[-끄시]부 다정하게 지그시 눈웃음치는 모양. 톤썽끗이. 안상긋이·쌍긋이·쌍긋이.

쌍날-칼(雙-)명 양쪽으로 날이 있는 칼.

쌍녀(雙女)명 쌍둥녀.

쌍녀-궁(雙女宮)명『천』처녀궁.

쌍-년(雙-)[비] 쌍스러운 여자. 안상년.

쌍-놈(雙-)[비] 쌍스러운 남자. 안상놈.

쌍-니은(雙-)명『언』한글 옛 자모(字母) 'ㄴㄴ'.

쌍도(雙刀)명 '쌍수도'의 준말.

쌍동(雙童)명 쌍둥이.

쌍동-딸(雙童-)명 한 태(胎)에서 나온 두 딸. 쌍녀. 쌍생녀.

쌍동-밤(雙童-)명 한 톨 안에 두 쪽이 들어 있는 밤. □~을 까다.

쌍동-아들(雙童-)명 한 태(胎)에서 나온 두 아들. 쌍생자.

쌍-동이(雙童-)명 ☞쌍둥이.

쌍동-중매(雙童仲媒)명 짝을 지어 다니며 직업적으로 중매를 하는 사람. 또는 그 일. □~를 서다.

쌍-되다[-뙤-]형 말이나 행동이 예의가 없고 불순하여 보기에 천하다.

쌍두(雙頭)명 1 나란히 붙어 있는 두 개의 머리. 양두(兩頭). 2 두 마리.

쌍-두리(雙-)명 두 척의 배를 이용하여 두릿그물이나 주머니그물을 둘러치는 일. 또는 그렇게 잡는 고기잡이.

쌍두-마차(雙頭馬車)명 1 말 두 마리가 끄는 마차. □~가 지나가다. 2 어떤 한 분야에서 주축이 되는 두 사람이나 사물 따위의 비유. □그 두 회사는 증권업계의 ~이다.

쌍-둥이(雙-)명 한 태(胎)에서 나온 두 아이. 쌍동. 쌍생아.

쌍둥이-자리(雙-)명『천』황도 십이궁의 셋째 별자리(하지 때 해가 이 별자리 가까이 옴). 쌍자궁.

쌍둥이 화:산(雙-火山)명『지』구조·형태·크기 및 암석(岩石)이 거의 같은 두 개의 화산체로 된 화산.

쌍-디귿(雙-)명『언』한글의 합성 자모 'ㄸ'의 이름.

쌍-떡잎(雙-)[-떡닙]명『식』한 개의 배(胚)에서 나온 두 개의 떡잎. 복자엽(複子葉). 쌍자엽(雙子葉). ↔외떡잎.

쌍떡잎-식물(雙-植物)[-떡닙씽-]명『식』속씨식물의 한 강(綱). 배(胚)에는 마주난 두 개의 떡잎이 있고, 줄기는 굵게 성장하며, 잎맥은 그물맥임. 쌍자엽(雙子葉)식물. ↔외떡잎식물.

쌍란(雙卵)[-난]명 쌍알.

쌍란-국(雙蘭菊)[-난-]명『식』바꽃.

쌍룡(雙龍)[-뇽]명 한 쌍의 용.

쌍루(雙淚)[-누]명 두 눈에서 흐르는 눈물.

쌍륙(雙六)[-뉵]명 오락의 하나. 편을 갈라

차례로 주사위 돌을 던져 나오는 사위대로 말을 써서 먼저 궁에 들여보내는 놀이.

쌍륙(을) 치다 쐬 쌍륙을 할 때에 주사위를 던지다.

쌍륜(雙輪)[-뉸] 명 1 앞뒤 또는 양쪽 옆에 달린 두 개의 바퀴. 2 쌍륜차(車).

쌍륜-차(雙輪車)[-뉸-] 명 바퀴가 둘 달린 수레. 쌍륜.

쌍립(雙立)[-닙] 명하짜 1 양쪽이 마주 섬. 양립(兩立). 2 바둑에서, 한 줄을 사이에 두고 좌우 또는 아래위에서 두 개씩 마주 붙어 선 같은 편 돌. 또는 그런 형세. 행마(行馬)에서 확실한 연락형(連絡形)임.

쌍마-교(雙馬轎) 명 〖역〗 쌍가마2.

쌍-말 명하짜 쌍스러운 말. ⑥상말.

쌍-망이(雙-) 명 〖광〗 광산에서 돌에 구멍을 뚫을 때 정을 때리는 쇠망치.

쌍모(雙眸) 명 양안(兩眼).

쌍무(雙務) 명 계약 당사자 쌍방이 서로 의무를 짐. ▣ ~ 협상을 하다. ↔편무.

쌍무 계:약(雙務契約)[-/-게-] 〖법〗 계약 당사자 쌍방이 서로 의무를 부담하는 계약. ↔편무 계약.

쌍무 무:역(雙務貿易) 〖경〗 두 나라 사이에 수출과 수입의 균형을 유지하는 무역. ↔편무 무역.

쌍-무지개(雙-) 명 쌍을 지어 선 무지개. ▣ ~가 뜨다.

쌍무 협정(雙務協定)[-쩡] 〖법〗 당사자 쌍방이 대등한 의무를 지는 협정.

쌍미(雙眉) 명 좌우의 눈썹.

쌍-바라지(雙-) 명 좌우로 열어젖히게 된 두 짝의 덧창. ▣ ~를 활짝 열어젖히다.

쌍-반점(雙半點) 명〖어〗 가로쓰기에 쓰는 ';' 의 이름. 문장을 일단 끊었다가 이어서 설명을 더 계속할 때 씀. 세미콜론(semicolon).

쌍-받침 명하짜 똑같은 자음이 겹쳐서 된 소리 받침(ㄲ·ㅆ 따위). ❋겹받침.

쌍발(雙發) 명 1 발동기를 두 대 가짐. ▣ ~ 전투기. 2 총탄이 나가는 구멍이 둘임. ▣ ~ 엽총으로 사냥하다.

쌍발-기(雙發機) 명 엔진을 두 개 가지고 있는 비행기. 보통, 좌우 주익(主翼)에 대씩 장치함. ✱단발기(單發機)·다발기(多發機)

쌍방(雙方) 명 양방(兩方). ▣ ~의 합의.

쌍방 대:리(雙方代理) 명 한 사람이 동시에 한쪽에서는 '갑'을 대리하고 다른 한쪽에서는 '을'을 대리하여, 갑·을 사이의 계약을 체결하는 일.

쌍벌-죄(雙罰罪)[-쬐] 〖법〗 어떤 행위에 관련된 양쪽 당사자를 모두 처벌하는 죄(간통죄·뇌물죄 따위).

쌍벌-주의(雙罰主義)[-/-이] 명 〖법〗 어떤 행위에 관련된 양쪽 당사자를 다같이 처벌한다는 입장.

쌍벽(雙璧) 명 1 두 개의 구슬. 2 여럿 가운데 우열을 가리기 힘든, 특히 뛰어난 둘. ▣ 화단(畫壇)의 ~을 이루는 두분.

쌍보(雙補) 명하짜 〖한의〗 약을 먹어 음양 또는 기혈을 함께 보함.

쌍봉(雙峰) 명 나란히 솟은 두 개의 봉우리.

쌍봉-낙타(雙峰駱駝) 명 〖동〗 낙타과의 짐승. 몸빛은 회갈색, 등에 지방질이 많은 육봉(肉峰)이 두 개 있음. 추위와 기갈에 잘 견디어 사막의 교통수단으로 씀. 쌍봉약대.

쌍봉-약대(雙峰-)[-냑때] 명 〖동〗 쌍봉낙타.

쌍분(雙墳) 명 같은 묏자리에 합장하지 않고 나란히 쓴 부부의 두 무덤.

쌍-분합문(雙分閤門)[-합-] 명 두 짝으로 여닫게 되어 있는 문.

쌍-비읍(雙-) 명〖어〗 한글의 합성 자모 'ㅃ'의 이름. 된비읍.

쌍사(雙絲) 명 기둥이나 나무 그릇의 모서리를 조금 접고 오목한 홈을 파낸 줄.

쌍사-밀이(雙絲-) 명 문살 따위에 두 줄의 골을 치는 대패.

쌍사슬-고리(雙-) 명 쇠사슬이 두 개 달린 문고리.

쌍-상투(雙-) 명 예전에, 주로 관례(冠禮) 때 머리를 둘로 갈라 틀어 올리던 상투. 쌍계.

쌍생(雙生) 명하짜타 동시에 두 아이가 태어남. 또는 두 아이를 낳음.

쌍생-녀(雙生女) 명 쌍둥딸.

쌍생-아(雙生兒) 명 쌍둥이.

쌍생-자(雙生子) 명 쌍둥아들.

쌍서(雙棲) 명하짜 암수 또는 부부가 같이 삶.

쌍-선모(雙旋毛) 명 쌍가마1.

쌍성(雙星) 명 서로 끌어당기는 힘의 작용으로 공동의 무게 중심 주위를 일정한 주기로 공전하는 두 개의 항성(이중성(二重星)의 대부분은 이것에 속함). 연성(連星).

쌍-성화(雙成火) 명 1 이래도 성화, 저래도 성화가 됨. ▣ 아이들의 ~에 들볶이다. 2 하나의 성화에 또 하나의 성화거리가 낌.

쌍-소리(雙-)[-쏘-] 명 쌍스러운 말이나 소리. ⑥상소리.

쌍수(雙手) 명 두 손. ▣ ~를 들어 환영하다.

쌍수(雙袖) 명 양쪽 소매.

쌍수-검(雙手劍) 명 양손에 한 자루씩 쥐는 칼. 쌍칼. ❋쌍검.

쌍수-도(雙手刀) 명 1 군기(軍器)의 하나. 양손에 쥐고 검술을 익히던 칼. 2 십팔기(十八技)의 하나. ❋쌍도.

쌍-스럽다(雙-)[-쓰-따] 〔쌍스러워, 쌍스러우니〕 형비 말이나 행동이 천하고 교양이 없다. ▣ 쌍스럽게 굴지 말고 조용히 해라. ⑥상스럽다. **쌍-스레**[-쓰-] 閉

쌍시(雙柿) 명 속에 작은 감이 들어 있는 감.

쌍-시옷(雙-)[-옫] 명〖어〗 한글의 합성 자모 'ㅆ'의 이름. 된시옷.

쌍-심지(雙心-) 명 한 등잔에 있는 두 개의 심지. ▣ ~를 돋워 넣은 등잔.

쌍심지(를) 켜다(雙心-) 몹시 화가 나서 눈을 크게 뜨고 노려보다. ▣ 눈에 쌍심지를 켜고 덤비다.

쌍심지-나다(雙心-) 짜 쌍심지서다.

쌍심지-서다(雙心-) 짜 몹시 성을 내어 두 눈에 핏발이 서다. 쌍심지나다. 쌍심지오르다.

쌍심지-오르다(雙心-) 〔-올라, -오르니〕 짜 쌍심지서다.

쌍쌍(雙雙) 명① 둘 이상의 쌍 ▣ ~으로 어울려 다닌다. ②閉 '쌍쌍이'의 준말.

쌍쌍-이(雙雙-) 閉 남녀 또는 암수가 둘씩 둘씩 짝을 이룬 모양. ▣ 남녀가 ~ 춤을 추다 / 기러기들이 ~ 하늘을 날다. ❋쌍쌍.

쌍아(雙蛾) 명 1 미인의 양쪽 눈썹. 2〖한의〗 '쌍유아(雙乳蛾)'의 준말.

쌍안(雙眼) 명 양안(兩眼).

쌍안-경(雙眼鏡) 명 〖물〗 두 개의 망원경의 광축(光軸)을 나란히 붙여, 두 눈으로 멀리까지 볼 수 있게 만든 광학 기계. ↔단안경.

쌍안 현:미경(雙眼顯微鏡) 〖물〗 접안렌즈(接眼lens) 두 개를 나란히 붙여 두 눈으로 볼 수 있게 만든 현미경.

쌍-알 (雙-) 명 노른자가 둘 있는 알. 쌍란.
쌍알(을) 지르다 구 두 일을 겹치게 하여 서로 어긋나게 하다.
쌍알(이) 지다 구 두 일이 겹쳐져서 서로 어긋나게 되다.
쌍알-모끼 (雙-) 명 〖공〗 창살 따위의 등밀이를 만드는 데 쓰는, 날이 두 골로 된 대패.
쌍어-궁 (雙魚宮) 명 〖천〗 황도 십이궁의 열두째 별자리. 물고기자리.
쌍-여닫이 (雙-)[-녀다지] 명 좌우 양쪽에 문짝이 달려 있어 열고 닫을 수 있게 된 문.
쌍열-박이 (雙-)[-녈바기] 명 총열이 두 개 있는 총. ❏~ 엽총으로 사냥했다.
쌍올-실 (雙-) 명 두 올을 겹으로 꼰 실.
쌍유-아 (雙乳蛾) 명 〖한의〗 양쪽의 편도선(扁桃腺)이 붓고 종기가 생겨 몹시 아프고 열이 나며 침을 흘리는 병. 준쌍아(雙蛾).
쌍-이응 (雙-) 명 훈민정음 반포 당시에 쓰던 한글의 옛 자모(字母) 'ㆀ'의 이름.
쌍익 (雙翼) 명 양쪽 날개. 양쪽의 깃.
쌍일 (雙日) 명 **1** 〖민〗 유일(柔日). **2** 짝수의 날. 곧, 우수(偶數)의 날. ↔편일(片日).
쌍자-궁 (雙子宮) 명 〖천〗 황도(黃道) 십이궁(十二宮)의 셋째 별자리《5월 22일부터 1개월간 태양이 이곳에 머무름》. 쌍둥이자리.
쌍-자엽 (雙子葉) 명 〖식〗 쌍떡잎.
쌍자엽-식물 (雙子葉植物)[-씽-] 명 〖식〗 쌍떡잎식물.
쌍-장부 (雙-) 명 〖건〗 한 쌍의 장부가 장부 폭 방향으로 나란히 된 장부.
쌍장부-끌 (雙-) 명 쌍구멍을 파는 데 쓰는, 같은 치수의 날이 한 자루에 두 개 붙은 끌.
쌍-장애 (雙-) 명 〖광〗 수직 갱도에 괸 물을 퍼낼 때, 도르래를 이용하여 한 쌍의 두레박을 달아 쓰게 된 장치.
쌍전-하다 (雙全-) 형여 두 쪽 또는 두 가지 일이 모두 온전하다.
쌍점 (雙點) 명 **1** 두 점. **2** 문장 부호 ':'의 이름《내포되는 종류를 들 때, 간단한 설명을 덧붙일 때 쓰며, 시(時)와 분(分), 장(章)과 절(節) 따위를 구분할 때에도 씀》. 그침표. 포갤점. 콜론.
쌍정 (雙晶) 명 〖광〗 같은 종류의 두 결정(結晶) 고체가 어느 면이나 축에 대해 대칭으로 붙어 있는 물질.
쌍조-잠 (雙鳥簪) 명 한 쌍의 새를 아로새긴 비녀의 하나.
쌍-지읒 (雙-)[-읃] 명 〖언〗 한글의 합성 자모 'ㅉ'의 이름. 된지읒.
쌍-지팡이 (雙-) 명 **1** 다리가 성치 못한 사람이 짚는 두 개의 지팡이. ❏~를 의지하고 걷다. **2** 참견을 잘하는 사람을 비꼴 때 덧붙여 쓰는 말. ❏~를 짚고 나서다.
쌍창 (雙窓) 명 문짝이 둘 달린 창문.
쌍창 미닫이 (雙窓-)[-다지] 쌍창으로 된 미닫이. ❏~를 드르륵 열다.
쌍창-워라 명 〖동〗 몸빛은 검은색이고 엉덩이만 흰 말.
쌍-촉 (雙鏃) 명 〖건〗 두 개로 된 장부촉.
쌍-칼 (雙-) 명 **1** 쌍수검(雙手劍). **2** 양손에 한 자루씩의 칼을 잡고 쓰는 사람.
쌍-코 (雙-) 명 두 줄로 솔기를 댄 가죽신의 코.
쌍코-신 (雙-) 명 쌍코로 된 신.
쌍태 (雙胎) 명 한 태에 둘을 뱀. 또는 그 태아.
쌍태 임:신 (雙胎姙娠) 한 태에 태아 둘을 밴 임신.
쌍턱-거치 (雙-)[-꺼-] 명 〖건〗 십자형(十字形)으로 재목을 맞출 때, 교차되는 부분이 쌍으로 턱이 지도록 파서 건너 걸친 것.
쌍턱-걸지 (雙-) 명 ☞쌍턱거치.
쌍턱-장부촉 (雙-鏃)[-짱-] 명 〖건〗 장부촉이 두 턱이 되어 이단으로 된 것.
쌍학-흉배 (雙鶴胸背)[-하쿵-] 명 〖역〗 당상관 이상의 문관 관복에 붙이던, 한 쌍의 학을 수놓은 흉배.
쌍-항아리 (雙缸-) 명 조그만 두 개의 항아리를 맞붙인 항아리.
쌍현 (雙絃) 명 〖악〗 우리나라 현악기의 하나. 모양이 월금(月琴)과 같고 줄이 둘뿐임.
쌍호-흉배 (雙虎胸背) 명 〖역〗 당상관 이상의 무관 관복에 붙이던, 한 쌍의 호랑이를 수놓은 흉배.
쌍화-점 (雙花店) 명 〖악〗 고려 때의 속요(俗謠). 퇴폐적인 남녀의 사랑을 읊은 노래로서, 작자와 연대는 알 수 없음. '악장가사'에 전함. 상화점(霜花店).
쌍화-탕 (雙和湯) 명 피로 해소와 허한(虛汗)을 거두는 데 쓰는 한방약의 한 가지《백작약·숙지황·천궁 따위를 넣어 달여 만드는 탕약》.
쌍-희자 (雙喜字)[-히짜] 명 그림·자수 따위에서 쓰는 '囍'의 이름.
쌍-히읗 (雙-)[-읃] 명 〖언〗 한글 옛 자모 'ㆅ'의 이름.
쌓다 [싸타] 一타 **1** 물건을 겹겹이 포개어 놓다. ❏벽돌을 ~. **2** 물건을 차곡차곡 포개어 얹어 구조물을 이루다. ❏담을 ~. **3** 덕이나 공적을 여러 번 세우다. ❏공적을 ~. **4** 기술·경험 등을 거듭 닦거나 이루다. ❏수양을 ~ / 훈련을 ~. 二보동 (동사 뒤에서 '-어 쌓다'의 꼴로 쓰여) 앞말이 뜻하는 행동을 반복하거나 그 행동의 정도가 심함을 나타내는 말. ❏아기가 계속 울어 쌓는다.
쌓이다 [싸-] 자 《'쌓다'의 피동》 **1** 여러 개의 물건이 겹치다. ❏먼지가 ~. **2** 근심·걱정이 겹치다. ❏걱정이 쌓이면 병이 된다. **3** 할 일이 많이 밀리다. ❏쌓인 일감. **4** 훌륭한 기술·경험을 얻게 되다. ❏몇 년 동안 쌓인 경험이 어려운 일을 해결하였다. 준쌔다.
쌔근-거리다 자타 **1** 가쁘고 고르지 않은 숨 쉬는 소리가 자꾸 나다. 또는 그런 소리를 자꾸 내다. **2** 어린아이가 곤히 잠들어서 조용하게 숨 쉬는 소리가 자꾸 나다. 큰씨근거리다. 여새근거리다. **쌔근-쌔근**[1] 부하자타. ❏~ 잠자다.
쌔근-대다 자타 쌔근거리다.
쌔근덕-거리다 [-꺼-] 자타 쌔근거리고 헐떡거리다. 몹시 쌔근거리다. 큰씨근덕거리다. 여새근덕거리다. **쌔근덕-쌔근덕** 부하자타
쌔근덕-대다 [-때-] 자타 쌔근덕거리다.
쌔근-발딱 부하자타 숨이 차서 쌔근거리며 할딱이는 모양. ❏뭐가 급한지 ~ 뛰어온다. 큰씨근벌떡. 여새근발딱. 거쌔근팔딱.
쌔근발딱-거리다 [-꺼-] 자타 숨이 차서 쌔근거리며 할딱거리다. 큰씨근벌떡거리다. **쌔근발딱-쌔근발딱** 부하자타
쌔근발딱-대다 [-때-] 자타 쌔근발딱거리다.
쌔근-쌔근[2] 부하자 어린아이가 곤하게 깊이 자는 모양. ❏아이가 엄마 품에서 ~ 잠이 들다. 큰씨근씨근.
쌔근-팔딱 부하자타 숨이 가빠서 쌔근쌔근하면서 몹시 할딱거리는 모양. ❏~ 뛰어가다. 큰씨근펄떡. 여새근발딱. 센쌔근발딱.
쌔:다 자 **1** '싸이다[1]'의 준말. **2** '쌓이다'의 준말. **3** (주로 '쌘·쌨다'의 꼴로 쓰여) '흔한,

흔하게 있다'의 뜻을 나타내는 말. ▣아이 방에는 장난감들이 째고 쌨다.

째리다 탄 〈방〉 갈기다. 때리다. 죽이다.

째무룩-이 튀 째무룩하게.

째무룩-하다 [-루카-] 휑여 마음에 못마땅해서 말이 없이 뾰로통하다. 큰씨무룩하다. 여새무룩하다.

째물-거리다 재 입술을 쌜그러뜨리며 소리 없이 자꾸 웃다. ▣아이의 재롱에 할아버지는 연신 째물거리신다. 큰씨물거리다. 여새물거리다. **째물-째물** 튀휑

째물-대다 재 째물거리다.

째비다 탄 〈속〉남의 물건을 훔치다. ▣남의 지갑을 째벼 줄행랑을 치다.

쌕 튀 소리 없이 한 번 얼핏 웃는 모양. ▣~ 웃고 돌아앉았다. 여색.

쌕새기 몡 〖충〗여칫과의 곤충. 습기 있는 초원이나 논에 삶. 몸빛은 엷은 녹색, 앞날개가 길고 배는 원뿔 모양이며 산란관이 짧음.

쌕쌕 튀휑탄 숨을 고르고 가늘게 쉬는 소리. ▣아이는 ~ 잠이 들었다. 여색색.

쌕쌕-거리다 [-꺼-] 재탄 숨을 계속해서 가늘고 세게 쉬다. 또는 쌕쌕하는 숨소리를 잇따라 내다. 여색색거리다.

쌕쌕-대다 [-때-] 재탄 쌕쌕거리다.

쌘:-구름 몡 적운(積雲).

쌘:-비구름 몡 적란운(積亂雲).

쌜그러-뜨리다 탄 쌜그러지게 하다. 큰씰그러뜨리다. 여샐그러뜨리다.

쌜그러-지다 재 한쪽으로 쌜그러지거나 기울어지다. 큰씰그러지다. 여샐그러지다.

쌜그러-트리다 탄 쌜그러뜨리다.

쌜긋-거리다 [-근꺼-] 재탄 쌜그러지게 자꾸 움직이다. 또는 그리 되게 하다. 큰쌜긋거리다·씰긋거리다. 여샐긋거리다. **쌜긋-쌜긋** [-근-] 튀휑

쌜긋-대다 [-근때-] 재 쌜긋거리다.

쌜긋-하다 [-그타-] 휑여 물건이 한쪽으로 쌜그러지거나 기울어져 있다. 큰쌜긋하다·씰긋하다. 여샐긋하다.

쌜기죽-거리다 [-꺼-] 재탄 쌜그러지게 계속하여 천천히 움직이다. 큰씰기죽거리다. 여샐기죽거리다. **쌜기죽-쌜기죽** 튀재탄

쌜기죽-대다 [-때-] 재탄 쌜기죽거리다.

쌜룩 튀휑재탄 근육의 일부분이 또는 일부분을 쌜그러지게 움직이는 모양. ▣얼굴에 경련이 일었는지 눈언저리가 ~하였다. 큰씰룩. 여샐룩.

쌜룩-거리다 [-꺼-] 재탄 자꾸 쌜룩하다. 또는 자꾸 쌜룩쌜룩 움직이게 하다. ▣작은 입술을 ~. 큰씰룩거리다. 여샐룩거리다. **쌜룩-쌜룩** 튀재탄

쌜룩-대다 [-때-] 재탄 쌜룩거리다.

쌜룩-이다 재 근육의 일부분이 쌜그러지게 움직이다. 또는 그렇게 하다. ▣피곤하면 눈두덩이 자꾸 쌜룩인다.

쌜쭉 튀재탄 1 어떤 감정을 나타내면서 입이나 눈이 쌜그러지게 움직이는 모양. ▣그녀는 골이 났는지 입을 ~ 내밀고 있다. 2 마음에 차지 않아서 매우 고까워하는 태도를 나타내는 모양. ▣선생님 잔소리에 입을 ~하다. 큰씰쭉.

쌤 몡 〖광〗수직 갱도.

쌤:-통 몡 '남의 낭패'를 고소해하여 이르는 말. ▣그것 정말 ~이다.

쌩 튀재탄 1 세찬 바람이 나뭇가지 따위에 부딪는 소리. ▣바람이 ~ 분다. 2 사람이나 물체가 빠르고 세차게 움직일 때 나는 소리

나 모양. 큰씽.

쌩그레 튀재탄 소리 없이 지그시 눈웃음치는 모양. ▣할머니는 ~ 웃으시며 손자를 꼭 안으신다. 큰씽그레. 여생그레.

쌩글-거리다 재 소리 없이 눈만 움직여 정답게 웃다. ▣아기가 엄마 품에 안겨 쌩글거리며 웃었다. 큰씽글거리다. 여생글거리다. **쌩글-쌩글** 튀재탄

쌩글-대다 재 쌩글거리다.

쌩글-빵글 튀재탄 소리 없이 눈과 입을 움직여 정답고 귀엽게 웃는 모양. 큰씽글빵글. 여생글빵글.

쌩긋 [-귿] 튀재탄 소리 없이 은근하게 얼핏 눈웃음치는 모양. 큰씽긋. 쎈쌩긋.

쌩긋-거리다 [-귿꺼-] 재 소리 없이 계속 가볍게 눈웃음치다. ▣무슨 좋은 일이 있는지 그녀는 쌩긋거리며 웃고 있다. 큰씽긋거리다. **쌩긋-쌩긋** [-귿귿-] 튀재탄

쌩긋-대다 [-귿때-] 재 쌩긋거리다.

쌩긋-빵긋 [-귿-] 튀재탄 소리 없이 가볍고 귀엽게 눈웃음치는 모양. 큰씽긋빵긋. 여생긋빵긋·쌩긋빵긋.

쌩긋-이 튀 정답게 지그시 눈웃음치는 모양. ▣~ 웃다. 큰씽긋이. 여생긋이. 쎈쌩긋이.

쌩끗 [-끋] 튀재탄 소리 없이 매우 산뜻하게 눈웃음치는 모양. 큰씽끗. 여생끗·생끗·쌩끗.

쌩끗-거리다 [-끋꺼-] 재 소리 없이 자꾸 정답게 눈웃음치다. ▣아내가 자꾸 ~. 큰씽끗거리다. **쌩끗-쌩끗** [-끋끋-] 튀재탄

쌩끗-대다 [-끋때-] 재 쌩끗거리다.

쌩끗-빵끗 [-끋-] 튀재탄 소리 없이 가볍고 귀엽게 눈웃음치는 모양. 큰씽끗빵끗. 여생끗빵끗·생끗빵끗·쌩끗빵끗.

쌩끗-이 튀 소리 없이 얼핏 은근하게 웃는 모양. 큰씽끗이. 여생끗이·생끗이·쌩긋이.

쌩쌩 튀재탄 1 세찬 바람이 나뭇가지 따위에 잇따라 부딪쳐 나는 소리. ▣바람이 ~ 분다. 2 사람이나 물체가 빠르게 잇따라 지나가는 소리나 모양. 큰씽씽.

쌩쌩-하다 휑여 1 원기가 왕성하다. ▣늙었어도 아직은 ~. 2 썩거나 시들지 않고 성하거나 생기가 있다. ▣이 야채는 아직 ~. 큰씽씽하다. 여생생하다.

쌩이-질 몡하탄 '씨양이질'의 준말.

써 튀 '그것을 가지고, 그것으로 인하여'의 뜻을 나타내는 접속 부사.

써걱 튀 1 벼·보리·밀 따위를 베는 소리. 2 눈 따위를 밟는 소리. 3 연한 과자나 배·사과 따위를 씹는 소리. 4 갈대나 풀 먹인 천 따위가 스치는 소리. 큰싸각. 여서걱.

써걱-거리다 [-꺼-] 재탄 1 벼·보리·밀 따위를 베는 소리가 잇따라 나다. 2 눈이 내리거나 눈 따위를 밟는 소리가 잇따라 나다. 3 연한 과자나 배·사과 따위가 씹히는 소리가 자꾸 나다. 또는 그런 소리를 자꾸 내다. 4 갈대나 풀 먹인 천 따위가 스치는 소리가 자꾸 나다. 또는 그런 소리를 자꾸 내다. 큰싸각거리다. **써걱-써걱** 튀재탄

써걱-대다 [-때-] 재탄 써걱거리다.

써-내다 탄 글씨나 글을 써서 내놓다. ▣교수님에게 논문을 ~.

써-넣다 [-너타] 탄 글씨를 적어 넣다. 기입하다. ▣빈칸에 알맞은 말을 써넣으시오.

써느렇다 [-러타] 〖써느러니, 써느러니〗 휑ㅎ 1 기후가 선선하다. 2 물체의 온도가 낮아 찬 느낌이 나다. ▣써느렇게 식은 방바닥. 3 갑

자기 놀랐을 때 마음과 몸에 찬 기운이 나는 것 같다. ❑왠지 그의 표정이 ~. [작]싸느랗다. [여]서느렇다.
써늘-하다 [형][여] **1** 찬 느낌이 있다. ❑써늘한 방/날씨가 ~. **2** 성격이나 태도 따위가 차가운 데가 있다. **3** 갑자기 놀라거나 무서워 찬 기운이 느껴지다. ❑갑자기 등골이 ~. [작]싸늘하다. [여]서늘하다. **써늘-히** [부]
써다 [자] 조수(潮水)가 빠지거나 고였던 물이 새어서 줄다.
써:레 [명] 갈아 놓은 논의 바닥을 고르거나 흙덩이를 잘게 부수는 데 쓰는 농기구《소나 말이 끎》.
써:레-몽둥이 [명] 써레의 몸이 되는 나무.
써:레-질 [명][하자] 써레로 논바닥을 고르거나 흙덩이를 잘게 부수는 일.
써:렛-발 [-레빨/-렏빨] [명] 써레몽둥이에 박은, 끝이 뾰족한 나무.
써:리다 [타] 써레질을 하다. [준]썰다.
써-먹다 [-따] [타] 어떤 목적에 이용하다. ❑공부한 것을 제대로 써먹지도 못하다.
썩[1] [부] **1** 거침없이 빨리. ❑~ 물러나지 못할까. **2** 아주 뛰어나게. ❑~ 좋은 성적.
썩[2] [부] **1** 칼·가위 따위로 종이나 연한 물건을 베는 소리. 또는 그 모양. **2** 한 번에 거침없이 밀거나 쓸어 나가는 모양. ❑땀을 ~ 닦고 다시 달리다. [작]싹. [여]석.
썩다 [-따] [一][자] **1** 물질이 부패균의 작용으로 본래의 모양이나 상태가 나쁘게 변하다. ❑생선이 ~/ 나무가 ~. **2** 사용되지 않고 묵다. ❑금고의 돈이 썩고 있다. **3** 좋은 재주·능력을 발휘하지 못하다. ❑촌구석에서 썩기에는 아까운 사람이다. **4** 사상이 건전하지 못하다. ❑썩어 빠진 정신으로 무엇을 이루겠나. **5** 나라의 정치가 문란하다. ❑썩은 정치. [二][자][타] **1** 걱정이나 근심 따위로 마음이 몹시 상하다. ❑속이 푹푹 ~. **2** 〈속〉 어떤 곳에 얽매여 있다. ❑교도소에서 3년을 썩었다.
[썩은 동아줄 같다] 힘없이 뚝뚝 끊어지거나 맥없이 쓰러지는 모양의 비유. [썩은 새끼로 범(호랑이) 잡기] 어수룩한 계책과 허술한 준비로 큰일을 하겠다고 덤비는 어리석음의 비유. [썩은 생선에 쉬파리 끓듯] 먹을 것이나 이익이 생기는 곳에 어중이떠중이가 모여드는 모양의 비유.
썩둑 [-뚝] [부] 연한 것을 한 번 토막 쳐 자르거나 베는 모양이나 소리. ❑무를 ~ 자르다. [작]싹둑. [여]석둑.
썩둑-거리다 [-뚝꺼-] [타] 연한 물건을 칼로 계속해서 토막 쳐 자르거나 베다. [작]싹둑거리다. [여]석둑거리다. **썩둑-썩둑** [-뚝-뚝] [부][하타]
썩둑-대다 [-뚝때-] [타] 썩둑거리다.
썩-버력 [-뻐-] [명] 〔광〕 광산에서 갱 안에 버린 버력.
썩-썩 [부] **1** 종이나 헝겊 따위를 칼이나 가위로 거침없이 가볍게 베는 모양. 또는 그 소리. ❑나뭇가지를 ~ 자르다. **2** 거침없이 밀거나 쓸거나 비비는 모양. 또는 그 소리. ❑무릎을 꿇고 두 손으로 ~ 빌다/바닥을 ~ 문질러라. [작]싹싹. [여]석석.
썩썩-거리다 [-꺼-] [자][타] 썩썩 소리가 자꾸 나다. 또는 그런 소리를 자꾸 내다. [작]싹싹거리다. [여]석석거리다.
썩썩-대다 [-때-] [자][타] 썩썩거리다.
썩썩-하다 [-써카-] [형][여] 눈치가 빠르며 성품이 부드럽고 상냥하다. ❑그의 성격은 썩썩하고 붙임성이 있다. [작]싹싹하다.
썩은-새 [명] 오래되어 썩은 이엉.
썩이다 [타] 《'썩다[二]'의 사동》 걱정·근심 따위로 마음을 상하게 하다. ❑부모 속 좀 작작 썩여라.
썩-정이 [-쩡-] [명] **1** 썩은 물건. **2** ☞ 삭정이.
썩-초 (-草) [명] 빛깔이 검고 품질이 낮은 담배.
썩히다 [써키-] [타] 《'썩다[一]'의 사동》 썩게 하다. ❑쌀을 ~/부속품이 없어 기계를 ~/일자리가 없어 재주를 썩히고 있다.
썰겅-거리다 [자] 설익은 곡식이나 열매 따위가 씹힐 때 부서지는 소리가 자꾸 나다. 또는 입안에서 무르지 않은 느낌이 자꾸 나다. ❑삶은 밤이 덜 익었는지 썰겅거린다. [작]쌀강거리다. [여]설겅거리다. [거]설컹거리다·썰컹거리다. **썰겅-썰겅** [부][하자]
썰겅-대다 [자] 썰겅거리다.
썰겅썰겅-하다 [형][여] 설익은 콩이나 밤 따위가 자꾸 가볍게 씹히는 느낌이 있다. [작]쌀강쌀강하다. [여]설겅설겅하다. [거]설컹설컹하다·썰컹썰컹하다.
썰:다 〔썰어, 써니, 써는〕 [타] **1** 물건을 칼로 토막 내다. ❑무를 큼직하게 썰어 깍두기를 담그다/파를 숭숭 ~. **2** '써리다'의 준말.
썰렁-거리다 [자][타] **1** 조금 서늘한 바람이 가볍게 자꾸 불다. ❑서늘한 저녁 바람이 썰렁거린다. **2** 팔이나 꼬리 따위가 가볍게 자꾸 움직이다. 또는 그렇게 하다. [작]쌀랑거리다. [여]설렁거리다. **썰렁-썰렁** [부][하자타]
썰렁-대다 [자][타] 썰렁거리다.
썰렁썰렁-하다 [형][여] 바람이 썰렁거리는 상태에 있다. [작]쌀랑쌀랑하다. [여]설렁설렁하다.
썰렁-하다 [형][여] **1** 서늘한 바람이 불어 조금 춥다. ❑강바람이 제법 ~. **2** 갑자기 놀라 가슴속에 찬바람이 도는 느낌이 있다. [작]쌀랑하다. [여]설렁하다. **3** 있어야 할 것이 없어 허전한 느낌이 있다. ❑가게에 손님이 없어 ~.
썰레-놓다 [-노타] [타] 안 될 일이라도 되도록 마련하다.
썰레-썰레 [부][하타] 머리나 꼬리 따위를 좌우로 가볍게 흔드는 모양. ❑고개를 ~ 흔들다. [작]쌀래쌀래. [여]설레설레. [준]썰썰.
썰:리다 [자] 《'썰다'의 피동》 썲을 당하다.
썰매 [명] **1** 눈 위나 얼음판에서 사람이나 짐을 싣고 끌고 다니는 기구. **2** 아이들이 얼음 위에서 미끄럼을 타는 제구. ❑~를 타다.
썰-무 [명] 지난날, 멍구럭에 담아 마소에 싣고 다니며 팔던 무.
썰-물 [명] 달의 인력(引力)으로 조수가 밀려 나가 해면이 낮아지는 현상. 또는 그 바닷물. ❑~ 때 조개를 잡다. ↔밀물.
썰썰 [부] **1** 벌레 따위가 가볍게 기는 모양. **2** 마음이 들떠서 계속 돌아다니는 모양. **3** '썰레썰레'의 준말. **4** 좀 많은 양의 물이 빨리 끓거나 온돌방이 끓듯이 뜨끈뜨끈한 모양. ❑주전자의 물이 ~ 끓다. [작]쌀쌀. [여]설설.
썰썰-거리다 [자] **1** 벌레 따위가 계속해서 가볍게 기어 다니다. **2** 마음이 들떠서 계속 돌아다니다. **3** 머리를 계속해서 세게 흔들다. [작]쌀쌀거리다. [여]설설거리다.
썰썰-대다 [자] 썰썰거리다.
썰썰-하다 [형][여] 속이 빈 것처럼 출출한 느낌이 있다. ❑배가 썰썰하여 잠이 오질 않는다.
썰:음-질 [명][하타] 그어 놓은 선을 따라 세톱으로 나무를 켜는 일.
썰컹-거리다 [자] 설익은 곡식이나 열매 따위가 씹힐 때 부서지는 소리가 자꾸 나다. 또는 입안에서 무르지 않은 느낌이 자꾸 나다. [작]쌀

캉거리다. 예설정거리다. 셈썰겅거리다. **썰**
컹-썰컹 뛰하자

썰컹-대다 타 썰컹거리다.

썰컹썰컹-하다 뛰하자예 설익은 콩이나 밤 따위가 자꾸 가볍게 씹히는 느낌이 있다. 예쌀강쌀 강하다. 예설정설정하다. 셈썰겅썰겅하다.

썸벅 뛰 잘 드는 칼에 크고 연한 물건이 쉽사리 베어지는 모양. 또는 그 소리. 예수박을 ~ 자르다. 작쌈박.

썸벅-썸벅 뛰 잘 드는 칼에 쉽사리 베어지는 모양. 또는 그 소리. 작쌈박쌈박. 예섬 벅섬벅. 셈썸빡썸빡.

썸뻑 뛰 잘 드는 칼에 쉽사리 깊게 베어지는 모양. 또는 그 소리. 작쌈빡. 예섬뻑·섬뻑·썸벅.

썸뻑-썸뻑 뛰하자 잘 드는 칼에 쉽사리 계속해서 깊게 베어지는 모양. 또는 그 소리. 작쌈빡쌈빡.

씽그레 뛰하자 천연스럽게 소리 없이 눈웃음치는 모양. 작쌍그레. 예성그레.

씽글-거리다 자 소리 없이 눈만 천연스럽게 움직이며 정답게 웃다. 작쌍글거리다. 예성글거리다. **씽글-씽글** 뛰하자

씽글-대다 자 씽글거리다.

씽글-뻥글 뛰하자 소리 없이 정답고 환하게 웃는 모양. 작쌍글빵글. 예성글벙글.

씽긋 [-귿] 뛰하자 다정하게 얼핏 눈웃음치는 모양. 작쌍긋. 예성긋.

씽긋-거리다 [-귿꺼-] 자 다정한 태도로 계속해서 가볍게 눈웃음치다. 작쌍긋거리다. **씽긋-씽긋** [-귿-귿] 뛰하자

씽긋-대다 [-귿때-] 자 씽긋거리다.

씽긋-뻥긋 [-귿-귿] 뛰하자 소리 없이 가볍고 환하게 웃는 모양. 작쌍긋빵긋. 예성긋벙긋. 셈씽끗뻥끗.

씽긋-이 뛰 다정하게 지그시 눈웃음치는 모양. 작쌍긋이. 셈씽끗이.

씽끗 [-끋] 뛰하자 다정하게 얼핏 눈웃음치는 모양. 작쌍끗. 예성끗·성긋·성긋.

씽끗-거리다 [-끋꺼-] 자 다정한 얼굴로 계속해서 가볍고 환하게 눈웃음치다. 작쌍끗거리다. **씽끗-씽끗** [-끋-끋] 뛰하자

씽끗-대다 [-끋때-] 자 씽끗거리다.

씽끗-뻥끗 [-끋-끋] 뛰하자 소리 없이 가볍고 환하게 눈웃음치는 모양. 작쌍끗빵끗. 예성끗벙긋·성긋벙긋·씽긋벙긋.

씽끗-이 뛰 소리 없이 얼핏 은근하게 웃는 모양. 작쌍끗이. 예성긋이·성끗이·씽긋이.

쏘가리 명 ⟨어⟩ 농엇과의 민물고기. 길이 40-50cm, 머리가 길고 입이 크며 머리와 등에 보라색을 띤 회색 무늬는 많음. 식용·관상용으로 사육됨. 우리나라 하천의 중·상류에 삶.

쏘개-질 명하자 있는 일 없는 일을 얽어서 몰래 일러바치어 방해하는 짓.

쏘곤-거리다 자 남이 듣지 못할 정도의 낮은 소리로 자꾸 속삭이듯 이야기하다. 들이서 쏘곤거리는 소리가 몹시 귀에 거슬린다. 예쑤군거리다. 예소곤거리다. **쏘곤-쏘곤** 뛰하자타

쏘곤-대다 자타 쏘곤거리다. 들뒤에서 쏘곤대지 말고 앞으로 나와라.

쏘다 타 1 목표물을 향해 화살이나 총탄 따위를 날아가게 하다. 들인공위성을 쏘아 올리다. 2 벌레가 침으로 살을 찌르다. 들벌이 팔을 ~. 3 듣는 사람 쪽에서 마음이 뜨끔하도록 말하다. 들톡 쏘아 주었다. 4 강한 냄새나 매운맛이 코나 입 안을 강하게 자극하다. 들톡 쏘는 맛.

쏘-다니다 자타 아무 데나 마구 돌아다니다.

들거리를 ~. 예쏘대다.

쏘-대다 자타 '쏘다니다'의 준말.

쏘삭-거리다 [-꺼-] 타 1 자꾸 들추고 뒤지며 쑤시다. 들화롯불을 ~. 2 가만히 있는 사람을 자꾸 꾀거나 추기거나 하여 마음이 동하게 이를 ~. 3 공연히 사람을 쏘삭거려 바람나게 하다. 예쑤석거리다. **쏘삭-쏘삭** 뛰하자타

쏘삭-대다 [-때-] 타 쏘삭거리다.

쏘시개 명 '불쏘시개'의 준말.

쏘시개-나무 명 불쏘시개로 쓰는 나무.

쏘아-보다 타 상대를 날카롭게 노려보다. 들쏘아보는 눈초리가 매섭다.

쏘아-붙이다 [-부치-] 자타 날카로운 말투로 상대방을 몰아세우다. 들쏘아붙이고 나니 속이 후련하다. 준쏴붙이다.

쏘이다 자 ⟪'쏘다'의 피동⟫ 쏨을 당하다. 들벌에게 ~ / 쐐기에 쏘인 곳이 퉁퉁 부어올랐다. 준쐬다.

쏘이다[-쏘-] 쐬다²¹. 들시원한 바람을 ~.

쏘-지르다 [쏘질러, 쏘지르니] 자릍 ⟨속⟩ 쏘다니다.

쑥 뛰 1 약간 내밀거나 들어간 모양. 들양 볼에 보조개가 ~ 들어가다. 2 쉽게 밀어 넣거나 뽑아내는 모양. 들배추 한 포기를 ~ 뽑았다. 3 막을 거리낌 없이 하는 모양. 들어른들 이야기에 아이가 ~ 끼어들었다. 4 제외되거나 참여하지 않는 모양. 들나만 ~ 빼다. 5 옷차림이나 몸매가 매끈한 모양. 들양복을 ~ 빼입고 나오다. 6 기운이나 살이 줄어드는 모양. 들볼살이 ~ 빠지다. 큰쑥.

쑥-거리다 [-딱꺼-] 자타 작은 소리로 자꾸 가만가만 이야기하다. 예쑥덕거리다. 예속닥거리다. **쑥닥-쑥닥** [-딱-딱] 뛰하자타

쑥닥-대다 [-딱때-] 자타 쑥닥거리다.

쑥닥-이다 [-따기-] 자타 작은 소리로 가만히 소곤거리다. 예쑥덕이다. 예속닥이다.

쑥덜-거리다 [-딸-] 자타 주위를 살펴 가며 남이 알아듣지 못하도록 작은 소리로 자꾸 이야기하다. 들아이들이 한쪽 구석에서 쑥덜거리고 있다. 예쑥덜거리다. 예속달거리다. **쑥덜-쑥덜** [-딸-딸] 뛰하자타

쑥덜-대다 [-딸-] 자타 쑥덜거리다.

쑥대기 명 돌김으로 성기게 떠서 종이처럼 만든 김(나물을 해서 먹음).

쑥독-새 [-똑쌔] 명 ⟨조⟩ 쑥독샛과의 새. 입이 크며 부리와 다리는 짧음. 몸은 회색에 여러 색의 복잡한 무늬가 있음. 들에 숨어 살며 작은 곤충을 잡아먹음. 익조(益鳥)임. 바람개비.

쑥살-거리다 [-쌀-] 자타 작은 목소리로 자질구레하게 자꾸 이야기하다. 들남이 듣지 못하게 저희끼리만 ~. 예쑥설거리다. 예속살거리다. **쑥살-쑥살** [-쌀-쌀] 뛰하자타

쑥살-대다 [-쌀-] 자타 쑥살거리다.

쑥소그레-하다 [-쏘-] 형여 여러 개의 물건이 크지도 작지도 않고 거의 고르다. 큰쑥수그레하다.

쑥-쑥 뛰 1 여러 군데가 다 밖으로 내밀거나 안으로 들어간 모양. 2 자꾸 쉽게 밀어 넣거나 빼내는 모양. 들구멍마다 ~ 밀어 넣다. 3 말을 방정맞고 거리낌 없이 하며 나서는 모양. 4 자꾸 쑤시듯이 아픈 모양. 큰쑥쑥. 5 기억이나 인상이 선명하게 새겨지는 모양. 들선생님의 설명이 머릿속에 ~ 들어왔다.

쏜살-같다 [-갇따] 형 쏜 화살과 같이 매우 빠르다. 들쏜살같은 급류(急流)〔시간〕. **쏜살-같이** [-가치] 뛰. 들~ 달아나다.

[쏜살같고 총알 같다] 매우 빠르게 내닫는 모양의 비유.

쏟다 [--따] **[타]** **1** 그릇에 담긴 것을 한꺼번에 나오게 하다. ◘대야의 물을 ~. **2** 마음속에 품은 생각이나 말 따위를 모두 털어놓다. ◘불평을 쏟아 놓다. **3** 마음이나 정신 따위를 어떤 대상이나 일에 기울여 열중하다. ◘화초 키우는 일에 정성을 ~. **4** 피나 눈물 따위를 많이 흘리다. ◘코피를 ~.

쏟-뜨리다 **[타]** '쏟다'의 힘줌말. ◘물을 ~.

쏟아-지다 **[자]** **1** 그릇에 담긴 물질이 한꺼번에 바깥으로 나오다. ◘물이 바닥에 ~. **2** 눈물이나 땀, 피 따위가 많이 흐르다. ◘쏟아지는 눈물. **3** 어떤 일이나 대상, 현상이 한꺼번에 생기다. ◘쏟아지는 박수갈채 / 금메달이 ~ / 질문이 ~. **4** 비나 눈, 햇빛 등이 많이 또는 강하게 내리거나 비치다. ◘갑자기 비가 ~.

쏟-트리다 **[타]** 쏟뜨리다.

쏠 **[명]** 작은 폭포.

쏠-다 [쏠아, 쏘니, 쏘는] **[타]** 쥐나 좀 따위가 물건을 물어뜯다. ◘쥐가 찬장을 ~ / 누에가 뽕잎을 쏠아 먹다.

쏠리다 **[자]** **1** 물체가 한쪽으로 기울거나 몰리다. ◘버스가 급정거하는 바람에 몸이 앞으로 쏠려 넘어졌다. **2** 마음이나 눈길이 어떤 것에 끌리다. ◘시선이 그녀에게 ~ / 마음이 쏠리는 흥미진진한 이야기.

쏠쏠-하다 **[형]** **[여]** 품질·정도·수준 따위가 마음에 차고 믿을 만하다. ◘수입이 ~ / 그녀의 음식 솜씨가 ~. ♣쏠쏠하다. **쏠쏠-히** **[부]**

쏭당-쏭당 **[부]** **[하]** **[타]** **1** 연한 것을 거칠게 빨리 써는 모양. ◘굵은 파를 ~ 썰다. **2** 바느질할 때에 띄엄띄엄 호는 모양. ◘아무렇게나 ~ 꿰매다. ♣쏭당쏭당. 쏭당쏭당.

쏴 **[부]** **1** 나뭇가지나 물건의 틈 사이로 바람이 스쳐 부는 소리. **2** 비바람이 치거나 물결이 밀려오는 소리. ◘비바람이 ~ 몰아친다. **3** 물이 급히 또는 세차게 흐르거나 쏟아지는 소리. ◘물이 ~ 소리를 내며 흘러나오다. ♣솨.

쏴-붙이다 [--부치-] **[자]** **[타]** '쏘아붙이다'의 준말.

쏴-쏴 **[부]** **1** 나뭇가지나 물건의 틈 사이로 몹시 세게 스쳐 부는 바람 소리. **2** 자꾸 비바람이 치거나 물결이 밀려오는 소리. **3** 물이 잇따라 급히 내려가거나 나오는 소리. ♣솨솨.

쐐 **1** 나뭇가지나 물건의 틈 사이로 세차게 몰아쳐 부는 바람 소리. **2** 소나기가 세게 몰아쳐 내리는 소리. **3** 액체가 급히 나오거나 흐르는 소리. ♣쇄.

쐐-기 **[명]** 물건과 물건 틈에 끼워 사개가 물러나지 않게 하는 '브이(V)'형의 물건.
쐐기(를) 박다 [-치다] **[관]** ㉠두 사람의 이야기에 끼어들어 방해를 하다. ㉡뒤탈이 없도록 미리 단단히 다짐을 두다. ㉢남을 이간하기 위해서 훼방을 놓다.

쐐-기² **[명]** **[충]** 쐐기나방의 애벌레. 몸에 가시가 나 있어 살에 닿으면 몹시 아프고 따끔하다.

쐐-기-나방 **[명]** 쐐기나방과의 곤충의 총칭.

쐐-기-돌 **[명]** **[건]** 돌을 쌓아 올릴 때 돌 틈 사이에 물리는 돌조각.

쐐:기 문자 (-文字) [-짜] **[언]** 기원전 3500-1000년에 바빌로니아와 아시리아와 고대 페르시아 등 서남아시아에서 쓰인 쐐기 모양의 글자. 설형(楔形) 문자.

쐐-기-풀 **[명]** **[식]** 쐐기풀과의 여러해살이풀.

산야의 숲 속에 남. 높이 약 1m. 잎은 마주 나고 달걀 모양임. 독기 있는 털이 있어 쏘이면 몹시 아픔. 여름에 담녹색 꽃이 핌.

쐬:다¹ **[자]** '쏘이다'의 준말. ◘쐬기에 ~.

쐬:다² **[타]** **1** 몸이나 얼굴에 바람이나 연기 따위를 직접 받다. 쏘이다. ◘바람을 ~ / 햇볕을 ~. **2** 자기 물건의 가치를 남에게 평가받아 보다. ◘그는 작품을 전시하여 남의 눈을 쐬어 보았다.

쑤군-거리다 **[자]** **[타]** 목소리를 낮추어 비밀스럽게 자꾸 말하다. ◘쑤군거리는 말소리에 귀를 기울이다. ♣쏘곤거리다. ♣수군거리다.

쑤군-쑤군 **[부]** **[하]** **[자]** **[타]**

쑤군-대다 **[자]** **[타]** 쑤군거리다.

쑤군덕-거리다 [-꺼-] **[자]** **[타]** 목소리를 낮추어 마구 어수선하게 자꾸 이야기하다. ◘둘이서만 쑤군덕거리더니 밖으로 나가 버렸다. ♣수군덕거리다. **쑤군덕-쑤군덕** **[부]** **[하]** **[자]** **[타]**

쑤군덕-대다 [-때-] **[자]** **[타]** 쑤군덕거리다.

쑤석-거리다 [-꺼-] **[자]** **[타]** **1** 잇따라 들추고 뒤지며 쑤시다. ◘아이는 젓가락으로 벙어리저금통을 쑤석거리고 있었다. **2** 가만히 있는 사람을 자꾸 추기거나 꾀어 마음이 들썩이게 하다. ◘얌전한 사람 괜히 쑤석거리지 마라. ♣쏘삭거리다. **쑤석-쑤석** **[부]** **[하]**

쑤석-대다 [-때-] **[자]** **[타]** 쑤석거리다.

쑤시다¹ **[자]** 신체의 한 부분이 바늘로 찌르듯이 아프다. ◘공연히 옆구리가 쑤신다.

쑤시다² **[타]** **1** 물체의 틈이나 구멍 같은 데를 막대기나 꼬챙이로 찌르다. ◘이쑤시개로 이를 ~ / 벌집을 ~. **2** 여러 사람 사이에 비집고 들어갈 틈을 벌리거나 만들다. ◘사람들을 쑤시고 만원 전철에 타다. **3** 사실을 알아내려고 이모저모 조사하다. ◘신문 기자가 비리 사건을 쑤시고 다닌다. **4** 일자리를 구하거나 관계를 맺으려고 회사나 단체 따위를 비집고 들어가다. ◘일자리 때문에 여기저기 쑤셔 보다.

쑥¹ **[명]** **[식]** 국화과의 여러해살이풀. 높이 60-90cm. 잎의 뒷면은 흰색 솜털이 있고 향기가 남. 들에 절로 나며 7-10월에 분홍색 꽃이 핌. 식용·약재 등으로 씀.

쑥² **[명]** 순하고 어리숙한 사람을 비유하는 말. ◘알고 보니 영 ~이더군.

쑥³ **[부]** **1** 몹시 밖으로 내밀리거나 안으로 들어간 모양. ◘피곤해서 눈이 ~ 들어갔다. **2** 깊이 밀어 넣거나 길게 뽑아내는 모양. ◘무를 ~ 뽑다. **3** 말이나 행동을 경솔하게 기탄없이 하는 모양. ◘~ 말을 꺼내다. **4** 제외되거나 참여하지 않는 모양. ◘뒤로 ~ 빠지다. **5** 옷차림이나 몸매가 아주 미끈한 모양. **6** 기운이나 살이 줄어드는 모양. ◘기운이 ~ 빠지다. ♣쏙.

쑥-갓 [-깟] **[명]** **[식]** 국화과의 한해살이풀 또는 두해살이풀. 높이 30-70cm. 잎은 어긋나고 깃 모양으로 갈라져 있음. 늦봄에 노란색 꽃이 피며 냄새가 향긋함. 독특한 향미가 있어 쌈이나 나물로 먹음.

쑥갓-나물 [-깟-] **[명]** 쑥갓을 살짝 데쳐서 초·기름·간장·깨소금 등을 치거나 따로 양념하여 ุ꿩은 고기를 넣어서 무친 나물. 동호채(茼蒿菜). 애국채(艾菊菜).

쑥-고 (-膏) [-꼬] **[명]** 쑥잎을 고아 만든 고약.

쑥-국 [-꾹] **[명]** 어린 쑥을 데쳐 곱게 이긴 뒤, 고기 이긴 것과 섞어 빚어 달걀을 씌워서 맑은장국에 넣어 끓인 국. 애탕(艾湯).

쑥-대 [-때] 뗑 쑥의 줄기.

쑥-대강이 [-때-] 뗑 머리털이 어지럽게 흐트러져 있는 머리. 쑥대머리. 봉두(蓬頭). 봉수(蓬首).

쑥대-김 [-때-] 뗑 돌김으로 종이같이 얇게 만든 김.

쑥대-머리 [-때-] 뗑 쑥대강이.

쑥대-밭 [-때밭] 뗑 **1** 쑥이 무성하게 우거진 거친 땅. **2** 크게 파괴되어 못 쓰게 된 모양의 비유. ▢집안이 ~이 되다 / 단번에 ~을 만들다. ❀쑥밭.

쑥댓-불 [-때뿔·-땟뿔] 뗑 쑥을 뜯어 말려서 단을 만들어 붙인 불.

쑥덕-거리다 [-떡꺼-] 짜뗑 남이 들을까 염려해 주위를 살펴 가면서 은밀하게 자꾸 이야기하다. ▢한쪽 구석에서 여사원들끼리 ~. 鵽쏙닥거리다. 쐔숙덕거리다. **쑥덕-쑥덕** [-떡-] 뷔짜뗑

쑥덕-공론 (-公論) [-떡꽁논] 뗑하짜뗑 남이 듣지 못하도록 낮은 목소리로 비밀스럽게 이야기하는 짓. ❀쑥덕공론.

쑥덕-대다 [-떡-] 짜뗑 쑥덕거리다.

쑥덕-이다 [-떠기-] 짜뗑 남이 듣지 못하도록 낮은 목소리로 은밀하게 이야기하다. ▢한참을 쑥덕이더니 무언가 결정을 내린 듯했다. 鵽쏙닥이다. 쐔숙덕이다.

쑥덜-거리다 [-떨-] 짜뗑 남이 듣지 못하도록 낮은 목소리로 비밀스럽게 계속 이야기하다. 鵽쏙달거리다. 쐔숙덜거리다. **쑥덜-쑥덜** [-떨-] 뷔짜뗑

쑥덜-대다 [-떨-] 짜뗑 쑥덜거리다.

쑥-돌 [-똘] 뗑 《광》 **1** 애석(艾石). **2** 화강암.

쑥-떡 [-떡] 뗑 쑥을 넣어 만든 떡.

쑥-밥 [-빱] 뗑 쑥을 넣어 지은 밥.

쑥-방망이 [-빵-] 뗑 쑥떡을 만들 때 쑥이 골고루 섞이게 문질러 치는 방망이.

쑥-밭 [-빧] 뗑 '쑥대밭'의 준말.

쑥-버무리 [-뻐-] 뗑 쌀가루와 쑥을 한데 버무려서 시루에 찐 떡.

쑥-부쟁이 [-뿌-] 뗑 《식》 국화과의 여러해살이풀. 들에 남. 땅속줄기는 뻗어 번식하며 줄기는 자줏빛을 띰. 여름·가을에 엷은 자줏빛 꽃이 핌. 어린잎은 식용함.

쑥-색 (-色) [-쌕] 뗑 마른 쑥의 빛깔처럼 잿빛을 띤 진한 녹색. ➡저으리.

쑥설-거리다 [-썰-] 짜뗑 남이 듣지 못하도록 낮은 목소리로 수선스럽게 자꾸 이야기하다. 鵽쏙살거리다. 쐔숙설거리다. **쑥설-쑥설** [-썰-썰] 뷔짜뗑

쑥설-대다 [-썰-] 짜뗑 쑥설거리다.

쑥수그레-하다 [-쑤-] 뗑 여러 개의 물건이 별로 크지도 작지도 않고 거의 고르다. 鵽쏙소그레하다. 쐔숙수그레하다.

쑥-스럽다 [-쓰-따] [쑥스러워, 쑥스러우니] 뗑뗑 하는 짓이나 그 모양이 격에 어울리지 않아 어색하고 싱겁다. ▢낯선 사람을 만나자니 ~ / 사랑한다고 말하기가 쑥스러웠다.

쑥-스레 [-쓰-] 뷔

쑥-쑥 뷔 **1** 여러 군데가 쑥 밖으로 내밀거나 안으로 들어간 모양. 쑥 밀어 넣거나 뽑아내는 모양. ▢잡초를 ~ 뽑아 버린다. **2** 함부로 거리낌 없이 말을 하며 나서는 모양. **3** 계속해서 살을 쑤시듯 아픈 모양. 鵽쏙쏙. **4** 갑자기 많이 올라가거나 내려가는 모양. ▢성적이 ~ 오른다. **5** 갑자기 많이 커지거나 자라는 모양. ▢키가 ~ 자라다.

쑬쑬-하다 뗑뗑 품질이나 수준, 정도 따위가 마음에 차고 쓸 만하다. 鵽쏠쏠하다. **쑬쑬-**

히 뷔

쑹덩-쑹덩 뷔하뗑 **1** 연한 물건을 큼직큼직하게 자꾸 써는 모양. ▢오이를 ~ 썰다. **2** 바느질을 띄엄띄엄 자꾸 호는 모양. 鵽쏭당쏭당. 쐔숭덩숭덩.

쒜-쒜 갑 어린아이가 다쳤을 때 다친 곳을 만지며 위로하는 소리.

쓰개 뗑 머리에 쓰는 물건의 총칭.

쓰개-치마 뗑 지난날, 여자가 외출할 때 머리와 몸의 윗부분을 가리려고 머리에 쓰던 치마.

쓰기 뗑 초등학교 등에서 가르치는, 국어 학습의 한 부분. 자기의 생각이나 느낌을 글로 표현하는 일이나 법. *말하기·듣기·읽기.

쓰다¹ [써, 쓰니] 뗑 **1** 붓·펜 따위로 획을 그어 글씨를 이루게 하다. ▢아이가 글씨를 또박또박 ~. **2** 글을 짓다. ▢소설을 ~.

쓰다² [써, 쓰니] 뗑 **1** 모자 따위를 머리에 얹다. ▢가발을 ~. **2** 우산 따위를 받쳐 들다. ▢비가 오니 내 우산을 쓰고 가거라. **3** 얼굴에 어떤 물건을 걸거나 덮어쓰다. ▢마스크를 ~ / 아이는 추운지 이불을 머리끝까지 쓰고 누웠다. **4** 억울한 지목을 당하거나 죄를 입게 되다. ▢억울하게 누명을 ~.

쓰다³ [써, 쓰니] 뗑 **1** 사람을 두어 일을 하도록 부리다. ▢가정부를 ~. **2** 온 정신을 기울이다. ▢머리를 써서 일하다. **3** 힘이나 노력 따위를 들이다. ▢나도 힘을 쓰겠지만 잘될지는 의문이다. **4** 시간이나 돈을 들이다. ▢경비를 ~ / 돈을 많이 써서 걱정이다. **5** 어떤 일을 하는 데에 재료나 도구, 수단을 이용하다. ▢설탕을 적게 ~ / 계산기를 ~. **6** 어떤 말이나 언어를 사용하다. ▢존댓말을 ~. **7** 약을 먹거나 바르다. ▢한약을 ~. **8** 빚을 지다. ▢여기저기서 돈을 끌어 ~.

쓰다⁴ [써, 쓰니] 뗑 묏자리를 잡아 시체를 묻다. ▢명당자리에 뫼를 ~.

쓰다⁵ [써, 쓰니] 뗑 장기나 윷놀이 따위에서 정한 대로 말을 옮기다. ▢말을 잘못 ~.

쓰다⁶ [써, 쓰니] 뗑 **1** 맛이 소태의 맛과 같다. ▢담배 맛이 ~. ▢입맛이 없다. **2** 감기 탓인지 입이 써 통 먹히질 않는다. **3** 마음이 언짢고 괴롭다. ▢입 ~ 달게 말이 없다. ↔달다.

쓰다듬다 [-따] 뗑 **1** 귀엽거나 탐스러워 손으로 쓸어 주다. ▢머리를 ~. **2** 성이 났거나 울고 있는 아이를 살살 달래어 마음을 가라앉히다.

쓰디-쓰다 [-써, -쓰니] 뗑 **1** 몹시 쓰다. ▢쓰디쓴 약을 억지로 먹다. **2** 몹시 괴롭다. ▢쓰디쓴 경험.

쓰라리다 뗑 **1** 상처 난 자리가 쓰리고 아리다. ▢매운 음식을 먹었더니 속이 ~. **2** 마음이 몹시 괴롭다. ▢낙방이라는 쓰라린 경험이 있다.

쓰러-뜨리다 뗑 쓰러지게 하다. ▢발을 걸어 땅바닥에 ~.

쓰러-지다 짜 **1** 한쪽으로 쏠려 넘어지다. ▢태풍에 가로수가 ~. **2** 기업 등이 제 기능을 하지 못하고 망하다. ▢자금난에 시달리다가 쓰러진 회사가 많다. **3** 병이나 과로 따위로 앓아눕거나 죽다. ▢쓰러지는 한이 있어도 이 일은 끝내겠다.

쓰러-트리다 뗑 쓰러뜨리다.

쓰렁-쓰렁 뷔 **1** 남이 모르게 비밀히 하는 모양. **2** 일을 정성껏 하지 않는 모양.

쓰렁쓰렁-하다 뗑뗑 사귀던 정이 벌어져 서로의 사이가 쓸쓸하게 되다.

쓰레기 圐 비로 쓴 먼지와 그 밖의 못 쓰게 되어 내버릴 물건의 총칭. ❏~를 버리다 / ~ 분리 수거를 당연시하다.

쓰레기-차 (一車) 圐 쓰레기를 운반하여 버리는 청소차.

쓰레기-통 (一桶) 圐 쓰레기를 담거나 모아 두는 통. ❏방 한구석에 ~이 놓여 있다.

쓰레-받기 [-끼] 圐 비로 쓴 쓰레기 따위를 받아 내는 기구.

쓰레-장판 (一壯版) 圐 기름 먹인 장판지로 만든 쓰레받기.

쓰레-질 圐하타 비로 쓸어 청소하는 일.

쓰레-하다 囼어 쓰러질 것같이 한쪽으로 기울어져 있다.

쓰르라미 圐《충》 매미과의 곤충. 몸빛은 적갈색이며 녹색과 흑색의 점이 있음. 엄지벌레는 여름에 나타나며 수컷은 '쓰르람쓰르람' 하고 욺. 저녁매미. 한선(寒蟬).

쓰르람-쓰르람 囲 쓰르라미가 우는 소리.

쓰름-매미 圐《충》 매밋과의 곤충. 몸은 어두운 황록색에 검은 아롱무늬가 있고 배는 흑갈색, 날개는 투명하며 적자색으로 광택이 있음. 늦여름에 나타나서 '쓰름쓰름' 하고 욺.

쓰름-쓰름 囲 쓰름매미가 우는 소리.

쓰리 圐 겨울에 잉어 따위의 고기를 낚기 위해 얼음을 끄는 쇠꼬챙이.

쓰리다 囼 1 날카로운 것으로 쑤시는 듯이 아프다. ❏빗물들이 들어가 눈이 ~. 2 쓰라 하여 허기지다. ❏배가 고프더니 속까지 쓰렸다. 3 마음이 쑤시는 것처럼 아프고 괴롭다. ❏부모를 여읜 슬픔에 가슴이 ~.

쓰이다 囼《'쓰다'의 피동》글씨가 써지다. ❏칠판에 쓰인 글씨를 옮겨 적다 / 책에 쓰여 있는 내용들을 검토하다. ㈜씌다. ㄷ타《'쓰다'의 사동》 글씨를 쓰게 하다. ❏동생에게 붓글씨를 쓰여 보았더니 엉망이었다.

쓰이다[2] 囼《'쓰다'의 피동》 씀을 당하다. 소용되다. ❏많이 쓰이는 물건.

쓰임-새 圐 어떤 물건의 쓰이는 데와 그 기능. ❏~가 다양하다.

쓰적-거리다 [-꺼-] 囼타 물건이 서로 맞닿아 비벼지는 소리가 자꾸 나다. 또는 그런 소리를 자꾸 내다. ❏강한 바람에 나뭇잎이나 쓰적거렸다. ㄷ타 쓰레질을 대강대강하다. ❏대충 쓰적거리지 말고 깨끗이 쓸어라. 쓰적-쓰적 囲하타

쓰적-대다 [-때-] 囼타 쓰적거리다.

쓱 囲 1 슬쩍 사라지는 모양. ❏~ 없어지다. 2 척 내달거나 내미는 모양. ❏~ 뛰어나가다 / 손을 ~ 내밀다. 3 빨리 지나가는 모양. ❏빠른 걸음으로 ~ 지나가다. 4 슬쩍 문지르거나 비비는 모양. ❏손수건으로 눈물을 ~ 닦아내다.

쓱-싹 囲 1 톱질이나 줄질을 할 때 나는 소리. 2 잘못을 슬쩍 얼버무려 남이 모르게 감추는 모양.

쓱싹-거리다 [-꺼-] 囼타 톱질이나 줄질을 할 때 자꾸 쓱싹 소리가 나다. 또는 그런 쓱싹 소리를 내게 하다. 쓱싹-쓱싹 囲하타

쓱싹-대다 [-때-] 囼타 쓱싹거리다.

쓱싹-하다 [-싸카-] 囼타 1 잘못을 얼버무려 남이 모르게 감추어 버리다. 2 셈 등을 서로 맞비겨 버리다. ❏줄 돈과 받을 돈을 서로 쓱싹해 버리다. 3〈속〉슬쩍 제 것으로 하다. ❏회식비를 슬쩍 쓱싹한 돈을 ~.

쓱-쓱 囲 1 여러 번 서로 문지르는 모양이나

소리. ❏물 묻은 손을 바지에 ~ 닦다. 2 거침없이 일을 손쉽게 해치우는 모양. ❏그는 어려운 일도 군소리 없이 ~ 잘해 낸다.

쓴-너삼 圐《식》 고삼(苦蔘)1.

쓴-맛 [-맏] 圐 1 씀바귀나 소태 따위의 맛과 같은 맛. 고미(苦味). 2 달갑지 않은 경험. ❏사업 실패에서 ~을 보다. ↔단맛.
[쓴맛 단맛 다 보았다] 세상의 괴로움과 즐거움을 다 겪었다는 말.

쓴-술 圐 1 멥쌀술을 찹쌀술에 상대하여 일컫는 말. 2 쓴맛이 나는 약술.

쓴-웃음 圐 어이가 없거나 마지못해 짓는 웃음. 고소(苦笑). ❏~을 짓다 / ~을 띠다.

쓴-잔 (一盞) 圐 1 쓴맛이 나는 액체가 든 잔. 2 실패나 패배 따위의 쓰라린 경험을 비유하여 이르는 말.
[쓴잔을 들다 [마시다, 맛보다]] 旬 실패나 패배 따위의 쓰라린 일을 당하다. ❏패배의 쓴잔을 마시다.

쓸개 圐《생》 쓸개즙을 일시적으로 저장·농축하는, 얇은 막(膜)의 주머니로 된 내장. 가지 모양으로 간의 밑에 있으며, 이 쓸개의 수축에 의하여 쓸개즙을 수담관으로 보냄. 담(膽). 담낭(膽囊).
[쓸개 빠진 놈] 정신을 바로 차리지 못한 사람의 비유.

쓸개(가) 빠지다 旬 하는 짓이 줏대가 없음을 욕으로 하는 말.

쓸개-머리 圐 소의 쓸개에 붙은 고기.

쓸개-즙 (一汁) 圐《생》 소화액의 하나. 간장의 간세포에서 분비되어 쓸개에 저장되었다가 수담관을 통해 십이지장으로 감《사람·육식 동물의 것은 홍갈색, 초식 동물의 것은 녹색임. 지방 효소의 소화를 촉진시킴》. 담액. 담즙. 쓸개진.

쓸까스르다 [쓸까슬러, 쓸까스르니] 囼타 남을 추기었다 낮추었다 하여 비위를 거스르다.

쓸다[1] [쓸어, 쓰니, 쓰는] 囼타 1 비로 쓰레기 따위를 모아서 버리다. ❏마당을 ~ / 눈을 ~. 2 가볍게 쓰다듬거나 문지르다. ❏할머니가 아이의 아픈 배를 쓸어 주셨다. 3 질질 끌어서 바닥을 스치다. ❏바닥을 쓸고 지나가는 치맛자락. 4 유행병이 널리 퍼지거나 태풍·홍수 따위로 피해를 입다. ❏태풍이 쓸고 간 자리는 참혹했다. 5 돈이나 물건을 혼자 독차지하다. ❏판돈을 몽땅 쓸어 가다.

쓸다[2] [쓸어, 쓰니, 쓰는] 囼타 줄 따위로 물건을 문질러서 닳게 하다. ❏톱날을 줄로 ~.

쓸데-없다 [-떼업따] 囼 필요 없다. 공연하다. 소용없다. ❏쓸데없는 소리 / 쓸데없는 물건을 버리다. **쓸데-없이** [-떼업씨] 囲 공연히. ❏~ 돈을 낭비하다.

쓸리다[1] 囼 풀 먹인 옷 따위에 살이 문질러 살갗이 벗어지다.

쓸리다[2] 囼 비스듬히 기울어지다. ❏벼가 ~.

쓸리다[3] 囼《'쓸다'의 피동》 닳음을 당하다. ❏낙엽이 바람에~ / 여러 채의 집이 홍수에 쓸려 갔다 / 치맛자락이 너무 길어 걸을 때마다 바닥에 쓸린다.

쓸-모 圐 쓸 만한 가치. 쓰이게 될 자리. ❏그것은 아무~도 없는 물건이다.

쓸모-없다 [-업따] 囼 쓸 만한 가치가 없다. ❏쓸모없는 사람. 쓸모-없이 [-업씨] 囲

쓸쓸-하다 囼어 1 날씨나 바람 따위가 좀 차고 음산하다. ❏쓸쓸한 날씨가 계속되다. ㈜쌀쌀하다. 2 외롭고 적적하다. ❏쓸쓸한 생활 / 쓸쓸한 최후를 맞다. 쓸쓸-히 囲

쓸어-내리다 囼타 1 수염 따위를 아래로 쓸면서

만지다. ❏머리를 ~. **2** 근심·걱정 따위가 해결되어 마음을 놓다. ❏가슴을 ~.

쓸어-버리다 [타] 부정적인 것을 모조리 없애다. ❏잡념을 쓸어버리고 일에 열중하다.

쓸어-안다 [쓰러-따] [타] 마구 부둥켜안다. ❏모자는 서로 쓸어안고 감격의 눈물을 흘렸다.

쓸-용 (-用)[-룡] [명] 한자 부수의 한 가지(('甫'·'甬' 따위에서 '用'의 이름)).

쓸음-질 [명][하타] 줄로 쓰는 일.

쓿다 [쓸타] [타] 쌀·조·수수 따위의 곡식을 절구에 넣고 찧어 속꺼풀을 벗기고 깨끗하게 하다. ❏쌀을 ~.

쓿은-쌀 [쓰른-] [명] 쓿어서 희고 깨끗하게 만든 쌀. 정백미(精白米).

씀바귀 [명] 〖식〗 국화과의 여러해살이풀. 산이나 들에 절로 남. 높이 약 30 cm, 잎이 가늘고 길며, 초여름에 노란색 꽃이 핌. 쓴맛이 나는 뿌리와 어린잎은 봄에 나물을 해서 먹음. 고채(苦菜).

씀벅-거리다 [-꺼-] [자타] 눈꺼풀이 자꾸 움직여 빨리 감겼다 떠졌다 하다. 또는 그렇게 되게 하다. [작]쌈박거리다. [여]슴벅거리다. **씀벅-씀벅** [부][하자타]

씀벅-대다 [-때-] [자타] 씀벅거리다.

씀씀-이 [명] **1** 살림에 드는 비용. ❏~는 늘고 수입은 줄어 생활이 곤란하다. **2** 돈·물건·마음 따위를 쓰는 정도나 모양. ❏~가 헤프다/~가 크다.

씁쓰레-하다 [형][여] 맛이 좀 씁쓸한 느낌이 있다. 씁쓰름하다. [작]쌉싸래하다.

씁쓰름-하다 [형][여] 씁쓰레하다.

씁쓸-하다 [형][여] 맛이 조금 쓰다. [작]쌉쌀하다. **씁쓸-히** [부]

씌다[1] [씨-] [자] '쓰이다[1]'의 준말.

씌다[2] [씨-] [자] 귀신이 들리다. ❏귀신이 ~.

씌다[3] [씨-] [타] '씌우다'의 준말. ❏아기에게 모자를 ~.

씌우개 [씨-] [명] 덮어씌우는 물건.

씌우다 [씨-] [타] (('쓰다'의 사동)) **1** 머리에 쓰게 하다. ❏동생에게 모자를 ~. **2** 허물을 남의 탓으로 돌리다. ❏누명을 ~. [준]씌다[3].

씨[1] [명] **1** 식물의 씨방 안의 밑씨가 수정하여 생긴 단단한 물질. 씨앗. 종자(種子). ❏~ 없는 수박/~를 발라내고 먹어라. **2** 동물이 생겨나는 근본. ❏~가 좋은 말. **3** 아버지의 혈통. ❏왕후장상의 ~가 따로 있나. **4** 어떤 일의 근원. ❏분쟁의 ~.

씨가 마르다 [구] 어떤 종류의 것이 모조리 없어지다.

씨가 먹히다 [구] 말이나 행동이 상대에게 잘 이해되어지거나 받아들여지다.

씨도 남기지 않다 [구] 아무것도 남기지 않다.

씨를 말리다 [구] 아무것도 남기지 않고 모조리 없애다.

씨를 뿌리다 [구] ㉠파종(播種)하다. ㉡사물의 근원을 만들다. ❏불화의 ~.

씨[2] [명] 천이나 돗자리 따위를 짤 때에 가로로 놓는 실이나 노끈 따위. ↔날[3].

씨 (氏) [一][명] 같은 성(姓)의 계통을 표시하는 말. [二][의명] 성명 또는 이름 뒤에 붙여 존대하는 뜻을 나타내는 호칭어. ❏김복남 ~/영숙 ~. [三][인대] 이름 대신 높여 일컫는 말. ❏~는 당대 문단의 제일인자이었다.

-씨 [미] 일부 명사 뒤에 붙어, '태도'·'모양'을 나타냄. ❏말~/마음~.

-씨 (氏) [미] 성(姓)을 나타내는 말에 붙어 존대의 뜻을 나타냄. ❏전주 이~/김~/박~.

씨-갈 [명] 〖언〗 품사론(品詞論).

씨-고치 [명] 종견(種繭).

씨-곡 (-穀) [명] 씨앗으로 쓸 곡식. 종곡(種穀).

씨근-거리다 [자타] 가쁘고 고르지 않은 숨 쉬는 소리가 거칠게 자꾸 나다. 또는 그런 소리를 자꾸 내다. ❏숨을 ~. [작]쌔근거리다. [여]시근거리다. **씨근-씨근**[1] [부][하자타]

씨근-대다 [자타] 씨근거리다.

씨근덕-거리다 [-꺼-] [자타] 씨근거리며 헐떡거리다. 몹시 씨근거리다. [작]쌔근덕거리다. [여]시근덕거리다. **씨근덕-씨근덕** [부][하자타]

씨근덕-대다 [-때-] [자타] 씨근덕거리다.

씨근-벌떡 [부][하자타] 흥분되거나 숨이 차서 가쁘게 숨을 쉬는 모양. [작]쌔근발딱. [여]시근벌떡. [거]씨근펄떡.

씨근벌떡-거리다 [-꺼-] [자타] 숨이 차거나 흥분되어서 자꾸 가쁘게 숨을 쉬다. ❏씨근벌떡거리며 달려오다. [작]쌔근발딱거리다. [여]시근벌떡거리다. **씨근벌떡-씨근벌떡** [부][하자타]

씨근벌떡-대다 [-때-] [자타] 씨근벌떡거리다.

씨근-씨근[2] [부][하자] 어린아이가 곤하게 자는 모양. [작]쌔근쌔근.

씨근-펄떡 [부][하자타] 숨이 차서 씨근거리며 몹시 헐떡이는 모양. [작]쌔근팔딱. [여]시근벌떡. [센]씨근벌떡.

씨-금 [명] 〖지〗 위선(緯線). ↔날금.

씨-껍질 [-찔] [명] 〖식〗 씨의 껍데기. 겉씨껍질과 속씨껍질의 구별이 있음. 겉씨껍질은 굳고 혁질이며 표면에 각종 무늬가 있음. 종피(種皮).

씨-끝 [-끋] [명] 〖언〗 '어미(語尾)'를 풀어쓴 말.

씨-내리 [명][하자] 지난날, 혈손(血孫)이 아이를 못 낳을 때, 다른 남자를 들여 아이를 배게 하던 일. ＊씨받이.

씨-눈 [명] 배(胚).

씨다리 [명] 사금(砂金)의 낟알.

씨-닭 [-닥] [명] 씨를 받기 위하여 기르는 닭. 종계(種鷄).

씨-담그기 [명] 씨앗의 싹이 빨리 트게 하려고 물에 담가 불리는 일. 침종(浸種).

씨-도둑 [명] 한 집안에 대대로 전해 오는 버릇·모습·전통·가풍(家風) 따위에서 벗어나 남을 닮는다는 뜻의 비유.

[씨도둑은 못한다] ㉠그 집안이 지녀 온 내력은 아무도 없애지 못한다는 말. ㉡아버지와 자식은 모습이나 성격이 비슷한 데가 많아서 속일 수가 없다는 말.

씨-도리 [명] '씨도리배추'의 준말.

씨도리-배추 [명] 씨를 받기 위하여 밑동을 남기고 잘라 낸 배추. [준]씨도리.

씨-돼지 [명] 씨를 받으려고 기르는 돼지. 종돈(種豚).

씨르래기 [명] 〖충〗 여치.

씨르륵-씨르륵 [부][하자] 여치 따위의 풀벌레가 자꾸 우는 소리.

씨름 [명][하자] **1** 두 사람이 샅바를 넓적다리에 걸어 서로 잡고 힘과 기술을 써서 상대를 먼저 넘어뜨리는 것으로 승부를 겨루는 우리나라 고유의 경기. 각력(角力). 각저. 각희. **2** 어떤 사물을 극복하거나 어떤 일을 이루기 위해 온 힘을 쏟거나 끈기 있게 달라붙는 일. ❏책과 ~하다.

씨름-꾼 [명] 씨름을 하는 사람. 또는 씨름을 잘하는 사람.

씨름-판 [명] 씨름을 하는 판.

씨-말 [명] 종마(種馬).

씨명 (氏名) [명] 성명(姓名).

씨-모[명] 종묘(種苗).
씨무룩-이[부] 씨무룩하게.
씨무룩-하다[-루카-][형][여] 몹시 불만스러운 태도로 별로 말이 없다. ◻︎그녀는 아무 말도 없이 씨무룩하게 돌아앉았다. ⓐ째무룩하다. ⓝ시무룩하다.
씨물-거리다[자] 입술을 씰그러뜨리며 소리 없이 자꾸 웃다. ⓐ째물거리다. ⓝ시물거리다.
씨물-씨물[부][하자]
씨물-대다[자] 씨물거리다.
씨-받다[-따][타] 동식물의 씨를 거두어 마련하다.
씨-받이[-바지][명][하자] 1 채종(採種). 2 지난날, 혼인한 부부 중의 아내에게 이상이 있어 대(代)를 잇지 못할 경우에 다른 여자가 그 남자의 아이를 대신 낳아 주던 일. 또는 그 여자. *씨내리·대리모(代理母).
씨-방(-房)[명]〚식〛암술의 일부로서 암술대 밑에 붙은 통통한 주머니 모양의 부분(그 안에 밑씨가 들어 있음). 자방(子房).
씨보(氏譜)[명] 씨족(氏族)의 계보. 족보.
씨부렁-거리다[자][타] 실없는 말을 주책없이 함부로 자꾸 지껄이다. ◻︎욕설을 ~ / 저 노인은 언제부터인지 씨부렁거리는 버릇이 생겼다 / 대답 없이 씨부렁거리고만 있다. ⓐ싸부랑거리다. ⓝ시부렁거리다. **씨부렁-씨부렁**[부][하자][타]
씨부렁-대다[자][타] 씨부렁거리다.
씨-뿌리[명]〚식〛번식시키기 위하여 씨앗으로 삼는 뿌리. 종근.
씨-소[명] 종우(種牛).
씨-수퇘지[명] 종모돈(種牡豚).
씨식-잖다[-짠타][형] 같잖고 되잖다. ◻︎씨식잖게 지껄이지 말고 조용히 해라. ⓐ씩잖다.
씨-실[명] 피륙을 가로 건너 짜는 실. 위사(緯絲). ↔날실.
씨아[명] 목화의 씨를 빼는 기구. 교거. 연거.
씨아-손[명] 씨아의 손잡이. 도괴(掉拐).
씨아-질[명][하자] 씨아로 목화의 씨를 빼는 일.
씨-알[명] 1 종란(種卵). 2 곡식의 종자로 쓰는 낟알. 3 광물의 잔 알맹이. 4 생선의 크기. ◻︎~이 굵다 / ~이 잘다.
씨알-머리[명] 남을 욕할 때 그의 혈통을 비아냥거리며 일컫는 말. ◻︎~ 없는 녀석.
씨-암탉[-탁][명] 씨를 받으려고 기르는 암탉.
씨암탉-걸음[-탁꺼름][명] 아기작거리며 가만히 걷는 걸음.
씨앗[-알][명] 1 곡식이나 채소의 씨. 종자. ◻︎~을 뿌리다. 2 앞으로 커질 수 있는 근원을 비유하여 이르는 말. ◻︎희망의 ~.
씨양이-질[명][하자] 한창 바쁠 때 쓸데없는 일로 남을 귀찮게 하는 짓. ◻︎~ 그만하고 이 일 좀 도와라. ⓐ씨앙이질.
씨억-씨억[부][하자] 성질이 굳세고 활발한 모양.
씨우적-거리다[-꺼-][자] 못마땅해 입 속에서 자꾸 불평스럽게 말하다. **씨우적-씨우적**[부][하자]
씨우적-대다[-때-][자] 씨우적거리다.
씨-젖[-젇][명]〚식〛배(胚)젖.
씨-조개[명] 씨를 받기 위해 기르는 조개. 종패(種貝).
씨족(氏族)[명] 원시 사회에서 공동의 조상을 가진 혈족 단체.
씨족 공:산체(氏族共産體)[-꽁-] 원시(原始) 공산체.
씨족 사회(氏族社會)[-싸-] 씨족 제도를 근

씨족 제:도(氏族制度)[-쩨-] 원시 시대에 씨족을 중심하여 성립된 사회 제도.
씨-주머니[명]〚식〛자낭(子囊).
씨-줄[명] 1 피륙 따위를 짤 때의 씨. 2〚지〛위선(緯線). ↔날줄.
씨-짐승[명] 씨를 받으려고 기르는 짐승. 종축(種畜).
씨-토끼[명] 종토(種兎).
씨-황소[명] 종모우(種牡牛).
씩[부] 소리 없이 한 번 싱겁게 웃는 모양. ◻︎혼자서 ~ 웃다. ⓐ쌕.
-씩[미] 1 각각 같은 수효로 나누는 뜻을 나타내는 말. ◻︎세 개~ 나누어 주다. 2 수량 등을 나타내는 말 뒤에 붙어, '제각기'의 뜻을 나타내는 말. ◻︎하나~ 둘~ 떼를 지어 몰려가다 / 한 개에 얼마~ 합니까. 3 크기나 정도를 나타내는 말 뒤에 붙어, 그와 거의 같음을 나타내는 말. ◻︎주먹만큼~ 한 돌멩이가 수북이 쌓였다.
씩둑-거리다[-뚝꺼-][자] 쓸데없는 말을 수다스럽게 자꾸 지껄이다. **씩둑-씩둑**[-뚝-뚝][부][하자]
씩둑-대다[-뚝때-][자] 씩둑거리다.
씩씩-거리다[자][타] 숨이 가빠서 세게 쉬는 소리. ⓐ쌕쌕. ⓝ식식.
씩씩-거리다[-꺼-][자][타] 잇따라 가쁘게 숨을 쉬다. 또는 그런 소리를 잇따라 내다. ◻︎그는 화를 참지 못하고 씩씩거렸다. ⓐ쌕쌕거리다. ⓝ식식거리다.
씩씩-대다[-때-][자][타] 씩씩거리다.
씩씩-하다[-씨카-][형][여] 굳세고 위엄이 있다. 용감하다. ◻︎씩씩한 군인.
씩-잖다[-짠타][형] '씨식잖다'의 준말.
씰그러-뜨리다[타] 한쪽으로 삐뚤어지거나 기울어지게 하다. ⓐ쌜그러뜨리다. ⓝ실그러뜨리다.
씰그러-지다[자] 한쪽으로 삐뚤어지거나 기울어지다. ⓐ쌜그러지다. ⓝ실그러지다.
씰그러-트리다[타] 씰그러뜨리다.
씰긋-거리다[-근꺼-][자][타] 씰그러질 듯이 계속해서 움직이다. 또는 그리 되게 하다. ⓐ쌜긋거리다·쌜긋거리다. ⓝ실긋거리다. **씰긋-씰긋**[-근-근][부][하자][타]
씰긋-대다[-근때-][자][타] 씰긋거리다.
씰긋-하다[-그타-][형][여] 물건이 한쪽으로 조금 삐뚤어지거나 기울어져 있다. ⓐ쌜긋하다·쌜긋하다. ⓝ실긋하다.
씰기죽-거리다[-꺼-][자][타] 씰그러지게 계속해서 천천히 움직이다. ⓐ쌜기죽거리다. ⓝ실기죽거리다. **씰기죽-씰기죽**[부][자][타]
씰기죽-대다[-때-][자][타] 씰기죽거리다.
씰기죽-씰기죽[부][하자][타] 작은 물체가 계속해서 천천히 한쪽으로 기울어지거나 쏠리는 모양. ⓝ실기죽씰기죽.
씰룩[부][자][타] 근육의 일부분이 또는 일부분을 갑자기 씰그러지게 움직이는 모양. ◻︎그는 모르겠다는 표정으로 어깨를 ~ 들어 보였다. ⓐ쌜룩. ⓝ실룩.
씰룩-거리다[-꺼-][자][타] 계속 씰룩하다. 또는 자꾸 씰룩ţ하게 씰룩이게 하다. ◻︎입술을 ~ / 엉덩이를 씰룩거리며 걸어가다. ⓐ쌜룩거리다. ⓝ실룩거리다. **씰룩-씰룩**[부][하자][타]
씰룩-대다[-때-][자][타] 씰룩거리다.
씰룩-쌜룩[부][하자][타] 근육의 한 부분이 씰그러졌다 쌜그러졌다 하며 자꾸 움직이는 모양. ⓝ실룩쌜룩.
씰쭉[부][하자][타] 1 어떤 감정을 나타내면서 입이

나 눈을 찡그러뜨리는 모양. **2** 마음에 차지 않아서 매우 아니꼬워하는 태도를 드러내는 모양. ¶그의 거만한 모습에 난 ~ 나와 버렸다. ⓐ쌜쭉. ⓔ실쭉.

씹 몡하자 〈비〉 **1** 여자의 성기(性器). ↔좆. **2** 성교.

씹다[-따]囘 **1** 음식 따위를 입에 넣고 윗니와 아랫니를 움직여 잘게 자른다. ¶밥을 꼭꼭 씹어 먹다/껌을 질겅질겅 ~. **2** 남이 한 행동이나 말에 대하여 흠을 잡아내어 나쁘게 말한다. ¶동료를 ~.

씹어-뱉다[씨버밷따]재 말을 아무렇게나 되는대로 지껄이다. ¶막말을 서슴없이 ~.

씹-조개[-쪼-]몡『조개』 펄조개.

씹히다[씨피-]一지《'씹다'의 피동》 **1** 씹음을 당하다. ¶고기가 질겨서 씹히질 않는다. **2** 남에게 씹는 말을 듣다. ¶그는 남에게 씹힐 행동은 하지 않는다. 三티《'씹다'의 사동》 씹게 하다.

씻-가시다[씯까-]囘 그릇을 깨끗이 씻어서 더러운 것이 없게 하다.

씻기다[씯끼-]一지《'씻다'의 피동》 씻음을 당하다. ¶먼지투성이의 거리가 빗물에 씻겨 깨끗해졌다. 三티 **1**《'씻다'의 사동》 씻게 하다. **2** 남의 몸 따위를 씻어 주다. ¶어머니가 아기의 얼굴을 ~.

씻김-굿[씯낌굳]몡『민』 주로 전라도 지방에서, 죽은 사람의 영혼을 깨끗이 씻어 주어 극락왕생하게 하고 자손의 복을 비는 굿. 열새거리로 이루어짐.

씻다[씯따]囘 **1** 물로 더러운 것을 없애다. ¶손발을 깨끗이 ~ /구두에 묻은 흙을 씻어 내다. **2** 누명·오해 따위를 벗다. ¶오명을 ~ / 씻을 수 없는 치욕. **3** 어떤 좋지 않은 현상을 완전히 없애다. ¶한동안의 부진을 ~ /하루의 피로를 ~ /갈증을 시원하게 씻어 주다. **4** 마음속에 응어리를 없애다. ¶영원히 씻지 못할 원한.

씻은 듯 부신 듯 큔 아무것도 남지 않은 모양. ¶모든 액운이 ~ 사라졌다.

씻은 듯이 큔 아주 깨끗하게. ¶하루아침에 병이 ~ 낫다.

씻-부시다[씯뿌-]囘 그릇 따위를 씻어 깨끗이 하다.

씽 큔하자 **1** 나뭇가지나 전선에 부딪치는 세찬 바람 소리. ¶찬바람이 ~하고 귓가를 스쳤다. **2** 사람이나 물체가 빠르고 세차게 움직일 때 나는 소리나 모양. ⓐ쌩.

씽그레 큔하자 은근한 태도로 소리 없이 부드럽게 눈웃음치는 모양. ⓐ쌩그레. ⓔ싱그레.

씽글-거리다재 소리 없이 자꾸 부드럽게 눈웃음치다. ⓐ쌩글거리다. ⓔ싱글거리다. **씽글-씽글**

씽글-대다재 씽글거리다.

씽글-뻥글 큔하자 입안 벌리고 소리 없이 부드럽고 환하게 웃는 모양. ⓐ쌩글뻥글. ⓔ싱글벙글.

씽긋[-귿] 큔하자 은근한 태도로 소리 없이 가볍게 얼핏 눈웃음치는 모양. ⓐ쌩긋. ⓔ싱긋. ⓦ씽끗.

씽긋-거리다[-귿꺼-]재 은근한 태도로 소리 없이 가볍게 자꾸 눈웃음치다. ⓐ쌩긋거리다. **씽긋-씽긋**[-귿-귿] 큔하자

씽긋-대다[-귿때-]재 씽긋거리다.

씽긋-뻥긋[-귿-] 큔하자 소리 없이 가볍게 슬쩍 눈웃음치는 모양. ⓐ쌩긋뻥긋. ⓔ싱긋빙긋. ⓦ씽끗뻥끗.

씽긋-이[-그시] 큔 은근한 태도로 지그시 눈웃음치는 모양. ⓐ쌩긋이. ⓔ싱긋이. ⓦ씽끗이.

씽끗[-끋] 큔하자 은근한 태도로 가볍게 슬쩍 눈웃음치는 모양. ¶그녀가 ~ 웃으며 인사한다. ⓐ쌩끗. ⓔ싱끗·싱긋·씽긋.

씽끗-거리다[-끋꺼-]재 은근한 태도로 가볍게 자꾸 눈웃음치다. ⓐ쌩끗거리다. **씽끗-씽끗**[-끋-끋] 큔하자

씽끗-대다[-끋때-]재 씽끗거리다.

씽끗-뻥끗[-끋-] 큔하자 소리 없이 가볍게 슬쩍 눈웃음치는 모양. ⓐ쌩끗뻥끗. ⓔ싱끗빙긋·싱긋빙긋·씽긋뻥긋.

씽끗-이[-끄시] 큔 은근한 태도로 지그시 눈웃음치는 모양. ⓐ쌩끗이. ⓔ싱끗이·싱긋이·씽긋이.

씽-씽 큔하자 **1** 나뭇가지나 전선 따위에 계속해서 세게 부딪치는 바람 소리. ¶~ 부는 세찬 바람에 창문이 흔들렸다. **2** 사람이나 물체가 잇따라 빠르고 세차게 움직일 때 나는 소리나 모양. ⓐ쌩쌩.

씽씽-하다톙 **1** 힘이나 기운 따위가 썩 왕성하다. **2** 썩거나 시들지 않고 성하거나 생기가 있다. ⓐ쌩쌩하다. ⓔ싱싱하다.

ᅀ (반시읏[-읃]) 옛 자음의 하나. 반치음으로 'ᄉ'의 울림소리로 생각되며 임진왜란 후부터 쓰지 아니하였음.

ᅀᅡ 조 〈옛〉 야《강세 조사》.

숏 몡 〈옛〉 옻.

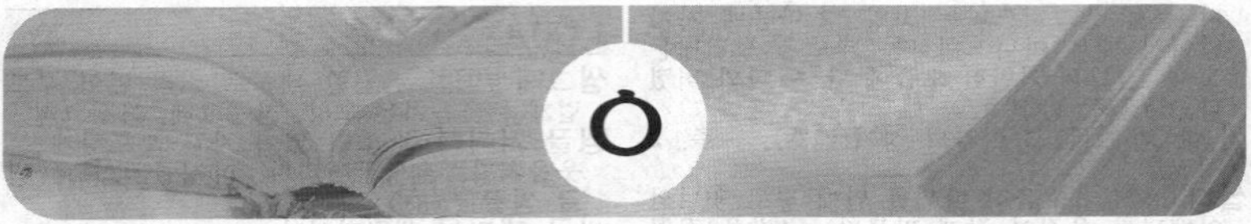

ㅇ (이응) **1** 한글 자모의 여덟째 글자. **2** 자음의 하나. 음절의 첫소리일 때는 음가(音價)가 없으며, 음절의 받침에서는 혀뿌리로 입천장의 뒤끝 목젖 달린 곳을 막고, 목에서 나오는 소리를 콧구멍 안으로 보내어 거기서 나는 울림소리. **3** 〈옛〉 첫소리에서나 받침에서나 다 목구멍과 콧구멍을 함께 열 때의 음가.

아[1] [명] 〘언〙 한글의 모음 글자 'ㅏ'의 이름.
[아 해 다르고 어 해 다르다] 같은 내용의 이야기라도 이렇게 말하여 다르고 저렇게 말하여 다르다는 말.

아[2] [감] **1** 놀람·당황·초조 등을 나타내거나 급할 때에 내는 소리. ❑ ~, 깜짝이야 / ~, 알았다 / ~, 깜빡 잊었군. **2** 상대자의 주의를 끌기 위해 하는 말에 앞서서 내는 소리. ❑ ~, 이 사람아 / ~, 자네 좀〔잠깐〕/ ~, 그래서야 되겠는가. [큰]어.

아[3] [감] 기쁨·슬픔·칭찬·뉘우침·귀찮음·절박감 등을 나타낼 때 내는 소리. ❑ ~, 슬프다 / ~, 세월이 잘도 간다 / ~, 참 잘했다. [큰]어.

아[4] [조] 받침 있는 명사 뒤에 붙어 손아랫사람이나 짐승, 사물 따위를 부를 때에 쓰는 호격 조사. ❑ 복동~ / 달~ 달~ 밝은 달~ / 바둑~, 이리 오너라. *야[4].

아[5] [조] 〈옛〉 야.

아[6] [조] 〈옛〉 의문을 나타내는 조사. ㄴ가.

아:- (亞) [투] **1** '다음 가는'의 뜻. ❑ ~열대. **2** 〘화〙 '무기산(無機酸)의 산소 원자가 첫 번째로 적다'는 뜻. ❑ ~황산.

-아 (兒) [미] **1** '어린아이'의 뜻을 나타내는 말. ❑ 신생~. **2** '사나이' 또는 '젊은 남자'의 뜻을 나타내는 말. ❑ 풍운~ / 행운~.

-아 [어미] 끝 음절이 'ㅏ'·'ㅗ'로 된 어간에 붙어 쓰이는 어미. 'ㅏ'를 끝 음절로 한 어간에 받침이 없을 때는 주는 것이 원칙임. (가아서→가서, 자아야→자야). **1** 부사형을 이루는 전성 어미. ❑ 어렵게 살~가다 / 좁~ 보이다. **2** 동사 어간에 붙어 서술·의문·청유(請誘)·명령을 나타내고, 형용사에 붙어 서술·의문을 나타내는 반말의 종결 어미. ❑ 나중에 갚~ / 함께 보~ / 아이 좋~. *-어·-여.

아가 [一][명] '아기'를 귀엽게 부르는 말. ❑ 엄마, ~가 울어. [二][감] **1** 아기를 부를 때 쓰는 말. ❑ ~, 이리 온. **2** 시부모가 신혼인 며느리를 친근하게 부르는 말. ❑ ~, 전화 받아라.

아:가 (雅歌) [명] 〘성〙 구약 성서의 한 책. 남녀 간의 아름다운 연애를 찬미한 8장으로 된 문답체의 노래.

아가-딸 [명] 시집가지 아니한 딸을 귀엽게 일컫는 말.

아가리 [명] **1** 〈속〉 입. ❑ ~ 닥치고 있어. **2** 그릇·자루 등의, 물건을 넣고 내고 하는 구멍의 어귀. ❑ 병 ~ / 주머니 ~를 벌리다. [준]가리.
아가리(를) 놀리다 [구] 〈속〉 '말을 하다'의 낮은말.
아가리(를) 닥치다 [구] 〈속〉 입을 다물고 아무 말도 하지 아니하다.
아가리(를) 벌리다 [구] 〈속〉 ㉠ '울다'의 낮은 말. ㉡ '말을 하다'의 낮은말.

아가리-질 [명][하자] 〈속〉 **1** 말질[2]. **2** 악다구니 2.

아가리-홈 [명] 〘건〙 판자나 널빤지 등을 끼워 맞추기 위하여 개탕 쳐서 깊이 판 홈. 개탕홈.

아가미 [명] 〘동〙 물속에 사는 동물, 특히 어류(魚類)에 발달한 호흡 기관. 붉은 빗살 모양으로 여기에 혈관이 분포하여 물속의 산소를 흡수함.

아가미-구멍 [명] 〘어〙 아감구멍.

아가미-뼈 [명] 〘어〙 아감뼈.

아:가사창 (我歌査唱) [명] 내가 부를 노래를 사돈이 부른다는 뜻으로, 책망당할 사람이 도리어 책망한다는 말.

아가씨 [명] **1** 처녀나 젊은 여자를 대접하여 부르는 말. **2** 손아래 시누이를 가리키는 말. 아기씨.

아가위 [명] 〘한의〙 산사자(山査子).

아가위-나무 [명] 〘식〙 산사(山査)나무.

아가타 (阿伽陀) [명] 〔산 agada〕 〘불〙 **1** 모든 병을 고친다는 인도의 영약(靈藥). **2** 술[1].

아가페 (그 agapē) [명] 〘기〙 종교적인 무조건적 사랑. 곧, 신이 죄인인 인간에 대하여 자기를 희생하며 가엾게 여기는 사랑. *에로스(eros).

아갈-머리 [명] 〈속〉 입.

아갈-잡이 [명][하타] 소리를 지르지 못하게 입을 헝겊이나 솜 따위로 틀어막는 짓. ❑ ~를 당하다.

아:-갈탄 (亞褐炭) [명] 〘광〙 아탄(亞炭).

아감-구멍 [-꾸-] [명] 〘어〙 물고기의 아감딱지 뒤쪽에 있는 열린 구멍《숨 쉴 때 물이 드나들게 함》. 아가미구멍. 새공(鰓孔).

아감-딱지 [-찌] [명] 〘어〙 물고기의 머리 양쪽에 있어 아가미를 덮어 보호하는 골질의 얇은 판. 아가미덮개. 새개(鰓蓋).

아감-뼈 [명] 〘어〙 물고기의 아가미 안에 있는 작은 활 모양의 뼈《아가미를 보호하는 역할을 함》. 아가미뼈. 새골(鰓骨).

아감-젓 [-젇] [명] 생선의 아가미로 담근 젓. 어시해.

아감-창 (牙疳瘡) [명] 〘한의〙 **1** 잇몸이 벌겋게 붓고 헐며 아픈 증세. 열독이 위(胃)에 몰려서 생김. **2** 아구창(牙口瘡)1.

아:강 (亞綱) [명] 〘생〙 생물 분류학상의 한 단계. 강(綱)과 목(目)과의 사이에 둠《곤충강을 무시(無翅) 아강과 유시(有翅) 아강으로 나누는 것 따위》.

아객 (衙客) [명] 〘역〙 조선 때, 지방 수령을 찾아와서 관아에 묵던 손님.

아:결-하다 (雅潔-) [형][여] 행동이 단아하고 마음이 고결하다. ❑ 인품이 ~.

아:경 (亞卿) [명] 〘역〙 조선 때, 경(卿)의 다음 벼슬. 곧, 육조(六曹)의 참판·좌우윤 등을 공(公)·정경(正卿) 등에 상대하여 이르던 말.

아경 (俄頃) [명] (주로 '아경에'의 꼴로 쓰여) **1** 조금 있다가. ❑ 좀 쉬었다가 ~에 다시 시작하자. **2** 조금 전. ❑ ~에 출발하다.

아:-고산대 (亞高山帶) [명] 〘지〙 식물의 수직 분포에 쓰이는 말. 표고는 곳에 따라 다르나 1,500-2,500 m 사이가 많음. 저온 건조하여 침엽수가 많음.

아골 (鴉鶻) [명] 〘조〙 난추니.

아:과 (亞科) [-꽈] [명] 〘생〙 동식물 분류상의 한

단계. 과(科)와 속(屬), 어떤 경우에는 족(族)과의 사이에 둠.

아관 (牙關) [명] 입속 양쪽 구석의 윗잇몸과 아랫잇몸이 맞닿는 부분.

아:관 (亞官) [명] 〔역〕 좌수(座首).

아관 (俄館) [명] 〔역〕 조선 말기에 있었던 러시아 공사관.

아관-긴급 (牙關緊急) [명] 〔의〕 턱의 근육이 경련을 일으켜 입이 벌어지지 않게 되는 증상.

아:-관목 (亞灌木) [명] 〔식〕 관목과 초본의 중간에 있는 식물. 즉, 줄기와 가지는 목질, 가지 끝 부분은 초질(草質)인 식물《싸리 따위》.

아관-석 (鵝管石) [명] **1** 〔동〕 해화석(海花石). **2** 〔광〕 속이 텅 빈 돌고드름《석회 동굴의 천장에 고드름처럼 달려 있음》.

아관 파천 (俄館播遷) 〔역〕 조선 말, 건양(建陽) 1년(1896) 2월 11일부터 약 1년간에 걸쳐 고종과 태자가 친(親)러시아 세력에 의하여 러시아 공사관으로 옮겨서 거처한 사건.

아교 (阿膠) [명] 갖풀. ❑ ~로 붙이다.

아:-교목 (亞喬木) [명] 〔식〕 교목과 관목의 중간 식물.

아교-주 (阿膠珠) [명] 아교를 잘게 썰어서 불에 볶아 동글동글하게 만든 약《보제(補劑)·지혈제 등으로 씀》.

아교-질 (阿膠質) [명] 아교같이 끈적끈적한 성질. 또는 그런 물질.

아교-풀 (阿膠-) [명] 갖풀. ❑ ~을 칠하다.

아구[1] [명] ☞아귀[1].

아구[2] [명] ☞아귀[2].

아구-찜 [명] ☞아귀찜.

아구-창 (牙口瘡·鵝口瘡) [명] 〔한의〕 **1** 어린아이의 입술과 잇몸이 헐어서 썩는 병. 아감창(牙疳瘡). **2** 태열로 입안이 헐고 혀에 백태가 끼는 신생아의 병.

아:국 (我國) [명] 우리 나라. 아방. ↔타국(他國).

아국 (俄國) [명] 아라사(俄羅斯).

아:군 (我軍) [명] **1** 우리 편의 군대. **2** 운동 경기 따위에서, 우리 편을 이르는 말. ↔적군.

아궁 [명] 〔건〕 아궁이.

아궁이 [명] 〔건〕 방이나 솥 따위에 불을 때기 위하여 만든 구멍. 아궁. ❑ ~에 불을 지피다.

아귀[1] [명] **1** 사물의 갈라진 곳. ❑ 손~ / 입~. **2** 두루마기나 여자 속곳의 옆을 터 놓은 구멍. ❑ ~를 트다. [준]귀. **3** 씨의 싹이 트고 나오는 곳. ❑ ~가 트다. **4** 활의 줌통과 오금이 닿는 오긋한 부분.

아귀(가) 맞다 [구] ㉠앞뒤가 꼭 들어맞다. ㉡일정한 수량 따위가 들어맞다.

아귀(가) 무르다 [구] ㉠마음이 굳세지 못하고 남이 하자는 대로 하다. ❑아귀가 물러 손해 보다. ㉡손으로 잡는 힘이 약하다.

아귀(를) 맞추다 [구] 일정한 기준에 들어맞게 하다.

아귀[2] [명] 〔어〕 아귓과의 바닷물고기. 암초나 해조가 있는 바다 밑에 살며, 길이 60cm 가량. 황아귀와 비슷한데 넓적하고 등은 회갈색, 배는 흰색이며 비늘이 없이 피질 돌기로 덮였음. 안강(鮟鱇). 안강어.

아:귀 (餓鬼) [명] **1** 〔불〕 계율을 어기거나 악업을 저질러 아귀도에 빠진 귀신《늘 굶주린다고 함》. **2** 염치없이 먹을 것이나 탐하는 사람. **3** 성질이 사납고 탐욕스러운 사람.

아:귀-계 (餓鬼界)[-/-게] [명] 〔불〕 십계(十界)의 하나. 아귀들의 세계.

아귀-다툼 [명][하자] **1** 〈속〉 말다툼. **2** 서로 헐뜯고 기를 쓰며 다투는 일.

아:귀-도 (餓鬼道) [명] 〔불〕 삼악도(三惡道)의 하나. 아귀들이 모여 사는 세계로, 늘 굶주리고 매를 맞는다고 함.

아귀-매운탕 (-湯) [명] 아귀를 토막 쳐서 콩나물 등을 넣고 끓인 고추장 찌개. [준]아귀탕.

아:귀-병 (餓鬼病)[-뼝] [명] 〈속〉 **1** 음식을 삼키기 어려워 몸이 말라붙는 병. **2** 많이 먹으면서도 항상 배고파하고 몸이 마르는 증세.

아귀-세다 [형] **1** 마음이 굳세어 남에게 잘 휘어들지 아니하다. **2** 남을 휘어잡는 힘이나 수완이 있다. **3** 손으로 잡는 힘이 세다.

아귀-아귀 [부] 음식을 욕심껏 입에 넣고 마구 씹어 먹는 모양. [큰]어귀어귀.

아귀-찜 [명] 아귀에 콩나물·미나리·미더덕 등과 함께 갖은 양념을 하고 고춧가루·녹말풀을 넣어 걸쭉하게 찐 요리.

아귀-차다 [형] **1** 아귀가 매우 세다. **2** 마음이 굳세고 하는 일이 야무지다.

아귀-탕 (-湯) [명] '아귀매운탕'의 준말.

아귀-토 (-土) [명] 〔건〕 기와집 처마 끝에 있는 수키와 끝에 바르는 흙 또는 회삼물.

아귀-피 (-皮) [명] 활의 줌통 아래위에 벚나무의 껍질로 감은 곳.

아귀-힘 [명] 손아귀에 잡고 쥐는 힘. ❑ ~이 무척 세다.

아그레망 (프 agrément) [명] 〔정〕 특정한 사람을 외교 사절로 임명할 때, 파견될 상대국에서 사전에 동의하는 의사 표시.

아그배 [명] 아그배나무의 열매《손톱만 한데 먹을 수 있음》.

아그배-나무 [명] 〔식〕 장미과의 낙엽 활엽 교목. 산기슭에 나며 높이는 약 3m 정도이고, 봄에 하얀 다섯잎꽃이 피고 열매는 가을에 익음. 관상용이며, 목재는 가구재·땔감으로 씀.

아근-바근 [부][하형] **1** 짝 맞춘 자리가 벌어져 있는 모양. **2** 마음이 서로 맞지 않아 사이가 벌어지는 모양. ❑ ~ 다투다. [큰]어근버근.

아금-받다 [-따] [형] **1** 야무지고 다부지다. **2** 무슨 기회든지 재빠르게 붙잡아 이용하려는 성질이 있다.

아긋-아긋 [-그다귿] [부][하형] 물건의 각 조각이 이가 맞지 아니하여 끝이 조금씩 어긋나 있는 모양. [큰]어긋어긋.

아긋-이 [부] 아긋하게.

아긋-하다 [-그타-] [형][여] **1** 어떤 기준에 조금 어그러져 있다. ❑아긋하게 한 자가 된다. **2** 틈이 조금 벌어져 있다. [큰]어긋하다.

아기 [명] **1** 젖먹이 아이. ❑ ~를 업다. **2** 나이 어린 딸이나 며느리를 귀엽게 이르는 말. **3** (주로 동식물 이름 앞에 쓰여) 짐승의 작은 새끼나 어린 식물을 귀엽게 일컫는 말. ❑ ~ 사슴 / ~ 나무.

아기 (牙旗) [명] 〔역〕 임금이나 대장의 거소(居所)에 세우던 큰 기(旗). 대아(大牙). 대장기(大將旗).

아기 (牙器) [명] 상아로 만든 그릇.

아:기 (雅氣) [명] **1** 맑은 기운. **2** 아담하고 고상한 기품. **3** 풍류를 좋아하는 기질.

아기나히 [명] 〈옛〉 아기 낳는 일.

아기-능 (-陵) [명] 어린 세자나 세손의 묘.

아기똥-거리다 [자] 몸집이 작은 사람이 몸을 좌우로 흔들면서 느리게 걷다. [큰]어기뚱거리다. **아기똥-아기똥** [부][하자]

아기똥-대다 [자] 아기똥거리다.

아기똥-하다 [형][여] **1** 남달리 교만한 태도가 있다. **2** 조금 틈이 나 있다. [큰]어기뚱하다.

아기ᄇᆡ다 [자] 〈옛〉 아이 배다.

아기-살 명 작고 짧은 화살《1천 보 이상을 날며, 날쌔고 촉이 날카로워 갑옷·투구를 능히 뚫음》. 가는대. 세전(細箭). 편전(片箭).
아기-씨 명 **1** 시집갈 나이의 처녀 또는 갓 시집온 색시를 높여 이르던 말. **2** 여자아이에 대한 높임말. 소저(小姐). **3** 손아래 시누이를 높여 이르던 말. 아가씨.
아기-자기 부 하형 **1** 여러 가지가 오밀조밀 어울려 예쁜 모양. ❏ ~한 표현 / ~한 멋 / ~하게 꾸며 놓은 방. **2** 잔재미가 있고 즐거운 모양. ❏ ~한 신혼 생활.
아기작-거리다 [-꺼-] 자 팔다리를 마음대로 놀리지 못하며 더디 걷다. ❏ 아기가 아기작거리며 걷다. 큰 어기적거리다. 준 아깃거리다. **아기작-아기작** 부 하자
아기작-대다 [-때-] 자 아기작거리다.
아기족-거리다 [-꺼-] 자 팔다리를 마음대로 놀리지 못하고 약간 바라지게 억지로 겨우 걷다. 큰 어기죽거리다. **아기족-아기족** 부 하자
아기족-대다 [-때-] 자 아기족거리다.
아기-집 명 〖생〗 자궁(子宮).
아기-태 (-太) 명 작은 명태.
아기풀 명 〈옛〉 애기풀.
아깃-거리다 [-긷꺼-] 자 '아기작거리다'의 준말. **아깃-아깃** [-기다긷] 부 하자
아깃-대다 [-긷때-] 자 아깃거리다.
아까 ㊀ 명 조금 전. ❏ ~와 같이 하면 된다. ㊁ 부 조금 전에. ❏ ~ 내가 뭐라고 했지.
아까시-나무 명 〖식〗 콩과의 낙엽 활엽 교목. 높이는 12-15m로 잎은 어긋나고 깃꼴 겹잎이며, 5-6월에 하얀 꽃이 핌. 열매는 선상(線狀)의 긴 타원형이며 10월에 익음. 재목은 철도 침목·기구재 등으로 쓰며, 잎은 사료 및 약용함. 개아까시아나무.
아까워-하다 타 여 아깝게 여기다. ❏ 목숨을 ~ / 버리는 음식을 ~.
아깝다 [-따] (아까워, 아까우니) 형 ㅂ **1** 소중하고 값진 것을 잃어 서운하거나 섭섭한 느낌이 있다. ❏ 인재를 아깝게 잃다 / 돈을 만 원이나 잃어버리다니 아이구 아까워라. **2** 소중하여 버리거나 내놓기가 싫다. ❏ 돈이 아까워 쓰지 않다. **3** 소중하여 함부로 쓰기가 어렵다. ❏ 아까운 재능을 썩히다 / 가는 세월이 ~.
아끼다 타 **1** 아깝게 여기다. ❏ 어찌 온정을 아끼리까. **2** 소중히 여기어 함부로 쓰지 아니하다. ❏ 시간을 ~ / 제 몸을 ~ / 비용을 한푼이라도 아끼자. **3** 마음에 들어 관심을 쏟고 위하는 마음을 가지다. ❏ 그를 아끼는 마음.
[아끼는 것이 찌로 간다 ; 아끼다 똥 된다] 너무 아끼기만 하면 무용지물(無用之物)이 되고 만다.
아낌-없다 [-끼멉따] 형 (주로 '아낌없는'의 꼴로 쓰여) 주거나 쓰는 데 아까워하는 마음이 없다. ❏ 아낌없는 박수. **아낌-없이** [-끼멉씨] 부. ❏ ~ 지면을 할애하다 / ~ 돈을 쓰다.
아:나 감 아나나비야.
아나고 (일 あなご〔穴子〕) 명 붕장어. 바닷장어.
아:나-나비야 감 고양이를 부르는 소리. 아나.
아나나스 (에 ananas) 명 〖식〗 파인애플과의 상록 초본. 아열대 및 열대에서 재배. 잎은 선형(線形)으로 뿌리에서 뭉쳐나며, 길이 약 1m가량이고, 여름에 자줏빛 꽃이 핌. 열매인 파인애플이 초겨울에 익음.
아나서 명 〖역〗 정삼품 이하 벼슬아치의 첩을 하인들이 이르던 말.
아나운서 (announcer) 명 **1** 라디오나 텔레비전에서 뉴스를 보도하거나 실황 방송·사회 등을 맡아 하는 사람. 또는 그런 직책. ❏ 스포츠 중계를 전담한 ~. **2** 극장·경기장·역 등에서 안내 방송을 하는 사람.
아나크로니즘 (anachronism) 명 시대착오.
아나키스트 (anarchist) 명 무정부주의자.
아나키즘 (anarchism) 명 무정부주의.
아나톡신 (anatoxin) 명 디프테리아의 예방 주사약.
아나필락시스 (anaphylaxis) 명 〖의〗 알레르기의 한 형. 항원(抗原)의 접종으로 체질이 변화하고 다시 이 항원을 주사하면 격심한 쇼크 증상을 일으킴.
아낙 명 **1** 부녀자가 거처하는 곳을 점잖게 일컫는 말. 내간(內間). **2** '아낙네'의 준말.
아낙-군수 (-郡守) [-꾼-] 명 늘 집 안에만 틀어박혀 있는 사람을 놀림조로 이르는 말.
아낙-네 [-낭-] 명 남의 집 부녀자를 통속적으로 이르는 말. 내인(內人). 준 아낙.
아날로그 (analogue) 명 〖물〗 수치를 길이·각도 또는 전류라는 연속된 물리량으로 나타내는 일. *디지털(digital).
아날로그-시계 (analogue時計) [-/-게] 명 문자판에 바늘로 시간을 나타내는 시계. *디지털시계.
아날로그 컴퓨터 (analogue computer) 〖컴〗 수치를 연속적인 물리량으로 변환하여 계산하는 컴퓨터. 아날로그 계산기. *디지털 컴퓨터·하이브리드 컴퓨터.
아날로지 (analogy) 명 〖논〗 유추(類推)2.
아-남자 (兒男子) 명 사내아이.
아내 명 결혼한 여자를 그 남편에 상대하여 이르는 말. 처(妻). ↔남편.
[아내가 귀여우면 처갓집 말뚝 보고도 절한다] ㉠ 아내가 좋으면 처갓집의 보잘것없는 것까지 좋게 보인다는 말. ㉡ 한 가지에 마음을 빼앗기면 다른 사물까지도 좋아진다는 말.
아냐 감 '아니야'의 준말.
아네로이드 기압계 (aneroid氣壓計) [-꼐 / -께] 〖물〗 수은 같은 액체를 사용하지 아니한 기압계. 주요부는 물결 모양의 얇은 금속판을 붙인, 속이 진공인 조그만 원통인데, 기압의 변화에 따라 얇은 판이 신축하여 눈금을 가리키게 됨. 아네로이드 청우계.
아네로이드 청우계 (aneroid晴雨計) [-/-게] 〖물〗 아네로이드 기압계.
아네모네 (라 anemone) 명 〖식〗 미나리아재빗과의 여러해살이풀. 알뿌리 식물로, 줄기 높이 20cm가량이고 잎은 깃꼴 겹잎임. 봄에 줄기 끝에 붉은색·자색·청색·흰색 따위의 꽃이 피는데 관상용으로 심음.
아녀 (兒女) 명 아녀자.
아-녀자 (兒女子) 명 **1** 어린이와 여자. **2** 여자를 낮추어 이르는 말. 아녀(兒女).
아노 (衙奴) 명 〖역〗 수령이 사사로이 부리던 사내종. ↔아비(衙婢).
아노락 (anorak) 명 후드가 달린 가볍고 짧은 상의《방수용·방한용으로, 주로 스키·등산 때 입음》.
아노미 (프 anomie) 명 **1** 〖사〗 행위를 규제하는 공통의 가치나 도덕 기준을 잃은 혼돈 상태. **2** 〖심〗 불안·자기 상실감·무력감 등에서 볼 수 있는, 적응하지 못하는 현상.
아뇨 감 '아니요'의 준말.
아누다라-삼막삼보리 (阿耨多羅三藐三菩提) [-삼-쌈-] 명 〖불〗 **1** 부처의 최상의 마음이나 지혜. **2** 부처의 지덕을 칭송하는 한 칭호. 아뇩다라삼먁삼보리.

아느작-거리다 [-꺼-] 困 부드럽고 가느다란 나뭇가지·풀잎 따위가 잇따라 춤추듯 가볍게 흔들리다. ▣ 버드나무가 바람에 ~. 图아느 거리다. **아느작-아느작** 튀하자

아느작-대다 [-때-] 困 아느작거리다.

아늑-거리다 [-꺼-] 困 '아느작거리다'의 준 말.

아늑-대다 [-때-] 困 아늑거리다.

아늑-하다 [-느카-] 困困 1 포근히 싸여 안기 듯 편안하고 조용한 느낌이 있다. ▣아늑한 방. 2 따뜻하고 포근한 느낌이 있다. ▣아늑 한 봄날. 国으슥하다. **아늑-히** [-느키] 튀

아늘-거리다 困 빠르고 가볍게 춤추듯이 자꾸 흔들리다. **아늘-아늘** 튀하자

아늘-대다 困 아늘거리다.

아늠 뗑 볼을 이루고 있는 살.

아니[1] 튀 1 용언 앞에 쓰여 부정 또는 반대의 뜻을 나타내는 말. ▣~ 가다. 图안. 2 앞에 말한 사실을 보다 강조하기 위하여 쓰는 말. ▣공자(孔子)는 중국, ~ 세계의 위인이다. [아니 땐 굴뚝에 연기 날까] 어떤 결과에는 반드시 원인과 사실이 있음.

아니 할 말로 (구) 말하기는 좀 무엇하지만. ▣~, 좀 늦으면 어때.

아니[2] [1 그렇지 아니하다는 뜻을 대답으로 하는 말. ▣올 테냐. ~, 못 가 / ~, 그렇지 않소. 2 놀라거나 감탄스러울 때 또는 의심스 러움을 나타낼 때에 쓰는 말. ▣~, 이게 될 냐 / ~, 이렇게 반가울 수가 있나 / ~, 벌써 다 먹었니.

아니-꼽다 [-따] [아니꼬워, 아니꼬우니] 困困 1 비위가 뒤집혀 구역이 날 듯하다. 2 밉살스러 운 언행이 눈에 거슬려 불쾌하다. ▣아니꼬 운 말투 / 아니꼬워서 못 보겠다.

아니꼼살-스럽다 [-쌀-따] [-스러워, -스러우 니] 困困 매우 아니꼬운 데가 있다. **아니꼼 살-스레** 튀

아니다 困 1 어떤 사실을 부정할 때 쓰는 말. ▣고래는 어류가 ~ / 희망이 없는 것도 ~ / 거기가 아니고 여기다. 2 '-아닐까'의 꼴로 쓰여) 어떠한 사실이나 내용을 강하게 긍정 할 때 쓰는 말. [아닌 밤중에 찰시루떡] 뜻밖에 만나는 요행 이나 횡재의 비유. [아닌 밤중에 홍두깨 (내밀듯)] 별안간 엉뚱한 말이나 행동을 함을 이 르는 말.

아니나 다를까 [다르랴] (구) 과연 예측한 바 와 같다는 말. ▣~, 녀석 또 늦었지.

아닌 게 아니라 (구) 과연 그러하다는 말. 미 상불. ▣~, 그게 사실이구나.

아닌 밤중에 (구) ㉠뜻하지 않은 밤중에. ㉡뜻 밖의 때에. ▣아니, ~ 무슨 뚱딴지 같은 소 리냐.

아니리 뗑 『악』 판소리에서, 창을 하는 중간에 장면의 변화나 정경 묘사를 위해 이야기하듯 엮어 나가는, 창 아닌 말.

아니마토 [이 animato] 뗑 『악』 '생기 있게·활 발하게'의 뜻. 벨렌트(Belebt).

아니스 [anise] 뗑 『식』 미나릿과의 한해살이풀. 북아메리카 원산. 높이는 60 cm 정도, 잎은 심장형, 가을에 줄기에 흰 꽃이 피며 열매 는 갈색을 띤 달걀 모양으로 건위·거담약 또 는 향미료로 씀.

아니-야 [1 아랫사람이나 대등한 관계에 있는 사람이 묻는 말에 부정하게 대답할 때 쓰는 말. ▣~, 그것은 틀렸다 / 내 말은 그게 ~. -아니와 [어미] 〈옛〉-거니와.

아니완출호다 困 〈옛〉 사납다. 불량하다.

아니-요 [1 하오할 자리에서 그렇지 않다는 뜻 으로 하는 말. ▣~, 그렇게 생각 안해요. 图 아뇨.

아니-참 [1 어떤 생각이 문득 떠올랐을 때 그 말에 쓰는 말. ▣~, 내 정신 좀 봐.

아니-하다 [보통] [보형] [어] 동사·형용사의 '-지' 뒤에 쓰여 부정(否定)의 뜻을 나타내는 말. ▣자지 아니하고 무얼 하느냐 / 그다지 곱지 ~. 图않다.

아닐린 [aniline] 뗑 『화』 방향족(芳香族) 아민 의 하나. 니트로벤젠을 환원시켜서 만든 독 특한 향의 무색 액체. 햇빛 또는 공기의 작용 으로 붉은 갈색으로 변함(염료와 의약 따위 의 원료로 씀).

아닐린 염:료 [aniline染料] [-뇨] 『화』 아닐린 을 원료로 한 물감의 총칭. 아닐린 물감.

아닐-비 [-非] 뗑 한자 부수의 하나('靠'·'靡' 등에서 '非'의 이름).

-아놀 [어미] 〈옛〉-거늘.

-아다 [어미] '-아다가'의 준말. *-어다.

-아다가 [어미] 끝 음절 모음이 'ㅏ'·'ㅗ'인 동 사 어간에 붙어 한 동작을 다음 동작과 순차 적으로 이어 주는 연결 어미. ▣무릎 빻~ 다 듬다 / 범인을 잡~ 가두었다. 图-아다. *- 어다가.

아다지에토 [이 adagietto] 뗑 『악』 '아다지오 보다 조금 빠르게'의 뜻.

아다지오 [이 adagio] 뗑 『악』 1 '안단테보다는 조금 빠르게, 라르고보다는 조금 느리게'의 뜻. 2 소나타·모음곡 따위에서 느린 악장의 통칭.

아닥-치듯 [-듣] 튀 매우 심하게 말다툼하는 모양. ▣아주머니들이 ~ 싸우다.

아단-단지 [역] 소이탄같이 된 폭발탄(이 순신 장군이 임진왜란 때 썼다 함).

아-담 (雅談) 뗑 고상하고 조촐한 이야기.

아담 (Adam) [기] 구약 성서에 나오는 인류 의 시조인 남자(히브리 어로 '사람'의 뜻). ▣~과 이브.

아:담-성 (雅淡性) [-썽] 뗑 아담한 성질이나 성 품. ▣~ 있는 모습.

아:담-스럽다 (雅淡-) [-따] [-스러워, -스러우 니] 困困 고상하면서 담박한 데가 있다. ▣아 담스러운 여성미. **아:담-스레** 튀

아담-창 (鵝啗瘡) 뗑 『한의』 태어 때 받은 독기 로 갓난아이 때부터 피부에 생기는 부스럼.

아:담-하다 (雅淡-·雅澹-) 困困 고상하고 담 백하다. ▣아담한 몸매 / 방을 아담하게 꾸미 다. **아:담-히** 튀

아:당 (亞堂) 뗑 『역』 판서에 버금가는 자리라 는 뜻으로, '참판'을 이르던 말.

아당호다 困 〈옛〉 아첨하다.

아데노바이러스 [adenovirus] 뗑 『의』 편도선 따위에서 분리된 디엔에이(DNA) 바이러스 (인두 결막염·유행성 결막염·폐렴 따위를 일 으킴).

-아도 [어미] 'ㅏ'·'ㅑ'·'ㅗ' 모음으로 된 용언 의 어간에 붙어 그 사실을 인정하나 그 다음 말과는 상관없음을 나타내는 말. ▣키는 작 ~ 힘이 장사다 / 아무리 보~ 쓸 만한 것이 없다 / 네가 울~ 참아야 한다. *-어도.

아:-동 (我東) 뗑 '아동방(我東方)'의 준말.

아동 (兒童) 뗑 1 어린아이. 어린이. 2 초등학교 에 다니는 나이의 아이. 학동(學童).

아동-극 (兒童劇) 뗑 『연』 1 어린이들이 하는

연극. 어린이극. **2** 아동을 대상으로 상연하는 연극. ㈜동극(童劇).

아동-기 (兒童期) 명 사람의 개체 발달의 한 시기로서 6~7세에서 12~13세까지의 시기.

아동 문학 (兒童文學) 『문』 **1** 어린이들을 대상으로 교육성과 흥미를 고려하여 창작한 문학. **2** 어린이들이 창작한 문학 작품.

아ː동방 (我東方·我東邦) 명 예전에, 우리가 스스로 우리나라를 일컫던 말. 중국의 동쪽에 있다고 하여 이르던 이름임. ㈜아동(我東).

아동-병 (兒童病)[-뼝] 명 『의』 어린아이에게 잘 걸리는 병(소아마비·백일해·홍역 따위).

아동-복 (兒童服) 명 아이들이 입도록 만든 옷. 어린이 옷.

아동 복지 (兒童福祉)[-찌] 『사』 모든 어린이가 건강하고 행복하게 잘 자라도록 그 생활을 보장하는 일.

아동 복지법 (兒童福祉法)[-찌뻡] 『법』 아동의 복지를 보장함을 목적으로 제정된 법률.

아동 심리학 (兒童心理學)[-니-] 『심』 어린이의 정신 현상과 의식 발달을 비교 연구하는 심리학의 한 분야.

아동-주졸 (兒童走卒) 명 철없는 아이들과 어리석은 사람들.

아동-화 (兒童畵) 명 어린이가 그린 그림. 동화(童畵).

아둔-패기 명 아둔한 사람을 낮잡아 이르는 말. ㈜둔패기.

아둔-하다 형여 슬기롭지 못하고 둔하다.

아드-님 명 남의 아들의 존칭. ↔따님.

아드득 부하자타 **1** 이를 한 번 세게 가는 소리. **2** 작고 단단한 물건을 힘껏 깨물어 부서뜨리는 소리. ☐사탕을 ~ 깨물다. ㈜으드득.

아드득-거리다[-꺼-] 자타 아드득 소리가 자꾸 나다. 또는 그런 소리를 자꾸 내다. ㈜으드득거리다. **아드득-아드득** 부하자타

아드득-대다[-때-] 자타 아드득거리다.

아드등-거리다 자 서로 자기 생각만 고집하여 굽히지 아니하고 자꾸 다투다. ㈜으드등거리다. **아드등-아드등** 부하자. ☐ ~ 다투다.

아드등-대다 자 아드등거리다.

아드레날린 (adrenaline) 명 『화』 척추동물의 부신 수질(副腎髓質)에서 분비되는 호르몬의 일종(혈압을 높이고, 지혈 따위의 작용을 함).

아득-바득 [-빠-] 부하자 고집을 몹시 부리거나 애를 쓰는 모양. ☐ ~ 우기다.

아득-아득 부하자 **1** 보이거나 들리는 것이 아주 희미하고 먼 모양. **2** 정신이 자꾸 흐려지는 모양. **3** 정신이 흐려졌다 맑아졌다 하는 모양.

아득-하다 [-드카-] 형여 **1** 멀게 보이거나 소리가 희미하게 들리다. ☐아득한 수평선 / 부르는 소리가 ~. **2** 까마득하게 오래다. ☐아득한 옛날. **3** 어떻게 하면 좋을지 막연하다. ☐살아갈 길이 ~. **4** 정신이 아찔하고 흐리멍덩하다. ☐취기가 돌아 의식이 ~. ㈜으득하다. **아득-히** [-드키-] 부 ☐ 멀다 / ~ 먼 옛날.

아들 명 남자로 태어난 자식. ↔딸.

아들-놈 [-롬] 명 **1** '아들자식'을 겸손하게 이르는 말. **2** '아들'을 낮잡아 이르는 말. ↔딸년.

아들-딸 명 아들과 딸. 자녀.

아들-마늘 명 마늘종 위에 열리는 작은 마늘.

아들-바퀴 명 쳇불을 메우는 데 쓰는 두 개의 좁은 테(하나는 쳇불을 씌워서 겉바퀴 아래쪽에 대고, 하나는 그 안쪽에 덧댐).

아들-아이 명 **1** 남에게 자기 아들을 이르는 말. 아들자식1. ☐제 ~가 가지고 갈 겁니다. **2** 아들로 태어난 아이. ↔딸아이. ㈜아들애.

아들-애 명 '아들아이'의 준말. ↔딸애.

아들-이삭 [-리-] 명 벼의 곁 줄기에서 나는 이삭.

아들-자 명 『수』 길이나 각도를 잴 때, 가장 작은 눈의 끝수를 정밀하게 재는 데 쓰는 보조자. 부척(副尺). 버니어.

아들-자 (-子) 명 한자 부수의 하나('孤'나 '孫' 등에서 '子'의 이름).

아들-자식 (-子息) 명 **1** 아들아이. ☐제 ~이 군에 입대합니다. **2** 아들로 태어난 자식. ↔딸자식.

아ː등 (我等) 대 우리.

아등그러-지다 자 **1** 바짝 말라 배틀어지다. **2** 날씨가 점점 흐려서 음산하여지다. ㈜으등그러지다.

아등-바등 부하자 몹시 악지스럽게 애를 쓰거나 우겨 대는 모양. ☐ ~ 살아가다.

아딧-줄 [-디쭐 / -딛쭐] 명 풍향(風向)을 맞추기 위하여 돛에 매어서 쓰는 줄. ㈜앗줄.

아드님 명 <옛> 아드님.

아독하다 형 <옛> 아득하다. 어둡다.

-아든 어미 <옛> -거든.

아뜨 감 <옛> 어엇.

아따 감 무엇이 심하거나 못마땅할 때 내는 소리. ☐ ~, 춥기도 하다. ㈜어따.

아뜩-수 (-手) [-쑤] 『수』 장기에서, 별안간 장기 짝을 움직이는 짓.

아뜩-아뜩 부하여 어지러워 자꾸 정신을 잃고 까무러칠 듯한 모양. ㈜어뜩어뜩.

아뜩-하다 [-뜨카-] 형여 갑자기 어지러워 까무러칠 듯하다. ☐눈앞이 ~. ㈜어뜩하다. **아뜩-히** [-뜨키] 부

아라 명 <옛> 아래.

-아라 어미 **1** 'ㅏ·ㅑ·ㅗ'의 모음으로 된 동사어간에 붙어서 명령하는 뜻을 나타내는 종결어미. ☐받~ / 보~ / 쫓~. * -어라. -으라. **2** 'ㅏ·ㅑ·ㅗ'의 모음으로 된 형용사 어간에 붙어 감탄의 뜻을 나타내는 종결 어미. ☐아이 좋~ / 달도 밝~. * -어라. -여라.

아라-가야 (阿羅伽倻) 명 『역』 신라 초의 부족 국가이던 육 가야(六伽倻)의 하나. 지금의 경상남도 함안(咸安) 부근에 있었음.

아라베스크 (프 arabesque) 명 **1** 아라비아에서 시작된 직선·당초(唐草) 등을 묘하게 배열한 장식 무늬(벽면(壁面) 장식에 씀). **2** 『문』 아라비아적(的)이라는 뜻에서, 다양성 있는 문예 작품을 이름. **3** 『악』 아라비아풍(風)의 화려한 장식이 많은 악곡. **4** 발레 기교의 하나(한쪽 다리로 서서 다른 쪽 다리를 곧게 뒤로 뻗힌 자세).

아라비아-고무 (Arabia-) 명 아라비아고무나무의 줄기에서 뽑은 수액(樹液)으로 만든 고무(물에 녹으며, 약품이나 고무풀 따위를 만드는 데 씀).

아라비아고무-나무 (Arabia-) 명 『식』 콩과의 상록 교목. 북(北)아프리카 원산. 높이 약 6m 정도이고 아래로 뻗친 가시가 있으며, 잎은 깃꼴 겹잎임. 흰색의 둥근 꽃이 피며 줄기에서 나오는 수액으로 아라비아고무를 만듦.

아라비아-말 (Arabia-) 명 『동』 아라비아 원산인 말의 한 품종(승용마로, 온순·강건·영리함). 아랍종.

아라비아 숫:자 (Arabia數字) [-수짜 / -숟짜] 보통 산술에서 쓰는 0,1,2,3,4,5,6,7,8,9의 10개의 숫자(인도에서 시작되었으나 아랍인

이 유럽으로 전하였기 때문에 생긴 이름임). 산용(算用) 숫자. 인도 숫자.

아라비아-어 (Arabia語) 圐〖언〗아랍어.

아라비아-인 (Arabia人) 圐 아랍인.

아라사 (俄羅斯) 圐 '노서아(露西亞)'의 구칭. 아국(俄國).

아라야 (阿羅耶) 圐〖불〗아라야식.

아라야-식 (阿羅耶識) 圐〖불〗팔식(八識)의 하나. 모든 법의 종자를 갈무리하고 일으키는 근본 심리 작용. 아뢰야식.

아라한 (阿羅漢) 圐〔산 arahan〕〖불〗1 소승 불교에서, 온갖 번뇌를 끊고 사제(四諦)의 이치를 깨달아 사람들의 우러름을 받을 만한 공덕을 갖춘 성자(聖者). 2 생사를 초월해 배울 만한 법도가 없게 된 경지의 부처. 㤠나한.

아라한-과 (阿羅漢果) 圐〖불〗아라한의 깨달음의 지위(소승 불교의 궁극에 이른 성자의 지위).

아락-바락 [━빠━] 圀 성이 나서 기를 쓰고 대드는 모양. ▢~ 대들다.

아란야 (阿蘭若) 圐〔산 āranya〕〖불〗절[1].

아람 圐 밤이나 상수리가 충분히 익어 저절로 떨어질 정도가 된 상태. 또는 그 열매. ▢~이 벌어지다.

아람(이) 불다 㤠 아람이 나무에서 떨어지거나 떨어질 상태에 있다.

아람 문자 (Aram文字) [━짜] 〖언〗기원전 7 세기경부터 쓰여서 셈 어족(Sem語族) 문자의 기초가 된 문자.

아람-어 (Aram語) 圐〖언〗셈 어족에 속하는 언어의 하나. 기원전 7 세기부터 기원전 5 세기까지 페르시아 왕국·메소포타미아·팔레스타인·이집트에서 공통 문화어로 쓰였으나, 지금은 거의 쓰이지 않음.

아람-치 圐 자기의 차지.

아랍 (Arab) 圐 1 아랍인. 2 아랍어.

아랍-어 (Arab語) 圐〖언〗셈 어족에 속하는 언어. 현재 아라비아 및 중동 일부 지역과 북아프리카에서 씀. 아라비아어. 아랍.

아랍-인 (Arab人) 圐 아라비아 및 근동 지방 등에 사는, 아랍어를 쓰는 여러 민족의 총칭. 이슬람교를 믿음. 아라비아인. 아랍.

아랑 圐 소주를 곤 뒤에 남은 찌꺼기.

아랑곳 [━곧] 圐화자타 (주로 '안 하다'·'하지 않다'와 함께 쓰여) 어떤 일에 나서서 알려고 들거나 참견하는 짓. ▢~하지 않고 지나가다 / 주머니 사정은 ~하지 않다.

아랑곳-없다 [━고덥따] 형 어떤 일을 알려고 들거나 참견하지 않다. ▢정치 따위는 아랑곳없는 듯한 태도. **아랑곳-없이** [━고덥씨] 🄬

아랑-주 (━酒) 圐 소주를 고고 난 찌꺼기로 곤, 질이 낮고 독한 소주.

아랑-주 (━紬) 圐 날은 명주실로, 씨는 명주실과 무명실을 두 올씩 섞어 짠 피륙. 반주(斑紬).

아래[1] 圐 1 어떤 기준보다 낮은 위치. ▢눈을 ~로 내리깔다. 2 물건의 머리의 반대쪽. ▢~에서 다섯째 줄. 3 지위·연령·신분·수량이 낮은 쪽. ▢위로는 왕에서 ~ 아래는 백성에 이르기까지 / 나보다 두 살 ~. 4 수준·정도·질 등이 다른 것보다 못한 쪽. ▢성적이 평균보다 ~. 5 지배·영향을 받는 처지나 범위. ▢부모 ~에 있는 아이들 / 이런 상황 ~에서는 곤란하다. 6 아래·다음에 적은 것. ▢자세한 것은 ~와 같다. ↔위.

아래[2] 圐〖옛〗전일(前日). 이전.

아래-닫기 [━다키] 圐 책상 서랍의 밑에 대는 나무.

아래-대 圐 예전에, 서울 성안의 동대문과 광

희문 지역을 이르던 말. ↔우대.

아래댓-사람 [━대싸━ / ━댇싸━] 圐〖역〗예전에, 아래대에 살던 하급 장교 이하 군졸 계급의 사람. ↔우멧사람.

아래-뜸 圐 한 마을의 아래쪽에 있는 부분. ↔위뜸.

아래-뻘 圐 '손아래뻘'의 준말.

아래-아 圐〖언〗옛 모음 'ㆍ'의 이름.

아래-아귀 圐 활의 줌통 아래(활의 중심에서 아래쪽 부분).

아래-알 圐 수판의 가름대 아래쪽에 있는 4-5 개의 알. ↔윗알.

아래-애 圐〖언〗옛 모음 'ㆎ'의 이름.

아래-옷 [━옫] 圐 아랫도리옷. ↔윗옷.

아래-위 圐 1 아래와 위. 상하(上下). ▢~를 훑어보다. 2 아랫사람과 윗사람. 위아래.

아래위-턱 圐 아랫사람과 윗사람의 구별. ▢~도 모르는 녀석.

아래윗-막이 [━윈마기] 圐 물건의 양쪽 머리를 막는 부분.

아래윗-벌 [━위뻘 / ━윋뻘] 圐 옷의 한 벌을 이루는 아랫벌과 윗벌.

아래윗-집 [━위찝 / ━윋찝] 圐 아랫집과 윗집.

아래-짝 圐 위아래로 한 벌을 이루는 물건의 아래에 있는 짝. ↔위짝.

아래-쪽 圐 아래가 되는 쪽. 하측(下側). ▢강의 ~. ↔위쪽.

아래-채 圐 1 여러 채로 된 집의 아래쪽에 있는 집채. ↔위채. 2 '뜰아래채'의 준말.

아래-청 (━廳) 圐 윗사람을 섬기고 있는 사람이 따로 잡고 있는 자리. ↔위청.

아래-층 (━層) 圐 여러 층으로 된 것의 아래에 있는 층. 밑층. 하층(下層). ▢~은 신혼부부가 산다. ↔위층.

아래-치마 圐 갈퀴의 뒤초리 쪽으로 가는 데 나무 따위를 가로 대고 철사·새끼로 묶은 가장 짧은 부분.

아래-턱 圐〖생〗아래쪽의 턱. 하악(下顎). ▢~에 난 수염. ↔위턱.

아래턱-뼈 圐〖생〗아래턱을 이루는 말발굽 모양의 뼈. 하악골.

아래-통 圐 아랫부분의 둘레. ▢~이 가늘다. ↔위통.

아래-편짝 (━便━) 圐 아래로 치우친 편짝.

아래-간 (━間) [━래깐 / ━랟깐] 圐 방이 둘로 나뉘어 있는 한옥에서, 아궁이에 가까운 쪽에 있는 방. ↔윗간.

아랫-것 [━래껃 / ━랟껃] 圐〈속〉지체가 낮은 사람이나 하인.

아랫-길 [━래낄 / ━랟낄] 圐 1 아래쪽에 있는 길. 2 품질이 떨어짐. 또는 그 품질. ↔윗길.

아랫-녘 [━랜녁] 圐 1 전라도·경상도의 일컬음. 2 앞녘. ↔윗녘.

아랫-눈시울 [━랜씨━] 圐 아래쪽의 눈시울. ↔윗눈시울.

아랫-눈썹 [━랜━] 圐 아랫눈시울에 있는 속눈썹. ↔윗눈썹.

아랫-니 [━랜━] 圐 〔←아랫이〕아랫잇몸에 난 이. ↔윗니.

아랫-다리 [━래따━ / ━랟따━] 圐 다리의 아랫부분. ↔윗다리.

아랫-단 [━래딴 / ━랟딴] 圐 옷 아래 가장자리를 안으로 접어 붙이거나 감친 부분.

아랫-당줄 [━래땅줄 / ━랟땅줄] 圐 망건의 편자 끝에 단 당줄. ↔윗당줄.

아랫-도리 [━래또━ / ━랟또━] 圐 1 허리 아래의

부분. **2** 지위가 낮은 계급. ↔윗도리. **3** '아 랫도리옷'의 준말.

아랫도리-옷 [-래또-온 / -랟또-옫] 圀 아랫도 리에 입는 옷. 아래옷. ㉰아랫도리.

아랫-돌 [-래똘 / -랟똘] 圀 아래에 있는 돌. ↔ 윗돌.
[아랫돌 빼서 윗돌 괴고 윗돌 빼서 아랫돌 괴 기] 일이 몹시 급해서 임시변통으로 이리저 리 둘러맞추어 감.

아랫-동 [-래똥 / -랟똥] 圀 '아랫동아리'의 준 말. ❑나무의 ~을 자르다.

아랫-동네 [-래똥- / -랟똥-] 圀 아래쪽에 있는 동네. ↔윗동네.

아랫-동아리 [-래똥- / -랟똥-] 圀 **1** 물체의 아 래가 되는 부분. ❑나무의 ~. ↔윗동아리. ㉰아랫동. **2** 〈속〉 아랫도리.

아랫-마구리 [-랜-] 圀 길쭉한 물건의 아래쪽 머리면. 「윗마구리.

아랫-마기 [-랜-] 圀 아랫도리에 입는 옷. ↔

아랫-마디 [-랜-] 圀 **1** 아랫부분의 마디. **2** 화 살의 살촉에 가까운 부분의 마디.

아랫-마을 [-랜-] 圀 아래쪽에 있는 마을. ↔ 윗마을. ㉰아랫말.

아랫-막이 [-랜마기] 圀 물건의 아래쪽 머리를 막은 부분. ↔윗막이.

아랫-말 [-랜-] 圀 '아랫마을'의 준말.

아랫-머리 [-랜-] 圀 위아래가 같은 물건의 아 래쪽 끝 부분. ↔윗머리.

아랫-면 (-面)[-랜-] 圀 물건의 드러난 부분의 아래쪽 바닥. ↔윗면.

아랫-목 [-랜-] 圀 온돌방에서 아궁이에 가까 운 목의 방바닥. ❑~에 좌정하다. ↔윗목.

아랫-몸 [-랜-] 圀 허리 아래의 몸. ↔윗몸.

아랫-물 [-랜-] 圀 **1** 흘러가는 아래쪽의 물. **2** 어떤 직급 체계에서 하위직. ↔윗물.

아랫-미닫이틀 [-랜-다지-] 圀 〖건〗 장지 또 는 미닫이 따위를 끼어 여닫는, 홈을 판 문지 방(門地枋).

아랫-바람 [-래빠- / -랟빠-] 圀 **1** 아래쪽에서 불어오는 바람. **2** 연 날릴 때 동풍을 이르는 말. ↔윗바람.

아랫-반 (-班)[-래빤 / -랟빤] 圀 **1** 아래 학년의 학급. **2** 등급이나 수준이 낮은 반. ↔윗반.

아랫-방 (-房)[-래빵 / -랟빵] 圀 **1** '뜰아랫방' 의 준말. **2** 잇달린 방 가운데 아궁이에 가까 운 방. ↔윗방.

아랫-배 [-래빼 / -랟빼] 圀 배꼽 아래쪽의 배. 소복(小腹). 하복(下腹). ❑~에 힘을 주다. ↔윗배.

아랫-벌 [-래뻘 / -랟뻘] 圀 아랫도리에 입는 옷. ↔윗벌.

아랫-변 (-邊)[-래뻔 / -랟뻔] 圀 〖수〗 사다리 꼴에서 아래쪽의 변. ↔윗변.

아랫-볼 [-래뿔 / -랟뿔] 圀 볼의 아래쪽 부분. ❑늘어진 ~. ↔윗볼.

아랫-부분 (-部分)[-래뿌- / -랟뿌-] 圀 전체 가운데 아래에 해당되는 범위.

아랫-사람 [-래싸- / -랟싸-] 圀 **1** 손아랫사람. **2** 자기보다 지위나 신분이 낮은 사람. ❑~의 청을 들어주다. ↔윗사람.

아랫-사랑 (-舍廊)[-래싸- / -랟싸-] 圀 **1** 아래 채에 있는 사랑. **2** 작은사랑.

아랫-수 (-手)[-래쑤 / -랟쑤] 圀 하수¹(下手). ❑넌 내 ~야. 「에 난 수염.

아랫-수염 (-鬚髥)[-래쑤- / -랟쑤-] 圀 아래턱

아랫-심 [-래씸 / -랟씸] 圀 주로 하반신으로

쓰는 힘. ↔윗심.

아랫-알 圀 ☞ 아래알.

아랫-입술 [-랜닙쑬] 圀 아래쪽의 입술. 하순. ❑~을 깨물다. ↔윗입술.

아랫-잇몸 [-랜닌-] 圀 아래쪽에 있는 잇몸. ↔윗잇몸.

아랫-자리 [-래짜- / -랟짜-] 圀 **1** 아랫사람이 앉는 자리. 하좌(下座). ↔윗자리. **2** 낮은 지 위의 자리. ↔윗자리. **3** 낮은 쪽의 자리. ↔ 윗자리. **4** 〖수〗 십진법에서 어느 자리보다 낮 은 다음 자리.

아랫-중방 (-中枋)[-래쭝- / -랟쭝-] 圀 〖건〗 하인방(下引枋). ↔윗중방.

아랫-집 [-래찝 / -랟찝] 圀 아래쪽에 이웃하여 있는 집. ↔윗집.

아:량 (雅量) 圀 속이 깊으면서 너그러운 마음 씨. ❑넓은 ~ / ~을 베풀다.

아레스 (그 Ares) 圀 〖문〗 그리스 신화에 나오 는 군신(軍神). 제우스(Zeus)와 헤라(Hera)의 아들이며, 로마 신화 가운데 마르스(Mars)에 해당함.

아:려-하다 (雅麗-) 혱옌 아담하고 곱다. ❑아 려하게 꾸민 실내 장식.

아련 圀 〈옛〉 어리고 아름다운 모양.

아련-하다 혱옌 똑똑하지 않고 분간하기 힘들 게 어렴풋하다. ❑기억이 ~ / 먼 산이 ~ / 종소리가 아련하게 들려온다. **아련-히** 圀

아렴풋-이 圀 아렴풋하게. ❑~ 보이다 / ~ 듣 다. ㉰어렴풋이.

아렴풋-하다 [-푸타-] 혱옌 **1** 기억이 또렷하지 않고 흐릿하다. ❑아렴풋한 옛날 생각. **2** 잘 보이거나 들리지 않고 흐릿하다. ❑아렴풋한 불빛 / 아렴풋하게 들리는 새소리. **3** 잠이 깊 이 들지 않다. ❑잠이 아렴풋하게 들다. ㉰어 렴풋하다.

아:령 (啞鈴) 圀 쇠붙이나 플라스틱 따위로 만 들며, 두 끝에 공처럼 생긴 쇠뭉치를 단 운동 기구(한 쌍이 한 벌임).

아:령 체조 (啞鈴體操) 圀 아령을 가지고 주로 팔·다리의 근육 운동을 하는 체조.

아령칙-이 圀 아령칙하게.

아령칙-하다 [-치카-] 혱옌 기억이나 형체 따 위가 또렷하지 않다. ㉰어령칙하다.

아례 (衙隷) 圀 〖역〗 지방 관아에서 부리던 하 인. 아속(衙屬).

아로록-다로록 [-따-] 圀휑 조금 성기고 고 르지 않게 여기저기 알록달록한 모양. ㉰어 루룩더루룩. ㉱알로록달로록.

아로록-아로록 圀휑 조금 성기고 고르게 알 록알록한 모양. ㉰어루룩어루룩. ㉱알로록알 로록.

아로롱-다로롱 圀휑 여기저기 드문드문 고 르지 않게 아롱진 모양. ㉰어루룽더루룽. ㉱ 알로롱달로롱.

아로롱-아로롱 圀휑 여기저기 고르게 아롱 진 모양. ㉰어루룽어루룽. ㉱알로롱알로롱.

아로-새기다 팀 **1** 무늬나 글자 따위를 또렷하 고 정교하게 파서 새기다. ❑자개 무늬를 아 로새긴 장롱. **2** 마음속에 분명히 기억해 두 다. ❑기쁨을 가슴 깊이 ~.

아록 (衙祿) 圀 〖역〗 조선 때, 지방 관아·도진 (渡津)·수참(水站)에 속한 사람들에게 주던 녹봉.

아록-다록 [-따-] 圀휑 밝고 연한 여러 빛깔 의 무늬 따위가 고르지 않고 배게 박힌 모양. ㉰어룩더룩. ㉱알록달록.

아록-아록 圀휑 조금 밝은 빛깔의 작은 얼룩 이나 무늬 따위가 연하고 고르게 무늬져 있

는 모양. 團어룩어룩.

아롬 圖〈옛〉 앎.

아롱 圖 '아롱이'의 준말. 團어롱.

아롱-거리다 困 또렷하지 않고 흐리게 아른거리다. 團어롱거리다. 아롱-아롱¹ 閉하困. ❏ 아지랑이가 ～ 어리다.

아롱-다롱 閉하困 여러 가지 빛깔의 작은 점이나 줄이 고르지 않고 배게 무늬를 이룬 모양. 團어룽더룽.

아롱-대다 困 아롱거리다.

아롱-무늬 [-니] 圖 점이나 줄로 된 아롱아롱한 무늬.

아롱-사태 圖 쇠고기 뭉치사태의 한가운데에 붙은 살덩이.

아롱-아롱² 閉하困 점이나 줄이 고르게 무늬를 지어 아른거리는 모양. 團어룽어룽².

아롱-이 圖 아롱진 점이나 무늬. 또는 그런 점이나 무늬가 있는 짐승이나 물건. 團어룽이. 团알롱이. 團아롱.

아롱-지다 困 아롱아롱한 점이나 무늬가 생기다. ❏눈물이 뺨에 ～. 三閉 아롱아롱한 점이나 무늬가 지다. 团알롱지다.

아뢰다 困 1 윗사람 앞에서 풍악을 연주하여 드리다. ❏풍류를 ～. 2 '말하여 알리다'의 경어. ❏임금에게 ～.

아뢰야-식 (阿賴耶識) 圖〖불〗아라야식.

아:류 (亞流) 圖 1 둘째가는 사람이나 사물. 2 문학·예술·학문에서 모방하는 일이나 그렇게 한 것. 또는 그런 사람. ❏이중섭의 ～.

아류 (牙輪) 圖 톱니바퀴.

아류 (蛾輪) 圖 누에의 암나방과 수나방을 교미시킨 뒤, 암나방이 산란할 때에 암나방을 덮어 두는, 양철로 만든 깔때기 모양의 용기(容器). 나방테.

아르 (프 are) 圖圖 미터법에 의한 면적 단위《100m²에 해당함. 기호는 a》.

아르곤 (argon) 圖〖화〗공기 가운데 약 1% 들어 있는 무색·무취·무미의 비활성 원소《다른 원소와 화합하지 않으며 영하 187℃에서 액화함》. [18 번 : Ar : 39.948]

아르 누보 (프 art nouveau) 19세기 말에서 20세기 초에 걸쳐 건축·공예·회화에 나타난 미술 양식《곡선 형태가 특징임》.

아르렁 閉하困 작고 사나운 짐승이 성내어 우는 소리. 또는 그 모양. 團으르렁.

아르렁-거리다 困 1 잇따라 아르렁 소리를 지르다. 2 순하지 못한 말로 서로 자꾸 다투다. 團으르렁거리다. 아르렁-아르렁 閉하困

아르렁-대다 困 아르렁거리다.

아르렁이 圖 아롱아롱한 점이나 무늬. 團어르룽이.

아르르¹ 閉하困 1 춥거나 두려워서 몸이 떨리는 모양. 2 애처롭거나 아까워서 몸이 떨리는 모양. ❏～ 저미는 가슴. 團으르르.

아르르² 閉하困 조금 아알알한 듯한 느낌. ❏김치가 매워 혀끝이 ～하다.

아르마딜로 (armadillo) 圖〖동〗빈치목(貧齒目) 아르마딜로과의 짐승. 중남아메리카에 분포하며, 거북처럼 견고한 갑옷 모양의 뼈판으로 덮여 있음. 앞발에는 강력한 발톱이 있어 이것으로 땅을 팜. 야행성임.

아르바이트 (독 Arbeit) 圖困 일·노동의 뜻으로, 학생이나 직업인의 부업. ❏～로 학비를 벌다 / ～하는 학생이 늘다.

아르 앤드 비 (R & B)〖악〗〔rhythm and blues〕 리듬 앤드 블루스.

아르에스시 (RSC)〔referee stop contest〕아마추어 권투에서, 부상 따위로 더 이상 경기

를 할 수 없을 때 심판이 경기를 중지하고 승부를 판정으로 결정하는 일. ＊티케이오.

아르에이치 네거티브 (Rh negative)〖생〗아르에이치 음성.

아르에이치 마이너스 (Rh minus)〖생〗아르에이치 음성.

아르에이치 양성 (Rh陽性)〖생〗아르에이치 인자를 갖는 혈액형《기호 : Rh+》. 아르에이치 포지티브. 아르에이치 플러스.

아르에이치 음성 (Rh陰性)〖생〗아르에이치 인자를 가지지 않은 혈액형《기호 : Rh-》. 아르에이치 네거티브. 아르에이치 마이너스.

아르에이치 인자 (Rh因子)〖생〗인간의 혈액에 있는 응집소(凝集素)의 하나《약 85% 의 사람이 적혈구 중에 이 인자를 가짐》.

아르에이치 포지티브 (Rh positive)〖생〗아르에이치 양성.

아르에이치 플러스 (Rh plus)〖생〗아르에이치 양성.

아르엔에이 (RNA) 圖〔ribonucleic acid〕〖화〗리보 핵산(核酸).

아르오케이에이 (ROKA) 圖〔Republic of Korea Army〕대한민국 육군. 로카.

아르오티시 (ROTC) 圖〔Reserve Officers' Training Corps〕예비 장교 훈련단《대학생에게 군사 훈련을 실시하여 졸업과 동시에 장교로 임명하는 제도》. 학생 군사 교육단.

아르코 (이 arco) 圖〖악〗현악기의 활. 궁주(弓奏). 악궁(樂弓).

아르티오 (RTO) 圖〔Railway Transportation Office〕〖군〗군용 철도 수송 사무소.

아르티장 (프 artisan) 圖 독자적 표현의 기교를 가지되 사상성·예술성이 낮아서 본격적인 예술가가 되지 못하는 사람을 비판적으로 이르는 말.

아르페지오 (이 arpeggio) 圖〖악〗펼침화음.

아른-거리다 困 1 무엇이 보였다 안 보였다 하다. 2 그림자가 희미하게 자꾸 움직이다. 3 물이나 거울에 비친 그림자가 자꾸 흔들리다. ❏호수 위에 달빛이 ～. 團어른거리다. 아른-아른 閉하困. ❏아지랑이가 ～ 연기처럼 피어오른다.

아른-대다 困 아른거리다.

아:른-스럽다 [-따]〔-스러워, -스러우니〕閉 田 1 어린 사람이 어른인 체하는 데가 있다. 2 어린아이의 말이나 행동이 어른 같은 데가 있다. 團어른스레. 아:른-스레 囝

아름¹ 一圖 두 팔을 벌려 껴안은 둘레의 길이. ❏이 넘는 느티나무. 三圖 1 두 팔로 껴안은 길이를 세는 단위. 2 두 팔을 둥글게 모아 만든 둘레 안에 들 만한 분량을 세는 단위. ❏꽃다발 한 ～.

아름-거리다 圖困 1 말이나 행동을 분명히 하지 못하고 우물쭈물하다. 2 일을 엉터리로 하여 눈을 속이다. 團어름거리다. 아름-아름 閉하困

아름답다 [-따]〔아름다워, 아름다우니〕閉田 1 보거나 듣기에 즐겁고 좋은 느낌을 가지게 할 만하다. ❏아름다운 꽃 / 아름다운 목소리 / 경치가 ～. 2 행동이나 마음씨 따위가 훌륭하고 갸륵하다. ❏아름다운 우정 / 가정생활을 아름답게 가꾸다.

아름-대다 圖困 아름거리다.

아름-드리 圖 한 아름이 넘는 큰 나무나 물건. ❏～ 소나무 / ～ 기둥.

아름작-거리다 [-꺼-] 圖困 느리게 아름거리

다. 圍어름적거리다. **아름작-아름작** 튀하자튀

아름작-대다 튀-[자타] 아름작거리다.

아름-차다 휑 **1** 힘에 겹다. **2** 보람차다.

아리다 휑 **1** 혀끝이 알알한 느낌이 있다. ▣ 혀가 ~. **2** 다친 살이 찌르듯이 아프다. ▣ 상처가 ~. **3** 마음이 몹시 고통스럽다. ▣ 불쌍한 생각으로 가슴이 아렸다.

아리땁다 [-따-] 〔아리따워, 아리따우니〕 휑팀 마음이나 태도, 자태가 사랑스럽고 아름답다. ▣ 아리따운 자태.

아리랑 휑 '아리랑 타령'의 준말.

아리랑 타령 〖악〗 우리나라의 대표적 민요의 하나. 기본 장단은 세마치이나 지방에 따라 가사와 곡조가 약간씩 다름. 圇아리랑.

아리새 휑 〈옛〉 할미새.

아리송-하다 휑에 비슷비슷한 것이 뒤섞여 분간하기 어렵다. ▣ 태도가 ~. 圇어리숭하다. 圇알쏭하다.

아리쇠 휑 〈옛〉 삼발이1.

아리아 (이 aria) 휑〖악〗 **1** 오페라 등에서 악기의 반주가 있는, 길고도 서정적인 내용의 독창곡(매우 선율적임). 영창(詠唱). **2** 서정적인 소가곡이나 그 기악곡.

아리아리-하다 휑 **1** 여러 가지가 모두 아리송하다. 圇어리어리하다. **2** 계속 아린 느낌이 입안이 ~.

아리안 (Aryan) 휑 인도유럽 어족에 속하는 인종을 통틀어 이르는 말. 아리아 인.

아리에타 (이 arietta) 휑〖악〗 소규모의 아리아. 소영창(小詠唱).

-아리여 어미 〈옛〉 -리요.

아리오소 (이 arioso) 휑〖악〗 다소 서창적(敍唱的)인 독창곡. 또는 그런 기악곡(엄밀하게는 아리아풍(風)의 레시터티브를 말함).

아리잠직-하다 [-지카-] 휑에 키가 작고 모양이 얌전하며 어린 티가 있다.

아린 (芽鱗) 휑〖식〗 겨울눈을 싸고, 나중에 꽃이나 잎이 될 여린 부분을 보호하는 단단한 비늘 조각.

아릿-거리다 [-릳꺼-] [자] **1** 아렴풋하게 자꾸 눈앞에 어려 오다. **2** 말이나 행동이 생기 없이 움직이다. 圇어릿거리다. **아릿-아릿** [-리다린] 튀하자

아릿-대다 [-릳때-] [자] 아릿거리다.

아릿-하다 [-리타-] 휑에 조금 아린 느낌이 들다. ▣ 아릿한 맛이 나다. 圇어릿하다.

아룸 휑 〈옛〉 **1** 사삿일. **2** 백성.

아룸답다 휑 〈옛〉 아름답다.

아룸도이 튀 〈옛〉 사사로이.

아룸밭 휑 〈옛〉 자기 소유의 밭. 제 밭.

아룸집 휑 〈옛〉 자기 방. 개인의 방.

아룺것 휑 〈옛〉 사유(私有)의 것.

아력 圀 〈옛〉 지난 날. 昔時.

아마1 (兒馬) 휑 **1** 길들지 아니한 작은 말. **2** 〖역〗 조선 때, 벼슬아치가 작은 공(功)이 있을 때 임금이 상으로 주던 말.

아마2 (亞麻) 휑〖식〗 아마과의 한해살이풀. 중앙아시아 원산. 높이 1m 정도이고 잎은 어긋나며 선 모양임. 늦봄에 푸른 자주색의 다섯잎꽃이 피고, 삭과(蒴果)는 둥글며 황갈색 씨가 열 개 들어 있음. 껍질은 섬유로, 씨는 기름을 짜며 약재로도 씀.

아마1 (←amateur) 휑 〈옛〉 '아마추어'의 준말. ▣ ~ 권투 / 바둑이 ~ 3단이다. ↔프로.

아마2 튀 단정할 수는 없으나, 어느 정도 짐작하거나 그럴 가능성이 큰 말 앞에서 '거의'·

'대개'의 뜻으로 쓰이는 말. ▣ ~ 올 테지 / ~ 지금쯤 끝나겠지 / ~ 괜찮을 것이다.

아마겟돈 (←Harmagedon) 휑〖기〗 요한 계시록에 있는 천군(天軍)과 악마의 군이 만나 최후의 결전을 행할 싸움터.

아마-도 튀 '아마'의 강조어.

아마릴리스 (amaryllis) 휑〖식〗 수선화과의 여러해살이풀. 잎은 뿌리에서 돋고 두꺼움. 여름에 흰색·붉은색 따위의 얼룩 여섯잎꽃이 핌. 많은 개량 품종이 관상용으로 재배됨.

아마빌레 (이 amabile) 휑〖악〗 '사랑스럽게·부드럽게·연하게'의 뜻.

아마-유 (亞麻油) 휑 아마인유.

아마-인 (亞麻仁) 휑 아마의 씨(당뇨병·장 질환의 약으로 씀).

아마인-유 (亞麻仁油)[-뉴] 휑 아마의 씨로 짠 기름(도료(塗料)·인주·인쇄 잉크 등을 만드는 데 씀). 아마유.

아마인유-지 (亞麻仁油紙)[-뉴-] 휑 아마인유를 칠하여 만든 종이.

아마추어 (amateur) 휑 문학·학문·예술·기술·스포츠 따위를 취미 삼아 즐기는 사람. 비전문가. 소인(素人). ▣ ~ 무선가 / ~ 스포츠 / ~ 극. ↔프로페셔널. 圇아마.

아마추어 (armature) 휑 **1** 〖생〗이나 가시 따위와 같은 방호(防護) 기관. **2** 〖물〗 전기자(電機子). **3** 〖물〗 계전기(繼電器) 등의 자기극(磁氣極)에 접촉하는 조그만 쇳조각.

아마추어리즘 (amateurism) 휑 스포츠 등에서, 직업적이 아니고 즐기기 위하여 경기하는 태도. 아마추어 정신.

아마-포 (亞麻布) 휑 리넨.

아:만 (我慢) 휑〖불〗 스스로를 높여서 잘난 체하고, 남을 업신여기는 마음.

아말감 (amalgam) 휑〖화〗 백금·니켈·망간·코발트·철 등을 제외한 다른 금속과 수은의 합금(금·은의 야금, 거울의 반사면, 치과용 충전재(充塡材) 따위에 씀).

아말감-법 (amalgam濕式)[-뻡] 휑〖화〗 수은을 용매로 한 습식(濕式) 야금법(적당히 처리한 금·은을 수은에 접촉시켜 아말감을 만들고 이를 분리·증류하여 순수한 금·은을 얻음). 혼홍법(混汞法).

아:망 휑 아이들이 부리는 오기. ▣ 아이가 ~을 떨다 / 하도 ~을 부려서 야단을 쳤다 / ~ 피우지 말고 얌전히 있어라.

아:망-스럽다 [-따-] [-스러워, -스러우니] 휑팀 아망이 있어 보이다. **아:망-스레** 튀

아망위 휑 (←일 あまぐ[雨具]) 외투·비옷 따위의 깃에 덧붙여 머리에 뒤집어쓰는 모자. [아망위에 턱을 걸었다] 뒤에서 돌보아 주는 힘을 믿고 교만을 떠는 경우의 비유.

아메리슘 (americium) 휑〖화〗 1944년에 발견된 인공 방사성 원소. 천연으로는 아직 발견되지 않음. 은백색의 금속 원소로, 화학적 성질은 희토류와 비슷함. [95 번: Am : 243]

아메리카 합금 (America合金)[-끔] 휑〖화〗 미국에서 많이 쓰는, 구리를 7~9% 포함한 알루미늄 합금.

아메리카 합중국 (America合衆國)[-중-] 미국. 圇합중국.

아메리칸-드림 (American dream) 휑 **1** 미국 사람들이 갖고 있는 미국적인 이상 사회를 이룩하려는 꿈. **2** 미국에 가면 누구 일을 하든 행복하게 잘살 수 있으리라는 생각.

아메리칸 인디언 (American Indian) 남북 아메리카의 원주민(피부는 구릿빛, 머리는 흑색, 눈동자는 검음. 태고에 동부 아시아에서

베링 해협을 거쳐 이주했음》. 인디언.

아메리칸 크롤 (American crawl) 자유형 수영법의 한 가지.

아메바 (amoeba) 圀 〘생〙 단세포의 원생동물. 크기는 0.02-0.5mm. 형태가 일정하지 않으며, 위족(僞足)을 내밀어 기어다니면서 먹이를 싸서 흡수함.

아메바성 이:질 (amoeba性痢疾)[-썽-] 〘의〙 이질 아메바의 감염으로 생기는 소화기 전염병. 주로 열대·아열대 지방에 많으며 심한 설사와 혈변(血便), 복통의 증상을 나타냄(법정 제2종 전염병임). 아메바 이질. 아메바 적리(赤痢).

아메바 운:동 (amoeba運動) 〘생〙 아메바 따위에서 볼 수 있는 원형질의 유동에 따라 몸의 일부를 내밀어 위족(僞足)을 이루면서 몸을 이동하는 운동.

아메바 적리 (amoeba赤痢)[-쩌니] 〘의〙 아메바성 이질.

아멘 (히 amen) 캄 〘기·가〙 기도나 찬미의 끝에 그 내용에 동의하거나 이루어지길 바란다는 뜻으로 하는 말. 🔲예수님의 이름으로 기도드립니다. ~.

아명 (兒名)圀 아이 때의 이름. ↔관명(冠名).

아:명 (雅名)圀 아담하고 운치 있는 이름.

아모 〔代〕〈옛〉 아무. 📘〈옛〉 아무.

아모레 (이 amore) 圀 〘악〙 '애정을 가지고·사랑스럽게'의 뜻. 아모로소.

아모로소 (이 amoroso) 〘악〙 아모레.

아모르 (Amor) 圀 〘문〙 로마 신화의 사랑의 신 《그리스 신화의 에로스에 해당함》.

아모스-서 (Amos書) 圀 〘기〙 구약 성서의 한 편. 아모스에 의해 기록되었으며, 이스라엘의 범죄에 대한 하나님의 노여움과 종말에 대한 경고 등을 내용으로 함.

아모제 圀 〈옛〉 아무 때.

아:목 (亞目) 圀 〘생〙 생물 계통 분류의 한 단계(목(目)의 아래, 과(科)의 위임).

아몬드 (almond) 圀 〘식〙 편도(扁桃).

아:무 〔代〕꼭 이름을 지정하지 않는 대명사. 하모(何某). 🔲~나 가거라. 📘1 어떤 사물 따위를 특별히 정하지 않고 이를 때 쓰는 말. 모(某). 🔲~ 날 ~ 시. 2 '아무런·어떠한'의 뜻. 🔲~ 생각 없이 갔던가 / ~ 말도 하지 않았다 / ~ 소용이 없다.

아:무-개 〔代〕아무의 낮춤말. 모(某). 🔲김 ~가 나요 / 전날 ~는 황당한 일을 겪었다.

아:무-것 [-걷] 圀 1 특별히 정하지 않고 이를 때 쓰는 말. 어떤 것. 🔲~도 좋다. 2 《주로 '아니다'와 함께 쓰여》 중요하거나 특별한 어떤 것. 🔲~도 아닌 일로 다투다.

아:무래도 📘 '아무리하여도'의 준말. 🔲그런 일은 ~ 좋다. 2 '아무리 하여도'의 준말. 🔲~ 영어론 너를 못 당하겠네.

아:무러면 📘 '아무리하면'의 준말. 🔲~ 그가 갈까 / ~ 굶어 죽겠느냐.

아:무러-하다 졚예 1 구체적으로 정하지 않은 어떤 상태나 조건으로 되어 있다. 🔲아무러하든 그 일은 꼭 해야 한다. 2 《주로 '아무런'의 꼴로 쓰여》 '전혀 어떠한'의 뜻으로 쓰는 말. 🔲아무러한 대답도 듣지 못했다. 📗아무렇다.

아:무런 꽌 《주로 '않다'·'없다'·'못하다' 따위의 부정적인 말과 함께 쓰여》 '전혀 어떠한'의 뜻을 나타내는 말. 🔲그래봤자 ~ 소용도 없다 / 그 일과는 ~ 상관이 없다.

아:무런들 📘 아무런들. 🔲옷이야 ~ 어떻겠느냐.

아:무렇게 [-러케] 📗 아무러하게. 🔲~나 생각하지 않는다.

아:무렇다 [-러타] 〔아무러니, 아무래서〕 졚읗 '아무러하다'의 준말. 🔲아무렇지도 않은 듯한 표정을 짓다.

아:무려나 캄 아무렇게나 하고 싶은 대로 하라고 승낙하는 말. 🔲~, 좋을 대로 하렴.

아:무려니 📘 그렇게 되지 않기를 바라면서 설마의 뜻을 나타내는 말. 🔲~, 그럴라고.

아:무려면 📘 말할 나위도 없이 그렇다는 뜻. 🔲그렇지 / ~ 그렇고 말고. 📗아무렴.

아:무렴 캄 '아무려면'의 준말. 🔲~, 가지요. 📗암³.

아:무리 🔲캄 1 '제아무리'의 준말. 🔲~ 예뻐도 양귀비만 못하다 / ~ 돈이 많아도 낭비해서는 안 된다. 2 비록 그렇다 해도 그럴 수는 없다는 말. 🔲~ 오뉴월이라도 오늘라구. 3 자꾸. 거듭. 🔲~ 생각해도 생각나지 않는다. 📕캄 결코 그럴 리가 없다는 뜻으로 하는 말. 설마. 어쩌면. 🔲~, 그가 그런 말을 했을 리가 있나.

[아무리 바빠도 바늘허리 매어 쓰지 못한다] 아무리 바빠도 꼭 갖출 것은 갖추어야 일을 제대로 할 수 있다는 말.

아:무-아무 〔代〕한 사람 이상을 지정하지 않고 부르는 말. 아무와 아무. 🔲~를 불러오너라. 📘꽌 어떤 사물을 한정하지 않고 이를 때 쓰는 말. 🔲~ 시간에 가거라.

아:무-짝 圀 '아무 방면. 🔲~에도 못 쓰겠다.

아:무-쪼록 📘 될 수 있는 대로. 모쪼록. 🔲~ 빨리 다녀오시오.

아:무튼 📘 일의 형편·상태 따위가 어떻게 되어 있든 어떻든. 어쨌든. 하여튼. 🔲~ 세상은 시끄럽게 됐다. 📗암튼.

아:무튼지 📘 일의 형편·상태 따위가 어떻게 되어 있든지. 어떻든지. 어쨌든지. 🔲~ 합격은 해 놓고 봐야지. 📕준 아무러든지.

아:문 (亞門) 圀 〘생〙 동식물 분류의 한 단계 《강(綱)과 문(門) 사이).

아문 (衙門) 圀 〘역〙 1 상급의 관아. 2 관아의 총칭.

아물-거리다 재 1 작거나 희미한 것이 보일 듯 말 듯 자꾸 움직이다. 2 말이나 행동을 시원스럽게 하지 않고 꾸물거리다. 3 정신이 자꾸 희미해지다. 🔲오래되어 모습이 ~. **아물-아물** 📘부뤄.

아물다 〔아물어, 아무니, 아무는〕 재 부스럼이나 상처가 나아 살갗이 맞붙다. 🔲상처가 ~.

아물-거리다 재 ☞ 아물거리다.

아물리다 타 1 《'아물다'의 사동》 부스럼이나 상처에 새살이 나와 맞붙게 하다. 2 셈을 끝막다. 🔲늘계산 계산을 ~. 3 벌어진 일을 잘 되도록 어우르거나 잘 맞추다.

아물든 📘 ☞ 아무튼.

아물든지 📘 ☞ 아무튼지.

아미 (蛾眉) 圀 누에나방의 촉수(觸鬚)처럼 털이 짧고 초승달 모양으로 길게 굽은 아름다운 눈썹《미인의 눈썹》.

아미를 숙이다 여자가 머리를 다소곳이 숙이다.

아미노 (amino) 圀 〘화〙 아미노기(基).

아미노-기 (amino基) 圀 〘화〙 한 개의 질소 원자와 두 개의 산소 원자로 이루어진 1가(價)의 원자단《제1아민이나 아미노산 따위에 들어 있음). 아미노.

아미노-산 (amino酸)圄〔화〕단백질의 가수 분해에 따라 생기는 유기 화합물의 총칭(아미노기 및 카르복시기를 지니며, 글리신·아스파라긴·리신 등이 있음).

아미노산 간장 (amino酸−醬)圄〔화〕콩깻묵이나 건어(乾魚)를 염산으로 끓여 얻은 단백질을 아미노산으로 가수 분해하여, 수산화나트륨으로 중화하여 만든 간장.

아미노피린 (aminopyrine)圄〔약〕해열 진통제의 하나로 백색 결정성 분말.

아미-월 (蛾眉月)圄 음력 초사흘날의 달.

아미타 (阿彌陀)圄〔불〕아미타불.

아미타-경 (阿彌陀經)圄〔불〕정토 삼부경(淨土三部經)의 하나로 아미타불의 공덕과 극락 세계의 일을 적은 경문을 한역한 경전.

아미타-불 (阿彌陀佛)圄〔불〕서방 정토의 부처의 이름(모든 중생을 제도하려는 대원(大願)을 품은 부처로서, 이 부처를 염(念)하면 죽은 뒤 극락정토에 태어날 수 있다 함). 아미타. 준미타·미타불.

아미타 삼존 (阿彌陀三尊)〔불〕아미타불과 그를 좌우에 모시는 대세지(大勢至)보살과 관세음보살. ↔아미타 삼존.

아미타-여래 (阿彌陀如來)圄〔불〕'아미타불'의 높임말.

아민 (amine)圄〔화〕아민류.

아민-류 (amine類)[−뉴]圄〔화〕암모니아 가운데 수소 원자를 탄화수소기로 치환하여 얻은 유기 화합물의 총칭. 아민류.

아밀라아제 (amylase)圄〔화〕녹말·글리코겐 (glycogen) 따위를 가수 분해 하여 말토오스 (maltose)·글루코오스 (glucose) 따위를 만드는 효소.

아밀로오스 (amylose)圄〔화〕아밀로펙틴과 함께 녹말의 주요 성분이 되는 유기 화합물(맛과 냄새가 없는 흰색 분말로, 녹말의 푸른색 요오드 반응은 이것에 따른 것임).

아밀로펙틴 (amylopectin)圄〔화〕아밀로오스와 함께 녹말을 구성하는 주성분의 한 가지. 포도당이 분리하면서 결합한 것. 보통 녹말의 70∼80％를 차지하며, 떡의 특성인 찰기를 이루는 물질임.

아밀롭신 (amylopsin)圄〔화〕이자에서 분비되는 소화 효소의 한 가지.

아무리 用〔옛〕아무리.

아바네라 圄 ☞하바네라(habanera).

아바-마마 (−媽媽)圄〔궁〕임금이나 임금의 아들딸이 그 아버지를 일컫던 말.

아바타 (avatar)圄'분신'·'화신(化神)'을 뜻하는 말. 인터넷에서 사용자가 자신의 역할을 대신하는 존재로 활용하는 애니메이션 캐릭터.

아반 (兒斑)圄〔의〕'소아반(小兒斑)'의 준말.

아:방 (我方)圄 우리 쪽. 우리 편.

아:방 (我邦)圄 우리나라. ↔이방(異邦).

아:방 (兒房)圄〔역〕조선 때, 대궐 안의 장신 (將臣)들이 때때로 묵던 곳.

아:방 (亞房)圄〔역〕조선 때, 관아의 사령(使令)이 있던 곳.

아방가르드 (프 avant-garde)圄 1 전위대(前衛隊). 2 제1차 세계 대전 때부터 유럽에서 일어난 예술 운동. 기성 관념이나 유파를 부정하고 새로운 것을 이룩하려는 입체파·표현파·추상파·초현실파 등의 총칭. 전위파.

아방게르 (프 avant-guerre)圄 1 제1차 세계 대전 전의 예술상의 모든 사조(자연주의·현실주의·인상주의 등). 2 아프레게르에 비해서 고풍적·비민주주의적이며, 시대에 뒤진 사상·생활 태도 따위의 일컬음. 전전파(戰前派). ↔아프레게르.

아방-궁 (阿房宮)圄 1〔역〕중국 진시황(秦始皇) 35년, 상림원(上林苑)에 지은 궁전(유적은 산시(陝西) 성 웨이수이(渭水)의 남쪽 아방촌(阿房村)에 있음). 2'지나치게 크고 화려한 집'의 비유.

아방-나찰 (阿房羅刹)圄〔불〕지옥에서 죄인을 괴롭히는 옥졸.

아배 (兒輩)圄 1 아이들. 2 남을 유치하게 취급할 때 쓰는 말.

아:배 (我輩)団 우리들. 오등(吾等).

아버-님 圄'아버지'의 높임말.

아버지 圄 1 남자인 어버이. 부친. 2 자녀를 둔 남자를 자식과의 관계로 일컫는 말. ◻영희 ∼. 3〔기〕삼위일체 제일위인'하나님'을 친근하게 일컫는 말. 천부(天父).

아범 圄 1 아버지의 비칭. 2 윗사람이 자식 있는 남자를 친근히 일컫는 말. 3 예전에, 늙은 남자 하인을 대접하여 이르던 말. ↔어멈.

아베 마리아 (라 Ave Maria) 1〔가〕성모 마리아를 축복·찬미하는 기도문. 성모송(聖母誦). 2〔악〕성모 마리아의 찬송가. ＊성모 찬가.

아베스타 (페 Avestā)圄〔종〕조로아스터교의 경전(송가·율법·예의의 순서 및 신화 등을 기록함).

아베크-족 (avec族)圄 젊은 남녀의 동행(同行). 연인 관계에 있는 남녀 한 쌍.

아:보 (雅步)圄 한가롭고 기품 있는 걸음걸이.

아보가드로-수 (Avogadro數)圄〔물〕0℃, 1기압의 기체 1cm^3 중의 분자 수(＝2.69×10^{19}), 또는 1g 분자 중의 분자 수(＝6.023×10^{23}), 몰분자수.

아부 (阿附)圄〔하저〕남의 비위를 맞추어 알랑거림. ◻ 상사 ∼/∼ 상사에게.

아:부-악 (雅部樂)圄〔악〕삼악(三樂)의 하나. 중국 주(周)나라 이전의 고전악. 준아악.

아-부용 (阿芙蓉)圄〔식〕양귀비꽃.

아불리가 (阿弗利加)圄'아프리카'의 음역(音譯).

아불식초 (鵝不食草)圄〔식〕피막이풀.

아비 圄 1 아버지의 낮춤말. ◻그 ∼에 그 아들. 2 자식을 둔, 며느리가 시부모에게 자기 남편을 가리키는 말. ◻∼는 오늘 좀 늦습니다. 3 자식이 있는 아들을 그의 부모가 부르거나 이르는 말. ◻∼야, 이리 좀 오너라. 4 손자나 손녀에게 그들의 아버지를 이르는 말. ◻∼ 집에 있느냐. 5 아버지가 자식에게 자신을 낮추어 이르는 말. ◻∼ 말을 거역하느냐.

아비 (阿比)圄〔조〕아비과의 바닷새. 여름에 북극 부근에서 번식, 겨울에는 해양에 무리지어 서식함. 부리가 날카롭고 발에는 물갈퀴가 있음. 고기 떼를 보고 모여드는 습성이 있어 어업상 유익함.

아비 (衙婢)圄〔역〕조선 때, 수령(守令)이 사사로이 부리던 계집종. ↔아노.

아비-규환 (阿鼻叫喚)圄 1〔불〕무간지옥(無間地獄)의 고통으로 울부짖는 소리. 2 여러 사람이 참담한 지경에 빠져 울부짖는 참상의 형용. ◻사고 현장은 ∼이었다.

아비-부 (−父)圄 한자 부수의 하나(爹·爺 등에서'父'의 이름).

아:-비산 (亞砒酸)圄 1 삼산화이비소(三酸化二砒素)의 수용액 속에 있는 3가(價)의 약한 산. 2'삼산화이비소'의 속칭.

아비-지옥 (阿鼻地獄) 명 《불》 무간지옥.

아빈 [옛] 대 '아비'의 소유격형.

아빠 〈소아〉 아버지.

아뿔싸 캄 잘못되거나 언짢은 일을 뉘우쳐 깨달았을 때 내는 소리. □ ~, 낭패로군. 큰어뿔싸. ㉮하뿔싸.

아:사 (雅士) 명 바르고 깨끗한 선비.

아:사 (雅事) 명 아담한 풍치가 있는 일.

아:사 (餓死) 명하자 굶어 죽음. 기사(饑死).

아사달 (阿斯達) 명 [역] 단군 조선 개국 때의 도읍지(지금의 평양 부근의 백악산(白岳山) 또는 황해도 구월산이라고도 함).

아사리 (阿闍梨) 명 [산 ācārya] 《불》 스승될 만한 승려. 규범사(規範師).

아:사-선상 (餓死線上) 명 아사지경.

아사이 (이 assai) 명 《악》 '더욱·극히'의 뜻. 알레그로 ~.

아:사-자 (餓死者) 명 굶어 죽은 사람. □ ~가 수십 명에 이르렀다.

아:사지경 (餓死之境) 명 굶어서 죽게 된 지경. 아사선상. □ ~에 이르다.

아삭 톤 연한 과실 따위를 깨무는 소리. □ 사과를 ~ 깨물다. 큰어석. 센아싹.

아삭-거리다 [-꺼-] 자타 아삭 소리가 자꾸 나다. 또는 그런 소리를 자꾸 내다. 큰어석거리다. 센아싹거리다. 아삭-아삭 톤하자타

아삭-대다 [-때-] 자타 아삭거리다.

아산화-질소 (亞酸化窒素)[-쏘] 명 《화》 '일산화이질소(一酸化二窒素)'의 구칭.

아:살 (餓殺) 명하타 굶겨 죽임.

아삼륙 [-뉵] 명 [三六] 1 마작에서, 골패의 쌍진아·쌍장삼·쌍준륙의 세 쌍('쌍비연'이라 일컬어 끗수를 세 곱으로 침). 2 서로 꼭 맞는 짝을 비유하는 말. □돌이는 ~이다.

아:상 (我相) 명 1 《불》 사상(四相)의 하나. 오온(五蘊)이 화합하여 생긴 몸과 마음에 참다운 '나'가 있다고 집착하는 일. 2 자기의 학문·재산·문벌·지위 따위를 자랑하며 남을 업신여기는 마음.

아생 (芽生) 명하자 《식》 발아(發芽).

아생-법 (芽生法)[-뻡] 명 《식》 출아법.

아생 생식 (芽生生殖) 《식》 출아법.

아서 캄 '아서라'의 준말. □ ~, 그럼 못써.

-아서 어미 'ㅏ·ㅗ' 모음으로 된 어간 뒤에 붙어, 이유·근거 또는 시간적 선후 관계를 나타내는 연결 어미. □ 돈이 많~ 좋겠다 / 기회를 보~ 하겠다. ✽-어서 ·-여서.

아서-라 캄 해라할 자리에 그렇게 하지 말라고 금하는 말. □ ~, 넘어지겠다. 준아서.

아선-약 (阿仙藥)[-냑] 명 《한의》 꼭두서닛과(科) 식물의 잎 등에서 뽑아 만든 짙은 갈색의 덩이진 약제. 약간 쓰고 단맛이 나며 지혈제·청량제 또는 물감·무두질에 씀. 백약전(百藥煎).

아성 (牙城) 명 1 예전에, 주장(主將)이 있던 내성(內城). 본거(本據). □적의 ~. 2 매우 중요한 근거지. □ ~을 무너뜨리다.

아:성 (亞聖) 명 유학에서, 공자 다음가는 현인《맹자(孟子)를 이름》.

아성 (兒聲) 명 1 어린이의 소리. 2 유치한 말의 비유.

아:-성층권 (亞成層圈)[-꿘] 명 대류권 계면(對流圈界面)보다 조금 아래로, 지상에서 8-12km의 층《기압은 400-250hPa, 기온은 영하 40℃에서 영하 60℃ 임》.

아세 (阿世) 명하자 세상 사람들이 하는 대로 따름.

아:세 (亞歲) 명 동지(冬至).

────────────

1525   **아세트산칼슘**

아세나프텐 (acenaphthene) 명 《화》 콜타르에 들어 있는 무색 결정《물감·합성수지 따위의 원료로 씀》.

아세아 (亞細亞) 명 '아시아'의 음역(音譯).

아세아-주 (亞細亞洲) 명 '아시아 주'의 음역(音譯). 준아주.

아세안 (ASEAN) 명 [Association of Southeast Asian Nations] 《정》 동남아시아 국가 연합의 약칭. 1967년 8월에 태국·말레이시아·필리핀·인도네시아·싱가포르 등 5개국이 결성한 지역 협력 기구.

아세테이트 (acetate) 명 《화》 1 '아세테이트 인견(人絹)'의 준말. 2 아세틸셀룰로스.

아세테이트 견사 (acetate絹絲) 《공》 아세틸셀룰로오스의 인조 견사. 천연 견사와 비슷한 광택이 나며, 탄력성·보온성은 좋으나 열에 약함. 옷이나 양산을 만드는 데 씀. 아세테이트 인견. 아세틸 인조 견사. 초산 견사.

아세테이트 인견 (acetate人絹) 아세테이트 견사. 준아세테이트.

아세톤 (acetone) 명 《화》 독특한 냄새가 나고 휘발성이 있는 무색투명한 액체로 대표적인 케톤(ketone). 용제(溶劑)로 쓰이는 외에 아세테이트 섬유·의약품의 원료로 쓰임. 프로파논.

아세트-산 (←acetic酸) 명 《화》 자극성 냄새와 신맛을 지닌 무색의 액체. 물감·초산·수소 화합물로 산성의 약한 일염기산임. 생체 내에서는 당(糖)·아미노산·지방산 등의 대사 산물(代謝産物)로 중요함. 식초산. 구칭: 초산.

아세트산-구리 (←acetic酸-) 명 《화》 구리나 염기성 탄산구리를 아세트산에 용해한 용액에서 석출한 초록빛이나 흰 질은 파란색의 결정 물질《구충제·의약 따위에 씀》.

아세트산-균 (←acetic酸菌) 명 《생》 아세트산 발효를 일으키는 세균의 총칭. 호기성(好氣性)의 간균(桿菌)임. 알코올을 산화시켜 아세트산을 만들고 주류(酒類)를 산패(酸敗)시키는 원인균임. 식초는 이 세균에 의해 생산됨.

아세트산-납 (←acetic酸-) 명 일산화납을 묽은 아세트산에 녹여 증발하여서 얻은 무색의 결정《의약이나 염색 따위에 씀》. 연당(鉛糖).

아세트산 무수물 (←acetic酸無水物) 《화》 아세트산을 탈수하여 얻는 무색·자극의 액체. 피부에 닿으면 화상(火傷)을 일으킴《아스피린·향료 따위의 제조에 씀》.

아세트산 발효 (←acetic酸醱酵) 《화》 아세트산균이 알코올을 산화시켜 아세트산으로 만드는 작용《식초(食醋) 제조에 씀》.

아세트산 비닐 (←acetic酸vinyl) 《화》 달콤한 냄새가 나는 무색의 액체. 아세틸렌 또는 에틸렌과 아세트산의 기상(氣相) 반응으로 합성됨《페인트·껌·접착제 따위의 제조에 씀》.

아세트산-알루미늄 (←acetic酸aluminium) 명 《화》 수산화(水酸化)알루미늄을 아세트산으로 녹여 만드는 흰 가루《물에 잘 녹으며 그 수용액은 소독·세정·방부제 등으로 씀》.

아세트산-에스테르 (←acetic酸ester) 명 《화》 아세트산과 알코올로 만든 에스테르의 총칭《무색 중성(中性)의 액체로 방향(芳香)이 있어 인공 과실(果實) 에센스로도 씀》.

아세트산-수소 (←acetic酸水素)[-쏘] 명 《화》 아세트산의 수소 원자를 금속 원자로 치환하여 얻어지는 염.

아세트산-칼슘 (←acetic酸calcium) 명 《화》 수산화칼슘에 아세트산을 작용시켜 만드는 무

색의 결정물. 공기 중에서 풍화하고 아세톤 및 아세트산의 원료가 됨.

아세트-아닐리드 (acetanilide) [명] 〔화〕 아닐린과 아세트산 무수물을 가열하여 얻는 백색의 결정. 해열제·진통제 따위로 쓰는데 부작용이 있음. 상품명은 안티페브린임.

아세틸렌 (acetylene) [명] 〔화〕 탄화칼슘에 물을 부어 만드는 폭발하기 쉬운 무색의 유독성 기체《강한 빛을 내므로 등화용(燈火用)으로 쓰며, 산소와 혼합해서 철판의 용접·절단에 씀》. 아세틸렌가스.

아세틸렌-등 (acetylene燈) [명] 〔화〕 아세틸렌가스를 이용하여 불을 켜는 등《카바이드를 넣은 용기에 물을 넣어 아세틸렌가스를 발생시켜서, 관 끝에 불을 붙임》.

아세틸렌 용접 (acetylene熔接) 〔공〕 산소와 아세틸렌가스의 혼합 가스에 점화할 때 생기는 고열의 불꽃으로 금속을 용접하거나 절단하는 일.

아세틸살리실-산 (←acetylsalicylic酸) [명] 〔화〕 살리실산(酸)을 아세트산 무수물로 아세틸화하여 얻는 백색 무취의 판상(板狀) 또는 침상(針狀)의 결정체 분말. 녹는점 135℃. 해열제·진통제 등에 씀. 상품명은 아스피린임.

아세틸-셀룰로오스 (acetylcellulose) [명] 〔화〕 셀룰로오스의 아세트산에스테르. 셀룰로오스에 황산·염화아연과 아세트산 무수물을 작용시켜 만듦《아세테이트 레이온·플라스틱·래커·전기 절연체·필름 따위를 만드는 데 씀》. 아세테이트.

아세틸 인조 견사 (acetyl人造絹絲) 아세테이트 견사(絹絲).

아셈 (ASEM) [명] 〔Asia-Europe Meeting〕 한국·중국·일본 등과 아세안(ASEAN) 회원국·이유(EU)가 참여하는 아시아와 유럽 간의 정상 회의.

아:속 (雅俗) [명] 아담함과 속됨.

아속 (衙屬) [명] 〔역〕 아례(衙隷).

아손 (兒孫) [명] 자기의 아들과 손자. 자손.

아수라 (阿修羅) [명] 〔불〕 팔부중(八部衆)의 하나. 악귀의 세계에서 싸우기를 좋아하는 귀신. [준]수라(修羅).

아수라-도 (阿修羅道) [명] 〔불〕 아수라가 살며 늘 투쟁이 그치지 않는 세계《교만심과 시기심이 많은 사람이 죽어서 감》. 수라도(修羅道). 수라계(修羅界).

아수라-왕 (阿修羅王) [명] 〔불〕 아수라도의 우두머리《범천 제석(梵天帝釋)과 싸워 정법(正法)을 없애려는 악귀》. 수라왕.

아수라-장 (阿修羅場) [명] 수라장. ❏ 장내가 ~으로 변하다.

아수룩-하다 [-루카-] [형][여] **1** 말이나 행동이 숫되고 후하다. **2** 되바라지지 않고 어리석은 듯하다. [큰]어수룩하다.

아:순-하다 (雅馴-) [형][여] 말씨·필적·문장 등이 점잖고 기품이 있다.

아쉬움 [명] 아쉬워하는 마음. ❏ ~을 남기다/~을 감추지 못하다.

아쉬워-하다 [타][여] **1** 필요할 때 모자라거나 없어서 안타깝고 만족스럽지 않게 여기다. ❏ 돈을 ~. **2** 미련이 남아 서운하게 여기다. ❏ 이별을 ~.

아쉽다 [-따] 〔아쉬워, 아쉬우니〕 [형][ㅂ] **1** 필요할 때 없거나 모자라서 안타깝고 만족스럽지 못하다. ❏ 요새는 만 원이 ~. **2** 미련이 남아 서운하다. ❏ 여름 방학이 아쉽게 끝났다.

아쉬운 대로 [구] 부족하나마 그냥 그대로. ❏ ~ 라면으로 끼니를 때우다.

아쉬운 소리 [구] 없거나 부족해 남에게 달라고 또는 빌리려고 사정하는 말. ❏ 남에게 ~는 안 하고 산다.

아스라-이 [부] 아스라하게. ❏ ~ 떠오르는 옛 추억.

아스라-하다 [형][여] **1** 아슬아슬하게 높거나 까마득하게 멀다. ❏ 아스라한 산꼭대기. **2** 기억이나 소리가 희미하다. ❏ 지난날의 아스라한 기억. [준]아스랗다.

아스랗다 [-라타] 〔아스라니, 아스래서〕 [형][ㅎ] '아스라하다'의 준말.

아스러-뜨리다 [타] 덩어리를 깨뜨려 부스러뜨리다. [큰]으스러뜨리다.

아스러-지다 [자] **1** 덩어리가 깨져 부스러지다. ❏ 아스러지도록 껴안다. **2** 살이 터지거나 벗어지다. ❏ 무릎이 ~. [큰]으스러지다.

아스러-트리다 [타] 아스러뜨리다.

아스베스토스 (asbestos) [명] 〔광〕 석면.

아스스 [부][하][형] 차거나 싫은 것이 몸에 닿을 때 소름이 돋는 모양. ❏ 몸을 ~ 떨다. [큰]오스스·으스스.

아스코르브-산 (←ascorbic酸) [명] 〔화〕 '비타민 시'의 별칭.

아스키 (ASCII) [명] 〔컴〕 아스키코드.

아스키-코드 (ASCII code) [명] 〔American Standard Code for Information Interchange〕 〔컴〕 미국 표준 정보 교환용 코드. 정보 처리 시스템, 통신 시스템 및 이에 관련된 장치에서 정보를 교환하기 위해 쓰이는 부호화한 문자 체계. 아스키.

아스타일 (astile) [명] 〔건〕 아스팔트와 석면, 합성수지·안료 등을 섞어 가열하여 얇은 판자 모양으로 만든 건축 재료. 바닥 재료로 씀.

아스타틴 (astatine) [명] 〔화〕 비스무트를 헬륨 원자핵으로 핵반응시켜 만든 방사능 원소의 하나. 천연적으로는 극소량이 존재함. 여러 개의 동위 원소가 있음. [85번 : At : 210]

아스테로이드-호 (asteroid弧) [명] 〔수〕 어떤 일정한 원에 그 원의 4분의 1의 반지름을 갖는 원이 내접하여 떨어지지 않고 굴러갈 때, 그 원주상의 한 꼭짓점이 그리는 곡선.

아스트라한 (astrakhan) [명] **1** 러시아의 아스트라한 지방에서 나는 새끼 양의 꼬불꼬불한 털이 붙은 모피. 또는 그것을 본떠서 짠 털실·모직물·벨벳 따위. 아스트라한 모피. **2** 아스트라한 모피나 직물로 만든 모자. **3** 뜨개질에 쓰는 털실의 한 가지.

아스트롤라븀 (라 astrolabium) [명] 〔천〕 휴대용의, 천체의 높이나 각거리를 재는 기구.

아스트린젠트 (astringent) [명] 수렴성이 많은 화장수(化粧水).

아스파라거스 (asparagus) [명] 〔식〕 백합과의 여러해살이풀. 유럽 원산. 잎은 퇴화하여 갈색의 비늘처럼 되고, 가는 가지가 잎의 대용임. 초여름에 흰색 꽃이 피고 장과(漿果)가 익음. 어린순은 식용함.

아스파라긴 (asparagine) [명] 〔화〕 단백질을 구성하는 아미노산(酸)의 하나. 식물계에 널리 분포되어 있으나, 특히 감자나 싹튼 콩류(類) 등에 많이 함유됨. 생체 안에서 질소의 저장 및 공급의 구실을 함.

아스파르트-산 (←aspartic酸) [명] 〔화〕 아스파라긴을 가수 분해 하여 얻는 산성 아미노산의 일종. 많은 단백질 속에 포함되어 생체 안의 세포의 대사에 중요한 역할을 함. 아스파라긴산.

아스팍 (ASPAC) 圓 〔Asian and Pacific Council〕 《사》아시아 태평양 이사회.

아스팔트 (asphalt) 圓 《화》 석유 중에 포함된 고체 또는 반고체의 탄화수소(접착성·방수성·전기 절연성이 강하여 도로포장·건축 재료·전기 절연 등에 이용됨). 지역청. 토역청. 피치.

아스팔트 콘크리트 (asphalt concrete) 〔건〕 아스팔트를 녹여 자갈·쇄석(碎石) 따위를 섞은 것(도로포장에 씀).

아스팔트 포장 (asphalt 鋪裝) 〔건〕 바닥에 아스팔트 콘크리트를 깔고 반반하게 다지는 일. 또는 그런 포장.

아스피린 (aspirin) 圓 《약》 본디 '아세틸살리실산'의 독일어 상품명(흰 결정성 가루로 해열·진통제로 씀).

아스피테 (독 Aspite) 圓 《지》 순상(楯狀) 화산.

아슥-아슥 圓하형 여럿이 모두 한쪽으로 조금 비뚤어져 있는 모양. ⑤어슥어슥.

아슬랑-거리다 困困 몸이 작고 키가 작은 사람이나 짐승이 계속 찬찬히 걸어 다니다. ⑤어슬렁거리다. 아슬랑-아슬랑 圓하困困

아슬랑-대다 困困 아슬랑거리다.

아슬-아슬 圓하형 1 위태로운 고비를 당하여 소름이 끼칠 정도로 두려움을 느끼는 모양. □~한 묘기 / ~하게 살아나다. 2 소름이 끼칠 듯이 계속 차가운 느낌이 드는 모양. ⑤오슬오슬·으슬으슬.

아슴푸레 圓하형 1 밝지도 어둡지도 않으면서 희미한 모양. 2 기억이나 의식이 잘 나지 않고 조금 희미한 모양. □~한 기억을 더듬다. 3 똑똑히 보이거나 들리지 않고 희미하고 흐릿한 모양. □~ 들려오는 종소리. ⑤어슴푸레.

아슴 圓 소나 말의 아홉 살.

아승기 (阿僧祇) ⑤圓 《불》 셀 수 없이 많은 수. 또는 그런 시간. ⑤囗數圓 1 예전에, 항하사(恒河沙)의 억 배가 되는 수를 이르던 말. 곧, 10^{104}. 2 항하사의 의 만 배. 곧, 10^{56}.

아승기-겁 (阿僧祇劫) 圓 《불》 무량겁(無量劫).

-아시니이다 어미 〈옛〉 -신 것입니다.

-아시놀 어미 〈옛〉 -시거늘.

아시도시스 (acidosis) 圓 《의》 혈액의 산(酸)과 염기의 평형이 깨어져 산성이 된 상태. 산독증(酸毒症).

아시아 (Asia) 圓 《지》 육대주의 하나. 동반구 북부에 있으며, 서쪽은 유럽과 접함. 세계 육지의 3분의 1을 차지함. 이사아 주.

아시아-달러 (Asia-dollar) 圓 《경》 싱가포르의 은행에 외국인이 예탁해 놓은 달러. 아시안 달러.

아시아 주 (Asia洲) 《지》 아시아.

아시안 달러 (Asian dollar) 《경》 아시아달러.

아싹 圓하困困 연한 과실 따위를 깨무는 소리. ⑤어썩. ⑩아삭.

아싹-거리다 [-꺼-] 困困 아싹 소리가 자꾸 나다. 또는 그런 소리를 자꾸 내다. ⑤어썩거리다. 아싹-아싹 圓하困困

아싹-대다 [-때-] 困困 아싹거리다.

아쓱 圓하형 갑자기 무섭거나 차가울 때 몸이 약간 움츠러드는 모양. ⑤으쓱.

아-씨 圓 아랫사람들이 젊은 부녀자를 높여 부르는 말. 주의 阿氏로 씀은 취함.

아싀 〈옛〉 애벌. 초벌.

아슨 〈옛〉 아우.

아슨누의옴 〈옛〉 누이동생.

아슨라흐다 형 〈옛〉 아스라하다.

아슨롭외 圓 〈옛〉 공손히.

아슨아자비 圓 〈옛〉 작은아버지.

아솜 〈옛〉 친척. 골육(骨肉).

아-아 갑 1 의외의 일을 당했을 때 내는 소리. □~ 큰일 났군. ⑩어어. 2 감격·탄식할 때 내는 소리. □~, 좋아라. 3 떼 지어 싸울 때, 기운을 내거나 돋우려고 내는 소리.

아아-하다 (峨峨 -) 圈 산이나 큰 바위 등이 험하게 우뚝 솟아 있다. 아아-히 圓

아·악 (雅樂) 圓 《악》 1 옛날 우리나라에서 의식 따위에 정식으로 쓴 궁정용 고전 음악(아부악(雅部樂)·당부악(唐部樂)·향부악(鄕部樂)의 셋이 있음). 2 '아부악'의 준말.

아·악-기 (雅樂器) -끼 圓 《악》 아악을 연주할 때 쓰는 악기.

아·악-보 (雅樂譜) -뽀 圓 《악》 아악의 악보.

아·악-서 (雅樂署) -써 圓 《악》 1 고려 때, 아악을 익히기 위해 세운 관아. 공양왕 3년(1391)에 둠. 2 조선 초, 아악을 맡아보던 관아. 태조 원년(1392)에 설치함.

아압 (鵝鴨) 圓 거위와 오리.

아야 갑 1 아파서 내는 소리. 2 무슨 일이 그릇되었을 때 내는 소리. □~, 이게 아니구나.

-아야 어미 'ㅏ·ㅗ'의 모음 어간에 붙는 종속적 연결 어미. 1 뒷말에 대한 조건이 꼭 필요함을 나타냄. □손발이 맞~ 성사가 되지 / 맛이 좋~ 사지. 2 가정을 아무리 확대해도 영향이 없음을 나타냄. □아무리 많~ 별수 있나 / 아무리 보~ 소용없다. *-어야·-여야.

아아로시 圓 〈옛〉 오로지. 겨우.

-아야만 어미 연결 어미 '-아야'의 힘줌말. □이 정도 고통은 참~ 이겨 낼 수 있다. *-어야만.

-아야지 어미 '-아야 하지'의 준말. □빌린 돈을 꼭 갚~ / 화가 나지만 내가 참~. *-어야지.

아약 (兒弱) 圓 아직 덜 자란 아이들(열네 살이하). 어리석고 약함.

아얌 圓 지난날, 겨울에 부녀자가 나들이할 때 추위를 막으려고 머리에 쓰던 쓰개(좌우에 털을 대고 위는 터졌으며, 뒤에는 아얌드림이 달렸음). 액엄(額掩).

아얌-드림 圓 아얌 뒤에 댕기처럼 늘어뜨린 넓고 긴 비단.

아양 圓 귀염을 받으려고 알랑거리는 몸짓이나 말. □~을 부리다 / ~을 떨다.

아양-스럽다 [-따] 〔-스러워, -스러우니〕 圓법 아양을 부리는 데가 있다. 교태가 있다. 아양-스레 圓

아양-피 (兒羊皮) 圓 새끼 양의 가죽.

아·어 (雅語) 圓 바르고 우아한 말. 아언(雅言). ↔속어.

아·언 (雅言) 圓 아어(雅語).

아역 (兒役) 圓 연극·영화 등에서, 어린이의 역. 또는 그 역을 맡은 연기자. □~ 배우.

아연 (亞鉛) 圓 《광》 푸른빛을 띤 흰색으로, 광택 있는 금속 원소. 습기 있는 공기에 접하면 잿빛을 띤 흰색이 됨. 철판이나 강철의 산화 방지용 도금에 많이 쓰이나 유기·양은 등의 합금에도 씀. 〔30 번; Zn : 65.38〕

아연 (俄然) 圓하형圓 급작스러운 모양. □~ 긴장감이 감돌다.

아연 (啞然) 圓하형圓 너무 놀라 어안이 병병한 모양. □~한 표정.

아연-광 (亞鉛鑛) 圓 《광》 아연을 캐는 광산. 또는 그 광석.

아연 도·금 (亞鉛鍍金) 《화》 철물의 산화를 방지하기 위해서 아연을 그 표면에 얇게 입히는 일.

아연 볼록판(亞鉛-版)〖인〗 사진 제판의 하나. 아연판에 찍은 글자나 줄, 그림 이외의 부분을 질산으로 부식시켜 만든 볼록판. 아연 철판.

아연-실색(啞然失色)[-쌕]〖명〗〖하자〗 뜻밖의 일에 너무 놀라서 얼굴빛이 변함. ▫사고 소식에 ~하다.

아연-철(亞鉛鐵)〖명〗〖공〗 함석.

아연철-광(亞鉛鐵鑛)〖명〗〖광〗 '아연철석'의 구칭.

아연철-석(亞鉛鐵石)[-썩]〖명〗 자철석계의 아연 광물. 등축 정계에 속하는 팔면체의 결정으로 금속광택이 나며 검은색을 띰.

아연 철판(亞鉛凸版)〖인〗 아연 볼록판.

아연-판(亞鉛版)〖인〗 아연을 판재(版材)로 한 인쇄판의 한 종류.

아연 평판(亞鉛平版)〖인〗 아연판을 판재로 하는 인쇄 평판.

아연-화(亞鉛華)〖화〗 산화아연.

아연화 연:고(亞鉛華軟膏) 산화아연과 라놀린(lanoline) 따위를 섞어서 만든 흰색 연고(피부병·화상·습진·외상 따위의 치료에 씀).

아:-열대(亞熱帶)〖지〗 열대와 온대의 중간에 위치한 건조 지대. 대체로 남북 위도 각각 20-30° 사이임.

아:열대 기후(亞熱帶氣候)[-때-]〖지〗 열대와 같이 고온 다습한 여름과 비교적 온화한 겨울이 있는 기후.

아:-열대림(亞熱帶林)[-때-]〖명〗 난대림.

아영(牙營)〖군〗 본영(本營).

아예〖부〗 1 애초부터. 당초부터. ▫~ 문제도 되지 않는다. 2 절대로. 조금도. ▫~ 믿지 마라. 3 차라리. 전적으로. ▫그런 말은 ~ 꺼내지도 마라.

아옥〖명〗〈옛〉 아욱.

아옹(阿翁)〖명〗 1 자기의 아버지. 2 며느리가 시아버지를 이르는 말.

아옹¹〖명〗 고양이가 우는 소리.

아옹²〖감〗 얼굴을 가리고 있다가 손을 떼면서 어린아이를 어르는 소리.

아옹-개비〖명〗 어린아이에게 고양이를 이르는 말.

아옹-거리다¹〖자〗 고양이가 자꾸 울다. 아옹-아옹¹〖부하자〗

아옹-거리다²〖자〗 1 좁은 소견으로 자기 뜻에 맞지 않아 투덜거리다. 2 대수롭지 않은 일로 자꾸 다투다. ▫만나기만 하면 ~. 아옹-아옹²〖부하자〗

아옹-다옹〖부하자〗 서로 트집을 잡아 자꾸 다투는 모양. 아옹-다옹.

아옹-대다¹〖자〗 아옹거리다¹.

아옹-대다²〖자〗 아옹거리다².

아옹-하다〖형어〗 1 굴이나 구멍 따위가 쏙 오므라져 보이다. ▫어옹하다. 2 속이 좁은 사람이 성에 차지 않아 달갑지 않게 여기는 기색이다.

아왜-나무〖명〗〖식〗 인동과의 작은 상록 교목. 산기슭에 남. 잎은 마주나고 긴 타원형이며 두껍고 윤기가 남. 6월에 엷은 분홍 또는 흰색 꽃이 피며 9월에 빨간색의 핵과가 익음. 정원수·산울타리로 심음. 산호수(珊瑚樹).

-아요〖어미〗 'ㅏㆍㅗ'의 모음으로 된 용언 어간 뒤에 붙어, 예사 높임 또는 친근미가 담긴 서술·청원·의문·명령의 뜻을 나타내는 종결 어미. ▫내 손을 잡~ / 먹고 싶지 않~.

아우〖명〗 같은 부모에게서 태어난 사이거나 친

척 가운데 항렬이 같은 남자 사이에서 나이가 적은 사람. ▫형만 한 ~ 없다.

아우(를) 보다 〖관〗 동생이 생기다.

아우(를) 타다 〖관〗 동생이 생긴 뒤에 아이의 몸이 여위다.

아:우(雅友)〖명〗 청아하고 점잖은 벗.

아우-거리다〖명〗 김맬 때에 흙덩이를 푹푹 파 넘기는 일.

아우-님〖명〗 '아우'의 높임말.

아우러-지다〖자〗 여럿이 한 덩어리나 한 판을 이루게 되다. ▫갖가지 꽃들이 아우러진 들. ⓐ어우러지다.

아우로라(Aurora)〖명〗 로마 신화에 나오는 여명(黎明)의 여신(그리스 신화의 에오스(Eos)에 해당함). 오로라.

아우르다[아울러, 아우르니]〖타트〗 1 여럿을 모아 한 덩어리나 한 판이 되게 하다. 2 윷놀이에서, 두 바리 이상의 말을 한데 합치다. ⓐ어우르다.

아우-성(-聲)〖명〗 여럿이 기세를 올리며 악을 써 지르는 소리. ▫성난 군중의 ~ 소리.

아우성-치다(-聲-)〖자〗 여럿이 함께 기세를 올려 소리를 지르다. ▫눌러 가자고 ~.

아우어-등(Auer燈)〖명〗〖화〗 맨틀을 사용하는 석탄 가스등(적외선의 광원으로 사용됨).

아우어 합금(Auer合金)[-끔]〖화〗 발화(發火) 합금의 하나. 세륨 60-70 %와 철 30-35 %의 합금(라이터·가스 점화기·등에 씀).

아우토반(독 Autobahn)〖명〗 독일의 자동차 전용 고속도로.

아웃라인(outline)〖명〗 1 사물의 윤곽. 또는 윤곽만 그린 스케치. 2 일의 간추린 줄거리. ▫계획의 ~을 설명하다.

아웃라인 스티치(outline stitch) 자수(刺繡)의 한 가지. 윤곽이나 그림의 일부를 선 모양으로 수놓는 일.

아우-형제(-兄弟)〖명〗〈속〉 형제.

아욱〖명〗〖식〗 아욱과의 한해살이풀. 높이 50-70 cm, 잎은 어긋나는데 다섯 갈래로 갈라져 있음. 여름에 흰색 또는 엷은 붉은색의 작은 다섯잎꽃이 피고 삭과(蒴果)는 모가 졌음. 연한 줄기와 잎은 죽이나 국을 끓여 먹음.

아욱-장아찌[-짱-]〖명〗 아욱으로 만든 싱거운 장아찌라는 뜻으로, 싱거운 사람을 이르는 말.

아울러〖부〗 1 그것과 함께. 그에 덧붙여. ▫정세의 정상화와 ~ 안정을 되찾다 / 가정의 행복과 ~ 건강을 빕니다. 2 여럿을 한데 합하여. ▫재색(才色)을 ~ 갖추다 / 지혜와 용기를 ~ 가지다.

아울리다〖자〗 1 한데 섞여 고르게 보이다. 격식에 맞다. ▫옷과 아울리는 모자. 2 ('아우르다'의 피동) 아우름을 당하다. ⓐ어울리다.

아웃(out)〖명〗 1 테니스·탁구·배구 등에서, 일정한 선 밖으로 공이 나가는 일. ▫~을 선언하다. 2 야구에서, 타자나 주자가 공격 자격을 잃는 일. ▫라이트 플라이로 ~되다. ↔세이프. 3 골프에서, 1라운드 18홀의 전반 9홀을 이르는 말.

-아웃〖명〗 ☞-가웃.

아웃도어 세트(outdoor set)〖연〗 야외에 임시로 설치해 놓은 무대 장치.

아웃렛(outlet)〖명〗 상설 할인 판매점.

아웃-복싱(out+boxing)〖명〗 권투에서, 상대방과의 일정한 거리를 유지하면서 공격하는 전법. ↔인파이팅.

아웃사이더(outsider)〖명〗 1 사회의 기성 틀에서 벗어나 독자적인 사상을 지니고 행동하는 사람. 2 국외자(局外者). 3〖경〗 카르텔·트러

스트 따위 특정한 협정에 가입하지 않은 기업. **4** 경마에서, 인기 없는 말.

아웃사이드 (outside) 圏 테니스·배구·축구·탁구 등에서, 공이 일정한 경계선 밖으로 나가는 일. ↔인사이드.

아웃사이드 슈트 (outside shoot) 야구에서, 투수가 던진 빠른 직구가 타자의 바깥쪽으로 휘는 일. 또는 그 공. 아웃슈트.

아웃사이드 킥 (outside kick) 축구에서, 발등의 바깥쪽으로 공을 차는 일.

아웃소싱 (outsourcing) 圏『經』기업 내부의 프로젝트나 활동을 기업 외부의 제삼자에게 위탁하여 처리하는 일. 핵심 사업에 주력하고, 부수적인 업무는 외주(外注)에 의존해서 경쟁력을 높이고자 하는 데 있음.

아웃슈트 (outshoot) 圏 ☞ 아웃사이드 슈트.

아웃오브바운즈 (out-of-bounds) 圏 **1** 농구·배구 따위에서, 공 또는 공을 가진 선수가 경계선을 넘어서 코트 밖으로 나가는 일. **2** 골프에서, 경기 구역 밖으로 공이 들어가는 일.

아웃커브 (outcurve) 圏 야구에서, 투수가 던진 공이 타자 앞에 와서 갑자기 바깥쪽으로 꺾이는 일. 또는 그 공. ↔인커브.

아웃-코너 (←outside corner) 圏 야구에서, 타자 위치에서 보아 홈 베이스 중앙부의 바깥 부분. 외각(外角). ↔인코너.

아웃코스 (out+course) 圏 **1** 야구에서, 타자에게서 먼 쪽으로 지나가는 공의 길. **2** 육상 경기에서, 트랙의 바깥쪽으로 도는 주로(走路). ↔인코스.

아웃 포커스 (out+focus) 『演』 영화에서, 일부러 초점을 맞추지 않고 흐릿하게 나타나도록 촬영하는 기교.

아웃풋 (output) 圏 **1**『컴』출력(出力) 3. ↔인풋. **2** 레코드 플레이어나 녹음기를 확성기에 연결하는 장치. **3**『經』산업에서 원료·노동력 따위의 생산 요소를 투입하여 만들어 낸 재화나 서비스. 또는 그 총량. **4** 전기의 출력.

아웅-다웅 閈 '아웅다웅'의 큰말.

아유 (阿諛) 圏하자 아첨(阿諂).

아:유 (雅遊) 圏하자 고상하고 풍치 있는 놀이.

아유 ㉧ **1** 뜻밖에 일어난 일에 대한 놀라움을 나타내는 소리. □~, 깜짝이야. **2** 힘에 부치거나 피곤할 때 내는 소리. □~, 무거워 / ~, 힘들어. ㉱어유.

아유-구용 (阿諛苟容) 圏하자 남에게 아첨하여 구차스럽게 굶. 또는 그 모양.

아유-자 (阿諛者) 圏 남에게 잘 보이려고 아첨하는 사람.

아으 ㉧ 〈옛〉 아아. 아이고.

아음 (牙音) 圏『언』훈민정음에서 'ㄱ·ㄲ·ㅇ·ㅋ'의 일컬음. 어금닛소리.

아:-음속 (亞音速)『物』음속보다는 약간 느린 속도.

아:의 (我意) [-/-의] 圏 나의 뜻.

아이 圏 **1** 나이가 어린 사람. 아자(兒子). 애. **2** '자식'의 속칭. **3** 아직 태어나지 않았거나 막 태어난 아기. □~를 낳다 / ~를 배다 / 둘째 ~가 태어나.
[아이도 낳기 전에 포대기 장만한다] 때가 되기도 전에 미리 서둔다. [아이도 사랑하는 데로 붙는다] 사람은 정이 많은 데로 따라간다. [아이 말도 귀여겨들으랬다] 누구의 말이든 흘려듣지 마라. [아이 보는 데는 찬물도 못 마신다] ㉠아이들은 보는 대로 따라 하므로 함부로 행동하거나 말을 하여서는 안 됨을 이르는 말. ㉡남의 흉내를 잘 냄을 비유하는 말. [아이 싸움이 어른 싸움 된다] 작은 일이

점차 큰일로 번짐을 이르는 말.

아이가 지다 ㉥ 달이 차기 전에 태아가 죽어서 나오다.

아이(를) 지우다 ㉥ 달이 차기 전에 태아를 죽여서 꺼내다.

아이 보채듯 ㉥ 몹시 졸라 대는 모양.

아이² ㉧ **1** 남에게 무엇을 조르거나 마음에 내키지 않을 때 내는 소리. □~, 빨리 줘요 / ~, 그것도 몰라. **2** '아이고'의 준말. □~, 깜짝이야.

아이고 ㉧ **1** 아플 때, 힘들 때, 놀랄 때, 원통할 때, 기막힐 때 따위에 나오는 소리. □~, 큰일 났구나. ㉱어이구. ㉮아이코. ㉯아이·애고. **2** 좋거나 반가울 때 내는 소리. □~, 참 오래간만이네. **3** 우는 소리. 특히 상중(喪中)에 곡하는 소리.

아이고나 ㉧ 어린아이의 재롱이나 착한 행동을 보고 기특하여 가볍게 내는 소리. □~, 혼자 이걸 다 치웠니. ㉱어이구나.

아이고-머니 ㉧ '아이고'보다 느낌이 더 깊고 간절할 때 내는 소리. □~, 이 일을 어쩌나. ㉱어이구머니. ㉯애고머니.

아이구 ㉧ ☞ 아이고.

아이-년 〈비〉 계집아이. ㉯애년.

아이-놈 〈비〉 사내아이. ㉯애놈.

아이누 (Ainu) 圏 현재 일본 홋카이도 및 사할린·쿠릴 열도에 살고 있는 한 종족《인종학상 유럽 인종의 한 분파에 황색 인종의 피가 섞여 있음》.

아이다 ㉣ 〈옛〉 빼앗다.

아이들링 (idling) 圏『工』기계나 자동차 따위의 엔진을 가동한 채 힘 걸림이 없는 상태에서 저속으로 회전시키는 일. 무부하(無負荷) 회전.

아이들 시스템 (idle system) 『經』공장에서 생산을 감소할 필요가 있을 때, 실업자를 내지 않기 위하여 노동 시간을 단축하거나 임금을 줄이는 따위의 방법.

아이들 코스트 (idle cost) 『經』공장의 생산 설비나 노동력이 정상으로 이용되지 않아 생기는 손실. 부동비.

아이디 (ID) 圏 〔identification〕 인터넷이나 컴퓨터 통신에서, 컴퓨터 이용자의 신분을 증명할 수 있는 고유의 문자나 부호.

아이디어 (idea) 어떤 일에 대한 구상. 착상. 고안. 착안. □기발한 ~ / ~를 내다.

아이디에이 (IDA) 圏 〔International Development Association〕『經』국제 개발 협회《개발 도상국을 위한 국제 금융 기관》.

아이디-카드 (ID card) 圏 〔identification card〕 신분증명서.

아이-라인 (eye line) 圏 눈을 크게 보이기 위하여 눈언저리에 칠하는 금.

아이러니 (irony) 圏 **1** 풍자. 말의 복선(伏線). 반어(反語). 역설. **2** 예상 밖의 결과가 빚은 모순이나 부조화. □역사의 ~. **3** 참다운 인식에 도달하기 위해 소크라테스가 쓴 문답법. —-하다 [형]어 모순된 점이 있다. □아이러니한 일이 벌어지다.

아이로니컬-하다 (ironical-) [형]어 아이러니의 속성이 있다. 역설적이다. 모순적이다. 반어적이다.

아이론 (←iron) 圏 **1** 다리미. □전기 ~. **2** 헤어 아이론. 머리 인두.

아이리스 (iris) 圏『植』붓꽃과의 재배 식물. 높이 30~60cm, 잎은 좁고 긴 칼 모양임. 봄

에 흰색·자색 등의 창포 비슷한 꽃이 피고 향기가 많음.

아이리스 아웃 (iris out) 〖연〗영화의 화면에서, 화면을 가득 채웠던 영상이 원의 상태로 줄어들다가 마침내 사라지는 기법. 아이오. ↔아이리스 인.

아이리스 인 (iris in) 〖연〗영화의 화면에서, 화면의 중간에 작은 원의 영상이 나타났다가 점점 커지면서 화면을 가득 채우는 기법. 아이아이. ↔아이리스 아웃.

아이보리 (ivory) 명 1 상아색(象牙色). 2 상아빛이 있는 두껍고 광택이 있는 양지(洋紙)《명함·그림엽서 등에 씀》. 아이보리페이퍼.

아이보리 블랙 (ivory black) 〖미술〗상아를 태워 만든 검정 안료(顔料).

아이보리-페이퍼 (ivory paper) 명 아이보리2.

아이비-리그 (Ivy league) 명 미국 동북부에 있는 여덟 개의 명문 대학을 통틀어 이르는 말《코넬, 컬럼비아, 예일, 프린스턴, 하버드, 다트머스, 브라운, 펜실베이니아 대학》.

아이비-스타일 (Ivy style) 명 1 아이비리그에 가입되어 있는 학생들의 전통적인 스타일. 2 대표적인 미국 대학생의 의상 스타일《길쭉한 신사복 상의에 단추가 셋 달려 있으며, 전체적으로 홀쭉함》.

아이비아르디 (IBRD) 명 〔International Bank for Reconstruction and Development〕〖경〗국제 부흥 개발 은행.

아이 빔 (I beam) 〖건〗단면(斷面)이 '아이(I)' 자 모양의 구조용 강재(鋼材). 아이형 강(鋼).

아이섀도 (eye shadow) 명 입체감을 내기 위해 눈두덩에 바르는 화장품. ⊛아이섀도.

아이셰이드 (eyeshade) 명 광선을 가리기 위해 쓰는 챙만으로 된 모자.

아이소타이프 (isotype) 명 〔international system of typographic picture education〕〖언〗국제적인 그림 문자 언어《갖가지 지식을 조직적으로 시각화하려는 시도임》.

아이소토프 (isotope) 명 〖화〗동위 원소.

아이-쇼핑 (eye+shopping) 명 물건은 사지 않고 눈으로만 보고 즐기는 일.

아이스 댄싱 (ice dancing) 피겨 스케이팅의 하나. 음악 반주에 맞추어 추는 남녀 페어(pair) 스케이팅《리프트·점프·스핀 따위가 제한됨》.

아이스 링크 (ice rink) 스케이트장(場).

아이스박스 (icebox) 명 얼음을 넣어 쓰는 휴대용의 작은 상자.

아이스반 (독 Eisbahn) 명 눈이 얼어서 표면이 얼음같이 된 상태. 또는 그런 상태의 산비탈이나 스키장.

아이스 쇼 (ice show) 얼음판에서, 스케이트를 타고 곡예나 가벼운 연극, 댄스 등을 관중에게 보이는 쇼.

아이스 요트 (ice yacht) 풍력을 이용하여 얼음 위를 달리는 보트.

아이스-커피 (ice+coffee) 명 냉커피.

아이스-케이크 (ice+cake) 명 꼬챙이를 끼워 만든 얼음과자《영어로는 팝시클(Popsicle)》.

아이스-콘 (ice+cone) 명 아이스크림콘.

아이스-크림 (ice-cream) 명 우유·달걀·향료·설탕 따위를 섞은 물을 크림 모양으로 얼린 얼음과자.

아이스크림-선디 (ice-cream sundae) 명 아이스크림에 설탕 조림한 과일이나 초콜릿을 얹은 것.

아이스크림-소다 (ice-cream soda) 명 아이스크림에 소다수를 섞은 청량음료.

아이스크림-콘 (ice-cream cone) 명 아이스크림을 담은 원뿔 모양의 과자. 아이스콘.

아이스하켄 (독 Eishaken) 명 등산에서, 얼언 비탈에 밧줄을 걸기 위하여 박는 금속제 기구.

아이스-하키 (ice hockey) 명 얼음판에서 6명씩의 경기자가 스케이트를 신고 하는 하키. 빙구(氷球). 하키.

아이시 (IC) 명 1 〔integrated circuit〕〖물〗집적 회로. 2 인터체인지.

아이시비엠 (ICBM) 명 〔Intercontinental Ballistic Missile〕〖군〗대륙 간 탄도 유도탄.

아이시 카드 (IC card) 〔integrated circuit card〕〖컴〗4비트 마이크로컴퓨터와 집적 회로(IC)를 넣은 플라스틱제 카드.

아이시피오 (ICPO) 명 〔International Criminal Police Organization〕〖법〗국제 형사 경찰 기구《보통 '인터폴'이라고 일컬음. 가맹국 상호의 협력에 의하여 국제 범죄의 방지를 목적으로 한 조직》.

아이아르비엠 (IRBM) 명 〔Intermediate Range Ballistic Missile〕〖군〗중거리 탄도 유도탄.

아이아르시 (IRC) 명 〔International Red Cross〕〖사〗국제 적십자.

아이-아버지 명 1 자식이 있는 남자. 2 자식 있는 여자가 남에게 자기의 남편을 일컫는 말. ⊛애아버지.

아이-아범 명 '아이아버지'를 낮추어 이르는 말. ⊛애아범.

아이-아비 명 '아이아버지'를 낮추어 이르는 말. ⊛애아비.

아이아이 (II) 명 〔iris in〕아이리스 인.

아이-어머니 명 1 자식이 있는 여자. 2 자식 있는 남자가 남에게 자기의 아내를 일컫는 말. ⊛애어머니.

아이-어멈 명 1 '아이어머니'를 낮추어 이르는 말. 2 자식 있는 딸·며느리를 일컫는 말. ⊛애어멈.

아이-어미 명 '아이어머니'를 낮추어 이르는 말. ⊛애어미.

아이언 (iron) 명 '아이언 클럽'의 준말.

아이언 클럽 (iron club) 골프에서, 헤드를 금속으로 만든 클럽. 치는 면의 각도에 따라 1번에서 9번까지의 종류가 있음. ⊛아이언.

아이에스디엔 (ISDN) 명 〔integrated service digital network〕전기 통신의 발전된 형태로, 각각 시설된 전화·데이터 통신·팩시밀리 등을, 하나의 네트워크로 종합해서 제공하는 서비스 망. 종합 정보 통신망.

아이에스비엔 (ISBN) 명 〔International Standard Book Number〕국제 표준 도서 번호.

아이에스오 (ISO) 명 〔International Standardization Organization〕〖공〗국제 표준화 기구.

아이에이이에이 (IAEA) 명 〔International Atomic Energy Agency〕〖물〗국제 원자력 기구.

아이엘에스 (ILS) 명 〔Instrument Landing System〕항공에서, 계기 착륙 방식.

아이엘오 (ILO) 명 〔International Labor Organization〕〖사〗국제 노동 기구.

아이엠에프 (IMF) 명 〔International Monetary Fund〕〖경〗국제 통화 기금.

아이엠티-이천 (IMT-2000) 명 〔international mobile telecommunication 2000〕〖전〗세계 공통의 차세대(次世代) 휴대 전화 시스템. 사용자가 개인 단말기 하나로 육상·해상·공중을

어디에서든 음성 통화뿐만 아니라 동화상(動畫像)·그래픽 등의 고속 무선 통신까지 서비스를 받을 수 있음. 국제 이동 전기 통신 2000.

아이예 뛴 〈옛〉 아예. 애당초.

아이오 (IO) 명 [iris out] 아이리스 아웃.

아이오시 (IOC) 명 [International Olympic Committee] 국제 올림픽 위원회.

아이유 (IU) 명 [international unit] 국제단위.

아이젠 (독 Eisen) 명 등산할 때 얼음 따위에 미끄러지지 않도록 등산화 밑에 덧신는 쇠로 만든 기구. 슈타이크아이젠.

아이-종 명 나이 어린 종.

아이지와이 (IGY) 명 [International Geophysical Year] 〖지〗국제 지구 물리 관측년.

아이징글라스 (isinglass) 명 철갑상어 따위 물고기의 부레로 만든 순백색 젤라틴(청량제·과자 제조 원료 및 식용 젤라틴 대용).

아이-참 感 못마땅하거나 초조할 때, 또는 수줍거나 심란할 때 내는 소리. ⬚~, 속상해 / ~, 부끄럽네.

아이 초라니 명 〖역〗고려·조선 때, 열두 살 이상 열여섯 살 이하의 사내아이로 하는 나자(儺者)〔탈을 쓰고 붉은 옷을 입고 붉은 건(巾)을 씀〕. 진자(侲子).

아이코 感 '아이고'의 뜻을 거세게 나타낼 때 쓰는 말. ⬚~, 이게 뭐지. ⓔ어이쿠.

아이코노스코프 (iconoscope) 명 〖전〗텔레비전의 송상(送像) 장치의 일부. 진공관 안에 있는 모자이크상(狀)의 광전면(光電面) 위를 음극선이 주사(走査)하여 상의 각 부분을 전류로 변환시키는 장치.

아이콘[1] (icon) 명 〖종〗그리스 정교회에서 모시는 예수·성모·성인·순교자 등의 초상.

아이콘[2] (icon) 명 〖컴〗컴퓨터에 제공하는 명령을 문자·그림으로 나타낸 것. 마우스나 라이트 펜으로 그림을 선택하여 명령을 실행함.

아이쿠 感 ☞아이코.

아이큐 (IQ) 명 [intelligence quotient] 〖교〗지능(知能) 지수.

아이템 (item) 명 〖컴〗한 단위로 다루어지는 데이터의 집합. 종목. 항목.

아이티브이 (ITV) 명 [industrial television] 〖공〗공업용 텔레비전.

아이피 (IP) 명 [information provider] 〖컴〗컴퓨터 통신으로 여러 가지 정보를 수요자에게 제공하는 사람이나 기업.

아이피아이 (IPI) 명 [International Press Institute] 국제 신문인 협회.

아이피유 (IPU) 명 [Inter-Parliamentary Union] 국제 의회 연맹.

아이피 주:소 (IP address) 명 [internet protocol address] 〖컴〗인터넷에 연결된 컴퓨터의 주소. 0부터 255까지의 4개 숫자로 구성되며, 각 숫자들은 '.'으로 구분함. 영어 약자로 된 도메인 이름을 씀. 예를 들면 교육 과학 기술부의 IP 주소는 192.245.250.7이며 도메인 이름은 www.mest.go.kr임. *도메인 이름.

아이형 강 (I形鋼) 명 〖공〗아이 빔.

아이형 형교 (I形桁橋) 명 〖건〗교각에 걸친 보가 아이 빔으로 된 다리.

아:-인산 (亞燐酸) 명 〖화〗삼염화인과 물의 반응으로 생기는 무색 결정(강력한 환원 작용을 하므로 환원제로 쓰임).

아인슈타이늄 (Einsteinium) 명 〖화〗초(超)우라늄 원소의 하나. 핵반응 생성물 중에서 분리함(가장 원자 번호가 큰 인공 방사형 원소임). [99번 : Es : 252]

아일릿 (eyelet) 명 서양 자수의 한 가지(장식

이나 단춧구멍에 응용됨).

아우 (兄우)[1] 아우. **2** 친척.

아우누의 명 〈옛〉누이동생.

아우라히 뛴 〈옛〉아득하게. 아스라히.

아우라ᄒ다 혱 〈옛〉아득하다. 아스라하다.

아옴 명 〈옛〉겨레. 친척.

아자 (牙子) 명 〖한의〗짚신나물의 뿌리(해독제·구충제·지혈제·지사제(止瀉劑)로 씀). 낭아(狼牙).

아자 (兒子) 명 아이1.

아자 (啞子) 명 벙어리.

아:자 교창 (亞字交窓)[-짜-] '亞'자형 문살의 교창.

아:자-방 (亞字房)[-짜-] 명 방고래를 '亞'자형으로 놓은 방.

아자비 명 〈옛〉아저씨. 아재비. 작은아버지.

아:자-창 (亞字窓)[-짜-] 명 '亞'자형 문살로 된 창.

아삭 뛴혱짜타 조금 단단한 과실이나 무 따위를 단번에 씹는 소리. ⓔ어적. 쎈아짝.

아작-거리다[-꺼-] 짜타 아작 소리가 잇따라 나다. 또는 그런 소리를 잇따라 내다. ⓔ어적거리다. **아작-아작** 뛴혱짜타

아작-대다[-때-] 짜타 아작거리다.

아:장 (亞將) 명 〖역〗조선 때, 포도대장·용호별장(龍虎別將)·도감중군(都監中軍)·금위중군(禁衛中軍)·어영중군(御營中軍)·병조 참판의 총칭.

아장-거리다 짜타 **1** 키가 작은 사람이나 짐승이 천천히 걸어가다. **2** 한가한 태도로 거닐다. ⓔ어정거리다. **아장-아장** 뛴혱짜타 ⬚~걷다.

아장-걸음 명 아장아장 걷는 걸음.

아장-대다 짜타 아장거리다.

아장-바장 뛴혱 하는 일 없이 이리저리 아장거리는 모양. ⓔ어정버정.

아재 명 〈비〉 **1** 아저씨. **2** 아주버니.

아재비 명 〈비〉아저씨.

아쟁 (牙箏) 명 〖악〗우리나라 고유 현악기의 하나(대쟁(大箏)과 비슷하나 그보다 작은 7현 악기로서, 앞면은 오동나무, 뒷면은 밤나무로 만듦).

아저 (兒猪) 명 애저.

아저씨 명 **1** 부모와 같은 항렬의, 아버지의 친형제를 제외한 남자. **2** 친척 관계가 아닌 남자 어른을 정답게 부르는 말. ⬚이웃집 ~ / 국군~ / 집배원 ~ / 기사 ~. [아저씨 아저씨 하고 길짐만 지운다] 듣기 좋은 소리를 하면서 남을 이용한다.

아전 (衙前) 명 〖역〗조선 때, '서리(胥吏)'의 딴 이름. 소리(小吏). 하전(下典).

아:전인수 (我田引水) 명 자기 논에 물을 끌어 댄다는 뜻으로, 자기에게만 이롭게 함을 이르는 말. ⬚~ 격으로 제 실속만 차린다.

아접 (芽椄) 명혱짜타 〖농〗눈접.

아접-도 (芽椄刀)[-또] 명 〖농〗눈접칼.

아:정-하다 (雅正-) 혱어 아담하고 바르다. 아정한 선비.

아젼 명 〈옛〉아전(衙前).

아조 (牙彫) 명 〖미술〗상아를 재료로 하여 새기는 조각. 또는 그 조각품.

아:조 (我朝) 명 '우리 왕조'의 뜻.

아조 (鵝鳥) 명 〖조〗거위[1].

아조-기 (azo基) 명 〖화〗질소의 원자 두 개가 이중 결합으로 이루어진 2가(價)의 원자단.

아조 염:료 (azo染料)[-뇨] 〖화〗분자 안에 아

조기의 발색단(發色團)을 가지는 물감의 총칭. 아조 물감.

아조 화:합물 (azo化合物)[─함─] 《화》 분자 안에 아조기(基)를 갖는 유기 화합물의 총칭 《염료 화학상 매우 중요함》.

아:졸─하다 (雅拙)[─형] 성품이 단아하나 변통성이 없다.

아─종 (亞種)[명]《생》종(種)을 다시 세분한 생물 분류상의 한 단계(종(種)의 아래이고 변종의 위).

아주 (阿洲)[명] '아프리카'의 음역.

아주 (亞洲)[명] '아세아주(亞細亞洲)'의 준말.

아주¹[부] **1** 매우. 썩. □옷이 ~ 비싸다 / 행동이 ~ 형편없다. **2** 영영. 영원히. □~ 가 버렸다. **3** 완전히. 전혀. □약속을 ~ 잊다 / 어제와는 ~ 딴판이다.

아주 뽕빠졌다 [구]《속》큰 손해를 당하여 완전히 거덜 남을 이르는 말.

아:주²[감] 남의 잘난 체하는 말이나 행동을 비웃는 말. □~, 제법이야.

아주까리[명]《식》**1** 피마자1. **2** '아주까리씨'의 준말.

아주까리─기름[명] 피마자유.

아주까리─씨[명] 피마자2. ㉣아주까리.

아주─낮춤[─낟─]《언》**1** 인칭 대명사에서, 가장 낮추어 이르는 말(저·소인·너 따위). **2** 서술어의 종결형에서, 듣는 사람을 아주 낮추는 등분. *해라체.

아주─높임[명]《언》**1** 인칭 대명사에서, 가장 높여 이르는 말(각하·당신·어르신 따위). **2** 서술어의 종결형에서, 듣는 사람을 아주 높이는 등분. *합쇼체.

아주머니[명] **1** 부모와 같은 항렬인 여자. **2** 남자가 자기 나이 또래가 되는 남자의 아내를 부르는 말. **3** 친척이 아닌 기혼 여성을 높여 정답게 부르는 말. □주인 ~ / 뒷집 ~. **4** '형수'를 친근하게 이르는 말.

아주머님[명] '아주머니'의 높임말.

아주─먹이[명] **1** 더 손댈 필요가 없을 만큼 깨끗하게 쓿은 쌀. 입정미. 정백미(精白米). **2** 겹옷을 때에 입는 솜옷.

아주미[명] '아주머니'의 낮춤말.

아주버니[명] 여자가 남편의 형뻘이 되는 남자를 이르는 말.

아주버님[명] '아주버니'의 높임말.

아주비[명] '아저씨·아주버니'의 낮춤말.

아줌마[명] 아주머니를 홀하게 또는 친숙하게 일컫는 말.

아즐다[감]《옛》감탄하는 소리.

아줄─아줄[부] 강아지 따위가 계속 꼬리를 치며 비틀비틀 걷는 모양.

아지 (兒枝)[명] 어린 나뭇가지.

아지랑이[명] 봄에 햇빛이 강하게 내리쬘 때 공기가 공중에 아른거리는 현상. 양염(陽炎). 유사(遊絲). □봄 들판에 ~가 피어오르다.

아지랭이[명] ☞아지랑이.

아지 못게라 [관]《옛》'알 수 없다'의 뜻.

─아지이다[어미] 끝 음절의 모음이 'ㅏ·ㅗ'로 된 용언의 어간 뒤에 붙어, 기원을 나타내는 종결 어미(예스러운 표현임). □나~ / 좋~. *─아지이다.

아지작[부][하][자][타] 조금 단단한 물건을 힘껏 깨무는 소리. □게 발을 ~ 깨물다. ㉣으지적.

아지작─거리다[─꺼─][자][타] 아지작 소리가 자꾸 나다. 또는 그런 소리를 자꾸 내다. □아지작거리며 과자를 먹다. ㉣으지적거리다.

아지작─아지작[부][하][자][타]

아지작─대다[─때─]《때》[자][타] 아지작거리다.

아지직[부][하][자][타] 조금 단단한 물건이 바스러져 깨지거나 찌그러지는 소리. ㉣으지직.

아지직─거리다[─꺼─][자][타] 아지직 소리가 자꾸 나다. 또는 그런 소리를 자꾸 내다. ㉣으지직거리다. **아지직─아지직**[부][하][자][타]

아지직─대다[─때─]《때》[자][타] 아지직거리다.

아지 타토 (이 agitato)[명]《악》'격렬하게·격정적으로'의 뜻.

아지트 (러 agitpunkt)[명] **1** 활동의 근거지로 삼은 곳. **2**《사》노동 쟁의 등을 비밀히 지도하는 선동 지령 본부. 지하 운동자의 비밀 집회소나 지하 본부. **3** 조직적 범죄자의 은신처. 거점. 소굴. □빈집을 ~로 삼다.

아직[부] **1** 때가 되지 않았거나 미처 이르지 못한 상태임을 나타내는 말. □~ 안 왔다. *채. **2** 지금도 전과 같은 상태임을 나타내는 말. □~ 비가 오고 있다.

아직─껏[─껀][부] 아직까지. □~ 소식이 없다 / ~ 생각해 본 적이 없다.

아질개양[명]《옛》새끼양.

아질게물[명]《옛》망아지.

아:─질산 (亞窒酸)[─싼][명]《화》무기산의 하나. 수용액으로서만 존재하는 약한 일염기산 《공기 중의 산소에 의해서도 쉽게 질산이 됨》.

아:질산─균 (亞窒酸菌)[─싼─][명]《화》토양 속의 암모니아를 아질산으로 변화시키는 세균 《흙 속에 존재하며, 질산균과 함께 질화(窒化) 작용을 함》. 아질산 박테리아.

아:질산 박테리아 (亞窒酸bacteria)[─싼─] 아질산균.

아질─아질[부][하][자][타] 어질증이 나서 자꾸 어지러워지는 모양. ㉣어질어질.

아:집 (我執)[명] **1** 자기중심의 좁은 생각에 집착하여 자신만을 내세워 버팀. □~을 버리지 못하다. **2**《불》심신 중에 사물을 주재하는 상주불멸(常住不滅)의 실체가 있다고 믿는 집착.

아즈미[명]《옛》아주미. 아주머니.

아줄흐다[명]《옛》아질아질하다.

아짝[부][하][자][타] 조금 단단한 물건을 깨물어 바스러뜨리는 소리. ㉣어쩍. □아작.

아짝─거리다[─꺼─][자][타] 아짝 소리가 자꾸 나다. 또는 그런 소리를 자꾸 내다. ㉣어쩍거리다. **아짝─아짝**[부][하][자][타]

아짝─대다[─때─]《때》[자][타] 아짝거리다.

아찔─아찔[부][하][자][타] 자꾸 또는 매우 정신이 아득하고 조금 어지러운 느낌. ㉣어찔어찔.

아찔─하다[형] 갑자기 정신이 아득하고 어지럽다. □절벽 위에서 내려다보니 눈앞이 아찔했다. ㉣어찔하다.

아차[감] **1** 잘못된 것을 갑자기 깨달았을 때 나오는 소리. □~, 잊었구나 / ~, 늦었구나. **2** ('아차 하다·아차 실수하다·아차 싶다'등의 꼴로 쓰여) 본의 아니게 일이 어긋남을 나타낼 때 쓰는 말. □~ 하는 순간 / ~ 잘못하면 모두 망친다.

아차차[감] '아차'를 거듭하는 소리. □~, 깜빡했네.

아찬 (阿飡)[명]《역》신라 때, 십칠 관등(官等) 가운데 여섯째 등급.

아창─거리다[자] 키가 작은 사람이나 짐승이 찬찬히 이리저리 걷다. ㉣어청거리다. **아창─아창**[부][하][자]

아창─대다[자] 아창거리다.

아철다[타]《옛》싫어하다.

아철브다[형]《옛》싫다.

아첨(阿諂) 명 하자 남의 환심을 사거나 잘 보이려고 알랑거림. 아유(阿諛). ▷~을 떨다.

아청(鴉靑) 명 야청. └춤첨.

아첼레란도 (이 accelerando) 명 『악』 '점점 빠르게'의 뜻으로, 연주 속도를 표시하는 말. 또는 그 악절이나 연주법.

아쳐롬 타 〈옛〉 싫어함. '아쳗다'의 명사형.

아쳗다 타 〈옛〉 싫어하다.

아총(兒塚) 명 어린아이의 무덤. 애총.

아:취(雅趣) 명 아담한 정취. 또는 그런 취미. ▷~가 풍기는 정원.

아츠 조금 명 무수기를 볼 때, 이렛날과 스무이틀을 이르는 말.

아치(牙齒) 명 1 〈생〉 어금니. 2 어금니와 이.

아치(兒齒) 명 늙은이의 이가 빠지고 다시 난 이(오래 살 징조라 함).

아:치(雅致) 명 아담한 풍치.

아치(arch) 명 1 축하나 환영의 뜻으로 만든 무지개 모양의 광고 구조물. 2 『건』 건축상의 기법의 하나. 양 끝에 베푼 기초나 기둥 위에 돌·벽돌·콘크리트 등을 곡선형으로 쌓아 올린 것. ▷홍예문은 ~ 모양으로 되어 있다.

-아치 미 그 일에 종사하는 사람의 뜻. ▷벼슬 ~ / 구실~.

아치랑-거리다 자 키가 작은 사람이 힘없이 몸을 흔들며 자꾸 찬찬히 걷다. 큰어치렁거리다. 센아칠거리다. **아치랑-아치랑** 부 하자

아치랑-대다 자 아치랑거리다.

아치장-거리다 자 키가 작은 사람이 기운이 없이 자꾸 느리게 걷다. 큰어치정거리다. 센아치장-아치장 부 하자

아치장-대다 자 아치장거리다.

아:칙-하다(雅飭-)[-치카-] 형여 성품이 아담하고 조심스럽다.

아칠-거리다 자 '아치랑거리다'의 준말. 큰어칠거리다. **아칠-아칠** 부 하자

아칠-대다 자 아칠거리다.

아침 명 1 날이 새어서 아침밥을 먹을 때까지의 동안. 날이 새고 얼마 되지 않은 때('새 역사' 또는 '새 질서의 사회' 등을 뜻하는 상징어로도 씀). ▷새 ~이 밝아 오다. 2 '아침밥'의 준말. ▷~을 먹다. ↔저녁.

아침-거리[-꺼-] 명 아침 끼니를 만들 거리. ▷장에 ~를 보러 가다.

아침-결[-껼] 명 아침인 동안. ▷~에 산책을 다녀오다.

아침-나절 명 아침밥 먹은 뒤부터 점심밥 먹기 전까지의 한나절.

아침-노을 명 아침에 해가 떠오르는 하늘에 벌겋게 보이는 기운. 준아침놀.

아침-놀 명 '아침노을'의 준말.
【아침놀 저녁 비요 저녁놀 아침 비라】아침 놀에는 저녁에 비가 오고, 저녁놀에는 아침에 비가 온다.

아침-때 명 1 아침인 때. ▷~가 지난 뒤ећ자 자다. 2 아침밥을 먹을 시간.

아침-뜸 명 아침 무렵 해안 지방에서 해풍과 육풍이 교체될 때 바람이 한동안 자는 현상.

아침-밥[-빱] 명 아침때에 끼니로 먹는 밥. 조반(朝飯). ▷~을 짓다. 준아침.

아침-상식(-上食) 명 상가(喪家)에서, 아침때마다 궤연(几筵) 앞에 올리는 음식.

아침-선반(-宣飯) 명 일터에서, 일꾼에게 아침밥을 먹이고 잠시 쉬게 하는 시간.

아침-쌀 명 아침밥을 지을 쌀.

아침-잠[-짬] 명 아침에 늦게까지 자는 잠. 늦잠. ▷~이 많다.

아침-저녁 명 아침과 저녁. 조석(朝夕). ▷~

으로 부모님께 문안 인사를 드린다.

아침-진지 명 '아침밥'의 높임말. ▷부모님께 ~를 차려 올린다.

아침-참 명 1 아침밥을 먹고 잠시 쉬는 동안. 2 일할 때, 아침과 점심 사이에 먹는 샛밥. ▷~을 내가다.

아칫-거리다[-칟꺼-] 자 어린아이가 이리저리 위태위태하게 걸음을 떼어 놓다. **아칫-아칫**[-치칟-] 부 하자

아칫-대다[-칟때-] 자 아칫거리다.

아촌설 명 〈옛〉 까치설.

아촌아들 명 〈옛〉 조카.

아춤 명 〈옛〉 아침.

아춤나즈음 명 〈옛〉 아침저녁.

아카데미 (academy) 명 1 『역』 그리스의 철학자 플라톤과 그 후계자들이 철학을 강의하던 곳. 위태위태하게 2 서양 여러 나라에서 학문·예술에 관한 권위 있는 지도적 단체(한림원(翰林院)·학술원 따위). 3 대학·연구소 등의 총칭.

아카데미-상 (academy賞) 명 『연』 1927년에 창설된 미국의 영화 예술 과학 아카데미가 1928년부터 해마다 그 해 영화 부문의 최우수자에게 주는 상. 오스카상.

아카데미즘 (academism) 명 1 학문 연구나 예술 창작에서, 순수하게 진리와 아름다움을 추구하는 태도. 2 전통적이고 보수적인 학풍이나 관료적인 학문 태도. 3 형식뿐이고 내용이 따르지 않는 비현실적인 학문의 경향.

아카데믹-하다 (academic-) 형여 학구적이다. 학문적이다.

아카사니 캄 1 무거운 물건을 반짝 들어 올릴 때 내는 소리. 2 애써 찾던 것을 찾았을 때 내는 소리. 큰이커사니.

아카시아 (acacia) 명 『식』 1 콩과의 상록 교목. 주로 인도·동부 아프리카가 원산지임. 높이 12~15m이고 가지에 가시가 있으며 잎은 깃꼴 겹잎이고, 노란색 또는 흰색의 꽃이 송이를 이루어 핌. 2 '아까시나무'의 통칭.

아 카펠라 (이 a cappella) 『악』 무반주 합창 또는 합창곡(중세 교회에서의 무반주 합창에서 유래됨).

아칸서스 (acanthus) 명 『식』 쥐꼬리망촛과의 여러해살이풀. 또는 관목성의 식물. 잎은 깃꼴로 깊게 갈라지며 광택이 나고 고운 녹색임. 여름에 1m 내외의 꽃줄기에 흰색의 꽃이 핌. 지중해 연안이 원산지인데, 세계 각지에서 재배함.

아케이드 (arcade) 명 1 『건』 아치를 연속적으로 기둥 위에 가설한 것. 또는 그 공간. 2 지붕이 있는 통로 또는 상점가(商店街).

아코디언 (accordion) 명 『악』 주름상자를 갖춘 네모진 상자 모양의 몸통에 건반 장치가 있어, 주름상자를 신축시키고 건반을 눌러 연주하는 악기. 손풍금. 핸드 오르간. *반도네온·콘서티나.

아코디언-도어 (accordion door) 명 아코디언의 몸체처럼 접었다 폈다 할 수 있는 커튼 모양의 칸막이. 아코디언커튼.

아코르 (프 accord) 명 『악』 화음(和音).

아래 (牙僧) 명 거간꾼.

아퀴 명 어수선한 일의 갈피를 잡아 마무르는 끝매듭.
아퀴가 나다 관 일을 마무리하여 마감이 이루어지다.
아퀴를 내다 관 일을 마무리하여 마감 짓다.

아퀴(를) 짓다 𝄐 일을 끝마무리하다. 일의 가부를 결정하다.

아퀴-쟁이 圀 가장귀가 진 나무의 가지.

아크 (arc) 圀『물』아크 방전.

아크-등 圀 두 개의 탄소봉(炭素棒)의 첨단을 접촉시켜 여기에 강한 전류를 통하면서 떼면 호상 방전(弧狀放電)을 일으켜서, 이것에 의해 백열광을 내는 전등. 아크 라이트. 호광등(弧光燈). 호등(弧燈).

아크 라이트 (arc light) 아크등.

아크-로 (arc爐) 圀『공』아크 방전에 의해 생기는 높은 온도를 이용한 전기로. 특수강·합금강을 만드는 데 씀.

아크로폴리스 (akropolis) 圀 '높은 도시'의 뜻으로, 고대 그리스의 도시 중심 또는 배후에 있는 언덕. 아크로폴리스 가운데에서도, 파르테논 신전(Parthenon神殿)이 있는 아테네의 언덕이 특히 유명함.

아크릴 (←acrylic) 圀 1 '아크릴산 수지(樹脂)'의 준말. 2 '아크릴 섬유'의 준말.

아크릴라이트 (acrylite) 圀 아크릴산 수지로 만든 반투명의 합성수지 판. 백색 판은 주로 조명 기구에 씀.

아크릴로-니트릴 (acrylonitrile) 圀『화』독특한 냄새가 나는 무색의 액체. 휘발성이 있고 독성이 강함. 합성 섬유나 합성 고무의 원료이며 용제(溶劑)·살충제 따위에도 씀.

아크릴-산 (←acrylic酸) 圀『화』가장 간단한 구조를 가진 수용성 무색의 유기산. 자극적인 냄새가 나며 물과 알코올에 녹음. 합성수지의 원료로 씀.

아크릴산 수지 (←acrylic酸樹脂) 圀『화』아크릴산이나 메타크릴산(methacryl酸) 또는 그 유도체의 중합체(重合體)에서 만들어지는 합성수지의 총칭. 아크릴 수지. 㽜아크릴.

아크릴 섬유 (←acrylic纖維) 圀『화』아크릴로니트릴(acrylonitrile)을 주성분으로 하는 단위체에서 합성한 섬유. 㽜아크릴.

아크릴 수지 (←acrylic樹脂) 圀『화』아크릴산 수지(樹脂).

아크 방:전 (arc放電) 圀『물』기체 방전의 한 가지. 양과 음의 단자(端子)에 고압 전위차를 가할 경우 발생하는 밝은 전기 불꽃. 전호(電弧). 아크.

아크 용접 (arc鎔接) 아크 방전에서 생기는 높은 온도를 이용한 용접.

아키텍처 (architecture) 圀『컴』기능 면에서 본 컴퓨터의 구성 방식. 기억 장치의 주소 방식, 입출력 장치의 채널 구조 따위를 가리킴.

아킬레스 (Achilles) 圀 1 아킬레우스(Achilleus)의 영어명. 2『천』화성(火星)과 목성(木星) 궤도 사이에 있는 화성군(小行星)의 하나. 1906년에 독일의 천문학자 볼프가 발견. 공전 주기 11.9년, 광도(光度) 14등.

아킬레스-건 (Achilles腱) 圀 1『생』발뒤꿈치의 뼈와 붙어 있는 힘줄. 인체에서 가장 강한 힘줄로, 보행(步行) 운동에 중요함. 아킬레스 힘줄. 2 치명적인 약점의 비유. ⬚이것이 그의 ~이다.

아킬레스 힘줄 (Achilles−)[−줄] 아킬레스건 1.

아킬레우스 (Achilleus) 圀 그리스 신화에 나오는 영웅. 불사신이었으나, 트로이 전쟁 때 트로이의 왕자 파리스에게 유일한 약점인 발뒤꿈치에 화살을 맞아 죽었다고 함. 아킬레스.

아타락시아 (그 ataraxia) 圀『철』잡념에 사로잡히지 않고 동요가 없이 고요한 마음의 상태《에피쿠로스(Epikuros)학파의 중심 사상으로 행복의 필수 조건이며 철학의 궁극적인 목표임).

아타카 (이 attacca) 圀『악』악장(樂章)의 마지막 또는 박자가 변하는 곳에서 다음 악장이 계속될 때 중단 없이 연주하는 일.

아:-탄 (亞炭) 圀『광』탄화(炭化)의 정도가 낮고 질이 나쁜 석탄. 아갈탄(亞褐炭).

아테나 (Athena) 圀 그리스 신화에 나오는 지혜의 여신(로마 신화의 아테네, 또는 미네르바에 해당함).

아 템포 (이 a tempo) 『악』'본래의 속도로' 연주하라는 뜻.

아토니 (독 Atonie) 圀『의』수축성 기관의 느즈러짐이나 무기력 상태. ⬚위(胃)~.

아토미즘 (atomism) 圀『철』1 원자설(原子說)1. 2 원자설보다 더 광범위하게, 일체의 사물이 각각 독립적인 여러 단위에 의해 구성된다는 사유(思惟) 경향(이 경향이 사회론에 적용된 것이 개인주의임).

아:-토양 (亞土壤) 圀 암석의 분해가 충분하지 못하여 흙과 암석의 중간에 있는 흙.

아토타이프 (artotype) 圀『인』아교와 중(重)크롬산과의 혼합물을 이용한 사진판.

아토피성 피부염 (atopy性皮膚炎) 악성 피부염의 한 가지. 어린아이의 팔꿈치나 오금 따위의 살갗이 두꺼워지면 까칠까칠해지고 몹시 가려운 증상이 나타남. 천식성 양진.

아톰 (atom) 圀 1『철』고대 그리스 철학에서, 그 이상 분할 못하는 입자라는 뜻으로, 사물을 구성하는 가장 작은 존재. 모양·크기·배치를 달리하는 아톰의 이합집산에 의하여 세계의 모든 사물이 나타난다고 함. 2『화』원자(原子)2.

아트로핀 (atropine) 圀 벨라도나에서 채취하는 유독성 식물 알칼로이드《무색의 결정으로 쓴맛이 있으며, 중추 신경에 작용하여 흥분·동공 확대·환각 따위를 일으킴. 진경제·지한제 따위로 씀).

아트만 (산 ātman) 圀 인도의 성전(聖典) 베다에서, '호흡·영(靈)·아(我)'의 뜻을 나타내는 말(우파니샤드 철학의 기초 원리임).

아트-지 (art紙) 圀 겉면에 점토·활석 가루 등의 도료를 바르고 반들반들하게 만든 양지(洋紙)《광택이 있고 사진판·인쇄 등에 씀). 아트 페이퍼.

아트 타이틀 (art title) 『연』미적 감각을 살려 만든 자막(字幕).

아틀라스 (Atlas) 圀 그리스 신화에 나오는 거인(천계(天界)를 혼란시킨 죄로 제우스에 의해 어깨로 하늘을 떠받치고 있으라는 벌을 받게 되었음).

아틀란티스 (Atlantis) 圀 그리스 전설상의 한 섬(찬란하고 높은 문화를 지닌 유토피아였다가 지진으로 멸망했다고 함. 이상향(理想鄕)의 의미로 씀).

아틀리에 (프 atelier) 圀 1 화가나 조각가의 작업실. 화실(畫室). 제작실. 2 사진관의 촬영실. 스튜디오.

아티스트 (artist) 圀 미술가. 예술가.

아파 (牙婆) 圀 방물장수.

아파르트헤이트 (네 apartheid) 圀 남아프리카 공화국에서 행해졌던 극단적인 인종 차별 정책과 제도를 일컫는 말. 인종 격리 정책.

아파치 족 (Apache族) 미국 남서부에 사는 아메리칸 인디언의 한 부족(가장 오랫동안 백인과 대결하여 용맹을 떨쳤음).

아파테이아 (그 apatheia) 圀『철』격정이나 외

계의 자극에 흔들리지 않는 초연한 마음의 경지《스토아학파의 생활 이상임》.

아파트 (←apartment) 뗑 5층 이상의 한 채의 건물 안에 여러 세대가 살게 된 임대용 또는 분양용 건물. 건물 구조가 4층 이하의 것은 연립 주택이라 함. ▫고층 ∼／∼ 단지가 조성되다／∼를 분양하다／∼에 세들다.

아파-하다 태어 아픔을 느껴 괴로워하다. ▫ 그의 딱한 처지를 보고 마음 ∼／마취가 풀리자 환자는 몹시 아파했다.

아패 (牙牌) 뗑〔역〕조선 때, 이품 이상의 문무관이 지니던, 상아로 만든 호패.

아페르토 (이 aperto) 뗑〔악〕'피아노의 오른쪽 페달을 밟고'의 뜻.

아페리티프 (프 apéritif) 뗑 서양식으로 식사할 때, 식욕을 증진시키기 위하여 식사 전에 마시는 술.

아편 (阿片·鴉片) 뗑 덜 익은 양귀비 열매의 껍질을 칼로 에어서 흘러나오는 진을 모아 말린 갈색 물질《마취제 또는 설사·이질 등에 쓰며, 코데인·모르핀 등의 원료임》.

아편-굴 (阿片窟) 뗑 아편을 먹거나 피우고 주사를 맞는 비밀 장소.

아편-연 (阿片煙) 뗑 1 아편을 넣어서 만든 담배. 2 아편을 피울 때 나는 연기.

아편-쟁이 (阿片-) 뗑〈속〉아편 중독자.

아편 전:쟁 (阿片戰爭)〔역〕1840년 청나라의 아편 수입 금지로, 영국과 청나라 사이에 일어난 전쟁.

아편 중독 (阿片中毒) 아편 작용으로 일어나는 증독 작용《두통·현기증·호흡 곤란·피부 창백 등의 증상이 나타나며, 심하면 정신에 이상이 오고 혼수상태가 됨》.

아포리아 (그 aporia) 뗑〔철〕통로나 수단이 없다는 뜻으로, 사유(思惟)가 궁하여 해결할 수 없는 어려운 일이나 방치할 수 없는 논리적인 난점(難點)을 일컫는 말.

아포리즘 (aphorism) 뗑 깊은 진리를 간결하게 압축된 형식으로 표현한 짧은 글《금언·격언·잠언·경구 따위》.

아 포스테리오리 (라 a posteriori)〔철〕인식이나 개념이 경험에 의존하거나 경험에서 나오는 것. 후천적.

아포스트로피 (apostrophe) 뗑 영어에서, 생략·소유격·복수 부호를 나타내는 '''의 뜻.

아 포코 (이 a poco)〔악〕'조금씩'의 뜻.

아포크리파 (Apocrypha) 뗑〔기〕경외 성경(經外聖經).

아포크린-샘 (apocrine-) 뗑〔생〕땀을 분비하는 샘의 일종《사춘기에 발달하며 겨드랑이 부분에 가장 많고, 유두(乳頭)·외이도(外耳道)·항문 주위·비익(鼻翼)과 하복부(下腹部) 등에 있음》. 아포크린 한선(汗腺).

아폴로 (Apollo) 뗑 로마 신화에 나오는 신. 그리스 신화의 '아폴론(Apollon)'에 해당함.

아폴로 계:획 (Apollo計劃)[-/-게-] 미국 항공 우주국의 달 착륙 유인 비행 계획. 1969년 7월 아폴로 11호가 인류 최초로 3명의 우주인을 태우고 달 착륙에 성공함. 1972년 완료됨.

아폴로 눈병 (Apollo-病)[-뼝] '출혈성 결막염'을 속되게 이르는 말. 1969년 아폴로 11호가 지구로 돌아올 무렵에 유행한 데서 붙여진 이름임.

아폴론 (Apollon) 뗑 고대 그리스 신화 중 태양·예언·궁술·의료·음악 및 시의 신. 로마 신화의 아폴로에 해당함.

아폴론-형 (Apollon型) 뗑 니체가 정식화(定式

化)한 문화상·세계관상의 유형《조화 있는 통일, 질서와 질서를 지향하는 조소적(彫塑的)·주지적 경향》. ↔디오니소스형.

아:표 (餓莩) 뗑 굶어 죽은 송장.

아프간 (afghan) 뗑 아프간바늘로 대바늘뜨기와 코바늘뜨기의 기술을 혼합, 왕복 두 번의 동작을 되풀이해 가며 뜨는 입체적인 뜨개질 뜨기. 또는 그렇게 짠 편물.

아프간-바늘 (afghan-) 뗑 긴 대바늘의 한쪽 끝에 미늘이 달린 뜨개바늘《하나의 바늘만으로 뜨기질을 할 수 있음》.

아프다 [아파, 아프니] 혱 1 몸에 이상이 생겨 통증이 있거나 괴롭다. ▫다리가 ∼／몸이 아파서 결근했다. 2 마음이 괴로워 쓰리다. ▫가슴이 ∼／잊혀지지 않는 아픈 기억. 3 어렵거나 복잡한 문제 따위로 생각이 많아 괴롭다. ▫머리 아프게 생각할 거 없다.

아프레게르 (프 après-guerre) 뗑 1 제1차 세계 대전 후 프랑스를 중심으로 일어난 문학 예술상의 새로운 경향. 2 제2차 세계 대전 후, 전전(戰前)의 사상, 도덕, 관습에 구애됨이 없이 행동하는 경향 및 이를 따르는 무궤도한 젊은이를 가리켜 쓰는 말. 전후파. ↔아방게르.

아프로디테 (Aphrodite) 뗑 고대 그리스 신화 중의 미와 사랑의 여신. 제우스와 디오네의 딸. 또는 바다의 거품에서 태어났다고도 함. 로마 신화의 베누스에 해당함.

아 프리오리 (라 a priori) 1〔생〕생득적(生得的)인. 2〔철〕인식이나 개념이 경험에서 발생하거나 경험에 의존하지 않고, 논리적으로 앞서 부여된 것. 선천적.

아프리카 (Africa) 뗑〔지〕육대주의 하나. 수에즈 지방에 의하여 아시아 주와 연결되어 있는 세계 제2의 대륙으로, 대부분이 사막과 아열대 기후 및 열대 밀림 지대임.

아프리카-코끼리 (Africa-) 뗑〔동〕코끼릿과의 하나. 어깨 높이 3.3 m 이상, 무게는 5-7.5톤이고 귀는 둥글고 몹시 커서 어깨를 덮음. 성질이 사나워 길들이기 어려움. 사하라 사막 이남의 아프리카에 삶. *인도코끼리.

아프트식 철도 (Abt式鐵道)[-또] 19세기 말, 스위스 사람 아프트가 발명한 특수 철도《급경사를 오르내릴 수 있게 궤도의 중간에 이가 달린 레일을 설치하여 기관차에 장치한 톱니바퀴와 맞물려 가게 한 장치》.

아플리케 (프 appliqué) 뗑 바탕천 위에 다른 천이나 레이스, 가죽 등을 오려 붙이고 그 둘레를 실로 꿰매는 수예. 또는 그렇게 만든 것.

아픔 뗑 육체적으로나 정신적으로 느끼는 고통. ▫분단의 ∼을 겪다.

아 피아체레 (이 a piacere)〔악〕'임의로·자유로'의 뜻.

아하 캄 미처 생각하지 못한 일을 깨달아 느낄 때 내는 소리. ▫∼, 깜빡 잊었구나. 큰어허.

아:-하다 (雅-) 혱어 깨끗하고 맑다.

아하하 캄 아무 거리낌 없이 큰 소리로 웃는 소리.

아:-한대 (亞寒帶) 뗑〔지〕지구의 표면을 위선(緯線)에 의하여 구분한 대구(帶區)의 하나. 기온의 연교차가 가장 크게 나타나는 지역《온대와 한대의 중간으로 위도 50-70° 사이의 지역》. 냉대(冷帶).

아함-경 (阿含經) 뗑〔불〕1 석가모니의 언행록. 2 소승 불교 경전(經典)의 총칭.

아해 (兒孩) ☞아이.

아:헌(亞獻)**[명][하타]** 제사 지낼 때 두 번째로 술잔을 올리는 일. ＊초헌·종헌.

아:헌-관(亞獻官)**[명]**〖역〗 조선 때, 종묘 제향(宗廟祭享) 때에 아헌을 맡아보던 임시 벼슬.

아형(阿兄)**[명]** 형을 친근하게 부르는 말((주로 글에 씀)).

아:형(雅兄)**[명]** 남자 친구끼리 상대방을 높여 부르는 말.

아:호(雅號)**[명]** 문인·학자·화가 등이 본명 외에 갖는 호나 별호를 높여 이르는 말.

아혹-하다(訝惑-)**[-호카-][형여]** 괴이하고 의심쩍다.

아홉[수관] 여덟에 하나를 더한 수. 구(九). ▢ ～ 개 / ～ 살배기.

아홉-무날[-홈-]**[명]** 무수기를 볼 때에, 음력 사흘과 열여드레의 일컬음.

아홉-수(-數)**[-쑤]** '9, 19, 29'와 같이 아홉이 든 수(남자 나이에 이 수가 드면 결혼이나 이사 등을 꺼림).

아홉-째[수관] 여덟째의 다음 차례.

아:-황산(亞黃酸)**[화]** 이산화황의 수용액(水溶液). 황산을 가하면 분해되어 이산화황이 발생함(살균제·표백제로 씀).

아:-황산-가스(亞黃酸gas)**[명]**〖화〗 이산화황.

아:회(雅會)**[명] 1** 글을 지으려고 모이는 모임. **2** 풍아로운 모임.

아:회(雅懷)**[명]** 아취 있는 회포.

아후라 마즈다(Ahura-Mazda)〖종〗 아후라는 신(神), 마즈다는 지혜(智慧)의 뜻으로, 고대 페르시아의 신(神). 하늘의 선신(善神)으로, 조로아스터교(Zoroaster敎)에서 전지전능한 최고 창조신으로 받들고 있다.

아훔(阿吽)**[명]**〔산 a-hum〕〖불〗 **1** 입을 벌리고 내는 소리와 다물고 내는 소리라는 뜻으로, 밀교(密敎)에서의 모든 법의 시작과 끝을 비유적으로 이르는 말. **2** 절의 산문 양쪽에 있는, 하나는 입을 벌리고, 하나는 입을 다문 인왕(仁王)의 두 상. 또는 그 모습.

아흐레[명] 1 아홉 날. 구일(九日). **2** '아흐렛날'의 준말.

아흐렛-날[-렌-]**[명] 1** 아홉째의 날. **2** '초아흐렛날'의 준말. ⦿아흐레.

아흔[수관] 열의 아홉 배. 구십(九十). ▢ ～ 살 / ～ 마리의 돼지 / ～이 넘도록 정정하다.

아희(兒戲)**[-히][명]** 아이들의 장난.

아흐래[명]〈옛〉 아흐레.

아희[명]〈옛〉 아이.

악¹[명] 있는 힘을 다하여 모질게 마구 쓰는 기운. ▢～을 바락바락 쓰며 대들다.

악(에) 받치다 〔관〕 악이 몹시 나다.

악(惡)**[명] 1** 착하지 않음. 올바르지 않음. ▢～의 화신. **2**〖윤〗 양심을 좇지 않고 도덕률을 어기는 일. ↔선(善).

[악으로 모은 살림 악으로 망한다] 나쁜 짓을 하여 모은 재산은 곧 없어질 뿐 아니라 도리어 해롭게 된다는 말.

악(樂)**[명]**〖식〗 꽃받침.

악(握)**[명]** 검도(劍道)에서, 손에 끼는 가죽으로 만든 장갑.

악²[명] 1 남이 놀라도록 갑자기 지르는 소리. **2** 놀랐을 때에 무의식적으로 지르는 소리. ▢ ～ 소리를 지르며 뒤로 자빠졌다.

악-(惡)**[두]** 바람직하지 않거나 좋지 않음을 나타냄. ▢～조건 / ～영향.

악가(樂歌)**[-까][명]**〖악〗 악곡 또는 악장에 따라 부르는 노래. ↔속가(俗歌).

악각(顎脚)**[-깍][명]**〖생〗 절지동물(節肢動物) 가운데 주로 갑각류의 입 뒤쪽에 구기(口器)의 일부로 발달한 기관. 턱의 작용을 돕는 구실을 한다. 턱발.

악감(惡感)**[-깜][명]** 악감정. ▢～을 가지다. ↔호감(好感).

악-감정(惡感情)**[-깜-][명]** 좋지 않게 생각하는 감정. 나쁜 느낌. 악감. ▢～을 품다. ↔호감정(好感情).

악계(樂計)**[-계 / -게][명]** 악단(樂壇).

악곡(樂曲)**[-꼭][명]**〖악〗 **1** 음악의 곡조. **2** 곡조를 나타낸 부호. ▢～대로 연주하다.

악골(顎骨)**[-꼴][명]**〖생〗 턱뼈.

악공(樂工)**[-꽁][명]**〖악〗 **1** 음악을 연주하는 사람. **2**〖역〗 조선 때, 궁정의 음악을 연주하던 사람.

악과(惡果)**[-꽈][명]**〖불〗 나쁜 짓에 대한 갚음. 나쁜 업보. 악보(惡報). ↔선과(善果).

악관(樂官)**[-꽌][명]** 악사(樂師).

악-관절(顎關節)**[-꽌-][명]**〖생〗 턱관절.

악구(惡口)**[-꾸][명] 1** 험구. **2**〖불〗 십악(十惡)의 하나(남에게 악한 말을 하는 짓). 악언.

악구(樂句)**[-꾸][명]**〖악〗 두 소절에서 네 소절 정도까지의 어느 정도 뭉쳐진 작은 구분.

악궁(樂弓)**[-꿍][명]**〖악〗 현악기(絃樂器) 연주용의 활. 아르코(arco).

악귀(惡鬼)**[-뀌][명] 1** 악한 귀신. 아주 몹쓸 귀신. **2** 악독한 행동을 하는 사람.

악극(樂劇)**[-끅][명]**〖연〗 가극(歌劇)이 노래와 춤에 치우치는 것을 배격하고 음악을 극적 내용의 표현에 합치시킨 악극((독일의 바그너가 제창하였음)). 뮤직 드라마. **2** 가악(歌樂)과 연극.

악극-단(樂劇團)**[-끅딴][명]**〖연〗 악극을 공연할 목적으로 조직된 단체. ⦿악단(樂團).

악기(惡氣)**[-끼][명] 1** 고약한 기운이나 냄새. **2** 악의(惡意)1.

악기(樂器)**[-끼][명]**〖악〗 음악을 연주하기 위해 쓰는 기구의 총칭((현악기·관악기·타악기·건반 악기 따위로 나뉨)).

악-기류(惡氣流)**[-끼-][명]** 순조롭지 못한 대기의 유동(流動).

악기-점(樂器店)**[-끼-][명]** 악기를 파는 가게.

악녀(惡女)**[앙-][명]** 성품이 모질고 나쁜 여자. ↔선녀(善女).

악념(惡念)**[앙-][명]** 나쁜 생각. 악상.

악다구니[-따-]**[명][하자]** 서로 욕하며 성내어 싸우는 짓. 또는 그런 입. ▢～를 퍼붓다 / ～를 치다.

악단(樂團)**[-딴][명] 1**〖악〗 음악을 연주하기 위해 조직된 단체. **2**〖연〗 '악극단'의 준말.

악단(樂壇)**[-딴][명]**〖악〗 음악가들의 사회를 이르는 말. 악계(樂界).

악담(惡談)**[-땀][명][하자]** 남을 헐뜯거나 저주하는 말. ▢～을 퍼붓다. ↔덕담(德談).

악당(惡黨)**[-땅][명] 1** 악한 사람들의 무리. 나쁜 도당. 악도(惡徒). ▢～의 소굴로 들어가다. **2** 나쁜 짓을 일삼는 사람.

악대[-때]**[명] 1** 불깐 짐승. **2** '악대소'의 준말.

악대(樂隊)**[-때][명]**〖악〗 기악의 합주대. 주로 취주악의 단체를 이름.

악대-말[-때-]**[명]** 불깐 말.

악대-소[-때-]**[명]** 불깐 소. 불친소. ⦿악대.

악대-양(-羊)**[-때-][명]** 불깐 양.

악덕(惡德)**[-떡][명]** 도덕에 어긋나는 나쁜 마음이나 나쁜 짓. ▢～ 기업인이 추방되다. ↔선덕(善德). **-하다**[-떠카-]**[형여]** 마음이나 행실이 도덕에 어긋나 있다. ▢악덕한 업

주를 구속하다.
악덕-한 (惡德漢)[-떠칸] 명 마음씨가 사납거나 인륜(人倫)에 어그러진 짓을 하는 사람. ❏뭐라고 형용할 수 없는 ~.
악도 (惡徒)[-또] 명 악당(惡黨)1.
악도 (惡道)[-또] 명 **1** 나쁜 길. 험로. **2**〔불〕 악사(惡事)를 저지른 결과 죽은 뒤에 가야 할 지옥도·아귀도·축생도·수라도의 네 가지 고뇌의 세계. 악취.
악독 (惡毒)[-똑] 명하형히부 마음이 악하고 독살스러움. ❏~한 흉계에 걸려들다.
악독-스럽다 (惡毒-)[-똑쓰-따]〔-스러워, -스러우니〕 형ㅂ 마음이 흉악하고 독살스러운 데가 있다. **악독-스레** [-똑쓰-] 부
악-돌이 [-또리] 명 기를 쓰고 모질게 덤비기를 잘하는 사람. ❏~에겐 당할 방법이 없다.
악동 (惡童)[-똥] 명 **1** 행실이 나쁜 아이. ❏그것은 순전히 ~들의 짓이다. **2** 장난꾸러기.
악랄 (惡辣)[앙날] 명하형히부 악독하고 잔인함. ❏~한 수단을 쓰다.
악력 (握力)[앙녁] 명 손아귀로 물건을 쥐는 힘. 손아귀 힘. ❏~이 세다.
악력-계 (握力計)[앙녁꼐 / 앙녁께] 명 손아귀 힘을 재는 기구.
악력 지수 (握力指數)[앙녁찌-] 양쪽 손의 악력을 합한 수와 체중과의 비(比).
악령 (惡靈)[앙녕] 명 원한을 품고 사람에게 재앙을 내린다는, 죽은 사람의 영혼. ❏~이 재앙을 내리다.
악례 (惡例)[앙녜] 명 나쁜 전례(前例). ❏~를 남기다.
악률 (樂律)[앙뉼] 명〔악〕**1** 음악의 가락. 악조(樂調). **2** 음을 음률의 높낮이에 따라 이론적으로 정돈한 체계《십이율·평균율 따위》.
악리 (樂理)[앙니] 명 음악의 이치.
악마 (惡魔)[앙-] 명 **1** 종교나 민속 신앙에서 까닭 없이 사람에게 재앙을 내리고 해를 끼치는 악한 귀신. **2**〔불〕 불도 수행을 방해하는 악한 귀신. **3** 매우 악독한 짓을 하는 사람. ❏양의 탈을 쓴 ~.
악-마디 (惡-)[앙-] 명 결이 몹시 꼬여서 모질게 된 마디.
악마-주의 (惡魔主義)[앙- / 앙-이] 명 19세기 말 유럽에서 일어난 문예 또는 사상의 한 경향《추악·퇴폐·괴이(怪異)·공포 등의 속에서 미를 찾으려고 했던 것으로, 와일드·보들레르가 유명함》.
악마주의-파 (惡魔主義派)[앙- / 앙-이-] 명 악마파.
악마-파 (惡魔派)[앙-] 명〔문〕 악마주의를 신봉하는 문예상의 한 파. 악마주의파.
악막 (幄幕)[앙-] 명 진중(陣中)에 친 장막.
악매 (惡罵)[앙-] 명하타 심한 꾸지람. 호되게 욕함.
악-머구리 [앙-] 명 잘 우는 개구리라는 뜻으로, '참개구리'를 일컫는 말.
[악머구리 끓듯] 많은 사람이 모여 소란하게 떠드는 모양을 비유한 말.
악명 (惡名)[앙-] 명 악하다는 소문이나 평판. ❏~이 높다 / ~을 떨치다.
악모 (岳母·嶽母)[앙-] 명 장모(丈母)《편지 등에서 씀》.
악모 (惡毛)[앙-] 명 붓 속에 섞인 뭉뚝한 털. 악치.
악목 (惡木)[앙-] 명 질이 나빠서 재목으로 쓰지 못할 나무.
악몽 (惡夢)[앙-] 명 나쁜 꿈. 불길하고 무서운 꿈. ❏~에 시달리다 / ~을 꾸다.
악무 (樂舞)[앙-] 명 음악과 무용. 노래와 춤.
악물 (惡物)[앙-] 명 악종(惡種)2.
악-물다 [앙-]〔악물어, 악무니, 악무는〕 타 매우 성이 나거나 아플 때, 또는 단단히 결심할 때에 아래위 이를 꽉 물다. ❏이를 악물고 돈을 모으다. 큰윽물다.
악-물리다 [앙-] 자《'악물다'의 피동》 악묾을 당하다. 큰윽물리다.
악미 (惡米)[앙-] 명 '앵미'의 본딧말.
악-바리 [-빠-] 명 **1** 성미가 깔깔하고 고집이 세며 모진 사람. **2** 지나치게 똑똑하고 영악한 사람.
[악바리 악돌이 악쓴다] 무슨 일에나 악착같이 제 고집을 세우고 물러날 줄 모른다는 뜻.
악박-골 [-빡꼴] 명〔지〕 서울 서대문구 현저동(峴底洞) 일대의 옛 이름.
[악박골 호랑이 선불 맞은 소리] 상종을 못할 만큼 사납고 무섭게 내지르는 소리를 이르는 말.
악법 (惡法)[-뻡] 명 **1** 사회에 해를 끼치는 나쁜 법률. **2** 나쁜 방법. ↔양법(良法).
악벽 (惡癖)[-뼉] 명 나쁜 버릇.
악병 (惡病)[-뼝] 명 악질(惡疾).
악보 (惡報)[-뽀] 명 **1** 나쁜 소식. 흉보(凶報). **2**〔불〕 악과(惡果).
악보 (樂譜)[-뽀] 명 가곡 또는 악곡을 일정한 기호를 써서 기록한 것. 곡보(曲譜). 보곡(譜曲). 음보(音譜). ❏~에 따라 연주하다.
악부 (岳父·嶽父)[-뿌] 명 장인(丈人)《편지 등에 씀》.
악부 (握斧)[-뿌] 명 '주먹 도끼'의 구용어.
악부 (惡婦)[-뿌] 명 성질 나쁜 부녀자. 또는 그런 며느리.
악부 (樂府)[-뿌] 명 **1** 한시(漢詩)의 한 형식. 인정과 풍속을 읊은 것으로, 글귀에 장단(長短)이 있음. **2** 악장(樂章)1.
악사 (惡事)[-싸] 명 나쁜 짓. 흉악한 일.
악사 (樂士)[-싸] 명 악기로 음악을 연주하는 사람. 악수(樂手). ❏거리의 ~.
악사 (樂師)[-싸] 명〔역〕**1** 조선 때, 장악원에 속한 정육품 벼슬. 또는 그 벼슬아치. **2** 조선 말기에, 장례원에 속하여 주악을 맡아보던 벼슬. 또는 그 벼슬아치. 악관(樂官).
악사-천리 (惡事千里)[-싸철-] 명 나쁜 일은 곧 빠르게 퍼져 세상에 알려짐.
악산 (惡山)[-싼] 명 험한 산.
악상 (惡相)[-쌍] 명 **1** 흉측한 얼굴 모양. **2** 상서롭지 못한 상격(相格).
악상 (惡喪)[-쌍] 명 젊어서 부모보다 먼저 죽은 자식의 상사(喪事). ❏~이 나다 / 설상가상으로 ~을 당했다. ↔순상(順喪).
악상 (惡想)[-쌍] 명 악념(惡念).
악상 (樂想)[-쌍] 명 **1** 음악의 주제·구성·곡풍(曲風) 등에 관한 작곡상의 착상. ❏~이 떠오르다. **2** 음악 속에 표현된 사상.
악-상어 [-쌍-] 명〔어〕 악상엇과의 바닷물고기. 한대성 어종으로 몸은 방추형에 3m가량, 눈에 순막이 없고, 분수공은 작으며, 아래위턱의 이는 삼각형임《태생어이며 성질이 사나움》.
악생 (樂生)[-쌩] 명〔역〕 조선 때, 장악원의 좌방에 속하여 아악을 연주하던 사람. 양인(良人) 출신으로 취재(取才)를 거쳐 뽑음. *악공(樂工).
악서 (惡書)[-써] 명 읽으면 해를 끼치게 되는 나쁜 책. ❏~를 추방하자. ↔양서(良書).

악서 (樂書)[-써] 뗑 음악에 관한 책.

악-선전 (惡宣傳)[-썬-] 뗑하티 남에게 해를 끼치기 위하여 나쁜 소문을 퍼뜨리는 일. ▣후보자들끼리 ~을 일삼다.

악설 (惡舌·惡說)[-썰] 뗑하자 1 나쁘게 말함. 또는 그런 말. 2 남을 해치려고 못되게 말함. 또는 그런 말. 악언(惡言).

악성 (惡性)[-썽] 뗑 1 모질고 악독한 성질. ▣~ 수법이 떠돌다. 2 병이 고치기 어렵거나 생명을 위협할 정도로 심함. ▣~ 괴질. ↔양성(良性).

악성 (惡聲)[-썽] 뗑 1 듣기 싫은 소리. 2 악평 (惡評).

악성 (樂聖)[-썽] 뗑 음악계에서 성인(聖人)이라고 할 만큼 뛰어난 음악인. ▣~ 베토벤의 작품.

악성 인플레이션 (惡性inflation)[-썽-] 《경》 화폐·공채의 남발에 의해 극도로 통화가 팽창한 결과, 화폐 가치가 폭락하고 물가는 계속 올라가는 현상.

악성 종양 (惡性腫瘍)[-썽-] 《의》 증식력이 강하고 주위 조직에 대하여 침윤성(浸潤性)과 파괴성을 가지며, 또한 온몸에 전이(轉移)를 형성하는 종양(암종과 육종이 대표적임). ↔양성 종양.

악-세다 [-쎄-] 혱 1 악착스럽고 세차다. 2 생선의 뼈나 식물의 잎·줄기가 뻣뻣하고 세다. ☐억세다.

악세사리 [-쎄-] ☞액세서리(accessory).

악센트 (accent)[-쎈-] 뗑 1《언》 말 가운데의 어떤 음절 또는 글 가운데의 어떤 말을 강세(强勢)·음조(音調)·음의 길이 등의 수단으로 높이거나 힘주는 일. 또는 그 부호. ▣~를 주다. 2《악》 음절과 음절 사이의 셈여림 관계. 강세. 3 복장·건축·도안 등의 디자인에서 전체의 조화를 어느 한 점에 의해 강조하는 일. 또는 그 물건. ▣가슴 부분에 ~를 두다.

악셀 [-쎌] ☞액셀.

악-소년 (惡少年)[-쏘-] 뗑 불량소년(不良少年).

악속 (惡俗)[-쏙] 뗑 악풍(惡風)1.

악송 (惡松)[-쏭] 뗑 잘 자라지 못하는 쓸모없는 소나무.

악-송구 (惡送球)[-쏭-] 뗑하자 야구에서, 자기 편이 받기 어려울 정도로 공을 잘못 던지는 일. 또는 그 공. 악투. ▣~로 상대에게 두 점을 내주었다.

악수 [-쑤] 뗑 물을 퍼붓듯이 아주 세차게 쏟아지는 비. ☐억수.

악수 (握手)[-쑤] 뗑하자 친애·화해·인사·감사 등의 뜻을 나타내기 위해 서로 손을 내밀어 마주 잡는 일. ▣~를 청하다 / 웃으며 ~를 나누다.

악수 (幄手)[-쑤] 뗑 소렴(小殮) 때에 시체의 손을 싸는 헝겊.

악수 (惡手)[-쑤] 뗑 바둑이나 장기에서, 잘못 두는 나쁜 수. ↔호수(好手).

악수 (惡獸)[-쑤] 뗑 흉악한 짐승.

악수 (樂士)[-쑤] 뗑《악》악사(樂士).

악수-례 (握手禮)[-쑤-] 뗑 악수를 하는 예의.

악-순환 (惡循環)[-쑨-] 뗑 1 순환이 좋지 않음. 또는 나쁜 현상이 계속되 되풀이됨. ▣빈곤의 ~이 거듭되다. 2 밀접한 상호 관계에 있는 것이 서로 관련하여 무제한으로 악화하는 일. 예를 들면, 인플레이션 말기에, 물가가 폭등하면 임금이 인상되고, 따라서 통화가

증발되어 다시 물가가 폭등하는 현상 따위. ▣생산·소비 불균형의 ~.

악-스럽다 (惡-)[-쓰-따][악스러워, 악스러우니] 혱티 1 보기에 악한 데가 있다. 2 독살스럽다. **악-스레** [-쓰-] 뮈

악습 (惡習)[-씁] 뗑 나쁜 습관. 못된 버릇. ▣~이 물들다 / ~을 뿌리 뽑다.

악승 (惡僧)[-씅] 뗑 계율을 지키지 않는 불량한 승려.

악식 (惡食)[-씩] 뗑하자 1 맛없고 거친 음식. 또는 그런 음식을 먹음. ↔호식(好食). 2 《불》 금지하고 있는 육식을 함.

악식 (樂式)[-씩] 뗑 악곡의 형식(리드·변주곡·론도·소나타·론도 소나타·푸가 등의 형식이 있음).

악신 (惡神)[-씬] 뗑 사람에게 재앙을 준다는 나쁜 신. 화신(禍神).

악심 (惡心)[-씸] 뗑 나쁜 마음. 악의. ▣~이 생기다 / ~을 품다. ↔선심(善心).

악-쓰다 [악써, 악쓰니] 자 악을 내어 소리 지르거나 행동하다. ▣악쓰며 대들다.

악어 (諤諤)[-] 뗑 거리낌 없이 바른말을 함.

악악-거리다 [아각꺼-] 자 불만이 있거나 화가 나서 자꾸 소리치다. ▣악악거리지 말고 잘 생각해라.

악악-대다 [아각때-] 자 악악거리다.

악액-질 (惡液質)[아객찔] 뗑《의》암종(癌腫)·결핵·학질·내분비 질환 등의 경과 중 특히 말기에 나타나는 특이한 쇠약 상태(전신이 마르고 살갗은 누르스름한 창백색이 되어 표정이 굳어짐).

악야 (惡夜)[-] 뗑 1 폭풍우가 휘몰아치거나 무서움에 떨며 새우는 밤. 2 악몽을 꾼 밤.

악어 (鰐魚)[-] 뗑《동》 악어목에 속하는 파충의 총칭. 인도·아프리카·중국 등지에 분포함. 도마뱀 비슷한데 썩 커서 2~10m에 달하며, 각질(角質)의 비늘로 덮여 있고, 긴 꼬리는 헤엄치는 데와 먹이를 치는 무기가 됨. 뒷다리의 발가락엔 물갈퀴가 있음. 가죽은 널리 이용됨.

악언 (惡言) 뗑하자 1 악설(惡說). 2《불》악구(惡口)2.

악업 (惡業) 뗑 1 좋지 못한 짓. 2《불》전생(前生)의 나쁜 행위. ▣~을 쌓다. ↔선업(善業).

악역 (惡役) 뗑 1 놀이·연극·영화 등에서 악인으로 분장하는 배역. 악인역(惡人役). ▣~은 맡아 놓고 한다. 2 실제 생활에서 사람들의 미움을 받을 만한 일을 하는 사람이나 역할.

악역 (惡疫) 뗑 악성의 유행성 전염병(콜레라·페스트 따위).

악역 (惡逆) 뗑 도리에 어긋나는 극악한 행위.

악역-무도 (惡逆無道)[아격-] 뗑하혱 비길 데 없이 악독하고 도리에 어긋남.

악연 (惡緣) 뗑 1 좋지 못한 인연. 악인연. ▣~을 맺다. 2《불》나쁜 일을 하도록 유혹하는 주위의 환경.

악연-실색 (愕然失色)[아견-쌕] 뗑하자 깜짝 놀라 얼굴빛이 달라짐. ▣그의 낙방 소식에 ~할 따름이다.

악연-하다 (愕然-) 혱어 깜짝 놀라 정신이 아찔하다. **악연-히** 뮈

악-영향 (惡影響) 뗑 나쁜 영향. ▣사회에 ~을 끼치다.

악용 (惡用) 뗑하자 잘못 쓰거나 나쁜 일에 씀. ▣지위를 ~하다 / 개인적으로 ~될 우려가 있다. ↔선용(善用).

악우 (惡友) 뗑 나쁜 벗. 사귀어서 해로운 벗. ↔양우(良友).

악운(惡運)圐 1 사나운 운수. ▯~이 끼다. ↔
호운(好運). 2 나쁜 일을 해도 그에 대한 벌
을 받지 않고 흥하는 운수. ▯~이 세다.
악월(惡月)圐 음양도(陰陽道)에서, 운이 나쁜
달. 특히 음력 오월을 이름. 흉월(凶月).
악음(樂音)圐 고른음. ↔조음(噪音).
악의(惡衣)[아긔 / 아기]圐 나쁜 옷. 너절한
옷. ↔호의(好衣).
악의(惡意)[아긔 / 아기]圐 1 남에게 해를 끼치
려는 나쁜 마음. 악기(惡氣). 악심(惡心).
▯~을 품다 / ~ 없는 사람. 2 나쁜 뜻. ▯~로
해석하다. ↔선의(善意).
악의-악식(惡衣惡食)[아긔-씩 / 아기-씩]
圐圏 맛없는 음식을 먹고 허름한 옷을 입음.
또는 그런 음식이나 옷. ↔호의호식.
악의 점유(惡意占有)[아긔저뮤 / 아기저뮤]
〖法〗정당하게 점유할 권리가 없음을 알면서
또는 그 권리가 있는지 없는지를 의심하면서
하는 점유.
악인(惡人)圐 악한 사람. ▯천성은 ~이 아니
다. ↔선인(善人).
악인(惡因)圐〖佛〗나쁜 결과를 가져오는 원
인. ↔선인.
악인(樂人)圐 악사·악공·악생(樂生)·가동(歌
童) 등의 총칭. 영주(伶人).
악인-악과(惡因惡果)[아기낙꽈]圐〖佛〗나쁜
일을 하면 반드시 나쁜 결과가 따름. ↔선인
선과(善因善果).
악인-역(惡人役)[아긴녁]圐 악역(惡役)1.
악-인연(惡因緣)圐 악연1.
악일(惡日)圐 나쁜 날. 흉일(凶日).
악작(樂作)[-짝]圐圏 풍악을 시작함.
악장(岳丈·嶽丈)[-짱]圐 장인(丈人)의 경칭.
빙장(聘丈).
악장(樂匠)[-짱]圐〖樂〗음악에 통달한 사람.
악장(樂長)[-짱]圐 음악 연주 단체의 우두머
리. ▯관현악단의 ~을 역임하다.
악장(樂章)[-짱]圐 1〖歷〗조선 때, 나라의 제
전이나 연례(宴禮) 때에 연주하던 주악을 기
록한 가사. 악부(樂府). 2〖樂〗소나타·교향
곡 등과 같이 여러 개의 소곡(小曲)이 모여서
큰 악곡이 되는 경우 그 각각의 소곡.
악장-치다[-짱-]짜 악을 쓰며 싸우다.
악재(惡材)[-째]圐 '악재료'의 준말. ▯대기
업의 부도 따위 ~로 주가가 폭락하였다.
악재(惡才)[-째]圐 음악에 관한 재능.
악-재료(惡材料)[-째-]圐 1〖經〗주식 시세를
하락시키는 원인이 되는 조건. ⓟ악재. 2 나
쁜 재료. ↔호(好)재료.
악전(惡戰)[-쩐]圐圏 몹시 어려운 상황에서
힘을 다하여 싸움.
악전(惡錢)[-쩐]圐 1 부정하게 얻은 돈. 2 질
이 나쁜 가짜 돈.
악전(樂典)[-쩐]圐〖樂〗박자·속도·음정 등
악보에 쓰이는 모든 규범을 설명한 책. 또는
그 규범.
악전-고투(惡戰苦鬪)[-쩐-]圐圏 악조건을
무릅쓰고 죽을힘을 다하여 싸움. ▯~ 끝에
고지를 탈환하다.
악절(樂節)[-쩔]圐〖樂〗두 악구(樂句)로 이
루어지고 하나의 완전한 악상을 표현하는 구
절(대개 여덟 소절이 한 악절을 이룸).
악정(惡政)[-쩡]圐 백성을 괴롭히고 나라를
망치는 그릇된 정치. 비정(秕政). ▯~에 시
달리다. ↔선정.
악제(惡制)[-쩨]圐 나쁜 제도.
악조(樂調)[-쪼]圐 음악의 곡조. 악률(樂律).
악-조건(惡條件)[-쪼껀]圐 나쁜 조건. ▯어떠

<hr>

한 ~에도 굴하지 않다 / 다리 부상의 ~을 무
릅쓰고 완주하였다. ↔호조건.
악조-증(惡阻症)☞ 오조증(惡阻症).
악종(惡種)[-쫑]圐 1 나쁜 종류. 2 성질이 흉
악한 사람이나 동물. 악물(惡物). ▯아무개
하면 세상이 다 아는 ~이다.
악증(惡症)[-쯩]圐 1 악질(惡疾). 2 못된 짓.
3 악의가 있는 짜증.
악지[-찌]圐 잘 안될 일을 무리하게 해내려는
고집. ▯~를 부리다 / ~가 세다 / ~를 세우
다 / ~를 쓰다. ❀억지.
악지(를) 빼다 卪 체벌(體罰)을 가하여 악지
스러운 마음을 뽑아 버리다.
악지(惡地)[-찌]圐 사람 살기에 부적당한 땅.
악지-스럽다[-찌-따][-스러워, -스러우니]
圐邊 악지를 부리는 데가 있다. ❀억지스럽
다. 악지-스레[-찌-]倎
악지-악각(惡知惡覺)[-찌-깍]圐〖佛〗불과
(佛果)를 얻는 일을 방해하는 사악한 지식.
악질(惡疾)[-찔]圐 고치기 힘든 나쁜 병. 악
병. 악증(惡症). ▯~이 마을을 휩쓸다.
악질(惡質)[-찔]圐 성질이 모질고 나쁨. 또는
그런 사람. ▯~ 상인.
악질-분자(惡質分子)[-찔-]圐 나쁘거나 못된
짓을 하여 다른 사람이나 사회에 나쁜 영향
을 끼치는 사람. ▯~로 몰리다.
악질-적(惡質的)[-찔쩍]圐邊 모질거나 성질
이 좋지 않은 (것). ▯~ 범죄에 해당한다.
악짓-손[-찌쏜 / -찓쏜]圐 무리하게 악지로
해내는 솜씨. ❀억짓손.
악차(堊次)圐 상제가 시묘(侍墓)하면서 삼 년
동안 거처하는 무덤 옆의 막집.
악차(幄次)圐〖歷〗임금이 거둥할 때 잠깐 쉴
수 있도록 장막을 친 곳.
악착(齷齪)[명][하][형] 1 도량이 썩 좁음. 2
작은 일에도 끈기 있고 모짊. ▯~을 떨며 대
들다 / ~을 부리다. 3 잔인하고 끔찍스러움.
악착-같다(齷齪-)[-깓따][-같아] 끈기 있고 매우
모질다. 악착스럽다. ▯누굴 닮아 악착같은
지 모르겠다. ❀억척같다. 악착-같이[-까치]
倎 ▯하기 힘든 일을 ~ 해내다.
악착-꾸러기(齷齪-)圐 매우 악착스러운 사
람. ❀억척꾸러기.
악착-빼기(齷齪-)圐 아주 악착스러운 아이.
❀억척빼기.
악착-스럽다(齷齪-)[-쓰따][-스러워, -스러
우니]圐邊 작은 일에 힘을 다하여 쉬지 아니
하고 애를 쓰는 태도가 있다. 끈기 있고 모진
데가 있다. ❀억척스럽다. 악착-스레[-쓰-]
倎 ▯~ 모은 돈.
악창(惡瘡)圐 고치기 힘든 부스럼.
악처(惡妻)圐 행실이나 성질이 악독한 아내.
↔양처(良妻).
악-천후(惡天候)圐 몹시 나쁜 날씨. ▯~로
비행기 운항이 결항되었다. ↔호천후.
악첩(惡妾)圐 행실이나 성질이 악독한 첩.
악초(惡草)圐 질이 나쁜 담배.
악-초구(惡草具)圐 고기 없이 채소로만 되는
대로 차린 맛없는 음식.
악초-악목(惡草惡木)[-앙-]圐 잘 자라지 못
한 초목.
악충(惡蟲)圐 해롭고 나쁜 벌레.
악취(惡臭)圐 나쁜 냄새. ▯~를 풍기다 / ~
가 코를 찌른다.
악취(惡趣)圐 1〖佛〗악도(惡道)2. 2 악취미2.
악-취미(惡趣味)圐 1 좋지 못한 취미. ▯너는

참 별난 ~를 가졌구나. **2** 괴벽스러운 취미. 악취미.

악치(惡-)명 **1** 악모(惡毛). **2** 좋은 것을 고르고 남은 찌꺼기 물건.

악투(惡投)명[하][자타] **1** 악송구. **2** 폭투.

악티노이드 (actinoid)명 『화』원자 번호 89인 악티늄에서 103인 로렌슘까지의 15개 원소의 총칭. 악티늄족 원소.

악티늄 (actinium)명 『화』방사성 원소. 역청(瀝青) 우라늄광 중에 존재함. [89 번：Ac：227]

악티늄 계：열 (actinium系列)[-/-게-]『화』자연 방사성 원소의 붕괴 계열의 하나. 질량 수 235의 우라늄을 출발점으로 하여 납의 동위 원소로 끝나는 계열.

악티니드 (actinide)명 『화』악티노이드 가운데 89번 원소의 총칭. 또는 '악티노이드'와 같은 뜻으로도 씀.

악판(顎板)명 『동』거머리 등의 인두(咽頭) 안에 있는 턱. 톱니 같은 잔 이로 다른 동물의 살을 할퀴어 피를 빨아 먹음.

악-패듯[-듣]부 사정없이 몹시 심하게. ☞억 **악련**(專片)명 『식』꽃받침의 조각.   ▷패듯.

악평(惡評)명[하][타] 나쁘게 평함. 또는 그런 평판이나 평가. 악성(惡聲). □~이 나다 / ~을 하다. ↔호평(好評).

악폐(惡弊)[-/-페]명 나쁜 폐단.

악풍(惡風)명 **1** 나쁜 풍습·풍속. 악속(惡俗). □에 물들다. ↔양풍(良風). **2** 모진 바람.

악플(←惡+reply)명 『컴』인터넷상에서의 악성 댓글.

악필(惡筆)명 **1** 서투른 글씨. 잘 쓰지 못한 글씨. □워낙 ~이라 남이 대필해 주었다. ↔달필(達筆). **2** 품질이 나쁜 붓.

악-하다(惡-)[아카-]형여 **1** 성질이 흉악하고 악독하다. □악한 자를 선하게 교화하다. **2** 양심을 어기고 도의에 벗어나 있다.

악하-선(顎下腺)[아카-]명 『생』턱밑샘.

악한(惡漢)[아칸]명 악독한 짓을 하는 사람. 악당. 흉한.

악행(惡行)[아캥]명 악독한 행위. 악행위. □ 갖은 ~을 저지르다. ↔선행.

악향(惡鄕)[아캥]명 풍기가 문란한 고장.

악혈(惡血)[아켤]명 **1** 고름과 함께 나오는 피. **2** 해산한 뒤에 나오는 궂은 피.

악형(惡刑)[아켱]명[하][타] 잔인하고 혹독한 형벌에 처함. 또는 그 형벌. □~을 가하다.

악화(惡化)[아콰]명[하][자] 어떤 상태나 관계 따위가 나쁘게 변함. 나빠짐. □병세가 급격히 ~되다 / 지역감정이 ~ 일로로 치닫다 / 사태를 ~시키다.

악화(惡貨)[아콰]명 지금(地金)의 가격이 법정 가격보다 낮은 화폐. ↔양화(良貨).

악화는 양화(良貨)**를 구축한다** 굿 악화와 양화의 두 종류의 화폐가 유통하고 있을 때, 양화는 유통 범위에서 자취를 감추는다는 그레셤의 법칙.   「는 그 장난.

악희(惡戲)[아키]명[하][자] 못된 장난을 함. 또

안¹명 **1** 사물이 둘러싸인 가에서 가운데로 향한 곳이나 쪽. 또는 그런 곳이나 부분. □집 ~이 훤히 들여다보인다. ↔밖. **2** 어느 표준 한계에 미치지 못한 쪽. □닷새 ~에 일을 모두 끝내라 / 성적이 3 등 ~에 든다. **3** 집 안에서 부인이 거처하는 곳. 안방2. 내실(內室). **4** '안집'의 준말. **5** 〈속〉 아내.

안(올) **받치다** 굿 옷의 안쪽에 다른 천을 대

다. □안을 받친 저고리.

안²명 〈옛〉속. 마음.

안：(案)명 **1** '안건'의 준말. □첫 번째 ~을 표결에 부치다. **2** 길을 막는 산·고개 또는 담·벽 등의 총칭. **3** 생각. 고안. □좋은 ~이 있다.

안³[부 '아니'1'의 준말. □비가 ~ 온다 / 나는 ~ 먹는다 / 그것으 ~ 된다.

-안(岸)□ '육지에 접한 곳'의 뜻. □동해~.

안가(安家)명 특수 정보 기관이 비밀 유지를 위하여 이용하는 일반 집.

안가(晏駕)명[하][자] 붕어(崩御).

안-가업(-家業)명 안방에서 술이나 기타의 음식을 파는 일.

안：각(眼角)명 **1** 위 눈까풀과 아래 눈까풀이 만나는 눈의 양쪽에 있는 각. 눈각. **2** 사물을 보는 눈.

안-간힘[-깐-]명 **1** 어떤 일을 이루기 위해서 몹시 애쓰는 힘. □기우는 집안을 일으키려고 ~을 쏟다. **2** 불평이나 울분, 고통 따위를 참으려고 몹시 애쓰는 힘. □~을 다하다.

안간힘(을) 쓰다 굿 불평이나 괴로움 따위를 억지로 참다. □경기에 이기려고 ~ / 울지 않으려고 안간힘을 썼다.

안-감[-깜]명 **1** 안감1. □~을 대다. **2** 물건의 안에 대는 감. ↔걸감.

안감-생심(安敢生心)명 언감생심.

안：갑(鞍匣)명 안장 위를 덮는 헝겊.

안강(鮟鱇)명[어] 아귀².

안강-망(鮟鱇網)명 긴 주머니 모양의 통그물. 조류가 빠른 곳에 큰 닻으로 고정하여 조류에 밀리는 물고기를 받아서 잡음.

안강-하다(安康-)형여 평안하고 건강하다. **안강-히**부

안갖은-그림씨명[언] '불완전 형용사'의 풀어쓴 이름. ↔갖은그림씨.

안갖은-남움직씨명[언] '불완전 타동사'의 풀어쓴 이름. ↔갖은남움직씨.

안갖은-움직씨명[언] '불완전 동사'의 풀어쓴 이름. ↔갖은움직씨.

안갖은-제움직씨명[언] '불완전 자동사'의 풀어쓴 이름. ↔갖은제움직씨.

안갖춘-꽃[-갇-꼳]명[식] 꽃받침·꽃부리·수술·암술 중에서 어느 것을 갖추지 못한 꽃 《오이꽃·뽕나무꽃 따위》. 불완전화(不完全花). ↔갖춘꽃.

안갖춘-잎[-갇-닙]명[식] 잎몸·잎자루·턱잎 중에서 어느 것을 갖추지 못한 잎《오이·냉이의 잎 따위》. 불완전엽(不完全葉). ↔갖춘잎.

안：-갚음명[하][타] 자식이 커서 어버이의 은혜를 갚는 일. 반포(反哺).

안：개명 수증기가 찬 기운을 만나 아주 작은 물방울이 되어 대기 속에 떠 있어 연기처럼 보이는 현상. □~가 걷히다 / 바로 앞이 보이지 않을 정도로 ~가 짙게 끼다.

안：개-구름명 층운(層雲).

안：개-꽃[-꼳]명[식] 석죽과의 내한성 한해살이풀. 높이 30~45 cm. 많은 가지가 갈라져 여름에서 가을에 걸쳐 잘고 흰 꽃이 무리져 피는데, 잎이 빠른 다섯 장, 끝이 오목함. 카프카스 원산(原產)으로, 화단 및 꽃꽂이용으로 재배함.

안：개-비명 안개처럼 뿌옇게 내리는 가는 비. 가랑비. 연우(煙雨). □~가 자욱이 내리다.

안거(安居)명[하][자] **1** 탈 없이 평안히 지냄. 안존(安存). **2**[불] 승려가 일정한 기간 동안 외출하지 않고 한데 모여 수행하는 일《안거

4월 16일부터 7월 15일까지. 후에는 겨울에도 행함). 하(夏)안거.

안거-낙업(安居樂業)**명하자** 평안히 살면서 즐겁게 일함.

안거-위사(安居危思)**명** 평안할 때에 어려움이 닥칠 것을 잊지 말고 미리 대비해야 함.

안:건(案件)[-껀]**명** 토의하거나 조사해야 할 사실. 문제가 되어 있는 사실. ▣ ~을 처리하다 / ~이 통과되다. ㉔안.

안-걸이[-꺼리]**명하자** 씨름에서, 다리로 상대자의 오금을 안으로 걸고 당기거나 밀어 넘어뜨리는 재주. ↔밭걸이.

안:검(按劍)**명하자** 칼을 빼려고 칼자루에 손을 댐.

안:검(按檢)**명하타** 안찰(按察).

안:검(眼瞼)**명** 눈꺼풀.

안:검-상시(按劍相視)**명** 칼자루에 손을 대고 서로 노려본다는 뜻으로, 서로 원수같이 대함을 이르는 말.

안:검-염(眼瞼炎)[-념]**명** 〖의〗 다래끼².

안-결장(眼結腸)〖인〗☞속표지.

안:경(眼鏡)**명** 원시·근시 등의 불완전한 시력을 조정하거나 강한 햇빛이나 먼지 따위를 막기 위해 눈에 쓰는 기구. ▣ ~을 쓰다. / 안경(을) 쓰다 ㉠ㄱ있는 그대로 보지 않고 어떤 선입관을 가지다. ㄴ술을 한꺼번에 두 잔 받다.

안:경-다리(眼鏡-)[-따-]**명** 안경테의 좌우에 달아 귀에 거는 부분.

안:경-방(眼鏡房)[-빵]**명** 안경점.

안:경-알(眼鏡-)**명** 안경테에 끼우는 렌즈.

안:경-쟁이(眼鏡-)**명**〈속〉 안경을 쓴 사람.

안:경-점(眼鏡店)**명** 안경을 팔거나 고쳐 주는 가게. '안경방'.

안:경-집(眼鏡-)[-찝]**명** 안경을 넣는 갑.

안:경-테(眼鏡-)**명** 안경알을 끼우는 테두리.

안:계(眼界)[-/-계]**명 1** 눈으로 바라볼 수 있는 범위. 시계(視界). ▣ ~가 탁 트이다. **2** 생각이 미치는 범위.

안:고-나다[-꼬-]**타** 남의 일이나 책임을 대신 지다.

안-고름[-꼬-]**명** '안옷고름'의 준말.

안:고수비(眼高手卑)**명하** 마음은 크고 눈은 높으나 재주가 없어 따르지 못한다는 뜻으로, 이상만 높고 실천이 따르지 못함을 이르는 말.

안:고-지기[-꼬-]〖건〗 두 짝을 한데 붙여서 여닫는 문. 또는 두 짝을 한쪽으로 몰아서 문턱째 열게 된 미닫이.

안:고-지다[-꼬-]**자** 남을 해치려다 도리어 해를 입다.

안-골[-꼴]**명 1** 골짜기의 깊은 속. **2** 골짜기 안에 있는 마을.

안공(-공)〖공〗 둘 이상의 나무를 붙일 때 한꺼번에 몰고 죄어서 고정시키는 연장.

안:공(眼孔)**명 1** 눈구멍'1. **2** 식견의 범위.

안:공(鞍工)**명** 말안장을 만들고 고치는 일을 직업으로 하는 사람.

안:공일세(眼空一世)[-쎄]**명하자** 온 세상이 눈 안에 들어온다는 뜻으로, 지나치게 교만을 부리며 세상 사람을 업신여김을 이르는 말.

안과(安過)**명하자타** 편안하게 탈 없이 지냄. 또는 편안히 탈 없이 지나감.

안:과(眼科)[-꽈]〖의〗 눈병의 예방·치료를 하는 의학의 한 분과. ▣ ~ 의사.

안:과(眼窠)[-꽈]**명** 눈구멍'1.

안:과-의(眼科醫)[-꽈-/-꽈이]**명** 안과 전문의사.

안과-태평(安過太平)**명하자타** 탈 없이 태평히 지냄. 또는 탈 없이 태평히 지나감.

안:과-학(眼科學)[-꽈-]〖의〗 안구(眼球) 및 그 부속 기관의 질병과 그 치료 방법·예방 등을 연구하는 의학의 한 분야.

안:광(眼光)**명 1** 눈의 정기. 눈빛. 안채(眼彩). ▣ ~이 번득이다. **2** 사물을 관찰하는 힘. ▣ ~이 날카롭다 / 사태의 본질을 꿰뚫어 보는 ~. / [안광이 지배(紙背)를 뚫는다] 눈빛이 종이를 뚫는다는 뜻으로, 이해력이 뛰어남을 이르는 말.

안:광(眼眶)**명** 눈자위.

안:구(眼球)**명** 눈알.

안:구(鞍具)**명** 말안장에 딸린 여러 가지 기구.

안:구 건조증(眼球乾燥症)[-쯩] 결막이나 공막의 겉껍질이 두꺼워지고 굳어져 눈알이 눈물에 젖지 않고 하얀 은빛을 나타내는 병. 비타민 에이(A)의 결핍으로 일어남.

안:구-근(眼球筋)**명** 〖생〗 눈알 및 눈시울에 붙은 가로무늬근의 총칭(좌우 각각 일곱 개씩 있으며, 눈을 돌리는 기능을 함). ㉔안근(眼筋).

안:구 돌출(眼球突出)〖의〗 눈알이 비정상적으로 튀어나온 상태.

안:구-마(鞍具馬)**명** 안장을 얹은 말.

안:구은행(眼球銀行)**명** 각막 이식을 위하여 눈알 제공자의 등록, 안구 적출·보존 등을 맡아 하는 기관.

안:귀[-뀌]**명하** 〖생〗 내이(內耳). ↔겉귀.

안:근(眼筋)**명** 〖생〗 '안구근(眼球筋)'의 준말.

안기다❶**자 1** 어떤 내용을 소개하여 알려 줌. 품에 ~. / ❷아버지 품에 ~. ❷**타**〈'안다'의 사동〉 **1** 안도록 하다. ▣ 남편에게 아이를 ~ / 회사에 손해를 ~. **2** 감정을 품게 하다. ▣ 희망을 안겨 주다. **3** 날짐승이 알을 품어 새끼를 까게 하다. ▣ 알을 ~. **4**〈속〉 때리다. ▣ 그 녀석, 매를 안겨라.

안기-부(安企部)**명** '국가 정보원'의 전 이름.

안긴-문장(-文章)[-짱]〖언〗 성분절(成分節)로서 큰 문장, 곧 안은문장 속에 절(節)의 형태로 포함되어 있는 문장('향기가 맑음이 매화의 자랑이다'에서 '향기가 맑음' 따위). *안은문장.

안-길[-낄]**명** 안쪽으로 난 길.

안-깃[-낏]**명** 저고리·두루마기 따위의 안자락으로 들어가는 깃. ↔겉깃.

안-껍데기[-떼-]**명** 겉으로 드러나지 않고 속에 있는 껍데기.

안-낚시☞안다리 걸기.

안-날**명** 바로 전날.

안남-미(安南米)**명** 인도차이나 반도의 안남 지방에서 생산되는 쌀.

안남-인(安南人)**명** 베트남을 중심으로 인도차이나 반도의 동부에 거주하는, 남방계 몽골족의 한 분파.

안:낭(鞍囊)**명** 말안장 앞 양쪽에 달린, 여러 가지 물건을 넣는 가죽 주머니.

안:내(案內)**명하타자 1** 어떤 내용을 소개하여 알려 줌. 또는 그런 일. ▣ ~ 광고를 하다 / 음성으로 ~되는 전화. **2** 어떤 장소에 데려다 주거나 데리고 다니면서 사정을 알려 줌. ▣ 전시장에 ~되어 들어가다.

안:내-기(案內記)**명** 길잡이가 되는 기록이나 책. ▣ 설악산 국립공원의 ~.

안:내-문(案內文)**명** 안내하는 내용을 적은 글.

안:내-서 (案內書)〖명〗 어떤 내용을 소개하여 알려 주는 책. 또는 그 글.

안:내-소 (案內所)〖명〗 어떤 장소나 사물에 부설되어, 그 사물이나 장소에 대한 안내를 맡아보는 곳. 〖관광〗 ~에 문의하다.

안:내-양 (案內孃)〖명〗 **1** 손님의 안내를 맡아보는 젊은 여자. **2** 예전에, 버스의 '여차장'을 달리 이르던 말.

안:내-업 (案內業)〖명〗 어떤 내용을 소개하여 알려 주는 일을 맡아 하는 직업.

안:내-역 (案內役)〖명〗 안내하는 역할. 또는 그 일을 맡은 사람.

안:내-원 (案內員)〖명〗 안내하는 임무를 맡아보는 사람. 〖관광〗 ~의 도움을 받다.

안:내-인 (案內人)〖명〗 **1** 안내하는 사람. 안내자. **2** 안내장을 내는 사람.

안:내-자 (案內者)〖명〗 안내인1.

안:내-장 (案內狀)[-짱]〖명〗 어떤 일이나 행사를 소개하여 알려 주는 서면. 〖기념행사 ~을 개별 발송하다.

안:내-판 (案內板)〖명〗 어떤 내용을 소개하거나 사정 따위를 적어 놓은 게시판. 〖관광 ~.

안녕 (安寧)〖명〗〖하다〗〖형〗 아무 탈 없이 편안함. 〖선생님, ~하십니까 / ~과 질서를 위해 노력하는 경찰관. 〖감〗 가깝고 편한 사이에서, 만나거나 헤어질 때 정답게 하는 인사말. 〖~, 또 만나요.

안녕-질서 (安寧秩序)[-써]〖명〗 사회의 질서가 바르고 국민의 생명과 재산이 안전한 상태. 〖~를 유지하다.

안-노인 (-老人)〖명〗 집안의 여자 노인.

안-눈 〖명〗 곱자의 안쪽 눈금.

안:다 [-따]〖타〗 **1** 사람이나 사물을 두 팔로 끌어당겨 가슴에 붙이다. 〖아기를 품에 ~. **2** 안으로 들어오는 것을 몸으로 바로 받다. 〖바람을 안고 가다. **3** 어떤 일을 책임지거나 떠맡다. 〖친구의 빚을 떠맡아 ~. **4** 새가 알을 품다. **5** 생각이나 감정 따위를 마음속에 지니다. 〖슬픔을 안고 고향을 떠나다.

안다리 걸:기 [-따-]〖명〗 씨름에서, 자신의 오른쪽 다리로 상대의 왼쪽 다리를 안쪽으로 감아 끌어 붙이고 어깨와 가슴으로 상대의 상체를 밀어 넘어뜨리는 기술의 하나. ↔밭다리 걸기.

안:-다미 〖명〗〖하다〗 안담(按擔). 〖~을 쓰다.

안:다미-로 〖부〗 담은 것이 그릇에 넘치도록 많이. 넘치게.

안:다미-씌우다 [-씌-]〖타〗 자기가 맡은 책임을 남에게 지우다. ㉱다미씌우다.

안다미-조개 〖명〗〖조〗 꼬막.

안단테 (이 andante)〖명〗〖악〗 **1** '천천히'·'느린 속도로'의 뜻. **2** 소나타 등에서 느린 악장.

안단테 칸타빌레 (이 andante cantabile)〖악〗 '천천히 걷는 정도의 속도로'의 뜻.

안단티노 (이 andantino)〖명〗〖악〗 '안단테보다 좀 빠른 속도로'의 뜻.

안달 〖명〗〖하다〗〖자〗 조급하게 걱정하면서 속을 태우는 짓. 〖~을 부리다 / ~을 떨다 / ~이 나서야 단이다.

안달 [-딸]〖명〗 바로 전달.

안달루시안 (Andalusian)〖조〗 에스파냐의 안달루시아 지방이 원산지인 난용종(卵用種)의 닭.

안달-뱅이 〖명〗 **1** 걸핏하면 안달하는 사람. **2** 소견머리 없고 인색한 사람. ㉱안달이.

안달-복달 [-딸]〖명〗〖하다〗〖자〗 몹시 속을 태우며

조급하게 볶아치는 일. 〖배가 고프다고 ~이다. 〖부〗 몹시 속을 태우며 조급하게 볶아치는 모양. 〖용돈 달라고 ~ 졸라 봐야 소용없다.

안달-이 〖명〗 '안달뱅이'의 준말.

안:-담 (按擔)〖명〗〖하다〗〖타〗 남의 책임을 맡아 짐. 안다미.

안-당 (-堂)[-땅]〖명〗 정당(正堂).

안당-사경 (-堂四更)[-땅-]〖명〗 집안의 평안을 빌며 자정 한 번씩 새벽 1시부터 3시 사이에 하는 실력굿의 거리.

안:-대 (案對)〖명〗〖하다〗〖자〗 두 사람이 마주 대함.

안:-대 (眼帶)〖명〗〖의〗 눈병에 걸린 눈을 가리는 거즈 따위의 천 조각.

안-대문 (-大門)[-때-]〖명〗 바깥채와 안채 사이에 있는 대문.

안-댁 (-宅)[-땍]〖명〗 남의 부인에 대한 경칭.

안덩 〖명〗〈옛〉 기드림.

안도 (安堵)〖명〗〖하다〗〖자〗 **1** 사는 곳에서 평안히 지냄. **2** 어떤 일이 잘 진행되어 마음을 놓음. 〖~의 한숨을 쉬다.

안:도 (眼到)〖명〗 주희(朱熹)의 독서삼도(讀書三到)의 하나. 글을 읽을 때에 책에서 눈을 떼지 않는 일. ＊구도(口到)·심도(心到).

안도-감 (安堵感)〖명〗 편안한 느낌. 안심이 되는 마음. 〖~을 느끼다 / ~이 들다.

안:-독 (案牘)〖명〗 **1** 문안(文案)과 간독(簡牘). **2** 관청의 문서.

안-돈 [-똔]〖명〗 여자들이 가지고 있는 작은 액수의 돈.

안돈 (安頓)〖명〗〖하다〗 **1** 사물이나 주변 따위를 잘 정돈함. 〖상황이 ~되다. **2** 마음·생각을 정리하여 안정시킴. 〖~된 마음.

안:-돌이 〖명〗 험한 벼랑길에 바위 같은 것을 안고 겨우 돌아가게 된 곳. ↔지돌이.

안-동 (眼同)〖명〗〖하다〗〖타〗 **1** 사람을 딸리거나 물건을 지니고 감. 〖몸종을 ~하고 친정에 가다. **2** 입회인(立會人).

안:-동-답답이 (按棟-)[-따비]〖명〗 기둥을 안은 것처럼 가슴이 답답함.

안동 도호부 (安東都護府)〖역〗 고구려가 망한 뒤, 그 영토를 다스리기 위해 평양에 두었던 당나라의 통치 기관.

안:-동맥 (眼動脈)〖명〗〖생〗 눈구멍 안으로 들어가서 퍼져 있는 동맥.

안동-포 (安東布)〖명〗 경상북도 안동 지방에서 생산하는 베(올이 가늘고 고우며 붉고 누른 빛임).

안-되다 〖형〗 **1** 섭섭하거나 가엾고 애석한 느낌이 있다. 〖부모를 잃고 슬퍼하는 것을 보니 마음이 안됐다. **2** 근심·병 따위로 얼굴이 몹시 쑥쑥하거나 여위어 있다. 〖안색이 몹시 안되어 보인다. **3** 현상·물건·일 따위가 좋게 이루어지지 않다. 〖사업이 잘 안된다. ↔잘되다. **4** 사람이 훌륭하게 되지 못하다. 〖남이 안되기를 바라는 사람은 못쓴다. ↔잘되다. **5** 일정한 수준·정도에 이르지 못하다. 〖안되어도 열 명은 올 것 같다. ↔잘되다.

[안되는 놈은 두부에도 뼈라] 운수가 나쁜 사람은 어떤 경우에도 일이 잘되지 않는다는 뜻. [안되는 놈은 자빠져도〔뒤로 넘어져도〕코가 깨진다] 운수 사나운 사람은 갖은 일에 마(魔)가 낀다. [안되면 조상〔산소〕 탓] 일이 뜻대로 안되면 남을 원망한다는 말.

안:-두 (案頭)〖명〗 책상머리.

안두리-기둥 〖명〗〖건〗 건물의 안쪽 둘레에 세운 기둥. 안두렛기둥.

안-뒤꼍 [-뛰껻]〖명〗 안채 뒤에 있는 뜰이나 마

당 또는 밭.

안-뒷간 (-間)[-뛰깐/-뒫깐] 圓 안채에 딸린 부녀자용 뒷간. 내측(內厠).

[안뒷간에 똥 누고 안 아가씨더러 밑 씻겨 달라겠겠다] 지나치게 염치없이 채신없다는 말.

안드러냄-표 (-標) 圓 문장 부호에서, 숨김표·빠짐표·줄임표의 총칭. 잠재부(潛在符).

안득불연 (安得不然)[-뿌련] 閔 '어찌 그러하지 않겠느냐'의 뜻으로, 마땅히 그러할 것임을 일컫는 말.

안-뜨기 圓하 편물에서, 대바늘뜨기의 하나. 겉뜨기의 안쪽과 같은 것으로 실을 앞에서 뒤쪽으로 걸어내어 코를 만들어 뜨는데, 겉 표면이 두껍고 오톨도톨하게 됨.

안-뜰 圓 집의 안채에 있는 뜰. 내정(內庭). ↔바깥뜰.

안락 (安樂)[알-] 圓형 몸과 마음이 평안하고 즐거움. 괴로움이 없음. ▣~한 생활을 하다.

안락-국 (安樂國)[알-꾹] 圓〔불〕극락2.

안락-사 (安樂死)[알-싸] 圓〔법〕극심한 고통을 받고 있는 불치의 병자를 본인 또는 가족의 희망에 따라, 고통이 적은 방법으로 인위적으로 죽음에 이르게 하는 일. ◐안사(安死).

안락-세계 (安樂世界)[알-쎄-/알-쎄게] 圓〔불〕극락2.

안락-의자 (安樂椅子)[알라긔-/알라기-] 圓 편히 기대앉아 쉴 수 있게 만든 팔걸이의자.

안락-정토 (安樂淨土)[알-쩡-] 圓〔불〕극락2.

안:력 (眼力)[알-] 圓 시력(視力).

안:롱 (鞍籠)[알-] 圓 수레나 가마 등을 덮는 우비. 두꺼운 유지(油紙)로 만들며 한쪽에 사자를 그려 넣음.

안:롱-장 (鞍籠匠)[알-] 圓〔역〕조선 때, 안롱을 만들던 사람.

안료 (顔料)[알-] 圓 1 물·기름 등에 녹지 않는 백색 또는 유색(有色)의 미세한 가루. 도료(塗料)·인쇄 잉크·화장품 원료, 플라스틱·고무 등에 넣는 착색제로 씀. 2 그림물감.

안:마 (按摩) 圓하 손으로 몸을 두드리거나 주물러서 피의 순환을 도와주는 일. 마사지. ▣~를 받다.

안:마 (鞍馬) 圓 1 체조 경기의 한 종목. 또는 그 기구. 가죽으로 만든 말의 등 모양에 쇠붙이나 나무로 만든 두 개의 손잡이를 달아 그 위에서 손잡이를 잡고 운동함. 2 등에 안장을 얹은 말.

안:마-기 (按摩器) 圓 안마로써 피로를 풀거나 병을 치료하도록 만든 기구.

안-마당 圓 안채에 있는 마당. ↔바깥마당.

안-마루 圓 안채에 있는 마루.

안:마-사 (按摩師) 圓 안마·마사지 또는 지압, 그 밖의 자극 요법에 의한 시술(施術)을 업으로 하는 사람.

안:마-술 (按摩術) 圓 안마하는 기술.

안:마지로 (鞍馬之勞) 圓 먼 길을 달려가는 수고.

안:막 (眼膜) 圓〔생〕각막(角膜).

안-말이 圓 머리털을 안으로 고부라지게 말아 놓은 머리 모양.

안-맥 圓〔건〕 서까래나 부연이 도리나 평고대 안으로 들어간 부분.

안:맥 (按脈) 圓하 맥을 짚어 봄.

안:맹 (眼盲) 圓하 눈이 멂.

안면 (-面) 圓 안 내면(內面)1.

안면 (安眠) 圓하 편안히 잠을 잠. 안침.

안면 (顔面) 圓 1 얼굴. 2 서로 낯이나 익힐 만한 친분. ▣~이 있다·~를 몰수하다.

　안면(을) 바꾸다 圜 잘 알던 사람을 일부러

모른 체하다.

안면-각 (顔面角) 圓〔생〕입 언저리의 돌출한 정도를 나타내는 각도. 면각(面角).

안면-근 (顔面筋) 圓〔생〕얼굴에 있는 근육의 총칭. ▣~에 마비가 오다.

안면-박대 (顔面薄待)[-때] 圓하 잘 아는 사람을 면대하여 푸대접함.

안면-방해 (安眠妨害) 圓하 남이 잠잘 때에 요란스럽게 굴어서 잠을 방해하는 일.

안면부지 (顔面不知) 圓 얼굴을 모름. 또는 그 사람. ▣~의 사람이 아는 척을 했다.

안면 신경 (顔面神經)〔생〕뇌신경의 한 부분. 주로 안면근에 분포되어 안면근의 운동 및 침의 분비와 미각 등을 맡아보는 운동 신경. 제7 뇌신경.

안면 신경 마비 (顔面神經痲痺)〔의〕안면 신경이 마비되는 증세. 감기·중이염·외상(外傷)·매독·디프테리아 등의 원인으로, 흔히 얼굴의 한쪽이 틀어져서 입술이 비뚤어지고 미각 장애, 눈물 또는 침의 분비 장애 따위가 생김.

안면 신경통 (顔面神經痛)〔의〕삼차 신경통.

안면-치레 (顔面-) 圓 안면만 있는 정도의 사람에게 차리는 체면. ▣형식적이지만 ~라도 인사는 해야지.

안:명수쾌 (眼明手快) 圓하 눈썰미가 있고 일을 하는 것이 시원시원함.

안모 (顔貌) 圓 얼굴 모양. 얼굴 생김새.

안-목 圓 집의 칸살이나 모난 그릇의 안으로 잰 척수(尺數).

안:목 (眼目) 圓 1 사물을 보고 분별하는 견식. 면안(面眼). ▣~이 높다 /~이 없다. 2 주안 (主眼).

안:목소견 (眼目所見)[-쏘-] 圓 안목소시.

안:목소시 (眼目所視) 圓 남들이 관심이 있게 보고 있는 터. 안목소견.

안:무 (按撫·安撫) 圓하 백성의 사정을 살펴 어루만져 위로함.

안:무 (按舞) 圓하 〔연〕음악에 맞는 춤을 만듦. 또는 그것을 가르치는 일.

안:무-가 (按舞家) 圓 안무를 전문적으로 하는 사람.

안-무릎 [-릅] 圓 씨름에서, 오른손으로 상대의 오른 무릎을 힘껏 밀어젖히어 중심을 잃게 하여 넘어뜨리는 기술.

안:무-사 (按撫使) 圓〔역〕1 조선 말기에, 함북 경성(鏡城) 이북의 고을을 다스리던 외관직(外官職) 벼슬. 북감사(北監司). 2 조선 때, 지방에 변란·재난이 있을 때 왕명으로 파견되어 백성을 안무하던 임시 벼슬.

안-문 (-門) 圓 1 안으로 통하는 문. 2 겹문의 안쪽에 있는 창이나 문. 지질문. ↔바깥문.

안:문 (按問) 圓하 법에 의해 조사·신문함.

안:문 (案文) 圓하 1 문장을 구상함. 2 문서를 초안함. 또는 그 문서.

안:-물방아 圓 물레바퀴의 가운데쯤에 물이 떨어지게 된 물레방아.

안민 (安民) 圓하 1 민심을 어루만져 진정시킴. 2 백성이 안심하고 편히 살게 함.

안밀-하다 (安謐-) 圓어 조용하고 평안하다.
　안밀-히 🅱

안반 圓 떡을 칠 때 쓰는 두껍고 넓은 나무 판. 떡판. ▣~ 같은 얼굴.

안-반상 (-飯床)[-빤-] 圓〔역〕궁중에서 대비·왕비·공주·옹주에게 올리던 음식상. ↔바깥반상.

안반-짝[명] '안반'의 힘줌말. □~만 한 엉덩이를 흔들어 대다.

안:-받다[-따][자] **1** 부모가 뒷날에 자식에게서 안갚음을 받다. **2** 어미 까마귀가 새끼에게서 먹이를 받다.

안:-받음[명][자] 베푼 은혜의 대가를 뒷날에 자식이나 새끼에게서 받는 일.

안-방(-房)[명] **1** 집 안채의 부엌에 붙은 방. **2** 안주인이 거처하는 방. 규방(閨房). 내방(內房). ↔바깥방.
[안방에 가면 시어머니 말이 옳고, 부엌에 가면 며느리 말이 옳다] 양쪽의 말이 다 일리가 있어 시비를 밝히기 어렵다는 말.

안방-구석(-房-)[-빵꾸-][명]《속》안방.

안방-극장(-房劇場)[-빵-짱][명] 텔레비전을 보는 각 가정의 방을 극장에 비유하여 이르는 말.

안방-마님(-房-)[-빵-][명] 예전에, 안방에 거처하며 가사(家事)의 권한을 가지고 있는 양반집의 마님을 이르던 말.

안방-샌님(-房-)[-빵-][명] 늘 안방에 틀어박혀 바깥출입을 거의 하지 않는 남자를 놀림조로 이르는 말. 안방지기.

안방-지기(-房-)[-빵-][명] 안방샌님.

안:-배(按排·按配)[명][하타] 알맞게 잘 배치하거나 처분함. 영할이 적절히 ~되었다.

안-번지기[-뻔-][명] 씨름에서, 자기 오른 다리를 상대의 앞에 가까이 내디디고 공세를 막는 기술. ↔밭번지기.

안:-벽(-壁)[-뼉][명]《건》건물 안쪽의 벽. 내벽(內壁). ↔겉벽·바깥벽.
[안벽 치고 밭벽 친다] ○겉으로는 돕는 체하고 속으로는 방해한다. ○이편에 가서는 이렇게, 저편에 가서는 저렇게 말하여 이간붙인다.

안:-벽(岸壁)[-뼉][명] **1** 깎아지른 듯한 낭떠러지로 된 물가. **2** 선박을 육지에 접근시켜 짐을 오르내리고, 선객을 승강시키기 위해 항만·운하의 부두나 물가를 따라 만든 벽. □배를 ~에 대다.

안:-병(眼病)[-뼝][명] 눈병.

안보(安保)[명] '안전 보장'의 준말. □~ 태세를 확립하다.

안보(安寶)[명][하타] 임금이 옥새를 찍음.

안보-리(安保理)[명]《정》'안전 보장 이사회'의 준말.

안보 이:사회(安保理事會)《정》'안전 보장 이사회'의 준말.

안:-복(眼福)[명] 진귀(珍貴)한 것, 뛰어난 것, 아름다운 것 따위를 볼 수 있는 복(미술품이나 골동품 따위를 볼 기회가 있을 때 흔히 쓰는 말).

안:-본(贋本)[명] 위조한 책. ↔진본(眞本).

안-봉투(-封套)[명] 두 겹으로 된 봉투의 속에 든 얇은 봉투. ↔겉봉투.

안부(安否)[명] 편안함과 편안하지 않은지에 대한 소식. 또는 인사로 편안 여부를 묻는 일. □~를 묻다 / 선생님께 ~ 전해 주십시오 / 부모님께 ~ 전화를 하다.

안:-부(眼部)[명] 눈이 있는 부위(部位).

안:-부(雁夫)[명] 기럭아비.

안:-부(鞍部)[명] 산마루가 움푹 들어간 곳.

안-부모(-父母)[-뿌-][명] 늘 집 안에 계신 부모라는 뜻으로, 어머니를 일컫는 말. 안어버이. ↔바깥부모.

안-부인(-婦人)[-뿌-][명] 남의 부인을 공대하여 일컫는 말.

안 부정문(-否定文)《언》'…이[가] 아니다'·'-지 아니하다' 등과 같이 '안'에 의해서 성립된 부정문. *못 부정문.

안분(安分)[명][하타] 편안한 마음으로 제 분수를 지킴.

안:-분(按分)[명][하타] 일정한 비율에 따라 고르게 나눔. □일을 ~하다.

안:분 비:례(按分比例)《수》비례 배분.

안분-지족(安分知足)[명][하타] 편안한 마음으로 제 분수를 지키며 만족함을 앎.

안불망위(安不忘危)[명][하타] 편안한 가운데서도 위태로움을 잊지 않는다는 뜻으로, 늘 마음을 놓지 않고 스스로를 경계함을 이르는 말.

안:-비-막개(眼鼻莫開)[-깨][명][하형] 눈코 뜰 사이가 없다는 뜻으로, 일이 몹시 바쁨을 이르는 말.

안빈(安貧)[명][하타] 가난 속에서도 편안한 마음을 가짐. 낙빈.

안빈-낙도(安貧樂道)[-또][명][하타] 가난 속에서도 편안한 마음으로 도(道)를 즐김. □낙향하여 ~하며 지내고 있다.

안사(安死)[명] '안락사(安樂死)'의 준말.

안사(顔私)[명] 안면이 있어 생기는 사사로운 정.

안-사돈(-査頓)[-싸-][명] 남편과 아내의 어머니를 양쪽 집에서 서로 일컫는 말. ↔바깥사돈. *암사돈.

안-사람[-싸-][명]《속》아내.

안-사랑(-舍廊)[-싸-][명] 안채에 붙은 사랑.

안사-술(安死術)[명] **1**《법》안락사. **2** 안락사를 시키는 의술.

안산(安産)[명][하타] 순산(順産).

안:-산(案山)[명]《민》풍수지리에서, 집터나 묏자리 맞은편에 있는 산.

안산-암(安山岩)[명]《지》사장석·각섬석·흑운모·휘석(輝石) 따위로 이루어진 화산암의 일종. 회흑색으로 결정이 치밀하며 판상(板狀)·주상(柱狀)의 절리(節理)가 있음. 건축·토목에 씀.

안-살림[-쌀-][명] '안살림살이'의 준말.

안살림-살이[-쌀-싸리][명] 집안의 살림살이. 안식구들에 의한 살림살이. ⓒ안살림.

안:-상(案上)[명] 책상 위.

안:-상(鞍傷)[명] 말을 타다가 안장에 스쳐서 생긴 상처. □~을 입다.

안-상제(-喪制)[-쌍-][명] 여자 상제. ↔바깥상제.

안상-하다(安詳-)[형어] 성질이 찬찬하고 자상하다. 안상-히[부]

안색(顔色)[명] 얼굴빛. □~이 나쁘다 / ~이 창백하다 / ~을 살피다 / ~이 굳어지다.

안생(安生)[명][하타] 아무 탈 없이 편히 삶. 또는 그런 삶.

안:-서(雁書)[명] 먼 곳에서 소식을 전하는 편지. 안신.

안:-석(案席)[명] 벽에 세워 놓고 앉을 때에 몸을 기대는 방석. 안식(安息).

안:-석-궤(案席几)[-꿰][명] 한자 부수의 하나('凡'·'鳳' 등에서의 '几'의 이름).

안성-맞춤(安城-)[-맏-][명]《경기도 안성 지방에서 유기와 같다는 뜻에서》**1** 맞춘 것같이 잘 맞는 사물을 가리키는 말. □은신처로는 ~이다. **2** 계제에 들어맞게 잘된 일을 두고 하는 말. □자네에게 ~인 일이네.

안-섶[-썹][명] 저고리의 안으로 들어간 섶. □~을 대다.

안-손님[-쏜-][명] 여자 손님. 내객(內客). 내빈. ↔바깥손님.

안:수 (按手)圓한자 〖기〗목사나 주례자가 기도를 받는 사람 또는 성직 후보자의 머리 위에 손을 얹는 일.

안:수 기도 (按手祈禱)〖기〗목사나 신부 등이 기도를 받는 사람 머리 위에 손을 얹고 기도하는 일.

안:수-례 (按手禮)圓〖기〗안수하는 의례.

안-스럽다톙☞안쓰럽다.

안:식 (安息)圓한자 편히 쉼. ▢~을 찾다 / ~을 취하다.

안:식 (案息)圓 안석(案席).

안:식 (眼識)圓 1 사물의 선악·가치를 분별하는 안목과 식견. ▢~이 높다. 2〖불〗물체의 모양·빛깔 따위를 분별하는 작용.

안식-교 (安息敎)[-꾜]圓〖기〗토요일을 안식일로 삼고 예배를 보는 기독교의 한 파.

안-식구 [-食口][-씩꾸]圓 1 여자 식구. ↔바깥식구. 2〈속〉아내.

안식-년 (安息年)[-씽-]圓〔유대 사람이 7년 만에 1년씩 쉬던 데서 유래〕1 서양 선교사들이 7년 만에 1년씩 쉬는 해. 2 재충전의 기회를 갖도록 하기 위해 1년 정도씩 주는 휴가.

안식-산 (安息酸)[-싼]圓 '벤조산'의 구칭.

안식-일 (安息日)圓 1 기독교에서 일을 쉬고 예배 의식을 행하는 날. 2 안식교·유대교의 성일인 토요일.

안식-처 (安息處)圓 편히 쉬는 곳. ▢가정이 가장 편안한 ~.

안식-향 (安息香)[-시캉]圓 1〖식〗때죽나뭇과의 낙엽 교목. 말레이·타이에 분포. 나무껍질은 검은 빛을 띤 갈색이고, 잎은 달걀꼴에 끝이 뾰족함. 여름에 붉은 다섯잎꽃이 핌. 2 안식향의 나무껍질에서 분비되는 수지(樹脂). 훈향(薰香)·방부제·소독제 등으로 씀.

안식향-산 (安息香酸)[-시캉-]圓〖화〗'벤조산'의 구칭.

안신 (安身)圓한자 몸을 편안하게 함.

안신 (安信)圓 평안한 소식.

안:신 (雁信)圓 안서(雁書).

안심圓 쇠갈비 안쪽 채끝에 붙은 연하고 부드러운 고기(주로 전골 요리에 씀).

안심 (安心)圓한자 1 근심 걱정 없이 마음을 편안히 가짐. 방심(放心). ▢~을 하다 / 집에 왔으니 이제 ~이다 / 위로의 말에 ~되어 마음을 놓았다 / 어머니를 ~시키다. 2〖불〗미타(彌陀)에 귀의하여 극락왕생의 신앙을 확립하는 일.

안-심부름 [-씸-]圓한자 1 집안 부녀자들이 시키는 심부름. 2 집안일로 다니는 심부름. ↔바깥심부름.

안심-살圓 소의 안심에 붙은 고기. 안심쥐.

안심-입명 (安心立命)[-시밍-]圓〖불〗안심에 의하여 몸을 천명에 맡기고 생사 이해에 당면하여 태연함.

안심-쥐圓 안심살.

안심찮다 (安心-)[-찬타]톙 1 안심이 되지 않고 걱정스럽다. 2 남에게 폐를 끼쳐 마음이 꺼림하다.

안쓰럽다 [-따][안쓰러워, 안쓰러우니]톙ㅂ 1 힘없는 사람이나 손아랫사람에게 도움을 받거나 폐를 끼쳤을 때, 미안하고 딱하다. 2 힘없는 사람이나 손아랫사람의 딱한 형편이 마음에 언짢고 딱하다. ▢혼잣손으로 자식을 키우는 걸 보니 몹시도 ~.

안아-맡다 [-맏따]턔 남의 일을 책임지고 맡다. ▢남의 일까지 안아맡아 고생하다.

안아-맹이圓〖광〗몸을 놀리기 편하게 남폿

구멍 뚫을 데를 등 뒤에 두고, 끌을 어깨 너머로 대고 망치를 안아쳐서 만든 남폿구멍.

안아-치다턔 1 내 쪽으로 돌아서서 어깨 너머로 망치질을 하다. 2 씨름에서, 상대편의 몸통을 안고 메어치다.

안:압 (眼壓)圓〖생〗눈알 내부의 일정한 압력. 수양액(水樣液)의 증감에 따라 변함. 안내압(眼內壓). ▢~이 높다.

안:약 (眼藥)圓 눈병에 쓰는 약. 눈약.

안양 (安養)圓한자〖불〗1 마음을 편안하게 가지고 몸을 쉬게 함. 2 '안양정토'의 준말.

안-양반 (-兩班)[-냥-]圓 '안주인'의 경칭. ↔바깥양반.

안양-정토 (安養淨土)圓〖불〗극락(極樂)정토. 愛안양(安養).

안-어버이圓 1 안부모. ↔밭어버이. 2 시집 어른에 대해 친정어머니를 일컬음.

안어울림-음 (-音)圓〖악〗둘 이상의 음이 동시에 날 때, 전체가 조화롭게 어울리지 않아 불안정한 느낌을 주는 화음. 불협화음. ↔어울림음.

안어울림 음정 (-音程)〖악〗서로 어울리지 않는 두 음 사이의 음정(두 음의 진동수의 비(比)가 간단한 정수비(整數比)가 되지 않을 때 생김). 불협화 음정. ↔어울림 음정.

안업 (安業)圓한자 편안한 마음으로 업무에 종사함.

안여태산 (安如泰山)圓 태산같이 마음이 끄떡 없고 든든함. 안여반석(安如盤石).

안:여-하다 (晏如-)톙여 안연(晏然)하다.

안:-연고 (眼軟膏)圓 눈병을 고치기 위해 눈에 발거나 넣는 연고.

안:연-하다 (晏然-)톙여 마음이 편하고 침착하다. 안여하다. ▢안연한 태도를 보이다.

안염 (眼炎)圓〖의〗눈에 생기는 염증.

안온 (安穩)圓한자히부 조용하고 편안함. ▢~한 분위기 / 말년을 시골에서 ~히 지내다.

안:-칠하다턔 그릇 따위의 안쪽을 칠하다.

안-옷 [아녿]圓 1 속옷. 2 여자 식구들이 입는 옷. ↔바깥옷.

안-옷고름 [아녿꼬-]圓 옷의 안깃을 여미어 잡아매는 옷고름. ↔겉옷고름. 愛안고름.

안옹근-이름씨圓〖언〗의존 명사.

안와 (眼窩)圓한자 편안히 누움.

안:와 (眼窩)圓 눈구멍[1].

안울림-소리圓〖언〗목청을 진동시키지 않고 내는 소리. 곧, 자음의 ㄱ·ㄷ·ㅂ·ㅅ·ㅈ·ㅊ·ㅋ·ㅌ·ㅍ 따위. 무성음. 맑은소리. 청음(淸音). ↔울림소리.

안위 (安危)圓 안전함과 위태함. ▢국가 ~에 관계되는 일이다.

안위 (安胃)圓한자 위를 편안하게 함.

안위 (安慰)圓한자 마음을 위로하고 몸을 편히 함. ▢자신만의 ~를 생각해서는 안 된다.

안위-미정 (安危未定)圓 아직 안정이 되지 않은 상태. 안위미판.

안유 (安遊)圓한자 편안히 놀며 지냄.

안유 (安諭)圓한자 안심이 되도록 위로하고 타이름.

안은-문장 (-文章)圓〖언〗주어(主語)와 서술어(敍述語)의 이어지는 관계가 두 번 이상이고, 성분 절을 가진 문장을 이름. 포유문(抱有文). ＊안긴문장.

안음圓 빨쌀을 싸고 있는 고기.

안이-하다 (安易-)톙여 1 쉽게 여기는 태도나 경향이 있다. ▢안이한 생각 / 중요한 일을

안이하게 처리하다. **2** 근심이 없고 편안하다. ▢안이한 생활을 하다.

안인 (安人) 몡 《역》 조선 때, 정·종칠품 문무관의 아내에게 주던 품계.

안:인 (贋印) 몡 위조한 도장. 또는 속임수로 찍은 도장.

안-일 [-닐] 몡 집 안에서 주로 여자들이 하는 일. ↔바깥일.

안일 (安逸) 몡형형튀 편안하고 한가로움. 또는 편안함만을 누리려는 태도. ▢~에 빠지다 / ~한 생활.

안일-호장 (安逸戶長) 몡 《역》 고려 때, 나이 70세가 되어 퇴직한 호장을 일컫던 말.

안-자락 [-짜-] 몡 저고리나 치마, 두루마기 따위를 여미었을 때, 안쪽으로 들어가는 옷자락. ↔겉자락.

안자일렌 (독 Anseilen) 몡 등산에서, 여러 명의 등산자가 위험한 바위 따위를 오르내릴 때 서로의 몸을 등산 로프로 잡아매는 일.

안:작 (贋作) 몡하타 위조(僞造).

안잠-자기 [-짜-] 몡 남의 집에서 안잠자는 여자. ▢~로 목숨을 부지하다.

안잠-자다 [-짬-] 째 여자가 남의 집에서 먹고 자면서 집안일을 도와주다.

안-장 (-張)[-짱] 몡 《인》 속표지.

안장 (安葬) 몡하타 편안하게 장사 지냄. 영장(永葬) ▢국립묘지에 ~되다.

안:장 (鞍裝) 몡 **1** 말·나귀 따위의 등에 얹어서 사람이 타는 데 쓰는 가죽으로 만든 제구. **2** 자전거 따위에 사람이 앉게 된 자리. 새들(saddle).

안:장-코 (鞍裝-) 몡 안장 모양으로 콧등이 잘 록한 코. 또는 그런 사람.

안:저 (眼底) 몡 《생》 눈알 내부 후면에 해당하는, 망막이 있는 부분.

안저지 몡 지난날, 어린아이를 안아 주고 보살피던 여자 하인.

안-전 [-쩐] 몡 그릇의 아가리나 전의 안쪽.

안-전 (-殿)[-쩐] 몡 궁궐 안의 임금이 거처하는 집. 내전(內殿).

안전 (安全) 몡형형튀 위험이나 사고가 날 염려가 없음. 또는 그런 상태. ▢~한 장소 / ~ 수칙을 지킵시다 / ~ 관리에 힘쓰다 / ~한 곳으로 피하다.

안:전 (眼前) 몡 **1** 눈앞. **2** 눈으로 보는 그 당장. ▢~의 이익만 꾀하다.

안:전 (案前) 몡 높으신 어른이 앉아 있는 자리의 앞. ▢어느 ~이라고 함부로 지껄이느냐.

안전-감 (安全感) 몡 편안하여 조금의 탈이나 위험이 없는 느낌.

안전 개:폐기 (安全開閉器)[-/-폐-] 《물》 안전기.

안전-거리 (安全距離) 몡 안전시거(安全視距). ▢~ 확보 / ~를 유지하다.

안전 계:수 (安全係數)[-/-게-] 《물》 재료 역학에서, 재료 따위를 파괴하는 극한의 세기와 안전 허용 응력(許容應力)과의 비. 안전율(安全率).

안전 관리 (安全管理)[-괄-] 기업이 근로 기준법에 따라 재해·사고를 방지하여 종업원의 안전을 도모하기 위해 행하는 조치나 대책.

안전 교:육 (安全敎育) 재해로부터의 안전을 목적으로 하는 교육(교통사고·화재·공장 재해 등으로부터의 안전을 주로 함). ▢~을 실시하다.

안전-기 (安全器) 몡 《물》 전기 기계에 일정 이

상의 전류가 흘러서 전기 기계가 파손되거나 화재를 막기 위해 전기 회로(回路) 속에 끼우는 장치(일정 이상의 전류가 흐르면 그 속의 퓨즈가 녹아서 자동적으로 회로를 차단하게 됨). 두꺼비집. 안전 개페기.

안전-답 (安全畓) 몡 수리 안전답.

안전-등 (安全燈) 몡 광산이나 탄갱에서 가스에 점화되지 않게 철망을 씌운 램프.

안전-띠 (安全-) 몡 자동차·항공기 등에서 몸을 좌석에 고정시키는 띠(충돌 사고 등에서 인체가 차량 내부에 격돌하는 것을 방지함). 안전벨트. ▢~를 매다.

안:전-막동 (眼前莫同)[-똥] 몡 못생긴 아이라도 항상 가까이 있으면 정이 저절로 붙는다는 뜻.

안전-면도기 (安全面刀器) 몡 살갗을 상하지 않고 안전하게 수염을 깎을 수 있게 만든 면도 기구.

안전-모 (安全帽) 몡 공장·공사장·운동 경기 등에서 머리를 보호하기 위해 쓰는 모자. ▢공장에서는 필히 ~를 착용해야 한다.

안전-밸브 (安全valve) 몡 안전판1.

안전-벨트 (安全belt) 몡 안전띠.

안전 보:장 (安全保障) 외부의 위협이나 침략으로부터 국가와 국민의 안전을 지키는 일. ㉰안보.

안전 보:장 이:사회 (安全保障理事會) '국제 연합 안전 보장 이사회'의 준말. ㉰안보리.

안전-봉 (安全棒) 몡 《물》 제어봉의 한 가지. 원자로 내에서 중성자가 늘어 폭주(暴走)를 일으킬 위험이 생겼을 때, 원자로 중심부에 삽입하는 막대(붕소를 넣은 카드뮴 막대처럼 중성자를 잘 흡수하는 것을 씀).

안전-사고 (安全事故) 몡 공장·공사장 따위에서, 안전 교육의 미비 또는 일상의 부주의 따위로 일어나는 사고. ▢~에 대비하다 / ~를 미연에 방지하다.

안전-성 (安全性)[-썽] 몡 안전하거나 안전을 보장하는 성질. ▢~을 확인하다.

안전-성냥 (安全-) 갑의 측면을 성냥개비로 긋지 않으면 발화하지 않는 성냥(보통 사용하는 성냥).

안전 수칙 (安全守則) 공장·광산·공사장 등에서, 근로자의 안전과 사고 방지를 위하여 정해 놓은 규칙. ▢~을 암기시키다.

안전-시거 (安全視距) 몡 **1** 안전하게 운전하기 위하여 유지해야 하는 앞차와의 거리. **2** 굽은 길 또는 고개에서, 맞은편에서 오는 차가 처음 발견되는 거리. 안전거리.

안전-시설 (安全施設) 몡 도로·공사장·공장·광산 등에서, 재해를 막기 위해 설치한 시설. ▢~을 갖추어 사고를 방지하다.

안전-유리 (安全琉璃)[-뉴-] 몡 잘 깨지지 않고 깨지더라도 파편이 튀지 않게 만든 유리(강화 유리·방탄유리 따위).

안전-율 (安全率)[-뉼] 몡 《물》 안전 계수(安全係數).

안전-장치 (安全裝置) 몡 **1** 쉴 때에 기계가 작동하지 못하도록 해 두는 장치. **2** 《군》 총포에 잰 탄알의 오발을 막기 위해 방아쇠를 움직이지 못하게 해 두는 장치.

안전 전:류 (安全電流)[-절-] 《물》 전선에 전류가 안전하게 흐를 수 있는 전류의 수치(數值)(이 수치보다 전류가 높으면 도선이 타서 끊어짐).

안전-제일 (安全第一) 몡 모든 일에서 위험이 없도록 안전을 기하는 것을 가장 중요하게 여김. ▢공사장마다 '~'이라는 표어가 부착

되어 있다.

안전-지대(安全地帶)[명] **1** 도로 교통법에 의거하여, 도로를 횡단하는 보행자의 안전을 위하여 안전표지나 그 밖의 이와 비슷한 공작물로 안전한 지대임을 표시한 도로의 부분. **2** 재해에 대하여 안전한 곳. ▢폭우가 쏟아지자 주민들을 ~로 대피시켰다.

안전-판(安全瓣)[명] **1** 증기관(蒸氣罐) 내의 압력이 규정 이상으로 오르면 자동적으로 판이 열리어 초과 증기를 알맞게 방출하게 된 장치. 안전밸브. **2** 다른 것의 위험이나 파멸을 막아 내는 구실을 하는 것. ▢사회의 ~ 구실을 하다.

안전-표지(安全標識)[명] 안전 확보를 위해 작업장·차량·선박 따위에 사용되는 표지. 방화·주의·규제·구호·방향·지시 따위의 표지가 있음. ▢도로 주변에 야광 ~가 설치되었다.

안전-핀(安全pin)[명] **1** 타원형으로 구부러져서 뾰족한 침의 끝을 안전하게 숨긴 핀. ▢터진 곳을 ~으로 여미다. **2** 수류탄 등이 돌발적으로 터지지 않도록 신관(信管)에 꽂는 핀.

안전 행정부(安全行政部) 중앙 행정 기관의 하나. 국민의 안전과 재난 관리, 법령 및 조약의 공포, 정부 조직과 지방 자치 제도, 공무원의 인사 관리 등에 관한 사무를 맡아봄. 2014년 행정 자치부로 개편됨.

안절-부절[부] 마음이 초조하고 불안하여 어찌할 바를 모르는 모양. ▢빚쟁이들이 들이닥치자 ~ 어쩔 줄 몰라 했다.

안절부절-못하다[-모타-][자여] 마음이 초조하고 불안하여 어찌할 줄 모르다. ▢거짓말이 들통이 날까봐 ~.

안절부절-하다[자] ☞안절부절못하다.

안:-점(眼點)[-쩜][명] 원생동물·해파리 따위의 원생동물에 있는, 점 모양의 빛 감각 기관.

안접(安接)[명][하자] 평안히 머물러 삶.

안정(安定)[명][하자] **1** 안전하게 자리잡음. 변하지 않고 일정한 상태를 유지함. ▢~된 생활 / 사회가 ~과 질서를 유지하다 / 물가를 ~시키다. **2**『물』중심(重心)이 물체 바닥의 운동 가운데에 있어, 힘을 가했을 때 원상태로 돌아가려는 성질을 가지는 일. **3**『화』화합물이 쉽게 분해되지 않는 상태.

안정(安靖)[명][하타] 나라를 편안하게 다스림.

안정(安靜)[명][하자동] **1** 몸과 마음이 편안하고 고요함. ▢~을 되찾다. **2** 병을 치료하기 위하여 몸과 마음을 편안하게 하고 조용히 지냄. ▢집에서 ~하면 회복되겠지 / 환자를 ~

안:-정(眼睛)[명] 눈동자.

안정-감(安靜感)[명] 편안하고 고요한 느낌. ▢~을 잃다 / ~을 주다.

안정-공황(安定恐慌)[명]『경』인플레이션 억제를 위한 통화 수량 제한에 의해 일어나는 공황. 정부 재정, 관리의 급여, 실업 대책비 등이 긴축되며 중소기업이 파산하고 실업자가 증가하는 일 따위가 발생함.

안정-권(安定圈)[-꿘][명] 안전하게 자리 잡은 범위 또는 영역. ▢합격 ~에 들다.

안정-기(安定期)[명] 일정한 상태를 유지하는 기간. ▢사태가 ~에 접어들다.

안정-기(安定器)[명]『전』회로 소자(回路素子)의 하나. 형광등 따위의 전등에 시동 전압을 준다든가 전류를 제한하는 데 씀.

안정-도(安定度)[명] 물체가 안정하게 놓였을 때의 밑면·중심(重心) 및 무게에 의한 안정의 정도.

안정 동위 원소(安定同位元素)『물』스스로 방사성 붕괴를 하지 않는 동위 원소.

안정-성(安定性)[-썽][명] 일정한 상태를 유지하는 성질.

안정 성장(安定成長)『경』한 나라의 경제가 국제 수지(收支)의 적자(赤字)를 내지 않으면서 경제 전반의 여러 부문에서 균형 잡힌, 일정한 속도의 성장을 달성하여 국민 소득의 증가가 계속되는 일.

안정-세(安定勢)[명] **1** 일정한 상태를 유지하는 세력. **2** 일정한 상태를 유지하는 시세. ▢금리가 ~를 보이다.

안정-의(安定儀)[-이][명] 선박의 안정 장치의 하나《고속으로 회전하는 바퀴를 배에 달아 배의 동요를 막음》.

안정 임:금제(安定賃金制)『경』기업 경영의 장기(長期) 안정을 목적으로 한 임금 제도. 노동조합과 협정을 맺어, 매년의 정기 승급액이나 상여금 등을 정해 두는 임금 방식이 있음.

안정-적(安定的)[관][명] 일정한 상태가 유지되는 (것). ▢~인 방법 / 통화의 ~ 공급이 유지되다.

안정-제(安靜劑)[명] '정신 안정제'의 준말.

안정 주주(安定株主) 회사의 실적이나 주가의 변동과 관계없이 주식을 팔려 하지 않는 주주. 고정 주주.

안정-책(安定策)[명] 안정을 이루기 위한 대책. ▢물가에 대한 ~.

안정 통화(安定通貨)『경』안정 화폐.

안정 포말(安定泡沫) 여러 시간 동안 꺼지지 않는 거품《비누·색소·단백질 등의 수용액에 생김》.

안정-화(安定化)[명][하자타] 일정한 상태를 유지해 감. 또는 그렇게 되게 함. ▢정부가 공공 요금 ~ 방안을 마련하다.

안정 화:폐(安定貨幣)[-/-폐][명]『경』가치가 변동하지 않고 일정하게 유지되는 화폐. 안정 통화.

안젤루스(라 Angelus)[명]『가』**1** '삼종 기도'의 라틴어. **2** '삼종 기도'의 시각을 알리는 종소리.

안:-조(贋造)[명][하타] 위조(僞造). └성당의 종.

안:-족(雁足)[명]『악』기러기발.

안존(安存)[명][하자][형동] **1** 성질이 안온하고 얌전함. ▢~한 성격의 여인이다. **2** 편히 있음. 안거(安居).

안좌(安坐)[명][하자타] **1** 편히 앉음. **2**『불』부처를 법당에 모심. **3**『불』부처 앞에 무릎을 꿇고 앉음.

안주(安住)[명][하자] **1** 한곳에 자리 잡고 편히 삶. ▢부부는 늘그막에 고향에 ~했다. **2** 현재의 상황이나 처지에 만족하고 있음. ▢현실에 ~하다.

안주(按酒)[명] 술 마실 때 곁들여 먹는 음식. 술안주. ▢~가 푸짐하다 / ~를 내오다.

안:주(眼珠)[명] 눈망울.

안:-주(雁柱)[명]『악』기러기발. └주머니.

안-주머니[-쭈-][명] 옷 따위의 안쪽에 달린

안주-상(按酒床)[-쌍][명] 안주를 차려 놓은 상. ▢~을 내오다.

안-주인(-主人)[-쭈-][명] 집안의 여자 주인. 주인댁. ↔바깥주인.

안-주장(-主張)[-쭈-][명][하타]〈속〉내주장(內主張).

안줏-감(按酒-)[-쭈깜/-쭌깜][명] 안주가 될 만한 음식.

안줏-거리(按酒-)[-쭈꺼-/-쭌꺼-][명] 안주가 될 만한 먹을거리.

안-중(眼中)[명] **1** 눈 속. **2** (주로 '안중에'의 꼴로 부정어와 함께 쓰여) 생각하거나 관심을 두

고 있는 범위의 안. ▢돈이나 명예 따위는 ~
에도 없다.
[안중에 사람이 없다] 남의 일에는 조금도
신경 쓰지 아니하다. 또는 전혀 문제로 삼지
아니하다.
안:중무인 (眼中無人)圀 안하무인.
안-중문 (-中門)[-쭝-]圀 안마당으로 들어가
는 문.
안:중-인 (眼中人)圀 **1** 항상 마음속에 두고 만
나 보기를 원하는 사람. **2** 전에 본 일이 있는
사람.
안:중-정 (眼中釘)圀 눈엣가시.
안지 (安地)圀 안전한 땅. 편안한 땅.
안-지름 [-찌-]圀 〖數〗 관(管)이나 공 따위의
안쪽에서 잰 지름. 내경(內徑). ↔바깥지름.
안-지밀 (-至密)[-찌-]圀 〖歷〗 조선 때, 궁중
에서 왕비가 거처하던 방. 또는 그곳에 딸린
궁녀. ↔밭지밀.
안-지히 (독 an sich)圀 〖哲〗 즉자(卽自).
안직튀 〖옛〗 가장.
안:진 (雁陣)圀 **1** 떼 지어 날아가는 기러기의
행렬. **2** 기러기 행렬같이 진을 치던 옛 진법
(陣法)의 하나.
안:질 (眼疾)圀 눈병.
[안질에 고춧가루] 상극되어 매우 꺼리는 물
건. [안질에 노랑 수건] 가까이 두고 매우 요
긴하게 쓰는 물건이나 매우 친밀한 관계가
있는 사람.
안-집 [-찝]圀 **1** 안채. **2** 한 집에서 여러 가구
가 살 때의 주인댁. **3** 예전에, 하인들이 자기
네 주인집을 이르던 말.
안-짝 [圀] **1** 나이나 거리 따위가 일정한 수효에
미치지 못한 범위. ▢만 원 ~. **2** 〖文〗 한시
에서, 글 한 구(句)의 앞에 있는 짝. **3** 두 짝
으로 이루어진 물건에서 안에 있는 짝. ▢문
의 ~. ↔바깥짝.
안짱-걸음圀 두 발끝을 안쪽을 향해 들여 모
아 걷는 걸음.
안짱-다리圀 두 발끝을 안쪽으로 향하게 하
고 걷는 사람. 또는 그렇게 휜 다리. ↔밭장
다리.
안-쪽圀 **1** 안으로 향한 부분. 내측(內側). ↔
바깥쪽. **2** 어떤 수효나 기준에 미치지 못함
(의존 명사적으로 씀). ▢열 사람 ~.
안쫑-잡다 [-따]困 **1** 마음속에 품어 두다. **2**
걸가량으로 헤아리다. ▢안쫑잡아서 열 개는
되겠다.
안-찌圀 윷놀이에서, 말판의 방에서 꺾인 둘
째 밭. ▢~에 말을 놓다.
안찌-대다困 윷놀이할 때에, 말을 안찌에
놓다.
안-집圀 **1** 옷 안에 받치는 감. 내공(內供). 안
감. ▢~거죽감. ⚑안. **2** 소·돼지
의 내장. **3** 송장을 넣는 널.
안집-광목 (-廣木)[-광-]圀 안집으로 사용하
는 광목.
안-차다혬 겁이 없고 야무지다.
안차고 다라지다⊐ 겁이 없이 깜찍하고 당
돌하다. ▢어린것이 ~.
안착 (安着)圀困困 **1** 어떤 곳에 무사히 도착
함. ▢여객기가 ~하다 / 화물선이 항구에 ~
되다. **2** 어떤 곳에 편안하게 자리를 잡음. ▢
고향에 ~하여 살다.
안:찰 (按察)圀困困 자세히 조사하여 살핌. 안
검(按檢).
안:찰 (按擦)圀困困 〖기〗 목사나 장로가 기도

받는 사람의 몸의 어느 부위를 어루만지거나
두드리는 일.
안:찰 기도 (按擦祈禱)〖기〗 목사나 장로가 안
찰하며 기도하는 일.
안-창 (-廠)圀 신의 안쪽 바닥에 까는 가죽이나 헝
겊. ▢~을 갈다.
안:창 (雁瘡)圀 〖한의〗 주로 손발의 등과 바닥
에 부스럼 따위가 나타나는 증상. 해마다 기
러기가 올 때 생기고, 갈 때쯤 낫는다 함.
안-채圀 안팎 각 채로 된 집의 안에 있는 집
채. 안집. ▢우리는 ~에 살고, 바깥채는 세
놓았다. ↔바깥채.
안:채 (眼彩)圀 안광(眼光)1.
안:-채다困 **1** 앞으로 들이치다. **2** 맡아서 당
하게 되다.
안:책 (案冊)圀 〖歷〗 선생안(先生案).
안:천자 (贋天子)圀 폐제(廢帝).
안:초-공 (按草工)圀 〖건〗 기둥머리에 얹어서
주심포(柱心包)를 받치는, 꽃무늬가 새겨진
널빤지.
안:총 (眼聰)圀 시력(視力).
안-추르다 (안눌러, 안추르니)困 **1** 고통을
꾹 참고 억누르다. **2** 분노를 눌러서 마음을
가라앉히다.
안:출 (案出)圀困困 생각하여 냄. ▢새로운 아
이디어를 ~하다 / 묘책이 ~되다.
안치 (安置)圀困困 **1** 안전하게 잘 둠. **2** 신불의
상(像)·위패·시신(屍身) 등을 잘 모시어 둠.
▢시신을 영안실에 ~하다 **3** 〖歷〗 조선 때,
귀양 간 죄인의 거주를 제한하던 일. 또는 그런
형벌.
안:치다[1]困 **1** 어려운 일이 앞에 와 밀리다. **2**
앞으로 와 닥치다.
안치다[2]困 찌거나 끓일 재료를 솥이나 냄비
따위에 넣다. ▢밥을 ~.
안치-소 (安置所)圀 안치하여 두는 곳.
안-치수 (-數)圀 〖건〗 안쪽으로 잰 길이의 치
수. ↔바깥치수.
안침 (安枕·安寢)圀困困 안면(安眠).
안타 (安打)圀 야구에서, 타자가 베이스에 나
아갈 수 있도록 공을 치는 일. 히트(hit). ▢5
타수 2 ~.
안타까워-하다困困 안타까운 생각을 겉으로
드러내다. ▢대학에 못 보낸 것을 ~.
안타까이튀 안타깝게. ▢멀어져 가는 기차를
~ 바라보다.
안타깝다 [-따][안타까워, 안타까우니]혬 **1**
남이 애를 쓰고 고민하는 것을 보니 딱하여
매우 답답하다. ▢혼자 애쓰는 것을 보니 ~.
2 뜻대로 되지 않아 애타고 답답하다. ▢기회
를 놓친 것이 무척 ~.
안타깝-이圀 곧잘 안타까워하는 사람.
안타깨비[1]〖충〗 '안타깨비쐐기'의 준말.
안타깨비[2]圀 명주실의 토막을 이어 짠 굵은
명주.
안타깨비-쐐기圀 〖충〗 쐐기나방의 애벌레.
몸은 엷은 녹색인데 짧고 굵으며 독침을 가
진 뿔 모양의 돌기가 있어 닿으면 쏨. 번데기
는 굳은 고치 속에 있음. 감·배·능금나무 등
의 해충임. ⚑안타깨비.
안:-타다困 가마·인력거·말 등을 탄 사람의
앞에 앉아 함께 타다.
안태 (安胎)圀困困 놀라 움직이는 태아를 다스
려 편안하게 함.
안태 (安泰)圀困혱 평안하고 태평함.
안태-본 (安胎本)圀 태중에 있을 때부터의 본
관. 곧, 선조 때부터의 고향.
안:-태우다困 ('안타다'의 사동) 자기 앞에

타게 하다.

안태-음 (安胎飮) 圓 〖한의〗 태동·입덧 등에 쓰는 약.

안택 (安宅) 圓하재 **1** 걱정 없이 편안히 살 만한 곳. **2**圓圓 판수나 무당이 집안에 탈이 없도록 터주를 위로함.

안택-경 (安宅經)[-경] 圓 〖민〗 안택할 때에 판수가 읽는 경문.

안택-굿 (安宅-)[-꿋] 圓 〖민〗 무당이 집안의 터주를 위로하기 위해 하는 굿.

안테나 (antenna) 圓 〖물〗 라디오·텔레비전 등의 전파를 송·수신하기 위해 공중에 세우는 도선 장치. 공중선(空中線). 〔난시청 지역에 ~를 설치하다.

안테나-선 (antenna線) 圓 〖물〗 안테나로 사용하는 선.

안테나-숍 (antenna shop) 圓 〖경〗 신상품을 시험적으로 판매하는 소매 점포. 소비자의 반응을 알아내기 위한 것임.

안토 (安土) 圓하재 그 땅에 편히 삶.

안토시안 (anthocyan) 圓 〖식〗 식물의 꽃·잎·열매 따위의 세포액 중에 널리 퍼져 빨강·파랑·초록 따위의 빛깔을 나타내는 색소. 화청소(花靑素). 꽃파랑이.

안토-중천 (安土重遷) 圓하재 고향을 떠나기를 좋아하지 아니함.

안-통 圓 **1** 그릇 안쪽의 넓이. **2**〔속〕속마음. 〔~이 넓다.

안-투지배 (眼透紙背) 圓하재 눈빛이 종이 뒷면까지 꿰뚫는다는 뜻으로, 책을 읽고 그 이해가 매우 날카로움을 이름.

안트라센 (anthracene) 圓 〖화〗 콜타르에서 채취하는 안트라센유(油)로부터 얻어지는 무색의 판상 결정(板狀結晶). 알리자린이나 안트라센 색소의 원료가 됨.

안-들다 [안틀어, 안트니, 안트는] 재타 일정한 수효나 값의 한도 안에 들다. 〔안튼 가격.

안티 (anti) 圓 반대 또는 반대하는 일.

안티노미 (antinomy) 圓 〖논〗 이율배반.

안티몬 (독 Antimon) 圓 〖화〗 청백색 광택의 금속 원소. 보통 휘안광(輝安鑛)에서 얻음. 납과의 합금으로서 활자 합금·도금 따위의 재료로 씀. [51번 : Sb : 121.75]

안티테제 (독 Antithese) 圓 〖논〗 반정립(反定立). ↔테제.

안티톡신 (antitoxin) 圓 항독소(抗毒素).

안티피린 (antipyrin) 圓 〖약〗 희고 냄새가 없으며, 약간 쓴맛이 나는 결정 또는 가루《효과 좋은 해열 진통제로 쓰였으나, 부작용이 심해서 현재는 거의 쓰지 않음》.

안-팎 [-팍] 圓 **1** 안과 밖. 내외(內外). 〔집 ~을 청소하다. **2** 마음속의 생각과 겉으로 드러난 행동. 〔~이 다르다. **3** 약간 웃돌거나 덜한 정도《의존 명사적으로 쓰임》. 〔열 살 ~의 아이. **4** 아내와 남편. 〔~이 다 얌전하다.

안팎-곱사등이 [-팍꼽써-] 圓 **1** 가슴과 등이 병적으로 튀어나온 사람. 귀흉귀배. **2** 안팎으로 하는 일마다 막혀 답답한 형편.
   안팎곱사등이 굽도 젖도 못한다 冠 진퇴양난에 빠진 경우를 이르는 말.

안팎-노자 (-路資)[-팡-] 圓 가고 오는 데 드는 여비.

안팎-벽 (-壁)[-팍뼉] 圓 안벽과 바깥벽.

안팎-살림 [-팍쌀-] 圓 안살림과 바깥살림.

안팎-식구 (-食口)[-팍씩꾸] 圓 안식구와 바깥식구. 여자 식구와 남자 식구.

안팎-심부름 [-팍씸-] 圓 안심부름과 바깥심부름. 〔혼자서 ~을 떠맡다.

안팎-일 [-팡닐] 圓 안일과 바깥일.

안팎-장사 [-팍짱-] 圓 이곳에서 물건을 사서 다른 곳에 가져가서 팔고, 그 돈으로 그곳의 싼 물건을 사서 이곳에 가져다가 파는 장사.

안팎-중매 (-仲媒)[-팍쭝-] 圓 부부가 나서서 하는 중매.

안팎-채 [-팍] 圓 안채와 바깥채.

안짝 〈옛〉 안팎.

안-편지 (-便紙) 圓 가정끼리 내왕하는 편지. 곧, 아낙네가 받거나 부친 편지. 내간(內簡). 내서(內書). 내찰(內札). --하다 재인 아낙네끼리 편지를 주고받다.

안-폐 (眼廢)[-/-폐] 圓하재 시력을 잃게 됨.

안-포 (眼胞) 圓 척추동물의 배(胚)에서, 장차 눈을 형성하는 부분.

안-표 (眼標) 圓하재 나중에 보아도 알 수 있게 표하는 일. 또는 그 표. 눈표. 〔산길에 돌로 ~하여 두었다.

안피-지 (雁皮紙) 圓 산닥나무 종류의 껍질로 만든 종이《매우 얇으나 질기고 투명하여 임사용(臨寫用) 등으로 널리 씀》.

안-하 (眼下) 圓 눈 아래. 안전(眼前).

안-하무인 (眼下無人) 圓 눈 아래에 사람이 없다는 뜻으로, 방자하고 교만하여 남을 업신여김을 이르는 말. 안중무인(眼中無人). 〔돈 좀 벌더니 ~이 되었다.

안한-하다 (安閒-) 囹연 평안하고 한가롭다.
   안한-히 囝

안-항 (雁行) 圓 기러기의 행렬이란 뜻으로, 남의 형제를 높여 이르는 말.

안해[1] ☞ 아내.

안-해[2] 圓 지난해. 전년(前年).

안-핵 (按覈) 圓하타 자세히 조사하여 살핌.

안핵-사 (按覈使)[-싸] 圓 조선 후기에, 지방에서 발생한 민란을 수습하기 위하여 파견하던 임시 벼슬.

안-행 (雁行) 圓 ☞ 안항(雁行).

안향 (安享) 圓하타 하늘이 내린 복을 평안하게 누림.

안향-부귀 (安享富貴) 圓하재 부귀를 평안하게 누림.

안-험 (按驗) 圓하타 잘 살펴서 증거를 세움.

안-형제 (-兄弟) 圓 여자 형제.

안-혼 (眼昏) 圓하형 시력이 흐림.

안홍-색 (眼紅色)[-쌕] 圓 은홍색(殷紅色).

안-화 (眼花) 圓 〖의〗 눈앞에 불똥 같은 것이 어른어른 보이는 병. 공화(空華).

안-확 (眼-) 圓 눈구멍[1].

안-환 (眼患) 圓 '남의 눈병'의 높임말.

안회 (安蛔) 圓하타 거위배를 고쳐 다스림.

안후 (安候) 圓 '안신(安信)'의 높임말.

안후 (顔厚) 圓하형 후안(厚顔).

앉다 [안따] 재 **1** 엉덩이를 바닥에 붙이고 몸을 편하게 세우다. 〔잔디에 ~ / 벤치에 앉아 이야기를 나누다 / 무릎 꿇고 앉아 용서를 빌다. **2** 새나 곤충 또는 비행기 따위가 일정한 곳에 내리다. 〔새가 나뭇가지에 ~ / 나비가 꽃잎에 앉아 너울거리다. **3** 건물이 자리를 잡다. 〔집이 남향으로 ~. **4** 위치·장소·지위 등을 차지하다. 〔후임으로 ~ / 일등석에 ~. **5** 공기 중에 있던 가루나 먼지 따위가 내려 쌓이다. 〔책상에 먼지가 ~.
   [앉아 주고 서서 받는다] 冠 빌려 주기는 쉬우나 다시 받아 내기는 힘들다. [앉은 자리에 풀도 안 나겠다] 冠 사람이 너무 깔끔하고 매서울 만큼 냉정하다는 말.

앉아서 벼락 맞는다 구 가만히 있다가 뜻밖에 화를 당하다.
앉으나 서나 구 늘. 항상. 자나깨나. ❑~ 고향 생각이다.
앉아 [안자] 감명 〖군〗 서 있는 그 자리에서 그대로 앉으라는 구령. 또는 그렇게 앉는 동작.
앉아-버티다 [안자-] 자 뜻을 굽히거나 남의 요구에 응하지 아니하다.
앉은-걸음 [안즌거름] 명 앉은 채로 걷는 걸음걸이.
앉은-검정 [안즌-] 명 〖한의〗 솥 밑에 붙은 검정 그을음《지혈·지설제로 씀》. 당묵(鐺墨). 백초상(百草霜).
앉은-굿 [안즌굳] 명 〖민〗 장구와 춤이 없는 굿의 한 가지.
앉은-뱅이 [안즌-] 명 **1** 일어나 앉기는 하여도 서거나 걷지 못하는 장애인. 좌객(坐客). **2** 키가 작거나 높이가 낮은 물건. ❑~ 시계 / ~ 소나무.
[앉은뱅이 용쓴다] 불가능한 일에 애만 쓴다는 뜻.
앉은뱅이-걸음 [안즌-거름] 명 앉은뱅이가 하듯이 앉은 채로 걷는 걸음걸이.
앉은뱅이-저울 [안즌-] 명 저울의 하나. 받침판에 물건을 올려놓고 용수철에 의한 무게의 전달을 저울추로 조절하여 재게 된 저울《무거운 것을 재는 데 씀》. 대칭(臺秤).
앉은뱅이-책상 (-冊床)[안즌-쌍] 명 의자 없이 방바닥에 앉아서 쓰게 된 낮은 책상.
앉은-부채 [안즌-] 명 〖식〗 천남성과의 여러해살이풀. 계곡의 그늘진 곳에 남. 뿌리는 끈 모양인데 줄기와 함께 굵고 짧음. 잎은 뿌리에서 뭉쳐나고 심장 모양이며, 늦봄에 엷은 자주색 꽃이 잎보다 앞서 핌.
앉은-소리 [안즌-] 명 〖악〗 잡가에서, 자리에 앉아서 부르는 소리. 또는 그 방식. 좌창(坐唱). ↔선소리.
앉은-일 [안즌닐] 명 자리에 앉아서 하는 일. ↔선일.
앉은-자리 [안즌-] 명 어떤 일이 벌어진 바로 그 자리. 즉석(卽席). 좌처(坐處). ❑~에서 응낙하다.
앉은-장사 [안즌-] 명 한곳에 가게를 차려 놓고 물건을 파는 장사. 좌고(坐賈). 좌상(坐商). ↔도붓장사.
[앉은장사 선 동무] 견문이나 교제 범위가 좁아서 세상 물정에 어두워 자주 손해를 봄.
앉은-저울 명 ☞ 앉은뱅이저울.
앉은-키 [안즌-] 명 허리를 똑바로 펴고 의자에 앉았을 때, 의자 바닥에서 머리 끝까지의 높이. 좌고(坐高). ❑~가 크다. ↔선키.
앉은-헤엄 [안즌-] 명 앉은 자세로 치는 헤엄. 좌영(坐泳). ↔선헤엄.
앉을-깨 [안즐-] 명 **1** 베틀에서 사람이 앉는 자리. **2** 걸터앉는 데 쓰는 물건의 총칭.
앉을-자리 [안즐짜-] 명 물건이 땅에 놓이게 된 밑바닥.
앉음-새 [안즘-] 명 자리에 앉아 있는 모양새. 앉음앉이. 앉음앉음. ❑~를 바로 고치다.
앉음-앉음 [안즘안즘] 명 앉음새.
앉히다 [안치다] 타 **1**《'앉다'의 사동》 앉게 하다. ❑아랫목에 ~ / 사장은 자기 아들을 부사장에 앉혔다. **2** 올려놓다. 걸쳐 놓다. ❑화덕에 솥을 ~. **3** 버릇을 가르치다. ❑아침 일찍 일어나는 습관을 ~. **4** 문서에 어떤 사항을 따로 잡아 기록하다.
앉힐-낚시 [안칠락씨] 명 물 밑바닥에 미끼를 가라앉혀 하는 낚시질.
않다 [안타] 一타 (무엇을) 아니 하다. ❑말을 않고 그냥 앉아 있다. 二보동보형 '아니하다'의 준말. ❑먹지 ~ / 예쁘지 ~ / 이유를 묻지 ~ / 건강이 좋지 않아 입원했다.
알 一명 **1** 〖생〗 새·물고기·벌레 등의 암컷의 생식 세포《보통 타원형 또는 원형으로, 알껍질 속에 흰자위·노른자위·씨눈·알끈 따위가 있어 적당한 조건에서 새끼가 됨》. ❑암탉이 ~을 품다 / ~을 배다. **2** 열매 등의 낱개. ❑콩 ~ / ~이 굵은 옥수수. **3** 작고 둥근 물건의 낱개. ❑수판~ / 총~. **4** 배추·양배추 등의 고갱이를 싸고 여러 겹으로 뭉친 덩이. ❑배추가 ~이 들다. **5** 근육이 딴딴하게 뭉친 것. ❑종아리에 ~이 배다. 二의명 **1** 작고 둥근 모양의 물건을 세는 단위. ❑사탕 한 ~. **2** 작고 둥근 열매나 곡식의 낱개를 세는 단위. ❑쌀 몇 ~.
알- 두 **1** 겉을 덮어 싼 것이나 딸린 것을 다 떨어 버린 것을 나타냄. ❑~몸 / ~밤. **2** 알처럼 작고 둥근 것을 뜻함. ❑~사탕 / ~약. **3** '진짜·알짜'의 뜻을 나타냄. ❑~부자 / ~거지 / ~건달.
알-개미 명 아주 작은 개미.
알갱이[1] 명 **1** 열매나 곡식 따위의 낟알《의존명사적으로도 씀》. ❑아직 호두 ~가 안 들었다 / 안주라고는 땅콩 두어 ~만 남았네그려. **2** 작고 동그랗고 단단한 물질《의존 명사적으로도 씀》. ❑모래 ~. **3** 입자. **4** 미립자.
알-갱이[2] 명 장롱의 쇠목과 동자목 사이에 낀 널빤지.
알-거지 명 무일푼이 되어 거지꼴인 사람. ❑노름으로 재산을 다 날리고 ~가 되다.
알-건달 (-乾達) 명 알짜 건달. ❑~ 신세.
알겨-내다 타 소소한 남의 것을 좀스러운 언행으로 꾀어서 빼앗아 내다. ❑아이들의 코 묻은 돈을 감언이설로 ~.
알겨-먹다 [-따] 타 남의 재물 따위를 좀스러운 언행으로 꾀어서 빼앗아 가지다. ❑온갖 비리로 운영비를 ~.
알-겯다 [-따] (알겯어, 알결으니, 알겯는) 자ㄷ 암탉이 발정(發情)한 때, 알을 배기 위해 수탉을 부르느라고 골골 소리를 내다.
알고기-씨 명 알도 많이 낳고 고기 맛도 좋은 닭의 씨. 또는 그런 닭.
알고리듬 (algorithm) 명 〖컴〗 데이터를 처리하여 필요한 정보를 출력하기 위한 절차. 또는 연산(演算)을 지시하는 규칙.
알고리즘 (algorism) 명 아라비아 숫자를 쓰는 기수법(記數法)에 의한 필산(筆算) 규칙.
알-고명 명 달걀의 노른자위와 흰자위를 따로 따로 받아서 번철에 얇게 부치어 썬 고명. 달걀지단. 알반대기. ❑국수에 ~을 얹다.
알-곡 (-穀) 명 **1** 쭉정이나 잡것이 섞이지 않은 곡식. 알곡식. ❑~만을 고르다. **2** 깍지를 벗긴 콩이나 팥 따위의 총칭. **3** 낟알로 된 곡식.
알-곡식 (-穀食)[-씩] 명 알곡1.
알골 (ALGOL) 명 (algorithmic language) 1960년에 발표된 과학 기술 계산용 프로그래밍 언어. 프로그램을 알고리듬(algorithm)으로 표현할 수 있게 되어 있음.
알과 (戛過) 명하타 **1** 친한 사람의 문 앞을 들르지 않고 그냥 지나감. **2** 사물이나 글을 볼 때 어느 부분을 빠뜨리고 그냥 지나감.
알-과녁 명 과녁의 한복판. ❑~에 명중하다.
알-관 (-管) 명 〖생〗 나팔관.
알-관주 (-貫珠) 명 한시(漢詩) 등을 꼲을 때

에, 아주 잘된 곳에 찍던 관주. 둥근 표를 함.

알:-괘 (-卦)[-꽤] 圏 알조. ▢ 그만하면 ~다 / 보지 않아도 ~다.

알구지 圏 지겟작대기의 아귀진 곳.

알궁 (軋弓)圏『악』 아쟁을 켜는 활.

알근-달근 閉 맛이 조금 맵고도 달짝지근 한 느낌. 䄫얼근덜근.

알근-하다 圏여 1 술이 취하여 정신이 조금 몽롱하다. ▢ 술이 알근하게 취하다. 2 맛이 매워서 입 안이 조금 알알하다. 䄫얼근하다. 2 게 알근-히 閉

알금-뱅이 圏 얼굴이 알금알금 얽은 사람을 낮잡아 이르는 말. 䄫얼금뱅이.

알금-삼삼 閉혱 알금솜솜.

알금-솜솜 閉혱 잘고 얕게 얽은 자국이 밴 모양. 알금삼삼. 䄫얼금숨숨.

알금-알금 閉혱 잘고 얕게 얽은 자국이 성긴 모양. 䄫얼금섬섬.

알기다 圖 조금씩 갉아 내거나 빼내 가지다. ▢ 모은 돈을 야금야금 알겨다 쓰다.

알기-살기 閉혱 이리저리 뒤섞여 얽힌 모양. 䄫얼기설기.

알긴-산 (←alginic酸) 圏『화』 건조한 바닷말에서 얻는 다당류의 하나. 점성(粘性)이 강한 산으로 접착제(粘着劑)·유화제(乳化劑)·필름 따위를 만드는 데 씀.

알-까기 圏 부화(孵化)이.

알-깍쟁이 [-쟁-] 圏 1 성질이 다부지고 모진 사람. 2 얄밉게 깜찍하거나 성질이 다부진 아이. 또는 어려서부터 깍쟁이인 사람.

알-껍데기 [-께-] 圏 알의 맨 겉을 싼 껍데기. 난각(卵殻).

알-꼴 圏 달걀꼴.

알-꽈리 圏『식』 가짓과의 여러해살이풀. 산골짜기의 그늘진 곳에 남. 줄기 높이는 60-90cm, 여름에 담황색의 꽃이 피며 열매는 둥글고 붉게 익음.

알-끈 圏『생』 알의 노른자를 싸고 양쪽 옆으로 뻗쳐 있는 기관(노른자위의 위치가 변하지 않도록 배반(胚盤)의 위치를 늘 위로 향하게 함).

알-나리 [-라-] 圏 나이가 어리고 키가 작은 사람이 벼슬한 경우를 놀리는 말.

알나리-깔나리 [-라-라-] 圓〈소아〉 아이들이 남을 놀릴 때 하는 말.

알-내기 [-래-] 圏 알을 얻기 위해 닭이나 오리를 기르는 일. 또는 그 닭이나 오리.

알-넣기 [-러키] 圏 부화기에 알을 넣는 일.

알-눈 [-룬] 圏 1『식』 태아(胎芽)1. 2『동』 배반(胚盤).

알:다 [알아, 아니, 아는] 圖 1 교육이나 경험 따위를 통하여 사물이나 상황에 대한 정보나 지식을 갖추다. ▢ 글을 통해 그의 마음을 알았다 / 이죽 지식가는 내가 잘 안다. 2 어떤 사실에 대해 감각으로 깨닫거나 느끼다. ▢ 발자국 소리만 들어도 그가 오고 있음을 알았다. 3 모르는 것을 마음속으로 느끼거나 깨닫다. ▢ 잘못을 ~ / 은혜를 ~. 4 어떤 사람이나 사물에 대하여 인식 또는 경험적 기억을 가지다. ▢ 여자를 ~. 5 어떤 일을 할 능력이나 소양이 있다. ▢ 운전을 할 줄 안다. 6 서로 낯이 익다. 사귀다. ▢ 잘 아는 사이. 7 생각하여 판단하고 분별하다. ▢ 너의 생각이 옳으니 네가 알아서 처리해라. ↔모르다. 8 관심을 갖거나 관여하다. ▢ 아랑곳하다. ▢ 그 일은 내 알 바 아니다. 9 짐작하여 이해하다. ▢ 잘 알았습니다 / 그 사람의 마음을 알 수

있다. 10 (주로 '…만' 뒤에 쓰여) 소중히 생각의 원인이다. ▢ 공부만 ~ / 자기만 알고 남은 생각지 않는다.

[아는 것이 병] 분명찮게 아는 것은 걱정거리의 원인이 된다. [아는 길도 물어 가랬다] 쉬운 일도 신중을 기하여야 한다. [아는 도끼에 발등 찍힌다] 믿던 일이 뜻밖에 실패하다. [안다니 똥파리] 잘 알지도 못하면서 아는 체하는 사람을 비꼬는 말. [알기는 칠월 귀뚜라미] 무슨 일에나 다 안다고 자랑하는 사람을 비꼬는 말. 알기는 태주 같다. [알기는 태주(胎主) 같다] 알기는 칠월 귀뚜라미. [알던 정 모르던 정 없다] 공적인 일에는 사심이 없다. [알아야 면장을 하지] 어떤 일이든 그 일에 관련된 학식과 실력이 있어야 한다는 말.

알다가도 모를 일 圓 사물 또는 사람의 언동이 하도 상식 밖이어서 선뜻 이해가 가지 않음의 비유.

알데히드 (aldehyde) 圏『화』 알데히드기(基)를 갖는 화합물의 총칭. 알코올의 불충분한 산화에 의하여 생기며, 자극적인 냄새가 있는 액체로서 휘발하기 쉬움(환원제·향료·마취제 등으로 씀).

알데히드-기 (aldehyde基) 圏『화』 카르보닐기에 한 개의 수소 원자가 결합하여 이루어진 1가의 원자단.

알도 (-道)[-또] 圏『역』 '갈도(喝道)'의 변한말.

알-도요 圏『조』 작은물떼새.

알-돈 圏 알짜가 되는 돈. 중요한 돈. ▢ ~을 떼어먹다.

알-돌 圏 지름 25cm쯤 되는 둥근 돌. 호박돌.

알-둥지 圏 날짐승이 알을 낳는 둥지.

알딸딸-하다 圏여 1 뜻밖의 일을 갑자기 당하거나 일이 복잡하여 정신을 차리지 못하다. 2 머리를 부딪쳐 골이 울리고 어지럽다. 3 술이 취하거나 마음이 몹시 들떠서 정신이 조금 몽롱하다. 딸딸하다. ▢ 몇 잔술에 기분이 ~. 䄫얼떨떨하다.

알-땅 圏 1 비바람을 막을 준비가 되어 있지 않은 땅. 2 초목이 없는 헐벗은 땅. 나지(裸地). ▢ ~을 일구어 밭으로 만들다.

알-뚝배기 [-빼-] 圏 작은 뚝배기.

알-뜯기 [-끼] 圏 누에알을 알받이기를 한 종이에서 뜯어내는 일. 소란(掃卵).

알-뜯이 [-뜨지] 圏 늦가을에 알을 꺼낸 꿀.

알뜰 圏 (주로 일부 명사 앞에 쓰여) 생활비를 규모 있게 아끼며 살림을 함. ▢ ~ 주부상을 받다 / ~ 시장이 열리다.

알뜰-살뜰 閉혱혱 1 살림을 아끼며 정성껏 규모 있게 꾸려 나가는 모양. ▢ ~ 살림을 꾸려 가다. 2 다른 사람에게 정성을 쏟는 모양. ▢ ~하게 살피다.

알뜰-하다 圏여 1 일이나 살림을 정성스럽고 규모 있게 하여 빈 구석이 없다. ▢ 알뜰한 살림. 2 아끼고 위하는 마음이 지극하다. ▢ 알뜰한 부부애 / 육친보다도 더 알뜰한 병구완. 알뜰-히 閉. ▢ ~ 돈을 모으다.

알라 (이 alla)圏『악』 악보에서, 다른 말과 함께 쓰여 '…조(調)…풍(風)'의 뜻. ▢ ~ 마르치아(marcia)〈행진곡풍으로〉 / ~ 테데스카(tedesca)〈독일풍으로〉.

알라 (Allah)圏『종』 이슬람교의 유일·절대·전능의 신.

알라 圓 이상함을 느낄 때에 내는 소리. ▢ ~, 저 약골이 사람을 치네.

알라꿍-달라꿍 〖부하형〗 어수선하게 몹시 알락달락한 모양. 웰얼러꿍덜러꿍.

알라르간도 (이 allargando) 〖명〗〖악〗 '점점 천천히'·'점점 느리고 폭넓게'의 뜻.

알라차 〖갑〗 '알라'와 '아차'가 어우른 소리로, 경쾌한 뜻을 나타낼 때 내는 소리. □~, 우리 편이 이긴다.

알락 본바탕에 다른 빛깔의 줄이나 점 따위가 조금 섞인 모양이나 자취. 웰얼럭.

알락-곰치 [-곰-] 〖어〗 곰칫과의 바닷물고기. 열대성 어종으로 길이는 75cm 정도이며, 입이 커서 완전히 다물지 못함. 몸의 알락 무늬가 선명하며 피부는 두껍고 탄력성이 있어 가죽으로 이용됨.

알락-꼽등이 [-뚱-] 〖명〗〖충〗 꼽등잇과의 곤충. 흔히, 마루 밑·부엌 등 습한 곳에 살며 몸길이는 2cm가량, 몸빛은 누런 갈색에 검정 무늬가 알락달락함. 날개는 없고 등이 몹시 굽었음.

알락-나방 [-랑-] 〖명〗〖충〗 알락나방과의 곤충. 날개 길이 31~33mm. 몸빛은 흙빛에 털이 많고 날개는 투명함. 애벌레는 활엽수의 잎을 갉아먹음.

알락-달락 [-딸-] 〖부하형〗 여러 가지 빛깔로 된 점이나 줄이 불규칙하게 무늬를 이룬 모양. □~한 무늬. 웰얼럭덜럭.

알락-도요 [-또-] 〖명〗〖조〗 도욧과의 새. 몸길이 20cm 정도. 연못가·습지의 물밭에 살며, 배는 누런 갈색, 등쪽은 회색에 갈색 무늬가 있고 날개에는 노란 반점이 있음. 수컷이 알을 품고 새끼를 키움.

알락-알락 〖부하형〗 여러 가지 빛깔로 된 점이나 줄 따위 무늬가 고르게 촘촘한 모양. 웰얼럭얼럭.

알락-하늘소 [-라카-쏘] 〖명〗〖충〗 하늘솟과의 곤충. 몸길이는 3cm 정도이고, 광택 있는 흑색 바탕에 흰 점이 흩어져 남. 애벌레는 버드나무 따위에 구멍을 파고 들어가며, 땅속에서 월동함. 성충·유충 모두 과수의 해충임.

알락-할미새 [-라캄-] 〖명〗〖조〗 참샛과의 새. 몸길이 18cm 정도. 얼굴·뺨은 희고, 등과 목·가슴·칼깃은 검고, 날개·꽁지에는 검은색·흰색의 반문이 섞여 있음. 익조임. 흰뺨알락할미새.

알람-미 〖명〗 ⇒ 안남미(安南米).

알랑-거리다 〖자〗 남의 비위를 맞추려고 교묘한 말을 꾸며 대고 간사하게 아첨하는 짓을 자꾸 하다. 알씬거리다. □상사(上司)에게 ~. 웰얼렁거리다. **알랑-알랑** 〖부하자〗

알랑-대다 〖자〗 알랑거리다.

알랑-똥땅 〖부하타〗 엉너리를 부리며 얼김에 남을 속여 넘기는 모양. 웰얼렁뚱땅.

알랑-방귀 〖명〗〈속〉 알랑거리는 짓. **알랑방귀(를) 뀌다** 〖귀〗〈속〉 알랑거리며 아첨을 하다.

알랑-쇠 〖명〗〈속〉 알랑거리는 사람. 웰얼렁쇠.

알랑-수 [-쑤] 〖명〗 알랑똥땅하여 교묘히 남을 속이는 수단. 웰얼렁수.

알랑-하다 〖형〗 시시하고 보잘것없다. □그 알량한 음식 솜씨로 손님을 치르다니.

알레고리 (allegory) 〖명〗〖문〗 본래의 뜻은 감추고 나타나 있는 것 이상의 깊은 뜻이나 내용을 미루어 살피게 하는 문장 수사법.

알레그라멘테 (이 allegramente) 〖명〗〖악〗 '즐겁게·쾌활하게'의 뜻.

알레그레토 (이 allegretto) 〖명〗〖악〗 '조금 빠르게'의 뜻. 알레그로보다 조금 느림.

알레그로 (이 allegro) 〖명〗〖악〗 '빠르고 경쾌하게'의 뜻.

알레그로 콘 브리오 (이 allegro con brio) 〖악〗 '씩씩하고 빠르게'의 뜻.

알레그리시모 (이 allegrissimo) 〖명〗〖악〗 '가장 빠르게'의 뜻.

알레르기 (독 Allergie) 〖명〗 **1**〖생〗 어떤 물질의 섭취나 접촉에 대해 체질상 보통 사람과 다른 과민한 반응을 나타내는 일(재채기·가려움증·두드러기 따위의 증상을 일으킴). □~를 일으키다. **2** 어떤 사물이나 사람에 대한 신경질적인 거부 반응. □그 사람말만 하면 ~ 반응을 보인다.

알레르기-성 (Allergie性) 〖명〗 어떤 병의 증상이 알레르기 때문에 일어나는 성질. □~ 비염을 앓다.

알레르기성 질환 (Allergie性疾患) 〖의〗 알레르기 때문에 일어나는 병(알레르기성 비염·두드러기 또는 두 번째의 디프테리아 혈청 주사에 의해 일어나는 혈청병 따위).

알렉산드라이트 (alexandrite) 〖명〗〖광〗 금록옥(金綠玉)의 한 가지. 질은 초록을 나타내나 등불에 비추면 붉은 자주색으로 보임. 알렉산더 보석.

알렐루야 (라 alleluia) 〖명〗〖기〗 할렐루야.

알력 (軋轢) 〖명〗 수레바퀴가 삐걱거린다는 뜻으로, 의견이 서로 충돌이 됨. 불화(不和). □두 파벌 사이에 ~이 생기다 / 종파 간에 ~이 심하다.

알로기 〖명〗 알록알록한 무늬나 점. 또는 그러한 무늬나 점이 있는 짐승이나 물건. 웰얼루기.

알로-까다 〖자〗(얕잡아 일컫는 뜻으로) 몹시 약다. □산전수전 다 겪어 ~.

알로록-달로록 [-딸-] 〖부하형〗 짙은 여러 빛깔로 된 점이나 줄이 불규칙하게 성기게 무늬를 이룬 모양. 웰얼루룩덜루룩.

알로록-알로록 〖부하형〗 짙은 여러 빛깔로 된 점이나 줄이 고르게 무늬를 이룬 모양. 웰얼루룩얼루룩.

알로롱-달로롱 〖부하형〗 여러 빛깔로 된 점이나 줄이 고르게 대칭 이룬 무늬가 배고 성긴 모양. 웰얼루룽덜루룽.

알로롱-알로롱 〖부하형〗 여러 빛깔로 된 점이나 줄이 고르게 이룬 무늬가 배고 성긴 모양. 웰얼루룽얼루룽.

알로에 (라 aloe) 〖명〗〖식〗 백합과 알로에속(屬)의 식물들의 총칭. 줄기가 서는 종류와 서지 않는 종류가 있음. 잎은 칼 모양으로 길고 두터우며, 가에는 가시가 있음. 붉은색·주황색 따위의 꽃은 대롱 모양으로 줄기 끝에 핌. 열대식물로서, 약용·관상용으로 재배하는데, 약 600여 종이 알려져 있음. 남아프리카가 원산지임. 알로. 노회(蘆薈).

알로타바 (이 all'ottava) 〖명〗〖악〗 '한 옥타브 높게 또는 낮게'의 뜻.

알로하 (aloha) 〖명〗 '알로하셔츠'의 준말.

알로하-셔츠 (aloha shirts) 〖명〗 화려한 무늬의 여름용 반소매 셔츠(주로 바지 위로 늘어뜨려 입음). 웰

알로하 오에 (Aloha oe) '안녕하라 그대여'의 뜻으로, 먼 길을 떠나는 애인에게 이별을 노래하는, 하와이의 민요.

알록-달록 [-딸-] 〖부하형〗 여러 빛깔의 점이나 줄이 고르지 않게 이룬 무늬가 밴 모양. □~한 꽃무늬. 웰얼룩덜룩.

알록-알록 〖부하형〗 여러 가지 밝은 빛깔로 된 점이나 줄이 이룬 무늬가 고르게 밴 모양.

얼룩얼룩.

알록-점 (-點)[-쩜] 圐 물건에 알록알록 박힌 잘고 많은 점. 준얼룩점.

알록-지다 [-찌-] 困 알록알록하게 되다. ▯ 알록진 무늬가 눈부시다.

알롱[1] 圐《역》 지방 관아의 전령(傳令)을 맡던, 평생을 총각으로 지내는 사람.

알롱[2] 圐 '알롱이'의 준말. 준얼롱.

알롱-달롱 閉혱 여러 가지 빛깔로 된 점이나 줄이 이룬 불규칙한 무늬가 매우 밴 모양. 큰얼룽덜룽.

알롱-알롱 閉혱 여러 가지 빛깔로 된 점이나 줄이 고르게 무늬져 있는 모양.

알롱-이 알롱알롱한 점이나 무늬. 또는 그러한 점이나 무늬가 있는 사물이나 짐승. 준얼룽이. 粂알롱.

알롱-지다 困 알롱알롱한 점이나 무늬가 생기다. 冃혱 알롱알롱한 점이나 무늬가 있다. 준얼롱지다.

알루마이트 (alumite) 圐《화》 알루미늄의 표면을 산화알루미늄의 막을 입혀서 마모되거나 부식하기 쉬운 결점을 보충한 것의 상표명. 주방용품 따위를 만듦.

알루멜 (alumel) 圐《화》 니켈을 주성분으로 한 합금으로, 금속 전기 저항 재료의 하나.

알루미나 (alumina) 圐《화》 '산화알루미늄'의 속칭.

알루미나 사기 (alumina沙器) 산화알루미늄을 1,600℃ 이상의 높은 열로 가열하여 만든 사기그릇《화학용 기구로 씀》. 알루미나 자기(瓷器).

알루미나 시멘트 (alumina cement) 산화알루미늄이 30~40% 함유된 고급 시멘트. 단시간에 굳어지고 바닷물에도 비교적 강함. 반토(礬土) 시멘트.

알루미늄 (aluminium) 圐《화》 은백색의 가볍고 연한 금속 원소. 상온에서는 산화하지 않음. 인체에 해가 없으므로 건축·화학·가정용 제품 따위에 널리 씀. [13번: Al: 26.98]

알루미늄 경합금 (aluminium輕合金) [-끔] 《화》 알루미늄을 주성분으로 하여 구리·마그네슘·니켈·망간·규소·아연 등을 가하여 만든 경합금《가볍고 공작이 용이함》.

알루미늄-박 (aluminium箔) 圐《화》 알루미늄을 종이처럼 얇게 늘인 판(板). 담배·식품·약의 방습(防濕) 포장, 축전기 따위에 씀《은박지 따위로 불림》. 알루미늄 포일.

알루미늄 새시 (aluminium sash) 알루미늄으로 만든 창틀. 스틸 새시에 비해 가볍고 녹슬지 않는 것이 장점임.

알루미늄 청동 (aluminium靑銅) 구리를 주성분으로 하여 7~10%의 알루미늄을 섞어 만든 합금《내식성(耐蝕性)이 있고 단련·압연(壓延) 등의 가공이 용이하여 여러 가지 기계·기구의 재료가 됨》.

알루미늄 포일 (aluminium foil) 《화》 알루미늄박.

알류 (斡流) 圐困困 물이 돌아 흐름. 또는 그렇게 흐르는 물.

알륵 ☞ 알력(軋轢).

알른-거리다 困 1 무엇이 조금씩 자꾸 보이다 말다 하다. ▯나뭇가지 사이로 옷자락이 ~. 2 무늬나 선 따위에 알록진 그림자가 물결 지어 자꾸 움직이다. 3 물이나 거울 따위에 비치는 그림자가 자꾸 흔들리다. 큰얼른거리다. 예아른거리다. **알른-알른** 閉혱

알른-대다 困 알른거리다.

알리다 困 1 《'알다'의 사동》 알게 하다. 통지하다. 고향 소식을 ~. 2 어떤 사실을 소개하여 알게 하다. ▯마감 시간을 / 개업을 알리는 전단을 뿌리다. 3 어떤 사실을 나타내거나 표시하다. ▯출발을 ~ / 정오를 ~ / 쉬는 시간을 알리는 종이 울린다.

알리바이 (alibi) 圐《법》 범죄 사건이 일어난 때, 그 현장에 있지 않았다는 증명. 부재 증명. 현장 부재 증명. ▯~가 성립되다.

알리자린 (alizarine) 圐《화》 고대부터 알려진 미려한 붉은 색소. 예전에는 주로 꼭두서니의 뿌리에서 얻었으나, 오늘날에는 안트라센을 합성하여 제조함《물감으로 씀》.

알림-판 (-板) 圐 여러 사람에게 알리는 내용을 적은 판. 또는 그것을 붙이기 위한 판. 게시판.

알-맞다 [-맏따] 혱 일정한 기준·조건·정도 따위에 넘치거나 모자라지 아니하다. 적당하다. ▯내게 알맞은 상대 / 알맞게 준비하다 / 시기가 ~. 粂얼맞다.

알-맞추 [-맏-] 閉 알맞게. ▯~ 오다 / 김치가 ~ 익었다.

알매 (건) 기와를 이을 때, 산자(橵子) 위에 까는 흙.

알매 (軋昧) 圐혱困 일에 어두움. 암매(暗昧).

알맹이 圐 1 물건의 껍데기나 껍질을 벗기고 남은 속. ▯땅콩 ~ / 굵은 ~ / ~를 쏙 빼먹다. 2 사물의 중심이 되는 부분. 사물의 요점. 핵심(核心). 핵자(核子). ▯~ 있는 내용.

알-몸 圐 1 아무것도 입지 않은 몸. 나체. ▯~ 사진. 2 재산이 전혀 없는 사람의 비유. ▯~으로 시작한 사업.

알-몸뚱이 圐 〈속〉 알몸.

알묘 (揠苗) 圐혱困 싹을 뽑아 올린다는 뜻으로, 급하게 이익을 보려다가 도리어 해를 당하는 경우를 이르는 말.

알묘 (謁廟) 圐혱困 사당에 참례함.

알미늄 圐 ☞ 알루미늄.

알밋-알밋 [-미달밑] 閉혱困 1 아름거리며 미적미적하는 모양. 2 자기의 허물을 남에게 넘기려고 하는 모양. 큰얼밋얼밋.

알-바가지 圐 작은 바가지.

알-바늘 圐 실을 꿰지 않은 바늘.

알-받이 [-바지] 圐혱困 기르기 위하여 새나 물고기, 벌레 따위의 알을 받는 일. 또는 그일에 쓰는 물건.

알-밤 圐 1 익은 밤송이에서 빼내거나 떨어진 밤. ▯~ 줍기 대회를 열다. ↔송이밤. *아람. 2 주먹으로 머리를 쥐어박는 일. ▯~을 한 대 먹이다.

알-방구리 圐 주로 물을 긷거나 술을 담는 작은 질그릇.

알-배기 圐 1 알이 들어 통통한 생선. ▯~ 조기. 2 겉보다 속이 알찬 상태.

알-배다 困 1 새나 물고기가 배 속에 알을 지니다. ▯알밴 생선. 2 곡식의 알이 들다. ▯벼가 ~. 3 근육이 단단하게 뭉치다. ▯운동으로 생긴 다리.

알-버섯 [-섣] 圐《식》 송로(松露)2.

알-부랑자 (-浮浪者) 圐 아주 못된 부랑자.

알부민 (독 Albumin) 圐《화》 단순 단백질의 한 종류. 생물체 중에 널리 분포하며, 보통 글로불린과 공존함. 특히 혈청·달걀 흰자위·젖·콩 등에 많이 들어 있음. 열에 응고됨.

알-부자 (-富者) 圐 실속이 있는 부자.

알-부피 명 1 물건 그 자체의 부피. 2 실제의 평수. 실적.

알-불 명 재 속에 묻히거나 화로에 담기지 않은 불덩이.

알-붙이기 [-부치-] 명 참나무누에를 깨우는 방법의 하나. 주머니에 든 알을 떼어 종이에 옮겨서 나무 마디에 붙여서 깨움.

알-뿌리 (-) 명 〖植〗 둥근 덩어리처럼 된 뿌리나 땅속줄기의 통칭(달리아의 덩이뿌리, 백합의 비늘줄기, 글라디올러스의 알줄기 따위). 구근(球根).

알-사탕 (-砂糖) 명 알 모양의 잘고 동그란 사탕. 눈깔사탕.

알-살 명 알몸의 살.

알선 (斡旋) [-썬] 명하타 남의 일이 잘 되도록 마련하여 줌. 주선(周旋). 예 취직을 ~하다 / 선배의 ~으로 일자리를 구하다.

알-섬 명 1 사람이 살지 않는 작은 섬. 2 바닷새들이 모여서 알을 낳는 섬.

알성 (謁聖) [-썽] 명하타 임금이 성균관 문묘(文廟)의 공자 신위에 참배하던 일.

알성-과 (謁聖科) [-썽-] 명 〖歷〗 알성시.

알성 급제 (謁聖及第) [-썽-쩨] 〖歷〗 조선 때, 알성시에 합격하던 일.

알성 무:과 (謁聖武科) [-썽-] 〖歷〗 조선 때, 왕이 성균관에 알성한 후에 보이던 무과.

알성 문과 (謁聖文科) [-썽-] 〖歷〗 조선 때, 왕이 성균관에 알성한 후에 보이던 문과.

알성-시 (謁聖試) [-썽-] 명 〖歷〗 조선 때, 임금이 알성하고 나서 보이던 과거(일정한 때가 없이 보였음). 알성과.

알성 장:원 (謁聖壯元) [-썽-] 〖歷〗 조선 때, 알성 문과의 갑과(甲科) 세 사람 중에 뽑혀 급제하던 일.

알 세뇨 (이 al segno) 〖樂〗 '기호가 있는 곳까지'의 뜻.

알-세포 (-細胞) 명 〖生〗 난세포.

알소 (訐訴) [-쏘] 명하타 남을 헐뜯기 위해 사실을 날조하여 윗사람에게 고해 바침.

알-속 [-쏙] 명 1 비밀히 알린 내용. 2 알맹이. 핵심의 하나. 3 겉으로 보기보다 충실한 실속. 4 수량·부피·무게 등의 헛것을 뺀 실속. ──하다 [-쏘카] 타타 비밀히 내용을 알리다.

알-송편 (-松-) 명 번철에 달걀 한 개를 부쳐 한옆이 익은 뒤에 다른 옆을 맞붙여 반달처럼 만든 음식. 계란송병.

알-슬기 명짜타 배란(排卵).

알-심 [-씸] 명 1 은근히 동정하는 마음. 2 보기보다 야무진 힘.

알싸-하다 형여 매운맛이나 독한 냄새 등으로 혀끝이나 콧속이 알알하다. 예 고추가 매워 입 안이 ~.

알-쌈 명 달걀 갠 것을 엷게 펴서 익힌 다음 잘게 썬 고기를 넣고 싸서 반달처럼 만든 음식. 계란포(鷄卵包).

알쏭-달쏭 부하형 1 여러 가지 빛깔로 된 줄이나 점이 고르지 않게 뒤섞여 무늬를 이룬 모양. 예 ~한 천. 흰 얼쑹덜쑹. 2 생각이 자꾸 헷갈리어 분간할 수 있을 듯하면서도 얼른 분간이 안 되는 모양. 예 ~하고 생각이 안 난다.

알쏭-알쏭 부하형 1 여러 가지 빛깔로 된 줄이나 점이 고르게 뒤섞여 무늬를 이룬 모양. 흰 얼쑹얼쑹. 2 생각이 자꾸 헷갈려 알 듯하면서도 알아지지 않는 모양. 예 누군지 ~한데.

알쏭-하다 형여 '아리송하다'의 준말. 흰 얼쑹하다.

알씬 부 작은 것이 눈앞에 얼른 나타났다 없어지는 모양. 흰 얼씬.

알씬-거리다 짜 1 눈앞에서 떠나지 않고 자꾸 뱅뱅 돌다. 예 귀찮게 앞에서 알씬거린다. 2 알씬거리다. 흰 얼씬거리다. 알씬-알씬 부하자

알씬-대다 짜 알씬거리다.

알아-내다 타 1 모르던 것을 새로 깨닫다. 예 이름을 ~. 2 찾거나 연구하여 내다. 예 행방을 ~.

알아-듣다 [-따] [-들어, -들으니, -듣는] 타 ㄷ 1 남의 말을 듣고 뜻을 알다. 2 소리를 분간하여 듣다. 예 아내의 발자국 소리를 ~.

알아-맞추다 타 ☞ 알아맞히다.

알아-맞히다 [-마치-] 타 계산이나 추측을 사실과 맞게 하다. 예 답을 ~ / 생각을 ~.

알아-먹다 [-따] 타 알아듣다. 예 알아맞히 내 말을 알아먹겠소.

알아-방이다 타 무슨 일의 낌새를 알고 미리 대처하다.

알아-보다 타 1 조사하거나 살펴보다. 예 사실 여부를 ~. 2 다시 볼 때에 잊지 않고 기억해 내다. 예 개가 주인을 ~. 3 눈으로 보고 분간하다. 예 어두워서 누구인지 알아볼 수 없었다. 4 능력이나 가치 따위를 밝히어 알다. 예 사람됨을 ~.

알아-주다 타 1 남의 장점을 인정하거나 좋게 평가하여 주다. 예 업계에서 알아주는 사람. 2 남의 사정을 이해하여 주다. 예 슬픔을 ~ / 주머니 사정을 ~. ↔몰라주다.

알아-차리다 타 1 미리 정신을 차려 주의하거나 깨닫다. 2 속셈을 ~. 2 알아채다.

알아-채다 타 낌새를 미리 알다. 예 그가 떠날 것이라는 걸 나는 단번에 알아챘다.

알알 명 하나하나의 알. 예 포도가 ~마다 탐스럽게 익었다.

알알-이 부 알마다. 한 알 한 알마다. 예 ~ 잘 여문 벼. ☞ 흩어지다.

알알-하다 형여 1 맛이 맵거나 독하여 혀끝이 매우 아리다. 예 겨자를 너무 쳤더니 혀끝이 ~. 2 상처 따위가 매우 아리다. 3 술에 취하여 정신이 약간 아리송하다. 예 술기운이 ~. 흰 얼얼하다.

알-약 (-藥) [-략] 명 작고 둥글게 만든 약. 환약(丸藥). *가루약·물약.

알외다 타 〈옛〉 아뢰다. 고하다.

알-요강 [료-] 명 어린아이용의 작은 요강.

알은-척 명하타 알은체.

알은-체 명하타 1 남의 일에 대하여 관계하는 태도를 보임. 2 남을 보고 인사하는 듯한 표정을 지음. 알은척.

알음 명 1 사람끼리 서로 아는 일. 예 그와는 이미 ~이 있는 사이다. 2 지식·지혜가 있음. 3 신의 보호나 보호하여 주신 보람. ──하다 짜여 어떤 일을 알아보거나 맡아보다.

알음-알음 명 1 서로 아는 관계. 예 ~으로 취직하다. 2 서로의 친분. 예 전부터 ~이 있었다. ──하다 짜여 알 듯 알 듯 하다.

알음-알이 명 1 꾀바른 수단. 2 서로 가까이 아는 사람.

알음-장 [-짱] 명하타 눈치로 넌지시 알려 줌.

알자 (謁者) [-짜] 명 1 알현을 청하는 사람. 2 손님을 주인에게 안내하는 사람.

알-자리 [-짜-] 명 날짐승의 어미가 알을 낳거나 품고 있는 자리. 난좌(卵座).

알-장 (-欌) [-짱] 명 귀중품이나 옷 따위를 넣는, 머릿장 중에 가장 작은 장.

알-전구 (-電球) 명 갓 따위의 가리개가 없는

전구. 또는 전선 끝에 달려 있는 맨 전구. 알
전등(電燈).

알-젓 [-젇] 圐 **1** 생선 등의 알로 담근 것. 난해
(卵醢). **2** (속) 버선이나 양말의 해진 구멍으
로 내민 발가락.

알젓-찌개 [-젇-] 圐 알젓 국물에 고기·두부·
파 등을 썰어 넣고 끓인 찌개.

알정 (遏情)[-쩡] 圐 맺은 정분을 끊음.

알-제기다 困 눈동자에 흰 점이 생기다. ⑧제
기다.

알:-조 [-쪼] 圐 알 만한 일. 알패. 囗그 정도
면 ~다.

알-족 (空足)[-쪽] 圐困困 『공』 도자기의 굽 속
을 파내는 일.

알-종아리 圐 가린 것 없이 맨살을 드러낸 종
아리.

알-주머니 [-쭈-] 圐 동물의 알을 감싸고 있는
얇은 껍질. 상어·개구리·까마귀·거미 따위의
알에서 볼 수 있음.

알-줄 圐 나선(裸線).

알-줄기 圐 『식』 땅속줄기의 하나. 녹말 따위
의 양분을 많이 저장하여 알처럼 둥글게 된
것(토란·글라디올러스 등). 구경(球莖).

알지-게 圐 『충』 물자라.

알-지단 圐 지단을 달걀로 부쳐 만든 것이라
하여 그것을 똑똑히 일컫는 말.

알-집 [-찝] 圐 『생』 난소(卵巢).

알짜 圐 **1** 여럿 중에서 가장 중요하거나 훌륭
한 물건. 알짬. 囗~만 고르다. **2** 실속이 있
거나 표본이 되는 것. 囗~ 부자 / ~ 돈벌이
가 되다.

알짜-배기 圐 (속) 알짜.

알짝지근-하다 [-찌-] 혱 **1** 살이 알알하게
아프다. **2** 술이 알맞게 도는 듯하다. **3** 음식
맛이 조금 맵다. **4** 살붙이의 관계나 알음알음
이 있어 좀 인연이 있는 듯하다. ⑧얼쩍지근
하다. ⑧알찌근하다.

알짬 圐 여럿 가운데서 핵심이 될 만한 가장
요긴한 내용. 알짜 1.

알짱-거리다 困 **1** 알랑거리며 남을 속이다. **2**
하는 일 없이 자꾸 돌아다니다. ⑧얼쩡거리
다. **알짱-알짱** 튀困困

알짱-대다 困 알짱거리다.

알쫑-거리다 困 그럴듯한 말로 자꾸 아첨하
다. ⑧얼쭝거리다. **알쫑-알쫑** 튀困困

알쫑-대다 困 알쫑거리다.

알-찌개 圐 달걀이나 생선 알 따위에 여러 가
지 양념을 넣고 간을 맞추어 끓인 찌개.

알찌근-하다 혱 '알짝지근하다'의 준말.

알찐-거리다 困 바싹 붙어서 자꾸 아첨하는
태도를 보이다. 囗환심을 사려고 ~. ⑧얼찐
거리다. **알찐-알찐** 튀困困

알찐-대다 困 알찐거리다.

알-차다 혱 속이 꽉 차 충실하다. 실속이 있
다. 囗알찬 사람 / 휴가를 알차게 보내다.

알-천 圐 **1** 재물 가운데 가장 값나가는 물건. **2**
음식 가운데 가장 맛있는 음식.

알-추녀 圐 『건』 추녀 밑에 덧받침으로 대는
짧은 추녀.

알츠하이머-병 (Alzheimer病) 圐 『의』 노인성
치매의 하나. 원인은 분명치 않으며, 뇌가 위
축되어 기억력과 방향 감각이 현저히 감퇴함.

알-치 圐 알을 밴 뱅어.

알칸 (alkane) 圐 『화』 탄소 원자 사이가 단일
결합으로 되어 있는 일반식 C_nH_{2n+2}로 표시되
는 포화 탄화수소의 총칭. 메탄계 탄화수소.
＊알켄·알킨.

알칼로시스 (alkalosis) 圐 『의』 알칼리 중독.

알칼로이드 (alkaloid) 圐 『화』 식물체 속에 들
어 있는, 질소를 함유한 알칼리성 유기물. 모
르핀·니코틴·코카인·키니네·카페인 등의 총
칭(보통 고체이고, 일반적으로 독성이 있으
며 특수한 약리 작용을 함).

알칼로이드-음료 (alkaloid飲料)[-뇨] 圐 알칼
로이드 성분을 포함하는 음료의 총칭. 차·커
피·코코아 따위.

알칼리 (alkali) 圐 『화』 물에 녹는 염기(鹽基)
의 총칭(주로 알칼리 금속·알칼리 토금속의
수산화물. 그 수용액은 알칼리성 반응을 나
타내며, 붉은 리트머스 종이를 푸른색으로
변화시킴).

알칼리 금속 (alkali金屬) 『화』 리튬·나트륨·
칼륨·루비듐·세슘·프랑슘의 6 원소의 총칭
(모두 백색의 부드럽고 가벼운 금속으로, 화학
적 성질이 활발하여서 여러 원소와 잘 화합함).

알칼리 섬유소 (alkali纖維素) 『화』 알칼리 셀
룰로스.

알칼리-성 (alkali性) 圐 『화』 알칼리와 같은 염
기성을 가지는 성질. 곧, 붉은 리트머스 종이
를 푸른 색으로 변하게 하고, 산과 중화하여
염(鹽)을 나타내는 성질. ＊산성 식품.

알칼리성 반응 (alkali性反應) 『화』 적색 리
트머스 용액이나 리트머스 시험지를 푸른 색
으로 변화시키는 반응. 염기성 반응.

알칼리성 식품 (alkali性食品) 『화』 나트륨·칼
슘 따위의 알칼리성 물질을 많이 함유하고 있
는 식품(야채·과일·우유 등). ↔산성 식품.

알칼리성 토양 (alkali性土壤) 염류(鹽類)를 다
량 포함하여 알칼리성 반응을 나타내는 토
양. 강우량이 적고 증발량이 많은 몽골이나
아프리카 따위의 건조 지방에 발달되어 있
음. 대부분의 식물은 생육하지 못함. 알칼리
토양.

알칼리 셀룰로오스 (alkali cellulose) 『화』 셀
룰로스와 수산화나트륨 용액으로 처리해서
얻어지는 알칼리와의 결합물. 비스코스 레이
온·에틸셀룰로스 등의 원료로 씀. 알칼리
섬유소.

알칼리 식물 (alkali植物)[-싱-] 『식』 알칼리
토양에서 생육하는, 내염기성(耐鹽基性)이
강한 식품(시금치·콩류 따위). ↔산성 식물.

알칼리 중독 (alkali中毒) 『의』 산과 알칼리의
균형이 깨어져서 혈액 반응이 알칼리성으로 기울
어지기 때문에 일어나는 증상. 알칼로시스.
알칼리 혈증(血症).

알칼리 토금속 (alkali土金屬) 『화』 칼슘·스트
론튬·바륨·라듐의 총칭(모두가 광택 있는 백
색의 경금속으로, 그 수산화물은 알칼리성
임). 알칼리 토류(土類) 금속.

알켄 (alkene) 圐 『화』 탄소 원자 사이가 이중
결합으로 되어 있는 일반식 C_nH_{2n}의 사슬 모
양의 불포화(不飽和) 탄화수소(에틸렌·프로
필렌·부틸렌 등이 있음). 에틸렌계 탄화수
소. ＊알칸·알킨.

알코올 (alcohol) 圐 『화』 **1** 탄화수소의 수소 원
자를 히드록시기로 치환한 형태의 화합물의
총칭[메틸알코올·에틸알코올·글리세롤 따
위). **2** 주정(酒精). **3** 술의 대명사로 쓰이는
말. 囗~에 중독되다. **4** 소독약의 하나.

알코올-램프 (alcohol lamp) 圐 알코올을 연료
로 하여 물건을 가열하는 데 쓰는 램프.

알코올 발효 (alcohol醱酵) 『화』 어떤 종류의
효모(酵母)가, 산소가 없는 상태에서 당(糖)
을 분해하여 알코올과 이산화탄소를 형성하

는 현상. 주정 발효.

알코올-버너 (alcohol burner)〖명〗알코올을 연료로 하는 휴대용 가열 기구.

알코올-성 (alcohol性)〖명〗〖화〗알코올이 들어 있는 성질.

알코올 온도계 (alcohol溫度計)[-/-게]〖물〗알코올의 열에 의한 팽창을 이용한 온도계《저온을 정확하게 재는 데 적당함》.

알코올-음료 (alcohol飲料)[-뇨]〖명〗맥주·포도주·위스키 따위의 알코올이 들어 있는 음료의 총칭《제조 방법에 따라 양조주(釀造酒)·증류주(蒸溜酒) 및 혼성주(混成酒)의 세 종류로 나눔》.

알코올 의존자 (alcohol依存者) 술을 장기간에 걸쳐 습관적으로 마시는 동안 끊을 수 없게 된 사람《'알코올 중독자'의 고친 이름임》.

알코올 의존증 (alcohol依存症)[-증]〖의〗술을 많이 마셔서 생기는 중독 증세《세계 보건 기구의 제의에 따라 '알코올 중독'을 고친 이름임》.

알코올 중독 (alcohol中毒)〖의〗'알코올 의존증'의 구칭.

알코올 중독자 (alcohol中毒者)〖의〗'알코올 의존자'의 구칭.

알큰-하다〖형〗**1** 몹시 매워서 입 안이 얼얼한 느낌이 있다. **2** 술이 매우 거나하여 정신이 어릿하다. □알큰하게 취하다. ⓓ얼큰하다. ⓐ알근하다. **알큰-히**〖부〗

알킨 (alkyne)〖화〗분자 내에 탄소의 3중 결합을 1개 가진 일반식 C_nH_{2n-2}의 사슬 모양 불포화(不飽和) 탄화수소의 총칭. 아세틸렌계 탄화수소. ☞알칸·알켄.

알킬-기 (alkyl基)〖화〗알칸에서 수소 원자한 개를 뺀 나머지 원자단의 총칭. 곧, C_nH_{2n+1}의 일반식을 가지는 일가(一價)의 기《메틸기·에틸기 따위》.

알타리-무〖명〗☞총각무.

알타이 어:족 (Altai語族) 튀르크 어족·몽골 어족·퉁구스 어족을 포함하는 어군(語群)의 총칭《두음 법칙·모음 조화·교착어적 구조 등이 특징임. 한국어와 일본어도 이에 속함》.

알-탄 (-炭)〖명〗알과 같이 둥글게 만든 석탄.

알-탄 (-彈)〖명〗탄알.

알토 (이 alto)〖명〗〖악〗**1** 여성의 가장 낮은 음역. 또는 그 목소리를 가진 가수. **2** 클라리넷·플루트 등의 관악기에서, 높은 쪽에서부터 세 번째와 네 번째의 음역을 담당하는 악기. ＊소프라노.

알-토란 (-土卵)〖명〗너저분한 털을 다듬어 깨끗하게 만든 토란.
알토란 같다〖관〗㉠속이 차서 단단하다. □알토란 같은 사위 / 알토란 같은 살림. ㉡살림이 오붓하여 아무것도 아쉬운 것이 없다.

알토 호른 (alto horn)〖악〗알토의 음역을 가진 금관 악기.

알-톡토기〖충〗알톡토깃과의 곤충. 몸길이 1.5mm가량, 몸은 둥긂. 촉각에서 다리까지 암자색에 등황색의 크고 작은 점이 있음. 채소의 해충임.

알-통〖명〗인체에서 근육이 불룩 튀어나온 부분. □팔에 ～이 튀어나오다.

알파 (ⁿ A, α)〖명〗**1** 그리스 자모의 첫 자. **2** 어떤 미지수. □기본급 플러스 ～.
알파와 오메가〖관〗㉠처음과 마지막. 시작과 종결. ㉡전부. 총체. ㉢〖기·가〗영원한 존재자인 그리스도.

알파벳 (alphabet)〖명〗구미(歐美) 언어의 표기에 쓰는 문자의 총칭《일반적으로 로마자를 말함》.

알파벳-순 (alphabet順)〖명〗로마자의 ABC 차례.

알파 붕괴 (α崩壞)〖물〗방사성 원자핵이 알파 입자를 내며 붕괴하는 현상. 이에 의해 원자 번호가 2, 질량수가 4 적은 원소로 변함.

알파-선 (α線)〖명〗〖물〗방사선의 하나. 알파 붕괴 때 방사되는 알파 입자(粒子)의 흐름. 그 본체는 헬륨 원자핵임.

알파-성 (α星)〖천〗각 별자리 중 가장 뚜렷한 별. 수성(首星).

알파인 종:목 (Alpine種目) 스키 경기에서, 활강·회전·대회전의 총칭《급경사의 산에서 활강하는 역동적(力動的)인 경기로, 동계 올림픽 종목임》. ＊노르딕 종목.

알파 입자(α粒子)〖물〗알파 붕괴 때 나오는 헬륨 원자핵. 두 개의 양성자와 두 개의 중성자가 결합해서 이루어짐.

알파카 (alpaca)〖명〗**1**〖동〗낙타과의 짐승. 남아메리카의 페루, 안데스 산맥의 고지에 사는, 야마의 변종. 몸길이는 2 m 정도이고 꼬리 깊. 털은 외투·융복의 안감 또는 모포·솔 등에 씀. **2** 알파카의 털로 만든 실. 또는 그것으로 짠 광택 있고 탄력성 있는 직물《여름 옷감이나 안감으로 씀》.

알파화-미 (α化米)〖명〗쪄서 수분이 8 % 이하가 되도록 열풍(熱風)으로 건조한 쌀. 밥 짓는 시간을 단축할 수 있음.

알-판〖명〗〖광〗방아확 밑바닥에 깔아서 방아촉과 맞부딪치게 하는 둥글넓적한 무쇠 덩이《광산에서 광석을 부수는 데 씀》.

알-팔 (-八)〖명〗골패·투전 따위에서, 하나와 여덟을 잡은 곳수.

알펜 (독 Alpen)〖명〗알파인 종목.

알펜 경:기 (Alpen競技) 알파인 종목.

알펜슈토크 (독 Alpenstock)〖명〗갈고리가 달린 등산용 지팡이.

알펜호른 (독 Alpenhorn)〖명〗〖악〗알프스 지방에 전해지는 원시적인 호른. 나무 또는 가죽으로 만들며, 길이는 1~3 m 정도임.

알 피네 (이 al fine)〖악〗'끝까지'의 뜻.

알피니스트 (alpinist)〖명〗등산가.

알푸다〖형〗〖옛〗아프다.

알-합 (-盒)〖명〗아주 작은 합. 난합(卵盒).

알-항아리 (-缸)〖명〗아주 작은 항아리.

알현 (謁見)〖명〗〖하〗자타〗지체 높은 이를 찾아뵘. □왕을 ～하려 입궐하다.

알형 (軋刑)〖명〗수레바퀴 밑에 깔아 뼈를 부수어 죽이던 고대 형벌.

앍다 [악따]〖자〗**1** 얼굴에 마맛자국이 나다. **2** 물건의 표면에 흠이 나다. ⓐ얽다.

앍둑-빼기 [악뚝-]〖명〗얼굴이 보기 흉하게 앍둑앍둑 앍은 사람의 별명. ⓐ얽둑빼기.

앍둑-앍둑 [악뚜각뚝]〖부〗〖하〗얼굴에 잘고 깊게 앍은 자국이 성기게 난 모양. ⓐ얽둑얽둑.

앍박-앍박 [악빠각빡]〖부〗〖하〗얼굴에 잘고 깊게 앍은 자국이 촘촘이 난 모양. ⓐ얽벅얽벅.

앍작-빼기 [악짝-]〖명〗얼굴이 보기 흉하게 앍작앍작 앍은 사람의 별명. ⓐ얽적빼기.

앍작-앍작 [악짜각짝]〖부〗〖하〗얼굴에 잘고 굵은 것이 섞여 얕게 앍은 자국이 촘촘이 난 모양. ⓐ얽적얽적.

앍족-빼기 [악쪽-]〖명〗얼굴이 과히 흉하지 않게 앍족앍족 앍은 사람의 별명. ⓐ얽죽빼기.

앍족-앍족 [악쪼각쪽]〖부〗〖하〗얼굴에 잘고 굵은 것이 섞여 곱게 앍은 자국이 많은 모양. ⓐ얽죽얽죽.

앎: [암] [명] 아는 일. 지식. ❑ ~은 힘이다.
앏 [명] 〈옛〉 **1** 앞. **2** 남쪽.
앏니 [명] 〈옛〉 앞니.
앒 [명] 〈옛〉 앞.
앓다 [알타] [타] **1** 병에 걸리어 고통을 겪다. ❑ 몸살을 ~ / 폐를 ~. **2** 마음에 근심이 있어 속을 태우다. ❑ 골머리를 ~ / 혼자서 끙끙 ~.
[앓느니 죽지] 성가신 일에 늘 시달리기보다는 차라리 잠시 큰 고통을 받고 마는 게 낫다. [앓던 이 빠진 것 같다] 늘 괴롭던 것이 없어져 시원하다.
앓는 소리 [구] 일부러 구실을 대며 걱정하는 모양의 비유.
앓아-눕다 [아라-따] [-누워, -누우니] [자] 앓아서 자리에 눕다. ❑ 몸살로 ~ / 열병으로 ~.
암¹ [명] 생물에서 새끼를 배거나 열매를 맺는 쪽의 성(性). ❑ ~과 수를 구별하다. ↔수¹.
암² [명] ☞ 암죽.
암 (庵) [명] '암자(庵子)'의 준말.
암: (癌) [명] **1** 〔의〕 세포에 발생하여 차차 다른 곳으로 번져 가는 악성 종양(腫瘍). 조직을 파괴하고 출혈을 초래하며 전신의 영양 장애를 일으킴. 암종. ❑ ~ 조직을 떼어 내는 수술을 받다. **2** 고치기 어려운 나쁜 폐단. ❑ 집단 이기주의는 민주 사회의 ~이다.
암:³ [감] '아무렴'의 준말. ❑ ~, 그렇고 말고.
암- [두] **1** 생물의 암컷을 나타내는 말. ❑ ~개미 / ~나비 / ~소 / ~컷. **2** 자성적(雌性的)·소극적 특성을 빌려, 비유적으로 쓰는 말. ❑ ~나사 / ~단추 / ~키와. ↔수-.
-암 (岩) [미] 암석의 뜻. ❑ 수성~ / 화강~.
-암 (庵) [미] 암자의 뜻. ❑ 연주~ / 석굴~.
암각-화 (岩刻畵) [-가콰] [명] 바위 표면에 새긴 그림.
암:-갈색 (暗褐色) [-쌕] [명] 짙은 갈색.
암거 (岩居) [명][하자] 속세를 떠나서 산야에 숨어 삶. 암처(岩處).
암:거 (暗渠) [명] 배수를 위해 땅속으로 낸 도랑. ❑ ~ 배수 시설. ↔개거·명거.
암:-거래 (暗去來) [명][하타] 법을 어기면서 몰래 물품을 사고파는 행위. ❑ 밀수품이 ~되다.
암-거미 [명] 거미의 암컷. ↔수거미.
암-게 [명] 게의 암컷. ↔수게.
암:계 (暗計) [-/-게] [명][하타] 몰래 일을 꾀함. 또는 그 일. 암모(暗謀).
암-고양이 [명] 고양이의 암컷. [준] 암괭이. ↔수고양이.
암-곰 [명] 곰의 암컷. ↔수곰.
암:관 (暗款) [명] 〔공〕 암화(暗花).
암괴 (岩塊) [명] 바위 덩어리.
암구다 [타] 교미를 붙이다. 흘레붙이다.
암-구렁이 [명] 구렁이의 암컷. ↔수구렁이.
암:-구호 (暗口號) [명] 〔군〕 야간에 아군 여부를 확인하기 위하여 정해 놓은 말《매일 바뀌며 모든 군이 같은 암구호를 씀》. 암호.
암:군 (暗君) [명] 혼군(昏君).
암굴 (岩窟) [명] 석굴(石窟).
암:굴 (暗窟) [명] 어두컴컴한 굴. 햇빛이 비치지 않는 동굴.
암-글 [명] **1** 배워 알기는 하나 실제로 쓸 줄 모르는 지식을 낮추어 일컫는 말. **2** 지난날, 한글을 여자의 글이라고 낮추어 일컫던 말. ↔수글.
암글다 [자] 〈옛〉 아물다.
암:-기 (-氣) [-끼] [명] 암상궂은 마음. 시기심.
암:기 (暗記) [명][하타] 외워 잊지 않음. ❑ ~ 과목에 매달리다 / 문장을 ~하다.
암:기-력 (暗記力) [명] 사물을 외는 힘. 기억하여 잊지 아니하는 힘. ❑ ~이 뛰어나다.
암-꽃 [-꼳] [명] 〔식〕 단성화(單性花)의 하나. 암술만이 있는 꽃. 자화(雌花). ↔수꽃.
암-꽃술 [-꼳쑬] [명] 〔식〕 암술. ↔수꽃술.
암-꽃이삭 [-꼰니-] [명] 〔식〕 암꽃이 피는 꽃이삭. 자화수(雌花穗). ↔수꽃이삭.
암-꿩 [명] 꿩의 암컷. 까투리. ↔수꿩.
암-나무 [명] 〔식〕 암수딴그루로 된 나무에서 열매를 맺을 수 있는 나무. ↔수나무.
암-나비 [명] 나비의 암컷. ↔수나비.
암-나사 (-螺絲) [명] 수나사를 끼울 수 있도록 구멍 안에 나선형 고랑이 나 있는 나사. ↔수나사.
암-내¹ [명] 발정기에 암컷 몸에서 나는 냄새. ❑ ~를 풍기다 / ~를 내는 암캐.
암:-내² [명] 체질적으로 겨드랑이에서 나는 고약한 냄새. 액기(腋氣). ❑ ~가 나다.
암냥 [명][하타] '압령(押領)'의 변한말.
암-노루 [명] 노루의 암컷. 느렁이. ↔수노루.
암:-녹색 (暗綠色) [-쌕] [명] 어두운 녹색.
암-놈 [명] 짐승의 암컷. ↔수놈.
암-눈비앗 [-앋] [명] 〔식〕 익모초(益母草)1.
암니-옴니 [부] 속속들이 캐어묻는 모양.
암-단추 [명] 수단추가 들어가 걸리는 단추. ↔수단추.
암:-달러 (暗dollar) [명] 암시장에서 몰래 거래되는 달러 화폐.
암:담-하다 (暗澹-) [형][여] **1** 어두컴컴하고 쓸쓸하다. **2** 희망이 없고 막연하다. ❑ 암담한 심정 / 먹고살 길이 ~.
암:독 (暗毒) [명][하형] 성질이 암상스럽고 독살스러움.
암-동모 [명] 〔민〕 남사당패에서, 아내 노릇을 하는 광대《신출내기인 삐리가 맡음》.
암-되다 [-뙤-] [형] 남자의 기질이 여성적이고 소극적이다. ❑ 암된 사내.
암:둔 (闇鈍) [명][하형] 어리석고 우둔함.
암디새 [명] 〈옛〉 암키와.
암:-띠다 [형] **1** 비밀스러운 것을 좋아하는 성질이 있다. **2** 수줍음을 잘 타는 성질이 있다.
암:련 (諳鍊) [-년] [명][하형] 일체의 사물과 이치에 정통함.
암:루 (暗淚) [-누] [명] 소리 없이 흘리는 눈물.
암류 (岩流) [-뉴] [명] 〔지〕 풍화 작용, 특히 서리의 작용으로 생긴 바위 부스러기의 층이 경사진 면을 서서히 이동하는 현상.
암:류 (暗流) [-뉴] [명] **1** 겉으로 나타나지 않는 물의 흐름. 물 바닥의 흐름. **2** 겉으로 드러나지 아니하는 불온한 움직임.
암:류 (暗留) [-뉴] [명][하타] 조선 후기에, 환곡(還穀)을 대부하지 않고 창고에 쌓아 두었다가 값이 오르면 팔고 내리면 사들여 사리(私利)를 꾀하던 일.
암:륜-선 (暗輪船) [-뉸-] [명] 외륜선(外輪船)에 대하여, 추진기가 물속에 잠겨 수면에 나타나지 아니하는 기선.
암-막새 [-쌔] [명] 〔건〕 '내림새'를 암키와로 된 막새라는 뜻으로 일컫는 말. ↔수막새.
암:만¹ [명] 밝혀 말할 필요가 없는 값이나 수량 등을 일컫는 말. ❑ ~을 주고 샀으면 어때.
암만² [부] 아무리. ❑ ~ 생각해도 모르겠다.
암:만-암만 [명] 밝혀 말할 필요가 없는 값·수량 등이 두 자리 이상의 단위로 얘기될 때 일컫는 말. ❑ 논값은 ~이다.
암만-하다 [자][여] (주로 '암만해도'의 꼴로 쓰여) **1** 이러저러하게 애를 쓰거나 노력을 들이

다. ▣암만해도 모를 일이다. **2** 이리저리 생
각해 보다. ▣암만해도 내가 나서야겠다.
암-말 똥 '아무 말'의 준말. ▣~ 말아 줘.
암-말² 똥 말의 암컷. ↔수말.
암매 (岩梅)똥〖식〗돌매화나뭇과의 작은 낙엽
활엽 관목. 산허리에 남. 여름에 흰 꽃이 피
고 삭과는 가을에 검게 익음. 관상용.
암매 (暗昧)똥하형 알매(昧昧).
암:매 (暗昧・闇昧)똥하형 못나고 어리석어 생
각이 어두움.
암:매 (暗買)똥하타 물건을 몰래 삼. ▣밀수품
을 ~하다.
암:매 (暗賣)똥하타 물건을 몰래 팖. ▣~하다
가 적발되다.
암:-매매 (暗賣買)똥하타 암거래. ▣밀수품이
~되고 있다 / 장기를 ~하다.
암:-매장 (暗埋葬)똥하타 남몰래 시신을 파묻
음. 암장(暗葬). ▣시체를 야산에 ~하다.
암맥 (岩脈)똥〖지〗화성암의 마그마가 다른
암석 사이에 들어가서 응고하여 된 줄기.
암면 (岩綿)똥〖공〗암석 섬유(岩石纖維).
암:-면 (暗面)똥 암흑면(暗黑面).
암:-면 묘:사 (暗面描寫)〖문〗사회나 인생의
추악하고 어두운 면에서 제재(題材)를 구하
여 묘사하는 일.
암:모 (暗謀)똥하타 암계(暗計).
암모나이트 (ammonite)똥 두족류(頭足類)의
화석 조개〖고생대의 실루리아기에서 중생대
의 백악기까지 생존하였으며 껍데기에 국화
와 같은 주름이 있음. 암몬조개.
암모늄 (ammonium)똥〖화〗일가(一價)의 양
성기(陽性基). 알칼리 금속, 특히 칼륨과 유
사한 화합물을 만들며 화학 반응도 비슷함.
쉽게 암모니아와 수소로 분해되므로 순수하
게 만들 수 없음.
암모늄-기 (ammonium基)똥〖화〗질소 한 원
자와 수소 네 원자로 된 기. 암모늄 이온.
암모늄-염 (ammonium鹽)똥〖화〗암모니아와
산 또는 산성 화합물과 반응시켜 얻는 염.
암모니아 (ammonia)똥〖화〗질소와 수소의
화합물로, 악취가 나는 무색 기체. 석탄 건류
(乾溜)의 부산물로서 얻거나 공기 중의 질소
를 수소와 화합시켜서 합성적으로 얻음. 질
소 비료・유안(硫安) 등의 제조에 씀.
암모니아 냉:동법 (ammonia冷凍法)[-뻡]
〖공〗암모니아의 높은 기화열(氣化熱)을 이
용한 냉동법.
암모니아 소다법 (ammonia soda法)〖화〗탄
산소다의 공업적 제조법. 진한 식염 용액에
암모니아와 탄산가스를 불어넣어서 생긴 침
전된 중조(重曹)를 분리・가열하여 탄산소다
를 얻음. 솔베이법(Solvay法).
암모니아-수 (ammonia水)똥〖화〗암모니아의
수용액. 무색으로 알칼리성이 강함. 소다 공업・
의료용 따위로 씀.
암몬-조개 (ammon-)똥 암모나이트.
암-무지개 똥 쌍무지개에서 빛이 엷고 흐린
무지개. 이차 무지개. ↔수무지개.
암:묵 (暗默)똥하자 자기 의사를 겉으로 드러
내지 않음.
암:묵-리 (暗默裏)[-뭉니]똥 (주로 '암묵리에'
의 꼴로 쓰여) 자기의 의사를 겉으로 드러내
지 않는 상태. ▣~에 양해하다.
암:묵-적 (暗默的)[-쩍]관똥 자기 의사를 겉으
로 드러내지 않는 (것). ▣~인 동조.
암:-문 (暗門)똥 성벽에 누(樓) 없이 만든 문.

암-물 똥 보얀 빛을 띤 샘물.
암미터 (ammeter)똥〖물〗전류계(電流計).
암반 (岩盤)똥 다른 바위 속으로 돌입하여 굳
어진 불규칙한 대형의 바위. ▣~을 뚫고 지
하수를 퍼 올리다.
암:-반응 (暗反應)똥〖화〗광합성의 과정 중
빛이 관여하지 않는 반응〖엽록체에서 이루어
지며 이산화탄소가 환원되어 녹말이나 당을
생성함〗. ↔명반응.
암:-반응 (癌反應)똥〖의〗암 질환의 조기 진
단에 쓰이는 반응〖혈청학적 반응・피부 반응・
오줌을 사용하는 반응 등이 있음〗.
암-별 벌의 암컷. ↔수벌.
암:범 범의 암컷. ↔수범.
암:범 (暗犯)똥하타 남몰래 죄나 잘못을 범함.
암벽 (岩壁)똥 벽 모양으로 깎아지른 듯이 높
이 솟은 바위. ▣~ 등반을 하다.
암-비둘기 비둘기의 암컷. ↔수비둘기.
암:-사 (暗射)똥하타 맹사(盲射).
암-사내 똥 수줍음을 잘 타는 사내.
암-사돈 (-査頓)똥 며느리 쪽의 사돈. ↔수사
돈. *안사돈.
암:사 지도 (暗射地圖) 백지도(白地圖).
암산 (岩山)똥 바위가 많은 산.
암:산 (暗算)똥하타 필기도구・수판・계산기 등
을 쓰지 않고 머릿속으로 계산함. 속셈**2**. ▣
웬만한 계산은 ~으로 해치운다. ↔필산.
암살 똥하자 아픔이나 어려움을 거짓 꾸미거나
실제보다 보태어 나타내는 태도. ▣~을 떨
다 / ~을 부리다 / ~을 피우다. 준암살.
암:살 (暗殺)똥하타 몰래 사람을 죽임. 도살(盜
殺). ▣~ 계획을 세우다 / 정부 요인을 ~하
려다 실패하다.
암삼 (-參)똥 삼의 암포기. ↔수삼.
암:상 똥 남을 미워하고 샘을 잘 내는 마음. 또
는 그런 행동. ▣~이 나다 / ~을 떨다 / ~을
내다 / ~을 부리다 / ~을 피우다 / ~이 돋치
다. **-하다**형에 남을 미워하고 샘을 잘 내
는 마음이나 태도가 있다.
암상 (岩床)똥〖지〗마그마가 지층 사이로 들
어가서 판자 모양으로 굳은 것.
암:상 (暗箱)똥 어둠상자.
암:상-궂다 [-굳따]형 매우 암상스럽다. ▣암
상궂게 굴다.
암:상-꾸러기 똥 암상을 잘 부리는 사람.
암:상-떨이 똥 암상스러운 짓.
암:상-스럽다 [-따][-스러워, -스러우니]형
바 보기에 암상한 데가 있다. **암상-스레** 부.
▣~ 상대방을 노려보다.
암상 식물 (岩上植物)[-싱-]〖식〗암생 식물.
암:-상인 (暗商人)똥 법을 어기고 몰래 물건
을 사고파는 장사꾼. ▣~ 단속을 벌이다.
암:-상자 (暗箱子)똥 어둠상자.
암-새 새의 암컷. ↔수새.
암:-색 (暗色)똥 어두운 빛깔. ↔명색(明色).
암:-색 (暗色)똥하타 '암중모색'의 준말.
암생 식물 (岩生植物)[-싱-]〖식〗지의류(地
衣類)・부처손 등과 같이 바위에 붙어서 사는
건생(乾生) 식물의 총칭. 바위 식물. 암상(岩
上) 식물.
암서 (岩嶼)똥 바위로 된 섬.
암석 (岩石)똥 바위.
암석-권 (岩石圈)[-꿘]똥〖지〗지구 표면 부근
의 암석으로 이루어진 부분. 곧, 지각(地殼)
과 맨틀의 상부. 암권(岩圈).
암석 단구 (岩石段丘)[-딴-]〖지〗침식으로
하안(河岸) 단구가 생겼을 때 그 양측 벼랑에
암석이 노출되어 있는 단구.

암석 사막 (岩石沙漠)[-싸-] 지표에 암석·자갈·진흙 따위가 노출되어 있는 사막. 돌사막.

암석 섬유 (岩石纖維)[-쩌뮤] 〖공〗 현무암·안산암 등을 녹인 다음 급히 식혀서 섬유 모양으로 만든 것(보온·보냉(保冷) 및 흡음재(吸音材)로 씀). 록파이버. 암면(岩綿).

암석-층 (岩石層) 〖지〗 암석으로 이루어진 지층. □~으로 석유 탐사가 난관에 봉착하다.

암석-학 (岩石學)[-서각] 〖지〗 암석의 분류·상태·성질·성인 등을 연구하는 지질학의 한 분야.

암-선 (暗線) 〖물〗 흡수선.

암설 (岩屑) 〖지〗 풍화 작용으로 생긴 바위 부스러기.

암설-토 (岩屑土) 〖지〗 암설이 주성분(主成分)인 토양.

암-성 (暗星) 〖천〗 빛을 내지 않는 별.

암-세포 (癌細胞) 〖의〗 암을 이루는, 유해한 세포.

암-소 소의 암컷. 빈우(牝牛). ↔수소.

암-소 (暗笑) 〖명〗〖하타〗 마음속으로 비웃음.

암-송 (暗誦) 〖명〗 시나 문장 따위를 보지 않고 소리 내어 욈. □~시를 ~하다.

암-쇠 〖명〗1 열쇠·자물쇠의 수쇠가 들어가서 걸릴 수 있는 구멍이 뚫린 쇠. 2 맷돌 위짝 중앙의 구멍이 뚫린 쇠. ↔수쇠.

암-수 〖명〗 암컷과 수컷. 자웅. □~를 구별하다.

암-수 (暗數) 〖명〗 속임수. □~를 쓰다.

암-수-거리 (暗數-) 〖명〗〖하타〗 속임수로 남을 속이는 짓.

암수-딴그루 〖명〗 〖식〗 자웅 이주(雌雄異株). ↔암수한그루.

암수-딴몸 〖동〗 자웅 이체. ↔암수한몸.

암수-한그루 〖식〗 자웅 동주(雌雄同株). ↔암수딴그루.

암수-한몸 〖동〗 자웅 동체. ↔암수딴몸.

암-순응 (暗順應) 〖생〗 밝은 곳에서 갑자기 어두운 곳으로 갔을 때, 처음에는 안 보이다가 차차 어둠에 눈이 익어 주위가 어렴풋이 보이게 되는 현상. ↔명순응.

암-술 〖명〗 〖식〗 수술이 둘러싸고 있는 한가운데에 있어, 수술로부터 꽃가루를 받는 꽃술. 자예(雌蕊). 꽃술. ↔수술.

암술-대 [-때] 〖명〗 〖식〗 암술의 일부분으로, 암술머리와 씨방 사이를 연결하는 둥근 기둥 모양으로 생긴 부분. 수정(受精)할 때의 꽃가루관이 이 속에 있음. 화주(花柱). ↔수술대.

암술-머리 〖명〗 〖식〗 끈적끈적한 진물이 있어 꽃가루를 받는 암술의 머리. 주두(柱頭). ↔수술머리.

암-시 (暗示) 〖명〗〖하타〗1 넌지시 깨우쳐 줌. 또는 그 내용. 힌트. □~를 주다 / 강한 의지가 ~되어 있다. 2 〖심〗 언어 및 기타의 자극으로 그 사람이 알지 못하는 가운데 어떤 관념·결심·행동 등을 유발하는 일. □~ 요법. 3 암시법.

암-시-법 (暗示法)[-뻡] 〖문〗 뜻하는 바를 간접적으로 나타내는 표현법. 암시.

암-시세 (暗時勢) 〖명〗 암거래 시세. □~가 형성되다.

암-시장 (暗市場) 〖명〗 〖경〗 암거래가 이루어지는 시장. 블랙마켓. □밀수품이 ~에서 거래되다.

암시 장치 (暗視裝置) 녹토비전.

암-시-적 (暗示的) 〖관〗 넌지시 알려 주는 (것). □~으로 표현하다.

암-실 (暗室) 〖명〗1 밀폐하여 빛이 들어가지 않도록 만든 방(주로 물리학·화학·생물학의 실

험과 사진 현상 따위에 사용함). □~에서 사진 현상을 하다. 2 교도소에서, 중죄인을 가두는 감방.

암-실-램프 (暗室lamp) 〖명〗 암실 안에서 쓰는 램프(감광을 막기 위해 보통 적색·갈색·녹색의 전구를 씀).

암-암-리 (暗暗裏)[아맘니] 〖명〗 (주로 '암암리에'의 꼴로 쓰여) 남이 모르는 사이. 암중2. □~에 편지를 주고받다 / ~에 음모를 꾸미다 / ~에 일이 추진되다.

암암-하다 (暗暗-) 〖형어〗 잊혀지지 않고 가물가물 보이는 듯하다. 암암-히 〖부〗

암암-하다 (岩巖-) 〖형어〗 산이나 바위가 높고 험하다. 암암-히 〖부〗

암-야 (暗夜) 〖명〗 어두운 밤.

암-약 (暗躍) 〖명〗〖하자〗 '암중비약(暗中飛躍)'의 준말. □산업 스파이가 ~하다.

암-약-하다 (闇弱-)[아먀카-] 〖형어〗 어리석고 겁이 많으며 줏대가 없다. ↔숫양.

암-양 (-羊)[-냥] 〖명〗 양의 암컷. ↔숫양.

암-어 (暗語) 〖명〗 특정인만이 알도록 꾸민 암호로서의 말.

암-여의 [-녀-/-녀이] 〖명〗 '암술'의 예스러운 말.

암-연 (暗然) 〖명〗〖형〗 흐리고 어두움.

암-연 (黯然) 〖명〗〖형〗 슬프고 침울함.

암염 (岩鹽) 〖명〗 〖광〗 천연으로 산출되는 염화나트륨의 결정(무색투명 또는 백색의 고체로 식염의 제조에 씀). 돌소금. 산염.

암-염소 [-념-] 〖명〗 염소의 암컷. ↔숫염소.

암-영 (暗影) 〖명〗1 어두운 그림자. □먹구름이 ~을 드리우다. 2 어떤 일의 성사에 지장을 주거나 방해가 될 징조. □전도(前途)에 ~을 던지다.

암-영 (暗營) 〖명〗〖하자〗 적군이 모르게 은밀히 진을 침. 또는 그 진영.

암-영-부 (暗影部) 〖명〗 〖천〗 태양 흑점 중심의 검은 부분. 암부(暗部).

암-우 (暗愚) 〖명〗〖형〗 사리에 어둡고 어리석음. 또는 그런 사람.

암-운 (暗雲) 〖명〗1 이내 비나 눈이 내릴 것 같은 검은 구름. □~이 하늘을 뒤덮다. 2 위험·파탄이 일어날 듯한 기미. □~이 감도는 세계 정세.

암-울 (暗鬱) 〖명〗〖형〗1 암담하고 침울함. □~한 나날을 보내다 / ~한 현실을 타파하다. 2 어둡고 답답함. 쥰암울(暗鬱).

암-유 (暗喩) 〖명〗〖하자〗 은유(隱喩).

암-유전자 (癌遺傳子)[-뉴-] 〖명〗 세포의 암화(癌化)를 유도하여 무제한으로 증식하게 하는 유전자.

암-은행나무 (-銀杏-) 〖명〗 〖식〗 열매가 열리는 은행나무. ↔수은행나무.

암자 (庵子) 〖명〗 〖불〗1 큰 절에 딸린 작은 절. □~에서 백일기도를 하다. 2 승려가 임시로 거처하며 도를 닦는 작은 집. 쥰암(庵).

암-자색 (暗紫色) 〖명〗 어두운 자줏빛.

암-자색 (暗赭色) 〖명〗 검붉은 빛.

암장 (岩漿)[암쟝] 〖명〗 마그마(magma).

암-장 (暗葬) 〖명〗〖하타〗1 남몰래 장사 지냄. 투장(偸葬). □시체를 ~하다. 2 암매장.

암-적 (癌的)[-쩍] 〖관〗 큰 장애가 되고 있는 (것). 또는 고치기 힘든 나쁜 병폐가 되고 있는 (것). □~ 존재로 지탄을 받다.

암-적갈색 (暗赤褐色)[-깔쌕] 〖명〗 붉은빛을 띤 어두운 갈색.

암:-적색(暗赤色)[-쌕] 검붉은 빛.

암:-전(暗轉)[명][하자] 연극에서 장면을 바꿀 때, 막을 내리지 않고 어둡게 해 놓고 다음 장면으로 옮기는 일. ↔명전(明轉).

암:-조(暗潮)[명] 1 겉으로 드러나지 않는 조류(潮流). 2 겉으로 나타나지 않는 풍조·세력.

암:-종(癌腫)[명][의] 암(癌) 1.

암주(庵主)[명][불] 암자의 주인. 또는 거기에 거처하는 중.

암:-주(暗主)[명] 혼군(昏君).

암:-죽(-粥)[명] 어린아이에게 먹이는 묽은 죽 《곡식·밤 등의 가루를 밥물에 타서 끓임》. ☐~을 먹여 키우다.

암:죽-관(-粥管)[-관][명] 1 암죽을 먹이는 데 쓰는, 고무나 사기 따위로 만든 관. 2 [생] 소장(小腸)의 융털 속이나 둘레에 분포되어 있는 림프관. 지용성 영양분을 흡수함.

암:-줄[민] 줄다리기에서, 한쪽 끝에 둥근 고리가 있어 수줄의 머리를 끼울 수 있게 된 쪽의 줄.

암:-중(暗中)[명] 1 어두운 속. 2 은밀한 가운데. 암암리(暗暗裏).

암:중-모색(暗中摸索)[명][하타] 물건을 어둠 속에서 더듬어 찾는다는 뜻으로, 확실한 방법을 모르는 채 일의 실마리나 해결책을 찾으려고 애씀. ☐실마리를 찾으려 ~을 거듭하다. ㉤암색.

암:중-비약(暗中飛躍)[명][하자] 어둠 속에서 날고 뛴다는 뜻으로, 세상에 알려지지 않도록 이면에서 활동함을 이르는 말. ㉤암약.

암-쥐[-쥐][명] 쥐의 암컷. ↔숫쥐.

암증-널[-녈][공] 흙으로 도자기 등을 만들 때 쓰는 널빤지.

암지(岩地)[명] 바위가 많은 땅.

암-지르다[암질러, 암지르니][타르] 으뜸가 되는 것에 덧붙여서 하나로 되게 하다.

암-쪽[명] 채무자가 가지는 어음의 왼편 조각. ↔수쪽.

암처(岩處)[명][하자] 세상을 피하여 굴속에서 숨어 삶. 암거(岩居).

암천(岩泉)[명] 바위틈에서 솟아나는 샘.

암:-체(暗體)[명][물] 스스로 빛을 내지 못하는 물체.

암:-초(暗草)[명][하타] 남몰래 시문의 초고(草稿)를 지음.

암:-초(暗礁)[명] 1 물속에 숨어 있어 보이지 않는 바위. ☐배가 ~에 걸려 좌초되다. 2 뜻밖에 부닥치는 어려움. ☐뜻하지 않은 ~에 부딪히다.

암:-치[명] 1 배를 갈라 소금에 절여 말린 민어의 암컷. ↔수치. 2 배를 갈라 소금에 절여 말린 민어의 통칭.

암:-치질(-痔疾)[명][의] 항문 속에 생기는 치질. ↔수치질.

암-강아지[명] 강아지의 암컷. ↔수캉아지.

암-개[명] 개의 암컷. ↔수캐.

암커나[부] 아무러하거나. ☐~ 오늘까지 일을 마치도록 해라.

암거미[명] ☞암거미.

암-컷[-컫][명] 암수 구별이 있는 동물에서 새끼를 배는 쪽. ↔수컷.

암-코양이[명] ☞암고양이.

암-콤[명] ☞암곰.

암-쿠렁이[명] ☞암구렁이.

암-퀑[명] ☞암평.

암크령[명][식] 그령.

암-클[명] ☞암글.

암-키와[명] 지붕의 고랑이 되게 젖혀 놓는 기와. ↔수키와.

암탈개비[명][충] 모시나비의 애벌레.

암-탉[-탁][명] 닭의 암컷. 빈계(牝鷄). ↔수탉. [암탉이 운다] 내주장(內主張)이다.

암-탕나귀[명] 당나귀의 암컷. ↔수탕나귀.

암-토끼[명] 토끼의 암컷. ↔수토끼.

암-톨쩌귀[명] 문짝의 수톨쩌귀를 끼우는 구멍 뚫린 돌쩌귀. ↔수톨쩌귀.

암-퇘지[명] 돼지의 암컷. ↔수퇘지.

암:-투(暗鬪)[명][하자] 서로 적의를 품고 드러나지 않게 다툼.

암:-투-극(暗鬪劇)[명] '암투'의 격렬함을 연극에 견주어 쓰는 말. ☐~을 벌이다.

암튼[부] '아무튼'의 준말. ☐~ 고마워요.

암팡-스럽다[-따][형태][-스러워, -스러우니] 암팡진 듯하다. **암팡-스레**[부]

암팡-지다[형] 몸은 작아도 힘차고 다부지다. ☐어른에게 암팡지게 대들다.

암:-팍-하다(暗愎-)[-파카-][형여] 성질이 음험하고 강퍅하다.

암-펄[명] ☞암벌.

암-펌[명] ☞암범.

암페어(ampere)[의명][물] 전류의 세기를 나타내는 국제 기준 단위. 매초 1쿨롬의 전기량이 흐를 때의 전류의 세기(기호 : A).

암페어-계(ampere計)[-/-계][명][전] 전류계(電流計).

암페어-시(ampere時)[의명][물] 1 암페어의 전류가 한 시간 동안 흐르는 전기량. 3,600 쿨롬(기호 : Ah).

암페어의 법칙(ampere-法則)[-/-에-] 앙페르의 법칙.

암-평[명] '암평아리'의 준말.

암-평아리[명] 병아리의 암컷. ↔수평아리. ㉤암평.

암-포기[명][식] 암꽃이 피는 포기. ↔수포기.

암:-표(暗票)[명] 암거래되는 차표·극장표 따위의 온갖 표. ☐~ 장수를 단속하다.

암:-표(暗標)[명][하타] 자기만 알도록 넌지시 눈으로 표함. 또는 그 표.

암-피둘기[명] ☞암비둘기.

암하고불(岩下古佛)[명] 1 바위 밑의 오래된 불상(佛像). 2 산골에 사는 착하기만 한 사람이란 뜻으로, 강원도 지방 사람의 성격을 평한 말. 암하노불.

암하-노불(岩下老佛)[명] 암하고불.

암:-하다[형여] 남을 시기하고 샘을 잘 내는 데가 있다.

암:-합(暗合)[명][하자] 우합(偶合).

암해(岩海)[명][지] 바위나 돌이 널리 깔려 있는 지역.

암:-해(暗海)[명] 빛이 미치지 못하는 어두운 바닷속.

암:-행(暗行)[명][하자타] 자기의 정체를 숨기고 남모르게 돌아다님. ☐미복 차림으로 ~ 사찰에 나서다.

암:행-어사(暗行御史)[명][역] 조선 때, 지방관의 치적(治績)과 민생을 살피기 위해 왕명으로 비밀히 파견하던 특사. ☐~ 출두야. ㉤어사(御史).

암:-향(暗香)[명] 그윽이 풍기는 향기. 어둠 속에 풍기는 향기《흔히 매화의 향기를 일컬음》.

암:향-부동(暗香浮動)[명] 그윽한 향기가 은근하게 떠돎.

암혈(岩穴)[명] 석굴(石窟).

암혈지사(岩穴之士)[-찌-][명] 속세를 떠나 깊

은 산속에 숨어 사는 선비.

암:호 (暗號) 圀 **1** 비밀 유지를 위하여 당사자끼리만 알 수 있도록 꾸민 약속 기호. □ ~를 풀다 / ~를 대다. **2**〖군〗암구호. **3**〖컴〗패스워드(password).

암:호-문 (暗號文) 圀 암호로 쓴 글.

암:호 해:독 (暗號解讀) 암호로 된 문장을 읽어서 그 뜻을 밝혀 내는 일.

암:호-화 (暗號化) 圀圄타 통신할 내용을 일정한 체계에 따라 암호로 바꿈. □ 프로그램의 ~ / ~된 정보.

암:화 (暗花) 圀 잿불 밑에 잠겨 있는 꽃무늬.

암:-회색 (暗灰色) 圀 검은 잿빛.

암:흑 (暗黑) 圀圄하 **1** 어둡고 캄캄함. **2** 암담하고 비참한 상태의 비유. ↔광명(光明).

암:흑-가 (暗黑街) [-까] 圀 불법 행위나 폭력, 범죄가 자주 발생하는 지역. 또는 그런 조직 세계. □ ~를 주름잡다.

암:흑-기 (暗黑期) [-끼] 圀 도덕이나 문화가 쇠퇴하고 세상이 어지러운 시기. 암흑 시대. □ 식민 통치의 ~를 거쳐 광복을 맞이하였다.

암:흑-대륙 (暗黑大陸) [-때-] 圀 (문명이 뒤지고 암흑 상태에 있었다는 뜻으로) 지난날, 아프리카 대륙을 달리 이르던 말.

암:흑-면 (暗黑面) [-흥-] 圀 **1** 어두운 면. **2** 죄악이 존재하는 면. 어둡고 추악한 면. 암면(暗面). □사회의 ~.

암:흑-사회 (暗黑社會) [-싸-] 圀 **1** 문화가 쇠퇴하여 발전이 정체된 사회. **2** 범죄나 부도덕한 행위가 난무하여 무질서한 사회.

암:흑-상 (暗黑相) [-쌍] 圀 **1** 어둡고 컴컴한 상태. **2** 질서가 문란하고 온갖 죄악이 날뛰고 있는 사회상. □ 시대의 ~을 고발하다.

암:흑 성운 (暗黑星雲) [-쌩-] 〖천〗 은하의 군데군데에 어둡게 보이는 성간(星間) 물질의 무리. 불투명한 가스상(狀) 물질이 있어 먼 데의 별이 보이지 않으므로 생김.

암:흑-세계 (暗黑世界) [-쎄-/-쎼-] 圀 **1** 어둠의 세계. □ 정전이 되자 주위는 ~로 변하였다. **2** 범죄와 죄악으로 가득 찬 무질서한 세계. □치안 부재의 ~.

암:흑-시대 (暗黑時代) [-씨-] 圀 **1** 암흑기(期). **2** 서양사에서, 봉건 제도와 교회의 속박으로 문화가 쇠퇴하였던 중세(中世)를 일컫는 말. 중세 암흑기.

암:희 (暗喜) [-히] 圀하자 마음속으로 남몰래 기뻐함. 은근히 기뻐함.

압 (押) 圀 '화압(花押)'의 준말.

압각 (壓覺) [-깍] 圀 피부나 신체 일부가 눌렸을 때 생기는 감각. 압감(壓感).

압권 (壓卷) [-꿘] 圀 **1** 어떤 서책 가운데서 가장 잘 지은 대목이나 시문(詩文). □ 이 부분이 이 소설의 ~이다. **2** 가장 뛰어난 부분. □그 연극의 ~은 마지막 장면이다.

압궤 (壓潰) [-꿰] 圀圄타 압쇄(壓碎).

압근 (狎近) [-끈] 圀하자 압핍(狎逼).

압기 (狎妓) [-끼] 圀 귀엽게 여겨 돌보아 주는 기생.

압기 (壓氣) [-끼] 圀하자타 **1** 기세를 누름. **2** 기세에 눌림.

압닐 (狎昵·狎暱) [압-] 圀하圄히위 매우 친하고 가까움.

압도 (壓度) [-또] 圀 **1** 압력의 정도. **2** 단위 면적에 작용하는 압력의 크기.

압도 (壓倒) [-또] 圀圄타 **1** 눌러서 넘어뜨림. **2** 월등한 힘이나 능력으로 상대를 누름. □상대에게 ~당하다 / 세찬 기세에 ~되다.

압도-적 (壓倒的) [-또-] 圀 월등하게 뛰어난

힘이나 능력으로 남을 눌러 꼼짝 못하게 하는 (것). □ ~ 승리 / ~ 지지를 받다.

압량-위천 (壓良爲賤) [압냥-] 圀圄타 지난날, 양민을 강압하여 종으로 삼던 일.

압려-기 (壓濾器) [암녀-] 圀 압력으로 액체를 거르는 기구. 필터 프레스.

압력 (壓力) [암녁] 圀 **1**〖물〗물체가 다른 물체를 누르는 힘. 곧, 두 물체의 접촉면이나 한 물체 안의 두 부분이 서로 수직으로 누르는 힘. □공기의 ~ / 재료에 ~을 가하여 견고성을 시험한다. **2** 남을 자기 의지에 따르도록 압박하는 힘. □ ~을 받다 / 아랫사람에게 ~을 가하다 / 소속 기관에 ~을 넣다.

압력-계 (壓力計) [암녁께] 圀 액체 또는 기체의 압력을 재는 계기. 마노미터.

압력 단체 (壓力團體) [암녁딴-] 특정한 이익이나 주의(主義)의 달성을 위하여 의회·정당·행정 관청 등에 정치적 압력을 가하는 단체나 조직. 노동조합·경제 단체·시민 단체 등.

압력 변:성 (壓力變成) [암녁-] 〖지〗압력 변질.

압력 변:질 (壓力變質) [암녁뼌-] 〖지〗암석이 지각의 내부에서 받는 강한 압력으로 그 성질이 변하는 일.

압력-선 (壓力線) [암녁썬] 〖물〗압력의 방향과 量을 나타내는 선(토목 공사 따위에 씀).

압력-솥 (壓力-) [암녁쏟] 圀 밀폐하여 용기 안의 압력을 높일 수 있도록 장치한 솥. 온도가 100℃ 이상까지 오르므로 음식물을 짧은 시간 안에 조리할 수 있음.

압령 (押領) [암녕] 圀하타 **1** 죄인을 데리고 옴. **2** 물건을 호송함.

압류 (押留) [암뉴] 圀圄타 〖법〗국가 권력으로 특정 재산에 대한 처분이 제한되는 강제 집행. □재산을 ~하다.

압류 명:령 (押留命令) [암뉴-녕] 제삼 채무자에 대하여 채무자에게 지급함을 금하고 채무자에 대하여 채권의 처분, 특히 그 추심과 영수를 해서는 아니된다고 명하는 법원의 결정. 제삼 채무자에게 송달함으로써 채권 압류의 효력이 발생함.

압맥 (壓麥) [암-] 圀 납작보리.

압박 (壓迫) [-빡] 圀圄타 **1** 센 힘으로 내리누름. □ ~ 밴드 / 복부를 ~하다. **2** 기운을 펴지 못하게 세력으로 내리누름. □ ~을 당하다 / 가능한 ~ 수단을 총동원하다.

압박-감 (壓迫感) [-빡깜] 圀 내리눌리는 느낌. □정신적으로 심한 ~을 받는다.

압박 붕대 (壓迫繃帶) [-빡뿡-] 심한 출혈이나 탈장 따위가 일어났을 때 이를 막기 위하여 몸의 한 부분을 내리누르는 붕대.

압복 (壓服·壓伏) [-뽁] 圀圄타 힘으로 눌러서 복종시킴.

압부 (押付) [-뿌] 圀하타 죄인을 압송하여 넘김.

압사 (壓死) [-싸] 圀하자 무거운 것에 눌려서 죽음. □돌더미에 깔려 ~하다.

압살 (壓殺) [-쌀] 圀圄타 **1** 짓눌러 죽임. **2** 힘으로 짓눌러 상대편의 의지나 활동을 막아 버림. □소수 의견이 ~되다.

압생트 (프 absinthe) 圀 향 쑥이나 아니스로 조미하, 쓴맛이 있는 리큐어의 하나(70%의 주정을 함유. 프랑스·스위스 등지에서 산출).

압설-자 (壓舌子) [-썰짜] 圀 혀를 아래로 누르는 데 쓰는 의료 기구. 설압자.

압설-하다 (狎褻-) [-썰-] 圀휑 사이가 너무 가까워 예의가 없다. 압설-히 위

압송(押送)[-쏭] 몡하타 《법》 피고인이나 죄인을 어느 한 곳에서 다른 곳으로 호송함. ▷범인을 ~하다 / 경찰서에 ~되다.

압쇄(壓碎)[-쐐] 몡하타 눌러서 부수어뜨림. 압쇄.

압쇄-기(壓碎機)[-쐐-] 몡 눌러서 으깨어 부수는 기계의 총칭.

압수(押收)[-쑤] 몡하타 1 《법》 법원이 증거물 또는 몰수해야 할 물건이라고 인정되는 것의 점유를 취득하는 강제 처분. ▷증거물을 ~하다 / 밀수품이 ~되다. 2 물건 따위를 강제로 빼앗음.

압수-펌프(壓水pump)[-쑤-] 몡 《물》 원통·피스톤 및 위로 여는 판(瓣)으로 이루어진 펌프 (낮은 곳의 물을 끌어 올리는 데 사용).

압슬(壓膝)[-쓸] 몡하자 《역》 조선 때, 죄인을 심문하기 위해 묶어 놓고 무릎 위를 압슬기로 누르거나 무거운 돌을 올려놓던 일.

압슬-기(壓膝器)[-쓸-] 몡 《역》 압슬할 때 쓰던 형구(목판을 많이 사용했음).

압승(壓勝)[-씅] 몡하자타 압도적으로 이김. ▷선거에서 ~을 거두다.

압시(壓視)[-씨] 몡하타 남을 멸시하거나 만만하게 봄.

압연(壓延) 몡하타 《공》 회전하는 압연기의 롤(roll) 사이에 금속을 넣어 막대 또는 판자 모양으로 만드는 일. ▷~된 강판.

압연-기(壓延機) 몡 《공》 일반 금속이나 강철 등을 압연하는 기계. 롤링 밀(rolling mill).

압운(押韻) 몡하타 《문》 시가를 짓는 데 시행의 일정한 자리에 같은 운을 규칙적으로 다는 일. 또는 그 운.

압인(壓印) 몡하타 찍힌 부분이 도드라져 나오거나 들어가도록 만든 도장. 또는 그 도장으로 찍는 일.

압자일렌(독 Abseilen) 몡 등산에서, 급사면을 밧줄을 써서 내려가는 일. 현수 하강.

압-전기(壓電氣)[-쩐-] 몡 《물》 수정·전기석 등의 광물을 압축하거나 늘일 때 양극에 음양의 전위차가 일어나는 현상(마이크로폰·수화기 등에 이용됨). 피에조 전기.

압전-성(壓電性)[-쩐썽] 몡 압력이나 진동을 가하면 전기가 생기고, 전압(電壓)을 가하면 진동하는 성질. 또는 고분자(高分子).

압전 효:과(壓電效果)[-쩐-] 압전기가 발생하는 현상(수정 발진자(水晶發振子), 픽업, 마이크로폰 등에 이용함). 압전 현상. 피에조(piezo) 효과.

압점(壓點)[-쩜] 몡 《생》 피부상에 분포되어 압각(壓覺)을 느끼게 하는 점 모양의 감각 부위. 촉점(觸點).

압정(押釘)[-쩡] 몡 손가락으로 눌러 박는, 대가리가 크고 납작한 쇠못. 압핀. ▷메모지를 ~으로 눌러 놓다.

압정(壓政)[-쩡] 몡 '압제 정치'의 준말. ▷~에 시달리다.

압제(壓制)[-쩨] 몡하타 권력이나 폭력으로 남을 꼼짝 못하게 누름. ▷~를 받다 / ~에서 벗어나다.

압제 정치(壓制政治)[-쩨-] 권력이나 폭력으로 억압하여 국민의 자유를 속박하는 정치. ⑤압정(壓政).

압존(壓尊)[-쫀] 몡 높임법에서, 어른에 대한 공대를 그보다 더 높은 어른 앞에서는 낮추는 일(할아버지 앞에서, '아버지께서 말씀하셨습니다'라고 하지 않고 '아버지가 말하였습니다'라고 하는 따위).

압지(押紙·壓紙)[-찌] 몡 잉크나 먹물 따위로 쓴 것이 번지거나 묻어나지 않도록 마르기 전에 눌러서 물기를 빨아들이는 종이.

압지-틀(押紙-)[-찌-] 몡 압지를 끼워서 쓰는 목제 또는 기타의 틀.

압착(壓搾) 몡하타 1 눌러 짜냄. ▷기계에 ~되다. 2 압력을 가하여 물질의 밀도를 높임.

압착 공기(壓搾空氣)[-공-] 《물》 압축 공기.

압착-기(壓搾機)[-끼] 몡 압착하여 즙액을 내는 기계. 누름틀.

압축(壓軸) 몡 하나의 시축(詩軸)에 실린 시 가운데서 가장 잘 지은 시.

압축(壓縮) 몡하타 1 물질 따위에 압력을 가하여 그 부피를 줄임. ▷~된 공기. 2 《문》 문장 등을 줄여 짧게 함. 3 《심》 어떤 것을 둘 이상의 특성을 중복시킴. 또는 그런 현상. 4 《컴》 특수한 코딩 방법을 이용하여 불필요하거나 반복되는 부분을 없애고 데이터의 양을 줄임. 또는 그 방법. ▷~된 프로그램.

압축-가스(壓縮gas) 몡 압축한 기체.

압축 공기(壓縮空氣)[-공-] 《물》 고압을 가하여 부피를 줄인 공기(원동기, 제동기, 문의 자동 개폐기 등에 이용함). 압착 공기.

압축-기(壓縮機)[-끼] 몡 기체를 압축시키는 기계(송풍기·통풍기보다 압력비가 큼).

압축 냉:각법(壓縮冷却法)[-冷-뻡] 《물》 암모니아나 이산화탄소 등의 액체의 기화열(氣化熱)을 이용한 냉각법(냉동(冷凍)·냉장·제빙(製氷)·빙과 제조 등에 이용함).

압축 산소(壓縮酸素)[-싼-] 《공》 상온에서 높은 압력을 가하여 부피를 줄인 산소 가스 (의료용 또는 수소나 석탄 가스와 혼합하여 금속 용접·절단하는 데 씀).

압축 펌프(壓縮pump) 《물》 기체를 압축하여 그 압력을 높이는 데 쓰는 펌프(기체의 액화·압축 공기의 제조 등에 씀).

압출(壓出) 몡하자타 틀이나 좁은 구멍으로 눌러서 밀어냄. ▷프레스로 ~된 수지.

압통-점(壓痛點)[-쩜] 몡 《의》 피부를 눌렀을 때 아픔을 특히 강하게 느끼는 부위.

압-핀(押pin) 몡 압정(押釘).

압핍(狎逼) 몡하자 어른에게 삼가는 마음 없이 무례하게 가까이 다가붙음. 압근(狎近).

압핍지지(狎逼之地)[-찌-] 몡 산소나 집터 따위의 바로 곁에 이웃하는 땅.

압흔(壓痕)[아픈] 몡 《의》 부종(浮腫)이 있는 근육을 손가락으로 누르면 눌린 자리가 원상태로 돌아가지 않고 한동안 그대로 있는 흔적. ⑤낭(낭)〈옛〉아우.

앗¹ 〈옛〉아우.

앗²[안] 캅 위급하거나 놀라서 내는 소리. ▷~, 위험하다.

앗가 뮈〈옛〉아까.

앗갑다 혱〈옛〉아깝다.

앗기다¹[알끼-] 탄 《 '앗다'의 피동》 앗음을 당하다. ▷가진 돈을 모두 앗기고 말았다.

앗기다²[알끼-] 탄〈옛〉아끼다.

앗:다¹[안따] 탄 1 빼앗다. ▷목숨을 앗아 간 화마(火魔). 2 껍질을 벗기고 씨를 빼다. ▷목화씨를 앗아 길쌈하다. 3 남이 하는 일을 가로채 가지다. 4 깎아 내다. ▷뾰족하게 나온 모서리를 앗아 내다.

앗:다²[안따] 탄 품일을 해 주고 품을 얻다.

앗-사위[안싸-] 몡 쌍륙(雙六)이나 골패에서, 승부가 결정되는 한 판.

앗-쌤[안-] 몡 《광》 엇비슷하게 통한 구덩이.

앗아-넣다[아사너타] 탄 한쪽으로 쏠리지 아

니하게 끝을 깎아서 어긋매껴 넣다. 어긋나게 박다.

앗아라[갑] ☞ 아서라.

앗이다[태]〈옛〉앗기다.

앗-줄[앋쭐][명]‘아딧줄’의 준말.

-았-[앋][선어미] 동사나 형용사의 양성 모음 어간 뒤에 덧붙는 선어말 어미. 1 어떤 일이나 행동·상태가 과거에 속함을 나타냄. ¶오래전에 받~다 / 생각보다 많~다. 2 어떤 일이나 상태가 과거부터 지금까지 미치고 있음을 나타냄. ¶빚은 많이 갚~다 / 어느새 날이 밝~구나. 3 ‘다’와 함께 쓰여, 반어적으로 그런 일을 할 수 없게 되거나 그런 상태가 될 수 없게 됨을 나타냄. ¶전기가 나갔으니 텔레비전은 다 보~다. 4 미래에 있을 일을 단정적으로 말할 때 씀. ¶너 이제 선생님께 야단맞~다. *-었-.

-았었-[아썯][선어미] 동사나 형용사의 양성 모음 어간 뒤에 붙어, 과거의 일이나 상태가 현재는 그렇지 않다거나 또는 현재와 강하게 단절되었음을 나타내는 선어말 어미(흔히, 과거 관련의 시간 부사어가 함께 쓰일 때 씀). ¶예전에는 이곳에서 많이 놀~는데 / 학생 때 장학금을 받~다. *-었었-.

-았자[앋짜][어미] 동사나 형용사의 양성 모음으로 끝나는 어간에 붙어, ‘그 행동이나 상태가 이루어지더라도’의 뜻을 나타내는 연결 어미. ¶아무리 발버둥을 쳐 보~ 소용없다 / 산이 높~ 하늘 아래 있는 걸.

앙〈옛〉아우.

앗다[태]〈옛〉빼앗다.

앙¹[부][하][자] 개 따위가 왈칵 물려고 덤빌 때 내는 소리. ¶개가 ~하고 달려들다.

앙²[부][하][자] 어린애의 울음소리. 또는 그 모양. ¶아이가 ~하고 울음을 터뜨렸다. ▣[갑] 남을 놀랠 때 무서워하라고 지르는 소리. ¶~, 깜짝 놀랐다.

앙(怏)‘앙심’의 준말. ¶~을 품다.

앙가-발이[명] 1 다리가 짧고 굽은 사람. 2 자기의 잇속을 위해 남에게 잘 달라붙는 사람.

앙-가슴[명] 양쪽 젖 사이의 가슴 부분. ¶~을 치다 / ~을 떠다밀다.

앙가조종[부][하][자] 1 앉지도 서지도 아니하고 몸을 반쯤 굽히고 있는 모양. 2 이러지도 저러지도 못하고 망설이는 모양. ◉엉거주춤.

앙가주망(ㅍ engagement)[명] 《사》사회 참여 (社會參與).

앙:각(仰角)[명] 《수》‘올려본각’의 구용어. 2 《군》포구(砲口)가 위로 향했을 때 포신(砲身)이 수평면과 이루는 각. ↔부각(俯角).

앙감-질[명][하][자] 한 발은 들고 한 발로만 뛰어 가는 짓. 쌈탁. ¶~로 뛰면서 오다.

앙-갚음[명][하][태] 자기에게 해를 입힌 사람에게 보복함. 또는 그런 행동. ¶~을 당하다.

앙:견(仰見)[명][하][태] 우러러봄. 앙시(仰視). 앙관(仰觀). 앙망(仰望).

앙경(殃慶)[명] 재앙과 경사. ¶~은 재천이다.

앙:고(仰告)[명][하][태] 우러러보고 아룀.

앙고라(Angora)[명] 1 《지》터키의 수도 ‘앙카라(Ankara)’의 구칭. 2 《동》앙고라염소. 3 《동》앙고라토끼. 4 앙고라염소 또는 앙고라토끼의 털로 짠 직물. 광택이 있고 보온성이 좋음.

앙고라-모(Angora毛)[명] 앙고라염소의 털(순백색이며 곱슬곱슬함. 모직물).

앙고라-염소(Angora-)[명] 터키 앙카라 지방 원산의 염소(윤이 나는 흰색의 긴 털은 고급 직물의 원료로 씀). 모헤어염소. 앙고라.

앙고라-토끼(Angora-)[명] 《동》터키의 앙카

라 지방 원산인 집토끼의 한 품종(눈은 담홍색, 털은 백색이며 길고 부드러워 직물의 원료로 씀). 앙고라.

앙:관(仰觀)[명][하][태] 앙견(仰見).

앙:-괭이[명] 《민》1 정월 초하룻날 밤에 아이들이 벗어 놓은 신을 신고 간다는 귀신(신을 잃으면 그해 운수가 나쁘다 함). 2 음력 섣달 그믐날 밤에, 잠을 자는 사람의 얼굴에 먹이나 검정 등으로 함부로 그려 놓는 일. ¶자는 동생 얼굴에 ~를 그리다.

앙구다[태] 1 음식 같은 것을 식지 않도록 불 위에 놓거나 따뜻한 데에 묻어 두다. 2 곁들이다1. 3 사람을 안동하며 보내다. ¶하인을 ~.

앙그러-지다[형] 1 하는 짓이 어울리고 짜인 맛이 있다. 2 모양이 어울려서 보기 좋다. 3 음식이 먹음직스럽다.

앙글-거리다[자] 1 어린아이가 소리 없이 자꾸 귀엽게 웃다. 2 무엇을 속이면서 자꾸 꾸며서 웃다. ◉앙글거리다. 앙글-앙글[부][하][자]

앙글-대다[자] 앙글거리다.

앙글-방글[부][하][자] 앙글거리면서 방글방글 웃는 모양. ◉앙글벙글.

앙금[명] 1 물에 가라앉은 녹말 등의 부드러운 가루. 또는 그 층. ¶~이 생기다. 2 《화》침전물. 3 마음속에 남아 있는 개운치 않은 감정의 비유. ¶그때의 일로 아직도 ~이 남아 있는 것 같다.

앙금-쌀쌀[부] 처음에는 굼뜨게 기다가 차차 재빠르게 기는 모양. ◉엉금썰썰.

앙금-앙금[부][하][자] 어린아이나 다리가 짧은 동물이 굼뜨게 걷거나 기는 모양. ◉엉금엉금.

앙급-자손(殃及子孫)[-짜-][명][하][자] 죄를 지어 화가 자손에게 미침.

앙급-지어(殃及池魚)[-찌-][명] 성문에 난 불을 못물로 껐으므로 그 못의 물고기가 다 죽었다는 뜻으로, 엉뚱하게 당하는 재난을 비유하여 이르는 말.

앙:꼬[명]〔일 あんこ〕1 떡이나 빵에 넣는 팥소. 2 《광》다이너마이트를 남폿구멍에 넣고 그 둘레에 다져 넣는 진흙 같은 물질.

앙-다물다〔앙다물어, 앙다무니, 앙다무는〕[태] 힘을 주고 꽉 다물다. ¶어금니를 앙다물고 참다.

앙달-머리[명] 어른인 체하여 부리는 얄망궂고 능청스러운 짓.

앙달머리-스럽다[-따]〔-스러워, -스러우니〕[형][비] 어른인 체하며 얄망궂고 능청스러운 짓을 부리는 데가 있다. 앙달머리-스레[부]

앙당그러-지다[자] 1 마르거나 졸아지거나 굳어지면서 조금 뒤틀리다. 2 춥거나 겁이 나서 몸이 좀 움츠러지다. ◉응등그러지다.

앙당-그리다[태] 춥거나 겁이 나서 몸을 조금 움츠리다. ◉응등그리다.

앙:-등(昂騰)[명][하][자] 등귀(騰貴).

앙뚱-하다[형] 말이나 행동이 분수에 맞지 않고 지나치다. ◉엉뚱하다.

앙:련(仰蓮)[-년][명] 《건》단청에서, 꽃부리가 위로 향한 연꽃 무늬.

앙:련(仰聯)[-년][명] 제물이나 잔칫상의 음식을 괼 때, 무너지지 않게 접시의 가에 둘러싸는 두꺼운 종이.

앙:련-좌(仰蓮座)[-년-][명] 《건》앙련을 새긴 대좌(臺座).

앙:롱(怏悷)[-농][명][하][자] 나이가 훨씬 많은 사람에게 실없이 굶. 또는 그런 행동.

앙:망(仰望)[명][하][태] 1 우러러 바람(주로 편지

글에 씀). 앙원(仰願). ▷지도 편달을 ~합니다. **2** 앙견(仰見).

앙:망불급 (仰望不及) 명하자 우러러 바라보아도 미치지 못함.

앙:면 (仰面) 명하자 얼굴을 쳐듦.

앙:모 (仰慕) 명하자 우러러 사모함. ▷절대자를 ~하다.

앙묘 (秧苗) 명 『농』 벼의 싹. 볏모.

앙바틈-하다 형어 짤막하고 딱 바라져 있다. 옌엉버틈하다. **앙바틈-히** 甲

앙-버티다 짜 끝내 우기다. 끝내 대항하다. ▷앙버티고 서서 싸울 태세를 취하다.

앙:벽 (仰壁) 명하자 치받이2.

앙:부-일구 (仰釜日晷) 명 앙부일영.

앙:부-일영 (仰釜日影) 명 〖천〗 조선 세종 16년(1434)에 만든 해시계. 가마솥 모양의 용기 안쪽에 이십사절기를 나타내는 눈금을 새기고 북극을 가리키는 바늘을 꽂아, 그 바늘의 그림자가 가리키는 눈금을 읽어 시각을 알 수 있게 됨. 앙부일구.

앙분 (怏憤) 명하자 분하게 여겨 앙갚음할 마음을 품음. 또는 그 마음.

앙분 (昂奮) 명하자 매우 흥분함.

앙분-풀이 (怏憤-) 명 앙심을 품고 원수를 갚는 일. ▷~로 살인을 하다.

앙:사 (仰射) 명하자 높은 곳을 향해 쏨.

앙:사-부모 (仰事父母) 명하자 우러러 부모를 섬김.

앙:사-부육 (仰事俯育) 명하자 부모를 섬기고 처자(妻子)를 보살핌.

앙살 명하자 엄살을 피우며 반항함. ▷~을 부리다 / ~을 피우다.

앙살-궂다 [-굳따] 형 매우 앙살스럽다.

앙살-스럽다 [-따][-스러워, -스러우니] 형ㅂ 앙살하는 태도가 있다. ▷앙살스러운 아이.
앙살-스레 甲

앙상-궂다 [-굳따] 형 매우 앙상하다. 옌엉성궂다.

앙상블 (ㅍ ensemble) 명 **1** 전체적인 어울림이나 통일. 조화. ▷~을 이루다. **2** 여성복에서, 같은 감으로 만들어 전체적으로 통일·조화된 한 벌. **3**〖악〗두 사람 이상이 하는 노래나 합주. **4**〖악〗소규모의 합주단이나 실내악 합주단. **5**〖연〗배우 전원의 협력으로 통일적 효과를 꾀하는 연출법.

앙상-하다 형어 **1** 꼭 짜이지 않아 어울리지 않다. **2** 뼈만 남도록 바짝 마르다. ▷뼈만 ~. **3** 나뭇잎이 지고 가지만 남아서 스산하다. ▷앙상한 나뭇가지. 옌엉성하다. **앙상-히** 甲

앙-세다 형 몸은 약해 보여도 힘이 세고 다부지다.

앙숙 (怏宿) 명 앙심을 품고 서로 미워하는 사이. ▷그들은 서로 ~이다.

앙:시 (仰視) 명하자 존경하는 마음으로 우러러 봄. 앙견(仰見).

앙시앵 레짐 (ㅍ ancien régime) 프랑스 혁명(1789년) 전의 절대 군주(絕對君主) 정체. 구제도(舊制度).

앙심 (怏心) 명 원한을 품고 앙갚음하기를 벼르는 마음. ▷~을 먹다 / ~을 품다 / ~이 나다 옌앙(怏).

앙알-거리다 짜 윗사람에게 원망하는 뜻을 종알거리다. ▷사탕을 안 사 준다고 어머니에게 ~. 옌엉얼거리다. **앙알-앙알** 甲하자

앙알-대다 짜 앙알거리다.

앙앙 甲하자 **1** 어린아이가 크게 우는 소리. 또

는 그 모양. **2** 앙탈을 부리며 자꾸 보채는 소리. 또는 그 모양. 옌엉엉.

앙앙-거리다 짜 **1** 어린아이가 자꾸 앙앙 소리내어 울거나 괴로워서 성가시게 굴다. **2** 앙탈을 부리며 자꾸 보채다. 옌엉엉거리다.

앙앙-대다 짜 앙앙거리다.

앙앙불락 (怏怏不樂) 명하자 마음에 차지 않거나 야속하게 여겨 즐거워하지 아니함.

앙앙지심 (怏怏之心) 명 마음에 차지 않거나 야속하여 여기는 마음.

앙앙-하다 (怏怏-) 형어 마음에 차지 않거나 야속하다. **앙앙-히** 甲

앙:양 (昂揚) 명하자 정신이나 사기 따위를 드높이고 북돋움. ▷애국심 ~ / 응원에 힘입어 사기가 더욱 ~되었다.

앙영 (映影) 명 앙화(殃禍). ▷~을 입다.

앙연-하다 (怏然-) 형어 마음에 차지 않거나 야속하다. **앙연-히** 甲

앙:와 (仰瓦) 명 암키와.

앙:와 (仰臥) 명하자 배와 가슴을 위로 하고 반듯이 누움.

앙:우 (仰友) 명 재주·학덕(學德)이 뛰어나 존경하는 벗.

앙:원 (仰願) 명하자 우러러 바람.

앙잘-거리다 짜 군소리로 원망하는 뜻을 나타내다. 옌엉절거리다. **앙잘-앙잘** 甲하자

앙잘-대다 짜 앙잘거리다.

앙:장 (仰帳) 명 천장이나 상여(喪輿) 위에 치는 휘장.

앙:장 (仰障) 명 〖건〗 치받이 흙으로 바른 천장.

앙장-하다 (怏掌-) 형어 일이 매우 복잡하고 바쁘다.

앙증-맞다 [-맏따] 형 작으면서도 갖출 것은 다 갖추어 아주 귀엽고 깜찍하다. ▷아기가 앙증맞게 웃는다.

앙증-스럽다 [-따][-스러워, -스러우니] 형ㅂ 보기에 앙증맞은 데가 있다. **앙증-스레** 甲

앙증-하다 형어 **1** 모양이 제격에 어울리지 않게 작다. ▷앙증하게 작은 체구. **2** 작으면서도 갖출 것은 다 갖추어 깜찍하고 귀엽다. ▷교복 차림이 앙증한 중학생.

앙짜 명 **1** 앳되게 점잔을 빼는 짓. ▷~를 부리다 / ~를 쓰다. **2** 성질이 깐작깐작하고 암상스러운 사람을 놀리는 말.

앙:천 (仰天) 명하자 하늘을 우러러봄.

앙:천-대소 (仰天大笑) 명하자 하늘을 쳐다보고 크게 웃는다는 뜻으로, 웃음이 터져 나오거나 어이가 없어서 크게 웃는다는 말.

앙:천-부지 (仰天俯地) 명하자 하늘을 우러러보고 땅을 굽어봄. ▷~하여도 부끄러울 것이 전혀 없다.

앙:천-축수 (仰天祝手)[-쑤] 명하자 하늘을 우러러보며 소원을 빎.

앙:첨 (仰瞻) 명하자 쳐다봄. 앙시(仰視).

앙:청 (仰請) 명하자 우러러 청함.

앙:축 (仰祝) 명하자 우러러 축하함. ▷선배님의 수연을 진심으로 ~합니다.

앙칼-스럽다 [-따][-스러워, -스러우니] 형ㅂ 앙칼진 듯하다. ▷언니에게 앙칼스럽게 대들다. **앙칼-스레** 甲

앙칼-지다 형 **1** 제힘에 겨운 일에 악을 쓰며 덤비는 태도가 있다. **2** 모질고 날카롭다. ▷목소리가 ~.

앙케트 (ㅍ enquête) 명 사람들의 의견을 조사하기 위하여 같은 질문을 여러 사람에게 해서 회답을 구하는 일. 또는 그 조사 방법. 설문. 설문 조사. ▷~ 조사를 하다.

앙코르 (ㅍ encore) 명 **1** 연주나 연기를 마친 출

연자에게 박수 따위로 다시 출연을 청하는 일. 재창(再唱). 재청(再請). ❑ ~를 받다. **2** 호평을 받은 연극이나 영화 따위를 다시 상영하거나 방송하는 일. ❑ ~ 드라마 / ~ 공연을 하다.

앙크르 (프 ancre) [명] 시계의 톱니바퀴에 맞물려서 톱니바퀴의 회전 속도를 조절하는 닻 모양의 장치. 앵커 이스케이프먼트.

앙큼-상큼 [부] 짧은 다리로 발을 무겁게 떼었다 가볍게 떼었다 하면서 걷는 모양. [큰]엉큼성큼.

앙큼-스럽다 [-따]〔-스러워, -스러우니〕 [형][ㅂ] 앙큼한 듯하다. [큰]엉큼스럽다. **앙큼-스레** [부]

앙큼-앙큼 [부][하자] 작은 덩치로 힘 있게 걷거나 기는 모양. [큰]엉큼엉큼. [여]앙금앙금.

앙큼-하다 [형][여] 엉뚱한 욕심을 품고 제 분수에 넘치는 짓을 하고자 하는 태도가 있다. ❑ 앙큼한 속셈을 품다. [큰]엉큼하다.

앙:탁 (仰託) [명][하타] 우러러 청탁함.

앙탈 [명][하자] **1** 시키는 말을 듣지 않고 생떼를 쓰거나 고집을 부림. ❑ ~을 떨다 / ~을 부리다. **2** 마땅히 해야 할 것을 핑계를 대어 피하거나 꾀를 부림. ❑ 말을 듣지 않고 ~을 부리다.

앙:토 (仰土) [명][하자] 〖건〗 치받이2.

앙:토-장이 (仰土-) [명] 〖건〗 치받이를 바르는 미장이.

앙:토-질 (仰土-) [명][하자] 〖건〗 치받이를 바르는 일.

앙투카 (프 en-tout-cas) [명] 육상 경기장의 경주로나 테니스 코트 따위에 까는, 벽돌 가루 따위로 가공한 적갈색의 인조 흙. 또는 그 흙을 깐 경기장.

앙트레 (프 entrée) [명] 서양 요리에서, 생선 요리가 나온 다음 로스트(roast)가 나오기 전에 나오는 요리.

앙티크 (프 antique) [명] 〖인〗 ☞ 앤티크.

앙판 (秧板) [명] 못자리1.

앙페르의 법칙 (Ampère-法則)[-/-에-] 〖물〗 전류의 방향을 오른나사 방향으로 할 때, 전류가 주위에 만들어 내는 자기장(磁氣場)의 방향은 그 오른나사의 회전 방향과 일치한다는 법칙. 암페어의 법칙.

앙-하다 [형][여] 마음속에 맺힌 것이 풀리지 않아 토라져 있다. ❑ 하찮은 일로 앙한 채 아무 말도 없다.

앙:혼 (仰婚) [명][하자] 자기보다 지체 높은 사람과 혼인함. 또는 그런 혼인. ↔강혼(降婚).

앙:화 (仰花) [명] 〖건〗 탑의 복발(覆鉢) 위에 꽃잎을 위로 향하여 벌려 놓은 모양으로 새긴 장식.

앙화 (殃禍) [명] **1** 어떤 일로 인하여 생기는 재난. ❑ ~가 미치다 / ~를 입다. **2** 죄의 앙갚음으로 받는 재앙(災殃). ❑ ~를 받다.

앞 [압] [명] **1** 얼굴이나 눈이 향한 쪽. ❑ ~으로 가. **2** 차례나 열에서 먼저 있는 편. ❑ ~에 앉은 사람. **3** 미래(未來). ❑ 지난 일은 잊고 ~만 보면서 살아라. **4** 이전. 먼저. ❑ ~에서 말한 바와 같이. **5** 신체나 물체의 전면(前面)《흔히 사람의 음부나 젖가슴을 가리킴》. ❑ 겨우 ~만 가리고 있다 / 집 ~은 산이다. **6** 몫. ❑ 맏아들 ~으로 가는 재산. **7** 명사나 인칭 대명사 뒤에 쓰여, '에게·께' 등의 뜻을 나타내는 말. 전(前). ❑ 동생 ~으로 온 편지. **8** 어떤 조건에 처한 환경이나 상태. ❑ 냉엄한 현실 ~에서 속수무책이다.

앞(을) 다투다 [구] 뒤지지 않으려고 다투어 나아가거나 행하다.

앞(을) 닦다 [구] 자기 할 일을 잘하고 행동을 그르지 않게 하다.

앞(을) 못 보다 [구] ㉠눈이 멀어서 보지 못하다. ㉡앞을 내다보는 안목(眼目)이 없다.

앞이 캄캄하다〔깜깜하다〕 [구] 앞으로 어떻게 해야 할지 방향이 전혀 서지 않아 답답하다.

앞-가르마 [압까-] [명] 앞머리 한가운데에 반듯하게 탄 가르마.

앞-가리다 [압까-] [자] 겨우 무식함을 면하고 자기 앞에 닥친 일이나 처리하다.

앞-가림 [압까-] [명][하자] 제 앞에 닥친 일을 제 힘으로 해냄. ❑ 제 ~도 못하는 주제에 말이 많구나.

앞-가슴 [압까-] [명] **1** '가슴'의 힘줌말. ❑ ~의 풍만한 선. **2** 윗도리의 앞자락. ❑ ~을 여미다 / ~에 단 이름표. **3** 〖충〗 곤충의 가슴 부분의 전반부. 전흉(前胸).

앞가슴-등판 (-板)[압까-] [명] 〖충〗 곤충의 앞가슴의 뒤쪽이 되는 부분. 전흉배판.

앞-가슴마디 [압까-] [명] 〖충〗 곤충의 세 가슴마디 중 맨 앞부분. 한 쌍의 앞다리가 붙어 있음. 전흉절.

앞-가지[1] [압까-] [명] 길마의 앞부분이 되는 말굽쇠 모양의 나무. ↔뒷가지[1].

앞-가지[2] [압까-] [명] 〖언〗 접두사(接頭辭).

앞-갈망 [압깔-] [명][하자] 자기에게 생기는 일을 감당하여 능히 처리해 냄. 또는 그 일. ❑ 겨우 ~이나 할 나이.

앞-갈이[1] [압까리] [명][하타] 망건의 앞이 해어졌을 때 그것을 뜯어내고 새로 갈아 뜨는 일.

앞-갈이[2] [압까리] [명][하타] 〖농〗 그루갈이에서 먼저 재배함. 또는 그 농사. ↔뒷갈이.

앞-갱기 [압깽-] [명] 총갱기를 뒷갱기에 상대하여 일컫는 말. ↔뒷갱기.

앞-거리 [압꺼-] [명] 도심(都心)의 앞쪽 길거리. ↔뒷거리.

앞-걸이 [압꺼리] [명] 수레를 끌 때나 탈 때에 말을 제어할 수 있도록 말 앞가슴에 단 가죽으로 된 마구(馬具).

앞-그루 [압끄-] [명] 〖농〗 그루갈이를 할 때 먼저 재배하는 작물. 전작(前作). ↔뒷그루.

앞-길[1] [압낄] [명] **1** 집채의 앞쪽이나 마을의 앞에 있는 길. ❑ 마을 ~을 넓히다. **2** 장차 나아갈 길. ❑ ~을 가로막다. **3** 앞으로 살아갈 길. 전도(前途). 전정(前程). ❑ ~이 창창한 젊은이 / ~이 막막하다.

[앞길이 구만 리 같다] 나이가 젊어서 앞길이 창창하다.

앞길이 멀다 [구] ㉠앞으로 해야 할 일이 많이 남아 있다. ㉡앞으로 살아갈 여생이 많이 남아 있다.

앞-길[2] [압낄] [명] 서북도 지방에서 남도를 가리키는 말. ↔뒷길.

앞-길[3] [압낄] [명] 저고리나 두루마기 따위의 앞쪽에 대는 가는 길. ↔뒷길.

앞-꾸밈음 (-音)[압-미믐] [명] 〖악〗 본음표 앞에 붙은 꾸밈음으로, 원칙적으로 그 길이를 본음표에서 끌어 옴《긴앞꾸밈음·짧은앞꾸밈음·겹앞꾸밈음이 있음》. 전타음(前打音).

앞-날 [암-] [명] **1** 앞으로 올 날이나 때. ❑ ~을 기약하다 / ~이 창창하다. **2** 남은 세월. ❑ 그의 ~도 얼마 남지 않았다.

앞-날개 [암-] [명] **1** 곤충의 날개 가운데 앞에 있는 한 쌍의 날개. **2** 비행기 등의 앞쪽에 있는 날개. ↔뒷날개.

앞-내 [암-] [명] 마을 앞을 흐르는 내.

앞-널[암-]圓 농(籠)이나 반닫이의 문짝이 달려 있는 앞면 널.

앞-넣다[암너타]目 윷놀이에서, 말을 앞밭에 놓다.

앞-니[암-]圓 앞쪽으로 아래위에 각각 네 개씩 나 있는 이. 문치(門齒).

앞-다리¹[압따-]圓 1『생』네발짐승이나 곤충의 몸 앞쪽에 있는 두 다리. 2 두 다리를 앞뒤로 벌렸을 때 앞쪽에 놓인 다리. 3 책상·걸상 따위의 앞쪽에 달린 다리. ↔뒷다리. 4 베틀 앞기둥.

앞-다리²[압따-]圓 1 집을 내놓고 옮길 때, 새로 갈 집. 2 여럿이 각각 연락하여 일할 때, 자기의 바로 앞에서 인도하는 사람.

앞-닫이[압따지]圓 구두의 앞부분.

앞-당기다[압땅-]目 1 물건 따위를 앞으로 당기다. 2 의자를 앞당겨 앉다. 3 이미 정한 시간이나 약속을 당겨서 미리 하다. ▢ 계획을 ~ / 행사 시작 시간을 오후 2시에서 오전 10시로 ~.

앞-대[압때]圓 어떤 지방에서 그 남쪽 지방을 일컫는 말. 아랫녘. ↔뒤대.

앞-대문(-大門)[압때-]圓 집의 정문. 대문. ↔뒷대문.

앞-두다[압뚜-]目 닥쳐올 때나 곳을 가까이 두다. ▢ 결혼을 사흘 ~.

앞-뒤[압뛰]圓 1 앞과 뒤. 전후. ▢ ~를 살피다. 2 먼저와 나중. 3 앞말과 뒷말. ▢ 말의 ~를 따져 보자 / ~가 맞지 않다.

앞뒤가 막히다❐ 융통성이 없고 답답하다.

앞뒤가 맞다❐ 조리가 맞다.

앞뒤를 가리다[재다]❐ 신중하게 따지고 계산하다. 세밀히 측정하다.

앞뒤-갈이[압뛰가리]圓目 1 앞갈이와 뒷갈이. 2 봄갈이와 가을갈이. 3 두벌갈이.

앞뒤-하다[압뛰-]재目어 1 일정한 시점의 직전 또는 직후 무렵에 있다. ▢ 명절을 앞뒤하여 시장이 붐빈다. 2 둘 이상의 행동·상태가 연잇다. ▢ 오락회와 회식이 앞뒤하여 열렸다.

앞뒷-문(-門)[압뛴-]圓 1 앞문과 뒷문. 2 모든 문.

앞뒷-질[압뛰쩔 / 압뛷쩔]圓目邓 배가 앞뒤로 흔들리는 일. ↔옆질.

앞뒷-집[압뛰찝 / 압뛷찝]圓 1 앞집과 뒷집. 2 서로 이웃하여 있는 집. ▢ 그와는 ~에 살면서 단짝이 되었다.

앞-들[압뜰]圓 마을 앞에 있는 들판. ↔뒷들.

앞-들다[압뜰-]재 (앞들어, 앞드니, 앞드는)재 1 윷놀이에서, 말이 앞밭에 이르다. 2 앞서서 들어서다.

앞-뜰[암-]圓 집채 앞에 있는 뜰. ↔뒤뜰.

앞-마구리[암-]圓 걸채의 앞쪽에 가로 댄 나무. 앞채². ↔뒷마구리.

앞-마당[암-]圓 집채 앞에 있는 마당. 앞뜰. ↔뒷마당.

앞-막이[암마기]圓 1 제 앞에 닥칠 일을 미리 막는 일. 2 검도에서, 아랫도리를 보호하려고 앞을 가리는 일. 또는 그런 물건.

앞-말[암-]圓 1 앞에서 한 말. ↔뒷말. 2 앞으로 할 말.

앞-맵시[암-씨]圓 앞에서 본 맵시. ↔뒷맵시.

앞-머리[암-]圓 1『생』정수리 앞쪽 부분의 머리. ▢ ~에 혹이 났다. 2 일이나 글의 앞부분. ▢ 신문의 ~. 3 머리의 앞쪽에 난 머리털. ▢ ~를 자르다. 4 물건·행렬의 앞쪽. ▢ 대열 ~ / 자동차 ~.

앞머리-뼈[암-]圓 전두골(前頭骨).

앞메-꾼[암-]圓 대장간에서 불린 쇠를 큰 메로 치는 일을 하는 사람.

앞-면(-面)[암-]圓 전면(前面). ↔뒷면.

앞-면도(-面刀)[암-]圓하자 얼굴 앞면에 난 수염과 잔털을 밂. ↔뒷면도.

앞-모개[암-]圓 윷판의 앞밭에서 안으로 꺾인 둘째 밭. ↔뒷모개.

앞-모도[암-]圓 윷판의 앞밭에서 안으로 꺾인 첫 밭. ↔뒷모도.

앞-모습[암-]圓 앞에서 본 모습. ↔뒷모습.

앞-모양(-模樣)[암-]圓 앞에서 본 모양. ↔뒷모양 1.

앞-몸[암-]圓 네발짐승의 머리부터 허리까지의 부분.

앞무릎-치기[암-릎-]圓 씨름에서, 상대의 앞으로 내어 디딘 다리의 무릎을 쳐서 넘어뜨리는 기술. ↔뒷무릎치기.

앞-문(-門)[암-]圓 집이나 방의 앞쪽에 있는 문. ↔뒷문1.

앞-바다[압빠-]圓 1 육지에 가까이 있는 바다. ▢ 인천 ~. 2 기상 예보에서, 한반도를 중심으로 육지로부터 동해는 20 km, 서해 및 남해는 40 km 이내의 바다. *먼바다·먼 바다.

앞-바닥[압빠-]圓 1 신바닥의 앞쪽 부분. ↔뒷바닥. 2『광』앞장².

앞-바람[압빠-]圓 1 마파람. 2 역풍(逆風)1.

앞-바퀴[압빠-]圓 수레 따위의 앞에 있는 바퀴. ↔뒷바퀴.

앞-바탕[압빠-]圓 가구(家具)의 앞면이나 옆면에 장식이나 배목·고리·자물쇠 등을 받으로 붙이는, 얇고 판판한 쇠 장식《여러 가지 모양과 무늬가 있음》.

앞-발[압빨]圓 1 네발짐승의 앞쪽 두 발. 2 두 발을 앞뒤로 벌렸을 때 앞으로 내어 디딘 발. ↔뒷발.

앞발-굽[압빨꿉]圓 말이나 소 같은 동물의 앞발의 굽.

앞발-질[압빨-]圓하자 1 앞발을 들어서 마구 움직이는 짓. 2 앞발로 차는 짓. ↔뒷발질.

앞-밭[압빧]圓 1 마을이나 집 앞의 밭. 2 윷판의 다섯째 밭. ↔뒷밭.

앞-볼[압뽈]圓 1 버선을 기울 때에 바닥의 앞쪽에 덧대는 두 폭 붙이의 헝겊 조각. ↔뒷볼. 2 발이나 신발 따위의 앞쪽 너비. 또는 그 부분. ▢ ~이 좁다.

앞-부분(-部分)[압뿌-]圓 앞쪽의 부분. 전부(前部). ↔뒷부분.

앞-사람[압싸-]圓 1 앞에 있거나 앞에 가는 사람. 2 일이나 직책을 이전에 맡아보던 사람. 전임자. 3 앞 세대의 사람. ↔뒷사람.

앞-산(-山)[압싼]圓 마을이나 집 앞쪽에 있는 산. ↔뒷산.

앞-서[압써]團 1 남보다 먼저. ▢ ~ 가다. 2 지난번에, 앞서 말한 바와 같이.

앞-서다[압써-]재 1 먼저 나아가다. 앞에 나서다. ▢ 그는 잠자코 앞서서 걸었다. 2 다른 것보다 먼저 작용하다. ▢ 앞이 앞서는 사람 / 우선 앞서는 것은 돈 문제이다. 3 배우자나 손아래 가족이 먼저 죽다. 4 앞에 있는 것을 지나며 앞서다. ▢ 서로 앞서겠다고 다투다. 5 남보다 뛰어나거나 높은 수준에 있다. ▢ 세계적으로 앞선 기술.

앞서거니 뒤서거니❐ 서로 앞에 서기도 하고 뒤에 서기도 하는 모양.

앞-섶[압썹]圓 옷의 앞자락에 대는 섶. ▢ ~을 여미다 / ~을 풀어 헤치다.

앞-세우다[압쎄-]目 (‘앞서다’의 사동) 1 앞

에 서게 하다. ▯악대를 앞세운 행렬. **2** 먼저
내어 놓다. ▯경제 문제를 ~. **3** 자식이나 손
자가 먼저 죽다. ▯외아들을 ~. **4** 드러내어
주장하다. ▯자기 주장만 ~.

앞-수표 (-手票)[압쑤-]몡 《경》 발행 일자를
실제 발행일 이후의 날짜로 발행한 수표. 연
(延)수표.

앞-앞 [아뱝]몡 각 사람의 앞.

앞앞-이 [아바피]뷔 **1** 각자의 앞으로. 저마다
의 앞에. **2** 각 사람의 몫으로. 몫몫이. ▯~
배급하다.

앞에-총 (-銃)[압]몡 《군》 총을 정면으로 세워
들고 차렷 자세를 취하라는 구령. 또는 그 구
령에 따른 동작.

앞엣-것 [아페껃 / 아펜껃]몡 앞에 오는 것. 또
는 앞에 있는 것.

앞-이마 [암니-]몡 **1** '이마'의 강조어. **2** 이마
의 가운데 부분.

앞-일 [암닐]몡 앞으로 닥쳐올 일. ▯~을 예
측하다 / ~이 걱정이다.

앞-자락 [압짜-]몡 옷의 앞쪽 자락. ↔뒷자락.

앞-잡이 [압짜비]몡 **1** 앞에서 인도하는 사람.
2 남의 시킴을 받고 끄나풀이 되어 움직이는
사람. 주구(走狗). ▯경찰의 ~ 노릇을 하다.

앞-장¹ [압짱]몡 여럿이 나아갈 때에 맨 앞에
서는 사람. 또는 그 자리.

앞-장² [압짱]몡 《광》 파 나아가는 사금판이
나. 앞으로 남아 있는 사금판의 바닥. 앞바닥.

앞장-서다 [압짱-]짜 **1** 무리의 맨 앞에 서다.
2 어떤 일에 가장 먼저 나서다. ▯개혁에 앞
장설 뜻을 밝히다.

앞장-세우다 [압짱-]타 《'앞장서다'의 사동》
앞장서게 하다.   [*뒷전.

앞-전 (-殿)[압쩐]몡 종묘(宗廟)의 정전(正殿).

앞-정강이 [압쩡-]몡 '정강이'의 강조어.

앞-주 (-註)[압쭈]몡 장하주(章下註)의 앞에
있는 큰 주.

앞-주머니 [압쭈-]몡 바지 앞쪽에 있는 주머
니. ↔뒷주머니.

앞-줄 [압쭐]몡 **1** 앞쪽에 있는 줄. **2** 앞쪽에 그
어 놓은 줄. ↔뒷줄.

앞줄-댕기 [압쭐-]몡 비녀에 둘러 두 어깨에
걸쳐서 양 가슴 앞에 늘어뜨리는 긴 금박댕기(구
식 혼례에서 신부가 착용함).

앞-지르기 [압찌-]몡하타 뒤에서 따라가서 앞
의 것보다 먼저 나아감. 추월(追越).

앞-지르다 [압찌-][앞질러, 앞지르니]타르 **1**
빨리 나아가서 남보다 먼저 앞을 차지하거나
어떤 점을 먼저 하다. ▯앞서 가는 차를
~. **2** 발전·능력 따위가 남을 능가하다. ▯과
학 기술이 선진국을 앞질렀다.

앞-집 [압찝]몡 앞쪽에 있는 집. ↔뒷집.

앞짧은-소리 [압짤븐-]몡 **1** 장래성이 볼 것
없거나, 장래의 불행을 뜻하는 말마디. **2** 하
지도 못할 일을 하겠다고 미리 장담하는 말.

앞-쪽 [압-]몡 앞을 향한 쪽. ▯~을 향해 무
작정 달렸다. ↔뒤쪽.

앞-차 (-車)[압-]몡 **1** 앞서 떠난 차. ▯~로
먼저 간다. **2** 앞쪽에 가는 차. ▯~를 추월하
다. ↔뒤차.

앞 차기 [압-] 태권도의 발 기술의 하나. 무릎
을 구부려 앞가슴에 닿을 정도로 높이 올리
고 발이 놓인 위치와 목표가 직선이 되도록
하여 다리를 펴면서 발끝으로 상대편을 차는
동작.

앞-차다 [압-]혱 앞을 내다보는 태도가 믿음
성이 있고 든든하다.   「(前站).

앞-참 (-站)[압-]몡 다음에 머무를 곳. 전참

앞-창 [압-]몡 신이나 구두 등의 앞쪽에 대는
창. ↔뒤창.

앞-채¹ [압-]몡 한 울 안에서, 몸채 앞에 있는
집. ↔뒤채¹.

앞-채² [압-]몡 **1** 가마나 상여 등의 앞에서 메
는 채. **2** 앞마구리. ↔뒤채².

앞채-잡이 [압-자비]몡 가마나 상여 또는 들
것 따위의 앞채를 잡는 일. 또는 그 사람.

앞-철기 [압-]몡 길마의 양편 궁글막대에 소
의 목을 휘둘러 매는 줄.

앞-치레 [압-]몡 제 몫을 치르는 일. ▯자
기 ~는 충분히 할 나이가 되었다.

앞-치마 [압-]몡 부엌일 등을 할 때 몸 앞을
가리는 치마. 행주치마.

앞-턱 [압-]몡 두 턱을 가진 물건의 앞쪽에 있
는 턱. ↔뒤턱2.

앞-폭 (-幅)[압-]몡 **1** 옷의 앞쪽에 대는 헝겊.
2 나무로 짜는 물건의 앞쪽에 대는 널조각.

애¹ [언] 한글 자모 'ㅐ'의 이름.

애² :-몡 **1** 걱정에 싸인 초조한 마음속. ▯~가
타다. **2** 마음과 몸의 수고로움. ▯~를 쓰다.

애(가) 마르다 구 몹시 안타깝고 초조하여
속이 상하다.

애(가) 터지다 구 애쓴 보람이 없어서 몹시
속이 상하고 초조하다.

애를 졸이다 구 몹시 안타깝고 초조하여
속을 태우거나 마음을 쓰다.

애:³ (-) '아이'의 준말. ▯~를 낳다 / ~를 보
다 / ~는 장난이 심하다.

애 (埃)쉬관 소수의 단위의 하나. 진(塵)의 10
분의 1, 묘(渺)의 10 배가 되는 수. 곧, 10^{-10}.

애⁴ 업신여기는 뜻을 나타내는 말. ▯~, 그
놈 못쓰겠다.

애⁵ 조 〈옛〉 에⁴.

-애 (愛)回 '자애'·'사랑' 등의 뜻. ▯동성~ /
모성~ / 조국~ / 인류~.

애가 (哀歌)몡 **1** 슬픈 심정을 읊은 노래. 비가
(悲歌). 엘레지. **2** 사람의 죽음을 슬퍼하는
노래.

애각 (涯角)몡 궁벽하고 먼 땅.

애-간장 (-肝腸)몡 〔'애'는 창자라는 뜻의
옛말〕 간장을 강조하여 이르는 말. ▯~ 다
녹인다.

애간장을 저미다 구 간장을 저미듯 몹시 고
통을 주다.

애간장(을) 태우다 구 초조하고 안타까워 속
을 몹시 태우다.

애-갈이 몡하타 애벌갈이.

애개 잡 **1** 뉘우치거나 탄식할 때 가볍게 내는
소리. ▯~, 또 안 가져왔네. **2** 작은 것을 얕
신여기는 소리. ▯~, 겨우 이거 뿐이야. 囹
에게.

애개개 잡 '애개'를 거듭할 때 '애개애개'가
줄어진 말. ▯~, 그게 그림이야. 囹에게에게.

애걸 (哀乞)몡하자타 애처롭게 하소연하여 빎.

애걸-복걸 (哀乞伏乞)[-껄]몡하자타 애처롭게
사정하며 간절히 빌고 또 빎. ▯~ 매달리다 /
한 번만 도와 달라고 ~하다.

애걸-조 (哀乞調)[-쪼]몡 애처롭게 사정하며
비는 말투. ▯~로 사정하다.

애:-견 (愛犬)몡하자 개를 사랑함. 또는 그 개.
▯~을 키우다.

애경 (哀慶)몡 슬픈 일과 경사스러운 일.

애:-경 (愛敬)몡하타 경애(敬愛).

애고 (哀苦)몡하자 슬픔과 괴로움. 또는 그런

마음. 애구(哀疚).

애·고(愛顧)**명하타** 사랑하여 돌보아 줌. ▣~를 입다.

애고囧 '아이고'의 준말.

애고-대고튀하자 소리를 마구 내어 우는 모양. ⨧에구데구.

애고머니囧 '아이고머니'의 준말. ⨧에구머니.

애고-애고囧 상제(喪制)의 곡하는 소리.

애고-지고튀 소리를 내어 몹시 슬프게 우는 모양.

애곡(哀曲)囧 슬픈 노래의 곡조.

애곡(哀哭)명하자 슬피 옮.

애관(礙管)囧 전선(電線)을 벽에 관통시킬 때 누전(漏電)을 막기 위해 전선에 끼우는 사기로 만든 관.

애·교(愛校)명하자 학교를 사랑함. 또는 사랑하는 학교.

애·교(愛嬌)囧 남에게 귀엽게 보이는 태도. ▣~로 보아 주십시오 / ~를 떨다.

애구(隘口)囧 험하고 좁은 목.

애구囧 ☞ 애고.

애·국(愛國)명하자 자기 나라를 사랑함. ▣국산품 애용도 ~하는 마음에서 시작된다.

애·국-가(愛國歌)[-까]囧 1 나라를 사랑하는 마음으로 국민이 부르는 노래. 2 우리나라의 국가. ▣시상대에서 ~를 불렀다.

애·국-선열(愛國先烈)[-써널]囧 나라를 위하여 싸우다가 죽은 사람. 순국선열.

애·국-심(愛國心)[-씸]囧 자기 나라를 사랑하는 마음. ▣~에 호소하다 / ~이 강한 민족.

애·국-자(愛國者)[-짜]囧 자기 나라를 사랑하는 사람.

애·국-적(愛國的)[-쩍]관囧 자기 나라를 사랑하는 (것). ▣~인 동기.

애·국-지사(愛國志士)[-찌-]囧 나라를 위하여 자기의 몸과 마음을 다 바쳐 이바지하려는 뜻을 가진 사람.

애국-채(艾菊菜)囧 쑥갓나물.

애·군(愛君)명하자 임금을 사랑함.

애그리비즈니스(agribusiness)囧 1 농업 관련 산업(농업과 그에 밀접히 관련된 생산 자재 제조업 및 가공업 등의 총체). 2 농사에만 종사하는 것이 아니라 가공·유통도 함께 하는 개개의 농업 기업체.

애급(埃及)囧지 '이집트'의 음역(音譯).

애긍(哀矜)명하자 불쌍히 여김. 애련(哀憐).

애긍-하다(哀矜-)혱여 불쌍하고 가엾다. **애긍-히**튀

애기囧 ☞ 아기.

애·기(愛己)명하자 자기(自己)를 사랑함. ↔애타(愛他).

애·기(愛妓)囧 특히 사랑하는 기생(妓生).

애·기(愛機)囧 1 자기가 아껴서 조종하는 비행기. 2 귀중히 여기는 기계.

애기(曖氣)囧 트림.

애기-고추나물囧〔植〕물레나물과의 여러해 살이풀. 높이 10-30 cm, 줄기는 네모지고 잎은 달걀 모양임. 여름에 누런 꽃이 핌.

애기-나리囧〔植〕백합과의 여러해살이풀. 깊은 산의 나무 그늘에 나는데, 높이 15-40 cm, 잎은 어긋나고 긴 타원형임. 봄에 나리 비슷한 흰 여섯잎꽃이 핌.

애기-나방囧〔蟲〕애기나방과의 곤충. 몸길이 약 1.5 cm, 편 날개 3.2-3.8 cm, 몸빛은 흑색이며, 앞날개에 5개의 투명한 무늬가 있

음. 낮에 활동하며 애벌레는 배나무·사과나무 등의 잎을 갉아 먹는 해충임.

애기똥-풀囧〔植〕양귀비과의 두해살이풀. 촌락 근처에 나는데, 줄기 높이는 50 cm 정도. 잎은 어긋나고 뒷면이 분처럼 희며, 누른 빛깔의 유액이 있음. 봄·여름에 노란 꽃이 피고 삭과가 엶. 약제로 쓰임. 백굴채(白屈菜).

애기-마름囧〔植〕마름과의 한해살이풀. 못에 나는데, 줄기는 가늘고 마디마다 두세 줄의 실 모양의 뿌리가 많이 나오고 잎은 달걀 모양의 마름모꼴임. 여름에 흰 꽃이 핌. 핵과(核果)는 식용함.

애기-풀囧〔植〕원지과의 여러해살이풀. 산지에 나는데, 뿌리는 가늘고 단단하며 줄기 높이는 10-20 cm, 잎은 어긋나고 달걀 모양 또는 타원형임. 봄에 자주색 꽃이 잎겨드랑이에서 핌. 잎줄기는 보정 장양제(補精壯陽劑)로 쓰임. 영신초.

애-깎이囧 조각칼의 한 가지《속을 우묵하게 파내는 데에 씀》.

애꾸囧 1 '애꾸눈'의 준말. 2 '애꾸눈이'의 준말.

애꾸-눈囧 한쪽이 먼 눈. ⨧애꾸.

애꾸눈-이囧 한쪽 눈이 먼 사람. 외눈박이. ⨧애꾸.

애-꽃다[-꼳따]혱 1 아무런 잘못 없이 억울하다. ▣애꿎게 꾸중을 듣다. 2 《주로 '애꿎은'의 꼴로 쓰여》 그 일과는 아무런 상관이 없다. ▣애꿎은 소리를 듣다.

애-꽃이튀 애꿎게.

애·-긋다[-끋따]재 몹시 슬퍼서 창자가 끊어질 듯하다. ▣애긋는 통곡.

애-끌囧 커다란 끌. 끌끌.

애·-긋다[-끌따]재 몹시 걱정이 되어 속이 긇는 듯하다. ▣애긇는 이별.

애끼찌囧 활 만드는 데 쓰는 특수한 나무. 궁간목(弓幹木).

애-나무囧 어린 나무. 애목.

애내(欸乃)囧〈이두〉1 노를 젓는 소리. 2 뱃노래.

애내-성(欸乃聲)囧 배를 저으면서 부르는 노랫소리.

애·-년囧〈비〉'아이년'의 준말.

애년(艾年)囧 머리털이 약쑥같이 희어진다는 뜻으로, 쉰 살을 일컫는 말.

애·념(愛念)囧 사랑하는 마음.

애노드(anode)囧〔物〕양극(陽極). ↔캐소드.

애·-놈囧〈비〉'아이놈'의 준말.

애·-늙은이[-늘그니]囧 나이는 어리면서 행동이나 생김새가 어른 같은 아이를 이르는 말.

애니멀리즘(animalism)囧 1 야수주의. 2 수욕주의. 3 인간에게는 영성(靈性)이 없다고 하는 인간 동물설.

애니메이션(animation)囧〔演〕그림에서 나타낸 동물 등이 살아 있는 것처럼 보이게 촬영한 영화. 또는 그 영화 제작 기술《만화 영화의 수법으로 씀》. 동화(動畫).

애니미즘(animism)囧〔宗〕종교의 원시 형태의 하나《자연계의 모든 사물에는 생물이든 무생물이든 간에 영혼이 있다는 생각이나 신앙. 또는 여기에서 종교의 기원을 찾는 학설》. 유령관(有靈觀).

애·-달다[애달아, 애다니, 애다는]재 마음이 쓰여 속이 달아오르는 듯하다.

애달프다[애달파, 애달프니]혱 1 마음이 안타깝거나 쓰라리다. ▣애달픈 사랑. 2 애처롭고 쓸쓸하다. ▣애달픈 신세.

애달피튀 애달프게. ▣~ 울다.

애닲다 〔형〕☞애달프다.
애-당초 (-當初) 〔명〕 '애초'의 힘줌말(부사적으로도 씀). ▢~에 무리한 주문이었다 / 그런 말은 ~ 꺼내지 말아라고 한참 애먹었다.
애도 (哀悼) 〔명〕〔하타〕 사람의 죽음을 슬퍼함. 애척(哀戚). ▢삼가 ~의 뜻을 표하다.
애도라래라 〔형〕〈옛〉애달프구나.
애-독 (愛讀) 〔명〕〔하타〕 즐겨서 읽음. ▢널리 ~된 소설.
애-독-자 (愛讀者)〔-짜〕〔명〕 잡지·신문 따위의 글을 애독하는 사람.
애동대동-하다 〔형〕 매우 앳되고 젊다.
애-동지 (-冬至) 〔명〕 오동지.
애-돝 〔-돋〕 〔명〕 한 살이 된 돼지.
애드리브 (ad lib) 〔명〕 대본이나 악보에 없는 즉흥적인 대사나 연주.
애드벌룬 (adballoon) 〔명〕 광고용·선전용의 글이나 그림 따위를 매달아 공중에 띄우는 기구(氣球). 광고 풍선.
애디슨-병 (Addison病) 〔명〕〔의〕 1855년 영국의 의사 토머스 애디슨이 발견한 부신(副腎) 기능 감퇴에 따르는 내분비 질환(빈혈·혈압 강하·소화 및 신경 장애 따위의 증상이 나타나고 피부와 점막이 흑갈색이 됨).
애돌다 〔타〕〈옛〉애달프게 여기다.
애-띠다 〔형〕☞앳되다.
애락 (哀樂) 〔명〕 슬픔과 즐거움. ▢희로~.
애-란 (愛蘭) 〔명〕 '아일랜드'의 음역(音譯).
애련 (哀憐) 〔명〕〔하타〕 가엾이 애처롭게 여김. ▢~의 정을 금치 못하다.
애련 (哀戀) 〔명〕 이루지 못한 연애(戀愛). 슬픈 사랑. ▢~의 정을 깨닫다.
애:-련 (愛憐) 〔명〕〔하타〕 어리거나 약한 사람을 가엾게 여기어 사랑함.
애:-련 (愛戀) 〔명〕〔하타〕 사랑하여 그리워함.
애련-하다 (哀憐-) 〔형〕〔여〕 가엾고 애처롭다. 애련-히 〔부〕
애:-련-하다 (愛憐-) 〔형〕〔여〕 가엾고 사랑스럽다. ▢비에 젖어 떨고 있는 그녀의 모습이 애련해 보였다. 애:련-히 〔부〕
애로 (隘路) 〔명〕 1 좁고 험한 길. 2 일을 진행하는 데 방해가 되는 점. 지장. ▢~ 사항 / ~가 있다 / 일하는 데 ~가 많다.
애:린 (愛隣) 〔명〕〔하자〕 이웃을 사랑함.
애:-린-여기 (愛隣如己)〔-녀-〕 〔명〕〔하자〕 이웃을 사랑하기를 자기 몸을 사랑하듯 함.
애:림 (愛林) 〔명〕〔하자〕 산에 나무가 잘 자라도록 가꿈. 나무 사랑. ▢~ 사상(思想).
애:마 (愛馬) 〔명〕 자기가 아끼고 사랑하는 말. 애기(愛騎).
애막 〔명〕〈옛〉작은 가게.
애:매 (曖昧) 〔명〕〔하형〕〔하부〕 희미하여 분명하지 않음. ▢~한 대답.
애:매-모호 (曖昧模糊) 〔명〕〔하형〕 말이나 태도 따위가 분명하지 아니하고 희미함. ▢태도가 ~하다.
애-매미 〔명〕〔충〕 매밋과의 곤충. 몸길이는 3cm 정도이며, 몸빛은 어두운 녹색에 흑색 무늬가 있고 황금색의 가는 털이 많음. 8~10월에 나타나는데, 애벌레는 수년간 땅속에서 삶.
애:매-설 (曖昧說) 〔명〕〔문〕 19세기 프랑스의 탐미파(耽美派) 작가들이 주장한 학설(언어는 원래 애매한 것이어서 작가의 깊은 사상이나 복잡한 감정을 능히 표현할 수 없다고 주장하는 학설).
애:매-하다 〔형〕〔여〕 아무 잘못이 없이 꾸중을 듣거나 벌을 받아 억울하다. ▢공연히 애매한 사람을 들볶다. 〔준〕앰하다. 애:매-히 〔부〕

애:-먹다 〔-따〕 〔자〕 애가 탈 정도로 어려움을 겪다. ▢애를 찾느라고 한참 애먹었다.
애:-먹이다 〔타〕 ('애먹다'의 사동) 애먹게 하다. ▢애가 말썽을 부려 부모를 애먹였다.
애면-글면 〔부〕〔하부〕 약한 힘으로 무엇을 이루려고 온갖 힘을 다하는 모양. ▢~ 모은 재산을 다 날렸다.
애모 (哀慕) 〔명〕〔하타〕 죽은 사람을 슬피 사모함.
애:-모 (愛慕) 〔명〕〔하타〕 사랑하고 그리워함. ▢가슴에 사무치는 ~의 정.
애:-무 (愛撫) 〔명〕〔하타〕 주로 이성을, 사랑하여 어루만짐.
애:-물 (-物) 〔명〕 1 애를 태우는 물건이나 사람. ▢자식이 아니라 ~이다. 2 어린 나이로 부모보다 먼저 죽은 자식.
애:-물 (愛物) 〔명〕 사랑하고 소중히 여기는 물건.
애:-물-단지 (-物-)〔-딴-〕 〔명〕 '애물'의 낮춤말.
애민 (哀愍) 〔명〕〔하타〕 불쌍히 여김. 가엾게 여김.
애:-민 (愛民) 〔명〕〔하자〕 백성을 사랑함.
애민-하다 (哀愍-) 〔형〕〔여〕 불쌍하고 가엾다.
애:-바르다 〔애발라, 애바르니〕 〔형〕〔르〕 재물과 이익을 좇아 덤비는 데 발밭다. ▢그는 지나치게 애바르게 인심을 잃었다.
애-바리 〔명〕 애바른 사람.
애버레이션 (aberration) 〔명〕 1〔천〕 광행차(光行差). 2〔의〕 정신 이상.
애버리지 (average) 〔명〕 볼링에서, 경기자가 한 게임당 얻는 평균 점수.
애-벌 〔명〕 같은 일을 되풀이할 때의 첫 번째 차례. 초벌.
애벌-갈이 〔명〕〔하타〕 논이나 밭을 첫 번째 가는 일. 애갈이.
애벌-구이 〔명〕〔하타〕 설구이2.
애벌-김 〔명〕 논밭의 첫 번째의 김매기.
애벌-논 〔-론〕 〔명〕 애벌 맨 논.
애:-벌레 〔명〕〔충〕 알에서 부화되어 아직 다 자라지 않은 벌레. 새끼벌레. 유충(幼蟲). ▢나방의 ~. ↔엄지벌레.
애벌-방아 〔명〕 첫 번째로 대강 찧는 방아.
애벌-빨래 〔명〕 처음 대강 하는 빨래. 〔준〕애빨래.
애벌-칠 (-漆) 〔명〕 칠을 할 때 처음에 하는 칠.
애별 (哀別) 〔명〕〔하타〕 슬프게 이별함. 또는 이별을 슬퍼함.
애:-별 (愛別) 〔명〕〔하타〕〔불〕 사랑하는 사람과 이별함.
애:-별리고 (愛別離苦) 〔명〕〔불〕 팔고(八苦)의 하나(부모·형제·처자·애인 등과 생별(生別)·사별하여 받는 고통).
애:-부 (愛夫) 〔명〕 기생이나 창부 따위가 정을 주는 남자.
애비 ☞아비.
애비 (崖碑) 〔명〕 자연의 암벽(巖壁)의 면을 갈아 비문을 새긴 비.
애:-비 (愛婢) 〔명〕 상전이 사랑하는 여자 종.
애-빨래 〔명〕 '애별빨래'의 준말.
애사 (哀史) 〔명〕 슬픈 역사. 불행한 내력(來歷). ▢단종 ~ / 실향민 ~.
애사 (哀詞) 〔명〕 사람의 죽음을 슬퍼하여 지은 글. 애도사.
애:-사 (愛社) 〔명〕〔하자〕 자기가 근무하는 회사를 아끼고 사랑함. ▢~ 정신이 강하다.
애:-사-심 (愛社心) 〔명〕 자기가 근무하는 회사를 아끼고 사랑하는 마음.

애산(礙産)명 아기의 목이 걸려서 몹시 힘이 드는 해산(解産).

애살-스럽다 (-따)[-스러워, -스러우니]형b 군색하고 애바른 데가 있다.

애상(哀喪)명하자 상사(喪事)를 당하여 슬퍼함.

애상(哀想)명 슬픈 생각. ▷~에 잠기다.

애상(哀傷)명하자 1 죽은 사람을 생각하여 마음이 상함. 2 슬퍼하고 가슴 아파함.

애:상(愛賞)명하타 풍경·물건 따위를 사랑하여 칭찬함. ▷그 노래는 지금도 ~되고 있다.

애:-새끼 명〈비〉 자식(子息).

애:서 (愛壻)명 사랑하는 사위.

애:서-광(愛書狂)명 책을 지나치게 아끼고 사랑하는 사람.

애석(艾石)명〔광〕화강암의 한 가지(매우 단단하고 검푸른 색의 잔 점이 많음. 주로 건축 재료로 씀).

애석(哀惜)명하형히부 슬프고 아까움. ▷~하게도 준우승에 그쳤다.

애:석(愛惜)명하타 사랑하고 아깝게 여김. ▷~의 정을 금할 길이 없다.

애:-석-하다(愛惜-)[-서카-]형여 서운하고 아깝다. 애:석-히부

애:-성이 명 분하고 성이 나서 애가 탐. 또는 그런 감정.

애셔조〈옛〉에서.

애소(哀訴)명하타 슬프게 하소연함. ▷~를 들어주다 / 용서를 ~하다.

애:손(愛孫)명 사랑하는 손자.

애-솔 명 어린 소나무. 애송.

애솔-밭 (-빧)명 애솔이 가득히 들어선 땅. 애송밭.

애-송(-松)명 애솔.

애:-송(愛誦)명하타 글이나 노래를 즐겨 욈. ▷소월의 시를 ~하다.

애송-밭 (-松-)[-빧]명 애솔밭.

애-송아지 명 어린 송아지.

애-송이 명 애티가 나서 어려 보이는 사람이나 물건. ▷~라고 놀리다.

애송이-판 명 애송이들만 득실거리는 판.

애수(哀愁)명 가슴에 스며드는 슬픈 근심. ▷~에 잠기다 / ~를 자아내다.

애-순 (-筍)명 나무나 풀의 새로 돋아나는 어린 싹. 어린순.

애시-당초 (-當初)명 ☞ 애당초.

애:식(愛息)명 사랑하는 자식.

애:-쓰다 (애써, 애쓰니)자 마음과 힘을 다하여 어떤 일에 힘쓰다. ▷애써 평화를 가장하다 / 건강 유지를 위해 ~.

애:-씌우다 [-씨-]타 ('애쓰다'의 사동) 애태우다. 애쓰게 하다.

애:-아(愛兒)명 사랑하는 어린 자식.

애:-아버지 명 '아이아버지'의 준말. ↔애어머니.

애:-아범 명 '아이아범'의 준말.

애:-안(愛眼)명〔불〕부처의 자비스러운 눈.

애안(礙眼)명하자 눈에 거슬림.

애애-하다(哀哀-)형여 매우 슬프다. 애애-히부

애애-하다(皚皚-)형여 서리·눈 따위가 내려서 깨끗하고 희다. ▷백설이 애애한 산봉우리. 애애-히부

애애-하다(靄靄-)형여 1 초목이 무성하다. 2 달빛이 희미하다. 3 부드럽고 포근하다. 애애-히부

애애-하다(靄靄-)형여 1 안개·구름·아지랑이 따위가 짙게 끼어 자욱하다. 2 포근하고 평화롭다. ▷화기(和氣)~. 애애-히부

애:-어른 명 1 하는 짓이나 생각이 어른과 같은 아이. 2 하는 짓이나 생각이 어린아이 같은 어른.

애:-어머니 명 '아이어머니'의 준말. ↔애아버지.

애:-어멈 명 '아이어멈'의 준말.

애역(呃逆)명 딸꾹질.

애:-연(愛煙)명하자 담배를 즐겨 피움.

애:-연-가(愛煙家)명 담배를 즐겨 피우는 사람.

애연-하다(哀然-)형여 슬픈 듯하다. 구슬프다. 애연-히부

애열(哀咽)명하자 슬퍼 목메어 욺.

애:-열(愛悅)명하자 사랑하고 기뻐함.

애:-염(愛染)명하타〔불〕애집(愛執)2.

애:염-명왕(愛染明王)명〔불〕불법을 보호하는 명왕의 하나(몸은 붉고 눈이 셋, 팔이 여섯이며, 머리에는 사자관(獅子冠)을 썼음).

애엽(艾葉)명〔한의〕약쑥의 잎(속이 냉해서 복통·요통이 생길 때, 또는 동태(動胎)가 된 때에 달여 먹고, 뜸 뜨는 데도 씀).

애오라지부 1 '겨우'의 힘줌말. ▷남은 것이란 ~ 책 두 권뿐이다. 2 '오로지'의 힘줌말. ▷~ 나라 사랑하는 마음.

애옥-살이 [-싸리]명하자 가난에 쪼들려 고생스러운 살림살이. 애옥살림. ▷~에 자식이 많다.

애옥-하다 [-오카-]형여 살림이 구차하다.

애와티다〈옛〉분해하고 슬퍼하다.

애:-완(愛玩)명하타 동물이나 물품 따위를 사랑하여 가까이 두고 귀여워하거나 즐김.

애:완-견(愛玩犬)명 애완용으로 기르는 개.

애:완-구(愛玩具)명 애완하는 장난감.

애:완-동물(愛玩動物)명 좋아하여 가까이 두고 귀여워하며 기르는 동물(개·고양이·새·금붕어 따위).

애:완-물(愛玩物)명 좋아하여 가까이 두고 다루거나 즐기는 물건.

애:완-용(愛玩用)[-뇽]명 좋아하여 가까이 두고 귀여워하거나 즐기기 위한 것. ▷~ 개.

애왈브다형〈옛〉슬프다. 서럽다.

애:-욕(愛慾)명 1 애정과 욕심. ▷~에 빠지다. 2 이성에 대한 성적인 욕망.

애:-용(愛用)명하타 물건을 가지고 씀. 즐겨 씀. ▷국산품 ~ / 대중교통을 ~하다.

애원(哀怨)명하타 슬프게 원망함.

애원(哀願)명하타 소원이나 요구 등을 들어 달라고 애처롭게 사정하여 간절히 바람. ▷선처를 ~하다 / 살려 달라고 ~하다.

애원-성(哀怨聲)명 애처롭게 원망하는 소리.

애원-조(哀願調)[-쪼]명 애처롭게 사정하여 간절히 바라는 투. ▷다급해져서 ~로 나오다.

애:-육(愛育)명하타 사랑하여 귀여워하며 기름.

애음(哀音)명 슬픈 소리.

애:-음(愛吟)명하타 시가 따위를 즐겨 읊음. 애영(愛詠).

애:-음(愛飲)명하타 1 애주(愛酒). 2 음료수·차 따위를 즐겨 마심.

애읍(哀泣)명하자 슬프게 욺.

애이불비(哀而不悲)명하자형 1 속으로는 슬프지만 겉으로 슬픔을 나타내지 않음. 2 슬프기는 하지만 비참하지는 않음.

애인(艾人)명 쉰 살 된 사람.

애:-인(愛人)명하타 1 남을 사랑함. 2 이성 간에 사랑하는 사람. 연인. ▷그들은 ~ 사이다.

애:-인여기(愛人如己)[-녀-]명하자 남을 제 몸

같이 사랑함.

애인이목 (礙人耳目) 명하자 남의 이목을 꺼림. 또는 남의 눈에 뜨이는 것을 피함.

애:인휼민 (愛人恤民) 명 사람을 사랑하고 백성을 불쌍히 여김.

애잇-기름 [-이끼-/-일끼-] 명 애벌로 짠 기름. 애벌기름.

애잇-닦기 [-이딱끼/-일딱끼] 명하타 물건 따위를 애벌로 닦는 일.

애-잎 [-입] 명 어린잎.

애자 (哀子) 대 어머니가 돌아갔을 때 상제 되는 사람의 자칭. ＊고애자(孤哀子)·고자(孤子).

애:자 (愛子) 명하자 아들을 사랑함. 또는 그 아들.

애자 (礙子) 명 전선을 가설할 때에, 전선을 지탱하고 절연하기 위해 지주 등에 다는 기구 《자기나 합성수지로 만듦》. 동바닥.

애자지원 (睚眥之怨) 명 한 번 흘겨보는 정도의 원망이란 뜻으로 아주 작은 원망.

애:자지정 (愛子之情) 명 자식을 사랑하는 정.

애잔-하다 [형여] 1 매우 가냘프고 약하다. ◘길가에 핀 코스모스들이 애잔하게 목을 흔들어 댄다. 2 애틋하고 애처롭다. ◘슬픈 곡조가 애잔하게 흐르고 있다. 애잔-히 [부]

애:-장 (愛藏) 명하타 소중히 간수함. ◘~ 도서 / ~해 온 미술품.

애재 (哀哉) 감 '슬프도다'의 뜻. ◘오호(嗚呼) ~라.

애-저 (-豬) 명 고기로 먹을 어린 돼지.

애절-하다 [형여] 애가 타도록 견디기 어렵다. 애절-히 [부]

애절-하다 (哀切-) [형여] 몹시 애처롭고 슬프다. ◘애절한 사연 / 소쩍새 울음소리가 몹시도 ~. 애절-히 [부]

애-젊다 [-점따] 형 앳되게 젊다.

애-젊은이 [-절므니] 명 앳되게 젊은 사람.

애정 (哀情) 명 불쌍히 여기는 마음. 구슬픈 심정(心情).

애:-정 (愛情) 명 1 사랑하는 마음. ◘~ 없는 결혼. 2 연정(戀情).

애:-제자 (愛弟子) 명 특별히 아끼고 사랑하는 제자.

애조 (哀調) 명 슬픈 곡조. 애절한 가락. ◘~를 띤 민요.

애:-조 (愛鳥) 명하자 새를 사랑함. 또는 그 새.

애:-족 (愛族) 명하자 겨레를 사랑함. ◘애국(愛國) ~의 정신.

애:-주 (愛酒) 명하자 술을 퍽 즐기고 좋아함. 애음(愛飮).

애:-주-가 (愛酒家) 명 술을 퍽 즐기고 좋아하는 사람.

애:-중 (愛重) 명하타 히부 사랑하고 소중하게 여김.

애-증 (愛憎) 명 사랑과 미움. ◘~이 엇갈리다.

애-증후박 (愛憎厚薄) 명 사랑과 미움과 후함과 박함.

애:-지중지 (愛之重之) 부하타 매우 사랑하고 귀중히 여김. ◘아이를 ~ 키우다.

애:-집 (愛執) 명하타 1 애정에 대한 집착. 2 『불』 자기의 소견이나 소유를 지나치게 생각하는 일. 애염(愛染). 애착(愛着).

애:-차 (愛車) 명 자기의 자동차를 사랑하고 아낌. 또는 그 차.

애:-착 (愛着) 명하자 1 사랑하고 아껴서 단념할 수가 없음. 또는 그런 마음. ◘~이 가는 물건 / ~을 느끼다. 2『불』애집(愛執)2.

애:-착-생사 (愛着生死) [-쌩-] 명 『불』 무상(無

1571   **애티**

常)의 불가피함을 모르고 괴로운 인간 세계에 집착하는 일.

애:착-심 (愛着心) [-씸] 명 단념을 못하고 애착하는 마음. ◘~을 가지다 / ~이 강하다.

애:-찬 (愛餐) 명 『기』 초기 기독교 신자들이 교회에 모여 음식을 함께 먹던 잔치《자선과 우애에서 시작되어 처음에는 성찬식(聖餐式)과 결합했으나, 뒤에 분리됨》. 애연(愛宴).

애찬-성 (礙竄性) [-썽] 명 『물』 불가입성(不可入性).

애:-창 (愛唱) 명하타 노래·시조(時調) 등을 즐겨 부름. ◘널리 ~되는 가요.

애:-창-곡 (愛唱曲) 명 즐겨 부르는 곡.

애채 명 나무에 새로 돋은 가지.

애책-문 (哀冊文) [-쨍-] 명 제왕이나 후비(后妃)의 죽음을 슬퍼하여 지은 글.

애:-처 (愛妻) 명하자 아내를 사랑함. 또는 그 아내.

애:-처-가 (愛妻家) 명 유별나게 아내를 아끼고 사랑하는 남자.

애처-롭다 [-따] [-로워, -로우니] 형비 불쌍한 것을 보고 마음이 슬프다. ◘애처롭게 보이다 / 애처롭게 울다. 애처-로이 [부]

애척 (哀戚) 명하타 애도(哀悼).

애:-첩 (愛妾) 명 사랑하는 첩.

애:-청 (愛聽) 명하타 즐겨 들음. ◘모두가 ~하는 곡(曲).

애:-청-자 (愛聽者) 명 어떤 라디오 방송 프로그램을 즐겨 듣는 사람.

애초 (-初) 명 맨 처음《부사적으로도 씀》. 당초 (當初). ◘~의 목적 / 그런 일이라면 ~부터 생각도 하지 마라 / 그에게는 ~ 그만한 능력이 없었다.

애:-총 (-塚) 명 아총(兒塚).

애:-최 (-最) 부 ◘애최 ~ 잘못되었다.

애추 (崖錐) 명 『지』 풍화(風化) 작용으로 낭떠러지나 경사진 산허리에 떨어져 쌓인 돌 부스러기.

애:-친 (愛親) 명하자 부모를 사랑함.

애:-친-경장 (愛親敬長) 명하자 부모를 사랑하고 어른을 공경함.

애:-칭 (愛稱) 명 본디의 이름 외에 친밀하게 부르는 이름. ◘밤무대에서 그는 주로 ~으로 통한다.

애퀄렁 (aqualung) 명 잠수할 때 쓰는, 고압 압축 공기가 들어 있는 수중 호흡기. 본디 상표명임. 정식 이름은 스쿠버(scuba).

애:-타 (愛他) 명하자 남을 사랑함.

애:-타다 자 속이 타는 듯이 몹시 걱정이 되다. ◘합격 소식을 애타게 기다리다.

애:-타-심 (愛他心) 명 남을 사랑하는 마음.

애:-타-주의 (愛他主義) [- / --이] 명 이타주의.

애탕 (艾湯) 명 쑥국.

애:-태우다 타 《'애타다'의 사동》 애타게 하다. ◘애태우며 소식을 기다리다.

애:-통 (哀痛) 속 '애'의 힘줌말.

애통 (哀痛) 명하자 몹시 슬퍼함.

애통-하다 (哀痛-) [형여] 슬프고 가슴이 아프다. ◘애통한 일. 애통-히 [부]

애틋-이 [부] 애틋하게.

애틋-하다 [-트타-] [형여] 1 애가 타는 듯하다. ◘애틋한 사랑을 느끼다. 2 좀 아깝고 서운한 느낌이 있다. ◘애틋한 심정을 전하다. 3 정답고 알뜰한 맛이 있다. ◘애틋한 여운을 남기다.

애:-티 명 어린 태도나 모양. ◘~가 나다.

애틱-식 (attic式)圓《건》 고대 그리스의 아티카(Attica) 지방에서 발달된 건축 양식《주로 모난 기둥을 많이 쓴 것이 특징임》.

애퍼크로매틱 렌즈 (apochromatic lens)《물》색 수차(色收差)를 극도로 적게 하기 위하여 특수한 광학(光學) 유리로 짜맞추어 만든 렌즈. 아포크로마트.

애프터 리코딩 (after recording) 영화에서, 촬영 후 화면에 따라 음성·음향 부분을 녹음하는 일. 또는 그런 방법. ↔프리리코딩.

애프터-서비스 (after+service) 圓 업자가 상품을 판 뒤에 그 상품의 설치·수리 및 점검을 무료나 실비로 하는 일. 에이에스(AS). 사후 봉사. 사후 봉사. □~를 받다.

애프터케어 (aftercare) 圓 의학적 치료를 끝낸 환자, 특히 결핵 환자를 일정한 시설에 수용하여 병후 건강관리나 사회 복귀를 위한 지도를 하는 일. 또는 그런 시설.

애플릿 (applet) 圓《컴》 특정한 작업을 하기 위하여 고안된 100 KB 정도의 작은 용량의 컴퓨터 프로그램.

애플-파이 (apple pie) 圓 설탕을 넣고 조린 사과를, 밀가루에 달걀·버터 등을 넣어 반죽하여 넓게 편 것으로 싸서 구운 서양과자.

애피타이저 (appetizer) 圓 식욕을 돋우기 위해 식전에 먹는 음료나 요리.

애해 갑 우스운 일이나 기막힌 일을 볼 때에 내는 소리. □~, 별꼴이야. 큰에헤.

애햄 갑 점잔을 빼거나 인기척을 내기 위하여 크게 기침하는 소리. □~, 게 누구 없느냐. 큰에헴.

애:-향 (愛鄕)圓 하자 자기의 고향을 아끼고 사랑함.

애:-향-심 (愛鄕心) 圓 고향을 아끼고 사랑하는 마음. □고향을 떠나면 ~을 가지게 된다.

애호 (艾蒿)圓《식》 산쑥.

애호 (哀號)圓 하자 슬프게 부르짖음.

애:-호 (愛好)圓 하타 사랑하고 즐김. □우리말 ~.

애:-호 (愛護)圓 하타 사랑하고 보호함. □산림 ~ / 문화재를 ~하다.

애:-호-가 (愛好家) 圓 어떤 사물을 사랑하고 즐기는 사람. □동물 ~ / 음악 ~들의 모임.

애-호리병벌 (-葫-瓶-)圓《충》 호리병벌과에 속하는 곤충. 몸길이 16~19mm. 몸빛은 검고 허리는 잘록함. 나뭇가지에 진흙으로 병 모양의 집을 짓고 삶. 조롱벌.

애-호박 圓 덜 여문 어린 호박.

애호-체읍 (哀號涕泣)圓 하자 슬피 부르짖고 눈물을 흘리며 욺.

애화 (哀話)圓 슬픈 이야기. 비화. □어느 여인의 ~가 서려 있는 고장.

애환 (哀歡)圓 슬픔과 기쁨. □~을 함께하다.

애:-휼 (愛恤)圓 하타 불쌍히 여겨 은혜를 베풂.

애:-희 (愛戲)[-히]圓 사랑의 장난.

액 (厄)圓 모질고 사나운 운수. □~을 막다 / ~을 물리치다 / ~이 닥치다.

액 (液)圓 1 물이나 기름처럼 유동하는 물질. 2 (일부 명사 뒤에 붙어) '액체'의 뜻을 나타내는 말. □링거 ~. 혼합 ~.

액 (額)圓 '편액(扁額)'의 준말.

액 속이 불편(不便)하여 먹은 음식을 토할 때 내는 소리.

-액 (額)미 '액수'의 뜻. □생산 ~ / 지출(支出) ~ / 수입 ~.

액각 (額角)[-깍]圓《생》 일부 하등 동물의 이마 부분에 뿔 모양으로 쑥 내민 부분.

액과 (液果)[-꽈]圓《식》 다육질이고 즙이 많은 과실《포도·귤 따위》. 장과(漿果).

액구 (腋口)[-꾸]圓 ☞ 애구(腋口).

액기 (腋氣)[-끼]圓 암내².

액내 (額內)[영-]圓 1 정원(定員) 또는 정수(定數)·정액(定額)의 안. 2 한집안 사람. 3 한동아리의 사람. ↔액외(額外).

액년 (厄年)[영-]圓 운수가 모질고 사나운 해.

액-달 (厄-)[-딸]圓 운수가 모질고 사나운 달. 액월(厄月).

액-대우다 (厄-)툉 앞으로 닥쳐올 액을 다른 가벼운 고난을 미리 겪어 무사히 넘기다.

액-때움 (厄-)圓 '액땜'의 본말. 준액땜.

액-땜 (厄-)圓 하자 앞으로 닥쳐올 액을 다른 고난을 미리 겪어 무사히 넘기는 일. □이번 일은 ~한 셈 치자.

액란 (液卵)[영난]圓 껍질을 깨뜨려서 쏟아 놓은 알.

액랭 기관 (液冷機關)[영냉-] 물이나 에틸렌글리콜 따위의 특수 액체를 써서 냉각시키는 기관《항공기용 엔진 따위》.

액량 (液量)[영냥]圓 1 액체의 분량. 2 액체의 양을 되는 단위《갤런(gallon)·리터 따위》. ↔건량(乾量).

액례 (掖隷)[영녜]圓《역》 조선 때, 액정서(掖庭署)에 딸려 있던 이원(吏員)과 하례(下隷).

액-막이 (厄-)[영마기]圓《민》 앞으로 닥칠 액을 미리 막음. □~ 부적을 지니다.

액막이-굿 (厄-)[영마기굳]圓《민》 그해의 액을 막기 위해, 정월 대보름 전에 하는 굿.

액막이-연 (厄-鳶)[영마기-]圓《민》 그해의 액운이 연과 함께 멀리 소멸되라는 뜻으로, 정월 열나흗날 띄워 보내는 연. 생년월일과 이름, '송액영복(送厄迎福)'의 글을 씀.

액막이-옷 (厄-)[영마기옫]圓《민》 음력 정월 보름날 액막이로 버리는 옷.

액면 (液面)[영-]圓 액체의 표면.

액면 (額面)[영-]圓 1《경》 공채·주식·화폐 등의 앞면. 2 '액면 가격'의 준말. 3 말이나 글로 표현된 그대로의 모습. □농담을 ~대로 받아들이다 / 그의 진술을 ~ 그대로 믿기는 어렵다.

액면-가 (額面價)[영-까]圓《경》 액면 가격.

액면 가격 (額面價格)[영-까-]《경》 유가 증권이나 화폐 등의 앞면에 적힌 가격. 액면가. 준액면.

액면 동가 (額面同價)[영-까]《경》 유가 증권 및 화폐의 앞면에 기재된 그대로의 가치.

액면-주 (額面株)[영-]圓《경》 액면 가격이 표시되어 있는 주식. 액면 주식. ↔무액면주(無額面株).

액모 (腋毛)[영-]圓 겨드랑이에 난 털.

액비 (液肥)[-삐]圓 동물·오줌·뜨물 등의 액체 비료. 수비(水肥). 물거름.

액사 (縊死)[-싸]圓 하자 〔←의사(縊死)〕 목을 매어 죽음.

액살 (縊殺)[-쌀]圓 하타 〔←의살(縊殺)〕 목을 매어 죽임.

액상 (液狀)[-쌍]圓 액체의 상태. 액체와 같은 상태.

액상 (液相)[-쌍]圓《화》 액체상(液體相).

액상 결정 (液狀結晶)[-쌍-쩡] 액정(液晶).

액색 (阨塞)[-쌕]圓 하부 운수가 막혀 생활이나 형색이 군색함. □~한 살림을 면치 못하다.

액생 (腋生)[-쌩]圓 하자 싹이나 꽃이 잎겨드랑이에서 남. 액출(腋出).

액세서리 (accessory) [명] 복장에 딸려서 그 조화를 꾀하는 장식품《넥타이·핸드백·모자·장갑·브로치 따위》.
액세스 (access) [명][하][타] 〔컴〕 기억 장치에서 정보나 파일을 호출 또는 폐기·갱신·추가하는 일. 일정한 순서에 따라 처리하는 방식과 무작위로 처리하는 방식이 있음. 접근.
액세스 타임 (access time) 〔컴〕 기억 장치에 동작 지령이 주어지면서부터 정보가 얻어지기까지의 시간. 접근 시간.
액센트 [명] ☞악센트(accent).
액셀 (←accelerator) [명] '액셀러레이터'의 준말.
액셀러레이터 (accelerator) [명] 발로 밟는 자동차의 가속(加速) 장치. 이 장치의 페달을 밟으면 기화기(氣化器)의 스로틀(throttle)이 열려 엔진의 회전수와 출력이 증대함. 가속 페달. [준]액셀.
액션 (action) [一][명] **1** 배우의 연기. 특히 격렬한 동작의 연기. **2**〔악〕 피아노 등 건반 악기의 기계 장치. [二][감] 촬영을 시작한다는 뜻으로 감독이 외치는 말.
액션 드라마 (action drama) 연기자들의 동작이 격렬한, 폭력적인 내용의 연극이나 영화. 활극(活劇).
액수 (額數)[-쑤] [명] **1** 돈의 머릿수. 금액. ❑~가 모자란다. **2** 사람의 수.
액신 (厄神)[-씬] [명] 재앙을 가져온다는 악신(惡神).
액아 (腋芽) [명] 〔식〕 겨드랑눈.
액엄 (額掩) [명] 아얌.
액와 (腋窩) [명] 〔생〕 겨드랑이.
액완 (扼腕·搤腕) [명][하][타] 분격하여 팔짓을 함.
액외 (額外) [명] **1** 정원(定員)의 밖. **2** 한집안 밖의 사람. **3** 한패에 들지 않는 사람. ↔액내.
액운 (厄運) [명] 액을 당할 운수. ❑~이 들다/~을 만나다.
액월 (厄月) [명] 액달.
액자 (額子)[-짜] [명] 그림이나 글·사진 따위를 끼우는 틀.
액자 (額字)[-짜] [명] 현판(懸板)에 쓴 큰 글자.
액자 소:설 (額子小說)[-짜-] 이야기 속에 또 하나의 이야기가 나오는 소설.
액정 (掖庭)[-쩡] [명] 〔역〕 액정국.
액정 (液晶)[-쩡] [명] 액체와 같은 유동성을 가지며, 결정과 같은 복굴절성(複屈折性)을 나타내는 유기 화합물《디지털 시계나 컴퓨터 등의 문자 표시에 이용함》. 액상 결정.
액정-국 (掖庭局)[-쩡-] [명] 〔역〕 고려 때의 관아(官衙). 왕명(王命)의 전달이나 왕이 사용하는 붓과 벼루, 궁궐의 뜰, 견직(絹織) 등에 관한 일을 맡아보던 곳. 액정.
액정-서 (掖庭署)[-쩡-] [명] 〔역〕 조선 때, 왕명의 전달, 임금이 쓰는 붓과 벼루의 공급, 대궐 열쇠의 보관, 대궐 뜰의 설비 등의 일을 맡아보던 관아.
액정 텔레비전 (液晶television)[-쩡-] 액정을 화상 표시판에 이용한 텔레비전.
액제 (液劑)[-쩨] [명] 물약1.
액즙 (液汁)[-쯥] [명] 즙(汁).
액체 (液體) [명] 물·기름처럼 일정한 부피는 있으나, 일정한 형상이 없는 유동성 물질.
액체 공기 (液體空氣) 〔물〕 공기를 영하 140°C 이하의 온도와 39기압 이상의 압력에서 냉각·압축해서 만든 담청색의 액체.
액체 배:양 (液體培養) 아주 작은 동식물을 액체 상태의 배양기 속에서 배양하는 일.
액체 비:중계 (液體比重計)[-/-게] 〔물〕 액체의 비중을 재는 계기. 부칭(浮秤).
액체 산소 (液體酸素) 〔물〕 압력에 의해 액화된 담청색의 산소.
액체-상 (液體相) [명] 〔화〕 어떠한 물질이 적당한 온도·압력 등의 조건에서 액체가 되어 있는 상태. 액상(液相).
액체 아:황산 (液體亞黃酸) 〔화〕 이산화황에 압력을 가하여 액화한 물질.
액체 암모니아 (液體ammonia) 〔물·화〕 액체 상태의 암모니아. 무색투명한 액체로 유기 화합물의 용매나 냉동 공업 따위에 씀.
액체 압력 (液體壓力)[-암녁] 〔물〕 액체 안의 중력(重力)으로 생기는 압력.
액체 연료 (液體燃料)[-열-] 연료로 쓰는 액체의 총칭. 석유계의 휘발유·등유·경유·중유, 알코올계의 에틸알코올·메틸알코올, 지방 유류의 어유(魚油)·콩기름 따위.
액체 염소 (液體塩素) 〔화〕 압력으로 액화한 염소. 상하수도 살균이나 산화제 등으로 씀.
액체 온도계 (液體溫度計)[-/-게] 〔물〕 유리 등의 용기 속에 넣은 액체의 열팽창을 이용한 온도계《알코올 온도계·수은 온도계 따위》.
액체 탄:소 (液體炭素) 〔화〕 압축하여서 액화한 탄산가스.
액체-화 (液體化) [명][하][자][타] 〔물〕 액화(液化).
액출 (腋出) [명][하][자] 〔식〕 액생(腋生).
액취 (腋臭) [명] 암내2.
액취-증 (腋臭症)[-쯩] [명] 아포크린샘의 기능이 높아져 겨드랑이의 땀이 암내를 풍기는 병.
액태 (液態) [명] 액체의 상태. 액상(液相).
액틀 (額-) [명] 액자(額子).
액포 (液胞) [명] 〔식〕 성숙한 식물 세포의 원형질 안에 있는 커다란 거품 구조. 안은 세포액으로 차 있으며, 여러 가지 당류·색소·유기산 따위가 녹아 있음.
액한 (腋汗)[애칸] [명] 곁땀2.
액화 (厄禍)[애콰] [명] 액으로 입는 재앙(災殃).
액화 (液化)[애콰] [명][하][자][타] 〔물〕 기체가 냉각·압축되어 액체로 변하거나 고체가 녹아 액체로 되는 현상. 또는 그렇게 만드는 일. 액체화. ❑수소를 ~하다.
액화 석유 가스 (液化石油gas)[애콰서규-] 탄소수(炭素數) 3 및 4인 석유 성분 속의 탄화수소를 주성분으로 압축·냉각하여 액화한 가스《프로판·부탄·프로필렌·부틸렌 따위》. 엘피(LP) 가스.
액화-열 (液化熱)[애콰-] [명] 〔물〕 기체가 액화할 때 방출하는 열.
액회 (厄會)[애쾨] [명] 재앙이 닥치는 기회. 불행한 고비.
앤생이 [명] 잔약한 사람 또는 물건.
앤솔러지 (anthology) [명] 〔문〕 일정한 주제·형식에 따라 수집한 명시 선집(名詩選集). 사화집(詞華集).
앤저스 (ANZUS) [명] 〔Australia, New Zealand and the United States Treaty〕 〔정〕 태평양 안전 보장 조약.
앤티노크 (antiknock) [명] 〔화〕 노킹을 없애기 위해 연료에 섞는 물질. 내폭제(耐爆劑).
앤티크 (antique) [명] 〔인〕 획이 굵고 납작한 세리프를 붙인 활자체. 고딕체보다 부드러워 사전의 표제어 등에 씀.
앤티프로톤 (antiproton) [명] 〔화〕 반양성자(反陽性子).
앨러배스터 (alabaster) [명] 〔광〕 설화 석고(雪花石膏).

앨리 (alley) 명 볼링에서, 공을 굴리는 대(臺) 《길이는 18.28 m, 폭은 1.04 m로 나무로 되어 있음》. 레인(lane).

앨리데이드 (alidade) 명 【건】 평판 측량용 기기. 수준기(水準機)·조준 장치를 갖추고 있으며, 경사를 측정하여 도면으로 나타내는 데 씀.

앨버트로스 (albatross) 명 골프에서, 각 홀에서 파(par)보다 3타수 적은 스코어인 것.

앨범 (album) 명 1 사진첩. □졸업 ~을 뒤적이다. 2 몇 개의 곡을 모은 음반이나 시디(CD). □~을 내다 / ~을 취입하다.

앨트루이즘 (altruism) 명 【윤】이타주의(利他主義).

앰버 유리 (amber琉璃) 【화】황과 산화철의 여러 가지 혼합물로 만든 착색 유리의 하나. 여러 빛깔을 낼 수 있음.

앰뷸런스 (ambulance) 명 구급차. □~를 부르다.

앰풀 (ampoule) 명 【의】 1회분의 주사약을 넣은 조그만 유리 용기.

앰프 (←amplifier) 명 【물】'앰플리파이어'의 준말. □~를 설치하다.

앰플리파이어 (amplifier) 명 【물】증폭기(增幅器). 준앰프.

앰:-하다 [형예] '애매하다'의 준말.

앳-되다 [애뙤-/ 앳뙈-] [형] 애티가 있어 어려 보이다. □앳된 얼굴.

앳 조 〈옛〉에.

앵 (嚶·罃) 명 목이 긴 병.

앵[1] 튀 모기나 벌 같은 벌레들이 빨리 날 때에 나는 소리.

앵[2] 튀·하다 1 토라져 짜증을 내는 모양. 2 홱 틀려 돌아가는 모양.

앵[3] 감 뉘우치거나 성나거나 딱하거나 싫증이 날 때 내는 소리. 준엥.

앵가 (鶯歌) 명 꾀꼬리의 노래.

앵글 (angle) 명 1 사물을 보는 관점. 2 '카메라 앵글'의 준말. □~을 맞추다. 3 'ㄱ'자 모양의 철재(鐵材).

앵글로-색슨 (Anglo-Saxon) 명 게르만 민족의 한 갈래. 현재의 영국인의 주류가 된 북방계의 민족.

앵글리칸 교:회 (Anglican敎會) 【기】영국 국교회 및 그 전통과 교의를 신봉하는 여러 교회의 총칭.

앵글 숏 (angle shot) 【연】영화·텔레비전 등에서, 같은 장면을 카메라의 위치를 바꾸어 가며 촬영하는 기법.

앵데팡당 (프 indépendants) 명 【미술】 1 1884년 관설(官設) 살롱에 대항하여 창립된 프랑스 미술가의 단체. 또는 여기에 출품한 작가. 2 무명 예술가들의 전람회.

앵도 (櫻桃) 명 ⇒앵두.

앵도-창 (櫻桃瘡) 명 【한의】목에 나는 앵두만한 종기.

앵-돌아서다 재 토라져서 홱 돌아서다.

앵-돌아앉다 [-도라안따] 재 토라져서 홱 돌아앉다. □제까짓 게 앵돌아앉으면 어쩌겠다는 것이냐.

앵-돌아지다 재 1 노여워서 토라지다. □앵돌아져 말도 없이 가 버렸다. 2 틀려서 홱 돌아가다.

앵두 명 [←앵도(櫻桃)] 앵두나무의 열매. 함도(含桃).

앵두(를) 따다 구 〈속〉눈물을 뚝뚝 떨어뜨리며 울다.

앵두-나무 명 【식】장미과의 낙엽 활엽 관목. 높이는 3 m 정도이며, 잎보다 먼저 흰 다섯 잎꽃이 피고, 6월에 둥글고 작은 핵과(核果)가 빨갛게 익음. 식용함.

앵두-장수 명 잘못을 저지르고 어디론지 자취를 감춘 사람을 두고 이르는 말.

앵무 (鸚鵡) 명 ⇒앵무새.

앵무-새 (鸚鵡-) 명 【조】앵무샛과의 대형의 새. 열대산으로, 부리가 굵고 두꺼우며 끝이 굽어 있음. 발가락이 앞뒤 각각 둘씩인 것이 특징임. 나무 구멍·바위틈에 산란함. 사람이나 다른 동물의 소리를 잘 흉내 냄. 앵무.

앵무-조개 (鸚鵡-) 명 【조개】앵무조갯과의 연체동물. 문어와 비슷한데 대형의 껍데기에 싸여 있으며, 그 껍데기를 주둥이 쪽에서 보면 앵무새의 부리와 비슷.

앵미 (-米) 명 [←악미(惡米)] 쌀에 섞여 있는, 겉이 붉고 질이 낮은 쌀. 적미(赤米).

앵-벌이 명 불량배의 부림을 받는 어린이가 구걸이나 도둑질 등으로 돈벌이하는 짓. 또는 그 아이.

앵삼 (鶯衫) 명 【역】조선 때, 나이 어린 사람이 생원(生員)·진사(進士)에 합격한 때나 거 급제 때 입던 연둣빛의 예복.

앵성 (鶯聲) 명 1 꾀꼬리의 울음소리. 앵어(鶯語). 2 꾀꼬리와 같이 고운 목소리.

앵속 (罌粟) 명 【식】양귀비(楊貴妃).

앵속-각 (罌粟殼) [-깍] 명 【한의】양귀비 열매의 껍질《이질·기침·탈항(脫肛) 등에 씀》. 준속각(粟殼).

앵속-자 (罌粟子) [-짜] 명 【한의】양귀비의 씨《설사·경련 등에 씀》.

앵-앵 [부화] 1 모기나 벌 등이 빨리 날 때 잇따라 나는 소리.

앵앵-거리다 재 모기나 벌 등이 빨리 나는 소리가 잇따라 나다. □모기가 앵앵거려 잠을 설쳤다.

앵앵-대다 재 앵앵거리다.

앵어 (鶯語) 명 앵성(鶯聲) 1.

앵월 (櫻月) 명 음력(陰曆) 삼월.

앵접 (鶯蝶) 명 노래하는 꾀꼬리와 춤추는 나비.

앵초 (櫻草) 명 【식】앵초과의 여러해살이풀. 산지에 나는데, 꽃줄기는 20 cm 정도, 여름에 홍자색 꽃이 벚꽃 모양으로 핌. 개량종은 백색·자색·분홍색으로 핌.

앵커 (anchor) 명 1 닻. 2 앙크르. 3 릴레이 경주나 계영의 마지막으로 나서는 선수. 4 등산에서, 암벽이나 빙벽을 오를 때 나무나 바위 따위에 자일을 매어 안전을 확보하는 일. 5 【군】방어선의 주요 지점. 6 '앵커맨'의 준말. 7 앵커 볼트.

앵커-맨 (anchor man) 명 방송에서, 종합 뉴스 진행자. 준앵커.

앵커 볼트 (anchor bolt) 【공】구조물이나 기계를 설치할 때 콘크리트 바닥에 묻어 기계를 고착시키는 볼트. 기초 볼트. 앵커.

앵커-우먼 (anchor woman) 명 방송에서, 종합 뉴스의 여자 진행자.

앵커 이스케이프먼트 (anchor escapement) 앙크르(ancre).

앵클-부츠 (ankle boots) 명 발목까지 덮는 긴 구두.

앵포르멜 (프 informel) 명 【미술】제2차 세계대전 후, 서유럽에 일어난 추상 회화의 한 파《무의미한 화면에 선·색·리듬·채료(彩料) 등에 의한 강렬한 효과를 노림》. 무형파(無形派). 비정형파(非定形派).

앵-하다 [형예] 기회를 놓치거나 손해를 보아서

분하고 아깝다.
앵화(櫻花)圓 **1** 앵두나무의 꽃. **2** 벚꽃.
야¹〔언〕한글의 자모 'ㅑ'의 이름.
야:²〔野〕돈치기할 때 던진 돈이 두서너 푼씩 한 데 포개지거나 붙은 것.
야:(野)〔野〕'야당'·'민간'의 뜻. ▢여와 ~.
야:³〔野〕**1** 매우 놀랍거나 반가울 때 내는 소리. ▢~, 이젠 살았다. **2** 어른이 아이를 부르거나 같은 또래끼리 서로 부르는 말. 얘. ▢~, 이리 와.
야⁴〔野〕**1** 받침 없는 체언이나 조사·어미에 붙어서, 특히 그에게만 한정되거나 그 뜻을 강조하는 보조사. ▢너~ 아닐 깼겠지 / 이번에~ 되겠지 / 잠을 그렇게 자고서~ 무슨 공부를 해. **2** 받침 없는 체언에 붙는 호격(呼格) 조사. ▢새~ 새~ 파랑새~ / 철수~ 너 먼저 가. *야⁴:이얘.
-야〔어미〕'이다'·'아니다'의 어간에 붙어, 반말투로 단정이나 물음을 나타내는 종결 어미. ▢절대 그게 아니~ / 그 아이는 아주 깍쟁이~ / 무슨 일이~ / 사고가 난 곳은 어디~ / 저게 뭐~.
야:간(夜間)圓 **1** 해가 져서 먼동이 틀 때까지. 밤사이. ▢~ 근무 / ~ 산행 금지. **2** '야간부'의 준말.
야:간-도주(夜間逃走)圓〔하자〕남몰래 밤에 도망함. 야반도주.
야:간-부(夜間部)圓〔교〕밤에 공부하는 중·고등·대학교의 부속 교육 기관. ◉야간.
야:간-열차(夜間列車)[-녈-]圓 밤에 운행하는 열차. 밤차.
야:간-작업(夜間作業)圓〔하자〕밤일. ▢~을 해서 기일에 대다. ◉야업(夜業).
야:간 학교(夜間學校)[-교]〔교〕야간에 교육을 받을 수 있게 시설과 교육 과정을 갖추고 있는 교육 기관. 야학교.
야:객(夜客)圓 밤손님.
야:객(野客)圓 야인(野人)2.
야거리圓 돛대가 하나 달린 작은 배.
야:견(野犬)圓 들개.
야:견(野繭)圓〔농〕산누에고치. 작견(柞繭).
야:견-사(野繭絲)圓 산누에고치에서 뽑은 질이 좋은 명주실.
야:경(夜景)圓 밤의 경치. 야색(夜色). ▢서울의 ~은 아름답다.
야:경(夜警)圓〔하자〕**1** 밤에 동네를 돌며, 화재·범죄 등이 일어나지 않게 살피고 지키는 일. **2** 야경꾼.
야:경(野景)圓 들의 경치. 야색(野色).
야:경-국가(夜警國家)[-까]圓〔정〕외적(外敵)의 방어, 국내 치안의 유지, 사유 재산 및 자유에 대한 침해의 제거 등 필요한 최소한의 임무만을 행하는 국가.
야:경-꾼(夜警-)圓 방범·방화 등을 목적으로 야경을 도는 사람. 야경. 야경원.
야:경-스럽다(夜警-)[-따][-스러워, -스러우니]〔형비〕밤중에 떠들썩하고 왁자하다. 야:경-스레團.
야:계(野鷄)[-/-게]圓〔조〕멧닭.
야:고-초(野古草)圓〔식〕볏과의 여러해살이 풀. 산야에 남. 높이는 1m가량. 뿌리줄기는 단단하고 잎은 벼와 비슷한데, 여름에 담녹색 또는 담자색 꽃이 피고, 수염이 있음. 목초(牧草)로 씀.
야:곡(夜曲)圓〔악〕세레나데.
야:공(冶工)圓 대장장이.
야:공(夜工)圓〔하자〕밤일.
야:공(夜攻)圓〔하자〕〔군〕어둠을 타서 적을 공

격함. 야간 공격. 야습(夜襲).
야:(夜光)圓 **1** '달'의 별칭(別稱). **2** 어둠 속에서 빛을 냄. 또는 그런 물건.
야광-나무(夜光-)圓〔식〕장미과의 낙엽 활엽 소관목. 아그배나무에 비하여 잎에 톱니가 없고 털이 깊고 적으며 꽃이 작음. 우리나라를 비롯해 만주·몽골 등지에 분포함. 들배나무.
야:광 도료(夜光塗料)〔화〕열이 없이 빛을 발하는 형광체(螢光體)나 인광체(燐光體)를 사용한 도료《각종 계기, 시계의 문자반, 야간 표지 등에 씀》. 발광 도료.
야:광-명월(夜光明月)圓 밤에 빛나는 달.
야:광-운(夜光雲)圓 고위도 지방에 드물게 나타나는 구름. 74~92km의 중간권에 일출 전이나 일몰 후에 나타나는 새털구름 모양의 은빛 구름.
야:광-주(夜光珠)圓 중국 고대에, 어두운 밤에도 빛을 낸다고 전해지던 귀중한 보석. 야광옥. 야광명주. 야명주.
야:광-짜(夜光-)圓 밤낚시에 쓰이는, 야광 도료(夜光塗料)를 바른 낚시찌.
야:광-충(夜光蟲)圓〔동〕편모충류의 원생동물. 몸의 지름은 1mm 정도로 공 모양인데, 뒤쪽에 있는 굵고 긴 촉수를 움직여 해면을 떠다님. 밤에 파도에 밀려 빛을 발함.
야:구(冶具)圓 **1** 대장일에 쓰는 여러 가지 연장. **2** 야금에 쓰는 여러 가지 연장.
야:구(野球)圓 9명씩 이루어진 두 팀이 각각 9회씩 공격과 수비를 번갈아 하며 승패를 겨루는 경기. 공격측은 상대편의 투수가 던진 공을 배트로 치고 내야(內野)를 한 바퀴 돌아 본루(本壘)에 돌아오면 득점을 함. 베이스볼. ▢~ 시합 / ~부에 들다 / 그 학교는 ~로 유명하다.
야:구 방망이(野球-)야구에서 공을 치는 방망이. 배트. ▢~를 휘두르다.
야:구-장(野球場)圓 야구 경기용 운동장.
야:구-팬(野球fan)圓 야구 경기를 열광적으로 좋아하는 사람.
야:구-화(野球靴)圓 야구를 할 때 신는, 신바닥에 세 발 달린 긴 징을 박은 가죽신.
야:국(夜國)圓 남극 또는 북극 가까이에 위치해서, 1년의 절반 이상을 햇빛을 볼 수 없는 나라.
야:국(野菊)圓〔식〕들국화.
야:권(野圈)[-꿘]圓 '야당권(野黨圈)'의 준말. ▢그 단일 후보. ↔여권(與圈).
야:근(夜勤)圓〔하자〕퇴근 시간 이후인 밤에 근무함. ▢~으로 피로가 쌓이다.
야:금(冶金)圓〔공〕광석에서 쇠붙이를 골라내거나 합금을 만드는 일.
야:금(夜禽)圓 낮에는 자고 밤에 활동하며 먹이를 찾는 새《부엉이·올빼미 따위》.
야:금(夜禁)圓〔역〕인경을 친 뒤에 통행을 금하던 일.
야:금(野禽)圓 들새. ↔가금(家禽).
야금-거리다〔타〕**1** 무엇을 입 안에 넣고 잇따라 조금씩 먹어 들어가다. ▢과자를 ~. **2** 잇따라 조금씩 축내거나 써 없애다. **3** 남모르게 조금씩 행동하다. 야금-야금[-냐-/-금먀-]〔하타〕. ▢~ 깎아 먹다.
야금-대다(冶金-)圓 야금거리다.
야:금-술(冶金術)圓 야금하는 기술.
야긋-야긋[-근냐귿/-그먀근]〔부하타〕톱날같이 높고 낮은 차이가 적어 어슷비슷한 모양.
야:기(夜氣)圓 밤의 차고 눅눅한 기운.

야ː기(惹起)〔명〕〔하타〕일이나 사건 등을 끌어 일으킴. ▷중대 사건을 ~하다 / 혼란이 ~되다.

야ː기-부리다〔형〕불만을 품고 야단치다.

야ː기-요단(惹起鬧端)〔명〕〔하자〕시비의 실마리를 끌어 일으킴. 준야단·요료.

야기죽-거리다[-꺼-]〔자〕허튼소리를 자꾸 얄밉게 재깔이다. ㉫이기죽거리다. ㉰야죽거리다·약죽거리다. **야기죽-야기죽**[-중냐-/-주갸-]〔부하자〕

야기죽-대다[-때-]〔자〕야기죽거리다.

야끼-만두(일 やき饅頭)〔명〕'군만두'로 순화.

야나-치다〔형〕틀림이 없고 인정 없이 쌀쌀하다. ▷야나친 놈.

야ː뇨-증(夜尿症)[-쭝]〔의〕밤에 자다가 무의식중에 오줌을 자주 싸는 증세. 유뇨증.

야누스(Janus)〔명〕〔문〕로마 신화에 나오는 신. 성문(城門)·집의 문을 지키며 앞뒤로 두 개의 얼굴을 가짐.

-야놀〔어미〕〈옛〉-거늘. -기에.

야ː다-시(夜茶時)〔명〕〔역〕조선 때, 긴급한 일이 있을 경우 사헌부의 감찰(監察)이 밤중에 모이던 일.

야다-하면〔부〕어찌할 수 없이 긴급하게 되면. ▷~다, 그만두어야지.

야ː단(惹端)〔명〕〔하자〕**1** 떠들썩하고 부산하게 일을 벌임. ▷~을 부리다 / 반갑다고 끌어안고 ~이다. **2** 소리를 높여 마구 꾸짖는 일. ▷떨렁거리면 ~하신다. **3** 난처하거나 딱한 일. ▷그거 참 ~인데. **4** '야기요단(惹起鬧端)'의 준말.

야ː단-나다(惹端-)〔자〕**1** 떠들썩한 일이 벌어지다. ▷동네방네 야단났네. **2** 난처하거나 딱한 일이 생기다. ▷시간이 없어 야단났네.

야ː단-맞다(惹端-)[-맏따]〔자〕꾸지람을 듣다. ▷장난치다가 ~.

야ː단-받이(惹端-)[-바지]〔명〕남의 꾸지람을 받는 일. 또는 그 사람.

야ː단-법석(惹端-)[-썩]〔명〕여러 사람이 한데 모여서 떠들고 시끄러운 판. ▷~을 치르다 / 떠들썩하게 ~을 떨다.

야ː단-법석(野壇法席)[-썩]〔명〕〔불〕야외에서 크게 베푸는 강좌.

야ː단-스럽다(惹端-)[-따][-스러워, -스러우니]〔형〕떠들썩하고 법석거리는 데가 있다. ▷유난히 야단스럽게 굴다. **야ː단-스레**〔부〕

야ː단-야단(惹端惹端)[-냐-]〔명〕〔부하자〕**1** 마구 떠들어 대거나 법석거림. 또는 그 모양. **2** 마구 꾸짖음. 또는 그 모양.

야ː단-치다(惹端-)〔자타〕**1** 함부로 떠들다. ▷사람들이 야단치고 있어 시끄럽다. **2** 마구 꾸짖다. ▷떠드는 학생들을 ~.

야ː담(野談)〔명〕야사(野史)를 바탕으로 흥미 있게 꾸민 이야기. ▷~과 설화(說話).

야ː당(野黨)〔명〕정당 정치에서 현재 정권을 잡고 있지 않은 정당. 야(野). 재야당(在野黨). ▷~과 의원 / 만년 ~ 생활을 하다. ↔여당(與黨).

야ː당-계(野黨系)[-/-게]〔명〕야당의 계통(야당의 직접적인 영향 아래 야당 활동을 지원하는 기관·사업체 및 사람의 총칭). ▷신문.

야ː당-권(野黨圈)[-꿘]〔명〕야당과 그 편을 지지하는 사람이나 단체. ▷~ 인사들만 모이다.

야당-스럽다[-따][-스러워, -스러우니]〔형〕**1** 매몰하고 사막스럽다. **2** 약빠르고 매몰스럽다. **야당-스레**〔부〕

야ː대(也帶)〔명〕〔역〕조선 때, 과거에 급제한

야ː도(夜盜)〔명〕밤을 타서 남의 물건을 훔치는 짓. 또는 그 도둑.

야ː독(夜讀)〔명〕〔하타〕밤에 글을 읽음. ▷주경(晝耕)~으로 성공하다.

야드(yard)〔의명〕야드파운드법에서 길이의 단위(單位)(1야드는 3피트로 91.44 cm임. 기호 : yd). 마(碼).

야드르르〔부하형〕윤이 나고 보드라운 모양. ㉫이드르르. ㉰야드를.

야드를〔부하형〕'야드르르'의 준말. ㉫이드를.

야드-파운드-법(yard pound法)〔명〕야드·갤런·파운드·초·화씨온도를 기본으로 하는 도량형《영국에서 시작되어 미터법이 국제 도량형으로 승인되기 전까지 국제적으로 썼음》.

야들-야들[-랴-/-드랴-]〔부하형〕부드럽고 윤이 나는 모양. ▷살 살결. ㉫이들이들.

야ː래(夜來)〔명〕야간(夜間)1.

야로〔명〕〈속〉남에게 드러내지 않은 우물쭈물한 셈속이나 수작, 흑막(黑幕). ▷~를 부리다 / 무슨 ~가 있을 거야.

야ː로(冶爐)〔명〕풀무.

야ː로(野老)〔명〕농촌에 사는 노인. 야옹(野翁).

야로비 농법(yarovi農法)[-뻡]〔명〕〔농〕미추린 및 리셍코의 유전 학설에 의한 농법 또는 육종법(育種法)《어떤 작물에 대해 저온 상태로 변화를 주어 개화와 결실을 빠르게 하는 방법》. 춘화(春化) 처리.

야ː료(惹鬧)[←惹鬧(惹鬧)]〔명〕**1** 생트집을 잡고 함부로 떠들어 댐. ▷~를 부리다. **2** '야기요단'의 준말.

야ː루-하다(野陋-)〔형어〕천하고 너절하다.

야릇-이〔부〕야릇하게.

야릇-하다[-르타-]〔형어〕무엇이라고 표현할 수 없이 묘하고 이상하다. ▷정말 야릇한 기분이야.

야리다〔형〕**1** 질기지 않고 보드랍다. ▷노랗고 야린 새싹. **2** 의지나 감정 따위가 모질지 못하고 약하다. ▷마음이 ~. **3** 빛깔이나 소리 따위가 흐리거나 약하다. **4** 조금 모자라다. ㉫여리다.

야ː마(夜摩)〔명〕〔산 yāma〕〔불〕**1** 야마천(夜摩天). **2** 염라(閻羅)대왕.

야ː마(野馬)〔명〕**1** 아지랑이. **2** 야생의 말.

야마(에 llama)〔명〕〔동〕낙타과의 송아지만 한 동물. 남아메리카에 삶. 육봉(肉峰)이 없고, 수컷은 타고 다니거나 짐을 싣는 용도로 씀. 털은 직물, 지방은 등유, 가죽은 구두의 원료로 씀. 낙마(駱馬).

야마리〔명〕'얌통머리'의 변한말. ▷대꾸할 ~가 없구나.

야ː마-천(夜摩天)〔명〕〔불〕육욕천(六欲天)의 셋째. 밤낮의 구분이 없고 시간에 따라 이상한 환락을 누린다 함. 야마.

야ː만(野蠻)〔명〕**1** 미개해서 문화 수준이 낮은 상태. 또는 그런 종족. **2** 교양이 없고 무례함. 또는 그런 사람.

야말〔조〕'야'와 '만'이 겹쳐 된 보조사. ▷꼭 해야 한다 / 먹어야 산다.

야ː만-성(野蠻性)[-썽]〔명〕야만스러운 성질.

야ː만-스럽다(野蠻-)[-따][-스러워, -스러우니]〔형〕**1** 미개하여 문화 수준이 낮은 데가 있다. **2** 교양이 없고 무례한 데가 있다. ▷행동이 ~. **야ː만-스레**〔부〕

야ː만-인(野蠻人)〔명〕야만스러운 사람. 호인(胡人). 번인(番人). ↔문명인.

야ː만-적(野蠻的)〔관〕〔명〕야만스러운 (것). ▷~ 행위.

야:만 정책 (野蠻政策)〖정〗정치적 목적을 달성하기 위해 인도(人道)에 벗어난 수단으로 국민이나 식민지를 다스리는 정책.

야:만-족 (野蠻族)똉 야만스러운 종족. 만족(蠻族).

야-말로 图 받침 없는 체언 뒤에 붙어, '그것이야 참말로'의 뜻을 나타내는 보조사. 口자네~ 신사다 / 그 여자~ 현모양처다. *이야말로².

야:망 (野望)똉 커다란 희망이나 바람. 口~을 가진 젊은이 / 헛된 ~을 품다.

야:매 (野梅)똉 야생의 매화나무. 들매화.

야:맹-증 (夜盲症)[-쯩]똉〖의〗망막의 능력이 감퇴하여 밤에는 물건을 잘 보지 못하는 증상(비타민 A의 결핍으로 일어남).

야멸-스럽다 [-따]〔-스러워, -스러우니〕혬田 야멸친 데가 있다. 야멸-스레 图

야멸-차다 图 야멸치다.

야멸-치다 图 1 남의 사정을 돌보지 않고 제일만 생각한다. 口야멸치게 뿌리치다. 2 태도가 차고 야무지다. 口야멸치게 쏘아붙이다.

야:명-사 (夜明砂)똉 〔한의〕박쥐의 똥(안질·감독(疳毒)·암내 등의 약재로 씀).

야:명-주 (夜明珠)똉 야광주(夜光珠).

야:묘 (野貓)똉[-묘] 살쾡이.

야:묘-피 (野貓皮)똉 삵피.

야무 '염우(廉隅)'의 변한말.

야무-얌치 똉 '염우염치'의 변한말.

야무-지다 图 사람됨이나 행동이 빈틈이 없이 굳세고 단단하다. 口솜씨가 ~ / 야무진 사람 / 일을 야무지게 처리하다. 圈여무지다.

야:무-청초 (野無靑草)똉형동 가뭄으로 땅에 푸른 풀이 없음.

야물-거리다 재 이가 나지 않은 어린아이나 짐승 새끼가 무엇을 먹느라고 자꾸 입을 귀엽게 움직이다. 야물-야물 [-랴-/-무랴-] 图 형재자

야물다 〔야물어, 야무니, 야문〕日재 과일이나 곡식 따위가 알이 들어 단단하게 익다. 圈여물다. 日형 1 언행이나 일 처리가 빈틈이 없고 옹골차다. 口손끝이 야무 사람. 2 사람됨이나 씀씀이가 옹골차다. 口살림을 야물게 하다. 圈여물다.

야물-대다 재田 야물거리다.

야:밀 (野蜜)똉 야생하는 벌의 꿀.

야:바위 똉형재 1 속임수로 돈을 따는 중국 노름의 하나. 2 속임수의 수단으로 그럴듯하게 꾸미는 일.
야바위(를) 치다 젠 ㉠속임수를 쓰다. ㉡남의 눈을 속여 좋은 것을 나쁜 것으로 바꾸다.

야:바위-꾼 똉 '야바위를 치는 사람'을 얕잡아 이르는 말.

야:바위-판 똉 여럿이 속임수를 꾸미는 판국.

야:바윗-속 [-쏙/-윋쏙]똉 여럿이 협잡을 꾸미는 속내.

야:박 (夜泊)똉형재 1 밤에 외박함. 2 밤에 배를 정박시킴. 또는 정박한 배에서 밤을 지냄.

야:박-스럽다 (野薄-)[-따]〔-스러워, -스러우니〕형田 야박한 데가 있다. 口야박스럽게 굴다(들리다). 야:박-스레 [-쓰레] 图

야:박-하다 (野薄-)[-바카-]형田 야멸치고 인정이 없다. 口야박하게 거절하다. 야:박-히 [-바키] 图

야:반 (夜半)똉 밤중. 口~에 출발하다.

야:반-도주 (夜半逃走)똉형재 남의 눈을 피해 한밤중에 도망함. 야간도주.

야:반-무례 (夜半無禮)똉 어두운 밤에는 예의를 갖추지 못한다는 뜻. 야심무례.

야:발 똉 야살스럽고 되바라진 태도. 또는 그런 말씨.

야:발-단지 [-딴-]똉 야발쟁이.

야:발-스럽다 [-따]〔-스러워, -스러우니〕혬田 야살스럽고 되바라진 데가 있다. 야:발-스레 图

야:발-쟁이 똉 야발스러운 사람을 낮잡아 이르는 말. 야발단지.

야:밤 (夜-)똉 깊은 밤. 口이 ~에 어딜 싸다니느냐.

야:밤중 (夜-中)[-쭝]똉 한밤중.

야:번 (夜番)똉 밤에 드는 번. 또는 그런 사람. 口~ 순서를 정하다.

야:별초 (夜別抄)똉〖역〗고려 고종 때 최우가 조직한, 도둑을 잡기 위해 야간 순찰을 돌았던 군대(후에 좌우 두 별초로 나뉘었으며 신의군(新義軍)을 합해 삼별초를 이룸).

야:부 (野夫)똉 시골에 사는 농부.

야:분 (夜分)똉 밤중.

야:불답백 (夜不踏白)[-빽]똉 밤길을 갈 때 하얗게 보이는 것은 물이니 밟지 말라는 뜻.

야:불폐문 (夜不閉門)[-/-폐-]똉 밤에 대문을 닫지 않는다는 뜻으로, 세상이 태평하고 인심이 순박함을 이르는 말.

야:비-다리 똉 보잘것없는 사람이 제멋에 겨워서 부리는 거드름.
야비다리 치다 젠 교만한 사람이 일부러 겸손한 체하다.

야:비-하다 (野鄙-/野鄙-)형여 성질이나 행동이 야하고 천하다. 口야비한 수단 / 야비하게 웃다.

야:사 (夜事)똉형재 밤에 하는 방사(房事).

야:사 (夜思)똉 밤이 깊어 고요할 때 일어나는 온갖 생각.

야:사 (野史)똉 민간에서 사사로이 기록한 역사. ↔정사(正史)1.

야:산 (野山)똉 들 근처의 나지막한 산. 口~을 일구다.

야:산 (野蒜)똉〖식〗달래.

야:산-고사리 (野山-)똉〖식〗면마과의 양치류(羊齒類). 잎은 나엽(裸葉)으로 높이 60 cm가량이며, 산과 들의 습지에 남. 어린잎은 식용함.

야:살 똉 얄망궂고 되바라진 태도 또는 말씨. 口~을 떨다 / 을 부리다 / ~을 피우다.
야살(을) 까다 젠 야살스럽게 굴다.

야:살-스럽다 [-따]〔-스러워, -스러우니〕형 얄망궂고 되바라진 데가 있다. 口야살스럽게 웃다. 야:살-스레 图. 口~ 수다를 떨다.

야:살-이 똉 야살쟁이.

야:살-쟁이 똉 야살스러운 사람을 낮잡아 이르는 말. 야살이.

야:삼경 (夜三更)똉 삼경 무렵의 한밤중(자정 전후의 시간). 준야경(夜更).

야:상 (夜商)똉 밤에 거래하는 장사.

야:상-곡 (夜想曲)똉〖악〗녹턴(nocturne).

야:색 (夜色)똉 야경(夜景).

야:색 (野色)똉 야경(野景).

야:생 (野生)똉 산이나 들에서 저절로 나서 자람. 또는 그런 생물. 口~ 약초 / 제주도에는 유채가 ~한다.

야:생 동:물 (野生動物)〖동〗야생하는 동물. ↔사육 동물.

야:생-마 (野生馬)똉 1 야생하는 말. 야생말. 2 제멋대로 행동하거나 성격이 활달하고 거친 사람의 비유.

야:생 식물 (野生植物)[-싱-] 〖식〗 야생하는 식물. ↔재배 식물.

야:생-아 (野生兒) 어렸을 때부터 인간 사회를 떠나 성장하여 보통 인간과는 다른 습성을 가지게 된 어린이.

야:생-인 (野生人) 야생아로 성장한 사람.

야:생-적 (野生的)〔관〕〔명〕 산이나 들에서 자라 가꾸어지거나 길들지 않은 (것).

야:생-종 (野生種) 〖生〗 산이나 들에 저절로 나는 동식물 및 미생물의 종류.

야:생-화 (野生花) 들에 저절로 피는 화초. 들꽃.

야:서 (野鼠) 〔동〕 들쥐1.

야:성 (野性) 자연 또는 본능 그대로의 거친 성질. 〔□〕~을 드러내다.

야:성-미 (野性美) 자연 또는 본능적인 모습에서 풍기는 멋. 〔□〕~가 넘치는 사나이 / ~가 흐르다.

야:성-적 (野性的)〔관〕〔명〕 자연 또는 본능 그대로의 거친 성질을 지닌 (것). 〔□〕~인 습성.

야소 (耶蘇) 〔기〕 '예수'의 취음.

야소-교 (耶蘇教) 〔기〕 '예수교'의 취음.

야소-회 (耶蘇會) 〔가〕 '예수회'의 취음.

야:속 (野俗) 무정한 행동이나 그런 행동을 한 사람이 섭섭하게 여겨져 언짢음. 〔□〕~하게 여기다.

야:속-스럽다 (野俗-)[-쓰-따] [-스러워, -스러우니] 〔형ㅂ〕 야속한 데가 있다. **야:속-스레** [-쓰-] 〔부〕

야:수 (夜嗽) 밤이면 나는 기침.

야:수 (野手) 야구에서, 내야수와 외야수를 통틀어 이르는 말.

야:수 (野狩) 들에서 하는 사냥. 들사냥.

야:수 (野獸) 1 산이나 들에서 자라 사람에게 길들지 않은 사나운 짐승. 2 매우 거칠고 사나운 사람의 비유. 〔□〕갑자기 ~로 돌변했다.

야수다 〔자〕 틈이나 기회를 노리다.

야:수 선:택 (野手選擇) 야구에서, 야수가 타자가 친 땅볼을 잡아 1루에 던지면 아웃시킬 수 있음에도 앞선 주자(走者)를 아웃시키려다가 실수하여 양쪽 다 살려 주는 일. 준야선(野選).

야:수-주의 (野獸主義)[-/-이] 기성 도덕을 허위·죄악이라고 배척하고 관능이 명하는 대로 동물적 욕망을 만족시키는 것을 인생의 목적으로 하는 주장. 동물주의. 애니멀리즘.

야:수-파 (野獸派) 〖미술〗 1905년에 프랑스의 반(反)아카데미파의 화가가 창시한 혁신적인 화풍(굵은 선을 써서 대담한 단순화를 시도했음). 포비슴.

야:숙 (野宿) 산이나 들 따위의 한데에서 잠. 노숙. 〔□〕~을 하며 부산까지 걸어갔다.

야:순 (夜巡) 〔명〕〔하자〕 1 야간 경계를 위해 순찰함. 2 〔역〕 밤에 임금이 평민복을 입고 민심을 살피기 위해 궁 밖을 살피러 다니던 일.

야스락-거리다 [-꺼-] 〔자〕 입담 좋게 계속하여 말을 늘어놓다. 준야슬거리다. **야스락-야스락** [-랑나- / -라가-] 〔부〕〔하자〕

야스락-대다 [-때-] 〔자〕 야스락거리다.

야슬-거리다 〔자〕 '야스락거리다'의 준말. **야슬-야슬** [-라- / -스라-] 〔부〕〔하자〕

야슬-대다 〔자〕 야슬거리다.

야:습 (夜習) 〔명〕〔하타〕 밤에 공부함. 또는 그런 공부.

야:습 (夜襲) 〔명〕〔하타〕 적을 밤에 습격함. 야공. 〔□〕~ 작전 / ~을 가하다.

야:승 (野乘) 야사(野史). 〔□〕~ 패사(稗史).

야:시 (夜市) 야시장. 밤장(場). 〔□〕저녁 7시면 ~가 열린다.

-아시놀 〔어미〕 〈옛〉 -시거늘.

-아시돈 〔어미〕 〈옛〉 -시거든.

야:시-장 (夜市場) 밤에 벌이는 시장. 밤장. 야시(夜市). 〔□〕~이 서다.

야:식 (夜食) 밤에 음식을 먹음. 또는 그 음식. 밤참. 〔□〕오늘 ~은 샌드위치다.

야:심 (夜深) 〔명〕〔하형〕 밤이 깊음. 〔□〕이렇게 ~한 데 어디들 가느냐.

야:심 (野心) 1 순수하게 길이 들지 않고 걸핏하면 해치려는 마음. 2 무엇을 이루어 보려고 마음속으로 품고 있는 욕망이나 소망. 〔□〕~에 찬 청년 / ~을 품다. 3 야비한 마음. 〔□〕~을 품고 가까이하다.

야:심-가 (野心家) 야심을 품은 사람.

야:심만만-하다 (野心滿滿-) 〔형어〕 야심이 가득 차 있다. 〔□〕야심만만한 정치가. **야:심만만-히** 〔부〕

야:심-스럽다 (惹甚-)[-따] [-스러워, -스러우니] 〔형ㅂ〕 매우 심한 데가 있다. 준이심스럽다. **야:심-스레** 〔부〕

야:심-작 (野心作) 새로운 시도를 대담하게 표현한 작품. 〔□〕일생일대의 ~을 내놓다.

야:심-적 (野心的)〔관〕〔명〕 야심을 품고 있는 (것). 〔□〕~ 사업.

야:심-하다 (惹甚-) 〔형어〕 매우 심하다. **야:심-히** 〔부〕

야:안 (野雁) 〔조〕 느시.

야:압 (野鴨) 〔조〕 청둥오리.

야:야 (夜夜) 〔명〕〔부〕 매일 밤. 밤마다.

야:양 (野羊) 〔동〕 솟과의 짐승. 몽골·만주의 고원에 삶. 면양과 비슷하나 훨씬 크며, 다리는 길고 가늚. 식용함. 완양(羱羊).

야:양-피 (野羊皮) 야양의 가죽(요·갑옷 따위에 씀).

야:업 (夜業) 〔명〕〔하자〕 '야간작업'의 준말.

야:업 (野業) 〔명〕〔하자〕 집 밖에서 행하는 일. 바깥일.

야:역 (夜役) 밤에 하는 공사.

야:연 (夜宴·夜筵) 〔명〕〔하자〕 밤에 잔치를 베풂. 또는 그 잔치. 〔□〕~을 베풀다.

야:연 (野椽) 〔건〕 들연.

야:영 (野影) 달밤에 땅 위에 비치는 그림자.

야:영 (野營) 〔명〕〔하자〕 1 〖군〗 영외에 진영을 침. 또는 그 진영. 2 휴양이나 훈련을 위해 야외에 천막을 치고 생활함. 〔□〕~ 생활.

야:영-객 (野營客) 야영하는 사람.

야:영-장 (野營場) 야영을 할 수 있도록 만들어 놓은 곳.

야:영-지 (野營地) 야외에 천막을 치고 휴양이나 훈련을 하는 곳. 노영지(露營地).

야:옹 (野翁) 시골 늙은이. 야로(野老). 촌로(村老).

야옹 〔부〕 고양이가 우는 소리.

야옹-거리다 〔자〕 고양이 우는 소리가 자꾸 나다. **야옹-야옹** [-냐-] 〔부〕〔하자〕

야옹-대다 〔자〕 야옹거리다.

야옹-이 〔명〕 〈소아〉 고양이.

야:외 (野外) 1 교외의 들판. 〔□〕~로 소풍을 가다. 2 집 밖. 노천(露天). 〔□〕~ 연주회 / ~ 결혼식.

야:외-극 (野外劇) 〔연〕 야외의 가설무대에서 자연을 배경으로 하여 행하는 연극. 패전트(pageant).

야:외-극장 (野外劇場)[-짱] 거리의 광장이나 마을의 빈터 등에 특별한 시설이 없이 마

런한 극장.
야:외-무대 (野外舞臺) 圀 거리의 광장이나 빈
터 따위에 마련한 무대.
야:외 촬영 (野外撮影) 〔연〕로케이션.
야:욕 (野慾) 圀 1 자기 잇속만 채우려는 더러
운 욕심. 口식민지 확장의 ~을 드러내다. 2
야비한 성적 욕망. 口~을 채우다.
야:용 (冶容) 圀하자 예쁘게 단장함. 또는 그
얼굴.
야:용지회 (冶容之誨) 圀 얼굴을 너무 예쁘게
단장하면 남을 음탕하게 만들기 쉽다는 말.
야:우 (夜雨) 圀 밤비.
야:우 (野牛) 圀 〔동〕들소.
야울-야울 [-랴-/-우랴-] 圉 불이 순하게 살
살 타는 모양. ㉒여울여울.
야위다 재 몸의 살이 빠져서 수척하게 되다.
口야윈 얼굴 / 몸이 ~. ㉒여위다.
야:유 (冶遊) 圀하자 주색에 빠져 방탕하게 놂.
야:유 (夜遊) 圀하자 밤에 놂. 또는 그 놀이. 밤
놀이.
야:유 (野遊) 圀하자 들놀이.
야:유 (揶揄) 圀하타 남을 빈정거려 놀림. 또는
그런 말이나 몸짓. 口~하는 말 / ~를 보내
다 / ~를 퍼붓다.
야:유-랑 (冶遊郞) 圀 야유하는 젊은 사내. 방
탕아.
야:유-회 (野遊會) 圀 들놀이를 벌이는 모임.
口~를 열다.
야:음 (夜陰) 圀 밤의 어둠. 또는 그때. 口칠흑
같은 ~ / ~을 타서 도주하다.
야:음 (夜飮) 圀 밤에 술을 마심.
야:이계주 (夜以繼晝)[-/-게-] 圀하타 밤낮의
구별 없이 쉬지 않고 함. 불철주야.
야:인 (野人) 圀 1 교양이 없고 예절을 모르는
사람. 2 벼슬하지 않는 사람. 재야(在野)의
사람. 口~으로 살다. 3 시골에 사는 사람. 4
〔역〕조선 때, 압록강과 두만강 유역에 살던
여진족.
야:자 (椰子) 圀 〔식〕1 야자나무. 2 야자나무
의 열매.
야:자-나무 (椰子-) 圀 〔식〕야자과의 상록 교
목. 열대 지방에 분포하며 높이 20-30 m, 잎
은 대형의 깃꼴 겹잎, 과실은 달걀꼴의 핵과,
배젖 안의 젖 같은 즙액은 음료로 마심. 재료
은 기구용임. 야자. 야자수. 코코야자.
야자-버리다 타 '잊어버리다'를 낮잡아 이르
는 말.
야:자-수 (椰子樹) 圀 〔식〕야자나무.
야:자-유 (椰子油) 圀 야자의 씨로 짠 기름《주
로 비누 원료로 씀》.
야:잠 (野蠶) 圀 〔충〕산누에.
야:잠-사 (野蠶絲) 圀 산누에의 고치에서 뽑은
실. 천잠사(天蠶絲).
야:잠-아 (野蠶蛾) 圀 〔충〕산누에나방.
야:장 (冶匠) 圀 대장장이. 야공(冶工).
야:장 (夜葬) 圀하타 밤에 장사를 지냄. 또는
그 장사.
야:장 (夜裝) 圀 밤에 입는 옷. 또는 그 차림.
야:장-간 (冶場間)[-깐] 圀 대장간.
야:장-미 (野薔薇) 圀 〔식〕찔레나무.
야:저 (野猪) 圀 〔동〕멧돼지.
야:적 (野積) 圀하타 물건을 임시로 한데에 쌓
아 둠. 노적. 口선창에 ~된 화물.
야:적-장 (野積場)[-짱] 圀 물건을 임시로 한데
에 쌓아 두는 곳.
야:전 (夜戰) 圀〔군〕밤에 벌이는 전투.
야:전 (野戰) 圀 〔군〕1 야외에서 하는 전투. 2
시가전이나 요새전 이외의 육상전(陸上戰).

口~에 능한 우리 군대.
야:전-군 (野戰軍) 圀 〔군〕1 몇 개의 군단 및
지원 부대로 구성된, 육군의 전술 편성 부대.
2 야전을 위하여 편성된 군대.
야:전 병:원 (野戰病院) 〔군〕부상병(負傷兵)
을 일시적으로 수용·치료하기 위해 전장에서
가까운 후방에 설치한 병원.
야:전 침:대 (野戰寢臺) 〔군〕야외에서 사용
하기 간편하게 접어서 지니고 다닐 수 있는
침대.
야:전-포 (野戰砲) 圀 〔군〕야포.
야젓-이 圉 야젓하게. 口의젓이.
야젓잖다 [-전짠타] 휑 야젓하지 아니하다. 口
의젓잖다.
야젓-하다 [-저타-] 휑어 태도나 됨됨이가 옹
졸하거나 좀스럽지 않아 점잖고 무게가 있
다. 口의젓하다.
야:정 (野情) 圀 야취(野趣)2.
야:제-병 (夜啼病)[-뼝] 圀 〔한의〕소아병의 하
나《원인 없이 밤에 발작적으로 우는 병》.
야:조 (夜鳥) 圀 〔조〕야금(夜禽).
야:조 (夜操) 圀하타 밤에 군사를 훈련함. 또는
그런 훈련.
야:조 (野鳥) 圀 야금(野禽). ↔사조(飼鳥).
야죽-거리다 [-꺼-] 재 '야기죽거리다'의 준
말. 야죽-야죽 [-죽냐-/-주갸-] 圉하자
야죽-대다 [-때-] 재 야죽거리다.
야:중 (夜中) 圀 밤중.
야:지 (野地) 圀 산이 적고 들이 넓은 지대.
-야지 어미 '-야 하지'의 준말《어미 '-아'·'-
어' 등의 뒤에 쓰임》. 口집에 가~ 않겠니 /
이젠 좀 쉬어~.
야지랑 圀 얄밉도록 능청스러운 태도. 口~을
떨다 / ~을 부리다 / ~을 피우다. 口이지렁.
야지랑-스럽다 [-따][-스러워, -스러우니] 휑
타 얄밉도록 능청맞고 천연스럽다. 口이지렁
스럽다. 야지랑-스레 圉
야지러-지다 재 작은 물건의 한 귀퉁이가 떨
어져 없어지다. 口이지러지다.
야:직 (夜直) 圀하자 1 〔역〕밤에 궁중에서 숙
직하던 일. 2 숙직.
야짓 [-짇] 圉 한편에서 시작하여 사이를 띄지
않고 모조리.
야:차 (夜叉) 圀 1 〔민〕두억시니. 2 〔불〕모습
이 추악하며 사람을 해하는 잔인·흉악한 귀
신. 3 〔불〕염마졸(閻魔卒).
야:차 (野次) 圀 〔역〕왕이 교외에 거둥할 때에
머무르기 위하여 임시로 차려 놓은 곳.
야:차-두 (夜叉頭) 圀 1 야차의 흩어진 머리.
곧, 매우 보기 흉한 형상. 2 〔한의〕우방자
(牛蒡子).
야:찬 (夜餐) 圀 밤참.
야:채 (野菜) 圀 1 들나물. 2 채소. 口~ 요리 /
~ 주스 / 청정(淸淨) ~.
야:처 (野處) 圀하자 집이 없어서 들에서 지냄.
야:천 (野川) 圀 들 가운데로 흐르는 내.
야:-천문동 (野天門冬) 圀 〔식〕파부초(婆婦草).
야:청 (-靑) 圀 검은빛을 띤 푸른빛. 아청(鴉靑).
야청-빛 (-靑-)[-삧] 圀 야청.
야:초 (野草) 圀 들에 저절로 나는 풀.
야:취 (野趣) 圀 1 자연의 아름다움에서 느끼는
흥취. 야치(野致). 2 소박한 취미. 야정(野情).
야코 圀 콧대.
야코-죽다 [-따] 재 〈속〉억눌려 기를 펴지 못
하다. 기죽다. 口야코죽어 말을 못하다.
야코-죽이다 타 〈속〉《'야코죽다'의 사동》억

눌려 기를 펴지 못하게 하다.

야크 (yak)圈『動』야우(野牛) 비슷한 솟과의 짐승. 북인도·티베트의 고원 지방에 삶. 역용(役用)·육용·유용(乳用)으로서 중요함. 뿔은 길고 온몸에 긴 털이 나 있음.

야:태 (野態)圈 촌티. 시골티.

야:토 (野兎)圈『動』산토끼.

야트막-이 图 야트막하게. ◘담장을 ~ 둘러 치다.

야트막-하다 [-마카-]圐回 조금 얕은 듯하다. ◘지붕이 ~. ⤷여트막하다. ⤶야틈하다.

야틈-하다圐回 '야트막하다'의 준말. ⤶여틈하다.

야:포 (野砲)圈『軍』주로 야전에서 쓰는 야전 유탄포나 산포(山砲) 등의 대포. 야전포(砲).

야:포-대 (野砲隊)圈『軍』야포를 중심으로 구성된 부대.

야:-포도 (野葡萄)圈『植』왕머루.

야:-풍 (野風)圈 속되고 야만스러운 풍속.

야:-하다 (冶-)圐回 1 천하게 아리땁다. ◘야한 차림새. 2 깊숙하지 못하고 되바라지다. ◘야한 행동 / 야하게 웃다.

야:-하다 (野-)圐回 1 품위가 없어 상스럽다. ◘촌스럽고 야한 말씨. 2 박정할 만큼 이곳에만 밝다.

야:학 (夜瘧)圈『醫』밤에 심하게 앓는 학질. 또는 그 학질을 앓음. 밤학질.

야:학 (夜學)圈回回 1 '야학교'의 준말. ◘~을 열다. 2 밤에 공부함.

야:학 (野鶴)圈『鳥』두루미. ◘한운(閑雲)~.

야:학-교 (夜學校)[-꾜]圈『敎』야간 학교. ⤶야학.

야:학-당 (夜學堂)[-땅]圈『敎』밤에 글을 가르치는 곳. 야학숙(夜學塾).

야:학-생 (夜學生)[-쌩]圈 야학교에서 배우는 학생.

야:한 (夜寒)圈 1 밤의 찬 기운. 2 가을밤의 쌀쌀한 느낌. 또는 그 추위.

야:합 (野合)圈回回 1 부부 아닌 남녀가 서로 정을 통함. 2 좋지 못한 목적으로 서로 어울림. ◘정치권이 재벌과 ~하다.

야:항 (夜航)圈回回 밤에 항행함.

야:행 (夜行)圈回回 1 밤에 길을 감. ◘~ 열차. 2 밤에 활동함. ◘백귀(百鬼)~. ↔주행(晝行).

야:행-성 (夜行性)[-썽]圈『動』낮에는 쉬고 밤에 활동하는 동물의 습성. ◘박쥐는 ~ 동물이다. ↔주행성(晝行性).

야:호 (夜壺)圈 요강.

야:호 (野狐)圈『動』여우1.

야호 困 등산하는 사람이 서로 부르거나 외치는 소리.

야:화 (夜話)圈 1 밤에 모여 앉아 하는 이야기. 또는 그것을 기록한 책. 2『文』설화풍(說話風)의 줄거리를 주제로 한 소품. ◘법창(法窓) ~.

야:화 (野火)圈 들에 난 불. 들불.

야:화 (野花)圈 1 들에 나는 풀의 꽃. 들꽃. 2 하층 사회나 화류계의 미녀의 비유.

야:화 (野話)圈 항간에 떠도는 이야기. 주로 야사에 근거를 둔 것이 많음.

야:화 식물 (野化植物)[-싱-]圈『植』본디 재배 식물이던 것이 함부로 퍼져서 야생종이 된 식물.

야:회 (野會)圈回回 밤에 모임을 엶. 또는 그 모임. 특히, 서양풍의 사교 회합.

야:회-복 (夜會服)圈 서양식의 야회 때 입는 옷(남자는 연미복, 여자는 이브닝드레스).

야훼 (ⓗ Yahweh)圈 여호와(Jehovah).

약 1 고추·담배 따위가 성숙해서 지니게 되는, 맵거나 쓴 자극성 성분. 2 화가 날 때의 언짢거나 분한 감정. ◘~이 받치다.

약(을) 올리다 困 화가 나게 하다. ◘지금 누구 약 올리는 건가.

약(이) 오르다 困 ⓐ고추·담배 따위가 자라 자극적인 성분이 많아지다. ◘고추가 약이 올라 맵다. ⓑ화가 나다. ◘약 올라 죽겠지.

약 1 (約)圈 화투에서, 풍약이나 비약·초약 따위를 통틀어 이르는 말.

약 (略)圈回回 1 '생략'의 준말. 2 [歷] 과거를 볼 때나 서당에서, 성적을 매기던 등급의 하나 《통(通)의 다음, 조(粗)의 위로 중등의 등급》.

약 (葯)圈『植』꽃밥.

약 (藥)圈 1 병이나 상처를 고치는 데 복용하거나 바르거나 주사하는 물질. ◘~을 바르다. 2 '화약'의 준말. ◘~을 재다. 3 곤충이나 동식물을 없애는 데 쓰는 물질(농약·과리약·쥐약 등). ◘진딧물 ~을 치다. 4 물건에 윤을 내기 위해 바르는 물질(구두약 따위). 5 '술'·'아편' 등의 결말. 6〈俗〉전기약. 7〈俗〉뇌물. 8 몸이나 마음에 이로운 것의 비유. ◘쓰라린 경험은 ~이 된다.

약에 쓰려도 없다 困 아무리 애써 찾아도 조금도 없다.

약(을) 지르다 困 ⓐ술을 빚은 뒤에 주정 발효를 돕는 약품을 넣다. ⓑ물고기를 잡거나 유해 생물을 없애기 위하여 약품을 쓰다.

약(을) 팔다 困 〈俗〉이것저것 끌어대어 입담 좋게 이야기를 늘어놓다.

약 (籥)圈『樂』아악기에 속하는 피리의 하나. 단소와 비슷하며 구멍이 세 개 또는 여섯 개가 나 있음. 황죽(黃竹)으로 만든 중국 고대의 악기《고려 때 우리나라에 들어왔음》.

약 2 (約)圈 어떤 수량에 거의 가까운 정도를 표시하는 말. ◘~ 10 m의 높이.

약가 (藥價)[-까]圈 약값.

약-가심 (藥-)[-까-]圈回回 약 먹은 뒤 다른 음식을 먹어 입을 가시는 일. 또는 그 음식. ＊입가심.

약간 (若干)[-깐]圈困 얼마 되지 않음. 얼마쯤. ◘~의 돈 / 술을 ~ 마시다.

약간-하다 (若干-)[-깐-]回困 잠간 어떻게 하다. ◘~가는 다치winner된다 / 약간하면 늦을지도 모른다. 回圐回 얼마 되지 않다. ◘약간한 의문이 있다.

약갑 (藥匣)[-갑]圈 약을 넣는 갑.

약-값 (藥-)[-갑]圈 약을 사는 데 드는 비용. 약가(藥價). 약료(藥料).

약건 (鑰鍵)[-껀]圈 1 문빗장에 내리 지르는 쇠. 2 열쇠1.

약계 (藥契)[-계 / -께]圈 약국(藥局)3.

약계-바라지 (藥契-)[-계- / -께-]圈 약방의 들창(창짝 중턱에 두 개의 눈썹바라지를 달아 밖을 내다볼 수 있게 하며, 겉창 대신 안쪽에 널조각으로 된 미닫이가 두 짝 있음).

약계-봉사 (藥契奉事)[-계- / -께-]圈 약국을 내어 한약을 지어 파는 사람. 약계주부.

약계-주부 (藥契主簿)[-계- / -께-]圈 약계봉사.

약-고추장 (藥-醬)[-꼬-]圈 1 볶은 고추장. 2 찹쌀을 원료로, 고춧가루를 보통 것보다 많이 넣어 담근 고추장(빛이 검붉음).

약골 (弱骨)[-꼴]圈 1 몸이 약한 사람. 약질(弱質). ◘~로 보여도 일할 때는 그렇지 않더

라. 2 약한 골격. ↔강골.

약과 (藥果)[-꽈] 명 1 과줄. 2 그만한 것이 다행임. 또는 감당하기 어렵지 않은 일. 囗그 정도는 ~다.

약과 먹기 쾀 하기에 쉽고도 즐겁다는 뜻.

약과-문 (藥果紋)[-꽈-] 명 1 약과 모양으로 꾸민 비단의 무늬. 2 검은담비의 네모진 무늬. 약과무늬.

약과 장식 (藥果裝飾)[-꽈-] 〖건〗 장문(欌門)이나 귀퉁이에 박는 네모진 장식.

약관 (約款)[-꽌] 〖법〗 법령·조약·계약 등에 정한 조항.

약관 (弱冠)[-꽌] 명 1 남자 나이 20세의 일컬음. 囗~의 나이로 과거에 급제하다. 2 젊은 나이. 약년(弱年). 囗~으로 이름을 크게 떨치다.

약국 (弱國)[-꾹] 명 국력이 약한 나라.

약국 (藥局)[-꾹] 명 1 약사가 약을 조제하거나 파는 곳. 약방. 囗처방전을 받아 ~에 가다. 2 '병원 조제실'의 통칭. 3 예전에, 한약을 지어 팔던 곳. 약계(藥契).

약국-방 (藥局方)[-꾹빵] 〖법〗 약전(藥典)1.

약국-생 (藥局生)[-꾹쌩] 명 병원 안의 약국에서 약을 짓는 사람.

약-그릇 (藥-)[-끄륻] 명 약을 담아 두거나 따라 마시는 그릇. 약기(藥器).

약기 (略記)[-끼] 명하타 줄거리만 간략하게 적음. 또는 그 기록. 囗경험을 ~하다.

약기 (躍起)[-끼] 명하자 뛰어 일어남.

약-꼬챙이 (藥-) ☞ 약막대기.

약-꿀 (藥-) 명 약으로 쓸 꿀.

약낭 (藥囊)[양-] 명 1 약을 넣어서 차는 작은 주머니. 2 〖군〗 총포에 쓰는 장약을 담는 주머니.

약년 (弱年)[양-] 명 나이가 어림. 어린 나이. 약관(弱冠).

약-농 (藥籠)[양-] 명 ☞ 약롱.

약다 [-따] 형 1 자신에게만 이롭게 꾀를 부리는 성질이 있다. 囗약은 놈 / 약은 꾀를 쓰다. 2 꾀가 많고 눈치가 빠르다. 준역다.

약단 (約短)[-딴] 명 화투 놀이에서, 약과 단을 아울러 이르는 말. 囗~을 보다.

약대 (-때) 명 동 낙타(駱駝).

약대 (藥大)[-때] 명교 '약학 대학'의 준말.

약대 (藥代)[-때] 명 약값.

약-대접 (藥-)[-때-] 명 약을 따라서 마시는 대접.

약덕 (藥德)[-떡] 명 병을 낫게 하는 약의 효능. 囗~을 보다[입다] / ~을 받다.

약도 (略圖)[-또] 명 간략하게 대충 그린 도면이나 지도. 囗~를 그리다 / ~를 보고 찾아오다.

약독 (弱毒)[-똑] 명 독성 및 병원체의 성질을 약하게 함. 또는 그렇게 한 것. 囗~ 백신.

약독 (藥毒)[-똑] 명 약의 독기. 囗~이 오르다.

약동 (躍動)[-똥] 명하자 생기 있고 활발하게 움직임. 囗~하는 젊음.

약동-감 (躍動感)[-똥-] 명 생기 있고 활발하게 움직이는 느낌. 생동감.

약-두구리 (藥-)[-뚜-] 명 탕약을 달이는 데 쓰는, 자루 달린 놋그릇. 준두구리.

약-둥이 [-뚱] 명 약고 똑똑한 아이.

약략-스럽다 (略略-)[양냑쓰-따][-스러워, -스러우니] 형 약략한 데가 있다. **약략-스레** [양냑쓰-] 부

약략-하다 (略略-)[양냐카-] 형여 1 매우 간략하다. 2 약소하다. **약략-히** [양냐키] 부

약량 (藥量)[양냥] 명 약을 쓰는 분량.

약력 (弱力)[양녁] 〖물〗 원자핵이 외부의 작용 없이 자연 붕괴하는 힘. 곧, 베타 붕괴를 일으키는, 원자핵 안에서의 약한 상호 작용. ↔강력(強力).

약력 (略歷)[양녁] 명 간략히 적은 이력. 囗~을 소개하다.

약력 (略曆)[양녁] 명 약본력(略本曆).

약력 (藥力)[양녁] 명 약의 효력. 약효(藥效).

약령 (藥令)[양녕] 명 봄·가을에 약재를 매매하는 장(공주·대구·청주·대전·전주 등지에 섬). 약령시. 囗청주에 ~이 서다. 준영.

  약령(을) 보다 쾀 약령에 가서 약재를 매매하다.

약령-시 (藥令市)[양녕-] 명 약령 보는 시장. 약령.

약로 (藥路)[양노] 명 여러 약을 써 보아 병에 알맞은 약을 얻게 된 경로.

약론 (略論)[양논] 명하타 간단히 줄여 논함. 또는 그 글이나 책.

약롱 (藥籠)[양농] 명 약을 넣어 두는 채롱이나 궤. 囗~에 약을 넣다.

약료 (藥料)[양뇨] 명 1 '약재료'의 준말. 2 약의 대금. 약값.

약리 (藥理)[양니] 명 약품에 의해 일어나는 생리적 변화. 囗~ 작용에 의한 결과.

약리-학 (藥理學)[양니-] 명 생명체에 일정한 화학적 물질이 들어갔을 때 일어나는 생체 현상의 변화를 연구하는 학문. 囗~의 발전에 기여하다.

약마-복중 (弱馬卜重)[양-쭝] 재주와 힘에 겨운 일을 맡음.

약-막대기 (藥-)[양-때-] 명 탕약을 짤 때 약수건을 비트는 데 쓰는 막대기.

약-면약 (弱綿藥)[양-] 〖화〗 솜을 질산과 황산과의 혼합액 속에 담가 질산의 작용을 약하게 만든 질산셀룰로오스(무연(無煙) 화약의 재료로 씀].

약명 (藥名)[양-] 명 약의 이름.

약모 (略帽)[양-] 명 〖군〗 군대에서 전투·훈련할 때 쓰는 약식 모자. 작업모. ↔정모(正帽).

약-모음 (弱母音)[양-] 명 〖언〗 음성 모음(陰性母音).

약문 (約文·略文)[양-] 명 요점만을 간단하게 적은 글.

약물 (約物)[양-] 명 〖인〗 각종의 기호 활자·구두점·줄표·권점(圈點) 따위.

약-물 (藥-)[양-] 명 1 약기가 있는 샘물. 약수. 2 약을 타거나 우린 물. 3 탕약을 달일 물.

약물 (藥物)[양-] 명 약의 재료가 되는 물질. 약품. 囗~에 중독되다 / ~을 투여하다.

약물 검:사 (藥物檢查)[양-] 도핑 테스트.

약물-꾼 (藥物-)[양-] 명 약물터로 약물을 마시러 다니는 사람.

약물 요법 (藥物療法)[양-료뻡] 명 약물로 병을 고치는 방법.

약물 중독 (藥物中毒)[양-] 〖의〗 약을 지나치게 많이 쓰거나 잘못 써서 일어나는 부작용. 약물 의존(依存).

약물-터 (藥物-)[양-] 명 약수터.

약물-학 (藥物學)[양-] 명 '약리학'의 구칭.

약박 (弱拍)[-빡] 명 〖악〗 '여린박'의 한자 이름.

약-반 (藥飯)[-빤] 명 약밥.

약-발 (藥-)[-빨] 명 겉으로 나타나는 약의 효험. 囗~이 받다 / ~이 좋다 / ~이 듣다.

약밤-나무[-빰-][명]《식》참나뭇과의 낙엽 활엽 교목. 중국 원산. 높이 12m 정도. 밤나무에 비해 잎의 톱니가 깊고 열매는 '평양밤'으로 알려졌는데, 잘고 맛이 특히 닮.

약-밥(藥-)[-빱][명] 물에 불린 찹쌀을 시루에 쪄서 흑설탕·꿀·참기름·진간장·삶은 밤·대추·곶감·잣 등과, 대추를 쪄서 거른 물 약간을 넣고 버무려 다시 시루에 찌거나 중탕한 밥. 약식(藥食).

약방(藥房)[-빵][명] 1 약국3. 2 약사 없이 양약을 소매하는 곳. 3 대갓집의 약 짓는 방.
[약방에 감초] 무슨 일에나 빠짐없이 끼는 사람이나 꼭 있어야 할 사물을 일컫는 말.

약방 기:생(藥房妓生)[-빵-]《역》조선 때, 내의원(內醫院)에 속하여 의녀(醫女)로서 행세하던 관기(官妓). 내의원 의녀.
약방 기생 볼 줴지르게 잘생기다 ☞ 여자의 용모가 뛰어나게 잘생기다.

약-방문(藥方文)[-빵-][명] 약을 짓기 위해 약 이름과 분량을 적은 종이. 약화제(藥和劑).
□사후(死後) ~이라. ⓒ방문(方文).

약-밭(藥-)[-빹][명] 약초를 심어 가꾸는 밭. 약전(藥田).

약법(約法)[-뻡][명] 약속한 법. 약장(約章).

약병(藥瓶)[-뼝][명] 약을 담는 병.

약-병아리(藥-)[-뼝-][명] 병아리보다 조금 더 자란 닭. 고기가 연하고 기름기가 적당하여 영양식이나 약용(藥用)으로 씀. 영계.

약:보[-뽀][명] 약은 사람의 별명.

약보(略報)[-뽀][명] 개략적으로 보고나 보도함. 또는 그 보고나 보도. ↔상보(詳報).

약보(略譜)[-뽀][명]《악》오선보(五線譜)에 대해 숫자나 기호 따위로 음계를 나타낸 악보.

약보(藥補)[-뽀][명][하타] 약을 써서 몸을 보함.

약수(藥需)[-쑤][명] 1 약을 많이 써서 여간한 약으로는 약효가 나지 않는 일. 2 약수건.

약-보합(弱保合)[-뽀][명]《경》주가(株價)가 약간 하락하여 시세가 변동하지 않거나 변동의 폭이 극히 작은 상태를 유지하는 일. ↔강(強)보합.

약복(略服)[-뽁][명] 정복이 아닌 약식의 복장.

약-복지(藥袱紙)[-뽁찌][명] 첩약을 싸는 데 쓰는 네모반듯한 종이. ⓒ복지.

약-본력(略本曆)[-력][명] 본력을 기준으로 일반인에게 필요한 것만 인쇄하여 반포하는 달력. 약력(略曆).

약봉(藥封)[-뽕][명] '약봉지'의 준말.

약-봉지(藥封紙)[-뽕-][명] 약을 담는 봉지. ⓒ약봉.

약분(約分)[-뿐][명][하타]《수》분수의 분모와 분자를 공약수로 나누어 간단히 만듦. 맞줄임.
□정수로 ~되는 분수.

약비(略備)[-삐][명][하타] 대강 갖춤.

약-비(藥-)[-삐][명] 약이 되는 비라는 뜻으로, 꼭 필요한 때에 내리는 비를 이르는 말.

약비-나다[-삐-][자] 정도가 너무 지나쳐 몹시 싫증이 나다. □음식이 너무 달아서 ~.

약-빠르다(약빨라, 약빠르니)[형르] 약아서 눈치나 행동 따위가 빠르다. 민첩하다. □약빠른 녀석. ⓒ역빠르다.
[약빠른 고양이가 밤눈이 어둡다] 약빨라 실수가 없을 것 같은 사람도 부족한 점은 있다는 말.

약빠리[명] 약빠른 사람.

약-빨리[부] 약빠르게. □ ~ 눈치를 채다.

약사(略史)[-싸][명] 내용을 간단히 줄여서 기록한 역사. □한국 전쟁 ~를 살펴보다.

약사(藥事)[-싸][명]《법》의약품·의료 기구·화장품 기타의 조제·감정·감정 및 취급에 관한 사항. □ ~ 행정의 허점.

약사(藥師)[-싸][명] 1 보건 복지부에서 인정하는 면허를 받아, 의사의 처방에 따라 약을 조제하거나 의약품을 파는 사람. 2《불》'약사여래'의 준말.

약-사발(藥沙鉢)[-싸-][명] 1 약을 담는 사발. 2 예전에, 사약(賜藥)을 내릴 때 독약을 담던 그릇.

약사-법(藥事法)[-싸뻡][명]《법》의약품·화장품·의료 용구 및 위생 용구의 제조·조제·감정·수출입·판매 등에 관한 사항을 규정한 법.

약사 삼존(藥師三尊)[-싸-]《불》중생을 질병에서 구원해 준다는 부처. 곧, 약사여래와 일광보살·월광보살의 총칭. ⓒ삼존(三尊).

약사-여래(藥師如來)[-싸-][명]《불》약사유리광여래. ⓒ약사(藥師).

약사유리광-여래(藥師瑠璃光如來)[-싸-녀-]《불》열두 대서원(大誓願)을 발하여 중생의 질병을 구제하며, 법약(法藥)을 준다는 여래(왼손에는 약병을 가지고, 오른손으로 시무외(施無畏)의 인(印)을 맺고 있음).

약삭-빠르다[-싹-][-빨라, -빠르니][형르] 눈치가 빠르거나, 자기 잇속에 맞게 행동하는 데 재빠르다. 꾀바르다. □약삭빠른 사람.

약삭-빨리[-싹-][부] 눈치가 빠르거나, 자기 잇속에 맞게 행동하는 데 재빠르게.

약삭-스럽다[-싹쓰-][(-스러워, -스러우니)][형ㅂ] 약삭빠른 데가 있다. **약삭-스레**[-싹쓰-][부]

약산(弱酸)[-싼][명]《화》수용액 가운데 수소 이온의 농도가 낮은 산(탄산·질산 따위). ↔강산(強酸).

약-산적(藥散炙)[-싼-][명] 장산적(醬散炙).

약상(藥商)[-쌍][명] 1 약장수. 2 약장사.

약-상자(藥箱子)[-쌍-][명] 약을 넣는 상자.

약-샘(藥-)[-쌤][명] 약물이 솟아나는 샘. 약천(藥泉).

약술(略述)[-쑬][명][하타] 약술(略述).

약석(藥石)[-썩][명] 1 약과 침이란 뜻으로, 여러 약제의 총칭. 또는 그것으로 치료하는 일. □ ~의 보람 없이 세상을 뜨다. 2 '약석지언'의 준말.

약석지언(藥石之言)[-썩찌-][명] 남의 잘못을 훈계하여 그것을 바로잡는 데에 도움이 되는 말. 약언(藥言). ⓒ약석(藥石). *고언(苦言).

약설(略設)[-썰][명][하타] 간략하게 설비함.

약설(略說)[-썰][명][하타] 간략하게 설명함. 또는 그 설명. □한국사 ~. ↔상설(詳說).

약성(藥性)[-썽][명] 약재의 성질.

약세(弱勢)[-쎄][명] 1 약한 세력 또는 기세. □ ~에 몰리다. 2《경》물가나 주가(株價)가 내려가는 기세. 또는 그런 장세. □ ~로 돌아서다 / ~를 보이다. ↔강세(強勢).

약소(弱小)[-쏘][명] 약하고 작음.

약소-국(弱小國)[-쏘-][명] 정치적·경제적·군사적으로 힘이 약한 작은 나라. 약소국가. ↔강대국(強大國).

약소-국가(弱小國家)[-쏘-까][명] 약소국.

약-소금(藥-)[-쏘-][명]《한의》1 두터지 소금. 2 눈을 씻거나 양치질하는 데 쓰기 위하여 볶아서 곱게 빻은 소금.

약소-민족(弱小民族)[-쏘-][명] 강대국에 의해 정치적으로나 경제적으로 지배를 받는 민족.

약소-배(弱少輩)[-쏘-][명] 나이가 어린 사람들을 얕잡아 이르는 말.

약소-하다(略少-)[-쏘-][형여] 적고 변변하지

못하다. ◻약소하나마 받아 주십시오.

약속 (約束)[-쏙]圈하자타 다른 사람과 앞으로의 일을 어떻게 할 것인가를 미리 정해 둠. 또는 그리 정한 내용. 권약(券約). ◻~ 기일이 되다 / ~을 만지다[어기다] / 결혼을 ~하다 / ~된 시간을 지키다.

약속을 메우다 ⊃ 약속을 형식적으로만 이행하다.

약속 어음 (約束-)[-쏘거-] 『경』 어음의 하나. 발행인 자신이 일정 기일에 일정 금액의 지급을 약속하는 형식의 어음.

약-손 (藥-)[-쏜]圈 1 '약손가락'의 준말. 2 아이들의 아픈 곳을 만지면 낫는다 하여 어루만져 주는 어른의 손. ◻내 손은 ~이다.

약-손가락 (藥-)[-쏜까-] 엄지손가락으로부터 넷째 손가락. 무명지. 약지(藥指). ⓒ약(藥)손.

약-솜 (藥-)[-쏨]圈 『의』 탈지면.

약수 (約數)[-쑤]圈『수』 어떤 수나 식을 나머지 없이 나누어 떨어지게 하는 수 또는 식.

약수 (藥水)[-쑤]圈 약물1.

약수 (藥狩)[-쑤]圈『민』 5월 단오에 약초를 캐어 모으는 일.

약-수건 (藥手巾)[-쑤-] 달인 탕약을 거르거나 짜는 데 쓰는 베 형겊. 약낭(藥襄).

약수-터 (藥水-)[-쑤-]圈 약수가 나는 곳. 약물터.

약술 (略述)[-쑬]圈하타 간략하게 논술함. 약서(略敍). ◻~한 내용.

약-술 (藥-)[-쑬]圈 1 약으로 마시는 술. 2 약을 넣어 빚은 술. 약주.

약-스럽다 [-쓰-따][약스러워, 약스러우니]圈 圈 성질이 야릇하고 못나다. **약-스레** [-쓰-]囝

약시 (弱視)[-씨]圈 시력이 약함. 또는 그 사람(특히 안경으로 교정할 수 없는 경우).

약-시시 (藥-)[-씨-]圈하자 앓는 사람을 위하여 약을 씀.

약시약시-하다 (若是若是-)[-씨-씨-]圈어 이러이러하다. 약차약차하다.

약-시중 (藥-)[-씨-] 병자 곁에서 약의 시중을 함. ◻~을 들다 / 아버지를 ~하느라 결근했다.

약시-하다 (若是-)[-씨-]圈어 이러하다.

약식 (略式)[-씩]圈 정식 절차를 생략한 의식. 또는 그 양식. ◻~ 보고 / ~으로 치르다. ↔정식(正式).

약식 (藥食)[-씩]圈 약밥.

약식 기소 (略式起訴)[-씩끼-] 『법』 공판을 열지 않고 서면 심리로 재판하는, 간이 재판소의 기소 철차.

약식 명:령 (略式命令)[-씽-녕] 『법』 약식 절차에 따라 재산형을 내리는 명령(확정되면 판결과 동일 효력을 가짐).

약-식염천 (弱食塩泉)[-씨겸-] 『지』 광천(鑛泉) 1kg 가운데 식염 5g 이하가 들어 있는 식염천(만성 위(胃)염·위아토니 등에 효험이 있음).

약식 재판 (略式裁判)[-씩째-] 『법』 가벼운 범법(犯法) 사건을 간략하게 처리하는 재판.

약식 절차 (略式節次)[-씩쩔-] 『법』 형사(刑事)에 관한 특별 절차로서, 공판 절차를 거치지 않고 약식 명령으로 벌금 또는 과료를 과하는 절차.

약실 (藥室)[-씰]圈 1 약을 조제하거나 보관하여 두는 방. 2 『군』 총포 안에 탄약을 재어 넣는 부분. ◻~ 검사를 하다.

약-쑥 (藥-)圈 약재로 쓰는 쑥(흔히 '삿쑥'을 말함).

약아-빠지다圈 몹시 약다. ◻약아빠진 아이.

약액 (藥液)圈『약』 약으로 쓰는 액체.

약쿠-하다 (야カ-)圈어 싫증이 나서 괴롭고 귀찮다.

약어 (略語)圈『언』 어떤 말의 일부분을 생략하여 간략하게 쓰는 말. 준말.

약언 (約言)圈하자 1 말로 약속함. 또는 그런 말. 2『언』 약음(約音).

약언 (約言)圈하타 간략하게 대강 말함. 또는 그런 말.

약여 (躍如)圈행圈휘 1 생기 있게 뛰어노는 모양. 2 눈앞에 생생하게 나타나는 모양.

약연 (藥碾)圈 [←연년(藥碾)] 『약』 약재를 갈아서 가루로 만드는 기구(단단한 나무나 돌 또는 쇠로 만듦). ⓒ연(碾).

약-염기 (弱塩基)[얏념-]圈『화』 수용액 가운데 히드록시 이온의 농도가 낮은 염기(수산화알루미늄·암모니아·아닐린 따위). ↔강염기.

약왕 (藥王)圈『불』 '약왕보살'의 준말.

약왕-귀 (藥王鬼)圈『민』 '앙괭이'의 취음.

약왕-보살 (藥王菩薩)圈『불』 25 보살의 하나. 좋은 약을 주어 중생의 심신의 병고를 덜어 주고 고쳐 주는 보살. ⓒ약왕(藥王).

약용 (藥用)圈하타 약으로 씀. ◻~ 작물 / 식물의 뿌리를 ~하다.

약용 비누 (藥用-) 장뇌(樟腦)·페놀·붕산 등 약품을 가하여 만든 비누(관장용(灌腸用)·소독용·화장품용 등).

약용 식물 (藥用植物)[야꽁싱-] 『식』 약으로 쓰거나 약의 재료가 되는 식물.

약-우물 (藥-)圈 약물이 나오는 우물.

약원 (藥園)圈 약포(藥圃).

약육-강식 (弱肉强食)[야꾹깡-]圈하자 약한 사람은 강한 사람에게 먹힘. ◻~의 사회.

약음 (約音)圈『언』 둘 이상의 음절이 결합할 때 한쪽의 모음 또는 음절의 탈락에 의해 음이 줄어드는 현상('소리개'의 'ㅣ'가 탈락하여 '솔개'로, '가아 보자'의 '아'가 탈락하여 '가보자'로 되는 것 따위). 약언(約言). 약전(約轉).

약음 (弱音)圈 약한 음. 약한 소리.

약음-기 (弱音器)圈『악』 서양 악기의, 음을 약하게 하거나 부드럽게 하는 장치(현악기에는 얇은 판을, 관악기에는 원통형의 금속물을 사용함).

약음 페달 (弱音pedal) 『악』 피아노에 붙어 있는 왼쪽 페달(밟으면 음이 약해짐). 소프트 페달. 여린음 페달.

약이 (藥餌)圈 약이 되는 음식.

약인 (藥人)圈하타 사람을 꾀어 빼앗음.

약인 (略印)圈 생략의 뜻으로 찍는 도장.

약일 (藥日)圈『민』 약풀을 캐는 날(5월 단오를 일컬음).

약자 (弱者)[-짜]圈 힘이나 세력이 약한 사람이나 생물. 또는 그 집단. ◻~를 돕다 / ~편에서다. ↔강자(强者).

약자 (略字)[-짜]圈 1 글자의 획수를 줄이어 간단하게 쓴 글자('會'를 '会'로, '國'을 '国'으로 하는 등). 반자(半字). ↔정자(正字). 2 여러 글자로 된 말을 머리글자를 따거나 일부를 생략하여 만든 글자.

약자-선수 (弱者先手)[-짜-] 장기나 바둑에서, 수가 약한 쪽이 먼저 두는 일.

약장 (約長)[-짱]圈『역』 조선 때, 향약(鄕約) 단체의 우두머리.

약장 (約章)[-짱]圈 약법(約法).

약장(略章)[-짱] 圐 약식의 휘장·훈장·문장(紋章) 등의 총칭. ↔정장(正章).

약장(略裝)[-짱] 圐 약식(略式)의 복장. ↔정장(正裝).

약장(藥檶)[-짱] 圐 약재를 갈라서 따로따로 넣는 장(서랍 달린 여러 개의 칸이 있음).

약-장사(藥-)[-짱-] 圐하자 약을 파는 일. 약상(藥商).

약-장수(藥-)[-짱-] 圐 **1** 장터나 길거리에서 약을 파는 사람. 약상(藥商). **2** 〈속〉 이것저것 끌어대어 이야기를 잘하는 사람.

약재(藥材)[-째] 圐 '약재료'의 준말.

약-재료(藥材料)[-째-] 圐 약을 짓는 재료. 준 약료(藥料)·약재.

약-저울(藥-)[-쩌-] 圐 약재의 무게를 다는 저울이란 뜻으로 일컫는 분칭(分秤)의 딴 이름. 약형(藥衡).

약전(約轉)[-쩐] 圐《언》약음(約音).

약전(弱電)[-쩐] 圐《전》통신용 등으로 쓰는 약한 전류. 또는 주로 통신 등을 다루는 전기 공학 부문의 통칭. ↔강전(强電).

약전(略傳)[-쩐] 圐 소전(小傳)1.

약전(藥田)[-쩐] 圐 약밭.

약전(藥典)[-쩐] 圐 **1**《법》국가가 약품에 대해 원료·제법·순도·성질 따위를 기재해서 약제의 처방 기준을 정한 책. 약국방. **2** '대한 민국 약전'의 준말.

약전(藥箋)[-쩐] 圐《의》처방전(處方箋).

약-전국(藥-)[-전-] 圐《한의》콩을 쪄서 삶아서 소금과 생강 등을 섞어 발효시켜 만든 약(상한(傷寒)·두통·학질 등에 해독·발한제로 씀).

약-전해질(弱電解質)[-쩐-] 圐《화》약한 전해질. ↔강전해질.

약점(弱點)[-쩜] 圐 **1** 불충분하거나 모자라는 점. 결점. ▢~을 꼬집다. **2** 버젓하지 못하고, 뒤가 켕기는 것. ▢~을 이용하다 / ~을 잡다 / ~이 잡히다. ↔강점.

약정(約定)[-쩡] 圐하자타 일을 약속하여 정함. ▢휴정이 ~되다.

약정-서(約定書)[-쩡-] 圐 약정한 내용을 기록한 문서. ▢~를 교환하다.

약정 이:율(約定利率)[-쩡니-] 圐《법》당사자 사이의 계약으로 정한 이율. ↔법정 이율.

약정 이:자(約定利子)[-쩡니-] 圐《법》당사자 사이의 계약으로 정한 이자. ↔법정 이자.

약제(藥劑)[-쩨] 圐 여러 가지 약재를 섞어서 조제한 약. 약품.

약제-관(藥劑官)[-쩨-] 圐 **1** 약에 관한 사무를 맡아보는 공무원. **2**《군》약제 사무를 맡아보는 각 군의 부사관.

약제-사(藥劑師)[-쩨-] 圐《법》'약사(藥師)'의 구칭.

약제-실(藥劑室)[-쩨-] 圐 병원이나 약국에서 약사가 약을 조제하는 곳.

약조(約條)[-쪼] 圐하타 **1** 조건을 붙여서 약속함. ▢~된 사항 / ~를 지키다. **2** 약속하여 정한 조항.

약조-금(約條金)[-쪼-] 圐《법》계약 보증금. ▢~을 걸다.

약졸(弱卒)[-쫄] 圐 약한 군졸. ▢용장(勇將) 밑에~ 없다. ↔강졸(强卒).

약종(藥種)[-쫑] 圐 약재료(藥材料).

약종-상(藥種商)[-쫑-] 圐 약재를 판매하는 장수. 또는 그 장사.

약주(弱奏)[-쭈] 圐하자《악》약하게 연주하는 일(악보의 위나 아래에 'P'라 적혀 있음).

약주(藥酒)[-쭈] 圐 **1** 약(藥)술. **2** 알코올 도수가 11인 맑은술. 약주술. **3** '술'의 높임말. ▢언제 ~나 한잔 하십시오.

약-주릅(藥-)[-쭈-] 圐 예전에, 약재의 매매를 중개하던 사람.

약주-상(藥酒床)[-쭈쌍] 圐 '술상'을 점잖게 이르는 말. ▢~을 보다.

약주-술(藥酒-)[-쭈-] 圐 **1** 약주2. **2** 약(藥)술2.

약죽-거리다[-쭉꺼-] 재 '야기죽거리다'의 준말. **약죽-약죽** [-쭝냑쭉 / -쭈각쭉] 圎하자 **약죽-대다**[-쭉때-] 자 약죽거리다.

약지(弱志)[-찌] 圐 약한 의지. ▢~박행(薄行).

약지(藥指)[-찌] 圐 약손가락.

약지(藥紙)[-찌] 圐 약을 싸는 데 쓰는 종이. 약포(藥包).

약지-주(藥漬酒)[-찌-] 圐 여러 가지 약을 넣고 담근 술. 약(藥)술.

약진(弱震)[-찐] 圐《지》집이 흔들리고 문짝이 덜거덕거리는 정도의 약한 지진(진도(震度) 3임).

약진(藥疹)[-찐] 圐《의》약을 쓰고 체질적인 특이성으로 일어나는 발진. 또는 그 현상.

약진(躍進)[-찐] 圐하자 **1** 힘차게 앞으로 뛰어 나아감. **2** 빠르게 발전하거나 진보함. ▢~의 발판 / ~하는 자동차 산업.

약진-상(躍進相)[-찐-] 圐 약진해 가는 모습. ▢눈부신 ~.

약질(弱質)[-찔] 圐 약골(弱骨)1.

약-질(藥-)[-찔] 圐하자 **1** 병을 고치려고 약을 쓰는 일. **2** 술을 빚을 때 약을 넣는 일. **3** 마약 주사를 모르핀을 쓰는 일.

약차(藥茶) 圐 약재를 달여 차처럼 마시는 물.

약차(藥借) 圐하자 약을 먹어 몸을 튼튼히 하고 힘이 나게 함.

약차약차-하다(若此若此-) 혈어 이러이러하다. 약시약시하다.

약차-하다(若此-) 혈어 이러하다. 이렇다.

약찬(略饌) 圐 간소하게 차린 음식.

약채(藥債) 圐 남에게 빚진 약값. 약빚. 약채전(藥債錢).

약책(藥冊) 圐 지난날, 약국에서 단골 자리의 거래 따위를 적어 두던 장부.

약철(藥鐵) 圐 화약과 철환(鐵丸).

약체(弱體) 圐 **1** 약한 몸. ▢~로 태어나다. **2** 실력이나 능력이 약한 조직체나 체제. ▢~ 내각으로 출범하다.

약체(略體) 圐 **1** 정식 체재를 간략하게 한 형식. **2** 획을 줄인 글씨체. 약자(略字).

약체 보:험(弱體保險)[경] 생명 보험에서, 피보험자의 신체·직업·유전 등에 결함이 있을 때, 보통보다 보험금을 감소하거나 보험료를 올리는 등의 조건을 붙여서 계약하는 보험.

약체-화(弱體化) 圐하자타 어떤 조직체가 본디보다 약하여짐. 또는 약하게 함. ▢~된 정당 / 팀이 ~하다.

약초(藥草) 圐 약으로 쓰는 풀. 약풀. ▢~ 채집 / ~를 구하다 / ~를 캐다.

약초-원(藥草園) 圐 약포(藥圃).

약취(略取) 圐하타 **1** 빼앗아 가짐. **2**《법》폭행·협박 등의 수단으로 타인을 자기의 지배 아래 둠. 또는 그런 행위.

약취 강:도(略取强盜)《법》사람을 약취하여 인질로 삼아 재물을 빼앗는 행위(강도죄와 동일하게 처벌함). ▢~죄가 적용되다.

약취 유괴 (略取誘拐)《법》약취 유인.

약취 유인 (略取誘引)《법》사람을 자기 또는 제삼자의 지배 아래 두어 자유를 속박하는 행위. 🔲 미성년자의 ~죄.

약측 (略測)명 간략하게 하는 측정.

약치 (掠治)명하타《역》죄인의 볼기를 치며 신문하던 일.

약치 (藥治)명하타 '약치료'의 준말.

약-치료 (藥治療)명하타 약을 써서 병을 고침. ⬮약치.

약-칠 (藥漆)명하자타 1 아프거나 다친 곳에 약을 바름. 2 물건에 광택을 내기 위해 약을 바르고 문지름. 🔲구두에 ~을 하다.

약침 (藥鍼)명 의약과 침술 (鍼術).

약칭 (略稱)명하타 정식 명칭의 일부를 생략해서 일컬음. 또는 그 명칭. 🔲공과 대학의 ~은 공대이다.

약칭 (藥秤)명 분칭 (分秤).

약탈 (掠奪)명하타 폭력을 써서 남의 것을 억지로 빼앗음. ~을 당하다 / 금품을 ~하다.

약탈 농법 (掠奪農法)[-롱뻡]《농》원시적 농법의 하나. 작물에 비료를 주지 않고 수확하는 농업 방법(화전 (火田) 따위).

약탈-혼 (掠奪婚)명《사》원시 시대에, 신부될 사람을 다른 부족에서 빼앗아 결혼하던 일. 약탈 혼인.

약탕 (藥湯)명《한의》1 병의 치료를 위해 약을 넣어 끓인 물. 2 탕약(湯藥).

약-탕관 (藥湯罐)명 탕약 달일 때 쓰는 질그릇. 약탕기. 약차관(藥茶罐).

약-탕기 (藥湯器)[-끼]명 1 약을 담는 탕기. 2 약탕관.

약-통명 둥글게 생긴 인삼이나 더덕 등의 몸.

약통 (藥桶)명 약을 담는 통.

약포 (葯胞)《식》꽃밥.

약포 (藥紙)명 1 약지(藥紙). 2 화포에 쓰는 발사용 화약(무연 화약을 나누어 싼 것).

약포 (藥圃)명 약초를 심는 밭. 약원(藥園).

약포 (藥脯)명 쇠고기를 얇게 저미어 진간장·기름·설탕·후춧가루 등을 넣고 주물러 채반에 펴서 말린 포.

약포 (藥鋪)명 약국3.

약표 (略表)명 대략을 나타낸 표.

약-풀 (藥-)명 약초(藥草).

약품 (藥品)명 1 약. 🔲불량 ~을 압수하다. 2 약의 품질. 3 약제.

약품-명 (藥品名)명 약품 이름.

약-풍로 (藥風爐)[-노]명 탕약 달이는 데 쓰는 풍로.

약필 (略筆)명하타 1 중요한 점 이외를 생략하여 씀. 또는 그 문장. 2 문자의 획을 생략하여 씀. 또는 그 문자.

약-하다 (略-)[야카-]타여 '생략하다'의 준말. 🔲경칭을 ~.

약-하다 (藥-)[야카-]자타여 1 약으로 쓰다. 2 약을 쓰다.

약-하다 (弱-)[야카-]형여 1 튼튼하지 못하다. 🔲몸이 ~. 2 연하고 무르다. 🔲약한 나뭇가지. 3 견디어 내는 힘이 세지 못하다. 🔲열에 ~. 4 의지 따위가 굳세지 못하다. 🔲마음이 ~. 5 표준에 못 미치다. 🔲시력이 ~. 6 잘하지 못하다. 🔲수학이 ~. 7 자극에 대한 저항력이 부족하다. 🔲술에 ~. ↔강하다.

약혹-하다 (若或-)[야카~]형 '여하(如何)하다'의 높임말(주로 편지에 씀).

약학 (藥學)[야칵]명 약제에 대하여 연구하는 학문.

약학 대:학 (藥學大學)[야칵때-]《교》약학에

대한 전문적인 원리와 지식을 습득하는 단과 대학.

약해 (略解)[야캐]명하타 요점만 추려서 대강의 뜻을 풀이함. 또는 그 책. 🔲세계사 ~/고전(古典)의 ~.

약해 (藥害)[야캐]명 약을 과용하거나 또는 체질에 맞지 않아서 받는 해.

약행 (弱行)[야캥]명형 1 실행력이 약함. 일을 하는 데 용기가 없음. 🔲박지(薄志)~. 2 바로 걷지 못함. 또는 그 사람.

약협 (藥莢)[야켭]명 총포 탄환의 화약이 든, 놋쇠로 된 통의 부분. 약통(藥筒).

약형 (藥衡)[야켱]명 분칭(分秤).

약호 (略號)[야코]명 간단하고 알기 쉽게 나타내어 만든 부호. 🔲전신 ~는 전문 용어이다.

약혼 (約婚)[야콘]명하자 혼인하기로 약속함. 🔲~을 축하하네.

약혼-기 (約婚期)[야콘-]명 약혼부터 결혼까지의 기간.

약혼-녀 (約婚女)[야콘-]명 약혼한 여자.

약혼-반지 (約婚斑指)[야콘-]명 약혼을 기념하여 상대편에 주는 반지.

약혼-식 (約婚式)[야콘-]명 약혼할 때 올리는 의식(儀式).

약혼-자 (約婚者)[야콘-]명 약혼한 남자나 여자. 혼약자. 피앙세.

약화 (弱化)[야콰]명하자타 힘이나 세력이 약하여짐. 또는 약하게 함. 🔲당세(黨勢)의 ~/세력이 ~되다 / 저항력을 ~시키다. ↔강화.

약화 (略畵)[야콰]명《미술》사물을 직접 취재하거나 기억을 더듬어 간략히 그린 그림.

약-화제 (藥和劑)[야콰-]명 약방문(藥方文). ⬮화제(和劑).

약회 (約會)[야쾨]명하자 만나기를 약속함.

약효 (藥效)[야쾨]명 약의 효험. 🔲~가 떨어지다 / ~가 나타나다 / ~를 내다.

얀정명 야살스러운 짓을 하는 사람.

얀정 '인정(人情)'을 얕잡아 쓰는 말. 🔲~도 없이 세 든 사람을 내쫓았다.

얀정-머리 '인정머리'를 얕잡아 쓰는 말. 🔲~ 없이 나그네에게 무안을 주었다.

얄개명 야살스럽게 구는 사람.

얄-궂다[-굳따]형 1 성질이 괴상하다. 🔲얄궂은 사람. 2 야릇하고 짓궂다. 🔲얄궂은 질문. 3 '얄망궂다'의 준말. 🔲얄궂은 운명.

얄긋-거리다[-귿꺼-]자 짜인 물건의 사개가 서로 맞지 않고 느슨하여 자꾸 움직이다. ⬮일긋거리다. 얄긋-얄긋[-근귿근/-그딛근] 부하자

얄긋-대다[-귿때-]자 얄긋거리다.

얄긋-하다[-그타-]형 한쪽으로 조금 쏠리어 비뚤어지다. ⬮일긋하다.

얄기죽-거리다[-꺼-]자타 허리나 입을 이리저리 느리게 잇따라 움직이다. ⬮일기죽거리다. 얄기죽-얄기죽[-중날-/-꺼갈-] 부하자타

얄기죽-대다[-때-]자타 얄기죽거리다.

얄-나다[-랄-]자 야살스럽게 신바람이 나다.

얄따랗다[-라타][얄따라니, 얄따래서]형ㅎ 썩 얇다. 🔲얄따라 월급 봉투. ↔두껍다랗다.

얄따래-지다자 얄따랗게 되다.

얄라차감 무엇인가가 잘못되었음을 이상야릇하게 또는 신기하게 여겨서 내는 소리.

얄랑-거리다자 물에 뜬 작은 물건이 물결에 따라 이리저리 잇따라 움직이다. ⬮일렁거리다. 얄랑-얄랑[-날-/-] 부하자

얄랑-대다자 얄랑거리다.

얄망-궂다[-굳따]형 괴이쩍고 까다로워 얄밉

다. ▢하는 짓이 ~. ㉰앙궂다.
얄망-스럽다 [-따]〔-스러워, -스러우니〕혱ㅂ 얄망궂은 데가 있다. **얄망-스레** 閉
얄-밉다 [-따]〔얄미워, 얄미우니〕혱ㅂ 말과 행동이 거슬리고 밉다. ▢얄밉게 굴다.
얄밉상-스럽다 [-썽-따]〔-스러워, -스러우니〕혱ㅂ 얄미운 데가 있다. **얄밉상-스레** [-쌍-] 閉
얄브스름-하다 혱여 좀 얇은 듯하다. ▢두께 가 얄브스름한 책. ㉰열브스름하다. **얄브스름-히** 閉
얄쌍-하다 혱 ☞ 얄팍하다.
얄쭉-거리다 [-꺼-] 재타 허리를 이리저리 가볍게 자꾸 흔들다. 또는 허리가 이리저리 가볍게 자꾸 흔들리다. ㉰일죽거리다. **얄쭉-얄쭉** [-쭝날-/-쭈깔-] 閉혜자타
얄쭉-대다 [-때-] 재타 얄쭉거리다.
얄찍-얄찍 [-쩡날-/-찌깔-] 閉혱혱 여럿이 다 얇은 듯한 모양. ▢널빤지가 ~해서 쓰기에 편하다.
얄찍-이 閉 얄찍하게.
얄찍-하다 [-찌카-] 혱여 얇은 듯하다. ▢이불 이 얄찍해서 가볍다.
얄팍-스럽다 [-쓰-따]〔-스러워, -스러우니〕혱ㅂ 좀 얄팍한 듯하다. **얄팍-스레** [-쓰-] 閉
얄팍-썰기 칼질의 한 방법. 무·감자·오이· 두부 등을 두께가 조금 얇게 써는 것.
얄팍-얄팍 [-팡날-/-파깔-] 閉혱혱 여럿이 모두 두께가 조금 얇은 모양. ▢가래떡을 ~하 게 썰다.
얄팍-하다 [-파카-] 혱 1 두께가 조금 얇다. ▢고기를 얄팍하게 썰다. 2 생각이 깊이가 없고 속이 빤히 들여다보인다. ▢얄팍한 생각. **얄팍-히** [-파키] 閉
얇다 [얄따] 혱 1 두께가 두껍지 않다. ▢얇은 종이. ↔두껍다. 2 높이나 규모가 보통의 정도에 미치지 못하다. ▢선수층이 ~. 3 빛깔이 연하다. 4 빤히 들여다보일 만큼 속이 좁다. ▢얇은 생각. ㉰엷다.
얇디-얇다 [얄띠얄따] 혱 매우 얇다.
얌냠 閉 ☞ 냠냠.
얌냠-이 閉 ☞ 냠냠이.
얌생이 閉〈속〉남의 물건을 조금씩 슬슬 훔쳐 내는 짓.
　얌생이 몰다 〔치다〕 句〈속〉남의 물건을 조금씩 슬쩍슬쩍 훔쳐 내다.
얌생이-꾼 閉〈속〉얌생이를 잘하는 사람.
얌심 閉 몹시 샘내고 시기하는 마음. ▢~을 부리다 / ~을 피우다.
얌심-꾸러기 閉 얌심이 많은 사람.
얌심-데기 [-떼-] 閉 얌심을 부리는 사람을 낮추어 이르는 말.
얌심-스럽다 [-따]〔-스러워, -스러우니〕혱ㅂ 얌심이 있는 듯하다. **얌심-스레** 閉
얌전 閉 성품과 태도가 차분하고 단정함. ▢~을 떨다 / ~을 부리다 / ~을 빼다 / ~을 피우다.
얌전-스럽다 [-따]〔-스러워, -스러우니〕혱ㅂ 얌전한 데가 있다. **얌전-스레** 閉
얌전-이 閉 얌전한 사람의 별명.
얌전-하다 혱여 1 성품이나 태도가 차분하고 단정하다. 2 모양이 좋고 품위가 있다. ▢차림새가 ~. **얌전-히** 閉
얌체 閉 얌치없는 사람을 낮추어 이르는 말.
얌체-족 (-族) 얌체 짓을 하는 무리.
얌치 閉 마음이 깨끗하여 부끄러움을 아는 태

도. ▢사람이면 ~가 있어야지. ㉰염치.
얌치-없다 [-업따] 혱 얌치를 아는 마음이 없 다. ㉰염치없다.
얌통-머리 閉〈속〉얌치. ㉰염통머리.
압삼-하다 [-싸-따] 혱여〈속〉남은 꾀를 쓰면 서 자신의 이익만 챙기려는 태도가 있다. ▢압삼한 사람.
얏 [얃] 疳 힘을 쓸 때나 정신을 집중할 때 내는 소리. ▢ ~ 하는 기합 소리.
양¹ 閉 '갓양태'의 준말.
양 (羊) 閉 〔동〕 솟과의 가축. 대체로 회백색의 섬세한 털로 싸였음. 건조지를 좋아하며 초식성으로 소화력이 강함. 양모는 섬유용, 지방은 비누 제조용임. 면양(緬羊). 2 성질이 매우 온순한 사람을 비유하는 말. 3〔기·가〕 보호 받아야 할 약한 존재라는 뜻에서, 신자를 비유하는 말. ▢길 잃은 ~.
양 (良) 閉 성적·등급 등의 평점의 하나(미의 다음, 가의 위). ▢국어는 수인데 수학은 ~ 이다.
양 (眻) 閉 소의 밥통을 고기로 일컫는 말.
양 (梁) 閉 굴건(屈巾)이나 금량관(金梁冠) 등 의 앞이마에서부터 우뚝 솟아 둥그스름하게 마루가 져서 뒤에 닿은 부분.
양 (陽) 閉 1〔철〕 역학(易學)에서, 태극(太極) 이 나뉜 두 가지 성질, 또는 기운의 하나(천 (天)·남(男)·주(晝)·동(動) 등의 능동적·남성 적인 것을 상징하는 데 씀). 2〔물〕 '양극(陽 極)'의 준말. 3〔수〕 양수(陽數)를 나타내는 말. 4〔한의〕 체질·약성(藥性)·증상의 활발하 고 덥고 적극적인 상태. ↔음(陰).
양 (量) 閉 '분량·식량(食量)·국량(局量)'의 준말. ▢~껏 먹다 / ~이 적다 / ~에 차다. 2 수량·무게·부피의 총칭. ▢~보다 질이다.
양 (樣) 閉 1 '양식(樣式)'의 준말. 2 '양태(樣 態)'의 준말. 3 '양상(樣相)'의 준말.
양² 의 1 어미 '-ㄴ'·'-ㄹ'·'-는'의 뒤에 붙 어, '모양'·'듯'·'것처럼' 등의 뜻을 나타내 는 말. ▢학자인 ~ 행세하다 / 돈이 많은 ~ 으스대다. 2 어미 '-ㄹ'·'-을'의 뒤에 붙어, '의향'·'의도' 등의 뜻을 나타내는 말. ▢잘 ~으로 늙다.
양 (孃) 의명 여자의 성이나 이름 뒤에 붙여 미혼 여성임을 나타내는 말. ▢박 ~ / 이춘희 ~.
양 (穰) 주관 십진급수의 단위의 하나. 자(秭)의 만 배(萬倍). 곧, 10^{28}.
양 (兩) 관 '두'·'두 쪽'의 뜻. ▢ ~ 무릎 / ~ 어깨.
양- (洋) 〈서양의〉·〈서양식〉의 뜻. ▢ ~담 배 / ~배추.
양- (養) 튼 남의 자녀를 자기 자녀로 만들 때 상호 간의 연고 관계를 나타내는 말. ▢ ~아 버지 / ~딸.
-양 (洋) 미 넓은 바다를 나타내는 말. ▢대서 ~ / 인도~ / 태평~.
-양 (孃) 미 직업을 나타내는 말 뒤에 붙어, 그 런 일을 하는 여자임을 나타내는 말. ▢안내 ~ / 교환~.
양가 (良家) 閉 양민의 집. 또는 지체 있는 집 안. 양갓집. ▢~의 자제(子弟).
양가 (兩家) 閉 양편의 집. 두 ~를 대표해서.
양가 (楊家) 閉 중국 전국 시대의 사상가인 양 주(楊朱)의 학설을 신봉하는 학자.
양-가 (養家) 閉 양자로 들어간 집. 양갓집. ↔ 본생가(本生家).
양-가-독자 (兩家獨子) [-짜] 閉 생가와 양가 어느 편에서나 독자임.
양-가죽 (羊-) 閉 양의 가죽. 양피(羊皮).

양가죽을 쓰다 [구] 흉악한 본성을 숨기려고 순하고 착한 것처럼 꾸미다.

양각(羊角) [명] 1 양의 뿔〈한방에서 풍병의 약으로 씀〉. 2 회오리바람.

양:각(兩脚) [명] 양쪽 다리. 두 다리.

양각(陽角) [명] 《수》 각을 긴 두 직선 가운데 한 직선이 시곗바늘 방향과 반대로 돌아서 생기는 각. 정각(正角). ↔음각(陰角).

양각(陽刻) [명][하][타] 조각에서, 글자나 그림 따위를 도드라지게 새기는 일. 또는 그 조각. 돋을새김. □꽃이 ~된 반지. ↔음각(陰刻).

양:각-규(兩脚規)[-뀨] [명] 컴퍼스1.

양:각-기(兩脚器)[-끼] [명] 컴퍼스1.

양각-등(羊角燈)[-뜽] [명] 양의 뿔을 고아 얇고 투명한 껍질을 만들어서 씌운 등.

양:각-정(兩脚釘)[-쩡] [명] 거멀못.

양각-풍(羊角風) [명] 회오리바람. 양각(羊角).

양간(羊肝) [명] 양의 간. 한방에서 간장병의 약으로 씀.

양-갈보(洋-) [명] 1 서양 사람에게 상대로 몸을 파는 여자. 양공주. 2 서양인 창부.

양:갈-소로(兩-小櫨) [명] 《건》 화반이나 장여 사이에 끼우는 접시받침.

양감(涼感) [명] 시원한 느낌. □넘치는 ~.

양감(量感) [명] 1 회화(繪畵)에서, 대상물의 부피나 무게에 대한 느낌. □~이 있는 그림. 2 사물이 묵직하거나 두툼한 듯한 느낌.

양갓-집(良家-)[-가찝 /-갇찝] [명] 양가(良家). □~ 규수.

양갱(羊羹) [명] 단팥묵.

양갱-병(羊羹餅) [명] 단팥묵.

양거(羊車) [명] 《불》 삼거(三車)의 하나. 성문승(聲聞乘)에 비유함.

양거지 [명][하][자] 《민》 여러 사람이 모여 노는 데, 아이 밴 아내가 있는 남자가 있을 경우 우선 한턱을 먹고서, 그 아이가 아들이면 아이 아버지가 값을 치르고, 딸이면 여러 사람이 나눠 내는 장난.

양건(陽乾) [명][하][타] 《농》 햇볕에 말림. □~된 씨앗. ↔음건(陰乾).

양:건 예:금(兩建預金)[-녜-] 《경》 구속성 예금. 꺾기.

양:-걸침(兩-) [명] 바둑에서, 귀에 둔 상대방의 돌을 양쪽에서 공격하는 일.

양:견(兩肩) [명] 두 어깨. 양어깨.

양견(養犬) [명][하][자] 개를 기름. 또는 그 개.

양결(量決) [명][하][자] 사정을 잘 헤아려 판결함.

양경(佯驚) [명][하][자] 거짓으로 놀라는 체함.

양경(陽莖) [명] 《생》 음경(陰莖).

양경-장수(-將-) [명] '도적(盜賊)'의 곁말.

양:계(兩界)[-/-게] [명] 《역》 고려 현종 때 정한, 지방 행정 구역인 동계(東界)와 서계(西界)《동계는 함경도, 서계는 평안도》.

양계(陽界)[-/-게] [명] 사람이 사는 세상. 이 세상. ↔음계(陰界).

양:계(養鷄)[-/-게] [명][하][자] 닭을 침. 또는 그 닭. □~를 부업으로 하다.

양:계-장(養鷄場)[-/-게-] [명] 설비를 갖추어 놓고 닭을 치는 곳.

양고(良賈) [명] 큰 상인. 또는 훌륭한 상인.
　[양고는 심장(深藏)한다] ㉠장사를 잘하는 상인은 좋은 상품을 깊이 숨겨 두고 가게에 내놓지 않는다. ㉡어진 이는 학덕이나 재능을 깊추고 함부로 드러내지 않음의 비유.

양-고기(羊-) [명] 양의 고기. 양육(羊肉).

양곡(良穀) [명] 좋은 곡류(穀類).

양곡(洋曲) [명] 서양의 악곡《양송·재즈 따위》.

양곡(洋谷) [명] 《지》 해저곡의 한 가지. 대륙붕

의 사면(斜面)을 파고 들어간 골짜기.

양곡(暘谷) [명] 해 돋는 곳. ↔함지(咸池)1.

양곡(糧穀) [명] 양식으로 쓰는 곡식.

양곡 관리(糧穀管理)[-괄-] 《법》 식량의 생산·유통·소비에 관한 국가 관리.

양곡 증권(糧穀證券)[-쯩꿘] 《경》 정부가 양곡 가격을 안정시키고 양곡의 수요·공급을 원활하게 하며 양곡을 사들이는 비용에 쓰기 위해 발행하는 증권. 미곡 증권.

양:-곤마(兩困馬) [명] 바둑에서, 두 군데가 살기 어려운 말로 몰린 형세.

양골(陽骨) [명] 양지머리뼈.

양골-뼈(陽骨-) [명] ☞ 양지머리뼈.

양골-조림(陽骨-) [명] 소의 양골을 토막 쳐서 장에 조린 음식.

양공(良工) [명] 1 재주와 기술이 뛰어난 공인(工人). 2《불》가사를 짓는 침공(針工).

양-공주(洋公主) [명] '양갈보1'를 비꼬아 일컫는 말. □~ 출신의 포주.

양-과자(洋菓子) [명] 서양식으로 만든 과자. 서양과자.

양:관(兩館) [명] 《역》 조선 때의 홍문관(弘文館)과 예문관(藝文館)의 병칭.

양관(洋館) [명] 1 서양식의 집. 양옥. 2 지난날, 서양 각국의 공관(公館)을 이르던 말.

양:-괄식(兩括式) [명] 《언》 글의 중심 내용이 첫머리와 끝 부분에 반복하여 나타나는 문장 구성 방식. *두괄식·미괄식·중괄식.

양광(佯狂) [명] 분수에 넘치는 호강.

양광(佯狂) [명][하][자] 거짓으로 미친 체함.

양광(陽光) [명] 1 태양의 볕. □~이 비치다. 2 《불》진공 방전 때 중앙 부근에 나타나는 광선의 고운 빛.

양광-스럽다[-따][-스러워, -스러우니] [형][ㅂ] 호강이 분수에 넘치는 듯하다. 양광-스레 [부]

양:교(兩校) [명] 두 학교. □~의 선수단.

양교-맥(陽蹻脈) [명] 《한의》 기경팔맥(奇經八脈)의 하나. 음교맥과 아울러 인체의 운동 기능과 눈동자의 개합(開合) 작용을 주관함.

양구-에(良久-) [부] 얼마 있다가. 또는 한참 있다가.

양:국(兩國) [명] 두 나라. □한미 ~의 공동 관심사 / 한일 ~의 정상 회담.

양국(洋菊) [명] 《식》 달리아.

양:군(兩軍) [명] 1 양편의 군사. 2 운동 경기에서, 서로 겨루는 양편 팀.

양궁(良弓) [명] 좋은 활.

양궁(洋弓) [명] 서양식의 활. 또는 그 활을 쏘아 표적을 맞추어 득점을 다투는 경기. □세계 정상의 여자 ~. ↔국궁(國弓).

양궁거시(揚弓擧矢) [명] 활과 화살을 높이 듦. 곧, 승리를 뜻하는 말.

양:-궁상합(兩窮相合) [명][하][자] 가난한 두 사람이 함께 모인다는 뜻으로, 일이 잘되지 않음의 비유.

양궐(陽厥) [명] 《한의》 상한이 신열이 난 후에 몸이 차가워지는 병. 열궐(熱厥).

양-귀(羊-) [명] 말·나귀의 굽은 귀. 곡이(曲耳).

양귀비(楊貴妃) [명] 《식》 양귀비과의 한해살이풀 또는 두해살이풀. 높이 약 1m. 잎은 어긋나고 긴 타원형. 늦봄에 백·홍·홍자·자색 등의 네잎꽃이 예쁘게 피고 삭과는 구형, 씨는 식용함. 덜 익은 열매의 유즙에서 아편을 뽑음. 앵속(罌粟).

양귀비-꽃(楊貴妃-)[-꼳] [명] 양귀비의 꽃. 앵속화(罌粟花). 아부용(阿芙蓉).

양:-귀포 (兩-包)**명** 장기에서, 포를 궁밭의 앞줄 양쪽 귀퉁이에 벌여 놓고 두는 일. 또는 그 두 포.

양귤 (洋橘)**명** 〖식〗 네이블오렌지.

양:-그루 (兩-)**명** 〖농〗 이모작(二毛作).

양극 (兩極)**명 1** 〖지〗 북극과 남극. **2** 〖물〗 양극과 음극. **3** 양극단. □~으로 치닫다.

양극 (陽極)**명** 〖물〗 서로 대립하는 두 개의 전극 가운데 전위(電位)가 높은 쪽의 전극. 양전극(陽電極). ↔음극.

양:-극단 (兩極端)[-딴]**명** 서로 매우 심하게 거리가 있거나 상반되는 것. □팽팽하게 대립하는 좌우의의 ~.

양극-선 (陽極線)[-썬]**명** 〖물〗 진공 방전(放電)할 때 양극에서 음극으로 흐르는 양전기를 띤 원자. 또는 분자의 입자선(粒子線).

양:-극성 (兩極性)[-썽]**명** 자석의 두 극처럼 하나가 두 극으로 나누어지는 성질. 서로의 존재나 주장·태도 따위가 맞서면서 상대를 자기의 존재 조건으로 하는 관계임.

양:극 체제 (兩極體制)**명** 〖정〗 동서 냉전 시대에, 세계가 미국과 소련을 정점으로 하는 두 진영으로 갈려 대립하고 있던 상태.

양:극-화 (兩極化)[-콰]**명하자** 서로 점점 더 달라지고 멀어짐. □이념이 ~되다.

양근 (陽根)**명** 남자의 생식기, 곧 자지.

양:-글[하자] [←양(兩)그루] **1** 소가 논밭을 갈거나 짐을 싣는 일. **2**〖농〗한 해에 같은 논에서 두 번 수확함. 이모작.

양:금 (兩衾)**명** 신랑·신부의 이부자리.

양금 (洋琴)**명** 〖악〗 **1** 우리나라와 중국에서 쓰는 현악기(사다리꼴로 된 넓적한 상자 모양의 통 위에 놋쇠의 현이 열네 줄 있는데, 대나무로 만든 채로 침). **2** 피아노.

양금-채 (洋琴-)**명 1** 양금을 치는, 대나무로 만든 가늘고 연한 채. **2** 가냘프고 고운 목소리의 비유. **3** 성격이 고분고분하고 상냥한 모양을 이르는 말.

양기 (良器)**명 1** 좋은 그릇. **2** 좋은 재간과 도량.

양기 (兩岐)**명** 두 갈래. 두 갈래.

양기 (涼氣)**명** 서늘한 기운.

양기 (陽基)**명** 〖민〗 양택(陽宅)2.

양기 (揚氣)**명하자 1** 의기가 솟음. **2** 으쓱거리며 뽐냄.

양기 (陽氣)**명 1** 햇볕의 따뜻한 기운. **2** 만물이 살아 움직이는 활발한 기운. **3**〖한의〗남자의 몸 안의 정기(精氣). □~를 보한다든 / ~가 부족하다.

양기 (揚棄)**명하타** 〖철〗 지양(止揚).

양기 (量器)**명** 물건의 양을 되는 데 쓰는 기구의 총칭(되·말·홉 따위).

양:기 (養氣)**명 1** 기력이나 원기를 기름. **2** 유가(儒家)에서, 맹자가 주장한 정신 수양법. **3** 도가(道家)에서, 몸과 마음을 닦는 일.

양기-석 (陽起石)**명** 〖한의〗 규산무수물과 산화마그네슘이 주성분인 돌(음위(陰痿)·낭습(囊濕)의 약).

양-기와 (洋-)**명** 시멘트로 만든 기와.

양-껏 (量-)[-껃]**부** 먹을 수 있거나 할 수 있는 양의 한도까지. □~ 먹어라 / ~ 가져가거라.

양:-끼 (兩-)**명** 아침과 저녁의 끼니. □~를 굶다.

양:-난 (兩難)**명하형** 이러기도 어렵고 저러기도 어려움. □~에 처하다.

양-날 (羊-)**명** 미일(未日).

양:-날 (兩-)**명** 양쪽에 날이 있는 것.

양:날-톱 (兩-)**명** 양쪽에 날이 있는 톱. 한쪽은 켜는 톱니로, 다른 쪽은 자르는 톱니로 되어 있음.

양:-남 (兩南)**명** 호남과 영남의 일컬음.

양냥-거리다[자] 마음에 덜 차서 짜증을 내며 종알거리다. □옷이 찢겼다고 ~. **양냥-양냥** [-냥-/-] **부하자**

양냥-고자[명] 활 끝에 심고가 걸리는 곳.

양냥-대다[자] 양냥거리다.

양냥-이[명] **1**〈속〉입. **2** 군것질할 거리.

양냥이-뼈[명] 〈속〉 턱뼈.

양냥이-줄[명] 〈속〉 자전거의 앞뒤 기어를 연결하는 쇠줄. 체인(chain).

양녀 (洋女)**명** 서양 여자.

양:-녀 (養女)**명 1** 수양딸. □~로 삼다. **2**〖법〗입양하여 자식으로 삼은 딸. □~로 입양하다.

양년 (兩年)**명** 두 해.

양념[명]**하자타 1** 음식의 맛을 돋우기 위해 쓰는 재료의 총칭(기름·깨소금·파·마늘·고추 따위). □갖은 ~ / ~을 치다 / ~에 버무리다. **2** 무엇이든 재미를 더하게 하는 재료. □무용담을 ~ 삼아 이야기하다.

양념-간장 (-醬)**명** 양념장.

양념-감 (-깜)**명** 양념으로 쓰는 재료. 조미료. 양념거리.

양념-값 (-깝)**명** 주재료 외에 양념에 드는 비용. □~이 오르다.

양념-거리 [-꺼-]**명** 양념감.

양념-장 (-醬)**명** 여러 가지 양념을 한 간장. 양념간장.

양념-절구[명] 양념 재료를 찧는 작은 절구.

양노 (佯怒)**명하자** 거짓으로 화를 냄.

양-놈 (洋-)**명** 〈비〉 서양 사람.

양능 (良能)**명** 타고난 재능. 또는 그런 재능이 있는 사람.

양-다래 (洋-)**명** 〖식〗 키위(kiwi)2.

양:-다리 (兩-)**명** 양쪽 다리.

　양다리(를) 걸치다[걸따] **관** 양쪽에서 이익을 보기 위하여 두 편에 다 관계를 가지다.

양:-단 (兩端)**명 1** 두 끝. **2** 처음과 끝. **3** 혼인 때 쓰는 붉은빛과 푸른빛의 두 필의 채단.

양:-단 (兩斷)**명하타** 하나를 둘로 나누어 끊음. □한스럽게도 국토가 ~되어 있다.

양단 (洋緞)**명** 여러 가지 무늬를 넣어 겹으로 두껍게 짠 고급 비단의 한 가지. □~으로 저고리를 만들다.

양:-단-간 (兩端間)**명부** 이리 되든 저리 되든 두 가지 가운데. 좌우간. □~에 결정을 내다.

양:-단수 (兩單手)**명** 바둑에서, 두 곳이 동시에 몰리는 단수. □~가 되다.

양:단-수 (兩端水)**명** 두 갈래로 갈라져 흐르는 물줄기.

양달 (陽-)**명** 볕이 잘 드는 곳. □~이 지다 / ~에 빨래를 널다. ↔응달.

양-달력 (洋-曆)**명** 벽에 걸어 놓는 달력. 괘력(掛曆).

양-달령 (洋-)**명** 서양 피륙의 하나. 두껍고 질긴 양목과 비슷함. 양대포(洋大布).

양-닭 (洋-)[-딱]**명** 서양종의 닭.

양-담배 (洋-)**명** 서양에서 만든 담배(특히, 미국제). □~를 꼬나물다.

양답 (良畓)**명** 토질이 좋은 논. 옥답(沃畓).

양:-당 (兩堂)**명** 남의 부모에 대한 존칭.

양:당 (兩黨)**명** 두 정당. □~의 의견 차.

양:당 외:교 (兩黨外交)**명** 〖정〗 한 나라에 큰 정당이 두 개인 경우의 초당파 외교.

양:대 (兩大)〔관〕두 큰. 양쪽이 다 큰. ▣~ 강
국 /~ 세력이 버티고 있다.
양:도 (兩刀)〔명〕**1** 두 칼. **2** 쌍수검(雙手劍).
양도 (洋刀)〔명〕서양식의 주머니칼. 또는 식탁
용 칼. 나이프.
양도 (洋島)〔명〕〔지〕'대양도(大洋島)'의 준말.
양도 (洋陶)〔명〕서양풍의 도기(陶器).
양도 (陽道)〔명〕**1** 군신·부자·부부에서 임금·부
모·남편이 지켜야 할 도리. **2** 남자로서의 도
리. **3** 남자의 생식기. 또는 생식력.
양도 (糧道)〔명〕**1** 일정한 기간 먹고 살아갈 양
식. **2** 군량을 운반하는 길. ▣적의 ~를 끊다.
양:도 (讓渡)〔명〕〔하타〕**1** 물건을 남에게 넘겨줌.
▣~한 물건. **2** 〔법〕권리·재산 및 법률상의
지위 등을 타인에게 넘겨줌. ▣건물을 ~하
다 / 소유권을 ~하다 / 저작권이 출판사에 ~
되다. ↔양수(讓受).
양:도 논법 (兩刀論法)[-뻡]〔논〕대전제(大前
提)에 두 개의 가언적(假言的) 명제를 세우
고, 소전제에서 이것을 선언적(選言的)으로
승인하거나 부인하는 형식을 취하는 삼단(三
段) 논법. 딜레마.
양:도 담보 (讓渡擔保)〔법〕목적물인 재산권
을 채권자에게 양도했다가 일정 기간 내에
변제하면 담보물의 소유권을 반환받는 물적
(物的) 담보. 또는 그런 제도.
양:도 뒷보증 (讓渡保證)[-뒤뽀-/-뒫뽀-]
〔경〕어음 따위의 유가 증권을 양도하기 위
한 뒷보증. 양도 배서(背書).
양:-도목 (兩都目)〔역〕해마다 일 년에 두
번 유월과 섣달에 벼슬아치의 성적을 평가하
여 벼슬을 떼거나 올리던 일.
양:도성 정:기 예:금 (讓渡性定期預金)[-
썽-]〔경〕제삼자에게 양도가 가능한 무기명
식(無記名式)의 정기 예금. 만기일에 증서의
마지막 소유자가 원리금을 찾음. 시디(CD).
양:도 소:득 (讓渡所得)〔법〕자산의 양도에
따른 소득.
양:도 소:득세 (讓渡所得稅)[-쎄]〔법〕개인
이 토지·건물 등을 양도하여 얻은 양도 차익
에 대하여 과세하는 조세.
양:도-인 (讓渡人)〔명〕**1** 물건을 남에게 넘겨주
는 사람. **2** 〔법〕권리·재산 및 법률상의 지위
등을 타인에게 이전하는 사람. ↔양수인.
양:도체 (良導體)〔물〕전기나 열을 잘 전하
는 물체(은·구리 따위). ↔부도체(不導體).
양독 (陽毒)〔한의〕**1** 열병의 한 가지. **2** 성홍열.
양독-발반 (陽毒發斑)[-빨-]〔한의〕어린아
이에게 발생하는 열병의 한 가지. 두드러기
난 것이 홍역 때보다 굵음. 양독.
양:-돈 (兩-)[-똔]〔명〕한 냥가량의 돈.
양:돈 (養豚)〔명〕〔하자〕돼지를 먹여 기름. 또는 그
돼지. ▣~ 농가가 늘다.
양:-돈사 (兩-)〔명〕한 냥에 몇 돈을 더한 금액.
양동 (洋銅)〔명〕〔옛〕녹은 구리.
양동 (陽動)〔명〕〔하자〕〔군〕작전의 주의를 딴 데로
돌리기 위하여, 본디의 목적과는 다른 행동
을 함. 양공(陽攻).
양-동이 (洋-)〔명〕함석으로 원통형의 동이처럼
만든 그릇. 운두가 높고, 양쪽 중턱에 손잡이
가 달렸음. ▣~에 물을 담다.
양동 작전 (陽動作戰)[-쩐]〔군〕자기편의 기
도(企圖)를 숨기고 적의 판단을 그르치게 하
기 위해, 어떤 행동을 드러내어 적의 주의를
그쪽으로 쏠리게 하는 작전. ▣~으로 적을
교란하다.
양-돼지 (洋-)〔명〕**1** 서양종의 돼지(요크셔·버
크셔 등). **2** 살찐 사람의 별명.

양두 (羊頭)〔명〕양의 머리. 한방에서 보허안심
제(補虛安心劑)의 약재로 씀.
양:두 (讓頭)〔명〕〔하타〕지위를 남에게 넘겨줌.
양두-구육 (羊頭狗肉)〔명〕양의 대가리를 내어
놓고 실은 개고기를 판다는 뜻으로, 겉으로
는 훌륭하게 내세우나 속은 변변찮음. ▣~
식 정책으로 기만하다.
양:두-마차 (兩頭馬車)〔명〕쌍두마차.
양:두-사(兩頭蛇)〔명〕대가리가 둘 달린 뱀〔이
것을 보면 죽는다는 전설이 있음〕.
양:두 정치 (兩頭政治)〔정〕두 우두머리가 다
스리는 정치. 이두정치.
양:두-필 (兩頭筆)〔명〕한쪽에는 연필, 다른 쪽
에는 펜을 끼워서 쓰게 된 필기구.
양:득 (兩得)〔명〕〔하타〕**1** '일거양득'의 준말. **2** 둘
잡이.
양등 (洋燈)〔명〕남포등.
양-딸 (養-)〔명〕양녀(養女).
양-딸기 (洋-)〔명〕〔식〕장미과의 여러해살이
풀. 줄기는 땅 위로 뻗고, 잎은 세 개씩 붙은
겹잎인데, 봄에 흰색 꽃이 취산꽃차례로 핌.
열매는 장과(漿果)로 붉게 익는데 날로 먹거
나 잼을 만듦.
양떼-구름 (羊-)〔명〕'고적운(高積雲)'의 속칭.
양-띠 (羊-)〔명〕〔민〕미생(未生).
양란 (洋蘭)[-난]〔명〕〔식〕꽃을 보고 즐기기 위
해 온실에서 재배하는 난과 식물의 총칭.
양란 (洋亂)[-난]〔명〕〔역〕양요(洋擾).
양람 (洋藍)[-남]〔명〕〔미술〕인디고(indigo).
양력 (揚力)[-녁]〔명〕비행기의 날개 같은
얇은 판을 유체(流體) 속에서 작용시킬 때,
진행 방향에 대하여 수직·상향으로 작용하는
힘. 비행기의 날개에 응용됨.
양력 (陽曆)[-녁]〔천〕'태양력'의 준말. ↔
음력(陰曆).
양:로 (養老)[-노]〔명〕〔하자〕**1** 몸과 마음이 편하
도록 노인을 받들어 모심. ▣~ 시설. **2** 〔역〕
나라에서 노인에게 주식(酒食)·다과·포백(布
帛) 등을 베풀고 벼슬을 주기도 함.
양:로 (讓路)[-노]〔명〕〔하자〕길을 서로 비켜 줌.
양:로 보:험 (養老保險)[-노-]〔경〕생명 보험
의 하나. 피보험자가 보험 기간이 만료될 때
까지 생존하면 보험금이 지급됨〔그 기간 안
에 죽으면 보험금은 유족에게 지급됨〕.
양:로 연금 (養老年金)[-노-]〔사〕젊었을 때
돈을 적립하여 두고, 노후에 연금을 받아 여
생을 안락하게 지내도록 하는 제도·연금.
양:로-원 (養老院)[-노-]〔명〕〔사〕의지할 데 없
는 노인을 수용·구호하는 시설.
양록 (洋綠)[-녹]〔명〕〔미술〕진채(眞彩)의 하나.
석록(石綠)과 같은 진한 초록색을 띰.
양:론 (兩論)[-논]〔명〕두 가지의 서로 대립되는
의론이나 논설. ▣찬반 ~으로 갈라지다.
양롱 (佯聾)[-농]〔명〕〔하자〕거짓으로 귀먹은 체함.
양:류 (兩流)[-뉴]〔명〕**1** 두 수류(水流). **2** 두 유
파(流派).
양류 (楊柳)[-뉴]〔명〕〔식〕버드나무1.
양류-목 (楊柳木)[-뉴-]〔명〕〔민〕육십갑자에서,
임오(壬午)와 계미(癸未)에 붙이는 납음(納
音).
양륙 (揚陸)[-뉵]〔명〕〔하타〕배의 짐을 뭍으로 운
반함. ▣화물을 ~하다.
양률 (陽律)[-뉼]〔명〕십이율(十二律) 가운데 육
률(六律)을 일컫는 말. ↔음려(陰呂).
양리 (良吏)[-니]〔명〕어질고 훌륭한 관리.
양:립 (兩立)[-닙]〔명〕〔하자〕**1** 두 가지가 동시에

따로 성립됨. ▣자유와 질서는 ~되기 어렵
다. 2 다른 둘이 맞섬. ▣견해가 ~되다.
양마(良馬)圀 좋은 말.
양마-석(羊馬石)圀 무덤 주변에 세우는, 돌로
만든 양과 말.
양막(羊膜)圀『生』포유류의 태아를 싼 반투
명의 얇은 막. 모래집.
양말(洋襪)圀 맨발에 신도록 실이나 섬유로
짠 것. ▣털실로 짠 ~ / ~을 신다.
양말(糧秣)圀 군량과 마초(馬草). 양초(糧草)
양말-대님(洋襪-)圀 신은 양말이 흘러내리지
않게 조이던 서양식 대님.
양:망(養望)圀匼하타 저망(貯望).
양매(楊梅)圀『植』소귀나무.
양:맥(兩麥)圀 보리와 밀.
양-머리(洋-)圀 서양식으로 단장한 여자의
머리. ▣~에 한복을 입다.
양:면(兩面)圀 1 사물의 두 면. 또는 겉과 안.
▣~ 복사 / ~ 인쇄 기계 / 동전의 ~. 2 두 가
지 방면. ▣물심~/안팎~에서 몰아붙이다.
양:면-성(兩面性)[-썽]圀 한 가지 사물이 가
지고 있는, 서로 맞서는 두 가지 성질. ▣선
(善)과 악이라는 ~.
양:면-테이프(兩面tape)圀 접착테이프의 하
나. 안팎으로 접착이 가능한 테이프.
양명(揚名)圀 이름을 들날림. 가명(家名)
을 높임. ↔낙명(落名).
양명(陽明)圀『天』태양. ——하다재어 볕이
환하게 밝다.
양명-방(陽明方)圀 햇볕이 잘 들어 환하게 밝
은 쪽(남쪽).
양명-하다(亮明-)톙어 환하게 밝다. 명량(明
亮)하다. **양명-히**閈
양명-학(陽明學)圀『哲』중국 명나라의 왕양
명(王陽明)이 주창한 유교 학설. 사람마다 양
지(良知)를 타고났으나, 물욕으로 흐려지므
로 장애를 제거하고 지행합일(知行合一)을
꾀해야 한다는 주장. 왕학(王學). *주자학
(朱子學).
양모(羊毛)圀 양의 털. 양털. ▣~로 짠 제품.
양:모(養母)圀 양어머니.
양:모-작(兩毛作)圀『農』이모작(二毛作).
양:모-제(養毛劑)圀 모생약(毛生藥).
양모-지(羊毛脂)圀『化』라놀린.
양목(洋木)圀 당목(唐木).
양:목(養木)圀匼하타 나무를 가꾸어 기름.
양:목(養目)圀匼하타 눈을 보호함.
양:목-경(養目鏡)[-경]圀 보안경.
양몰이(羊-)圀 놓아먹이는 양 떼를 모는 일.
또는 그 사람.
양몰이-꾼(羊-)圀 양몰이를 직업으로 하는
사람.
양:묘(養苗)圀匼하타 묘목을 기름. ▣~장(場).
양묘-기(揚錨機)圀 배의 닻을 감아 올리고 풀
어 내리는 장치. 닻감개.
양문(陽文)圀 양각한 도장·명(銘)·종(鐘) 등의
문자. 음문(陰文).
양-물(洋-)圀 서양의 문물이나 풍습. 서양식
의 생활양식.
양물(洋物)圀 서양 물품. 양품(洋品).
양물(陽物)圀 1『生』음경(陰莖). 자지. 2 양
기 있는 사람을 놓으로 이르는 말.
양:미(兩眉)圀 두 눈썹.
양미(涼味)圀 시원하거나 서늘한 맛.
양미(糧米)圀 양식으로 쓰는 쌀.
양:미-간(兩眉間)圀 두 눈썹의 사이. ▣~을

찌푸리다 / ~이 좁다. 嬪미간.
양-미나리(洋-)圀『植』파슬리(parsley).
양미리圀『魚』양미릿과의 바닷물고기. 길이
15 cm 정도이며, 까나리와 비슷하여 가늘고
길며 배지느러미가 없음. 등은 갈색, 배는 은
백색. 말려서 건(乾)멸치 대신 쓰기도 함.
양민(良民)圀 1 선량한 백성. 선민(善民). ▣
~을 학살한 전쟁 범죄자. 2『역』조선 때,
양반과 천민의 중간 신분으로 천역(賤役)에
종사하지 않던 일반 백성. 양인(良人).
양-밀(洋-)圀 1 서양에서 온 밀, 또는 수입한
밀가루. 양밀가루. 2 서양 품종의 밀.
양:밀(釀蜜)圀匼하타 꿀을 만듦.
양-밀가루(洋-)[-까-]圀 서양에서 들여온 밀
가루. 양(洋)밀.
양박(涼薄)圀匼하형하부 1 얼굴에 살이 없음. 2
마음이 좁고 후덕하지 못함.
양:반(兩半)圀 한 냥에 닷 돈을 더한 금액.
양:반(兩班)圀 1『역』조선 중엽, 지체나 신분
이 높은 상류 계급의 사람. *상민(常民). 2
『역』고려·조선 때, 동반(東班)과 서반(西班).
3 점잖고 예의 바른 사람. 4 자기 남편을 남
에게 이르는 말. ▣우리 집 ~. 5 남자를 높
이거나 홀하게 이르는 말. ▣기사 ~/이 답
답한 ~아. 6 사정이나 형편이 좋음의 비유.
▣그때에 비하면 지금은 ~이지.
[양반 김칫국 떠먹듯] 아니꼽게 점잔을 빼는
사람. [양반은 물에 빠져도 개헤엄은 안 한다 /
양반은 얼어 죽어도 짚불은 안 쬔다] 점잖은
사람은 다급해도 체면 깎일 짓은 않는다.
양:반-걸음(兩班-)圀 뒷짐을 지고 다리를 크
게 떼어 느릿느릿 걷는 걸음.
양:반 계급(兩班階級)[-/-계-][-께-]『역』고려·
조선 때, 지배층을 이루던 계급. 동반·서반
및 사대부(士大夫) 문벌의 상류 계급.
양:반-집(兩班-)[-찝]圀 신분이나 지체가 높
은 집안. ▣장안의 한다하는 ~. 준반집.
양방(良方)圀 1 좋은 방법. 양법(良法). 2 약
효가 있는 약방문.
양:방(兩方)圀 이쪽과 저쪽. 이편과 저편.
양-배추(洋-)圀『植』십자화과의 두해살이
풀. 유럽 원산. 잎은 두껍고 털이 없으며, 녹
백색을 띰. 고갱이가 잘 뭉쳐 공같이 됨. 감
람. 캐비지.
양-버들(洋-)圀『植』버드나뭇과의 낙엽 활
엽 교목. 높이 30 m가량. 미루나무와 비슷하
나 잎이 더 넓고 가지가 위로 향해 자람. 유
럽 원산인데 가로수로 심고, 성냥개비·건축
재로 이용함.
양:벌-규정(兩罰規定)圀『法』범죄가 법인 또
는 어떤 사람의 업무에 관련하여 행하여진
경우에, 실제로 범죄 행위를 한 사람 외에 그
법인 또는 사람에 대하여서도 같이 형벌을
과할 것을 정한 규정. 주로 행정적인 단속 법
규에서 채용되고 있음. 쌍벌규정.
양범(揚帆)圀匼하타 돛을 올림.
양법(良法)[-뻡]圀 1 좋은 법규나 제도. 2 좋
은 방법. 양방(良方). ↔악법(惡法).
양:벽-부(禳辟符)[-뿌]圀 재앙과 액운을 물리
치는 부적.
양:변(兩邊)圀 1 양쪽의 가장자리. ▣도로
~. 2『數』등호나 부등호의 양쪽.
양-변기(洋便器)圀 걸터앉아서 대소변을 보
게 된 서양식의 수세식 변기. 좌변기.
양병(良兵)圀 1 훌륭한 병사. 정병(精兵). 2
좋은 무기.
양:병(佯病)圀匼하타 꾀병.
양병(洋瓶)圀 배가 부르고 목이 좁고 짧은 오

지병.

양:병 (養兵) 명하타 군사를 양성함.

양:병 (養病) 명하자 **1** 병을 잘 다스려 낫게 함. 양아(養痾). **2** 치료를 게을리 하거나 무리해서 병이 깊어짐.

양:보 (讓步) 명하타 **1** 길·자리·물건 따위를 사양하여 남에게 미루어 줌. □∼의 미덕 / 자리 ∼. **2** 자기 주장을 굽혀 남의 의견을 따름. □서로 한 발짝씩 ∼하다.

양-보라 (洋-)명 서양에서 만든 보랏빛 물감.

양복 (洋服)명 서양식의 의복(주로 서양식 남자 정장을 이름). □∼을 맞추다.

양복-감 (洋服-)[-깜]명 양복을 지을 옷감. 양복지.

양복-바지 (洋服-)[-빠-]명 양복의 아랫도리 옷. □감청색∼를 입다. 준바지.

양복-장 (洋服欌)[-짱]명 양복을 넣거나 걸어 두는 장. □∼ 안에 가지런히 정돈된 양복들.

양복-장이 (洋服-)[-짱-]명 양복을 만드는 일을 업으로 하는 사람.

양복-쟁이 (洋服-)[-쨍-]⟨속⟩양복을 입은 사람.

양복-저고리 (洋服-)[-쩌-]명 양복의 윗도리.

양복-점 (洋服店)[-쩜]명 양복을 만들거나 파는 가게. 양복상(洋服商).

양복-지 (洋服地)[-찌]명 양복감. 준복지(服地).

양복-짜리 (洋服-)명 양복을 입은 사람의 비칭(卑稱).

양복-천 (洋服-)명 양복감으로 짠 천.

양-본위제 (兩本位制)명⟨경⟩복(複)본위제.

양:봉 (養蜂)명하자 꿀을 얻기 위해 벌을 침. 또는 그 벌. □∼업자 / ∼을 시작하다.

양:봉제비 (兩鳳齊飛)명 두 마리의 봉황이 나란히 날아간다는 뜻으로, 형제가 함께 출세함의 비유.

양-봉투 (洋封套)명 서양식 봉투.

양부 (良否)명 좋음과 나쁨. 착함과 착하지 않음. 선부(善否). □∼를 가리다.

양:부 (兩府)명⟨역⟩ **1** 조선 때, 동반(東班)의 의정부와 서반(西班)의 중추부의 병칭(문무양부). **2** 고려 문하부(門下部)와 밀직사(密直司)의 병칭.

양:부 (養父)명 양아버지.

양:-부모 (養父母)명 양자 간 집의 어버이.

양:-부인 (洋婦人)명 **1** 서양 부인. **2** 양갈보1.

양-부호 (陽符號)명 양수(陽數)를 나타내는 부호. 곧, '+'. ↔음부호.

양:분 (兩分)명하타 둘로 나누거나 가름. □두 세력으로 ∼되다.

양:분 (養分)명 영양이 되는 성분. 자양분(滋養分). □∼을 섭취하다.

양:-분표 (養分表)명 음식물에 들어 있는 양분의 종류와 함량을 나타낸 표.

양붕 (良朋)명 좋은 친구. 양우(良友).

양:비-대담 (攘臂大談)명하자 양비대언.

양:비-대언 (攘臂大言)명하자 소매를 걷어 올리고 큰소리를 침. 양비대담.

양-비둘기 (洋-)명⟨조⟩비둘깃과의 새. 몸길이는 20~30 cm이며 집비둘기의 원종으로, 빛깔은 보통의 집비둘기와 비슷함. 벽랑의 바위 구멍 같은 곳에 집을 지음. 우리나라를 비롯해 중국·몽골·시베리아 등지에 분포함.

양:-비론 (兩非論)명 맞서서 내세우는 양쪽의 말이 다 그르다는 주장이나 이론. ↔양시론.

양:사 (兩司)명⟨역⟩ 조선 때, 사헌부와 사간원의 병칭.

양사 (洋紗)명 '서양사(西洋紗)'의 준말.

양사 (洋絲)명 양실.

양사 (陽事)명하자 방사(房事).

양:사 (養士)명 선비를 양성함.

양:사 (養嗣)명하타 양자를 들임.

양-사자 (養-獅子)명 호주 상속인인 양자.

양사주석 (揚沙走石)명 모래가 날리고 돌멩이가 구른다는 뜻으로, 바람이 세차게 붊을 이르는 말. 비사주석(飛沙走石).

양:사 합계 (兩司合啓)[-계/-께]명⟨역⟩ 조선 때, 사헌부와 사간원이 연명(連名)하여 임금에게 올리던 계사(啓辭).

양삭 (陽朔)명 음력 시월 초하룻날.

양산 (洋傘)명 서양식 우산.

양산 (陽傘)명 여자들이 볕을 가리기 위하여 쓰는 우산 같은 물건. □∼을 받다.

양산 (陽繖)명⟨역⟩ 의장(儀仗)의 하나. 모양은 일산(日傘)과 비슷한데, 가에 넓은 헝겊으로 꾸며서 아래로 늘어뜨림.

양산 (量産)명하타 '대량 생산'의 준말. □∼체제 / 신조어가 ∼되다.

양산도 (陽山道)명⟨악⟩ 경기 민요 선소리의 하나. 세마치장단에 맞추어 부르는 삼박자의 흥겨운 노래임.

양상 (良相)명 어진 재상. 현재상(賢宰相). 현상(賢相). □나라가 어려우면 ∼을 생각한다.

양상 (樣相)명 생김새. 모습. 모양. □다양한 ∼을 띠다 / 복잡한 ∼을 드러내다.

양상-군자 (梁上君子)명 들보 위의 군자라는 뜻으로, 도둑을 완곡하게 이르는 말(후한서의 '진식전(陳寔傳)'에 나옴).

양상 급유 (洋上給油)해 해상 급유.

양상-도회 (梁上塗灰)명하자 들보 위에 회를 바른다는 뜻으로, 여자가 얼굴에 분을 많이 바른 것을 비웃는 말.

양-상추 (洋-)명⟨식⟩ 국화과의 한해살이 또는 두해살이풀. 잎이 둥글고 넓으며, 여러 겹으로 겹쳐져 공 모양을 이룬 개량종 상추. 사철 재배됨.

양:상-화매 (兩相和賣)명하타 사는 쪽과 파는 쪽이 잘 의논해서 물건을 사고팖.

양:색 (兩色)명 두 가지 빛깔 또는 물건.

양:색-단 (兩色緞)[-딴]명 빛깔이 다른 씨실과 날실로 짠 비단.

양:색시 (洋-)[-씨]명 양공주.

양:생 (養生)명하자타 **1** 몸과 마음을 건강하게 해서 오래 살기를 꾀함. 섭생(攝生). **2** 병이 낫게 조리를 함. **3**⟨건⟩ 콘크리트가 굳을 때까지 적당한 수분을 유지하고 충격을 받거나 얼지 않도록 보호하고 관리하는 일.

양:생-방 (養生方)명 양생법.

양:생-법 (養生法)[-뻡]명 건강하게 오래 살기를 꾀하는 방법.

양서 (良書)명 좋은 책. 유익한 책. □∼ 출판으로 이름난 출판사. ↔악서(惡書).

양:서 (兩西)명⟨지⟩ 황해도와 평안도. 황평양서(黃平兩西).

양:서 (兩棲)명하자 물속과 물의 양편에서 삶.

양서 (洋書)명 **1** 서양에서 출판된 책. 또는 서양 글로 쓴 책. **2** 서양 글씨.

양:서-류 (兩棲類)명⟨동⟩ 척추동물의 한 강(綱). 어류와 파충류의 중간에 위치하며 난생·냉혈임(개구리·도룡뇽 따위).

양석 (羊石)명 양의 모습을 새긴 돌짐승.

양:석 (兩石)명 **1** 쌀 두 섬. 곧 쌀 네 가마. **2** 한 마지기 논에서 거두는 벼 두 섬.

양선 (洋船)명 서양 배. 또는 서양식 배.

양:선 (讓先) 몡하자 남에게 앞을 양보함.

양선-하다 (良善-) 혱여 어질고 착하다. 양선-히

양:설 (兩舌) 몡 〖불〗 십악(十惡)의 하나. 사람 사이에 이간질하여 싸움을 붙이는 일.

양:성 (兩性) 몡 1 남성과 여성. 2 〖생〗 수컷의 성질과 암컷의 성질. 口~을 갖춘 도롱뇽. ↔단성. 3 〖화〗 양쪽성.

양성 (良性) 몡 1 어질고 착한 성질. 2 〖의〗 병이 치료를 통해 나을 수 있는 성질. ↔악성 (惡性).

양성 (陽性) 몡 1 양(陽)의 성질. 적극적이고 활발한 성질. 2 '양성 반응'의 준말. 口~으로 나타나다. ↔음성(陰性).

양성 (陽聲) 몡 1 〖악〗 십이율 가운데 봉(鳳)의 울음을 상징한 육률(六律)의 소리. ↔음성(陰聲). 2 〖언〗 맑은소리.

양:성 (養成) 몡하타 가르쳐서 유능한 사람을 길러 냄. 口인재 ~ / 전문 인력의 ~되다.

양:성 (釀成) 몡하타 1 술이나 간장 등을 빚어 만듦. 2 어떤 분위기나 감정의 경향을 자아냄. *조성(造成).

양성 모:음 (陽性母音) 〖언〗 음색(音色)·어감이 밝고 산뜻한 것으로, 모음 조화에서 서로 어울리는 모음('ㅏ'·'ㆍ'·'ㅗ' 따위). 밝은홀소리. *음성모음·중성 모음.

양성 반:응 (陽性反應) 〖의〗 감염 여부를 알아내기 위해 생화학적·세균학적 검사를 한 결과 특정한 반응이 나타나는 일. 피부에 투베르쿨린을 접종하여, 그 부분에 홍색의 반점이 생기는 반응 따위. ↔음성 반응. ◉양성.

양:성 산화물 (兩性酸化物) 〖화〗 양쪽성 산화물.

양:성 생식 (兩性生殖) 〖생〗 유성 생식 가운데 양성의 생식 세포에 따라 이루어지는 생식 《대개의 고등 생물은 양성 생식을 함》. ↔단성 생식.

양:성-소 (養成所) 몡 짧은 기간에 전문 지식을 교육하여 기술자 등을 기르는 곳.

양성-자 (陽性子) 몡 〖물〗 중성자와 함께 원자핵의 구성 요소가 되는 소립자의 하나. 전자와 등량(等量)의 양전기를 가지며, 질량은 전자의 약 1,836.14 배. 수소의 원자핵은 한 개의 양성자로 됨. 기호는 P. 프로톤(proton). 양자(陽子).

양:성 잡종 (兩性雜種) [-종] 〖생〗 두 개의 대립 유전자를 갖는 잡종의 잡종.

양성 장마 (陽性-) 집중 호우와 같은 소나기성(性)의 장마.

양성-적 (陽性的) 관몡 활발하고 적극적인 (것). 口~인 성격.

양성 전:이 (陽性轉移) 〖의〗 투베르쿨린 반응이 음성에서 양성으로 변함. ◉양전(陽轉).

양:성 전:해질 (兩性電解質) 〖화〗 양쪽성 전해질.

양성 종:양 (良性腫瘍) 〖의〗 발육이 완만하여 성장에 한계가 있고 침윤이나 전이를 일으키지 않는 종양. ↔악성 종양.

양:성-화 (兩性花) 〖식〗 한 꽃 속에 수술과 암술을 모두 갖춘 꽃(벚꽃·진달래꽃 등). 양전화(兩全花).

양성-화 (陽性化) 몡하자타 어떤 사물 현상이 겉으로 드러남. 또는 드러나게 함. 口정치 자금의 ~ / 지하 경제가 ~되다.

양:성 화:합물 (兩性化合物) [-함-] 〖화〗 양쪽성 화합물.

양:소매-책상 (兩-冊床) [-쌍] 몡 양쪽에 여러 층의 서랍이 달린 책상. 양수(兩袖)책상.

양속 (良俗) 몡 좋은 풍속. 또는 아름다운 풍속. 口미풍~을 전통으로 하다. ↔누속(陋俗).

양속 (洋屬) 몡 1 서양에서 만든 피륙의 총칭. 2 서양 물건. 3 서양 족속.

양:-손 (兩-) 몡 양쪽 손. 양수(兩手). 口~으로 받치다 / ~에 들다.

양:손 (養孫) 몡 아들의 양자. 양손자. ──하다 자 양손으로 정해서 데려오다.

양:-손녀 (養孫女) 몡 아들의 양녀.

양:-손자 (養孫子) 몡 양손.

양:-손-잡이 (兩-) 몡 왼손과 오른손을 똑같이 써서 마음대로 일할 수 있는 사람. 또는 그 솜씨. 양수잡이. ↔외손잡이.

양:-송 (養松) 몡하타 소나무를 가꿈.

양송이 (洋松栮) 몡 〖식〗 주름버섯과의 하나. 갓의 지름은 5~12 cm, 살은 두껍고 흰색임. 품종이 다양함. 양송이버섯.

양수 (羊水) 몡 〖생〗 자궁의 양막(羊膜) 안에 있는 걸쭉한 액체. 태아의 발육을 도우며, 출산할 때에 흘러나와서 분만을 쉽게 함. 모래집물. 포의수(胞衣水). 口~가 터지다.

양:수 (兩手) 몡 양손.

양수 (揚水) 몡 물을 위로 퍼 올림. 또는 그 물. 口~ 펌프 / ~ 시설.

양수 (陽數) 몡 〖수〗 영(0)보다 큰 수. ↔음수 (陰數).

양수 (陽樹) 몡 〖식〗 어릴 때 햇볕에서는 잘 자라는데 그늘에서는 잘 자라지 못하는 나무 《자작나무·사시나무·오동나무·은행나무·버드나무 따위》.

양:-수 (讓受) 몡하타 1 사물을 다른 사람에게서 넘겨받음. 2 〖법〗 타인의 권리·재산 및 법률상의 지위 등을 넘겨받는 일. ↔양도(讓渡).

양수-거지 (兩手-之) 몡하자 두 손을 마주 잡고서 서 있음. 口~를 하고 서 있다.

양:수-거지 (兩手据地) 몡하자 절을 한 뒤에 두 손을 바닥에 대고 꿇어 엎드림.

양:-수걸이 (兩手-) 몡 1 일을 이루기 위해 이해관계를 두 군데로 걸어 놓음. 2 바둑·장기에서, 한 수로 최소한 어느 하나를 잡을 수 있는 수.

양:수-겸장 (兩手兼將) 몡 장기에서, 두 개의 말이 일시에 장을 부르게 되는 일.

양:수-겸장 (兩手兼將) ⇒ 양수겸장.

양수-계 (量水計) [-/-게] 몡 양수기(量水器).

양수-기 (揚水機) 몡 물을 퍼 올리는 기계. 무자위. 口~를 돌리다 / ~로 물을 대다.

양수-기 (量水器) 몡 수도 등의 사용량을 헤아리는 기계. 양수계. 수량계(水量計).

양:-수사 (量數詞) 몡 〖언〗 수사의 하나. 사물의 수나 양을 나타냄('하나·둘·열·스물·일·이·삼' 등). 기본 수사. *서수사.

양:-수인 (讓受人) 몡 1 남의 물건을 넘겨받는 사람. 2 〖법〗 타인의 권리·재산 및 법률상의 지위 등을 남에게서 넘겨받는 사람. ↔양도인(讓渡人).

양:-수잡이 (兩手-) 몡하타 1 양손잡이. 2 바둑이나 장기 등에서, 양수걸이를 둠.

양:-수집병 (兩手執餠) [-뼝] 몡 두 손에 떡을 쥐고 있다는 뜻으로, 무엇을 먼저 해야 할지 모르는 경우를 이르는 말.

양:수-척 (楊水尺) 〖역〗 무자리.

양수-표 (量水標) 〖건〗 강물·호수·바다 등의 수위를 측정하는 표지. 수표(水標).

양:-순음 (兩脣音) 몡 〖언〗 입술소리.

양순-하다 (良順-) 혱여 어질고 순하다. 口성

질이 ~. **양순-히** [부]
양-숟가락 (洋-)[-까-] [명] 스푼1.
양습 (良習) [명] 좋은 습관이나 풍습.
양:시-론 (兩是論) [명] 맞서서 내세우는 양쪽의 말이 다 옳다는 주장이나 이론. ↔양비론.
양:시-쌍비 (兩是雙非) [명] 양편의 주장이 다 이유가 있어 시비를 가리기 어려움.
양식 (良識) [명] 뛰어난 식견이나 판단력. ❑ ~을 의심하다.
양식 (洋式) [명] '서양식'의 준말. ❑ ~ 화장실 / ~으로 꾸미다.
양식 (洋食) [명] 서양식 음식. ❑ ~을 먹다.
양식 (樣式) [명] **1** 일정한 모양이나 형식. ❑ 보고서 ~이 바뀌다. **2** 오랜 시간이 지나면서 자연히 정해진 방식. 모양. 꼴. ❑ 판에 박힌 ~. **3** 예술 작품·건축물 등을 특징짓는 표현 형태. ❑ 고딕 ~의 건축.
양:식 (養殖) [명][하타] 물고기·조개·해조(海藻) 따위를 인공적으로 길러서 번식시키는 일. ❑ 미역 ~ / ~ 산업.
양식 (糧食) [명] **1** 살아가는 데 필요한 먹을거리. 식량. ❑ ~ 걱정을 하다. **2** 지식·물질·사상 등의 원천이 되는 것의 비유. ❑ 마음의 ~.
양식-거리 (糧食-)[-꺼-] [명] 양식으로 삼을 만한 거리. ❑ ~가 떨어지다.
양식-사 (樣式史)[-싸] [명] 예술의 양식이 변천한 과정과 발달해 온 역사. 또는 그 역사를 연구하는 학문.
양:식 어업 (養殖漁業) 물고기·조개류 따위를 인공적으로 길러서 잡는 어업. ❑ 수자원 보존을 위해 ~이 필요하다.
양:식-업 (養殖業) [명] 김·굴·버섯 등의 양식을 전문으로 하는 생산업.
양:식-장 (養殖場)[-짱] [명] 양식을 하는 연안의 수역(水域). ❑ 김〔굴〕 ~.
양식-점 (洋食店)[-쩜] [명] 양식집.
양:식 진주 (養殖眞珠)[-찐-] 인공적으로 진주조개에 자극물을 넣어 양식한 진주.
양식-집 (洋食-)[-찝] [명] 양식을 전문으로 만들어 파는 음식점. 양식점.
양식-화 (樣式化)[-시콰] [명][하타] 일정한 모양으로 되거나 되게 함. ❑ ~된 화풍 / 건축물의 새로운 ~가 나타나다.
양신 (良辰) [명] 가기(佳期)1.
양신 (良臣) [명] 어진 신하.
양:실 (兩失) [명][하자타] **1** 두 가지 일에 다 실패함. **2** 두 편이 다 이롭지 못하게 됨.
양-실 (洋-) [명] 서양식으로 만든 실. 양사(洋絲).
양실 (洋室) [명] 서양식으로 꾸민 방.
양실 (涼室) [명] 햇볕을 가리기 위해 방이나 처마 끝에 차양을 덧달아 지은 방이나 집.
양심 (良心) [명] 도덕적인 가치를 판단하여 옳고 그름, 선과 악을 깨달아 바르게 행하려는 의식. ❑ ~의 가책을 받다.
양:심 (兩心) [명] 두 마음. 또는 겉 다르고 속 다른 마음.
양:심 (養心) [명][하자] 심성(心性)을 수양함. 또는 그 마음.
양심-범 (良心犯) [명] 사상이나 신념에 따른 행동으로 투옥 또는 구금되어 있는 사람. 양심수(良心囚).
양심-선언 (良心宣言) [명] 감추어진 비리나 부정을 양심에 따라 사회적으로 드러내어 알리는 일. ❑ ~으로 비리가 드러나다.
양심-수 (良心囚) [명] 양심범(良心犯).
양심-적 (良心的) [관][명] 양심에 따르는 (것). ❑ ~ 행동을 하다.
양-쌀 (洋-) [명] 서양에서 나는 쌀. 또는 외국에서 수입한 쌀《쌀알이 길며 찰기가 없음. 안남미·대만미를 포함시키기도 함》.
양:아 (養痾·養痾) [명][하자] 양병(養病)1.
양:-아들 (養-) [명] 양자(養子)1.
양:-아버지 (養-) [명] 양가(養家)의 아버지. 양부. ↔생아버지.
양:-아비 (養-) [명] '양아버지'의 낮춤말.
양-아욱 (洋-) [명] 〖식〗 아욱과의 여러해살이풀. 남아프리카 원산. 높이 30-50 cm, 줄기는 다육질, 잎은 심장형 달걀꼴로 가장자리에 둔한 톱니 모양을 이룸. 여름에 빨강·분홍·흰색 등의 꽃이 핌. 관상용. 제라늄.
양-아치 [명] 〈속〉 거지나 넝마주이를 홀하게 일컫는 말.
양악 (洋樂) [명] 〖악〗 '서양 음악'의 준말.
양:악 (養惡) [명][하자] 못된 습관을 기름.
양-악기 (洋樂器)[-끼] [명] 〖악〗 서양 음악에 사용하는 악기《피아노·바이올린·드럼·호른·오르간 따위》.
양안 (良案) [명] 좋은 안이나 생각. 명안(名案).
양:안 (兩岸) [명] 강이나 하천 따위의 양쪽 기슭. ❑ 강의 ~.
양:안 (兩眼) [명] 두 눈.
양안 (洋鞍) [명] '양안장'의 준말.
양안 (量案) [명] 〖역〗 조선 때, 조세 부과를 목적으로 만든 토지 대장《논밭의 소재·자호(字號)·위치·등급·형상·면적·사표(四標)·소유주 등을 기록했음》. 전적(田籍).
양:안 시:야 (兩眼視野) 〖심〗 시야의 한 가지. 양쪽 눈의 시선을 고정시킨 상태에서 볼 수 있는 범위. ↔단안(單眼) 시야.
양-안장 (洋鞍裝) [명] 서양식으로 만든 안장. [준] 양안.
양암 (諒闇) [명] 임금이 부모의 상중(喪中)에 있을 때 거처하는 방. 또는 그 거처하는 기간.
양:액 (兩腋) [명] 양쪽 겨드랑이.
양야 (良夜) [명] 달이 밝고 바람이 없는 아름다운 밤. 양소(良宵).
양야 (涼夜) [명] 서늘한 밤.
양약 (良藥) [명] 효험이 좋은 약.
양약 (洋藥) [명] **1** 서양 의술로 만든 약. **2** 서양에서 수입한 약.
양약-고구 (良藥苦口)[-꼬-] [명] 효험이 좋은 약은 입에 쓰다는 뜻으로, 충언(忠言)은 귀에는 거슬리나 자신에게 이롭다는 말. ❑ ~, 이리어병(而利於病).
양-약국 (洋藥局)[-꾹] [명] 양약을 짓거나 파는 가게. 양약방.
양-약방 (洋藥房)[-빵] [명] 양약국.
양-약재 (洋藥材)[-째] [명] 양약을 만드는 재료.
양-양 (羊羊) [명] 한자 부수의 하나《'美'·'群' 등에서 '羊'의 이름》.
양양-자득 (揚揚自得) [명][하자] 뜻을 이루어 뽐내고 꺼드럭거림. 또는 그런 태도.
양양-하다 (洋洋-) [형][여] **1** 바다가 한없이 넓다. ❑ 양양한 태평양. **2** 사람의 앞길이 한없이 넓어 발전할 여지가 매우 크다. ❑ 전도가 양양한 젊은이. **양양-히** [부]
양양-하다 (揚揚-) [형][여] 뜻한 바를 이루어 만족한 빛을 얼굴과 행동에 나타내는 기색이 있다. ❑ 의기가 ~. **양양-히** [부]
양:어 (養魚) [명][하자] 물고기를 인공적으로 길러 번식시킴. 또는 그 물고기.
양:-어머니 (養-) [명] 양가(養家)의 어머니. 양모(養母). ↔생(生)어머니.
양:-어미 (養-) [명] '양어머니'의 낮춤말.

양:-어버이(養-)圓 양부모.

양:어-장(養魚場)圓 물고기를 인공적으로 길러 번식시키는 곳. ▢강가에 ~이 여러 군데 있다.

양언(揚言)圓하자타 공공연하게 소리를 높여 말함.

양:여(讓與)圓하타 자기가 소유하고 있던 것을 남에게 넘겨줌. ▢~세(稅)를 부과하다.

양연(良緣)圓 좋은 인연.

양:열 재료(釀熱材料)〖농〗온상(溫床)에서 쓰이는, 발효열을 내는 유기물(낙엽·짚·쌀겨·말똥·퇴비 따위).

양염(陽炎)圓 아지랑이.

양엽(陽葉)圓〖식〗햇빛을 충분히 받고 자란 잎(비교적 작고 울타리 조직이 발달되어 있어 두꺼우며 진한 녹색임). ⟶음엽(陰葉).

양:-옆(兩-)[-녑]圓 좌우 양쪽 옆. ▢길 ~으로 노점상들이 즐비하다.

양오(暘烏)圓 '태양'의 별칭.

양옥(洋屋)圓 서양식으로 지은 집. ⟶한옥.

양옥-집(洋屋-)[-찝]圓 양옥.

양와(洋瓦)圓 양(洋)기와.

양-외가(養外家)圓 양어머니의 친정.

양요(洋擾)圓〖역〗조선 후기에 서양 세력이 일으킨 난리. 조선 고종 3년(1866)에 프랑스 군함이 강화도에 침입한 병인양요와 고종 8년(1871)에 미국 군함이 강화도에 침입한 신미양요가 있음. 양란(洋亂).

양:요-렌즈(兩凹lens)圓 양쪽이 다 오목한 렌즈. ⟶양철(兩凸)렌즈.

양:-요리(洋料理)[-뇨-]圓 '서양 요리'의 준말. ▢~를 만들어 먹다.

양:-용(兩用)圓하타 양쪽 방면에 쓰임. ▢수륙(水陸) ~ 전차.

양우(良友)圓 좋은 친구. ⟶악우(惡友).

양우(涼雨)圓 서늘한 비.

양:우(養牛)圓하자 소를 기름. 또는 그 소.

양:-웅(兩雄)圓 두 영웅.

양원(良媛)圓〖역〗조선 때, 세자궁(世子宮)에 속한 궁녀직으로, 종삼품 내명부(內命婦)의 벼슬.

양:-원(兩院)圓〖법〗이원제(二院制) 국회의 의원(議院). 미국의 상원과 하원, 일본의 참의원과 중의원 따위.

양:원-제(兩院制)圓〖법〗'양원 제도'의 준말. ⟶단원제.

양:원 제:도(兩院制度)〖법〗국회의 구성을 양원으로 하는 제도. 이원 제도. ⟶단원 제도·일원 제도. ⓟ양원제.

양월(良月·陽月)圓 음력 시월의 별칭.

양:-위(兩位)圓 1 '양위분'의 준말. 2〖불〗죽은 부부. ▢~를 합장(合葬)하다.

양:위(讓位)圓하타 임금의 자리를 물려줌. 선양(禪讓). 선위(禪位). ▢왕위를 세자에게 ~하다. ⟶수선(受禪).

양:위-분(兩位-)圓 부모나 부모처럼 섬기는 사람의 내외분. ⓟ양위(兩位).

양유(羊乳)圓 양의 젖. 양젖.

양유(良莠)圓 1 좋은 풀과 나쁜 풀. 2 착한 사람과 악한 사람.

양육(羊肉)圓 양의 고기. 양고기.

양:육(養育)圓하타 아이를 보살펴 자라게 함. ▢~을 받다 / 부모 대신 ~하다 / 친척에게 ~되다.

양:육-비(養育費)[-삐]圓 양육하는 데 쓰는 비용. 양료(養料).

양:육-원(養育院)圓〖사〗혼자 살아갈 능력이 없는 어린아이·노인·독신녀 등을 수용·구호하는 사회 보호 시설.

양융(洋絨)圓 서양에서 만든 융.

양은(洋銀)圓 1 구리·아연·니켈을 합금하여 만든 쇠(빛이 희고 녹이 나지 않음. 시계·식기·장식품 등에 쓰임). ▢~ 냄비. 2 '양은전(洋銀錢)'의 준말.

양은-그릇(洋銀-)[-륻]圓 양은으로 된 그릇.

양은-전(洋銀錢)圓 서양에서 만든 은전. ⓟ양은·양전.

양음(陽陰)圓 1〖철〗음양(陰陽)1. 2〖수〗양호(陽號)와 음호(陰號).

양:-응(養鷹)圓하자 매를 기름. 또는 그 매.

양의(良醫)[-/-이]圓 의술이 뛰어난 의사. ＊명의(名醫).

양:-의(兩儀)[-/-이]圓〖철〗양(陽)과 음(陰). 또는 하늘과 땅.

양의(洋醫)[-/-이]圓 1 서양 의학을 배워 행하는 의사. ＊한의(漢醫). 2 서양의 의술.

양의(量宜)[-/-이]圓하타 잘 헤아려 좋게 함.

양이(洋夷)圓 서양 오랑캐라는 뜻으로, 서양인을 낮잡아 이르는 말. ▢~를 몰아내다.

양이(量移)圓하타〖역〗멀리 유배(流配)된 사람의 죄를 감등(減等)하여 가까운 곳으로 옮기던 일.

양:이(攘夷)圓하자 외국 사람을 오랑캐로 얕보고 배척(排斥)함.

양:이-론(攘夷論)圓〖역〗서양과의 통상을 끊고 수교를 거부하자는 주장(대원군 집정 시대에 대두됨).

양-이온(陽ion)圓〖물〗전자를 방출하여 양전하(陽電荷)를 띤 이온(Na⁺, Ba⁺ 따위).

양:-익(兩翼)圓 1 좌우 쪽의 날개. 2〖군〗중군(中軍)의 좌우 양쪽에 있는 군대.

양:-인(兩人)圓 두 사람.

양인(良人)圓 1 어질고 착한 사람. 2〖역〗양민(良民)2. 3 부부가 서로 상대를 일컫는 말.

양인(洋人)圓 서양 사람. 서양인.

양:-일(兩日)圓 두 날. 이틀. ▢오늘과 내일 ~간에 실시한다.

양입계출(量入計出)[-계-/-께-]圓하자 수입을 헤아려 보고 지출을 계획함.

양:-자(兩者)圓 두 사람. 두 사물. ▢~가 타협하다.

양자(陽子)圓〖물〗양성자(陽性子).

양자(量子)圓〖물〗더 이상 나눌 수 없는 에너지의 최소량의 단위. 복사(輻射) 에너지에서 처음 발견하여 에너지 양자라고 말했는데, 이것이 빛으로서 공간을 진행할 경우에는 광자(光量子)라고 함. 콴툼(quantum).

양:-자(養子)圓 1 아들 없는 집에서 대(代)를 잇기 위해, 동성동본 중에서 데려다 기르는 조카뻘 되는 남자 아이. 양아들. 2〖법〗(친생자에 대하여) 입양에 의해서 자식의 자격을 얻은 사람. ▢~를 입양하다. ──하다타에 양자를 삼아 데려오다.

양자(로) 가다 珝 양자로 작정되어 양가(養家)에 가다.

양자(를) 들다 珝 남의 집의 양자가 되다.

양자(를) 들이다 珝 양자를 작정하여 들이다. ▢양자를 들여서 대를 잇다.

양자(를) 세우다 珝 양자를 작정하여 들여세우다. 입후(立後)하다.

양자(樣子)圓 얼굴의 생긴 모양.

양자(樣姿)圓 겉으로 나타난 모양이나 모습.

양-자기(洋磁器)圓 '양재기'의 본딧말.

양자-론(量子論)圓〖물〗양자 역학 및 그것을

기초로 하여 전개되는 이론의 총칭. 물리학뿐만 아니라, 화학·공학·생물학 등의 분야에서도 씀.

양-자리 (羊-)〖명〗〖천〗북쪽 하늘에 있는 별자리(황도 십이궁의 첫째 별자리로 12월 하순에 자오선을 통과함).

양자 역학 (量子力學)[-여각]〖물〗거시적(巨視的)인 물체에 대해서 성립하는 고전 역학에 대하여, 에너지에 소량(素量)이 있다는 양자론을 따라 전자·원자·분자·광자(光子)·복사 등 미시적인 대상을 역학적으로 다루는 현대 물리학의 기초 이론.

양-자주 (洋紫朱)〖명〗서양(西洋)에서 만든 자줏빛 물감.

양:자-택일 (兩者擇一)〖명〗〖하자〗둘 가운데 하나를 고름. 이자택일.

양자 화:학 (量子化學)〖화〗양자론을 응용하여 화학상의 여러 문제를 해결하는 이론 화학의 분야.

양:잠 (養蠶)〖명〗〖하자〗〖농〗누에를 침. 또는 그 일. 누에치기.

양:잠-업 (養蠶業)〖명〗〖농〗누에를 치는 사업. ⓢ잠업.

양장 (羊腸)〖명〗**1** 양의 창자. **2** 양의 창자처럼 꼬불꼬불하고 험한 길의 비유.

양장 (良匠)〖명〗양공(良工)1.

양장 (良將)〖명〗재주와 꾀가 많은 훌륭한 장수.

양:장 (兩場)〖명〗〖역〗**1** 조선 때, 과거의 초시(初試)와 복시(覆試). **2** 초시·복시·전시(殿試)의 초장(初場)과 종장(終場).

양장 (洋裝)〖명〗〖하자타〗**1** 여자가 서양식 옷을 입음. 또는 그 옷. ◻~ 차림 / ~이 더 잘 어울리다. **2** 책을 서양식으로 장정(裝幀)함. 또는 그 책. ◻~ 제본 / 시집을 ~으로 내놓다.

양장-미인 (洋裝美人)〖명〗양장한 미인.

양:장 시조 (兩章時調)〖문〗중장이 없이 초장과 종장 두 장(章)만으로 된 시조의 한 형식.

양장-점 (洋裝店)〖명〗여자의 양장 옷을 짓고 파는 가게. 양재점(洋裁店). 의상실.

양:장 진:사 (兩場進士)〖역〗조선 때, 사마시(司馬試)의 진사과 복시에서 초장·종장에 급제한 진사.

양:장 초시 (兩場初試)〖역〗조선 때, 초시의 초장·종장에 급제하던 일. 또는 그 사람.

양재 (良才)〖명〗좋은 재주. 또는 그런 재주를 가진 사람.

양재 (良材)〖명〗**1** 좋은 재목이나 재료. **2** 훌륭한 인재(人材).

양재 (洋裁)〖명〗〖하자〗양복을 재단하고 재봉하는 일. ◻~ 학원을 다니다.

양재 (涼材)〖명〗〖한의〗냉재(冷材).

양:재 (禳災)〖명〗신령이나 귀신에게 빌어서 재앙을 물리침.

양-재기 (洋-)〖명〗〔←양자기(洋磁器)〕안팎에 법랑을 올린 그릇(지금은 알루미늄·알루미나이트 그릇도 말함).

양재-사 (洋裁師)〖명〗전문적으로 양복을 재단하고 재봉하는 사람.

양-잿물 (洋-)[-잰-]〖명〗빨래에 쓰는 수산화나트륨. ⓢ잿물.

양-적 (量的)[-쩍]〖관명〗분량이나 수량과 관계된 (것). ◻~인 성장과 질적 개선을 아울러 추진하다. ↔질적(質的).

양전 (良田)〖명〗기름진 밭. ◻~옥답(沃畓).

양:전 (兩全)〖명〗〖하자〗두 가지가 다 온전함.

양:전 (兩銓)〖명〗〖역〗조선 때, 이조(吏曹)와 병조(兵曹)의 일컬음.

양전 (洋錢)〖명〗'양은전(洋銀錢)'의 준말.

양전 (洋氈)〖명〗양탄자.

양전 (量田)〖명〗**1** 논밭을 측량함. **2**〖역〗고려·조선 때, 경작 상황을 알기 위하여 토지의 넓이를 측량하던 일.

양전기 (陽電氣)〖명〗'양전기'의 준말.

양전 (陽轉)〖명〗〖하자〗〖의〗'양성 전이(陽性轉移)'의 준말.

양-전극 (陽電極)〖명〗〖물〗양극(陽極).

양-전기 (陽電氣)〖명〗〖물〗유리 막대를 헝겊으로 문지를 때 그 유리에 생기는 전기. 또는 그와 같은 성질의 전기. '+'의 부호로 나타냄. ↔음전기. ⓢ양전.

양-전자 (陽電子)〖명〗〖물〗전자와 같은 질량을 가지며, 양전기를 지니는 소립자(素粒子). 에너지가 큰 γ선이 물질과 접촉할 때도 발생하며, 인공 방사능의 성질을 가진 원자핵 가운데서도 발견됨. ↔음전자.

양-전하 (陽電荷)〖명〗〖물〗양전기의 전하(電荷). 이것이 많게 되면 양전기를 띠게 됨.

양:전-화 (兩全花)〖식〗양성화(兩性花).

양:절-연초 (兩切煙草)[-련-]〖명〗양쪽 끝을 자르고 물부리를 달지 않은 궐련.

양접 (陽椄)〖명〗〖농〗접본(椄本)을 옮겨 심은 뒤에 접목하는 일.

양-접시 (洋-)[-씨]〖명〗운두가 낮고 넓은 접시의 한 가지.

양정 (良丁)〖명〗〖역〗양민 신분의 장정(壯丁).

양정 (量定)〖명〗〖하자타〗헤아려서 정함. ◻형(刑)의 ~.

양:정 (養正)〖명〗〖하자〗마음을 옳고 바르게 닦음.

양:정 (養庭)〖명〗'양가(養家)'의 높임말.

양정 (糧政)〖명〗〖정〗식량 관계의 모든 정책이나 행정.

양-젖 (羊-)[-젇]〖명〗양의 젖. 양유(羊乳).

양제 (羊蹄)〖명〗〖식〗소루쟁이.

양제 (良娣)〖명〗〖역〗조선 때, 세자궁(世子宮)에 속한 궁녀직(宮女職)으로, 종이품 내명부(內命婦)의 벼슬. *양원(良媛).

양제 (良劑)〖명〗좋은 약제.

양제 (洋劑)〖명〗서양식의 제도나 격식.

양제 (涼劑)〖명〗〖한의〗냉제(冷劑). ↔온제.

양제-초 (羊蹄草)〖명〗〖식〗소루쟁이.

양:조 (兩朝)〖명〗**1** 앞뒤의 두 왕조. **2** 앞뒤 두 임금의 시대. **3** 두 나라의 조정.

양:조 (釀造)〖명〗〖하자타〗술·간장·식초 등을 담가서 만드는 일. 또는 그 기술.

양:조-간장 (釀造-醬)〖명〗메주를 발효시켜 얻은 간장.

양:조-대변 (兩造對辨)〖명〗〖하자〗무릎맞춤.

양:-조모 (養祖母)〖명〗양자로 간 집의 할머니. 양조모니.

양:-조부 (養祖父)〖명〗양자로 간 집의 할아버지. 양조부니.

양:조-장 (釀造場)〖명〗술·간장·식초 등을 담가 만들어 내는 공장.

양:조-주 (釀造酒)〖명〗청주·포도주·맥주 등과 같이 곡류나 과실을 원료로 하여 발효시켜 만든 술. 발효주.

양:족 (兩足)〖명〗양쪽 발. 두 발.

양존 (陽尊)〖명〗〖하자타〗속으로는 해칠 마음을 품고 있으면서 겉으로는 존대함.

양:종 (兩宗)〖명〗〖불〗**1** 조계종(曹溪宗)과 천태종(天台宗). **2** 교종(敎宗)과 선종(禪宗).

양종 (良種)〖명〗**1** 좋은 종자. **2** 좋은 품종.

양종 (洋種)〖명〗**1** 서양의 계통. **2** 서양에서 들어온 종류나 종자(種子).

양종(陽腫)圏《한의》피부에 난 종기.

양종(佯蹤)圏 허식이 없고 소탈하여 있는 그 대로 드러내는 사람.

양종-다리(陽腫-)圏《한의》다리에 난 종기. 또는 그 다리.

양주(良酒)圏 좋은 술.

양:주(兩主)圏 바깥주인과 안주인이라는 뜻으로, '부부'를 이르는 말.
[양주 싸움은 칼로 물 베기] 부부 싸움은 곧 화합된다는 뜻.

양주(洋酒)圏 1 서양에서 들여온 술. 2 서양식 양조법으로 만든 술(위스키·브랜디 따위).

양주(陽鑄)圏 주금(鑄金)에서, 기물이나 동판 등의 겉면에 무늬나 명문(銘文)을 약간 도드라지게 나타내는 일.

양:주(釀酒)圏-하자 술을 빚어서 담금.

양주 별산대놀이(楊州別山臺-)[-싼-노리]《민》경기도 양주 지방에 전승되는 가면극《중요 무형 문화재 제2호》. 양주 산대놀이.

양-주정(佯酒酊)圏-하자 거짓으로 하는 주정.

양:중(兩中)圏《민》남자 무당의 하나. 양중.

양중(陽中)圏 '봄'을 달리 이르는 말. ↔음중(陰中).

양:즙(胖汁)圏 소의 양을 잘게 썰어 끓이거나 볶아서 짜낸 물《몸을 보신하기 위해 먹음》.

양증(陽症)圏 1 활발하고 명랑한 성질. 2《한의》오전에, 또는 몸을 덥게 할 때나 더운 성질의 약을 먹으면 더해지는 병증의 총칭. 3《한의》'상한양증(傷寒陽症)'의 준말.

양증-외감(陽症外感)圏《한의》외부적인 원인으로 생기는 급성병. 양사(陽邪). ↔음증외감(陰症外感).

양지(羊脂)圏 양이나 염소의 지방. 우지(牛脂)와 비슷하나 스테아린이 많음《식용하거나 비누·양초를 만드는 데 씀》.

양지(良知)圏 1 타고난 지능. 2 양명학에서, 마음의 본체.

양:지(兩地)圏 두 지방. 두 곳.

양지(洋紙)圏 서양에서 들여온 종이. 또는 목재 펄프를 원료로 하여 서양식으로 만든 종이《신문용지·인쇄용지·포장용지 따위》.

양지(陽地)圏 1 볕이 바로 드는 곳. ▢～에 나와 볕을 쬐다. 2 혜택을 받는 처지의 비유. ▢～에서만 살다. ↔음지(陰地).
[양지가 되고 음지가 양지 된다] 세상 일이란 바뀌고 도는 것.

양지(量地)圏-하자 땅을 측량함.

양지(量知)圏-하자 추측하여 앎.

양지(楊枝)圏 나무로 만든 이쑤시개.

양지(諒知)圏-하타 살펴 앎. 찰지(察知). ▢널리 ～하시기 바랍니다.

양:지(壤地)圏 강토(疆土).

양지-꽃(陽地-)[-꼳]圏《식》장미과의 여러해살이풀. 높이는 약 30 cm로 뿌리잎은 뭉쳐나고, 줄기잎은 깃꼴겹잎으로 거친 털이 있으며 잔잎은 긴 타원형임. 봄에 노란 다섯잎꽃이 피고 잎과 뿌리는 약재로 쓰임.

양지니圏《조》되샛과의 새. 숲이나 야산에 삶. 참새보다 조금 큰데, 수컷은 고운 홍색에 빰과 목은 광택 있는 은백색, 머리 위는 장밋빛, 등에는 검은 세로 반점이 있으며, 부리가 굵어 피리새와 비슷함.

양지-머리(陽地-)圏 1 소의 가슴에 붙은 뼈와 살. 2 쟁깃술의 둥글고 삐죽한 우두머리 끝.

양지머리-뼈(陽地-)圏 양지머리의 뼈. 양골(陽骨).

양지-바르다(陽地-)[-발라, -바르니]혱 땅이 볕을 잘 받게 되어 있다. ▢양지바른 집 / 양지바른 곳에 심다〔묻다〕.

양지 식물(陽地植物)[-싱-]《식》양지에서 잘 자라는 식물. ↔음지 식물.

양지-아문(量地衙門)圏《역》대한 제국 때, 토지 측량을 맡았던 관아.

양지-양능(良知良能)圏《철》경험이나 교육에 의하지 않고 선천적으로 사물을 알고 행할 수 있는 마음의 작용.

양지-옥(羊脂玉)圏 양의 기름 덩이같이 빛나고 윤택 있는 흰 옥.

양지-쪽(陽地-)圏 볕이 잘 드는 쪽. ↔음지쪽.

양지-초(羊脂-)圏 양의 기름으로 만든 초. 양지촉(燭).

양직(亮直)圏-하형혀부 마음이 밝고 곧음.

양직(洋織)圏 서양에서 들여온 직물. 또는 서양식으로 짠 직물.

양:진(兩陣)圏 서로 대하고 있는 두 편의 진.

양:진(癢疹)圏《의》두드러기가 돋고 몹시 가려운 신경성 피부 질환의 하나.

양질(良質)圏 좋은 바탕이나 품질. ▢～의 재료〔노동력〕.

양질-호피(羊質虎皮)圏 속은 양이고 거죽은 범이라는 뜻으로, 본바탕은 아름답지 않으면서 겉모양만 꾸밈을 가리키는 말.

양:짝(兩-)圏 두 짝.

양:쪽(兩-)圏 두 편쪽. 두 쪽.

양-쪽-성(兩-性)[-썽]圏《화》산 또는 염기 어느 쪽과도 반응하는 성질. 양성(兩性).

양-쪽성 산화물(兩-性酸化物)[-썽-]《화》산화알루미늄과 같이 산성과 알칼리성을 함께 가지고 있는 화합물《산화알루미늄·아연 따위》. 양성 산화물.

양-쪽성 전:해질(兩-性電解質)[-썽-]《화》산성과 염기성의 두 성질을 지닌 전해질《수산화알루미늄·수산화아연 따위가 있음》. 양성 전해질.

양-쪽성 화:합물(兩-性化合物)[-썽-합-]《화》산성과 알칼리성의 두 성질을 띤 화합물《수산화알루미늄·아미노산 따위》. 양성 화합물.

양:찌끼-찌개(胖-)圏 소의 양즙을 짜고 남은 찌꺼기로 끓인 찌개.

양:차(兩次)圏 두 차례. ▢～ 세계 대전.

양:-차렵(兩-)圏 봄·가을 두 철에 입는, 솜을 얇게 둔 차렵.

양착(量窄)圏-하형 1 음식이나 술을 먹는 양이 적음. 2 도량이 좁음. 양협(量狹).

양찬(糧饌)圏 양식과 반찬.

양찰(亮察)圏-하타 다른 사람의 사정 따위를 밝게 살핌.

양찰(諒察)圏-하타 사정 따위를 헤아려 살핌.

양창(亮窓)圏《건》창살이 없는 창.

양책(良策)圏 좋은 계책. 또는 뛰어난 책략. ▢～을 수립하다.

양처(良妻)圏 착하고 어진 아내. ↔악처(惡妻).

양:처(兩處)圏 두 곳.

양처-현모(良妻賢母)圏 현모양처.

양:척(兩隻)圏《법》원고와 피고.

양:척(攘斥)圏-하타 쫓아 물리침. 또는 물리쳐 쫓음.

양천(良賤)圏 양민과 천민.

양천(涼天)圏 서늘한 날씨.

양천(陽天)圏 구천(九天)의 하나. 남동쪽의 하늘.

양철(洋鐵)圏 생철. ▢～ 지붕.

양철-가위(洋鐵-)圏 양철 따위의 얇은 철판을 자르는 데 쓰는 가위.

양철-공 (洋鐵工) 圓 양철로 물건을 만드는 직공(職工).

양:철-렌즈 (兩凸lens) 圓『물』양면이 모두 볼록한 렌즈. ↔양요(兩凹)렌즈.

양철-통 (洋鐵桶) 圓 생철통.

양첨 (涼簽) 여름철에 볕을 가리려고 임시로 덧댄 차마.

양첩 (良妾) 圓 양민 출신의 첩.

양청 (洋靑) 圓 푸른 물감의 하나. 당청(唐靑)보다 진하고 밝음.

양:초 (兩草) 圓 한 냥쭝을 한 묶음으로 한 좋은 잎담배.

양-초 (洋-) 圓 동물의 지방 또는 석유의 찌꺼기를 정제해서 심지를 속에 넣고 만든 초. ☐ ~에 불을 붙이다.

양초 (洋醋) 圓 화학 약품으로 만든 서양식의 식초.

양초 (糧草) 圓 군사(軍士)가 먹을 양식과 말을 먹일 꼴.

양초-시계 (洋-時計) [-/-게] 圓 불시계의 하나. 양초가 타서 줄어드는 길이로 시간을 헤아림.

양촉 (涼燭) 圓하타 양찰(涼察).

양총 (洋銃) 圓 서양식 총.

양추 (涼秋) 圓 1 서늘한 가을. 2 음력 구월의 별칭.

양:축 (養畜) 圓하자 가축을 먹여 기름. 또는 그런 일. ☐ ~ 농가.

양춘 (陽春) 圓 1 음력 정월의 별칭. 2 따뜻한 봄. ☐ ~ 사월을 유쾌하게 하는 추위.

양춘-가절 (陽春佳節) 圓 따뜻하고 좋은 봄철.

양춘-화기 (陽春和氣) 圓 봄철의 따뜻하고 맑은 기운.

양-춤 (洋-) 圓〈속〉서양식의 춤(발레·사교춤 따위).

양취 (佯醉) 圓하자 거짓으로 술에 취한 체함.

양:측 (兩側) 圓 1 두 편. 양방(兩方). ☐ ~의 대표자 / ~의 주장이 맞서다. 2 양쪽의 측면. ☐ 길 ~에 도랑을 파다.

양치 圓하자 '양치질'의 준말. ☐ 소금으로 ~를 하다. 주의 '養齒'로 씀은 취음.

양-치기 (羊-) 圓하자 양을 치는 일. 또는 그 사람. ☐ ~ 소년.

양치-기 (-器) 圓 양치할 때에 양칫물을 담는 그릇과 뱉는 그릇.

양치-식물 (羊齒植物) [-싱-] 圓『식』은화(隱花)식물의 한 문. 석송류·양치류 등으로 나뉨. 뿌리·줄기·잎의 구별이 있고, 관다발이 있으며, 포자(胞子)는 싹이 트면 편평체(扁平體)가 됨.

양치-질 圓하자 소금이나 치약으로 이를 닦고, 물로 입 안을 가셔 내는 일. 준양치.

양:친 (兩親) 圓 아버지와 어머니.

양:친 (養親) 圓하자 1 길러 준 부모. 2 양자로 간 집의 부모. 3 부모를 봉양함.

양칠 (洋漆) 圓하자 페인트칠. ☐ 대문에 ~을 하다.

양칠-간죽 (洋漆竿竹) 圓 빨강·파랑·노랑의 빛깔로 알록지게 칠한 담뱃설대.

양침 (洋針) 圓 서양식으로 만든 바늘.

양칫-대야 [-치때-/-친때-] 圓 양치질을 받치는 대야처럼 생긴 그릇.

양칫-물 [-친-] 圓 양치질에 쓰는 물.

양칫-소금 [-치쏘-/-친쏘-] 圓 양치질에 쓰는 소금.

양:칭 (兩秤) 圓 저울대의 한 눈이 한 냥의 무게를 나타내는 저울.

양-코 (洋-) 圓 1 서양 사람이나 그들의 코를

놀림조로 이르는 말. 2 높고 큰 코. 또는 그런 코를 가진 사람을 놀림조로 이르는 말.

양코-배기 (洋-) 圓 '서양 사람'을 낮잡아 이르는 말.

양키 (Yankee) 圓 '미국인'의 속칭(조롱하는 뜻이 있음).

양-타락 (羊駝酪) 圓 양의 젖을 끓여서 죽처럼 걸쭉하게 만든 음식.

양-탄자 (洋-) 圓 짐승의 털을 굵은 베실에 박아 짠 피륙(흔히, 방바닥이나 마룻바닥에 깖). 양전. 융단(絨緞). 카펫.

양:탈 (攘奪) 圓하타 약탈(掠奪).

양태¹ [어] 양탯과의 바닷물고기. 난해성 어종으로 모랫바닥에 삶. 길이는 약 50 cm 정도이고, 몸은 위아래로 짓눌린 것 같고, 머리는 크며 꼬리는 가늚. 등은 암갈색, 배는 흼. 우미어(牛尾魚).

양태² 圓 '갓양태'의 준말.

양태 (樣態) 圓 상태. 꼴.

양태 부:사 (樣態副詞) 圓『언』말하는 사람의 태도를 나타내는 문장 부사. '과연'·'결코'·'설마'·'제발'·'모름지기' 따위.

양태-장 (-匠) 圓『역』조선 때, 갓양태를 만들던 공장(工匠).

양택 (陽宅) 圓『민』 1 풍수지리에서, 사람이 사는 집터. 2 마을이나 고을의 터. 양기(陽基). ↔음택(陰宅).

양-털 (羊-) 圓 양의 털. 양모. 울(wool).

양:토 (養兔) 圓하자 토끼를 기름. 또는 그런 토끼.

양토 (壤土) 圓 1 땅. 토양. 2『농』점토가 30 % 정도 섞인 흙. 작물 재배에 가장 알맞음.

양:통 (痒痛) 圓 가려움과 아픔.

양-틀 (洋-) 圓 서양에서 들여온 기계란 뜻으로, 재봉틀을 일컫는 말.

양-파 (洋-) 圓『식』백합과의 여러해살이풀. 잎은 속이 빈 원기둥형으로 가을에 꽃대를 내어 끝에 많은 백색 또는 담자색의 작은 꽃을 닮. 땅속의 비늘줄기는 둥글넓적한데 널리 식용함. 페르시아가 원산지임.

양판 圓 대패질할 때 밑에 받쳐 놓는 판판하고 길쭉한 나무판자.

양판-점 (量販店) 圓 대량으로 상품을 파는 대형 소매점.

양:-팔 (兩-) 圓 두 팔. ☐ ~을 벌리다.

양:팔 간:격 (兩-間隔) 옆으로 줄을 맞출 때, 두 팔을 완전히 펴서 좌우에 있는 사람이 올린 손끝과 서로 닿을 정도로 벌려 선 간격. 준양팔짝.

양패 (佯敗) 圓하자 거짓으로 패한 체함.

양:편¹ (兩便) 圓 상대가 되는 두 편. ☐ ~으로 갈라서다.

양:편² (兩便) 圓하형 양쪽 다 원만하고 편함.

양:편-짝 (兩便-) 圓 양편쪽.

양:편-쪽 (兩便-) 圓 서로 상대가 되는 두 편. 양편짝.

양푼 圓 음식을 담거나 데우는 데 쓰는 놋그릇(모양이 반병두리와 같으나 큼).

양품 (良品) 圓 좋은 물품. 가품(佳品).

양품 (洋品) 圓 서양에서 수입했거나 서양식으로 만든 장신구·일용품 등의 잡화. ☐ ~ 매장.

양품-점 (洋品店) 圓 양품을 파는 가게. ☐ ~을 내다.

양풍 (良風) 圓 좋은 풍속.

양풍 (洋風) 圓 '서양풍(西洋風)'의 준말. ☐ ~이 들다.

양풍 (涼風) 圓 1 서늘한 바람. 양시(涼颸). 2 북

풍 또는 남서풍.

양풍-미속 (良風美俗) 몡 미풍양속.

양피 (羊皮) 몡 양의 가죽. 양가죽.

양피-지 (羊皮紙) 몡 양의 가죽을 씻어 늘인 다음 석회로 처리하여 건조·표백하여 말린, 글 쓰는 재료《중세 유럽에서 사용했음》.

양:피-화 (兩被花) 몡 『식』꽃받침과 꽃부리를 갖춘 꽃《살구나무·대나무 등의 꽃》. ↔나화.

양하 (蘘荷) 몡 『식』생강과의 여러해살이풀. 산야에서 자생하며, 높이 약 80 cm, 생강과 비슷한데 잎은 넓은 피침형임. 여름에 담황색 꽃이 핌. 방향(芳香)이 있고 땅속줄기와 어린 잎은 향미료로 씀.

양-하다 동여 체하다. □학자이 ~.

양-하다 (涼-) 톙여 서늘하다.

양학 (洋學) 몡 서양의 학문.

양항 (良港) 몡 배가 드나들거나 머물기에 좋은 항구. □천연의 ~을 끼고 있다.

양-항라 (洋亢羅) [-나] 몡 무명실로 짠 항라.

양-해 (羊-) 몡 『민』미년(未年).

양해 (諒解) 몡하타 사정을 헤아려 너그러이 받아들임. □~된 사항 / ~를 바람 / ~를 구하다.

양핵 (陽核) 몡 『물』원자핵.

양행 (洋行) 몡하자 **1** 서양으로 감. **2** 주로 외국과 무역 거래를 하는 서양식 상점.

양향 (糧餉) 몡 군사의 양식. 군량(軍糧).

양허 (亮許) 몡하타 아랫사람의 형편이나 사정을 잘 알아서 용서하거나 허용함.

양허 (陽虛) 몡하타 『한의』양기가 허약하여 으스스 춥고 떨리는 병.

양:현-고 (養賢庫) 몡 『역』**1** 고려 때, 국학(國學)의 장학 재단. **2** 조선 때, 유생(儒生)에게 주는 식량에 관한 일을 맡아보던 관아.

양:혈 (養血) 몡하자 약을 써서 피를 맑게 하고 보(補)함.

양협 (量狹) 몡하톙 도량이 좁음. 양착(量窄).

양형 (量刑) 몡하자 『법』형벌의 정도를 헤아려 정함.

양혜 (洋鞋) 몡 구두¹.

양호 (羊毫) 몡 '양호필(筆)'의 준말.

양호 (良好) 몡하톙 매우 좋음. □~한 성적 / 건강[品質]이 ~하다.

양:호 (兩虎) 몡 두 마리의 호랑이라는 뜻으로, 역량이 비슷한 두 용사를 이르는 말.

양:호 (兩湖) 몡 『지』호남(湖南)과 호서(湖西)《전라도와 충청도》.

양:호 (養戶) 몡 『역』부자가 천민의 조세를 대신 납부하여 공역(公役)을 면제시키고 대신 자기 집에서 부리던 백성의 집.

양:호 (養護) 몡하타 **1** 기르고 보호함. **2** 초·중·고등학교에서, 학생의 건강이나 위생에 대하여 돌보아 줌.

양:호 교:사 (養護敎師) 『교』초·중·고등학교에서, 학생의 보건 관리와 지도를 전문으로 담당하는 교사.

양:호-상투 (兩虎相鬪) 몡 두 마리 범이 싸운다는 뜻으로, 힘이 센 두 편이 서로 다투고 있는 것의 비유.

양:호-실 (養護室) 몡 학교·회사 같은 곳에서, 학생이나 사원의 건강이나 위생 따위에 관한 일을 맡아보는 곳.

양:호-유환 (養虎遺患) 몡 화근을 길러 후환을 당하게 된다는 말. □장차 ~이 될 거다.

양호-필 (羊毫筆) 몡 양털로 촉을 만든 붓. 준 양호(羊毫).

양홍 (洋紅) 몡 『화』카민(carmine).

양화 (良貨) 몡 품질이 좋은 화폐. 실제 가격과 법정 가격의 차가 적은 화폐. □악화는 ~를 구축한다. ↔악화(惡貨).

양화 (洋貨) 몡 **1** 서양에서 수입된 물품과 재화. **2** 서양의 화폐.

양화 (洋畫) 몡 **1** '서양화'의 준말. **2** 서양에서 들여온 영화.

양화 (洋靴) 몡 구두¹.

양화 (陽畫) 몡 음화(陰畫)를 인화지에 박은 사진《실물과 명암·흑백이 똑같이 나타남》. 포지티브. ↔음화.

양:화 (釀禍) 몡하자 재앙(災殃)을 빚어냄. 화근을 만듦.

양:화구복 (禳禍求福) 몡하자 재앙(災殃)을 물리치고 복을 구함.

양-화점 (洋靴店) 몡 구둣방.

양-화포 (洋花布) 몡 무명실로 꽃무늬를 놓아 짠 서양식 피륙.

양황 (洋黃) 몡 서양에서 만든 노란색 물감.

양회 (洋灰) 몡 『건』시멘트(cement). □~를 바르다.

양회 (諒會) 몡하타 사정이나 형편을 자세히 살피어 훤히 앎.

양-휘양 (涼-) 몡 〔←양휘항(涼揮項)〕털을 달지 않은 휘양.

양주 몡 〔옛〕모양(樣子).

얕다 [얕따] 톙 **1** 겉에서 속, 위에서 밑까지의 길이가 짧다. 깊지 않다. □얕은 물 / 천장이 ~. **2** 생각이나 마음 쓰는 것이 너그럽지 않다. □얕은 소견 / 생각이 ~. **3** 학문·지식이 적다. □견식이 ~. **4** 잠이 깨기 쉬운 상태에 있다. □얕은 잠이 들다. ㉡옅다. ↔깊다. 〔얕은 내도 깊게 건너라〕무슨 일이든 쉽게 보지 말고 조심해서 하라.

얕디-얕다 [얕띠얕따] 톙 매우 얕다. □얕디얕은 내다. ㉡옅디옅다.

얕-보다 [얕뽀-] 타 실제보다 얕잡아 보다. 넘보다. □얕볼 수 없는 상대.

얕보-이다 [얕뽀-] 자 《'얕보다'의 피동》남에게 낮추어져서 하찮게 보이다. □얕보여 무시당하다.

얕은-꾀 몡 속이 들여다보이는 꾀. □~를 부리다.

얕은-맛 [야튼맏] 몡 진하지 않으면서 산뜻하고 부드러운 맛.

얕-잡다 [얕짭따] 타 남을 낮추어 하찮게 대하다. □없다고 얕잡아 보다 / 얕잡는 투로 말하다.

얕추 [얕-] 튀 얕게. □~ 심다.

얘¹ 몡 『언』한글 합성 자모 'ㅒ'의 이름.

얘² 때 '이 아이'의 준말. □~랑 같이 갈게 / ~가 어딜 갔지.

얘:³ 캄 과연 놀랄 만함을 느낄 때 내는 소리. □~, 깜짝이야.

얘:기 몡하자타 '이야기'의 준말. □약혼 ~ / ~를 나누다 / ~를 꺼내다 / ~를 털어놓다 / ~된 바 없다.

얘:기-꾼 몡 '이야기꾼'의 준말.

얘:기-책 (-冊) 몡 '이야기책'의 준말.

얘:기-판 몡 '이야기판'의 준말. □~을 벌이다.

얘:깃-거리 [-기꺼-/ -긷꺼-] 몡 '이야깃거리'의 준말. □동네의 ~가 되다.

얘:깃-주머니 [-기주-/ -긷주-] 몡 '이야깃주머니'의 준말. □~를 풀다.

어¹ 몡 『언』한글 자모 'ㅓ'의 이름.

어 (敔) 몡 『악』옛날 궁중에서 쓰던 타악기의

한 가지. 엎드린 범의 모양으로, 그 등에 27개의 톱니가 있어 견(籈)으로 긁어 소리를 냄. 음악을 그칠 때에 썼음. 갈(楬).

어²【갑】 1 가벼운 놀람이나 초조함·다급함을 나타내는 소리. ▢～, 돈이 없어졌네. 2 문득 떠오른 생각이나 상대의 주의를 일으키는 말에 앞서 내는 소리. ▢～, 이것 좀 봐. 황아.

어³【갑】 1 사물에 감동했을 때 내는 소리. ▢～, 그것 참 좋군. 황아. 2 손아랫사람이나 벗 사이에 대답하는 소리. ▢～, 곧 가겠다.

-어【語】끝 일부 명사 뒤에 붙어 '말'의 뜻을 나타냄. ▢고유～/한자～/독일～/학술～.

-어【어미】끝 음절이 'ㅏ·ㅓ·ㅡ·ㅣ'로 된 어간에 붙어 쓰이는 어미. 1 부사형을 이루는 전성 어미. ▢먹～ 보아라/들～ 주다. 2 서술·의문·청유(請誘)·명령을 나타내는 반말의 종결 어미. ▢나 밥 먹～/같이 읽～/빨리 집 ～. *-아·-여.

어:가(御街)뗑 1 대궐로 통하는 길. 2 대궐 안의 길.

어:가(御駕)뗑〖역〗임금이 타던 수레. 대가(大駕).

어가(漁歌)뗑 어부들이 고기잡이를 하면서 부르는 노래.

어간(於間)뗑 시간·공간의 일정한 사이. ▢족히 십 리 ～은 되네.

어간(魚肝)뗑 물고기의 간.

어:간(語幹)뗑〖언〗동사·형용사 등 용언의 활용에서 변하지 않는 부분(('먹다'·'믿다'의 '먹'·'믿' 따위).

어:간-대청(-大廳)뗑 방과 방 사이에 있는 큰 마루.

어:간-마루뗑 방과 방 사이에 있는 마루.

어:간-유(魚肝油)[-뉴]뗑 간유(肝油).

어:간-장지(-障-)뗑 대청이나 큰방의 중간을 막은 장지.

어:간-재비뗑 1 사이에 칸막이로 둔 물건. 2 키가 크고 몸집이 큰 사람.

어감(語感)뗑 말소리나 말투의 차이에 따라 말이 주는 느낌. ▢～이 다르다/～이 좋다.

어강됴리【갑】〈옛〉노래의 가락을 맞추기 위해 쓰는 후렴의 한 가지. ▢어긔야 ～ 아으 다롱디리(井邑詞).

어개(魚介)뗑 1 물고기와 조개. 2 바다에 사는 동물의 총칭.

어:거(馭車)뗑하타 1 수레를 메운 소나 말을 모는 일. ▢황소를 ～하여 밭을 갈다. 2 거느려서 바른길로 나가게 함.

어거리-풍년(-豐年)뗑 매우 드물게 든 풍년. ▢몇 해 만에 ～이 들다.

어거지뗑 ☞ 억지.

어게인(again)뗑 '듀스어게인'의 준말.

어:격(語格)[-격]뗑 말의 일정한 격식. *어법.

어겹뗑 한데 뒤범벅이 되는 일. ▢남들과 ～되어 함께 어울리다.

어:계(語系)[-/-계]뗑〖언〗언어의 계통.

어고(魚鼓)뗑〖불〗목어(木魚)2. 어판(魚板).

어:고(御庫)뗑 궁중에서, 임금이 사사로이 쓰던 곳간.

어골(魚骨)뗑 물고기의 뼈. 생선의 가시. 어골경.

어골-경(魚骨鯁)뗑 ☞ 어골(魚骨).

어:공(御供)뗑하타 임금에게 물건을 바침.

어:공-미(御供米)뗑 임금에게 바치는 쌀.

어곽(魚藿)뗑 해산물의 총칭.

어곽-전(魚藿廛)[-전]뗑 해산물 가게.

어교(魚膠)뗑 부레풀.

어구(魚狗)뗑〖조〗물총새.

어:구(御溝)뗑 대궐에서 흘러나오는 개천.

어:구(語句)뗑 말의 마디나 구절.

어구(漁具)뗑 고기잡이에 쓰는 도구.

어구(漁區)뗑 어류나 수산물을 잡거나 따거나 가공하기 위해 특별히 정한 구역.

어구머니깝 '어이구머니'의 준말.

어군(魚群)뗑 물고기의 떼. ▢～ 탐지/탐지기로 ～을 찾다.

어:군(語群)뗑〖언〗같은 어파 가운데 친족 관계를 이루는 언어의 무리.

어:-군막(御軍幕)뗑 임금이 행차 도중에 잠시 머물 수 있도록 막을 친 곳.

어군 탐지기(魚群探知機) 수중 초음파(超音波)를 이용하여 어군의 존재나 수량·종류 따위를 분석하는 기기. 준어탐(魚探).

어:-굴-하다(語屈-)뗑타 경우에 어긋나거나 논리가 맞지 않아 대답하기가 거북하다.

어:궁(御宮)뗑 대궐. 궁중(宮中).

어:-궁-하다(語窮-)혱타 말이 막히고 궁하다. 어색(語塞)하다3.

어궤조산(魚潰鳥散)뗑하자 물고기 떼나 새 떼처럼 흩어진다는 뜻으로, 사방으로 흩어짐을 이르는 말.

어귀뗑 드나드는 목의 첫머리. ▢강 ～/마을로 접어들다.

어귀뗑 ☞ 어구(語句).

어귀-어귀튀 음식을 욕심껏 입 안에 가득 넣고 꾸겨 씹어 먹는 모양. 황아귀아귀.

어그러-뜨리다타 어그러지게 하다. ▢기대를 ～/두 문짝을 ～.

어그러-지다재 1 맞물려져 있는 물체가 틀어져서 맞지 아니하다. ▢문짝이 ～. 2 계획이나 예상 따위가 달라지다. ▢예상이 ～/기대에 ～. 3 사이가 좋지 못하게 되다. ▢친구와의 사이가 ～.

어그러-트리다타 어그러뜨리다.

어:극(御極)뗑하재 1 즉위. 2 재위.

어:근(語根)뗑〖언〗단어를 분석하여 실질적 의미를 나타내는 중심이 되는 부분(('선선하다'의 '선선-', '탐스럽다'의 '탐-', '덮개'의 '덮-' 따위). *어간.

어근-버근튀혱 1 사개가 맞지 않아 조금씩 벌어져 있는 모양. 2 마음이 서로 맞지 않아 사이가 조금 벌어져 있는 모양. ▢그들은 다툰 이후 ～ 지낸다. 황아근바근.

어근버근-하다재혱 마음이 서로 맞지 않아 사이가 벌어지다.

어글-어글튀혱 1 얼굴의 각 구멍새가 널찍널찍한 모양. ▢～하게 생겼다. 2 생김새나 성질이 시원스럽고 서글서글한 모양. ▢～하게 생긴 아이.

어금-깔음(-컴)뗑〖건〗돌을 갈지자형으로 까는 일. 삿자리깔음.

어금-꺾쇠[-꺽쐬]뗑 양쪽 끝이 서로 반대 방향으로 구부러진 꺾쇠.

어금-니뗑〖생〗송곳니의 안쪽에 있는 큰 이(가운데가 오목함). 구치(臼齒).

어금니를 악물다⌷ 회한·고통·분노 등을 참느라고 이를 악물어 굳은 의지를 나타내어 보이다.

어금니-아(-牙)뗑 한자 부수의 하나(('牙'·'犅' 등에서 '牙'의 이름).

어금닛-소리[-니쏘-/-닏쏘-]뗑〖언〗아음(牙音).

어금-막히다[-마키-]재 서로 어긋나게 놓이다.

어금버금-하다[형여] 어금지금하다.
어금-쌓기[-싸키][명]《건》길이모쌓기에서, 벽돌을 갈지자형으로 쌓는 일.
어금지금-하다[형여] 서로 엇비슷하여 정도나 수준에 큰 차이가 없다. 어금버금하다.
어긋-나가다[-근-][자] 어그러지게 나가다. ❏이야기가 본론에서 ~.
어긋-나기[-근-][명]《식》식물의 잎이 줄기의 마디마다 하나씩 방향을 달리하여 나는 잎차례의 하나. 호생(互生). ↔마주나기.
어긋-나다[-근-][자] 1 서로 엇갈려 만나지 못하게 되다. ❏길이 ~. 2 서로 꼭 맞지 아니하다. ❏뼈가 ~. 3 기대에 맞지 않거나 기준에서 벗어나다. ❏기대에 ~ / 원칙에 ~. 4 서로 마음에 틈이 생기다. ❏두 사람 사이가 ~. 5 식물의 잎이 마디마디 방향을 달리하여 하나씩 어긋나게 나다.
어긋-놓다[-근노타][타] 서로 엇갈리게 놓다.
어긋-맞다[-근맏따][형] 이쪽저쪽 어긋나게 마주있다.
어긋-매끼다[-근-][타] 한쪽으로 치우치지 않도록 어긋나게 맞추다. 晉엇매끼다.
어긋-물다[-근-][-물어, -무니, -무는][타] 서로 어긋나게 물다. 晉엇물다.
어긋-물리다[-근-][타]〔'어긋물다'의 피동〕서로 어긋나게 물리다. 晉엇물리다.
어긋-버긋[-귿뻐귿][부하형] 여럿이 고르지 못하여 서로 어그러진 모양.
어긋-어긋[-그더귿][부하형] 물건의 각 조각이 이가 맞지 않아 끝이 조금씩 어긋나 있는 모양. 晉아긋아긋.
어긋-이[부] 어긋하게.
어긋-하다[-그타-][형여] 물건의 각 조각이 이가 맞지 않아 끝이 조금씩 어그러져 있다. 晉아긋하다.
어:기(語氣)[명] 말하는 기세. 어세(語勢). ❏~가 점잖다.
어:기(語基)[명]《언》단어 형성의 근간을 이루는 부분 또는 요소. 어간보다 범위가 작거나 어간과 같은 뜻으로 쓰임.
어기(漁基)[명] 어장(漁場).
어기(漁期)[명] 고기를 잡는 시기. 또는 어떤 특정 구역에서, 어떤 종류의 고기가 많이 잡히는 시기.
어기다[타] 약속·시간·명령·규칙 등을 지키지 않고 거스르다. ❏규칙을 ~ / 명령을 ~.
어기-대다[자] 순순히 따르지 않고 못마땅한 말이나 행동으로 뻗대다.
어기뚱-거리다[자] 키가 큰 사람이 계속 몸을 좌우로 흔들며 바라지게 걷다. 晉아기뚱거리다. 어기뚱-어기뚱[부하자].
어기뚱-대다[자] 어기뚱거리다.
어기뚱-하다[형여] 1 말이나 행동 따위가 교만하고 엉큼한 데가 있다. 2 틈이 나 있다. 晉아기뚱하다.
어기야[감] 어기야디야.
어기야-디야[감] 뱃사람들이 노를 저으며 흥겨울 때 내는 소리. 어기야.
어기여차[감] 어여차. ❏~, 그물을 끌어 올린다.
어기적-거리다[자] 팔다리를 부자연스럽게 움직이며 천천히 걷다. 晉아기작거리다. 쥰어깃거리다. 어기적-어기적[부하자].
어기적-대다[-때-][자] 어기적거리다.
어기죽-거리다[-거-][자] 팔다리를 부자연스럽게 움직이며 억지로 천천히 걷다. 晉아기

족거리다. **어기죽-어기죽**[부하자]
어기죽-대다[-때-][자] 어기죽거리다.
어기중-하다(於其中-)[형여] 그 가운데쯤에 해당하다. ❏키가 또래에서 ~.
어기-차다[형] 성질이 매우 굳세다. ❏어기찬 여자의 말투.
어김-없다[-따][형] 어기는 일이 없다. 틀림없다. ❏어김없는 사실 / 약속에는 어김없는 사람이다. **어김-없이**[-기멉씨][부]. ❏월말이면 ~ 나타난다.
어깃-장[-기짱 / -긷짱][명] 짐짓 어기대는 행동. ❏~을 놓는다.
어깃-거리다[-긷꺼-][자]〔'어기적거리다'의 준말. 晉아깃거리다. **어깃-어깃**[-기더긷][부하자]
어깃-대다[-긷때-][자] 어깃거리다.
어깨[명] 1 사람의 몸에서 팔이 몸에 붙은 관절의 윗부분. ❏~를 펴다 / ~가 벌어지다. 2 옷소매가 붙은 솔기와 깃의 사이의 부분. ❏~가 넓은 옷. 3 짐승의 앞다리나 새의 날개가 붙은 윗부분. 4〈속〉힘이나 폭력 따위를 일삼는 불량배. 깡패.
어깨가 가볍다[구] 무거운 책임이나 부담에서 벗어나 홀가분하다. ❏책임을 면하게 되어 어깨가 가벼웠다.
어깨가 무겁다[구] 무거운 책임을 져서 마음에 부담이 크다. ❏조카 교육까지 떠맡아 어깨가 무겁겠습니다.
어깨가 움츠러들다[구] 떳떳하지 못하게 여기거나 창피하고 부끄러운 기분을 느끼다.
어깨가 으쓱거리다[구] 뽐내고 싶은 기분이 되다. 떳떳하고 자랑스럽게 여기다.
어깨가 처지다[구] 힘이 빠져 어깨가 늘어지다. 낙심하여 풀이 죽고 기가 꺾이다.
어깨로 숨을 쉬다[구] 어깨를 들먹거리며 괴로운 듯이 숨을 쉬다.
어깨를 겨누다[겨루다][구] 대등한 위치에 서다. 서로 비슷한 세력이나 힘을 가지다. ❏어느새 선진국들과 ~.
어깨를 겯다[구] ㉠어깨를 나란히 대고 상대의 어깨 위에 서로 손을 올려놓다. ❏어깨를 겯고 사진을 찍다. ㉡같은 목적을 위하여 행동을 같이하다.
어깨를 나란히 하다[구] ㉠나란히 서거나 나란히 걷다. ❏어깨를 나란히 하고 정답게 걷다. ㉡어깨를 겨루다. 어깨를 겨루다. ㉢같은 목적으로 함께 일하다.
어깨를 으쓱거리다[구] 어깨가 으쓱거리다. ❏합격했다는 말을 듣고 ~.
어깨-걸이[명] 여자가 어깨에 걸쳐 앞가슴 쪽으로 드리우는 목도리《숄(shawl) 따위》.
어깨-너머[명] (주로 '어깨너머로'의 꼴로 쓰여) 남이 하는 것을 옆에서 보거나 듣거나 함. ❏~로 배운 바둑〔기술〕.
어깨너머-문장(-文章)[명] 남이 배우는 옆에서 보거나 들어서 공부한 사람.
어깨너멋-글[-머끌 / -먿끌][명] 남이 배우는 옆에서 얻어들어 배운 글. ❏~로 한글을 깨우치다.
어깨-동갑(-同甲)[명] 자치동갑.
어깨-동무[명][하자] 1 팔을 서로 어깨 위에 얹어 끼고 나란히 섬. 또는 그렇게 하고 노는 아이들의 놀이. ❏~하고 콧노래를 부른다. 2 나이나 키가 비슷한 동무.
어깨-띠[명] 한쪽 어깨에서 다른 쪽 겨드랑이로 걸쳐 매는 띠. ❏~를 두르다.
어깨-번호(-番號)[명]《인》표제어 또는 본문의 글자 오른쪽 위에 작게 매기는 번호. ❏같은 표제어에 ~를 매기다.

어깨-뼈 명 〔생〕 척추동물의 팔뼈와 몸통을 연결하는 뼈. 어깨 뒤쪽에 있는, 좌우 각 한 개의 넓적하고 삼각형인 뼈.
어깨-선 (-線) 명 **1** 어깨의 곡선. **2** 양복이나 저고리의 어깨 부분의 선. ❏ ~이 곱다.
어깨-차례 (-次例) 명 **1** 중간에 거르지 않고 돌아가는 차례(《여러 사람이 늘어섰거나 앉았을 때, 또는 순서가 지정되어 있을 때》). **2** 키순.
어깨-총 (-銃) 명감 〔군〕 총을 어깨에 메는 일. 또는 그 구령. ❏ ~ 자세로 보초를 서다.
어깨-춤 명 신이 나서 어깨를 으쓱거리는 짓. 또는 그렇게 추는 춤. ❏ ~을 추다 / 흥에 겨워 ~이 절로 난다.
어깨-치마 명 말기 위에 어깨를 덧댄 치마.
어깨-통 명 어깨의 둘레. 어깨의 너비.
어깨-판 명 어깨의 넓적한 부분.
어깨-허리 명 한복 치마에서, 어깨에 걸치는 끈을 달아서 뒤로 여며 입는 치마허리.
어깻-바대 [-깨빠-/-깯빠-] 명 적삼의 어깨에 속으로 덧댄 조각.
어깻-바람 [-깨빠-/-깯빠-] 명 신이 나서 어깨를 으쓱거리며 활발히 움직이는 기운.
어깻-부들기 [-깨뿌-/-깯뿌-] 명 어깨의 언저리.
어깻-숨 [-깨쑴/-깯쑴] 명 어깨를 들먹이며 가쁘게 쉬는 숨. ❏ ~을 몰아쉬다.
어깻자-맞춤 (-字-)[-깨짜맏-/-깯짜맏-] 명 한 줄 건너씩 나란히 있는 같은 글자를 찾아내는 놀이.
어깻-죽지 [-깨쭉찌/-깯쭉찌] 명 팔이 어깨에 붙은 부분. ❏ ~가 처지다.
어깻-짓 [-깨찓/-깯찓] 명하자 어깨를 흔들거나 으쓱거리는 짓.
어꾸수-하다 형 ☞ 엇구수하다.
-어나 어미 〈옛〉 -거나.
어:-녹다 [-따] 자 얼다가 녹다가 하다.
어:-녹이다 타 《'어녹다'의 사동》 얼리다 녹이다 하다.
어:녹이-치다 자 여기저기서 두루 얼다가 녹다가 하다.
어농 (漁農) 명 어업과 농업.
-어뇨 어미 〈옛〉 -인가. -느냐.
어:눌-하다 (語訥-) 형여 말을 더듬어 유창하게 하지 못하다. ❏ 어눌한 말투.
어느 관 여럿 가운데 어떤. 막연한 어떤. ❏ ~ 곳 / ~ 마을 / ~ 가을 저녁.
[어느 구름에서 비가 올지] ㉠어느 때 사건이 발생할지 모른다는 말. ㉡일의 결과는 미리 짐작할 수 없다는 말. [어느 장단에 춤을 춰야 옳을지] 시키는 일이 여러 갈래일 때 어느 것을 따라야 할지 난처함을 이르는 말.
어느 동네 아이 이름인 줄 아나 구 적지 않은 돈을 쉽게 입에 올리는 상대에게, 그만한 돈을 동네 애 이름 부르듯 그리 가볍게 보느냐고 핀잔하는 말. ❏ 아니, 돈 백만 원이 ~.
어느 겨를[**틈**]**에** 구 어느 사이에. ❏ ~ 왔다 갔니.
어느 누구 구 '누구'의 강조어. ❏ 그 일은 ~도 모를 거다.
어느 때고 구 ㉠어느 때라고 가릴 것 없이. ❏ ~ 오려무나. ㉡어느 때에 가서 언젠가는. ❏ ~ 반드시 너를 찾을 것이다.
어느 세월에 구 얼마나 세월이 지난 뒤에. 어느 천 년에. ❏ ~ 철이 들겠나.
어느 천 년에 구 어느 세월에.
어느 하가에 구 어느 겨를에.
어느-덧 [-덛] 부 어느 사이인지 모르는 동안에. 어언간에. ❏ ~ 가을이 되었다.
어느-새 부 어느 틈에 벌써. ❏ ~ 이 해도 다 갔다 / ~ 청년이 되었구나.
어:는-점 (-點) 명 〔화〕 물이 얼기 시작할 때, 또는 얼음이 녹기 시작할 때의 온도. 곧, 1기압 아래에서 0℃를 이름. 빙점. ❏ ~ 이하로 내려가다.
-어늘 어미 〈옛〉 -거늘.
-어니 어미 〈옛〉 -거니.
-어니와 어미 〈옛〉 -거니와.
어느 관 〈옛〉 어느.
-어다 어미 '-어다가'의 준말. *-아다.
-어다가 어미 끝 음절의 모음이 'ㅏ'·'ㅗ'가 아닌 동사 어간에 붙어, 한 동작을 다음 동작과 순차적으로 이어 주는 연결 어미. ❏ 나물을 뜯~ 무치다. ㊣-어다. *-아다가.
어단 (魚團) 명 경단(瓊團) 모양의 둥근 생선묵 튀김.
어댑터 (adapter) 명 기계·기구 등을 다목적으로 쓰기 위한 보조 기구. 또는 그것을 부착하기 위한 보조 기구.
어데 준 어디에. ❏ ~ 갔었느냐.
어도 (魚道) 명 **1** 물고기 떼가 늘 지나는 일정한 길. 고깃길. **2** 〔건〕 높낮이가 심하지 않은 어제(魚梯).
-어도 어미 음성 모음으로 된 어간에 붙어서, 가정이나 양보의 뜻을 나타내는 연결 어미. ❏ 죽~ 못 놓겠네 / 무슨 일이 있~ 일을 끝내라 / 재산이 적~ 상관없다. *-아도.
어도록 부 〈옛〉 어느 만큼. 「준비.
어:동 (禦冬) 명하자 겨울 추위를 막음. 또는 그
어동-어서에 (於東於西-) 부 이리도 저리도. 어차어피에.
어동육서 (魚東肉西)[-뉵써] 명 제사상을 차릴 때, 생선은 동쪽에, 육류는 서쪽에 놓는 일. *홍동백서.
어:두 (語頭) 명 말의 첫머리. ❏ 어렵게 ~를 떼다.
어두귀면 (魚頭鬼面) 명 물고기 머리에 귀신 낯짝이란 뜻으로, 몹시 '흉하게 생긴 얼굴'을 일컫는 말.
어두귀면지졸 (魚頭鬼面之卒) 명 어중이떠중이나 지지리 못난 사람들.
어두봉미 (魚頭鳳尾) 명 어두육미(魚頭肉尾).
어두움 명 '어둠'의 본딧말.
어두육미 (魚頭肉尾)[-융-] 명 물고기는 머리 쪽이, 짐승은 꼬리 쪽이 맛이 있다는 말. 어두봉미. *어두일미.
어:두-음 (語頭音) 명 〔언〕 낱말의 첫머리에 오는 음(《'단어'의 'ㄷ', '사전'의 'ㅅ' 따위》). 두음.
어두일미 (魚頭一味) 명 물고기는 머리 쪽이 그 중 맛이 있다는 말. *어두육미.
어두침침-하다 형여 어둠침침하다. **어두침침-히** 부
어두커니 부 새벽 어둑어둑할 때에.
어두컴컴-하다 형여 어둡고 컴컴하다.
어둑-새벽 [-쌔-] 명 날이 밝기 전 어둑어둑한 새벽. 여명(黎明).
어둑-어둑 부하형 날이 저물면서 사물이 보일락말락 어두운 모양. ❏ ~해서야 도착하다.
어둑-하다 [-두카-] 형여 **1** 조금 어둡다. **2** 되바라지지 않고 어수룩한 데가 있다. **어둑-히** [-두키] 부
어:둔-하다 (語鈍-) 형여 말이 둔하다. ❏ 말이 어둔하여 듣기에 갑갑하다.

어:둔-하다 (語遁−)〔형〕〕 대답이 군색하고 억 지스럽다.

어둠 〔명〕 〔←어두움〕 어두운 상태. 또는 그런 때. ☐질은 ~ 속 / ~이 걷히다 / ~이 깔리 다 / ~을 틈타다.

어둠-길 [−낄] 〔명〕 날이 어두운 때에 가는 길. ☐~을 더듬어 가다.

어둠-별 [−뻘] 〔명〕 해가 진 뒤에 서쪽 하늘에 반 짝이는 금성(金星).

어둠-상자 (−箱子)〔명〕〔물〕 밖에서 빛이 들어 오지 못하게 만든, 사진기의 렌즈와 감광판 이 붙은 상자.

어둠침침-하다 〔형어〕 어둡고 침침하다. ☐눈이 ~. 어둠침침-히 〔부〕

어둡다 〔어두워, 어두우니〕 〔형비〕 1 빛이 없어 밝지 않다. ☐방 안이 ~. 2 시력이나 청력이 약하다. ☐밤눈이 ~ / 귀가 ~. 3 어떤 일에 밝지 못하다. ☐시세에 ~ / 세상일에 ~. 4 빛깔의 느낌이 무겁고 침침하다. ☐어두운 보랏빛. 5 분위기·표정·성격이 침울하고 무 겁다. ☐표정이 ~. 6 희망이 없어 막막하다. ☐어두운 소년 시절. 7 사람이나 사회가 깨치 못하다. ☐그의 말은 어두운 내 눈을 뜨게 했 다. 8 (주로 '눈'을 주어로) 어떤 것에 욕심 을 내다. ☐돈에 눈이 ~. 9 예상이나 전망이 좋지 않다. ☐수출 전망이 ~. ↔밝다.

[어두운 밤중에 홍두깨 내밀듯] '아닌 밤중 에 홍두깨 내밀듯'과 같음.

어:동동 〔감〕 '어헝둥'의 준말.

어드러 〔지대〕 〈옛〉 어디.

어드레스 (address)〔명〕 1 골프에서, 공을 치기 전에 발 자세를 잡고 클럽을 땅에 댄 자세. 2 〔컴〕 주소.

어드리 〔부〕 〈옛〉 어찌.

어드밴티지 (advantage)〔명〕 테니스·탁구에서, 듀스 후에 어느 쪽이 먼저 한 점을 얻는 일.

어드밴티지 룰 (advantage rule) 럭비·축구· 핸드볼 등에서, 반칙이 일어난 상태가 반칙 을 당한 쪽에 유리할 때, 심판이 경기를 계속 시키는 규칙.

어드밴티지 리시버 (advantage receiver) 테니 스에서, 듀스 후에 서브를 받는 쪽이 먼저 한 점을 얻는 일. 어드밴티지 아웃. ↔어드밴티 지 서버.

어드밴티지 서버 (advantage server) 테니스 에서, 듀스 후에 서브를 넣은 쪽이 먼저 한 점을 얻는 일. 어드밴티지 인. ↔어드밴티지 리시버.

어드밴티지 아웃 (advantage out) 어드밴티지 리시버. ↔어드밴티지 인.

어드밴티지 인 (advantage in) 어드밴티지 서 버. ↔어드밴티지 아웃.

어드움 〔명〕 〈옛〉 어둠.

어득-하다 [−드카−]〔형어〕 1 보이는 것이나 들 리는 것이 매우 희미하고 멀다. 2 앞길이 너 무 멀어서 정신이 까무러질 듯하다. 3 까마득 히 오래되다. ⦿아득하다. 어득-히 [−드키]〔부〕

어득ᄒ다〔형〕 〈옛〉 어득하다.

−어든 〔어미〕 〈옛〉 −거든.

어듭다〔형〕 〈옛〉 어둡다.

어듸 〔지대〕 〈옛〉 어디.

어디[1] 〔지대〕 1 잘 모르는 어느 곳. ☐~로 가느 냐. 2 정해져 있지 않거나 꼭 집어 뗄 수 없 는 곳. ☐~를 가도 다 같다. 3 (주로 '어떤 가'·'어떤지'의 꼴로 쓰여) 무엇이라 말하기 어려운 점. ☐어딘가 쓸쓸해 보인다. 4 (반어

적 의문문에 쓰여) 수량·장소·범위가 매우 중요함을 가리키는 말. ☐여기가 ~라고 큰 소리를 치느냐. 5 (주로 '어디까지나'의 꼴로 쓰여) 전적으로의 뜻. ☐~까지나 우리의 문 제이다.

[어디 개가 짖느냐 한다] 남이 하는 말을 무 시하여 들은 체도 않는다.

어디[2] 〔감〕 1 벼르거나 다짐하는 뜻을 강조하는 말. ☐~, 변명이나 들어 봅시다. 2 되물어 강조할 때 쓰는 말. ☐그게 ~ 될 법이나 한 일인가.

어디 (두고) 보자 〔부〕 앞으로 좋지 않을 것이 라고 벼르거나 앙갚음을 하겠다는 뜻을 나타 내는 말. ☐~, 반드시 복수하겠다.

어디라 없이 〔부〕 ㉠꼭 어디라고 정하지 않고. ㉡멀진 곳 없이 모두. ☐산이란 산은 ~ 다 가 보았다.

어디[3] 〔감〕 '어디여'의 준말.

어디룜 〔감〕 〈옛〉 어질.

어디여 〔감〕 1 소가 길을 잘못 들려 할 때 바른 길로 모는 소리. 2 소를 오른쪽으로 가라고 모는 소리. ↔저라. ⦿어디[3].

어딜다〔형〕 〈옛〉 어질다.

어딗 〔지대〕 〈옛〉 어디.

어따[1] 무엇이 몹시 심하거나 못마땅할 때 내는 소리. ☐~, 꽤 말썽이네. ⦿아따.

어따[2] 〔준〕 어디에다. ☐돈을 ~ 두었느냐.

어때 〔준〕 어떠해. ☐그럼 ~, 근사하지.

어떠어떠-하다 〔형어〕 성질·상태가 어떠하고 어떠하다. ☐어떠어떠한 물건들을 사 왔느냐.

어떠-하다 〔형어〕 일의 성질이나 상태가 어찌 되 어 있다. ☐어떠한 관계인가. ⦿어떻다.

어떡-하다 [−떠카−]〔형어〕 어떠하게 하다. ☐그럼 난 어떡해 / ~가 사고를 냈어요.

어떤 〔관〕 '어떠한'의 준말. ☐~ 생각을 하고 있니 / ~ 것을 찾으세요.

어떻다 [−떠타]〔어떠니, 어때서〕〔형ᄒ〕 '어떠하 다'의 준말. ☐제가 가면 어떨까요 / 경기가 어떻습니까 / 자네 생각은 어떤가 / 어떨 때 가장 괴롭더냐.

어떻든 [−떠튼] 〔부〕 아무튼. ☐~ 빨리 가 보 아라. 〓〔준〕 어떠하든. ☐사정이야 ~ 용서 못 하겠다.

어떻든지 [−떠튼−] 〔부〕 아무튼지. ☐~ 네 잘 못이다. 〓〔준〕 어떠하든지. ☐내용은 ~ 사실 여부가 중요하다.

어뜨무러차 〔감〕 어린애나 무거운 물건을 들어 올릴 때 내는 소리.

어뜩 〔부〕 휙 지나가는 결에. ☐~ 보았다 / 들 은 것 같다.

어뜩-비뜩 [−삐−] 〔부ᄒ형〕 1 행동이 바르거나 단정하지 못한 모양. 2 모양이나 자리가 이리 저리 어긋나고 비뚤거려 고르게 놓이지 못한 모양.

어뜩-어뜩[1] 〔부ᄒ형〕 그림자가 어른거리는 모 양.

어뜩-어뜩[2] 〔부ᄒ형〕 정신이 어지러워 자꾸 까무 러질 듯한 모양. ⦿아뜩아뜩.

어뜩-하다 [−뜨카−]〔형어〕 갑자기 몹시 어지러 워 까무러질 듯하다. ⦿아뜩하다.

−어라 〔어미〕 1 양성 이외의 모음으로 된 동사의 어간에 붙어, 명령의 뜻을 나타내는 종결 어 미. 'ㅓ'로 끝나는 어간에 붙을 때는 '어'가 생략됨. ☐멀−〉 / 천천히 먹−. 2 양성 모음의 모음으로 된 형용사의 어간에 붙어, 감탄의 뜻을 나타내는 종결 어미. ☐가엾−〉 / 만나고 싶−. *−아라−−여라.

어란 (魚卵)〔명〕 1 물고기의 알. 생선 알. 2 소금

을 쳐서 절이거나 말린 생선의 알.

어람(魚籃)圓 물고기를 담는 바구니.

어:람(御覽)圓[하타] 임금이 봄. 상람(上覽).

어:람-건(御覽件)[-껀]圓 임금이 볼 서류.

어랍(魚蠟)圓 어류나 바다짐승의 기름으로 만든 고형(固形)의 지방.

어량(魚梁)圓 한 군데로만 물이 흐르도록 물길을 막고, 그곳에 통발을 놓아 고기를 잡는 장치.

어런-더런[부하형] 여러 사람이 시끄럽게 왔다 갔다 하는 모양.

어럽쇼[-쑈][감]〈속〉어. ⬚ ~, 나한테 덤벼 드네.

어레미圓 바닥의 구멍이 굵은 체. ⬚모래를 ~로 치다.

어레미-논圓 물이 괴어 있지 못하고 곧장 흘러 내려가 버리는, 경사진 곳의 논.

어렝이圓 광산에서 쓰는 삼태기(보통 것보다 작고 통싸리로 엮어 만듦).

어려움圓 어려운 것. ⬚~이 많다 / ~을 이겨내다.

어려워-하다[타여] 1 사람을 두려워하거나 조심스럽게 여기다. ⬚상사(시부모)를 ~ / 어려워하지 말고 가까이 오너라. 2 하기가 까다로워 힘에 겹게 여기다.

어려이[부] 어렵게. ⬚~ 살던 시절. ⭗어례.

어련무던-하다[형여] 1 그리 언짢을 것이 없다. 2 성질이 까다롭지 않고 무던하다. **어련무던-히**[부]

어련-하다[형여] (흔히 의문형으로 쓰여, 잘못할 리가 없다는 뜻으로) '오죽 훌륭하겠는가, 오죽 잘하겠는가'의 뜻. ⬚자네 생각이 어련하겠나. **어련-히**[부]. ⬚~ 알아서 하겠지.

어렴-성(-性)[-썽]圓 남을 어려워하는 기색. ⬚~이 없는 녀석.

어렴풋-이[부] 어렴풋하게. ⬚~ 잠이 들다 / ~ 생각나다. ⭗아렴풋이.

어렴풋-하다[-푸타-][형여] 1 기억이 똑똑하지 않다. ⬚그의 모습이 어렴풋하게 떠올랐다. 2 잘 보이거나 잘 들리지 않다. 3 잠이 깊이 들지 않다. ⭗아렴풋하다.

어렵(漁獵)圓 1 고기잡이. 2 고기잡이와 사냥.

어렵다[-따][어려워, 어려우니][형비] 1 하기가 까다로워 힘에 겹다. ⬚풀기 어려운 문제. ↔쉽다. 2 가난하여 살아가기가 고생스럽다. ⬚살림이 ~. 3 성미가 까다롭다. ⬚다루기 ~. 4 상대방이 두려워서 조심스럽고 거북하다. ⬚시부모 앞이라 말 꺼내기가 ~. 5 말이나 글이 이해하기에 까다롭다. ⬚중학생이 읽기에는 ~. ↔쉽다. 6 (주로 '-기가 어렵다'로 쓰여) 가능성이 거의 없는 것 같다. ⬚시험을 못 봐서 합격하기가 어려울 것 같다.
어려운 걸음(을) 하다[구] 일이 바쁘거나 거리가 멀어서 좀처럼 가기 힘든 곳을 가거나 오다.

어렵-사리[-싸-][부] 매우 어렵게. ⬚~ 일자리를 구하다.

어렵-선(漁獵船)[-썬]圓 고기잡이에 종사하는 배.

어렵 시대(漁獵時代)[-씨-]〔史〕 농경 생산이 발달하지 않고, 어로(漁撈)나 수렵으로 생활하던 원시 시대. 수어(狩漁) 시대.

어렵다[형]〈옛〉어렵다.

어:령(御令)圓 어명(御命).

어령칙-이[부] 어령칙하게.

어령칙-하다[-치카-][형여] 기억이 긴가민가하여 분명하지 못하다. ⭗아렁칙하다.

어례[부] '어려이'의 준말. ⬚먼 길을 ~ 왔군.

어:로(御路)圓 거둥길.

어로(漁撈)圓[하타] 고기나 수산물을 잡거나 채취함.

어로[부]〈옛〉가(可)히.

어로-권(漁撈權)圓[-꿘]〔법〕어업권.

어로불변(魚魯不辨)圓[하형] 어(魚) 자와 노(魯) 자를 구별하지 못한다는 뜻으로, 아주 무식함의 비유.

어로-선(漁撈船)圓 어선.

어로-수역(漁撈水域)圓 고기잡이를 할 수 있는 구역. 곧, 어업권이 인정되는 구역.

어로 작업(漁撈作業) 해산물을 잡거나 채취하는 작업.

어:록(語錄)圓 1 유가(儒家)의 경의(經義)나 불교의 교리를 설명한 말을 기록한 책. 2 위인이나 유명인들이 한 말을 모은 기록.

어롱(魚籠)圓 물고기를 잡아서 담아 두는 작은 바구니.

어뢰(魚雷)圓〔군〕자체 추진 장치가 된 물고기 모양의 함선 공격용 수뢰(水雷). 어형 수뢰(魚形水雷). ⬚~를 발사하다.

어뢰 발사관(魚雷發射管)[-싸-]〔군〕함정에 장비되어, 어뢰를 발사하는 데 쓰이는 원통형의 장치.

어뢰 방어망(魚雷防禦網)〔군〕정박 중이거나 항해 중인 각 함정을 적의 어뢰 공격으로부터 보호하기 위하여 사용하는 그물.

어뢰-정(魚雷艇)〔군〕어뢰 발사 장치로 공격하는 소형 함정.

어룡(魚龍)圓 1 물고기와 용. 2 물속에 사는 동물의 총칭. 3〔동〕어룡과의 파충류의 하나. 체장이 약 10 m임. 중생대에 물에 살던 파충류임.

어루[부]〈옛〉가(可)히.

어루-꾀다[타] 1 남을 얼렁거리어서 꾀다. 2 남을 속이다.

어루다[재]〈옛〉교합(交合)하다. 성교하다.

어루-더듬다[-따][타] 1 손으로 여기저기를 만지며 더듬다. 2 마음속으로 이것저것 짐작하여 헤아리다.

어루러기〔한의〕보통 땀이 많은 사람의 몸에 사상균(絲狀菌)의 기생으로 생기는 피부병. 처음에는 원형의 작은 점으로 시작하여, 차차 퍼지면 황갈색이나 검은색으로 변함. 전풍(癜風).

어루러기-지다[재] 얼룩얼룩하게 되다. ⬚빗물에 젖어 어루러기진 옷. ⭗아루러기지다.

어루룩-더루룩[-뚜-][부하형] 조금 성기고 연하여 여기저기 얼룩덜룩한 모양. ⭗아로록다루룩.

어루룩-어루룩[부하형] 조금 성기고 연하게 여기저기 얼룩얼룩한 모양. ⭗아로록아로록.

어루룽-더루룽[부하형] 여러 가지 빛깔의 큰 점이나 줄이 고르지 않고 조금 성기게 무늬를 이룬 모양. ⭗아로롱다로롱.

어루룽-어루룽[부하형] 여러 가지 빛깔의 큰 점이나 줄이 고르고 조금 성기게 무늬를 이룬 모양. ⭗아로롱아로롱.

어루-만지다[타] 1 가볍게 쓰다듬으며 만지다. ⬚빰을 ~. 2 위로하여 마음이 편하도록 하여 주다. ⬚아픈 마음을 ~.

어루-쇠圓 쇠붙이를 갈고 닦아서 만든 거울.

어루숭-어루숭[부하형] 줄이나 점이 어지럽고 화려하여 무늬를 이루고 있는 모양.

어루-화초담(-花草-)〔건〕여러 가지 무늬와 색깔로 아름답게 꾸며 쌓아 올린 담장.

어룩-더룩 [-떠-] **뒤형** 어둡고 연한 여러 빛깔의 무늬 따위가 고르지 않게 밴 모양. 𝕬아룩다룩.

어룩-어룩 **뒤형** 어두운 빛깔의 작은 얼룩이나 무늬 따위가 연하고 고르게 무늬져 있는 모양. 𝕬아록아록.

어룰-하다 **형여** '어눌(語訥)하다'의 변한말.

어룽 **명** '어룽이'의 준말. 𝕬아룽.

어룽-거리다 **자** 뚜렷하지 않고 흐리게 어른거리다. ▢비 때문에 시야가 ~. 𝕬아롱거리다.
　어룽-어룽¹ **뒤하형**

어룽-대다 **자** 어룽거리다.

어룽-더룽 **뒤하형** 여러 가지 빛깔의 큰 점이나 줄 따위가 불규칙하고 배게 무늬를 이룬 모양. 𝕬아롱다롱.

어룽-어룽² **뒤하형** 여러 가지 빛깔의 큰 점이나 줄 따위가 고르고 배게 무늬를 이룬 모양. 𝕬아롱아롱².

어룽-이 **명** 어룽진 점. 또는 그런 점이 있는 짐승이나 물건. 𝕬아룽이. 준어룽.

어룽-지다 ▢**자** 어룽어룽한 점이나 무늬가 생기다. ▢**형** 어룽어룽한 점이나 무늬가 있다.

어류 (魚類) **명** 〖동〗물고기의 무리. 지느러미가 있고, 물속에서 아가미로 호흡함. 척추동물의 한 강(綱). 어족(魚族).

어:류 (語類) **명 1** 말의 종류. **2** 말을 분류(分類)한 것.

어름 **형** 〈옛〉어리석음.

어르 **명** 〈옛〉얼레. 자새.

어르둑하 **형** 〈옛〉얼룩얼룩하다. 무늬가 있다.

어:르다¹ 〔얼러, 어르니〕어린아이나 짐승을 즐겁게 다루어 기쁘게 하여 주다. ▢아기를 추스르며 ~.
　[어르고 뺨 치기] 위하는 척하면서 은근히 남을 해침.

어:르다² 〔얼러, 어르니〕**타들** '어우르다'의 준말.

어르러지 **명** 〈옛〉어루러기.

어르룽이 **명** 어룽어룽한 점이나 무늬. 𝕬아르룽이.

어:르신 **명** 어르신네. ▢자네 ~께서는 안녕하신가 / 마을 ~들을 모시고 잔치를 열다.

어:르신-네 **명** 남의 아버지나 나이 많은 사람에 대한 경칭. ▢~ 환후는 좀 어떠신가.

어:른¹ **명 1** 성인(成人). ▢아이가 자라 ~이 되다. **2** 지위나 항렬이 높은 사람. **3** 결혼을 한 사람. **4** 나이 많은 사람의 경칭. **5** 남의 아버지의 경칭. ▢자네 ~께 말씀드렸나.
　어른 빰치다 𝕲 아이가 어른도 못 당할 만큼 영악하다.

어른² **명** 〈옛〉얼른. 빨리.

어른-거리다 **자 1** 무엇이 보였다 보이지 않았다 하다. ▢아들의 모습이 눈앞에 ~. **2** 그림자가 희미하게 움직이다. ▢창문에 그림자가 ~. **3** 물이나 거울에 비치는 그림자가 흔들리다. 𝕬아른거리다. 𝕤얼른거리다. **어른-어른** **뒤하형**

어른-대다 **자** 어른거리다.

어:른-벌레 **명** 〖충〗성충(成蟲). 엄지벌레.

어:른-스럽다 [-따] 〔-스러워, -스러우니〕**형낸** 나이는 어리지만 어른 같은 데가 있다. ▢어린 녀석이 아주 ~. **어:른-스레** **뒤**

어:름¹ **명 1** 두 사물의 끝이 맞닿은 자리. **2** 물건과 물건의 한가운데. **3** 구역과 구역의 경계점. **4** 시기·장소나 사건 따위의 부근.

어:름² **명** 〖민〗남사당놀이의 여섯 가지 놀이 가운데 넷째 놀이인 줄타기의 일컬음.

어름-거리다 **자타 1** 말이나 행동을 우물주물하며 똑똑하게 하지 못하다. **2** 일을 대충 적당히 하여 눈을 속이다. 𝕬아름거리다. **어름-** **뒤**　**어름-거리다** **자타**

어름-대다 **자타** 어름거리다.

어름-사니 **명** 〖민〗남사당패에서, 줄을 타는 줄꾼.

어름적-거리다 [-꺼-] **자타** 느릿느릿하게 어름거리다. 𝕬아름작거리다. **어름적-어름적** **뒤** **하자타**

어름적-대다 [-때-] **자타** 어름적거리다.

어릐 **명** 〈옛〉얼레. 자새.

어리¹ **명** 〖건〗문을 다는 곳. 아래위 문지방과 좌우 문설주의 총칭.

어리² **명 1** 병아리 따위를 가두어 기르기 위해 덮어 놓는, 싸리나 가는 나무로 엮어 둥글게 만든 물건. **2** 닭 따위를 넣어 팔러 다니는 닭장 비슷한 물건. **3** 새장.

어리³ **명** 〈옛〉우리¹.

어리 (漁利) **명 1** '어부지리'의 준말. **2** 어업으로 얻는 이익.

어리광 **명하자** 어른에게 귀염을 받거나 남의 환심을 사려고 짐짓 어리고 예쁜 태도로 버릇없이 구는 짓. ▢~을 부리다 / ~을 피우다 / 지나치게 귀여워하면 ~만 는다.

어리광-스럽다 [-따] 〔-스러워, -스러우니〕**형낸** 어리광을 부리는 태도가 있다. **어리광-스레** **뒤**

어리-굴젓 [-전] **명** 소금을 뿌려 간한 굴에 고춧가루를 섞어 얼간으로 삭힌 것.

어리-눅다 [-따] **자** 일부러 어리석은 체하다. ▢어리눅게 굴다.

어리다¹ **자 1** 눈에 눈물이 조금 괴다. ▢눈에 눈물이 ~. **2** 엉기어 괴다. ▢아지랑이가 ~ / 김이 ~. **3** 혼란한 빛에 눈이 어른어른하여지다. **4** 어떤 현상·기운이 나타나 있다. ▢입가에 미소가 ~ / 피로한 기색이 ~. **5** 빛이나 모습·그림자 따위가 희미하게 비치다.

어리다² **형 1** 나이가 적다. ▢어린 시절 / 나이보다 어려 보인다. **2** 생각이 모자라거나 경험이 적거나 수준이 낮다. ▢하는 짓이 아직 ~. **3** 난 지 얼마 되지 않아 작고 여리다. ▢어린 싹이 돋다.

어리다³ **형** 〈옛〉어리석다.

어리-대다 **자 1** 남의 눈앞에서 어정거리다. ▢일하는 데 와서 어리대지 마라. **2** 말이나 행동을 제대로 하지 못하고 우물거리다.

어리둥절-하다 **형여** 정신이 얼떨떨하다. ▢영문을 몰라 ~. **어리둥절-히** **뒤**

어리-뜩하다 [-뜨카-] **형여** 말이나 행동이 똑똑하지 못하고 좀 어듭다. ▢어리뜩한 표정.

어리-마리 **뒤하형** 잠이 든 둥 만 둥 하여 정신이 흐릿한 모양.

어리-뱅어-젓 [-전] **명** 고춧가루를 넣고 짜지 않게 담근 뱅어젓.

어리벙벙-하다 **형여** 어리둥절하여 갈피를 잡을 수 없다. ▢갑작스러운 일이어서 ~. 𝕤어리뺑뺑하다. **어리벙벙-히** **뒤**

어리-보기 **명** 말이나 행동이 다부지지 못하고 얼뜬 사람. 둔한 사람.

어리-비치다 **자** 어떤 현상이나 기운이 은근히 드러나 보이다.

어리뺑뺑-하다 **형여** 어리둥절하여 갈피를 잡을 수 없다. 𝕬어리벙벙하다. **어리뺑뺑-히** **뒤**

어리뻥뻥-하다 **형여 1** 정신이 얼떨떨하여 갈피를 잡을 수 없다. ▢도무지 정신이 ~. **2**

어리뚝하다. **어리뻥뻥-히** 图

어리-상수리혹벌 [-뻘] 图 《충》 혹벌과의 일
종. 몸길이 약 3 mm. 동식물에 기생함. 식물
에 기생하는 것은 잎·가지·뿌리에 알을 슬어
혹 모양의 충영(蟲瘿)(=몰식자(沒食子))을 이
름. 몰식자벌.

어리석다 [-따] 阌 슬기롭지 못하고 둔하다.
□ 어리석은 생각 / 어리석은 수작을 하다 / 어
리석기 짝이 없다.

어리숙-하다 阌 어수룩하다.

어리숭-하다 阌 1 보기에 어리석은 듯하다.
2 비슷비슷한 것이 뒤섞여 분간하기 어렵다.
阍 아리송하다. 图 얼숭하다.

어리어리-하다 阌예 1 여럿이 모두 뒤섞여 뚜
렷하게 분간하기 어렵다. 2 말이나 행동 따위
가 다부지지 못하고 어리석은 듯하다. 阍 아
리아리하다.

어리얼씨 图 흥겨워 떠들 때, 장단에 맞추어
가볍게 내는 소리.

어리-여치 图 《충》 어리여칫과의 곤충. 몸길
이 약 3 cm. 몸빛은 녹색, 머리는 짧고 굵은
데 산란관이 매우 긺.

어리-연꽃 (-蓮-)[-꼰] 图 《식》 조름나물과의
여러해살이 물풀. 진흙 속에서 남. 긴 잎자루
에 붙은 잎은 길이 10 cm 정도의 심장형으로
수면에 떠 있음. 여름에 흰 꽃이 핌.

어리-장사 图자 닭이나 오리 따위를 어리나
장에 넣어서 지고 다니며 파는 일.

어리-장수 图 1 닭·오리 따위를 어리나 장에
넣어서 지고 다니며 파는 사람. 2 어리처럼
생긴 그릇에 잡화를 담아서 지고 다니며 파
는 황아장수.

어리-전 (-廛) 图 어리에 꿩·닭·오리 등을 가
두어 놓고 파는 가게.

어리-젓 [-전] 图 소금을 약간 뿌려서 절여서
담근 젓(어리굴젓·어리뱅어젓 따위).

어리-치다 자 아주 심한 자극으로 정신이 흐
릿해지다.

어리칙칙-하다 [-치카-] 阌예 능청스레 어리
석은 체하다.

어리-호박벌 [-뻘] 图 《충》 꿀벌과의 곤충. 수
컷의 몸길이 20-24 mm이고, 몸빛은 흑색인
데 머리와 가슴의 아래쪽, 배·다리에는 흑
색·흑갈색의 긴 털이 빽빽이 나고, 가슴·배
에는 황색털이 빽빽이 남. 한국·일본에 분포
함. 왕벌.

어린 (魚鱗) 图 1 물고기의 비늘. 2 《군》 어린진
(陣).

어린-것 [-걷] 图 《속》 어린아이나 어린 자식
을 귀엽게 이르는 말. □ ~이 못하는 말이 없
구나.

어린-나무 图 《농》 나서 한두 해쯤 자란 나무.
유목(幼木).

어린-눈 图 《식》 어린싹.

어린-뿌리 图 《식》 새로 나온 연한 뿌리. 유근
(幼根).

어린-순 (-筍) 图 《식》 애순(筍).

어린-싹 图 《식》 씨가 눈이 터서 줄기나 잎이
되는 부분. 어린눈. 유아(幼芽).

어린-아이 图 나이가 적은 아이. □ ~라고 얕
보지 마라. 图 어린애.
[어린아이 가진 떡도 빼어 먹겠다] 하는 짓
이 염치없고 다라움을 비웃는 말. [어린아이
말도 귀담아들어라] 어린아이의 말도 모두
버릴 것은 아니라는 말.

어린-애 图 '어린아이'의 준말.
[어린애 보는 데는 찬물도 마시기 어렵다]
곧잘 남이 하는 행동을 따라하는 것을 나무

라거나 놀리는 말.

어린-양 (-羊)[-냥] 图 《기·가》 자기 자신을 희
생의 제물로 삼아 인류의 죄를 대신한 구세
주로서의 예수 그리스도를 이르는 말.

어린-이 图 어린아이를 대접하여 이르는 말.
어린이 장난 같다 団 아이들의 장난같이 가
소롭다.

어린이 图 《옛》 어리석은 사람.

어린이-날 图 어린이를 위하여 정한 날. 5월 5
일임.

어린이 헌-장 (-憲章) 《사》 인간으로서의 어
린이의 권리와 복지를 보장해 줄 것을 어른
들 전체가 서약한 헌장(1957년 5월 5일 선
포).

어린-잎 [-닙] 图 《식》 새로 나온 연한 잎.

어린-진 (魚鱗陣) 图 《군》 물고기의 비늘이 벌
어진 모양으로 치는 진. 사람인(人) 자 모양으
로 중앙부가 적에 접근하여 진출한 진형임.
어린. ✽학익진(鶴翼陣).

어림 图타 대강 짐작으로 헤아림. 또는 그런
셈이나 짐작. □ ~으로 짐작하다.
어림 반 푼 어치도 없다 団 몹시 부당하거나
터무니없는 말을 한다는 말.

어림-대이름씨 (-代-) 图 《언》 '부정칭(不定
稱) 대명사'의 풀어쓴 이름.

어림-셈 图타 대강 짐작으로 셈함. 또는 그
런 셈. 개산(概算). □ ~으로 따지다.

어림-수 (-數)[-쑤] 图 대강 짐작으로 잡은 수.
개수(概數). □ ~로 백 명은 된다.

어림-없다 [-리멉따] 阌 1 가망이 전혀 없다. 2
아무래도 당할 수 없다. □ 그 일쯤은 기량으
로는 어림없는 일이다. 3 너무 많거나 커서
대강 짐작도 할 수 없다. **어림-없이** [-리멉
씨] 图

어림-잡다 [-따] 타 대강 짐작으로 헤아려 보
다. 어림치다. □ 어림잡아도 백 명은 되겠다.

어림-재기 图 무게·길이·면적·부피 따위를 대
강 짐작으로 재는 일.

어림-쟁이 图 일정한 주견이 없는 어리석은 사
람을 낮추어 이르는 말.

어림-짐작 (-斟酌) 图타 대강 헤아리는 짐
작.

어림-치다 타 어림잡다.

어릿-간 (-間)[-리깐 / -릳깐] 图 말이나 소 따
위를 들여 매어 놓기 위하여 사면을 막은
곳.

어릿-거리다 [-릳꺼-] 자 1 어렴풋하게 자꾸
눈앞에 어려 오다. 2 말이나 행동이 활발하지
못하고 생기 없이 자꾸 움직이다. 阍 아릿거
리다. **어릿-어릿** [-릳리릳] 图자

어릿-광대 [-릳꽝-] 图 1 곡예나 연극 따위에
서, 광대가 나오기 전에 먼저 나와서 우습고
재미있는 말이나 행동으로 판을 어우르는 사
람. 2 무슨 일에 앞잡이로 나서서 그 일을 시
작하기 좋게 만들어 주는 사람. 3 우스운 말
이나 행동으로 남을 웃기기 좋아하는 사람.

어릿-대다 [-릳때-] 자 어릿거리다.

어릿-보기 [-릳뽀-] 图 《생》 난시(亂視).

어릿보기-눈 [-릳뽀-] 图 《생》 난시안(亂視眼).

어릿-하다 [-리타-] 阌예 혀끝이 몹시 쓰리고
따가운 느낌이 있다. 阍 아릿하다.

어:-마 (馭馬) 图하자 말을 몰거나 부림.

어마 閭 주로 여자가 깜짝 놀라거나 끔찍한 느
낌이 들었을 때 가볍게 내는 소리. 图 어머.

어마나 閭 '어마'를 강조하여 내는 소리.

어마-뜨거라 閭 매우 무섭거나 꺼리는 것을
만났을 때 놀라서 지르는 소리.

어마-마마 (-媽媽)명 〈궁〉 임금이나 임금의 아들딸이 그 어머니를 부르던 말.

어마어마-하다형어 매우 놀랍고 엄청나고 굉장하다. ▣어마어마한 인파. 준어마하다.

어마지두명 (주로 '어마지두에'의 꼴로 쓰여) 무섭고 놀라서 정신이 얼떨떨한 판. ▣~에 질겁을 하고 도망치다.

어마-하다형어 '어마어마하다'의 준말.

어:말 (語末)명 『언』 단어의 끝. ▣외래어 표기에서 ~ 또는 자음 앞의 비음은 받침으로 적는다.

어:말 어:미 (語末語尾) 『언』 활용 어미에서 맨 뒤에 오는 어미. 선어말(先語末) 어미에 대하여 일컫는 말.

어망 (漁網·魚網)명 물고기를 잡는 데 쓰는 그물. ▣~을 치다.

어망-홍리 (漁網鴻離)[-니] 명 1 물고기를 잡으려고 쳐 놓은 그물에 기러기가 걸린다는 뜻으로, 구하는 것이 아닌 딴것을 얻을 때 이르는 말. 2 남의 일로 엉뚱하게 화를 입게 되었음의 비유.

어:맥 (語脈)명 『언』 말과 말의 유기적(有機的)인 관련.

어머갑 주로 여자들이 깜짝 놀라거나 끔찍한 느낌이 들었을 때 내는 소리. ▣~, 눈이 오네. 쫀어미.

어머나갑 '어머'를 강조해 내는 소리. ▣~, 언제 오셨어요 / ~, 이를 어쩌나.

어머니명 1 자기를 낳은 여성. 2 자기를 낳은 여성처럼 삼은 사람. ▣저희 ~로 모시겠습니다. 3 자식을 가진 여자를 자식에 대한 관계로 이르는 말. 4 무엇이 생겨난 근본. ▣필요는 발명의 ~.

어머-님명 어머니의 높임말. ▣~, 오래오래 사십시오.

어멈명 1 어머니의 낮춤말. 2 남의 집에서 심부름을 하는 여자. ▣행랑~. 3 윗사람이 자식 있는 손아래 여자를 친근하게 일컫는 말. ▣애, ~아. ↔아범.

어:명 (御名)명 임금의 이름. 어휘(御諱).

어:명 (御命)명 임금의 명령. ▣~을 내리다 / ~을 받들다.

어:모 (禦侮)명하자 모욕을 막아냄.

어목 (魚目)명 1 어안(魚眼). 2 '어목연석(魚目燕石)'의 준말.

어목 (漁牧)명 1 어렵과 목축. 2 어부와 목자.

어목-선 (魚目扇)[-썬] 명 흰 뼈로 사북을 박은 쥘부채.

어목-연석 (魚目燕石)[-뇬-] 명 물고기의 눈과 중국 옌산(燕山)에서 나는 돌은 구슬 비슷하나 구슬이 아니라는 뜻으로, 사이비(似而非)의 사물을 이르는 말. 준어목.

어목-창 (魚目瘡)[한의] 온몸에 생선의 눈과 같은 부스럼이 나는 병.

어:무윤척 (語無倫脊)명하자 말에 순서와 줄거리가 없음.

어-묵 (魚-)명 생선의 살을 으깨어 소금·녹말·조미료 등을 섞어 나무 판에 올려 쪄서 익힌 음식. ▣~을 조리다.

어:문 (語文)명 말과 글. ▣~ 정책.

어:문-일치 (語文一致)명 언문(言文)일치.

어:문-학 (語文學)명 어학과 문학.

어물 (魚物)명 생선 또는 생선을 가공하여 말린 것.

어:물 (御物)명 임금이 쓰는 물건.

어물-거리다자 1 말이나 행동을 시원스럽게 하지 않고 꾸물거리다. ▣~가 기차를 놓치다. 2 보일 듯 말 듯 하게 자꾸 움직이다. 어물-어물튀하자.

어물다 (어물고, 어무니, 어문) 형 성격이나 태도가 여무지지 못하다.

어물-대다자 어물거리다.

어물-전 (魚物廛)명 어물을 전문으로 파는 가게.

[**어물전 망신은 꼴뚜기가 시킨다**] 못난 사람 일수록 같이 있는 동료를 망신시킨다는 말. 과일 망신은 모과가 시킨다.

어물쩍튀하자 말이나 행동을 일부러 분명하게 하지 않고 슬쩍 넘기는 모양. ▣모르는 척하며 ~ 넘기다.

어물쩍-거리다[-꺼-] 자 꾀를 부리느라고 말이나 행동을 자꾸 일부러 분명하게 하지 않고 살짝 넘기다. 어물쩍-어물쩍튀하자.

어물쩍-대다[-때-] 자 어물쩍거리다.

어미명 1 어머니의 낮춤말. ▣친정 ~. 2 새끼를 낳은 동물의 암컷. ▣~ 소.

어미 (魚尾)명 1 물고기의 꼬리. 2 『민』 관상에서, 눈꼬리의 주름을 일컫는 말.

어미 (魚味)명 물고기의 맛.

어:미 (御米)명 『식』 앵속자(罌粟子).

어미 (語尾)명 용언 어간 뒤에 붙어, 활용하여 변하는 부분('먹다'·'먹고'·'먹으면'에서 '다'·'고'·'으면' 따위).

어미-그루명 『농』 뿌리가 있는 주된 그루.

어미-나무명 『식』 종자나 묘목 따위를 얻기 위하여 기르는 나무. 모수(母樹).

어미-벌레명 『충』 성충(成蟲).

어:미-변화 (語尾變化) 『언』 어미가 활용하여 여러 가지 형태로 바뀌는 현상. 활용.

어미-자 (-子)명 아들자에 대하여, 고정되어 있는 자. 주척(主尺).

어미-젖[-젇] 명 모유(母乳).

어민 (漁民)명 어업에 종사하는 사람. 어부.

어박 (魚粕)명 기름을 짜고 남은 물고기의 찌꺼기(『비료나 사료로 씀』).

어반-하다 (於牛-)형어 '어상반(於相半)하다'의 준말.

어백 (魚白)명 이리[1].

어:-백미 (御白米)[-뱅-] 명 『역』 임금에게 바친 흰쌀. 왕백(王白).

어버싀명 〈옛〉 어버이.

어버이명 아버지와 어머니. 부모. ▣~를 공경하다.

어버이-날명 어버이를 위하여 제정한 날(『5월 8일. 1974년부터 '어머니날'을 바꿈』).

어벌쩡튀하자 엉터리를 부리어 얼김에 남을 속여 넘기는 모양.

어:법 (語法)[-뻡] 명 『언』 말의 표현 방식에 관한 일정한 법칙. 말법(法). ▣~에 맞다 / ~에 어긋나다. *문법.

어엉-하다형어 성질이 여무지지 못하고 멍청하다.

어변성룡 (魚變成龍)[-뇽] 명하자 물고기가 변하여 용이 된다는 말로, 곤궁하던 사람이 부귀하여짐을 이르는 말.

어별 (魚鼈)명 1 물고기와 자라. 2 바다 동물의 총칭.

어:보 (語-)[-뽀] 명 〈속〉 말하는 법이나 태도.

어보 (魚譜)명 어류에 관해 계통과 순서를 따라 분류하여 기술한 책.

어:보 (御寶)명 『역』 옥새(玉璽)와 옥보(玉寶). 국새(國璽) 2. 준보(寶).

어복 (於腹)명 바둑판에서, 한가운데 점인 천원(天元)을 중심으로 한 중앙 지역의 일컬음.

어복(魚腹).

어:복(御卜)圓 예전에, 오로지 임금의 점만을 치던 점쟁이.

어:복(御服)圓 임금의 옷. 어의(御衣).

어복(魚腹)圓 1 물고기의 배. 2 장딴지. 3 어복(於腹).

어복에 장사(葬事) **지내다** 句 ㉠물에 빠져 죽다. 또는 물에 빠뜨려 죽이다. ㉡사람을 죽여서 물속에 던져 버리다.

어복-장국(一醬─)[─짱꾹]圓 평안도 음식의 하나. 소반만 한 큰 쟁반에 국수 만 것을 사람의 수효대로 벌여 놓고, 쟁반 한가운데에 편육을 담은 그릇을 들여 놓고 여럿이 둘러앉아 먹음.

어복-쟁반(─錚盤)[─쟁─]圓 어복장국을 담은 쟁반.

어복-점(於腹點)[─쩜]圓 1 배꼽점. 2 바둑판 한가운데에 놓인 바둑알.

어복-포(魚腹脯)圓 물고기 뱃살로 뜬 포.
  어복포(가) **되다** 句 아주 수가 나다.

어:부(御府)圓 임금의 물건을 넣어 두는 곳집.

어부(漁夫·漁父)圓 물고기 잡는 일을 업으로 하는 사람. 어민. 🖙어망을 손질하는 ~들.

어린바─□圓하자〈소아〉 업거나 업히는 일. ㉰부바. □🖙 어린아이에게 업히라고 할 때 이르는 소리. ㉰부바.

어-부슴(魚─)圓하자 〖민〗 음력 정월 보름날이나 삼월 삼짇날, 그해의 액막이나 발원(發願)을 위해 조밥을 강물에 던져 물고기가 먹게 하는 일.

어부지리(漁夫之利)圓 쌍방이 다투는 사이에 제삼자가 애쓰지 않고 가로챈 이득. 🖙적을 이간하여 ~를 얻다. ㉰어리(漁利). *좌수어인지포.

어부-한(漁夫干)圓〈속〉어부한이.

어부한-이(漁夫干─)圓〈속〉어부.

어분(魚粉)圓 물고기를 찌거나 말려서 빻아 가루로 만든 것(비료·사료·식료품에 씀).

어:불근리(語不近理)[─글─]圓하형 말이 이치에 맞지 않음.

어:불성설(語不成說)圓 말이 조금도 사리에 맞지 않음. 🖙무조건 복종을 강요하는 것은 ~이다. ㉰불성설.

어:불택발(語不擇發)[─빨]圓하자 말을 가리지 않고 함부로 함.

어:비[1](御碑)圓㉰〈소아〉에비.

어비[2]圓〈옛〉아비.

어비(魚肥)圓 〖농〗물고기를 원료로 한, 질소·인산이 풍부한 비료.

어비-딸圓 아버지와 딸.

어비-아들圓 아버지와 아들.

어빡-자빡[─짜─]圓튀 여럿이 고르지 않게 포개져 있거나 자빠져 있는 모양.

어뿔싸㉮ 일이 잘못된 것을 깨닫고 뉘우치는 소리. 🖙~, 야단났구나. 작아뿔싸.

어:사(御史)圓 〖역〗 1 왕명으로 특별한 사명을 띠고 지방에 파견되던 임시 벼슬. 2 '암행어사'의 준말.

어:사(御使)圓 〖역〗 임금의 심부름을 하는 관리를 이르던 말.

어:사(御射)圓 임금이 활을 쏨.

어:사(御賜)圓하타 임금이 금품을 내림.

어:사(語辭)圓 1 말. 언사(言辭). 2 단어와 접사.

어:사-대(御史臺)圓 〖역〗 고려 때, 정사를 의논하고 풍속의 교정이나 백관의 규찰(糾察)을 맡아보던 관아.

어:사-대부(御史大夫)圓 〖역〗 고려 때 어사

대의 으뜸 벼슬(정삼품임).

어:-사도(御史道)圓 〖역〗'어사또'의 본딧말.

어:-사또(御史─)圓 '어사'의 높임말.

어-사리(漁─)圓하자 그물을 쳐서 한꺼번에 많은 물고기를 잡는 일.

어:-사출두(御史出頭)[─뚜]圓 〖역〗 '어사출또'의 본딧말.

어:사-출또(御史出─)圓 〖역〗 조선 때, 암행어사가 지방 관아에 이르러 중요한 일을 처리하기 위해 신분을 밝히던 일. 노종(露蹤).

어:사-화(御賜花)圓 〖역〗 조선 때, 문무과의 급제자에게 임금이 내리던 종이꽃.

어-살(魚─)圓 물고기를 잡기 위해 물속에 나무를 세워 고기를 들게 하는 것. ㉰어살.
  어살(을) **지르다** 句 어살을 물속에 세우다. ㉰살지르다.

어:삽(語澁)圓하형 말이 잘 나오지 않음.

어:상(─商)圓 소를 사서 장에 파는 사람.

어:상(御床)圓 임금의 음식을 차려 놓은 상(특히, 명절이나 경축일에 임금이 받는 상).

어상(魚商)圓 생선 장수.

어상반-하다(於相半─)圓어 서로 비슷하다. 🖙지출에 어상반한 수입. ㉰어지반하다.

어:새(御璽)圓 '옥새(玉璽)'의 존칭.

어색(漁色)圓하자 여색(女色)을 탐함.

어:-색하다(語塞─)[─새카─]圓어 1 서먹서먹하여 멋쩍고 쑥스럽다. 🖙마주 보고 있기가 ~. 2 격식·규범·관습 따위에 맞지 않아 자연스럽지 아니하다. 🖙문장이 ~. 3 대답 따위가 궁색하다. 어궁(語窮)하다. 🖙~. **색-히**[─새카─]튀

어서튀 1 '빨리·곧'의 뜻으로, 행동을 재촉하는 말. 🖙~ 떠나라. 2 반갑게 맞아들이거나 권하는 말. 🖙~ 오게 / ~ 앉아라 / ~ 드십시오 / ~ 받으시오.

-어서어미 끝 음절의 모음이 'ㅏ, ㅗ'가 아닌 용언 어간에 붙어, 까닭·근거 또는 시간적 선후 관계를 나타내는 연결 어미. 🖙씻~ 먹다 / 넓~ 좋다. *-아서·-여서.

어:서-각(御書閣)圓 어필각(御筆閣).

어서끗圓 〖광〗 금줄이 떨어졌다가 다시 시작되는 부분.

어서-어서튀 1 일이나 행동을 빨리 하기를 매우 재촉하는 말. 🖙~ 서둘러라. 2 매우 반갑게 맞아들이거나 간절히 권하는 말. 🖙~ 이리 들어오십시오.

어석圓하타 싱싱하고 연한 과실 따위를 부드럽게 베어 무는 소리. 작아삭. 센어썩.

어석-거리다[─꺼─]자타 어석 소리가 자꾸 나다. 또는 그런 소리를 내다. 작아삭거리다. 센어썩거리다. **어석-어석**튀하타

어석-대다[─때─]자타 어석거리다.

어석-소圓 '어스럭송아지'의 준말.

어석-송아지圓 '어스럭송아지'의 준말.

어:선(御膳)圓 임금에게 올리는 음식.

어선(漁船)圓 고기잡이를 하는 배.

어:설프다[어설퍼, 어설프니]圓 1 하는 일이 몸에 익지 않아 엉성하고 거칠다. 🖙솜씨가 ~. 2 짜임새가 없고 허술하다. 🖙어설픈 계획〔지식〕.

어:설피튀 어설프게. 🖙~ 손댔다가는 안 하느니만 못하다.

어섯[─섣]圓 1 사물의 한 부분에 지나지 못하는 정도. 🖙~만 보았다. 2 완전하게 다 되지 못한 정도.

어섯-눈[─선─]圓 사물의 한 부분 정도를 볼

수 있는 눈이란 뜻으로, 사물을 대강 이해하
는 눈. ⬜겨우 ~을 뜨다.
어·성 (語聲)⦗⦘ 임금의 목소리. 옥음(玉音).
어·성 (語聲)⦗⦘ 말소리. ⬜~을 높이다.
어·세 (語勢)⦗⦘ 말의 억양과 고저(高低). 말의
힘. ⬜~가 강하다 / ~를 누그러뜨리다.
어셈블러 (assembler)⦗⦘ 〖컴〗 어셈블리 언어
로 된 프로그램이나 명령어를 기계어로 번역
할 수 있는 프로그램.
어셈블리 언어 (assembly言語) 〖컴〗 간단한
단어와 쉬운 기호로 이루어진 컴퓨터 프로그
래밍 언어의 한 가지. 컴퓨터 기종에 따라 서
로 통용이 될 수 없어 기계어에 가까운 저급
언어임. 기호 언어.
어·소 (御所)⦗⦘ 임금이 계시는 곳.
어·수 (御水)⦗⦘ 임금에게 올리는 우물물.
어·수 (御手)⦗⦘ 임금의 손. 옥수(玉手).
어수룩-이 ⦗⦘ 어수룩하게.
어수룩-하다 [-루카-]⦗⦘ 1 말이나 행동이
숫되고 후하다. ⬜어수룩한 시골 사람. 2 되
바라지지 않고 좀 어리석은 듯하다. ⬜그는
어수룩한 사람이 아니다. 3 제도나 규율 따위
가 느슨하다. ⬜세상이 그렇게 어수룩한가.
ⓐ아수룩하다.
어·수·물 (御水-)⦗⦘ 1 임금에게 올리는 물. 2
'어수우물'의 준말.
어수선산란-하다 (-散亂-)[-살-]⦗⦘ 매우
어수선하고 산란하다.
어수선-하다 ⦗⦘ 1 사물이 얽히고 뒤섞여 어
지럽게 헝클어져 있다. ⬜분위기가 ~. 2 근
심이 많아서 마음이 산란하다. ⬜정신이 ~.
어수선-히 ⦗⦘
어·수·우·물 (御水-)⦗⦘ 글이나 말에서, 주어·술
어를 얻는 우물. ⓐ어수물.
어·순 (語順)〖언〗 글이나 말에서, 주어·술
어·목적어 등의 문장 성분의 위치 관계.
어숭그러-하다 ⦗⦘ 1 일이 제법 잘되어 있
다. 2 그리 까다롭지 않고 순수하다.
어스 (earth)⦗⦘ 〖전〗 접지(接地).
어스러기 ⦗⦘ 옷의 솔기 따위가 비뚤어진 곳.
어스러-지다 ⦗⦘ 1 말이나 행동이 정상 상태를
벗어나다. 2 사물의 한쪽이 조금 기울거나 비
뚤어지게 되다. ⬜옷의 박음질이 ~.
어스럭-송아지 [-송-]⦗⦘ 크기가 중간 정도
될 만큼 자란 송아지. ⓐ어석소·어석송아지.
어스렁이-고치 〖충〗 밤나무벌레가 지은 고
치.
어스레-하다 ⦗⦘ 빛이 조금 어둑하다. ⓐ어
슬하다. **어스레-히** ⦗⦘
어스름 ⦗⦘ 저녁이나 새벽의 어스레한 빛. 또는
그때. ⬜저녁 ~이 깔린 들판. ---하다 ⦗⦘
어스레하다. ---히 ⦗⦘
어스-선 (earth線)⦗⦘ 〖전〗 접지선(接地線).
어슥-어슥 ⦗⦘ 여러 개가 모두 한쪽으로 조
금씩 비뚤어진 모양.
어슬렁-거리다 ⦗⦘ 몸집이 큰 사람이나 짐승
이 몸을 조금 흔들며 계속 천천히 걸어 다니
다. ⬜할 일 없이 거리를 ~. **어슬렁-어슬렁**
⦗⦘
어슬렁-대다 ⦗⦘ 어슬렁거리다.
어슬-어슬 [¹] ⦗⦘ 날이 어두워지거나 밝아질
무렵의 조금 어둑한 모양. ⬜해가 ~해서야
돌아왔다.
어슬-어슬 [²] ⦗⦘ '어슬렁어슬렁'의 준말.
어슬핏-하다 [-피타-]⦗⦘ 조금 어스레하다.
어슬-하다 ⦗⦘ '어스레하다'의 준말.

어슴-새벽 ⦗⦘ 조금 어둑하고 빛이 희미한 새
벽.
어슴푸레 ⦗⦘ 1 빛이 약하거나 멀어서 어둑
하고 희미한 모양. ⬜창문으로 ~ 여명이 비
쳐 온다. 2 기억이나 의식이 분명하지 못하고
희미한 모양. ⬜친구의 어릴 적 모습이~ 떠
오르다. 3 분명히 보이거나 들리지 않고 희미
하고 흐릿한 모양. ⬜어둠 속에서 움직이는
것이 ~ 보인다. ⓐ아슴푸레.
어슷-거리다 [-슷꺼-]⦗⦘ 힘없이 천천히 거닐
다. **어슷-어슷** [¹][-스더슷]⦗⦘
어슷-대다 [-슷때-]⦗⦘ 어슷거리다.
어슷비슷-하다 [-슷삐스타-]⦗⦘ 1 서로 비
슷하다. 2 이쪽저쪽으로 쏠리어 있다.
어슷-썰기 [-슷-]⦗⦘ 무·오이·파 따위를 한쪽
으로 비스듬하게 써는 일.
어슷-하다 [-스타-]⦗⦘ 한쪽으로 조금 비뚤
다. ⬜중절모를 어슷하게 쓴 신사. **어슷-어
슷** [²][-스더슷]⦗⦘
어·승·마 (御乘馬)⦗⦘ 임금이 타는 말.
어시 (魚市)⦗⦘ '어시장'의 준말.
-어시니 ⦗⦘ 〈옛〉 -시거니.
-어시놀 ⦗⦘ 〈옛〉 -시거늘.
어시스트 (assist)⦗⦘ 축구·농구·아이스하
키 따위에서, 득점할 수 있는 위치에 있는 선
수에게 패스를 보내는 일. 또는 그런 선수.
어시-에 (於是-)⦗⦘ 여기에 있어서.
어·시·장 (魚市場)⦗⦘ 생선 따위의 어물을 파는
시장. ⬜부둣가에 ~이 섰다. ⓐ어시.
어시해 (魚醯醢)⦗⦘ 아감젓.
어시호 (於是乎)⦗⦘ 이제야.
어·식 (御食)⦗⦘ 임금이 내리어 주는 음식.
어신 (魚信)⦗⦘ 낚시질에서, 물고기가 미끼에
입질을 할 때 낚싯대에 전달되는 반응. ⬜~
을 기다리는 강태공들.
-어신마르논 ⦗⦘ 〈옛〉 -시건마는.
-어신마룬 ⦗⦘ 〈옛〉 -시건마는.
어신-찌 (魚信-)⦗⦘ 낚시찌.
어·신·필 (御宸筆)⦗⦘ 임금의 친필.
어심 (於心-)⦗⦘ 마음속.
어썩 ⦗⦘ 연하고 싱싱한 과실 등을 단번
에 힘 있게 베어 무는 소리. ⓐ아싹. ⓑ어석.
어썩-거리다 [-꺼-]⦗⦘ 어썩 소리가 자꾸 나
다. 또는 그런 소리를 자꾸 내다. ⓐ아싹거리
다. ⓑ어석거리다. **어썩-어썩** ⦗⦘
어썩-대다 [-때-]⦗⦘ 어썩거리다.
어쑷-하다 [-쓰타-]⦗⦘ 마음이 호탕하고 의
협심이 강하여 작은 일에 구애되지 않는 데
가 있다.
-어사 ⦗⦘ 〈옛〉 -어야.
어스름 ⦗⦘ 〈옛〉 어스름.
어싀 ⦗⦘ 〈옛〉 어버이.
어·악 풍류 (御樂風流)-[뉴] 〖악〗 장악원(掌樂
院)의 악생(樂生)들이 여민락(與民樂)이란 아
악을 연주하여 올리던 일.
어안 (魚眼)⦗⦘ 물고기의 눈.
어·안 (御-)⦗⦘ 어이없어 말을 못하고 있는 혀 안.
어안이 벙벙하다 ⬜놀랍거나 기막힌 일을
당하여 어리둥절하다. ⬜뜻밖의 소식에 어안
이 벙벙하였다.
어안 렌즈 (魚眼lens) 〖물〗 180°의 넓은 사각
(寫角)을 가진 특수 렌즈.
어안 사진 (魚眼寫眞) 어안 렌즈로 찍은 사진
(상하 좌우로 180° 시야의 공간을 한 장에 넣
을 수 있음).
어안-석 (魚眼石)⦗⦘ 〖광〗 비석(沸石)의 일종
(정방정계(正方晶系)에 속하며 기둥이나 덩
이 모양의 결정으로 투명함).

어:압(御押)圓《역》임금의 수결(手決)을 새긴 도장. 어함(御啣).

-어야 [어미] 음성 모음으로 된 어간에 붙어, 1 뒷말에 대한 어떤 조건이 꼭 필요함을 나타내는 종속적 연결 어미. ¶날 ~ 산다 / 덕이 높은 사람이~ 한다. 2 아무리 가정해도 별차이가 생기지 않음을 나타내는 종속적 연결 어미. ¶길~ 사흘인걸. ☞-아야·-여야.

어야-디야 '어기야디야'의 준말.

-어야만 [어미] '-어야'의 강조어. ¶심~ 거둘 수 있다.

-어야지 [어미] '-어야 하지'의 준말. ¶먹~.

어-어 閻 뜻밖의 일을 당했을 때 내는 소리. ¶~, 이게 웬일이야. ☞아아.

어어리나모 圓 《옛》 개나리.

어언(於焉) 閻 '어언간'의 준말. ¶직장 생활도 ~ 십여 년이 되었다.

어언-간(於焉間) 閻 알지 못하는 동안에 어느 덧. ¶이곳으로 이사온 지도 ~ 오 년이 지났다. ☞어언(於焉).

어언지간(於焉之間) 閻 어언간(於焉間).

어업(漁業) 圓 물고기·조개·해초 따위를 잡거나 기르는 영업. ¶~에 종사하다.

어업-권(漁業權)[-꿘] 閻 《법》 어떤 어장(漁場)에서 독점적으로 어업을 할 수 있는 권리. 어로권.

어업 면:허(漁業免許)[-엄-] 《법》 어업권을 설정하는 행정 처분.

어업-세(漁業稅)[-쎄] 閻 《법》 예전에, 어업 및 어업권에 대하여 부과하던 지방세. 어세.

어업 자원(漁業資源)[-원] 圓 경제적 자원으로서의 어업의 대상이 되는 수산 생물.

어업 전관 수역(漁業專管水域)[-꿘-] 圓 연안국에 한정하여 배타적 어업권이 인정되는 수역(영해로부터 200해리로 정해짐). 어업 영해.

어업 조합(漁業組合)[-쪼-] 《경》 일정한 지역 안에 주소를 가진 어업자가 행정 관청의 허가를 얻어 설립한 사단 법인(어업권의 주체임).

어여-머리 圓④ 조선 때, 부인이 예장할 때 머리에 얹던 큰머리(머리에 족두리를 쓰고 그 위에 큰머리를 얹어 옥판(玉板)과 화잠(花簪)으로 장식하고, 위에 활머리를 얹음). ☞어염.

어여쁘다 [어여뻐, 어여쁘니] 閻 '예쁘다'의 예스러운 말.

[어여쁘지 아니한 며느리가 삿갓 쓰고 으스름 달밤에 나선다] 밉살스러운 사람은 하는 짓마다 더욱 밉살스럽게 보임을 비유하는 말.

어여삐 閻 어여쁘게.

어여차 閻 여럿이 힘을 합할 때에 일제히 내는 소리. 어기여차.

어:연(御筵) 圓 임금이 있는 자리.

어연간-하다 閻④ 정도가 표준에 꽤 가깝다. ¶어연간하면 하루 쉬시지요. ☞엔간하다.

어연간-히 閻

어연듯듯-이 閻 어연듯듯하게.

어연번듯-하다 [-듣타-] 閻④ 남에게 드러내 보이기에 아주 번듯하고 떳떳하다. ¶어연번듯한 일류 요리사가 되다.

어염 閻 '어여머리'의 준말.

어염(魚塩) 閻 1 생선과 소금(서민 생활의 필수품). 2 어업과 제염.

어염시시(魚塩柴水) 閻 생선·소금·땔나무·물. 곧, 생활에 필요한 일용품의 총칭.

어엿브다 閻 《옛》 불쌍하다. 딱하다.

어엿-이 閻 어엿하게. ¶의관을 ~ 갖추다.

어엿-하다 [-여타-] 閻④ 행동이 당당하고 떳

떳하다. ¶이제는 어엿한 가장이 되었다.

어:영-대장(御營大將) 圓《역》조선 때, 어영청의 으뜸 벼슬(종이품임). ☞어장(御將).

어영-부영 閻④ 되는대로 행동하는 모양. ¶~ 시간만 보내다 / 이대로 ~하다간 그녀마저 놓친다.

어:영-청(御營廳) 圓《역》조선 때, 군영의 이름(삼군문(三軍門)의 하나).

어:온(御醞) 圓 임금이 마시는 술.

어옹(漁翁) 圓 1 고기를 잡는 노인. 2 어부(漁夫)의 존칭.

어와 閻 《옛》 시조나 가사에서 가락을 맞추기 위해 쓰는 감탄사.

-어요 [어미] 끝 음절의 모음이 'ㅏ'·'ㅗ'가 아닌 용언 어간에 붙어, 예사 높임 또는 친근미가 담긴 서술·청원·의문·명령 따위의 뜻을 나타내는 종결 어미. 'ㅣ'로 끝나는 어간에 붙을 때는 '어'가 생략됨. ¶집에 가겠~ / 거기 좀 있~ / 물이 깊~ / 어서 먹~ / 나란히 서요. ☞-아요.

어:용(御用) 圓 1 임금이 쓰는 것. 2 권력에 영합하여 줏대 없이 행동하는 짓을 낮잡아 일컫는 말. ¶~으로 몰리다 / ~ 노조에 불과하다 / ~ 단체를 결성하다.

어:용 기자(御用記者) 어용 신문의 기자.

어:용 문학(御用文學)《문》문학의 독자성과 순수성을 저버리고, 권력자나 권력 기관에 아부하여 그 정책을 찬양·협력하는 문학.

어:용-상인(御用商人) 圓 관청이나 궁중 따위에 납품하는 업자.

어:용 신문(御用新聞)《언》정부의 보호를 받고, 그 정책을 편파적으로 옹호하는 신문. 어용지(御用紙).

어:용-지(御用紙)《언》어용 신문.

어:용-학자(御用學者)[-짜]《문》권력자의 보호 밑에서 그에게 아부하기 위하여 그의 정책을 찬양하거나 정당화하는 학자.

어:우(御宇) 圓 임금이 나라를 다스리는 동안.

어우다 閻《옛》어우르다.

어우러-지다 閻 여럿이 조화되어 한 덩어리나 한판을 이루게 되다. ¶한데 어우러져 이야기꽃을 피우다. ☞아우러지다.

어우렁-더우렁 閻④ 여러 사람들과 어울려 들며서 지내는 모양.

어우르다 閻《옛》어우르다.

어우르다 [어울러, 어우르니] 閻④ 1 여럿을 모아 한 덩어리나 한판이 되게 하다. ¶술판을 ~ / 힘을 ~ 한다. 2 윷놀이에서, 두 바리 이상의 말을 한데 합치다. ¶도라, 말 둘을 어울러 써라. ☞아우르다.

어욱새 閻《옛》억새.

어:운(語韻) 圓 말의 운치나 음조.

어울리다 閻 1('어우르다'의 피동》어우르게 되다. ¶함께 어울려 놀다. 2 한데 섞이어 조화되다. ¶새 양복이 잘 어울린다. ☞아울리다. ☞얼리다.

어울림 閻 두 가지 이상의 것이 잘 조화됨.

어울림-음(-音) 圓《악》둘 이상의 음이 잘 조화되어 안정된 화음. 협화음. ↔안어울림음.

어울림 음정(-音程)《악》두 개의 음이 동시에 울렸을 때, 탁하지 않고 잘 어울려서 들리는 음정. ↔안어울림 음정.

어웅-하다 閻④ 굴이나 구멍 등이 쑥 우므러져 들어가 있다. ¶어웅한 굴. ☞아웅하다.

어:원(御苑) 圓 금원(禁苑).

어:원(語源·語原) 圓《언》어떤 단어의 근원적

인 형태. 또는 어떤 말이 생겨난 근원. ▢~을 밝히다.

어필(명)〈옛〉오이씨. 옹어리.

어위(명)〈옛〉흥(興).

어위다(형)〈옛〉넓다. 너그럽다.

어유(魚油)(명) 물고기에서 짜낸 기름.

어유(감) 1 뜻밖에 벌어진 일에 놀람을 나타내는 말. ▢~, 큰일 났군. 2 피곤하고 힘에 부칠 때 내는 소리. ▢~, 무거워.

어유아리(명)〈옛〉바리때.

어육(魚肉)(명) 1 생선과 짐승의 고기. 2 생선의 고기. 3 짓밟고 으깨어 아주 결딴낸 상태의 비유.

어육-장(魚肉醬)[-짱](명) 살짝 데친 생선과 고기를 넣고 담근 장.

어으름(명)〈옛〉어스름.

어음(명) 1 〖경〗일정한 금액을 일정한 날짜와 장소에서 지급하기로 약속한 유가 증권(환어음과 약속 어음이 있음). ▢~을 할인하다. 2 〖역〗돈을 주기로 약속하는 표 쪽(채권자와 채무자가 지급을 약속한 표시를 가운데 적고, 한 옆에 날짜와 채무자의 이름을 적어 수결이나 도장을 지르고 두 쪽으로 나누어 가졌음).

어:음(語音)(명) 말의 소리.

어음 개:서(-改書)〖경〗지급 기한을 미루기 위해 만기일에 어음을 고쳐 쓰는 일.

어음 교환(-交換)〖경〗어떤 지역 안에 있는 각 은행의 대표자가 어음 교환소에 모여 어음이나 수표를 교환하여 대차(貸借)를 서로 결제하는 일.

어음 교환소(-交換所)〖경〗일정 지역 안의 여러 금융 기관의 직원이 모여서 매일 주고받은 어음을 교환하고 서로의 대차(貸借)를 청산하는 장소.

어음 대:출(-貸出)〖경〗금융 기관이 행하는 금전 대출의 한 방법(차용 증서 대신에 차용인에게 어음을 수취인으로 하는 약속 어음 또는 환어음을 떼게 하는 일).

어음 배:서(-背書)〖경〗어음을 상대에게 넘길 때, 뒷면의 그 내용을 적고 서명하는 일.

어:음-상통(語音相通)〖하자〗1 거리가 가까워 말소리가 서로 들림. 2 말로 의사 표시가 서로 통함.

어음-장(-帳)[-짱]〖경〗어음 용지를 철(綴)한 책.

어음 할인(-割引)〖경〗은행이 어음 소지인의 의뢰에 따라 어음에 적힌 금액에서 만기일까지의 이자를 뺀 금액으로 그 어음을 사들이는 일.

어음 행위(-行爲)〖법〗어음에 서명함으로써 어음상의 책임을 지는 법률 행위(발행·배서(背書)·인수·보증·참가 인수 따위).

어:의(衣衣)[-/-이](명) 임금이 입는 옷.

어:의(御醫)[-/-이](명)〖역〗궁중에서 임금이나 왕족의 병을 치료하던 의원. 태의(太醫).

어:의(語義)[-/-이](명) 단어나 말의 뜻.

어이(명) 짐승의 어미.

어이²(명) 어쳐구니. ▢~가 없는 표정.

어이³(명)〈옛〉어버이.

어이⁵(부)〈하자타〉'어찌'의 예스러운 말. ▢내~ 왔던고 / ~하여 이 지경이 되었는가.

어이⁵(감)'어이구'의 준말. ▢~, 춥다.

어:이⁶(감) 조금 떨어져 있는 사람을 부르는 말. 동료나 아랫사람에게 씀. ▢~, 이리 오게.

어이-곡(-哭)(명) 상중(喪中)에 곡하는 방식의 하나. 부모상과 종손의 조부모상 이외에 하는 곡('어이어이'하며 욺).

어이구(감) 몹시 아플 때, 놀랐을 때, 반가울 때, 힘들 때, 원통할 때 내는 소리. ▢~, 아파/~, 깜짝이야. (작)아이고. (준)어이·에구.

어이구나(감) 어린아이의 묘한 재롱이나 착함을 보고, 기특해서 내는 소리. ▢~, 착하다. (작)아이구나.

어이구-머니(감)'어이구'의 강조어. (작)아이고머니. (준)에구머니.

어이-딸(명) 어머니와 딸. 모녀(母女).

어이-며느리(명) 시어머니와 며느리. 고부.

어이-새끼(명) 짐승의 어미와 새끼.

어이-아들(명) 어머니와 아들. 모자(母子).

어이-어이(감) 상중(喪中)에, 상제를 제외한 복인(服人)이나 조객이 곡할 때 내는 소리.

어이-없다[-업따](형) 일이 너무 뜻밖이어서 기가 막히다. 어쳐구니없다. ▢~는 표정이다. 어이-없이[-업씨](부). ~ 지다.

어이쿠(감)'어이구'의 강조어. (작)아이쿠.

어:인(御印)(명) 임금의 도장. 어새(御璽). 옥새.

어인(관)'어찌 된'의 예스러운 말. ▢~ 일로 오셨소.

어인지공(漁人之功)(명) 어부지리.

어럴싸(감) 깔보거나 비웃는 소리. ▢~, 용하다 / ~, 그걸 다 해.

어:자(御者·馭者)(명) 1 마차를 부리는 사람. 마차 앞에 타고 말을 부리는 사람. 2 임금의 시자(侍者).

어:장(御將)(명)〖역〗'어영대장'의 준말.

어장(魚醬)(명) 생선을 넣고 담근 장.

어:장(御仗)(명) 지난날, 임금이 거둥할 때 호위하던 군병.

어장(漁場)(명) 1 고기잡이를 하는 곳. ▢근해 ~에서 잡은 고기. 2 〖지〗풍부한 수산 자원이 있고, 어업을 할 수 있는 수역(水域)(대륙붕 뱅크(bank)가 널리 분포하고, 한류와 난류가 만나는 곳임).
[어장이 안되려면 해파리만 끓는다] 일이 안되려면 엉뚱한 일만 생긴다.

어장-비(魚腸肥)(명)〖농〗물고기의 내장을 원료로 하는 비료.

어재(魚滓)(명) 살을 발라냈거나 기름을 짜고 난 물고기의 찌꺼기(비료로 씀).

어:재실(御齋室)(명)〖역〗임금이 능이나 묘에 거둥할 때 잠시 머물던 집.

어저귀(명)〖식〗아욱과의 한해살이풀. 인도 원산. 줄기 높이 1.5 m가량. 잎자루가 길며 원형임. 여름에 노란 다섯잎꽃이 핌. 줄기 껍질은 섬유로, 씨는 '경실(荷實)'이라 하여 한약재로 씀. 백마(白麻). 경마(荷麻).

어저께[명][부] 어제. ▢~부터 내리는 비.

어적(魚炙)(명) 생선을 양념하여 대꼬챙이에 꿰어 불에 구운 것.

어:적(禦敵)(명)(하자) 외적을 막음.

어:적(부)(하자타) 꽤 단단한 과실이나 김치 같은 것을 단번에 씹는 소리. ▢사과를 ~하고 깨물다. (작)아작.

어적-거리다[-꺼-](자타) 어적 소리가 자꾸 나다. 또는 그런 소리를 자꾸 내다. (작)아작거리다. 어적-어적(부)(하자타).

어적-대다[-때-](자타) 어적거리다.

어:전(御前)(명) 임금의 앞. ▢~에서 물러나다 / ~에 엎드리고자 하다.

어:전(御殿)(명) 임금이 있는 전각.

어전(漁箭)(명) 어살.

어:전(語典)(명)〖언〗1 어법을 설명한 글. 문법전(文法典). 문전(文典). 2 사전(辭典).

어전 (漁筌)圓 통(筒)발.

어:전 풍류 (御前風流)[-뉴]〖역〗임금 앞에서 베푸는 풍류.

어:전 회:의 (御前會議)[-/-이]〖역〗임금 앞에서 중신들이 모여 하던 회의.

어:절 (語節)圓〖언〗문장을 구성하고 있는 각각의 마디. 문장 성분의 최소 단위로 띄어쓰기의 단위가 됨(('철수가 그림책을 본다'에서 '철수가', '그림책을', '본다' 따위)).

어접 (魚蝶)圓〖동〗물고기진드기.

어정圓 1 '어정잡이'의 준말. 2 일에 정성을 들이지 않고, 건성으로 대강 해서 어울리지 않음. ◻~으로 지은 옷.

어정 (漁艇)圓 1 고기잡이할 때 쓰는 작은 배. 어선. 2 어장에서 사용하기 위해 대형 어선에 싣고 다니는 작은 배.

어정-거리다재타 키가 큰 사람이나 짐승이 한가한 태도로 이리저리 천천히 거닐다. 逊아장거리다. **어정-어정**튀하配타

어정-대다재타 어정거리다.

어정-뜨다[-떠, -뜨니]혱 1 마땅히 해야 할 일을 제대로 하지 않아 탐탁지 않거나 태도가 분명하지 않다. 2 보기와는 달리 어정뜬 데가 있다. 2 이쪽도 저쪽도 아니고 어중간하다. ◻다른 일을 시작하기는 나이가 ~.
[어정뜨기는 칠팔월 개구리] 태도가 엉성하고 덤벙거리기가 마치 칠팔월경의 개구리 같다는 말로, 몹시 어정뜨다는 말.

어정-뱅이圓 1 갑자기 잘된 사람. 2 일을 제대로 하지 않고 어정대는 사람. 3 일은 하지만 실적이 없는 사람.

어정-버정튀하재타 하는 일 없이 이리저리 천천히 걷는 모양. ◻거리를 ~ 배회하다. 逊아장바장.

어정-잡이圓 1 겉모양만 꾸미고 실속이 없는 사람. 逊어정. 2 자기가 맡은 일을 제대로 처리하지 못하는 사람.

어정쩡-하다혱 1 모호하거나 어중간하다. ◻어정쩡한 태도. 2 내심 의심스러워 꺼림하다. 3 얼떨떨하고 난처하다. ◻영문도 모른 채 어정쩡하게 서 있다. **어정쩡-히**튀

어정-칠월 (-七月)圓 농가에서, 음력 칠월은 별일 없이 어정거리는 동안에 지나가 버리는 데서 이르는 말.
[어정칠월 동동팔월] 농가에서 칠월은 한가히, 팔월은 추수에 바빠 동동거리는 사이에 지나가 버린다는 말.

어제曰圓 오늘의 바로 하루 전날. 어저께. 작일. ◻~는 몹시 더웠다. 曰튀 오늘의 바로 하루 전날에. 어저께. ◻~ 돌아왔다.
[어제가 다르고 오늘이 다르다] 변화하는 속도가 매우 빠르다. [어제 보던 손님] 낯이 익었다는 뜻.

어제 (魚梯)圓〖건〗하천에 폭포·댐 등이 있어 물길이 막혔을 때, 사면(斜面)이나 계단을 만들어 물고기가 지나다닐 수 있게 만든 장치.

어:제 (御製)圓하타 임금이 몸소 짓거나 만듦. 또는 그 글이나 물건.

어:제 (御題)圓 임금이 친히 보이던 과거(科擧)의 글제.

어제-그저께圓 '엊그저께'의 본말.

어제-오늘圓 어제와 오늘이라는 뜻으로 아주 최근. ◻그건 ~의 일이 아니다.

어제일리어 (azalea)圓〖식〗진달랫과에 속하는 상록 관목. 관상용으로 온실에 재배하며, 3-4 월에 흰색·홍색·주황색 따위의 큰 꽃이 핌. 양(洋)진달래.

어제-저녁圓 어제의 저녁. 逊엊저녁.

어젯-밤 [-빰/-젠빰]圓 어제의 밤. 작야(昨夜). ◻~에 겨우 도착하였다.

어:조 (語調)圓 말의 가락. 말하는 투. 억양. ◻흥분된 ~ / ~가 차분하다.

어:조-사 (語助辭)圓〖언〗한문의 토(실질적인 뜻은 없고, 다른 글자들의 보조로만 씀('於·乎·也·焉' 따위)).

어족 (魚族)圓〖어〗물고기의 종족. 어류. ◻~을 보호하다.

어:족 (語族)圓〖언〗같은 언어를 조상으로 해서 파생되었다고 생각되는 언어의 일군(一群)(('인도유럽 어족·햄 어족·셈 어족·우랄 어족·알타이 어족' 따위)).

어:졸-하다 (語拙-)혱어 말솜씨가 없다. 언졸(言拙)하다.

어종 (魚種)圓 물고기의 종류. ◻~이 다양하다 / 남해에는 난류성 ~이 많다.

어:좌 (御座)圓 1 임금이 앉는 자리. 옥좌(玉座). 2 왕위.

어:주 (御酒)圓 임금이 신하에게 내리는 술.

어:주 (御廚)圓 수라간(水剌間).

어주 (漁舟)圓 낚싯거루.

어주-자 (漁舟子)圓 어부. 고기잡이2.

어:줍다 [-따]혱 1 말이나 동작이 부자연하고 시원스럽지 않다. ◻어줍은 태도. 2 손에 익지 않아 서투르다. ◻운전이 아직 ~. 3 몸의 일부가 자유롭지 못하여 움직임이 부자연스럽다. ◻입이 얼어서 발음이 ~.

어줍잖다혱 ☞ 어쭙잖다.

어:중 (語中)圓 1〖언〗한 단어의 중간. 2 말하는 가운데.

어중간 (於中間)圓하혱히튀 거의 중간이 되는 곳. 또는 그런 상태. ◻~하게 들어맞다 / ~한 태도를 취하다 / 시간이 ~하다.

어중-되다 (於中-)[-뙤-]혱 정도에 넘치거나 처져서 알맞지 아니하다. ◻식사하기에는 어중된 시간이다.

어:중-이圓 1 어느 쪽에도 속하지 아니하여 태도가 분명하지 않은 사람. 2 제대로 할 줄 아는 것이 별로 없어 쓸모가 없는 사람.

어:중이-떠중이圓 여러 방면에서 모인 잡다한 사람들을 낮잡아 이르는 말. ◻~가 다 몰려들다. *장삼이사(張三李四).

어즈럽다혱〈옛〉어지럽다. └하노라.

어즈버캅〈옛〉아. ◻~ 태평연월이 꿈이런가

어즐ᄒ다혱〈옛〉어지럽다. 황홀하다.

어:지 (御旨)圓 임금의 뜻. ◻~를 받들다.

어지간-하다혱 1 정도나 표준에 가깝다. ◻키가 ~. 2 생각보다 꽤 무던하다. ◻성격이 어지간하여 잘 참아 낸다. 3 정도나 형편이 기준에 크게 벗어나지 않다. ◻어지간하면 그냥 두세요. **어지간-히**튀

어지러-뜨리다타 어지럽게 하다. ◻방을 ~.

어지러-이튀 어지럽게.

어지러-트리다타 어지러뜨리다.

어지럼圓 현기(眩氣).

어지럼-증 (-症)[-쯩]圓 현기증.

어지럽다 [-따][어지러워, 어지러우니]혱하 1 몸을 제대로 가눌 수 없을 정도로 눈이 아득하고 정신이 얼떨떨하다. ◻머리가 띵하고 ~. 2 뒤섞이거나 뒤얽혀 갈피를 잡을 수 없다. ◻기억이 ~. 3 사회가 혼란스럽고 질서가 없다. ◻세상이 ~.

어지럽-히다 [-러피-]타 ('어지럽다'의 사동) 어지럽게 하다. ◻방 안을 ~ / 민심을 ~.

어지르다 [어질러, 어지르니]타자 정돈되어

있는 것을 뒤섞거나 어지럽게 하다. ▣ 집 안을 ~.

어지-빠르다 [-빨라, -빠르니] 閿閏 정도가 넘치거나 처져서 어느 쪽에도 맞지 않다. ▣ 술을 마시기엔 어지빠른 시간이다. 쥰엇빠르다.

-어지이다어미 끝 음절의 모음이 'ㅏ, ㅗ'가 아닌 용언의 어간 뒤에 붙어, 기원(祈願)하는 뜻을 나타내는 종결 어미《예스러운 표현》. ▣ 소망이 이루~.

어:지-자지闿 1 자웅의 생식기를 다 가진 사람이나 동물. 2 《소아》 두 발로 번갈아 차는 재기.

어:지-증(語遲症)[-쯩]闿《한의》 구연증.

어:진(御眞)闿 임금의 화상이나 사진.

어진사람인-발(-人-)闿 한자 부수의 하나《'元'·'兆' 등에서 'ㄦ'의 이름》.

어진-혼(-魂)闿 생전에 어질고 착했던 사람의 죽은 영혼.
　어진혼(이) 나가다[빠지다] 구 몹시 놀라거나 시끄러워서 정신을 잃다.

어질다 [어질어, 어지니, 어진]閿 마음이 너그럽고 슬기로워 덕행이 높다. ▣ 어진 임금 / 성품이 어질고 착하다.

어질더분-하다閿 어질러 놓아 지저분하다. ▣ 옷가지로 방 안이 ~.

어질-병(-病)[-뼝]闿《한의》 정신이 어지럽고 흐미해지는 병.
　[**어질병이 지랄병 된다**] 작은 병통을 그냥 두면 고치기 어려운 큰 병통이 된다.

어질-어질閏 정신이 자꾸 어지러운 모양. ▣ 약이 독해 머리가 ~하다. 쟌아질어질.

어질-증(-症)[-쯩]闿 현기증.

어째준 어찌하여. ▣~ 그 모양이냐.

어째서준 어찌하여서. ▣~ 그렇게 늦었느냐.

어쨌건 [-쩯껀-]준 일이 어떻게 되었든. ▣~ 쉬운 문제는 아니다. 国준 어찌하였건.

어쨌 든 [-쩯뜬]国준 아무튼. 어떻든. ▣~ 고마운 일이다 /~ 그 일은 미안하게 됐다. 国준 어찌하였든.

어쨌든지 [-쩯뜬-]国준 아무튼지. ▣~ 그건 안돼. 国준 어찌하였든지.

어쩌고-저쩌고閏閿 '여차여차' 또는 '이러쿵저러쿵'을 익살스럽게 하는 말. ▣~ 말이 많다.

어쩌다闿 1 '어찌하다'의 준말. ▣ 이젠 어쩌나 / 어쩔 줄 몰라 하다 / 어쩔 수 없이 도망쳤다 / 어쩌라고 이러니. 2 ('어쩐'의 꼴로 쓰여) 어떤 이유가 있거나 어떤 이유로 된다. ▣ 이 밤중에 어쩐 일이오.

어쩌다[2] 国閏 '어쩌다가'의 준말. ▣~ 그와 눈이 마주쳤다. 国준 어찌하다. ▣~ 시계를 망가뜨렸니.

어쩌다가 闿 1 뜻밖에 우연히. ▣~ 만난 친구. 2 가끔. 이따금. ▣~ 일어나는 사건. 준 어쩌다.

어쩌면国閏 1 확실하지 않지만 짐작하건대. ▣~ 안 올지도 몰라. 2 도대체 어떻게 해서. ▣~ 그렇게도 예쁠까. 준어쩜. 国갑 의외의 일을 탄복하는 소리. ▣~ 그런 사람이 다 있을까. 준어쩜. 国준 어찌하면. ▣~ 좋을지.

어쩍閏閿閿 꽤 단단한 과실이나 채소 따위를 단번에 씹는 소리. 쟌아짝. 쎈어쩍.

어쩍-거리다 [-꺼-]閿閿 어쩍 소리가 자꾸 나다. 또는 그런 소리를 자꾸 내다. 쟌아짝거리다. **어쩍-어쩍**閏閿閿

어쩍-대다 [-때-]閿閿 어쩍거리다.

어쩐지閏 어찌 된 까닭인지. ▣~ 좀 이상하더라.

어쩜閏갑 '어쩌면'의 준말. ▣~ 곱기도 해라.

쭙쭙잖다[-짠타]閿 언행이 비웃음을 살 만큼 분수에 넘치는 데가 있다. ▣쭙쭙잖은 지식.

어찌閏 1 어떠한 이유로. ▣~ 걱정이 안 되겠습니까. 2 어떠한 방법으로. 어이. ▣ 문제를 ~ 풀었느냐. 3 (감탄 표현의 '-ㄴ지'·'-는지'와 함께 쓰여) '어떻게'의 뜻으로 느낌과 물음을 아울러 나타내는 말. ▣~ 힘이 세던지. 4 어떤 관점으로. ▣~ 생각하면 일리가 있다.

어찌-꼴闿《언》'부사형'의 풀어쓴 말.

어찌나閏 '어찌'의 강조어. ▣~ 춥던지.

어찌-씨闿《언》'부사(副詞)'의 풀어쓴 말.

어찌타閏《옛》'어찌하여·어찌하다가'의 뜻.

어찌-하다閿閿어 어떻게 하다. ▣ 어찌하여 그런 일이 생겼는가 / 이 일을 장차 어찌하면 좋단 말인가.

어쩔-어쩔閏閿 계속 또는 매우 정신이 아득하고 어지러운 느낌. ▣~ 현기증이 일다.

어쩔-하다閿 갑자기 정신이 아득하고 어지럽다. ▣ 갑자기 어쩔하며 정신을 잃었다. 쟌아쩔하다.

어차(魚杈)闿 물고기를 찔러 잡는 창. 작살.

어:차간-에(語次間-)閏 말을 하는 김에.

어차어피-에(於此於彼-)閏 이렇게 하든지 저렇게 하든지. 이차이피에. 준어차피.

어차-에(於此-)閏 여기에서. 또는 이때.

어차피(於此彼)閏 '어차어피에'의 준말. ▣~ 그만둘 사람 /~ 한 번은 가야 한다 / 늦었으니 좀 쉬었다 가자.

어찬(魚饌)闿 생선으로 만든 반찬.

어:찰(御札)闿 임금의 편지.

어창(魚艙)闿 잡은 물고기를 넣어 두는, 어선 안에 있는 창고.

어채(魚菜)闿 음식의 하나. 생선과 곤자소니·해삼·버섯 등을 잘게 썰어서 녹말에 무쳐 데친 것을 깻국에 넣어 먹는 음식.

어채(漁採)闿 고기잡이.

어처구니闿 (주로 '없다'의 앞에 쓰여) 상상 밖으로 큰 물건이나 사람을 가리키는 말. 어이. ▣~가 없는 일.

어처구니-없다[-업따]闿《속》일이 너무 뜻밖이어서 기가 막히다. 어이없다. ▣ 어처구니없는 실수. **어처구니-없이**[-업씨]

어천-만사(於千萬事)闿 ('어천만사에'의 꼴로 쓰여) 모든 일. 무슨 일이든지. ▣~에 통달하다.

어:첩(御帖)闿 임금의 명함.

어:첩(御牒)闿《역》왕실 계보의 대강을 간추려서 적은 접책.

어청-거리다闿 키가 큰 사람이나 짐승이 이리저리 천천히 걷다. 쟌아창거리다. **어청-어청**閏閿

어청-대다闿 어청거리다.

어초(魚酢)闿 생선젓2.

어초(漁樵)闿 물고기를 잡는 일과 땔나무를 하는 일. 또는 그것을 하는 사람. 초어(樵漁).

어초(漁礁)闿 물고기가 많이 모여드는 유리한 조건을 갖춘 어장의 한 형태《자연적인 것과 인공적인 것이 있음》.

어촌(漁村)闿 어민이 모여 사는 바닷가 마을.

어:취(語趣)闿 말의 취지.

어치[1]闿《조》 까마귓과의 새. 몸의 길이는 34 cm 정도. 몸은 포도색이고, 머리는 흰 바탕에 검은 반점이 있음. 목소리는 곱고 다른 새

들의 소리를 잘 흥내 냄. 언치. 언치새.
어치^각 〈옛〉마소의 키가.
-어치 젭 그 값에 해당하는 분량이나 정도를 나타내는 말. □만 원∼.
어치렁-거리다 困 키가 조금 큰 사람이 힘없이 몸을 조금 흔들며 자꾸 천천히 걷다. 困아치랑거리다. 困어칠거리다. **어치렁-어치렁** 團困困
어치렁-대다 困 어치렁거리다.
어치정-거리다 困 키가 조금 큰 사람이 기운이 없이 자꾸 느리게 걷다. 困아치장거리다. **어치정-어치정** 團困困
어치정-대다 困 어치정거리다.
어칠-거리다 困 '어치렁거리다'의 준말. 困아칠거리다. **어칠-어칠** 團困困
어칠-대다 困 어칠거리다.
어칠-비칠 團困困 쓰러질 듯이 자꾸 비틀거리는 모양.
어:침 (御寢) 團 임금의 취침.
어큐물레이터 (accumulator) 團 〖컴〗 누산기(累算器).
어탁 (魚拓) 團困타 물고기의 탁본을 뜸. 또는 그 탁본.
어탐 (魚探) 團 '어군 탐지기'의 준말.
어:탑 (御榻) 團 임금이 앉는 상탑(牀榻).
어탕 (魚湯) 團 1 생선을 넣어 끓인 국. 2 제사 때 올리는 탕의 하나(생선 건더기가 많고 국물은 적음).
어태치먼트 (attachment) 團 기구·기계의 본체에 다는 부속 장치(카메라의 보조 렌즈·필터나 재봉틀의 각종 부속품 등).
어태치먼트 렌즈 (attachment lens) 〖물〗 가까운 거리에 있는 물체를 촬영하기 위해 카메라 렌즈 앞에 붙이는 볼록 렌즈. 5 cm 정도의 가까운 거리에서도 촬영이 가능함.
어택 (attack) 團 〖음〗 성악과 기악에서, 음을 발생·지속·소멸의 세 단계로 나누는 경우, 발생 부분을 이른다.
어:투 (語套) 團 말버릇. 말투. □거친 ∼ / 악의에 찬 ∼.
어트랙션 (attraction) 團 〖연〗 극장 같은 데서 손님을 끌기 위해 짧은 시간 곁들이는 공연물(배우의 인사말이나 실제 연기 등).
어:파 (語派) 團 〖언〗 한 어족(語族)에서 같은 시기에 분화되었다고 생각되는 여러 언어의 총칭. 어족(語族)의 하위 개념임.
어판 (魚板) 團 〖불〗 목어'2.
어패럴 산:업 (apparel産業) 모피 제품을 제외한, 기성복을 취급하는 업종.
어패-류 (魚貝類) 團 생선과 조개 종류의 총칭.
어퍼컷 (uppercut) 團 권투에서, 상대방의 턱을 밑에서 위로 올려치는 공격법. 올려치기.
어:폐 (語弊)[−/−폐] 團 1 말의 폐단이나 결점. □그의 말에는 다소 ∼가 있다. 2 남의 오해를 받기 쉬운 말.
어포 (魚脯) 團 생선의 살을 얇게 저미어 갖은 양념을 해 말린 포.
어표 (魚鰾) 團 부레1.
어표-교 (魚鰾膠) 團 부레풀.
어푸-어푸 團困困 1 물에 빠져서 괴롭게 물을 켜며 내는 소리. 또는 그 모양. 2 얼굴이나 몸에 물을 끼얹으면서 내는 소리.
어프로치 (approach) 團 1 스키의 점프 경기나 멀리뛰기·높이뛰기 등에서, 출발점에서 도약 지점까지의 사이. 2 골프에서, 티샷 다음에 공을 홀에 가까이 접근시키기 위한 타구.
어피 (魚皮) 團 1 물고기의 가죽. 2 '사어피(鯊魚皮)'의 준말.

어피-집 (魚皮−) 團 상어 가죽으로 만든 안경집.
어:필 (御筆) 團 임금의 글씨. 어서(御書).
어필 (appeal) 團困자타 1 흥미를 불러일으키거나 마음을 끎. □청순한 외모로 대중에게 ∼하고 있는 배우. 2 운동 경기에서, 심판의 판정에 대해 이의를 제기하다.
어:필-각 (御筆閣) 團 임금의 글씨를 보관하던 전각. 어서각(御書閣).
어:핍-하다 (語逼−)[−피파−] 團困 하는 말이 남들이 싫어하고 꺼릴 만하다.
어:하 (御下) 團困자 아랫사람을 거느리고 지도함.
어:하다 타자 어린애의 응석을 받으며 떠받들어 주다. □자꾸 어하면 버릇이 나빠진다.
어:학 (語學) 團 1 언어를 연구하는 학문(특히 문법학을 이름). 2 '언어학'의 준말. 3 외국어를 배우는 일. □∼에 소질이 있다.
어:학-도 (語學徒)[−또] 團 1 어학을 공부하는 사람. 2 외국어를 공부하는 학생. 어학생.
어:학-연수 (語學研修)[−항년−] 團 외국어를 배우기 위하여 현지로 가서 말과 생활을 직접 배우는 학습 방법. □∼차 중국에 체류하고 있다.
어:학-자 (語學者)[−짜] 團 '언어학자'의 준말.
어:한 (禦寒) 團困자 추위를 막음. 또는 추위에 언 몸을 녹임.
어한-기 (漁閑期) 團 물고기가 잘 잡히지 않는 시기. ↔성어기(盛漁期).
어:함 (御啣) 團 어압(御押).
어항 (魚缸) 團 1 완상용으로 물고기를 기르는 데 쓰는, 유리 따위로 만든 항아리. 2 물고기를 잡는 데 쓰는 통발 모양의 유리통.
어항 (漁港) 團 어선이 정박하며, 어업의 설비나 시설을 갖춘 항구.
어해 (魚醢) 團 생선젓1.
어해 (魚蟹) 團 1 물고기와 게. 2 바다에서 나는 동물의 총칭.
어해-도 (魚蟹圖) 團 민화의 화제(畫題)의 하나. 물고기·게·소라 등 물에 사는 동물을 그린 그림. 어락도(魚樂圖).
어해-적 (魚蟹積) 團 〖한의〗 생선·게 따위를 먹고 체하여 생기는 배탈(복통과 구토가 남).
어허 团 1 미처 생각지 못한 일을 깨달아 느꼈을 때에 내는 소리. □∼, 벌써 세 시야. 2 못마땅하거나 불안할 때 내는 소리. □∼, 조심해라. 困아하.
어허-둥둥 团 아기를 어를 때에 노랫가락을 겸하여 내는 소리. 어화둥둥. 困어둥둥.
어허라-달구야 团 땅을 다질 때에 여럿이 힘을 모으려고 노래하듯 내는 소리. *어허야어허.
어:허랑 (御許郞) 團 〖역〗 과거에 급제한 사람이 유가(遊街)할 때, 소리꾼이 앞서 춤추며 외치던 소리.
어허야-어허 团 땅을 다지거나 반복되는 동작으로 어떤 일을 할 때, 여럿이 힘을 맞추려고 내는 소리. *어허라달구야.
어허허 团 점잖게 너털웃음을 웃는 소리. 困아하하.
어험 团 1 짐짓 위엄(威嚴)을 내어서 크게 기침하는 소리. 2 기척을 내려고 일부러 내는 기침 소리. 으흠.
어험-스럽다[−따]〔−스러워, −스러우니〕 團困 1 짐짓 위엄 있어 보이는 듯하다. 2 굴이나 구멍 따위가 속이 텅 비고 우중충하다. 어

험-스레 튀

어:혈 (瘀血) 뗑 〔한의〕 타박상 등으로 혈액 순환이 잘 되지 않아 살 속에 멍이 들어 피가 맺혀 있는 것. 또는 그런 병. 적혈. 축혈(蓄血). ▯ ~이 생기다 / ~이 들다 / ~이 진 눈두덩을 가리다.

어혈(을) **풀다** 구 어혈을 없애려고 약을 쓰거나 몸조리를 하다.

어:형 (語形) 뗑 〔언〕 단어나 말의 형태.

어:형-론 (語形論)[-논] 뗑 〔언〕 형태론.

어형 수뢰 (魚形水雷)[군] 어뢰(魚雷).

어혜 (魚醯)[-/-혜] 뗑 생선젓 1.

어:혜 (御鞋)[-/-혜] 뗑 임금이 신는 신.

어호 (漁戶) 뗑 어부의 집.

어화 (漁火) 뗑 고기잡이 배에 켜는 등불이나 횃불. ▯ 오징어잡이 배들의 ~ 불빛이 휘황찬란하다.

어:화 뙤 노랫가락 따위에서 기쁜 마음을 나타내어 노래로 누구를 부르는 소리. ▯ ~ 벗님네야.

어화-둥둥 뙤 어허둥둥. ▯ ~ 내 사랑아.

어:환 (御患) 뗑 임금의 병.

어황 (漁況) 뗑 어떤 어장에서 고기잡이의 상황. ▯ ~이 나쁜 해 / ~이 좋다.

어:황-리 (御黃李)[-니] 뗑 〔식〕 자두의 한 가지. 알이 크고 살이 두꺼우며, 씨가 작고 맛이 좋음.

어회 (魚膾) 뗑 생선 살을 잘게 썰어 간장이나 초고추장에 찍어 먹는 음식. 생선회.

어획 (漁獲) 뗑[하타] 수산물을 잡거나 채취함. 또는 그 수산물. ▯ ~ 부진으로 생선값이 많이 올랐다.

어획-량 (漁獲量)[-횡냥] 뗑 잡은 고기의 양(量). ▯ ~이 5만 톤에 달한다.

어획-물 (漁獲物)[-횡-] 뗑 잡거나 채취한 수산물.

어:휘 (御諱) 뗑 어명(御名).

어:휘 (語彙) 뗑 1 어떤 일정한 범위 안에서 사용되는 낱말의 수효나 그 낱말의 전체. ▯ ~의 구사가 매우 뛰어난 작품. 2 〔언〕 어떤 종류의 말을 간단한 설명을 붙여 순서대로 모아 놓은 글. 사휘(辭彙).

어:휘-력 (語彙力) 뗑 어휘를 마음대로 부리어 쓸 수 있는 능력. ▯ ~의 풍부하다.

어:휘-집 (語彙集) 뗑 어휘를 모아 실은 책.

어흥 뙵 1 호랑이가 우는 소리. 2 아이를 겁게 하기 위하여 호랑이의 우는 소리를 흉내내는 소리.

어흥-이 뗑 〈소아〉 호랑이.

어:희 (語戱)[-히] 뗑 재미있고 재치 있게 웃음거리로 하는 말장난. 희담(戱談).

억 뙵 갑자기 몹시 놀라거나 쓰러질 때 내는 소리. ▯ ~ 소리를 지르며 쓰러지다.

억 (億) 쉬괜 만(萬)의 만 배. 곧, 10[8].

억강부약 (抑强扶弱)[-깡-] 뗑[하자] 강한 자를 억누르고 약한 자를 도와줌. ↔억약부강.

억겁 (億劫)[-껍] 뗑 〔불〕 무한하게 오랜 시간. 또는 그 세상. 억천만겁. ▯ ~의 세월.

억견 (臆見)[-껸] 뗑 근거 없이 제멋대로 상상하는 억상(臆想).

억결 (臆決)[-껼] 뗑[하타] 근거 없이 추측하여 결정함.

억기 (憶起)[-끼] 뗑 〔심〕 연상(聯想)에 의해 과거의 경험을 마음에 다시 불러일으키는 작용.

억:년 (億年)[-년] 뗑 일억 년이란 뜻으로, 매우 오래고 긴 세월을 이르는 말.

억념 (憶念)[엉-] 뗑[하타] 단단히 기억해서 잊지 않음. 또는 그런 기억.

억-누르다 [엉-][억눌러, 억누르니] 타뙤 1 감정이나 심리 현상 따위가 일어나거나 나타나지 않도록 스스로 참다. ▯ 슬픔을 ~. 2 자유롭게 행동하지 못하도록 압력을 가하다. ▯ 자유를 ~.

억-눌리다 [자] (‘억누르다’의 피동) 억누름을 당하다. ▯ 억눌려 기가 죽다.

억단 (臆斷)[-딴] 뗑[하타] 근거 없이 판단함. 억판(臆判). ▯ 터무니없는 ~.

억대 (億代)[-때] 뗑 아주 멀고 오랜 세대.

억대 (億臺)[-때] 뗑 억으로 헤아릴 만함. ▯ ~의 재산 / 도박으로 ~의 재산을 날리다.

억료 (臆料)[엉뇨] 뗑[하타] 억측(臆測).

억류 (抑留)[엉뉴] 뗑[하타] 1 억지로 붙잡아 둠. ▯ 장기간 ~ 생활을 하다. 2 국제법에 따라, 남의 나라 사람이나 물건·선박 따위를 그 나라에 돌려보내지 않고 강제로 그곳에 붙들어 둠. ▯ 현지 경찰에 ~되다.

억류-자 (抑留者)[엉뉴-] 뗑 억류되어 있는 사람. ▯ ~들을 송환하다.

억륵 (抑勒)[엉늑] 뗑[하타] 억제(抑制).

억만 (億萬)[엉-] 쉬 억과 만. 괜 셀 수 없을 만큼 아주 많은 수효의 비유. ▯ ~ 가지 걱정. *억조(億兆).

억만-금 (億萬金)[엉-] 뗑 아주 많은 돈. ▯ ~을 준대도 가지 않겠다.

억만-년 (億萬年)[엉-] 뗑 무궁한 세월. ▯ ~ 살고지고.

억만-장자 (億萬長者)[엉-] 뗑 헤아리기 어려울 만큼 많은 재산을 가진 사람.

억매 (抑買)[엉-] 뗑[하타] 강매(强買).

억매 (抑賣)[엉-] 뗑[하타] 강매(强賣).

억매-흥정 (抑買-)[엉-] 뗑[하자] 부당한 값으로 억지로 사려는 흥정.

억매-흥정 (抑賣-)[엉-] 뗑[하자] 부당한 값으로 억지로 팔려는 흥정.

억무개 [엉-] 뗑 〔어〕 곤두매기.

억박-적박 [-빡쩍빡] 튀혱 뒤죽박죽으로 보기 흉하거나 어긋매껴 있는 모양.

억병 [-뼝] 뗑 술을 한량없이 마시는 모양. 또는 그렇게 마셔 고주망태가 된 상태. ▯ ~으로 마시다 / ~으로 취하다.

억-보 [-뽀] 뗑 억지가 센 사람.

억분 (抑憤·抑忿)[-뿐] 뗑[하혱] 억울하고 분함. 또는 그런 마음. ▯ ~이 폭발하다.

억불 (抑佛)[-뿔] 뗑[하타] 불교를 억제함. ▯ ~숭유책(崇儒策)을 쓰다.

억산 (臆算)[-싼] 뗑[하타] 억측으로 하는 계산.

억상 (臆想)[-쌍] 뗑 억견(臆見).

억-새 [-쌔] 뗑 〔식〕 볏과의 여러해살이풀. 줄기 높이 1~2 m, 잎은 긴 선 모양이고 여름에 자색을 띤 황갈색 꽃이 핌. 잎은 지붕을 이는 데나 마소의 먹이로 씀. 준새.

억-새-반지기 [-쌔-] 뗑 억새가 많이 섞인 풋장.

억-새-풀 [-쌔-] 뗑 ‘억새’의 통칭.

억색 (臆塞)[-쌕] 뗑 억울하거나 원통해서 가슴이 답답함. ▯ ~하고 기가 막히다.

억석-당년 (憶昔當年)[-썩땅-] 뗑[하자] 오래전에 지나간 날을 돌이켜 생각함.

억설 (臆說)[-썰] 뗑[하타] 근거 없이 고집을 부리거나 우겨 대는 말. ▯ 그런 지나친 ~은 삼가시오.

억-세다 [-쎄-] 혱 1 품은 뜻이 굳고 세차다. ▯ 기질이 ~. 2 생선 뼈나 식물 잎·줄기가 뻣뻣하고 세다. ▯ 억센 탱자 가시. 3 팔·다리·

골격 따위가 힘이 세어 보이다. ▯억센 손.
⑨악세다. 4 (주로 '억세게'의 꼴로 쓰여) 운
수 따위의 좋고 나쁨의 정도가 심하다. ▯억
세게 재수 없는 사나이 / 억세게 운이 좋다. 5
말투 따위가 거칠고 무뚝뚝하다. ▯억센 경
상도 사투리.

억수 [-쑤]圓 물을 퍼붓듯 세차게 내리는 비.
▯~ 같은 비 / 비가 ~로 퍼붓다. ⑨악수.

억수-장마 [-쑤-]圓 여러 날 억수로 내리는
장마.

억실-억실 [-씨럭씰]甼꼴圓 얼굴 모양이나 생
김새가 선이 굵고 시원시원한 모양.

억압 (抑壓)圓하타 1 자기의 뜻대로 행동하지
못하게 억지로 억누름. ▯~을 당하다 / ~과
맞서다. 2《심》의식적 또는 무의식적으로 어
떤 과정이나 행동, 특히 충동·욕망 따위를 억
누름.

억압-적 (抑壓的)[어깝쩍]관圓 억지로 억누르
는(것). ▯~ 태도.

억약부강 (抑弱扶强)[어갹뿌-]圓하자 약한 자
를 억누르고 강한 자를 도와줌. ↔강자부약.

억양 (抑揚)圓 1 혹은 억누르고 혹은 찬양
함. 2 문세(文勢)의 기복. 3《언》연속된 음성
에서 음높이를 변하게 함. 또는 그런 변화.
이야기할 때 그 내용이나 화자(話者)의 의도·
감정에 따라 달라짐. 인토네이션.

억양-법 (抑揚法)[어걍뻡]圓《문》문세의 기복
에서, 먼저 누르고 후에 올리거나, 먼저 올리
고 후에 누르는 수사법.

억울-하다 (抑鬱-)꼴 1 억제를 받아 답답하
다. 2 애먼 일을 당해 분하고 답답하다. ▯억
울하게 당하다. **억울-히**甼

억원-하다 (抑冤-)꼴어 억울하고 원통하다.

억장 (億丈)[-짱]圓 썩 높은 것. 또는 그 높이.
억장이 무너지다⬆ 몹시 분하거나 슬픈 일
따위로 가슴이 아프고 괴롭다.

억정 (抑情)[-쩡]圓하타 욕정(情情)을 억누름.

억제 (抑制)[-쩨]圓하타 1 감정·욕망, 충동적
행동 따위를 억눌러 그치게 함. ▯~된 감정.
2 정도나 한도를 넘어서 나아가려는 것을 억
눌러 그치게 함. ▯인구 증가 ~ / 소비 ~.

억제 재:배 (抑制栽培)[-쩨-]圓《농》인공적
으로 작물의 생육·성숙의 시기를 억제해서 생
산 및 출하 시기를 조절하는 재배 방법.

억조 (億兆)[-쪼]⬇수 억과 조. ⬇수 셀 수 없
을 만큼 많은 수의 비유. *억만(億萬).

억조-창생 (億兆蒼生)[-쪼-]圓 수많은 백성.

억-죄다 [-쬐-]타 몹시 죄다. ▯가슴을 ~.

억지 [-찌]圓 잘 되지 않을 일을 무리하게 해
내려는 고집. ▯~를 부리다 / ~를 쓰다. ⑨
악지.
[억지가 사촌보다 낫다] 남에게 의지하기보
다는 억지로라도 자기 힘으로 하는 것이 낫다.
억지(가) 세다⬆ 억지 부리는 힘이 세다.
억지(를) 세우다⬆ 무리한 고집을 끝까지
부리다.
억지 춘향(이)⬆ 억지로 우겨 대어 겨우 이
루어진 일. ▯~으로 주례를 맡다.

억지 (抑止)[-찌]圓하타 억눌러 하지 못하게 함.

억지-다짐 [-찌-]圓 억지로 받는 다짐.

억지-력 (抑止力)[-찌-]圓 한쪽이 공격하려고
해도 상대편의 반격이 두려워 공격하지 못하
게 하는 힘. ▯전쟁 ~를 기르다.

억지-로 [-찌-]甼 강제로. 무리하게. ▯~ 웃
기다 / 울음을 ~ 참다.

억지-스럽다 [-찌-따][-스러워, -스러우니]
꼴타 억지를 부리는 데가 있다. **억지-스레**
[-찌-]甼

억지-웃음 [-찌우씀]圓 웃기 싫지만 억지로
웃는 웃음. ▯~으로 비위를 맞추다.

억지-손 [-찌쏜 / -찓쏜]圓 무리하게 억지로
해내는 솜씨. ▯~이 세다. ⑨악짓손.

억척圓 어렵고 힘든 일에 버티는 태도가 끈질
기고 억센. 또는 그런 사람. ▯~을 부리다 /
~을 떨다 / ~으로 돈을 모으다.

억척-같다 [-깥다]꼴 아주 힘질고 끈질기다.
⑨악착같다. **억척-같이** [-까치]甼. ▯~ 일
을 해서 돈을 모으다.

억척-꾸러기圓 매우 억척스러운 사람. ⑨악
착꾸러기.

억척-보두 [-뽀-]圓 심성이 굳고 억척스러운
사람.

억척-빼기圓 매우 억척스러운 아이. ▯끝을
보고야 마는 ~. ⑨악착빼기.

억척-스럽다 [-따][-스러워, -스러우니]
꼴타 모질고 끈질긴 태도가 있다. ▯억척스
러운 상혼(商魂). **억척-스레** [-따]甼

억천만-겁 (億千萬劫)圓《불》억겁.

억측 (臆測)圓하타 이유와 근거가 없는 짐작. 억
탁. ▯~이 난무하다 / ~에 불과하다.

억탁 (臆度)圓하타 억측. ▯~으로 말하다.

억탈 (抑奪)圓하타 억지로 빼앗음. 강탈(强奪).
▯~된 재산.

억판圓 매우 가난한 처지.

억판 (臆判)圓하타 억단.

억패-듯 [-듣]甼 사정없이 마구 윽박지르는
모양. ▯~ 덤비다. ⑨악패듯.

억-하다 [어카-]꼴어 감정이 북받쳐서 가슴이
막히는 듯하다. ▯억한 마음.

억하-심정 (抑何心情)[어카-]圓 무슨 생각으
로 그러는지 그 마음을 모르겠다는 말. ▯무
슨 ~으로 그런 말을 하오.

억혼 (抑婚)圓하자 당사자의 의견을 무
시하고 강제로 하는 혼인.

언圓〈옛〉 둑².

-언어미〈옛〉-ㄴ. -은.

언감생심 (焉敢生心)圓 감히 그런 마음을 먹
을 수 없음(부사적으로도 씀). 안감생심(安
敢生心). ▯~ 어찌 그런 소리를 하누냐.

언감-히 (焉敢-)甼 주제넘게 함부로. 어찌 감
히. 감히.

언거번거-하다꼴어 말이 쓸데없이 많고 수다
스럽다.

언거언래 (言去言來)[-얼-]圓하자 1 여러 말을
주고받음. 설왕설래. 2 말다툼.

언:건 (偃蹇)圓하꼴자 거드름을 피우며 거
만함. 언연(偃然). ▯너무 ~해서 대하기 곤
란하다.

언걸圓 1 다른 사람 때문에 당하는 괴로움이
나 해. ▯~을 입히다 / ~을 당하다. 2 큰 고
생. ⑨걸.

언걸-먹다 [-따]자 1 다른 사람의 일로 해를
당하다. 2 큰 고생을 당하다. ⑨걸먹다.

언걸-입다 [-립따]자 다른 사람의 일로 해를
당하다. ▯남의 송사에 ~. ⑨걸입다.

언경-하다 (言輕-)꼴어 입이 가볍고 경솔하
다. ↔언중(言重)하다.

언과기실 (言過其實)圓하꼴 말만 크게 해 놓
고 실행이 부족함.

언관 (言官)圓 간관(諫官).

언:교 (諺敎)圓《역》언문으로 쓴 왕비의 교서
(教書). ▯~를 내리다.

언구 (言句)圓 말의 구절. 또는 그 말.

언구력圓 교묘한 말로 떠벌리며 남을 농락하

는 짓. ▯~을 부리다 / ~을 피우다.

언구럭-스럽다 [-쓰-따] [-스러워, -스러우니] 〖형⤳〗 교묘한 말로 떠벌리며 농락하는 듯하다.

언권 (言權) 〖명〗 '발언권'의 준말.

언근지원 (言近旨遠) 〖명〗 말은 알아듣기 쉬우나 뜻은 깊고 오묘함.

언급 (言及) 〖명⤳자동〗 어떤 문제에 대해 말함. ▯~을 회피하다 / ~된 바 없다.

언:기식고 (偃旗息鼓) [-꼬] 〖명⤳동〗 전쟁터에서 군기(軍旗)를 누이고 북을 쉰다는 뜻으로, 휴전함을 이르는 말.

언년 〖명〗 손아래 계집아이를 귀엽게 부르는 말.

언놈 〖명〗 손아래 사내아이를 귀엽게 부르는 말.

언니 〖명〗 1 '형(兄)'을 정답게 부르는 말. 2 여형제 사이에서, 손위 사람을 지칭하는 말. 3 여자들 사이에서, 자기보다 나이 많은 사람을 정답게 부르는 말. ▯직장 ~ / 선배 ~. 4 오빠의 아내를 이르는 말.

언단 (言端) 〖명〗 말다툼을 일으키는 실마리.

언단 (言壇) 〖명〗 1 뭇사람 앞에서 언론을 공개하는 마당. 2 언론계.

언담 (言談) 〖명〗 언사(言辭).

언더그라운드 (underground) 〖명〗 1 비합법적인 지하 운동. 또는 그 단체. 2 상업성을 무시한 전위적·실험적 예술. 또는 그런 풍조.

언더-블라우스 (underblouse) 〖명〗 옷자락을 스커트나 바지에 넣어 입는 블라우스. *오버블라우스.

언더-스로 (under+throw) 〖명〗 언더핸드 스로.

언더웨어 (underwear) 〖명〗 속옷.

언더컷 (undercut) 〖명〗 테니스·탁구 등에서, 공의 아래쪽을 깎아서 공이 역회전하도록 치는 일. 언더스핀.

언더 파 (under par) 골프에서, 기준 타수(打數)인 파(par) 이하로 18홀을 한 바퀴 도는 일. 언더(under).

언더핸드 스로 (underhand throw) 야구에서, 팔을 어깨 밑에서 위쪽으로 추어올리면서 공을 던지는 일. 언더스로. *오버핸드 스로.

언더핸드 패스 (underhand pass) 농구에서, 허리를 낮추어 허리보다 낮은 위치에서 자기편 선수의 허리 쪽으로 공을 보내는 일.

언덕 (명) 땅이 비탈지고 조금 높은 곳. 구릉(丘陵). ▯~ 위의 하얀 집.

언덕-길 [-낄] 〖명〗 언덕에 나 있는 비탈진 길. ▯~을 오르다.

언덕-바지 [-빠-] 〖명〗 언덕배기.

언덕-밥 [-빱] 〖명〗 솥 안에 쌀을 언덕지게 안쳐 한쪽은 질게, 한쪽은 되게 지은 밥.

언덕-배기 [-빼-] 〖명〗 언덕의 꼭대기. 또는 언덕의 경사가 심한 곳. 언덕바지.

언덕-부 (-阜) [-뿌] 〖명〗 좌부변.

언덕-빼기 〖명〗 ☞ 언덕배기.

언덕-지다 [-찌-] 〖형〗 1 경사지다. 2 길이 평탄하지 않고 높낮이가 있다. ▯언덕진 곳에 천막을 치고 머물다.

언명 〖조〗 〈옛〉 언정.

언도 (言渡) 〖명⤳타〗 《법》 '선고(宣告)'의 구법상의 이름.

언동 (言動) 〖명〗 말하는 것과 행동하는 것. ▯경솔한 ~ / 자신의 ~을 반성하다.

언:-두부 (-豆腐) 〖명〗 겨울에 한데서 얼린 다음에 바짝 말린 두부. 동(凍)두부.

언뜻 [-뜯] 〖부〗 1 지나는 결에 잠깐. 얼핏. ▯~ 눈에 띄다 / ~ 보이다. 2 생각이나 기억이 문

득 떠오르는 모양. ▯~ 떠오른 생각 / ~ 기억이 나다.

언뜻-언뜻 [-뜯뜯] 〖부⤳자〗 지나는 결에 계속해서 잠깐씩 나타나는 모양. 얼핏얼핏.

언뜻-하면 [-뜯하-] 〖부〗 1 무엇이 지나가는 결에 잠깐 나타나기만 하면. 2 무슨 생각이나 기억 따위가 문득 떠오르기만 하면.

언러키 네트 (unlucky net) 야구에서, 잦은 홈런을 막기 위해 야구장의 외야 양쪽 벽 위에 높게 둘러친 철망.

언로 (言路) 〖명〗 임금 또는 정부에 말을 올릴 수 있는 길. 또는 모든 사람이 의견을 말할 수 있는 통로. ▯~가 열리다 / ~을 트다.

언론 (言論) 〖명〗 개인이 말이나 글로 자기 생각을 발표하는 일. 또는 그런 말이나 글. ▯~ 활동 / ~ 탄압을 금지하다.

언론-계 (言論界) [얼-/ 언-계] 〖명〗 신문·방송·통신·잡지 따위의 언론에 종사하는 사람들이 이루는 사회. ▯~에 종사하다.

언론 기관 (言論機關) [얼-] 신문·방송 등에 의해 언론을 담당하는 기관.

언론-사 (言論社) [얼-] 〖명〗 언론을 담당하는 회사(방송사·신문사 따위).

언론의 자유 (言論自由) [얼로뉘-/ 얼로네-] 《법》 개인의 사상이나 의견을 언론에 발표할 수 있는 자유. 표현의 자유. ▯~가 보장되다 / ~를 누리다.

언론-인 (言論人) [얼로닌] 〖명〗 언론 기관을 통해 언론 활동을 펴는 사람.

언론 통:제 (言論統制) [얼-] 국가가 공권력으로 사상의 표현·보도 등 언론 활동을 제한하는 일.

언롱 (言弄) [얼-] 《악》 가곡의 한 가지. 만년장환지곡(萬年長歡之曲) 26곡 중의 하나임. 만횡(蔓橫).

-언마는 〖어미〗 '-건마는'의 예스러운 말. ▯한두 번도 아니~ 여전하시다. ㉰-언만.

-언마르논 〖어미〗 〈옛〉 -건마는.

-언마론 〖어미〗 〈옛〉 -건마는.

언-막이 (堰-) 〖명〗 논에 물을 대기 위해 막아 쌓은 둑.

-언만 〖어미〗 '언마는'의 준말.

언명 (言明) 〖명⤳하타〗 말이나 글로써 의사를 분명히 나타냄. ▯사퇴를 ~하다.

언모 (言貌) 〖명〗 말씨와 용모.

언:무 (偃武) 〖명〗 무기를 보관하고 사용하지 않는다는 뜻으로, 전쟁이 끝남을 이르는 말.

언:무-수문 (偃武修文) 〖명⤳하타〗 난리를 평정하고 학문을 닦음.

언문 (言文) 〖명〗 말과 글. 어문(語文). ▯~을 다듬다.

언:문 (諺文) 〖명〗 예전에, 한글을 낮잡아 일컫던 말.

언문-일치 (言文一致) 〖명〗 실제로 쓰는 말과 그 말을 적은 글이 일치함. 어문일치.

언:문-청 (諺文廳) 〖명〗 《역》 조선 세종 때, 서적 편찬과 인쇄를 위해 궁중에 설치했던 기관. 정음청.

언:문-풍월 (諺文風月) 〖명〗 1 예전에, 한글로 지은 시가(詩歌)를 일컫던 말. ▯~을 읊다. 2 격식을 갖추지 않은 글.

언-미필 (言未畢) 〖명〗 (주로 '언미필에'의 꼴로 쓰여) 말이 채 끝나기도 전(한문 투의 글에 많이 씀).

언밸런스-하다 (unbalance-) 〖형⤳여〗 균형이 잡히지 않다. ▯키 차이가 너무 나서 ~.

언변 (言辯) 〖명〗 말솜씨나 말재주. 구변(口辯). ▯유창한 ~ / ~이 좋다 / 대단한 ~이군.

언비천리 (言飛千里)[-철-] 명 말이 빠르고도 멀리 퍼짐.

언사 (言辭) 명 말. 말씨. ▢불손한 ~.

언색 (言色) 명 말과 안색. ▢~을 살피다.

언:색 (堰塞) 명 물의 흐름을 막음.

언:색-호 (堰塞湖)[-새코] 명 〔지〕 폐색호.

언:서 (諺書) 명 언문으로 된 책이라는 뜻으로, 한글로 쓴 책을 낮잡아 이르던 말.

언:서-고담 (諺書古談) 명 한글로 쓴 옛날이야기 책.

언설 (言說) 명하자타 말로 설명함. 또는 그런 말. ▢부당한 ~.

언성 (言聲) 명 말소리. ▢~을 높이다 / ~을 낮추고 속삭거리다.

언소 (言笑) 명하자 담소(談笑).

언소-자약 (言笑自若) 명하자 담소자약.

언습 (言習) 명 말버릇.

언약 (言約) 명하타 말로 약속함. 또는 그런 약속. ▢~을 맺다 / 결혼을 ~하다.

언어 (言語) 명 음성 또는 문자를 수단으로 사상이나 감정을 표현하고 의사를 전달하는 수단 또는 체계. ▢~ 습관 / ~ 감각.

언어 공:동체 (言語共同體) 〔언〕 언어 사회.

언어-도단 (言語道斷) 명 말문이 막힌다는 뜻으로, 어이가 없어 이루 말로 나타낼 수가 없음을 이르는 말. 언어동단(同斷). ▢환경을 파괴하면서 개발한다는 것은 ~이다.

언어 사회 (言語社會) 〔언〕 같은 언어로 의사를 소통하며 공동생활을 영위하는 사회 집단. 언어 공동체.

언어-생활 (言語生活) 명 말하기·듣기·쓰기·읽기의 언어 행동 면에서 본 인간의 생활.

언어 예:술 (言語藝術) 〔문〕 말이나 글로 표현되는 예술(시·소설·희곡 따위).

언어-유희 (言語遊戱)[어너-히] 명 1 말이나 문자를 소재로 하는 놀이((새말 만들기, 어려운 말 외우기, 말꼬리 잇기, 수수께끼 맞추기, 동음이의어(同音異意語) 만들기(눈에 이 들어가니 눈물이냐 눈물이냐) 따위). 말줓기놀이. 2 말장난.

언어-음 (言語音) 명〔언〕 음성 기관에 따라 조음(調音)되어 언어에 사용되는 음.

언어 장애 (言語障礙) 명 말을 정확하게 발음 또는 이해할 수 없게 되는 장애(발음 불명료·말 더듬·실어증(失語症) 따위).

언어-적 (言語的) 관명 말로 하는 (것). ▢~ 능력을 시험하다.

언어 정책 (言語政策) 〔언〕 국가가 그 나라에서 사용하는 언어에 대해 베푸는 정책.

언어 중추 (言語中樞) 〔생〕 언어의 생성 및 이해를 관장하는 대뇌의 중추((청각 중추·기억 중추·발음 중추 따위)).

언어 지리학 (言語地理學) 〔언〕 언어가 지리적 조건에 따라 분화한 협상을 밝히는 언어학의 한 분야((언어 현상 가운데 지역적 분포·변천 등을 연구함)). 방언 지리학.

언어 치료사 (言語治療士) 〔의〕 언어 장애를 일으킨 환자에게 발음·대화 따위의 훈련을 실시하는 전문 기술자.

언어-폭력 (言語暴力)[어너퐁녁] 명 말로써 온갖 음담패설을 늘어놓거나 욕설·협박 따위를 하는 짓. ▢~에 시달리다.

언어-학 (言語學) 〔언〕 언어를 대상으로 음운·문자·문법·어휘 따위에 관해서 역사적·지리적 형태를 밝히고 계통을 세우는 학문. ◐어학.

언어학-자 (言語學者)[어너-짜] 명 언어학을 연구하는 학자. ◐어학자.

언어-활동 (言語活動)[어너-똥] 명 언어를 말하거나 쓰거나 또는 듣고 읽어 이해하는 행동 전반. ▢뇌를 다쳐 ~에 지장이 있다.

언언사사 (言言事事) 명 모든 말과 모든 일.

언:역 (諺譯) 명하타 언문으로 번역함. 또는 그 번역. 언해(諺解).

언:연 (偃然) 명하형히부 언건(偃蹇).

언왕설래 (言往說來) 설왕설래.

언외 (言外) 명 (주로 '언외에'의 꼴로 쓰여) 말에 나타낸 뜻의 밖. ▢~에 뜻을 짐작하다.

언외지의 (言外之意)[어눠- / 어눼-이] 명 말에 나타나 있지 않은 뜻. *언중지의(言中之意).

언용 (言容) 명 말씨와 용모. 언모(言貌).

언:월 (偃月) 명 1 안으로 좀 구붓한 반달. 현월(弦月). 2 반달 같은 형상. 3 모자나 벙거지의 가운데 둥글고 우뚝한 부분. 운월(雲月).

언:월-도 (偃月刀)[어뤌또] 명 〔역〕 1 옛날의 언월같이 생긴 큰 칼. ◐월도. 2 '청룡 언월도'의 준말.

언:월-예 (偃月瞖)[어뉄례] 명 〔한의〕 눈동자 안의 수정체가 흐려지는 병((노인성 백내장에 해당됨)).

언의 (言議)[어늬 / 어니] 명 이러너저러너 하는 소문.

언자 (言者) 명 말하는 사람.

언:자 (諺字)[-짜] 명 언문(諺文) 글자. 곧, 한글.

언잠 (言箴) 명 사물잠(四勿箴)의 하나. '예(禮)가 아니거든 말하지 말라'는 계율.

언재 (言才) 명 말재주.

언쟁 (言爭) 명하자 말다툼. ▢~이 벌어지다 / ~을 벌이다.

언저리 명 1 둘레의 가 부분. ▢입 ~ / 입구 ~에서 맴돌다. 2 어떤 수준이나 정도의 위아래. ▢평년 수준 ~에 머물다.

언적 (言的) 명 남이 모르게 자기들끼리만 통하는 구호.

-ㄴ지라 어미 '이다'·'아니다' 따위의 어간에 붙어, '-ㄹ지니정'의 뜻으로 쓰는 연결 어미. ▢불감청(不敢請)이~ 고소원(固所願)이로소이다. *-는지언정.

언정이순 (言正理順)[-니-] 명하형 말이나 이치가 바르고 옳음.

언:제 (堰堤) 명 제언(堤堰).

언:제 ⊟부 1 의문문에서, 잘 모르는 때. 어느 때. ▢~ 온다더냐. 2 아무 때나. ▢~ 같이 식사를 하자. ⊡지대 1 의문문에서, 잘 모르는 때. 어느 때. ▢시험은 ~부터냐. 2 (조사 '는'과 함께 쓰여) 과거의 어느 때. ▢~는 좋다고 하더니. 3 (조사 '든'·'든지'·'라도' 따위와 함께 쓰여) 정해지지 않은 때. ▢~든지 가겠다 / ~라도 만날 용의가 있다.

언:제-나 [부] 1 어느 때에나. 2 어느 때에나. ▢오면 ~ 만날 수 있다. 2 끊임없이. 계속하여. ▢~ 같은 일을 하고 있다. 3 어느 때에 가서야. ▢임은 ~ 만날 수 있을까.

언:제-호 (堰堤湖) 명 〔지〕 폐색호(閉塞湖).

언:젠가[부] 1 미래의 어느 때에 가서는. 조만간. ▢~ 후회할 때가 올 것이다. 2 이전의 어느 때에. ▢~ 본 일이 있다.

언졸-하다 (言拙-) 형여 어졸(語拙)하다.

언죽-번죽 [-뻑-] 부하형 조금도 부끄러워하는 기색이 없고 비위가 좋은 모양. ▢~ 떠들어 대다.

언중 (言中) 명 말 가운데.

언중 (言衆) 명 같은 언어를 사용하면서 공동

생활을 하는 사회 안의 대중.

언중-유골(言中有骨)[-뉴-] 圈 말 속에 뼈가 있다는 뜻으로, 예사로운 말 속에 단단한 속뜻이 들어 있음을 이르는 말.

언중-유언(言中有言)[-뉴-] 圈 말 속에 말이 있다는 뜻으로, 예사로운 말 속에 어떤 풍자나 암시가 들어 있음을 이르는 말.

언중지의(言中之意)[-이] 圈 말 속에 나타난 뜻. *언외지의(言外之意).

언중-하다(言重-) 圈圈 입이 무겁고 말이 신중하다. ↔언경(言輕)하다. **언중-히** 閉

언즉시야(言則是也) 圈 말인즉 옳음.

언지(言質) 圈 '언질(言質)'의 본딧말.

언지무익(言之無益) 圈圈 말해 보아야 소용없음.

언:지-호(堰止湖) 圈『지』 폐색호.

언진-하다(言盡-) 圈圈 할 말을 다해서 더 할 말이 없다.

언질(言質) 圈 [←언지(言質)] 나중에 꼬투리나 증거가 될 말. 圈~을 받아 내다.
언질(을) 잡다 圈 남이 한 말을 자기가 할 말의 증거로 삼다.
언질(을) 주다 圈 남에게 증거가 될 만한 말을 하다.

언집(言執) 圈圈 자기 말을 고집함. 圈~이 세다.

언짢다[-짠타] 圈 마음에 들지 않거나 불쾌하다. 圈농담이었으니 언짢게 생각지 마라.

언짢아-하다[-짜나-] 圈圈 마음에 들지 않거나 불쾌하게 여기다. 圈그만한 일에 ~니 / 부모님은 형이 분가하겠다는 말에 언짢아하셨다.

언짢-이[-짜니] 閉 언짢게. 圈내 충고는 ~ 생각 말게.

언참(言讖) 圈 미래의 사실을 꼭 맞추어 예언하는 말.

언책(言責) 圈 **1** 잘못을 꾸짖고 나무람. 圈~을 돌다 **2** 자기가 한 말에 대한 책임. 圈~을 통감하다.

언청-계용(言聽計用)[-/-게-] 圈圈 남을 깊이 믿어 그가 하자는 대로 함.

언청-샌님 圈 '언청이'를 놀림조로 이르는 말.

언청이 圈 윗입술이 선천적으로 세로로 갈라진 사람. 또는 그런 입술. 결구(缺口).
[언청이 아니면 일색] 결점만 없으면 좋을 것이라고 칭찬하는 듯하면서 사실은 결점이 있으니 어쩌겠냐고 비꼬아 이르는 말.

언:-초(偃草) 圈 바람에 쏠려 쓰러진 풀이란 뜻으로, 백성이 잘 교화(教化)됨의 비유.

언치¹ 圈 안장이나 길마 밑에 깔아 말이나 소의 등을 덮어 주는 방석이나 담요.

언치² 圈『조』 어치.

언커트(uncut) 圈 **1**『인』책이나 잡지 등의 제본에 앞서 가장자리를 가지런히 자르지 않은 것. **2**『연』검열 이전의 잘라 내지 않은 영화 필름.

언탁(言託) 圈圈자圈 말로 부탁함.

언턱 圈 **1** 물건 위에 턱처럼 층이 진 곳. **2** 언덕의 턱.

언턱-거리[-꺼-] 圈 남에게 무턱대고 말썽을 부릴 만한 근거나 핑계. ㉮턱거리.

언투(言套) 圈 말버릇. 말투. 圈고압적인 ~.

언틀-먼틀 閉圈 바닥이 고르지 못해 올퉁불퉁한 모양. 圈길바닥이 ~하다.

언파(言罷) 圈圈자 (주로 '언파에'의 꼴로 쓰여) 말을 끝냄.

언표(言表) 圈 **1** 언외(言外). **2** 말로 나타낸 바. 圈강력한말.

언품(言品) 圈 말의 품위. 圈~이 고상하다.

언-필칭(言必稱) 閉 말을 할 때마다 반드시. 圈~ 사회 정의라.
언필칭 요순 圈 ㉠늘 같은 말을 되풀이함. ㉡늘 성현의 말을 들추어 고고한 체함.

언화(言下) 圈 (주로 '언하에'의 꼴로 쓰여) 말하는 바로 그 자리 또는 그때. 圈~에 승낙하다.

언:해(諺解) 圈圈타 한문을 한글로 풀이함. 또는 그 책. 圈~를 펴내다.

언행(言行) 圈 말과 행동. 圈~에 조심하다 / ~이 상반하다.

언행-록(言行錄)[-녹] 圈 말과 행동을 적어 모은 책. 행록(行錄).

언행-일치(言行一致) 圈圈자 말과 행동이 같음. 또는 말한 대로 실행함.

언힐(言詰) 圈圈타 말로 꾸짖고 나무람.

얹다[언따] 타 **1** 위에 올려놓다. 圈이마에 손을 / 불에 냄비를 ~. **2** 일정한 분량이나 액수에 덧붙이다. 圈웃돈을 / 덤으로 몇 개를 얹어 주다. **3**『민』윷놀이에서, 한 말을 다른 말에 어우르다. **4** 활에 시위를 걸어서 팽팽하게 당기다.

얹은-머리[언즌-] 圈 여자의 머리를 땋아서 위로 둥글게 둘러 얹은 머리.

얹은-활[언즌-] 圈 활시위를 걸어 놓은 활.

얹혀-살다[언처-] [-살아, -사니, -사는] 자 남에게 의지해서 붙어살다. 圈큰집에 ~.

얹히다[언치-] 자 **1**『얹다'의 피동』다른 것 또는 높은 곳에 올려놓이다. 圈선반 위에 얹힌 상자. **2** 먹은 음식이 체하다. 圈저녁 먹은 게 얹혔는지, 속이 답답하다. **3** 남에게 신세를 지다. 圈삼촌 댁에 얹혀 지내다.

얻:다¹[-따] 타 **1** 주는 것을 받아 가지다. 圈책을 ~. **2** 구하던 것을 받거나 가지게 되다. 圈일자리를 / 과반수의 찬성표를 ~. **3** 보고, 읽고, 들어 터득하다. 圈얻는 것이 많은 책 / 중요한 정보를 ~. **4** 돈이나 집·방 따위를 빌리다. 圈셋방을 / 빚을 ~. **5** 사람을 맞다. 圈며느리를 ~. **6** 차지하거나 손에 넣다. 圈폭리를 / 천하를 ~. **7** 자신·용기·보람 따위를 가지게 되다. 圈힘을 / 자신을 ~. **8** 병에 걸리다. 圈젊어서 얻은 병.
[얻은 떡이 두레 반] 수고 없이 얻은 것이 힘써 만든 것보다 많음의 비유.

얻:다²[-따] 閉 어디에다. 圈그걸 ~ 쓰겠나.

얻다가[-따-] 閉 어디에다가. 圈~ 버렸니.

얻:어-걸리다 자 〈속〉우연히 힘들이지 않고 제것이나 제 몫이 되다. 圈일자리가 ~.

얻:어-듣다[어더-따] [-들어, -들으니, -듣는] 타 남에게서 우연히 들어 알다. 圈얻어들은 이야기.

얻어들은 풍월 圈 정식으로 배운 것이 아니고 자주 들어 아는 지식.

얻:어-맞다[어더맏따] 자타 **1** 남에게 매를 맞다. 圈얻어터지다. 圈따귀를 / 이유 없이 ~. **2** (비유적으로) 여론이나 언론 따위의 비난을 받다. 圈부패한 관료들이 매스컴에 ~.

얻:어-먹다[어더-따] 자타 **1** 남에게서 음식을 공(空)으로 또는 빌어서 먹다. 圈밥을 얻어먹고 사는 신세 / 선배에게서 점심을 ~. **2** 욕설을 듣다. 圈욕을 ~.

얻:어-터지다 자타 〈속〉얻어맞다1.

얻:은-잠방이 圈 남에게서 얻은 것으로, 그리 신통하지 못한 물건.

얼¹ 圈 **1** 겉에 드러난 흠. 圈~이 가다 / ~이

들다. **2** '언걸'의 준말.

얼:² [명] 정신. 넋. ❑민족의 ~/~이 나가다/~을 빼다.

얼- [투] **1** 명사 앞에 붙어, '덜된'·'똑똑하지 못한'의 뜻을 나타내는 말. ❑~개화/~뜨기. **2** 동사 앞에 붙어, '대충'·'분명하지 않게'의 뜻을 나타내는 말. ❑~버무리다/~보이다/~치다.

얼-간 [명][하타] **1** 소금에 조금 절이는 간. 담염(淡塩). **2** '얼간망둥이'의 준말. **3** '얼간이'의 준말.

얼간-구이 [명] 생선을 얼간해서 구운 음식. 담염구(淡塩炙).

얼간-망둥이 [명] 주책없고, 아무 일에나 껑충거리기만 하는 사람의 별명. [준]얼간.

얼간-쌈 [명] 가을에 배추의 속대를 얼간해 두었다가 겨울에 쌈으로 먹는 음식. 반염송포(半塩菘包).

얼간-이 [명] 됨됨이가 똑똑지 못하고 덜된 사람의 별명. ❑~ 취급을 받다/이런 ~ 같으니라구. [준]얼간.

얼:-갈이 [명][하타] **1** 겨울에 논밭을 대강 갈아엎음. **2** 푸성귀를 늦가을이나 초겨울에 심는 일. 또는 그 푸성귀.

얼:갈이-김치 [명] 얼갈이배추로 담근 김치. 동파저(凍播菹).

얼:갈이-배추 [명] 늦가을이나 초겨울에 심어 가꾸는 배추.

얼개 [명] 사물이나 조직의 전체를 이루는 짜임새나 구조. ❑기계의 ~/소설의 기본 ~.

얼-개화 (-開化) [명] 완전하지 못하고 어중간하게 된 개화.

얼거리 [명] 일의 골자만을 추려 잡은 전체의 윤곽이나 줄거리. ❑논문의 ~/계획의 ~.

얼거리(를) 잡다 [구] 일의 골자를 추려 전체의 윤곽을 대강 엮어 놓다.

얼-결 [-껼] [명] '얼떨결'의 준말《주로 '얼결에'의 꼴로 씀》. ❑~에 승낙하다.

얼-교자 (-交子) [명] 식(食)교자와 건(乾)교자를 섞어 교자상에 차려 놓은 음식.

얼교자-상 (-交子床)[-쌍] [명] 얼교자로 차린 상.

얼굴¹ [명] **1** 눈·코·입 따위가 있는 머리의 앞면. ❑~을 찡그리다. **2** 얼굴의 생김새. 용모. ❑~을 익히다. **3** 남에게서 얻은 신용·평판 또는 체면·명예. ❑~이 잘 알려진 사람/무슨 ~로 그를 대하겠느냐. **4** 심리 상태가 나타난 형색. ❑쓸쓸한 ~. **5** 어떤 분야에 활약하는 사람. ❑연극계의 새 ~. **6** 어떤 사물을 대표하는 부분. ❑수도는 그 나라의 ~이다.

[얼굴에 모닥불을 담아 붓듯] 매우 부끄러워 낯이 뜨거움을 이름.

얼굴에 노랑꽃〔외꽃〕이 피다 [구] 얼굴이 누렇게 떠 병색이 있다.

얼굴에 똥칠〔먹칠〕을 하다 [구] 체면을 깎다. 창피를 당하게 하다. ❑그놈이 제 아비 얼굴에 똥칠을 하고 다닌다면서.

얼굴에 철판을 깔다 [구] 몹시 뻔뻔스러워 부끄러워하지 않다.

얼굴을 깎다 [구] 체면을 잃게 만들다.

얼굴을 내밀다〔비치다〕 [구] 모임 따위에 모습을 나타내다.

얼굴을 팔다 [구] 얼굴이 알려진 것을 이용해서 이득을 얻다. ❑정치가가 얼굴을 팔고 다니다니.

얼굴을 하다 [구] 표정을 짓다. ❑싫은 ~.

얼굴이 꽹과리 같다 [구] 염치가 없고 뻔뻔스럽다.

얼굴이 두껍다 [구] 부끄러움을 모르고 염치가 없다. 얼굴 가죽이 두껍다.

얼굴이 뜨겁다 [구] 부끄럽거나 창피해서 남을 볼 면목이 없다.

얼굴이 반쪽이 되다 [구] 병이나 고통으로 얼굴이 몹시 수척해지다.

얼굴이 팔리다 [구] 세상에 널리 알려지다. 유명해지다.

얼굴이 피다 [구] 얼굴에 살이 오르고 화색이 돌다.

얼굴² [명] 〈옛〉 모양. 형상.

얼굴-값 [-깝] [명] (주로 '하다'·'못하다'와 함께 쓰여) 생긴 얼굴에 어울리는 행동. ❑~도 못하는 사람/주제에 ~은 하려고.

얼굴-빛 [-삗] [명] 얼굴에 나타난 표정이나 빛깔. 얼굴색. ❑~이 밝다/~이 변하다.

얼굴빛이 붉으락푸르락하다 [구] 심하게 흥분해서, 안색이 벌겋게 되었다 창백하게 되었다 하다.

얼굴-색 (-色)[-쌕] [명] 얼굴빛. ❑~을 흐리다.

얼근-덜근 [부][하형] 맛이 얼근하면서 들쩍지근한 모양. [작]알근달근.

얼근-하다 [형여] **1** 매워서 입 안이 조금 얼얼하다. ❑찌개가 ~. **2** 술이 취해서 정신이 조금 어렴풋하다. ❑술기운이 ~. [작]알근하다. [거]얼큰하다. **얼근-히** [부]. ❑~ 취기가 돌다.

얼금-뱅이 [명] 얼굴이 얼금얼금 얽은 사람. [작]알금뱅이.

얼금-숨숨 [부][하형] 굵고 얕게 얽은 자국이 밴 모양. [작]알금솜솜.

얼금-얼금 [부][하형] 굵고 얕게 얽은 자국이 듬성듬성 있는 모양. [작]알금알금.

얼기-설기 [부][하형] 이리저리 뒤얽힌 모양. ❑실이 ~ 얽히다/감정이 복잡하게 ~ 뒤엉키다. [작]알기살기. [거]얼키설키.

얼-김 [-낌] [명] (주로 '얼김에'의 꼴로 쓰여) 다른 일이 벌어지는 바람에 덩달아. ❑~에 해치웠다.

얼-넘기다 [-럼-] [타] 일을 얼버무려 넘기다.

얼-넘어가다 [-러머-] [자타] 일을 얼버무려 넘어가다. ❑고비를 ~.

얼:-녹다 [-록따] [자] 얼다가 녹다가 하다. [준]어녹다.

얼:-녹이다 [-로기-] [타] 《'얼녹다'의 사동》 얼녹게 하다. [준]어녹이다.

얼:다 〔얼어, 어니, 어는〕 [자] **1** 찬 기운 때문에 굳어지다. ❑물이 ~/날씨가 추워 화초가 ~. **2** 추위로 몸의 한 부분의 감각이 없어지다. ❑손발이 ~. **3** 〈속〉 기가 꺾이다. ❑시험관 앞에서 ~. **4** '술에 취해 혀가 굳어지다'를 비웃어 하는 말.

[언 발에 오줌 누기] 일시적인 효과는 있으나 곧 해로운 결과를 초래하게 되는 짓. 동족방뇨(凍足放尿).

얼-더듬다 [-따] [자] 이 말 저 말 뒤섞여 잘 알아들을 수 없는 말을 하다. ❑횡설수설 ~.

얼떨-결 [-껼] [명] (주로 '얼떨결에'의 꼴로 쓰여) 뜻밖의 일을 갑자기 당하거나, 여러 가지 일이 복잡해서 정신을 가다듬지 못하는 판. ❑~에 말해 버리다. [준]얼결.

얼떨떨-하다 [형여] 매우 얼떨하다.

얼떨-하다 [형여] **1** 뜻밖의 일을 갑자기 당하거나, 여러 가지 일이 복잡해서 정신을 가다듬지 못하다. ❑뜻밖에 당하여 정신이 ~. **2** 머리를 부딪쳐 골이 울리고 아프다.

얼뚱-아기 [명] 둥둥 얼러 주고 싶은 재롱스러

운 아기.
얼:-뜨기 몡 얼뜬 사람.
얼:-뜨다 〔얼떠, 얼뜨니〕 혱 다부지지 못하고
어수룩하고 얼빠진 데가 있다. ▣ 얼뜬 목소
리 / 솜씨가 ~.
[얼뜬 봉변이다] 공연한 일에 말려들어 창피
한 꼴을 당한다는 말.
얼:-락-녹을락 〔-랑노글-〕 閉하자 **1** 얼었다 녹
았다 또는 얼 듯 말 듯 하는 모양. **2** 형편에
따라 다잡다가 늦추거나, 치켜세우다가 깎아
내리는 모양. ▣ 직원을 ~ 다스리다.
얼락-배락 〔-빼-〕 閉하자 성했다 망했다 하는
모양.
얼러기 털빛이 얼럭얼럭한 짐승.
얼러꿍-덜러꿍 閉하형 몹시 어수선하게 얼럭
덜럭한 모양. 짝알라꿍달라꿍.
얼:러-맞추다 〔-맞-〕 匣 그럴듯한 말로 둘러대
어 남의 비위를 맞추다. ▣ 달콤한 말로 비위
를 ~.
얼:러-먹다 〔-따〕 匣 서로 어울러서 함께 먹다.
얼러-방망이 ☞ 을러방망이.
얼:러방-치다 困 **1** 두 가지 이상의 일을 한꺼
번에 해내다. **2** 일을 얼렁뚱땅해 넘기다.
얼:러-붙다 〔-분따〕 困 여럿이 어우러져 하나에
붙다.
얼:러-치다 匣 **1** 두 가지 이상의 것을 한꺼번에 때
리다. ▣ 북과 장구를 ~. **2** 둘 이상의 물건
값을 함께 셈하다. ▣ 무·배추의 값을 ~.
얼럭 본바탕에 다른 빛깔의 점이나 풀 따위
가 섞인 모양. 짝알락.
얼럭-광대 〔-꽝-〕 몡 '광대'를 '어릿광대'에
대해서 이르는 말.
얼럭-덜럭 〔-떨-〕 閉하형 여러 가지 빛깔의 점
이나 줄 따위의 무늬가 고르지 않게 촘촘한
모양. 짝알락달락.
얼럭-말 〔-렁-〕 몡 털빛이 얼럭진 말.
얼럭-소 〔-쏘〕 몡 털빛이 얼럭진 소.
얼럭-얼럭 閉하형 여러 가지 어두운 빛깔의 점
이나 줄 따위 무늬가 고르게 촘촘한 모양. 짝
알락알락.
얼럭-지다 〔-찌-〕 困 **1** 얼럭이 생기다. **2** 일처
리가 공평하지 못하게 되다.
얼럭-집 〔-찝〕 몡 한 집의 각 채를 여러 가지
양식으로 지은 집(기와집과 초가집이 섞여
있는 집 따위).
얼렁-거리다 困 남의 비위를 맞추거나 환심을
사려고 자꾸 아첨을 떨다. 짝알랑거리다. 얼
렁-얼렁 閉하자.
얼렁-대다 困 얼렁거리다.
얼렁-뚱땅 閉하자匣 엉너리를 부려 얼김에 슬
쩍 남을 속이는 모양. 엄벙뗑. ▣ ~ 둘러대
다 / ~ 넘어가다. 짝알랑뚱땅.
얼렁-쇠 몡 얼렁거리는 사람. 짝알랑쇠.
얼렁-수 〔-쑤〕 몡 얼렁뚱땅해서 남을 속이는
수단. ▣ ~를 조심하다 / 그런 ~가 통하겠느
냐. 짝알랑수.
얼:렁-장사 몡 여럿이 밑천을 어울러서 벌이
는 장사. ▣ ~를 하니 남는 게 없다.
얼:렁-질 몡하자 실 끝에 돌을 매어 서로 걸고
당겨서, 그 실의 강약을 겨룸. 또는 그런 장난.
얼레 몡 실·연줄·낚싯줄 따위를 감는 기구(설
주두 개나 네 개 또는 여섯 개로 짜서 중앙
에 자루를 박고 실을 감음). ▣ ~를 감다.
얼레-공 몡 장치기할 때, 양편의 주장이 경기
장 중앙에 파 놓은 구멍에서 공을 서로 빼앗
기 위해 공을 어르는 짓.

얼레발 몡 ☞ 엉너리.
얼레-빗 〔-빋〕 몡 빗살이 굵고 성긴 큰 빗.
얼레살-풀다 〔-풀어, -푸니, -푸는〕 困 허랑
방탕하게 재물을 없애기 시작하다.
얼레지 몡 〖植〗 백합과의 여러해살이풀. 잎은
하나씩 마주나며 달걀 모양 또는 타원형임.
어린잎은 식용하고 비늘줄기는 약용함. 4-5
월에 자줏빛 꽃이 줄기 끝에 피며 관상용이
고 산의 기름진 땅에 절로 남.
얼레짓-가루 〔-지까-/-짇까-〕 몡 얼레지의
뿌리로 만든 흰빛의 녹말.
얼루기 몡 얼룩얼룩한 점이나 무늬. 또는 그런
점이나 무늬가 있는 짐승이나 물건. ▣ 흰 점
이 박힌 ~. 짝알루기.
얼루룩-덜루룩 〔-떨-〕 閉하형 여러 가지 어두
운 빛깔의 점이나 줄 따위가 성기고 고르지
않게 무늬를 이룬 모양. 짝알로록달로록.
얼루룩-얼루룩 閉하형 여러 가지 어두운 빛깔
의 크고 뚜렷한 점이나 줄 따위가 성기고 고
르게 무늬를 이룬 모양. 짝알로록알로록.
얼루룽-덜루룽 閉하형 여러 가지 빛깔의 크고
뚜렷한 점이나 줄 따위가 고르지 않고 성기
게 무늬를 이룬 모양. 짝알로룽달로룽.
얼루룽-얼루룽 閉하형 여러 가지 빛깔의 점이
나 줄 따위가 고르고 성기게 무늬를 이룬 모
양. 짝알로룽알로룽.
얼룩 몡 **1** 본바탕에 다른 빛깔의 점이나 줄 따
위가 뚜렷하게 섞인 자국. ▣ ~ 반점 / ~이
진 치마. **2** 액체 따위가 묻거나 스며들어서
더러워진 자국. ▣ ~을 빼다 / ~이 생기다.
얼룩-나방 몡 〖動〗〖蟲〗 얼룩나방과의 나방.
몸빛이 얼룩얼룩함. 애벌레는 물푸레나무 등
의 잎을 갉아먹음.
얼룩-덜룩 〔-떨-〕 閉하형 여러 가지 어두운 빛
깔의 점이나 줄 따위가 고르지 않게 무늬를
이룬 모양. ▣ ~ 더럽혀진 옷. 짝알록달록.
얼룩-말 〔-룽-〕 몡 〖動〗 **1** 말과의 짐승. 말과
비슷한데 조금 작고, 백색 또는 담황색 바탕
에 흑색 줄무늬가 있음. 초원에 떼 지어 살
며, 사나워서 길들이기 어려움. 아프리카 동
남부에 분포함. **2** 털의 빛이 얼룩룩한 말.
화마(花馬).
얼룩-무늬 〔-룽-니〕 몡 얼룩진 무늬. ▣ ~로
위장된 군대 초소.
얼룩-백로 (-白鷺)〔-뺑노〕 몡 〖鳥〗 백로과의
새. 머리 위에서 목 뒤까지는 검고 목의 좌우
는 밤색이며 눈의 주위는 누름. 남아시아에
분포함. 얼룩해오라기.
얼룩-빼기 몡 겉이 얼룩얼룩한 동물이나 물
건. ▣ ~ 송아지.
얼룩-소 〔-쏘〕 몡 털빛이 얼룩얼룩한 소. 이우
(犁牛).
얼룩-송아지 〔-쏭-〕 몡 털빛이 얼룩얼룩한 송
아지.
얼룩-얼룩 閉하형 여러 가지 어두운 빛깔의 점
이나 줄 따위가 고르게 무늬를 이룬 모양. 짝
알록알록.
얼룩-이 몡 ☞ 얼루기.
얼룩-점 (-點)〔-쩜〕 몡 물건에 박힌 얼룩얼룩
한 점.
얼룩-지다 〔-찌-〕 困 **1** '어루러기지다'의 준
말. ▣ 셔츠가 땀으로 ~. **2** 좋지 않은 요소가
섞여 말끔하지 않은 상태가 되다. ▣ 고난과
정쟁(政爭)으로 얼룩진 역사.
얼룩-하다 〔-루카-〕 혱여 바탕에 다른 빛깔의
점이나 줄 따위가 뒤섞인 데가 있다.
얼룽 몡 '얼룽이'의 준말. 짝알룽. 옛어룽.
얼룽-덜룽 閉하형 여러 가지 빛깔의 크고 뚜렷

한 점이나 줄 따위가 고르지 않게 촘촘하게 무늬를 이룬 모양. ⑩어룽덜룽.

얼룽-몰 명 〔옛〕얼룩말.

얼룽-얼룽 부형 여러 가지 빛깔의 크고 뚜렷한 점이나 줄 따위가 고르고 촘촘하게 무늬를 이룬 모양. ㉝알롱알롱. ⑩어룽어룽².

얼룽-이 명 얼룽얼룽한 점이나 무늬. 또는 그런 점이나 무늬가 있는 짐승이나 물건. ㉝알룽이. ⑩어룽이. ㉗얼룽.

얼룽-지다 형 얼룽얼룽한 점이나 무늬가 있다. ㉝알룽지다. ⑩어룽지다.

얼른 부 시간을 끌지 않고 바로. 빨리. 어서.
□ ~ 먹어라 / ~ 가자.

얼른-거리다 재 1 무엇이 자꾸 보이다 말다 하다. □건너쪽에서 무언가가 ~. 2 그림자가 희미하게 움직이다. 3 물이나 거울에 비친 그림자가 자꾸 흔들리다. □물결에 얼른거리는 모습. ㉝알른거리다. ⑩어른거리다. **얼른-얼른¹ 부형재**

얼른-대다 재 얼른거리다.

얼른-얼른² 부 '얼른'을 강조하는 말. □꾸물대지 말고 ~ 해치워라.

얼:리다¹ 재타 1 '어울리다'의 준말. 2 서로 얽히게 되다. ㉢타 어울리게 하다.

얼:리다² 타 《'얼다'의 사동》얼게 하다.

얼마 명 1 잘 모르는 수량이나 정도. □모두 ~냐. 2 정하지 않은 수량이나 정도. □~ 안 되지만 여비에 보태 써라. 3 밝힐 필요가 없는 적은 수량이나 값 또는 정도. □그는 ~ 못 살 것 같다.

얼마-간 (-間) 명 그리 많지 않은 수량이나 정도. 얼마쯤. □그 의의 차이. ㉢부 그리 길지 않은 시간 동안. □이 시간이 필요하겠지.

얼마-나 부 1 얼마 가량이나. □역차지는 ~ 더 가야지. 2 정도가 매우 대단함을 나타냄. □~ 아플까 / ~ 추운지 물이 꽁꽁 얼었다.

얼:-마르다 〔얼말라, 얼마르니〕**재르** 얼어 가며 차차 마르다. □얼마른 북어.

얼마-만큼 부 얼마만하게. ㉗얼마큼.

얼마-쯤 부 얼마 정도. □~이면 살 수 있지.

얼마-큼 부 '얼마만큼'의 준말.

얼-망 (-網) 명 새끼나 노끈 따위로 양편의 가장자리 사이를 그물처럼 얽은 물건.

얼-맞다 [-맏따] 형 정도에 넘치거나 모자라지 않다. ㉝알맞다.

얼-먹다 [-따] 재 놀라서 어리둥절해지다.

얼멍-덜멍 부형 1 죽이나 풀 따위가 잘 풀어지지 않고 여기저기 덩어리져 있는 모양. □풀을 ~ 쑤다. 2 고르지 않게 여기저기가 얼룩덜룩한 모양.

얼멍-얼멍 부형 1 죽이나 풀 따위가 잘 풀리지 않아 덩어리가 있는 모양. 2 실이나 털로 짠 물건의 밑바닥이 존존하지 않은 모양.

얼믜다 형 〔옛〕성기다. 설피다.

얼-미닫이 [-다지] 명 《건》두 짝이 엇물리게 닫히는 미닫이.

얼밋-얼밋 [-미들밋] 부형재 1 우물쭈물하며 미적머적 미루는 모양. □~ 시간을 끌다. 2 허물이나 책임 따위를 남의 탓으로 어물어물 돌리는 모양. ㉝알밋알밋.

얼-바람 명 어중간하게 부는 바람.
얼바람(을) 맞다 관 어중간히 바람을 맞은 것처럼 실없는 짓을 하다.

얼-바람둥이 명 실없이 허황한 짓을 하는 사람. □그 ~의 말을 믿느냐.

얼-버무리다 재타 1 제대로 씹지 않고 삼키다. □빵 조각을 ~. 2 말이나 행동을 분명하지

않게 하다. □답변을 ~ / 농담으로 ~. 3 여러 가지를 대충 섞다. □겉절이를 ~.

얼-보다 타 1 바로 보지 못하다. 2 뚜렷하게 보지 못하다. □슬쩍 얼보았더니 기억할 수가 없군.

얼-보이다 재 《'얼보다'의 피동》바로 또는 뚜렷하게 보이지 않다. □땀방울이 눈을 가려 ~.

얼:-부풀다 〔얼부풀어, 얼부푸니, 얼부푸는〕**재** 얼어서 부풀어 오르다. □이른 봄의 얼부푼 보리밭.

얼:-비치다 재 1 빛이 어른거리게 비치다. 2 어렴풋이 나타나 보이다.

얼:-빠지다 재 정신이 없어지다. □얼빠진 표정 / 얼빠진 사람.

얼:-빼다 타 얼이 빠지게 하다.

얼-뺨 명 얼떨결에 때린 뺨.

얼싸 감 1 흥겨워 내는 소리. □~ 좋고. 2 얼씨구.

얼싸-둥둥 ㉢감 아기를 어를 때 흥겹게 내는 소리. □~ 우리 아기 잘도 잔다. ㉢부 남의 운에 끌려 멋모르고 행동하는 모양. □~ 잘도 논다.

얼싸-안다 [-따] 타 두 팔을 벌려서 껴안다. □아들을 얼싸안은 어머니.

얼싸-절싸 부형재 1 흥겨워 뛰노는 모양. □~ 잘 놀아난다. 2 중간에서 양편이 다 좋도록 주선하는 모양. □그가 나서면 ~ 해결되겠지.

얼쑹-덜쑹 부형재 여러 가지 빛깔로 된 점이나 줄이 고르지 않게 뒤섞여 무늬를 이룬 모양. □많은 꽃이 핀 ~한 꽃밭. ㉝알쑹달쑹.

얼쑹-얼쑹 부형재 여러 가지 빛깔로 된 점이나 줄이 고르게 뒤섞여 무늬를 이룬 모양. □무늬가 ~ 어지럽게 보인다. ㉝알쑹알쑹.

얼쑹-하다 형어 '어리숭하다'의 준말. ㉝알쑹하다.

얼씨구 감 1 흥겨워 떠들 때 장단을 가볍게 맞추며 내는 소리. □~ 좋다. 2 보기에 아니꼬워서 조롱할 때 내는 소리. □~, 그걸 말이라고 하느냐.

얼씨구-나 감 '얼씨구¹'를 강조하는 말. □~ 잘헌다.

얼씨구나-절씨구나 감 '얼씨구절씨구'를 강조하는 말. □~, 경사 났구나.

얼씨구-절씨구 감 흥겨워 장단에 맞추어 떠들며 지르는 소리. □~, 지화자 좋다.

얼씬 부형재 조금 큰 것이 눈앞에 잠깐 나타났다 사라지는 모양. □내 앞에는 ~도 하지 마라. ㉝알씬.

얼씬-거리다 재 자꾸 얼씬하다. ㉝알씬거리다. **얼씬-얼씬 부형재**

얼씬-대다 재 얼씬거리다.

얼씬-없다 [-씬업따] 형 얼씬하는 일이 없다. □한동안 얼씬없던 사람이 다시 나타났군.

얼씬-없이 [-씬업씨] 부 ~을 벗어나다.

얼-안 명 테두리의 안. □~을 벗어나다.

얼어-붙다 [어러붇따] 재 1 물체가 얼어서 꽉 들러붙다. □강물이 ~. 2 긴장이나 무서움 등으로 몸이 굳어지다. □대중 앞에 나서니 입이 얼어붙어 말이 안 나온다.

얼얼-하다 형어재 1 맵거나 독해서 혀끝이 아리고 쏘는 느낌이 있다. □김치가 얼마나 매운지 혀가 ~. 2 상처나 덴 자리가 아린 느낌이 있다. □맞은 뺨이 아직도 ~. 3 술에 취해서 정신이 어리숭하다. ㉝알알하다.

얼:-없다 [어럽따] 형 조금도 틀림없다. □그

사람이라면 얼없으니 걱정 마라. 얼:-없이
[어럽씨]톙. □일을 ~ 해내다.
얼에빗톙〈옛〉얼레빗.
얼-요기 (-療飢)[-료-]톙 넉넉하지 못한 요
기. 또는 대강 하는 요기.
얼우다囘〈옛〉얼리다².
얼음톙 물이 얼어서 굳어진 것. □~이 박이
다 / ~을 지치다.
얼음-걷기 [어름-끼]톙《植》올벼의 하나. 빛
이 누르고 꺼끄러기가 없으며 껍질이 얇은
데, 해빙할 무렵 씨를 뿌림.
얼음-과자 (-菓子)톙 설탕물에 과실즙·향료
등을 섞고 얼려 만든 과자. 빙과(氷菓).
얼음-낚시 [어름낙씨]톙 겨울에 강이나 저수
지 등의 얼음을 깨고 하는 낚시질. □~로 시
간을 보내다.
얼음 냉:각법 (-冷却法)[어름-뻡]《物》얼음
이 녹을 때 주위의 열을 흡수하는 현상을 이
용한 냉각법.
얼음-냉수 (-冷水)톙 1 얼음을 띄워 차게 한
물. 빙수(氷水)1. □~ 한 그릇. 2 얼음같이
찬 물.
얼음-덩이 [어름떵-]톙 얼음의 덩어리.
얼음-무늬 [어름-늬]톙 갈라진 얼음장의 모양
을 본뜬 무늬.
얼음-물톙 얼음을 띄워 차게 한 물.
얼음 베:개 [의] 고무나 비닐로 만들어 얼음을
넣은 베개(흔히 환자의 머리를 차게 하기 위
해 씀).
얼음-사탕 (-砂糖)톙 모양이 얼음 조각처럼
된 사탕. 빙사탕.
얼음-엿 [어름녇]톙 달걀·우유·설탕·옥수숫가
루 따위에 향료를 섞어 얼려 만든 엿.
얼음-장 [어름짱]톙 1 조금 넓은 얼음 조각.
□~이 풀리다. 2 손발이나 구들 따위가 몹시
찬 것의 비유. □~ 같은 손 / 방바닥이 ~ 같
다. 3 인정이 없고 쌀쌀함의 비유.
얼음-주머니 [어름쭈-]톙《의》얼음을 넣은
주머니(고열 환자의 머리에 얼음찜질을 하는
데 씀). 빙낭(氷囊).
얼음-지치기 톙[하][자] 얼음 위를 지치는 운동이
나 놀이.
얼음-찜톙 얼음찜질.
얼음-찜질톙[하][자] 몸의 한 부분에 얼음을 대
어 열을 내리게 하는 일. 얼음찜.
얼음-차 (-茶)톙 얼음을 넣어 차게 한 차.
얼음-판톙 물이 얼어서 마당처럼 된 곳. □~
에서 미끄러지다 / ~에서 썰매를 타다.
얼음-편자톙 얼음 위에서 미끄러지지 않게
말굽에 박는 쇳조각.
얼의다囘〈옛〉엉기다.
얼이다囘〈옛〉시집보내다. 혼인시키다.
얼-입다 (孼-)[-립따]囘 남의 잘못으로 해를
받다. 연겁을다.
얼자 (孼子)[-짜]톙 서자(庶子).
얼-젓국지 [-젇꾹찌]톙 젓국을 조금 타서 국
물이 적게 담근 김치.
얼-조개젓 [-젇]톙 얼간으로 담근 조개젓.
얼짜톙 얼치기인 물건.
얼쩍지근-하다 [-찌-]톙[여] 1 살이 얼얼하게
아프다. □얻어맞은 뺨이 ~. 2 음식의 맛이
조금 맵다. □얼쩍지근하게 끓인 매운탕. 3
술이 알맞게 취하다. 4 살붙이의 관계나 앓
음의 인연이 있는 듯하다. ㉰얄짝지근하다.
㉰얼찌근하다.
얼쩡-거리다囘 1 얼렁거리며 남을 속이다. 2

하는 일도 없이 자꾸 어정거리다. ㉰알짱거
리다. 얼쩡-얼쩡 톙[하][자]
얼쩡-대다囘 얼쩡거리다.
얼쭝-거리다囘 여러 가지 말을 하며 얼찐거리
다. ㉰알쫑거리다. 얼쭝-얼쭝 톙[하][자]
얼쭝-대다囘 얼쭝거리다.
얼쯤 톙[하][자] 1 주춤거리는 모양. 2 얼버무리는
모양.
얼쯤-얼쯤 톙[하][자] 1 자꾸 주춤거리는 모양. 2
자꾸 얼버무리는 모양.
얼찌근-하다 '얼쩍지근하다'의 준말.
얼찐-거리다囘 가까이 붙어서 계속 아첨하는
태도를 보이다. ㉰알찐거리다. 얼찐-얼찐
톙[하][자]
얼찐-대다囘 얼찐거리다.
얼:-차려 톙《군》군의 기율을 바로잡기 위하
여 상급자가 하급자에게 비폭력적인 방법으
로 육체적 고통을 주는 일.
얼추튐 1 대강層. □~ 끝나다 / ~ 헤아려 보
다. 2 거의 가깝게. □~ 시간이 된 듯싶다 /
~ 다 왔다.
얼추-잡다 [-따]囘 대강을 짐작해서 정하다.
건목치다. □얼추잡아 100 명은 될 듯싶다.
얼-추탕 (孼鰍湯)톙 맨 밀가루 국에 미꾸라지는
넣지 않고 갖가지 양념만 넣고 추어탕처럼
끓인 국.
얼-치기톙 1 이것도 저것도 아닌 중간치기.
□죽도 밥도 아닌 ~다. 2 탐탁하지 않은 사
람. 3 이것저것이 조금씩 섞인 것.
얼크러-뜨리다囘 얼크러지게 하다. □실을
~ / 얼크러뜨린 연줄.
얼크러-지다囘 일이나 물건이 서로 얽히다.
□얼크러진 그물.
얼크러-트리다囘 얼크러뜨리다.
얼큰-하다톙[여] 1 매워서 입 안이 얼얼하다.
□얼큰한 동태찌개. 2 술이 몹시 취하여 정신
이 어렴풋하다. □얼큰하게 취하다. ㉰알큰
하다. ㉰얼근하다. 얼큰-히튐. □매운탕을
~ 끓이다.
얼키-설키튐 이리저리 뒤섞여 얽혀 있는 모
양. □밧줄이 ~ 얽히다. ㉰얼기설기.
얼토당토-아니하다톙[여] 1 전혀 상관이 없다.
□얼토당토아니한 사람. 2 전혀 가당치 않다.
□얼토당토아니한 거짓말. ㉰얼토당토않다.
얼토당토-않다 [-안타]톙 '얼토당토아니하다'
의 준말. □얼토당토않은 소문.
얼통 (孼統)톙 첩 소생의 혈통.
얼-통량 (-統涼)[-냥]톙 거칠게 만든 통영갓
의 갓양태.
얼핏 [-핃]튐 언뜻1.
얼핏-얼핏 [-피덜핃]튐 언뜻언뜻.
얽다¹ [억따]囘 1 얼굴에 마맛자국이 생기다.
□얼굴이 살짝 ~. 2 물건의 거죽에 오목오목
한 홈이 많이 나다. ㉰앍다.
얽어도 유자 㿟 가치 있는 것은 흠이 조금
있어도, 본디 갖춘 제 값어치는 지니고 있다
는 말.
얽다² [억따]囘 1 노끈이나 새끼 따위로 이리
저리 걸어서 묶다. □싸릿가지를 얽어 울타
리를 만들다. 2 없는 사실을 있는 것처럼 꾸
미다.
얽어-동이다 [억꺼동-]囘 얽어서 동여 묶다. □이
삿짐을 ~.
얽둑-빼기 [억뚝-]톙 얼굴이 마맛자국으로 얽
둑얽둑한 사람. ㉰앍둑빼기.
얽둑-얽둑 [억뚜걱뚝]튐[하]톙 얼굴에 깊게 얽
은 자국이 성기게 있는 모양. ㉰앍둑앍둑.
얽-매다 [영-]囘 1 얽어매다1. 2 얽어매다2.

□ 사회적 규범으로 행동을 ~.

얽-매이다[엉-]函《'얽매다'의 피동》**1** 얽혀 서 매이다. □밧줄에 ~. **2** 어떤 일에 걸려 몸을 빼지 못하다. □의리에 ~.

얽박-도석 (-古石)[억빡꼬-]圏 **1** 몹시 얽은 남은 도석. **2** 몹시 얽은 얼굴의 비유.

얽벅-얽벅[억뻐걱뻑]團形 얼굴에 깊게 얽은 자국이 밴 모양. □얼굴이 ~ 얽다. 盈앍박앍박.

얽-빼기[억-]圏 얼굴에 얽은 자국이 많은 사람을 낮잡아 이르는 말.

얽어-내다[얼거-]타 **1** 물건을 얽어서 끌어내다. **2** 꾀를 써서 남의 물건을 약삭빠르게 끌어내다. □돈을 ~.

얽어-매다[얼거-]타 **1** 얽어 동여 묶다. □송아지 앞다리를 밧줄로 ~. **2** 마음대로 행동할 수 없게 몹시 구속하다. □결백한 사람을 죄인으로 ~.

얽어-짜임[얼거-]圏《건》 창이나 문 따위의 문살을 얽어 짜는 일.

얽이[얼기]圏 **1** 물건을 보호하기 위해 겉을 새끼나 노끈으로 이리저리 싸서 얽는 일. **2** 일의 대강 순서나 배치를 잡아 보는 일. □작업의 ~를 짜다.

얽이-치다[얼기-]타 이리저리 얽어서 매다. □짐을 ~.

얽적-빼기[억쩍-]圏 얼굴이 얽적얽적 얽은 사람. 盈앍작빼기.

얽적-얽적[억쩌걱쩍]團形 얼굴에 잘고 굵은 것이 섞이어 깊게 얽은 자국이 촘촘한 모양. 盈앍작앍작.

얽죽-빼기[억쭉-]圏 얼굴이 얽죽얽죽 얽은 사람. 盈앍족빼기.

얽죽-얽죽[억쭈걱쭉]團形 얼굴에 잘고 굵은 것이 섞여서 깊게 얽은 자국이 많은 모양. 盈앍족앍족.

얽히고-설키다[얼키-]函 일 따위가 복잡하게 얽히다. □얽히고설킨 이해관계.

얽히다[얼키-]函 **1**《'얽다'의 피동》얽음을 당하다. □줄이 서로 ~. **2** 애매하게 걸리다. □사건에 얽혀 들다. **3** 생각 등이 복잡해지다. □뒤숭숭하게 얽힌 생각들. **4** 어떤 사실이 관련되다. □청포도에 얽힌 사연.

엄¹〈옛〉**1** 어금니. **2** 움.

엄:²圏《경》☞어음.

엄: (掩)圏《천》엄폐(掩蔽).

엄각-하다 (嚴刻-)[-까카-]형 엄혹하다. **엄 각-히**[-까키]團

엄감 (嚴勘)圏 엄중하게 처단함. 엄단.

엄:개 (掩蓋)圏 참호나 방공호 등의 위를 덮는 물건. □~를 덮다.

엄:격 (掩擊)圏 엄습(掩襲).

엄격-하다 (嚴格-)[-껴카-]형 말·태도·규칙 따위가 매우 엄하고 철저하다. □엄격한 통제 □엄격하게 심사하다. **엄격-히**[-껴키]團 □~ 따지다 / ~ 구별하다.

엄견 (嚴譴)圏타 엄책(嚴責).

엄계 (嚴戒)[-/-게]圏타 엄중하게 경계함. □방어선을 ~하다.

엄고 (嚴鼓)圏《역》임금이 정전(正殿)에 나갈 때나 거둥할 때 백관(百官)과 시위(侍衛) 군사에게 준비를 서두르도록 큰북을 세 번 치던 일. 또는 그 북.

엄곤 (嚴棍)圏타 엄하게 곤장을 침.

엄:광-창 (掩壙窓)圏 관(棺)을 묻기 전에 광(壙)을 덮는 창짝.

엄교 (嚴敎)圏 **1** 엄격한 가르침. □스승의 ~. **2** 남의 가르침의 경칭. **3** 엄한 교지나 분부.

□왕의 ~가 내려졌다.

엄군 (嚴君)圏 자기 아버지의 경칭. 가대인(家大人).

엄금 (嚴禁)圏타 엄하게 금지함. □무단출입을 ~하다.

엄-나무圏《식》두릅나뭇과의 낙엽 활엽 교목. 높이 약 20 m. 줄기에 날카로운 가시가 많으며, 잎은 손바닥 모양이고 잎자루가 긺. 여름에 황록색의 작은 꽃이 가지 끝에 둥그렇게 모여 핌. 재목은 기구재, 나무껍질은 약재로 씀. 자동(刺桐). 해동(海桐).

엄-니圏《입이》식육 동물의 양 턱에 난 굵게되고 날카로운 송곳니. □사자가 ~를 드러내다.

엄:닉 (掩匿)圏타 덮어서 숨김. 엄폐(掩蔽). □장물을 ~하다.

엄단 (嚴斷)圏타 엄중히 처단함. □위법 행위를 ~하다.

엄달 (嚴達)圏타 엄중히 시달(示達)함.

엄담 (嚴談)圏타 엄격하게 담판함. 또는 그런 담판.

엄:-대 [-때]圏 지난날, 외상으로 판 물건값을 나타내는 길고 짧은 금을 새긴 막대기.

엄:-대답 (-對答)圏타 남이 써 놓은 어음에 대해 보증함.

엄:대-질 [-때-]圏타 엄대를 긋고 하는 외상 거래. □외상값은 갚지 않고 ~만 한다.

엄독 (嚴督)圏타 **1** 심하게 독촉함. **2** 엄중히 감독함.

엄동 (嚴冬)圏 몹시 추운 겨울. □~을 앞두고 마련한 땔감.

엄동-설한 (嚴冬雪寒)圏 눈 내리는 깊은 겨울의 심한 추위. ㉣엄한(嚴寒).

엄두圏 감히 무엇을 하려는 마음. □~를 못 내다 / ~가 나지 않다.

엄랭-하다 (嚴冷-)[-냉-]형 **1** 몹시 차다. **2** 성질이 엄하고 쌀쌀하다. **엄랭-히**[-냉-]團

엄령 (嚴令)[-녕]圏 엄한 명령이나 호령.

엄립-과조 (嚴立科條)[-닙꽈-]圏타函 엄하게 규정을 세움.

엄마圏《소아》**1** 어머니. **2** '어머니'를 친근하게 이르는 말.

엄마리圏《광》장맛물에 밀려 흐르는 사금(砂金)을 한 곳으로 몰아 받아 내는 일.

엄:매 (掩埋)圏타 엄토(掩土).

엄매團 음매.

엄명 (嚴命)圏타 엄하게 명령함. 또는 그런 명령. 엄령. □~을 내리다 / ~을 좇다.

엄명-하다 (嚴明-)형 엄격하고 명백하다. □엄명한 사회 제도. **엄명-히**團

엄:문 (掩門)圏타 문을 닫음. 폐문(閉門).

엄밀-하다 (嚴密-)형 **1** 퍽 비밀하다. □엄밀하게 일을 추진하다. **2** 엄중하고 세밀하다. □엄밀한 검토. **엄밀-히**團

엄:박-하다 (淹博-)[-바카-]형 학식이 매우 넓고 깊다. □해박하다.

엄발-나다[-라-]函 행동이나 태도를 남과 다르게 제 마음대로 빗나가게 하다.

엄버 (umber)圏《화》천연의 갈색 안료. 이산화망간·규산염이 들어 있는 수산화철로, 덩이로 산출됨〔구워서 그림물감이나 도료 따위에 씀〕.

엄벌 (嚴罰)圏타 엄하게 벌을 줌. 또는 그런 벌. □~로 다스리다 / ~에 처하다.

엄범부렁-하다형 실속 없이 겉만 크다. ㉣엄부렁하다.

엄:법 (罨法)[-뻡] 몡 《의》 염증 또는 출혈 부위를 덥게 찜질하거나 차게 식히는 치료법.

엄법 (嚴法)[-뻡] 몡 엄중한 법이나 규범. ☐~을 적용하다.

엄벙-덤벙 閈하자 주견 없이 함부로 덤벙이는 모양. ☐일을 ~ 처리하다 / ~ 시간을 보내다.

엄벙-뗑 閈하자타 얼렁뚱땅. ☐~ 지내다가 기회를 놓치다.

엄벙-통 몡 엄벙한 가운데. ☐~에 실수를 저지르다.

엄벙-판 몡 엄벙한 판.

엄벙-하다 ⊟자어 일을 건성으로 해서 남의 눈을 속이는 태도를 보이다. ⊟형어 말이나 행동이 착실하지 못하고 실속 없이 과장되어 있다. ☐엄벙하게 늘어놓지만 실속이 없다.

엄봉 (嚴封) 몡하타 단단히 봉함. ☐~한 중요 서류 봉투.

엄부 (嚴父) 몡 엄격한 아버지. ↔자모(慈母).

엄부럭 몡 어린아이처럼 철없이 부리는 억지·엄살 또는 심술.
　엄부럭(을) 떨다 〖판〗 철없이 엄살을 떨다.
　엄부럭(을) 부리다 〖판〗 철없이 심술을 부리다. ☐아이가 장난감을 사 달라고 ~.

엄부렁-하다 〖형〗 '엄범부렁하다'의 준말.

엄-부형 (嚴父兄) 몡 엄한 아버지와 형.

엄-분부 (嚴吩咐) 몡 엄한 분부.

엄비 (嚴批) 몡 《역》 상소(上疏)한 글에 대해 임금이 내린 답장.

엄비 (嚴祕) 몡 굳게 지켜야 할 비밀. ☐~에 부치다.

엄사 (嚴査) 몡하타 엄중하게 조사함. 또는 그런 조사.

엄사 (嚴師) 몡 엄격한 스승.

엄살 몡하자 고통이나 어려움을 거짓 꾸미거나 과장해서 나타내는 태도. ☐~을 부리다 / ~을 피우다 / ~이 심하다. 〈판〗암살.

엄:-살 (掩殺) 몡하타 갑자기 습격해 죽임. ☐적의 ~으로 희생이 크다.

엄살-궂다 [-굳따] 형 엄살스러운 데가 있다. ☐엄살궂은 표정.

엄살-꾸러기 몡 엄살이 심한 사람.

엄살-떨다 〔-떨어, -떠니, -떠는〕자 엄살을 몹시 부리다. ☐엄살떨지 말고 빨리 일어나라.

엄살-스럽다 [-따] 〔-스러워, -스러우니〕형타 엄살하는 태도가 있다. ☐엄살스러운 표정을 짓다. **엄살-스레** 閈.

엄살-쟁이 몡 엄살을 잘 부리는 사람을 낮잡아 이르는 말.

엄상 (嚴霜) 몡 된서리.

엄색 (嚴色) 몡하자 엄격한 표정을 지음. 또는 그런 표정. ☐~을 띠다.

엄선 (嚴選) 몡하타 엄격하고 공정하게 가려 뽑음. ☐유망 중소기업을 ~하다.

엄수 (嚴囚) 몡하타 엄중하게 가둠.

엄수 (嚴守) 몡하타 어김없이 지킴. ☐출근 시간을 ~할 것.

엄수 (嚴修) 몡하타 의식(儀式) 따위를 엄숙하게 치름. ☐추도식을 ~하다.

엄숙-주의 (嚴肅主義)[-주-/-주이] 몡 《윤》 윤리적인 동기에서, 욕망을 억누르고 쾌락이나 행복을 거부하는 입장. 엄숙설. ↔방임주의.

엄숙-하다 (嚴肅-)[-수카-] 형어 1 분위기나 의식 따위가 장엄하고 정숙하다. ☐엄숙한 식장 분위기. 2 말이나 행동 따위가 위엄 있고 정중하다. ☐엄숙한 태도. **엄숙-히** [-수키] 閈. ☐~ 선언하다.

엄:습 (掩襲) 몡하타 불시에 습격함. 엄격(掩擊). ☐적군의 ~에 대비하다 / 한파가 ~하다 / 피로가 한꺼번에 온몸을 ~하였다.

엄승 (嚴繩) 몡하타 엄징(嚴懲).

엄-시하 (嚴侍下) 몡하자 아버지만 생존해 있는 사람. 또는 그런 처지.

엄:-신 '엄짚신'의 준말.

엄:신 (掩身) 몡하자 집이 가난해서 허름한 옷으로 몸만 겨우 가림.

엄:심-갑 (掩心甲) 몡 가슴을 가리는 갑옷.

엄쏘리 〈옛〉 아음(牙音).

엄:엄-하다 (奄奄-) 형어 숨이 곧 끊어지려 하거나 약한 상태에 있다. **엄:엄-히** 閈.

엄:엄-하다 (掩掩-) 형어 향기가 매우 짙다. **엄:엄-히** 閈.

엄엄-하다 (嚴嚴-) 형어 매우 엄하다. ☐엄엄한 아버지의 말씀. **엄엄-히** 閈.

엄연-곡 (嚴然曲) 몡 《악》 무릉잡고(武陵雜稿)에 수록되어 있는 주세붕(周世鵬)이 지은 노래. 형식은 경기체가이고 내용은 군자의 엄연한 덕을 읊었음.

엄연-하다 (儼然-) 형어 어떤 사실이나 현상이 부인할 수 없을 만큼 뚜렷하다. ☐엄연한 현실을 받아들이다. **엄연-히** 閈.

엄위 (嚴威) 몡하타 엄하고 위풍이 있음. ☐가문의 ~를 자랑하다.

엄의-하다 (嚴毅-)[어끠-/어미-] 형어 엄숙하고 굳세다.

엄:-이 [-니] 몡 '엄니'의 본딧말.

엄:이-도령 (掩耳盜鈴) 몡 귀를 가리고 방울을 훔친다는 뜻으로, 다 드러난 것을 얕은 꾀로 남을 속이려고 함의 비유.

엄장 몡 풍채가 좋은 큰 덩치.

엄장 (嚴杖) 몡하타 엄하게 곤장을 침. 또는 그런 형벌.

엄장-뇌수 (嚴杖牢囚) 몡하타 엄하게 곤장을 치고 가둠.

엄장-하다 (嚴壯-) 형어 몸집이 크고 씩씩하다. ☐엄장한 몸집의 사나이.

엄:적 (掩迹) 몡하타 잘못된 형적을 가려 덮음.

엄전-스럽다 [-따] 〔-스러워, -스러우니〕형타 엄전한 데가 있다. **엄전-스레** 閈.

엄전-하다 〖형어〗 행실이나 태도가 정숙하고 점잖다.

엄절-하다 (嚴切-·嚴截-) 형어 성질이 몹시 엄격하다. **엄절-히** 閈.

엄정-중립 (嚴正中立)[-닙] 몡 《정》 국외(局外) 중립의 지위를 엄격히 지켜 전쟁 중인 나라의 어느 편도 돕지 않음.

엄정-하다 (嚴正-) 형어 엄격하고 공정하다. ☐엄정한 심판. **엄정-히** 閈.

엄정-하다 (嚴淨-) 형어 엄숙하고 깨끗하다. **엄정-히** 閈.

엄:족-반 (掩足盤)[-빤] 몡 음식을 나르는 데 쓰는, 다리가 짧은 소반.

엄존 (儼存) 몡하자 엄연하게 존재함. ☐~해 있는 남아 선호 사상.

엄주 (嚴誅) 몡하타 엄하게 꾸짖어 벌을 줌.

엄준-하다 (嚴峻-) 형어 엄하고 세차다. ☐엄준하게 꾸짖다. **엄준-히** 閈.

엄중-하다 (嚴重-) 형어 1 엄격하고 정중하다. ☐엄중하게 항의하다. 2 퍽 엄하다. ☐엄중한 규율 / 경계가 ~. **엄중-히** 閈. ☐~ 경고(단속)하다.

엄지 몡 '엄지가락'의 준말.

엄:-지 (-紙)[-찌] 몡 《역》 어음을 쓴 종이.

엄:지 (掩紙) 몡 옛날에, 짚신이나 미투리 따위의 총을 쨀 때 쓰던 종잇조각.

엄지 (嚴旨)圓 임금의 엄중한 명령.
엄지-가락 圓 1 엄지손가락이나 엄지발가락. 거지(巨指). 2 중요한 지위에 있는 사람이나 사물의 기본이 되는 핵심적 부분을 비유하는 말. ▣조직에서 ~이다. 閏엄지.
엄지머리-총각 (-總角)圓 평생을 총각으로 지내는 사람. 엄지머리.
엄지-발 圓 엄지발가락.
엄지-발가락 [-까-] 圓 발가락 중에서 가장 크고 굵은 발가락. 엄지발. 장지(將指).
엄지-발톱 圓 엄지발가락의 발톱.
엄지-벌레 圓 곤충이 애벌레에서 자라 생식 능력이 있는 형태로 된 어미 곤충. 어미벌레. 어른벌레. 자란벌레. 성충(成蟲). ↔애벌레.
엄지-손 圓 엄지손가락.
엄지-손가락 圓 손가락 중에서 가장 짧고 굵은 손가락. 대지(大指). 무지(拇指). 엄지손.
엄지-손톱 圓 엄지손가락의 손톱.
엄지-총 圓 짚신이나 미투리의 맨 앞에 양편으로 굵게 박은 낱낱의 올.
엄징 (嚴懲)圓하타 엄중하게 징벌함. 엄승.
엄-짚신 [-집씬] 圓 상제가 초상 때부터 졸곡 (卒哭) 때까지 신는 짚신. 閏엄신.
엄책 (嚴責)圓하타 엄하게 책망함. 또는 그런 꾸중. 엄견(嚴譴). 통책(痛責). ▣~을 듣다.
엄처 (嚴處)圓하타 엄중히 처리하거나 처치함.
엄처-시하 (嚴妻侍下)圓 아내에게 쥐여사는 남편의 처지를 조롱하는 말.
엄청 圄 양이나 정도가 아주 지나치다. ▣~무섭다 / ~마시다 / ~비싸다 / ~멀다.
엄청-나다 圄 짐작이나 생각보다 정도가 아주 심하다. ▣값이 ~ / 엄청나게 많다.
엄:체 (淹滯)圓하타 1 앞길이 열리지 않아 세상에 나서지 못하고 파묻혀 있음. 2 오래 지체함.
엄:체 (掩體)圓 《군》 적의 사격이나 폭격에서 인원과 장비를 보호하는 설비(모래주머니·엄호용 구조물 따위).
엄치 (掩置)圓하타 숨겨 둠.
엄치 (嚴治)圓하타 1 엄중히 다스림. 2 엄격하게 처벌함.
엄칙 (嚴飭)圓하타 엄하게 타일러 경계함.
엄친 (嚴親)圓 남에게 자기 아버지를 일컫는 말. ▣~께 여쭈었습니다. ↔자친.
엄탐 (嚴探)圓하타 엄밀하게 더듬어 몰래 살핌. ▣범인을 ~하다.
엄:토 (掩土)圓하타 겨우 흙이나 덮어서 간신히 장사(葬事)를 지냄. 또는 그런 장사. 엄매 (掩埋).
엄:-파 圓 ☞ 움파.
엄평-소니 圓 의뭉스럽게 남을 속이거나 골리는 짓. 또는 그런 솜씨.
엄평-스럽다 [-따][-스러워, -스러우니] 圄貝 의뭉스럽게 남을 속이거나 골리는 데가 있다. 엄평-스레 圄.
엄:폐 (掩蔽)[-/-폐]圓하타 1 가려서 숨김. 엄휘. ▣참호를 ~하다. 2《천》천체의 빛이 행성이나 위성과 같은 다른 천체에 의해서 가려지는 일. 또는 그런 현상. 성식(星蝕).
엄:폐-물 (掩蔽物)[-/-폐-]圓《군》야전에서, 적의 사격이나 관측으로부터 아군을 보호할 수 있게 된 자연적 또는 인공적 장애물. ▣~ 뒤로 몸을 숨기다.
엄:폐-호 (掩蔽壕)[-/-폐-]圓《군》적의 사격이나 관측으로부터 아군을 보호하기 위해 땅을 파서 만든 구덩이. 벙커.
엄:포 圓 실속 없이 위험이나 호령으로 으르는

짓. ▣~성 발언 / ~로 끝나다.
엄포(를) 놓다 卫 실속 없는 큰소리로 위협하거나 조사하다.
엄-하다 (嚴-)圄여 1 위엄 있게 튼튼하고 바르다. 2 엄한 규율. 2 잘못되지 않도록 잡도리가 심하다. 엄한 선생님. 3 대단히 심하다. ▣엄한 처벌. 엄-히 圄. ▣~ 꾸짖다.
엄한 (嚴寒)圓 1 매우 심한 추위. 2 '엄동설한'의 준말.
엄핵 (嚴覈)圓하타 법에 위반되는 사실 따위를 엄중히 조사함.
엄핵-조율 (嚴覈照律)[-쪼-]圓하타 위법 사실을 엄중히 조사하여 법대로 처단함.
엄형 (嚴刑)圓하타 엄하게 형벌함. 또는 그런 형벌. ▣~으로 심문하다.
엄:호 (掩壕)《군》엄폐호.
엄:호 (掩護)圓하타 1 남의 허물을 덮어서 숨겨 줌. 2《군》자기편 부대의 행동이나 목적 따위를 적의 공격이나 화력으로부터 보호함. ▣포병대의 ~를 받다.
엄:-호 (广戶)圓 한자 부수의 하나(('店'·'席' 등에서 '广'의 이름)).
엄:호-밑 (广戶-)[-믿]圓 엄호.
엄:호 사격 (掩護射擊)《군》적의 소화기(小火器) 사정거리 안에 있는 자기편의 전투 부대를 엄호하기 위해 행하는 사격((흔히, 보병을 엄호하는 포병 사격 따위)).
엄혹-하다 (嚴酷-)[-호카-]圄여 엄하고 모질다. 엄각하다. ▣엄혹한 훈련. 엄혹-히 [-호키]圄. ▣~ 다루다.
엄:홀-하다 (奄忽-)圄여 대단히 급작스럽다. 엄:홀-히 圄.
엄:회 (掩晦)圓하타 가려서 어둡게 함.
엄훈 (嚴訓)圓 엄한 훈계.
엄:휘 (掩諱)圓하타 엄폐(掩蔽)1.
업 圓《민》한 집안의 살림이나 복을 보살피고 지켜 준다는 동물이나 사람((이것이 나가려면 집안이 망한다고 함)). ▣우리 집이 되려고 ~이 들어온 것 같다.
업 (業)圓 1 '직업'의 준말. 2 몸과 입과 뜻으로 짓는 선악의 소행. 3《불》전세(前世)의 소행으로 말미암아 현세(現世)에서 받는 응보(應報).
업 (up)圓 1 골프 경기에서, 현재 이긴 홀의 수 또는 타수. 2 '업스타일'의 준말.
-업 (業)囮 '직업'·'업종'임을 나타내는 말. ▣건설 ~ / 생산 ~ / 운수 ~ / 출판 ~.
업간-체조 (業間體操)[-깐-]圓 공장·회사 등에서, 점심시간 따위의 쉬는 시간을 이용해서 행하는 보건 체조.
업감 (業感)[-깜]《불》선악의 업(業)에 따라 고락(苦樂)의 과보(果報)를 받는 일.
업-거울 [-꺼-]圓《민》업의 구실을 한다는 거울.
업계 (業界)[-계/-게]圓 같은 산업이나 상업에 종사하는 사람의 사회. ▣자동차 ~의 약진 / ~의 동향을 살피다.
업고 (業苦)[-꼬]圓《불》전생의 악업으로 말미암아 받는 현세의 괴로움.
업과 (業果)[-꽈]圓《불》업보.
업-구렁이 [-꾸-]圓 1《동》살무삿과의 구렁이. 몸의 길이 1-2m. 몸빛은 어릴 때는 연한 갈색이나 크며 어두운 잿빛을 띤 초록빛으로 변하고 검은 얼룩점이 있으며 독이 있음. 인가에 드나들며 참새·쥐 등을 잡아먹음. 청사(靑蛇). 2《민》집안에서 업의 구실을 한

다는 구렁이.

업귀 (業鬼)[-뀌] 명 〖불〗 악업(惡業)이 불러들여 만들어 내는 악귀.

업그레이드 (upgrade) 명하타 〖컴〗 하드웨어나 소프트웨어의 성능을 기존 제품보다 뛰어난 새것으로 변경하는 일.

업다 [-따] 타 **1** 사람이나 물건을 등에 지다. ❑아기를 ~. **2** 어떤 세력을 배경으로 삼다. ❑여론을 등에 ~. **3** 윷놀이에서, 한 말이 다른 말을 어우르다. **4** 연이 얼린 뒤에 얼른 줄을 감아 남의 연을 빼앗다.

[업어다 난장 맞힌다] 애써 한 일이 자기에게 손해를 가져온다는 말. [업으나 지나] 이러나저러나 마찬가지라는 말.

업어 가도 모르다 구 잠이 깊이 들어 웬만한 소리나 일에는 깨어나지 못하는 상태이다.

업더디다 자 〈옛〉 엎드러지다.

업데이트 (update) 명하타 〖컴〗 프로그램이나 데이터를 최신의 것으로 바꾸는 일.

업-두꺼비 [-뚜-] 명 〖민〗 한 집안의 업 구실을 한다는 두꺼비.

업-둥이 [-뚱-] 명 자기 집 문 앞에 버려져 있었거나, 우연히 얻거나 해서 기르는 아이.

업라이트 피아노 (upright piano) 〖악〗 현(絃)을 세로로 친 직립형의 피아노. 수형(豎型) 피아노. *그랜드 피아노.

업력 (業力)[엄녁] 명 〖불〗 과보(果報)를 이끄는 업의 큰 힘.

업로드 (upload) 명 〖컴〗 모뎀이나 통신망을 통해서 다른 컴퓨터 시스템으로 파일이나 데이터를 전송하는 일. *다운로드.

업마 (業魔)[엄-] 명 〖불〗 괴로움을 가져오며 정도(正道)를 가지 못하게 하고 깨달음을 방해하는 악업을 악마에 비유한 말.

업명 (業命)[엄-] 명 임금의 분부를 받는 일.

업무 (業務)[엄-] 명 직장 따위에서 맡아서 하는 일. ❑~ 보고 / ~가 쌓이다.

업무 감사 (業務監査)[엄-] 〖경〗 기업체의 회계 기록의 검토나 기타 업무의 능률적인 운용 여부에 대한 감사.

업무 관리 (業務管理)[엄-괄-] 〖경〗 생산 관리.

업무-권 (業務權)[엄-꿘] 명 〖법〗 보통 때는 허락되지 않는 행위라도 업무상으로는 할 수 있는 권리《의사의 수술이나 권투 선수의 행위가 상해죄가 되지 않는 따위》.

업무 방해죄 (業務妨害罪)[엄-쬐] 〖법〗 허위 사실을 퍼뜨리거나 위계(僞計)·위력(威力)으로 타인의 업무를 방해한 죄.

업무상 과:실 (業務上過失)[엄-] 〖법〗 업무 성질상 당연히 해야 할 주의를 게을리 한 과실.

업무상 비:밀 누:설죄 (業務上祕密漏泄罪) [엄-루-쬐] 〖법〗 의사·약제사·변호사·회계사·공증인 및 대서인 따위 특정의 업무에 종사하던 사람이 업무 중 알게 된 비밀을 누설한 죄.

업보 (業報)[-뽀] 명 〖불〗 선악의 행업(行業)으로 말미암은 과보(果報). 업과(業果).

업보 연기 (業報緣起)[-뽀-] 〖불〗 선악의 업인(業因)으로 말미암아 일어나는 연기(緣起).

업소 (業所)[-쏘] 명 사업을 벌이고 있는 곳. ❑~들이 가격을 담합하다.

업수-놓다 [-쑤노타] 자 〖광〗 갱 속의 물을 밖으로 흐르게 설비하다.

업숭이 [-쑹-] 명 하는 짓이 변변하지 못한 사람을 조롱하는 말. ❑하는 짓이 꼭 ~이다.

업-스타일 (up+style) 명 **1** 머리를 위로 치켜올려 목덜미를 드러나게 하는 여자의 머리 꾸밈새. **2** 위쪽에 중점을 둔 형식의 복장.

업시름 [-씨-] 명 업신여겨서 하는 구박.

업:신-여기다 [-씬녀-] 타 교만한 마음으로 남을 낮추보거나 하찮게 여기다. ❑가난하다고 ~ / 함부로 남을 업신여기지 마라.

[업신여기던 딸이 떡함지 이고 온다] 평소에 업신여기던 사람에게서 뜻밖에 도움을 받는다는 말.

업:신-여김 [-씬녀-] 명 남을 업신여기는 일. ❑무식하다고 ~을 당하다. 준업심.

업:심 [-씸] 명 '업신여김'의 준말.

업액 (業厄) 명 〖불〗 악업(惡業)의 앙갚음으로 받는 재난.

업양 (業樣) 명 〖민〗 업왕(業王).

업어다-주기 명 윷놀이의 한 가지. 남의 말이 제 말 있는 밭에 오면, 그 차례에 자기가 노는 윷은 상대편의 말에 끗수를 주어 가게 하고 제 말은 다음 차례에 갈 수 있음.

업어 치기 **1** 씨름에서, 몸을 돌려 엉덩이에 상대방의 배를 대고 들어 올려 업듯이 해서 둘러메치는 기술. **2** 유도에서, 상대를 자기 뒤로 업어서 어깨 너머로 메치는 기술. ❑~ 한판으로 이기다.

업연 (業緣) 명 〖불〗 선악의 과보(果報)를 받을 원인이 되는 업보(業報)의 인연.

업왕 (業王) 명 〖민〗 집안에서 재수를 맡아 도와준다는 신.

업원 (業冤) 명 〖불〗 전생에서 지은 죄로 이승에서 받는 괴로움.

업음-질 명하자 번갈아 가며 서로 업어 주는 일. ❑가위바위보로 ~을 하다.

업의-항 (-缸)[어븨-/어베-] 명 〖민〗 살림을 맡아 돌보아 준다는 신을 위해 쌀이나 돈 따위를 넣어 모시는 항아리.

업인 (業因) 명 〖불〗 선악의 과보(果報)를 일으키는 원인.

업자 (業者)[-짜] 명 **1** 상공업을 경영하고 있는 사람. ❑~와 결탁한 비리 공무원. **2** 동업자. ❑~끼리의 담합.

업저지 [-쩌-] 명 지난날, 어린아이를 업어 주며 돌보던 여자 하인.

업적 (業績)[-쩍] 명 사업이나 연구 따위에서 세운 공적. ❑~을 쌓다 / ~을 남기다.

업-족제비 [-쪽쩨-] 명 〖민〗 업의 구실을 한다는 족제비. ❑~가 들어오다.

업종 (業種)[-쫑] 명 직업·영업의 종류. ❑다양한 ~ / ~을 바꾸다.

업죄 (業罪)[-쬐] 명 〖불〗 전세에 지은 죄.

업주 (業主)[-쭈] 명 '영업주'의 준말.

업진 [-찐] 명 소의 가슴에 붙은 고기.

업진-편육 (-片肉)[-찐펴뉵] 명 업진을 삶아 얇게 저민 수육.

업차 (業次) 명 매일 하는 일의 순서.

업체 (業體) 명 사업이나 기업의 주체(主體).

업축 (業畜) 명 〖불〗 전생의 죄로 말미암아 이승에 태어난 짐승.

업태 (業態) 명 영업이나 사업의 실태.

업해 (業海)[어패] 명 〖불〗 갖가지 업보(業報)의 원인을 바다에 비유하여 이르는 말.

업히다 [어피-] 一자 《'업다'의 피동》 업음을 당하다. ❑엄마 등에 업힌 아기. 二타 《'업다'의 사동》 남의 등에 업게 하다. ❑딸애에게 아기를 ~.

[업혀 가는 돼지 눈] 잠이 오거나 술에 취해서 거슴츠레한 눈을 두고 놀리는 말.

없:다 [업따] 형 **1** 차지하지 않다. ❑나무 하나 없는 산. **2** 존재하지 않다. ❑구김살이 ~ /

나와는 상관이 ~. **3** 가지지 않거나 갖추고 있지 않다. ▢겨를이 ~ / 재주가 ~ / 버릇이 ~. **4** 생겨나거나 일어나지 않다. ▢사고 없는 날 / 일할 마음이 ~. **5** (주로 '없는'의 꼴로 쓰여) 가난하다. 구차스럽다. ▢없는 집안에 태어나다 / 없는 살림을 꾸려 나가다. **6** 살아 있지 않다. ▢부모 없는 아이. **7** 부족하거나 드물다. ▢아는 것이 ~ / 찬은 없지만 맛있게 드세요. **8** (주로 '-ㄹ 수 없다'의 꼴로 쓰여) 불가능이나 거부의 뜻을 나타내는 말. ▢갈 수 없는 곳 / 의견에 찬성할 수 ~. **9** 상대를 을러대는 말. ▢또 그러면 국물도 ~.

[없는 손자 환갑 닭 기다리겠다] 너무 오래 기다리게 되어 참을 수 없이 지루한 경우를 비유하는 말. [없어 비단 옷] 구차해서 단벌밖에 없는 비단옷을 입게 되는 경우를 비유하는 말. **없는 것이 없다** ⊳ 모든 것이 다 갖추어져 있다.

없:애다 [업쌔-]图 '없이하다'의 준말. ▢해충을 ~ / 남녀 차별을 ~.

없:을-무 (无) [업쓸-]圀 한자 부수의 하나 《'旡'나 '无'의 이름》.

없:이 [업씨]튄 **1** 없게. 없는 상태로. ▢숨돌릴 사이 ~ 몰아치다. **2** 없는 상태대로. 없는 채로. ▢밑천 ~ 장사를 시작하다. **3** 가리지 않고. ▢어른 애 ~ 반색을 하다. **4** 가난하게. ▢~ 사는 설움을 누가 알까. **5** 어떤 일이 가능하지 않게. ▢불길이 걷잡을 수 ~ 번지다. **6** 사람·사물 또는 사실·현상 따위가 존재하지 않게. ▢구름 한 점 ~ 파란 하늘. **7** 어떤 사람에게 아무 일도 생기지 않게. ▢아무 일 ~ 세월만 흘러가다. **8** 이유·근거·구실·가능성 따위가 성립되지 않게. ▢근거 ~ 남을 모함하지 마라.

없:이-하다 [업씨-]国国 없어지게 하다. ㊚없애다.

엇- [얻]튄 '어긋나게'·'비뚜로'·'조금'의 뜻을 나타내는 말. ▢~각 / ~나가다 / ~비스듬하다.

엇-가게 [얻까-]圀〔건〕지붕을 한쪽으로 어슷이 기울게 해서 덮은 헛가게.

엇-가다 [얻까-]困 말이나 행동이 어그러지게 나가다. 엇나가다. ▢말이 ~.

엇-가리 [얻까-]圀 대나 채를 엮어서, 위는 둥글고 아래는 편평하게 만들어 곡식을 담고 덮는 데 쓰는 농기구.

엇-각 (-角) [얻깍]圀〔수〕한 직선이 다른 두 직선과 각각 다른 두 점에서 만날 때, 서로 반대쪽에서 마주 대하는 각.

엇-갈리다 [얻깔-]困 **1** 서로 어긋나서 만나지 못하다. ▢길이 ~. **2** 의견·생각 따위가 일치하지 않다. ▢주장이 ~. **3** 생각·느낌 따위가 동시에 겹치거나 스치다. ▢희비가 ~.

엇-걸다 [얻껄-]〔엇걸어, 엇거니, 엇거는〕国 서로 마주 걸다. ▢줄을 엇걸어 가며 묶다 / 볏단을 엇걸어 세우고 말리다.

엇-걸리다 [얻껄-]困 ('엇걸다'의 피동) 서로 마주 걸리다.

엇-결다 [얻껻따]〔엇결어, 엇결으니, 엇걷는〕国困 서로 어긋매끼어 겯다. ▢가늘게 쪼갠 대나무를 엇걸어 만든 바구니.

엇-결 [얻껼]圀 나무의 비꼬이거나 엇나간 결.

엇-걸리다 [얻껼-]困 ('엇걷다'의 피동) 엇결음을 당하다.

엇구뜰-하다 [얻꾸-]혬여 좀 구수한 맛이 있다. ▢엇구뜰한 찌개.

엇구수-하다 [얻꾸-]혬여 **1** 맛이나 냄새가 조금 구수하다. ▢된장국 맛이 ~. **2** 행동이나

차림새 따위가 수수하고 은근해서 마음을 끌다. ▢엇구수한 인상을 주다. **3** 말이나 이야기가 그럴듯한 데가 있다. ▢엇구수한 말솜씨.

엇-그루 [얻끄-]圀 엇비슷하게 벤 그루터기.

엇-깎다 [얻깍따]国 비뚤어지게 깎다. ▢엇깎지 말고 반듯하게 깎아라.

엇-꼬다 [얻-]国 서로 엇바꾸어 꼬거나 비틀다. ▢다리를 ~.

엇-나가다 [언-]困 **1** 비뚜로 나가다. ▢그은 줄이 ~. **2** 말이나 행동이 상대편을 어기어 나가다. ▢녀석이 엇나가서 걱정이다. **3** 엇가다. ▢계획이 ~.

엇-놀리다 [언-]国 손발 따위를 서로 엇바꾸며 이리저리 움직이다. ▢손발을 엇놀리며 사다리를 올라갔다.

엇-눈 [언-]〔식〕식물체에 상처가 나거나 그 밖의 원인으로 꼭지눈이나 겨드랑눈의 자리가 아닌 자리에서 나는 싹. 부정아(不定芽). 막눈. ↔제눈.

엇-눕다 [언-따]〔엇누워, 엇누우니〕困国 **1** 엇비슷하게 눕다. ▢엇누운 채 잠이 들다. **2** 서로 엇비켜 눕다. ▢좁은 방에 여럿이 ~.

엇-대다 [얻때-]国 **1** 어긋나게 대다. ▢판자를 엇대어 박다. **2** 비꼬아 빈정거리다. ▢엇대어 말하다.

엇더흐다 혬〈옛〉어떠하다.

엇데 튄〈옛〉어찌.

엇-되다 [언뙤-]혬 **1** 좀 건방지다. ▢엇되어 보이는 젊은이. **2** 어지빠르다.

엇디 튄〈옛〉어찌.

엇디흐다 困国〈옛〉어찌하다.

엇-뜨다 [얻-]〔엇떠, 엇뜨니〕国 눈동자를 한쪽으로 몰아 빗뜨다.

엇-막다 [언-]国〈옛〉비스듬하게 막다.

엇-매끼다 [언-]国 '어긋매끼다'의 준말.

엇-먹다 [언-따]国 **1** 사리에 맞지 않는 말과 행동으로 비꼬다. **2** 톱 따위로 나무를 켜거나 벨 때 날이 어슷하게 먹다.

엇-메다 [언-]国 이쪽 어깨에서 저쪽 겨드랑이 밑으로 걸어서 메다. ▢탄띠를 엇멘 군인.

엇모리-장단 [언-]〔악〕산조(散調)나 판소리에 쓰이는 장단의 하나.

엇-물다 [언-]〔엇물어, 엇무니, 엇무는〕国 '어긋물다'의 준말.

엇-물리다 [언-]国 '어긋물리다'의 준말.

엇-바꾸다 [얻빠-]国 서로 마주 바꾸다. ▢짐을 양손으로 엇바꾸어 들다.

엇-박다 [얻빡따]国 **1** 서로 엇갈리게 박다. **2** 어슷하게 박다. ▢무늬를 ~.

엇-베다 [얻뻬-]国 비뚤어지게 베다. ▢낫으로 풀을 ~.

엇-보 (-保) [얻뽀]圀 두 사람이 한군데에서 빚을 얻을 때 서로 서는 보증.

엇-부루기 [얻뿌-]圀 아직 큰 소가 되지 못한 수송아지.

엇-붙다 [얻뿓따]困 비스듬하게 맞닿다.

엇-붙이다 [얻뿌치-]国 ('엇붙다'의 사동) 엇붙게 하다.

엇비뚜름-하다 [얻삐-]혬여 조금 비뚤하다. **엇비뚜름-히** [얻삐-]튄

엇비슷-하다 [얻삐-]혬여 조금 비슷하다. ▢엇비슷하게 기대 서다. **엇비슷-히** [얻삐-]튄

엇비슷-이 [얻삐스시]튄 엇비슷하게. ▢답이 ~ 맞다 / 액자를 ~ 걸다.

엇비슷-하다 [얻삐스타-]혬여 **1** 어지간하게

거의 같다. ▢두 사람의 성적이 ~. 2 약간 비슷하면서 다르다. ▢엇비슷한 언덕.

엇-서다 [엇써-] 圈 물러서지 않고 검질기게 맞서다.

엇-섞다 [얻썩따] 圄 서로 어긋매껴 섞다.

엇-셈 [얻쎔] 圖하□ 1 마주 에끼는 셈. ▢외상 값을 보리로 ~하다. 2 제삼자에게 셈을 넘겨 상대자끼리 서로 에끼는 셈.

엇-송아지 [얻쑹-] 圖 아직 덜 자란 송아지.

엇-시조 (旕時調) [얻씨-] 《문》 초장·중장· 가운데 어느 한 구절이 평시조보다 글자 수 가 많은 시조. 중(中)시조. *사설시조.

엇-시침 [얻씨-] 圖 바늘을 직각으로 세워서 어슷하게 시치는 시침질. 두꺼운 모직이나 안감을 맞추는 때, 심을 넣을 때 등에 이용함.

엇-치량 (-樑) [얻-] 圖 《건》 앞면은 칠량(七樑), 뒷면은 오량(五樑)으로 꾸민 지붕틀.

엇치량-집 (-樑-) [얻-찝] 圖 《건》 엇치량으로 지은 집.

엇턱-이음 [얻터기-] 圖 《건》 양쪽 모두 턱이 경사지게 해서 맞추어 잇는 이음.

-었- [-얻] 선어미 끝 음절의 모음이 'ㅏ'·'ㅗ' 가 아닌 용언의 어간에 붙는 선어말 어미. 1 어떤 일이나 행동·상태가 과거에 속함을 나타냄. ▢오래전에 읽~다 / 예상보다 적~다. 2 어떤 일이나 상태가 지금까지 이어지고 있음을 나타냄. ▢꽃이 피~구나 / 인구가 많이 늘~다. 3 '다'와 함께 쓰여, 그런 일을 할 수 없게 되는 그런 상태가 될 수 없게 됨을 나타냄. ▢길이 막혔으니 가기는 다 틀리~다. 4 미래에 있을 일을 단정적으로 말할 때 씀. ▢사고를 냈으니 너는 이제 죽~다. *-았-.

-었었- [-얻씯] 선어미 (끝 음절의 모음이 'ㅏ'· 'ㅗ'가 아닌 용언의 어간 뒤에 붙어) 과거의 상태가 현재는 그렇지 않거나 단절되었음을 나타내는 선어말 어미(흔히 과거 관련의 시간 부사어가 앞에 옴). ▢그는 한때 선생이~다. *-았었-.

엉 圄 개 따위가 덤빌 때 내는 소리.

엉 圍 1 뜻밖에 놀라운 일을 당하거나 갑자기 무엇을 깨달았을 때 내는 소리. ▢~! 정말이야. 2 아랫사람을 야단칠 때 내는 소리. ▢너 정말 이럴래, ~.

엉거능측-하다 [-츠카-] 圈囮 내숭하고 능청스럽다.

엉거시 圖 《식》 국화과의 두해살이풀. 높이는 1 m 정도. 줄기에는 가시와 지느러미 모양의 날개가 두 줄 있음. 초여름에 홍자색의 두상화(頭上花)가 핌. 어린잎은 식용함. 지느러미엉겅퀴.

엉거주춤 圍하□ 1 앉지도 서지도 않고 몸을 굽히고 있는 모양. ▢~ 서 있다. 2 이러지도 저러지도 못하고 망설이는 모양. ▢~ 일이 돌아가는 형편만 살폈다. 邈앙가조촘.

엉겁 圖 끈끈한 물건이 범벅이 되어 달라붙은 상태. ▢엿이 녹아 손에 ~이 되었다.

엉겁-결에 [-껴레] 圍 뜻하지 않은 사이에 갑자기. ▢정신없이 ~ 한 말 / ~ 손을 놓다.

엉겅퀴 圖 《식》 국화과의 여러해살이풀. 높이 1 m가량. 잎은 센 가시털이 있고, 초여름에 자주색 꽃이 핌. 줄기와 잎은 약용·식용함.

엉구다 圄 여러 가지를 모아 일이 되게 하다. ▢일을 엉구어서.

엉그름 圖 진흙 바닥이 말라 터져서 넓게 벌어진 금. ▢심히 가물어 논바닥에 ~이 간다.

엉글-거리다 圄 1 어린아이가 소리 없이 자꾸 웃다. 2 무엇을 속이면서 잇따라 억지로 웃다. 邈앙글거리다. **엉글-엉글** 圍하□.

엉글-대다 圄 엉글거리다.

엉글-벙글 圍하□ 어린아이가 소리 없이 탐스럽게 웃는 모양. ▢아기가 ~ 웃으며 옹알거린다. 邈앙글벙글.

엉금-썰썰 圍 처음에는 굼뜨게 기다가 차차 재빠르게 기는 모양. 邈앙금쌀쌀.

엉금-엉금 圍 큰 동작으로 느리게 걷거나 기는 모양. ▢~ 기어가는 거북. 邈앙금앙금. ㉮엉큼엉큼.

엉기다 圄 1 액체 따위가 한데 뭉쳐 굳어지다. ▢피가 ~. 2 한 무리를 이루거나 달라붙다. ▢아이들이 엉겨서 장난을 치다. 3 가는 물체가 한데 뒤얽히다. 4 일을 척척 하지 못하고 허둥거리다. ▢일의 순서를 몰라 ~. 5 간신히 기어가다.

엉기-성기 圍하□ 여기저기가 성긴 모양. ▢~ 난 나뭇가지.

엉기-정기 圍 질서 없이 여기저기 벌여 놓은 모양. ▢책을 ~ 늘어놓다.

엉김 圖 《화》 콜로이드 입자(粒子)가 모여 가라앉는 현상. 응결(凝結).

엉너리 圖 남의 환심을 사려고 어벌쩡하게 서두르는 짓. ▢~ 치는 빈말 / ~를 부리다.

엉너릿-손 [-리쏜 / -릳쏜] 圖 엉너리로 남을 휘르는 솜씨. ▢~가 대단한 사람.

엉:덩-머리 圖 〈속〉 엉덩이.

엉:덩-방아 圖 미끄러지거나 넘어지거나 주저 앉아서 엉덩이로 바닥을 쾅 구르는 짓. ▢눈길에 ~를 찧다.

엉:덩-뼈 圖 《생》 골반(骨盤). ▢뒤로 자빠졌더니 ~가 부러졌다.

엉:덩이 圖 볼기의 윗부분. 둔부. 히프(hip). ▢평퍼짐한 ~.

[엉덩이로 밤송이를 까라면 깠다] 시키는 대로 할 일이지 웬 군소리냐고 우겨 대는 말.

[엉덩이에 뿔이 났다] 어린 사람이 가르침을 받지 않고 빗나감을 이르는 말.

엉덩이가 구리다 囵 방귀를 뀌어 구린내가 난다는 뜻으로, 부정이나 나쁜 일을 저지른 장본인 같다는 말.

엉덩이가 근질근질하다 囵 돌아다니고 싶어, 한군데 가만히 앉아 있기가 갑갑하다.

엉덩이가 무겁다 囵 '궁둥이가 무겁다'와 같은 뜻. *궁둥이.

엉덩이를 붙이다 囵 한군데 자리잡고 머무르다. 한군데에 오래 앉아 있다.

엉:덩이-춤 圖 엉덩춤.

엉:덩잇-바람 [-이빠- / -읻빠-] 圖 신이 나서 엉덩이를 흔들며 걷는 것. ▢~을 일으키다.

엉덩잇바람이 나다 囵 신이 나서 몸놀림이 저절로 가벼워지다.

엉:덩잇-짓 [-이찓 / -읻찓] 圖하□ 엉덩이를 들거나 움직이는 짓. ▢~이 심한 요즘 젊은이들의 춤.

엉:덩-짝 圖 〈속〉 엉덩이.

엉:덩-춤 圖 1 기쁘거나 신이 나서 엉덩이를 들썩들썩하는 짓. 엉덩이춤. 2 엉덩이를 흔들며 추는 춤.

엉:덩-판 圖 엉덩이의 살이 두툼하고 넓적한 부분.

엉두덜-거리다 圄 원망이나 불만이 있어 중얼거리다. **엉두덜-엉두덜** 圍하□.

엉두덜-대다 圄 엉두덜거리다.

엉뚱-스럽다 [-따] [-스러워, -스러우니] 圈囚 엉뚱한 데가 있다. **엉뚱-스레** 圍.

엉뚱-하다[형]여 1 말이나 행동이 분수에 지나치다. ◻엉뚱한 짓. (참)앙똥하다. 2 생각 또는 짐작하던 것과 다르다. ◻엉뚱한 데가 있는 녀석.

엉망[명] 일이나 사물이 갈피를 잡을 수 없을 만큼 어수선한 상태. ◻~으로 취하다 / 추진하던 일이 ~이 되었다.

엉망-진창[명] '엉망'의 힘줌말. ◻흙탕물이 튀어 새 옷이 ~이 되었다.

엉버틈-하다[형]여 커다랗게 떡 벌어져 있다. (참)앙바틈하다.

엉-버티다[자] 팔다리를 크게 벌려 으르거나 잔뜩 버티다. (참)앙버티다.

엉성-궂다[―굳따][형] 매우 엉성하다. ◻구도가 엉성궂은 그림. (참)앙상궂다.

엉성-하다[형]여 1 꼭 째이지 않아 어울리지 않고 어설프다. ◻엉성한 문장 / 행사 진행이 ~. 2 사물의 형태나 내용이 부실하다. ◻포장에 비해 내용은 ~. 3 뼈만 남은 듯 버썩마르다. ◻축 처진 어깻죽지가 ~. 4 빽빽하지 못하고 성기다. ◻엉성한 나뭇가지. (참)앙상하다. 엉성-히[부]

엉세-판[명] 가난하고 궁한 판.

엉얼-거리다[자] 윗사람에 대해 원망하는 뜻으로 중얼거리다. 엉얼알거리다. 엉얼-엉얼[부][하자]

엉얼-대다[자] 엉얼거리다.

엉엉[부][하자] 1 목 놓아 우는 소리. 또는 그 모양. ◻부둥켜안고 ~ 울다. 2 엄살을 부리며 괴로운 처지를 하소연하는 소리. 또는 그 모양. (참)앙앙.

엉엉-거리다[자] 1 목 놓아 자꾸 울다. 2 엄살을 부리며 괴로움을 자꾸 하소연하다. (참)앙앙거리다.

엉엉-대다[자] 엉엉거리다.

엉이야-벙이야[부][하자] 일을 얼렁수로 꾸며 대는 모양. ◻실수를 ~ 넘기다.

엉절-거리다[자] 군소리로 원망하는 뜻을 계속 나타내다. (참)앙잘거리다. 엉절-엉절[부][하자]

엉절-대다[자] 엉절거리다.

엉정-벙정[부][하자] 쓸데없는 것들이나 말을 너절하게 벌여 놓은 모양.

엉치-등뼈[명][생] 척추의 아래쪽 끝에 있는 이등변 삼각형 모양의 뼈. 천골(薦骨).

엉클다[자](엉클어, 엉크니, 엉크는)[타] 1 실이나 줄 따위가 서로 뒤얽혀서 풀리지 않게 하다. ◻엉클어진 실타래. 2 일을 뒤섞어 갈피를 잡을 수 없게 하다. ◻엉클어 놓은 일을 정리하다. 3 물건 따위를 한데 뒤섞어 놓아 어지럽게 하다. (개)형클다.

엉클리다[자]《'엉클다'의 피동》 엉클음을 당하다. 엉클어지다. (개)형클리다.

엉클어-뜨리다[타] 엉클어지게 하다. (개)형클어뜨리다.

엉클어-지다[자] 일이나 물건 따위가 서로 얽혀 풀어지지 않게 되다. ◻복잡하게 엉클어진 사건. (개)형클어지다. 준엉키다.

엉클어-트리다[타] 엉클어뜨리다.

엉큼-대왕(―大王)[명] 엉큼한 짓을 잘하는 사람의 별명.

엉큼-성큼[부] 큰 걸음으로 가볍고 힘차게 걷는 모양. (참)앙큼상큼.

엉큼-스럽다[형][따][스러워, ―스러우니][형]여 엉큼한 데가 있다. ◻하는 짓마다 ~. (참)앙큼스럽다. 엉큼-스레[부]

엉큼-엉큼[부][하자] 큰 동작으로 느리게 걷거나 기는 모양. (참)앙큼앙큼. (여)엉금엉금.

엉큼-하다[형]여 엉뚱한 욕심을 품고 분수에 넘

치는 짓을 하려는 태도가 있다. ◻엉큼한 속셈을 드러내다. (참)앙큼하다.

엉키다[자] '엉클어지다'의 준말. ◻실이 ~ / 감정이 착잡하게 ~.

엉터리[명] 1 터무니없는 말이나 행동. 또는 그런 말이나 행동을 하는 사람. ◻~ 같은 수작 / 그 말은 ~니 믿지 마라. 2 허울만 있고 내용이 빈약한 사물 또는 사람. ◻~ 회사 / ~로 만든 시계. 3 대강의 윤곽. ◻~를 잡다 / ~가 잡히다.

엉터리-없다[―업따][형] 정도나 내용이 이치에 맞지 않다. ◻엉터리없는 생각. 엉터리-없이[―업씨][부]. ◻값을 ~ 부르다.

엊-그저께[얻끄―][명] 이삼 일 전. 어제그저께. ◻~까지도 건강했던 선생님. 준엊그제.

엊-그제[얻끄―][명] '엊그저께'의 준말.

엊-빠르다[얻―][엊빨라, 엊빠르니][형]여 '엊지빠르다'의 준말.

엊-저녁[얻써―][명] '어제저녁'의 준말.

엊-누르다[엄―][엊눌러, 엊누르니][타]러 '엎어누르다'의 준말.

엎-눌리다[엄―][자]《'엎누르다'의 피동》 엎누름을 당하다.

엎다[얻따][타] 1 위아래가 반대가 되도록 뒤집다. ◻그릇을 씻어서 엎어 놓다. 2 일 따위를 망쳐 버리다. 3 부주의로 속에 든 것이 쏟아지게 하다. ◻대접을 엎어 국이 쏟아졌다. 4 어떤 체제나 질서 따위를 뒤바꾸기 위해 없애다.

엎더-지다[엄떠―][자] '엎드러지다'의 준말.

엎드러-뜨리다[엄뜨―][타] 앞으로 넘어지게 하다. 엎드러트리다.

엎드러-지다[엄뜨―][자] 잘못해서 앞으로 넘어지다. ◻돌부리에 걸려 ~. 준엎더지다.
[엎드러지면 코 닿을 데] 매우 가까운 거리.

엎드러-트리다[엄뜨―][타] 엎드러뜨리다.

엎드려-뻗쳐[엄뜨―처][명][감] 두 손바닥과 발끝으로 몸을 받치고 몸을 곧게 뻗쳐 엎드리는 동작. 또는 그렇게 하라는 구령.

엎드려-뻗치다[엄뜨―][자] 두 손바닥과 발끝으로 몸을 받치고 몸을 곧게 뻗쳐 엎드리다.

엎드리다[엄뜨―][자] 몸의 앞부분을 길게 바닥에 붙이거나 가까이하다. 준엎디다.
[엎드려 절 받기] 상대방은 할 생각도 없는데 자기 스스로 요구하거나 알려 줌으로써 대접을 받는다는 말. 엎질러 절 받기.

엎디다[엄띠―][자] '엎드리다'의 준말.

엎어-누르다[―눌러, ―누르니][타]러 1 내리눌러 일어나지 못하게 하다. ◻여럿이 한 녀석을 ~. 2 큰 애를 엎어누르려던 내가 잘못이다. 준엎누르다.

엎어-뜨리다[타] 엎어지게 하다. 엎어트리다.

엎어-말다[―말아, ―마니, ―마는][타] 1 국수나 떡국 따위를 두 그릇을 한데 말다. 2 국수나 떡국 따위에 고기가 보이지 않게 밑에 넣고 말다.

엎어-말이[명] 국수나 떡국 따위를 엎어마는 일. 또는 그런 음식. ◻~ 두 그릇.

엎어-먹다[어퍼―][타] 망하게 하거나 후리어 가지다. ◻재산을 ~.

엎어-삶다[어퍼삼따][타] 1 그럴듯한 말로 얼러 넘기다. ◻엎어삶아서 일을 성취하다. 2 노름판에서, 앞 판에서 딴 돈 전부를 그대로 태워 놓고 승부하다.

엎어-지다[자] 1 앞으로 넘어지다. ◻나무뿌리에 걸려 ~. 2 위아래가 뒤집히다. ◻바구니가 ~.

엎어-트리다〔태〕엎어뜨리다.

엎-자치[엎짜-]〔명〕장지문·선반 등의 어깨를 서로 앗아 틈이 나지 않게 하는 일.

엎-지르다[업찌-]〔엎질러, 엎지르니〕〔태亾〕물 따위의 액체를 그릇 밖으로 쏟아지게 하다. ▯ 커피를 ~.

엎지른 물〔구〕바로잡거나 되돌릴 수 없는 일을 비유하여 이르는 말.

엎질러-지다[업찔-]〔자〕액체 따위가 그릇 밖으로 쏟아져 나오게 되다.

엎-집[업찝]〔명〕〔건〕빗물이 한쪽으로 흐르게 지붕 앞쪽은 높고 뒤쪽은 낮게 해서 지은 집.

엎쳐-뵈다[업처-]〔자〕 **1** 구차하게 남에게 머리를 숙이다. **2**〈속〉절하다.

엎-치다[업-]〔타〕배를 바다 쪽으로 갈다.
　〔四태〕'엎다'의 힘줌말.

엎치나 덮치나〔구〕이렇게 하나 저렇게 하나 마찬가지라는 말. 둘러치나 메어치나 매일반.

엎친 데 덮친다[덮치기]〔구〕어렵거나 나쁜 일이 겹쳐 일어난다.

엎치락-뒤치락[업-뒤-]〔부하자타〕잇따라 엎쳤다 뒤쳤다 하는 모양. ▯ 시합이 ~하다.

에¹〔언〕한글의 합성 모음 'ㅔ'의 이름.

에²〔감〕 **1** 뜻에 맞지 않을 때 역정내는 소리. ▯ ~, 기분 잡쳤어. 〈작〉애. **2** 가볍게 거절할 때 내는 소리. ▯ ~, 그것은 안 되겠네. **3** 남을 나무랄 때 내는 소리. ▯ ~, 무슨 말을 그렇게 하나. **4** 스스로 생각을 끊어 버릴 때 내는 소리. ▯ ~, 그 일은 이제 잊어버리자. **5** 말을 시작하거나 말하기를 망설일 때, 또는 말하는 도중에 뒷말이 얼른 나오지 않을 때 내는 군소리. ▯ 사실은 ~, 부탁이 있네. **6** 기분이 좋을 때 내는 소리. ▯ ~, 첫인상이 참 좋군그래.

에³〔조〕 **1** 체언 뒤에 붙여 쓰는 부사격 조사. ㉠ 처소(處所)·때·대상 등을 나타냄. ▯ 산 위에 뜬 구름 / 밤에 만난 사람 / 물에 빨다. ㉡ 진행 방향을 나타냄. ▯ 학교에 가다. ㉢ 원인을 나타냄. ▯ 바람에 날리는 갈대. ㉣ 일정한 조건·기준 등을 나타냄. ▯ 규칙에 어긋난 발언 / 분위기에 알맞은 음악. ㉤ 단위나 비율을 나타냄. ▯ 하루에 세 번 먹는다. **2** 2개 이상의 체언을 동등 자격으로 열거하는 접속 조사. ▯ 떡에 술에 진탕 먹었다. **3** '에다가'의 준말. ▯ 국에 밥을 말다.

-에〔어미〕〈옛〉-게.

에게〔조〕 **1** 사람을 나타내는 체언 뒤에 붙어, 행동이 미치는 상대편을 나타내는 부사격 조사 〔'내·네·제' 등 인칭 대명사 뒤에서는 '게'로 줄어 내게·네게·제게 등으로 쓰임〕. ▯ 친구~ 주어라. 〈준〉게. **2** 체언 뒤에 붙어 상대격을 나타내는 부사격 조사. ▯ 개~ 물리다 / 선생님~ 칭찬을 듣다.

에게-다〔조〕'에게'에 보조사 '다'를 결합한 말. ▯ 누구~ 맡길까.

에게-로〔조〕체언 뒤에 붙어, 무엇에 닿아 감을 나타내는 부사격 조사. ▯ 영광은 그~ 돌아 갔다. →에게서.

에게-서〔조〕체언 뒤에 붙어, 그것에서 비롯되거나 가져옴을 나타내는 부사격 조사. ▯ 누구~ 온 편지인가 / 언니~ 배웠다. ↔에게로.

에계[-/-게]〔감〕 **1** '어뿔싸'보다 뜻이 얕은 말. ▯ ~, 이 일을 어쩌지. **2** 작거나 칙살맞아 업신여기는 소리. ▯ ~, 요깟 것을 뉘 코에 붙여. 〈여〉애걔.

에계-계[-/-게게]〔감〕'에계'를 연거푸 말할

때 '에계에계'가 줄어서 된 말. 〈여〉애걔걔.

에고〔라 ego〕〔명〕〔철〕자아(自我).

에고이스트(egoist)〔명〕이기적인 사람. 이기주의자.

에고이즘(egoism)〔명〕〔철〕이기주의.

에고티즘(egotism)〔명〕자기 중심주의. 자아(自我)주의.

에구〔감〕'어이구'의 준말.

에구구〔감〕상심하거나 놀랐을 때 저도 모르게 나오는 소리. ▯ ~, 하늘도 무심하시지. 〈큰〉쿠쿠.

에구-데구〔부〕소리를 마구 지르며 우는 모양. 〈작〉애개개.

에구머니〔감〕'어이구머니'의 준말. 〈작〉애고머니.

에구-에구〔감〕몹시 슬피 우는 소리.

에:-굽다[-따]〔형〕좀 휘우듬하게 굽다. ▯ 에굽은 소나무 가지.

에그〔감〕안타깝거나 안스러울 때 내는 소리. ▯ ~, 가엾어라 / ~, 끔직해라.

에그그〔감〕퍽 놀랐을 때 저도 모르게 나오는 소리. ▯ ~, 네가 웬일이냐.

에기〔감〕마땅치 않을 때 내는 소리. ▯ ~, 내가 참는 편이 낫겠다. 〈센〉에끼. 〈준〉엑.

에꾸〔감〕깜짝 놀랐을 때 내는 소리. 〈큰〉에쿠.

에꾸나〔감〕'에꾸'를 강조해 내는 소리. ▯ ~, 놀래라.

에끼¹〔감〕갑자기 놀랐을 때 내는 소리. 〈큰〉에키.

에:-끼²〔감〕마땅치 않거나 싫증이 날 때 내는 소리. ▯ ~, 고얀 놈 / ~, 이 죽일 놈아. 〈여〉에기.

에끼다〔타〕주고받을 물건이나 일 따위를 서로 비겨 없애다. 상쇄하다.

에나멜(enamel)〔명〕 **1** 금속 기구·도기·유리 그릇 등의 겉에 바르는 유리질의 도료. 법랑. **2** 에나멜페인트.

에나멜-가죽(enamel-)〔명〕겉에 에나멜을 발라 광택을 내고 내수성을 강화한 가죽〔구두·핸드백 따위를 만드는 데 씀〕.

에나멜-지(enamel紙)〔명〕점토(粘土)·황산바륨·탄산칼슘 등의 흰 안료 가루와 카세인 용액을 섞어 바른 종이〔광택이 나고 잘 구겨지지 않아 인쇄용지로 씀〕.

에나멜-질(enamel質)〔명〕〔생〕이의 표면을 싸고 있는 흰색의 매우 단단한 물질. 법랑질(琺瑯質).

에나멜-페인트(enamel paint)〔명〕니스와 안료를 섞은 도료〔건조가 빠르고 광택과 굳기가 뛰어나며, 가구·차량 등을 도장하는 데 씀〕.

에너지(energy)〔명〕 **1** 인간의 활동의 근원이 되는 힘. 원기. 정력. **2**〔물〕물체가 물리학적인 일을 할 수 있는 능력.

에너지 다소비형 산:업(energy多消費型産業)〔경〕에너지 소비량이 많거나 에너지 소비 규모가 큰 산업〔제철·화학·비철 금속 따위의 재료 산업이 대표적임〕.

에너지 대:사(energy代謝)〔생〕생물체의 물질 대사와 함께 일어나는 에너지의 변화와 소모에 관련된 생화학적 반응〔식물은 태양 광선을 화학적 에너지로 바꾸고, 동물은 먹이를 먹고 얻은 화학적 에너지를 변화시켜 체온을 유지하는 일을 함〕.

에너지-론(energy論)〔명〕〔철〕자연 현상을 지배하는 근본적인 양(量)은 에너지라고 하고, 모든 자연 법칙을 에너지의 변화로 설명하려는 학설.

에너지 보:존 법칙(energy保存法則)〔물〕에너지가 변화하는 경우, 외부의 영향을 차단하면 물리적·화학적 변화가 일어나도 그 변화에 상관없이 에너지의 총합은 늘 일정하

며, 무(無)에서 에너지를 만들어낼 수 없다는 물리학의 근본 원리. 에너지 불멸의 법칙.

에너지 불멸의 법칙 (energy不滅-法則)[--며 륵/--며레-] 『물』에너지 보존 법칙.

에너지 산ː업 (energy産業) 『경』전력·석탄·석유·원자력 따위의 동력을 생산·공급하는 산업.

에너지-원 (energy源) 圀 에너지의 근원.

에너지 자원 (energy資源) 『공』동력 공급의 원천이 되는 물질(석탄·석유·천연가스·태양열·핵연료 따위).

에너지 혁명 (energy革命)[-형-] 경제 사회의 주축이 되는 에너지원(源)이 급속히 교체되고 있는 현상(1960년을 전후하여 석탄에서 석유·천연가스 등으로의 전환과 나아가서 다시 핵연료로의 전환이 그 좋은 예임).

에넘느레-하다 혱여 종이나 헝겊 따위가 어수선하게 늘어져 있다. ▣공장 안이 헝겊 조각들로 ~.

에네르기코 (이 energico) 圀『악』'힘 있게'·'힘차게'의 뜻.

에누리 圀하타 1 값을 더 얹어서 부르는 일. 또는 그 물건값. 월가(越價). ▣~ 없는 정가. 2 값을 깎는 일. ▣만 원만 ~합시다. 3 실제보다 더 보태거나 깎아서 말함. ▣그의 말은 좀 ~해서 들어야 한다.

에-는 조 부사격 조사 '에'에 보조사 '는'을 합쳐서 이룬 '에'의 힘줌말. ▣이번스 봐주지 않겠다 / 산스 초목이 무성하다. 준엔.

에ː다¹ 타 1 예리한 날 따위로 도려내듯 베다. ▣살을 에는 듯한 추위. 2 마음을 몹시 아프게 하다. ▣가슴을 에는 듯한 슬픔.

에다² 圄 '에다가'의 준말.

에다가 조 '에다가'의 준말. 1 더해짐을 나타내는 부사격 조사. ▣쌀~ 보리를 섞다. 2 위치를 나타내는 부사격 조사. ▣그건 여기~ 두렴. 3 접속 조사 '에'를 강조하는 조사. ▣술~ 고기~ 실컷 먹었다. 준에·에다.

에덴 (Eden) 圀『기』인류의 시조인 아담과 이브가 죄짓기 전에 살던 낙원. ▣~동산.

에델바이스 (독 Edelweiss) 圀『식』국화과에 속하는 고산(高山) 식물. 높이 10~20cm. 잎·줄기에 흰 솜털이 나고, 꼭대기에 몇 개의 두상화가 핌.

에ː-돌다 [에돌아, 에도니, 에도는] 자타 1 곧바로 선뜻 나아가지 않고 멀리 피하여 돌다. ▣길이 질어서 한길로 ~. 2 바로 가지 않고 멀리 돌다. ▣들판을 에돌아 흐르는 강.

에ː-두르다 [에둘러, 에두르니] 타태 1 에워서 둘러싸다. ▣주위를 ~. 2 바로 말하지 않고 짐작해서 알아듣도록 둘러대다. ▣에둘러 타이르다.

에드박 (EDVAC) 圀 [electronic discrete variable automatic computer] 『컴』폰 노이만(Von Neumann)이 제창한 프로그램 내장 방식과 2진법을 채택한 컴퓨터(1951년 미국 펜실베이니아 대학에서 개발됨).

에드삭 (EDSAC) 圀 [electronic delayed storage automatic computer] 『컴』에니악(ENIAC)의 프로그램 내장 방식을 도입한 최초의 컴퓨터(1949년 영국의 윌크스(Wilkes, Maurice)에 의해 개발됨).

에디퍼스 콤플렉스 ☞ 오이디푸스 콤플렉스 (Oedipus complex).

에-뜨거라 圄 '혼날 뻔하였다'는 뜻으로 내는 소리. ▣~, 하고 달아났다.

에라 갑 1 실망의 뜻을 나타내는 소리. ▣~, 이 바보야 / ~, 잠이나 자자. 2 아이에게 '그

만두라'는 뜻으로 하는 소리. ▣~, 잔말 말고 물러가거라. 3 단념 또는 포기하려고 할 때 내는 소리. ▣~, 모르겠다. 될 대로 되라지. 4 '에루화'의 준말.

-에라 어미 형용사나 동사 뒤에 붙어, 감탄을 나타내는 종결 어미(선어말 어미 '-았-' 따위를 중간에 씀). ▣날이 밝았~.

에러 (error) 圀 1 실수. 잘못. 2 야구에서, 타구나 송구를 잡지 못하여 주자를 살게 하는 일. 실책. ▣이루수의 ~로 두 점을 잃었다. 3 『컴』연산 처리 결과가 장치의 잘못된 동작 또는 소프트웨어의 잘못으로 기대하는 것과 다른 결과가 되는 일. 잘못. 오류.

에렙신 (erepsin) 圀『화』단백질 분해 효소의 하나. 소장(小腸)에서 분비되는 펩톤(peptone)이나 폴리펩티드(polypeptide)를 아미노산으로 분해해서, 단백질의 흡수를 쉽게 함.

에로 (←erotic) 圀 성적인 자극이 있는 것. 선정. 선정적. ▣~영화.

에로 문학 (←erotic文學) 『문』선정적인 내용을 다룬 문학.

에로스 (Eros) 圀 1 그리스 신화에서, 사랑의 신(아프로디테의 아들). 2 사랑(플라톤에 의해 청순한 우정 및 진선미에의 노력의 상징으로 쓰인 말). *아가페. 3『천』화성과 목성 사이에 긴 타원형의 궤도를 그리며 움직이는 작은 행성(2년마다 지구에 2천3백만 km 거리까지 접근함).

에로티시즘 (eroticism) 圀 주로 문학이나 미술 따위의 예술에서, 성적(性的) 요소나 분위기를 강조하는 경향.

에로틱-하다 (erotic-) 혱여 호색적(好色的)·선정적(煽情的)인 데가 있다. ▣에로틱한 분위기.

에루화 갑 노래할 때, 흥겨움을 나타내는 소리. ▣~, 좋구나, 좋아. 준에라.

에르그 (erg) 圀『물』일이나 에너지의 시지에스(CGS) 단위(1다인의 힘이 물체에 작용해, 그 힘의 방향으로 1cm 움직이는 일. 10^{-7}줄(joule)에 해당함). 기호는 erg.

에르븀 (erbium) 圀『화』희토류(稀土類) 원소의 하나. 은백색으로, 육세나이트·가돌리나이트 따위 속에 존재함. 물에 녹지 않으나 산(酸)에는 녹음. [68번ː Er:167.2]

에르스텟 (oersted) 圀『물』자기장(磁氣場)의 세기를 나타내는 단위. 단위 자기극(磁氣極)에 1다인의 힘이 작용했을 때의 세기를 말함. 기호는 Oe.

에를 조 부사격 조사 '에'와 목적격 조사 '를'이 결합한 말. ▣산~ 간다. 준엘.

에리트로마이신 (erythromycin) 圀 부작용이 적고 세균의 단백질 합성을 막는 항생 물질의 하나(폐렴·편도선염·디프테리아·발진 티푸스 등의 치료용). 상표명: 아일로타이신.

에머네이션 (emanation) 圀『화』라듐이 붕괴될 때 생성되는 라돈의 동위 원소인 비활성 기체 원소의 총칭(토론·악티논·라돈의 세 동위 원소가 있음). 에마나치온.

에머리 (emery) 圀『광』강옥(鋼玉)의 하나. 알갱이 모양이며, 보통 자철광·석영이 혼합되어 있음(다이아몬드 다음으로 단단하여 연마재로 씀).

에멀션 (emulsion) 圀『화』유제(乳劑).

에메랄드 (emerald) 圀 크롬을 함유해서 비취색을 띤, 투명하고 아름다운 녹주석(綠柱石). 녹옥(綠玉). 녹주옥(綠柱玉). 취록옥

(翠綠玉).

에메랄드-그린 (emerald-green) 명 **1** 에메랄드 같이 맑고 산뜻한 녹색. **2** 〖화〗아세트산(酸)구리와 아비산(亞砒酸)구리의 복염(複塩)〖선명한 녹색을 띠며 배의 밑바닥에 도료로 씀〗.

에메틴 (emetin) 명 〖약〗흰색 가루 모양의 결정〖아메바성 이질 등에 썼으나 현재는 잘 쓰지 않음〗.

에멜무지-로 튀 **1** 단단하게 묶지 않은 모양. ▢~ 차에 싣다. **2** 헛일하는 셈 치고 시험 삼아 하는 모양. ▢~ 한 일이 좋은 결과를 얻었다.

에뮤 (emu ; emeu) 명 〖조〗에뮤과의 새. 타조와 비슷한데, 키는 1.7 m 정도, 빛은 어두운 회색, 날개·꽁지는 퇴화하였고, 다리는 길고 튼튼하며 발가락이 셋임. 잘 달림. 오스트레일리아 특산종.

에뮬레이션 (emulation) 명 〖컴〗한 컴퓨터가 다른 컴퓨터와 똑같이 작동하기 위해 특별한 프로그램이나 기계적 방법을 사용하는 일.

에밀레-종 (─鐘) 명 〖불〗신라 때의 동종(銅鐘)인 '성덕 대왕 신종(聖德大王神鐘)'을 이르는 말. '봉덕사종(奉德寺鐘)'이라고도 함.

에버-글레이즈 (ever+glazes) 명 〖공〗무명이나 화약 섬유에 수지(樹脂) 가공을 해서 내구성(耐久性)을 높인 피륙.

에버-플리트 (ever+pleat) 명 〖공〗기계적으로 주름가 지게 만든 옷감. 물에 젖어도 주름이 펴지지 않음.

에베소-서 (←Ephesus書) 명 〖기〗신약 성서의 한 편. 사도 바울이 감옥에서 썼다는 서간문.

에보나이트 (ebonite) 명 〖화〗생고무에 황을 섞고 가열해서 만든 플라스틱 같은 물질〖질이 굳고, 흑색 광택이 있음. 전기 절연체·만년필·파이프·의료 기구 등에 씀〗.

에부수수 튀형 **1** 정돈되지 않아 어수선하고 엉성한 모양. **2** 물건이 속이 차지 않은 모양. ㉮에푸수수.

에비 日갑 어린아이가 위험한 것이나 더러운 것을 입에 넣거나 만지려고 할 때 말리는 소리. ▢~, 만지면 안 돼요. 日명 어린아이에게 '무서운 것'이란 뜻으로 쓰는 말. ▢자꾸 울면 ~가 없어 간다.

에서 조 **1** 체언 뒤에 붙는 부사격 조사. ㉠어떤 사물이 움직이고 있는 처소를 나타냄. ▢집 ~ 잔다. ㉡어떤 움직임의 출발점을 나타냄. ▢학교~ 집까지. ㉢서. **2** 문장의 주어가 단체임을 나타내는 주격 조사. ▢우리 회사~ 우승을 차지했다.

에서-부터 조 '에서'와 '부터'가 결합한 보조사. ▢출발역~ 도착역까지. ㉮서부터.

에세이 (essay) 명 **1** 〖문〗자기의 느낌이나 의견 따위를 자유로운 형식으로 적은 산문. 수필. **2** 특수한 주제에 관한 시론(試論) 또는 ━━에세 어미 〖옛〗─에서. ▢소론(小論).

에스 (S, s) 명 **1** 〖언〗알파벳의 열아홉째 자모. **2** 〖지〗〔south〕남쪽·남극의 부호. **3** 〔sister〕여학생 사이의 동성애의 대상을 나타내는 말. ▢~ 동생. **4** 〔small〕의류 등의 치수·크기가 작음을 나타내는 기호.

에스겔-서 (←Ezekiel書) 명 〖기〗구약 성서의 한 편. 예루살렘의 함락, 구세주의 출현, 예루살렘의 회복과 평화 따위에 대해서 에스겔의 예언이 기록된 글.

에스더-서 (←Esther書) 명 〖기〗구약 성서의

한 편. 유대인의 딸 에스더를 통해 유대 민족의 구원받음을 기록한 글.

에스디아르 (SDR) 명 〔special drawing rights〕 〖경〗국제 통화 기금(IMF)의 특별 인출권.

에스-램 (SRAM) 명 〔static random access memory〕〖컴〗전원만 끊지 않으면 한번 기억된 자료가 지워지지 않는 기억 장치〖수시로 읽어 내고 써 넣을 수 있음〗. *디램.

에스-사이즈 (S-size) 명 셔츠·블라우스 등의 규격 가운데 작은 것. *엘사이즈·엠사이즈.

에스상 결장 (S狀結腸) ─장 〖생〗대장의 일부로, 직장(直腸)과 이어지는 부분.

에스아르 가공 (SR加工) 명 〔SR는 soil release의 머리글자〕폴리에스테르 따위의 합성 섬유의 대전성(帶電性)을 없애고 더럽을 타는 것을 방지하는 가공.

에스에스티 (SST) 명 〔supersonic transport〕 초음속 제트 여객기〖시속은 마하 2-3〗.

에스에이치에프 (SHF) 명 〔superhigh frequency〕〖물〗초(超)고주파.   「과학 소설.

에스에프 (SF) 명 〔science fiction〕〖문〗공상

에스엔에스 (SNS) 명 〔Social Network Service〕 인터넷 기반의 커뮤니티 서비스의 총칭. 사회 관계망 서비스.

에스엠디 (SMD) 명 〔Sony magnetodiode〕〖물〗 1968년에 일본의 소니 회사가 개발한 반도체 소자(素子).

에스오에스 (SOS) 명 **1** 무선 전신의 국제적인 조난 신호. 항해 중에 선박이 난파한 경우 구조를 구하는 신호. **2** 일반적으로, 위험 신호.

에스카르고 (ㅍ escargot) 명 〖동〗식용 달팽이〖프랑스 요리에 씀〗.

에스캅 (ESCAP) 명 〔Economic and Social Commission for Asia and the Pacific〕〖경〗아시아 태평양 경제 사회 이사회.

에스컬레이터 (escalator) 명 사람이 걷지 않고도 위층 또는 아래층으로 오르내릴 수 있게 한 자동 계단. ▢~를 타다.

에스코트 (escort) 명하타 호위·호송의 뜻으로(보통, 여자를 호위하는 일을 말함). ▢~를 받다.

에스키모 (Eskimo) 명 북아메리카의 북극에 연안·그린란드 등지에 사는 인종. 피부는 황색이고 주로 어로와 수렵으로 생활함.

에스테라아제 (esterase) 명 〖화〗에스테르(ester)를 그 성분인 산(酸)과 알코올로 가수 분해 하는 효소의 총칭〖리파아제(lipase)·포스파타라아제(phosphatase) 따위〗.

에스테르 (ester) 명 〖화〗유기산이나 무기산이 알코올과 탈수 반응에 의해 결합하여 생긴 실제의 화합물 및 이론상 이에 해당하는 구조를 가진 화합물의 총칭〖대개 휘발성과 방향이 있어 향료로 씀〗.

에스톨-기 (STOL機) 명 〔short take-off and landing〕짧은 활주로에서 이착륙이 가능한 항공기. 단거리 이착륙기. 스톨기.

에스트로겐 (estrogen) 명 〖생〗여성 호르몬의 하나. 스테로이드(steroid) 화합물의 일종으로 난소의 여포(濾胞)에서 소량 분비됨. 여성의 제2차 성징(性徵)을 발현시키며 여성을 발정(發情)하게 함. 난포 호르몬.

에스-파 (S波) 명 〖지〗지진파(地震波)의 하나. 지진동(地震動)이 있을 때 초기 미동(微動) 다음에 밀려오는 큰 파동. *피파(P波).

에스페란토 (Esperanto) 명 〖언〗폴란드의 안과 의사 자멘호프가 1887년에 창안한 국제 보조어〖자모는 28개〗.

에스프레시보 (이 espressivo) 명 〖악〗'표정을 풍부하게'의 뜻.

에스프리 (ㅍ esprit) 뗑 **1** 정신. **2** 기지(機智).

에스피-반 (SP盤) 뗑 〔standard playing record〕 1 분간 78 회 도는 레코드.

에스피에스 (SPS) 뗑 〔service propulsion system〕 우주선의 궤도 수정용 로켓(동력 부분인 기계선(機械船)의 으뜸 엔진임).

에야-디야 ❷ '어기야디야'의 준말.

에어데일-테리어 (Airedale terrier) 뗑 〔동〕 개의 한 품종(호위견(護衛犬)·군용견에 적당함. 영국 원산).

에어러-그램 (aerogram) 뗑 외국으로 보내는 항공 우편용 봉합엽서.

에어로빅-댄스 (aerobic dance) 뗑 에어로빅스 건강법을 춤에 응용한 일종의 미용 체조. 에어로빅. ☐ ~ 경연 대회.

에어로빅스 (aerobics) 뗑 달리기·자전거 타기·줄넘기·등산 따위로 심장과 폐를 자극해서 혈액 순환 촉진과 산소 소비량 증대를 꾀하는 신체 단련법.

에어로졸 (aerosol) 뗑 **1** 밀폐된 용기 속에 넣어 가스의 압력으로 뿜어내는 약품(화장품·살충제 등에 사용함). **2** 〔화〕 대기 중에 떠도는 고체 또는 액체의 미세한 입자.

에어-백 (air bag) 뗑 자동차가 충돌했을 때, 순간적으로 부풀어 나와 충격을 완화시켜 사람을 보호해 주는 공기 주머니.

에어-브러시 (airbrush) 뗑 〔미술〕 압축 공기로 도료나 그림물감을 뿜어내서 칠하는 분무식 도장 용구(포스터의 그림 등에 이용함).

에어 브레이크 (air brake) 〔공〕 전차·열차·대형 자동차 따위에서, 압축 공기를 이용하여 차량의 속도를 조절하거나 제동하는 장치.

에어-쇼 (air+show) 뗑 비행기가 공중에서 펼쳐 보이는 전시 비행·곡예비행 따위의 총칭.

에어 슈터 (air+shooter) 〔공〕 서류를 파이프 속에 넣어 압축 공기의 힘으로 같은 건물 안의 다른 부서로 보내는 장치. 공기 수송관.

에어 커튼 (air curtain) 〔전〕 건물 출입구에 외기(外氣)나 먼지·티끌의 유입을 막기 위해 위에서 아래로 흘려 보내는 공기의 벽. 에어 도어.

에어컨 (←air conditioner) 뗑 '에어컨디셔너'의 준말. ☐ ~을 켜다.

에어컨디셔너 (air conditioner) 뗑 실내 공기의 온도나 습도를 자동적으로 조절하는 기계(주로 냉방 장치를 가리킴). ☺에어어컨.

에어 컴프레서 (air compressor) 〔공〕 공기 압축기.

에어-쿠션 (air cushion) 뗑 **1** 바람을 넣어 푹신하게 만든 방석이나 베개 따위. **2** 호버크라프트(Hovercraft) 등이 지면·해면을 향해 고압 공기를 분출할 때, 지면·해면과 기체(機體)와의 사이에 생기는 공간.

에어 펌프 (air pump) 〔공〕 공기 펌프2.

에어 포켓 (air pocket) 난기류 관계로 공기가 엷어져, 비행 중인 항공기의 고도가 급격히 떨어지게 되는 곳. 에어 홀.

에에 다음 말을 주저하거나 말이 곧 나오지 않을 때 내는 말. ☐ 감자와 밤과, ~, 그리고 송이버섯.

에여라차 ❷ '어여차'를 받아넘기는 소리.

에엾비 ❹ 〈옛〉 가엾이. 막하게.

에오 ❷〔역〕임금이 거동할 때, 구실아치들이 끼고 가는 유지(油紙) 조각에 그린 짐승의 이름. 다리를 지날 때 '에오' 하고 소리를 치면 다리 밑의 모든 악귀들이 달아난다고 함.

에오-세 (←Eocene世) 뗑 〔지〕 지질 시대의 신생대 제 3 기(紀)를 다섯으로 나눈 가운데 둘

째 시대. 구칭 : 시신세(始新世).

에오신 (eosin) 뗑 〔화〕 적색의 산성 염료. 물에 녹지 않는 결정(화장품·붉은 잉크 제조 등에 씀).

-에요 어미 ('이다'나 '아니다'의 어간에 붙어) -어요. ☐ 누구 책이~ / 제 것이 아니~.

에우다 타 **1** 사방을 빙 둘러싸다. ☐ 탁자를 에우고 앉다. **2** 딴 길로 돌리다. **3** 장부 등의 필요 없는 부분을 지우다. ☐ 휴학생의 이름을 ~. **4** 다른 음식으로 끼니를 때우다. ☐ 빵으로 점심을 ~. ☺에우다.

에우쭈루 ❷〔역〕 높은 벼슬아치가 행차할 때, 기수(旗手)가 벽제(辟除)하느라고 외치던 소리의 하나.

에움 뗑하타 갚거나 배상(賠償)함. 또는 그 일.

에움-길 [-낄] 뗑 굽은 길. 에워서 돌아가는 길. ☐ ~로 돌다.

에워-가다 자거라 바른 길로 가지 않고 둘러 가다. 타거라 장부 등의 필요 없는 부분을 지워 나가다. ☐ 낙서한 부분을 ~.

에워-싸다 타 둘레를 빙 둘러싸다. ☐ 난로를 에워싸고 앉다.

에의 [-/-에] 죄 방향을 나타내는 부사격 조사 '에'와 관형격 조사 '의'가 합쳐서 이루어진 말. ☐ 행복~ 초대.

에이 (A, a) 뗑 **1** 〔언〕 영어의 첫째 자모. **2** 최상. 최고. ☐ ~ 등급 / ~ 학점을 받다. **3** 〔악〕 음계의 여섯째 음. 가¹.

에이 ❷ **1** 실망하여 속이 상하거나 단념의 뜻을 나타내는 말. ☐ ~, 될 대로 되어라. **2** '에이끼'의 준말.

에이그 ❷ 아주 밉거나 마땅치 않아 한탄하거나 가엾게 느낄 때 내는 소리. ☐ ~, 이걸 그냥 / ~, 너는 일하는 게 왜 그 모양이냐.

에이-급 (A級) 뗑 제 1 급. 최상급. ☐ ~으로 마련하다.

에이끼 ❷ 아랫사람을 못마땅해 꾸짖을 때 내는 소리. ☐ ~, 이 못난 놈아. ☺에이·에익.

에이다¹ 자 ('에다'의 피동) **1** 칼 따위로 도려내듯 베이다. ☐ 살이 에이는 듯한 추위. **2** 마음이 몹시 아프게 되다. ☐ 가슴이 ~.

에이다² 타 ☞ 에다¹.

에이도스 (ㄱ eidos) 뗑 〔철〕 '형상(形相)'의 뜻《플라톤은 이데아와 같은 뜻으로 쓰고, 아리스토텔레스는 질료(質料)에 대한 정신적인 형상의 뜻으로 썼음》.

에이드 (ade) 뗑 과일의 살과 즙에 당분과 물을 섞은 음료.

에이디 (AD) 뗑 〔Anno Domini〕 서력 기원(본디 '예수 그리스도 탄생 이후'의 뜻). ↔비시(BC).

에이디비 (ADB) 뗑 〔Asian Development Bank〕 〔경〕 아시아 개발 은행.

에이디아이제트 (ADIZ) 뗑 〔Air Defense Identification Zone〕 〔군〕 방공 식별권(防空識別圈)(방공을 위한 영토 주변에 환상(環狀)으로 설정한 항공기 식별 구역으로, 이 구역을 드나드는 항공기는 반드시 사전에 통보해야 함).

에이비시 (ABC) 뗑 **1** 영어 자모 가운데 첫 석 자. **2** 영어의 초보. **3** 입문. 초보. ☐ 골프의 ~.

에이비시 무:기 (ABC武器) 〔atomic, biological and chemical〕 〔군〕 원자 무기·생물학 무기·화학 무기를 일컬음. 화생방 무기.

에이비시 전:쟁 (ABC戰爭) 〔군〕 원자력·세균·화학 무기를 사용하는 전쟁. 화생방전.

에이비엠 (ABM) 圀 〔anti-ballistic missile〕《군》 탄도탄 요격 미사일. 미사일 요격 미사일. 에이엠엠(AMM).

에이비오식 혈액형 (ABO式血液型)[―시커래킹] 《의》 인간의 대표적인 혈액형. 혈액형을 A・B・AB・O의 네 형으로 나눔.

에이비유 (ABU) 圀 〔Asia-Pacific Broadcasting Union〕 아시아 태평양 방송 연맹.

에이비-형 (AB型) 圀 《의》 ABO 식 혈액형의 하나. A 형・B 형・AB 형・O 형의 사람 모두에게서 수혈을 받을 수 있으나, AB형인 사람에게만 수혈할 수 있음.

에이스 (ace) 圀 **1** 일(一). 트럼프나 주사위의 한 곳. 2 제일인자. 최고 선수. **3** 테니스에서, 서브로 얻은 득점. **4** 야구에서, 팀의 주전 투수.

에이시티에이치 (ACTH) 圀 〔adrenocorticotropic hormone〕《생》 부신 피질(副腎皮質) 자극 호르몬.

에이아이 (AI) 圀 〔artificial intelligence〕《컴》 인공 지능.

에이에스 (AS) 圀 '애프터서비스'를 줄여 일컫는 말. □~ 실시 기간 / 앞으로 2년까지는 ~를 받을 수 있다.

에이에스엠 (ASM) 圀 〔air to surface missile〕 《군》 공대지(空對地) 미사일.

에이에이엠 (AAM) 圀 〔air to air missile〕《군》 공대공(空對空) 미사일.

에이에프엘 (AFL) 圀 〔American Federation of Labor〕《사》 미국 노동 총동맹.

에이에프케이엔 (AFKN) 圀 〔American Forces Korea Network〕 미군의 한국 방송망(주한 미군 사령부 공보부에서 주한 미군을 위하여 설치한 것).

에이에프피 (AFP) 圀 〔프 Agence France Presse〕 프랑스의 통신사 이름.

에이엘비엠 (ALBM) 圀 〔air-launched ballistic missile〕 공중 발사 탄도탄(공중에서 지상의 목표물을 향해 쏨).

에이엘시엠 (ALCM) 圀 〔air-launching cruise missile〕《군》 공중 발사 순항(巡航) 미사일.

에이엠¹ (AM) 圀 〔라 Artium Magister〕《교》 문학사(文學士).

에이엠² (AM, am) 圀 〔라 ante meridiem〕 오전. ↔피엠(PM).

에이엠 방:송 (AM放送) 圀 〔amplitude modulation〕 진폭 변조 방식으로 하는 방송. 진폭 변조 무선 방송. ↔에프엠(FM) 방송.

에이오-판 (A5判) 圀 《인》 종이 규격의 하나로 148×210 mm(옛 규격의 국판(菊判)보다 약간 작음).

에이육-판 (A6判) 圀 《인》 종이 규격의 한 가지(105×148 mm 로 문고판).

에이전시 (agency) 圀 **1** 대리업. 대리점. **2** 방송 등의 광고 대행업자.

에이 전:원 (A電源) 《전》 전자관 음극에 전류를 흐르게 하고 가열해서 열전자를 방출하는 전원. ↔비 전원.

에이 전:지 (A電池) 《전》 진공관의 음극을 가열하기 위한 전지(보통 1.5–6.0 볼트의 전압을 갖는 축전지나 건전지를 씀).

에이 중:유 (A重油) 《화》 끈적임이 적은 중유(디젤 기관, 특히 어선의 연료로 많이 씀).

에이즈 (AIDS) 圀 《의》 〔Acquired Immune Deficiency Syndrome〕 인간 면역 결핍 바이러스 때문에 생기는 병(성적 접촉・수혈・모자 감염 따위로 감염되는데, 전신의 면역 세포가 파괴되고, 사망률이 높음. 치료 약이 아직 없음). 후천성 면역 결핍증.

에이치 (H, h) 圀 **1** 영어의 여덟째 자모. **2** 〔hard〕 연필심의 굳기를 나타내는 기호(H・2H・3H 등 숫자가 클수록 단단함).

에이치 봄 (H bomb) 수소 폭탄.

에이치비 (HB) 〔H는 hard, B는 black의 약호〕 연필심의 굳기를 나타내는 기호의 하나(단단하지도 무르지도 않은 중간치의 것).

에이치아르 (HR) 〔human relations〕《사》 인간 관계. 휴먼 릴레이션스.

에이치아르-도 (H-R圖) 圀 《천》 가로축에 항성의 스펙트럼형이나 색지수(色指數), 세로축에 절대 등급을 매겨 주계열성(主系列星)・거성(巨星)・초거성(超巨星)・백색 왜성(白色矮星) 따위의 자리를 표시한 도표.

에이치 아워 (H hour) 《군》 공격 등 특정한 작전을 개시하려는 시각.

에이치이 (HE) 圀 〔human engineering〕《공》 인간 공학(人間工學).

에이치티엠엘 (HTML) 圀 〔hyper text markup language〕《컴》 하이퍼 링크를 사용하는 컴퓨터 언어(홈페이지 제작에 주로 씀).

에이치형 강 (H形鋼) 《건》 단면(斷面)이 'H' 자 모양으로 된 긴 강철 기둥(기둥・들보・기초 말뚝 따위에 씀).

에이커 (acre) 圀 야드파운드법의 면적의 단위(1 에이커는 약 4,047 m², 4 단(段) 24 보(步)). 기호는 ac.

에이큐 (AQ) 圀 〔achievement quotient〕《교》 성취 지수(指數).

에이트 (eight) 圀 **1** 조정 경기에서, 여덟 사람이 젓는 경기용 보트. **2** 럭비에서, 여덟 사람이 스크럼을 짜는 일. 또는 그 방식.

에이티시 (ATC) 圀 **1** 〔Automatic Train Control〕《공》 자동 열차 제어 장치(신호의 지시에 따라 자동적으로 열차의 속도를 조절하고 정지시키는 장치). **2** 〔Air Traffic Control〕 항공 교통 관제.

에이티에스¹ (ATS) 圀 〔Automatic Train Stopper〕 열차의 자동 정지 장치(붉은 신호 앞에서 자동적으로 열차를 세움).

에이티에스² (ATS) 圀 〔Application Technology Satellite〕 응용 기술 위성(통신・기상・과학 위성 따위를 개발하는 데 필요한 새 기술을 실험하는 미국의 인공위성).

에이티엠 (ATM) 圀 〔anti-tank missile〕《군》 대전차(對戰車) 미사일.

에이티피 (ATP) 圀 〔adenocine triphosphate〕 《화》 아데노신 삼인산(adenocine三燐酸). 생물 체내의 에너지의 저장・공급・운반 등의 역할을 하는 중요 물질로, 단백질의 합성・근육 수축・분비 따위에 쓰임.

에이-판 (A判) 圀 《인》 인쇄 용지 또는 인쇄 용지의 가공 재단 치수를 정한 표준 규격의 한 계열. 재단 치수의 경우는 841×1189 mm 를, 원지(原紙) 치수일 때는 625×880 mm 를 전판(全判)으로 하고, 반절마다 A2, A3, A4…A10 판이라 일컬음(A5, A6판이 널리 쓰임).

에이펙 (APEC) 圀 〔Asia Pacific Economic Council〕《경》 아시아 태평양 경제 협력체.

에이프런 (apron) 圀 **1** 서양식 앞치마나 턱받이. □~을 두르다. **2** 〔연〕 '에이프런스테이지'의 준말.

에이프런-스테이지 (apron stage) 〔연〕 극장에서 관객석 가운데까지 쑥 내민 무대의 일부. 춘에이프런.

에이피 (AP) 똉 〔The Associated Press of America〕미국 연합 통신사(신문사와 방송국을 가맹사로 하는 협동 조직의 비영리 법인).

에이-형 (A型) 똉《생》ABO 식 혈액형의 하나. A형인 사람은 A형과 AB형인 사람에게 수혈할 수 있고, A형과 O형인 사람에게서 수혈을 받을 수 있음.

에인절-피시 (angelfish)《어》시클리드과의 열대 민물고기. 남아메리카 북부 원산으로, 몸길이는 최대 13 cm 가량이고, 몸은 납작하고 은빛이며 검고 굵은 세로무늬가 몇 개 있음. 관상용임.

에잇 [-읻]깝 비위에 거슬려 불쾌할 때 내는 소리. □~, 재수 없어.

에참깝 뜻에는 맞지 않으나 어찌할 수 없을 때 내는 소리. □~, 또 심부름이야.

에취 뛰 재채기할 때 나는 소리.

에칭 (etching) 똉 1《인》동판 위에, 질산에 부식되지 않는 초 같은 것을 바르고, 표면에 바늘로 그림이나 글을 새겨 이것을 질산으로 부식시켜 만든 요판(凹版) 인쇄술. 또는 그 인쇄물. 부식 동판. 2《물》반도체 표면을 산(酸) 따위로 부식시켜서 소거하는 방법.

에칭 바늘 (etching-)《인》에칭 제판(製版)에 쓰는 매우 가는 쇠 바늘.

에코 (Echo) 똉 그리스 신화에 나오는 숲의 요정(妖精).

에코 (echo) 똉 1 메아리. 반향(反響). 2《전》레이더에서, 표적에 반사되어 되돌아온 신호.

에코 머신 (echo machine)《공》반향·울림 따위를 만들어 내는 기계(라디오 드라마·레코드 음악 등에 씀).

에쿠깝 깜짝 놀랐을 때 내는 소리. □~, 야단났군. 옌에쿠.

에쿠나깝 '에쿠'를 강조하여 내는 소리.

에쿠쿠깝 매우 놀랐을 때에 자기도 모르게 나오는 소리. □~, 사람 잡겠네. 옌에구구.

에크깝 갑자기 깜짝 놀랐을 때에 내는 소리.

에크나깝 '에크'를 강조하여 내는 소리.

에키깝 1 갑자기 놀라서 내는 소리. □~, 놀라라. 옌에끼. 2 몹시 화가 나서 말이나 생각을 끊어버리려 할 때 내는 소리. □~, 그만두게.

에탄 (ethane ; 프 éthane) 똉《화》알칸(alkane)의 하나(천연가스나 석탄 가스에 들어 있는 무색무취의 기체로 성질은 메탄과 같음).

에탄올 (ethanol) 똉《화》알코올 음료의 주성분. 당류(糖類)의 알코올 발효로 얻어지는 무색투명한 휘발성 액체. 훈분·마취 작용이 있음(용제(溶劑)·연료·각종 화학 약품의 합성 원료로, 또는 알코올성 음료로 쓰이고 있음). 에틸알코올.

에테르 (독 Äther ; ether) 똉 1《물》전파나 빛을 전달하는 매체로서 우주에 존재한다고 생각한 옛 물질(그 존재는 상대성 이론으로 부정하고 있음). 2《화》산소 원자에 두 개의 탄화수소기(基)가 결합한 꼴의 유기 화합물의 총칭. 3《화》에틸에테르.

에토스 (그 ethos) 똉《철》1 인간의 지속적인 성격·습성 따위 특성을 뜻하는 말. 2 민족이나 사회 집단의 도덕적인 관습이나 기풍.

에튀드 (프 étude) 똉 1《악》주로 기악의 연습을 위해 만든 악곡. 연습곡. 2《미술》그림이나 조각 따위의 습작이나 시작(試作).

에티켓 (프 étiquette) 똉 사교상의 마음가짐이나 몸가짐. 예의, 예법. □~을 지키다.

에틸 (ethyl) 똉《화》에틸기.

에틸-기 (ethyl基) 똉《화》유기 화합물에서

'C₂H₅-'인 1 가(價)의 알킬기(基). 에틸.

에틸렌 (ethylene) 똉《화》알켄(alkene)의 하나. 알코올과 진한 황산을 가열하면 생기며, 석유 가스를 열분해하여 만듦. 무색의 가연성(可燃性) 기체로 중합하여 폴리에틸렌이 됨(합성 화학 공업의 원료로 많이 씀). 생유기(生油氣).

에틸렌계 탄:화수소 (ethylene系炭化水素)[-/-게-]《화》알켄(alkene).

에틸-알코올 (ethyl alcohol) 똉《화》에탄올 (ethanol).

에틸에테르 (ethyl ether) 똉《화》에테르 가운데 가장 대표적인 것으로, 에탄올에 진한 황산을 넣고 증류해서 만든 무색 액체. 특유한 향기가 있고 휘발성이 강하며 연소하기 쉬움(유기 용제·마취제로 씀). 에테르.

에페 (프 épée) 똉 1 펜싱 종목의 하나(온몸을 공격 대상으로 하고, 6분 이내에 다섯 번 먼저 찌른 사람이 이김). 2 펜싱에 쓰는 검의 하나.

에페드린 (ephedrine) 똉《약》마황(麻黃)에 들어 있는 알칼로이드. 무색의 결정임(교감 신경 흥분 작용이 있어 기관지염·백일해·천식(喘息) 등을 치료하는 약재로 씀).

에포케 (그 epoché) 똉〔철〕고대 그리스 철학에서, 대상에 대하여 판단을 중지하는 일. 피론(Pyrrhon)을 대표로 하는 회의파(懷疑派)의 중심 개념임.

에푸수수 위하위 1 정돈되지 않아 어수선하고 엉성한 모양. 2 물건의 속이 차지 않은 모양. 옌애푸수수.

에프 (F, f) 똉 1《언》영어의 여섯째 자모. 2《악》바 음. 3《악》'포르테'의 약호. 4 화씨 온도의 기호. 5 카메라 렌즈의 조리개의 크기를 나타내는 기호. 6 연필심의 굳기('에이치비(HB)'와 '에이치(H)'의 중간). 7《생》filial의 약호(유전의 법칙에서, '새끼'·'자손'을 의미하는 기호). 8 학점을 구분하는 기호의 하나(낙제를 뜻함).

에프비아이 (FBI) 똉〔Federal Bureau of Investigation〕《정》미국의 연방 수사국.

에프아이 (FI) 똉〔연〕'페이드인(fade-in)'의 약칭.

에프에이 (FA) 똉《공》〔factory automation〕공장 자동화(공장의 생산 시스템을 컴퓨터 따위를 써서 자동화·무인화(無人化)하는 일).

에프에이에스 (FAS) 똉〔free alongside ship〕《경》외국 무역 거래 조건의 하나. 선적항(船積港)에서, 매입자(買入者)가 지정하는 선박의 뱃전에서 물품을 인도할 때까지의 모든 비용과 책임을 매도인이 지는 무역 거래. 현측도(舷側渡). *에프오비(FOB).

에프에이오 (FAO) 똉〔Food and Agriculture Organization〕《농》국제 연합 식량 농업 기구.

에프엠 (FM) 똉〔frequency modulation〕《물》주파수 변조(變調).

에프엠 방:송 (FM放送)〔FM은 frequency modulation의 준말〕주파수(周波數) 변조 방식으로 하는 방송. ↔에이엠(AM) 방송.

에프오 (FO) 똉〔연〕'페이드아웃(fade-out)'의 약칭.

에프오비 (FOB) 똉〔free on board〕《경》국제적 매매 계약의 약관(約款)으로서 선적항(船積港)에서, 매수인(買受人)이 지정한 선박에 상품을 적재할 때까지의 모든 책임과 비용을 매도인(賣渡人)이 부담한다는 계약. 본선(本

船) 인도. *에프에이에스(FAS).

에프오에이 (FOA) 몡 〔Foreign Operation Administration〕 〔정〕 미국의 대외 원조 활동 본부(1953년 설치되었다가 1955년 6월에 폐지되어, 사무는 국무부로 인계되었음).

에프-층 (F層) 몡 〔지〕 지상 200∼400 km에 걸쳐 있는 전리층(電離層)(산소 원자와 질소 분자가 자외선에 의하여 전리된 것임).

에피소드 (episode) 몡 **1** 이야기나 사건의 본줄거리 사이에 끼워 넣는 짧은 이야기. 삽화(揷話). **2** 알려지지 않은 이야기. 일화(逸話). 〔∼ 한 토막. **3** 〔악〕 두 개의 주부(主部) 사이에 끼워 넣은 짧고 자유로운 악곡.

에피쿠로스-주의 (Epicouros主義)〔-/-이〕 몡 〔철〕 개인적·정신적 쾌락의 추구를 인생 최대의 목적으로 하지 않는 주의. 에피큐리어니즘.

에피큐리언 (epicurean) 몡 〔철〕 쾌락주의자. 향락주의자.

에필로그 (epilogue) 몡 **1** 〔문〕 시가(詩歌)·소설·연극 따위의 종결부. **2** 〔악〕 소나타 형식에서, 제2주제 뒤의 작은 종결부. ↔프롤로그.

에헤 깜 **1** 가소롭거나 기막힐 때 내는 소리. 애햄. **2** 노랫소리를 흥에 겨워 내키는 대로 내는 소리. 〔∼ 금강산 일만 이천봉.

에헤야 깜 노래에서 '에헤'를 멋있게 맺어서 내는 소리. 〔∼ 좋구나 좋다.

에헤헤 깜 **1** 가소롭다는 듯이 웃는 웃음소리. **2** 천하고 비굴하게 웃는 웃음소리.

에헴 깜 점잔을 빼거나 인기척을 내려고 일부러 내는 헛기침 소리. 粵애햄.

엑 '에기'의 준말.

엑스 (X, x) 몡 **1** 〔언〕 영어의 스물넷째 자모. **2** 〔수〕 로마 숫자의 10. **3** 〔수〕 미지수의 부호. **4** 시험 답안 등에서 틀림을 나타내는 부호. **5** 〔군〕 항공기 분류에서, 계획·연구·실험 단계에 있는 기종(機種)을 나타내는 기호(우리나라의 차세대 전투기는 FX 등으로 씀).

엑스-각 (X脚) 몡 〔의〕 '엑스(X)' 자 모양의 비정상적인 다리(바로 설 때 양쪽 무릎이 닿고 복사뼈가 붙지 않음). 외반슬(外反膝). *오각(O脚).

엑스 광선 (X光線) 〔물〕 엑스선.

엑스-단위 (X單位) 〔의〕 〔물〕 엑스선 분광학·엑스선 결정학에서 쓰는 길이의 단위(1kX 단위는 1.002063∼1.002076 Å; 기호는 XU 또는 XE).

엑스-레이 (X-ray) 몡 〔물〕 **1** 엑스선. **2** 엑스선 사진.

엑스-선 (X線) 몡 〔물〕 감마선(γ線)과 자외선과의 중간 파장에 해당하는 전자기파(電磁氣波). 강한 형광(螢光) 작용·전리(電離) 작용·투과 작용 등을 함(의학상의 진단·치료, 공업 재료의 내부 조직의 검사, 미술품의 감정 등에 씀). 엑스레이. 뢴트겐선(線). 엑스 광선. 라디오그램.

엑스선 검:사 (X線檢査) 〔의〕 엑스선을 인체에 비추어, 형광판(螢光板)으로 투시하거나, 사진 촬영하여 질병의 상태를 진단하는 검사.

엑스선-관 (X線管) 몡 〔물〕 엑스선을 발생시키는 진공관. 음극에서 나오는 전자를 대음극에 충돌시켜 엑스선을 발생함(이온 엑스선관과 열음극(熱陰極) 엑스선관의 두 가지가 있음). 뢴트겐관(管).

엑스선 분광 분석 (X線分光分析) 〔물〕 엑스선을 응용하여 물질을 식별하는 분광학적 분석. 또는 엑스선을 이용한 물질의 감별법.

엑스선 사진 (X線寫眞) 〔물〕 엑스선을 이용하여 육안으로 볼 수 없는 물체의 내부를 촬영하는 사진(인체 내 이물질의 발견, 질병의 진단, 금속 재료의 구조와 해명 등에 씀). 뢴트겐 사진. 엑스레이.

엑스선 요법 (X線療法)〔-뇨뻡〕 〔의〕 엑스선이 물질을 투과하는 성질과 병적(病的) 조직을 파괴하는 성질이 있음을 이용하여 병을 치료하는 방법(주로 악성 종양을 치료하는 데 씀). 뢴트겐 요법.

엑스선 진단 (X線診斷) 〔의〕 인체에 엑스선 촬영을 하거나 엑스선 투시를 해서 얻은 상(像)으로 병을 진단하는 일.

엑스선 촬영 (X線撮影) 〔의〕 엑스선의 투과도가 물질에 따라 차이가 나는 것을 이용해서 인체 내부를 검사하기 위해 사진을 찍는 일. 뢴트겐 촬영.

엑스선 텔레비전 (X線television) 〔물〕 엑스선으로 만들어진 영상을 텔레비전으로 볼 수 있게 한 장치(방사선 장애를 방지하고, 여러 사람이 동시에 볼 수 있는 이점을 가짐).

엑스선 현:미경 (X線顯微鏡) 〔물〕 광선 대신에 엑스선을 이용한 현미경(생물학이나 결정 구조 해석(解析)에 씀).

엑스 세:대 (X世代) 〔사〕 새로운 일에 도전하려는 의욕이 강하고, 인생은 즐기는 것이라는 사고방식과 강me 자기 주장이 뚜렷한 10대 후반∼20대 후반의 신세대.

엑스엑스엑스 (XXX) 몡 무선 전신에 따른 제1 국 공통의 긴급 신호(에스오에스(SOS) 다음가는 제2급의 긴급한 상황이 발생했을 때에 발신함).

엑스 염:색체 (X染色體) 〔생〕 성(性)을 결정하는 성염색체의 하나(암컷이 같은 형의 성염색체를 두 개 가지고 있을 때의 일컬음). *와이(Y) 염색체.

엑스 좌:표 (X座標) 〔x coordinate〕 〔수〕 점의 좌표 구성 성분의 하나. 평면 위의 점의 좌표 x, y 또는 공간의 점의 좌표 x, y, z에서의 x를 이름. 가로 좌표. 횡좌표(橫座標). ↔와이(Y) 좌표.

엑스-축 (X軸) 몡 〔수〕 좌표(座標) 평면에서 가로로 놓인 축. 가로축. 가로대. 횡축. ↔와이축(Y軸).

엑스커베이터 (excavator) 몡 〔공〕 굴착기의 하나(으로 바킷으로 흙이나 모래를 퍼내거나 깎아 냄).

엑스터시 (ecstasy, extasy) 몡 〔심〕 감정이 고조되어 자기 자신을 잊고 무아경(無我境)의 상태가 되는 일. 황홀. 환희의 절정.

엑스트라 (extra) 몡 〔연〕 연극이나 영화 촬영에 단역(端役)을 맡아 임시 고용된 배우. 〔∼ 에서 주연급으로 발탁되다.

엑스트라넷 (extranet) 몡 〔컴〕 기업 내의 컴퓨터 통신망인 인트라넷의 정보 대상을 부분적으로 외부 지사(支社)나 협력 업체까지 개방한 전산망. *인트라넷.

엑스트랙트 (extract) 몡 동물이나 식물 따위에서 뽑은 천연 약물의 유효 성분을 농축시킨 약품. 진액.

엑스포 (EXPO) 몡 〔Exposition〕 〔경〕 만국 박람회.

엑슬란 (Exlan) 몡 〔화〕 1954년 미국에서 발명한 폴리 아크릴계(系) 합성 섬유의 일본 상표명(미국의 상표명은 크레슬란(Cresslan)).

엔 (N, n) 몡 **1** 〔언〕 영어의 열넷째 자모. **2** north의 머리글자. 나침반이나 자석 따위에

서, 북쪽·북극을 나타내는 부호. 3《수》부정수·부정량(不定量)의 부호.

엔(일 えん〔円〕)의미 일본의 화폐 단위(1 엔은 100 센(錢))). 기호는 ￥.

엔조 '에는'의 준말. ▢거기~ 아무도 없다 / 이 책은 아이가 보기~ 너무 어렵다.

엔간-찮다[-찬타]형 보통이 아니다. 만만하지 않다.

엔간-하다형여 '어연간하다'의 준말. ▢엔간한 고생이 아니다. **엔간-히**튀

엔:굽이-치다재 물이 굽이진 곳에서 빙 돌아서 흐르다.

엔:담튀 1 사방으로 뺑 둘러쌓은 담. 2 겹입구줌.

엔도르핀 (endorphin)튀《생》뇌나 뇌척수액(腦脊髓液)에서 추출되는, 모르핀과 같은 진통 효과를 갖는 물질의 총칭.

엔드 라인 (end line) 배구·농구·테니스 등에서, 코트의 짧은 구획선.

엔들조 체언 뒤에 붙어, 반어의 뜻을 나타내는 보조사. ▢꿈~ 잊으리오.

엔실리지 (ensilage)튀《농》옥수수나 쌀보리 등의 푸른 잎, 고구마 덩굴 따위를 잘게 썰어 깊은 구덩이나 저장탑에 넣고 젖산을 발효시켜 만든 사료. 사일리지(silage). 매장(埋藏)사료.

엔엠디 (NMD)튀〔National Missile Defence〕미국 본토를 직접 공격할 가능성이 있는 이란·이라크·북한 등의 장거리 미사일에 대한 미국의 탄도 미사일 방어 체제. 국가 미사일 방어 체제.

엔오시 (NOC)튀〔National Olympic Committee〕국가 올림픽 위원회.

엔지 (NG)튀〔no good〕《연》1 영화에서, 촬영에 실패하는 일. 또는 그 필름. 2 방송 따위에서, 녹화나 녹음이 잘되지 않음. ▢거듭 ~를 내다.

엔지니어 (engineer)튀《공》기계·전기·토목·건축 등의 기술자. ▢반도체 분야의 ~.

엔지니어링 (engineering)튀 1 공학. 2《공》재료·기계·인력 따위를 일정한 생산 목적에 따라 유기적인 체계로 구성하는 활동.

엔지니어링 산:업 (engineering産業)《공》공장 기계 설비의 기초 설계부터 시공, 완성 후의 애프터서비스에 이르기까지 모든 일을 맡아 하는 산업.

엔지오 (NGO)튀《사》〔nongovernmental organization〕민간단체가 중심이 되어 구성된 비정부(非政府) 국제 조직.

엔진 (engine)튀 기관(機關) 1.

엔진 브레이크 (engine brake)《공》자동차에서, 저속 기어로 바꾸면 브레이크를 밟지 않아도 속도가 떨어지는 상태(주로, 내리막길에서 사용함).

엔진 오일 (engine oil)《공》내연 기관에 쓰는 윤활유.

엔트로피 (entropy)튀 1《물》열량과 온도에 관한 물질계(物質系)의 상태를 나타내는 열역학적인 양의 하나. 2《수》정보를 내보내는 근원의 불확실도를 나타내는 양. 3 정보량의 기대치를 이르는 말.

엔트리 (entry)튀 1 경기나 경연(競演)에의 참가 신청. 참가 등록. 참가자 명부. 2 (사전의) 표제어. 수록 어휘. 3《컴》데이터를 표로 만든 경우의 낱낱의 데이터.

엔-화 (えん貨)튀 일본의 화폐. ▢~의 폭등.

엘 (L, l)튀 1《언》영어의 열두째 자모. 2《수》로마 숫자의 50. 3〔Large〕의류 따위의 치수

1637 엘 번호

에서, 크기가 표준보다 큼을 나타내는 기호.

엘조 '에를'의 준말. ▢학교~ 가다.

엘니뇨 (에 el Niño)튀《지》보통 3~5년에 한 번, 페루 연안을 남하하는 난류(暖流)로 적도 부근 해류의 온도가 상승하는 현상(기상학적으로 세계 기후에 영향을 줌). ✽라니냐

엘레간테 (이 elegante)튀《악》'우아하게'의 뜻.

엘레자코 (이 elegiaco)튀《악》'슬프게'의 뜻.

엘레지튀《한의》구신(狗腎).

엘레지 (프 élégie)튀《악》비가(悲歌). 만가(挽歌). 애가(哀歌).

엘렉톤 (Electon)튀《악》전자 악기의 하나. 일본에서 개발 완성한 건반 악기로, 트랜지스터에 의한 전기 회로만으로 각종 음색을 내는 것이 특색임. 상표명.

엘렉트라 콤플렉스 (Electra complex)《심》딸이 무의식적으로 어머니에게 반감을 가지고 아버지에게 애정을 갖는 경향(정신 분석 학 용어). ↔오이디푸스 콤플렉스.

엘리베이터 (elevator)튀 승강기.

엘리트 (프 élite)튀 뛰어난 능력이 있거나 사회 또는 사회 단체에서 지도적 입장에 있는, 소수의 빼어난 사람. 선량(選良). ▢~를 육성하다 / ~ 코스를 밟다.

엘-사이즈 (L-size)튀 셔츠나 블라우스 따위의 규격 가운데 표준보다 큰 것. ▢그 아이에게는 ~가 너무 크겠지. ✽에스사이즈·엠사이즈.

엘시 (L/C)튀〔letter of credit〕《경》신용장.

엘시디 (LCD)튀〔Liquid Crystal Display〕액정 영상 장치.

엘시엠 (LCM)튀〔least common multiple〕《수》최소 공배수.

엘에스디 (LSD)튀〔lysergic acid diethylamide〕귀리에 생기는 맥각(麥角)으로 만든 강력한 환각제.

엘에스아이 (LSI)튀〔large scale integration〕《컴》아이시(IC)의 집적도(集積度)를 더욱 높인 반도체의 집적 회로(약 4~5 밀리의 실리콘 칩 위에 수천에서 수만 개의 소자를 집적시킴). 대규모 집적 회로. 고밀도(高密度) 직접 회로. ✽초엘에스아이(超LSI).

엘에스티 (LST)튀〔landing ship tank〕《군》미국의 상륙 작전용 함정.

엘엔지 (LNG)튀〔liquefied natural gas〕《화》액화(液化) 천연가스.

엘엠지 (LMG)튀〔light machine gun〕《군》경기관총.

엘피 가스 (LP gas)《화》엘피지(LPG).

엘피-반 (LP盤)튀〔long playing record〕《연》장시간 연주용 레코드(1 분에 33 회전, 연주 시간은 25~30 분임). 엘피판.

엘피지 (LPG)튀〔liquefied petroleum gas〕《화》액화 석유 가스. ▢~를 연료로 쓰는 자동차.

엠 (M, m)튀 1《언》영어의 열셋째 자모. 2〔menses〕월경. 3《수》로마 숫자의 천. 4〔medium〕의류 따위의 치수에서, 크기가 표준임을 나타내는 기호.

엠바고 (embargo)튀 1 선박 억류. 2 신문에서, (뉴스의) 발표 시간 제한. ▢당국에서 ~를 요청하다. 3《경》금수(禁輸) 조치.

엠 번호 (M番號)《천》메시에 목록(Messier目錄)에 기재된 각 천체의 번호. 프랑스의 천문학자 메시에가 1783 년 발표한 103 개의 성운·

성단에 매긴 번호로, 현재도 유명한 성운·성단은 이 번호로 불리고 있음.

엠보싱 가공 (embossing加工) 직물(織物)이나 종이 따위 표면에 돋을새김 무늬를 찍어 내는 가공.

엠브이피 (MVP) 몡 〔most valuable player〕 (스포츠의) 최우수 선수.

엠-사이즈 (M-size) 몡 셔츠나 블라우스 따위의 규격 가운데 포준치의 것. ▢~의 남방셔츠 / 내게는 ~라야 맞는다. *에스사이즈·엘사이즈.

엠시 (MC) 몡 〔master of ceremonies〕 방송 프로그램이나 연예 공연 따위의 사회자. ▢ 퀴즈 프로의 ~를 말다.

엠아르비엠 (MRBM) 몡 〔medium range ballistic missile〕 《군》 중거리 탄도탄(사정 거리가 1,000~3,000km 정도임).

엠아이아르브이 (MIRV) 몡 〔multiple independently targeted reentry vehicle〕 《군》 다탄두 각개 유도 미사일.

엠아이에스 (MIS) 몡 〔Management Information System〕 《경》 경영 정보 시스템.

엠앤에이 (M&A) 몡 〔merger and acquisition〕 《경》 두 개 이상의 기업이 합병하거나 한 기업이 다른 기업의 주식·자산 따위를 취득하여 경영권을 인수하는 일.

엠에스에이 (MSA) 몡 〔Mutual Security Agency〕 《정》 미국의 상호 안전 보장 본부.

엠엠시 (MMC) 의몡 〔micromicro-curie〕 《물》 방사선의 측정 단위(10^{-12}퀴리에 해당).

엠케이-강 (MK 鋼) 몡 《공》 강한 자성(磁性)이 있는 자석강(磁石鋼)의 하나(전기 기기용으로 가장 널리 씀).

엠케이에스에이 단위 (MKSA單位) 몡 《물》 길이·질량·시간·전류의 단위를 미터(meter)·킬로그램·세컨드(second)·암페어(ampere)로 한 네 가지 기본 단위의 약칭.

엠티 (MT) 몡 〔membership + training〕 구성원의 친목 도모와 화합을 위하여 함께 하는 수련회.

엠피 (MP) 몡 〔military police〕 《군》 헌병.

엠피-반 (MP盤) 몡 〔medium playing record〕 《연》 엘피(LP)반과 회전수가 같으나 흠의 넓이가 커서 큰 음량의 녹음을 할 수 있는 레코드(회전 시간은 엘피반보다 짧음). 엠피판.

엠피-스리 (MP three) 몡 〔MPEG Audio Layer-3〕 압축 기술을 이용하여 음반 시디(CD)에 가까운 음질을 유지하면서 데이터의 크기를 10분의 1까지 줄인 파일. 또는 그 압축 기술의 하나.

엠피에이치 (mph) 의몡 〔miles per hour〕 마일을 단위로 한 시속(時速).

엥 뉘우치거나 성이 나거나 딱하거나 싫증이 날 때에 내는 소리. ▢~, 어쩌다 그런 일을 당했지 / ~, 지겨워서 더 이상 못하겠다. ®앵.

엥겔 계:수 (Engel係數) [-/-게-] 《경》 생활비 가운데 차지하는 음식비의 비율.

엥겔 법칙 (Engel法則) 《경》 총지출 가운데 음식비가 차지하는 비율은 소득이 낮은 가족일수록 커진다는 법칙(독일의 통계학자인 엥겔이 주장하였음).

여¹ 《언》 한글의 자모 ‘ㅕ’의 이름.

여² 몡 물속에 잠겨 있는 바위.

여 (女) 몡 **1** ‘여성(女性)’의 준말. ↔남. **2** 《천》 ‘여성(女星)’의 준말.

여 (旅) 몡 **1** 《민》 ‘여괘(旅卦)’의 준말. **2** 《역》 옛 중국에서, 병사 500명을 단위로 하던 군대(사(師)의 아래).

여: (與) 몡 ‘여당1’의 준말. ▢~와 야의 국회 의원들이 모이다.

여: (汝) 의대 너. 자네(문어적인 표현).

여 (余·予) 의대 나(문어적인 표현).

여³ 뷔 ☞ 여기.

여⁴ 조 **1** 받침 없는 체언 뒤에 붙어 호소하는 뜻을 나타내는 호격 조사. ▢ 겨레~ 일어나라 / 학우~ 힘을 내자. *이여·시여. **2** 〈방〉 야4 2.

-여 (女) 튀 여성임을 나타내는 말. ▢~가수 / ~교장 / ~동생 / ~선생 / ~학생.

-여 (餘) 의 한자로 된 수사 뒤에 붙어, 그 이상이란 뜻을 나타내는 말. ▢ 백~ 명의 학생 / 한 시간~를 기다리다.

-여 어미 ‘하다’ 또는 ‘하다’가 붙는 동사나 형용사의 어간에 붙어, 부사형을 만드는 어미. ▢ 열심히 노력하~ 실력을 키워라 / 성실히 일하~ 상사에게 인정을 받다. *-아·-어.

여가 (閭家) 몡 여염집.

여가 (餘暇) 몡 겨를. 틈. ▢~를 선용하다 / ~를 즐기다.

여:가 (輿駕) 몡 임금이 타던 수레나 가마.

여각 (旅閣) 몡 《역》 조선 후기에, 연안 포구에서 상인들의 물품 매매를 거간하고, 숙박·물품 보관·운송 따위를 맡아 하던 상업 시설(주로 해산물을 다룸).

여각 (餘角) 몡 《수》 두 각의 합이 직각일 때, 그 한 각에 대한 다른 각을 이르는 말.

여간 (如干) 뷔 (주로 부정하는 말과 함께 쓰여) 보통으로. 조금. 어지간하게. ▢~ 힘들지 않다 / 꽃이 ~ 탐스럽지 않다.

여간(이) 아니다 관 보통이 아니고 대단하다. ▢ 그 녀석 고집이 ~.

여간-내기 (如干-) 몡 보통내기. ▢ 녀석이 ~가 아닌데.

여간-일 (如干-) [-닐] 몡 보통 웬만한 정도로 어려운 일. ▢ 이사는 ~이 아니다.

여간-하다 (如干-) 혱와 (‘아니다’·‘않다’ 따위의 주로 부정하는 말과 함께 쓰이며, ‘여간한’·‘여간해서’ 따위의 꼴로) 보통의 뜻을 나타내거나 이만저만하거나 어지간하다. ▢ 여간한 성의가 아니다 / 이 싸움은 여간해서 끝나지 않겠다.

여감 (女監) 몡 여자 죄수를 가두어 두는 감방.

-감방 (女監房) 몡 여감.

여객 (旅客) 몡 여행하는 사람. 나그네. 길손. ▢~을 수송하다.

여객-기 (旅客機) [-끼] 몡 여객을 태워 나르는 비행기. ▢ 이 ~는 500명을 탈 수 있다.

여객-선 (旅客船) [-썬] 몡 여객의 운반을 주요 목적으로 하며, 객실 기타 소요 시설을 갖춘 배. 객선(客船)1. ▢~의 고동 소리 / ~의 운항이 중단되다.

여객 열차 (旅客列車) [-갱녈-] 몡 여객을 태우기 위하여 객차로만 편성한 열차. ↔화물 열차.

여객 전무 (旅客專務) [-전-] 몡 여객 열차에서 승무원을 감독하고, 여객의 운송에 관한 일을 담당하는 직원. 또는 그 사람.

여:건 (與件) [-껀] 몡 **1** 주어진 조건. ▢~이 좋지 않다. **2** 《논》 추리나 연구의 출발점으로서 주어지거나 가정(假定)된 사물.

여건 (餘件) [-껀] 몡 여벌1.

여걸 (女傑) 몡 호걸다운 여자. 여장부. ▢ 과연 ~답게 생겼군.

여겨-듣다 [-따] (-들어, -들으니, -듣는) 타디

정신을 기울여 새겨듣다. ▣충고를 ~ / 선생님의 말씀을 ~.

여겨-보다 囲 눈에 익혀 가며 기억할 수 있도록 자세히 보다. ▣서류를 하나하나 ~.

여ː격 (與格)[-쩍] 圐 [언] **1** '여격 조사'의 준말. **2** 유럽 어 등에서, 간접 목적을 나타내는 명사·대명사의 격 또는 어미 변화의 형태.

여ː격 조ː사 (與格助詞)[-격쪼-] 圐 [언] 체언 뒤에 붙어 체언으로 하여금 무엇을 받는 자리에서게 서게 하는 부사격 조사('에게'·'한테'·'께' 따위). ⓒ여격.

여경 (女鏡) 圐 여자들이 쓰는 거울 또는 안경.

여경 (女警) 圐 '여자 경찰관'의 준말.

여경 (餘慶) 圐 남에게 착한 일을 많이 한 보답으로 뒷날 그 자손이 누리게 되는 경사(慶事). ↔여앙(餘殃).

여계 (女系)[-/-께] 圐 여자의 계통. ↔남계(男系).

여계 (女戒)[-/-께] 圐 여색(女色)을 삼가라는 가르침.

여계 (女誡)[-/-께] 圐 여자의 생활 및 처신 등에 관한 계율(誡律).

여계-친 (女系親)[-/-께-] 圐 [사] 여자를 통하여서 혈이이 이어지는 친족. ↔남계친(男系親).

여고 (女高) 圐 [교] '여자 고등학교'의 준말.

여고 (旅苦) 圐 **1** 여행하면서 겪는 괴로움. **2** 나그네의 고생.

여고-생 (女高生) 圐 '여자 고등학교 학생'의 준말.

여곡 (餘穀) 圐 집안 살림에 쓰고 남은 곡식.

여공 (女工) 圐 **1** 여직공(女職工). ↔남공(男工). **2** 여공(女功).

여공 (女功·女紅) 圐 예전에, 여자들이 하던 길쌈질. 여공(女工).

여공불급 (如恐不及) 圐 하뎌 시키는 대로 실행하지 못할까 하여 마음을 졸임.

여ː과 (濾過) 圐 타 **1** [물] 거름종이나 여과기를 써서 액체 속의 침전물을 걸러 냄. 거르기. ▣물을 ~하다 / ~된 폐수. **2** 주로 부정적인 요소를 걸러 내는 과정의 비유. ▣외국 문화가 ~ 없이 수용되고 있다.

여ː과-기 (濾過器) 圐 [물] 여과하는 데 쓰는 기구. 필터.

여ː과성 병ː원체 (濾過性病原體)[-썽-] 圐 [생] 바이러스.

여ː과-지 (濾過池) 圐 [건] 상수도로 보낼 물을 여과하기 위해서 바닥에 모래를 깔아 놓은 못.

여ː과-지 (濾過紙) 圐 [화] '거름종이'의 구용어. 여과지(濾過紙).

여ː과-통 (濾過桶) 圐 흐린 물을 깨끗하게 걸러 내는 데 쓰는 통. 상수도 시설이 없고 수질(水質)이 나쁜 곳에서 많이 씀. 거름통(桶).

여관 (女官) 圐 [역] 궁중에서 왕이나 왕비를 가까이 모시던 내명부(內命婦). 나인. 궁녀(宮女).

여관 (旅館) 圐 돈을 받고 손님을 묵게 하는 집. 여관집. ▣~에 투숙하다 / ~을 잡다.

여관-방 (旅館房)[-빵] 圐 여관에서 손님이 묵는 방. ▣~을 잡다.

여관-집 (旅館-)[-찜] 圐 여관.

여광 (餘光) 圐 **1** 해나 달이 진 뒤의 은은한 남은 빛. ▣~이 강을 붉게 물들이고 있었다. **2** 여덕(餘德).

여ː광-기 (濾光器) 圐 [물] 빛의 일부를 차단하거나 투과(透過)시키러 위한 특수한 색유리 판(사진 촬영·인쇄 제판·광학 실험 등에

활용함). 여광판(濾光板). 필터.

여-광판 (濾光板) 圐 [물] 여자 광파.

여광여취 (如狂如醉)[-녀-] 圐 하뎌 매우 기뻐서 미친 것도 같고 취한 것도 같다는 뜻으로, 이성을 잃은 상태의 비유. 여취여광.

여괘 (旅卦) 圐 [민] 육십사괘의 하나. 이괘(離卦)와 간괘(艮卦)가 거듭된 것(산 위에 불이 있음을 상징함). ⓒ여(旅).

여-교사 (女教師) 圐 여자 교사.

여-교수 (女教授) 圐 여자 교수. ▣무용학을 강의하는 ~.

여-교우 (女教友) 圐 [가] 여자 교우(教友).

여-교장 (女校長) 圐 여자 교장.

여구 (旅具) 圐 여행할 때 쓰는 여러 가지 물건.

여구-하다 (如舊-) 톙 옛날의 모양이나 상태와 다름이 없다. 여전하다. **여구-히** 囲

여국 (女國) 圐 **1** 부상국(扶桑國) 동쪽에 있으며 여자만 산다는 전설의 나라. **2** 여자만 모여 사는 곳. 또는 여자만 모여 있는 곳.

여국 (女麴) 圐 누룩의 하나. 찐 찰수수를 반죽하여 쑥으로 얇게 덮고, 누른 옷을 입힌 뒤에 볕에 말림.

여ː국 (與國) 圐 서로 동맹을 맺은 나라. 동맹국(同盟國).

여군 (女軍) 圐 [군] 군인으로 복무하는 여자. **2** 여자 군인으로 조직된 군대.

여권 (女權)[-꿘] 圐 [사] 여자의 사회상·정치상·법률상의 권리.

여권 (旅券)[-꿘] 圐 외국 여행자의 신분·국적을 증명하고, 상대국에 그 보호를 의뢰하는 문서(일반·관용(官用)·외교관 여권의 세 가지가 있음). 패스포트. ▣~을 신청하다.

여ː권 (與圈)[-꿘] 圐 '여당권(與黨圈)'의 준말. ↔야권(野圈).

여권 신장 (女權伸張)[-꿘-] 圐 [사] 여자의 사회적·정치적·법률적 권리를 늘리고 지위를 높임. 여권 확장.

여권-주의 (女權主義)[-꿘-/-꿘-이] 圐 [사] 여자에게 사회적·정치적·법률적으로 남자와 동등한 권리와 지위를 부여하자는 주의.

여ː귀 (癘鬼·厲鬼) 圐 **1** 제사를 받지 못하는 귀신. **2** 무서운 돌림병으로 죽은 사람의 귀신.

여근 (女根) 圐 [생] 음문(陰門).

여급 (女給) 圐 카페·카바레·바 등에서 손님의 시중을 드는 여자를 일컫던 말. 웨이트리스.

여기 (女妓) 圐 [역] 기녀(妓女)1.

여기 (診氣) 圐 요사하고 독한 기운.

여기 (癘氣·厲氣) 圐 무서운 돌림병을 일으키는 기운.

여기 (餘技) 圐 전문적이 아니고 취미로 하는 재주나 일. ▣~로 서예를 배우다.

여기 (餘氣) 圐 **1** 여습(餘習). **2** 여증(餘症).

여기 囲지대 **1** 이곳. ▣~에 있다. **2** 앞에서 이야기하는 대상을 '이것'·'이 점'의 뜻으로 하는 말. ▣~가 문제점이다. 曰囲 이곳에. ▣~ 앉아라 / ~에 있다. ⓒ예.

여기다 재티 마음으로 그렇게 인정하거나 생각하다. ▣가볍게 ~ / 대수롭지 않게 ~ / 저 사람을 범인으로 여기느냐.

여-기자 (女記者) 圐 여자 기자.

여기-저기 曰지대 이곳저곳. ▣낯익은 얼굴들이 ~ 눈에 띄었다. 曰囲 이곳저곳에. ▣~ 흩어져 있는 책들.

여뀌 [식] 마디풀과의 한해살이풀. 높이는 40~80cm이고, 잎은 어긋나고 피침형이며 여름에 흰 꽃이 핌. 잎과 줄기는 짓이겨 물에

풀어서 고기를 잡는 데 쓰며, 매운맛이 나므로 조미료로도 씀. 수료(水蓼).

여뀌-누룩 團 찹쌀을 하루 동안 여뀌즙에 담갔다가 건져내 밀가루와 반죽하여 띄운 누룩. 요국(蓼麴).

여-낙낙-하다 [-낭나카-] 阁어 1 성미가 온화하고 상냥하다. 2 미닫이 따위를 열고 닫을 때 미끄럽고 거침이 없다. **여:낙낙-히** [-낭나키] 團

여난 (女難) 團 여색(女色)이나 여자관계로 인해 일어나는 근심과 재난. □~을 겪다.

여남은 曰㈜ 열이 조금 넘는 수. □~으로 줄다 / ~밖에 모이지 않았다. 曰팬 열이 조금 넘는 정도의. □~ 평이 되는 공간 / 집이 ~채 있는 마을.

여년 (餘年) 團 죽을 때까지의 나머지 세월. 여령(餘齡). 여생(餘生).

여:년-묵다 [-年-] [-따] 제 여러 해 동안 묵다.

여념 (餘念) 團 (주로 '없다'와 함께 쓰여) 딴 생각. 타념(他念). □집필에 ~이 없다 / 돈벌이에 ~이 없다.

여념-살 [-쌀] 團 소의 도가니에 붙은 고기.

여느 팬 1 보통의. 예사로운. □~ 때와 다르다 / ~ 병원보다 시설이 좋다. 2 그 밖의 다른. □이것 말고 ~ 것을 주오.

여단 (旅團) 團 [軍] 군대 편제 단위의 하나(보통 2개 연대로 구성).

여단수족 (如斷手足) 團阁 손발이 잘린 것과 같다는 뜻으로, 요긴한 사람이나 물건이 없어져 몹시 아쉬움을 이르는 말.

여단-장 (旅團長) 團 [軍] 여단의 최고 지휘관(준장(准將)이 담당).

여:-닫다 [-따] 国 문 따위를 열고 닫고 하다. □문을 여닫는 소리 / 서랍을 ~.

여:-닫이 [-다지] 團 열고 닫고 하는 방식. 또는 그런 방식의 문이나 창. *미닫이.

여:닫이-문 (-門) [-다지-] 團 밀거나 당겨서 열고 닫는 문.

여담 (餘談) 團 하려던 이야기에서 벗어난 딴 이야기. 잡담. □~으로 하는 이야기 / 이것은 ~인데.

여:담-절각 (汝-折角) 네 집의 담이 아니었으면 내 소의 뿔이 부러졌겠느냐는 뜻으로, 남에게 책임을 지우기 위하여 억지를 쓰는 말. 여장절각.

여-답평지 (如踏平地) 團阁 험한 땅을 평지를 가듯 거침없이 타다.

여:당 (與黨) 團 1 정당 정치에서, 현재 정권을 잡고 있는 정당. 정부당. ↔야당(野黨). ㉰여(與). 2 짝이나 편이 되는 무리. 동류. 동지. 3 우범자들의 은어로, 경찰이나 형사.

여당 (餘黨) 團 잔당.

여:당-권 (與黨圈) [-꿘] 團 여당(與黨)과 여당을 지지하는 세력 안에 드는 사람이나 단체. ↔야당권. ㉰여권(與圈).

여대 (女大) [團 [敎] '여자 대학'의 준말.

여대 (麗代) 團 [歷] '고려 시대'의 준말.

여대-생 (女大生) 團 '여자 대학생'의 준말.

여덕 (餘德) 團 선인(先人)이 남긴 은덕. 여광.

여덟 [-덜] ㈜팬 일곱에 하나를 더한 수. 팔(八). □~ 개 / ~ 시.

여덟달-반 (-半) [-덜딸-] 團 1 제 달수를 다 채우지 못하고 태어난 아기. 2 반편이. *팔삭둥이.

여덟-모 [-덜-] [-덜] 團 팔모. 팔각(八角).

여덟-무날 [-덜-] [-덜] 團 조수 간만의 차가 같은

음력 초이틀과 열이레를 가리키는 말.

여덟-째 [-덜-] ㈜팬 일곱째의 다음 차례. 또는 그런 차례의. □~로 입장했다. 曰團 여덟 개째.

여덟-팔 (-八) [-덜-] 團 한자 부수의 하나(('公'·'具' 등에서 '八'의 이름)).

여덟팔자-걸음 [-八字-] [-덜-짜거름] 團 '八'자로 거드름을 피우며 걷는 걸음. 팔자걸음.

여도 (女徒) 團 여수(女囚).

-여도 阁미 ('하다'나 '하다'가 붙는 용언의 어간 뒤에 붙어) 가정이나 양보의 뜻으로 쓰이는 연결 어미. □이제 그만하~ 좋다 / 걸은 깊으하~ 속은 검은 검은이~. *-아도·-어도.

여독 (旅毒) 團 여행을 해서 생긴 병이나 피로. □~이 채 풀리기도 전에 떠나야 했다.

여독 (餘毒) 團 1 풀리지 않고 남아 있는 독기. □산후 ~으로 고생했다. 2 뒤에까지 남은 해독.

여동-대 團 [佛] 여동밥을 떠 놓는 조그마한 밥그릇.

여동-밥 團 [佛] 승려가 밥을 먹기 전에 귀신에게 주려고 여동대에 떠 놓는 밥.

여동-통 (-桶) 團 [佛] 여동밥을 담아 두는 통.

여두소읍 (如斗小邑) 團 콩의 크기와 같은 고을이란 뜻으로, 아주 작은 고을을 비유하여 이르는 말.

여드래-당 (-堂) 團 [民] 제주도에서, 뱀의 신령을 모신 신당(神堂).

여드레 團 1 여덟 날. □꼬박 ~가 걸리다. 2 '여드렛날'의 준말.

여드렛-날 [-렌-] 團 1 '초여드렛날'의 준말. 2 여덟째의 날.

여드름 團 주로 사춘기의 청소년 얼굴에 생기는 작은 종기(털구멍의 염증으로 곪아 짜면 노란 비지 같은 것이 나옴).

여득천금 (如得千金) 團 천금을 얻음과 같이 흡족하게 여김을 일컫는 말.

여든 ㈜팬 열의 여덟 배. 팔십. □연세가 ~을 넘다.

[여든 살이라도 마음은 어린애라] 사람은 아무리 나이를 먹어도 마음속에는 언제나 어린애와 같은 심정이 숨어 있음의 비유. [여든에 낳은 아들인가] 자기 아이를 지나치게 귀여워함을 비꼬는 말. [여든에 둥둥이] 진취성이 없음을 비웃는 말. [여든에 첫 아이 비치듯] 일이 순조롭게 되지 않고 지극히 어렵다는 말.

여든-대다 제 떼를 쓰다. 억지를 부리다.

여:들-없다 [-드럽따] 阁 하는 짓이 멋없고 미련하다. **여:들-없이** [-드럽씨] 團

여둘 ㈜ 〈옛〉 여덟.

여듭 團 말이나 소의 여덟 살.

여:등 (汝等) 団 너희들을〈문어적인 표현〉.

여등 (余等) 団 우리들을〈문어적인 표현〉. 오등(吾等).

여드래 團 〈옛〉 여드레.

여라 (女蘿) 團 [植] 선태류에 속하는 이끼의 하나. 나무 위에 나는데, 광택이 있고 줄기가 실같이 가늘고 길다.

-여라 阁미 1 ('하다'나 '하다'가 붙는 동사 어간 뒤에 붙어) 해라할 자리에 명령을 나타내는 종결 어미. 사역형 어미 '-아라'·'-어라'의 변형임. □효도를 다하~ / 반드시 성공하~. 2 ('하다'나 '하다'가 붙는 형용사 어간에 붙어) 느낌을 나타내는 종결 어미. 보통의 경우 '-아라'·'-어라'에 해당함. □조국이여

영원하~ / 장하고도 장하~.

여랑(女郞)[명] **1** 남자와 같은 재주와 기질을 가진 여자. **2** 창기(娼妓).

여랑(女娘)[명] 젊은 여자. 색시.

여랑(旅囊)[명] 주로 기마대에서 안장 뒤 좌우 양쪽에 다는 망태기.

여랑-화(女郞花)[명]《식》 마타리.

여래(如來)[명]《불》 **1** 여래 십호의 하나. 진리의 세계에서 중생 구제를 위해 이 세상에 왔다는 뜻에서, 부처의 존칭. **2** '석가모니여래'의 준말.

여래 십호(如來十號)[-시포]《불》 부처의 공덕을 기리는 열 가지 칭호(여래·응공(應供)·천인사(天人師) 따위). 불십호[十號].

여러[관] 수효가 많은. **~** 번 전화를 걸다 / **~** 사람이 모이다 / **~** 차례 간청하다.

여러모-로[부] 다각도로, 여러 방면으로. **□**그는 내게 **~** 도움을 주었다.

여러-분[인대] '당신들'의 뜻으로, 여러 사람을 높이어 부르는 말. 열위(列位). 제위(諸位). **□~**의 의견을 듣고 싶습니다.

여러해-살이[명]《식》 뿌리나 땅속줄기가 남아 있어서 해마다 줄기와 잎이 돋아나는 식물의 기능. 다년생. *한해살이.

여러해살이-뿌리[명]《식》 겨울에 줄기는 말라 죽고 뿌리만 살았다가 이듬해 봄에 새로 움이 돋는 묵은 뿌리. 숙근(宿根).

여러해살이-식물(-植物)[-사리싱-][명]《식》 3년 이상 생존하는 식물의 총칭. 다년생 식물.

여러해살이-풀[명]《식》 3년 이상 땅속줄기가 생존하는 초본. 다년생 초본. *한해살이풀.

여럿[-린][명] **1** 많은 사람이나 물건. **□~**이 힘을 모으다 / 그 소식은 **~**에게서 들었다. **2** 많은 수. **□**같은 모양의 그릇이 **~**이다.

-여라[어미]〈옛〉-겠는가.

여:력(膂力)[명] **1** 완력. **2** 근육의 힘.

여력(餘力)[명] 일을 하고 난 나머지의 힘. 또는 다른 일을 할 수 있는 힘. **□**자네를 도울 **~**이 없네 / 과외 공부를 시킬 **~**이 없다.

여력(餘瀝)[명] **1** 먹고 남은 음식. **2** 남을 대접하는 자기 집 음식을 겸손하게 일컫는 말.

여:력-과인(膂力過人)[-꽈-][명하타] 완력이나 근육의 힘이 남보다 뛰어남.

여령(女伶)[명] 조선 때, 궁중에서 베푸는 잔치에서 춤을 추고 노래를 하던 여자.

여령(餘齡)[명] 여생(餘生). 여명(餘命). 여년(餘年).

여례(女禮)[명] 여자가 지켜야 할 예의범절.

여로(旅路)[명] 나그네의 길. 여행하는 노정(路程). 객로(客路). **□~**에 오르다 / 긴 **~**에 지칠 대로 지친 몸.

여로(藜蘆)[명]《식》 백합과의 여러해살이풀. 높이는 1m가량이며, 줄기는 곧고 잎은 좁고 긴 피침형이며, 봄에 줄기 끝에 자주색의 작은 여섯잎꽃이 핌. 유독 식물로 뿌리줄기는 말려 농업용 살충제로 씀.

여로-달(女勞疸)[명]《한의》 오한이 들어 열이 심하고 오줌이 잦으며 이마가 거무스름해지는 황달.

여록(餘祿)[명] 여분의 소득. 가외(加外)의 벌이. 또는 생각보다 많은 벌이. 　[실의 기록.

여록(餘錄)[명] 어떤 기록에서 빠진 나머지 록.

여록(餘麓)[명]《민》 풍수지리에서, 주산·청룡·백호·안산 이외의 산소 가까이 있는 산.

여론(餘論)[명] 후세의 의논 뒤의 나머지 의론.

여:론(輿論)[명] 사회 대중의 공통된 의견. 세상 사람들의 의견. **□~**을 반영하다 / **~**의 질책을 받다 / 비난 **~**이 거세다.

여:론 조사(輿論調査)《사》 국가나 사회의 여러 가지 문제에 대해 일반 대중의 공통된 의견을 면접이나 질문서 등을 통하여 조사하는 일. **□~**를 실시하다.

여:론-화(輿論化)[명하자타] 사회 대중의 공통된 의견으로 됨. 또는 그렇게 되게 함. **□~** 하기 위해서는 언론의 도움이 필요하다 / 반대의 뜻이 **~**되다.

여룡(驪龍)[명] 온몸이 검은 용. 흑룡(黑龍).

여류(女流)[명] 어떤 전문 분야에서 뛰어난 능력을 지니는 여성을 가리키는 말. **□~** 문학가 / **~** 화가로서의 자질이 충분하다.

여류(餘流)[명] **1** 주되는 흐름 이외의 흐름. **2** 주되는 사조(思潮) 밖의 하찮은 사조.

여류(餘類)[명] 잔당(殘黨).

여류-하다(如流一)[형] 물의 흐름과 같다. 유수(流水) 같다《흔히 세월의 빠름을 비유하는 말》. **□**세월이 여류하여 새 천년을 맞이했다.

여름[명] 사계(四季)의 하나로 봄과 가을 사이의 철《달로는 6·7·8월, 절기로는 입하부터 입추까지임, 낮이 길고 더운 철임》. **□~**을 나다 / **~**을 보내다 / **~**을 타다.

[여름 불도 쬐다 나면 섭섭하다] ㉠쓸데없는 것도 없어지면 서운하다. ㉡오래 지니던 것을 잃거나 습관처럼 해 오던 일을 그만두기가 서운하다. [여름에 먹자고 얼음 뜨기] 앞으로 큰일에 쓰기 위해 미리 준비함의 비유. [여름에 하루 놀면 겨울에 열흘 굶는다] 미리 준비가 있어야 나중에 수월하다는. [여름 하늘에 소나비] 흔히 있을 만한 일이니 조금도 놀랄 것이 없다는 말.

여름[명]〈옛〉 열매.

여름-날[명] 여름철의 날. 또는 여름 날씨. 하일(夏日). **□**무더운 어느 **~**에 나는 그를 만났다.

여름-낳이[-나-][명] 여름에 짠 피륙《무명》.

여름-내[부] 여름 동안 내내. **□**올해는 **~** 가물이 심했다.

여름-냉면(-冷麵)[명] 얼음을 넣은 냉면.

여름-누에[명]《농》 여름철에 치는 누에. 곧, 6월 하순경이나 7월 초순경에 치는 누에. 하잠(夏蠶). *봄누에·가을누에.

여름-눈[명]《식》 여름에 나서 그해 안으로 완전히 자라는 눈《오이·가지 등의 눈》. 하아(夏芽). *겨울눈.

여름-밀감(-蜜柑)[명]《식》 운향과의 상록 관목. 높이는 약 3m이고, 초여름에 잎겨드랑이에서 흰 다섯잎꽃이 피고, 노랗고 둥근 장과가 열림. 열매는 다음해 봄부터 여름에 걸쳐 충분히 익어 제 맛이 남. 여름귤.

여름-밤[-빰][명] 여름철의 밤. **□~**에는 모깃불을 피우게 된다.

여름 방학(-放學)[-빵-][교] 여름의 한창 더울 때 일정한 기간 수업을 쉬는 일. 하기 방학.

여름-비[-삐][명] 여름철에 내리는 비.

[여름비는 잠비 가을비는 떡비] 여름에 비가 오면 잠을 자게 되고 가을에 비가 오면 떡을 해 먹게 된다는 말.

여름-살이[명] 여름에 입는, 베나 모시 따위로 지은 홑옷. **□**모시로 **~**를 지어 입다.

여름-새[명]《조》 봄·초여름에 남쪽 지방에서 건너와서 번식을 하고, 가을에 다시 남쪽으로 날아가 겨울을 보내는 철새《제비·두견새 따위》. ↔겨울새.

여름-옷[-르몯][명] 여름철에 입는 옷. 하복(夏

服). ▣~을 꺼내 입다.

여름-용 (-用)[-뇽]圈 1 여름철에 쓰이는 용도의 것. ▣~으로는 망사(網紗)가 적당하다. 2 (관형사처럼 쓰이어) 여름철에 쓰이는 용도의. ▣~ 모자를 쓴다.

여름-작물 (-作物)[-짱-]圈 여름 동안에 자라어서 가을에 거두어들이는 작물《벼·콩·담배 따위》.

여름-잠 [-짬]圈《동》하면(夏眠). ↔겨울잠.

여름좀-잠자리 《충》잠자릿과의 곤충. 몸의 길이는 3.6 cm 정도이며 수컷은 붉고 암컷은 누름. 5~10월에 나타남. 쇠잠자리.

여름-철圈 계절이 여름인 때. 하절(夏節). 하기(夏期). ▣~에는 음식이 상하기 쉽다.

여름-털圈 1 여름철에 털갈이하는 동물의 털. 겨울털에 비해 길이가 짧고 성기게 나서 더위를 견디기에 좋음. 하모(夏毛). 2 여름에 누른색이 되어 흰 반점이 나타날 즈음의 사슴의 털.

여름-휴가 (-休暇)圈 하기휴가.

여릉귀-잡히다 [-자피-]재 능라(陵)을 헤치다가 잡히다.

여리 (閭里)圈 여염(閭閻).

여리-꾼 상점 앞에 서서 지나가는 사람을 끌어들여 물건을 사게 하고 주인에게서 삯을 받는 사람.

여리다휑 1 단단하거나 질기지 않고 부드럽거나 연하다. ▣여린 나무줄기 / 살갗이 ~. 2 의지나 감정 따위가 약하고 무르다. ▣마음이 여린 소녀. 3 표준보다 좀 모자라다. ▣여린 십 리 길. 4 빛이나 소리 따위가 흐리거나 약하다. ▣색깔이 ~ / 새소리가 여리게 들리다. 좐야리다.

여린-내기圈《악》여린 박자의 음을 내는 일. 또는 그로부터 시작되는 곡. 약기(弱起).

여린-말 [-언] 어감이 거세거나 세지 않고 예사소리로 된 말《센말·거센말에 상대하여 이르는 말》.

여린-박 [-박]圈《악》악센트(accent)가 없는 박자. 약박(弱拍). 상박(上拍). ↔센박.

여린-뼈圈 연골(軟骨).

여린입천장-소리 [-天障-][-납-]圈《언》'연구개음(軟口蓋音)'의 풀어쓴말.

여린-줄기圈《어》물고기의 지느러미를 이룬 연한 뼈. 연조(軟條).

여린-히읗 [-읏]圈《언》한글의 옛 자모 'ㆆ'의 이름.

여립 (女笠帽)[-립-]圈《역》개두(蓋頭)3.

여립-켜다재 여리꾼이 손님을 끌어들이다.

여마 (餘馬)圈《역》조선 때, 사신이 의주에서 압록강을 건너 북경까지 갈 때 짐을 싣고 가던 말과 함께 여벌로 딸려 보내던 빈 말.

여:마 (輿馬)圈 임금이 타는 수레와 말.

여막 (廬幕)圈 궤연(几筵) 옆이나 무덤 가까이에 지어 놓고 상제가 거처하는 초막. ▣~을 지키다.

여말 (麗末)圈 고려의 말기. 여계(麗季).

여망 (餘望)圈 1 아직 남은 희망. 2 장래의 희망. ▣~이 없는 신세.

여:망 (輿望)圈《하타》어떤 사람이나 일에 대해 여러 사람이 기대함. 중망(衆望). ▣~에 부응하다.

여맥 (餘脈)圈 1 남아 있는 맥박. 2 세력이 점점 줄어 허울만 간신히 유지하는 일.

여-메기圈《어》종어(宗魚).

여명 (黎明)圈 1 희미하게 밝아 오는 빛. 또는

그런 무렵. 갓밝이. 어둑새벽. ▣밝아 오는 ~을 지켜보다. 2 희망의 빛. ▣겨레의 ~.

여명 (餘命)圈 남은 목숨. 여생(餘生). ▣~을 부지(扶持)하다.

여명-기 (黎明期)圈 새로운 시대나 문화 운동 따위가 시작되는 시기. ▣시대의 ~. 2 동이 틀 무렵.

여모 (건)《건》서까래나 판장 마루 등의 옆을 가로 대어 가리는 널빤지.

여모 (女帽)圈 1 여자가 쓰는 모자. 2 여자의 시체를 염습(殮襲)할 때에 머리를 싸는 베.

여묘 (廬墓)圈《하자》상제가 무덤 근처에 여막(廬幕)을 짓고 살며 무덤을 지키는 일.

여무 (女巫)圈《민》여자 무당.

여무 (女舞)圈 여자가 추는 춤.

여무가론 (餘無可論)圈 대강이 이미 결정되어 나머지는 의론할 여지가 없음.

여무-지다휑 사람됨이나 행동·생김새 따위가 빈틈이 없이 굳세고 단단하다. ▣일을 여무지게 마무리하다. 좐야무지다.

여묵 (餘墨)圈 여적(餘滴)1.

여문 (圓門)圈 이문(里門).

여문 (儷文)圈《문》'변려문(駢儷文)'의 준말.

여물[1] 圈 1 마소를 먹이기 위해 말려서 썬 짚이나 풀. ▣~을 썰다 / ~을 쑤다. 2 흙을 이길 때, 바른 뒤에 갈라지지 않고 붙어 있도록 섞는 짚.

여물[2] 圈 짠맛이 조금 나는 우물물. 허드렛물로 사용함.

여물 (餘物)圈 남은 물건. 나머지 물건.

여물-간 (-間)[-깐]圈 여물을 쟁여 두는 헛간.

여물다 [여물어, 여무니, 여문]재 낟알이 들어 단단하게 잘 익다. ▣잘 여문 옥수수. 좐야물다. ▣튀 1 일이 잘 되어 탈이 없다. 2 일이 야무지게 했소. 2 사람됨이나 씀씀이가 헤프지 않고 단단하다. ▣새댁이 제법 여물게 생겼구나. 좐야물다.

여물-바가지 [-빠-]圈 여물죽을 푸는 자루가 달린 바가지. 좐여물박.

여물-박 [-빡]圈 '여물바가지'의 준말.

여물-죽 (-粥)圈 마소에게 먹이기 위하여 여물로 쑨 죽.

여물-통 (-桶)圈 여물을 담는 통.

여미다目 옷깃이나 장막 등을 바로잡아 합쳐서 단정하게 하다. ▣옷깃을 ~.

여민 (黎民)圈 백성. 서민. 검수(黔首).

여민동락 (與民同樂)[-낙]圈《하자》임금이 백성과 함께 즐김. 여민해락.

여:민-락 (與民樂)[-밀-]圈《악》조선 시대에, 임금의 거둥 때나 궁중의 잔치 때 연주하던 아악의 한 가지. 선율이 화평하고 웅대함《세종 때 용비어천가 1-4장 및 125장을 아악곡조에 얹어 부를 수 있도록 꾸며진 가락으로, 모두 10장이었으나 7장만 관현악기로 연주하고 노래는 부르지 않음》.

여:민-해락 (與民偕樂)圈《하자》여민동락(與民同樂).

여뭇튀《옛》진실로. 정말.

여-반장 (如反掌)圈 손바닥을 뒤집는 것처럼 매우 쉽다는 뜻. ▣1등 하기 ~이야.

여발통치 (如拔痛齒)圈 앓던 이가 빠진 것 같다는 뜻으로, 괴로운 일을 벗어나 속이 시원함을 이르는 말.

여방 (餘芳)圈 떠나 버린 뒤나 죽은 뒤의 명예.

여:배 (汝輩)떼 너희들《문어적인 표현》. 여등(汝等).

여배 (余輩)떼 우리들《문어적인 표현》. 오등(吾等).

여-배우 (女俳優)圐 여자 배우. ▢왕년의 인기 ~. ↔남배우. ㉪여우.

여백 (餘白)圐 글씨나 그림이 있는 종이 따위에서, 비어 있는 부분.

여-벌 (餘-)圐 1 쓰고 있는 것 이외의 물건. 여건(餘件). 2 입고 있는 옷 이외에 여분으로 가지고 있는 옷. ▢~ 옷이 없다.

여범 (女犯)圐 1 여자 범인. 2《불》승려가 불사음의 계율을 어기는 일.

여법 (如法)圐[하]형 1 법에 맞음. 합법(合法). 2《불》여래(如來)의 교훈에 맞음.

여법-수행 (如法修行)[-쑤-]圐《불》부처의 가르침대로 수행하는 일.

여 변:칙 활용 (變則活用)[-치콰룡]《언》여불규칙 활용.

여병 (餘病)圐《의》합병증(合倂症).

여-보 ㉧1 '여보시오'의 좀 낮춤말. ▢~, 주인장 오랜만이오. 2 부부 사이에서 자기 아내 또는 남편을 부르는 말.

여-보게 ㉧ '여보시게'의 좀 낮춤말.

여-보세요 ㉧1 '여봐요'를 조금 높여 이르는 말. ▢~ 길 좀 물읍시다. 2 전화를 할 때 상대편을 부르는 말.

여-보시게 ㉧ 친구나 아랫사람을 부를 때 또는 그의 주의를 환기시킬 때 예사로 높여서 부르는 말.

여-보시오 ㉧ 남을 부를 때 또는 그의 주의를 환기시킬 때 예사로 높여서 부르는 말. ▢~, 나 좀 봅시다. ㉪엽쇼.

여-보십시오 [-씨-]㉧ '여보시오'의 높임말. ▢~, 이 동네에 무슨 일이 일어났습니까. ㉪여봅시오.

여복 (女卜)圐 여자 판수.
[여복이 바늘귀를 꿴다] 알지도 못하고 어림치고 한 일이 우연히도 잘 들어맞았다는 말.

여복 (女服)圐[하자] 1 여자의 옷. 2 남자가 옷차림을 여자처럼 꾸밈. 여장(女裝). ▢~을 한 남배우.

여복 (女福)圐 염복(艶福).

여-봅시오 [-씨-]㉧ '여보십시오'의 준말.

여-봐라 (女服)㉧ '여기 보아라'의 뜻으로 손아랫사람을 부르거나 주의를 불러일으키는 소리. ▢~ 게 아무도 없느냐.

여봐란-듯이 ㉺ 우쭐대고 자랑하듯이. 보란 듯이. ▢~ 출세해서 잘살고 싶다.

여봐-요 ㉧ 가까이 있는 사람을 부를 때 쓰는 말《해요할 자리에 씀》.

여:-부 (與否)圐 1 그러함과 그렇지 않음. ▢가능성 ~는 알 수 없다 / 사실 ~를 확인하다. 2 '있다'·'없다'와 함께 쓰여》 틀리거나 의심할 여지. ▢아무렴, 그렇지 ~가 있나.

여:-부-없다 (與否-)[-업따]형 조금도 틀림이 없어 의심할 여지가 없다. 여:부-없이 [-업씨]㉺

여-부인 (如夫人)圐 1 정실(正室) 대우를 받는 애첩(愛妾). 2 남의 '첩'의 존칭.

여북 ㉺ '오죽'·'응당'·'얼마나'·'오죽이나'의 뜻으로 의문문 앞에 쓰이어 반어(反語) 구실을 하는 말. ▢~ 슬프겠느냐 / 사내가 ~ 못났으면 가족을 굶길까.

여북-이나 ㉺ '여북'의 강조어. ▢그가 돌아오면 ~ 좋아.

여북-하다 [-부카-]형여 《주로 '여북하면'·'여북해야'의 꼴로 쓰여》 '얼마나 심했으면'의 뜻을 나타내는 말. ▢여북하면 그런 말을 했을까.

여분 (餘分)圐 나머지. ▢~의 식량 / ~을 잘 보관해 두어라.

여분 (餘憤)圐 풀리지 않고 남아 있는 분기(憤氣). 덜 가신 울분.

여 불규칙 용:언 (不規則用言)[-칭눙-]《언》여 불규칙 활용을 하는 용언.

여 불규칙 활용 (不規則活用)[-치콰룡]《언》'하다' 및 접미사 '-하다'가 붙는 모든 동사·형용사에서 어미 '-아'가 '-여'로 변하는 불규칙 활용. 여 변칙 활용.

여-불비 (餘不備)圐 여불비례.

여불비례 (餘不備禮)圐 예를 다 갖추지 못한다는 뜻《편지 끝에 씀》. 여불비.

여비 (旅費)圐 여행하는 데 드는 비용. 노자(路資). 노비(路費). 노전(路錢). ▢아르바이트로 ~를 마련하다.

여-비서 (女祕書)圐 비서의 직무를 맡아보는 여자.

여사 (女士)圐 '학덕이 높고 어진 여자'를 높임.

여사 (女史)圐 1 '결혼한 여자'의 존칭. 2 사회적으로 이름이 알려진 여성 이름 뒤에 쓰는 말. ▢김(金) ~가 오셨습니다.

여사 (旅舍)圐 여관(旅館).

여사 (餘事)圐 1 그리 중요하지 않은 일. 2 여력으로 하는 일. ▢은행에 근무하면서 ~로 쓴 소설.

여사 (麗史)圐 고려의 역사.

여사 (麗辭)圐 미사(美辭).

여:-사군 (輿士軍)圐《역》조선 때, 여사청에 속하여 인산(因山) 때에 대여(大輿)나 소여 등을 메던 사람.

여:-사-대장 (輿士大將)圐《역》조선 때, 여사청의 대장《포도대장이 겸임》.

여-사무원 (女事務員)圐 일반 사무를 맡아보는 여자 직원.

여사여사-하다 (如斯如斯-)형여 이러이러하다. 여차여차하다.

여-사원 (女社員)圐 여자 사원.

여-사장 (女社長)圐 회사의 사장 지위에 있는 여자. 여자 사장.

여:-사-청 (輿士廳)圐《역》조선 때에, 인산(因山) 때 여사군을 통할하고자 포도청 안에 임시로 설치하던 관청.

여사-하다 (如斯-)형여 이러하다. 여사-히 ㉺

여-삼추 (如三秋)圐 짧은 시간도 3년처럼 길게 느껴진다는 뜻으로, 애타게 기다리는 마음을 이르는 말.

여상 (女相)圐 여자처럼 생긴 남자 얼굴. ↔남상(男相).

여상 (女商)圐 1《교》'여자 상업 고등학교'를 줄여서 일컫는 말. 2 여자 상인.

여상 (女喪)圐 여자가 초상이 난 일.

여상 (旅商)圐 1 도붓장사. 2 도붓장수.

여상-하다 (如上-)형여 위와 같다.

여상-하다 (如常-)형여 보통 때와 같다. 늘 같다. 여상-히 ㉺

여:-새 圐《조》참새목 여샛과의 새의 총칭. 머리에 길고 뾰족한 도가머리가 있고 날개와 꽁지깃에 황색·홍색 부분이 있음. 홍여새·황여새 따위가 있음. 연새. 연작(連雀).

여색 (女色)圐 1 여자와의 육체적 관계. ▢~에 빠지다 / ~을 탐하다. ↔남색(男色). 2 남성의 눈에 비치는 여성의 아름다운 자태.

여생 (餘生)圐 앞으로 남은 인생. ▢~을 편히 보내고 싶다.

여서 (女壻)圐 사위[3].

-여서 ㉪미 ('하다'나 '하다'가 붙는 용언의

어간 뒤에 붙어) **1** 시간적 전후 관계를 나타내는 연결 어미. ▱도착하~ 전화를 걸다. **2** 이유나 근거를 나타내는 연결 어미. ▱열심히 공부하~ 일등을 했다. *—어서·—아서.

여:석 (礪石) 圐 숫돌.

여-선생 (女先生) 圐 여자 선생. ↔남선생.

여섯 [—섣] 㑮팬 다섯보다 하나 많은 수. 육(六). ▱~ 사람이 모이다.

여섯-때 [—섣—] 圐『불』하루를 여섯으로 나누어 염불과 독경하는 때(아침·한낮·해 질 녘·초저녁·밤중·새벽). 육시(六時).

여섯-무날 [—섣—] 圐 조수 간만의 차가 같은 음력 보름과 그믐의 일컬음.

여섯발-게 [—섣빨—] 圐『동』원숭이겟과의 조그만 게. 딱지는 앞쪽이 뒤쪽보다 좁고, 넷째 다리가 없어 다리는 세 쌍임. 딱지에는 작은 구멍이 많이 흩어져 나 있고 진흙 바닥에서 거머리·지렁이 따위와 같은 구멍 속에서 삶.

여섯-째 [—섣—]—㑮팬 다섯째의 다음 차례. 또는 그런 차례의. 〔同팬 여섯 개째.

여성 (女性) 圐 **1** 여자. 특히, 성인 여자를 이르는 말. ▱~의 사회 참여가 확대되다. **2** 여자의 성질. **3**『언』서구어(語) 문법에서, 단어를 성(性)에 따라 구별하는 말. ↔남성.

여성 (女星) 圐『천』이십팔수(宿)의 하나. 여수(女宿). 㑇여(女).

여성 (女聲) 圐 **1** 여자의 목소리. **2**『악』성악에서, 여성이 담당하는 성부(聲部)(소프라노·알토 따위). ↔남성(男聲).

여성-계 (女性界) [—/—게] 圐 여성들의 사회.

여성-관 (女性觀) 圐 남성들이 여성을 보는 견해나 관점.

여성-미 (女性美) 圐 체격 및 성질상 여성다운 아름다움. ↔남성미.

여성-복 (女性服) 圐 여성들이 입는 옷.

여성 가족부 (女性家族部) 圐『법』중앙 행정 기관의 하나. 여성 정책에 대한 종합적인 기획·조정 및 여성의 권익 증진, 아동·청소년의 복지 및 보호 기능 등에 관한 사무를 맡아 봄.

여성-상 (女性像) 圐 여인상(女人像).

여성-적 (女性的) 팬圐 여성의 성질을 지닌 (것). ↔남성적.

여성-지 (女性誌) 圐 여성을 주된 독자로 하는 잡지.

여성 합창 (女聲合唱)『악』여성(女聲)만으로 부르는 합창. 제1·제2 소프라노와 알토로 되는 여성 삼부 합창이 대표적임. ↔남성 합창.

여성 해:방 (女性解放)『사』사회에서, 특히 여자가 받고 있는 제도적·의식적인 속박을 해제하는 일.

여성 호르몬 (女性hormone)『생』척추동물의 암컷이 분비하는 성(性)호르몬. 난소에서 분비되는 에스트로겐(estrogen)과 배란(排卵) 후에 분비되는 프로게스테론(progesterone)이 있음. 자성(雌性) 호르몬. 난소(卵巢) 호르몬. ↔남성 호르몬.

여세 (餘勢) 圐 어떤 일이 끝난 뒤의 나머지 세력이나 기세. ▱전반전의 ~를 몰아 경기를 승리로 이끌다.

여:세추이 (與世推移) 圐하자 세상이 변함에 따라 함께 변하는 일.

여소-야대 (與小野大) 圐 국회에서 여당은 소수의 의석을, 야당은 다수의 의석을 차지한 경우. ▱~의 정국.

여손 (女孫) 圐 손녀(孫女).

여-송 (輿頌) 圐 세상 사람들의 칭송.

여:송-연 (呂宋煙) 圐 **1** 필리핀의 루손 섬에서 나는 향기 좋고 독한 엽궐련. **2** 엽궐련.

여수 (女囚) 圐 여자 죄수. 여도(女徒). ↔남수.

여수 (旅愁) 圐 객수(客愁).

여:수 (與受) 圐하타 주고받음. 수수(授受).

여수 (餘水) 圐 남은 물.

여수 (餘祟) 圐 여증(餘症)1.

여수 (餘數) 圐 나머지 수효. 남은 수.

여:수 (濾水) 圐하자 더러운 물을 걸러서 깨끗이 함. ▱~ 장치를 설치한 저수지.

여수-구 (餘水口) 圐『건』저수지나 수도 등에 필요한 양 이상으로 괸 물을 다른 곳으로 빼어 버리기 위한 물구멍.

여:수-동죄 (與受同罪) 圐 장물(贓物)을 주는 일이나 받는 일은 둘 다 죄가 같음.

여수-로 (餘水路) 圐『건』수력 발전소나 저수지 등에서, 물이 일정량 이상이 되었을 때 여분의 물을 빼어 내는 물길.

여수투수 (如水投水) 圐하자 물에 물 탄 듯하다는 뜻으로, 태도가 분명하지 못하거나 일 처리가 야무지지 못하고 흐리멍덩함.

여-순경 (女巡警) 圐 여자 순경.

여-술 (女—) 圐 여자용 숟가락. ↔남술.

여쉰 㑮 〈옛〉 예순.

여-스님 (女—) 圐『불』'여승(女僧)'의 높임말. ↔남스님.

여습 (餘習) 圐 마소의 여섯 살.

여습 (餘習) 圐 남아 있는 습관이나 버릇.

여슷 㑮 〈옛〉 여섯.

여승 (女僧) 圐『불』여자 승려. 비구니(比丘尼). ↔남승.

여승 (餘乘) 圐『불』자기 종파의 교법이 아닌 다른 종파의 교법을 일컫는 말.

여승-당 (女僧堂) 圐『불』신중절.

여승-방 (女僧房) 圐『불』신중절. 㑇승방(僧房).

여시 圐 **1** '옛방망이'의 준말. **2**『민』골땅망이.

여시 (女侍) 圐『역』나인.

여시 (餘矢) 圐『수』어떤 각의 사인(sine)을 1에서 뺀 것(즉 1-sin A 는 각 A의 여시가 됨).

여시-아문 (如是我聞) 圐『불』나는 이와 같이 들었다는 뜻으로, 부처님의 가르침에 따라 제자 아난(阿難)이 불경을 편찬할 때 모든 경전의 첫머리에 붙인 말.

여시여시-하다 (如是如是—) 혬闙 이러이러하다. 여시여시-히 闸

여시-하다 (如是—) 혬闙 이러하다. 여시-히 闸

여식 (女息) 圐 딸. ▱불민한 ~을 채용해 주셔서 감사합니다.

여신 (女神) 圐 여성의 신(神). ▱행운의 ~.

여:신 (與信) 圐『경』금융 기관에서 고객에게 돈을 빌려 주는 일. ▱~ 금리 / ~ 규제. ↔수신(受信).

여신 (餘燼) 圐 **1** 타고 남은 불기운. **2** 무슨 일이 끝난 뒤에도 부분적으로 남아 있는 것. 또는 그 영향. ▱아직까지도 가시지 않은 4·19 혁명의 ~.

여:신 계:약 (與信契約) [—/—게—]『경』당사자의 일방이 상대방에 대해 일정한 금액을 한도로 하여 장래 상대방의 필요에 따라 융자해 줄 것을 약속하는 계약(당좌 대월 계약 따위).

여-신도 (女信徒) 圐 여자 신도.

여:신 업무 (與信業務) [—시—무]『경』금융 기관의 여신에 관한 모든 업무(어음 할인·대부(貸付)·어음 인수·신용장의 발행·채무 보증 등). ↔수신 업무.

여-신자(女信者)명 여자 신자.
여실-하다(如實-)형 사실과 꼭 같다. 여실-히분. ▢~ 증명하다 / ~ 보여 주다.
여심(女心)명 1 여자의 마음. 2 간사하고 중심이 없는 마음. ▢갈대처럼 흔들리는 ~.
여심(旅心)명 여정(旅情).
여쐐명〖옛〗엿새.
여수명〖옛〗여수.
여아(女兒)명 1 딸. 2 여자아이. ↔남아.
여악(女樂)명〖역〗궁중 연회 때 기생이 악기를 타고 노래 부르며 춤추던 일.
여알(女謁)명 대궐 안 정사(政事)를 어지럽히는 여자.
여암명〖건〗처마 끝에 있는 암키와를 받치는 나무.
여:압-복(與壓服)[-복]명 고공(高空) 비행기의 기밀복(氣密服). 고공 비행에서 생기는 기압의 저하나 가속도의 변화에서 비행사를 보호함. 기밀복.
여앙(餘殃)명 1 나쁜 짓을 많이 하여 그 값으로 받는 재앙. 2 뒤끝까지 남은 재앙. ↔여경(餘慶).
여액(餘厄)명 이미 받은 재앙 외에 아직 남은 재앙. 여열1.
여액(餘額)명 남아 있는 액수. 쓰고 남은 돈의 머릿수.
여액-미진(餘厄未盡)[-앵-]명하자 당할 재앙이 아직 남아 있음.
여:야(與野)명 여당과 야당.
-여야어미 ('하다'나 '하다'가 붙는 용언의 어간 뒤에 붙어) '-아야'의 뜻으로 쓰는 연결 어미. ▢제시간에 도착하~ 한다. *-아야.--어야.--라야.
-여야지어미 '하다'나 '하다'가 붙는 용언의 어간 뒤에 붙여 쓰는 종결 어미. 1 상대편에서 주의를 환기시키거나 동의를 구하는 뜻을 나타내는 말. ▢무슨 일이든 열심히 하~. 2 독백 투로 말하는 사람의 의지를 나타내는 말. ▢오늘은 꼭 일을 다 하~.
여얼(餘孽)명 1 여액(餘厄). 2 여증(餘症).1.3 망한 집안의 자손.
여업(餘業)명 1 선인(先人)이 남긴 일. 2 부업(副業).
여:역(癘疫)명〖한의〗전염성 열병의 총칭. 온역(瘟疫).
여:역-발황(癘疫發黃)[-빨-]명〖한의〗여역에 황달을 겸한 병.
여열(餘熱)명 1 큰 더위나 신열(身熱) 뒤에 남은 더위나. 2 열기가 남아 있음. 또는 그 열. ▢다리미의 ~로 다리다 / 연주회의 ~이 좀처럼 식지 않다.
여염(餘炎)명 1 타다 남은 불꽃. 2 남은 더위.
여염(閭閻)명 백성의 집이 많이 모여 있는 곳. 여리(閭里), 여항(閭巷).
여염-가(閭閻家)명 여염집.
여염-집(閭閻-)[-찝]명 일반 백성의 살림집. 여가(閭家). 여염가. ▢~ 규수(閨秀). ㉤여염집.
여염-하다(麗艶-)형여 곱고 예쁘다.
여영(餘榮)명 1 죽은 뒤의 영화. 2 선조의 여광(餘光).
여예(餘裔)명 1 말류(末流).3. 후손.
여옥기인(如玉其人)[-끼-]명 얼굴이나 성질이 옥(玉)과 같이 깨끗하고 흠이 없는 사람.
여와(女瓦)명〖건〗암키와.
여왕(女王)명 1 여자 임금. 2 어떤 영역에서 중심되는 여성이나 사물 현상의 비유. ▢사교계의 ~ / 탁구계의 ~ / 계절의 ~ 오월.
여왕-개미(女王-)명〖충〗알을 낳을 능력이

있는 암개미(보통 일개미보다 큼).
여왕-벌(女王-)명〖충〗알을 낳을 능력이 있는 암벌(꿀벌에서는 한 떼에 단 한 마리만 있음). 장수벌. 여왕봉.
여왕-봉(女王蜂)명〖충〗여왕벌.
-여요어미 '-이어요'의 준말. ▢우리 학교 대표~ / 아는 분이 아니~. *-어요.
여용(麗容)명 어여쁜 얼굴. 아름다운 용모. 미모(美貌).
여우명 1〖동〗갯과의 짐승. 산야의 굴속에서 삶. 몸은 홀쭉하고 대개 엷은 적갈색임. 주둥이는 길면서 뾰족하게 튀어나왔고 꼬리는 길고 굵으며 귀는 뾰족함. 2 매우 교활한 사람의 비유. ▢~같이 잔꾀를 부리다.
[여우를 피해서 호랑이를 만났다] 갈수록 더욱 힘든 일을 당함의 비유.
여우(女優)명 '여배우(女俳優)'의 준말. ▢~ 주연상. ↔남우(男優).
여우(旅寓)명하자 여객(客居).
여우-별[-뼐]명 비나 눈이 오는 날 잠깐 났다가 숨어 버리는 별.
여우-비명 볕이 난 날 잠깐 내리다 그치는 비.
여우오줌-풀명〖식〗담배풀.
여우-콩명〖식〗쥐눈이콩.
여운(餘運)명 아직 더 남은 운수(運數). 나머지 운수.
여운(餘韻)명 1 어떤 일이 끝난 뒤에 아직 가시지 않고 남아 있는 느낌이나 정취. ▢감동의 ~을 남기다. 2 떠난 사람이 남겨 놓은 좋은 영향. 3 여음(餘音).
여운-시(餘韻詩)명〖문〗말의 여운을 남겨서 효과를 노리는 서정시의 한 형식.
여울명 강이나 바다의 바닥이 얕거나 폭이 좁아 물살이 빠른 곳.
여울-목명 여울물이 턱진 곳. ▢~을 건너다.
여울-물명 여울의 물. 여울에 흐르는 물.
여울-여울[-려-]분 불이 조용하게 타는 모양. ㉣야울야울.
여울-지다자 여울을 이루어 흐르다.
여원여모(如怨如慕)[-녀-]명하자 원망하는 것 같이도 하고 사모하는 것 같기도 함.
여월(如月)명 음력 2월의 이칭.
여월(余月)명 음력 4월의 이칭.
여위(餘威)명 1 위엄을 보이고 난 뒤의 나머지 위엄. 2 선인(先人)이 남긴 위광(威光).
여위다자 1 몸의 살이 빠져 마르고 파리하게 되다. ▢여원 몸. ㉣야위다. 2 가난하여 살림이 보잘것없다. ▢여원 살림.
여원-잠(餘-)명 1 충분하지 못한 잠. 푹 자지 못한 잠. 2 깊이 들지 않은 잠. 겉잠.
여유(餘裕)명 1 경제적·시간적으로 넉넉하여 남음이 있는 상태. ▢생활에 ~가 있다. 2 서두르지 않고 느긋하게 생각하고 행동하는 마음의 상태. ▢~ 있는 태도.
여유-롭다(餘裕-)[-따][-러, -로우니]형ㅂ 여유가 있다. ▢여유롭게 살다.
여유-만만(餘裕滿滿)명하형 아주 여유가 있음. ▢~한 태도.
여유작작-하다(餘裕綽綽)[-짜카-]형여 말이나 행동이 느긋하고 침착하다. ▢여유작작한 태도로 대답했다.
여율령-시행(如律令施行)명하타 명령이 떨어지기가 무섭게 시행함.
여웃-돈(餘裕-)[-유똔·-윤똔]명 넉넉하여 남는 돈.

여으 圐 〈옛〉 여우.

여음 (女陰) 圐 여성의 음부(陰部). 여자의 성기(性器).

여음 (餘音) 圐 1 소리가 그친 뒤에도 아직 남아 있는 울림. 여운(餘韻). ❑종소리의 ~. 2 『악』국악에서, 창과 창 사이에 연주하는 간주곡.

여음 (餘蔭) 圐 조상이 쌓은 공덕으로 자손이 받는 복.

여읍여소 (如泣如笑)-[음녀] 圐 형 우는 것 같기도 하고 웃는 것 같기도 함.

여읍여소 (如泣如訴)-[음녀] 圐 형 우는 것 같기도 하고 하소연하는 것 같기도 함.

여의 (女醫)[-/-이] 圐 '여의사(女醫師)'의 준말.

여의 (如意)[-/-이] 圐 『불』독경(讀經)·설법(說法) 때 법사가 손에 드는 도구(뼈·나무·대·쇠 따위로 만들어진 막대며 한쪽 끝이 고사리 모양임).

여의 (餘意)[-/-이] 圐 말끝에 함축되어 있는 속뜻.

여의 圐 〈옛〉 꽃술.

여의다 [-/-이-] 围 1 죽어서 이별하다. ❑일찍 부모를 ~. 2 멀리 떠나보내다. ❑번뇌를 ~. 3 시집보내다. ❑막내딸을 ~.

여의-보주 (如意寶珠)[-/-이-] 圐 『불』여의주(如意珠).

여의-봉 (如意棒)[-/-이-] 圐 자기 뜻대로 늘였다 줄였다 하여, 마음대로 쓸 수 있다는 몽둥이.

여-의사 (女醫師)[-/-이-] 圐 여자 의사. 준여의(女醫).

여의-주 (如意珠)[-/-이-] 圐 용의 턱 아래에 있다는 구슬《이 구슬을 얻으면 무엇이든 마음대로 만들어 낼 수 있다 함》. 여의보주.

여의찮다 (如意-)[-찬타/-이찬타] 형 여의하지 아니하다. 일이 뜻대로 되지 않다. ❑집안 사정이 ~ / 돈을 빌려 주기가 ~.

여의-하다 (如意-)[-/-이-] 형어 일이 마음먹은 대로 되다. ❑형편이 여의치 못하다. 여의치 [-/-이-] 围.

여인 (女人) 圐 성인이 된 여자.

여인 (旅人) 圐 나그네2.

여인 (麗人) 圐 아름다운 여자. 미인.

여인-국 (女人國) 圐 여국(女國)1.

여인-네 (女人-) 圐 '여인'의 통칭. ❑~의 하소연.

여:인동락 (與人同樂)[-낙] 圐 하자 남과 더불어 같이 즐김.

여인-상 (女人像) 圐 1 여성의 모습. 또는 그 그림이나 조각. 2 여자로서 갖추어야 할 모습. 여성상(女性像). ❑구원(久遠)의 ~.

여인-숙 (旅人宿) 圐 규모가 작고 숙박료가 싼 여관.

여일 (餘日) 圐 1 남은 날. 2 앞날. 3 그날 이외의 다른 날.

여일 (麗日) 圐 화창한 봄날. 또는 맑게 개어 날씨가 좋은 날.

여일-하다 (如一──) 형어 처음부터 끝까지 한결같다. 여일-히 围.

여잉 (餘剩) 圐 잉여(剩餘).

여자 (女子) 圐 여성(女性)인 사람. ❑~ 친구 / ~ 배우 / ~를 사귀다. ↔남자.
[여자 셋이 모이면 새 접시를 뒤집어 놓는다] 여자들이 모이면 말이 많고 떠들썩하다는 말. [여자의 악담에는 오뉴월에도 서리가

온다] 여자가 한을 품으면 그 영향이 무섭다는 말.

여자 (餘資) 圐 쓰고 남은 자금.

여:자 (勵磁) 圐 『물』자기화(磁氣化).

여자-관계 (女子關係)[-/-계] 圐 이성으로서 여자와 사귀는 일. ❑~가 복잡하다. ↔남자관계.

여:자-기 (勵磁機) 圐 교류 발전기·직류 발전기나 동기(同期) 전동기 등의 계자(界磁) 코일에 여자 전류를 공급하는 직류 발전기.

여자 대:학 (女子大學) 圐 여자만 입학을 허가해 대학 교육을 실시하는 학교. 준여대.

여:자-수자 (與者受者) 圐 주는 사람과 받는 사람.

여자-용 (女子用) 圐 여자가 사용하도록 만들어진 것.

여:자 전:류 (勵磁電流)[-절-] 전자석(電磁石)을 작동시키기 위해 코일에 통하는 전류.

여자 중학교 (女子中學校)[-교] 圐 여자에게 중학교의 과정을 실시하는 학교. 준여중.

여장 (女將) 圐 '여장군(女將軍)'의 준말.

여장 (女裝) 圐 하자 남자가 여자처럼 차려 입음. 또는 그런 차림새. ❑~을 한 미소년.

여장 (女墻·女牆) 圐 성가퀴.

여장 (旅裝) 圐 길 떠날 차림. 여행할 때의 차림. ❑~을 풀다 / ~을 챙겨 출발하다.

여-장군 (女將軍) 圐 1 여자 장수. 2 몸집이 크고 힘이 센 여자. 준여장(女將).

여-장부 (女丈夫) 圐 남자같이 기운차고 기개(氣槪)가 있는 여자. 여걸(女傑).

여:장-절각 (汝牆折角) 圐 여담절각.

여재 (餘在) 圐 쓰고 남은 돈이나 물건. 여존(餘存).

여재 (餘財) 圐 쓰고 남은 재물(財物)이나 재산(財産).

여재-문 (餘在文) 圐 1 잔금(殘金)1. 2 셈 끝이 나지 않고 남음.

여적 (女賊) 圐 1 남자의 착한 마음을 어지럽게 하는 여색(女色). 2 여자 도둑.

여적 (餘滴) 圐 1 글을 다 쓰거나 그림을 다 그리고 남은 먹물. 여묵(餘墨). 2 여록(餘錄).

여적-란 (餘滴欄)[-난] 圐 신문·잡지 등에서, 여록(餘錄)이나 가십(gossip) 등을 기재하기 위하여 특별히 마련한 지면.

여전-하다 (如前-) 형어 전과 같다. ❑술주정은 ~. 여전-히 围.

여전 (餘錢) 圐 잔금(殘金)1.

여절 (餘切) 圐 『수』'코탄젠트(cotangent)'의 구용어.

여점 (旅店) 圐 객점(客店).

여-점원 (女店員) 圐 여자 점원.

여절 (餘接) 圐 『수』'코탄젠트'의 구용어.

여정 (女情) 圐 여자의 정. 또는 여자의 정욕. ↔남정(男情).

여정 (旅情) 圐 여행할 때 느끼는 외로움이나 시름 따위의 감정. 여심(旅心). 객정(客情). ❑바다를 바라보며 ~을 달래다.

여정 (旅程) 圐 여행의 과정이나 일정. ❑2박 3일의 ~을 무사히 마치다 / 예정보다 ~이 하루 늦어졌다.

여정 (餘情) 圐 마음에 깊이 남아서 잊히지 않는 정이나 생각.

여정 (餘酲) 圐 술이 아직 덜 깬 상태.

여:정 (輿情) 圐 어떤 사실에 대한 사회와 여론의 정서적(情的)인 반응.

여:정 (勵精) 圐 하자 정신을 가다듬어 힘씀.

여:정-도치 (勵精圖治) 圐 하자 정성을 다해 정치에 힘씀.

여정-목 (女貞木)圖 〖식〗 광나무.
여정-실 (女貞實)圖 〖한의〗 광나무의 열매《동지 때에 따서 술을 빼고 쪄서 강장제로 씀》. 여정자(女貞子).
여정-하다 〖형어〗 과히 틀림이 없이 거의 같다. 크게 틀릴 것이 없다.
여제 (女弟)圖 누이동생.
여제 (女帝)圖 여자 황제. 여황(女皇).
여:제 (癘祭)圖 〖역〗 여귀(癘鬼)를 위로하기 위하여 지내던 제사.
여조 (餘條)圖 돈이나 곡식 따위를 셈하고 난 나머지 부분.
여조 (麗朝)圖 '고려 왕조'의 준말.
여조 (麗藻)圖 아름답게 지은 시나 문장.
여존 (餘存)圖 여재(餘在).
여존-남비 (女尊男卑)圖 사회적 지위나 권리에 있어서 여자가 남자보다 높고 우대받는 일. ↔남존여비.
여-종 (女-)圖 종노릇을 하는 여자. 계집종. ↔남종.
여좌 (如左)圖하형〖히부〗 왼쪽에 기록된 것과 같음. 〖합계 총액은 ~하다.
여좌침석 (如坐針席)圖 바늘방석에 앉은 것 같다는 뜻으로, 마음이 몹시 불안함을 이르는 말.
여죄 (餘罪)圖 주된 죄 이외의 다른 죄. 〖~를 추궁하다 / ~가 드러나다.
여:주 圖 〖식〗 박과의 한해살이 덩굴풀. 열대 아시아 원산. 줄기는 가늘고 길며 덩굴손으로 감아 오르고, 잎은 손바닥 모양임. 여름·가을에 노란 꽃이 피고, 과실은 긴 타원형인데 표면에 혹 같은 돌기가 많이 덮여 있고 붉고 노랗게 익음. 만여지(蔓荔枝).
여주 (女主)圖 여왕(女王).
여-주인공 (女主人公)圖 사건이나 소설·영화·연극 등에서 가장 중심적인 역할을 하는 여자.
여죽 (女竹)圖 여자가 쓰는 담뱃대.
여줄가리 圖 1 주된 몸뚱이나 원줄기에 딸린 물건. 2 중요한 일에 곁달린 그리 대수롭지 않은 일.
여중 (女中)圖 〖교〗 '여자 중학교'의 준말.
여중 (旅中)圖 객중(客中).
여중-군자 (女中君子)圖 정숙하고 덕이 높은 여자.
여중-생 (女中生)圖 여자 중학생.
여중-호걸 (女中豪傑)圖 호협한 기상이 있는 여자. ⓥ여걸.
여증 (餘症)圖 1 병이 나은 뒤에 남아 있는 증세. 2 〖의〗 합병증.
여지 (餘地)㊀圖 남은 땅. 여분의 토지. 〖공원과 같은, 휴식을 위한 ~를 남겨 놓아야 한다. ㊁의圖 어떤 일을 하거나 어떤 일이 일어날 가능성이나 희망. 〖변명할 ~도 주지 않았다 / 의심할 ~도 없다.
여:지 (輿地)圖 지구. 또는 대지(大地).
여:지 (麗紙)圖 사포(砂布).
여:지-도 (輿地圖)圖 세계 지도. 지도.
여지-없다 (餘地-)[-업따]圖 더할 나위가 없다. 여지-없이 [-업씨]튀. 〖~ 당했다.
여직 튀 ☞여태.
여-직공 (女職工)[-꽁]圖 여자 직공. 여공(女工).
여직-껏 튀 ☞여태껏.
여진 (女眞)圖 만주와 연해주 방면에 살던 반농 반수렵의 퉁구스계(系) 부족《금(金)나라·청(淸)나라 등을 세움》. 여진족.
여진 (餘塵)圖 옛사람이 남겨 놓은 자취.
여진 (餘震)圖 〖지〗 큰 지진이 있은 다음에 얼

마 동안 잇따라 일어나는 작은 지진. 〖~이 이어지다. ✱전진(前震).
여진 문자 (女眞文字)[-짜] 〖언〗 12세기, 금나라 때 만들어 여진족이 쓰던 문자.
여진여퇴 (旅進旅退)[-녀-]圖하자 일정한 주견이나 절개가 없이 남이 하는 대로 덩달아 행동함.
여질 (女姪)圖 조카딸.
여:질 (癘疾)圖 〖한의〗 여역(癘疫).
여질 (麗質)圖 청초(淸楚)하고 곱게 생긴 체질이나 성품.
여-집합 (餘集合)[-찹]圖 〖수〗 집합 A가 집합 B의 부분 집합(部分集合)일 때, B에는 속(屬)하나 A에는 속하지 않는 모든 원(元)으로 이루어지는 집합을 B에 대한 A의 여집합 또는 B와 A와의 차(差)라 하며 B-A로 표시함. 보집합(補集合).
여짓-거리다 [-짇꺼-]재 무슨 말을 할 듯 듯 자꾸 머뭇거리다. 여짓-여짓 [-진녀질 /-지떠질]튀.
여짓-대다 [-짇때-]재 여짓거리다.
여:쭈다 태 1 웃어른에게 사연(事緣)을 아뢰다. 〖조퇴할 것을 선생님께 여쭈어라. 2 웃어른께 인사를 드리다.
여:쭙다 [-따]〖여쭈워, 여쭈우니〗태재 '여쭈다'의 높임말.
여차 (旅次)圖 그리 대수롭지 않은 일이나 물건. 〖네 손해는 내게 대면 ~야.
여차 (旅次)圖 여행할 때 머무는 곳《아랫사람에게 편지할 때 씀》.
여-차 ꃀ '이영차'의 준말.
여차여차-하다 (如此如此-)형어 이러이러하다. 〖그는 여차여차해서 돌아간다고 말했다. 여차여차-히튀.
여-차장 (女車掌)圖 여자 차장.
여차-하다¹ (如此-)형어 이러하다. 〖사정이 여차하니 일단 피하는 게 좋겠다. 여차-히튀.
여차-하다² (如此-)형어 일이 뜻대로 되지 아니하다. 〖여차하면 달아날 태세다.
여창 (女唱)圖하자 1 〖악〗 남자가 여자의 목청으로 노래 부르는 일. 또는 그 노래. ↔남창(男唱). 2 '여창남수'의 준말.
여창 (旅窓)圖 나그네가 객지에서 묵는 방.
여창-남수 (女唱男隨)圖 여자가 앞에 나서서 서두르고 남자는 따라만 함. ↔남창여수. ⓥ여창(女唱).
여창-유취 (女唱類聚)[-뉴-]圖 조선 고종 13년(1876)에 박효관(朴孝寬)과 안민영(安玟英)이 펴낸 시가집《가곡원류에 실린 것 가운데 여창 178수를 따로 뽑아 편찬했음》.
여창 지름시조 (女唱-時調) 〖악〗 시조 창법의 하나. 지름시조와 같되, 초장(初章) 첫 장단을 지르지 않고, 가성(假聲)으로 곱게 발성함.
여천 (餘喘)圖 아직 죽지 않고 겨우 부지하여 있는 목숨. 얼마 남지 않은 목숨. 여명(餘命).
여:천지무궁 (與天地無窮)圖하형圖 하늘과 땅처럼 끝이 없다는 뜻으로, 사물이 영구히 변하지 않음을 이르는 말.
여철 (藜鐵)圖 마름쇠.
여-청 (女-)圖 1 여자의 목청. 2 여창(女唱)1.
여체 (女體)圖 여자의 육체.
여체 (旅體)圖 객체(客體)1.
여초 (餘草)圖 1 소용없게 된 글의 초고(草稿). 2 심심풀이로 쓴 글.
여추 (餘醜)圖 1 소탕하고 난 뒤에 남은 악인들. 2 여얼(餘孽)3.

여축 (餘蓄)〖명〗〖하〗타〗 쓰고 남은 물건을 모아 둠. 또는 그 물건. □식량의 ∼이 조금도 없다.

여:출-액 (濾出液)〖명〗〖생〗 피 속의 혈청이 혈관 벽의 여과 작용으로 조직 또는 체강 속으로 들어간 액.

여출일구 (如出一口)〖명〗 이구동성(異口同聲).

여취여광 (如醉如狂)〖명〗〖하〗형〗 여광여취(如狂如醉).

여측-이심 (如廁二心)〖명〗 '뒷간에 갈 적 마음 다르고 올 적 마음 다르다'와 같은 말.

여:치 (∼)〖충〗 여칫과의 곤충. 몸길이 3 cm 가량, 메뚜기와 비슷하되 더듬이가 길며, 몸빛은 황록색 또는 황갈색이며, 수컷은 크게 욺. 한여름에 많이 들음. 씨르래기.

여침 (旅寢)〖명〗 객지의 잠자리.

여쾌 (女儈)〖명〗 **1** 중매(仲媒)하는 여자. **2** 뚜쟁이 1.

여타 (餘他)〖명〗 그 밖의 다른 것. 또는 그 나머지. □∼ 사항.

여:타-자별 (與他自別)〖명〗〖하〗형〗 **1** 다른 것과 달라 특별함. **2** 남보다 사이가 유달리 가까움.

여:탈 (與奪)〖명〗〖하〗타〗 주는 일과 빼앗는 일.

여:탐 〖하〗타〗 〔←예탐(豫探)〕 무슨 일이 있을 때 웃어른의 뜻을 살피려고 미리 여쭘.

여:탐-굿 [-굳]〖명〗〖하〗자〗 〔←예탐굿〕 집안에 경사가 있을 때 먼저 조상에게 아뢰는 굿.

여탕 (女湯)〖명〗 대중목욕탕에서, 여자만 사용하게 된 목욕탕. ↔남탕.

여태 (女態)〖명〗 여자다운 태도.

여태 〖부〗 지금까지. 이제까지. □∼ 무얼 하고 끝내지 못했니 / 그가 ∼ 서울에 있었군.

여태-껏 [-껃]〖부〗 '여태'를 강조하여 이르는 말. □∼ 어디 있다가 이제 돌아오나.

여-태혜 (女太鞋)〖-/-혜〗〖명〗 볼이 좁고 간략(簡略)하여 여자의 신과 비슷하게 생긴 남자용 가죽신.

여택 (餘澤)〖명〗 끼치고 남은 은혜(恩惠). □∼을 입다.

여택 (麗澤)〖명〗 학우끼리 서로 도와 학문과 덕행을 닦는 일.

여투다〖타〗 물건이나 돈을 아껴 쓰고 나머지를 모아 두다.

여트막-이〖부〗 여트막하게.

여트막-하다 [-마카-]〖형〗어〗 약간 옅은 듯하다. ㉠야트막하다. ㉥여틈하다.

여틈-하다〖형〗어〗 '여트막하다'의 준말. ㉥야틈하다.

여파 (餘波)〖명〗 **1** 큰 물결이 지나간 뒤에 일어나는 잔물결. **2** 어떤 일이 끝난 뒤에 남아 미치는 영향. □폭우의 ∼로 채솟값이 폭등했다 / 사건의 ∼가 크다.

여:파-기 (濾波器)〖명〗〖물〗 여러 주파수가 섞여 있는 전파에서 특정 주파수의 것만을 가려내는 전기적 장치.

여편-네 (女便-)〖명〗 **1** 결혼한 여자를 얕잡아 이르는 말. 부녀. 아녀. □동네 ∼들이 모여서 수다를 떨고 있다. **2** 자기 '아내'를 얕잡아 이르는 말.

여폐 (餘弊)〖명〗〖-/-페〗 남은 폐단. 뒤에까지 미치는 폐단. □전쟁의 ∼.

여포 (旅抱)〖명〗 나그네의 회포. 여정(旅情).

여:포 (濾胞)〖명〗〖생〗 **1** 동물의 조직, 특히 내부 비샘에서 많은 세포가 모여 이루어진, 닫힌 주머니 모양의 구조물(난소·갑상선·뇌하수체 중엽(中葉)에서도 볼 수 있음). **2** 포유류의 난소 안에 있는 주머니 모양의 세포(안에 액을 함유하고, 빈 곳에는 여포액이 들어 있음). 난소 여포. 난포(卵胞).

여:포 자:극 호르몬 (濾胞刺戟 hormone)〖생〗 난포 자극 호르몬.

여:포 호르몬 (濾胞 hormone)〖생〗 에스트로겐(estrogen).

여풍 (餘風)〖명〗 **1** 큰 바람이 분 뒤에 아직 불고 있는 바람. **2** 아직 남아 있는 풍습.

여풍 (麗風)〖명〗 북서풍(北西風).

여필 (女筆)〖명〗 여자의 글씨.

여필종부 (女必從夫)〖명〗 아내는 반드시 남편을 따라야 한다는 말.

여하 (如何)〖명〗 형편이나 정도가 어떠한가의 뜻을 나타냄. □성공은 노력 ∼에 달렸다. ─-하다〖형〗어〗 (주로 '여하한'의 꼴로 쓰여) 성질이나 형편·상태 따위가 어떠하다. □여하한 일이 있어도 참고 견뎌야 한다. ─-히〖부〗

여하-간 (如何間)〖부〗 어떻든 간에. 여하튼. □∼ 네 잘못이다.

여-하다 (如-)〖형〗어〗 같다. 여-히〖부〗. □아래와 ∼ 증명함.

여하-튼 (如何-)〖부〗 여하간. 어떻든. □∼ 만나보기로 하자.

여-학교 (女學校)〖-교〗〖명〗 여자만을 가르치는 학교의 통칭. ↔남학교.

여-학사 (女學士)〖-싸〗〖명〗 **1** 대학을 나와 학사 학위를 가진 여자. **2** 학문이 훌륭한 여자.

여-학생 (女學生)〖-쌩〗〖명〗 여자 학생. ↔남학생.

여한 (餘恨)〖명〗 풀지 못하고 남은 원한. □소원을 이루었으니 죽어도 ∼이 없다.

여한 (餘寒)〖명〗 겨울이 지난 뒤에도 아직 남아 있는 추위.

여할 (餘割)〖명〗〖수〗 '코시컨트(cosecant)'의 구칭.

여-함수 (餘函數)〖-쑤〗〖명〗〖수〗 삼각 함수에서, 직각 삼각형의 직각이 아닌 각(角)의 사인과 코사인, 탄젠트와 코탄젠트, 시컨트와 코시컨트를 서로 다른 편의 여함수라 함.

여합부절 (如合符節)〖-뿌-〗〖명〗〖하〗타〗 부절(符節)을 맞추듯 사물이 꼭 들어맞음.

여항 (閭巷)〖명〗 여염(閭閻).

여항 (餘項)〖명〗 나머지 항목. 남은 항목.

여항-간 (閭巷間)〖명〗 항간(巷間).

여항-인 (閭巷人)〖명〗 벼슬을 하지 않은 일반 사람. 민간인들.

여행 (旅行)〖명〗〖하〗타〗 일이나 유람의 목적으로 다른 고장이나 외국에 가는 일. □관광을 목적으로 하는 ∼ / 내일 ∼을 떠난다.

여:행 (勵行)〖명〗〖하〗타〗 **1** 힘써 행함. 역행(力行). **2** 행하기를 장려함. □국산품 애용을 ∼하다.

여행-기 (旅行記)〖명〗 여행 중에 얻은 견문·체험 등을 쓴 글.

여행-길 (旅行-)〖-낄〗〖명〗 여행을 하는 길. □∼에 오르다.

여행-사 (旅行社)〖명〗 여행자의 편의를 돌보아 주는 일을 업으로 하는 영업 기관. □가까운 ∼에서 기차표를 샀다.

여행-안내 (旅行案內)〖명〗 여행의 편의를 위하여 열차·여객선·여객기 등의 발착 시각·요금 및 여행지의 명승고적·숙박 시설 등을 자세히 안내하는 일. 또는 그 내용을 기록한 책자.

여행-자 (旅行者)〖명〗 여행하는 사람.

여행자 수표 (旅行者手票) 해외여행자가 외국에서 현금처럼 쓸 수 있도록 은행이 발행하는 수표.

여향 (餘香)〖명〗 향기로운 물건이 없어진 뒤에도 남아 있는 향기.

여향(餘響)圓 소리가 그친 뒤에까지 남아 있
는 울림. 여음(餘音).
여현(餘弦)圓《수》'코사인(cosine)'의 구용
어.
여혈(餘血)圓 해산한 뒤에 나오는 나쁜 피.
여혐(餘嫌)圓 아직 남아 있는 혐의.
여형(女兄)圓 손위의 누이.
여형(女形)圓 여자같이 보이는 남자 모습.
여형약제(如兄若弟)-[제]圓閇한圓 친하기가 형
제와 같이 좋음.
여-형제(女兄弟)圓 자매(姉妹)1.
여혜(女鞋)[-/-혜]圓 여자가 신는 가죽신.
여호와(←히 Jehovah)圓《성》구약 성서에 나
오는 이스라엘 민족의 유일신. 야훼.
여혹(如或)圓 만일.
여혼(女婚)圓《성》딸의 혼인. ↔남혼.
여혼-잔치(女婚-)圓 딸을 시집보낼 때에 베
푸는 잔치.
여화(女禍)圓 여색(女色)으로 인한 재앙.
여환(如幻)圓《불》모든 존재는 무상하여, 환
영(幻影)처럼 덧없음.
여황(女皇)圓 여제(女帝).
여황(旅況)圓 객황(客況).
여회(旅懷)圓 객회(客懷).
여회(餘灰)圓《한의》명아주를 불에 태운 재
《어루러기나 혹을 없애는 약으로 씀》.
여훈(餘薰)圓 여향(餘香).
여훈(餘醺)圓 아직 덜 깬 술기운.
여휘(餘暉)圓 석조(夕照).
여흔(餘痕)圓 남아 있는 자취. 남은 흔적.
여흘〈옛〉여울.
여흥(餘興)圓閇자 1 놀이 끝에 남아 있는 흥.
2 연회나 모임 끝에 흥을 돋우려고 연예나 오
락을 함. 또는 그 연예나 오락.
여희다圓〈옛〉여의다. 이별하다.
여히다圓〈옛〉여의다. 이별하다.
역(力)圓《역》조선 때, 달음질 취재(取才)의
한 가지《두 손에 50근 무게의 물건을 하나씩
들고 감. 일력(一力)·이력(二力)·삼력(三力)
의 세 등급이 있음》.
역(役)圓 1 연극·영화 따위에서, 배우가 맡아
서 하는 역할. 2 특별히 맡은 소임.
역(易)圓 주역(周易).
역(逆)圓 1 반대 또는 거꾸로임. ◻〜으로 말
하면 이렇다. 2《철》어떤 정리의 가정과 결
론을 뒤바꾸어 얻은 정리. ◻〜도 또한 참이
다. 3《수》A의 B에 대한 관계를 기준으로
했을 때 그 거꾸로 되는 B의 A에 대한 관계.
역(閾)圓《심》자극에 의하여 감각이나 반응
이 일어나는 경계(境界)의 값. 식역(識閾).
의식역(意識閾).
역(驛)圓 1 기차가 발착하는 곳. ◻〜 대합실
에서 만나다. 2《역》중앙 관아의 공문을 중
계하여 지방 관아에 전달하고, 공무로 여행
하는 관원에게 마필을 공급하던 곳.
역(譯)圓 번역(飜譯).
역(亦)圉 또한. 역시.
역-(逆-)圉 반대임을 나타내는 말. ◻〜효과 /
〜수출.
역가(力價)[-까]圓《화》적정(滴定) 등에서 쓰
는 액(液)의 농도. ◻〜가 높다.
역가(役價)[-까]圓 1 일한 품삯. 2《역》조선
때, 경저리(京邸吏)와 영저리(營邸吏)에게 주
던 보수.
역간(力諫)[-깐]圓閇한圓 임금이나 윗사람에게
잘못을 고치도록 간곡히 말함.
역강-하다(力强-)[-깡-]圓여 힘이 세고 기운
이 넘치다. ◻역강한 젊은이들의 조직체.

역-결(逆-)[-껼]圓 거꾸로 된 나뭇결.
역-겹다(逆-)[-껍따]〔역겨워, 역겨우니〕圓日
몹시 역하다. ◻생선 비린내가 〜 / 가식적인
행동이 〜.
역경(易經)[-경]圓 주역(周易).
역경(逆境)[-경]圓 일이 뜻대로 되지 않는 불
행한 처지나 환경. ◻〜을 딛고 일어나다. ↔
순경(順境).
역경-재배(礫耕栽培)[-경-]圓《농》콘크리트
모판에 흙 대신 팥알 크기의 자갈을 넣어 채
소 따위를 재배하는 방법.
역공(力攻)[-꽁]圓閇한타 힘을 다하여 공격함.
◻〜을 퍼붓다.
역공(逆攻)[-꽁]圓閇한타 공격을 받던 편에서 맞
받아 역으로 하는 공격. ◻수비만 하던 팀이
〜으로 돌아섰다.
역과(譯科)[-꽈]圓《역》조선 때, 잡과(雜科)
의 하나. 외국어에 능통한 사람을 역관(譯官)
으로 뽑아 쓰기 위해 보이던 과거.
역관(曆官)[-꽌]圓《역》달력에 관한 일을 맡
아보던 관원.
역관(歷官)[-꽌]圓閇한타 여러 관직(官職)을 두
루 지냄.
역관(譯官)[-꽌]圓 1 통역을 하는 관리. 2
《역》사역원 관리의 총칭.
역관(驛館)[-꽌]圓 역참에서 인마(人馬)
의 중계를 맡아보던 집.
역-광(逆光)[-꽝]圓《물》'역광선'의 준말.
역-광선(逆光線)[-꽝-]圓《물》사진 등에서,
대상의 뒤편에서 비치는 광선. ⓣ역광.
역구(力求)[-꾸]圓閇한타 힘써 구함.
역구(力救)[-꾸]圓閇한타 힘써 구원함.
역구(歷久)[-꾸]圓閇한圓 오래됨.
역-구구(逆九九)[-꾸-]圓《수》작은 수를 승
수(乘數), 큰 수를 피승수로 한 구구법. 2·1
은 2, 4·2는 8 같은 것.
역군(役軍)[-꾼]圓 1 공사장에서 삯일하는 사
람. 역부(役夫). 2 일정한 부문에서 중요한
역할을 하는 일꾼. ◻산업의 〜 / 수출 전선
의 〜.
역권(力勸)[-꿘]圓閇한타 힘써 권함.
역권(役權)[-꿘]圓《법》일정한 목적을 위해
타인의 물건을 이용하는 물권(物權).
역귀(疫鬼)[-뀌]圓 역병(疫病)을 일으킨다는
귀신. ◻〜를 쫓다.
역-귀성(逆歸省)[-뀌-]圓 명절 때, 자식이 고
향의 부모를 찾는 것에 대하여 거꾸로 부모
가 객지에 있는 자식을 찾아가는 일.
역기(力技)[-끼]圓 역도(力道).
역기(力器)[-끼]圓 바벨(barbell).
역기(逆氣)[-끼]圓《생》욕지기.
역기(礫器)[-끼]圓 석기의 하나. 자갈돌로 만
든 크고 조잡한 것. 토기 시대 전의 유적에서
많이 출토됨.
역-기능(逆機能)[-끼-]圓 본래 바라던 바와
는 반대되는 방향으로 미치지 못한 기능. ◻텔레
비전 방송의 〜. ↔순기능.
역-기전력(逆起電力)[-끼-녁]圓《전》전기 회
로에서, 가해진 기전력에 반대로 작용하는 기
전력.
역내(域內)[영-]圓 일정한 구역의 안. 경계의
안. ↔역외(域外).
역내(閾內)[영-]圓 문지방 안. ↔역외.
역내(驛內)[영-]圓 지하철역이나 철도역의
안. 역구내. ◻〜 조명이 어둡다.
역내 무:역(域內貿易)[영-]圓《경》유럽 연합과

같이 같은 경제권 내에서 이루어지는 무역.
역년(歷年)[영-] 명 하자 **1** 여러 해를 지냄. 또
는 지나온 여러 해. **2** 한 왕조가 왕업을 누린
햇수.
역년(曆年)[영-] 명 책력에서 정한 1년(태양
력에서는 평년 365일, 윤년 366일임).
역노(驛奴)[영-] 명 《역》 조선 때, 역참에서 심
부름하던 남자 종. ↔역비(驛婢).
역-놈(驛-)[영-] 명 《역》 '역노(驛奴)'의 낮춤
말.
역농(力農)[영-] 명 하자 힘써 농사를 지음. 역
전(力田).
역다[-따] 형 **1** 자신에게만 이롭게 꾀를 부리
는 성질이 있다. **2** 꾀가 많고 눈치가 빠르다.
☞약다.
역-단층(逆斷層)[-딴-] 명 《지》 경사진 단층
면을 따라 상반(上盤)이 밀려 올라가 암반(岩
盤) 쪽으로 기운 단층. 충상 단층(衝上斷層).
↔정단층(正斷層).
역답(驛畓)[-땁] 명 《역》 조선 때, 역참에 딸려
그 소출을 경비로 충당하던 논.
역당(逆黨)[-땅] 명 역적의 무리. 역도(逆徒).
역대(歷代)[-때] 명 이어 내려온 여러 대(代).
□~ 전적 / ~에 보지 못한 공명선거.
역-대수(逆對數)[-때-] 명 《수》 진수(眞數).
역도(力道)[-또] 명 역기(力器)를 들어 올려 그
중량을 겨루는 경기. 인상과 용상 두 종목이
있음. 역기(力技).
역도(役徒)[-또] 명 **1** 인부(人夫). **2** 부역에 종
사하는 무리.
역도(逆徒)[-또] 명 역당(逆黨).
역도(逆睹)[-또] 명 하자 앞일을 미리 내다봄.
선견(先見). 예견.
역도미노 이ː론(逆domino理論) 한 나라가
자유주의를 잘 지켜 나가면 주변 국가도 자
유주의 국가로 성장하여, 공산 세력을 봉쇄
할 수 있다는 이론. *도미노 이론.
역독(譯讀)[-독] 명 하타 번역하여 읽음.
역동(力動)[-똥] 명 하자 힘 있고 활발하게 움
직임.
역동-성(力動性)[-똥썽] 명 힘 있고 활발하게
움직이는 성질이나 특성.
역동-적(力動的)[-똥-] 관명 힘 있고 활발하
게 움직이는 (것). □~ 현상 / ~인 삶 / ~으
로 활동하다.
역두(驛頭)[-뚜] 명 역전(驛前).
역-둔토(驛屯土)[-뚠-] 명 《역》 **1** 역에 급전
(給田)으로 나라에서 준 둔토. **2** 역토(驛土)
와 둔토. 역둔전.
역란(逆亂)[영난] 명 하자 반란. □반도(叛徒)들
이 일으킨 ~.
역람(歷覽)[영남] 명 하타 여러 곳을 두루 다니
면서 구경함.
역랑(逆浪)[영낭] 명 **1** 거슬러 밀려오는 물결.
2 세상이 어지러움을 비유적으로 이르는 말.
□힘겨운 ~을 이겨 내다.
역량(力量)[영냥] 명 어떤 일을 해낼 수 있는
힘. 또는 그 힘의 정도. □~을 발휘하다.
역량(役糧)[영냥] 명 토목이나 건축 따위의 공
사를 할 때 쓰는 양식.
역량-계(力量計)[영냥-/영냥게] 명 사람이 낼
수 있는 극대(極大)의 신체적 역량을 측정하
는 계기.
역력-하다(歷歷-)[영녀카-] 형여 자취·낌새·
기억 따위가 환히 알 수 있게 또렷하다. □피
로의 빛이 ~ / 누군가 왔다 간 흔적이 ~.

력-히[영녀키] 부
역로(逆路)[영노] 명 **1** 되짚어 돌아오는 길. **2**
역경(逆境)에서 헤매는 고난의 길. □험난한
인생의 ~. **3** 어떤 일의 반대되는 방향. ↔순
로(順路).
역로(歷路)[영노] 명 지나가는 길. 과로(過路).
역로(驛路)[영노] 명 역참으로 통하는 길.
역료(譯了)[영뇨] 명 하타 번역을 끝냄.
역류(逆流)[영뉴] 명 하자 **1** 물이 거슬러 흐름.
또는 거슬러 흐르는 물. 역수. **2** 흐름을 거슬
러 올라감. □역사의 ~ / 운명의 ~와 대결
하다. ↔순류.
역륜(逆倫)[영뉸] 명 하자 인륜에 벗어남.
역률(力率)[영뉼] 명 《전》 전력과 전압·전류의
곱의 비율(보통, 퍼센트로 나타냄).
역률(逆律)[영뉼] 명 《역》 역적을 처벌하는 법
률. □역도들을 ~로 다스리다.
역리(疫痢)[영니] 명 《의》 급성으로 전염되는
설사병(발열·복통·설사 따위를 일으킴).
역리(逆理)[영니] 명 하자 사리(事理)에 어긋남.
배리(背理).
역리(驛吏)[영니] 명 《역》 역참에 딸린 구실아
치.
역린(逆鱗)[영닌] 명 하자 임금의 분노(용의 턱
아래에 난 비늘을 건드리면 죽임을 당한다는
전설에서 나온 말).
역마(役馬)[영-] 명 일을 시키는 데 쓰는 말.
역마(驛馬)[영-] 명 '역말[1]'.
역마-살(驛馬煞)[영-쌀] 명 한곳에 머물러 지
내지 못하고 늘 분주하게 떠돌아다니도록 된
액운[已運]. □~이 끼다.
역-마을(驛-)[영-] 명 《역》 역참이 있는 마을.
준역말.
역마-직성(驛馬直星)[영-썽] 명 늘 분주하게
떠돌아다니는 사람을 이르는 말.
　역마직성에 들렸다 관 한곳에 머물지 못하
고 여기저기 떠돌아다니다.
역-마차(驛馬車)[영-] 명 서양에서, 철도가 다
니기 전에 여객·소화물·우편물을 싣고 정기
적으로 다니던 마차.
역-말[1](驛-)[영-] 명 《역》 각 역참에 갖추어
둔 말. 역마(驛馬).
　역말도 갈아타면 낫다 한 가지 일만 계속
하지 않고 가끔 다른 일도 하면 기분이 새로
워지고 싫증이 없어진다는 말.
역-말[2](驛-)[영-] 명 '역마을'의 준말.
역면(力勉)[영-] 명 하자 부지런히 힘씀.
역명(逆命)[영-] 명 하자 **1** 임금이나 윗사람의
명령을 어김. **2** 정도(正道)에서 벗어난 포학
한 명령.
역명(譯名)[영-] 명 번역한 이름.
역명지전(易名之典)[영-] 명 임금에게서 시호
(諡號)를 받는 은전(恩典).
역모(逆謀)[영-] 명 하자 반역을 꾀함. 또는 그
런 일. □~가 발각되다 / ~를 꾸미다.
역-모션(逆motion) 명 **1** 야구 등에서, 취한 자
세와 반대되는 동작을 일으키는 일. □주자
(走者)가 ~에 속아 아웃되다. **2**《연》 영화
촬영 기술의 하나. 높은 곳에 뛰어오르는 장
면을 촬영코자 할 경우, 높은 곳에서 뛰어내
리는 장면을 촬영하여 프린트할 때 그 순서
를 반대로 하는 방법.
역무(役務)[영-] 명 노역(勞役)을 하는 일.
역무-배상(役務賠償)[영-] 명 금전·물품
으로 하지 않고 기술이나 노동력을 제공함으
로써 상대편에 끼친 손해를 배상하는 일.
역-무역(逆貿易)[영-] 명 하타 역수출이나 역수
입에 의한 무역.

역무-원 (驛務員)[영-] 圕 철도역에서, 안내·매표·개찰 따위 업무에 종사하는 사람. 역부(驛夫). 역원.

역문 (譯文)[영-] 圕 번역한 글.

역-반응 (逆反應)[-빠능] 圕 《화》 일정한 반응에 대하여 그와 동시에 반대 방향으로 진행되는 반응. ↔정반응.

역발산-기개세 (力拔山氣蓋世)[-빨싼-] 圕 힘은 산을 빼어 던질 만큼 매우 세고 기력은 세상을 덮을 정도로 웅대함을 이르는 말. 발산개세(拔山蓋世).

역방 (歷訪)[-빵][하타] 여러 곳을 차례로 방문함. 역문(歷問). ▢각국을 ~하다.

역벌 (逆罰)[-뻘] 圕 이치에 닿지 않는 것을 신불(神佛)께 빌다가 도리어 받는 벌.

역법 (曆法)[-뻡] 圕 역학(曆學)에 관한 여러 가지 법.

역병 (疫病)[-뼝] 圕 **1** 역병균의 공기 전염으로 생기는 농작물의 유행병. 잎에 어두운 녹색 얼룩점과 흰 곰팡이가 생기며 마르면 갈색이 됨. **2** 《의》 악성의 유행병. ▢~이 돌다.

역복 (易服)[-뽁] 圕[하자] 거상(居喪) 동안과 탈상(脫喪) 때에 옷을 갈아입는 일. 또는 그 옷.

역본 (譯本)[-뽄] 圕 번역한 책. 번역본. ↔원본(原本).

역본-설 (力本說)[-뽄-] 圕 《철》 자연계의 근본은 힘이며, 힘이 물질·운동·존재·공간 등 모든 것의 원리라고 주장하는 설. 다이너미즘.

역부 (役夫)[-뿌] 圕 역군(役軍)1.

역부 (驛夫)[-뿌] 圕 **1** 역무원(驛務員). **2** 《역》 역졸(驛卒).

역-부득 (易不得)[-뿌-] 圕[하형] ‘이역(移易)부득’의 준말.

역-부족 (力不足)[-뿌-] 圕[하형] 힘·기량 등이 모자람. ▢최선을 다했으나 상대를 이기기에는 ~이었다.

역분-전 (役分田)[-뿐-] 圕 《역》 고려 태조 때의 토지 분급 제도(공신에게 그 공로에 따라 토지를 나누어 주었음).

역-불급 (力不及)[-뿔-] 圕[하형] 힘이 미치지 못함. ▢이 인원으로는 데모대를 진압하기에는 ~이었다.

역비 (逆比)[-삐] 圕 《수》 반비(反比).

역비 (驛婢)[-삐] 圕 조선 때, 역참에서 심부름하던 여자 종. ↔역노.

역-비례 (逆比例)[-삐-] 圕 《수》 반비례.

역-빠르다 [역빨라, 역빨러니] [형] 꾀가 있고 눈치나 행동 따위가 빠르다. 민첩(敏捷)하다. ㉠약빠르다.

역-빨리 吕 역빠르게. ㉠약빨리.

역사 (力士)[-싸] 圕 뛰어나게 힘이 센 사람. ▢~들이 모인 씨름판.

역사 (役事)[-싸] 圕 토목·건축 등의 공사. ▢택지(宅地)를 조성하는 큰 ~.

역사 (歷史)[-싸] 圕 **1** 인류 사회의 흥망과 변천의 과정. 또는 그 기록. ㉠반만년의 우리나라 ~. **2** 어떤 사물이나 사실의 오늘에 이르기까지의 변화의 자취. ▢금속 공예의 ~.

역사 (歷事·歷仕)[-싸][圕][하타] 여러 대의 임금을 섬김.

역사 (歷辭)[-싸][圕][하자] 《역》 수령이 부임하기 전에 각 관아에 돌아다니며 인사하던 일.

역사 (譯詞)[-싸] 圕 외국 노래의 가사를 번역하는 일. 또는 그 번역한 가사.

역사 (轢死)[-싸][圕][하자] 기차·자동차 따위에 치여 죽음.

역사 (驛舍)[-싸] 圕 역으로 쓰는 건물.

역사-가 (歷史家)[-싸-] 圕 역사를 전문으로

연구하는 사람. 역사에 정통한 사람. ㉠사가(史家).

역사 과학 (歷史科學)[-싸-] 《역》 **1** 과거에 있었던 인간 생활의 여러 사상(事象)을 대상으로 하는 여러 과학의 총칭. 역사학. **2** 인간에 관한 사물의 역사적 개성의 기술(記述)을 방법으로 하는 여러 과학의 총칭. ↔법칙 과학.

역사-관 (歷史觀)[-싸-] 圕 역사적 세계의 구조 및 그 발전 법칙에 대한 체계적인 견해.

역사-극 (歷史劇)[-싸-] 圕 역사상의 인물이나 사건을 소재로 한 연극. ㉠사극(史劇).

역사 문학 (歷史文學)[-싸-] 《문》 역사상의 사실을 주요 제재로 하고 사실(史實)을 배경으로 하여 인간의 보편성을 표현한 문학.

역사 법칙 (歷史法則)[-싸-] 《역》 **1** 역사의 진보·발전에 관한 법칙. **2** 어떤 일정한 역사적 시대에만 타당한 법칙.

역사 법학 (歷史法學)[-싸버팍] 《법》 역사적 관찰 아래 법률의 발달 및 현상을 연구하여 그 원리를 밝히고 법학의 조직을 세우려는 학문.

역사-상 (歷史上)[-싸-] 圕 역사에 나타나 있는 바. 사상(史上). ▢~ 유례없는 일.

역사-서 (歷史書)[-싸-] 圕 지난 시대의 역사를 기록해 놓은 책. ▢삼국사기(三國史記)는 오래된 ~이다. ㉠사서(史書).

역사-성 (歷史性)[-싸썽] 圕 사물이 시대를 따라 변천하는 성질. 역사적인 성질.

역사 소:설 (歷史小說)[-싸-] 《문》 역사상의 사건·인물·풍속 등을 소재로 한 소설.

역사 시대 (歷史時代)[-싸-] 《역》 고고학상 선사 시대 다음으로, 문자로 쓰여진 기록이나 문헌 따위가 전해 오고 있는 시대. ↔원사 시대.

역사 신학 (歷史神學)[-싸-] 《종》 기독교를 역사적으로 연구함을 목적으로 하는 신학의 한 분과.

역사-적 (歷史的)[-싸-] 圈圕 **1** 역사에 관한 (것). ▢~인 사실. **2** 역사에 오래 남을 만하게 중요한 (것). ▢~(인) 사건. **3** 역사의 발전 과정을 통한 (것). ▢~으로 관찰하다.

역사 지리학 (歷史地理學)[-싸-] 《지》 **1** 역사의 지리적 조건을 연구하는 학문. **2** 지리의 역사적 연력을 연구하는 학문.

역사 철학 (歷史哲學)[-싸-] 《철》 역사의 본질과 의의에 관해 역사적 고찰을 하는 학문.

역사-학 (歷史學)[-싸-] 圕 역사를 연구하는 대상으로 하는 학문. 또는 역사 연구의 본질을 구명하는 학문. ㉠사학(史學).

역사학-파 (歷史學派)[-싸-] 圕 **1** 《경》 19세기 고전파의 반동으로 일어난 경제학의 한 학파 (경제 현상은 시대와 함께 발생·소멸하는 구체적인 주장). **2** 《철》 19세기 초기에 독일에서, 낭만주의와 민족주의 풍조에 대립하여 일어난, 역사주의를 표방하는 학자의 일파.

역사-화 (歷史畵)[-싸-] 圕 《미술》 역사상의 정경이나 인물을 소재로 하여 그린 그림. ㉠사화(史畵).

역산 (逆産)[-싼][圕][하타] **1** 부역자·역적의 재산. **2** 《의》 도산²(倒産).

역산 (逆算)[-싼] 圕 **1** 순서를 거꾸로 하는 계산(計算). **2** 계산한 결과를 계산하기 전의 수 또는 식으로 되돌아가게 하는 계산(뺄셈에 대한 덧셈, 나눗셈에 대한 곱셈 따위).

역산 (曆算)[-싼] 圕 역학(曆學)과 산학(算學).

역살(轢殺)[-쌀][명][하타] 차바퀴로 깔아 죽임.

역상(曆象)[-쌍][명] **1** 해·달·별 등 천체가 나타내는 여러 가지 현상. **2** 달력에 의해 천체의 운행(運行)을 추정하는 일.

역상(轢傷)[-쌍][명][하타] 차바퀴에 깔려서 다침. 또는 그런 상처.

역-상속(逆相續)[-쌍-][명][하타] 『법』 직계 비속(卑屬)이 하는 보통의 것과 반대로, 피상속인의 직계 존속을 상속인으로 하는 상속.

역서(易書)[-써][명][하자] **1** 점술에 관한 것을 기록한 책. **2** 조선 때, 과거를 보던 응시장에서 응시자의 서체를 알아볼 수 없게 다른 사람을 시켜 다시 옮겨 쓰게 하던 일.

역서(曆書)[-써][명] **1** 책력(冊曆). **2** 역학(曆學)에 관한 서적.

역서(譯書)[-써][명] 번역한 책이나 글. ↔원서(原書).

역석(礫石)[-썩][명] 자갈1.

역-선(力線)[-썬][명] 『물』 전기장(電氣場)·자기장(磁氣場)의 모양. 곧, 방향·세기를 나타내는 곡선군(曲線群)《전기력선(電氣力線)·자기력선(磁氣力線) 등》. 지력선.

역-선전(逆宣傳)[-썬-][명][하타] **1** 상대의 선전에 대해, 반대의 입장에서 상대에게 불리하도록 선전하는 일. **2** 역효과를 가져오는 선전.

역설(力說)[-썰][명][하타자] 자신의 뜻을 힘써 말함. 또는 그런 말. □연사의 ~에 감동했다.

역설(逆說)[-썰][명] **1** 어떤 주의나 주장에 반대되는 이론. **2** 겉으로는 모순되고 불합리하여 진리에 반대하는 듯하나, 실질적인 내용은 진리인 말《'소문난 잔치에 먹을 것 없다'·'사랑의 매' 따위》. 패러독스.

역설-가(逆說家)[-썰-][명] 역설을 잘하거나 역설적 이론을 내세우는 사람.

역설-적(逆說的)[-썰-][명] 역설을 이용하여 설명하는 (것). □~인 논리를 펴다.

역성[-썽][명][하자] 옳고 그름에는 관계없이 무조건 한쪽만 편들어 줌. □동생의 ~만 드는 어머니.

역성(易姓)[-썽][명][하자] 혁세(革世).

역성-들다[-썽-][-들어, -드니, -드는][타] 역성하다. □제 아이만 ~.

역성-혁명(易姓革命)[-썽형-][명] **1** 왕조가 바뀌는 일. **2** 중국에 있었던 유교 정치사상의 기본 관념의 하나. 천명(天命)에 의해 유덕(有德)한 사람이 왕위에 오르고, 천의(天意)에 반하는 사람은 왕위를 잃는다고 하는 견해. 역세(易世)혁명.

역세(歷世)[-쎄][명] 지나간 세대(世代). 역대(歷代).

역세-권(驛勢圈)[-쎄꿘][명] 철도나 지하철역을 일상적으로 이용하는 주민이 분포한 지역. □새로 개발된 ~.

역수(逆數)[-쑤][명] 『민』 음양에 의하여 길흉화복을 미리 알아내는 술법.

역수(逆水)[-쑤][명][하자] 역류(逆流)1.

역수(逆修)[-쑤][명] 『불』 **1** 죽은 뒤의 명복을 빌기 위해 살아 있는 동안 불사(佛事)를 닦는 일. **2** 젊어서 죽은 사람의 명복을 살아 있는 부모가 비는 일. **3** 자기가 복 받으려고 죽은 사람의 명복을 비는 일.

역수(逆數)[-쑤][명] 『수』 어떤 수로부터 1을 나누어 얻은 몫을 그 어떤 수에 대하여 일컬을 《예컨대, 5의 역수는 1/5》.

역수(曆數)[-쑤][명][하자] 차례로 셈.

변화가 철 따라 돌아가는 순서. **2** 자연히 돌아오는 운. **3** 연대. 햇수.

역-수송(逆輸送)[-쑤-][명][하타] 잘못 수송하여, 발송한 곳으로 되돌려 보내는 일.

역-수입(逆輸入)[-쑤-][명][하타] 『경』 일단 수출했던 물품을 그 나라로부터 다시 수입함.

역-수출(逆輸出)[-쑤-][명][하타] 『경』 일단 수입했던 물품을 그대로 그 나라로 다시 수출함.

역순(逆順)[-쑨][명] 거꾸로 된 순서. □~사전/입장한 순서의 ~으로 퇴장한다.

역순(歷巡)[-쑨][명][하타] 차례로 순회함. □여러 유적지를 ~하다.

역술(易術)[-쑬][명] 역점(易占)을 쳐서 주역을 해석하는 기술이나 방법.

역술(譯述)[-쑬][명][하타] 번역하여 기술(記述)함.

역술-가(易術家)[-쑬-][명] 역점(易占)을 치는 일을 업으로 하는 사람. 역술인.

역술-인(易術人)[-쑬린][명] 역술가.

역습(逆襲)[-씁][명][하타] 공격의 공격을 받고 있던 편이 반대로 급히 공격함. □갑자기 ~을 당했다.

역시(譯詩)[-씨][명][하자] 시를 번역함. 또는 그 번역한 시.

역시(亦是)[-씨][부] **1** 또한. □나 ~ 몰랐다. **2** 전에 생각했던 대로. □네가 제일이구나. **3** 전과 마찬가지로. □오늘도 ~ 엄마는 마중을 나오셨다. **4** 아무리 생각해도. □장사는 ~ 먹는 장사가 제일이다.

역-시간(逆時間)[-씨-][의명] 『물』 원자로 반응도의 단위. 1역시간은 원자로의 반응 시간이 1시간임을 나타냄.

역시-집(譯詩集)[-씨-][명] 번역한 시를 모아 엮은 책.

역신(疫神)[-씬][명] **1** 『민』 호구별성(戶口別星). **2** 『한의』 천연두. ━하다[자어] 『한의』 천연두를 치르다.

역신(逆臣)[-씬][명] 임금을 반역한 신하. ↔충신(忠臣).

역신-마마(疫神媽媽)[-씬-][명] 『민』 '역신1'의 존칭. ⑥마마(媽媽).

역심(逆心)[-씸][명] **1** 상대방의 말이나 행동에 반발하여 일어나는, 비위에 거슬리는 마음. □~이 생기다. **2** 반역하려는 마음. 모반하는 마음. □~을 품다.

역암(礫岩)[-땀][명] 『지』 자갈이 점토·모래 등과 섞여 물속에 퇴적하여 굳어진 암석. 자갈돌.

역어(譯語)[명] 번역할 때에 쓰인 말. 번역한 말. ↔원어.

역업(譯業)[명] 직업으로서 번역을 하는 일. 또는 그 업적.

역-여시(亦如是)[부] 이것도 또한. 이도 역시.

역연(亦然)[명][하형] 또한 그러함.

역연(逆緣)[명] 『불』 **1** 나이 많은 사람이 나이 어린 사람을 공양하거나 생전의 원수가 공양을 하는 일. **2** 불법(佛法)을 어긴 나쁜 일이, 역으로 불문에 들어가는 계기가 되는 일. **3** 아무 인연이 없는 사람이 죽은 사람에게 겸하여 회향(回向)하는 일. ↔순연(順緣).

역-연령(曆年齡)[여결-][명] 생활 연령.

역연-하다(歷然-)[형어] **1** 분명하다. 또렷하다. □피로한 기색이 ~. **2** 조리에 맞아 사리(事理)가 정연하다. 역연-히[부]

역영(力泳)[명][하자] 힘껏 헤엄침. 또는 그 헤엄. □그는 ~한 끝에 입상했다.

역외(域外)[명] 일정한 구역이나 범위의 밖. ↔역내(域內).

역외(閾外)[명] **1** 문지방의 바깥. ↔역내. **2** 일

정한 한계의 바깥.

역용 (役用)[명][하타] 논밭을 갈거나 짐을 실어 나르는 일 따위의 노역(勞役)에 사용함. ❏그 송아지는 너무 어려서 ~할 수 없다.

역용 (逆用)[명][하타] 어떤 목적을 위하여 쓰던 사물이나 일을 반대로 이용함. 역이용.

역우 (役牛)[명] 논밭을 갈거나 짐을 실어 나르는 따위의 일에 이용하는 소. 일소.

역운 (逆運)[명] 순조롭지 못한 운명. 좋지 못한 운수.

역원 (役員)[명] 임원(任員).

역원 (驛員)[명] 역무원.

역원 (驛院)[명]『역』조선 때, 역로(驛路)에 있던 여관의 하나.

역위 (逆位)[명]『생』1 염색체의 일부가 잘라져서 거꾸로 되어 다시 붙는 현상. 2 동물 체제(體制)의 좌우가 역전하여 심장의 위치나 장(腸)의 회전이 거꾸로 되는 따위의 현상.

역위 (逆胃)[명] 1 위(胃)가 음식을 잘 받지 않음. 2 비위에 거슬림.

역-위답 (驛位畓)[명]『역』마위답(馬位畓).

역-위전 (驛位田)[명]『역』마위전(馬位田).

역유 (歷遊)[명][하자] 순유(巡遊).

역-유토피아 (逆utopia)[명] 가장 부정적인 암흑세계의 픽션(fiction)을 묘사함으로써 현실을 비판하는 문학 작품. 또는 그러한 사상. 디스토피아.

역의 (逆意)[여긔／여기][명] 반역하려는 뜻.

역이 (逆耳)[명][하타] 귀에 거슬림.

역-이용 (逆利用)[명][하타] 역용(逆用). ❏그의 약점을 교묘히 ~하다.

역이지언 (逆耳之言)[명] 귀에 거슬리는 말. 곧, 따끔하게 충고하는 말.

역인 (役人)[명] 관아나 육주비전(六注比廛)에 딸려 물건 운반과 심부름을 하던 사람.

역인 (驛人)[명] 역리(驛吏)·역졸(驛卒)의 총칭.

역일 (曆日)[명] 1 책력, 곧 책력으로 정한 하루하루의 날짜. 또는 그 세월.

역임 (歷任)[명][하타] 두루 여러 벼슬을 지냄.

역자 (易者)[짜][명] 점을 치는 사람.

역자 (譯者)[짜][명] 글을 번역한 사람.

역자이교지 (易子而教之)[짜─][명][하자] 남의 자식은 내가 가르치고 내 자식은 남에게 부탁하여 가르친다는 말로, 자기 자식을 직접 가르치기가 어렵다는 뜻.

역작 (力作)[명][하자] 힘들여 지음. 또는 그 작품. ❏3년 만에 발표한 ~.

역장 (驛長)[짱][명] 철도역의 책임자.

역재 (譯載)[명][하타] 번역하여 신문·잡지 등 간행물에 실음.

역쟁 (力爭)[쨍][명][하자] 힘을 다하여 다툼.

역저 (力著)[쩌][명] 힘들여 지은 책. 훌륭한 저서. ❏그 작품은 평생 공들인 ~이다.

역적 (力積)[쩍][명]『물』'충격량(衝擊量)'의 구용어.

역적 (逆賊)[쩍][명] 제 나라의 임금에게 반역하는 사람. ❏~으로 몰려 처형되다.

역적-모의 (逆賊謀議)[쩍─][명][하자] 역적들이 모여서 반역(反逆)을 꾀함.

역적-질 (逆賊─)[쩍찔][명][하자] 제 나라나 임금에게 반역하는 짓. ❏~을 일삼다.

역전 (力田)[쩐][명] 역농(力農).

역전 (力戰)[쩐][명][하자] 힘을 다하여 싸움. 역투. ❏~의 보람도 없이 지고 말다.

역전 (逆戰)[쩐][명][하자] 공격을 받다가 역습하여 나아가 싸움.

역전 (逆轉)[쩐][명][하자] 1 형세가 뒤집혀짐. 반전. ❏~의 기회를 잡다／전황이 ~되다. 2

1653 역졸

거꾸로 회전함. 역회전. 3 일이 잘못되어 좋지 않게 벌어져 감.

역전 (歷傳)[쩐][명][하자] 대대로 전해 내려옴.

역전 (歷戰)[쩐][명][하자] 수많은 싸움을 겪음. ❏~의 용사(勇士).

역전 (驛田)[쩐][명]『역』역에 딸렸던 논밭. 역토(驛土).

역전 (驛前)[쩐][명] 정거장의 앞. 역두(驛頭). ❏~ 광장.

역전 (驛傳)[쩐][명][하타]『역』역체(驛遞).

역전 경주 (驛傳競走)[쩐─] 장거리를 이어 달리기하는 경기. 몇 사람이 한 팀을 이루어, 각각 한 구간씩을 달려 총 소요 시간으로 승패를 가림. 역전 릴레이. 역전 마라톤.

역전 릴레이 (驛傳relay)[쩐─] 역전 경주.

역전 마라톤 (驛傳marathon)[쩐─] 역전 경주.

역전-승 (逆轉勝)[쩐─][명][하자] 경기 따위에서, 처음에 지다가 형세가 뒤바뀌어 이김. ↔역전패.

역전-층 (逆轉層)[쩐─][명]『지』1 상하가 역전하고 있는 지층(地層). 2 찬 공기 위에 따뜻한 공기가 겹쳐져 있는 경계면. 기온(氣溫) 역전층.

역전-패 (逆轉敗)[쩐─][명][하자] 경기 따위에서, 이기고 있다가 형세가 뒤바뀌어 나중에는 짐. ↔역전승.

역절-풍 (歷節風)[쩔─][명]『한의』뼈마디가 아프거나 붓고, 굽혔다 폈다를 잘 못하는 풍증(風症).

역점 (力點)[쩜][명] 1『물』지레를 사용할 때, 힘을 가하는 점. 2 특히 중요시하여 힘을 들이는 점. ❏~ 사업／정부는 물가 안정에 ~을 두고 있다.

역점 (易占)[쩜][명]『민』팔괘·육십사괘로 일의 길흉을 판단하는 점.

역접 (逆接)[쩝][명]『언』앞뒤에 있는 A, B 두 개의 문장 또는 구의 접속 양식의 하나. A에서 서술한 사실과 상반되는 사태 또는 그와 일치하지 않는 사태가 B에서 성립함을 나타내는 일. ↔순접(順接).

역정 (逆情)[쩡][명] '성'의 공대말. ❏~이 나다／윗사람을 ~을 사다／어머니는 눈앞에서 물러가라며 ~을 내셨다.

역정 (歷程)[쩡][명] 지금까지 지나온 경로(經路). ❏쓰라린 ~을 극복하다.

역정 (驛程)[쩡][명] 1 역과 역 사이의 이수(里數)·거리. 2 노정(路程).

역-정리 (逆定理)[쩡니][명]『논』가정과 결론이 서로 바뀌어 놓인 두 정리를 각각 다른 것에 대하여 이르는 말.

역정-스럽다 (逆情─)[쩡─따][스러워, ─스러우니][형][田] 보기에 역정이 난 듯하다. ❏그는 역정스럽게 대답했다. **역정-스레**[쩡─][부]

역정-풀이 (逆情─)[쩡푸리][명][하자] 역정을 참지 않고 닥치는 대로 함부로 푸는 일.

역제 (曆制)[쩨][명] 책력에 관한 제도.

역조 (力漕)[쪼][명] 배 따위를 힘껏 저음.

역조 (逆潮)[쪼][명] 1 바람의 방향에 거슬러서 흐르는 조류(潮流). 2 배의 진행 방향과 반대로 흐르는 조류. ❏~로 배의 진행 속도가 더디다.

역조 (逆調)[쪼][명] 일이 나쁜 방향으로 진행되는 상태. ❏무역의 ~ 현상.

역조 (歷朝)[쪼][명] 역대의 왕조·조정.

역졸 (驛卒)[쫄][명]『역』역에 딸려 심부름하던 사람. 역부(驛夫).

역좌 (逆座)[-좌] 圀 히乙 상좌(上座)에 등을 대고 앉는 일. 또는 그 자리.

역주 (力走)[-쭈] 圀 히乙 힘껏 달림. ❏마라톤 전 구간을 ~하다.

역주 (譯註)[-쭈] 圀 히乙 1 번역과 주석. 2 번역자가 다는 주석.

역증 (逆症)[-쯩] 圀 역정(逆情).

역지개연 (易地皆然)[-찌-] 圀 사람의 처지를 바꿔 놓으면 그 처지에 맞게 행동하고 상대를 이해하게 된다는 뜻.

역지사지 (易地思之)[-찌-] 圀 히乙 처지를 바꾸어서 생각함.

역지정가 주:문 (逆指定價注文)[-찌-까-] 《경》 유가 증권의 매매를 증권업자에게 위탁할 때의 주문 방법의 하나. 자기가 지정한 가격보다 시세가 오르면 매입하고, 내리면 팔도록 하는 주문 방법. ↔지정가 주문.

역직 (役職)[-찍] 圀 1 조직을 운영하는 데에 중요한 위치(의장·국장·임원 따위). 2 특히, 관리직의 일컬음.

역직-기 (力織機)[-찍끼] 圀 수력·전력 등의 동력으로 움직이는 베틀.

역진 (力盡)[-찐] 圀 히乙 힘을 다 써서 지침.

역진 (逆進)[-찐] 圀 히乙 반대 방향으로 나아감. ❏큰 흐름을 가로막는 ~ 세력.

역진-세 (逆進稅)[-찐쎄] 圀 과세 물건의 수량이 증가함에 따라 세율이 낮아지는 조세. ↔누진세.

역질 (疫疾)[-찔] 圀 히乙 천연두(天然痘).

역차 (逆次) 圀 뒤바뀐 차례. 거꾸로 된 차례.

역참 (歷參) 圀 히乙 여러 곳의 절 따위에 차례차례 참예함.

역참 (驛站) 圀 《역》 역말을 갈아타던 곳.

역천 (力薦) 圀 히乙 힘써 천거(薦擧)함.

역천 (逆天) 圀 히乙 '역천명'의 준말. ↔순천(順天).

역-천명 (逆天命) 圀 히乙 하늘의 뜻을 거스름. ↔순천명. ⊛역천.

역천-자 (逆天者) 圀 하늘의 뜻을 거스르는 사람. ↔순천자(順天者).

역청 (瀝青) 圀 《화》 천연산 탄화수소 화합물의 총칭(천연 아스팔트·콜타르·석유 아스팔트·피치(pitch) 따위를 일컬음. 도로 포장용 재료·방수재·방부제 등에 씀).

역청-석 (瀝青石) 圀 역청암.

역청-암 (瀝青岩) 圀 《광》 암녹색·흑색·적록색을 띠는, 유리질(琉璃質)의 치밀한 화산암. 송지암(松脂岩).

역청 우라늄석 (瀝青uranium石) 《광》 피치블렌드(pitchblende).

역청-탄 (瀝青炭) 圀 《광》 석탄의 일종(칠흑빛이며 유질(油質)이 풍부함. 탈 때에 검은 연기와 냄새가 남. 도시가스나 코크스 따위를 만드는 원료로 씀). 흑탄(黑炭).

역체 (驛遞) 圀 히乙 《역》 역참에서 공문을 주고받던 일. 역전.

역-촉매 (逆觸媒)[-촘-] 《화》 화학 반응의 속도를 줄이는 작용을 하는 촉매. 부촉매.

역촌 (驛村) 圀 역이 있는 마을.

역추산-학 (曆推算學) 圀 《천》 천문학의 한 분야. 천체의 위치와 운동을 예측하거나 예보하는 학문.

역추진 로켓 (逆推進rocket) 비행을 하고 있는 우주선이나 인공위성에 브레이크를 걸기 위하여 반대 방향으로 분사(噴射)하는 로켓.

역축 (役畜) 圀 논밭을 갈거나 짐을 실어 나르는 일 따위에 이용하는 가축(소·말·당나귀 따위).

역출 (譯出) 圀 히乙 번역하여 냄.

역치 (閾値) 圀 《생》 생물체가 자극에 대한 반응을 일으키는 데 필요한 최소한도의 자극의 강도를 표시하는 수치. 보통 에너지로 나타냄.

역-코스 (逆course) 圀 1 보통의 진로를 거스르는 코스. 2 역사의 흐름에 역행하는 일.

역-탐지 (逆探知) 圀 히乙 전파나 전화의 발신소 또는 수신소를 찾아내는 일.

역토 (礫土) 圀 《지》 자갈이 많이 섞인 땅.

역토 (驛土) 圀 《역》 역전(驛田).

역투 (力投) 圀 히乙 1 힘껏 던짐. 2 야구에서, 투수가 힘을 다하여 공을 던지는 일. ❏투수의 ~가 돋보이다.

역투 (力戰) 圀 히乙 역전(力戰).

역표 (曆表) 圀 《천》 앞으로 일어날 천체 현상의 일시나 위치를 추산하여 예보한 표.

역표-시 (曆表時) 圀 《천》 천체력에 기재된 태양·달 등의 위치로 정한 시각.

역풍 (逆風) 圀 히乙 1 거슬러 부는 바람. 앞바람. ❏~이 일다 / ~을 만나다. 2 바람이 부는 쪽을 향하여 바람을 안고 감. ❏~으로 마라톤 기록이 저조했다. ↔순풍.

역풍-역수 (逆風逆水)[-녁쑤] 圀 히乙 1 거슬러 부는 바람과 거슬러 흐르는 물. 2 바람과 물결을 거스름.

역-하다 (逆-)[여카-] 日타여 1 거역하다. 2 배반하다. 日형여 1 구역이 날 듯 속이 메슥메슥하다. 2 역한 생선 냄새. 2 마음에 거슬려 못마땅하다. ❏그의 말이 역하게 들렸다.

역학[1] (力學)[여칵] 圀 1 《물》 물리학의 한 분과. 물체의 운동과 운동 법칙을 연구하는 학문. 2 서로 관계되는 세력·영향력·권력 등의 힘을 이르는 말. ❏정치와 군사력의 국제적 ~.

역학[2] (力學)[여칵] 圀 히乙 학문에 힘씀.

역학 (易學)[여칵] 圀 《철》 주역(周易)을 연구하는 학문.

역학 (疫瘧)[여칵] 圀 《한의》 유행성의 학질.

역학 (疫學)[여칵] 圀 《의》 1 종합적인 관찰이나 대량의 데이터 처리로, 어떤 병의 전체를 파악하려는 의학의 한 분야. 2 어떤 지역이나 집단 안에서 일어나는 전염병·유행병에 관한 조사·연구·진단·예방 등을 다루는 의학.

역학 (曆學)[여칵] 圀 《천》 천체의 운동을 관측하여 책력에 관한 연구를 하는 학문.

역학적 세:계관 (力學的世界觀)[여칵쩍쩨-/여칵쩍쩨게-] 《철》 세계의 모든 현상이나 형상(形象)을 역학적인 방법으로 연구·검토하여 그것을 역학적인 원리에 입각하여 설명하려는 세계관.

역학적 에너지 (力學的energy)[여칵쩍-] 《물》 물체의 운동이나 그 위치 따위의 역학적인 양에 의해 정해지는 에너지(운동 에너지와 위치 에너지를 말함).

역할 (役割)[여칼] 圀 1 자기가 마땅히 하여야 할 맡은 바 직책이나 임무. 구실3. ❏중대한 ~ / 각자가 맡은 ~. 2 드라마나 연극, 영화에서 맡은 배역. 3 정해진 작용이나 작용.

역-함수 (逆函數)[여캄쑤] 圀 《수》 함수의 독립 변수와 종속 변수의 역할을 바꾸어 넣어서 얻게 되는 함수를, 본디의 함수에 대하여 이르는 말. $y=f(x)$의 역함수는 $x=f^{-1}(y)$로 나타냄.

역항 (逆航)[여캉] 圀 히乙 바람이나 조수(潮水)의 흐름을 거슬러 항해함.

역해(譯解)[여캐] 圀하타 번역하여 쉽게 풀이함. 또는 그렇게 풀이한 것.

역행(力行)[여캥] 圀하타 힘써 행함. 노력함.

역행(逆行)[여캥] 圀하자타 **1** 거슬러서 나아감. □시대에 ~하다 / 대세에 ~되는 행위. **2** 뒷걸음질을 침. **3** 순서를 뒤바껴 행함. ↔순행.

역행 동화(逆行同化)[여캥-] 〖언〗 앞의 소리가 뒤의 소리를 닮는 현상(('먹는다'가 '멍는다'로 '앞마당'이 '암마당'으로 되는 따위). ↔순행(順行) 동화.

역행 운·동(逆行運動)[여캥-] 〖천〗 **1** 태양에서 보아, 지구의 공전 운동과 반대 방향으로 운행하는 천체의 진(眞)운동. **2** 지구에서 보아, 지구의 자전 운동과 반대로 천체가 천구 위를 동에서 서로 움직이는 시(視)운동. ↔순행(順行) 운동.

역형(役刑)[여켱] 圀 〖법〗 기결수를 교도소 안에 수용하여 노역을 시키는 형벌.

역혼(逆婚)[여콘] 圀하자 형제나 자매 중에서 나이가 적은 사람이 먼저 결혼하는 일. 도혼(倒婚).

역환(疫患)[여콴] 圀 〖한의〗 천연두.

역환(逆換)[여콴] 圀 〖경〗 채권자가 채무자의 송금을 기다리지 않고 채무자를 지급인으로 환어음을 발행한 후, 거래 은행에서 할인하여 대금을 받는 환(수출입 대금 결제에 많이 쓰고 있음).

역활(役活) ☞ 역할(役割).

역-효과(逆效果)[여쿄-] 圀 기대한 것과는 정반대(正反對)의 효과. □~를 내다 / 좋은 약도 과용하면 ~가 나타난다.

엮다[역따] 타 **1** 노끈이나 새끼 따위로 이리저리 어긋매껴 묶다. □발을 ~ / 짚으로 가마니를 ~. **2** 물건을 얼기설기 맞추어 매다. □새끼로 굴비를 ~ / 울타리를 ~. **3** 여러 가지 사실을 순서와 체계에 맞추어 말하거나 적다. □이야기를 엮어 나가다. **4** 책을 편찬하다. □자서전을 ~.

엮은-이[여끈-] 圀 책을 엮은 사람. 편자(編者).

엮음圀 **1** 엮는 일. 또는 엮은 것. **2**〖악〗 민요 따위에서, 많은 사설(辭說)을 엮어 가면서 빠른 가락으로 부르는 창법. 또는 그런 소리.

엮음 수심가(─愁心歌)〖악〗 서도 민요의 하나. 수심가로 시작하여 마치 사설을 엮어 가듯 빠르게 부르는 소리로, 인생의 허무함을 탄식한 것. 마지막에 수심가로 끝남.

엮이다자(('엮다'의 피동)) 엮음을 당하다.

연(年)圀 한 해. □~ 강수량 / ~ 5%의 이율 / ~ 500%의 보너스를 받다.

연(鉛)圀 〖광〗 납1.

연(煙)圀 연수정(煙水晶)의 빛깔.

연(鳶)圀 가는 댓가지를 뼈대로 하여 종이를 바르고, 실에 달아 공중에 날리는 장난감. 지연(紙鳶). □~을 날리다.

연(蓮)圀 〖식〗 연꽃.

연(緣)圀 **1** '연분'의 준말. □~이 닿다 / ~을 끊다 / 부부의 ~을 맺다. **2**〖불〗 원인을 도와 결과를 낳게 하는 작용.

연(碾)圀 '약연(藥碾)'의 준말.

연(輦)圀 〖역〗 임금이 거둥할 때 타고 다니던 가마(덩 비슷한데 좌우와 앞에 주렴이 있고 채가 매우 김). 난가. 난여. *봉련(鳳輦).

연(燕)圀 〖역〗 **1** 중국 춘추 전국 시대 칠웅(七雄)의 하나(진시황에게 망함). **2** 중국 오호 십육국 시대에 선비족의 모용씨(慕容氏)가 건설한 전연·후연·서연·남연·북연의 다섯 나라(4세기 초에서 5세기 초에 걸쳐 있었음).

연(聯)圀 〖문〗 **1** 한시(漢詩)에서, 짝을 이루는

두 구(句)를 하나로 묶어 이르는 말. **2** 시(詩)에서, 몇 행(行)을 한 단위로 묶어서 구분하는 말.

연(連)의圀 **1** 양전지(洋全紙) 500장을 한 묶음으로 하여 이르는 말. □종이 두 ~. **2** 거리의 단위. 100주척(周尺).

연(延)관 '연인원·연일수' 등의 준말로 쓰이는 말. □공사에 ~ 2만 명이 동원되었다.

연(延)튀 '전체를 다 합친'의 뜻을 나타냄. □~인원 / ~건평.

연:(軟)- '부드러운'·'연한'·'엷은'의 뜻. □~분홍 / ~노랑 / ~착륙.

연-(連)튀 '계속하여'·'잇대어'의 뜻. □~단수 / ~거푸 / ~달다.

-연(然)졉 (일부 명사 뒤에 붙어) '그것인 체함' 또는 '그것인 것처럼 뽐냄'의 뜻을 나타냄. □학자~.

연가(年暇)圀 '연차 휴가(年次休暇)'의 준말. □~를 내다 / ~를 쓰다.

연가(連枷·連耞)圀 〖농〗 도리깨1.

연가(煙家)圀 굴뚝 위에 장식으로 얹은, 기와로 만든 지붕 모양의 물건. 나(爐).

연가(煙價)[-까]圀 주막이나 여관의 밥값.

연:가(戀歌)圀 사랑에 대한 노래. 염곡.

연각(緣覺)圀 〖불〗 부처의 가르침에 의지하지 않고 홀로 깨달아 자유의 경지에 도달한 성자(聖者)(그 지위는 보살의 아래, 성문(聲聞)의 위임).

연각-승(緣覺乘)[-씅]圀 〖불〗 삼승(三乘)의 하나. 연각의 지위에 이르는 교법.

연각-탑(緣覺塔)圀 〖불〗 연각·성문(聲聞)을 중심으로 하여 세운 탑.

연간(年刊)圀 **1** 1년에 한 번씩 간행하는 일. 또는 그런 간행물.

연간(年間)圀 **1** 한 해 동안. □~ 소득 / ~ 생산량. **2** 어느 왕이 재위한 동안. □세종(世宗) ~의 찬란했던 문화.

연:-갈색(軟褐色)[-쌕]圀 엷은 갈색.

연감(年鑑)圀 어떤 분야에 관한 한 해 동안의 경과·사건·통계 등을 실어 일 년에 한 번씩 간행하는 정기 간행물. □출판 ~.

연:-감(軟-)圀 홈뻑 익은 감. 연시(軟柿). 홍시(紅柿).

연갑(年甲)圀 연배(年輩). [시(紅柿).

연:-갑(軟甲)圀 벼룻집.

연강(沿江)圀 강가에 있는 땅. 강줄기를 따라 벌여 있는 땅. 연하(沿河).

연:강(軟鋼)圀 살집이 연한 생강.

연:강(軟鋼)圀 탄소 함유량이 0.12-0.2 퍼센트 정도인 강철(가단성·인성(靭性)이 커서 가공에 알맞음).

연:강(鍊鋼)圀 불에 달군 강철. [빤지.

연개-판(椽蓋板)圀 〖건〗 서까래 위에 까는 널

연거(碾車)圀 씨아.

연거(燕居)圀하자 한가(閑居).

연-거퍼(連-)튀 ☞ 연거푸.

연-거푸(連-)튀 잇따라 여러 번. □위스키 석 잔을 ~ 마셨다.

연:건(軟巾)圀 〖역〗 소과(小科)에 급제한 사람이 백패(白牌)를 받을 때 쓰던 건.

연-건평(延建坪)圀 건물이 차지한 바닥의 면적을 종합한 평수. 2층 건물의 경우, 1층과 2층의 평수를 합한 면적.

연견(延見)圀하타 맞아들여서 만나 봄. 영견.

연결(連結)圀하타 사물과 사물 또는 현상과 현상이 서로 이어지거나 관계를 맺음. 결련(結連). □전화 ~ / 빌딩에 ~된 통로 / 객차

를 ~하다 / 생산자와 소비자를 ~하다.

연결-기 (連結器) 圓 철도 차량을 연결하는 장치《나사식·링크식·자동식이 있음》.

연결-부 (連結符)[一](言) 이음표.

연결-선 (連結線)[一썬](言)(樂) 이음줄.

연결 어:미 (連結語尾)(言) 어간에 붙어 다음 말에 연결하는 구실을 하는 어말 어미《대등적 연결 어미(-고·-며·-다가), 종속적 연결 어미(-면·-니), 보조적 연결 어미(-아(어)·-고·-지·-게)가 있음》.

연결 추리 (連結推理)(論) 둘 이상의 삼단 논법 사이에서, 앞의 삼단 논법의 결론이 뒤의 삼단 논법의 전제가 되는 추리. 복합적 삼단 논법.

연경 (連境)圓(連자) 접경(接境).

연경 (煙景)圓 1 구름·연기 따위가 어려 있는 아름다운 경치. 2 아지랑이·남기(嵐氣) 등이 아물거리는 아름다운 봄 경치.

연경 (煙鏡)圓 알 빛이 검거나 누런 색안경.

연경 (燕京)[지] 중국 '베이징(北京)'의 옛 이름《옛날 연(燕)나라의 도읍이었던 데서 이렇게 부름》.

연계 (連繫)[一/一게]圓(하자) 1 이어서 맴. 2 서로 밀접한 관련을 가짐. 또는 그러한 관계. ▢ 다른 단체와의 ~를 모색하다 / 부정 대출에 ~된 사람. 3 예전에, 다른 사람의 죄에 관계되어 옥에 매이는 일을 이르던 말.

연:계 (軟鷄)[一/一게]圓 '영계'의 본딧말.

연계-성 (連繫性)[一씽/一게씽]圓 서로 밀접한 관련을 가지고 있는 성질. ▢ 씨름과 유도와의 ~을 연구하다.

연고 (年高)圓(하여) 나이가 많음. 연로(年老).

연:고 (研考)圓(하타) 연구하고 생각함.

연:고 (軟膏)圓(藥) 지방·글리세린 등을 섞어 만든 반고체의, 피부에 바르는 약. ▢ ~를 바르다. ↔경고.

연고 (緣故)圓 1 사유(事由). ▢ ~를 대다. 2 혈통·정분 또는 법률상으로 맺어진 관계. 또는 그런 관계가 있는 사람. ▢ ~ 없는 환자. 3 인연. ▢ 깊은 ~를 맺다.

연고-권 (緣故權)[一꿘](法) 공유 재산의 임대 및 관리권을 가진 사람이 국가가 그 재산을 불하(拂下)할 때 우선적으로 불하받을 수 있는 권리.

연고-로 (然故-)圖 '그러한 까닭으로'의 뜻의 접속 부사《예스러운 표현임》.

연고-자 (緣故者)圓 혈통·정분 또는 법률상의 관계나 인연을 맺고 있는 사람. 연변. ▢ 서울에는 신세를 질 만한 ~가 없다.

연고-지 (緣故地)圓 혈통·정분 또는 법률상의 인연이나 관계가 맺어진 곳. 곧, 출생지·거주지 같은 곳. ▢ ~를 찾아오다.

연:골 (軟骨)圓 1 나이가 어려 채 뼈가 굳지 않은 체질. 또는 그런 사람. 2 연골질로 이루어진 부드럽고 탄력 있는 뼈《코나 귀에 있음》. 여린뼈. 물렁뼈. ↔경골.

연:골-막 (軟骨膜)(生) 연골을 싸고 있는 결체 조직성 피막(被膜)《혈관과 신경을 통하고 영양을 공급함》.

연:골어-류 (軟骨魚類)圓(動) 척추동물의 하나인 한 강(綱). 골격이 연골로 된 원시적인 어류. ↔경골어류.

연:골 조직 (軟骨組織)(生) 연골을 이루는 결체 조직의 하나. 교질과 점액질로 되어 있으며, 결체 조직과 골조직의 중간형임.

연:골-한 (軟骨漢)圓 줏대가 없는 남자. 물렁

이. *경골한.

연공 (年功)圓 1 여러 해 동안 근무한 공로. 오래 근속한 공로. ▢ ~을 쌓은 끝에 승진하다. 2 여러 해 동안 익힌 기술.

연공 (年貢)圓 예전에, 해마다 바치던 공물.

연공 (聯筇)圓(하자) 연폐(聯袂).

연공-가봉 (年功加俸)圓 연공에 따라 본봉 외에 더 주는 봉급.

연공-서열 (年功序列)圓 근속 연수나 나이가 늘어 감에 따라 지위가 올라가는 일. 또는 그런 체제.

연관 (連貫)圓(하타) 잇따라 과녁의 복판을 맞힘.

연관 (煙管)圓 1 담뱃대. 2 연기를 내보내는 관. 3 보일러 내부에 설치한, 화기(火氣)를 통과시키는 관.

연관 (鉛管)圓 납이나 납의 합금으로 만든 관《주로 급수·배수·가스 공사 등에 씀》. 납관.

연관 (聯關)圓(하타) 1 사물이나 현상이 일정한 관계를 맺는 일. 관련. ▢ ~ 학문 / 서로 ~된 사건. 2 많은 경험 내용이 일정한 관계에 따라 결합하여 하나의 전체를 구성하는 일. ▢ ~이 깊은 관계. 3(生) 같은 염색체 안의 두 유전 인자가 같은 행동을 취하는 현상《머리카락이 누르면 눈동자가 파랗게 되는 것 따위》. 링키지.

연관-생활 (聯關生活)圓(生) 일정한 지역에 사는 생물군이 전체적으로 평형을 유지하는 일종의 공동생활.

연관-성 (聯關性)[一씽]圓 사물이나 현상이 일정한 관계를 맺는 특성이나 성질. ▢ 논리적인 ~.

연광 (年光)圓 1 변하는 사철의 경치. 2 세월. 3 젊은 나이.

연광 (鉛鑛)圓 납을 캐는 광산.

연교 (連翹)圓 1(植) 개나리'. 2(한의) 개나리의 열매《성질이 냉하며, 통증을 멎게 하거나 종기의 고름을 빼는 데에 내복약으로 씀》.

연교 (筵敎)圓(歷) 연석(筵席)에서 내리던 임금의 명령.

연교-차 (年較差)圓 기온·습도 따위를 1년 동안 측정해서 나온 그 최댓값과 최솟값의 차. *일교차(日較差).

연:구 (年久)圓(하여) 지난 세월이 오래됨.

연:구 (硏究)圓(하타) 어떤 일이나 사물에 대하여 조사하고 생각하여 진리를 알아냄. ▢ 학술 ~ / 12년의 ~ 끝에 완성했다.

연구 (聯句·連句)[一꾸]圓(文) 한시(漢詩)의 대구(對句).

연:구-개 (軟口蓋)圓(生) 입천장 뒤쪽의 연한 부분《잇몸 밑에 횡문근(橫紋筋)이 있어 코로 음식물이 들어가는 것을 막고, 뒤 끝 중앙에 목젖이 있음》. ↔경구개.

연:구개-음 (軟口蓋音)圓(言) 연구개와 혀의 뒷부분 사이에서 나는 소리《ㄱ·ㄲ·ㅇ·ㅋ 따위》. 여린입천장소리. ↔경구개음.

연:구-비 (硏究費)圓 연구하는 데 드는 비용. ▢ ~를 지원하다.

연:구-생 (硏究生)圓 1 대학을 마치고 학위를 얻기 위하여 연구 기관에 머물러 더 연구하는 학생. 2 취미나 소질에 따라 어떤 사물에 대하여 연구하는 학생.

연구-세심 (年久歲深)圓(하여) 세월이 매우 오래됨. 연심세구.

연:구-소 (硏究所)圓 연구를 전문으로 하는 기관. ▢ 사비로 ~를 운영하다.

연:구 수업 (硏究授業) 수업 방법의 개선이나 새 계획·새 교재에 의한 교육의 효과 측정 등을 목적으로, 참관자들 앞에서 공개적으로

실시하는 수업.

연:구-실 (研究室)〔명〕학교나 기관에 부설되어 어떤 연구를 전문으로 하는 방.

연:구-열 (研究熱)〔명〕연구하려는 정열.

연:구-원 (研究員)〔명〕연구에 종사하는 사람.

연:구 학교 (研究學校)〔교〕교육의 이념·방침 및 기술을 연구하기 위하여, 특별히 지정된 고등학교·중학교·초등학교.

연:구-회 (研究會)〔명〕특정한 연구를 목적으로 하는 모임이나 단체.

연:군 (戀君)〔명〕〔하자〕임금을 그리워함.

연:궁 (軟弓)〔명〕1 탄력이 무른 활. ↔강궁(强弓). 2 활의 세기의 등급이 연상(軟上)·연중(軟中)·연하(軟下)인 활의 총칭.

연:귀 [←연구(燕口)]〔건〕면과 면을 직각으로 맞추기 위해, 마구리가 보이지 않도록 서로 45° 각도로 비스듬히 잘라서 맞춘 곳.

연:귀-실 〔건〕연귀에 있는 실 모양의 장식물.

연:귀-자 〔건〕연귀를 맞추는 데 쓰는 45° 각도로 을모진 틀자.

연:귀-판 (─板)〔건〕나무의 마구리를 45°가 되게 깎을 때 쓰는 틀.

연:극 (演劇)〔명〕〔하자〕1〔연〕배우가 무대 장치와 조명, 음악 등의 도움을 받아 각본에 따라 연기하여, 관객에게 보이는 종합 예술. 연희(演戲). 2 남을 속이기 위해 말이나 행동을 꾸며 내는 일. ⫽한바탕 ~을 꾸미다(비유적)/~에 감쪽같이 속아 넘어가다.

연:극-계 (演劇界)[─계 / ─게]〔명〕〔연〕연극인들의 사회.

연:극-배우 (演劇俳優)[─빼─]〔명〕연극을 하는 배우.

연:극-인 (演劇人)〔명〕연극을 직업으로 하는 사람《배우·연출가·극작가 따위》.

연:극-제 (演劇祭)[─쩨─]〔명〕연극의 발전과 보급을 목적으로 하여, 여러 단체가 참가하여 공연을 벌이는 행사.

연근 (蓮根)〔명〕〔식〕연꽃의 땅속줄기《구멍이 많으며 식용함》. 연뿌리. 연우.

연금 (年金)〔명〕국가나 단체가 어떤 개인에게 해마다 정한 금액을 정기적으로 지급하는 돈. ⫽종신 ~을 받다.

연금 (捐金)〔명〕'의연금(義捐金)'의 준말.

연:금 (軟禁)〔명〕〔하자〕정도가 비교적 가벼운 감금《신체의 자유는 속박하지 않고, 다만 외부와의 접촉을 금하거나 제한함》. ⫽~ 상태.

연:금 (鍊金)〔명〕〔하자〕쇠붙이를 불에 달구어 두드려 단련함.

연금 공채 (年金公債)〔경〕이자와 원금의 일부를 합한 것을 연금의 형식으로 지급한다는 조건 아래 모집하는 공채.

연금 보:험 (年金保險)〔경〕연금의 형식으로 보험금을 지급하는 생명 보험의 하나.

연:금-사 (鍊金師)〔명〕연금술에 관한 기술을 가진 사람. 연금술사.

연금-산 (年金算)〔명〕〔수〕상업 산술의 한 가지. 연금액·연금 수수(授受) 기간·이율 같은 것을 대상으로 하는 계산.

연:금-술 (鍊金術)〔명〕고대 이집트에서 시작하여 유럽으로 전파된 원시적 화학 기술. 비(卑)금속으로 금·은 따위의 귀금속을 만들고, 한편으로는 불로장생의 영약을 만들고자 했던 화학 기술.

연급 (年級)〔명〕학생의 학력에 따라 학년별로 갈라놓은 등급.

연급 (年給)〔명〕연봉(年俸).

연기 (年紀)〔명〕1 대강의 나이. 2 자세하게 적은

연보(年譜).

연기 (年期)〔명〕연한(年限).

연기 (延期)〔명〕〔하타〕정해진 기한을 물려서 늘림. ⫽마감 날짜를 ~하다 / 시험이 ~되다.

연기 (連記)〔명〕〔하타〕둘 이상의 것을 나란히 잇대어 적음.

연기 (煙氣)〔명〕물건이 불에 탈 때에 나는 검거나 뿌연 기체. ⫽담배 ~ / 굴뚝에서 ~가 나다.

연:기 (演技)〔명〕〔하타〕1 배우가 배역의 인물·성격·행동 따위를 표현해 내는 일. ⫽~ 지도 / ~의 폭을 넓히다. 2 어떤 목적을 위하여 일부러 남에게 보이기 위해서 하는 말이나 행동.

연기 (緣起)〔명〕〔불〕1 모든 현상이 생기 소멸하는 법칙. 현상은 무수한 원인과 조건이 서로 관계해서 성립하는 것으로, 인연이 없으면 결과도 없다고 함. 2 절이나 불상이 조성된 유래. 또는 그 기록.

연:기-력 (演技力)〔명〕1 연극·영화에서 배우가 대본의 인물이나 상황에 맞춰 그 재주를 보이는 능력. 연기 솜씨. 2 사실과 다르게 꾸며서 행동하는 능력.

연기-론 (緣起論)〔명〕〔불〕인연으로 말미암아 모든 것이 생긴다고 하는 불교 교리 체계. 연기설.

연기명 투표 (連記名投票)〔법〕연기 투표. ↔단기명 투표.

연기-받이 (煙氣─)[─바지]〔명〕1 담뱃대의 물부리에 뚫린 가는 구멍. 2 낮은 굴뚝이나 함실 아궁이 위와 같이 직접 그을리기 쉬운 곳에 판자 같은 것으로 가려낸 댄 물건.

연기-설 (緣起說)〔명〕〔불〕연기론.

연기 소:작 (年期小作)〔명〕지주가 일정한 기한을 정하여 소작인에게 농지를 빌려 주고 경작시키는 소작.

연기-자 (演技者)〔명〕드라마·영화·연극 따위에서, 전문적으로 연기를 하는 사람.

연기 투표 (連記投票)〔법〕선거인이 한 장의 투표용지에 둘 이상의 피선거인을 적는 투표제. 연기명 투표. ↔단기(單記) 투표.

연:길 (涓吉)〔명〕〔하자〕〔민〕혼인 따위의 경사를 위하여 좋은 날을 고르는 일.

연-꽃 (蓮─)[─꼳]〔명〕〔식〕연꽃과의 여러해살이풀. 인도 원산. 무논에 재배함. 뿌리줄기는 끝으로 갈수록 굵고, 잎은 물 위에 뜸. 여름에 분홍과 백색의 꽃이 핌《불가(佛家)에서 특히 존숭하는 꽃으로 열매는 연밥이라 함》. 연(蓮). 연화. 뇌지.

연꽃-끌 (蓮─)[─꼳─]〔명〕연꽃처럼 날의 한편이 오목한 끌《조각용임》.

연꽃-누룩 (蓮─)[─꼳─]〔명〕연꽃과 밀가루, 녹두·찹쌀을 함께 섞어 찧은 다음에 천초(川椒)를 넣고 한데 반죽하여 만든 누룩. 연화국(蓮花麴).

연-날리기 (鳶─)〔명〕〔하자〕연을 공중에 띄움. 또는 그 놀이. ⫽설날에 열릴 ~ 대회.

연납 (年納)〔명〕1 정해진 기한보다 늦게 납입(納入)함. 2 납입 기한을 연기함.

연:납 (捐納)〔명〕지난날, 중국에서 돈이나 곡식을 상납하고 벼슬자리를 얻던 일.

연내 (年內)〔명〕올해 안. ⫽목표를 ~에 달성하다 / 그 공사는 ~에 마무리될 예정이다.

연년 (年年)〔명〕〔부〕해마다. 매년. ⫽빛이 ~ 불어나다.

연년 (連年)〔명〕여러 해를 계속함.

연년-생 (年年生)〔명〕해마다 아이를 낳음. 또는 그런 아이. ⫽~으로 아이를 낳아 키우다.

연년-세세 (年年歲歲)圓 세세연년.
연년-이 (年年-)튀 해마다 거르지 않고.
연년-익수 (延年益壽)[-녀ㄱ쑤]圓하자 수명을 더 오래 늘여 나감. 준연년(延年).
연-노랑 (軟-)圓 연한 노랑.
연-녹색 (軟綠色)[-쌕]圓 옅은 녹색.
연-놈圓 '계집과 사내'를 낮추어 욕하는 말.
연-단 (煉丹·鍊丹)圓 1 예전에, 중국에서 도사 (道士)가 진사(辰砂)로 황금이나 불로장생의 묘약을 만들었다고 하는 일종의 연금술. 2 몸 의 기(氣)를 단전(丹田)에 모아 심신을 단련 하는 수련법(修鍊法).
연단 (鉛丹)圓『화』 '사산화삼납'의 속칭.
연-단 (演壇)圓 강연·연설 등을 하는 사람이 올라서는 단. 연대(演臺). ▢~에 서다 / ~에 오르다.
연-달 (鳶-)[-딸] 연의 머리·허리·가운데와 네 귀를 얼러서 꼬챙이처럼 깎아 붙이는 대.
연-달 (鍊達·鍊達)圓하자타 익숙하게 단련이 되어서 환하게 통달.
연-달다 (連-)재 (주로 '연달아'의 꼴로 쓰여) 잇따르다. ▢사고가 연달아 일어나다 / 연달 아 벨이 울리다.
연담 (綠談)圓 혼담(婚談).
연당 (鉛糖)圓『화』 아세트산납.
연당 (蓮塘)圓 연못을 구경하려고 연못가에 지은 정자. 연정(蓮亭).
연당 (蓮塘)圓 연못1.
연-닿다 (連-)[-다타]재 잇닿다.
연대 (年代)圓 1 지나온 햇수나 시대. ▢생존 ~. 2 시대1.
연대 (連帶)圓하자 1 여럿이 함께 무슨 일을 하거나 공동으로 책임을 지는 일. ▢~하여 서명하다. 2 서로 연결함. ▢~ 의식 / 국제적 ~를 강화해 나가다.
연대 (煙臺)圓 담뱃대.
연-대 (演臺)圓 연단(演壇).
연대 (蓮臺)圓『불』 '연화대(蓮花臺)'의 준말.
연대 (聯隊)圓『군』 육군 및 해병 부대 편제의 단위의 하나(사단의 아래, 대대의 위).
연대-감 (連帶感)圓 어떤 집단의 구성원들이 자신들의 이해관계나 목표가 서로 같으며, 모두가 밀접하게 연결되어 있다고 느끼는 마 음. ▢~을 느끼다.
연대-기 (年代記)圓 역사적으로 중요한 사건 을 연대순으로 적은 기록. 기년체 사기. 편년 사. ▢~ 형식의 위인전(偉人傳).
연대 보증 (連帶保證)『경』 보증인이 채무자 와 연대하여 채무를 이행할 것을 약속하는 보증.
연대-순 (年代順)圓 연대를 따라 벌여 놓은 순 서. ▢기록을 ~으로 분류하다.
연대 운-송 (連帶運送)『법』 상차(相次) 운송.
연대-장 (聯隊長)圓『군』 연대의 최고 지휘관.
연대 채:무 (連帶債務)『경』 두 사람 이상이 연대하여 책임을 지는 채무(채무자 중 한 사 람이 변제하면 다른 사람의 채무도 소멸됨).
연대 책임 (連帶責任) 두 사람 이상이 함께 지 는 책임.
연대 측정법 (年代測定法)[-쩡뻡]『물』 방사 성 원소가 일정한 반감기(半減期)를 가지고 붕괴한다는 사실에 기초하여 어떤 물질의 생 성 연대를 재는 방법.
연대-표 (年代表)圓 역사상 발생한 사건을 연 대순으로 죽 벌여 적은 표. 준연표.
연대-학 (年代學)圓 천문학·역학(曆學) 등을

이용하여 역사상의 사실에 대해 정확한 시간 또는 시간적 관계를 규명하는 학문. 기년학 (紀年學).
연도 (年度)圓 사무나 회계 결산 따위의 처리 를 위하여 편의상 구분한 1년의 기간. ▢제 작 ~ / 졸업 ~.
연도 (沿道)圓 큰 도로 좌우에 연해 있는 곳. 도로의 연변. 연로(沿路). ▢~를 가득 메운 시민들.
연도 (煙道)圓 증기 기관 따위에서, 연기가 굴 뚝으로 빠져 나가는 통로.
연-도 (煉禱)圓『가』 위령 기도.
연독 (涎瀆)圓 널집.
연독 (鉛毒)圓 1 납에 함유된 독. 납독. 2『의』 납 중독.
연독 (煙毒)圓 연기 속에 들어 있는 독기.
연돌 (煙突)圓 굴뚝.
연동 (鉛銅)圓 납과 구리.
연동 (聯動·連動)圓하자 1 기계 따위에서, 한 부분을 움직이면 그에 연결된 다른 부분도 함께 움직이는 일. ▢방범등(防犯燈)의 ~ 장 치. 2 물가 정책 따위에서, 어떤 것의 값이 오르내림에 따라 그와 관련된 다른 것의 값 도 올리거나 내리는 일.
연동 (蠕動)圓하자 1 벌레가 꾸물꾸물 움직임. 2 근육의 수축이 천천히 파급(波及)하듯이 옮 겨 가는 운동(위벽이나 장벽(腸壁)이 내용물 을 보내는 운동에서 찾아볼 수 있음). 연동 운동.
연-동 (戀童)圓 면2.
연동 운-동 (蠕動運動) 연동(蠕動)2.
연두 (年頭)圓 새해의 첫머리. 세초(歲初). ▢~ 기자 회견.
연-두 (軟豆)圓 '연둣빛'의 준말.
연두 교:서 (年頭敎書) (미국 대통령의) 일반 교서. 연두에 의회에 보낸다는 뜻에서 일컫 는 말.
연-두-벌레 (軟豆-)圓 유글레나.
연두-법 (年頭法)[-뻡]圓『민』 그해의 천간(天 干)으로 정월의 월건(月建)을 아는 법.
연두-사 (年頭辭)圓 연초에 하는 새해의 인사 말. ▢대통령의 ~.
연두-색 (軟豆色)圓 연둣빛.
연두-송 (年頭頌)圓 새해를 예찬하는 글. ▢ 새해 첫날 신문에 실린 ~.
연두-저고리 (軟豆-)圓 연둣빛 비단이나 명 주로 지어 자줏빛 고름을 단 여자 저고리.
연-둣-빛 (軟豆-)[-두삗 / -둔삗]圓 연한 초록 색. 연두색.
연득-없다 [-드겁따]혱 갑자기 행동을 하는 면이 있다. **연득-없이** [-드껍씨]튀. ▢네놈 이 어떻게 이 일에 ~ 달려드느냐.
연-들다 (軟-)[연들어, 연드니, 연드는]재 감 이 익어 말랑말랑하게 되다.
연등 (連等)圓하자타 평균2.
연등 (連騰)圓하자 물가가 연속적으로 오름. ↔ 연락(連落).
연등 (燃燈)圓 아편을 할 때에 아편에 불을 붙 이는 등.
연등 (燃燈)圓『불』 1 연등놀이를 할 때 밝히 는 등. 2 불을 달다. 2 '연등절'의 준말. 3 '연등회'의 준말.
연등-놀이 (燃燈-)圓『민』 음력 4월 초파일에 등불을 켜고 노는 놀이.
연등-절 (燃燈節)圓『불』 등을 달고 불을 켜는 명절이라는 뜻으로, 사월 초파일을 일컫는 말. ▢연등회.
연등-초 (-草)圓『건』 서까래 같은 것에 그린

단청(丹靑).

연등-회 (燃燈會)[명]『불』고려 때의 풍속으로 매년 정월 보름날에 이틀 밤을 등불을 켜면 행사. 현종 1년(1010) 윤이월에 베풀었다가 그 후 매년 2월 보름에 행하였음. ⑧연등.

연-때 (緣-)[명] 인연이 맺어지는 기회. ▢~가 맞았는지 일이 잘 풀렸다.

연:락 (宴樂)[열][명][하자] 잔치를 벌여 즐김. 또는 그 잔치.

연락 (連落)[열][명][하자] 물가가 계속 떨어짐. 속락(續落). ↔연등(連騰).

연락 (連絡·聯絡)[열][명][하타] **1** 어떤 사실을 상대편에게 알림. ▢전화 ~ / 경찰에 ~하다. **2** 서로 잇대어 줌. ▢대전에서 경부선과 ~이 된다. **3** 서로 관련을 가짐. ▢~을 끊다 / ~이 두절되다 / ~이 뜸하다.

연락-기 (連絡機)[열-끼][명]『군』공중 연락 임무를 수행하는 비행기.

연락-망 (連絡網)[열-망][명] 정보의 전달을 빠르고 정확하게 하기 위한 유선·무선 통신망이나 인적(人的) 조직 체계. ▢비상 ~ / ~을 구축하다.

연락-병 (連絡兵)[열-뼝][명]『군』각 부대 사이의 연락을 맡은 통신병. 군사 문서나 전언(傳言)을 전달하는 임무를 수행함.

연락부절 (連絡不絶)[열-뿌-][명][하자] 왕래가 잦아 소식이 끊이지 않음. 낙역부절.

연락-선 (連絡船)[열-썬][명] 호수·해협 등의 양안(兩岸)의 교통을 이어 주는 배. ▢그 섬에는 하루 한 번 ~이 운항된다.

연락-소 (連絡所)[열-쏘][명] 연락처.

연락 운:송 (連絡運送)[열라군-]『법』여러 구간의 장거리 운송에서, 각 구간의 운송인들이 공동으로 운송을 맡아, 승차권의 교환이나 탁송환(託送換) 등을 필요로 하지 않는 능률적인 운송.

연락 장:교 (連絡將校)[열-짱-]『군』**1** 다른 부대나 외국 군대에 파견하여 소속 부대와의 연락 업무를 수행하는 장교. **2** 휴전과 같은 군사 교섭에서 예비 교섭 또는 쌍방의 문서 교환을 위하여 파견되는 장교.

연락-처 (連絡處)[열-][명] 연락을 주고받을 수 있는 곳. 연락소. ▢~를 남기다.

연란 (鰱卵)[열-][명] 연어의 알.

연람 (延攬)[열-][명][하타] 남의 마음을 끌어 자기편으로 만듦. ▢남의 마음을 끌어 자기편으로 만들다.

연래 (年來)[열-][명] 지난간 몇 해. 또는 여러 해 전부터. ▢~에 보기 드문 씨름 선수.

연력 (年力)[열-][명] 나이와 정력.

연력 (年歷)[열-][명] 여러 해에 걸친 내력.

연령 (年齡)[열-][명] 나이. ▢~제한에 걸리다.

연:령 (煉靈)[열-][명]『가』연옥(煉獄)에 들어 있는 영혼.

연령-순 (年齡順)[열-][명] 나이대로의 차례. ▢~으로 나누어 주다.

연령-초 (延齡草)[열-][명]『식』백합과의 여러해살이풀. 산간의 습지에 나며, 높이는 약 20cm 정도. 줄기의 끝에 마름모꼴의 잎 세 개가 돌려남. 초여름에 중앙에 자주색을 띤 꽃이 핌. 열매는 식용하고 뿌리줄기 말린 것은 위장약으로 씀.

연령-층 (年齡層)[열-][명] 나이로 구분한 층. ▢젊은 ~이 많이 모여드는 광장.

연례 (年例)[열-][명] 해마다 하는 정례(定例). ▢~ 총회 / ~ 보고서.

연:례 (宴禮)[열-][명] 나라에 경사가 있을 때 베푸는 잔치.

연:례-악 (宴禮樂)[열-][명]『악』예전에, 궁중

의식이나 잔치 때에 궁중무에 맞추어 연주하던 음악.

연례-행사 (年例行事)[열-][명] 해마다 정기적으로 하는 행사. ▢~로 신체검사를 실시하고 있다.

연례-회 (年例會)[열-][명] 해마다 한 번씩 열게 되어 있는 모임. ▢~에 참석하다.

연로 (年老)[열-][명] 나이가 들어서 늙음. ▢~하신 어머니를 모시고 살다.

연로 (沿路)[열-][명] 연도(沿道).

연료 (燃料)[열-][명] 장작·석탄·코크스·가스·유류(油類) 등 열·빛·동력 따위를 얻기 위하여 태우는 물질의 총칭. 땔감. ▢~를 절약하다 / ~를 보충하다.

연료 가스 (燃料gas)[열-] 연료로 사용하는 가스의 총칭.

연료 광:상 (燃料鑛床)[열-]『광』석유·석탄·천연가스·우라늄 따위의 열에너지원(熱energy源)이 되는 광상의 총칭.

연료-봉 (燃料棒)[열-][명] 우라늄 연료를 알루미늄이나 마그네슘 피복관(被覆管)으로 싼 막대 모양의 핵연료.

연료-비 (燃料費)[열-][명] 연료 구입에 드는 비용. ▢~를 절약하다 / ~가 많이 들다.

연료 액화 (燃料液化)[열-애라] 고체 연료를 인공적으로 액체 연료로 만드는 일《석탄 액화 따위》.

연료 전:지 (燃料電池)[열-] 연료의 연소 에너지를 열로 바꾸지 않고, 직접 전기 에너지로 변환시키는 전지《오염이 따르지 않으며 에너지 효율이 높아 우주선용 전원으로 씀》.

연루 (連累·緣累)[열-][명][하자]『법』남이 저지른 범죄에 관련됨. ▢폭력 사건에 ~되다.

연루-자 (連累者)[열-][명]『법』남이 저지른 범죄에 관련된 사람. ▢사건 ~를 소환하다 / 사기 사건의 ~로 몰리다.

연류 (連類)[열-][명] 같은 무리. 동아리.

연륙 (連陸)[열-][명][하자타] 육지에 이어짐. 또는 이음.

연륙-교 (連陸橋)[열-꾜][명] 육지와 섬을 이어 주는 다리.

연륜 (年輪)[열-][명] **1** 여러 해 동안 쌓은 경험으로 이루어진 숙련의 정도. ▢~이 짧다 / ~이 깊다. **2**『식』나이테. **3** 물고기의 나이를 알아볼 수 있는 줄무늬《비늘·귓돌·등골뼈 등에 있음》.

연리 (年利)[열-][명]『경』1년을 단위로 계산하는 이자. 또는 그런 이율. 연변.

연리-지 (連理枝)[열-][명] **1** 두 나무의 가지가 맞닿아 결이 서로 통한 것. **2** 화목한 부부나 남녀 사이의 일컬음.

연리-초 (連理草)[열-][명]『식』콩과의 여러해살이풀. 산지의 풀밭에 남. 높이 30~60cm. 초여름에 나비 모양의 붉은 자주색 꽃이 핌. 어린잎은 식용함.

연립 (聯立)[열-][명][하자] 잇대어 섬. 여럿이 어울려 섬. ▢~ 정권 / 두 정당이 ~하여 내각을 조직하다.

연립 내:각 (聯立內閣)[열림-] 둘 이상의 정당을 배경으로 하는 내각.

연립 방정식 (聯立方程式)[열-빵-]『수』두 개 이상의 방정식에 두 개 이상의 미지수가 있을 때, 그 미지수들의 각 값이 각 방정식을 모두 만족시키는 방정식.

연립 정부 (聯立政府)[열-쩡-] 두 개 이상의 정당이나 단체의 연립에 의하여 세워진 정

부. ㉰연정(聯政).

연립 주ː택(聯立住宅)[―쭈―] 동당(棟當) 건축 연면적이 660 m²를 초과하는 3층 이하의 공동 주택. 대지·복도·계단 및 설비 등의 전부 또는 일부를 공동으로 사용하는 각 세대가 하나의 건축물 안에서 각각 독립된 주거 생활을 영위할 수 있는 구조로 된 주택.

연ː마(研磨·練磨·鍊磨)[명][하타] 1 주로 돌이나 쇠붙이, 보석·유리 따위의 고체 표면을 갈아서 반들반들하게 하는 일. 2 학문이나 기술 따위를 힘써 배우고 닦음. 단련(鍛鍊). 마연(磨研). ▢기술을 ~하다.

연-마(連馬)[명][자] 바둑에서, 각각 떨어져 있는 말의 사이를 이음.

-연마는[어미] '-건마는'의 뜻으로 보다 예스럽게 일컫는 연결 어미. ▢참 좋은 친구~ 약한 몸이 흠이다. ㉰―연만.

연-마루(椽-)[명]『건』 여러 층으로 된 집에서 아래층 지붕 위에 있는 툇마루.

연ː마-반(研磨盤)[명] 연삭기(研削機).

연ː마-재(研磨材)[명] 돌이나 금속 따위를 갈고 닦는 데 쓰는 매우 단단한 물질.

연ː마-지(研磨紙)[명] 사포(沙布).

연막(煙幕)[명] 1『군』 적의 관측이나 사격 목표가 될 만한 것을 숨기기 위해 발연제(發煙劑)를 써서 지상이나 공중에 치는 인공 연기. 2 어떤 사실을 숨기기 위해 하는 행동이나 말. ▢~을 치다.
  연막(을) 치다 쿈 ㉠연막을 터뜨려서 주위가 잘 보이지 않게 하다. ㉡진의(眞意)를 숨기기 위해 교묘한 말로 너스레를 떨다.

연막-탄(煙幕彈)[명] 연막을 치기 위하여 만든 포탄이나 폭탄. ▢~을 터뜨리다.

연만-하다(年滿-·年晩-)[형] 나이가 아주 많다. 고령이다.

연말(年末)[명] 한 해의 마지막 무렵. 세밑. ~ 결산 / 해마다 ~에 열리는 송년 음악회.

연말-연시(年末年始)[―련―][명] 한 해의 마지막 때와 새해의 첫머리를 아울러 이르는 말. ▢~를 가족과 함께 보내다.

연말 정산(年末精算) 급여 소득에서 원천 징수한 소득세에 대하여, 연말에 그 과부족(過不足)을 정산하는 일.

연ː-망간광(軟Mangan鑛)[명] '연망간석(石)'의 구용어.

연ː-망간석(軟Mangan石)[명]『광』이산화망간을 주성분으로 하는 산화 광물《정방 정계에 속하며, 반금속 광택이 남. 제철 및 도기나 유리의 착색 따위에 씀》.

연매(煙煤)[명] 1 철매. 2 그을음2.

연-맥(軟脈)[명]『의』혈압이 낮아서 긴장 정도가 약한 맥박. ↔경맥(硬脈).

연맥(燕麥)[명]『식』귀리.

연맹(聯盟)[명][하자] 공동 목적을 가진 단체나 국가가 서로 돕기 위하여 행동을 같이하는 일. 또는 그 조직체. ▢~에 가입하다 / ~을 맺다.

연맹-전(聯盟戰)[명] 리그전(league戰).

연메-꾼(輦-)[명] 임금이 타는 가마인, 연을 메는 사람.

연면(連綿)[명][하형][부] 오래 이어져서 끊이지 않음. ▢~한 역사 / 전통을 ~하게 이어 가다.

연-면적(延面積)[명] 건물 각 층의 바닥 면적을 합한 전체 면적. 총면적.

연면-체(連綿體)[명] 서도(書道)에서, 초서(草書)의 글자가 끊어지지 않고 이어져 쓰여 있는 체(體).

연멸(煙滅)[명][하자] 연기처럼 흔적 없이 사라짐.

연명(延命)[명][하자] 1 목숨을 겨우 이어 살아감. ▢초근목피로 겨우 ~하다. 2『역』조선 때, 감사나 수령이 부임할 때 궐패(闕牌) 앞에서 왕명을 알리던 의식. 3『역』조선 때에, 원(員)이 감사(監司)를 처음 가서 보던 의식.

연명(捐命)[명][하자] 생목숨을 버림.

연명(連名·聯名)[명][하자] 두 사람 이상의 이름을 한 곳에 죽 잇따라 씀. ▢성명서를 ~으로 발표하였다.

연명 차자(聯名箚子)《역》둘 이상이 연명하여 임금에게 올리던 글. ㉰연차(聯箚).

연예(連袂)[―/―메][명][하자] 행동을 같이함. 연공(聯筇).

연모[명] 물건을 만들거나 일을 할 때에 쓰는 기구와 재료.

연모(年暮)[명] 세밑. 연말(年末).

연ː-모(戀慕)[명][하타] 이성을 사랑하여 그리워함. ▢~의 정을 품다.

연ː-목(軟木)[명] 무른 나무.

연목(椽木)[명]『건』 서까래.

연목구어(緣木求魚)[―구―][명][하자] 나무에 올라가서 물고기를 구하듯 도저히 불가능한 일을 하려고 함.

연목 누르개(椽木-)[―뭉-]『건』 서까래 뒷목을 눌러 박은 누르개.

연-못(蓮-)[―몯][명] 1 연꽃을 심은 못. 연당(蓮塘). ▢~에서 잉어들이 놀고 있다. 2 못³. ▢~의 물이 마르다.

연못-가(蓮-)[―몯까][명] 연못의 가장자리. ▢~에 앉아 있는 젊은 남녀.

연무(延袤)[명] 연은 동서, 무는 남북, 곧, 땅의 넓이.

연ː-무(硏武)[명][하자] 무예를 닦음.

연무(煙霧)[명] 1 연기와 안개. ▢~가 짙게 낀 들녘. 2『기상』고운 먼지와 그을음이 공중에 떠서 뿌옇게 흐려 보이는 현상.

연ː-무(演武)[명][하자] 무예를 연습함.

연ː-무(鍊武)[명][하자] 무예를 단련함.

연무-기(煙霧機)[명] 병충해 방제 등으로 소독약을 뿌리는 기계의 한 가지《약제를 연무질(煙霧質)로 만들어 강력한 송풍기로 먼 곳까지 내뿜게 되어 있음》.

연무 신ː호(煙霧信號) 항해 중 연무로 인한 선박의 충돌을 피하기 위해 기적·나팔·종 등을 울려 선박의 소재·진로를 서로 알리는 신호. 안개 신호.

연ː-문(衍文)[명] 잘못하여 글 가운데에 들어간 군더더기 글귀.

연ː-문(戀文)[명] 연애편지. 연서(戀書).

연ː-문학(戀文學)[명]『문』 주로 연애·정사(情事)를 주제로 한 문학 작품. ↔경문학.

연ː-미-복(燕尾服)[명] 남자의 서양식 예복의 하나《검정 모직물로 지으며, 저고리의 뒤가 래쪽이 째져 제비의 꼬리갈이 보임》.

연ː-미사(煉missa)[명]『가』'위령(慰靈) 미사'의 구용어.

연미지액(燃眉之厄)[명] 눈썹에 불이 붙은 것처럼 매우 급하게 닥치는 재액(災厄)의 비유.

연민(憐憫·憐愍)[명][하타] 불쌍하고 가련하게 여김. ▢~의 정 / ~에 찬 눈빛 / ~을 자아내다.

연ː-바탕(碾-)[명] 연발(碾鉢).

연반(延燔)[명][하자] 장사 지내러 갈 때, 등(燈)을 들고 감.

연반-경(緣攀莖)[명]『식』덩굴손으로 다른 물건이나 식물에 붙어 몸을 지탱하며 뻗어 나가는 줄기.

연반-꾼(延燔-)[명] 연반하는 사람.

연발 (延發) 圐困困 정한 기일·시각보다 늦게 출발함. ▷한 시간 ~하다.
연발 (連發) 圐困困 1 연이어 일어남. ▷사고가 ~하다 / 감탄을 ~하다. 2 총이나 대포 따위를 잇따라 쏨. 연방. ▷기관총을 ~하다.
연:발 (碾鉢) 圐 약연(藥碾)의 몸. 연바탕.
연발-총 (連發銃) 圐 『군』 탄창 속에 여러 개의 탄환을 넣어 잇따라 쏠 수 있는 총. ↔단발총.
연-밥 (蓮-)[-빱] 圐 연꽃의 열매. 연실(蓮實). 연자(蓮子).
연밥(을) **먹이다** 困 살살 구슬러서 꼬드기다.
연방 (連放) 圐困困 연발(連發)2.
연방 (蓮房) 圐 연밥이 들어 있는 송이.
연방 (蓮榜) 圐 『역』 조선 때, 소과(小科) 합격자의 명부.
연방 (聯邦) 圐 자치권을 가진 여러 국가가 연합하여 구성한 국가. 공통의 주권을 가지며 대내적으로는 상호 독립의 관계를 가지면서 대외적으로는 국제법상의 외교권을 가지는 단일 주권국이 됨《미국·독일·스위스 따위》. 연합 국가.
연방 (連方) 閉 잇따라 자꾸. 또는 연이어 금방. ▷~ 고개를 끄덕이다.
연방 의회 (聯邦議會) 연방을 구성하는 각국에서 선출된 의원으로 조직하는 연방 국가의 의회.
연방-제 (聯邦制) 圐 연방의 정치 제도.
연배 (年輩) 圐 서로 비슷한 나이. 또는 그 사람. 연갑. ▷같은 ~의 동아리.
연:-백분 (煉白粉)[-뿐] 圐 크림(cream) 모양의 분.
연번 (年番) 圐 '일련번호'의 준말.
연벽 (聯璧·連璧) 圐 1 한 쌍의 구슬. 2 형제가 동시에 과거에 급제함. 3 두 사람이 모두 재학(才學)이 뛰어나고 친밀하며 하는 행동이 같이 아름다움.
연변 (年邊) 圐 『경』 연리(年利).
연변 (沿邊) 圐 국경·강·철도 또는 큰길 등을 끼고 따라가는 언저리 일대. ▷도로 ~의 가로수 / 국도 ~에는 항상 먼지가 자욱하다.
연변 (緣邊) 圐 1 둘레. 테두리. 2 혼인상의 친척 관계. 3 연고자.
연변 태좌 (緣邊胎座) 『식』 홑암술로 된 홑씨방의 한쪽 벽에 있는 태좌(胎座). 콩·완두 따위에서 볼 수 있음.
연별 (年別) 圐困困 해에 따라 구별함. ▷~로 구분하여 ~로 비교해 보라.
연별 예:산 (年別豫算)[-례-] 圐 해마다 일 년을 기간으로 편성하는 예산.
연:병 (硯屛) 圐 먼지나 먹물이 튀는 것을 막으려고 벼루 머리에 치는 작은 병풍.
연:병 (練兵) 圐困困 『군』 각 병과의 전투에 필요한 동작·작업 등을 평시에 훈련하는 일.
연:병-장 (練兵場) 圐 『군』 병영 내에 설치하여 군대를 훈련시키는 운동장.
연보 (年報) 圐 어떤 사실·사업에 관하여 해마다 한 번씩 내는 보고. 또는 그 간행물.
연보 (年譜) 圐 개인의 이력을 연월순으로 적은 기록. 개인의 연대기. ▷작가의 ~.
연:보 (捐補) 圐困困 1 자기의 재물을 내어 다른 사람을 도와줌. 연조. 2 『기』 헌금(獻金)2.
연보 (蓮步) 圐 미인의 걸음걸이의 비유.
연:보-금 (捐補金) 圐 『기』 헌금으로 내는 돈. 연보전. 연봇돈.
연:-보라 (軟-)[ ] 圐 엷은 보랏빛.
연:-복 (練服) 圐 소상(小喪) 뒤로부터 담제(禫祭) 전까지 입는 상제의 옷.

연복-초 (連福草) 圐 『식』 연복초과의 여러해살이풀. 산지에 저절로 나며, 줄기 높이는 약 15 cm 정도. 초여름에 황록색 꽃이 핌.
연:봇-돈 (捐補-)[-보똔 / -본똔] 圐 『기』 연보금(捐補金).
연봉 (年俸) 圐 일 년 동안에 받는 봉급. 연급(年給). ▷인상된 ~ / ~을 책정하다.
연봉 (延逢) 圐 고을의 수령이 존귀한 사람을 나아가 맞던 일.
연봉 (連峰) 圐 죽 이어져 있는 산봉우리. ▷알프스의 ~.
연-봉 (蓮-)[-뽕] 圐 1 피기 시작하는 연꽃 봉오리. 2 '연봉잠'의 준말.
연봉-무지기 (蓮-)[-뽕-] 圐 연꽃의 빛깔처럼 끝만 붉게 물들인 무지기.
연봉-잠 (蓮-簪)[-뽕-] 圐 금붙이로 막 피려는 연꽃의 봉오리를 본떠 만들고 산호를 물린, 여자의 머리 장식품. 준연봉.
연부 (年賦) 圐 물건값이나 빚 따위의 일정한 금액을 해마다 나누어 내는 돈. 또는 그 돈. 연불. ▷주택 융자금을 ~로 상환하다.
연부 (然否) 圐 그러함과 그렇지 아니함. 여부1. ▷~를 막론하고.
연부-금 (年賦金) 圐 해마다 얼마씩 나누어 갚는 돈. *월부금·일부금
연-부년 (年復年) 閉 해마다.
연:-부병 (軟腐病)[-뼝] 圐 『식』 즙이 많은 식물 조직이 침식되어 악취가 나고 썩어 문드러지는 병《감자·담배·파·무 따위에 생김》. 무름병. ↔건부병(乾腐病).
연부-불 (年賦拂) 圐 갚아야 할 돈을 해마다 얼마씩 몇 해로 나누어 지불함.
연부-역강 (年富力强)[-깡] 圐困困 나이가 젊고 기운이 왕성함.
연분 (年分) 圐 1 일 년 중의 어떤 때. 2 『역』 농사의 풍작과 흉작에 따라 해마다 정하던 전세(田稅)의 율.
연분 (連墳) 圐 상하분(上下墳).
연분 (鉛粉) 圐 백분(白粉)2.
연분 (緣分) 圐 1 서로 관계를 맺게 되는 인연. ▷~이 닿다. 2 하늘에서 베푼 인연. 3 부부가 되는 인연. ▷좋은 ~을 맺다. 준연(緣).
연:-분홍 (軟粉紅) 圐 엷은 분홍. ▷~ 치마.
연:-분홍-산호 (軟粉紅珊瑚) 圐 『동』 산호류 가운데 가장 큰 종류. 높이 1 m, 폭 1.6 m 가량. 전체가 부채 모양인데 연분홍빛임.
연불 (延拂) 圐 연부불(年賦拂).
연불 보:험 (年拂保險) 보험 기간 중, 해마다 한 번씩 보험료를 내게 되어 있는 보험.
연불 수출 (延拂輸出) 『경』 수출 금액이 커서 현금 일부만을 받은 후, 나머지 잔액을 여러 해에 걸쳐 지불받는 방식의 수출.
연:-붉다 (軟-)[-북따] 圐 연하게 붉다.
연비 (連比) 圐 『수』 세 개 이상의 수나 양의 비. 두 개의 비 $a:b$, $b:c$가 있을 때, 이것을 $a:b:c$로 적은 것.
연비 (燃費) 圐 자동차 등이 1 l의 연료로 달릴 수 있는 거리를 수치로 나타낸 것. 연료 소비 효율. ▷~가 낮은 차.
연비 (聯臂) 圐困困 1 사람을 통하여 소개함. 2 서로 이리저리 알게 됨.
연비-연비 (聯臂聯臂) 閉 여러 겹의 간접적 소개로. 연줄연줄로. ▷~ 알게 되었다.
연빙 (延聘) 圐困困 예로써 맞음.

연-뿌리 (蓮-)똉《식》연근(蓮根).

연뿌리-초 (蓮-草)똉《건》서까래 끝 마구리에 그린 단청(丹靑).

연사 (年事)똉 농사가 되어 가는 형편. 연형(年形). 농형(農形).

연사 (連査)똉 혼인을 통해 사돈이 됨. 또는 그 사돈.

연사 (軟絲)똉 반죽한 찹쌀가루를 얇고 모나게 썬 다음, 기름에 튀겨 조청을 바르고 찹쌀튀김을 붙인 유밀과의 한 가지.

연사 (連辭)똉 계사(繫辭)2.

연사 (鉛絲)똉 끝에 납덩이를 달아맨 실(건축이나 토목 공사에서 수직(垂直) 여부를 검사할 때 씀).

연:사 (演士)똉 연설하는 사람. 변사(辯士). ▢ ~가 연단에 오르다.

연사 (喬絲)똉 연(喬)실.

연:사 (練祀)똉 '연제사(練祭祀)'의 준말.

연사 (撚絲)똉 여러 가닥의 실을 꼬아 만든 실.

연:사 (練絲)똉 생실을 비누나 잿물에 담가서 희고 광택이 나게 만든 실. *생사.

연사-간 (連査間)똉 사돈이 되는 사이.

연사-기 (撚絲機)똉 방직(紡織)에 쓰는, 실을 꼬는 기계.

연사-질 똉[하]교묘한 말로 남을 꾀어 그의 속마음을 떠보는 짓.

연:삭-기 (研削機)[-끼]똉 회전 숫돌을 회전하여 공작물의 표면을 깎아 내어 매끄럽게 마무리하는 기계. 연마기(研磨機). 연마반. 그라인더(grinder).

연산 (年産)똉 1년 동안의 생산량 또는 산출량. ▢ ~ 50만 대 규모의 자동차 공장.

연산 (連山)똉 죽 잇대어 있는 산.

연:산 (演算)똉[하]《수》식이 나타낸 일정한 규칙에 따라 계산하는 일. 운산(運算).

연:산-자 (演算子)똉《수》벡터 공간·함수 공간의 원소를 다른 원소에 대응시키는 계산 기호(미적분 기호 따위).

연:산 장치 (演算裝置)《컴》중앙 처리 장치에서 연산을 담당하는 장치. 산술 논리 장치.

연-산적 (蓮散炙)똉 사슬산적.

연산-품 (連産品)똉《경》같은 재료를 사용하고 같은 공정(工程)을 거쳐 생산되는 여러 종류의 제품(주종(主從)의 관계없이 항상 연속적으로 생산됨. 원유를 정제할 때 생기는 석유·휘발유·중유·경유 따위).

연:산 회로 (演算回路)《컴》가감산(加減算) 따위의 산술 연산이나 논리 연산을 행하는 회로. 아날로그식과 디지털식이 있음.

연-살 (喬-)[-쌀]똉 댓가지로 결은 연의 뼈대. *연달·달³.

연상 (年上)똉 자기보다 나이가 많음. 또는 그런 사람. ▢ ~의 여인. ↔연하(年下).

연:상 (軟弓)똉 중힘보다 약하고, 연중(軟中)보다는 강한 활. 연궁(軟弓) 중에서는 가장 센 활.

연상 (連喪)똉[하]한 집에서 잇따라 초상이 남. 또는 그 초상. 줄초상.

연:상 (硯床)똉 1 문방제구를 벌여 놓아두는 작은 책상. 2 벼룻집2.

연:상 (硯箱)똉 벼룻집1.

연상 (鉛商)똉 1 연광(鉛鑛)만을 허가하던 시대에 금이나 은을 채취하여 비밀히 매매하던 사람. 2 덕대의 자본주(자본이 부족할 때에 물품 또는 금전을 대어 주고 채광 후에 이익의 배당을 받음).

연:상 (練祥)똉 소상(小祥).

연:상 (燕商)똉 예전에, 중국 연경(燕京, 베이징)을 왕래하던 무역상.

연상 (聯想)똉[하자]《심》어떤 사물을 보거나 듣거나 생각할 때 그와 관련된 다른 사물이 머리에 떠오르는 일. 관념 연합. 연합. ▢ ~ 작용 / 그와 하면 단풍이 ~된다.

연상-물 (聯想物)똉《심》사람의 마음속에 어떤 것과 연결된 사물이나 사건.

연상 심리학 (聯想心理學)[-니-]《심》어떤 관념에서 다른 관념이 생기는 심적 현상의 형성 과정을 설명하는 심리학. 연합 심리학.

연상약-하다 (年相若-)[-야카-]휑[여] 나이가 비슷하다.

연상 테스트 (聯想test)《심》정신 진단법의 하나. 말에 대한 연상을 이용하여 정신 상태의 자료를 얻고자 하는 검사법.

연-새 똉《조》여새.

연색 (鉛色)똉 납 빛.

연생 (緣生)똉[하자]《불》세상의 모든 사물은 인연에 의해서 생겨남.

연생-보험 (聯生保險)똉《경》하나의 보험 계약에서 피보험자가 둘 이상인 생명 보험. ↔단생(單生)보험.

연생이 똉 잔약한 사람이나 물건. '보잘것없는 사람'의 별명.

연서 (連書)똉[하]순경음(唇輕音)을 나타내기 위하여 순음자(唇音字) 밑에 'ㅇ'을 이어 쓴 표기법의 하나. 곧 'ㅸ'이나 'ㅱ' 따위. *병서(竝書)·부서(附書).

연서 (連署)똉[하]한 문서에 여러 사람이 잇따라 서명함. ▢ 진정서에 ~하다.

연:서 (戀書)똉 연문(戀文).

연석 (宴席)똉 잔치를 베푸는 자리. 연회석. ▢ 회갑 ~ / 세미나에 이어 ~을 마련하다.

연석 (連席)똉 1 여럿이 한곳에 늘어앉음. ▢ 부서장들이 ~한 자리에서 발표하다. 2 여러 단체나 기관의 사람들이 동등한 자격으로 자리를 같이함. ▢ 당정(黨政)이 ~하여 회의하다.

연:석 (硯石)똉 벼룻돌.

연석 (筵席)똉《역》신하가 임금의 자문에 응답하던 자리. 연중(筵中).

연석 (緣石)똉 차도와 보도, 또는 가로수 사이의 경계가 되는 돌. 갓돌.

연석 (憐惜)똉[하]불쌍히 여기며 아낌.

연석-회의 (連席會議)[-서뢰-/-서뤠이]똉 1 둘 이상의 회의체가 합동으로 여는 회의. 2 국회에서, 둘 이상의 위원회가 공동으로 열어 의견을 교환하는 회의.

연선 (沿線)똉 선로를 따라 있는 땅.

연설 (筵說)똉[역] 연석(筵席)에서 임금의 자문에 답하여 올리던 말.

연:설 (演說)똉[하자] 여러 사람 앞에서 자기의 주의·주장이나 의견을 진술함. ▢ 따분한 ~을 열심히 듣고 있다.

연:설-문 (演說文)똉 연설할 내용을 적은 글. ▢ ~을 쓰다 / ~을 낭독하다.

연:설-조 (演說調)[-쪼]똉 연설하는 어조(語調). 또는 그 같은 말투. ▢ ~로 설명하다.

연:설-회 (演說會)똉 연설하는 모임.

연성 (延性)똉《물》물체가 탄성(彈性)의 한계를 넘어서, 파괴되지 않고 가늘고 길게 늘어나는 성질.

연:성 (軟性)똉 부드럽고 무르며 연한 성질. ↔경성(硬性).

연성 (連星·聯星)똉 쌍성(雙星).

연성 (連聲)똉《언》연음(連音)3.

연성 (緣成)〔명〕〔하자〕《불》세상의 모든 사물이 인연에 의하여 서로 이루어짐.

연:성 (鍊成)〔명〕〔하타〕심신 따위를 닦아서 육성함. 몸과 마음을 단련함.

연:-성분 (軟性分)〔명〕방사선이나 우주선에서, 물질을 통과하는 힘이 약한 부분. ↔경성분(硬性分).

연:성 하:감 (軟性下疳)〔의〕성병의 하나. 그람 음성균인 연성 하감균에 의해 음부에 발생하는데, 동통이 심하고 서혜(鼠蹊)샘이 부음. ↔경성 하감.

연:-성 헌:법 (軟性憲法)〔-뻡〕《법》일반 법률과 같은 개정 절차로 개헌이 가능한 헌법. 자유 헌법. ↔경성 헌법.

연세 (年歲)〔명〕'나이'의 높임말. ▢할아버지께서는 ~가 어떻게 되십니까.

연:세 (捐世)〔명〕〔하자〕'사망'의 높임말.

연소 (延燒)〔명〕〔하자〕불길이 이웃으로 번져서 탐. ▢이웃집으로 ~되다.

연:-소 (燕巢)〔명〕1 제비의 집. 2 연와(燕窩).

연소 (燃燒)〔명〕〔하자〕1 불이 붙어 탐. ▢나무가 ~되다. 2《화》주로 물질이 산소와 화합할 때, 많은 빛과 열을 내는 현상. ▢《불》완전 ~.

연소-관 (燃燒管)〔명〕《화》원소 따위의 정량(定量) 분석에 쓰는 기구. 경질 유리·석영·자기 따위로 만든, 길이 약 90cm의 관.

연소-기예 (年少氣銳)〔명〕〔하형〕나이가 젊고 기력이 왕성함.

연소몰각-하다 (年少沒覺)〔-가카-〕〔형어〕나이가 어리고 철이 없다.

연소-물 (燃燒物)〔명〕1 불에 타는 물건. 2 산소와 화합하여 열과 빛을 낼 수 있는 물질.

연소-배 (年少輩)〔명〕나이가 어린 무리. ▢~라고 얕보지 마라.

연소-숟가락 (燃燒-)〔-까-〕〔명〕《화》고열에 견디는 숟가락 모양의 실험 기구(화학 분석 등에서 연소 물질을 올려놓음).

연소-실 (燃燒室)〔명〕1 보일러·열처리로(爐) 등에서 연료가 타는 방. 2 내연 기관에서 연료를 연소시키는 곳.

연소-열 (燃燒熱)〔명〕《물》어떤 물질이 완전 연소할 때 발생하는 열량(보통, 1g 또는 1mol에 대한 열량으로 표시함).

연소-율 (燃燒率)〔명〕보일러 속에서, 불판 1 m² 당 한 시간 동안 타는 고체 연료의 연소량.

연소-자 (年少者)〔명〕나이가 어린 사람. 소년. ▢~ 관람 불가.

연소-체 (燃燒體)〔명〕타는 물체. 또는 탈 수 있는 물체.

연소-하다 (年少-)〔형어〕나이가 어리다. ▢신부보다 연소한 신랑.

연속 (連續)〔명〕〔하타〕끊이지 않고 죽 이어지거나 지속함. ▢~ 매진 / 3년 ~하여 우승하다 / 비슷한 사건이 ~으로 일어났다.

연속-극 (連續劇)〔-끅〕《연》1 라디오나 텔레비전 등에서, 한 편의 드라마를 일부분씩 연속하여 방송하는 극. ▢일일(日日) ~ / 주말 ~. 2 연쇄극(連鎖劇).

연속-범 (連續犯)〔-뻠〕《법》동일한 범의(犯意)로 범행한 수 개의 행위가 동일한 죄명에 해당하는 범죄. 또는 그 범인(하나의 죄명으로 처벌됨).

연속-부절 (連續不絶)〔-뿌-〕〔명〕〔하자〕잇따라 이어져서 끊이지 않음. ▢~ 지나다니는 버스 소리만 시끄럽게 들려온다.

연속-성 (連續性)〔-썽〕〔명〕끊이지 않고 죽 이어지거나 지속하는 성질이나 상태.

연속 스펙트럼 (連續spectrum)《물》파장(波

長)의 어떤 범위에 걸쳐 연속적으로 분포한 스펙트럼(고체 또는 액체의 열복사(熱輻射) 스펙트럼 등이 이에 속함).

연속-적 (連續的)〔-쩍〕〔판명〕연달아 이어지는 (것). ▢인 질문 공세 / ~으로 북을 치는 소리. ↔간헐적(間歇的).

연속-파 (連續波)〔명〕《물》잇따라 진동하는 파동의 연속.

연송 (連誦)〔명〕〔하타〕책 한 권을 처음부터 끝까지 내리읽음.

연쇄 (連鎖)〔명〕〔하자타〕1 양편을 연결하는 사슬. 2 서로 연이어 맺음. 또는 서로 잇대어 관련을 맺음. ▢~ 충돌 / ~ 살인 사건.

연쇄-극 (連鎖劇)〔명〕실연(實演)과 영화를 섞어 상연하는 극. 연쇄극.

연쇄 반:응 (連鎖反應)《물》한곳에서 일어난 반응이 원인이 되어 차례차례로 다른 곳에 계속하여 일어나는 반응(원자로 안에서의 핵분열 반응 따위).

연쇄-상 (連鎖狀)〔명〕사슬처럼 생긴 모양.

연쇄상 구균 (連鎖狀球菌)《생》사슬 모양을 한 구균의 하나. 단독(丹毒)·폐렴·중이염 및 여러 화농성 질환의 병원균.

연쇄-식 (連鎖式)〔명〕《논》복합 삼단 논법의 하나. 다수의 삼단 논법의 결론을 생략하고 전제만을 연결하여 최후의 판단을 내리는 추론식('A는 B임. B는 C임. C는 D임. 고로 A는 D임' 따위).

연쇄-점 (連鎖店)〔명〕상품을 공동으로 관리·보관하고, 둘 이상의 판매 단위를 연결하여 경영하는 소매점. 체인 스토어. 체인점.

연수 (年收)〔명〕한 해의 수입. 1년 동안의 수입. ▢~ 1억 원의 고소득자.

연수 (年首)〔명〕설1.

연수 (年數)〔-쑤〕〔명〕햇수. ▢근무 ~ / 재직한 ~가 30년이 지났다.

연수 (延髓)〔명〕《생》척추동물에서, 후뇌와 척수를 연락하는 부분으로, 뇌의 명령의 전달로이며 호흡 운동·심장 운동·저작·연하(嚥下)·구토 등의 중추(中樞)가 됨. 숨골.

연:수 (研修)〔명〕연구하고 닦음. ▢사법 ~ / ~를 마치다 / 운전면허를 따기 위해 도로에서 ~를 받았다.

연:수 (宴需)〔명〕잔치에 드는 물건과 비용. ▢~를 마련하다.

연:수 (軟水)〔명〕《화》단물4. ↔경수(硬水).

연수 (硯水)〔명〕1 벼룻물. ▢~ 연적(硯滴).

연수 (淵藪)〔명〕못에 물고기가 모여들고 숲에 새들이 모여드는 것과 같이, 여러 사물이나 사람이 모여드는 곳. 연총.

연수-당 (延壽堂)〔명〕《불》절에서 병든 승려를 수용하기 위해 지은 집이나 방.

연-수정 (煙水晶)〔명〕연기가 낀 모양의 무늬가 있는 흑갈색 수정.

연:-수필 (軟隨筆)〔명〕섬고 부드럽게 쓴 수필.

연:-숙 (鍊熟)〔명〕단련되어서 익숙함.

연습 (沿襲)〔명〕〔하타〕전례(前例)를 좇음.

연:-습 (演習)〔명〕〔하타〕1 연습하기. ▢경기. 2 군대에서 실전 상황을 상정(想定)해 놓고 하는 모의 군사 행동. ▢도상(圖上) ~.

연:-습 (練習·鍊習)〔명〕학문·기예 등을 되풀이하여 익힘. 연습(演習). ▢~ 문제 / 합창 ~ / 일반 공연에 대비해 주야로 ~하다.

연:-습곡 (練習曲)〔-꼭〕〔명〕에튀드1.

연:-습기 (練習機)〔-끼〕〔명〕조종 연습에 쓰기 위하여 만든 비행기.

연:습-림(演習林)[—슴님]圓 임학(林學)을 연구하는 학생들의 실지 연구에 쓰는 삼림.

연:습-선(練習船)[—썬]圓 수산 대학·해양 대학 등에서, 학생들에게 운항 기술과 해상 실무를 숙련시키는 데 쓰는 배. ▣ 해상 실습을 마치고 ~이 귀항했다.

연:습-장(練習場)[—짱]圓 연습을 할 수 있도록 일정한 설비를 갖추어 놓은 곳. ▣ 골프 ~.

연:습-장(練習帳)[—짱]圓 연습하는 데 쓰는 필기장. ▣ 영어 단어를 ~에 써 가며 외웠다.

연승(延繩)圓 ⇨주낙.

연승(連乘)圓[하자]《수》 여러 수나 식을 연이어 곱함.

연승(連勝)圓[하자] 1 싸움이나 경기에서 잇따라 이김. ▣~을 달리다 / 3 ~을 거두다. ↔연패. 2 '연승식'의 준말.

연승-식(連勝式)圓 경마 따위에서, 1·2등 혹은 1·2·3등 가운데 하나를 맞히는 방식. ⓐ 연식·연승. *단승식·복승식.

연승 어업(延繩漁業) 무명이나 나일론으로 만든 긴 끈의 여러 곳에 낚시찌를 달아 일정한 수면에 띄우고, 낚시찌와 낚시찌 사이에 낚싯바늘을 드리워 고기를 낚아 올리는 어업《다랑어·고등어 등의 어업에 사용함》.

연시(年始)圓 1 한 해의 처음. 연초(年初). 2 설. ▣연말(年末)~에 주고받는 선물.

연:시(軟柿)圓 연감. 홍시(紅柿).

연시(聯詩)圓《문》여럿이 지은 여러 구절을 모아 한 편으로 만든 한시(漢詩).

연-시조(聯時調)圓《문》 두 개 이상의 평시조가 하나의 제목으로 엮어져 있는 시조 형식. 연형시조. *평시조(平時調).

연:식(年式)圓 기계류, 특히 자동차를 만든 해에 따라 구분하는 형식.

연:식(軟式)圓 무르거나 부드러운 재료·도구를 쓰는 방식. ▣~ 야구 / ~ 정구. ↔경식(硬式).

연:식(軟食)圓 죽·빵·국수 등의 주식에 소화가 잘되는 반찬을 곁들인 음식물. 반(牛)고형식. *유동식.

연:식 지구의(軟式地球儀)[—찌—/—찌—이] 축(軸)을 조립식으로 하고, 이중으로 인쇄한 지도를 풍선처럼 바른, 접고 펼 수 있는 지구의.

연신(延伸)圓[하자] 길이를 늘임. ▣~ 장치 / 금속의 ~율(率).

연신(連信)圓[하자] 끊이지 않는 소식. 또는 소식이 끊이지 아니함.

연신圀 잇따라 자꾸.

연실(鉛室)圓《화》연판(鉛版)으로 둘러싼 큰 상자《글로버산(glover酸)을 물에 녹여 황산을 만드는 데 씀》.

연실(煙室)圓 화력을 이용하는 보일러에서, 연기를 모아 굴뚝으로 빠지게 하는 곳.

연-실(喬—)[—씰]圓 연줄로 사용하는 실. 연사(喬絲). ▣~을 얼레에 감다.

연실(蓮實)圓 연밥.

연실-갓끈(蓮實—)[—갇—]圓 연밥 모양의 구슬을 꿰어 만든 갓끈.

연실-돌쩌귀(蓮實—)圓 연밥 모양의 돌쩌귀.

연실-법(鉛室法)[—뻡]圓《화》 황산 제조법의 하나. 납으로 만든 방 안에서 아황산가스와 공기 중의 산소를 과산화질소를 촉매로 화합시켜 물에 녹여 만듦. 납이 황산에 침해되지 않는 성질을 이용한 것임.

연실-죽(蓮實竹)圓 대통을 연밥 모양으로 만든 담뱃대.

연실 황산(鉛室黃酸)《화》 연실법으로 만든 황산. 농도는 67-69 %. 과인산석회나 황산암모늄을 만드는 데 씀. 연실법 황산.

연:심(戀心)圓 사랑하여 그리워하는 마음. ▣~을 품다.

연심-세구(年深歲久)圓 연구세심(年久歲深).

연안(沿岸)圓 1 강·바다·호수에 연한 물가. 2 강·바다·호수의 물가에 연한 지방. ▣동해 ~에는 해수욕장이 많다.

연:안(宴安·燕安)圓[하자] 몸이 한가하고 마음이 편안함.

연안은 짐독(鴆毒)이다⊟〔짐독은 짐(鴆)이라고 하는 독조(毒鳥)의 깃을 술에 담근 맹독(猛毒)〕 헛되이 놀고 즐기는 것은 독약과 같이 사람을 해친다는 뜻.

연안-국(沿岸國)圓《지》 강·바다·호수와 맞닿아 있는 나라. ▣태평양 ~.

연안-류(沿岸流)[여난뉴]圓《지》해안을 끼고 흐르는 바닷물의 흐름.

연안 무:역(沿岸貿易)《경》 한 나라의 같은 연안에 있는 항구 사이에서 행해지는 무역. 연해 무역.

연안 어업(沿岸漁業) 해안에서 멀지 않은 바다에서 하는 어업. 연해 어업.

연안 항:로(沿岸航路)[여난—노] 한 나라에서 하는 여러 항구 사이를 잇는 항로.

연안-해(沿岸海)圓《지》 육지와 가까운 바다. 간조선에서 최소한 3 해리(5.558 km) 이내의 해역《만(灣)·내해와 함께 영해를 형성함》.

연안 해:저 지역(沿岸海底地域) '대륙붕(大陸棚)'의 새로운 일컬음.

연:-알(碾—)圓[하자] 약연(藥碾)에 쏟은 약재를 갈 때 굴리는, 바퀴 모양의 쇠.

연앙(年央)圓 한 해의 중간.

연앙 인구(年央人口) 그해의 7 월 1 일을 기준으로 한 인구.

연애〈옛〉아지랑이. 남기(嵐氣).

연:애(涓埃)圓 물방울과 티끌이라는 뜻으로, 아주 작은 것을 가리키는 말.

연:애(戀愛)圓[하자] 남녀가 서로 애틋하게 그리워하여 사랑함. ▣~ 감정 / 3년간 ~한 끝에 결혼했다.

연:애-결혼(戀愛結婚)圓 연애에서 출발하여 맺어진 결혼. *중매결혼.

연:애 소:설(戀愛小說)《문》 남녀 간의 사랑을 주제로 한 소설. 연정 소설.

연:애지상-주의(戀愛至上主義)[여내—/여내—이]圓 연애가 인생의 최고·지상의 목적이며 결혼의 핵심임과 동시에 그 전체라고 하는 주의.

연:애-편지(戀愛便紙)圓 연애하는 남녀 사이에 주고받는 사랑의 편지. 연문(戀文). 연서(戀書).

연액(年額)圓 수입·지출·생산액 따위의 한 해 동안의 총금액.

연야(連夜)⊟圓[하자] 여러 날 밤을 계속함. ⊟ 圀 밤마다. ▣~ 불어 대는 바람.

연:-약(煉藥)圓[하자]《한의》약을 고는 일. 또는 고아서 만든 약.

연:-약과(軟藥果)[여냑꽈]圓 말랑말랑하고 맛이 특히 좋은 약과. 연과(軟果).

연:-약밥(軟藥—)[여냑빱]圓 보들보들하고 맛이 특히 좋은 약밥.

연:약-외교(軟弱外交) 독자적인 자주성 없이 상대국의 눈치만 살피며 벌이는 외교.

연:약-하다(軟弱—)[여냐카—]휑여 무르고 약하다. ▣연약한 여자의 마음.

연어(鰱魚)圓《어》연어과의 바닷물고기. 길

이 70~90cm에 몸은 방추형. 송어와 비슷하나 폭이 더 넓음. 빛은 등 쪽이 남회색, 배 쪽이 은백색, 살은 황적색임. 가을에 강을 거슬러 올라와 모랫바닥에 알을 낳고 죽음.

연:역(演繹)[명][하타][논] 어떤 명제에서 논리의 절차를 밟아 결론을 이끌어 냄. 또는 그런 과정. ↔귀납(歸納).

연:역-법(演繹法)[여ᄀ뻡][명][논] 연역에 의한 추리의 방법. ↔귀납법.

연:역-적(演繹的)[여ᄀ쩍][관][논] 연역에 의하여 추론(推論)하는 (것). ▢~ 사고 / ~인 해석. ↔귀납적(歸納的).

연:역적 논증(演繹的論證)[여녁쩡-][논] 이미 알고 있는 진리를 근거로 하여 다른 사실을 증명하는 논증.

연:역적 방법(演繹的方法)[여녁쩍빵-][논] 이미 알고 있는 일반적인 진리를 근거로 하여 바르고 참된 인식에 도달하는 방법.

연:역-학파(演繹學派)[여녁칵-][명][경] 연역적 방법으로 경제적 원리를 연구하고 설명하는 학파.

연:연불망(戀戀不忘)[명][하타] 그리워서 잊지 못함. ▢~하는 애인.

연:연-하다(娟娟-)[형여] **1** 빛이 엷고 곱다. **2** 아름답고 어여쁘다. **연:연-히**[부]

연:연-하다(涓涓-)[형여] 시냇물이나 소리 따위의 흐름이 가늘다. **연:연-히**[부]

연연-하다(連延-)[자여] 이어져 길게 뻗다.

연:연-하다(戀戀-)[一][자여] 집착하여 잊지 못하다. ▢벼슬에 ~ / 과거에 연연하지 마라. [一][형여] 애틋하게 그립다. 연연한 정을 품다. **연:연-히**[부]

연:연-하다(軟娟-)[형여] 섬약(纖弱)하다. **연:연-히**[부]

연염(煙焰)[명] **1** 연기와 불꽃. **2** 연기 속에서 타오르는 불길. ▢소방관이 ~ 속을 헤치고 들어가 한 어린이를 구출했다.

연엽(蓮葉)[명] 연잎.

연엽-관(蓮葉冠)[여넙꽌][명] 처음 상투를 틀고 쓰는 연잎 모양의 관.

연엽-대접(蓮葉-)[여넙때-][명] 밑이 빨고 위가 바라져서 연잎 모양이며 두께가 얇은, 연엽반상에 딸린 대접.

연엽-바리때(蓮葉-)[여넙빠-][명] 밑이 빨고 위가 바라져 생긴 바리때.

연엽-반상(蓮葉飯床)[여넙빤-][명] 그릇들의 위가 모두 바라지고 운두가 나부죽하여 연잎 모양을 한 반상.

연엽-살[여넙쌀][명] 소의 도가니에 붙은 고기. 연엽.

연엽-주발(蓮葉周鉢)[여넙쭈-][명] 밑이 빨고 위가 바라져 모양이 연잎 같고 두께가 얇은, 연엽반상에 딸린 주발.

연영-전(延英殿)[명][역] 고려 때, 대궐 안에서 임금이 신하들과 학문에 관하여 토의하던 곳. 인종(仁宗) 14년(1136)에 집현전(集賢殿)으로 고침.

연:예(演藝)[명][하자] 대중 앞에서 음악·무용·연극·쇼·만담 등을 공연하는 일. 또는 그런 재능. ▢~ 활동.

연예(蓮蘂)[명] 연의 꽃술. 불좌수(佛座鬚).

연:예(鍊銳)[명] 잘 훈련된 군사.

연:예-계(演藝界)[여녜-/여녜게][명] 연예인들의 사회. ▢~에 데뷔하다 / ~를 떠나다.

연:예-란(演藝欄)[명] 신문·잡지 등에서 주로 연예에 관한 기사를 싣는 난. ▢~에 실린 기사를 즐겨 보다.

연:예-인(演藝人)[명] 연예에 종사하는 배우·

가수 등의 총칭. ▢~을 선망하다.

연:옥(軟玉)[명][광] 옥의 일종(각섬석(角閃石)이나 양기석(陽起石)의 결정이 치밀한 덩이 모양을 이룬 것).

연:옥(煉獄)[명][가] 죽은 사람의 영혼이 바로 천국에 들지 못할 때, 불에 의한 고통으로 죄를 씻어 낸다고 하는 곳(천국과 지옥의 사이).

연-사(研沙沙)[여ᄂ싸][명] 옥을 갈 때 쓰는 잔모래.

연:-옥색(軟玉色)[여녹쌕][명] 엷은 옥색.

연:-지치(軟-痔)[명] 종기의 고름을 빨고, 치질 앓는 밑을 핥는다는 뜻으로, 남에게 지나치게 아첨함을 일컫는 말.

연:와(煉瓦)[명] 벽돌.

연:와(燕窩)[명] 해안의 바위틈에서 사는 금사연(金絲燕)의 둥지. 물고기나 바닷말을 물어다가 침을 발라 만든 것(중국 요리의 상등 국거리임). 연소(燕巢).

연:완-하다(嬿婉-)[형여] 마음이 곱고 얼굴이 예쁘다.

연우(延虞)[명][하자] 상례에서, 장사 지낸 뒤 신주를 집으로 모셔 올 때 성문 밖에 나가서 신주를 맞이함.

연우(連雨)[명] 연일 계속하여 내리는 비.

연우(煙雨)[명] 안개비1.

연우(蓮藕)[명] 연근(蓮根).

연-우량(年雨量)[명] 일 년 동안에 내린 비의 총량.

연운(年運)[명] 그해의 운수. 해운.

연운(煙雲)[명] **1** 연기와 구름. **2** 구름처럼 피어나는 연기.

연원(淵源)[명] 사물의 근본. 본원(本源). ▢~을 밝히다 / ~이 깊다.

연월(年月)[명] 해와 달. ▢제조 ~.

연월(連月)[一][명][하자] 여러 달을 계속함. ▢~하여 야근하다. [一][부] 달마다.

연월(烟月·煙月)[명] **1** 흐릿하게 보이는 달. 구름 또는 연기에 어린 달. **2** 세상이 태평한 모양. ▢태평 ~.

연월일(年月日)[명] 해와 달과 날. ▢출생 ~.

연월일시(年月日時)[여뉘릴씨][명] 해와 달과 날과 시. ▢~를 정확하게 써넣을 것.

연:유(宴遊)[명][하자] 잔치를 베풀어 즐겁게 놂.

연:유(煉乳)[명] 달여서 진하게 만든 우유. 당유(糖乳).

연유(緣由)[명][하자] **1** 사유(事由). ▢그럴만한 ~가 있었겠지 / ~를 묻다. **2** 무슨 일이 거기에서 비롯됨. 유래(由來). ▢학술의 발달은 인재 양성에서 ~한다.

연유(燃油)[명] 연료로 쓰는 기름.

연육(蓮肉)[명][한의] 연밥의 살(설사를 멈추게 하고 정기를 보충하는 데에 씀).

연:육(煉肉)[명] 으깨어 갠 물고기의 살(어묵 등의 가공 원료).

연:융(鍊戎)[명][하타] 군사를 훈련함.

연음(延音)[명][악] 한 음을 규정된 박자 이상으로 길게 늘이는 일. 또는 그 음. 「는 일.

연:음(宴飮·讌飮)[명][하자] 잔치 자리에서 술을 마시

연음(連音)[명] **1** 단음(單音)의 연결로 이루어지는 음. **2** 혀끝을 윗니의 안쪽 잇몸에 대고 혀끝을 울려서 내는 음('r' 따위). **3** 앞의 음절의 자음이 뒤의 음절의 첫 모음과 합하여 형성하는 별개의 소리('높이다'가 '노피다', '읽안'이 '이반'으로 소리 나는 현상). 연성(連聲).

연음(漣音)[명][악] '잔결꾸밈음'의 한자 이름.

연음 기호(延音記號)〖악〗늘임표.

연음 법칙(連音法則)〖언〗앞 음절의 받침에 모음으로 시작되는 형식 형태소가 이어질 때, 앞의 받침이 뒤 음절의 첫소리에 이어져 소리 나는 현상('꽃이'가 '꼬치'로, '밥을'이 '바블'로 소리 나는 따위).

연-음부(連音符)〖명〗〖악〗잇단음표.

연읍(沿邑)〖명〗도로 연변에 있는 읍.

연:의(衍義)[여늬 / 여니]〖명〗〖하타〗의미를 널리 해설함. 또는 그 해설한 것.

연:의(演義)[여늬 / 여니]〖명〗〖하타〗사실을 부연하여 알기 쉽게 설명함.

연:의 소:설(演義小說)[여늬- / 여니-]〖문〗중국에서, 사실에 살을 부연한 속체의 통속 소설('삼국지연의' 따위).

연-이나(然-)〖부〗예스러운 표현으로, '그러나'의 뜻의 접속 부사.

연-이율(年利率)[-니-]〖명〗일 년을 단위로 하여 정한 이율. ▢~ 5 %의 정기 예금.

연:익(燕翼)〖명〗조상이 자손을 편안하게 살도록 도움. 또는 그런 꾀.

연인(延引)〖명〗〖하타〗길게 잡아 늘임.

연인(連引)〖명〗〖하타〗어떤 일에 관계있는 것을 끌어댐.

연:인(戀人)〖명〗서로 사랑하는 남녀. 애인. 정인(情人).

연-인원(延人員)〖명〗어떤 일에 동원된 인원을, 그 일을 하루에 완성하는 것으로 하여, 일수를 인수로 환산한 총인원수. 연인수(延人數). ▢이 공사에 동원된 ~은 3 백 명이다. ＊연일수.

연인-접족(連姻接族)[여닌-쪽]〖명〗친척과 인척.

연일(連日)─〖명〗〖하자〗여러 날을 계속함. ─〖부〗날마다 날을 계속하여.

연일-석(延日石)[여닐썩]〖명〗경상북도 포항시 연일읍(延日邑)에서 나는, 아름다운 숫돌.

연-일수(延日數)[여닐쑤]〖명〗어떤 일에 걸린 일수를, 그 일 한 사람이 완성하는 것으로 하여, 인수를 일수로 환산한 총일수. ＊연인원.

연일-연야(連日連夜)[여닐려나]〖명〗매일의 낮과 밤. ─〖부〗날마다 밤마다 계속하여. ▢~ 학문 탐구에 정진하다.

연임(連任)〖명〗임기가 끝난 사람이 다시 그 직위에 임용됨. ▢회장직을 ~하다.

연-잇다(連-)[-닏따]〖여니어, 연이으니, 연잇는〗〖자ㅅ〗어떤 일이나 상태가 끊이지 않고 계속되다. ▢사건이 연이어 일어나다.

연-잎(蓮-)[-닙]〖명〗〖식〗연꽃의 잎. 연엽. 하엽(荷葉).

연-자(衍字)[-짜]〖명〗글귀 가운데 군더더기로 들어간 글자.

연자(蓮子)〖명〗연밥.

연:자-간(研子間)[-깐]〖명〗연자맷간.

연:자-마(研子磨)〖명〗연자매.

연:자-매(研子-)〖명〗마소로 끌어 돌리게 하여 곡식을 찧는 큰 매통. 연자마. 연자방아.

연:자맷-간(研子-間)[-매깐 / -맫깐]〖명〗연자매로 곡식을 찧는 방앗간. 연자간.

연:자-방아(研子-)〖명〗연자매.

연:-자주(軟紫朱)〖명〗연자줏빛.

연:-자줏빛(軟紫朱-)[-쭈삗 / -쭏삗]〖명〗연한 자줏빛. 연자주.

연작(連作)〖명〗〖하타〗이어짓기. ↔윤작(輪作).

연작(連雀)〖명〗〖조〗여새.

연작(聯作)〖명〗〖하타〗〖문〗1 몇 사람의 작가가 각 부분을 맡아서 작품을 짓는 일. 또는 그런 작품. 2 한 작가가 주인공이 같은 단편·중편 소설을 몇 편 쓴 다음, 그것을 연결하여 하나의 장편으로 만드는 일. 또는 그런 작품.

연:작(燕雀)〖명〗1 제비와 참새. 2 도량이 좁은 사람.

연작 소:설(聯作小說·連作小說)[-쏘-]〖문〗여러 작가가 나누어 쓴 것을 한데 모아 하나로 만든 소설.

연장〖명〗1〖건〗어떤 일을 하는 데 쓰는 도구. ▢목수가 일을 마치고 ~을 챙기다. 2 '남근(男根)'의 비어.

연장(年長)〖명〗〖하형〗서로 비교하여 나이가 많음. 또는 그런 사람. ▢그는 나보다 다섯 살이나 ~이다.

연장(姸粧)〖명〗〖하타〗예쁘게 단장함.

연장(延長)〖명〗〖하타〗1 시간·길이를 길게 늘림. ▢평균 수명의 ~ / ~ 근무 / 계약 기간을 ~하다 / 버스 운행 구간이 ~되다. 2 여러 선의 길이를 연결했을 때의, 그 전체의 길이. ▢~ 200 km 의 철도 공사. 3 어떤 일의 계속 또는 계속하여 이어지는 것. ▢소풍은 수업의 ~이다. 4〖수〗유한(有限) 직선의 한끝에서 그 방향으로 늘인 부분.

연장(延將)〖명〗'연장군(連將軍)'의 준말.

연장(連牆)〖명〗담이 서로 잇대어 닿음.

연장-걸이〖명〗씨름에서, 오른 다리로 상대편의 오른 다리를 밖으로 꼬아 걸어 넘어뜨리는 기술.

연-장군(連將軍)〖명〗장기에서, 연이어 부르는 장군. ⓢ연장(連將).

연장-궤(-櫃)[-꿰]〖명〗연장을 넣어 두는 궤.

연장 기호(延長記號)〖악〗늘임표.

연장-선(延長線)〖명〗어떤 일이나 현상, 행위 등이 계속하여 이어지는 것. ▢미래는 과거의 ~ 위에 존재한다.

연장-자(年長者)〖명〗자기보다 나이가 많은 사람. 전배(前輩). ▢~에 대한 예의를 갖추다.

연장-전(延長戰)〖명〗운동 경기에서, 예정 시간 안에 승부가 나지 않을 경우 시간을 연장하여 계속하는 경기. ▢~까지 가는 접전을 벌이다.

연장-접옥(連牆接屋)〖명〗〖하자〗집이 이웃하여 담이 서로 맞닿아 있음.

연장-주머니[-쭈-]〖명〗목수·미장이 등 일꾼이 연장을 넣어 가지고 다니는 주머니.

연재(烟滓·烟滓)〖명〗그을음.

연-재(軟材)〖명〗〖건〗목공예에서, 재질이 비교적 연한 침엽수 따위의 목재.

연재(連載)〖명〗잡지·신문 등에 긴 글이나 만화 따위를 여러 회로 나누어 계속해서 실는 일. 속재(續載). ▢신문에 ~된 탐방기.

연재-만화(連載漫畵)〖명〗신문이나 잡지 따위에 연속하여 싣는 만화.

연재-물(連載物)〖명〗신문이나 잡지에 연재하는 만화·소설 따위.

연재-소설(連載小說)〖명〗〖문〗신문이나 잡지에 계속해서 매회 싣는 소설. ▢신문이 오면 재미있는 ~부터 읽는다.

연:적(硯滴)〖명〗벼룻물을 담는 작은 그릇. 수적(水滴). 연수(硯水).

연:적(戀敵)〖명〗자기 연인을 빼앗거나 연애를 방해하는 사람. 연애의 경쟁자. 라이벌. ▢많은 ~을 물리치고 그녀와 결혼했다.

연전(年前)〖명〗몇 해 전. ▢~에 만난 사람.

연전(連戰)〖명〗〖하자〗잇따라 싸움.

연-전(揀箭)〖명〗활쏘기 연습을 할 때, 무겁에 떨어진 화살을 주워 오는 일(활량들이 돌아

가며 행함).

연:전-길 (揀箭-)[-낄] 圓 무겁에 떨어진 화살을 주우러 다니는 길.

연:전-동 (揀箭童) 圓 무겁에 떨어진 화살을 주워 나르는 아이.

연:전띠-내기 (揀箭-) 圓 활쏘기를 할 때, 편을 갈라 차례대로 활을 쏘아 가장 적게 맞힌 편이 하미가 화살을 주워 오는 내기.

연전-연승 (連戰連勝)[-년-] 圓하짜 싸울 때마다 잇따라 이김. ▢~의 우리 축구 대표 팀 / ~으로 올림픽 금메달을 땄다. ↔연전연패.

연전-연패 (連戰連敗)[-년-] 圓하짜 싸울 때마다 잇따라 짐. ▢~를 거듭하다. ↔연전연승.

연:절 (軟癤) 圓 〔의〕 살에 생긴 작은 멍울이 고치는 대로 자꾸 생겨 좀처럼 낫지 않는 병.

연접 (延接) 圓하타 영접(迎接).

연접 (連接) 圓하짜 이어 맞닿음. 이어 맞댐. ▢ 해안선을 ~한 골프장.

연접-봉 (連接棒)[-뽕] 圓 증기 기관이나 내연 기관 등에서, 피스톤에 작용하는 동력을 크랭크축에 전달하여 바퀴의 회전 운동으로 변환시키는 일을 하는 대. 연접간. 연간(連桿). 연접 막대. 접합봉(接合棒).

연정 (蓮亭) 圓 연당(蓮堂).

연정 (聯政) 圓 '연립 정부'의 준말. ▢ ~을 구성하다.

연:정 (鍊正) 圓 도자기를 만들 때, 흙이나 잿물을 다루는 사람.

연:정 (戀情) 圓 이성을 사모하고 그리워하는 마음. 애정. 염정. ▢ ~을 품다 / ~이 싹트다.

연:제 (演題) 圓 연설이나 강연의 제목.

연:제 (練祭) 圓 '연제사(練祭祀)'의 준말.

연:제-복 (練祭服) 圓 소상(小喪) 뒤부터 대상(大喪) 전까지 빨아서 입는 상복(喪服).

연:-제사 (練祭祀) 圓 아버지 생전에 돌아간 어머니의 소상을 한 달 앞당겨 열한 달 만에 미리 지내는 제사. ㉠연사(練祀)·연제(練祭).

연조 (年祚) 圓 1 나라가 존속한 연수. 또는 왕이 재위한 연수. 2 나이. 사람의 수명.

연조 (年租) 圓 한 해 동안에 내는 조세.

연조 (年條) 圓 1 어떤 해에 어떤 일이 있었다는 것을 나타내는 조목. ▢ ~를 들추어내다. 2 어떤 일에 종사한 햇수. ▢ ~를 따지다. 3 어떤 사물의 역사나 유래. ▢ ~가 깊다.

연:조 (捐助) 圓하타 연보(捐補)1.

연-존장 (年尊長) 圓 자기보다 스무 살 이상 많은 어른.

연종 (年終) 圓 세밑.

연좌 (宴坐) 圓하짜 〔불〕 좌선(坐禪).

연좌 (連坐) 圓하짜 1 잇따라 앉음. ▢ ~ 농성을 벌이다. 2 한 사람의 범죄에 대해 특정 범위의 몇 사람이 연대 책임을 지고 처벌되는 일. 연루(連累). ▢ 불법 대출 사건에 ~되다.

연좌 (緣坐) 圓하짜 〔역〕 1 친척이나 인척의 범죄로 처벌당하거나 불이익을 받음. 2 역모와 같은 중대 범죄를 범하면, 범죄자의 친척이나 인척까지 처벌한 옛 제도.

연좌-구들 圓 골을 켜고 놓은 구들. ↔허튼구들.

연좌-데모 (連坐demo) 圓 죽 연달아 앉아서 하는 데모.

연좌-시위 (連坐示威) 圓 여러 사람이 같은 자리에 죽 늘어앉아 하는 시위. ▢ ~를 벌이다.

연좌-제 (緣坐制) 圓 범죄자의 친척이나 인척까지 연대적으로 처벌하거나 불이익을 주는 제도. 우리나라에서는 1980년대 이후 사실상 폐지되었음.

연주 (連珠) 圓 〔한의〕 '연주창'의 준말.

연:주 (演奏) 圓하타 청중 앞에서 악기를 다루어 들려주는 일. ▢ 피아노 ~ / 활발한 ~ 활동을 하다.

연주 (筵奏) 圓하타 〔역〕 임금 앞에서 사연을 아룀. 연품(筵稟).

연주 (聯奏) 圓하타 둘이서 같은 종류의 악기를 동시에 연주함.

연주 (聯珠) 圓 1 구슬을 꿴. 또는 그 구슬. 2 '연주시(聯珠詩)'의 준말.

연:주-가 (演奏家) 圓 음악을 연주하는 사람. 또는 그것을 업으로 하는 사람. ▢ 세계적인 피아노 ~.

연:주-곡목 (演奏曲目)[-꼭-] 圓 연주할 악곡의 이름.

연:주-권 (演奏權)[-꿘] 〔법〕 저작권법에 규정되어 있는 공연권의 하나로, 악보를 독점적으로 연주할 수 있는 권리.

연주 나력 (連珠瘰癧) 〔한의〕 목 주위에 멍울이 생기어 쉽게 낫지 않는 병(이것이 헐어서 터지면 연주창이 되기도 함).

연:주-법 (演奏法)[-뻡] 圓 악기를 연주하는 방법. ▢ 기타 ~ / ~에 따라 느낌이 달라진다. ㉠주법(奏法).

연주-시 (聯珠詩) 圓 〔문〕 칠언 절구로 된 당시(唐詩)의 잘된 것만 가려서 모은 시집. ㉠연주(聯珠).

연:주-자 (演奏者) 圓 연주하는 사람. ▢ 바이올린 ~. ㉠주자(奏者).

연주-차 (年周差) 〔천〕 연차(年差).

연주-창 (連珠瘡) 〔한의〕 연주 나력(瘰癧)이 터져서 생긴 부스럼(현대 의학의 갑상선 림프샘 결핵). ㉠연주.

연주-체 (聯珠體) 圓 〔문〕 풍유(諷喩)와 가탁(假託)을 주장으로 하여 대구(對句)로 잇대어 짓는 시문(詩文)의 한 형식.

연주-혈 (連珠穴) 圓 〔민〕 풍수지리에서, 구슬이 꿰어 있는 것처럼 정기가 잇달아 모여 있는 자리.

연:주-회 (演奏會) 圓 〔악〕 음악을 연주하여 청중에게 들려주는 모임. 콘서트. ▢ 한 달에 한 번씩 연주회를 열기는 정기 ~.

연:주회 형식 (演奏會形式) 〔악〕 오페라 공연의 한 형식. 연기·분장·무대 장치를 생략하고, 오케스트라가 무대 위에 올라가서 연주하고 독창자가 교대로 서서 노래하는 오페라의 공연 형식.

연죽 (煙竹) 圓 담뱃대.

연죽-전 (煙竹廛)[-쩐] 圓 담뱃대를 파는 가게.

연-줄 (鳶-)[-쭐] 圓 연을 매어서 날리는 데 쓰는 실. ▢ ~을 감다.

연-줄 (緣-) 圓 인연이 맺어지는 길. ▢ ~이 닿다 / ~을 대다.

연줄-연줄 (緣-緣-)[-련-] 團 거듭되는 연줄로. 연비연비. ▢ ~로 알게 된 사람.

연줄-혼인 (緣-婚姻) 圓 연줄이 닿는 사람끼리 하는 혼인.

연중 (年中) 圓 한 해 동안. ▢ 종합 주가 지수가 ~ 최고치를 기록했다.

연:중 (軟中) 圓 연상(軟上)보다 조금 약하나 연하(軟下)보다는 강한 등급의 활.

연중 (連中) 圓하타 활이나 총 따위를 쏘아 잇따라 맞힘.

연중 (筵中) 圓 연석(筵席).

연 중독(鉛中毒) 납 중독.

연중-무휴(年中無休)【명】【자】일 년 내내 하루도 쉬는 날이 없음. ▣~로 공장을 가동하다.

연-중석(鉛重石)【명】【광】납과 텅스텐을 함유한 광석. 정방 정계의 결정으로 둥글게 뭉치어 산출됨. 빛깔은 적색·갈색·회색·황색·녹색 등이고, 금강석 광택이 남.

연중-에(然中-)【부】'그런데다가'·'그러한 가운데'의 뜻을 나타내는 접속 부사.

연중-행사(年中行事)【명】해마다 일정한 시기를 정해 놓고 하는 행사.

연즉(然則)【부】'그러면'·'그런즉'의 뜻을 나타내는 접속 부사.

연증세가(年增歲加)【명】【자】해마다 더하여 늘어감.

연지(連枝)【명】한 뿌리에서 난 이어진 가지라는 뜻으로 형제자매의 비유.

연:-지(硯池)【명】벼루 앞쪽의 오목한 데. 연해.

연지(蓮池)【명】연못1.

연지(撚紙)【명】책 등을 매기 위해 손끝으로 비비어 꼰 종이 끈. 지(紙)노.

연지(臙脂)【명】1 여자가 화장할 때, 입술이나 뺨에 바르는 붉은 빛깔의 안료. ▣~를 찍다. 2 자주와 빨강을 섞은 그림물감.

연지-묵(臙脂墨)【명】연지에 먹을 섞어서 만든 물감.

연지-벌레(臙脂-)【명】【충】둥근깍지진딧물과의 곤충. 수컷은 몸이 가늘고 적갈색이며 암컷은 달걀꼴로서 길이는 2mm 정도임. 날개는 없고 피가 붉으며 선인장(仙人掌) 등에 기생함. 암컷을 죽여 말려서 가루로 한 것을 카민(carmine)이라 하여 식품(食品)·화장품(化粧品)의 색소로 씀.

연지-분(臙脂粉)【명】1 연지와 분. 2 화장품.

연직(鉛直)【명】1 중력(重力)의 방향. 2 어떤 직선 또는 평면에 대하여 수직인 방향.

연직 거:리(鉛直距離)[-꺼-]【수】공간 안에 있는 두 점의 거리를, 그 두 점과 수평면과의 높이의 차이로 나타내는 거리.

연직-면(鉛直面)[-징-]【물】연직선을 포함하는 평면. 수직면.

연직-선(鉛直線)[-썬]【명】【물】중력(重力)의 방향을 나타내는 선. 곧 수평면과 직각을 이루는 직선.

연진(煙塵)【명】1 연기와 먼지. 2 병진(兵塵).

연:-질(軟質)【명】질이 무름. 또는 그런 성질의 물질. ↔경질(硬質).

연:-질-미(軟質米)【명】수분이 15% 이상 함유되어 있어 변질하기 쉬운 현미. ↔경질미.

연:-질 유리(軟質琉璃)[-류-]【명】연화점(軟化點)이 낮아 비교적 가공하기 쉬운 유리. 가장 일반적인, 소다 석회(soda石灰) 유리를 가리키는 경우가 많음.

연차(年次)【명】1 나이의 차례. 2 햇수의 순서. ▣~ 총회. 3 매년.

연차(年差)【명】【천】달의 운행이 일정하지 않은 현상. 지구의 궤도가 타원형이기 때문에, 태양과 달의 거리는 1년을 주기로 변하며, 달에 미치는 태양의 인력도 1년을 주기로 변하여 일어나는 현상임. 연주차(年周差).

연차(年借)【명】【자】여러 사람이 연대하여 돈이나 물품 따위를 빌림.

연차(連次)【부】여러 차례를 계속하여. 번번이. 거듭하여.

연:-차관(軟借款)【명】낮은 금리나 긴 상환 기간 등의 조건이 유리한 차관.

연차 교:서(年次敎書) 미국에서, 대통령이 매년 정기적으로 의회에 보내는 교서.

연차 유:급 휴가(年次有給休暇)[-그뮤-]【법】해마다 종업원에게 주도록 정해진 유급의 휴가. ㉰연차 휴가.

연차 휴가(年次休暇)【법】'연차 유급 휴가'의 준말. ㉰연가·연휴(年休).

연착(延着)【명】【자】정한 시간보다 늦게 도착함. ▣40 분이나 ~한 급행열차 / 기차가 ~되다.

연:-착륙(軟着陸)[-창뉵]【명】【자】1 우주 공간을 비행하는 물체가 지구나 그 밖의 천체에, 속도를 늦추어 충격을 줄이면서 착륙하는 일. 소프트 랜딩(soft landing). ▣달 표면에 ~하다. 2 무리하게 결말을 짓지 않고 사전에 협의하며 신중하게 일을 진행함의 비유. ▣과열된 경기의 ~을 꾀하다.

연:-찬(研鑽)【명】【타】학문 따위를 깊이 연구함.

연:찬(宴饌)【명】잔치.

연창(-窓)【명】【건】안방·건넌방에 딸린 덧문 또는 덧창.

연창(煙槍)【명】아편 연기를 빨 때 쓰는 관(管).

연창-문(連窓門)【명】【건】문짝의 중간 부분만을 살창으로 한, 네 짝으로 된 문.

연채(軟彩)【명】도자기에 그린 연하고 고운 그림의 빛깔. 중국 청나라 옹정(雍正) 때에 발달되었음. 분채(粉彩).

연천-하다(年淺-)【명】1 나이가 아직 적다. 2 시작한 지 몇 해 되지 않다. ▣말이 연구지 아직 연천합니다.

연철(連綴)【명】【타】【언】한 음절의 종성(終聲)을 다음 자(字)의 초성(初聲)으로 내려쓰는 일. 또는 그 방법.

연:철(軟鐵)【명】【광】탄소 함유량이 0.01% 이하의 무른 쇠.

연철(鉛鐵)【명】【광】납과 철분이 섞인 광석.

연:철(鍊鐵·練鐵)【명】【광】1 잘 단련한 쇠. 2 탄소를 0.2% 이하로 함유하는 연철(軟鐵)〔철선·못 등의 재료〕.

연:-철-심(軟鐵心)【물】연철로 만든 심. 이것에 절연 동선(絶緣銅線)을 감으면 전자석이 됨. 연철봉(棒).

연철-줄(鉛鐵-)[-쭐]【광】납이나 철이 섞여 있는 광맥.

연청(延請)【명】【타】청요(請邀).

연체(延滯)【명】【자】【타】금전의 지급이나 납입 등을, 기한이 지나도록 지체함. 건체. ▣2개월 동안 휴대 전화 사용료가 ~돼 있다.

연체-금(延滯金)【명】【법】연체료.

연:체-동물(軟體動物)【명】【동】동물의 한 문(門). 뼈가 없고 부드러우며 근육이 풍부함. 모두 유성(有性) 생식이고 대부분이 물에서 사는 동물임〔문어·조개 따위〕.

연체-료(延滯料)【명】세금 따위를 연체했을 때 밀린 날짜에 따라 무는 돈. 연체금.

연체 이:자(延滯利子) 원금의 지급을 연체했을 때 밀린 날짜에 따라 무는 이자. 지연 이자.

연초(年初)【명】한 해의 첫머리. 연시(年始). ▣새해 ~.

연초(煙草)【명】담배2.

연초(鉛醋)【명】【화】염기성 아세트산납의 수용액〔수렴제(收斂劑) 등 의약품으로 씀〕.

연-초록(軟草綠)【명】연한 초록빛.

연:-초자(軟硝子)【명】【화】플린트 유리.

연:-초점(軟焦點)[-쩜]【명】【화】소프트 포커스(soft focus).

연촌(煙村)【명】안개·비·이내 등에 가리어 희미하게 보이는 마을.

연총 (淵叢) 圏 연수(淵藪).
연축 (攣縮) 圏하재 1『생』 자극을 받은 근육이 흥분되어 오그라들다가 이어 느즈러지는 과정. 2 당기고 켕기어 오그라들거나 줄어듦.
연축-기 (連軸器)[-끼] 圏 클러치(clutch)1.
연-축전지 (鉛蓄電池)[-쩐-] 圏『물』 납축전지.
연:출 (演出) 圏하타 1『연』 각본 또는 시나리오를 기초로 하여, 배우의 연기·무대 장치·조명·음악 등을 종합하여 무대 위의 상연이나 영화 제작을 지도하는 일. 2 어떤 상황이나 상태를 만들어 냄. ▢이변(異變)을 ~하다.
연:출-가 (演出家) 圏 각본 또는 시나리오를 연출하는 사람.
연:출-자 (演出者)[-짜] 圏 연극·영화·방송극 따위를 연출하는 사람.
연춧-대 [-추때 / -춛때] 圏 토담을 쌓을 때 쓰는 나무.
연춧-대 (簟-)[-추때 / -춛때] 圏 연(簟)의 명에에 가로로 대는 나무.
연충 (淵衷) 圏 심충(深衷).
연충 (蠕蟲) 圏 꿈틀거리며 기어 다니는 벌레.
연취 (鳶嘴) 圏 물부리.
연층 갱도 (沿層坑道)『광』 탄광에서, 탄층을 따라 파 내려간 갱도나 수평 갱도.
연치 (年歯) 圏 '나이'의 높임말.
연칙 (延飭) 圏하타 『역』 연석(筵席)에서 임금이 신하를 꾸짖어 단단히 훈계하던 일.
연:침 (燕寝) 圏 왕이 평상시에 한가롭게 거처하던 전각(殿閣).
연타 (連打) 圏하타 연속하여 때리거나 침. ▢~를 맞다 / ~를 날리다 / ~를 허용하다.
연:타 (軟打) 圏하타 야구에서, 번트(bunt).
연:탄 (軟炭) 圏 역청탄(瀝青炭).
연:탄 (煉炭) 圏 석탄·코크스·목탄 등의 가루에 피치·해조(海藻)·석회 등의 점결제(粘結劑)를 섞어서 굳혀 만든 연료. ㉭탄.
연탄 (聯彈·連彈) 圏『악』 한 대의 피아노를 두 사람이 함께 치며 연주하는 일.
연:탄-가스 (煉炭gas) 圏 연탄이 탈 때 발생하는 유독성 가스. 일산화탄소가 주성분임.
연:탄-불 (煉炭-)[-뿔] 圏 연탄에 붙은 불. ▢~을 꺼트리다 / ~을 피우다.
연:탄-재 (煉炭-)[-째] 圏 연탄이 타고 남은 재.
연:탄-집게 (煉炭-)[-께] 圏 연탄을 갈거나 옮길 때 사용하는 쇠 집게.
연토-판 (鉛土板) 圏『공』 암중널.
연통 (連通·聯通) 圏하재 연락하거나 기별함. 또는 그런 통지나 기별. ▢~을 받다.
연통 (煙筒) 圏 양철·슬레이트 등으로 둥글게 만든 굴뚝.
연통-관 (連通管) 圏『물』 두 개 이상의 관의 밑을 하나로 연결한 관.
연:투 (軟投) 圏하타 야구에서, 투수가 속도가 느린 공을 던짐.
연투 (連投) 圏하타 야구에서, 투수가 둘 이상의 경기에 연속해서 등판하여 투구함. ▢마무리 투수로 나서 세 경기를 ~했다.
연:파 (軟派) 圏 1 온건한 의견을 가진 파. 2 문예상 에로티시즘을 주로 다루는 파. 3 앞으로 경기(景氣)가 좋지 않을 것으로 보고 주권 등을 팔려는 파. 4 이성과의 교제만을 목적으로 하는 불량 소년·소녀. ↔경파(硬派).
연파 (連破) 圏하타 싸움이나 경기 따위에서 상대를 연속하여 무찔러 패배시킴. ▢숙명의 라이벌을 ~하다.
연파 (煙波) 圏 1 자욱하게 끼어서 물결처럼 보이는 안개. 2 아지랑이가 낀 수면(水面).
연판 (連判) 圏 하나의 문서에 두 사람 이

상이 연명(連名)으로 도장을 찍음. 연서(連署).
연판 (鉛版) 圏『인』 활자판을 지형(紙型)으로 뜨고, 여기에 납·주석·알루미늄의 합금을 녹여 부어서 뜬 인쇄판.
연판 (蓮瓣) 圏 연꽃의 잎.
연판-장 (連判狀)[-짱] 圏 연판한 서장(書狀). ▢~을 돌리다.
연패 (連敗) 圏하재 싸움이나 경기에서 잇따라 패함. ▢~의 늪에 빠지다. ↔연승.
연패 (連霸) 圏하재 운동 경기 따위에서 연달아 우승함. 계속하여 패권을 잡음. ▢3년 ~의 대기록을 세우다.
연편누벽 (連篇累牘) 圏 쓸데없이 문장이 장황하고 복잡함.
연편-하다 (聯翩-) 재어 모두 잇따라 가볍게 나붓거리다.
연-평균 (年平均) 圏 한 해 동안의 평균. ▢~강수량.
연-평수 (延坪數)[-쑤] 圏 건물 전체의 평수. 고층 건물의 경우, 각 층의 평수를 모두 합한 평수.
연:포 (練布) 圏 누인 베. 빤 베.
연포지목 (連抱之木) 圏 아름드리 큰 나무.
연폭 (連幅) 圏하타 피륙·종이·널빤지 등의 조각을 너비로 마주 이어서 붙임. 또는 그렇게 이어진 폭.
연폭 (連爆) 圏하타 비행기가 잇따라 폭격함.
연:풋-국 (軟泡-)[-포꾹 / -폳꾹] 圏 쇠고기·무·두부 등을 맑은장국에 넣어서 끓인 국. 초상집에서 흔히 끓임. 염풋국.
연표 (年表) 圏 '연대표'의 준말. ▢역사 ~를 작성하다.
연풍 (年豊) 圏하재 풍년이 듦. 연등(年登).
연:풍 (軟風) 圏 1 솔솔 부는 바람. 2 바닷가에서 낮과 밤의 온도 차가 클 때 부는 바람. 3『기상』'산들바람'의 구용어.
연풍 (連豊) 圏 여러 해를 두고 계속해 드는 풍년. ↔연흉(連凶).
연:풍-대 (燕風臺) 圏 1『악』기생이 추는 칼춤의 한 가지. 2 기생이 노래를 부를 때에 빙빙 돌아다니는 곳.
연피 전:선 (鉛被電線) 도선(導線)을 고무 또는 절연(絶緣)된 피륙 등으로 싸고 다시 납을 씌운 전선. 연피선.
연필 (鉛筆) 圏 필기도구의 하나. 흑연 분말과 점토의 혼합물을 고열로 구워 가느다란 심을 만들고, 이것을 나무 막대 속에 박은 것. ▢~ 한 자루 / ~ 한 다스 / ~로 쓴 편지 / ~을 깎다.
연필-깎이 (鉛筆-) 圏 연필을 깎는 데에 쓰는 기구(칼날이 든 구멍에 연필을 끼워 돌리면 원뿔꼴로 깎임).
연필-꽂이 (鉛筆-) 圏 연필이나 볼펜 따위의 필기도구를 꽂아 두는 물건.
연필-심 (鉛筆心·鉛筆芯) 圏 연필의 중심에 넣은 심. 흑연 가루와 점토를 섞어 구워 만듦.
연필 철광 (鉛筆鐵鑛) 적(赤)철광의 하나. 연필 모양으로 잘게 갈라지기 쉬움.
연필-향나무 (鉛筆香-)『식』 측백나뭇과의 상록 교목. 북아메리카 원산으로 높이는 약 30m 정도. 잎은 바늘 모양으로 끝이 날카로우며, 자웅 동주로 봄에 꽃이 핌. 재목은 연필대로 씀.
연필-화 (鉛筆畫) 圏 연필로 그린 그림.
연하 (年下) 圏 자기보다 나이가 적음. 또는 그런 사람. ▢~의 남편. ↔연상(年上).

연하(年賀)〔명〕새해를 축하함. □~ 인사.

연하(沿河)〔명〕강가(沿江).

연:하(軟下)활의 세기에서 가장 무른 등급의 활. *연중(軟中).

연하(煙霞)〔명〕1 안개와 노을. 2 고요한 산수의 경치를 비유한 말.

연하(嚥下)〔명〕〔하타〕1 꿀떡 삼켜서 넘김. 2〔의〕입속에 있는 음식 덩어리를 위장으로 보내는 동작.

연하-고질(煙霞痼疾)〔명〕자연의 아름다운 경치를 몹시 사랑하고 즐기는, 고질과도 같은 성벽(性癖). 연하지벽. 천석고황(泉石膏肓).

연-하다(連-)〔자어〕잇닿다. 또는 잇대어 있다. □ 국토의 삼면이 바다에 연해 있다 / 벨 소리가 연하여 울렸다.

연:-하다(練-)〔타어〕소상(小祥) 때 상복을 빨아서 부들부들하게 다듬다.

연:-하다(軟-)〔형어〕1 무르고 부드럽다. □ 고기가 ~. ↔질기다. 2 빛깔이 엷고 산뜻하다. □ 연한 화장. 3 액체의 농도가 흐리다. □ 된장을 연하게 풀다. ↔진하다.

-연하다(然-)〔미어〕'-인 체하다'·'-인 것처럼 뽐내다'의 뜻. □예술가~ / 학자~.

연하-우편(年賀郵便)〔명〕특별 취급 우편물의 하나. 연하장 따위의 새해 인사의 우편.

연하-일휘(煙霞日輝)〔명〕안개와 노을과 빛나는 햇살이라는 뜻으로, 아름다운 경치를 비유하여 이르는 말.

연하-장(年賀狀)〔명〕새해를 축하하는 글을 적은 간단한 내용의 서장(書狀).

연하지벽(煙霞之癖)〔명〕연하고질(煙霞痼疾).

연:학(研學)〔명〕〔하자〕학문을 연구함. □~에 힘쓰고 있다.

연한(年限)〔명〕정해진 햇수. 연기(年期). □해외 근무 ~ / 수업 ~ / ~이 차다.

연:한-하다(燕閒-·燕閑-)〔형어〕아무 근심이나 걱정이 없고 몸과 마음이 한가하다. **연:한히**〔부〕

연함(椽檻)〔명〕〔건〕서까래 끝의 평교대 위에 기왓골을 받기 위해, 암키와가 놓일 만한 길이로 총총하게 덧댄 나무.

연:합(煉合)〔명〕〔하타〕고아서 합침.

연합(聯合)〔명〕〔하자타〕1 둘 이상의 단체나 조직을 합하여 하나의 조직을 만듦. 또는 그런 조직체. □ 기업 ~ / 육해공군 ~ 기동 훈련. 2 〔심〕연상(聯想).

연합-고사(聯合考査)〔-꼬-〕〔명〕1 어떤 지역의 전체 학교가 연합하여 동시에 모든 학생에게 보이는 고사. 2 고등학교에 진학할 자격이 있는지를 가리기 위해 1년에 한 번씩 전국적으로 실시하는 시험.

연합-국(聯合國)〔-꾹〕〔명〕1 공통의 목적을 위하여 연합한 두 나라 이상의 나라. 2〔역〕제2차 세계 대전 때, 추축국(樞軸國)에 대항하여 싸운 나라들(미국·영국·프랑스·소련·중국 등). ↔추축국.

연합 국가(聯合國家)〔-꾹까〕연방(聯邦).

연합-군(聯合軍)〔-꾼〕〔명〕1 두 나라 이상의 군대가 연합한 군대. 2 연합국의 군대.

연합-령(聯合領)〔-합녕〕〔생〕추리·판단·기억·의지·감정 등의 정신 작용을 맡은 대뇌 피질(大腦皮質) 부분. *운동령(運動領)·지각령(知覺領).

연합 작전(聯合作戰)〔-짠〕〔군〕공동 행동을 취하는 두 나라 이상의 동맹국 부대에 의하여 실시되는 작전. □큰 전과를 올림 ~.

연합 전:선(聯合戰線)〔-전-〕여러 나라나 여러 부대가 연합하여 펴는 전선.

연합 채:무(聯合債務)〔법〕동일한 채무 관계에 있는 여러 채무자가 각각 그 한 부분에 대해서 책임을 지는 채무.

연합 함:대(聯合艦隊)〔-하팜-〕〔군〕둘 이상의 함대를 연합하여 편성한 함대.

연해(沿海)〔명〕1 바닷가에 잇닿은 지역. 연해변. 2 육지 가까이에 있는 얕은 바다.

연:해(硯海)〔명〕연지(硯池).

연해(煙害)〔명〕연기의 독으로 인한 공해.

연해(緣海)〔명〕〔지〕대양(大洋)의 가장자리에 차지하는 바다로서 반도·열도 등으로 둘러싸인 바다(동해·베링 해 따위).

연해 기후(沿海氣候)〔지〕연해 지방 일대에서 나타나는, 대륙성 기후와 해양성 기후의 중간 기후형(해연풍(海軟風)과 육연풍(陸軟風)이 밤낮으로 바뀌어 불며, 공기가 맑고 겨울에도 비교적 따뜻함).

연해 무:역(沿海貿易)〔경〕연안 무역.

연해-안(沿海岸)〔명〕해안.

연해 어업(沿海漁業)연안 어업.

연해-연방(連-連方)〔부〕끊임없이 잇따라 자꾸. □하루도 거르지 않고 ~ 이탈자가 생긴다.

연해 항:로(沿海航路)〔-노〕선박 안전법에 정한 연해의 항로. 해안선에서 20마일 이내의 수역을 항행하는 항로.

연행(連行)〔명〕〔하타〕1 데리고 감. 2〔법〕피의자 등을 체포하여 동행(同行)함. □범인을 ~하다 / 경찰에 ~되다.

연:행(燕行)〔명〕〔역〕사신이 중국의 연경(燕京), 곧 베이징에 가던 일. 또는 그 일행.

연:향(宴享·醼享)〔명〕〔하자〕국빈(國賓)을 대접하는 일. 또는 그 잔치.

연:혁(沿革)〔명〕변천하여 온 과정. □학교의 ~을 소개하는 글.

연형(年形)〔명〕농형(農形).

연형-동물(蠕形動物)〔명〕〔동〕좌우가 같은 모양으로, 대개 편형(扁形) 또는 선형(線形)의 무척추동물의 총칭(편형동물·윤형동물·환형동물 따위로 나뉨).

연형-시조(聯形時調)〔명〕〔문〕연시조(聯時調). ↔단형(單形)시조.

연호(年號)〔명〕'다년호(大年號)'의 준말.

연호(連呼)〔명〕〔하타〕계속하여 부름. □청중은 흥분하여 연설자의 이름을 ~했다.

연호(煙戶)〔명〕굴뚝에서 연기가 나는 집이라는 뜻으로, 사람이 사는 집.

연호-법(煙戶法)〔명〕〔역〕조선 때, 호적법의 하나. 상호(上戶)·중호(中戶)·하호(下戶)·하하호(下下戶)로 구별됨.

연호-잡역(煙戶雜役)〔명〕〔역〕조선 때, 민가(民家)마다 과하던 여러 가지 부역.

연혼(連婚)〔명〕〔하자〕1 혼인을 맺음. 2 혼인으로 인척 관계가 생김.

연홍(鉛紅)〔명〕전두리를 붉은빛으로 칠하여 만든 도자기.

연홍지탄(燕鴻之歎)〔명〕길이 어긋나서 서로 만나지 못함을 탄식하는 일.

연화(年華)〔명〕세월.

연:화(軟化)〔명〕〔하자타〕1 단단한 것이 부드럽고 무르게 됨. 또는 그렇게 함. 2 강경하던 태도를 버리고 타협함. 3〔경〕금융 시장이나 증권 거래소에서 금리나 시세가 하락함. 4〔공〕탄소강(鋼)의 재질을 무르게 하는 열처리의 한 방법(726℃ 정도로 가열한 다음 냉각시킴). 5 식용으로 하는 작물이 뻣뻣하여 그대로 먹기 어려울 때, 통풍 또는 일광을 막아

연하게 함. ↔경화(硬化).
연ː화 (軟貨)명 《경》주조 화폐 이외의 통화. 곧, 지폐. ↔경화(硬貨).
연화 (煙火)명 1 인연(人煙). 2 연기와 불.
연화 (煙花)명 1 봄의 경치. 2 화포(花砲).
연화 (鉛華)명 《화》백분(白粉)2.
연화 (蓮花·蓮華)명 연꽃.
연화-국 (蓮花國)명 《불》연꽃의 나라. 곧, 극락정토.
연화-대 (蓮花臺)명 1 《불》극락세계에 있다는 대. ㉺연대. 2 《역》나라의 잔치 때에 추던 춤의 한 가지.
연화-등 (蓮花燈)명 연꽃 모양의 등. ▢~으로 장식한 사월 초파일의 절 풍경.
연화-문 (蓮花紋)명 연꽃을 도안화(圖案化)한 무늬. 연꽃무늬.
연ː화-병 (軟化病)[-뼝]명 누에의 몸이 연약해지고 산 채로 꺼멓게 썩는 병.
연화-부 (蓮華部)명 《불》태장계(胎藏界)의 삼부(三部)의 하나 또는 금강계(金剛界)의 오부(五部)의 하나로, 중생의 마음 가운데 있는 맑은 보리심.
연화-분 (鉛華粉)명 합석꽃.
연화-세계 (蓮花世界)[-/-게]명 《불》극락세계(極樂世界).
연화-소 (緣化所)명 《불》불사(佛事)를 특별히 맡아보는 임시 사무소.
연ː화-유 (軟火釉)명 약한 불에서 녹는 잿물.
연화-좌 (蓮花座)명 1 《불》연꽃 모양의 불좌(佛座). 2 《건》연꽃 새김을 한 대좌(臺座).
연환 (連環)명 고리를 잇대어 꿴 쇠사슬.
연환-계 (連環計)[-/-게]명 적에게 간첩을 보내어 계교를 꾸미게 하고, 그 사이에 자신은 승리를 얻는 계교.
연ː활-하다 (軟滑-)형여 연하고 매끄럽다.
연회 (年會)명 1 1년에 한 번 여는 집회. 2 《기》감리교에서, 목사와 평신도의 대표로 조직되어 1년에 한 번씩 모이는 모임.
연ː회 (宴會)명 여러 사람이 모여 음식과 술을 먹으면서 즐기는 모임. ▢~를 베풀다 / ~에 참석하다.
연-회비 (年會費)명 회원으로 가입한 단체나 모임에 회원의 자격을 유지하는 대가로 일 년에 한 번씩 내는 돈.
연ː회-석 (宴會席)명 연석(宴席).
연ː회-장 (宴會場)명 연회를 차린 곳.
연횡 (連衡)명 《역》'연횡설(連衡說)'의 준말. ↔합종(合縱).
연횡-설 (連衡說)명 《역》중국 전국 시대에 진(秦)나라의 장의(張儀)가, 소진(蘇秦)이 주장한 합종설(合縱說)에 대항하여 내세운 동맹 정책. 곧, 진이 한(韓)·위(魏)·조(趙)·초(楚)·연(燕)·제(齊)의 여섯 나라와 각각 단독으로 화평 조약을 맺으려던 정책. ↔합종설(合縱說). ㉺연횡(連衡).
연후 (然後)명 그러한 뒤. ▢내 설명을 들은 ~에 출발하다.
연후지사 (然後之事)명 그러한 뒤의 일.
연훈 (煙薰)명 연기로 말미암아 훈훈한 기운.
연휴 (年休)명 '연차 휴가'의 준말.
연휴 (連休)명 휴일이 이틀 이상 겹쳐, 잇따라 노는 일. 또는 그 휴일. ▢황금의 ~ / ~를 고향에 가서 즐기다.
연흉 (連凶)명 여러 해를 계속해 드는 흉년. ㉺연풍.
연흔 (漣痕)명 1 《지》호숫가나 해안의 지층, 특히 강바닥이나 모래땅 표면 등에 새겨져 있는 물결 모양의 흔적. 2 바람에 의하여 모

래나 눈 위에 생긴 물결 모양의 흔적.
연ː희 (演戲)[-히]명하자 1 말과 동작으로 여러 사람 앞에서 재주를 부림. ▢남사당이 ~를 보이다. 2 연극1.
옜다 [옏-]감 '여기 있다'의 준말. ▢~, 받아라.
옜ː다 〈옛〉얹다.
엣 관 〈옛〉이제.
열-아홉 쉬관 여덟이나 아홉(의). ▢~째로 입장하다.
엳줍다 타 〈옛〉여쭙다.
열¹명 도리깨나 채찍 따위의 끝에 달려 있는 회초리나 끈 같은 것.
열²명 '총열'의 준말.
열 (列)□명 사람·물건이 죽 벌여 선 줄. ▢~을 짓다. □의명 줄을 세는 단위. ▢사 ~로 늘어서다.
열 (熱)명 1 《물》온도가 다른 두 물체가 접촉했을 때, 고온의 물체에서 저온의 물체로 이동하는 에너지(이동 방법은 전도(傳導)·대류(對流)·복사(輻射) 따위가 있음). 2 흥분한 상태. ▢~을 올리다. 3 '신열(身熱)'의 준말. ▢독감으로 ~이 대단하다. 4 '열성(熱誠)'의 준말. ▢~과 성을 다하다. 5 '열화(熱火)'의 준말.
열에 뜨다 몹시 흥분하거나 성이 나다.
열에 받치다 몹시 흥분하거나 격분하다. ▢열에 받쳐 악을 쓰다.
열(을) 받다 자극을 받거나 격분하다.
열(을) 올리다 (내다) ㉠흥분하여 성을 내다. ㉡열중하거나 열성을 보이다. ㉢기염을 토하다.
열이 상투 끝까지 오르다 매우 화가 난다는 말. ▢열이 상투 끝까지 올라서 펄펄 뛰고 있다.
열이 식다 일시적인 흥분·열정이 가라앉다. ▢야구에 대한 ~.
열(이) 오르다 ㉠기세가 오르다. ㉡격분하거나 흥분하다.
열³ 쉬관 아홉에 하나를 더한 수. 십(十). ▢~의 ~ 배는 백이다.
[열 길 물속은 알아도 한 길 사람의 속은 모른다] 사람의 마음은 알기 어렵다는 말. [열 번 찍어 아니 넘어가는 나무 없다] 되풀이해서 노력하면 성취된다. [열 사람이 지켜도 한 도둑놈을 못 막는다] 여럿이 살피어도 한 사람의 나쁜 짓을 못 막는다는 말. [열 손가락 깨물어 안 아픈 손가락 없다] 혈육은 다 귀하고 소중하다는 말. [열을 듣고 하나도 모른다] 아무리 들어도 깨우치지 못하여 어리석고 우둔하다.
열 모로 뜯어보다 여러 모로 구석구석을 모두 살펴보다.
열에 아홉 열 가운데 아홉. 거의 다 또는 거의 틀림없음을 이르는 말. 십중팔구(十中八九).
열에 한 맛도 없다 음식이 도무지 맛이 없다.
열 일 제치다 한 가지 중요한 일 때문에 다른 모든 일을 뒤로 미루거나 그만두다.
열-가소성 (熱可塑性)[-썽]명 《화》가열하면 연화(軟化)하여 쉽게 다른 모양으로 변형할 수 있는 성질.
열가소성 수지 (熱可塑性樹脂)[-썽-]명 《화》가열하면 가공하기 쉽고 냉각하면 굳어지는 합성수지(염화비닐·폴리에틸렌 따위). ↔열경화성(熱硬化性)수지.
열각 (劣角)명 《수》켤레각 중에서 작은 각.

↔우각(優角).

열간 가공 (熱間加工)『공』가열한 금속이 냉각하기 전에 하는 압연이나 단조(鍛造) 등의 가공.

열간 압연 (熱間壓延)『공』가열한 금속을 압연기(壓延機)로 압연하는 일. 단조품(鍛造品)과 같은 좋은 성질을 재료에 줌. ㊤열연(熱延). ＊냉각 압연.

열감 (熱疳)『한의』뺨이 붉어지고 입 안이 타며, 변비증이 생기고 몸이 차차 말라 가는, 어린아이에게 생기는 감병(疳病).

열감 (熱感)『명』신열(身熱)이 나는 느낌.

열강 (列强)『명』여러 강한 나라들. ▣∼의 각축 / 세계의 ∼과 겨루다.

열개 (裂開)『명』『하자타』찢어서 벌림. 또는 찢겨서 벌어짐. 쪼개어 엶.

열거 (列擧)『명』여러 가지 예나 사실을 낱낱이 들어 말함. ▣사례를 ∼하다 / 죄목이 ∼되다.

열거-법 (列擧法)[-뻡]『명』강조법(强調法)의 한 가지. 내용적으로 연결되거나 비슷한 어구를 여러 개 늘어놓아, 전체의 내용을 강조하는 수사법.

열경화-성 (熱硬化性)[-썽]『명』『화』가열하면 단단해지는 성질. 특히 저분자(低分子)의 중합체(重合體)를 가열하면 중합도가 증가하여 큰 힘을 가하여도 변형하지 않는 성질. 플라스틱 따위에서 볼 수 있음.

열경화성 수지 (熱硬化性樹脂)[-썽-]『화』합성수지 중에서 열을 가하여 굳어지면 다시 열을 가하여도 물러지지 않는 수지(베이클라이트(bakelite)·규소(硅素) 수지·요소(尿素) 수지 따위). ↔열가소성 수지.

열고-나다『자』 1 몹시 급하게 서두르다. 2 몹시 급한 일이 생기다.

열 공학 (熱工學)연료와 증기를 이용하는 것에 대한 이론과 기술을 연구하는 학문.

열과 (裂果)『식』익으면 껍질이 자연히 벌어져 씨가 땅에 뿌려지는 열매(완두·나팔꽃·무 따위의 열매). ↔폐과(閉果).

열 관리 (熱管理)[-괄-]『공』석탄·석유·가스·전열(電熱) 따위의 열원(熱源)이 가지는 에너지를 가장 효율적으로 활용할 수 있도록 연료·연소·노체(爐體) 등을 관리하는 일.

열광 (烈光)『명』강렬한 빛.

열광 (熱狂)『명』『하자』흥분하여 미친 듯이 날뜀. 또는 그런 상태. ▣∼의 도가니 / 컴퓨터 게임에 ∼하다.

열광 시세 (熱狂時勢)『경』증권 시장의 매기가 커서, 장기간 오름세를 지속하는 시세.

열광-적 (熱狂的)『관』『명』열광하고 있는 (것). ▣∼으로 환영하다 / ∼인 반응을 얻었다.

열교 (裂教)『명』가톨릭에서, ‘개신교(改新教)’를 이르는 말(갈라져 나간 교회라는 뜻).

열구 (悅口)『명』『하자』음식이 입에 맞음.

열-구름 (熱-)지나가는 구름. 행운(行雲).

열-구자 (悅口子)『명』‘열구자탕(湯)’의 준말. ㊤구자(口子).

열구자-탕 (悅口子湯)『명』신선로에 여러 가지 어육(魚肉)과 채소를 색을 맞추어 넣고, 그 위에 각종 과실을 넣어 끓인 음식. 구자탕. ㊤구자탕(口子湯).

열구지-물 (悅口之物)『명』입에 맞는 음식.

열국 (列國)『명』여러 나라. 열방(列邦).

열:굽(열삼의 굽.

열-궁형 (劣弓形)『명』『수』‘열활꼴’의 구용어.

열권 (熱圈)[-꿘]『명』대기를 기온의 수직 분포에 따라 성층 구분한 경우의 하나. 중간권보다 위에 있으며 높이 80km 이상의 고층.

열궐 (熱厥)『명』『한의』양궐(陽厥).

열:-기 (熱-)[-끼]『명』눈동자에 드러나는 정신의 담찬 기운.

열기 (列記)『명』『하자』열록(列錄). ▣이름을 ∼하다 / 가계부에 지출 내역을 ∼하다.

열기 (熱氣)『명』 1 뜨거운 기운. ▣∼가 식다 / ∼를 뿜어내다. 2 신열(身熱). ▣∼이 있다. 3 흥분된 분위기. ▣∼선거전 ∼가 뜨겁게 달아오르다. 4 뜨거운 기체.

열-기관 (熱氣機關)『물』열에너지를 기계적 에너지로 바꾸는 기관의 총칭(증기 기관·내연 기관 따위).

열기-구 (熱氣球)『명』기구 속의 공기를 버너로 가열 팽창시켜, 바깥 공기와의 비중의 차이로 공중에 떠오르게 만든 기구(氣球).

열기-구 (熱器具)『명』전기·가스·석유 등을 열원으로 하는, 난방이나 조리 등에 이용하는 기구(난로·가스레인지 등이 있음).

열기 기관 (熱氣機關)밀폐에 넣은 공기에 가열(加熱)·냉각을 번갈아 하여 그 팽창·수축을 이용해서 동력을 얻는 엔진.

열기 요법 (熱氣療法)『의』류머티즘 및 신경 마비 후의 관절 강직·지방 과다증 따위의 환자를 전열 장치를 한 상자 속의 가열한 공기로 치료하는 방법. 열기욕.

열기-욕 (熱氣浴)『명』열기 요법.

열-김 (熱-)[-낌]『명』(주로 ‘열김에’의 꼴로 쓰여) 1 가슴속에서 타오르는 열의 운김. 2 홧김. ▣∼에 집에서 뛰쳐나왔다.

열-꽃 (熱-)[-꼳]『명』홍역 따위를 앓고 신열이 내리기 시작할 때, 얼굴이나 몸의 살갗에 돋는 좁쌀만 한 붉은 반점.

열-나다 (熱-)[-라-]『자』 1 몸에서 열이 나다. ▣열나는 몸으로 어딜 가려 하느냐. 2 (주로 ‘열나게’의 꼴로 쓰여) 열성이 솟아나다. ▣열나게 토론하다. 3 화가 나다.

열-나절 [-라-]『명』일정한 한도 안에서 매우 오랫동안. ▣∼이나 꾸물거리다.

열녀 (烈女)[-려]『명』절개가 곧은 여자. 열부.

열녀-문 (烈女門)[-려-]『명』열녀의 행적을 기리기 위하여 세운 정문(旌門).

열녀-비 (烈女碑)[-려-]『명』열녀의 행적을 기리기 위해 세운 비.

열녀-전 (烈女傳)[-려-]『명』열녀의 행적을 적은 전기.

열녀춘향-수절가 (烈女春香守節歌)[-려-]『명』『문』춘향전.

열년 (閱年)[-련]『명』『하자』해를 넘김. 또는 일 년 이상이 걸림.

열뇨-하다 (熱鬧-)[-료-]『형어』많은 사람이 모여 떠들썩하다.

열:다『열어, 여니, 여는』『자』열매 등이 맺히다.

열:다『열어, 여니, 여는』『타』 1 닫히거나 막히거나 잠긴 것을 터놓거나 벗기다. ▣서랍을 ∼ / 대문을 ∼ / 자물쇠를 ∼ / 입을 ∼ / 뚜껑을 ∼. 2 사업·경영·흥행 등을 시작하다. 경영하다. ▣가게를 ∼. 3 어떤 모임이나 회의 따위를 시작하다. ▣임시 국회를 ∼. 4 새로운 기틀을 마련하다. ▣새 시대를 ∼. 5 마음을 서로 통하게 하다. ▣마음을 ∼.

열담 (熱痰)[-땀]『명』『한의』신열이 오르고, 얼굴이 충혈되며 눈이 짓무르고 목이 잠기며 가슴이 두근거리는 병.

열대 (熱帶)[-때]『지』 1 적도를 중심으로 남북 위도 각각 23°27′ 사이에 있는 지대(밤

낮 길이의 차·사계절의 변화가 거의 없음). **2** 연평균 기온이 20℃ 이상인 지대(1보다 범위가 넓고 대체로 야자(椰子)가 나는 지대와 일치함).

열대 강:우림 (熱帶降雨林)[-때-]〖지〗 적도를 중심으로 남북 위도 25°까지에 산재하는 대삼림 지역. 주로 상록 교목·덩굴풀들로 울창한 밀림을 이룸. 말레이·아마존 강 유역에서 현저함. 열대 우림.

열대-과실 (熱帶果實)[-때-]〖식〗 열대 지방에서 나는 과실《바나나·파인애플·야자 따위가 있음).

열대 기단 (熱帶氣團)[-때-]〖지〗 열대 지방에서 생기는 고온 다습한 기단.

열대 기후 (熱帶氣候)[-때-]〖지〗 기후형의 하나. 연중 고온인데, 가장 추운 달의 평균 기온이 18°이상이며, 남·북 위도 20° 범위 안에 위치하고 일교차가 큰 기후《열대 우림 기후·열대 몬순 기후·열대 사바나 기후로 나뉨). ＊온대 기후·한대 기후.

열대-림 (熱帶林)[-때-]〖지〗 남북 양 회귀선 사이에 있는 열대 지방의 삼림 식물대(植物帶). 평균 기온 20°이상으로, 식물의 종류가 풍부함.

열대 몬순 기후 (熱帶monsoon氣候)[-때-]〖지〗 열대 우림(雨林) 기후와 열대 사바나 기후의 중간적인 기후. 기온은 열대 우림 기후와 비슷하나 계절풍의 영향으로 짧은 건계(乾季)가 있음. 인도 반도·서인도 제도에서 볼 수 있음《기호는 Am).

열대-병 (熱帶病)[-때뼝]〖의〗 열대 지방 특유의 질병《수면병·콜레라·말라리아·재귀열·일사병 따위).

열대 사바나 기후 (熱帶savanna氣候)[-때-]〖지〗 사바나 기후.

열대-산 (熱帶産)[-때-]〖명〗 열대 지방에서 남. 또는 그런 물건. ▢~ 과일을 수입하다.

열대성 저:기압 (熱帶性低氣壓)[-때쩽-] 여름부터 가을에 걸쳐 열대 지방 해양에, 무역풍과 남서 계절풍 사이에 발생하는 폭풍우를 동반하는 저기압의 총칭. 발생하는 지역에 따라 태풍(颱風)·허리케인(hurricane)·사이클론(cyclone) 따위 이름이 있음. 열대 저기압.

열대 식물 (熱帶植物)[-때싱-]〖식〗 열대산 식물의 총칭. 거의 상록 활엽수이며, 온대산보다 크고, 잎·꽃 등이 진기하고 미려함《선인장·야자 따위).

열대-야 (熱帶夜)[-때-]〖명〗 옥외의 최저 기온이 25℃ 이상인 무더운 밤. ▢며칠째 ~가 계속되다.

열대-어 (熱帶魚)[-때-]〖어〗 열대의 담수에 사는 어류《진기한 형태와 고운 색채를 가진 것이 많아 관상용으로 기름).

열대-열 (熱帶熱)[-때-]〖의〗 이틀씩 걸러 열이 오르는 말라리아. 우리나라에서는 볼 수 없음. 사일열(四日熱).

열대 우:림 기후 (熱帶雨林氣候)[-때-]〖지〗 열대 기후의 하나. 비가 많이 내리고 건계(乾季)가 없음. 평균 기온이 26°-28℃이며, 계절적 변화가 없고 세계에서 가장 고온 다습한 지역으로, 매일 오후에 정기적으로 스콜(squall)이 내림. 콩고 강·아마존 강 유역과 동인도 제도 등에 분포함《기호는 Af).

열대-작물 (熱帶作物)[-때장-]〖명〗 야자나무·고무나무·바나나·커피·파인애플·마닐라삼 같은 열대 특유의 농작물.

열대 저:기압 (熱帶低氣壓)[-때-]〖지〗 열대성 저기압.

열대-호 (熱帶湖)[-때-]〖명〗 수온이 연중 4℃ 이상이며 물속보다 표면 수온이 높은 호수.

열도 (列島)[-또]〖지〗 바다 위에 길게 줄을 지은 모양으로 늘어서 있는 여러 개의 섬. ▢일본 ~를 지나는 태풍.

열도 (熱度)[-또]〖명〗 **1** 열의 도수. **2** 열심의 정도. ▢공부에 대한 ~가 높다.

열독 (熱毒)[-똑]〖의〗 더위로 생기는 발진(發疹)의 일종. 온독(溫毒).

열독 (熱讀)[-똑]〖명〗하타〗 책이나 글 따위를 열심히 읽음. ▢신문을 ~하다.

열독 (閱讀)[-똑]〖명〗하타〗 책이나 문서 따위를 죽 훑어 읽음.

열독-창 (熱毒瘡)[-똑-]〖한의〗 온몸에 부스럼이 나고 몹시 아픈 병.

열두 거리 무:가 (-巫歌)[-뚜-] 무가의 일종. '큰굿'에서 부르는 각 거리의 무가.

열두발-고누 [-뚜발꼬-] 말밭의 열둘인 고누《서로 번갈아 놓되 한편 말 셋이 나란히 놓이면 상대편 말 하나를 따냄).

열두 신장 (-神將)[-뚜-]〖민〗 판수나 무당이 경을 욀 때 부르는 신장. 십이신. 십이 신장.

열두 제:자 (-弟子)[-뚜-]〖기〗 십이 사도.

열두-째 [-뚜-]〖주〗 순서가 열두 번째가 되는 차례. 또는 그런 차례의.

열두 하님 [-뚜-] 예전에, 혼인 때 신부를 따르던 열두 명의 하님.

열둘-째 [-뚤-]〖주〗 맨 앞에서부터 세어 열두 개째가 됨을 이르는 말.

열등 (劣等)[-뜽]〖명〗하형〗 수준이 보통보다 낮음. 또는 그런 등급. ▢~한 학생. ↔우등.

열등-감 (劣等感)[-뜽-]〖명〗〖심〗 용모·능력 등에서 남보다 못하다는 느낌. ▢~을 느끼다.

열등-생 (劣等生)[-뜽-]〖명〗 성적이 보통 이하인 학생. ↔우등생.

열등-의식 (劣等意識)[-뜽-/-뜽이-]〖명〗 자신이 남만 못하다고 느끼는 의식. ▢~에 사로잡히다.

열-띠다 (熱-)[자] 열성을 띠다. 열기를 품다. ▢열띤 토론이 벌어지다.

열락 (悅樂)〖명〗하자〗 **1** 기뻐하고 즐김. ▢~에 빠지다. **2**〖불〗 유한한 욕구를 넘어서 얻은 안위(安慰)와 만족. 큰 기쁨.

열람 (閱覽)〖명〗하타〗 책이나 문서 따위를 죽 훑어보거나 조사하여 봄. ▢도서관에서 책을 ~하다.

열람-권 (閱覽券)[-꿘]〖명〗 도서관 등에서 책 따위를 열람할 수 있는 증표.

열람-료 (閱覽料)[-뇨]〖명〗 도서관 등에서 책 따위를 열람할 때 내는 요금.

열람-실 (閱覽室)〖명〗 책 따위를 열람하는 방. ▢신문 ~.

열량 (熱量)〖명〗〖물〗 열을 에너지의 양으로 나타낸 것《보통 칼로리로 표시함). ▢비만인 사람은 ~이 높은 음식을 삼가야 한다.

열량-계 (熱量計)[-/-께]〖명〗〖물〗 열량을 측정하는 계기《비열(比熱)·반응열 따위의 측정에도 씀). 칼로리미터.

열량-식 (熱量食)〖명〗 칼로리 섭취를 목적으로 한. 지방·탄수화물을 주로 한 식사.

열렁-거리다 [자] 크고 긴 물건 따위가 잇따라 조금씩 이리저리 흔들리다. 열렁-열렁 [부]하자〗

열렁-대다 [자] 열렁거리다.

열력 (閱歷)〖명〗하타〗 경력(經歷)1.

열력-풍상 (閱歷風霜)〖명〗하자〗 오랜 세월을 두고 온갖 고난과 어려움을 겪음.

열렬 (熱裂) [명] 〔광〕 열로 말미암아 광물이 갈라지는 현상.
열렬-하다 (熱烈―·烈烈―) [형][여] 어떤 것에 대한 애정이나 태도가 매우 맹렬하다. ❑ 열렬한 팬 / 두 사람의 사랑은 열렬했다. **열렬-히** [부]. ❑ ~ 환영하다.
열록 (列錄) [명][하][타] 죽 벌여 기록함. 열기(列記). 열서(列書).
열뢰 (熱雷) [명] 여름철에 지면의 부분적인 과열로 생기는 상승 기류가 원인이 되어 발생하는 우레.
열루 (熱淚) [명] 마음속 깊이 사무쳐 흐르는 뜨거운 눈물. 감격하여 흘리는 눈물.
열릅 [명] 마소의 열 살. 담불[1].
열리 (熱痢) [명] 〔한의〕 서리(暑痢).
열리다[1] [자] 열매가 맺히다. ❑ 감이 ~.
열리다[2] [자] 《'열다[2]'의 피동》 **1** 닫히거나 막히거나 가리어진 것이 트이다. ❑ 문이 ~. **2** 문화가 개발되다. ❑ 새로운 시대가 ~. **3** 사업·흥행·경영 등이 시작되다. 경영되다. **4** 어떤 모임이 개최되다. ❑ 세계 꽃 박람회가 ~.
열린-계 (―系)[―/―게] [명] 〔물〕 에너지와 물질을 외계로부터 받아들이고 외계로 방출할 수 있는 계(系). 모든 생물이 이에 해당함. 개방계(開放系).
열립 (列立) [명][하][자] 여럿이 죽 벌여 섬.
열망 (熱望) [명][하][타] 열렬히 바람. ❑ 불타는 ~ / 통일을 ~하다.
열매 [명] **1** 식물이 수정하여 씨방이 자라서 된 것. 과실. ❑ ~가 맺히다. **2** 어떠한 일에 힘써서 거둔 결과를 비유하여 일컫는 말. ❑ 오랫동안의 연구가 ~를 맺었다.
열매-가지 [명] 과실 나무에서, 꽃이 피고 열매가 맺히는 가지. 결과지.
열매-솎기 [―속끼] [명] 나무를 보호하고 좋은 과실을 얻기 위하여 너무 많이 달린 과실이나 열매를 솎아 내는 일. 적과(摘果).
열매-채소 (―菜蔬) [명] 과실을 먹는 채소. 가지·오이·토마토 따위. 과채(果菜).
열명 (列名) [명][하][타] 여럿의 이름을 나란히 벌여 적음. 연명(連名).
열명-길 [―낄] [명] 저승길.
열명 정장 (列名呈狀) 〔역〕 여럿이 이름을 나란히 적어 관가에 소장을 내던 일.
열목-어 (熱目魚) [명] 〔어〕 연어과의 민물고기. 찬물을 좋아하는데 일생 하천 상류에서만 삶. 몸빛은 은빛, 옆구리·등지느러미 등에 무늬가 많음《천연기념물임》. 열목이.
열목-이 (熱目―) [명] 〔어〕 열목어.
열목-카래 [명] 두 개의 가래를 나란히 이은 것에 장부잡이 두 사람과 줄잡이 여덟 사람이 하는 가래질.
열무 [명] 어린 무. ❑ ~를 솎아 다듬다.
열무 (閱武) [명][하][자] 임금이 친히 열병함. 대열.
열무-김치 [명] 열무로 담근 김치. 세청근저(細青根菹).
열무-날 [명] 조수 간만의 차가 같은 날인 음력 4일·19일의 일컬음.
열문 (熱門) [명] 권세가 있어 사람이 많이 드나드는 집.
열-바가지 [명] ☞ 바가지.
열박-하다 (劣薄―) [―바카―] [형][여] 열등하고 경박하다.
열반 (涅槃) [명][하][자] 〔불〕 **1** 모든 번뇌에서 벗어난, 영원한 진리를 깨달은 경지. 멸도(滅度). **2** 특히 덕이 높은 승려가 죽음. 입적(入寂). ❑ ~에 들다.
열반-적정 (涅槃寂靜) [―쩡] [명] 〔불〕 삼법인(三法印)의 하나. 번뇌를 끊고 깨친 열반의 세계는, 마음이 고요하고 편안한 경지라는 뜻.
열변 (熱辯) [명] 열렬한 변론. ❑ ~을 토하다 / ~을 늘어놓다.
열변 (熱變) [명][하][자] 〔광〕 광물이 열로 인해 성질이 바뀌는 현상.
열병 (閱兵) [명][하][자] 〔군〕 국가 원수나 지휘관 등이 군대를 정렬시켜 검열함. 또는 그런 일. 관병(觀兵).
열병 (熱病) [명] 〔의〕 **1** 열이 몹시 오르고 심하게 앓는 병. 두통·불면·식욕 부진 등이 따름. **2** 장티푸스. **3** 어떤 일에 몹시 흥분한 상태. ❑ 민주화의 ~이 들끓다.
열병-식 (閱兵式) [명] 정렬한 군대의 앞을 지나가며 검열하는 의식. *분열식(分列式).
열복 (悅服) [명][하][자] 기쁜 마음으로 복종함.
열-복사 (熱輻射) [―싸] [명] 〔물〕 고온으로 가열한 물질에서 열에너지가 전자파(電磁波)로 방출되는 현상. 열방사(熱放射).
열부 (烈夫) [명] 절개가 굳은 남자.
열부 (烈婦) [명] 열녀(烈女).
열분-수 (熱粉水) [명] 쌀가루나 보릿가루를 냉수에 풀어서 끓인 다음 식혀서 먹는 음식.
열불 (熱―) [명] 매우 흥분하거나 화가 난 감정의 비유. ❑ ~이 나서 못 참겠다.
열브스름-하다 [형][여] 조금 엷은 듯하다. [작]얄브스름하다. **열브스름-히** [부]
열비 (劣比) [명] 〔수〕 전항(前項)의 값이 후항의 값보다 작은 비. ↔우비(優比).
열사 (烈士) [―싸] [명] 나라가 어려움을 당했을 때 절의를 굳게 지키며 목숨을 바쳐 싸운 사람. ❑ 순국 ~의 위령탑 / 유관순 ~ / 이준 ~. *의사(義士).
열사 (熱砂) [―싸] [명] 사막 등의 햇볕 때문에 뜨거워진 모래. ❑ ~의 땅.
열사-병 (熱射病) [―싸뼝] [명] 〔의〕 고온 다습한 곳에서 몸의 열을 밖으로 내보내지 못할 때 생기는 병.
열사흘-부스럼 [―싸―] [명] 〈속〉 천연두.
열:-삼 (―蔘) [명] 〔식〕 종자로 쓰기 위하여 심어 기르는 삼.
열상 (裂傷) [―쌍] [명] 피부가 찢어진 상처. 열창(裂創). ❑ ~이 깊다.
열새-베 [―쌔―] [명] 고운 베.
열서 (列書) [―써] [명][하][타] 열록(列錄).
열석 (列席) [―썩] [명][하][자] **1** 자리에 죽 벌여 앉음. 열좌(列坐). **2** 식장이나 회의장 등에 참석함. ❑ 간부 사원들이 회의에 ~하다.
열선 (熱線) [―썬] [명] **1** 〔물〕 복사선 중에서 가시(可視)광선보다 파장이 긴 것. 다른 물질에 닿으면 흡수되어 열을 일으킴. 적외선. **2** 〔전〕 전류를 통하여 열을 발생하기 위한 도선(導線).
열설 (熱泄) [―썰] [명] 〔한의〕 배가 아플 때마다 붉은빛의 설사가 나는 병.
열-섬 (熱―) [―썸] [명] 〔지〕 주변보다 기온이 높은 도시 지역. 대도시의 많은 에너지 소비 등으로 열이 모여 있는 것처럼 되는 것이 그 원인임. 이러한 도시 지역의 등온선을 그리면 그 모양이 바다에 떠 있는 섬처럼 보이기 때문에 생긴 말.
열성 (劣性) [―썽] [명] **1** 〔생〕 유전 형질 중에서 잡종 제 1 대에는 나타나지 않고 잠재하여 있다가 그 후대에 나타나는 형질. 잠성(潛性). ↔우성(優性). **2** 열등한 성질.
열성 (列聖) [―썽] [명] 대대의 여러 임금.

열성 (熱性)[-썽][명] **1** 흥분하기 쉬운 성질. **2** 높은 열을 내는 성질.

열성 (熱誠)[-썽][명] 열렬한 정성. ▢불우 이웃 돕기에 ~을 다하다.

열성-껏 (熱誠-)[-썽껀][부] 열성을 다해. ▢~ 학생들을 지도하다.

열성-스럽다 (熱誠-)[-썽-따][-스러워, -스러우니][형] 보기에 열성적인 정성이 있다. ▢자식들에게 열성스러운 어머니. **열성-스레** [-썽-][부]

열성 유전 (劣性遺傳)[-썽-][《생》 열성 유전자에 의하여 어떤 형질이 자손에게 전하여지는 현상.

열성 인자 (劣性因子)[-썽-][《생》 우성 인자(優性因子)에 눌려서 잠복하는 유전 인자. 이들 두 인자가 갖추어져서 비로소 형질(形質)로서 표면에 나타남.

열성-적 (熱誠的)[-썽-][관][명] 열성을 다하는 (것). ▢에너지 절약에 ~이다.

열성-조 (列聖朝)[-썽-][명] 여러 대의 임금의 시대. ⓒ열조(列朝).

열세 (劣勢)[-쎄][명][하다] 상대방보다 힘이나 세력이 약함. 또는 그 힘이나 세력. ▢~에 몰리다 / ~를 만회하다 / ~적이으 ~하다. ↔우세(優勢).

열손 (熱損)[-쏜][명] **1** 열의 손실. **2** 《물》 전기 회로·전기 기계에서, 전력이 열로 바뀌어 소실되는 현상.

열:-쇠 [-쐬][명] **1** 자물쇠를 돌려 잠그거나 열 수 있게 하는 도구. 개금(開金). 약건. ▢~로 문을 열다. **2** 일을 해결하는 데 필요한 결정적인 방법이나 요소. ▢문제 해결의 ~.

열:쇠-고리 [-쐬-][명] 열쇠를 끼워 보관하는 데 쓰는 고리.

열:쇠-돈 [-쐬-][명]《역》 흔히, 열쇠를 꿰어 두는 데 사용한 데서, 별전(別錢)을 달리 일컫던 말.

열수 (熱水)[-쑤][명] **1** 뜨거운 물. **2** 마그마가 식어서 굳어질 때 생기는 수용액. 열수 용액.

열수 (熱嗽)[-쑤][명]《한의》 더위로 생기는 병의 하나(발열·기침·갈증·객혈 등을 일으킴).

열수 광:상 (熱水鑛床)[-쑤-][명]《광》 열수가 암석의 틈에 들어가서, 침전과 교대 작용으로 이루어진 광상. 금·은·구리·납·아연·수은 등 여러 종류의 광상이 있음.

열심 (熱心)[-씸][명] 어떤 일에 온 정성을 다하여 골똘하게 힘씀. 또는 그런 마음. ▢개미 연구에 ~이다. **---히** [부] 온 정성을 다하여. 정신을 집중하여. ▢~ 공부하다 / ~ 살다.

열-십 (-十)[-씹][명] 한자 부수(部首)의 하나(‘千’·‘博’ 등에서 ‘十’의 이름).

열십-자 (-十字)[-씹짜][명] 한자 십(十) 자의 모양. ▢~로 갈라진 길.

열:빼다 [형] 행동이나 눈치가 매우 재빠르고 날래다. ▢동작이 ~.

열씨 (列氏)[-씨][명] 열씨온도계의 눈금의 이름. ＊섭씨·화씨.

열씨온도-계 (列氏溫度計)[-/-/-게][명] 물이 어는 점을 0℃로, 끓는점을 80℃로 한 온도계. 열씨한란계. ＊섭씨온도계·화씨온도계.

열씨한란-계 (列氏寒暖計)[-한-/-한-게][명] 열씨온도계.

열악-하다 (劣惡-)[여라카-][형][여] 품질이나 능력, 시설 따위가 몹시 떨어지고 나쁘다. ▢열악한 근무 환경 / 교육 시설이 ~.

열안 (悅眼)[명][하다] 눈을 즐겁게 함.

열안 (閱眼)[명][하다] 잠깐 열람함.

열애 (熱愛)[명][하다][타] 열렬히 사랑함. 또는 그

런 사랑. ▢~에 빠지다 / 두 사람은 오랜 ~ 끝에 결혼했다.

열약-하다 (劣弱-)[여라카-][형][여] 열등하고 약하다. ▢자금력이 열약한 중소기업들 / 업무 능력이 ~.

열어-붙이다 [여러부치-][타] 문이나 창문 따위를 갑자기 힘차게 열다. ▢그는 갑자기 방문을 열어붙이고 소리를 질렀다.

열어-젖뜨리다 [여러전-][타] 문이나 창문 등을 갑자기 활짝 열다. 열어젖트리다. ▢방문을 ~.

열어-젖트리다 [여러전-][타] 열어젖뜨리다.

열어-젖히다 [여러저치-][타] 문이나 창문 따위를 갑자기 벌컥 열다.

열어-제치다 [타] 열어젖히다.

열:-없다 [여럽따][형] **1** 조금 겸연쩍고 부끄럽다. ▢내 실수가 열없어서 얼굴이 붉어졌다. **2** 성질이 다부지지 못하고 묽다. **3** 담이 작고 겁이 많다. **열:-없이** [여럽씨][부]

열:없-쟁이 [여럽쨍-][명] 열없는 사람을 낮잡아 일컫는 말.

열-에너지 (熱energy)[명]《물》 열평형(熱平衡) 상태의 계(系)에서, 개개의 원자·분자의 열운동(熱運動)을 에너지의 한 형태로 보고 이르는 말.

열-역학 (熱力學)[-려칵][명]《물》 열을 에너지로 보는 견지에서 열의 현상에 관한 근본 원칙 및 그 응용을 연구하는 물리학의 한 분야.

열연 (熱延)[명] ‘열간 압연(熱間壓延)’의 준말. ▢~ 강판.

열연 (熱演)[명][하다] 열렬하게 연기함. 또는 그런 연기. ▢주연 배우의 ~에 박수를 보내다.

열-연결 (列連結)[-련-][명]《물》 전지의 같은 극끼리 한데 매어 연결함. 병렬연결.

열-오염 (熱汚染)[명] 공업용 냉각 용수(冷却用水)가 폐수 과정에서 높은 온도를 유지한 채 대량으로 강이나 바다에 버려지는 따위로 생태계의 파괴를 초래하는 수질 오염. 온배수(溫排水) 공해.

열외 (列外)[명] **1** 죽 늘어선 줄의 바깥. ▢지각한 사람은 ~로 나가라. **2** 어떤 몫이나 축에 들지 않는 부분. ▢~로 취급하다.

열-용량 (熱容量)[-뇽냥][명]《물》 물체의 온도를 1℃ 높이는 데 필요한 열량.

열원 (熱援)[명][하다] 열렬하게 응원함. 또는 그런 응원. ▢선수들을 ~하다.

열원 (熱源)[명]《물》 열이 생기는 근원.

열원 (熱願)[명][하다] 열렬히 원함. ▢조국의 통일을 ~하다. ＊절원(切願).

열월 (閱月)[명][하다][자] 한 달 동안을 지냄.

열위 (劣位)[명] 남보다 못한 위치나 지위. ↔우위(優位).

열위 (列位)[대] 여러분.

열-음극 (熱陰極)[명] 열전자(熱電子)를 방출시킬 목적으로 전자관 안에 장치한 음극.

열읍 (列邑)[명] 여러 고을.

열의 (熱意)[여리 / 여릐][명] 어떤 일을 이루기 위하여 정성을 다하는 마음. ▢~에 차 있다.

열인 (閱人)[명][하다] 여러 사람을 봄.

열일 (烈日)[명] 여름에 뜨겁게 내리쬐는 태양(전하여, 세찬 기세의 비유).

열-장부 (烈丈夫)[-짱-][명] 절개가 굳은 남자.

열장-이음 [-짱니-][명]《건》 길이이음의 한 가지(볼록한 열장 장부촉과 오목한 열장 장부촉을 끼워 맞춰 잇는 방법).

열장 장부촉 (-鏃)[-짱-][명]《건》 비둘기 꽁지

모양으로 끝이 넓게 퍼진 장부촉.

열재 (劣才)[-째] 명 보잘것없는 재주. 또는 그런 재주를 가진 사람.

열적 (烈蹟)[-쩍] 명 **1** 열사(烈士)의 행적. **2** 빛나는 사적(事蹟).

열:-적다 형 ☞ 열없다.

열전 (列傳)[-쩐] 명 많은 사람의 전기(傳記)를 차례로 벌여 기록한 책. ＊본기(本紀).

열전 (熱戰)[-쩐] 명 **1** 운동 경기 따위에서의 맹렬한 싸움. 🗌 숨막히는 ~이 벌어졌다. **2** 무력을 사용하는 전쟁. ↦냉전(冷戰).

열-전기 (熱電氣)[-쩐-] 명 『물』 두 금속을 이어 만든 회로에서 두 금속 끝의 온도가 각각 다를 때, 이 회로 속에 생기는 전기.

열-전기쌍 (熱電氣雙)[-쩐-] 명 『물』 두 가지 금속을 고리 모양으로 접합하여 접점(接點) 사이의 온도의 차이로 열기전력(熱起電力)을 일으키게 하는 장치. 열전대. 열전쌍. 열전지가.

열-전달 (熱傳達)[-쩐-] 명 『물』 열에너지가 이동하는 현상.

열-전대 (熱電對)[-쩐-] 명 『물』 '열전기쌍(熱電氣雙)'의 옛이름.

열-전도 (熱傳導)[-쩐-] 명 『물』 열이 물체의 고온 부분에서 저온 부분으로 물체를 따라 이동하는 현상.

열전도-도 (熱傳導度)[-쩐-] 명 『물』 열전도율. 준전도도.

열전도-율 (熱傳導率)[-쩐-] 명 『물』 물체 속을 열이 전도하는 정도를 나타낸 수치. 열전도도(熱傳導度). 준전도율.

열-전류 (熱電流)[-쩔-] 명 『물』 열전기의 회로에 생기는 전류.

열-전쌍 (熱電雙)[-쩐-] 명 『물』 열전기쌍.

열-전자 (熱電子)[-쩐-] 명 『물』 물체를 가열하여 온도를 높일 때, 그 표면에서 방출되는 전자(진공관 따위에 씀).

열-전지 (熱電池)[-쩐-] 명 『물』 열전기쌍.

열-전체 (列傳體)[-쩐-] 명 열전의 형식으로 기술한 역사 서술의 한 문체(사마천(司馬遷)의 사기(史記)에서 비롯됨).

열절 (烈節)[-쩔] 명 **1** 썩 곧은 절조(節操). **2** 열녀의 정절.

열정 (劣情)[-쩡] 명 **1** 못나고 천박한 마음. **2** 정욕에만 흐르는 마음.

열정 (熱情)[-쩡] 명 어떤 일에 열렬한 애정을 가지고 열중하는 마음. 🗌 예술에 대한 ~ / ~을 쏟다.

열정 문학 (劣情文學)[-쩡-] 천한 정욕을 불러일으키는 저속한 문학.

열-정산 (熱精算) 명 공급된 열량과 방출된 열량의 계산.

열정-적 (熱情的)[-쩡-] 관 명 열정이 있는 (것). 🗌 ~인 사랑 / 그녀는 ~으로 바이올린을 연주했다.

열조 (列朝)[-쪼] 명 '열성조(列聖朝)'의 준말.

열조 (烈祖)[-쪼] 명 큰 공로(功勞)와 업적이 있는 조상.

열좌 (列坐)[-좌] 명하자 열석(列席)1.

열주 (列柱)[-쭈] 명 줄지어 늘어선 기둥.

열중 (熱中)[-쭝] 명하자 한 가지 일에 정신을 쏟음. 🗌 독서에 ~하다 / 실험에 ~한 끝에 성과를 거두다.

열-중성자 (熱中性子)[-쭝-] 명 『물』 중성자가 원자핵과 충돌을 반복함으로써 감속(減速)되어, 매질(媒質) 속의 분자의 열운동과 평형(平衡)을 이루었을 때의 중성자. 상온(常溫)에서의

운동 에너지는 0.025 eV 정도임.

열중-쉬어 (列中-)[-우-][명][감] 줄지어 선 채로 약간 편하게 왼발을 약간 옆으로 벌리고 양손을 등허리에서 맞잡으라는 구령. 또는 그 구령에 따라 행하는 동작.

열증 (熱症)[-쯩] 명 체온이 높은 증세.

열지 (裂指)[-찌] 명하자 위중한 부모나 남편에게 생피를 먹이려고 자기 손가락 끝을 쩜. 또는 그 손가락. ＊단지.

열진 (列陣)[-찐] 명하자 군사를 벌여서 진을 침. 또는 그 진.

열진 (烈震)[-찐] 명 『지』 가옥이 30 % 가량 무너지고 산사태가 일어나는 강한 지진(진도(震度)는 6).

열-째 수 관 열 번째가 되는 차례. 또는 그런 차례의. 🗌 ~ 번으로 입장하다 / 석차가 ~이다.

열쭝이 명 **1** 겨우 날기 시작한 어린 새. **2** 겁이 많고 나약한 사람의 비유.

열차 (列次) 명 죽 벌여 놓은 차례.

열차 (列車) 명 기관차·객차·화차 등을 연결하고 운행하는 차량. 기차. 🗌 ~ 시간표 / 상행 ~ / ~에 오르다.

열차-원 (列車員) 명 여객 열차에서 여객 전무나 차장을 도와 열차 내의 여러 가지 일을 보살피는 승무원.

열차 집중 제:어 (列車集中制御)[-쭝-] 전철기(轉轍機)·신호기 등을, 전자 기기를 이용하여 열차의 운행 상태를 한곳에서 집중적으로 제어하는 방식(CTC).

열:-창 (-窓)[-창] 명 『건』 여닫을 수 있는 창. ↦붙박이창.

열창 (裂創) 명 열상(裂傷).

열창 (熱唱) 명하타 노래 따위를 열심히 부름. 또는 그 노래. 🗌 신들린 듯한 ~.

열-채 끈이나 줄이 달린 채찍.

열-처리 (熱處理) 명하타 **1** 금속, 주로 합금을 높은 온도로 가열해 담금질·풀림 따위 방법으로 그 성질을 변화시키는 일. **2** 가열하여 살균(殺菌) 따위를 하는 일. 🗌 ~를 하지 않은 생맥주.

열천 (列泉) 명 차고 맑은 샘.

열:-치다 타 힘차게 열다. 🗌 방문을 열치고 뛰어나가다.

열천 (悅親) 명하자 부모의 마음을 기쁘게 함.

열탕 (熱湯) 명 **1** 끓는 물이나 국. **2** 100 ℃에 가까운 온도의 물(주로 소독하는 데 씀). 🗌 젖병을 ~에 소독하다.

열통 (熱-) 명 화김이 치밀어 가슴속에서 부글부글 끓어오르는 기운. 분통(憤痛). 🗌 ~이 터지다.

열퇴 (熱退) 명하자 환자의 열이 점차 내림.

열투 (熱鬪) 명하자 전력을 다하여 맹렬하게 싸움. 또는 그런 시합이나 경기.

열:통-적다[-따] 형 말이나 행동이 데퉁스럽다. 🗌 그는 열퉁적은 말을 잘한다.

열파 (裂破) 명하자타 찢어져 결판남. 또는 찢어 결판냄.

열파 (熱波) 명 **1** 『기상』 남쪽 해양에서 더운 기단(氣團)이 파상(波狀)으로 밀려오는 현상. **2** 『물』 열전도에서의 열의 파동.

열패 (劣敗) 명하자 남보다 못하여 경쟁에서 짐. 🗌 ~의 수모를 겪다.

열-팽창 (熱膨脹) 명 『물』 물체의 온도가 올라감에 따라 길이·넓이·부피가 늘어나는 현상.

열-평형 (熱平衡) 명 『물』 온도가 다른 물질을 접촉시켰을 경우에, 열이 흐르다가 온도가 같아지면 열의 흐름이 정지되는 상태.

열품 (劣品) 명 품질이 낮은 물품.

열풍 (烈風) 〔명〕 **1** 사납고 거세게 부는 바람. **2** 매우 세차게 일어나는 기운이나 기세의 비유. ▷독서 ~이 일다.

열풍 (熱風) 〔명〕 열기를 품은 바람. 뜨거운 바람. ▷사막의 ~.

열-하다 (熱-) 〔타여〕 열이 생기게 하다. 뜨겁게 하다. 가열하다.

열학 (熱學) 〔명〕 열에 관한 현상을 연구하는 물리학의 한 분야.

열학 (熱瘧) 〔명〕 〔한의〕 학질의 한 가지. 더위를 먹어 신열이 몹시 나고 오한이 따르는 병. 서학(暑瘧).

열한 (烈寒) 〔명〕 몹시 심한 추위.

열한 (熱汗) 〔명〕 심한 운동 따위로 흘리는 땀.

열한-째 〔수관〕 순서가 열한 번째가 되는 수. 또는 그 번째 수의. ☞~ 줄.

열-해리 (熱解離) 〔명〕 〔화〕 열에 의하여 진행하는 해리. 복잡하게 조성된 원소나 화합물이 가열에 의하여 간단한 성분·원소나 화합물로 분리하는 현상. ☞열리.

열핵 (熱核) 〔명〕 〔물〕 격렬한 열에너지를 내는 원자핵. 열원자핵.

열핵 반:응 (熱核反應) [-빠능] 〔물〕 열핵이 충돌, 융합을 일으키는 반응. 열핵 융합. 핵융합.

열핵 융합 반:응 (熱核融合反應) [-행능-빠능] 〔물〕 열핵 반응.

열행 (烈行) 〔명〕 여자가 정조와 절개를 꿋꿋이 지키는 행위.

열혈 (熱血) 〔명〕 **1** 더운 피. **2** 열렬한 정신이나 격렬한 정열 등의 비유. ▷~ 청년.

열혈-남아 (熱血男兒) [-라마] 〔명〕 열정으로 피가 끓는 사나이. 혈기가 극히 왕성한 남자. 열혈한(熱血漢).

열혈-한 (熱血漢) 〔명〕 열혈남아.

열호 (劣弧) 〔명〕 〔수〕 콜레로 중의 작은 쪽의 호. ↔우호(優弧).

열화 (烈火) 〔명〕 맹렬히 타는 불.

열화 (熱火) 〔명〕 **1** 뜨거운 불길이라는 뜻으로, 매우 격렬한 열정의 비유. ▷~와 같은 성원에 보답하다. **2** 급히 치밀어 오르는 화증. ▷~가 치밀다.

열화-우라늄 (劣化uranium) 〔명〕 〔물〕 감손(減損)우라늄.

열-화학 (熱化學) 〔명〕 〔화〕 열과 화학 변화의 상호 관계를 연구하는 화학의 한 분야.

열 확산 (熱擴散) [-싼] 〔물〕 온도 분포가 같지 않은 혼합 유체에서, 한쪽 성분이 고온 쪽으로, 다른 쪽 성분이 저온 쪽으로 이동하여 성분 조성의 변화가 일어나는 현상.

열-활꼴 (劣-) 〔명〕 〔수〕 반원(半圓)보다 작은 활꼴. 열궁형. ↔우활꼴.

열-효율 (熱效率) 〔명〕 〔물〕 열기관에 공급된 열량과 그 기관이 발생한 출력의 비율.

열후 (劣後) 〔명〕〔하〕 다른 것에 비하여 뒤떨어짐.

열후 (列侯) 〔명〕 제후(諸侯).

열훈 (熱暈) 〔명〕 〔의〕 신열이 오르고 어지러우며 갑증이 심해지는 병.

열흘 〔명〕 **1** 열 날. **2** 열흘날.
　[열흘 굶어 군자 없다] 누구든 굶주리게 되면 체면 따위를 잃고 옳지 못한 일도 하게 된다는 뜻. [열흘 붉은 꽃이 없다] 부귀공명이란 오래 못 간다. 화무십일홍(花無十日紅).

열흘-날 [-랄] 〔명〕 그달의 제해 날. 열흘날.

엷:다 [열따] 〔형〕 **1** 두께가 두껍지 않다. ▷옷을 엷게 입었다. ↔두껍다. **2** 사물의 밀도나 농도, 빛깔 따위가 짙지 아니하다. ▷엷은 화장／엷은 구름. **3** 말이나 행동이 빠히 들여다보이

게 얄팍하다. ▷속이 ~／생각이 ~. **4** 웃음 따위가 보일 듯 말 듯 은근하다. ▷엷은 미소. ☞얇다.

엷:-붉다 [열북따] 〔형〕 엷게 붉다.

엾쇠 〔명〕 〈옛〉 열쇠.

염 〔명〕 바윗돌로 된 작은 섬.

염 (炎) 〔명〕 '염증(炎症)'의 준말.

염¹ (念) 〔명〕 무엇을 하려는 생각.
　염도 못 내다 〔관〕 무엇을 하려는 생각조차 품지 못하다.
　염도 없다 〔관〕 무엇을 하려는 생각조차 없다.

염² (念) 〔명〕〔하타〕 〔불〕 불경이나 진언, 부처 등을 조용히 외거나 마음에 품는 일.

염 (鹽) 〔명〕 **1** 소금. **2** 〔화〕산의 수소 원자를 금속 또는 다른 금속성 기(基)로 치환한 화합물의 총칭. 산을 염기로 중화시켰을 때 물과 함께 생기는 것(식염·황산나트륨 따위).

염 (髥) 〔명〕 '수염(鬚髥)'의 준말.

염: (殮) 〔명〕〔하타〕 '염습(殮襲)'의 준말. ▷시신을 ~하다.

염 (簾) 〔명〕 한시에서, 자음의 높낮이를 맞추는 방법(가새열 등이 있음).

염가 (廉價) [-까] 〔명〕 싼값. ▷~ 대매출／~로 판매하다.

염:간 (念間) 〔명〕 스무날께.

염간 (鹽干) 〔명〕 〔역〕 조선 때, 염전에서 소금을 만들던 사람.

염객 (廉客) 〔명〕 염탐꾼.

염-하다 (廉儉-) 〔하여〕 청렴하고 검소하다.
　염검-히 〔부〕

염결-하다 (廉潔-) 〔하여〕 청렴하고 결백하다. 염백하다. **염결-히** 〔부〕

염:경-하다 (念經-) 〔하자〕 〔가〕 기도문을 소리 내어 읽거나 욈. ▷~ 기도.

염경-하다 (廉勁-) 〔하여〕 청렴하고 강직하다. 염직하다.

염:고 (厭苦) 〔명〕〔하타〕 어떤 일을 싫어하고 괴롭게 여김.

염곡 (艶曲) 〔명〕 연가(戀歌).

염교 〔명〕 〔식〕 백합과의 여러해살이풀. 중국 남부가 원산지임. 땅속의 비늘줄기에서 잎이 뭉쳐나. 가을에 잎 사이에서 보라색 여섯잎 꽃이 핌. 비늘줄기는 식용함.

염:구 (殮具) 〔명〕 염습(殮襲)할 때 쓰는 여러 가지 기구.

염구 (簾鉤) 〔명〕 발을 거는 갈고리.

염:근 (念根) 〔명〕 〔불〕 오근(五根)의 하나. 정법(正法)을 기억하여 늘 생각하는 일.

염글다 〔자〕 〈옛〉 여물다.

염:금 (斂襟) 〔명〕 **1** 삼가 옷깃을 여밈. 염임(斂衽). **2** 예의를 갖추어 남을 대하는 일을 비유적으로 일컫는 말.

염:기 (厭忌) 〔명〕〔하타〕 싫어하고 꺼림.

염기 (鹽氣) [-끼] 〔명〕 염분이 섞인 축축한 기운. 소금기.

염기 (鹽基) 〔명〕 〔화〕 산과 반응하여 염을 만드는 화합물. 넓은 뜻으로는 다른 물질로부터 양성자(陽性子)를 받아들이는 물질을 말함.

염기-도 (鹽基度) 〔명〕 〔화〕 산(酸)의 한 분자 속에 포함된 수소 원자 중 금속 원자로 치환(置換)할 수 있는 수소 원자의 수.

염기-성 (鹽基性) [-썽] 〔명〕 〔화〕 염기의 성질. 수용액에서는 수소 이온 지수가 pH>7일 때, 금속 원소의 산화수가 적은 산화물을 일컬음. ↔산성. ＊알칼리성(alkali性).

염기성 물감 (鹽基性-) [-썽-깜] 인조 물감의

한 가지. 유기 염기와 염산 또는 다른 산류와 염류로 만듦. 중성 또는 알칼리성 용액 중에 담가, 비단·털 등의 동물 섬유에는 직접 물들이고 식물 섬유에는 매염제를 씀. 염기성 염료.

염기성 산화물 (塩基性酸化物)[—쌍—] 《화》 물과 화합하여 염을 만드는 산화물의 총칭.

염기성-암 (塩基性岩)[—쌍—] 圀 《광》 규산을 비교적 소량, 곧 45~52% 정도 함유하고 있는 화성암《현무암 따위》. 기성암(基性岩). ＊산성암.

염기성 염 (塩基性塩)[—쌍념] 《화》 산과 염기의 중화 반응으로 생기는 화합물 중, 염기의 히드록시기 또는 산소 원자를 함유하고 있는 염(塩). ↔산성(酸性)염.

염기성 염:료 (塩基性染料)[—쌍념뇨] 《화》 염기성 물감.

염기성 탄:산납 (塩基性炭酸—)[—쌍—] 《화》 납에 아세트산 증기를 작용시켜서 만든 무색·무미·무취의 가루. 도기 제조와 건조제·살포분 등을 만드는 데 씀. 연백(鉛白).

염낭 (—囊) 圀 두루주머니. ▣~에서 동전 두 닢을 꺼내다.

염낭-쌈지 (—囊—) 圀 염낭 모양의 쌈지.

염:내 (念内) 圀 염전(念前).

염-내 (塩—) 圀 두부나 비지 따위에서 나는 간수 냄새.

염:념불망 (念念不忘) 圀하타 자꾸 생각이 나서 잊지 못함. 염념재자(在玆).

염:념-생멸 (念念生滅) 圀 《불》 우주 일체의 사물이 시시각각으로 나고 죽고 하여 끊이지 아니하고 변화하는 일.

염담-하다 (恬淡—·恬澹—) 혱어 욕심이 없고 마음이 깨끗하다. **염담-히** 튀

염도 (塩度) 圀 소금기의 정도. 짠 정도. ▣사해(死海)는 ~가 높아져서 사람이 들어가면 잘 뜬다.

염독 (炎毒) 圀 여름 더위의 독기.

염:독 (念讀) 圀하타 정신을 차려 읽음.

염-동 (念動) 圀 심령 현상의 하나. 초자연적 능력을 가진 영매(靈媒)에 의하여 다른 힘의 작용 없이, 오직 정신의 힘으로 떨어져 있는 물체를 움직이게 하는 일.

염:-두 (念頭) 圀 1 생각의 시초. ▣그런 일은 ~도 못 내다. 2 마음속. ▣~에 두다.

염라 (閻羅)[—나] 圀 《불》 염라대왕.

염라-국 (閻羅國)[—나—] 圀 《불》 염라대왕이 다스리는 저승. 염마국.

염라-대왕 (閻羅大王)[—나—] 圀 《불》 지옥에 살며 십팔 장관과 팔만 옥졸을 거느리고, 죽어 지옥으로 떨어지는 인간이 지은 생전의 죄악을 심판·징벌하는 대왕. 야마(夜摩). 염라. 염마대왕.

염량 (炎涼)[—냥] 圀 1 더위와 서늘함. 2 세력의 성함과 쇠함. 3 선악과 시비를 분별하는 슬기. ▣~이 뛰어나다.

염량-세태 (炎涼世態)[—냥—] 圀 세력 있을 때는 아첨하며 따르고 권세가 없어지면 푸대접하는 세상인심.

염:려 (念慮)[—녀] 圀하타 앞일에 대해 여러 가지로 마음을 써서 걱정함. 또는 그런 걱정. ▣~를 놓다 / 이제는 아무 ~ 마십시오 / 부모님의 건강을 ~하다.

염:려-스럽다 (念慮—)[—녀—따][—스러워, —스러우니] 혱타 보기에 걱정이 되어 불안한 데가 있다. ▣몸이 약한 아들의 건강이 늘 ~.

염:려-스레 [—녀—] 튀

염:려-하다 (艶麗—)[—녀—] 혱어 용모나 태도가 아리땁고 곱다.

염:력 (念力)[—녁] 圀 1 《불》 한 가지에 전념하여 그로써 장애를 극복하는 힘. 2 《심》 초능력의 하나. 정신을 집중함으로써 물체(物體)에 손을 대지 않고 그 물체의 위치를 옮기는 힘 따위.

염:료 (染料)[—뇨] 圀 옷감 따위에 빛깔을 들이는 물질. 물감.

염:료-식물 (染料植物)[—뇨싱—] 圀 《식》 염료의 원료가 되는 식물《잇꽃·치자·쪽 따위》.

염류 (塩類)[—뉴] 圀 1 염분이 들어 있는 여러 가지 물질의 종류. 2 산과 염기가 화합하여 된 염(塩)의 총칭. ＊산류.

염류-천 (塩類泉)[—뉴—] 圀 《지》 염류를 많이 함유하고 있는 온천.

염리 (廉吏)[—니] 圀 청렴한 관리.

염:리 (厭離)[—니] 圀하타 《불》 세상이 싫어 속세를 떠남.

염마 (閻魔) 圀 《불》 염라대왕.

염마-대왕 (閻魔大王) 圀 《불》 염라대왕.

염마-법왕 (閻魔法王) 圀 《불》 '염라대왕'을 높여 이르는 말.

염마-장 (閻魔帳) 圀 《불》 염라대왕이 죽은 사람의 생전에 지은 죄상을 적어 둔다는 장부.

염마-졸 (閻魔卒) 圀 《불》 염라국에 살며 죄인을 담당하는 옥졸. 귀졸(鬼卒). 야차(夜叉).

염마-천 (閻魔天) 圀 《불》 염마하늘.

염마-청 (閻魔廳) 圀 《불》 죽은 사람이 생전에 지은 죄상을 문초하는 염라국의 법정.

염마-하늘 (閻魔—) 圀 《불》 염라대왕과 같으나, 특히 밀교(密敎)에서 받드는 신. 염마천.

염막 (塩幕) 圀 바닷물을 고아 소금을 만들어 내는 움막.

염막 (簾幕) 圀 발과 장막.

염:망 (念望) 圀하타 이루어지기를 바람. 또는 바라는 일. 소망(素望).

염매 (廉買) 圀하타 물건을 싸게 삼.

염매 (廉賣) 圀하타 물건을 싸게 팖.

염매 (塩梅) 圀 1 신하가 임금을 도와서 정사를 바르게 하도록 함. 2 백매(白梅)2.

염명-하다 (廉明—) 혱어 마음이 청렴하고 밝다. **염명-히** 튀

염문 (廉問) 圀하타 남모르게 사정이나 형편 따위를 물어봄.

염:문 (艶文) 圀 염서(艶書).

염:문 (艶聞) 圀 연애나 정사에 관한 소문. ▣~을 퍼트리다 / 그 여배우는 야구 선수와 열애 중이라는 ~이 떠돈다.

염문-꾼 (廉問—) 圀 염알이꾼.

염:미 (染尾) 圀 《악》 부들2.

염:박 (厭薄) 圀하타 밉고 싫어서 쌀쌀하게 대함. 싫어서 박대함.

염반 (塩飯) 圀 소금엣밥. ▣반찬 없는 ~이나마 많이 잡수십시오.

염발 (炎魃) 圀 1 가뭄. 2 가뭄을 맡은 신(神).

염:-발 (染髮) 圀하자 머리털을 염색함. 또는 그 머리. ▣검정뿐 아니라 노랑으로도 ~하는 사람이 많다.

염:-발 (斂髮) 圀 머리를 쪽 찌거나 틀어 올림. ▣~기(妓)《쪽을 찐 기생》.

염:발-제 (染髮劑)[—쩨] 圀 머리털을 염색하는 데 쓰는 약제.

염방 (炎方) 圀 몹시 더운 곳이란 뜻으로, '남쪽'을 이르는 말.

염-방 (廉防) 圀 염치와 예방(禮防).

염-밭 (塩—)[—받] 圀 염전(塩田).

염백-하다 (廉白-)[-배카-] 휑여 염결(廉潔)하다. 염백-히[-배키] 튀

염:병 (染病) 閔 1〈속〉장티푸스. ▢ ～을 앓다. 2 '전염병'의 준말. ▢ ～이 돌다. ─-하다 자꾀 염병을 앓다.
[염병에 땀을 못 낼 놈] 염병에 땀도 못 내고 괴로워하다가 죽을 놈이라는 뜻으로, 저주하며 욕하는 말.

염:병-할 (染病-) 관곤 '전염병에 걸려 앓을'의 뜻으로, 매우 못마땅할 때 욕하는 말. ▢ ～ 놈 / ～ 소리.

염-보다 (簾-) 자 한시를 지을 때, 자음의 높낮이를 맞게 하다.

염:복 (艶福) 閔 아름다운 여자가 잘 따르는 복. 여복(女福). ▢ ～이 많다.

염부 (廉夫) 閔 마음이 청렴한 사람.

염부 (鹽釜) 閔 바닷물을 고아 소금을 만들 때 쓰는 큰 가마. 염분(鹽盆). 소금가마.

염분 (鹽分) 閔 1 바닷물 따위에 함유되어 있는 소금의 양. 소금기. ▢ ～이 높다. 2[역] 관아나 궁방(宮房)에서 소금 장수에게서 받던 세금.

염분 (鹽盆) 閔 염부(鹽釜). *자궁탈.

염불 閔 여자의 음문 밖으로 비어져 나온 자궁. *자궁탈.
[염불 빠진 년 같다] 어기적거리며 걸음을 잘 걷지 못한다는 말.

염:불 (念佛) 閔하자 〖불〗 부처의 모습이나 공덕을 생각하면서 아미타불을 부르는 일. ▢ ～ 소리가 끊이지 않다.
[염불에는 맘이 없고 잿밥에만 맘이 있다] 맡은 일에는 정성을 들이지 아니하면서 잇속에만 마음을 두는 경우의 비유.
염불 외듯 곤 알아듣지 못할 소리로 중얼거리는 비유.

염불 (鹽拂) 閔 장례 뒤에 소금을 몸에 뿌려 부정을 씻는 일.

염:-불급타 (念不及他) 閔 다른 생각을 할 겨를이 없음.

염:불 삼매 (念佛三昧) 〖불〗 1 염불로 잡념을 없애고 영지(靈知)가 열려 부처의 진리를 보는 일. 2 일심불란하게 염불하는 일.

염:불-경 (念佛誦經)〖불〗염송(念誦).

염:불 왕:생 (念佛往生)〖불〗열심히 염불하여 극락왕생을 이루는 일.

염불위괴 (恬不爲愧) 옳지 않은 일을 하고도 조금도 부끄러워하는 기색이 없음.

염사 (廉士) 閔 마음이 청렴한 선비.

염산 (鹽酸) 閔 〖화〗염화수소의 수용액. 순수한 것은 무색의 액체이고, 공업용 염산은 불순물을 함유하여 황색임. 공업용·의학용 등 용도가 넓음.

염산-가스 (鹽酸gas) 閔 〖화〗염화수소.

염산-모르핀 (鹽酸morphine) 閔 〖화〗희고 비단 빛깔이 나는 바늘 모양의 결정. 물과 알코올에 녹으며, 진통·진경(鎭痙)·최면(催眠)·진정제로 씀.

염산-칼륨 (鹽酸kalium) 閔 '염소산칼륨'의 속칭(俗稱).

염산-키니네 (鹽酸kinine)〖화〗맛이 쓰고 물과 알코올에 녹는 바늘 모양의 흰 가루(학질이나 간헐열, 신경통·폐렴·감기 등에 해열제로 씀).

염:색 (染色) 閔하타 염료를 써서 실이나 천 따위에 물을 들임. 또는 그런 일. 색염(色染). ▢ 머리를 ～하다 / 바지를 ～하다. ↔탈색.

<hr/>

직물·종이 따위의 섬유 제품의 미적 가치를 높이는 일.

염색 반:응 (焰色反應)[-빠능] 〖화〗불꽃 반응.

염:-색사 (染色絲)[-싸] 閔 〖생〗세포의 핵 속에 있는, 염기성(鹽基性) 색소에 물들기 쉬운 실 모양의 물질. 핵사(核絲).

염:-색질 (染色質)[-찔] 閔 〖생〗핵 속에 있는, 염기성 색소에 잘 염색되는 물질.

염:-색체 (染色體) 閔 〖생〗유사 분열하는 세포핵에 나타나고 염기성 색소에 잘 염색되는 소체(小體). 생물의 종류나 성에 따라 그 수가 일정하며, 생물의 성을 결정하는 성(性)염색체가 들어 있음.

염:색체 돌연변이 (染色體突然變異) 〖생〗염색체에 변화가 발생하여 유전자의 위치와 배열에 이상이 일어나는 돌연변이. 자연적으로 일어나는 경우와 인공적으로 일으키는 경우가 있음. ↔유전자 돌연변이.

염:색체 지도 (染色體地圖) 〖생〗염색체 위에 있는 유전자(遺傳子)의 성질과 위치를 표시한 도표. 유전자 지도.

염생 식물 (鹽生植物)[-씽-]〖식〗바닷가나 암염 지대 등 염분이 많은 곳에서 자라는 식물. 세포 속에 식염이 많이 들어 있으며, 물을 잘 흡수함《갯질경이·큰보리대가리·해안메꽃 따위》. 염성 식물.

염서 (炎暑) 閔 염열(炎熱).

염:서 (艶書) 閔 남녀 사이에 애정을 담아 써서 보내는 편지. 염문. ▢ ～을 주고받다.

염석 (鹽析) 閔하타 〖화〗유기 물질의 용액에 소금을 넣어, 그 용액에 녹아 있는 물질을 뽑아내는 일《비누나 두부를 만드는 데 이용함》.

염:선 (艶羨) 閔하타 남의 좋은 점을 부러워함.

염성 (鹽性) 閔 〖화〗소금기가 있거나 소금기를 좋아하는 성질.

염성 식물 (鹽性植物)[-씽-]〖식〗염생 식물.

염:세 (厭世) 閔하자 세상을 괴롭고 귀찮은 것으로 여겨 비관함. ▢ ～에 빠지다. ↔낙천(樂天).

염세 (鹽稅)[-쎄] 閔 지난날, 소금을 만들어 파는 사람에게 과하던 세금.

염:세-가 (厭世家) 閔 세상을 괴롭고 귀찮게 여기는, 비관적인 사람. 염세관을 품은 사람. ↔낙천가.

염:세-관 (厭世觀) 閔 〖철〗1 우리가 사는 세계에는 선보다 악이 많고 쾌락보다 고통이 많아, 살아갈 가치가 없다고 하는 생각. 2 사물의 나쁜 면만을 보고, 또 사물을 나쁜 방향으로만 생각하려는 정신의 경향. ↔낙천관.

염:세 문학 (厭世文學)〖문〗염세주의적 문학의 소재 및 그 표현 방식이 비관적·염세적인 문학.

염:세-적 (厭世的) 관閔 인생에 절망하고, 세상을 덧없이 여기며 모든 일을 부정적인 것으로 보는 경향이 있는 (것). ↔낙천적.

염:세-주의 (厭世主義)[-/-이] 閔 〖철〗염세관을 갖고 세상을 대하는 생각. ↔낙천주의.

염:세-증 (厭世症)[-쯩] 閔 세상이 싫어지고 귀찮게만 여겨지는 증세.

염:세 철학 (厭世哲學) 염세주의에 바탕을 둔 철학. 곧, 인간 생활에서 삶은 고통을 뜻하며, 이 고통을 벗어나기 위해서는 의지(意志)의 멸각(滅却)밖에 없다고 하는 주장으로, 쇼펜하우어가 그 대표자임.

염소 閔 〖동〗솟과의 가축. 양 비슷한데 흔히 뿔이 있고, 수놈은 턱 밑에 긴 수염이 있음. 성질이 활발하고 민첩함. 고기 및 털은 양(羊)

만 못하나 젖의 영양가는 좋음. 산양(山羊).

염소(塩素)[화]기체 원소의 하나. 천연으로는 식염·염화마그네슘으로 존재함. 황록색이고 악취가 나며 공기보다 무겁고 다른 원소와 잘 화합함. 산화제·표백제의 원료 및 살균제·독가스 등에 씀. [17 번 : Cl : 35.453]

염소-량(塩素量)[명]바닷물 1 kg 에 들어 있는 염소의 그램 수.

염소-산(塩素酸)[명][화]염소산바륨 용액에 황산을 넣어 만든 용액《수용액으로서만 존재하는 강(强)한 산(酸)》.

염소산-나트륨(塩素酸Natrium)[명][화]염소산염의 하나. 무색무취의 결정《산화제로서 염색에 씀》.

염소산-소다(塩素酸soda)[명][화]염소산나트륨(塩素酸Natrium).

염소산-염(塩素酸塩)[-념][명][화]염소산의 염류《염소산칼륨·염소산나트륨이 대표적임》.

염소산-칼륨(塩素酸kalium)[명][화]무색의 광택이 있는 결정. 산화력이 세고, 열을 가하면 산소가 나오며, 충돌시키면 폭발함《의약품으로서의 함수제(含漱劑), 꽃불·성냥의 원료로 사용함》. 염산칼륨. 염소산칼리.

염소-수(塩素水)[화]염소의 수용액. 노란빛을 띤 황록색인데, 진한 용액은 산화 작용이 강해 표백제·살균제로 쓰는 외에 분석 시약으로도 씀.

염소-자리(塩素-)[천]황도 십이궁의 하나로, 궁수(弓手)자리 동쪽에 있는 별자리. 9월 하순 저녁에 남중함. 산양좌(山羊座).

염소족 원소(塩素族元素)[화]할로겐족(Halogen族) 원소.

염-속(染俗)[명][하다]세속에 물듦. ▢~에 찌든 얼굴.

염:-송(念誦)[명][하다][불]마음속으로 부처를 생각하면서 불경을 외는 일. 염불 송경. ▢경문을 ~하다.

염수(塩水)[명]소금물. ▢논이 ~ 피해를 크게 입었다.

염:-수(斂手)[명][하자]1 하던 일에서 손을 뗌. 또는 아예 손대지 않음. 2 두 손을 마주 잡고 공손히 서 있음.

염수-선(塩水選)[명][하다]소금물에 띄워서 벼·보리 등의 씨를 선택하는 일《가라앉는 것만 선택함》.

염수 주:사(塩水注射)[의]식염 주사.

염수-초(塩水炒)[한의]약재가 변질되지 않도록 소금물에 담갔다가 불에 볶는 일.

염:-슬-단좌(斂膝端坐)[명][하다]무릎을 모으고 옷자락을 바로하여 단정히 앉음. ▢~의 자세로 묵상에 잠기다.

염-습(殮襲)[명][하다]죽은 사람의 몸을 씻은 뒤에 수의를 입히고 염포로 묶는 일. ⑤염습(殮襲).

염-심(染心)[명][불]번뇌로 더럽혀진 마음.

염심(焰心)[명]불꽃심.

염아-하다(恬雅-)[형][여]이익을 좇는 욕심이 없고, 늘 마음이 화평하고 단아하다.

염-알이(廉-)[명][하다]남의 사정을 몰래 알아냄. 염탐.

염알이-꾼(廉-)[명]비밀히 염탐하는 사람. 염문꾼. 염탐꾼.

염:-야-하다(恬冶-)[형][여]아리땁고 곱다.

염양(炎陽)[명]몹시 뜨거운 햇볕. 뜨겁게 내리쬐는 여름 태양. 불볕.

염:-양(艶陽)[명]화창하고 따스한 봄 날씨.

염:-언(念言)[명]깊이 생각한 바를 나타낸 말.

염평-하다(恬然-)[형][여]욕심이 없어 마음이 화평하다. 염아하다. **염연-히**[부]

염열(炎熱)[명]매우 심한 더위. 서열(暑熱).

염염-하다(冉冉-)[-념-][형][여]1 점점 멀어져서 아득하다. 2 나아가는 모양이 느릿하다. 3 부드럽고 잔잔하다. **염염-히**[-념-][부]

염염-하다(炎炎-)[-념-][형][여]이글이글할 정도로 몹시 뜨겁고 덥다. **염염-히**[-념-][부]

염:-오(染汚)[명][하자]1 더러운 것이 옮음. 또는 더러워짐. 오염. 2[불]번뇌(煩惱). 또는 번뇌로 마음이 더러워짐.

염-오(厭惡)[명][하타]싫어서 미워함. 혐오(嫌惡).

염(念外)[명]생각 밖. 뜻밖. 2 뜻밖의 일.

염:-용(艶容)[명]예쁘고 아리따운 용모.

염우(廉隅)[명]품행이 바르고 절조가 굳음.

염우-염치(廉隅廉恥)[명]염우와 염치.

염:-원(念願)[명][하타]늘 생각하고 간절히 바람. ▢겨레의 ~ / 독립을 ~하다.

염위(炎威)[명]복중(伏中)의 심한 더위. 또는 그 기세.

염의 ☞ 염우(廉隅).

염:-의(染衣)[여믜 / 여미][불]출가한 사람의 옷.

염의(廉義)[여믜 / 여미][명]염치와 의리(義理).

염의-없다(廉義-)[여믜업따 / 여미업따][형]예의도 모르고 부끄러움도 없다. **염의-없이**[여믜업씨 / 여미업씨][부]. ▢연주회에서 ~ 떠드는 사람들.

염:-일(念日)[명]한 달의 20 일째 되는 날. 스무날.

염:-자(艶姿)[명]아리따운 자태.

염장(炎瘴)[명]더운 지방의 개펄에서 나는 독한 기운.

염장(塩醬)[명]1 소금과 간장. 2 음식의 간을 맞추는 양념의 총칭.

염장(塩藏)[명][하타]소금에 절여 저장함. ▢식품을 ~하여 저장성을 높이다.

염:-장(殮匠)[명]염장이.

염:-장(殮葬)[명][하타]시체를 염습(殮襲)하여 장사 지냄.

염:-장(艶粧)[명][하타]예쁘게 단장함.

염장-법(塩藏法)[-뻡][명]소금에 절여 저장하는 법. 소금물의 삼투 작용에 의하여 수분을 없앰으로써 미생물이 번식할 수 없게 됨.

염:-장이(殮-)[명]시체를 염습하는 일을 업으로 하는 사람. 염장(殮匠).

염:-적(染跡)[명]더러운 행적. 또는 행적을 더럽힘.

염:-적(斂跡)[명][하자]1 종적을 감춤. 2 어떤 일에서 발을 뺌.

염:-전(念前)[명]한 달의 스무날이 되기 전. 염내(念內).

염전(塩田)[명]소금을 얻기 위하여 바닷물을 가두어 평평한 밭처럼 만들어 놓은 곳《바닷물을 햇볕에 증발시켜서 소금을 얻음》. 염(塩)밭. ▢~에서 소금을 실어 오다.

염전(塩廛)[명]소금을 파는 가게.

염:-전(厭戰)[명][하다]전쟁을 싫어함. ▢전쟁이 오래 계속되자 ~ 사상이 번져 갔다.

염:-전(斂錢)[명][하자]돈을 거두어 모음. 또는 그 모은 돈.

염:-접[명][하타]종이·피륙·떡 등의 가장자리를 접거나 베어 가지런히 함.

염정(炎程)[명]찌는 더위에 걸어가는 길.

염정(炎精)[명]1 태양. 2 불귀신.

염정(廉政)[명][하다][역]수렴청정(垂簾聽政).

염정(塩井)[명]1 염전에서, 소금을 만들기 위하여 바닷물을 모아 두는 웅덩이. 2 염분이

들어 있는 우물.

염:정(艶情)몡 연정(戀情).

염정-성(廉貞星)몡 구성(九星) 중의 다섯째 별. 문곡성(文曲星)의 아래, 무곡성(武曲星)의 위에 있음.

염:정 소:설(艷情小說)〖문〗 연애 소설.

염정-하다(恬靜-)휑여 편안하고 고요하다. 염정-히 뤼

염정-하다(廉正-)휑여 마음이 청렴하고 바르다. 염정-히 뤼

염제(炎帝)몡 **1** 화제(火帝). **2** 여름을 맡은 신(神). **3** 태양.

염:좌(捻挫)몡 좌섬(挫閃).

염:주[1](念珠)〖불〗 염불할 때에, 손으로 돌려 개수를 세거나 손목 또는 목에 거는 법구(法具)[보리자(菩提子)·금강주(金剛珠)·모감주·염주나무 등의 열매로 만듦]. 수주(數珠). ▢~를 목에 걸다.

염:주[2](念珠)〖식〗 볏과의 여러해살이풀. 열대 아시아가 원산지임. 줄기는 곧고 높이 1~1.5 m, 잎은 어긋나고 넓은 선 모양으로 끝이 뾰족함. 동그란 열매는 껍데기가 딴딴한 법랑질로 싸여 염주를 만드는 데에 씀.

염:주-나무(念珠-)〖식〗 피나뭇과의 낙엽 활엽 교목. 산에 남. 높이 3 m 이상. 잎은 거꿀달걀꼴인데 또렷한 줄이 다섯 있음. 정원수로 심고 열매는 염주를 만듦.

염:주-비둘기(念珠-)〖조〗 비둘깃과의 새. 촌락 부근의 산림·대나무 숲 등에 사는데, 몸빛은 회갈색임. 목에 검은 띠무늬가 있고, 꽁지 끝에는 흰색 띠가 있음. 밭의 곡류·잡초의 씨·곤충을 먹음. 산구(山鳩).

염:주-찌(念珠-)몡 작은 구슬찌를 여러 개 달아 쓰는 낚시찌.

염증(炎症)[-쯩]몡〖의〗 세균 감염 따위로 몸의 어느 부분이 붉게 붓거나 아프거나 열이 나는 병증《이물(異物)의 침입 따위에 대항하기 위한 생체의 방어적 반응임》. ▢~이 생기다 / ~을 일으키다. 준염(炎).

염증(炎蒸)몡 무더운 듯한 더위.

염:증(厭症)[-쯩]몡 싫증. ▢고된 일에 ~을 느끼다 / 무미건조한 생활에 ~이 나다.

염지(豫知)[─일지(稔知)] 소상히 앎. 숙지(熟知)함.

염:지(染指)하타 옳지 못한 방법으로 남의 물건을 함부로 가짐.

염지(塩池)몡 염전에서, 소금을 만들기 위해 바닷물을 모아 두는 못.

염:직(染織)하타 **1** 피륙에 물을 들임. **2** 염색과 직조.

염직-하다(廉直-)[-찌카-]휑여 염경하다. 염직-히[-찌키]뤼

염:질(艷質)몡 아름다운 바탕이나 성질.

염:-집[-찝]몡 '여염집'의 준말.

염찰(廉察)몡 염탐(廉探).

염창(簾窓)몡 발창.

염:처(艷妻)몡 아름다운 아내.

염천(炎天)몡 **1** 몹시 더운 날씨. 열천(熱天). ▢~ 더위에 고생이 막급요. **2** 구천(九天)의 하나. 남쪽 하늘.

염천(塩泉)몡〖지〗 식염천(食鹽泉).

염:체(艷體)몡 사조(詞藻)가 아름답고 시정이 풍부한 여성적인 시체(詩體).

염초(焰硝)몡 **1**〖한의〗 박초(朴硝)를 개어 만든 약. **2**〖화〗 질산칼륨. **3** 화약(火藥).

염초-청(焰硝廳)몡〖역〗 조선 때, 훈련도감의 한 분장(分掌)으로 화약 만드는 일을 맡아보던 관아.

[염초청 굴뚝 같다] 마음보가 검고 음흉하다.

염:출(捻出)하타 **1** 어떤 방법 따위를 어렵게 생각해 냄. 안출(案出). **2** 필요한 비용 따위를 어렵게 걷거나 모음. ▢정치 자금의 ~ / 경비를 ~하다.

염치(廉恥)몡 체면을 차릴 줄 알며 부끄러움을 아는 마음. ▢~도 없이 먹기만 하는구나 / 무슨 ~이 또 달라느냐. 준얌치.

염치(를) 차리다 뤼 염치를 알아 부끄럽지 않게 행동하다. 체면을 차리다.

염치-머리(廉恥-)몡〈속〉 염치.

염치-없다(廉恥-)[-업따]휑 염치를 아는 마음이 없다. ▢염치없는 사람 / 염치없지만 돈 좀 빌려 주세요. 염치없다. 염치-없이[-업씨]뤼. ▢일은 하지 않고 ~ 밥만 축낸다.

염탐(廉探)몡하타 몰래 남의 사정을 살피고 조사함. 염찰(廉察). ▢~을 보내다 / 상대편의 움직임을 ~하다.

염탐-꾼(廉探-)몡 염탐하는 사람. 염알이꾼. 염객(廉客). ▢적의 ~.

염탐-질(廉探-)몡하타 염탐하는 행동을 낮잡아 이르는 말.

염:태(艷態)몡 아름다운 자태.

염통(심)〖생〗 심장(心臟)1.

염통에 바람 들다 뤼 마음이 들떠서 행동을 제대로 하지 못하다.

염통에 털이 나다 뤼 체면도 없이 아주 뻔뻔스럽다.

염통이 비뚤어 앉다 뤼 마음이 비꼬이다.

염통-근(-筋)몡〖생〗 심근(心筋).

염통-꼴몡 염통과 같이 생긴 모양. 심장형. 심형(心形).

염통-방(-房)몡〖생〗 심방(心房).

염통-주머니[-쭈-]〖생〗 심낭(心囊).

염통-집몡〖생〗 심실(心室).

염퇴(恬退)몡하타 명예나 이익에 뜻이 없어 벼슬을 내어 놓고 물러남.

염:-머리(艷-)몡〈속〉 염치. 준얌통머리.

염파(簾波)몡 창에 드리운 발 그림자의 어른어른하는 무늬의 결.

염평-하다(廉平-)휑여 성품이 청렴하고 공평하다. 염평-히 뤼

염포(塩脯)몡 얇게 져며 소금에 절여서 말린 고기.

염:포(殮布)몡 염습할 때 시체를 묶는 베.

염:롯-국(殮布-)[-포꾹 / 롣꾹]몡 연뽓국.

염풍(炎風)몡 북동풍.

염:피(厭避)몡 마음에 꺼림하여 피함.

염:필(染筆)몡하타 **1** 붓에 먹이나 물감을 묻힘. **2** 붓으로 글씨를 쓰거나 그림을 그림.

염하(炎夏)몡 더운 여름. 또는 여름의 더위.

염-하다(廉-)휑여 **1** 값이 싸다. **2** 청렴하다.

염한(炎旱)몡 여름 한더위에 드는 가뭄.

염한(塩漢·塩干)몡 소금을 굽는 사람.

염호(塩湖)몡〖지〗 함수호(鹹水湖).

염화(塩化)몡하자〖화〗 어떤 물질이 염소와 화합하는 일.

염화-구리(塩化-)몡〖화〗 염소와 구리의 화합물. 염화 제일구리·염화 제이구리 등이 있음. 염화동.

염화-금(塩化金)몡〖화〗 **1** 염소와 금의 화합물. 염화 제일금과 염화 제이금이 있음. **2** '염화금산'의 속칭.

염화금-산(塩化金酸)몡〖화〗 금을 왕수(王水)에 녹여서 얻는 담황색의 바늘 모양의 결정. 도자기의 착색(着色), 알칼로이드 시약(試藥)

따위로 씀. 금염화수소산(金塩化水素酸).

염화금산-나트륨 (塩化金酸Natrium) 〔명〕〔화〕 금을 왕수(王水)에 녹이고 탄산나트륨을 가하면서 서서히 증발시켜 얻어지는 아름다운 노란빛의 결정《도금에 씀》. 금염. 금염화(金塩化)나트륨.

염화-나트륨 (塩化Natrium) 〔명〕〔화〕 나트륨과 염소의 화합물. 보통 '소금' 또는 '식염(食塩)'이라 일컬음.

염화-마그네슘 (塩化magnesium) 〔명〕〔화〕 염소와 마그네슘의 화합물. 쓴맛이 나는 백색의 결정체로, 대기의 습기를 빨아들여 녹는 성질이 있으며, 목재의 방부제 따위로 씀《간수의 주성분임》.

염화-물 (塩化-) 〔명〕〔화〕 염소와 염소보다 양성인 원소와 화합된 물질의 총칭. 희유 가스류의 거의 모든 원소와 염화물을 만듦.

염화미소 (拈華微笑) 〔명〕〔불〕 석가모니가 연꽃을 들어 대중에게 보였을 때 마하가섭(摩訶迦葉)만이 그 뜻을 깨닫고 미소 지었다는 데서, 마음에서 마음으로 전하는 일. 즉, 이심전심(以心傳心)·교외별전(敎外別傳)의 뜻. 염화시중(拈華示衆).

염화-바륨 (塩化barium) 〔명〕〔화〕 염소와 바륨의 화합물. 무색의 결정으로 독성이 있음. 레이크 안료(lake顔料)·매염제(媒染劑)·살충제·분석용 시약 등으로 씀.

염화-백금산 (塩化白金酸) [-금-] 〔명〕〔화〕 백금을 왕수(王水)에 녹여 증발시켜 얻는 황갈색의 기둥 모양 결정《보통은 육수화물(六水化物)로 조해성(潮解性)이 있으며 분석 시약으로 씀》. 클로로백금산. 백금염화수소산.

염화 비닐 (塩化vinyl) 〔화〕 아세틸렌과 염화수소와의 접촉 반응으로 합성되는 무색의 기체. 염화 비닐계 수지나 섬유의 합성 원료로서 중요함.

염화 비닐 수지 (塩化vinyl樹脂) 〔명〕〔화〕 염화 비닐을 중합(重合)시켜 얻는 수지의 총칭. 기계적 성질이나 내약품성(耐藥品性)이 뛰어나며, 파이프·용기(容器)·판자 등 각종 성형품(成形品), 전선 피복물(電線被覆) 등으로 널리 씀. 피브이시(PVC). 폴리염화 비닐. *플라스틱.

염화-수소 (塩化水素) 〔명〕〔화〕 염소와 수소의 화합물. 식염수(食塩水)를 전해(電解)하여 만드는 기체. 무색이고 자극적인 냄새가 있으며 독성이 강함. 물에 잘 풀리는데, 이 수용액을 염산이라 함. 염산가스.

염화-수은 (塩化水銀) 〔명〕〔화〕 염소와 수은의 화합물. 염화 제일수은·염화 제이수은의 두 가지가 있음.

염화시중 (拈華示衆) 〔명〕〔불〕 염화미소(拈華微笑).

염화-아연 (塩化亞鉛) 〔명〕〔화〕 아연 또는 산화(酸化)아연에 염산을 작용시켜 만든 백색의 결정성 가루. 대기 중에서 습기를 빨아들여 녹는 성질이 있어, 탈수제(脫水劑), 목재의 방부제·소독제 또는 금속의 땜질에 씀.

염화-알루미늄 (塩化aluminium) 〔명〕〔화〕 알루미늄과 염소의 화합물. 무색의 결정이며 공기 중의 수분을 빨아들여 흰 연기를 내며 녹음. 촉매·의약품 등에 사용됨.

염화-암모늄 (塩化ammonium) 〔명〕〔화〕 암모니아에 염산을 작용시켜서 얻는 무색의 결정. 물에는 잘 녹으나 알코올에는 잘 녹지 않음. 전지 제조, 화학 분석 시약, 의약·금속의 접

합, 염색 등에 씀.

염화-은 (塩化銀) 〔화〕 질산은 용액을 가열하여 이에 염산 또는 염화물 용액을 혼합하고 다시 가열해서 만드는 화합물. 백색 가루로 청산가리에 녹고 햇빛에 닿으면 검은 보라색으로 변함. 사진의 감광 재료·은도금(銀鍍金) 등에 씀.

염화 제:이구리 (塩化第二-) 〔화〕 구리나 염화 제일구리를 염소와 함께 가열하여 얻는, 누런색을 띤 갈색 결정. 독성과 흡습성이 있으며 촉매(觸媒)·매염제·목재 방부제로 씀. 염화구리(II).

염화 제:이수은 (塩化第二水銀) 〔화〕 무색투명한 결정 또는 가루. 황산 제이수은과 소금의 혼합물을 가열하여 승화시켜서 만듦. 맹독성의 살균력이 있으므로 소독제·방부제로 쓰고, 사진술에도 씀. 승홍(昇汞).

염화 제:이철 (塩化第二鐵) 〔화〕 염화수소에 철을 작용시켜 얻는 흑갈색 결정《지혈제(止血劑)·건파(乾破) 세척제에 씀》.

염화 제:일구리 (塩化第一-) 〔화〕 황산구리 수용액에 염화나트륨을 가하고, 여기에 이산화황을 통하여 침전시키는 등의 방법으로 는 백색 가루. 암모니아수에 녹으며, 그 용액은 가스 분석에 씀. 염화구리(I).

염화 제:일수은 (塩化第一水銀) 〔화〕 염화 제이수은에 수은을 작용시키든가 황산 제이수은에 수은과 식염을 섞어 승화되어 얻는 황백색의 가루. 물에 녹지 않고, 왕수(王水)에 녹음. 햇빛을 보면 변화하여 승홍(昇汞)이 됨. 약학상 감홍(甘汞)이라 하고, 한방에서는 경분(輕粉)이라 하며, 이뇨제·설사 등에 씀.

염화 제:일철 (塩化第一鐵) 〔화〕 철을 염산에 용해하여 만든 녹황색의 결정《염색·야금 등에 씀》.

염화-주석 (塩化朱錫) 〔명〕〔화〕 주석을 염산에 작용시켜 만든 화합물. 백색 고체인 염화 제일주석과 무색의 액체인 염화 제이주석 등이 있음.

염화-철 (塩化鐵) 〔명〕〔화〕 철과 염소의 화합물. 염화 제일철·염화 제이철 등이 있음.

염화-칼륨 (塩化kalium) 〔명〕〔화〕 쓰고 짠맛이 나는 백색 입방체의 결정. 탄산칼슘이나 염소산칼륨·질산칼륨 등의 칼륨염의 제조 원료 또는 비료로 사용함. 염화포타슘.

염화-칼슘 (塩化calcium) 〔명〕〔화〕 탄산칼슘·수산화칼슘에 염산을 섞어 열을 가한 다음, 증발·농축하여 만드는 백색의 결정. 제빙(製氷) 때의 냉각 매제(媒劑) 또는 눈을 녹이는 약제로 씀.

염화-포타슘 (塩化potassium) 〔명〕〔화〕 염화칼륨(塩化kalium).

염:회-간 (念晦間) 〔명〕 한 달의 스무날 무렵부터 그믐까지의 사이.

염:후 (念後) 〔명〕 한 달의 스무날이 지난 후.

엽¹ (葉) 〔명〕 우리나라 전통 음악의 한 형식. 악곡(樂曲) 중에서 기악(器樂)으로만 연주되는 부분.

엽² (葉) 〔의명〕 종이·잎 따위를 세는 단위.

엽각 (葉脚) [-깍] 〔명〕〔식〕 잎의 밑동.

엽견 (獵犬) [-껸] 〔명〕 사냥개1.

엽고-병 (葉枯病) [-꼬뼝] 〔명〕 벼에 생기는 병의 한 가지. 잎에 황백색의 반점이 생기거나 군데군데 얼룩무늬가 줄지어 생긴 후 흑갈색으로 변하여 옹털처럼 됨. 잎마름병.

엽관 (獵官) [-꽌] 〔명〕〔하자〕 금품·연줄 그 밖의 온갖 방법으로 관직을 얻으려고 다툼. ▢~을 일삼다.

엽구(獵具)[-꾸][명] 새·짐승 등을 잡는 데 쓰는 도구(그물·감탕·엽총 따위).
엽구(獵狗)[-꾸][명] 사냥개.
엽구(獵區)[-꾸][명] 사냥하는 구역. 사냥이 허락된 구역.
엽-궐련(葉-)[-꿜-][명] 〔←엽권연(葉卷煙)〕 담뱃잎을 썰지 않고 통째로 돌돌 말아서 만든 담배. 시가(cigar). 🔲입에 ~을 물고 서 있다. ↔지궐련.
엽기(獵奇)[-끼][명][하자] 비정상적이고 괴이한 일이나 사물에 흥미가 끌려 쫓아다니는 일. 🔲~ 행각.
엽기(獵期)[-끼][명] **1** 사냥하기에 좋은 철. **2** 사냥을 허가할 수 있는 기간(사냥할 수 있는 새·짐승의 종류와 함께 산림청장(山林廳長)이 정하여 고시(告示)함).
엽기 소:설(獵奇小說)[-끼-][문] 변태적이고 기이한 내용을 소재로 하여 흥미 본위로 쓴 소설.
엽기-적(獵奇的)[-끼-][관용] 엽기의 성질을 띤 (것). 🔲~(인) 살인 사건.
엽렵-하다(獵獵-)[여녀퍼-][형여] **1** 바람이 가볍고 부드럽다. **2** 매우 영리하고 날렵하다. **3** 분별 있고 의젓하다. 🔲그의 행동은 매우 엽렵하여 믿음성이 있다. **엽렵-히**[여녀피][부]
엽록-소(葉綠素)[염녹쏘][명][식] 식물의 세포인 엽록체에 함유된 녹색 색소. 광선을 흡수하여 탄소 동화 작용을 행함. 잎파랑이. 클로로필(chlorophyll).
엽록-체(葉綠體)[염녹-][명] [식] 녹색 식물·조류(藻類)의 잎이나 기타 녹색 조직에 있는 세포 소기관(小器官)으로 색소체(色素體)의 하나. 엽록소 a, b 등 여러 종류가 있으며, 빛의 에너지를 받아 광합성(光合成)을 함.
엽맥(葉脈)[염-][명][식] 잎맥.
엽병(葉柄)[-뼝][명][식] 잎자루.
엽복(獵服)[-뽁][명] 사냥할 때 입는 옷.
엽부(獵夫)[-뿌][명] 사냥꾼.
엽비(獵肥)[-삐][명] 나뭇잎 등을 썩혀 만든 거름(녹비의 일종).
엽사(獵師)[-싸][명] '사냥꾼'의 높임말.
엽산(葉酸)[-싼][명][화] 폴산.
엽삽-병(葉澁病)[-쌉뼝][명] 녹병.
엽상(葉狀)[-쌍][명] 잎처럼 납작한 타원형으로 생긴 모양.
엽상-경(葉狀莖)[-쌍-][명][식] 모양이 잎처럼 생기고 엽록소가 있어 탄소 동화 작용을 하는 줄기(선인장 등에 있음). 잎줄기.
엽상 식물(葉狀植物)[-쌍-싱-][식] 세포가 분화되지 않고 관다발이 없는 식물의 총칭. 줄기와 잎 등이 분화하지 않는 엽상체의 식물. 조류(藻類)·균류(菌類) 등이 포함되며, 선태(蘚苔)식물을 포함시키는 경우도 있음. 세포 식물. ↔경엽 식물.
엽상-체(葉狀體)[-쌍-][명] **1**[식] 전체가 잎과 비슷하게 편평하여 잎과 줄기 구별이 없는 기관. 엽상 식물에서 볼 수 있음. **2**[동] 강장동물인 해파리의 자낭(子囊)을 부분적으로 덮고 있는 투명체(보호엽이라고도 함).
엽색(獵色)[-쌕][명][하자] 여자와의 육체적 관계 따위를 지나치게 좋음. 어색(漁色). 🔲그의 ~ 행각은 모두가 다 아는 터다.
엽서(葉序)[-써][명][식] 잎차례.
엽서(葉書)[-써][명] '우편엽서·그림엽서'의 준말. 🔲~를 띄우다.
엽설(葉舌)[-썰][명][식] 잎혀.
엽쇼[-쑈][감] '여보시오'의 준말.
엽술(獵術)[-쑬][명] 사냥하는 기술.

엽신(葉身)[-씬][명][식] 잎몸.
엽아(葉芽)[명][식] 잎눈.
엽액(葉腋)[명][식] 잎겨드랑이.
엽연(葉緣)[명][식] 잎가.
엽우(獵友)[명] 함께 사냥을 다니는 친구.
엽월(葉月)[명] '음력 8월'을 달리 이르는 말.
엽육(葉肉)[명][식] 잎살.
엽자-금(葉子金)[-짜-][명] 최상품의 금. 얇게 불려 잎사귀 모양으로 만든 십품금(十品金). 🄬엽자.
엽장(獵場)[-짱][명] 사냥터.
엽전(葉錢)[-쩐][명] **1** 놋쇠로 만든 옛날 돈(둥글고 납작하며 가운데에 네모진 구멍이 있음). 🔲~ 꾸러미 / ~ 두 닢. **2** 우리나라 사람이 스스로를 낮잡아 일컫는 말.
엽전-평(葉錢枰)[-쩐-][명] 엽전풀이.
엽전-풀이(葉錢-)[-쩐푸리][명] 다른 돈을 엽전으로 환산하는 일. 엽전평. 엽평.
엽조(獵鳥)[-쪼][명] 사냥해도 좋다고 관계 기관이 허락한 새. ↔금렵조.
엽주(獵酒)[-쭈][명][하자] 아는 사람을 찾아다니며 술을 우려 마심. 또는 그 술. 주렵(酒獵).
엽지(葉枝)[-찌][명] 잎과 가지. 잎가지.
엽차(葉茶)[명] **1** 차나무의 어린잎으로 만든 찻감. 또는 그것을 달이거나 우려낸 물. **2** 한 번 우려낸 홍차를 재탕한 차.
엽채(葉菜)[명] 잎채소.
엽채-류(葉菜類)[명][식] 잎줄기채소류.
엽초(葉草)[명] 잎담배.
엽초(葉鞘)[명][식] 잎집.
엽총(獵銃)[명] 사냥총.
엽축(葉軸)[명][식] 잎줄기.
엽치다[타] 보리나 수수 따위의 겉곡식을 대강 찧다.
엽침(葉枕)[명][식] 잎자루가 붙은 곳. 또는 작은 잎이 잎줄기에 붙은 볼록한 부분.
엽침(葉針)[명][식] 잎바늘.
엽탁(葉托)[명][식] 턱잎.
엽편(葉片)[명][식] 잎몸.
엽평(葉枰)[명] 엽전풀이.
엽호(獵戶)[여쪼][명] **1** 사냥꾼의 집. **2** 사냥꾼.
엽황-소(葉黃素)[여쾅-][명][식] 엽록체 안에 있는 누런색의 색소(가을에 잎이 누렇게 되는 것은 이 색소 때문임). 잎노랑이.
엿[엳][명] 녹말 또는 녹말을 함유한 원료를 엿기름으로 삭혀 고아 만든, 단맛이 있고 끈끈한 식품. 이당. 🔲~을 고다.
엿 먹어라[부]〈속〉 남을 은근히 골탕 먹이거나 나쁠 때 하는 말.
엿 먹이다[부]〈속〉 남을 슬쩍 골려 주거나 속이다.
엿[엳][명] ㄴ·ㄷ·ㅁ·ㅂ·ㅅ·ㅈ 등을 첫소리로 한 몇몇 말 앞에 쓰여 여섯을 나타내는 말. 🔲순금 ~ 냥 / 쌀 ~ 섬.
엿:-[엳-][부] '몰래'의 뜻. 🔲~보다 / ~듣다.
엿-가락[엳까-][명] 엿가래.
엿-가래[엳까-][명] 가래엿의 낱개. 엿가락.
엿-가위[엳까-][명] 엿장수가 들고 다니는 큰 가위. 🔲~를 찰깍대다.
엿귀[엳뀌][명]〈옛〉 여뀌.
엿-기름[엳끼-][명] 보리에 물을 부어 싹이 튼 다음에 말린 것(엿과 식혜를 만드는 데 씀). 맥아(麥芽). 🔲~을 내다.
엿기름-가루[엳끼-까-][명] 엿기름을 맷돌에 갈아서 만든 가루. 맥아분(麥芽粉).

엿기름-물 [영끼-] 圐 엿기름가루를 우린 물.
엿-길금 圐 엿기름.
엿다 囤〈옛〉엿보다.
엿-단쇠 [엿딴-] 囝 엿장수가 엿을 사라고 외치는 소리.
엿-당(-糖)[엿땅]圐 〖화〗 '말토오스(maltose)'의 관용명.
엿:-듣다 [엳뜬따][엿들어, 엿들으니, 엿듣는] 囤 남의 말을 몰래 가만히 듣다. 〇우연히 그들의 대화를 엿듣게 되었다.
엿-목판(-木板)[-연-]圐 엿을 담는 목판.
엿-물 [연-]圐 엿기름물에 밥을 담가서 삭혀 짠 물(이것을 고면 엿이 됨).
　엿물을 흘렸다 丒 녹초가 되도록 곤란을 많이 당했다는 뜻.
엿-반대기 [엿빤-]圐 엿으로 만든 반대기. 엿자박.
엿-밥 [엿빱]圐 엿물을 짜내고 남은 밥찌끼.
엿-방망이 [엿빵-]圐 1 투전 노름이나 골패 노름의 한 가지. 세 짝 이내를 뽑아 끗수가 많은 사람이 이김. ⓥ여시. 2 '엿죽방망이'의 준말.
엿:-보다 [엿뽀-] 囤 1 남몰래 대상을 살펴보다. 〇나무 뒤에 숨어서 동정을 ~. 2 남이 짐작으로 알다. 〇선인들의 지혜를 ~. 3 때를 노려 기다리다. 〇기회를 ~.
엿:-보이다 [엿뽀-] 囨《'엿보다'의 피동》엿봄을 당하다. 〇공들인 흔적이 ~.
엿:-살피다 [엿쌀-] 囤 남모르게 가만히 살피다. 〇방 안을 ~.
엿새 [엳쌔] 圐 1 여섯 날. 〇~ 동안의 여행 / ~가 지나다. 2 '엿샛날'의 준말.
엿샛-날 [엳쌘-]圐 그달의 여섯 번째의 날. 〇이달 ~이 내 생일이다. ⓥ엿새.
엿-자박 [엳짜-]圐 엿반대기.
엿-장수 [엳짱-]圐 엿을 파는 사람.
　엿장수 마음대로〔맘대로〕 丒 엿장수가 엿을 마음대로 늘이듯, 무슨 일을 자기 마음대로 이랬다저랬다 하는 모양. 囜의 뒤에 부정(否定)의 말이 따름.
엿-죽 [엳쭉]圐 엿죽방망이.
엿죽-방망이 [엳쭉빵-]圐 1 엿을 골 때, 엿물을 젓는 막대기. ⓥ엿방망이. 2 하기 쉬운 일을 농으로 하는 말. 엿죽.
엿-치기 [엳-]圐囶囨 엿가래를 부러뜨려 그 속의 구멍의 수효나 크기로 승부를 가리는 내기. 〇아이들이 ~하느라 정신이 없다.
엿다 囤〈옛〉엿다.
-엯: [연] 囲⎡⎤ 1 '-엇-'의 한 변칙으로 어간 '하-' 뒤에만 쓰이는 과거 시제의 선어말 어미. 〇공부를 하~다. 2 어간 형성 접미사 '-이-'가 바로 뒤의 선어말 어미 '-엇-'과 합쳐서 준 말. 〇젖을 먹~다.
엯 圐〈옛〉여우.
영[1] 圐 '이엉'의 준말.
영:[2] 圐 깨끗하게 잘 꾸민 집 안이나 방 안에서 느껴지는 산뜻하고 생기 있는 밝은 기운. 〇~이 돌다.
영[1](令) 圐 1 '명령'의 준말. 〇~을 내리다 / ~에 순종하다. 2 '법령'의 준말. 〇~을 개정하다. 3 '약령(藥令)'의 준말.
영(英) 圐 1 '영국'을 줄여 이르는 말. 2 영어.
영(零) 圐 수(數)가 전연 없음(《'0'을 기호로 함》. 제로.
영(營) 圐 '영문(營門)'의 준말.
영(嶺) 圐 재[2]. 〇~을 넘다.

영(齡) 圐 누에가 뽕을 먹고 발육하는 시기. 보통 제 5 령(齡) 끝에 가서 실을 토하여 고치를 만들기 시작함.
영(靈) 圐 1 '신령'의 준말. 2 '영혼'의 준말. 〇~과 육(肉).
영[2](수) 圀圏 가죽을 세는 단위. 〇쇠가죽 다섯 ~ / 양피 세 ~.
영[3] 囲 1 도무지. 전혀(뒤에 부정하는 말이 옴)) 〇~ 입맛이 없다 / ~ 흥이 안 난다. 2 아주. 완전히. 〇사정이 ~ 다르다 / ~ 딴판이다.
영:(永) 囲 '영영(永永)'의 준말. 〇~ 소식이 없다 / ~ 떠나 버렸다.
영가(詠歌) 圐圏⎡⎤ 창가(唱歌).
영가(靈歌) 圐 〖악〗 미국의 흑인들이 부르는 일종의 종교적인 성가(聖歌).
영가(靈駕) 圐〖불〗 영혼(靈魂)2.
영각 圐⎡⎤ 암소를 찾는 황소가 길게 우는 소리. 〇~을 치다.
　영각을 쓰다 丒 황소가 암소를 부르느라 울음소리를 크게 내다.
영각(迎角) 圐 비행기가 날아가는 방향과 날개가 놓인 방향 사이의 각.
영:각(影閣) 圐 〖불〗 절에서, 고승(高僧)의 초상을 모신 곳.
영각(靈覺) 圐 〖불〗 영혼(靈魂).
영간(零簡) 圐 낙질이 많아 남아 있는 부분이 적은 책. 영본(零本).
영:감(令監) 圐 1 〖역〗 정삼품과 종이품의 관원을 일컫던 말. 영공(令公). 2 나이 든 남편이나 남자 노인을 일컫는 말. 3 급수 높은 공무원이나 지체 높은 사람을 높여 일컫는 말. 〇군수 ~이 관내 시찰에 나섰다.
　[영감 밥은 누워 먹고 아들 밥은 앉아 먹고 딸의 밥은 서서 먹는다] 남편 덕에 먹고사는 것이 가장 편하고, 아들이 부양해 주는 것은 그 다음이고, 시집간 딸의 집에 붙어사는 것은 어렵다는 말. [영감의 상투] 보잘것없이 작은 물건의 비유.
영감(靈感) 圐 1 신의 계시를 받은 것 같은 느낌. 2 창의적인 일의 동기가 되는 생각이나 자극. 〇~을 얻다 / ~이 떠오르다.
영:감-마님(令監-) 圐 '영감1'을 높여 이르던 말.
영감-무(靈感巫) 圐 〖민〗 신(神)의 영감을 받고 된 무당.
영:감-쟁이(令監-) 圐 나이 든 남편이나 늙은 남자를 낮잡아 이르는 말. 영감태기. 영감탱이. 〇아니, 저 ~가 망령이 났나.
영:감-태기(令監-) 圐 영감쟁이.
영:감-하(永感下) 圐 부모가 죽고 없는 처지.
영거(領去) 圐囶囨 함께 데리고 감.
영거(靈車) 圐 영구(靈柩)를 실어 나르는 수레.
영거리 사격(零距離射擊) 〖군〗 포탄이 발사 직후에 터지도록 조절해 놓고 하는 사격(가까운 거리의 목표물에 실시함).
영건(營建) 圐囶囨 집이나 건물을 지음. 영구(營構).
영걸(英傑) 圐囿囮 1 재지(才智)가 뛰어난 사람. 영웅호걸. 2 영특하고 용기와 기상이 뛰어남.
영걸-스럽다(英傑-)[-따][-스러워, -스러우니] 囿囤 보기에 영걸(英傑)한 데가 있다. **영걸-스레** 囲
영걸지주(英傑之主)[-찌-] 圐 영걸스러운 군주(君主).
영검(靈-) 圐 〔←영험(靈驗)〕 사람의 기원(祈願)에 대한 신불의 영묘(靈妙)한 감응. 〇~

이 있다 / ~이 내리다. ——**하다**〔형어〕 신불의 영묘한 감응이 있다. ⊙영하다.

영검(靈劍)〔명〕 영묘한 힘을 가진 검.

영검-스럽다(靈-)[-따][-스러워, -스러우니]〔형어〕 영검한 듯하다. 영검-스레〔부〕

영:겁(永劫)〔불〕 극히 긴 세월. 영원한 세월. ⊙억만년의 ~.

영:겁 회귀(永劫回歸)[-꿰-]〔철〕 인생의 기쁨·슬픔 등이 영원히 반복한다고 주장하는 니체의 학설.

영격(迎擊)〔명〕〔하타〕 쳐들어오는 적을 나아가 맞아서 침. 요격(邀擊).

영견(迎見)〔명〕〔하타〕 연견(延見).

영:결(永訣)〔명〕〔자타〕 죽은 사람과 산 사람이 영원히 헤어짐.

영:결-식(永訣式)[-씩]〔명〕 장례 때, 죽은 사람을 영원히 떠나 보낸다는 뜻으로 행하는 의식. ⊙~을 치르다.

영:결-종천(永訣終天)〔하자〕 죽어서 영원히 이별함.

영경(靈境)〔명〕 **1** 영묘한 지경. **2** 속세에서 멀리 떨어져 있는, 경치 좋고 조용한 고장.

영계(-鷄)[-/-게]〔명〕 〔←연계(軟鷄)〕 **1** 병아리보다 조금 큰 어린 닭. 약병아리. **2**〈속〉젊고 어린 여자. ⊙장가가고 싶으면 ~는 그만 좋아해라.

영계(靈戒)[-/-게]〔명〕 대종교에서, 신자에게 자격을 주는 예절.

영계(靈界)[-/-게]〔명〕 **1** 사람이 죽은 뒤에 영혼(靈魂)이 가서 산다는 세계. **2** 정신 또는 정신의 작용이 미치는 범위. ↔육계.

영계-구이(-鷄-)[-/-게-]〔명〕 영계의 고기를 저며 양념해서 구운 음식.

영계-백숙(-鷄白熟)[-쑥/-게-쑥]〔명〕 영계의 털을 뽑고 내장을 버린 후 통째로 삶은 음식. ⊙~으로 보신을 하다.

영계-찜(-鷄-)[-/-게-]〔명〕 영계를 통째로 삶아 뼈를 추려 낸 것에다가 밀가루·녹말을 끓여서 부은 다음, 양념을 치고 고명을 얹은 요리. 연계증(軟鷄蒸).

영고(迎鼓)〔명〕〔역〕 부여국에서 추수를 감사하여 섣달에 제사 지내던 의식. *무천.

영고(榮枯)〔명〕 성함과 쇠함. 영락(榮落).

영고(靈告)〔명〕 신령의 계시.

영고(靈鼓)〔명〕〔악〕 지제(地祭) 지낼 때 치던, 누른빛의 여덟 모로 된 북.

영고-성쇠(榮枯盛衰)〔명〕 인생이나 사물의 성하고 쇠함이 서로 뒤바뀌는 현상. ⊙~를 거듭하다.

영곡(嶺曲)〔명〕 영남 지방에서 나는 곡삼(曲蔘).

영공(領空)〔명〕 영토와 영해 위의 하늘로서, 그 나라의 주권이 미치는 범위. ⊙~을 지키다.

영공(靈供)〔명〕〔불〕 부처나 죽은 사람의 영전에 바치는 잿밥. 영반(靈飯).

영공-권(領空權)[-꿘]〔명〕〔법〕 영공에 대한 권리. 특별한 조약을 맺지 않고는 외국의 항공기가 다른 나라의 영공을 비행할 수 없음.

영공-설(領空說)〔명〕 세계 각국은 영토와 영해의 상공을 영공으로 하고, 그에 대하여 국가 주권을 행사할 수 있다는 설.

영:과(穎果)〔명〕〔식〕 열매껍질이 말라서 씨껍질에 붙어 하나처럼 되고, 속의 씨가 하나인 열매(벼·보리 등 볏과의 열매).

영관(領官)〔명〕〔군〕 소령·중령·대령의 통칭.

영관(榮冠)〔명〕 영예의 관(빛나는 승리·성공 등의 비유). ⊙우승의 ~을 차지하다.

영광(榮光)〔명〕 빛나는 영예. 광영(光榮). ⊙승리의 ~을 차지하다.

영광(靈光)〔명〕 신령스럽고 성스러운 빛.

영광-스럽다(榮光-)[-따][-스러워, -스러우니]〔형어〕 영광이 넘치다. ⊙대표로 뽑힌 것이 ~. 영광-스레〔부〕

영괴-하다(靈怪-)〔형어〕 영묘하고 괴상하다. 영괴-히〔부〕

영교(令嬌)〔명〕 영애(令愛).

영:구(永久)〔명〕〔하형〕〔부〕 어떤 상태가 시간적으로 무한히 계속됨. ⊙~ 보존 / ~ 불멸 / ~히 보존하다.

영구(營救)〔명〕〔하타〕 죄에 빠진 사람을 구하여 냄. *신구(伸救).

영구(營構)〔명〕〔하타〕 영건(營建).

영구(靈柩)〔명〕 시체를 넣은 관. ⊙태극기를 덮은 상여의 ~.

영:구-가스(永久gas)〔화〕 영구기체.

영:구 경수(永久硬水)〔화〕 영구 센물.

영:구 공채(永久公債)〔경〕 상환 기한이 없고 정기적으로 이자만을 지급하면 되는, 정부 발행의 공채. 영원 공채. 무기한 공채.

영:구 기관(永久機關)〔물〕 외부로부터 에너지 공급을 받지 않고 영구히 운동을 계속하는 상상의 기관(예로부터 연구되어 왔으나 실현이 불가능하다는 것이 밝혀졌다).

영:구-기체(永久氣體)〔화〕 아무리 온도를 내리거나 압력을 가해도 액화되지 않는 기체(전에는 수소·산소·질소 따위를 지칭했으나 현재는 액화법의 발달로 영구기체의 존재는 없어졌음). 영구가스.

영:구 동:토(永久凍土)〔지〕 땅속의 온도가 연중 0℃ 이하로 항상 얼어 있는 땅. 남북 양극권(兩極圈)의 전역과 시베리아·알래스카·캐나다의 일부, 그린란드 등에 분포됨.

영:구-불변(永久不變)〔명〕〔자형〕 오래도록 변하지 아니함. 또는 그리 되게 함. ⊙~의 진리.

영:구-성(永久性)[-썽]〔명〕 오래도록 변하지 않는 성질. ⊙~을 보장하다.

영:구 센:물(永久-)〔화〕 황산염·마그네슘·칼슘 등을 포함하고 있어 끓여도 단물이 되지 않는 센물. 영구 경수.

영:구 연금(永久年金)〔명〕 지급 기간이 영구적인 연금. 본인뿐만 아니라 자손에게도 지급됨.

영:구 운:동(永久運動)〔물〕 외부에서 에너지를 공급하지 아니하여도 자동적으로 영구히 움직이는 가상적인 운동.

영:구 자:석(永久磁石)〔물〕 한번 자기화(磁氣化)된 다음에는 자기(磁氣)를 영구히 보존하는 자석. ↔일시 자석.

영:구-장천(永久長川)〔➀명〕 한없이 길고 오랜 세월. ⊙~으로 하는 넋두리. 〔➁부〕 한없이 늘. 언제나 늘. ⊙~ 근심과 걱정을 안고 산다.

영:구-적(永久的)〔관명〕 오래도록 변하지 않는 (것). ⊙일생 중립을 취하다. ↔일시적.

영:구 중립국(永久中立國)[-닙꾹]〔명〕 영세(永世)중립국.

영구-차(靈柩車)〔명〕 영구를 운반하는 자동차. 장의차. ⊙관을 ~에 싣다. 〈준〉구차.

영:구-치(永久齒)〔명〕〔생〕 젖니가 빠진 후에 나는 이와 뒤어금니의 총칭(사람은 위아래로 모두 32개가 있음).

영:구-화(永久化)〔명〕〔하자타〕 어떤 상태가 영구하게 되거나 영구하게 되도록 함. ⊙민주주의의 ~를 도모하다.

영국 국교회(英國國敎會)[-꾜-]〔명〕 영국 국왕을 수장으로 하는 교회. 교의는 개신교에 가까우나 의식은 가톨릭에 가까움. 앵글리컨

교회. 영국 성공회.

영국-톤(英國ton)〔의명〕영국에서 쓰는 무게의 단위(1,016.06 kg, 2,240 파운드). *미국톤.

영군(領軍)〔명〕〔하〕군대를 거느림.

영궤(靈几)〔명〕영좌(靈座).

영귀-접(靈鬼接)〔명〕〔자〕'귀신이 접했다'는 뜻으로, 어떤 일이든지 척척 알아맞히는 일.

영귀-하다(榮貴-)〔형〕〔여〕지체가 높고 귀하다.

영규(令閨)〔명〕영부인.

영글다〔영글어, 영그니, 영그는〕〔자〕여물다➊.

영금〔명〕따끔하게 겪는 곤욕(困辱).
영금(을) 보다〔관〕따끔하게 곤욕을 치르다. ▷죽을 영금을 보았다.

영금(靈禽)〔명〕영조(靈鳥).

영기(令旗)〔명〕1〔역〕군중(軍中)에서, 군령(軍令)을 전하는 데 쓰던 기. 2 줄다리기 따위에서 지휘 신호를 하거나, 농악 행진의 앞장을 서는 사람이 드는 기.

영기(英氣)〔명〕우수한 재기(才氣). 뛰어난 기상(氣像). ▷~가 넘치는 표정.

영기(靈氣)〔명〕영묘한 기운. ▷~가 생동하다.

영-기호(嬰記號)〔명〕〔악〕올림표.

영남(嶺南)〔명〕〔지〕조령(鳥嶺)의 남쪽(경상남북도). 교남(嶠南).

영내(領內)〔명〕영토의 안.

영내(營內)〔명〕〔군〕병영(兵營)의 안. ↔영외(營外).

영내 거주(營內居住)〔군〕군인이 근무 이외의 일상생활을 병영 안에서 하는 일(주로 하사관 이상이 해당함). ↔영외 거주.

영녀(令女)〔명〕영애(令愛).

영:년(令女)〔명〕긴 세월. ○~ 근속.

영년(迎年)〔명〕〔자〕새 해를 맞이함. 해맞이. ↔송년(送年).

영:년 변:광성(永年變光星)〔천〕1세기 이상에 걸쳐 그 광도(光度)가 서서히 높아지거나 낮아지는 별.

영:년 변:화(永年變化)지구 과학에서, 관측 값이 수십 년 이상에 걸쳐 천천히 증가하거나 감소하는 현상.

영:녕-전(永寧殿)〔명〕〔역〕조선 때, 임금 및 왕비로서 종묘(宗廟)에 모실 수 없는 분의 신위(神位)를 봉안하던 곳(종묘 안에 있음).

영노(營奴)〔명〕〔역〕군영이나 감영(監營) 등 영(營) 자가 붙는 관청에 딸렸던 사내종.

영농(營農)〔명〕〔하〕농업을 경영함. ○~ 기술 / ~의 기계화.

영농 자금(營農資金)농업을 경영하는 데 쓰이는 자금.

영단(英斷)〔명〕〔하〕슬기롭고 용기 있는 결단. ○~을 내리다.

영단(營團)〔명〕국가 정책에 의한 공익사업을 행하기 위하여 설치한 특수 법인. 오늘날에는 '공사'·'공단' 등으로 씀.

영단(靈壇)〔불〕영혼의 위패를 두는 단.

영달(令達)〔명〕〔하〕명령을 전달함. 또는 명령을 전달하여 알림. ○예산을 ~하다.

영달(榮達)〔명〕〔자〕지위가 높고 귀하게 됨. ○부귀와 ~을 누림 / 일신의 ~을 꾀하다.

영달-하다(英達-)〔형〕〔여〕영명(英明)하다.

영:답(影沓)〔명〕〔불〕'영위답(影位畓)'의 준말.

영당(令堂)〔명〕'남의 어머니'의 높임말. 자당.

영:당(影堂)〔명〕〔불〕개산조사(開山祖師)나 고승(高僧)의 화상(畵像)을 모셔 둔 사당. 영전(影殿).

영:대(永代)〔명〕영세(永世).

영대(領帶)〔가〕성직자가 성사를 집행할 때 목에 걸쳐서 무릎까지 늘어뜨리는 좁고 긴 형겊 띠.

영대(靈臺)〔명〕신령스러운 곳이라는 뜻으로, '마음'을 이르는 말.

영:대 소:작(永代小作)〔법〕영소작(永小作).

영:대 차:지권(永代借地權)〔법〕국내 거류 외국인에게 허용되는, 일정한 지대를 지불하고 영구적으로 토지를 사용할 수 있게 한 권리.

영덕(令德)〔명〕아름다운 덕. 미덕(美德).

영덕(靈德)〔명〕영묘한 덕.

영도(英圖)〔명〕뛰어난 계획. 영략(英略).

영도(零度)〔명〕온도·각도·고도 따위의 도수 계산의 기점(起點)이 되는 자리. ○기온이 ~ 이하로 떨어지다.

영도(領導)〔명〕〔하〕많은 사람들을 거느려 이끎. ○국가를 ~하는 대통령.

영도(靈都)〔명〕성도(聖都).

영도-권(領導權)〔-꿘〕영도하는 권한.

영도-력(領導力)〔명〕영도하는 능력. ○뛰어난 ~을 발휘하다.

영도-자(領導者)〔명〕영도하는 사람. ○~로 받들다 / ~로 세우다.

영도-적(領導的)〔관〕거느리어 이끌어 가는 (것). ○~(인) 역할.

영독-하다(獰毒-)〔-도카-〕〔형〕〔여〕모질고 독살스럽다. ○영독한 성격 / 영독하게 대하다.

영독-히〔-도키〕〔부〕

영동(楹棟)〔명〕기둥과 마룻대라는 뜻으로, 중요한 인물의 비유. 동량(棟梁). 주석(柱石).

영동(嶺東)〔명〕〔지〕강원도의 대관령 동쪽에 있는 지방. 관동.

영동 팔경(嶺東八景)〔지〕관동 팔경.

영-둔전(營屯田)〔명〕〔역〕조선 때, 각 영문에 급전(給田)으로 나라에서 내려 준 둔전. 영둔토(營屯土).

영득(領得)〔명〕〔하〕1 취득하여 제 것으로 만듦. ○허락 없이 남의 물건을 ~하다. 2 사물의 이치를 깨달음. ○진리를 ~하다.

영득(贏得)〔명〕남긴 이득.

영-등(影燈)〔명〕등(燈)의 한 가지. 초롱 속에 회전하는 기구를 장치하고, 종이로 짐승 따위의 모양을 만들어 그 위에 붙여, 바람이나 불 기운에 빙빙 돌게 하여 그 모양이 겉으로 나타나게 함.

영등-날〔명〕〔민〕음력 2월 초하룻날(영등할머니가 내려온다는 날로, 비가 오면 풍년, 바람이 불면 흉년이 든다고 함).

영등-할머니〔명〕〔민〕영등날 세상에 내려와서 집집마다 다니며 농촌의 실정을 조사하고 하늘로 올라간다는 할머니.

영락(零落)〔-낙〕〔명〕〔하〕1 초목의 잎이 시들어 떨어짐. ○~의 계절. 2 세력이나 살림이 줄어서 아주 보잘것없이 됨. 낙백(落魄). 낙탁. 영체(零替). ○집안의 형세가 ~하였다.

영락(榮落)〔-낙〕〔명〕영고(榮枯).

영락(榮樂)〔-낙〕〔명〕〔하〕생활이 영화롭고 즐거움. ○~의 세월을 즐기다.

영락(瓔珞)〔-낙〕〔명〕목·팔 등에 두르는, 구슬을 꿴 장식품.

영락-없다(零落-)〔-나겁따〕〔형〕조금도 틀리지 않고 들어맞다. ○그는 영락없는 비럭뱅이 거지꼴이다. **영락-없이**〔-나겁씨〕〔부〕○그의 예감이 ~ 들어맞았다.

영란(迎鑾)〔-난〕〔명〕〔하〕임금의 거가(車駕)를 맞음.

영란 (英蘭)[-난] 圕 〖지〗 1 '잉글랜드'의 음역(音譯). 2 영국과 화란(和蘭). ▢ ~ 전쟁.

영랑 (郞郞)[-낭] 圕 영식(令息).

영략 (英略)[-냑] 圕 영도(英圖).

영략 (領略)[-냑] 圕하타 대강을 짐작하여 앎.

영력 (營力)[-녁] 圕 〖지〗 지구 표면을 변화시키는 힘《물·바람·동식물 등의 작용에 의한 외적 영력과, 지진·화산 작용·지각 운동 등의 작용에 의한 내적 영력이 있음》. 지질(地質)영력.

영련 (楹聯)[-년] 圕 주련(柱聯).

영령 (英領)[-녕] 圕 영국의 영토.

영령 (英靈)[-녕] 圕 1 죽은 사람의 영혼을 높여 이르는 말. 영현(英顯). ▢ 호국 ~들의 넋을 기리다. 2 산천의 정기를 타고난 뛰어난 사람.

영령쇄쇄 (零零碎碎)[-녕-] 圕하자 아주 잘게 부스러짐. ㉥영쇄(零碎).

영령쇄쇄 (零零瑣瑣)[-녕-] 圕형히부 보잘것없이 매우 자질구레함. ㉥영쇄(零瑣).

영령-하다 (泠泠-)[-녕-] 형어 물소리·바람 소리·거문고 소리·목소리 등이 듣기에 맑고 시원하다. ▢ 영령한 거문고 소리. 영령-히 [-녕-] 부

영로 (榮路)[-노] 圕 출세의 길.

영록 (榮祿)[-녹] 圕 영화로운 복록(福祿).

영롱-하다 (玲瓏-)[-농-] 형어 1 광채가 찬란하다. ▢ 영롱한 아침 이슬. 2 구슬 따위의 울리는 소리가 맑고 산뜻하다. ▢ 영롱한 구슬 소리. 영롱-히 [-농-] 부

영류 (瘿瘤)[-뉴] 圕 혹'1.

영릉-향 (零陵香)[-능-] 圕 〖식〗 콩과의 여러해살이풀. 유럽 원산으로, 높이 70cm 정도. 여름에 잎겨드랑이에 작은 나비 모양의 꽃이 핌《출혈이나 신통(腎痛), 결석(結石) 등에 약재로 씀》.

영리 (榮利)[-니] 圕 명예와 이익. 또는 영화와 복리. ▢ ~를 누리다.

영리 (營吏)[-니] 圕 〖역〗 조선 때, 감영이나 군영, 수영에 딸려 있던 아전.

영리 (營利)[-니] 圕하자 재산상의 이익을 도모함. 또는 그 이익. ▢ ~를 추구하다.

영리 (英里)[-니] 의圕 마일(mile).

영리 경제 (營利經濟)[-니-] 영리를 목적으로 하는 경제 행위.

영리 기업 (營利企業)[-니-] 영리를 목적으로 활동하는 기업.

영리 단체 (營利團體)[-니-] 영리를 목적으로 조직한 단체. ↔비영리 단체.

영리 법인 (營利法人)[-니부빈] 〖법〗 영리를 목적으로 하는 사단 법인. 곧, 상법상의 회사. 영리 사단(社團). ↔공익 법인.

영리 보:험 (營利保險)[-니-] 영리를 목적으로 하는 보험으로, 상호 보험(相互保險)에 대응하는 말. 영업(營業) 보험.

영리-사업 (營利事業)[-니-] 圕 영리를 목적으로 경영하는 사업.

영리 자본 (營利資本)[-니-] 圕 영리 행위에 쓰는 자본.

영리-주의 (營利主義)[-니-/-니-이] 圕 이익의 획득을 사업 활동의 가장 중요한 방침이나 원칙으로 삼는 일.

영:리-하다 (怜悧-·伶俐-)[-니-] 형어 똑똑하고 눈치가 빠르다. ▢ 영리한 아이 / 머리가 ~.

영림 (營林)[-님] 圕하자 삼림을 경영하고 관리하는 일. 산림 경영.

영립 (迎立)[-닙] 圕하타 맞아들여 임금으로 세움. ＊옹립.

영-마루 (嶺-)[-] 圕 고개의 맨 꼭대기. ▢ ~에서 불어오는 바람.

영만-하다 (盈滿-)[-] 형어 가득하게 차다.

영망 (令望)[-] 圕 좋은 명망이나 평판.

영매 (令妹)[-] 圕 남의 누이동생에 대한 높임말. 매씨. ＊영제(令弟).

영:매 (永賣)[-] 圕하타 '영영방매(永永放賣)'의 준말.

영매 (靈媒)[-] 圕 신령이나 죽은 사람의 영혼과 의사가 통하여, 혼령과 인간을 매개하는 사람《무당이나 박수》.

영매-술 (靈媒術)[-] 圕 영매의 매개로 신령이나 망령을 불러내거나, 죽은 사람과 산 사람이 의사를 통하는 술법.

영매-하다 (英邁-)[-] 형어 영리하고 비범하다.

영맹-하다 (獰猛-)[-] 형어 모질고 사납다. 잔인하고 난폭하다. 영맹-히 부

영-면 (永眠)[-] 圕하자 영원히 잠든다는 뜻으로, 죽음을 일컫는 말. 영서(永逝). 잠매(潛寐). 장서(長逝). ▢ 오랜 병고 끝에 ~하다.

영:멸 (永滅)[-] 圕하자 영원히 멸망하거나 아주 사라짐.

영명 (令名)[-] 圕 1 훌륭하다는 명성이나 명예. 영문(令聞). 영예(令譽). 2 남의 이름에 대한 높임말.

영명 (英名)[-] 圕 뛰어난 명예나 명성.

영명 (榮名)[-] 圕 영예(榮譽).

영명 (靈名)[-] 圕 〖가〗 세례명(洗禮名). ▢ ~ 축일(祝日).

영명-하다 (英明-)[-] 형어 뛰어나게 슬기롭고 총명하다. 영달하다. ▢ 영명한 품성.

영:모 (永慕)[-] 圕하타 1 오래도록 사모함. 2 죽을 때까지 어버이를 잊지 않음.

영모 (翎毛)[-] 圕 새나 짐승을 그린 그림.

영모 (榮慕)[-] 圕하타 남의 덕을 칭찬하고 흠모함.

영목 (嶺木)[-] 圕 영남(嶺南)에서 나는 무명.

영몽 (靈夢)[-] 圕 영검한 꿈. 신령한 꿈.

영묘 (英妙)[-] 圕형 재능이나 됨됨이가 뛰어남. 또는 그런 젊은이.

영묘 (靈廟)[-] 圕 선조의 영혼을 모신 사당.

영묘-하다 (靈妙-)[-] 형어 신령스럽고 기묘(奇妙)하다. 영묘한 자연의 이치. 영묘-히 부

영무-하다 (英武-)[-] 형어 영민(英敏)하고 용맹스럽다.

영무-하다 (榮茂-)[-] 형어 번화하고 무성하다.

영문 圕 일이 돌아가는 형편이나 까닭. ▢ 어찌된 ~인가 / 무슨 ~인지 통 모르겠다 / ~도 모른 채 따라가다.

영문 (令聞) 圕 영명(令名)1.

영문 (英文) 圕 1 영어로 쓴 글. ▢ ~ 편지. 2 영문자. ▢ ~으로 작성한 이력서.

영문 (榮問) 圕하타 〖역〗 새로 과거에 급제한 사람을 찾아보고 축하하던 일.

영문 (營門) 圕 1 병영의 문. ▢ ~ 보초. 2 구세군에서, '교회'의 일컬음. 3 〖역〗 감영(監營). ㉥영문.

영-문법 (英文法)[-빱] 圕 영어의 문법.

영-문자 (英文字)[-짜] 圕 영어를 표기하는 데 쓰는 문자. ㉥영자.

영-문학 (英文學) 圕 1 영국의 문학. 2 영어로 표현된 문학. 또는 그것을 연구하는 학문.

영물 (英物) 圕 영특한 인물. 뛰어난 인물.

영:물 (詠物) 圕하자 새·짐승·초목·자연 그 자체를 제재로 하여 한시(漢詩)를 지음. 또는 그 시.

영물 (靈物) 圕 1 신령스러운 물건이나 짐승. 2

약고 영리한 짐승을 신통히 여겨 이르는 말. ¶그 집 개는 ~이더군.

영미-법(英美法)[─뻡]图 영국 법률 및 그것을 이어받은 미국 법률《관습법과 판례법에 의한 불문법》. ↔대륙법.

영민-하다(英敏─·穎敏─)혱여 영특하고 민첩하다. ¶영민하기로 소문난 수재. **영민-히** 뷔

영:-바람[─빠─]图 뽐낼 정도로 등등한 기세.

영반(靈飯)图【불】 영공(靈供).

영:-발(映發)图하자 번쩍번쩍 광채가 남.

영발-하다(英發─)혱여 재기(才氣)가 두드러지게 드러나다.

영방(營房)图【역】 조선 때, 영리(營吏)가 사무를 보던 곳.

영-방주(楹防柱)图【건】 돌기둥 위에 세운 굵고 높은 모난 기둥.

영백(嶺伯)图【역】 조선 때, 경상도 관찰사를 이르던 말.

영:-벌(永罰)图【가】 지옥에서 받는 영원한 벌. ↔영복(永福).

영:-변(佞辯)图하자 말솜씨 좋게 아첨함. 또는 그런 말.

영별(永別)图하자타 영이별.

영보(領報)图【가】 성모 영보.

영:-복(永福)图【가】 천당에서 받는 영원한 복락(福樂). ↔영벌(永罰).

영복(營福)图하자 복을 구함.

영본(零本)图 낙질이 많아 남아 있는 부분이 적은 책. 영간(零間). 단본(端本).

영:-본(影本)图하타 탑본(搨本).

영봉(零封)图하타 운동 경기, 특히 야구에서, 상대편에게 점수 하나 주지 않고 이김.

영봉(靈峰)图 신령스러운 산봉우리.

영부(靈府)图 대종교에서, 정신이 깃들어 있는 곳이라는 뜻으로, 마음을 일컫는 말.

영-부인(令夫人)图 남의 아내에 대한 높임말. 귀부인. 영규(令閨). 영실(令室). ¶대통령 ~.

영분(榮墳)图【역】 새로 과거에 급제하거나 벼슬한 사람이 고향의 조상 묘에 찾아가 풍악을 울리며 그 영예를 아뢰던 일.

영:-출세(永不出世)[─쎄]图 집 안에 틀어박혀 영영 세상에 나오지 않음.

영비(營裨)图【역】 감사(監司)의 비장(裨將).

영빈(迎賓)图하자 귀한 손님을 맞음. 특히, 국빈 등을 맞음.

영빙(迎聘)图하타 손님을 맞아들여 모심. 청대(請待).

영사(令士)图 착하고 훌륭한 선비.

영사(令嗣)图 남의 사자(嗣子)에 대한 높임말.

영사(映射)图하자 광선이 반사함.

영사(映寫)图하타 1 영화나 환등 따위의 필름의 상을 영사막에 비추어 나타냄. ¶~ 시설. 2 토지의 표면을 평면으로 그림. 3 원도(原圖)와 같이 정밀하게 옮겨 그림.

영사(領事)图 외국에 있으면서 본국(本國)의 통상에 대한 이익과 자국민(自國民)의 보호를 담당하는 공무원. ¶뉴욕 주재 ~로 발령을 받다.

영:-사(影祀)图 영당(影堂)에서 지내는 제사.

영:-사(影寫)图하타 그림이나 글씨를 얇은 종이 밑에 비치도록 받쳐 놓고 그 위에 덧겨 내 것[그림].

영사(營舍)图 군대가 머물러 있는 건물.

영사(靈砂)图【한의】 수은을 고아서 결정체로 만든 약재. 홍령사와 백령사가 있음《곽란이나 토사, 경기 등에 약으로 씀》.

영사-관(領事館)图 영사가 주재지에서 사무를 보는 공관.

영사-기(映寫機)图 영화 필름 따위를 확대하여 스크린에 비추는 기계.

영사-막(映寫幕)图 영화나 환등(幻燈) 따위의 상을 비추는 흰색의 막. 은막(銀幕).

영:-사-본(影寫本)图 원본을 얇은 종이 밑에 비치도록 놓고 그 위에 덧그려 원본과 같이 만든 책이나 도안. *임사본.

영사 송:장(領事送狀)[─짱]【경】 수출국에 주재하는 수입국의 영사가 상품 발송 송장의 기재 사항이 사실과 틀림없음을 증명한 송장.

영사-실(映寫室)图 영사기 따위를 갖추어 놓고 영사하는 방.

영사 재판(領事裁判)【법】 지난날, 특별한 국제 조약에 따라 영사가 주재국에서 자국민에 관계된 소송을 자기 나라 법률로 재판하던 제도.

영산图【민】 참족하고 억울하게 죽은 사람의 넋.

영:산(影算)图【수】 '삼각법'의 구칭.

영산(靈山)图 1 신령스러운 산. 2 신불을 모셔 제사 지내는 산. 신산(神山). 3 '영취산(靈鷲山)'의 준말.

영산-가(山歌)图 조선 때, 잡가(雜歌)의 한 가지. 지은이와 지은 때는 미상. 인생은 덧없는 것이니 살아 있을 때 즐기자는 내용임.

영산-놀이(靈山─)图 농악의 한 부분. 연주종목 가운데서 가장 절정을 이루는 부분임.

영산-마지(靈山麻旨)图【불】 1 담배. 2 담배를 피우는 일.

영:-산-백(映山白)图 【식】 진달랫과의 상록 관목. 바닷가의 바위틈에 남. 높이는 1m가량, 가지가 많음. 늦봄에 얼룩점이 있는 흰 다섯잎꽃이 핌《관상용》.

영산-상(靈山床)[─쌍]图【민】 무당이 굿을 할 때 쓰는 제상(祭床)의 하나.

영:-산-자(映山紫)图 【식】 보라색 꽃이 피는 영산백의 한 품종. 자영산(紫映山).

영:-산-홍(映山紅)图 【식】 영산백의 한 품종. 담홍색의 꽃이 핌.

영산-회(靈山會)图【불】 석가여래가 영취산에서 제자들을 모아 설법한 일.

영산-회상(靈山會相)图【불】 석가여래가 설법하던 영산회(靈山會)의 보살들(佛菩薩)을 노래한 악곡.

영삼(嶺蔘)图 영남에서 나는 인삼.

영상(映像)图 1【물】 광선의 굴절 또는 반사에 따라 물체의 상(像)이 비추어진 것. 영상(影像). ¶거울에 비친 ~. 2 영사막이나 브라운관, 모니터 따위에 비추어진 상. ¶~ 매체. 3 머릿속에서 그리는 모습이나 광경. 이미지.

영상(零上)图 0℃ 이상의 기온을 이르는 말. ¶~의 날씨가 계속되다. ↔영하.

영상(領相)图【역】 '영의정'의 별칭.

영:-상(影像)图 1 영정(影幀). 2 영상(映像)1.

영상(靈牀)图 대렴(大殮)한 뒤에 시체를 두는 곳. 영침(靈寢).

영상(靈想)图 신불의 감응(感應)이나 신령스러운 생각. 영감(靈感).

영상 레이더(映像radar) 비행기에 장치되어, 지형의 모습을 비추는 레이더.

영상-물(映像物)图 영화·비디오·텔레비전 따위의 영상 매체로 전달되는 작품을 통틀어 이르는 말.

영상 미디어(映像media) 영화·비디오·방송 따위의 영상물을 전달하는 매체. ¶~를 통

한 선전술.

영상 의학과(映像醫學科)[―꽈]【의】엑스선, 초음파, 시티(CT), 엠아르아이(MRI) 등을 이용하여 병을 진단하고 치료하는 임상 의학 분야. 방사선과의 바뀐 이름.

영상 저:작물(映像著作物)[―장―]기계나 전 기 장치로 재생하여 보거나 들을 수 있는 연속적인 영상을 수록한 창작물.

영상 처:리(映像處理)【컴】문서·도형·패턴 등을 컴퓨터로 입력하거나 출력하거나 파일로 저장하는 일련의 작업. 이미지 프로세싱.

영상 회:의(映像會議)[―/―이]화상 회의.

영색(令色)閔 남의 비위를 맞추거나 아첨하기 위해 얼굴빛을 꾸밈. 또는 그 얼굴빛.

영:생(永生)閔[하자] **1** 영원한 생명. 또는 영원히 삶. **2**【기】예수를 믿고 그 가르침을 행함으로써 천국에서 회생하여 영원토록 삶. ♣믿음으로 ～을 얻다.

영:생불멸(永生不滅)閔[하자] 영원히 살아서 죽지 아니함. ♣～의 존재.

영생이 閔【식】박하(薄荷).

영서(令壻)閔 남의 사위를 대신하여 정치할 때 내리던 영지(令旨).

영서(令壻)閔 남의 사위를 높이어 이르는 말. 서랑(壻郞).

영:서(永逝)閔[하자] 영면(永眠).

영서(英書)閔 영어로 쓴 글씨. 또는 그런 책.

영서(嶺西)【지】강원도의 대관령(大關嶺) 서쪽 땅.

영서(靈瑞)閔 영묘하고 상서로운 조짐.

영선(領扇)閔 임금 지방에서 나는 부채.

영선(營繕)閔[하타] 건축물 따위를 새로 짓거나 수리함. ♣～ 작업.

영선-비(營繕費)閔 건축물 따위를 새로 짓거나 수리하는 데 드는 비용.

영:설지재(詠雪之才)[―찌―]閔 여자의 뛰어난 글재주.

영성(靈性)閔 신령한 품성이나 성질.

영-성체(領聖體)閔[하자]【가】성체(聖體)를 받아 모시는 일. ♣[에 나서는].

영성-하다(英聖―)[형어] 학덕이 뛰어나고 사리 에 밝다.

영성-하다(盈盛―)[형어] 넘치도록 가득하다.

영성-하다(零星―)[형어] 수효가 적어서 보잘것 없다.

영:세(永世)閔[하형] 세월이 오램. 또는 그런 세월이나 세대. 영대.

영세(迎歲)閔[하자] 새해를 맞이함. 영년(迎年). 영신(迎新).

영세(零細)閔[하형] **1** 작고 가늘어 변변하지 못함. **2** 수입이 적고 생활이 어려움. ♣～ 농가 / ～한 공장.

영세(領洗)閔[하자]【가】세례를 받음. 성세. ♣～를 받다.

영세 기업(零細企業)【경】경영 규모가 아주 작은 기업. 주로 종업원의 수가 다섯 명 이하인 기업을 말함.

영세-농(零細農)閔 농사를 적게 지어 겨우 살아갈 정도로 가난한 농민.

영:세무궁-하다(永世無窮―)[형어] 영원하여 다함이 없다.

영세-민(零細民)閔 수입이 적어 몹시 가난한 사람. ♣～을 위한 세제상의 혜택. [니함.

영:세불망(永世不忘)閔[하타] 영원히 잊지 아

영세업-자(零細業―)[―짜]閔 경영 규모가 극히 작은 기업을 운영하는 사람.

영:세 중립국(永世中立國)[―닙꾹]국제법상 다른 국가 간의 전쟁에 관여하지 않는 대신, 그 독립 유지와 영토의 보전이 다른 국가들

로부터 보장되어 있는 국가《스위스·오스트리아 따위》. 영구 중립국.

영소(領所)閔【불】절의 사무소.

영소(營所)閔 군대가 주둔해 있는 집.

영:-소작(永小作)閔 구민법(舊民法)에서, 20년 이상 50년 이하의 기간을 정하여 소작 계약을 하고 다른 사람의 토지를 경작하던 일. 영대 소작.

영:속(永續)閔[하자타] 영원히 계속함. ♣독재는 ～할 수 없다 / 젊음은 언제까지나 ～되지 않는다.

영속(營屬)閔【역】영리(營吏)와 영노(營奴)의 총칭.

영:속 변:이(永續變異)[―뻐니]【생】개체의 세포질이 변화함에 따라 일어나는 변이《일반적으로 자손에게 전해지나 대(代)가 지남에 따라 차차 소멸됨》. 계속 변이.

영:속-성(永續性)[―썽]閔 오래 계속되는 성질. ♣그 사업은 ～이 없다.

영:속-적(永續的)[―쩍]閔 오래 계속되는 (것). ♣～ 관계 / ～인 사업.

영손(令孫)閔 남의 손자를 높이어 이르는 말. 영포(令抱).

영솔(領率)閔[하타] 부하·식구·제자 따위를 거느림. 대솔(帶率). ♣군대를 ～하다.

영송(迎送)閔[하타] 맞아들이는 일과 보내는 일. 송영(送迎).

영:송(詠誦)閔[하타] 시가(詩歌) 따위를 소리 내어 읊음. [말.

영쇄(零碎)閔[하자] '영령쇄쇄(零零碎碎)'의 준

영쇄(零瑣)閔[하형] '영령쇄쇄(零零瑣瑣)'의 준

영:수(永壽)閔 장수(長壽). [말.

영수(英數)閔 영어와 수학.

영수(零數)[―쑤]閔 10·100·1000 등의 정수(整數)에 차지 못하거나 차고 남은 수.

영수(領水)閔【법】**1** 한 나라의 주권(主權)이 미치는 범위의 수역(水域)《영해와 내수를 포함》. **2** 영해(領海).

영수(領收·領受)閔[하타] 돈이나 물품 따위를 받아들임. ♣위 금액을 정히 ～함.

영수(領袖)閔 **1** 여럿 중의 우두머리. ♣～ 회담. **2**【기】장로교에서, 조직이 아직 완전하지 못한 교회를 인도하는 직분. 또는 그런 사람.

영수(靈水)閔 불가사의한 효험이 있는 물. 영검한 물.

영수(靈獸)閔 가장 신령한 짐승. 곧, 기린(麒麟)의 일컬음.

영수-서(領收書)閔 영수증.

영수-인(領收印)閔 돈이나 물품 따위를 받았다는 표시로 찍는 도장. ♣～이 없는 영수증은 무효다.

영수-증(領收證)閔 돈이나 물건 따위를 받아들인 표로 쓰는 증서. 영수서. ♣～에 도장을 찍다 / ～을 써 주다.

영수-하다(英秀―)[형어] 영특하고 뛰어나다.

영-순위(零順位)閔 어떤 일에서 가장 우선적인 자격을 가지는 순위. ♣차기 회장은 그가 ～이다.

영시(英詩)閔 영어로 쓴 시.

영:시(詠詩)閔[하자] 시를 읊음.

영시(令時)閔 이십사 시간제에서 하루가 시작하는 시각(24 시부터 1 시까지의 사이임). ♣～에 출발하는 열차.

영식(令息)閔 윗사람의 아들에 대한 높임말. 영랑(令郞). 영윤(令胤). ♣오늘 사장님 ～의 결혼식이 있다.

영신 (令辰)圈 좋은 날이나 때.

영:신 (佞臣)圈 간사하고 아첨하는 신하.

영신 (迎神)圈困困 제사 때, 신을 맞아들임. ↔송신(送神).

영신 (迎晨)圈 날이 밝아 올 무렵.

영신 (迎新)圈 **1** 새해를 맞음. 영년. 영세. ▢송구~. **2** 새로운 것을 맞음.

영신 (靈神)圈 **1**〔가〕영혼3. ↔육신. **2**〔민〕영검이 있는 신.

영신-초 (靈神草)圈〔식〕애기풀.

영실 (令室)圈 영부인(令夫人).

영실 (營實)圈〔한의〕찔레나무의 열매〔하설제 (下泄劑)·이뇨제(利尿劑)로 씀〕.

영실 (楹室)圈〔불〕궤연(几筵).

영아 (嬰兒)圈 젖먹이. ▢ 애처로운 ~의 울음 소리가 들리다.

영아 세:례 (嬰兒洗禮)〔기·가〕유아 세례.

영악-스럽다 (靈惡-)〔-쓰-따〕〔-스러워, -스 러우니〕휑ㅂ 보기에 영악한 데가 있다. ▢ 하 는 짓이 ~. **영악-스레** 〔-쓰-〕튀

영악-하다 (靈惡-)〔-아카-〕휑여 이해에 밝고 약다. ▢ 요즘 아이들은 ~.

영악-하다 (獰惡-)〔-아카-〕휑여 모질고 사납 다. ▢ 영악한 들짐승. **영악-히** 〔-아키〕튀

영안-실 (靈安室)圈 병원 등에서, 시신(屍身) 과 위패를 모셔 두는 방. ▢ ~을 지키다 / 시 신을 ~에 안치하다.

영애 (令愛)圈 윗사람의 딸에 대한 높임말. 영 교(令嬌). 영녀(令女). 영양(令孃).

영액 (靈液)圈 **1** 영묘한 물. **2** 도교에서, '이 슬'을 이르는 말.

영약 (靈藥)圈 불가사의한 효험이 있는 약. ▢ 불로장생의 ~.

영양 (令孃)圈 영애(令愛).

영양 (羚羊)圈〔동〕솟과의 포유동물. 몸길이 는 130 cm 가량이며 뿔이 났음. 달리기에 알 맞게 몸통과 다리가 가늘고 목이 긺. 아프리 카에서 아라비아·인도·중앙아시아에 걸쳐 분 포하는 초식성 동물로서 약 90종이 있음. 천 연기념물 제 217 호. 산양.

영양 (榮養)圈 지위와 명망을 얻어 부모를 영화롭게 잘 모심.

영양 (營養)圈〔생〕생물이 생명을 유지하고 성장하기 위해 몸 밖에서 필요한 성분을 섭 취하는 작용. 또는 그 성분. ▢ ~ 섭취 / ~을 골고루 갖추다.

영양-가 (營養價)〔-까〕圈〔생〕식품에 들어 있 는 영양적 가치(영양소 1 g을 완전 연소했을 때에 발생하는 열량으로 표시함). ▢ ~가 높 은 식품.

영양-각 (羚羊角)圈〔한의〕영양의 뿔(진경 (鎭痙)·통경(通經)·치간(治癎) 등에 씀).

영양 기관 (營養器官)〔생〕생물체의 영양을 맡은 기관. 동물체에서는 보통 소화 기관을 말하나, 널리 호흡·순환·배설 등의 여러 기 관을 포함하며, 식물체에서는 뿌리·잎·줄기 등을 이름.

영양-물 (營養物)圈〔생〕영양소를 많이 함유 한 음식물.

영양 부족 (營養不足) 영양분의 섭취가 모자 라는 일.

영양-분 (營養分)圈 영양이 되는 성분. 또는 영양소의 분량. ▢ ~이 풍부하다.

영양 불량 (營養不良)〔생〕영양 장애나 영양 부족으로 좋지 않은 건강 상태.

영양-사 (營養士)圈 면허를 가지고, 과학적으

로 식생활의 영양에 관한 지도를 하는 사람 《식품학이나 영양학 전공자라야 함》.

영양 생식 (營養生殖)〔생〕식물의 모체로부 터 영양 기관의 일부가 분리, 발육하여 독립 적인 한 개체로 만드는 생식법(비늘줄기·덩 이뿌리가 자연적으로, 꺾꽂이·휘묻이가 인위 적으로 성장·번식하는 따위). *포자 생식.

영양-소 (營養素)圈 성장을 촉진하고 생리적 과정에 필요한 에너지를 공급하는 영양분이 되는 물질《단백질·지방·탄수화물·무기염류· 비타민 따위》.

영양-식 (營養食)圈 영양가가 높은 음식이나 식사. ▢ 한여름의 ~으로는 삼계탕이 좋다.

영양-실조 (營養失調)〔-쪼〕圈〔의〕영양소의 섭취 부족 또는 섭취는 충분하나 소화·흡수 가 나빠 나타나는 이상 상태《빈혈·부종· 서맥(徐脈)·설사 등을 일으킴》. ▢ -로 쓰러 지다 / ~에 걸리다.

영양-액 (營養液)圈 **1**〔생〕체내의 모세관에서 스며 나오는 혈액에서 생기는 무색 단백질의 액체. **2**〔식〕식물의 성장에 필요한 물질을 용해시킨 수용액(식물의 물재배에 씀).

영양-엽 (營養葉)圈〔식〕양치식물의 잎 가운 데 홀씨를 만들지 않고 동화 작용만 하는 잎. 나엽(裸葉).

영양-요리 (營養料理)〔-뇨-〕圈 영양가가 높은 재료를 써서 만드는 요리.

영양 요법 (營養療法)〔-뇨뻡〕〔의〕식이 요법 (食餌療法).

영양 장애 (營養障礙)〔생〕섭취한 영양소가 체내에서 충분히 소화·흡수되지 않고, 신진대 사의 기능이 순조로이 진행되지 않는 상태.

영양-제 (營養劑)圈 영양을 보충하는 약. 각종 영양분을 추출·배합하여 체내에 흡수되기 쉬 운 정제나 음료의 형태로 만든 제품.

영양 지수 (營養指數)〔생〕영양의 상태를 나 타내는 지수.

영양-질 (營養質)圈〔생〕체내에 소화·흡수된 후에 생활체를 구성하고, 동작을 발현(發現) 하는 데 필요한 물질.

영양-학 (營養學)圈 영양에 대하여 연구하는 학문. 식품의 종류·조성·조리법, 병이 났을 때의 식사 따위를 생리학·생화학·병리학·위 생학의 입장에서 연구함.

영양 화:학 (營養化學)〔생〕인체 내의 영양소 의 화학적 변화 현상을 생리학·생리 화학을 기초로 하여 연구하는 학문.

영어 (囹圄)圈 죄수를 가두는 곳. 감옥. ▢ ~ 의 몸이 되다.

영어 (英語)圈 영국·미국의 국어로, 세계 여러 나라에서 사용하는 국제어.

영어 (營漁)圈困困 어업을 경영함. ▢ ~ 자금.

영:언 (永言)圈 길게 끌면서 하는 말이라는 뜻 으로, 시(詩)와 노래를 이르는 말. 시가.

영언 (英彦)圈 뛰어난 선비.

영업 (營業)圈困困 영리(營利)를 목적으로 하 는 사업. 또는 그런 행위. ▢ ~ 사원 / ~을 시작함.

영업 감찰 (營業鑑札)〔-깜-〕 영업을 허가한 증거로 행정 관청에서 내주는 감찰.

영업-권 (營業權)〔-꿘〕圈〔법〕영업을 할 수 있는 권리《그 영업이 보통 이상의 수익을 낼 경우, 그 수익을 취득하는 특권을 말함. 일종 의 무형 재산임》.

영업 금:지 (營業禁止)〔-끔-〕〔법〕행정 처분 으로 영업을 금지시키는 일. ▢ 업태 위반으 로 ~ 처분을 받았다. *영업 정지.

영업 보:고 (營業報告)〔-뽀-〕 회사·은행 등이

결산기에 영업 연도 내의 영업 상황을 주주나 주무 관청에 보고하는 일.

영업-부 (營業部)[-뿌] 圏 영업에 관한 일을 맡아보는 부서. ▣관리부에서 ~로 배치되었다.

영업-비 (營業費)[-삐] 《經》 기업의 영업에 필요한 비용(판매비·일반 관리비 따위). ▣~의 절감을 꾀하다.

영업-세 (營業稅)[-쎄] 圏 《法》 영업에 대해 부과하는 국세(1976년에 부가 가치세법의 시행에 따라 폐지됨).

영업-소 (營業所)[-쏘] 圏 영업장소.

영업 소:득 (營業所得)[-쏘-] 영업 이익.

영업 신:탁 (營業信託)[-씬-] 《經》 수탁자가 재산의 관리와 처분을 영업으로 하는 신탁.

영업 양:도 (營業讓渡)[-얌냐-] 《經》 영업 재산을 중심으로 하여 조직체의 영업을 계약에 따라 다른 사람에게 넘기는 일.

영업 연도 (營業年度)[-엄년-] 영업의 수지·손익을 결산하기 위해 설치한 연도(보통 1년 또는 반년).

영업 외 비:용 (營業外費用) 기업의 주요 영업과 직접 관계가 없는 비용.

영업 외 수익 (營業外收益) 《經》 기업의 주요 영업 이외의 원인으로 생기는 수익(배당금·유가 증권의 이자나 매각 수익 따위).

영업-용 (營業用)[-엄뇽] 圏 영업에 쓰임. 또는 그런 대상. ▣~ 택시.

영업 이:익 (營業利益)[-엄니-] 기업의 주요 영업 활동에서 생긴 이익. 매출액에서 매출 원가·일반 관리비·판매비를 뺀 나머지. 영업 소득.

영업-자 (營業者)[-짜] 圏 영업을 하는 사람. 영업가. 영업인.

영업-장 (營業場)[-짱] 圏 '영업장소'의 준말.

영업-장소 (營業場所)[-짱-] 圏 영업 활동을 하는 장소. 영업소. ֎영업장.

영업 재산 (營業財産)[-쨰-] 《經》 특정한 영업을 하기 위해 유기적인 재산(상품·자금·점포·채권 따위).

영업 정지 (營業停止)[-쩡-] 圏 《法》 영업자가 단속 규정을 위반했을 때, 행정 처분에 의하여 일정 기간 영업을 못하게 하는 일. *영업 금지.

영업 조합 (營業組合)[-쪼-] 《經》 일정한 지역에서 동업자가 공동의 이익을 도모하거나 경쟁으로 인한 손해를 방지하기 위하여 조직하는 공공 단체.

영업-주 (營業主)[-쭈] 圏 《經》 영업에서 발생하는 모든 권한과 책임을 가진 주인. ֎업주.

영업-체 (營業體) 圏 영업을 하기 위한 조직체.

영역 (英譯) 圏ᄒ타 영어로 번역함. ▣우리의 문학 작품을 ~하여 세계에 소개하다.

영역 (塋域) 圏 산소(山所)2.

영역 (領域) 圏 1 《法》 한 나라의 주권이 미치는 범위. ▣~ 침범에 따른 빈번한 분쟁. 2 영향이나 세력이 미치는 범위. ▣업무 ~의 조정. 3 학문·연구 등에서 전문으로 하는 범위. ▣연구의 ~를 넘어선 주장.

영역 (靈域) 圏 산소나 절 따위가 있는 신령(神靈)스러운 지역.

영역-권 (領域權)[-꿘] 圏 영토 주권.

영:영 (永永) 图 영원히 언제까지나. ▣~ 가 버리다 / ~ 소식이 없다. ֎영(永).

영업급급 (營業汲汲)[-끕] 圏ᄒ자 영영축축(營營逐逐).

영:영무궁-하다 (永永無窮-) 톙어 영원이 길고 한없이 오래다.

영:영-방매 (永永放賣) 圏ᄒ타 집이나 땅 따위

영원

를 아주 팔아 버림. ֎영매(永賣).

영영축축 (營營逐逐) 圏ᄒ자 명예나 이익을 얻기 위하여 매우 바쁘게 지냄. 영업급급(汲汲).

영영-하다 (盈盈-) 톙어 물이 그득히 괴어 있다. 물이 가득 차다. ▣눈물이 눈에 ~.

영영-하다 (營營-) 톙어 세력이나 이익 등을 얻기 위해 몹시 분주하고 바쁘다. 영영-히 图

영예 (슐쪽)[營名] 圏 명예(令名)1.

영예 (榮譽) 圏 영광스러운 명예. 영명(榮名). ▣수석 합격의 ~를 누리다.

영예-권 (榮譽權)[-꿘] 圏 영예의 표창을 받거나 영예를 누릴 권리.

영예-롭다 (榮譽-)[-따][-로워, -로우니] 톙ᄇ 영예로 여길 만하다. ▣영예로운 학위 수여식. 영예-로이 图

영예-스럽다 (榮譽-)[-따][-스러워, -스러우니] 톙ᄇ 영예로운 데가 있다. 영예-스레 图

영예-하다 (英銳-) 톙어 영민(英敏)하고 기개가 날카롭다.

영오-하다 (英悟-) 톙어 준수하고 총명하다.

영:오-하다 (穎悟-) 톙어 남보다 뛰어나게 총명하다.

영외 (營外) 圏 병영(兵營)의 밖. ↔영내.

영외 거주 (營外居住) 《軍》 군인이 업무 이외의 일상생활을 병영 밖에서 하는 것. 주로 부사관 이상의 군인에게만 허가함. ↔영내 거주.

영욕 (榮辱) 圏 영예와 치욕. ▣~이 교차하다.

영용-무쌍 (英勇無雙) 圏ᄒ타 영특하고 용감하기가 비길 데 없음.

영용-하다 (英勇-) 톙어 영특하고 용감하다.

영우 (零雨) 圏 1 큰 빗방울이 떨어지는 비. 2 가늘고 성기게 내리는 비.

영우 (靈雨) 圏 때맞추어 내리는 좋은 비. 호우(好雨).

영운 (嶺雲) 圏 산마루 위에 뜬 구름.

영웅 (英雄) 圏 지혜와 재능이 뛰어나고 용맹하여 보통 사람이 하기 어려운 일을 해내는 사람. ▣충무공은 우리 겨레의 ~이다.

영웅-담 (英雄譚) 圏 영웅의 생활과 업적을 중심으로 한 전설.

영웅-시 (英雄詩) 圏 역사상·전설상의 영웅의 무용이나 운명을 읊은 서사시.

영웅-시대 (英雄時代) 圏 영웅 서사시의 배경이 되었던 시대. 대략 원시 공동체 사회로부터 국가 사회로의 과도기가 이에 해당함.

영웅 신화 (英雄神話) 영웅의 출생·성장·결혼 및 고난을 이루어 내는 초인간적 행동을 내용으로 하는 신화.

영웅-심 (英雄心) 圏 비범한 재주와 뛰어난 용기를 나타내려는 마음. ▣~이 강하다.

영웅-적 (英雄的) 관圏 영웅다운 (것). ▣~ 기상 / ~ 행동.

영웅-전 (英雄傳) 圏 영웅의 생애(生涯)를 기록한 책. ▣~을 읽다.

영웅-주의 (英雄主義)[-/-이] 圏 1 영웅을 숭배하거나 영웅적 행동을 좋아하여 영웅인 체하는 태도. 2 일반 대중의 능력을 무시하고 영웅적 개인의 사상과 행동을 으뜸으로 여기는 개인주의의 하나.

영웅지재 (英雄之材) 圏 영웅이 될 자질을 갖춘 사람.

영웅-호걸 (英雄豪傑) 圏 영웅과 호걸을 함께 이르는 말. ▣천하의 ~이 다 모였다.

영:원 (永遠) 圏ᄒ타ᄒ부 1 한없이 오래 계속되는 일. ▣~한 사랑 / ~히 작별하다. 2 시간을 초월하여 존재하는 일. 곧, 시간에 좌우되

지 않는 존재. ▣진리는 ~하다.
영원(蠑蚖·蠑蝾)〖동〗**1** 도롱뇽과의 동물. 보통 담수에 살며, 네 발은 짧고 꼬리는 길고 편평함. 몸은 흑갈색, 배는 빨갛고 검은 얼룩 점이 있음. 나뭇잎 사이에 들어가 동면함. **2** ☞도마뱀.
영원(靈園)〖명〗'공동묘지'의 일컬음.
영ː원 공채(永遠公債)〖경〗영구 공채(永久公債).
영ː원-무궁(永遠無窮)〖명〗〖하형〗영원하여 끝이 없음. ▣우리의 우정은 ~할 것이다.
영ː원-불멸(永遠不滅)〖명〗〖하형〗영원히 계속되어 없어지지 않음. ▣~의 정신.
영ː원-성(永遠性)[-썽]〖명〗영구히 존재(存在)하는 성질. ▣학문의 ~.
영월(令月)〖명〗**1** 상서롭고 좋은 달. 길월(吉月). **2** '음력 이월(二月)'을 달리 이르는 말.
영월(迎月)〖명〗달맞이.
영월(盈月)〖명〗〖하형〗만월(滿月)1.
영위(榮位)〖명〗영광스러운 지위.
영위(領位)〖명〗영좌(領座).
영위(營爲)〖명〗〖하타〗일을 꾸려 나감. ▣문화생활의 ~ / 삶을 ~하다.
영위(靈位)〖명〗상가(喪家)에서 모시는 혼백이나 신위(神位). 위패(位牌).
영ː-위답(影位畓)〖명〗〖불〗신자가 영정(影幀) 앞에 향불을 피워 달라는 뜻으로 절에 바친 논. ㉭영답(影畓).
영위-하다(英偉-)〖형여〗영특하고 위대하다. 뛰어나게 훌륭하다.
영-유(永有)〖명〗〖하타〗영원히 소유함.
영유(領有)〖명〗〖하타〗점령하여 차지함. ▣작은 섬을 ~하기 위해 두 나라가 각축하고 있다.
영육(靈肉)〖명〗영혼과 육체. ▣~이 합치된 경지를 보여 주는 작품.
영육 일치(靈肉一致)〖철〗정신과 육체는 높고 낮은 차별이 있는 두 개의 것이 아니라 오직 하나라고 하는 사상(본디, 그리스의 사상으로 중세 기독교에서 부인되었으나 문예 부흥기(文藝復興期)에 부활한 사상임).
영윤(令胤)〖명〗영식(令息).
영윤-하다(榮潤-)〖형여〗집안이 번영하고 재물이 넉넉하다.
영은-문(迎恩門)〖명〗〖역〗조선 초엽부터 중국에서 오는 사신을 맞아들이던 문. 대한 제국 때, 독립 협회의 서재필(徐載弼) 등이 이 문을 부수고 독립문을 세웠음.
영ː음(詠吟)〖명〗〖하타〗읊음. 노래함.
영음-기호(嬰音記號)〖명〗〖악〗올림표.
영ː-의정(領議政)[-/-이-]〖명〗조선 때, 의정부의 으뜸 벼슬(정일품의 품계로 내각을 총괄하는 최고의 지위임). 상상(上相). 영상.
영ː이-돌다[-돌아, -도니, -도네]〖자〗집 안의 꾸밈새가 밝고 청결한 태가 가득 차 있다.
영ː-이별(永離別)[-니-]〖명〗〖자타〗다시볼 만나지 못하고 영원히 헤어짐. 영별(永別). ▣공항에서 작별 인사를 나눈 것이 ~이 되었다 / 졸업 후 우리는 ~하고 말았다.
영이-하다(靈異-)〖형여〗신령스럽고 이상하다.
영인(令人)〖명〗〖역〗조선 때, 정사품·종사품 문무관 아내의 봉작(封爵).
영인(伶人)〖명〗악공(樂工)과 광대.
영ː인(佞人)〖명〗간사하고 아첨을 잘 하는 사람.
영ː인(影印)〖명〗〖하타〗책 따위의 내용을 사진으로 찍어 복제하여 인쇄하는 일.
영ː인-본(影印本)〖명〗원본을 사진이나 기타

과학적 방법으로 복제한 인쇄물.
영ː일(永日)〖명〗**1** 아침부터 저녁 늦게까지의 하루 종일. **2** 봄이나 여름처럼 하루해가 긴 날.
영일(盈溢)〖명〗〖하자〗가득 차 넘침.
영일(寧日)〖명〗무사하고 평화로운 날. ▣마음에 ~을 가지지 못하다.
영입(迎入)〖명〗〖하타〗환영하여 맞아들임. ▣당선이 유력한 인사들의 ~을 추진하다 / 야당 의원들을 ~하다 / 탄탄한 신세대 작가들을 ~하다.
영ː자(令姉)〖명〗남의 손위 누이의 높임말.
영ː자(泳者)〖명〗수영하는 사람. 특히, 수영 경기에 나선 선수를 일컬음.
영자(英字)[-짜]〖명〗'영문자(英文字)'의 준말. ▣~ 신문을 읽다.
영자(英姿)〖명〗매우 늠름한 자태. ▣안개가 걷히자 설악산이 그 ~를 드러냈다.
영자(英資)〖명〗매우 훌륭한 자질. ▣그는 ~를 타고났다.
영ː자(影子)〖명〗그림자.
영자(纓子)〖명〗**1** '구영자(鉤纓子)'의 준말. **2** 〖불〗가사(袈裟)의 끈. **3** 문끈.
영ː자-팔법(永字八法)[-짜-빱]〖명〗서예에서, '영(永)'자 한 글자로써 모든 한자에 공통되는 여덟 가지 쓰기를 배우는 법.
영작(英作)〖명〗'영작문'의 준말. ▣독해보다는 ~을 잘했다.
영작(榮爵)〖명〗영예로운 작위.
영작(營作)〖명〗〖하타〗영조(營造).
영-작문(英作文)[-장-]〖명〗영어로 글을 짓는 일. 또는 그 글. ㉭영작.
영장(令狀)[-짱]〖명〗법원·관청이 어떤 사람이나 물건을 체포·구금·수색·압수·징집·징발 따위의 강제 처분을 할 수 있도록 발부한 명령서. ▣소집 ~ / ~ 없이 연행하다.
영ː장(永葬)〖명〗〖하타〗안장(安葬).
영장(英將)〖명〗영특하고 용맹한 장수.
영장(營將)〖명〗〖역〗'진영장(鎭營將)'의 준말.
영장(靈長)〖명〗영묘한 힘을 가진 우두머리. 곧, 인간. ▣인간은 만물의 ~이다.
영장(靈場)〖명〗영지(靈地).
영장-목(靈長目)〖명〗〖동〗포유류의 한 목. 대뇌가 잘 발달했고, 얼굴은 짧으며 가슴에 한 쌍의 유방이 있음. 손과 발은 물건을 잡기에 적당하며 다섯 개의 손가락과 발가락이 있음(인류·유인원류·원류(猿類) 따위).
영장-주의(令狀主義)[-짱-/-짱-이]〖명〗형사 소송법에서, 체포·구속·압수·수색 등의 강제 처분을 할 때, 절차에 따라 발부한 영장을 제시해야 하는 제도. 또는 그런 주의.
영재(英才)〖명〗탁월한 재주. 또는 그런 사람. ▣~ 교육 / ~를 배출하다.
영재(零在)〖명〗물건 따위가 조금 남아 있음. 또는 그런 것.
영ː재(穎才)〖명〗특히 뛰어난 재주. 또는 그런 사람.
영저(嶺底)〖명〗높은 재의 아래 기슭.
영저-리(營邸吏)〖명〗〖역〗각 감영에 딸려 감영과 각 고을의 연락을 맡았던 아전. 영주인.
영-적(靈的)[-쩍]〖관〗신령(神靈)스러운 (것). 정신·영혼에 관한 (것). ▣~ 세계 / ~(인) 감응.
영적(靈跡·靈蹟)〖명〗신령스러운 사적(史跡). 또는 그런 자취가 있었던 곳.
영적 교감(靈的交感)[-쩍꾜-]〖명〗영묘한 힘으로, 멀리 떨어져 있는 사람 사이에 의사가 서로 통하는 일.
영전(令前)〖명〗명령이 떨어지기 전.

영전 (令箭) 圐《역》군령(軍令)을 전하던 화살.
영전 (迎戰) 圐하짜 쳐들어오는 적의 군대를 맞아 싸움.
영전 (榮典) 圐 1 경사스러운 의식. ▫학위 수여의 ~에서 축사를 하다. 2 국가에 뚜렷한 공적을 세운 사람에게, 그 공적을 치하하기 위해 인정한 특수한 법적 지위.
영전 (榮轉) 圐하짜 전보다 더 좋은 자리나 직위로 옮기는 일. ▫사장으로 ~되다 / ~의 기회를 놓치다.
영:전 (影殿) 圐 1 임금의 화상(畫像)을 모신 전각. 2《불》영당(影堂).
영전 (靈前) 圐 신이나 죽은 사람의 영혼을 모셔 놓은 자리의 앞. ▫~에 꽃을 바치다.
영-전위 (零電位) 圐 전위가 없음을 이름.
영:절 (永絶) 圐 소식이나 생명 또는 혈통 따위가 영원히 끊어져 없어짐.
영절 (令節) 圐 가절(佳節).
영절-스럽다 [-따] [-스러워, -스러우니] 휑匝 매우 그럴듯하다. ▫말은 영절스럽지만 두고 봐야지. 영절-스레 뷔
영점 (零點) [-쩜] 圐 1 얻은 점수가 없음. ▫~을 받다. 2 섭씨나 열씨 온도계에서 물이 어는 점. 3 능력이나 어떤 일의 성과가 전혀 없음. 제로. ▫그는 교육자로서는 ~이다.
영점 에너지 (零點energy) [-쩜-] 절대 온도에서 물질 분자가 가지고 있는 운동 에너지.
영접 (迎接) 圐하짜 손님을 맞아서 접대함. 연접(延接). ▫~을 받다 / 외빈을 ~하다.
영:정 (影幀) 圐 사람의 얼굴을 그린 족자(簇子). 영상(影像). ▫~을 모시다.
영정 (營庭) 圐 영문 안에 있는 마당.
영정-하다 (零丁-) 휑애 세력이나 살림이 보잘것없이 외롭고 의지할 곳이 없다. 영정-히 뷔
영제 (令弟) 圐 남의 아우의 높임말.
영:제 (永制) 圐 영구히 시행하는 법이나 제도.
영:조 (映照) 圐하짜 밝게 비춤.
영조 (零凋) 圐하짜 시들어서 마르고 오그라듦.
영조 (零條) [-쪼] 圐 셈할 때 조금 모자라서 다 치르지 못한 액수.
영조 (營造) 圐하탸 집 따위를 짓거나 물건을 만듦. 영작(營作). ▫경복궁을 ~하다.
영조 (嶺調) [-쪼] 圐 경상도에서 부르는 시조(時調)의 창법(唱法).
영조 (靈鳥) 圐 신령(神靈)한 새. 상서로운 새. 봉황(鳳凰)을 이름. 영금(靈禽).
영조-물 (營造物) 圐 1 건축물. 2《법》국가 또는 지방 자치 단체가 공공의 이익을 꾀할 목적으로 지은 건조물(학교나 병원, 공원·도로·철도·도서관·박물관 따위).
영:조-본 (影照本) 圐 고서·비명(碑銘) 등의 문자를 사진으로 찍어서 제판한 책.
영조-척 (營造尺) 圐 예전에, 목수가 쓰던 자. 주척(周尺)의 한 자 네 치 아홉 푼 아홉 리에 해당함.
영:존 (永存) 圐하짜탸 1 영원히 존재함. 2 영원히 보존함.
영존 (令尊) 圐 남의 아버지의 존칭.
영졸 (營卒) 圐《역》감영에 딸렸던 군졸.
영종 (令終) 圐하짜 고종명(考終命).
영:종 (影從) 圐 그림자처럼 따라다님.
영-종정경 (領宗正卿) 圐《역》조선 때, 종친부(宗親府)의 으뜸 벼슬. 품계가 없으며, 대군(大君)이나 왕자군(王子君)이 맡았음.
영좌 (領座) 圐 한 마을이나 단체의 대표가 되는 사람. 영위(領位).
영좌 (靈座) 圐 영위(靈位)를 모셔 놓은 자리. 영궤(靈几).

1693 영청

영:주 (永住) 圐하짜 한곳에 오래 삶. ▫프랑스에서 ~하다.
영주 (英主) 圐 뛰어나게 훌륭한 임금.
영주 (領主) 圐 1《역》중세 유럽에서, 영지·장원(莊園)의 소유주. 2 지주(地主).
영주 (瀛州) 圐 1 삼신산(三神山)의 하나. 2 중국의 진시황과 한 무제가 불사약을 구하려 사신을 보냈다는 가상의 선경(仙境).
영:주-권 (永住權) [-꿘] 圐 일정한 자격을 갖춘 외국인에게 주는, 그 나라에서 영주할 수 있는 권리. 영구 거주권. ▫미국 ~을 취득하다.
영주-권 (領主權) [-꿘] 圐 중세 유럽에서, 영주가 행사하던 권리. 토지 소유권·인신 지배권·재판권 등으로 이루어짐.
영:주-민 (永住民) 圐 한곳에 오래 사는 사람.
영-주인 (營主人) 圐《역》영저리(營邸吏).
영주 재판권 (領主裁判權) [-꿘] 圐《역》중세 유럽 봉건 사회에서, 영주가 그의 예속민에 대해 관습적으로 행사하던 재판권.
영준 (英俊) 圐 영민(英敏)하고 준수함. 또는 그런 사람. 준영(俊英).
영지 (令旨) 圐 왕비나 왕대비 또는 왕세자의 명령서.
영지 (英志) 圐 훌륭한 뜻. 영특한 뜻.
영지 (英智) 圐 영민한 지혜.
영지 (領地) 圐 1 영토. 2 봉토(封土)2.
영지 (嶺紙) 圐 영남(嶺南) 지방에서 생산되는 종이.
영지 (靈芝) 圐《식》모균류(帽菌類)의 버섯. 산속의 활엽수 뿌리에 남. 삿갓은 심장 모양 또는 원형임. 높이는 10 cm 정도이고 칠을 한 것처럼 윤이 나며 딱딱함. 말려서 약용함. 한국·일본·북반구의 온대 이북에 분포함. 영지버섯. 지초(芝草).
영지 (靈地) 圐 신령스러운 땅. 영장(靈場). ↔ 범경(凡境).
영지 (靈智) 圐 영묘한 지혜.
영지-버섯 (靈芝-) [-섣] 圐《식》영지(靈芝).
영직 (嶺直) 圐 영남 지방에서 나는, 뿌리를 곧게 펴서 말린 백삼.
영진 (榮進) 圐하짜 벼슬이나 지위가 높아짐. 영달(榮達).
영질 (令姪) 圐 남의 조카의 높임말.
영-집합 (零集合-) [-지팝] [-셜]《수》공집합.
영:-차 (影-) 圐 '이영차'의 준말.
영:찬 (影讚) 圐 영상(影像)을 찬양한 글.
영찬 (營饌) 圐하짜 음식을 장만함.
영찰 (寧察) 圐《역》조선 때, 평안북도 관찰사를 달리 이르던 말.
영:창 (詠唱·詠唱) 圐《악》아리아(aria)1.
영:창 (映窓) 圐《건》방을 밝게 하기 위해 방과 마루 사이에 낸 두 쪽의 미닫이.
영:창 (映窓) 圐 유리를 끼운 창. 유리창.
영창 (營倉) 圐《군》법을 어긴 군인을 가두는, 부대 안에 있는 건물. 또는 거기에 가두는 벌. ▫~에 가다.
영:창-대 (映窓-) [-때] 圐《건》영창을 끼우기 위해 홈을 파서 댄 긴 나무.
영:채 (映彩) 圐 환히 빛나는 고운 빛깔. ▫~가 도는 눈.
영천 (靈泉) 圐 1 신기한 약효가 있는 샘. 2 온천(溫泉)1.
영철 (英哲·穎哲) 圐하휑 영민하고 어질며 사리에 밝음. 또는 그런 사람.
영:청 (影青) 圐 흰 바탕에 연한 푸른빛의 잿물을 올린 도자기. 또는 그 빛. 공청(空青). 음

청(陰靑). 침청(沈靑).
영체 (靈體) [명] 신령스러운 몸이라는 뜻으로, '신'을 이르는 말.
영초 (英硝) [명] 〔화〕 황산나트륨.
영초 (英綃) [명] 중국산 비단의 하나. 모초(毛綃)와 비슷한데 품질이 좀 낮음. 영초단.
영초 (靈草) [명] **1** 약재로 뛰어난 효력이 있는 풀. ❏산삼은 ~의 하나이다. **2** 담배.
영총 (令寵) [명] 남의 첩의 높임말.
영총 (榮寵) [명] 임금의 은총. ❏~을 입다.
영총 (靈寵) [명] 신령이나 부처가 내리는 은총.
영추 (迎秋) [명][하자] 가을을 맞이함. ❏~ 행사.
영축 (盈縮·贏縮) [명] 남음과 모자람. ❏~ 없이 갚아라.
영축 (零縮) [명][하형] 수효가 줄어 모자람.
영춘 (迎春) [명][하자] **1** 봄을 맞이함. **2** 〔식〕 '개나리'를 달리 이르는 말.
영취-산 (靈鷲山) [명] 〔불〕 중인도(中印度) 마갈타국(摩竭陀國)의 왕사성(王舍城) 동북쪽에 있는 산. 석가여래가 이곳에서 법화경(法華經)과 무량수경(無量壽經)을 강(講)하였다 함. [준]영산(靈山).
영치 (領置) [명][하타] 〔법〕 국가가 피의자·피고인 또는 교도소에 갇힌 사람에게 딸린 물건을 보관 및 처분하는 일.
영치-금 (領置金) [명] 교도소에 갇힌 사람이 교도소의 관계 부서에 임시로 맡겨 두는 돈.
영:치기 [감] 여럿이 함께 무거운 물건을 메고 갈 때 힘을 맞추기 위해 내는 소리.
영칙 (令飭) [명][하타] 명령을 내려서 단단히 일러 경계함.
영친 (榮親) [명][하자] 부모를 영화롭게 함.
영침 (靈寢) [명] 영상(靈床).
영탁 (鈴鐸) [명] 방울1.
영:탄 (永嘆·永歎) [명][하자] 길게 한숨을 쉬며 탄함. 장탄식(長歎息).
영:탄 (詠嘆·詠歎) [명][하자] **1** 목소리를 길게 뽑아 깊은 정회(情懷)를 읊음. **2** 감탄.
영:탄-법 (詠嘆法)[-뻡] [명] 〔문〕 수사법상 강조법의 한 가지. 감탄사나 강조 어미 등을 써서 놀라움·기쁨·슬픔 따위의 감정을 강하게 또는 간절하게 나타내는 방법.
영토 (領土) [명] 〔법〕 국가의 주권을 행사할 수 있는 지역《영공·영해를 포함하는 경우도 있음》. 영지. ❏~ 분쟁 / ~ 확장의 야욕.
영토-권 (領土權)[-꿘] [명] 〔법〕 국가가 영토에 대하여 갖는 모든 권능.
영토 주권 (領土主權)[-꿘] 〔법〕 국가가 영토 안의 사람과 사물에 대하여 가지는 모든 지배권. 영역권. 영토 고권(高權).
영토-하다 [형여] 영리하고 똑똑하다.
영통 (靈通) [명][하자] 신령스럽게 서로 잘 통함.
영특-하다 (英特-)[-트카-] [형여] 남달리 뛰어나고 훌륭하다. ❏어려서부터 영특했지. **영특-히** [-트키] [부]
영특-하다 (獰慝-)[-트카-] [형여] 성질이 모질고 간사하며 악착스럽다.
영-파워 (young+power) [명] 현실에 참여하는 청소년들의 세력.
영-판¹ (靈-) [명] 앞을 내다보는 특별한 힘이 있어 길흉을 잘 맞추어 냄. 또는 그런 사람.
영-판² [부] ☞아주¹.
영패 (零敗) [명][하자] 경기 등에서, 한 점도 얻지 못하고 패함. ❏~를 모면하다.
영:폐 (永廢)[-/-폐] [명][하타] 풍습이나 기관, 또는 제도 따위를 영원히 없애 버림.
영포 (令抱) [명] 영손(令孫).
영포 (嶺布) [명] 영남(嶺南) 각지에서 산출되는 베《안동포(安東布)가 유명함》.
영표 (令票) [명] 〔역〕 각 영문에 주장(主將)의 명령을 전하는 표로 쓰던 것《나무로 동글납작하게 만듦》.
영풍 (英風) [명] 영걸스러운 풍채.
영-피다 [자] 기를 펴거나 기운을 내다.
영하 (零下) [명] 온도계의 0℃ 이하. ❏~의 날씨. ↔영상.
영-하다 (靈-) [형여] '영검하다'의 준말. ❏영한 점쟁이.
영하-읍 (營下邑) [명] 〔역〕 감영이나 병영이 있던 고을.
영한 (英韓) [명] **1** 영국과 한국. **2** 영어와 한국어. ❏~사전의 편찬.
영한 (迎寒) [명][하자] **1** 차고 서늘한 계절을 맞음. **2** '음력 8월'을 달리 이르는 말.
영합 (迎合) [명][하자] **1** 사사로운 이익을 위하여 아첨하여 좇음. ❏대중의 취향에 ~하다. **2** 서로 뜻이 맞음.
영합 (領閤) [명] 〔역〕 '영의정'의 별칭.
영합-주의 (迎合主義)[-쭈-/-쭈이] [명] 자기의 의견이나 주장은 없이 다른 사람의 뜻에만 맞추어 나가려는 태도나 경향.
영해 (領海) [명] 〔법〕 한 나라에 근접한 해역으로서, 그 나라의 통치권이 미치는 범위《우리나라에서는 12 해리 이내를 영해로 침》. 영수. ❏~ 침범 사건. ↔공해(公海).
영해 (嬰孩) [명] 어린아이.
영해-선 (領海線) [명] 〔해〕 영해의 한계선. 곧, 한 국가의 국내법이 외국인에게 미치는 해역의 한계선.
영해 어업 (領海漁業) 영해 안에서 이루어지는 어업.
영행금지 (令行禁止) [명][하타] 명령하면 행하고 금하면 멈춤. 곧, 법령을 잘 지킴.
영:향 (永享) [명][하타] 길이 누림.
영:향 (影響) [명] 어떤 사물의 효과나 작용이 다른 것에 미치는 일. ❏~을 끼치다 / ~을 받다.
영:향-력 (影響力)[-녁] [명] 영향을 미치는 힘. 또는 그 크기나 정도. ❏~을 행사하다.
영허 (盈虛) [명][하자] 영휴(盈虧)2.
영험 (靈驗) [명][하형] '영검'의 본딧말.
영현 (英賢) [명][하형] 슬기롭고 뛰어남. 또는 그런 사람.
영현 (英顯) [명] 영령(英靈)1.
영현-하다 (榮顯-) [형여] 몸이 귀하게 되고 이름을 떨치다.
영형 (令兄) [명] **1** 남의 형의 높임말. **2** 편지에서, '친구'를 높여 이르는 말.
영혜-하다 (英慧-)[-/-혜-] [형여] 영민하고 지혜롭다.
영혜-하다 (靈慧-)[-/-혜-] [형여] 신령스럽고 지혜롭다.
영:호-하다 (永好-) [자여] 오래오래 사이좋게 지내다.
영혼 (靈魂) [명] **1** 죽은 사람의 넋. 유혼(幽魂). 혼령. 혼신. ❏~의 안식처 / 씻김굿은 망자의 ~을 천도(薦度)하는 굿이다. **2** 〔불〕 인간의 모든 정신적 활동의 본원이 되는 실체. 영가(靈駕). 영각(靈覺). **3** 〔가〕 신령하여 불사불멸하는 정신. 영신(靈神). **4** 육체에 깃들어 마음의 작용을 맡고 생명을 부여한다고 여겨지는 비물질적 실체. 혼(魂). ❏~의 양식. ↔육체. [준]영(靈).
영혼 불멸설 (靈魂不滅說) 〔철〕 죽은 후에도

인간의 영혼이 영원토록 지성과 의지의 힘을 발휘하여 존속한다고 하는 설.

영혼-설 (靈魂說) 〖명〗〖철〗 영혼이 존재한다는 설. 현상계(現象界)의 모든 사물은 영혼의 작용에 따른 것이라고 함.

영혼 신:앙 (靈魂信仰) 〖종〗 사람의 영혼은 불가사의한 힘을 가진다고 하여 그 영향력을 두려워하고 영혼을 숭배하는 원시 종교적인 신앙.

영화 (英貨) 〖명〗 영국의 화폐(파운드).

영화 (英華) 〖명〗 **1** 겉으로 드러나는 아름다운 색채. **2** 뛰어난 시나 문장.

영화 (映畫) 〖명〗〖연〗 일정한 의미를 가지고 움직이는 대상을 촬영하여 영사기로 영사막에 재현하는 종합 예술. 시네마. 〖□〗무성 ~ / ~관람 / 한 편의 ~ / ~ 구경을 하다.

영화 (榮華) 〖명〗 몸이 귀하게 되어 이름이 세상에 빛남. 〖□〗부귀와 ~를 누리다.

영화 (靈化) 〖명〗〖하자〗 어떤 사물이 신령스럽게 됨. 또는 그렇게 되게 함.

영화 각본 (映畫脚本)[-뽄] 〖연〗 시나리오. 〖준〗각본.

영화-감독 (映畫監督) 〖명〗 영화 제작에서, 연기·촬영·녹음·편집 따위의 모든 과정을 지휘하는 사람.

영화-계 (映畫界)[-/-계] 〖명〗〖연〗 영화에 관련된 사회.

영화-관 (映畫館) 〖명〗 영화를 상영하는 시설을 갖춘 건물. *극장.

영화-롭다 (榮華-)[-따][-로워, -로우니] 〖형〗〖ㅂ〗 몸이 귀하게 되어 이름이 드러나다. **영화-로이** 〖부〗

영화-배우 (映畫俳優) 〖명〗 영화에 출연하는 배우. 〖□〗그는 연극배우보다 ~로 성공했다.

영화-사 (映畫社) 〖명〗 영화의 제작·배급 또는 수입·수출 등을 업으로 하는 회사. 〖□〗~를 설립하다.

영화 소:설 (映畫小說) 〖문〗 영화를 만들기 위하여 쓴 소설. 문장 표현보다도 이야기의 줄거리에 치중한다.

영화-스럽다 (榮華-)[-따][-스러워, -스러우니] 〖형〗〖ㅂ〗 영화로운 데가 있다. **영화-스레** 〖부〗

영화 예:술 (映畫藝術) 〖명〗 영화를 예술 활동의 한 분야로 이르는 말.

영화 음악 (映畫音樂) 〖연〗 영화의 주제를 표현하거나 장면의 효과를 위해 사용하는 음악. 〖□〗감미로운 ~.

영화-인 (映畫人) 〖명〗 영화계(映畫界)에서 활동하는 사람.

영화-제 (映畫祭) 〖명〗 영화 작품을 모아 우열을 가려 시상하거나 영화인의 친선과 교류를 위한 행사. 〖□〗국제 ~.

영화 촬영기 (映畫撮影機) 〖연〗 영화를 촬영하는 사진기. 무비 카메라.

영화-화 (映畫化) 〖명〗 소설이나 전기 등을 각색하여 영화로 만듦. 〖□〗텔레비전 드라마를 ~하다 / 원작 만화를 ~하다.

영활 (靈活) 〖명〗〖하자〗 **1** 신통하게 살림. **2** 지략이나 행동이 뛰어나고 재빠름.

영효 (榮孝) 〖명〗 부모를 영화롭게 하는 효도.

영효 (靈效) 〖명〗 신통한 효험.

영후 (令後) 〖명〗 명령을 내린 뒤.

영휴 (盈虧) 〖명〗〖하자〗 **1** 〖천〗 천체의 빛이 그 위치에 따라서 늘거나 주는 현상. **2** 차는 일과 이지러지는 일. 영허(盈虛).

영노ㅎ다 〖명〗〈옛〉 영리하다. 슬기롭다.

열다 [열따] 〖형〗 **1** 바닥까지의 거리가 가깝다. 〖□〗시냇물이 열어 누구든지 건널 수 있다. 〖작〗얕

다. **2** 빛이 짙지 않다. 〖□〗열은 화장. ↔짙다. **3** 생각·지식 따위가 깊지 않다. 〖□〗학식이 ~. 〖작〗얕다. **4** 뜻이나 정의가 두텁지 못하다. 〖작〗얕다. **5** 액체에 녹아 있는 물질의 양이 적다. 〖□〗커피를 열게 타다. **6** 냄새가 약하다. 〖□〗열은 크림 냄새.

열디-열다 [열띠열다] 〖형〗 아주 열다. 〖작〗얕디얕다.

옆 [엽] 〖명〗 양쪽 곁. 또는 그 근방. 〖□〗~을 살피다 / ~으로 눕다 / ~에서 맞장구를 치다.

옆-갈비 [엽깔비-] 〖생〗 몸의 양쪽 옆구리에 있는 갈빗대.

옆-구리 [엽꾸-] 〖명〗 몸의 양쪽 갈비가 있는 부분. 〖□〗~가 결리다.

옆구리(를) 찌르다 〖관〗 팔꿈치나 손가락으로 옆구리를 찔러서 은밀하게 신호를 보내다.

옆구리에 섬 찼나 〖관〗 많이 먹는 사람을 조롱하는 말.

옆구리 운:동 (-運動)[엽꾸-] 〖명〗 몸의 옆구리를 좌우로 굽혔다 폈다 하는 운동.

옆-길 [엽낄] 〖명〗 **1** 큰길 옆으로 따로 난 작은 길. 〖□〗~로 접어들다. **2** 해야 할 일을 하지 않고 다른 일을 하는 경우의 비유. 〖□〗이야기가 ~로 새다.

옆-널 [엽-] 〖명〗 목기(木器)의 양쪽 옆에 대는 널빤지.

옆-눈 [엽-] ☞ 곁눈.

옆눈-질 [엽-] 〖명〗 곁눈질.

옆-댕이 [엽땡-] 〖속〗 옆.

옆-들다 [엽뜰-][옆들어, 옆드니, 옆드는] 〖타〗 옆에서 도와주다.

옆-막이 [엽마기] 〖명〗 양쪽 옆을 가로막음. 또는 그런 나무나 물건.

옆-면 (-面)[엽-] 〖명〗 앞뒤가 아닌 양쪽 옆의 면. 측면.

옆-모서리 [엽-] 〖명〗〖수〗 각뿔이나 각기둥의 측면과 측면이 서로 만나서 이루는 모서리. 측릉(側稜).

옆-모습 [엽-] 〖명〗 옆에서 본 모습. 〖□〗~이 앞모습보다 아름답다.

옆-문 (-門)[엽-] 〖명〗 건물의 옆쪽에 난 문. 측문. 〖□〗~을 이용하다.

옆-바람 [엽빠-] 〖명〗 배의 돛에 옆으로 불어오는 바람.

옆-발치 [엽빨-] 〖명〗 발치의 옆.

옆-방 (-房)[엽빵] 〖명〗 방이 연이어 있을 때 이웃하는 방.

옆-쇠 [엽쒸] 〖명〗 장롱·양복장 등의 기둥과 기둥을 옆으로 잇닫 나무.

옆-심 (-心)[엽씸] 〖명〗 배의 뜸집의 서까래.

옆-얼굴 [여벌-] 〖명〗 옆에서 본 얼굴. 〖□〗~을 을끔 바라보다.

옆옆-이 [여녀벼피] 〖부〗 이 옆 저 옆에. 〖□〗~ 조르는 사람뿐이다.

옆장봐 시위 (-牆-侍衛)[엽짱-] 〖역〗 사인교를 타고 행차할 때, 벽에 부딪치지 않도록 살펴보라는 시위 소리.

옆-줄 [엽쭐] 〖명〗 **1** 옆으로 난 줄. 측선(側線). **2** 〖동〗 측선(側線)3.

옆-질 [엽찔] 〖명〗〖하자〗 배·자동차 따위가 좌우로 흔들리는 일. 롤링. *뒷질.

옆-집 [엽찝] 〖명〗 옆에 있는 집. 인가(隣家).

옆-찌르다 [엽-][옆찔러, 옆찌르니] 〖타〗〖르〗 은밀하게 알려 주기 위하여 옆구리를 찌르다.

[옆찔러 절 받기] '엎드려 절 받기'와 같은 뜻. *엎드리다.

옆 차기 [엽-] 태권도에서, 몸은 정면을 향하고, 윗몸을 옆으로 굽히면서 발로 차는 동작.

옆-트기 [엽-] 圓 옷 따위에 아귀를 트는 일.

옆-폭 (-幅) [엽-] 圓 **1** 옆에 박는 널빤지. **2** 옷의 옆에 대는 천 조각.

옆-훑이 [여풀비] 圓 홈 따위의 옆을 훑어 내는 데 쓰는 연장.

예¹ 圓 [언] 한글의 합성 자모 'ㅖ'의 이름.

예² 圓 〈옛〉 왜(倭).

예:³ 圓 (주로 '예나'·'예로부터'의 꼴로 쓰여) 옛적. 오래전. □~나 지금이나 변함없다.

예: (例) 圓 **1** '전례(前例)'의 준말. □이런 ~는 없었다. **2** 이미 말한 바. 늘 알고 있는 바. □~의 그 가게. **3** 근거나 표준이 될 만한 사물. 본보기. □~를 들다.

예 (禮) 圓하자 **1** 사람이 마땅히 지켜야 할 도리. □~를 갖추다 / ~를 지키다. **2** 사의(謝意)를 표하는 말. 또는 사례로 보내는 금품. **3** 예법. □~를 갖추다. **4** '경례'의 준말. **5** 예식.

예⁴ 재대 早 '여기'의 준말. □~가 어디냐 / ~ 앉아라.

예:⁵ 갑 **1** 존대할 자리에 대답하는 말. 네. □~, 알겠습니다. **2** 존대할 자리에 재우쳐 묻는 말. 네. □~, 뭐라고요. **3** 때릴 기세로 으르는 말. □~ 이놈.

예⁶ 조 〈옛〉에.

예가 (禮家) 圓 '예문가(禮文家)'의 준말.

예:각 (銳角) 圓 《수》 직각보다 작은 각. ↔둔각(鈍角).

예:각 (豫覺) 圓하타 예감(豫感).

예:각 삼각형 (銳角三角形) [-쌈가켱] 《수》 세 각이 모두 예각인 삼각형.

예:감 (豫感) 圓하타 무슨 일이 있기 전에 암시적으로 또는 육감으로 미리 느낌. 예각(豫覺). □불길한 ~이 들다 / 운명을 ~하다.

예:거 (例舉) 圓하타 보기를 듦. □부당함을 조목조목 ~하다.

예:건 (例件) [-껀] 圓 ('의례건(依例件)'의 준말로) 전부터 있는 사건. 늘 있는 일.

예:격 (例格) 圓 전례로 하여 온 격식.

예:견 (豫見) 圓하타 어떤 일이 있기 전에 미리 짐작함. □~이 적중하다 / 앞날을 ~하다.

예:결 (豫決) 圓하타 **1** 예산과 결산. **2** 어떤 일을 미리 결정함.

예경 (禮敬) 圓하자 부처나 성현 앞에 예배함.

예:계 (豫戒) [-/-게] 圓하타 미리 경계함.

예:고 (豫告) 圓하타 미리 알림. □~ 방송 / ~ 없는 방문 / 내일의 행사를 ~하다.

예:고 기간 (豫告期間) 《법》 통지한 후 일정한 기간이 경과해야만 그 법률의 효력이 발생하게 되는 기간.

예:고 수당 (豫告手當) 《법》 사용자가 근로자를 해고할 경우, 적어도 30 일 전에 예고를 하지 아니하였을 때 지급하도록 한 수당.

예:고-편 (豫告篇) 圓 영화·텔레비전 프로의 내용들을 미리 알리기 위하여, 그 내용의 일부를 뽑아 모은 것.

예:과 (豫科) [-꽈] 圓 《교》 본과(本科)에 들기 위한 예비의 과정. □대학 ~ 졸업.

예광-탄 (曳光彈) 圓 《군》 발사되면 빛을 내며 날아가게 한 탄알(신호하거나 목표물을 지시하는 데 씀).

예:괘 (豫卦) 圓 《민》 육십사괘의 하나. 진괘(震卦)와 곤괘(坤卦)가 거듭된 것(우레가 땅에서 나와 떨침을 상징함). 준예(豫).

예궁 (禮弓) 圓 《역》 예식 때 쓰던 활의 하나. 여섯 자 길이에 모양은 각궁(角弓)과 같음. 대궁(大弓).

예:궐 (詣闕) 圓하자 대궐에 들어감. 입궐.

예규 (例規) 圓 관례와 규칙. 관례로 되어 있는 규칙.

예규 (禮規) 圓 《가》 교회의 예식을 적어 놓은 책. 예식서(禮式書).

예:금 (預金) 圓하타 《경》 금전을 금융 기관에 맡김. 또는 그 금전. □~ 잔고 / ~을 찾다.

예:금 계:좌 (預金計座) [-/-게-] 《경》 금융 기관에 예금하기 위해 개인이나 법인이 개설하는 계좌.

예:금 담보 (預金擔保) 《경》 은행에서 돈을 빌리는 경우, 자기 소유의 정기금(定期金)이나 예금 채권을 그 은행에 담보하는 것.

예:금 보:험 (預金保險) 《경》 은행의 파산으로 생기는 예금자의 손해를 보상하기 위한 보험.

예:금-액 (預金額) 圓 예금한 액수.

예:금 어음 (預金-) 《경》 일정한 금액의 예탁(預託)을 받았다는 표로 은행에서 예금자에게 주는 증서.

예:금 원가 (預金原價) [-그런까] 《경》 예금 코스트.

예:금 은행 (預金銀行) 《경》 예금을 맡아서 그 자금을 상공업자에게 단기의 경영 자금으로 융자하여 주는 은행.

예:금 지급 준:비 (預金支給準備) [-쭌-] 《경》 은행이 예금의 지급에 대비하여 자금을 준비하여 두는 일.

예:금 코스트 (預金cost) 《경》 은행이 예금을 수집하기 위한 비용(예금 이자·영업비 같은 것). 예금 원가.

예:금 통장 (預金通帳) 《경》 은행 등이 예금자에게 교부하여 두고, 예입·지급의 내용을 기재하는 장부.

예:금 통화 (預金通貨) 《경》 수표의 발행으로 거래의 결제를 대신할 수 있는 당좌 예금을 이르는 말.

예:금 협정 (預金協定) [-쩡] 《경》 예금 이율에 관하여 은행 사이에 맺는 협정.

예:기 (銳氣) 圓 날카롭고 굳세며 적극적인 기세. □~에 찬 청년 / 적의 ~를 꺾다.

예기(를) 지르다 困 남의 날카로운 기세를 꺾다.

예:기 (銳騎) 圓 굳세고 날쌘 기병.

예:기 (豫期) 圓하타 앞으로 닥칠 일을 미리 기대하거나 예상함. □~하지 못한 사건 / ~치 않은 사람이 나타나다.

예기 (禮器) 圓 제기(祭器).

예:기 (藝妓) 圓 가무(歌舞)·서화·시문 따위의 예능을 익혀 손님을 접대하는 기생.

예:기 (穢氣) 圓 더러운 냄새.

예기 갑 때릴 기세로 나무라거나 화를 내는 소리. □~, 이 몹쓸 놈. 솅예끼.

예:기-방장 (銳氣方張) 圓하형 예기가 한창 성(盛)함.

예:끼 갑 **1** 때릴 듯한 기세로 나무라거나 화를 내는 소리. □~, 이놈. 셴예기. **2** 에끼².

예:납 (例納) 圓하타 전례에 따라 바침.

예:납 (豫納) 圓하타 기한 전에 미리 바침.

예:년 (例年) 圓 **1** 여느 해. □~에 없던 추위. **2** 매년. 해마다. □~과 다름없이 모임을 갖는다. **3** 일기 예보에서, 지난 30년간의 기후의 평균적 상태를 이르는 말. □올 여름은 ~에 비해 많이 덥다.

예:능 (藝能) 圓 **1** 재주와 기능. **2** 《교》 학교 교

육에서, 음악·미술·무용의 예술과 그 기능을 익히기 위한 교과의 총칭. ☐~ 교육. 3 연극·가요·음악·무용·영화 등의 예술과 관련된 능력의 총칭. ☐~에 재간이 있다.

예-니레 몡 옛새나 이레. ☐~쯤 걸리다.

예-닐곱 全꽌 여섯이나 일곱쯤 되는 수. ☐~은 모였을 게다 / ~ 명이 둘러앉다.

예닐곱-째 全꽌 여섯째나 일곱째.

예다-제다 튀 여기다가 저기다가. ☐소문을 ~ 퍼뜨리다.

예:단 (豫斷) 몡하타 미리 판단함. 또는 그 판단. ☐섣부른 ~은 금물이다.

예단 (禮單) 몡 예물을 적은 단자(單子).

예단 (禮緞) 몡 예물로 보내는 비단.

예-담 (例談) 몡 경조사·분병 따위의 경우에 맞게 하는 말.

예-답다 (禮-)[-따][예다워, 예다우니] 혱타 '예모(禮貌)답다'의 준말. ☐예다운 몸가짐.

예당 (禮堂) 몡 《역》 조선 때, 예조(禮曹)의 당상관.

예대 (禮待) 몡하타 예를 갖추어 대접함. 정중히 맞이함. 예우(禮遇).

예:대 (預貸) 몡 예금과 대출. ☐~ 금리.

예:대-율 (預貸率) 몡 《경》 은행의 예금 잔액에 대한 대출 잔액의 비율.

예:덕 (睿德) 몡 1 뛰어난 덕망. 2 왕세자의 덕망.

예:덕 (穢德) 몡 1 좋지 않은 덕망. 2 임금의 좋지 않은 행동.

예덕-나무 [-떵-] 몡 《식》 대극과의 낙엽 활엽 교목. 산에 나는데, 여름에 녹황색의 꽃이 핌. 재목은 상자·가구재 따위로 씀.

예:덕선생-전 (穢德先生傳)[-썬-] 몡 《문》 조선 후기의 실학자인 박지원(朴趾源)이 지은 한문 단편 소설(《무위도식하는 양반들의 위선적인 생활을 풍자함》).

예:도 (銳刀) 몡 1 《군》 옛날 군도의 하나. 환도와 비슷하게 생겼으며 끝이 뾰족함. 2 《역》 보졸(步卒)이 환도를 가지고 하던 검술.

예도 (禮度) 몡 예의와 법도.

예도 (藝道) 몡 기예(技藝)나 연예(演藝)의 길. ☐~에 정진하다.

예도-옛날 [-엔-] 몡위 아주 먼 옛날.

예:둔 (銳鈍) 몡 1 날카로움과 둔함. 2 민첩함과 우둔함. 이둔(利鈍).

예:라 캅 1 아이들에게 비키라거나 그리 하지 말라는 뜻으로 하는 소리. ☐~, 저리 비켜라. 2 무슨 일을 해보겠다거나, 그만두겠다고 작정할 때 내는 소리. ☐~, 집어치워라 / ~, 모르겠다.

예라-꼐라 [-/-꼐-] 캅 《역》 벽제(辟除) 소리의 하나(《'예라 예라' 곧 '비껴라 비껴라'의 뜻》).

예라-끼놈 캅 《역》 벽제 소리의 하나(《'에라, 이놈'의 뜻》).

예:람 (睿覽) 몡하타 왕세자가 열람함.

예:람 (叡覽) 몡하타 임금이 열람함. 어람(御覽), 성람(聖覽).

예:령 (豫令) 몡 구령(口令)을 내릴 때, 어느 동작인가를 알려, 그 동작을 미리 준비할 수 있도록 하는 부분(《'앞으로가'·'뒤로돌아가'에서 '앞으로'·'뒤로돌아' 따위》).

예론 (禮論) 몡 예절에 관한 이론.

예:료 (豫料) 몡하타 예측(豫測).

예:리-하다 (銳利-) 혱여 1 연장 따위가 날카롭다. ☐예리한 면도날. 2 관찰력이나 판단력이 날카롭고 정확하다. ☐예리한 관찰력 / 예리하게 판단하다.

예:림 (藝林) 몡 예원(藝苑).

예:막 (瞖膜) 몡 《의》 붉거나 희거나 푸른 막(膜)이 눈자위를 가리는 병.

예망 (曳網) 몡하자 1 끌그물. 2 물에 잠긴 그물을 끌어당김. 또는 그 그물.

예:매 (豫買) 몡하타 1 물건을 받기 전에 미리 값을 쳐서 삼. 2 정해진 때가 되기 전에 미리 삼. ☐차표를 ~하다.

예:매 (豫賣) 몡하타 1 물건을 건네기 전에 미리 값을 쳐서 팖. 선매. 2 정해진 때가 되기 전에 미리 팖. ☐~된 극장표 / 입장권의 ~ / 인터넷으로 ~하다.

예:매-권 (豫買券)[-꿘] 몡 예매하는 차표·입장권 따위.

예:매-처 (豫賣處) 몡 물건이나 표를 미리 파는 곳.

예:명 (藝名) 몡 연예인이 본명 외에 따로 지어 부르는 이름.

예:명-하다 (叡明-) 혱여 예민(叡敏)하다.

예모 (禮帽) 몡 예복을 입을 때 격식에 맞추어 쓰는 모자.

예모 (禮貌) 몡 예절에 맞는 몸가짐.

예모-답다 (禮貌-)[-따][-다워, -다우니] 혱타 말이나 행동, 태도가 예의에 벗어남이 없다. ㉰예(禮)답다.

예:문 (例文) 몡 예(例)로 드는 문장. ☐~을 들다 / 다음 글을 읽고 물음에 답하시오.

예:문 (例問) 몡하자 1 《역》 각 지방의 방백들이 그 지방의 특산물을 정례적으로 서울의 고관에게 선사하던 일. 2 예로서 드는 문제. ☐~을 풀어라.

예문 (禮文) 몡 1 예법에 관한 글. 2 《불》 예불하는 의식. 3 예법과 문물.

예:문 (藝文) 몡 1 학예와 문학. 2 기예와 문필.

예문-가 (禮文家) 몡 예법에 밝고 잘 지키는 사람. 또는 그런 집안. ㉰예가.

예:문-관 (藝文館) 몡 《역》 고려·조선 때, 사명(辭命)을 짓는 일을 맡아보던 관아.

예물 (禮物) 몡 1 사례의 뜻으로 주는 금품. 2 신부의 첫인사를 받은 시집 어른들이 답례로 주는 물품. 3 결혼식에서 신랑 신부가 주고받는 기념품. ☐~을 교환하다. 4 전례(典禮)와 문물(文物).

예물 (穢物) 몡 더러운 물건.

예:민-하다 (銳敏-) 혱여 재지(才智)·감각 등이 날카롭고 민첩하다. ☐예민한 반응 / 신경이 ~.

예:민-하다 (叡敏-) 혱여 임금의 천성이 영명하다. 예명(叡明)하다.

예-바르다 (禮-)[예발라, 예바르니] 혱르 예절이 바르다. ☐예바른 태도.

예반 (-盤) 몡 나무나 쇠붙이 따위로 둥글게 납작하게 만들어 칠한 쟁반 모양의 그릇. ☐~에 받쳐 들다.

예:방 (豫防) 몡하타 무슨 일이나 탈이 일어나기 전에 미리 막음. ☐산불 / 화재를 ~하다 / 전염병을 ~하다.

예방 (禮防) 몡하타 예법을 지킴으로써 행동을 그르치는 일이 없도록 함.

예:방 (禮房) 몡 《역》 조선 때, 승정원·지방 관아에 딸린 육방(六房)의 하나(《예악(禮樂)·제사·연향(宴享)·학교 등에 관한 사무를 맡아보았음》).

예방 (禮訪) 몡하타 인사차 방문함. ☐외국 경제 사절을 ~을 받다.

예:방 경:찰 (豫防警察) 《법》 공공(公共)의 안

녕질서에 대한 장애가 발생하지 않도록 미리
막는 역할을 하는 경찰.

예:방-선(豫防線)圀 상대방의 공격이나 비난
에 대비하여 미리 마련해 두는 수단이나 방
책. ▣～을 치다.

예:방 의학(豫防醫學)〖의〗각종 질병의 발생
원인을 규명하여 예방에 중점을 두고 연구하
는 학문.

예:방 접종(豫防接種)[─종]〖의〗전염병 따위
에 대한 면역성을 부여하기 위해 백신을 주
사하는 일(뇌염 및 디프테리아 등의 예방 주
사가 있음). ▣독감에 대비해 ～을 하다.

예:방 조:사(豫防照射)〖의〗악성 종양을 제
거한 뒤에 재발을 예방하기 위하여 방사선을
쬐는 일.

예:방 주:사(豫防注射)〖의〗전염병을 예방
하기 위해서 주사기로 항원을 체내에 주입하
는 일.

예:방-책(豫防策)圀 예방하기 위한 계획이나
방법. ▣사고에 대한 ～.

예배(禮拜)圀하자 1 경의를 표현하여 배례(拜禮)
함. 2〖종〗신이나 부처 앞에 경배하는 의식.
▣～를 드리다.

예배(를) 보다 圄 신자들이 교회에 가서 예
배 의식에 참석하다.

예배-당(禮拜堂)〖기〗'교회'의 구칭.

예배-일(禮拜日)圀 예배를 보는 날. ＊주일
(主日).

예백(曳白)〖역〗과거를 보는 시험장에서
글을 짓지 못하고 흰 백지를 그대로 가지고
나오던 일.

예번-하다(禮煩─)형여 예의가 번거롭고 까다
롭다.

예법(禮法)[─뻡]圀 1 예로서 지켜야 할 규범.
▣전통 ～./을 지키다/～에 어긋나다. 준
예(禮). 2 예절. 식사 ～.

예:병(銳兵)圀 1 동작이 날래고 용감한 군사.
2 예리한 무기.

예:보(豫報)圀하자 앞일을 미리 알림. 또는 그
런 보도. ▣일기 ～/내일 비가 올 것이라고
～.

예:복(隸僕)圀〖역〗종³.

예복(禮服)圀 의식을 치르거나 예절을 특별히
차릴 때 입는 옷. ▣결혼 ～/～을 갖추다.

예복-짜리(禮服─)圀 예복 입은 사람을 낮추
어 이르는 말.

예:봉(銳鋒)圀 1 창이나 칼의 날카로운 끝. 2
날카로운 논조나 표현. ▣～을 피하다. 3 날
카롭게 공격하는 기세. ▣～을 꺾다.

예부(禮部)圀〖역〗1 신라 때, 의례(儀禮)를
맡아보던 관아. 2 고려 때, 육부(六部)의 하
나. 의례·제향(祭享)·조회·교빙(交聘)·학교·
과거 따위에 관한 일을 맡음.

예:분(蕊粉)圀〖식〗꽃가루.

예불(禮佛)圀하자〖불〗부처에게 경배함. 또
는 그 의식을 행함. ▣～을 올리다.

예불-상(禮佛床)[─쌍]圀〖불〗예불할 때에 올
리는 음식상.

예:비(例批)圀〖역〗상소에 대하여 전례(前例)에
의한 임금의 비답(批答).

예:비(豫備)圀하자 1 미리 마련하거나 갖추어
놓음. ▣～ 자금/～로 마련하다. 2 더 높은
단계로 넘어가거나 정식으로 하기 전에 그
준비로 초보적으로 미리 갖춤. 또는 그런 준
비. ▣～ 검사.

예:비-건(豫備件)[─껀]圀 본건(本件) 이외에

미리 준비한 안건.

예:비 교섭(豫備交涉)〖정〗본격적인 외교 교
섭에 앞서 교섭의 세부 사항과 기술적인 문
제 따위를 협의하는 교섭.

예:비 교:육(豫備教育)〖교〗어떤 일을 실시
하기 전에 또는 정식으로 학과를 가르치기
전에, 예비적으로 실시하는 교육.

예:비-군(豫備軍)圀〖군〗1 예비병으로 편성
된 군대. 2 '향토 예비군'의 준말. 3 예비대.

예:비-금(豫備金)圀 1 필요할 때 쓰기 위해
따로 마련해 두는 돈. 2〖경〗예비비.

예:비-대(豫備隊)圀〖군〗작전상 전선의 후
방에 있다가 전투 부대를 지원하거나 보충하
는 부대. 예비군.

예:비-병(豫備兵)圀〖군〗1 예비역에 복무하
는 병사. 2 전투병에 대해, 지원이나 교체를
할 수 있는 병사.

예:비-비(豫備費)圀〖경〗예측할 수 없는 예
산 부족이 생길 때에 쓰기 위해, 예산 중에
마련한 비목(費目). 예비금.

예:비 선:거(豫備選擧)〖정〗미국의 대통령
선거 때, 각 정당에서 행하는 선거(대통령 후
보 예선 대회에 파견할 대의원을 선출함).

예:비 시험(豫備試驗)〖교〗본시험에 앞서,
본시험을 치를 자격을 얻기 위하여 치르는
시험. 준예시(豫試).

예:비-역(豫備役)圀〖군〗현역 복무가 끝난
사람에게 일정 기간 부여되는 병역(평시에는
일반인으로 생활하다가 비상시 또는 훈련 기
간에 소집되어 군무에 복무함). ↔현역.

예:비 정:리(豫備整理)[─니]보조 정리.

예:비-지식(豫備知識)圀 어떤 일을 하거나
연구하는 데 미리 알아 두어야 할 지식. ▣여
행에 필요한 ～.

예:비-품(豫備品)圀 필요할 때에 쓰기 위해
미리 준비해 둔 물품(공급용 부품·완성 부품
또는 보조 부품 따위).

예:비-함(豫備艦)圀〖군〗해군에서, 비상시
에 쓰기 위해 준비해 둔 군함(정규 함대에 편
입되지 않아 경비·연습·측량 따위의 임무에
종사하지 않음).

예:비-회담(豫備會談)圀 본회담에 앞서 부수
적인 사항을 협의하기 위한 준비 회담.

예빙(禮聘)圀하자 예를 갖추어 초빙함.

예:쁘다[예뻐, 예쁘니]톙 사랑스럽고 귀엽다.
▣예쁜 꽃/딸아이가 ～/남을 돕는 마음이 ～.
[예쁘지 않은 며느리가 삿갓 쓰고 으스름 달
밤에 나선다] 여러모로 부족한 사람이 격에
맞지 않게 어설픈 짓만 한다는 비유. [예쁜
자식 매로 키운다] 사랑하는 자식일수록 엄
하게 키워야 한다는 말.

예:쁘디-예쁘다[─예뻐, ─예쁘니]톙 아주 예
쁘 데가 있다.

예:쁘장-스럽다[─따][─스러워, ─스러우니]
톙 예쁘장한 데가 있다. ▣옷이 아주 ～.

예:쁘장-스레閉

예:쁘장-하다형여 제법 예쁘다. ▣예쁘장한
아기／얼굴이 예쁘장하게 생기다.

예:사(例事)圀 '예상사(例常事)'의 준말.

예사(禮斜)圀〖역〗예조(禮曹)에서 양자(養子)
의 청원을 허가해 주던 글.

예사(禮謝)圀하자 감사의 뜻으로 사례함.

예:사 낮춤(例事─)[─낟─]〖언〗보통 비칭.

예:사-내기(例事─)圀 보통내기. ▣그는 걸보
기와는 달리 ～가 아니라네.

예:사 높임(例事─)〖언〗보통 존칭.

예:사-로(例事─)閉 보통의 일로. 아무렇지도
않게. ▣약속을 ～ 어기다.

예:사-롭다 (例事-)[-따][-로워, -로우니] 휑
튄 예사로 있을 만하다. 흔한 일이다. ▢예사
롭지 않은 징조 / 그의 행동이 예사롭지 않
다. 예:사-로이 閏

예:사-말 (例事-) 옝 1 보통으로 예사롭게 하
는 말. ▢~로 듣고 조심하지 않다. 2 겸사나
공대의 뜻이 없는 보통 말. ↔겸사말.

예:사-소리 (例事-) [언] ㄱ·ㄷ·ㅂ·ㅅ·ㅈ
등의 보통의 소리. 평음(平音). *된소리.

예:산 (豫算) 옝하튀 1 비용을 미리 계산함. 또
는 그 비용. ▢~을 짜다 / ~에 맞추다. 2 진
작부터의 작정. 3 [경] 국가 또는 지방 자치
단체의 한 회계 연도의 세입과 세출의 계획.

예:산 단가 (豫算單價)[-까] [경] 예산 작성의
기초로, 표준적인 인건비나 물건비에 대해
정하는 단가.

예:산 선의권 (豫算先議權)[-쏘닉꿘 / -써니꿘]
[법] 양원제의 국회에서, 하원이 예산을 먼
저 심의할 수 있는 권한.

예:산 수정권 (豫算修正權)[-꿘] [법] 정부에
서 제출한 예산안을 수정할 수 있는 국회의
권리.

예:산 심:의 (豫算審議)[-시믜 / -시미] [법]
국회에서, 예산안을 확정하기 위해 심의하는
일.

예:산-안 (豫算案) 옝 1 예산의 초안. ▢~을
수정하다. 2 [법] 의회의 심의 결정을 얻기
전의 예산의 원안.

예:산 초과 (豫算超過) [경] 1 세입이나 세출
이 예산액을 초과함. 2 지출이 예정 금액보다
많아짐.

예:삿-일 (例事-)[-싿닐] 옝 보통 있는 일. ▢이
건 ~이 아니야.

예:상 (豫想) 옝하자타 일을 직접 당하기 전에
미리 생각해 둠. 또는 그런 내용. ▢~이 빗
나가다 / ~보다 일찍 도착하다 / ~을 뒤엎고
우승하다.

예:상-고 (豫想高) 옝 예상량. ▢수확 ~.

예:상-량 (豫想量)[-냥] 옝 미리 짐작해 본 수
량. ▢~을 밑돌다.

예:상 배:당 (豫想配當) [경] 주식의 예상되
는 장래의 배당. 그 주식의 과거의 배당과 현
재·장래의 회사 수익 등을 감안하여 산출한
배당임.

예:상-사 (例常事) 옝 보통 있는 일. ⓐ상사(常
事)·예사(例事).

예:상-액 (豫想額) 옝 미리 짐작해 본 액수.

예:상-외 (豫想外) 옝 생각 밖. 뜻밖. ▢~의
결과 / ~로 쉽게 끝나다.

예새 옝 도자기를 만드는 데 쓰는 나무칼.

예:서 (隷書) 옝 한자 서체의 하나. 전서(篆書)
의 번잡함을 생략해서 만들었음.

예:서 (豫壻·豫婿) 옝 데릴사위.

예서 (禮書) 옝 1 예법에 관한 책. 2 혼서(婚書).

예서 옝 여기서. ▢~ 기다려라.

예선 (曳船) 옝하자 배를 끎. 또는 배를 끄는 배.

예:선 (豫選) 옝하자 본선에 나갈 선수나 팀을
뽑음. ▢~ 탈락 / ~을 거치다. *결선·본선.

예선-기 (曳線器) 옝 [전] 전선을 잡아 늘이는
데 쓰는, 강철로 만든 기구.

예설 (禮說) 옝 예절에 관한 설.

예:성 (叡聖) 옝 임금이 지덕(知德)이 높고 사
리에 밝음.

예:성 (譽聲) 옝 1 명예와 성문(聲聞). 2 칭찬하
는 소리.

예:성-문무 (叡聖文武) 옝 문무를 겸비한 임금
의 성덕(聖德).

예:속 (隷屬) 옝하자 1 딸려서 매임. ▢강국에

~되다. 2 윗사람에게 매여 있는 아랫사람.
▢~에서 벗어나다.

예속 (禮俗) 옝 예의범절에 관한 풍속.

예:속-국 (隷屬國)[-꾹] [정] 속국(屬國).

예속상교 (禮俗相交)[-쌍-] 향약의 네 덕목
가운데 하나로, 서로 사귀는 데 예의를 지킴.

예손 (裔孫) 옝 대수(代數)가 먼 자손.

예송 (例送) 옝하자 정례(定例)에 따라 보냄.

예송 (禮訟) 옝 예절에 관한 논란.

예:수 (豫受) 옝하튀 미리 받음.

예:수 (豫修) 옝하자 [불] 죽어 극락에 가고자
생전에 미리 공을 닦음. *역수(逆修).

예수 (←Jesus) [기] 기독교의 개조(開祖).

예수-교 (←Jesus敎) [기] 1 기독교. 2 기독
교의 신교. *기독교.

예수교-인 (←Jesus敎人) 옝 예수교를 믿는 사
람. 기독교인.

예수교-회 (←Jesus敎會) 옝 [기] 예수교 신도
들이 모여 예배를 보는 곳.

예수 그리스도 (←Jesus Christ) [기] ‘구세주
예수’의 뜻.

예:수-금 (豫受金) 옝 [경] 거래에 관계된 선
금이나 보증금으로서, 임시로 받았다가 나중
에 돌려주어야 할 돈.

예수-남은 逞관 예순이 조금 더 되는 수. 또는
그런 수의. ▢~은 모이다.

예:수-재 (豫修齋) 옝 [불] 죽어서 극락에 가
기 위해 불전에 올리는 재.

예수-쟁이 (←Jesus-) 옝 〈속〉 예수교인.

예수-회 (←Jesus會) 옝 [가] 16세기 중엽, 이
그나티우스 로욜라가 신교에 대항해 가톨릭
교의 발전을 위해 조직한 수도회. 야소회(耶
蘇會). 제수이트회.

예순 逞관 열의 여섯 배가 되는 수(의). 육십의.
▢~을 둘로 나누다 / ~ 명이 참가하다.

예:술 (藝術) 옝 1 기예와 학술. 2 특별한 재료
나 기교·양식 따위에 의한 미의 창작 및 표현
《조각·회화·연극·음악·시·소설 따위》. ▢인
생은 짧고 ~은 길다 / ~의 영원성.

예:술-가 (藝術家) 옝 예술 작품을 창작하거나
표현하는 사람. 예술인. ▢~로서의 자질.

예:술-계 (藝術界)[- / -계] 옝 예술가들의 사
회. 또는 그런 분야.

예:술-관 (藝術觀) 옝 예술의 본질·목적·가치
등에 관한 견해.

예:술 교:육 (藝術敎育) [교] 예술 작품을 창
작하거나 감상하는 것으로 정서를 풍부하게
하는 교육. ▢~이 뒷전으로 밀리다.

예:술-론 (藝術論) 옝 예술의 본질·기능·기법
따위에 관한 이론.

예:술-미 (藝術美) 옝 예술로 표현된 미.

예:술-사 (藝術史)[-싸] 옝 예술의 기원·변천·
발달 따위를 역사적으로 연구하는 학문. 또
는 그것을 기록한 저술.

예:술 사진 (藝術寫眞) 대상을 예술적인 시각
에서 미적 감동을 일으키도록 찍은 사진.

예:술-성 (藝術性)[-썽] 옝 예술품이 지닌 예
술적 특성. ▢~이 뛰어난 작품 / ~이 높다.

예:술 영화 (藝術映畵) [연] 흥행성을 염두에
두지 않고 예술성을 추구하여 만든 영화.

예:술 운:동 (藝術運動) [사] 예술적인 경향
과 태도를 같이하는 동시대의 예술가들이 예
술을 보급하고 발전시키려는 운동. ▢~의
선구자.

예:술-인 (藝術人) 옝 예술가.

예:술-적 (藝術的)[-쩍] 관옝 예술로서의 특성

을 지닌 (것). ▢~(인) 평가.

예:술-제(藝術祭)[-쩨]圈 음악·연극·무용·문학을 공연하거나 발표하는 예술 행사.

예:술 지상주의(藝術至上主義)[-/-이]〔문〕 정치·종교·과학 따위를 예술과 분리하고 오직 예술의 미적 창조만을 최고의 목적으로 삼는 태도.

예:술-파(藝術派)圈〔문〕예술 지상주의를 신봉하는 일파. *인생파.

예:술-품(藝術品)圈 예술적 가치가 있는 작품. ▢최고의 ~을 창조하다.

예:술-학(藝術學)圈 예술의 본질·성립 조건·기능·목적 따위를 연구하는 학문. *미학.

예:-스럽다[-따][에스러워, 에스러우니]휑 옛것 같은 느낌이 있다. ▢에스러운 표현.
예:-스레튄

예스맨(yes-man)圈 무엇이든지 '예예'하고 따르기만 하고 자기 의견이 없는 사람.

예:습(豫習)圈하타 앞으로 배울 것을 미리 학습함. ▢~과 복습. ↔복습.

예:승(例陞)圈하타 규례에 따라 벼슬을 올림.

예승즉이(禮勝則離)圈하자 예의가 지나치면 도리어 사이가 멀어짐.

예:시(例示)圈하타 예를 들어 보임. ▢~가 적절하다.

예:시(豫示)圈하타 미리 보이거나 알림. ▢신의 ~ / 행복한 결말을 ~하다.

예:-시험(豫試驗)圈〔교〕'예비 시험'의 준말.

예:-시위(詣侍衛)圈〔역〕봉도(奉導) 때 외치던 소리로, '모시고 나가자'라는 뜻.

예:식(例式)圈 정례에 따른 격식.

예식(禮式)圈 예법에 따라 치르는 식.

예식-장(禮式場)[-짱]圈 예식을 치를 수 있도록 설비한 곳(주로 결혼식장을 말함).

예:신(禮臣)圈〔역〕신하가 벙들었거나 곤궁할 때에 임금이 약품이나 물품을 내려 주던 일.

예:-신(穢身)圈〔불〕깨끗하지 않은 몸.

예:심(豫審)圈 1 본심사에 앞서서 미리 하는 심사. ▢~을 통과하다. 2〔법〕구형사 소송법에서, 공소 제기 후 사건을 공판에 회부할 것인가의 여부를 결정하고, 공판에서 조사하기 어렵다고 생각되는 증거를 수집하여 확보하는 공판 전의 절차.

예:심(穢心)圈〔불〕깨끗하지 않은 마음.

예악(禮樂)圈 예법과 음악.

예:약(豫約)圈하타 1 미리 약속함. 또는 그 약속. ▢좌석을 ~하다 / ~을 취소하다. 2〔법〕장래에 성립시켜야 할 본계약에 관해 미리 약속해 두는 계약.

예:약-금(豫約金)[-끔]圈 예약할 때 치르는 돈. ▢~을 걸다 / ~을 치르다.

예:약-어(豫約語)圈〔컴〕코볼 프로그램에서 의미와 용법이 지정되어 사용되는 단어(프로그래머가 임의로 의미를 바꿀 수 없음).

예:약 전:보(豫約電報)[-쩐-] 특정한 구간에 일정한 글자 수로 발신하고 요금은 나중에 납부하는 전보.

예:약 전:화(豫約電話)[-쩐-] 특정한 구간의 전화선을 일정한 시간 전용하는 일(주로 신문사·통신사·방송국 등이 이용함).

예:약-처(豫約處)圈 예약을 받는 곳.

예:약 출판(豫約出版)〔출〕간행에 앞서 구독자를 모집하고, 예약 신청자의 수효를 알아본 다음에 하는 출판.

예:약 판매(豫約販賣)〔경〕미리 구매 신청을 받고, 그 신청자에게만 물품을 파는 일. 또는

그런 판매 방식.

예양(禮讓)圈하자 예의를 지켜 공손한 태도로 사양함.

예:언(例言)圈 이해를 돕기 위해 책 머리에 미리 일러두는 말. 범례.

예:언(豫言)圈하자타 미래의 일을 짐작하여 말함. 또는 그 말. 圈~이 빗나가다.

예:언(譽言)圈 남을 칭찬하여 기리는 말.

예:언-자(豫言者)圈 1 앞일을 예언하는 사람. 2〔기〕선지자(先知者).

예:열(豫熱)圈하타〔공〕미리 가열하거나 덥히는 일(버너 점화나 엔진 시동 따위가 잘되게 하기 위함).

예:열-기(豫熱器)圈〔공〕재료나 유체(流體) 따위를 주요 가열 장치로 보내기 전에 미리 가열시키는 장치.

예:-예튄 무엇이든지 시키는 대로 순종하겠다는 대답. ▢~, 알겠습니다.

예오(豫-)〔역〕벽제(辟除) 소리의 하나로, 거둥 때 도가사령(導駕使令)이 앞서 나가며 길을 비키라는 뜻으로 지르던 소리.

예:외(例外)圈 일반의 규칙이나 통례(通例)를 벗어나는 일. ▢~ 규정 / 어떤 법칙에도 ~는 있다.

예:외-법(例外法)[-뻽]圈〔법〕예외적으로 적용하는 법규. ↔원칙법.

예:외-적(例外的)관팅 일반적인 규칙이나 정례(定例)에서 벗어난 (것). ▢~인 접대 / ~조치.

예:욕(穢慾)圈 더러운 욕심.

예:용(禮容)圈 예절 바른 차림새나 태도.

예우(禮遇)圈하타 예의를 지켜 정중히 대우함. 예대(禮待). ▢전관(前官)을 ~하다.

예:원(藝苑·藝園)圈 예술가들의 사회를 아름답게 이르는 말. 예술계. 예림(藝林).

예:월(例月)圈 매월. 매달.

예월(禮月)圈 초상 뒤에 장사를 지내는 달(천자는 일곱 달, 제후는 다섯 달, 대부(大夫)는 석 달, 선비는 한 달 안에 지냈음).

예:의(銳意)[-/-이]圈 어떤 일을 잘하려고 단단히 차리는 마음(흔히 부사적으로 씀). ▢~ 주시하다 / ~ 연구에 힘쓰다.

예의(禮儀)[-/-이]圈 1 예로 나타내는 경의. 2 예(禮)의 정신.

예의(禮義)[-/-이]圈 1 예절과 의리. 2 사람이 행하여야 할 올바른 예와 도.

예의(禮誼)[-/-이]圈 사람이 마땅히 지켜야 할 도리.

예의(禮儀)[-/-이]圈 남과의 관계에서 지켜야 하는 존경심의 표현과 삼가야 하는 말과 몸가짐. ▢~를 지키다.

예의(가) 바르다 冠 남에게 공손하고 삼가는 태도가 있다.

예의-범절(禮儀凡節)[-/-이-]圈 일상생활의 모든 예의와 절차. ▢~이 분명하다 / ~에 맞다.

예:이囝 예전에, 병졸이나 하인들이 위엄 있는 태도를 갖추어 길게 외칠 때 내던 소리.

예인(曳引)圈하타 배에 줄을 매어 다른 배를 끎. ▢난파선을 ~하다.

예:-인(銳刃)圈 날카로운 칼날.

예:-인(藝人)圈 여러 가지 기예를 닦아 남에게 보이는 것을 업으로 하는 사람. ▢떠돌이 ~ 생활.

예인-선(曳引船)圈 강력한 기관을 갖추고 다른 배를 끄는 배. 터그보트.

예:입(預入)圈하타 금품을 맡겨 둠. ▢돈을 은행에 ~하다.

예:입-금 (預入金)[-끔] 《경》 예입한 금액.
예:자 (隷字) 圀 예서체(隷書體)의 글자.
예:작-부 (例作府)[-뿌] 圀 《역》 신라 때, 영선(營繕)에 관한 사무를 맡아보던 관아.
예:장 (銳將) 圀 날쌘 장수.
예장 (禮狀) 圀 1 혼서(婚書). 2 사례의 편지.
예장 (禮裝) 圀하짜 예복을 입고 위엄 있는 몸가짐이나 차림새를 갖춤. ◻~을 갖추다.
예장 (禮葬) 圀 1 예식(禮式)을 갖추어 치르는 장사(葬事). 2 〔역〕 인산(因山).
예장-함 (禮狀函) 圀 혼서지(婚書紙)와 채단(采緞)을 넣는 함《안에는 붉은 칠, 밖에는 검은 칠을 함》.
예:전 圀 퍽 오래된 지난날. 옛적. ◻수입이 ~만 못하다 / ~에는 미처 몰랐다.
예:전 (例典) 圀 정해진 법식. 전례(典例).
예전 (禮典) 圀 1 예의에 관한 법칙. 예법. 2 육전(六典)의 하나. 예조(禮曹)의 여섯 가지 사무를 규정한 책.
예전 (禮電) 圀 1 사례의 전보(電報). 2 의례적인 전보.
예절 (禮節) 圀 예의와 범절. 예법(禮法). ◻~을 갖추다.
예:정 (豫定) 圀하짜타 미리 정하거나 예상함. 또는 그런 예상. ◻도착 ~ 시각 / ~대로 끝내다 / ~됐던 약속을 변경하다.
예:정 (豫程) 圀 미리 정한 갈 길이나 일정.
예:정 (穢政) 圀 비정(秕政).
예:정-상 (豫定相) 圀 〔언〕 동사의 동작상(動作相)의 하나. 상황이나 상태가 그렇게 전개됨을 나타냄《현재 예정상·과거 예정상·미래 예정상이 있음》.
예:정-설 (豫定說) 圀 〔기〕 1 모든 사건은, 자유로운 의사나 행위까지도 포함하여 미리 결정되어 있다는 설. 2 인간이 구원을 받느냐 멸망하느냐는 미리 신에 의해 정해져 있다는 설.
예:정-일 (豫定日) 圀 예정하거나 예정된 날짜. ◻출발 ~.
예:정-표 (豫定表) 圀 할 일의 순서를 미리 정하여 만들어 놓은 표. 스케줄. ◻~를 작성하다 / ~대로 공부하다.
예:제 圀 1 여기와 저기의 구별. 2 여기와 저기.
예:제 (例祭) 圀 기일을 정해 놓고 늘 하던 대로 지내는 제사.
예:제 (例題) 圀 1 연습을 위해, 보기로 내는 문제. ◻~를 풀다. 2 〔역〕 백성의 소장(訴狀)이나 원서에 적힌 관청의 판결문이나 지시서.
예:제 (睿製) 圀하타 왕세자나 왕세손이 글을 지음. 또는 그 글.
예:제 (豫題) 圀 1 예상한 문제. 2 미리 넌지시 알려 준 문제.
예제 (禮制) 圀 상례(喪禮)에 관한 제도.
예제-없다 [-업따] 혱 여기나 저기나 구별이 없다. 예제-없이 [-업씨] 囝. ◻거미줄이 ~ 엉키다.
예:조 (柄鑿) 圀 '방예원조(方柄圓鑿)'의 준말.
예:조 (銳爪) 圀 날카로운 손톱과 발톱.
예조 (禮曹) 圀 고려·조선 때의 육조의 하나. 예악·제사·연향(宴享)·조빙(朝聘)·학교·과거의 일을 맡아보았음.
예조 판서 (禮曹判書) 圀 〔역〕 조선 때, 예조의 으뜸 벼슬(정이품 문관). ⑥예판.
예:종 (隷從) 圀하짜 예속하여 복종함. 예속. ◻힘 있는 자에게 ~하다.
예:좌 (猊座) 圀 1 〔불〕 부처나 고승이 앉는 자리. 2 〔천〕 사자(獅子)자리.
예주 (禮奏) 圀 앙코르에 응한 답례의 연주.
예:증 (例症) 圀 늘 앓는 병.

예:증 (例證) 圀하타 예를 들어 증명함. 증거가 되는 전례. ◻여러 가지로 ~하다.
예:-증권 (預證券)[-꿘] 《법》 창고업자가 화물을 맡긴 사람의 청구에 따라, 화물 보관의 증서로서, 입질(入質) 증권과 함께 교부하는 증권.
예:지 (睿旨) 圀 《역》 왕세자가 임금을 대신하여 정치를 할 때 내리는 명령.
예:지 (銳智) 圀 날카로운 뛰어난 지혜. ◻비상한 ~.
예:지 (豫知) 圀하타 1 미리 앎. 예견(豫見). 2 〔심〕 이론적으로는 예언이 불가능하다고 생각되는 미래의 일을 미리 지각하는 초감각적 지각. 또는 그런 능력.
예:지 (叡智) 圀 1 사물의 이치를 꿰뚫어 보는 뛰어난 지혜. ◻생활의 ~. 2 〔철〕 기억력·상상력·사고력을 써서 이론적·실천적인 문제를 효과적으로 처리하는 정신 능력.
예:지적 허무주의 (叡智的虛無主義)[-저커-/-저커-이] 〔철〕 예지에 의하여 보는 것은 허구이므로 이성의 결정은 허무라는 주장.
예:진 (銳進) 圀하짜 용감하게 나아감.
예:진 (豫診) 圀 〔의〕 본격적인 진찰에 앞서 미리 간단히 진찰함. 또는 그런 진찰. ◻~으로 병을 짐작할 수 있다.
예:차 (豫差) 圀 《역》 유사시에 쓸 차비관(差備官)을 미리 정함.
예찬 (禮讚) 圀하짜타 〔불〕 삼보(三寶)를 예배하고, 그 공덕을 찬탄함. 2 훌륭한 것, 아름다운 것, 좋은 것을 존경하고 찬양함. ◻젊음에 대한 ~ / 선인의 위업을 ~하다.
예참 (禮參) 圀 〔불〕 부처나 보살 앞에 절을 하며 예를 표하는 일.
예참 (禮懺) 圀하짜 〔불〕 부처나 보살 앞에 절을 하며 죄과를 참회함.
예:철-하다 (睿哲-) 혱 지혜가 깊고 사리에 밝다.
예체능-계 (藝體能系)[-/-게] 圀 예능 계통과 체육 계통.
예초기 (刈草機) 圀 풀을 베는 데 쓰는 기계.
예총 (禮銃) 圀 경의를 표하기 위하여 쏘는 공포(空砲) 총. ◻~을 쏘다. ✱예포(禮砲).
예:측 (豫測) 圀하짜타 미리 추측함. 예료(豫料). 예탁(豫度). ◻곤란이 ~되는 상황이다 / 기상 상태를 ~할 수 없다.
예:치 (預置) 圀하타 맡겨 둠.
예:치-금 (預置金)[-끔] 圀 1 맡겨 둔 돈. 2 《경》 보조 장부에 수지 명세를 기록하거나 원장에 한 과목을 만들어 그것만으로 정리하여도 좋은 예금.
예:-컨대 (例-) 囝 이를테면. 예를 들자면.
예:탁 (預託) 圀하타 부탁하여 맡겨 둠. ◻공탁금을 ~하다.
예:탁 (豫度) 圀하타 예측(豫測).
예:탁 (豫託) 圀하타 미리 부탁함.
예:탁-금 (豫託金)[-끔] 圀 금융 기관, 특히 증권 회사에 맡겨 둔 돈. ◻고객 ~.
예:탐 (豫探) 圀하타 1 미리 탐지함. 2 '여탐'의 본딧말.
예:탐-굿 (豫探-)[-굳] 圀 《민》 '여탐굿'의 본딧말.
예:탐-꾼 (豫探-) 圀 예탐하는 사람.
예:토 (穢土) 圀 〔불〕 더러운 땅. 곧, '이승'을 이르는 말. ↔정토(淨土).
예:통 (豫通) 圀하타 미리 알림.
예:투 (例套) 圀 전례가 된 버릇.

예ː판 (禮判) 圄《역》 '예조 판서'의 준말.

예ː팔 (隷八) 圄 예서(隷書)와 팔분(八分).

예ː-팔 [-판] 《식》 빛이 붉고, 모양이 길쭉한 팔.

예ː편 (豫編) 圄하자 예비역으로 편입함. □소장으로 ~하다.

예폐 (禮幣)[-/-폐] 圄 고마움과 공경의 뜻으로 보내는 물품.

예포 (禮砲) 圄《군》 군대 의식의 하나. 경의를 표하기 위하여 쏘는 공포(空砲). □~를 쏘다. *예총(禮銃).

예ː풍 (藝風) 圄 예술·예도(藝道)의 풍취 또는 경향.

예ː필 (睿筆) 圄 왕세자의 글씨.

예ː하 (例下) 圄하타 지휘관이나 손윗사람이 물건이나 물품을 정례(定例)에 따라 내려 줌.

예ː하 (猊下) 圄 1 부처나 보살이 앉는 자리. 2 '고승(高僧)'의 경칭. 3 승려에게 보내는 서장(書狀)의 한 옆에 써서 경의를 나타내는 말.

예ː하 (隷下) 圄 지휘관의 지휘 아래. 또는 그 아래에 딸린 사람. 휘하(麾下). □~ 부대.

예ː학 (睿學) 圄 왕세자가 닦는 학문.

예학 (禮學) 圄 예법에 관한 학문.

예항 (曳航) 圄하타 다른 선박이나 물건을 끌고 항해함. 또는 그런 항해. 인항(引航).

예ː해 (例解) 圄하타 예를 들어 해석하거나 풂. 또는 그 해석이나 풀이.

예ː행 (豫行) 圄하타 연습으로 미리 행함. 또는 그 일.

예ː행-연습 (豫行演習)[-년-] 圄 어떤 행사를 치르기 전에, 그와 꼭 같은 순서로 해보는 종합적인 연습. □졸업식 ~.

예ː향 (藝鄉) 圄 전통 문화·예술이 잘 보존되어 있고 현재도 그 활동이 활발한, 문화·예술의 중심이 되는 고장. □~의 도시.

예ː혈 (預血) 圄하자 혈액을 혈액은행에 맡김.

예ː화 (例話) 圄 예로 들어 하는 이야기. □~를 들어 설명하다.

예ː화 (禮化) 圄 예의와 교화(敎化).

예ː-황제 (-皇帝) 圄 별로 하는 일 없이 호의호식하며 지내는 임금.
[예황제 부럽지 않다] 생활이 매우 안락함의 비유.

예ː회 (例會) 圄 정한 날짜에 정기적으로 모이는 모임.

예ː획 (隷畫) 圄 예서(隷書)의 자획(字畫).

예ː후 (豫後) 圄 1 의사가 병자를 진찰한 다음 앞으로의 경과를 전망함. 또는 그런 병의 증상. 2 병후의 경과. □~가 좋다.

옌ː장 囧 실망하여 내는 소리. □~, 손해만 봤네 / ~, 되는 일이 없군.

옐로 저널리즘 (yellow journalism) 독자의 관심을 끌기 위해 흥미 위주의 저속하고 선정적인 기사를 주로 보도하는 신문. 또는 그런 신문 논조.

옐로-카드 圄 1 [yellow card] 운동 경기에서, 고의로 반칙한 선수에게 주심이 경고의 표시로 보이는 종이 쪽지. 2 [Yellow Card] 전염병의 국내 침입을 막기 위한 해외 여행자의 국제 예방 접종 증명서《표지가 노란 빛깔임》. 옐로 북(Yellow Book).

옐로 페이퍼 (yellow paper) 저속하고 선정적인 기사를 주로 다루는 신문. 황색 신문. *옐로 저널리즘.

옛ː [옏] 诵 지나간 때의. 예전의. □~ 추억 / ~ 모습 그대로.

옛ː-것 [옏껃] 圄 오래된, 옛날의 것. □~을 되찾다.

옛ː-글 [옏끌] 圄 1 옛사람의 글. □~을 익히다. 2 옛말을 적은 글.

옛ː-길 [옏낄] 圄 예전에 다니던 길. □~을 다시 걷다.

옛ː-날 [옌-] 圄 오래된 지난날. 옛 시대. 옛적. □~ 살던 마을.

옛날 옛적 诵 아주 오래된 옛적.

옛ː-날이야기 [옏-라-] 圄 옛날에 있었거나 있었다고 가정하고 하는 이야기. 옛말. 고담(古談). 옛이야기. 준옛날얘기.

옛ː-말 [옏-] 圄 1 옛날에 쓰이던 말. 고어(古語). □~을 다시 살리다. 2 옛사람의 말. 3 지난 일을 돌이켜보는 말. 4 옛날이야기.

옛ː-사람 [옏싸-] 圄 1 지금은 죽고 없는 사람. 2 옛날 사람. □~의 말에 틀린 게 없다.

옛ː-사랑 [옏싸-] 圄 1 지난날 맺었던 사랑. 2 지난날 사랑하던 사람.

옛ː-스럽다 ☞ 예스럽다.

옛ː-시조 (-時調)[옏씨-] 圄《문》 고시조.

옛ː-이야기 [옌니-] 圄 옛날이야기.

옛ː-이응 [옏니-] 圄《언》 옛 한글의 자음 글자 'ㆁ'의 이름.

옛ː-일 [옏닐] 圄 옛날의 일. 지난 일. □~이 생각나다.

옛ː-적 [옏쩍] 圄 1 오랜 옛 시대. □~부터 전해 온 풍습. 2 세태·물정이 크게 달라지기 전의 때. □작년이 ~이다.

옛ː-정 (-情)[옏쩡] 圄 지난날에 사귄 정. 구정(舊情). □~을 생각하다 / ~이 새로워지다.

옛ː-집 [옏찝] 圄 1 오래된 집. 2 예전에 살던 집. 고향의 ~을 다시 찾다.

옛ː-터 [옏-] 圄 옛날에 사람들이 살았거나 사건이 있었던 곳. □황성(荒城) ~.

옜네 [옌-] 囧 '여기 있네'가 줄어 된 말. 하게할 사람에게 무엇을 줄 때 하는 말. □~, 가져가게.

옜다 [옏따] 囧 '여기 있다'가 줄어 된 말. 해라할 사람에게 무엇을 줄 때 하는 말. □~, 먹어라.

옜소 [옏쏘] 囧 '여기 있소'가 줄어 된 말. 하오할 사람에게 무엇을 줄 때 하는 말. □~, 이 돈 받으시오.

옜습니다 [옏씀-] 囧 '여기 있습니다'가 줄어 된 말. 합쇼할 사람에게 무엇을 줄 때 하는 말. □~, 이 책 가져가십시오.

오[1] (ㅗ)《언》 한글 모음 'ㅗ'의 이름.

오ː (午) 圄《민》 1 지지(地支)의 일곱째. 2 '오시(午時)'의 준말. 3 '오방(午方)'의 준말.

오ː (伍)[1]圄 1《역》 행군할 때, 다섯 사람씩 편제한 일대(一隊). 2 종대로 늘어섰을 때의 옆으로의 한 조. 또는 횡대로 늘어섰을 때의 앞뒤로의 한 조.[2]五(오)의 갖은자(字).

오 (墺) 圄《지》 '오지리(墺地利)'의 준말.

오 (O, o) 圄 1《언》 영어 자모의 열다섯째 자모. 2《화》 산소의 원소 기호. 3 ABO식 혈액형의 하나(O형). 4 문제의 답이 맞았다는 표시.

오ː (五) 囷 다섯. □~ 년이 걸렸다.

오ː[2] (五) 囷 다섯.

오ː[2] 囧 1 옳지. 2 '오냐'의 준말. 3 놀람·칭찬 등 절실한 느낌을 나타낼 때 내는 소리.

-오 전어미 받침 없는 용언의 어간 뒤에 붙어, 공손한 뜻을 나타내는 선어말 어미. □가~니 / 하~아(一하와). *-으오-·-옵-.

-오[1] 어미 받침 없는 용언의 어간에 붙어서, 하

오할 자리에서, 현재의 동작이나 상태의 서술·의문 및 동작의 명령을 나타내는 종결 어미. ¶얼마나 크~ / 나를 보~ / 이것은 내 것이~ / 저리 가시~ / 당신이 주인이~. *-으오·-소·-우·-ㅈ.

-오² 어미 〈옛〉-고. 'ㄹ'과 'ㅣ' 아래의 'ㄱ'의 탈락형.

오가 (五加·五佳) 명 〔식〕 오갈피나무.

오-가다 재타 1 오거니 가거니 하다. 왕래하다. ¶거리를 오가는 사람들. 2 무엇을 주거니 받거니 하다. ¶편지가 몇 번 오간 후서로 만났다.

오가리 명 1 무나 호박 따위의 살을 길게 오려 말린 것. 2 식물의 잎이 병들고 말라 오글조글한 상태. ⑥오갈.

오가리(가) 들다 ⑦ 식물의 잎 등이 병들거나 말라 오글쪼글해지다. 오갈(이) 들다.

오가리-솥 [-솥] 명 위가 안쪽으로 옥은 옹솥.

오-가재비 (五-) 명 굴비나 자반준치 따위를 다섯 마리씩 한 줄에 엮은 것.

오-가피 (五加皮) 명〔한의〕'오갈피'의 본딧말.

오-가피-주 (五加皮酒) 명 1 오갈피술. 2 빛이 붉고 향기가 있는 중국 술의 한 가지.

오각 (五角) 명 다섯모.

오-각 (O脚) 명〔의〕넓적다리뼈와 정강이뼈가 바깥쪽으로 구부러져 두 다리가 'O' 자처럼 된 다리. *엑스각(X脚).

오:각 (五覺) 명〔생〕오감(五感).

오-각기둥 (五角-) [-끼-] 명〔수〕다섯모가 진 기둥. 오각주. 다섯모기둥.

오각-대 (烏角帶) [-때] 명〔역〕품대(品帶)의 하나《정칠품에서 종구품까지의 벼슬아치가 띠는 것으로, 은 테두리에 검은 뿔 조각을 붙였음》. 2 품대의 하나《정일품 이하의 벼슬아치가 천담복(淺淡服)을 입을 때 띠는 것으로, 검은 뿔 조각을 붙었음》.

오:각-뿔 (五角-) 명〔수〕밑변이 오각형으로 된 각뿔. 오각추. 다섯모뿔.

오:각-주 (五角柱) [-쭈] 명〔수〕'오각기둥'의 구용어.

오:각-추 (五角錐) 명〔수〕'오각뿔'의 구용어.

오:각-형 (五角形) [-가경] 명〔수〕모가 다섯인 도형. 오변형.

오:간 (午間) 명 낮때.

오갈 명 '오가리'의 준말.

오갈(이) 들다 ⑦ ㉠오가리(가) 들다. ㉡두려움으로 기운을 펴지 못하다. ㉢윽박지르는 통에 오갈이 들어 말도 제대로 못했다.

오갈-병 (-病) [-뼝] 명〔식〕식물체에 병원체가 침입하여 오그라들며 약해지는 병. 위축병(萎縮病).

오-갈피 [←오가피(五加皮)]〔한의〕오갈피나무 뿌리의 껍질《성질은 온(溫)하며 강장제로 씀》.

오:갈피-나무 명〔식〕두릅나뭇과의 낙엽 관목. 높이 약 2m, 가시가 있고, 잎은 손모양 겹잎으로 다섯 개의 소엽(小葉)은 거꿀달걀꼴임. 자웅 이주로 여름에 자잘한 황록색 꽃이 뭉쳐서 피고, 핵과(核果)는 까맣게 익음. 오가(五加).

오:갈피-술 명 오갈피를 삶은 물로 담근 술《허리가 아플 때 약으로 씀》. 오가피주.

오감 (五感) 명〔생〕시각·청각·후각·미각·촉각의 다섯 감각. 오각.

오:감-스럽다 [-따] [-스러워, -스러우니] 형⑤ 말과 행동이 괴벽하고 경망스러운 데가 있다. 오:감-스레 ⑤

오곡밥

오:감-하다 형⑩ 분수에 맞아 만족히 여길 만하다.

오:강 (五江) 명 예전에, 긴요한 나루가 있던 서울 근처의 한강·용산·마포·현호(玄湖)·서강(西江) 등 다섯 군데의 강가 마을.

오강 사공의 닻줄 감듯 ⑦ 능숙하게 둘둘 감아 동이는 모양.

오: 개년 계:획 (五個年計劃)[-/-게-]〔경〕5년 동안에 달성하려는 경제의 목표를 세워 실행의 표준으로 삼는 계획《개발도상국에서 주로 실시함》. ¶경제 개발 ~.

오:-거리 (五-) 명 다섯 방향으로 갈라진 길.

오:거-서 (五車書) 명 다섯 수레에 실을 만한 책, 곧, 많은 장서(藏書). 오거지서.

오:거지서 (五車之書) 명 오거서.

오:견 (誤見) 명 잘못된 견해. 옳지 못한 의견.

오:결 (誤決) 명하타 잘못 처결함. 또는 그런 처결.

오:경 (五更) 명 1 하룻밤을 다섯으로 나눈 시각의 총칭. 곧, 초경(初更)·이경(二更)·삼경(三更)·사경(四更)·오경(五更). 2 하룻밤을 다섯으로 나눈 다섯째 시각《오전 세 시에서 다섯 시까지》.

오:경 (五硬) 명〔한의〕어린아이의 체질에 따라 생기는, 다섯 군데가 뻣뻣해지는 병적 증상《손·다리·허리·살·목이 뻣뻣해지는 증상을 이름》. ↔오연(五軟).

오:경 (五經) 명 1 다섯 가지 경서《시경·서경·주역·예기·춘추》. 2 도교 모세가 기록한 구약의 다섯 경전《창세기·출애굽기·레위기·민수기·신명기》.

오경 (午鏡) 명 '오수경(午水鏡)'의 준말.

오:경-순라 (五更巡邏) [-술-] 명 예전에, 오경에 돌던 순라.

오:계 (五戒) 명[-/-게] 명〔불〕속세에 있는 신남(信男)·신녀(信女)가 지켜야 할 다섯 가지의 금계(禁戒)《살생·투도(偸盜)·사음(邪淫)·망어(妄語)·음주(飮酒)》. 2〔역〕세속(世俗) 오계.

오:계 (午鷄) 명[-/-게] 명 한낮에 우는 닭.

오:계 (悟界) 명[-/-게] 명〔불〕진리를 깨닫는 오도(悟道)의 세계.

오계 (烏鷄) 명[-/-게] 명〔조〕1 털이 까만 닭. 2 '오골계'의 준말.

오:계 (誤計) 명[-/-게] 명하타 계획을 그르침. 실책.

오:계-성 (午鷄聲) 명[-/-게-] 명 낮에 우는 닭의 울음소리.

오:고 (五苦) 명〔불〕1 인생의 다섯 가지 괴로움《생로병사고(生老病死苦)·애별리고(愛別離苦)·원증회고(怨憎會苦)·구부득고(求不得苦)·오음성고(五陰盛苦)》. 또는 생·노·병·사·옥(獄)의 괴로움. 2 미계(迷界)의 다섯 가지 괴로움《제천고(諸天苦)·인도고(人道苦)·축생고(畜生苦)·아귀고(餓鬼苦)·지옥고(地獄苦)》.

오:고 (午鼓) 명〔역〕왕이 정전(正殿)에 임어하여 앉을 때, 정오를 알리기 위해 치던 북.

오:곡 (五穀) 명 1 쌀·보리·콩·조·기장의 다섯 가지 곡식. 2 곡식의 총칭. ¶~이 영글다 / ~이 무르익다.

오:곡-반 (五穀飯) [-빤] 명 오곡밥.

오:곡-밥 (五穀-) [-빱] 명 찹쌀에 기장·차조·검정콩·붉은팥의 다섯 가지 곡식으로 지은 밥《대개 음력 정월 보름에 지어 먹음》. 오곡반. ¶보름날 아침에 부럼도 깨물고 ~도 먹었다.

오:곡-백과 (五穀百果)[-빽꽈] 圏 온갖 곡식과 여러 가지 과실. □~가 풍성한 가을.

오:곡-수라 (五穀水剌)[-쑤-] 圏 〈궁〉 임금에게 차려 올리던 오곡밥.

오:곡-충 (五穀蟲) 圏 똥에 생긴 구더기.

오골-계 (烏骨鷄)[-/-게] 圏 〔조〕 살·가죽·뼈가 모두 암자색이며, 체질이 약하고 산란수가 적은 동남아시아 원산의 닭(풍병·습증·허약증에 약으로 삶아 먹음). ⊛오계(烏鷄).

오곰 圏 〈옛〉 오금.

오공 (蜈蚣) 圏 1 〔동〕 지네. 2 〔한의〕 말린 지네(독이 있으며, 빻아서 종기약으로 씀).

오공-계 (蜈蚣鷄)[-/-게] 圏 닭의 내장을 빼고 말린 지네를 넣고 곤 국(내종(內腫)이나 부족증(不足症)에 먹음).

오:공-이 (悟空-) 圏 지붕 위에 얹는 잡상(雜像) 손오공(孫悟空) 같다는 뜻으로, '몸이 작고 옹골찬 사람'을 놀림조로 이르는 말.

오공-철 (蜈蚣鐵) 圏 〔건〕 지네철.

오:과 (五果) 圏 복숭아·자두·살구·밤·대추의 다섯 가지 과실.

오:과-다 (五果茶) 圏 오과차(五果茶).

오:과-차 (五果茶) 圏 호두·은행·대추·밤·곶감을 생강과 짓이겨 두었다가 달인 차. 오과다.

오:관 圏 골패나 화투로 혼자 하는 놀음.

오관(을) 떼다 〔판〕 혼자서 골패·화투·투전 따위로 놀이를 하다.

오:관 (五官) 圏 〔생〕 오감(五感)을 일으키는 다섯 감각 기관(눈(시각)·귀(청각)·코(후각)·혀(미각)·피부(촉각)).

오:관 (五款) 圏 〔종〕 천도교인의 다섯 가지 수도(修道) 방법(주문(呪文)·청수(淸水)·시일(侍日)·성미(誠米)·기도).

오:광대 가:연극 (五-假面劇) 圏 〔민〕 영남 해안 지방에서 전해 오는, 음력 정월 보름에 탈을 쓰고 노는 민속 연극의 한 가지. ⊛오광대.

오:괴-하다 (迂怪-) 圏 物정에 어둡고 기괴하다.

오:교 (五交) 圏 세교(勢交)·회교(賄交)·논교(論交)·궁교(窮交)·양교(量交)의 다섯 가지 정당하지 못한 사귐.

오:교 (五敎) 圏 1 오륜(五倫)의 가르침. 2 〔불〕 신라 때, 불교의 다섯 종파. 곧, 열반종(涅槃宗)·계율종(戒律宗)·법성종(法性宗)·화엄종(華嚴宗)·법상종(法相宗).

오:교 (誤校) 圏 〔인〕 잘못된 교정(校正). □~가 없도록 거듭 검토하다.

오구[1] 圏 굵은 실을 용수 모양으로 뜨고, 아가리에 둥근 테를 메운 뒤에 '十'자형의 긴 자루를 맨 어구(漁具)의 하나.

오구[2] 圏 〔민〕 오구물림.

오구 (汚垢) 圏 더러운 때.

오구 (烏口) 圏 제도용(製圖用) 기구 '가막부리'의 일본식 이름.

오구 (烏韮) 圏 〔식〕 맥문동.

오구-굿[-굳] 圏 〔민〕 죽은 사람의 넋을 위로하여 극락왕생하기를 비는 굿(죽은 지 한 해나 두 해 뒤에 함).

오구-목 (烏臼木) 圏 〔식〕 대극과의 낙엽 교목. 중국 원산. 높이 약 10 m, 잎은 어긋나고, 꽃은 황색이나 흑색으로 작고, 가을에 구형의 삭과가 맺힘. 뿌리껍질은 약으로 씀(씨에서 얻은 지방은 비누·초의 원료가 됨).

오구-물림 圏 〔민〕 오구굿에서, 죽은 사람의 넋을 저승에 보낼 때에 무당이 부르는 노래.

오구-잡탕 (烏口雜湯) 圏 오사리잡놈.

오:구족 (五具足) 圏 〔불〕 불전을 장식하는 다섯 개의 기구. 곧, 촛대 둘, 화병 둘, 향로 하나. 오기(五器).

오:국 (誤國) 圏圏困 나라의 일을 그르침.

오군 (吾君) 圏 1 우리의 임금. 2 예전에, 신하가 임금을 일컫던 말.

오:-군영 (五軍營) 圏 〔역〕 임진왜란 이후, 서울(서울)을 지켜 두던 다섯 군영(훈련도감·총융청·수어청·어영청·금위영의 총칭). 오군문(五軍門). 오영문(五營門).

오:구-도화 (五宮梅花) 圏 바둑에서, 빈 집이 열십자로 벌여 선 다섯 집으로 이루어진 오궁(상대편이 중앙에 놓으면 살지 못함).

오귀 圏 ☞오기[2].

오귀-발 圏 〔동〕 불가사리[2].

오그라-들다 〔-들어, -드니, -드는〕 困 1 물체가 안쪽으로 잔뜩으로서 우묵하게 들어가다. □양동이 한쪽이 ~. 2 물체의 거죽이 오글쪼글하게 주름이 잡히고 줄어들다. □물빨래로 실크가 ~. 3 형세나 형편 따위가 전보다 못하여지다. □살림이 ~. ⊛우그러들다.

오그라-뜨리다 困 힘주어 세게 오그라지게 하다. □빈 깡통을 ~. ⊛우그러뜨리다.

오그라-지다 困 1 물체가 안쪽으로 오목하게 휘어지다. 2 물체의 거죽에 주름이 잡히다. □바람 빠진 고무풍선이 ~. ⊛우그러지다.

오그라-트리다 困 오그라뜨리다.

오그랑-망태 (-網-) 圏 아가리에 돌려 펜 줄로 오그렸다 벌렸다 하는 망태기.

오그랑-오그랑 圓하형 여러 군데가 안쪽으로 오목하게 들어가고 주름이 많이 잡힌 모양. ⊜우그렁우그렁. ⊛오그랑오글.

오그랑-이 圏 1 오그랑하게 생긴 물건. ⊜우그렁이. 2 마음씨가 꼬부라진 사람. □그 ~를 믿을 수 있을까.

오그랑-장사 圏 이익을 남기지 못하고 밑지는 장사. □이번에는 ~를 했네. ⊛옥장사.

오그랑-쪼그랑 圓하형 여러 군데가 오그라지고 쪼그라져 있는 모양. ⊜우그렁쭈그렁.

오그랑-쪽박 [-빡] 圏 1 시들어서 쪼그라진 작은 박. 2 덜 여문 박으로 만들어 말라 오그라진 쪽박. 3 규모나 형세가 형편없이 된 상태의 비유. □사업의 실패로 신세가 ~일세.

오그랑-하다 圏圏 안쪽으로 조금 오목하게 오그라져 있다. ⊛우그렁하다.

오그르르[1] 圓하困 좁은 그릇의 물이 야단스럽게 끓어오르는 소리. ⊛우그르르[1].

오그르르[2] 圓하형 사람이나 짐승, 벌레 따위가 한곳에 빽빽이 많이 모여 있는 모양. ⊛우그르르[2].

오그리다 困 오그라지게 하다. □몸을 오그리고 이불을 덮었다. ⊛우그리다.

오:극 (五極) 圏 사람이 행해야 할 훌륭한 덕(인·의·예·지·신).

오:근 (五根) 圏 〔불〕 1 외계를 인식하는 다섯 가지 기관. 곧, 안근(眼根)·이근(耳根)·비근(鼻根)·설근(舌根)·신근(身根). 2 번뇌를 누르고 성도(聖道)로 이끄는 다섯 가지의 근원. 곧, 신근(信根)·정진근(精進根)·염근(念根)·정근(定根)·혜근(慧根).

오글-거리다 困 1 좁은 그릇에서 물이 자꾸 요란스럽게 끓어오르다. 2 벌레 따위의 작은 것들이 오그르 모여 자꾸 움직이다. ⊛우글거리다. 오글-오글[1] 圓하困.

오글-대다 困 오글거리다.

오글-보글 圓하困 오글거리고 보글거리는 소리. 또는 그 모양. □~ 끓다. ⊛우글부글.

오글-오글[2] 圓하형 '오그랑오그랑'의 준말.

오글-쪼글 [부][형] 오그라지고 쪼그라진 모양. ¶~ 늙으신 할아버지. ❷우글쭈글.
오금 [명] 1 무릎의 구부러지는 안쪽. ¶~을 펴다. 2 '팔오금'의 준말. 3 '한오금'의 준말.
오금아 날 살려라 [구] 급하게 도망칠 때 온 힘을 다해 빨리 뛰어감을 이르는 말.
오금에서 불이 나게 [구] 바쁘게 돌아다니는 모양을 이르는 말.
오금을 못 쓰다 [구] 몹시 마음이 끌리거나 두려워 꼼짝 못하다.
오금을 못 펴다 [구] 오금을 못 쓰다.
오금(을) 박다 [구] 큰소리치던 사람이 그와 반대되는 말이나 행동을 할 때, 그 장담하던 말을 빌미로 삼아 논박하다.
오금을 펴다 [구] 마음을 놓고 여유 있게 지내다. ¶시험을 보고 나서야 비로소 오금을 펼 수 있었다.
오금(이) 박히다 [구] 오금 박음을 당하다.
오금이 쑤시다 [구] 무엇을 하고 싶어 가만히 있을 수가 없다.
오금이 저리다 [구] 저지른 잘못이 들통이 나거나 그 때문에 나쁜 결과가 있지 않을까 마음을 졸이다.
오ː금 (五金) [명] 금(황)·은(백)·동(적)·철(흑)·주석(청)의 다섯 가지 금속.
오금 (烏金) [명] 1 구리에 1~10%의 금을 섞은 합금《빛이 검붉으며 장식용임》. 2 '적동(赤銅)'의 별칭. 3 '철'의 별칭. 4 '먹'의 별칭.
오금-대패 [명] 〖건〗 재목을 둥글고 우묵하게 우벼 깎는 대패.
오금-탱이 [명] ⇒오금팽이.
오금-팽이 [명] 1 구부러진 물건의 굽은 자리의 안쪽. 2 '오금'을 낮잡아 이르는 말.
오긋-오긋 [−그도긋] [부][형] 여럿이 다 안으로 조금 오그라진 모양. ❷우긋우긋.
오긋-이 [부] 오긋하게. ❷우긋이.
오긋-하다 [−그타−] [형여] 안으로 조금 옥은 듯하다. ❷우긋하다.
오ː기 (五氣) [명] 1 목·화·토·금·수 오행(五行)의 기(氣). 또는 중앙과 사방의 기. 2 비가 오고, 햇볕이 나고, 덥고, 춥고, 바람이 부는 다섯 가지 날씨. 3 〖한의〗 한(寒)·열·풍·조(燥)·습 등 병증의 다섯 기운. 4 다섯 가지의 감정. 희·노·욕·구(懼)·우(憂)의 이름.
오ː기 (傲氣) [명] 1 힘이 달리면서도 남에게 지기 싫어하는 마음. ¶~로 버티다 / ~를 부리다. 2 잘난 체하며 오만스러운 기운.
오ː기 (誤記) [명][하타] 잘못 적음. 또는 그 기록. ¶'찌개'를 '찌게'로 ~하다.
오나-가나 [부] 어디를 가나 다름없이. ¶~ 말썽이다.
오나니슴 [ㅍ onanisme] [명] 수음(手淫).
오ː납 (誤納) [명][하타] 세금 따위를 잘못 냄.
오ː낭 (五囊) [명] 염습할 때, 죽은 사람의 머리털과 좌우의 손톱·발톱을 잘라 담는 다섯 개의 작고 붉은 주머니.
오ː내 (五內) 〖한의〗 오장(五臟).
오ː냐 [감] 1 아랫사람의 물음이나 부탁에 대하여 긍정이나 승낙을 나타내는 말. ¶~, 어서 들어오너라. 2 어떤 사실을 긍정하거나 다짐하는 말. ¶~, 한번 해보자 ❷~다.
오ː냐-오냐-하다 [자타여] 응석이나 투정 따위를 다 받아 주다. ¶외아들이라고 오냐오냐했더니 버릇이 없습니다.
오너 (owner) [명] 기업이나 사업체의 소유자.
오너-드라이버 (owner driver) [명] 자기의 자동차를 자기가 운전하는 사람. 자가운전자.
오너먼트 (ornament) [명] 1 예술품의 장식. 2

〖악〗 장식음. 꾸밈음.
오ː년 (午年) [명] 태세의 지지(地支)가 오(午)로 된 해《갑오년·병오년·무오년 따위》.
오ː노 (懊惱·懊㛧) [명] '오뇌'의 본딧말.
오ː뇌 (懊惱) [명][하자] 뉘우쳐 한탄하며 번뇌함. ¶~ 속으로 빠지다.
오-누 '오누이'의 준말.
오-누이 [명] 오라비와 누이. 남매(男妹). ❷오누·오뉘.
오-뉘 '오누이'의 준말.
오뉘-죽 (−粥) [명] 멥쌀에 간 팥을 섞어 쑨 죽.
오ː-뉴월 (五六月) [명] 〔←오류월(五六月)〕 1 오월과 유월. ¶~ 긴긴 해. 2 음력 오월과 유월에 해당하는 한여름.
[오뉴월 감기는 개도 아니 앓는다] 여름에 감기 앓는 사람을 조롱하는 말. [오뉴월 개 가죽 문인가] 추운 날 문을 열어 놓고 다니는 사람을 조롱하는 말. [오뉴월 댑싸리 밑의 개 팔자] 하는 일 없이 놀고먹는 편한 팔자의 비유. [오뉴월 손님은 호랑이보다 무섭다] 더운 오뉴월에는 손님 접대가 매우 어렵고 힘듦의 비유. [오뉴월 쇠불알 늘어지듯] ㉠무엇이 늘어져 있는 모양을 비유하는 말. ㉡늘어지게 행동하는 사람이나 그런 성질을 지닌 사람을 비유하는 말.
오뉴월 써렛발 같다 [구] 사물이 촘촘하지 못하고 드문드문하다.
오뉴월 염천 (炎天) [구] 음력 오뉴월의 더위가 심한 때.
오늘 [ㅡ][명] 1 지금 지나가고 있는 이날. 금일. ¶~은 내 생일이다. 2 '오늘날'의 준말. [ㅡ][부] 지금 지나가고 있는 이날에. ¶이 일은 ~ 끝내야 한다.
오늘-껏 [−껀] [부] 오늘까지. ¶~ 고생하며 살고 있다.
오늘-날 [−랄] [명] 지금의 시대. ¶~의 세계 정세. ❷오늘.
오늘-내일 (−來日) [−래−] [명] 오늘과 내일 사이. 가까운 시일 안. ¶~이면 어떻게 되겠지. ──하다 [자타여] 1 죽을 때나 해산할 때 따위가 가까이 다가오다. ¶해산날이 ~. 2 그날이 오기를 고대하다. ¶답장을 오늘내일하고 기다리다.
오늬 [명] 화살의 머리를 시위에 끼도록에 어 낸 부분《광대싸리로 짧은 동강을 만들어 화살의 머리에 붙임》.
오늬-도피 (−桃皮) [−니−] [명] 오늬를 싼 복숭아 나무껍질.
오ː니 (汚泥) [명] 더러운 흙. 특히, 오염 물질을 포함하는 진흙. 토니(土泥). ¶개울의 ~를 쳐내다.
-오니까 [어미] 받침 없는 형용사의 어간에 붙어, 하오서할 자리에서 현재의 상태를 묻는 종결 어미. ¶지금 가시~. *−으오니까·−나이까.
오늘 [옛] 오늘.
오늬 [옛] 오늬.
오다 [ㅡ][자너라] 1 다른 곳에서 이곳으로 움직이다. ¶서울에서 온 손님 / 내게로 오너라. ↔가다. 2 비·눈·서리 따위가 내리다. ¶비가 오는 날. 3 잠·졸음·아픔 따위의 증상이 나타나다. ¶잠이 ~. 4 계절·기한 따위가 되다. ¶봄이 ~. 5 유래하다. 말미암다. ¶기독교에서 온 사상 / 오늘의 승리는 꾸준한 훈련에서 온 것이다. 6 어떤 일이나 사태가 닥치다. ¶올 것이 왔구나. 7 전기가 흘러서 불이 켜

지거나 몸에 통하다. ❏전기가 올지 모르니 만지지 마라. **8** 어떤 곳이나 정도에 미치다. ❏무릎까지 오는 치마. **9** 전화·전보 따위는 소식 따위가 전해지다. ❏문의 전화가 수없이 ~. **10** 관념이나 개념 따위가 이내 떠오르다. ❏추억이 되살아 ~. **11** 어떤 경우나 시기에 이르다. ❏이제 와서 판소리냐. 〓타〈너라〉 어떤 목적을 위해 이쪽으로 움직이다. ❏면회를 ~ / 견학을 ~ / 연수(硏修)를 ~. 〓〈보통너라〉동사나 형용사의 어미 '-아'나 '-어'의 뒤에 쓰여, 그 동작이나 상태가 지금까지 진행됨을 나타내는 보조 동사. ❏날이 밝아 ~ / 온갖 고생을 겪어 ~. ☞가다.

[오는 날이 장날] 뜻하지 않은 일이 딱 들어 맞았음의 비유. [오는 말이 고와야 가는 말이 곱다] ㉠상대편의 말이 공손하고 점잖은지 여부에 따라 이쪽 말씨가 바뀐다는 말. ㉡말은 누구에게나 점잖고 부드럽게 해야 한다는 말. [오는 정이 있어야 가는 정이 있다] 남이 나에게 잘해 주면 나도 그에게 잘해 주게 된다. [오라는 데는 없어도 갈 데는 많다] 자기를 알아주거나 청하여 주는 데는 없어도, 자기로서는 가야 할 곳과 해야 할 일이 많다는 말.

오도 가도 못하다〔구〕 한곳에서 옮기거나 움직이지 못하는 상태가 되다. ❏오도 가도 못하고 집에 갇혀 산다.

오라 가라 하다〔구〕 성가시게 오가게 하다. ❏하잖은 일로 귀찮게 오라 가라 한다.

오다-가다〔부〕 가끔 어쩌다가. 지나는 길에. 우연히. ❏~ 만난 사람.

오:단 (誤斷)〔명〕〈하타〉 그릇되게 판단함. 또는 그런 판단. 오판.

오:단계 교:수법 (五段階敎授法)〔-똅 / -게-뻡〕〔교〕예비·제시·비교·총괄·응용의 다섯 단계로 하는 교육 방법.

오:달 (五達)〔명〕〈하자〉 길이 동·서·남·북·중앙의 다섯 군데로 통함.

오달-지다〔형〕 알차고 여무져서 실속이 있다. ❏나이에 비해 ~. ㉥오지다·올지다.

오:답 (誤答)〔명〕 잘못된 대답을 함. 또는 그 대답. ❏정답보다 ~이 많다. ↔정답.

오:대 (五大)〔명〕〔불〕지·수·화·풍·공(空)의 다섯 가지 큰 요소(일체의 물질에 널리 존재하여 물질을 구성함).

오:대 (五代)〔명〕 **1** 다섯 대. 다섯째 대. **2**〔역〕중국의 당과 송과의 과도기에 중원(中原)에서 흥망한 후량(後梁)·후당(後唐)·후진(後晉)·후한(後漢)·후주(後周)의 다섯 왕조. 또는 그 시대. **3**〔예〕예기(禮記)에서, 상고(上古)의 당(唐)·우(虞)·하(夏)·은(殷)·주(周)를 일컫던 말.

오:대 (五帶)〔명〕〔지〕지구 표면의 온도 차이에 따라 나눈 기후대〔열대와 남북 양온대 및 남북 양한대〕.

오대 (烏臺)〔명〕〔역〕 '사헌부'의 별칭.

오:대-십국 (五代十國)〔-꾹〕〔명〕〔역〕 중국 오대(五代) 때 중원 이외의 여러 지방에 있었던 열 나라〔전촉(前蜀)·오(吳)·남한(南漢)·형남(荊南)·오월(吳越)·초(楚)·민(閩)·남당(南唐)·후촉(後蜀)·북한(北漢)〕.

오:대양 (五大洋)〔명〕〔지〕지구 표면에 둘러 있는 태평양·대서양·인도양·남빙양·북빙양의 다섯 대양.

오:대-조 (五代祖)〔명〕 고조(高祖)의 어버이. 현조(玄祖).

오:대 종지 (五大宗旨)〔종〕대종교에서, 교도가 마땅히 행해야 할 다섯 가지 주지(主旨)〔공경으로 한얼을 받들고, 정성으로 성품을 닦고, 사랑으로 겨레를 합하고, 고요함으로 행복을 구하고, 부지런함으로 살림에 힘쓴다〕.

오:-대주 (五大洲)〔명〕〔지〕지구 상의 다섯 대륙〔아시아 주·유럽 주·아프리카 주·오세아니아 주·아메리카 주〕.

오더 (order)〔명〕 **1** 주문. ❏~ 메이드〔주문에 따라 만듦. 또는 그 물건〕. **2** '배팅오더'의 준말.

오:덕 (五德)〔명〕 **1** 유교에서의 다섯 가지 덕〔온화·양순·공손·검소·겸양〕. **2** 병가(兵家)의 다섯 가지 덕〔지(智)·신·인·용(嚴)·용〕.

오뎅 (일 おでん)〔명〕 곤약(蒟蒻)·어묵·무·유부(油腐) 등을 꼬챙이에 꿰어, 끓는 장국에 넣어 익힌 일본식 음식. 꼬치.

오:도 (五道)〔명〕〔불〕중생이 선악의 업보에 따라가는 다섯 세계. 오취(五趣).

오:도 (悟道)〔명〕〈하자〉〔불〕 **1** 번뇌에서 벗어나 불계에 들어갈 수 있는 길. **2** 불도의 묘리를 깨침. 또는 그런 일.

오:도 (誤導)〔명〕〈하타〉 그릇된 길로 인도함. ❏진실을 ~하다.

-오도〔옛〕-고도. -어도.

오도깝-스럽다〔-쓰-따〕〔스러워, -스러우니〕〔형타〕경망하게 덤비는 태도가 있다. **오도깝-스레**〔-쓰-〕〔부〕

오:-도깨비 괴상한 잡것 또는 온갖 잡귀신.

오도당-거리다〔자〕 쌓아 둔 물건이 무너져 떨어지는 소리가 요란하게 자꾸 나다. ㉥우두덩거리다. **오도당-오도당**〔부자〕

오도당-대다〔자〕 오도당거리다.

오도독〔부〕〈하자타〉 **1** 단단한 물건을 야무지게 깨무는 소리. ❏날밤을 ~ 깨물다. **2** 작은 물건이 부러지는 소리. ❏나뭇가지를 ~ 부러뜨렸다. ㉥우두둑.

오도독-거리다〔-꺼-〕〔자타〕 오도독 소리가 계속 나다. 또는 그런 소리를 계속 내다. ❏무를 오도독거리며 씹다. ㉥우두둑거리다. **오도독-오도독**〔부자타〕

오도독-대다〔-때-〕〔자타〕 오도독거리다.

오도독-뼈 소나 돼지의 여린 뼈.

오도독-주석 (-朱錫)〔-쭈-〕〔광〕 아주 노란 주석.

오:도 명관 (五道冥官)〔불〕 오도(五道)로 가는 중생의 죄를 다스리는 관인(官人).

오:-도미〔명〕〔어〕옥돔. ㉥오돔.

오도-방정〔명〕 ☞오두방정.

오도카니〔부〕 걱정이나 생각하는 바가 있어 맥없이 서 있거나 앉아 있는 모양. ❏혼자 ~ 앉아 있다. ㉥우두커니.

오:독 (汚瀆)〔명〕 더러운 도랑이란 뜻으로, 명예나 이름을 더럽히는 일을 이르는 말.

오:독 (誤讀)〔명〕〈하타〉 잘못 읽음. ❏방송 원고를 ~하다.

오독도기〔-또-〕〔명〕 **1** 점화하면 터지는 소리를 내며 떨어지는 불꽃. **2**〔식〕미나리아재빗과의 여러해살이풀. 산지에 남. 높이 약 60 cm. 뿌리는 굵고 흑갈색임. 여름에 엷은 자색 꽃이 핌〔뿌리는 '낭독(娘毒)'이라고 해서 약재로 씀〕.

오독-오독〔부자타〕 '오도독오도독'의 준말.

오돌또기〔명〕〔악〕제주도 민요의 하나.

오돌-오돌〔부형〕 **1** 연골이나 조금 말린 날밤처럼 깨물기에 조금 단단한 모양. **2** 작은 것이 잘 삶아지지 않은 모양. ❏팥이 ~ 덜 삶아지다. **3** 오동통하고 부드러운 모양. ㉥우둘

우둘. **4** ☞ 오들오들.
오돌-토돌 [부][하형] 거죽이나 바닥이 고르지 않게 여러 곳이 도드라진 모양. [큰]우둘투둘.
오:-돔 [명] 〖어〗 '오도미'의 준말.
오동 [명] 배의 높이.
오동 (烏銅) [명] 검붉은 빛이 나는 구리《오금(烏金) 같은 광택이 있어 장식품으로 씀》.
오동 (梧桐) [명] 〖식〗 오동나무.
오동-나무 (梧桐-) [명] 〖식〗 현삼과의 낙엽 활엽 교목. 높이 약 10 m, 봄에 보라색 꽃이 핌. 재목은 가볍고 부드러우며 잘 휘거나 트지 않아, 거문고·장롱 따위를 만듦. 오동.
오동-딱지 (烏銅-)[-찌] [명] 오동으로 만든 몸시계의 껍데기.
오동-보동 [부][하형] 몸이나 얼굴이 살져 통통하고 보드라운 모양. ❑~ 살이 오르다. [큰]우둥부둥.
오동-빛 (烏銅-)[-삗] [명] 검붉은 구릿빛.
오동-상장 (梧桐喪杖) [명] 모친상에 짚는 오동나무 지팡이.
오동-장 (梧桐欌) [명] 오동나무로 만든 장(欌).
오-동지 (-冬至) [명] 음력 11월 10일이 채 못되어 드는 동지. 애동지. *늦동지.
오:-동지 (五冬至) [명] 음력 5월과 동짓달《동짓달에 내리는 눈의 양에 비례하여 이듬해 5월에 내리는 비의 양을 헤아릴 수 있다는 데서, 상대적으로 이르는 말》.
오:동지 육섣달 (五冬至六-)[-썬딸] 오동지와 육섣달. 동지섣달에 눈이 많이 내리면, 오뉴월에 비가 많이 내린다 하여 이르는 말.
오동-철갑 (烏銅-) [명] 때가 묻어 온통 까맣게 됨. 또는 그런 빛.
오동통 [부][하형] 몸이 작고 통통한 모양. ❑~하게 살이 찌다. [큰]우둥퉁.
오동-포동 [부][하형] 몸이나 얼굴이 살져 통통하고 보드라운 모양. [큰]우둥푸둥.
오:-되다 [자] '올되다'의 준말.
오두 (烏頭) [명] **1** 〖식〗 바꽃. **2** 〖한의〗 '천오두(川烏頭)'의 준말. **3** 〖한의〗 '초오두(草烏頭)'의 준말.
오두-막 (-幕) [명] 사람이 겨우 거처할 정도로 작게 지은 막. ❑외딴 ~. [준]오막.
오두막-집 (-幕-)[-찝] [명] 오두막처럼 작고 초라한 집. 오막살이. ❑다 쓰러져 가는 ~.
오:두-미 (五斗米) [명] 닷 말의 쌀이란 뜻으로, 얼마 되지 않는 봉급을 비유하는 말.
오두-발광 (-發狂) [명] 몹시 흥분하여 방정맞게 날뛰는 짓.
오:두-방정 [명] 몹시 방정맞은 행동. ❑~을 떨다 / 어른 앞에서 웬 ~이냐.
오두-잠 (烏頭簪) [명] 예전에, 부인들이 보통 때 꽂던, 꼭대기를 턱지게 만든 비녀.
오둠지 [명] **1** 옷의 깃고대가 붙은 부분. **2** 그릇의 윗부분.
오둠지-진상 (-進上) [명] **1** 너무 높이 올라 붙음. **2** 상투나 멱살을 잡아 번쩍 들어 올리는 짓.
오드 (ode) [명] **1** 〖문〗 고대 그리스에서, 음악이나 춤에 맞추어 부르는 시. **2** 근대 서양에서, 사람이나 사물에 부치어 지은 서정시.
오:득 (悟得) [명][하타] 스스로 깨달아 얻음.
오들-거리다 [자타] 춥거나 무서워서 몸이 잇따라 심하게 떨리다. 또는 그렇게 떨다. ❑오들거리며 떨다.
오들-대다 [자타] 오들거리다.
오들-오들 [부] 춥거나 무서워서 몸을 몹시 떠는 모양. ❑겁에 질려 ~ 떨다. [큰]우들우들.
오:등 (五等) [명] 〖역〗 **1** 오등작. **2** 유부녀의 다섯 등급《후(后)·부인(夫人)·유인(孺人)·부인(婦人)·처(妻)》. **3** 죽음의 다섯 등급《붕(崩)·홍(薨)·졸(卒)·불록(不祿)·사(死)》.
오등 (吾等) [인대] 우리들.
오:등-작 (五等爵) [명] 〖역〗 작위를 다섯 등분한 것《공작·후작·백작·자작·남작》.
오디 [명] 뽕나무의 열매. 상실(桑實).
오디-새 [명] 〖조〗 후투티.
오디션 (audition) [명] **1** 가수·배우 등을 뽑기 위한 실기 시험. ❑~을 받다. **2** 새로운 방송 프로그램을 검토하는 일.
오디오 (audio) [명] 라디오·텔레비전·전축 따위의 음성 부분. ↔비디오(video).
오디오 기기 (audio機器) 〖공〗 라디오·전축·카세트 등과 같이 귀로만 들을 수 있는 음향 재생 기기.
오디오미터 (audiometer) [명] 〖의〗 청력계(聽力計).
오똑 [부] ☞ 오뚝.
오똑-이 [명] ☞ 오뚝이[1].
오뚜기 [명] ☞ 오뚝이[1].
오뚝 [부][하형] 작은 물건이 높이 솟아 있는 모양. ❑~한 코 / ~ 서 있는 정자. [큰]우뚝.
오뚝-오뚝 [부][하형] 여럿이 모두 오뚝한 모양. [큰]우뚝우뚝.
오뚝-이[1] [명] 아무렇게나 굴려도 오뚝오뚝 일어나게 만든 아이들의 장난감. 부도옹(不倒翁). ❑쓰러졌다가 다시 일어나는 ~.
오뚝-이[2] [부] 오뚝하게. [큰]우뚝이.
오뚝이-찌 [명] 오뚝이 모양으로 만든 낚시찌.
오:라 [명] 〖역〗 도둑이나 죄인을 묶을 때 쓰던, 붉고 굵은 줄. 오랏줄.
-오라 [어미] 〈옛〉 -노라《감탄의 뜻으로 쓰임》.
오:라기 [명] **1** 종이·헝겊·실 따위의 좁고 긴 조각. **2** (수량을 나타내는 말 뒤에 쓰여) 조각을 세는 말. ❑실 한 ~ / 한 ~의 짚.
오라버니 [명] 여자와 같은 항렬인 손위 남자. *오빠.
오라버님 [명] '오라버니'의 높임말.
오라범 [명] '오라버니'의 낮춤말.
오라범-댁 (-宅)[-땍] [명] 올케.
오라비 [명] **1** '오라버니'의 낮춤말. **2** 여자가 자기의 남동생을 일컫는 말.
오라사 [부] 〈옛〉 오랜 뒤에야.
오:라-지다 [자] 죄인이 오라로 묶이다. 줄지다. ❑오라진 사람.
오:라-질 [一][관] 오라로 묶이어 갈. ❑이 ~ 놈아. [二][감] 기분 나쁘거나 화날 때 욕하는 뜻으로 내뱉는 소리. ❑이런 ~, 재수 되게 없네.
오라토리오 (이 oratorio) [명] 〖악〗 오페라 요소를 가미한 종교적 악극. 보통, 성서에서 취재하고, 독창·합창·기악 반주를 사용함《중세의 교회극에서 발달하여 뒤에 가극의 요소를 넣음》. 성가극. 성담곡(聖譚曲).
오:락 (娛樂) [명][하자] **1** 쉬는 시간에 갖가지 방법으로 기분을 즐겁게 하는 일. ❑~ 시설 / 건전한 ~ / ~을 즐기다. **2** 환락.
오:락 (誤落) [명][하자] **1** 높은 데서 잘못하여 떨어짐. **2** '오자낙서(誤字落書)'의 준말.
오락-가락 [-까-] [부][하자] **1** 계속해서 왔다 갔다 하는 모양. ❑방 안을 ~하다. **2** 비나 눈이 내리다 말다 하는 모양. ❑종일토록 비가 ~하다. **3** 생각·정신이 떠오를 듯 말 듯하는 모양. **4** 정신이 얼떨떨하여 아뜩한 모양. ❑정신이 ~하며 사경을 헤매다.
오:락-물 (娛樂物)[-랑-] [명] **1** 오락에 사용하는 것. **2** 오락을 위주로 하여 만든 연예물.

□연예 ~의 비중이 크다.

오:락-성 (娛樂性)[-썽] 몡 오락으로서 즐길 수 있는 내용. 또I이 짙다.

오:락-실 (娛樂室)[-씰] 몡 오락에 필요한 시설이 마련되어 있는 방. 또는 오락을 하는 방. □전자 ~.

오:락-회 (娛樂會)[-회/-뢔] 몡 오락을 하기 위한 모임. 또I이 열다.

오란비 몡 〈옛〉 장마.

오람 (吳藍) 몡 《식》 마디풀과의 쪽의 일종. 줄기는 길고 씨는 작음.

오:랏-바람 [-라빠-/-랃빠-] 몡 예전에, 오라를 차고 죄인을 잡으러 다니던 포졸의 위풍을 일컫던 말.

오:랏-줄 [-라쭐/-랃쭐] 몡 '오라'의 힘줌말. □~에 묶이다.

오랑우탄 (orangutan) 몡 《동》 성성잇과의 포유동물. 보르네오, 수마트라 등지의 삼림에 삶. 키는 1.4 m 정도, 온몸에 황갈색의 털이 길게 나 있으며, 귀는 작고 팔은 매우 긺. 나무 위에서 생활함. 성성이.

오랑캐 몡 **1** 예전에, 두만강 일대에 살던 여진족을 낮잡아 이르던 말. **2** '이민족'을 낮잡아 이르는 말.

오랑캐-꽃 [-꼳] 몡 《식》 제비꽃.

오랑-뎅 몡 〈옛〉말의 뱃대끈.

오래¹ 몡 한 동네의 몇 집이 한 골목으로 또는 한 이웃으로 되어 있는 구역 안.

오래² (옛) 문(門).

오래³ 闬 시간상으로 길게. □시골에 ~ 머물다 / 이 집에서 ~ 살았다.

[오래 살면 손자 늙어 죽는 꼴을 본다] 오래 살다 보면 생각지 못했던 갖가지 경우를 다 당하게 된다는 말. [오래 살면 욕이 많다] 오래 살다 보면 이러저러한 치욕스러운 일을 많이 당한다는 말. [오래 앉으면 새도 살을 맞는다] 편하다고 한곳에만 오래 있으면 화를 당한다는 말.

오래-가다 재 상태나 현상 따위가 길게 계속되다. □유행이 ~.

오래간-만 몡 긴 시간이 지난 뒤. □~에 만난 친구 / 날씨가 ~에 화창하다. 준오랜만.

오래다 혱 때의 지나간 동안이 길다. □집을 나간 지 ~ / 떠나 지가 ~ / 시골에 간 지 오래지 않다.

오래-도록 闬 시간이 많이 지나도록. 오래오래. □~ 잊지 못하다.

오래-되다 혱 지난 동안이 오래다. □벌써 오래된 이야기다.

오래-뜰 몡 대문 앞의 뜰.

오래-오래¹ 闬 지나는 시간이 매우 길게. □~ 바라보다 / 할아버지, ~ 사세요.

오래-오래² 갑 돼지를 계속 부르는 소리.

오래-전 (-前) 몡 상당한 시간이 지나간 과거. □~의 일을 기억하다.

오랜 팬 '아주 오래된'의 뜻. □~ 세월.

오랜-만 몡 '오래간만'의 준말. □~에 동창을 만나다.

오랫-동안 [-래똥-/-랟똥-] 몡 시간적으로 썩 긴 동안. □~ 기다렸다.

오:량 (五樑) 몡 《건》 보를 다섯 줄로 얹어 두 칸 넓이가 되게 집을 짓는 방식.

오:량-각 (五樑閣) 몡 《건》 오량집.

오:량-보 (五樑-)[-뽀] 몡 《건》 오량집에서의 한가운데 줄의 보.

오:량-집 (五樑-)[-찝] 몡 《건》 오량으로 지은

집. 오량각.

오:량-쪼구미 (五樑-) 몡 《건》 오량보를 받치도록 들보 위에 세우는 짧은 기둥.

오렌지 (orange) 몡 《식》 **1** 감귤 종류의 한 가지. 등자(橙子). **2** '네이블오렌지'의 준말.

오렌지-색 (orange色) 몡 등색(橙色).

오렌지에이드 (orangeade) 몡 오렌지 즙에 설탕과 물을 섞은 음료수.

오려 몡 〈옛〉 올벼.

오려-논 몡 올벼를 심은 논.

오려백복 (烏驪白腹)[-복] 온몸이 검고 배만 흰 나귀.

오:력 (五力) 몡 《불》 불법 수행에 필요한 다섯 가지 힘. 곧 신력(信力)·염력(念力)·정진력(精進力)·정력(定力)·혜력(慧力).

오련-하다 혱 ① 보일 듯 말 듯 희미하다. 옌 우련하다. ② 기억이 또렷하지 않다. □오래된 일이라 기억이 ~. **오련-히** 闬

오:렴 (誤廉) 몡하타 염탐을 잘못함. 또는 잘못한 염탐.

오렴매 (烏蘞莓) 몡 《식》 거지덩굴.

오:령 (五齡) 몡 누에가 네 번째 잠을 자고 섶에 오를 때까지의 사이.

오:령 (五靈) 몡 다섯 가지의 신령한 동물(기린·봉황·거북·용·백호(白虎)).

오:령-잠 (五齡蠶) 몡 《농》 네 번째 잠을 자고 난 누에. ＊오령(五齡).

오:령-지 (五靈脂) 몡 《한의》 산박쥐의 말린 똥(이질·하혈·복통·산증·학질에 유효함).

오:례 몡 '오례쌀'의 준말.

오:례 (五禮) 몡 《역》 나라에서 지내던 다섯 가지 의례(길례(吉禮)·흉례(凶禮)·군례(軍禮)·빈례(賓禮)·가례(嘉禮)가 있음).

오:례-송편 (-松-) 몡 오례쌀로 빚은 송편.

오:례-쌀 몡 올벼의 쌀. 준오례.

오로 (烏鷺) 몡 **1** 까마귀와 해오라기. **2** 흑과 백의 비유. **3** 바둑1.

오로 (惡露) 몡 《한의》 산후(産後)에 음문(陰門)에서 흐르는 불그레한 액체.

오로 [闬] 〈옛〉 온전히. 오로지.

오로라¹ (Aurora) 몡 아우로라.

오로라² (aurora) 몡 《지》 극광(極光).

오:로지 [闬부칙] 오직 한 곳으로. □마음을 ~ 음악에만 쏟다.

오로지쟁 (烏鷺之爭) 몡 검은 까마귀와 흰 해오라기의 싸움이란 뜻으로, '바둑 두는 일'을 이르는 말.

오:록 (誤錄) 몡하타 잘못 기록함. 또는 그 잘못된 기록.

오롯-이¹ [闬] 고요하고 쓸쓸하게. □~ 앉아 명상에 잠기다.

오롯이² [闬] 〈옛〉 오로지. 온전히.

오롯-하다 [-로타-] 혱 남고 처짐이 없이 온전하다. □부모님의 오롯한 사랑.

오룡이-조룡이 몡 오룡조룡하게 각기 달리 생긴 여럿을 이르는 말.

오룡-조룡 [闬하혱] 작은 여러 물건의 생김새와 크기가 다 각기 다른 모양. □~ 딸린 아이들.

오:룡-초 (五龍草) 몡 《식》 거지덩굴.

오:류 (誤謬) 몡 **1** 그릇되어 이치에 어긋남. □~을 범하다 / ~에 빠지다. **2** 《논》 그릇된 인식. **3** 《컴》 에러(error)2.

오:륙 (五六) 팬 다섯이나 여섯. 대여섯. □~ 세 / 휴게실에 ~ 명이 앉아 있다.

오:륙-월 (五六月) 몡 ☞오뉴월.

오:륜 (五倫) 몡 유학에서, 사람이 지켜야 할 다섯 가지의 도리(군신유의·부자유친·부부유별·장유유서·붕우유신). 오상(五常).

오ː륜 (五輪) 명 1 〖불〗 오대(五大). **2** 좌로부터 청·황·흑·녹·적의 순으로 오대주를 상징하는 W 자형으로 겹쳐 연결한 다섯 개의 고리(올림픽 마크임).

오ː륜-기 (五輪旗) 명 근대 올림픽을 상징하는 기(흰 바탕에 세계 오대주를 상징하는 오륜이 그려져 있음).

오ː륜 대ː회 (五輪大會) 국제 올림픽 경기 대회.

오ː륜-탑 (五輪塔) 명 〖불〗 오륜을 상징하는 다섯 부분으로 이루어진 탑.

오르가슴 (프 orgasme) 명 성교할 때 느끼는 쾌감의 절정.

오르간 (organ) 명 풍금(風琴).

오르골 (네 orgel) 명 〖악〗 음악상자.

오르-내리다 명 올라갔다 내려갔다 하는 일.

오르-내리다 재타 **1** 올라갔다 내려갔다 하다. ▢계단을 ~. **2** 남의 말거리가 되다. ▢뭇사람의 입에 ~. **3** 먹은 음식이 잘 삭지 않아 속이 거북하다. **4** 어떤 기준보다 조금 넘었다 모자랐다 하다. ▢열이 39℃를 ~. **5** 짐 따위를 올렸다 내렸다 하다. ▢짐을 트럭에 ~.

오르다 〔올라, 오르니〕 재타 **1** 아래에서 위로, 낮은 데서 높은 데로 가다. ▢산에 ~ / 옥상에 올라 하늘을 바라보다. **2** 병독이 옮다. ▢옴이 ~. **3** 지위·계급이 높아지다. ▢왕위에 ~. **4** 탈것에 타다. ▢자동차에 ~. **5** 기록에 적히다. ▢사전에 ~. **6** 값이 비싸지거나 임금·세금 등이 많아지다. ▢물가가 ~. **7** 몸에 살이 많아지다. ▢군살이 ~. **8** 열이 높아지다. ▢열이 올라 해열제를 먹었다. **9** 상류를 향해 나아가다. ▢물길을 거슬러 ~. **10** 실적·효과가 나타나다. ▢성적이 ~. **11** 물에서 육지로 옮다. ▢해안에 ~. **12** 술·약 따위의 기운이 몸 안에 퍼지다. ▢술이 ~. **13** 때 따위가 묻다. ▢기름때가 ~. **14** 길을 떠나다. 출발하다. ▢여행길에 ~. **15** 기운이나 세력이 성해지다. ▢불길이 ~ / 기세가 ~. **16** 식탁·도마 따위에 음식물이 놓여지다. ▢상에 고기가 ~. **17** 어떤 정도에 달하다. ▢사업이 궤도에 ~. **18** ול분·화 따위가 나다. **19** 마귀·귀신 따위가 몸에 덮치다. ▢신이 ~. **20** 남의 이야깃거리가 되다. ▢화제에 ~. ▣타再 아래에서 위로 움직이다. ▢계단을 ~.
[오르지 못할 나무는 쳐다보지도 마라] 불가능한 일은 처음부터 단념해라.

오르도비스-기 (Ordovice紀) 명 〖지〗 지질 시대의 하나(고생대 중 캄브리아기의 뒤, 실루리아기 이전의 시대. 삼엽충(三葉蟲)·필석(筆石) 따위가 발달함).

오르되브르 (프 hors-d'oeuvre) 명 서양 요리에서, 식전 또는 술안주로 먹는 가벼운 요리. 전채(前菜).

오르락-내리락 [-락-] 부여자타 계속해서 오르내리는 모양. ▢기온이 ~하다 / 2층을 ~하며 이삿짐을 날랐다.

오르로 부 오른편으로 향하여. ↔외로1.

오르르 부여자 **1** 조그만 아이나 동물들이 한번에 바쁘게 내닫거나 움직이는 모양. ▢아이들이 ~ 몰려다니다. **2** 작은 물건들이 무너지거나 쏟아지는 소리. 또는 그 모양. ▢쌓아 둔 책이 ~ 무너지다. **3** 작은 그릇에서 물이 끓어오르는 소리. 또는 그 모양. ▢주전자의 물이 ~ 끓다. ●우르르. **4** 추워서 몸을 움츠리고 떠는 모양.

오르를 부 '오르르'의 힘줌말.

오르-막 명 비탈져 올라가는 길. ↔내리막.

오르막-길 [-낄] 명 오르막으로 된 길.

오르케스타 티피카 (에 orquesta tipica) 〖악〗 에스파냐 어를 사용하는 나라의 표준 편성 관현악단.

오르토 (ortho) 명 〖화〗 **1** 벤젠핵(benzene核)에 1·2위(位)의 치환기(置換基)를 가지고 있음을 나타내는 말. **2** 산소산(酸素酸)의 분류에서, 산성 산화물의 수화(水化)로 생기는 산 가운데 수화가 가장 높은 산을 이르는 말.

오르토-헬륨 (orthohelium) 명 〖화〗 두 개의 전자 스핀이 같은 방향인 헬륨 원자.

오른 판 '오른쪽'의 뜻. 바른. ↔왼.

오른-걸음 명 〖건〗 동자기둥의 아래쪽 두 가랑이를 '▧' 형상처럼 오른편으로 대각(對角)이 되게 만드는 방식. ↔왼걸음.

오른-나사 (-螺絲) 명 시계 방향으로 돌리는 나사. ↔왼나사.

오른-발 명 오른쪽 발. ↔왼발.

오른-배지기 명 씨름에서, 오른쪽 옆구리를 상대자의 배 밑에 넣어 앞으로 당겨 돌면서 넘어뜨리는 기술.

오른-뺨 명 오른쪽 뺨. ↔왼뺨.

오른-새끼 명 오른쪽으로 꼰 새끼. ↔왼새끼.

오른-섶 [-섭] 명 저고리의 오른쪽으로 덮인 섶. 또는 그 저고리. ↔왼섶.

오른-손 명 오른쪽의 손. ↔왼손.

오른손-잡이 명 오른손을 왼손보다 더 잘 쓰는 사람. ↔왼손잡이.

오른-씨름 명 왼손으로는 상대방의 허리 샅바를, 오른손으로는 다리 샅바를 잡은 다음 동시에 허리를 펴고 일어남으로써 시작하는 씨름. ↔왼씨름.

오른-짝 명 '오른편짝'의 준말. ↔왼짝.

오른-쪽 명 북쪽을 향했을 때의 동쪽과 같은 쪽. 우측. ↔왼쪽.

오른-팔 명 **1** 오른쪽의 팔. ↔왼팔. **2** 큰 힘이 되는 중요한 사람. ▢그는 사장의 ~이다.

오른-편 (-便) 명 오른쪽.

오른-편짝 (-便-) 명 두 편으로 갈라질 때, 오른쪽의 편. 준오른짝.

오름-세 (-勢) 명 시세나 물가 따위가 오르는 형세. 등귀세. ▢주가가 ~로 돌아서다.

오름-차 (-次) 명 〖수〗 가장 작은 차(次)의 항부터 차례로 높은 차의 항을 배열하는 일. 구용어: 승멱(昇冪). ↔내림차(次).

오름차-순 (-次順) 명 〖수〗 다항식에서, 차수(次數)가 낮은 항부터 차례로 높은 차의 항으로 쓰는 일. ↔내림차순(次順).

오리 ▢명 실·나무·대 따위의 가늘고 길게 오린 조각. ▢의 실·나무·대 따위의 가늘고 긴 조각을 세는 단위. ▢무명실 세 ~.

오ː리 〔鳥〕 **1** 오릿과의 새의 총칭(물오리·가창오리·청머리오리 등 많음). **2** '집오리'의 준말.
[오리 알에 제 똥 묻은 격] 제 본색에 과히 어긋나지 않아 별로 드러나 보이지 않고 수수하다는 말. [오리 알에 제 똥 묻은 줄 모른다] 자기 결합을 모른다는 말.

오ː리 (汚吏) 명 청렴하지 못한 관리. 썩은 관리. 준탐관(貪官)~. ↔청리(淸吏).

오ː리-걸음 명 오리처럼 뒤뚱거리며 걷는 걸음. ▢~을 치다.

-오리까 어미 받침 없는 동사 어간에 붙어, 합쇼할 자리에서, '그리 할까요'의 뜻으로 자기의 생각에 대한 상대방의 의사를 묻는 종결 어미. ▢제가 가~. *-으오리까.

오리-나무 명 《식》 자작나뭇과의 낙엽 활엽 교목. 높이 약 20m, 자웅 동주로 초봄에 잎 보다 먼저 꽃이 핌. 솔방울 모양의 과실은 가을에 익음(흔히, 사방 공사 때 심음). 유리목(楡理木). 적양(赤楊).

오:리-너구리 명 《동》 오리너구릿과의 포유동물. 오스트레일리아 남부 특산. 수달과 비슷하며 작고 주둥이는 길어 오리의 부리와 같고 발가락에는 물갈퀴가 있음. 알을 낳고, 깐 새끼는 젖을 먹임.

오리다 타 칼·가위 따위로 베어 내다. 🔲 신문 기사를 ~.

-오리다 어미 받침 없는 동사의 어간에 붙어, 합쇼할 자리에서 '그리 하겠습니다'의 뜻으로, 자기 의사를 나타내는 종결 어미. 🔲 제가 보~ / 오늘은 일찍 자~. *-으오리다.

오리-목 (-木) 명 《건》 가늘고 길게 켠 목재.

오:리무중 (五里霧中) 명 오 리에 걸친 짙은 안개 속에 있다는 뜻으로, 무슨 일에 대해 방향이나 갈피를 잡을 수 없음의 비유.

오:리-발 명 1 《동》 물갈퀴. 2 손가락이나 발가락 사이의 살가죽이 달라붙은 손발을 조롱하여 일컫는 말. 3 엉뚱하게 딴전을 부림을 비유하여 이르는 말. 🔲 ~을 내밀다.

오리-새 명 《식》 볏과의 여러해살이풀. 유럽과 서아시아가 원산지이며, 줄기 높이는 1m가량이고, 파종 후 2년 만에 줄기·잎 등을 베어 목초용으로 쓰며, 연간 2~3회 벰. 오처드 그라스(orchard grass).

오리엔탈리즘 (orientalism) 명 1 동양의 정신 문화를 고양하는 관점. 2 동양학.

오리엔테이션 (orientation) 명 신입생·신입 사원 따위의 새로운 환경에 대한 적응을 위한 교육.

오리엔트 (Orient) 명 〔해가 뜨는 곳의 뜻〕 1 동양. 동방. 2 서남아시아와 동북 아프리카. 중근동(中近東).

오리엔티어링 (orienteering) 명 지도와 나침반을 이용하여 몇 군데 지정된 지점을 통과해 목적지까지 빨리 도달하기를 겨루는 경기.

오리온 (그 Orion) 명 1 《문》 그리스 신화에 나오는 거인 사냥꾼. 2 '오리온자리'의 준말.

오리온-성운 (Orion星雲) 명 《천》 산광(散光) 성운의 하나로 오리온자리에 둥글게 퍼져 있는 성간(星間) 가스로 이루어진 대성운. 거리약 1,500광년, 실직경(實直徑)은 약 25광년. 망원경으로 보면 큰 물고기가 입을 벌리고 있는 형상과 같음. *산광 성운.

오리온-자리 (Orion-) 명 《천》 하늘의 적도 양측에 걸쳐 있는 별자리(겨울에 가장 똑똑히 보임). 오리온성좌. *오리온존.

-오리이까 어미 받침 없는 동사 어간에 붙어, 하소서할 자리에서, '그리 할까요'의 뜻으로 자기의 생각에 대한 상대방의 의사를 묻는 종결 어미. 🔲 모시고 가~ / 어떻게 하~. *-으오리이까.

-오리이다 어미 받침 없는 동사 어간에 붙어, 하소서할 자리에서, '그리 하겠습니다'의 뜻으로 자기 의사를 나타내는 종결 어미. 🔲 그리 하~. *-으오리이다.

오리지널 (original) 명 미술·문학 작품의 원작 또는 원본. 🔲 '춘향전'을 ~로 각색한 연애 소설.

오림-장이 명 《건》 오리목 따위를 켜는 일을 전문으로 하는 사람.

오:립-송 (五粒松) [-쏭] 명 《식》 잣나무.

오:마-작대 (五馬作隊) [-때] 명 [하자] 《역》 마병 (馬兵)이 행군할 때에, 5열 종대로 편성하던 방식.

오막 (-幕) 명 '오두막'의 준말.

오막-살이 (-幕-) [-싸리] 명 1 작고 낮은 초가 (草家). 오두막집. 2 오두막집에서 사는 살림살이. 🔲 ~를 면하다.

오막살이-집 (-幕-) [-싸리-] 명 허술하고 초라한 작은 집.

오:만 (傲慢) 명 [하다] 건방지고 거만함. 🔲 ~한 태도 / ~하고 방자하다.

오:만 (五萬) 명 퍽 많은 수량이나 종류. 🔲 ~ 잡동사니 / ~ 방정을 떨다 / ~ 말을 다 한다.

오:만-불손 (傲慢不遜) [-쏜] 명 [하다] 오만하여 겸손한 데가 없음. 🔲 ~하게 행동하다.

오:만-상 (五萬相) 명 얼굴을 잔뜩 찌푸린 모양. 🔲 ~을 짓다 / ~을 찌푸리다 [찡그리다].

오:만-소리 (五萬-) 명 수다스럽게 지껄이는 구구한 소리. 🔲 처음 보는 사람에게 ~를 다 한다.

오:말 (午末) 명 《민》 오시(午時)의 끝. 곧, 오후 한 시 직전.

오:망 (五望) 명 음력 보름날에 드는 망(望).

오:망 (迂妄) 명 [하다] 〔←우망(迂妄)〕 괴상스럽고 요망함. 또는 그런 태도. 🔲 ~을 떨다 / ~을 부리다 / 그게 무슨 ~한 짓이냐.

오망-부리 명 전체에 비해 한 부분이 너무 볼품없이 작게 된 모양.

오:망-스럽다 (迂妄-) [-따] [-스러워, -스러우니] [형] [하다] 괴상하고 요망스러운 데가 있다.

오:망-스레 부

오망-하다 어 물건의 바닥이 납작하게 오목하다. ②우명하다.

오:맞이-꾼 (五-) 명 집안 살림보다는 나들이에 정신이 팔린 여자를 조롱하는 말(물을 맞으려 약수터에 갔다가 비 맞고, 도둑맞고, 서방 맞고, 집으로 돌아와서는 매를 맞는, 뜻이 다른 '맞다'가 다섯 번 들어 있는 민요의 사설에서 유래한 말).

오매 (烏梅) 명 《한의》 껍질을 벗기고 짚불 연기에 그을어서 말린 매실(설사·기침·소갈(消渴)에 쓰며, 살충약으로도 씀).

오매 (寤寐) 명 깨어 있는 때나 자는 때. 자나 깨나 언제나. 🔲 ~에도 잊지 못할 고향.

오매-구지 (寤寐求之) 명 [하다] 자나 깨나 항상 찾음.

오:매-불망 (寤寐不忘) 명 [부] [하다] 자나 깨나 잊지 못함. 또는 자나 깨나 잊지 못하여. 🔲 ~ 그리워하다.

오매-육 (烏梅肉) 명 오매의 씨를 발라낸 살 《오매차를 만들고, 구워서 약으로도 씀》.

오매-차 (烏梅茶) 명 오매육을 잘게 빻아, 끓는 꿀물에 타서 만든 차(항아리에 담아 두고 찬물에 타 먹음).

오메가 (Ω, ω) 명 1 그리스 어의 끝 자모. 2 최종. 끝. 3 전기 저항의 실용 단위 옴(ohm)의 기호(Ω). 「책방.

오면-가면 부 오면서 가면서. 🔲 ~ 들러 보는 번 잠을 잔 뒤 고치를 짓는 누에.

오:면-잠 (五眠蠶) 명 《농》 알에서 깨어 다섯

오:면-체 (五面體) 명 《수》 다섯 개의 평면으로 둘러싸인 입체.

오:명 (五明) 명 《불》 인도 브라만 계급이 연구한 다섯 가지 학술(성명(聲明)·공교명(工巧明)·의방명(醫方明)·인명(因明)·내명(內明)).

오:명 (汚名) 명 1 더러워진 이름 또는 명예. 🔲 ~을 남기다. 2 누명. 🔲 ~을 벗다 / ~을 씻다.

오:명-마 (五明馬)图 몸은 검고, 이마와 네 발은 흰 말.

오:목 (五目)图 바둑판에 흑백의 돌을 번갈아 놓아, 가로세로 또는 모로 다섯 개를 먼저 줄지어 놓으면 이기는 놀이.

오목 (烏木)图 흑단(黑檀) 줄기의 중심 부분. 빛깔이 검으며 나무의 질이 단단하여 젓가락·담배설대·문갑 따위의 재료로 씀.

오목 [부하형] 가운데가 동그스름하게 들어간 모양. ▣∼팬 보조개. @우묵. ↔볼록.

오목 거울 [-꺼-]『물』반사면이 오목한 거울《보통은 구면(球面)의 안쪽을 반사면으로 한 거울을 말함》. ↔볼록 거울.

오목-누비 [-뭉-]图 솜옷이나 이불 따위에 줄을 굵게 잡아 골이 깊게 된 누비.

오목-눈 [-뭉-]图 오목하게 들어간 눈.

오목눈-이 [-뭉누니]图 1 『조』박샛과의 새. 박새와 비슷한데 좀 작고 꽁지가 길며, 깃털은 검은색 또는 흰색임. 나무 사이를 재빠르게 날며 곤충·거미 따위를 잡아먹는 익조(益鳥)임. 2 눈이 오목한 사람의 별명.

오목 다각형 (-多角形)[-따가켱]『수』다각형의 한 변 또는 여러 변을 연장할 때, 그 연장한 선이 그 도형 안을 통과하는 다각형. 적어도 한 각의 내각(內角)이 180° 보다 커야 함. ↔볼록 다각형.

오목-다리 [-따-]图 누벼 지은 어린아이의 버선《앞에는 꽃을 수놓고, 목에는 대님을 다는 것이 보통임》.

오목 렌즈 (-lens)『물』가운데가 얇고 가로갈수록 두꺼워지는 렌즈《빛을 발산하는 작용을 하므로 근시 교정에 쓰임》. 요렌즈(凹 lens). ↔볼록 렌즈.

오목면-경 (-面鏡)[-뭉-]『물』오목 거울.

오목-설대 (烏木-)[-썰때]图 오목으로 만든 담배설대.

오목-오목 [부하형] 바닥이 군데군데 조금씩 들어간 모양. ▣눈 위에 ∼ 팬 토끼 발자국. @우묵우묵.

오목-조목 [-쪼-][부하형] 조금 큰 것과 작은 것이 오목오목하게 섞여 있는 모양. ▣비가 와서 땅이 ∼ 파였다. @우묵주묵.

오목-주발 (-周鉢)[-쭈-]图 속을 오목하게 만든 주발《여자나 아이들의 밥그릇으로 많이 씀》. @우묵주발.

오목-판 (-版)图[인]인쇄판의 일종. 문자나 도형 부분이 판의 재료 평면보다 들어가 있는 것《그라비어판·조각 오목판이 있음》. 요판(凹版). ↔볼록판.

오목판 인쇄 (-版印刷)『인』오목판으로 된 인쇄판을 사용하는 인쇄《그라비어 인쇄 따위》. 요판 인쇄.

오:묘-스럽다 (奧妙-)[-따][-스러워, -스러우니][형태] 오묘한 데가 있다. ▣오묘스러운 자연의 이치. 오:묘-스레 [부]

오:묘-하다 (奧妙-)[형여] 심오하고 미묘하다. ▣하늘의 섭리는 참으로 ∼.

우무라미 图 이가 다 빠진 입을 늘 오물거리는 늙은이를 낮잡아 일컫는 말.

오:문 (誤聞)[图하타] 잘못 들음.

오:물 (汚物)图 1 지저분하고 더러운 물건. 2 대소변 따위의 배설물. ▣∼를 수거하다.

오물-거리다¹ 작은 벌레나 물고기 따위가 한군데에 모여 자꾸 굼뜨게 움직이다. ▣물 속에서 올챙이들이 ∼. 오물-오물¹[부하자]

오물-거리다² [자타] 1 입 안에 든 음식을 이리저리 굴리면서 조금씩 자꾸 씹다. 2 말을 속

시원히 하지 않고 하는 둥 마는 둥 하다. ▣오물거리지 말고 시원스럽게 말해라. @우물거리다². 오물-오물²[부하자]

오물-대다¹[자] 오물거리다¹.

오물-대다²[자타] 오물거리다².

오므라-들다 [-들어, -드니, -드는] [자] 차차 오므라져 들어가다. @우므러들다.

오므라-뜨리다[타] '오므리다'의 힘줌말. @우므러뜨리다.

오므라이스 (←omelet rice)图 밥을 야채 따위와 함께 볶고, 달걀을 얇게 부쳐서 씌운 서양식 요리.

오므라-지다[자] 물건의 가장자리 끝이 한군데로 향하여 모이다. ▣꽃봉오리가 ∼. @우므러지다.

오므라-트리다[타] 오므라뜨리다.

오므리다[타] 오므라지게 하다. ▣입을 ∼ / 손을 오므려 주먹을 쥐다. @우므리다.

오믈렛 (omelet)图 서양 요리의 한 가지. 고기와 양파 따위를 곱게 썰어 양념하여 볶은 것을 프라이팬에 지진 달걀로 싼 요리.

오미 图 펑지보다 좀 낮아 늘 물이 괴어 있으며 물품이 나 있는 곳.

오:미 (五味)图 신맛·쓴맛·짠맛·매운맛·단맛의 다섯 가지 맛.

오:미-자 (五味子)图[한의] 오미자나무의 열매《폐를 돕는 효능이 있어 기침·갈증에 쓰며, 땀과 설사를 멈추는 데도 씀》.

오:미자-나무 (五味子-)图[식] 목련과의 낙엽 덩굴성 식물. 잎은 어긋나며 거꿀달걀꼴로 뒷면에 털이 났음. 여름에 향기가 있는 황백색 꽃이 피고, 둥근 열매는 가을에 붉게 익음. 열매는 약재로 씀.

오:미자-차 (五味子茶)图 오미자와 미삼(尾蔘)을 섞어 달인 차.

오밀-조밀 (奧密稠密)[부하형] 1 솜씨나 재간이 정교하고 세밀한 모양. ▣∼하게 조각한 작품. 2 마음 씀씀이가 꼼꼼하고 자상한 모양. ▣거실을 ∼ 꾸미다.

오:반 (午飯)图 점심밥.

오:발 (誤發)[图하타] 1 잘못하여 발포·발사함. ▣총기 ∼ 사고. 2 실수로 잘못 말함.

오:발-탄 (誤發彈)图 실수로 잘못 발사한 탄환. ▣∼에 맞아 부상을 입다.

오:-밤중 (午-中)[-쭝] 한밤중.

오:방 (午方)图[민] 이십사방위의 하나. 정남방을 중심으로 한 15도 각도의 안. ↔자방(子方). @오.

오:방 (五方)图 동·서·남·북과 중앙.

오:방-신장 (五方神將)图[민] 오방을 맡은 신장.

오:방-잡처 (五方雜處)[图하자] 여러 곳에서 온 사람들이 섞여 삶.

오:방-장군 (五方將軍)图[민] 다섯 방위를 지키는 신. 동의 청제(靑帝), 서의 백제, 남의 적제, 북의 흑제, 중앙의 황제《무당 집에는 오방장군과 신장(神將)을 그려 붙이고 제사를 지냄》.

오:방-주머니 (五方-)[-쭈-]图 청색과 황색·적색·백색·흑색의 오색 헝겊을 모아 만든 주머니《부녀자들이 참》. 오방낭자(囊子).

오:배-자 (五倍子)图 붉나무 잎에 오배자벌레가 기생하여 된 혹 모양의 벌레집《타닌산이 들어 있어 약재로 쓰거나 염료·잉크의 재료로 씀》. 몰식자.

오:배자-나무 (五倍子-)图[식] 붉나무.

오:배자-벌레 (五倍子-) 몡 《충》 진딧물과의 곤충. 암컷은 몸길이 약 1mm, 날개는 투명함. 붉나무에 기생하여 오배자를 지음.

오:백-계 (五百戒)[-계 / -께] 몡 《불》 비구니가 지켜야 할 모든 계법.

오:백 나한 (五百羅漢)[-빵-] 《불》 석가모니의 제자인 오백의 나한. 오백 아라한(阿羅漢). 오백 응진(應眞).

오버 (over) 一몡 '오버코트'의 준말. ▢~를 입다. 二갑 무선 통신 따위에서, 한쪽 대화의 끝을 알리는 말. ▢여기는 서울, 부산 나와라 ~.

오버 네트 (over net) 배구·테니스 따위에서, 경기자의 손이나 라켓이 네트를 넘어서 공에 닿았을 때의 반칙.

오버랩 (overlap) 몡 《연》 영화 따위에서, 어떤 화면이 끝나기 전에 다른 화면을 겹치면서 먼저 화면이 서서히 사라지게 하는 기법. 오엘(O.L.).

오버런 (overrun) 몡 야구에서, 주자가 가속도 때문에 베이스를 지나치는 일.

오버-론 (overloan) 몡 《경》 은행이 예금액 이상으로 대출을 하고, 부족한 자금을 중앙은행에서 빌려 오는 일. 초과 대부.

오버블라우스 (overblouse) 몡 옷자락을 스커트나 바지 밖으로 내어 입는 블라우스. ✽언더블라우스.

오버-센스 (over+sense) 몡 〈속〉 너무 예민함. 지나친 생각. 신경과민.

오버슈즈 (overshoes) 몡 방수용으로 구두 위에 덧신는 신.

오버스로 (overthrow) 몡 오버핸드 스로.

오버액션 (overaction) 몡 《연》 자연스럽지 못하고 과장된 연기.

오버올 (overall) 몡 1 아래부터 한데 붙은 작업복. 2 실험자·의사·여성들이 옷 위에 덧입는 긴 작업복.

오버추어 (overture) 몡 《악》 서곡(序曲).

오버코트 (overcoat) 몡 외투. 즉오버.

오버타임 (overtime) 몡 1 규정 시간 이외의 노동 시간. 2 배구·농구 등의 구기에서, 규정 횟수 또는 규정 시간 이상 공을 만지는 반칙.

오버-페이스 (overpace) 몡 운동 경기 등에서, 제 능력에 비해 지나치게 힘을 내는 일.

오버핸드 스로 (overhand throw) 야구에서, 투수가 어깨 위에서 아래로 공을 던지는 방법. 오버스로. ✽언더핸드 스로.

오버행 (overhang) 몡 등산 용어. 암벽 같은 것이 처마처럼 쑥 나와 있는 부분.

오버헤드 킥 (overhead kick) 축구에서, 공중에 떠 있는 공을 몸을 뒤로 눕혀 공중으로 뜨면서 머리 너머로 차는 기술.

오버홀 (overhaul) 몡 《공》 자동차나 비행기 따위를 분해하여 점검하고 수리하는 일. 분해검사.

오러히트 (overheat) 몡 《공》 엔진 등의 과열.

오벨리스크 (obelisk) 몡 고대 이집트에서, 태양 신앙의 상징으로 세워진 기념탑. 하나의 거대한 돌기둥으로, 위쪽으로 갈수록 가늘어지며 꼭대기는 피라미드 모양으로 되어 있음. 측면에 상형 문자가 새겨졌음. 방첨탑.

오:-변형 (五邊形) 몡 《수》 오각형.

오:보 (誤報) 몡해자타 잘못 보도함. 또는 그 보도. ▢~로 밝혀지다 / ~를 내보내다.

오보록-이 뷔 오보록하게.

오보록-하다 [-로카-] 혬여 작은 것들이 한데 많이 모여 다보록하다. ▢토끼풀이 오보록하게 나 있다. 즉우부룩하다. 족오복하다.

오보에 (이 oboe) 몡 《악》 고음을 내는 목관 악기(겉 모양은 클라리넷과 비슷한데 혀가 두 장 겹쳐 있고, 음은 맑고 부드러운 음색이 특징임). ▢폐부를 찌르는 듯한 ~ 소리.

오:복 (五服) 몡 《민》 다섯 가지 상복(참최(斬衰)·재최(齊衰)·대공(大功)·소공(小功)·시마(緦麻)).

오:복 (五福) 몡 유교에서 이르는 다섯 가지의 복(수(壽)·부(富)·강녕(康寧)·유호덕(攸好德)·고종명(考終命)). ▢~을 갖춘 사람.

오:복-음 (五福飮) 몡 《한의》 오장(五臟)을 보하는 약.

오:복-조르듯 [-쪼-들] 뷔하자 심하게 조르는 모양. ▢하도 ~해서 부탁을 들어주었다.

오:복-탕 (五福湯) 몡 도라지·닭고기·돼지고기·해삼·전복의 다섯 가지로 끓인 국.

오복-하다 [-보카-] 혬여 '오보록하다'의 준말. ▢밥을 오복하게 담다. 족우북하다.

오:부 (五父) 몡 아버지로 섬겨야 할 다섯 사람(실부(實父)·양부(養父)·계부(繼父)·의부(義父)·사부(師父)).

오:부 (五部) 몡 《역》 고려 때 개경을, 조선 때 한성을 '중부·동부·서부·남부·북부'로 나눈 다섯 구획. 또는 그 관아.

오불-고불 뷔하형 이리저리 고르지 않게 구부러진 모양. ▢~한 시골길. 족우불구불.

오불관언 (吾不關焉) 몡하타 나는 상관하지 않음. 또는 그러한 태도. ▢~의 태도.

오:-불효 (五不孝) 다섯 가지의 불효. 즉, 게을러서 부모를 돌보지 않는 일, 도박과 술을 좋아하여 부모를 돌보지 않는 일, 돈과 처자만을 좋아하여 부모를 돌보지 않는 일, 유흥을 좋아하여 부모를 욕되게 하는 일, 성질이 사납고 싸움을 잘하여 부모를 불안하게 하는 일.

오붓-이 뷔 오붓하게.

오붓-하다 [-부타-] 혬여 1 홀가분하면서 아늑하고 정답다. ▢오붓한 시간. 2 살림이 옹골지고 포실하다. ▢오붓한 살림살이.

오브제 (ㅍ objet) 몡 《미술》 초현실주의에서, 작품에 쓴 일상생활 용품이나 자연물 또는 예술과 무관한 물건을 이르는 말.

오븐 (oven) 몡 밀폐한 공간의 사방에서 열을 보내어 음식을 익히는 요리 기구. ▢~으로 구워 낸 비스킷.

오블라토 (ㅍ oblato) 몡 녹말로 만든 얇은 종이 모양의 투명한 막(膜)《써서 먹기 어려운 가루약 따위를 싸서 먹는 데 씀》.

오블리가토 (이 obbligato) 몡 《악》 피아노나 관현악 등의 반주가 있는 독창곡에, 다시 다른 한 개의 독주적(獨奏的) 성질을 가진 악기를 곁들이는 연주법. 조주(助奏).

오비 (OB) 몡 [old boy] 학교의 졸업생. 또는 졸업생으로 구성된 팀. 올드 보이.

오비다 타 1 구멍이나 틈의 속을 갉아 내다. ▢귀이개로 속을 ~. 즉호비다. 2 〈소아〉 때리다. 3 〈속〉 물건 따위를 훔치다. ▢소매치기가 지갑을 오벼 갔다.

오비어 파다 관 즉오비어서 깊게 파다. 즉일의 속내를 자세하게 캐다.

오비-삼척 (吾鼻三尺) 몡 내 코가 석 자라는 뜻으로, 자기 사정이 급해서 남을 돌볼 겨를이 없음을 이르는 말.

오비이락 (烏飛梨落) 몡 까마귀 날자 배 떨어진다는 뜻으로, 아무 상관도 없이 한 일이 공교롭게도 때가 같아 억울하게 의심을 받거나

난처한 위치에 서게 됨을 이르는 말.
오비일색(烏飛一色)[-쌕] 명 날고 있는 까마귀가 모두 같은 빛깔이라는 뜻으로, 모두 같은 부류거나 서로 똑같음을 이르는 말.
오비작-거리다[-꺼-] 타 계속해서 오비다. ❑ 귓속을 ~. ㉠우비적거리다. ㉦호비작거리다. **오비작-오비작** 부하타
오비작-대다[-때-] 타 오비작거리다.
오빠 명 '오라버니'를 친근하게 이르는 말.
오사(烏蛇) 명 〖동〗 누룩뱀.
오:사(誤死) 명하자 형벌이나 재난을 당하여 비명에 죽음. ❑ ~를 당하다.
오:사(誤寫) 명하타 글 따위를 잘못 베낌.
오:-사리 명 **1** 이른 철의 사리 때 잡은 해산물. **2** 이른 철의 사리 때 잡은 새우《잡것이 많이 섞여 있음》. **3** 이른 철에 농작물을 거두는 일. 또는 그 농작물.
오:사리-잡놈(-雜-)[-잠-] 명 **1** 온갖 지저분한 짓을 거침없이 하는 잡놈. **2** 여러 가지 불량한 잡배들. 오색잡놈.
오:사리-젓[-젇] 명 오사리로 담근 새우젓. ㉾오젓.
오-사모(烏紗帽) 명 사모(紗帽).
오사바사-하다 형여 **1** 마음이 부드럽고 사근사근하나 주견이 없어 요리조리 변하기 쉽다. **2** 잔재미가 있다. ❑ 오사바사한 그녀와 정이 들었다.
오삭-오삭 부하형 오슬오슬.
오:산(誤算) 명하타 **1** 잘못 셈함. 또는 그 셈. **2** 추측이나 예상을 잘못함. 또는 그런 추측이나 예상. ❑ 폭력으로 해결하겠다는 것은 큰 ~이다.
오산(鼇山) 명 〖민〗 산대놀음.
오:산화-인(五酸化燐) 명 〖화〗 인을 공기 중에서 태웠을 때 생기는 흰빛의 가루《건조제·탈수제로 씀》. 인산 무수물.
오:살(誤殺) 명하타 잘못하여 사람을 죽임.
오살(鏖殺) 명하타 모두 무찔러 죽임.
오:상(五相) 명 〖불〗 진언 행자(眞言行者)가 성불(成佛)에 이르기까지 닦고 익히는 다섯 단계의 수행《통달 보리심(通達菩提心)·수보리심(修菩提心)·성금강심(成金剛心)·증금강심(證金剛心)·불신 원만(佛身圓滿)》.
오:상(五常) 명 **1** 오륜(五倫). **2** 사람으로서 지켜야 할 다섯 가지 도리, 곧 인·의·예·지(智)·신. **3** 아버지는 의리로, 어머니는 자애로, 형은 우애로, 아우는 공경으로, 자식은 효도로써 대해야 할 마땅한 길. 오전(五典).
오:상(五傷) 명 〖가〗 그리스도가 수난 때 입은 양손·양발·옆구리의 다섯 상처.
오:상(誤想) 명하타 착각으로 말미암은 그릇된 생각.
오:상-고절(傲霜孤節) 명 서릿발이 심한 속에서도 굴하지 않고 외로이 지키는 절개라는 뜻으로, '국화(菊花)'를 비유하는 말.
오:상 방위(誤想防衛) 〖법〗 정당방위의 요건이 구비되어 있다고 잘못 판단하여 반격을 가하는 위법적인 방위 행위. 착각 방위.
오:상 피:난(誤想避難) 〖법〗 긴급 피난의 요건이 구비되어 있다고 잘못 판단하여 행한 피난 행위. 착각 피난.
오:색(五色) 명 **1** 청색·황색·적색·백색·흑색의 총칭. **2** 여러 빛깔. ❑ ~으로 장식한 꽃가마 / ~이 영롱하다.
오:색(傲色) 명 오만한 기색.
오:색-나비(五色-)[-생-] 명 〖충〗 네발나빗과의 곤충. 편 날개 길이는 7cm 정도, 날개의 바탕은 흑갈색, 가장자리에는 황갈색 반점의 줄무늬가 있음. 수컷은 광선의 반사에 의해 보라색으로 빛남. 애벌레는 버들잎을 먹음.
오:색-단청(五色丹靑)[-딴-] 명 오색으로 칠한 단청. ❑ 대웅전을 ~으로 단청하다.
오:색-딱따구리(五色-) 명 〖조〗 딱따구릿과의 새. 지빠귀보다 좀 작고, 날개에는 희고 검은 얼룩무늬가 있음. 부리로 나무줄기를 쪼아 구멍을 파고 속의 곤충을 잡아먹음.
오:색무주(五色無主)[-생-] 명하자 공포에 사로잡혀 얼굴빛이 여러 가지로 변함.
오:색-실(五色-)[-씰] 명 **1** 청색·황색·적색·백색·흑색의 다섯 가지 빛깔의 실. **2** 여러 빛깔이 어울려 알록달록한 실.
오:색영롱-하다(五色玲瓏-)[-생녕농-] 형여 여러 가지 빛이 한데 어울려 눈부시게 찬란하다. ❑ 오색영롱한 무지개.
오:색-잡놈(五色雜-)[-짬-] 명 오사리잡놈.
오:색찬란-하다(五色燦爛-)[-찰-] 형여 여러 가지 빛깔이 한데 어울려 황홀하고 아름답다. ❑ 오색찬란한 광채를 뿜어내다 / 오색찬란하게 빛나다.
오:색 한:삼(五色汗衫)[-새칸-] 〖역〗 여자의 예장 따위에 쓰는, 빨강·노랑·초록·파랑·하양 따위 오색의 색동 헝겊으로 만든 한삼.
오:생(午生) 명 〖민〗 오년(午年)에 난 사람.
오:생(五牲) 명 제물(祭物)로 쓰는 다섯 가지 짐승《사슴·고라니·본노루·이리·토끼》.
오:서(誤書) 명하타 글자를 잘못 씀. 또는 그 글자. *오사(誤寫).
오:서-낙자(誤書落字)[-짜] 명하자 오자낙서(誤字落書).
오석(烏石) 명 〖지〗 흑요암(黑曜岩).
오:선(五善) 명 **1** 사술(射術)에서의 다섯 가지 선덕(善德)《화지(和志)·화용(和容)·주피(主皮)·화송(和頌)·흥무(興武)》. **2** 〖불〗 오계(五戒)를 잘 지키는 일.
오:선(五線) 명 〖악〗 악보를 그리기 위해 가로로 그은 다섯 줄.
오:선-주(五仙酒) 명 오갈피·어아리·쇠무릎·삽주·소나무의 마디를 넣어 빚은 술.
오:선-지(五線紙) 명 〖악〗 오선을 그은 종이《악보를 그리는 데 쓰임》.
오:성(五性) 명 사람의 다섯 가지 성정(性情)《기쁨·노여움·욕심·두려움·근심》.
오:성(五星) 명 〖천〗 금성·목성·수성·화성·토성의 다섯 별.
오:성(五聖) 명 **1** 중국의 다섯 성인《황제(黃帝)·요(堯)·순(舜)·우(禹)·탕왕(湯王)》. **2** 문묘(文廟)에 함께 모신 다섯 성인《공자·안자(顔子)·증자(曾子)·자사(子思)·맹자(孟子)》.
오:성(五聲) 명 〖악〗 오음(五音).
오:성(悟性) 명 사물에 대하여 논리적으로 이해하고 판단하는 능력. 지성(知性).
오:성-론(悟性論)[-논] 명 모든 진리의 인식은 오성의 선천적 작용으로 이루어진다는 이론. 순리론(純理論).
오:성 장군(五星將軍) 계급장에 별이 다섯 달린 장군. 곧, 원수(元帥).
오:세(汚世) 명 더러운 세상. 탁세(濁世).
오세아니아(라 Oceania) 명 〖지〗 멜라네시아·폴리네시아·미크로네시아·오스트레일리아·뉴질랜드를 포함하는 섬들과 대륙으로 이루어진 지역의 총칭. 대양주.
오소리 명 〖동〗 족제빗과의 짐승. 산지(山地)에 사는데, 너구리와 비슷하며 다리는 짧고 굵음. 몸빛은 회색 또는 갈색인데, 모피는 방

한 용. 털은 붓·솔 따위를 만드는 데 씀.

오소리-감투 圀 털이 붙은 오소리의 가죽으로 만든 벙거지.

[**오소리감투가 둘이다**] 어떤 일을 맡아 처리하는 사람이 둘이면 서로 다투는 일이 생긴다는 말.

오소소 團 **1** 깨·좁쌀 따위의 아주 잔 물건이 소복하게 쏟아지는 모양. **2** 나뭇잎 따위가 바람에 떨어지는 소리. 또는 그 모양. ▫ 낙엽이 ～ 떨어진다. ▣우수수.

오:-속 (五俗) 圀 시를 지을 때 피해야 할 다섯 가지 속습(俗習). 곧, 속체(俗體)·속의(俗意)·속구(俗句)·속자(俗字)·속운(俗韻)을 이름.

오:-속 (汚俗) 圀 나쁜 풍속.

오손 (汚損) 圀하타 더럽히고 손상함. ▫ 취급 부주의로 발굴 문화재가 ～되다.

오손-도손 團 서로 의좋게 지내거나 이야기하는 모양. ～ 의좋게 지내는 부부.

오솔-길 [-낄] 圀 폭이 좁은 호젓한 길. ▫ ～을 거닐다.

오솔-하다 圀어 사방이 무서울 만큼 호젓하다. ▫ 오솔한 밤길을 혼자 걷다.

오:-수 (午睡) 圀 낮잠. ▫ ～에 잠기다 / ～를 즐기다.

오:-수 (汚水) 圀 더러운 물. 구정물. ▫ 정화하지 않은 ～를 마구 버리다.

오수-경 (烏水鏡) 圀 오수정(烏水晶)의 알을 박은 안경. ▣오경(烏鏡).

오:-수부동 (五獸不動) 圀 닭·개·사자·범·고양이가 모이면 서로 두려워하고 꺼리어 움직이지 못한다는 뜻으로, 사회 조직이 서로 견제하는 세력으로 이루어져 있음을 이르는 말.

오:-수유 (吳茱萸) 圀 〖식〗 운향과의 낙엽 활엽 교목. 높이 약 3 m, 잎·줄기에 털이 있고 초여름에 황록색 꽃이 핌. 적자색 과실은 향기가 있고 매운데, 약재로 씀. ▣오유(吳萸).

오:-수정 (烏水晶) 圀 〖광〗 빛이 검은 수정.

오순 (五旬) 圀 **1** 쉰 살. **2** 쉰 날.

오순-도순 團 '오손도손'의 큰말.

오:-순-절 (五旬節) 圀 〖성〗 성령이 강림한 날을 기념하는 축일. 예수 부활 후 50일째 되는 날. 성령 강림절.

오스뮴 (osmium) 圀 〖화〗 백금족 원소의 하나. 금속 원소 중에서 비중이 가장 크고, 백금족 원소 중에서 녹는점이 가장 높으며 청회색 금속 광택이 있음. [76 번: Os : 190.2]

오스뮴 전:구 (osmium電球) 오스뮴을 필라멘트로 사용한 백열전구.

오스스 團하형 차고 싫은 기운이 몸에 일어나는 모양. ▫ ～한 늦가을 냉기가 살 속으로 파고들었다. 璮아스스. ▣으스스.

오스카-상 (Oscar賞) 圀 〖연〗 아카데미상.

오스트라시즘 (ostracism) 圀 〖역〗 도편(陶片) 추방제.

오스트랄라시아 (Australasia) 圀 〖지〗 오세아니아의 서남부인 오스트레일리아·태즈메이니아·뉴질랜드 및 남태평양 제도를 통틀어 이르는 말.

오스트랄로피테쿠스 (Australopithecus) 圀 약 300 만 년 전에 생존했던 것으로 추정되는 최고(最古)의 화석 인류. 완전한 직립 보행을 했다고 함.

오슬-오슬 團하형 소름이 끼칠 듯이 몸이 움츠러지면서 추워지는 모양. 오삭오삭. ▫ 밤이 되자 ～ 추워졌다. 璮아슬아슬. ▣으슬으슬.

오:-승 (五乘) 圀 〖불〗 해탈의 경지에 이르는 다섯 가지 교법(教法). 곧, 인승(人乘)·천승(天乘)·성문승(聲聞乘)·연각승(緣覺乘)·보살승(菩薩乘)을 이름.

오:-승-포 (五升布) 圀 다섯 새의 베나 무명.

오:-시 (午時) 圀 **1** 십이시의 일곱째 시《오전 11시부터 오후 1시까지》. **2** 이십사시의 열셋째 시《오전 11시 반부터 오후 12시 반까지》. 璮〔午〕.

오:-시-교 (五時教) 圀 〖불〗 석가여래의 가르침을 연대에 따라 다섯 시기로 나눈 것《화엄시(華嚴時)·아함시(阿含時)·방등시(方等時)·반야시(般若時)·법화열반시(法華涅槃時)》.

오시-목 (烏柿木) 圀 **1** 〖식〗 먹감나무. **2** 감나무의 검은 심.

오시아르 (OCR) 〔optical character reader〕 광학(光學) 문자 판독기.

오시아르 카드 (OCR card) 오시아르를 장치한 카드. 채점을 전산기로 처리하는 학력고사 답안지 따위.

오:-시-오:중 (五矢五中) 圀하자 화살을 다섯 대 쏘아서 다섯 대를 다 맞힘. 璮오중(五中).

오:-식 (五識) 圀 〖불〗 오근(五根)에 따라 일어나는 다섯 가지 지각《색(色)·성(聲)·향(香)·미(味)·촉(觸)》.

오:-식 (誤植) 圀하타 〖출〗 활판에 활자를 잘못 꽂음. 또는 그 실수로 생긴 인쇄상의 잘못. ▫ ～을 바로잡다.

오:-신 (娛神) 圀 〖민〗 무당이 굿을 할 때, 타령이나 노랫가락 등으로 신(神)을 찬양하고 즐겁게 하는 일.

오:-신 (誤信) 圀하타 그릇 믿음. ▫ 그가 돌아올 것으로 믿었던 것은 나의 ～이었다.

오:-신명 (誤身命) 圀하자 몸과 목숨을 그르침.

오:-실 (奧室) 圀 깊숙한 방.

오실로그래프 (oscillograph) 圀 〖물〗 진동의 모양을 가시(可視) 곡선으로 표시하는 기계.

오실로스코프 (oscilloscope) 圀 〖물〗 전압·전류의 시간적 변화를 관찰하는 장치.

오심 (惡心) 圀 〖한의〗 가슴 속이 불쾌해지면서 토할 듯한 기분이 생기는 증상.

오:-심 (誤審) 圀하자타 잘못 심판함. 또는 그런 심판. ▫ 심판의 ～.

오:-심-열 (五心熱) [-녈] 圀 〖한의〗 위경(胃經) 속에 화기가 뭉쳐서 손발이 몹시 더워지는 병증.

오:-십 (五十) 囹쉰 쉰(의). ▫ ～ 동년.

오:-십-견 (五十肩) [-견] 圀 어깨의 통증으로 인하여 어깨의 움직임에 지장을 받게 되는 증상《오십 세 전후의 나이에 많이 발생함》.

오:-십보-백보 (五十步百步) [-뽀-뽀] 圀 차이가 있기는 하지만, 본질적으로는 차이가 없다는 말. 오십보소백보. ▫ 60 등이나 61 등은 ～이다.

오:-십보-소백보 (五十步笑百步) [-뽀-뽀] 圀 오십보백보.

오:-십-소백 (五十笑百) [-쏘-] 圀 '오십보소백보'의 준말.

오:-십음-도 (五十音圖) 圀 〖언〗 일본 글자의 오십음을 성음(聲音)의 종류에 따라 배열(配列)한 표.

오:-십이-위 (五十二位) 圀 〖불〗 보살 수행의 단계. 십신(十信)·십주(十住)·십행(十行)·십회향(十廻向)·십지(十地)·등각(等覺)·묘각(妙覺)을 이름.

오싹 團하형 무섭거나 추워서 갑자기 몸이 움츠러들거나 소름이 끼치는 모양. ▫ 소름이 ～ 끼치다.

오싹-거리다 [-꺼-] 圀타 무섭거나 추워서 자

꾸 몸이 움츠러들거나 소름이 끼치다. ❏너
무나 무서워 등골이 오싹거린다. **오싹-오싹**
[무][하자]

오싹-대다[-때-] [자][타] 오싹거리다.

오수리[옛] 오소리.

오아시스(oasis) [명] **1** 사막 가운데에 샘이 솟
고 초목이 자라는 곳(마을의 형성과 대상(隊
商)의 휴식에 긴요함). **2** 삶의 위안이 되는
것이나 장소의 비유.

오:악(五惡) 《불》 오계(五戒)를 어기는 일
《살생(殺生)·투도(偸盜)·사음(邪淫)·망어(妄
語)·음주(飮酒)》.

오:악(五嶽) [명] **1**《지》 우리나라의 이름난 다
섯 산《금강산·묘향산·지리산·백두산·삼각
산》. **2**《지》중국의 다섯 영산(靈山)《타이산
(泰山) 산·화산(華山) 산·형산(衡山) 산·형산
(恒山) 산·쑹산(嵩山) 산》. **3** 관상학에서, 사
람의 이마·코·턱·좌우 광대뼈.

오:안(五眼) [명] 《불》 불타의 다섯 눈《육안(肉
眼)·천안(天眼)·법안(法眼)·혜안(慧眼)·불안
(佛眼)》.

오:야(午夜) [명] 자정(子正).

오:야(五夜) [명] 오후 7시부터 오전 5시까지의
하룻밤을 갑야(甲夜)·을야(乙夜)·병야(丙夜)·
정야(丁夜)·무야(戊夜)로 나눈 일컬음.

오약(烏藥) [명] 《한의》천태(天台)오약 또는 형
주(衡州)오약의 뿌리《토사·곽란 따위에 씀》.

오얏 [명] 《식》 ☞ 자두.

오얏-나무 [명] 《식》 ☞ 자두나무.

오얏 [옛] 자두.

오:언(五言) [명] 《문》 한시에서, 한 구가 다섯
글자로 이루어진 한시의 형식.

오:언 고:시(五言古詩) 《문》 한시에서, 한 구
가 다섯 글자로 이루어진 고체.

오:언 배율(五言排律) 《문》 한시에서, 한 구
가 다섯 글자로 이루어진 배율.

오:언-시(五言詩) [명] 《문》 한 구가 다섯 글자
로 이루어진 한시의 총칭.

오:언 율시(五言律詩)[-씨] 《문》 한 구가
다섯 글자로 된 율시.

오:언 절구(五言絶句) 《문》 한 구가 다섯 글
자로 된 절구《중국 당나라 때 성행함》. ⓒ오
절(五絶).

오에스(OS) [명] [operating system] 《컴》 운영
체제.

오에이(OA) [명] [office automation] 사무 자동
화(事務自動化).

오엑스-문제(OX問題) [명] 문제를 읽고 맞으면
‘○’, 틀리면 ‘×’를 표시해서 답안을 작성하
는 시험 문제.

오엘(OL) [명] 《연》 오버랩(overlap)의 약호.

오엠아르(OMR) [명] [optical mark reader] 광
학(光學) 마크 판독기.

오:역(五逆) [명] 《불》 무간지옥(無間地獄)에 떨
어질 다섯 가지 악행(惡行)《아버지를 죽이는
일, 어머니를 죽이는 일, 아라한(阿羅漢)을
죽이는 일, 승려의 화합을 깨뜨리는 일, 불신
(佛身)을 손상하는 일》.

오:역(誤譯) [명][하타] 잘못 번역함. 또는 그 번
역. ❏~이 많은 번역.

오역부지(吾亦不知)[-뿌-] [명][하자] 나도 또한
모름.

오:연(五軟) [명] 《한의》어린아이의 머리·목·
손·발·입의 근육 조직이 연약하고 무력한 병
적 증상. ☞오경(五硬).

오:연-하다(傲然-) [형][여] 태도가 거만스럽다.
❏오연한 태도. **오:연-히** [무]

오:열(五列) [명] ‘제오 열(第五列)’의 준말. ❏

~을 경계하다.

오:열(嗚咽) [명][하자] 목메어 욺. 또는 그런 울음.
❏~을 토하다 / ~ 속에 장례를 치르다.

오:염(汚染) [명][하자][타] 더럽게 물듦. ❏폐수로
~된 강물 / 대기가 ~되다.

오:염-도(汚染度) [명] 오염된 정도. ❏~가 낮
다.

오:염-원(汚染源) [명] 자동차의 배기가스, 공
장의 폐수 등 환경을 오염시키는 근본 원인.

오엽(梧葉) [명] 오동나무의 잎.

오엽-선(梧葉扇)[-썬] [명] 살의 끝을 휘어서 오
동나무 잎의 잎맥과 비슷하게 만든 부채.

오:엽-송(五葉松)[-쏭] 《식》 잣나무.

오:-영문(五營門) [명] 《역》 오군영(五軍營).

오:예(汚穢) [명][하형] 지저분하고 더러움. 또는
그런 것.

오:옥(五玉) [명] 다섯 가지 빛깔의 구슬. 곧, 창
옥(蒼玉)·적옥(赤玉)·황옥(黃玉)·백옥(白
玉)·현옥(玄玉).

오옥(烏玉) [명] 빛깔이 검은 구슬.

오:온(五蘊) [명] 《불》 물질과 정신을 오분(五
分)한 것. 곧, 색(色)·수(受)·상(想)·행(行)·
식(識). 오음(五陰). 오중(五衆).

오올다[형] [옛] 온전하다.

오요요 [감] 강아지를 부르는 소리.

오:욕(五慾) [명] 《불》 **1** 오진(五塵). **2** 사람의
다섯 가지 욕심. 곧, 재물욕·색욕·식욕·명예
욕·수면욕(睡眠慾).

오:욕(汚辱) [명][하타] 명예를 더럽히고 욕되게
함. ❏~을 남기다 / ~을 말끔히 씻다.

오:용(誤用) [명][하타] 잘못 사용함. ❏약물 ~.

오우(烏芋) [명] 《한의》올방개의 뿌리《지갈(止
渴)·명목(明目)·개위(開胃) 등의 약으로 씀》.

오:운(五雲) [명] 오색의 구름.

오:운(五運) [명] **1** 오행(五行)의 운행《상생(相
生)·상극(相剋)의 차례가 있음》. **2** 달력에서
화성·수성·목성·금성·토성을 일컫는 말.

오:운-거(五雲車) [명] 신선이 타고 다닌다는,
오색의 구름을 그린 수레.

오:월(午月) [명] 《민》 월건(月建)이 오(午)로 든
달. 곧, 음력 5월.

오:월(五月) [명] 한 해 열두 달 가운데 다섯째
달.

오월(吳越) [명] 중국 춘추 시대의 오나라와 월
나라가 적대 관계에 있던 데서, 원수 같은 사
이를 비유하는 말.

오월(梧月) [명] 오추(梧秋).

오:-월국(五月菊) [명] 《식》 국화의 한 종류. 오
월에 꽃이 핌.

오월-동주(吳越同舟) [명] 사이가 나쁜 사람끼
리 같은 장소나 처지에 함께 놓임. 또는 서로
반목하면서도 공통의 곤란이나 이해에 대해
서는 협력함의 비유.

오:월-로(五月爐) [명] 오월의 화로라는 뜻으
로, 당장 필요하지는 않아도 없으면 아쉬운
물건의 비유.

오:월-추(五月秋) [명] 모내기하는 음력 5월은
가을만큼 바쁜 계절이란 뜻.

오:위(五衛) [명] 《역》 조선 세조 때, 군제(軍制)
를 고쳐 정한 다섯 위. 곧, 중위(中衛)로 의
흥(義興), 좌위로 용양(龍驤), 우위로 호분(虎
賁), 전위로 충좌(忠佐), 후위로 충무(忠武)를
두고 한 위를 다섯 부(部), 한 부를 네 통(統)
으로 나누어, 전국의 군사가 여기에 달리게
했음.

오:위-도총부(五衛都摠府) [명] 《역》 조선 때,

오위의 군무를 맡아보던 관아.

오-위-장 (五衛將) 圀 〖역〗 조선 때, 오위의 군사를 거느리던 장수《12 명이며, 품계는 종이품》.

오유 (烏英) 圀 '오수유(烏茱萸)'의 준말.

오유 (烏有) 圀 사물이 아무것도 없게 됨. ▣화재로 가재도구가 ~로 돌아가다.

오-유 (娛遊) 圀하자 오락과 유희. 즐기고 놂.

오-유 (遨遊) 圀하자 재미있고 즐겁게 놂.

오유-선생 (烏有先生) 圀 실제로는 없는, 가공의 인물.

오-음 (五音) 圀 〖악〗 궁(宮)·상(商)·각(角)·치(徵)·우(羽)의 다섯 음률. 오성(五聲).

오-음 (五陰) 圀 온온(五蘊).

오-음 (五飮) 圀 다섯 가지 음료. 곧, 물·미음·약주·단술·청주.

오-음성-고 (五陰盛苦) 圀 〖불〗 팔고(八苦)의 하나. 오온(五蘊)이 불같이 일어나서 생기는 고통.

오-음 육률 (五音六律)[-뉵률] 옛날 중국 음악의 다섯 가지 소리와 여섯 가지 율조.

오-음 음계 (五音音階)[-/-으름계] 〖악〗 오음으로 이루어진 음계《한국 및 중국 등의 민요에서 볼 수 있음》.

오-의 (奧義)[-/-이] 圀 깊은 뜻. 오지(奧旨).

오이 圀 〖식〗 박과의 한해살이 덩굴풀. 덩굴손으로 감아 벋으며 초여름에 노란 통꽃이 피고, 열매는 가늘고 길며 녹색인데 나중에 누렇게 익음. 식용함. 남아시아 원산. 황과(黃瓜). ▣~로 담근 김치. 胡瓜.

오이-과 (-瓜) 圀 한자 부수의 하나('瓠'나 '瓢' 따위에서 '瓜'의 이름).

오이-김치 圀 오이로 담근 김치. 歅외김치.

오이-깍두기 [-뚜-] 圀 오이를 썰어서 젓국과 고춧가루와 고명을 넣고 버무려 담근 깍두기.

오이-나물 圀 오이를 가로 썬 다음에 고기와 양념을 넣고 섞어 살짝 볶은 음식.

오이-냉국 (-冷-)[-꾹] 圀 오이를 잘게 썰어 간장에 절인 다음, 냉수에 넣고 파·초·고춧가루를 친 음식. 오이찬국.

-오이다 어미 '이다'·'아니다' 및 받침 없는 용언의 어간에 붙어, 하소서할 자리에서, 현재의 사실을 설명하는 종결 어미. ▣훌륭한 시조(時調)이~ / 머리가 희~ / 어머니께서 부르~. 歅-외다. *-으오이다--나이다.-사오이다.

오이디푸스 콤플렉스 (Oedipus complex) 정신 분석학에서, 아들이 무의식적으로 아버지를 배척하고 어머니를 사모하는 경향. ↔엘렉트라 콤플렉스.

오이-소박이 圀 '오이소박이김치'의 준말.

오이소박이-김치 圀 오이의 허리를 네 갈래로 갈라, 속에 파·마늘·생강·고춧가루 따위를 섞은 소를 넣고 담근 김치. 歅소박이·소박이김치·오이소박이.

오이-순 (-筍) 圀 오이의 애순.

오이시디 (OECD) 〔Organization for Economic Cooperation and Development〕 경제 협력 개발 기구.

오이-씨 圀 오이의 씨. 歅외씨.

오이씨 같다 𢎥 버선 신은 여자의 발이 갸름하고 예쁘다. ▣오이씨 같은 버선발.

오이엠 (OEM) 〔original equipment manufacturer〕 계약에 따라 상대방의 상표로 상품을 내는 생산 형태. 주문자 상표 부착 생산.

오이-지 圀 끓여서 식힌 소금물에 오이를 담가

익힌 반찬. 歅외지.

오이-찬국 圀 오이냉국.

오이-풀 圀 〖식〗 장미과의 여러해살이풀. 높이는 1.5 m 정도이며, 잎은 어긋나고 깃꼴 겹잎임. 가을에 암홍자색 꽃이 핌. 뿌리는 지혈·해열제로 씀. 어린잎은 식용함. 외나물.

오-인 (午人) 圀 〖역〗 남인(南人).

오-인 (誤認) 圀하자 잘못 보거나 생각함. ▣범인으로 ~하다 / 간첩으로 ~되어 곤욕을 치렀다.

오인 (吾人) 旽때 1 나. 2 우리.

오-일 (午日) 圀 일진(日辰)의 지지(地支)가 오(午)로 된 날《갑오(甲午)·병오(丙午)·무오(戊午) 따위》.

오일 (oil) 圀 기름.

오-일-경조 (五日京兆) 圀 중국 한(漢)나라 장창(張敞)이 경조윤(京兆尹)에 임명되었다가 며칠 후에 면직되었던 고사에서, 오래 계속되지 못하는 일의 비유.

오일 달러 (oil dollar) 〖경〗 산유국이 원유(原油)를 팔아 벌어들인 잉여 외화.

오일 버너 (oil burner) 석유를 연소시키는 장치. 중유 연소기.

오일 샌드 (oil sand) 4~10 % 의 중질 타르의 원유가 섞인 모래나 바위.

오일 셰일 (oil shale) 석유 혈암(石油頁岩).

오일 쇼크 (oil shock) 유류 파동.

오일스킨 (oilskin) 圀 동백기름이나 삼씨기름 따위를 먹여 물이 스며들거나 배지 않도록 만든 천.

오일-실크 (←oiled silk) 圀 명주에 기름 또는 수지 용액을 입힌 천《방수용 외투 따위에 씀》.

오-일-장 (五日場)[-짱] 圀 닷새마다 서는 시골의 장. ▣~이 서다.

오-일-장 (五日葬) 圀 초상난 지 닷새 만에 지내는 장사. ▣~을 치르다.

오일클로스 (oilcloth) 圀 1 기름으로 방수 처리한 천. 2 면(綿)플란넬·펠트(felt) 따위의 두꺼운 피륙에 에나멜을 입히고 무늬를 그린 천《책상보 따위로 씀》.

오일-펌프 (oil pump) 圀 기름을 보내는 데 쓰는 펌프《송유(送油)·급유(給油) 따위에 씀》.

오일 페니실린 (oil penicillin) 〖약〗 페니실린을 식물유에 녹인 약《근육 주사로 씀》.

오-입 (悟入) 圀하자 〖불〗 도를 깨달아 실상(實相)의 세계로 들어감.

오-입 (誤入) 圀 아내가 아닌 여자와 성관계를 가지는 일. 외도(外道). 외입(外入).

오-입-쟁이 (誤入-)[-쨍-] 圀 오입질하는 남자. [오입쟁이 헌 갓 쓰고 통 누기는 예사라] 되지못한 자가 못된 짓을 해도 놀랄 것이 아니라는 뜻.

오-입-질 (誤入-)[-찔] 圀하자 오입하는 짓.

오-입-판 (誤入-) 圀 오입쟁이들이 노는 사회.

오-우로 旽 〈옛〉 온전히. 온통.

오-자 (誤字)[-짜] 圀 1 잘못 쓴 글자. ▣~를 수정하다. 2 활자를 잘못 꽂은 인쇄물의 글자. ▣~를 바로잡다.

오자-낙서 (誤字落書)[-짜-써] 圀하자 글자를 잘못 쓰거나 빠뜨리고 쓰는 일. 또는 그 글자. 오서낙자. 歅오락(誤落).

오자미 圀 헝겊 주머니에 콩 따위를 넣고 봉해서 공 모양으로 만든 주머니.

오-작 (仵作) 圀 〖역〗 지방 관아에 딸려, 수령이 시체를 임검할 때 시체를 만지던 하인.

오작 (烏鵲) 圀 까막까치.

오작-교 (烏鵲橋)[-꾜] 圀 〖민〗 칠월 칠석날 저녁에 견우와 직녀를 만나게 하기 위해 까마

귀와 까치가 은하(銀河)에 놓는다는 다리. 은하 작교.

오작-오작[부(하자)] **1** 조금씩 자꾸 나아가는 모양. **2** 김치나 깍두기 따위를 조금씩 자꾸 썹는 소리나 모양. ▭총각김치를 ~ 썹다. 훈우적우적.

오:장(五葬)[명] 장례의 다섯 가지 방식. 곧, 토장(土葬)·화장(火葬)·수장(水葬)·야장(野葬)·임장(林葬).

오:장(五臟)[명] 『한의』 간장·심장·비장·폐장·신장(腎臟)의 다섯 가지 내장.
　오장(을) 긁다[관] 남의 비위를 건드리다.
　오장이 뒤집히다[관] 분통이 터져서 견딜 수 가 없다.

오:장-육부(五臟六腑)[-뿌][명] 『한의』 내장의 총칭. 즉, 오장과 육부. ▭~가 뒤틀리다. 훈장부.

오:재(五材)[명] 다섯 가지 재료. 금·목·수·화·토 또는 금·목·피(皮)·옥(玉)·토.

오쟁이[명] 짚으로 엮어 만든 작은 섬.
　오쟁이(를) 지다[관] 자기 아내가 다른 남자와 간통하다.

오:적(五炙)[명] 제상에 올리는 다섯 가지 적. 곧, 소적(素炙)·육적·어적·봉적(鳳炙)·채소적을 이름.

오:적(五賊)[명] 『역』 대한 제국 때, 을사조약에 찬동한 다섯 매국노(박제순(朴齊純)·이지용(李址鎔)·이근택(李根澤)·이완용(李完用)·권중현(權重顯)). 을사오적.

오적어(烏賊魚)[동] ☞ 오징어.

오:전(午前)[명] **1** 밤 열두 시부터 낮 열두 시까지의 시간. 상오. **2** 해가 뜰 때부터 낮 열두 시까지의 시간. ▭~ 근무. ↔오후.

오:전(五典)[명] **1** 오륜(五倫). **2** 오상(五常)3.

오:전(誤傳)[명] 사실과 다르게 전함. 또는 그런 전갈이나 문헌. 와전(訛傳).

오전(鏖戰)[명][하자] 사상자를 많이 낸 큰 싸움.

오:절(五絶)[명] **1** 사람이 비명에 죽는 다섯 가지 죽음(목매어 죽는 일, 물에 빠져 죽는 일, 눌려 죽는 일, 얼어 죽는 일, 놀라 죽는 일). **2** '오언 절구(五言絶句)'의 준말.

오:점(汚點)[-쩜][명] **1** 더러운 점. 얼룩. **2** 명예롭지 못한 흠이나 결점. ▭~을 남기다.

오-접선(烏摺扇)[-썬][명] 검은 칠을 한 쥘부채.

오:-젓[-젇][명] '오사리젓'의 준말.

오:정(午正)[명] 정오(正午). ↔자정(子正).

오:정(五情)[명] 사람의 다섯 가지 감정. 기쁨·노여움·슬픔·욕심·증오의 일컬음.

오:정-포(午正砲)[명] 지난날, 정오를 알리던 대포. 훈오포(午砲).

오:제(五帝)[명] 고대 중국의 다섯 성군(聖君). 곧, 소호(少昊)·전욱(顓頊)·제곡(帝嚳)·요(堯)·순(舜)(사기(史記)에는 소호 대신 황제(黃帝)임).

오:-조[명] 『식』 일찍 익는 조.
　[오조 먹은 돼지 벼르듯] 흔내 주려고 잔뜩 벼르고 있다는 말.

오:조-룡(五爪龍)[명] **1** 발톱이 다섯 있다는 전설의 용. **2** 『식』 거지덩굴.

오조-증(惡阻症)[-쯩][명] 입덧.

오:족(五足)[명] 씨를 다섯 올씩 배게 하고 간(間)을 걸러서 짠 천.

오족-철(烏足鐵)[명] 『건』 문짝틀이 벌어지지 않게 덧붙인 쇠.

오:족-항라(五足亢羅)[-캉나][명] 오족으로 짠 항라.

오존(ozone)[명] 『화』 3 원자의 산소로 된 푸른

빛의 기체. 특유한 냄새가 나며, 상온에서 분해되어 산소가 됨. 산화력이 강해서 산화제·표백제·살균제로 씀. 화학식은 O_3.

오존 경:보제(ozone警報制) 공기 가운데 오존 농도의 정도에 따라 생활 활동 등의 제한을 권고하는 제도(자동차 운행의 제한 권고, 학교 수업 중단 따위).

오존-층(ozone層)[명] 오존을 많이 함유하고 있는 공기층(지상 20~30 km 상공에 있으며 인체나 생물에 해로운 태양의 자외선을 잘 흡수함).

오존 홀(ozone hole) 남극 대륙 상공에 구멍처럼 생긴, 오존 농도가 낮아진 영역(오존층이 프레온 가스에 의해 파괴되는 것으로, 지구 환경 보호에 문제가 되고 있음).

오졸-거리다[자타] 몸이 작은 사람이나 짐승이 가볍게 율동적으로 자꾸 움직이다. 훈우줄거리다. 오졸-오졸[부(하자)]

오졸-대다[자타] 오졸거리다.

오줌[명] 〈옛〉 오줌.

오:종(五種)[명] **1** 다섯 가지. 다섯 종류. **2** 오곡(五穀)1.

오:종 경:기(五種競技) 육상 경기 중 혼합 경기의 한 종목. 남자의 경우는 한 선수가 멀리뛰기와 창던지기·200 m 달리기·원반던지기·1,500 m 달리기를 하고, 여자는 100 m 허들·포환던지기·높이뛰기·멀리뛰기·창던지기의 5종목임.

오종종-하다[형(여)] **1** 잘고 둥근 물건이 빽빽이 놓여 있다. **2** 얼굴이 작고 옹졸스럽다. ▭오종종한 생김새. 오종종-히[부]

오:좌(午坐)[명] 『민』 집터나 묏자리 따위가 오방(午方)을 등진 좌향이나 자리.

오:좌-자향(午坐子向)[명] 『민』 집터나 묏자리 따위가 오방(午方)을 등지고 자방(子方)을 향한 자리. 곧 남쪽에서 북쪽을 향한 터의 생김새.

오죽(烏竹)[명] 『식』 대의 일종. 솜대의 변종으로 전체가 더 작고, 외피는 자흑색으로 죽세공(竹細工)의 재료로 씀.

오죽[부] 여간. 얼마나. ▭~ 기쁘랴 / 사내 녀석이 ~ 못났으면 눈물을 흘려.

오죽-이[부] 오죽.

오죽-이나[부] '오죽'의 힘줌말. ▭~ 낙심이 되었습니까.

오죽잖다[-짠타][형] 보통 정도도 못 되다. 변변하지 못하다. ▭얼마나 오죽잖게 여겼으면 대꾸도 없었을까. 오죽잖-이[-짜니][부]

오죽-하다[-주카-][형(여)] 정도가 매우 심하거나 대단하다. ▭오죽하면 때렸을까 / 아들을 잃은 그의 마음이 오죽할까.
　[오죽한 도깨비 낮에 날까] 하는 짓이 망측해서 상대할 가치도 없으니 그냥 내버려 두라는 뜻.

오줌[명] 혈액에서 유용한 성분을 흡수하고 남은 찌꺼기로, 방광에서 요도를 통해 몸 밖으로 나오는 액체. 소변(小便). ▭~을 누다 / ~이 마렵다.
　[오줌 누는 새에 십 리 간다] 잠시라도 쉬는 것과 쉬지 않는 것은 상당한 차이가 난다는 뜻. [오줌에도 데겠다] 몸이 몹시 허약하다는 것을 비유하는 말.

오줌-독[-똑][명] 오줌을 누거나 모아 두는 독.

오줌-버캐[명] 오줌을 담아 둔 그릇에 허옇게 엉겨 붙은 물질이나 가라앉은 찌끼.

오줌-소태[명] 『의』 방광염이나 요도염으로 오줌이 자주 마려운 여자의 병. 삽뇨증.

오줌-싸개 (圈) **1** 오줌을 가리지 못하는 아이.
□세 살배기 ~. **2** 오줌을 가릴 줄 알면서 실
수로 오줌을 싼 아이를 놀리는 말.

오줌-장군 [-짱-] (圈) 오줌을 담아 나르는 오지
나 나무로 된 통. 歯장군.

오줌-통 (-桶) (圈) **1** 오줌을 누거나 담아 두는
통. **2**(生) 방광(膀胱).

오-중 (五中) (圈)(하자) '오시오중(五矢五中)'의
준말.

오:중 (五重) (圈) 다섯 겹. □~ 충돌.

오:중 (誤中) (圈)(하타) 과녁이나 목표를 잘못 맞
힘. *명중(命中).

오:중-성 (五重星) (圈)(天) 다섯 개의 별이 겹
쳐서 육안으로는 하나로 보이나 망원경으로
는 다섯으로 떨어져 보이는 별. 오중별.

오:중-주 (五重奏) (圈)(樂) 다섯 개의 악기에
의한 합주. □현악 ~.

오:중-창 (五重唱) (圈)(樂) 다섯 사람이 서로
다른 성부(聲部)로 부르는 성악의 중창.

오:중-탑 (五重塔) (圈)(불) 오층탑.

오증어 [圈]〈옛〉오징어.

오지 **1** '오지그릇'의 준말. **2** '오짓물'의 준
말.

오:지 (五指) (圈) 다섯 손가락.

오-지 (汚池) (圈) **1** 물이 더러운 못. **2** 검버섯.

오-지 (祚旨) (圈)(하자) 임금의 뜻을 거역함.

오:지 (奥旨) (圈) 오의(奥義).

오:지 (奥地) (圈) 해안이나 도시에서 멀리 떨어
진 대륙 내부의 땅. 두메산골. 두메. □산간
~ / ~를 탐험하다.

오지-그릇 [-를] (圈) 붉은 진흙으로 만들어 볕
에 말리거나 약간 구운 다음, 오짓물을 입혀
다시 구운 질그릇. 도기(陶器). 歯오지.

오지끈 (鬼)(하자타) 작고 단단한 물건이 부러지거
나 부서지는 소리나 모양. □그릇이 ~ 깨어
졌다. 歯우지끈.

오지끈-거리다 (자타) 작고 단단한 물건이 부러
지거나 부서지는 소리가 자꾸 나다. 또는 그
런 소리를 자꾸 내다. 歯우지끈거리다. 오지
끈-오지끈 (鬼)(하자타)

오지끈-대다 (자타) 오지끈거리다.

오지끈-똑딱 (鬼)(하자타) 작고 단단한 물건이 요
란스럽게 부러지거나 부서지며 다른 물체와
부딪치는 소리나 모양. 歯우지끈뚝딱.

오지다 (圈) '오달지다'의 준말. □묵직하고 단
단한 것이 오지겠다.

오지-독 (圈) 오짓물을 발라 만든 독.

오지-동이 (圈) 오짓물을 발라 만든 동이.

오지랖 [-랍] (圈) 웃옷이나 윗도리에 입는 겉옷
의 앞자락. □~을 여미다.

오지랖(이) 넓다 (관) 지나치게 아무 일에나
참견하다.

오지리 (墺地利) (圈)(지) '오스트리아'의 음역
(音譯). 歯오지.

오지-벽돌 [-뼉-] [-똘] (圈) 오짓물을 입혀 구워
낸 벽돌. 도벽(陶甓).

오지병-격 (-甁膈) (圈) 한자 부수의 하나(`甂`
나 `甍` 따위에서 `甂`의 이름).

오-지-서 (五指書) (圈) 다섯 손가락에 힘을 주
어 붓대를 잡고 쓴 글씨.

오지-자배기 (圈) 오지를 칠하여 만든 자배기.

오지자웅 (烏之雌雄) (圈) 까마귀의 암수를 구별
하기 어렵다는 뜻으로, 선악과 시비를 가리
기가 어렵다는 말.

오지직 (鬼)(하자타) **1** 잘 마른 짚 따위가 타는 소
리. **2** 액체 따위가 바싹 졸아붙는 소리. **3** 단

단한 조개껍데기 따위가 바스러지는 소리. **4**
굵지 않은, 잘 마른 나뭇가지 따위를 부러뜨
리는 소리. 歯우지직.

오지직-거리다 [-꺼-] (자타) 오지직 소리가 자
꾸 나다. 또는 그런 소리를 자꾸 내다. □낙
엽이 오지직거리며 타다 / 나뭇가지를 오지직
거리며 꺾다. 歯우지직거리다. 오지직-오지
직 (鬼)(하자타)

오지직-대다 [-때-] (자타) 오지직거리다.

오지-항아리 (-缸-) (圈) 오짓물을 발라 만든 항
아리.

오-직 (汚職) (圈)(하자) 관리가 직권을 남용해서
부정한 이익을 꾀함. 독직.

오직 (鬼) 다만. 오로지. □~ 너만을 믿는다.

오직-율 (-聿)[-쥴늘] (圈) 한자 부수의 하나
(`肆`나 `肅`·`肇` 따위에서 `聿`의 이름).

오:진 (五塵) (圈)(불) 중생의 진성(眞性)을 더
럽히는 다섯 가지 더러움(색(色)·성(聲)·향
(香)·미(味)·촉(觸)). 오욕(五慾).

오:진 (五鎭) (圈)(지) 백악산(白嶽山)을 중심으
로 동에 오대산, 서에 구월산, 남에 속리산,
북에 장백산의 다섯 진산(鎭山).

오:진 (汚塵) (圈) 더러운 먼지.

오:진 (誤診) (圈)(하자) 〔의〕 진단을 잘못하는 일.
또는 그런 진단. □독감을 폐렴으로 ~하다.

오:집지교 (烏集之交)[-찌-] (圈) **1** 까마귀가 모
여 사귄다는 뜻으로, 거짓이 많고 신용이 없
는 교제. **2** 이욕(利慾)으로 맺어진 교제.

오짓-물 [-진-] (圈) 흙으로 만든 그릇에 발라
구우면 윤이 나는 잿물. 歯오지.

오징어 (圈)(動) 오징엇과의 연체동물. 몸은 원
통형이고 그 안에 쌍의 발이 입 둘레에 있음. 네
쌍의 발은 몸보다 짧고 혹 모양의 빨판이 있
으며 한 쌍은 길고 끝에 빨판이 있어 먹이를
잡기에 적당함. 적을 만나면 먹물을 토하고
달아남.

오징어-무침 (圈) 말린 오징어를 가늘게 썰어서
장과 기름에 무친 음식.

오징어-젓 [-찐] (圈) 생오징어를 고춧가루 양념
으로 버무려 삭힌 것.

오징어-포 (-脯) (圈) 말린 오징어를 얇게 편 가
공품.

오쫄-거리다 (자타) 몸이 작은 사람이나 짐승이
가볍게 율동적으로 자꾸 움직이다. 歯오쭐거
리다. 歯오졸거리다. 오쫄-오쫄 (鬼)(하자타)

오쫄-대다 (자타) 오쫄거리다.

오:차 (誤差) (圈) **1**(數) 참값과 근삿값의 차이.
2(數) 실지로 한 셈이나 측정한 값과 이론적
으로 정확한 값과의 차이. □~를 줄이다. **3**
실수 또는 잘못. □한 치의 ~도 없다.

오:-차물 (五借物) (圈)(불) 중생(衆生)이 빌려
사는 다섯 가지 물질(흙·물·불·바람·공기).

오:차-율 (誤差率) (圈) 오차의 정도. 운산
(運算)의 결과와 근삿값의 비율.

오:착 (五鑿) (圈) 사람의 몸에 있는, 이(耳)·목
(目)·구(口)·비(鼻)·심(心)의 다섯 구멍.

오:착 (誤捉) (圈)(하자) 사람을 잘못 알고 잡음.

오:착 (誤錯) (圈)(하타) 착오(錯誤).

오:찬 (午餐) (圈) 보통 때보다 잘 차려 먹는 점
심 식사. 주찬(晝餐). □~에 참석하다 / ~을
베풀다.

오:찬-회 (午餐會) (圈) 손님에게 오찬을 베풀기
위한 모임.

오:채 (五彩) (圈) **1** 청·황·홍·백·흑색의 다섯 가
지 채색. **2** 경채(硬彩).

오처드그라스 (orchard grass) (圈)〔식〕오리
새.

오:천 (五天) (圈) 동·서·남·북 및 중앙의 하늘.

오:천 (午天) 圀 한낮.

오:-천축 (五天竺)圀 〖역〗 고대 인도에서 다섯 개의 정치적 구획. 곧, 동·서·남·북과 중(中)의 다섯 천축국(天竺國). 오인도(五印度).

오:-첩-반상 (五-飯床)[-빤-] 圀 밥·탕·김치·두 가지 장류(醬類)·찌개의 기본 음식이다. 숙채·생채·구이 또는 조림·전·마른찬의 다섯 가지 반찬을 갖춘 밥상. *반상2.

오:청 (五淸)圀 문인화(文人畵)의 소재가 되는 다섯 가지 깨끗한 물건(송(松)·죽(竹)·매(梅)·난(蘭)·석(石)). 또는 매·국(菊)·파초·죽·석).

오:청 (五聽)圀 지난날, 소송을 듣고 판단하던 다섯 가지 기준(사청(辭聽=말이 번거로우면 옳지 않음), 색청(色聽=옳지 않으면 얼굴빛이 발개짐), 기청(氣聽=거짓이면 숨이 참), 이청(耳聽=거짓일 때는 곧잘 잘못 들음), 목청(目聽=진실이 아니면 눈에 정기가 없음)).

오:청 (誤聽)圀하타 잘못 들음.

오:체 (五體)圀 1 사람의 온몸. 2〖불〗머리와 팔다리. 3 한자의 다섯 가지 서체(전(篆)·예(隸)·해(楷)·행(行)·초(草)).

오:체-투지 (五體投地)圀 〖불〗절하는 법의 하나. 먼저 두 무릎을 땅에 꿇고, 두 팔을 땅에 댄 다음 머리를 땅에 닿도록 절을 함.

오:초 (午初)圀 〖민〗 오시(午時)의 첫 무렵. 곧, 오전 열한 시.

오:초-룰 (五秒rule)圀 1 농구에서, 공을 가진 선수가 패스나 슛 또는 드리블을 하지 않고 공을 가진 상태로 5초를 넘기면 안 된다는 규칙. 2 배구에서, 서브할 선수가, 주심이 호루라기를 분 뒤 5초 이내에 서브해야 한다는 규칙.

오:촌 (五寸)圀 아버지의 사촌이나 아들의 사촌과의 촌수.

오:촌-정 (五寸釘)圀 길이 다섯 치의 쇠못.

오:촌-척 (五寸戚)圀 다섯 치의 친척.

오총-이 (烏驄-)圀[동] 흰 털이 섞인 검은 말.

오추 (梧秋)圀 오동나무의 잎이 지는 가을. 곧, 음력 7월의 딴 이름. 오월(梧月).

오추-마 (烏騅馬)圀 1 검은 털에 흰 털이 섞인 말. 2 옛날, 중국의 항우(項羽)가 탔다는 준마(駿馬).

오:축 (五畜)圀 집에서 기르는 다섯 가지 짐승(소·양·돼지·개·닭).

오:충 (五蟲)圀 다섯 가지 종류의 벌레(인충(鱗蟲)·우충(羽蟲)·모충(毛蟲)·나충(裸蟲)·개충(介蟲)).

오:취 (五臭)圀 다섯 가지 냄새(노린내·비린내·향내·타는 내·썩는 내).

오:취 (五趣)圀 〖불〗중생이 선악의 업보에 따라 이르게 되는 다섯 곳(천상·인간·지옥·축생(畜生)·아귀(餓鬼)). 오도(五道).

오:층-탑 (五層塔)圀 〖불〗다섯 층으로 된 불탑. 흙·물·불·바람·공기의 오대(五大)를 본떠 만든 다섯 층의 탑. 오중탑.

오:칠-일 (五七日)圀 〖불〗사람이 죽은 뒤의 35일 동안. 또는 35일째 되는 날.

오:침 (午寢)圀 낮잠.

오:칭 (誤稱)圀하타 잘못 일컬음. 또는 잘못된 명칭.

오카리나 (ocarina)圀 〖악〗찰흙·사기 따위로 만든 비둘기 모양의 피리(양손의 손가락으로 8~10개의 구멍을 여닫음).

오케스트라 (orchestra)圀 1 관현악. 2 관현악단. □~와 함께 협연하다.

오케스트라 박스 (orchestra+box) 〖악〗가극에서 관현악단이 연주하는 자리(무대의 아래

에 있음).

오케이 (OK) 🔲圀 교정 또는 검사를 마침의 뜻. 교료(校了). □~를 놓다. 🔲🔲 완료·만사 해결·합격·옳다 따위의 뜻을 나타내는 말. □~, 그만하면 마음에 들어.

오:타 (誤打)圀하타 타자기나 컴퓨터 글자판 따위를 칠 때 잘못 침. 또는 그런 글자. □~가 나다. □~를 수정하다.

오:탁 (五濁)圀 〖불〗세상의 다섯 가지 더러운 것(명탁(命濁)·중생탁(衆生濁)·번뇌탁(煩惱濁)·견탁(見濁)·겁탁(劫濁)).

오:탁 (汚濁)圀하타 더럽고 흐림. 탁오.

오:탄-당 (五炭糖)圀 〖화〗펜토오스(pentose).

오:탈 (誤脫)圀 1 오자(誤字)와 탈자(脫字). 탈오(脫誤). 2 오류와 탈루(脫漏).

오:탕 (五湯)圀 제상에 올리는 다섯 가지 국. 곧, 소탕(素湯)·육탕·어탕·봉탕·잡탕.

오토 (烏兎)圀 '금오옥토(金烏玉兎)'의 준말.

오:토 단청 (五土丹靑) 분(粉)·먹·연녹색·살색·석간주(石間硃)로 칠하고 선이나 무늬를 그린 단청.

오토매틱 (automatic)圀 자동.

오토맷 (automat)圀 1 자동판매기. 2 사진기의 셔터 따위가 자동적으로 걸리는 장치.

오토메이션 (automation)圀 자동 조작 방식(전자 장치를 이용한 자동 제어(制御)에 따라 생산 공정을 자동화하는 방식).

오토바이圀 〔auto+bicycle〕 발동기를 장치해서 그 동력으로 바퀴를 회전시키게 만든 자전거. 모터바이시클.

오토자이로 (autogyro)圀 보통 비행기 위쪽에 프로펠러형의 큰 회전익을 달아 좁은 공간에서도 이착륙할 수 있게 만든 비행기. *헬리콥터.

오토-캠핑 (auto camping)圀 자동차를 타고 다니며 하는 캠핑.

오토-피아노 (auto+piano)圀 〖악〗자동(自動)피아노.

오톨-도톨 [부]하형 물건의 거죽이나 바닥이 잘고 고르지 않게 부풀어 오른 모양. □~한 피부. □~두들두들.

오트밀 (oatmeal)圀 귀리 가루로 죽을 쑤어 소금·설탕·우유 따위를 넣어 먹는 음식.

오:판 (誤判)圀하타 잘못 판단함. 그릇된 판정.

오:판-화 (五瓣花)圀 〖식〗다섯잎꽃.

오팔 (opal)圀 〖광〗단백석(蛋白石).

오:팍-하다 (傲愎-)[-퍄가-] 형어 교만하고 독살스럽다.

오퍼 (offer)圀 수출업자가 상대국의 수입업자에게 내는 판매 신청.

오퍼랜드 (operand)圀 〖컴〗연산의 대상이 되는 변수, 또는 명령어에서 명령의 대상이 되는 부분. 셈수자.

오퍼레이션 (operation)圀 〖경〗증권 시장의 투기 매매. 또는 매매에 따른 시장 조작.

오퍼레이션 리서치 (operations research) 1 〖군〗과학적·수학적인 작전 계획. 2 〖경〗합리적 경영 방법의 연구.

오퍼레이터 (operator)圀 기계류를 다루는 사람(전화 교환원·무선 통신사·컴퓨터 조작자 따위).

오퍼레이팅 시스템 (operating system) 〖컴〗운영 체제.

오퍼-상 (offer商)圀 무역에서, 오퍼 업무를 전문으로 하는 업자. 또는 그 영업.

오페라 (opera)圀 〖연〗음악·연극·무용·미술

등을 망라한 종합 무대 예술. 대사는 독창·중창·합창 등으로 부르며, 서곡이나 간주곡 등의 기악곡도 덧붙여진. 가극(歌劇).

오페라-글라스 (opera glass) 圐 주로 오페라 따위를 관람할 때 쓰는 작은 쌍안경.

오페라 코미크 (프 opéra comique) 〖악〗 대화를 섞은 가극(비제의 '카르멘'과 같이 비극적인 계통의 것도 포함). 희가극.

오페라 하우스 (opera house) 圐 오페라용 극장.

오페레타 (이 operetta) 圐 가벼운 희극에 통속적인 노래나 춤을 곁들은 오락성이 짙은 음악극. 경가극(輕歌劇).

오펙 (OPEC) 圐 〔Organization of Petroleum Exporting Countries〕 석유 수출국 기구.

오펜스 (offence) 圐 구기 종목에서, 공격. ↔디펜스.

오-평 (誤評) 圐하타 그릇되게 평가함. 또는 그런 평론.

오-평생 (誤平生) 圐하자 평생을 그르침.

오-포 (五包) 圐 〖건〗 촛가지가 다섯 개로 이루어진 공포(栱包).

오-포 (午砲) 圐 '오정포(午正砲)'의 준말.

오-폭 (誤爆) 圐 폭탄으로 정해진 대상이나 위치가 아닌 곳을 폭격함.

오-풍 (午風) 圐 마파람.

오-풍 (烏風) 圐 〖한의〗 눈이 가렵고 아프며, 머리를 못 돌리는 병. 시력이 몹시 떨어짐.

오-풍십우 (五風十雨) 닷새에 한 번씩 바람이 불고 열을 만에 한 번씩 비가 온다는 뜻으로, 기후가 순조롭고 풍년이 들어 천하가 태평한 모양을 일컫는 말. 우순풍조(雨順風調).

오풍-증 (惡風症)[-쯩] 〖한의〗 오한증과 같이 몸이 오슬오슬 추운 증세.

오프너 (opener) 圐 따개. 병따개.

오프닝 (opening) 圐 방송 프로그램 등을 시작하는 일. 口~ 쇼 / ~ 장면.

오프닝-나이트 (opening night) 圐 영화의 시사 공개, 배우의 인사와 실연 따위가 있는 야간 흥행.

오프닝-넘버 (opening number) 圐 재즈 연주회나 연예 프로그램에서 첫 곡.

오프 더 레코드 (off the record) 기자 회견이나 일반 면담 따위에서, 기록하지 않거나 공표하지 않는 것을 조건으로 하는 일. ↔온 더 레코드.

오프라인 (off-line) 圐 컴퓨터에 관련된 기기(機器)들이 중앙 처리 장치와 직결되어 있지 않은 상태. 또는 그런 조작. ＊온라인(online).

오프라인 시스템 (off-line system) 얻은 정보를 종이 테이프나 자기 테이프 등의 중간 기억 매체에 기록했다가, 그것을 다시 다른 정보 처리 기계에 입력 처리하는 방식. ＊온라인 시스템.

오프사이드 (offside) 圐 축구·럭비·하키 따위에서, 상대편의 진영 안에서 공이나 퍽(puck)보다 앞으로 나가거나 경기자가 규칙에 정해진 금지 구역에 들어갔을 때 범하는 반칙.

오프셋 (offset) 圐 〖인〗 오프셋 인쇄.

오프셋 인쇄 (offset印刷) 〖인〗 평판 인쇄의 하나. 금속 제판면에 묻힌 잉크를 고무판에 한 번 옮겨 박고 종이에 인쇄하는 방법. 오프셋. 정판(精版).

오프신 (off-scene) 圐 〖연〗 인물이 화면에는 나오지 않고 말소리만 들리는 일.

오픈 게임 (open+game) **1** 본 시합에 앞서 행하는 시합. **2** 연습 경기나 비공식 경기. **3** 가 자격에 제한 없이 누구나 참가할 수 있는 경기.

오픈 블로 (open blow) 권투에서, 글러브를 낀 주먹을 펴거나 손바닥 쪽으로 상대편을 치는 일(반칙이 됨).

오픈 세트 (open set) 촬영소 안의 옥외 촬영 장치. 또는 그 장치를 이용한 촬영.

오픈-카 (open car) 圐 지붕이 없는 자동차. 또는 접어서 열 수 있게 지붕을 포장으로 만든 자동차.

오픈 코스 (open course) 스케이트·육상 경기 따위에서, 주로(走路)의 구별 없이 자유롭게 뛸 수 있게 된 코스.

오픈 토너먼트 (open tournament) 운동 경기에서, 참가 자격을 제한하지 않고 토너먼트 방식으로 벌이는 경기.

오피 (OP) 〔observation post〕 〖군〗 관측소2.

오피스 오토메이션 (office automation) 사무 자동화.

오피스텔 〔office+hotel〕 간단한 주거 시설을 갖춘 사무실.

오한 (惡寒) 圐 〖한의〗 몸이 으슬으슬 춥고 떨리는 증세. 오한증. 口~이 나다.

오-한 (懊恨) 圐하타 회한(悔恨).

오한 두통 (惡寒頭痛) 〖한의〗 오한이 나며 머리가 아픈 증세.

오한-증 (惡寒症)[-쯩] 圐 〖한의〗 오한.

오합 (汚合) 圐 땅바닥이 더럽고 움푹 팸.

오합 (烏合) 圐하자 까마귀가 모인 것처럼 무질서하게 모임.

오-합-무지기 (五合-)[-합-] 圐 길이가 같지 않은 다섯 벌의 무지기(색이 층이 지게 입음).

오합지졸 (烏合之卒)[-찌-] 圐 까마귀가 무질서하게 몰려 있다는 뜻으로, 임시로 모여들어서 규율이 없고 무질서한 병졸 또는 군중. 오합지중(烏合之衆). 口~에 불과하다.

오-해 (誤解) 圐하자 그릇되게 해석하거나 잘못 앎. 口~를 받다 / ~가 풀리다 / ~를 사다.

오해-돼지콩 圐 〖식〗 콩의 한 가지(깍지와 낟알이 모두 희며 음력 5월에 파종함).

오-행 (五行) 圐 〖민〗 우주 만물을 이루는 금(金)·목(木)·수(水)·화(火)·토(土)의 다섯 가지의 원소.

오-행 상극 (五行相剋) 〖민〗 오행이 서로 이기는 이치. 곧, 토극수(土剋水)·수극화(水剋火)·화극금(火剋金)·금극목(金剋木)·목극토(木剋土).

오-행 상생 (五行相生) 〖민〗 오행이 서로 생겨나게 하는 이치. 곧, 금생수(金生水)·수생목(水生木)·목생화(木生火)·화생토(火生土)·토생금(土生金).

오-행-설 (五行說) 〖철〗 음양오행설.

오-행-점 (五行占) 〖민〗 주역(周易) 사상의 음양오행설의 이치로 치는 점.

오-향 (五香) 〖한〗 **1** 다섯 가지의 약재(감인(芡仁)·복령(茯苓)·백출(百朮)·인삼(人蔘)·사인(砂仁)). **2** 〖불〗 다섯 가지 향(전단향(栴檀香)·계설향(鷄舌香)·침수향(沈水香)·정자향(丁子香)·안식향(安息香)).

오-현-금 (五絃琴) 圐 〖악〗 다섯 줄로 된 옛날 거문고의 한 가지.

오-형 (五刑) 圐 〖역〗 조선 때, 죄인을 다스리던 다섯 가지 형벌(태형(笞刑)·장형(杖刑)·도형(徒刑)·유형(流刑)·사형(死刑)).

오형 (吾兄) 圐 정다운 벗 사이의 편지에 상대를 서로 일컫는 말. 口~의 승진을 진심으로 축하하오.

오-형 (O型) 圐 〖의〗 ABO 식 혈액형의 하나. A

형·B형·AB형·O형인 사람 모두에게 수혈할 수 있으나, O형인 사람에게서만 수혈받을 수 있음.

오:호 (五胡)[명]《역》 중국의 한(漢)·진(晉) 무렵 서북방에서 중국 본토에 이주한 다섯 민족(흉노(匈奴)·갈(羯)·선비(鮮卑)·저(氐)·강(羌)).

오호 (嗚呼)[감] 슬플 때나 탄식할 때 내는 소리. 아. 오. ▷~라 슬프도다.

오:호 십육국 (五胡十六國)[-뉵꾹]《역》 진말(晉末)부터 남북조 시대에 걸쳐 오호가 세운 13국과 한족이 세운 3국《동북부의 전조(前趙)·후조·전연(前燕)·후연·남연·북연과, 관중(關中)의 전진(前秦)·후진·서진 및 하투(河套)의 하(夏), 사천(四川)의 성한(成漢), 하서(河西)의 전량(前涼)·후량·북량·남량·서량》.

오호-애재 (嗚呼哀哉)[명] '아, 슬프도다'의 뜻. ▷~라, 결국 큰일이 벌어졌구나.

오호-통재 (嗚呼痛哉)[감] '아, 슬프고 원통하다'의 뜻. ▷~로다.

오호호 [뷔하자] 간드러지게 웃는 여자의 웃음소리. 또는 그 모양.

오홉다 (於-)[-따][감] 감탄하여 찬미할 때 내는 소리.

오:활-하다 (迂闊-)[혤어] 〔←우활(迂闊)하다〕 1 실제와 관련이 없다. 2 사정에 어둡다. 3 주의가 부족하다.

오:황 (五黃)[명]《천》 토성(土星).

오:회 (悟悔)[명][하타] 잘못을 깨닫고 뉘우침. ▷~의 빛이 뚜렷하다.

오:후 (午後)[명] 1 정오부터 밤 12시까지의 시간. 2 정오부터 해가 질 때까지의 동안. ↔오전(午前).

오:-훈채 (五葷菜)[명] 자극성이 있는 다섯 가지의 채소. 불가(佛家)에서는 마늘·달래·무릇·김장파·실파, 도가(道家)에서는 부추·자총이·마늘·평지·무릇을 말함.

오:-휘 (五-)[명]〔건〕 단청에서, 머리초 끝에 띠 모양으로 돌린 오색(五色) 무늬의 휘.

오히려 [뷔] 1 생각한 바와는 달리. 도리어. 2 아우가 ~ 낫다. 2 아직도 좀. 그래도 좀. ▷~ 모자란다 /~ 시간이 남았다. ⓒ외려.

오힘양 [명]〈옛〉외양간.

옥 (玉)[명] 1 구슬. 보석. ▷~같이 고운 손. 2 경옥(硬玉)·연옥(軟玉)·백옥·비취·황옥(黃玉) 따위의 총칭.
[옥도 갈아야 빛이 난다] ㉠소질이 좋아도 닦고 기르지 않으면 훌륭한 것이 될 수 없다는 말. ㉡고생을 겪으며 노력을 기울여야 뜻을 이룰 수 있다는 말. [옥에도 티가 있다] 아무리 훌륭한 사람이나 좋은 물건일지라도 조그만 흠은 있다. [옥에 티] 본바탕은 썩 좋은데 아깝게도 흠이 있다.

옥 (獄)[명] 죄인을 가두어 두는 곳. 감옥. ▷~에 가두다 /~에서 풀려나다.

-옥 (屋)[미] 음식점이나 상점의 상호에 붙이는 말. ▷부산~.

옥-가락지 (玉-)[-까-찌][명] 옥으로 만든 가락지. 옥지환(玉指環).

옥-가루 (玉-)[-까-][명] 옥의 가루라는 뜻으로, 썩 곱고 깨끗한 가루의 비유.

옥-갈다 [-깔-][옥갈아, 옥가니, 옥가는][타] 칼이나 낫·대패 등의 날을 비스듬히 세워 갈다.

옥갑 (玉匣)[-깝][명] 옥으로 만들거나 장식한 갑.

옥개 (屋蓋)[-깨][명] 1 옥개석. 2 지붕1.

옥개-석 (屋蓋石)[-깨-][명] 석탑이나 석등 따위의 위를 덮는 돌. 옥개.

옥경 (玉京)[-꼉][명] 하늘 위에 옥황상제가 산다는 가상적인 서울. 백옥경.

옥경 (玉莖)[-꼉][명] 음경(陰莖).

옥경 (玉鏡)[-꼉][명] 1 옥으로 만든 거울. 2 '달'을 비유적으로 일컫는 말.

옥계 (玉階)[-계 /-게][명] 대궐 안의 섬돌.

옥계 (玉鷄)[-계 /-게][명] 털빛이 흰 닭. 백계(白鷄).

옥고 (玉稿)[-꼬][명] 다른 사람의 원고의 높임말. ▷보내 주신 ~ 잘 받았습니다.

옥고 (獄苦)[-꼬][명] 옥살이하는 고생. ▷~를 치르다 /~를 겪다.

옥골 (玉骨)[-꼴][명] 1 살빛이 희고 고결한 풍채. 2 '매화나무'를 달리 이르는 말.

옥골-선풍 (玉骨仙風)[-꼴-][명] 살빛이 희고 고결해서 신선과 같은 풍채.

옥공 (玉工)[-꽁][명] 옥장이.

옥-관자 (玉貫子)[-꽌-][명]《역》 조선 때, 왕·왕족과 당상관인 벼슬아치가 쓰던, 옥으로 만든 망건 관자. 옥권(玉圈).

옥교 (玉轎)[-꾜][명]《역》 임금이 타던 가마의 한 가지《위를 꾸미지 않았음》. 보련(寶輦).

옥교-배 (玉轎陪)[-꾜-][명] 옥교를 메던 사람(호련대(扈輦隊) 소속).

옥교-봉도 (玉轎奉導)[-꾜-]《역》 임금이 옥교를 타고 거동할 때 봉도별감이 앞쪽의 머리를 좌우에서 잡고 나아가면서 어가(御駕)를 편히 모시라고 주의시키던 소리.

옥구 (玉具)[-꾸][명] 옥에서 죄인에게 형벌을 주는 데 쓰는 도구.

옥근 (玉根)[-끈][명] 음경(陰莖).

옥기 (玉肌)[-끼][명] 옥같이 깨끗하고 고운 살갗. 옥부(玉膚).

옥기 (玉器)[-끼][명] 옥으로 만든 그릇.

옥-나비 (玉-)[옹-][명] 옥으로 나비 모양을 만들고 금으로 장식한 노리개의 하나.

옥-난간 (玉欄干)[옹-][명] 옥으로 장식한 난간.

옥내 (屋內)[옹-][명] 집 또는 건물의 안. ▷복잡한 ~ 구조 / 화초를 ~로 옮기다. ↔옥외(屋外).

옥녀 (玉女)[옹-][명] 1 마음과 몸이 옥같이 깨끗한 여자. 2 남의 딸을 아름답게 이르는 말. 3 선녀(仙女).

옥-니 [옹-][명] 안으로 옥게 난 이. ↔버드렁니.

옥-니 (玉-)[옹-][명] 옥으로 만들어 박은 의치. 옥치(玉齒).

옥니-박이 [옹-바기][명] 옥니가 난 사람.
[옥니박이 곱슬머리와는 말도 마라] 옥니박이와 곱슬머리인 사람은 성질이 깐깐하고 매섭다 해서 이르는 말.

옥다 [-따]□[혤] 안으로 오그라져 있다. ▷철사가 열에 옥았다. ⓐ욱다. ↔번다². □[자] 장사 따위에서 본전보다 밑지다. ⓐ욱다.

옥답 (沃畓)[-땁][명] 기름진 논. ▷황무지를 ~으로 개간했다. ↔박답(薄畓).

옥당 (玉堂)[-땅][명] 1 홍문관의 딴 이름. 2 홍문관의 부제학 이하 교리(校理)·부교리·수찬(修撰)·부수찬 따위 실무에 임하던 관원의 총칭.

옥-당목 (玉唐木)[-땅-][명] 품질이 낮은 옥양목의 한 가지.

옥대 (玉帶)[-때][명]《역》 임금이나 벼슬아치가 공복(公服)에 띠던 옥으로 장식한 띠. 옥띠.

옥도 (玉度)[-또][명] 1 임금의 몸가짐이나 태도. 2 아름다운 풍채나 태도.

옥도 (沃度)[-또]《화》 요오드.

옥도-가리 (沃度加里)[-또-]똉 《화》 요오드화 칼륨.

옥도가리 전:분지 (沃度加里澱粉紙)[-또-] 《화》 요오드화칼륨 녹말 종이.

옥-도끼 (玉-)[-또-]똉 옥으로 만든 도끼. 옥부(玉斧).

옥도 전:분 반:응 (沃度澱粉反應)[-또-바능] 《화》 요오드 녹말 반응.

옥도-정기 (沃度丁幾)[-또-]똉 요오드팅크.

옥-돌 (玉-)[-똘]똉 1 옥이 들어 있는 돌. 2 가공하지 않은 옥. 옥석(玉石).

옥-돔 (玉-)[-똠]《어》 옥돔과의 바닷물고기. 몸길이 30~60 cm로 옆으로 편평하며 입은 무디고 작음. 몸빛은 선명한 붉은색이며 옆구리에 4~5줄의 황적색 가로띠가 있음. 오도미.

옥동 (玉童)[-똥]똉 옥동자(玉童子).

옥-동귀[-똥-]똉 까뀌의 한 가지《양쪽에 있는 날의 끝이 안쪽으로 옥아 있어 무엇을 후벼 파는 데 씀》.

옥-동자 (玉童子)[-똥-]똉 사내아이를 귀엽게 이르는 말. 옥동. ▢~를 낳다.

옥두 (玉斗)[-뚜]똉 옥으로 만든 국자.

옥등 (玉燈)[-뚱]똉 옥으로 만든 등잔.

옥-띠 (玉-)똉 옥대(玉帶).

옥란 (玉蘭)[옥난]똉 《식》 백목련(白木蓮).

옥련 (玉輦)[옹년]똉 《역》 '연(輦)'을 높여 이르던 말.

옥렴 (玉簾)[옹념]똉 옥으로 장식한 발. 아름다운 발.

옥로 (玉露)[옹노]똉 맑고 깨끗한 이슬.

옥로 (玉鷺)[옹노]똉 옥으로 만든 해오라기 모양의 장신구《높은 벼슬아치나 외국에 가는 사신이 갓 위에 달았음》.

옥루 (玉淚)[옹누]똉 1 구슬 같은 눈물. 2 임금의 눈물.

옥루 (玉漏)[옹누]똉 1 옥으로 장식한 물시계. 2《민》 풍수지리에서, 무덤 속의 누렇게 된 해골에 맺힌 이슬《자손이 복을 받는다 함》.

옥루 (玉樓)[옹누]똉 1 '백옥루(白玉樓)'의 준말. 2 옥으로 장식한 화려한 누각.

옥륜 (玉輪)[옹뉸]똉 '달¹'을 아름답게 일컫는 말.

옥리 (獄吏)[옹니]똉 《역》 1 감옥에서 죄수를 감시하던 관리. 2 형벌에 관한 일을 심리하던 관리.

옥매 (玉梅)[옹-]똉 《식》 장미과의 낙엽 활엽 관목. 줄기는 무더기로 남. 봄에 담홍색 꽃이 한둘씩 피고 둥근 핵과(核果)는 여름에 빨갛게 익음. 관상용으로 심으며 열매는 식용함.

옥모 (玉貌)[옹-]똉 1 옥같이 아름다운 얼굴. 옥면(玉面). 2 남의 용모의 경칭.

옥문 (玉文)[옹-]똉 아름다운 문장이라는 뜻으로, 남의 글을 높여 이르는 말.

옥문 (玉門)[옹-]똉 1 음문(陰門). 2 옥으로 장식한 화려한 문.

옥문 (獄門)[옹-]똉 감옥의 문. ▢~을 나오다.

옥문-대 (獄門臺)[옹-]똉 효목(梟木).

옥-문방 (玉文房)[-똥]똉 옥으로 만든 문방구.

옥-물부리 (玉-)[옹-뿌-]똉 옥으로 만든 물부리.

옥-밀이 [옹미리]똉 도래송곳같이 생기고 끝이 구부러진, 새김질에 쓰는 연장.

옥-바라지 (獄-)[-빠-]똉하타 감옥에 갇힌 죄수에게 사사로이 옷과 음식 따위를 대어 주며 뒷바라지를 하는 일.

옥반 (玉盤)[-빤]똉 1 옥돌로 만든 쟁반이나 밥상. 2 '예반'을 아름답게 이르는 말.
옥반에 진주 구르듯 〔권〕 목소리가 맑고 아름다움의 비유.

옥방 (玉房)[-빵]똉 옥으로 여러 가지 물건을 만드는 곳. 또는 그 물건을 파는 곳.

옥배 (玉杯)[-빼]똉 1 옥으로 만든 잔. 옥치(玉巵). 2 '술잔'을 아름답게 이르는 말.

옥백 (玉帛)[-빽]똉 1 옥과 비단. 2 옛날 중국의 제후들이 황제를 만날 때 바치던 예물.

옥병 (玉屛)[-뼝]똉 옥으로 장식한 병풍.

옥병 (玉甁)[-뼝]똉 옥으로 만든 병.

옥보 (玉步)[-뽀]똉 1 여자의 걸음을 아름답게 일컫는 말. 2 임금이나 왕후의 걸음의 높임말.

옥보 (玉寶)[-뽀]똉 임금의 존호를 새긴 도장.

옥부 (玉斧)[-뿌]똉 옥도끼.

옥부 (玉膚)[-뿌]똉 옥기(玉肌).

옥분 (玉粉)[-뿐]똉 옥수수 가루.

옥-비녀 (玉-)[-삐-]똉 옥으로 만든 비녀. 옥잠. 옥차(玉釵). ▢~를 꽂다.

옥사 (屋舍)[-싸]똉 집. 건물.

옥사 (獄死)[-싸]똉하자 감옥살이를 하다가 감옥에서 죽음. 뇌사(牢死). ▢출옥 15일을 앞두고 ~하다.

옥사 (獄舍)[-싸]똉 감옥으로 쓰는 건물.

옥사 (獄事)[-싸]똉 역적이나 살인범 등의 중대한 범죄를 다스림. 또는 그런 사건. 죄옥(罪獄). ▢~를 일으키다.

옥사-쟁이 (獄-)[-싸-]똉 〔←옥쇄장(獄鎖匠)〕 《역》 옥에 갇힌 사람을 맡아 지키던 사람. 옥정(獄丁). 옥졸(獄卒). ㈜내쟁이.

옥살-산 (←oxalic酸)[-쌀-]똉 《화》 카르복시산(酸)의 하나. 물에 잘 녹고, 널리 식물계에 존재하며 환원력(還元力)이 강하며, 매염제(媒染劑)·현상액·표백제 따위에 씀. 구칭: 수산(蓚酸).

옥-살이 (獄-)[-싸리]똉하자 '감옥살이'의 준말. ▢~를 치르다.

옥상 (屋上)[-쌍]똉 지붕의 위. 특히, 현대식 건물에서 마당처럼 편평하게 만든 지붕 위. ▢~에 화단을 꾸미다.

옥상-가옥 (屋上架屋)[-쌍-]똉 지붕 위에 거듭 지붕을 얹는다는 뜻으로, 물건이나 일을 부질없이 거듭함의 비유.

옥상 정원 (屋上庭園)[-쌍-]똉 서양 건축에서, 옥상에 마련한 정원.

옥상-토 (屋上土)[-쌍-]똉 《민》 육십갑자에서 병술(丙戌)·정해(丁亥)의 납음(納音).

옥새 [-쌔]똉 잘못 구워져서 오그라들거나 이지러진 기와.

옥새 (玉璽)[-쌔]똉 임금의 도장. 국새(國璽). 어새(御璽). ▢~가 찍힌 문서.

옥색 (玉色)[-쌕]똉 약간 파르스름한 빛깔.

옥-생각 [-쌩-]똉하타 1 옹졸하게 하는 생각. 2 공연히 자기에게 해롭게만 받아들이는 그른 생각. ▢그런 ~은 품지 마라.

옥서 (玉書)[-써]똉 1 신선이 전하는 글. 2 남의 편지의 경칭.

옥석 (玉石)[-썩]똉 1 옥돌. 2 옥과 돌이라는 뜻으로, 좋은 것과 나쁜 것을 구분함을 일컫는 말. ▢~을 가리다.

옥석-구분 (玉石俱焚)[-썩꾸-]똉 옥과 돌이 모두 불에 탄다는 뜻으로, 선악의 구별 없이 함께 화를 당함을 일컫는 말.

옥석-혼효 (玉石混淆)[-써콘-]똉 옥과 돌이 한데 섞여 있다는 뜻으로, 좋은 것과 나쁜 것이 뒤섞임.

옥설 (玉屑)[-썰]똉 1《한의》 옥을 바수어 만든 가루《오장을 윤택하게 하는 데나 소아병

의 한약재로 씀). **2** 시문(詩文)에서, 썩 잘 지은 글귀.

옥설(玉雪)[-썰][명] **1** 백옥같이 희고 깨끗한 눈. ㅁ~ 같은 살결. **2** 사물의 깨끗함을 이름.

옥섬(玉蟾)[-썸][명] **1** '달'의 딴 이름. **2** 전설에서, 달 속에 있다는 두꺼비.

옥섬-돌(玉-)[-썸돌][명] 대궐 안의 섬돌.

옥-셈[-쎔][명][하자] 생각을 잘못해서 자기에게 손해가 되는 셈.

옥소(玉簫)[-쏘][명] '옥통소'의 준말.

옥소(沃素)[-쏘][명]《화》 요오드.

옥송(獄訟)[-쏭][명] 형사상의 송사.

옥-송골(玉松鶻)[-쏭-][명] 좋은 송골매.

옥쇄(玉碎)[-쐐][명][하자] 옥처럼 아름답게 부서진다는 뜻으로, 명예나 충절을 위해 깨끗이 죽음. ㅁ~의 각오 / ~를 결심하다. ↔와조(瓦碎).

옥쇄-장(獄鎖匠)[-쐐-][명] '옥사쟁이'의 본딧말. 준쇄장.

옥수(玉水)[-쑤][명] 맑은 샘물.

옥수(玉手)[-쑤][명] **1** 임금의 손. 어수(御手). **2** 여자의 아름답고 고운 손. ㅁ~를 부여잡다.

옥수(獄囚)[-쑤][명] 옥에 갇힌 죄수.

옥-수수[-쑤-][명]《식》 볏과의 한해살이풀. 높이 약 2~3m로 줄기는 하나고 잎은 수숫잎 같이 크고 긺. 열매는 낟알이 여러 줄로 박혀 있으며 녹말이 풍부해서 식량 또는 사료로 씀. 남아메리카 원산. 강냉이. 옥촉서.

옥수수-떡[-쑤수-][명] 옥수수를 맷돌에 타서 까부른 다음, 물에 담갔다가 갈아서 만든 떡.

옥수수-묵[-쑤수-][명] 옥수수를 맷돌에 타서 까부른 다음, 물에 담갔다가 갈아서 쑨 묵.

옥수수-밥[-쑤수-][명] 옥수수를 맷돌에 타서 까부른 다음, 곱삶아 보리밥 모양으로 지은 밥.

옥수수-쌀[-쑤수-][명] 옥수수를 맷돌에 타서 껍질을 벗긴 속 알.

옥수숫-대[-쑤수때/-쑤숟때][명] 옥수수의 줄기.

옥시글-거리다[-씨-][자] 여럿이 한데 모여 들끓다. ㅁ시장에 사람들이 ~. 큰욱시글거리다. 준옥실거리다. **옥시글-옥시글**[-씨그룩씨-][부][하자]

옥시글-대다[-씨-][자] 옥시글거리다.

옥시다아제(oxydase)[명]《생》 물질의 산화에 관여하는 효소. 호기성(好氣性) 생물은 이 효소로 필요한 물질을 획득하고 불필요한 물질은 분해함. 산화 효소.

옥시던트(oxydent)[명]《화》 대기 오염 물질의 하나. 오존·이산화질소, 각종 유기 과산화물 따위의 산화성 물질의 총칭. 자동차 따위의 배기가스에 함유된 물질이 태양의 자외선과 반응을 일으켜 발생하며, 광화학 스모그의 주된 원인이 됨.

옥시덴트(Occident)[명] 서양. 구미(歐美). 오리엔트(Orient).

옥시돌(oxydol)[명]《약》 과산화수소의 2.5~3.5% 수용액에 적당한 안정제를 섞은 약품《무색투명한 액체로, 살균 소독제·함수제(含漱劑)나 견모(絹毛) 따위의 표백제로 씀》.

옥시테트라사이클린(oxytetracycline)[명]《약》 항생 물질의 하나. 냄새가 없고 쓴맛이 있는 누른 빛깔의 결정성(結晶性) 가루로 독성이 적고, 폐렴·적리(赤痢)·티푸스·트라코마, 특히 임질에 유효함. 상표명은 테라마이신(Terramycin).

옥식(玉食)[-씩][명] **1** 맛있는 음식. 미식(美食). **2** 하얀 쌀밥.

옥신-각신[-씬-씬][명][하자] 옳으니 그르니 하고 서로 다툼. ㅁ둘은 만나기만 하면 ~한다.

[부] 옳으니 그르니 하며 다투는 모양.

옥신-거리다[-씬-][자] **1** 여럿이 뒤섞여 수선스럽게 들끓다. **2** 몸의 탈이 난 자리가 자꾸 쑤시는 듯이 아파 오다. ㅁ온몸이 옥신거리며 아프다. 큰욱신거리다. **3** 옳으니 그르니 하며 자꾸 다투다. **옥신-옥신**[-씨녹씬][부][하자] ㅁ사사건건 ~하다.

옥신-굄(屋身-)[-씬-][명]《건》 석탑의 지붕돌과 탑신(塔身)을 연결하는 굄돌.

옥신-대다[-씬-][자] 옥신거리다.

옥신-석(屋身石)[-씬-][명] 석탑의 탑신(塔身)을 이루는 돌.

옥실-거리다[-씰-][자] '옥시글거리다'의 준말. 큰욱실거리다. **옥실-옥실**[-씨록씰][부][하자]

옥실-대다[-씰-][자] 옥실거리다.

옥심-기둥(屋心-)[-씸-][명]《건》 다층 건물의 중심에 세우는 기둥.

옥안(玉案)[명] **1** 옥으로 장식한 책상. **2** 책상의 미칭(美稱).

옥안(玉眼)[명] **1** 아름다운 눈. **2** 수정·주옥·유리 따위를 박은 불상(佛像) 등의 눈.

옥안(玉顔)[명] **1** 용안(龍顔). **2** ~을 우러러보다. **2** 아름다운 얼굴.

옥안(獄案)[명] 옥사(獄事)에 관한 조서(調書).

옥야(沃野)[명] 기름진 들.

옥야-천리(沃野千里)[오갸철-][명] 끝없이 넓은 기름진 땅.

옥-양목(玉洋木)[명] 생목보다 발이 고운 무명《빛이 희고 얇음》. ↔치마저고리.

옥-양사(玉洋紗)[명] 옥양목의 일종《감이 비단같이 얇고 생사보다 고움》.

옥여(玉輿)[명] 귀인이 타는 화려한 가마.

옥연(玉硯)[명] 옥돌로 만든 벼루.

옥예(玉瞖)[명]《한의》 각막(角膜)이 쑥 나오고 거죽은 옥색, 속은 청홍색으로 되는 눈병.

옥외(屋外)[명] 집 또는 건물의 밖. ㅁ~ 광고 / ~ 수영장 / ~ 집회 / ~로 나 있는 계단. ↔옥내(屋內).

옥외-등(屋外燈)[명] 집 밖에 켜는 등불. 준외등(外燈).

옥요-하다(沃饒-)[형여] 땅이 기름져서 산물이 많다.

옥용(玉容)[명] 옥같이 고운 용모라는 뜻으로, 미인의 얼굴.

옥우(屋宇)[명] 여러 집채.

옥운(玉韻)[명] 남의 시가(詩歌)의 경치.

옥음(玉音)[명] **1** 임금의 음성. **2** 아름다운 목소리. **3** 남의 편지나 말을 높여 이르는 말.

옥의(玉衣)[오긔/오기][명] **1** 옥으로 장식한 옷이라는 뜻으로, 아름다운 옷. **2** 귀인의 옷.

옥의-옥식(玉衣玉食)[오긔-씩/오기-씩][명][하자] 좋은 옷을 입고 맛있는 음식을 먹음.

옥-이(玉珥)[명] 옥으로 만든 귀고리.

옥-이다[타] ('옥다'의 사동) 안쪽으로 옥게 만들다. 큰욱이다.

옥인(玉人)[명] **1** 옥장이. **2** 용모와 마음씨가 아름다운 사람. **3** 옥으로 만든 인형.

옥인(玉印)[명] 옥으로 만든 도장.

옥자강이[-짜-][명]《식》 올벼의 한 종류.

옥-자귀[-짜-][명] 끝이 안으로 옥은 자귀《무엇을 후벼 파는 데 씀》.

옥-동이(玉子-)[-똥-][명] 어린아이를 귀하고 보배롭다는 뜻으로 하는 말.

옥-자새[-짜-][명] 끝이 안으로 꼬부라진 작은 얼레.

옥작-거리다[-짝꺼-][자] 여럿이 한데 모여 수

선스럽게 들끓다. ▢옥작거리는 장터. ㉿옥
적거리다. **옥작-옥작** [-짜곡짝][**부하자**]
옥작-대다 [-짝때-] **자** 옥작거리다.
옥잠 (玉簪)[-짬] **명** 옥비녀.
옥잠-화 (玉簪花)[-짬-] **명** 《식》 백합과의 여
러해살이풀. 높이 약 30 cm, 잎은 뿌리에서
모여나고 넓은 심장 모양임. 여름에 흰빛이
나 자줏빛의 꽃이 피는데, 피기 전에는 옥비
녀와 비슷함. 어린잎은 식용함.
옥장 (玉匠)[-짱] **명** 옥장이.
옥장 (玉章)[-짱] **명** 1 남의 편지의 경칭. 2 아
름다운 시문(詩文).
옥장 (玉帳)[-짱] **명** 옥으로 장식한 장막.
옥-장도 (玉粧刀)[-짱-] **명** 자루와 칼집을 옥
돌로 만들거나 꾸민 작은 칼.
옥-장사 [-짱-] '오그랑장사'의 준말.
옥-장이 (玉-)[-짱-] **명** 옥돌로 장식품 따위를
만드는 일을 업으로 삼는 사람. 옥공. 옥인
(玉人). 옥장.
옥저 (玉箸·玉筋)[-쩌] **명** 옥으로 만든 젓가락.
옥저 (沃沮)[-쩌] **명** 《역》 함경도 일대에 위치
하고 있던 고조선의 한 부족. 또는 이 부족이
세운 나라.
옥적 (玉笛)[-쩍] **명** 《악》 청옥이나 황옥으로
만든, 대금(大笒)과 비슷한 취악기. 옥피리.
옥적-석 (玉滴石)[-쩍썩] **명** 단백석(蛋白石)의
한 가지로 무색투명하며 포도 모양 또는 덩
어리 모양으로 된 광석.
옥전 (沃田)[-쩐] 기름진 밭.
옥절 (玉折)[-쩔] **명하자** 재사(才士)나 가인(佳
人)이 젊어서 죽음.
옥절 (玉節)[-쩔] **명** 《역》 옥으로 만든 부신(符
信). 관직을 받을 때 받던 증표.
옥접-뒤꽂이 (玉蝶-)[-쩝뛰꼬지] **명** 옥돌로 나
비를 새긴 뒤꽂이.
옥정 (獄丁)[-쩡] **명** 옥사쟁이.
옥정 (獄情)[-쩡] **명** 옥사(獄事)를 다스리는 정
상(情狀) 또는 그것의 진상.
옥정-반 (玉井飯)[-쩡-] **명** 연뿌리와 연밥을
넣고 지은 멥쌀밥.
옥제 (玉帝)[-쩨] **명** '옥황상제(玉皇上帝)'의
준말.
옥조 (玉條)[-쪼] **명** 1 아름다운 나뭇가지. 2 극
히 중요한 조목이나 규칙.
옥-조이다 [-쪼-] **타** 옥죄다.
옥졸 (獄卒)[-쫄] **명** 옥사쟁이.
옥좌 (玉座)[-쫘] **명** 임금이 앉는 자리. 또는
임금의 지위. 보좌(寶座). 보탑. 어좌(御座).
왕좌. ▢~에 오르다.
옥-죄다 [-쬐-] **타** 옥여 바싹 죄다.
▢목을 ~.
옥-죄이다 [-쬐-] **자** ('옥죄다'의 피동) 옥죔
을 당하다. ▢신발에 옥죄여서 발가락이 아
프다. ㉿옥죄이다.
옥중 (獄中)[-쭝] **명** 감옥의 안. ▢~ 수기 / ~
에서 숨을 거두다.
옥-쥐다 [-쥐-] **타** 몹시 조여서 꽉 쥐다.
옥-지르다 [-찌-] [옥질러, 옥지르니] **타** 눌
러 죄다. 두들겨 패다.
옥-지환 (玉指環)[-찌-] **명** 옥가락지.
옥-집 [-찝] **명** 바둑에서, 필요한 연결점을 상
대방이 끊고 있어서, 집처럼 보이면서 집이
아닌 곳. ▢~으로 잡히다.
옥차 (玉釵) **명** 옥비녀.
옥찰 (玉札) **명** 남의 편지의 경칭.
옥창 (獄窓) **명** 감옥의 창문.

옥책 (玉冊) **명** 《역》 제왕·후비의 존호를 지어
올릴 때 그 덕을 기리는 글을 새긴 간책.
옥책-문 (玉冊文)[-책-] **명** 《역》 옥책에 새긴
송덕문.
옥척 (屋脊) **명** 《건》 용마루.
옥천 (玉泉) **명** 옥같이 맑은 샘.
옥체 (玉體) **명** 1 전지 따위에서, 남의 몸의 경
칭. 존체(尊體). ▢선생님의 ~ 만강하시기를
빕니다. 2 임금의 몸.
옥-촉서 (玉蜀黍-)[-써] **명** 《식》 옥수수.
옥총 (玉葱) **명** '양파'의 한자 이름.
옥추-경 (玉樞經)[-쭈-] **명** 《민》 맹인이 외는 도가(道
家) 경문(經文)의 하나.
옥치 (玉巵) **명** 옥으로 만든 술잔. 옥배(玉杯).
옥치 (玉齒) **명** 1 희고 깨끗한 이. 2 임금의 이.
3 미인의 이. 4 옥니.
옥칙 (獄則) **명** 감옥 안의 규칙.
옥타보 (octavo) **명** 《인》 책의 판형의 하나. 전
지(全紙)를 팔절(八折)로 접어서 16 페이지로
한 것. 또는 그 인쇄물.
옥타브 (octave) ㊀**명** 《악》 음계의 어떤 음에서
8 음階이 되는 음. 또는 그 간격(물리학적으
로는 진동수가 2 배 되는 음정). ㊁**의명** 《악》
음정을 나타내는 단위(기호 : Oc). ▢한 ~
낮은 음정.
옥탄 (octane) **명** 《화》 1 메탄계(系) 탄화수소의
하나. 석유에서 얻는 무색의 액체. n-옥탄.
정(正)옥탄. 2 메탄계 탄화수소 가운데 탄소
를 8 개 가지는 화합물.
옥탄-가 (octane價) **명** 《화》 옥탄값과 같음.
옥탄-값 (octane-) **명** 《화》 연료의 내폭성(耐爆
性)을 양적으로 나타내는 수치. 이소옥탄
(isooctane)의 옥탄값을 100으로 하고, 그 가
솔린이 함유한 이소옥탄을 계산해서 결정함.
옥탄가.
옥탄트 (octant) **명** 360 도를 8 분한 것으로 천
체의 고도나 두 물체 사이의 각도를 재는 기
계. 팔분의(八分儀).
옥탑 (屋塔) **명** 건물 옥상에 설치한 탑 모양의
칸. ▢~에 물탱크를 설치하다.
옥텟 (octet) **명** 《악》 팔중주(八重奏).
옥토 (玉兎) **명** 1 옥토끼. 2 '달[月]'의 딴 이름.
옥토 (沃土) **명** 기름진 땅. 비토(肥土). ▢황무
지를 ~로 일구다. ↔박토.
옥-토끼 (玉-) **명** 1 달 속에 산다는 전설상의
토끼. 옥토. 2 털빛이 흰 토끼.
옥-통소 (玉-) [←옥통소(玉洞簫)] 《악》 옥
으로 만든 통소. ▢~를 불다. ㉿옥소.
옥판 (玉板) **명** 잘게 새김질한 얇은 옥 조각(족
두리·아얌·거문고·벼룻집 따위에 장식함).
옥판-선지 (玉板宣紙) **명** 서화(書畫)에 쓰는
고급 선지(폭이 좁고 두꺼우며, 빛이 희고 결
이 고움). ▢~에 난을 치다.
옥패 (玉佩) **명** 옥으로 만든 패물. ▢~를 몸에
차다.
옥편 (玉篇) **명** 자전(字典). ▢~ 편찬 / ~에서
찾아보다.
옥필 (玉筆) **명** 1 매우 잘 쓴 글씨. 2 남의 필적
이나 시문을 높여 일컫는 말.
옥하-가옥 (屋下架屋)[오카-] **명** 지붕 밑에 또
지붕을 만든다는 뜻으로, 선인(先人)이 이루
어 놓은 일을 후인(後人)이 부질없이 되풀이
만 해서 발전하지 못했음을 이르는 말. *옥
상가옥.
옥하-사담 (屋下私談)[오카-] **명** 쓸데없는 사
사로운 이야기. 부질없는 공론.
옥-할미 (獄-)[오칼-] **명** 《민》 감옥을 지켜 준
다는 할미 귀신.

옥함(玉函)[오캄] 몡 옥으로 만든 함.
옥합(玉盒)[오캅] 몡 옥으로 만든 뚜껑이 있는
작은 그릇. ▣ 향유가 든 ~.
옥항(玉缸)[오캉] 몡 옥으로 만든 항아리.
옥향(玉香)[오컁] 몡 1 여자들 노리개의 하나
《옥을 잘게 새겨 속을 비우고 그 속에 사향을
넣음》. 2 아름다운 향기.
옥협(玉頰)[오켭] 몡 미인의 볼.
옥형(玉衡)[오켱] 몡 북두칠성의 다섯째 별.
옥호(玉虎)[오코] 몡 〖역〗 무관의 갓 머리에
달던, 옥으로 된 범 모양의 장식품.
옥호(玉毫)[오코] 몡 〖불〗 부처의 미간에 있는
흰 털.
옥호(玉壺)[오코] 몡 옥으로 만든 작은 병.
옥호(屋號)[오코] 몡 가게나 술집의 이름. ▣
외국어로 지어 붙인 ~.
옥호-광명(玉毫光明)[오코-] 몡 〖불〗 옥호(玉
毫)에서 나오는 밝은 빛.
옥화(沃化)[오콰]몡하자타 〖화〗 요오드화.
옥환(玉環)[오콴] 몡 1 옥으로 만든 고리. 2
'둥근달'을 달리 일컫는 말. 3 옥가락지.
옥황-상제(玉皇上帝)[오쾅-] 몡 도가(道家)에
서 말하는 하느님. 천황(天皇). ⓒ옥제(玉帝).
온(on)몡 1 테니스 따위에서, 공이 선 위에 떨
어지는 일. 온 라인. 2 골프에서, 공이 그린
위에 오르는 일. 3 스위치나 기계가 점등(點
燈)·조작(操作) 중임.
온¹[온] 몡 〈옛〉 백(百).
온:²[관] 전부의. 모두의. 전(全). ▣ ~ 집안.
[온 바닷물을 다 켜야 맛이냐] 무슨 일이든
끝장을 보지 않고는 손을 놓지 않는, 욕심이
많은 사람에게 하는 말.
온각(溫覺) 몡 피부의 온도보다 높은 온도에
자극되어 일어나는 감각. ↔냉각(冷覺).
온감(溫感) 몡 '온도 감각'의 준말.
온:-갖[-갇][관] 모든 종류의. 여러 가지의. ▣
~ 소리 / ~ 시련 / ~ 정성을 기울이다 / ~
농간을 다 부리다.
온:건(穩健)[하다][히부] 사리에 맞고 건실함.
▣ 생각이 아주 ~하다.
온:건-파(穩健派) 몡 사상이나 행동 따위가
온건한 사람이나 당파. ▣ ~에 속하는 당원.
↔과격파.
온건-하다(溫乾-)[하다] 날씨가 따뜻하고 건조
하다.
온고-지신(溫故知新)몡하자 옛것을 익히고 미
루어 새것을 앎.
온고지정(溫故之情) 몡 옛것을 돌이켜 생각하
고 그리는 마음이나 정.
온:-골[-꼴] 몡 종이나 피륙 따위의 전폭(全幅).
온:-공일(-空日) 몡 온 하루를 쉬는 날이라는
뜻으로, '일요일'을 이르는 말. *반공일.
온:-공전(-工錢) 몡 전액을 한목에 주는 공전.
온공-하다(溫恭-)[하다] 온화하고 공손하다.
▣ 온공한 태도. 온공-히 [부]
온구(溫灸) 몡하자 〖한의〗 환부(患部)를 뜨겁
게 뜸질함. 또는 그런 요법.
온기(溫氣) 몡 따뜻한 기운. ▣ 몸의 ~ / ~가
돌다 / ~가 가시다. ↔냉기.
온기(溫器) 몡 음식을 끓이거나 데우는 그릇.
온난(溫暖)[하다] 날씨가 따뜻함. ▣ ~ 기후 /
~한 지방.
온난 고기압(溫暖高氣壓) 〖지〗 주위보다 중
심 부근의 공기 온도가 따뜻한 고기압. ↔한
랭 고기압.
온난 습윤 기후(溫暖濕潤氣候) 〖지〗 비가 많
고 추위와 더위의 차가 크며 사계절의 변화
가 뚜렷한 기후. 중위도에 위치하는 대륙의

동안(東岸)에서 볼 수 있음.
온대 전선(溫暖前線) 〖지〗 차고 무거운 기단
(氣團) 위에 따뜻하고 가벼운 기단이 오르며
형성되는 전선(이것이 통과하면 기온이 갑자
기 오르고 비가 내림). ↔한랭 전선.
온난-화(溫暖化)몡하자 지구의 기온이 높아
짐. 또는 그런 현상. ▣ 지구의 ~ 현상.
온냉(溫冷)몡 ☞온랭(溫冷).
온뉘 몡 〈옛〉 백대(百代).
온:-달 몡 둥근 달. 보름달.
온:-당하다(穩當-)[하다][여] 사리에 어긋나지 않
고 알맞다. ▣ 온당한 처사. 온:-당-히 [부]
온대(溫帶) 몡 〖지〗 한대와 열대 사이의 지대.
곧, 23.5도의 위선과 66.5도의 위선 사이의
기후가 온화한 지대. ↔한대.
온대 계:절풍 기후(溫帶季節風氣候)[-/-게
-] 〖지〗 온대에 속하면서 계절풍의 교체가
뚜렷한 지역의 기후. 겨울철 계절풍은 저온·
건조하며 여름철 계절풍은 고온·다습함. 온
대 몬순 기후.
온대 기후(溫帶氣候) 〖지〗 네 철의 구분이 분
명하고 위도가 높아짐에 따라 춥고 더움의
차가 심해지는 기후형(型).
온대-림(溫帶林) 몡 〖지〗 온대 지방에 발달한
삼림《밤나무·참나무·낙엽송·소나무 따위가
자람》.
온대 몬순 기후(溫帶monsoon氣候) 〖지〗 온
대 계절풍 기후.
온대 습윤 기후(溫帶濕潤氣候) 온대 기후형
의 한 가지. 연중 습기가 많으며 뚜렷한 건기
는 없으나, 대륙의 동안과 서안 사이에서 기
온의 차이가 나타남.
온대 식물(溫帶植物)[-싱-] 〖식〗 온대 지방
에 자라는 식물《초목의 종류가 많은데 상록
이나 낙엽의 활엽수와 침엽수 따위가 많음》.
온대 저:기압(溫帶低氣壓) 〖지〗 온대 지방에
서 발생하는 저기압.
온대-호(溫帶湖) 몡 〖지〗 1 온대에 있는 호수
《여름과 겨울에는 수위가 낮아지고 봄과 가
을에는 높아짐》. 2 표면 수온이 여름에는 4℃
이상, 겨울에는 4℃ 이하가 되는 호수.
온 더 레코드 (on the record) 기자 회견이나
속기록 따위에서 기록하거나 보도해도 무방
한 사항. ↔오프 더 레코드.
온 더 마크 (on the mark) 경주에서, 출발할
때 신호자가 경주자에게 거는 구령《'제자리
에'의 뜻》. 온 유어 마크.
온데간데-없다[-업따] 졸 깜쪽같이 자취를 감
추어 찾을 수가 없다. ▣ 주머니 속의 돈이 ~.
온데간데-없이 [-업씨][부]. ~ 사라지다.
온도(溫度) 몡 덥고 찬 정도. 온도계가 나타내
는 도수《섭씨·화씨 따위로 나타냄》.
온도 감:각(溫度感覺) 〖심〗 피부 감각의 하
나. 온각(溫覺)과 냉각(冷覺)을 통틀어 일컫
는 말. ⓒ온감.
온도-계(溫度計)[-/-게] 몡 온도를 재는 계
기. ▣ ~가 섭씨 30도를 가리키고 있다.
온독(溫毒)몡 〖의〗 열독(熱毒).
온돌(溫突)몡 〖건〗 화기(火氣)가 방고래 사이
를 통과해서 방바닥을 덥게 하는 장치. 방구
들. ▣ ~을 놓다.
온돌-방(溫突房)[-빵] 몡 온돌 장치가 된 방.
구들방. ▣ 따뜻한 ~ 아랫목.
온디-콩[-콩] 〖식〗 콩의 일종. 깍지는 회색이며
알은 잘고 누림.
온라인(on-line)몡 컴퓨터의 중앙 처리 장치

와 단말기가 통신 회선으로 연결되어 데이터를 보내고 받으며 중앙 처리 장치의 직접적인 제어를 받는 상태(은행의 예금·좌석 예약·기상 예보 따위에 이용됨). ＊오프라인.

온라인 리얼타임 시스템 (on-line realtime system) 컴퓨터와 데이터 발생 지점을 통신 회선으로 연결하고, 데이터를 입력한 즉시 응답이 가능한 시스템.

온라인 뱅킹 시스템 (on-line banking system) 〖컴〗 은행 따위에서, 중앙의 컴퓨터와 각 지점의 단말기가 연결해서 어디서든 자유로이 거래할 수 있게 한 시스템. 뱅킹 시스템.

온라인 시스템 (on-line system) 〖컴〗 컴퓨터와 입출력 장치가 통신 회선으로 연결되어 데이터 전송 따위의 업무 처리를 할 수 있는 작업 시스템. ＊오프라인 시스템.

온랭(溫冷)[올—] 몡 따뜻함과 찬.
온량(溫涼)[올—] 몡 따뜻함과 서늘함.
온량보사(溫涼補瀉)[올—] 몡 〖한의〗 약의 네 가지 성질(더운 성질의 약재, 찬 성질의 약재, 보(補)하는 성질의 약재, 사(瀉)하는 성질의 약재).
온량-하다(溫良—)[올—] 혱여 성품이 온화하고 무던하다.
온마(蘊魔) 몡 〖불〗 사마(四魔)의 하나. 오온(五蘊)이 일으키는 여러 가지 번뇌.
온면(溫麵) 몡 더운 장국에 만 국수. 국수장국. ＊냉면.
온-몸 몡 몸의 전체. 전신(全身). 口추워서 ～이 떨린다／～이 나른하다.
온-몸 운:동(—運動) 온몸을 고루 움직이는 운동. 전신(全身) 운동.
온박(醞粕) 몡 멸치나 정어리의 기름을 짜내고 말린 찌꺼기(거름이나 사료로 씀).
온반(溫飯) 몡 1 더운밥. 2 장국밥.
온-밤 몡 온 하룻밤. 口～을 뜬눈으로 지새다.
온방(溫房) 몡 난방(煖房). 口～ 시설.
온-백색(溫白色)[—쌕] 몡 밝고 따뜻한 느낌을 주는 흰색(조명에서 쓰는 말).
온-벽(—壁) 몡 창이나 구멍이 없는 벽. 맹벽(盲壁).
온복(溫服) 몡하타 약을 데워서 먹음.
온사이드(onside) 몡 럭비·하키 따위에서, 선수가 규칙에 따라 경기를 할 수 있는 정당한 위치 또는 상태. ＊오프사이드.
온상(溫床) 몡 1 인공적으로 따뜻한 열을 가해서 식물을 촉성 재배하는 묘상. 口—에서 자란 묘목. ↔냉상(冷床). 2 어떤 사물 또는 사상 따위가 발생하기 쉬운 환경. 口범죄의 ～.
온상 재:배(溫床栽培) 채소나 화초 따위를 온상에서 기르는 일. 촉성 재배. 온상 가꿈.
온-새미 몡 (주로 '온새미로'의 꼴로 쓰여) 가르거나 쪼개지 않은 생긴 그대로의 상태. 口그 생선 모두 ～로 주시오.
온-색(慍色) 몡 성난 얼굴빛.
온색(溫色) 몡 1 난색(暖色). 2 온화한 얼굴빛.
온수(溫水) 몡 더운물. ↔냉수(冷水).
온수-난방(溫水暖房) 몡 보일러에서 끓인 물을 건물 안의 각 방열기(放熱器)에 보내어 실내를 덥게 하는 장치.
온-숙(穩宿) 몡하타 온침(穩寢).
온순-하다(溫順—) 혱여 성질이나 마음씨가 온화하고 양순하다. 口온순한 성격. **온순-히** 튀
온-쉼표(—標) 몡 〖악〗 온음표와 같은 길이의 쉼표. 기호는 '▬'. 전음부.
온스(ounce) 의몡 야드파운드법의 무게의 단

위(상용 온스는 16분의 1 파운드(＝28.35g), 금·은·약제용의 금량(金量) 온스는 12분의 1 파운드(＝31.103g)).
온습(溫習) 몡하타 복습(復習).
온습-하다(溫濕—)[—스파—] 혱여 따뜻하고 축축하다.
온신(溫神) 몡 피부 신경이 더운 것을 느끼는 기능. ↔냉신(冷神).
온실(溫室) 몡 1 난방 장치가 된 방. ↔냉실. 2 식물을 재배하거나 추위에 약한 동물을 기르기 위해 알맞은 온도와 습도를 유지할 수 있게 만든 건물. 그린 하우스.
　온실 속의 화초 ☞ 그저 곱게만 자란 사람의 비유.
온실 효:과(溫室效果) 대기 중의 수증기·이산화탄소·오존 따위가 늘어나는 것이 원인이 되어 기온이 높아지는 현상.
온아-하다(溫雅—) 혱여 성격이 온화하고 기품이 있다. 口온아하면서 정열에 찬 사람.
온안(溫顔) 몡 온화하고 부드러운 얼굴.
온:양(醞釀) 몡하타 1 술을 담금. 2 남을 모함하기 위해 없는 죄를 꾸밈. 3 마음속에 어떤 생각을 은근히 품음.
온언(溫言) 몡 부드러운 말씨.
온언-순사(溫言順辭) 몡 따뜻하고 부드러운 말씨.
온엄-법(溫罨法)[오념뻡] 몡 더운찜질. ↔냉엄법(冷罨法).
온 에어(←on the air) 방송국에서, 프로그램이 방송 중임을 알리는 말.
온역(瘟疫) 몡 〖한의〗 1 봄철의 돌림병. 2 여역(癘疫).
온:오-하다(蘊奧—) 혱여 학문이나 기예 따위의 이치가 깊고 오묘하다.
온유(溫柔) 몡하타 성질이 온화하고 부드러움. 口~한 성격／~한 미소／~하게 대하다.
온 유어 마크 (on your mark) 온 더 마크(on the mark).
온윤-하다(溫潤—) 혱여 마음씨가 따스하고 인정미가 있다. 따뜻하고 윤기가 있다.
온:-음(—音) 〖악〗 장음계에서 미·파·시·도 이외의 음정. 반음의 두 배의 음정(장2도의 음정). 전음(全音). ↔반음(半音).
온:-음계(—音階)[오늠—／오늠계] 몡 〖악〗 옥타브 가운데에 다섯 개의 온음과 두 개의 반음으로 이루어진 음계. 전음 음계. ↔반음계.
온:음 음계(—音音階)[오늠ㅁ—／오늠ㅁ계] 〖악〗 반음이 전혀 없이 여섯 개의 온음만으로 된 음계. 전음 음계.
온:-음정(—音程) 몡 〖악〗 두 개의 반음정(半音程)을 합한 음정. 전음정(全音程).
온:-음표(—音標) 몡 〖악〗 음길이가 가장 긴 음표. ' ♩'의 4배 되는 음표. 기호는 '○'. 전음부(全音符).
온:의(慍意)[오늬／오니] 몡 성난 마음.
온:-이(—) 튀 (주로 '온이로'의 꼴로 쓰여) 전부다. 온통.
온인(溫人) 몡 〖역〗 조선 때, 오품 종친(宗親)의 아내에게 내리던 외명부의 품계.
온자-하다(溫慈—) 혱여 성격이 온화하고 인자하며 따뜻한 천성.
온:자-하다(蘊藉—) 혱여 마음이 넓어 포용력이 있고 얌전하다.
온-장(—張) 몡 종이·피륙 따위의 자르지 않은 온통의 것.
온장-고(溫藏庫) 몡 조리한 음식물을 따뜻하게 보관하는 상자 모양의 장치.
온재(溫材) 몡 〖한의〗 더운 성질의 약재(한증

(寒症)의 치료에 씀〕. ↔냉재(冷材).

온:전-하다(穩全-)[형에] 1 본바탕 그대로 고스란하다. □온전한 몸 / 물건을 온전하게 보관하다. 2 잘못된 것이 없이 바르거나 옳다. □온전한 정신. 온:전-히[부] □하루를 ~ 쉬다 / ~ 수행하다.

온:-점(-點)[-찜][명] 마침표(.).

온점(溫點)[-쩜][생] 체온 이상의 온도 자극을 감수(感受)하는 피부의 감각점(感覺點). ↔냉점.

온정(溫井)[명] 1 더운물이 솟는 우물. 2 온천1.

온정(溫情)[명] 따뜻한 사랑이나 인정. □~이 넘치는 말 / ~ 어린 위로 / ~을 베풀다.

온정-적(溫情的)[관] 따뜻한 인정이 있는 (것). □~인 태도.

온정-주의(溫情主義)[-/-이][명] 아랫사람에게 따뜻한 마음으로 대하려 하는 생각이나 태도.

온제(溫劑)[명]『한의』몸을 덥게 하는 약제. ↔냉제(冷劑).

온존(溫存)[명][하자] 변함없이 그대로 유지함. □민족 고유의 문화를 ~하다.

온:-종일(-終日)[부] 아침부터 저녁때까지. 진종일. □~ 비가 내린다.

온중(溫中)[명][하자] 약을 먹어 속을 덥게 함. 또는 그런 치료법.

온:-채[명] 집의 전체. □집을 ~로 빌린다.

온:-챗-집[-채찝/-챗찝][명] 한 채를 전부 쓰는 집. □~을 쓰고 살다.

온처(溫處)[명][하자] 따뜻한 방에서 지냄.

온천(溫泉)[지] 1 지열(地熱)로 땅속에서 25℃ 이상으로 데워져 솟는 지하수《광물질이 함유되어 의료에 효험이 있음》. 온정(溫井). 탕천(湯泉). ↔냉천(冷泉). 2 온천장.

온천-가스(溫泉gas)[명] 온천물에 섞여 뿜어 나오는 가스.

온천-물(溫泉-)[명] 온천에서 솟아나는 더운 물. 온천수.

온천-수(溫泉水)[명] 온천물.

온천-장(溫泉場)[명] 온천에서 목욕할 수 있게 설비가 된 곳. 온천.

온천-하다[형에] 물건의 양이 축나지 않고 온전하거나 상당히 많다. □세간이 꽤 ~. 온천-히[부]

온:축(蘊蓄)[명][하타] 1 지식이나 학문을 깊이 쌓음. 2 속에 깊이 쌓아 둠.

온:침(穩寢)[명][하자] 편안하게 잠을 잠. 온숙(穩宿).

온탕(溫湯)[명] 따뜻한 물이 들어 있는 탕. ↔냉탕.

온:-통[명][부] 통째로 전부. 전부 다. □수박을 ~으로 상에 올려 놓다 / 눈 덮인 마을이 ~ 새하얗다. ☜통.

온파(溫波)[명] 난파(暖波).

온 퍼레이드(on parade)[명] 공연을 끝낸 후, 출연 배우들이 무대 위에 죽 늘어서는 일.

온:편-하다(穩便-)[형에] 사리에 맞고 원만하다. 온:편-히[부]

온포(溫飽)[명] 따뜻하게 입고 배부르게 먹는다는 뜻으로, 생활에 아쉬움이 없이 넉넉함.

온포(縕袍)[명] 묵은 솜을 둔 도포.

온:-폭(-幅)[명] 피륙이나 종이 따위의 본디 그대로의 너비. 전폭(全幅).

온:-품[명] 온 하루 동안 일하는 품. 또는 그 품삯. ＊반품.

온풍(溫風)[명] 1 따뜻한 바람. 2 장마가 개는 음력 6월경에 부는 남풍.

온풍-난방(溫風暖房)[명] 연료의 연소나 증기・

온수・전열 따위로 공기를 덥게 해서 실내에 보내는 난방 방법의 하나.

온:-필(-疋)[명] 피륙 따위를 자르지 않은 본디 그대로의 필. □광목을 ~로 사다.

온-하다(溫-)[형에]『한의』약의 성질이 덥다.

온혈(溫血)[명] 1『한의』사슴이나 노루의 약으로 먹는, 더운 피. 2 외기의 온도에 상관없이 늘 더운 동물의 피. ↔냉혈.

온혈 동:물(溫血動物)[동] 정온 동물. ↔냉혈 동물.

온화-하다(溫和-)[형에] 1 날씨가 맑고 따뜻하며 바람이 부드럽다. □온화한 날씨. 2 성질이나 태도가 온순하고 부드럽다. □온화한 성품.

온:-화-하다(穩和-)[형에] 조용하고 평화롭다.

온:회(穩會)[명][하자] 조용하고 화기롭게 모임.

온후-하다(溫厚-)[형에] 성격이 온화하고 덕이 많다.

올바미[명]『옛』올빼미.

올¹[명] 1 실이나 줄의 가닥. □~이 촘촘하다 / ~이 굵다. □[의] 실이나 줄의 가닥을 세는 단위. □실 한 ~.

올²[명] 올해의. □~ 농사 / ~ 안으로 끝내겠다.

올³[부] 열매나 곡식이 자라거나 익는 정도가 빠름을 나타내는 말. □~밤 / ~벼.

올가미[명] 1 새끼나 노 따위로 고를 내어 짐승을 잡는 장치. 홀가죽. □~에 걸린 토끼 / ~를 놓다. 2 사람이 걸려들게 꾸민 꾀.

올가미(를) 쓰다[구] 남의 꾀에 걸려들다.

올가미(를) 씌우다[구] 꾀를 써서 남을 걸려들게 하다.

올-가을[-까-][명] 올해 가을. 금추(今秋). □~에는 장가를 갈 것입니다.

올각-거리다[-꺼-][타] 입에 물을 머금고 볼을 움직이는 소리를 잇따라 내다. ☜올걱거리다. 올각-올각[부하타]

올각-대다[-때-][타] 올각거리다.

올-감자[명]『식』철 이르게 되는 감자.

올강-거리다[자타] 단단하고 오돌오돌한 물건이 잘 씹히지 않고 입 안에서 요리조리 자꾸 미끄러지다. 또는 그리 되게 하다. ☜올겅거리다. 올강-올강[부하자타]

올강-대다[자타] 올강거리다.

올강-불강[부하자타] 올강거리며 볼강거리는 모양. ☜올겅불겅.

올-겨울[-껴-][명] 올해 겨울. 금동(今冬).

올-고구마[명] 철 이르게 수확하는 고구마.

올:-곡-하다[-고카-][형에] 실이나 줄이 너무 꼬여서 비비 틀려 있다.

올-곧다[-따][형] 1 마음이나 정신 상태가 바르고 곧다. □올곧은 사람. 2 비뚤지 않고 반듯하다. □올곧게 뻗은 도로.

올공-거리다[자타] 단단하고 오돌오돌한 물건이 입 안 깊숙이에서 잘 씹히지 않고 자꾸 미끄러지다. 또는 그리 되게 하다. 올공-올공[부하자타]

올공-대다[자타] 올공거리다.

올공-불공[부하자타] 올공거리며 볼가지는 모양.

올근-거리다[타] 질긴 물건을 입에 넣고 볼을 오물거리며 계속 씹다. ☜울근거리다. 올근-올근[부하타]

올근-대다[타] 올근거리다.

올근-불근¹[명][하자] 서로 사이가 틀어져서 맞서서 잘 다투는 모양. □~ 시비가 붙다. ☜울근불근¹.

올근-불근 〔부하타〕 올근거리며 볼근거리는 모양. ¶불고기를 ~하면서 씹다. @올근불근².

올근-불근³ 〔부하자〕 몸이 여위어 갈빗대가 드러난 모양. ¶~한 가슴. @올근불근³.

올긋-볼긋 〔-귿뽈귿〕〔부하형〕 여러 가지 짙고 옅은 빛깔이 야단스럽게 뒤섞인 모양. @올긋볼긋.

올깍 〔부하자타〕 먹은 것을 갑자기 조금 토해 내는 소리나 모양. @올꺽.

올깍-거리다 〔-꺼-〕〔자타〕 자꾸 올깍하다. @올꺽거리다. **올깍-올깍** 〔부하자타〕

올깍-대다 〔-때-〕〔자타〕 올깍거리다.

올-내년 (-來年)〔-래-〕〔명〕 올해와 내년. 또는 올해나 내년. ¶나도 ~에는 결혼하겠지.

올-되다¹ 〔자〕 피륙의 올이 촘촘하게 짜여 바짝 죄어져 있다. @오되다.

올-되다² 〔자〕 1 나이에 비해 일찍 철이 들다. ¶올된 아이. 2 곡식이나 과실 따위가 제철보다 일찍 익다. 일되다. ¶올된 벼. @오되다.

올드-미스 (old+miss)〔명〕 노처녀.

올딱 〔부〕 먹은 것을 도로 게워 내는 모양.

올딱-거리다 〔-꺼-〕〔타〕 먹은 것을 게우는 소리를 계속 내다. **올딱-올딱** 〔부하타〕

올딱-대다 〔-때-〕〔타〕 올딱거리다.

올라-가다 〔자타거라〕 1 아래에서 위로, 낮은 데서 높은 데로 옮아가다. ¶산에 ~ / 언덕을 ~. 2 등급이나 지위 따위가 높아지다. ¶대리에서 과장으로 ~. 3 흐름을 거슬러 상류로 가다. ¶강을 거슬러 ~. 4 지방에서 중앙으로 가다. ¶서울로 ~. 5 값·가치·수량 따위가 비싸지다. ¶물가가 ~ / 온도가 ~. 6 물에서 뭍으로 옮겨가다. 상륙하다. 7 기세나 열정 따위가 점차 더해지다. ¶사기가 ~. 8 〈속〉죽다. ¶하늘나라로 ~.

올라-붙다 〔-붇따〕〔자〕 1 높은 데에 바짝 다가가다. 2 살이 찌다. ¶소가 살이 ~.

올라-서다 〔자〕 1 낮은 데서 높은 데로 올라가 서다. ¶산꼭대기에 ~. 2 무엇을 디디고 그 위에 서다. ¶의자에 ~. 3 등급·지위 따위가 높아지다. ¶이사로 ~.

올라-앉다 〔-안따〕〔자〕 1 아래에서 위로 가 앉다. ¶무릎에 ~. 2 지위나 직급이 높아져 어느 자리를 차지하다. ¶사장 자리에 ~. 3 탈것에 몸을 싣다. ¶운전석에 ~.

올라-오다 〔자타너라〕 1 낮은 데서 높은 데로 옮아오다. ¶배 위로 ~. 2 흐름을 거슬러 위쪽으로 오다. ¶강물을 거슬러 ~. 3 지방에서 중앙으로 오다. ¶시골에서 갓 올라온 처녀. 4 물에서 육지로 옮겨 오다. 5 아래쪽에서 위로 비치어 오다. ¶강물이 위험 수위까지 ~. 6 높은 곳을 향해 오다. ¶산을 ~. 7 상에 음식이 차려지다. 8 먹은 것이 도로 나오려고 하다. ¶안에서 위로 북받쳐 오르다. ¶설움이 복받쳐 ~.

올라운드 (all-round)〔명〕 운동 경기에서 어떤 기술에도 골고루 통달하는 일. ⇨플레이어.

올라운드 플레이어 (all-round player) 운동 경기에서, 공격·수비의 모든 기술에 뛰어난 선수. 또는 모든 경기를 잘하는 선수. 만능선수(萬能選手).

올라-채다 〔타〕 1 움직이던 탄력을 이용해 꼭대기에 오르다. 2 힘들여 꼭대기에 이르다. ¶언덕을 올라채고 있는 아이들.

올라-타다 〔자타〕 1 탈것에 오르다. ¶기차에 ~. 2 몸 위에 오르다. ¶형 등에 ~.

올랑-거리다 〔자〕 1 놀라거나 두려워서 가슴이

자꾸 두근거리다. 2 물결이 잇따라 흔들리다. @울렁거리다. **올랑-올랑** 〔부하자〕

올랑-대다 〔자〕 올랑대다.

올랑-이다 〔자〕 1 놀라거나 두려워서 가슴이 두근거리다. 2 작은 물결이 흔들리다. ¶산들바람에 강물이 ~. 3 속이 매슥매슥해서 토할 것 같아지다. @울렁이다.

올랑-촐랑 〔부하자〕 1 물결이 올랑거리고 촐랑거리는 모양이나 소리. 2 작은 그릇의 물이 흔들리는 모양이나 소리. @울렁촐렁.

올레-산 (←oleic酸)〔화〕고급 불포화 지방산(황색이면서 기름 상태인 액체로, 많은 동식물성 유지(油脂) 안에 에스테르로서 존재함). 유산(油酸).

올려-놓다 〔-노타〕〔타〕 1 물건을 무엇의 위에 옮겨 놓다. ¶선반 위에 접시를 ~. 2 명단 따위에 이름을 적어 넣다. 3 등급·직급 따위를 높아지게 하다. ¶한국 축구를 세계적 수준으로 ~.

올려다-보다 〔타〕 1 아래쪽에서 위쪽을 보다. ¶산을 ~. 2 존경하는 마음으로 높이 받들며 우러르다. ↔내려다보다.

올려본-각 (-角)〔수〕높은 데 있는 목표물을 올려다볼 때, 시선(視線)과 지평선이 이루는 각도. 고각(高角). 구용어 : 앙각(仰角). ↔내려본각.

올려-붙이다 〔-부치-〕〔타〕 1 높게 올려 붙게 하다. ¶액자를 ~. 2 따귀 따위를 때리다. ¶따귀를 ~.

올록-볼록 〔-뽈-〕〔부하형〕 물체의 면이나 거죽이 고르지 않게 높고 낮은 모양. @울룩불룩.

올리고-당 (←oligosaccharide糖)〔명〕 구조 단위가 2~10인 다당류. 다당류 가운데 구조가 간단하고 용해도·맛·화학적 성질 따위가 단당류와 비슷함.

올리고-세 (←Oligocene世)〔명〕〔지〕 신생대 제3기를 다섯으로 구분한 셋째 번 지질 시대. 점신세.

올리다 〔타〕 1(‘오르다’의 사동) 오르게 하다. ¶손을 ~ / 열을 ~ / 기세를 ~ / 봉급을 ~ / 명단에 이름을 ~ / 사업을 궤도에 ~. ↔내리다. 2 칠·단청·도금 따위를 위에 입히다. ¶벽에 칠을 ~. 3 윗사람에게 바치다. ¶글월을 ~ / 잔을 ~. 4 따귀·매 따위를 때리다. 5 기와 따위로 지붕을 이다. 6 거행하다. ¶결혼식을 ~. 7 (궁) 동사의 어미 ‘-어’나 ‘-아’ 뒤에 붙어, 상대편을 존대해서 무엇을 해 줌을 이르는 말. ¶소식을 전해 ~.

올리-닫다 〔-따〕〔-달아, -달으니, -닫는〕〔자〕 위로 향해 달리다. 치닫다.

올리브 (olive)〔명〕〔식〕 물푸레나뭇과의 상록 교목. 높이 6~10 m에 잎은 피침형. 여름·가을에 향기 있는 열은 녹백색의 꽃이 피고 과실은 타원형의 핵과로, 살에서 올리브유를 짬. 소아시아 원산.

올리브-색 (olive色)〔명〕 올리브의 과실처럼 누른빛을 띤 녹색. 또는 암녹색도 말함.

올리브-유 (olive油)〔명〕 올리브 열매에서 채취한 누른빛을 띤 녹색의 불건성유(不乾性油)(식용·약용 및 비누의 원료로 씀).

올림 〔명〕〔수〕 어림수를 구할 때, 구하려는 자리의 숫자를 1만큼 더하고, 그보다 아랫자리는 버리는 일. ↔버림. ＊반올림.

올림-대 〔-때〕〔명〕 1〈속〉시상판(屍床板). 2 ‘숟가락’의 심마니말.
　　올림대(를) 놓다 〔구〕〈속〉죽다.

올림-조 (-調)〔-쪼〕〔명〕〔악〕 올림표로만 나타낸 조. ↔내림조.

올림-표(-標)[명]《악》음의 높이를 반음 높이는 기호. 기호는 '#'. 영기호(嬰記號). 영음(嬰音) 기호. 샤프.

올림피아드 (Olympiad)[명] 1《역》올림피아 제전과 다음 올림피아 제전 사이의 4년간. 2 올림픽 경기.

올림픽 (Olympic)[명] '올림픽 경기'의 준말.

올림픽 경ː기 (Olympic競技) 1 고대 그리스의 올림피아 제전 때 열리던 운동 경기 대회(B.C. 776년 시작). ㉣올림픽. 2 '국제 올림픽 경기 대회'의 준말.

올림픽-기 (Olympic旗)[명] 오륜기(五輪旗).

올림픽 선ː수촌 (Olympic選手村) 올림픽 대회에 참가하는 각국 선수와 임원들을 위해 설비된 집합 숙사(宿舍)의 총칭.

막-올ㅏ짜막[-쫌-][부하형] 물건 덩어리가 고르지 않게 많이 벌여 있는 모양. ㉣올먹줄먹.

올-망(-網)[명] 깊은 바다에서 고기를 잡을 때 쓰는 자루 모양의 그물.

올망-대(-網-)[-때][명] 올망을 칠 때 자루 입구를 벌리기 위해 쓰는 긴 장대.

올망-졸망이[명] 올망졸망한 물건.

올망-졸망이[부하형] 작고 또렷한 것들이 고르지 않게 많이 벌여 있는 모양. ❏아이들이 ~ 모여 있다. ㉣올먹줄먹.

올목-졸목[-쫌-][부하형] 작고 도드라진 것들이 고르지 않고 빽빽하게 벌여 있는 모양. ㉣올묵줄묵.

올몽-졸몽[부하형] 귀엽게 생긴 크고 작은 덩어리들이 고르지 않고 빽빽하게 벌여 있는 모양. ㉣올뭉줄뭉.

올무¹[명] 새나 짐승을 잡는 올가미. ❏~를 놓다 / ~에 걸리다.

올ː-무²[명] 제철보다 일찍 자란 무.

올미[명]《식》택사과의 여러해살이풀. 논이나 연못에 남. 수염뿌리가 뭉쳐나고 그 끝에 덩이줄기가 생김. 꽃줄기가 10~30cm, 잎은 뿌리에서 뭉쳐나며 선형(線形)임. 여름에 흰 단성화가 핌.

올-바로[부] 곧고 바르게. ❏~ 살다 / 사태를 ~ 이해하다 / 마음을 ~ 가져라.

올-바르다[올발라, 올바르니][형ㄹ] 말이나 생각, 행동 따위가 곧고 바르다. ❏올바른 태도 / 마음이 ~ / 올바르게 살다.

올ː-밤[명] 철 이르게 여무는 밤.

올방개[명]《식》사초과의 여러해살이풀. 수염뿌리가 뭉쳐나 끝에 대추만 한 덩이줄기가 있음. 줄기는 뭉쳐나고 높이 70 cm가량, 잎은 없음. 논이나 연못에서 자람. 덩이줄기는 '오우(烏芋)'라 하여 한약재로 씀.

올백 (all+back)[명] 가르마를 타지 않고 모두 뒤로 빗어 넘기는 머리 모양의 한 가지.

올ː-벼[명] 철 이르게 여무는 벼. 조도(早稻). 조양(早穰). ↔늦벼.

올ː-벼-신미 (-新味)[명하자] 그해에 지은 올벼의 쌀을 처음 맛봄. 또는 그런 풍속.

올ː-봄[-뽐][명] 올해 봄. 금춘(今春). ❏~에는 무슨 좋은 소식이 있겠지.

올빼미[명] 1《조》올빼밋과의 새. 부엉이와 비슷한데 귀 모양의 깃털이 없음. 낮에는 숲에서 쉬고 밤에 활동함. 쥐·토끼·벌레 따위를 잡아먹음. 치효(鴟梟). 2 밤에 자주 나돌아 다니는 사람의 별명.
올빼미 눈 같다[관] 낮에 잘 보지 못하다. 또는 낮보다 밤에 더 잘 보다.

올ː-새[명] 1 피륙의 날과 씨가 가늘고 굵은 정도. 2 피륙의 날을 세는 단위. ❏이 베는 몇 ~나 될까.

올ː-서리[명] 예년에 비해 일찍 내리는 서리.

올스타 게임 (all-star game) 프로 야구 등에서, 팬 투표 등으로 뽑힌 우수한 선수들이 팀을 이루어 겨루는 경기.

-올습니다[어미] ☞ -올시다.

-올시다[-씨-][어미] 합쇼할 자리에서, '이다·아니다'의 어간에 붙어 '-ㅂ니다'의 뜻으로 쓰는 종결 어미. ❏이게 아니~ / 그 사람의 집이~.

올ː-실[명] ☞ 외올실.

올쑥-불쑥[-쑥-][부하형] 조그마한 모가 여기저기 불규칙하게 솟은 모양. ㉣올쑥불쑥.

올ː-여름[-려-][명] 올해 여름. 금하(今夏). ❏~은 유난히도 더웠다.

올연 (兀然)[부하형][히부] 홀로 우뚝한 모양.

올연-독좌 (兀然獨坐)[오련-좌][명하자] 홀로 단정히 앉아 있음.

올오다[타]〈옛〉 온전히 하다.

올올 (兀兀)[부하형][히부] 1 꼼짝하지 않고 똑바로 앉아 있는 모양. 2 산이나 바위가 우뚝우뚝 솟은 모양.

올올-고봉 (兀兀高峰)[명] 우뚝하게 높이 솟은 산봉우리.

올ː-올-이[부] 올마다. 가닥마다.

올이다[타]〈옛〉 올리다.

올-적[-쩍][명]《언》미래(未來).

올적-끝남[-쩍끈-][명]《언》미래 완료.

올ː-지다[타] '오달지다'의 준말.

올-차다[-차-][형] 1 야무지고 기운차다. ❏고 녀석 참 ~. 2 곡식의 알이 일찍 들어차다. ❏올찬 벼 이삭.

올창[명]〈옛〉 올챙이.

올창이[명]〈옛〉 올챙이.

올챙이[명]《동》개구리의 새끼. 알에서 깨어난 지 얼마 안 된 것으로, 둥글 모양의 몸에는 아직 네 다리가 없고 꼬리만으로 헤엄치는 시기의 것을 이름. 과두(蝌蚪). 현어(玄魚).
[올챙이 적 생각은 못하고 개구리 된 생각만 한다] 형편이 좀 나아진 사람이 지난날 어렵던 때를 잊고 오만하게 행동함을 비꼬는 말.

올챙이-배[명] 똥똥하게 내민 배를 놀림조로 일컫는 말.

올칵[부하자타] 먹은 것을 갑자기 조금 게우는 소리나 모양. ㉣~ 넘기다. ㉣올칵.

올칵-거리다[-꺼-][자타] 자꾸 올칵하다. ㉣올컥거리다. 올칵-올칵[부하자타]

올칵-대다[-때-][자타] 올칵거리다.

올케[명] 오빠나 남동생의 아내.

올ː-콩[명] 제철보다 일찍 여무는 콩.

올록-볼록[-롬-][부하형] 물체의 거죽 따위가 고르지 않게 여기저기 나오고 들어간 모양. ㉣올룩불룩.

올롱-볼롱[-롱-][부하형] 물체의 거죽이나 면이 고르지 않게 들쭉날쭉한 모양. ㉣올룽불룽.

올ː-팥[-판][명] 제철보다 일찍 여무는 팥.

올-ㅅ[명] 규모가 작은 장사치가 상품을 낱자나 낱개로 파는 일.

올-해[명] 이해. 금년. 본년(本年). ❏~도 풍년이다 / ~부터 비가 잦다.

올히〈옛〉 ㊀[명] 오리. ㊁[부] 옳게.

올흔녁[명]〈옛〉 오른편.

옭-걸다[옭껄-][옭걸어, 옭거니, 옭거는][타] 옭아서 걸다. ❏목도리를 못에 ~.

옭다[옥따][타] 1 친친 잡아매다. 2 올가미를 씌우다. 3 꾀로 남을 함정에 빠뜨리다. 4 붙잡거나 구속하다.

옭-매다 [옹-] 囤 1 풀리지 않게 고를 내지 않고 꼭 매다. 2 남을 옭아매다2.

옭-매듭 [옹-] 圀 풀리지 않게 고를 내지 않고 꼭 맨 매듭. ↔풀매듭.

옭-매이다 [옹-] 죄 ('옭매다'의 피동) 1 옭맴을 당하다. ¶옭매인 끈·오랏줄에 ~. 2 어떤 일에 옭혀서 몸을 빼지 못하게 되다. ¶매일 일에 옭매여 지내고 있네.

옭아-내다 [올가-] 囤 1 올가미 따위를 씌워서 끌어내다. 2 남의 것을 몰래 끄집어내다. ¶남의 돈을 ~.

옭아-매다 [올가-] 囤 1 행동이 자유롭지 못하게 얽매다. 2 없는 허물을 짐짓 꾸며 씌우다. 옭매다. ¶사기죄로 ~.

옭혀-들다 [올켜-][-들어, -드니, -드는] 囤 1 옭혀 빠져들다. ¶사건에 ~. 2 일이 어렵게 되다. ¶문제가 ~.

옭히다 [올키-] 죄 1 ('옭다'의 피동) 옭음을 당하다. 2 얽혀 풀리지 않게 되다. ¶낚싯줄이 ~. 3 남의 수단에 얽매하게 걸리다. ¶사기꾼의 계략에 ~. 4 포박당하다.

옮겨-심기 [옴-끼] 圀하囤 식물 따위를 옮겨 심음. 이식(移植).

옮기다 [옴-] 囤 1 ('옮다1'의 사동) 사물의 자리를 바꾸어 놓게 하다. ¶짐을 ~ / 좋은 자리로 옮겨 가게 된 사람. 2 주거·처소 따위를 바꾸다. ¶셋집을 ~. 3 들은 말을 딴 데에 전하다. ¶말을 함부로 옮기지 마라. 4 글자·그림 따위를 본보기대로 쓰거나 그리다. 5 ('옮다4'의 사동) 병 따위를 전염시키다. ¶뇌염을 옮기는 모기. 6 번역하다. ¶우리말로 옮긴 일본 소설. 7 관심이나 시선 따위를 한 대상에서 다른 대상으로 돌리다. ¶다른 사업으로 관심을 ~.

옮:다 [옴] 죄 1 자리를 바꾸다. 2 주거·처소 따위를 바꾸다. 3 말·소문이 퍼져 가다. 4 병·버릇·사상 등이 감염하다. ¶피부병이 ~.

옮아-가다 [올마-] 죄 1 자리를 다른 데로 바꾸어 가다. ¶창가로 ~. 2 주거·처소 따위를 이동해 가다. ¶남원으로 ~. 3 말·소문·병 따위가 퍼져 가다. ¶소문이 ~.

옮아-앉다 [올마안따] 죄 본디 있던 곳에서 다른 곳으로 이동해서 자리 잡다. ¶생산부에서 관리부로 ~.

옮아-오다 [올마-] 죄 1 자리나 주소·처소 따위를 바꾸어서 오다. ¶수원에서 서울로 ~. 2 퍼져 오다. ¶전염병이 ~.

옳 [올] 圀 일을 잘못한 것에 대한 갚음. ¶공부를 게을리 한 ~으로 시험에 떨어졌다.

옳다1 [올타] 彲 사리에 맞고 바르다. ¶옳은 말[대답] / 옳게 살다.

옳다2 [올타] 邵 무엇이 생각과 맞을 때 내는 소리. ¶~, 잘 맞구나.

옳다구나 [올타-] 邵 '옳다'의 힘줌말. ¶~ 하고 따라나서다.

옳아 [오라] 邵 '과연 그렇구나'의 뜻으로 쓰는 말. ¶~, 그 뜻이로구나.

옳이 [오리] 囝 사리에 맞고 바르게. 옳게. ¶~ 여기다 / ~ 가르치다.

옳지 [올치] 邵 1 다른 사람의 말과 행동이 마땅하게 여길 때 내는 소리. 2 좋은 생각이 떠올랐을 때 하는 혼잣말. 오. ¶~, 그렇게 하면 된다.

옴:1 [옴] 圀 『한의』 옴벌레의 기생으로 생기는 전염성 피부병(손·발가락 사이·오금·겨드랑이 따위에서 시작해서 온몸으로 퍼져 나가는 몹시 가려운 병). 개선(疥癬). 개창(疥瘡).

옴:2 圀 아기를 낳은 여자의 젖꼭지 가장자리에 오톨도톨하게 좁쌀 모양으로 돋은 것.

옴:3 圀 '옴쌀'의 준말.

옴 (ohm) 의圀 『물』 전기 저항의 실용 단위. 1볼트의 전압으로 1암페어의 전류가 흐를 때의 저항(기호: Ω).

-옴 回 〈옛〉 -씌.

옴:-개구리 圀 『동』 개구릿과의 하나. 크기는 참개구리만 하며, 등은 흑갈색으로 혹 모양의 돌기가 많이 있고, 배는 회색에 검은 얼룩점이 있음.

옴:-게 圀 『동』 옴부채게.

옴나위 圀 꼼짝할 여유. ¶방에 사람이 너무 많아 ~가 없다. **――하다** 죄어 꼼짝할 만큼의 적은 여유밖에 없거나 조금 움직이다.

옴나위-없다 [-업따] 彲 꼼짝할 만큼의 적은 여유도 없다. **옴나위-없이** [-업씨] 囝

옴니버스 (omnibus) 圀 『연』 영화·연극 따위의 한 형식. 하나의 주제를 중심으로 몇 개의 독립된 짧은 이야기를 모아 하나의 작품으로 만든 것.

옴니버스 영화 (omnibus映畵) 옴니버스 형식으로 만든 영화.

옴니-암니 圀 이래저래 드는 비용. 또는 아주 자질구레한 것. □囝 자질구레한 일까지 좀스럽게 따지는 모양.

옴:-두꺼비 圀 『동』 몸이 옴딱지 붙은 것같이 보이는 데서 '두꺼비'를 일컫는 말.

옴둔거비 圀 〈옛〉 옴두꺼비.

옴:-딱지 [-찌] 圀 옴이 올라 헐었던 자리에 말라붙은 딱지.

옴:-벌레 圀 『동』 옴진드깃과의 절지동물. 몸 길이 0.4 mm가량, 몸이 공 모양 하며 사람의 살갗을 갉아 뚫어, 몹시 가렵고 아프게 함. 개선충(疥癬蟲).

옴부즈맨 제:도 (ombudsman制度) 국민의 권리 보호를 위한 행정 기능이 합법적으로 수행되고 있는가를 조사·감시하는 제도.

옴:-부채게 圀 『동』 부채겟과의 게. 등딱지 길이 21 mm, 폭 28 mm가량, 두흉갑(頭胸甲)과 다리의 뒤쪽에는 혹 모양의 돌기가 빽빽함. 다리 끝에만 두세 개의 털이 있음. 옴게.

옴:-살 圀 매우 친밀하고 가까운 사이.

옴실-거리다 죄 작은 벌레 따위가 많이 모여서 계속 움직이다. ¶개미 떼가 ~. ▣옴실거리다. **옴실-옴실** 囝하죄

옴실-대다 죄 옴실거리다.

옴싹-달싹 [-싹] 囝 옴짝달싹.

옴:-쌀 圀 인절미에 덜 뭉개진 채 섞여 있는 찹쌀 알. ▣옴3.

옴쏙 囝하彲 물체의 면이나 바닥이 오목하게 쏙 들어간 모양. ▣움쑥.

옴쏙-옴쏙 囝하彲 여러 군데가 옴쏙한 모양. ▣움쑥움쑥.

옴씰 囝하죄囤 갑자기 놀라서 몸을 움츠리는 모양. ▣움씰.

옴의 법칙 (Ohm-法則) [-/-에-] 『물』 도체를 흐르는 전류의 세기는 그 도선의 양단에서의 전위차에 비례하며, 저항에 반비례한다는 법칙(독일의 옴(Ohm)이 발견).

옴:-자 떡 (옴字-)[-짜-][-떠] 圀 『불』 부처 앞에 공양하는 떡(흰떡을 직사각형으로 넓적하게 만들고 범자(梵字)의 '옴' 자를 새긴 판으로 가운데를 찍음). 옴자병(옴字餠).

옴:-쟁이 圀 옴 오른 사람을 조롱하는 말.

옴:-종 (-腫) 圀 『한의』 옴으로 생긴 헌데.

옴죽 囝하죄囤 (주로 '못하다'·'않다'·'말다'

따위의 부정어와 함께 쓰여) 몸의 한 부분을 움츠리거나 펴면서 한 번 움직이는 모양. ㉣움죽. ⑪움쭉.

옴죽-거리다[-꺼-]재타 계속 옴죽하다. ㉣움죽거리다. ⑪옴쭉거리다. **옴죽-옴죽** 里하재타

옴죽-대다[-때-]재타 옴죽거리다.

옴지락-거리다[-꺼-]재타 작은 것이 느릿느릿 자꾸 움직이다. ㉣움지럭거리다. **옴지락-** **옴지락** 里하재타

옴지락-대다[-때-]재타 옴지락거리다.

옴직-거리다[-꺼-]재타 몸을 계속 움직이다. ㉣움직거리다. ⑪옴찍거리다. **옴직-옴직** 里 하재타

옴직-대다[-때-]재타 옴직거리다.

옴질-거리다재 1 작은 몸이 굼뜨게 자꾸 움직이다. ▱갓 깨어난 송달이 새끼들이 옴질거린다. 2 결단성 없이 자꾸 주저주저하다. ⊟타 1 작은 몸을 굼뜨게 움직이다. 2 질긴 것을 입에 넣고 오물거리며 자꾸 씹다. ㉣움질거리다. ⑪옴찔거리다. **옴질-옴질** 里하재타

옴질-대다재타 옴질거리다.

옴짝-달싹[-딸-] 里하재타 (주로 '못하다·않다·말다' 따위의 부정어와 함께 쓰여) 몸을 아주 조금 움직이는 모양. ▱~하지 못하게 꽁꽁 묶다. ㉣움찍달싹.

옴쭉 里하재타 (주로 '못하다·않다·말다' 따위의 부정어와 함께 쓰여) 몸의 한 부분을 옴츠리거나 펴면서 한 번 움직이는 모양. ▱~말고 앉아 있어라. ㉣옴쭉.

옴쭉-거리다[-꺼-]재타 몸을 자꾸 옴쭉하다. ▱손을 옴쭉거려 잡다. ㉣옴쭉거리다. ⑪옴죽거리다. **옴쭉-옴쭉** 里하재타

옴쭉-달싹 里하재타 ☞ 옴짝달싹.

옴쭉-대다[-때-]재타 옴쭉거리다.

옴찍-거리다[-꺼-]재타 몸의 한 부분을 작게 자꾸 움직이다. ▱이젠 옴찍거릴 힘도 없다. ㉣옴찍거리다. ⑪옴직거리다. **옴찍-옴찍** 里하재타

옴찍-대다[-때-]재타 옴찍거리다.

옴찔 里하재타 깜짝 놀라 갑자기 몸을 옴츠리는 모양. ㉣옴찔.

옴찔-거리다재타 계속 옴찔하다. ㉣옴찔거리다. ⑪옴질거리다. **옴찔-옴찔** 里하재타

옴찔-대다재타 옴찔거리다.

옴츠러-들다[-들어, -드니, -드는] 재 옴츠러져 들어가다. ㉣옴츠러들다.

옴츠러-뜨리다타 1 몸을 세게 옴츠리다. 2 겁을 주어 상대편을 뒤로 물러나게 하다. ㉣옴츠러트리다.

옴츠러-지다재 1 무섭거나 추워서 작게 오그라지다. 2 기가 꺾여 무르춤해지다. ㉣옴츠러지다.

옴츠러-트리다타 옴츠러뜨리다.

옴츠리다타 1 몸을 작아지게 하다. 2 놀라서 몸을 뒤로 조금 물리다. ▱놀라서 몸을 옴츠리고 앉다. ㉣옴츠리다.

옴치다타 '옴츠리다'의 준말. ㉣옴치다.
　옴치고 뛸 수도 없다 꾸 ㉠어쩔 도리가 없게 되다. ㉡꼼짝할 수 없다.

옴칠 里하재타 깜짝 놀라 갑자기 몸을 옴츠리는 모양. ㉣옴칠.

옴칫[-칟] 里하재타 놀라서 갑자기 몸을 가볍게 움직이는 모양. ㉣옴칫.

옴켜-잡다[-따]타 손가락을 오그려 힘 있게 잡다. ▱치맛자락을 ~. ㉣움켜잡다. ㉮홈켜잡다.

옴켜-잡히다[-자피-]재타 ('옴켜잡다'의 피동) 옴켜잡음을 당하다. ▱뒷덜미를 ~.

옴켜-쥐다타 1 손가락을 오그려 힘 있게 쥐다. 2 일이나 물건을 수중에 넣고 마음대로 다루다. ㉣움켜쥐다. ㉮홈켜쥐다.

옴큼의명 한 손에 옴켜쥔 분량. ▱한 ~ 쥐다. ㉣움큼.

옴키다타 1 손가락을 오그려 물건을 놓치지 않도록 힘 있게 잡다. 2 새나 짐승 따위가 무엇을 힘 있게 잡다. ▱매가 병아리를 ~. ㉣움키다.

옴-파다타 속을 오목하게 파다. ㉣움파다. ㉮홈파다.

옴파리명 아가리가 오목한 사기 바리.

옴팍 里하형 가운데가 오목하게 들어간 모양. ㉣움퍽.

옴팍-눈명 옴폭하게 들어간 눈. ㉣움펑눈.

옴팍눈-이명 눈이 옴폭하게 들어간 사람. ㉣움펑눈이.

옴-패다재 ('옴파다'의 피동) 속이 오목하게 파지다. ㉣움패다. ㉮홈패다.

옴포동이-같다[-갇따]형 1 어린애가 살이 올라 포동포동하다. 2 옷에 솜을 두툼하게 두어 옷을 입은 맵시가 통통하다. **옴포동이-같이** [-가치]里

옴폭 里하형 가운데가 오목하게 폭 들어간 모양. ▱~한 눈. ㉣움폭.

옴폭-옴폭 里하형 여러 군데가 옴폭한 모양. ㉣움푹움푹.

-옵-선어미 받침 없는 어간에 붙어 공손함을 나타내는 선어말 어미(예스러운 표현). ▱가시~소서 / 그러하~나이다 / 자랑하~시더니. ＊-으옵-·-오-.

-옵니까[옴-]어미 '-오-'와 '-ㅂ니까'가 결합한 말로 공손하게 의문을 나타내는 종결 어미. ▱가시~ / 정녕 그러하~. ＊-으옵니까.

-옵니다[옴-]어미 '-오-'와 '-ㅂ니다'가 결합한 말로 공손함을 나타내는 종결 어미. ▱사실이 그러하~ / 계시~. ＊-으옵니다.

-옵디까[-띠-]어미 '-오-'와 '-ㅂ디까'가 결합한 말로 과거의 일에 대한 의문을 공손하게 나타내는 종결 어미. ▱무어라고 말씀하~. ＊-으옵디까.

-옵디다[-띠-]어미 '-오-'와 '-ㅂ디다'가 결합한 말로 과거의 일에 대한 서술을 나타내는 종결 어미. ▱사정이 그러하~.

옵서버(observer)명 회의 따위에서, 정식 회원이 아닌 사람으로 방청하면서 의견을 발표할 수 있으나 의결권은 없는 사람.

옵션(option)명 1 자유 선택. 선택권. 2 일정한 금액을 치르고 계약 기한 전에 언제든지 할 수 있는 권리. 매매나 권리. 3 각종 기기(機器)에서, 표준 장치 외에 구매자가 추가로 선택해서 부착시킬 수 있는 장치나 부품.

-옵시-[-씨]선어미 '-옵-'의 한층 존경하는 공대말. ▱우리에게 빛을 주~고….

옵티마(optima)명 생물이 살아가는 데 가장 알맞은 온도(인간은 15℃ 전후).

옵티미즘(optimism)명 낙천주의. 낙관론. ↔페시미즘.

옷¹[옫]명 몸을 싸서 가리거나 보호하기 위해 피륙 따위로 만들어 입는 물건. 의복. ▱~ 한 벌 / ~을 입다.
　[옷은 나이로 입는다] 옷차림은 나이에 어울리게 하여야만 한다는 말. [옷은 새 옷이 좋고 사람은 옛 사람이 좋다] 옷은 깨끗한 새 것이 좋고 사람은 오래 사귀어 정(情)이 두터워진 사람이 좋다는 뜻. [옷이 날개라] 옷이

좋으면 사람이 돋보인다는 뜻.
옷을 벗다 团 직위에서 해임되다. ◻비리 혐의로 ~.
옷² 〈옛〉 □명 옷. □조 곧. 만.
옷-가게 [온까-] 명 옷을 파는 가게.
옷-가슴 [옫-] 명 윗옷의 가슴 부분.
옷-가지 [옫-] 명 몇 가지의 옷. 몇 벌의 옷. ◻~를 장만하다 / 변변한 ~도 없다.
옷-감 [옫깜] 명 옷을 지을 천. 의차(衣次). ◻고운 ~.
옷-값 [옫깝] 명 옷의 가격.
옷-갓 [옫갇] 명 옷과 갓. 의관(衣冠). ――하다 [옫까타] 재여 옷옷을 입고 갓을 쓰다.
옷-거리 [옫꺼-] 명 옷을 입은 맵시. ◻~가 좋다 / ~를 well뽑내다.
옷-걸이 [옫꺼리] 명 옷을 걸어 두는 물건(횃대·횃줄·말고지 따위). 의가(衣架).
옷-고름 [옫꼬-] 명 저고리나 두루마기의 앞에 달아 옷자락을 여며 매는 끈. ◑고름.
옷곳ᄒ다 혱 〈옛〉 향기롭다.
옷-기장 [옫-] 명 옷의 길이. ◻~을 늘리다.
옷-깃 [옫낃] 명 옷의 목을 둘러 앞에서 여미는 부분. 의금(衣襟). ◻~을 세우다. ◑깃.
옷깃을 여미다 团 경건한 마음으로 자세를 바로잡다.
옷깃-차례 (-次例) [옫낃-] 명 일의 순서가 시작한 사람으로부터 오른쪽으로 돌아가는 차례. 옷깃의 왼 자락이 바른 자락 위에 덮이게 입는 데서 유래.
옷ᄀ외 명 〈옛〉 옷. 의상(衣裳).
옷-농 (-籠) [옫-] 명 옷을 넣는 농. 의롱.
옷-단 [옫딴] 명 옷의 끝의 가장자리를 안으로 접어 붙이거나 감친 부분. ◑단.
옷-매 [온-] 명 옷의 모양새. ◻~가 수수하다.
옷-매무새 [온-] 명 매무새. ◻단정한 ~.
옷-매무시 [온-] 명 매무시.
옷-맵시 [옫-씨] 명 1 옷을 차려입은 모양. ◻~가 나다. 2 옷이 생긴 모양. ◻~가 좋다.
옷-밥 [옫빱] 명 옷과 음식. 의식(衣食).
옷-벌 [옫뻘] 명 (주로 동사 앞에서 '옷벌이나'의 꼴로 쓰여) 몇 벌의 옷. ◻~이나 가지고 있다.
옷-보 [옫뽀] 명 옷을 몹시 탐내는 사람.
옷-보 (-褓) [옫뽀] 명 옷을 싸는 보자기.
옷-사치 (-奢侈) [옫싸-] 명하자 분에 넘치게 옷치레를 함. ◻~가 심하다.
옷-상자 (-箱子) [옫쌍-] 명 옷을 넣는 상자.
옷-섶 [옫썹] 명 두루마기나 저고리의 깃 아래에 달린 긴 헝겊. ◻~을 여미다. ◑섶.
옷-소매 [옫쏘-] 명 소매. ◻~를 붙잡다.
옷-솔 [옫쏠] 명 옷에 묻은 먼지 따위를 터는 데 쓰는 솔.
옷-의 (-衣) [오듸/오디] 명 한자 부수의 하나(《表·裁》따위에서 '衣'의 이름).
옷의-변 (-衣邊) [오듸-/오디-] 명 한자 부수의 하나(《補·被》따위에서 'ᅣ'의 이름).
옷-자락 [옫-] 명 옷의 아래로 드리운 부분.
옷-장 (-欌) [옫짱] 명 옷을 넣는 장롱. 의장.
옷-좀나방 [옫쫌-] 명 《충》 좀나방과의 곤충. 날개 길이 1cm 정도. 몸빛은 회갈색이며 앞날개의 반문은 암갈색, 뒷날개는 담회색임. 애벌레는 옷감·모피 따위의 해충임.
옷-주제 [옫쭈-] 명 옷을 입은 모양새. ◻~가 초라하다.
옷-차림 [옫-] 명하자 1 옷을 갖추어 입음. 2 옷을 입은 차림새. 복장. ◻단정한 ~.

옷-치레 [옫-] 명하자 좋은 옷을 입어 몸치장하는 일. ◻~보다 속이 알차야지.
옷-핀 (-pin) [옫-] 명 무엇을 옷에 달거나, 옷을 여밀 때 꽂는 핀. 주로, 안전핀을 이름.
옹 (癰) 《의》 털구멍이나 땀구멍에 고름이 든 작은 종기들이 한곳에 모여 생기는 큰 부스럼《생기는 부위에 따라 얼굴이면 '면종(面腫)', 등이면 '등창'이라고 함》.
옹 갑 남을 놀리는 소리.
옹 (翁) □명의명 (사회적으로 존경 받는, 나이 많은 남자 노인의 성(姓)·성명이나 호 뒤에 쓰여) 그 사람을 높여 부르거나 이르는 말. ◻김 ~ / 간디 ~. □인대 남자 노인을 높여 이르는 말. ◻~께서는 ….
-옹 (翁) 미 노인의 뜻을 나타내는 말. ◻백두(白頭)~ / 주인~.
옹고 (翁姑) 명 시아버지와 시어머니.
옹:-고집 (壅固執) 명 억지가 매우 심한 고집. ◻~을 부리다 / ~이 심하다.
옹:고집-쟁이 (壅固執-) [-쟁-] 명 옹고집이 있는 사람을 낮잡아 일컫는 말.
옹골-지다 혱 실속 있게 꽉 차다. ◻옹골지게 여문 보리.
옹골-차다 혱 1 매우 옹골지다. ◻벼 알이 ~. 2 다부지다. ◻옹골찬 몸매. ◑옹차다.
옹관 (甕棺) 명 《역》 도관(陶棺).
옹구 명 새끼로 망태처럼 엮어 만든 농기구《소의 길마 위에 양쪽으로 걸쳐 얹고, 거름·섶나무 따위위를 나르는 데 씀》.
옹구 (翁嫗) 명 늙은 남자와 늙은 여자.
옹구-바지 명 대님을 맨 윗부분의 바지통이 옹구의 불처럼 축 처진 한복 바지.
옹구-소매 명 손목에 닿는 부분이 옹구 모양으로 품이 넓은 소매.
옹그리다 타 몸을 옹츠리다. ◑웅그리다. ㉦옹크리다.
옹글다 〔옹글어, 옹그니, 옹근〕 혱 물건이 깨겨도 조각나거나 축나지 않고 본디대로 있다.
옹긋-옹긋 [-근근] 閈하형 크기가 비슷한 것이 군데군데 고르게 삐죽삐죽 볼가져 있는 모양. ◑웅긋웅긋.
옹긋-쫑긋 [-근-] 閈하형 크고 작은 것이 고르지 않게 군데군데 쑥쑥 볼가져 있는 모양. ◑웅긋쭝긋.
옹:기 (甕器) 명 옹기그릇.
옹:기 가마 (甕器-) 명 옹기를 굽는 시설.
옹:기-그릇 (甕器-) [-른] 명 질그릇·오지그릇을 통틀어 이르는 말. 옹기.
옹기-옹기 閈하형 크기가 비슷한 것이 많이 모여 있는 모양. ◑웅기웅기.
옹:기-장수 (甕器-) 명 옹기를 파는 일을 업으로 삼는 사람.
옹:기-장이 (甕器-) 명 옹기를 만드는 일을 업으로 삼는 사람. 도공(陶工).
옹:기-전 (甕器廛) 명 옹기를 파는 가게. 옹기점(甕器店).
옹:기-점 (甕器店) 명 1 옹기전. ◻~에서 옹기를 사다. 2 옹기를 만드는 곳.
옹기-종기 閈하형 크기가 다른 작은 것들이 고르지 않게 많이 모인 모양. ◻~ 모여 앉다. ◑웅기중기.
옹달-샘 명 작고 오목한 샘.
옹달-솥 [-솓] 명 작고 오목한 솥. ◑옹솥.
옹달-시루 명 작고 오목한 시루. ◑옹시루.
옹당이 명 늪보다 작게 옴폭 패어 물이 괸 곳. ◑웅덩이.
옹당이-지다 재 비나 큰물에 땅이 패어 옹당

이가 되다. ㉥옹덩이지다.
옹동고라-지다 쟈 몸 따위가 바짝 옴츠러들
옹:-동이(甕-) 몡 옹기로 된 작은 동이.
옹:-두(甕頭) 몡 처음 익은 술.
옹:-두라지 몡 작은 옹두리.
옹:-두리 몡 1 나뭇가지가 부러지거나 상한 자
리에 결이 맺혀 혹처럼 불퉁해진 것. 목류. 2
옹두리뼈.
옹:-두리-뼈 몡 짐승의 정강이에 불퉁하게 나
온 뼈. 옹두리.
옹:-두-춘(甕頭春) 몡 '옹두'를 아름답게 일컫
는 말.
옹:-립(擁立)[-닙] 몡하타 임금으로 받들어 모
심. ㅁ세자(世子) ～.
옹망-주니 몡 1 고부라지고 오그라져 볼품없
는 모양. 2 옹망니.
옹:-방구리 몡 자그마한 방구리.
옹배기 몡 '옹자배기'의 준말.
옹:-벽(甕壁) 몡 흙이 토압(土壓)으로 무너지지
않도록 만든 벽.
옹:-산(甕算) 몡 독장수셈.
옹:-산-화병(甕算畫餠) 몡 독장수의 셈과 그림
의 떡이란 뜻으로, 헛때만 부르고 실속이 없
음을 이르는 말.
옹:-색-하다(壅塞-)[-새카-] 혱어 1 생활이 어
렵다. ㅁ옹색한 살림살이. 2 매우 비좁다. ㅁ
옹색한 방. 3 생각이 막혀서 답답하고 옹졸
하다. ㅁ옹색한 변명.
옹:-생원(-生員) 몡 성질이 옹졸하고 도량이
좁은 사람을 농조로 일컫는 말.
옹서(翁壻) 몡 장인과 사위.
옹성(甕城·罋城) 몡 1 '철옹산성(鐵甕山城)'의
준말. 2 큰 성문을 지키기 위해 성문 밖에 쌓
은 작은 성.
옹송-그리다 쟈 궁상맞게 몸을 옹그리다. ㉥
옹숭그리다. ㉮옹송크리다.
옹송망송 부하다 혱여 옹송옹송하다.
옹송옹송-하다 혱여 정신이 흐려 무슨 생각이
나다 말다 하다. 옹송망송하다.
옹송-크리다 쟈 궁상맞게 몸을 옹크리다. ㉥
옹숭크리다. ㉮옹송그리다.
옹:-솥[-솥] 몡 '옹달솥'의 준말.
옹:-솥(甕-) 몡 옹기로 만든 솥.
옹스트롬(angstrom) 의몡 몰 길이의 단위.
1 옹스트롬은 10^{-8} cm, 즉 1 cm 의 1 억분의
1(빛의 파장이나 원자의 배열 따위를 잴 때
씀. 기호 : Å 또는 A).
옹:-시루 몡 '옹달시루'의 준말.
옹알-거리다 쟈타 1 똑똑하지 않게 입속말로
자꾸 종알거리다. 2 아직 말을 못하는 어린아
이가 똑똑하지 않게 혼자 자꾸 종알거리다.
㉥옹얼거리다. **옹알-옹알** 부하자타
옹알-대다 쟈타 옹알거리다.
옹알-이 몡하자 생후 백일쯤 되는 아기가 옹알
거리는 짓.
옹용-하다(雍容-) 혱여 화락하고 조용하다.
옹용-히 부
옹:-울-하다(壅鬱-) 혱여 속이 트이지 않아 답
답하다.
옹:-위(擁衛) 몡하타 좌우에서 부축하여 보호함.
옹이 몡 나무에 박힌 가지의 그루터기.
[옹이에 마디] ㉠곤란이 겹쳐 생긴다는 뜻.
㉡일이 공교롭게 자꾸 꼬인다는 뜻.
옹:-자배기 몡 썩 작은 옹배기. ㉥옹방배기.
옹잘-거리다 쟈자 불평·불만·탄식 따위를 입
속말로 혼자 옹잘거리다. ㉥옹절거리다. **옹
잘-옹잘** 부하자타

옹잘-대다 쟈타 옹잘거리다.
옹:-저(癰疽) 몡 《한의》 큰 종기를 통틀어 이르
는 말.
옹:-절(癰癤) 몡 《한의》 급성으로 곪아서 한가
운데에 큰 근이 생기는 종기(腫氣).
옹:-정(甕井) 몡 독우물.
옹:-졸-하다(甕拙-) 혱여 1 성질이 너그럽지
못하고 소견이 좁다. ㅁ옹졸한 사람 / 생각이
～. 2 옹색하고 답답하다. ㅁ옹졸한 처신. ㉥
옹하다.
옹졸망졸-하다 혱여 몹시 오종종하다.
옹종-하다 혱여 마음이 좁고 모양이 오종종하
다. ㉥옹하다.
옹주(翁主) 몡 《역》 1 조선 때, 임금의 후궁에
게서 태어난 딸. 2 조선 중엽 이전의 왕의 서
녀 및 세자빈이 아닌 며느리.
옹:-차다 혱 '옹골차다'의 준말.
옹:-체(壅滯) 몡하자 음력 3월에 줄줄 뿌림.
옹추 '옹치(雍齒)'의 변한말.
옹춘마니 몡 소견이 좁고 오그라진 사람. 옹망
추니.
옹치(雍齒) 몡 늘 싫어하고 미워하는 사람. 또
는 그런 관계. 옹추.
옹크리다 타 몸을 옴츠려 작게 하다. ㅁ옹크리
고 앉다. ㉥옹쿠리다. ㉮옹그리다.
옹:-폐(壅蔽)[-/-페] 몡하타 윗사람의 총명을
막아서 가림.
옹:-하다 혱여 1 '옹졸하다'의 준말. ㅁ옹한
사람. 2 '옹종하다'의 준말.
옹:호(擁護) 몡하타 두둔하고 편들어 지킴. ㅁ
인권 ～ / 친구를 ～ 해 주다.
옻[옫] 몡 옻나무의 진이나 독기. 살에 닿으면
가렵고 부풀어 오르는 피부 중독의 한 가지.
옻(을) **타다** 관 살갗에 옻의 독기를 잘 받는다.
옻-기장[옫끼-] 몡 《식》 기장의 일종. 껍질은
회색, 열매는 검은데 음력 3월에 씨를 뿌림.
옻-나무[옫-] 몡 《식》 옻나뭇과의 낙엽 교목.
높이 6–9 m. 여름에 황록색의 작은 꽃이 잎
겨드랑이에서 나며, 핵과는 가을에 말랐다가
짜서 납(蠟)을 뽑고, 껍질에 상처를 내어 뽑
은 진은 옻칠의 원료임. 어린순은 먹음. 칠목.
옻-닭[옫딱] 몡 털을 뽑은 닭을 옻나무의 껍질
따위와 함께 삶은 요리(여름철에 몸을 보함).
옻-오르다[옫오-] [옻올라, 옻오르니] 쟈르 살
갗에 옻의 독기가 오르다.
옻-칠(-漆)[옫-] 몡하자타 옻나무의 진에 착색
제·건조제 따위를 넣어 만든 도료. 또는 그것
을 바르는 일. ㉥칠칠.
와[1] 언 한글의 합성 자모 'ㅘ'의 이름.
와[2] 부하자 여럿이 한꺼번에 움직이거나 웃거
나 떠드는 소리. ㅁ일제히 ～ 몰려오다 / ～
하고 웃다.
와[3] '우아[2]'의 준말.
와[4] 조 1 받침 없는 체언에 붙어, 여럿을 열거
할 때 쓰는 접속 조사. ㅁ개～ 소. 2 받침 없
는 체언에 붙어, 비교하는 부사격 조사. ㅁ참
외～ 비슷하다. 3 받침 없는 체언에 붙어, 함
께 함을 나타내는 부사격 조사. ㅁ누나～ 같
이 놀다. ＊과.
와가(瓦家) 몡 기와집.
와각(蝸角) 몡 1 달팽이의 더듬이. 2 매우 좁은
지경(地境)이나 매우 작은 사물의 비유.
와각-거리다[-꺼-] 쟈타 여러 개의 단단한 물건
이 뒤섞여 부딪치는 소리가 자꾸 나다. ㉥워
걱거리다. **와각-와각** 부하자타
와각-대다[-때-] 쟈 와각거리다.

와각지세(蝸角之勢)[-찌-] 명 사소한 일로 다투는 형세.

와각지쟁(蝸角之爭)[-찌-] 명 달팽이의 더듬이 위에서 싸운다는 뜻으로, 하찮은 일로 승강이하는 짓이나 작은 나라끼리의 싸움.

와:간-상(臥看床) 명 누워서 책을 볼 때 책을 받쳐 놓는 책상.

와:견(臥繭) 명 뇌문(雷紋)과 비슷한 장식용 무늬. 서랍 고리 모양을 여러 개의 끝과 끝이 서로 겹쳐 물리게 늘어놓은 무늬(미술품의 가장자리를 장식하는 데 씀).

와공(瓦工) 명 기와 굽는 사람. *기와장이.

와:-공후(臥箜篌) 명 『악』 현악기의 일종(나무로 배처럼 만들어 소나 양의 심줄로 줄을 매었음). 누운공후.

와관(瓦棺) 명 『역』 도관(陶棺).

와:구(瓦溝) 명 기왓고랑.

와:구(臥具) 명 누울 때 쓰는 물건의 총칭(이불·베개 따위).

와구-토(瓦口土) 명 『건』 '아귀토'의 본딧말.

와굴(窩窟) 명 소굴(巢窟).

와그르르 부하자형 1 쌓여 있던 단단한 물건이 갑자기 무너지는 소리나 모양. ㅁ장작더미가 ~ 무너지다. 2 적은 물이 야단스럽게 끓어오르는 소리나 모양. 3 우레가 가까운 곳에서 요란스럽게 치는 소리. 4 사람 등이 한곳에 떼 지어 몰려 있는 모양. ㅁ~ 달려가다. 옌워그르르.

와그작-거리다[-꺼-] 자 시끄럽게 복작거리다. 옌워그작거리다. **와그작-와그작** 부자

와그작-대다[-때-] 자 와그작거리다.

와글-거리다 자 1 사람이나 벌레 따위가 많이 모여 자꾸 북적거리다. 2 많은 양의 액체가 야단스럽게 자꾸 끓어오르다. 옌워글거리다. **와글-와글** 부하자

와글-대다 자 와글거리다.

와기(瓦器) 명 『공』 토기(土器).

와니스 명 ☞ 바니시(varnish).

와논(臥-) 〈옛〉 와는.

와다닥 부하자 갑자기 뛰어가거나 뛰어오는 소리나 모양. ㅁ불이 나자 ~ 뛰쳐나가다.

와닥닥[-딱] 놀라서 갑자기 뛰어가거나 뛰어오는 모양이나 소리.

와당(瓦當) 명 기와의 마구리.

와당탕 부 잘 울리는 바닥에 부딪쳐 요란하게 나는 소리. ㅁ문짝이 ~ 넘어지다. *우당탕.

와당탕-거리다 자 자꾸 와당탕하다. *우당탕거리다. **와당탕-와당탕** 부하자

와당탕-대다 자 와당탕거리다.

와당탕-퉁탕 부하자 잘 울리는 바닥에 요란스럽게 부딪치는 소리. *우당탕퉁탕.

와대(瓦大) 명 『공』 진흙을 빚어 만든 큰 술항아리.

와뎌 어미 〈옛〉 -고자.

와도(瓦刀) 명 『건』 기와를 쪼개는 칼(네모반듯한 쇳조각에 쇠로 된 자루가 달렸음).

와동(渦動) 명 『물』 '소용돌이'의 한자(漢字)말. --하다 자어 소용돌이치다.

와드득-거리다[-꺼-] 자타 단단한 물건을 깨물거나 부러뜨리는 소리.

와드득-거리다[-꺼-] 자타 계속 와드득 소리가 나다. 또는 계속 그런 소리를 내다. **와드득-와드득** 부하자타

와드득-대다[-때-] 자타 와드득거리다.

와드등-와드등 부하자 그릇 따위가 서로 부딪쳐서 요란스럽게 깨지는 소리.

와들-와들 부하자 춥거나 무서워 잇따라 심하게 떠는 모양. ㅁ두려움에 ~ 떨다. 쥔왈왈.

와디(wadi) 명 『지』 물이 없다가 비가 오면 물이 흐르는 골짜기(사막 지방에 흔함).

와락 부 1 갑자기 대들거나 잡아당기는 모양. ㅁ~ 껴안다. 옌워락. 2 감정·생각 따위가 갑자기 솟구치거나 떠오르는 모양. ㅁ눈물이 ~ 쏟아지다.

와락-와락 부하자 더운 기운이 매우 성하게 일어나는 모양. 옌워락워락.

와려(蝸廬) 명 1 달팽이의 집이란 뜻으로, 작고 초라한 집의 비유. 2 자기 집의 겸칭. 와옥.

와로(臥-) 〈옛〉 와 더불어.

와:료(臥料) 명 일을 하지 않고 받는 급료.

와:룡(臥龍) 명 1 엎드려 있는 용. 2 초야에 묻혀서 세상에 알려지지 않은 큰 인물의 비유.

와:룡-관(臥龍冠) 명 말총으로 만든 관(제갈량이 썼다고 함).

와:룡-장자(臥龍壯字) 명 엎드린 용과 같이 힘 있는 글씨.

와:룡-촉대(臥龍燭臺)[-때] 명 와룡촛대.

와:룡-촛대(臥龍-臺)[-초때/-촌때] 명 놋쇠나 나무로 만든, 위에 용틀임을 새긴 촛대. 와룡촉대.

와류(渦流) 명 하자 물이 소용돌이치면서 흐르는 일. 또는 그 흐름.

와르르 부하자 1 쌓였던 단단한 물건 따위가 갑자기 야단스럽게 무너지는 소리나 모양. ㅁ돌담이 ~ 무너지다. 2 천둥이 야단스럽게 치는 소리. 3 물건이 갑자기 쏟아지는 소리. 4 물이 갑자기 야단스럽게 끓거나 넘치는 소리. 옌워르르.

와르릉 부하자 1 천둥 따위가 요란스럽게 울리는 소리나 모양. 2 무엇이 무너지거나 흔들리면서 요란스럽게 울리는 소리나 모양. 옌우르릉.

와르릉-거리다 자 자꾸 와르릉하다. 옌우르릉거리다. **와르릉-와르릉** 부하자

와르릉-대다 자 와르릉거리다.

와력(瓦礫)[--와력] 1 깨진 기와 조각. 2 기와와 자갈이란 뜻으로, 하찮은 물건이나 사람의 비유.

와롤(臥-) 〈옛〉 와를.

와문(渦紋) 명 소용돌이무늬.

와:방(臥房) 명 침실(寢室).

와:변(臥邊) 명 누운변.

와:병(臥病) 명 하자 병으로 자리에 누움. 병을 앓음.

와부(瓦釜) 명 『공』 기왓가마.

와사-등(瓦斯燈) 명 가스등.

와삭 부하자타 가랑잎이나 바짝 마른 얇고 가벼운 물건이 스치거나 부스러지는 소리. 옌워석. 쎈와싹.

와삭-거리다[-꺼-] 자타 계속 와삭 소리가 나다. 또는 그런 소리를 계속 내다. 옌워석거리다. 쎈와싹거리다. **와삭-와삭** 부하자타

와삭-대다[-때-] 자타 와삭거리다.

와:상(臥牀) 명 침상(寢牀).

와상(渦狀) 명 와형(渦形).

와:상 마비(臥牀痲痺) 명 『의』 오랫동안 앓아 누워 있어서 환자의 팔다리가 마비되는 일.

와상 성운(渦狀星雲) 명 소용돌이 모양의 은하.

와서(瓦署) 명 『역』 조선 때, 관에서 쓰는 기와나 벽돌을 만들어 바치던 관아.

와석(瓦石) 명 기와와 돌.

와:석(臥席) 명 하자 병석에 누움.

와:석-종신(臥席終身)[-종-] 명 하자 제명을

다 살고 편안히 누워서 죽음.

와설 (訛說) 명 와언(訛言)1.

와셔 (washer) 명 1 세탁기. 세광기. 2 볼트를 죌 때 너트 밑에 끼우는 얇은 쇠붙이. 자릿쇠. 좌철(座鐵).

와송 (瓦松) 명 〖식〗 지부지기.

와·송·주 (臥松酒) 명 누운 소나무에 구멍을 파고 그 속에 술을 빚어 넣은 후에 뚜껑을 덮어서 열흘쯤 두었다가 꺼낸 술.

와스스 부 1 나뭇잎 따위가 잇따라 요란스럽게 흔들리거나 떨어지는 소리나 모양. 2 물건의 사개가 한꺼번에 잇따라 물러나는 모양. 3 물건이 잇따라 힘없이 무너져 흩어지는 소리나 모양.

와·식 (臥食) 명하자 일을 하지 않고 놀고먹음. 좌식(坐食).

와·신·상담 (臥薪嘗膽) 명하자 섶에 누워 쓸개를 맛본다는 뜻으로, 원수를 갚거나 마음먹은 일을 이루려고 괴로움과 어려움을 참고 견딤. 준상담.

와실 (蝸室) 명 1 달팽이 껍질같이 좁은 방. 2 자기 방을 겸손하게 일컫는 말.

와싹[1] 부하자타 마른 가랑잎이나 얇고 빳빳한 물건이 스치거나 바스러지는 소리. 큰워썩. 여와삭.

와싹[2] 부 1 단번에 거침없이 나아가는 모양. 2 갑자기 늘거나 주는 모양. 큰우썩.

와싹-거리다 〔-껴-〕 자타 계속 와싹 소리가 나다. 또는 계속 그런 소리를 내다. 큰워썩거리다. 여와삭거리다. **와싹-와싹**[1] 부하자타

와싹-대다〔-때-〕 자타 와싹거리다.

와싹-와싹[2] 부 거침없이 계속 나아가거나 늘거나 주는 모양. □ 국물이 ~ 줄다. 큰우썩우썩.

와어 (訛語) 명 〖언〗 사투리.

와언 (訛言) 명 1 잘못 전해진 말. 와설(訛說). 2 사투리.

와옥 (瓦屋) 명 기와집.

와옥 (蝸屋) 명 와려(蝸廬).

와-와 감 '우아우아'의 준말.

와요 (瓦窯) 명 기와를 굽는 굴. 와부(瓦釜). 기왓가마.

와우 (蝸牛) 명 〖동〗 달팽이.

와우-각 (蝸牛殼) 명 〖동〗 달팽이관.

와우각-상 (蝸牛角上)〔-쌍〕 명 세상이 좁은 것을 일컫는 말.

와우-관 (蝸牛管) 명 〖동〗 달팽이관.

와·유·강산 (臥遊江山) 명하자 산수화를 보며 즐김을 이르는 말.

와·음 (訛音) 명 잘못 전해진 글자의 음.

와의 (瓦衣)〔-/-이〕 명 기왓장 위에 끼는 이끼. 기와이끼.

와이 (Y, y) 명 영어의 스물다섯째 자모.

와이더블유시에이 (YWCA) 명 〔Young Women's Christian Association〕 기독교 여자 청년회.

와이드 스크린 (wide screen) 〖연〗 시네라마·시네마스코프·비스타 비전 따위의 대형 스크린을 통틀어 이르는 말.

와이드 텔레비전 (wide television) 화면의 가로와 세로의 비율이 4대 3을 넘어 5대 3이나 6대 3 정도 되는 대형 텔레비전.

와이드 프로 (←wide program) 라디오·텔레비전의 장시간 프로그램.

와이-샤쓰 (←white+shirts) 명 와이셔츠.

와이-셔츠 (←white+shirts) 명 양복 바로 안에 입는, 칼라와 소매가 달린 남자용 셔츠. 와이샤쓰.

와이어 (wire) 명 1 철사. 2 전선(電線).

와이어 게이지 (wire gauge) 철사의 굵기를 재는 기구.

와이어-로프 (wire rope) 명 쇠줄. 강삭(鋼索).

와이어 메모리 (wire memory) 〖컴〗 자기(磁氣) 박막 기억 장치의 하나. 동선(銅線)의 표면에 강자성체(强磁性體)의 박막을 만들어 자기장(磁氣場)의 방향 변화로 기억 기능을 갖게 한 것임.

와이엠시에이 (YMCA) 명 〔Young Men's Christian Association〕 기독교 청년회.

와이 염·색체 (Y染色體) 〖생〗 성염색체의 하나. 암수에는 없고 수컷의 몸 세포에 짝이 없이 단독으로 들어 있는 염색체 이외의 또 하나의 특수한 염색체. ＊엑스(X) 염색체.

와이 좌·표 (Y座標) 〖수〗 좌표를 구성하는 수들 가운데에서 세로 방향으로 어떤 점의 위치를 지시하는 좌표. 세로 좌표. 종좌표(縱座標). ↔엑스(X) 좌표.

와이-축 (Y軸) 명 〖수〗 좌표 평면에서 세로로 놓인 축. 세로축. 세로대. 종축(縱軸). ↔엑스축(X軸).

와이퍼 (wiper) 명 자동차의 앞 유리에 들이치는 빗방울 따위를 좌우로 움직이면서 닦아 내는 장치.

와이프 (wife) 명 아내. 처.

와이프아웃 (wipe-out) 명 영화나 텔레비전에서, 한 장면이 사라지면서 뒤이어 다음 장면이 나타나는 일.

와인 (wine) 명 1 포도주. 2 술. 주류.

와인글라스 (wineglass) 명 1 양주용의 술잔. 2 포도주, 특히 셰리주용의 잔.

와인드업 (windup) 명 야구에서, 투수가 투구하는 예비 동작으로 팔을 크게 휘두르는 일.

와일드-카드 (wild card) 명 1 별도로 출전 자격이 주어지는 선수나 팀. 또는 그 규정. 2 〖컴〗 운영 체제 명령어에서 파일의 이름을 지정할 때, 여러 파일을 한꺼번에 지정할 목적으로 사용하는 기호. '*'는 임의의 문자열을, '?'는 임의의 한 문자를 나타냄.

와일드-하다 (wild-) 형여 사납고 난폭하다. 거칠다. □ 성격이 ~ / 하는 짓이 ~.

와작-와작 부하자타 1 일을 무리하고 급하게 해 나가는 모양. 2 김치나 깍두기 따위를 자꾸 마구 씹는 소리나 모양. □ 무를 ~ 씹다. 큰우적우적.

와·잠 (臥蠶) 명 자고 있는 누에.

와·잠-미 (臥蠶眉) 자는 누에와 같다는 뜻으로, 길고 굽은 눈썹을 이르는 말.

와장 (瓦匠) 명 기와장이.

와장창 부 갑자기 한꺼번에 무너지거나 부서지는 소리나 모양. □ 유리창이 ~ 깨지다.

와전 (瓦全) 명하자 아무 보람 없이 헛되이 삶을 이어 감. □옥쇄(玉碎).

와전 (訛傳) 명하자 사실과 다르게 전함. 유전(謬傳). □ 말이 ~되어 오해가 생기다.

와-전류 (渦電流)〔-류〕 〖물〗 맴돌이 전류.

와중 (渦中) 명 1 물이 소용돌이치며 흐르는 가운데. 2 (주로 '와중에'의 꼴로 쓰여) 일 따위가 시끄럽고 어지럽게 벌어진 가운데. □ 어수선한 ~에 지갑을 잃어버렸다.

와즙 (瓦葺) 명하타 기와로 지붕을 임.

와지 (窪地) 명 움푹 패어 웅덩이가 된 땅.

와지끈 부하자타 단단한 물건이 부러지거나 부서지는 소리나 모양.

와지끈-거리다 자타 와지끈 소리가 잇따라 나다. 또는 그런 소리를 자꾸 내다.

와지끈-대다[-때-][자타] 와지끈거리다.

와지끈-뚝딱[-때-][튀하자타] 단단한 물건이 요란하게 부러지거나 부서지며 여기저기 세차게 부딪치는 소리나 모양. ▣나뭇가지가 ~ 부러지다.

와짝[튀] 한꺼번에 나아가거나 또는 갑자기 늘거나 주는 모양. ▣1, 2년 사이에 ~ 늙다. ✽우쩍.

와짝-와짝[튀] 한꺼번에 줄기차게 나아가거나 또는 많이씩 늘거나 주는 모양. ▣일을 ~ 해치우다. ✽우쩍우쩍.

와:창(臥瘡)[명]〖의〗병석에 오래 누워 있어서 엉덩이나 등 따위에 생긴 부스럼.

와창(蝸瘡)[명]〖한의〗손가락·발가락 사이에 뾰루지가 나서 몹시 가렵고 아픈 병.

와탈(訛脫)[명] 글이나 글자가 잘못 전해지는 것과 빠지는 것.

와:탑(臥榻)[명] 침상(寢牀).

와트(watt)[의명]〖전〗전기 공학에서, 공률(工率)의 단위. 1볼트의 전압으로 1암페어의 전류를 통할 때의 전력의 크기에 해당함. 1와트는 1/746 마력에 상당(기호 : W).

와트-계(watt計)[-계][명] 전력계.

와트-시(watt時)[의명]〖물〗전기 에너지의 실용 단위. 1와트의 전력으로 한 시간에 하는 일의 양(기호 : Wh).

와하하[튀] 거리낌 없이 떠들썩하게 웃는 소리나 모양.

와해(瓦解)[명][하자타] 조직이나 계획 따위가 무너져 흩어짐. ▣조직을 ~시키다 / 독재 정권이 ~되다.

와형(渦形)[명] 소용돌이 모양으로 빙빙 도는 형상. 와상(渦狀).

와:환(臥還)[명]〖역〗환자(還子) 곡식을 가을에 거두어들이지 않고 해마다 모곡(耗穀)만을 받아들이던 일.

왁다그르르[-따-][튀하자] 작고 단단한 물건들이 부딪치는 소리나 모양. ▣구슬이 ~ 구르다. @워더그르르.

왁다글-거리다[-따-][자] 계속 왁다그르르 소리가 나다. @워더글거리다. **왁다글-왁다글**[-따그왁따-][튀하자]

왁다글-닥다글[-따-따-][튀하자] 작고 단단한 물건들이 다른 물건들과 야단스레 부딪치며 잇따라 구르는 소리. @워더글덕더글.

왁다글-대다[-따-][자] 왁다글거리다.

왁달-박달[-딸-딸][튀하] 성질이나 행동이 조심성 없이 수선스러운 모양.

왁:댓-값[-때갑 / -땟깝][명] 자기 아내를 딴 남자에게 빼앗기고 받는 돈. @와댓.

왁살-스럽다[-쌀-따][-스러워, -스러우니][형타] '우악살스럽다'의 준말. **왁살-스레**[-쌀-][튀]

왁스(wax)[명] 1 가구나 자동차 따위에 광택을 내는 데 쓰는 납(蠟). 봉랍(封蠟). 2 스키의 활주면에 바르는 납의 일종. 3 레코드 취입에 쓰는 납판(蠟板).

왁시글-거리다[-씨-][자] 많은 사람이나 동물이 한데 모여 복잡하게 들끓다. ▣구경꾼들로 ~. @왁실거리다. **왁시글-왁시글**[-씨그왁씨-][튀하]

왁시글-대다[-씨-][자] 왁시글거리다.

왁시글-덕시글[-씨-씨-][튀하자] 많은 사람이나 동물이 어지럽게 뒤섞여 붐비는 모양. ▣여러 사람이 ~ 들끓다. @왁실덕실.

왁실-거리다[-씰-][자] '왁시글거리다'의 준

말. ▣왁실거리는 인파. **왁실-왁실**[-씨룩씰][튀하자]

왁실-대다[-씰-][자] 왁실거리다.   「준말.

왁실-덕실[-씰-씰][튀하자] '왁시글덕시글'의

왁자그르르[-짜-][튀하] 1 여럿이 한데 모여 시끄럽게 웃고 떠드는 소리나 모양. 2 소문이 갑자기 퍼져 시끄러운 모양. @워저그르르.

왁자지껄[-짜-][튀하자형] 여럿이 정신이 어지럽도록 시끄럽게 떠드는 소리나 모양.

왁자-하다[-짜-][형여] 1 정신이 어지럽도록 떠들썩하다. 2 소문이 퍼져 사람들의 입에 오르내려 요란하다.

왁작[튀하형] 여럿이 어수선하게 떠들거나 웃는 소리나 모양. ▣웃음이 ~ 터지다.

왁:저지[-쩌-][명] 무를 굵게 썰고 고기·다시마 따위를 넣어 삶거나 볶은 반찬.

완각[건] 맞배지붕이나 팔각지붕의 측면.

완강-하다(頑强-)[형여] 태도가 검질기고 의지가 군세다. ▣완강한 저항. **완강-히**[튀]. ▣~ 부인하다.

완거(頑拒)[명][하타] 완강히 거절함.

완결(刓缺)[명][하자] 나무·돌·쇠붙이 따위에 새긴 글자가 닳아서 흐려짐.

완결(完決)[명][하타] 완전히 결정함. 끝냄. ▣~을 짓다.

완결(完結)[명][하타] 완전하게 끝을 맺음. ▣조사가 ~되다 / 하던 일을 ~하다.

완고-하다(完固-)[형여] 완전하고 튼튼하다. ▣완고한 다리. **완고-히**[튀]

완고-하다(頑固-)[형여] 융통성이 없이 올곧고 고집이 세다. 완미하다. ▣완고하고 엄한 사람. **완고-히**[튀]

완:곡-하다(婉曲-)[-고카-][형여] 말하는 투가, 상대의 감정을 상하지 않도록 모나지 않고 부드럽다. ▣완곡한 표현 / 완곡하게 거절하다. **완:곡-히**[-고키][튀]

완골(完骨)[명]〖생〗귀의 뒤에 좀 도도록하게 나온 뼈.

완:골(腕骨)[명]〖생〗사람의 손목뼈.

완공(浣空)[건] 머름의 복판이나 장지문 궁창 따위에 그림이나 무늬를 새기는 일.

완공(完工)[명][하타] 공사를 완성함. ▣아파트 ~ / 이 공사는 내년에 ~될 예정이다. ↔착공(着工).   「物).

완:구(玩具)[명] 1 장난감. 2 완호지물(玩好之

완:구(緩球)[명]〖야구〗야구에서, 투수가 던지는 느린 공. 슬로 볼. ↔속구.

완구지계(完久之計)[-/-계][명] 완전해서 영구히 변치 않을 계교.

완국(完局)[명] 완전해서 결점이 없는 판국.

완:급(緩急)[명] 1 느림과 빠름. ▣속도의 ~. 2 일의 급함과 급하지 않음. ▣작업의 ~.

완:급-열차(緩急列車)[-금녈-][명] 완급차를 연결한 열차.

완:차(緩急車)[명] 위급할 때 열차를 정지시킬 수 있도록 제동 장치를 갖춘 객차나 화차(貨車)(대개 열차의 끝에 연결함).

완:기(緩期)[명][하자타] 기일을 늦춤.

완납(完納)[명][하타] 남김없이 완전히 납부함. ▣~된 공과금 / 세금을 ~하다.

완독(完讀)[명][하타] 글이나 책 따위를 끝까지 다 읽음.

완:독(玩讀)[명][하자타] 1 글의 뜻을 깊이 생각하면서 읽음. 2 비판없이 오로지 읽기만 함.

완:독(緩督)[명][하타] 독촉을 늦추어 줌.

완두(豌豆)[명]〖식〗콩과의 두해살이 덩굴풀. 잎은 덩굴손에 의해 다른 것에 감김. 봄에 백색 또는 자색의 나비 모양의 꽃이 피고, 열매

는 식용, 잎은 가축의 사료로 씀.
완둔-하다(頑鈍-) 형완고하고 어리석다.
-완딘 어미 〈옛〉 →관대. -기에.
완:력(腕力)[왈-] 명 1 주먹심. 또는 팔의 힘. ▯~이 세다. 2 육체적으로 억누르는 힘. 여력. ▯~으로 해결하려고 한다.
완:롱(玩弄)[왈-] 명하타 장난감이나 놀림감으로 삼음. ▯~의 대상.
완료(完了)[왈-] 명하타 완전히 끝마침. 완제(完濟). ▯작업 / 준비가 ~되다.
완료-상(完了相)[왈-] 명〔언〕 동작의 완료를 나타내는 동작상(動作相)의 하나. '-아 있다'·'-았다', '-아 있었다'·'-았었다', '-아 있겠다'·'-았겠다' 따위로 표현됨.
완:류(緩流)[왈-] 명하자 느리게 흐르는 일. 또는 그 흐름. ↔급류(急流).
완:만-하다(婉娩-) 형 1 여자의 태도가 의젓하고 부드럽다. 2 수더분하다. ▯완만한 인품. **완:만-히** 부
완만-하다(頑慢-) 형 성질이 모질고 거만하다. **완만-히** 부
완:만-하다(緩晩-) 형 일 따위의 되어 가는 속도가 늦다. **완:만-히** 부
완:만-하다(緩慢-) 형 1 행동이 느릿느릿하다. ▯완만한 동작. 2 가파르지 않다. ▯경사가 완만한 언덕길. **완:만-히** 부
완매-하다(頑昧-) 형 고집이 세고 사리에 어두우며 어리석다.
완명(頑命) 명 죽지 않고 모질게 살아 있는 목숨. ▯~을 보전하다.
완명-하다(頑冥-) 형 고집이 세고 사리에 어둡다. ▯완명한 노인. 준완매(頑昧).
완몽-하다(頑蒙-) 형 완명(頑冥)하다.
완문(完文) 명〔역〕조선 때, 관아에서 부동산 따위의 처분에 대하여 발급하던 증명서.
완:물(玩物) 명 장난감.
완미(完美) 명하형 완전하여 결함이 없음. ▯~의 경지.
완:미(玩味) 명하타 1 음식을 잘 씹어서 맛봄. 2 시문(詩文)의 뜻을 깊이 음미함.
완미-하다(頑迷-) 형 완고(頑固)하다.
완민(頑民) 명 통치자를 잘 따르지 않는 완고한 백성.
완벽(完璧) 명하형하히부 흠이 없는 구슬이라는 뜻으로, 결점이 없이 완전함. ▯~한 솜씨 / ~을 기하다 / ~에 가깝다.
완보(完補) 명하타 완전하게 보충함.
완:보(緩步) 명하자 느리게 걸음. 또는 그런 걸음.
완본(完本) 명 완질본(完帙本).
완봉(完封) 명하타 1 완전히 봉하거나 봉쇄함. 2 야구에서, 투수가 상대 팀에게 전혀 득점을 허용하지 않으면서 완투하는 일. ▯~승을 거두다.
완부(完膚) 명 1 흠이 없이 완전한 상태의 살가죽. 2 흠이 없는 곳의 비유.
완:부(腕部) 명 1 동물이나 곤충 따위의 팔이 되는 부분. 2 어깨에서 손목까지의 부분. ▯~에 석고 붕대를 하다.
완부(頑夫) 명 완고한 사내.
완불(完拂) 명하타 남김없이 완전히 지불함. ▯미납금 ~.
완비(完備) 명하타 빠짐없이 완전히 갖춤. ▯~된 설비 / 방어 태세를 ~하다.
완:사(緩斜) 명 가파르지 않은 경사.
완:사-면(緩斜面) 명 완만한 경사면.
완:상(玩賞) 명하타 즐겨 구경함. ▯~을 즐기다 / 미술품을 ~하다.

완:색(玩索) 명하타 완역(玩繹).
완:서-하다(緩徐-) 형 느릿느릿하고 더디다.
완선(頑癬) 명〔의〕헌데가 둥글고 붉으며 몹시 가려운 피부병의 일종.
완성(完成) 명하타 완전히 이룸. ▯그림을 ~하다 / 원고가 ~되다.
완성-도(完成度) 명 어떤 일이나 예술 작품 따위가 질적으로 완성된 정도. ▯~ 높은 작품.
완성-품(完成品) 명 완성된 물품.
완:속-물질(緩速物質)[-송-질] 명 감속재.
완수(完遂) 명하타 완전히 이루거나 다 해냄. ▯책임 / 계획이 ~되다.
완수(頑守) 명하타 완강하게 지킴. ▯진지 ~.
완숙(完熟) 명하자타형 1 완전히 무르익음. ▯~한 배. 2 완전히 삶음. ▯달걀을 ~으로 삶다. 3 매우 능숙함. ▯~한 솜씨. 4 사람이나 동물이 완전히 성숙함. ▯~한 여인.
완숙-기(完熟期)[-끼] 명 완전히 무르익는 시기. ▯농작물의 ~.
완:순-하다(婉順-) 형 예쁘고 온순하다.
완습(頑習) 명 모질고 고집스러운 버릇.
완승(完勝) 명하자 완전하게 승리함. ▯~을 거두다 / 개막전에서 ~하다. ↔완패.
완실-하다(完實-) 형 완전하고 확실하다.
완악-하다(頑惡-)[완아카-] 형 성질이 억세게 고집스럽고 사납다. ▯완악한 사람 / 완악한 성질 / 마음이 ~하다. 준완하다.
완:약-하다(婉弱-)[완야카-] 형 성질이 유순하고 생김새가 아리잠직하다.
완양(羱羊) 명 야양(野羊).
완역(完譯) 명하타 전체를 완전하게 번역함. 또는 그런 번역. 전역(全譯). ▯~ 팔만대장경. *초역(抄譯).
완:역(玩繹) 명하타 글의 깊은 뜻을 생각해서 찾음. 완색(玩索).
완연-하다(完然-) 형 흠 없이 완전하다. **완연-히** 부
완:연-하다(宛然-) 형어 1 뚜렷하다. ▯가을 빛이 ~ / 병색이 ~. 2 모양이 서로 비슷하다. **완:연-히** 부
완:연-하다(蜿蜒-) 형어 길게 늘어선 모양이 구불구불하다. **완:연-히** 부
완영(完泳) 명하타 끝까지 헤엄침.
완:완-하다(婉婉-) 형어 1 예쁘고 맵시 있다. 완전(婉轉)하다. 2 깃발 따위가 펄럭이는 것처럼 구불구불하다. 3 상냥하고 부드럽다.
완:완-하다(緩緩-) 형어 동작이 느리고 더디다. ▯완완한 몸놀림. **완:완-히** 부
완우-하다(頑愚-) 형 완고(頑固)하고 어리석다.
완:월(玩月) 명하자 달을 구경하며 즐김.
완:월-사(琓月沙·玩月砂)[완월싸] 명〔한의〕토끼의 똥《안질·폐로(肺癆)·치루(痔瘻) 따위에 씀》.
완:의(浣衣)[와늬 / 와니] 명하자 옷을 빪.
완:이(莞爾) 명 빙그레 웃는 모양.
완인(完人) 명 1 병이 완쾌한 사람. 2 신분이나 명예에 흠이 없는 사람.
완:자 명 잘게 다진 고기에 달걀·두부 따위를 섞고 동글게 빚어 기름에 지진 음식.
완:자(←卍字) 명 '만자(卍字)'의 변한말.
완자-문(←卍字紋) 명 '卍' 자 모양으로 만든 무늬. 완자무늬.

완자-창(←卍字窓)圀 창살이 '卍' 자 모양으로 된 창. 만자창.

완:-자-탕(-湯)圀 완자를 넣고 끓인 국. 환자탕(丸子湯).

완:장(阮丈)圀 남의 삼촌의 존칭.

완장(完葬)圀하타 완폄(完窆).

완:장(腕章)圀 팔에 두르는 표장(標章). ❑ ~을 두른 안내원.

완재(完載)圀하타 책·잡지 따위에, 작품 전체를 끝까지 모두 실음.

완:저(緩疽)圀『한의』무릎 위나 양옆이 부어 오르고 뻣뻣해지며 살갗이 검은 자줏빛으로 짓무르는 병.

완적(頑敵)圀 완강하게 버티는 적. ❑ ~을 격퇴하다.

완전(完全)圀하圀히圀 모자람이나 흠이 없음. ❑ 노사 분규의 ~ 타결 / ~한 제품 / ~히 매듭짓다. ↔불완전.

완전 경:쟁(完全競爭)『경』매주(賣主)와 매주(買主)가 많아서, 개개의 판매자와 구매자의 거래량이 가격에 영향을 미치지 않고, 자본·노동력의 이동에 제한이 없는 상태로 이루어지는 경쟁. ↔불완전 경쟁.

완전 고용(完全雇用)『경』일할 능력과 의사가 있는 사람에게 모두 직업이 보장되어 있는 상태.

완전 기체(完全氣體)『물』이상 기체.

완전 독점(完全獨占)[-쩜]『경』한 기업이 가격이나 생산량을 자신들에게 가장 유리하게 결정할 수 있는 상태. 단순 독점.

완전 동:사(完全動詞)『언』다른 단어로 보충하지 않아도 뜻이 완전한 동사(완전 자동사와 완전 타동사가 있음). 갖은제움직씨. ↔불완전 동사.

완전 명사(完全名詞)『언』자립 명사.

완전-무결(完全無缺)圀하圀 충분히 갖추어져 있어 결점이 없음. 완전무흠(完全無欠). ❑ ~한 상태 / ~하게 수행하다.

완전 범:죄(完全犯罪) 범인이 누구인지 전혀 모르거나 범행 사실을 입증할 수 없는 범죄.

완전 변:태(完全變態) 곤충이 발생 과정에서 알·애벌레·번데기의 3단계를 거치는 일.

완전 비:료(完全肥料) 질소·인산·칼륨의 3요소를 알맞게 혼합한 비료.

완전 사회(完全社會) 모든 사회적 활동과 협동을 할 수 있을 정도로 규모가 크며, 다른 사회로부터 독립해서 지역 지배를 유지하는 지연(地緣) 사회.

완전 소:절(完全小節)『악』'갖춘마디'의 한 자 이름.

완전-수(完全數)『수』1 정수(整數). 2 자신의 수를 뺀 모든 약수의 합이 본디의 수가 되는 자연수(6(=1+2+3) 따위).

완전 시합(完全試合) 퍼펙트게임(perfect game).

완전-식품(完全食品)圀 건강상 필요로 하는 영양소를 모두 지니고 있는 단독(單獨) 식품《우유 따위》.

완전 실업자(完全失業者)[-시럽짜] 일을 할 의사와 능력이 있는데도 취업의 기회를 얻지 못한 사람.

완전 연소(完全燃燒)『화』산소의 공급이 충분해서 가연성 물질이 완전히 타는 일. ↔불완전 연소.

완전-엽(完全葉)圀『식』갖춘잎. ↔불완전엽.

완전 음정(完全音程)『악』두 음이 동시에 울

렸을 때, 완전히 어울리는 1도·4도·5도·8도의 네 음정.

완전 자동사(完全自動詞)『언』1 어미 활용이 완전해서 여러 가지 어미가 자유로이 붙는 자동사. 2 다른 단어로 보충하지 않아도 뜻이 완전한 자동사. 갖은제움직씨. ↔불완전 자동사.

완전 제곱(完全-)『수』어떤 수 또는 식이 제곱으로 되는 수나 식. 완전 평방.

완전 주권국(完全主權國)[-꿘-] 한 나라가 주권의 전부를 다른 나라의 제한이나 간섭을 받지 않고 행사하는 나라.

완전 중립국(完全中立國)[-닙꾹] 중립국의 의무를 완전히 이행하는 나라. ↔불완전 중립국.

완전 타동사(完全他動詞)『언』1 어미 활용이 완전해서 여러 가지 어미가 자유로이 붙는 타동사. 2 보어가 없이도 뜻이 완전한 타동사. 갖은남움직씨. ↔불완전 타동사.

완전 탄:성(完全彈性)『물』외력을 없애면 변했던 모양이 본디 상태로 되돌아가는 성질. 구차하지 않다. 완전(婉轉)하다.

완:전-하다(宛轉-)圀圀 순탄하고 원활해서 구차하지 않다. 완전(婉轉)하다.

완:전-하다(婉轉-)圀圀 1 완전(宛轉)하다. 2 완완(婉婉)하다 1.

완전 형용사(完全形容詞)『언』다른 낱말로 보충하지 않아도 뜻이 완전한 형용사. 갖은그림씨. ↔불완전 형용사.

완전-화(完全花)圀『식』갖춘꽃. ↔불완전화.

완정(完定)圀하타 완전히 결정함.

완정-질(完晶質)圀『광』광물의 성분이 유리질을 포함하지 않고, 결정만으로 이루어진 조직(심성암(深成岩)에서 볼 수 있음).

완제(完制)圀『악』완조(完調).

완제(完製)圀하타 완전히 만듦. 또는 그 제품. ❑ ~ 식품.

완제(完濟)圀하타 1 채무를 완전히 갚음. 2 완료(完了).

완제-품(完製品)圀 제작 공정을 완전히 마친 물품. ❑ ~을 수입하다. *반제품.

완조(完調)[-쪼]『악』호남 지방에서 특별히 부르는 시조의 창법. 완제(完制).

완존(完存)圀하자 완전하게 존재함.

완주(完走)圀하자 목표한 지점까지 모두 달림.

완준(完準)圀하타 교료(校了).

완질(完帙)圀 완질본.

완질-본(完帙本)圀 한 질을 이루고 있는 책에서 권책(券冊) 수가 완전하게 갖추어진 책. 완본. 완질. ↔낙질본(落帙本).

완:-착(緩着)圀 바둑·장기에서, 형세를 호전시킬 기회를 놓친 수.

완:-초(莞草)圀『식』왕골.

완:-충(緩衝)圀하타 대립하는 것 사이에서 불화나 충돌을 누그러지게 함. ❑ ~ 역할.

완:충-국(緩衝國)圀 강대국 사이에 위치해서 그 나라들 사이의 충돌 위험을 완화하는 역할을 하는 나라.

완:충-기(緩衝器)圀 기계나 차량·총포 따위에 설치해서 급격한 충격을 완화시키는 장치《자동차·항공기·기차 등에 씀》. 완충 장치.

완:충-물질(緩衝物質)[-찔]圀『물』감속재(減速材).

완:충-액(緩衝液)圀 외부에서 어느 정도의 산이나 알칼리를 가해도 수소 이온 농도에 큰 변화가 없는 용액.

완:충 장치(緩衝裝置) 완충기.

완:충-재(緩衝材)圀 두 물체 사이에 끼어서 충격을 완화하는 재료《고무·용수철 따위》.

완:충 재:고 (緩衝在庫)〖경〗어떤 상품의 가격 안정과 수요를 조절하기 위한 재고.

완:충-제 (緩衝劑)명〖화〗수소 이온 지수를 조절하기 위해 가공 식품에 넣는, 락트산·시트르산·아세트산 따위의 나트륨염 같은 화학 물질.

완:충 지대 (緩衝地帶) 대립하는 나라 사이의 충돌을 완화하기 위해 설치한 중립 지대. 비무장 지대.

완치 (完治)명하타 병을 완전히 낫게 함. 〇난치성 ~ / ~가 가능한 병.

완:치 (緩治)명하타 병이나 죄를 느즈러지게 다스림.

완쾌 (完快)명하자 병이 완전히 나음. 〇~를 빌다 / 병이 ~하여 업무에 복귀하다.

완투 (完投)명하자 야구에서, 한 투수가 교대하지 않고 한 경기에서 끝까지 던짐. 〇~하여 승리를 거두다.

완파 (完破)명하타 완전히 쳐부숨. 또는 완전히 부서짐. 〇상대 팀을 ~하다 / 폭발 사고로 건물이 ~되다.

완판-본 (完板本) 조선 말기에 전주에서 간행된 고대 국문 소설의 목판본의 총칭.

완패 (完敗)명하자 완전하게 패함. 〇~를 당하다 / 시합에서 ~하다. ↔완승 (完勝).

완패-하다 (頑悖-)형여 성질이 고약하고 행동이 막되어 도리에 어긋나다.

완편 (完窆)명하타 장사 (葬事)를 완전하게 지냄. 완장 (完葬). ↔권폄 (權窆).

완-하다 (刓-)형여 도장이나 책판 (冊版) 따위의 글자가 닳아서 희미하다.

완-하다 (頑-)형여 1 '완명 (頑冥)하다'의 준말. 2 '완악하다'의 준말.

완:-하다 (緩-)형여 느리다. 더디다.

완:-하제 (緩下劑)명 똥을 무르게 하거나 설사하게 하는 약제.

완한 (頑漢)명 성질이 억세게 고집스럽고 사나운 사람.

완:한 (緩限)명하타 기한을 늦춤.

완:행 (緩行)명하타 1 느리게 감. 2 '완행열차'의 준말. ↔급행.

완:행-열차 (緩行列車)[-녈-] 각 역마다 정거하는, 빠르지 않은 열차. 〇~로 여행하다. ↔급행열차. ㉤완행.

완호 (完戶)명〖역〗조선 때, 식구가 여덟 이상이 되던 집.

완:-호 (玩好)명하타 1 진귀한 노리갯감. 또는 좋은 장난감. 2 가까이 두고 즐기며 좋아함.

완:호지물 (玩好之物)명 신기하고 보기 좋은 물건. 완구.

완:-화 (莞花)명〖한의〗팥꽃나무의 꽃봉오리를 말린 약재 (부종·창증 (脹症)·해수·담 따위에 쓰는데, 독이 약간 있음).

완:-화 (緩和)명하타 긴장된 상태나 급박한 것을 느슨하게 함. 〇출국 제한 ~ / 긴장 ~ / 행정 규제가 ~되다.

완:화-책 (緩和策)명 완화하는 계책. 〇~을 강구하다.

왈 (曰)〓물타 '가로되'·'가라사대'의 뜻. 〇공자 ~. 〓물 소위. 이른바. 〇~ 학자라는 사람이 그럴 수가 있는가.

왈가닥명 남자처럼 덜렁거리며 수선스러운 여자. 〇~ 여사.

왈가닥-거리다[-꺼-]자타 작고 단단한 물건들이 거칠게 부딪치는 소리가 자꾸 나다. 또는 그런 소리를 자꾸 내다. 〇왈가닥거리는 소리가 들리다. ㉤월거덕거리다. ㉴왈까닥거리다. ㉯왈가닥거리다. **왈가닥-왈가닥**부하자타

왈가닥-달가닥[-딸-]부하자타 왈가닥거리고 달가닥거리는 소리. 〇주방에서 ~ 설거지하는 소리가 들려왔다. ㉤월거덕덜거덕. ㉴왈카닥달카닥. ㉯왈각달각.

왈가닥-대다[-때-]자타 왈가닥거리다.

왈가왈부 (曰可曰否)명하타 어떤 일에 대해 옳다거니 그르다거니 말함. 〇이미 결정된 것을 ~하지 맙시다.

왈각-거리다[-꺼-]자타 '왈가닥거리다'의 준말. **왈각-왈각**부하자타

왈각-달각[-딸-] '왈가닥달가닥'의 준말.

왈각-대다[-때-]자타 왈각거리다.

왈강달강 작고 단단한 물건들이 어수선하게 자꾸 부딪히는 소리나 모양. ㉤월겅덜겅. ㉴왈캉달캉.

왈딱부 1 먹은 것을 갑자기 다 게워 내는 모양. 2 갑자기 뒤집히거나 젖혀지는 모양. 3 물 따위가 갑자기 그릇 밖으로 넘치는 모양. ㉤월떡.

왈시왈비 (曰是曰非)[-씨-]명하타 어떤 일에 대해 옳으니 그르니 하고 말함. 시야비야.

왈왈[1] 많은 물이 급히 흐르는 모양.

왈왈[2]부하자타 '와들와들'의 준말.

왈왈-하다형여 성질이 급하고 괄괄하다.

왈짜 (曰-)명 왈패 (曰牌).

왈짜-자식 (曰-子息)명 불량한 놈.

왈츠 (waltz)명〖악〗4 분의 3 박자의 경쾌한 춤곡. 또는 그 춤 (원형을 그리면서 춤). 원무곡 (圓舞曲).

왈카닥부하자타 1 갑자기 힘껏 잡아당기거나 밀치는 모양. 〇~ 떠밀려 넘어지다. 2 갑작스럽게 마구 쏟아지는 모양. 3 갑자기 격한 감정·기운·생각 따위가 치밀거나 떠오르는 모양. 〇성을 ~ 내다. ㉤월커덕.

왈카닥-거리다[-꺼-]자타 자꾸 왈카닥하다. 또는 그리 되게 하다. ㉤월커덕거리다. ㉯왈가닥거리다. **왈카닥-왈카닥**부하자타

왈카닥-달카닥[-딸-]부하자타 왈카닥거리고 달카닥거리는 소리. ㉤월커덕덜커덕. ㉯왈가닥달가닥. ㉯왈각달각.

왈카닥-대다[-때-]자타 왈카닥거리다.

왈칵부하자타 1 갑자기 먹은 것을 다 게워 내는 모양. 2 점심 먹은 것을 ~ 게우다. 2 갑자기 통째로 뒤집히는 모양. 3 갑자기 밀치거나 잡아당기는 모양. 〇어머니가 아기를 ~ 끌어안았다. ㉤월컥.

왈칵-달칵[-딸-]부하자타 '왈카닥달카닥'의 준말.

왈칵-하다[-카카-]형여 성미가 매우 급하다.

왈캉-달캉부하자타 작고 단단한 물건들이 어수선하게 자꾸 부딪치는 소리나 모양. ㉤월컹덜컹. ㉴왈강달강.

왈패 (曰牌)명 말이나 행동이 단정하지 못하고 수선스러운 사람. 왈짜. 〇~처럼 굴다.

왈형-왈제 (曰兄曰弟)[-쩨-]명하자 호형호제.

왓준〖옛〗와의.

왕 (王)명 1〖역〗군주. 임금. 〇~을 옹립하다. 2 장 (長). 우두머리. 3 으뜸. 〇백수 (百獸)의 ~ / 먹는 데는 내가 ~이다.

왕[2] 마소의 걸음을 멈추게 하는 소리.

왕-접 1 아주 큰 것을 나타냄. 〇~거미 / ~만두. 2 할아버지의 항렬이 되는 사람에 대한 존칭. 〇~대인 (大人) / ~고모 (姑母). 3 매우 심함을 나타내는 말. 〇~고집.

-왕 (王)미 그 분야에서 으뜸이 되는 사람을

나타내는 말. ▢발명~ / 타격~.
왕가(王家)[명] 왕의 집안. 왕실. ▢~의 후손.
왕가(王駕)[명] 거가(車駕). 어가(御駕).
왕:가(枉駕)[명][하자] 왕림(枉臨).
왕-가시나무(王-)[명] 《식》 장미과의 낙엽 활엽 관목. 가시가 있음. 봄에 흰 꽃이 가지 끝에 피고 과실은 공 모양으로 가을에 익음. 과실은 약용하고, 어린싹은 식용함.
왕-감(王-)[명] 아주 큰 감.
왕-개미(王-)[명] **1** 큰 개미. **2**《충》개밋과의 곤충. 몸길이 7~13mm이며 건조하고 양지바른 땅속에 삶. 몸빛은 검고 온몸에 금빛 털이 삐죽삐죽이 나 있음. 말개미.
왕-거미(王-)[명] **1** 큰 거미. **2**[동] 호랑거밋과의 거미. 여름에 수레바퀴 모양의 그물을 치는 보통의 큰 거미. 몸길이는 암컷이 3cm, 수컷은 1.5cm가량. 몸은 삼각형 또는 길둥근 모양이고, 몸빛은 암갈색임. 말거미.
왕-겨(王-)[명] 벼의 겉겨. 매조밋겨.
왕계(王系)[-/---게][명] 왕이나 왕실의 계통.
왕고(王考)[명] 죽은 할아버지. 조고(祖考).
왕:고(往古)[명] 전고(前古).
왕:고(枉顧)[명][하자] 왕림(枉臨).
왕:고-내금(往古來今)[명] 예로부터 지금까지. 고왕금래(古往今來).
왕고-모(王姑母)[명] 대고모(大姑母).
왕고-장(王考丈)[명] 죽은 남의 할아버지의 존칭(尊稱).
왕-고집(王固執)[명] 아주 심한 고집. 또는 그런 고집을 부리는 사람. ▢~을 쓰다.
왕-골[명] 《식》 사초과의 한해살이풀. 높이는 1~2m 정도이며, 잎은 선형, 줄기의 단면은 삼각형임. 껍질을 벗겨 방석·돗자리·기직 등을 만들고, 줄기 속의 끈·제지의 원료가 됨. 완초(莞草).
왕골-기직[명] 왕골껍질을 굵게 쪼개어 엮어 만든 기직. 왕골자리.
왕골-껍질[-찔][명] 왕골의 겉껍질(말려서 방석·기직·돗자리·모자 따위를 만듦).
왕골-논[-론][명] 왕골을 심은, 물기가 많은 논.
왕골-속[-쏙][명] 왕골 줄기에서 겉껍질을 벗겨 낸 속살(말려서 신을 삼거나 꼬아서 끈으로 씀). ⓥ골속.
왕골-자리[명] 왕골기직.
왕공(王公)[명] 왕과 공(公). 곧, 신분이 높은 사람들.
왕공-대인(王公大人)[명] 신분이 높은 귀족.
왕관(王冠)[명] 임금이 머리에 쓰는 관. ▢~을 쓰다.
왕국(王國)[명] **1** 왕이 다스리는 나라. **2** 하나의 큰 세력을 형성하고 있는 것. ▢석유 ~ / 동물의 ~.
왕궁(王宮)[명] 임금이 거처하는 궁전. ▢~을 강화하다.
왕권(王權)[-꿘][명] 임금의 권력. 군권(君權).
왕권-신수설(王權神授說)[-꿘-][명] 국왕의 권리는 신에게서 받은 절대적인 것이므로 국민이나 의회에 의하여 제한되지 않는다는 설. 군주신권설. 제왕 신권설.
왕-귀뚜라미(王-)[명] 《충》 귀뚜라밋과의 곤충. 귀뚜라미 중에서 가장 크며 몸길이 20~26mm이고 몸빛은 갈색 또는 흑갈색임. 밭이나 풀밭에 삶.
왕기(王氣)[명] **1** 임금이 날 징조. 임금이 될 징조. ▢~가 서리다. **2** 잘될 징조.
왕기(가) **뜨이다** 관 임금이 될 징조나 날 징

조가 보이다.
왕기¹(王器)[명] 사기로 만든 큰 대접.
왕기²(王器)[명] 임금이 될 만한 자질. 또는 그런 자질을 가진 사람.
왕기(王畿)[명] 왕도(王都) 부근의 땅. ▢역모 꾼들은 ~를 노리고 있다.
왕:기(旺氣)[명] **1** 행복스럽게 될 징조. **2** 왕성한 기운. ▢~가 뻗치다.
왕기(가) **뜨이다** 관 행복스럽게 될 징조가 보이다.
왕-꽃등에(王-)[-꼳둥-][명] 《충》 꽃등엣과의 곤충. 몸길이 약 1.5cm, 몸빛은 흑색에 다소 갈색을 띰. 애벌레는 더러운 물이나 분뇨 따위에 삶.
왕녀(王女)[명] 임금의 딸. ↔왕자.
왕:년(往年)[명] 지나간 해. 옛날. 왕세. ▢~의 스타 / 나도 ~엔 씨름꾼이었다.
왕눈-이(王-)[명] 눈이 큰 사람의 별명.
왕-니(王-)[명] 《충》 큰 이.
왕당(王黨)[명] 왕권을 옹호·확장·유지하려는 당. ▢혁명군이 ~을 물리쳤다.
왕대(王-)[명] 《식》 볏과의 상록 목본(木本). 높이 약 15m, 잎은 길이 10cm가량. 초여름에 자색 반점이 있는 죽순이 나는데 식용·약용함. 고죽(苦竹). 왕죽(王竹).
왕대(王臺)[명] 장수벌이 될 알을 받아 기르는 벌집(보통 것보다 크고 민틋하게 길어 아래로 드리워짐).
왕-대부인(王大夫人)[명] 남의 할머니의 존칭.
왕-대비(王大妃)[명] 살아 있는 선왕의 비.
왕-대인(王大人)[명] 남의 할아버지의 존칭.
왕-대포(王-)[명] 큰 대폿잔으로 마시는 술. ▢~를 들이켜다.
왕도(王度)[명] 임금의 풍채와 태도.
왕도(王都)[명] 왕궁이 있는 도시. 왕성(王城).
왕도(王道)[명] **1** 임금이 마땅히 지켜야 할 도리. ▢~를 가르치다. **2** 유가(儒家)가 이상으로 삼는 정치사상으로서, 인덕(仁德)을 근본으로 다스리는 도리. ↔패도(霸道). **3** 어떤 어려운 일을 하기 위한 쉬운 방법. ▢학문에는 ~가 없다.
왕:도(枉道)[명][하자] 정도(正道)를 굽혀 남에게 아첨함.
왕-돈(王-)[명] 둘레가 큰 돈. 왕전(王錢).
왕둥-발가락(王-)[-까-][명] 굵은 발가락이라는 뜻으로, 올이 굵고 성긴 피륙을 일컫는 말.
왕등(王燈)[명] 장사를 지내러 갈 때 메고 가는 큰 등.
왕-등이(王-)[명] 큰 피라미의 수컷(생식 시기가 되면 몸 양편에 붉은 무늬가 나타남).
왕-따(王-)[명] 따돌리는 일. 또는 따돌림을 당하는 사람.
왕-딱정벌레(王-)[-쩡-][명] 《충》 딱정벌렛과의 곤충. 몸길이는 3cm가량. 몸빛은 흑색에 앞가슴등판과 겉날개에 여덟 개의 줄무늬가 있음.
왕:래(往來)[-내][명][하자] **1** 오고 감. 통래(通來). ▢~가 잦다 / ~가 뜸하다. **2** 교제함. ▢~가 끊어지다. **3** 노자(路資).
왕:래-부절(往來不絶)[-내-][명][하자] 끊임없이 오고 감.
왕:래 시세(往來時勢)[-내-][명] 《경》 주가 따위가 한정된 폭으로 올랐다 내렸다 하는 시세.
왕려(王旅)[-녀][명] 왕사(王師)1.
왕:로(往路)[-노][명] 가는 길. ↔귀로(歸路).
왕릉(王陵)[-능][명] 임금의 무덤.
왕:림(枉臨)[-님][명][하자] 남이 자기가 있는 곳으로 옴의 경칭. 왕가(枉駕). 왕고(枉顧).

혜고. □박사님의 ~을 환영합니다 / 이렇게 ~해 주셔서 감사합니다.

왕-마디 (王-)**명** 크게 두드러진 마디.

왕-만두 (王饅頭)**명** 큰만두.

왕-매미 (王-)**명**〖충〗**1** 큰 매미. **2** 말매미.

왕-머루 (王-)**명**〖식〗포도과의 낙엽 활엽 덩굴나무. 산지에 자생하는데, 초여름에 꽃이 피고 검고 동그란 장과(漿果)는 가을에 익음. 열매는 식용·약용함. 야포도.

왕명 (王命)**명** 임금의 명령. 준명(峻命). □~을 받들다.

왕모 (王母)**명 1** 편지 따위에서, 남에게 자기의 할머니를 높여 일컫는 말. **2** 임금의 어머니. **3**〖역〗대궐의 잔치 때, 헌선도(獻仙桃) 춤에 선도반(仙桃盤)을 드리는 여기(女妓).

왕-모래 (王-)**명** 굵은 모래. □~가 바람에 날리다.

왕-못 (王-)[-몯]**명** 크고 굵은 못. □망치로 ~을 박다.

왕-바람 (王-)**명**〖기상〗풍력 계급 11의 바람. 풍속이 초속 28.5–32.6m인 바람. 폭풍.

왕-바위 (王-)**명** 큰 바위.

왕-바퀴 (王-)**명**〖충〗바퀴과의 곤충. 몸길이 1.8–2.3cm. 몸은 밤빛이고 더듬이는 몸보다 길며 앞가슴등판은 수컷이 원형, 암컷은 사각형임. 주로 밤에 활동함.

왕:반 (往返)**명하타** 왕복(往復).

왕-반날개 (王半-)**명**〖충〗반날갯과의 곤충. 동물의 시체 따위에 모임. 바닷가에 많이 서식하며, 몸길이는 13–23mm이고, 몸빛은 광택 있는 흑갈색, 배는 회백색과 흑갈색의 털이 반문을 이룸.

왕-밤 (王-)**명** 굵은 밤.

왕:방 (往訪)**명하타** 가서 찾아봄. □거처를 ~하다.

왕-방울 (王-)**명** 큰 방울. □~ 같은 눈.

왕배-덕배 [-뻬]**부** 이러니저러니 하고 시비를 가리는 모양. □잘잘못을 ~ 가리다.

왕배야-덕배야 [-배-뻬야] **一감** 여기저기서 시달려 괴로움을 견딜 수 없을 때 부르짖는 소리. □아이고 ~. **二부** 여기저기서 시끄럽게 시비를 따지는 소리. □~ 떠들다.

왕백 (王白)**명** 어백미(御白米).

왕-뱀 (王-)**명**〖동〗**1** 몸이 큰 뱀. **2** 보아(boa).

왕-버들 (王-)**명** 버드나뭇과의 낙엽 교목. 물가에 나는데, 높이는 20m가량. 잎은 길둥글며 끝이 뾰족한 모양이고, 4월경에 꽃이 핌.

왕-버마재비 (王-)**명** 왕사마귀.

왕-벌 (王-)**명**〖충〗**1** 호박벌. **2** 말벌.

왕법 (王法)[-뻡]**명** 국왕이 제정한 법령.

왕:법 (枉法)[-뻡]**명하자** 법을 잘못 해석하거나 적용함.

왕:법-장 (枉法贓)[-뻡짱]**명** 법을 악용해서 뇌물을 받은 죄.

왕:복 (往復)**명하타** 갔다가 돌아옴. 왕반. □버스로 ~ 세 시간 걸린다 / 서울과 수원을 ~하다.

왕:복 기관 (往復機關)[-끼-]〖물〗증기나 가스 따위로 피스톤의 왕복을 회전 운동으로 바꾸는 원동기(내연 기관 따위가 이에 속함).

왕:복 승차권 (往復乘車券)[-쑹-꿘] 한 장으로 일정한 구간을 왕복할 수 있는 승차권.

왕:복 엽서 (往復葉書)[-봉넙써] 발신용과 반신용을 한데 붙여 만든 우편엽서.

왕:복 운:동 (往復運動)〖물〗일정한 거리를 갔다가 다시 그 길로 되돌아 본디의 자리로 오는 주기적인 운동(시계추·피스톤의 운동

따위).

왕:복-표 (往復票)**명** 한 장으로 일정한 구간을 왕복할 수 있는 표(차표·비행기표·배표 따위). 왕복권(往復券).

왕봉 (王蜂)**명**〖충〗여왕벌.

왕부 (王父)**명 1** 편지 따위에서, 남에게 자기할아버지를 일컫는 말. **2** 임금의 아버지.

왕부 (王府)**명**〖역〗조선 때, '의금부(義禁府)'를 달리 일컫던 말.

왕-부모 (王父母)**명** 조부모(祖父母).

왕비 (王妃)**명** 임금의 아내. 왕후(王后). □왕과 ~.

왕사 (王事)**명 1** 임금이 나라를 위해 하는 일. **2** 임금이나 왕실에 관한 일. □~를 돌보다. ──하다**자여** 임금을 섬기다.

왕사 (王師)**명 1** 임금의 군대. 관군(官軍). 왕려(王旅). **2** 임금의 스승.

왕:사 (往事)**명** 지나간 일. □~를 잊다.

왕:사 (枉死)**명하자** 억울한 죄로 죽음.

왕-사마귀 (王-)**명**〖충〗사마귓과의 곤충. 몸길이 70–95mm이고, 몸빛은 갈색 또는 녹색. 기부에는 흑색의 큰 무늬가 있음. 들의 풀밭에서 삶. 왕버마재비. 큰사마귀.

왕산 (王山)**명 1** 큰 산. **2** 모양이 불룩하거나 부피가 큰 것의 비유. □배가 ~만 하다.

왕:상 (往相)**명**〖불〗자기의 공덕을 중생에게 베풀어 함께 왕생하도록 하는 일.

왕-새기 (王-)**명** 총이 없이 돌기총을 띄엄띄엄 여덟 개 세운 짚신의 일종.

왕-새우 (王-)**명** 왕새욧과의 새우. 몸길이 약 20cm. 온몸이 빨간데 각 마디의 측면에 담청색 반문이 있고 더듬이는 썩 긺. 큰새우. 대하(大蝦).

왕:생 (往生)**명하자**〖불〗이승을 떠나 정토(淨土)에 가서 태어나는 일.

왕:생-극락 (往生極樂)[-궁낙]**명**〖불〗극락왕생. □~을 빌다.

왕:생-안락 (往生安樂)[-알-]**명**〖불〗극락세계에서 안락한 삶을 누림.

왕:생-일정 (往生一定)[-쩡]**명**〖불〗믿음을 얻어 극락왕생을 할 것이 틀림없음.

왕:석 (往昔)**명** 옛적.

왕성 (王城)**명 1** 왕도(王都). **2** 왕도의 성.

왕:성 (旺盛)**명하형**왕성하다. 왕성한 성założenie. 성왕(盛旺). □~한 혈기 / 연구 활동이 ~하다.

왕-세손 (王世孫)**명** 왕세자의 맏아들. ⚌세손(世孫).

왕-세자 (王世子)**명** 왕위를 이을 왕자. 동궁(東宮). 저군(儲君). 저사(儲嗣). ⚌세자(世子).

왕세자-비 (王世子妃)**명** 왕세자의 정실(正室) 부인. □~를 간택하다.

왕-세제 (王世弟)**명** 왕위를 이을 왕의 아우. ⚌세제(世弟).

왕-소금 (王-)**명** 굵은 소금.

왕손 (王孫)**명** 임금의 손자 또는 후손.

왕손-교부 (王孫教傅)**명**〖역〗왕손을 기르고 가르치던 벼슬.

왕수 (王水)**명**〖화〗진한 염산과 진한 질산을 3대 1의 비율로 혼합한 액체(산에 잘 녹지 않는 금·백금 따위를 용해시킴).

왕:시 (往時)**명** 지나간 때. 옛적. 구시(舊時).

왕-신 (王-)**명** 마음이 올곧지 않아 건드리기 어려운 사람의 별명.

왕:신 (往信)**명 1** 남에게 보내는 통신이나 편지. ↔반신(返信). **2** 왕복 엽서에서 보내는

부분.

왕실(王室)명 임금의 집안. 왕가(王家).

왕:양(汪洋)명[하다] **1** 바다가 끝없이 넓음. ▯ ~한 바다. **2** 미루어 헤아리기 어려움.

왕언(王言)명 임금의 말.

왕-얽이(王-)[-얼기]명 굵은 새끼로 친 얽이.

왕얽이-짚신(王-)[-얼기집씬]명 아무렇게 마구 삼은 엉성한 짚신.

왕업(王業)명 임금이 나라를 다스리는 대업(大業). 또는 그런 업적.

왕-연하다(汪然-)형여 **1** 바다나 호수 따위가 넓고 깊다. **2** 눈물이 줄줄 흐르다. ▯ 눈물이 ~. 왕:연-히튀

왕:연-하다(旺然-)형여 **1** 빛이 매우 아름답다. **2** 사물이 매우 왕성하다. 왕:연-히튀

왕왕튀[하다자] 귀가 먹먹할 정도로 크고 시끄럽게 떠들거나 우는 소리. ▯ 스피커 소리가 ~ 울리다.

왕:왕(往往)튀 이따금. 때때로. ▯ 그런 일은 ~ 있다.

왕왕-거리다자〈속〉시끄럽게 왕왕 떠들다. ▯ 왕왕거리는 벌떼 소리.

왕왕-대다자 왕왕거리다.

왕:왕-하다(汪汪-)형여 **1** 물이 끝없이 넓고 깊다. **2** 눈에 눈물이 가득하다. 왕:왕-히튀

왕:운(旺運)명 왕성한 운수. ▯ ~이 트이다.

왕월(王月)명 음력 '정월'의 별칭.

왕위(王位)명 임금의 자리. 어좌(御座). ▯ ~를 계승하다.

왕위(王威)명 임금의 위엄. ▯ ~를 떨치다.

왕유(王乳)명 로열 젤리.

왕:유(王諭)명[하다타] 임금의 명령을 받고 가서 회유함.

왕윤(王胤)명 임금의 자손.

왕인(王人)명 임금의 명령을 받들고 온 사람.

왕:일(往日)명 지나간 날. 예전. ▯ ~의 부귀영화.

왕자(王子)명 임금의 아들. ↔왕녀.

왕자(王者)명 **1** 제왕인 사람. 임금. **2** 왕도(王道)로 천하를 다스리는 사람. **3** 어느 분야에서 으뜸인 사람의 비유. ▯ 바둑계의 ~. *패자(霸者)

왕:자(往者)명 지난번. ▯ ~에 있었던 일.

왕자-군(王子君)명[역] 임금의 서자(庶子)에게 주던 작위(공신(功臣)들에게 주던 군호(君號)와 구별하기 위한 말).

왕자-머리(王字-)명[건] 사개수(四介手)를 짤 때에, 기둥 밖으로 나가서 서로 엇물려 벗어나거나 물러나지 못하게 하는 보 머리. 왕자두.

왕자-사부(王子師傅)명[역] 왕자를 가르치던 벼슬의 하나.

왕자-의(王字衣)[-/-의]명[역] 대궐의 하급 군졸인 나장이 입던 옷.

왕-잔디(王-)명 볏과의 여러해살이풀. 바닷가 모래땅에 나며, 뿌리줄기는 가로 벋고 마디마다 뿌리가 내림. 잎은 어긋나게 나 옆으로 퍼지며, 6월경에 꽃줄기 끝에 이삭 모양의 꽃이 핌.

왕-잠자리(王-)명[충] 왕잠자릿과의 대형 잠자리. 배 길이 5cm, 뒷날개 길이 5.3cm가량. 머리는 녹황색이고, 가슴은 녹색임. 6-10월에 물가를 날아다님.

왕장(王丈)명 왕존장1.

왕장(王葬)명 임금의 장례(葬禮).

왕정(王廷)명 임금이 직접 다스리는 조정(朝廷). 왕조(王朝).

왕정(王政)명 **1** 임금의 정치. **2** 군주 정체(君主政體).

왕정(王程)명 임금의 일로 다니는 여정.

왕정-복고(王政復古)[-꼬]명 공화 정체나 그 밖의 다른 정체가 무너지고 다시 군주 정체로 되돌아가는 일.

왕제(王弟)명 임금의 아우.

왕조(王祖)명 임금의 선조(先祖).

왕조(王朝)명 **1** 같은 왕가에 속하는 통치자의 계열. 또는 그 왕가가 다스리는 시대. ▯ ~실록 / 세습 ~ / 조선 ~ 오백여 년. **2** 왕정.

왕조 시대(王朝時代) 임금이 다스리던 시대. 왕대(王代). ▯ ~의 유물.

왕족(王族)명 임금의 일가. 왕가(王家). ▯ ~의 가문.

왕-존장(王尊丈)명 **1** 남의 할아버지의 존칭(尊稱). 왕장. **2** 할아버지와 나이가 비슷한 어른의 존칭.

왕-종다리(王-)명[조] 큰종다리.

왕좌(王佐)명[하다] 임금을 보좌함.

왕좌(王座)명 **1** 임금이 앉는 자리. 또는 임금의 지위. **2** 으뜸가는 자리. ▯ 바둑계의 ~.

왕좌지재(王佐之材)명 임금을 도와 큰일을 할 만한 인물.

왕죽(王竹)명[식] 왕대.

왕지(王-)명[건] 추녀나 박공 솟을각에 대는, 삼각형으로 켠 암키와. 왕지기와.

왕지(王旨)명[역] 교지(敎旨).

왕지-기와(王-)명[건] 왕지.

왕-지네(王-)명[동] 왕지넷과의 절지(節肢) 동물. 몸길이가 8cm가량. 육식성(肉食性)이고 턱에 독선(毒腺)이 있음. 화상약(火傷藥)으로 씀. 대오공.

왕지-도리(王-)명[건] 모퉁이 기둥 위에 얹는 도리.

왕:진(往診)명[하다타] 의사나 병원 밖의 환자에게로 가서 진찰함. ▯ ~을 가다 / 위급한 환자를 ~하다. ↔택진(宅診).

왕:참(往參)명[하다자] 직접 가서 참여함.

왕창튀〈속〉엄청나게 큰 규모로. ▯ 돈을 ~ 벌다 / 내 차만 ~ 부서졌다.

왕:척-직심(枉尺直心)[-찍씸]명[하다자] 작은 욕에 얽매이지 않고 큰일을 이룸.

왕-천하(王天下)명[하다자] 임금이 되어 천하를 다스림. 또는 그 천하.

왕:청-되다[-뙤-]형 차이가 엄청나다.

왕:청-스럽다[-따][-스러워, -스러우니]형 차이가 엄청난 듯하다. 왕:청-스레튀

왕초(王-)명〈속〉거지·넝마주이 따위의 우두머리. ▯ ~와 똘마니.

왕춘(王春)명 음력 정월의 딴 이름.

왕치(王-)명[건] 지붕의 너새 끝에서 추녀 끝까지 물매가 비스듬히 지게 기와를 덮은 부분.

왕치(王-)명[충] 방아깨비의 큰 암컷. ↔따따깨비.

왕-콩(王-)명 굵은 콩. ▯ ~ 서 말.

왕-태자(王太子)명[역] 조선 말에, '태자(太子)'를 일컫던 말. ▯ ~를 세우다.

왕태자-궁(王太子宮)명[역] 조선 말에, 왕태자의 궁사(宮事) 및 시종(侍從)과 진강(進講)을 맡아보던 관아.

왕택(王澤)명 임금의 은택.

왕토(王土)명 임금의 영토.

왕통(王統)명 왕위를 계승하는 정통(正統). ▯ ~을 잇다 / ~이 끊어지다.

왕-파(王-)명 굵은 파.

왕-파리(王-)명[충] **1** 파릿과의 곤충. 몸길

이 8mm가량, 몸빛은 검은데 가슴은 회백색
가루로 덮이고, 흙배에는 네 개의 흑색 세로
줄이 있음. 집파리의 공통종임. 2 쉬파리.
왕-패 (王牌)圓 〖역〗 임금이 궁가(宮家) 또는
공신에게 논·밭·산판·종 등을 주거나, 공이
있는 향리에게 부역을 면제해 줄 때 내리던
서면(書面).
왕-패 (王霸)圓 왕도(王道)와 패도(霸道).
왕-풍뎅이 (王-)圓〖충〗 풍뎅잇과의 곤충. 몸
길이 30mm 가량이고, 몸빛은 적갈색에 회백
색의 잔털이 빽빽이 나며, 가슴 아래는 누른
빛의 긴 털이 많음. 참나무 따위의 잎을 갉아
먹는 해충임. 떡갈잎풍뎅이.
왕-학 (王學)圓 양명학의 딴 이름.
왕화 (王化)圓 임금의 덕화(德化).
왕후 (王后)圓 왕비.
왕후 (王侯)圓 임금과 제후(諸侯).
왕후장상 (王侯將相)圓 제왕·제후·장수·재상
의 통칭.
〔왕후장상이 씨가 있나〕 높은 자리에 오르는
것은 가문이나 혈통에 따른 것이 아니고 자
신의 노력에 달렸다는 말.
왕:-흥-하다 (旺興-)囹困 흥왕(興旺)하다.
왜¹圓 한글의 합성 자모 'ㅙ'의 이름.
왜 (倭)圓 1 '왜국(倭國)'의 준말. 2 (일부 명사
앞에 붙어) '일본식의' · '일본의'의 뜻을 나
타냄. □~간장 / ~된장.
왜:²團 무슨 까닭으로. 어째서. □~ 안 오느
냐 / 설탕은 ~ 샀니. 준왜.
왜:³콉 의문을 나타낼 때 쓰는 말. □~, 무슨
일이야 / ~, 형이 뭐라고 했는데.
왜⁴조 〖옛〗 와가. '와'에 'ㅣ'가 겹친 말.
왜-가리圓〖조〗 백로과의 새. 정수리·목·가슴·
배는 희고 뒤통수에 청홍색의 긴 털이 두 가
닥 있음. 등은 회흑색. 다리와 부리가 긺.
왜각-대각 [-깍-] [-때-]團困자타 그릇 따위가 부딪
치거나 깨어져 요란스럽게 나는 소리. 쎈왜
깍대깍.
왜-간장 (倭-醬)圓 (집에서 만든 간장에 대해)
양조장 등에서 만든 일본식 간장의 속칭. □
~으로 간을 맞추다.
왜건 (wagon)圓 1 뒷자리에 짐을 실을 수 있는
승용차. 2 요리 따위를 나르는 손수레. □
~으로 서비스하다. 3 바퀴 달린 상품 진열대.
왜경 (倭警)圓 일제 강점기에, '일본 경찰'을
낮추어 이르던 말. □표독했던 ~들.
왜곡 (歪曲)圓하타 사실과 다르게 해석하거나
그릇되게 함. □ 역사 ~ / 가치관의 ~.
왜골圓 허우대가 크고 말과 행동이 얌전하지
못한 사람.
왜골-참외圓 골이 움푹움푹 들어간 참외.
왜관 (倭館)圓 조선 때, 왜인(倭人)이 통상하
던 장소로서 지금의 부산에 설치했던 관사.
왜구 (倭寇)圓〖역〗 13-16세기에 중국과 우리
나라의 연해를 무대로 약탈을 일삼던 일본
해적.
왜구 (矮軀)圓 키가 작은 체구.
왜국 (倭國)圓 '일본(日本)'을 낮추어 이르는
말. □~ 사신. 준왜.
왜군 (倭軍)圓 '일본군'을 낮추어 이르는 말.
왜궤 (倭櫃)圓 예전에, 남자들이 쓰던 세간의
하나인 네모진 궤(앞쪽에 두 짝의 문이 있고,
그 안에 서랍이 여럿 있음).
왜그르르團자타 1 된밥이나 굳은 물건 따위
가 흐슬부슬 한꺼번에 헤어지는 소리. □축
대가 ~ 무너지다. 2 단단한 물건이 우수수
떨어지는 모양.
왜글-왜글團하자 잇따라 왜그르르하는 모양.

왜솜

왜긋다囹 ☞ 뻣뻣하다.
왜각-대각 [-깍-]團자타 그릇 따위가 요란
스레 부딪치거나 깨지는 소리. 쎈왜각대각.
왜-나막신 (倭-)[-씬]圓 일본 사람의 나막신.
게다.
왜-난목 (倭-木)圓 내공목(內供木).
왜-낫 (倭-)[-낟]圓 날이 얇고 짧으며 가벼운,
자루가 긴 낫. *조선낫.
왜나-하면 (倭-)團 '왜 그런가 하면'의 뜻의 접속
부사. □그는 성공할 줄 알았다. ~ 그는 쉬
지 않고 연구를 계속했기 때문이다.
왜녀 (倭女)圓 일본 여자의 낮춤말.
왜-년 (倭-)圓 일본 여자를 낮잡아 욕으로 이
르는 말. *왜놈.
왜노 (倭奴)圓 예전에, 중국 사람이나 고려 사
람이 일본 사람을 낮잡아 부르던 말. 왜이(倭
夷). □~의 약탈질.
왜-놈 (倭-)圓 일본 남자를 낮잡아 욕으로 이
르는 말. *왜년.
왜-떡 (倭-)圓 예전에, 밀가루나 쌀가루를 반
죽해 얇게 늘여서 구운 과자를 이르던 말.
왜뚜團 피리나 뿔 나발 따위를 부는 소리.
왜뚜리圓 큰 물건.
왜뚤-삐뚤團하囹 이리저리 비뚤어진 모양.
왜뚤-왜뚤團하囹 이리저리 몹시 비뚤어진 모
양. □글씨를 ~ 쓰다.
왜란 (倭亂)圓 1 왜인들이 일으킨 난리. □~
을 겪다. 2 '임진왜란'의 준말.
왜력 (歪力)圓[물] 변형력(變形力).
왜루-하다 (矮陋-)囹困 1 몸이 작고 보기에
흉하다. 2 집 따위가 낮고 누추하다.
왜림 (矮林)圓 키가 작은 나무가 우거진 숲.
↔교림(喬林).
왜마 (矮馬)圓〖동〗 조랑말.
왜-말 (倭-)圓 일본 말의 낮춤말.
왜-먹 (倭-)圓 재래의 여섯 모 난 먹에 대해서
네모난 먹.
왜-모시 (倭-)圓 당모시보다 올이 굵은 모시.
왜-모개 (矮-)圓〖어〗 잉엇과의 민물고기. 하
천이나 못에 삶. 몸길이 약 6cm. 등지느러미
가 짧고 등은 암갈색, 배는 은백색임.
왜-못 (倭-)[-몯]圓 재래식 못에 대해, 끝이
뾰족하고 못대가리는 둥글납작한 철사로 된
못. 서양못.
왜-무 (倭-)圓〖식〗 조선무에 대해, 굵고 길쭉
하며 살이 연한 개량종 무.
왜무-짠지 (倭-)圓 단무지를 달리 일컫는 말.
준왜짠지.
왜-밀 (倭-)圓 '왜밀기름'의 준말.
왜-밀기름 (倭-)圓 향료를 섞어서 만든 밀기
름. 준왜밀.
왜-바람 (倭-)圓 일정한 방향이 없이 이리저
리 부는 바람. 왜풍.
왜-반물 (倭-)圓 남빛에 검은빛이 섞인 물감.
왜배기圓〈속〉 겉보기도 질도 모두 좋은 물
건. ↔진상.
왜병 (倭兵)圓 일본 병정.
왜선 (倭船)圓 일본 배.
왜성 (矮性)圓 생물의 크기가 그 종(種)의 표
준 크기에 비해 작게 자라는 특성. 또는 그런
특성을 지닌 품종. □~ 사과의 한 품종.
왜성 (矮星)圓[천] 부피가 작고 광도(光度)가
낮은 항성. ↔거성(巨星).
왜소-하다 (矮小-)囹困 키가 작고 몸피가 작
다. □왜소하고 깡마른 체구.
왜-솜 (倭-)圓 예전에, 개량종의 목화를 따서

만든 솜을 일컫던 말.
왜-솜다리 (倭-)명 《식》국화과의 여러해살이
풀. 솜털이 촘촘하게 덮여 있고, 줄기 높이
30 cm가량. 잎은 어긋나며 긴 타원형임.
왜송 (矮松)명 가지가 많아 다보록한 어린 솔.
다복송.
왜-솥 (倭-)[-솥] 명 전이 있고 밑이 깊은 솥.
왜식 (倭式)명 일본식의 낮춤말. ▷ ～국수.
왜식 (倭食)명 일본 음식의 낮춤말. ▷ ～식당.
왜-여모기 (倭-)명 《식》줄기는 희고 이삭과 수염
이 긴 조.
왜오 조 〈옛〉'와'와 '이오'가 겹친 말.
왜옥 (矮屋)명 낮고 작은 집.
왜왕 (倭王)명 예전에, 일본의 왕을 낮잡아 이
르던 말.
왜왜 부 바람이나 호각 따위가 새되게 들려오
는 소리. ▷ 바람에 창문이 ～ 울어 대다.
왜-이이 (矮-)명하타 짧은 재목을 이어서 씀.
또는 그런 방법.
왜인 (倭人)명 일본 사람을 얕잡아 이르는 말.
왜인 (矮人)명 난쟁이.
왜인-관장 (矮人觀場)명 왜자간희.
왜자 (矮子)명 난쟁이. 왜인(矮人).
왜자-간희 (矮子看戲)[-히] 명 키 작은 사람이
큰 사람 틈에서 구경은 하지 못하고 앞사람
의 이야기만 듣고 자기가 본 체한다는 뜻으
로, 자신은 모르면서 남의 말을 따라 덩달아
서 그렇다고 하는 일. 왜인관장(矮人觀場).
왜자기다 자 왜자지껄하게 떠들다.
왜자-하다 형어 1 소문이 퍼져 떠들썩하다. ▷
소문이 ～. 2 왜자지껄하게 떠들썩하여 시끄
럽다. ▷ 왜자하면서 고함치는 소리가 나다.
왜장 (倭將)명 일본 장수를 낮추어 이르는 말.
왜장-녀 (-女)명 1 몸이 크고 부끄럼이 없는
여자의 별명. 2《민》산대놀음에서 쓰는 여자
탈. 또는 그것을 쓰고 춤추는 사람.
왜장-치다 자 맞대어 바로 말하지 않고 쓸데
없이 큰 소리로 떠들다.
왜적 (倭敵)명 적으로서의 일본이나 일본인.
▷ ～을 물리치다.
왜전 (矮箭)명 짧은 화살. 짧은주.
왜정 (倭政)명 일본이 침략해서 강점하고 지배
하던 정치. 일정(日政). ▷ ～ 치하.
왜정 시대 (倭政時代)《역》'일제 강점기'의
구용어. ▷ 생각만 해도 끔찍한 ～.
왜-주홍 (倭朱紅)명 선명한 빨간 물감.
왜죽-왜죽 부하자 팔을 홰홰 내저으며 계속 경
망스럽게 빨리 걸어가는 모양. ②웨죽웨죽.
왜지 (倭紙)명 예전에, 재래의 종이에 대해 갱
지·모조지·도배지 따위의 반들반들하고 얇은
종이를 일컫던 말.
왜-짠지 (倭-)명 '왜무짠지'의 준말.
왜쭉-왜쭉 부하자 걸핏하면 성을 내는 모양.
왜첨 (矮簷·矮檐)명 《건》짧고 낮은 처마.
왜청 (倭靑)명 당청(唐靑)보다 검은빛의 물감.
왜청-빛 (倭靑-)[-삧]명 검푸른 빛.
왜축 (矮縮)명 쪼그라져 줄어듦.
왜-태 (-太)명 큰 명태.
왜퉁-스럽다 [-따][-스러워, -스러우니]형타
보통 때와는 달리 대단히 엉뚱한 데가 있다.
왜퉁-스레 부
왜틀-비틀 부하자 몸을 몹시 흔들고 비틀거리
며 걸어가는 모양.
왜포 (倭布)명 예전에, '광목'을 일컫던 말.
왜풍 (倭風)명 1 왜바람. ▷ ～이 불다. 2 일본
의 풍속. ▷ ～을 금하다.

왜형 (歪形)명 비뚤어진 모양.
왜화 (矮花)명 작은 꽃.
왝 부자 1 왜가리가 우는 소리나 모양. 2 갑
자기 게워 내는 소리. ②웩.
왝-왝 [1] 부자 1 왜가리가 잇따라 우는 소리. 2
잇따라 기를 쓰며 고함치는 소리나 모양. 3
자꾸 게워 내는 소리나 모양. ▷ 멀미가 나 ～
토하다. ②웩웩 [1].
왝왝 [2] 부자 비밀이나 꺼리는 사실을 함부로
말하거나 떠드는 소리나 모양. ②웩웩 [2].
왝왝-거리다 [왜괙꺼-]자타 잇따라 왝하는 소리
를 내다. ▷ 왝왝거리며 토악질을 하다. ②웩
웩거리다.
왝왝-대다 [왜괙때-]자 왝왝거리다.
왠지 부 〔'왜인지'의 준말〕왜 그런지 모르게.
▷ 그를 보니 ～ 쑥스럽다.
왱 부하자 1 날벌레나 돌팔매 따위가 빠르게 날
아가는 소리. ▷ 파리가 ～ 날아다닌다. 2 가
는 철사나 전깃줄 따위에 바람이 세차게 부
딪치는 소리. ▷ 세찬 바람에 전깃줄이 ～ 운
다. 3 소방차나 구급차 따위가 경적을 울리는
소리. ②웽.
왱강-댕강 부하자타 '왱그랑댕그랑'의 준말.
왱그랑-거리다 자타 작은 방울 따위가 흔들리
며 요란스럽게 부딪치는 소리가 잇따라 나
다. 또는 그런 소리를 잇따라 내다. ②웽그랑
거리다. **왱그랑-왱그랑** 부하자타
왱그랑-대다 자타 왱그랑거리다.
왱그랑-댕그랑 부하자타 작은 방울이나 놋그
릇 따위가 마구 부딪치며 요란스럽게 울리는
소리. ②웽그렁뎅그렁. ②왱그댕강·왱그렁.
왱댕 부하자 요란스럽게 떠드는 소리나 모양.
왱댕그랑 부하자타 '왱그랑댕그랑'의 준말.
왱-왱 부하자 1 날벌레나 돌팔매 따위가 잇따
라 빠르게 날아가는 소리. ▷ 모기가 ～ 날아
다닌다. 2 가는 철사나 전깃줄 따위에 바람이
잇따라 세차게 부딪치는 소리. ▷ 전깃줄이 ～
울다. 3 아이들이 높은 소리로 길게 뽑아서
글을 읽는 소리. ▷ 글을 읽다. ②웽웽.
왱왱-거리다 자 잇따라 왱하는 소리를 내다.
②웽웽거리다.
왱왱-대다 자 왱왱거리다.
외 1 명 한글의 합성 모음 'ㅚ'의 이름.
외 2 명 《식》'오이'의 준말.
〔외 덩굴에 가지 열릴까〕부모와 아주 다른
자식은 생길 수 없다.
외 (椳)명 《건》흙을 바르기 위해 벽 속에 엮는
가는 나뭇가지〔댓가지·수숫대·싸리·잡목 따
위를 가로세로로 엮음〕.
〔외 얽고 벽 친다〕담벼락을 쌓은 것 같다
는 뜻으로, 사물을 이해하지 못함의 비유.
외: (外)의目 일정한 범위나 한계를 벗어남을
나타내는 말. 밖. ▷ ～에도 할 일이 많다.
외- 부 명사 앞에 붙어 하나만으로 됨을 뜻하
는 말. ▷ ～아들 / ～나무다리 / ～마디 / ～길.
외:- (外)두 1 '외가(外家)'에 관한 뜻. ▷ ～손
자 / ～삼촌 / ～할아버지. 2 '밖·표면' 따위의
뜻. ▷ ～분비(分泌) / ～배엽(胚葉).
외:가 (外家)명 어머니의 친정. 외갓집.
외-가닥 명 단 한 줄로 된 가닥. ▷ ～으로 뻗
은 길.
외:가-댁 (外家宅)[-땍]명 '외가'의 높임말.
외:가-서 (外家書)명 유교의 경서(經書)와 사
기(史記) 이외의 모든 서적의 총칭. ②외서
(外書).
외:각 (外角)명 1《수》다각형에서, 한 변과 그
것에 이웃한 변의 연장선이 이루는 각. 2
《수》두 개의 직선이 한 직선과 각각 다른 점

에서 만나서 생기는 두 선의 바깥쪽의 네 개의 각. **3** 야구에서, 아웃코너. ▢ ~을 찌르는 직구. ☞야구.

외:각 (外殼) 명 겉껍데기. ↔내각.

외:각사 (外各司) [一싸] 명 《역》 궁궐 밖에 자리 잡은 모든 관아. ↔내각사(內各司).

외:간 (外間) 명 친척이 아닌 남. ▢ ~ 여자와 놀아나다.

외:간 (外簡) 명 남편의 편지를 아내가 일컫는 말. ↔내간(內簡).

외:간 (外艱) 명 아버지의 상사(喪事). 또는 아버지가 없을 때의 할아버지의 상사. 외간상. 외우. ↔내간.

외간-상 (外艱喪) 명 외간(外艱).

외-갈래 명 오직 한 갈래. ▢머리를 ~로 땋다.

외갈-소로 (一小櫨) 명 《건》 두공(枓栱) 끝에 붙여 놓는 접시받침.

외:감 (外感) 명 **1** 《한의》 고르지 않은 기후 때문에 생기는 감기 따위의 병의 총칭. **2** 《심》'외부 감각'의 준말. ↔내감.

외:-감각 (外感覺) 명 《심》 외부 감각.

외:감-내상 (外感內傷) 명 《한의》 감기에 배탈이 겹한 병증.

외:감지정 (外感之情) 명 외부의 자극을 받아서 일어난 정.

외:갓-집 (外家一) [一깓 /一깐찝] 명 외가. ▢ 방학이면 ~에 놀러 가곤 했다.

외강 (煨薑) 명 《한의》 불에 구운 생강(헛배가 부른 데와 이질에 약으로 씀).

외:강내유 (外剛內柔) 명하다 겉으로는 강하게 보이나 속은 부드러움. ↔외유내강.

외:객 (外客) 명 **1** 외부에서 온 손님. ▢ ~을 응접실로 안내하다. **2** 외국에서 온 손님. ▢ ~을 맞으러 공항에 나가다.

외:거 (外擧) 명하자 일가나 친척이 아닌 남을 천거함.

외:겁 (畏怯) 명하타 두려워하고 겁냄.

외:견 (外見) 명 겉보기.

외-겹 명 겹으로 되지 않은 단 한 켜.

외겹-실 [一씰] 명 외올실. 홑실.

외:경 (外徑) 명 바깥지름. ↔내경.

외:경 (畏敬) 명하타 경외(敬畏). ▢ ~의 마음.

외:-경동맥 (外頸動脈) 명 《생》 총경동맥의 한 갈래(안면과 두개부에 분포함).

외:-경정맥 (外頸靜脈) 명 《생》 뒷머리나 귀 뒤의 외피(外皮)에 퍼져 있는 정맥.

외:경험 (外經驗) 명 외감과 지각에 따른 경험의 객관화 또는 주관화의 일컬음. ↔내경험.

외:계 (外界) [一 /一게] 명 **1** 바깥 세계. ▢ ~와의 단절. **2** 《철》 인간의 마음이나 자아에 독립하여 존재하는 모든 사물의 총칭. ↔내계. **3** 《불》 육계(六界) 가운데 식계(識界)를 제외한 오계(五界)를 이르는 말. 지(地)·수(水)·화(火)·풍(風)·공(空)이며, 이에 대해 식대(識大)는 내계(內界)라 함. **4** 지구 밖의 세계. ▢ ~에도 우리와 같은 사람이 있을까.

외:계-인 (外界人) [一 /一게] 명 지구 밖의 다른 천체(天體)에서 온 사람. 우주인.

외:고 (外姑) 명 편지 글에서, 장모(丈母)를 일컫는 말. ↔외구(外舅).

외-고리눈이 명 한쪽 눈이 고리눈으로 된 말.

외-고집 (一固執) 명 융통성이 없이 외곬으로 부리는 고집. 또는 그런 사람. ▢ ~을 피우다 / ~을 세우다.

외:곡 (外穀) 명 외국에서 나거나 수입한 곡물.

외곡 명 ☞왜곡(歪曲).

외:-골격 (外骨格) 명 《동》 몸의 겉 부분을 이

1745   외교술

루고 근육을 부착시키는 뼈의 짜임(곤충이나 그 밖의 연체동물에서 볼 수 있음). 겉뼈대.

외-골뚜 명 단 하나뿐인 골뚜.

외-골수 (一骨髓) [一쑤] 명 한 가지에만 매달리고 파고드는 사람.

외-곬 [一골] 명 **1** 한곳으로만 통한 길. **2** (주로 '외곬으로'의 꼴로 쓰여) 단 하나의 방법이나 방향. ▢ ~으로 생각하다.

외:공 (外供) 명 옷의 겉감. ↔내공(內供).

외:과 (外科) [一꽈] 명 《의》 신체의 외부의 상처나 내장 기관의 질병을 수술이나 그와 비슷한 방법으로 치료하는 의학의 한 분야. ▢ ~의원 / ~ 전문의. ↔내과.

외:과 (外踝) 명 《생》 발herb목 바깥쪽의 복사뼈. ↔내과.

외:과-의 (外科醫) [一꽈 /一꽈이] 명 외과의 치료와 수술을 전문으로 하는 의사. ↔내과의.

외:-과피 (外果皮) 명 열매의 가장 바깥쪽에 있는 껍질(익으면 빛이 변하고, 부드러운 털이 나는 것이 보통임). 겉 열매껍질. * 내과피·중과피(中果皮).

외:곽 (外廓·外郭) 명 **1** 성 밖으로 다시 둘러쌓은 성. **2** 바깥 테두리. ▢ ~에 위치한 주택단지. ↔내곽.

외:곽 (外槨) 명 관(棺)을 담는 곽. 외관(外棺).

외:곽 단체 (外廓團體) [一딴一] 관청이나 단체 등의 조직과는 형식상 별개이나 그것의 최후조를 받아 운영되며 사업 활동을 돕는 단체(철도청의 홍익회 따위).

외:관 (外官) 명 《역》 지방의 관직이나 관원(官員)을 일컫던 말. ↔경관(京官).

외:관 (外棺) 명 외곽(外槨).

외:관 (外觀) 명 겉보기. 겉모양. ▢ ~이 아름답다.

외:-광선 (外光線) 명 옥외의 태양 광선.

외:교 (外交) 명 **1** 《정》 다른 나라와 정치적·경제적·문화적 관계를 맺는 일. 외치(外治). ▢ ~ 관계를 맺다. ↔내치(內治). **2** 타인과의 교제. ▢ ~ 수완이 좋다.

외:교 (外敎) 명 《불》 불교 이외의 종교를 이르는 말.

외:교-가 (外交家) 명 **1** 외교를 직업으로 하는 사람. **2** 사교나 교섭 따위에 능란한 사람.

외:교-관 (外交官) 명 외국에 주재하며, 자기나라를 대표해서 외교 사무에 종사하는 공무원. 또는 그 관직.

외:교-권 (外交權) [一꿘] 명 국제법에서, 주권국가로서 외교와 외교를 할 수 있는 권리.

외:교 기관 (外交機關) 국가의 외교 업무를 맡은 기관(외교 통상부 장관·외교 사절 등).

외:교-단 (外交團) 한 나라에 주재하는 여러 나라의 외교 사절의 총체.

외:교 문서 (外交文書) **1** 외교 교섭에서 작성했거나 교환한 모든 공문서. **2** 외교 관계에서 법적으로 의사를 표시한 문서.

외:교-부 (外交部) 명 《법》 중앙 행정 기관의하나. 외교 정책, 경제 협력, 조약, 기타 국제 협정 따위에 관한 사무를 맡아봄.

외:교-사 (外交史) 명 《역》 어떤 나라 또는 어떤 시대의 외교에 관한 역사.

외:교 사:절 (外交使節) 외교 교섭을 하고, 자국민을 보호 감독하며, 주재국의 정세를 살펴 보고하기 위해 파견되는 사절.

외:교-술 (外交術) 명 **1** 외국과 교제하거나 교섭하는 수단. ▢ 탁월한 ~을 발휘하다. **2** 남과 교제하거나 교섭하는 수단.

외:교-인 (外教人)圏 이교(異教)를 믿는 사람.

외:교 자원 (外交資源)〖정〗외교 담판을 할 때, 상대편에게 이쪽의 요구를 받아들이도록 이용하는 자원.

외:교-적 (外交的)관圏 외교에 관한 (것). ❑ 분쟁 해결에 ~ 노력을 다하다.

외:교 정책 (外交政策) 자국의 정치적 목적이나 국가 이익을 위해 다른 나라에 대해 취하는 정책.

외:교 특권 (外交特權)[-꿘] 외교 사절이 주재국에서 누리는 국제법의 특권(불가침권·치외법권 따위).

외:교-파우치 (外交pouch)圏 외교 행낭.

외:교 행낭 (外交行囊) 외교상의 기밀 문서나 자료 따위를 운반하는 데 쓰는 특수 우편 행낭. 외교파우치.

외:구 (外寇)圏 외적(外敵). ❑ ~를 막다. ↔내구(內寇).

외:구 (外舅)圏 편지글에서, 장인(丈人)을 일컫는 말. ↔외고(外姑).

외:구 (畏懼)圏하타 무서워하고 두려워함.

외:국 (外局)圏 중앙 행정 기관에 직속하면서 독립적인 업무를 집행하는 기관(문화 관광부의 문화재청, 건설 교통부의 수로국 따위).

외:국 (外國)圏 자기 나라의 주권이 미치지 않는 다른 나라. 외방(外邦). ❑ ~에서 온 사람. ↔내국(內國).

외:국 공채 (外國公債)[-꽁-] 정부나 공공 단체가 외국의 자본 시장에서 발행하는 공채.

외:국 무:역 (外國貿易)[-궁-] 외국을 상대로 상품을 사고파는 일(자유 무역·보호 무역이 있음). 해외 무역.

외:국-미 (外國米)[-궁-]圏 외국에서 수입한 쌀. ㉜외국미(外米).

외:국-법 (外國法)[-뻡]圏 1 외국의 주권에 의거하여 제정된 법. 2 국제 사법(私法) 관계의 준거법으로서의 외국의 법률. ↔내국법.

외:국 법인 (外國法人)[-삐빈] 외국법에 따라 설립된 법인.

외:국 사:절 (外國使節)[-싸-] 한 나라에 파견되어 있는 외국의 대사·공사 및 임시 외교 사절의 총칭.

외:국-산 (外國産)[-싼] 외국에서 생산됨. 또는 그 물품. ❑ ~ 자동차. ↔내국산.

외:국-선 (外國船)[-썬]圏 외국 정부 또는 외국인이 소유하는 선박. 이국선(異國船).

외:국선 추섭권 (外國船追躡權)〖법〗한 나라의 영해 안에서 밀어(密漁) 또는 위법 행위를 한 외국 선박을, 그 나라의 군함이 영해 밖까지 좇아가서 압류하는 권리.

외:국-어 (外國語)圏 다른 나라의 말. ❑ ~를 배우다.

외:국 영화 (外國映畵)[-녕화-] 외국에서 제작된 영화. ㉜외화.

외:국 우편 (外國郵便) 우편에 관한 조약에 따라, 외국과 주고받는 우편물.

외:국 은행 (外國銀行) 외국에 본점이 있는 은행. 또는 자기 나라에 있는 외국의 은행.

외:국-인 (外國人)圏 1 다른 나라의 사람. 타국인. ↔내국인. ㉜외인. 2 우리나라 국적을 갖지 않은 사람.

외:국인 학교 (外國人學校)[-구건-꾜] 외국인의 자녀를 대상으로 그 본국의 교과 과정에 따른 교육을 실시하는 학교.

외:국 자본 (外國資本)[-짜-]〖경〗외국 또는 외국인이 투자하는 자본. ㉜외자.

외:국-제 (外國製)[-쩨]圏 외국에서 만든 물건. ❑ 가전제품은 ~보다 국산이 좋다. ㉜외제(外製).

외:국-채 (外國債)圏〖경〗외국에서 기채(起債)하여 납입과 상환을 외국 시장에서 행하는 공채나 사채. ↔내국채. ㉜외채.

외:국 판결 (外國判決)〖법〗외국 법원의 확정 판결. 민사에서는 외국 판결도 일정한 요건만 갖추면 국내의 판결과 같은 효력을 가지나 형사에서는 원칙적으로 인정하지 않음.

외:국-품 (外國品)圏 외국에서 생산되거나 수입한 물품.

외:국 항:로 (外國航路)[-구캉노] 국내에서 외국으로 가는 항로.

외:국 화:폐 어음 (外國貨幣-)[-구콰-/-구콰페-]〖경〗어음 금액이 외국 화폐로 표시된 어음.

외:국-환 (外國換)[-구콴]圏〖경〗1 국제간의 채권이나 채무를 환어음으로 결제하는 방식. 국제환. ↔내국환(內國換). ㉜외환(外換). 2 '외국환 어음'의 준말.

외:국환 관리법 (外國換管理法)[-구콴괄-뻡]〖법〗국제 수지(收支)의 균형, 통화 가치의 안정, 외화 자금의 효율적 운영을 기하고자 외국환과 그 대외 거래의 관리에 관한 사항을 규정한 법률. ㉜외환 관리법.

외:국환 시세 (外國換時勢)[-구콴-]〖경〗환시세. ㉜외환 시세.

외:국환 시:장 (外國換市場)[-구콴-]〖경〗외국환이 거래되고 환시세가 형성되는 시장. ㉜외환 시장.

외:국환 어음 (外國換-)[-구콰너-]〖경〗어음 당사자의 한쪽이 외국에 있는 경우의 환어음. ㉜외국환.

외:국환 은행 (外國換銀行)[-구콰느-] 외국환의 매매, 무역 금융, 수출입 신용장의 발행 따위를 업무로 삼는 은행. ㉜외환 은행.

외:군 (外軍)圏 다른 나라의 군대.

외:근 (外勤)圏하자 직장 밖에 나가서 근무함. 또는 그런 근무. 외무(外務). ❑ ~ 기자 / 이번 달에는 ~이 많다. ↔내근(內勤).

외:-금정 (外金井)圏 무덤의 구덩이를 팔 때 길이와 넓이를 금정틀에 맞추어 파낸 곳.

외:기 (外技) 본문 이외의 기록.

외:기 (外記)圏 본문 이외의 기록.

외:기 (外氣)圏 바깥의 공기. ❑ ~가 따스한 봄날 / ~를 쐬다.

외:기 (畏忌)圏하자 두려워하고 꺼림. 외탄.

외:기-권 (外氣圈)[-꿘] 대기의 가장 바깥 층. 지상 500 km 이상의 영역. 대기 구성은 질량이 작은 수소와 헬륨, 전기 전도율이 높은 플라스마 등으로 되어 있음.

외:기러기圏 짝이 없는 한 마리의 기러기. 고안(孤雁). ❑ ~ 짝사랑.

외-길圏 1 한 군데로만 난 길. ❑ ~ 통행. 2 한 가지 방법이나 방향에만 전념하는 태도. ❑ ~ 인생.

외길-목圏 여러 갈래의 길이 모여 한 군데로 접어들게 된 어귀. 또는 그 길.

외:-김치圏 '오이김치'의 준말.

외:-꼬부랑이圏 비틀어지고 꼬부라진 못생긴 오이.

외꼬지圏〖식〗조의 일종. 줄기가 희고 까끄라기가 짧으며 알이 누름. 6월에 익음.

외:-끌이圏 한 척의 동력선이, 자루 모양의 그물 아래 깃이 바다 밑바닥에 닿도록 하고 끌줄을 오므려서 대상물을 잡는 저인망 어업.

외나무-다리圏 한 개의 통나무로 놓은 다리.

독목교. ▢~를 건너다.
[외나무다리에서 만날 날이 있다] 남에게 원한을 사면 언젠가는 피하기 어려운 데에서 만나게 된다는 뜻.
외:-나물 圈〘식〙 오이풀.
외:-난 (外難) 圈 밖으로부터 닥치는 어려움.
외-눈 圈 한쪽 눈. 단안(單眼). ▢~으로 목표물을 겨누다.
　외눈 하나 깜짝하지 아니하다 ⃞ 조금도 놀라지 않다.
외눈-박이 圈 애꾸눈이.
외-눈부처 圈 하나밖에 없는 눈동자라는 뜻으로, 매우 귀중한 것의 비유.
외:-다¹ 囲 1 같은 말을 되풀이하다. ▢주문을 ~. 2 '외우다'의 준말. ▢천자문을 ~.
외다² 〈옛〉 그르다.
외:-다³ 圉 물건이 좌우가 뒤바뀌어 놓여서 쓰기에 불편하다.
-외다 어미 '-오이다'의 준말. ▢길이 험하~. *-오외다.
외-다리 圈 1 하나만 있는 다리. 2 다리가 하나뿐인 사람이나 물건을 비유한 말.
외:-당 (外堂) 圈 사랑(舍廊).
외:-당숙 (外堂叔) 圈 '외종숙(外從叔)'의 친근한 일컬음.
외:-당숙모 (外堂叔母)[-숭-] 圈 '외종숙모(外從叔母)'의 친근한 일컬음.
외-대 圈 나무나 풀 따위의 단 한 줄기.
외:-대 (外待) 圈[하다] 푸대접. ▢~를 받다.
외-대다¹ 囲 사실과 반대로 일러 주다. ▢외대지 말고 사실대로 말하다.
외-대다² 囲 1 소홀하게 대접하다. 2 싫어하고 꺼려 멀리하다.
외대-머리 圈 정식 혼례를 하지 않고 머리를 쪽 찐 여자《기생·갈보 등을 가리킴》.
외대-박이 圈 1 돛대가 하나뿐인 배. 2 ☞ 애꾸눈이. 3 배추나 무의 한 포기로 한 뭇을 이룬 것.
외대-으아리 圈〘식〙 미나리아재빗과의 활엽덩굴풀. 산기슭 양지에 남. 여름에 흰 꽃이 피고, 열매는 가을에 익음. 뿌리는 약으로 쓰고 어린잎은 식용함.
외:-도 (外道) 圈 1 바르지 않은 길이나 노릇. 2 오입(誤入). ▢~를 하다. 3 예전에, 경기도밖의 다른 도를 일컫던 말. 4〘불〙 불교 이외의 다른 교. ──하다 巫혜 1 오입하다. 2 본업을 떠나 다른 일에 손을 대다.
외-독 (-櫝) 圈 신주(神主)를 하나만 모신 독. *합독(合櫝).
외-돌다 〔외돌아, 외도니, 외도는〕 巫 1 남과 어울리지 않고 혼자 행동하다. 2 비뚤어지게 돌다. 3 마음이 비꼬이거나 토라지다.
외-돌토리 圈 외톨이나. ⑥외톨.
외-동 圈 '외동무니'의 준말.
외동-덤 圈 자반고등어 따위의 배 속에 덤으로 끼워 놓는 한 마리의 새끼 자반.
외동-딸 圈 '외딸'의 애칭. ↔외동아들.
외동-무니 圈 윷놀이에서, 한 동으로만 가는 말. ⑥외동.
외동-아들 圈 '외아들'의 애칭. ↔외동딸.
외-동이 圈 '외아들'의 애칭.
외:-등 (外等) 圈〘역〙 시험 성적의 최하등. 차하(次下)의 아래로, 영점인 것을 이름.
외:-등 (外燈) 圈 '옥외등(屋外燈)'의 준말.
외-따님 圈 남의 '외딸'에 대한 경칭.
외-따로 圎 외따로 따로. 오직 홀로. ▢~ 살고 계시는 할머니.
외-따롭다 [-따-]〔외따로워, 외따로우니〕 혱ㅂ

외딴 듯하다. **외-따로이** 圎
외-딴 圈 태견 같은 운동에서, 혼자 휩쓸며 판을 치는 일.
외딴² 관 외따로 떨어져 있는. ▢~ 마을.
외딴-곳 圈 외따로 떨어져 있는 곳. ▢인적이 드문 ~.
외딴-길 圈 홀로 따로 나 있는 작은 길.
외딴-섬 圈 뭍에서 멀리 떨어져 홀로 따로 있는 섬.
외딴-집 圈 홀로 따로 떨어져 있는 집.
외딴-치다 巫 태견 따위에서, 혼자 휩쓸며 판을 치다.
외딴-치다² 囲 능히 앞지르다. ▢말이 여자지남자 외딴치게 힘이 세다.
외-딸 圈 1 다른 자식 없이 단 하나뿐인 딸. 2 딸로는 하나뿐인 딸. ↔외아들.
외-딸다 〔외딸아, 외따니, 외딴〕 혱 다른 것과 잇닿아 있지 않고 홀로 떨어져 있다. ▢외딸아 있는 곳이라 인적이 드물다.
외-떡잎 [-떡닙] 圈〘식〙 한 장의 떡잎. 단자엽(單子葉).
외떡잎-식물 (-植物)[-떡닙씽-] 圈 배(胚)가 단 하나의 떡잎을 갖춘 식물. 잎은 대개 나란히맥으로 줄기의 관다발은 불규칙하게 산재하며, 꽃의 각 기관은 셋 또는 그 배수로 되어 있음《벼·보리·생강 따위》. 단자엽(單子葉)식물. ⇒쌍떡잎식물.
외-떨어지다 巫 홀로 외롭게 떨어지다. ▢외떨어진 산골 동네.
외:람-되다 (猥濫-) 혱 하는 짓이 분수에 지나치다. 분에 넘치다. ▢대단히 외람된 말씀이오나…. 외:람-히 圎
외:람-스럽다 (猥濫-)[-따][-스러워, -스러우니] 혱ㅂ 외람한 데가 있다. **외:람-스레** 圎
외:람-하다 (猥濫-) 혱여 생각이나 행동이 분수에 지나치다. **외:람-히** 圎
외:-랑 (外廊) 圈 집채의 바깥쪽에 달린 복도.
외:-래 (外來) 圈 1 밖에서 또는 외국에서 옴. ▢~ 종교. 2 환자가 입원하지 않고 병원에 다니면서 치료를 받음. 또는 그 환자. ▢~ 진료.
외:래-문화 (外來文化) 圈 고유한 문화가 아닌 외국에서 들어온 문화.
외:래-어 (外來語) 圈〘언〙 외국에서 들어와 국어처럼 쓰이는 말. 들온말. 차용어(借用語).
외:래-종 (外來種) 圈 외국에서 들어온 씨나 품종. ↔재래종(在來種).
외:래-품 (外來品) 圈 외국에서 들어온 물건.
외:래 환:자 (外來患者) 圈 입원하지 않고 병원에 다니면서 진료를 받는 환자《입원 환자와 구별하여 일컫는 말》.
외:려 圎 '오히려'의 준말. ▢~ 큰소리치네.
외:-력 (外力) 圈 1 외부에서 작용하는 힘. 2 '외적 영력'의 준말. ↔내력(內力).
외:-로¹ 圎 1 왼쪽으로. ↔오르로. 2 바르지 않고 한쪽으로 기울어지거나 뒤바뀌게.
　외로 지나 바로 지나 ⃞ 이렇게 되든지 저렇게 되든지 마찬가지라는 뜻.
외:로-뒤기 圈 씨름에서, 상대편을 안걸이나 연장걸이로 걸거나 또는 걸린 사람이 몸을 왼쪽으로 돌려, 상대편을 넘어뜨리는 기술.
외로움 圈 홀로 되어 쓸쓸한 마음이나 느낌. ▢~을 달래다.
외로이 圎 외롭게. 혼자. ▢~ 길을 가다 / 홀어머니를 모시고 ~ 살다.
외:-론 (外論) 圈 외부 사람의 논평.

외롭다 [-따]〔외로워, 외로우니〕웹田 홀로 되거나 의지할 곳이 없어 쓸쓸하다. ▣ 피붙이라고는 없는 외로운 사람.

외:륜-산 (外輪山)멩〔지〕복성(複成) 화산에서 중앙의 분화구를 둥글게 둘러싸고 있는 고리 모양의 산.

외:륜-선 (外輪船)멩 외차선(外車船).

외-마 (畏馬)멩하재 말을 두려워함.

외-마디 멩 1 양쪽 끝 사이가 밋밋하게 한 결로 된 동강. 2 한 음절로 된 소리의 마디. ▣ ~ 비명을 지르다.

외-마치 멩 1 혼자 치는 마치. 2 '외마치장단'의 준말.

외마치-장단 멩〔악〕북이나 장구 따위로 고저나 박자를 바꾸지 않고 단조롭게 치는 장단. 준외마치.

외-맥 (外麥)멩 외국산의 밀이나 보리.

외-맹이 멩〔광〕돌에 구멍을 뚫을 때에 한 손으로 쥐고 정을 때리는 망치.

외-며느리 멩 단 하나뿐인 며느리.

외-면¹ (外面)멩 1 겉면. 2 겉에 드러난 모양. 겉모양. ↔내면.

외-면² (外面)멩하타 1 마주치기를 꺼려 얼굴을 돌림. ▣ 시내에서 우연히 마주쳤으나 ~하였다. 2 어떤 일을 인정하지 않고 도외시함. ▣ 현실을 ~한다.

외-면 묘:사 (外面描寫)멩〔문〕소설 등에서, 인물의 동작 등 겉에 나타난 상태만을 묘사함으로써 성격 또는 심리를 표현하려는 방법.

외-면-수새 (外面-)멩하타 마음에 없는 말로 그럴듯하게 발라맞춤.

외-면-적 (外面的)멩 겉으로 드러난 (것). ▣ ~으로는 평온하다. ↔내면적.

외-면적 (外面積)멩 물건의 겉넓이. ↔내면적.

외-면-치레 (外面-)멩하타 외모양만 그럴듯하게 꾸밈. 면치레. ▣ ~로 인사한다.

외-명부 (外命婦)멩〔역〕조선 때, 왕족·종친의 딸과 아내 및 문무관의 아내로서 남편의 직품에 따라 봉작을 받은 사람. ↔내명부.

외-모 (外侮)멩 1 외국으로부터 받는 모멸. 2 외부로부터 받는 모욕. 외욕(外辱).

외-모 (外貌)멩 겉으로 드러나 보이는 모습. 겉모양.

외-목 멩 1 '외길목'의 준말. 2 '외목장사'의 준말.

외-목 (外目)멩 1〔건〕기둥의 바깥쪽. ↔내목(內目). 2 바둑에서, 제3선과 제5선이 교차하는 점.

외목-도리 (外目-)[-또-]멩〔건〕서까래를 얹기 위해 기둥의 중심선 바깥쪽에 걸치는 도리.

외목-장사 [-짱-]멩하자 혼자 독차지해서 파는 장사.

외목-장수 [-짱-]멩 외목장사를 하는 사람.

외-몬다위 멩 '단봉(單峰)낙타'의 속칭.

외:-무 (外務)멩 1 외교에 관한 사무. 2 밖으로 다니며 보는 사무. 3 외근(外勤).

외:-무릎 멩 '오이무릎'의 준말.

외:무-부 (外務部)멩〔법〕외교 정책, 통상·경제 협력, 조약, 기타 국제 협정 따위에 관한 사무를 맡아보던 중앙 행정 기관. 외교 통상부로 바뀜.

외:무-아문 (外務衙門)멩〔역〕조선 말, 외국과의 교섭 및 통상 따위의 사무를 맡아보던 관아.

외:-무주장 (外無主張)멩하형 집안에 살림을 맡아 할 만큼 장성한 남자가 없음.

외-문 (一門)멩 외짝으로 된 문.

외:-문 (外門)멩 바깥문.

외:-문 (外聞)멩하자 초상집에 가서 안에 들어가지 않고 문밖에서 조문(弔問)하는 일.

외:-문 (外聞)멩 바깥소문. ▣ ~이 나쁘다.

외:-물 (外物)멩 1 바깥 세계의 사물. 2〔철〕마음에 접촉되는 객관적 세계의 모든 대상.

외:-미 (外米)멩 '외국미'의 준말.

외:-바퀴 멩 외짝으로 된 바퀴.

외:-박 (外泊)멩하자 자기 집이나 일정한 숙소가 아닌 곳에서 잠. 밖에서 잠. 숙박(外宿). ▣ ~을 나가다.

외:-반-슬 (外反膝)멩 엑스각(X脚).

외발-제기 멩 한 발로만 차는 제기.

외:-방 (外方)멩 1 서울이 아닌 모든 지방. 외하방(外下方). 2 바깥쪽. 3 외지(外地)1.

외:-방 (外邦)멩 외국. 타국.

외:-방 (外房)멩하자 1 바깥쪽에 있는 방. 2 첩(妾)의 방. 3 '외방출입'의 준말.

외:방 별과 (外方別科)멩〔역〕조선 때, 임금의 특지(特旨)로 중신을 보내어, 평안도·함경도·강화·제주 등지에서 실시한 과거(합격자에게는 문무과의 전시(殿試)에 응시할 수 있는 자격을 주었음).

외:방-살이 (外方-)멩하자 지방관으로 임명되어 그 지방에 가서 하는 생활.

외:방-출입 (外房出入)멩하자 계집질을 하고 다님. 준외방.

외:-발 [-빧] 멩 오이나 참외를 심는 밭.

외:-배엽 (外胚葉)멩〔생〕발생 초기의 동물의 배(胚)의 바깥층(層)을 이루는 세포층(중추 신경·감각 기관·피부를 형성하는 부분임). ↔내배엽(內胚葉).

외:-배유 (外胚乳)멩〔생〕배낭(胚囊) 밖의 주심(珠心) 조직에 양분이 저장되어 만들어진 배젖(참다운 배젖이 아님. 소나무·수련 따위의 씨). ↔내배유(內胚乳).

외:-백호 (外白虎)[-빼코]멩〔민〕풍수지리에서, 오른쪽으로 벋어 나간 여러 갈래의 산줄기에서 가장 바깥쪽에 있는 줄기. ↔내백호.

외:-번 (外藩)멩 1 외국 또는 외국인을 멸시하여 이르는 말. 2 국경 밖의 자기 나라의 속지(屬地). 3 제왕(諸王)이나 영주의 나라.

외벌-노 [-로] 멩 얇고 좁은 종이쪽으로 비벼 꼰 노.

외벌-매듭 멩 한 번만 맺은 매듭.

외:벌-적 (外罰的)[-쩍] 관멩〔심〕뜻대로 되지 않거나 난처한 일이 생겼을 때, 그 책임을 남에게 돌리는 (것). *내벌적.

외:-벽 (外壁)멩〔건〕바깥벽. ▣ ~에 칠을 하다. ↔내벽.

외:-변 (外邊)멩 바깥의 둘레.

외:-보 (外報)멩 외국에서 온 통신이나 보도.

외:-보도리 멩 오이를 썰어 소금에 절인 뒤 기름에 볶은 반찬.

외:-복 (畏服)멩하자 두려워서 복종함.

외:-봉 (外封)멩 겉봉1.

외:-봉-선 (外縫線)멩〔식〕속씨식물에서, 수술로 변한 잎의 주맥.

외:-봉치다 (外-)타 물건을 훔쳐 딴 데로 옮겨 놓다.

외:-부 (外部)멩 1 바깥 부분. ▣ ~ 공사. 2 조직이나 단체의 밖. ▣ ~로 정보가 유출되다. ↔내부(內部). 3〔역〕조선 때, 외부아문(外務衙門)의 고친 이름.

외:부 감:각 (外部感覺)멩〔심〕외부의 자극으로 일어나는 감각. 외감각. ↔내부 감각. 준

외감(外感).

외부 기생(外部寄生) 기생 동물이 숙주(宿主)의 몸 겉에 붙어 살아가는 일. ↔내부 기생(內部寄生).

외부 기억 장치(外部記憶裝置)[-짱-]〖컴〗자기 디스크나 자기 테이프 따위와 같이 중앙 처리 장치에서 따로 떨어진 기억 장치. * 내부 기억 장치.

외:부내빈(外富內貧)〖명〗〖하형〗겉은 부유한 듯하나 실제는 구차하고 가난함. ↔외빈내부.

외:부-대신(外部大臣)〖명〗〖역〗조선 말, 외부(外部)의 으뜸 벼슬.

외:부 영력(外部營力)[-녁]〖지〗외적 영력(外的營力). ↔내부 영력.

외:부-협판(外部協辦)〖명〗〖역〗조선 말, 외부 대신의 아래 벼슬.

외:분(外分)〖명〗〖하타〗1 자기 것 이외의 몫. 2 〖수〗한 선분의 분점이 선분 안에 있지 않고 그 연장선 위에 있는 일. ↔내분.

외:분-비(外分比)〖명〗〖수〗한 선분을 외분하는 비율. ↔내분비(內分比).

외:분-비(外分泌)〖명〗〖생〗분비물을 물관을 통해 몸 밖이나 소화관 등으로 내보내는 작용. ↔내분비(內分泌).

외:분비-샘(外分泌-)〖명〗외분비 작용을 하는 샘(땀샘·눈물샘·침샘 따위).

외:분-점(外分點)[-쩜]〖명〗〖수〗선분을 외분하는 점. ↔내분점(內分點).

외:비(外備)〖명〗외적의 침입을 막기 위한 군사적 방어 대책.

외:빈(外賓)〖명〗1 외부 또는 외국에서 온 귀한 손님. □~으로 참석하다. 2〖역〗나라 잔치에 참석하던 조신(朝臣)들.

외:빈내부(外貧內富)〖명〗겉보기에는 가난하고 구차한 것 같으나 실제는 부유함. ↔외부내빈(外富內貧).

외뿔소-자리(-) 〖천〗별자리의 하나. 오리온(Orion)자리의 동쪽 은하 가운데 있음. 일각수좌(一角獸座).

외:사(外史)〖명〗1 외국의 역사. 2 사관(史官)이 아닌 사람이 기록한 사료(史料). 야사. 3 민간에서 사사로이 기록한, 정사(正史)가 아닌 역사의 기록.

외:사(外使)〖명〗1 외국의 사신이나 사절. 2〖역〗지방의 군마(軍馬)를 거느리던 무판.

외:사(外事)〖명〗1 바깥일. 2 외국이나 외국인과 관계되는 일. ↔범죄.

외:-사면(外斜面)〖명〗바깥쪽의 사면. ↔내(內)사면.

외:-사촌(外四寸)〖명〗'외종사촌'의 준말.

외:-삼촌(外三寸)〖명〗'외숙(外叔)'을 친근하게 일컫는 말.
[외삼촌 산소에 벌초하듯] 정성을 들이지 않고 건성으로 함.

외:삼촌-댁(外三寸宅)[-땍]〖명〗1 외숙모. 2 외숙의 집.

외:상〖명〗값은 나중에 치르기로 하고 물건을 사거나 파는 일. □~을 긋다.
[외상이면 소도 잡아먹는다] 뒷일은 생각지 않고 당장 좋은 일이면 무턱대고 하고 본다는 말.

외:-상(-床)〖명〗1 한 사람 몫으로 차린 음식상. 독상(獨床). ↔겸상. 2 반달 모양의 소반.

외:상(外相)〖명〗일부 나라의, 외무성의 장(우리나라의 외교부 장관에 해당됨).

외:상(外傷)〖명〗몸의 겉에 난 상처.

외:상-값[-깞]〖명〗외상으로 거래한 물건의 값. □~을 갚다.

외:상-관례(-冠禮)[-괄-]〖명〗〖하자〗외자관례.

외:상-말코지〖명〗어떤 일을 시키거나 물건을 주문할 때, 돈을 먼저 치르지 않으면 얼른 해 주지 않는 일.

외:상-술[-쑬]〖명〗외상으로 마시는 술.

외:상-없다[-업따]〖형〗틀림이나 어김이 조금도 없다. 외:상-없이[-업씨]〖부〗

외:상-질〖명〗〖하타〗물건을 외상으로 사는 짓.

외:생(外甥)〖명〗편지에서, 사위가 장인·장모에 대해 쓰는 자칭(自稱).

외:가-서(外家書)〖명〗1 '외가서(外家書)'의 준말. 2 외국 글로 된 서적.

외:서(猥書)〖명〗음탕하고 난잡한 내용의 책.

외:-소(-)〖명〗오이에 고기소를 넣어 삶은 뒤에 식은 장국을 부어 만든 음식.

외:선(外線)〖명〗1 바깥쪽에 있는 선. 2 건물 밖에 가설한 전선. 3 관청·회사 따위에서 외부로 통하는 전화. ↔내선(內線).

외:설(猥褻)〖명〗〖하형〗사람의 성욕을 함부로 자극하여 난잡함. □~ 문학 / ~ 시비 / 예술과 ~의 경계.

외:설-물(猥褻物)〖명〗사람의 성욕을 자극하는 난잡한 글이나 그림·조각·모형 및 기구 따위의 총칭.

외:설-죄(猥褻罪)[-쬐]〖명〗〖법〗남의 성생활의 자유를 강제로 침해하거나 공공연히 여러 사람이 보는 앞에서 외설 행위를 하는 일. 또는 외설적인 글이나 그림, 기타 물건을 제조·반포·판매·진열해서 성도덕을 문란하게 함으로써 성립하는 죄.

외:성(外城)〖명〗성 밖에 겹으로 둘러쌓은 성. 나성(羅城). ↔내성(內城).

외:세(外勢)〖명〗1 외국의 세력. □~를 물리치다. 2 바깥의 형세. □~를 살피다.

외:-소박(外疏薄)〖명〗〖하타〗남편이 아내를 함부로 대함. □~을 맞다. ↔내소박.

외-손〖명〗한쪽 손.

외:-손(外孫)〖명〗1 딸이 낳은 자식. 사손(獅孫). 2 딸의 자손(子孫).

외:-손녀(外孫女)〖명〗딸이 낳은 딸. ↔친손녀.

외:-봉사(外孫奉祀)〖명〗직계 비속이 없어 외손이 대신 제사를 받듦.

외-손뼉〖명〗한쪽만의 손바닥.
[외손뼉이 울지 못한다] ㉠일은 혼자서만 하여서 잘되는 것이 아니라는 말. ㉡똑같은 상대자가 있어야 말다툼이나 싸움이 된다는 말.

외:-손자(外孫子)〖명〗딸이 낳은 아들. ↔친손자.

외손-잡이〖명〗1 두 손 가운데 어느 한쪽 손만 능하게 쓰는 사람. 한손잡이. 2 씨름에서, 기운이 세거나 기술이 능한 사람이 한 손을 뒤로 접고 한 손으로만 겨루는 일.

외손-지다〖형〗팔목의 힘이 한쪽으로 치우쳐 있어 한 손밖에 쓸 수 없게 되어 있다.

외손-질〖명〗〖하자〗한쪽 손만을 쓰는 일.

외:수(外需)〖명〗〖경〗외국에서의 수요. ↔내수(內需).

외:수(外數)〖명〗속임수.

외:수외:미(畏首畏尾)〖명〗〖하자〗남이 알게 되는 것을 꺼리고 두려워함.

외:숙(外叔)〖명〗어머니의 남자 형제. 외삼촌(外三寸). 외삼촌.

외:숙(外宿)〖명〗〖하자〗외박(外泊).

외:-숙모(外叔母)[-쑹-]〖명〗외삼촌의 아내.

외:-숙부(外叔父)[-뿌]〖명〗외숙(外叔).

외:-시골(外-)〖명〗먼 시골. 외읍(外邑).

외:식 (外食) 몡하재 밖에서 음식을 사 먹음. 또는 그 음식. □가족과 함께 ~을 하다.

외:식 (外飾) 몡 1 바깥쪽을 장식함. 또는 그 장식. 2 면치레.

외:식 산:업 (外食産業)[-썹녑] 기업 규모가 크고 체인화된 음식 서비스업(공통된 식단과 요리 재료의 일괄 구입이 특징임). ㉜외식업.

외:식-업 (外食業) 몡 '외식 산업'의 준말.

외:신 (外臣) 몡 한 나라의 신하가 다른 나라의 임금을 상대해서 자기를 이르던 칭호.

외:신 (外信) 몡 외국으로부터의 통신. 외전(外電). 해외 통신. ⇄기사.

외:신 (外腎) 몡 『생』 불알을 콩팥에 상대해서 이르는 말.

외:신 (畏愼) 몡하재 두려워하고 삼감.

외:실 (外室) 몡 사랑(舍廊). ⇄내실(內室).

외:심 (外心) 몡 1 딴마음. 두 마음. □~을 품다. 2 『수』삼각형이나 다각형의 외접원의 중심. ⇄내심(內心).

외:-씨 '오이씨'의 준말.

외:씨-버선 몡 볼이 조붓하고 갸름해서 맵시가 있는 버선.

외-아들 몡 1 다른 자식이 없이 하나만 있는 아들. 독자. 2 다른 남자 동기가 없이 하나뿐인 아들. ⇄외딸.

외아-하다 (巍峨-) 혱여 외외(巍巍)하다1.

외:-안산 (外案山) 몡 『민』 풍수지리에서, 가장 바깥쪽의 안산. ⇄내안산.

외알-박이 몡 총알·총알·탄알·콩 따위의 알이 하나만 들어 있는 것의 총칭. □~ 안경.

외알-제기 몡하재 1 마소 따위가 한쪽 굽을 질질 끌며 건는 걸음. 또는 그런 마소. 2 나귀 따위가 못마땅할 때 한쪽 발로 걷어차는 짓.

외:압 (外壓) 몡 외부에서 가해지는 압력. □~에 굴복하다. ⇄내압.

외:야 (外野) 몡 1 야구에서, 내야 뒤쪽의 파울라인 안 지역. 아웃필드. 2 '외야수'의 준말. 3 '외야석'의 준말. ⇄내야.

외:야-석 (外野席) 몡 야구장의 외야 둘레의 펜스 뒤에 마련된 관람석. ⇄내야석. ㉜외야.

외:야-수 (外野手) 몡 야구에서, 외야를 지키는 선수. 아웃필더. ⇄내야수. ㉜외야.

외:양 (外洋) 몡 육지에서 멀리 떨어진 넓은 바다. 난바다. 외해(外海). ⇄내해(內海).

외:양 (外樣) 몡 겉모양. 겉보기. □~이 불품없다.

외양 몡하재 1 '외양간(間)'의 준말. 2 마소를 기름.

외양-간 (-間)[-깐] 몡 마소를 기르는 곳. 우사(牛舍). ㉜외양.

외양간-두엄 (-間-)[-깐-] 몡 외양간에서 오는 거름. 구비(廐肥).

외-어깨 몡 한쪽 어깨.

외:-어물전 (外魚物廛) 몡 『역』 조선 때, 팔주비전의 하나. 서소문 밖에 있던 어물전. *내어물전.

외어-서다[-/-여-] 재 1 길을 비켜 서다. 2 방향을 바꾸어 서다.

외어-앉다[-안따/-여안따] 재 1 자리를 비켜서 앉다. 2 다른 방향으로 몸을 돌아앉다.

외-얽이 (椳-)[-얼기] 몡하재 토벽을 치기 위해 가로세로로 외를 얽는 일. 또는 그 물건.

외:역 (外役) 몡하재 1 밖에 나가서 노동함. 또는 그런 노동. 2 외정(外征).

외:역-전 (外役田)[-쩐] 몡 『역』 고려 때, 향리(鄕吏)에게 주던 논밭.

외:연 (外延) 몡 『논』 일정한 개념이 적용될 수 있는 사물의 범위(금속이란 개념의 외연은 금·은·구리·철 따위임). ⇄내포(內包).

외:연 (外緣) 몡 1 가장자리. 둘레. 2 『불』 밖에서 이루어져 성과를 생기게 하는 인연.

외:연 기관 (外燃機關) 몡 『물』 기관 밖에서 연료를 연소시켜 동력을 얻는 기관(증기 기관·전기 기관 따위). ⇄내연 기관.

외:연-량 (外延量)[-냥] 몡 『논』 칸트 철학의 용어. 동일한 종류의 두 가지 또는 그 이상의 양이 모여 전체를 이루었다고 생각되는 양(도량형으로 잴 수 있는 양 따위). ⇄내포량(內包量).

외연-하다 (巍然-) 혱여 외외(巍巍)하다1. 외연-히 튀

외:열 (外熱) 몡 1 밖의 더운 기운. 2 『한의』 몸 거죽의 열기.

외:염 (外焰) 몡 『화』 겉불꽃. ⇄내염.

외오 튀 〈옛〉 그릇. 잘못.

외오다 태 〈옛〉 1 에우다. 2 외다.

외-올 몡 여러 겹이 아닌 단 하나의 올.

외올-뜨기 몡 외올로 뜬 망건이나 탕건.

외올-망건 (-網巾) 몡 외올로 뜬 망건.

외올-베 몡 가제나 붕대 따위로 쓰는, 외올로 성기게 짠 얇고 부드러운 베. 난목.

외올-실 몡 한 올로 된 실. 외겹실. 홑실.

외올-탕건 (-宕巾) 몡 외올로 뜬 탕건.

외:-왕모 (外王母) 몡 외할머니.

외:-왕부 (外王父) 몡 외할아버지.

외:-외가 (外外家) 몡 어머니의 외가.

외외-하다 (巍巍-) 혱여 1 산 따위가 높고 우뚝하다. 외아하다. 외연하다. 2 인격이 높고 뛰어나다. 외외-히 튀

외육-질 [-찔] 몡하재 육지기를 하는 짓. ㉜외질.

외:용 (外用) 몡하재 몸의 거죽에 씀.

외:용 (外容) 몡 겉모양. □~이 늠름하다.

외:용-약 (外用藥)[-냑] 몡 피부에 바르거나 붙이는 약. ⇄내복약(內服藥).

외:우 (外憂) 몡 1 외환(外患). 2 외간(外艱).

외:우 (畏友) 몡 아끼고 존경하는 벗.

외우 튀 1 외따로 떨어져. 2 멀리.

외우다 태 1 말이나 글 따위를 기억해 두다. □시구를 ~. 2 글이나 말을 기억해서 한 자도 틀리지 않게 말하다. □영어 단어를 ~. ㉜외다.

외:원 (外苑) 몡 궁궐 따위의 바깥에 있는 넓은 정원. ⇄내원.

외:원 (外援) 몡 1 외국의 원조. 2 외부로부터 받는 도움.

외:위 (外圍) 몡 1 바깥 둘레. 2 『생』 생물체의 겉에 있는 모든 것.

외:유 (外遊) 몡하재 외국에 여행함. □~를 떠나다.

외:유-내강 (外柔內剛) 몡하혱 겉은 부드럽고 순한 듯하나 속은 꿋꿋하고 곧음. 내강외유. ⇄외강내유.

외:율 (外律·外率) 몡 『수』 외항(外項).

외율 (煨栗) 몡 군밤.

외:-음부 (外陰部) 몡 『생』 생식기 가운데 몸 밖으로 드러나 있는 부분.

외:읍 (外邑) 몡 외판 시골. 외시골.

외:응 (外應) 몡하재 1 외부 사람과 몰래 통함. 2 외부에서 호응함. 3 외부의 반응.

외:의 (外衣)[-/-의] 몡 1 겉옷. ⇄내의(內衣). 2 『식』 속씨식물의 줄기 끝에 있는 분열 조직의 바깥층.

외의-하다 (嵬嶷-)[-/-이-] 혱여 산 따위가

높고 크다.
외:이 (外耳) [명] 〖생〗 귀의 바깥쪽 부분《음향을 받아서 고막에 전하며, 귓바퀴·외이도로 이루어짐》. 겉귀. ↔내이(內耳).
외:이 (外夷) [명] 오랑캐.
외:-이도 (外耳道) [명] 〖생〗 귓바퀴에서 고막으로 통하는 'S' 자 모양의 관(管). 외청도(外聽道). 귓구멍.
외:이도-염 (外耳道炎) [명] 〖의〗 외이도에 생긴 염증.
외:인 (外人) [명] **1** 한집안 식구 밖의 사람. **2** 단체나 조직 따위의 밖에 있는 사람. **3** 어떤 일에 상관없는 사람. ❑~ 출입 금지 / ~은 참견 마시오. **4** '외국인'의 준말.
외:인 (外因) [명] **1** 외부에서 생긴 원인. **2** 이외의 원인. ↔내인·심인(心因).
외:인-부대 (外人部隊) [명] 외국인으로 편성된 용병(傭兵) 부대.
외:임 (外任) [명] 외직(外職).
외:입 (外入) [명][하자] 오입(誤入).
외-자 (一字) [명] 한 글자. ❑~ 이름.
외:자 (外字) [명] 외국의 글자.
외:자 (外資) [명] **1** '외국 자본'의 준말. ❑~를 도입하다. **2** 외국에서 도입한 자금이나 물자. ↔내자(內資).
외자-관례 (一冠禮)[-괄-] [명][하자] 지난날, 혼인을 정한 데 없이 상투만 틀어 올리던 일. 외상관례.
외:-자궁 (外梓宮) [명] ☞ 외재궁.
외자-상투 [명] 혼인을 정하지 않고 틀어 올린 상투.
외-자식 (一子息) [명] 하나뿐인 자식.
외:잡-하다 (猥雜一)[-자파-] [형][여] 음탕하고 난잡하다.
외:장 (外庄) [명] 먼 곳에 있는 자기 땅.
외:장 (外場) [명] 도시 밖에 있는 시장.
외:장 (外障) [명] 〖한의〗 눈알의 거죽에 백태가 끼어 잘 보이지 않게 되는 병. ↔내장.
외:장 (外裝) [명] **1** 건축물 바깥 면의 마감과 장식. ❑~ 공사. ↔내장(內裝). **2** 겉 포장.
외:재 (外在) [명][하자] 지금 문제가 되고 있는 사물에 대해 원인·이유·기준 따위가 외부에 있는 일. ↔내재.
외:-재궁 (外梓宮) [명] 지난날, 임금이나 왕후의 장례(葬禮)를 치를 때 쓰는 관을 담던 곽.
외:재-비평 (外在批評) [명] 〖문〗 문예 작품을 하나의 사회 현상으로 보고 오로지 사회적·문화적 입장에서 비평하는 일. ↔내재비평.
외:재-성 (外在性)[-썽] [명] 사물의 안에 있지 않고 밖에 있는 성질. ↔내재성.
외:재-율 (外在律) [명] 외형률.
외:-저항 (外抵抗) [명] 〖물〗 전지(電池)의 양극(兩極)을 연결하는 전기 회로에 있는 저항. ↔내저항.
외:적 (外的)[-쩍] [관][명] **1** 사물의 외부에 관한 (것). ❑~ 조건. **2** 물질이나 신체에 관한 (것). ❑~ 욕망. ↔내적(內的).
외:적 (外賊) [명] 외부에서 들어온 해로운 도적.
외:적 (外敵) [명] 외부에서 쳐들어오는 적. 외구(外寇). ❑~의 침입 / ~을 물리치다.
외:적 영력 (外的營力)[-쩡녕녁] 〖지〗 외부에서 지각을 변화시키는 영력을 통틀어 이르는 말《바람·파도·하류(河流)·빙하·지하수 따위》. 외부 영력. ↔내적 영력. [준]외력(外力).
외:전 (外典) [명] **1** 〖기〗 경외(經外) 성경. ❑구약(舊約) ~《구약 성서에 수록되어 있지 않은 구약 문헌》. **2** 〖불〗 불경이 아닌 다른 서적. ↔내전(內典).
외:전 (外電) [명] 외신(外信). ↔내전(內電).
외:전 (外傳) [명] **1** 본전(本傳)에 빠진 부분을 따로 기록한 전기《역사·전기·주석 따위》. **2** 정사(正史) 이외의 전기.
외:절 (外切) [명][하자] 〖수〗 외접(外接).
외:접 (外接) [명][하자] 〖수〗 **1** 하나의 점에서 맞닿는 두 개의 원이 서로 다른 쪽의 외부에 있는 일. **2** 다각형의 각 변이 다른 다각형의 각 꼭짓점을 지날 때, 전자가 후자에 외접한다고 함. 외절(外切). ↔내접.
외:접 사:각형 (外接四角形)[-싸가켱] 〖수〗 각 변이 원의 겉에 접해 있는 사각형.
외:접-원 (外接圓) [명] 〖수〗 **1** 한 원의 외부에 있으며 또, 이것과 접하는 원. **2** 한 다각형을 에워싸고 동시에 그 각(各) 꼭짓점이 원주상에 있는 원. ↔내접원.
외:정 (外征) [명][하자] 외국에 군사를 보내어 싸우는 일. 외역.
외:정 (外情) [명] 외부나 외국의 사정. ↔내정.
외:제 (外除) [명][하타] 〖역〗 조선 때, 내직(內職)에 있던 사람을 외방(外方)의 수령으로 내보내던 일.
외:제 (外製) [명] '외국제'의 준말. ❑~ 상품.
외:조 (外助) [명] 아내가 사회적인 활동을 잘할 수 있도록 남편이 도움. ↔내조(內助).
외:조 (外祖) [명] '외조부(外祖父)'의 준말.
외:-조모 (外祖母) [명] 외할머니.
외:-조부 (外祖父) [명] 외할아버지. [준]외조.
외:족 (外族) [명] **1** 어머니 쪽의 일가. 외편(外便). **2** 자기 겨레가 아닌 다른 겨레.
외:종 (外從) [명] '외종사촌'의 준말. ↔내종.
외:종 (外腫) [명] 〖한의〗 몸의 살가죽에 난 종기. ↔내종(內腫).
외:종-사촌 (外從四寸) [명] 외숙의 자녀. [준]외사촌·외종.
외:-종숙 (外從叔) [명] 어머니의 사촌 오빠나 남동생. 외당숙.
외:-종숙모 (外從叔母)[-숭-] [명] 외종숙의 아내. 외당숙모.
외:종-씨 (外從氏) [명] 외종형.
외:종-제 (外從弟) [명] 외사촌인 아우.
외:-종조모 (外從祖母) [명] 외종조부의 아내.
외:-종조부 (外從祖父) [명] 외할아버지의 형이나 아우.
외:-종질 (外從姪) [명] 외사촌의 아들. 외당질(外堂姪).
외:-종질녀 (外從姪女)[-려] [명] 외사촌의 딸. 외당질녀(外堂姪女).
외:-종피 (外種皮) [명] 〖식〗 씨앗의 거죽에 덮인 피막. 겉씨껍질. ↔내종피.
외:종-형 (外從兄) [명] 외사촌인 형. 외종씨.
외:종-형제 (外從兄弟) [명] 외종사촌인 형이나 아우.
외:주 (外注) [명][하타] 〖경〗 다른 회사에 맡겨 만들게 함. 또는 그런 일. ❑~를 주다.
외:주 (外周) [명] 바깥쪽의 둘레. ↔내주(內周).
외주물-집 [-찝] [명] 마당이 없고 길 밖에서 안이 들여다보이는 보잘것없는 집.
외:-주방 (外廚房) [명] 〖역〗 궁중에서, 임금이 먹는 음식을 장만하던 방.
외-죽각 (一角)[-깍] [명] 〖건〗 한쪽 모서리만 둥글게 되어 있는 각이 진 목재.
외-줄 [명] 단 한 가닥의 줄. 단선. ❑~을 타다.
외-줄기 [명] **1** 단 한 가닥으로 된 줄기. ❑~ 산길. **2** 가지가 없이 벋은 줄기.
외줄-낚시 [-락씨] [명] 한 가닥의 줄에 낚싯바

늘을 한 개만 달아 하는 낚시질. 또는 그런 낚시.

외:중-비(外中比)몡《수》어떤 양이 대소로 이분(二分)되어 그 작은 부분과 큰 부분과의 비가 큰 부분과 전체와의 비와 같을 때 그 양 쪽 부분의 비. 황금비(黃金比).

외:-증조모(外曾祖母)몡 어머니의 할머니.

외:-증조부(外曾祖父)몡 어머니의 할아버지.

외:-지(외—)'오이지'의 준말.

외:지(外地)몡 1 자기가 사는 곳 밖의 고장. 외방(外方). □∼ 사람. 2 나라 밖의 땅. 3 본 토와는 다른 법이 시행되는 영토(식민지). ↔내지(內地).

외:지(外紙)몡 외국에서 발행하는 신문. □∼ 의 보도.

외:지(外誌)몡 외국의 잡지.

외:-지다톙 외따로 떨어져 으슥하고 후미지다. □외진 산길.

외:지-인(外地人)몡 그 고장 사람이 아닌 사람. □∼의 발길이 끊기다.

외:직(外職)몡《역》지방 각 관아의 벼슬. 외관(外官), 외임(外任). ↔내직.

외:-진연(外進宴)몡《역》외빈(外賓)만 모여 벌이던 궁중 잔치. ↔내진연. 외연(外宴).

외:-질빵몡 한쪽 어깨로만 메는 질빵.

외:-집단(外集團)[—딴]몡 자기가 속해 있지 않아 경쟁심·대립감·미움 따위를 일으키게 하는 집단.

외:짝몡 1 짝을 이루지 못하고 단 하나 있는 것. □∼ 신발. 2 여럿이 아닌 단 한 짝.

외:짝 열개[—짱녈—]《건》한쪽 문은 고정되고 다른 한쪽이 여닫도록 된 문.

외:-쪽몡 1 서로 맞선 두 쪽 가운데 한쪽. 2 단 한 조각. □∼ 마늘.

외쪽-박이[—빠기]몡 뒷발의 왼쪽이 흰 짐승.

외쪽-생각[—쌩—]몡 상대방의 속은 알지 못하고 한쪽에서만 하는 생각.

외쪽-어버이몡《속》홀어버이.

외쪽-여수[—興受][—녀—]몡하자 받는 일 없이 일방적으로 꾸어 주기만 하는 일.

외쪽-지붕[—찌—]몡 앞이 높고 뒤쪽이 낮아 한쪽으로 기운 지붕.

외:차-선(外車船)몡 예전에, 가운데의 양 뱃전에 외차를 붙였던 기선. 외륜선(外輪船).

외채몡 외챗집.

외:채(外債)몡《경》'외국채(外國債)'의 준말.

외챗-집[—채찝/—챋찝]몡 단 한 채로 된 집.

외:처(外處)몡 본고장이 아닌 다른 곳.

외:척(外戚)몡 1 같은 본 이외의 친척. 외친(外親). 2 외가 쪽 친척. □∼ 세도. ↔내척.

외:첨내소(外諂內疏)몡하자 겉으로는 아첨하면서 속으로는 해치려 함.

외:-청도(外聽道)몡《생》외이도(外耳道).

외:-청룡(外靑龍)[—농]몡《민》풍수지리에서, 왼쪽으로 벋어 나간 산줄기 가운데 가장 바깥쪽에 있는 줄기. ↔내청룡.

외:-촉(外鏃)몡 화살촉의 더데 아랫부분. ↔내촉.

외:촌(外村)몡 1 고을 밖에 있는 마을. 2 자기 마을이 아닌 마을.

외촘(외—)《옛》집의 으늑한 곳. 침실.

외:축(畏縮)몡하자 두려워서 몸을 움츠림.

외:출(外出)몡하자 집이나 근무지 따위에서 밖으로 잠시 나감. 출타(出他). □∼ 준비/ ∼을 삼가다.

외:출-복(外出服)몡 나들이옷.

외:-출증(外出證)[—쯩]몡 외출을 허가하는 증명서. □∼을 끊다.

외:-출혈(外出血)몡《의》혈액이 몸 밖으로 나오는 일. ↔내출혈.

외:측(外側)몡 바깥쪽. ↔내측.

외:측(外厠)몡 남자 변소.

외:층(外層)몡 바깥층. ↔내층(內層).

외:치(外治)몡하자타 1 외교1. 2《의》피부에 난 병을 약을 바르거나 수술해서 치료함. ↔내치(內治).

외:치(外侈)몡하자 분수에 넘치게 사치함.

외:치(外痔)몡《한의》수치질.

외치다[재]타 1 큰 소리를 질러서 알리다. □큰 소리로 "불이야" 하고 ∼. 2 의견이나 요구 따위를 강하게 주장하다. □민주화를 ∼.

외:친내소(外親內疏)몡하자 겉으로는 친한 체하면서 속으로는 멀리함.

외:침(畏鍼)몡하자 침 맞기를 두려워함.

외:-캘리퍼스(外calipers)몡 곡면이 있는 물체의 바깥지름을 재는 기구.

외-코몡 솔기를 외줄로 댄 가죽신의 코.

외코-신몡 코가 좀 짧고 눈을 놓지 않은 가죽신(하층 계급에서 신었음).

외:-탁(外—)몡하자 생김새나 성질 따위가 외가(外家) 쪽을 닮음. ↔친탁.

외:탄(畏憚)몡하자 외기(畏忌).

외:택(外宅)몡 남의 외가에 대한 존칭.

외톨-이몡 1 밤송이·마늘통 따위 톨만 들어 있는 알. 2 '외돌토리'의 준말.

외톨-박이몡 외톨로 된 밤송이나 마늘통 따위.

외톨-밤몡 한 송이에 한 톨만 든 밤. [외톨밤이 벌레가 먹었다] 하나뿐인 소중한 물건에 흠집이 생김의 비유.

외톨-이몡 1 의지할 데 없고 매인 데 없는 홀몸. 외돌토리. □의지가지없는 ∼. 2 다른 짝이 없이 홀로 있는 사물.

외:-통(—通)몡 1 장기에서, 상대편이 부른 장군에 궁이 피할 수 없게 되는 형편. □∼으로 지다.

외:통-길(—通—)[—낄]몡 한 곳으로만 난 길.

외:통-목(—通—)몡 1 장기에서, 외통장군을 부르는 길목. 2☞외길목.

외:통-수(—通手)몡 장기에서, 외통장군이 되게 두는 수.

외:통-장군(—通將軍)몡 장기에서, 외통으로 부르는 장군.

외:-투(外套)몡 추위를 막기 위해 겉옷 위에 입는 의류. 오버코트. □∼를 걸치다.

외:투-강(外套腔)몡《동》판새류 등의 연체 동물에서 외투막과 내장 사이에 있는 빈 곳.

외:투-막(外套膜)몡《동》연체동물의 외피에 형성되어 몸을 싼 막(오징어류, 낙지·문어류, 조개류 따위).

외:투-안(外套眼)몡《동》연체동물의 외투막 가에 있는 눈.

외:툿-감(外套—)[—투깜/—툳깜]몡 외투를 지을 옷감.

외-틀다[외틀어, 외트니, 외트는]타 한쪽으로 또는 왼쪽으로 비틀다. □고개를 ∼.

외-틀리다[재](`외틀다'의 피동)한쪽으로 또는 왼쪽으로 비틀리다.

외틀어-지다[재] 한쪽으로 또는 왼쪽으로 비틀어지다. □외틀어진 널.

외:판(外販)몡하타 판매원이 직접 고객을 찾아다니며 상품을 팖. 또는 그런 일.

외:판(外辦)몡《역》임금이 거둥할 때 의장(儀仗)이나 호종(扈從) 등을 제자리에 정돈시

키던 일.

외:판-원(外販員)명 외판에 종사하는 사람. 세일즈맨.

외-팔명 한쪽뿐인 팔.

외팔-이명 한쪽 팔이 없는 사람.

외패부득(-霸不得)명 바둑에서, 패를 쓸 자리가 한 군데도 없음.

외패-잡이명 처음부터 끝까지 같은 사람이 메고 가는 가마. 또는 그런 가마를 메고 가는 가마꾼.

외:편(外便)명 외족(外族)1.

외:편(外篇)명 한 부의 책에서, 처음의 총론을 쓴 부분.

외:포-계(外圃契)[-/-게]명《역》관아에 푸성귀를 공물(貢物)로 바치던 계.

외:표(外表)명 **1** 겉에 드러난 풍채나 표정. **2** 사물의 표면.

외:풍(外風)명 **1** 밖에서 들어오는 바람. □ ~이 세다. **2** 외국에서 들어온 풍속.

외:피(外皮)명 **1** 겉껍질. 겉가죽. ↔내피. **2**《동》동물의 거죽이나 또는 그것이 변한 것(깃·털·비늘·닭의 볏 따위). **3**《식》식물의 줄기나 뿌리의 표피(表皮)가 변해서 막(膜)처럼 된 세포층.

외:하방(外下方)명 외방(外方)1.

외:학(外學)명《불》불교 이외의 학문.

외:한(外寒)명 바깥의 찬 기운.

외:한(畏寒)명 추위를 두려워함.

외:-할머니(外-)명 어머니의 친정어머니. 외왕모. 외조모.

외:-할미(外-)명〈비〉외할머니.

외:-할아버지(外-)명 어머니의 친정아버지. 외왕부. 외조부.

외:-할아비(外-)명〈비〉외할아버지.

외:합(外合)명《천》내행성이 태양을 사이에 두고 지구와 한 직선 위에 놓이는 현상. 상합(上合). 순합(順合). ↔내합(內合).

외:항(外航)명하자 배가 외국으로 항행함. 국제 항해. □ ~ 선원 / ~ 항로. ↔내항(內航).

외:항(外港)명하기 **1** 배가 육지 깊숙이 들어가 있거나 방파제로 구분될 때 그 바깥쪽의 구역(선박이 임시로 정박함). ↔내항(內港). **2** 도시와 가까이 있어 그 문호의 역할을 하는 항구. **3** 배가 들기 전에 임시로 머무르는 바다.

외:항(外項)명《수》비례식에서 양 끝에 있는 두 개의 항. 즉 *a* : *b* = *c* : *d*의 *a*와 *d*. 외율(外率). ↔내항.

외:-항선(外航船)명 국제 항로를 다니는 배. □ ~을 타다.

외:해(外海)명《지》**1** 육지에 둘러싸이지 않은 바다. ↔내해. **2** 외양(外洋). ↔근해.

외:-행성(外行星)명《천》태양계에서 궤도가 지구보다 바깥쪽에 있는 행성(화성·목성·토성·천왕성·해왕성). ↔내행성.

외:향(外向)명 **1** 바깥으로 드러남. **2** 마음의 움직임을 적극적으로 겉으로 드러냄. ↔내향.

외:향-성(外向性)[-썽]명 **1** 바깥쪽을 향하는 성질. **2**《심》외부 세계에 관심을 가지며 객관적으로 사고하고 집단적·사교적인 성격 유형. ↔내향성.

외:향-적(外向的)관명 **1** 바깥으로 드러나는 (것). **2** 마음의 움직임을 적극적으로 나타내는 (것). □ ~ 성격. ↔내향적(内向的).

외:허(外虛)명하자 겉이 비어 있거나 허술함.

외:허-내실(外虛内實)명하자 겉은 허술해 보이나 속은 알참.

외:현(外現)명하자 겉으로 나타남.

외:형(外形)명 겉으로 드러난 모양. 겉모양. □ ~만 그럴듯한 선물 세트.

외:형(畏兄)명 친구끼리 상대를 대접해서 일컫는 말.

외:형-률(外形律)[-뉼]명 정형시(定型詩)에서, 음의 고저(高低)·장단(長短)·음수(音數)·음보(音步) 따위의 규칙적 반복에 따라 생기는 운율. 외재율. ↔내재율(内在律).

외:-형제(外兄弟)명 **1** 고모(姑母)의 아들. **2** 어머니는 같으나 아버지가 다른 형제.

외:호(外壕)명 성(城)의 바깥 둘레에 도랑처럼 파서 물이 괴게 한 곳. 해자(垓字). 성호(城濠).

외:호(外護)명하타 외부에서 보호함.

외:-호흡(外呼吸)명《생》생물이 외계의 산소를 몸 안으로 받아들이고 이산화탄소를 내보내는 일(피부 호흡·폐호흡·아가미 호흡 따위). ↔내호흡.

외:혼(外婚)명 족외혼(族外婚). ↔내혼.

외:화(外貨)명 **1** 외국의 화폐. □ ~를 벌어들이다. ↔내화. **2** 외국에서 들어오는 화물.

외:화(外華)명 화려한 차림새.

외:화(外畫)명《연》'외국 영화'의 준말. □ ~를 관람하다. ↔방화(邦畫).

외:화 가득률(外貨稼得率)[-뉼]명《경》상품 수출액에서 원자재 수입액을 뺀 금액을 상품 수출액으로 나눈 백분율.

외:화 보:유고(外貨保有高) 한 나라가 가지고 있는 금과 외화의 총액. 보통 정부와 중앙은행이 가지고 있는 금과 외화를 이름.

외:화 어음(外貨-)《경》'외국 화폐 어음'의 준말.

외:환(外患)명 외적의 침범에 대한 걱정. 외우(外憂). ↔내우(内憂).

외:환(外換)명《경》'외국환'의 준말.

외:환 관리법(外換管理法)[-꽐-뻡]《법》'외국환 관리법'의 준말.

외:환 보:유고(外換保有高)《경》한 나라가 어느 시점에 보유하는 대외 외환 채권의 총액. 국제 수지의 일시적 역조(逆調)를 보전하기 위한 준비금 역할을 함.

외:환 시세(外換時勢) '외국환 시세'의 준말.

외:환 시:장(外換市場) '외국환 시장'의 준말.

외:환-율(外換率)[-뉼]명《경》환시세(換時勢). ☞환율.

외:환 은행(外換銀行) '외국환 은행'의 준말.

외:환-죄(外患罪)[-쬐]명《법》국가의 대외적 안정을 해침으로써 성립되는 죄(이적죄·간첩죄 따위).

외:훈(巍勳)명 뛰어나게 큰 공훈.

욕-질[-찔]명하자 '외욕질'의 준말.

왼관 **1** '왼쪽'의 뜻. □ ~ 손목. ↔오른. **2** 온.

왼-걸음명《건》동자기둥의 아래쪽 두 가랑이를 왼쪽으로 대각(對角)이 되게 '■' 모양으로 만드는 방식. ↔오른걸음.

왼-고개명 **1** 왼쪽으로 돌리는 고개. **2** 부정하는 뜻으로 돌리는 고개.
왼고개를 젓다[치다]관 부정이나 반대의 뜻을 나타내다.
왼고개를 틀다[관] 못마땅해서 외면한다.

왼-구비명 화살이 높이 떠서 날아가는 상태.

왼-나사(-螺絲)명 시계 반대 방향으로 돌려야 빠지는 나사. ↔오른나사.

왼:-낫[-낟]명 왼손잡이가 쓰기에 편하도록 날을 둘러놓은 낫.

왼:-발 뗑 왼쪽 발. ↔오른발.
[왼발 구르고 침 뱉는다] 무슨 일이든 처음에는 앞장섰다가 곧 꽁무니를 뺀다는 뜻.
왼:-발목 치기 씨름에서, 상대편의 왼쪽 발목을 오른손으로 치면서 왼손으로 다리샅바를 당기며 오른쪽으로 넘어뜨리는 기술.
왼:-배지기 뗑 씨름에서, 왼쪽 옆구리를 상대편의 배 밑에 넣어 배를 지고 들어서 넘어뜨리는 기술.
왼:-뺨 뗑 왼쪽 뺨. ↔오른뺨.
왼:-새끼 뗑 왼쪽으로 꼰 새끼(부정을 막는다 하여 금줄에 씀). ↔오른새끼.
[왼새끼를 꼰다] ㉠일이 꼬여 어떻게 될지 알 수가 없다. ㉡비비 꼬아서 말하거나 비아냥거리다.
왼:-섶 [-섭] 뗑 저고리의 왼쪽에 댄 섶. 또는 그 저고리. 겉섶. ↔오른섶.
왼:-소리 뗑 1 사람이 죽었다는 소문. 2 험하거나 궂은 소리. ㄟ~를 들었다.
왼:-손 뗑 왼쪽 손. ↔오른손.
왼:-손잡이 뗑 왼손을 오른손보다 더 잘 쓰는 사람.
왼:-손-좌질 [-찔] 뗑하자 식사 때 숟가락이나 젓가락을 왼손으로 잡는 짓.
왼:-씨름 뗑 씨름에서, 상대편의 다리샅바를 왼손으로 잡고 오른 어깨를 맞대며, 오른손으로는 상대편의 허리샅바를 잡고 하는 씨름. ↔오른씨름.
왼:-안걸이 뗑 씨름에서, 왼배지기를 할 듯이 하다가 왼쪽 다리로 상대편의 오른쪽 다리를 안으로 걸고 당겨 왼쪽으로 젖히는 기술.
왼:-오금 치기 뗑 씨름에서, 상대편의 몸을 왼쪽으로 기울게 누르다가 오른쪽 다리로 상대편의 왼 다리 오금 바깥쪽을 쳐서 넘어뜨리는 기술.
왼:-짝 뗑 1 '왼편짝'의 준말. 2 좌우 두 짝으로 이루어지는 물건의 왼쪽의 것. ↔오른짝.
왼:-쪽 뗑 북쪽을 향했을 때, 서쪽에 해당하는 방향. 좌측. ↔오른쪽.
왼:-팔 뗑 왼쪽 팔. ↔오른팔.
왼:-편 (-便) 뗑 왼쪽.
왼:-편짝 (-便-) 뗑 두 편으로 가를 때의 왼쪽. 좌변.
욀:-재주 (-才-) [-째-] 뗑 잘 외우는 재주.
욀:-총 (-聰) 뗑 잘 외워 기억하는 총기.
욋-가지 (椵-) [외까-/욀까-] 뗑 《건》 외를 엮는 데 쓰는 가느다란 나뭇가지·수숫대 등.
윙 뮈하자 1 작은 벌레나 돌 따위가 매우 빠르고 세차게 잇따라 날아가는 소리. 2 거센 바람이 가는 전선이나 철사 따위에 아주 빠르고 세차게 부딪치는 소리. 3 작은 기계의 모터나 바퀴가 세차게 도는 소리. ㉱윙.
윙-윙 뮈하자 잇따라 윙 하는 소리. ㉱윙윙.
윙윙-거리다 자 계속해서 윙하다. ㄟ파리가 ~. ㉱윙윙거리다.
윙윙-대다 자 ☞윙윙거리다.
요¹ 뗑 한글 모음 글자 'ㅛ'의 이름.
요² 뗑 사람이 눕거나 앉을 때 바닥에 까는 침구의 하나(속에 솜·짚·털 등을 넣음). ㄟ~를 깔다.
요 (要) 뗑 (주로 '요는'의 꼴로 쓰여) '요점·요지·대요' 등의 뜻. ㄟ~는 누가 적임자이냐 하는 점이다.
요 (窯) 뗑 기와나 자기를 굽는 가마 또는 장소.
요³ 뗑 1 눈 앞의 일이나 물건을 얕잡아 일컫는 말. ㄟ~ 며칠 전 /~놈 저리 가거라. 2 시간

이나 거리의 가까움을 일컫는 말. ㄟ~ 근처로 오너라. ㉱이. *고·조.
요⁴ 조 설명어의 어미나 부사어 등에 붙어, 존칭이나 주의를 나타내는 보조사. ㄟ바람이 불어~/잠이 안 오는 걸~/좋지~.
-이¹ 어미 '이다·아니다'의 어간에 붙어, 사물이나 사실을 열거할 때 쓰는 연결 어미. '이다' 앞에 받침이 없는 말이 오면 '이'가 생략되기도 함. ㄟ이것은 떡이~, 저것은 약과~. 또 저것은 수제비이라.
-이² 어미 서술격 조사 '이다'의 어간 '이'와 종결 어미 '-오'가 합쳐 변한 종결 어미. 앞에 받침 없는 체언이 올 때는 종결 어미 '-오'처럼 쓰임. ㄟ저 건물은 학교~/이번 차례는 나~. *-오'.
요가 (산 yoga) 뗑 예로부터 인도에 전하는 심신 단련법의 하나(현재도 건강 증진 따위의 목적에 쓰임). *유가 (瑜伽).
요-각 (凹角) 뗑 《수》 180도보다 크고 360도보다 작은 각. *철각 (凸角).
요감 (搖撼) 뗑하자 흔들거나 흔들리게 함.
요강 방에 두고 오줌을 누는 그릇(놋쇠·양은·사기 등으로 만듦). 야호 (夜壺). 수병 (溲瓶). 〔참〕 '溺鋼·溺釭·溺江'으로 씀은 취음.
요강 (要綱) 뗑 중심이 되는 중요한 사항. ㄟ입시 ~.
요강-도둑 뗑 바지의 솜이 아래로 처져서 통통하게 보이는 사람을 희롱하는 말.
요-같이 [-가치] 뮈 요와 같이. 요렇게. ㄟ~하여라. ㉱이같이.
요거 (搖車) 뗑 어린아이를 태우고 밀어 주는 수레. *유모차 (乳母車).
요거 (饒居) 뗑하자 넉넉하게 삶.
요-거 때대 인때 '요것'의 준말. ㄟ내가 찾던 게 바로 ~야. ㉱이거.
요건 (要件) [-껀] 뗑 1 중요한 용건. 2 필요한 조건. ㄟ자격 ~ /~을 갖추다.
요-것 [-껏] 지때 자기에게 가까이 있는 일이나 물건을 가리키는 말. ㄟ~부터 치워라. ㉠인때 사람을 얕잡거나 귀엽게 이르는 말. ㄟ~들 참 귀엽게 구네. ㉱이것. ㉲요거.
요격 (邀擊) 뗑하자 공격해 오는 대상을 기다리고 있다가 도중에서 맞받아침. ㄟ적의 미사일을 ~하다.
요격 미사일 (邀擊missile) 《군》 1 지대공 (地對空) 미사일의 일컬음. 항공기 요격과 미사일 요격의 두 종류가 있음. 2 탄도탄 (彈道彈) 요격 미사일.
요:결 (了結) 뗑하자 요감 (了勘).
요결 (要訣) 뗑 1 일의 가장 중요한 방법. 2 긴요한 통.
요결 (要結) 뗑 중요한 결과.
요경 (凹鏡) 뗑 《물》 오목 거울.
요고 (腰鼓) 뗑 《악》 장구.
요고-전 (腰鼓田) 뗑 장구배미.
요골 (腰骨) 뗑 《생》 허리의 뼈(장골 (腸骨)·천골 (薦骨)·치골 (恥骨) 등 각 한 쌍으로 된 골반). 허리뼈.
요골 (橈骨) 뗑 《생》 아래팔뼈의 두 뼈 가운데 바깥쪽에 있는 삼각기둥 모양으로 된 뼈.
요공 (要功) 뗑하자 자기의 공을 스스로 드러내어 남이 칭찬해 주기를 바람.
요관 (尿管) 뗑 《생》 수뇨관 (輸尿管).
요괴 (妖怪) 뗑하자 1 요망스러운 마귀. 요마 (妖魔). ㄟ꿈에 ~가 나타나다. 2 요사스럽고 괴상함.
요괴-스럽다 (妖怪-) [-스러워, -스러우니] 형

ⓗ 요사스럽고 괴상한 데가 있다. **요괴-스레**ⓟ

요구(要求)ⓜⓗ**타** 1 필요한 것을 달라고 청함. 또는 그 청. ⓠ~ 조건 / 큰돈을 ~하다 / ~에 응하다. 2〖법〗어떤 행위를 청함. ⓠ증인 출두를 ~하다.

요구(要具)ⓜ 필요한 도구.

요구르트(yog(h)urt)ⓜ 우유·양유(羊乳) 따위를 젖산 발효로 응고시킨 영양 식품(젖산균이 들어 있어 장 안에서 해당(解糖) 작용을 함).

요구불 예:금(要求拂預金)[-레-]〖경〗예금자가 필요하면 언제든지 찾아 쓸 수 있는 예금의 총칭(당좌 예금·보통 예금 등).

요구-서(要求書)ⓜ 요구하는 내용을 쓴 문서. ⓠ출두 ~.

요귀(妖鬼)ⓜ 요마(妖魔).

요:금(料金)ⓜ 남에게 수고를 끼쳤거나 물건을 사용·소비·관람한 대가 따위로 치르는 돈. ⓠ수도 ~ / 버스 ~ / 공공 ~.

요:급(料給)ⓜⓗ**타** 급료를 주는 일.

요기(妖氣)ⓜ 요사스러운 기운. ⓠ~가 감돌다 / ~를 띠다.

　　요기(를) 부리다ⓕ 요사스러운 행동을 하다.

요기(療飢)ⓜⓗ**자** 시장기를 겨우 면할 정도로 조금 먹음. ⓠ아침 ~ / 우선 ~나 하세 / ~할 곳을 찾다.

요기ⓘⓓ 말하는 이에 가까운 곳. 요 곳. ⓠ~에 핀을 꽂아라. ⓒⓟ 요 곳에. ⓠ~ 앉아라. ⓒ여기.

요기-스럽다(妖氣-)[-따][-스러워, -스러우니]ⓗ 요사스러운 데가 있다. **요기-스레**ⓟ

요기-차(療飢次)ⓜ 1 요기하라고 하인에게 주는 돈. 2 상여꾼에게 쉴 참마다 주는 술값. ⓒ요기료(療飢料).

요긴-목(要緊-)ⓜ 중요하고 꼭 필요한 길목이나 대목.

요긴-하다(要緊-)ⓗ 긴요하다. ⓠ요긴한 물건 / 요긴하게 쓰다. **요긴-히**ⓟ

요-까짓[-진]ⓟ 겨우 요만한 정도의. ⓠ일로 화를 내다니. ⓒ이까짓. ⓒ요깟.

요-깟[-깐]ⓟ '요까짓'의 준말. ⓠ~ 일에 내가 꺾일쏘냐.

요-나마ⓟ 요것이나마. ⓠ~ 남아 있으니 다행이다. ⓒ이나마.

요나-하다(嬝娜-)ⓗ 부드럽고 날씬하여 간드러지다.

요-날ⓜ '이날'을 홀하게 이르는 말. ⓒ이날.
　　요날 요때까지ⓕ '이날 이때까지'를 홀하게 일컫는 말. ⓒ이날 이때까지.

요냥ⓟ 요 모양대로. 요대로. ⓠ언제까지나 ~ 요 꼴로 살지는 않는다. ⓒ이냥.

요냥-조냥ⓟ 요 모양 조 모양으로. 그저 그렇게. ⓠ~ 넘어갈 일이 아니다. ⓒ이냥저냥.

요녀(妖女)ⓜ 요사스러운 여자. 요부(妖婦).

요년(堯年)ⓜ 고대 중국의 요(堯) 임금이 다스린 해라는 말에서, 태평성대(太平聖代)를 뜻하는 말.

요-년ⓘⓓ '이년'을 낮잡아 이르거나 귀엽게 이르는 말. ⓒ이년.

요-놈ⓘⓖ 상대방 남자를 향해 욕되게 호령하는 소리. ⓒⓘⓓⓙⓓ 바로 앞에 있는 남자나 어떤 작은 것을 얕잡아 이르거나 귀엽게 이르는 말. ⓒ이놈.

요-다각형(凹多角形)[-가켱]ⓜ〖수〗'오목 다각형'의 구용어. ⓒ철(凸)다각형.

요-다음ⓜ 뒤에 잇따라 오는 때나 자리. ⓠ~ 일요일에 만나자. ⓒ이다음. ⓒ요담.

요-다지ⓟ 요러한 정도로. 요렇게까지. ⓒ이
다지.

요다지-도ⓟ '요다지'의 강조어. ⓠ~ 야박하단 말인가. ⓒ이다지도.

요다-하다(饒多-)ⓗ 넉넉하고 많다.

요-담ⓜ '요다음'의 준말. ⓠ~ 토요일. ⓒ이담.

요담(要談)ⓜⓗ**자** 긴요한 이야기. ⓠ~을 나누다 / 두 정상이 공동 관심사에 관해 ~하다.

요당(僚堂)ⓜ〖역〗자기가 근무하는 관아의 당상관을 이르던 말.

요대(腰帶)ⓜ 허리띠.

요대(饒貸)ⓜⓗ**타** 너그러이 용서함.

요-대로ⓟ 1 아무 변함없이 요 모양으로. ⓠ~ 꼼짝 말고 있어라. 2 요것과 같이. ⓠ~ 그려 보아라. ⓒ이대로.

요도(尿道)ⓜ〖생〗오줌이 방광 안에서 몸 밖으로 나오는 길. 수컷은 도중에 수정관(輸精管)이 합쳐서 정액(精液)을 배출하는 관도 겸함. 오줌줄.

요도(要圖)ⓜ 필요한 것만 간단히 그린 도면이나 지도.

요도(腰刀)ⓜ 1 허리에 차는 칼. 2〖역〗병기의 하나. 날의 길이가 석 자 두 치, 자루가 세 치로 조금 휘우듬하며, 칼코등이가 있고 강철로 만듦. 칼집이 없는, 허리에 차던 칼로 단병(短兵)접전 때에 썼음.

요독-증(尿毒症)[-쭝]〖의〗신장이 제 기능을 하지 못하여, 오줌으로 배출되어야 할 성분이 피 속에 머물러 있어서 일어나는 중독 증상(급성과 만성이 있음).

요동(搖動)ⓜⓗ**자타** 흔들리어 움직임. 또는 흔들어 움직임. ⓠ~이 심하다 / 배가 좌우로 심하게 ~하다.

요동-시(遼東豕)ⓜ 견문이 좁은 사람이 저 혼자 득의양양하여 잘난 체함을 비유하는 말.

요동-치다(搖動-)ⓣ 심하게 흔들리거나 움직이다. ⓠ높은 파도로 배가 ~.

요두전목(搖頭轉目)ⓜ 머리를 흔들고 눈을 굴리면서 몸을 움직인다는 뜻으로, 침착하지 못함을 이르는 말.

요-뒤ⓜ 요의.

요들(yodel)ⓜ〖악〗알프스 지방에서, 가성(假聲)을 섞어 부르는 민요. 또는 그 창법.

요들-송(yodel+song)ⓜ 요들 창법으로 부르는 노래.

요-따위ⓜ 요런 종류. 요런 것들. ⓠ~ 것들은 모두 버려라. ⓒ이따위.

요-때기ⓜ 요다운 형태를 갖추지 못한 요.

요락(搖落)ⓜⓗ**자타** 1 흔들어 떨어뜨림. 또는 흔들려 떨어져 짐. 2 늦가을에 나뭇잎이 떨어짐.

요란(搖亂·擾亂)ⓜⓗ**히타** 1 시끄럽고 떠들썩함. ⓠ~한 박수 소리 / ~하게 떠들다. 2 정도가 지나쳐 어수선하고 야단스러움. ⓠ옷차림을 ~하다 / 냄새가 ~하다.

요란-스럽다(搖亂·擾亂-)[-따][-스러워, -스러우니]ⓗⓓ 시끄럽고 떠들썩한 데가 있다. ⓠ요란스러운 웃음소리 / 요란스럽게 울어 대다. **요란-스레**ⓟ

요란-하다(燎亂-)ⓗ 불이 붙어 어지럽다.

요람(要覽)ⓜ 중요한 내용만 뽑아 간추려 놓은 책. ⓠ전국 대학 ~.

요람(搖籃)ⓜ 1 젖먹이를 눕히거나 앉히고 흔들어서 즐겁게 하거나 잠재우는 채롱. ⓠ~ 속의 아기. 2 사물의 발생지나 근원지. ⓠ신라 문화의 ~.

　　요람에서 무덤까지ⓕ '나서 죽을 때까지'

의 뜻. 사회 보장 제도의 충실함을 표현한 말 《제2차 세계 대전 후 영국 노동당의 슬로건》.

요람-기(搖籃期)圓 **1** 요람에 들어 있던 어린 시절. **2** 사물이 발달하는 초창기.

요람-시대(搖籃時代)圓 요람기.

요람-지(搖籃地)圓 **1** 어린 시절의 고향. **2** 사물이 발달하기 시작한 곳. □문명의 ~.

요래(邀來)圓하타 사람을 맞이하여 옴.

요래 1 요리하여. **2** 요리하여. 割이래.

요래도 1 요리하여도. □~ 좋고 조래도 좋다. **2** 요리하여도. □보기는 ~ 아주 비싸다. 割이래도.

요래라-조래라 割 요리하여라 조리하여라. □내게 ~ 하지 마라. 割이래라저래라.

요래서 1 요리하여서. **2** 요리하여서. □마냥 ~ 탈이다. 割이래서.

요래서-야 割 **1** 요리하여서야. **2** 요리하여서야. □소갈머리가 ~ 어찌 대장부라 하겠나 / 하는 짓이 ~ 눈 밖에 나지. 割이래서야.

요래야 1 요리하여야. **2** 요리하여야. 割이래야.

요래-조래 割 요리하고 조리하여. 割이래저래.

요랬다-조랬다[─랜따~조랜따]割 요리하였다 조리하였다. □~ 변덕이 죽 끓듯 한다. 割이랬다저랬다.

요략(要略)圓하타 **1** 필요한 부분만 골라 뽑고 다른 것은 생략함. **2** 문장·저서 등의 중요한 대목을 정리하는 일.

요량(料量)圓 앞일을 잘 생각하여 헤아림. 또는 그런 생각. □~이 있다 / ~껏 하다.

요러고 1 요러하고. **2** 요리하고. □~ 계속 잠만 잘 텐가. 割이러고.

요러나 1 요러하나. □몸집은 ~ 담은 크다오. **2** 요렇게 하나. 割이러나.

요러나-조러나 割 **1** 요러하나 조러하나. **2** 요리하나 조리하나. 割이러나저러나.

요러니 割 **1** 요러하니. □몸집은 ~ 때릴 수도 없고. **2** 요리하니. □공부를 ~ 성적이 떨어질 수밖에. 割이러니.

요러니-조러니 割 요러하다느니 조러하다느니. □반찬이 ~ 말도 많다. 割이러니저러니.

요러다짜 **1** '요러하다'의 준말. □~ 매 맞겠다. **2** 요렇게 말하다.

요러면 割 **1** 요리하면. □자꾸 ~ 못쓴다. **2** 요러하면. □네 태도가 늘 ~ 언젠가는 혼날거다. 割이러면. 割요럼.

요러요러-하다圓에 요러하고 요러하고. □요러요러하게 해 보아라. 割이러이러하다.

요러조러-하다圓에 요러하고 조러하다. 割이러저러하다.

요러쿵-조러쿵 割하자 요러하다는 둥 조러하다는 둥. 割이러쿵저러쿵.

요러-하다圓 **1** 요와 같다. **2** 요런 모양으로 되어 있다. □요러한 물건을 찾소. 割이러하다. 割요렇다.

요럭-조럭[─조─] 割하자 **1** 하는 일이 없이 어름어름하는 가운데. **2** 되어 가는 대로. □~ 잘 지냈다. **3** 알지 못하는 동안에 어느덧. 割이럭저럭.

요런[1] 위 '요러한'의 준말. □~ 놈은 흔 좀 내야 해. 割이런.

요런[2] 위 뜻밖에 놀라운 일을 보거나 들었을 때에 하는 말. □~, 깜찍한 놈. 割이런.

요런-대로 위 '요러한 대로'의 준말. □~ 쓸 만한 녀석이다. 割이런대로.

요런-즉 위 '요러한즉'의 준말. 割이런즉.

요럼 割 요러면. □계속 ~ 안 돼요 / 차림새가 ~ 남들이 깔본다. 割이럼.

요령-조령(副하자) 일정한 일이 없이 요런 모양과 조런 모양으로. 割이렁저렁.

요렇게[─러케] 위 '요러하게'의 준말. □~ 만들어 보아라.

요렇다[─러타][요러니, 요래서]圓 '요러하다'의 준말. 割이렇다.

요렇듯[─러튼] 위 **1** '요러하듯'의 준말. **2** 요렇게도 몹시. 割이렇듯.

요렇듯-이[─러트시] 위 '요러하듯이'의 준말. 割이렇듯이.

요렇지[─러치] 圓괌 '요와 같이 틀림없다'는 뜻으로 하는 말. 圓에 요러하지. □전에는 ~ 않았다. 割이렇지.

요령(要領)圓 **1** 사물의 요긴하고 으뜸되는 골자나 줄거리. **2** 경험으로 터득한 일을 하는 묘한 이치. 미립. □~이 좋다. **3** 적당히 해 넘기는 잔꾀. □~을 부리다.

요령(鐃鈴·搖鈴)圓 **1** 솔발(鐃鈸). **2**『불』불가에서 법요(法要)를 행할 때 흔드는, 솔발보다 좀 작은 종 모양의 법구(法具).

요령-부득(要領不得)圓하형 말이나 글의 주요 내용을 알 수 없음. 부득요령.

요로(要路)圓 **1** 가장 중요한 길. 요진(要津). □교통의 ~. **2** 중요한 자리. 주요한 지위. □관계 ~에 진정하다.

요론(要論)圓 중요한 부분에 대한 논의. 또는 중요한 논설.

요리(要利)圓 식리(殖利).

요리(要理)圓 **1** 중요한 이치나 도리. **2**『종』중요한 교리(教理). □천주교 ~.

요리(料理)圓하타 **1** 음식을 일정한 방법으로 만듦. 또는 그 음식. □~ 솜씨 / ~를 먹다. **2** 〈속〉 다루어 처리함.

요리 위 **1** 요 곳으로. □~로는 오지 마라. **2** 요러하게. □왜 ~ 떠드느냐. □요리를 조리로.

요리 뒤적 조리 뒤적 위 물건을 요리조리 뒤적이는 모양. 割이리 뒤적 저리 뒤적.

요리-사(料理師)圓 요리를 전문으로 조리하는 사람.

요리-상(料理床)[─쌍]圓 요리를 차려 놓은 상. □~을 보다.

요리-요리 割하자 요리요리하게. 割이리이리.

요리-조리 위하자 일정한 방향이 없이 요 곳으로 조 곳으로. □~ 피하다 / ~ 따져 보다. 割이리저리.

요리쿵-조리쿵 위하자 요렇게 하자는 둥 조렇게 하자는 둥. 割이리쿵저리쿵.

요리-하다짜타에 요와 같이 하다. □요리해 봐라. 割이리하다.

요릿-집(料理─)[─리찝 /─릳찝]圓 객실을 갖추고 술과 요리를 파는 집. 요정(料亭). 요리점(料理店).

요마(幺麽)圓 **1** 작음. 또는 작은 것. **2** 변변치 못함. 또는 그런 사람.

요마(妖魔)圓 요망하고 간사스러운 마귀. 요괴(妖怪). 요귀(妖鬼).

요마마-하다圓 요만한 정도에 이르다. □요마마한 일로 호들갑이냐. 割이마마하다.

요마적圓 지나간 얼마 동안의 아주 가까운 때. 割이마적.

요만[一]괌 요만한. 요 정도의 대수롭지 아니한. □~ 일에 쓰러지다니. [二]위 요 정도로 하고. □오늘은 ~ 끝내자.

요만-조만[一]圓하형 요만하고 조만함. [二]위 요만하고 조만한 정도로. 割이만저만.

요-만치 위 요만한 거리를 떼고 떨어져서. 割

이만치.

요-만큼 圄團 요만한 정도로. 圈이만큼.

요만-하다 圄圄 정도가 요와 같다. 요것만 하다. 圈이만하다. *고만하다.

요맘-때 圄 요만큼 된 때. 圈이맘때. *고맘때.

요망 (妖妄) 圄圄圄 요사스럽고 망령됨.
　요망(을) **떨다** 国 요망스러운 언행을 하다.
　요망(을) **부리다** 国 요망한 짓을 하다.

요망 (要望) 圄圄圄 어떤 희망이나 기대가 꼭 이루어지기를 간절히 바람. ▫ ~ 사항 / 기일 내에 제출해 주시기를 ~합니다.

요망 (遙望) 圄圄圄 멀리 바라보거나 멀리서 바람.

요망 (瞭望) 圄圄圄 높은 곳에서 적의 동정을 살펴 바라봄.

요망-군 (瞭望軍) [-꾼] 圄 〖역〗 적의 움직임을 살피는 임무를 맡아 하던 군사. 망군(望軍).

요망-스럽다 (妖妄-) [-따] [-스러워, -스러우니] 圄 요망한 데가 있다. ▫ 웃음소리가 ~.
　요망-스레 團

요면 (凹面) 圄 가운데가 오목하게 된 면. ↔철면(凸面).

요면-경 (凹面鏡) 圄 〖물〗 오목 거울.

요면 동판 (凹面銅版) 〖인〗 인쇄되는 글씨·그림이 옴폭 들어가게 새겨진 동판.

요명 (要名) 圄圄圄 명예를 구함.

요모-조모 圄團 요런 면 조런 면. 여러 방면. ▫ ~로 생각하다. 圈이모저모.

요목 (要目) 圄 중요한 항목.

요무 (要務) 圄 중요한 임무나 요긴한 일.

요물 (妖物) 圄 1 요망스러운 것. 2 간사하고 간악한 사람.

요물 계:약 (要物契約) [-/-게-] 〖법〗 당사자끼리의 합의뿐만 아니라 목적물의 인도와 다른 급부(給付)까지도 효력 발생의 요건이 되는 계약. ↔낙성(諾成) 계약.

요물-단지 (要物-) [-딴-] 圄 〖속〗 요사스러운 사람이나 물건을 이르는 말.

요:미 (料米) 圄 〖역〗 관원(官員)들에게 급료로 주던 쌀.

요미걸련 (搖尾乞憐) 圄圄圄 개가 꼬리를 흔들면서 알찐거린다는 뜻으로, 간사하고 아첨을 잘함의 비유.

요민 (擾民) 圄圄圄 백성을 성가시게 함.

요민 (饒民) 圄 살림이 넉넉한 백성.

요밀 (要密) 圄圄圄 자세하고 세밀함.

요밀요밀-하다 (要密要密-) [-료-] 圄圄 매우 빈틈없이 자세하고 꼼꼼하다.

요배 (遙拜) 圄圄圄 망배(望拜).

요배 (僚輩) 圄 동료.

요-번 (-番) 圄 이제 막 돌아온 차례. ▫ ~ 토요일 ~에는 꼭 이겨야 한다. 圈이번.

요법 (療法) [-뻡] 圄 병을 고치는 방법. ▫ 식이 ~ / 한방 ~.

요변 (妖變) 圄圄圄 1 요사스럽고 변덕스럽게 행동함. 2 괴이쩍은 변화나 사건.
　요변(을) **떨다** 国 요변스러운 짓을 하다.
　요변(을) **부리다** 国 짐짓 요변 떨다.
　요변(을) **피우다** 国 말이나 행동을 요변스럽게 하다.

요변 (窯變) 圄圄圄 〖공〗 도자기를 구울 때, 불꽃의 성질이나 잿물의 상태 따위로 가마 속에서 변화가 생겨 도자기가 변색하거나 모양이 일그러지는 일. 또는 그 도자기.

요-변덕 (妖變德) 圄 요사스러운 변덕.

요변-스럽다 (妖變-) [-따] [-스러워, -스러우니] 圄圄 요사스럽고 변덕스러운 데가 있다.
　요변-스레 團

요변-쟁이 (妖變-) 圄 몹시 요사스럽고 변덕스러운 사람.

요병 (療病) 圄圄圄 병을 치료함.

요부 (妖婦) 圄 요염하여 남자를 호리는 여자. 요사스러운 여자. 요녀(妖女).

요부 (要部) 圄 가장 중요한 부분. 요처(要處).

요부 (腰部) 圄 허리 부분.

요부-하다 (饒富-) 圄圄 살림이 넉넉하다. 요부-히 團

요분-질 圄圄圄 성교할 때에, 여자가 남자에게 쾌감을 주려고 아랫도리를 놀리는 짓.

요:사 (夭死) 圄圄圄 요절(夭折). ▫ ~한 천재 시인.

요사 (妖邪) 圄圄圄 요망하고 간사함.
　요사(를) **떨다** 国 몹시 요사스레 굴다.
　요사(를) **부리다** 国 말이나 행동을 요사스럽게 하다.
　요사(를) **피우다** 国 말이나 행동을 요사스럽게 드러내 놓고 하다.

요사 (要事) 圄 긴요하거나 중요한 일.

요사 (寮舍) 圄 1 학교나 공공 단체의 기숙사. 2 〖불〗 절에서, 승려들이 거처하는 방이 있는 집. 요사채.

요사-꾼 (妖邪-) 圄 요사스러운 행동을 잘하는 사람을 낮잡아 이르는 말.

요사-스럽다 (妖邪-) [-따] [-스러워, -스러우니] 圄 요망하고 간사한 데가 있다. 요사-스레 團

요-사이 圄團 1 요 동안. ▫ ~에 끝내야 한다. 2 이제까지의 가장 가까운 동안. ▫ ~ 눈코 뜰 새 없이 바빴다. 圈이사이. 㑁요새.

요산-요수 (樂山樂水) 圄圄圄 산과 물을 좋아함. 곧, 자연을 즐기고 좋아함.

요상 (要償) 圄圄圄 〖법〗 보상을 요구함.

요상 (僚相) 圄 〖역〗 정승끼리 상대방을 이름 대신 이르던 말.

요상-권 (要償權) [-꿘] 圄 〖법〗 보상을 요구할 수 있는 권리(손해 배상 청구권 따위).

요상-하다 圄 ☞ 이상하다.

요-새 圄團 ‘요사이’의 준말. ▫ ~ 젊은이 / ~ 어떻게 지내나. 圈이새.

요새 (要塞) 圄 〖군〗 군사적으로 중요한 곳에 건설한 방어 시설. ▫ 난공불락의 ~ / 적의 ~를 초토하다.

요새 지대 (要塞地帶) 〖군〗 요새가 있는 일대의 지역.

요샛-말 [-샌-] 圄 유행어. 시쳇말.

요:서 (夭逝) 圄圄圄 요절(夭折).

요서 (妖書) 圄 민심을 어지럽히는 요사한 책.

요석 (尿石) 〖생〗 오줌의 성분인 염류가 신장·방광 등의 내부에 가라앉아서 된 결정체.

요석 (要石) 圄 바둑에서, 상대방 돌의 세(勢)를 끊는 등의 중요한 구실을 하고 있는 돌. *폐석(廢石)2.

요선 (僚船) 圄 〖해〗 함대나 선단(船團)에서 그 대열에 딸린 배. 또는 같은 임무를 띤 배.

요설 (饒舌) 圄圄圄 쓸데없이 말을 많이 함. 농설(弄舌).

요성 (妖星) 圄 〖민〗 재해의 징조로 나타난다고 하는 별(혜성이나 큰 유성(流星)).

요소 (尿素) 圄 〖화〗 동물 몸 안의 단백질이 분해할 때 생겨서 오줌으로 배설되는 질소 화합물. 물에 잘 녹고 빛깔이 없으며 바늘 모양의 결정(질소 비료·유기 유리(有機琉璃)·의약품 등의 원료임).

요소 (要所) 圄 중요한 장소나 지점.

요소 (要素)〔명〕 **1** 사물의 성립이나 효력 발생 따위에 꼭 있어야 할 성분 또는 조건.〔구성 ~ / 의식주는 인간 생활의 3대 ~다. **2** 그 이상 더 간단하게 나눌 수 없는 것. **3**〖법〗구체적인 법률 행위나 의사 표시의 내용 가운데 의사를 표시하는 사람에 의하여 중요한 의의를 가지는 부분. **4**〖수〗원소(元素)2.

요소 수지 (尿素樹脂)〖화〗요소와 포르말린을 원료로 하는 합성수지(가정용 기구의 재료·접착제·도료 등의 원료로 씀).

요속 (僚屬)〔명〕계급적으로 아래인 동료. 속료.

요수 (潦水)〔명〕**1** 땅에 괸 빗물. **2**〖한의〗깊은 산중에 우묵이 팬 땅에 괸 물(비위를 조절하고 약을 달이는 데 씀).

요순 (堯舜)〔명〕〖역〗고대 중국의 요임금과 순임금을 아울러 이르는 말.

요순-시대 (堯舜時代)〔명〕요임금과 순임금이 덕으로 천하를 다스리던 시절이란 뜻으로, 나라가 태평한 시대를 일컫는 말.

요순-시절 (堯舜時節)〔명〕요순시대.

요술 (妖術)〔명〕〔하자〕재빠른 손놀림이나 여러 가지 장치·트릭 따위를 써서, 사람의 눈을 어리게 하여 불가사의한 일을 실연(實演)해 보이는 술법. 또는 그 구경거리.

요술-객 (妖術客)〔명〕요술쟁이.

요술-쟁이 (妖術-)〔명〕요술하는 재주를 가진 사람.

요승 (妖僧)〔명〕〖불〗정도(正道)를 어지럽히는 요사스러운 중.

요시찰-인 (要視察人)〔명〕〖법〗사상·보안 문제 따위와 관련하여 행정 당국이나 경찰이 감시가 필요하다고 인정한 사람.

요식 (要式)〔명〕일정한 규정이나 방식을 따를 것을 필요로 하는 일. ▫ ~ 절차.

요식 (料食)〔명〕**1** 지난날, 벼슬아치에게 주던 잡급(雜給). **2** 자기 몫으로 나누어 받은 분량의 밥.

요식 계:약 (要式契約)[-계-/-꼐-]〖법〗요식 행위가 요구되는 계약.

요식-업 (料食業)〔명〕음식을 만들어 파는 영업. ▫ ~으로 큰 돈을 벌다.

요식 행위 (要式行爲)[-시캥-]〖법〗일정한 형식을 갖추지 않으면 효력을 발생시킬 수 없는 법률 행위(혼인·입양·유언·어음 발행·정관 작성 따위). ↔불요식 행위.

요신 (妖臣)〔명〕요사스러운 행동을 하는 신하.

요신 (妖神)〔명〕요사스러운 귀신.

요신 (要信)〔명〕중요한 편지.

요-실금 (尿失禁)〔명〕〖한의〗오줌이 자기도 모르는 사이에 저절로 나오는 증상.

요실-하다 (饒實-)〔형여〕요부(饒富)하다.

요소이〔명〕〈옛〉요사이.

요악 (妖惡)〔명〕〔하형〕요사하고 간악함. ▫ ~을 피우다.

요악-스럽다 (妖惡-)[-따][-스러워, -스러우니]〔형ㅂ〕요악한 데가 있다. **요악-스레**[-쓰-]〔부〕

요약 (要約)〔명〕〔하타〕말이나 글의 요점을 잡아서 간추림. ▫ 줄거리를 ~하다.

요약-자 (要約者)[-짜]〔명〕〖법〗제삼자를 위한 계약에서, 상대방이 제삼자에게 지불할 채무를 부담할 것을 약속하게 하는 계약 당사자. ↔낙약자(諾約者).

요양 (療養)〔명〕〔하자타〕병의 치료와 몸조리를 하는 일. ▫ 공기가 좋은 곳으로 ~ 가다.

요양-미정 (擾攘未定)〔명〕〔하자〕**1** 정신이 어지러

워 결정하지 못함. **2** 나이가 어린 탓으로 뜻을 굳히지 못함.

요양-소 (療養所)〔명〕요양원. ▫ 결핵 ~.

요양-원 (療養院)〔명〕〖의〗요양할 수 있도록 시설이 갖추어져 있는 곳. 요양소. ▫ ~에서 몸조리하다. *정양원(靜養院).

요양-하다 (擾攘-)〔형여〕한거번에 떠들어서 어수선하다.

요언 (妖言)〔명〕인심을 혼란스럽게 만드는 요사스러운 말.

요언 (要言)〔명〕요점을 간추려 정확하게 하는 말.

요업 (窯業)〔명〕〖공〗가마를 이용하여 찰흙 따위를 구워 가공하는 공업(도자기·유리·시멘트·기와·벽돌 등을 만드는 제조업).

요여 (腰輿)〔명〕장사 지낸 뒤에 혼백과 신주를 모시고 돌아오는 작은 가마.

요:역 (了役)〔명〕필역(畢役).

요역 (要驛)〔명〕**1** 중요한 철도 역. **2**〖역〗중요한 역참.

요역 (徭役)〔명〕〖역〗나라에서 정남(丁男)에게 구실 대신으로 시키던 노동.

요역-국 (要役國)[-꾹]〖법〗국제 지역(地役)에 의하여 권리 또는 이익을 받는 국가. ↔승역국(承役國).

요역-지 (要役地)[-찌]〖법〗지역권(地役權)이 설정된 두 토지 가운데 편익을 받는 토지. ↔승역지(承役地).

요연-하다 (瞭然-)〔형여〕분명하고 맹백하다. **요연-히**〔부〕

요열 (潦熱)〔명〕요염(潦炎).

요염 (潦炎)〔명〕장마철의 무더위. 요열(潦熱).

요염 (妖艶)〔명〔형〕사람을 호릴 만큼 매우 아름다움. ▫ ~한 자태.

요예 (要譽)〔명〕요명(要名).

요오드 (독 Jod)〔명〕〖화〗할로겐족 원소의 하나. 금속 광택이 있는 어두운 갈색의 비늘 모양 결정체. 바닷말이나 해산 동물에 들어 있음. 물감·소독·의약 등에 널리 씀. 옥소. 옥도. [53 번:I:126.9045]

요오드 녹말 반:응 (Jod綠末反應)[-농-농-]〖화〗용해된 녹말 또는 가루 모양의 녹말이 요오드에 의해 보라색을 띠는 반응.

요오드 적정법 (Jod滴定法)[-쩡뻡]〖화〗용량 분석의 한 가지. 요오드의 표준 용액을 쓰는 산화(酸化) 적정과 반응에 의해서 유리(遊離)하는 요오드를 티오황산나트륨의 표준액을 써서 하는 환원(還元) 적정의 총칭.

요오드-팅크〔명〕〔독 Jodtinktur〕〖화〗요오드와 요오드화칼륨을 에틸알코올에 녹인 용액(어두운 붉은 갈색을 띠는 데 피부 살균 등에 씀). 옥도정기.

요오드-포름 (독 Jodform)〔명〕〖화〗에틸알코올·아세톤 등에 수산화알칼리 따위를 넣어 가열하고 요오드를 넣어 만드는 황색 결정성 가루(방부제·살균제로 씀).

요오드-화 (Jod化)〔명〕〔하타〕〖화〗요오드와 어떤 물질이 화합하는 일. 옥화(沃化).

요오드화-물 (Jod化物)〔명〕〖화〗요오드와 그보다 양성인 원소 또는 기(基)와의 화합물.

요오드화 수소 (Jod化水素)〔명〕〖화〗농도가 큰 인산을 요오드화물에 작용시켜서 만드는 무색의 자극적인 냄새가 나는 발연성(發煙性) 기체(환원제로 씀).

요오드화-은 (Jod化銀)〔명〕〖화〗질산은의 수용액에 요오드화수소나 요오드화칼륨의 용액을 섞어서 만드는 황색의 바늘 모양 결정(사진 제판에 쓰고, 의료 분야에서 진통제로 쓰기도 함).

요오드화-칼륨 (Jod化kalium)圀《화》 무색의 정육면체 결정. 물과 알코올에 잘 녹고 맛이 씀《살균제·사진 현상액 따위에 씀》.

요오드화칼륨 녹말 종이 (Jod化kalium綠末-)[-농-]圀《화》 산화제를 검출하는 시험지. 적은 양의 산화제와 반응하여 푸른색을 띰.

요외 (料外)圀 분량이나 생각의 밖.

요요 (yoyo)圀 자이로스코프의 원리를 응용한 장난감《둥근 모양의 두 나무쪽의 중심을 축으로 연결하여 고정시키고, 그 축에 실의 한쪽 끝을 묶고, 다른 한쪽을 손에 쥐고 나무쪽을 올렸다 내렸다 하면서 회전시킴》.

요요-무문 (寥寥無聞)圀 명예나 명성이 보잘것없이 남에게 알려지지 아니함.

요요-하다 (搖搖-)囷圀 자꾸 흔들리다. 또는 자꾸 흔들다.

요:요-하다 (了了-)혱앤 1 눈치가 빠르고 똑똑하다. 약다. 2 분명하다. 요:요-히튄

요요-하다 (夭夭-)혱앤 1 나이가 젊고 아름답다. 2 얼굴빛이 환하고 부드럽다. 3 어떤 물건이 가냘프고 아름답다. 요요-히튄

요요-하다 (姚姚-)혱앤 어여쁘고 아리땁다. 요요-히튄

요요-하다 (寥寥-)혱앤 고요하고 쓸쓸하다. 요요-히튄

요요-하다 (遙遙-)혱앤 매우 멀고 아득하다. 요요-히튄

요요-하다 (擾擾-)혱앤 뒤숭숭하고 어수선하다. 요요-히튄

요요-현상 (yoyo現狀)圀 줄어든 체중이 얼마 지나지 않아 본디의 체중으로 되돌아가는 일.

요용-건 (要用件)[-껀]圀 1 꼭 필요한 물건. 2 아주 긴요한 일.

요용-품 (要用品)圀 아주 긴요하게 쓸 물품.

요용 (要用)圀튄 긴요하게 씀.

요우 (僚友)圀 동료.

요운 (妖雲)圀 불길한 낌새가 있는 구름.

요운 (腰韻)圀《문》 시행의 중간에 규칙적으로 같은 운을 다는 일. 또는 그 운. *각운(脚韻)·두운(頭韻)

요원 (要員)圀 1 어떤 일을 하는 데 꼭 필요한 인원. 앤수사 ~ / 행사 ~을 자원 봉사자로 충원하다. 2 중요한 지위에 있는 사람. 앤정부 ~.

요원 (燎原)圀 불타고 있는 벌판. 요원의 불길 앤요원지화(燎原之火).

요원지화 (燎原之火)圀 빠르게 번지는 벌판의 불길이라는 뜻으로, 무서운 기세로 퍼져 가는 세력 따위를 비유하는 말.

요원-하다 (遙遠-·遼遠-)혱앤 아득히 멀다. 앤민주화는 아직 요원한 듯하다.

요위 (腰圍)圀 허리통.

요:율 (料率)圀 요금의 정도나 비율.

요의 (-衣)[-/-이]圀 방바닥에 닿는 쪽의 요 껍데기. 요피.

요의 (尿意)[-/-이]圀 오줌이 마려운 느낌.

요의 (要義)[-/-이]圀 중요한 뜻. 요지(要旨).

요의 (僚誼)[-/-이]圀 동료 사이의 정

요의-빈삭 (尿意頻數)[-/-이-]圀《의》 임독성 방광염이나 요도염으로 오줌이 자주 마려운 증세.

요인 (妖人)圀 바른 도리를 어지럽히는 요사스러운 사람.

요인 (要人)圀 중요한 자리에 있는 사람. 앤삼부(三府) ~.

요인 (要因)圀 사물이나 사건의 성립에 중요한 원인 또는 조건이 되는 요소. 앤성공 ~ / 물가 상승의 ~.

요인 증권 (要因證券)[-꿘]圀《경》 증권이 표시하는 권리가 그 원인이 되는 법률 관계의 존재를 필요로 하는 유가 증권《선하 증권·창고 증권 등》. ↔무인 증권.

요일 (曜日)圀 일·월·화·수·목·금·토에 붙여 1주일의 각 날을 나타내는 말. 앤오늘이 무슨 ~이지.

요임 (要任)圀 중요한 임무. 앤~을 맡다.

요잡 (繞匝)圀튄《불》 부처의 둘레를 돌아다니는 일. 위요(圍繞).

요적-하다 (寥寂-)[-쩌카-]혱앤 고요하고 적적하다.

요-전 (-前)圀 요사이의 며칠 전. 앤~에 잃어버렸던 지갑. 앤이전(以前).

요-전번 (-前番)[-뻔]圀 지나간 지 얼마 되지 는 차례나 때. 앤~에 인사한 사람이 알은 척을 해 왔다. 앤이전번.

요전-상 (澆奠床)[-쌍]圀 산소에 차려 놓은 제사상.

요:절 (夭折)圀앤자 젊은 나이에 죽음. 요사(夭死). 요함(夭陷). 앤20대에 ~한 시인.

요절 (要節)圀 문장에서, 중요한 마디.

요절 (腰折·腰絶)圀앤자 하도 우스워 허리가 부러질 듯함. 앤우스워서 ~할 지경이다.

요절-나다 (撓折-)[-라-]자 1 물건 따위가 못 쓰게 될 만큼 깨어지거나 해어지다. 앤사진기를 바닥에 떨어트려 요절났다. 2 꾸미고 있던 일이 깨어져서 실패하게 되다. 앤불황으로 계획이 ~.

요절-내다 (撓折-)[-래-]타 ('요절나다'의 사동) 요절나게 하다. 앤태풍이 둑을 ~.

요절 복통 (腰折腹痛) 하도 우스워 허리가 꺾이고 배가 아플 지경임. 앤~할 노릇이다.

요점 (要點)[-쩜]圀 가장 중요하고 중심이 되는 사실이나 관점. 요처(要處). 골자. 앤~을 파악하다.

요:정 (了定)圀튄 결판을 내어 끝마침.
요정(을) 짓다구 결정을 짓다. 끝을 내다.
요정(이) 나다구 일이 끝이 나다.

요정 (尿精)圀《한의》 오줌에 정액이 섞여 나오는 증상.

요정 (妖精)圀 서양의 전설이나 동화에 많이 나오는 자연물의 정령(精靈). 아름답고 친절한 여성으로 나타나며 불가사의한 마력(魔力)을 지님. 님프. 앤숲 속의 ~.

요정 (料亭)圀 요릿집. 앤고급 ~.

요정 (僚艇)圀 같은 임무를 띤 다른 작은 배. 딸림배.

요조 (凹彫)圀《미술》 음각(陰刻). ↔철조(凸彫).

요:조-숙녀 (窈窕淑女)[-숭-] 말과 행동이 품위 있고 정숙한 여자.

요:조-하다 (窈窕-)혱앤 여자의 행동이 얌전하고 정숙하다.

요족-하다 (饒足-)[-조카-]혱앤 요부(饒富)하다.

요:주의 (要注意)[-/-이]圀 각별한 주의가 필요함. 앤~ 인물.

요-즈막圀 요즈음까지에 이르는 가까운 과거. 앤~에 들어 고향 생각이 더욱 간절하다. 앤이즈막.

요-즈음圀 요 때의 즈음. 작금. 저간(這間). 근자. 앤~의 젊은이 / ~ 감기가 유행이다. 앤이즈음.

요-즘圀 '요즈음'의 준말. 앤~의 유행 / ~ 어떻게 지내고 있나. 앤이즘.

요:지 (了知)【명】【하타】 깨달아 앎.

요지 (要地)【명】 정치·문화·교통·군사 등의 핵심이 되는 곳. □교통의 ~ / 군사상 ~.

요지 (要旨)【명】 말이나 글의 핵심이 되는 중요한 내용. □논문의 ~ / ~를 파악하다.

요지 (窯址)【명】 가마터.

요지-경 (瑤池鏡)【명】 1 확대경을 장치하고 그 속의 여러 가지 재미있는 그림을 돌리면서 구경하는 장난감. 2 알쏭달쏭하고 복잡하여 이해할 수 없음을 비유하는 말. □세상이 ~ 속 같다.

요지부동 (搖之不動)【명】【하자】 흔들어도 꼼짝하지 않음. □그의 결심은 ~이다.

요지-호 (凹地湖)【명】【지】 수면(水面)이 해수면보다 낮은 호수.

요직 (要職)【명】 1 중요한 직책이나 직위. □~을 두루 거치다. 2 중요한 직업.

요질 (腰絰)【명】 상복(喪服)을 입을 때 허리에 띠는 띠《짚에 삼을 섞어서 굵은 동아줄같이 만듦》.

요-쪽【지대】 말하는 이에게 비교적 가까운 곳이나 방향을 나타내는 말. □~으로 더 가시오.

요-쯤【지대】 요만한 정도. □~은 문제 없어. □[부] 요만한 정도로. □소금은 ~ 넣으면 되겠지. □이쯤.

요차 (療次)【명】 '요기차(療飢次)'의 준말.

요참 (腰斬)【명】【하타】【역】 중죄인의 허리를 베어 죽이던 형벌.

요:채 (了債)【명】【하자】 1 빚을 모두 갚음. 2 자기의 의무를 다함.

요처 (要處)【명】 중요한 곳. 요부(要部). □군사들을 ~에 배치하다.

요-처럼【부】 요와 같이. □~ 해라.

요천 (遙天)【명】 아득히 먼 하늘.

요철 (凹凸)【명】【하형】 오목함과 볼록함. □~이 심한 도로.

요철 렌즈 (凹凸lens)【물】 한쪽은 오목하고 다른 한쪽은 볼록한 렌즈.

요청 (要請)【명】【하자타】 필요한 일을 해 달라고 부탁함. 또는 그런 부탁. □구조 ~ / 도움을 ~하다 / ~을 거절하다.

요체 (要諦)【명】 1 중요한 점. 핵심. □개혁의 ~. 2 중요한 깨달음.

요초 (料峭)【명】 봄바람이 살갗에 닿아 으스스춥게 느껴지는 모양. 봄추위.

요추 (腰椎)【명】【생】 허리등뼈.

요-축 (饒-)【명】 살림이 넉넉한 사람들.

요충 (要衝)【명】 '요충지'의 준말. □지리적 ~.

요충 (蟯蟲)【명】【동】 선충류(線蟲類)의 기생충. 몸빛은 희고 몸길이는 수컷이 3~5mm, 암컷은 1cm 내외이고 가늘며, 인체의 소장 하단부 및 맹장에 기생함《어린아이에게 많음》. 실거위.

요충-지 (要衝地)【명】 지세가 군사적으로 아주 중요한 곳. 요해처. □전략적 ~. □요충.

요-컨대 (要-)【부】 1 중요한 점을 말하자면. 결국은. □~ 실력이 있어야 한다는 말이다. 2 여러 말 할 것 없이. □~ 합격해야 한다.

요크 (yoke)【명】 여성복·아동복을 재단할 때, 장식용으로 어깨나 스커트의 위쪽에 다른 감을 바꿔 대는 것.

요크셔-종 (Yorkshire種)【명】【동】 돼지의 한 품종. 몸빛은 희고 가슴통이 굵으며 넓적다리의 살이 발달하였고 네 다리가 곧고 짧음. 영국 요크셔가 원산지임《대백종·중백종·소백종이 있음》.

요탁 (料度)【명】【하타】 촌탁(忖度).

요탁 (遙度)【명】【하타】 먼 곳에서 남의 심정을 헤아림.

요탕-조탕 [-탕조탕]【명】【하자】 요런조런 일을 핑계로 삼음. □~하지 말고 자신을 돌아봐지. □이탕저탕.

요통 (腰痛)【명】【의】 허리가 아픈 병.

요트 (yacht)【명】 뱃놀이·경주 등에 쓰는, 속도가 빠른 서양식의 작은 배.

요판 (凹版)【명】【인】 오목판. ↔철판(凸板).

요패 (腰牌)【명】【역】 조선 때, 군졸·하인들이 신분을 나타내기 위해 허리에 차던 나무패.

요폐 (尿閉)[-／-폐]【명】【의】 방광염의 하나. 하초(下焦)에 열이 생겨 요도가 막혀서 오줌이 잘 나오지 않는 병.

요-포대기【명】 요로 쓸 수 있게 만든 포대기.

요하 (腰下)【명】 허리춤.

요-하다 (要-)【타여】 필요로 하다. □결재를 요하는 서류.

요한 계:시록 (Johannes啓示錄)[-／-계-]【성】 신약 성서의 끝 권《사도 요한이 80년경에 에베소 부근에서 계시를 받아 기술하였다는 계시문(啓示文)》. 요한 묵시록. 준계시록.

요:합 (夭陷)【명】【하자】 요절(夭折).

요함 (凹陷)【명】【하자】 오목하게 들어감. 또는 그런 자리.

요항 (要項)【명】 중요한 사항.

요항 (要港)【명】 교통·통상·수송·군사 등의 관점에서 본 중요한 항구. □해군의 ~.

요:해 (了解)【명】【하타】 깨달아 알아냄.

요해 (要害)【명】 요해처.

요해-지 (要害地)【명】 요해처(要害處).

요해-처 (要害處)【명】 1 지세가 적에게 불리하고 자기 편에는 유리한 지점. 요충지. 요해지(要害地). □~에 주둔하다. 2 몸의 중요한 부분.

요행 (僥倖·徼幸·徵倖)【명】【하자됨】【히부】 1 행복을 바람. 2 뜻밖에 얻는 행복. 또는 뜻밖의 운수가 좋음. □~을 바라다 / ~히 합격되다.

요행-수 (僥倖數)[-쑤]【명】 뜻밖에 얻는 좋은 운수. □~를 바라다.

요행-스럽다 (僥倖-)[-따][-스러워, -스러우니]【형】 뜻밖에 잘되어 다행한 느낌이 있다. □요행스럽게 여기다. 요행-스레【부】. □길을 잃고 헤매다가 ~ 사람을 만나다.

요혈 (尿血)【명】【의】 오줌에 피가 섞여 나오는 병. 혈뇨. 피오줌.

요호 (饒戶)【명】 살림이 넉넉한 집.

요화 (妖花)【명】 요사스러운 아름다움을 간직한 꽃이란 뜻으로, 사람을 홀릴 만큼 요염한 여자를 이르는 말.

요화 (蓼花)【명】 여뀌의 꽃.

요화-대 (蓼花-)[-화대／-환대]【명】 유밀과(油蜜菓)의 한 가지《속나깨에 설탕을 섞어서 끓는 물에 반죽하여, 여뀌꽃 모양으로 만들어 기름에 지지어 조청을 바른 음식》.

요희 (妖姬)[-히]【명】 요부.

요힘빈 (yohimbine)【명】 서아프리카산 꼭두서닛과의 식물인 요힘빈 껍질에서 뽑아낸 알칼로이드《최음제임》.

욕 (辱)【명】【하자】 1 '욕설'의 준말. □~을 먹다 / ~을 퍼붓다 / 함부로 ~하지 마라. 2 부끄럽고 불명예스러운 일. □~을 당하다 / 이름을 ~되게 하다. 3〈속〉수고.

-욕 (慾·欲)【미】 욕구 또는 욕망의 뜻. □명예~ / 성취~.

욕-가마리 (辱-)[-까-]【명】 욕을 먹어 마땅한 사람.

욕-감태기 (辱-)[-깜-]【명】 늘 남에게서 욕을

먹는 사람.

욕객(浴客)[-깩] 몡 목욕하러 오는 손님. ▫온 천장의 ~.

욕계(欲界)[-계 / -게] 몡 〖불〗 삼계(三界)의 하나. 색욕·식욕·재욕(財欲) 등의 욕망이 강한, 유정(有情)이 머무는 세계.

욕계 삼욕(欲界三欲)[-계 / -게삼뇩]〖불〗 욕계의 세 가지 욕심(식욕·수면욕·음욕).

욕교(辱交)[-꾜] 욕지(辱知).

욕교반졸(欲巧反拙)[-꾜-] 너무 잘하려 하면 도리어 잘 안됨을 이르는 말.

욕구(欲求·慾求)[-꾸] 몡하타 무엇을 얻거나 무슨 일을 바라고 원함. ▫~를 느끼다.

욕구 불만(欲求不滿)[-꾸-] 〖심〗 욕구하는 것이 내부적 또는 외부적 원인 때문에 충족되지 않아 나타나는 정서 상태.

욕급부형(辱及父兄)[-끕뿌-] 몡하짜 자식의 잘못이 부모까지 욕되게 함.

욕기(浴沂)[-끼] 몡 공자의 제자 증석(曾晳)이 기수(沂水)에서 목욕하고 기산(沂山)의 무우(舞雩)에 올라가 시가를 읊조리고 돌아오겠다고 한 고사에서, 명리(名利)를 잊고 유유자적함을 비유한 말.

욕기(慾氣)[-끼] 몡 욕심. ▫~를 버리다.
욕기(를) **부리다** 관 욕기를 드러내다. 욕심을 내다.

욕념(欲念)[용-] 몡 욕심. ▫~에 사로잡히다.

욕-되다(辱-)[-뙤-] 짜 부끄럽고 치욕적이고 불명예스럽다. ▫욕된 삶 / 어버이의 이름을 욕되게 하다.

욕례(縟禮)[용녜] 몡 복잡하고 까다로운 예의. 번례(煩禮).

욕망(欲望)[용-] 몡하타 무엇을 간절하게 바라고 원하는 것. 또는 그 마음. ▫~에 사로잡히다 / ~을 버리다.

욕망이난망(欲忘而難忘)[용-] 몡 잊고자 하여도 잊기가 어려운 뜻.

욕-먹다(辱-)[용-따] 짜 남에게서 욕설을 듣다. 악평을 당하다. ▫욕먹을 짓을 하다.

욕-바가지(辱-)[-빠-] 몡 욕감태기.

욕-보다(辱-)[-뽀-] 짜 1 부끄러운 일을 당하다. ▫살아서 욕보기보다는 차라리 죽겠다. 2 수고스러운 일을 겪다. ▫그 어려운 일을 해내느라 욕봤네. 3 강간을 당하다.

욕-보이다(辱-)[-뽀-] 타《'욕보다'의 사동》 1 치욕을 주다. 2 곤란·수고를 당하게 하다. 3 여자를 범하다.

욕부(縟婦·蓐婦)[-뿌] 몡 산욕부(產縟婦).

욕불(浴佛)[-뿔] 몡 관불(灌佛).

욕불-일(浴佛日)[-뿔릴] 몡 〖불〗 파일(八日).

욕사무지(欲死無地)[-싸-] 몡 죽으려 해도 죽을 만한 곳이 없다는 뜻으로, 매우 분하고 원통함을 이르는 말.

욕사-행(欲邪行)[-싸-] 몡 〖불〗 사음(邪淫).

욕-삼태기(辱-)[-빠-] 몡 ☞ 욕감태기.

욕생(欲生)[-쌩] 몡 〖불〗 극락세계에 태어나고 싶은 마음.

욕설(辱說)[-썰] 몡하짜 남을 저주하거나 욕되게 하는 말. ▫심한 ~을 퍼붓다. 준욕(辱).

욕속부달(欲速不達)[-쏙뿌-] 몡 일을 서두르면 도리어 이루지 못함.

욕-스럽다(辱-)[-쓰-따][-스러워, -스러우니] 혱타 욕되는 데가 있다. ▫욕스러운 세월을 견디다. **욕-스레** [-쓰-] 用

욕식기육(欲食其肉)[-씩끼-] 몡 그 사람의 고기를 씹고 싶다는 뜻으로, 매우 원한이 깊음을 일컫는 말.

욕실(浴室)[-씰] 몡 '목욕실'의 준말.

욕심(慾心·欲心)[-씸] 몡 분수에 지나치게 탐내거나 누리고자 하는 마음. 욕기(慾氣). 욕념(欲念). ▫~이 나다 / ~을 품다 / 너무 ~ 부리지 마라.
[욕심이 사람 죽인다] 욕심이 너무 지나치면 사리를 분별하지 못하고 위태로운 일까지 거리낌없이 하게 된다는 말.

욕심이 눈을 가리다 관 욕심이 판단이나 분별을 흐리게 하다.

욕심(이) 사납다 관 욕심이 매우 많다.

욕심-꾸러기(慾心-)[-씸-] 몡 욕심이 많은 사람의 별명. 욕심쟁이.

욕심-나다(慾心-)[-씸-] 짜 욕심이 생기다. ▫욕심나는 책 / 돈이 욕심난 일을 했을 테다.

욕심-내다(慾心-)[-씸-] 짜《'욕심나다'의 사동》 욕심을 먹다. 욕심을 부리다. ▫물건을 ~.

욕심-쟁이(慾心-)[-씸-] 몡 욕심꾸러기.

욕언미토(欲言未吐) 몡 하고 싶은 말을 아직 다하지 못했다는 뜻으로, 감정의 깊이가 있음을 이르는 말.

욕우(辱友) 몡 욕지(辱知).

욕의(浴衣)[요끄 / 요끼] 몡 목욕할 때 입는 옷. 목욕옷.

욕장(浴場)[-짱] 몡 목욕하는 곳.

욕-쟁이(辱-)[-쨍-] 몡 남에게 욕을 잘하는 사람.

욕정(欲情)[-쩡] 몡 1 충동적으로 일어나는 욕심. 2 이성에 대한 육체적 욕망. 색욕(色欲). ▫~을 품다.

욕조(浴槽)[-쪼] 몡 목욕물을 담는 용기. ▫~에 물을 받다.

욕지(辱知)[-찌] 몡 자기를 알게 된 것이 그 사람에게 욕이 된다는 뜻으로, 상대에게 자기를 겸손하게 이르는 말. 욕교(辱交). 욕우(辱友).

욕-지거리(辱-)[-찌-] 몡하짜〈속〉욕설. ▫서로 ~를 하며 다투다.

욕지기(辱-)[-찌-] 몡하짜 토할 듯 메슥메슥한 느낌. ▫~가 솟다.

욕지기-나다[-찌-] 짜 1 욕지기가 나오다. 구역나다. 2 아니꼬운 생각이 나다.

욕지기-질[-찌-] 몡하짜 욕지기를 잇따라 하는 짓.

욕-질(辱-)[-찔] 몡하짜 욕하는 짓.

욕창(縟瘡) 몡 〖의〗 병으로 오랫동안 누워 있는 환자의 피부가 병상(病床)에 닿아 짓물러서 생기는 종기.

욕천(欲天) 몡 〖불〗 욕계(欲界) 가운데 있는 여섯 하늘. 육욕천(六欲天).

욕탕(浴湯) 몡 '목욕탕'의 준말.

욕토미토(欲吐未吐) 몡하타 말을 금방 할 듯 할 듯하면서 아직 아니함.

욕통(浴桶) 몡 '목욕통'의 준말.

욕-하다(辱-)[요카-] 짜여 욕설하다.

욕해(慾海)[요캐] 몡 〖불〗 애욕의 넓고 깊음을 바다에 비유하여 이르는 말.

욕화(浴化)[요콰] 몡하짜 덕행의 감화를 입거나 입힘.

욕화(欲火·慾火)[요콰] 몡 〖불〗 음욕(淫慾)의 열정을 불에 비유하여 이르는 말.

율랑-율랑[-뇰 / -/-] 用 자꾸 가볍게 움직이거나 출싹거리는 모양. ▫조그만 것이 ~ 잘도 걷는다.

욧-속[요쏙 / 욛쏙] 몡 요 안에 넣는 솜·짚·털 따위.

욧-잇[욘닏] 몡 요를 깔 경우 위쪽에 시치는

형겊.

용(勇)圓 '용기(勇氣)'의 준말.

용(茸)圓《한의》'녹용(鹿茸)'의 준말.

용(龍)圓 상상의 동물. 몸은 큰 뱀 비슷하며 등에 뺏뺏한 비늘이 있고, 얼굴은 사나우며, 뿔·귀·수염과 네 개의 발이 있는데, 깊은 연못·호수·바다 등에서 살며, 때로는 하늘을 날고, 구름·비를 일으킨다고 함. 상서로운 동물로 믿으며 천자·군왕에 비유함.

용(이) **되다** 團 변변하지 못하던 것이 크게 좋아지다.

-용(用)回 '쓰임'의 뜻. ▢ 자가~ / 아동~ / 사무~ / 업무~.

용가(龍駕)圓《역》임금이 타는 수레.

용가마圓 큰 가마솥.

용:간(用奸)圓圓뎌타 간사한 꾀로 남을 속임.

용:무쌍(勇無雙)圓뎌협 용감하기 짝이 없음.

용:감-스럽다(勇敢-)[-따] [-스러워, -스러우니] 圈 용감한 데가 있다. **용:감-스레** 團

용:감-하다(勇敢-)圈여 용기가 있으며 씩씩하고 기운차다. ▢ 용감한 군사 / 용감한 시민상을 받다. **용:감-히** 團

용:강-하다(勇剛-)圈여 날쌔고 굳세다.

용:건(用件)[-껀] 圓 볼일. ▢ ~을 꺼내다 / ~만 간단히 말하여라.

용고(龍鼓)圓《악》국악 타악기의 하나. 용을 그린 북통 양쪽에 고리를 박아 끈을 달고, 어깨에 메고 두 손에 쥔 채로 내려침.

용고뚜리圓 담배를 지나치게 많이 피우는 사람을 놀림조로 이르는 말. *골초.

용골(龍骨)圓 1 배의 바닥의 중앙을 버티는 길고 큰 목재. 킬(keel). 2 고생대(古生代)에 서식한 코끼리류의 마스토돈의 화석.

용골 돌기(龍骨突起)《동》조류의 가슴뼈 가운데에 있는 돌기《날개를 움직이는 근육이 붙어 있음》.

용골때-질圓하자 심술을 부려 남을 부아나게 하는 짓.

용골-자리(龍骨-)圓《천》큰개자리 남쪽에 있는 별자리. 겨울철 남쪽 하늘에 보임.

용골-차(龍骨車)圓 물을 자아올려 논밭에 대는 기구《전체가 수레바퀴 모양이며, 한 개의축 주위에 많은 판을 나선 모양으로 붙이고 발로 밟아 회전시킴》.

용공(容共)圓하자 공산주의 주장을 받아들이거나 그 정책을 따르는 일. ▢ ~ 단체 / ~ 세력. ↔반공(反共).

용공(庸工)圓 재주나 기술이 변변치 못한 장인(匠人).

용공(傭工)圓하자 공인(工人)을 고용함. 또는 그 공인.

용관(冗官)圓 중요하지 않은 벼슬. 또는 그 벼슬아치.

용광-로(鎔鑛爐)[-노]圓《공》높은 온도로 금속·광석을 녹여 제련해 내는 가마. *용선로(鎔銑爐).

용:구(用具)圓 무엇을 하거나 만드는 데 쓰는 도구. ▢ 필기 ~.

용:군(用軍)圓하자 군사를 부림. 용병(用兵).

용군(庸君)圓 어리석은 임금.

용궁(龍宮)圓 바다 속에 있다고 하는 용왕의 궁전. 수궁(水宮).

용:권(用權)圓하자 권세를 부림. 용사(用事).

용규(龍葵)圓《식》까마종이.

용:기(用器)圓 기구를 사용함. 또는 그 기구.

용:기(勇氣)圓 씩씩하고 굳센 기운. 또는 사물을 겁내지 않는 기개. ▢ ~를 내다〔꺾다〕.

용기(容器)圓 물건을 담는 그릇.

용:기-백배(勇氣百倍)[-빼]圓하자 격려나 응원 따위에 자극을 받아 힘이나 용기를 더 냄. ▢ 선수들은 열렬한 응원에 ~하여 멋진 경기를 펼쳤다.

용-기병(龍騎兵)圓《역》16~17세기 이래의 유럽에서, 갑옷에 총으로 무장한 기마병.

용:기-화(用器畵)圓《수》자·각도기·컴퍼스 등의 기구를 써서 물체를 점이나 선으로 나타내는 기하학적 도형《토목·건축·기계 등의 설계에 응용함》.

용-꿈(龍-)圓 용을 본 꿈《이 꿈을 꾸면 대길(大吉)하다 함》.

용꿈(을) 꾸다 團 좋은 수가 생길 징조다.

용-날(龍-)圓《민》'진일(辰日)'의 속칭.

용납(容納)圓하타 1 너그러운 마음으로 남의 말이나 행동을 받아들임. ▢ 작은 실수도 ~이 안 된다. 2 어떤 물건이나 상황을 받아들임.

용녀(龍女)圓《민》1 전설에 나오는 용왕의 딸. 2 용궁에 산다는 선녀.

용뇌(龍腦)圓 1《한의》'용뇌향'의 준말. 2《식》'용뇌수'의 준말.

용뇌-수(龍腦樹)圓《식》용뇌수과의 상록 교목. 보르네오·수마트라 원산으로 높이 30 m에 달하며 잎은 타원형으로 두껍고 짙은 광택이 남. 꽃은 누렇고 향기가 있으며, 과실에는 한 개의 씨가 들어 있고 줄기의 갈라진 틈에 용뇌향의 결정이 있음. ㉜용뇌.

용뇌-향(龍腦香)圓《한의》무색투명한 판상 결정. 용뇌수에서 채취함. 장뇌 비슷한 방향이 있고 향료의 조합 원료 또는 훈향(薰香)·구강 청량제(口腔清涼劑)·방충제 등에 씀. ㉜용뇌.

용:단(勇斷)圓하타 용기를 가지고 결단함. 또는 그 결단. ▢ ~을 내려야 할 때다.

용:달(用達)圓하타 물건 따위를 전문적으로 배달하는 일. 또는 그 일.

용:달-사(用達社)[-싸]圓《싸》《경》용달을 업으로 삼는 기업의 하나. 용달 회사.

용:달-차(用達車)圓 물건을 전문적으로 배달하는 화물 자동차.

용담(冗談)圓 쓸데없이 하는 말. 군말.

용:담(用談)圓 볼일에 관한 이야기.

용담(龍膽)圓《식》용담과의 여러해살이풀. 산과 들에 남. 높이 30~100 cm, 뿌리는 수염 모양, 잎은 피침형임. 가을에 청자색의 꽃이 피고, 삭과(蒴果)를 맺음. 관상용. 뿌리는 약재로 씀.

용담-말(龍膽末)圓《한의》용담의 뿌리를 채취하여 말린 후 빻아서 만든 가루약《건위제로 씀》.

용:덕(勇德)圓《가》사추덕(四樞德)의 하나. 어떠한 위험을 무릅쓰고서라도 착한 일을 해내는 덕.

용:도(用度)圓 1 씀씀이. 2 관청·회사에서 물품을 공급하는 일.

용:도(用途)圓 쓰이는 길. 쓰이는 데. ▢ ~를 변경하다 / ~가 많다.

용도(鎔度)圓《화》녹는점.

용:도 지역(用途地域)《지》국토 이용 관리법에 따라, 국토를 그 기능과 적성에 적합하게 이용·관리하기 위하여 지정하는 지역《도시 지역·농림 지역·자연 환경 보전 지역 따위로 나눔》.

용:-돈(用-)[-똔]圓 개인이 자유롭게 쓸 목적으로 몸에 지니는 돈. ▢ ~을 타다 / ~을 모

으다.
용:동 (聳動)〖명〗〖하자〗 기쁘거나 즐거울 때, 몸을 솟구쳐 춤추듯이 함.
용두¹ (龍頭)〖명〗〖역〗 문과(文科)의 장원.
용두² (龍頭)〖명〗 1〖공〗 맹사². 2 손목시계나 회중 시계의 태엽을 감는 꼭지. 3 용의 머리.
용-두레〖명〗〖농〗 낮은 곳의 물을 높은 곳에 퍼 올리는 농구.
용두-머리 (龍頭─)〖명〗 1 건축물·승교·상여 등에 다는, 용의 머리 모양을 새긴 장식. 2 베틀 앞다리 끝에 있는 나무.
용두-사미 (龍頭蛇尾)〖명〗 머리는 용이고 꼬리는 뱀이라는 뜻으로, 처음은 왕성하나 끝이 흐지부지됨의 비유. 〖-〗로 끝나다.
용두-쇠 (龍頭─)〖명〗 장구의 양쪽에 있는 쇠로 만든 고리.
용두-질〖명〗〖하자〗 남자가 자기의 생식기를 손으로 주무르거나 다른 물건으로 자극해서 성적 쾌감을 얻는 짓.
용-떡 (龍─)〖명〗〖민〗 전통 혼례 때, 신랑의 큰 상에 올려놓는, 봉황새 모양으로 빚어서 만든 떡.
용-띠 (龍─)〖명〗〖민〗 용해에 태어난 사람의 띠.
용:략 (勇略)[─냑]〖명〗 용기와 지략.
용:량 (用量)[─냥]〖명〗 1 쓰는 분량. 2 약제의 한 번 또는 하루의 사용량. 〖-〗을 꼭 지켜서 복용하여라.
용량 (容量)[─냥]〖명〗 1 용기 안에 들어갈 수 있는 분량. 〖-〗을 늘리다. 2〖물〗 전지를 방전(放電)하여 끌어낼 수 있는 전기 에너지 또는 전기량. 3〖컴〗 저장할 수 있는 정보의 양(워드·바이트·문자수 따위의 단위로 나타냄). 4 '전기 용량'의 준말. 5 '열용량'의 준말.
용량 분석 (容量分析)[─냥─]〖화〗 부피 분석.
용:려 (用慮)[─녀]〖명〗〖하자〗 마음을 쓰거나 몹시 걱정함.
용:력 (用力)[─녁]〖명〗〖하자〗 마음이나 힘을 씀.
용:력 (勇力)[─녁]〖명〗 씩씩한 힘. 또는 뛰어난 역량. 〖-〗을 발휘하다.
용렬-스럽다 (庸劣─)[─녈─따][─스러워, ─스러우니]〖형형〗 용렬한 데가 있다. **용렬-스레** [─녈─]〖부〗
용렬-하다 (庸劣─)[─녈─]〖형형〗 사람이 변변하지 못하고 졸렬하다. 〖-〗용렬한 위인(爲人).
용:례 (用例)[─네]〖명〗 쓰고 있는 예. 또는 용법의 보기. 〖-〗사전 / 〖-〗를 들어 주다.
용-룡 (龍龍)[─농]〖명〗 한자 부수의 하나('龐'이나 '龕' 등에서 '龍'의 이름).
용루 (龍淚)[─누]〖명〗 임금의 눈물.
용린-갑 (龍鱗甲)[─닌─]〖명〗〖역〗 용의 비늘 모양으로 미늘을 달아 만든 갑옷.
용:립 (聳立)[─닙]〖명〗〖하자〗 산이나 나무 따위가 우뚝 솟음.
용마 (龍馬)〖명〗 1 중국 복희씨 때 황허 강에서 팔괘(八卦)를 등에 싣고 나왔다는 준마(駿馬). 2 매우 잘 달리는 훌륭한 말. 용총(龍驄).
용-마루〖명〗〖건〗 지붕의 마루. 옥척(屋脊).
용-마름〖명〗〖건〗 초가의 용마루나 토담을 덮는, 'ㅅ' 자형으로 엮은 이엉.
용매 (溶媒)〖명〗〖화〗 어떤 액체에 고체 또는 기체 물질, 곧 용질을 녹여 용액을 만들었을 때, 본디 액체였던 물질을 말함. 액체에 액체를 녹일 때는 많은 쪽의 액체를 말함. ↔용질.
용:맹 (勇猛)〖명〗 용감하고 사나움. 〖-〗한 군사 / 〖-〗을 떨치다.
용:맹-스럽다 (勇猛─)[─따][─스러워, ─스러우니]〖형형〗 용맹한 데가 있다. **용:맹-스레** 〖부〗
용-머리 (龍─)〖명〗〖식〗 꿀풀과의 여러해살이풀.

산지에 나는데, 줄기는 높이 30 cm가량이고, 잎은 마주나며 잎자루가 없음. 여름에 보라색 꽃이 줄기 끝에 핌.
용:명 (勇名)〖명〗 용감하고 사납다는 명성. 〖-〗을 날리다.
용문 (溶門)〖명〗〖연〗 페이드인(fade in). ↔용암(溶暗).
용:-하다 (勇明─)〖명형〗 용감하고 똑똑하다.
용모 (容貌)〖명〗 사람의 얼굴 모습. 〖-〗가 단정하다 / 〖-〗가 출중하다.
용모-파기 (容貌疤記)〖명〗〖하타〗 어떤 사람을 잡으려고 그 사람의 용모와 특징을 기록함. 또는 그 기록.
용몽 (龍夢)〖명〗 용꿈.
용:무 (用務)〖명〗 볼일. 〖-〗를 보다 / 〖-〗를 마치다 / 〖-〗를 말하다.
용:무 (用兵)〖명〗 군사(用軍). 용병(用兵).
용문 (冗文)〖명〗 쓸데없는 글. 또는 쓸데없이 장황한 글.
용문 (龍門)〖명〗 중국 황허 강 중류의 급한 여울목. 잉어가 이곳을 뛰어오르면 용이 된다는 전설이 있음. ＊등용문.
용문 (龍紋)〖명〗 용을 그린 오색의 무늬. 용무늬.
용문-석 (龍紋席)〖명〗 용의 무늬를 놓아 짠 돗자리.
용미 (龍尾)〖명〗 1 용의 꼬리. 2 무덤의 분상 뒤를 용의 꼬리처럼 만든 자리.
용미봉탕 (龍味鳳湯)〖명〗 맛이 매우 좋은 음식을 가리키는 말.
용반-호거 (龍蟠虎踞·龍盤虎踞)〖명〗 용이 서리고 범이 걸터앉은 듯한 웅장한 산세(山勢)를 비유적으로 이르는 말.
용-방망이 (龍─)〖명〗〖역〗 지방의 사령들이 쓰던 형구로, 한쪽에 용을 새긴 방망이.
용:법 (用法)[─뻡]〖명〗 사용하는 방법. 〖-〗전치사 ~. ─ ─하다〖뼈자〗 법을 이용하다.
용:-벚 [─번]〖명〗 온몸을 벚나무 껍질로 싼 활.
용:변 (用便)〖명〗〖하자〗 대변이나 소변을 봄. 〖-〗을 가리다.
용:병 (用兵)〖명〗〖하자〗 군사를 부림. 용군(用軍). 〖-〗에 능하다.
용:병 (勇兵)〖명〗 용감한 병사. 용사(勇士).
용병 (傭兵)〖명〗〖하자〗〖군〗 지원자에게 봉급을 주고 병력에 복무하게 하는 일. 또는 그 병사.
용:병-법 (用兵法)[─뻡]〖명〗〖군〗 용병술1.
용:병-술 (用兵術)〖명〗 1〖군〗 군사를 쓰거나 부리는 기술. 〖-〗이 뛰어나다. 2 운동 경기에서, 선수를 부리는 기술.
용:병여신 (用兵如神)[─녀─]〖명형〗 군사를 부리는 것이 귀신같음.
용:병-학 (用兵學)〖명〗〖군〗 용병법에 대해 연구하는 학문.
용봉 장:전 (龍鳳帳殿)〖역〗 용과 봉황의 모양을 아로새겨 임금이 앉도록 임시로 꾸며 놓은 자리.
용봉-탕 (龍鳳湯)〖명〗 잉어와 닭을 함께 넣어 끓인 탕.
용부 (庸夫)〖명〗 변변하지 못하고 졸렬한 사나이.
용부 (傭夫)〖명〗 고용살이하는 남자.
용부 (傭婦)〖명〗 고용살이하는 부녀자.
용:-불용 (用不用)〖명〗 쓰거나 쓰지 않음.
용:불용-설 (用不用說)〖명〗〖생〗 프랑스의 동물학자 라마르크의 진화설. 동물이 주변의 환경이나 습성에 따라 잘 쓰는 몸의 기관은 발달하고, 잘 쓰지 않는 기관은 퇴화한다는 설. 라마르크설(說).

용비(冗費)圓 쓸데없는 비용.
용:비(用費)圓〔經〕비용(費用).
용빙(傭聘)圓하타 사람을 쓰려고 맞아들임.
용:-빼다재 기운을 몰아서 내다. 또는 큰 재주를 부리다.
　용빼는 재주㋬ 아주 뛰어난 재주. ▫네가 아무리 ～가 있어도 이것만은 안 된다.
용:사(用私)圓하타 일을 처리하는 데 개인적인 감정을 둠.
용:사(勇士)圓 1 용맹스러운 사람. 2 용병(勇兵). ▫역전의 ～.
용사(容赦)圓하타 용서하여 놓아 줌.
용사(龍蛇)圓 용과 뱀.
용사-비등(龍蛇飛騰)圓 용이 살아 움직이는 것같이 아주 활기 있는 필력을 가리키는 말.
용삼(龍蔘)圓 경기도 용인 지방에서 재배되는 인삼《사람 모양을 많이 닮은 것이 특징임》.
용상(龍床)圓 '용평상(龍平床)'의 준말.
용상(龍象)圓〔佛〕생전에 덕이 높고 뚜렷한 행적이 있는 승려를 용이나 코끼리의 위력에 비유하여 사후에 일컫는 말.
용:-상(聳上)圓하타 역도에서, 바벨을 두 손으로 잡아 한 동작으로 가슴 위에 올려 곧 반동을 이용해 머리 위까지 추어올리는 경기 종목. *인상.
용상-하다(庸常-)혱여 평범하다.
용:-색(用色)圓하타 남녀가 교합하여 색을 씀.
용색(容色)圓 용모와 안색. ▫～이 초췌하다.
용서(容恕)圓하타 지은 죄나 잘못한 일을 꾸짖거나 벌하지 않고 덮어 줌. ▫무례를 ～하다 / ～를 빌다.
용석(熔石·鎔石)圓〔광〕화산에서 뿜어 나온 돌. 또는 땅속에서 열을 받아 녹은 돌.
용선(傭船)圓하자 선박의 일부 또는 전부를 선원을 포함해서 운송용으로 빌리는 일. 또는 그 선박. 삯배.
용선(熔銑·鎔銑)圓하타〔공〕선철(銑鐵)을 녹는점 이상으로 가열하여 녹이는 일. 또는 그 선철.
용선 계:약(傭船契約)[-/-게-]圓〔經〕배를 빌릴 때, 선주(船主)와 용선자(傭船者) 사이에 체결되는 계약.
용선-로(鎔銑爐)[-노]圓〔공〕주철을 녹이는 가마.
용설-란(龍舌蘭)圓〔식〕1 용설란과의 푸른용설란·얼룩용설란 등의 총칭. 2 용설란과의 상록 여러해살이풀. 멕시코 원산의 관상식물로, 잎은 길이가 1~2m, 육질(肉質)이며 가장자리에 가시가 있고 담황색 꽃이 핌. 잎의 섬유로는 바를 꼬고 즙으로는 술을 빚음.
용소(龍沼)圓 폭포수가 떨어지는 바로 밑에 있는 깊은 웅덩이. 용추(龍湫).
용속-하다(庸俗-)[-소가-]혱여 평범하고 속되어 특징이 없다.
용-솟음(湧-)圓하타 1 물 따위가 세찬 기세로 위로 나옴. 2 힘이나 기세 따위가 급히 끓어오르거나 솟아오름. 또는 그 기세.
용솟음-치다(湧-)재 매우 세차게 용솟음하다. 1 지하수가 용솟음쳐 나오다 / 기쁨이 ～.
용수圓 1 술이나 장을 거르는 데 쓰는 기구《싸리나 대오리로 둥글고 깊게 통같이 만듦》. 2 죄수의 얼굴을 보지 못하게 머리에 씌우는 둥근 통 같은 기구. *종이 광대.
　용수(를) 지르다 술이나 간장을 뜨기 위해 용수를 박다.
용:-수(用水)圓 1 음료수에 대하여 허드렛물

을 이르는 말. 2 음료·공업·관개·세탁·방화 따위에 쓰기 위하여 먼 곳에서 물을 끌어옴. 또는 그 물.
용:-수(湧水)圓 솟아나는 물.
용수(龍鬚)圓 1 용의 수염. 2 임금의 수염.
용수-뒤圓 술독에 용수를 박고 맑은술을 떠낸 뒤의 찌끼술. 조하주(糟下酒).
용:-수로(用水路)圓 수원(水源)에서 경작지까지 물을 보내기 위한 수로.
용수-철(龍鬚鐵)圓 나사 모양으로 되어 늘고 주는 탄력이 있는 쇠줄. 스프링. ▫～이 팅겨 나가다.
용수철-저울(龍鬚鐵-)圓 용수철의 늘어난 길이를 보고 무게를 재는 저울.
용숫-바람(龍鬚-)[-수빠-/-숟빠-]圓〈속〉용수철 모양으로 뱅뱅 돌아 하늘로 오르는 매서운 바람. 회오리바람.
용슬(容膝)圓하타 장소가 좁아 겨우 무릎이나 움직일 수 있음. 또는 그 방이나 장소. 용신(容身) 1.
용:-승(湧昇)圓〔해〕수심 200~300m의 중층(中層)의 찬 바닷물이 해면으로 솟아오르는 현상.
용식 작용(溶蝕作用)[-짜뵹]〔지〕암석이 물에 의하여 부서져 깎여 나가는 작용.
용신(容身)圓하타 1 용슬(容膝). 2 이 세상에 겨우 몸을 붙이고 살아감.
용신(龍神)圓 용왕(龍王).
용신-경(龍神經)圓〔민〕용왕경.
용신-굿(龍神-)[-꾿]圓〔민〕무당이 용왕에게 올리는 굿.
용신-제(龍神祭)圓〔민〕유둣날 농가에서 용신에게 비를 내려 풍년이 들게 해 달라고 비는 제사.
용:-심圓 남을 시기하는 심술궂은 마음. ▫～이 나다.
용:-심(用心)圓하자 정성스레 마음을 씀.
용:심-꾸러기圓 용심을 많이 부리는 사람.
용:심-부리다재 괜히 남을 미워하며 심술을 부리다.
용:심-쟁이圓 용심꾸러기.
용:-심지(-心-)圓 실·종이·헝겊의 오라기를 꼬아 기름이나 밀을 묻혀서 초 대신 불을 켜는 물건.
용:-쓰다〔용써, 용쓰니〕재 1 기운을 몰아 쓰다. 1 턱걸이를 하려고 ～. 2 힘을 들여 괴로움을 억지로 참다. ▫용쓰는 데까지 써 볼 것이다.
용안(容顔)圓 얼굴.
용안(龍眼)圓〔식〕무환자과의 상록 교목. 중국 남방 원산. 높이 13m, 둘레 2m 이상. 잎은 혁질(革質)로 타원형이고, 봄에 향기로운 백색 다섯잎꽃이 원뿔꽃차례로 핌. 열매는 알 모양으로 껍질에 혹 모양의 돌기가 있음.
용안(龍顔)圓 임금의 얼굴. 천안(天顔).
용안-육(龍眼肉)[-뉵]圓〔한의〕용안의 열매. 말려서 식용하며, 심신 불안·건망증·불면증 따위에 씀.
용암(溶暗)圓〔연〕페이드아웃(fade out). ↔용명(溶明).
용암(熔岩·鎔岩)圓〔지〕화산의 분화구에서 분출한 마그마. 또는 그것이 식어 굳어서 된 암석.
용암-구(熔岩丘)圓〔지〕유출한 용암으로 이루어진, 가마솥을 엎어 놓은 모양의 언덕.
용암-굴(熔岩窟)圓〔지〕용암 지대에서 볼 수 있는 터널 모양의 굴《용암류(熔岩流)의 표면은 냉각하여 굳었지만 내부는 흘러 나갔기

때문에 빈 공간으로 남은 것임》. 용암 터널.

용암 대지 (熔岩臺地) 〔지〕 화산의 용암이 대량으로 분출하여 이루어진 평탄한 대지.

용암-류 (熔岩流)[-뉴] 명 〔지〕 화산의 분화구에서 흘러내리는 용암. 또는 그것이 냉각·응고한 것.

용암-층 (熔岩層) 명 〔지〕 용암이 분출하여 이루어진 지층.

용암-탑 (熔岩塔) 명 〔지〕 분출한 용암이 화구(火口)에 높게 쌓여 탑 모양을 이룬 것.

용암 터널 (熔岩tunnel) 〔지〕 용암굴.

용액 (溶液) 명 〔화〕 어떤 물질에 다른 물질이 녹아 섞인 액체.

용:약 (勇躍) 명하자 용감하게 뛰어나감. ❏나라를 지키기 위해 ~ 출정하다.

용:약 (踊躍) 명하자 좋아서 뜀.

용양호박 (龍攘虎搏) 명 용과 범이 서로 사납게 싸운다는 뜻으로, 격렬하게 싸우는 모양.

용어 (冗語) 명 쓸데없는 수다. 또는 군더더기의 말.

용:어 (用語) 명 어떤 전문 분야에서 주로 사용하는 말. ❏경제 ~/학술 ~/어려운 ~를 사용하다.

용:언 (用言) 명 〔언〕 서술하는 기능을 가진 단어로, 어미가 활용하는 말《동사와 형용사가 이에 속함》. *체언.

용언 (庸言) 명 평범한 말. 일상에서 쓰는 말.

용여-하다 (容與-) 형여 **1** 태도나 마음이 태연하다. **2** 한가롭고 편안하여 흥에 겹다.

용:역 (用役) 명 〔경〕 생산과 소비에 필요한 노무(勞務)를 제공하는 일. ❏~ 회사/~을 맡기다.

용:역-불 (用役弗)[-뿔] 명 〔경〕 **1** 건설 계약 및 연예·오락 등의 용역 제공의 대가로 얻은 달러. **2** 용역을 수출하여 얻는 외화.

용:역 수출 (用役輸出)[-쑤-] 〔경〕 보험·은행 업무·운송 따위의 서비스를 외국에 제공하거나 노무(勞務)를 직접 수출하는 인력 수출 등을 말함.

용연-향 (龍涎香) 명 향유고래의 장(腸)에서 얻는 향료《사향 비슷한 향기가 있음》.

용-오름 (龍-) 명 〔지〕 바람이 심하게 소용돌이치면서 회전할 때, 바람 중앙 부분의 기압이 약화되어 수면에서 바닷물이 말려 올라가며 거대한 물기둥을 이루는 현상.

용왕 (龍王) 명 〔불〕 바다에 살며 비와 물을 맡고 불법을 수호하는 용 가운데의 임금.

용왕-경 (龍王經) 명 〔민〕 용제(龍祭) 때에 읽는 경문.

용왕-굿 (龍王-)[-굳] 명 〔민〕 **1** 별신굿의 하나. 바닷가에서 무당이 물동이를 타고 방울을 흔들며 공수를 내리고 음식을 떼어 바다에 던짐. **2** 인천을 중심으로 한 서해안의 갯마을에서, 정월 보름 전후에 마을의 안녕과 풍어(豊漁)를 빌던 옛 당굿.

용:왕-매진 (勇往邁進) 명하자 거리낌 없이 용감하고 씩씩하게 나아감. 용왕직진(直進).

용-용 [-뇽] 감명 엄지손가락 끝을 제 볼에 대고 나머지 네 손가락을 너울거리며 남을 약 올릴 때 내는 소리.

용용 죽겠지 구 '약이 올라 죽겠지'라는 뜻으로 남을 약 올리는 말.

용용-하다 (溶溶-) 형여 큰 강물의 흐름이 넓고 조용하다.

용우-하다 (庸愚-) 형여 변변하지 못하고 어리석다.

용원 (冗員) 명 쓸데없는 인원이나 직원.

용원 (傭員) 명 **1** 관청에서 임시로 채용한 사람. **2** 품팔이꾼.

용유 (溶油) 명 〔미술〕 유화용(油畵用) 물감을 개는 데 쓰는 기름.

용융 (鎔融) 명하자 〔화〕 고체가 열에 녹아 액체로 되는 일.

용융-점 (鎔融點)[-쩜] 명 〔화〕 녹는점.

용:의 (用意)[-/-이] 명하타 **1** 어떤 일을 하려고 마음을 먹음. 또는 그 마음. ❏어떤 고생이라도 견뎌 낼 ~가 있다. **2** 미리 마음을 가다듬음.

용의 (容疑)[-/-이] 명 범죄의 혐의. ❏~ 차량을 추적하다.

용의 (容儀)[-/-이] 명 의용(儀容). 「의사.

용의 (庸醫)[-/-이] 명 의술이 변변하지 못한

용의 알 (龍-)[-/-에-] 〔역〕 궁중에서, 포구락(抛毬樂)을 연주할 때 던지던 나무 공.

용의-자 (容疑者)[-/-이-] 명 〔법〕 범죄의 의심을 받아 수사 대상에 오른 사람. *피의자(被疑者). ❏~를 뒤쫓다.

용:의주도-하다 (用意周到-)[-/-이-] 형여 마음의 준비가 두루 미쳐 빈틈이 없다. ❏용의주도한 계획.

용이-하다 (容易-) 형여 어렵지 않고 매우 쉽다. ❏접근이 ~/택시 잡기가 용이하지 않다. **용이-히** 부

용:익 (用益) 명 사용과 수익. 사용하여 이익을 얻는 일.

용:익 물권 (用益物權)[-잉-꿘] 〔법〕 타인의 토지를 사용하고 이익을 얻을 수 있는 권리《지상권·지역권(地役權) 따위》.

용:인 (用人) 명하자 사람을 씀. 또는 그 사람.

용인 (容忍) 명하타 너그러운 마음으로 참음.

용인 (容認) 명하타 너그러운 마음으로 인정함. ❏불법을 ~할 수는 없다.

용인 (庸人) 명 어리석고 변변하지 못한 사람. 범인(凡人).

용인 (傭人) 명 고용된 사람.

용:자 (勇姿) 명 용감한 모습. ❏마상(馬上)의 ~가 믿음직하다.

용자 (容姿) 명 용모와 자태. ❏~가 단아하다.

용:자-례 (用字例)[-짜-] 명 글자를 사용하는 보기.

용:자-창 (用字窓)[-짜-] 명 〔건〕 가로살 두 개와 세로살 하나로 '用' 자 모양으로 짠 창.

용잠 (龍簪) 명 용의 머리 모양을 새긴 비녀.

용잡-하다 (冗雜-)[-자파-] 형여 너절하게 잡다하다.

용:장 (用杖) 명하타 매를 치는 벌을 줌.

용:장 (勇將) 명 용맹스러운 장수. ❏~ 밑에 약졸 없다.

용장 (庸將) 명 어리석고 못난 장수.

용장 (龍欌) 명 용 무늬를 새긴 옷장.

용장-하다 (冗長-) 형여 글이나 말 따위가 쓸데없이 길다.

용:장-하다 (勇壯-) 형여 용감하고 굳세다.

용:재 (用材) 명 **1** 연료 이외의 건축·가구 등에 쓰는 재목. **2** 재료로 쓰는 물건.

용재 (庸才) 명 범용한 재주.

용적 (容積) 명 **1** 물건을 담을 수 있는 부피. 용기(容器) 안을 채우는 분량. **2** 〔수〕 입체가 차지하고 있는 공간의 부분. 들이.

용적-계 (容積計)[-꼐/-께] 명 용적을 재는 계량기.

용적-량 (容積量)[-정냥] 명 채울 수 있는 분량. 용적의 분량. ❏~이 크다.

용적-률 (容積率)[-정뉼] 명 〔건〕 대지 면적에

대한 건물 연면적의 비율. *건폐율.
용:전 (用錢) 명 용돈.
용:전 (勇戰) 명하자 용감하게 싸움. 또는 그런 싸움. ❑ ~ 분투.
용점 (鎔點)[-쩜] 명 〔화〕 녹는점.
용접 (容接) 명하타 **1** 찾아온 손님을 만나 봄. **2** 가까이하여 사귐.
용접 (鎔接) 명하타 〔공〕 두 금속에 높은 열을 가하여 녹여 붙이거나 이음. ❑ 부러진 의자 다리를 ~하다.
용접-봉 (鎔接棒)[-뽕] 명 〔공〕 아크(arc) 용접이나 가스 용접에서, 접합부에 녹여 붙이는 녹는점이 낮은 금속 막대.
용정 (舂精) 명하타 곡식을 찧음.
용정-자 (龍亭子) 명 〔역〕 나라의 옥책(玉冊)·금보(金寶) 따위의 보배를 운반할 때 쓰던 가마.
용제 (溶劑) 명 〔화〕 물질을 녹이는 데 쓰는 액체《알코올·벤젠·에테르·아세톤 따위》.
용제 (熔劑) 명 〔화〕 제련할 때, 용해를 촉진하기 위하여 광석에 첨가하여 노(爐) 속에 넣는 물질《제철할 때의 석회석, 알루미늄 제련 때의 빙정석(氷晶石) 따위》. 융제(融劑). 플럭스(flux).
용제 (龍祭) 명 〔역〕 가물 때, 용왕에게 비를 빌던 제사.
용존 산소량 (溶存酸素量) 〔생〕 하천·호수 등의 물속에 녹아 있는 산소의 양《깨끗한 하천의 경우는 7-10 ppm》. 기호는 DO.
용졸-하다 (庸拙-) 형여 못나고 변변하지 못하다.
용종 (龍種) 명 고려 때, 왕족을 일컫던 말.
용주 (龍舟) 명 임금이 타는 배.
용지 명 솜이나 헝겊을 나무에 감아 기름을 묻히어 초 대신 불을 켜는 물건.
용:지 (用地) 명 어떤 일에 쓰기 위한 땅. ❑ 학교 건축 ~.
용:지 (用紙) 명 어떤 일에 쓰는 종이. ❑ 신문 ~ / 복사 ~를 주문하다.
용지-연 (龍池硯) 명 용을 아로새긴 벼루.
용지-판 (-板) 명 〔건〕 벽이 무너지지 않도록 문지방 옆에 대는 널빤지 조각.
용:진 (勇進) 명하자 용감하게 나아감.
용질 (容質) 명 용모와 체질.
용질 (溶質) 명 〔화〕 용액에 녹아 있는 물질. 액체에 다른 액체가 녹았을 때는 양이 적은 쪽을 말함. ↔용매(溶媒).
용집 명 발에 땀이 나서 버선 위로 내어 밴 더러운 얼룩.
용짓-감 [-지깜 / -짇깜] 명 용지를 만드는 데 쓰는 헌솜이나 넝마.
용:처 (用處) 명 돈이나 물품 등의 쓸 곳. ❑ 돈의 ~ / ~를 밝히다 / ~가 불분명하다.
용천 명 문둥병·지랄병 따위의 몹쓸 병.
용:천 (湧泉) 명 물이 솟아나오는 샘.
용천-맞다 [-맏따] 형 용천한 데가 있다. ❑ 별 용천맞은 소릴 다 한다 / 꿈도 용천맞아라.
용천-스럽다 [-따] 〔-스러워, -스러우니〕 형ㅂ 용천한 데가 있다. **용천-스레** 부
용천-하다 형여 꺼림칙한 느낌이 있어 매우 좋지 않다. ❑ 쓰기에 ~ / 속이 ~.
용:첨 (聳瞻) 명하타 발돋움을 하고 봄.
용:청 (聳聽) 명하타 귀를 솟구어 듣는다는 뜻으로, 열중하여 귀담아들음.
용총 (龍驄) 명 용마2.
용총-줄 [-쭐] 명 돛대에 매어 놓은 줄《이 줄로 돛을 올렸다 내렸다 함》. 마룻줄.
용추 (龍湫) 명 용소(龍沼).
용:출 (湧出) 명하자 물이 솟아나옴.
용출 (溶出) 명하자 〔화〕 성분의 일부가 물 따위에 녹아 흘러나옴.
용:출 (聳出) 명하자 우뚝 솟아남.
용-춤 명 남이 추어올리는 바람에 기분이 좋아서 시키는 대로 하는 짓.
 용춤(을) 추다 구 남이 추어주는 바람에 신이 나서 하라는 대로 행동하다.
 용춤(을) 추이다 구 남을 추어올려 자기 뜻대로 행동하게 만들다.
용치-놀래기 명 〔어〕 양놀래깃과의 바닷물고기. 길이 약 25 cm, 몸빛은 수컷은 청색, 암컷은 붉은색을 띰. 용치.
용태 (容態) 명 **1** 얼굴 모양과 몸맵시. 용체(容體). **2** 병의 상태. 병상(病狀). ❑ 선생님의 ~는 어떠신지요.
용:퇴 (勇退) 명하자 **1** 용기 있게 물러남. **2** 후진에게 길을 터 주기 위해 스스로 관직 등에서 물러남. ❑ 후진을 위해 ~하다.
용퉁-하다 형여 소견머리가 없고 미련하다.
용-트림 (龍-) 명하자 거드름을 피우느라고 짐짓 크게 힘을 들여 하는 트림. ❑ 미꾸라짓국 먹고 ~한다.
용-틀임 (龍-) 명 **1** 전각(殿閣) 등에 장식한 용의 그림 또는 새김. 교룡(交龍). **2** 이리저리 비틀거나 꼬면서 움직임.
용-평상 (龍平床) 명 임금이 정무를 볼 때 앉던 평상. 준용상(龍床).
용포 (龍袍) 명 〔역〕 '곤룡포(袞龍袍)'의 준말.
용:품 (用品) 명 일부 명사 뒤에 붙어, 그것에 관련하여 쓰이는 물품. ❑ 가정~ / 유아~ / 사무~.
용품 (庸品) 명 **1** 품질이 낮은 물건. **2** 낮은 품계(品階).
용:필 (用筆) 명하자 붓을 씀. 또는 그 방법. 운필(運筆).
용:하 (用下) 명하타 윗사람이 아랫사람에게 비용을 내어 줌. 또는 그 돈.
용:-하다 형여 **1** 재주가 뛰어나고 특이하다. ❑ 침술이 ~ / 용한 의사에게 보이다. **2** 기특하고 장하다. ❑ 그 일을 해내다니, 정말 ~. **3** 매우 다행스럽다. ❑ 고비를 용하게 넘기다.
 용:-히 부
용-하다 (庸-) 형여 성질이 순하고 어리석다. ❑ 그는 용하게 생긴 대로 마음씨가 착하다.
용:한-하다 (勇悍-) 형여 날래고 사납다.
용합 (溶合) 명하자타 두 물질이 녹아서 한데 합쳐지거나 두 물질을 녹여서 한데 합침.
용해 (溶解) 명하자타 **1** 녹거나 녹이는 일. **2** 〔화〕 기체·고체·액체의 물질이 다른 액체 속에서 균일하게 녹아 액체가 되는 현상. *용액·용매·용질.
용-해 (龍-) 명 〔민〕 '진년(辰年)'의 속칭.
용해 (鎔解) 명하자타 〔화〕 금속이 열에 녹아서 액체 상태로 되는 일. 또는 그리 되게 하는 일.
용해-도 (溶解度) 명 〔화〕 일정한 온도에서 일정한 양의 용매 가운데 녹을 수 있는 용질의 최대의 양.
용해-로 (鎔解爐) 명 〔공〕 금속을 녹여서 액체 상태로 만드는 가마의 총칭.
용해-열 (溶解熱) 명 〔화〕 용매 속에 용질을 녹일 때에 발생 또는 흡수되는 열량. 녹는열.
용행 (庸行) 명 평소의 행실.
용허 (容許) 명하타 허용(許容).
용:현 (用賢) 명하자 어질고 총명한 사람을 등용함.

용혈 (溶血)〖명〗 1 적혈구 안의 헤모글로빈이 혈구 밖으로 빠져 나가는 현상. 2 용혈 반응.

용혈 반:응 (溶血反應)〖의〗 적혈구를 항원(抗原)으로 하는 면역 혈청이 그 적혈구를 용해하는 반응.

용혈성 빈혈 (溶血性貧血)[-썽-]〖의〗 적혈구가 계속 파괴되어 일어나는 빈혈(황달·관절통·발진 따위가 따름).

용혈-소 (溶血素)[-쏘]〖명〗〖의〗 적혈구를 파괴하고 헤모글로빈을 유출시키는 물질(형이 다른 적혈구가 몸 안으로 들어오는 경우 이를 용혈시키는 성분 따위를 말함).

용혐-저면흑 (龍嫌豬面黑)〖명〗〖민〗 원진살(元嗔煞)의 하나. 용띠는 돼지띠를 꺼린다는 말.

용호 (龍虎)〖명〗 1 용과 범. 2 세력이나 역량이 비슷한 두 영웅의 일컬음. 3〖민〗 풍수지리에서, 묏자리나 집터의 왼쪽과 오른쪽의 지형을 이르는 말.

용호-방 (龍虎榜)〖명〗〖역〗 조선 때, 문무과에 합격한 사람의 이름을 게시하던 나무판(나중에는 종이 썼음).

용호-상박 (龍虎相搏)〖명〗〖하자〗 용과 범이 서로 싸운다는 뜻으로, 강자끼리 서로 싸움을 이르는 말.

용혹무괴 (容或無怪)[-홍-]〖명〗〖하형〗 혹시 그럴 수도 있으므로 괴이할 것이 없음.

용화 (容華)〖명〗 예쁘게 생긴 얼굴.

용화 (鎔化)〖명하타〗 열로 녹여서 모양을 변화시킴. 또는 열 때문에 녹아서 모양이 변함.

용훼 (容喙)〖명하자〗 옆에서 간섭하여 말참견을 함. 『정치에 ~할 자격도 권한도 없다.

우¹〖명〗 한글의 모음 글자 'ㅜ'의 이름.

우²〖명〗〈옛〉 위.

우: (右)〖명〗 1 오른쪽. 『~로 향하다. 2〖정〗 우익. 『~도 좌(左)도 아니다.

우: (羽)〖명〗〖악〗 동양 음악에서, 오음(五音)의 하나로 마지막 음.

우 (禹)〖명〗 중국 하(夏)왕조의 시조로 전설상의 인물.

우 (愚)〖명〗 어리석음. 『~를 범하다.

우 (優)〖명〗 성적·등급 등을 매길 때에 매우 좋거나 훌륭함을 뜻하는 말. 수(秀)의 다음, 미(美)의 위.

우³〖명〗 1 여럿이 한꺼번에 몰려오거나 몰려가는 모양. 『학생들이 교문 밖으로 ~ 몰려나가다. 2 바람이 한 방향으로 세차게 몰아치는 소리. 3 야유할 때 지르는 소리.

-우-〖접미〗 모음 ㅏ·ㅐ·ㅔ·ㅣ로 끝난 동사의 어간에 붙어, 사동을 만드는 어간 형성 접미사. 『깨~다 / 지~다 / 비~다 / 돋~다. *구~다~·-리-·-이-·-히-·-치-.

-우〖어미〗〈속〉-오. 『너무 ㅋ~ / 나를 좀 보~ / 그게 짐승이지 사람이~ / 빨리 가시~.

우각 (牛角)〖명〗 쇠뿔.

우각 (隅角)〖명〗 1 모퉁이. 구석. 2〖수〗 입체각.

우각 (優角)〖명〗〖수〗 켤레각 가운데 큰 각.

우각-사 (牛角莎)[-싸]〖명〗〖민〗 풍수지리에서, 무덤의 좌우나 뒤를 흙으로 돋우고 떼를 심은 곳.

우각-새 (牛角顋)[-쌔]〖명〗 쇠뿔 속에 든 골.

우각-호 (牛角湖)[-가코]〖명〗〖지〗 구불구불한 하천의 일부가 본디의 하천에서 분리되어 생긴, 초승달 모양의 호수.

우:간 (羽幹)〖명〗 깃줄.

우: 개 (羽蓋)〖명〗 예전에, 왕후(王侯)의 수레에 덮은, 녹색의 깃털로 된 덮개. 또는 그 수레. 우개지륜.

우:개-지륜 (羽蓋芝輪)〖명〗 우개(羽蓋).

우거 (牛車)〖명〗〖불〗 삼거(三車)의 하나. 보살승(菩薩乘)에 비유하는 말.

우: 거 (寓居)〖명하자〗 1 남의 집이나 타향에서 임시로 몸을 붙여 삶. 또는 그런 집. 2 자기의 주거(住居)를 낮추어 이르는 말. 『누추한 ~를 찾아 주시니 감사합니다.

우거지〖명〗 1 푸성귀를 다듬을 때 골라낸 겉대. 『~로 끓인 된장국. 2 새우젓·김치 등의 맨 위에 덮여 있는, 품질이 낮은 것.

우거지-김치〖명〗 배추의 우거지로 담근 김치. 속대로 담근 것에 비해 맛이 덜함.

우거지다〖자〗 풀·나무 따위가 자라서 무성해지다. 『숲이 ~.

우거지-상 (-相)〖명〗〈속〉잔뜩 찌푸린 얼굴의 모양. 『~을 하다.

우거짓-국 [-지꾹 /-진꾹]〖명〗 우거지를 넣고 끓인 국.

우격-뿔〖명〗 안으로 굽은 뿔. ↔송낙뿔.

우격뿔-이〖명〗 우격뿔의 소.

우적-우적〖부하자〗 짐을 진 마소가 걸음을 걸을 때마다 나는 소리.

우적-지적 [-찌-]〖부하자〗 마소가 짐을 싣고 갈 때에 짐이 이리저리 쏠리면서 나는 소리.

우:걸 (羽傑)〖명〗 새 가운데 가장 뛰어난 새.

우겨-넣다 [-너타]〖타〗 억지로 밀어 넣다. 『가방에 옷가지를 ~.

우격〖명〗 (주로 '우격으로'의 꼴로 쓰여) 억지로 우김. 『~으로는 안되는 일이다.

우:격 (羽檄)〖명〗〖역〗 군사상 급히 전하는 격문. 우서(羽書).

우격-다짐 [-따-]〖명하자타〗 억지로 우겨서 남을 굴복시킴. 또는 그런 행위. 『~을 벌이다 / ~으로 동생의 돈을 빼앗다.

우견 (愚見)〖명〗 1 어리석은 생각. 2 '자기의 의견'을 낮추어 일컫는 말.

우:경 (右傾)〖명하자〗 우익으로 기울어짐. 또는 그런 경향. 『~ 사상 / ~ 세력. ↔좌경(左傾).

우경 (雨景)〖명〗 비가 올 때의 경치.

우경-학 (優境學)〖명〗〖생〗 환경을 개선함으로써 인간의 미래를 밝게 꾸미고자 연구하는 학문.

우:경-화 (右傾化)〖명하자타〗 우익적인 사상으로 기울어지게 됨. 또는 그렇게 되게 함. 『~ 정책.

우:계 (右契)[-/-게]〖명〗〖역〗 지난날, 병부(兵符) 등을 둘로 쪼갤 때, 그 오른쪽의 것을 이르던 말.

우계 (佑啓)[-/-게]〖명하타〗 1 도와서 이루게 함. 2 도와서 발달시킴.

우:계 (雨季)[-/-게]〖명〗 우기(雨期).

우계 (愚計)[-/-게]〖명〗 어리석은 계획이나 계략(計略).

우:곡 (雨谷)〖명〗〖지〗 빗물에 패어 생긴 골짜기(비가 올 때에만 물이 흐름).

우곡-하다 (迂曲-)[-고카-]〖형여〗 이리저리 구부러져 꼬불꼬불하다.

우곡-하다 (紆曲-)[-고카-]〖형여〗 얽혀 구부러져 있다.

우골 (牛骨)〖명〗 소의 뼈. 쇠뼈.

우골-유 (牛骨油)[-류]〖명〗 저온도에서 우골지로부터 빼낸 기름(윤활유로 씀).

우골-지 (牛骨脂)[-찌]〖명〗 소뼈에서 뽑은 지방(비누·우골유 따위를 만드는 데 씀).

우골-탑 (牛骨塔)〖명〗〈속〉가난한 농가에서 소를 팔아 마련한 학생의 등록금으로 세운 건물이라는 뜻으로, 대학을 빈정대어 이르는

말. *상아탑.

우공(牛公)圈 소를 의인화하여 일컫는 말.
우괴-하다(迂怪-)–휑아 '오괴(迂怪)하다'의 본딧말.
우:구(雨具)圈 우비(雨備).
우구(憂懼)圈똉타 근심하고 두려워함. 또는 그런 마음.
우:구-화(雨久花)圈『식』물옥잠.
우국(憂國)圈똉자 나랏일을 근심하고 염려함. ㅁ~의 열정.
우국-단충(憂國丹忠)[–딴–]圈 나랏일을 걱정하여 마음에서 우러나오는 참된 충성.
우국지사(憂國之士)[–찌–]圈 나랏일을 근심하고 염려하는 사람. ㅁ나라의 장래를 걱정하는 ~.
우국지심(憂國之心)[–찌–]圈 나랏일을 근심하고 염려하는 마음. 우국심(憂國心).
우국-충정(憂國衷情)圈 나랏일을 근심하고 염려하는 참된 마음. ㅁ~에서 나온 행동.
우:군(友軍)圈『군』자기 편의 군대. ㅁ~의 도움으로 위기에서 벗어나다.
우:군(右軍)圈『군』'우익군'의 준말.
우:궁(右弓)圈 시위를 오른손으로 당겨 쏘는 활. ↔좌궁(左弓).
우:궁-깃(右弓-)[–긷]圈 새의 왼쪽 날개 깃으로 꾸민 화살깃. ↔좌궁깃.
우-궁형(優弓形)圈『수』'우활꼴'의 구용어. ↔열궁형.
우귀(于歸)圈똉자 결혼한 신부가 처음으로 시집에 들어감. 우례(于禮).
우:규(右揆)圈『역』'우의정'의 별칭. ↔좌규(左揆).
우그러-들다〔–들어, –드니, –드는〕자 1 물체가 안쪽으로 우그러져 우묵하게 들어가다. ㅁ우그러든 전자. 2 우그러져 작아지다. 3 주눅이 들거나 못마땅하게 되다. ㅁ표정이~. 魯오그라들다.
우그러-뜨리다타 힘을 주어 우그러지도록 만들다. ㅁ빈 깡통을 ~. 魯오그라뜨리다.
우그러-지다자 1 물체가 안쪽으로 우묵하게 휘어지다. 2 물체의 거죽에 주름이 잡히다. ㅁ냄비가 ~. 魯오그라지다.
우그러-트리다타 우그러뜨리다.
우그렁-우그렁튀휑 여러 군데가 안쪽으로 우묵하게 들어가고 주름이 많이 잡힌 모양. 魯우글우글. 魯오그랑오그랑.
우그렁-이圈 안쪽으로 우묵하게 들어가거나 주름이 잡힌 물건. 魯오그랑이.
우그렁-쪽박[–빡]圈 우그러진 쪽박.
우그렁-쭈그렁圈 여러 군데가 우그러지고 쭈그러져 있는 모양. 魯오그랑쪼그랑.
우그렁-하다휑아 안쪽으로 조금 우묵하게 우그러져 있다. 魯오그랑하다. **우그렁-우그렁**튀휑 ㅁ~ 우그러지다.
우그르르¹튀자 깊은 그릇의 물이 끓어오르는 소리나 모양. 魯오그르르.
우그르르²튀휑 사람이나 짐승, 벌레 따위가 들끓는 모양. ㅁ쓰레기에 파리가 ~ 모여든다. 魯오그르르.
우그리다타 우그러지게 하다. 魯오그리다.
우-근(羽根)圈 새의 살갗에 박힌 깃의 부분. 깃뿌리.
우글-거리다자 1 물이 자꾸 요란하게 끓어오르다. 2 많이 모여 자꾸 움직이다. ㅁ구더기가 ~. 魯오글거리다. **우글-우글**¹튀자

들어 보기에 곱지 않다.
우글-대다자 우글거리다.
우글-부글튀휑자 우글거리고 부글거리는 모양. 또는 그 소리. ㅁ국이 ~ 끓다 / 화가 나 ~ 끓다. 魯오글보글.
우글-우글²튀휑자 '우그렁우그렁'의 준말. 魯오글오글.
우글-쭈글튀휑자 주름 따위가 우글우글하고 쭈글쭈글한 모양. ㅁ~한 주전자 / 주름살이 ~ 잡히다. 魯오글쪼글.
우금圈 시냇물이 급히 흐르는 가파르고 좁은 산골짜기.
우금(牛禁)圈똉자 소 잡는 것을 금함.
우금(于今)튀 지금까지. ㅁ학교를 졸업한 지 ~ 20년.
우굿-우굿[–그뭇]튀휑자 여럿이 다 안으로 조금 우그러진 모양. 魯오긋오긋.
우굿-이튀 우굿하게. 魯오긋이.
우굿-하다[–그타]휑아 안쪽으로 좀 우그러진 듯하다. 魯오긋하다.
우:기(右記)圈 세로쓰기를 한 글에서, 오른쪽에 기록된 것. ㅁ~ 건(件)에 관하여. ↔좌기(左記).
우:기(雨氣)圈 비가 올 듯한 기운. 우의(雨意). 우태(雨態).
우:기(雨期)圈 일 년 중 비가 가장 많이 오는 시기. 장마철. 우계(雨季). ㅁ~로 접어들다. ↔건기.
우기다자타 억지를 부려 제 의견을 고집스럽게 내세우다. ㅁ그는 자기 주장이 옳다고 끝까지 우긴다.
우김-성(–性)[–썽]圈 잘 우기는 성질.
우꾼-우꾼튀휑자 1 어떤 기운이 자꾸 세게 일어나는 모양. 2 여럿이 자꾸 기세를 올리는 모양.
우꾼-하다자아 1 어떤 기운이 한꺼번에 세게 일어나다. 2 여럿이 한꺼번에 소리치며 기세를 올리다.
우남(愚男)圈 어리석은 사내.
우낭(牛囊)圈 '우랑(牛囊)'의 본딧말.
우:내(宇內)圈 온 세계. 천하.
우너리圈 가죽신의 운두.
우누누뮴(Ununnium)圈『화』11 족(族)에 속하는 인공 방사성 원소의 하나. 독일 헤센 주(Hessen州)의 중이온(重ion) 연구소에서 발견함. 뢴트게늄. [111 번 : Uuu : 272]
우누닐륨(Ununnilium)圈『화』10 족(族)에 속하는 인공 방사성 원소의 하나. 1994 년 독일 헤센 주(Hessen州)의 중이온(重ion) 연구소에서 발견함. 다름슈타듐. [110번 : Uun : 269]
우눈븀(Ununbium)圈『화』12 족(族)에 속하는 인공 방사성 원소의 하나. 1996 년 독일 헤센 주(Hessen州)의 중이온(重ion) 연구소에서 발견함. 코페르니슘. [112번 : Uub : 277]
우:는-살圈 예전에, 전쟁 때 쓰던 화살의 한 가지. 끝에 속이 빈 나무패기 깍지를 단 화살(날면서 공기에 부딪쳐 소리가 남). 명적(鳴鏑). 향전(響箭).
우:는-소리圈 엄살을 부리며 자기의 불행한 처지나 어려운 사정을 과장해서 하는 소리. ㅁ~ 좀 작작 해라.
우니다자〔옛〕자꾸 울다. 우닐다.
우:닐다〔우닐어, 우니니, 우니는〕자 1 시끄럽게 울다. 2 울고 다니다.
우:단(右袒)圈똉자 한쪽의 편을 듦.
우:단(羽緞)圈 거죽에 고운 털이 돋게 짠 비단. 비로드. 벨벳. ㅁ~으로 만든 드레스.
우달(疣疸)圈『한의』쥐부스럼.

우담 (牛膽) 명 소의 쓸개.
우담 남성 (牛膽南星) 〔한의〕 천남성 가루를 소의 쓸개에 넣어 말린 것. 경련·경간·담에 약으로 씀. 준담성.
우담-화 (優曇華) 명 **1** 〔불〕 인도에서, 3천 년에 한 번씩 꽃이 핀다는 상상의 꽃. 이 꽃이 피면 전륜성왕이 나타난다고 함. **2** 〔식〕 뽕나뭇과의 무화과의 일종. 인도산의 대형 낙엽 교목. 꽃은 작아서 밖에서 보이지 않음. 열매는 식용하고, 잎은 가축 사료, 나무 진은 끈끈이의 재료, 재목은 건축재로 쓰임.
우답 (愚答) 명 어리석거나 엉뚱한 대답. ❏~을 연발하다.
우답불파 (牛踏不破)[-뿔-] 명 소가 밟아도 깨어지지 않는다는 뜻으로, 사물이 몹시 견고함의 비유.
우:당 (友黨) 명 우의적으로 지내는 당파.
우:당 (右黨) 명 우익 정당. ↔좌당.
우당탕 부하자 잘 울리는 바닥에 물건이 요란하게 떨어지거나 널마루에서 뛸 때 요란하게 나는 소리. ❏~ 뛰어나가다 / ~하는 소리에 놀라다.
우당탕-거리다 자 우당탕 소리가 연달아 나다. ❏공사장에서 하루 종일 우당탕거렸다. **우당탕-우당탕** 부하자
우당탕-대다 자 우당탕거리다.
우당탕-퉁탕 부하자 우당탕거리고 퉁탕거리는 소리. ❏~ 난리를 피우다.
우대 명 **1** 예전에, 서울 성내의 북서쪽 지역을 이르던 말. 곧, 인왕산 가까이 있던 동네들을 이르던 말. **2** 위쪽. 윗녘. ↔아래대.
우:대 (羽隊) 명 〔역〕 화살을 지고 다니던 군대.
우대 (優待) 명하타 특별히 잘 대우함. 또는 그런 대우. ❏~를 받다 / 교육자를 ~하다.
우대-권 (優待券)[-꿘] 명 남보다 특별히 잘 대우할 것을 나타낸 표.
우대 금리 (優待金利)[-니] 〔경〕 은행이 선정한 신용 있는 특정 기업체에 적용하는 낮은 대출 금리.
우:-대신 (右大臣) 명 〔역〕 '우의정'의 별칭.
우댓-사람 [-대싸- / -댇싸-] 명 〔역〕 서울 성내의 북서쪽 지대에 살던 이서(吏胥)들. ↔아랫댓사람.
우덜거지 명 허술하나마 위를 가리게 되어 있는 것.
우도 (牛刀) 명 소를 잡는 데 쓰는 칼.
우:도 (友道) 명 친구와 사귀는 도리.
우:도 (右道) 명 〔역〕 조선 때, 경기·충청·전라·경상·황해의 각 도를 둘로 나눈 한 쪽의 이름 《경기도는 북쪽 부분, 충청·전라·경상·황해도는 각각 서쪽 부분의 도》. ↔좌도(左道).
우도-할계 (牛刀割鷄)[-/-게] 명 소 잡는 칼로 닭을 잡는다는 뜻으로, 작은 일을 하는 데 어울리지 않게 큰 기구를 씀의 비유.
우동 (일 うどん) 명 가락국수.
우동-뽑기 (일 うどん-)[-끼] 명 투전 노름의 한 가지. 각 사람이 한 장씩 뽑아서 끗수가 가장 많은 사람이 이김.
우두 (牛痘) 명 〔의〕 천연두를 예방하기 위해 소에서 뽑은 면역 물질. ❏~를 맞다 / ~를 놓다. *종두(種痘).
우두 (牛頭) 명 소의 머리.
우두-골 (牛頭骨) 명 소의 머리뼈.
우두덩-거리다 자 쌓아 둔 물건이 무너져 떨어지며 요란하게 울리는 소리가 잇따라 나다. 작오도당거리다. **우두덩-우두덩** 부하자
우두덩-대다 자 우두덩거리다.
우두둑 부하자타 **1** 단단한 물건을 여무지게 깨무는 소리. ❏돌이 ~ 씹히다 / 얼음을 입 안에 넣고 ~ 깨물었다. **2** 갑자기 세게 부러지는 소리. ❏나뭇가지가 ~하고 부러졌다. **3** 옷깃 따위가 세차게 뜯어지는 소리. **4** 빗방울이나 우박 따위가 세차게 떨어지는 소리. ❏우박이 ~ 떨어졌다. **5** 손가락 마디를 세게 꺾을 때 나는 소리. 작오도독.
우두둑-거리다 [-꺼-] 자타 자꾸 우두둑 소리가 나다. 작오도독거리다. **우두둑-우두둑** 부하자타
우두둑-대다 [-때-] 자타 우두둑거리다.
우두망찰-하다 자여 갑자기 당한 일에 정신이 얼떨떨하여 어찌할 바를 모르다.
우두머리 명 **1** 어떤 일이나 단체의 으뜸인 사람. ❏반대파의 ~ / 언제나 ~ 노릇을 하는 아이. **2** 물건의 꼭대기.
우두커니 부 넋이 나간 듯이 멀거니 있는 모양. ❏먼 산만 ~ 바라보다. 작오도카니.
우둑-우둑 부하자타 '우두둑우두둑'의 준말. 작오독오독.
우둔 (牛臀) 명 소의 볼기짝 살.
우둔 (愚鈍) 명하형 어리석고 둔함. ❏~하기 짝이 없는 사람.
우둔-우둔 부하자 가슴이 자꾸 세차게 뛰는 모양.
우둘-우둘 부하형 **1** 크고 여린 뼈나 말린 날밤처럼 깨물기에 좀 단단한 모양. **2** 잘 삶아지지 않은 모양. ❏밥에 넣은 콩이 덜 익어 ~하다. **3** 우둥퉁하고 부드러운 모양. **4** ☞우들우들. 작오돌오돌.
우둘-투둘 부하형 거죽이나 바닥이 고르지 않게 여러 곳이 두드러져 있는 모양. ❏두드러기가 나서 온몸이 ~하다. 작오돌토돌.
우둥-부둥 부하형 몸이나 얼굴이 살져 퉁퉁하고 매우 부드러운 모양. 작오동보동.
우둥-우둥 부 여러 사람이 바쁘게 드나들거나 서성거리는 모양.
우둥퉁 부하형 몸집이 크고 퉁퉁한 모양. ❏~하게 생긴 사람. 작오동통.
우둥-푸둥 부하형 몸이나 얼굴이 살져 퉁퉁하고 매우 부드러운 모양. ❏~ 살이 찌다. 작오동포동.
우드 합금 (wood合金)[-끔] 〔화〕 쉽게 녹는 합금의 하나. 비스무트 50%, 납 25%, 주석 12.5%, 카드뮴 12.5%의 비율. 녹는점 66-71 ℃《퓨즈·자동 소화전에 씀》.
우들-우들 부하자타 몸이 큰 사람이 춥거나 무서워서 심하게 떠는 모양. 작오들오들.
우듬지 명 나무의 꼭대기 줄기. 말초.
우등 (優等) 명하자 **1** 물건의 우수한 등급. **2** 성적이 높은 등급. ❏~으로 졸업하다. ↔열등(劣等).
우등-상 (優等賞) 명 우등한 사람에게 주는 상. ❏~을 놓치지 않다.
우등-생 (優等生) 명 성적이 우수하고 품행이 단정하여 다른 학생에게 모범이 되는 학생. ↔열등생(劣等生).
우뚝 부하형 **1** 두드러지게 높이 솟아 있는 모양. ❏~ 서 있는 고층 빌딩. 작오뚝. **2** 남보다 뛰어난 모양. ❏정상에 ~ 서다. **3** 움직이던 것이 갑자기 멈추는 모양.
우뚝-우뚝 부하형 군데군데 우뚝하게 솟은 모양. 작오뚝오뚝.
우뚝-이 부 우뚝하게.
우라늄 (uranium) 명 〔화〕 방사성 원소의 하나. 천연으로 존재하는 가장 무거운 방사성

원소로 은백색을 띠며, 방사능이 강해서 원자력의 발생에 이용됨. 라듐의 모체. 우란. [92 번; U: 238.029]

우라늄-광 (uranium鑛)圐《광》 우라늄을 많이 함유하는 광석의 총칭(섬우라늄광·카르노타이트(carnotite) 등).

우라닐 (uranyl)圐《화》 2가의 양성 원자단 UO₂를 말함. 산기(酸基)와 결합하여 우라닐염을 만듦.

우라-지다困 (주로 '우라질·우라지게'의 꼴로 쓰여) 몹시 마음에 맞지 아니함을 비속하게 이르는 말('오라지다'가 변한 말). ▢날씨 한번 우라지게 찬다.

우라-질[김] 일이 뜻대로 되지 않거나 마음에 들지 않을 때 혼자 중얼거리거나 욕으로 하는 말. ▢이런~.

우락 (牛酪)圐 버터(butter).

우-락 (羽樂)圐《악》 가곡의 한 가지. 담담한 듯하면서 흐르는 물과 같이 치렁치렁한 멋이 있음. 우락 시조의 준말로 우조(羽調)에 속함.

우락-부락[-뿌-]〔문하형〕 1 몸집이 크고 얼굴이 험상궂은 모양. ▢~하게 생긴 사나이. 2 행동이나 말이 거칠고 난폭한 모양. ▢성품이 ~하다 / ~하게 대하다.

우락-유 (牛酪乳)[-랑뉴]圐 버터밀크.

우락-지 (牛酪脂)[-찌]圐 우유에서 뽑아낸 지방. 버터 제조약.

우란 (독 Uran)圐 '우라늄'의 독일어명.

우란분 (盂蘭盆)圐《불》 하안거(夏安居)의 끝날인 음력 7월 보름날에 행하는 불사(佛事)(여러 가지 음식을 만들어 아귀(餓鬼)에 시주하고, 조상이 받는 고통을 구제한다고 함). 우란분회.

우란분-재 (盂蘭盆齋)圐《불》 우란분.

우랄알타이 어-족 (Ural-Altai語族)《언》 우랄 어족과 알타이 어족을 같은 계열로 보고 아울러 일컫는 말.

우랄 어-족 (Ural語族)《언》 세계 어족의 하나. 러시아 및 유럽 북동부에 걸친 언어의 일컬음(교착성(膠着性)과 모음조화가 있는 것이 특징임. 핀란드어·헝가리어·사모예드어·에스토니아어 따위).

우람-스럽다[-따][-스러워, -스러우니]〔형日〕 우람한 데가 있다. **우람-스레**〔문〕

우람-지다〔형〕 매우 크고 웅장한 맛이 있다.

우람-차다〔형〕 매우 우람하다.

우람-하다〔형어〕 매우 크고 웅장하여 위엄이 있다. ▢우람한 모습 / 체격이 ~. **우람-히**〔문〕

우람-하다 (愚濫-)〔형어〕 어리석어 분수를 모르고 외람되다.

우랑 (牛囊)圐[←우낭(牛囊)] 소의 불알.

우-량 (雨量)圐 비가 내린 양. 강우량.

우량 (優良)圐하형〕 물건의 품질이나 상태가 좋음. ▢~ 품종 / ~ 기업으로 인정받다.

우-량-계 (雨量計)[-/-게]圐 일정 시간 동안 비가 내린 양을 밀리미터 단위로 재는 기구.

우-량-도 (雨量圖)圐 강우량이 같은 지역을 선으로 이어 나타낸 지도.

우-량-아 (優良兒)圐 영양과 발육 상태가 매우 좋은 아기. ▢~ 선발 대회.

우량-주 (優良株)圐《경》 수익과 배당이 높으며 경영 내용이 좋은 일류 회사의 주식. ＊인기주.

우량-품 (優良品)圐 품질이 좋은 물품.

우러-나다困 1 액체 속에 잠긴 물질의 빛깔이나 맛 따위가 액체 속으로 배어들다. ▢쓴맛

이 ~ / 단맛이 ~. 2 우러나오다.

우러-나오다困 마음속에서 어떤 감정이나 생각 따위가 저절로 생겨나다. ▢진심에서 우러나온 친절.

우러러-보다〔타〕 1 높은 데를 바라보다. ▢하늘을 ~. 2 존경하는 마음으로 대하거나 그리다. ▢우러러보는 인물.

우러르다[우러러, 우러르니]〔자타〕 1 위를 향하여 고개를 의젓이 쳐들다. ▢태극기를 우러르며 경례를 했다. 2 공경하는 마음을 가지다. ▢스승으로 우러러 받들다.

우러리圐 짚이나 삼 따위로 엮어 만든 물건의 뚜껑.

우럭-우럭〔문하형〕 1 불기운이 세차게 일어나는 모양. ▢모닥불이 ~ 피어오르다. 2 술기운이 얼굴에 나타나는 모양. 3 병이 점점 더하여 가는 모양. ▢병세가 ~ 더해지다.

우렁쉥이圐《동》 멍게.

우렁-우렁〔문하형〕 소리가 아주 크게 울리는 모양. ▢스피커 소리가 ~ 울려왔다.

우렁이圐《동》 우렁잇과 고둥의 총칭. 무논·웅덩이 등에 삶. 껍데기는 원뿔꼴로 오른쪽으로 선회하며 거죽은 암녹색임. 식용함. 토라(土螺).
[우렁이도 두렁 넘을 꾀가 있다] 미련하고 못난 사람도 한 가지 재주는 있다는 말. [우렁이도 집이 있다] 사람으로서 의탁할 집이 없음을 비유해서 이르는 말.

우렁-속[-이속-/-읷속]圐 1 내용이 복잡하여 헤아리기 어려운 일의 비유. 2 품은 생각을 모두 털어놓지 않는 의뭉스러운 속마음의 비유.

우렁-차다〔형〕 1 소리가 크고 힘차다. ▢우렁찬 목소리 / 우렁차게 함성을 지르다. 2 매우 씩씩하고 힘차다. ▢우렁차게 걷다.

우레[1]圐 천둥. ▢~와 같은 박수 / ~가 치다.

우-레[2]圐 꿩 사냥을 할 때, 장끼 소리처럼 내어 암꿩을 부르는 물건(살구 씨나 복숭아씨에 구멍을 뚫어 만듦).
우레(를) 켜다⟨무⟩ 우레를 불어 장끼 소리를 내다.

우레아제 (urease)圐《화》 생물체 내의 요소(尿素)를 가수 분해하여 암모니아와 이산화탄소로 만드는 효소. 미생물이나 식물, 특히 종자(種子)에 많이 들어 있음.

우레탄 (urethane)圐《화》 1 에틸우레탄을 주성분으로 하는 무색무취의 결정. 특이한 청량성(淸涼性)의 맛이 있음. 실험 동물의 마취용 및 백혈병 치료에 사용. 2 '우레탄 수지(樹脂)'의 준말.

우레탄 수지 (urethane樹脂)圐《화》 인조 고무의 일종. 기름에 녹지 않고 마멸도가 적으며 접착제·방음재로 씀. 준우레탄.

우렛-소리[-쏘-/-렏쏘-]圐 천둥소리. 뇌성(雷聲).

우려 (憂慮)圐하타〕 근심하거나 걱정함. 또는 그 근심과 걱정. ▢~의 소리 / 대량 실업 사태를 ~하다 / 강의 범람이 ~되다.

우려-내다〔타〕 1 물체를 물에 담가 성분·맛·빛 등을 우러나게 하다. ▢멸치 국물을 ~ / 쓴맛을 ~. 2 꾀거나 위협해서 금품을 억지로 얻어 내다. ▢돈을 ~.

우려-먹다[-따]〔타〕 1 재탕·삼탕으로 여러 번 우려내어 먹다. ▢한약을 여러 번 ~. 2 이미 썼던 내용을 다시 써먹다. ▢군대 생활 이야기를 ~.

우-력 (偶力)圐《물》 '짝힘'의 한자말.

우련-하다〔형어〕 형태가 보일 듯 말 듯 희미하

다. ❏멀리 돛단배의 모습으로 ~. ⟨참⟩오련하다.
우:례(于禮)**명**⟨하자⟩ 결혼한 신부가 처음 시집으로 들어가는 예식.
우례(優禮)**명**⟨하타⟩ 특별히 예를 차림. 또는 그런 예.
우로(迂路)**명** 멀리 돌아가는 길. 에돌아가는 길. ❏~를 택해 돌아가다.
우:로(雨露)**명** 비와 이슬.
우로(愚老)**인대** 졸로(拙老).
우:로-봐(右一)**명**⟨군⟩ 사열(查閱) 때, 구령의 하나. 사열관을 향하여 고개를 오른쪽으로 60° 되게 돌려 경의를 표하라는 구령.
우:로지택(雨露之澤)**명** 이슬과 비의 덕택이라는 뜻으로, 임금의 넓고 큰 은혜.
우론(愚論)**명** 1 어리석은 이론이나 견해. 2 자기의 논설이나 견해의 겹침.
우롱(愚弄)**명**⟨하타⟩ 사람을 바보로 만들어 놀림. ❏국민을 ~하는 처사다.
우뢰(雨雷)**명** ☞우레¹.
우료(郵料)**명** '우편 요금'의 준말.
우:루-처(雨漏處)**명** 비가 새는 곳.
우루-하다(愚陋一)**형여** 어리석고 고루하다.
우르르⟨부⟩⟨하자⟩ 1 여럿이 한꺼번에 내닫거나 몰리는 모양. ❏군중이 ~ 몰려들다. 2 물이 갑자기 끓어오르거나 넘치는 소리. 국이 ~ 끓다. 3 쌓였던 물건들이 갑자기 무너지는 소리. ❏토담이 ~ 무너지다. 4 천둥 치는 소리. ⟨참⟩오르르.
우르릉⟨부⟩⟨하자⟩ 1 천둥 따위가 무겁고 둔하게 울리는 소리. 또는 그 모양. 2 무엇이 무너지거나 흔들리면서 요란스럽게 울리는 소리. 또는 그 모양. ⟨참⟩와르릉.
우르릉-거리다⟨자⟩ 1 천둥 따위가 무겁고 둔하게 울리는 소리가 잇따라 나다. 2 무엇이 무너지거나 흔들리면서 요란하게 울리는 소리가 잇따라 나다. ⟨참⟩와르릉거리다. **우르릉-우르릉**⟨부⟩⟨하자⟩
우르릉-대다⟨자⟩ 우르릉거리다.
우리¹명 짐승을 가두어 기르는 곳. ❏~에 갇힌 호랑이.
우리(牛李)**명**⟨식⟩ 갈매나무.
우리²⟨의대⟩ 기와를 세는 단위《한 우리는 기와 2천 장임》.
우리³⟨인대⟩ 1 말하는 이가 자기나 자기 무리를 포함한 여러 사람을 일컫는 말. ❏~가 나아갈 길 / ~ 동네로 가는 버스 / ~ 부부를 초대하다. 2 말하는 이가 자기와 관련된 대상을 친근하게 일컫는 말. ❏~ 엄마 / ~ 동네 / ~ 학교.
우리-구멍명 논물이 빠져나가도록 논두렁에 뚫어 놓은 작은 구멍.
우리-글명 우리나라의 글. 곧, 한글.
우리-나라명 우리 한민족(韓民族)이 세운 나라를 스스로 이르는 말. ❏~의 역사.
우리다¹⟨자⟩ 1 더운 별이 들다. 2 달빛이나 햇빛 따위가 희미하게 비치다.
우리다²⟨타⟩ 1 어떤 물건을 물에 담가 그 맛이나 빛, 성분 따위가 우러나게 하다. ❏쓴맛을 ~. 2 꾀거나 위협해서 무엇을 억지로 얻다. ❏금품을 ~. 3☞후리다.
우리-말명 우리나라 사람이 쓰는 말. 국어.
우리 사주 조합(-社株組合)⟨경⟩ 회사 종업원이 자기 회사의 주식을 취득하고 관리하기 위해 조직한 단체.
우리-판(-板)**명** 테두리를 좋은 나무로 짜고 가운데는 널빤지를 끼운 문짝.
우림-갑명 소금물에 담가 떫은맛을 없앤 감.
우:립(雨笠)**명** 갈삿갓.

우릿-간(-間)[-리깐 / -릿깐]**명** 우리로 쓰는 칸. ❏돼지 ~.
우마(牛馬)**명** 소와 말.
[우마가 기린 되랴] 본디 타고난 천품은 아무리 해도 숨길 수 없음의 비유.
우마-차(牛馬車)**명** 우차와 마차.
우망(迂妄)**명**⟨하자⟩ '오망(迂妄)'의 본딧말.
우매(愚昧)**명**⟨하자⟩ 어리석고 사리에 어두움. ❏~한 사람.
우맹(愚氓)**명** 우민(愚民).
우먼-파워(womanpower)**명** 여성의 힘. 여성의 세력.
우멍거지명 포경(包莖).
우멍-하다⟨형여⟩ 물건의 바닥이나 면이 쑥 들어가 우묵하다. ❏우멍한 그릇. ⟨참⟩오망하다.
우명(優命)**명** 두터운 은혜로 내리는 명령.
우모(牛毛)**명** 쇠털.
우:모(羽毛)**명** 1 깃과 털. 2 깃털.
우:모(羽旄)**명** 새의 깃으로 꾸며 기에 꽂는 물건.
우목(牛目)**명** 1 소의 눈. 2 소의 눈으로 만든 잠차례의 한 가지.
우목(疣目)**명** 무사마귀.
우몽(愚蒙)**명**⟨하자⟩ 우매(愚昧).
우묘-하다(尤妙一)**형여** 더욱 묘하다. 더욱 신통하다.
우무명 한천(寒天)¹.
우무-묵명 우묵.
우묵명 가운데가 좀 둥글게 깊숙한 모양. ❏가운데가 ~ 들어가다 / 눈자위가 ~ 꺼지다. ⟨참⟩오목.
우묵-우묵⟨부⟩⟨하자⟩ 군데군데 패어서 우묵하게 들어간 모양. 또는 여럿이 모두 우묵한 모양. ⟨참⟩오목오목.
우묵-주묵[-쭈-]⟨부⟩⟨하자⟩ 군데군데 크고 작게 우묵하게 들어간 모양. ⟨참⟩오목조목.
우묵-주발(-周鉢)[-쭈-]**명** 속이 우묵한, 놋쇠로 된 밥그릇. ⟨참⟩오목주발.
우:문(右文)**명**⟨하자⟩ 문(文)을 무(武)보다 높이 여김. ❏~ 정책.
우문(愚問)**명** 어리석은 질문.
우문-우답(愚問愚答)**명** 어리석은 질문에 대한 어리석은 대답.
우:문-좌무(右文左武)**명**⟨하자⟩ 문무를 다 갖추어 천하를 다스림.
우문-현답(愚問賢答)**명** 어리석은 질문에 대한 현명한 대답. ↔현문우답(賢問愚答).
우물명 물을 긷기 위해 땅을 파서 지하수를 괴게 한 시설. ❏~을 파다 / ~에서 물을 긷다.
[우물 들고 마시겠다] 성미가 몹시 급함을 비꼬는 말. [우물 안 개구리] 견문이 좁고 넓은 세상의 사정을 모름의 비유. [우물에 가 숭늉 찾는다] 성미가 급하여 참고 기다리지를 못함. [우물을 파도 한 우물을 파라] 무슨 일이든 한 가지 일을 꾸준히 계속해야 성공할 수 있다.
우물 공사⟨군⟩ 공동 우물 같은 데서 물을 긷거나 빨래 등을 하면서 잡담을 즐기는 일.
우:물(尤物)**명** 1 가장 좋은 물건. 2 얼굴이 잘생긴 여자.
우물(愚物)**명** 아주 어리석은 사람을 낮잡아 이르는 말.
우물-가[-까]**명** 우물의 언저리.
[우물가에 애 보낸 것 같다] 몹시 걱정이 되어 마음이 놓이지 않는다는 말.
우물가 공론(公論)⟨군⟩ 여자들이 우물가에서

물을 긷거나 빨래 따위를 하며 주고받는, 세
상 돌아가는 이야기나 소문.
우물-거리다¹ 벌레나 물고기 등이 한군데
에 많이 모여 굼뜨게 자꾸 움직이다. ❑벌레
들이 ~. ㉫오물거리다¹. **우물-우물¹** 🅟하🅜
우물-거리다² 1 음식을 입에 넣고 이리저
리 굴리면서 시원스럽지 않게 자꾸 씹다. 2
의사 표시를 시원스럽게 하지 않고 중얼거리
다. ❑우물거리지 말고 속 시원히 말해라. 3
입술이나 입을 조그맣게 오므렸다 폈다 하
다. ㉫오물거리다². **우물-우물²** 🅟하자타. ❑
～ 껌을 씹다 / 무언가 ～ 말하다.
우물-고누 📖 '十' 자의 네 귀를 둥근 원으로
막고 한쪽 귀를 터놓은 판에 각각 말 둘씩을
서로 먼저 가두어 이기는 고누(먼저 두는 사
람이 첫 수에 가두지는 못함).
　우물고누 첫수 📖 ㉠상대편을 꼼짝하지 못
하게 할 수 있을 정도의 가장 좋은 대책을 비
유적으로 이르는 말. ㉡한 가지 방법밖에 달
리 변통할 재주가 없음.
우물-귀신 (-鬼神)[-뀌-] 📖 우물에 빠져 죽은
사람의 원혼.
우물-대다¹ 자 우물거리다¹.
우물-대다² 자타 우물거리다².
우물-둔덕 📖 우물 둘레의 작은 둑 모양으로
된 곳.
우물-마루 📖(건) 짧은 널을 가로로, 긴 널을
세로로 놓아 짠 마루.
우물-물 📖 우물에서 나는 물. 또는 우물에서
길어 낸 물.
우물 반자 (건) 소란 반자.
우물-지다 자 1 뺨에 보조개가 생기다. ❑우물
진 볼. 2 우묵하게 들어가다.
우물-질 📖하자 우물물을 퍼내는 일.
우물쩍 🅟하자 말이나 행동을 분명하게 하지
않고 적당히 슬쩍 넘기는 모양. ❑ ～ 숨기다 /
～ 지나다.
우물쩍-우물쩍 🅟하자타 꾀를 부리느라고 말
이나 행동을 자꾸 분명하게 하지 않는 모양.
❑ ～ 넘기다.
우물쩍-주물쩍 [-주-] 🅟하자타 '우물쩍'의
힘줌말.
우물-쭈물 🅟하자타 말이나 행동을 자꾸 우물
거리며 몹시 흐리멍덩하게 하는 모양. ❑ ～
하지 말고 속 시원히 말해 봐라.
우물-천장 (-天障) 📖 소란 반자로 한 천장.
우뭇-가사리 [-꾸-/-묻꺼-] 📖(식) 우뭇
가사릿과의 바닷말. 높이는 10-30 cm이고
전체가 홍자색의 부채 모양을 하고 있음. 바
다 속 모래나 돌에 붙어삶(우무의 원료).
우뭇-가시 [-꾸까-/-묻꺼-] 📖 '우뭇가사리'
의 준말.
우므러-들다 [-들어, -드니, -드는] 자 점점
우므러져 가다. ㉫오므라들다.
우므러-뜨리다 타 힘주어 우므리다. ㉫오므라
뜨리다.
우므러-지다 자 가장자리의 끝이 한군데로 향
하여 모이다. ㉫오므라지다.
우므러-트리다 타 우므러뜨리다.
우므리다 타 우므러지게 하다. ❑입술을 ～.
㉫오므리다.
우미 (愚迷) 📖하형하 우매(愚昧).
우미-량 (-樑) 📖(건) 가재 꼬리 모양으로 굽
은 보.
우미인-초 (虞美人草) 📖(식) 개양귀비.
우미-하다 (優美-) 🅗🅐 우아하고 아름답다.

❑우미한 모습 / 우미한 조각품.
우민 (愚民) 📖 1 어리석은 백성. ❑ ～ 정치. 2
백성이 통치자에게 자신을 낮추어 이르는 말.
우맹(愚氓).
우민 (憂民) 📖하자 백성의 일을 근심함.
우민 (憂悶) 📖하자 근심하고 번민함.
우민 정책 (愚民政策) (정) 지배 계급이 피지
배 계급의 비판력을 무디게 함으로써 정치
체제의 안정을 얻으려는 정책. 우민화 정책.
우민-화 (愚民化) 📖하자타 어리석은 백성이 됨.
또는 그렇게 되게 만듦.
우바니 (優婆尼) 📖 (산 upāsikā) (불) 속세에
있으면서 불교를 믿는 여자. 신녀(信女). 우
바이. ↔우바새.
우바니사토 (優婆尼沙土) 📖(종) '우파니샤드'
의 음역어.
우바새 (優婆塞) 📖 (산 Upāsaka) (불) 1 속세
에 있으면서 불교를 믿는 남자. 신남(信男).
청신남. 거사. 신사(信士). 2 불교를 믿는 남
자의 총칭. 신남(信男). ↔우바이.
우바이 (優婆夷) 📖 (산 Upāsikā) (불) 1 속세
에 있으면서 불교를 믿는 여자. 신녀(信女).
청(淸)신녀. 2 불교를 믿는 여자의 총칭. ↔
우바새.
우:박 (雨雹) 📖 큰 물방울들이 공중에서 갑자
기 찬 기운을 만나 얼어 떨어지는 얼음 덩어
리. 누리. ❑ ～을 맞다 / ～이 쏟아지다[치다].
우:발 (偶發) 📖하자 우연히 일어남. 또는 그런
일. ❑ ～ 사건 / ～ 행위.
우:발-범 (偶發犯) 📖(법) 범죄의 원인이 행
위자에게 있지 않고 주로 외부적인 사정에
기인하는 범죄.
우:발-사고 (偶發事故) 📖 우연히 일어난 사
고. ❑ ～에 대비하다.
우:발-적 (偶發的)[-쩍] 관형 어떤 일이 예기치
않게 우연히 일어나는 (것). ❑ ～ 사고 /～
적.
우:발 채:무 (偶發債務) (법) 우발적인 사실
의 발생으로 생기는 특수한 성질의 채무(어
음의 배서나 어음의 할인 등으로 생기는 소
급 의무 따위).
우:방 (友邦) 📖 서로 우호적인 관계를 맺고 있
는 나라. 우방국.
우:방 (牛蒡) 📖(식) 우엉.
우:방 (右方) 📖 오른쪽. ↔좌방.
우:방-국 (友邦國) 📖 우방(友邦).
우:방-자 (牛蒡子) 📖(한의) 우엉의 씨(열을
내리고 해독 작용을 함).
우:배 (友輩) 📖 친구들.
우:-백호 (右白虎)[-배코] 📖(민) 풍수지리에
서, 주산(主山)의 오른쪽에 있다는 뜻으로,
오른쪽으로 뻗은 산줄기를 이르는 말. ＊좌청
룡(左靑龍).
우범 (虞犯) 📖 성격이나 환경의 영향을 받아
범죄를 저지를 우려가 있음. ❑ ～ 지역.
우범 소:년 (虞犯少年) (법) 현재 죄를 범하지
는 않았으나 성격이나 환경으로 미루어 장차
죄를 범할 우려가 있는 소년.
우범-자 (虞犯者) 📖 범죄를 저지를 우려가 있
는 사람. ❑ ～를 가려내다.
우범 지대 (虞犯地帶) (법) 범죄 발생이 우려
되는 지대. ❑ ～의 순찰을 담당하다.
우-벗어난끝바꿈 [-버서-끝빠-] 📖 우 불규칙
활용.
우:-변 (右邊) 📖 1 오른편짝. 2 (수) 등식이나
부등식에서, 등호 또는 부등호의 오른쪽에
적은 수나 식. 3 (역) 우포도청.
우보 (牛步) 📖 소의 걸음이란 뜻으로, 느린 걸

음을 이르는 말.
우부 (愚夫) [명] 어리석은 남자.
우부 (愚婦) [명] 어리석은 여자.
우부룩-이 [부] 우부룩하게. [준]우북이.
우부룩-하다 [-루카-] [형여] 풀이나 나무 등이 한데 많이 모여 더부룩하다. ❑ 토끼풀이 우부룩한 들판. [작]오보록하다. [준]우북하다.
우:-부방 (右阜傍) [명] 한자 부수의 하나(('郡·鄕' 따위에서 '阝'의 이름)).
우:부-우 (雨覆羽) [명] 〖조〗 새의 죽지를 덮은 깃. 우비깃.
우부-우맹 (愚夫愚氓) [명] 어리석은 백성들.
우부-우부 (愚夫愚婦) [명] 어리석은 남자와 어리석은 여자를 아울러 이르는 말.
우북-이 [부] '우부룩이'의 준말. ❑ ~ 쌓인 쌀가마.
우북-하다 [-부카-] [형여] '우부룩하다'의 준말.
우분 (牛糞) [명] 쇠똥.
우불-구불 [부][하형] 이리저리 고르지 않게 구부러진 모양. ❑ 강줄기가 ~ 휘어져 있다. [작]오불고불.
우 불규칙 활용 (-不規則活用)[-치콰룡] 〖언〗 어간의 끝 '우'가 '어' 앞에서 줄어지는 불규칙 활용(('푸다'가 '퍼'로 활용하는 것으로 '푸다' 하나뿐임)).
우불-꾸불 [부][하형] '우불구불'의 센말. ❑ 길이 ~ 휘다. [작]오불꼬불.
우:비 (雨備) [명] 우산·비옷·삿갓·도롱이 등 비를 가리는 도구의 총칭. 우구(雨具).
우비 (優比) [명] 〖수〗 제1항이 제2항보다 큰 비(比)((8:4 따위)). ↔열비(劣比).
우:비-깃 (雨備-)[-긷] [명] 〖조〗 새의 죽지를 덮은 깃. 우부우(雨覆羽).
우비다 [타] 구멍이나 틈 속을 긁어내거나 도려내다. ❑ 귀를 ~ / 알맹이를 우벼 내다. [작]오비다. [거]후비다.
우비적-거리다 [-꺼-] [타] 자꾸 함부로 우비어 파내다. ❑ 손가락으로 갯벌을 ~. [작]오비작거리다. [거]후비적거리다. **우비적-우비적** [부][하타]
우비적-대다 [-때-] [타] 우비적거리다.
우:빙 (雨氷) [명] 〖지〗 지나치게 냉각된 빗방울 따위가 얼음이 되어 식물이나 암석 등을 덮고 있는 것.
우사 (牛舍) [명] 외양간.
우:사 (雨師) [명] 비를 맡은 신.
우:산 (雨傘) [명] 펴고 접을 수 있게 만들어 비가 올 때 손에 들고 머리 위를 가리는 우비((박쥐우산·종이우산·비닐우산 따위가 있음)). ❑ ~을 받다 / ~을 접다 / ~을 펴다.
우:산-걸음 (雨傘-) [명] 우산을 들었다 내렸다 하듯이 몸을 추썩거리며 걷는 걸음.
우산-국 (于山國) [명] '울릉도'의 옛 이름.
우:산-나물 (雨傘-) [명] 〖식〗 국화과의 여러해살이풀. 깊은 산에 나며 높이는 75 cm 가량. 잎은 크고 방패 모양의 원형이며, 여름·가을에 흰 꽃이 핌. 어린잎은 식용함.
우:산-뱀 (雨傘-) [명] 〖동〗 독사의 하나. 물가에 삶. 길이 약 1 m. 머리는 작고 몸은 흑색 또는 붉은 갈색에 60여 개의 흰 띠무늬가 있음. 강한 신경독(神經毒)이 있음.
우:산-살 (雨傘-)[-쌀] [명] 우산의 덮개 부분을 얽어 받치는, 대오리나 철사로 만든 뼈대.
우:산-오이풀 (雨傘-) [명] 〖식〗 장미과의 여러해살이풀. 습지에 자생하고, 가을에 흰빛에 담홍색을 띤 꽃이 가지 위에 화수(花穗)를 이루어 피는데, 길어서 비스듬히 드리어 있음. 오이 냄새가 남.
우:산-이끼 (雨傘-)[-니-] [명] 〖식〗 이끼의 일종. 전체가 녹색으로 헛뿌리가 있어 몸을 땅에 고정시킴. 습하고 그늘진 곳에서 자람.
우:상 (右相) [명] 〖역〗 '우의정'의 별칭. ↔좌상.
우:상 (羽狀) [명] 새의 깃 같은 모양이나 상태. 깃꼴.
우:상 (偶像) [명] **1** 나무·돌·쇠붙이·흙 따위로 만든 상(像). ❑ 나무로 깎아 만든 ~. **2** 신불을 본떠 만든 상((종교적 숭배의 대상이 되는 것)). **3** 미신 등의 대상물. **4** 대중적인 인기가 있어 맹목적으로 추종하고 존경하는 대상. ❑ 그 가수는 10대들의 ~이다. **5** 〖기〗 하나님에 대하여, 인위적으로 만들어낸 신의 형상이나 개념. ❑ ~을 섬기지 마라.
우:상-교 (偶像敎) [명] 〖교〗 우상을 숭배하는 종교.
우:상 단엽 (羽狀單葉) 〖식〗 깃꼴 홑잎.
우:상-맥 (羽狀脈) [명] 〖식〗 깃꼴맥.
우:상 복엽 (羽狀複葉) 〖식〗 깃꼴 겹잎.
우:상 숭배 (偶像崇拜) 〖종〗 우상을 종교적 신앙의 대상으로 숭배하는 일.
우:상-적 (偶像的) [관][명] 우상과 같은 (것). ❑ ~ 인물 / ~인 존재가 된 가수.
우:상-화 (偶像化) [명][하타] 우상이 됨. 또는 우상으로 만듦. ❑ ~ 정책 / 연예인을 ~하다.
우색 (憂色) [명] 근심하는 기색. ❑ ~을 띠다.
우:생 (寓生) [명][하자] 남에게 붙어서 삶.
우생 (愚生) [一][명] 어리석은 사람. [二][대] 말하는 이가 자기를 낮추어 일컫는 말.
우생 수술 (優生手術) 〖의〗 우생학에 따른 단종(斷種). 유전성 병자에 대해 생식기의 일부에 수술을 가하여 생식 능력을 없애는 수술. 단종 수술.
우생-학 (優生學) [명] 〖생〗 양질의 유전 형질을 보존하기 위한 목적으로, 배우자의 선택 또는 결혼 등에 관해 연구하는 학문.
우:서 (羽書) [명] 〖역〗 우격(羽檄).
우서 (郵書) [명] 우편으로 보내는 편지.
우서 (愚書) [명] **1** 가치가 없는 서적. **2** 자기 편지의 겸칭.
우:선 (右旋) [명][하자타] 오른쪽으로 돌거나 돌림. ↔좌선(左旋).
우:선 (羽扇) [명] 새의 깃으로 만든 부채.
우선 (郵船) [명] '우편선(郵便船)'의 준말.
우선 (優先) [명][하자] 딴 것에 앞서 특별하게 대우함. ❑ 실력과 능력을 ~하는 사회 / ~으로 대하다.
우선 (于先) [부] **1** 어떤 일에 앞서서. 먼저. 위선(爲先). ❑ ~ 인사부터 드려라. **2** 아쉬운 대로. 그러저럭. ❑ 이만하면 ~ 한시름 놓겠다. [우선 먹기는 곶감이 달다] 나중에는 어떻게 되든 당장 좋은 것만 취하는 경우의 비유.
우선-권 (優先權)[-꿘] [명] **1** 특별히 남보다 먼저 행사할 수 있는 권리. ❑ ~을 따 내다 / ~을 주다. **2** 금전이나 물건의 취득, 처분 또는 이익 배당 등에서 다른 권리자보다 먼저 받을 수 있는 권리.
우선-멈춤 (優先-) [명] 달리던 자동차가 횡단보도 따위의 앞에서 일단 정지하였다가 다시 가는 일. ❑ ~을 지키다.
우선-순위 (優先順位) [명] 어떤 것을 먼저 차지하거나 사용할 수 있는 차례나 위치. ❑ ~를 정하다 / ~에 따르다.
우선-적 (優先的) [관][명] 다른 것에 앞서 특별하게 대우하는 (것). ❑ ~ 해결 과제 / ~으로

선발하다.

우선-주 (優先株) 〖경〗 배당 또는 잔여 재산 분배 등에서 보통주보다 우선권을 갖는 주식.

우선-하다 〖형여〗 **1** 앓던 병이 좀 나은 듯하다. ▣몸이 우선해서 바깥바람을 쐬고 싶다. **2** 몰리거나 급박하던 형편이 한결 나아진 듯하다. ▣시험이 끝나자 우선해진 학생들이 영화관으로 몰려간다.

우설 (牛舌) 〖명〗 소의 혀.

우:설 (雨雪) 〖명〗 비와 눈.

우설 (愚說) 〖명〗 **1** 어리석은 주장이나 이론. **2** 자기 주장이나 이론의 겸칭.

우설-어 (牛舌魚) 〖명〗〖어〗 서대기.

우성 (牛星) 〖명〗〖천〗 별의 이름. 28수(宿)의 아홉째 자리.

우:성 (雨聲) 〖명〗 빗소리.

우:성 (偶成) 〖명·하자〗 우연히 이루어짐. 또는 그런 일.

우성 (優性) 〖명〗〖생〗 멘델의 법칙에 따라 유전하는 형질 가운데 반드시 다음 대에 나타나는 형질. ↔열성(劣性).

우성 인자 (優性因子) 〖생〗 하나의 유전 형질을 결정하는 두 종류의 유전 인자 중, 한쪽 인자를 억압하여 잠복시키는 인자.

우:성 조건 (偶成條件) 〖-건〗〖법〗 성취 여부가 당사자의 의사에 관계됨이 없이 외부의 사정이나 제삼자의 의사에 달려 있는 조건('내일 비가 개면 간다'의 '비가 개면' 따위).

우세 〖명·하자〗 남에게서 비웃음을 당함. 또는 그 비웃음. ▣∼를 당하다 / ∼를 사다.

우:세 (雨勢) 〖명〗 비가 내리는 기세나 형세.

우세 (虞世) 〖명·하자〗 세상을 근심함.

우세 (優勢) 〖명·하형〗 상대편보다 힘이나 세력이 나음. 또는 그 형세. ▣∼를 견지하다 / 청팀이 홍팀보다는 ∼한 듯하다. ↔열세(劣勢).

우세-스럽다 〖-따〗〖-스러워, -스러우니〗〖형ㅂ〗 '남우세스럽다'의 준말. **우세-스레** 〖부〗

우세-승 (優勢勝) 〖명〗 유도에서, 절반·유효·효과를 얻었거나 상대편에게 경고·주의·지도가 있었을 때 내려지는 판정승.

우셋-거리 〖-세꺼- / -센꺼-〗 〖명〗 비웃음을 살 만한 거리. ▣사람들의 ∼가 되다.

우송 (郵送) 〖명·하타〗 우편(郵便)으로 보냄. ▣항공 ∼ / 책을 ∼하다.

우송-료 (郵送料) 〖-뇨〗 〖명〗 편지나 물건을 부치는 데 드는 비용. ▣열차 ∼.

우수 〖명〗 **1** 일정한 수효 외에 더 받는 물건. **2** '우수리'의 준말.

우수 (牛髓) 〖명〗 쇠뼈 속의 골.

우:수 (右手) 〖명〗 오른손.

우:수 (迂叟) 〖명〗 세상일에 어두운 늙은이. 〖대〗 노인이 자기를 낮추어 하는 말.

우:수 (雨水) 〖명〗 **1** 빗물. **2** 이십사절기의 하나. 입춘과 경칩의 사이에 있음(양력 2월 18일. 봄비가 내리기 시작하는 시기임). 〖우수 경칩에 대동강 물이 풀린다〗 우수와 경칩을 지나면 아무리 춥던 날씨도 누그러진다는 말.

우:수 (偶數) 〖명〗 짝수. ↔기수(奇數).

우수 (憂愁) 〖명〗 근심과 걱정. ▣∼에 찬 얼굴 / ∼에 잠기다.

우수 (優秀) 〖명·하형〗 여럿 가운데 뛰어남. ▣∼상품 / ∼한 성적 / 품질이 ∼하다.

우:수군-절도사 (右水軍節度使) 〖-또-〗 〖명〗 〖역〗 조선 때, 우수영(右水營)의 으뜸 벼슬. 정삼품 벼슬. 우수사(右水使). ＊좌수군절도사.

우수리 〖명〗 **1** 물건 값을 제하고 거슬러 받는 잔돈. 거스름돈. ▣∼를 거슬러 받다. **2** 일정한 수량이나 수에 차고 남은 것. ▣∼가 없어 셈이 간편하다.

우수마발 (牛溲馬勃) 〖명〗 쇠오줌과 말똥이라는 뜻으로, 가치 없는 말이나 글 또는 품질이 나빠 쓸 수 없는 약재 따위를 이르는 말.

우수불함 (牛溲不陷) 〖명〗 우답불파(牛踏不破).

우:-수사 (右水使) 〖명〗 〖역〗 우수군절도사(右水軍節度使). ＊좌수사.

우수-성 (優秀性) 〖-씽〗 〖명〗 여럿 가운데 뛰어난 특성. ▣한글의 ∼ / 기술의 ∼을 보여 주다.

우수수 〖부·하자〗 **1** 물건이 수북하게 쏟아지는 모양. 〔작〕오소소. **2** 바람에 나뭇잎 따위가 많이 떨어져 흩어지는 모양. 또는 그 소리. ▣낙엽이 ∼ 떨어지다. **3** 물건의 사개나 묶어 놓은 것이 저절로 물러나는 모양.

우수-아 (優秀兒) 〖명〗 심리학에서, 지능이 같은 나이 또래 중에서 2% 안에 드는 어린이. ▣∼는 영재 교육을 시킬 필요가 있다.

우:-수영 (右水營) 〖명〗 〖역〗 조선 때에 둔 우수 군절도사의 군영. 세조 때는 전라도 해남에, 선조 37년(1604) 이후는 경상도 거제에, 후에 고성(＝지금의 통영)에 설치했음. ＊좌수영.

우수-하다 (優數-) 〖형여〗 수가 많다.

우:순-풍조 (雨順風調) 〖명·하형〗 비 오고 바람 부는 것이 때와 분량이 알맞다는 뜻으로, 농사에 알맞게 기후가 순조로움을 이르는 말.

우:숫-물 (雨水-) 〖-순-〗 〖명〗 우수 때에 내리는 많은 비.

우숫물(이) 지다 〖관〗 우숫물로 큰물이 지다. 우숫물이 나다.

우스개 〖명〗 남을 웃기려고 익살을 부리면서 하는 짓이나 말. ▣∼로 한 말이다.

우스갯-소리 〖-개쏘- / -갣쏘-〗 〖명〗 우스개로 하는 말.

우스갯-짓 〖-개찓 / -갣찓〗 〖명〗 우스개로 하는 짓. ▣∼으로 우는 아이를 달래다.

우스꽝-스럽다 〖-따〗〖-스러워, -스러우니〗 〖형ㅂ〗 **1** 말이나 행동, 모습 따위가 특이하여 우습다. ▣우스꽝스러운 차림새를 한 사나이. **2** 매우 가소롭다. **우스꽝-스레** 〖부〗

우스티드 (worsted) 〖명〗 모직물의 일종. 긴 양털을 줄 모양으로 늘여 꼬아서 짠 것(주로 남자 양복감으로 씀).

우슬 (牛蝨) 〖명〗 진드기.

우:습 (雨濕) 〖명〗 비 때문에 생긴 습기.

우:습게-보다 〖-께-〗 〖타〗 **1** 남을 업신여기다. 얕보다. ▣사람 우습게보지 말게. **2** 간단한 것으로 알다. ▣우습게보고 덤볐다가 되게 혼났다.

우습광-스럽다 〖형〗 ☞우스꽝스럽다.

우:습다 〖-따〗〖우스워, 우스우니〗 〖형ㅂ〗 **1** 재미가 있어 웃음이 날 만하다. ▣우스운 이야기 / 그의 행동이 아주 ∼. **2** 대단치 않거나 하찮은 것 없다. 가소롭다. ▣젠체하는 꼴이 ∼.

우습게 알다 〖여기다〗 〖관〗 ⊙대수롭지 않게 여기다. ⓒ쉽게 여기다.

우습지도 않다 〖관〗 너무 어이가 없어서 기가 막히다.

우승 (牛蠅) 〖명〗 쇠파리.

우승 (優勝) 〖명·하자동〗 **1** 경기·경주 따위에서 이겨 첫째를 차지함. ▣∼보 / ∼을 다투다(노리다) / 마라톤에서 ∼하다. **2** 여럿 중에서 가장 뛰어남. ▣아주 ∼한 절경을 자랑하는 금강산.

우승-권 (優勝圈) 〖-꿘〗 〖명〗 우승을 어느 정도 기

대할 수 있는 범위. ▣~에서 멀어지다.

우승-기 (優勝旗) 圀 우승자에게 그 명예를 표창하기 위해 경기 대회 등에서 주는 기.

우승-배 (優勝盃) 圀 운동 경기의 우승자에게 주는 상패. 트로피. 우승컵. ▣~를 높이 치켜들다.

우승-열패 (優勝劣敗)[-녈-] 圀하자 1 나은 자가 이기고 못한 자가 지는 일. 2 적자생존(適者生存).

우승-자 (優勝者) 圀 우승한 사람.

우-승지 (右承旨) 圀『역』 1 고려 밀직사의 정삼품 벼슬. 2 조선 때, 중추원이나 승정원(承政院)의 정삼품 벼슬《왕명의 출납을 맡아 보았음》.

우승-컵 (優勝cup) 圀 우승배.

우시 (憂時) 圀하자 시국(時局)을 걱정함. 또는 그 걱정.

우-시장 (牛市場) 圀 소를 사고파는 시장.

우식 (愚息) 圀 자기 아들의 겸칭.

우식-악 (憂息樂) 圀『악』 신라 19 대 눌지왕(訥祗王)이 지었다는 노래. 고구려와 일본에 볼모로 간 두 아우 복호(卜好)와 미사흔(未斯欣)이 박제상(朴堤上)의 수완으로 돌아오자, 그 기쁨을 나누는 잔치에서 불렀다 함. 가사는 전하지 않음.

우신 (牛腎) 圀 소의 자지.

우신 (郵信) 圀 우편으로 보내는 편지. 우서(郵書).

우심 (牛心) 圀 소의 염통.

우:심 (寓心) 圀하자 마음을 둠.

우심 (憂心) 圀 걱정하는 마음.

우:-심방 (右心房) 圀『생』 심장 안의 오른쪽 윗부분《상하의 대정맥에서 오는 피를 받아 우심실로 보내는 일을 함》. 오른편 염통방. ↔좌심방.

우:-심실 (右心室) 圀『생』 심장 안의 오른쪽 아랫부분《우심방에서 오는 피를 깨끗이 하여 폐동맥으로 보내는 일을 함》. 오른편 염통집. ↔좌심실.

우심-하다 (尤甚-) 圀 더욱 심하다. ▣불량배의 행패가 ~. **우심-히** 凰

우심-혈 (牛心血) 圀 소의 염통의 피《보혈 강장제로 씀》.

우썩 凰 단번에 거침없이 나아가거나, 갑자기 늘거나 줄어드는 모양. 쩐와싹.

우썩-우썩 凰 한꺼번에 거침없이 자꾸 나아가거나 자꾸 늘거나 줄어드는 모양. ▣아기는 하루가 다르게 ~ 자란다. 쩐와싹와싹.

우숨 圀 〈옛〉 웃음.

우아 凰 1 뜻밖의 기쁜 일이 생겼을 때에 내는 소리. ▣~, 우리가 이겼다. 2 말이나 소를 멈추게 하거나 조용히 있으라고 달래는 소리. 준와.

우아-스럽다 (優雅-)[-따][-스러워, -스러우니] 圀田 우아한 멋이 있다. ▣우아스러운 말씨. **우아-스레** 凰

우아-우아 凰 거듭하여 '우아' 하는 소리. 준와와.

우아-하다 (優雅-) 圀 고상하고 기품이 있으며 아름답다. ▣우아하고 세련된 백제의 미술 / 그녀는 우아하게 몸치장을 했다.

우악살-스럽다 (愚惡-)[-쌀-따][-스러워, -스러우니] 圀田 매우 밉살스럽게 우악스럽다. 준왁살스럽다. **우악살-스레**[-쌀-] 凰

우악-스럽다 (愚惡-)[-쓰-따][-스러워, -스러우니] 圀田 우악한 태도가 있다. ▣말씨가 ~. **우악-스레**[-쓰-] 凰

우악-하다 (愚惡-)[-아카-] 圀 1 무지하고

포악하며 드세다. ▣우악한 목소리 / 성질이 ~. 2 미련하고 불량하다. ▣우악한 생김새.

우악-하다 (優渥-)[-아카-] 圀 은혜가 넓고 두텁다.

우:안 (右岸) 圀 강의 하류를 향하여 오른쪽 기슭. ↔좌안.

우:안 (愚案) 圀 자기의 생각이나 의견을 낮추어 이르는 말.

우:애 (友愛) 圀 형제간 또는 친구 사이의 사랑이나 정분. ▣~가 두텁다. ――하다 재예 형제간이나 친구 간에 서로 사랑하다.

우:애-결혼 (友愛結婚) 圀 이성끼리 우애를 기초로 하여 결혼 생활에 들어가기 전에 피임과 이혼의 자유를 인정하면서 시험적으로 함께 사는 결혼.

우:애-롭다 (友愛-)[-따][-로워, -로우니] 圀田 보기에 우애가 있다. ▣우애로운 형제. **우:애-로이** 凰 ▣~ 지내다.

우:야 (雨夜) 圀 비 오는 밤.

우양 (牛羊) 圀 소와 양을 함께 이르는 말.

우:어 (偶語) 圀하자 두 사람이 마주 대하여 이야기함.

우어 凰 말이나 소에게 멈추라고 외치는 소리. 준워.

우어-우어 凰 거듭하여 '우어' 하는 소리. 준워워.

우:언 (寓言) 圀 우화(寓話).

우엉 圀『식』 국화과의 두해살이풀. 높이 약 1m, 육질(肉質)의 뿌리는 식용하고, 씨는 이뇨제로 씀. 우방(牛蒡).

우여 凰 새 따위를 쫓는 소리.

우여-곡절 (迂餘曲折)[-쩔] 圀 뒤얽혀 복잡한 사정. ▣~을 겪다 / 결혼까지는 많은 ~이 있었다.

우역 (牛疫) 圀 소의 전염병. 우질(牛疾).

우역 (郵驛) 圀『역』 역(驛).

우연 (偶然) 圀하자 히부 아무런 인과 관계가 없이 뜻하지 않게 일어난 일. 우연성. ▣~의 일치 / ~한 계기《기회》 / ~히 만난 사람. ↔필연(必然).

우연-론 (偶然論)[-논] 圀『철』 법칙적 인과 관계를 부인하고 세계의 발생·질서·발전은 궁극적으로 모두 우연에 지배된다는 설.

우연만-하다 圀 1 다를 쓸 만하다. 2 그저 그만하다. ▣우연만하면 참고 견디어라. 준웬만하다. **우연만-히** 凰

우연 발생설 (偶然發生說)[-쌩-]『생』 생물은 무생물계로부터 생물의 종자 없이 발생하였다는 설. 자연 발생설.

우연 변:이 (偶然變異)『생』 돌연변이.

우연-사 (偶然死) 圀 우연한 원인에 의한 죽음. *자연사(死).

우연-성 (偶然性)[-썽] 圀 1 사물의 우연한 성질. 2 우연. ↔필연성.

우연-스럽다 (偶然-)[-따][-스러워, -스러우니] 圀田 우연한 데가 있다. **우연-스레** 凰

우:열 (右列) 圀 오른쪽의 열. ↔좌열.

우:열 (雨裂) 圀『지』 빗물의 침식 작용에 의해 생기는 작은 골짜기 모양의 지형.

우열 (優劣) 圀 우수함과 열등함. ▣~을 가리기가 어렵다 / ~에 따라 자리를 배정하다.

우열의 법칙 (優劣-法則)[-녀릐/-여레-] 『생』 유전 법칙의 하나. 대립 형질의 양친을 교배했을 때, 잡종(雜種) 제 1 대에서 우성 형질이 표면에 나타나고 열성 형질은 가려진다는 법칙.

우열-하다(愚劣-)[형여] 어리석고 못나다. ▣
우열한 성품.

우:완(右腕)[명] 오른팔. ▣~ 투수. ↔좌완.

우완-하다(愚頑-)[형여] 어리석고 완고하다.

우:왕좌왕(右往左往)㉠[하자] 이리저리 왔다
갔다 하며 종잡지 못함. 이랬다저랬다 갈팡
질팡함. ▣~하는 대혼란 / ~하며 갈피를 못
잡다. ㉡[부] 이리저리 왔다 갔다 하며 일이나
나아갈 방향을 종잡지 못하는 모양. ▣~ 어
찌할 바를 모르다.

우:요(右繞)[명][하자]『불』 수행승이 부처를 중
심으로 하여 오른쪽으로 도는 일.

우우(憂虞)[명][하자] 근심하고 걱정함.

우우(優遇)[명][하타] 후하게 대접함. 또는 그런
대접. 우대(優待). ↔우대(厚待).

우-우¹[부][의성] 1 바람이 세차게 부는 소리. 2
일시에 많은 것이 한곳으로 몰려드는 모양.
▣구경꾼이 ~ 몰려들다.

우-우²[감] 야유하거나 상대편을 위협할 때 잇
따라 내는 소리.

우울(憂鬱)[명][형][하부] 어떤 일이 근심스러워
마음이 답답하고 침울함. ▣~한 심정 / 하루
하루를 ~하게 보내다.

우울-병(憂鬱病)[-뼝][명] 우울증.

우울-성(憂鬱性)[-썽][명] 우울한 성질.

우울-증(憂鬱症)[-쯩][명]『의』정신병의 하나.
마음이 침울하여 고민·무능·번민·비관·염세
(厭世)·자살 기도 따위의 증세를 나타냄. 우
울병. ▣~에 빠지다.

우울-질(憂鬱質)[-찔][명] 우울해지기 쉬운 성
질(性質).

우원-하다(迂遠-)[형여] 길이 구불구불 돌아서
멀다.

우:월(雨月)[명] 비 오는 달이라는 뜻으로, 음
력 오월을 달리 이르는 말.

우월(優越)[명][하자] 다른 것보다 뛰어나게 나
음. ▣그는 성적이 나보다 ~했다.

우월-감(優越感)[명] 자기가 남보다 뛰어나다
고 여기는 생각이나 느낌. ▣~을 가지다.

우월-성(優越性)[-썽][명] 우월한 성질이나 특
성. ▣민족의 ~을 지니다.

우위(優位)[명] 1 남보다 유리한 위치나 입장.
▣~에 서다 / ~를 차지하다 / 선거전에서 계
속 ~를 지키다. 2[철] 우월한 지위.

우유(牛油)[명] 쇠기름.

우유(牛乳)[명] 소의 젖. 지방·단백질·비타민·
당분(糖分) 등을 함유하여 영양가가 높음. 살
균하여 음료로 마시며 버터·치즈·젖산 음료
등의 원료로도 씀. 쇠젖. 소젖. ▣~ 갑 / ~ 팩.

우유(迂儒)[명] 세상 물정에 어두운 선비.

우유(優遊·優游)[명][하자] 하는 일 없이 편안하
고 한가롭게 지냄.

우유-도일(優遊渡日)[명][하자] 하는 일 없이 한
가롭게 세월을 보냄.

우유부단(優柔不斷)[명][하형] 어물어물하며 결
단을 내리지 못함. ▣~한 성격.

우유불박-하다(優遊不迫-)[-바카-][형여] 침
착하고 여유가 있다.

우:유-성(偶有性)[-썽][명] 우연히 갖추어 가지
게 된 특성.

우유-자적(優遊自適)[명][하자] 유유자적(悠悠自
適).

우:유적 속성(偶有的屬性)[-쏙썽]『철』 어떤
사물을 생각할 때 그것이 없어도 지장이 없
는 성질.

우유-주(牛乳酒)[명] 우유에 효모를 넣어 발효

시켜 만든 술(먹으면 상쾌하고도 신맛이 남).

우유-체(優柔體)[명]『문』 문체의 한 가지. 문
장이 부드럽고 우아함이 특색임. ↔강건체.

우유-하다(優柔-)[형여] 마음이 부드럽고 약하
여 끊고 맺는 데가 없다.

우육(牛肉)[명] 쇠고기.

우:윤(右尹)[명]『역』1 고려 때, 삼사(三司)의
종삼품 벼슬. 2 조선 때, 한성부(漢城府)의
종이품 벼슬. ↔좌윤(左尹).

우윳-빛(牛乳-)[-유삗·-윧삗][명] 우유의 빛깔
과 같은 흰빛. ▣~ 살결.

우은(優恩)[명] 임금의 두터운 은혜.

우음(牛飮)[명][하타] 소처럼 많이 마심.

우음-마식(牛飮馬食)[명][하타] 소처럼 술을 많
이 마시고 말처럼 음식을 많이 먹는다는 뜻
으로, 많이 마시고 먹음을 이르는 말.

우의(牛衣)[명] 덕석.

우:의(友誼)[-/-이][명] 친구 사이의 정의. ▣
~가 깊다 / ~를 저버리다.

우:의(羽衣)[-/-이][명] 새의 깃으로 만든 옷
《선녀나 신선이 입는다 함》.

우:의(羽蟻)[-/-이][명] 교미기에 날개가 돋친
개미.

우:의(雨衣)[-/-이][명] 비옷.

우:의(雨意)[-/-이][명] 우기(雨氣).

우:의(寓意)[-/-이][명][하자] 다른 사물에 빗대
어 비유적인 뜻을 나타내거나 풍자함. ▣이
솝 우화는 여러 가지 ~를 통해서 인생의 교
훈을 가르치고 있다.

우:의 소:설(寓意小說)[-/-이-]『문』 우화
소설.

우:의-적(友誼的)[-/-이-][관] 우의가 있는
(것). ▣~ 관계를 맺다 / ~으로 도와주다.

우:-의정(右議政)[-/-이-][명]『역』의정부
(議政府)의 정일품 벼슬.

우:의-하다(優毅-)[-/-이-][형여] 마음이 부드
러우면서도 굳세다.

우이(牛耳)[명] 1 쇠귀. 2 일당·일파·한 단체의
우두머리.

우이(를) 잡다 ㉮ ㉠어떤 일을 마음대로 좌
지우지하다. ㉡동맹·단체·당파 등의 우두머
리가 되다.

우:인(偶人)[명][하자] 우연(偶然).

우이다[타]〈옛〉웃기다.

우이-독경(牛耳讀經)[-꼉][명] '쇠귀에 경 읽
기'의 뜻으로, 어떤 방법을 써도 아무런 소용
이 없다는 말. 우이송경. ✱쇠귀.

우:이-득중(偶爾得中)[-쯩][명][하자] 사물이 우
연히 잘 들어맞음. ㉰우중(偶中).

우이-송경(牛耳誦經)[명] 우이독경.

우:익(右翼)[명] 1 새나 비행기 따위의 오른쪽
날개. 2[군] 중앙에 있는 부대. 또는 대열
의 오른쪽. ▣적의 ~을 공격하다. 3 보수파·
국수주의·파시즘 등의 입장. ▣~ 정당 / ~
인사 / ~ 진영에 서다. 4 야구에서, 외야(外
野)의 오른쪽. 또는 그 위치에 있는 수비수.
5 축구에서, 맨 오른쪽에 있는 공격 위치. 또
는 그 위치에 있는 공격수. 라이트 윙. 6 '우
익수'의 준말. ↔좌익.

우:익(羽翼)[명] 1 새의 날개. 2 보좌하는 일.
또는 그 일을 하는 사람. 3[식] 식물에 있는
기관의 좌우에 날개 모양으로 달린 부속물의
총칭.

우:익-군(右翼軍)[-꾼][명] 오른쪽에 있는 부
대. 또는 그 군사. ↔좌익군.

우:익-수(右翼手)[-쑤][명] 야구에서, 외야(外
野)의 오른쪽을 수비하는 선수. 라이트 필더.
↔좌익수. ㉰우익.

우:인 (友人)圈 벗².
우인(愚人)圈 어리석은 사람. 우물(愚物).
우인 (虞人)圈 1 경험이 많고 능숙한 사냥꾼.
 2 경기 같은 모임에서 잡인을 제어하기 위해
 지키는 사람.
우:일 (偶日)圈 짝수로 된 날. 짝숫날.
우자(芋子)圈〖植〗토란(土卵).
우자 (愚者)圈 어리석은 사람. 우인.
우자—스럽다 (愚者—)[—따][—스러워, —스러우
 니]𝕙𝕓 보기에 어리석은 데가 있다. 우자—
 스레𝕓
우자—일득 (愚者一得)[—뜩]圈 어리석은 사람
 이라도 여러 일을 하다 보면 잘하는 일이 있
 다는 뜻.
우작 (愚作)圈 1 보잘것없는 작품. 2 자기 작품
 의 겸칭.
우장 (牛漿)圈〖醫〗천연두를 앓는 소의 두창
 (痘瘡)에서 뽑아낸 액체(천연두 예방에 씀).
우:장 (雨裝)圈𝕙𝕒 우비를 차려 입음. 또는
 그 옷차림.
우:장—옷 (雨裝—)[—옫]圈 비옷.
우:적 (雨滴)圈 빗방울.
우적—우적𝕓𝕒𝕓 1 일을 무리하게 급히 해
 나가는 모양. □〜 밀고 나가다. 2 단단하고
 질긴 물체를 마구 깨물어 씹을 때 나는 소리.
 또는 그 모양. □무를 〜 씹어 먹었다. 꾈𝕒
 작와작. 3 단단하고 무거운 물건이 갑자기 자
 꾸 무너지거나 부서질 때 나는 소리. 또는 그
 모양. 4 거리낌이 없이 나아가거나 왕성하게
 일어서는 모양.
우:전 (右前)圈 야구에서, 우익수의 앞. □〜
 안타 / 〜 적시타로 동점을 이루다.
우전 (郵電)圈 우편과 전보.
우전 (郵傳)圈𝕙𝕒 우편으로 전함.
우:점 (雨點)圈 빗방울이 떨어진 자국.
우점—종 (優占種)圈 일정한 범위 안의 생물 군
 집(群集) 가운데서 가장 수가 많거나 넓은 면
 적을 차지하는 생물의 종류(흔히 식물 군집
 의 분류에 씀).
우:접 (寓接)圈𝕙𝕒 우거(寓居).
우—접다 [—따][冊다] 1 남보다 뛰어나게 되다.
 낫게 되다. 2 선배를 이겨 내다.
우:정 (友情)圈 벗 사이의 정. 우의(友誼). □
 〜의 선물 / 〜을 두터이 하다.
우정 (郵政)圈 우편에 관한 행정.
우정—국 (郵政局)圈〖歷〗조선 말에 체신 사무
 를 맡아보던 관아. 고종(高宗) 21년(1884)에
 설치하였다가 곧 폐지함. 우정총국.
우:—정승 (右政丞)圈〖歷〗'우의정'의 별칭.
우정—총국 (郵政總局)圈〖歷〗우정국.
우제 (愚弟)☰圈 자기 동생의 겸칭. ☱𝕚𝕕 형
 으로 대접하는 사람에 대한 자기의 겸칭(흔
 히 편지에 씀).
우제 (虞祭)圈 초우(初虞)·재우(再虞)·삼우(三
 虞)의 총칭.
우:조 (羽調)圈〖樂〗국악에서, 오음의 하나인
 '우' 음을 으뜸음으로 하는 조. 다른 곡조보
 다 맑고 씩씩함.
우:족 (右足)圈 오른발.
우:족 (右族)圈 1 적자(嫡子)의 계통. ↔좌족.
 2 고귀한 집안.
우:족 (羽族)圈 조류(鳥類)의 총칭.
우졸—하다 (愚拙—)𝕙𝕒 어리석고 못나다. □
 우졸한 생각을 하다.
우:주 (宇宙)圈 1 천지 사방과 고금 왕래(古今
 往來). 2 세계(世界) 또는 천지간. 만물을 포
 용하는 공간. □〜 만물. 3〖物〗물질과 복사
 (輻射)가 존재하는 모든 공간. 4〖天〗모든

천체를 포함하는 전 공간. 유니버스. □광활
 한 〜/〜를 왕복하다. 5〖哲〗질서 있는 통
 일체로서의 세계.
우주 (虞主)圈〖歷〗궁중에서 우제(虞祭)를 지
 낼 때 쓰던 뽕나무로 만든 신주.
우:주 개발 (宇宙開發) 로켓이나 인공위성 따
 위에 의하여 지구를 비롯한 여러 천체를 관
 측·탐색하고 연구하여 인류의 활동 범위를
 우주 공간으로 확대하여 가는 작업. □〜에 참여
 하다.
우:주 개벽론 (宇宙開闢論)[—논]〖哲〗우주
 의 발생과 발전을 신화적·종교적·형이상학적
 혹은 과학적으로 풀이한 학설.
우:주 공학 (宇宙工學) 우주 비행체를 설계·제
 작·발사·추적·관제하는 기술 또는 그에 관한
 학문.
우:주 공해 (宇宙公害) 우주선이나 인공위성
 으로 생기는 공해(인공위성의 파편, 인공위
 성의 원자로에 의한 방사능 오염 따위).
우:주—관 (宇宙觀)圈 1 물리학·천문학의 입장
 에서 본 우주에 관한 관찰이나 견해. 2 세계
 에 있어서의 인간의 문제에 관한 관찰이나
 견해.
우:주 기지 (宇宙基地) 인공 천체를 발사하는
 기지. 로켓 발사대, 로켓 조립대, 레이더나
 광학 관측 장치, 발사된 천체와의 전기 통신
 장치, 유도 계산 센터 등의 시설이 있음.
우:—주다𝕒 장사판에서 이익을 남겨 주다.
우:주 로켓 (宇宙rocket) 시험·연구 등의 목적
 으로 사람이나 동물, 기타 물건을 우주 공간
 에 운반하기 위하여 사용하는 로켓.
우:주—론 (宇宙論)圈 우주의 기원과 구조, 발
 전에 관한 자연 철학적인 가설과 물리학·천
 문학 이론의 총칭.
우:주 먼지 (宇宙—) 우주진(宇宙塵).
우:주—병 (宇宙病)[—뼝]圈〖醫〗무중력 상태에
 놓인 우주 비행사가 걸리는 일종의 멀미 증
 상. 우주 부적응 증후군(宇宙不適應症候群).
우:주—복 (宇宙服)圈 우주를 여행할 때에, 우
 주선 내에서 또는 우주 공간의 여러 가지 상
 황 속에서 몸을 보호하기 위하여 입는, 특수
 하게 만든 옷.
우:주 비행 (宇宙飛行) 로켓·우주선 등이 우
 주 공간에서 비행하는 일.
우:주 비행사 (宇宙飛行士) 우주선을 조종하
 는 사람. 우주인2.
우:주 산:업 (宇宙産業) 우주 기기(機器)와 우
 주 개발에 필요한 소프트웨어 등을 개발·생
 산하는 산업.
우:주—선 (宇宙船)圈 대기권 밖의 우주 공간
 을 나는 비행체.
우:주—선 (宇宙線)圈 우주로부터 끊임없이 지
 구로 날아오는, 매우 높은 에너지의 입자선
 (粒子線)의 총칭.
우:주 속도 (宇宙速度)[—또] 지구에서 쏘아 올
 린 우주 비행체가 다른 천체나 우주 공간으
 로 날아가는 데 필요한 속도(지구 둘레를 도
 는 데 필요한 속도를 제1 우주 속도(=초속
 7.9km), 지구에서 빠져나가는 데 필요한 속
 도를 제2 우주 속도(=초속 11.2km), 태양계
 에서 탈출하는 데 필요한 속도를 제3 우주
 속도(=초속 16.7km)라 함).
우:주—식 (宇宙食) 우주를 비행할 때 우주
 비행사가 휴대하는 음식물. 가볍고 부피가
 작은 것으로, 단백질·지방·탄수화물·비타민·
 무기질 따위가 충분히 들어 있음.

우:주-여행 (宇宙旅行) 몡 지구를 벗어나 다른 행성으로 가는 여행.

우:주 왕:복선 (宇宙往復船)[-썬] 반복하여 사용할 수 있는 유인 우주선.

우:주 유영 (宇宙游泳) 우주 비행사가 우주선 밖의 우주 공간에 나와 무중력 상태에서 행동하는 일.

우:주-인 (宇宙人) 몡 1 지구 이외의 다른 행성에 존재한다고 생각되는 지적인 생물체. 외계인. 2 우주선을 타고 우주를 비행하기 위하여 특수 훈련을 받은 사람. 우주 비행사.

우:주 정류장 (宇宙停留場)[-뉴-] 행성 간 비행의 중계 기지로 고안된 대형의 인공위성《지구를 도는 것, 어떤 천체와 지구를 왕복선회하는 것, 태양의 주위를 공전하는 인공 행성 따위가 있음》. 우주 스테이션.

우:주-진 (宇宙塵) 몡 우주에 흩어져 있는 미립자 모양의 물질《별의 빛을 흡수·편광(偏光)하거나 적외선을 방사하여 관측됨. 지구로 낙하할 때 공기와 마찰하여 불을 일으키는 것을 유성(流星)이라 함》. 우주 먼지.

우:주-총 (宇宙銃) 몡 우주 공간에서 유영할 때에, 자세를 바꾸거나 이동하는 데에 사용하는 가스 분사식 추진 장치.

우:주 캡슐 (宇宙capsule) 우주 공간을 비행하는 인간 등의 생물이 일정 기간 생활할 수 있도록 환경 조건을 갖추어 놓은 용기(用器).

우:주 통신 (宇宙通信) 우주 공간을 이용한 무선 통신. 일반적으로는 인공위성을 이용하는 통신 방식. ＊위성 통신.

우죽 몡 나무나 대나무의 꼭대기에 있는 가지.

우죽 (牛粥) 몡 쇠죽.

우죽-거리다[-꺼-] 재 공연히 무슨 일이나 있는 것처럼 어깨나 몸을 흔들며 바쁘게 걷다. 우죽-우죽 閉

우죽-대다[-때-] 재 우죽거리다.

우줄-거리다[-꺼-] 재타 몸이 큰 사람이나 짐승이 율동적으로 멋있게 움직이다. 🗌어깨를 우줄거리며 걸어가다. 쎈오줄거리다. 우줄-우줄 閉하재타

우줄-대다 재타 우줄거리다.

우줅-거리다[-죽꺼-] 재 자꾸 어기적거리며 걷다. 우줅-우줅 [-주구죽] 閉하재

우줅-대다[-죽때-] 재 우줅거리다.

우줅-이다[-줄기-] 타 말려도 듣지 않고 억지로 행하다.

우:중 (雨中) 몡 비가 오는 가운데. 또는 비가 올 때. 빗속. 🗌-에도 불구하고 집을 나서다.

우:중 (偶中) 몡하재 '우이득중(偶爾得中)'의 준말.

우:-중간 (右中間) 몡 1 중앙과 오른쪽의 사이. 2 야구에서, 우익수와 중견수 사이. 🗌-으로 빠지는 이루타를 치다.

우중충 閉하형 1 날씨나 분위기 따위가 어둡고 침침한 모양. 🗌-한 밤 / 표정이 ~하다. 2 색이 오래되어 바래서 선명하지 못한 모양. 🗌3년 동안 입은 교복 색깔이 ~하다.

우지[1] 몡 《조》'가마우지'의 준말.

우:-지[2] 몡 겁핏하면 우는 아이《사내아이는 '울남', 계집아이는 '울녀'라 함》. 울보.

우지 (牛脂) 몡 소의 지방《비누나 초 따위의 제조 원료임》. 쇠기름.

우:-지 (羽枝) 몡 깃가지.

우지끈 閉하재타 단단하고 큰 물건이 부러지거나 부서지는 소리. 또는 그 모양. 쎈오지끈.

우지끈-거리다 재타 단단하고 부피가 큰 물건

이 부러지거나 부서지는 소리가 자꾸 나다. 또는 그런 소리를 자꾸 내다. 쎈오지끈거리다. 우지끈-우지끈 閉하재타

우지끈-대다 재타 우지끈거리다.

우지끈-뚝딱 閉하재타 단단하고 큰 물건이 요란스럽게 부러지거나 부서지며 다른 물체와 부딪치는 소리. 또는 그 모양. 🗌나무들이 ~ 부러지다. 쎈오지끈똑딱.

우지지다 재 〈옛〉우짖다.

우지직 閉하재타 1 크고 단단한 물건이 부러지거나 찢어지면서 나는 소리. 또는 그 모양. 🗌얼음장이 ~하고 꺼지다. 2 잘 마르지 아니한 짚이나 나뭇가지 따위가 불에 타는 소리. 또는 그 모양. 🗌땔감이 ~하며 타다. 3 국물 따위가 버쩍 졸아붙을 때 나는 소리. 또는 그 모양. 쎈오지직.

우지직-거리다[-꺼-] 재타 우지직하는 소리가 자꾸 나다. 또는 그런 소리를 자꾸 내다. 쎈오지직거리다. 우지직-우지직 閉하재타

우지직-대다[-때-] 재타 우지직거리다.

우직-하다 (愚直-)[-지카-] 형에 어리석고 고지식하다. 🗌우직한 사람 / 우직하게 일하다.

우질 (牛疾) 몡 우역(牛疫).

우질-부질 閉하형 성질이나 행동이 곰살궂지 못하고 뚝뚝한 모양.

우집다[-따] 타 1 남을 업신여기다. 2 ☞ 우접다.

우:징 (雨徵) 몡 비가 올 징조.

우:-짖다[-짇따] 재 울며 부르짖다. 🗌옆집 개의 우짖는 소리에 잠을 깨다. 2 새가 울어지저귀다.

우쩍 閉 단번에 거침없이 줄차게 나아가거나 갑자기 많이씩 늘어나거나 줄어드는 모양. ＊와쩍.

우쩍-우쩍 閉 단번에 거침없이 나아가거나 늘어나거나 또는 줄어드는 모양. ＊와짝와짝.

우쭐-우쭐 閉 1 걸어갈 때 몸을 위아래로 심하게 흔드는 모양. 2 사람이나 초목 등의 키가 빠르게 커지는 모양. 🗌비가 올 때마다 대나무의 키가 ~ 자란다.

우쭐-거리다 재타 1 큰 몸이 율동적으로 멋있게 자꾸 움직이다. 또는 몸을 멋있게 움직이다. 🗌그는 어깨를 우쭐거리며 걸어갔다. 여우쭐하다. 2 의기양양하게 자꾸 뽐내다. 우쭐-우쭐 閉하재타

우쭐-대다 재타 우쭐거리다.

우쭐-하다 재타에 1 의기양양하여 뽐내다. 🗌회장이 되자 우쭐하며 좋아했다. 2 몸을 크게 율동적으로 한 번 움직이다.

우차 (牛車) 몡 소가 끄는 수레. 소달구지.

우:-찬성 (右贊成) 몡《역》조선 때, 의정부의 종일품 문관 벼슬. ↔좌찬성.

우:-참찬 (右參贊) 몡《역》조선 때, 의정부의 정이품 문관 벼슬. ↔좌참찬.

우책 (愚策) 몡 어리석은 술책.

우처 (愚妻) 몡 남에게 자기 아내를 낮추어 이르는 말. ＊형처(荊妻).

우:-천 (雨天) 몡 1 비가 오는 날씨. 🗌-으로 경기가 연기되다 / ~에도 불구하고 도보 국토 순례는 계속되었다. 2 비가 내리는 하늘.

우:천-순연 (雨天順延) 몡 미리 정한 경기나 모임 날짜의 당일에 비가 오면 그 다음날로 미루는 일.

우:청 (雨晴) 몡 청우(晴雨).

우체 (郵遞) 몡 우편(郵便).

우체-국 (郵遞局) 몡 미래 창조 과학부에 딸려, 우편물의 인수·배달과 우편환·전신환 등의 업무를 맡아보는 기관.

우체-부(郵遞夫)몡 우편집배원.
우체-통(郵遞筒)몡 거리의 일정한 곳에 설치
하여, 부칠 편지를 넣는 통.
우충(愚衷)몡 '자기의 참된 마음'을 겸손하게
이르는 말.
우:측(右側)몡 오른쪽. ▢가게는 저 건물 ~
에 있습니다. ↔좌측.
우:측-통행(右側通行)몡하자 길을 갈 때에
오른쪽으로 감. ↔좌측통행.   「(血痔).
우치(疣痔)몡《한의》피가 나오는 치질. 혈치
우치(愚癡)몡하형 어리석고 못남.
우치(齲齒)몡《의》충치(蟲齒).
우케몡 찧기 위해 말리는 벼.
우쿨렐레(미 ukulele)몡《악》기타 비슷한, 넉
줄로 된 현악기(원래 하와이 원주민이 사용
했음). *하와이안 기타.
우:택(雨澤)몡 비의 은택.
우통-하다형어 재빠르지 못하다.
우툴-두툴뿌하형 물건의 거죽이나 바닥이 고
르지 못하고 굵게 부풀어 오른 모양. ▢~한
자갈길. 쫑오톨도톨.
우:파(右派)몡 1 우익의 당파. 2 한 단체·정파
등의 내부에서 보수주의적인 경향을 지닌
파. ↔좌파.
우파니샤드(산 Upanisad)몡《종》힌두교의 철
학 사상을 나타내는 성전(聖典)의 총칭(《인도
의 철학·종교의 원천을 이룸. 우주의 중심 생
명인 브라만과 개인의 중심 생명인 아트만의
궁극적 일치를 주장함》.
우:편(右便)몡 오른편. ▢~에 앉으신 분이
교장 선생님이시다. ↔좌편.
우편(郵便)몡 1 편지나 기타의 물품을 국내나
전 세계에 보내 주는 통신 제도. ▢~으로 보
낸다. 2 '우편물'의 준말.
우편-낭(郵便囊)몡 우편집배원이 우편물을
넣고 다니는 주머니.
우편-료(郵便料)[-뇨]몡 '우편 요금'의 준말.
우편-물(郵便物)몡 우편으로 보내는 편지나
물품(통상 우편물과 소포 우편물이 있음).
우편 번호(郵便番號) 우편물을 쉽게 분류하
기 위하여 미래 창조 과학부에서 각 지역마
다 매긴 우편 구별 번호.
우편 사서함(郵便私書函) 우편물의 집배 사
무를 취급하는 우체국에 국장의 승인을 받고
비치하는 가입자 전용의 우편함. 쫑사서함.
우편-선(郵便船)몡 우편물을 실어 나르는 배
(《정부로부터 항로 보조금을 받음》. 쫑우선.
우편-엽서(郵便葉書)[-녑써]몡 미래 창조 과
학부에서 발행하는 일정한 규격과 양식의 용
지에다 우편 요금을 냈다는 표시로 증표를
인쇄하여 발행하는 편지 용지. 통상 엽서·왕
복 엽서·봉함엽서 따위. 쫑엽서.
우편 요:금(郵便料金)[-뇨-] 우편물을 보내
는 사람 또는 받는 사람이 우체국에 내는 수
료금. 쫑요금·우편료.
우편 저:금(郵便貯金) 우체국에서 취급하는
저금 사업.
우편-집배원(郵便集配員)[-삐-]몡 미래 창조
과학부에 소속되어, 우편물을 우체통으로부
터 모으고 받을 사람에게 배달하는 직원. 쫑
집배원.
우편-함(郵便函)몡 벽이나 대문 등에 달아 두
고 우편물을 넣게 하는 작은 상자.
우편-환(郵便換)몡 우체국에서 취급하는 환
증서(換證書)로 돈을 부치는 방법. 통상환·전
신환·소액환 따위.
우:-포도청(右捕盜廳)몡《역》조선 때, 포도
청의 우청(右廳). *좌포도청.

우표(郵票)몡 우편 요금을 낸 표시로 우편물
에 붙이는 정부 발행의 증표다. ▢~ 수집 / ~
를 붙이지 않은 편지.
우표-딱지(郵票-)[-찌]몡〈속〉우표.
우표-첩(郵票帖)몡 우표를 수집하여 붙일 수
있도록 만든 책.
우피(牛皮)몡 쇠가죽.
우:-하다(愚-)형여 어리석다.
우:-합(右閤)몡《역》'우의정'의 별칭.
우:-합(偶合)몡하자 우연히 맞음. 암합(暗合).
(仝命中).
우행(愚行)몡 어리석은 행동.
우:-향우(右向右)몡깜 바로 서 있는 상태에
서 몸을 오른쪽으로 90° 틀어 돌아서라는 구
령. 또는 그 구령에 따라 행하는 동작.
우:현(右舷)몡 고물에서 뱃머리를 향하여 오
른쪽의 뱃전. ↔좌현.
우형(愚兄)ㅡ몡 말하는 이가 자기 형을 낮추
어 이르는 말. ㅡ인대 말하는 이가 동생뻘 되
는 사람에게 자기를 겸손하게 일컫는 말.
우:호(友好)몡 개인끼리나 나라끼리 서로 사
이가 좋은 일. ▢~ 관계를 유지하다.
우호(優弧)몡《수》원호(圓弧) 중에서 반원보
다 큰 쪽의 호(弧). ↔열호(劣弧).
우:호-적(友好的)관몡 개인끼리나 나라끼리
사이가 좋은 (것). ▢~ 태도를 보이다 / ~ 협
력 관계를 맺다.
우:호 조약(友好條約) 국가 간의 우의를 위해
맺는 조약.
우:화(羽化)몡하자 1 번데기가 변태하여 성충
(成蟲)이 되는 일. 2 '우화등선'의 준말.
우:화(寓話)몡 인격화된 동식물이나 다른 사
물에 비겨 풍자나 교훈의 뜻을 나타내는 이
야기(《이솝 우화 따위》. 우언(寓言).
우:화등선(羽化登仙)몡하자 사람의 몸에 날
개가 돋쳐 하늘로 올라가 신선이 됨. 쫑우화.
우:화-법(寓話法)[-뻡]몡 풍유법(諷喩法).
우:화 소:설(寓話小說)《문》무생물·동물·식
물 등을 의인화하여 쓴 소설. 교훈적이고 풍
자적임.
우:화-시(寓話詩)몡《문》동식물이나 사물을
의인화하여 쓴 시. 교훈이나 풍자의 뜻이 담
겨 있음.
우:화-집(寓話集)몡 우화를 모아 엮은 작품
집. ▢~을 엮다.
우환(憂患)몡 1 근심이나 걱정이 되는 일. ▢
~을 부르다 / ~이 생기다 / ~이 들다. 2 병
으로 인한 걱정.
우환-에(憂患-)뿌 그렇게 언짢은 위에 또.
우환질고(憂患疾苦)몡 근심과 걱정과 질병과
고생. ▢~가 끊이지 않다.
우:활꼴(優-)몡《수》반원보다 큰 활꼴. 우궁
형. ↔열활꼴.
우:활-하다(迂闊-)형여 '오활(迂闊)하다'의
본딧말.
우황(牛黃)몡《한의》소의 쓸개에 병으로 생
긴 덩어리. 열을 없애고 독을 푸는 작용이 있
어 열병·중풍·경간(驚癇)의 약재로 씀.
[우황 든 소 같다] 가슴속의 분을 못 이겨 어
쩔 줄 모르고 괴로워하다.
우:-황(又況)뿌 '하물며'의 뜻의 접속 부사.
우회(迂廻·迂回)몡하자 멀리 돌아서 감. ▢~
작전 / 비포장도로를 ~하여 가다.
우회 도:로(迂廻道路) 시가지나 주요 도로의
교통이 혼잡할 때 에둘러 갈 수 있는 도로.

우회 생산(迂廻生產)〖경〗먼저 생산재를 만든 다음에 그것을 이용하여 소비재를 만드는 일. 소비재를 보다 유리하게 획득하기 위한 생산 수단.

우:-회전(右回轉)圆团团 차 따위가 오른쪽으로 돎. 回 사거리 지나서 바로 ~하시오. ↔좌회전.

우후(牛後)소의 궁둥이라는 뜻으로, 세력이 큰 사람의 부하로 있는 처지에 대한 비유. 回계구(鷄口)~.

우:후(雨後)圆 비가 온 뒤.

우:-후죽순(雨後竹筍)[-쑨]圆 비가 온 뒤에 여기저기 많이 솟는 죽순이라는 뜻으로, 어떤 일이 한꺼번에 많이 일어남의 비유. 回노래방이 ~으로 생겨나.

우후후圄 1 참던 끝에 터진 웃음소리. 2 가슴 깊은 곳에서 터져 나오는 한숨이나 울음소리.

우흠回圆〖옛〗움큼.

우휼(優恤)圆하团 두텁게 은혜를 베풀어 도움.

우:-흔(雨痕)〖지〗지층의 성층면(成層面) 위에 남아 있는 먼 옛날의 빗방울 자국.

우흡(優洽)圆하团 인덕(仁德)이 널리 미침.

우휘다国〖옛〗움키다.

욱圄 1 격한 감정이 불끈 일어나는 모양. 回화가 ~ 치밀다. 2 심하게 구역질이 날 때 토할 듯이 내는 소리.

욱-기(-氣)[-끼]圆 격한 마음이 불끈 일어나는 성질. 또는 사납고 팔팔한 성질. 回~가 나다.

욱다[-따]자 1 안으로 우그러지다. 참옥다. 2 기운이 줄어들다.

욱-대기다国田 1 난폭하게 위협하다. 2 우락부락하게 우겨 대다. 3 억지를 부려 마음대로 해내다. 回욱대겨서 장난감을 빼앗다.

욱-둥이[-뚱-]圆 욱기가 있는 사람.

욱시글-거리다[-씨-]자 여럿이 한데 모여 우글거리다. 참옥시글거리다. 준욱실거리다.

욱시글-욱시글[-씨-]그욱시글거리는 모양. 참옥시글옥시글.

욱시글-대다[-씨-]자 욱시글거리다.

욱시글-득시글[-씨-씨-]부하团 몹시 들끓는 모양. 回시장에 사람이 ~한다.

욱신-거리다[-씬-]자 1 머리나 상처 등이 쑤시면서 아프다. 回어깨가 ~. 2 여럿이 뒤섞여서 몹시 수선스럽게 북적거리다. 참옥신거리다. 욱신-욱신[-씨눅씬]부하团 回골치가 ~한다.

욱신-대다[-씬-]자 욱신거리다.

욱신-득신[-씬-씬-]부하团 한데 모여 몹시 뒤끓는 모양.

욱실-거리다[-씰-]자 '욱시글거리다'의 준말. 욱실-욱실[-씨룩씰]부하团

욱실-대다[-씰-]자 욱실거리다.

욱실-득실[-씰-씰]부하团 '욱시글득시글'의 준말.

욱여-넣다[우겨너타]자 속으로 마구 밀어 넣다. 回알방을 주머니에 ~.

욱여-들다[-들어, -드니, -드는]자 주위에서 중심으로 모여들다.

욱여-싸다国 1 한가운데로 모아들여서 둘러싸다. 2 가의 것을 욱이어 속의 것을 싸다.

욱욱-하다(郁郁-)[우구카-]圈田 1 문물이 번성하다. 2 향기가 그윽하다.

욱욱-하다(昱昱-)[우구카-]圈田 매우 밝다.

욱욱-하다(煜煜-)[우구카-]圈田 빛나서 환하다.

욱이다国('욱다'의 사동) 안쪽으로 욱게 하다. 참옥이다.

욱일(旭日)圆 아침 해.

욱일-승천(旭日昇天)圆하团 떠오르는 아침 해라는 뜻으로, 기세나 세력이 성대함의 비유. 回~의 기세.

욱적-거리다[-쩍꺼-]자 여럿이 한곳으로 모여 북적거리다. 참옥작거리다. 욱적-욱적[-쩌국쩍]부하团 回백화점에 사람들이 ~ 들끓는다.

욱적-대다[-쩍때-]자 욱적거리다.

욱-죄다[-쬐-]国 살이 무엇으로 욱이어 죄는 듯한 아픔을 느끼다. 回가슴을 욱죄는 통증.

욱-죄이다[-쬐-]자('욱죄다'의 피동) 몸의 어떤 부분이 아프도록 욱여 죄이다. 참옥죄이다.

욱-지르다[-찌-][옥질러, 욱지르니]国匣 윽박질러서 기를 꺾다. 回동생을 욱질러서 울리다.

욱-질리다[-찔-]자('욱지르다'의 피동) 욱지름을 당하다.

욱-하다[우카-]圈田 앞뒤를 헤아림이 없이 격한 마음이 불끈 일어나다. 回욱하는 성미.

운:圆 어떤 일을 여럿이 한창 어울려 함께 하는 바람.

운:(運)圆 '운수(運數)'의 준말. 回아주 ~이 좋았다 / ~이 따르지 않는다.

운:(韻)圆 1 '운자(韻字)'의 준말. 2 '운향(韻響)'의 준말.

운(을) 달다큰 ㉠한시 따위에서 운을 쓰다. 압운(押韻)하다. ㉡앞선 말을 강조·긍정하는 뜻으로 말을 덧붙이다.

운(을) 떼다큰 ㉠말의 첫머리를 시작하다. 말을 꺼내다. ㉡넌지시 암시하다.

운(을) 밟다큰 ㉠남이 지은 한시에 화답하거나 그 운자를 따라 한시를 짓다. ㉡남의 행동을 따라서 그와 같이 하거나 본받아 비슷하게 행동하다.

운각(雲刻)圆 기구(器具) 따위의 가장자리에 새겨 넣은 구름 모양의 새김.

운:-각(韻脚)圆〖문〗글귀의 끝에 다는 운자.

운:-감(殞感)圆하团 제사 때에 차려 놓은 음식을 귀신이 맛봄.

운객(雲客)圆 신선(神仙)이나 은자(隱者)를 아름답게 이르는 말.

운:검(雲劍)圆〖역〗의장(儀仗)에 쓰던 큰 칼.

운경(雲鏡)圆 거울로 구름의 진행 방향과 속도를 재는 기구. *운속계(雲速計).

운:-고(韻考)圆 한자의 상성·평성·거성·입성의 운자를 분류해 놓은 책. 운책(韻冊).

운:-구(運柩)圆하团 시체를 넣은 관을 운반함. 回~ 행렬이 길게 이어졌다.

운:-구-차(運柩車)圆 무덤까지 관을 운반하는 차. 回~ 행렬.

운:-궁-법(運弓法)[-뻡]圆〖악〗바이올린 따위의 현악기에서 활을 쓰는 방법.

운권-천청(雲捲天晴)圆하团 1 구름이 걷히고 하늘이 맑게 갬. 2 병이나 근심이 씻은 듯이 없어짐의 비유.

운기(雲氣)圆 1 기상에 따라 구름이 움직이는 모양. 2 공중으로 떠오르는 기운.

운:-기(運氣)圆 1 전염하는 열병. 2 운수(運數). 回나라의 ~가 상승하다.

운:-김[-낌]圆 1 남은 기운. 2 여러 사람이 한창 함께 일을 할 때에 우러나는 힘. 回~에 일을 무사히 마쳤다. 3 사람들이 있는 곳의 따뜻한 기운.

운니지차(雲泥之差)圆 구름과 진흙의 차이라는 뜻으로, 서로 간의 매우 심한 차이를 이르

는 말. 천양지차.

운:-달다 〔운달아, 운다니, 운다는〕 [자] 운김에 따라서 하다.

운당 (雲堂) [명] 〖불〗 승려가 좌선(坐禪)하며 거처하는 집. 승당(僧堂). 구름집.

운:동 (運動) [명][하자타] **1** 사람이 몸을 단련하거나 건강을 위해 몸을 움직이는 일. ❏~ 경기 / 준비 ~. **2** 어떤 목적을 이루기 위해 분주히 돌아다니며 조직적으로 활동하는 일. ❏선거 ~ / 절전 ~. **3** 〖물〗 물체 또는 기하학적 형체가 시간의 경과에 따라 그 공간적 위치를 바꾸는 일. ❏지구의 자전 ~.

운:동-가 (運動家) [명] **1** 운동을 좋아하고 잘하는 사람. **2** 정치적·사회적 개혁이나 개선을 위하여 적극적으로 활동하는 사람. ❏독립 ~ / 사회 ~.

운:동 감:각 (運動感覺) 신체 각 부분의 운동에 따라 생기는 감각. 근육의 수축·긴장이 근육 조직·관절·건(腱)에 있는 특수한 부분을 자극함으로써 일어남.

운:동 경:기 (運動競技) 일정한 규칙에 따라 개인이나 단체끼리 속력·지구력·기능 따위를 겨루어 승부를 겨루는 일.

운:동-구 (運動具) [명] 운동에 쓰는 기구.

운:동-권 (運動圈)[-꿘] [명] 노동 운동·학생 운동 등과 같은 사회 변혁 운동에 적극적으로 참여하여 힘쓰는 사람들의 무리. ❏~ 학생.

운:동 기관 (運動器官) 〖생〗 동물이 공간적인 이동을 위해 쓰는 기관의 총칭《고등 동물은 근육·골격, 하등 동물은 섬모(纖毛)·편모(鞭毛)·위족(僞足) 따위》.

운:동-량 (運動量)[-냥] [명] **1** 운동하는 데 들인 힘의 양. ❏~이 큰 단거리 달리기 / ~이 부족하다. **2** 〖물〗 물체의 질량과 그 속도의 곱으로 나타내는 물리량의 하나.

운:동-령 (運動領)[-녕] [명] 〖생〗 대뇌 피질의 수의 운동에 관계하는 중추가 분포한 부분. *연합령(聯合領)·지각령(知覺領).

운:동 마비 (運動痲痺) 〖의〗 운동 기능을 상실하는 일《특히 근육을 뜻대로 움직이지 못하는 상태를 이름》.

운:동 마찰 (運動摩擦) 〖물〗 한 물체가 다른 물체의 표면에 닿아서 운동할 때, 그 운동하고 있는 물체를 정지시키려는 마찰. ↔정지 마찰.

운:동-모 (運動帽) [명] '운동모자'의 준말.

운:동-모자 (運動帽子) [명] 운동할 때 쓰는 모자. [준]운동모.

운:동-복 (運動服) [명] 운동할 때 입는 간편한 옷. 체육복.

운:동-부 (運動部) [명] 학교나 회사 같은 데서 운동 경기를 함께 하는 조직.

운:동-비 (運動費) [명] **1** 운동을 하는 데 드는 비용. **2** 어떤 목적을 이루기 위하여 활동하는 데에 드는 비용.

운:동-선수 (運動選手) [명] 어떤 운동 경기에 뛰어난 재주가 있거나 전문적으로 운동을 하는 사람. 스포츠맨.

운:동-성 (運動性)[-썽] [명] 움직이거나 움직이려고 하는 성질.

운:동 신경 (運動神經) **1** 〖생〗 뇌나 척수와 같은 중추에서 근육과 같은 말초에 자극을 전달, 운동을 일으키는 신경의 총칭. **2** 어떤 일에 반사적으로 몸을 움직이거나, 각종 운동을 솜씨 있게 하는 능력. ❏~이 발달하다.

운:동 실조 (運動失調)[-쪼] 〖의〗 뇌 또는 척수의 장애로 근육의 조절이 마음대로 되지 아니하는 병《운동을 하려 하여도 신체 각 부분이 조화를 잃어 뜻대로 되지 않음》.

운:동 에너지 (運動energy) 〖물〗 운동하는 물체가 가지고 있는 에너지《물체의 질량을 m, 속도를 v라고 할 때 물체의 운동 에너지는 $1/2\,mv^2$ 임》.

운:동-원 (運動員) [명] 어떤 목적을 이루기 위해 운동하는 사람. ❏선거 ~.

운:동의 법칙 (運動-法則)[-/-에-] 〖물〗 뉴턴이 확립한, 물체의 운동을 설명하는 세 가지의 기본 법칙《제1 법칙은 관성(慣性)의 법칙, 제2 법칙은 가속도의 법칙, 제3 법칙은 작용 반작용의 법칙임》. 뉴턴의 운동 법칙.

운:동 잔상 (運動殘像) 〖심〗 움직이는 대상을 바라보다가 정지한 대상을 보면, 이것이 앞서 본 것과 반대 방향으로 움직이는 것같이 보이는 현상.

운:동-장 (運動場) [명] 운동 경기나 놀이 따위를 할 수 있도록 여러 가지 설비를 갖춘 넓은 마당. ❏학교 ~에서 조깅을 한다.

운:동 중추 (運動中樞) 〖생〗 근육 운동을 주재하는 신경 중추《대뇌·연수·척수 따위》.

운:동-학 (運動學) [명] 〖물〗 물체의 질량이나 힘에 관계없이 그 운동에 대한 기하학적 성질을 연구하는 역학(力學)의 한 분야.

운:동-화 (運動靴) [명] 운동할 때 신는 신. 또는 평상시 활동하기 편하게 신는 신.

운:동-회 (運動會) [명] 많은 사람이 모여 운동 경기 따위를 하는 모임. ❏가을 ~.

운두 [명] 그릇·신 같은 물건의 둘레나 둘레의 높이. ❏~가 넓다 / ~가 높은 그릇.

운량 (雲量)[울-] [명] 구름양(量).

운:량 (運糧)[울-] [명][하타] 양식을 운반함.

운:로 (運路)[울-] [명] 물건을 운반하는 길.

운:명 (運命) [명] **1** 인간을 포함한 모든 것을 지배하는 초인간적인 힘. 또는 그것에 의하여 이미 정하여져 있는 목숨이나 처지. 명운(命運). 숙명(宿命). ❏피할 수 없는 ~ / ~에 맡기다. **2** 앞으로 닥칠 여러 가지 일이나 사태. ❏조국의 ~이 걸린 중대사. [준]명(命).

운:명 (殞命) [명][하자] 사람의 목숨이 끊어짐. 죽음. ❏그 노인은 돌봐 주는 가족도 없이 쓸쓸히 ~하셨다.

운:명-극 (運命劇) [명] 운명 비극(運命悲劇).

운:명-론 (運命論)[-논] [명] 〖철〗 모든 자연 현상이나 사람의 일은 미리 결정되어 있어 인간의 노력으로도 바꿀 수 없다고 믿는 이론. 숙명론.

운:명론-자 (運命論者)[-논-] [명] 운명론을 믿거나 주장하는 사람.

운:명 비:극 (運命悲劇) 〖문〗 인생의 온갖 일을 운명 또는 숙명으로 돌려 주인공의 파멸과 몰락을 묘사하려는 희곡 작품.

운:명-신 (運命神) [명] 운명을 좌우한다는 신《이집트의 샤이, 그리스의 모이라, 로마의 파르카이 따위》.

운:명-적 (運命的) [관][명] 운명에 따라 정하여져 있는 (것). 숙명적(宿命的). ❏~인 만남.

운모 (雲母) [명] 〖광〗 단사 정계(單斜晶系) 육각 판상(板狀)의 결정으로 규산염 광물. 화강암 중에 흔하며 잘 벗겨짐《백운모·금운모·흑운모의 3종이 있는데 내화성(耐火性)이 강하며 전기 절연성이 있음》. 돌비늘.

운모-고 (雲母膏) [명] 〖한의〗 옴이나 독창(毒瘡)에 쓰는, 운모를 고아 만든 고약.

운모-병 (雲母屛) [명] 운모로 만든 병풍.

운모-지 (雲母紙) [명] 운모의 가루를 바른 종이.

운모 편암(雲母片岩)〖광〗운모·석영 등을 주성분으로 하는 결정 편암.

운:목(韻目)〖문〗한시(漢詩)의 끝 구가 두 자 또는 석 자의 운으로 된 글.

운무(雲霧)〖명〗구름과 안개. ▷자욱한 ~에 싸인 백록담.

운문(雲紋)〖명〗구름 모양의 무늬.

운:문(韻文)〖명〗1 일정한 운자(韻字)를 써서 지은 글(시·부(賦) 등). 2 시의 형식을 갖춘 글. 3 언어의 배열에 일정한 규율이 있는 글. ＊산문(散文).

운:문-체(韻文體)〖명〗문체의 한 가지. 외형적인 운율이나 자수(字數)에 맞춘 문체(가사·시조 따위). ＊산문체(散文體).

운:반(運搬)〖명〗〖하타〗1 물건 따위를 옮겨 나름. ▷~선(船) / 이삿짐을 ~하다. 2〖지〗강물이나 바람이 모래·자갈·흙 등을 옮겨 나름.

운:반-비(運搬費)〖명〗운반하는 데드는 비용.

운:반 작용(運搬作用)〖지〗바람·강물·파도와 같은 자연의 힘이 흙·자갈·모래 따위의 물질을 딴 곳으로 나르는 작용.

운발(雲髮)〖명〗여자의 탐스러운 머리 모양을 이르는 말.

운봉(雲峰)〖명〗1 여름날 산봉우리같이 피어오르는 구름. 뭉게구름. 2 머리 위에 구름이 떠도는 산봉우리.

운:봉(運逢)〖명〗〖하자〗좋은 운수를 만남.

운:부(韻府)〖명〗운목(韻目)을 모아 놓은 책.

운불-삽(雲黻翣)[-쌉]〖명〗운삽(雲翣)과 불삽(黻翣).

운빈(雲鬢)〖명〗여자의 귀밑으로 드려진 탐스러운 머리털을 구름에 비유한 말.

운빈-화용(雲鬢花容)〖명〗머리털이 탐스럽고 얼굴이 꽃같이 아름다운 여자의 모습을 이르는 말.

운:빙(隕氷)〖명〗지구 밖에서 지구의 대기 안으로 떨어지는 얼음덩이.

운:사(韻士)〖명〗운치가 있는 사람. 운인(韻人).

운산(雲山)〖명〗구름이 낀 아득한 산.

운:산(運算)〖명〗〖하타〗연산(演算). ▷~법.

운산-무소(雲散霧消)〖명〗〖하자〗구름이 흩어지고 안개가 사라지는 뜻으로, 의심이나 근심이 없어짐을 이르는 말.

운:산-증(運算症)[-쯩]〖명〗강박 관념으로 항상 눈에 보이는 물건의 수를 세거나 특수한 수에 대하여 병적인 공포를 갖는 정신병. 공수증(恐數症). 계산광(計算狂).

운삽(雲翣)〖명〗발인 때, 영구(靈柩) 앞뒤에 세우는, 구름무늬를 그린 부채 모양의 널빤지.

운상-기품(雲上氣稟)〖명〗속됨을 벗어난 고상한 기질과 성품.

운색(暈色)〖명〗'훈색(暈色)'의 본딧말.

운:서(韻書)〖명〗한자를 운(韻)에 따라 분류한 자서(字書).

운:석(隕石)〖명〗〖광〗지구로 떨어진 별똥.

운:선(運船)〖명〗〖하자〗배를 띄워 나아감.

운:성(隕星)〖명〗〖천〗유성(流星).

운:세(運勢)〖명〗사람이 타고난 운명이나 운수. ▷~가 좋다 / 1년의 ~를 보다.

운소(雲霄)〖명〗1 구름 낀 하늘. 2 높은 지위를 비유하는 말.

운속-계(雲速計)[-꼐 / -께]〖명〗구름이 움직이는 속도를 측정하는 기계. ＊운경(雲鏡).

운:송(運送)〖명〗〖하타〗화물 및 여객을 일정한 장소로부터 다른 장소로 나르는 일. ▷~ 회사 / 화물을 항공기로 ~하다.

운:송-료(運送料)[-뇨]〖명〗운임(運賃).

운:송 보:험(運送保險)〖경〗운송할 때 생길 수 있는 손해를 보상하기 위한 손해 보험.

운:송-비(運送費)〖명〗1 운임. 2 운송하는 데드는 비용.

운:송-선(運送船)〖명〗여객·화물 등을 실어 나르는 선박.

운:송-업(運送業)〖명〗운임 또는 수수료를 받고 여객과 화물을 실어 나르는 영업.

운:송-인(運送人)〖명〗1 운송 영업을 하는 사람. 2 직접 운송을 하는 사람.

운:송-장(運送狀)[-짱]〖명〗1 운송인이 화물을 받을 사람에게 보내는 통지서. 2 육상 운송에서, 짐을 보내는 사람이 운송인의 청구에 의해 운송 물품 등에 관한 사항을 기재하여 주는 증서. 송장(送狀).

운:송 증권(運送證券)[-꿘]〖명〗운송 계약에 따라 운송품의 인도 청구권을 나타내는 유가(有價) 증권. 화물 인환증과 선하(船荷) 증권 따위가 포함됨.

운수(雲水)〖명〗1 구름과 물. 2 '운수승(雲水僧)'의 준말.

운:수(運數)〖명〗사람에게 정해진 운명의 좋고 나쁨. 곧, 인간의 능력을 초월하는 천운(天運)과 기수(氣數). ▷~가 나쁘다 / ~가 대통하다 / ~에 맡기다. ㉥수(數)·운(運).

운수(가) 사납다〖관〗운수가 모질게 나쁘다.

운:수(運輸)〖명〗여객이나 화물을 실어 나르는 일(운반·운송보다 규모가 큼).

운:수-불길(運數不吉)〖명〗〖하〗운수가 좋지 않음. 운수불행.

운:수-불행(運數不幸)〖명〗〖하〗운수불길.

운:수-소관(運數所關)〖명〗모든 일은 운수에 달려 있어 사람의 힘으로는 어찌할 수 없음을 이르는 말.

운수-승(雲水僧)〖명〗'탁발승'의 미칭. ㉥운수.

운:수-업(運輸業)〖명〗규모가 크게 여객이나 화물을 실어 나르는 영업.

운수지회(雲樹之懷)〖명〗친구를 마음속에 품어 두고 그리워하는 생각.

운:수 회:사(運輸會社)운수를 영업으로 하는 회사.

운:신(運身)〖명〗〖하자〗1 몸을 움직임. 2 몸이 몹시 아파 ~도 못하다. 2 어떤 일이나 행동을 자유롭게 함. ▷~이 수월하다 / 그는 조직 내에서 ~의 폭이 넓다.

운심월성(雲心月性)[-시뭘썽]〖명〗구름 같은 마음과 달 같은 성품이라는 뜻으로, 욕심이 없이 맑고 깨끗한 마음의 비유.

운애(雲靄)〖명〗구름이 끼어 흐릿하게 된 기운. ▷~가 자욱하다.

운:역(雲役)〖명〗물건을 나르는 일.

운연(雲煙)〖명〗1 구름과 연기. 2 운치 있는 훌륭한 필적.

운연-과안(雲煙過眼)〖명〗〖하자〗구름이나 연기가 눈앞을 지나 사라진다는 뜻으로, 한때의 즐거운 일이나 어떤 사물에 깊이 마음을 두지 않음을 이르는 말.

운영(雲影)〖명〗구름의 그림자. 운예(雲翳).

운:영(運營)〖명〗〖하타〗1 조직·기구 따위를 운용(運用)하여 경영함. ▷~ 위원회 / 기업 ~ / 택시 회사를 ~하다. 2 어떤 대상을 관리하여 운용하여 나감. ▷대학의 학사 ~.

운:영 체제(運營體制)〖컴〗컴퓨터의 하드웨어 시스템을 효율적으로 운영하기 위한 소프트웨어. 컴퓨터를 작동하고 데이터의 관리와 작업 따위를 조정하는 프로그램 등으로 구성됨. 오에스(OS). 오퍼레이팅 시스템.

운예 (雲霓) 명 구름과 무지개의 뜻으로, 비가 올 징조.
운예 (雲翳) 명 운영(雲影).
운:용 (運用) 명하타 물건·제도 따위를 적절하게 사용함. ❏자원을 효율적으로 ~하다.
운우 (雲雨) 명 **1** 구름과 비. **2** 남녀 간의 육체적인 관계. ❏~의 정을 나누다.
운우지락 (雲雨之樂) 명 남녀가 육체적으로 관계하는 즐거움.
운우지정 (雲雨之情) 명 남녀가 육체적으로 나누는 사랑.
운운 (云云) 명 **1** 어떠하다고 말함의 뜻으로, 글이나 말을 인용하거나 생략할 때 쓰는 말. **2** 여러 가지의 말. —**-하다** 자타여 이러쿵저러쿵 말하다. ❏양심을 ~ / 지난 일은 더 이상 운운하지 마시오.
운월 (雲月) 명 언월(偃月)3.
운위 (云謂) 명하타 일러 말함. ❏환경 문제를 ~하다.
운유 (雲遊) 명하자 뜬구름처럼 널리 돌아다니며 놂.
운:율 (韻律) 명 시문(詩文)의 음성적(音聲的) 형식. 음의 장단·강약·고저 또는 같은 음, 비슷한 음을 규칙적으로 반복 배열하여 음악적인 느낌을 주는 일. 외형률과 내재율이 있음. 리듬. ❏~을 느끼며 시를 감상하다.
운:의 (運意)[우늬 / 우니] 명하자 이리저리 생각함.
운:인 (韻人) 명 운사(韻士).
운:임 (運賃) 명 운송에 대한 삯.
운:임-표 (運賃表) 명 여객 또는 화물의 운임을 거리·무게에 따라 분류하여 적은 표.
운잉 (雲仍) 명 운손(雲孫)과 잉손(仍孫)《먼 후손을 이름》.
운:자 (韻字)[-짜] 명 한시의 운각(韻脚)에 쓰는 글자. ㊂운(韻).
운작 (雲雀) 명 〖조〗 종다리.
운잔 (雲棧) 명 높은 산의 벼랑 같은 데를 건너다니게 한 통로.
운:재 (運材) 명하자 재목을 나름.
운:적-토 (運積土) 명 〖지〗 암석의 풍화물이 강물·바닷물·빙하·비바람·중력·화산 등의 작용으로 딴 곳에 운반 퇴적되어 생긴 흙. ↔ 정적토(定積土).
운전 (雲箋) 명 운한(雲翰).
운:전 (運轉) 명하타 **1** 기계나 자동차 따위를 움직여 굴림. ❏~ 면허. **2** 사업이나 자본 따위를 조절하여 움직임.
운:전-기사 (運轉技士) 명 '운전사'를 높여 이르는 말.
운:전-대 (運轉-)[-때] 명 자동차 따위에서, 운전을 하는 손잡이.
 운전대(를) 잡다 구 자동차 따위의 운전을 하다. ❏아버지께서 운전대를 잡으신 지 30년이 된다.
운:전-대 (運轉臺) 명 운전을 하는 자리. 운전석. ❏~에 앉다.
운:전-면허 (運轉免許) 명 도로에서 자동차나 오토바이 따위를 운전할 수 있는 자격. ❏~를 따다.
운:전-사 (運轉士) 명 전동차·자동차·열차·선박이나 기계 등을 직업적으로 운전하는 사람. 운전자.
운:전-수 (運轉手) 명 운전사.
운:전 자금 (運轉資金) 기업에서 생산 활동에 필요한 인건비나 원료 구입 따위의 경비로 쓰는 자금. ↔설비 자금.
운:전 자본 (運轉資本) 〖경〗 기업의 일상적 활동에 필요한 원자재나 상품 구입, 인건비 지급 따위처럼 한 번 써서 그 가치가 생산물로 바뀌는 자본. 유동 자본. ↔설비 자본.
운제 (雲梯) 명 **1** 높은 사다리. **2** 예전에, 성(城)을 공격할 때 썼던 높은 사다리.
운:조 (運漕) 명하타 배로 물건을 나름.
운:조-술 (運操術) 명 배를 운전하고 조종하는 기술.
운종-가 (雲從街) 명 조선 때, 한성(漢城)의 거리 이름. 지금의 종로 네거리를 중심으로 한 곳인데, 육주비전(六注比廛)이 설치되어 번화한 곳이었음.
운종룡풍종호 (雲從龍風從虎)[-뇽-] 명 용 가는 데 구름 가고 범 가는 데 바람 간다는 뜻으로, 마음이 서로 맞는 사람끼리 구하고 좇음을 일컫는 말.
운:주 (運籌) 명하자 주판을 놓듯이 이리저리 꾀를 냄.
운:지-법 (運指法)[-뻡] 명 〖악〗 악곡을 정확하게 연주하기 위해 손가락을 움직이는 법.
운:진 (運盡) 명하자 운수가 다함.
운집 (雲集) 명하자 구름처럼 모인다는 뜻으로, 많은 사람들이 모여듦을 이르는 말. ❏시청 앞에 ~한 사람들.
운집-종 (雲集鐘)[-쫑] 명 〖불〗 절에서 사람을 모으기 위하여 치는 종.
운:책 (韻冊) 명 운고(韻考).
운:철 (隕鐵) 명 〖광〗 철을 주성분으로 하는 운석(隕石).
운:치 (韻致) 명 고상하고 우아한 품위가 있는 멋. 풍치(風致). ❏~가 있는 시조 / 벽난로는 한겨울의 ~를 더한다.
운판 (雲版) 명 〖불〗 절에서, 식사 시간을 알리기 위하여 치는 구름 모양의 금속판《청동 또는 쇠로 만듦》.
운편 (芸編) 명 '서책'의 미칭《좀을 막기 위해 책갈피에 운초(芸草) 잎을 넣어 두던 데서 나온 말》.
운 포코 (이 un poco) 〖악〗 '작게'의 뜻.
운:필 (運筆) 명하자 글씨를 쓰거나 그림을 그리기 위해 붓을 놀림. 또는 그 방법.
운하 (雲霞) 명 **1** 구름과 노을. **2** 봄의 계절.
운:하 (運河) 명 수리·관개·배수·급수 및 선박의 항행 등의 목적으로 육지를 파서 만든 인공의 수로(水路). ❏파나마 ~.
운:하 (運荷) 명하자 화물을 운반함.
운:학 (韻學) 명 한자(漢字)의 음운을 연구하는 학문.
운한 (雲翰) 명 남의 편지의 높임말. 귀함(貴函). 운전(雲箋).
운:항 (運航) 명하자 배나 항공기가 항로를 운행함. ❏유럽 항로를 ~하다 / 태풍으로 모든 선박의 ~이 중지되었다.
운해 (雲海) 명 **1** 구름이 덮인 바다. **2** 바다나 호수의 수면이 구름에 닿아 보이는 먼 곳. **3** 산꼭대기나 비행기 따위에서 내려다본, 바다처럼 널리 깔린 구름.
운:행 (運行) 명하타 **1** 정해진 길을 따라 차량 따위를 운전하여 다님. ❏~ 정지 / 지하철 일부 구간의 ~이 중단되다 / 시내버스의 ~ 노선을 늘리다. **2** 〖천〗 천체가 궤도를 따라 운동하는 일. ❏천체의 ~.
운:향 (韻響) 명 〖문〗 시의 신비스러운 운치와 음조. ㊂운(韻).
운형-자 (雲形-) 명 〖수〗 곡선을 그리는 데 쓰는 자. 곡선자.

운혜(雲鞋)[一/一헤] 圐 앞코에 구름무늬를 놓은, 여자들이 신던 마른신.

운-화(運貨) 圐하타 화물을 운반함.

운-환(雲鬟) 圐 예쁜 여자의 쪽 찐 머리.

운-휴(運休) 圐하자타 교통 기관이 운전·운항을 중지하고 쉼.

울겁다 혱〈옛〉 사납다.

울¹ 圐 다른 개인이나 패에 대해 이편의 힘이 될 일가나 친척.
  울이 세다 굚 일가나 친척이 많다.

울² 圐 1 '신울'의 준말. 2 '울타리'의 준말. 3 속이 비고 위가 트인 물건의 가를 둘러싼 부분. ▣~이 높은 물통.

울(wool) 圐 1 양모(羊毛). 털실. 모직물. 2 짧은 양털로 짠 모직물의 일종.

울³ 의대 '우리'의 준말.

울⁴ 인대 '우리³'의 준말. ▣~ 아버지 / 예쁜 ~ 아기.

울가망 圐하혱 마음이 편하지 못하거나 답답하여 기분이 나지 않음. 또는 그런 상태.

울거미 圐 1 얽어맨 물건의 거죽에 댄 테. 2 짚신이나 미투리의 총을 꿰어 갱기 친, 기다랗게 돌린 끈.

울거미 문골(一門一)[一골] 『건』 방문이나 장지 등의 가장자리를 두른 테두리.

울꺽-거리다[一꺼一] 타 입 안에 물을 머금고 양볼의 근육을 움직여 자꾸 소리를 내다. ❀울꺽거리다. **울꺽-울꺽** 閔하타

울꺽-대다[一때一] 타 울꺽거리다.

울꺽-거리다 타 입 안에 넣은 단단하고 탄력 있는 물건이 잘 씹히지 않고 이리저리 자꾸 미끄러지다. 또는 그렇게 되게 하다. ❀울겅거리다. **울겅-울겅** 閔하자타

울꺽-대다 타 울겅거리다.

울겅-불겅 閔하자 울겅거리며 불겅거리는 모양. ❀울겅불겅.

울결(鬱結) 圐하자 1 가슴이 답답하게 막힘. 2 『한의』 기혈이 한곳에 몰려 흩어지지 않음.

울고도리 圐〈옛〉 우는살.

울-고-불고 閔하자 소리 내어 야단스럽게 울며 부르짖는 모양. ▣~ 싸우며 온 동네를 시끄럽게 하다.

울골-질 圐하자 지긋지긋하게 으르며 덤비는 짓. ▣~로 남을 괴롭히다.

울근-거리다 타 질긴 덩어리 따위를 입에 넣고 우물거리며 계속 씹다. ❀울근거리다. **울근-울근** 閔하타

울근-대다 타 울근거리다.

울근-불근¹ 閔하자 서로 사이가 틀어져서 감정 사납게 맞서서 으르대며 지내는 모양. ❀울근불근¹.

울근-불근² 閔하타 울근거리며 불근거리는 모양. ▣껌을~ 씹으며 말하다. ❀올근볼근².

울근-불근³ 閔하혱 몸이 여위어 갈빗대가 드러난 모양. ❀올근볼근³.

울금(鬱金) 圐 『식』 심황.

울금-색(鬱金色) 圐 등색(橙色).

울금-향(鬱金香) 圐 『식』 튤립.

울긋-불긋[一붙긋] 閔하혱 여러 가지의 짙고 옅은 빛깔들이 다른 빛깔들과 야단스럽게 뒤섞인 모양. ▣단풍으로 온 산이 ~하다. ❀올긋볼긋.

울기(鬱氣) 圐 답답한 기분.

울꺽 閔하자타 1 분한 생각이 한꺼번에 꽉 치미는 모양. ▣~ 치미는 분노를 참다. 2 먹은 음식을 토해 내는 소리. 또는 그 모양. ▣아

기가 ~ 젖을 토했다. ❀올꺽. 倝울컥.

울꺽-거리다[一꺼一] 閔하자 1 분한 생각이 자꾸 치밀다. 2 먹은 것을 토하는 소리를 잇따라 내다. 倝울컥거리다. **울꺽-울꺽** 閔하자타

울꺽-대다[一때一] 閔하자 울꺽거리다.

울:-남(一男)[一람] 圐 울기를 잘하는 남자 아이. ↔울녀.

울:-녀(一女)[一려] 圐 울기를 잘하는 여자 아이. ↔울남.

울:다〔울어, 우니, 우는〕❶자 1 정신적·육체적 자극을 견디다 못해 소리를 내면서 눈물을 흘리다. ▣영화를 보다 끝내 울고 말았다 / 아버지의 우는 모습을 처음으로 보았다. 2 새·짐승·벌레 따위가 소리를 내다. ▣가을밤의 귀뚜라미 우는 소리. 3 도배·장판·바느질 자리 등이 반듯하지 못하고 우글쭈글하여지다. ▣장판이 습기가 차서 ~. 4 물체가 움직이거나 바람 따위에 흔들려 소리가 나다. ▣전깃줄이 ~ / 바람에 문풍지가 ~. 5 종·천둥 따위가 소리를 내다. ▣새벽잠을 깨우는 전화벨 우는 소리. 6 귀에서 저절로 소리가 들리다. 7 짐짓 어려운 체하다. ▣우는 소리를 하다. ❷타 '울음'과 함께 쓰여, 소리를 내면서 눈물을 흘리다. ▣울음을 꺼이꺼이 ~ / 슬픈 울음을 ~.
  [우는 아이 젖 준다] 무엇이나 요구해야 쉽게 얻을 수 있다. 울지 않는 아이 젖 주랴.
  [울고 싶자 때린다] 어떤 일을 마땅한 구실이 없어 못하던 참에 좋은 핑계가 생겼다는 말. [울며 겨자 먹기] 싫은 일을 억지로 마지못해 함의 비유. [울지 않는 아이 젖 주랴] 우는 아이 젖 준다.

울담(鬱痰)[一땀] 圐 『한의』 목구멍이 마르고 기침이 나는 병.

울-대¹[一때] 圐 울타리를 만드는 데 세우는 기둥 같은 대.

울-대²[一때] 圐 『조』 조류(鳥類)의 발성 기관. 명관(鳴管).

울-대-뼈[一때一] 圐 『생』 결후(結喉).

울도-하다(鬱陶一)[一도一] 혱어 1 궁금하고 답답하다. 2 날씨가 무덥다.

울두(熨斗)[一뚜] 圐 다리미.

울뚝 閔하혱 성미가 급하여 말이나 행동을 우악스럽게 하는 모양.

울뚝-불뚝[一뿔一] 閔하혱 1 물체의 거죽이나 면이 고르지 않게 여기저기 크게 나오고 들어간 모양. 2 성질이 좀 변덕스럽고 급하여 언행이 우악스러운 모양. 倝울툭불툭.

울-띠 圐 울타리의 안팎에 가로 대고 새끼로 잡아매는 나무.

울렁-거리다 자 1 너무 놀라거나 조심스럽거나 두려워 가슴이 자꾸 두근거리다. ▣울렁거리는 가슴을 진정시키다. 2 물결이 잇따라 흔들리다. ❀올랑거리다. 3 속이 토할 것같이 메슥메슥하여지다. ▣뱃멀미로 속이 ~. **울렁-울렁** 閔하자

울렁-대다 자 울렁거리다.

울렁-이다 자 1 가슴이 두근거리다. ▣처음 무대에 서니 가슴이 울렁인다. 2 물결이 흔들리다. 3 먹은 것이 토할 것같이 메슥거리다.

울렁-증(一症)[一쯩] 圐 가슴이 울렁울렁하는 증세.

울렁-출렁 閔하자 1 큰 물결이 이쪽저쪽에 부딪쳐서 나는 소리. 또는 그 모양. 2 큰 그릇에 담긴 물이 흔들리는 소리. 또는 그 모양. ❀올랑촐랑.

울레-줄레 閔 여러 사람이 뒤따르거나 늘어선 모양. ▣사람들이 ~ 따라다니다.

울려-오다 자 동물의 울음소리나 종소리 같은 것이 좀 떨어진 곳으로부터 들려오다. ❑멀리서 울려오는 새벽 종소리 / 산에서 메아리가 울려왔다.
울:력 명하자타 여러 사람이 힘을 합해 하거나 이루는 일. 또는 그 힘.
울:력-다짐 [-따-] 명하자 여럿이 힘을 합하여 일을 빠르고 시원스럽게 끝냄. 또는 그런 기세. ❑~으로 하는 바람에 일이 쉽게 끝났다.
울:력-성당 (-成黨)[-썽-] 명하자타 떼를 지어서 으르고 협박하는 일.
울룩-불룩 [-뿔-] 부하형 물체의 면이나 거죽의 여러 군데가 고르지 않게 높고 낮은 모양. ❑~한 비탈길. 작울록볼록.
울릉-대다 타 힘이나 말로 남을 위협하다.
울리다 一타 **1**《'울다'의 사동》울게 하다. ❑아기를 ~. **2** 종 따위를 두들겨 소리를 내다. ❑징을 ~. **3** 널리 세상에 알려지게 하다. ❑장안을 울리는 명망. 二자 **1** 소리가 나거나 퍼지다. 반향하다. ❑종이 ~. **2** 모두에게 알려지다. ❑한때는 울리던 부자였다.
울림 명 **1** 소리가 무엇에 부딪쳐 되울려 오는 현상. 또는 그 소리. **2** 진동수가 다른 두 음을 동시에 들을 때, 마치 진폭이 주기적으로 변하는 하나의 소리처럼 들리는 일. 맥놀이.
울림-소리 명〘언〙발음할 때, 목청을 떨어 울리는 소리. 모음(母音)·콧소리·흐름소리 같은 것. 유성음(有聲音). 흐린소리. 탁음. ↔안울림소리.
울 마크 (wool mark) 순모율(純毛率)의 비율에서, 새 울(wool)이 99.7% 이상이며, 잡아당기는 강도(強度), 내광(耐光) 염색 견딜성, 내수(耐水) 염색 견딜성 등이 일정한 국제 품질 기준에 도달한 제품에, 국제 양모 사무국이 붙여 주는 품질 보증 마크.
울먹-거리다 [-꺼-] 자 잇따라 울먹이다. 울먹-울먹 부하자. ❑아이는 야단을 맞자 ~하면서 밖으로 나갔다.
울먹-대다 [-때-] 자 울먹거리다.
울먹-이다 자 울상이 되어 금방이라도 울 듯한 태도를 보이다. ❑울먹이며 지난날의 고생을 이야기하다.
울먹-줄먹 [-쭐-] 부하형 큰 덩어리가 여러 개 고르지 않게 벌여 있는 모양. ❑~ 솟아 있는 기암괴석. 작올막졸막.
울멍-줄멍 부하형 크고 뚜렷한 것이 고르지 않게 많이 벌여 있는 모양. ❑지붕에 ~ 박이 열려 있다. 작올망졸망.
울:며-불며 부하자 야단스럽게 소리 내며 우는 모양. ❑~ 애원하다.
울묵-줄묵 [-쭐-] 부하형 크고 두드러진 것들이 고르지 않게 빽빽이 벌여 있는 모양. 작올목졸목.
울뭉-줄뭉 부하형 크고 두드러진 여러 덩어리가 촘촘히 벌여 있는 모양. 작올몽졸몽.
울민-하다 (鬱悶-) 형여 마음이 답답하고 괴롭다. ❑심사가 ~.
울밀-하다 (鬱密-) 형여 나무 따위가 우거져 빽빽하다.
울-바자 명 울타리에 쓰는 바자.
울:-보 명 걸핏하면 우는 아이. 우지.
울부짖다 [-짇따] 자 울며 부르짖다. ❑유가족들의 울부짖는 소리.
울분 (鬱憤) 명하형 답답하고 분함. 또는 그런 마음. ❑~을 터뜨리다.
울불-하다 (鬱怫-) 형여 불끈 성이 나고 답답하다.
울-뽕 명 울타리로 심은 뽕나무. 또는 그 뽕나무의 잎.
울:-상 (-相)[-쌍] 명 울려고 하는 얼굴 모양. ❑~을 짓다 / ~이 되다.
울-섶 [-썹] 명 울타리를 만드는 데에 쓰는 섶나무.
울쑥-불쑥 [-뿔-] 부하형 여기저기 불규칙하게 높이 솟은 모양. 작올쏙볼쏙.
울-안 명 울타리로 둘러싸인 집의 안쪽.
울-어리 명 둘러싼 어리. ❑~를 벗어나다.
울연-하다 (蔚然-) 형여 **1** 초목이 무성하다. **2** 사물이 흥성하다. **울연-히** 부
울연-하다 (鬱然-) 형여 **1** 마음이 답답하다. **2** 초목이 무성하다. **3** 사물이 매우 왕성하다. **울연-히** 부
울울창창-하다 (鬱鬱蒼蒼-) 형여 큰 나무들이 빽빽하고 푸르게 우거져 있다. ❑울울창창한 산. 준울창하다.
울울-하다 (鬱鬱-) 형여 **1** 마음이 상쾌하지 않고 아주 답답하다. ❑마음이 ~ / 울울한 기분을 풀다. **2** 나무가 무성하다. ❑울울한 숲 속을 거닐다.
울월다 타 〈옛〉 우러러보다.
울음 명 우는 일. 또는 그 소리. ❑겁에 질려 ~을 터뜨리다 / ~을 그치다.
울음-기 [우름끼] 명 울음이 채 가시지 않은 흔적 또는 울음의 기색.
울음-바다 [우름빠-] 명 한자리에 있는 많은 사람이 한꺼번에 울음을 터뜨리어 온통 울음소리로 뒤덮임을 일컫는 말. ❑이산가족 상봉 현장은 온통 ~를 이루었다.
울음-보 [우름뽀] 명 (주로 '터지다·터뜨리다'와 함께 쓰여) 참다못하여 터뜨리게 된 울음. ❑~가 터지다.
울음-소리 [우름쏘-] 명 우는 소리.
울음-주머니 [우름쭈-] 명 주머니처럼 생긴, 소리를 내는 기관. 개구리나 맹꽁이 따위의 수컷의 귀 뒤나 목 밑에 있음. 명낭(鳴囊).
울음-통 (-筒) 명 **1**〘동〙곤충이나 새 따위의 발성 기관. 명기(鳴器). **2**〈속〉울음.
울인 (鬱刃) 명 독약을 바른 칼.
울적 (鬱積)[-쩍] 명하자 불평불만이 발산되지 않고 겹쳐 쌓임.
울적-하다 (鬱寂-)[-쩌카-] 형여 마음이 답답하고 쓸쓸하다. ❑울적한 마음을 달랠 길이 없다.
울증 (鬱症)[-쯩] 명 가슴이 답답한 병증.
울-짱 명 **1** 말뚝 따위를 죽 벌여 박은 울. 목책. ❑~을 두르다 / ~을 치다. **2** 울타리.
울창-주 (鬱鬯酒) 명 제사의 강신(降神)에 쓰는, 튤립을 넣고 빚은 술.
울창-하다 (鬱蒼-) 형여 '울울창창하다'의 준말. ❑산에 나무가 ~.
울칩 (鬱蟄) 명하자 마음이 울울하여 집에만 꾹 들어앉아 있음.
울컥 부하자타 **1** 분한 생각이 한꺼번에 콱 치미는 모양. ❑화가 ~ 치밀어 부들부들 떨었다. **2** 먹은 것을 급히 토해 내는 소리. 또는 그 모양. ❑음식물을 ~ 토하다. 센울꺽.
울컥-거리다 [-꺼-] 자타 **1** 분한 생각이 자꾸 세게 치밀다. **2** 먹은 것을 잇따라 세게 게우거나 게우려 하다. 센울꺽거리다. **울컥-울컥** 부하자타
울컥-대다 [-때-] 자타 울컥거리다.
울타리 명 담 대신에 풀이나 나무, 철사 따위를 얽어서 집 따위를 둘러막거나 경계를 가르는 물건. 울짱. 준울.

울타리 조직(-組織)〖식〗책상(柵狀) 조직.

울툭-불툭[-툭-]〖부하형〗**1** 물체의 면이나 거죽이 고르지 않게 여기저기 나오고 들어간 모양. ¶~한 바위 모서리에 무릎을 찧다. **2** 성미가 급하고 변덕스러워 말이나 행동이 매우 우악스러운 모양. ㉰올툭볼툭. ㈜울뚝불뚝.

울퉁-불퉁〖부하형〗물체의 거죽이나 면이 고르지 않고 들쭉날쭉한 모양. ¶~한 비포장도로를 걸어가다. ㉰올퉁볼퉁.

울-하다(鬱-)〖형〗가슴이 답답하다. ¶울한 마음으로 하루를 보낸다.

울혈(鬱血)〖명〗〖의〗혈관의 일부에 정맥혈이 막히어 피가 몰려 일어나는 증세.

울화(鬱火)〖명〗속이 답답하여 나는 화. ¶~가 나다 / ~가 치밀다 / ~를 가라앉히다.

울화-병(鬱火病)[-뼝]〖명〗〖한의〗울화로 말미암아 생긴 병. 울화병(火病).

울화-증(鬱火症)[-쯩]〖명〗〖한의〗울화병.

울화-통(鬱火-)〖명〗'울화'의 힘줌말. ¶~이 터지다.

움:¹〖명〗**1** 초목의 어린 싹. ¶~이 트다. **2** 나무를 베어 낸 그루의 뿌리에서 나는 싹. [움도 싹도 없다]〖관〗사람이나 물건이 감쪽같이 사라져 간 곳을 알 수 없다. ㉡장래성이라고는 도무지 없다.

움:²〖명〗땅을 파고 위에 거적 따위를 얹고 흙을 덮어 추위나 비바람을 막아 겨울에 화초나 채소 등을 넣어 두는 곳.

움³〖감〗마음이 못마땅하거나 비분(悲憤)할 때 내는 소리.

움:-누이〖명〗시집간 누이가 죽은 뒤에, 다시 장가든 매부의 후실.

움:-돋이[-도지]〖명〗초목의 뿌리나 베어 낸 데서 나오는 싹.

움:-딸〖명〗시집간 딸이 죽은 뒤에, 다시 장가든 사위의 후실.

움라우트(독 Umlaut)〖명〗〖언〗모음 'ㅏ·ㅓ·ㅗ·ㅜ' 등이 그 뒤 음절의 'ㅣ'나 'ㅣ'계(系) 모음의 영향을 받아 'ㅐ·ㅔ·ㅚ·ㅟ' 등으로 변하는 현상('잡히다'가 '잽히다'로 발음되는 따위). 변모음.

움:-막(-幕)〖명〗'움막집'의 준말. ¶산속에 ~을 짓고 숨어 살다.

움:-막-살이(-幕-)[-싸리]〖명〗〖하자〗움막에서 사는 생활.

움:-막-집(-幕-)[-찝]〖명〗움에다 임시로 지은 집. 움집보다 작음. 토막(土幕). ㈜움막.

움:-버들〖명〗움이 돋아난 버들.

움:-벼〖명〗가을에 베어 낸 그루에서 움이 자란 벼. 그루벼.

움:-불[-뿔]〖명〗움 안에서 피우는 불.

움:-뽕〖명〗봄에 한 번 뽕잎을 딴 뽕나무에 다시 돋아난 뽕잎.

움실-거리다〖자〗벌레 따위가 많이 모여 움직이다. ㉰옴실거리다. **움실-움실**〖부하자〗

움실-대다〖자〗움실거리다.

움쑥〖부하형〗물체의 면이나 바닥이 쑥 들어가 우묵한 모양. ¶밤샘 작업으로 눈이 ~ 들어갔다. ㉰옴쑥.

움쑥-움쑥〖부하형〗물체의 면이나 바닥이 여러 군데 우묵하게 쑥 들어간 모양. ¶폭우로 산길이 ~ 파였다. ㉰옴쑥옴쑥.

움:-씨〖명〗뿌린 씨가 잘 나지 않을 때 다시 덧뿌리는 씨.

움씰〖부하자타〗갑자기 놀라서 몸을 움츠리는 모양. ¶큰 개가 다가오자 아이는 ~ 뒤로 물

러섰다. ㉰옴씰.

움:-잎[-닙]〖명〗초목의 움에서 돋아난 잎.

움죽-거리다[-꺼-]〖자타〗몸피가 큰 것이 자꾸 크게 움직이다. ㉰옴죽거리다. ㈜움쭉거리다. **움죽-움죽**〖부하자타〗

움죽-대다[-때-]〖자타〗움죽거리다.

움즈기다〖자타〗〈옛〉움직이다.

움지럭-거리다[-꺼-]〖자타〗느릿느릿 계속 움직이다. ¶발가락을 ~. ㉰옴지락거리다. **움지럭-움지럭**〖부하자타〗

움지럭-대다[-때-]〖자타〗움지럭거리다.

움직-거리다[-꺼-]〖자타〗몸이나 몸의 일부를 자꾸 움직이다. ㉰옴직거리다. **움직-움직**〖부하자타〗

움직-대다[-때-]〖자타〗움직거리다.

움직-도르래[-또-]〖명〗〖물〗축이 고정되어 있지 않고 이동할 수 있는 도르래. 동활차(動滑車). ↔고정 도르래.

움직-씨〖명〗동사(動詞).

움직-이다〖자타〗**1** 위치를 바꾸다. 자리를 옮기다. ¶책상을 움직여 창문가로 옮겼다. **2** 정지하여 있지 않다. 동작을 계속하다. **3** 어떤 사실이나 현상이 바뀌다. ¶움직일 수 없는 사실. **4** 목적을 가지고 활동하다. ¶군사를 ~. **5** 기계나 공장 따위가 가동되거나 운영되다. 또는 가동하거나 운영하다. ¶공장을 ~. **6** 마음이 흔들리거나 생각이 바뀌다. 또는 그리 되게 하다. ¶부모님께서는 마음을 움직여 결혼을 허락하셨다.

움직임〖명〗**1** 움직이는 일. **2** 변하여 달라짐. 변화. 변동. ¶시세의 ~. **3** 어떤 일이 벌어지려는 낌새. 동정(動靜). 동태(動態). ¶정계(政界)의 ~.

움질-거리다[-꺼-]〖자〗**1** 몸피 큰 것이 많이 모여 천천히 자꾸 움직이다. **2** 결단성 없이 망설이며 주저주저하다. ㊀-타〗**1** 큰 몸을 굼뜨게 자꾸 움직이다. **2** 질긴 것을 입에 물고 우물거리며 자꾸 씹다. ¶오징어 다리를 움질거리며 영화를 보았다. ㉰옴질거리다. ㈜움찔거리다. **움질-움질**〖부하자타〗

움질-대다〖자타〗움질거리다.

움:-집[-찝]〖명〗움을 파고 지은 집(움막보다 조금 큼). 토굴집.

움:-집-살이[-찝싸리]〖명〗〖하자〗움집에서 사는 가난한 생활.

움쩍〖부하자타〗(주로 '못하다·않다·말다' 따위의 부정어와 함께 쓰여) 몸을 움츠리거나 펴거나 하면서 크게 한 번 움직이는 모양. ¶방에만 틀어박혀 ~도 하지 않는다.

움쩍-거리다[-꺼-]〖자타〗자꾸 움쩍하다.

움쩍-달싹[-딸-]〖부하자타〗(주로 '못하다·않다·말다' 따위의 부정어와 함께 쓰여) 몸을 극히 조금 움직이는 모양. ¶몸이 아파서 ~ 못하고 누워 있다. ㉰옴짝달싹.

움쩍-대다[-때-]〖자타〗움쩍거리다.

움쭉〖부하자타〗(주로 '못하다·않다·말다' 따위의 부정어와 함께 쓰여) 몸의 한 부분을 움츠리거나 펴면서 한 번 움직이는 모양. ¶무서워서 ~도 못했다. ㉰옴쭉.

움쭉-거리다[-꺼-]〖자타〗몸을 자꾸 움쭉하다. ㉰옴쭉거리다. ㈜움죽거리다. **움쭉-움쭉**〖부하자타〗

움쭉-달싹[-딸-]〖부하자타〗(주로 '못하다·않다' 따위의 부정어와 함께 쓰여) 몸을 아주 조금 움직이는 모양. ¶~도 못하다.

움쭉-대다[-때-]〖자타〗움쭉거리다.

움찍-거리다[-꺼-]〖자타〗몸이나 몸의 일부를 자꾸 움직이다. ㉰옴찍거리다. ㈜움직거리

다. 움찍-움찍 [부][하][자][타]
움찍-대다 [-때-] [자][타] 움찍거리다.
움찔 [부][하][자][타] 깜짝 놀라 갑자기 몸을 뒤로 움츠리는 모양. ❏어머니의 성난 목소리에 ~ 놀랐다. [작]옴찔.
움찔-거리다 [자][타] 자꾸 움찔하다. [작]옴찔거리다. [여]움질거리다. **움찔-움찔** [부][하][자][타]
움찔-대다 [자][타] 움찔거리다.
움츠러-들다 〔-들어, -드니, -드는〕 [자] 춥거나 무서워서 몸이 움츠러져 들어가다. ❏두려움에 어깨가 ~. [작]옴츠러들다.
움츠러-뜨리다 [타] **1** 춥거나 놀라서 몸을 힘있게 움츠리다. **2** 몹시 겁을 먹여 상대편을 뒤로 물러나게 하다. [작]옴츠러뜨리다.
움츠러-지다 [자] **1** 무섭거나 추워서 몸이 작게 오그라지다. ❏꽃샘바람에 꽃잎이 모두 움츠러졌다. **2** 기가 꺾여 무르춤해지다. 겁을 먹고 대들 용기를 잃다. [작]옴츠러지다.
움츠러-트리다 [타] 움츠러뜨리다.
움츠리다 [타] **1** 몸을 작게 하다. ❏몸을 움츠려 동굴 안으로 들어가다. **2** 겁을 먹고 몸을 뒤로 조금 물리다. [작]옴츠리다. [준]움치다.
움치다 [타] '움츠리다'의 준말. [작]옴치다.
움칠 [부][하][자][타] 깜짝 놀라서 몸을 갑자기 움츠리는 모양. [작]옴칠.
움칫 [-칟] [부][하][자][타] 놀랄 때 몸을 가볍게 갑자기 움직이는 모양. [작]옴칫.
움켜-잡다 [-따] [타] 손가락을 오므리어 힘 있게 꽉 잡다. ❏화가 나서 친구의 멱살을 움켜잡았다. [작]옴켜잡다. [거]훔켜잡다.
움켜-쥐다 [타] **1** 손가락을 오므리어 힘 있게 쥐다. ❏입술을 깨물며 움켜쥔 두 주먹을 부르르 떨었다. **2** 일이나 물건을 수중에 넣고 마음대로 다루다. ❏돈과 명예와 권력을 ~. [작]옴켜쥐다. [거]훔켜쥐다.
움큼 [의명] 손으로 한 줌 쥔 분량. ❏과자를 한 ~ 집다. [작]옴큼.
움키다 [타] **1** 손가락을 오므려 물건을 힘 있게 잡다. **2** 새나 짐승 따위가 발가락으로 무엇을 꽉 잡다. ❏매가 닭을 움키고 날아갔다. [작]옴키다.
움:-트다 〔움터, 움트니〕 [자] **1** 움이 돋기 시작하다. ❏잔디의 싹이 움트기 시작했다. **2** 사물이 일어나기 시작하다. ❏사랑이 ~.
움:-파 [명] **1** 베어 낸 줄기에서 다시 난 파. **2** 움 속에서 자란, 빛이 누런 파.
  움파(와) 같다 [구] 어린아이나 여자의 손가락이 포동포동하고 보드랍다.
움:-파다 [타] 속을 우묵하게 우비어 파다. [작]옴파다. [거]훔파다.
움:-파리 [명] **1** 우묵하게 들어가고 물이 괸 곳. **2** ☞움막.
움:-패다 [자] 《'움파다'의 피동》 속으로 우묵하게 파이다. [작]옴패다. [거]훔패다.
움퍽 [부][하][형] 가운데가 약간 우묵하게 들어간 모양. ❏도로의 가운데가 ~ 파였다. [작]옴팍.
움펑-눈 [명] 움푹 들어간 눈. [작]옴팡눈.
움펑눈-이 [명] 눈이 움푹 들어간 사람. [작]옴팡눈이.
움푹 [부][하][형] 속으로 푹 들어가 우묵한 모양. ❏~ 들어간 눈. [작]옴폭.
움푹-움푹 [부][하][형] 군데군데 움푹한 모양. 또는 여러 개가 모두 움푹한 모양. [작]옴폭옴폭.
웁쌀 [명] 잡곡으로 밥을 지을 때, 그 위에 조금 얹어 안치는 쌀. ❏~을 얹다.
웃- [욷] [두] 일부 명사 앞에 붙어, '위'의 뜻을 나타내는 말. ❏~옷 / ~돈 / ~어른.
웃-거름 [욷꺼-] [명][하][자] 씨앗을 뿌린 뒤나 모종을 옮겨 심은 뒤에 주는 거름. 덧거름.
웃-고명 [욷꼬-] [명] 음식에 맛이나 빛을 더하기 위하여 음식 위에 치는 고명.
웃-국 [욷꾹] [명] 간장이나 술 따위를 담가서 익힌 뒤에 맨 처음에 떠낸 진한 국.
웃기 [욷끼] [명] **1** '웃기떡'의 준말. **2** 떡·포·과일 따위를 괸 위에 모양을 내기 위하여 얹는 재료.
웃기다 [욷끼-] [타] **1** 《'웃다'의 사동》 웃게 하다. 웃도록 만들다. ❏익살로 청중을 ~. **2** 어떤 일이나 행동이 웃음이 나올 만큼 한심하거나 어이가 없다. ❏웃기는 세상.
웃기-떡 [욷끼-] [명] 합이나 접시 등에 떡을 담고 모양을 내기 위해 그 위에 얹는, 물을 들여 만든 떡. [준]웃기.
웃-날 [운-] [명] 흐렸을 때의 날씨를 이르는 말.
  웃날이 들다 [구] 흐렸던 날씨가 개다.
웃-녘 [명] ☞윗녘.
웃-눈썹 [명] ☞윗눈썹.
웃-니 [명] ☞윗니.
웃:다 [욷따] [一][자] **1** 기쁘거나 우스울 때 얼굴에 환한 표정을 짓거나 소리를 내다. ❏빙그레 ~ / 환하게 웃는 신부의 모습. **2** 빈정거려 조롱하다. ❏그런 행동은 유치원생도 웃을 일이다. **3** 꽃봉오리가 벌어져 꽃이 활짝 피다. ❏새가 울고 꽃이 웃는 봄. [二][타] **1** 바보 취급하여 경멸하다. ❏야박한 인심을 웃을 수만도 없다. **2** ('웃음'을 뜻하는 말을 목적어로 하여) 어떤 종류의 웃음을 보이다. ❏비굴한 웃음을 ~.
  [웃는 낯에 침 뱉으랴] 좋은 낯으로 대하는 사람에게는 모질게 굴지 못한다.
  웃으며 뺨 치듯 [구] 겉으로는 부드럽게 대하면서 실제로는 해롭게 하는 모양.
웃-더껑이 [욷떠-] [명] 물건의 위를 덮어 놓는 물건.
웃-도드리 [욷또-] [명] 〚악〛 밑도드리를 8도 올려 가락을 약간 바꾼 곡. 삭환입(數還入). 잔도드리.
웃-도리 [명] ☞윗도리.
웃-돈 [욷똔] [명] **1** 본래의 값에 덧붙이는 돈. **2** 물건을 맞바꿀 때 값의 차이를 없애기 위해 값이 적은 쪽으로 물건 위에 보태어 주는 돈. ❏~을 얹어 주고 맞바꾸다.
웃-돌다 [욷똘-] 〔웃돌아, 웃도니, 웃도는〕 [자] 어떤 기준이 되는 수량보다 위가 되다. 상회(上廻)하다. ❏오늘은 최고 기온이 30도를 웃돌 전망이다. ↔밑돌다.
웃-동네 (-洞-) [명] ☞윗동네.
웃-마을 [명] ☞윗마을.
웃-막이 [명] ☞윗막이.
웃-목 [명] ☞윗목.
웃-물 [운-] [명] **1** ☞윗물. **2** 겉물. **3** 담가서 우리거나 죽 따위를 쑬 때에 위에 생기는 국물. ❏~을 따라 내다.
웃-바람 [욷빠-] [명] 겨울에, 방 안의 천장이나 벽 사이로 스며들어 오는 찬 기운. 웃풍.
웃-비 [욷삐] [명] 아직 우기(雨氣)는 있는데 좍좍 내리다가 그친 비.
웃비-걷다 [욷삐-따] 〔-걸어, -걸으니, -걷는〕 [자][ㄷ] 비가 오다가 잠시 날이 들다. ❏웃비건자 해가 반짝인다.
웃-사람 [명] ☞윗사람.
웃-사랑 (-舍廊) [명] ☞윗사랑.
웃-소금 [욷쏘-] [명] 된장이나 간장 따위를 담근 다음 그 위에 뿌리는 소금.

웃-아귀 [-따-] 명 **1** 엄지손가락과 집게손가락의 뿌리가 서로 닿는 곳. **2** 활의 줌통 위.

웃-알 ☞ 윗알.

웃어-넘기다 재 웃음으로 지나쳐 버리다. 하찮게 여기고 무시해 버리다. ▢이 일은 그냥 웃어넘길 일이 아니다.

웃-어른 [-따-] 명 나이·항렬·지위 등이 높아 직접 또는 간접으로 자기가 모셔야 할 어른.

웃-옷 [우돋] 명 겉에 입는 옷《두루마기 등》. 겉옷.

웃음 명 웃는 일. 또는 그런 소리나 표정. ▢해맑은 ~을 띠다 / 환한 ~을 지으며 떠나갔다.
　웃음을 사다 판 웃음거리가 되다.
　웃음을 팔다 판 여자가 화류계 생활을 하다.

웃음-가마리 [우슴까-] 명 남의 웃음거리가 되는 사람이나 일. ▢~밖에 안 된다.

웃음-거리 [우슴꺼-] 명 남의 비웃음을 살 만한 일이나 사람. ▢세상의 ~가 되다.

웃음-기 [우슴끼] 명 웃다가 아직 가시지 않은 웃음의 흔적. 또는 웃으려는 기색. ▢~ 머금은 얼굴 / ~가 어리다.

웃음-꽃 [우슴꼳] 명 꽃이 피어나듯 환하고 즐겁게 웃는 웃음이나 웃음판을 비유하여 이르는 말. ▢~을 피우다.

웃음-바다 [우슴빠-] 명 한데 모인 많은 사람이 유쾌하고 즐겁게 마구 웃어 대는 웃음판을 비유하여 이르는 말. ▢극장 안은 삽시간에 ~가 되었다.

웃음-보 [우슴뽀] 명 (주로 '터지다·터뜨리다' 따위와 함께 쓰여) 한꺼번에 크게 웃거나 자꾸 터져 나오려는 웃음을 이르는 말. ▢~가 터지다.

웃음-보따리 [우슴뽀-] 명 (주로 '터지다·풀다' 따위와 함께 쓰여) 웃음이 많이 쌓여 있음을 이르는 말. ▢~를 풀다.

웃음-빛 [우슴삗] 명 웃는 얼굴의 표정. 또는 웃는 낯빛. ▢그의 얼굴에서 ~이 사라졌다.

웃음-소리 [우슴쏘-] 명 웃을 때 내는 소리. 소성(笑聲). ▢가족들의 ~가 방 안에서 흘러나왔다.

웃음엣-말 [우스멘-] 명 웃음엣소리.

웃음엣-소리 [우스메쏘- / 우스멘쏘-] 명 웃기느라고 하는 말. 웃음엣말. ▢그냥 ~로 한 말인데.

웃음엣-짓 [우스메쩓/우스멘쩓] 명 웃기느라고 하는 짓.

웃음-판 명 여럿이 어우러져 웃는 자리. ▢~이 벌어지다.

웃-자라다 [욷짜-] 재 식물의 줄기나 잎이 쓸데없이 길고 연약하게 자라다.

웃-자리 ☞ 윗자리.

웃-짐 [욷찜] 명 짐 위에 더 싣는 짐. ▢가득이나 무거운데 또 ~이냐.
　웃짐을 치다 판 ㉠마소에다 웃짐을 싣다. ㉡일이나 과제 따위를 더 주다.

웃-집 명 ☞ 윗집.

웃-짝 명 ☞ 위짝.

웃-채 명 ☞ 위채.

웃-층 (-層) 명 ☞ 위층.

웃-치다 [욷-] 타 실력이나 값 따위를 기준보다 높게 평가하거나 인정하다.

웃-턱 명 ☞ 위턱.

웃-통 [욷-] 명 **1** 사람 몸의 허리 위의 부분. ▢~을 드러내다. **2** 몸의 윗도리에 입는 옷. 윗옷. ▢~을 벗어던지다.

웃-풍 (-風) [욷-] 명 웃바람.

웅거 (雄據) 명하자 어떤 지역을 차지하고 굳세게 막아 지킴.

웅건-하다 (雄健-) 형여 웅대하고 강건하다. ▢웅건한 문체.

웅걸 (雄傑) 명 **1** 영웅다운 호걸. **2** 웅대하고 훌륭함.

웅계 (雄鷄) [-/-게] 명 수탉.

웅그리다 타 춥거나 겁이 나서 몸을 움츠러들이다. ▢몸을 웅그리고 장독대에 숨다. 참웅그리다.

웅긋-웅긋 [-그귿글] 부하자 군데군데 고르게 삐죽삐죽 불거져 나온 모양. 참옹긋옹긋.

웅긋-쭝긋 [-귿-] 부하자 굵고 잔 여럿이 군데군데 머리를 내민 모양. 참옹긋쭝긋.

웅기-웅기 부하자 크기가 비슷한 여럿이 듬성듬성 모여 있는 모양. 참옹기옹기.

웅기-중기 부하자 크기가 고르지 않은 여럿이 듬성듬성 많이 모여 있는 모양. ▢신형 자동차를 구경하느라 사람들이 ~ 모여 있다. 참옹기종기.

웅녀 (熊女) 명 단군 신화에 나오는 단군의 어머니. 원래는 곰이었으나 쑥과 마늘만 먹는 시련을 견뎌 내어 여자로 환생한 후, 환웅과 혼인하여 단군을 낳았다고 함.

웅담 (熊膽) 명《한의》 말린 곰의 쓸개《안질·치루·경간·열병·치통 및 타박상의 치료에 씀》.

웅대-하다 (雄大-) 형여 웅장하고 크다. ▢웅대하고 장엄한 성당 / 웅대한 뜻을 품다.

웅덩이 명 움푹 패어 물이 괸 곳. ▢발을 헛디뎌 ~에 빠지다. 참옹당이.

웅덩이-지다 재 비나 큰물에 땅이 패어 웅덩이가 되다. 참옹당이지다.

웅도 (雄途) 명 큰 사업이나 여행을 위한 장대한 출발. ▢~에 오르다.

웅도 (雄圖) 명 웅대한 계획.

웅략 (雄略) [-냑] 명 웅대한 계략.

웅려-하다 (雄麗-)[-녀-] 형여 웅장하고 아름답다. 장려(壯麗)하다. ▢웅려한 부채춤.

웅맹-탁특 (雄猛卓特) 명 웅대하고 용맹하여 우뚝 뛰어남.

웅문 (雄文) 명 생각이 깊고 기개(氣槪)가 뛰어난 문장.

웅문-거벽 (雄文巨擘) 명 웅문(雄文)을 잘 짓는 사람.

웅변 (雄辯) 명 **1** 조리가 있고 힘차게 거침이 없이 당당하게 함. 또는 그런 말이나 연설. **2** (주로 '웅변으로'의 꼴로 쓰여) '의심할 나위 없이 명백하게'의 뜻을 나타냄. ▢사실을 ~으로 증명하다.

웅변-가 (雄辯家) 명 웅변을 잘하는 사람. ▢당대(當代) 최고의 ~.

웅변-대회 (雄辯大會) 명 청중 앞에서 자기의 사상이나 감정을 웅변으로 발표하는 대회.

웅변-술 (雄辯術) 명 웅변의 기술.

웅변-조 (雄辯調)[-쪼] 명 웅변하는 것과 같은 말투. ▢~로 말하다.

웅보 (雄步) 명 큰 목표를 위해 나서는 씩씩하고 당당한 걸음. ▢선진국 대열에의 ~를 내딛다.

웅봉 (雄蜂) 명《충》 수벌.

웅비 (雄飛) 명하자 기세 좋고 씩씩하게 활동함. ▢해외로 ~하다. ↔자복(雌伏).

웅성 (雄性) 명 **1** 수컷. **2** 수컷의 성질. ↔자성(雌性).

웅성-거리다 재 많은 사람이 모여 수군거리며 소란스럽게 떠드는 소리가 자꾸 나다. ▢교실 뒤쪽에서 학생들이 웅성거리고 있다. 웅성-웅성 부하자

웅성-대다 困 웅성거리다.
웅숭-그리다 匪 춥거나 두려워서 궁상맞게 몸을 그리다. 困웅송그리다. 匭웅숭크리다.
웅숭-깊다 [-깁따] 圏 1 생각이나 뜻이 넓고 크다. 2 되바라지지 않고 깊숙하다. 3 겉으로 또렷이 나타나지 않다.
웅숭-크리다 匪 몸을 궁상맞게 몹시 웅크리다. 困웅송크리다.
웅시 (雄視) 圀囤匪 1 위세를 보이면서 남을 대함. 2 영웅적 심리로 세상을 봄.
웅신-하다 圏어 1 웅숭깊게 덥다. 2 불길이 세지 않다.
웅심-하다 (雄深-) 圏어 글이나 사람의 뜻이 크고 깊다.
웅어 圀 『어』 멸칫과의 바닷물고기. 몸길이는 30 cm 정도로 뾰족하며 비늘이 잚. 몸빛은 은백색으로 민물과 짠물이 만나는 강어귀에 살며, 봄·여름에 산란함.
웅얼-거리다 困匪 낮은 소리로 똑똑지 않게 입속말을 자꾸 해 대다. 噟노랫가락을 ~. 困웅알거리다. 웅얼-웅얼 囝困匪
웅얼-대다 困匪 웅얼거리다.
웅예 (雄蕊) 圀 『식』 수술. ↔자예(雌蕊).
웅용-하다 (雄勇-) 圏어 빼어나게 용맹하다.
웅위-하다 (雄偉-) 圏어 웅장하고 뛰어나다. 噟웅위한 기품 / 웅모가 ~.
웅읍 (雄邑) 圀 큰 읍(邑). 대읍(大邑).
웅자 (雄姿) 圀 웅장한 모습. 噟설악산의 ~.
웅장 (熊掌) 圀 곰의 발바닥(팔진미(八珍味)의 하나로 추위나 감기를 물리친다 함).
웅장-하다 (雄壯-) 圏어 펑장히 우람하다. 噟백두산 천지의 웅장한 모습.
웅재 (雄才) 圀 뛰어난 재능(才能). 또는 그런 재능을 가진 사람.
웅재-대략 (雄才大略) 圀 뛰어난 재능과 원대한 지략(智略).
웅절-거리다 困匪 불평·탄식하는 말 따위를 입속말로 자꾸 해 대다. 困웅잘거리다. 웅절-웅절 囝困匪
웅절-대다 困匪 웅절거리다.
웅주거읍 (雄州巨邑) 圀 땅이 넓고 산물이 많은 큰 고을.
웅지 (雄志) 圀 웅대한 뜻. 큰 뜻. 장지(壯志). 噟~를 품다 / ~를 펴다.
웅천 (熊川) 圀 마음이 들뜨고 허황된 사람을 이르는 말.
웅크리다 匪 몹시 춥거나 겁이 나서 몸을 잔뜩 옴츠러들다. 噟몸을 잔뜩 웅크리고 걷다. 困웅크리다. 匭웅그리다.
웅큼 의띵 ☞움큼.
웅판 (雄板) 圀 웅대한 도량과 재간. 또는 그런 판국.
웅편 (雄篇) 圀 뛰어나게 좋은 글이나 작품.
웅풍 (雄風) 圀 『기상』 '된바람'의 구용어.
웅피 (熊皮) 圀 곰의 가죽.
웅필 (雄筆) 圀 웅장한 필력. 또는 그런 필력이 있는 사람.
웅혼-하다 (雄渾-) 圏어 시문 등이 웅대하여 막힘이 없다.
웅화 (雄花) 圀 『식』 수꽃.
웅황 (雄黃) 圀 '석웅황(石雄黃)'의 준말.
워 圀 한글의 모음 글자 'ㅝ'의 이름.
워:² 囝 '우어'의 준말.
워걱-거리다 [-꺼-] 困 여러 개의 단단한 물건이 서로 뒤섞여 부딪치는 소리가 자꾸 나다. 困와각거리다. 워걱-워걱 囝困匪
워걱-대다 [-때-] 困 워걱거리다.
워그르르 囝困匪 1 쌓였던 물건이 갑자기 무너

지는 소리. 또는 그 모양. 噟나무 블록이 ~ 무너지다. 2 많은 물이 넓은 면적으로 야단스레 끓어오르는 소리. 또는 그 모양. 噟국수 삶는 물이 ~ 넘쳐 버렸다. 3 가까이에서 천둥이 요란스레 치는 소리. 4 사람·벌레 따위가 한곳에 많이 어지럽게 몰려 있는 모양. 噟시장에 사람들이 ~하다. 困와그르르.
워그적-거리다 [-꺼-] 困 시끄럽게 북적거리다. 困와그작거리다. 워그적-워그적 囝困匪
워그적-대다 [-때-] 困 워그적거리다.
워글-거리다 困 1 많은 사람이나 벌레 따위가 너른 곳에 모여서 복잡하게 뒤섞여 자꾸 움직이다. 2 많은 물이 넓은 면적에서 야단스러운 소리를 내며 자꾸 끓다. 困와글거리다. 워글-워글 囝困匪
워글-대다 困 워글거리다.
워낙 囝 1 본디부터 원래. 噟~ 나쁜 것은 할 수 없다 / ~ 성품이 조용하다. 囷원. 2 두드러지게 아주. 원체. 噟~ 길이 험하다 / ~ 바빠서 연락을 못했다.
워낭 圀 마소의 턱 아래로 늘어뜨린 쇠고리. 또는 마소의 귀에서 턱 밑으로 늘여 단 방울.
워드 프로세서 (word processor) 『컴』 컴퓨터 문서 작성 프로그램(키보드로 입력·편집하며, 문서의 작성·수정·조작 및 프린터로 출력이 가능함).
워라-말 ☞얼룩말.
워럭 囝 급히 대들거나 잡아당기는 모양. 噟뒤에서 ~ 덮치다. 困와락.
워럭-워럭 囝困匪 더운 기운이 매우 성하게 일어나는 모양. 困와락와락.
워르르 囝困匪 1 쌓였던 좀 큰 물건들이 야단스럽게 무너지는 소리. 또는 그 모양. 噟장작더미가 ~ 무너졌다. 2 천둥이 야단스럽게 치는 소리. 3 괴어 있던 물이 갑자기 쏟아져 나오는 소리. 4 물이 요란하게 끓어 넘치는 소리. 困와르르.
워:리 囝 개를 부르는 소리.
워밍업 (warming-up) 圀 운동 경기 전에 몸을 풀기 위해서 하는 준비 운동이나 가벼운 연습. 囷쿨링 다운.
워석 囝困匪 뻣뻣하게 마른, 얇고 가벼운 물건이 서로 스치거나 바스라질 때 나는 소리. 困와삭. 匭워석.
워석-거리다 [-꺼-] 困匪 워석 소리가 자꾸 나다. 또는 그런 소리를 자꾸 내다. 困와삭거리다. 워석-워석 囝困匪 噟발걸음을 옮길 때마다 ~ 낙엽 소리가 났다.
워석-대다 [-때-] 困匪 워석거리다.
워썩 囝困匪 뻣뻣하게 마른, 얇고 가벼운 물건이 서로 스치거나 부서질 때 세게 나는 소리. 困와싹. 匭워석.
워썩-거리다 [-꺼-] 困匪 워썩 소리가 자꾸 나다. 또는 그런 소리를 자꾸 내다. 困와싹거리다. 워썩-워썩 囝困匪
워썩-대다 [-때-] 困匪 워썩거리다.
워:어호 囝 상여꾼이 상여를 메고 나갈 때, 여럿이 함께 내는 소리.
워커 (walker) 圀 군화.
워크숍 (workshop) 圀 전문적인 기술이나 아이디어를 실험적으로 실시하면서 검토하는 연구회나 세미나(참가자들이 스스로 조사·연구하고 토의함).
워크스테이션 (workstation) 圀 『컴』 1 사무용·기술용 단말기로 쓸 수 있는 다기능 컴퓨터의 총칭. 2 컴퓨터에 연결된 단말기를 이용하

여 사무를 보는 곳.

워크-아웃 (work out) 圀 〖경〗 기업과 금융 기관이 협의하여 진행하는 일련의 구조 조정 과정과 결과. 이에 이용되는 방법으로, 그룹 내의 퇴출 기업 결정과 상호 지급 보증 해소, 부실 규모에 따른 감자(減資)와 부채 감면(減免), 자산 매각 등이 있음.

워키토키 (walkie-talkie) 圀 경비 연락이나 취재 연락 따위에 쓰는, 휴대용의 소형 무선 송수신기.

워킹 홀리데이 (working holiday) 해외 여행 중인 젊은이가 방문국에서 일할 수 있도록 특별히 허가받는 일. 통상의 관광 비자로는 일을 할 수 없으나, 국제 친선을 위하여 예외적으로 허용됨.

워더그르르 [-떠-] 튀하짜 크고 단단한 여러 개의 물건이 맞부딪치며 굴러가는 소리. 또는 그 모양. 瘂와다그르르.

워더글-거리다 [-떠-] 짜 자꾸 워더그르르 소리가 나다. 워더글워더글거리다. **워더글-워더글** [-떠그뤼떠-] 튀하짜

워더글-대다 [-떠-] 짜 워더글거리다.

워더글-덕더글 [-떠-떡-] 튀하짜 크고 단단한 여러 개의 물건이 다른 물건들에 야단스레 부딪치며 굴러가는 소리. 瘂와다글닥다글.

워저그르르 [-쩌-] 튀하짜 **1** 여럿이 모여 시끄럽게 떠들거나 웃는 소리. 또는 그 모양. **2** 소문이 퍼져 갑자기 시끄러운 모양. 瘂와자그르르.

원: (怨) 圀 '원한'의 준말.

원 (院) 圀 **1** '의원(議院)'의 준말. ▢~을 구성하다. **2** 〖역〗 조선 때, 역(驛)과 역 사이에 공용으로 여행하는 관원을 위한 국영의 여관.

원 (員) 圀 〖역〗 수령(守令).

원 (園) 圀 〖역〗 '원소(園所)'의 준말.

원 (圓) 圀 **1** 동그라미. **2** 〖수〗 한 평면 상의 일정한 점에서 같은 거리에 있는 점의 자취 또는 그것으로 둘러싸인 평면.

원: (願) 圀하타 바람. 바라는 바. 소원. ▢~을 풀다 / 죽은 사람의 ~도 풀어 준다는데 산 사람의 ~을 못 풀어주겠는가.

원¹ 의명 우리나라 화폐의 단위(1전(錢)의 100배. 기호는 ₩). ▢천 ~ / 백만 ~.

원 (圓) 의명 우리나라의 옛 화폐 단위(1전(錢)의 100배).

원² 뜻밖의 일을 당해서 놀랄 때나 마음이 언짢을 때 하는 말. ▢~, 세상에 그럴 수가 있나 / ~, 별꼴을 다 보겠네.

원- (元·原) 튀 '본디·시초'의 뜻. ▢~주인 / ~자자 / ~자재 / ~주민.

-원 (員) 미 '그 일에 관계하는 사람'의 뜻. ▢철도~ / 사무~.

-원 (院) 미 관청 또는 학교·병원 등의 이름을 이루는 말. ▢대학~ / 요양~.

-원 (園) 미 **1** '동물이나 식물을 한데 모은 시설'의 뜻. ▢동물~ / 식물~. **2** '어린이를 맡아 교육·보호하는 시설'의 뜻. ▢보육~ / 유아~ / 유치~.

원가 (原價) 圀 **1** 본디 사들일 때의 값. **2** 〖경〗 상품의 제조·판매·공급 등 경제 행위를 하기 위해 소비하는 재화 및 노동 가치를 단위당(當) 계산한 값. 생산비.

원가 계:산 (原價計算) [-까- / -까게-] 圀 일정한 제품을 생산하는 데 드는 재료비·인건비·물품비 따위의 모든 비용을 계산하는 일.

원-가지 (原-) 圀 원줄기에 붙어 있는 굵은 가

지. 주지(主枝).

원각 (圓覺) 圀 〖불〗 석가여래의 깨달음. 곧, 원만하고 조금도 흠이 없는 우주의 신령스러운 깨침.

원각-사 (圓覺社) [-싸] 圀 〖연〗 1908년 7월 서울 특별시 종로구 신문로 소재 새문안 교회 터에서 창설되었던 우리나라 최초의 국립 극장. 로마의 극장식을 본떠 지었으며, 2천 명의 관객을 수용할 수 있었음.

원간 (原刊) 圀 어떤 간행물을 여러 차례 간행했을 경우 맨 처음의 간행. 초간(初刊).

원간-본 (原刊本) 圀 원간으로 나온 책. 초간본. 瘂원본(原本).

원:객 (遠客) 圀 먼 곳에서 온 손님.

원:-거리 (遠距離) 圀 먼 거리. 장거리. ▢~ 여행 / ~를 통학하다. ↔근거리.

원거원처 (爰居爰處) 圀하짜 여기저기 옮겨 다니며 삶.

원:격 (遠隔) -격 圀하짜 멀리 떨어져 있음. ▢~ 조종 모형 비행기 / ~한 지역.

원:격 제:어 (遠隔制御) [-격쩨-] 圀 떨어진 장소에 있는 기기(機器)나 장치, 설비 따위를 먼 데서 제어·운전·조종하는 일. 리모트 컨트롤. 원격 조작.

원:격 조작 (遠隔操作) [-격쪼-] 〖물〗 원격 제어(遠隔制御).

원:경 (遠景) 圀 먼 데서 보는 경치. 또는 멀리 보이는 경치. ↔근경.

원경 늦은 경으로 큰 그렇게 느직이. ▢~ 미루면 어쩌나.

원:경 (遠境) 圀 중앙에서 멀리 떨어져 있는 국경(國境).

원:경-법 (遠景法) [-뻡] 圀 투시 도법(透視圖法).

원:계 (遠計) [-/-게] 圀 먼 앞날을 위한 계획.

원고 (原告) 圀 〖법〗 민사 소송을 제기한 사람. ↔피고(被告).

원고 (原稿) 圀 **1** 인쇄에 부치기 위해 쓴 초벌의 글이나 그림 따위. ▢~를 집필하다 / ~ 청탁을 받다. **2** 초고(草稿).

원고-료 (原稿料) 圀 원고 집필에 대한 보수. 瘂고료.

원고-용지 (原稿用紙) 圀 원고를 쓰기 편리하게 만든, 일정한 규격의 종이. 원고지.

원고-지 (原稿紙) 圀 원고용지.

원곡 (元穀) 圀 〖역〗 봄철에 각 고을에서 농가에 꾸어 주던 곡식.

원-골 (怨骨) 圀 원한을 품고 죽은 사람.

원공 (元功) 圀 **1** 가장 으뜸 되는 공. ▢~을 세우다. **2** 국가 발전에 힘쓴 공적. 또는 그 힘쓴 사람.

원공 (猿公) 圀 '원숭이'를 의인화하여 높여 일컫는 말.

원-관념 (元觀念) 圀 비유법에서, 표현하고자 하는 사물을 이르는 말('쟁반같이 둥근 달'에서 '달'). *보조 관념.

원광 (原鑛) 圀 **1** 〖광〗 주가 되는 광산. **2** 제련하기 이전의, 파낸 그대로의 광석. 원광석.

원광 (圓光) 圀 **1** 둥글게 빛나는 빛. 달이나 해의 빛. **2** 〖불〗 후광(後光).

원:교 (遠郊) 圀 도시에서 멀리 떨어진 시골.

원:교근공 (遠交近攻) 圀 먼 나라와 친교를 맺고 이웃 나라를 공략하는 일(중국 전국 시대에 범저(范雎)가 주창한 외교 정책).

원:교 농업 (遠郊農業) 도시로 내다 팔기 위하여 도시와 멀리 떨어진 곳에서 채소나 과일 따위를 재배하는 집약적(集約的) 농업. *근교 농업.

원ː구 (怨咎) 명|하타| 원망하고 꾸짖음.

원ː구 (怨溝) 명 **1** 원한으로 생긴 불화. **2** 화합할 수 없도록 가로막는 원한의 도랑.

원구 (圓球) 명 둥근 알이나 공.

원ː국 (遠國) 명 먼 나라. 원방(遠邦). ↔근국(近國).

원ː군 (援軍) 명 자기 편을 도와주는 군대. ▢ ~을 청하다.

원ː굴-하다 (冤屈-) |형여| 원통하게 누명을 써서 억울하다. 원억하다.

원권 (原權) [-꿘] 명 《법》 어떤 권리의 침해로 생긴 원상 회복이나 손해 배상 청구권에 대해, 그 침해를 당한 원래의 권리. ┌구제권.

원ː귀 (冤鬼) 명 원통하게 죽은 사람의 귀신.

원-그림 (原-) 명 모사(模寫)나 복제(複製) 따위의 바탕이 된 그림. 본그림.

원ː-근 (遠近) 명 **1** 멀고 가까움. **2** 먼 곳과 가까운 곳. 또는 그곳의 사람. ▢ ~ 각처.

원ː-근-감 (遠近感) 명 멀고 가까운 거리에 대한 느낌 ▢ ~을 잘 살린 풍경화.

원ː-근-법 (遠近法) [-뻡] 명 《미술》 어떤 대상을 일정한 시점에서 보아 그것이 눈에 보이는 것과 똑같은 거리감을 화면에 묘사하는 법. 원근 화법.

원금 (元金) 명 **1** 밑천. 본전. ▢ ~을 날리다. **2** 돈을 빌리거나 꾸었을 때, 이자를 제외한 본디의 돈. ▢ 이자는 고사하고 ~까지 떼이게 생겼다. ↔이자.

원기 (元氣) 명 **1** 본디 타고난 기운. **2** 만물 성장의 근본이 되는 정기. **3** 몸과 마음의 활동력. ▢ ~ 왕성 / ~ 회복.

원기 (原器) 명 **1** 같은 종류의 물건의 기본 표준으로 만든 그릇. **2** 도량형의 기본 표준이 되는 기구(미터 원기와 킬로그램 원기 등이 있음).

원-기둥 (原-) 명 가장 중요한 곳에 버티어 세우는 기둥.

원-기둥 (圓-) 명 《수》 원기둥 곡면을, 주어진 원의 면에 평행한 두 평면으로 자른 중간의 입체. 구용어: 원주(圓柱). ←모기둥.

원기둥 곡면 (圓-曲面) [-공-] 명 《수》 하나의 원주(圓周)를 도선(導線)으로 하여, 그 위의 각 점을 지나는 정직선(定直線)에 평행한 모선(母線)으로 하여 생기는 곡면(曲面). 구용어: 원주 곡면(圓柱曲面).

원ː-납 (願納) 명 예전에, 스스로 원하여 재물을 바치던 일.

원ː-납-전 (願納錢) [-쩐] 명 **1** 스스로 원하여 바치는 돈. **2** 《역》 조선 말, 대원군이 경복궁을 중수하려고 백성들로부터 강제로 거두어들였던 기부금.

원내 (院內) 명 '원(院)' 자가 붙은 각종 기관의 내부(특히 국회의 안). ▢ ~ 투쟁. ↔원외.

원내 총ː무 (院內總務) 의회 안에서 자기 당에 속하는 의원의 활동을 지도하고 사무를 총괄하며 다른 당과 의사(議事)를 협의하는 정당 간부. ㉺총무.

원넘버 서비스 (one-number service) 개인이 가지고 있는 팩스·인터넷·전화·휴대 전화 등 통신 장비의 번호를 하나의 개인 번호로 통합하여 관리해 주는 서비스. 언제 어디서나 가입자가 원하는 통신 수단으로 연결해 주는 첨단 부가 통신 서비스임.

원ː녀 (怨女) 명 원한을 품은 여자라는 뜻으로, 과부(寡婦)를 이르는 말. 원부.

원년 (元年) 명 **1** 임금이 즉위한 해. **2** 연호가 바뀐 최초의 해. **3** 나라를 세운 해. **4** 어떤 일이 시작된 해. ▢ 교육계는 올해를 교사와 학

부모 간의 부조리 추방 ~의 해로 삼았다.

원ː-념 (怨念) 명 원한을 품은 생각.

원ː-노비 (元奴婢) 명 《역》 부모가 본디 소유하고 있던 노비.

원ː-님 (員-) 명 《역》 고을의 원(員)을 높여 이르던 말.
[원님 덕에 나팔[나발] 분다] 남의 덕에 분에 넘치는 호강을 받음의 비유.

원-다회 (圓多繪) 명 동다회.

원단 (元旦) 명 설날 아침. 원조(元朝). ▢ 일년 지계는 ~에 있다.

원단 (原緞) 명 가공하지 않은 원료로서의 천. ▢수입 ~.

원-단위 (原單位) 명 《공》 제품을 만드는 데 드는 노동력·시간·원료 및 공장의 건물이나 부지(敷地) 등의 최소 적격 단위.

원-달구 (圓-) 명 《건》 크고 둥근 돌에 줄을 맨 달구. 땅을 다지는 데 씀.

원당 (原糖) 명 '원료당(原料糖)'의 준말.

원ː당 (願堂) 명 **1** 《역》 궁사(宮司) 또는 민가에 베풀어 왕실의 명복을 빌던 곳. **2** 소원을 빌기 위해 세운 집.

원ː대 (怨懟) 명|하타| 원망(怨望).

원대 (原隊) 명 《군》 파견이나 지원을 나온 부대나 병력이 본디 속해 있던 부대. ▢ ~에 복귀하다.

원ː대 (遠代) 명 먼 시대 또는 먼 조상(祖上)의 대(代).

원ː대-하다 (遠大-) |형여| 계획이나 희망 따위의 규모와 뜻이 크다. ▢ 꿈이 ~ / 원대한 포부를 품다.

원덕 (元德) 명 《윤》 어느 특정한 문화의 바탕을 이루는 가장 근본적인 덕. 주덕.

원도 (原圖) 명 원그림.

원ː도 (遠逃) 명|하자| 멀리 달아남.

원ː도 (遠島) 명 육지에서 멀리 떨어진 섬.

원ː독 (怨毒) 명 원망이 극에 달하여 마음속에 생긴 독기(毒氣).

원동 (原動) 명 어떤 것이 움직이는 힘이 되는 근원. 활동의 근원.

원ː동 (遠東) 명 극동(極東). ↔근동.

원동-기 (原動機) 명 《물》 자연계에 존재하는 에너지를 기계적 에너지로 바꾸어 다른 기계류의 동력원이 되는 장치(증기 터빈·풍차·증기 기관·내연 기관·가스 터빈·전동기·원자력 기관 따위).

원동-력 (原動力) [-녁] 명 **1** 사물의 활동을 일으키는 근원이 되는 힘. ▢ 국가 발전의 ~이 되다. **2** 《물》 물체나 기계의 운동을 일으키는 힘(열·수력·풍력·화력 따위).

원두 (原頭) 명 들판의 언저리. 들가.

원두 (園頭) 명 밭에 심어 기르는 오이·참외·수박·호박 등의 총칭.

원두(를) 놓다 관 밭에 원두를 심어서 기르다.

원두(를) 부치다 관 밭에 원두의 씨를 심다.

원두-막 (園頭幕) 명 원두밭을 지키기 위해 지은 높은 막.

원두-밭 (園頭-) [-받] 명 원두를 놓은 밭.

원두-커피 (原豆coffee) 명 커피 열매를 볶아서 빻은 후 그 가루를 물에 타서 마시는 커피.

원두-한 (園頭干) 명 원두부이.

원두한-이 (園頭干-) 명 원두를 부치거나 놓는 사람. 원두한.

원-둘레 (圓-) 명 《수》 원주(圓周).

원둘레-율 (圓-率) 명 《수》 원주율(圓周率).

원뜻(元-·原-)[-뜯][명] 본디 가지고 있는 뜻.

원래(元來·原來)[월-][명][부] 본디. 처음부터. ▪ ~ 좋은 사람이다 / ~부터 속일 생각은 아니었다.

원:래(遠來)[월-][명][하자] 먼 곳에서 옴. ▪ ~의 진객(珍客).

원량(原量)[월-][명] 원래의 분량.

원량(原諒)[월-][명][하타] '용서(容恕)'의 뜻《편지에 쓰는 말》. 원유(原宥).

원:려(遠慮)[월-][명][하타] 앞으로 올 일을 헤아리는 깊은 생각.

원력(原力)[월-][명] 본디부터 가지고 있는 기운. 근원의 저는 힘.

원:력(願力)[월-][명][불] 부처에게 빌어 원하는 바를 이루려는 마음의 힘.

원:령(怨靈)[월-][명] 원한을 품고 죽은 사람의 혼령. ▪ ~이 나타난다는 흉문이 나돌다.

원:례(援例)[월-][명][하타] 전례(前例)를 끌어다 댐. ▪ ~로 삼다.

원로(元老)[월-][명] 1 지난날, 나이·덕망·벼슬이 높은 벼슬아치를 이르던 말. ▪ ~ 재상들과 국사를 의논하다. 2 어떤 일에 오래 종사하여 경험과 공로가 많은 사람. ▪ ~ 교수 / 학계의 ~.

원:로(遠路)[월-][명] 먼 길. 원정(遠程). ▪ ~에 오시느라 고단하실 텐데 편히 쉬십시오.

원로-대신(元老大臣)[월-][명] 예전에, 나이 많고 덕망 높은 벼슬아치를 이르던 말.

원로-원(元老院)[월-][명][역] 1 고대 로마에서, 정무관(政務官)을 지휘하여 내정·외교를 지도한 국가 기관. 2 공화국 등에서, 상원(上院)의 별칭.

원론(原論)[월-][명] 근본이 되는 이론. 또는 그런 이론을 기술한 책. ▪ 경제 ~.

원론-적(原論的)[월-][관][명] 근본이 되는 (것). ▪ ~ 답변 / ~으로 접근하다.

원:뢰(遠雷)[월-][명] 멀리서 울리는 우레나 우렛소리.

원료(原料)[월-][명] 어떤 물건을 만드는 데 쓰이는 재료. ▪ 초콜릿의 ~는 카카오이다.

원료-당(原料糖)[월-][명] 설탕의 원료가 되는, 정제하지 아니한 사탕. ③원당(原糖).

원:-루(冤淚)[월-][명] 원통해서 흘리는 눈물.

원룸 아파트(←one-room apartment) 침실이나 거실, 부엌 따위가 따로 구분되지 않고 하나의 방으로 되어 있는 주거 형태. ④원룸.

원류(源流)[월-][명] 1 물이 흐르는 원천. 수원(水源). ▪ 한강의 ~. 2 사물이 일어나는 근원. 기원. 3 주가 되는 유파(流派).

원:-류(願留)[월-][명][하타] 지난날, 전임되어 가는 관리의 유임을 그 지방 사람들이 상부에 청원하던 일.

원리(元利)[월-][명] 원금과 이자. 본전과 변리. 원리금. ▪ ~ 합계 / ~를 분할 상환하다.

원리(原理)[월-][명] 1 사물의 기본이 되는 이치나 법칙. 원칙. 2[윤] 인식 또는 행위의 근본 전제. 규범. ▪ 민주주의의 기본 ~. 3[철] 기초가 되는 근거 또는 보편적 진리.

원리-금(元利金)[월-][명] 원금과 이자를 합친 돈. 원리. ▪ ~을 상환하다.

원림(園林)[월-][명] 1 집터에 딸린 수풀. 2 정원이나 공원의 숲.

원-마부(元馬夫)[월-][명] 기구(器具)를 갖춘 말의 왼쪽에 달린 긴 경마를 끄는 마부. ↔곁마부.

원만-스럽다(圓滿-)[월-][-따][-스러워, -스러우

니)[형][부] 원만한 듯하다. ▪ 교우 관계가 비교적 ~. **원만-스레**[부]

원만-하다(圓滿-)[형][여] 1 일의 진행이 순조롭다. ▪ 원만한 해결을 보다. 2 성격이 모난 데가 없이 온화하다. 감정이 급하거나 거칠지 않다. ▪ 원만한 성격. 3 서로 사이가 좋다. ▪ 원만한 관계를 유지하다. **원만-히**[부] ▪ 일을 ~ 처리하다.

원-말(原-)[명] 변하기 전의 본디의 말. 본딧말.

원:망(怨望)[명][하타] 억울하게 또는 못마땅히 여겨 탓하거나 분하게 여겨 미워함. ▪ ~의 눈초리로 바라보다 / 그의 얼굴은 분노와 ~으로 일그러져 있었다.

원:망(遠望)[명][하타] 1 멀리 바라다봄. 2 먼 앞날의 희망.

원:망(願望)[명][하타] 1 원하고 바람. 2[심] 마음속의 긴장을 해소하려 함. 또는 그런 경향.

원:망-스럽다(怨望-)[-따][-스러워, -스러우니)[형] 원망하는 마음이 있다. ▪ 그는 자신의 무능함이 원망스러웠다. **원:망-스레**[부]

원:매-인(願買人)[명] 사려는 사람. 원매자(願買者).

원:매-인(願賣人)[명] 팔려는 사람. 원매자(願賣者).

원:매-자(願買者)[명] 원매인(願買人).

원:매-자(願賣者)[명] 원매인(願賣人).

원맥(原麥)[명] 밀가루의 원료가 되는 밀.

원맨-쇼(one-man show)[명] 혼자 무대에 나와 벌이는 쇼.

원면(原綿)[명] 면사 방적의 원료로 쓰는, 아직 가공하지 아니한 솜.

원명(原名)[명] 본디의 이름. 원이름.

원명(原命)[명] 타고난 목숨.

원:-모(怨慕)[명][하타] 한편으로 원망하면서도 한편으로는 사모함.

원모(原毛)[명] 모직물의 원료가 되는, 아직 가공하지 않은 짐승의 털《주로, 양모를 이름》. ▪ 오스트레일리아산 ~.

원:모(遠謀)[명][하타] 원대하게 계책을 세움. 또는 그 계책.

원목(原木)[명] 가공하거나 제재(製材)하지 않은 나무. 원나무. ▪ ~ 가구 / ~으로 별장을 짓다.

원무(圓舞)[명] 1 여럿이 둥그렇게 둘러서서 추는 춤. 윤무(輪舞). 2 왈츠·폴카 등과 같이 남녀 한 쌍이 추는 경쾌한 사교춤. 윤무. 3 '원무곡'의 준말.

원무-곡(圓舞曲)[명][악] 왈츠. ④원무.

원문(原文)[명] 1 고치거나 베끼거나 번역한 것 등에 대하여, 바탕이 된 본디의 글. ▪ ~과 내용이 다르다 / ~과 번역이 함께 실려 있다. 2 본문.

원문(轅門)[명] 1[역] 군영(軍營)이나 영문(營門)을 이르던 말. 2 군문(軍門)2.

원:-문(願文)[명] 1 원하는 바를 적은 글. 또는 그런 문서. 2[불] 사찰이나 탑을 세우거나 불경을 간행할 때, 또는 불상을 조성하거나 법회를 행할 때, 시주의 소원을 적어 놓은 글. 발원문.

원물(元物)[명][법] 어떤 이익을 얻을 수 있는 근원이 되는 물건《우유에 대해서 젖소, 과일에 대해서 과일나무 등을 일컬음》.

원물(原物)[명] 1 모조품·사진·그림 따위에 대해서 바탕이 된 실제의 물건. ▪ 사진과 ~이 전혀 다르다. 2 제품의 원료가 되는 물건. 또는 견본 따위에서, 기준이 되는 물품.

원미(元味)[명] 쌀을 굵게 갈아 쑨 죽《여름에

꿀과 소주를 타고 차게 해서 먹음).

원-밀이(圓-)[명]《건》문살의 등이 둥글게 된 살밀이의 한 가지.

원-바닥(元-)[명] 태어나서 자란 원래의 터전.

원반(原盤)[명] 복제한 음반에 대하여, 본디의 음반. 또는 그것을 바탕으로 하여 도금(鍍金)해서 복제한 금속 음반.

원반(圓盤)[명] 1 원반던지기에 쓰는 운동 기구. 나무 바닥에 놋쇠로 된 둥글넓적한 판을 박고 금속의 테를 두른 둥근 판(남자용은 무게 2 kg, 직경 219 mm, 여자용은 무게 1 kg, 직경 180 mm). 2 접시 모양으로 둥글고 넓적하게 생긴 물건.

원반-던지기(圓盤-)[명] 지름 2.5 m의 원 안에서 원반을 던져 멀리 가기를 겨루는 운동 경기. 투원반.

원밥-수기[-쑤-][명] 떡국에 밥을 넣어 끓인 음식.

원:방(遠方)[명] 먼 지방. 먼 곳. ▢ ~으로 귀양을 보내다.

원:방(遠邦)[명] 원국(遠國).

원-방패(圓防牌)[명]《역》방패의 하나. 둥근 널빤지에 뒷면은 무명으로 바르고 가운데에 손잡이가 있으며, 앞면은 쇠가죽으로 싸고 그 위에는 짐승 얼굴을 그렸음.

원배(元配)[명] 죽거나 이별한 처음의 아내.

원:배(遠配)[명][하타] 먼 곳으로 귀양을 보냄. 원찬(遠竄).

원범(原犯)[명] 정범(正犯).

원법(原法)[-뻡][명] 고치기 전의 본디의 법.

원:별(遠別)[명][하타] 서로 멀리 헤어짐.

원:병(援兵)[명] 싸움을 도와주는 군사. 원군(援軍). 구원병. 구원군.

원복(元服)[명] 지난날, 성년(成年)에 달하여 비로소 어른의 의관(衣冠)을 착용하던 의식.

원본(原本)[명] 1 '원간본'의 준말. 2 고치거나 베낀 것에 대하여 근본이 되는 서류나 문건. 3 등사·초록(抄錄)·개정·번역 등을 하기 전의 본디의 서류나 책. ↔역본(譯本). 4《법》등본·초본(抄本)의 근본이 되는 문서.

원본(院本)[명]《문》중국 남송(南宋) 때, 북방의 금나라에서 행하던 연극의 극본.

원:부(怨府)[명] 여러 사람의 원한의 대상이 되는 단체나 기관.

원:부(怨婦)[명] 원녀(怨女).

원부(原簿)[명] 1 베끼거나 고쳐 만들기 전의 본디의 장부. ▢ 호적 ~. 2 부기의 주요 장부. 원장. 원장부.

원:분(怨憤)[명] 원한과 울분.

원분(圓墳)[명] 고분(古墳)의 하나. 둥근 모양의 무덤.

원:불(願佛)[명]《불》사사로이 모시며 소원을 비는 부처.

원-불교(圓佛敎)[명]《불》1916년 전북 익산시에 중앙 총부를 두고 박중빈(朴重彬)이 개창한 종교. 불교의 현대화와 생활화, 대중화를 주장하여 시주(施主)·동냥·불공 등을 폐지하고, 각자 직업에 종사하면서 교화 사업을 시행함.

원비(元妃)[명] 임금의 정실(正室).

원비(元肥)[명] 밑거름.

원비(猿臂)[명] 1 원숭이의 팔처럼 길고 힘이 있어 활쏘기에 좋고 힘을 가리키는 말. 2 팔을 내밀어 물건을 쥐는 모양을 일컫는 말.

원-뿌리(元-)[명]《식》식물의 뿌리 가운데 중심이 되는 뿌리. 정근(定根).

원-뿔(圓-)[명]《수》하나의 평면 밖의 한 정점(頂點)과 원주 위의 모든 점을 연결하여 생긴

면으로 둘러싸인 입체. 구용어 : 원추.

원뿔 곡면(圓-曲線)[-썬]《수》원뿔면을 원뿔의 꼭짓점을 통하지 않는 임의의 평면으로 잘라 낸 면의 곡선. 구용어 : 원추 곡선.

원뿔-꼴(圓-)[명]《수》원뿔 모양으로 된 형태. 구용어 : 원추형(圓錐形).

원뿔-대(圓-臺)[명]《수》원뿔을 그 밑면에 평행하는 평면으로 잘랐을 때 꼭짓점이 있는 부분을 버린 남은 부분으로 이루어지는 입체. 구용어 : 원추대.

원뿔 도법(圓-圖法)[-뻡]《지》지구의 어떤 위도선(緯度線)에 원뿔면을 접촉시켜, 그 위에 지구 표면의 형태를 투영(投影)하여 지도를 그리는 방법. 원추 도법. 원추 투영법.

원뿔-면(圓-面)[명]《수》하나의 원주(圓周)를 도선(導線)으로 하여 그 위의 고정된 원의 평면 곧, 밑면 밖에 있는 한 점을 통하는 모든 직선을 모선(母線)으로 하여 생기는 곡면(曲面). 구용어 : 원추면.

원사(元士)[명]《군》부사관 중에서 가장 높은 계급(상사의 위, 준위의 아래).

원:사(怨思)[명] 원망하는 뜻.

원사(原絲)[명] 직물의 원료가 되는 실. ▢ 나일론 ~.

원:사(寃死)[명][하자] 원통하게 죽음. 또는 그런 죽음.

원:사(遠射)[명][하타] 먼 곳에서 쏨. 또는 멀리 쏨.

원:사(遠寫)[명][하타] 카메라를 피사체로부터 멀리하여 전경을 모두 찍는 촬영 방법. 롱 숏.

원사 시대(原史時代)[명] 선사 시대와 역사 시대의 중간 시대. 문헌적 사료(史料)가 단편적으로 남아 있음. ↔역사 시대.

원사이드 게임(←one-sided game) 실력 차이가 심하여 한쪽의 일방적 승리로 끝나는 시합.

원사-체(原絲體)[명]《생》이끼 식물의 포자가 발아하여 생기는 실 모양의 배우체(配偶體). 사상체(絲狀體).

원삭-동물(原索動物)[-똥-][명] 동물계를 분류한 한 문(門). 어릴 때 생긴 척삭(脊索)이 일생 동안 그대로 머물러 있는 동물. 중추 신경(中樞神經)은 대통 모양인데 척삭의 등 쪽에 있고, 호흡기는 소화관에서 발생하며 모두가 바다에서 삶. 미삭류·두삭류의 두 강(綱)으로 분류함.

원산(原産)[명] 어떤 곳에서 처음으로 생산되는 일. 또는 그런 물건. ▢ 파인애플은 열대 ~의 과일이다.

원:산(遠山)[명] 1 멀리 있는 산. 2 안경테의 좌우의 두 알을 잇는 부분. 3 재래식 변기의 앞부분에 산 모양으로 되어 있는 부분. 생식기 있는 부분을 가리게 된 물건. 4 문짝이 걸리게 문턱에 박는 쇠. 5 풍잠(風簪).

원산-지(原産地)[명] 1 물건의 생산지 또는 제조지. ▢ 수입 농산물에 ~를 표시하다. 2 동식물이 원래 자라난 곳. ▢ 아카시아의 ~는 북아메리카이다.

원산지 표시제(原産地表示制)《경》수입 상품의 생산 국적을 명확히 하기 위하여 국적 표시를 하게 하는 제도. 수입품의 쿼터 관리, 검역, 방역 등이 목적임.

원삼(元參)[명] 현삼(玄參).

원삼(圓衫)[명] 부녀의 예복의 하나. 연둣빛 길에 자주 깃과 색동 소매를 달아 지음.

원상(原狀)[명] 본디대로의 상태. 이전의 모양.

□~ 복구 / ~을 회복하다 / 모든 것은 ~으로 되돌아왔다.

원상(原象)圓 본래의 형상. 본디의 모습.

원상(院相)圓『역』조선 때, 왕이 죽은 뒤부터 졸곡(卒哭)까지의 스무엿새 동안 어린 임금을 보좌하여 정무를 맡아보던 임시 벼슬《중망이 높은 원로 재상급에서 임명함》.

원상-회복(原狀回復)圓━하타 본래의 형편이나 상태로 돌아가거나 그것을 되찾는 것.

원색(原色)圓 **1** 모든 색의 기본이 되는 색. 일반적으로는 빨강·노랑·파랑의 세 가지 빛깔. 색료(色料)에서는 황색·적자색·청록색을 이름. 기색(基色). □삼~. **2** 본디의 제 빛깔. 천연색. **3** 화려한 빛깔. **4** 꾸미지 않은 감정의 상태.

원:색(遠色)圓━하자 여색(女色)을 멀리함.

원색-적(原色的)[━쩍]판圓 말·행동이나 차림새 따위가 직접적이고 노골적인 (것). □~인 표현 / ~으로 비난하다.

원색-판(原色版)圓『인』원색을 써서 실물과 똑같은 색채를 내는 망판(網版) 인쇄. 또는 그렇게 인쇄한 인쇄물《현재는 원색에 흑색을 더해서 인쇄하는 사색판(四色版)이 널리 사용됨》. 삼색판.

원생(原生)圓 발생한 채로 진보·발전을 하지 않은 그대로의 상태. 원시(原始).

원생(院生)圓 **1** 감화원·소년원 같은 원(院)에 수용되어 있는 사람. **2** 조선 때, 서원(書院)에 속해 있던 유생.

원생-대(原生代)圓『지』지질(地質) 시대의 하나. 최고(最古)인 시생대(始生代)와 고생대(古生代)의 중간의 시대《암층은 변질하고 화석은 적으며, 원시 조류(藻類)·박테리아 및 단세포 동물의 흔적이 있음》.

원생-동물(原生動物)圓『동』동물계의 한 아계. 단세포로 된 최하등의 원시적인 동물. 종속 영양 생활을 하며 세포 분열이나 포자(胞子)로 번식함. 모양은 다양하며 편모(鞭毛)·섬모(纖毛)·위족(僞足)을 가지고 있는 것 등 여러 가지임. 원시동물. ↔후생동물.

원생-림(原生林)[━님]圓 원시림.

원생-생물(原生生物)圓『생』단세포 생물의 총칭. 식물이나 동물 어느 쪽에도 소속시키기 어려운 생물군(群). 원핵(原核)생물·진핵(眞核)생물 등으로 나누고, 이에 세균류·남조류(藍藻類)·편모류(鞭毛類)·섬모류(纖毛類)·위족류(僞足類)·포자류(胞子類)·점균류(粘菌類)·바이러스균을 포함하고 있음.

원생-식물(原生植物)[━싱━]圓『식』원생생물계의 원핵(原核)생물을 식물로 분류했을 때의 한 문(門). 단세포로 이루어진 최하등의 식물. 박테리아·남조류(藍藻類)·바이러스 따위가 포함됨. 원시 식물.

원서(爰書)圓『역』죄인의 진술을 기록한 서류.

원서(原恕)圓━하타 정상을 동정하여 용서함.

원서(原書)圓 **1** 베끼거나 번역한 책에 대하여 그 원의 책. □영어 ~. ↔역서(譯書). **2** 양서(洋書).

원:서(願書)圓 지원하거나 청원하는 내용을 적은 서류. □입사 ~ / ~ 접수 창구 / ~를 제출하다.

원석(元夕)圓 음력 정월 보름날 밤. 원소(元宵).

원석(原石)圓 **1**『광』원광(原鑛). **2** 가공하기 전의 보석.

원선(圓扇)圓 둥글부채. 단선(團扇).

원:성(怨聲)圓 원망하는 소리. □~을 사다 / ~이 높다 / ~이 자자하다.

원성(原性)圓 본디의 성질.

원소(元宵)圓 원석(元夕).

원소(元素)圓 **1**『화』모든 물질을 구성하는 기본적 요소로, 화학적으로 성립과 구조가 가장 간단한 성분《금·은·수소·질소 등 현재 100여 종이 알려졌음》. 화학 원소. □동위(同位) ~. **2**『수』집합을 이루는 낱낱의 요소. **3**『철』만물의 근원이 되는, 더 이상 분할할 수 없는 요소《그리스 철학의 4원소, 불전(佛典)의 사대(四大)·오대(五大) 따위》.

원:소(冤訴)圓━하자 **1** 원통함을 호소함. **2** 불복을 청함.

원:소(園所)圓『역』왕세자·왕세자빈과 왕의 친척 등의 산소. 준원(園).

원소 기호(元素記號)『화』원소의 종류를 나타내는 기호《산소는 O, 수소는 H 따위》. 원자 기호.

원소-병(元宵餠)圓 음력 정월 보름날 밤에 먹는 떡. 보름떡.

원소 분석(元素分析)『화』유기 화합물의 성분 원소를 검출하여 각 원소의 함유량을 구하는 화학 분석.

원소 주기율(元素週期律)『화』주기율.

원소 주기율표(元素週期律表)『화』주기율표(週期律表).

원손(元孫)圓 왕세자의 맏아들.

원:손(遠孫)圓 먼 후대의 자손. 계손(系孫).

원수(元首)圓『법』한 나라의 최고 통치권자. 국가 원수.

원수(元帥)圓 **1** 군인의 가장 높은 계급《대장의 위》. **2**『역』고려 때, 전시의 군사를 통솔하는 일을 맡아보던 장수. 또는 한 지방의 군대를 통솔하던 으뜸 장수.

원수(元數)圓 **1** 근본이 되는 수. **2** 본디의 수.

원:수(怨讎)圓 원한이 맺힐 정도로 자기에게 해를 끼친 사람이나 집단. □~ 사이 / 돈이 ~다 / 은혜를 ~로 갚다.
[원수는 외나무다리에서 만난다] 남에게 원한을 산 자는 피할 수 없는 곳에서 공교롭게 만나게 된다는 말.

원수(員數)[━쑤]圓 사람의 수효. 인원수.

원수-부(元帥府)圓『역』대한 제국 때, 국방·용병 및 군사에 관한 명령을 내리고 군부 및 경외(京外)의 군대를 지휘·감독하던 관청.

원:수-지다(怨讎━)자 서로 원수 사이가 되다. □얼굴만 마주치면 원수진 사람들처럼 다툰다.

원:수-치부(怨讎置簿)圓━하타 원수진 것을 오래도록 기억해 둠.

원숙-하다(圓熟━)[━수카━]형여 **1** 매우 익숙하다. □원숙한 솜씨. **2** 인격·지식 따위가 깊고 원만하다. □실력이 날로 원숙해진다. **원숙-히**[━수키]튀

원순 모:음(圓脣母音)『언』발음할 때에 입술을 둥글게 오므려 내는 모음《한글의 ㅗ·ㅜ·ㅚ·ㅟ 따위》.

원:숭이圓 고등 동물로 지능이 발달되어 있으며, 늘보원숭이·비비·긴팔원숭이·성성이·침팬지 등 종류가 많음. 원후(猿猴). 미후(獼猴). **2** 남의 흉내를 잘 내는 사람의 별명.
[원숭이도 나무에서 떨어진다] 아무리 능숙한 사람이라도 간혹 실수할 때가 있다. [원숭이 볼기짝이라] 얼굴이 붉어지는 것을 놀림조로 이르는 말.

원ː숭이-날 圀《민》 신일(申日).
원ː숭이-띠 圀《민》 원숭이해에 태어난 사람의 띠《신생(申生)》.
원ː숭이-해 圀《민》 신년(申年).
원-스텝 (one-step) 圀 4분의 2 박자의 경쾌한 현대 사교춤. 한 박자에 한 걸음씩 나아갔다 물러섰다 함.
원-승자(原乘子) 圀《수》 소인수(素因數).
원시(元是·原是) 閃 본디.
원시(原始·元始) 圀 1 시작하는 처음. 2 본디 그대로 있어 진보 또는 변화하지 않은 상태. □~ 신앙 / ~ 밀림 지대.
원시(原詩) 圀 번역하거나 개작했을 경우의 본디의 시.
원ː시(遠視) 圀하탄 1 멀리 봄. 먼 곳까지 보임. 2《생》'원시안'의 준말. ↔근시.
원ː시-경(遠視鏡) 圀 원시안인 사람이 쓰는 안경(볼록 렌즈를 사용함). 원안경(遠眼鏡). ↔근시경.
원시 공ː동체(原始共同體) 원시 공산체.
원시 공ː산체(原始共產體) 《사》 원시 시대의 사회 체제. 혈연적으로 이루어져 토지를 공유하고 공동으로 노동하며, 계급 지배가 없었다고 생각되는, 인류 최초의 사회 제도. 씨족 공산체. 원시 공동체.
원시-림(原始林) 圀 사람의 손이 가지 않은 자연 그대로의 삼림. 시원림(始原林). 원생림(原生林). 자연림. 처녀림. □인적 미답(人跡 未踏)의 ~.
원시 사ː회(原始社會)《사》 1 원시 시대의 사회. 2 문명 세계에서 격리되어 원시적인 생활을 하는 미개 부족의 사회.
원시-산업(原始産業) 圀 1 고대에 행하여진 산업《수렵·어로·초보적인 농목축업 따위》. 2 농업·어업·광업 등 천연자원의 획득을 목적으로 하는 산업. 제일차 산업.
원시-생활(原始生活) 圀 문화가 발달하지 못한 원시 시대에, 일정한 생업(生業)이 없이 나무 열매를 따 먹고 물고기나 야생 동물을 잡아먹으며 살던 생활.
원시 시대(原始時代)《사》 문화가 발달하지 못하고 원시 사회가 존재하던 시대.
원ː시-안(遠視眼) 圀《생》 눈의 수정체의 초점 거리가 너무 크거나 망막에 이르는 거리가 너무 짧기 때문에 가까운 거리의 물체의 상(像)이 망막보다 안에 맺혀, 선명한 상이 보이지 않는 일《볼록 렌즈로 교정함》. ↔근시안. ⓒ원시·원안.
원시 언어(原始言語)《컴》 컴퓨터에 의한 자동 프로그램 번역 과정에서, 입력으로 주어지는 프로그래밍 언어.
원시-인(原始人) 圀 1 현재의 인류 이전의 고대 인류. 2 원시 시대나 미개한 사회의 사람. 미개인.
원시-적(原始的) 관 원시 상태이거나 그처럼 뒤져 있는 (것). □~ 방법 / ~(인) 생활 / ~ 산업 형태.
원시 종교(原始宗敎)《종》 자연에 대한 공포감이나 신비감 등이 강한 원시 사회의 종교《애니미즘·토테미즘 등을 말함》.
원시 프로그램(原始program)《컴》 기계어로 번역하기 이전의 원래의 프로그램. 소스 프로그램.
원-식구(原食口)[-꾸] 圀 본디의 집안 식구.
원신(元辰) 圀 1 원단(元旦). 2 좋은 때. 길신(吉辰).
원ː심(怨心) 圀 원망하는 마음. □~을 품다.
원심(原審) 圀《법》 현재의 재판보다 한 단계

앞에서 받은 재판. 또는 그런 법원. □~을 파기하다.
원심(圓心) 圀《수》 원의 중심.
원ː심(遠心) 圀 중심에서 멀어져 감. 또는 멀어지려는 현상.
원ː심-력(遠心力)[-녁] 圀《물》 물체가 원운동을 할 때, 회전 중심에서 멀어지려는 힘. ↔구심력.
원ː심 분리기(遠心分離機)[-불-] 《물》 원심력을 이용하여 고체와 액체 또는 비중이 다른 두 가지 액체를 분리하는 장치《여과·탈수·농축·정제(精製) 등에 씀》.
원ː심-성(遠心性)[-썽] 圀 중심에서 멀어지려는 성질.
원ː심성 신경(遠心性神經)[-썽-]《생》 중추에 일어난 흥분을 말초에 전달하는 신경《운동 신경·분비 신경 따위》. ↔구심성(求心性) 신경.
원ː심 조속기(遠心調速機)[-끼]《공》 물체의 원심 작용을 응용하여 회전 속도를 자동적으로 일정하게 조절하는 장치.
원아(院兒) 圀 육아원·고아원 등에서 기르는 어린이. □고아원을 ~를 입양하다.
원아(園兒) 圀 유치원에 다니는 아이. □~를 모집하다.
원악(元惡) 圀 1 악한의 우두머리. 2 매우 악한 사람.
원악-대대(元惡大怼)[워낙때-] 圀 1 반역죄를 범한 사람. 2 극히 악하여 온 세상이 미워하는 사람.
원안(原案) 圀 회의에 부친 본디의 안. □~대로 통과하다.
원ː안(遠眼) 圀《생》 '원시안'의 준말.
원앙(鴛鴦) 圀 1《조》 오릿과의 물새. 몸길이 40~45cm, 부리는 짧고 끝에는 손톱 같은 돌기가 있음. 수컷은 칼깃의 일부가 은행 잎 같으며 뒷머리에 도가머리가 있음. 한국·일본·중국 등지에 분포함. 천연기념물 제 327 호. 2 금실이 좋은 부부의 비유.
원앙-금(鴛鴦衾) 圀 1 원앙을 수놓은 이불. 2 부부가 함께 덮는 이불.
원앙-금침(鴛鴦衾枕) 圀 1 원앙을 수놓은 이불과 베개. 2 부부가 함께 덮는 이불과 베개.
원앙-새(鴛鴦-)《조》'원앙1'의 분명한 일컬음.
원앙-침(鴛鴦枕) 圀 1 원앙을 수놓은 베개. 2 부부가 함께 베는 베개.
원액(元額·原額) 圀 본디의 액수.
원액(原液) 圀 가공하거나 묽게 하지 않은 본디의 액체. □토마토 ~을 섞어 스파게티 소스를 만들다.
원야(原野) 圀 개척하지 않은 벌판. □~를 개척하다.
원ː양(遠洋) 圀 육지에서 멀리 떨어진 넓은 바다. 원해(遠海). 외해(外海). □~에서 잡은 참치.
원ː양 어선(遠洋漁船) 원양 어업을 하기에 알맞도록 설비를 갖춘 배《어획물을 운반하고 배 안에서 처리할 수 있음》.
원ː양 어업(遠洋漁業) 원양 어선에 어구(漁具) 등을 싣고 물고기를 저장·가공할 수 있는 설비를 갖추어 원양을 항해하며 하는 어업. □~에 종사하다. ↔근해 어업.
원ː양-태(遠洋太) 圀 육지에서 멀리 떨어진 바다에서 잡히는 명태.
원ː양 항ː해(遠洋航海)《해》 배로 먼 바다를

다니며 내국과 외국 사이에 교통하는 일. ⊛ 원방.

원어(原語)뗑 번역하거나 고친 말의 본디 말. 밑말. ↔역어.

원어-민(原語民)뗑 해당 언어를 모국어로 사용하는 사람.

원:언(怨言)뗑 원망하는 말.

원염(原塩)뗑 가공하지 않은 소금. 소다 공업을 비롯하여 화학 공업의 원료로 씀.

원엽-체(原葉體)뗑〖植〗전(前)엽체.

원:영(遠泳)뗑 먼 거리를 헤엄치는 일.

원예(園藝)뗑 채소·과수·정원수·화훼(花卉) 등을 심어 가꾸는 일이나 기술. ▫ ~ 농업/ 도시 근교에서는 ~와 낙농업이 발달했다.

원:예(遠裔)뗑 먼 후세의 자손.

원예-농(園藝農)뗑〖農〗원예 식물을 집약적으로 재배하는 농업. 「동산바치.

원예-사(園藝師)뗑 원예를 업으로 하는 사람.

원예 식물(園藝植物)[원녜싱-]〖農〗원예로 심어 가꾸는 식물(정원수·화초·과수·화훼 따위). 원예 작물.

원예 작물(園藝作物)[원녜장-] 원예 식물.

원예-학(園藝學)뗑〖農〗원예에 대한 학술·기예를 연구하는 학문.

원-오(怨惡)뗑하타 원망하고 미워함.

원-옥(冤獄)뗑 죄 없이 억울하게 옥에 갇힘.

원:왕생-가(願往生歌)뗑〖文〗신라 문무왕 때 광덕(廣德)이 지었다는 10구체 향가《달을 서방 정토의 사자(使者)로 비유하여 그곳에 귀의하고자 하는 불심을 노래함》.

원외(員外)뗑 정한 사람의 수효 밖.

원외(院外)뗑 '원(院)' 자가 붙은 기관이나 국회의 밖. ▫ ~ 활동. ↔원내.

원외 운:동(院外運動)〖政〗선거민이 어떤 특정한 법률의 제정에 대하여, 선출 의원에게 영향을 미치게 하기 위해 벌이는 운동.

원외 투쟁(院外鬪爭)〖政〗국회 밖에서 하는 정치 투쟁(시위·청원 따위).

원-용(援用)뗑하타 1 자기의 주장이나 학설을 세우기 위해 어떤 사실이나 문헌이나 관례 따위를 끌어다 씀. 2〖法〗자기 이익의 옹호를 위해 어떤 사실을 딴 데서 끌어다가 주장하는 일.

원-우(怨尤)뗑하타 원구(怨咎).

원-운동(圓運動)뗑〖物〗물체가 원을 그리며 도는 운동《속도가 일정한 원운동에서는 가속도가 원의 중심을 향함》.

원원(元元)뗑 1 근본의 뜻. 2 모든 백성.

원원-이(元元-)뛰 본디부터. 처음부터.

원원-하다(源源-)[혱여] 물의 근원이 깊어 흐름이 끊임없다《사물이 끊임없이 계속됨을 비유함》. **원원-히**뛰

원월(元月)뗑 정월(正月).

원위(原位)뗑 본디의 지위나 위치.

원유(苑囿)뗑 예전에, 대궐 안에 있던 동산.

원유(原由)뗑 1 원인(原因). 2 원인과 이유.

원유(原油)뗑 땅속에서 뽑아낸 그대로의, 정제하지 않은 석유. ▫ ~ 저장 탱크/~를 수입하다.

원유(原乳)뗑 가공하지 않은 소의 젖.

원:유(遠遊)뗑하자 1 멀리 가서 놂. 2 수학(修學)이나 수업을 위하여 먼 곳에 감.

원유-가(原油價)[-까] 원유의 가격.

원:유-관(遠遊冠)〖歷〗임금이 조하(朝賀)에 나올 때 쓰던 관.

원유-회(園遊會)뗑 많은 손님을 청하여 정원에서 노는 모임. 가든파티.

원융무애(圓融無礙)뗑〖佛〗모든 법의 이치가 곧고슬로 융통하여 막힘이 없음.

원융-하다(圓融-)[혱여] 1 한데 통하여 아무 구별이 없다. 2 원만하여 막힘이 없다. 3〖佛〗모든 법의 이치가 완전히 하나로 융화되어 구별이 없다.

원음(原音)뗑 1 글자 본디의 음. 2〖言〗기본음. 3 재생음에 대한 본디의 음. 4〖樂〗다·라·마·바·사·가·나로 된 음《오르간에서 흰건반에 해당함》. 간음(幹音).

원:음(遠音)뗑 먼 데서 나는 소리.

원의(原意)[워늬/워니]뗑 1 본디의 생각. 2 의의(原義).

원의(原義)[워늬/워니]뗑 본디의 뜻. 본의. 원의(原意).

원의(院議)[워늬/워니]뗑 '원(院)' 자가 붙은 의결 기관의 토의나 결의.

원:의(願意)[워늬/워니]뗑 바라는 생각.

원-이름(原-)[-니-]뗑 본디의 이름. 원명(原名).

원인(原人)뗑 원인(猿人)에 이은 30-70만 년 전의 화석 인류《베이징 원인·자바 원인 등이 있는데 간단한 뗀석기(石器)를 썼음》.

원인(原因)뗑 어떤 사물이나 현상을 일으키거나 변화시키는 근본이 된 일이나 사건. 원유(原由). ▫ 싸움의 ~ / ~ 모를 병 / 실패 ~를 분석하다. ↔결과.

원:인(援引)뗑하타 1 끌어서 앞으로 당김. 2 자기 주장의 근거로 다른 사실이나 문헌을 인용함.

원인(猿人)뗑 가장 원시적인 최고(最古)의 화석 인류의 총칭《아프리카의 오스트랄로피테쿠스와 파란트로푸스, 아시아의 메간트로푸스 등이 있는데, 형태적으로는 유인원(類人猿)을 닮았으나 드는 점에서 인류적인 특징을 갖춤》. 「인(近人).

원:인(遠因)뗑 먼 원인. 간접적인 원인. ↔근인(近因).

원:인(願人)뗑 무엇인가를 원하는 사람.

원-인자(原因子)뗑〖數〗소인수(素因數).

원일(元日)뗑 설날.

원:일-점(遠日點)[워닐쩜]뗑〖天〗행성이나 혜성이 그 궤도상에서 태양과의 거리가 가장 먼 점. ↔근일점(近日點).

원임(原任)뗑 1 전관(前官). 2 본디의 벼슬.

원:입(願入)뗑하자 어떤 곳에 들어가고자 함.

원자(元子)뗑〖歷〗아직 세자에 책봉되지 않은 임금의 맏아들. ▫ ~ 아기.

원자(原子)뗑 1〖철〗아톰(atom). 2〖物〗물질을 구성하는 기본적 입자. 각 원소 각기의 특성을 잃지 않는 범위에서 가장 작은 미립자《중심에 원자핵이 있고 주위에 전자(電子)가 있음》.

원자-가(原子價)[-까]뗑〖化〗원자 또는 원자단이 수소 원자《화학 당량 1》 몇 개와 직접 또는 간접으로 화합할 수 있는가를 나타내는 수(數).

원자가 전:자(原子價電子)[-까-]〖化〗원자의 가장 바깥쪽 궤도에 있어, 화학 결합에 관여하는 전자《원자가는 이 전자의 수효로 결정됨》. 가전자(價電子).

원자-구름(原子-)뗑 핵폭발 직후에 생기는 거대한 버섯 모양의 구름. 버섯구름. 원자운.

원자 기호(原子記號)〖化〗원소 기호.

원자-단(原子團)뗑〖化〗여러 화합물의 분자 안에 들어 있는 특정한 원자의 집단《기(基)보다 약간 넓은 뜻으로 씀》.

원자-량(原子量)뗑〖物〗어떤 원소의 질량을 기준으로 하여 각 원소의 상대적 질량을 나

타낸 수치(《질량수 12의 탄소 원자를 기준으로 하여 다른 원소의 질량을 나타냄》).

원자-력 (原子力) 〖명〗〖물〗 원자핵의 붕괴나 핵융합의 경우에 방출되는 에너지(《지속적으로 방출되어 동력 자원으로 쓰일 때의 원자핵 에너지를 이름. 원자 에너지. 핵(核)에너지.

원자력 공학 (原子力工學) [-꽁-] 〖물〗 원자력의 개발과 이용을 연구하는 공학의 한 분야(《방사선을 취급하며 특수 재료를 요구하는 점이 특징임》).

원자력 발전 (原子力發電) [-빨쩐] 〖물〗 핵분열로 발생한 열에너지로 증기를 만들어서 터빈 발전기를 돌려 전력을 생산하는 방식. ㉣원전.

원자력 발전소 (原子力發電所) [-빨쩐-] 〖물〗 원자력 발전 방식에 의한 발전소. ㉣원전.

원자력 산:업 (原子力産業) [-싸넙] 〖경〗 원자력 발전과 같이 원자력을 평화적으로 이용하는 산업(《원자로의 제조, 핵연료의 생산 따위에 관련된 산업과 원자력 이용에 관한 산업까지 포함함》).

원자력 심장 (原子力心臟) [-씸-] 〖의〗 심장의 박동을 조절하는 페이스메이커를 원자력 전지로 작동하는 방법.

원자력 잠수함 (原子力潜水艦) [-짬-] 〖군〗 원자력을 추진기관에 이용하는 잠수함. 일반 잠수함보다 항속(航續) 거리가 길고, 장시간 잠항(潛航)할 수 있음.

원자-로 (原子爐) 〖물〗 우라늄·플루토늄 등의 원자핵 분열에서 연쇄 반응의 진행 속도를 인위적으로 제어하여 원자력을 서서히 끌어내는 장치(《목적에 따라 연구용·실험용·발전용으로 구분하며, 냉각재·감속재에 따라 경수로(輕水爐)·중수로(重水爐) 등으로 나눔》).

원자-론 (原子論) 〖철〗 원자설.

원자 무:기 (原子武器) 〖군〗 핵무기.

원자 번호 (原子番號) 〖화〗 원소의 화학적 성질을 나타내는 수치. 원자핵 가운데 양성자 수인데, 원자가 가지는 전자의 수와도 같음.

원자-병 (原子病) [-뼝] 〖명〗 방사성 물질의 방사능 작용을 인체가 받음으로써 일어나는 병(《백혈구가 비정상적으로 늘어남》).

원자 병기 (原子兵器) 〖군〗 핵무기.

원자-설 (原子說) 〖명〗〖철〗 세계의 모든 사상(事象)을 원자와 그 운동으로 설명하려는 철학관(《고대 그리스의 자연관》). 2〖화〗각 원소는 각각 일정한 화학적 성질 및 질량을 가진 원자로 이루어지고, 화합물은 이들 원자가 결합한 분자로 이루어진다는 설. 원자론.

원자-시 (原子時) 〖물〗 원자시계로 정한 시간의 체계. ↔천문시(天文時).

원자-시계 (原子時計) [-/ -게] 〖명〗 원자나 분자의 고유 진동수가 영구히 변하지 않는다는 것을 이용하여 만든 특수한 시계. 중력이나 지구의 자전, 온도의 영향을 받지 않으며 그 정확도가 매우 높음.

원자 에너지 (原子energy) 〖물〗 원자력.

원자-열 (原子熱) 〖명〗〖화〗 어떤 원소의 1g 원자의 온도를 1℃ 높이는 데 필요한 열량. 곧, 원소의 비열(比熱)과 원자량과의 곱.

원자-운 (原子雲) 〖명〗 원자구름.

원-자재 (原資材) 〖명〗 공업 생산의 원료가 되는 자재. ❏~의 수입이 늘다.

원자 질량 단위 (原子質量單位) 〖물〗 원자 또는 원자핵의 질량을 나타내는 단위. 탄소의 동위체인 ¹²C 의 원자 질량의 12 분의 1 에 상당함(1.6605655×10⁻²⁴g 과 같음). 질량 단위(質量單位).

원자-탄 (原子彈) 〖명〗〖군〗 원자 폭탄.

원자 탄:두 (原子彈頭) 〖군〗 핵탄두.

원자-포 (原子砲) 〖명〗〖군〗 핵탄두를 장치한 포탄을 발사할 수 있는 대포.

원자 폭탄 (原子爆彈) 〖군〗 원자핵이 연쇄 반응을 일으킬 때 순간적으로 방출하는 대량의 에너지를 이용한 폭탄. 원자탄. ❏~의 폭발력은 상상을 초월한다. ㉣원폭.

원자 폭탄증 (原子爆彈症) [-쯩] 〖의〗 원자 폭탄의 피격(被擊)으로 일어나는 병(《백혈구가 현저히 감소되며 탈력감·식욕 부진·메스꺼움·구토를 주증상으로 함》). ㉣원폭증.

원자-핵 (原子核) 〖명〗〖물〗 원자의 중심부를 이루는 입자. 양성자와 중성자가 강하게 핵력(核力)으로 결합한 것으로 양(陽)의 전하(電荷)를 가짐. 핵(核).

원자핵 반:응 (原子核反應) [-빠능] 〖물〗 핵반응(核反應).

원자핵 분열 (原子核分裂) [-뿐녈] 〖물〗 핵분열(核分裂).

원자핵 붕괴 (原子核崩壞) [-꾕-] 〖물〗 핵붕괴(核崩壞).

원자핵 에너지 (原子核energy) 〖물〗 핵에너지.

원자핵 연료 (原子核燃料) [-녈료] 〖물〗 핵연료(核燃料).

원자핵 융합 (原子核融合) [-늉합] 〖물〗 핵융합(核融合).

원자핵 인공 변:환 (原子核人工變換) 〖물〗 원자핵의 양성자·중성자의 수를 인공적으로 증감시켜 다른 원소를 만들어 내는 일(《양성자·중성자·중양자·알파 입자 등을 원자핵에 충돌시켜 행함》).

원자핵 화:학 (原子核化學) [-해콱-] 〖화〗 핵화학.

원작 (原作) 〖명〗 1 본디의 저작이나 제작. 2〖문〗 연극·영화에서, 번역·각색·개작 등을 하기 전의 본디의 작품. ❏~을 영화화하다.

원작-료 (原作料) [-쬬] 〖명〗 어떤 작품을 극·영화 등으로 각색하거나 개작하여 이용할 때, 그 사용료로 원저작에게 주는 돈.

원작-자 (原作者) [-짜] 〖명〗 원저자(原著者).

원잠 (原蠶) 〖명〗〖농〗 1 원잠종(原蠶種)을 받기 위해 계통을 바르게 한 누에. 2 1년에 두 번 부화하는 누에.

원잠-종 (原蠶種) 〖명〗〖농〗 좋은 누에씨를 받으려고 계통을 바르게 한 누에의 종자.

원장¹ (元帳) 〖명〗〖역〗 조선 때, 고친 양안(量案)에 대하여 본디의 양안을 이르던 말.

원장² (元帳) [-짱] 〖명〗〖경〗 계정계좌 모두를 포함한, 부기에서 가장 근본이 되는 장부. 원장부(元帳簿). ❏~에 기입하다.

원장 (原狀) [-짱] 〖명〗 맨 처음에 낸 소장(訴狀).

원장 (院長) 〖명〗 '원(院)' 자가 붙은 기관이나 시설의 대표자. ❏병원 ~ / 대학원 ~.

원장 (園長) 〖명〗 '원(園)' 자가 붙은 기관이나 시설의 대표자. ❏유치원 ~ / 동물원 ~.

원-장부 (元帳簿) 〖명〗 1 근본이 되는 장부. 2 〖경〗 원장²(元帳).

원-재료 (原材料) 〖명〗 생산의 기본이 되는 원료와 재료. 원료. ❏석유 화학 제품의 ~인 원유는 전량을 수입한다.

원-재판 (原裁判) 〖명〗〖법〗 현재의 재판 전에 받은 재판. 항소에서는 초심(初審)의 재판, 상고에서는 항소에서의 재판을 이름.

원저 (原著) 〖명〗 본디의 저작(《번역 또는 개작(改

作)한 것에 상대하여 이름). 원작.

원-저자 (原著者) 명 처음에 지은 사람. 원작자. □ ~의 승인을 얻어 각색한 작품.

원:적 (怨敵) 명 원한이 있는 적.

원적 (原籍) 명 【법】 1 예전에, 호적의 변경이 있기 전의 본디의 호적. □ ~을 조회하다. 2 본적.

원:-적외선 (遠赤外線) 명 【물】 파장 30~1,000 미크론의 적외선.

원적-지 (原籍地)[-찌] 명 【법】 1 예전에, 호적을 옮기기 전의 호적지. 2 본적지.

원적-토 (原積土) 명 【지】 정적토(定積土).

원전 (元田) 명 【역】 조선 때에, 양안(量案)을 고치기 전의 원장(元帳)에 기록된 논밭.

원전 (元錢) 명 꾸어 준 돈에서 이자를 붙이지 아니한 본디의 돈.

원전 (原典) 명 1 기준이 되는 본디의 전거(典據). 2 원서(原書). □ ~에 충실한 번역.

원전 (原電) 명 '원자력 발전·원자력 발전소'의 준말.

원전 (原田) 명 둥글게 생긴 밭.

원전 (圓轉) 명하자 1 둥글게 빙빙 돎. 2 【문】 글의 뜻이 순하게 통함. 3 일이 지체 없이 순조롭게 진행됨.

원:전 (遠戰) 명하자 서로 멀리 떨어져서 싸움.

원전 비:판 (原典批判) 【언】 문헌학의 한 분야. 여러 전승본을 비교·고증하여 원전의 내용을 학문적으로 비판하는 일.

원전-석의 (原典釋義)[-서긔/-서기] 명 원전을 해석하고 풀이하는 일.

원전-활탈 (圓轉滑脫) 명하자 말을 하거나 일을 처리할 때 모나지 않고 여러 가지 수단을 써서 잘 헤쳐 나감.

원점 (原點)[-쩜] 명 1 시작이 되는 출발점. 또는 근본이 되는 본디의 점. □ ~으로 돌아가다 / ~으로 돌리다. 2 【수】 좌표를 정할 때 기준이 되는 점. 3 길이 따위를 잴 때, 기준으로 삼는 점.

원점 (圓點)[-쩜] 명 둥근 점.

원:-점 (遠點)[-쩜] 명 1 【천】 어떤 천체가 인력의 중심에서 가장 멀리 떨어진 점. 2 【물】 눈으로 똑똑히 볼 수 있는 가장 먼 점(정시안(正視眼)의 원점은 무한 원점임). 3 【천】 '원일점'의 준말.

원:-접-사 (遠接使)[-싸] 명 【역】 조선 때, 중국의 사신을 맞아들이던 임시 벼슬.

원정 (元正) 명 설날.

원정 (原情) 명하자 사정을 하소연함.

원정 (園丁) 명 정원사(庭園師).

원:-정 (遠征) 명하자타 1 먼 곳으로 싸우러 나감. □ 십자군 ~. 2 먼 데로 운동 경기 따위를 하러 감. □ ~ 경기 / 축구 팀의 일본 ~. 3 연구·조사·탐험 따위를 위해 먼 곳으로 떠남. □ 히말라야로 ~을 가다.

원:-정 (遠程) 명 원로(遠路).

원:정-대 (遠征隊) 명 1 멀리 적을 치러 가는 군대. 2 먼 곳에 운동 경기나 조사·답사·등반 따위를 하러 가는 단체.

원정-흑의 (圓頂黑衣)[-흐긔/-흐기] 명 둥근 머리에 검은 옷이란 뜻으로, '승려'를 이르는 말.

원제 (原題) 명 본디의 제목. 원제목.

원조 (元祖) 명 1 첫 대의 조상. 시조(始祖). 2 어떤 일을 처음으로 시작한 사람. □ 지압술(指壓術)의 ~. 3 어떤 사물이나 물건의 최초 시작으로 인정되는 것. □ 컴퓨터의 ~.

원조 (元朝) 명 원단(元旦).

원:조 (援助) 명하자타 물품이나 돈 따위로 도와줌. 조원(助援). □ 군사 ~ / ~를 받다 / 식량을 ~해 주다.

원:조 (遠祖) 명 고조(高祖) 이전의 먼 조상.

원:족 (遠足) 명 소풍.

원:족 (遠族) 명 혈통이 먼 일가. 먼 친족. 소족(疎族).

원종 (原種) 명 1 【식】 씨앗을 받기 위해 뿌리는 종자. 2 【생】 어떤 품종에 대하여 본디의 성질을 지닌 종자.

원:종 (願從) 명하자 따라가기를 원함.

원:죄 (怨罪) 명 원한을 품고 저지른 악한 죄.

원죄 (原罪) 명하자 1 죄를 용서하여 형(刑)을 더하지 않음. 2 【기】 인류의 시조인 아담과 하와가 선악과를 따 먹은 죄 때문에 모든 인간이 날 때부터 가지고 있다는 죄.

원:죄 (冤罪) 명 억울하게 뒤집어쓴 죄. □ ~를 벗다.

원주 (原主) 명 본디의 임자. 정당한 주인.

원주 (原住) 명하자 1 '원주소(原住所)'의 준말. 2 본디부터 살고 있음.

원주 (原株) 명 곁가지에 대한 원줄기.

원주 (原酒) 명 증류한 뒤, 익히기 위해 일정한 기간 통에 담아 저장해 두는 위스키의 원액.

원주 (原註) 명 본디의 글에서 단 주석이나 주해(註解).

원주 (圓周) 명 【수】 한 점에서 같은 거리에 있는 점의 자취. 원둘레.

원주 (圓柱) 명 1 【건】 두리기둥. □ 대리석 ~. 2 【수】 '원기둥'의 구용어.

원주 곡면 (圓柱曲面)[-공-] 【수】 '원기둥 곡면'의 구용어.

원주-민 (原住民) 명 어떤 지역에 본디부터 살고 있는 사람들. □ ~이 사는 취락. ↔이주민. *선주민.

원-주소 (原住所) 명 본디 살던 곳. ⊝원주. *현주소.

원주-율 (圓周率) 명 【수】 원주와 지름의 비(약 3.1416, 기호는 π). 원둘레율.

원주-지 (原住地) 명 본디부터 살던 곳. 과거에 살던 곳. □ 용의자를 ~로 가다.

원주 투영법 (圓柱投影法)[-뻡] 명 【지】 원통 도법(圓筒圖法).

원-줄 (原-) 명 낚싯대 끝에서 낚시를 직접 다는 목줄까지의 낚싯줄.

원-줄기 (元-) 명 1 근본이 되는 줄기. 본줄기.

원:증 (怨憎) 명하자 원망하고 증오함.

원:증회-고 (怨憎會苦) 명 【불】 팔고(八苦)의 하나. 원망하거나 미워하는 사람과 만나 살아야 하는 고통.

원지 (原紙) 명 1 닥나무 껍질을 원료로 하여 뜬, 두껍고 질긴 종이(누에씨를 받는 데 씀). 2 등사판 따위의 원판으로 쓰는, 초를 먹인 종이. □ ~를 긁다.

원지 (圓池) 명 둥근 못.

원지 (園池) 명 1 정원과 못. 2 정원 안의 못.

원:지 (遠地) 명 먼 곳. 원방(遠方).

원:지 (遠志) 명 1 원대한 뜻. 2 【식】 원지과의 여러해살이풀. 뿌리줄기는 단단하고 끈 모양을 이룸. 높이는 30 cm 정도로 잎은 선형(線形)이며, 여름에 자주색 꽃이 핌(뿌리는 거담(祛痰) 및 강장제로 씀).

원:-지-점 (遠地點)[-쩜] 명 【천】 1 달이나 인공위성이 지구와 가장 멀리 떨어지는 점. 2 태양이 지구에서 가장 멀어지는 점. ↔근지점(近地點).

원-지형 (原地形) 명 【지】 침식이나 변화의 출발점이 되는 초기의 지형. 새로이 침식 작용

이 시작되려는 지형으로, 융기된 채로 있는 해저면(海底面)·준평원(準平原), 화산 활동으로 새로 생긴 지면 등이 이에 해당함.

원진(元嗔)[명][민] '원진살2'의 준말.

원진(圓陣)[명] 둥근 진행.

원진-살(元嗔-)[-쌀][명] **1** '부부 사이에 일어나는 까닭 없는 한때의 갈등'의 일컬음. **2** [민] 궁합에서 서로 꺼리는 살. □~이 끼다. ☜준원진.

원질(原質)[명] 본디의 성질이나 바탕.

원:찬(遠竄)[명][하타] 원배(遠配).

원-채(原-)[명] 한 집터 안의 주된 집채. 몸채.

원:처(遠處)[명] 먼 곳.

원척(元隻·原隻)[명][역] **1** 피고(被告). **2** 원고와 피고.

원:척(遠戚)[명] 촌수가 먼 친척. 원족. □~이 되는 아저씨.

원:천(怨天)[명][하자] 하늘을 원망함.

원천(源泉)[명] **1** 물이 흘러나오는 근원. □한강의 ~. **2** 사물의 근원. □힘의 ~.

원천 과세(源泉課稅)[법] 소득이나 수익에 대한 세금을 소득자에게 종합하여 부과하지 않고, 소득이나 수익을 지급하는 곳에서 개별적으로 직접 부과하는 방법.

원:천-우인(怨天尤人)[명][하자] 하늘을 원망하고 사람을 탓함.

원천-적(源泉的)[관][명] 사물의 근원에 관계된 (것). □~결합 / ~의 봉쇄하다.

원천 징수(源泉徵收)[법] 소득세의 징수 방법의 하나. 급여 소득·이자 소득·배당 소득·퇴직 소득 등 특정 소득자에 대하여 이를 지급하는 사람이 소정의 소득 세액을 공제 징수하여 국고에 납입하는 일.

원체(元體)[명] 으뜸이 되는 몸. □워낙. 본디부터. □몸이 튼튼하다 / 물가가 ~ 비싸다.

원체(圓體)[명] 둥근 형체.

원초(原初)[명] 일이나 사물의 맨 처음.

원초-적(原初的)[관][명] 일이나 사물의 맨 처음에 관한 (것). □~인 욕망 / 종교의 ~ 형태는 다신교였다.

원촌(原寸)[명] 실물과 같은 치수. □~ 크기.

원:촌(遠-)[명] 먼 촌수. ↔근촌.

원:촌(遠村)[명] 멀리 떨어져 있는 마을.

원추(圓錐)[명][수] '원뿔'의 구용어.

원추 곡선(圓錐曲線)[-썬][수] '원뿔 곡선'의 구용어.

원추-근(圓錐根)[명][식] 원뿔 모양으로 된 당근·무 등의 뿌리.

원추-꽃차례(圓錐-)[-꼳-][명][식] 총상(總狀) 꽃차례의 하나. 꽃차례의 축이 한 번 또는 여러 번 갈라져 마지막 각 분지(分枝)가 원뿔 모양을 이루는 꽃차례. 대나무·옻나무 등의 꽃. 원추 화서(圓錐花序).

원추-대(圓錐臺)[명][수] '원뿔대'의 구용어.

원추 도법(圓錐圖法)[-뻡][지] 원뿔 도법.

원추리[명][식] 백합과의 여러해살이풀. 여름에 백합 비슷한 황적색 꽃이 긴 꽃줄기 끝에 핌. 어린잎과 꽃은 식용하고 뿌리는 약용함. 망우초(忘憂草).

원추-면(圓錐面)[명][수] '원뿔면'의 구용어.

원추 투영법(圓錐投影法)[-뻡][수] 원뿔 도법.

원추-형(圓錐形)[명][수] '원뿔꼴'의 구용어.

원추 화서(圓錐花序)[명] 원추꽃차례.

원:출(遠出)[명][하자] 먼 길을 떠남.

원칙(原則)[명] **1** 기본이 되는 규칙이나 법칙. □조직의 ~ / ~을 세우다 / ~을 따르다. **2** 여러 현상이나 사물에 두루 적용되는 법칙.

원리.

원칙-론(原則論)[-칙논][명] 원칙에 근거하거나 원칙을 따르고자 하는 주장이나 논리.

원칙-법(原則法)[-뻡][명] 그 규정하는 사항이 기본적이고 원리적인 법규. ↔예외법.

원칙-적(原則的)[-쩍][관][명] 원칙을 따르거나 원칙에 근거를 두는 (것). □~인 합의 / ~으로 찬성한다.

원:친(遠親)[명] 먼 일가.

원:칭(遠稱)[명][언] 말하는 사람과 듣는 사람에게서 멀리 떨어져 있는 대상을 가리키는 일. 또는 그 말. *근칭·중칭.

원:칭 대:명사(遠稱代名詞)[언] 멀리 떨어져 있는 사람·물건·처소·방향 등을 가리키는 대명사. 말머리에 '저'가 붙는 대명사《저이·저것·저기·저리 따위》. *근칭 대명사·중칭 대명사.

원-컨대(願-)[부] '바라건대'라는 뜻의 접속 부사. □~ 이번에는 꼭 합격하십시오.

원탁(圓卓)[명] 둥근 탁자. □~에 둘러앉다.

원탁-회의(圓卓會議)[-타괴-/-타쾨-][명] 원탁에 둘러앉아서 하는 회의《윗자리와 아랫자리의 구분이나 자리의 순서가 없으므로 국제 회의에서 흔히 이루어짐》.

원탄(原炭)[명][광] 탄층(炭層)에서 채굴한 그대로의 석탄.

원:탐-리(遠探吏)[-니][명][역] 서울에서 파견되는 관원을 맞아들이기 위해 그 지방 수령(守令)이 내보내던 관리.

원탑(圓塔)[명] 위를 둥글게 쌓아 올린 탑.

원통(冤痛)[명][하형][히부] 분하고 억울함. 몹시 원망스러움. □누명을 벗지 못한 ~한 일.

원통(圓筒)[명] **1** 둥근 통. **2** [수] 원기둥.

원통 도법(圓筒圖法)[-뻡][지] 지도 투영법의 한 가지. 지구의 중심을 시점(視點)으로 하고, 적도 위에서 지구에 접하는 원통면을 정하여 지도를 그리는 방법《항해도·항공도 따위》. 원주(圓柱) 투영법. 개전법(開展法).

원-투(one-two)[명] 권투에서, 좌우의 주먹으로 잇달아 치는 일. □~ 펀치.

원:특-하다(怨慝-)[-트카-][형여] 원한을 품어 간사하고 사악하다.

원판(元-)[일명] 본디의 형편이나 생김새. [부] 처음부터. 워낙. □~ 사람이 좋아서 인기가 있다.

원판(原板)[명] 사진에서, 밀착 또는 확대에 쓰는 음화(陰畵). □사진의 ~.

원판(原版)[명][인] **1** 연판(鉛版)에 대하여, 그 근본인 활자 조판. **2** 복제·번각(飜刻) 등에 대하여, 본디의 판. **3** 초판(初版).

원판(圓板)[명] 둥근 널빤지.

원-판결(原判決)[명][법] 현재의 재판 전에 받은 판결.

원포(園圃)[명] 과수·채소 등을 심어 가꾸는 뒤란이나 밭.

원폭(原爆)[명][군] '원자 폭탄'의 준말.

원폭-증(原爆症)[-쯩][명][의] '원자 폭탄증'의 준말.

원표(元標)[명] 근본이 되는 표. 또는 푯대.

원-표피(原表皮)[명][식] 식물의 줄기가 되는 부분의 맨 거죽에 있는 세포층.

원:-풀다(怨-)[명][하자] 원한을 풀어 없애는 일. □이 위령제로 ~가 되었으면 한다.

원:-풀이(願-)[명][하자] 간절하게 바라던 바를 이루는 일. □당선되었으니 ~를 이루었다.

원품(原品)[명] 본디의 물품.

원피 (原皮) [명] 피혁 제품의 원료가 되는, 가공하지 않은 짐승의 가죽.
원-피고 (原被告) [명] 〖법〗 원고와 피고.
원피스 (one-piece) [명] 상의와 하의가 한데 붙어 하나로 된 옷《주로 여성복에 많음》.
원:-하다 (願—) [타][여] 무엇을 바라거나 청하다. ❏행복을 ~/화해를 ~/전쟁을 원하는 사람은 없다.
원:한 (怨恨) [명] 원통하고 억울한 일을 당하여 응어리진 마음. ❏~을 품다/뼈에 사무친 ~/~이 맺히다. [준]원(怨).
원:항 (遠航) [명][하자] 〖해〗 '원양 항해'의 준말.
원:해 (遠海) [명] 원양(遠洋). 난바다. ↔근해.
원:해-어 (遠海魚) [명] 원해에 사는 물고기. ↔근해어.
원핵-생물 (原核生物)[—쌩—] [명] 〖생〗 구조적으로 구별할 수 있는 핵(核)을 갖지 않은 원시적 생물. 세균류(細菌類)와 남조류(藍藻類)로 크게 나눔《그 발생은 29-34억 년 전으로 추정함》. 전핵(前核)생물. ↔진핵(眞核)생물.
원:행 (遠行) [명][하자] 먼 곳으로 감. 먼 길을 감. 탁행(逴行). ❏부모를 모신 사람은 ~을 하지 않는다.
원향 (原鄕) [명] 한 지방에서 여러 대를 내려오며 사는 향족(鄕族).
원향-리 (原鄕吏)[—니] [명] 〖역〗 한 고을에 여러 대를 이어 살면서 관아의 아전(衙前) 노릇을 하던 사람.
원혈 (元血) [명] 근본이 되는 혈통.
원:혐 (怨嫌) [명][하타] 원망하고 미워함. ❏~을 품다/~을 살 일을 하다.
원:혐 (遠嫌) [명][하타] 멀리하고 미워함.
원형 (元型) [명] 〖생〗 발생적인 유사성에 의해 추상된 유형《생물학·심리학·성격학 등에서 생명 현상을 유형화할 때 쓰는 말》.
원형 (原形) [명] **1** 본디 모양. 본형(本形). ❏~을 복원하다. **2** 진화하지 않은 원시의 상태. **3** 〖언〗 기본형3.
원형 (原型) [명] **1** 같거나 비슷한 여러 개가 만들어져 나온 본바탕. **2** 양복을 재단할 때 밑그림의 본(本). **3** 여러 종류의 동식물 가운데 현존하는 생물의 근원으로 생각되는 모델.
원:형 (冤刑) [명] 억울하게 받는 형벌.
원형 (圓形) [명] 둥근 모양. 원 모양. ❏~ 경기장/~ 무대.
원형 극장 (圓形劇場) **1** 고대 로마의 극장 형식의 하나. 관람석을 원형의 계단식으로 한 옥외 극장 또는 투기장(鬪技場). **2** 〖연〗 계단식의 관람석으로 둘러싸인 원형 무대.
원형이정 (元亨利貞)[—니—] [명] **1** 역학(易學)에서 말하는 천도(天道)의 네 원리. '원'은 봄으로 만물의 시초, '형'은 여름으로 만물이 자라고, '이'는 가을로 만물이 여물고, '정'은 겨울로 만물을 거둠을 뜻함. **2** 사물의 근본이 되는 원리.
원형-질 (原形質) [명] 〖생〗 생물체의 세포를 구성하는 기초 물질. 세포 내에서 생명 활동의 기초가 되며 모든 생활 현상을 영위하는 물질《핵과 세포질로 나뉨》.
원형질-막 (原形質膜) [명] 〖생〗 생물 세포의 원형질을 둘러싸고 있는 얇은 막. 선택적 투과성을 가지고 세포의 삼투압을 유지하는 작용을 함. 세포막.
원형질-체 (原形質體) [명] 〖생〗 식물 세포에서 세포막을 제외한 것《세포막이 없는 동물 세포에서는 세포와 구별되지 않음》.
원호 (元號) [명] 〖역〗 다년호.
원호 (原戶) [명] 한 집을 단위로 호적에 든 집.
원:호 (援護) [명][하타] 돕고 보살펴 줌. ❏소년 소녀 가장을 위한 ~ 기금.
원호 (圓弧) [명] 〖수〗 원둘레의 일부분《길이가 원둘레의 반보다 길면 우호(優弧), 작으면 열호(劣弧)라 함》. 호(弧).
원:혼 (冤魂) [명] 분하고 억울하게 죽은 사람의 넋. ❏~을 달래다.
원-화 (—貨) [명] 한국의 화폐 단위인 '원'으로 표시된 화폐.
원화 (原畵) [명] **1** 〖인〗 복사·복제의 바탕이 되는 본디의 그림. **2** 밑그림1.
원화 (源花) [명] 〖역〗 신라 때의 화랑의 전신(前身). 처음에 단체의 두령(頭領)을 귀족 출신의 여자로 하였는데, 진흥왕 때 남성 두령으로 하는 화랑으로 바꾸었음.
원:화 (遠禍) [명][하자] 화나 재앙을 물리침.
원:화-소복 (遠禍召福) [명][하자] 화를 물리치고 복을 불러들임.
원-화전 (元火田) [명] 〖역〗 토지를 개량할 때 원양안(元量案)에 화전(火田)으로 등록되어 있던 토지.
원환 (圓環) [명] 둥근 쇠고리.
원활 (圓滑) [명][하형][히부] **1** 일이 거침없이 잘되어 나감. ❏물자 수급의 ~/의사 소통이 ~하다. **2** 모난 데가 없고 원만함. ❏인간관계가 ~하다.
원회 (元會) [명] 〖역〗 설날 아침에 행하던 대궐 안의 조회.
원후-류 (猿猴類) [명] 〖동〗 포유류에 딸린 한 아목. 네 발은 물건을 잡을 수 있게 되어 있고, 곧게 설 수 있으며, 낯을 제외한 온몸에는 털이 나 있음《원숭이·성성이·고릴라 따위》.
원훈 (元勳) [명] **1** 나라를 위한 가장 큰 공. **2** 〖역〗 나라에 큰 공이 있어 임금의 특별한 대우를 받던 늙은 신하.
원흉 (元兇) [명] 못된 짓을 한 무리의 우두머리. 악당의 두목. ❏부정 선거의 ~.
월: [명] 문장(文章)1.
월 (月) [一][명] **1** 한 달. ❏~ 평균 기온. **2** '월요일'의 준말. [二][의명] 달을 세는 단위. ❏8~ 보름.
월가 (越價)[—까] [명][하타] **1** 값을 치러 줌. **2** 에누리1.
월간 (月刊) [명] 한 달에 한 번씩 정해 놓고 책을 발행하는 일. ❏~ 잡지를 구독하다.
월간 (月間) [명] 한 달 동안. 한 달간. ❏~ 경제 동향을 발표하다.
월간-보 (越間—)[—뽀] [명] 〖건〗 공청(空廳)이 아닌 칸과 칸 사이에 얹는 대들보.
월간-지 (月刊誌) [명] 한 달에 한 번씩 펴내는 잡지.
월강 (越江) [명][하자] **1** 강을 건넘. **2** 예전에, 압록강이나 두만강을 건너서 중국에 감을 이르던 말.
월거덕-거리다 [—꺼—] [자][타] 크고 단단한 물건들이 거칠게 부딪치는 소리가 자꾸 나다. 또는 그런 소리를 자꾸 내다. ❏기계가 월거덕거리며 돌아가다. [작]왈가닥거리다. [준]월걱거리다. **월거덕-월거덕** [부][하자타]
월거덕-대다 [—때—] [자][타] 월거덕거리다.
월거덕-덜거덕 [—떨—] [부][하자타] 크고 단단한 물건들이 거칠게 부딪치는 소리. 또는 그 모양. ❏거센 바람으로 ~ 창문들이 흔들리다. [작]왈가닥달가닥. [준]월걱덜걱.
월걱-거리다 [—꺼—] [자][타] '월거덕거리다'의 준말. **월걱-월걱** [부][하자타]

월걱-대다 [-때-] 재타 월걱거리다.
월걱-덜걱 [-떨-] 부하자타 '월거덕덜거덕'의 준말.
월건 (月建) 명 [민] 달의 간지(干支).
월겅-덜겅 부하자타 크고 단단한 물건들이 거칠고 어수선하게 자꾸 부딪히는 소리. 또는 그 모양. ④왈강달강. ㉔월겅덜겅.
월경 (月頃) 명 한 달가량. 달포.
월경 (月經) 명하자 [생] 성숙한 여성의 자궁에서 정기적으로 며칠 계속하여 출혈하는 생리 현상. 경도(經度). 월사(月事). 멘스. 월사(月事). 생리(生理). 월후(月候).
월경 (越境) 명하자 국경이나 경계선을 넘음.
월경-대 (月經帶) 명 개짐.
월경 불순 (月經不順) [-쑨] [의] 월경이 순조롭지 않은 부인병. 부조증(不調症).
월경-수 (月經水) 명 몸엣것1.
월경-통 (月經痛) 명 [의] 월경 때 아랫배·자궁 등에 일어나는 동통. 생리통.
월경 폐:쇄기 (月經閉鎖期) [-페-] 명 [생] 여자가 50세 전후에 월경이 멈추는 시기. 폐경기. ㉔경폐기.
월계 (月計) [-게] 명하타 한 달 동안의 회계 또는 통계.
월계 (月桂) [-게] 명 '월계수(樹)'의 준말.
월계-관 (月桂冠) [-게-/-꽌-] 명 1 고대 그리스에서, 월계수의 가지와 잎으로 만들어 경기의 우승자에게 씌우고 승리를 기리는 뜻을 표하던 관. 2 우승의 영예. □승리의 ~을 쓰다. ㉔계관.
월계-수 (月桂樹) [-게-/-] 명 [식] 녹나뭇과의 상록 교목. 높이는 약 10~20m, 잎은 혁질(革質), 봄에 담황색 꽃이 피고 앵두 모양의 열매는 가을에 암자색으로 익음. 잎은 향기가 좋아 향료로 씀. ㉔월계.
월계-표 (月計表) [-게-/-] 명 한 달 동안의 회계나 통계를 나타낸 표. □~를 점검하다.
월계-화 (月季花) [-게-/-] 명 [식] 장미과의 상록 활엽 관목. 중국 원산. 줄기에 가시가 나고 초여름에 홍색·백황색 꽃이 피는데, 이과(梨果)는 빨갛게 익음. 관상용으로 심음. 사계화(四季花).
월고 (月雇) 명하타 1 한 달 기한으로 사람을 쓰는 일. 또는 그 사람. 또한 달의 품삯을 정하고 사람을 쓰는 일. 또는 그 사람.
월과 (月課) 명 1 매달 정해 놓고 하는 일. 2 다달이 치르는 시험.
월과 (越瓜) 명 [식] 박과의 한해살이 덩굴풀. 여름에 노란 꽃이 핌. 참외의 변종으로 둥글며 식용함.
월광 (月光) 명 달빛. □~을 받아 빛나다.
월광-단 (月光緞) 명 달무늬를 놓은 비단.
월광-보살 (月光菩薩) [불] 약사여래(藥師如來)의 오른쪽에 모시는 보살 (일광(日光)보살과 함께 으뜸 지위에 있음).
월구 (月球) 명 [천] 달1.
월궁 (月宮) 명 전설에서, 달 속에 있다는 궁전.
월궁-항아 (月宮姮娥) 명 전설에서, 월궁에 산다는 선녀 (절세의 미인을 가리키는 말).
월권 (越權) [-꿘] 명하자 자기 권한 밖의 일에 관여함. 남의 직권을 침범함. □~행위 / 내가 나서면 ~이 된다.
월귤 (越橘) 명 [식] 진달랫과의 작은 상록 관목. 높은 산지에 남. 높이 30cm가량. 초여름에 빨간 작은 꽃이 피고 수분과 살이 많은 열매는 빨갛게 익어 신맛을 내며, 날로 먹거나 과실주로 담가 먹음.
월금 (月琴) 명 [악] 중국에서 전해 온 현악기

의 하나 (당비파와 비슷한데 좀 작고 바탕이 둥글넓적하며 4현(絃) 13주(柱)로 되어 있음).
월급 (越南) 명 일을 한 대가로 다달이 받는 정해진 보수. 월봉(月俸). □~을 타다. ＊달삯.
월급-날 (月給-) [-끔-] 명 매월 월급을 받기로 정해진 날. 월급날.
월급-일 (月給日) 명 월급날.
월급-쟁이 (月給-) [-끔-] 명 월급을 받고 일하는 사람을 낮잡아 이르는 말.
월급-제 (月給制) [-제] 명 일을 한 대가를 달마다 주는 제도.
월남 (越南) [-람] 명하자 1 남쪽으로 넘어감. 2 북쪽에서 삼팔선이나 휴전선의 남쪽으로 넘어옴. □육이오 전쟁 직전에 ~했다. ↔월북.
월남-치마 (越南-) [-람-] 명 통치마.
월내 (月內) [-래] 명 한 달 안. 또는 그달 안. □~에 갚기로 하고 빚을 얻다.
월년 (越年) [-련] 명하자 해를 넘김.
월년생 식물 (越年生植物) [-련-싱-] [식] 두해살이식물.
월년생 초본 (越年生草本) [-련-] [식] 두해살이풀.
월년-성 (越年性) [-련썽] 명 가을보리처럼 해를 넘기고 다음 해에 꽃이 피고 열매를 맺는 식물의 성질.
월년-초 (越年草) [-련-] 명 [식] 두해살이풀.
월단 (月旦) [-딴] 명 1 매달 첫날. 초하룻날. 2 '월단평(月旦評)'의 준말.
월단-평 (月旦評) [-딴-] 명 인물에 대한 평. 월조평(月朝評). ㉔월단.
월담 (越-) [-땀] 명하자 담을 넘음.
월당 (月當) [-땅] 명 월액(月額).
월대 (月臺) [-때] 명 대궐의 전각 따위의 앞에 세워 놓은 섬돌.
월대-식 (月帶蝕) [-때-] 명 [천] 이지러진 채 지평선 위로 뜨거나 지는 월식.
월도 (月刀) [-또] 명 [역] 1 십팔기(十八技) 또는 이십사반(二十四般) 무예의 한 가지. 보졸(步卒)이 언월도(偃月刀)를 가지고 하던 검술. 2 '언월도'의 준말.
월동 (越冬) [-똥] 명하자 겨울을 남. 겨우살이. 과동(過冬). □~ 준비를 끝내다.
월동-비 (越冬費) [-똥-] 명 겨울을 나기 위한 비용. □~를 책정하다 / ~가 많이 들다.
월드 와이드 웹 (World Wide Web, WWW) [컴] 인터넷 정보를 동영상이나 문자·그래픽·음성 등의 멀티미디어 환경으로 찾아볼 수 있게 해 주는 인터넷 정보 검색 서비스의 이름. ㉔웹(web). ＊인터넷.
월드-컵 (World Cup) 명 스포츠 경기의 국제선수권 대회. 또는 그 우승배. 축구·배구·스키·골프 따위가 있는데 4년마다 개최되는 축구 대회가 가장 유명함.
월등 (越等) [-뜽] 명하형[부] 수준이나 실력이 훨씬 뛰어나게. □실력이 ~ 뛰어나다.
월따-말 명[부] 털빛이 붉고 갈기가 검은 말.
월떡 [부] 1 먹은 것을 갑자기 한꺼번에 게우는 모양. □~ 토하다. 2 별안간 통째로 뒤집히거나 젖혀지는 모양. 3 물 따위가 그릇 밖으로 갑자기 넘쳐흐르는 모양. ㉔왈딱.
월라몰 명 [옛] 얼룩말.
월래 (月來) 명 지난달 이래 지금까지 이르는 동안.
월력 (月曆) 명 달력.
월령 (月令) 명 [역] 한 해 동안에 행해지는 정례의 정사(政事)·의식·농가 행사 등을 다달

이 구별하여 기록해 두던 표.

월령(月齡)圓 **1** 신월(新月) 때를 0으로 하여 헤아리는 날짜《삭(朔)에서 어느 때까지의 시간을 평균 태양일의 수로 나타냄》. **2** 한 살 미만의 갓난애를 달수로 헤아리는 나이.

월령-가(月令歌)圓 한 해 동안의 기후 변화나 의식 및 농가 행사 등을 달의 순서에 따라 읊은 노래. 월령체가.

월령체-가(月令體歌)圓〖文〗월령가.

월례(月例)圓 매월 행하는 정기적인 일. □~ 행사.

월례-회(月例會)圓 달마다 정기적으로 갖는 모임. □~에 참석하다.

월로(月老)圓 '월하노인(月下老人)'의 준말.

월로-승(月老繩)圓 전설에서, 월하(月下)노인이 가지고 있다는 주머니의 붉은 끈《이 끈으로 남녀의 인연을 맺어 준다고 함》.

월륜(月輪)圓 둥근 달. 또는 그 달의 둘레.

월름(月廩)圓 지난날, 월급으로 주던 곡식.

월름-미(月廩米)圓 지난날, 월급으로 주던 쌀.

월리(月利)圓 달변. □이자가 ~ 서 푼이다 / 돈을 ~ 두 푼으로 빌리다.

월리(月離)〖천〗 **1** 달의 운동. **2** 달과 어떤 항성 또는 행성과의 각거리(角距離)《해상의 경도(經度)를 산출하는 데 씀》.

월리스-선(Wallace線)圓〖지〗생물의 분포에 따라 아시아 구와 오스트레일리아 구로 나눈 경계선. 발리(Bali) 섬과 롬보크(Lombok) 섬 사이에서, 북쪽으로 술라웨시 섬과 보르네오 섬 사이를 지남.

월말(月末)圓 그달의 끝 무렵. □~ 고사. ↔ 월초.

월면(月面)圓 **1** 달의 표면. □~에 착륙하다. **2** 달처럼 환하게 잘생긴 얼굴.

월면-도(月面圖)圓〖천〗달 표면의 지세(地勢)를 나타낸 지도.

월면-차(月面車)圓 달 표면에서 운행할 수 있게 만든 차량.

월명(月明)圓혱 달빛이 밝음.

월반(越班)圓하자〖교〗성적이 뛰어나 학년 차례를 건너뛰어 윗학년으로 오름. □성적이 뛰어나 ~하다.

월방(越房)圓 건넌방.

월번(月番)圓 달마다 교대하는 번차례.

월변(月邊)圓 달변.

월별(月別)圓 달에 따라 나눈 구별. □~ 생산량을 검토하다.

월병(月餅)圓 **1** 달떡. **2** 중국 사람들이 추석에 만들어 먹는 둥근 밀가루 과자.

월보(月報)圓 다달이 내는 보고나 보도. 또는 그 인쇄물. □도정(道政) ~를 발행하다.

월복(越伏)圓하자 보통 10일 간격으로 드는 중복과 말복 사이가 20일 간격으로 드는 일.

월봉(月俸)圓 월급.

월부(月賦)圓 물건을 외상으로 사고 돈을 얼마씩 나누어 다달이 갚아 나가는 일. □~로 세탁기를 들여놓다. *일부(日賦).

월부-금(月賦金)圓 다달이 나누어 치르는 돈. □다달이 내는 과중한 ~. *일부금(日賦金).

월부 판매(月賦販賣) 물건 값을 다달이 나누어 받기로 하고 파는 일.

월북(越北)圓하자 **1** 북쪽으로 넘어감. **2** 삼팔선 또는 휴전선의 북쪽으로 넘어감. □~ 작가의 작품. ↔월남(越南).

월불(月拂)圓하타 다달이 돈을 치름. 월부불.

월비(月費)圓 다달이 쓰는 비용.

월사(月事)圓─싸 圓 월경(月經).

월사-금(月謝金)─싸─圓 예전에, 다달이 내던 수업료.

월삭(月朔)─싹 圓 그달의 초하룻날.

월삭(越朔)─싹 圓하자 해산달을 넘김.

월산(月産)─싼 圓 한 달 동안에 만들어 내는 양. □~ 10만 대 규모의 자동차 공장.

월-삼도(越三道)─쌈─圓하타〖역〗세 도(道)를 지난다는 뜻으로, 아주 먼 곳으로 귀양 보냄을 이르던 말.

월상(月像)─쌍 圓 달의 모양.

월색(月色)─쌕 圓 달빛. □교교한 ~.

월석(月夕)─썩 圓 **1** 달 밝은 밤. **2** 음력 팔월 보름날 밤.

월석(月石)─썩 圓 달 표면에 있는 암석. □우주인들을 ~을 채취해 왔다.

월성(越城)─썽 圓하자 성을 넘음.

월세(月貰)─쎄 圓 사글세(貰). □~ 계약 /~로 세들다.

월-세계(月世界)─쎄─/─쎄게 圓 **1** 달의 세계. 달나라. □~ 여행. **2** 달빛이 환히 비치는 온 세상.

월소(月梳)─쏘 圓 얼레빗.

월소(越訴)─쏘 圓하타〖역〗송사를 하급 관아를 거치지 않고 직접 상급 관아에 소청하던 일.

월수(月水)─쑤 圓 몸엣것1.

월수(月收)─쑤 圓 **1** '월수입'의 준말. **2** 본전에 이자를 합하여 다달이 거두어들이는 일. 또는 그 빚.

월수(月數)─쑤 圓 달수.

월수(越數)─쑤 圓하타혱 정해지거나 예정한 수를 넘음.

월-수입(月收入)─쑤─圓 한 달 동안의 수입. 쥰월수. *일수입.

월시(月始)─씨 圓 월초(月初).

월시진척(越視秦瘠)─씨─圓 월(越)나라가 진(秦)나라의 땅이 걸고 메마름을 상관치 않았다는 데서, 남의 환난(患難)이나 일에 개의치 않음의 비유.

월식(月蝕·月食)─씩 圓하자〖천〗달이 지구의 그림자에 가려 전부 또는 일부가 보이지 않음. 또는 그런 현상《개기 월식과 부분 월식이 있음》. *일식.

월액(月額)圓 달을 단위로 정한 금액. 월당(月當).

월야(月夜)圓 달밤.

월여(月餘)圓 한 달 남짓. 달포. □~에 걸쳐 외국을 여행하다.

월영(月影)圓 달의 그림자.

월옥(越獄)圓하자 옥을 빠져나와 도망함.

월요(月曜)圓 '월요일'의 준말《주로 관형어로 쓰임》. □~ 기획.

월요-병(月曜病)[─뇨뼝]圓 한 주(週)가 시작되는 월요일마다 정신적·신체적 피로나 힘이 없음을 느끼는 무력감.

월요-일(月曜日)圓 칠요일의 하나. 일요일의 다음 날. 쥰월·월요.

월용(月容)圓 달같이 아름다운 얼굴.

월의-송(越議送)[월릐─/월리─]圓하타〖역〗그 지방의 관아를 거치지 않고 바로 관찰사에게 소청을 내던 일.

월인석보(月印釋譜)[월린─뽀]圓〖文〗조선 세조 5년(1459)에 '월인천강지곡'과 '석보상절'을 합하여 간행한 책.

월인천강지곡(月印千江之曲)圓〖文〗조선 세종 31년(1449), 세종이 석가모니의 공덕을

찬양하여 지은 노래를 실은 책.

월일(月日)똉 달과 해. 2 달과 날.

월자(月子)[-짜]똉 다리³.

월자(月滋)[-짜]똉〖민〗달붙이.

월장(越牆·越墻)[-짱]똉똉하자 담을 넘음.

월장성구(月章星句)[-짱-]똉 훌륭하고 아름다운 문장을 칭찬하여 이르는 말.

월전(月前)[-쩐]똉 달포 전.

월전(月顚)[-쩐]똉〖민〗신라 때 있었던 탈춤의 하나. 노래와 춤이 결부된 해학극이었음.

월:-점(-點)[-쩜]똉〖언〗문장 부호.

월정(月定)[-쩡]똉 달마다 정해 놓음. ▫️~구독료 / ~ 금액을 지급하다.

월조(越組)[-쪼]똉 자기 직분을 넘어 남의 일에 간섭함.

월중(月中)[-쭝]똉 1 그달 동안. ▫️~ 행사표. 2 달 가운데. 3 달이 밝은 때.

월차(月次)똉 1〖천〗하늘에서의 달의 위치. 2 매달. ▫️~ 수당 / ~ 계획 / ~ 보고를 하다. 3 '월차 휴가'의 준말.

월차(越次)똉똉하자 차례를 건너뜀.

월차 유:급 휴가(月次有給休暇)[-그뷰-][-규-]〖법〗달마다 하루를 주게 되어 있는 유급 휴가. ▫️월차 휴가. *연차 유급 휴가.

월차 휴가(月次休暇)〖법〗'월차 유급 휴가'의 준말. ▫️~를 얻다. ▫️월차.

월참(越站)똉똉하자 역마를 갈아타는 곳에서 쉬지 않고 그냥 지남.

월척(越尺)똉 낚시에서, 낚은 물고기의 길이가 한 자가 넘음. 또는 그런 물고기. ▫️~을 낚다.

월천(越川)똉똉하자 내를 건넘.

월천-꾼(越川-)똉 예전에, 사람을 업어서 내를 건네주는 일을 업으로 하던 사람.

월초(月初)똉 그달의 처음 무렵. 월시(月始). ▫️~부터 시작된 장마. ↔월말.

월출(月出)똉 달이 떠오름.

월커덕뿌똉하자타 1 별안간 힘껏 잡아당기거나 밀치는 모양. ▫️방문이 ~ 열리다. 2 급작스럽게 많이 쏟아지는 모양. ▫️물이 ~ 쏟아지다. 3 급자기 격한 감정이 치밀거나 생각이 떠오르는 모양. 4 크고 단단한 물건들이 거칠게 부딪치는 모양. 또는 그 모양. ▫️월컥.

월커덕-거리다[-꺼-]자타 자꾸 월커덕하다. 또는 그렇게 되게 하다. ▫️월커덕거리는 소리가 나며 문고리가 떨어졌다. ▫️월컥거리다. **월커덕-월커덕**뿌똉하자타.

월커덕-대다[-때-]자타 월커덕거리다.

월커덕-덜커덕[-떨-]뿌똉하자타 크고 단단한 물건들이 자꾸 거칠게 부딪치는 소리. 또는 그 모양. ▫️왈카닥달카닥. ▫️월컥덜컥.

월컥뿌똉하자타 1 먹은 것을 갑자기 토해 내는 모양. 2 갑자기 통째로 세게 뒤집히는 모양. 3 모았던 힘으로 별안간 밀치거나 잡아당기는 모양. ▫️왈칵.

월컥-거리다[-꺼-]자타 '월커덕거리다'의 준말.

월컥-대다[-때-]자타 월컥거리다.

월컥-덜컥[-떨-]뿌똉하자타 '월커덕덜커덕'의 준말.

월컥-덜컥뿌똉하자타 크고 단단한 물건들이 거칠고 어수선하게 자꾸 부딪치는 소리. 또는 그 모양. ▫️왈칵달칵. ▫️월겅덜겅.

월파(月波)똉 달빛이나 달그림자가 비치는 물결. ▫️은빛 ~.

월패(月牌)똉 달 모양의 패(牌). 또는 달을 그린 패.

월편(越便)똉 건너편.

월평(月評)똉 신문·잡지 따위에서 다달이 하는 비평. ▫️문예 ~ / ~을 맡다.

월표(月表)똉 어떠한 일의 상황을 다달이 알기 쉽게 기록한 표.

월하(月下)똉 달빛이 비치는 아래.

월하-노인(月下老人)똉〔중국 당나라의 위고(韋固)에게 달밤에 만난 노인이 장래의 아내에 대하여 예언해 주었다는 고사에서〕부부의 인연을 맺어 준다는 전설상의 노인. 월하빙인. ▫️월로.

월하-빙인(月下氷人)똉〔중국 진(晉)나라의 삭담(索紞)이 얼음 위에서 얼음 아래의 사람과 이야기했다는 고사에서〕중매인. 월하노인. ▫️월빙인.

월해(越海)똉똉하자 바다를 건넘. 흔히 외국으로 가는 경우를 이름.

월형(月形)똉 달같이 둥근 모양. 달꼴.

월형(刖刑)똉 지난날, 범죄인의 발꿈치를 베던 형벌.

월화(月華)똉 달빛. 월광(月光).

월후(月後)똉〖생〗월경(月經).

월훈(月暈)똉 달무리.

월흔(月痕)똉 거의 스러져 가는 새벽녘의 달그림자.

위뿌 한글의 자모 'ㅞ'의 이름.

웨다자〈옛〉외치다.

웨딩-드레스(wedding dress)똉 신부가 결혼식 때 입는 서양식 혼례복.

웨스턴 그립(western grip) 테니스에서, 손아귀가 지면과 나란히 라켓 면 쪽으로 향하도록 라켓을 쥐는 방법. ↔이스턴 그립.

웨스턴 전:지(Weston電池)〖화〗양극에 수은을, 음극에 카드뮴을 쓰고 그 사이에 황산카드뮴 수용액·황산수은을 사용한 전지.

웨이브(wave)똉 1 물결. 2 전파.

웨이스트(waist)똉 1 사람이나 의복의 허리 부분. 요부(腰部). 2 물건에서 중앙부의 잘록한 곳.

웨이스트 니퍼(waist nipper) 여자 속옷의 한 가지. 허리를 조여 몸매를 다듬기 위해 입음.

웨이스트볼(waste+ball)똉 야구에서, 투수가 타자와의 승부에 자신이 없을 때나 도루(盜壘)나 번트 등을 막기 위하여 일부러 스트라이크 존을 벗어나게 던지는 공.

웨이터(waiter)똉 호텔·식당·술집 따위에서 손님의 시중을 드는 남자 종업원. ▫️~를 불러 음식을 주문하다.

웨이트리스(waitress)똉 호텔·식당·술집 따위에서 손님의 시중을 드는 여자 종업원.

웨이트 트레이닝(weight training) 근력 강화를 위해 바벨 따위의 무거운 기구를 써서 하는 운동.

웨이퍼(wafer)똉 양과자의 하나. 밀가루·달걀·설탕·레몬즙 등을 재료로 틀에 넣고 살짝 구운 다음, 크림이나 초콜릿을 두 쪽 사이에 넣어 만듦.

웨죽-웨죽뿌똉하자 팔을 휘휘 내저으며 느릿느릿 걷는 모양. ▫️왜죽왜죽.

웩뿌 1 구역질이 갑자기 치밀어서 토하는 소리. 또는 그 모양. ▫️왝. 2 무엇을 소리쳐 쫓거나 외치는 소리.

웩-웩[1]뿌똉하자 1 잇따라 기를 쓰며 마구 고함을 지르는 소리. 2 구역질이 나서 잇따라 마구 토하는 소리. 또는 그 모양. ▫️~ 토하는

소리를 내다. ⨂왝왝¹.

웽-웽² [부][하자] 비밀이나 꺼리는 사실을 함부로 말하거나 떠드는 소리. 또는 그 모양. ⨂왝 왝².

웽웽-거리다 [웨껭꺼―] [자] 자꾸 웽 소리를 내거나 지르다. ¶임신을 한 아내가 ~. ⨂왝왝거리다.

웽웽-대다 [웨껭때―] [자] 웽웽거리다.

웬: 어떠한. 어찌 된. ¶~ 난리냐/그것은 ~ 돈이냐.

¶[웬 불똥이 뛰어 박혔나] 무슨 일을 당했기에 얼굴을 그렇게 찡그리느냐는 뜻.

웬 떡이냐 〈구〉 뜻밖의 행운이나 횡재를 만났을 때 이르는 말.

웬간-하다 [형][어] ☞ 웬만하다.

웬-걸 [감] '웬 것을'의 준말로, 의심·의외나 부정의 뜻을 나타내는 말. ¶곧 잘 사는가 했더니 ~. 거지가 되었잖아.

웬:-만치 [부] 웬만큼.

웬:-만큼 [부] 1 그저 그만하게. ¶~ 생겼거든 정혼(定婚)하게. 2 보통은 넘는 정도로. ¶영어를 ~ 한다.

웬:-만-하다 [형][어] '우연만하다'의 준말. ¶웬만하면 참게/웬만한 사람은 다 안다.

웬:-셈 어찌 된 셈. ¶그가 나타나다니 ~일까.

웬:-일 [―닐] [명] 어떻게 된 일(의외의 뜻을 나타냄). ¶이게 ~이냐.

웰터-급 (welter級) [명] 권투·레슬링 등에서, 체중 등급의 하나(라이트급과 미들급의 사이로, 아마추어 권투에서는 63.5~67 kg, 프로 권투에서는 63.5~66.68 kg임).

웹 (web) [명] 〖컴〗 '월드 와이드 웹'의 준말.

웹-마스터 (web master) [명] 〖컴〗 웹 사이트를 구축하거나 웹 사이트의 운영을 책임지고 관리하는 사람.

웹 브라우저 (web browser) 〖컴〗 웹 서비스를 이용할 수 있게 하는 프로그램.

웹 사이트 (web site) 〖컴〗 웹 서버를 사용하여 웹 서비스를 할 수 있도록 구축된 호스트. 또는 이들 호스트에서 웹 서비스를 하기 위하여 구축하여 놓은 정보의 집합.

웹 서버 (web server) 〖컴〗 웹 서비스를 할 수 있는 환경을 구축하기 위하여 사용하는 소프트웨어.

윙 [부][하자] 1 날벌레나 돌팔매 따위가 빠르게 날아가는 소리. 2 바람이 철사나 전깃줄 등에 세차게 부딪치는 소리. ⨂왱.

윙겅-뎅겅 [부][하자] 타 '윙그렁뎅그렁'의 준말.

윙그렁-거리다 풍경이나 큰 방울 따위가 흔들리며 요란스럽게 부딪치는 소리가 자꾸 나다. 또는 그런 소리를 자꾸 내다. ⨀왱그렁거리다. **윙그렁-윙그렁** [부][하자]

윙그렁-대다 [자][타] 윙그렁거리다.

윙그렁-뎅그렁 [부][하자] 큰 방울이나 놋그릇 따위가 마구 부딪치며 요란스럽게 나는 소리. ¶그릇 깨지는 소리가 ~ 요란하다. ⨂왱그랑뎅그랑. ⨀윙겅뎅겅.

윙-윙 [부][하자] 1 날벌레나 돌팔매 따위가 잇따라 빠르게 날아가는 소리. 2 거센 바람이 굵은 철사나 전깃줄 따위에 부딪치는 소리. ¶세찬 바람에 전깃줄이 ~ 울다. ⨂왱왱.

윙윙-거리다 [자] 1 날벌레나 돌팔매 따위가 빠르게 날아가는 소리가 잇따라 나다. 2 바람이 굵은 철사나 전깃줄 따위에 세차게 부딪치는 소리가 잇따라 나다. ⨂왱왱거리다.

윙윙-대다 [자] 윙윙거리다.

위¹ [명] 한글의 자모 'ㅟ'의 이름.

위² [명] 1 기준으로 삼는 사물이나 부분보다 높은 쪽. ¶무릎 ~. 2 꼭대기. ¶산 ~에 오르다. 3 사물의 거죽이나 바닥의 표면. ¶지구 ~에 사는 생물. 4 품질이나 등급·정도가 다른 것보다 나은 쪽. ¶품질이 ~다. 5 신분·지위나, 연령 등이 더 높은 쪽. ¶상사에게/~에 보고하다. ↔아래. 6 '그것에 더하여'의 뜻. ¶그 ~에 무엇을 바라느냐.

¶[위에는 위가 있다] 최상이라는 말은 쉽게 할 수 없다는 말.

위 (位) [명] ⊖ 지위나 직위. ⊜[의] 1 등급이나 등수를 나타내는 말. ¶제2 ~. 2 신주(神主)나 위패에 모신 신의 수효를 세는 말. ¶10~의 영령(英靈).

위 (胃) [명] 1 〖생〗 내장의 식도와 장(腸) 사이에 연결된 주머니 모양의 소화 기관(내부에 위샘이 있어 위액을 분비함). 밥통. 위부(胃腑). 위장(胃臟). 2 〖생〗 '위경(胃經)'의 준말. 3 〖천〗 '위성(胃星)'의 준말.

위 (緯) [명] 1 '위도(緯度)'의 준말. ¶북위 38도. 2 가로·좌우·동서의 방향. 3 피륙의 씨. ↔경(經).

위각 (違角) [명] 정상적인 상태에서 벗어남.

위각-나다 (違角―) [―강―] [자] 정상적인 상태에서 벗어나다.

위갈 (威喝) [명][하타] 큰 소리로 위협함.

위거 (委去) [명][하타] 버리거나 버리고 감.

위거 (偉擧) [명] 1 위대한 거사. 2 뛰어난 계획.

위격 (違格) [―격] [명][하자] 1 일정한 격식에 맞지 않음. 2 도리에 어긋남.

위-결핵 (胃結核) [명] 〖의〗 위에 생기는 결핵.

위경 (危境) [명] 위태로운 처지. ¶~에 처하다.

위경 (胃經) [명] 1 〖생〗 위에 붙은 인대(靭帶). ⨀주막. 2 〖한의〗 위에 딸린 경락(經絡).

위경 (胃鏡) [명] 위 속을 검사하는 관(管) 모양의 의료 기구. 가스트로스코프.

위-경련 (胃痙攣) [―년] [명] 〖의〗 위에 극심한 통증이 일어나는 병증(단일 질환은 아니며, 위 궤양·담석증·충수염(蟲垂炎) 따위로 인하여 일어남).

위계 (危計) [―/―게] [명] 위험한 계획이나 계책(計策).

위계 (位階) [―/―게] [명] 1 벼슬의 품계. 2 지위나 계층 따위의 등급. ¶~가 서다.

위계 (爲計) [―/―게] [명] '그리 할 계획임'의 뜻(한문 투의 편지에 씀). ¶불일명 귀가 ~.

위계 (僞計) [―/―게] [명][하타] 남을 속이기 위해 거짓으로 꾸민 계획이나 계책. ¶적군의 ~인지 모르니 경계할 것.

위계-질서 (位階秩序) [―써/―게―써] [명] 계급이나 직책의 상하 관계에 있는 사람들 사이의 질서. ¶~를 세우다/~가 잡혀있다.

위곡 (委曲) [명] 자세한 사정이나 곡절. **――하다** [형][어] 자세하고 소상하다. 위상(委詳)하다. **――히** [부]

위공 (偉功) [명] 뛰어나고 훌륭한 공훈이나 업적. ¶~을 세우다/~을 기리다.

위과 (僞果) [명] 〖식〗 헛열매.

위관 (位官) [명] 위계(位階)와 관직.

위관 (胃管) [명] 〖의〗 위를 세척하거나 위액을 검사할 때 쓰는 가느다란 고무관.

위관 (尉官) [명] 〖군〗 장교 계급에서, 소위·중위·대위의 총칭.

위관 (偉觀) [명] 훌륭하고 장엄한 광경.

위관-급 (尉官級) [―끕] [명] 〖군〗 위관에 해당하

는 계급. ▢~ 장교로 예편하다.
위-관절 (僞關節)〖명〗〖의〗 가관절(假關節).
위-관택인 (爲官擇人)〖명〗〖하자〗 관직에 등용하기 위해 인재를 선택함.
위광 (威光)〖명〗 감히 범하기 어려운 위엄과 권위. ▢~을 떨치다.
위괴 (違乖)〖명〗〖하타〗 어기고 배반함.
위겁 (危怯)〖명〗〖하타〗 염려하고 두려워함.
위구 (偉軀)〖명〗 크고 우람한 몸집.
위구르 (Uighur)〖명〗 투르크 몽골계의 유목 민족. 수당(隋唐) 시대부터 송원(宋元) 시대에 걸쳐 몽골 및 간쑤(甘肅) 등지에서 세력을 떨쳤으며, 현재는 중국 신장웨이우얼(新疆維吾爾) 자치구의 주요 민족임.
위구르 문자 (Uighur文字)[-짜]〖언〗 9세기경부터 수세기에 걸쳐 위구르 족이 사용한 문자(몽골 문자는 이것이 변화한 것임).
위구-스럽다 (危懼-)[-따]〖-스러워, -스러우니〗〖형타〗 염려되고 두렵다. ▢그의 돌발적인 행동이 ~. **위구-스레**〖부〗
위구-심 (危懼心)〖명〗 염려하고 두려워하는 마음. ▢~을 품다.
위국 (危局)〖명〗 위태로운 시국이나 판국.
위국 (爲國)〖명〗〖하자〗 나라를 위함.
위국 (衛國)〖명〗〖하자〗 나라를 지킴.
위국-충절 (爲國忠節)〖명〗 나라를 위한 충성스러운 절개. ▢충무공의 ~.
위권 (威權)〖명〗 위세와 권력.
위권 (僞券)[-꿘]〖명〗 위조한 문권(文券).
위-궤양 (胃潰瘍)〖명〗〖의〗 위벽(胃壁) 점막의 궤양이 생기는 병. 주로 유문(幽門)에 생기며, 동통(疼痛)과 구토·하혈을 일으킴. 심하면 위벽에 구멍이 남.
위그노 (ㅍ Huguenot)〖명〗〖역〗 16~18세기 프랑스의 칼뱅파 신교도의 총칭.
위극 (危極)〖명〗〖하자〗 1 몹시 위태로움. 2〖경〗 신용을 남용함으로써 생산·분배·교환하는 기관의 활동이 갑자기 마비되는 경제 공황.
위극인신 (位極人臣)〖명〗〖하자〗 신하로서는 최고의 지위인 재상의 직위에 오름.
위근 (胃筋)〖명〗 위벽(胃壁)을 이루는 근육.
위근 쇠약증 (胃筋衰弱症)[-쯩]〖의〗 과음·과식 등으로 위근(胃筋)의 수축력이 약해지는 병증. 위아토니(胃atony).
위-근시 (僞近視)〖명〗〖의〗 가성(假性) 근시.
위금 (僞金)〖명〗〖화〗 1 황화 제이주석으로 된 황금빛의 도료(금박 대용). 2 알루미늄 10%, 구리 90%로 된 알루미늄 청동(青銅).
위급 (危急)〖명〗〖하자〗 몹시 위태롭고 급함. ▢~한 상황 / 병세가 ~하다.
위급존망지추 (危急存亡之秋)〖명〗 사느냐 죽느냐 하는 위급한 시기라는 뜻으로, 나라의 존망이 걸려 있는 중요한 때를 이르는 말(제갈량의 '출사표'에 나오는 말임)).
위기 (危機)〖명〗 위험한 고비나 시기. ▢~ 상황 / ~에 처하다 / ~를 모면하다.
위기 (委寄)〖명〗〖하타〗 맡김. 위임(委任).
위기 (委棄)〖명〗〖하타〗 버리고 돌보지 않음.
위기 (偉器)〖명〗 뛰어난 재능과 도량. 또는 그런 재능과 도량을 가진 사람.
위기 (圍棋·圍碁)〖명〗〖하자〗 바둑 두는 일.
위기 (違期)〖명〗〖하자〗 정해진 기한을 어김.
위기 (衛氣)〖명〗〖한의〗 음식의 양분(養分)이 피부와 주리(腠理)를 튼튼히 하여 몸을 보호하는 기운.
위기-감 (危機感)〖명〗 위험에 처해 있다는 불안한 느낌이나 생각. ▢~이 감돌다.

위기-관리 (危機管理)[-꽐-]〖명〗 천재(天災)나 인위적인 비상사태·전쟁 따위의 위기 상황을 예방하고 그에 대처해 나가는 일. ▢~ 능력을 인정 받다.
위기-의식 (危機意識)[-/-이-]〖명〗〖철〗 위기가 닥쳐오고 있다는 불안한 느낌. ▢~을 느끼다.
위기-일발 (危機一髮)〖명〗 여유가 조금도 없이 아슬아슬하게 닥친 위기의 순간. 위여(如如) 일발. ▢~의 순간에서 벗어나다.
위나니미슴 (ㅍ unanimisme)〖명〗〖문〗 20세기 초에 자연주의에 이어 프랑스에서 일어난 문학의 한 경향. 직접 군중 속에 몸을 담고 그 집단 심리를 쉽고도 명석하게 표현했음.
위난 (危難)〖명〗 위급하고 어려운 경우. ▢국가에 ~이 닥치다.
위-남자 (偉男子)〖명〗 체격이나 인격이 훌륭한 남자. 위장부(偉丈夫).
위-낮은청〖명〗〖악〗 '바리톤'의 순 우리말.
위내 (衛內)〖명〗〖역〗 임금의 거둥 때에 위병이 호위하고 있는 수레의 전후좌우.
위노위비 (爲奴爲婢)〖명〗〖하타〗〖역〗 역적의 처자를 종으로 삼던 일.
위닝 샷 (winning+shot) 1 테니스에서, 득점으로 이끄는 결정적 타구(打球). 또는 승리를 결정짓는 공. 2 야구에서, 승리를 결정짓는 투수의 위력 있는 투구(投球).
위다안소 (危多安少)〖명〗〖하자〗 시국이나 병세가 매우 위급하여 안심하기 어려움.
위답 (位畓)〖명〗 '위토답(位土畓)'의 준말.
위대-성 (偉大性)[-썽]〖명〗 능력·도량이나 업적 따위가 뛰어나고 훌륭한 특성. ▢~을 띠다.
위대-하다 (偉大-)〖형여〗 능력·도량이나 업적 따위가 뛰어나고 훌륭하다. ▢위대한 인물 / 위대한 어머니의 사랑.
위덕 (威德)〖명〗 위엄과 덕망. ▢~을 갖추다.
위-덮다 [-덥따]〖타〗 남보다 뛰어나서 그를 능가하다.
위도 (緯度)〖명〗〖지〗 적도에 평행하게 가로로 된 지구 위의 위치를 나타내는 좌표(적도를 0°로 남북 각 90°에 이르며 북으로 잰 것을 북위(北緯), 남으로 잰 것을 남위(南緯)라 함). ↔경도(經度). ⚘위(緯).
위도 변화 (緯度變化)〖명〗〖지〗 지구의 자전축(自轉軸)의 이동으로 생기는 천문학적 위도의 주기적 변화.
위독-하다 (危篤-)[-도카-]〖형여〗 병세가 중하여 생명이 위태롭다. ▢위독한 부상자 / 아버지가 ~는 전보를 받다.
위-동맥 (胃動脈)〖명〗〖생〗 위 전반에 퍼져 있는 동맥.
위두ㅎ니〈옛〉 어른. 장자(長者).
위-뜨다 [위ㄸ는, 위ㄸ니, 위ㄸ여]〖자〗 연을 날릴 때 남의 연줄을 걸어 얽히게 하다.
위-뜸〖명〗 한 마을의 위에 있는 부분. ▢~에 살다. ↔아래뜸.
위락 (萎落)〖명〗〖하자〗 시들어 떨어짐.
위락 (慰樂)〖명〗 놀고 즐기는 것. 휴식이나 오락. ▢~ 시설 / ~ 단지를 조성하다.
위란 (危亂)〖명〗〖하자〗 나라가 위태하고 어지러움. ▢~을 극복하다.
위랭 (胃冷)〖명〗〖한의〗 위가 냉한 증상. 위한(胃寒).
위략 (偉略)〖명〗 위대한 책략.
위력 (威力)〖명〗 상대를 압도할 만큼 강력함. 또는 그런 힘. ▢원자탄의 ~ / ~이 대단하다.

위력 (偉力) 몡 위대한 힘. 뛰어난 힘.
위력 (威力) 몡하자 힘을 다함.
위령 (威令) 몡 위엄이 있는 명령. ㅁ～이 서다.
위령 (違令) 몡하자 명령을 어김.
위령 (慰靈) 몡하타 죽은 사람의 영혼(靈魂)을 위로함.
위령-곡 (慰靈曲) 몡『악』죽은 사람의 넋을 달래기 위한 음악. 또는 천주교에서 위령 미사 때 드리는 음악. 진혼곡. 레퀴엠.
위령 미사 (慰靈Missa)『가』연옥(煉獄)에 있는 사람을 위한 미사. 연미사.
위령-선 (葳靈仙·萎靈仙) 몡 1『식』미나리아재빗과의 낙엽 활엽 덩굴나무. 인가 근처에 심음. 여름에 희고 큼직한 꽃이 핌. 관상용임. 2『한의』1의 뿌리(담(痰)·풍(風)·습(濕) 등을 치료하는 데 씀).
위령 성:월 (慰靈聖月)『가』죽은 사람의 영혼을 기억하며 기도하는 달(11월).
위령의 날 (慰靈-)[-/-에-]『가』모든 죽은 사람을 위하여 미사를 올리고 기도하는 날 (11월 2일).
위령-제 (慰靈祭) 몡 죽은 사람의 영혼을 위로하기 위하여 지내는 제사. 진혼제. ㅁ합동～를 거행하다.
위령-탑 (慰靈塔) 몡 죽은 사람의 영혼을 위로하기 위해 세우는 탑.
위례 (違例) 몡하자 상례(常例)에 어긋남.
위로 (慰勞) 몡하타 따뜻한 말이나 행동으로 괴로움을 덜어 주거나 슬픔을 달래 줌. ㅁ～를 받다 / 입학시험에 떨어진 동생을 ～하다.
위로-금 (慰勞金) 몡 위로하는 뜻으로 주는 돈. ㅁ～을 전달하다.
위리 (圍籬) 몡하타『역』배소(配所)의 둘레에 가시로 울타리를 치던 일.
위리-안치 (圍籬安置)『역』배소(配所)에서 외부와 접촉하지 못하도록 가시로 울타리를 만들고 죄인을 그 안에 가두어 두던 일.
위립 (圍立) 몡하자타 삥 둘러 섬. 또는 삥 둘러 세움.
위망 (位望) 몡 지위와 명망.
위망 (威望) 몡 위세와 명망. ㅁ～을 떨치다.
위망 (僞妄) 몡 거짓됨과 망령됨.
위맹 (威猛) 몡하형 위세가 있고 맹렬함.
위명 (威名) 몡 위엄이 있는 명성.
위명 (偉名) 몡 위대한 이름.
위명 (僞名) 몡 거짓 이름. ㅁ～을 쓰다.
위명-하다 (僞名-) 자여 남의 잘못을 드러내 말할 때, 그 사람의 지위를 비꼬아 말하다. ㅁ자선가라 위명하고는 협잡이나 하다니.
위모 (僞冒) 몡하타 거짓으로 남을 속임.
위모 (衛矛)『식』화살나무.
위목 (位目)『불』성현(聖賢)이나 혼령의 이름을 종이에 쓴 것.
위무 (威武) 몡 1 위세와 무력. 2 위엄 있고 씩씩함. ㅁ～가 당당하다.
위무 (慰撫) 몡하타 위로(慰勞)하고 어루만져 달램. ㅁ격려와 ～를 아끼지 않았다.
위문 (慰問) 몡하타 몸이나 마음이 괴롭거나 수고하는 사람을 찾아가 위로함. ㅁ～ 공연 / 일선 장병들을 ～하다.
위문-대 (慰問袋) 몡 위문의 뜻으로, 여러 가지 물품을 넣어서 보내는 주머니.
위문-문 (慰問文) 몡 위문의 뜻을 나타내기 위하여 쓴 글.
위-문서 (僞文書) 몡 '위조문서'의 준말.
위문-편지 (慰問便紙) 몡 위문의 뜻을 나타내기 위하여 보내는 편지. ㅁ성금과 ～.

위문-품 (慰問品) 몡 군인이나 이재민 등을 위문하기 위해 보내는 각종 물품. ㅁ～을 전달하다.
위물 (僞物) 몡 위조한 물건. 가짜 물건.
위미 (萎靡) 몡하자 시들고 느른해짐.
위미부진 (萎靡不振) 몡하자 시들고 느른해져 떨치고 일어나지 못함.
위-미태 (位米太) 몡『역』조선 중기 이후, 조세(租稅)로 바치던 쌀과 콩.
위민 (爲民) 몡하자 백성을 위함. ㅁ～ 봉사의 정신으로 일하다.
위민부모 (爲民父母) 몡 임금은 온 백성의 어버이가 되고, 고을의 원은 고을의 어버이가 됨을 이르는 말.
위반 (違反) 몡하타 법령·약속·명령·계약 등을 어기거나 지키지 않음. 위배(違背). 위월(違越). ㅁ약속～ / 교통 법규를 ～하다.
위방불입 (危邦不入) 몡하자 위험한 곳에 들어가지 않음.
위배 (圍排) 몡하타 죽 둘러서 벌여 놓음.
위배 (違背) 몡하자 위반. ㅁ계약에～ 되다.
위범 (違犯) 몡하타 법령을 어기고 죄를 범함.
위법 (違法) 몡하자 법을 어김. ㅁ～의 소지. ↔적법.
위법-성 (違法性)[-썽] 몡『법』어떤 행위가 범죄 또는 불법 행위로 인정되기 위한 객관적 요건.
위법성 조:각 사:유 (違法性阻却事由)[-썽-싸-]『법』형식상으로는 범죄 행위나 불법 행위로서의 조건이 갖추어졌더라도 그것을 위법으로 인정하지 않는 일(형법에서의 정당방위·긴급 피난 따위). ㅁ～로 기소되지 않다.
위법자폐 (爲法自斃)[-짜-/-짤째] 몡하자 자기가 정한 법을 스스로 범하여 벌을 받는다는 뜻으로, 자기가 한 일로 자기가 고난을 당함을 이르는 말.
위법 처:분 (違法處分)『법』법규에 어긋나는 행정 처분.
위법 행위 (違法行爲)[-뼁-]『법』법령에 위반된 행위(형법에서의 범죄 행위, 민법에서의 불법 행위나 채무 불이행 따위).
위벽 (胃壁) 몡『생』위의 안쪽을 형성하는 벽(근육층·점막·장액막(漿液膜)으로 이루어지며 펩신과 염산을 분비함).
위병 (胃病)[-뼝]『의』위에 생기는 병의 총칭. 위장병.
위병 (萎病) 몡 시들병(病).
위병 (衛兵) 몡 1『역』대궐·군영·관아 등을 지키던 군졸. 2 호위하는 군졸. 3『군』경비·단속을 위해 일정한 곳에 배치된 병사.
위병-소 (衛兵所) 몡『군』위병이 근무하는 곳(대개 부대 정문에 설치함).
위복 (威服) 몡하자타 권위나 위력에 굴복함. 또는 권위나 위력으로 굴복시킴.
위복 (威福) 몡 1 위압과 복덕. 2 위력으로 억압하기도 하고, 복덕을 베풀어서 사람을 달래기도 하는 일. ㅁ～을 임의로 하다.
위복 (爲福) 몡하자타 복이 됨. 또는 그렇게 되게 함. ㅁ전화(轉禍)～.
위본 (僞本) 몡 위조한 책. ↔진본(眞本).
위부 (委付) 몡 1 맡겨 부탁함. 맡겨 건넴. 2『법』선박 소유자가 선박이나 운임 따위의 소유권을 채권자에게 이전하여 자기의 책임을 제한하는 일.
위부 (胃腑) 몡『생』위(胃)1.
위부모-보처자 (爲父母保妻子) 몡하자 어버이를 위하고 처자를 보호함.

위부인-자 (衛夫人字) [명] 〖인〗 '갑인자(甲寅字)'의 속칭.
위불-없다 (爲不-)[-부럽따] [형] '위불위없다'의 준말. **위불-없이** [-부럽씨] [부]
위불위-간 (爲不爲間) [부] 되든 안 되든. 또는 하든 안 하든 좌우간. ❑~ 통지는 하겠다.
위불위-없다 (爲不爲-)[-부뤼업따] [형] 틀림이나 의심이 없다. [준]위불없다. **위불위-없이** [-부뤼업씨] [부]
위비 (位卑) [명][하형] 벼슬이 낮음.
위비 (委畀) [명][하타] 나라의 대사(大事)를 신하에게 맡김.
위빙 (weaving) [명] 권투에서, 상대편의 공격을 피하기 위해 윗몸을 앞으로 숙이고 머리와 윗몸을 좌우로 흔드는 기술.
위사 (僞辭) [명] 진실하지 않은 말.
위사 (衛士) [명] 〖역〗 대궐이나 능·관아(官衙)·군영을 지키던 장교.
위사 (緯絲) [명] 씨실. ↔경사(經絲).
위산 (胃散) [명] 소화가 잘 안되는 위병(胃病)에 쓰는 가루약.
위산 (胃酸) [명] 〖생〗 위액 속에 들어 있는 산. 특히, 염산. ❑~이 분비되다.
위산 (違算) [명][하자] 계산이나 계획이 틀림. 또는 틀린 계산이나 계획.
위산 결핍증 (胃酸缺乏症)[-쯩] 〖의〗 위에서 분비되는 염산이나 다른 효소가 감소 또는 부족하게 되는 병. 무산증(無酸症).
위산 과:다증 (胃酸過多症)[-쯩] 〖의〗 위액의 산도(酸度)가 비정상적으로 높은 병《신경질 체질이나 흡연, 빠른 식사 등으로 일어남》.
위-삼각 (胃三角) [명] 〖의〗 위의 전벽(前壁)의 일부로 전복벽(前腹壁)에 직접 접촉하여 삼각을 이루고 있는 부분.
위상 (位相) [명] **1** 〖물〗 주기적으로 되풀이되는 운동 중 나타나는 상태나 위치의 변수. ❑달의 ~. **2** 〖언〗 지역·직업·계급·남녀·연령 등의 차이에 따라 나타나는 말씨의 차이. **3** 〖수〗 집합의 요소의 연속 상태. 또는 그런 구조. **4** 어떤 사물이 다른 사물과의 관계 속에서 가지는 위치나 상태. ❑~을 높이다 / ~이 추락하다.
위상 기하학 (位相幾何學) 〖수〗 도형이나 공간을 연속적으로 변형시키는 경우, 그 변형되는 중에서도 변하지 않는 것을 연구하는 기하학의 한 분야.
위상 수:학 (位相數學) 〖수〗 위상에 관한 성질을 연구하는 수학의 한 분야. 위상 공간론·위상 기하학의 총칭. 토폴로지(topology).
위상 심리학 (位相心理學)[-니-] 〖심〗 독일의 심리학자 레빈(Lewin, K.)의 심리학. 레빈은 행동을 규정하는 여러 조건을 취급하는 데 위상 기하학의 개념을 이용하였음. 토폴로지 심리학.
위상-어 (位相語) [명] 〖언〗 남녀·연령·직업·계층의 차이에 따라 독특하게 쓰이는 어휘《여성어·유아어·학생어·은어 따위》.
위상-하다 (委詳-) [형][여] 위곡(委曲)하다.
위-샘 (胃-) [명] 〖생〗 위벽 속에 있는, 위액을 분비하는 소화샘. 위선(胃腺).
위생 (衛生) [명] 건강의 보전·증진을 위하여 질병의 예방·치유에 힘쓰는 일. ❑~ 관념 / ~ 상태를 점검하다.
위생 경:찰 (衛生警察) 〖법〗 국민의 건강을 해치는 장애를 예방하거나 제거하기 위한 경찰.
위생 공학 (衛生工學) 위생적 환경을 만들기 위하여 상하수도·쓰레기 처리·공기 오염 등의 문제에 관한 기술적 측면을 연구하는 학문.
위생 관리 (衛生管理)[-괄-] 공장·사업장에서, 노동 환경의 정비, 직업병의 예방, 노동자의 건강을 유지·증진시키는 업무.
위생-병 (衛生兵) [명] 〖군〗 위생과 간호에 관한 일을 맡아보는 병사.
위생-복 (衛生服) [명] 위생을 지키기 위하여 특별히 입는 덧옷. 소독의(消毒衣).
위생-적 (衛生的) [관][명] 위생에 알맞은 (것). ❑~으로 관리하다.
위생-학 (衛生學) [명] 〖의〗 유전·전염병·환경·사회적 요인 따위가 인간에 미치는 영향을 연구하는 학문.
위서 (僞書) [명] **1** 가짜 편지. **2** 비슷하게 만든 가짜 책. **3** 남의 필적을 흉내 내어 씀. **4** '위조문서'의 준말.
위:-서다 [자] **1** 혼인 때 신랑이나 신부를 따라가다. **2** 지체가 높은 사람의 뒤를 따라가다.
위선 (胃腺) [명] 위샘.
위선¹ (爲先) [명][하자] '위선사'의 준말.
위선² (爲先) [부] 우선1.
위선 (僞善) [명][하자] 겉으로만 착한 체함. 또는 그런 짓이나 일. ❑~에 찬 행동 / ~을 벗기다. ↔위악(僞惡).
위선 (緯線) [명] 〖지〗 적도에 평행하게 지구의 표면에 그은 가상의 선《위도를 나타낸 선으로 적도를 0°로 하고 남북으로 각각 90°로 나눔》. ↔경선.
위선사 (爲先事) [명][하자] 조상을 위하는 일. [준]위선.
위선-자 (僞善者) [명] 겉으로만 진실하고 착한 체하는 사람.
위선-적 (僞善的) [관][명] 겉으로만 착한 체하는 (것). ❑~인 정치인.
위선지도 (爲先之道) [명] 조상을 위하는 도리. ❑~를 지키다.
위성 (危星) [명] 〖천〗 이십팔수의 열두째 별자리에 있는 별들. 위수(危宿). [준]위(危).
위성 (胃星) [명] 〖천〗 이십팔수의 열일곱째 별자리에 있는 별들. 위수(胃宿). [준]위(胃).
위성 (衛星) [명] **1** 〖천〗 행성의 둘레를 운행하는 별《지구의 위성은 '달'》. **2** 주된 것의 근처에서 그것을 지키거나 그에 속해 있음을 나타내는 말. ❑~ 공업 도시. **3** '인공위성'의 준말.
위성-국 (衛星國) [명] '위성 국가'의 준말.
위성 국가 (衛星國家)[-까] 〖정〗 강대국에 가까이 있어 정치적·경제적·군사적으로 지배나 영향을 받는 약소국. [준]위성국.
위성 도시 (衛星都市) 〖정〗 대도시의 주변에 있으면서 대도시와 밀접한 관계를 맺으며, 대도시 기능의 일부를 지니는 중소 도시. ↔모도시(母都市).
위성 방:송 (衛星放送) 지상에서 우주에 떠 있는 인공위성으로 전파를 보낸 다음, 다시 이를 일반 시청자에게 직접 보내 주는 방식의 방송《초고주파를 사용하므로 난시청 지역이 해소됨》.
위성-사진 (衛星寫眞) [명] 인공위성에서 지구나 다른 천체를 찍어 지구에 보낸 사진. ❑~을 판독하다.
위성 주:택 도시 (衛星住宅都市) 〖지〗 중심도시의 인구 집중으로 생기는 주택난을 덜어 주기 위해 만들어진 도시.
위성 중계 (衛星中繼)[-/-게] 통신 위성을 이용하여 증폭한 전파를 지구국과 방송국을 거쳐 각 가정의 텔레비전 수상기에 보내는 중

계 방식.

위성 컴퓨터 (衛星computer) 〖컴〗 중앙 처리를 하는 컴퓨터의 업무를 덜기 위해, 다른 장소에서 보조적으로 사용하는 컴퓨터〖단순하고 시간이 걸리는 작업을 중앙의 컴퓨터 대신 처리함〗.

위성 통신 (衛星通信) 인공위성을 중계소로 하는 지상의 두 지점 사이의 무선 통신. ＊우주 통신.

위세 (威勢) 명 1 사람을 두렵게 하여 복종시키는 힘. 〖~에 눌리다 / ~를 부리다. 2 위엄이 있거나 맹렬한 기세. 〖~를 떨치다 / ~가 당당하다.

위세-하다 (委細─) 형어 상세하다.

위수 (位數) 명 〖수〗 수의 자리. 오른쪽에서부터 왼쪽의 일·십·백·천·만…의 차례로 헤아림. 자릿수.

위수 (衛成) 명하자 1 〖군〗 군부대가 일정한 지역의 질서와 안전을 유지하기 위해 오래 한 곳에 주둔하여 경비하는 일. 〖~ 부대 / ~ 사령부. 2 〖역〗 수자리.

위수-령 (衛成令) 명 〖법〗 군부대가 일정한 지역에 주둔하며, 경비와 질서 유지 및 군기(軍紀)의 감시와 군에 딸린 건축물·시설물 등을 보호하도록 규정한 대통령령(令).

위수-병 (衛成兵) 명 1 〖군〗 위수 근무를 맡아 보는 병사. 2 〖역〗 수자리를 살던 병정.

위수-병:원 (衛成病院) 명 〖군〗 위수 지역에 설치한 군 병원.

위수-지 (衛成地) 명 〖군〗 군대가 위수하고 있는 일정한 구역. 위수 지구.

위스키 (whisky, whiskey) 명 보리·밀·옥수수 등에 엿기름·효모를 섞어 발효시킨 뒤 증류하여 만든 서양 술(알코올 함유량이 많음).

위시 (為始) 명하자 여럿 가운데 어떤 대상을 첫째 또는 대표로 삼음. 비롯함. 〖아버지를 ~하여 온 식구가 할아버지 팔순 잔치에 참석하였다.

위식 (違式) 명하자 1 일정한 규정이나 관습에서 벗어남. 2 격식에 어긋남.

위신 (委身) 명하자 어떤 일에 몸을 맡김.

위신 (威信) 명 위엄과 신망. 〖~이 서다 / ~을 잃다 / ~이 떨어지다.

위신지도 (為臣之道) 신하로서의 도리.

위실 (委悉) 명하타 어떤 뜻이나 일을 자세하고 완전하게 앎.

위-아래 명 위와 아래. 고하(高下). 상하(上下). 아래위. 〖~도 모르고 까분다 / ~로 찬찬히 훑어보다.

위아랫물-지다 [─랜─] 자 1 두 가지의 액체가 섞이지 않고 나누어지다. 2 나이나 계급의 차이로 서로 어울리지 않다.

위-아토니 (胃atony) 명 〖의〗 위근 쇠약증.

위악 (僞惡) 명 짐짓 악한 체함. 〖~을 부리다. ↔위선(僞善).

위안 명 〖옛〗 동산. 원포.

위안 (慰安) 명하타 위로하여 마음을 편안하게 함. 〖~이 되다 / ~을 얻다 / ~으로 삼다.

위안 (元) 의명 중국의 화폐 단위. 1위안은 10자오.

위안-부 (慰安婦) 명 주로 전쟁 때 군대에서 군인을 성적(性的)으로 위안하기 위하여 동원된 여자.

위안-제 (慰安祭) 명 〖민〗 산소나 신주가 놀라서 다른 곳으로 움직이지 않도록 하기 위하여 지내는 제사.

위안-처 (慰安處) 명 위안이 될 만한 곳.

위-일 (爲─) ☞ 윗일.

위암 (危岩) 명 깎아지른 듯이 절벽을 이룬 높은 바위.

위암 (胃癌) 명 〖의〗 위에 발생하는 암. 〖~에 걸리다 / ~을 앓다.

위압 (威壓) 명하타 위엄이나 위력 따위로 압박하거나 정신적으로 억누름. 또는 그런 압력. 〖~을 가하다.

위압-감 (威壓感) 명 위압을 받는 느낌.

위압-적 (威壓的)[─쩍] 관명 힘과 위엄으로 억누르는 (것). 〖~인 태도 / 분위기 / ~이다.

위액 (胃液) 명 〖생〗 위샘에서 분비되는 소화액〖무색·무취의 강산성 물질로 단백질을 분해하여 펩톤으로 변화시키는 외에 음식물을 살균하기도 함〗.

위액 결핍증 (胃液缺乏症)[─껼─쯩] 〖의〗 위액의 분비가 떨어지거나 없어지는 병. 위샘 기능의 장애, 빈혈, 신경 계통의 기능 장애 등으로 생기며 특히 노인에게 많음.

위약 (胃弱) 명하형 〖의〗 1 소화력이 약해지는 위의 여러 가지 병. 2 위가 약함.

위약 (胃藥) 명 위병에 먹는 약〖건위제·소화제 따위〗.

위약 (違約) 명하자 1 약속이나 계약을 어김. 부약(負約). 〖~ 행위. 2 〖법〗 계약으로 정한 의무를 이행하지 않음.

위약 (僞藥) 명 〖의〗 심리적 효과를 얻기 위하여 환자에게 주는, 약리 효과가 전혀 없는 가짜 약.

위약-금 (違約金)[─끔] 명 〖법〗 채무자가 채무를 이행하지 않을 경우에 채권자에게 치르기로 약속한 돈.

위약-하다 (危弱─)[─야카─] 형어 위태로울 만큼 약하다.

위약-하다 (萎弱─)[─야카─] 형어 시들어서 약하다.

위양 (委讓) 명하타 남에게 넘겨 맡기거나 양보함. 〖경영권을 ~하다.

위양-장 (渭陽丈) 명 남의 외삼촌을 높여 이르는 말.

위어 (葦魚) 명 〖어〗 웅어.

위언 (違言) 명하자 1 자기가 한 말을 어김. 2 이치에 닿지 않는 말. 3 거역하는 말.

위언 (僞言) 명 남을 속이고 거짓으로 하는 말. 거짓말. 허언(虛言).

위엄 (威嚴) 명하형 점잖고 엄숙함. 또는 그런 태도나 기세. 〖~이 있는 어조 / ~을 갖추다.

위엄-스럽다 (威嚴─)[─따]〔─스러워, ─스러우니〕 형비 위엄 있는 태도가 있다. 〖위엄스러운 풍모. 위엄-스레 부

위엄-차다 (威嚴─) 형 매우 위엄이 있다.

위업 (爲業) 명하타 생업(生業)으로 삼음.

위업 (偉業) 명 위대한 사업이나 업적. 〖~을 남기다 / 건국의 ~을 달성하다.

위-없다 [─업따] 형 그 위를 넘는 것이 없을 정도로 가장 높고 좋다. 위-없이 [─업씨] 부

위여 갑 참새·닭 등을 쫓는 소리.

위여일발 (危如一髮) 명 위기일발.

위여-하다 (偉如─) 형어 위대하다.

위연-하다 (威然─) 형어 위엄 있고 늠름하다. 위연-히 부

위연-하다 (喟然─) 형어 한숨을 쉬는 모양이 서글프다. 위연-히 부

위열 (偉烈) 명 위대한 공적. 또는 그런 공로를 남긴 사람.

위열 (慰悅) 명하타 위안하여 기쁘게 함.

위염 (胃炎) 명 〖의〗 위의 점막에 생기는 염증

성 질환의 총칭(급성과 만성이 있음). 위장 약(胃腸藥). 위카타르.

위옹(胃癰)〔명〕《한의》위장에 열기가 모여 생기는 종기(구토·해소가 나고 또는 피고름을 토하기도 함).

위왇다〔타〕〈옛〉받들다. 섬기다.

위요[1](圍繞)〔명〕〔하타〕 **1** 어떤 지역이나 현상을 둘러쌈. 〔2〕봉우리들이 천지를 ~하고 있다. **2**《불》요잡(繞匝).

위요[2](圍繞)〔명〕혼인 때, 가족 가운데 신랑이나 신부를 데리고 가는 사람. 상객(上客). 후배(後陪). 후행(後行).

위요-가다(圍繞─)〔자〕혼인 때, 가족으로서 신랑이나 신부를 데리고 가다.

위요-지(圍繞地)〔명〕《법》 **1** 어떤 땅을 빙 둘러싸는 둘레의 토지. **2** 다른 한 나라에게 완전히 둘러싸인 영토.

위용(威容)〔명〕위엄 있는 모습이나 모양. 〔명〕을 떨치다 / ~을 과시하다.

위용(偉容)〔명〕훌륭하고 뛰어난 용모나 모양.

위우(位右)〔명〕'위요[2](圍繞)'의 변한말.

위운(違韻)〔명〕《문》한문의 시부(詩賦)에서, 운자(韻字)가 틀리는 일.

위원(委員)〔명〕선거나 임명에 의하여 지명되어 단체의 특정 사항을 처리할 것을 위임받은 사람. 〔명〕연구 ~ / 청소년 선도 ~.

위원-단(委員團)〔명〕어떤 일의 처리를 맡은 위원들로 구성된 단체. 〔명〕심사 ~.

위원-장(委員長)〔명〕위원회의 책임자.

위원-회(委員會)〔명〕《법》특정한 목적 아래 일정한 수의 위원으로 구성된 합의 기관.

위월(違越)〔명〕〔하타〕어김.

위유(慰諭)〔명〕〔하타〕위로하고 타일러 달램.

위유-사(慰諭使)〔명〕《역》천재지변이 있을 때, 백성을 위로하려고 임금이 보내던 임시 벼슬.

위의(危疑)[-/--이]〔명〕〔하형〕마음이 편하지 않고 의심스러움.

위의(威儀)[-/--이]〔명〕 **1** 위엄이 있고 엄숙한 태도나 몸가짐. 〔명〕가 당당하다. **2** 예법에 맞는 몸가짐. 〔명〕를 갖추다. **3**《불》'계율'을 달리 이르는 말.

위의당당-하다(威儀堂堂─)[-/--이-]〔형여〕위엄 있고 엄숙한 태도가 훌륭하다. 〔명〕위의당당하게 행진하다.

위인(偉人)〔명〕뛰어나고 훌륭한 사람. 〔명〕의 일대기.

위인(爲人)〔명〕사람의 됨됨이. 또는 됨됨이로 본 그 사람. 사람됨. 〔명〕형편없는 ~ / 그렇게 꽉 막힌 ~은 아니다.

위인(僞印)〔명〕위조한 도장. 가짜 도장.

위인모충(爲人謀忠)〔명〕〔하자〕남을 위해 정성껏 일을 꾀함.

위인설관(爲人設官)〔명〕〔하자〕어떤 사람을 위해 일부러 벼슬자리를 마련함.

위인-전(偉人傳)〔명〕위인의 업적과 생애를 사실(史實)에 맞게 적어 놓은 글. 또는 그 책. 위인전기(傳記).

위임(委任)〔명〕〔하타〕 **1** 일의 처리를 남에게 책임 지워 맡김. **2**《법》당사자의 한쪽이 상대방에게 사무 처리를 맡기고 상대방이 이를 승낙함으로써 성립하는 계약. **3**《법》행정 관청이 그 권한 사무를 하급 행정 관청에 위탁하는 일.

위임 대:리(委任代理)《법》임의(任意) 대리.

위임 명:령(委任命令)[-녕]《법》법률의 위임에 따라 법률의 내용을 보충하기 위해 제정되는 행정부의 명령.

위임 입법(委任立法)[-이립뻡]《법》법률의 위임에 따라 입법부 이외의 국가 기관, 특히

행정부가 법규를 정하는 일.

위임-장(委任狀)[-짱]〔명〕《법》 **1** 어떤 사람에게 일정한 사항을 위임한다는 뜻을 적은 서장(書狀). **2** 국제법에서, 파견국이 특정한 사람을 영사로 임명한다는 뜻을 적은 문서.

위자-료(慰藉料)〔명〕《법》재산이나 생명·신체·자유·명예·정조 따위를 침해하는 불법 행위로 생긴 정신적 고통과 손해에 대한 배상금. 〔명〕를 청구하다.

위자지도(爲子之道)〔명〕부모에 대한 자식으로서의 도리.

위작(僞作)〔명〕〔하타〕남의 작품을 흉내 내어 비슷하게 만드는 일. 또는 그 작품. 〔명〕을 가려내다.

위장(胃腸)〔명〕《생》위와 장(腸).

위장(胃臟)〔명〕《생》위(胃)[1].

위장(僞裝)〔명〕〔하타〕 **1** 본디의 모습이나 속셈을 드러내지 않으려고 어떤 태도나 행동을 거짓으로 꾸밈. 또는 그 꾸밈새. 〔명〕~ 결혼 / ~ 간첩의 침투. **2**《군》병력·장비·시설 등이 적의 눈에 띄이지 않게 하는 일. 카무플라주.

위장-망(僞裝網)〔명〕《군》전투 장비나 시설 등을 위장하기 위해 쓰이는 그물.

위장-병(胃腸病)[-뼝]〔명〕《의》위나 장에 일어나는 병의 총칭.

위-장부(偉丈夫)〔명〕위남자(偉男子).

위장 실업(僞裝失業)《경》잠재적 실업.

위장-염(胃腸炎)[-념]〔명〕《의》위와 장에 생기는 염증. 위장 카타르.

위장 카타르(胃腸catarrh)《의》위장염(炎).

위재(偉才)〔명〕뛰어나고 훌륭한 재주. 또는 그런 재주를 가진 사람.

위적(偉績)〔명〕위대한 공적. 위공(偉功).

위적(偉跡·偉蹟)〔명〕뛰어나고 훌륭한 자취. 큰 자취. 〔명〕을 남기다.

위전(位田)〔명〕'위토전(位土田)'의 준말.

위정(爲政)〔명〕〔하자〕정치를 행함.

위정-자(爲政者)〔명〕정치를 하는 사람.

위정-척사(衛正斥邪)[-싸]〔명〕《역》조선 후기에, 정학(正學)·정도(正道)로서의 주자학을 지키고, 사학(邪學)·사도(邪道)로서의 천주교를 물리치자는 주장. 척사위정.

위조(僞造)〔명〕〔하타〕남을 속이려고 물건이나 문서 따위를 진짜와 비슷하게 만듦. 가짜를 만듦. 안작(贋作). 안조(贋造). 〔명〕유명 상표를 ~하다.

위조-문서(僞造文書)〔명〕거짓으로 꾸며 만든 문서. ⓒ위문서·위서.

위조-죄(僞造罪)[-쬐]〔명〕《법》통화·인장·문서나 유가 증권 등을 행사할 목적으로 위조함으로써 성립하는 죄.

위조-지폐(僞造紙幣)[-/--폐]〔명〕위조한 가짜 지폐. 〔명〕~가 나돌다.

위족(僞足)〔명〕《생》세포 표면에서 형성되는 원형질(原形質) 돌기(변형과 신축이 다양하며, 운동·부착·생식·포식(捕食) 등의 일을 함). 허족(虛足). 헛발.

위종(衛從)〔명〕〔하타〕《역》호위하기 위해 곁에 따름.

위주(爲主)〔명〕으뜸으로 삼음. 〔명〕입시 ~의 학교 교육 / 실력 ~로 채용하다.

위중-하다(危重─)〔형여〕 **1** 병세가 위험할 정도로 중하다. 〔명〕병환이 ~. **2** 사태가 위태롭고 중하다. 〔명〕사태가 ~.

위증(危症)〔명〕위중한 병의 증세.

위증(僞證)몡하자 1 거짓으로 증명함. 또는 그런 증거. 2 『법』법원에서 증인이 허위로 진술하는 일.

위증-죄(僞證罪)[-죄] 몡 『법』법원이나 국회 등에서, 법률에 따라 선서를 한 증인이 고의로 허위 진술을 함으로써 성립하는 죄.

위지(危地) 몡 1 위험한 곳. ▢~에 몰아넣다. 2 위험한 지위.

위지위그(WYSIWYG) 몡 [what you see is what you get] 『컴』워드 프로세싱이나 전자 출판에서, 문서의 체제가 화면에 실제 그대로 출력되게 되어 있는 방식.

위지협지(威之脅之)[-찌] 몡하타 여러 가지 방법으로 위험함.

위집(蝟集) 몡하자 고슴도치의 털처럼 많은 것이 한꺼번에 모여드는 일.

위-짝 몡 위아래가 한 벌을 이루는 물건의 위쪽. 준 짝. ▢ 뻣돌의 ~. ↔아래짝·밑짝.

위-쪽 몡 위가 되는 쪽. ▢~ 단추/벽~에 틈새가 있다. ↔아래쪽.

위차(位次) 몡 자리나 계급의 차례.

위착(違錯) 몡하자 말의 앞뒤가 서로 어긋남.

위착-나다(違錯-)[-창-] 자 말의 앞뒤가 서로 어긋나다.

위-채 몡 여러 채로 된 집에서 위쪽에 있는 집채. ▢~에는 집주인이 살고 있다. ↔아래채.

위-처자(爲妻子) 몡하자 아내와 자식을 위함.

위-청(-廳) 몡 윗사람이 있는 곳이나 관청. 상청(上廳). ↔아래청.

위촉(委囑) 몡하타 일을 맡겨 부탁함. ▢법률고문으로 ~하다.

위축(爲祝) 몡하자 『불』나라를 위한 기도.

위축(萎縮) 몡하자 1 마르거나 시들어서 오그라지고 쪼그라듦. 2 어떤 힘에 눌려 기를 펴지 못함. ▢생산 활동의 ~/그 태도에 ~되다. 3 『생』정상적으로 발달하였던 기관이나 조직에서 크기가 줄어들고 기능이 떨어지는 일. ▢혈관이 ~되다.

위축-감(萎縮感)[-깜] 어떤 힘에 눌려 기를 펴지 못하는 느낌.

위-출혈(胃出血) 몡 『의』위염·위궤양·위암 등의 병증으로 출혈을 일으키는 증상.

위-층(-層) 몡 이 층 또는 여러 층 가운데 위쪽의 층. 상층(上層). ▢~을 침실로 쓰다. ↔아래층.

위치(位置) 몡 1 일정한 곳에 자리를 차지함. 또는 그 자리. ▢~를 잡다/~가 좋지 않다. 2 사회적으로 담당하고 있는 지위나 역할. ▢~가 확고하다/높은 ~에 있다. ──하다 자예 어느 자리에 있다. ▢별장이 해변에 ~.

위치-각(位置覺) 몡 ☞심각.

위치 감:각(位置感覺) 『심』시각이나 청각에 의지하지 않고 자신의 신체 부위가 어떤 위치에 있는가를 아는 감각. 위치각.

위치 에너지(位置energy) 『물』어떤 특정한 위치에 있는 물체가 표준 위치로 돌아갈 때까지 할 일을 할 수 있는 에너지(크기는 물체의 위치에 따라 정해짐). 퍼텐셜 에너지.

위치 천문학(位置天文學) 『천』구면(球面) 천문학.

위친(爲親) 몡하자 부모를 위함.

위친지도(爲親之道) 몡 부모를 섬기는 도리.

위칭(僞稱) 몡하타 거짓 일컬음.

위 카메라(胃camera) 몡 『의』위의 내벽(內壁)을 검사하는 데 쓰는 의료 기구(위 안에 삽입하여 내벽을 촬영함).

위-카타르(胃catarrh) 몡 『의』위염(胃炎).

위탁(委託) 몡하타 1 남에게 사물이나 사람의 책임을 맡김. ▢~ 거래/~을 받다. 2 『법』법률 행위나 사무 처리를 타인 또는 다른 기관에 맡기는 일.

위탁 가공 무:역(委託加工貿易)[-까-] 『경』한 나라의 업체가 다른 나라 업체에 원자재를 제공하여 가공하게 한 제품을 되들여오거나 제삼국에 수출하는 무역 방식.

위탁-금(委託金)[-끔] 몡 일정한 계약 아래 남에게 맡겨 둔 돈.

위탁 매매(委託賣買)[-땅-] 『경』중개 상인이나 증권업자가 고객의 위탁을 받아 물건이나 증권을 매매하여 주고 수수료를 받는 일.

위탁-자(委託者)[-짜] 몡 물건 따위를 위탁한 사람. ↔수탁자(受託者).

위탁 증권(委託證券)[-꿘] 『경』증권 발행자가 스스로 급부(給付)의 의무를 지지 않고 제삼자가 급부의 의무를 부담한다는 내용을 적은 증권.

위탁 출판(委託出版) 출판업자가 출판물의 일부 또는 전부를 다른 출판업자에게 맡겨서 하는 출판.

위탁 판매(委託販賣) 『경』상품이나 증권의 판매를 제삼자에게 수수료를 주고 맡기는 일.

위태-롭다(危殆-)[-따][-로워·-로운] 몡 위태한 듯하다. ▢병세가 ~. ──위태-로이 무

위태위태-하다(危殆危殆-) 몡예 매우 위태하다. ▢위태위태한 암벽 등반.

위태-하다(危殆-) 몡예 형세가 마음을 놓을 수 없을 만큼 위험하다. ▢경기 침체로 회사가 ~/벽에 금이 가 ~.

위-턱 몡 위쪽의 턱. 상악(上顎). ↔아래턱.

위턱-구름[-꾸-] 몡 상층운(上層雲).

위토(位土) 몡 『역』제사 비용을 마련하기 위해 경작하던 논밭(위토답과 위토전 따위가 있음).

위토-답(位土畓) 몡 위토로서의 논. 준위답(位畓).

위토-전(位土田) 몡 위토로서의 밭. 준위전(位田).

위-통 몡 1 물건의 위가 되는 부분. ↔아래통. 2 ☞웃통.

위통(胃痛) 몡 『의』위가 아픈 증세. 폭음·폭식·위염·위궤양 따위로 위에 분포된 지각 신경이 자극을 받아 생김.

위트(wit) 몡 말이나 글을 즐겁고 재치 있고 능란하게 구사하는 능력. ▢~가 넘치다.

위튼입구-몸(-ㅁ-)[-납꾸-] 몡 한자 부수의 하나(‘凶·凶’ 등에서 ‘凵’의 이름).

위판(位版) 몡 위패(位牌).

위-팔 몡 『생』어깨에서 팔꿈치까지의 부분.

위패(位牌) 몡 단(壇)·묘(廟)·원(院)·절 등에 모시는 신주(神主)의 이름을 적은 나무패. 목주(木主). 위판(位版). ▢~를 모시다.

위패-당(位牌堂) 몡 위패를 모신 사당.

위패-목(位牌木) 몡 1 위패를 만들 나무. 2 글씨를 아직 쓰지 않은 위패.

위패-바탕(位牌-) 몡 위패를 받쳐 놓는 나무.

위편(韋編) 몡 책을 맨 가죽 끈.

위편-삼절(韋編三絶) 몡〔공자가 주역(周易)을 즐겨 읽어 책을 맨 가죽 끈이 세 번이나 닳아 떨어졌다고 하는 고사(故事)에서 나온 말〕독서에 열중함을 이르는 말.

위폐(僞幣)[-/-폐] 몡 위조한 화폐나 지폐. ▢~를 가려내다.

위품(位品) 몡 벼슬의 품계.

위풍(威風) 몡 위엄이 있는 풍채나 기세. ▢~

이 넘치다.

위풍-당당 (威風堂堂) 몡하형 풍채나 기세가 위엄이 있고 씩씩함. ▢~한 모습.

위필 (僞筆) 몡하타 남의 필적을 위조하여 씀. 또는 그런 필적.

위하 (威嚇) 몡하타 위협(威脅).

위-하다 (爲-) 타 1 어떤 목적을 이루려고 하다. 2 건강을 위하여 등산을 한다. 2 이롭게 하거나 돕다. ▢너를 위해 하는 말이다 / 민족을 위하여 몸을 바치다. 3 물건이나 사람을 소중하게 여기다. ▢책을 신주처럼.

위-하수 (胃下垂) 몡 〖의〗 위가 정상 위치보다 처지는 증상. 일반적으로 여성에게 많은데, 선천성 이상이나 개복 수술·출산에 의한 복강압(腹腔壓) 저하 등에 원인이 있음.

위학 (僞學) 몡 1 정도(正道)에 어그러진 학문. 2 그 시대에 정통이 아닌 학문이나 학파. 이학(異學).

위한 (胃寒) 몡 〖한의〗 위랭(胃冷).

위한 (爲限) 몡하타 기한이나 한도를 정함.

위한 (違限) 몡하타 약속한 기한을 어김.

위해 (危害) 몡 위험한 재해. 특히, 사람의 생명을 위협하는 위험이나 해. ▢~를 방지하다 / ~를 가하다.

위해-물 (危害物) 몡 위해를 끼칠 만한 물건 《폭발물·석유·가스 따위》.

위허-하다 (胃虛-) 형어 위가 허약하다.

위헌 (違憲) 몡하타 〖법〗 법률이나 명령·규칙·처분 등이 헌법의 조항이나 정신에 위반되는 일. ▢~ 결정을 내리다. ↔합헌.

위헌-성 (違憲性)[-썽] 몡 〖법〗 법률이나 명령·규칙·처분 따위가 헌법의 조항이나 정신에 위배되는 성질. 비합헌성(非合憲性). ↔합헌성.

위험 (危險) 몡 해로움이나 손실이 생길 우려가 있음. 또는 그런 상태. ▢~이 따르다 / ~을 무릅쓰다.

위험-도 (危險度) 몡 위험스러운 정도.

위험-성 (危險性)[-썽] 몡 위험한 성질. 위험해질 가능성. ▢~이 높다 / 붕괴될 ~이 있는 건물.

위험 수역 (危險水域) 〖군〗 핵무기 실험이나 해군의 연습 등으로 발생할 위험을 예방하기 위하여 설정하는 바다.

위험 수위 (危險水位) 〖건〗 하천·호소(湖沼) 등의 범람으로 홍수가 일어날 우려가 있을 정도의 수위. ▢강물이 ~에 이르다.

위험-스럽다 (危險-)[-따][-스러워, -스러우니] 형비 위험한 데가 있다. **위험-스레** 뮈

위험-시 (危險視) 몡하타 위험하게 여김.

위험 신:호 (危險信號) 1 선로의 고장, 차량의 탈선이나 전복 또는 발파(發破) 등의 경우, 붉은 기나 등(燈) 따위로 정지를 명하는 신호. 2 건강이나 경제 등의 상황이 위험한 상태가 되는 징조를 비유한 말. 적신호(赤信號). ▢고혈압은 건강의 ~다.

위험-인물 (危險人物) 몡 1 위험한 사상을 가진 사람. ▢~로 낙인찍히다. 2 무슨 짓을 할지 몰라 방심할 수 없는 사람.

위험-천만 (危險千萬) 몡하형 위험하기 짝이 없음. ▢~한 생각.

위협 (威脅) 몡하타 힘으로 으르고 협박함. 공하(恐嚇). 위하(威嚇). 협위(脅威). ▢~을 당하다 / ~에 직면하다 / ~을 받다.

위협-색 (威脅色)[-쌕] 몡 〖동〗 몸빛이나 무늬가 상대를 위협하여 공격을 물리치는 효과를 가지는 색《나비나 나방 등에서 볼 수 있는 눈 모양의 무늬 따위》. *경계색·보호색.

위협-적 (威脅的)[-쩍] 관몡 으르고 협박하는

듯한 (것). ▢~인 존재 / 말투가 ~이다.

위호 (位號) 몡 벼슬의 등급 및 그 이름.

위화 (違和) 몡 조화가 어그러짐.

위화-감 (違和感) 몡 어울리지 않는 어색한 느낌. ▢~이 들다 / ~을 조성하다.

위 확장 (胃擴張)[-짱] 〖의〗 위벽(胃壁)이 긴장을 잃어 위가 병적으로 늘어진 상태《위의 운동 기능이 저하됨》.

위황-병 (萎黃病)[-뼝] 몡 1〖의〗젊은 여성에게 흔히 있는 빈혈증으로, 피부·점막 등이 창백해지며 두통·어질증이나 귀울음이 나고 체력이 감퇴함. 2〖식〗식물의 잎이 백색 또는 황백색으로 변하는 병. 햇빛이 부족하거나 철분이 부족할 때 생김.

위황-하다 (危慌-) 형여 위험하고 매우 급하다.

위훈 (偉勳) 몡 위대한 공훈. 위공(偉功). ▢~을 세운 충무공.

윈도 (window) 몡 1 '쇼윈도'의 준말. 2〖컴〗직사각형으로 된 화면 표시의 일부분. 화면은 여러 개의 창으로 나누어지며, 각 창은 서로 다른 목적으로 사용됨. 창(窓).

윈도쇼핑 (window-shopping) 몡 상점이나 백화점 따위를 돌아다니며 쇼윈도나 진열장 안의 상품을 구경만 하고 사지 않는 일.

윈드서핑 (windsurfing) 몡 요트타기와 파도타기를 결합시킨 수상(水上) 스포츠《판 위에 세운 돛에 바람을 받아 파도를 탐》.

윈치 (winch) 몡 〖공〗 밧줄이나 쇠사슬로 무거운 물건을 들어 올리거나 내리는 기계의 총칭. 자아틀. 권양기(捲揚機).

윌리윌리 (willy-willy) 몡 〖지〗 태풍이나 허리케인과 같은 큰 열대성 저기압. 오스트레일리아 북쪽의 주변 해상에서 발생하여 태풍과는 반대로 남서쪽으로 진행함.

윗-간 (-間)[위깐 / 원깐] 몡 방이 둘로 나뉘어 있는 한옥에서, 아궁이에서 먼 쪽에 있는 방. ↔아랫간.

윗-길 [위낄 / 윈낄] 몡 1 위쪽에 난 길. 2 질적으로 더 나은 수준. ▢이것보다 저게 ~이다. ↔아랫길.

윗-녘 [원녁] 몡 1 위쪽. 2 뒤대. ↔아랫녘.

윗-누이 [원-] 몡 나이가 더 많은 누이.

윗-눈시울 [원-씨-] 몡 위쪽의 눈시울. ↔아랫눈시울.

윗-눈썹 [원-] 몡 윗눈시울에 있는 속눈썹. ↔아랫눈썹.

윗-니 [원-] 몡 윗잇몸에 난 이. 상치(上齒). ↔아랫니.

윗-다리 [위따- / 원따-] 몡 다리의 윗부분. ↔아랫다리.

윗-당줄 [위땅쭐 / 원땅쭐] 몡 망건당에 꿴 당줄. ↔아랫당줄.

윗-대 (-代)[위때 / 원때] 몡 조상의 대. 상대(上代). 상세(上世). ▢~에서 물려받은 재산.

윗-덧줄 [위떧쭐 / 원떧쭐] 몡 〖악〗 악보의 오선(五線) 위쪽에 붙이는 덧줄.

윗-도리 [위또- / 원또-] 몡 1 허리의 윗부분. 상체. 2 윗옷. ▢~를 벗다. 3 지위가 높은 계급. ↔아랫도리.

윗-돌 [위똘 / 원똘] 몡 위에 있는 돌. ↔아랫돌. [윗돌 빼서 아랫돌 괴고 아랫돌 빼서 윗돌 괴기] 임시변통으로 이리저리 둘러맞추는 모양을 비유하여 이르는 말.

윗-동 [위똥 / 원똥] 몡 '윗동아리'의 준말.

윗-동네 (-洞)[위똥- / 원똥-] 몡 위쪽에 있는 동네. 윗마을. ↔아랫동네.

윗-동아리 [윗똥- / 윋똥-] 圆 1 긴 물체의 위쪽 부분. 2 둘로 갈라진 토막의 위의 동아리. ⓟ윗동.

윗-마구리 [윈-] 圆 길쭉한 물건의 위쪽 머리 면. *아랫마구리.

윗-마기 [원-] 圆 저고리·적삼 등 윗도리에 입는 옷의 총칭. ↔아랫마기.

윗-마을 [원-] 圆 한 마을의 위쪽이나 지대가 높은 데 있는 마을. 윗동네. ↔아랫마을.

윗-막이 [윈마기] 圆 물건의 위쪽 머리를 막은 부분. ↔아랫막이.

윗-머리 [원-] 圆 아래위가 같은 물건의 위쪽 끝 부분. ▯책상 ~ / 침대 ~. ↔아랫머리.

윗-면 (-面) [원-] [원-] 圆 물건의 위쪽을 이루는 겉면. 상면(上面). ↔아랫면.

윗-목 [원-] 圆 온돌방의 아궁이에서 먼 쪽. 곧, 굴뚝 가까이의 방바닥. ↔아랫목.

윗-몸 [원-] 圆 허리 윗부분의 몸. 상반신(上半身). ▯~ 운동 / ~을 일으키다. ↔아랫몸.

윗-물 [원-] 圆 1 상류에서 흐르는 물. 2 어떤 직급 체계에서의 상위직. ↔아랫물.
[윗물이 맑아야 아랫물이 맑다] 윗사람이 잘하면 아랫사람도 따라서 잘하게 된다는 말.

윗-바람 [윗빠- / 윋빠-] 圆 1 물의 상류 쪽에서 불어오는 바람. 2 연을 날릴 때의 서풍을 이르는 말. 3 ☞ 웃바람.

윗-반 (-班) [윗빤 / 윋빤] 圆 1 위 학년의 학급. 2 등급이나 수준 따위가 높은 반. 상급반. ↔아랫반.

윗-방 (-房) [윗빵 / 윋빵] 圆 잇닿아 있는 두 방 가운데 위쪽 방. ↔아랫방.

윗-배 [위빼 / 윋빼] 圆 배꼽 위의 배 부분. ↔아랫배.

윗-벌 [위뻘 / 윋뻘] 圆 한 벌로 된 옷에서, 윗도리에 입는 옷. ↔아랫벌.

윗-변 (-邊) [윗뼌 / 윋뼌] 圆 《수》 사다리꼴에서 위의 변. ↔아랫변.

윗-볼 [위뽈 / 윋뽈] 圆 볼의 윗부분. ↔아랫볼.

윗-부분 (-部分) [위뿐- / 윋뿐-] 圆 전체 가운데 위에 해당되는 범위. ▯얼굴 ~이 엄마를 닮았다.

윗-사람 [윗싸- / 윋싸-] 圆 1 손윗사람. ▯~을 섬기다. 2 자기보다 지위나 신분이 높은 사람. ↔아랫사람.

윗-사랑 (-舍廊) [위싸- / 윋싸-] 圆 위채에 있는 사랑. ↔아랫사랑.

윗-알 [위딸] 圆 수판의 가름대 위에 있는 알 《하나로 5를 나타냄》. ↔아래알.

윗-옷 [위돋] 圆 윗몸에 입는 옷. 상의. 윗도리. ▯~을 벗다. ↔아래옷.

윗-입술 [원닙쑬] 圆 위쪽의 입술. 상순(上脣). ▯~을 깨물다. ↔아랫입술.

윗-잇몸 [원닌-] 圆 위쪽의 잇몸. ↔아랫잇몸.

윗-자리 [위짜- / 윋짜-] 圆 1 윗사람이 앉는 자리. 상석(上席). 상좌(上座). ▯손님을 ~에 모시다. 2 높은 지위나 순위. ▯~가 비지 않아 인사 적체가 심하다. ↔아랫자리. 3 《수》 십진법에서, 어느 자리보다 높은 자리.

윗-중방 (-中枋) [위쭝- / 윋쭝-] 圆 《건》 상인 방(上引枋). ↔아랫중방.

윗-집 [위찝 / 윋찝] 圆 바로 위쪽으로 이웃해 있는 집. ↔아랫집.

윙 (wing) 圆 축구·럭비 등에서, 주공격수를 도와 양옆에서 공격하는 선수. 또는 그 위치.

윙 閉 1 좀 큰 벌레나 돌 따위가 빠르게 날아가는 소리. 2 큰 기계의 모터나 바퀴가 세차게 돌아가는 소리. 3 거센 바람이 전선이나 철사 따위에 빠르게 부딪는 소리. 4 귓속에서 울리는 소리. ⓟ윙.

윙-윙 [閉]㉨ 계속해서 나는 윙 소리. ▯벌이 ~ 날다. ⓟ윙윙.

윙윙-거리다 ㉨ 윙 소리가 계속 나다. ▯찬바람이 윙윙거리며 세차게 불어치다. ⓟ웡웡거리다.

윙윙-대다 ㉨ 윙윙거리다.

윙크 (wink) 圆㉨ 상대에게 무엇을 암시하거나 추파를 던지려고 한쪽 눈을 깜빡거리며 하는 눈짓.

유 한글의 자모 'ㅠ'의 이름.

유: (有) 圆 1 있거나 존재함. ▯무(無)에서 ~를 창조하다. ↔무(無). 2 《철》 직접 경험에 나타나는 실재(實在). 3 《불》 미(迷)로서의 존재. 십이 인연의 하나. ↔공(空).

유 (酉) 圆 《민》 1 십이지(十二支)의 열째. 2 '유방(酉方)'의 준말. 3 '유시(酉時)'의 준말.

유 (鈕) 圆 인꼭지.

유: (類) 圆 1 무리¹. 2 '종류'의 준말. ▯같은 ~의 물건 / ~가 드물다. 3 《생》 생물 분류학에서, '강(綱)·목(目)' 대신에 흔히 쓰는 말. 4 《철》 유개념(類槪念).

유가〔유도〕 아니다 ㉨ 비교가 되지 않을 정도로 높거나 심하다.

유:- (有) 膄 '있음'의 뜻. ▯~자격자 / ~경험 / ~분수.

-유 (油) 圌 '기름'이나 '석유'의 뜻. ▯야자~ / 윤활~ / 올리브~.

유가 (有價) [-까] 圆 1 금전상의 가치가 있음. 2 값이 정해져 있음.

유가 (油價) [-까] 圆 석유의 가격. ▯~를 인상하다.

유가 (瑜伽) 圆 〔산 yoga〕 《불》 주관·객관의 모든 사물이 서로 응하여 융합하는 일(경(境)은 심(心)과, 행(行)은 이(理)와, 과(果)는 공덕(功德)과 응하는 따위). 상응(相應). *요가(yoga).

유가 (遊街) 圆㉨ 《역》 과거 급제자가 광대를 데리고 풍악을 울리면서 거리를 돌며, 시험관·선배 급제자·친척들을 찾아보던 일(보통 사흘 동안 행함).

유가 (儒家) 圆 공자의 학설과 학풍 등을 신봉하고 연구하는 학자나 학파. ▯~ 사상.

유-가물 (有價物) [-까-] 圆 《법》 경제적 가치가 있는 물건.

유-가족 (遺家族) 圆 죽은 사람의 남은 가족. 유족(遺族). ▯전몰 군경 ~.

유:-가 증권 (有價證券) [-까-꿘] 《경》 사법상(私法上) 재산권을 표시한 증권(어음·수표·채권·주권 따위).

유:-가 증권 대:부 (有價證券貸付) [-까-꿘-] 《경》 유가 증권을 담보로 해서 자금을 빌려 주는 일.

유:-가 증권 위조 변:조죄 (有價證券僞造變造罪) [-까-꿘-쬐] 《법》 사용할 목적으로 유가 증권을 위조·변조하거나 또는 허위로 기입하거나, 행사·교부 또는 수입해서 성립하는 죄.

유-각호 (有脚湖) [-가코] 圆 《지》 물이 흘러 나가는 하천이 있는 호수. 유구호(有口湖).

유:감 (有感) 圆 느끼는 바가 있음. ▯봄날 ~이 새롭다.

유감 (遺憾) 圆㉨ 마음에 차지 아니하여 섭섭하거나 불만스럽게 남아 있는 느낌. ▯~을 품다 / ~의 뜻을 전하다.

유:감 반:경 (有感半徑) 《지》 지진이 일어났

을 때, 진앙(震央)에서 지진을 느낄 수 있는 가장 먼 지점까지의 거리.

유감-스럽다(遺憾-)[-따][-스러워, -스러우니] 형 마음에 차지 않아 섭섭하거나 불만스러운 느낌이 남아 있는 듯하다. ▯유감스럽게도 초대에 응할 수가 없습니다. **유감-스레** 부

유감-없다(遺憾-)[-업따] 형 마음에 흡족하다. ▯유감없는 연기를 펼치다. **유감-없이**[-가멉씨] 부. ▯실력을 ~ 발휘하다.

유:감 지대(有感地帶)〖지〗지진의 진동을 인체가 느낄 수 있는 지역. ↔무감(無感) 지대.

유:감 지점(有感地點)〖지〗지진의 진동을 인체가 느낄 수 있는 지점.

유:감 지진(有感地震)〖지〗지진계는 물론 사람도 지진을 뚜렷이 느낄 수 있을 정도의 지진. ↔무감(無感) 지진.

유감-천만(遺憾千萬) 명 섭섭하기 짝이 없음. ▯이번 씨름.

유-개(有蓋) 명 지붕이나 뚜껑 따위가 있음. ↔무개(無蓋).

유:-개념(類槪念)〖논〗어떤 개념의 외연(外延)이 다른 개념보다 크고 그것을 포괄할 경우, 그 넓은 개념을 이르는 말. ▯나무는 식물에 대해서 종(種)개념이고, 소나무나 감나무들에 대해서는 ~이다. ↔종개념.

유-개-차(有蓋車)[-때] 명 비·이슬·눈·서리 등을 맞지 않도록 지붕을 해 덮은 차량. 개차(蓋車). ↔무개차(無蓋車).

유-개 화:물차(有蓋貨物車) 지붕이 있는 화물차. 준유개 화차.

유객(幽客) 명 세상일을 피해서 한가롭게 사는 사람.

유객(留客) 명하자 손님을 머무르게 함.

유객(遊客) 명 1 유람하고 다니는 사람. 2 하는 일 없이 놀고 지내는 사람. 3 술과 계집으로 세월을 보내는 사람.

유객(誘客) 명하자 손님을 꾐. ▯~ 행위.

유-거(柳車) 명〖역〗나라나 민간에서 장사 지낼 때, 재궁(梓宮)이나 시체를 실어 소가 끌던 큰 수레(세종 때 이를 없애고 상여를 사용하도록 함).

유거(幽居) 명하자 속세를 떠나 그윽하고 외딴 곳에 묻혀 삶. 또는 그 집.

유건(儒巾) 명 검은 베로 만든 유생의 예관.

유격(裕隔) 명 기계 작동 장치의 헐거운 정도. ▯클러치 ~.

유격(遊擊) 명하타〖군〗공격할 적을 미리 정하지 않고 그때그때의 형편에 따라 기습적으로 적을 치는 일. ▯~ 활동.

유격-대(遊擊隊)[-때] 명〖군〗적의 배후나 측면에서 기습·교란·파괴 따위의 활동을 벌이는 특수 부대나 비정규군. 게릴라(guerilla).

유격-수(遊擊手)[-쑤] 명 야구에서, 이루(二壘)와 삼루 사이를 지키는 내야수. 쇼트스톱. ▯발이 빠르고 타격에도 능하다.

유격-전(遊擊戰)[-쩐] 명〖군〗유격대가 하는 싸움. 게릴라전. ▯~을 전개하다.

유:견(謬見) 명 틀린 견해. 잘못된 생각. ▯~을 고치다.

유경(幽境) 명 외떨어지고 조용한 곳.

유경(留京) 명하자 시골 사람이 서울에 와서 잠시 묵음.

유경(鍮檠) 명 놋쇠로 만든 등잔 받침.

유경-촛대(鍮檠-臺)[-초때/-촏때] 명 유경을 걸게 만든 촛대.

유계(幽界)[-/-게] 명 저승. ↔현계(顯界).

유계(遺戒)[-/-게] 명 유훈(遺訓).

유:고(有故) 명하형 특별한 사정이나 사고가 있음. ▯~ 결근 / ~가 생기다. ↔무고(無故).

유고(油庫) 명 석유를 저장하는 창고.

유고(遺孤) 명 부모가 죽은 외로운 아이.

유고(諭告) 명 선왕이 남긴 교훈.

유고(遺稿) 명 죽은 사람이 생전에 써서 남긴 원고. 유초(遺草). ▯고인의 ~ / ~를 남기다.

유고(諭告) 명하자 1 타일러 훈계함. 2 나라에서 결행할 어떤 일을 여러 사람에게 알려 줌. 또는 그런 알림.

유골(幽谷) 명 깊은 산골짜기.

유골(遺骨) 명 1 주검을 화장하고 남은 뼈. 유해(遺骸). ▯~을 묻다 / ~이 되어 돌아오다. 2 무덤 속에 남은 뼈. ▯~을 발굴하다.

유:공(有功) 명하형 공로가 있음. ▯~ 훈장.

유공(遺功) 명 죽은 뒤까지 남는 공적.

유:-공-성(有孔性)[-썽]〖물〗물체의 조직 사이에 틈이 있는 성질(고체·액체가 기체를 흡수하고 고체가 액체에 녹는 것은 이 성질 때문임).

유:-공-자(有功者) 명 공로가 있는 사람. ▯독립 ~ / ~ 표창.

유:-공-전(有孔錢) 명 구멍 뚫린 엽전. ↔맹전(盲錢)·무공전.

유:-공-충(有孔蟲) 명〖동〗무공류(有孔類)에 속하는 원생(原生)동물의 총칭. 석회질 또는 규산질의 껍데기가 있고, 껍데기에 있는 작은 구멍에서 실 모양의 발을 내밀어 먹이를 얻음. 단세포 동물로 바다에 많음.

유:-공충-니(有孔蟲泥) 명〖광〗유공충의 죽은 껍데기가 바다 밑에 쌓여서 된 진흙(그대로 육지가 된 것은 백악(白堊)이 되고 그대로 다져진 것은 석회가 됨).

유과(油菓) 명 '유밀과(油蜜菓)'의 준말.

유과(乳菓) 명 우유를 넣어 만든 과자.

유곽(遊廓) 명 공창 제도 아래에서, 창녀들이 몸을 팔던 집. 또는 그런 집이 모여 있던 구역. ▯~에 드나들다.

유:관(有關) 명하형 관계나 관련이 있음. ▯~ 기관 / 이 일은 그와 ~하다.

유관(留官) 명〖역〗고을 원의 직무를 대리하던 좌수(座首).

유관(遊觀) 명하타 두루 돌아다니며 구경함.

유관-속(維管束) 명〖식〗관다발.

유광(流光) 명 1 물결에 비치는 달빛. ▯~이 은은하다. 2 흐르는 물과 같이 빠른 세월의 비유. 유수광음(流水光陰).

유:광-지(有光紙) 명 겉이 번지르르하게 윤이 나는 종이.

유(遺掛) 명 죽은 사람이 남긴 옷 따위.

유괴(誘拐) 명하타 사람을 속여 꾀어내는 일. ▯~를 당하다 / 어린이를 ~하다.

유괴-범(誘拐犯) 명 사람을 속여 꾀어내거나 납치하는 범죄를 저지른 사람. ▯어린이 ~으로 체포되다.

유교(遺敎) 명 1 유명(遺命). 2〖불〗부처와 조사(祖師)가 후인을 위하여 남긴 교법(특히 임종 때의 설교).

유교(儒敎) 명 공자를 시조로 하고, 인의(仁義)를 근본으로 하는 정치와 도덕의 실천을 주장하는 유학의 가르침(사서오경(四書五經)을 경전으로 함). 명교(名敎).

유구(遺構) 명 옛날 토목건축의 구조와 양식(樣式) 등을 알 수 있는, 실마리가 되는 잔존물. ▯절의 ~로 보이는 주춧돌을 발견하다.

유:-구(類句) 명 유사한 구(句).

유:구무언(有口無言)명 입은 있으나 말이 없다는 뜻으로, 변명이나 항변할 말이 없음.

유:구불언(有口不言)명 사정이 거북하거나 따분하여 말을 하지 않음.

유구-식(維口食)명〖불〗네 가지 사명식(邪命食)의 하나. 비구(比丘)가 주술이나 점치는 일 따위로 의식(衣食)을 구하여 사는 일.

유:구-조충(有鉤條蟲)명〖동〗조충과의 기생충. 사람의 창자에 기생하는데 돼지가 중간 숙주임. 길이 2~3m, 폭 7~8mm, 마디 수는 800개쯤이며 머리는 갈고리 모양임. 갈고리촌충. ↔무구조충.

유구-하다(悠久-)형여 아득하게 오래다. 유원(悠遠)하다. ▷유구한 역사와 전통. **유구-히**튀

유:구-호(有口湖)명〖지〗유각호(有脚湖). ↔무구호(無口湖).

유군(幼君)명 나이 어린 군주. 유주(幼主).

유군(遊軍)명 1 하는 일 없이 놀고먹는 사람. 2〖군〗유격대의 군인. 유병(遊兵).

유:권(有權)[-꿘]명 권리가 있음.

유:권-자(有權者)[-꿘-]명〖법〗권리를 가진 사람이라는 뜻으로, 선거권을 가진 사람. 선거인. ▷~에게 한 표를 호소하다.

유:권 해:석(有權解釋)[-꿘-]명〖법〗국가 기관이 공식적으로 하는 법률 해석. 공권적(公權的) 해석.

유규(幽閨)명 부녀자가 거처하는 방.

유:규(類規)명 같은 종류의 법규.

유근(幼根)명〖식〗어린뿌리.

유글레나(Euglena)명〖동〗편모충류에 속하는 원생동물. 몸은 방추형(紡錘形)으로 몸의 끝에 긴 편모가 있어 운동을 하고, 몸 안에 엽록체가 있어 일광을 받아 광합성을 하는 단세포 동물임. 이른 봄에 연못·논 등에 서식하며, 많이 모이면 물빛이 선녹색이 됨. 연두벌레.

유금(遊金)명 쓰지 않고 놀리는 돈.

유금(游禽)명 유금류.

유금-류(游禽類)[-뉴]명〖조〗물 위를 헤엄쳐 다니는 새의 총칭(오리·기러기·갈매기 따위). *주금류·섭금류.

유:급(有給)명 급료가 있음. ↔무급.

유급(留級)명하자 학교나 직장에서 상위 학년이나 직책으로 진급하지 못하고 그대로 남음. 낙제. ▷그는 ~을 두 번씩이나 당했다.

유:급-직(有給職)[-찍]명 급료를 받는 직임(職任). *명예직.

유:급 휴가(有給休暇)[-그퓨-] 급료가 지급되는 휴가(생리·출산·연차 휴가 따위).

유:기(有期)명 '유기한(有期限)'의 준말. ↔무기(無期).

유:기(有機)명 1 생활 기능을 갖추고 생활력을 가지고 있음. ↔무기. 2 생물체처럼, 전체를 이루고 있는 각 부분이 서로 밀접한 관계를 가지는 일.

유:기(柳器)명 고리² 2.

유기(遊技)명 오락으로 하는 운동이나 경기(당구·볼링 따위).

유기(遺棄)명하타 1 내다 버림. ▷직무 ~ / 시체를 ~하다. 2〖법〗보호할 사람이 보호받을 사람을 돌보지 않는 일.

유기(鍮器)명 놋그릇.

유:기 감:각(有機感覺)〖심〗체내의 여러 기관에 이상이 있을 경우 느끼는 막연한 감각(시장기·한기·피로·호흡 곤란·내부적 통감

따위). 보통 감각. 일반 감각. 장기 감각.

유:기 감:정(有機感情)유기 감각에 따라 일어나는 복합적 감정. 일반 감정.

유:기 공채(有期公債)〖경〗일정 기간에 일정 방법으로 원금을 상환할 의무를 지는 공채. ↔무기 공채. *영구 공채.

유:기 광:물(有機鑛物)〖광〗유기 화합물, 곧 동식물의 유체가 땅속에 묻혀 된 광물(호박(琥珀)·석탄·석유 따위).

유기-그릇(鍮器-)[-릇]명 놋그릇.

유:기 금:고(有期禁錮)〖법〗형벌을 받는 기간이 정해진 금고(보통 1개월 이상 15년 이하임). ↔무기 금고.

유:기 농업(有機農業)화학 비료나 농약 따위의 사용을 삼가고, 유기 비료를 써서 무공해 식량을 생산하려는 농업. 또는 그 농법(農法).

유:기-물(有機物)명 1 생체 안에서 생명력에 의하여 만들어지는 물질. ↔무기물(無機物). 2 '유기 화합물'의 준말.

유기-물(遺棄物)명 내다 버린 물건.

유:기 비:료(有機肥料)동물질 및 식물질로 만들어진 비료(풋거름·퇴비·부엽(腐葉)·동물의 시체 등). ↔무기 비료.

유:기-산(有機酸)〖화〗유기 화합물에서 산의 성질을 가진 것. 주로 유기 화합물에서 얻으나 인공적으로 합성(合成)도 됨(포름산(酸)·아세트산(酸)·부티르산(酸)·락트산(酸) 따위). ↔무기산.

유:기-성(有機性)[-썽]명 따로 떼어 낼 수 없을 만큼 서로 긴밀히 연관되어 있는 성질.

유:기-암(有機岩)〖광〗동식물의 유해(遺骸)가 물속에 쌓여 된 암석의 총칭(석회암·규조토·석탄 따위).

유:기 유리(有機琉璃)〖화〗합성수지의 한 가지. 무색투명하고 강인하며 가공성이 좋으나 화학적 내구성이 약함. 항공기의 창유리·시계 유리·안전 안경 따위에 씀.

유:기-음(有氣音)〖언〗숨이 거세게 나오는 파열음(破裂音)(ㅊ·ㅋ·ㅌ·ㅍ 따위의 소리). 격음. 거센소리. ↔무기음(無氣音).

유:기인-제(有機燐劑)〖화〗인을 함유한 유기 화합물 가운데 살충제로 쓰는 약제(농약인 파라티온 따위).

유:기-장(柳器匠)명 고리장이.

유:기-장이(柳器-)명 고리장이.

유:기-적(有機的)생명체처럼 전체를 구성하고 있는 각 부분이 서로 밀접하게 관계를 갖는 (것). ▷~ 세계관 / ~인 구성.

유기-죄(遺棄罪)[-쬐]명〖법〗자기 힘으로 생활할 수 없는 노인·어린이·불구자·병자 등을 보호할 의무가 있는 사람이 그 보호를 하지 않거나 버려둠으로써 성립하는 죄.

유:기-질(有機質)명〖화〗유기 화합물의 성질. 또는 그 물질. ▷~ 비료.

유:기 징역(有期懲役)〖법〗기간이 정해진 징역(보통 1개월 이상 15년까지). ↔무기 징역.

유:기-체(有機體)명 1 물질이 유기적으로 구성되어 생활 기능을 가지게 된 조직체. 곧, 생물을 이름. ↔무기체. 2 많은 부분이 일정한 목적 아래 통일·조직되어 그 각 부분과 전체가 필연적 관계를 가지는 조직체(국가·사회 따위).

유:-기한(有期限)명하형 기간이 정해져 있음. ↔무기한. ☞유기(有期).

유:기-형(有期刑)명〖법〗일정한 기간의 구금(拘禁)을 내용으로 하는 자유형(유기 징역·유기 금고 및 구류 따위). ↔무기형.

유:기 호흡(有氣呼吸)〖생〗산소 호흡. ↔무

기 호흡.

유:기 화:학 (有機化學) 유기 화합물을 연구 대상으로 하는 화학의 한 분야. ↔무기 화학.

유:기 화:합물 (有機化合物)[-함-] 탄소를 주 성분으로 하는 화합물의 총칭《이전에는 동식물을 이룬 화합물을 광물성의 화합물과 구별하여 써 왔으나, 요소(尿素)를 무기물(無機物)로부터 합성한 이래로 그 구별이 없어지고, 다만 편의상의 구별이 되었음》. ↔무기 화합물. ㊟유기물.

유나-하다 (柔懦-) 형여 부드럽고 약하며 겁이 많다.

유:난 명하형히부 **1** 말이나 행동 따위가 보통과 아주 다름. ❏~을 떨다 / 오늘 따라 웬 ~이니. **2** 상태가 보통과 아주 다름. ❏머리가 ~히 큰 아이 / 지난 여름은 ~히 더웠다.

유:난무난 (有難無難) 명하형 있어도 곤란하고 없어도 곤란함.

유:난-스럽다 [-따]〔-스러워, -스러우니〕형ㅂ 보통과 달리 특별한 데가 있다. ❏그는 조금 유난스러운 데가 있는 사람이다. **유:난-스레** 부

유남 (幼男) 명 어린 남자아이.

유납 명 놋쇠를 만드는 데 섞는 아연(亞鉛).

유네스코(UNESCO) 명〔United Nations Educational, Scientific and Cultural Organization〕 국제 연합 교육 과학 문화 기구《국제 연합 전문 기관의 하나. 교육·과학·문화로써 국제 간의 협력을 촉진하고, 그것에 의해 평화와 안전 보장에 기여함을 목적으로 함》.

유녀 (幼女) 명 어린 여자아이.

유녀 (猶女) 명 조카딸.

유녀 (遊女) 명 노는계집. 논다니.

유년 (幼年) 명 어린 나이나 때. 또는 어린 나이의 아이. ❏~ 시절의 추억은 언제나 아름답게 느껴진다.

유:년 (有年) 명 **1** 풍년(豊年). **2** 여러 해.

유년 (酉年) 명 태세(太歲)의 지지(地支)가 유(酉)로 된 해《을유(乙酉)·정유(丁酉) 따위》. 닭해.

유년 (流年) 명 '유년사주'의 준말.

유년(을) 내다 구 유년사주를 풀다.

유년 (踰年) 명하자 해를 넘김. 월년(越年).

유년-기 (幼年期) 명 **1** 어린이의 발달 단계를 나타내는 말로 유치원·초등학교 저학년에 해당하는 시기《유아기와 소년기의 중간》. **2**〔법〕 14세 미만의 어린 시기《범죄를 범해도 형의 집행을 받지 않음》. **3**〔지〕 침식 윤회(浸蝕輪廻)의 초기. 침식된 지 오래지 않아 지형의 본디 모습이 아직 남아 있는 시기.

유년-사주 (流年四柱) 명 해마다 운수를 점치는 사주. ㊟유년.

유년-칭원법 (踰年稱元法)[-뻡] 명〔역〕 고려·조선 시대에 왕위를 계승할 때, 왕이 죽은 그 해는 전 왕의 연호를 그대로 쓰고, 다음 해부터 새 왕의 연호를 쓰기 시작하던 법.

유념 (留念) 명하자타 잊거나 소홀히 하지 않도록 마음속 깊이 간직하여 생각함. ❏건강에 ~하다 / 다시는 이런 일이 없도록 내 말을 ~하시오.

유녕 (諛佞) 명하자 남에게 잘 보이기 위해 아첨함.

유뇨-증 (遺尿症)[-쯩] 명 야뇨증(夜尿症).

유:능 (有能) 명하형 재능이 있음. 능력이 뛰어남. ❏~한 인재. ↔무능.

유능제강 (柔能制剛) 명하자 부드러운 것이 능히 굳센 것을 이김.

유니박-원 (UNIVAC one) 명〔컴〕 에니악(ENIAC)을 개발한 모클리(Mauchly, J.W.)와 에커트(Eckert, J.W.)가, 1951년 제작한 세계 최초의 상업용 컴퓨터.

유니버시아드 (Universiade) 명 국제 학생 경기 대회《2년마다 열리며, 하계에는 육상·수영, 동계에는 스키·스케이트 따위의 종목을 겨룸》.

유니세프 (UNICEF) 명〔United Nations Children's Fund ← United Nations International Children's Emergency Fund〕 국제 연합 아동 기금《개발 도상국 아동의 구제·복지·건강의 개선을 목적으로 함》.

유니섹스 (unisex) 명 남성과 여성의 일치된 성(性)이란 뜻으로, 의상·머리 모양 등에서 남성과 여성의 구별이 어렵게 됨을 뜻함. 모노섹스. ❏~ 스타일의 옷차림.

유니언 잭 (Union Jack) 영국의 국기.

유니크-하다 (unique-) 형여 매우 독특하다. ❏유니크한 스타일.

유니폼 (uniform) 명 **1** 제복(制服). **2** 단체 경기를 하는 선수들이 똑같이 입는 운동복. ❏붉은색 ~을 입은 한국 선수들.

유:-다르다 (類-)〔유달라, 유다르니〕형르 다른 것과 매우 다르다. 유별나다. ❏유다른 관심 / 막내에게 유다른 정을 쏟다.

유단 (油單) 명 기름에 결은, 두껍고 질긴 큰 종이.

유:단-자 (有段者) 명 단으로 능력의 정도를 나타내는 검도·유도·태권도·바둑·장기 등에서, 초단(初段) 이상의 사람. ❏태권도 ~.

유:-달리 (類-) 부 여느 것과는 아주 다르게. 유다르게. 별나게. ❏오늘은 ~ 덥다.

유당 (乳糖) 명〔화〕 '젖당'의 구칭.

유대 (紐帶) 명 끈과 띠라는 뜻으로, 둘 이상을 연결하거나 결합하게 하는 것. 또는 그런 관계《혈연·지연(地緣)·이해 따위》. ❏긴밀한 ~ 관계를 맺다 / 우방과의 ~를 강화하다.

유대 (←Judea) 명 기원전 10-6세기경 지금의 팔레스타인 지방에 있었던 유대 민족의 왕국. 유태(猶太).

유대-감 (紐帶感) 명 여러 개인이나 한 집단에 속한 여러 개인들 사이에 연결되어 있는 공통된 느낌.

유대-교 (←Judea敎) 명 모세의 율법을 기초로 기원전 4세기경부터 발달한 유대 민족의 종교. 유태교.

유대-력 (←Judea曆) 명 유대에서 행해지던 태음 태양력(太陰太陽曆)의 하나. 하루의 시작은 저녁때부터, 달은 신월(新月)의 날에, 한 해는 춘분 또는 추분경에 시작됨. 평년은 12개월, 윤년은 13개월임. 유태력.

유대-인 (←Judea人) 명 팔레스타인을 원주지로 하는 셈족의 일파인 아람족(Aram族)의 일부. 유대국의 멸망 후에 전 세계에 흩어져 살다가 1948년 5월 이스라엘 공화국을 건설함. 유태인. 이스라엘인.

유대-주의 (←Judea主義)[-/-이] 명 시오니즘.

유덕 (遺德) 명 죽은 사람이 후세에 끼친 덕. ❏고인의 ~을 추모하다.

유:덕-하다 (有德-)[-더카-] 형여 덕을 갖추거나 덕망이 있다. ↔무덕(無德)하다.

유:도 (有道) 명하형 정도(正道)에 맞음. 덕행이 있음.

유도 (油桃) 명〔식〕 복숭아의 일종. 보통 복숭아보다 잘고, 기름을 바른 것같이 반드러움.

유도 (乳道) 명 **1** 젖이 나오는 분량. **2** 젖이 나

오는 분비샘.

유도 (柔道)〖명〗두 경기자가 맨손으로 맞잡고 상대편이 공격해 오는 힘을 이용하여 내던지거나 조르거나 눌러 승부를 겨루는 운동. 유술(柔術).

유도 (誘導)〖명〗〖하타〗**1** 일정한 방향으로 나아가도록 꾀어서 이끎. ▣점원은 손님이 옷을 입어 보도록 ～하였다. **2**〖물〗전기·자기(磁氣)가 전기장·자기장 안에 있는 물체에 미치는 작용. 감응(感應). **3**〖생〗동물의 배(胚)의 일부가 다른 부분의 분화를 일으키는 작용.

유도 (儒道)〖명〗**1** 유교(儒敎)의 도. **2** 유교와 도교. ▣～를 연구하다.

유도 기전기 (誘導起電機) 정전 유도(靜電誘導)를 이용하여 전기를 모아 놓는 실험 장치. 감응 기전기(感應起電機).

유도 기전력 (誘導起電力)[-녁] 전자기 유도(電磁氣誘導)에 의하여 생기는 기전력.

유도 단위 (誘導單位)〖물〗국제 단위계에서, 기본 단위에서 유도한 단위(기본 단위로 표시되는 넓이(m²), 부피(m³), 속력(m/s) 따위와 특수한 명칭을 가진 주파수·진동수의 헤르츠(Hz), 힘의 뉴턴(N) 따위가 있음〗. ＊기본 단위·보조 단위.

유도 신:문 (誘導訊問) 검사나 경찰관이 범죄 혐의자를 신문할 때, 예상하는 죄상의 진술을 얻기 위해, 교묘한 질문으로 모르는 사이에 자백(自白)하도록 꾀어 묻는 일. ▣～에 걸리다 / ～에 술술 불다.

유도-자 (誘導子)〖명〗〖전〗**1** 자기(自己) 인덕턴스 또는 상호(相互) 인덕턴스의 표준이 되는 코일. **2** 코일을 가지지 아니하고 톱니바퀴를 가진, 강(强)자성체로 된 회전자(回轉子).

유도 작전 (誘導作戰)[-쩐] 적이 알지 못하는 사이에 아군의 계획에 빠지도록 하는 작전.

유도 전:기 (誘導電氣) 자기장(磁氣場)의 변화에 따라 생기는 전기. 감응 전기.

유도 전:동기 (誘導電動機)〖물〗교류 전동기의 하나. 유도 전류와 회전하는 자기장의 상호 작용으로 회전 자기장을 만들어 동력을 얻는 기계.

유도 전:동력 (誘導電動力)[-녁] 전자기 유도(電磁氣誘導)에 의하여 생기는 전동력. 감응 전동력.

유도 전:류 (誘導電流)[-쩔-]〖물〗전자기 유도에 의해 회로에서 생긴 전류. 감응 전류. 감전(感傳) 전류.

유도 코일 (誘導coil)〖물〗전류의 단속(斷續)을 이용하여 높은 전압을 일으키는 장치. 감응 코일.

유도-탄 (誘導彈)〖명〗미사일.

유도 함:수 (誘導函數)[-쑤]〖수〗도함수(導函數).

유:독 (有毒)〖명〗〖하타〗독성이 있음. ▣그 물질은 사람에게 매우 ～하다.

유독 (流毒)〖명〗〖하자〗해독이 세상에 퍼짐. 또는 그 해독.

유독 (遺毒)〖명〗〖하자〗**1** 해독을 끼침. **2** 남아 있는 해독.

유독 (惟獨)〖부〗많은 가운데 홀로. 오직 홀로. ▣왜 ～ 너만 싫다고 하니.

유:독 가스 (有毒gas) 독성이 있는 가스(암모니아·일산화탄소·이산화황·질소 산화물·염소 따위). ▣～에 질식하다.

유:독-균 (有毒菌)[-꾼]〖명〗유독성 물질이 있어 먹으면 중독 증상을 일으키는 균류(菌類)(독

유:독-성 (有毒性)[-썽]〖명〗독이 있는 성질. ▣～ 산업 폐기물.

유:독 식물 (有毒植物)[-씽-]〖식〗독성이 있어 접촉하거나 잘못 먹으면 살이 부르트거나, 복통·토사·마취 등의 중독을 일으키며, 심하면 죽음(옻나무·쐐기풀·디기탈리스·양귀비 따위).

유독-하다 (幽獨-)[-도카-]〖형여〗쓸쓸하여 외롭다.

유독-히 (惟獨-)〖부〗☞ 유독(惟獨).

유동 (油桐)〖명〗〖식〗대극과의 낙엽 활엽 교목. 높이가 약 10 m, 줄기와 가지는 회갈색이며 잎은 크고 오동 잎과 같음. 초여름에 붉은빛이 도는 흰 꽃이 피고 열매에서는 기름을 짬. 기름오동.

유동 (流動)〖명〗〖하자〗**1** 액체 따위가 흘러 움직임. ▣물의 ～이 거의 없다. **2** 한곳에 정착하지 않고 이리저리 자주 옮겨 다님. ▣～ 인구.

유동 (遊動)〖명〗〖하자〗자유로이 움직임.

유동 공채 (流動公債)〖경〗발행액·이윤·기한 등이 법률로써 확정되지 않은 단기의 공채. ↔확정(確定) 공채.

유동-물 (流動物)〖명〗이리저리 흘러 움직이는 성질을 가진 물질(액체 따위).

유:동-법 (類同法)[-뻡]〖논〗일치법(一致法).

유동-성 (流動性)[-썽]〖명〗**1** 액체와 같이 흘러 움직이는 성질. **2** 형편에 따라 이리저리 변동될 수 있는 성질. **3**〖경〗기업의 자산 또는 채권을 손실 없이 현금화할 수 있는 정도.

유동성 예:금 (流動性預金)[-썽녜-]〖명〗언제든지 찾아 쓸 수 있는 예금(당좌 예금·보통 예금 따위).

유동-식 (流動食)〖명〗소화되기 쉽도록 묽게 만든 음식. 중환자나 위장병 환자 등이 먹음(미음·응유·죽·수프 따위).

유동-원목 (遊動圓木)〖명〗껍질을 벗긴 통나무를 쇠줄로 지면과 평행이 되게 나직이 매달아 앞뒤로 흔들리게 만든 놀이 기구. 흔들면서 그 위를 걸어감.

유동 자본 (流動資本)〖경〗운전(運轉) 자본. ↔고정(固定) 자본.

유동 자산 (流動資産)〖경〗현금이나 1년 이내에 현금화할 수 있는 자산(현금·예금·상품·제품·원료·저장품·선급금(先給金) 따위). ↔고정 자산.

유동-적 (流動的)〖관명〗유동하는 성질을 띤 (것). ▣상황이 ～이다.

유동-체 (流動體)〖명〗〖물〗유체(流體).

유두 (乳頭)〖명〗〖생〗**1** 젖꼭지1. **2** 동물의 혀나 피부에 있는 젖꼭지 모양의 작은 돌기.

유두 (流頭)〖명〗〖민〗우리나라 명절의 하나. 나쁜 일을 떨어 버리기 위하여 동쪽으로 흐르는 물에 머리를 감고 수단(水團) 따위의 음식을 장만하여 먹는 날로, 음력 유월 보름날.

유두-분면 (油頭粉面)〖명〗〖하자〗기름 바른 머리와 분 바른 얼굴이라는 뜻으로, 여자의 화장한 모습을 이름.

유둣-물 (流頭-)[-둔-]〖민〗유두 또는 그 전후에 많이 내리는 비. ▣～이 지다.

유들-유들 [-류-/-드류-]〖부〗〖하타〗부끄러운 데도 모르고 뻔뻔한 데가 있는 모양. ▣자네 여전히 ～하군 그래.

유디오미터 (eudiometer)〖명〗〖화〗분석기(分析器)의 하나. 눈금이 있는 유리관의 한쪽을 폐쇄하고 한 쌍의 백금 전극(電極)을 삽입한 곳에 기체 혼합물을 넣어, 방전시켜 화합을 일

으키게 하여 화합물의 부피의 변화를 측정하는 장치.

유디티 (UDT) 圀 〔underwater demolition team〕수중(水中) 파괴반(해안 정찰 및 물속에 설치된 기뢰 따위의 장애물을 폭파하거나 제거하는 일을 맡아보는 해군 부대).

유라시아 (Eurasia) 圀 《지》 유럽과 아시아의 총칭. 구아주(歐亞洲).

유라시안 (Eurasian) 圀 유럽 사람과 아시아 사람 사이에 난 사람.

유락 (乳酪) 圀 우유로 만든 식품《버터나 식용 크림 따위》.

유락 (流落) 圀하자 고향을 떠나 타향에 삶.

유락 (愉樂) 圀하자형 마음이나 기분이 즐겁고 유쾌함.

유락 (遊樂) 圀하자 놀며 즐김. ㅁ~ 시설.

유람 (遊覽) 圀하타 여기저기 돌아다니며 구경함. ㅁ~을 떠나다 / 팔도강산을 ~하다.

유람-객 (遊覽客) 圀 여기저기 돌아다니며 구경하는 사람.

유람-선 (遊覽船) 圀 유람객을 태우고 다니는 배. ㅁ한강 ~을 타고 출근하다.

유랑 (流浪) 圀하자타 일정한 거처가 없이 떠돌아다님. ㅁ~ 극단 / 정처 없는 ~의 길을 떠나다.

유랑-민 (流浪民) 圀 일정한 거처가 없이 떠돌아다니는 백성.

유래 (由來) 圀하자 어떤 것이 전부터 전해 내려옴. 또는 그 내력. ㅁ~를 찾다 / 이 절은 그 ~가 깊다.

유래-담 (由來談) 圀 사물이 생겨난 내력에 대한 이야기.

유래지풍 (由來之風) 圀 옛날부터 전해 내려오는 풍속.

유량 (乳量) 圀 젖의 양.

유량 (油糧) 圀 유지·유지 원료·유박(油粕) 등의 총칭.

유량 (流量) 圀 단위 시간에 흐르는 유체(流體)의 양(量). ㅁ~을 조절하다 / ~이 줄다.

유량 (留糧) 圀 객지에서 먹으려고 마련한 양식.

유러달러 (Eurodollar) 圀 《경》 유럽의 은행에 예치되어, 주로 단기의 이자 차액을 목적으로 운용되는 달러 자금(資金).

유러코뮤니즘 (Eurocommunism) 圀 《정》 1970년대 이후 서유럽, 특히 이탈리아·프랑스·에스파냐 등지의 공산당이 소련 공산당의 공식적인 입장에 반대하여 취한 독자적인 공산주의 노선.

유럽 (Europe) 圀 《지》 육대주의 하나. 동쪽으로 우랄 산맥을 경계로 아시아 대륙과 접하고 있으며 나머지 삼면이 지중해·대서양·북극해와 면하고 있는 거대한 반도 모양의 대륙. 유럽 주.

유럽 경제 공동체 (Europe經濟共同體) 〔European Economic Community〕《경》 프랑스·이탈리아·독일·벨기에·네덜란드·룩셈부르크 등의 6개국이 1957년에 조인 발족시킨 지역적 경제 통합 기구. 가맹국 간의 지역 관세의 철폐, 무역 확대 등을 목적으로 함(1973년에 영국·아일랜드·덴마크가 가입하여 가맹국은 9개국, 준가맹국은 2개국임). 유럽 공동 시장. 이이시(EEC). *유럽 공동체.

유럽 공동체 (Europe共同體) 〔European Communities〕유럽 경제 공동체·유럽 원자력 공동체·유럽 석탄 철강 공동체 따위의 일반적 총칭《가맹국은 벨기에·프랑스·독일·룩셈부르크·이탈리아·네덜란드·영국·덴마크·아일랜드·에스파냐·그리스·포르투갈. 최고 결정 기

관은 각료 이사회. 본부는 브뤼셀). 이시(EC). *유럽 경제 공동체.

유럽 연합 (Europe聯合) 유럽의 정치·경제 통합을 실현하기 위해 1993년 11월 발효된 마스트리히트 조약에 따라 출범한 유럽 12개국의 연합 기구. 기존의 유럽 공동체(EC)를 기초로 했으나, EC와는 별도로 유럽 통합 일정을 추진함. 이유(EU).

유럽 인종 (Europe人種) 유럽에 분포하고 있는 여러 인종《코카서스 인종이 90%임》.

유럽 주 (Europe洲) 《지》 유럽.

유려-하다 (流麗-) 형여 글이나 말이 유창하고 아름답다. ㅁ유려한 문장 / 유려한 필치로 써 내려가다. **유려-히** 閇.

유-력 (有力) 圀하형 1 세력이나 재산이 있음. ㅁ~ 인사로 꼽히다. 2 가능성이 많음. ㅁ그가 우승 후보로 ~하다.

유력 (遊歷) 圀하타 여러 고장을 두루 거쳐 돌아다님.

유:력-시 (有力視) [-씨] 圀하타 가능성 있게 봄. ㅁ당선이 ~되다 / 차기 총장으로 언론에서 ~되고 있다.

유:력-자 (有力者) [-짜] 圀 세력이나 재산이 있는 사람.

유련 (流連) 圀하자 유흥에 빠져 집에 돌아오지 아니함.

유련 (留連) 圀하자 객지에 묵고 있음.

유련-황락 (流連荒樂) [-낙] 圀하자 놀이를 즐기며 주색(酒色)에 빠짐. 유련황망.

유련-황망 (流連荒亡) 圀하자 유련황락.

유렵 (遊獵) 圀하타 놀러 다니면서 하는 사냥. 또는 놀이로서 하는 사냥. 유익(游弋).

유렵-기 (遊獵期) [-끼] 圀 사냥하는 철.

유령 (幼齡) 圀하자 어린 나이.

유령 (幽靈) 圀 1 죽은 사람의 혼령. 2 죽은 사람의 혼령이 생전의 모습으로 나타난 형상. 3 이름뿐이고 실제는 없는 것. ㅁ~ 단체.

유령-거미 (幽靈-) 圀 《동》 유령거밋과의 거미. 집 안에 삶. 길이 약 7mm, 온몸이 엷은 황백색. 발은 길고 매우 약함.

유령 도시 (幽靈都市) 사는 사람이 없어 텅 빈 도시. 광산 지역에서 폐광 후 거주 인구가 없어져 생김.

유령 인구 (幽靈人口) 거짓 신고에 의해 문서에만 존재하는, 실제로는 없는 인구.

유령-주 (幽靈株) 《경》 1 현실적으로는 납입이 없는데도, 납입된 것처럼 위장하여 발행한 주식. 2 유령 회사의 주식. 3 위조된 주식.

유령 회:사 (幽靈會社) 법적으로 정당한 절차를 밟지 않은 이름뿐인 회사.

유:례 (謬例) 圀 잘못된 사례(事例).

유:례 (類例) 圀 같거나 비슷한 예. ㅁ그런 ~를 찾아볼 수 없다.

유:례-없다 (類例-) [-업따] 형 그와 비슷한 전례가 없다. ㅁ역사상 유례없는 사건. **유:례-없이** [-업씨] 閇. ㅁ~ 치솟는 물가.

유로 (由路) 圀 사물이 말미암아 온 길.

유로 (流路) 圀 물이 흐르는 길.

유로 (流露) 圀하자 감정이 어떤 상태로 나타남.

유로 (Euro) 의圀 유럽 연합의 화폐 단위.

유로퓸 (europium) 圀 《화》 희토류(稀土類) 원소의 하나. 고체 금속으로 산출량이 극히 적음. [63번 : Eu : 151.96]

유:록 (柳綠) 圀 '유록색(柳綠色)'의 준말.

유록 (黝綠) 圀 검은빛을 띤 녹색.

유-록-색 (柳綠色)[-쌕] 명 봄철의 버들잎의 빛과 같이 노란색을 띤 연한 녹색. 준유록.

유-록-화홍 (柳綠花紅)[-로콰-] 명 푸른 버들잎에 붉은 꽃이란 뜻으로, 봄의 자연 경치를 이르는 말.

유-료 (有料) 명 요금을 내게 되어 있음. ▷ ~ 시설 / ~ 주차장. ↔무료.

유-료 도:로 (有料道路) 통행 요금을 내고 다니게 되어 있는 도로.

유료 작물 (油料作物)[-장-] 기름을 얻기 위하여 재배하는 작물(들깨·아마(亞麻)·올리브·땅콩·동백·참깨 따위).

유-루 (有漏) 명 《불》 번뇌에 얽매인 속세의 범부(凡夫). 속인(俗人). ↔무루(無漏).

유루 (流淚) 명하자 유체(流涕).

유루 (遺漏) 명하자 빠져나가거나 새어 나감. ▷ 매사에 ~가 없이 면밀하다.

유루-증 (流淚症)[-쭝] 명 눈물이 비정상적으로 많이 나오는 병증.

유류 (油類) 명 기름 종류의 총칭. ▷ ~ 저장 탱크 / ~ 수급을 원활히 하다.

유류 (遺留) 명하타 **1** 끼치어 둠. **2** 후세에 물려 줌.

유류 금품 (遺留金品) **1** 남겨 놓은 금품. **2** 교도소 등에서 수감자나 수용자가 사망했거나 도주했을 경우에 남겨 놓은 금품.

유류-분 (遺留分) 명 《법》 상속을 받은 사람이 다른 상속인을 위해 법률상 반드시 남겨 두어야 하는 유산의 일정한 부분.

유류 파동 (油類波動) 석유류의 품귀로 일어난 세계적인 경제적 혼란과 어려움. 1973년 10월에 일어난 제4차 중동 전쟁 때 아랍 산유국들의 석유 무기화에 따라 전 세계가 경제적인 큰 타격을 입었으며, 1978년 이란 혁명 이후 다시 석유 수급(需給)의 악화로 제2차 유류 파동을 겪음. 석유 파동. 오일쇼크.

유류-품 (遺留品) 명 **1** 죽은 뒤에 남겨진 물품. ▷ 피살자의 ~을 정리하다가 사건의 실마리를 찾게 되었다. **2** 잊어버리고 놓아 둔 물건. ▷ 승객의 ~을 보관하다.

유륜 (乳輪) 명 젖꽃판.

유리 (由吏) 명 《역》 지방 관아에 속한 이방(吏房)의 아전.

유-리 (有利) 명하형 이익이 있음. 이로움. ▷ ~한 투자 [증언] / 전세가 우리에게 ~하게 돌아섰다. ↔불리(不利).

유-리 (有理) 명 《수》 더하기·빼기·곱하기·나누기의 연산(演算) 이외의 관계를 포함하지 않는 일. ↔무리(無理).

유리 (流離) 명하자 '유리표박(漂泊)'의 준말.

유리 (琉璃) 명 석영·탄산나트륨·석회암을 원료로 하여 높은 온도에서 녹였다가 급히 냉각시켜 만든 물질(단단하고 잘 깨지며 투명함. 용도가 넓음). 초자(硝子). 파리(玻璃). 글라스. ▷ ~ 조각 / ~로 만든 잔.

유리 (遊離) 명하자 **1** 다른 것과 떨어져 존재함. ▷ 대중과 ~된 문학. **2** 《화》 원소가 다른 원소와 화합하지 않고 홑원소 물질로 존재하거나, 화합물 중에서 원소가 단독으로 분리되어 있는 일. ▷ ~ 원자가(原子價).

유리 (瑠璃) 명 **1** 《광》 황금빛의 작은 점이 군데군데 있고 검푸른 빛이 나는 광물. **2** 검푸른 빛이 나는 보석.

유리-개걸 (流璃丐乞) 명하자 유리걸식.

유리-걸식 (流璃乞食)[-씩] 명하자 정처 없이 떠돌며 빌어먹음. 유리개걸. ▷ ~으로 하루

하루를 버티다.

유리-관 (琉璃管) 명 유리로 만든 가느다란 관(흔히 화학 실험용으로 씀).

유리-구슬 (琉璃-) 명 유리로 만든 구슬.

유리-그릇 (琉璃-)[-를] 명 유리로 만든 각종 그릇. 유리기명.

유리-기명 (琉璃器皿) 명 유리그릇.

유리-론 (唯理論) 명 《철》 합리(合理)주의.

유리-막 (琉璃膜) 명 《동》 동물의 상피 조직 표면에 어떤 물질의 분비에 의하여 생기거나 바깥층의 세포 표면이 굳어져서 된 물건. 초자막(硝子膜).

유리-면 (琉璃綿) 명 유리솜.

유리-목 (楡理木) 명 《식》 오리나무.

유:리 방정식 (有理方程式) 《수》 미지수의 원(元)에 관한 유리식만을 포함하는 방정식(분수 방정식과 정방정식(整方程式)을 통틀어 일컬음.

유리-병 (琉璃瓶) 명 유리로 만든 병.

유리 섬유 (琉璃纖維) 용해된 유리를 섬유 모양으로 만든 것. 단열재·흡음재(吸音材)·여과재(濾過材)·전기 절연재 등으로 씀. 유리실. 글라스 파이버(glass fiber).

유리 섬유 보:강 플라스틱 (琉璃纖維補強plastic) 보강재로 유리 섬유나 유리 섬유를 넣어 만든 섬유 강화 플라스틱. 가볍고 강도가 좋으며 내식성·성형성이 뛰어남. 항공기·자동차·선박 등의 몸체와 건축 재료·파이프·탱크·가구·낚싯대 따위 용도가 넓음. 에프아르피(FRP). 섬유 강화 플라스틱.

유리 세:포 (遊離細胞) 명 《생》 다세포 동물의 세포중 일정한 조직을 이루지 않고 개개의 세포가 독립적으로 행동하는 세포(혈구·생식 세포 따위).

유리-솜 (琉璃-) 명 유리 섬유의 하나. 용해된 유리로 만든 단섬유(短纖維)로, 솜 모양으로 되어 있음. 단열(斷熱)·방음(防音)·전기 절연재로 씀. 유리면.

유:리-수 (有理數) 명 《수》 정수(整數) 또는 분수의 형식으로 나타낼 수 있는 수의 총칭. ↔무리수(無理數).

유:리-식 (有理式) 명 근호(根號) 속에 문자를 포함하지 않은 식(정식(整式)과 분수식(分數式)이 있음). ↔무리식.

유리-알 (琉璃-) 명 **1** 유리로 만든 안경알. **2** 유리로 만든 구슬. *돌일'.

유리-잔 (琉璃盞) 명 유리로 만든 잔.

유:리 정:식 (有理整式) 《수》 근호(根號)가 섞이지 아니한 정식(整式)(ax^2+bx-c 따위).

유리-창 (琉璃窓) 명 유리를 낀 창. ▷ ~을 닦다 / ~이 깨지다.

유리-체 (琉璃體) 명 《생》 안구 중에서, 전방의 수정체·모양체(毛樣體)와 후방의 망막 사이의 강(腔)을 채우고 있는, 전후로 압축된 구형(球形)의 주머니에 들어 있는 젤리 모양(무색투명하고 수분이 많음). 초자체(硝子體).

유리-컵 (琉璃cup) 명 유리로 만든 컵. ▷ ~에 찬물을 따라 마신다.

유리-판 (琉璃板) 명 유리로 만든 편평한 판.

유리-표박 (流璃漂泊) 명하자 일정한 집과 직업이 없이 이곳저곳으로 떠돌아다님. 유랑(流浪). 유리방황. 준유리(流璃).

유:리-하다 (有理-) 형여 이치에 맞는 점이 있다. 사리에 맞다.

유린 (蹂躪·蹂躙) 명하타 남의 권리나 인격을 함부로 짓밟음. ▷ 정조를 ~하다 / 적을 마구 ~하다 / 인권을 ~하다.

유림 (儒林) 명 유학을 공부하는 사람들. 또는

그들의 사회. 사림(士林).

유마(留馬)〔명〕〔타〕 지난날, 마소를 징발하여 쓰던 일.

유마(를) 잡다 閑 군용(軍用)으로 마소를 징발하다.

유마(維摩)〔명〕〔산 Vimalakirti〕《불》인도 비사리국(毘舍離國)의 장자(長者). 석가여래와 같은 시대의 사람으로 보살의 행업을 닦았으며 유마 거사(維摩居士)라 일컬음. 비마라힐(比摩羅詰).

유마(驪馬)〔명〕갈기는 검고 배는 흰 말.

유마경(維摩經)〔명〕《불》유마 거사와 문수보살의 대승(大乘)의 깊은 뜻에 대한 문답을 기록한 불경. 정명경(淨名經).

유막(帷幕)〔명〕비밀스러운 일을 의논하는 곳. 유악(帷幄).

유:만부동(類萬不同)〔명·하형〕**1** 비슷한 것이 많으나 서로 같지는 않음. **2** 정도에 넘침. 또는 분수에 맞지 않음. ▢배은망덕도 ~이지.

유말(酉末)〔명〕유시(酉時)의 끝 무렵. 곧, 하오 일곱 시경.

유:망(有望)〔명·하형〕앞으로 잘 될 듯한 전망이나 가능성이 있음. ▢금메달 ~ 종목 / ~ 사업 / 장래가 ~한 청년이다.

유망(流亡)〔명·하자〕일정한 거처 없이 떠돌아다님. 또는 그런 사람.

유망(遺忘)〔명·하타〕잊어버림.

유:망-주(有望株)〔명〕**1** 어떤 분야에서 발전될 가망이 많은 사람. ▢탁구의 ~ / ~를 발굴하다. **2**《경》시세가 오를 가망이 있는 주식.

유:망-하다(謬妄–)〔형〕터무니없다.

유머(humor)〔명〕익살스러운 농담. 해학(諧謔). ▢~가 있는 사람 / ~가 풍부하다.

유머러스-하다(humorous–)〔형어〕익살스럽고 재치가 있다.

유머레스크(humoresque)〔명〕《악》경쾌하고 유머러스한 기악곡의 한 형식.

유머 소:설(humor小說)《문》해학 소설.

유:면(宥免)〔명·하타〕잘못을 용서하고 풀어 줌.

유:명(有名)〔명·하형〕이름이 널리 알려져 있음. ▢~ 상표 / ~ 인사 / ~한 사람. ↔무명.

유명(幽明)〔명〕**1** 어둠과 밝음. **2** 저승과 이승.

유명을 달리하다 閑 죽어서 이 세상 사람이 아니다. ▢과로로 쓰러져 유명을 달리했다.

유명(幽冥)〔명·하형〕**1** 깊숙하고 어두움. **2** 저승.

유명(遺命)〔명〕임금이나 부모가 죽을 때에 남긴 명령이나 당부. 유교(遺敎). ▢부친의 ~에 따르다.

유:명 계:약(有名契約)〔–/–계–〕《법》명칭이 법률에 규정되어 있는 계약. 매매·증여·교환·임대 등 여러 종류의 계약 명칭이 있음. 전형(典型) 계약. ↔무명 계약.

유명-론(唯名論)〔–논〕《철》개체만이 실재하고 보편은 그 개체에서 추상하여 얻은 명목일 뿐, 객관적 존재가 아니며 실재성이 없다는 이론. 명목론. ↔실념론(實念論).

유:명-무실(有名無實)〔명·하형〕이름만 그럴듯하고 실속은 없음. ▢~한 회사.

유:명-세(有名稅)〔–쎄〕《속》세상에 이름이 널리 알려져 있는 탓으로 당하는 불편이나 곤욕. ▢~가 따르다 / ~를 치르다.

유:명지인(有名之人)〔명〕유명한 사람.

유몌(濡袂)〔명〕눈물에 젖은 옷소매.

유모(油母)〔명〕《광》함유 셰일 속의 유기물. 케로겐(kerogen).

유모(乳母)〔명〕어머니를 대신하여 유아에게 젖을 먹여 길러 주는 여자. 젖어머니.

유모방-손님(乳母房–)〔명〕《궁》태자비나 왕

비의 친정에서 궁중으로 들어와 왕비나 태자비의 속옷을 빨던 여자 종.

유모-차(乳母車)〔명〕어린아이를 태워서 밀고 다니는 자그마한 수레. 동차(童車). 유아차.

유모 혈암(油母頁岩)《광》함유 셰일.

유목(幼木)〔명〕어린나무.

유목(流木)〔명〕물 위에 떠서 흘러가는 나무.

유목(遊牧)〔명〕거처를 정하지 않고 물과 풀밭을 따라 옮겨 다니면서 소나 양 따위의 가축을 기르는 일.

유목-권(流木權)〔–꿘〕〔명〕목재 수송을 위해 강 따위의 공공의 유수(流水)를 이용하는 권리.

유목-민(遊牧民)〔–몽–〕〔명〕목축을 업으로 삼아 물과 초목을 따라 이동하면서 살아가는 민족.

유-목화(油木靴)〔–모콰〕〔명〕예전에, 관복을 입고 진 때에 신던, 기름에 결은 나무 신발.

유몽(幼蒙)〔명〕어린아이.

유묘(幼苗)〔명〕어린 모종.

유무(由無)〔명〕〔역〕관원이 갈릴 때, 보관하던 물품 등의 인계가 끝났음을 나타내기 위해 녹패(祿牌)에 먹으로 찍었던 문자.

유:무(有無)〔명〕있음과 없음. ▢재산의 ~에 관계없이 환영하다 / 잘못의 ~를 따지다 / 소리를 듣고 이상 ~를 가리다.

유:무-상통(有無相通)〔명〕있는 것과 없는 것을 서로 융통함. ▢도서관들이 서로 협조하여 자료를 ~한다.

유:-무세(有無勢)〔명〕세력의 있음과 없음.

유:-무실(有無實)〔명〕실상의 있음과 없음.

유:무죄간(有無罪間)〔명〕죄가 있고 없음에 관계하지 아니함.

유묵(遺墨)〔명〕생전에 남긴 글씨나 그림. ▢~ 전시회.

유문(幽門)〔명〕《생》위의 말단부 십이지장에 연결된 부분. 가늘지만 힘줄이 잘 발달되었고, 괄약근이 있어 늘 닫혀 있다가 때때로 열려 음식물을 장으로 보냄. ✽분문(噴門).

유문(留門)〔명·하타〕《역》조선 때, 특별한 일이 있어 밤중에 궁궐 문이나 성문 닫는 것을 중지시키던 일.

유문(遺文)〔명〕생전에 남긴 글. ▢고인의 ~을 묶어 책으로 만들다.

유문(儒門)〔명〕**1** 유생(儒生)의 집. **2** 유생들의 무리.

유문-암(流紋岩)〔명〕《광》정장석·운모·석영 따위의 결정으로 이루어진 화성암. 규산이 풍부하며, 한빛을 띰《도자기의 원료나 건축 재료로 씀》.

유물(油物)〔명〕기름에 결은 물건.

유물(留物)〔명〕소용이 없어 버려 둔 물건.

유물(唯物)〔명〕오직 물질만이 존재한다는 생각에서, 물질만을 위주로 생각하는 일. ↔유심(唯心).

유물(遺物)〔명〕**1** 죽은 사람이 남긴 물건. 유품. ▢할아버지의 ~을 정리하다. **2** 유적에서 출토·발견된 물건. ▢선사 시대의 ~을 발굴하다. **3** 이전 시대가 남겨 놓은 잔재나 습관. ▢구시대의 ~ 정도로 여기다.

유물-관(唯物觀)〔명〕유물론에 입각한 견해나 관점. ↔유심관.

유물-론(唯物論)〔명〕《철》우주 만물의 궁극적 실재를 물질로 보고, 정신적·관념적인 것을 모두 이에 환원시키려는 입장《무신론의 이론적 근거로 되어 있음》. 유물주의. ↔유심론·관념론.

유물 변:증법 (唯物辨證法)[-뻡] 【철】 자연과 사회의 전체를 물질적 존재의 변증법적 발전으로 설명한 이론. 엥겔스·레닌·스탈린 등에 의해서 시작됨. 변증법적 유물론.

유물 사:관 (唯物史觀)[-싸-] 마르크스주의의 역사관. 경제적·물질적 생활 관계를 역사적 발전의 궁극적인 원동력으로 생각하는 입장. 사적 유물론. ↔유심 사관.

유물-주의 (唯物主義)[-주-/-쭈이] 【철】 유물론.

유물 포함층 (遺物包含層) 【지】 토기나 석기 따위의 고대 유물을 포함하고 있는 지층. 문화층.

유미 (乳糜) 〔명〕 **1** 〔생〕 장벽(腸壁)에서 흡수된 지방의 작은 입자 때문에 유백색으로 된 림프액(보통 소화관 벽의 림프관 속에 있음). **2** 젖으로 쑨 죽.

유:미 (柳眉) 〔명〕 버들잎 같은 눈썹이란 뜻으로, 미인의 눈썹을 이르는 말. 유엽미(柳葉眉).

유미-관 (乳糜管) 〔명〕 작은창자 안의 융모(絨毛) 속이나 그 부근에 분포된 림프관(그 속에 유미가 있음). 암죽관.

유미-뇨 (乳糜尿) 〔명〕 지방분이 섞여 젖빛 같은 오줌을 누는 병증.

유미-주의 (唯美主義)[-/-이] 〔명〕 〔문·미술〕 탐미(耽美)주의.

유미-파 (唯美派) 〔명〕 〔문·미술〕 탐미파(派).

유민 (流民) 〔명〕 고향을 떠나 이리저리 떠도는 백성. 유랑민.

유민 (遊民) 〔명〕 직업이 없이 놀며 지내는 사람. 간민(間民).

유민 (遺民) 〔명〕 망하여 없어진 나라의 백성. 발해 사회의 상류층은 고구려의 ~으로 구성되었다고 한다.

유밀-과 (油蜜菓) 〔명〕 밀가루나 쌀가루를 반죽하여 적당한 모양으로 빚어 바싹 말린 후, 기름에 튀겨 꿀 또는 조청을 바르고 튀밥이나 깨를 입힌 과자. 밀과. ⓟ유과(油菓).

유-바지 (油-) 〔명〕 지난날, 마부(馬夫)들이 비 올 때 입던 바지. 유고(油袴).

유박 (油粕) 〔명〕 깻묵.

유발 (乳鉢) 〔명〕 막자사발.

유발 (誘發) 〔명〕〔하타〕 어떤 일이 원인이 되어 다른 일이 일어남. 교통 체증의 ~/흥미를 ~하다 / 그 약을 장기 복용하면 암을 ~할 수도 있다.

유발 (遺髮) 〔명〕 죽은 사람의 머리털.

유발-인 (誘發因) 〔명〕 동기 부여의 원인이 되는 외적 자극(굶주린 동물 앞의 음식물이나 명예심을 가진 사람에 대한 상장(賞狀) 따위).

유방 (西方) 〔명〕 〔민〕 이십사방위의 하나. 정서(正西)를 중심으로 한 15° 각도의 안. ⓟ유(西).

유방 (乳房) 〔명〕 외분비선의 하나. 포유동물의 가슴 또는 배의 좌우에 쌍을 이루고 있으며, 암컷은 젖샘이나 피하 조직이 발달하여 융기(隆起)하고, 분만 후 일정한 기간 동안 젖을 분비함. 젖.

유방 (遺芳) 〔명〕〔하타〕 후세에 빛나는 명예를 남김. 또는 그 명예.

유방백세 (流芳百世)[-쎄] 〔명〕〔하타〕 꽃다운 이름이 후세에 길이 전함.

유방-암 (乳房癌) 〔명〕 〔의〕 젖샘에 발생하는 암종(癌腫). 처음에는 국한성(局限性)의 굳은 혹이 생기며 급속히 자라남. 유암.

유방-염 (乳房炎)[-념] 〔명〕 〔의〕 유방에 생기는

염증(젖샘이 붓고 발개지며 젖 같은 혼탁액을 분비하고 몹시 아픔). 유선염(乳腺炎). 유종(乳腫).

유:배 (有配) 〔명〕 주식(株式) 따위의 배당이 있음.

유배 (流配) 〔명〕〔하타〕 〔역〕 죄인을 귀양 보내던 일. 외딴섬으로 ~ 보내다.

유:배유 종자 (有胚乳種子) 〔식〕 식물에서 배젖을 갖는 종자. 감·벼 따위에서 흔히 볼 수 있음. 배유(胚乳) 종자. ↔무배유 종자.

유배-지 (流配地) 〔명〕 유배된 곳. 귀양지. 그의 반평생을 ~에서 보내다.

유-백색 (乳白色)[-쌕] 〔명〕 젖의 빛깔과 같이 불투명한 흰색. 젖빛. ~의 살결.

유벌 (流筏) 〔명〕 강물에 띄워 보내는 뗏목.

유법 (遺法) 〔명〕 **1** 옛사람이 남긴 법. **2** 〔불〕 부처의 가르침을 일컫는 말.

유벽-하다 (幽僻-)[-벼카-] 〔형〕 한적하고 외지다. 유벽한 산골길.

유:별 (有別) 〔명〕〔하타·하튀〕 구별이 있음. 다름이 있음. 지위 고하의 ~은 엄연히 존재한다 / 우리의 전통 사회는 남녀가 ~한 사회였다.

유별 (留別) 〔명〕〔하타〕 떠나는 사람이 남아 있는 사람에게 작별함. ↔송별.

유:별 (類別) 〔명〕〔하타〕 종류에 따라 나누어 구별함. 종별(種別).

유:별-나다 (有別-)[-라-] 〔형〕 보통의 것과 아주 다르다. 유별난 사람 / 유별나게 깐깐한 성미 / 유별나게 굴다.

유:별-스럽다 (有別-)[-따][-스러워, -스러우니] 〔형〕 보기에 유별난 데가 있다. 유별스러운 행동 / 진홍색 장미를 유별스럽게 좋아하다. **유:별-스레** 〔부〕

유:병 (有病) 〔명〕 몸에 병이 있음. ↔무병.

유병 (遊兵) 〔명〕 〔군〕 유군(遊軍)②.

유:병-률 (有病率)[-뉼] 〔명〕 〔의〕 일정한 시일에 임의의 지역에서 발생한 병자 수를 그 지역 인구에 대해 나타낸 비율. ＊이환율(罹患率).

유보 (油褓) 〔명〕 기름에 결은 보자기.

유보 (留保) 〔명〕〔하타〕 **1** 어떤 일의 처리를 뒷날로 미루어 둠. 보류(保留). 임금 인상의 ~ / 매각을 ~하다. **2** 〔법〕 일정한 권리나 의무에 관해 제한을 붙임.

유보 약관 (留保約款)[-꽌] 〔법〕 외국법의 적용에서 그 적용을 배척할 수 있는 경우를 규정하는 국제 사법상(私法上)의 예외적 규정. 배척 조항(排斥條項).

유-보트 (U-boat) 〔명〕 제 1·2차 세계 대전 때 사용한 독일의 대형 잠수함.

유:복 (有服) 〔명〕 '유복지친'의 준말.

유복-자 (遺腹子)[-짜] 〔명〕 태어나기 전에 아버지를 여읜 자식. 유자(遺子). ~로 태어나 아버지의 얼굴을 모르다.

유:복지인 (有福之人)[-찌-] 〔명〕 복이 있는 사람.

유:복지친 (有服之親)[-찌-] 〔명〕 상복을 입는 가까운 친척. ⓟ유복·유복친.

유:복-친 (有服親) 〔명〕 '유복지친'의 준말.

유:복-하다 (有福-)[-보카-] 〔형〕여〕 복이 있다. 유복한 사람. [유복한 과부[과수]는 앉아도 요강 꼭지에 앉는다] 운이 좋은 사람은 하는 일마다 운이 따른다는 말.

유복-하다 (裕福-)[-보카-] 〔형〕여〕 살림이 넉넉하다. 유복한 가정에서 태어나다 / 유복한 생활을 누리다.

유봉 (乳棒) 〔명〕 유발(乳鉢)에 약을 넣고 갈 때에 쓰는 막자.

유부 (幼婦) 圏 나이가 어린 부인.
유:부 (有夫) 圏 남편이 있음.
유:부 (有婦) 圏 아내가 있음.
유부 (油腐) 圏 두부를 얇게 썰어 기름에 튀긴 음식.
유:부 (猶父) 圏 아버지의 형제. 곧, 삼촌(三寸).
유:부-간 (有夫姦) 圏 남편이 있는 여자가 딴 남자와 정을 통함.
유:부-간 (有婦姦) 圏 아내가 있는 남자가 딴 여자와 정을 통함.
유부-국수 (油腐-)[-쑤] 圏 유부를 썰어 얹어서 만 국수.
유:부-남 (有婦男) 圏 아내가 있는 남자. 핫아비. □~ 사원 / 총각인 줄 알았는데 알고 보니 ~이더군.
유:부-녀 (有夫女) 圏 남편이 있는 여자. 핫어미. □그녀는 아이가 셋이나 있는 ~이다.
유부-유자 (猶父猶子) 圏 삼촌과 조카.
유-부족 (猶不足) 圏하圏 아직도 모자람. 오히려 부족함. □잘못을 빌어도 ~일 터인데 아직도 뉘우치질 않고 있으니.
유분 (油分) 圏 함유하는 기름의 분량. 기름기. □~이 많다.
유:-분수 (有分數) 圏 마땅히 지켜야 할 분수가 있음. □농담이 지나쳐도 ~지.
유불 (儒佛) 圏 유교와 불교.
유불 (瀦佛) 圏 노불(露佛).
유불선 (儒佛仙)[-썬] 圏 유교와 불교와 선교. □~ 사상.
유-불여무 (有不如無) 圏 있어도 없음만 못하다는 뜻으로, 소용이 없음을 이르는 말.
유:비 (有備) 圏하圏 방비나 준비가 되어 있음.
유비 (油肥) 圏 동물성 기름으로 만든 거름.
유:비 (類比) 圏圏하圏 1 비교함. 2〔철〕 어떤 사물 상호 간에 대응적으로 존재하는 동등성 또는 동일성. 3〔논〕 유추(類推)2.
유:비-무환 (有備無患) 圏 미리 준비가 되어 있으면 근심할 것이 없음. □~의 정신으로 나라를 지키다.
유빙 (流氷) 圏 성엣장.
유:-사 (有史) 圏 역사가 시작됨. 역사의 기록이 남아 있는 옛날. □~ 이래 최고의 기록.
유:사 (有司) 圏 1 어떤 단체의 사무를 맡아보는 직무. 2〔종친회~, 2〔기〕교회와 관련되는 여러 사무를 맡아보는 직무. 집사(執事).
유사 (流砂) 圏 바람이나 물에 밀리어 흘러내리는 모래. 표사(漂砂).
유사 (瘐死) 圏圏하圏 고문 따위로 감옥에 갇혀 고생하다가 죽음.
유사 (遊絲) 圏 1 아지랑이. 2 초침을 움직이게 하는 시계의 부속품. 탄력 있는 납작한 쇠줄을 나선형으로 감은 것.
유사 (諛辭) 圏 아첨하는 말씨.
유사 (遺事) 圏 1 예로부터 전해 오는 사적(事蹟). 2 죽은 사람이 남긴 사적.
유사 (遺嗣) 圏 아버지가 죽은 다음에 대를 잇는 아들.
유-사 (類似) 圏圏하圏 서로 비슷함. □~한 사건 / 그 형제는 성격이나 생김새가 ~하다.
유:사 분열 (有絲分裂)〔생〕세포 분열에서, 핵 안에 염색체가 나타나 이루어지는 핵분열. 간접 분열. ↔무사(無絲) 분열.
유:사 상표 (類似商標)〔경〕다른 사람이 등록한 상표와 비슷하여 일반 사람들에게 같은 것으로 혼동을 줄 수 있는 상표.
유:-사-성 (類似性)[-썽] 圏 서로 비슷한 성질.
유:-사-시 (有事時) 圏 급하거나 비상한 일이 일어날 때. 유사지추. □~에 대비하다.

유:-사 시대 (有史時代) 인간이 문헌적으로 역사 자료를 가지기 시작한 때부터 현재까지 이르는 시대. *선사 시대.
유:-사 연합 (類似聯合)〔심〕현재 있는 의식 내용이나 경험이 그것과 유사한 이전의 의식 내용이나 경험을 불러일으키는 과정.
유사입검 (由奢人儉)[-껌] 圏하圏 사치하지 아니하고 검소하여진 습씀.
유:-사-점 (類似點)[-쩜] 圏 서로 비슷한 점. □그 두 사건은 ~이 많다.
유:-사 종교 (類似宗敎)〔종〕사회에서 공인되지 않은 종교.
유:-사-증 (類似症)[-쯩] 圏 어떤 다른 병과 그 증상이 유사한 병증. 유증(類症).
유:-사지추 (有事之秋) 圏 유사시.
유:-사-품 (類似品) 圏 어떤 다른 물건과 비슷한 물품. □~에 주의하세요/ ~이 나돌다.
유:-사-하다 (有事-) 圏圏 큰일이나 사변(事變)이 있다.
유:산 (有産) 圏 재산이 많음. ↔무산(無産).
유산 (油酸) 圏 올레산.
유산 (乳酸) 圏〔화〕'젖산'의 구칭.
유산 (流産) 圏하圏 1〔의〕태아가 달이 차기 전에 죽어서 나옴. 인공 유산과 자연 유산이 있음. 낙태. 2 계획 또는 추진하는 일이 중지됨의 비유. □대회가 ~되다.
유산 (硫酸) 圏 '황산(黃酸)'의 구칭.
유산 (遊山) 圏圏하圏 산으로 놀러 다님.
유산 (遺産) 圏 1 죽은 사람이 남겨 놓은 재산《소유권・채권 등의 권리 외에 채무도 포함함》. □막대한 ~을 물려받다/ ~을 교육 기관에 기부하다. 2 앞 세대가 물려준 사물이나 문화. □조상들이 남겨 놓은 훌륭한 ~을 소중히 보존하다.
유산-객 (遊山客) 圏 산으로 놀러 다니는 사람.
유:산 계급 (有産階級)[-/-/-게-] 圏 자본가・지주 등 재산이 많은 사회 계급. ↔무산 계급.
유산-균 (乳酸菌) 圏 젖산균.
유산균-음료 (乳酸菌飮料)[-뇨] 圏 젖산균 음료.
유산 내:각 (流産內閣) 조각(組閣)의 위촉을 받은 사람이 각료의 인선을 뜻대로 하지 못하여 성립을 못 본 내각.
유산 발효 (乳酸醱酵) 젖산 발효.
유산 상속 (遺産相續)〔법〕사망한 호주 또는 가족의 재산상의 법률 관계를 포괄적으로 승계하는 상속.
유산 상속세 (遺産相續稅)[-쎄] 유산 상속을 개시할 때 그 재산에 대하여 부과하는 세금.
유산 상속인 (遺産相續人)〔법〕사망한 호주 또는 가족의 유산을 상속받는 사람.
유:-산소 운:동 (有酸素運動) 몸속의 지방을 산화시켜 체중 조절에 효과가 있는 운동. 조깅・에어로빅스・줄넘기 따위가 대표적임.
유산-음료 (乳酸飮料)[-사늠뇨] 圏 젖산음료.
유:-산-자 (有産者) 圏 재산이 많은 사람. 유산 계급에 속하는 사람. ↔무산자.
유산-지 (硫酸紙) 圏 '황산지'의 구칭.
유산-탄 (榴散彈) 圏 폭발할 때 많은 산탄(霰彈)이 뛰어 나가게 만든 포탄.
유살 (誘殺) 圏圏하圏 꾀어내어 죽임.
유삼 (油衫) 圏 지난날, 비나 눈 따위를 막기 위하여 옷 위에 껴입었던, 기름에 결은 옷. 유의(油衣).
유:상 (有相)〔불〕1 존재하는 일. 2 인연으로 인하여 생멸하는 모든 일. ↔무상(無相).
유:상 (有償) 圏 어떤 행위에 대하여 보상이 있

음. ▫~으로 분배하다. ↔무상(無償).
유상(油狀)圈 기름과 같은 모양.
유상(遺像)圈 **1** 광막의 자극을 받은 망막(網膜)에 잠시 남아 있는 영상. 잔상(殘像). **2** 죽은 사람의 초상화.
유:상 계:약(有償契約)[-/-게-]『법』당사자 상호 간에 대가(對價)를 주고받을 것을 약속하는 계약(매매·임대차·고용 등의 계약).
유상-곡수(流觴曲水)[-쑤]圈『역』삼월 삼짇날, 굽이도는 물에 잔을 띄워 그 잔이 자기 앞에 오기 전에 시(詩) 따위를 짓던 놀이. 곡수연(曲水宴). 곡수유상.
유:상 대:부(有償貸付)『법』대가를 받고 돈이나 물건을 빌려 주는 일. ↔무상 대부.
유:상 몰수(有償沒收)[-쑤]『법』대상물(對象物)의 소유주에게 적당한 대가(對價)를 지급하고 하는 몰수.
유:상-무상(有象無象)圈 **1** 우주에 존재하는 모든 물체. **2** 어중이떠중이.
유:상 분배(有償分配)『법』적당한 대가를 받고 재산이나 권리 따위를 나누어 주는 일.
유상 석회(乳狀石灰)[-서회] 석회유(石灰乳).
유:상 증자(有償增資)『경』신주 발행으로 새 자금을 조달하여 회사의 자본금을 늘리는 일. ↔무상 증자.
유:상 취:득(有償取得)『법』상당한 대가(對價)를 치르고 어떤 물건이나 권리를 얻는 일.
유:상 행위(有償行爲)『법』대가나 보수를 받고서 하는 행위. ↔무상 행위.
유:색(有色)[하]圈 **1** 빛깔이 있음. ▫~ 옷감. ↔무색. **2**『불』물질적 존재로서의 형체가 있는 것. **3**『불』욕계(欲界)·색계(色界)의 이계(二界). 또는 그 색계.
유-색-야채(有色野菜)[-생냐-]圈 빛깔이 짙고 비타민이 많이 들어 있는 채소(당근·토마토·호박 따위).
유:색-인(有色人)圈 **1** 유색 피부를 가진 사람. **2** '유색 인종'의 준말.
유:색 인종(有色人種) 백색 인종을 제외한 유색 피부를 가진 인종의 총칭(황색·흑색·동색(銅色) 인종 등). ⊛유색인. ↔백색 인종.
유-색-체(有色體)圈『식』카로틴·엽황소 따위, 엽록소 이외의 색소를 함유하는 색소체.
유생(幼生)圈『동』변태 동물의 어린 새끼(개구리에 대한 올챙이 따위). ↔성체(成體).
유:생(有生)圈 생명이 있음.
유생(酉生)圈 유년(酉年)에 태어난 사람. 닭띠.
유생(儒生)圈 유학을 공부하는 선비. 유자(儒者). ▫성균관 ~.
유생 기관(幼生器官)『동』유생일 때만 있고 성체가 되면 없어지는 기관(올챙이의 꼬리 따위). 일시적 기관.
유:생-물(有生物)圈 생명이 있는 것(동물·식물 따위). 생물. 유기체.
유생 생식(幼生生殖)『생』단위 생식의 한 가지. 유생(幼生)의 체제를 가진 동물이 알·유충 등을 낳는 일.
유서(由緖)圈 예로부터 전하여 내려오는 까닭과 내력. ▫~ 있는 집안/~ 깊은 유적.
유서(宥恕)圈囘터 **1** 너그러이 용서함. **2**『법』상대방의 비행을 용서하는 감정의 표시.
유:서(柳絮)圈 버들개지.
유서(遺書)圈 유언을 적은 글. ▫~를 쓰다/~를 남기다.
유서(遺緖)圈 유업(遺業).
유서(諭書)圈『역』관찰사·절도사·방어사 등

이 부임할 때 왕이 내리던 명령서.
유-서(類書)圈 **1** 같은 종류의 책. **2** 예전에 중국에서, 경사자집(經史子集)의 여러 책들을 내용이나 항목별로 분류하여 엮은 책. 오늘날의 백과사전과 비슷함.
유:서(鼬鼠)圈『동』족제비.
유서 논죄(宥恕論罪)『법』형사 재판에서, 피고인의 정상을 참작하여 형량(刑量)을 논의하여 정하는 일.
유서-통(諭書筒)圈『역』왕의 유서(諭書)를 넣어 가지고 다니던 통.
유-석영(乳石英)圈『광』유백색의 반투명한 석영.
유:선(有線)圈 전선에 의한 통신 방식. ▫근거리 통신망을 ~으로 연결하다. ↔무선.
유선(乳腺)圈 젖샘.
유선(油腺)圈『조』오리·두루미 따위 물새의 꽁지 위쪽에 있는, 기름을 분비하는 선(이 기름을 깃에 발라 물에 젖지 않게 함).
유선(流線)圈『물』운동하고 있는 유체에서 각 점에 대한 접선의 방향이 유체가 흐르는 방향과 일치하도록 그은 가상적인 곡선.
유선(遊船)圈 놀잇배.
유:선 방:송(有線放送) 전선을 사용해서 하는 방송(교내 방송·가두 방송·연락 방송 따위 외에 가입자만을 대상으로 하는 지역 방송에도 이용됨). ▫~을 시설하다.
유선-염(乳腺炎)[-넘]圈『의』유방염.
유:선 전:신(有線電信) 전선을 통해 전신 신호를 먼 곳까지 전달하는 통신 방식. ↔무선 전신.
유:선 전:화(有線電話) 전화선을 써서 음성(音聲) 전류를 먼 곳에 보내는 장치. ↔무선 전화.
유:선 텔레비전(有線television) 텔레비전 카메라와 수상기를 전선으로 연결하여 방영하는 텔레비전(공장·교통 기관·상점·은행 등에서 관찰용이나 감시용으로 널리 이용됨). 케이블 텔레비전.
유:선 통신(有線通信) 전선(電線)을 사용해서 하는 통신. 곧, 유선 전신·유선 전화를 가리킴. ↔무선 통신.
유선-형(流線型)圈 물이나 공기의 저항을 최소화하기 위하여 앞부분을 곡선으로 만들고, 뒤쪽으로 갈수록 뾰족하게 한 형태(자동차·비행기·배 따위의 형에 이용함).
유선-희(遊仙戲)[-히]圈 그네뛰기.
유설(流說)圈 근거 없이 세간에 떠돌아다니는 풍설. 떠돈소문.
유:설(謬說)圈 이치에 어긋나거나 잘못된 말. 또는 그런 학설.
유:성(有性)圈『생』같은 종류의 개체에 암컷과 수컷의 구별이 있는 것. ↔무성(無性).
유:성(有聲)圈 목소리를 낼 때 목청의 울림이 있는 것. ↔무성(無聲).
유성(油性)圈 기름의 성질. 기름과 같은 성질. ▫실내를 ~ 페인트로 칠하다.
유:성(柳星)圈『천』이십팔수의 스물넷째 별자리에 있는 별들. 유수(柳宿).
유성(流星)圈『천』우주진(宇宙塵)이 지구의 대기 속에 들어와 공기의 압축과 마찰에 의해 빛을 발하는 것(대기 중에서 타서 없어져 버리나, 큰 것은 지상에 떨어져 운석(隕石)이나 운철(隕鐵)이 됨). 운석(隕星).
유성(遊星)圈『천』행성(行星).
유성-군(流星群)圈『천』태양의 주위를 떼 지어 돌고 있는 유성 물질의 집합체.
유성-기(留聲機)圈 '축음기(蓄音機)'의 구칭.

유ː성 생식 (有性生殖)『생』암수의 두 배우자(配偶子)가 합쳐서 새로운 생명체가 발생하는 생식법. ↔무성 생식.

유ː성 세ː대 (有性世代)『생』세대 교번을 하는 생물에서, 유성 생식을 하는 세대. ↔무성 세대.

유성-우 (流星雨)『천』유성군(流星群) 속을 지구가 통과할 때, 많은 유성이 지구에 비처럼 떨어지는 현상. 성우(星雨). 운석우(隕石雨). 별똥비.

유ː성-음 (有聲音)『언』울림소리. ↔무성음(無聲音).

유성-진 (流星塵)『천』유성이 탄 재나 유성의 공중 폭발로 지표에 떨어진 작은 티끌.

유ː세 (有稅)『명하형』세금이 붙음. ↔무세.

유ː세 (有勢)『명하자동』1 세력이 있음. 2 자랑삼아 세도를 부림. ¶~를 떨다 / ~를 부리다.

유세 (遊說)『명하자타』자기 의견 또는 자기 소속 정당 등의 주장을 선전하며 돌아다님. ¶선거 ~ / 후보자들이 선거구를 돌며 ~하다.

유세 (誘說)『명하타』귀가 솔깃한 그럴듯한 말로 달래어 꾐.

유세-문 (誘說文)『명』독자의 감정에 호소하여 자기 의사에 따르게 할 목적으로 쓴 글.

유세-장 (遊說場)『명』유세하는 장소. ¶~에서 후보의 연설에 귀를 기울이다.

유ː세-지 (有稅地)『명』세금이 붙는 땅.

유세차 (維歲次)『이해의 차례는'의 뜻으로, 제문(祭文) 첫머리에 관용적으로 쓰는 말.

유ː세-통 (有勢-)『명』유세를 부리는 서슬. ¶그놈의 ~에 못 견디겠다.

유ː세-품 (有稅品)『경』세금이 부과된 물품. ↔무세품(無稅品).

유소 (流蘇)『역』기(旗)나 승교(乘轎) 따위에 달던 술.

유소 (儒疏)『역』유생들이 연명(連名)하여 올리던 상소.

유ː소 (類燒)『명하자동』다른 집에서 난 불이 자기 집으로 번져 탐.

유-소년 (幼少年)『명』유년과 소년.

유소-성 (留巢性)[-썽]『명』새끼의 발육이 더디어, 보금자리에서 어미 새의 보호를 오래도록 받아야 하는 성질(비둘기·제비 따위). ↔이소성(離巢性).

유소-시 (幼少時)『명』어릴 때.

유ː소-씨 (有巢氏)『명』중국 고대의 전설적인 성인. 새가 보금자리를 만들고 사는 것을 보고 사람에게 집을 짓는 법을 가르쳤다 함.

유소-하다 (幼少-)『형여』나이가 어리다. 유충(幼沖)하다.

유속 (流俗)『명』옛날부터 전해 오는 풍속. 일반의 풍속. 유풍(流風).

유속 (流速)『명』물이 흐르는 속도(단위 시간에 물이 흘러가는 거리로 나타냄).

유속 (遺俗)『명』옛날부터 남아 있는 옛날의 풍속. 후세에 끼친 풍속. 유풍(遺風).

유송 (油松)『식』잣나무.

유송-관 (油送管)『명』송유관(送油管).

유송-선 (油送船)『명』유조선(油槽船).

유송진-류 (油松津類)[-뉴]『명』소나무·잣나무 등의 진액(津液)을 휘발유와 섞어 만든 기름.

유ː수 (有數)『명하형』1 손꼽을 만큼 두드러짐. ¶~한 백화점 / 세계 ~의 강대국 / 국내의 ~ 사서 전문 출판사. 2 정하여진 운수나 순서가 있음. ¶흥망(興亡)이 ~하니.

유수 (幽囚)『명하타』잡아 가둠.

유ː수 (柳宿)『천』유성(柳星).

유수 (流水)『명』흐르는 물. ¶세월은 마치 ~와

같다.

유수 (留守)『명』『역』조선 시대 개성·강화·광주(廣州)·수원·춘천 등 요긴한 곳을 맡아 다스리던 정이품 외관직(外官職).

유수 (遊手)『명』일정한 직업이 없이 놀고 지내는 일. 또는 그런 사람.

유수-도식 (遊手徒食)『명하자동』아무 일도 하지 않고 놀고먹음. 무위도식.

유수 정책 (誘水政策)『경』경제가 그 자체의 힘으로 경기를 회복하기 어려운 경우, 정부가 공공 투자의 형태로 자금을 투입해 경기 회복을 꾀하는 일.

유ː수존언 (有數存焉)『명하자동』모든 일은 운수가 있어야 됨.

유수-지 (遊水池)『지』홍수가 나면 물을 일시적으로 저장하여 하천의 수량을 조절하는 천연 또는 인공의 저수지.

유수-하다 (幽邃-)『형여』그윽하고 깊숙하다. 유수-히『부』

유숙 (留宿)『명하자동』남의 집에서 묵음. ¶친구 집에서 ~하다.

유숙-객 (留宿客)[-깩]『명』유숙하는 손님.

유순 (由旬)『불』고대 인도의 이정(里程)의 단위(대유순·중유순·소유순의 세 가지이며, 각각 80리·60리·40리임).

유순-하다 (柔順-)『형여』성질이나 성격이 부드럽고 온순하다. ¶유순한 성격 / 말씨가 ~. 유순-히『부』

유술 (柔術)『명』유도(柔道).

유스타키오-관 (Eustachio管)『명』『생』고등 척추동물의 중이(中耳)와 구강 사이를 연결하는 3.5 cm 내외의 편평한 관(管). 고실(鼓室)과 인두(咽頭) 사이의 기압을 같게 하며, 고실의 분비물을 배출하고 고막(鼓膜)의 진동을 쉽도록 함. 이관(耳管).

유스 호스텔 (youth hostel) 청소년의 건전한 여행 활동을 위한 비영리적인 국제적 숙박 시설.

유습 (遺習)『명』옛날부터 전해 오는 풍습. 유속. 유풍(遺風).

유ː습 (謬習)『명』잘못된 버릇이나 습관.

유시 (幼時)『명』어릴 때.

유시 (酉時)『민』1 십이시의 열째 시(오후 5~7시). 2 이십사시의 열아홉째 시(오후 5시 반부터 6시 반까지). 준유(酉).

유시 (流矢)『명』1 목표에 맞지 않고 빗나간 화살. 2 누가 쏘았는지 모르는 화살. 비시(飛矢). 유전(流箭).

유시 (諭示)『명하타』지난날, 관청 등에서 구두 또는 서면으로 백성을 타일러 가르침. 또는 그런 문서.

유ː시무종 (有始無終)『명하자동』처음은 있되 끝이 없다는 뜻으로, 시작한 일의 마무리를 하지 아니함을 이르는 말.

유ː시유ː종 (有始有終)『명』처음도 있고 끝도 있다는 뜻으로, 시작한 일을 끝까지 마무리함을 이르는 말.

유ː시-호 (有時乎)『부』어떤 때는, 혹 가다가는.

유ː식 (有識)『명하형』학문이 있어 견식이 높음. ¶~한 사람. ↔무식(無識).

유식 (侑食)『명』제사 때, 제주(祭主)가 잔에 술을 따른 후 젯밥에 숟가락을 꽂고 젓가락을 대접 위에 올려놓은 다음에, 제관들이 문밖에 나와 문을 닫고 잠시 기다리는 일.

유식 (唯識)『불』일체의 제법은 심식(心識)의 표현으로, 실재하는 것은 오직 식(識)뿐이

라는 말(법상종(法相宗)의 근본 교의).

유식·유식 (遊食·遊食)[-하자] 하는 일 없이 놀고먹음. 무위도식.

유식-종 (唯識宗)[-종] 명 《불》 법상종(法相宗).

유식지민 (遊食之民)[-찌-] 명 하는 일 없이 놀고먹는 백성.

유:신 (有信)[하형] 신의가 있음. 신용이 있음. ↔무신(無信).

유신 (維新) 명하타 낡은 제도를 아주 새롭게 고침. ❏~의 이름으로 독재를 자행하다.

유신 (諛臣) 명 육사신의 하나. 아첨하는 신하.

유신 (儒臣) 명 1 유학에 조예가 깊은 신하. 2 《역》 홍문관(弘文館) 관원의 통칭.

유신 (遺臣) 명 1 왕조가 망한 뒤에 남아 있는 신하. 2 선왕(先王)을 모시던 신하. ❏단종이 죽자 그 ~들İ마저도 처형되었다.

유:신-론 (有神論)[-논] 명 1 세계 그 자체를 초월하여 존재하면서, 그것을 창조·유지·섭리하고 있는 인격적인 살아 있는 유일의 신을 믿는 입장. 2 신의 존재를 인정하는 철학적·종교적인 사상. ❏~을 강의하는 교수. ↔무신론.

유실 (幽室) 명 조용하고 그윽한 곳에 있는 방.

유실 (流失) 명하타 물에 떠내려가 없어짐. ❏홍수로 ~된 가옥.

유실 (遺失) 명하타 1 잘 간수하지 못하여 돈이나 물건 따위를 잃어버림. 떨어뜨림. 2 《법》 동산의 소유자가 그 동산의 점유를 잃어버려 소재를 알 수 없음.

유:실난봉 (有實難捧)[-란-] 명 채무자에게 재물은 있어도 빚을 받아 내기 어려움.

유:실-무실 (有實無實) 명 실상이 있는 것과 없는 것.

유실-물 (遺失物)[-찌-] 명 1 잃어버린 물건. ❏~ 보관소. 2 《법》 점유자가 잃어버린 물건(훔친 물건은 제외됨). ❏~ 신고.

유:실-수 (有實樹)[-쑤] 명 먹을 수 있거나 유용한 열매가 열리는 나무(감나무·밤나무·대추나무 따위). ❏학교 운동장 가에 ~를 심었다.

유심 (留心) 명하타 유의(留意).

유심 (唯心) 명 1 《불》 마음은 만물의 본체로서, 오직 단 하나의 실재(實在)라는 화엄경의 중심 사상. 모든 존재는 마음에서 비롯되는 것으로, 마음을 떠나서는 아무것도 존재하지 않는다고 봄. 2 《철》 오직 정신만이 존재함. ↔유물(唯物).

유심-관 (唯心觀) 명 《철》 유심론에 입각하여 사물을 관찰하는 입장. ↔유물관.

유심-론 (唯心論)[-논] 명 《철》 우주의 본체를 정신적인 것으로 보며, 물질적인 현상도 정신적인 것의 발현으로 보는 이론. ↔유물론.

유심 사:관 (唯心史觀) 정신·의식·관념·이상 따위 정신적인 작용을 역사적 발전의 근본 원동력으로 보는 관념론적 입장의 역사관. ↔유물 사관.

유심 연기 (唯心緣起) 《철》 우주의 모든 법은 오직 한마음으로 나타내는 것이라고 하는 이론.

유심-정토 (唯心淨土) 명 《불》 마음 밖에는 딴 세상이 없으므로, 극락정토란 것도 결국은 자기의 마음속에 있는 경지임을 이르는 말.

유:심-하다 (有心-) 형여 1 깊은 뜻이 있다. 2 주의가 깊다. 마음을 유독히 한 곳으로 쏟고 있다. ❏유심하게 살펴보다.

유:심-히 부. ❏~ 관찰하다.

유심-하다 (幽深-) 형여 깊숙하고 그윽하다.

유아 (幼兒) 명 (학교 다니기 전의) 어린아이. ❏~ 모집.

유아 (幼芽) 명 《식》 어린싹.

유아 (乳兒) 명 젖먹이.

유아 (遺兒) 명 1 부모가 죽고 남아 있는 아이. 2 버려진 아이. 기아(棄兒).

유아-기 (幼兒期) 명 《의》 생후 1년 내지 1년 반부터 만 6세에 이르기까지의 어린 시기.

유아-기 (乳兒期) 명 《의》 생후 약 1년간 모유(母乳) 또는 우유로 양육되는 시기.

유아-독존 (唯我獨尊)[-쫀] 명 1 세상에서 자기 혼자만이 잘났다고 뽐내는 태도. ❏~식의 사고방식은 버려야 한다. 2 '천상천하 유아독존'의 준말.

유아-등 (誘蛾燈) 명 밤에 논밭에 켜 놓고 나방 따위의 해충을 유인해 타 죽거나 물에 빠져 죽게 만든 등불.

유아-론 (唯我論) 명 《철》 실재하는 것은 오직 자아뿐이며 다른 모든 것은 자아의 관념이거나 현상에 지나지 않는다는 주장.

유아르엘 (URL) [Uniform Resource Locator] 《컴》 인터넷에서 파일이나 사이트의 위치를 나타내는 방법. 맨 앞에 'http://'를 입력하고 각 사이트의 주소를 붙임.

유아 세:례 (幼兒洗禮) 《기·가》 유아에게 세례를 베풀어 구제의 축복에 참례하게 하는 관례. 영아 세례.

유아-용 (幼兒用) 명 어린아이들을 위한 쓰임새를 가진 것. ❏~ 옷.

유아-용 (乳兒用) 명 젖먹이들을 위한 쓰임새를 가진 것. ❏~ 비누.

유아-원 (幼兒園) 명 유치원에 들어가기 전의 어린아이들을 맡아서 돌보고 가르치는 보육(保育) 시설.

유아이사 (由我而死) 명 나로 말미암아 죽음.

유아지탄 (由我之歎) 명 나로 말미암아 남에게 해가 미친 결과를 뉘우치는 탄식.

유아-차 (乳兒車) 명 유모차(乳母車).

유아-하다 (幽雅-) 형여 고상하고 품위(品位)가 있다.

유악 (帷幄) 명 1 유막(帷幕). 2 작전 계획을 짜는 곳. 3 모신(謀臣). 참모(參謀).

유안 (留案) 명하타 처리하여야 할 일이나 안건(案件)을 미루어 둠.

유안 (硫安) 명 《화》 황산암모늄.

유안 비:료 (硫安肥料) 암모니아계 질소를 함유하는 비료.

유암 (乳癌) 명 《의》 유방암(乳房癌).

유암-하다 (幽暗-) 형여 그윽하고 어둠침침하다.

유:암-하다 (柳暗-) 형여 버드나무 잎이 무르녹아 어둡게 푸르다.

유:암-화명 (柳暗花明) 명 1 버들은 무성하여 그늘이 짙고 꽃은 활짝 피어 밝고 아름답다는 뜻으로, 봄 경치의 아름다움을 이르는 말. 2 화류항(花柳巷).

유압 (油壓) 명 1 기름에 가해지는 압력. 2 압력을 가한 기름으로 피스톤 따위의 동력 기계를 작동시키는 일. ❏~ 굴착기.

유압-식 (油壓式)[-씩] 명 높은 압력을 가한 기름을 매개로 동력을 전달하여, 기계를 작동시키거나 제어하는 방식.

유:애 (有涯) 명 《불》 끊임없이 변하여 그대로 머물지 않는 세계. 곧, 이승.

유액 (乳液) 명 1 《식》 식물의 세포 속에 들어 있는 백색 또는 황갈색의 액. 씀바귀·등대풀

등에서 볼 수 있음. **2**〖화〗 밀랍·라놀린 등의 기름 성분을 함유하는 묽은 화장용 크림((피부 보호·습윤 작용이 있어서 기초 화장품의 원료로 씀)).

유액 (幽厄)〖명〗 **1** 몸이 갇혀 있는 액운. **2** 숨은 재액.

유액 (誘掖)〖명〗〖하타〗 이끌어 도와줌. 유익(誘益).

유야 (幽夜)〖명〗 그윽하고 쓸쓸한 밤.

유:야무야 (有耶無耶)〖명〗〖하타〗 있는지 없는지 흐리멍덩함. 흐지부지하게 처리함. 〖~로 얼버무리다 / 사건이 ~ 처리되다 / 일을 ~하게 처리하다.

유약 (釉藥·泑藥)〖명〗 잿물2.

유약 (留約)〖명〗〖하타〗 뒷일을 미리 약속함.

유:약 (類藥)〖명〗 **1** 비슷한 약방문으로 지은 약제. **2** 효력이 비슷한 약.

유:약무─하다 (有若無─)[─양─]〖어〗 있어도 없는 것이나 다름없다.

유약─하다 (幼弱─)[─야카─]〖형〗 어리고 약하다. 〖아이가 아직 유약해서 그 일을 맡길 수 없다.

유약─하다 (柔弱─)[─야카─]〖형〗 부드럽고 약하다. 〖성품이 ~.

유양 (乳養)〖명〗〖하타〗 젖을 먹여 기름.

유어 (幼魚)〖명〗 알에서 갓 깬 어린 물고기.

유어 (游魚)〖명〗 물속에서 노는 고기.

유:어 (類語)〖명〗 유의어(類意語). 〖나이와 연령은 ~이다.

유언 (幽言)〖명〗 **1** 깊고 그윽한 말. **2** 귀신이나 도깨비의 말.

유언 (流言)〖명〗 근거 없이 떠도는 말. 〖갖가지 ~들이 떠돌고 있다.

유언 (諛言)〖명〗 아첨하는 말.

유언 (遺言)〖명〗〖하타〗 **1** 죽음에 이르기 직전에 남기는 말. 유음(遺音). 〖마지막 ~을 남기다. **2**〖법〗 자기의 사망에 의해 효력을 발생시킬 목적으로, 일정한 방식에 따라 하는 단독 의사 표시((만 17세 이상이면 누구나 할 수 있음)).

유언─비어 (流言蜚語)〖명〗 아무 근거 없이 널리 퍼진 소문. 뜬소문. 부언낭설. 부언유설. 〖~의 난무 / ~가 떠돌다 / ~를 퍼뜨리다.

유언─장 (遺言狀)[─짱]〖명〗 유언을 적은 문서. 〖생전에 ~을 작성하다.

유언 집행자 (遺言執行者)[─지팽─]〖법〗 유언의 내용을 실현하기 위하여 필요한 행위를 할 수 있는 직무와 권한을 가진 사람((유언자의 지정으로 선정됨)).

유얼 (遺孼)〖명〗 **1** 죽은 뒤에 남은 서얼(庶孼). **2** 뒤에 남은 나쁜 사물.

유업 (乳業)〖명〗 우유나 유제품을 생산 또는 판매하는 사업.

유업 (遺業)〖명〗 선대(先代)로부터 물려받은 사업. 유서(遺緖). 〖부친의 ~을 계승하다.

유:업 인구 (有業人口)〖명〗 직업을 가진 사람의 수. ↔실업(失業) 인구.

유에스 (US)〖명〗〔United States〕 미국.

유에스에이 (USA)〖명〗〔United States of America〕 아메리카 합중국. 미국.

유에이치에프 (UHF)〖명〗〔ultrahigh frequency〕 극초단파(極超短波).

유에프오 (UFO)〖명〗〔unidentified flying object〕 미확인 비행 물체((비행접시 따위)).

유엔 (UN)〖명〗〔United Nations〕 국제 연합.

유엔 경:찰군 (UN警察軍) 국제 분쟁 지역의 치안 확보를 위해 유엔이 파견하는 군대. 국제 경찰군.

유엔-군 (UN軍)〖명〗 국제 연합군.

유엔-기 (UN旗)〖명〗 국제 연합을 상징하는 기((1947년에 제정)).

유엔디피 (UNDP)〖명〗〔United Nations Development Program〕 국제 연합 개발 계획.

유엔 총:회 (UN總會) 국제 연합 총회.

유엘에스아이 (ULSI)〖명〗〔ultra large scale integration〕〖컴〗 하나의 칩 위에 100만 개 또는 그 이상의 소자를 집적한 집적 회로. 초엘에스아이(超LSI)보다 집적도가 더 높음. 극대 규모 집적 회로.

유여 (遺輿)〖명〗〖하타〗 남겨 줌.

유:여-하다 (有餘─)〖어〗 여유가 있다. 〖풍년이 들어서 마음까지 ~.

유역 (流域)〖명〗〖지〗 강물이 흐르는 언저리의 지역. 〖한강 ~ / 하천 ~의 도로가 침수되다.

유연 (油煙)〖명〗 기름·관솔 따위를 불완전 연소시킬 때 생기는 검은색의 미세한 탄소 가루((먹을 만드는 데 씀)).

유연 (柔然)〖명〗〖역〗 몽골 지방에 자리 잡고 살던 고대의 유목(遊牧) 민족((555년에 돌궐에 멸망함)).

유연 (遊宴)〖명〗 놀이로 베푼 잔치.

유연 (鍮硯)〖명〗 놋쇠로 만든, 먹물을 담는 그릇.

유:연 (類緣)〖명〗 **1** 친척1. **2**〖생〗 생물체 상호 간의 형상이나 성질 등에 유사한 관계가 있어, 그 사이에 연고(緣故)가 있는 것.

유연-노장 (幽燕老將)〖명〗 전투에 경험이 많은 늙은 장수.

유연-성 (柔軟性)[─썽]〖명〗 부드럽고 연한 성질. 또는 그런 정도. 〖~을 기르다.

유연 전:술 (柔軟戰術)〖명〗 정면충돌을 피하고, 상대의 투쟁 의욕을 감퇴시키는 방법으로 끈질기게 싸우는 일.

유연 조직 (柔軟組織)〖식〗 유조직(柔組織).

유연-체조 (柔軟體操)〖명〗 맨손 체조의 하나. 몸을 부드럽게 할 목적으로 팔다리·머리·몸통 등의 관절을 충분히 굽혔다 폈다 함.

유:연-탄 (有煙炭)〖명〗〖광〗 탈 때에 연기가 나는 석탄((갈탄·역청탄 따위)). ↔무연탄.

유연-하다 (油然─)〖형〗 저절로 일어나 형세가 왕성하다. 〖구름이 유연하게 피어나다. **유연-히**〖부〗 〖시상(詩想)이 ~ 떠오르다.

유연-하다 (柔軟─)〖어〗 부드럽고 연하다. 〖유연한 자세 / 남달리 몸이 ~. **유연-히**〖부〗

유연-하다 (悠然─)〖어〗 침착하고 여유가 있다. 〖유연하게 대처하다. **유연-히**〖부〗

유열 (愉悅)〖명〗〖하자〗 유쾌하고 기쁨.

유염 (濡染)〖명〗〖하자〗 젖어서 물이 듦.

유:엽 (柳葉)〖명〗 버드나무의 잎.

유:엽-전 (柳葉箭)[─쩐]〖명〗 살촉이 버들잎처럼 생긴 화살. 버들잎살.

유영 (遺影)〖명〗 고인의 초상화나 사진.

유영 (游泳)〖명〗〖하자〗 물속에서 헤엄치며 놂. 〖금붕어가 어항 속에서 ~하고 있다.

유영-각 (游泳脚)〖명〗〖동〗 헤엄다리.

유영-동:물 (游泳動物)〖동〗 수서(水棲) 동물 중 물고기처럼 자유로이 물에서 헤엄쳐 다니는 동물의 총칭. 헤엄 동물.

유영-장 (游泳場)〖명〗 수영장.

유예 (猶豫)〖명〗〖하타〗 **1** 망설여 일을 결행하지 않음. **2** 시일을 미루거나 늦춤. 〖3일간의 ~를 얻다 / 대출금의 상환을 ~하다. **3**〖법〗 '집행 유예'의 준말.

유예 계:약 (猶豫契約)[─/─게─] 사정에 따라 이미 일정 기간을 늦추는 계약.

유예-미결 (猶豫未決)〖명〗〖하타〗 망설여 결정을 짓

지 못함.

유옹(乳癰)圓《의》유종(乳腫).

유와(釉瓦)圓 빛깔 있는 유약을 칠해서 구운 기와나 벽돌.

유-요(柳腰)圓 버들가지처럼 가늘고 부드러운 미인의 허리.

유:-요-하다(有要-)헴어 필요가 있다.

유:-용(有用)圓 쓸모가 있음. 이용할 데가 있음. ▣생활에 ~한 물건. ↔무용(無用).

유용(流用)圓하타 1 일정한 용도 이외의 딴 곳에 씀. 2 공금을 ~하다. 2《법》세출 예산에 정해진 부(部)·관(款)·항(項)·목(目)·절(節)의 구분 중 목과 절의 경비에 관해 각각 상호 간에 다른 데로 돌려쓰는 일. 3《불》날마다 쓰는 비용.

유-용 가격(有用價格)[-까-] 실제의 가치보다는 수요자의 많고 적음에 따라 정해진 물건의 값.

유-용 광:상(有用鑛床)《광》광물을 캐내기에 경제적 타산이 맞는 광상.

유-용-성(有用性)[-썽] 쓸모가 있는 성질이나 특성.

유-용 식물(有用植物)[-싱-]《식》인간 생활에 유용한 식물(식용·약용·원예·공예용의 식물 따위가 있음).

유용-종(乳用種)圓 젖을 얻기 위하여 기르는 가축의 종류(홀스타인 따위).

유우(乳牛)圓 젖소.

유원(幽園)圓 깊고 그윽한 동산.

유원(遊園)圓 산책하며 놀 만하게 설비하여 놓은 공원.

유원-지(遊園地)圓 돌아다니며 구경하거나 놀기 위하여 여러 가지 시설을 갖추어 놓은 곳. ▣가까운 ~를 찾다.

유원-하다(悠遠-)헴어 아득히 멀다. 유구(悠久)하다. 유원-히튀

유월(六月)圓《~육월(六月)》한 해의 여섯 번째의 달. ▣~의 따가운 햇볕.
〔유월 장마에 돌도 큰다〕유월에 장맛비가 오면 들에 있는 것이 잘 자란다는 말.

유월(酉月)圓《민》월건(月建)의 지지(地支)가 유(酉)로 된 달(음력 8월).

유월(流月)圓 유두가 있는 달이라는 뜻으로, 음력 6월을 이르는 말.

유월(逾越)圓하자타 한도를 넘음.

유월(踰月·逾月)圓하자 달을 넘김.

유월-도(六月桃)[-또]圓《식》음력 6월에 익는 복숭아. 빛이 검붉고 털이 많으며 속살은 연하고 맛이 닮.

유월-절(逾越節)[-쩔]圓《기》유대교의 3대 축일의 하나(봄의 축제로, 이스라엘 민족이 이집트에서 탈출한 것을 기념하는 명절).

유:-위(有爲)圓하형 1 능력이 있어 쓸모가 있음. ▣~한 인재. 2《불》인연으로 인해서 일어나는 모든 현상을 이르는 말.

유위부족(猶爲不足)圓하형 오히려 모자람.

유:-위-전변(有爲轉變)圓《불》세상일이 변하기 쉬워 덧없음을 이르는 말.

유유(唯唯)圓하자 시키는 대로 순종함.

유유낙낙(唯唯諾諾)[-낭-]圓하자 명령하는 대로 고분고분 순종함.

유유-도일(悠悠度日)圓하자 하는 일 없이 세월만 보냄.

유유-범범(悠悠泛泛)圓하형 무슨 일을 꼼꼼하게 하지 아니하고 느리며 조심성이 없음.

유:-유-상종(類類相從)圓하자 같은 무리끼리

서로 어울려 사귐.

유유-아(乳幼兒)圓 유아(乳兒)와 유아(幼兒)《(학교에 들어가기 전의 어린아이의 총칭).

유유-자적(悠悠自適)圓 속세를 떠나 아무 속박 없이 자기 마음대로 자유롭게 마음 편히 삶. ▣은퇴하고 ~의 생애를 보내다.

유유-창천(悠悠蒼天)圓 한없이 멀고 푸른 하늘(주로 원한을 표현할 때 씀). ▣~이여, 어이하여 이 같은 시련을 주시나이까.

유-유-하다(幽幽-)헴어 깊고 그윽하다.

유유-하다(悠悠-)헴어 1 한가하고 여유가 있으며 태연하다. ▣그의 생활 태도는 모든 면에서 ~. 2 멀고 아득하다. 유유-히튀. ▣~ 흐르는 강.

유은(遺恩)圓 고인에게서 받은 은혜.

유음(兪音)圓《역》신하가 아뢰는 말에 대하여 임금이 내리는 대답.

유-음(柳陰)圓 버드나무의 그늘. ▣유월 한낮에 그들은 ~ 아래서 한가로이 바둑을 두고 있다.

유음(流音)圓《언》혀끝을 윗잇몸에 대었다가 떼거나 잇몸에 댄 채 날숨을 그 옆으로 흘려보내면서 내는 소리. 한글의 'ㄹ', 영어의 'r·l' 등. 흐름소리.

유음(溜飮)圓《한의》소화가 안 되어 음식물이 위 속에 머물러 신물이 나오는 증상.

유음(遺音)圓하타 1 남긴 소문. 2 유언(遺言)1.

유-음료(乳飮料)[-뇨]圓 우유에 과즙 따위를 섞은 음료.

유:-의(有意)[-/-이]圓하형 1 일을 할 의향이나 뜻하는 바가 있음. 2 의미나 뜻이 있음. ▣~한 관계.

유의(油衣)[-/-이]圓 비를 막기 위해 종이·포목으로 지어 기름에 결은 옷. 유삼(油衫).

유의(留意)[-/-이]圓하자타 마음에 새겨 두어 조심하며 관심을 가짐. 유심(留心). ▣~ 사항/건강에 ~하다.

유의(襦衣)[-/-이]圓 동옷.

유:의-막수(有意莫遂)[-쑤/-이-쑤]圓하자 마음은 간절해도 뜻대로 되지 않음. 유의미수.

유:-의-미(有意味)[-/-이-이]圓하형 의미가 있음. 유의의.

유:의-미수(有意未遂)[-/-이-]圓하자 유의막수.

유:의-범(有意犯)[-/-이-]圓《법》고의범(故意犯).

유:의-어(類義語)[-/-이-]圓 뜻이 서로 비슷한 말. 비슷한말. 유어(類語).

유의-유식(遊衣遊食)[-/-이-]圓하자 하는 일 없이 놀면서 입고 먹음.

유:의 주:의(有意注意)[-/-이-이]《심》미리 의지를 가지고 기울이는 주의. 고의 주의. ↔무의 주의.

유:의 해:산(有意解散)[-/-이-]《법》설립자나 사원의 의사에 따라 법인이 해산하는 일.

유:-의 행동(有意行動)[-/-이-]《심》의지의 작용에 따라 하는 행동.

유:-익(有益)圓하형 이롭거나 도움이 됨. ▣~한 책〔사업〕/실패는 ~한 경험이 될 수 있다. ↔무익.

유익(遊弋)圓하자 1 유럽(遊獵). 2 군함이 바다 위를 마음대로 경계함.

유익(誘益)圓하타 이끌어서 도와줌.

유:-익-비(有益費)[-삐]圓《법》물건을 개량·이용하는 데 지출하는 비용. 관리비의 일종.

유:익-탄(有翼彈)圓《군》포탄이 날아갈 때 흔들리지 않도록 꼬리에 날개를 단 탄환(박

격포 같은 활강포(滑腔砲)에 씀).

유:인 (有人)圓 차·배·비행기·우주선·인공위
성 등에 그것을 작동·운전하는 사람이 타고
있는 일. ㅁ우주 왕복선. ↔무인(無人).

유인 (幽人)圓 어지러운 세상을 피해 조용한
곳에 숨어 사는 사람.

유인 (遊人)圓 귀양살이를 하는 사람.

유인 (遊人)圓 1 일정한 직업 없이 노는 사람.
2 놀러 다니는 사람.

유인 (誘引)圓匹 주의나 흥미를 일으켜 꾀어
냄. ㅁ취객을 ~하다 / 투자자들을 ~하다.

유인 (誘因)圓 어떤 일이나 현상을 일으키는
직접적인 동기나 원인. ㅁ복합적인 ~ / ~을
조사하다.

유인 (孺人)圓〔역〕 1 조선 때, 구품 문무관의
아내에게 주던 외명부의 품계. 2 생전에 벼슬
하지 못한 사람의 아내의 신주나 명정(銘旌)
에 쓰던 존칭.

유인-물 (油印物)圓 등사기나 프린터로 복사
한 인쇄물. ㅁ~을 뿌리다.

유인-성 (柔靭性)[-썽]圓 부드럽고 질긴 성질.

유:인-원 (類人猿)圓〔동〕 원숭이류 중 가장
진화한 것. 다른 원숭이류보다 크고 사람과
비슷하며, 꼬리가 없고 거의 곧게 서서 걸을
수 있음(성성이·침팬지·고릴라 따위).

유:인 증권 (有因證券)[-꿘] 〔경〕 요인(要因)
증권.

유인-하다 (柔靭-)휑 부드러우면서 질기다.

유일 (酉日)圓〔민〕 일진의 지지(地支)가 유
(酉)로 된 날(을유(乙酉)·정유(丁酉)·기유(己
酉) 따위).

유일 (柔日)圓 천간(天干)이 을(乙)·정(丁)·기
(己)·신(辛)·계(癸)인 날. 쌍일(雙日). ↔강일
(剛日).

유일 (唯一)圓휑 오직 그것 하나뿐임. ㅁ나
의 ~한 희망 / 사건을 목격한 ~의 인물.

유일교-도 (唯一敎徒)圓〔기〕 프로테스탄트의
한 파(삼위일체 교리를 인정하지 않고 신을
유일한 존재로 보며, 그리스도의 신성(神性)
을 부정함).

유일-무이 (唯一無二)圓휑 오직 하나뿐이고
둘도 없음. ㅁ~의 친구 / ~한 기회.

유일-사상 (唯一思想)圓 독재 체제에서 특정
인물을 우상화하여 그 이외의 신(神)이나 인
물을 용납하지 않는 사상.

유일-신 (唯一神)[-씬]圓 오직 하나밖에 없는
신. ㅁ~ 사상.

유일신-교 (唯一神敎)[-씬-] 일신교(一神
敎).

유:임 (有賃)圓 값을 치름. ↔무임(無賃).

유임 (留任)圓匹자타 개편이나 임기 만료 때에
그 자리나 직위에 그대로 머물러 있음. 또는
그런 일. ㅁ~된 장관.

유입 (流入)圓匹자 1 물이 흘러듦. ㅁ오·폐수
의 ~. 2 돈·문물 따위의 재화가 들어옴. ㅁ
외국 제품의 ~. 3 문화·지식·사상 따위가 들
어옴. ㅁ서구 사상의 ~. 4 사람이 어떤 곳으
로 모여듦. ㅁ수도권 ~ 인구.

유입 (誘入)圓匹타 꾀어서 끌어들임.

유자 (幼子)圓 어린 자식.

유자 (幼子)圓 어린아이.

유:자 (有刺)圓 가시가 있음. ㅁ장미와 선인장
은 ~ 식물이다.

유:자 (柚子)圓 유자나무의 열매.

유자 (帷子)圓 밑으로 늘어뜨리는 휘장.

유자 (猶子)ㅡ圓 조카. ㅡ인대 편지에서, 나이
많은 삼촌에게 자기를 일컫는 말.

유자 (遊資)圓〔경〕 '유휴(遊休) 자본'의 준말.

유자 (遺子)圓 유복자(遺腹子).

유자 (儒者)圓 유생(儒生).

유자 (孺子)圓 나이 어린 남자.

유:자 (類字)圓 모양이 비슷한 글자.

유:-자격 (有資格)圓 어떤 일에 적당한 자격
이 있음. ↔무자격.

유자-관 (U字管)[-짜-] 실험실에서 액체의
밀도나 비중을 비교하는 데 쓰는 'U' 자 모
양의 가느다란 관.

유자-기 (油榨器)圓 기름틀.

유:자-나무 (柚子-)圓〔식〕 운향과의 작은 상
록 관목. 높이 3-4 m, 잎은 달걀 모양의 긴
타원형임. 여름에 희고 작은 꽃이 피고 둥글
고 누른빛의 장과가 열림. 과피(果皮)에는 무
사마귀 같은 돌기가 있고 향내가 나며 맛이
심〔열매와 꽃망울은 향미료로 씀〕.

유-자녀 (遺子女)圓 1 죽은 사람의 자녀. 2 나
라나 겨레를 위하여 싸우다 죽은 사람의 자
녀. ㅁ군경 ~를 위한 장학금.

유자-망 (流網網)圓 흘림걸그물.

유:자생녀 (有子生女)圓匹자 1 아들도 두고 딸
도 낳음. 2 아들딸을 많이 낳음.

유:자-청 (柚子淸)圓 유자를 꿀에 재어 한두
달 동안 두었을 때 고이는 맑은 물. 유자정과.

유작 (遺作)圓 죽은 사람이 생전에 발표하지
않고 남긴 작품. ㅁ고인의 미발statt ~.

유장 (油帳)圓 기름종이로 만든 천막.

유장 (油醬)圓 기름과 장.

유장 (乳漿)圓 젖에서 단백질과 지방을 빼고
남은 성분.

유장 (儒將)圓 선비 출신의 장수(將帥).

유:장-동물 (有腸動物)圓 강장(腔腸)동물 이
상의 고등 동물의 총칭.

유장-하다 (悠長-)휑 1 연원이나 역사가 길
고 오래다. ㅁ유장한 세월. 2 급하지 않고 느
릿하다. ㅁ유장한 성품. 유장-히 튀.

유재 (留在)圓匹자 머물러 있음.

유재 (留財)圓 모아 둔 재물.

유재 (遺在)圓 남아 있음.

유재 (遺財)圓 죽은 사람이 남긴 재물.

유저 (遺著)圓 죽은 사람이 살아 있을 때 지어
놓은 책.

유적 (流賊)圓 이곳저곳 떠돌아다니며 사람을
해치고 재물을 빼앗는 도둑.

유적 (遺跡·遺蹟)圓 패총(貝塚)·고분(古墳)·집
터처럼 남아 있는 역사적 사실의 자취. ㅁ선
사 시대의 ~ / ~을 발굴하다.

유적 (遺籍)圓 옛사람이 남긴 서적. 유편(遺編).

유적-도 (遺跡島)[-또]圓〔지〕 태고에 대륙의
대부분이 바닷속으로 가라앉은 뒤 그 일부가
남아서 이루어진 섬.

유적-지 (遺跡地)[-찌]圓 유물이나 유적이 있
는 장소. ㅁ~ 답사.

유적-하다 (幽寂-)[-저카-]휑 깊숙하고 고
요하다. 그윽하다.

유전 (油田)圓 석유가 나는 곳. ㅁ해저 ~ 지
대 / ~ 탐사.

유전 (流典)圓匹자 〔법〕 '유질(流質)'의 고친
이름.

유전 (流傳)圓휑匹자타 세상에 널리 퍼짐. 또는
그렇게 퍼뜨림. ㅁ민간에 널리 ~되다.

유전 (流箭)圓 유시(流矢).

유전 (流轉)圓휑匹타 1 여기저기 떠돌아다님. ㅁ
인생 ~. 2〔불〕 태어나는 것과 죽는 것이 끊
임없이 되풀이되고 삼계 육도(三界六道)를
끊임없이 윤회함. ↔환멸.

유전(遺傳)**명**하자타 **1** 물려받아 내려옴. □문화와 예술이 후세에 ~되다. **2**〖생〗조상의 성격·체질·형상 따위의 형질이 자손에게 전해짐. 또는 그런 현상.

유전 공학(遺傳工學) 유전자의 합성·변형 따위를 연구하는 학문. 응용 유전학의 한 분야로, 병의 치료나 유익한 산물의 대량 생산을 목적으로 함. 유전자 공학.

유전-물(油煎物)**명** 기름에 지진 음식.

유전-병(遺傳病)[-뼝]**명** 선천적으로 어버이로부터 자손에게 유전하는 병《색맹이나 혈우병 따위).

유전-성(遺傳性)[-썽]**명** 유전하는 성질《특히, 병 따위가 어버이로부터 자손에게 유전할 때 많이 쓰는 말).

유전스(usance)**명**〖경〗**1** 환어음의 지급 기한. 특히, 수입(輸入) 어음의 지급 유예 기간을 이름. **2** '유전스 빌'의 준말.

유전스 빌(usance bill)〖경〗기한부 어음. 특히, 지급 유예 기간이 붙은 것. **㊀**유전스.

유전 인자(遺傳因子) 유전자.

유전-자(遺傳子)**명**〖생〗생물체 개개의 유전 형질을 나타내는 원인이 되는 인자《생식 세포를 통하여 어버이로부터 자손에게 유전 정보를 전달함. 본체는 디엔에이(DNA)임). 유전 인자.

유전자 공학(遺傳子工學)〖생〗유전 공학.

유전자 돌연변이(遺傳子突然變異)〖생〗유전자 자체의 변화로 일어나는 변이. ↔염색체 돌연변이.

유전자-량(遺傳子量)〖생〗하나의 핵 안에 들어 있는 유전자의 수.

유전자-은행(遺傳子銀行)**명**〖생〗연구에 필요한 사람 및 동식물의 배양 세포(培養細胞)와 유전자의 수집·보존·공급 체계의 일컬음.

유전자 조작(遺傳子操作)〖생〗유전 공학의 기술을 써서, 유전 정보를 변화시키는 조작. 생물의 물질 합성 능력을 이용하여 유용 물질을 생산하게 하는 등으로 이용함.

유전자 치료(遺傳子治療)〖의〗선천적인 유전자 이상으로 말미암은 유전병을 유전 공학의 기술을 써서 치료하는 일.

유전자-형(遺傳子型)**명**〖생〗생물체 개체의 특성을 결정짓는 유전자의 구성 양식. 유전(型). 인자형(因子型). ↔표현형.

유전-적(遺傳的)**관명** 유전하는 성질을 가지는(것). □~ 요인.

유전 정보(遺傳情報)〖생〗생물의 생명 유지 및 자기 복제(複製)를 위하여 필요한 모든 정보《디엔에이(DNA)의 염기 배열 속에 부호화되어 존재하며 효소·단백질의 아미노산 배열을 결정하는 정보나 유전자 발현을 조절하는 정보 따위).

유전-체(誘電體)**명**〖물〗정전기적(靜電氣的) 유도 작용을 매개하는 물질《도체(導體)가 아닌 물질로든 무엇이 이것임). 전매질(電媒質).

유전-학(遺傳學)**명**〖생〗유전자의 성질, 유전자와 형질과의 관계, 어버이 형질의 자손에 있어서의 전개 등을 연구하는 생물학의 한 분야.

유전-형(遺傳型)**명**〖생〗유전자형.

유전 형질(遺傳形質)〖생〗생식 세포 가운데 어버이의 형질을 자손에게 전하는 물질.

유점(油點)**명** 오래된 종이나 피륙 따위에 생기는 누릇누릇한 점.

유:-정(有情)**명**하타**1** 인정이나 동정심이 있음. ↔비정(非情). **2**〖불〗마음을 가진 살아 있는 중생.

유정(酉正)〖민〗유시(酉時)의 한가운데. 곧, 오후 여섯 시.

유정(油井)**명** 천연 석유를 뽑아 올리기 위해 판 우물. 석유정.

유정(遺精)**명**〖의〗성행위 없이, 무의식중에 정액(精液)이 나오는 일《흔히 몸이 허약할 때 일어남). 누정(漏精).

유:정 명사(有情名詞)〖언〗사람이나 동물을 가리키는 명사. ↔무정(無情) 명사.

유:정-물(有情物)**명** 사람이나 동물과 같이 감각이 있는 것.

유제(油劑)**명** 유상(油狀)이거나 기름기가 들어 있는 약제. 기름약.

유제(乳劑)**명**〖화〗기름·지방과 같은 물에 녹지 않는 물질에 아라비아고무·난황(卵黃)·연유(煉乳) 등의 매질(媒質)을 가하여 물을 타고 짓개어서 만든 젖빛의 액체《감광 유제·석유 유제 따위). 유탁액(乳濁液). 에멀션.

유제(遺制)**명** 예로부터 전해 오는 제도.

유:-제(類題)**명** 비슷하거나 같은 종류의 문제.

유제-꽃차례(柔荑-次例)[-꼳-]**명**〖식〗무한 꽃차례의 하나. 단성화(單性花)로 수꽃이삭에는 각 꽃마다 포(苞)가 있고, 꽃은 꽃차례의 기부(基部)부터 떨어짐《밤나무·버드나무·호두나무 따위). 유제 화서.

유:-제류(有蹄類)**명**〖동〗포유류의 한 아강(亞綱). 초식성으로 각질(角質)의 발굽이 있고, 몸은 크며 송곳니는 없거나 퇴화하여 작고 어금니가 많이 발달됨.

유-제품(乳製品)**명** 우유를 가공하여 만든 식품《버터·치즈·연유(煉乳)·분유(粉乳) 따위).

유제 화서(柔荑花序)〖식〗유제꽃차례.

유조(有助)하타**명** 도움이 되음. □~ 간 통.

유조(油槽)**명** 가솔린·석유 따위를 저장하는 통.

유조(留鳥)**명** 텃새. ↔후조(候鳥).

유조(溜槽)**명** 빗물을 받는 통.

유조(遺詔)**명** 임금의 유언. □~를 받들다.

유조-선(油槽船)**명** 유조 시설을 갖추고 석유 따위를 운반하는 배. 유조선. 탱커.

유조-지(留潮地)**명** 수문(水門)으로 조수(潮水)가 들어왔다 나갔다 하는 개펄.

유-조직(柔組織)**명**〖식〗식물체의 대부분을 차지하며, 유(柔)세포로 이루어진 조직《동화·저장 등 갖가지 생리 작용을 함). 유연 조직.

유조-차(油槽車)**명** 유조 시설을 갖추고 석유나 가솔린 따위를 나르는 차. 기름차.

유족(遺族)**명** 죽은 사람의 뒤에 남아 있는 가족. 유가족. □오열하는 ~ / 사망자 ~에게 보상금을 지급하다.

유:-족-하다(有足-)[-쪼카-]**형여** 형편 따위가 넉넉하다. □생활이 ~. **유:족-히**[-쪼키]**부**

유족-하다(裕足-)[-쪼카-]**형여** 여유 있게 풍족하다. □유족한 살림. **유족-히**[-쪼키]**부**

유:-종(有終)**명**하타**명** 시작한 일에 끝맺음이 있음. □모든 일은 ~한 것이다.
유종의 미(美)㊀ 일의 끝을 잘 마무리하는 성과. ↔유시무종.

유종(乳腫)**명**〖의〗유방염으로 젖이 곪는 종기. 유옹(乳癰). 젖멍울.

유종(儒宗)**명** 유학에 통달한 권위 있는 학자.

유-종신(流終身)**명**하타〖역〗죽을 때까지 귀양살이를 함. 또는 그 귀양살이.

유:종지미(有終之美)**명** 시작한 일을 끝까지 잘하여야 결과가 좋음.

유좌(酉坐)**명**〖민〗묏자리·집터 등의 유방(酉方)을 등진 자리《서쪽을 등지고 동쪽을 향하여 앉음).

유좌-묘향 (酉坐卯向)〔명〕유방(酉方)을 등지고 묘방(卯方)을 바라보는 방향. 곧, 서쪽에서 동쪽으로 향한 방향.

유-죄 (有罪)〔명·형〕 1 잘못이나 죄가 있음. 2 〔법〕법원 판결에 따라 범죄 사실이 인정됨. 또는 그런 상태에 있음. □~가 확정되다. ↔무죄.

유죄 (宥罪)〔명·하타〕죄를 너그러이 용서함.

유죄 (流罪)〔명〕유형(流刑).

유주 (幼主)〔명〕1 나이 어린 군주. 유군(幼君). 2 나이 어린 주인.

유주 (遺珠)〔명〕1 소중한 구슬을 줍지 못하고 버려둠. 또는 그 구슬. 2 세상에 알려지지 아니한 훌륭한 인물이나 시문(詩文)의 비유.

유주 골저 (流注骨疽)〔-쩌〕〔한의〕골막(骨膜)이나 골수에 염증이 생기는 병.

유주-담 (流注痰)〔명〕〔한의〕몸이 군데군데 욱신거리고 간혹 아픈 곳이 부어오르는 병.

유-주-무량 (有酒無量)〔명·형〕술을 한없이 마실 만큼 주량이 큼.

유-주-물 (有主物)〔명〕주인이 있는 물건. 유주지물(有主之物). ↔무주물.

유주-세포 (遊走細胞)〔생〕'이동(移動) 세포'의 구용어.

유주-자 (遊走子)〔명〕〔생〕조류(藻類)·균류(菌類) 및 원생동물에서 무성 생식을 행하는 생식 세포(편모(鞭毛) 또는 섬모(纖毛)를 가지며, 이것을 움직여 물속에서 운동함. 후에 편모 등이 없어지고 직접 무성적(無性的)으로 생식하여 발생함).

유주지탄 (遺珠之歎)〔명〕마땅히 등용되어야 할 훌륭한 인재가 빠져서 한탄하는 일. →무주물.

유즈넷 (Usenet)〔명〕〔컴〕인터넷에 여러 가지 뉴스를 싣거나 토론 따위를 벌이는 네트워크. 각종 사건이나 관심사를 실제 상황과 같은 시간 경과에 따라 접할 수 있음.

유즙 (乳汁)〔명〕젖1. □~이 분비되다.

유증 (遺贈)〔명·하타〕〔법〕유언에 따라 재산을 무상으로 물려줌. 또는 그런 행위.

유-지 (有志)〔명〕1 마을이나 지역 등에서 이름이 나 있고 영향력을 가진 사람. □~들이 지역 개발에 앞장서다. 2 어떤 일에 뜻이나 관심이 있는 사람. 유지자. ──하다〔형여〕어떤 일에 뜻이 있거나 관심이 있다.

유지 (乳脂)〔명〕1 크림(cream)1. 2 유지방.

유지 (油脂)〔명〕동물이나 식물에서 채취한 기름 (비누·도료·의약품 등을 만들 때 씀).

유지 (油紙)〔명〕기름을 먹인 종이. 기름종이.

유지 (宥旨)〔명〕〔역〕조선 때, 임금이 죄인을 특사하던 명령.

유지 (維持)〔명·하타〕어떤 상태나 현상을 그대로 보존하거나 변함없이 지탱함. □생계 ~ / 현상 ~ / 안정과 질서를 ~하다 / 평화가 ~되다.

유지 (遺旨)〔명〕죽은 사람의 생전의 생각.

유지 (遺志)〔명〕죽은 사람이 생전에 이루지 못하고 남긴 뜻. □남편의 ~를 받들다.

유지 (遺址)〔명〕전에 건물 등이 있었거나 역사적 자취가 남아 있는 터.

유지 (諭旨)〔명〕〔역〕임금이 신하에게 내리던 글.

유-지-가 (有志家)〔명〕유지자(有志者).

유지 공업 (油脂工業)유지(油脂)를 가공하여 여러 가지 제품을 만드는 공업. 고급 지방산·글리세린·비누·마가린 등을 만듦.

유지-매미 (油脂-)〔명〕〔충〕매밋과의 곤충. 몸 길이 36~38mm, 날개는 불투명하고 어두운 갈색이며 앞날개에는 구름 모양의 짙고 엷은 무늬가 있음. 엄지벌레의 생존 기간은 1~2주

간에 불과하나 애벌레는 3~4년임. 기름매미.

유-지방 (乳脂肪)〔명〕젖, 특히 우유에 들어 있는 지방(脂肪). 유지(乳脂).

유지-비 (維持費)〔명〕유지하는 데 드는 비용. □자동차 ~가 많이 든다.

유-지-자 (有志者)〔명〕좋은 일에 뜻이 있는 사람. 유지가(有志家). 유지지사.

유지 작물 (油脂作物)〔명〕주로 식용 기름을 짜기 위하여 심는 작물(콩·깨·아주까리·땅콩·유채·해바라기 따위). 기름 작물.

유-지-지사 (有志之士)〔명〕유지자.

유지-질 (類脂質)〔명〕〔화〕물에 녹지 않고 에테르·클로로포름·벤젠 등의 유기 용매에 녹는 지방 및 이와 유사한 물질의 총칭.

유진 (留陣)〔명·하자타〕군사들이 머물러 있음. 또는 군사들을 머물러 있게 함.

유-진-무퇴 (有進無退)〔명·하자〕앞으로 나아가기만 하고 뒤로 물러나지 않음.

유질 (乳質)〔명〕1 젖의 성질이나 품질. □~ 검사. 2 젖과 같은 성질.

유질 (流質)〔명·하자〕〔법〕채무자가 변제 기한이 지나도 채무를 이행하지 않는 경우에, 채권자가 담보로 맡긴 물건의 소유권을 취득하거나 그 물건을 팔아서 우선적으로 변제에 충당하는 일. 유전(流典).

유질 (留質)〔명·하자타〕볼모2.

유-질 (類質)〔명〕서로 비슷한 성질.

유징 (油徵)〔명〕〔지〕지하에 석유가 매장되어 있음을 나타내는 징후.

유착 (癒着)〔명·하자〕1〔의〕분리되어 있어야 할 생체(生體) 기관의 조직면이 섬유성 조직으로 연결·융합하는 일. □늑막 ~ / 난관 ~으로 인한 불임증. 2 사물들이 서로 깊은 관계를 가지고 결합하여 있음. □정경(政經) ~ / 언론사가 광고주와 ~해 기사를 왜곡하다 / 폭력배들이 경찰관들과 ~되었다는 의혹이 제기되었다.

유-착-스럽다 〔-쓰-따〕〔-스러워, -스러우니〕〔형타〕보기에 투박하고 크다. 유:착-스레 〔-쓰-〕〔부〕

유-착-하다 〔-차카-〕〔형여〕몹시 투박하고 크다. □유착한 질항아리. 유:착-히 〔-차키〕〔부〕

유찬 (流竄)〔명·하자타〕〔역〕귀양을 보냄. 유배(流配). □변방으로 ~하다.

유찰 (流札)〔명·하자〕입찰한 결과 낙찰(落札)이 결정되지 않고 무효로 돌아감(주로 입찰액이 내정(內定) 가격에 미달 또는 초과되는 경우에 일어남). □인수할 적격 업체가 없어 ~되다.

유창 (乳唱)〔명〕소 창자의 제일 긴 것(국거리로 씀).

유창-하다 (流暢-)〔형여〕말을 하거나 글을 읽는 것이 물 흐르듯이 거침이 없다. □외국어를 유창하게 구사하다. 유창-히〔부〕

유채 (油菜)〔식〕평지.

유채 (油彩)〔미술〕1 물감을 기름에 풀어서 그림을 그리는 법. 2 유화를 그림.

유:채-색 (有彩色)〔명〕〔미술〕색상·명도·채도를 가진 빛깔(빨강·노랑·주홍 따위). ↔무채색.

유:책 (有責)〔명·하자〕책임이 있음.

유:책 행위 (有責行爲)〔-채캥-〕〔법〕법률상 책임이 있는 행위.

유:처-취처 (有妻娶妻)〔명·하자〕아내가 있는 사람이 또 아내를 얻음.

유척 (鍮尺)〔명〕〔역〕지방 수령·암행어사 등이 검시(檢屍)에 쓰던 놋쇠로 만든 자.

유:척-동물 (有脊動物)[-똥-]〖동〗척추동물(脊椎動物).

유천 (幽天)〖명〗구천(九天)의 하나. 서북쪽 하늘.

유:천우 (柳天牛)〖명〗〖충〗버드나무하늘소.

유철 (柔鐵·鑐鐵)〖명〗시우쇠.

유철 (鍮鐵)〖명〗놋쇠.

유:체 (有體)〖명〗형체가 있음. 또는 그런 물체.

유체 (流涕)〖명하자〗눈물을 흘림. 또는 그 눈물. 유루(流淚).

유체 (流體)〖명〗〖물〗기체와 액체를 통틀어 이르는 말. 유동체(流動體).

유체 (遺體)〖명〗1 부모가 남겨 준 몸이라는 뜻으로, 자기의 몸을 이르는 말. 2 송장.

유체 (濡滯)〖명〗막히고 걸림.

유:체-물 (有體物)〖명〗공간의 일부를 차지하고 형태를 가지는 물건. ↔무체물.

유체-스럽다[-따][-스러워, -스러우니]〖형〗젠체하고 짐짓 진중한 체하며 말이나 행실 따위가 온화한 데가 없다. 유체-스레〖부〗.

유체 역학 (流體力學)[-여칵]〖물〗유체의 운동을 연구하는 물리학의 한 분야.

유:체 자산 (有體資産)〖법〗유체물인 자산.

유초 (酉初)〖명〗〖민〗유시(酉時)의 처음((오후 다섯 시경)).

유초 (遺草)〖명〗고인이 생전에 써 놓은 시문의 초고. 유고(遺稿).

유촉 (遺囑)〖명하타〗죽은 뒤의 일을 부탁함. 또는 그런 부탁.

유:추 (類推)〖명하타〗1 유사한 점에 기초하여 다른 사물을 미루어 추측함. □~에 의하여 판단하다. 2〖논〗간접 추리의 하나. 두 개의 특수한 사물에서 다수의 본질이 비슷한 점을 비교하여, 다른 속성도 유사하다고 하는 추론. 아날로지(analogy). 3〖법〗유추 해석. 4〖언〗단어나 문법 형식이, 의미상·기능상·음성 형식상 비슷한 다른 단어나 문법 형식을 모델로 하여 새로이 형성되는 과정.

유:추 해:석 (類推解釋)〖법〗어떤 사항에 대하여 법률이 규정하고 있는 일을, 아무런 규정이 없는 다른 유사한 사항에 적용하는 법의 해석 방법. 유추.

유:축 농업 (有畜農業)[-충-]〖명〗농작물 재배와 가축 사육을 결합한 농업 경영 형태.

유출 (流出)〖명하자〗1 밖으로 흘러 나감. 또는 흘러나옴. □폐수가 강에 ~되다. 2 귀중한 물품이나 정보 따위가 밖으로 나감. 또는 그것을 내보냄. □부정 ~ / 외화 ~을 억제하다 / 사전에 정보가 ~되다.

유출 (溜出)〖명하자〗〖화〗증류(蒸溜)할 때 액체가 되어 방울방울 떨어져 나옴.

유출 (誘出)〖명하타〗꾀어냄.

유충 (幼蟲)〖명〗〖충〗애벌레. ↔성충.

유충-하다 (幼沖-)〖형어〗나이가 어리다.

유취 (乳臭)〖명〗젖내.

유취 (幽趣)〖명〗그윽한 정취(情趣).

유:취 (類聚)〖명하타〗종류에 따라 모음. 휘집(彙集).

유취-만년 (遺臭萬年)〖명하자〗더러운 이름을 후세에 오래도록 남김.

유층 (油層)〖명〗〖지〗석유가 괴어 있는 지층.

유치 (由致)〖명〗〖불〗부처나 보살을 청할 때 그 이유를 먼저 말하는 일.

유치 (乳齒)〖명〗〖생〗젖니.

유치 (留置)〖명하타〗1 남의 물건을 맡아 둠. 2〖법〗구속의 집행 및 재판의 진행이나 그 결과의 집행을 위하여 사람을 일정한 곳에 가

두어 두는 일. □경찰서에 ~되다.

유치 (誘致)〖명하타〗1 꾀어서 데려옴. 2 행사나 사업 따위를 이끌어 들임. □치열한 ~ 경쟁을 벌이다 / 외국 자본을 ~하다 / 박람회가 지방 도시에 ~되다.

유치-권 (留置權)[-꿘]〖명〗〖법〗남의 물건을 점유하고 있는 사람이 그 물건으로 인해 발생한 채권의 변제를 받을 때까지 그 물건을 맡아 둘 수 있는 권리.

유치-원 (幼稚園)〖명〗초등학교에 들어가기 전의 어린이들을 교육하는 교육 기관.

유치-장 (留置場)〖명〗경찰서에서 법을 어긴 사람들을 임시로 가두어 두는 방. □~ 신세를 지다 / ~에 가두다.

유치-하다 (幼稚-)〖형어〗1 나이가 어리다. 2 수준이 낮거나 미숙하다. □유치한 장난 / 행동이 유치하기 짝이 없다.

유칙 (遺勅)〖명〗임금이 생전에 남긴 명령.

유칠 (油漆)〖명〗들기름으로 만든 칠. 기름칠.

유쾌-하다 (愉快-)〖형어〗즐겁고 상쾌하다. □유쾌한 모임 / 유쾌하게 웃다. ↔불쾌하다. 유쾌-히〖부〗. □~ 놀다.

유탁 (遺託)〖명〗죽은 사람이 남긴 부탁.

유:탄 (柳炭)〖명〗그림의 윤곽을 그리는 데 쓰는. 버드나무를 태워 만든 숯.

유탄 (流彈)〖명〗빗나간 탄환. □~에 맞다.

유탄 (榴彈)〖명〗탄체(彈體) 안에 작약(炸藥)을 다져 넣은 포탄(목표물에 맞았을 때 터짐).

유탈 (遺脫)〖명하자〗글자·활자 따위가 책이나 활판 가운데서 빠짐.

유탕 (遊蕩)〖명〗1 만판 놂. 2 음탕하게 놂.

유태 (猶太)〖명〗〖역〗'유대(Judea)'의 한자음 표기.

유태-교 (猶太敎)〖명〗〖종〗유대교.

유태-력 (猶太曆)〖명〗유대력.

유태-인 (猶太人)〖명〗유대인.

유태-주의 (猶太主義)[-/-이]〖명〗시오니즘(Zionism).

유택 (幽宅)〖명〗'죽은 이의 집'이라는 뜻으로, '무덤'을 달리 이르는 말. □~을 마련하다.

유택 (遺澤)〖명〗생전에 베풀어서 후세까지 남아 있는 은혜.

유-턴 (U-turn)〖명하자〗자동차 따위가 'U'자형으로 돌아 방향을 바꾸는 일. □~ 표지판.

유토피아 (utopia)〖명〗이상적인 사회. 이상향. □~을 꿈꾸다.

유토피아 사회주의 (Utopia社會主義)[-/-이]공상적 사회주의.

유통 (乳筒)〖명〗소·돼지 등의 젖퉁이의 고기(소의 유통에는 찰유통·메유통의 구별이 있음).

유통 (流通)〖명하자동자〗1 공기나 액체 따위가 막힘이 없이 흘러 통함. □공기의 ~이 원활하다. 2 화폐나 물품 따위가 세상에 널리 쓰임. □화폐의 ~. 3〖경〗상품이 생산자·상인·소비자 사이에 거래됨. □수입 상품의 ~ 과정 / 시중에 ~되는 외국산 농산물 / ~ 단계에서 변질되다.

유통 (儒通)〖명〗〖역〗유생(儒生)들 사이에 통지하던 글.

유통 가격 (流通價格)[-까-]〖명〗화폐와 재물(財物)과의 교환에서, 재물의 가격.

유통 경제 (流通經濟)〖경〗자급자족 경제에 대해 상품 교환을 기초로 하는 경제.

유통 기구 (流通機構)〖명〗상품이 생산자에서 소비자에게 가기까지의 수단이나 기구의 총칭(상품의 수송·시장·판매 등의 구조).

유통 기한 (流通期限)〖명〗식품 따위의 상품이 시중에 유통될 수 있는 정해진 기간. □~이 지

난 식품 / ~을 확인하다.

유통-세(流通稅)[-쎄] 圐 국세의 하나로, 재산의 이전 사실에 대하여 과세되는 세《인지세·등록세 따위》.

유통-업(流通業) 圐 생산자가 생산한 상품이 소비자의 손으로 넘어가기까지 여러 단계에서 교환·분배되는 활동과 관련된 사업.

유통 자본(流通資本) 『經』 상품 자본과 화폐 자본으로서 유통하는 자본. ↔생산 자본.

유통 증권(流通證券)[-꿘] 『法』 법률상 인도나 배서(背書)에 의하여 자유로이 그 권리를 양도할 수 있는 증권.

유통 혁명(流通革命)[-형-] 『經』 대량 생산과 판매에 따라 상품의 유통 구조, 거래 방식, 기업 상태 등이 새롭게 바뀌는 현상《대형 슈퍼마켓 등으로 유통 단계가 짧아지는 경향임》.

유통 화ː폐(流通貨幣)[-/-폐] 사회에 통용되는 화폐. 통화의 유통.

유틸리티 프로그램(utility program) 『컴』 컴퓨터 시스템을 편리하게 이용할 수 있도록 표준화된 지원 프로그램의 총칭. *서비스 프로그램.

유파(流派) 圐 1 원줄기에서 갈려 나온 갈래나 무리. 2 예술이나 학문에서, 생각이나 방법, 경향이 비슷한 사람들이 이룬 무리. ☐새로운 ~를 형성하다.

유폐(幽閉)[-/-폐] 圐困 아주 깊숙이 가두어 둠. ☐~ 생활 / 산간벽지에 ~되다.

유폐(流弊)[-/-폐] 圐 1 사회에 널리 유행하고 있는 나쁜 풍습. 2 '말류지폐'의 준말.

유포(油布) 圐 1 기름과 찰흙을 먹인 천《방수용》. 2 유성(油性) 페인트로 처리한 무거운 천《마룻바닥의 깔개용》.

유포(流布) 圐困困困 세상에 널리 퍼짐. 또는 세상에 널리 퍼뜨림. ☐허위 사실을 ~하다 / 이상한 소문이 ~되다.

유포(流通) 圐困困困 오랜 기간에 걸쳐 공금을 사사로이 사용함. ☐공금을 ~한 사실이 드러났다.

유포니(euphony) 圐 『言』 발음이 쉽거나 듣기에 유쾌한 음의 특질(特質). 한 단어의 내부에서 혹은 두 단어가 연속될 때 인접한 음소(音素)들 사이에 일어나는 특수한 음의 변화를 설명하기 위한 것. 활음조(滑音調).

유ː표(有表) 圐困困困 여럿 중에 특히 두드러진 특징이 있음.

유품(遺品) 圐 고인(故人)이 생전에 쓰던 물건. 유물(遺物). ☐전사자(戰死者)의 ~ / ~을 간직하다.

유풍(流風) 圐 유속(流俗).

유풍(遺風) 圐 1 옛날부터 전해 내려오는 풍속. 유속(遺俗). ☐과거의 ~을 되찾다. 2 선인(先人)이 남긴 기풍이나 가르침.

유풍-여속(遺風餘俗)[-녀-] 圐 오래전부터 전하여 오늘에 이른 풍속.

유피(柔皮) 圐 부드럽고 연한 가죽.

유피(鞣皮) 圐 무두질한 가죽. 다룸가죽.

유피유(UPU) 圐 〔Universal Postal Union〕 만국 우편 연합.

유ː피-화(有被花) 圐 『植』 꽃받침과 꽃잎을 갖춘 꽃《이피화(異被花)·등피화(等被花)의 두 가지가 있음》. 꽃덮이꽃. ↔무피화.

유ː-하(有-) 圐困 '있다'의 뜻의 예스러운 말《주로 한문 문체에 쓰임》.

유-하다(留-) 困困 머물러 묵다.

유ː-하다(柔-) 困困 1 부드럽고 순하다. ☐성격이 유한 편이다. ↔강(剛)하다. 2 걱정이

없다. ☐아직 어려서 유한 소리만 하다.

유하ː주(流霞酒) 圐 신선(神仙)이 마신다는 좋은 술.

유학(幼學) 圐 『歷』 고려·조선 때, 벼슬하지 않은 유생을 이르던 말.

유학(幽壑) 圐 깊숙한 골짜기. 유곡(幽谷).

유학(留學) 圐困困 외국에 머물면서 공부함. ☐~ 생활 / ~을 가다 / 독일에 ~하여 철학을 전공하다.

유학(遊學) 圐困困 고향을 떠나 객지에서 공부함. ☐서울에 ~하다.

유학(儒學) 圐 중국의 공자 사상을 근본으로 하고 사서오경(四書五經)을 경전으로 삼아 정치·도덕의 실천을 중시하는 전통적인 학문. 공맹학(孔孟學).

유학-생(留學生)[-쌩] 圐 외국에 머물면서 공부하는 학생.

유학-자(儒學者)[-짜] 圐 유학(儒學)에 조예가 깊은 사람.

유한(由限) 圐 말미를 얻은 기한.

유ː-한(有限) 圐困困困 한도나 한계가 있음. ☐인간의 수명은 ~하다 / 인간은 ~하고 불완전한 존재다. ↔무한(無限).

유ː-한(有閑) 圐 1 시간의 여유가 있어 한가함. 2 재산이 많아 생활에 여유가 있고 여가가 많음.

유한(流汗) 圐 흐르는 땀.

유한(遺恨) 圐 살아서 뜻을 이루지 못하고 남은 한. 잔한(殘恨). ☐~을 품은 채 죽다.

유ː한-계급(有閑階級)[-/-게-] 圐 재산이 많아 일하지 아니하고 한가로이 놀면서 지내는 계급.

유ː한-급수(有限級數)[-쑤] 圐 『數』 항(項)의 수에 한정이 있는 급수. ↔무한급수.

유ː한-꽃차례(有限-) 圐 『植』 꽃줄기의 위 또는 안에 있는 꽃부터 먼저 피고 차차 아래 또는 겉의 것이 피는 꽃차례《수국(水菊) 따위》. 유한 화서(花序). ↔무한꽃차례.

유ː한-마담(有閑madame) 圐 시간적·경제적 여유가 있어 놀러 다니는 것을 일삼는 유한 계급에 속한 부인. 유한부인.

유ː한-부인(有閑夫人) 圐 유한마담.

유ː한 소ː수(有限小數) 『數』 소수점 아래의 어떤 자리에서 그치는 소수. ↔무한소수.

유ː한 직선(有限直線)[-썬] 『數』 선분(線分).

유ː한 책임(有限責任) 『法』 채무자의 일정한 재산 또는 일정액이 채무의 담보가 되어 강제 집행의 대상이 될 수 있는 책임. ↔무한 책임.

유ː한 책임 사원(有限責任社員) 『法』 합자 회사에서 회사의 채무에 대해 그 출자액의 한도 내에서 책임을 지는 사원. ↔무한 책임 사원.

유ː한-층(有閑層) 圐 유한계급.

유한-하다(幽閑-) 困困 여자의 인품이 조용하고 고상하다. 유한-히 兜

유ː한 화서(有限花序) 『植』 유한꽃차례. ↔무한 화서.

유ː한 회ː사(有限會社) 『法』 상행위 기타의 영리 행위를 목적으로 하여 50인 이하의 유한 책임 사원으로 구성된 소규모의 회사.

유합(癒合) 圐困困 상처가 나아서 피부나 근육이 아물어 붙음.

유ː해(有害) 圐困困 해로움이 있음. ☐~ 식품 / 인체에 ~한 물질. ↔무해.

유해(遺骸) 圐 유골(遺骨). ☐~를 안치하다.

유:해-무익 (有害無益) 圓(하) 해롭기만 하고 이로움이 없음. ▯담배는 건강에 ~하다.

유-해성 (有害性)[-씽] 圓 해로운 성질이나 특성. ▯~을 알리다 / 담배의 ~이 새삼스레 논란이 되고 있다.

유행 (流行) 圓(하자) **1** 어떤 새로운 양식이나 현상이 사회에 널리 퍼짐. 또는 그런 현상이나 경향. ▯이 지나다 / ~의 첨단을 걷다 / 요즘 ~하는 머리 모양. **2** 전염병이 널리 퍼짐. ▯괴질이 ~하다.

유행 (遊行) 圓(하자) **1** 유람하기 위하여 각처로 돌아다님. **2**〖불〗 승려가 각처로 돌아다니며 포교(布教)함. 행각(行脚).

유행-가 (流行歌) 圓 특정한 시기에 대중의 인기를 얻어서 많은 사람이 듣고 부르는 노래.

유행-병 (流行病)[-뼝] 圓 **1** 한동안 한 지역에 널리 퍼지는 병. 돌림병. 시체병. 윤증(輪症). 윤질. ▯이 크게 번지다. **2** '좋지 못한 유행을 지나치게 따르는 경향'을 비유하여 이르는 말.

유행-복 (流行服) 圓 유행하는 복장.

유행-성 (流行性)[-씽] 圓 유행하는 성질이나 특성. ▯~ 눈병.

유행성 감기 (流行性感氣)[-씽-] 인플루엔자 바이러스에 의하여 일어나는 급성 전염병. 독감. 인플루엔자.

유행성 결막염 (流行性結膜炎)[-씽-망념]〖의〗세균에 의해서 눈의 결막에 일어나는 유행성 염증.

유행성 뇌염 (流行性腦炎)[-씽-]〖의〗바이러스에 의한 전염성의 뇌염증.

유행성 이:하선염 (流行性耳下腺炎)[-씽-념]〖의〗법정 전염병의 하나. 이하선 또는 다른 타액선의 종창(腫脹)이 주되는 증세의 병. 항아리손님.

유행성 출혈열 (流行性出血熱)[-씽-렬]〖의〗옴벌레에 의해 감염되는 전염성 질환(두통·권태·근육통 등의 증세와 열이 나며 좁쌀만 한 크기의 출혈진(出血疹)과 함께 단백뇨(蛋白尿)·혈뇨(血尿)가 생김).

유행-어 (流行語) 圓 어떤 기간에 여러 사람들에게 많이 쓰이는 말《복부인·오렌지족 따위》. 시쳇말.

유향 (乳香) 圓 감람과의 열대 식물인 유향수(乳香樹)의 분비액을 말려 만든 수지(樹脂). 약재·방부제 등에 씀.

유향 (留鄕) 圓〖역〗수령의 자리가 비었을 때, 수령의 직무를 대리하던 그 지방의 좌수(座首)를 이르던 말.

유향 (遺香) 圓 **1** 남아 있는 향기. **2** 고인이 남긴 미덕.

유향 (儒鄕) 圓 선비가 많이 사는 고을.

유향-소 (留鄕所) 圓〖역〗고려·조선 때, 지방의 수령(守令)을 보좌하던 자문 기관. 향청(鄕廳). 향소(鄕所).

유:험 (有驗) 圓(하) 기도나 약 따위가 효험이 있음.

유현 (幽玄) 圓(하) 사물의 이치 또는 아취(雅趣)가 헤아리기 어려울 만큼 깊고 오묘함. ▯~한 정취를 풍기다.

유현 (儒賢) 圓 유학에 정통하고 언행이 바른 선비.

유현 (遺賢) 圓 벼슬하지 아니하고 초야(草野)에 묻혀 있는 현인.

유현-증 (乳懸症)[-쯩]〖한의〗산후에 양쪽 젖이 아랫배까지 늘어지고 몹시 아픈 병. 유

장증(乳長症). 유통(乳痛).

유혈 (流血) 圓 피를 흘림. 또는 흘러나오는 피. ▯~ 충돌을 벌이다 / ~이 낭자하다.

유혈-극 (流血劇) 圓 피를 흘리며 하는 싸움. ▯~이 벌어지다.

유협 (遊俠) 圓 협객(俠客).

유:형 (有形) 圓(하) 모양이나 형체가 있음. ↔무형.

유형 (流刑) 圓〖역〗중죄에 대한 형벌로 죄인을 먼 곳이나 섬으로 귀양 보냄. 유죄(流罪).

유:형 (類型) 圓 성질이나 특징 따위가 공통적인 것끼리 묶은 하나의 틀. 또는 그 틀에 속하는 것. ▯여러 ~의 문제가 출제되다 / 성격을 몇 가지 ~으로 나누다.

유-형계 (有形界)[-/-계] 圓 눈에 보이는 물질의 세계.

유:형 고정 자산 (有形固定資産)〖경〗고정 자산 가운데서 구체적인 형태를 가진 자산《토지(土地)·건물·공장·기계 따위》. 유형 자산. ↔무형 고정 자산.

유형-동물 (紐形動物) 圓〖동〗동물계의 한 문(門). 몸은 납작한 것과 둥근 것이 있으며 가늘고 깊. 대개 색채가 아름다우며 꼬리 마디는 없고, 자유로이 신축되는 입술이 있음. 끈벌레·연두벌레 따위.

유:형 명사 (有形名詞)〖언〗형체가 있는 물건의 이름을 나타내는 명사《'책'·'접시'·'의자' 따위》.

유:형 무:역 (有形貿易)〖경〗상품의 수출입에 의하여 이루어지는 무역. ↔무형 무역.

유-형무적 (有形無跡) 圓(하) 혐의는 있으나 증거가 없음.

유-형무형 (有形無形) 圓(하) **1** 형체가 있는 것과 없는 것. ▯~의 압력이 들어오다 / ~의 혜택을 입다. **2** 형체가 있는지 없는지 분명하지 않음.

유:형 문화재 (有形文化財) 유형의 문화적 소산으로 역사상·예술상 가치가 높은 물건《건조물·회화·조각·공예품·서적 따위》. ↔무형 문화재.

유:형-물 (有形物) 圓 형태가 있는 물건. ↔무형물.

유형-살이 (流刑-) 圓(하자) 예전에, 유형을 당하여 어렵고 힘들게 사는 생활을 이르던 말.

유형-수 (流刑囚) 圓 유형살이를 하는 죄수.

유:형-인 (有形人)〖법〗법인에 대하여 개인을 이르는 말. 자연인. ↔무형인.

유:형 자본 (有形資本)〖경〗일정한 형태를 가지고 있는 자본《화폐·가옥·토지·기계 따위》. ↔무형 자본.

유:형 자산 (有形資産) 유형 고정 자산. ↔무형 자산.

유:형 재산 (有形財産) 화폐·동산·부동산·상품 등과 같이 형태를 가진 재산. ↔무형 재산.

유:형-적 (有形的) 圓(관) 형체가 있는 (것). ▯~ 손해(損害).

유:형-적 (類型的) 圓(관) 일정한 유형에 속하거나 일정한 유형을 이루는 (것). ▯신화의 ~ 특징 / 한국 추상 회화의 ~ 분석.

유-형제 (乳兄弟) 圓 남의 젖을 얻어먹는 아이와 그 젖어미의 자식을 형제 같은 관계라는 뜻으로 이르는 말. 젖형제.

유형-지 (流刑地) 圓 죄인이 유형살이를 하는 곳. ▯~에서 쓸쓸히 눈을 감다.

유:형-체 (有形體) 圓 모양을 가지고 있는 물체.

유:형-학 (類型學)〖철〗**1** 개개(個個)의 존재 또는 현상(現象) 가운데 유형을 설정하는 것에 의하여 본질을 이해하려고 하는 학문. **2**〖심

인간형을 몇 가지로 분류하고 그에 따라 성격을 이해하려고 하는 학문 분야.

유혜 (油鞋)[-/-헤] 명 진신.

유-호덕 (攸好德) 명 오복(五福)의 하나. 도덕 지키기를 낙으로 삼는 일. ❑ ~의 군자.

유혹 (誘惑) 명하타 **1** 남을 꾀어서 그릇된 마음을 품거나 그릇된 행동을 하게 함. ❑ ~을 뿌리치다 / ~에 넘어가다 / ~에 빠지다 / 달콤한 말로 ~하다 / 돈에 ~되어 친구를 속이다. **2** 성적인 목적으로 이성(異性)을 꾐. ❑ 여자의 교태에 ~되다.

유혹-적 (誘惑的)[-쩍] 관명 유혹을 하는 것과 같은 (것). ❑ ~인 눈길을 보내다.

유혼 (幽魂) 명 죽은 사람의 넋.

유혼-일 (遊魂日) 명 〖민〗 술가(術家)의 말. 생기법(生氣法)으로 본 해롭지 않은 날의 하나.

유혼-하다 (幽昏-) 형여 그윽하고 어둡다.

유화 (乳化) 명 유제(乳劑)를 생성하는 현상《일반적으로 휘저어 섞거나 흔들어 섞거나 분사하는 등의 기계적 힘을 가하여 생성시킴》.

유화 (油畵) 명 〖미술〗 기름에 갠 물감으로 그린 서양식 그림. 유채(油彩). *수채화.

유:화 (柳花) 명 버드나무의 꽃.

유화 (宥和) 명하자 서로 용서하고 사이좋게 지냄. ❑ ~적 태도.

유화 (流火) 명 유성(流星).

유화 (硫化) 명하자타 〖화〗 황화(黃化) 1.

유화 (榴花) 명 석류나무의 꽃.

유:화 (類化) 명하자 같은 종류의 물질이 서로 동화 작용을 함.

유화-구 (油畵具) 명 〖미술〗 **1** 유화를 그리는 데 쓰는 기구《물감·붓·기름·캔버스 따위》. **2** 유화의 채색 물감.

유화 정책 (宥和政策) 국내·국제 정치에서, 상대방의 적극적이고 강경한 요구에 양보·타협하여 직접 충돌을 피하고 긴장을 완화함으로써 해결을 도모하려는 온건한 정책.

유화-하다 (柔和-) 형여 성질이 부드럽고 온화하다.

유황 (硫黃) 명 〖화〗 황(黃)[2].

유황-불 (硫黃-)[-뿔] 명 황이 탈 때 생기는 파란 불.

유황-천 (硫黃泉) 명 〖지〗 1kg의 물 가운데에 2mg 이상의 황이 들어 있는 광천《피부병·신경통·당뇨병 등의 치료에 씀》. 유황샘.

유회 (油灰) 명 기름·재·솜을 섞어 만든 물건《창살에 유리를 끼우거나 목재의 구멍을 메우는 데 씀》.

유회 (幽懷) 명 마음속 깊이 품은 생각.

유회 (流會) 명하자 성원이 안 되거나 그 밖의 이유로 회의가 성립되지 않음. ❑ 정기 총회가 성원 미달로 ~되다. ↔성회(成會).

유회 (遊回) 명하타 이리저리 돌아다님.

유회 (儒會) 명 유생(儒生)들의 모임.

유회-색 (黝灰色) 명 회색을 띤 검푸른 색.

유:효 (有效) 명하형히부 **1** 효과나 효력이 있음. ❑ ~ 기간이 지나다 / 건강에 ~한 처방 / 이 계약은 아직 ~하다. ↔무효. **2** 유도에서, 공격한 기술이 부분적으로만 성공하여 등의 일부가 매트에 닿았을 때, 또는 누르기를 20-25초 해냈을 때 내리는 판정《절반보다 낮지만 효과보다는 높은 점수로 평가됨》.

유:효 사거리 (有效射距離) 〖군〗 탄환을 발사하였을 때에 살상이나 파괴 효과를 거둘 수 있는 거리. 유효 사정.

유:효 사정 (有效射程) 유효 사거리.

유:효 수요 (有效需要) 〖경〗 실제로 구매력을 가진 수요. ↔잠재 수요.

유:효 숫:자 (有效數字)[-수짜 / -숟짜] **1** 0을 제외한 1에서 9까지의 숫자. **2** 어느 수 가운데 유효한 또는 뜻이 있는 행수(行數)의 숫자. 곧, 근삿값에서 버려지지 않는 숫자.

유:효적절-하다 (有效適切-)[-쩔-] 형여 아주 효과적이고 알맞다. ❑ 유효적절한 조치를 취하다 / 자원을 유효적절하게 이용하다.

유:훈 (有勳) 명 공훈이 있음. ❑ ~ 장병.

유훈 (遺訓) 명 죽은 사람이 생전에 남긴 훈계. 유계(遺戒). ❑ 선친의 ~을 받들어 실천하다.

유휴 (遊休) 명 쓰지 아니하고 놀림. ❑ ~ 노동력 / ~ 시설을 활용하다.

유휴 자본 (遊休資本) 생산에 활용되고 있지 않은 자본. 준 유자(遊資).

유휴-지 (遊休地) 명 사용하지 않고 묵히고 있는 땅. ❑ ~를 개간하다.

유흔 (遺痕) 명 **1** 끼친 자취. **2** 남은 흔적.

유흥 (遊興) 명하자 흥겹게 놂. ❑ ~ 시설 / ~에 빠지다 / ~을 즐기다.

유흥-가 (遊興街) 명 술집 등 놀 수 있는 장소가 모여 있는 거리.

유흥-비 (遊興費) 명 유흥에 쓰는 비용.

유흥-업 (遊興業) 명 유흥 시설을 갖추고 하는 영업. 풍속(風俗)영업.

유흥업-소 (遊興業所)[-쏘] 명 유흥업을 경영하는 곳. ❑ 공직자의 ~ 출입 금지.

유희 (遊戲)[-히] 명하자 **1** 즐겁게 놀며 장난함. 또는 그런 행위. ❑ ~ 본능. **2** 유치원·초등학교 등에서, 일정한 방법으로 재미있게 하는 율동.

유희-요 (遊戲謠)[-히-] 명 〖문〗 놀면서 부르는 노래. 생활상의 일정한 기능을 가진 민요로서, 강강수월래·놋다리밟기·줄다리기 등을 하면서 부름.

육 (肉) 명 **1** 짐승의 고기. 살코기. **2** '육체(肉體)'의 준말. ❑ ~과 영.

육 (六) 수관 여섯. ❑ ~ 개월 / 4에 2를 더하면 ~이다.

육 가야 (六伽倻)[-까-] 〖역〗 삼한(三韓) 때에, 낙동강 하류 유역에 있던 여섯 가야. 금관(金官)가야·아라(阿羅)가야·고령(古寧)가야·소(小)가야·대(大)가야·성산(星山)가야를 이름.

육각 (六角)[-깍] 명 **1** 〖악〗 북·장구·해금·피리 및 태평소 한 쌍의 총칭. **2** 육모.

육각(을) 잡히다 구 육각을 갖추어 음률(音律)을 아뢰다.

육각-정 (六角亭)[-깍쩡] 명 육모정.

육각-형 (六角形)[-까켱] 명 여섯 개의 직선으로 둘러싸인 평면 도형. 육모꼴.

육간-대청 (六間大廳)[-깐-] 명 여섯 칸이 되는 넓은 마루.

육감 (六感)[-깜] 명 '제육감(第六感)'의 준말. ❑ ~이 맞아떨어지다 / ~으로 알다.

육감 (肉感)[-깜] 명 육체에서 풍기는 느낌. 특히 성적인 느낌.

육감-적 (六感的)[-깜-] 관명 순간적 또는 본능적으로 느낌이 드는 (것). ❑ ~ 판단.

육감-적 (肉感的)[-깜-] 관명 성적인 느낌을 주는 (것). ❑ ~(인) 자태.

육갑 (六甲)[-깝] 명하자 **1** '육십갑자'의 준말. **2** 남의 언행을 얕잡아 일컫는 말. ❑ 병신 ~하고 있네 / ~ 떨지 마라.

육갑을 짚다 구 ㉠ 나이를 가지고 태어난 해의 육갑을 헤아리다. ㉡ 생년월일로 길흉화복을 헤아리다.

육-개장 (肉-醬)[-깨-] 명 쇠고기를 삶아서 알 맞게 뜯어 넣고 고춧가루·파·마늘·후춧가루 따위의 갖은 양념을 하여 얼큰하게 끓인 국. 육개탕.

육경 (六卿)[-경] 명 《역》육조(六曹) 판서.

육경 (六經)[-경] 명 중국의 여섯 경서(역경·서 경·시경·춘추·예기·주례).

육경 (六境)[-경] 명 《불》육식(六識)의 대상이 되는 여섯 경계(색(色)·성(聲)·향(香)·미 (味)·촉(觸)·법(法)의 총칭).

육계 (六界)[-계 /-께] 명 《불》1 육도(六道). 2 육대(六大).

육계 (肉界)[-계 /-께] 명 육신의 세계. 육체 또는 육체가 작용하는 범위. ↔영계(靈界).

육계 (肉桂)[-계] 명 5~6년 이상 자란 계수나무의 두꺼운 껍질(건위제·강장제 로 씀). 판계(板桂). 계피.

육계 (肉髻)[-계] 명 부처의 정수리에 상투처럼 돌기한 살의 혹. 부처 32상(相) 의 하나. 무견정상(無見頂相).

육계 (肉鷄)[-계] 명 고기닭.

육계-도 (陸繫島)[-계- /-께-] 명 《지》사주 (砂洲)에 의해 육지와 이어진 섬. 목섬.

육계-주 (肉桂酒)[-계- /-께-] 명 육계 껍질을 소주에 넣고, 설탕을 타서 발효시킨 술. 건위 제 따위로 씀. 계피주.

육고 (肉庫)[-꼬] 명 《역》각 관아에 딸렸던 푸 줏간.

육고-자 (肉庫子)[-꼬-] 명 《역》육고에 딸려 관아에 육류를 진상(進上)하던 관노(官奴). 육직(肉直).

육과 (肉果)[-꽈] 명 《식》다육과(多肉果).

육-관음 (六觀音)[-꽈늠] 명 《불》육도(六道)의 중생을 제도하는 육체(六體)의 관세음. 성관 음(聖觀音)·천수(千手)관음·마두(馬頭)관음· 십일면(十一面)관음·준지(准胝)관음·여의륜 (如意輪)관음의 총칭.

육괴 (肉塊)[-꾀] 명 1 고깃덩어리1. 2 살찐 사 람을 농으로 이르는 말.

육교 (肉交)[-꾜] 명하자 남녀 간의 성교.

육교 (陸橋)[-꾜] 명 1 교통이 번잡한 도로나 철로 위에 공중으로 건너질러 놓은 다리. 가 도교(架道橋). □~를 건너다 /~를 세우다. 2 움푹 팬 곳이나 골짜기 따위를 건너도록 걸 쳐 놓은 다리. 구름다리. 3 《지》대륙이나 섬 사이를 이어서 생물의 이동을 가능하게 하는 폭이 좁고 긴 땅.

육구 (肉灸)[-꾸] 명 《한의》뜸2.

육국 (六國)[-꾹] 명 《역》중국 전국 시대의 제 후국(諸侯國) 중에서 진(秦)나라를 제외한 여 섯 나라(초(楚)·연(燕)·제(齊)·한(韓)·위(魏)· 조(趙)).

육군 (陸軍)[-꾼] 명 《군》땅 위에서의 전투를 임무로 하는 군대. *공군·해군.

육군 대·학 (陸軍大學)[-꾼-] 명 《군》육군의 고 급 지휘관 및 참모들의 기능 숙달과 지성을 세련·배양시키는 육군 최고의 군사 교육 기 관. 준육대.

육군 보·병 학교 (陸軍步兵學校)[-꾼-꾜] 《군》 보병에 관한 전술 및 학술상의 교육을 실시 하는 학교(육군 장교를 재교육함). 준보병 학교.

육군 본부 (陸軍本部)[-꾼-] 《군》국방부 소 속으로 육군의 최고 통수 기관. 준육본.

육군 사·관 학교 (陸軍士官學校)[-꾼-꾜] 《군》육군에서, 초급 장교를 양성하기 위하

여 설립한 4년제 군사 학교(소위로 임관 함). 준육사.

육권 (陸圈)[-꿘] 명 지구에서 육지의 범위. *수권(水圈).

육근 (六根)[-끈] 명 《불》육식(六識)을 낳는 여 섯 가지 근원(눈·귀·코·혀·몸·뜻의 총칭).

육근 청정 (六根淸淨)[-끈-] 《불》진리를 깨 달아서 육근의 탐욕과 집착을 끊고 깨끗해지 는 일.

육기 (六氣)[-끼] 명 《철》중국 철학에서, 천지 간의 여섯 가지 기운(음(陰)·양(陽)·풍(風)· 우(雨)·회(晦)·명(明)).

육기 (肉氣)[-끼] 명 1 살기. □~가 좋다. 2 육 미(肉味)1.

육-기통 (六氣筒)[-끼-] 명 6개의 실린더가 있 는 내연 기관(주로 자동차용 기관).

육니-하다 (忸怩-)[융-] 형여 부끄럽고 창피하 다.

육다골소 (肉多骨少)[-따-쏘] 명하함 살이 많 고 뼈가 적음.

육-달월 (肉-月)[-따뤌] 명 한자 부수의 하나 ('胎'·'育' 등에서 '月'의 이름. '고기육(肉)' 부수의 변형임).

육담 (肉談)[-땀] 명 음담(淫談) 등과 같은, 저 속하고 품격이 낮은 말이나 이야기. □~을 늘어놓다.

육대 (六大)[-때] 명 《불》만물을 생성하는 여 섯 가지 요소(지(地)·수(水)·화(火)·풍(風)· 공(空)·식(識)의 총칭). 육계(六界).

육대-손 (六代孫)[-때-] 명 곤손(昆孫).

육-대주 (六大洲)[-때-] 명 《지》지구 위의 여 섯 대륙. 아시아·아프리카·유럽·북아메리카· 남아메리카·오세아니아의 총칭. □오대양 ~ 로 진출하다.

육덕[1] (六德)[-떡] 명 《철》'육원덕(六元德)'의 준말.

육덕[2] (六德)[-떡] 수관 소수의 단위의 하나. 찰 나의 십분의 일. 허공(虛空)의 십 배. 곧 10^{-19}.

육덕 (肉德)[-떡] 명 몸이 살져 덕스러운 모양. □~이 좋다.

육도 (六道)[-또] 명 《불》모든 중생이 선악의 업인(業因)에 의해, 윤회하는 여섯 가지의 세 계(지옥·아귀·축생·수라·인간·천상(天上)).

육도 (六韜)[-또] 명 중국 주(周)나라 태공망(太 公望)이 지은 병법서(兵法書). 6권 60편.

육도 (六道)[-또] 명 '대륙도'의 준말.

육도 (陸稻)[-또] 명 밭벼. ↔수도(水稻).

육도-삼략 (六韜三略)[-또-냑] 명 중국 주(周) 나라 태공망이 지은 육도와 진(秦)나라 황석 공(黃石公)이 지은 삼략의 병법서.

육독 (肉毒)[-똑] 명 썩은 고기에서 생기는 독.

육-두구 (肉豆蔲)[-두-] 명 《식》육두구과의 상 록 교목. 열대 지방에 나며, 높이가 약 20m, 잎은 두꺼우며, 방향(芳香)이 있음. 과실은 달걀꼴로 익으며, 익으면 아래로 늘어짐. 종자는 약이나 향미료 등으로 씀. 준두구.

육두-문자 (肉頭文字)[-뚜-짜] 명 육담(肉談) 따위의 상스러운 말. □~를 퍼붓는다.

육량 (肉量)[융냥] 명 고기를 먹는 양.

육량 (陸梁)[융냥] 명하자 1 뒤섞여 어지러이 달 림. 2 제멋대로 날뜀.

육려 (六呂)[융녀] 명 《악》십이율 중 음성(陰 聲)에 속하는 여섯 가지 소리. 곧, 대려(大 呂)·협종(夾鐘)·중려(仲呂)·임종(林鐘)·남려 (南呂)·응종(應鐘).

육력 (戮力)[융녁] 명하자 서로 힘을 모아 합함. 협력함.

육련-성 (六連星)[융년-] [명] 〖천〗 묘성(昴星).
육례 (六禮)[융녜] [명] **1** 유교 사회에서 행하는 여섯 가지 큰 의식. 곧, 관(冠)·혼·상(喪)·제·향음주례(鄕飮酒禮)·상견(相見)의 총칭. **2** 혼인의 여섯 가지 예법. 곧, 납채(納采)·문명(問名)·납길(納吉)·납폐(納幣)·청기(請期)·친영(親迎). ❑ ~를 갖추다 / ~를 치르고 부부가 되다.
육로 (陸路)[융노] [명] 육상(陸上)의 길. 한로(旱路). ❑ ~를 이용하다.
육룡 (六龍)[융농] [명] **1** 수레를 끄는 여섯 마리의 말이라는 뜻으로, 임금의 어가를 이르는 말. **2** 여섯 마리의 용.
육류 (肉類)[융뉴] [명] 먹을 수 있는 짐승의 고기 종류. ❑ ~ 소비가 늘다.
육류 (肉瘤)[융뉴] [명] 육(肉)혹.
육륜 (肉輪)[융뉸] [명] 아래위의 눈꺼풀.
육률 (六律)[융뉼] [명] 〖악〗 십이율 중 양성(陽聲)에 속하는 여섯 가지 소리. 곧, 태주(太簇)·고선(姑洗)·황종(黃鐘)·이칙(夷則)·무역(無射)·유빈(蕤賓). [준]율.
육림 (育林)[융님] [명] 산이나 들에 계획적으로 나무를 심어 숲을 가꾸는 일. ❑ ~ 사업.
육림-업 (育林業)[융니멉] [명] 나무를 심고 길러서 목재를 생산하는 사업.
육면-체 (六面體)[융-] [명] 〖수〗 여섯 개의 평면에 둘러싸인 입체.
육-모 (六-)[융-] [명] 여섯 개의 직선에 싸인 평면. 육각(六角). ❑ ~가 지다.
육모 방망이 (六-)[융-] 〖역〗 포졸·역졸들이 가지고 다니던 여섯 모가 진 방망이.
육모-얼레 (六-)[융-] [명] 모서리가 여섯으로 된 얼레.
[육모얼레에 연줄 감듯] 무엇을 둘둘 잘 감는다는 뜻.
육모-정 (六-亭)[융-] [명] 지붕이 여섯 모가 지게 지은 정자. 육각정.
육목 (六目)[융-] [명] 타짜꾼이 쓰기 위해 일부러 맞추어 만든 60장으로 된 투전.
육묘 (育苗)[융-] [명][하자] 묘목(苗木)이나 모를 기름. ❑ ~ 농사.
육미 (六味)[융-] [명] 여섯 가지의 맛《쓴맛·신맛·단맛·매운맛·짠맛·싱거운 맛》.
육미 (肉味)[융-] [명] **1** 짐승의 고기로 만든 음식. 육기(肉氣). **2** 고기의 맛.
육미-붙이 (肉味-)[융-부치] [명] 각종 짐승의 고기. 육속(肉屬). [준]육붙이.
육미-탕 (六味湯)[융-] [명] 〖한의〗 보약의 한 가지. 숙지황(熟地黃)·산약·산수유·백복령·목단피(牧丹皮)·택사(澤瀉) 등으로 지음. 지황탕(地黃湯).
육-바라밀 (六波羅蜜)[-빠-] [명] 〖불〗 열반(涅槃)에 이르기 위한 보살의 여섯 가지 수행. 곧, 보시·지계(持戒)·인욕·정진(精進)·선정(禪定)·지혜. 육도(六度).
육박 (肉薄·肉迫)[-빡] [명][하자타] 바싹 가까이 다가감. ❑ 인구가 100만에 ~하다 / 위협 수위에 ~하다 / 세계 수준에 ~하다.
육박-전 (肉薄戰)[-빡쩐] [명] 〖군〗 적과 직접 맞붙어 총검으로 치고받는 전투. ❑ 치열한 ~을 벌이다 / 한바탕 ~이 벌어지다.
육-반구 (陸半球)[-빤-] [명] 〖지〗 육지를 많이 포함한 지구의 반구. 영국 해협을 극(極)으로 한 북반구《전면적의 47%가 육지이며, 유라시아·아프리카 및 미국 대륙의 대부분을 포함함. 세계 육지 면적의 90% 차지함》. ↔수반구(水半球).
육발-이 (六-)[-빠리] [명] 〈속〉 **1** 발가락이 여섯인 사람. **2** 바퀴가 여섯 개 달린 자동차.
육방 (六房)[-빵] [명] 〖역〗 조선 때, 승정원 및 각 지방 관아에 두었던 이방·호방·예방·병방·형방·공방의 총칭.
육방 관속 (六房官屬)[-빵-] 〖역〗 지방 관아의 육방에 딸린 이속(吏屬).
육-방망이 (六-)[-빵-] [명] 방망이 여섯 개를 가로 꿰어 열두 사람이 메는 상여.
육방 승지 (六房承旨)[-빵-] 〖역〗 승정원(承政院)의 육방에 딸렸던 승지.
육방 정계 (六方晶系)[-빵- / -빵-게] 〖광〗 결정계(結晶系)의 하나. 한 수평면 위에 길이가 같은 세 개의 결정축(結晶軸)이 서로 120°의 교각(交角)을 이루면서 교차하고 이것들과 상하로 직각이 되게 교차하는 결정축으로 되어 있는 일군의 결정.
육밭-고누 (六-)[-빧꼬-] [명] 말밭이 여섯으로 된 고누 놀이의 한 가지. 노는 법은 네밭고누와 같음.
육백 (六白)[-빽] [명] 〖민〗 음양설에서 이르는 구성(九星)의 하나《금성(金星)》.
육백 (六百)[-빽] [명] 화투 놀이의 하나《득점수가 600점이 될 때까지 겨룸》. ❑ ~을 치다.
육법 (六法)[-뻡] [명] 〖법〗 여섯 가지의 기본이 되는 법률《헌법·형법·민법·상법·형사 소송법·민사 소송법》.
육법-전서 (六法全書)[-뻡쩐-] [명] 육법과 그것에 딸린 법규 등을 모아 엮은 책.
육보 (肉補)[-뽀] [명][하자] 고기붙이를 먹어서 몸을 보함.
육본 (陸本)[-뽄] [명] 〖군〗 '육군 본부'의 준말.
육봉 (肉峰)[-뽕] [명] 〖동〗 낙타 등의 살가죽 밑에 지방이 모여 불거진 큰 혹《단봉과 쌍봉(雙峰)이 있음》.
육부 (六部)[-뿌] [명] 〖역〗 **1** 신라 때, 씨족 중심으로 나눈 경주의 여섯 행정 구획. 급량부(及梁部)·사량부(沙梁部)·본피부(本彼部)·모량부(牟梁部)·한기부(漢祇部)·습비부(習比部). **2** 고려 때, 상서성(尙書省)의 예하에서 주요한 국무를 맡아보던 이부(吏部)·호부(戶部)·병부(兵部)·예부(禮部)·형부(刑部)·공부(工部)의 여섯 관아.
육부 (六腑)[-뿌] [명] 〖한의〗 배 속의 여섯 기관(器官)《대장·소장·위·담·방광·삼초(三焦)》. *오장(五臟).
육분의 (六分儀)[-뿌늬 / -뿌니] [명] 〖물〗 항해술·측량술 등에 있어, 임의의 두 점 사이의 각도나 태양·달·항성 등의 고도를 재어 현재 있는 위치를 알아내는 데 쓰는 기계.
육붕 (陸棚)[-뿡] [명] 〖지〗 대륙붕(大陸棚).
육-붙이 (肉-)[-뿌치] [명] '육미붙이'의 준말.
육사 (六司)[-싸] [명] 〖역〗 고려 때, 나라의 주요한 일을 맡아보던 관아. 전리사(典理司)·판도사(版圖司)·군부사(軍簿司)·전법사(典法司)·예의사(禮儀司)·전공사(典工司).
육사 (六邪)[-싸] [명] 나라에 해로운 여섯 종류의 신하. 곧, 사신(邪臣)·구신(具臣)·유신(諛臣)·간신(奸臣)·참신(讒臣)·적신(賊臣). 육사신(六邪臣). ↔육정(六正).
육사 (陸士)[-싸] [명] 〖군〗 '육군 사관 학교'의 준말.
육산 (陸産)[-싼] [명] '육산물'의 준말. ↔수산.
육산-물 (陸産物)[-싼-] [명] 육지에서 나는 물건. ↔수산물. [준]육산.
육상 (陸上)[-쌍] [명] **1** 육지의 위. ❑ ~ 운송 / ~ 근무. **2** '육상 경기'의 준말. ❑ 단거리 ~

선수.

육상 경:기(陸上競技)[-쌍-] 달리기·뛰기·던지기를 기본 동작으로 하여 땅 위에서 하는 운동 경기의 총칭(트랙 경기·필드 경기·마라톤 따위). ⓒ육상.

육색(肉色)[-쌕] 圏 1 살빛. 2 사람의 살빛처럼 불그스름한 빛깔.

육서(六書)[-써] 圏 1 한자의 구조 및 사용에 관한 여섯 가지의 명칭. 곧, 상형(象形)·지사(指事)·회의(會意)·형성(形聲)·전주(轉注)·가차(假借). 2 한자의 여섯 가지 서체. 곧, 대전(大篆)·소전(小篆)·팔분(八分)·예서(隷書)·행서(行書)·초서(草書). 또는 고문(古文)·기자(奇字)·전서(篆書)·예서(隷書)·무전(繆篆)·충서(蟲書). ⓒ육체(六體).

육서(陸棲)[-써] 圏하자 육지에서 삶. ▷~ 동물은 뭍살이 동물이라고도 일컫는다. ↔수서(水棲).

육-섣달(六-)[-썯딸] 圏 유월과 섣달.

육성(肉聲)[-썽] 圏 사람의 입에서 직접 나오는 소리. ▷고인의 ~을 담은 테이프.

육성(育成)[-썽] 圏하타 길러 자라게 함. ▷후계자를 ~하다 / 지역 우수 대학을 집중 ~하다 / 중산층 ~에 역점을 두다 / 중소기업이 ~되다.

육성-층(陸成層)[-썽-] 圏 〖지〗 육지에 물 또는 바람의 작용으로 이루어진 지층.

육성-회(育成會)[-썽-] 圏 〖교〗 학교 운영을 지원하고 학생들의 복지를 증진하며 학교 교육의 정상화를 기하기 위하여, 학부모 및 유지들로 조직되던 모임《1996년 6월부터 학부모회로 바뀜》.

육속(肉屬)[-쏙] 육미붙이.

육속(陸續)[-쏙] 圏하자 끊이지 않고 계속함.

육손-이(六-)[-쏘니] 圏 손가락이 여섯 개 달린 사람.

육송(陸松)[-쏭] 圏 〖식〗 소나무.

육송(陸送)[-쏭] 圏하타 육지에서 물건을 실어 나름.

육수(肉水)[-쑤] 圏 고기를 삶아 낸 물. ▷냉면 ~.

육수(陸水)[-쑤] 圏 〖지〗 호수·하천·지하수 및 물웅덩이 등 바닷물을 제외한 지구 상의 물. ↔해수(海水).

육수-꽃차례(肉穗-次例)[-쑤꼳-] 圏 〖식〗 무한(無限)꽃차례의 하나. 꽃대의 주위에 꽃자루가 없는 수많은 잔꽃이 모여 피는 꽃차례《옥수수·천남성 따위》. 육수 화서.

육수-학(陸水學)[-쑤-] 圏 호수나 하천 따위의 육수(陸水)에 관하여 물리적·화학적·생물학적으로 연구하는 과학.

육수 화서(肉穗花序)[-쑤-] 〖식〗 육수꽃차례.

육순(六旬)[-쑨] 圏 1 예순 날. 2 예순 살. ▷~의 어머니 / ~을 바라보는 나이가 되다.

육시(戮屍)[-씨] 圏하타 이미 죽은 사람의 시체에 다시 목을 베는 형벌을 가함.

육시-랄(戮屍-)[-씨-] 圊 '육시를 할'이 줄어든 말로, 상대를 저주하여 욕으로 하는 소리. ▷아니, 이런 ~ 놈이 있나. ◆우라질.

육식(六識)[-씩] 圏 〖불〗 육경(六境)을 인식하는 안식(眼識)·이식(耳識)·비식(鼻識)·설식(舌識)·신식(身識)·의식(意識)의 총칭.

육식(肉食)[-씩] 圏하자 1 음식으로 고기를 먹음. 또는 그런 식사. ▷~을 피하다. ↔채식(菜食). 2 동물이 다른 동물을 먹이로 하는 일. ↔초식(草食).

육식-가(肉食家)[-씩까] 圏 고기를 즐겨 먹는 사람.

육식 동:물(肉食動物)[-씩똥-] 〖동〗 동물의 고기를 먹이로 하는 동물. 식육류(食肉類). ＊잡식 동물(雜食動物)·초식 동물.

육식-수(肉食獸)[-씩쑤] 〖동〗 다른 짐승을 잡아먹는 짐승.

육식-조(肉食鳥)[-씩쪼] 圏 〖조〗 솔개나 매 따위와 같이, 다른 새나 짐승을 잡아먹는 사나운 새.

육식-처대(肉食妻帶)[-씩-] 圏 〖불〗 승려가 고기를 먹고 아내를 가짐.

육식-충(肉食蟲)[-씩-] 圏 〖동〗 곤충이나 작은 동물을 잡아먹는 곤충《물방개·잠자리·무당벌레 따위》. 식육성 곤충. 포식충.

육신(六神)[-씬] 圏 〖민〗 오방(五方)을 지킨다는 여섯 신. 곧, 청룡은 동, 백호는 서, 주작(朱雀)은 남, 현무(玄武)는 북, 구진(句陳)·등사(螣蛇)는 중앙을 각각 지킴.

육신(肉身)[-씬] 圏 1 육체. ▷~의 고통 / ~이 병들다. 2 대종교에서 말하는, 영혼의 현신(現身). 곧, 인성(人性). ↔영신(靈神).

육신 승천(肉身昇天)[-씬-] 〖종〗 백일 승천(白日昇天).

육십(六十)[-씹] 주관 예순. ▷나이 ~에 손자를 보았다 / ~ 명 / ~ 줄.

육십-갑자(六十甲子)[-씹깝짜] 圏 〖민〗 천간(天干)의 갑(甲)·을(乙)·병(丙)·정(丁)·무(戊)·기(己)·경(庚)·신(辛)·임(壬)·계(癸)와, 지지(地支)의 자(子)·축(丑)·인(寅)·묘(卯)·진(辰)·사(巳)·오(午)·미(未)·신(申)·유(酉)·술(戌)·해(亥)를 순차로 배합하여 예순 가지로 늘어놓은 것. ⓒ육갑.

육십분-법(六十分法)[-씹뿐뻡] 圏 〖수〗 각도의 단위를 정하는 법. 직각의 90분의 1을 1도, 1도의 60분의 1을 1분, 1분의 60분의 1을 1초로 함. ＊백분법.

육십사-괘(六十四卦)[-씹싸-] 圏 〖민〗 주역(周易)에서, 팔괘를 두 괘씩 겹쳐 얻은 64가지의 괘.

육십진-법(六十進法)[-씹찐뻡] 圏 〖수〗 60을 한 단위로 하여 자릿수를 셈하는 기수법(記數法)《고대 바빌로니아 때에 비롯된 것으로, 오늘날에도 시간이나 각도의 분, 초는 이 법에 따름》.

육아(肉芽)[-아] 圏 1 주아(珠芽). 2 육아 조직.

육아(育兒)[-아] 圏 어린아이를 기름. ▷~ 일기 / ~를 전담하다.

육아-낭(育兒囊)[-아-] 圏 〖동〗 캥거루 따위 짐승의 암컷의 아랫배에 있는, 새끼를 넣어 기르는 주머니.

육아-원(育兒院)[-아-] 圏 고아·기아(棄兒) 또는 의뢰를 받은 어린아이를 기르기 위한 집. ＊고아원(孤兒院).

육아 조직(肉芽組織)[-아-] 〖생〗 외상 따위로 염증이 생겼을 때 상처가 아무는 과정에서 심부(深部)에서 발달해 나오는 선홍색(鮮紅色)·과립상(顆粒狀)의 결합(結合) 조직. 육아.

육안(肉眼)[-안] 圏 1 안경을 쓰지 않고 직접 보는 눈. 또는 그 시력. 맨눈. ▷~으로 식별이 가능하다. 2 식견 없이 표면적인 현상만을 보는 것. ↔심안(心眼). 3〖불〗 오안(五眼)의 하나. 인간의 육체에 갖추어진 가시적인 것만을 볼 수 있는 범부(凡夫)의 눈.

육양(育養)[-양] 圏하타 양육(養育).

육양(陸揚)[-양] 圏하타 양륙(揚陸).

육언(六言)[-언] 圏 한시(漢詩)에서, 여섯 자로 한 구를 이루는 형식.

육-연풍(陸軟風)[용년-] 圏 《지》 육풍(陸風).
↔해연풍(海軟風).

육영(肉癭) 圏 육흑.

육영(育英) 圏⑧困 영재(英才)를 가르쳐 기름.
곧, 교육을 일컬음.

육영(育嬰) 圏⑧困 어린아이를 기르고 가르침.

육영 사:업(育英事業) 《사》 육영 단체·교육
기관 따위를 직접 운영하거나 육영 재단 따
위를 설립하여 젊은이들을 교육하는 사업.
□ 젊은 나이에 ~에 뛰어들다.

육영 재단(育英財團) 《법》 육영 사업을 목적
으로 결성한 재단.

육예(六藝) 圏 고대 중국 교육의 여섯 가지 과
목. 곧, 예·악·사(射)·어(御)·서·수. 육학(六
學).

육욕(肉慾) 圏 육체의 쾌락을 구하는 욕망(성
욕·색욕·육정(肉情)).

육욕(戮辱) 圏 큰 치욕.

육욕-적(肉慾的)[-육쩍] 圏圏 육체에 관하여
정욕을 느끼는 (것). 관능적(官能的).

육-육천(六欲天)[용뉵-] 圏 《불》 욕계(欲界)의
여섯 하늘. 곧, 사천왕(四天王)천·도리(忉利)
천·야마(夜摩)천·도솔(兜率)천·낙변화(樂變
化)천·타화자재(他化自在)천. ⑨육천.

육용(肉用) 圏⑧타 식육(食肉)으로 씀. 또는 그
런 것.

육용-종(肉用種) 圏 소·양·닭 등의 짐승이나
새 가운데서, 고기를 얻기 위하여 기르는 품
종. ↔난용종(卵用種).

육우(肉牛) 圏 고기소². □ ~를 방목(放牧)하다.

육운(陸運) 圏 육상에서 하는 여객 및 화물의
운송. ＊공운·해운.

육-원덕(六元德) 圏 《철》 사람으로서 갖추어
야 할 여섯 가지 도의(知)·인·성(聖)·의·
충·화(和)》. ⑨육덕(六德).

육위(六衛) 圏 《역》 고려 때, 군대의 편제인
여섯 위. 곧, 좌우위(左右衛)·신호위(神虎衛)·
흥위위(興威衛)·금오위(金吾衛)·천우위(千牛
衛)·감문위(監門衛).

육의-전(六矣廛)[유긔- / 유기-] 圏 《역》 육주
비전(六注比廛).

육이오 전:쟁(六二五戰爭) 《역》 1950년 6월
25일 새벽, 38°선 전역에 걸쳐 북한군이 기
습적으로 남침함으로써 일어난 전쟁. 1953년
7월 27일에 휴전이 이루어져 휴전선을 확정
하였으며, 휴전 상태가 오늘날까지 지속되고
있음. 한국 전쟁. ⑨육이오.

육자(肉刺)[-짜] 圏 티눈.

육자 명호(六字名號)[-짜-] 《불》 ‘나무아미
타불’의 여섯 자로 이루어진 아미타불의 명
호. ⑨육자.

육자-배기(六字-)[-짜-] 《악》 잡가의 하
나. 곡조가 활발하고, 진양조장단이며 남도
지방에서 널리 불려짐.

육자 염:불(六字念佛)[-짜-] 《불》 나무아미
타불의 여섯 글자를 외는 念불.

육장(六場)[-짱] ⊟圏 한 달에 여섯 번을 서는
장. ⊟囝 항상. 늘. □ ~ 돈 에기다.

육장(肉醬)[-짱] 圏 새나 짐승의 고기를 끓인
국물.

육장(을) 내다 囝 《속》 초주검이 되게 몹시
때리다.

육장(肉醬)[-짱] 圏 쇠고기를 잘게 썰어서 간
장에 조린 반찬. ＊포조림.

육재-일(六齋日)[-째-] 圏 《불》 한 달 가운데
깨끗이 재계하는 6일. 곧, 음력 8·14·15·23·
29·30일.

육적(六賊)[-쩍] 圏 《불》 육진(六塵).

<hr/>

1837   **육진**

육적(肉的)[-쩍] 圏圏 육체와 관련되는 (것).
□ ~ 쾌락.

육적(肉炙)[-쩍] 圏 고기를 양념장에 쟁였다가
구운 적《제사나 잔치 때 씀》.

육적(肉積)[-쩍] 圏 《한의》 늘 육식만을 하여
위가 탈이 나서, 먹은 것이 소화되지 않고 단
단히 뭉쳐 있는 병.

육전(肉錢)[-쩐] 圏 살돈2.

육전(陸戰)[-쩐] 圏 《군》 육지에서의 싸움.

육-젓(六-)[-쩟] 圏 유월에 잡은 새우로 담근
젓《이 무렵의 새우가 맛있다고 함》.

육정(六正)[-쩡] 圏 나라에 이로운 여섯 신하.
곧, 성신(聖臣)·양신·충신·지신(智臣)·정신
(貞臣)·직신(直臣). ↔육사(六邪).

육정(六情)[-쩡] 圏 사람의 여섯 가지 감정.
곧, 희(喜)·노·애(哀)·낙·애(愛)·오(惡).

육정(肉情)[-쩡] 圏 육욕(肉慾).

육조(六曹)[-쪼] 圏 《역》 고려와 조선 때의 주
요한 국무를 처리하던 여섯 관부(官府)《이조·
호조·예조·병조·형조·공조》.

육조(六朝)[-쪼] 圏 《역》 중국의 왕조 이름.
후한(後漢) 멸망 이후 수(隋)의 통일까지 건
업(建業), 곧 지금의 난징(南京)에 도읍하였
던 오·동진(東晉)·송·제(齊)·양(梁)·진(陳)의
총칭.

육조 판서(六曹判書)[-쪼-] 《역》 육조의 판
서. 육경(六卿). ⑨육판서.

육족(六足)[-쪽] 圏 발이 모두 여섯 개라는 뜻
으로, 말과 마부의 일컬음.

육종(肉腫)[-쫑] 圏 《의》 종양(腫瘍).

육종(育種)[-쫑] 圏⑧타 《농》 생물이 가진 유
전적 성질을 이용하여 새로운 품종을 만들어
내거나 기존 품종을 개량하는 일.

육-주비전(六注比廛)[-쭈-] 圏 《역》 조선 때,
서울 among종로(鐘路)의 으뜸이 되는 여섯
전《선전(縇廛)·면포전(綿布廛)·면주전(綿紬
廛)·지전(紙廛)·저포전(紵布廛)·내외 어물전
(內外魚物廛)》. 육의전(六矣廛).

육중-주(六重奏)[-쭝-] 圏 《악》 여섯 사람의
연주가가 각각 서로 다른 악기로 연주하는
음악《현악 육중주·관악 육중주·관현악 육중
주 등이 있음》.

육중-하다(肉重-)[-쭝-] 圏앤 투박하고 무겁
다. □ 육중한 몸집 / 육중하고 둔탁한 소리.

육즙(肉汁)[-쯥] 圏 쇠고기를 다져 삶아 짠 국
물. □ ~이 진하다.

육지(陸地)[-찌] 圏 1 물에 잠기지 않은 지구
표면. 땅. 2 섬에 상대하여 대륙과 연결되어
있는 땅. □ ~ 사람들.

육-지니(-)[-찌-] 圏 아직 날지 못할 때 잡
아다가 길들인, 한 살이 되지 않은 매.

육지-면(陸地面)[-찌-] 圏 육지의 표면. □ ~
이 해면보다 낮다.

육지-면(陸地棉)[-찌-] 圏 《식》 목화의 대표
적인 한 품종. 미국이 원산지임. 잎이 크고
3-5갈래로 깊이 째졌으며, 희거나 담황색의
꽃이 큼직함. 섬유가 길어서 옷감으로 만들
기에 좋음. 미국면(棉). ↔재래면.

육지-행선(陸地行船)[-찌-] 圏 육지에서 배를
저으려 한다는 뜻으로, 되지 않는 일을 억지
로 하려고 함의 비유.

육직(肉直)[-찍] 圏 《역》 육고자(肉庫子).

육진(六塵)[-찐] 圏 《불》 인간의 심성(心性)을
더럽히는 육식(六識)의 대상계(對象界). 곧,
색·성(聲)·향·미(味)·촉·법의 여섯 가지 욕
정. 육적(六賊). 외진(外塵). ＊육근(六根)·육

식(六識).

육진 (六鎭)[-찐] 圓 《역》 조선 세종 때, 북변에 설치한 여섯 진(《경원(慶源)·경흥(慶興)·부령(富寧)·온성(穩城)·종성(鐘城)·회령(會寧)》. 동북 육진.

육진-장포 (六鎭長布)[-찐-] 圓 함경북도 육진이 있던 곳에서 나는, 척수(尺數)가 다른 곳에서 나는 것보다 훨씬 긴 베.

육질 (肉質)[-찔] 圓 1 살이 많거나 살과 같은 성질. ▢두꺼운 ~. 2 고기의 품질. ▢~이 좋은 한우 고기.

육징 (肉癥)[-찡] 圓 자꾸 고기가 먹고 싶은 생각이 드는 증세. *소증(素症).

육찬 (肉饌) 圓 고기붙이로 만든 반찬.

육척 (六戚) 圓 1 육친(六親). 2 모든 혈족.

육체 (六體) 圓 《역》 1 과거에 보이던 시(詩)·부(賦)·표(表)·책(策)·논(論)·의(疑)의 총칭. 2 육서(六書)2.

육체 (肉滯) 圓 《한의》 고기를 먹고 생긴 체증.

육체 (肉體) 圓 사람의 몸. 신체(身體). 육신(肉身). ▢~를 단련하다. ↔정신·영혼(靈魂). ㊀육(肉).

육체-관계 (肉體關係)[-/-게] 圓 남녀 사이의 성적인 교섭. ▢~를 맺다.

육체-노동 (肉體勞動) 圓 육체의 힘으로 하는 노동. 근육노동. ↔정신노동.

육체-미 (肉體美) 圓 몸이 발달하여 균형이 잡힌 몸매. ▢~를 과시하다. *건강미.

육체-적 (肉體的) 圓 육체에 관한 (것). ▢~(인) 고통을 이겨 내다. ↔정신적.

육체-파 (肉體派) 圓 체격이나 육체미가 뛰어난 사람(흔히 여성의 몸매를 표현할 때 씀). ▢~ 여배우.

육-초 (肉-) 圓 쇠기름으로 만든 초. 육촉(肉燭).

육촉 (肉燭) 圓 ⇨육초.

육촌 (六寸) 圓 1 여섯 치. 2 사촌의 자녀끼리의 촌수. 재종. ▢~ 아우.

육추 (育雛) 圓하자 알에서 깐 새끼를 키움. 또는 그 새끼.

육축 (六畜) 圓 집에서 기르는 대표적인 여섯 가지 가축(《소·말·돼지·양·닭·개를 이름》).

육친 (六親) 圓 1 부모·형제·처자의 총칭. 육척(六戚). 2 《민》 점괘를 볼 때, 부모·형제·처재(財)·자손·관귀(官鬼)·세응(世應)의 여섯 가지.

육친 (肉親) 圓 조부모·부모·형제 등과 같이 혈족 관계가 있는 사람. ▢~의 정.

육칠-월 (六七月) 圓 유월과 칠월. 또는 유월이나 칠월.
[육칠월 늦장마에 물 퍼내어 버리듯] 끝이 없고 한이 없는 모양.

육침 (肉針) 圓 《동》 생물체에 있는 가시처럼 생긴 針(해면 따위에 있음).

육침 (肉鍼) 圓 《한의》 침을 놓듯이 손가락으로 혈(穴)을 눌러서 치료할 때의 그 손가락.

육침 (陸沈) 圓하자 1 현인(賢人)이 속세에 숨어 삶. 2 나라가 적에게 망함.

육탄 (肉彈) 圓 몸을 탄환 삼아 적진을 공격하는 일. 또는 그 몸. ▢~ 공세.

육탄-전 (肉彈戰) 圓 몸으로 직접 맞붙어 싸우는 전투. 백병전. ▢~을 벌이다.

육탈 (肉脫) 圓하자 1 몸이 여위어 살이 빠짐. 2 매장한 시체의 살이 완전히 썩어 뼈만 남음.

육탈-골립 (肉脫骨立) 圓하자 몸이 몹시 여위어 뼈만 남도록 마름.

육탕 (肉湯) 圓 고깃국.

육태 (陸駄) 圓 배에서 육지로 나르는 짐.

육태-질 (陸駄-) 圓하타 배에서 짐을 육지로 나르는 일.

육통-터지다 (六通-) 团 강경과(講經科)에서 칠서(七書) 가운데 여섯 가지는 외고 한 가지는 못 외었다는 뜻에서, 일이 거의 되려다가 틀어짐을 이르는 말.

육-판서 (六判書) 圓 '육조 판서'의 준말.

육편 (肉片) 圓 고깃점. ▢소금에 ~을 절이다.

육포 (肉包) 圓 고기쌈.

육포 (肉脯) 圓 쇠고기를 얇게 저며 말린 포.

육풍 (陸風) 圓 《지》 육지에서 바다로 향해 부는 바람. 육연풍. ↔해풍(海風).

육필 (肉筆) 圓 본인이 직접 손으로 쓴 글씨. ▢~의 원고 / ~ 수기.

육하-원칙 (六何原則) [유카-] 圓 기사 작성의 여섯 가지 기본 요소. 곧 '누가·언제·어디서·무엇을·어떻게·왜'를 일컫는 말.

육합 (六合) [유캅] 圓 천지와 사방. 곧, 하늘과 땅과 동서남북.

육항-단자 (六衔單字) [유캉-] 圓 《역》 문무 대과(文武大科)에 급제한 사람이 사은(謝恩)하기 위해 임금께 바치던 여섯 줄로 쓴 글.

육해공-군 (陸海空軍) [유캐-] 圓 《군》 육군·해군·공군. 곧, 삼군.

육행 (六行) [유캥] 圓 ⇨육친2.

육행 (陸行) [유캥] 圓하자 육로로 감.

육-허기 (肉虛飢) [유커-] 圓 육욕에 걸리는 들렸다는 뜻으로, 남녀 간에 지나치게 사랑함을 이르는 말. ▢~가 지다.

육혈 (衄血) [유켤] 圓 《한의》 코피가 나는 일. 또는 그 코피.

육혈-포 (六穴砲) [유켤-] 圓 탄알을 재는 구멍이 여섯 개 있는 권총.

육형 (肉刑) [유켱] 圓 《역》 중국에서 육체에 과하던 형벌(《묵(墨)·의(劓)·비(剕)·궁(宮)·대벽(大辟)》.

육-혹 (肉-) [유콕] 圓 살로만 된 혹. 육류(肉瘤). 육영(肉癭).

육화 (六花) [유콰] 圓 '눈(雪)'의 다른 이름(《눈송이가 여섯 모의 결정을 이루는 데서》.

육회 (肉膾) [유쾨] 圓 소의 살코기·간·처녑·양 등을 잘게 썰어, 익히지 않은 상태로 갖은 양념을 한 음식.

육효 (六爻) [유쿄] 圓 《민》 점괘(占卦)의 여섯 가지 획수.

육후-하다 (肉厚-) [유쿠-] 圖어 살이 두툼하다. 살지다.

윤 (潤) 圓 '윤기'의 준말. ▢~이 흐르다.

윤-가 (允可) 圓 윤허(允許).

윤간 (輪姦) 圓하타 한 여자를 여러 남자가 돌려 가며 강간함.

윤감 (輪感) 圓 돌림감기.

윤강 (輪講) 圓하타 여러 사람이 차례로 강의함. 순강(順講).

윤곽 (輪廓) 圓 1 일이나 사건의 대체적인 줄거리. ▢사건의 ~이 드러나다. 2 사물의 테두리나 대강의 모습. ▢~이 뚜렷한 얼굴 / 그림의 ~을 잡다.

윤관 (輪關) 圓 《역》 상관이 하관에게 돌려 보게 하던 공문(公文).

윤-군 (允君·胤君) 圓 윤옥(允玉).

윤기 (倫紀) 圓 윤리와 기강(紀綱).

윤-기 (潤氣) [-끼] 圓 반들거리는 기운. ▢~가 흐르는 머리 / 피부에 ~가 있다. ㊀윤.

윤-나다 (潤-) 团 윤택한 기운이 나타나다.

윤-날 (閏-) 圓 윤일(閏日).

윤납 (輪納) 圓하타 금품 따위를 여럿이 차례로

돌려 가며 바침.
윤:-내다(潤-)[타] 윤이 나게 하다.
윤:년(閏年)[명] 《천》 윤달이나 윤일이 든 해 《태양력에서는 4년마다 한 번 2월을 29일로 하루 늘리고, 태음력에서는 5년에 두 번의 비율로 1년을 13개월로 함》. ↔평년(平年).
윤노리-나무[명] 《식》 장미과의 낙엽 활엽 관목. 봄에 흰 꽃이 핌. 이과(梨果)는 10월에 붉게 익음. 도구재·코무레 등으로 씀.
윤:-달(閏-)[명] 《천》 윤년에 드는 달《태양력에서는 2월이 평년보다 하루 많고, 태음력에서는 평년보다 한 달을 더하여 윤달을 만듦》. 윤월(閏月).
윤대(輪對)[명][하타] 《역》 조선 때, 매월 세 번씩 각 사(司)의 낭관(郎官)이 차례로 임금에게 직무에 대하여 보고하던 일.
윤대(輪臺)[명] 물레1.
윤도(輪圖)[명] 가운데 자침(磁針)을 꽂아 놓고 가장자리에 원을 그려 24방위로 나눠 놓은 기구(방위를 아는 데 씀).
윤독(輪讀)[명][하타] 여러 사람이 같은 글이나 책을 차례로 돌려 가며 읽음.
윤-똑똑이[명] 자기만 혼자 잘나고 영악한 체하는 사람을 낮잡아 이르는 말.
윤락(淪落)[율-][명][하자] 여자가 타락하여 몸을 파는 처지에 빠짐. ▢~ 행위/~ 여성을 선도하다.
윤락-가(淪落街)[율-까][명] 윤락 업소가 모여 있는 거리.
윤리(倫理)[율-][명] 1 사람이 마땅히 행하거나 지켜야 할 도리. 인륜(人倫). ▢~에 어긋나다. 2 《철》'윤리학'의 준말.
윤리-관(倫理觀)[율-][명] 윤리에 대하여 가지는 생각이나 태도.
윤리-성(倫理性)[율-썽][명] 윤리적 성질.
윤리-적(倫理的)[율-][관][명] 윤리에 관련되거나 윤리를 따르는 (것). ▢~규범/~ 책임.
윤리-학(倫理學)[율-][명] 인간 행위의 규범에 관하여 연구하는 학문. ㉰윤리.
윤몰(淪沒)[명][하자] 1 물에 빠져 들어감. 2 죄에 빠짐.
윤무(輪舞)[명] 원무(圓舞)1.
윤:문(潤文)[명][하타] 글을 윤색(潤色)함.
윤번(輪番)[명][하자] 1 차례로 번을 듦. 2 돌아가는 차례.
윤번-제(輪番制)[명] 돌아가며 차례로 일을 담당하는 방법이나 제도. ▢~로 진행하다.
윤벌(輪伐)[명][하타] 해마다 삼림의 일부를 차례로 벌채하는 일.
윤:삭(閏朔)[명] 《천》 음력의 윤달.
윤상(倫常)[명] 인륜의 떳떳하고 변하지 않는 도리.
윤상(輪狀)[명] 바퀴와 같이 둥근 모양. 윤형(輪形).
윤:색(潤色)[명][하타] 1 글 따위를 다듬어 좋게 꾸밈. ▢~된 장면 소설. 2 윤이 나게 매만져 곱게 함.
윤생(輪生)[명][하자] 《식》 돌려나기.
윤서(倫序)[명] 차례. 순서.
윤선(輪扇)[명] 모양이 둥근 부채. 단선(團扇). 둥글부채.
윤선(輪船)[명] '화륜선(火輪船)'의 준말.
윤시(輪示)[명][하타] 서류 등을 돌아가며 봄.
윤언(綸言)[명] 윤음(綸音).
윤:옥(允玉·胤玉)[명] 남의 아들을 높여 일컫는 말. 윤군(允君). 영식(令息).
윤:우(允友·胤友)[명] 웃어른에 대해, 그의 열댓 살 이상된 아들을 이르는 말.

윤:월(閏月)[명] 《천》 윤달.
윤:월(潤月)[명] 《민》 달넣이.
윤위(輪位)[명] 정통이 아닌 임금의 자리.
윤:유(允兪)[명][하타] 윤허(允許).
윤음(綸音)[명] 임금이 신하나 백성에게 내리는 말. 윤언(綸言). 윤지(綸旨).
윤:-이월(閏二月)[명] 윤달인 이월을 이르는 말. [윤이월 제사냐] 자주 돌아오지 않는 윤이월 제사처럼 자꾸 빼먹고 거름을 나무라는 말.
윤:일(閏日)[명] 태양력에서 윤년에 드는 날(2월 29일). 윤날.
윤작(輪作)[명][하타] 1 《농》 돌려짓기. ↔연작(連作). 2 같은 주제나 소재로, 여러 작가가 돌아가며 작품을 씀.
윤전(輪轉)[명][하자] 바퀴가 돎. 바퀴 모양으로 회전함.
윤전-기(輪轉機)[명] 윤전 인쇄기.
윤전 인쇄기(輪轉印刷機)[인] 인쇄 기계의 하나. 원통 모양의 판(版)과 이와 접촉하며 회전하는 원통 사이에 둥글게 감은 인쇄지를 끼워서 인쇄함(인쇄 능률이 높아서 신문·잡지 등 대량 인쇄에 많이 씀).
윤중-제(輪中堤)[명] 강 가운데 있는 섬의 둘레를 둘러싸 쌓은 제방.
윤증(輪症)[명] 유행병1.
윤지(綸旨)[명] 윤음(綸音).
윤:집(閏集)[명] 원본에서 빠진 글을 따로 모아 엮은 문집. 유보집(遺補集).
윤차(輪次)[명] 돌아가는 차례.
윤차(輪差)[명][하타] 벼슬을 돌려 가며 차례로 시킴. 윤함(輪銜).
윤창(輪唱)[명][하자] 《악》'돌림 노래'의 한자 이름.
윤척(輪尺)[명] 통나무 따위의 지름을 재는 기구. *캘리퍼스(callipers).
윤척-없다(倫脊-)[-처겁따][형] 되는대로 지껄이거나 갈겨 말이나 글에 순서와 조리가 없다. 윤척-없이[-처겁씨][부]
윤첩(輪牒)[명] 1 회람이나는 통첩. 2 돌림편지.
윤:초(閏秒)[명] 《천》 표준시와 실제 시각과의 오차(誤差)를 조정하기 위해서 해마다 1월 1일이나 7월 1일의 0시를 기하여 더하거나 빼게 되는 1초.
윤축(輪軸)[명] 《공》 축에 바퀴를 고정시켜 바퀴와 축을 동시에 회전시키는 장치《무거운 물체를 작은 힘으로 끌어 올리는 데에 씀》.
윤:택(潤澤)[명][하자] 1 윤기 있는 광택. 2 살림이 넉넉함. ▢~한 생활.
윤:-포(-布)[명] 무당들이 쓰는 발이 굵은 베.
윤:필(潤筆)[명][하자] 1 붓을 적신다는 뜻으로, 글씨를 쓰거나 그림을 그리는 일을 이르는 말. 2 '윤필료'의 준말.
윤:필-료(潤筆料)[명] 남에게 서화·문장을 써 달라고 부탁할 때에 주는 사례금. 휘호료(揮毫料). ㉰윤필.
윤:하(允下)[명][하타] 윤허(允許).
윤:하-수(潤下水)[명] 《민》 육십갑자에서, 병자(丙子)와 정축(丁丑)에 붙이는 납음(納音).
윤:허(允許)[명][하타] 임금이 신하의 청을 허락함. 윤가. 윤유(允兪). 윤준. 윤하. ▢~를 내리다/~해 주시옵소서. ↔불윤(不允).
윤형(輪刑)[명] 《역》 지난날, 죄인을 큰길을 따라 끌고 다니며 욕보이던 형벌.
윤형(輪形)[명] 윤상(輪狀).
윤형-동물(輪形動物)[명] 《동》 후생동물의 한 문(門). 몸길이는 2mm 정도로 아주 작은 다세포 동물임. 맑은 물에 살며, 몸은 타원형이

고 투명함.

윤화(輪禍)명 자동차 따위 육상 교통 기관에 의하여 입는 재해. 교통사고. □~를 입다 〔당하다〕.

윤환(輪奐)명하형 집이 넓고 크며 아름다움.

윤활(潤滑)명하형하자 기름기나 물기가 있어 빽빽하지 않고 매끄러움.

윤-활-유(潤滑油)[-류]명 『공』 기계가 맞닿는 부분의 마찰을 덜기 위하여 쓰는 기름.

윤-활-제(潤滑劑)[-제]명 감마제(減磨劑).

윤회(輪廻)명하자 1 차례로 돌아감. 2 『불』 중생이 해탈을 얻을 때까지 그의 영혼이 육체와 함께 업(業)에 의하여 다른 생을 받아, 끊임없이 생사를 반복함. 유전(流轉). 전생(轉生). 윤회생사. 윤회전생.

윤회 사:상(輪廻思想)『불』 중생은 끊임없이 삼계 육도(三界六道)를 돌고 돌며 생사를 반복한다고 보는 사상.

윤회-생사(輪廻生死)명 『불』 윤회2.

윤회-설(輪廻說)명 『불』 윤회를 주장하는 설.

윤회-전생(輪廻轉生)명 『불』 윤회2.

율(律)명 1 '율려'의 준말. 2 『악』 '육률(六律)'의 준말. 3 '계율'의 준말. 4 『법』 형법. 5 율시(律詩).

율(率)명 '비율'의 준말. □투표에 참여하는 ~이 높다.

-율(律)미 받침이 없거나 ㄴ 받침이 있는 명사의 뒤에 붙어, 법칙이나 율격의 뜻을 나타내는 말. □반사~ / 인과~. ＊-률.

-율(率)미 받침이 없거나 ㄴ 받침이 있는 명사의 뒤에 붙어, 비율의 뜻을 나타내는 말. □백분~ / 할인~. ＊-률.

율객(律客)명 1 음률(音律)에 밝은 사람. 2 한시의 율을 잘 짓는 사람.

율격(律格)[-껵]명 1 격식이나 규격. 2 『문』 한시의 구성법에서 언어·음률을 가장 음악적으로 이용한 격식(평측(平仄)·운각(韻脚)·조구(造句)의 세 가지가 있음).

율과(律科)명 『역』 조선 때, 잡과 가운데 형률(刑律)에 밝은 사람을 뽑던 과거.

율관(律官)명 『역』 조선 때, 율과에 급제하여 임명된 관원.

율구(律句)[-꾸]명 『문』 칠언 율시나 칠언 절구처럼 엄격한 평측식 규정을 가진 글귀.

율기(律己)명하자 1 안색을 바로잡아 엄정히 함. 2 자기 자신을 다스림. 율신(律身).

율당(栗糖)[-땅]명 밤엿.

율동(律動)명 1 일정한 규칙에 따라 주기적으로 움직임. 2 율동 체조. 3 『악』 음의 강약이나 장단 등의 규칙적인 연속.

율동-감(律動感)[-똥-]명 율동 있게 움직이는 느낌.

율동-적(律動的)[-똥-]관명 율동 있게 움직이는 (것). □~인 동작.

율동 체조(律動體操)[-똥-]음악에 맞춰 하는 체조. 율동.

율려(律呂)명 『악』 1 국악에서, 음악이나 음성의 가락을 이르는 말. 율(律)의 음과 여(呂)의 음이라는 뜻에서 나온 말임. 2 육률과 육려(六呂).

율렬-하다(溧烈─·栗烈─)형여 추위가 맵고 심하다. 율렬-히 문

율령(律令)명 1 『법』 율법과 법령. 곧, 법률의 총칭. 2 『역』 중국의 수당(隋唐) 시대의 법전.

율례(律例)명 형률의 적용에 관한 법례.

율리우스-력(Julius曆)명 『천』 태양력의 하

나. 로마의 집정관 율리우스 카이사르가 기원전 46년에 개정한 세력(歲曆). 365일 6시를 1년으로 하고, 4년마다 하루의 윤일(閏日)을 두었음(후에 수차례 개정되어 현행의 태양력이 됨).

율모기명 『동』 뱀과의 하나. 길이 90cm가량. 비늘은 가늘고 길며 광택이 없음. 등은 갈람 녹색 또는 암회색으로 넉 줄의 크고 검은 얼룩점이 있음. 독은 없고 무논·냇가에서 개구리·쥐·물고기 등을 잡아먹음.

율목(栗木)명 『식』 밤나무.

율무명 『식』 볏과의 한해살이풀. 높이는 1.5m가량. 여름에 꽃이 피며 타원형의 열매를 맺음(종자는 식용하거나 약용함).

율무-밥명 율무쌀 또는 멥쌀과 율무쌀을 섞어서 지은 밥.

율무-쌀명 『한의』 율무의 껍질을 벗긴 알맹이(약재로 씀). 의이인(薏苡仁).

율문(律文)명 1 법률의 조문. 2 『문』 율격에 맞추어 지은 글. 운문(韻文).

율의명 〈옛〉 율무.

율방(栗房)명 밤송이.

율법(律法)[-뻡]명 1 『법』 법률. 2 『기』 종교적·도덕적·사회적 생활과 행동에 관해 신의 이름으로 규정한 규범(모세의 십계명이 대표적임). 법제(法制). 3 『불』 계율.

율법-주의(律法主義)[-뻡쭈-/-뻡쭈이]명 『종』 유대교에서, 율법을 그대로 신의 말씀으로 믿고, 율법과 자기 생활과의 일치를 가장 중요하게 여기는 주의.

율부(律賦)명 『문』 한시에서, 부(賦)의 한 체. 변려문(騈儷文)에 운(韻)을 달고 자음(字音)의 높낮이를 맞춤.

율사(律士)[-싸]명 법률가. □당내 ~ 출신으로 변호인단을 구성하다.

율사(律師)[-싸]명 『불』 1 계율에 정통한 승려. 2 승관(僧官)의 하나. 승려의 잘못을 검찰함.

율서(律書)[-써]명 법률에 관한 책.

율시(律詩)[-씨]명 『문』 한시의 한 체. 여덟 구로 이루어지며, '오언 율시'와 '칠언 율시'가 있음. 율(律).

율신(律身)[-씬]명하자 율기(律己)2.

율원(栗園)명 밤나무가 많은 동산.

율장(律藏)[-짱]명 『불』 삼장(三藏)의 하나. 부처가 제정한 계율의 조례를 모은 책.

율절(律絶)[-쩔]명 『문』 율시(律詩)와 절구(絶句)를 아울러 이르는 말.

율조(律調)[-쪼]명 『악』 '선율(旋律)'의 속칭.

율종(律宗)[-쫑]명 『불』 계율종.

율학(律學)명 형률에 관한 학문.

율학-청(律學廳)명 『역』 조선 때, 형조(刑曹)에 속하여 율령(律令)·형구(刑具)에 관한 일을 맡아보던 관아.

융(戎)명 1 싸움. 2 병기(兵器). 3 예전에, 중국 서쪽에 있던 민족.

융(絨)명 감의 거죽이 보드랍고 부풋한 피륙의 하나.

융기(戎器)명 병기(兵器).

융기(隆起)명하자 1 높게 일어나 들뜸. 또는 그런 부분. 2 『지』 땅이 기준면에 대하여 상대적으로 높아짐. 또는 그런 지반.

융기 해:안(隆起海岸)『지』 지각 변동으로 지반이 융기하여 생긴 해안.

융단(絨緞)명 모직물의 하나(염색한 털로 그림이나 무늬를 놓아 짠 두꺼운 천으로, 마루에 깔거나 벽에 걸). 양탄자. 카펫(carpet).

융단 폭격(絨緞爆擊)[-격]명 『군』 여러 대의 폭

격기들이 마치 융단을 깔듯이 특정한 지역 안에 집중적으로 폭탄을 퍼붓는 일.

융-동(隆冬)[圓] 엄동.

융-로(隆老)[-노][圓] 칠팔십 세 이상 되는 노인.

융모(絨毛)[圓] 융털.

융모 상:피종(絨毛上皮腫)[圓]《의》융모 상피 세포의 이상 증식으로 자궁 내막·난관·난소 등에 생기는 종양《속명은 '괴'》.

융병(戎兵)[圓] 군사(軍士).

융병(癃病)[圓] 늙어서 몸이 수척해지는 병.

융복(戎服)[圓]《역》철릭과 주립(朱笠)으로 된 옛 군복의 하나《문신(文臣)도 전쟁 때나 임금을 호종(扈從)할 때 입었음》. 융의(戎衣).

융비(隆鼻)[圓] 우똑한 코. 융준(隆準).

융비-술(隆鼻術)[圓]《의》콧날을 세우거나 코의 모양을 다듬는 성형외과 수술.

융성(隆盛)[圓] 기운차게 일어나거나 대단히 번성함. 융창(隆昌). ▷불교가 크게 ~하다.

융숭-하다(隆崇-)[혱여] 대하는 태도가 매우 정중하고 극진하다. 융숭한 대접을 받다.
융숭-히[튀]

융액(融液)[圓] 녹아 액체가 됨. 또는 그 액체.

융운(隆運)[圓] 성운(盛運).

융융-거리다[재] 센 바람이 나뭇가지 따위에 부딪치는 소리가 자꾸 나다.

융융-대다[재] 융융거리다.

융융-하다(融融-)[혱여] 화평한 기운이 있다.
융융-히[튀]

융은(隆恩)[圓] 임금이나 윗사람의 높은 은혜.

융의(戎衣)[-│-이][圓]《역》융복(戎服).

융이(戎夷)[圓]《역》중국에서 일컫던 서쪽 오랑캐와 동쪽 오랑캐며.

융자(融資)[圓]타] 자금을 융통함. 또는 그 자금. ▷은행 ~를 받다 / 학자금을 ~해 주다 / 기업에 자금이 ~되다.

융자-금(融資金)[圓] 금융 기관에서 융통한 돈. ▷~을 받다.

융적(戎狄)[圓]《역》중국에서 일컫던 서쪽 오랑캐와 북쪽 오랑캐.

융점(融點)[-쩜][圓]《물》'융해점'의 준말.

융제(融劑)[圓]《화》용매(熔媒).

융족(戎族)[圓] 오랑캐의 무리들.

융준(隆準)[圓] 융비(隆鼻).

융창(隆昌)[圓] 융성(隆盛).

융체(隆替)[圓]하]재] 성하고 쇠함. 성쇠(盛衰).

융-털(絨-)[圓] **1** 융단의 거죽에 난 보드라운 털. **2**《생》포유동물의 작은창자 점막에 있는 손가락 또는 나뭇가지 모양의 돌기《표면적을 크게 하며 소화 흡수를 용이하게 함》. 융털 돌기. 주름 돌기. **3**《식》식물의 꽃잎·잎 등에 있는 작고 가는 털《물에 젖는 것을 막음》. 융모(絨毛).

융통(融通)[圓]하]타] **1** 금전·물품 등을 서로 돌려씀. ▷돈을 ~하다 / 사업 자금을 ~하다. **2** 사정과 형편에 맞게 일을 처리함. 또는 일의 형편에 따라 적절하게 처리하는 재주가 있음.

융통-물(融通物)[圓] **1** 융통되는 물건. **2**《법》사법(私法)에서, 거래의 대상이 되는 물건의 총칭. ↔불융통물.

융통-성(融通性)[-썽][圓] **1** 금전·물품 등을 서로 돌려쓰는 성질. **2** 형세에 따라 일을 처리하는 재주. ▷~이 있는 사람.

융통 어음(融通-)[圓]《경》실제의 상거래가 없이 단지 자금 융통을 위하여 발행한 어음. ↔상업 어음.

융합(融合)[圓]하]자]타] **1** 여러 종류의 것이 녹아서 하나로 합침. ▷산소와 수소가 ~되어 물이 된다 / 헬레니즘은 그리스와 오리엔트의

1841　　　　　　　　　　　　**으끄러지다**

두 문화가 ~된 산물이다. **2**《생》섬모충(纖毛蟲) 이하의 원생동물에서 두 개체가 합쳐 하나의 개체로 되는 현상. 합체.

융합 반:응(融合反應)[-빵능][圓]《물》원자핵이 서로 결합하여 막대한 에너지를 방출하는 현상《수소 폭탄·태양 에너지는 이 반응 때문임》.

융해(融解)[圓]하]자]타] **1** 녹아서 풀어짐. **2**《물》고체에 열을 가했을 때 액체로 되는 현상. 용융(熔融). ▷두 금속이 하나로 ~되다.

융해-열(融解熱)[圓]《물》고체 1 g을 완전히 융해시켜 같은 온도의 액체로 하는 데 필요한 열량. 녹는열.

융해-점(融解點)[-쩜][圓]《물》녹는점. ㉰융점.

융화(融化)[圓]하]자] 열에 녹아서 다른 물질로 변화함.

융화(融和)[圓]하]자] 서로 어울려 화목하게 됨. ▷시어머니와 며느리의 사이는 잘 ~되지 않는 관계라고들 한다.

융화-책(融和策)[圓] 서로 어울려 화목하게 되는 방법이나 계획.

융회(融會)[圓]하]타] 자세히 이해함.

융흥(隆興)[圓]하]자] 형세가 기운차게 일어남.

융희(隆熙)[-히][圓]《역》조선의 마지막 임금인 순종(純宗) 때의 연호(1907-1910).

윷:[윤][圓] **1** 작고 둥근 통나무 두 개를 반으로 쪼개어 네 쪽으로 만든 놀이감. ▷~을 던지다. **2** 윷놀이에서, 윷쪽 네 개가 모두 잦혀진 경우. ▷~이 나오다.

윷:-가락[윤까-][圓] 윷짝.

윷:-놀이[윤노리][圓]하]자]《민》편을 갈라 윷을 던져 승부를 겨루는 민속놀이. 척사(擲柶).

윷:놀이 채찍[윤노리-][圓]《역》대궐을 지키는 병정이 가지던 채찍.

윷:-등[윤뜽][圓] 윷가락의 둥글게 볼록한 쪽.

윷:-말[윤-][圓]《민》윷놀이할 때, 윷판에 쓰는 말.

윷:-밭[윤빹][圓]《민》**1** 윷놀이할 때, 말을 놓는 자리. **2** 윷판의 말밭.

윷:-배[윤빼][圓] 윷가락의 편평한 쪽.

윷:-점[-쩜][윤쩜][圓]《민》정초에 윷을 던져 나오는 수에 따라 육십사괘에 배당(配當)하여 그해의 길흉을 알아보는 점. 사점(柶占).

윷:-짝[윤-][圓] 윷의 날개. 윷가락.

윷쪽 가르듯[튀] 판단이 분명함의 비유.

윷:-판[윤-][圓] **1** 윷을 놀고 있는 그 자리. ▷~을 벌이다. **2** 윷밭을 그린 판. 말판.

으[언]《언》**1** 한글의 홀소리 글자 'ㅡ'의 이름. **2** 어간과 어미 사이의 소리를 고르는 음절. ▷먹으-려고 / 잡으-니.

으끄러-뜨리다[타] **1** 물건의 거죽을 찌그러지게 하다. ▷빈 깡통을 ~. **2** 물건을 뭉그러지게 하다. ㉰으끄러뜨리다. ㉮으크러뜨리다.

으끄러-지다[자] 굳은 물건이 눌려서 부서지게 되다. ㉰으끄러지다. ㉮으크러지다.

으끄러-트리다[타] 으끄러뜨리다.

으끄르르[튀] 먹은 음식이나 물이 목구멍으로 끓어오르는 소리. 또는 그 모양.

으깍[圓] 서로 의견이 달라서 생기는 감정의 불화. ▷두 사람 사이에 ~이 생기다.

으깨다[타] **1** 굳은 물건이나 덩이로 된 물건을 눌러 부스러뜨리다. ▷호두를 ~ / 삶은 감자를 ~. **2** 으쎈 물건을 부드럽게 만들다.

으끄러-뜨리다[타] **1** 물건의 거죽을 찌그러지게 하다. **2** 뭉그러지게 하다. ㉮으크러뜨리다. ㉮으크러뜨리다.

으끄러-지다[자] **1** 굳은 물건이 눌려서 부스러

지다. ㉢으그러지다. ㉠으크러지다. **2** 뭉그러지다. **3** 으츠러지다.
으끄러-트리다 타 으끄러뜨리다.
으끄-지르다 〔-질러, -지르니〕 타르 버릴 목적으로 물건을 으깨다.
-으나 어미 ㄹ 이외의 받침 있는 용언의 어간에 붙는 연결 어미. **1** 뒷말의 내용이 앞말의 내용에 따르지 않음을 나타냄. ❏산은 낮~ 골은 깊다. **2** ('-으나 -으나' 구성으로 쓰여) 어떤 동작이나 상태를 가리켜 '언제든지'·'항상'의 뜻을 나타냄. ❏그는 양복을 입~ 한복을 입~ 잘 어울린다. **3** ('-으나 -은' 구성으로쓰여) 형용을 과장하기 위해 형용사 어간을 반복하여 뜻을 강조함. ❏떫~ 떫은 감/좁~ 좁은 방. *-나².
-으나마 어미 ㄹ 이외의 받침 있는 용언의 어간에 붙어, 만족스럽지 않은 것을 참고 아쉬운 대로 함을 나타내는 연결 어미. ❏변변치 않~ 성의로 알고 받아 주세요. *-나마.
-으냐 어미 ㄹ 이외의 받침 있는 형용사 어간에 붙어, 해라할 자리에서 물음을 나타내는 종결 어미. ❏등산이 그렇게도 좋~. *-냐.
-으냐고 어미 '-으냐 하고'의 준말. ❏어느 길이 옳~ 묻다. *-냐고.
-으냐는 어미 '-으냐고 하는'의 준말. ❏가는 것이 당연하지 않~ 대답이다. *-냐는.
-으냔 어미 **1** '-으냐고 한'의 준말. ❏무엇이 옳~ 말이 생각난다. **2** '-으냐고 하는'의 준말. ❏어떻게 하는 것이 좋~ 말이다. *-냔.
-으냘 어미 '-으냐고 할'의 준말. ❏어디가 좋~ 수 있어야지. *-냘·-느냘.
으늑-하다 [-느카-] 형여 **1** 푸근하게 감싸인 듯 편안하고 조용한 느낌이 있다. ❏으늑한 분위기. ㉠아늑하다. **2** 조용하고 깊숙하다. ❏으늑한 산골짜기. **으늑-히** [-느키] 부
-으니¹ 어미 ㄹ 이외의 받침 있는 용언의 어간에 붙는 연결 어미. **1** 앞말이 뒷말의 원인·전제·근거 따위가 됨을 나타냄. ❏약속을 했~ 가야지/그 길은 좋지 않~ 이 길로 가거라. **2** 사실을 먼저 설명하여 끝맺지 않고 다시 설명하는 말을 계속시킴을 나타냄. ❏그때 나타난 사람이 있~ 그가 바로 철이었다. *-니¹.
-으니² 어미 ㄹ 이외의 받침 있는 형용사 어간에 붙어, 이렇기도 하고 저렇기도 함을 나타내는 연결 어미. ❏많~ 적~ 말도 많구나. *-니⁴.
-으니³ 어미 ㄹ 이외의 받침 있는 형용사 어간에 붙어, '-으냐'를 보다 더 친밀하고 부드럽게 이르는 종결 어미. ❏아빠보다 엄마가 더 좋~. *-니².
-으니⁴ 어미 ㄹ 이외의 받침 있는 형용사 어간에 붙어, 하게할 자리에서 진리나 으레 있는 사실을 일러 줄 때 쓰는 종결 어미. ❏여행하기엔 가을이 좋~. *-니³.
-으니까 어미 '-으니¹'를 강조하여 나타내는 연결 어미. ❏좋~ 하지/덜 익은 과일을 먹~ 배탈이 나지. *-니까.
-으니까는 어미 '-으니까'에 보조사 '는'을 더하여 '-으니까'를 강조하여 나타내는 연결 어미. ❏역에 닿~ 비가 오기 시작하지 뭐냐. ㊜-으니깐. *-니까는.
-으니깐 어미 '-으니까는'의 준말. ❏앉~ 푹신하더라. *-니깐.
-으니라 어미 ㄹ 이외의 받침 있는 형용사 어간에 붙어, 아랫사람에게 진리나 으레 있는 사실을 일러 주는 예스러운 표현의 종결 어미. ❏약한 사람을 돕는 것이 좋~. *-니라.
-으니만치 어미 -으니만큼.
-으니만큼 어미 ㄹ 이외의 받침 있는 용언 어간이나 시제의 '-았-'·'-었-' 뒤에 붙어, 앞말이 뒷말의 원인이나 근거가 됨을 나타내는 연결 어미. ❏올해는 날씨가 좋~ 농사가 잘 될 것이다.
-으되 어미 '있다'·'없다'의 어간이나 어미 '-었-'·'-겠-' 뒤에 붙는 연결 어미. **1** 앞말의 사실을 인정하면서 뒷말로 조건을 붙이거나, 뒷말의 사실이 앞말의 사실에 구애되지 않음을 나타냄. ❏재주는 있~ 게으르다. **2** 다음 말을 인용할 때, 그에 앞서 쓰임. ❏옛 어른들이 일렀~, '착하고 부지런하라' 하시었다. *-되.
으드득 부하자타 **1** 매우 단단한 물건을 힘껏 깨물어 깨뜨리는 소리. ❏사탕을 ~ 깨물었다. **2** 이를 세게 가는 소리. ㉠아드득.
으드득-거리다 [-꺼-] 자타 으드득 소리가 잇따라 나다. 또는 그런 소리를 잇따라 내다. ❏사탕이 으드득거리며 부서진다. ㉠아드득거리다. **으드득-으드득** 부하자타
으드득-대다 [-때-] 자타 으드득거리다.
으드등-거리다 자 서로 고집을 꺾지 않고 거친 말을 쓰며 자꾸 우기고 다투다. ❏그들은 만나기만 하면 으드등거린다. ㉠아드등거리다. **으드등-으드등** 부하자
으드등-대다 자 으드등거리다.
으등-거리다 자 말라서 함부로 우그러지다.
으등그러-지다 자 **1** 바싹 말라서 비틀어지다. **2** 날씨가 흐려져 점점 찌푸러지다. ㉠아등그러지다.
으등-대다 자 으등거리다.
으뜸 명 **1** 많은 것 가운데 가장 뛰어난 것. 또는 첫째가는 것. ❏글은 간결함을 ~으로 한다. **2** 기본이나 근본이 되는 뜻. ❏효도는 윤리의 ~이니라. *버금.
으뜸-가다 자 많은 중에서 첫째가 되다. ❏학급에서 으뜸가는 학생.
으뜸-꼴 명 〖언〗 기본형3.
으뜸 삼화음 (-三和音) 〖악〗 으뜸음·딸림음·버금딸림음으로 구성된, 화음 중에서 가장 중요한 역할을 하는 삼화음. 주삼화음(主三和音). 정삼화음.
으뜸-음 (-音) 명 〖악〗 음계(音階)의 기초가 되는 음《장조에서는 도, 단조에서는 라》. 주음(主音).
-으라 어미 **1** ㄹ 이외의 받침 있는 동사의 어간에 붙어, 막연하게 시키는 뜻을 나타내는 예스러운 표현의 종결 어미. ❏신의 축복이 있~/앞날에 영광이 있~. **2** '-으라고'의 준말. ❏옷을 입~ 하시오/그만 먹~ 하기가 좀 미안해서. *-라¹.
-으라고 어미 ㄹ 이외의 받침 있는 동사의 어간에 붙어, 명령의 뜻을 나타내는 연결 어미. ❏손을 깨끗이 씻~ 하시오. ㊜-으라. *-라고² 1.
-으라나 어미 ㄹ 이외의 받침 있는 동사의 어간에 붙어, 시키는 일에 대해 못마땅하거나 귀찮게 여기는 뜻을 나타내는 반말 투의 종결 어미. ❏또 날더러 읽~. *-라나.
-으라네 어미 '-으라고 하네'의 준말. ❏얌전히 앉아 있~/빨리 내쫓~. *-라네1.
-으라느냐 어미 '-으라고 하느냐'의 준말. ❏나더러 먹~. *-라느냐.
-으라느니 어미 (주로 '-으라느니 -으라느니'의 꼴로 쓰여) ㄹ 이외의 받침 있는 동사의 어간에 붙어, 이리 하라 하기도 하고 저리 하

라 하기도 함을 나타내는 연결 어미. ▫신을
벗~ 신~ 주문도 많다 / 서 있~ 앉아 있~
귀찮게도 군다. *-라느니1.
-**으라는** 어미 '-으라고 하는'의 준말. ▫죽~
말이나 다름없다. *-라는.
-**으라니** 어미 '-으라고 하니'의 준말. ▫이런
걸 먹~ 말이 됩니까. *-라니2.
-**으라니까** 어미 1 '-으라고 하니까'의 준말.
▫웃~ 웃어야지. 2 ㄹ 이외의 받침 있는 동
사의 어간에 붙어, 그리 하라고 일렀는데도
듣지 않는 상대에게 거듭 명령하는 뜻을 나
타내는 종결 어미. ▫가만히 있~ / 빨리 먹
~ / 똑바로 앉~. *-라니까.
-**으라든지** 어미 '-으라고 하든지'의 준말. ▫
값~ 그만 두라든지 무슨 말이든 하오. *-라
든지.
-**으라며** 어미 '-으라면서'의 준말. ▫어서 걸
~ 재촉했다. *-라며.
-**으라면** 어미 '-으라고 하면'의 준말. ▫믿~
믿지요. ㉣-으람. *-라면.
-**으라면서** 어미 ㄹ 이외의 받침 있는 동사의
어간에 붙는 '-으라고 하면서'의 뜻을
나타내는 연결 어미. ▫많이 먹~ 자꾸 권한
다. 2 직접 간접으로 받은 명령을 다짐하거나
빈정거려 묻는 데 쓰는 종결 어미. ▫남아 있
~. ㉣-으라며. *-라면서.
-**으라오** 어미 '-으라고 하오'의 준말. ▫그만
참~. *-라오1.
-**으라지** 어미 '-으라고 하지'의 준말. ▫잡을
테면 잡~ / 있고 싶다면 있~. *-라지1.
-**으락** 어미 ㄹ 이외의 받침 있는 동사의 어간에
붙어, 뜻이 상대되는 두 동작이나 상태가 번
갈아 되풀이함을 나타내는 연결 어미. ▫검
~ 붉~ 한다. *-락.
-**으란** 어미 '-으라고 한'·'-으라고 하는'의
준말. ▫책을 읽~ 말이지. *-란.
-**으란다** 어미 '-으라고 한다'의 준말. ▫빨리
제비를 뽑~ *-란다1.
-**으랄** 어미 '-으라고 할'의 준말. ▫꽃을 꺾~
리가 없다. *-랄.
-**으람** 어미 1 ㄹ 이외의 받침 있는 동사 어간
에 붙어, 손아랫사람에게나 혼잣말로 '-으란
말인가'의 뜻을 나타내는 종결 어미. ▫네
말을 어찌 믿~ / 누가 억지로 먹~. 2 '-으라
면'의 준말. ▫죽~ 죽지. *-람.
-**으랍니까** [-람-] 어미 '-으라고 합니까'의 준
말. ▫어디에 앉~. *-랍니까.
-**으랍니다** [-람-] 어미 '-으라고 합니다'의 준
말. ▫푹 삶~ / 편히 앉~ / 이걸 잡~ / 이번
일을 맡~. *-랍니다1.
-**으랍디까** [-띠-] 어미 '-으라고 합디까'의 준
말. ▫더운데도 창문을 닫~ / 누가 당신 보
고 앉~. *-랍디까.
-**으랍디다** [-띠-] 어미 '-으라고 합디다'의 준
말. ▫우선 이걸 받~ / 부지런히 새를 쫓~ /
여기 있~. *-랍디다.
-**으래** 어미 '-으라고 해'의 준말. ▫밥 먹~ /
책을 읽~. *-래.
-**으래도** 어미 '-으라고 해도'의 준말. *-래도.
-**으래서** 어미 '-으라고 해서'의 준말. ▫앉~
앉았다. *-래서.
-**으래서야** 어미 '-으라고 해서야'의 준말. ▫
이런 음식을 먹~ 될 말인가. *-래서야.
-**으래야** 어미 '-으라고 해야'의 준말. ▫날더
러 믿~ 옳은가. *-래야.
-**으래요** 어미 '-으라고 해요'의 준말. ▫옷을
입~. *-래요.
-**으랴** 어미 1 ㄹ 이외의 받침 있는 용언의 어
간에 붙어, 사리로 미루어 보아 어찌 그리할
것이냐는 뜻으로 쓰는 종결 어미. ▫어찌 잊
~. 2 ㄹ 이외의 받침 있는 동사의 어간에 붙
어, 말하는 사람이 자기가 장차 할 일에 대해
서 상대방의 승낙을 구할 때 쓰는 종결 어미.
▫그럼, 네 말을 믿~. 3 ('-으랴 -으랴'의
꼴로 쓰여) ㄹ 이외의 받침 있는 동사 어간
뒤에 붙어, 두 가지 이상의 동작을 열거할 때
쓰는 연결 어미. ▫이것도 먹~ 저것도 먹~
배가 터질 지경이다. *-랴1.
-**으러** 어미 ㄹ 이외의 받침 있는 동사 어간에
붙어, 그 다음에 오는 동작의 직접 목적을 나
타내는 연결 어미. ▫점심을 먹~ 간다 / 짐
을 찾~ 나가다. *-러.
으레 ⬚ 1 두말할 것 없이. 당연히. ▫자식은
~ 부모에게 효도해야 한다. 2 틀림없이 언제
나. 일상적으로. 대개. ▫~ 있을 수 있는 일
이다 / 앉았다 하면 ~ 공부다.
-**으려** 어미 '-으려고'의 준말. ▫그 말을 믿~
합니다 / 밤이 밝~ 한다. *-려.
-**으려거든** 어미 '-으려고 하거든'의 준말. ▫
밥을 먹~ 일을 해라 / 신용을 얻~ 성실해라 /
그러고 싶~ 아예 가 버려라. *-려거든.
-**으려고** 어미 ㄹ 이외의 받침 있는 동사의 어
간에 붙어, 장차 하고자 하는 뜻 또는 그렇게
될 듯하다는 뜻을 나타내는 연결 어미. ▫사
진을 찍~ 고궁에 갔다 / 싹이 돋~ 한다.
㉣-으려. *-려고.
-**으려기에** 어미 '-으려고 하기에'의 준말. ▫
혼자 먹~ 야단을 쳤다 / 손목을 잡~ 뿌리쳤
다. *-려기에.
-**으려나** 어미 '-으려고 하나'의 준말. ▫자네
는 어떤 옷을 입~. *-려나.
-**으려네** 어미 '-으려고 하네'의 준말. ▫내가
참~. *-려네.
-**으려느냐** 어미 '-으려고 하느냐'의 준말. ▫
무슨 노래를 들~. ㉣-으련. *-려느냐.
-**으려는** 어미 '-으려고 하는'의 준말. ▫그를
믿~ 사람은 없을 게다 / 앉~ 사람들 뿐이니
차라리 난 서서 가겠다. *-려는.
-**으려는가** 어미 '-으려고 하는가'의 준말. ▫
점심을 먹~. *-려는가.
-**으려는고** 어미 '-으려고 하는고'의 준말. ▫
왜 떠나지 않~ / 그대는 내 말을 들~. *-려
는고.
-**으려는데** 어미 '-으려고 하는데'의 준말. ▫
밥을 먹~ 손님이 찾아왔다. *-려는데.
-**으려는지** 어미 '-으려고 하는지'의 준말. ▫
그가 나를 믿~ 걱정이 된다. *-려는지.
-**으려니** 어미 1 (주로 '-으려니 하다'·'으려니
생각하다'·'으려니 싶다'의 꼴로 쓰여) ㄹ
이외의 받침 있는 어간에 붙어, 혼자 속으로
추측하는 뜻을 나타내는 연결 어미. ▫그와
나와는 처지가 같~ 생각하고 있었는데. 2 ㄹ
이외의 받침 있는 어간에 붙어, '-으려고 하
니'의 뜻을 나타내는 연결 어미. ▫막상 죽
~ 두렵기만 하다. *-려니.
-**으려니와** 어미 ㄹ 이외의 받침 있는 어간에
붙어, 장래나 과거의 일을 추측하거나 말을
끝맺지 않고 어떤 말을 덧붙여 말할 때에 쓰
는 연결 어미. ▫산도 좋~ 물도 좋았다 / 오
지도 않~ 소식도 없다. *-려니와.
-**으려다** 어미 '-으려고 하다'의 준말. ▫도둑
을 잡~ 놓쳤다 / 늑대를 쫓~ 호랑이를 만났
다. *-려다.
-**으려다가** 어미 '-으려고 하다가'의 준말. ▫

돈을 좀 얻~ 무안만 당했다 / 발을 내딛~ 넘
어졌다. ㉠-으려다. *-려다가.
-으려더니 [어미] '-으려고 하더니'의 준말. ㉠
책을 읽~ 슬그머니 잠이 들었구나 / 다 먹~
남기고 말았다. *-려더니.
-으려더라 [어미] '-으려고 하더라'의 준말. ㉠
뜰에다가 나무를 심~. *-려더라.
-으려던 [어미] '-으려고 하던'의 준말. ㉠막 점
심을 먹~ 참이다. *-려던.
-으려던가 [어미] '-으려고 하던가'의 준말. ㉠
그 사람이 돈을 받~. *-려던가.
-으려도 [어미] '-으려고 하여도'의 준말. ㉠눈
을 감~ 감을 수 없다 / 잊~ 잊을 수 없다 /
웃~ 웃을 수 없다. *-려도.
-으려면 [어미] '-으려고 하면'의 준말. ㉠신용
을 얻~ 우선 정직해야 한다. *-려면.
-으려무나 [어미] ㄹ 이외의 받침 있는 동사
어간에 붙어, 해라할 자리에 쓰여 아랫사람
에게 시키거나 그러할 의사가 있으면 해보라
는 뜻을 나타내는 종결 어미. ㉠더우면 겉옷
을 벗~ / 생각이 있으면 먹~ / 있고 싶으면
있~. ㉰-으렴. *-려무나.
-으려서는 [어미] '-으려고 하여서는'의 준말. ㉠
㉠남의 돈을 거저 먹~ 안 되네. *-려서는.
-으려서야 [어미] '-으려고 하여서야'의 준말. ㉠
㉠놀고 늘~ 되나. *-려서야.
-으려야 [어미] '-으려고 하여야'의 준말. ㉠먹
~ 먹이지. *-려야.
-으려오 [어미] '-으려고 하오'의 준말. ㉠이제
지난 일일랑 다 잊~. *-려오.
-으련 [어미] '-으려느냐'의 준말. ㉠저녁에는
무엇을 먹~. *-련.
-으련마는 [어미] ㄹ 이외의 받침 있는 어간 및
'-았-'·'-었-' 등의 뒤에 붙어서, 어떤 조건
이 충족되지 못하여 아쉽게미 기대하려 결과
가 이루어질 수 없음을 나타내는 연결 어미.
㉠시간이 있으면 책을 읽~. ㉰-으련만. *-
련마는.
-으련만 [어미] '-으련마는'의 준말. ㉠같이 갔
으면 좋~ 혼자 가 버렸다. *-련만.
-으렴 [어미] '-으려무나'의 준말. ㉠네가 좀 참
~ / 다리가 아프면 앉~. *-렴.
-으렵니까 [-렘-] [어미] '-으려고 합니까'의 준
말. ㉠무슨 노래를 듣~. *-렵니까.
-으렵니다 [-렘-] [어미] '-으려고 합니다'의 준
말. ㉠양식을 먹~. *-렵니다.
-으렷다 [-럳따] [어미] ㄹ 이외의 받침 있는 어
간 및 '-았-'·'-었-' 등의 뒤에 붙는 예스러
운 표현의 종결 어미. 1 경험이나 이치로 미
루어, 일이 으레 그러할 것을 추측하거나
다짐하는 뜻을 나타냄. ㉠내일은 날씨가 좋
~ / 지금쯤은 도착했~ / 두말 없~ / 네 말에
거짓이 없~. 2 명령을 나타내는 종결 어미.
㉠당장 죄인을 묶~ / 무릎을 꿇~. *-렷다.
으례 [부] ☞으레.
으로 [조] ㄹ 이외의 받침 있는 체언에 붙는 부
사격 조사. 1 어떤 일의 수단·방법 또는 연장
을 나타냄. ㉠톱~ 나무를 베다 / 돈~ 때우
다. ㉪으로써. 2 원료나 재료를 나타냄. ㉠콩
~ 메주를 쑤다 / 얼음~ 빙수를 만들다. ㉪으
로써. 3 이유·원인을 나타냄. ㉠병~ 결석하
다. 4 장소·방향을 나타냄. ㉠집~ 가는 길 /
동쪽~ 가시오. 5 신분·지위·자격을 나타냄.
㉠회장~ 뽑히다 / 사람~ 태어나다. ㉪으로
서. 6 때·시간을 나타냄. ㉠출발은 내일 밤~
한다. 7 결과를 나타냄. ㉠비는 오후부터 눈

~ 변했다 / 병~ 사망하다. 8 구성·비율 등을
나타냄. ㉠종교가 다른 민족~ 구성된 국가.
9 근거·표준·목표 등을 나타냄. ㉠절약을 으
뜸~ 한다. *로.
으로-부터 [조] ㄹ 이외의 받침 있는 체언에 붙
어, '에서부터'의 뜻을 나타내는 부사격 조
사. ㉠시험~ 해방되다. *로부터.
으로서 [조] ㄹ 이외의 받침 있는 체언에 붙는
부사격 조사. '지위·신분 및 자격을 가지고'
의 뜻으로 씀. ㉠가장~ 책임이 무겁다 / 사
람~ 어찌 그럴 수 있나. *로서.
으로써 [조] ㄹ 이외의 받침 있는 체언에 붙어,
'재료·수단·방법·도구 등을 가지고'의 뜻을
나타내는 부사격 조사. ㉠용기와 신념~ 작
전에 임하라. *으로·로써.
으르다[1] [(을러, 으르니)] [타동] 물에 불린 쌀 등
을 방망이로 으깨다.
으르다[2] [(을러, 으르니)] [타동] 상대방을 무서운
말이나 행동으로 위협하다. ㉠아무리 으르고
달래도 소용이 없다.
으르-대다 [타] 계속하여 무서운 말이나 행동으
로 위협하다. ㉠어디 두고 보자고 ~.
으르렁 [부][하자] 크고 사나운 짐승 따위가 성내
어 크고 세차게 울부짖는 소리. 또는 그 모
양. ㉫아르렁.
으르렁-거리다 [자] 1 크고 사나운 짐승 따위가
자꾸 성내어 크고 세차게 울부짖다. 2 아주
성이 나서 자꾸 거친 말로 서로 다투다. ㉠그
들은 만나기만 하면 으르렁거린다. ㉫아르렁
거리다. **으르렁-으르렁** [부][자]
으르렁-대다 [자] 으르렁거리다.
으르르 [부][하자] 1 춥거나 무서워 몸이 몹시 떨
리는 모양. 2 애처롭거나 아까워서 몸이 몹시
떨리는 모양. ㉫아르르.
으름 [명] 으름덩굴의 열매. 연복자(燕覆子)
으름-덩굴 [명] 《식》 으름덩굴과의 낙엽 활엽
덩굴나무. 산기슭의 숲 속에 남. 잎은 손바닥
모양의 겹잎이며, 늦봄에 연한 자주색 꽃이
핌. 긴 타원형인 육질의 삭과는 가을에 익어
갈라지는데 맛이 좋음. 뿌리와 가지는 약용
함. 목통(木通).
으름장 [-짱] [명] 말이나 행동으로 남을 위협하
는 짓. ㉠욕인지 ~인지 모를 소리를 내뱉다.
으름장(을) 놓다 [구] 말이나 행동으로 단단히
으르다. ㉠다시는 두말 못하게 ~.
-으리 [선어미] ㄹ 이외의 받침 있는 용언의 어
간 또는 '-았-'·'-었-' 등의 뒤에 붙어, 추
측이나 의도, 의지 따위를 나타내는 예스러
운 종결의 선어말 어미. ㉠읽~다 / 지금은
늦었~라 / 가보면 있~라. *-리-[2].
-으리오 [어미] 1 '-으리오'의 준말. ㉠그 슬픔을
어찌 잊~. 2 '-으리라'의 준말. ㉠그 사람을
내 기어이 찾~. *-리.
-으리까 [어미] ㄹ 이외의 받침 있는 동사 어간
이나 '-았-'·'-었-' 등의 뒤에 붙어, 합쇼할
자리에서 반문 또는 상대방의 의도를 물을
때 쓰는 예스러운 표현의 종결 어미. ㉠무엇
으로 삼~. *-리까.
-으리니 [어미] ㄹ 이외의 받침 있는 용언의 어
간에 붙어서 '-을 것이니'의 뜻을 나타내는
예스러운 표현의 연결 어미. *-리니.
-으리니라 [어미] ㄹ 이외의 받침 있는 용언의
어간에 붙어, '-을 것이니라'의 뜻을 나타내
는 종결 어미. ㉠상을 받~. *-리니라.
-으리다 [어미] ㄹ 이외의 받침 있는 용언의 어
간이나 '-았-'·'-었-' 등의 뒤에 붙어, 하오
할 자리에 쓰는 예스러운 표현의 종결 어미.
1 '기꺼이 그리하겠소'의 뜻으로 자기 의사

를 나타냄. ▯뒷일은 내가 맡~. **2** '그러할 것이오'의 뜻으로 추측이나 경고하는 뜻을 나타냄. ▯그만하고 가시는 것이 좋~ / 그러다가는 욕을 먹~. *-리다.
-으리라 어미 ㄹ 이외의 받침 있는 용언의 어간이나 '-았-'·'-었-' 따위의 뒤에 붙어, '-을 것이다'의 뜻으로 추측이나 미래의 의사를 나타내는 예스러운 표현의 종결 어미. ▯그는 이미 갔~ / 어떤 벌이라도 내가 받~. ㉰-으리. *-리라.
-으리로다 어미 ㄹ 이외의 받침 있는 용언의 어간이나 어미 뒤에 붙어, '-으리라'의 뜻을 나타내는 예스러운 표현의 종결 어미. *-리로다.
-으리만큼 어미 ㄹ 이외의 받침 있는 용언의 어간이나 어미 뒤에 붙어, '-을 정도로'의 뜻을 나타내는 연결 어미. ▯알아들~ 충고했다. *-리만큼.
-으리오 어미 ㄹ 이외의 받침 있는 용언의 어간이나 '-았-'·'-었-' 따위의 뒤에 붙어, 어찌 그러할 것이냐는 뜻으로 반문하거나 한탄하는 뜻을 나타내는 종결 어미. ▯내 어이 그 날의 참상을 잊~.
으리으리-하다 형여 모양이나 규모가 압도될 만큼 굉장하다. ▯으리으리한 호화 주택.
-으마 어미 ㄹ 이외의 받침 있는 동사의 어간에 붙어, 해라할 자리에서 상대편에게 약속하는 뜻을 나타내는 종결 어미. ▯내가 맡~. *-마.
-으매 어미 ㄹ 이외의 받침 있는 어간에 붙어, 어떤 일에 대한 원인이나 근거를 나타내는 연결 어미. ▯비가 왔~ 강물이 불었을 것이다. *-매².
-으며 어미 ㄹ 이외의 받침 있는 용언의 어간이나 '-았-'·'-었-' 따위의 뒤에 붙어, 두 가지 이상의 동작 또는 상태를 아울러 말할 때 쓰는 연결 어미. ▯울며 웃~ 살아가다 / 그는 누구였~ 무얼 하던 사람인가 / 누가 왔~ 누가 갔는지 알 수 없다. **2** '-으면서'의 준말. ▯밥을 먹~ 신문을 보다. *-며.
-으면 어미 ㄹ 이외의 받침 있는 용언의 어간이나 '-았-'·'-었-' 따위의 뒤에 붙여 쓰는 연결 어미. **1** 불확실한 사실을 가정하여 말할 때 씀. ▯내일 날씨가 좋~ 떠난다 / 약을 먹~ 병이 나을까. **2** 일반적으로 분명한 사실을 어떤 일에 대한 조건으로 말할 때 씀. ▯산이 높~ 골이 깊다 / 음악을 들~ 즐거워진다. **3** 어떤 일이나 상태가 잘되기를 희망하거나 그렇게 되지 않음을 애석해하는 뜻을 나타낼 때 씀. ▯먹어 보았~ 좋았을 것을 / 돈이 많~ 도와줄 텐데. **4** 단순히 근거나 결과를 조건적으로 말할 때 씀. ▯급히 먹~ 배탈이 난다 / 버려지도 밟~ 꿈틀거린다. **5** ('-으면 -을수록'의 꼴로 쓰여) 정도가 심해짐을 나타냄. ▯먹~ 먹을수록 더 먹고 싶어진다 / 산이 높~ 높을수록 올라가고 싶다. **6** ('-으면 몰라도'의 꼴로 쓰여) 실현되기 어려운 조건을 들어 말하면서 그 뒤에 오는 말을 강조하는 뜻을 나타냄. ▯쉬지 않았~ 몰라도 그만큼 쉬고도 또 농땡이냐 / 그 일에 뛰어들지 않았~ 몰라도 쉽게 끝내질 일이 아니다. **7** ('-으면 -(었)지'의 꼴로 쓰여) 단호한 거부의 뜻을 나타냄. ▯죽~ 죽었지 다시는 그곳에 안 가겠다. ㉰-음². *-면.
-으면서 어미 ㄹ 이외의 받침 있는 용언의 어간이나 '-았-'·'-었-' 뒤에 붙는 연결 어미. **1** 두 가지 이상의 동작이나 상태가 계속 이어짐을 나타냄. ▯걸~ 얘기할까. ㉰-으며. **2**

1845　　　　　　　　　　　　　　　　**으썩**

두 가지 이상의 동작이나 상태가 서로 맞서는 관계에 있음을 나타냄. ▯집에 있~ 없다고 한다. *-면서.
-으므로 어미 ㄹ 이외의 받침 있는 용언의 어간이나 '-았-'·'-었-' 따위의 뒤에 붙어, 까닭이나 근거를 나타내는 연결 어미. ▯돈이 없~ 못 간다 / 강물이 깊~ 배로 건넜다. *-므로.
으밀-아밀 부하자 남모르게 비밀히 이야기하는 모양.
-으사이다 어미 ㄹ 이외의 받침 있는 동사 어간에 붙어, 하소서할 자리에서 청유(請誘)의 뜻을 나타내는 예스러운 표현의 종결 어미. ▯제 사연을 들~ / 가만히 있~ 사이다.
-으세요 어미 ~으셔요. ▯새해 복 많이 받~ / 편히 앉~. *-세요.
-으셔요 어미 '-으시어요'의 준말. ▯어디 편찮~ / 이리 앉~. *-셔요.
-으소서 어미 ㄹ 이외의 받침 있는 동사의 어간에 붙어, 하소서할 자리에서 정중한 부탁이나 기원을 나타내는 종결 어미. ▯새해 복 많이 받~ / 한 번 더 참~. *-소서.
으스-대다 어울리지 않게 으쓱거리며 뽐내다. ▯공부 좀 잘한다고 으스대지 마라.
으스러-뜨리다 타 덩어리를 깨뜨려 부스러지게 하다. ▯호두를 망치로 두드려 ~. ㉮아스러뜨리다.
으스러-지다 자 **1** 덩어리가 깨어져 부스러지다. ▯뼈마디가 으스러지게 나가는 것같이 아팠다. **2** 살이 터지거나 벗겨지다. ㉮아스러지다.
으스러-트리다 타 으스러뜨리다.
으스름 명하 희고 빛 따위가 침침하고 흐릿한 상태. ▯주위에 저녁 ~이 깔렸다.
으스름-달 [-딸] 명 으슴푸레한 빛을 내는 달. 담월(淡月).
으스름-달밤 [-빰] 명 달빛이 으슴푸레하게 비치는 밤.
으스스 부하 차가나 싫은 것이 몸에 닿았을 때 소름이 끼치는 모양. ▯온몸이 ~ 떨린다 / ~한 한기가 몰려왔다. ㉮아스스·오스스.
으슥-하다 [-스카-] 형여 **1** 무서운 느낌이 들 만큼 구석지고 고요하다. ▯으슥한 골목길. **2** 매우 조용하다. ▯으슥한 밤거리.
으슬-으슬 부하 소름이 끼칠 듯이 매우 차가운 느낌이 자꾸 드는 모양. ▯몸이 ~한 게 감기가 올 모양이다. ㉮아슬아슬·오슬오슬.
으슴푸레 부하 달빛이나 불빛 따위가 침침하고 흐릿한 모양. ▯~한 불빛.
-으시- 선어미 ㄹ 이외의 받침 있는 용언의 어간에 붙어, 존경의 뜻을 나타내는 선어말 어미. ▯선생님의 덕은 하늘처럼 높~다 / 손을 꼭 잡~었다. *-시-.
-으시다 어미 ㄹ 이외의 받침 있는 용언의 어간에 붙어, ~으시다.
-으시라 어미 ㄹ 이외의 받침 있는 동사 어간에 붙어, 불특정 다수에 대한 공손한 명령을 나타내는 종결 어미. ▯모두들 제비를 뽑~. *-시라.
-으시어요 어미 ㄹ 이외의 받침 있는 용언의 어간에 붙어, 해요할 자리에서 설명·의문·명령 등의 뜻을 나타내는 종결 어미. ▯이 책을 읽~ / 문을 닫~. ㉰-으셔요. *-시어요.
-으십사 [-씹-] 어미 ㄹ 이외의 받침 있는 동사 어간에 붙어, '바람'·'소망'을 나타내는 합쇼체의 종결 어미. 주로 인용절에 씀. ▯한 번 더 참~ 부탁드립니다. *-십사.
으썩 부하자타 단단하고 싱싱한 과일이나 채소

따위를 힘껏 베어 무는 소리.

으썩-거리다 [-꺼-] 〖자타〗 으썩 소리가 자꾸 나다. 또는 그런 소리를 자꾸 내다. 〖사〗사과를 으썩거리며 먹다. *어썩거리다. **으썩-으썩** 〖부〗〖자타〗

으썩-대다 [-때-] 〖자타〗 으썩거리다.

으슥 〖부〗〖하형〗 갑자기 무섭거나 차가움을 느낄 때 몸이 움츠러지는 모양. 〖ᄀ〗소름이 ~ 끼쳤다. 〖자〗아슥.

으쓱 〖부〗〖하자타〗 1 갑자기 어깨를 한 번 들먹이는 모양. 2 어깨를 들먹이며 우쭐하는 모양.

으쓱-거리다 [-꺼-] 〖자타〗 1 어깨를 자꾸 들먹이다. 〖ᄀ〗신이 나서 어깨가 저절로 으쓱거린다. 2 어깨를 들먹이며 자꾸 우쭐거리다. **으쓱-으쓱** 〖부〗〖하자타〗

으쓱-대다 [-때-] 〖자타〗 으쓱거리다.

으아 〖부〗 젖먹이가 크게 우는 소리. 〖감〗감탄하여 스스로 외치는 소리.

으아리 〖명〗〖식〗 미나리아재빗과의 낙엽 활엽 덩굴나무. 줄기는 2m 정도이며 잎은 깃모양 겹잎임. 야생하는데 여름에 흰 꽃이 핌. 뿌리는 약용, 어린잎은 식용함.

으악 〖부〗 갑자기 토하는 소리. 〖감〗놀라거나 남을 놀라게 하려고 크게 지르는 소리.

으앙 〖부〗 젖먹이가 우는 소리.

으앙-으앙 〖부〗 젖먹이가 자꾸 우는 소리.

-으오- 〖선어미〗 '-옵-'의 'ㅂ'이 'ㄴ, ㄹ, ㅁ' 이나 모음으로 시작된 어미를 만나서 줄어진 예스러운 선어말 어미. ㄹ 이외의 받침 있는 어간에 붙어 공손함을 나타냄. 〖ᄀ〗옷이 젖~니 / 어찌 믿~리까. *-오-·-으옵-.

-으오 〖어미〗 ㄹ 이외의 받침 있는 용언의 어간에 붙어, 하오할 자리에서 현재의 동작이나 상태의 서술·의문을 나타내고, 또 동사와 형용사 '있다'의 명령형을 이루는 종결 어미. 〖ᄀ〗맹자를 읽~ / 꽃이 붉~ / 당신은 거기 있~. *-오.·-소.

-으오니까 〖어미〗 ㄹ 이외의 받침 있는 용언의 어간에 붙어, 하소서할 자리에서 현재의 상태를 묻는 예스러운 표현의 종결 어미. 〖ᄀ〗그 사람의 도량이 그렇게도 넓~ / 그 산은 얼마나 높~. *-오니까.

-으오리까 〖어미〗 ㄹ 이외의 받침 있는 용언의 어간에 붙어, 합쇼할 자리에서 '그리할까'의 뜻으로 자기의 의사에 대한 상대방의 의향을 묻는 예스러운 표현의 종결 어미. 〖ᄀ〗제가 대신 있~. *-오리까.

-으오리다 〖어미〗 ㄹ 이외의 받침 있는 용언의 어간에 붙어, 합쇼할 자리에서 '그리하겠습니다'의 뜻으로 자기의 의사를 나타내는 예스러운 표현의 종결 어미. 〖ᄀ〗많이 읽~ / 앉아 있~ / 꼭 참~. *-오리다.

-으오리이까 〖어미〗 ㄹ 이외의 받침 있는 용언의 어간에 붙어, 하소서할 자리에서 '그리할까요'의 뜻으로 자기의 의사에 대한 상대방의 의향을 묻는 예스러운 표현의 종결 어미. 〖ᄀ〗그를 믿어도 좋~. *-오리이까.

-으오리이다 〖어미〗 ㄹ 이외의 받침 있는 용언의 어간에 붙어, 하소서할 자리에서 '그리하겠습니다'의 뜻으로 자기의 의사를 나타내는 예스러운 표현의 종결 어미. 〖ᄀ〗한 번 더 읽~ / 내년에는 꼭 갚~ / 범인을 말끔히 잡~ / 머물러 있~. *-오리이다.

-으오이다 〖어미〗 ㄹ 이외의 받침 있는 용언의 어간에 붙어, 하소서할 자리에서 현재의 사실을 설명하는 예스러운 표현의 종결 어미.

〖ᄀ〗산이 높~ / 그대를 믿~. 〖준〗-으외다. *-오이다.

-으옵- 〖선어미〗 '-옵'의 뜻으로 ㄹ 이외의 받침 있는 용언의 어간에 붙어, 공손함을 나타내는 예스러운 표현의 선어말 어미. 〖ᄀ〗물이 깊~니까 / 하늘은 맑~고. *-옵-·-사오-.

-으옵니까 [-옵-] 〖어미〗 '-으옵-'과 '-나이까'가 줄어서 결합한 예스러운 표현의 종결 어미. 〖ᄀ〗많이 검~. *-옵니까.

-으옵니다 [-옵-] 〖어미〗 '-으옵-'과 '-나이다'가 줄어서 결합한 예스러운 표현의 종결 어미. 〖ᄀ〗책을 읽~. *-옵니다.

-으옵디까 [-옵-] 〖어미〗 '-으옵-'과 '-더이까'가 줄어서 결합한 예스러운 표현의 종결 어미. 〖ᄀ〗얼굴에 주름이 많~. *-옵디까.

-으옵디다 [-옵-] 〖어미〗 '-으옵-'과 '-더이다'가 줄어서 결합한 예스러운 표현의 종결 어미. 〖ᄀ〗나무를 심~ / 멋쩍게 웃~. *-옵디다.

-으외다 〖어미〗 '-으오이다'의 준말. *-외다.

으음 〖감〗 1 만족하여 긍정할 때에 내는 소리. 〖ᄀ〗~, 좋았어. 2 마땅찮을 때에 내는 소리. 〖ᄀ〗~, 그건 안 돼지. 3 아프거나 괴로울 때에 나오는 소리. 〖ᄀ〗~ 하고 신음 소리가 절로 나온다.

으응 〖감〗 1 해라 하게할 자리에 쓰여 반문하거나 긍정할 때에 내는 말. 〖ᄀ〗~, 알겠다. 2 마음에 들지 않거나 짜증이 날 때에 쓰는 말. 〖ᄀ〗~, 그러면 안 된다니까.

-으이 〖어미〗 받침 없는 형용사 어간에 붙어, 하게할 자리에서 생각이나 느낌을 나타내는 종결 어미. 〖ᄀ〗이렇게 넓~ / 이젠 싫~ / 이만해도 좋~. 〖준〗-의. *-이².

으지적 〖부〗〖하자타〗 단단한 물건을 깨물어 부스러뜨릴 때 나는 소리. 〖자〗아지직.

으지적-거리다 [-꺼-] 〖자타〗 으지적 소리가 자꾸 나다. 또는 그런 소리를 자꾸 내다. 〖자〗아지작거리다. **으지적-으지적** 〖부〗〖자타〗

으지적-대다 [-때-] 〖자타〗 으지적거리다.

으지직 〖부〗〖하자타〗 꽤 단단한 물건이 부서져 깨지거나 찌그러지는 소리. 〖ᄀ〗바람에 나뭇가지가 ~하고 부러졌다. 〖자〗아지직.

으지직-거리다 [-꺼-] 〖자타〗 으지직 소리가 자꾸 나다. 또는 그런 소리를 자꾸 내다. 〖자〗아지직거리다. **으지직-으지직** 〖부〗〖하자타〗

으지직-대다 [-때-] 〖자타〗 으지직거리다.

으쩍 〖부〗〖하자타〗 단단한 물건을 깨물어 부스러뜨리는 소리. 〖ᄀ〗밥을 먹다가 돌이 ~하고 씹히는 소리가 났다.

으쩍-으쩍 〖부〗〖자타〗 잇따라 으쩍하는 소리.

으츠러-뜨리다 〖타〗 으츠러지게 하다.

으츠러-지다 〖자〗 연한 것이 다른 것에 문질리거나 눌려 부스러지다. 으끄러지다. 〖ᄀ〗두부가 ~.

으츠러-트리다 〖타〗 으츠러뜨리다.

으크러-뜨리다 〖타〗 1 물건의 거죽을 찌그러지게 하다. 〖양동이를 ~. 2 물건을 뭉그러지게 하다. 〖여〗으그러뜨리다. 〖센〗으끄러뜨리다.

으크러-지다 〖자〗 굳은 물건이 눌러서 부스러지다. 〖ᄀ〗바닥에 떨어진 서랍이 ~. 〖여〗으그러지다. 〖센〗으끄러지다.

으크러-트리다 〖타〗 으크러뜨리다.

으하하 〖부〗 입을 크게 벌리며 거리낌 없이 크게 웃는 소리나 모양. 〖준〗으허허.

으허허 〖부〗 입을 조금 크게 벌리며 거리낌 없이 크게 웃는 소리나 모양. 〖자〗으하하.

으흐흐 〖부〗 1 짐짓 지어서 음침하게 웃는 소리나 모양. 2 흐느껴 우는 소리나 모양.

윽-다물다 [-따-]〖욱다물어, 욱다무니, 욱다

무는] 匪 단단히 결심하거나 무엇을 참을 때, 힘주어 입을 꾹 다물다. ❏이를 악다물고 굳게 결심했다.

억-물다[옥-] (억물어, 억무니, 억무는] 匪 성이 나거나 아플 때 또는 단단히 결심할 때이를 잔뜩 힘주어 마주 물다. ❏이를 억물고 참다. ⊗악물다.

억-물리다[옥-] 困 ('억물다'의 피동) 억물음을 당하다. ⊗악물리다.

억-박다[-빡따] 匪 억지로 짓누르다. 몹시 억누르다. ❏덮어놓고 ~.

억박-지르다[-빡찌-] [-질러, -지르니] 匪르 심하게 꾸짖거나 다그쳐서 기를 꺾다. ❏아이를 너무 억박지르지 마라.

억-죄다[-쬐-] 匪 아주 세게 죄다. ❏몸을 억죄는 아픔을 견디다.

은(恩) 똉 '은공·은덕·은혜'의 준말.

은(殷) 똉 『역』 중국 고대의 왕조. 처음에는 '상(商)'이었으나 나중에 '은'으로 고침(주(周)나라 무왕(武王)에게 망함).

은(銀) 똉 『광』 금속 원소의 하나. 금보다 조금 가볍고 단단하며 백색의 미려한 광택을 가짐. 전기 전도율과 열전도율이 금속 중에 가장 높음(화학용 기구·화폐·장식물 따위에 씀). [47 번 : Ag : 107.868]

은 困 1 받침 있는 체언이나 부사어, 합성 동사의 선행 요소 따위의 뒤에 붙어, 어떤 대상이 다른 것과 대조됨을 나타내는 보조사. ❏인생~ 짧고 예술~ 길다. 2 받침 있는 체언 뒤에 붙어, 문장 속에서 어떤 대상이 화제임을 나타내는 보조사. ❏오늘~ 기분이 좋다. 3 받침 있는 체언이나 부사어 뒤에 붙어, 강조의 뜻을 나타내는 보조사. ❏너에게도 잘못~ 있다. *는.

-은 어미 ㄹ 이외의 받침 있는 어간에 붙어, 그 말로 하여금 이미 되어 있는 사실을 나타내어 그 아래의 체언의 뜻을 꾸미게 하는 관형사형 어미. 동사 어간에 붙으면 과거, 형용사 어간에 붙으면 현재의 모습이나 사실 등을 나타냄. ❏검~ 머리 / 젊~ 나이 / 읽~ 사람 / 죽~ 동물. *-ㄴ·는.

-은가 어미 ㄹ 이외의 받침 있는 형용사 어간에 붙는 종결 어미. 1 하게할 자리에서 현재의 어떠함에 대하여 물음을 나타내는 말. ❏건강이 좋~ / 그 사람이 싫~. 2 ('-은가 보다', '-은가 하다', '-은가 싶다' 등의 꼴로 쓰여) 자기 스스로에게 묻는 물음이나 추측을 나타내는 말. ❏꽤 좋~ 보다 / 그만하면 족하지 않~ 싶다. *-ㄴ가.

은-가락지(銀-)[-찌] 똉 은으로 만든 가락지. 은지환. 은환(銀環). ❏어머니의 유품인 ~.

은-가루(銀-)[-까-] 똉 1 은이 부서진 가루. 은분(銀粉). 2 은 빛깔의 재료로 만든 가루.

은감(殷鑑) 똉 은(殷)은 전대(前代)의 하(夏)가 멸망한 것을 교훈으로 하라는 뜻으로, 거울 삼아 경계하여야 할 전례(前例)를 이르는 말.

은갑(銀甲) 똉 1 은으로 된 갑옷. 2 비파 등을 탈 때 손가락에 끼우는 물건.

은갱(銀坑) 똉 『광』 은을 캐는 광산의 구덩이. 은혈(銀穴).

은거(隱居) 똉困困 세상을 피해 숨어 삶. 은서(隱棲). ❏자연의 품에 ~하다.

-은걸 어미 ㄹ 이외의 받침 있는 어간에 붙어, 이미 있는 사실에 대하여 스스로 감탄하거나 상대자에게 앞서 생각하기를 요구하는 태도로 말할 때 쓰는 종결 어미. ❏너무 작~ / 벌써 먹~. *-ㄴ걸·-는걸.

은격(隱格)[-껵] 똉 『민』 관상에서, 겉으로 나

타나지 않는 얼굴의 생김새.

은-결(銀-)[-껼] 똉 은파(銀波).

은결-들다[-때-] [-들어, -드니, -드는] 困 1 상처가 내부에 생기다. 2 원통하고 억울한 일로 속이 남몰래 상하다.

은고(恩顧) 똉困困 은혜를 베풀어 보살펴 줌. ❏각별한 ~를 입다.

-은고 어미 '-은가'의 예스러운 말투 또는 점잖은 말투. ❏산은 얼마나 깊~. *-ㄴ고.

은공(恩功) 똉 은혜와 공로. ❏부모의 ~을 잊다. ⊗은(恩).

은광(恩光) 똉 1 하늘이 내려 주는 비와 이슬의 은혜. 2 임금이나 웃어른으로부터 받은 은혜. ❏~을 입어 신하.

은광(銀鑛) 똉 『광』 1 은을 캐내는 광산. 은산(銀山). 은점(銀店). 2 은이 들어 있는 광석.

은괴(銀塊) 똉 은의 덩어리.

은구(銀鉤) 똉 1 은으로 만든, 발·휘장을 거는 고리. 2 아름답게 쓴 초서의 글씨.

은구(隱溝) 똉 땅속에 묻은 수채.

-은구기(銀-) 똉 은으로 만든 구기.

은-군자(隱君子) 똉 1 재능은 있으나 부귀와 공명을 구하지 않고 숨어서 사는 군자. 2 은근자1. 3 '국화'를 달리 이르는 말.

은권(恩眷) 똉困困 1 어여삐 여겨 돌보아 줌. 2 임금의 총애.

은근(慇懃) 똉困副 1 야단스럽지 아니하고 꾸준함. ❏~과 끈기. 2 정취가 깊고 그윽함. ❏~하고 아늑한 기운. 3 행동 따위가 드러나지 않고 은밀함. ❏~하게 말하다 / ~히 따지다. 4 속으로 생각하는 정도가 깊고 간절함. ❏~한 사랑.

은근-슬쩍(慇懃-) 副 표나지 않게 슬그머니. ❏~ 길에다 담배꽁초를 버리다.

은근-짜(慇懃-) 똉 1 [속] 몰래 몸을 파는 여자. 은군자. 2 의뭉스러운 사람.

은금(恩金) 똉 은급으로 주던 돈.

은금(銀金) 똉 은과 금.

은급(恩給) 똉 『역』 일제 강점기에, 정부 기관이 법정 조건을 갖추어 퇴직한 사람에게 죽을 때까지 주던 연금(年金).

은기(銀器) 똉 은으로 만든 그릇. 은그릇.

은니(銀泥) 똉 은가루를 아교 물에 갠 것(글씨나 그림에 씀).

은닉(隱匿) 똉困困 남의 물건이나 범죄인을 몰래 숨기어 감춤. ❏범인을 ~하다 / 훔친 물건이 ~되어 있는 곳을 수색하다.

은닉-죄(隱匿罪)[-쬐] 똉 『법』 1 '범인 은닉죄'의 준말. 2 범인이나 장물 따위를 숨긴 죄.

은닉 행위(隱匿行爲)[-니캥-] 똉 『법』 상대방과 내통해 어떤 행위를 숨기거나 거짓으로 꾸미는 일.

은-단풍(銀丹楓) 똉 『식』 단풍나뭇과의 낙엽 교목. 미국 원산으로, 높이는 40 m가량이고, 잎은 손바닥 모양으로 깊이 갈라졌으며 뒷면은 은백색을 띰. 일본자 피며 황록색 꽃이 피고, 열매는 늦봄에 익는데 날개가 있다. 사탕단풍.

은대(銀帶) 똉 『역』 은으로 새긴 장식을 가장자리에 붙인, 정삼품에서 종육품까지의 문무관이 허리에 띠던 띠.

은대(銀臺) 똉 『역』 조선 때, 승정원(承政院)의 별칭.

은덕(恩德) 똉 은혜와 덕. 또는 은혜로운 덕. ❏~을 입다. ⊗은(恩).

은덕(隱德) 똉 남이 모르게 베푸는 덕행.

-은데 〔어미〕 ㄹ 이외의 받침 있는 형용사 어간
에 붙는 어미. **1** 다음 말을 끌어내리려고 직접·
간접으로 관련될 만한 어떤 사실을 먼저 베
풀 때 쓰는 연결 어미. □물건은 좋~ 값이
비싸다. **2** 남의 의견을 듣고자 하는 태도로
스스로 감탄할 때 쓰는 종결 어미. □경치가
참 좋~ / 달도 밝~. *-ㄴ데·-는데.

은도 (銀濤) 명 은파(銀波).

은-도금 (銀鍍金) 명하타 다른 금속에 은의 얇
은 막을 입히는 일.

은-돈 (銀-) 명 은으로 만든 돈. 은자(銀子). 은
전(銀錢). 은화(銀貨).

은-동거리 (銀-) 명 물부리의 끝에 은을 물린
동거리.

은-동곳 (銀-) [-곧] 명 은으로 만든 동곳.

은-두구리 (銀-) 명 은으로 만든 약두구리.

은두-꽃차례 (銀頭-次例) [-꼳-] 명 《식》 유한
(有限)꽃차례의 하나. 꽃대가 오목하며 그 안
에 많은 꽃이 달리는 꽃차례. 무화과 등에서
봄. 은두 화서.

은두 화서 (隱頭花序) 《식》 은두꽃차례.

은둔 (隱遁) 명하자 세상일을 피해 숨음. □~
생활 / 시골 구석에 ~해 살다.

은둔-사상 (隱遁思想) 명 도피(逃避)사상.

-은들 〔어미〕 ㄹ 이외의 받침 있는 용언의 어간
에 붙어, 양보와 반문을 겸하여 '-다 할지라
도 어찌'의 뜻을 나타내는 연결 어미. □죽
~ 한이 되랴 / 겉이 검~ 속조차 검을쏘냐.
*-ㄴ들.

은-딱지 (銀-) [-찌] 명 은으로 된 몸시계의 껍
데기.

은딴 명 예전에, 포도청에 매인 판꾼의 두목.

은랍 (銀鑞) [을-] 명 은과 놋쇠 또는 여기에 카
드뮴이나 주석 등을 넣어 만든 합금《금속을
접합하는 데 쓰며 접합 부분이 은빛을 띰》.

은령 (銀鈴) [을-] 명 은방울.

은령 (銀嶺) [을-] 명 눈이 하얗게 덮인 재나 산.

은로 (銀露) [을-] 명 달빛에 희게 빛나는 밤이
슬. □풀잎에 서린 ~가 차갑게 보인다.

은록 (恩祿) [을-] 명 임금이 주던 녹봉(祿俸).

은루 (隱漏) [을-] 명하타 《역》 지난날, 논밭을
숨겨 양안(量案)에 올리지 않던 일.

은류 (隱流) [을-] 명하자 보이지 않게 속으로
흐름.

은륜 (銀輪) [을-] 명 **1** 은으로 만든 바퀴. **2** '자
전거'를 아름답게 이르는 말.

은린 (銀鱗) [을-] 명 **1** 은빛의 비늘. 은비늘. **2**
은린옥척2.

은린-옥척 (銀鱗玉尺) [올리녹-] 명 **1** 모양이
좋고 큰 물고기. **2** '물고기'를 아름답게 이르
는 말. 은린.

은막 (銀幕) 명 《연》 **1** 영사막. **2** 영화계를 비유
해 이르는 말. □~의 여왕.

은맥 (銀脈) 명 《광》 은이 나는 광맥. 은줄.

은-메달 (銀medal) 명 은으로 만든 메달. 경기
등에서 2위를 차지한 선수에게 줌. □~을
목에 걸다.

은명 (恩命) 명 《역》 임금이 관리를 임명하거나
죄를 용서할 때 내리던 은혜로운 명령.

은-목감이 (銀-) [-까미] 명 목을 은으로 감은
물부리 따위의 총칭.

은문 (恩門) 명 《역》 고려 때, 감시(監試)의 급
제자가 시관(試官)을 일컫던 말. 좌주(座主).

은-물 (銀-) 명 은이 녹아 된 액체.

은-물결 (銀-) [-껼] 명 은파(銀波).

은미-하다 (隱微-) 형여 **1** 겉으로 드러나는 것

이 없다. **2** 묻히거나 작아서 알기 어렵다.

은밀-하다 (隱密-) 형여 숨어 있어서 겉으로
드러나지 않다. □은밀한 계획. 은밀-히 부.
□이야기를 ~ 나누다.

-은바 〔어미〕 ㄹ 이외의 받침 있는 동사나 형용
사의 어간에 붙어, '어떠어떠하니까'·'하였
더니'의 뜻으로 쓰는 문어적 표현의 연결 어
미. □읽~ 과연 재미있더라 / 진술을 들~
사실이 아니었다. *-ㄴ바·-는바.

은박 (銀箔) 명 은 또는 은빛이 나는 재료를 종
이처럼 얇게 만든 것. □~을 입히다.

은박-지 (銀箔紙) [-찌] 명 **1** 은을 종이와 같이
얇게 만든 물건. **2** 알루미늄을 종이처럼 얇고
넓게 만든 것《수분 증발 및 습기 방지용·포
장용으로 씀》. □~에 싸다.

은반 (銀盤) 명 **1** 은으로 만든 쟁반. **2** 달이나
얼음판을 아름답게 이르는 말. □~의 요정.

은반-계 (銀盤界) [-/-계] 명 빙상 경기에 관계
하는 사람들의 세계. □~의 여왕.

은-반상 (銀飯床) 명 은으로 만든 반상.

은반위구 (恩反爲仇) 명하자 은혜를 베푼 것이
도리어 원수가 됨.

은-반지 (銀半指) 명 은으로 만든 반지.

은발 (銀髮) 명 **1** 은백색의 머리털. **2** '백발'을
아름답게 이르는 말. □~의 노신사.

은방 (銀房) [-빵] 명 금이나 은 따위로 장식품
등을 만들어 파는 가게.

은-방울 (銀-) 명 은으로 된 방울. 은령(銀鈴).
은방울을 굴리는 듯하다 관 소리가 매우 아
름답고 좋다. □은방울을 굴리는 듯한 목소
리를 내다.

은방울-꽃 (銀-) [-꼳] 명 《식》 백합과의 여러
해살이풀. 5월경에 잎 사이에서 꽃줄기가 나
와 방울 모양의 희고 작은 꽃이 핌. 생화(生
花)는 신부의 부케로 사용되고 전초(全草)는
강심제·이뇨제로 씀.

은배 (銀杯) 명 은잔(銀盞).

은백-색 (銀白色) [-쌕] 명 은빛과 같은 흰색.

은-백양 (銀白楊) 명 《식》 **1** 버드나뭇과의 낙엽
활엽 교목. 잎은 넓은 달걀꼴 또는 원형이며,
잎 뒷면에 은백색의 솜털이 빽빽이 퍼져 있
음. 정원수로 심음. 백양(白楊). **2** 미루나무.

은벽-하다 (隱僻-) [-벼카-] 형여 사람의 왕래
가 적고 구석지다.

은병 (銀瓶) 명 은으로 만든 병.

은복 (隱伏) 명하자 **1** 몸을 엎드려 숨음. **2** 사람
이 안에 숨어 있음.

은 본위제 (銀本位制) 《경》 화폐의 단위 가치
를 일정량의 은의 가치와 관련시키는 제도.

은-봉 (銀-) [-뽕] 명 미술 장식품 등에 은을 새
겨 넣은 것.

은봉 (隱鋒) 명 서예에서, 해서(楷書)를 쓸 때
예리한 각가(角家) 없이 부드럽게 쓰는 서법.

은-봉채 (銀鳳釵) 명 꼭지를 봉의 머리 모양으
로 만든 은비녀.

은부-하다 (殷富-) 형여 풍성하고 넉넉하다.

은분 (銀粉) 명 은가루1.

은-붙이 (銀-) [-부치] 명 은으로 만든 물건의
총칭.

은비 (隱庇) 명하타 감추어 보호함.

은-비녀 (銀-) 명 은으로 만든 비녀. 은잠(銀
簪). 은채(銀釵).

은-빛 (銀-) [-삗] 명 은과 같은 빛깔. 은색(銀
色). □~ 물결.

은사 (恩師) 명 **1** '가르침을 받은 선생님'을 높
여 이르는 말. □중학교 시절의 ~를 찾아뵙
다. **2** 《불》 자기를 출가시켜 길러 준 승려.

은사 (恩赦) 명하타 《역》 나라에 경사가 있을

때 죄가 가벼운 죄인을 석방하던 일.

은사(恩賜)〖명〗〖하타〗임금이 신하나 백성에게 물건을 내려 줌. 또는 그 물건.

은사(銀沙·銀砂)〖명〗은빛을 띤 흰모래. 은모래.

은사(銀絲)〖명〗은을 얇게 입힌 실. 또는 은으로 가늘게 만든 실. 은실.

은사(隱士)〖명〗예전에, 벼슬을 하지 않고 숨어 살던 선비.

은사(隱私)〖명〗감추고 있는 사사로운 일.

은사(隱事)〖명〗남이 모르게 비밀로 하여 감추어야 할 일.

은-사시나무(銀-)〖명〗〖식〗버드나뭇과의 낙엽 교목. 수원사시나무와 은백양 사이에서 생긴 천연 잡종으로 잎은 수원사시나무와 같이 달걀 모양에 톱니가 있으며, 뒷면은 은백양처럼 흰 털로 덮여 있음. 4월에 꽃이 피고 5월에 열매를 맺음.

은사-죽음(隱事-)〖명〗〖하자〗마땅히 드러나야 할 일이 나타나지 않고 마는 일.

은산(銀山)〖명〗〖광〗은광(銀鑛)1.

은산덕해(恩山德海)[-더 캐]〖명〗산과 바다같이 크고 넓은 은덕.

은-살대(隱-)[-때]〖명〗〖건〗두 널빤지를 맞붙이기 위해 쓰는 가늘고 납작한 나무쪽. 딴혀.

은상(恩賞)〖명〗〖하타〗〖역〗공을 기리어 임금이 상을 내림. 또는 그 상. ¶~을 내리다.

은상(銀賞)〖명〗상의 등급을 금·은·동으로 나누었을 때의 2등 상. ¶~을 받다.

은상(銀霜)〖명〗〖한의〗백영사(白靈砂).

은-상어(銀-)〖명〗〖어〗은상엇과의 바닷물고기. 몸은 은백색에 길이 약 1 m, 머리가 크고 꼬리는 실 모양이며 입은 작은데 이가 크고 튼튼함. 배 부분에는 뒤로 향한 작은 가시가 있음.

은색(銀色)〖명〗은빛.

은서(隱棲)〖명〗〖하자〗은거(隱居).

은설(銀屑)〖명〗〖한의〗은(銀)의 부스러기〖해열·해독의 약으로 씀〗.

은-섭옥(銀鑷玉)〖명〗은으로 섭옥잠(鑷玉簪)처럼 만든 비녀.

은성(殷盛)〖명〗〖하형〗번화하고 풍성함. ¶거래가 ~하다.

은-세계(銀世界)[-/-계]〖명〗눈이 많이 내려 사방이 은빛처럼 희게 된 것을 아름답게 이르는 말. ¶밤 사이에 거리가 ~로 변했다.

은-세공(銀細工)[-/-계]〖명〗은붙이에 손질하여 꾸미고 만들어 내는 일.

은수(恩讎)〖명〗은원(恩怨).

은-수복(銀壽福)〖명〗그릇의 겉면에 은으로 새긴 '壽福(수복)' 자 모양의 장식.

은-수저(銀-)〖명〗은으로 만든 숟가락과 젓가락.

은-시계(銀時計)[-/-계]〖명〗은딱지로 된 시계. ¶졸업 기념으로 ~를 받았다.

은신(隱身)〖명〗〖하자〗몸을 숨김. ¶암자에 ~하다 / ~할 곳을 찾다.

은신-처(隱身處)〖명〗몸을 숨기는 곳. ¶범인에게 ~를 제공하다.

은-실(銀-)〖명〗은사(銀絲).

은애(恩愛)〖명〗〖하타〗1 은혜와 사랑. 2 부모 자식 사이나 부부간의 애정. 3〖불〗어버이와 자식, 또는 부부의 은정(恩情)에 집착하여 떨어지기 어려운 일.

은약(隱約)〖명〗1 말이 분명하지 않음. 2 말은 간략하나 뜻이 깊음.

은어(銀魚)〖명〗〖어〗1 바다은엇과의 물고기. 치어는 바다에서 지내고, 자라면 강의 급류에서 삶. 길이 20~30 cm로 빛깔은 어두운 녹색

을 띤 회색에 배 쪽으로 갈수록 연한 흰색임. 2 도루묵.

은어(隱語)〖명〗특수한 집단이나 계층에서 남이 알아듣지 못하도록 자기네끼리만 쓰는 말. ¶깡패들의 ~.

은어-받이[으너바지]〖명〗음력 10월 보름께 함경도 연안에 몰려드는 명태의 떼. 몸이 크고 암컷이 많음.

은연-중(隱然中)〖명〗(주로 '은연중에'의 꼴로 쓰여) 남이 모르는 가운데. ¶그녀는 ~에 자신의 속뜻을 내비쳤다.

은연-하다(隱然-)〖형어〗은은하다(隱隱-). 은연-히〖부〗

은영(恩榮)〖명〗임금의 은덕(恩德)을 입은 영광.

은영(隱映)〖명〗〖하자〗은은하게 비침.

은-오절(隱五節)〖명〗화살대 다섯 마디 중에 상사에 감추어진 끝 마디.

은-옥색(銀玉色)[으녹쌕]〖명〗엷은 옥색.

은-옥색(銀玉色)[으녹쌕]〖명〗은은한 엷은 옥색.

은우(恩遇)〖명〗〖하타〗은혜로 대우함. 또는 그런 대우. ¶~를 베풀다.

은우(殷憂)〖명〗〖하자〗깊은 근심이나 시름.

은원(恩怨)〖명〗은혜와 원한. 은수. ¶아무런 ~도 없는 사이다.

은위(恩威)〖명〗은혜와 위엄.

은위-병행(恩威並行)〖명〗〖하자〗은혜와 위엄을 아울러 베풂.

은유(恩宥)〖명〗〖하타〗남에게 은혜를 베풀어서 용서함.

은유(隱喩)〖명〗은유법.

은유-법(隱喩法)[으뉴뻡]〖명〗〖문〗비유법의 하나. 사물의 본뜻을 숨기고 표현하려는 대상을 암시적으로 나타내는 수사법('내 애인은 한 송이 장미' 따위). *직유법.

은율 탈:춤(殷栗-)〖명〗〖민〗황해도 은율 지방에 전승되어 온 탈춤. 중요 무형 문화재 제 61호.

은은-하다(殷殷-)〖형어〗멀리서 들려오는 대포·우레·차 따위의 소리가 요란하고 힘차다. ¶은은한 포성. 은은-히〖부〗

은은-하다(隱隱-)〖형어〗1 겉으로 드러나지 않고 아슴푸레하고 흐릿하다. ¶달빛이 창에 은은하게 비치다. 2 소리가 아득하여 들릴 듯 말 듯 하다. 은은하다. ¶산사(山寺)의 종소리가 ~ 들리다.

은의(恩義)[으늬/으니]〖명〗갚아야 할 의리와 은혜.

은익(銀翼)〖명〗1 비행기의 은빛 날개. 2 '비행기'를 아름답게 이르는 말.

은익(隱匿)〖명〗☞ 은닉(隱匿).

은인(恩人)〖명〗은혜를 베풀어 준 사람. ¶생명의 ~.

은인(隱人)〖명〗속세(俗世)를 떠나 숨어 사는 사람. 벼슬을 하지 않고 숨어 사는 사람. 은자(隱者).

은인(隱忍)〖명〗〖하자〗밖으로 드러내지 않고 마음속에 감추어 참고 견딤. ¶자기 감정을 오랫동안 ~하다.

은인-자중(隱忍自重)〖명〗〖하자〗마음속으로 참고 견디며 몸가짐을 조심함. ¶거사를 앞두고 ~하다.

은일(隱逸)〖명〗〖하자〗1 세상을 피해 숨음. 또는 그런 사람. 2 숨은 학자로서, 임금이 특별히 벼슬을 준 사람.

은자(銀子)〖명〗은돈.

은자(銀字)〖명〗1 은가루로 쓴 글자. 2 은빛이 나는 글자.

은자 (隱者)[명] 은인(隱人).

은자-부호 (隱字符號)[명]〖언〗숨김표.

은잔 (銀盞)[명] 은으로 만든 술잔. 은배(銀杯).

은잠 (銀簪)[명] **1** 은비녀. 은채(銀釵). **2** 은으로 만든 뒤꽂이.

은장 (銀匠)[명] 은장이.

은장 (隱─)[명]〖건〗각재(角材)나 판재(板材)를 서로 이을 때, 두 나무에 같은 모양의 홈을 파고, 걸어 끼우는 나비 모양의 나무쪽. 나비장.

은-장도 (銀粧刀)[명] **1** 은으로 만든 장도로, 노리개의 하나. **2**〖역〗의장(儀仗)의 한 가지. 나무로 칼 모양을 만들어 은으로 칠을 하고 끈을 달았으며, 칼집에 여러 가지 무늬를 아로새겼음.

은-장색 (銀匠色)[명] 은장이.

은-장식 (銀裝飾)[명][하타] 가구나 그릇 따위를 은으로 꾸밈. 또는 그런 장식.

은-장이 (銀─)[명] 금·은·구리 등의 세공을 업으로 하는 사람. 은장. 은장색.

은장-홈 (隱─)[명]〖건〗은살대붙임을 하기 위하여 널빤지를 이을 면에 은살대가 끼이도록 파낸 홈.

은재 (隱才)[명] 남에게 알려지지 않은 숨은 재주. 또는 그런 재주를 가진 사람.

은-쟁반 (銀錚盤)[명] 은으로 만든 쟁반. ▢ ~에 옥 구르는 소리.

은-저울 (銀─)[─쩌─][명] 금·은 따위의 무게를 다는 데 쓰는 작은 저울. 은칭(銀秤). 은형(銀衡).

은적 (隱跡·隱迹)[명][하자] 자취나 종적을 감춤.

은전 (恩典)[명] 예전에, 나라에서 은혜를 베풀어 내리던 특전. ▢ ~을 베풀다.

은전 (殷奠)[명] 넉넉히 차린 제물(祭物).

은전 (銀錢)[명] 은돈.

은점 (銀店)[명] **1**〖광〗은광1. **2**〖역〗조선 때, 은을 파내고 제련(製鍊)하던 곳.

은정 (隱情)[명] 은혜로 사랑하는 마음. 또는 인정 어린 마음. ▢ 이재민에게 ~을 베풀다.

은정 (隱釘)[─쩡─][명] 은혈못.

은제 (銀製)[명] 은으로 만들어진 물건. ▢ ~ 수저 / ~ 우승배.

은제-마 (銀蹄馬)[명] 사족발이.

은조-사 (銀造紗·銀絛紗)[명] 중국에서 나는 사(紗)의 하나《여름 옷감임》.

은족-반 (隱足盤)[─빤][명] 다리가 없고 밑이 편평한 둥근 소반.

은졸 (隱卒)[명][하자]〖역〗임금이 죽은 공신에게 애도(哀悼)의 뜻을 표하던 일.

은졸지전 (隱卒之典)[─찌─][명]〖역〗은졸의 특전. 관직을 추봉(追封)한다거나 시호(諡號)를 내리는 따위.

은종 (隱腫)[명] 겉으로는 드러나지 않으면서 속으로 곪는 종기.

은-종이 (銀─)[명] **1** 은가루나 은박을 입힌 종이. 은지(銀紙). **2** 납과 주석의 합금을 종이처럼 얇게 늘인 것.

은주 (恩主)[명] 은혜를 베푼 사람.

은주 (銀硃·銀朱)[명] 수은으로 만든 주사(硃砂)《주묵(朱墨)이나 약제 따위로 씀》.

은죽 (銀竹)[명] 은빛 나는 대나무 줄기라는 뜻으로, 몹시 퍼붓는 소나기를 비유적으로 이르는 말. ▢ ~이 내리다.

은-죽절 (銀竹節)[─쩔][명] 은으로 대마디같이 만든, 여자의 쪽에 꽂는 장식품.

은-줄[1] (銀─)[─쭐][명]〖광〗은맥(銀脈).

은-줄[2] (銀─)[명] 은으로 만들었거나 은빛이 나는 줄.

은중-부 (恩重符)[명]〖민〗방문의 안쪽 위에 붙여서 액(厄)을 막는다는 부적.

은중-태산 (恩重泰山)[명] 은혜가 태산같이 큼을 이르는 말.

-은즉 [어미] ㄹ 이외의 받침 있는 어간에 붙어, 이미 일어난 사실을 말하거나, 원인을 가볍게 조건 삼아 말할 때 쓰는 연결 어미. ▢ 밥을 먹~ 배가 부르다. *-ㄴ즉.

-은즉슨 [─쏜][어미] '-은즉'의 뜻을 강조하는 연결 어미. ▢ 책이 좋~ 많이 읽힌다. *-ㄴ즉슨.

은지 (銀紙)[명] 은종이1.

-은지 [어미] ㄹ 이외의 받침 있는 형용사 어간에 붙어, 막연하게 의심을 나타내는 종결 또는 연결 어미. ▢ 얼마나 좋~ 몰라 / 건강은 좋~ 염려스럽다. *-ㄴ지·-는지.

-은지고 [어미] ㄹ 이외의 받침 있는 형용사 어간에 붙어, 자신의 느낌을 감탄조로 나타내는 예스러운 표현의 종결 어미. ▢ 물도 맑~ / 아아, 가엾~. *-ㄴ지고.

-은지라 [어미] ㄹ 이외의 받침 있는 형용사 어간에 붙어, 다음 말에 대한 이유나 원인을 말하는 예스러운 표현의 연결 어미. ▢ 머리가 좋~ 공부를 잘한다. *-ㄴ지라·-는지라.

은-지환 (銀指環)[명] 은가락지.

은진 (癮疹)[명]〖한의〗두드러기.

은진-하다 (殷賑─)[형여] 흥성흥성하여 매우 성하다.

은짬 [명] 이야기의 여러 부분 가운데 은밀한 대목. ▢ 이야기가 ~에 이르자 목소리를 낮추고 사방을 살펴보았다.

은채 (銀釵)[명] 은비녀.

은-초 (銀─)[명] **1** 백랍으로 만든 초. **2** 아름답게 비치는 촛불. 은촉(銀燭). ▢ ~를 밝히다.

은초 (銀俏)[명]〖화〗질산은데.

은-촉 (銀燭)[명] 은초2. ▢ ~이 휘황하다.

은촉 (隱鏃)[명]〖건〗두 널빤지를 마주 이을 때, 은촉홈에 끼이도록 길게 내밀어 만든 돌기(突起).

은촉-붙임 (隱鏃─)[─부침][명][하타]〖건〗은촉을 은촉홈에 끼워서 두 널빤지를 마주 잇는 일. 개탕붙임.

은촉-홈 (隱鏃─)[─초롬][명]〖건〗은촉이 끼이도록 맞붙는 한쪽 널빤지에 가늘고 길게 파놓은 홈.

은총 (恩寵)[명] **1** 높은 사람에게서 받는 특별한 은혜와 사랑. ▢ ~을 입다. **2**〖기〗하나님의 인류에 대한 사랑.

은-총이 (銀─)[명] 불알이 흰 말.

은침 (銀鍼)[명] 은으로 만든 침.

은칭 (銀秤)[명] 은저울.

은-커녕 [조] '커녕'의 힘줌말로, 받침 있는 체언이나 부사에 붙는 보조사. ▢ 천 원~ 백 원도 없다. *는커녕.

은택 (恩澤)[명] 은혜와 덕택. 인택(仁澤).

은-테 (銀─)[명] 은으로 두른 테. ▢ ~ 안경.

은-테두리 (銀─)[명] 은으로 두른 테두리.

은토 (銀兎)[명] **1** '달'을 아름답게 일컫는 말. **2** 전설에서, 달 속에 있다는 흰 토끼. **3** '흰 토끼'를 아름답게 일컫는 말.

은토 (隱土)[명]〖역〗조선 때, 탈세를 목적으로 부정·불법으로 양안(量案)에서 누락시킨 토지. 은결(隱結).

은퇴 (隱退)[명][하자] 직임에서 물러나거나 사회 활동에서 손을 떼고 한가히 지냄. ▢ 정계 ~ / 공직에서 ~하다. *인퇴.

은파 (銀波) 圏 달빛에 비쳐 은백색으로 보이는
물결을 아름답게 이르는 말. 은결. 은도(銀
濤). 은물결.
은-팔찌 (銀−) 圏 1 은으로 만든 팔찌. 2 죄수
들의 은어로 '수갑(手匣)'을 일컫는 말.
은폐 (隱蔽)[−/−폐] 圏하⊞ 1 덮어 감추거나
가리어 숨김. ▢사건을 −하다 / 비리를 −하
다. 2《군》적에게 관측되지 아니하도록 주
변의 지형지물을 이용하여 인원이나 장비·시
설 따위를 숨기는 일.
은폐-호 (隱蔽壕)[−/−폐−] 圏 무엇을 감추어
두기 위해 판 구덩이나 굴.
은피 (隱避) 圏하⊞ 1 피하여 숨음. 2《법》은닉
이외의 방법으로 범인·도피자의 발견이나 체
포를 방해하는 일(도주 자금 제공, 변장 의복
의 공급, 고소·고발의 방해, 관헌을 기만하는
행위 따위).
은하 (銀河) 圏《천》천구(天球) 위에 구름 띠
모양으로 길게 분포되어 있는 수많은 천체의
무리. 성하(星河). 은한(銀漢).
은하-계 (銀河系)[−/−계] 圏《천》은하를 이루
고 있는 항성을 비롯한 수많은 천체의 집단.
항성·성단(星團)·가스상 성운·성간진·성간
가스 따위로 이루어져 있음(태양계는 은하계
의 한 부분임).
은하-군 (銀河群) 圏《천》수 개에서 수십 개의
은하가 모여 이룬 비교적 규모가 작은 은하
집단. 성운군(星雲群).
은하-단 (銀河團) 圏《천》수백 내지 수천 개의
은하가 1,000 만 광년 정도 크기의 영역에 밀
집해 있는 집단. 성운단(星雲團). *초은하단
(超銀河團).
은하-수 (銀河水) 圏 '은하'를 강에 비유하여
이르는 말.
은하 작교 (銀河鵲橋)[−교] 圏《민》오작교(烏鵲
橋).
은한 (銀漢) 圏 은하(銀河).
은합 (銀盒) 圏 은으로 만든 합.
은행 (銀行) 圏 1《경》예금을 맡고 한편으로는
대출·어음 거래 및 증권 인수 등을 업무로 하
는 금융 기관. ▢−에서 대출을 받다. 2 어떤
때에 갑자기 필요하여지는 것이나 대체로 부
족한 것 따위를 모아서 보관·등록하여 두었
다가 필요한 사람의 이용 편의를 도모하는
조직. ▢혈액∼ / 안구∼ / 문제 ∼.
은행 (銀杏) 圏 은행나무의 열매. 식용하며
약용함. 백과(白果).
은행-가 (銀行家) 圏 은행을 경영하는 사람.
은행-가 (銀行街) 圏 은행이 모여 있는 거리.
2 은행을 비롯한 금융업계.
은행 거:래 (銀行去來)《경》 1 은행이 영업으
로 행하는 행위(예금·어음 할인·대출 따위).
2 은행에 당좌 예금 계정을 정하는 일.
은행 공:황 (銀行恐慌)《경》경제 위기로 신용
이 동요됨에 따라, 예금을 찾으려는 사람이
한꺼번에 몰려 은행이 예금을 지급할 수 없
게 되어 잇따라 파산하는 상태.
은행 관리 (銀行管理)[−괄−]《경》거래하던 기
업체가 경영난에 빠졌을 때, 은행이 채권 확
보와 기업을 살리기 위하여 직접 맡아서 경
영하는 일.
은행-권 (銀行券)[−꿘] 圏《경》중앙은행이 발
행하여 현금으로 쓰는 지폐. 은행 지폐.
은행-나무 (銀行−) 圏《식》은행나무과의 낙엽
교목. 부채 모양의 잎은 한군데서 여러 개가
나며 암수딴그루임. 꽃은 늦봄에 피고 핵과
(核果)는 가을에 익음. 가로수·정자목(亭子
木)으로 심으며 조각·가구 재료 따위로 씀.

공손수(公孫樹).
은행-법 (銀行法)[−뻡] 圏《법》금융 기관의 건
전한 운영을 기하고 예금자를 보호하며 신용
질서를 유지시키기 위해 제정된 법률.
은행 부기 (銀行簿記)《경》은행에서 쓰는 복
식 부기의 하나.
은행 수표 (銀行手票)《경》은행의 예금자가
일정 금액의 지급을 위탁하는 지급 위탁서.
은행 어음 (銀行−)《경》은행에서 발행·인수
또는 배서(背書)한 어음. ↔개인 어음.
은행-원 (銀行員) 圏 은행 업무에 종사하는 직
원. 㑳행원.
은행 이:율 (銀行利率)《경》은행에 예금하거
나 은행이 빌려 줄 때 이루어지는 이율. ▢∼
이 낮아졌다.
은행-장 (銀行長) 圏 일반 은행의 직무상의 최
고 책임자. 㑳행장(行長).
은행 준:비금 (銀行準備金)《경》지급(支給)
준비금.
은행 지폐 (銀行紙幣)[−/−폐]《경》은행권(銀
行券).
은행 할인 (銀行割引)《경》은행에서 하는 어
음 할인.
은행-환 (銀行換)《경》은행에서 발행하는
환전표(換傳票).
은허 (殷墟) 圏《역》중국 허난 성(河南省) 안
양 현(安陽縣)에 있는 은대(殷代) 중기 이후
의 도읍의 유적(갑골문(甲骨文)·청동기 등
많은 유물이 발굴됨).
은허 문자 (殷墟文字)[−짜]《역》은허에서 발
굴된 유물에 새겨진 상형(象形) 문자. 갑골
(甲骨)문자.
은현 (隱現) 圏하⊠ 숨었다 나타났다 함. 또는
보일락 말락 함.
은현-잉크 (隱現ink) 圏 종이를 가열하거나 일
정한 화학 약품으로 처리하여야 쓰여진 글씨
가 나타나는 잉크.
은혈 (銀穴) 圏 은갱(銀坑).
은혈 (隱穴) 圏 1 겉에서는 안 보이는 숨은 구
멍. 2 남모르게 서로 통하는 길.
은혈-로 (隱穴−) 图 남이 모르게 몰래.
은혈-못 (隱穴−)[−몯] 圏 나무를 깎아 만든 아
래위가 뾰족한 못. 은정(隱釘).
은혈-자물쇠 (隱穴−) 圏 자물쇠통이 겉으
로 드러나지 않고, 열쇠 구멍만 밖으로 뚫린
자물쇠(서랍이나 문짝에 박아서 씀).
은혈-장색 (隱穴匠色) 圏 은혈장식을 직업으로
하는 사람.
은혈-장식 (隱穴裝飾) 圏 가구나 세간 따위에
겉에서 잘 보이지 아니하게 하는 장식.
은형 (銀衡) 圏 은저울.
은혜 (恩惠)[−/−혜] 圏 1 고맙게 베풀어 주는
신세나 혜택. ▢스승의 ∼ / ∼에 보답하다 /
∼를 베풀다. 㑳은(恩). 2《기》하나님이 인
간에게 베푸는 사랑. ▢∼를 받다.
은혜-롭다 (恩惠−)[−/−혜−][−로워, −로
우니] 톰⊞ 남의 은혜를 입어 매우 고맙다.
▢신의 은혜로운 선물인 자연을 보호하자.
은혜-로이 [−/−혜−] 튀.
은혼-식 (銀婚式) 圏 결혼 25주년을 기념하고
축하하는 의식.
은홍-색 (殷紅色) 圏 짙은 검붉은 빛깔.
은화 (恩化) 圏하⊠ 은덕이 백성에게 미침. 은
혜로써 백성을 교화함.
은화 (銀貨) 圏 은돈.
은화-식물 (隱花植物)[−싱−] 圏《식》민꽃식

물. ↔현화식물.

은환(銀環)몡 **1** 은가락지. **2** 은으로 만들어진 고리.

은황(銀黃)몡 **1** 은과 금. 금은. **2** 은빛과 금빛. 흰빛과 누른빛.

은-회색(銀灰色)몡 은빛을 띤 회색.

은휘(隱諱)몡하타 꺼리어 감추거나 숨김.

은흌(恩恤)몡하타 사랑이나 은혜로 남을 도움.

을(乙)몡 **1** 차례나 등급에서 둘째의 뜻. **2** 『민』천간(天干)의 둘째. **3**『민』'을방(乙方)·을시(乙時)'의 준말. **4** 둘 이상의 사람이나 사물이 있을 때, 그중 하나를 가리키는 말. ◘집주인을 갑, 세입자를 ~로 한다.

을죄 받침 있는 체언에 붙어, 그 말을 목적어로 되게 하는 목적격 조사. ◘옷~ 벗다 / 일~ 하다 / 잠~ 자다 / 구경~ 가다. *-를.

-을어미 ㄹ 이외의 받침 있는 용언의 어간이나 '-았-'·'-었-' 등의 뒤에 붙는 관형사형 전성 어미. **1** 현재의 일반적인 사실을 나타냄. ◘믿~ 사람이 없다 / 지금은 사람이 많～ 때다. **2** 추측·예정·의지·가능성 따위를 나타냄. ◘우리와 같이 있~ 사람이다 / 네가 먹~ 밥이다 / 방에 있었~ 것이다 / 가 보았~ 텐데. *-ㄹ.

-을거나[-꺼-]어미 ㄹ 이외의 받침 있는 어간에 붙어, 영탄조(詠嘆調)로 혼자 반문하거나 상대편의 의견을 물어볼 때 쓰는 종결 어미. ◘이제 그만 먹~ / 마땅히 화초라도 심~. *-ㄹ거나.

-을걸[-껄]어미 ㄹ 이외의 받침 있는 용언의 어간이나 '-았-'·'-었-' 등의 뒤에 붙는 종결 어미. **1** 완료된 일에 대하여 아쉬워하거나 후회하는 뜻을 나타냄. ◘학교 다닐 때 책을 많이 읽~ / 건드리지 않았으면 좋았~ / 준다고 할 때 받~. **2** 확실하지 않은 추측을 나타냄. ◘그렇지 않~ / 벌써 떠났~ / 그 사람이 먹었~ / 이곳은 밭이었~. *-ㄹ걸.

-을게[-께]어미 ㄹ 이외의 받침 있는 동사 어간에 붙어, 해할 자리에 쓰여 어떤 행동을 할 것을 약속하는 뜻을 나타내는 종결 어미. ◘약속 장소에 가서 기다리고 있~ / 내가 알아서 먹~. *-ㄹ게.

을과(乙科)몡『역』조선 때, 문과(文科)에 급제한 사람에게 예조(禮曹)에서 전시(殿試)를 보여 성적에 따라 나눈 세 등급 가운데 둘째《모두 일곱 명으로, 정팔품의 품계를 받았음》.

을근-거리다재 미워하거나 해치려는 마음을 드러내어 으르대다. 을근-을근 뭐하재.

을근-대다재 을근거리다.

-을까어미 ㄹ 이외의 받침 있는 용언의 어간에 붙어, 추측이나 의문 또는 자기나 상대편의 의사를 묻는 종결 어미. ◘어느 것이 좋~ / 그 책을 다 읽었~. *-ㄹ까.

-을꼬어미 ㄹ 이외의 받침 있는 용언의 어간에 붙어, 추측이나 의문 또는 자기나 상대편의 의사를 묻는 종결 어미('-을까'보다 예스러운 말투). ◘무슨 꽃을 심~ / 무엇을 먹~. *-ㄹ꼬.

-을는지[-른-]어미 ㄹ 이외의 받침 있는 용언의 어간이나 '-았-'·'-었-' 등의 뒤에 붙는 종결 또는 연결 어미. **1** 자신의 의문이나 물음을 나타냄. ◘저렇게까지 이게 더 좋~ 모르겠다. **2** 동사의 어간에 붙어, 주로 상대방의 의지를 물어보는 뜻을 나타냄. ◘여건만 좋았으면 이미 끝냈~. **3** 동사의 어간에 붙어, 가능성의 뜻을 나타냄. ◘혼자서 그 일을

해낼 수 있~. *-ㄹ는지.

-을라어미 ㄹ 이외의 받침 있는 용언의 어간이나 '-았-'·'-었-' 등의 뒤에 붙어, 아랫사람에게 혹시 잘못될까 염려하는 뜻을 나타내는 종결 어미. ◘얼른 일어나라 학교에 늦~. *-ㄹ라.

-을라고어미 ㄹ 이외의 받침 있는 용언의 어간이나 '-았-'·'-었-' 등의 뒤에 붙어, 의심이나 가벼운 반문을 나타내는 종결 어미. ◘벌써 문을 닫았~ / 설마 다 먹었~. *-ㄹ라고.

-을라치면어미 ㄹ 이외의 받침 있는 동사 및 '있다'의 어간에 붙어, 경험한 일을 전제나 조건으로 가정할 때를 나타내는 연결 어미. ◘혼자 누워 있~ 고향 생각이 간절하오. *-ㄹ라치면.

-을락어미 (주로 '-을락 말락'의 꼴로 쓰여) ㄹ 이외의 받침 있는 동사 어간에 붙어, 거의 그렇게 되려는 모양을 나타내는 연결 어미. ◘그것에 손이 닿~ 말락 한다. *-ㄹ락.

을람(乙覽)몡하타 임금이 글을 봄.

을랑죄 받침 있는 말의 뒤에 붙어, '은'의 뜻으로 특별히 강조하는 보조사. ◘이런 책~ 읽지 말게 / 뒷일~ 걱정하지 말고 떠나시오. *ㄹ랑.

을랑-은죄 '을랑'의 강조어. ◘그런 일~ 걱정을 하지 마세요. *ㄹ랑은.

-을래어미 ㄹ 이외의 받침 있는 동사의 어간에 붙어, 자신의 의사를 나타내거나 상대편의 의사를 묻는 종결 어미. ◘너는 무엇을 먹~ / 나는 여기 있~. *-ㄹ래.

-을러니어미 ㄹ 이외의 받침 있는 용언의 어간에 붙어, '-겠더니'의 뜻을 나타내는 예스러운 표현의 연결 어미. ◘지금까지는 보리밥을 먹~, 이제 더는 못 먹겠다. *-ㄹ러니.

을러-대다타 위협적인 언동으로 을러서 남을 억누르다. 을러메다. ◘형이 하도 을러대어 컴퓨터에서 물러났다.

-을러라어미 ㄹ 이외의 받침 있는 용언의 어간에 붙어, 자기가 겪은 일을 상대자에게 직접 말할 때 '-겠더라'의 뜻을 나타내는 예스러운 표현의 종결 어미. ◘작아서 못 입~. *-ㄹ러라.

을러-메다타 을러대다.

을러-방망이몡하타 때릴 것처럼 자세를 잡고 겁을 주며 으르는 짓.

을러방망이(를) 치다쿠 때리려고 으르다.

-을런가어미 ㄹ 이외의 받침 있는 용언의 어간에 붙어, '-겠던가'의 뜻으로 상대자의 경험이나 의사를 직접으로 묻는 뜻을 나타내는 예스러운 표현의 종결 어미. ◘이 산보다 높~. *-ㄹ런가.

-을런고어미 '을런가'보다 더 예스러운 말.

-을런지어미 ☞-을는지.

-을레어미 ㄹ 이외의 받침 있는 용언 어간에 붙어, '-겠데'의 뜻을 나타내는 예스러운 표현의 종결 어미. ◘그의 말이 옳~. *-ㄹ레.

-을레라어미 ㄹ 이외의 받침 있는 용언의 어간에 붙어, 막연하게 '-겠더라'의 뜻을 나타내는 예스러운 표현의 종결 어미. ◘그 말만은 못 믿~. *-ㄹ레라.

-을려고어미 ☞-으려고.

-을망정어미 ㄹ 이외의 받침 있는 용언의 어간이나 '-았-'·'-었-' 등의 뒤에 붙어, '비록 그러하나 하여도', '비록 그러하지만'의 뜻을 나타내는 연결 어미. ◘죽을 먹~ 궁한 소리는 않네 / 배운 것은 없~ 마음만은 정직하오 / 몸은 작~ 담은 크오 / 나이는 어렸~ 자기 할 일은 다 했다오. *-ㄹ망정.

을모 [명] 책이나 책상의 귀같이 세모진 모.
을모-지다 [자] 책상의 귀처럼 세모지다.
을묘 (乙卯) [명] 《민》 육십갑자의 쉰두째.
을미 (乙未) [명] 《민》 육십갑자의 서른두째.
을밋-을밋 [-미들밋] [부][하자] 1 기한이나 일 따위를 우물쩍거리며 자꾸 미루는 모양. 2 자기의 책임이나 잘못을 우물우물하며 넘기려고 하는 모양.
-을밖에 [-빠께] [어미] ㄹ 이외의 받침 있는 어간에 붙어, '-을 수밖에 다른 수가 없다'의 뜻을 나타내는 종결 어미. ⦿임자가 내놓으라면 내놓~. *-ㄹ밖에.
을방 (乙方) [명] 《민》 이십사방위의 하나《정동(正東)에서 남쪽으로 15도 되는 방위를 중심으로 한 15도의 각도 안》. ⦿을(乙).
을번 (乙番) [명] 두 번 번갈아 일할 때, 나중에 일을 맡던 번. *갑번(甲番).
-을뿐더러 [어미] ㄹ 이외의 받침 있는 용언의 어간이나 '-았-·-었-' 등의 뒤에 붙어, 어떤 일에 다른 일이 더 있음을 나타내는 연결 어미. ⦿집도 좋~ 정원도 훌륭하오 / 인물도 좋~ 재능도 있구려. *-ㄹ뿐더러.
을사 (乙巳) [명] 《민》 육십갑자의 마흔두째.
을사-사화 (乙巳士禍) [-싸-] [명] 《역》 조선 명종 원년(1545)에 윤원형(尹元衡)·이기(李芑)·정순붕(鄭順朋) 등이 윤임의 일가(一家) 등을 죽이고 그 일파를 몰아낸 일.
을사-조약 (乙巳條約) [-싸-] [명] 《역》 대한 제국 광무 9년(1905)에 한국과 일본 간에 맺은 조약《일본이 한국의 외교권을 빼앗는 다섯 조문으로 됨》. 을사오조약(乙巳五條約).
-을새 [-쌔] [어미] ㄹ 이외의 받침 있는 용언의 어간에 붙어, 어떤 일의 전제나 이유로서, 이미 사실로 되었거나 진행 중인 일을 나타내는 예스러운 표현의 연결 어미. ⦿샘이 깊으~, 물이 차더라. *-ㄹ새.
-을세라 [-쎄-] [어미] ㄹ 이외의 받침 있는 용언의 어간에 붙어, 행여 그렇게 될까 염려하는 뜻을 나타내는 연결 또는 종결 어미. ⦿남이 먹~ 허겁지겁 먹어 대다. *-ㄹ세라.
-을세말이지 [-쎄마리지] [어미] ㄹ 이외의 받침 있는 용언의 어간에 붙어, 남이 말한 전제 조건을 객관적 태도로 부인하는 뜻을 나타내는 종결 어미. ⦿나를 믿~ / 날씨가 좋~. *-ㄹ세말이지.
-을수록 [-쑤-] [어미] ㄹ 이외의 받침 있는 용언의 어간에 붙어, 어떤 일에 다른 일이 더하여지거나 덜하게 되는 조건을 나타내는 연결 어미. ⦿많~ 좋다 / 씹으면 씹을 맛이 난다. *-ㄹ수록.
을시 (乙時) [-씨] [명] 《민》 이십사시의 여덟째 시《오전 6시 반부터 7시 반까지의 사이》. ⦿을(乙).
-을쏘냐 [어미] ㄹ 이외의 받침 있는 용언의 어간에 붙어, 사실은 그렇지 않다는 뜻으로 강한 부정을 나타내는 예스러운 표현의 종결 어미. ⦿겉이 검은들 속조차 검~. *-ㄹ쏘냐.
-을씨고 [어미] 〈옛〉-구나.
을씨년-스럽다 [-따] [-스러워, -스러우니] [형] ㅂ 1 날씨나 분위기 따위가 몹시 스산하고 쓸쓸한 데가 있다. ⦿을씨년스러운 날씨 / 가을바람이 ~. 2 살림이 매우 가난한 데가 있다. ⦿을씨년스럽던 살림이 나아졌다. 을씨년-스레 [부]
을야 (乙夜) [명] 오야(五夜)의 하나인 이경(二更)《오후 10시경》.
을야지람 (乙夜之覽) [명] [임금이 정무(政務)를 끝내고 취침하기 전 열 시경에 독서를 한 데

1853   -을진댄

서] 임금의 독서를 이르는 말.
을유 (乙酉) [-찌] [명] 《민》 육십갑자의 스물두째.
-을이만큼 [어미] ☞-으리만큼.
-을작시면 [-짝씨-] [어미] ㄹ 이외의 받침 있는 동사 어간에 붙어, '어떠어떠한 처지에 이르게 되면'의 뜻을 나타내는 예스러운 표현의 연결 어미. ⦿그 말을 들~ 화가 난다. *-ㄹ작시면.
을종 (乙種) [-쫑] [명] 갑·을·병 따위로 차례를 매길 때 그 둘째. ⦿~ 면허 / ~ 합격.
을좌 (乙坐) [-쫘] [명] 묏자리나 집터 따위가 을방(乙方)을 등진 방향. 또는 그 자리. 남동쪽을 등지고 앉은 자리임.
을좌-신향 (乙坐辛向) [-쫘-] [명] 《민》 묏자리나 집터 따위가 을방을 등지고 신방을 향한 방향. 또는 그 자리.
-을지 [-찌] [어미] ㄹ 이외의 받침 있는 어간이나 '-았-·-었-' 따위의 뒤에 붙어, 의심을 나타내는 연결 및 종결 어미. ⦿그만한 돈이 있~ / 지금쯤은 끝났~ 모르겠다 / 내일은 날씨가 좋~. *-ㄹ지.
-을지나 [-찌-] [어미] ㄹ 이외의 받침 있는 어간이나 '-았-·-었-' 등의 뒤에 붙어, '마땅히 그러할 것이나'의 뜻을 나타내는 예스러운 표현의 연결 어미. ⦿책은 많~ 시간이 있어야 읽지 / 능력은 있~ 사람이었~ 누구도 알아보지 못했다. *-ㄹ지나.
-을지니 [-찌-] [어미] ㄹ 이외의 받침 있는 어간이나 '-았-·-었-' 따위의 뒤에 붙어, '마땅히 그러할 것이니'의 뜻을 나타내는 예스러운 표현의 연결 어미. ⦿군자는 덕을 닦~ 언행에 조심하라. *-ㄹ지니.
-을지니라 [-찌-] [어미] ㄹ 이외의 받침 있는 어간이나 '-았-·-었-' 등의 뒤에 붙어, '마땅히 그러할 것이니라'의 뜻을 나타내는 종결 어미. ⦿그 사람의 말을 믿~ / 착한 자에게 복이 있~. *-ㄹ지니라.
-을지라 [-찌-] [어미] ㄹ 이외의 받침 있는 어간이나 '-았-·-었-' 등의 뒤에 붙어, '마땅히 그러할 것이다'의 뜻을 나타내는 예스러운 표현의 연결 및 종결 어미. ⦿일한 보람을 찾~ / 빨리 떠나는 게 좋~. *-ㄹ지라.
-을지라도 [-찌-] [어미] ㄹ 이외의 받침 있는 어간이나 '-았-·-었-' 등의 뒤에 붙어, 미래의 일에 대하여 '비록 어떠어떠하더라도'의 뜻을 나타내는 연결 어미. ⦿몸은 작~ 힘은 세다 / 돈이 있었~ 그런 것은 안 샀을 거다. *-ㄹ지라도.
-을지어다 [-찌-] [어미] ㄹ 이외의 받침 있는 동사 어간에 붙어, '마땅히 그리하여라'의 뜻을 나타내는 예스러운 표현의 종결 어미. ⦿축복이 있~ / 악인은 벌을 받~. *-ㄹ지어다.
-을지언정 [-찌-] [어미] ㄹ 이외의 받침 있는 용언의 어간이나 '-았-·-었-' 등의 뒤에 붙어, 앞 절을 강하게 시인하되 뒤 절의 일과는 대립적인 앞 절의 일을 시인함을 나타내는 연결 어미. ⦿곤란을 받~ 지조야 굽히랴 / 나이는 어렸~ 생각은 어른스러웠다. *-ㄹ지언정.←언정.
-을진대 [-찐-] [어미] ㄹ 이외의 받침 있는 어간이나 '-았-·-었-' 등의 뒤에 붙어, '가령 그러할 터이면'의 뜻을 나타내는 예스러운 표현의 연결 어미. ⦿하겠다고 나섰~ 끝까지 해 보게. *-ㄹ진대.
-을진댄 [-찐-] [어미] '-을진대'의 힘줌말. *-

르진댄.

-을진저[-전-]어미 ㄹ 이외의 받침 있는 어간에 붙어, '마땅히 그러할 것이다'·'아마 그러할 것이다'의 뜻을 나타내는 예스러운 표현의 종결 어미. ▯그대에게 복이 있~ / 돈이 싫은 사람은 없~. *-ㄹ진저.

을축(乙丑)명《민》육십갑자의 둘째.

을축-갑자(乙丑甲子)[-깝자] 갑자를 을축이 바른 순서인데 바뀌었다는 뜻으로, 무슨 일이 제대로 되지 아니하고 순서가 뒤바뀜을 비유하여 이르는 말.

을해(乙亥)명《민》육십갑자의 열두째.

읊다[읍따]타 1 소리를 내어 운에 맞춰 시를 읽거나 외다. ▯시를 ~. 2 시를 짓다. ▯떨어지는 낙엽을 보고 시를 ~.

읊조리다[읍쪼-]타 뜻을 음미하면서 낮은 소리로 시를 읊다. ▯그는 소월의 시를 읊조리며 오솔길을 걸었다.

음(音)명 1 귀로 느낄 수 있는 소리. 2 사람이 말을 하기 위하여 내는 소리. 목소리. 3 자음(字音).

음(陰)명 1《철》역학(易學)에서, 태극이 나누인 두 기운 가운데 하나(어둠·땅·없음 등 소극적인 것을 상징함). 2《수》음수(陰數)를 나타내는 말. 3《한의》체질이나 약의 성질, 병의 증상 따위가 정적이고 차고 소극적인 것. 4《물》'음극'의 준말. ↔양(陽).
  음으로 양으로[구] 남이 모르는 가운데. ▯~ 도와주다.

음[갑] 1 긍정하는 뜻으로 입을 다물고 내는 소리. ▯~, 듣고 보니 과연 그렇구나. 2 불만·걱정을 나타내는 소리. ▯~, 그거 안됐군.

-음[1]미 ㄹ 이외의 받침 있는 용언의 어간에 붙어, 명사를 만드는 접미사. ▯걸~ / 믿~ / 얼~ / 웃~. ↔-기[1]·-ㅁ[1].

-음[2]어미 ㄹ 이외의 받침 있는 용언의 어간에 붙어, 그 말을 명사 구실을 하게 하는 어미의 하나. '-기'와는 달리 관념적으로 나타냄. ▯잃~과 얻~ / 적~과 많~ / 오늘 강의는 없~ / 어제로 선거전은 끝났~. *-기[2]·-ㅁ[2].

음가(音價)[-까]명《언》낱자가 지니고 있는 소리. 소릿값.

음각(陰角)명《수》삼각법에서, 각을 긴 두 직선이 이루는 각으로서 시계 방향과 같은 방향으로 돌아서 생기는 각. ↔양각(陽角).

음각(陰刻)명하타《미술》조각에서, 평면에 글자나 그림 따위를 움푹하게 새기는 일. 또는 그런 조각. 요조(凹彫). ↔양각(陽刻).

음감(音感)명《악》음에 대한 감각. 음의 높낮이·음색 따위를 감별하는 능력. ▯~이 없다 / ~이 좋다.

음강-증(陰强症)[-쯩]명《의》설단증(舌短症).

음객(吟客)명 시인(詩人).

음:객(飮客)명 주객(酒客).

음건(陰乾)명하타 그늘진 곳에서 말림. 그늘말림. ↔양건(陽乾).

음경(陰莖)명《생》남자의 외부 생식기(해면체(海綿體)로 되어 있고 요도(尿道)가 통해 있음). 옥경(玉莖). 옥근(玉根). ↔음문(陰門).

음계(音階)[-/-께]명《악》일정한 음정의 순서로 음을 차례로 늘어놓은 것(동양 음악은 5음 음계를, 서양 음악은 7음 음계를 기초로 함).

음계(陰界)[-/-께]명 귀신들이 사는 세상. ↔양계(陽界).

음계(陰計)[-/-께]명하타 음모(陰謀).

음고(音高)명《악》음높이.

음곡(音曲)명《악》1 음률의 곡조. 2 '음악'을 달리 이르는 말.

음공(陰功)명 1 뒤에서 돕는 숨은 공. 2 남몰래 쌓은 공덕.

음관(蔭官)명《역》과거를 거치지 않고 조상의 공덕으로 맡은 벼슬. 또는 그런 벼슬아치. 음사(蔭仕).

음교-맥(陰蹻脈)명《한의》한방에서 이르는, 기경팔맥(奇經八脈)의 하나.

음구(淸溝)명 사운드 트랙.

음:구(飮具)명 술 마시는 데 쓰는 기구(주전자·술잔 따위).

음극(陰極)명《물》두 개의 전극 사이에 전류가 흐를 때, 전위가 낮은 쪽의 극(極). 음전극. ↔양극(陽極). ⓒ음.

음극-관(陰極管)[-꽌]명《물》시어라티(CRT).

음극-선(陰極線)[-썬]명《물》진공 방전 때, 음극에서 나와 양극으로 빠른 속도로 흐르는 전자의 흐름.

음극선-관(陰極線管)[-썬-]명《물》음극선을 이용하는 전자관의 총칭(브라운관이나 전자현미경 따위).

음기(陰記)명 비석의 뒷면에 새긴 글.

음기(陰氣)명 1 어둡고 침침하거나 쌀쌀한 기운. 2《한의》몸 안에 있는 음(陰)의 기운. ↔양기(陽氣).

음낭(陰囊)명《생》불알을 싸고 있는 주머니처럼 생긴 것.

음-넓이(音-)[-널비]명《악》사람의 목소리나 악기가 낼 수 있는 최고 음에서 최저 음까지의 범위. 음역(音域).

음녀(淫女)명 음탕한 여자. 음부(淫婦).

음-높이(音-)명《악》음의 높음과 낮음. 음고(音高).

음달(陰-)명 '응달'의 본딧말.

음담(淫談)명 음탕한 이야기.

음담-패설(淫談悖說)명 음탕하고 상스러운 이야기. ▯~을 늘어놓다.

음대(音大)명《교》'음악 대학'의 준말. ▯~를 졸업하다.

음덕(陰德)명 숨은 덕행. ▯~을 쌓다.

음덕(蔭德)명 조상의 은덕. ▯~을 입다.

음덕-양보(陰德陽報)[-뗭냥-]명 남이 모르게 덕행을 쌓은 사람은 뒤에 그 보답을 받게 됨을 이르는 말.

음도(音度)명 음의 높낮이의 정도. ▯~를 조절하다.

음도(陰道)명 1 군신(君臣)·부자·부부의 관계를 음양의 도에 비유하여 신하나 자식, 아내가 지켜야 할 도리를 이르는 말. 2《천》달이 움직이는 궤도.

음도(蔭塗)명 과거를 보지 않고 조상의 공덕에 힘입어 벼슬살이하는 길.

음독(音讀)명하타 1 글 따위를 소리 내어 읽음. ↔묵독(默讀). 2 한자를 음으로 읽음. ↔훈독(訓讀).

음독(陰毒)명 《의》병독이 모여서 목이 아프고 살빛이 검푸르게 되는 병.

음:독(飮毒)명하자 독약을 먹음. ▯~을 꾀하다.

음:독-자살(飮毒自殺)[-짜-]명하자 독약을 먹고 스스로 목숨을 끊음. 또는 그런 행위. 음약자처(飮藥自處).

음독-하다(陰毒-)[-도카-]형여 성질이 은험하고 독하다. ▯음독한 성격.

음동(陰冬)명 음산하고 추운 겨울.

음:락(飮樂)[-낙]명하자 술을 마시며 즐김.

음란 (淫亂)[-난] 몡[하타] 음탕하고 난잡함. ❏
~ 비디오테이프 / ~한 생활.

음란-물 (淫亂物)[-난-] 몡 음란한 내용을 담
은 책이나 그림·사진·영화·비디오테이프 따
위의 총칭.

음랭-하다 (陰冷-)[-냉-] 혱여 그늘지고 차다.
❏ 음랭한 지하실.

음량 (音量)[-냥] 몡 1 《악》 악기나 사람의 목
소리가 크거나 작게 울리는 정도. ❏ ~이 풍
부하다. *성량(聲量). 2《언》 음장(音長).

음량-하다 (陰涼-)[-냥-] 혱여 그늘져서 서늘
하다.

음려 (陰呂)[-녀] 몡 《악》 십이율(十二律) 가운
데 육려(六呂)의 일컬음. ↔양률(陽律).

음력 (陰曆)[-녁] 몡 《천》 '태음력(太陰曆)'의
준말. ↔ 정월 대보름. ↔양력(陽曆).

음렬 (音列)[-녈] 몡 《악》 12음 음악·무조 음악
에서, 악곡 구조의 기초를 이루는 몇 개 또는
12개 음의 순열.

음롱 (音聾)[-농] 몡 《악》 청각에 이상은 없으
면서 악음(樂音)을 이해하지 못하거나 식별
을 못하는 사람. *음치.

음:료 (飮料)[-뇨] 몡 갈증을 풀거나 맛을 즐기
기 위하여 마시는 액체의 총칭. ❏ 천연 과즙
~ / ~를 마시다.

음:료-수 (飮料水)[-뇨-] 몡 갈증을 풀거나 맛
을 즐기기 위하여 만든 물. 음수(飮水).

음률 (音律)[-뉼] 몡 《악》 1 소리와 음악의 가
락. 성률(聲律). ❏ 맑고 아름다운 ~이 방안
을 가득 채우다. ㉘율(律). 2 오음(五音)과 육
률(六律).

음매 뵈 소나 송아지의 울음소리. 엄매.

음모 (陰毛) 몡 거웃.

음모 (陰謀) 몡 좋지 못한 일을 몰래 꾸밈.
또는 그런 꾀. 음계(陰計). ❏ ~에 말려들다 /
~를 꾸미다.

음문 (陰文) 몡 도장 따위에서, 글자 획이 옴폭
들어가게 새기는 일. 또는 그런 문자. ↔양문
(陽文).

음문 (陰門) 몡 《생》 여자의 외부 생식기. 보
지. 옥문(玉門). 음호(陰戶). ↔음경(陰莖).

음:물 (淫物) 몡 1 음란하고 방탕한 물건. 2 음탕
한 사람을 낮잡아 이르는 말.

음미 (吟味) 몡[하타] 1 시가를 읊어 감상함. 2 사
물 또는 개념의 내용이나 속뜻을 깊이 새기어
느끼거나 생각함. ❏ ~할 만한 이야기 / 포도
주의 맛을 ~하다.

음미-하다 (淫靡-) 혱여 남녀 교제나 풍속·몸
차림 따위에 절도(節度)가 없이 음란하고 사
치하다.

음반 (音盤) 몡 음악이나 소리 따위를 녹음하여
다시 들을 수 있게 만든 둥그런 판. 유성기
판. 디스크. 레코드. 레코드판. 소리판. ❏ 가
요 ~ / ~을 취입하다 / ~을 틀다.

음방-하다 (淫放-) 혱여 음란하고 방탕하다.

음벽 (音壁) 몡 《물》 비행기가 음속을 돌파할
때 나타나는 공기 저항. 충격파가 발생하는
데 이에 따른 소용돌이 때문에 비행기가 심
하게 진동함.

음보 (音步) 몡 《문》 시가를 읊을 때, 한 호흡
단위로 느껴지는 운율 단위(예컨대, '동창이/
밝았느냐 / 노고지리 / 우지진다'는 4 음보의
음율임).

음보 (音譜) 몡 《악》 악보(樂譜).

음보 (蔭補) 몡[하타] 조상의 덕으로 벼슬을 얻게
됨.

음:복 (飮福) 몡[하타] 제사를 마치고 제사에 쓴
술이나 음식을 나누어 먹는 일. ❏ 퇴주한 술

을 ~하다.

음부 (音符) 몡 《악》 음표(音標).

음부 (淫婦) 몡 음녀(淫女).

음부 (陰府) 몡 《민》 저승.

음부 (陰府) 몡 불무덤.

음부 (陰部) 몡 《생》 남녀의 외부 생식기. 국부
(局部). 치부(恥部).

음부 기호 (音部記號) 《악》 '음자리표'의 한
자 이름.

음-부호 (陰符號) 몡 음수를 나타내는 부호
(곧, '一'). ↔양부호.

음분 (淫奔) 몡[자] 남녀가 음탕한 짓을 함. 또
는 그런 행동.

음사 (淫事) 몡 음란하고 방탕한 일.

음사 (淫祀) 몡 부정한 귀신에게 지내는 제사.

음사 (淫祠) 몡 내력이 바르지 못한 귀신을 모
셔 놓은 집.

음사 (淫辭) 몡 음탕한 말.

음사 (隱私) 몡 개인의 비밀.

음사 (陰事) 몡[자] 1 비밀한 일. 2 남녀가 잠자
리를 같이함.

음사 (蔭仕) 몡[자] 《역》 음관(蔭官).

음산-스럽다 (陰散-)[-따][-스러워, -스러우
니] 혱ㅂ 음산한 데가 있다. ❏ 음산스럽게 웃
다. 음산-스레 뵈

음산-하다 (陰散-) 혱여 1 날씨가 흐리고 으스
스하다. ❏ 하늘이 잔뜩 찌푸려 ~. 2 분위기
따위가 을씨년스럽고 썰렁하다. ❏ 음산한 분
위기에 휩싸이다. 음산-히 뵈

음상 (音相) 몡 《언》 한 단어 안에 표현 가치가
다른 모음 또는 자음이 교체됨으로써 어감의
차이를 가져오게 되는 것('가짓말'과 '거짓
말', '댕강'과 '뎅겅' 따위).

음색 (音色) 몡 《악》 발음체가 소리를 낼 때, 그
음의 높낮이가 같아도 악기 또는 사람에 따
라 다르게 들리는 소리의 특성. 음빛깔. ❏ 부
드러운 ~.

음서 (淫書) 몡 음탕한 내용의 책. ❏ ~를 불태
우다.

음:서 (飮暑) 몡[하타] 더위를 먹음. 복서(伏暑).

음성 (吟聲) 몡 시나 노래를 읊는 소리.

음성 (音聲) 몡 사람의 목소리나 말소리. ❏ 귀
에 익은 ~ / 나지막한 ~으로 속삭이다.

음성 (陰聲) 몡 음탕한 소리.

음성 (陰性) 몡 1 밖으로 드러나지 않은 성질.
❏ ~ 자금을 조성하다 / ~ 수입을 찾아내다.
2 소극적이고 내숭스러운 성질. 3《의》 '음성
반응'의 준말. ↔양성(陽性).

음성 (陰聲) 몡 《악》 십이율(十二律)에서, 육려
(六呂)의 여섯 음. ↔양성(陽聲).

음성 기관 (音聲器官) 《언》 발음 기관2.

음성 기호 (音聲記號) 《문》 말소리를 나타내
는 데 쓰는 기호. 음성 자모. 음표 문자.

음성 다중 방:송 (音聲多重放送) 텔레비전 전
파의 간격을 이용하여 주된 음성과는 별개의
음성을 보내는 방송(외국 영화 등의 2개 국
어 방송이나 스테레오 방송 등에 이용됨).

음성-률 (音聲律)[-뉼] 몡 음의 장단이나
고저·강약을 가려서 운율을 맞춘 것(주로 한
시(漢詩)에 씀).

음성 모:음 (陰性母音) 《언》 어감이 어둡고 큰
모음('ㅓ·ㅕ·ㅔ·ㅖ·ㅜ·ㅠ·ㅟ·ㅞ·ㅢ·ㅡ·ㅓ'
따위). 약모음.

음성 반:응 (陰性反應) 《의》 병의 검사 결과
병독(病毒)의 반응이 나타나지 않는 일. ↔양
성 반응. ㉘음성.

음성 신:호(音聲信號) **1**〖물〗귀로 들을 수 있는 소리를 전기 신호로 바꾼 것. **2** 텔레비전 신호의 음성 부분.

음성 언어(音聲言語) 〖어〗음성으로 나타내는 언어〖몸짓이나 표정 또는 글자로써 하는 표현에 상대되는 말임〗. ↔문자 언어.

음성 응:답 장치(音聲應答裝置)[-짱-]〖컴〗컴퓨터를 이용한 장치에서, 외부의 질문에 대해 직접 음성으로 응답하는 장치.

음성 인식(音聲認識) 〖컴〗사람의 음성 내용을 컴퓨터 따위를 이용하여 자동적으로 인식하는 일.

음성 입력 장치(音聲入力裝置)[-임녁짱-]〖컴〗마이크를 이용하여 컴퓨터로 데이터를 입력하는 장치. 음성을 인식하고 디지털 코드로 바꾸어 입력력함.

음성-적(陰性的)〖관〗〖명〗밖으로 나타나지 않은 (것). 〇~인 방법.

음성 정보 서비스(音聲情報service) 일반 전화 가입자가 증권 시세·연극·영화·이삿짐 센터 안내 등 각종 생활 정보를 전화로 들을 수 있는 통신 서비스의 하나. 오디오 텍스.

음성-학(音聲學) 〖언〗말소리가 어떤 발음 기관의 어떤 작용에 의하여 생성되며, 또한 만들어진 말소리가 어떻게 전달되고 청취되느냐 등을 관찰하는 학문. 말소리갈.

음성 합성(音聲合成)[-썽]〖컴〗컴퓨터를 이용하여 사람의 말소리를 기계적으로 합성하는 일.

음성-화(陰性化)〖명〗〖하자타〗사물이 겉으로 드러나지 않게 됨. 또는 그렇게 함. 〇지하 서클 활동이 더욱 ~되다.

음세(音勢)〖명〗〖언〗소리의 기세. 소리의 강약. 음력(音力).

-음세〖어미〗ㄹ 이외의 받침 있는 동사 어간에 붙어, 하게할 자리에 기꺼이 하겠다는 뜻을 나타내는 종결 어미. 〇나머지 돈도 곧 갚~. *ㅁ세.

음소(音素)〖명〗〖언〗그 이상 더 작은 음운적(音韻的) 단위로 나눌 수 없는 최소 단위〖하나 이상의 음소가 모여 음절을 이룸〗. 낱소리.

음소 문자(音素文字)[-짜]〖언〗개개의 글자가 단어의 음을 음소의 단위까지 분석하여 표기하는 성질을 가진 문자〖로마자·한글 따위〗. 낱소리글. ↔단어 문자·음절 문자.

음속(音速)〖명〗〖물〗소리의 속도〖공기 중에서 음파의 전파 속도는 15℃ 때에 매초 340 m, 시속 약 1200 km 임〗.

음송(吟誦)〖명〗〖하타〗시가(詩歌)를 소리 높여 읊음. 또는 소리를 내어 책을 읽음.

음수(陰水)〖명〗〖생〗정액(精液) 1.

음수(陰數)〖명〗〖수〗0보다 작은 수. ↔양수.

음수(陰樹)〖명〗그늘에서도 잘 자라고 번식할 수 있는 나무〖주목·전나무·비자나무 따위〗. ↔양수(陽樹).

음:수(飮水)〖명〗음료수.

음수-율(音數律)〖명〗〖문〗시의 자·구·행을 구성하는데 음절의 수를 일정하게 하여 이루는 운율(3·4조(調), 4·4조가 대표적임). 음절률(音節律).

음순(陰脣)〖명〗〖생〗여자 생식기 중 외음부의 일부. 요도와 질(膣)을 좌우에서 싸고 있는 한 쌍의 주름으로, 대음순과 소음순이 있음.

음슬(陰蝨)〖명〗〖충〗사면발니 1.

음습(陰習)〖명〗음탕한 버릇.

음습-하다(陰濕-)[-스파-]〖형어〗**1** 느낌이 음

산하고 눅눅하다. 〇음습한 기운 / 지하실 방은 어두컴컴하고 음습했다. **2** 그늘지고 축축하다. 〇버섯은 음습한 곳에서 잘 자란다.

음시(吟詩)〖명〗시를 읊음.

음:식(飮食)〖명〗**1** 사람이 먹을 수 있도록 만든 것〖밥·국·반찬 따위〗. 〇~을 남기거나 버리지 마라 / ~이 입에 맞다 / ~ 솜씨를 자랑하다. **2** '음식물'의 준말.

음:식-물(飮食物)[-씽-]〖명〗사람이 먹고 마시는 것의 총칭. 〇~을 삼키다. ☜음식.

음:식-상(飮食床)[-쌍]〖명〗음식을 차려 놓은 상. 〇~을 차리다.

음:식-점(飮食店)[-쩜]〖명〗음식을 파는 가게. 〇번화가에 ~을 내다.

음식-창(陰蝕瘡)〖명〗〖한의〗남녀의 음부에 나는 창병. 변독(便毒). 하감(下疳).

음신(音信)〖명〗먼 곳에서 전하는 소식이나 편지. 성식(聲息). 〇~이 불통하다.

음실(陰室)〖명〗햇빛이 잘 들지 않는 음침한 방.

음심(淫心)〖명〗음탕한 짓을 즐기는 마음. 〇~을 품다.

음악(音樂)〖명〗〖악〗소리에 의한 예술. 박자·가락·음색·화성 따위를 갖가지 형식으로 배합한 곡을 목소리나 악기로 연주하는 것〖성악(聲樂)과 기악(器樂)의 두 가지로 크게 구분됨〗. 〇~을 듣다 / ~에 맞춰 춤을 추다.

음악-가(音樂家)[으막까]〖명〗음악을 전문으로 하는 사람〖작곡가·작사가·지휘자·성악가·연주가 따위〗.

음악-계(音樂界)[으막꼐 / 으막께]〖명〗**1** 음악의 세계. **2** 음악가들의 사회. 〇~에서 높이 평가하는 연주가.

음악-당(音樂堂)[으막땅]〖명〗음악을 연주하고 청중이 그것을 감상할 수 있도록 특별히 지은 건물. 콘서트홀.

음악-대(音樂隊)[으막때]〖명〗주로 야외에서 관악기나 타악기를 연주하는 단체.

음악 대:학(音樂大學)[으막때-]〖교〗음악에 관한 이론과 기술을 가르치는 단과 대학. ☜음대.

음악-사(音樂史)[으막싸]〖명〗음악의 역사.

음악-상자(音樂箱子)[으막쌍-]〖명〗태엽이나 전지에 의해 간단한 음악을 되풀이해서 자동적으로 연주하는 상자 모양의 물건. 오르골.

음악-성(音樂性)[으막썽]〖명〗**1** 음악적인 성질. **2** 음악적인 감성이나 소질. 〇~이 뛰어나다.

음악-실(音樂室)[으막씰]〖명〗**1** 음악을 연주할 때 쓰는 방. **2** 학교에서, 음악 수업에 쓰는 방.

음악-인(音樂人)[으막낀]〖명〗음악에 종사하는 사람. 또는 음악을 즐기는 사람.

음악-적(音樂的)[으막쩍]〖관〗〖명〗음악과 같거나 관계 있는 (것). 〇~인 소질.

음악-학(音樂學)[으마칵]〖명〗〖악〗음악에 관한 모든 사상(事象)을 과학적인 연구 대상으로 하는 학문의 총칭.

음악-회(音樂會)[으마쾨]〖명〗음악을 연주하여 청중이 감상하게 하는 모임. 콘서트. 〇청소년 / 신년 ~를 열다.

음애(陰崖)〖명〗햇빛이 들지 않는 낭떠러지나 언덕.

음액(陰液)〖명〗〖생〗정액(精液) 1.

음약(陰約)〖명〗〖하타〗남이 모르게 약속함. 또는 그런 약속.

음약(淫藥)〖명〗미약(媚藥) 1.

음:약(飮藥)〖명〗〖하자〗약을 마심.

음:약자처(飮藥自處)[으막짜-]〖명〗〖하자〗음독자살.

음양(陰痒)〖명〗〖한의〗음부 소양증. 곧, 여자

의 음부가 가려운 병.

음양(陰陽)〔명〕 **1** 남녀의 성(性)에 관한 이치. ❑~을 알다. **2** (주로 '음양으로'의 꼴로 쓰여) 여러 방면. ❑~으로 도움을 받다. **3**〔철〕천지 만물을 만들어 내는 상반하는 성질의 두 가지 기운. 곧 음과 양. **4**〔물〕전기나 자기(磁氣)의 음극과 양극.

음양-가(陰陽家)〔명〕천문·역수(曆數)·풍수지리 따위로 행사를 정하거나 길흉화복을 예언하는 사람.

음양-각(陰陽刻)〔명〕〔하〕〔자〕〔미술〕 **1** 음각과 양각. **2** 음각과 양각을 섞어서 새김.

음양-객(陰陽客)〔명〕음양가 노릇을 하는 사람.

음양-과(陰陽科)〔명〕〔역〕조선 때, 잡과(雜科)의 하나. 천문·지리·명과학(命課學)에 밝은 사람을 뽑던 과거.

음양-곽(淫羊藿)〔명〕〔한의〕삼지구엽초(三枝九葉草)의 잎〔음위(陰痿)·냉풍(冷風)·노기(勞氣) 따위에 약으로 씀〕. 선령비(仙靈脾).

음양-도(陰陽道)〔명〕음양오행설에 근거를 두고 인간의 길흉화복을 논하는 학문.

음양-력(陰陽曆)〔으망녁〕〔명〕음력과 양력.

음양-립(陰陽笠)〔으망닙〕〔명〕〔역〕갓의 일종. 말총으로 모자를 만들고 모시나 명주실로 양태를 싼 갓〔육품 이상의 당하관이 썼음〕.

음양-배합(陰陽配合)〔명〕남녀가 서로 뜻이 잘 맞음.

음양-상박(陰陽相薄)〔명〕〔하〕〔형〕음과 양이 서로 합하지 않음.

음양-설(陰陽說)〔명〕〔철〕역(易)의 사상에 따른, 음양에 관한 이론이나 학설. 음양론.

음양-소(陰陽梳)〔명〕빗살의 한쪽은 성기고 한쪽은 촘촘한 빗.

음양-수(陰陽水)〔명〕끓는 물에 찬물을 섞은 물.

음양-쌍보(陰陽雙補)〔명〕〔한의〕몸속에 있는 양기와 음기를 함께 보함.

음양-오행설(陰陽五行說)〔명〕〔철〕일체 만물은 음양 이기(二氣)에 의해 생장(生長) 소멸하고, 오행 중 목·화는 양에, 금·수는 음에, 토는 그 중간에 있어서 이들의 소장(消長)으로 천지의 변이·재복·길흉이 얽힌다는 설.

-음에도〔어미〕명사형 어미 '-음'에 조사 '에'와 '도'가 붙은 것으로, 주로 '불구하다' 앞에 쓰이는 연결 어미. ❑몹시 비좁~ 불구하고 사람들은 계속 들어왔다. ＊-ㅁ에도.

-음에라〔어미〕ㄹ 이외의 받침이 있는 어간에 붙어, 일이 이미 이리 되었으니 더 논란할 것이 없다는 뜻을 나타내는 종결 어미. ❑나라의 녹을 먹~. ＊-ㅁ에랴.

음역(音域)〔명〕〔악〕'음넓이'의 한자 이름. ❑~이 매우 넓은 악기.

음역(音譯)〔명〕〔하〕〔타〕〔언〕외국어의 음을 한자의 음을 빌려 나타내는 일〔Washington을 華盛頓으로 표기하는 따위〕.

음역(陰易)〔명〕〔한의〕심하던 열병이 고비를 지나 음증(陰症)으로 바뀌는 일.

음염-하다(淫艶一)〔형〕〔여〕색정(色情)을 일으키게 할 만큼 음탕하고 요염하다.

음엽(陰葉)〔명〕〔식〕직사 일광을 받지 않은 식물의 잎〔양엽(陽葉)에 비해서 잎이 엷고 큼〕. ↔양엽(陽葉).

음영(吟詠)〔명〕〔하〕〔타〕시가(詩歌) 따위를 읊음.

음영(陰影)〔명〕 **1** 어두운 부분. 그늘. ❑~이 드리우다. **2** 음(音)·색조·감정 따위의 미묘한 차이로 드러나는 깊이와 정취. 뉘앙스. ❑~이 풍부한 묘사.

음영 화ː법(陰影畫法)〔으명-뻡〕〔미술〕물체의 그림자를 그려 입체감을 나타내는 화법.

음예(陰翳)〔명〕〔하〕〔형〕구름이 하늘을 덮어 어두움. 또는 침침한 그늘.

음예-하다(淫穢一)〔형〕〔여〕말이나 행동 따위가 음탕(淫蕩)하고 더럽다.

음욕(淫慾)〔명〕음탕한 욕심. 호색(好色)하는 마음. 색욕. 육욕. ❑~을 품다.

음용(音容)〔명〕음성과 용모. ❑잊을 수 없는 ~.

음-용(飲用)〔명〕마시는 데 씀. 또는 그런 것. ❑이 우물물은 ~할 수 없다.

음ː용-수(飲用水)〔명〕마시는 물.

음우(陰佑)〔명〕〔하〕〔타〕남모르게 또는 뒤에서 도움. ❑~을 받다.

음우(陰雨)〔명〕 **1** 음산하게 오는 비. **2** 오래 내리는 궂은비.

음우(霖雨)〔명〕장맛비.

음운(音韻)〔명〕〔언〕 **1** 말의 뜻을 구별하여 주는 소리의 가장 작은 단위. **2** 한자의 음과 운.

음운(陰雲)〔명〕하늘을 덮은 검은 구름. ❑~이 끼다.

음운 도ː치(音韻倒置)〔언〕한 단어나 어군(語群)의 내부에서 두 음소 또는 그 연속이 서로 위치를 바꾸는 일('하야로비→해야로비→해오라비'는 음소 도치이며, '얼마→마을, 반찬(飯饌)→찬반' 따위는 음절 도치임).

음운 동화(音韻同化)〔언〕어떤 소리가 그 앞이나 뒤에 있는 다른 소리의 영향을 받아서 그것과 같거나 비슷한 소리가 바뀌는 현상('먹이다'가 '메기다'로, '개어서'가 '개여서'로 발음되는 따위로, 모음조화·원순 모음화·유음화 따위가 있음).

음운-론(音韻論)〔으ː문논〕〔명〕〔언〕추상적이고 심리적인 말소리인 음운을 대상으로 음운 체계를 밝히고 그 역사적 변천을 연구하는 학문. 언어학의 한 분야임. 음운학.

음운 첨가(音韻添加)〔언〕말소리를 발음할 때, 그 말의 원꼴과는 상관없는 어떤 음이 첨가되어 소리가 바뀌는 현상('밤일'이 '밤닐'로 발음되는 따위).

음운-학(音韻學)〔명〕〔언〕음운론.

음울-하다(陰鬱一)〔형〕〔여〕기분이나 분위기 따위가 음침하고 우울하다. ❑음울한 날씨 / 표정이 어딘지 모르게 음울해 보였다. **음울-히**〔부〕

음월(陰月)〔명〕음력 4월을 달리 이르는 말.

음위(陰痿)〔명〕〔의〕음경이 발기하지 아니하여 성교가 불가능한 증상. 발기 불능. 임포텐츠.

음위-율(音位律)〔명〕〔문〕시에서, 비슷한 음이나 같은 음을 시행(詩行)의 같은 위치에 규칙적으로 배치하여 운율을 나타내는 일. 또는 그 운율〔두운(頭韻)·각운(脚韻) 따위〕.

음유(吟遊)〔명〕〔하〕〔자〕시를 지어 읊으며 여기저기 떠돌아다님.

음유 시인(吟遊詩人)〔문〕중세 유럽에서 여러 지방을 떠돌아다니며 연애가나 민중적 노래를 부르던 시인. 민스트럴.

음음-하다(陰陰一)〔형〕〔여〕 **1** 날씨나 분위기 따위가 흐리고 어둡다. ❑음음한 날씨. **2** 수목이 무성하여 어둡다.

음ː읍(飲泣)〔명〕〔하〕〔자〕흐느끼며 욺.

음의(音義)〔명〕〔으ː의 / 으ː미〕 **1** 한자의 음과 뜻. ❑한자의 ~에 대한 지식 / 글자 밑에 ~를 적다. **2** 언어의 한 음마다 고유하게 가지는 일정한 뜻. ❑~를 밝히다.

음-이름(音一)〔-니-〕〔명〕〔악〕일정한 높이의 음에다 붙이는 이름. 서양 음악에서는 'C·D·E·F·G·A·B', 우리나라에서는 '다·라·마·바·사·가·나'의 일곱 문자와 샤프(#), 플랫

(b) 따위로 나타냄.

음-이온 (陰ion)圏《화》음전기를 띠고 있는 이온. ↔양이온.

음일 (淫佚)圏하자 마음껏 음탕하게 놂. □~을 일삼다.

음자 (音字)[-짜]圏《언》'표음 문자'의 준말.

음자 (陰字)圏《인》음각(陰刻)한 활자로 인쇄하여 획이 희게 나타난 글자.

음자리-표 (音-標)圏《악》악보의 첫머리에 적어 음의 높낮이를 정하는 기호(높은음자리표·낮은음자리표·가온음자리표 따위가 있음). 음부 기호(音部記號).

음자호산 (淫者好酸)圏 색(色)을 좋아하는 사람은 신 것을 좋아함.

음장 (音長)圏《언》한 음성 및 음성군(音聲群)의 발음에 소요되는 시간. 음길이. 음량(音量).

음전 圏하圏 말이나 행동이 곱고 점잖음. □~빼다 / ~한 태도.

음전 (音栓)圏《악》'스톱(stop)3'의 역어.

음전 (陰電)圏《전》음전기.

음-전극 (陰電極)圏《전》음극. ↔양전극.

음-전기 (陰電氣)圏《전》전기의 한 형태. 비교적 작은 힘을 가진 전기로, 수지(樹脂)를 모피에 문지를 때 일어나는 전기 따위가 이에 속함. 음전기. ↔양전기.

음-전자 (陰電子)圏《물》음전기를 띤 전자(보통, 전자라고 하면 음전자를 말함). ↔양전자.

음-전하 (陰電荷)圏《물》음전기를 띤 전하. 음하전. ↔양전하(陽電荷).

음절 (音節)圏《언》하나의 종합된 음의 느낌을 주는 단어의 구성 요소로서의 음의 단위. 소리마디. 실러블(syllable). 2 음률(音律)의 곡조. 음곡.

음절-률 (音節律)圏《문》음수율(音數律).

음절 문자 (音節文字)[-짜]圏《언》한 음절이 한 글자로 되어 있어 그 이상은 나눌 수 없게 된 문자(일본의 가나(かな) 따위). ↔음소 문자·단어 문자·단음 문자.

음절-순 (音節順)圏 가나다순.

음정 (音程)圏《악》높이가 다른 두 음의 간격. □~을 맞추다 / ~이 불안하다.

음조 (音調)圏 1 소리의 높낮이와 강약, 빠르고 느린 정도. □~가 높다 / ~를 조절하다. 2《문》시문(詩文)에서, 소리의 높낮이나 강약, 장단 따위의 어울림. 3《악》음의 정확하고 순수한 정도. □~가 고른 음악 / ~를 맞추다. 4《악》음의 높낮이와 길이의 어울림.

음조 (陰助)圏하타 넌지시 뒤에서 도와줌.

음종 (淫縱)圏하자 색(色)에 빠져 지나치게 놀아남. □~한 사람.

음종 (陰腫)圏《의》여자의 외음부가 헐어서 붓고 아픈 병.

음종 (陰縱)圏《한의》남자의 생식기에 열이 생기고 늘 발기한 상태로 있는 병.

음-주 (飮酒)圏하자 술을 마심. □~ 운전 단속 / 간밤에 ~가 과했다.

음-주 측정기 (飮酒測定器)[-쩡-]圏《공》음주 운전을 단속하기 위해 운전자의 알코올을 혈중 농도를 재는 기구.

음중 (陰中)圏하타 1 '가을'의 이칭(異稱). ↔양중(陽中). 2 음험한 수단으로 남을 모함하여 해침.

음증 (陰症)圏 1 음침한 성격. 2《한의》오후에 더하는 병의 통칭. 3《한의》'상한음증'의 준말. ↔양증.

음증-외감 (陰症外感)圏《한의》내부적 원인으로 생기는 만성 허증(虛症)의 병. ↔양증(陽症)외감.

음지 (陰地)圏 1 그늘진 곳. 응달. □~에는 아직 눈이 녹지 않았다. 2 소외되고 어두운 곳의 비유. ↔양지(陽地).
[음지도 양지 될 때가 있다] 운이 나쁜 사람도 좋은 때를 만날 수 있음.

음지 식물 (陰地植物)[-싱-]《식》그늘에서 잘 자라는 식물(이끼 따위). ↔양지 식물.

음지-쪽 (陰地-)圏 볕이 잘 들지 않는 쪽. 응달쪽. ↔양지쪽.

음직 (蔭職)圏《역》1 고려·조선 때, 과거에 의하지 않고 부조(父祖)의 공으로 얻어 하던 벼슬. 2 생원·진사·유학(幼學)으로서 하던 벼슬의 통칭. 남행(南行).

-음직-스럽다 [-쓰-따]圑비 '르' 이외의 받침 있는 동사 어간 뒤에 붙어, '그럴 만한 가치가 있음'을 나타냄. □먹~. *-ㅁ직스럽다.

-음직-하다 [-지카-]圑비 '르' 이외의 받침 있는 동사 어간 뒤에 붙어, '그럴 만한 특성이나 가치가 있음'을 나타냄. □믿~ / 먹~. *-ㅁ직하다.

음질 (音質)圏 말하거나 녹음된 소리의 질적인 상태. □~이 깨끗하다 / ~이 좋다.

음-집 (陰-)[-찝]圏《생》짐승의 음문(陰門)에서 자궁으로 통하는 길.

음차 (音叉)圏《물》'소리굽쇠'의 한자 이름.

음차 (音借)圏《언》1 음을 빌리는 일. 어떤 언어의 소리를 그 언어에서 사용하지 않는 다른 문자로 나타내는 방식임. 2 차자(借字) 표기에서, 한자의 음을 빌려 우리말을 표기하는 일.

음창 (陰瘡)圏《한의》여자의 음부에 나는 부스럼.

음청 (陰晴)圏 흐린 날과 갠 날. 또는 흐림과 갬. 청음(晴陰).

음축 (陰縮)圏《한의》음경(陰莖)이 차고 겉에서 보이지 않을 만큼 바짝 줄어드는 병.

음충 (陰蟲)圏 1 밤에 활동하는 벌레(빈대 따위). 2 음습한 곳에 사는 벌레.

음충-맞다 [-맏따]圑 성질이 매우 음충한 데가 있다. □음충맞게 능청을 떨다.

음충-스럽다 [-따][-스러워, -스러우니]圑비 음충한 데가 있다. **음충-스레**閉

음충-하다圑 마음이 검고 내숭스럽고 불량하다.

음측 (陰測)圏하타 남모르게 넌지시 헤아림.

음치 (音癡)圏 소리에 대한 음악적 감각이나 지각이 둔하여 음을 제대로 내지 못하는 상태. 또는 그런 사람. *음롱.

음침-하다 (陰沈-)圑 1 성질이 명랑하지 못하고 의뭉스럽다. □음침한 목소리. 2 날씨가 흐리고 컴컴하다. □날씨가 온종일 ~. 3 분위기가 어두컴컴하고 스산하다. □음침한 골방. **음침-히**閉

음탐 (淫貪)圏하자 음란한 것을 좋아함.

음탕-스럽다 (淫蕩-)[-따][-스러워, -스러우니]圑비 음탕한 데가 있다. **음탕-스레**閉

음탕-하다 (淫蕩-)圑 음란하고 방탕하다. □음탕한 마음.

음택 (陰宅)圏《민》술가(術家)에서, '무덤'을 사람 사는 집에 상대하여 일컫는 말. ↔양택(陽宅).

음통 (陰通)圏하자 남녀가 처음으로 색정(色情)을 알게 됨.

음특-하다(陰慝-)[-트카-] 혭어 성질이 음흉하고 간사하다.

음파(音波) 명 『물』 발음체에 접촉한 공기 또는 그 밖의 매질(媒質)이 발음체의 진동을 받아서 생기는 파동.

음파 탐지기(音波探知機) 『물』 소나(sonar).

음편(音便) 명 『언』 음이 연속될 때 어떤 음이 발음하기 쉬운 다른 음으로 변하는 현상('ㄹ' 뒤에서 '이'가 '리'로 되는 따위).

음표(音標) 명 『악』 악보에서, 음의 장단·고저를 표시하는 기호. 음부(音符). 소리표.

음표 문자(音標文字)[-짜] 『언』 1 음성 기호. 2 표음 문자.

음풍(淫風) 명 음란하고 더러운 풍속.

음풍(陰風) 명 1 흐린 날씨에 음산하게 부는 바람. 2 겨울바람. 삭풍(朔風).

음풍-농월(吟風弄月) 맑은 바람과 밝은 달에 대하여 시를 짓고 즐겁게 놂. 음풍영월. 춘풍월(風月).

음풍-영월(吟風咏月)[-녕-] 혭하자 음풍농월.

음-하다(淫-) 혭어 색정에 대해 지나치게 욕심이 많다. 음한 생각이 들다.

음-하다(陰-) 혭어 1 날씨가 흐리다. 2 마음이 검고 엉큼하다.

음:-하만복(飮河滿腹) 명 많은 물이 있어도 실제로 마시는 분량은 배를 채울 정도에 지나지 아니한다는 뜻으로, 자기 분수에 넘치지 않게 조심하라는 말.

음-하전(陰荷電) 명 『물』 음전하.

음학-하다(淫虐-)[-하카-] 혭어 음탕하고 잔학하다.

음해(陰害) 명하타 자신을 드러내지 않고 음흉한 방법으로 남을 넌지시 해함. ◻~ 공작 / 정적을 ~하다.

음핵(陰核) 명 『생』 여자의 외음부에 있는 작은 돌기. 성감이 가장 예민함. 공알. 클리토리스.

음행(淫行) 명하자 음란한 짓을 함. 또는 그런 행실. ◻~을 저지르다 / ~을 일삼다.

음향(音響) 명 물체에서 나는 소리와 그 울림. ◻~ / 기기.

음향-관제(音響管制) 명 시끄럽게 소리를 내지 못하도록 통제하는 일.

음향 신:호(音響信號) 『해』 기적·사이렌·종 따위의 음향으로 알리는 신호의 총칭. ↔가시(可視) 신호.

음향 측심(音響測深)[-씸] 『해』 초음파를 바다 밑으로 보내어 그것이 반사되어 되돌아올 때까지의 시간을 재어서 바다의 깊이를 측정하는 방법.

음향-학(音響學) 명 『물』 소리의 발생·전파·성질·현상·진동·이용 따위를 연구하는 물리학의 한 분야.

음향 효:과(音響效果) 『연』 연극·영화·라디오·텔레비전 따위에서, 여러 가지 소리를 써서 극의 실감을 높이는 일.

음허(陰虛) 명 『한의』 날마다 오후에 춥고 조열(潮熱)이 나는 병. ──음허 혭어 『한의』 방사(房事) 과다로 정력이 허하다.

음허-천(陰虛喘) 명 『한의』 음허로 생기는 천식(조열(潮熱)·도한(盜汗)·객담(喀痰) 같은 증상을 일으킴).

음허-화동(陰虛火動) 명 『한의』 음허하여 생기는 병(조열·도한·기침이 나며, 혈담이 나오고 기력이 쇠약해짐). 신허(腎虛)화동.

음험-하다(陰險-) 혭어 겉으로는 부드럽고 솔직한 체하지만 속은 내숭스럽고 음흉하다. ◻음험한 인물 / 수법으로 ~.

음혈(音穴) 명 『악』 피리 같은 악기의 몸통에 파 놓은 구멍.

음호(陰戶) 명 『생』 음문(陰門).

음화(淫畵) 명 음란한 내용의 그림이나 사진. ◻~를 보다.

음화(陰火) 명 도깨비불 1.

음화(陰畵) 명 『연』 사진의 건판·필름에 감광시켜 현상한 화상(흑백이 실물과는 반대임). 네가(nega). ↔양화(陽畵).

음황(陰黃) 명 『한의』 황달의 하나. 양기(陽氣)는 줄고 음기(陰氣)가 성해서 일어나는 병으로, 살빛이 누레지고 피로와 권태를 느끼고 식욕이 없어짐.

음황-하다(淫荒-) 혭어 주색에 빠져 행동이 거칠다.

음훈(音訓) 명 『언』 표의 문자의 음과 뜻.

음흉-하다(陰譎-) 혭어 마음씨가 음침하고 간사하며 내숭스럽다.

음흉(陰凶) 명혭 마음이 음침하고 흉악함. ◻~을 떨다 / ~한 속셈을 드러내다.

음흉-스럽다(陰凶-)[-따][-스러워, -스러우니] 혭비 음흉한 데가 있다. ◻음흉스럽게 바라보다. 음흉-스레 튀

음흉-주머니(陰凶-)[-쭈-] 명 매우 음흉한 사람을 놀림조로 이르는 말.

읍(邑) 명 1 『법』 인구 2만 이상 5만 미만의 도시로서, 군(郡)의 관할을 받는 지방 행정 구역의 하나. 하부 조직으로 이(里)를 둠. 2 '읍내'의 준말. ◻~에 장(場)이 서다.

읍(揖) 명 인사하는 예(禮)의 하나(두 손을 맞잡아 얼굴 앞으로 들고 허리를 앞으로 공손히 구부렸다 펴면서 손을 내림).

읍각부동(邑各不同)[-각뿌-] 명혭어 1 규칙이나 풍속이 각 고을마다 다름. 2 사람마다 의견이 서로 다름.

읍간(泣諫)[-깐] 명하타 울면서 간함.

읍곡(泣哭)[-꼭] 명하자 소리를 크게 내어 슬피 욺.

읍내(邑內)[음-] 명 1 읍의 안. ◻~에 들르다. 춘읍. 2 『역』 조선 때, 관찰 관아를 제외한 지방 관아가 있던 마을.

-읍니다 어미 ☞-습니다.

읍례(揖禮)[음녜] 명하자 읍을 하여 예를 함. 또는 그 예.

읍리(邑吏)[음니] 명 『역』 지난날, 지방 읍에 딸린 구실아치.

읍민(邑民)[음-] 명 읍에 사는 사람.

읍-사무소(邑事務所)[-싸-] 명 읍의 행정 사무를 맡아보는 기관.

읍소(泣訴)[-쏘] 명하타자 눈물를 흘리면서 간절히 호소함. ◻선처해 줄 것을 ~하다.

읍속(邑俗)[-쏙] 명 읍의 풍속.

읍속(邑屬)[-쏙] 명 『역』 지방의 읍에 속했던 이속(吏屬)의 총칭. 읍(邑)붙이.

-읍쇼[-쏘] 어미 '-읍시오'의 준말. ◻제 손을 잡ㅡ. *-ㅂ쇼◼.

-읍시다[-씨-] 어미 ㄹ 이외의 받침 있는 동사의 어간에 붙어, 하오할 자리에서 어떤 행동을 함께 하자는 뜻을 나타내는 종결 어미. ◻같이 먹ㅡ / 그의 약속을 믿ㅡ. *-ㅂ시다.

-읍시오[-씨-] 어미 ㄹ 이외의 받침 있는 동사의 어간에 붙어, 합쇼할 자리에서 명령의 뜻을 나타내는 종결 어미. ◻그 책을 읽ㅡ. 춘-읍쇼. *-ㅂ시오.

읍안(泣顔) 명 우는 얼굴.

읍양(揖讓) 명하타 1 예를 다해 사양함. 2 읍하

는 동작과 사양하는 동작.

읍양지풍 (揖讓之風) 몡 읍양의 예를 잘 지키는 풍속.

읍울 (悒鬱) 몡하몡 걱정스러워 마음이 답답함.

읍읍-하다 (悒悒-) [으빠] 몡몡 마음이 매우 불쾌하고 답답하다. **읍읍-히** [으브피] 몜

읍장 (邑長) [-짱] 몡 〖법〗 읍의 행정 사무를 통할하는 우두머리.

-읍죠 어미 ☞ -습죠.

읍지 (邑誌) [-찌] 몡 한 고을의 연혁·지리·풍속 따위를 기록한 책.

-읍지요 어미 ☞ -습지요.

읍징 (邑徵) [-찡] 몡하몡 〖역〗 읍의 아전이 공금을 사사로이 썼을 때, 그 금액을 읍에서 징수하던 일.

읍참-마속 (泣斬馬謖) 몡 〔중국 촉(蜀)나라 제갈량(諸葛亮)이, 마속이 군령을 어겨 가정(街亭) 싸움에서 패했을 때, 울면서 그를 참형에 처하였다는 고사(故事)에서〕 큰 목적을 위하여 자기가 아끼는 사람을 버림의 비유.

읍청 (泣請) 몡타 울면서 간절히 청함.

읍체 (泣涕) 몡하짜 체읍(涕泣).

읍촌 (邑村) 몡 1 읍에 속한 마을. 2 읍과 촌.

읍폐 (邑弊) [-/-페] 몡 읍의 폐습이나 폐해.

읍혈 (泣血) [-혈] 몡하짜 어버이 상사(喪事)를 당하여 눈물을 흘리며 슬프게 욺.

읍호 (邑豪) [으포] 몡 고을이나 읍에서 재력(財力)이나 권력이 으뜸가는 사람.

응 몝 1 동년배나 아랫사람에게 대답하거나 대답을 재촉하는 소리. 딤~, 알았어 / 왜 날 못 믿는거니, ~. 2 무슨 일이나 남의 행동이 마땅치 않아 불평을 나타내는 소리. 딤이것 누가 망가뜨렸니, ~.

응가 몡감 〈소아〉 어린아이에게 똥을 누일 때 하는 소리.

응:-감 (應感) 몡하짜 마음에 통하여 느낌.

응견 (鷹犬) 몡 1 사냥매와 사냥개. 2 주구(走狗)1.

응:-결 (凝結) 몡하짜 1 한데 엉겨 뭉침. 딤피가 ~되다. 2 〖화〗 엉김. 3 〖물〗 기체의 액화(液化) 현상. 딤수증기가 ~하다.

응:-결-기 (凝結器) 몡 〖공〗 응축기(凝縮器).

응:-결-력 (凝結力) 몡 〖물〗 물체가 응결하는 힘.

응:-고 (凝固) 몡하짜 1 액체 따위가 엉겨 뭉쳐 딱딱하게 굳어짐. 딤혈액이 ~하다. 2 〖물〗 액체나 기체가 고체로 되는 현상(기체의 응고는 승화(昇華)라고도 함). 딤~ 상태 / 수증기가 ~되다.

응:-고-열 (凝固熱) 몡 〖물〗 액체나 기체가 응고하여 고체로 될 때 내는 열(보통 1g의 물질이 고체로 변화할 때에 내는 열량으로 나타냄).

응:-고-점 (凝固點) [-쩜] 몡 〖물〗 액체나 기체가 응고할 때의 온도.

응:-괴 (凝塊) 몡 액체 따위의 엉긴 덩어리.

응:-구 (應口) 몡하짜 물음에 응하여 대답함.

응:-구-첩대 (應口輒對) [-때] 몡하짜 묻는 대로 거침없이 대답함.

응그리다 타 1 얼굴을 험상궂게 찌푸리다. 2 사물을 손으로 움켜쥐다.

응:-급 (應急) 몡하짜 급한 대로 우선 처리함. 또는 급한 정황에 대처함. 딤~ 환자 / ~ 상황.

응:-급-수단 (應急手段) [-쑤-] 몡 급한 대로 우선 조치하는 수단. 응급책. 딤~을 강구하다〔쓰다〕.

응:-급-실 (應急室) [-씰] 몡 병원 따위에서 응급

을 요하는 환자를 진료하는 방.

응:-급-조치 (應急措置) [-조-] 몡하타 긴급한 일에 대하여 우선 급한 대로 처리하는 일. 응급조치. 딤~를 취하다.

응:-급-조처 (應急措處) [-조-] 몡하타 응급조치.

응:-급 치료 (應急治療) 〖의〗 갑작스러운 병이나 상처의 위급한 고비를 우선 넘기기 위하여 임시로 하는 치료. 구급(救急) 치료. 응급처치.

응:-낙 (應諾) 몡하자타 상대편의 부탁이나 요구따위에 응하여 승낙함. 딤~을 받다 / 요청을 쾌히 ~하다 / 그의 제안에 ~하다.

응:-납 (應納) 몡 나라에 당연히 바쳐야 할 물품.

응:-능-주의 (應能主義) [-/-이] 몡 〖경〗 조세부담을 공평하게 하기 위하여 과세의 표준을 각 개인의 부담 능력에 두어야 한다는 주장. 응익주의(應益主義).

응달 몡 〔←음달〕 볕이 들지 않아 그늘진 곳. 음지. 딤~에서 말리다. ↔양달.

〔응달에도 햇빛 드는 날이 있다〕 아무리 어려운 처지에 놓여 있더라도 끝까지 노력하면 성과를 거둘 수 있음의 비유.

응달-지다 (應-) 몡 그늘이 져 있다. 딤응달진 곳에 잔설이 남아 있다.

응달-쪽 몡 응달진 쪽. 음지쪽.

응:-답 (應答) 몡하자 부름이나 물음에 응하여 대답함. 딤~을 기다리다 / ~이 없다.

응:-답-자 (應答者) [-짜] 몡 부름이나 물음에 응답하는 사람.

응:-당 (應當) 뮌 당연히. 으레. 딤~ 가야지.

응:-당-하다 (應當-) 혱몜 1 어떤 현상이나 사실이 지극히 마땅하다. 딤학생이 공부하는 것은 응당한 일이다. 2 알맞다. 딤응당한 벌 / 응당한 보수를 받다. **응:-당-히** 몜

응:-대 (應待) 몡하타 응접(應接)1. 딤따뜻한 ~를 받다.

응:-대 (應對) 몡하타 부름이나 물음 또는 요구따위에 응하여 상대함. 딤아무런 ~가 없다 / ~가 시원찮다.

응:-둥이 '응석둥이'의 준말.

응등그러-지다 짜 1 마르거나 졸아들거나 굳어지면서 뒤틀리다. 2 춥거나 겁이 나서 몸이 움츠러지다. ㋱앙당그러지다.

응등-그리다 타 춥거나 겁이 나서 몸을 움츠리다. 딤목을 ~. ㋱앙당그리다.

응:-력 (應力) [-녁] 몡 〖물〗 변형력(變形力).

응:-립 (凝立) [-닙] 몡하자 꼼짝 않고 서 있음.

응:-모 (應募) 몡하자 모집에 응하거나 지원함. 딤~ 자격 / 신춘문예에 ~하다.

응:-모 가격 (應募價格) [-까-] 〖경〗 공채·사채(社債)·주식 따위를 모집할 때 응모자가 실제로 내는 금액. 응모액.

응:-모-액 (應募額) 몡 〖경〗 응모 가격.

응:-모-자 (應募者) 몡 모집에 응하는 사람. 딤~가 몰려오다.

응:-모-작 (應募作) 몡 모집에 응한 작품. 딤~을 공모하다.

응:-받다 [-따] 몡 응석을 받다.

응:-변 (應變) 몡하짜 임기응변(臨機應變).

응:-보 (應報) 몡 1 〖불〗 선악의 행위에 따라 받게 되는 길흉화복의 결과. 2 행위에 대하여 받는 갚음. 딤나쁜 일을 행한 당연한 ~.

응:-보-주의 (應報主義) [-/-이] 몡 〖법〗 범죄에 대한 정당한 보복이나 대가로서 형벌을 가하는 주의.

응:-보-형 (應報刑) 몡 〖법〗 응보주의에 따라 과하는 형벌. ↔목적형(目的刑).

응:-보형-론 (應報刑論) [-논] 몡 〖법〗 형벌의

본질은 범죄에 대한 정당한 보복이나 대가에 있다고 하는 학설. ↔목적형론(目的刑論).

응:분(應分)〖명〗〖하형〗(주로 '응분의'의 꼴로 쓰여) 어떤 분수나 정도에 적당함. ▢~의 보상을 하다 / ~의 조치를 취하다 / ~의 대가를 치르다.

응:사(應射)〖명〗〖하자〗 상대편의 사격에 대응하여 마주 쏨. 맞총질.

응:석〖명〗〖하자〗 어른에게 어리광을 부리거나 사랑을 믿고 어려워하는 기색 없이 부리는 버릇없는 말이나 행동. ▢~을 받아 주다 / ~이 심하다 / ~을 부리다.

응:석-꾸러기〖명〗 응석을 잘 부리는 아이.

응:석-둥이[-똥-]〖명〗 응석을 부리며 자란 아이. 응석받이. ⓒ응등이.

응:석-받이[-빠지]〖명〗 응석받이 받아 주는 일. 2 응석둥이. ▢~로 자라서 버릇이 없다.

응:성(應聲)〖명〗〖하자〗 소리에 응함.

응:성-충(應聲蟲)〖명〗 사람의 목구멍 속에 있으면서 사람이 말하는 것을 흉내 내는 벌레라는 뜻으로, 주견이 없이 남이 하는 대로 따라 하는 사람을 일컫는 말.

응:소(應召)〖명〗〖하자〗 소집에 응함. ▢병역에 ~하다.

응:소(應訴)〖명〗〖하자〗 원고(原告)가 청구한 소송에 피고로 응하는 일. 대송(對訟). 응송(應訟). ▢소송에 ~하다.

응:송(應訟)〖명〗〖하자〗 응소(應訴).

응:수(應手)〖명〗〖하자〗 바둑·장기 따위에서, 상대편의 수에 대응하여 둠. 또는 그 수. ▢가 어렵다 / ~를 타진하다.

응:수(應酬)〖명〗〖하자〗 상대편이 한 말이나 행동을 받아 마주 응함. ▢조금도 지지 않고 ~하다.

응:시(凝視)〖명〗〖하타〗 눈길을 모아 한 곳을 뚫어지게 봄. ▢허공을 ~하다 / 맞은편 벽을 ~하다.

응:시(應試)〖명〗〖하자〗 시험에 응함. ▢~ 자격 / ~ 원서를 내다 / 대학 입시에 ~하다.

응:신(應身)〖명〗〖불〗 삼신의 하나. 중생(衆生)을 제도(濟度)하기 위하여 때에 따라 여러 가지 모습으로 나타나는 부처의 몸. 현신(現身). ↔법신(法身)·보신(報身).

응:신-불(應身佛)〖명〗〖불〗 삼신불(三身佛)의 하나《석가여래를 일컬음》.

응아〖부〗 응애.

응아-응아〖부〗 응애응애.

응애〖부〗 갓난아이가 우는 소리. 응아.

응애-응애〖부〗 갓난아이가 자꾸 우는 소리. 응아응아.

응어리〖명〗 1 근육이 뭉쳐 된 덩어리. ▢~가 생기다. 2 사물 속에 깊이 박힌 것. 3 과실의 씨가 박힌 부분. ▢~를 도려내다. 4 한이나 불만 따위로 맺혀 있는 감정. ▢가슴속에 맺힌 ~을 풀다.

응어리-지다〖자〗 한이나 불만 따위의 감정이 쌓여 풀리지 않고 가슴속에 뭉치다. ▢응어리진 울분을 토하다.

응얼-거리다〖자타〗 글·노래·불평 따위를 입속말로 자꾸 지껄이다. ▢아까부터 혼자 무어라고 ~. 응얼-응얼〖부〗〖자타〗

응얼-대다〖자타〗 응얼거리다.

응:역(應役)〖명〗〖하자〗 예전에, 공역(公役)의 일에 응하여 일하던 일.

응:연(凝然)〖부〗〖하형〗〖히무〗 단정하고 점잖게.

응:연(應然)〖부〗〖하형〗〖히무〗 당연하게.

응:용(應用)〖명〗〖하타〗 어떤 원리나 지식, 기술 따위를 다른 일을 하는 데 활용함. ▢과학 지식

을 실생활에 ~하다 / 교량 공사에 첨단 기술이 ~되다.

응:용 경제학(應用經濟學)〖경〗이론 경제학의 성과를 실제 경제 현상에 응용하여 실천하려는 경제학의 한 부문. ↔이론 경제학.

응:용-과학(應用科學)〖명〗 의학·농학·공학 등에서 얻은 지식을 인간 생활에 실제로 응용함을 목적으로 하는 과학. ↔이론(理論)과학.

응:용-문제(應用問題)〖명〗 이미 배운 기본 지식을 응용해서 푸는 문제.

응:용 물리학(應用物理學)〖물〗 실제로 인간 생활에 응용함을 목적으로 하는 물리학의 한 분야. ↔이론 물리학.

응:용 미:술(應用美術)〖미술〗 회화(繪畵)나 조각의 기법을 응용한 의장(意匠)·도안·장정(裝幀)·장식 따위를 실용에 적용시키는 미술.

응:용 수:학(應用數學)〖수〗 역학·통계학·물리학·공학 따위에 응용되는 수학.

응:용 심리학(應用心理學)[-니-]〖심〗 실제 문제의 해결에 응용된 심리학《주로 의학적 심리학·산업 심리학·법률 심리학 등을 가리킴》.

응:용 프로그램(應用program)〖컴〗 특정 업무를 처리하기 위하여 사용자나 전문가가 만든 컴퓨터 프로그램. *시스템 프로그램.

응:용 화:학(應用化學)〖화〗 1 공업적 생산 과정 중의 화학적 방면을 연구하는 화학의 부문. 2 화학의 응용적 부문의 총칭《생물 화학·식품 화학·공업 화학 따위》.

응:원(應援)〖명〗〖하자〗 1 운동 경기 따위에서, 선수들의 힘을 북돋우는 일. ▢~ 연습 / ~을 보내다 / ~ 소리에 힘이 솟는다. 2 곁에서 돕거나 격려하는 일. ▢~을 청하다.

응:원-가(應援歌)〖명〗 운동 경기 따위에서, 선수들의 사기를 북돋워 주기 위하여 여럿이 부르는 노래.

응:원-단(應援團)〖명〗 운동 경기 따위에서, 자기편이 이기도록 응원하는 사람들의 무리.

응-응⌷〖감〗 계속 '응' 소리로 대답하는 소리. ▢~, 잘 알았어. ⌶〖부〗 어린아이가 응석을 부리며 잇따라 우는 모양. 또는 그 소리.

응:익-주의(應益主義)[-주-/-쮜-]〖명〗〖경〗 조세 부담을 공평하게 하기 위하여 과세의 기준을 각 개인이 국가 또는 지방 자치 단체로부터 받는 이익에 두어야 한다는 주장. ↔능力(應能)주의.

응:장-성식(凝粧盛飾)〖명〗〖하자〗 얼굴을 단장하고 옷을 잘 차려입음.

응:전(應戰)〖명〗〖하자〗 상대편의 공격에 맞서서 싸움. 또는 도전에 응하여 싸움. ▢적의 공격에 ~하다 / ~ 태세를 갖추다.

응:접(應接)〖명〗〖하타〗 1 손님을 맞이하여 접대함. 응대(應待). 2 사물에 접촉함.

응:접-세트(應接set)〖명〗 손님을 접대하는 데에 쓰는 탁자와 의자. ▢~를 들여놓다.

응:접-실(應接室)[-씰]〖명〗 손님을 맞이하여 접대하기 위하여 꾸며 놓은 방. 접빈실. ▢~을 꾸미다.

응:제(應製)〖명〗〖하타〗〖역〗 1 임금의 특명에 의하여 임시로 행하던 과거. 2 임금의 명령에 의해 시문을 짓던 일.

응:종(應從)〖명〗〖하자〗 명령이나 요구 따위에 응하여 그대로 따름. ▢명령에 ~하다.

응:종(應鐘)〖명〗 1〖악〗 전통 음악에서, 십이율(十二律) 가운데 열두째 음. 2 음력 시월의 딴 이름.

응:진(應眞)〖명〗〖불〗 아라한(阿羅漢).

응:집 (凝集)[명][하]자태] 1 한군데에 엉겨 뭉침. 응취(凝聚). ◨대중의 역량이 ~되다. 2[물] 유사한 요소로 된 집합체의 각 부분이 서로 모이려고 하는 성질. ◨수증기로 ~하여 물방울이 된다.

응:집-력 (凝集力)[-찜녁] 1 어떤 단체나 조직에 속하는 구성원을 통합하는 힘. ◨계급 간의 갈등이 국민 통합의 ~을 약화시킨다. 2[물] 같은 종류의 분자 간에 작용하여 고체나 액체 따위의 물체를 이루게 하는 인력.

응:집 반:응 (凝集反應)[-빠능][생] 세균이나 적혈구(赤血球)를 주사한 동물의 면역 혈청(免疫血淸)에 같은 종류의 세균이나 적혈구를 가할 때, 응집소(素)의 작용으로 말미암아 한데 응집하는 현상(혈액형의 결정이나 급성 전염병의 진단 따위에 씀).

응:집-소 (凝集素)[-쏘][명][생] 1 응집 반응을 일으키는 항체(抗體). 2 사람의 혈청 속에 있으며 같은 종류의 혈액 응집 반응의 경우 항체가 되는 물질.

응:집-원 (凝集原)[명][생] 1 응집 반응을 일으키는 항원(抗原). 2 사람의 적혈구 중에 있으며, 혈액의 응집 반응 때에 항원이 되는 물질.

응:징 (膺懲)[명][하]태] 1 잘못을 깨우쳐 뉘우치도록 징계함. ◨~을 가하다 / 반역자들을 ~하다. 2 적국을 정복함.

응:착 (凝着)[명][하]태][물] 종류가 다른 물질들이 맞닿았을 때 서로 달라붙는 현상(고체가 액체에 젖는 현상 따위).

응:찰 (應札)[명][하]자] 입찰에 참가함. ◨~ 가격 / 공사에 ~하다.

응:천-순인 (應天順人)[명][하]자] 하늘의 뜻에 순응하고 백성의 뜻을 따름.

응:체 (凝滯)[명][하]자] 내려가지 아니하고 막히거나 걸림.

응:체 (凝體)[명] 엉기어 굳은 물체.

응:축 (凝縮)[명][하]태] 1 한데 엉기어 굳어서 줄어듦. 2 내용의 핵심이 한곳에 집중되어 쌓임. ◨~된 단결력. 3[물] 기체가 액체로 변하는 일(포화 증기의 온도를 내리거나 일정하게 하고 이를 압축하면 증기의 일부가 액화하는 현상). ◨냉각기에서 ~된 수증기.

응:축-기 (凝縮器)[-끼][명][공] 수증기를 식혀서 물이 되게 하는 장치(증기 기관의 효율을 높이는 데 씀). 복수기.

응:축-열 (凝縮熱)[-출녈][명][물] 기체가 응축하여 액체가 될 때에 내는 열.

응:취 (凝聚)[명][하]태] 응집(凝集)1.

응:포 (應砲)[명][하]자] 상대편에 대응하여 대포를 쏨. 또는 그렇게 쏜 대포.

응:-하다 (應-)[자]여] 어떤 물음이나 요구, 필요에 맞추어 대답하거나 행동하다. ◨질문에 ~ / 마지못해 협상에 ~.

응:험 (應驗)[명][하]자] 드러난 징조가 맞음. 또는 그 징조.

응:혈 (凝血)[명][하]자] 몸 밖으로 나온 피가 공기와 접촉하여 엉기어 뭉침. 또는 그 피. ◨~이 풀리다.

응:혈 효:소 (凝血酵素)[생] 혈액 중의 피브리노겐(fibrinogen)을 피브린(fibrin)으로 바꾸어 혈액을 응고시키는 효소.

응:화 (應化)[명][하]태][불] 부처나 보살이 중생을 구제하기 위해 여러 모습으로 이 세상에 나타남. 응현(應現).

응:화 (應和)[명][하]태] 서로 대답함.

응:회 (凝灰)[명] 엉겨 굳어진 재.

응:회-석 (凝灰石)[명][지] 응회암.

응:회-암 (凝灰岩)[명][지] 화산이 분출할 때 나온 재나 모래 따위가 엉겨 굳어진 암석.

읊다 [타]〈옛〉읊다.

의¹ [명][언] 한글의 합성 모음 'ㅢ'의 이름.

의 (衣)[명] 1 '의복'의 준말. 2 '책의(冊衣)'의 준말.

의: (意)[명][불] 생각하는 모든 활동. 또는 정신의 본체.

의:(義)[명] 1 사람으로서 행하여야 할 바른 도리. ◨~를 행하다. 2 '도의(道義)'의 준말. 3 남과 맺은 혈연과 같은 관계. ◨형제의 ~를 맺다. 4 글자나 글의 뜻. 5 군신(君臣) 사이의 바른 도리. 6[지] 경서(經書)의 뜻을 해석시키던, 과거 시문(試問)의 하나.

의 (疑)[명][역] 경서 속의 의심나는 부분을 설명시키던, 과거 시문(試問)의 하나.

의: (誼)[명] 정의(情誼). ◨~가 좋다 / ~가 상하다 / 친구 사이에 ~가 나서 갈라지다.

의² [-/에][조] 체언 뒤에 붙어 앞의 체언을 관형어로 만드는 관형격 조사. 1 소유·소속을 나타냄. ◨나~ 책 / 아버지~ 구두. 2 때·장소·방향 등을 나타냄. ◨밤하늘~ 별 / 학교 앞~ 문방구 / 가을~ 산사. 3 특성·속성·형상 등을 나타냄. ◨평화~ 댐 / 미~ 제전 / 제왕~ 자리 / 예술~ 고장 / 한국~ 멋 / 산~ 높이. 4 수·양을 나타냄. ◨한 쌍~ 부부 / 한 톨~ 쌀. 5 정도를 나타냄. ◨지상 최대~ 작전 / 최고~ 기술. 6 행위·상태 따위를 나타냄. ◨근무 중~ 잡담 / 교통~ 무질서 / 거리 ~ 혼잡. 7 행위 주체를 나타냄. ◨우리~ 각오 / 어머니~ 손길. 8 전체와 부분의 관계, 범위·영역을 나타냄. ◨국민~ 한 사람 / 전체~ 일부분. 9 '(으)로서'에 붙어 자격 등을 나타냄. ◨사람으로서~ 도리. 10 근원·목적을 나타냄. ◨상사로부터~ 명령 / 성공으로~ 길. 11 재료·용도를 나타냄. ◨순금~ 보석 / 동물~ 먹이. 12 관계를 나타냄. ◨장군~ 아들. 13 '와 같은'의 뜻을 나타냄. ◨백조~ 꿈 / 철~ 장막. 14 '이라는'의 뜻으로 두 체언의 관계를 나타냄. ◨사람~ 탈 / 시간~ 세계. 15 뒤에 오는 동작·상태의 주체임을 나타냄. ◨나~ 원하는 바 / 사람~ 사는 목적.

의³ [조]〈옛〉에.

-의 [어미] '-으이'의 준말. ◨정말 좋~.

의가 (衣架)[명] 옷걸이.

의가 (醫家)[명] '의술가(醫術家)'의 준말.

의가-반낭 (衣架飯囊)[명] 옷걸이와 밥주머니란 뜻으로, 아무 쓸모없는 사람의 비유. 주대(酒袋)반낭.

의가사 제대 (依家事除隊)[군] 현역으로 복무 중인 사람이 가정 사정으로 인하여 예정보다 일찍 제대하는 일. *의병 제대.

의가-서 (醫家書)[명] 의서(醫書).

의:각 (義脚)[명] 의족.

의:거 (依據)[명][하]자태] 1 어떤 사실이나 원리에 근거함. ◨법령에 ~하여 처벌하다. 2 산수(山水)에 의지하여 웅거함. 3 어떤 힘을 빌려 의지함. 의빙(依憑). ◨폭력적 수단에 ~하여 일을 해결코자 한다.

의:거 (義擧)[명] 정의를 위하여 일으키는 의로운 일. ◨안중근 의사의 ~ / 독재에 항거하는 ~를 일으키다.

의건 (議件)[-껀][명] 1 의논할 안건. 2 의논하여 정한 안건.

의건모-하다 [자]여] 살아 나아갈 계획을 세우다.

의-걸이 (衣-)[명] '의걸이장'의 준말.

의걸이-장(衣-欌)명 위는 옷을 걸게 되고 아래는 반닫이로 된 장. 준의걸이.

의:견(意見)명 어떤 대상이나 일에 대한 생각. ▢~ 충돌 / ~이 분분하다 / 소수의 ~을 존중하다.

의-견사(擬絹絲)명 면화·아교·단백질 따위를 진한 수산화나트륨으로 처리하여 천연견사와 같은 광택이 나게 한 실. 실켓(silket).

의:견-서(意見書)명 어떤 의견을 기록한 글. 또는 그 문서.

의결(議決)명·하타 의논하여 결정함. 또는 그런 결정. ▢예산안을 ~하다 / 개정안이 ~되면 즉시 공포한다.

의결-권(議決權)[-꿘]명〖법〗1 회의에 참석하여 의결할 수 있는 권리. 2 의결 기관이 어떤 사항을 의결할 수 있는 권리.

의결 기관(議決機關)〖법〗국회·지방 의회·주주 총회 등과 같이 단체나 법인의 의사를 의결하기 위하여 설정한 합의 기관. 결의 기관. ↔집행 기관.

의:경(義警)명〖법〗'의무 경찰(義務警察)'의 준말.

의고(擬古)명·하타 1 옛것을 본뜸. 2 시가(詩歌)나 문장 따위를 옛 형식에 맞추어 지음.

의고-주의(擬古主義)[-/-이]명 예술 작품의 표현에서, 고전적 작품의 양식을 본뜨려는 주의. 고전주의.

의고-체(擬古體)명〖문〗옛 형식을 본뜬 표현이나 문체.

의공(蟻孔)명 개미구멍1.

의과(醫科)명 조선 때, 의술에 밝은 사람을 시험하여 뽑던 과거.

의과 대:학(醫科大學)[-꽈-]〖교〗의학을 배우고 연구하는 단과 대학.

의관(衣冠)명 1 옷과 갓. 남자가 정식으로 갖추어 입는 옷차림. ▢~을 정제하다 / ~을 갖추다 / ~이 남루하다. 2 문물이 열리고 예의가 바른 풍속. ――하다자여 의관을 갖추어 입다.

의관(醫官)명〖역〗조선 때, 내의원에 속하여 의술에 종사하던 관원.

의관(議官)명〖역〗조선 고종 때의 중추원의 한 벼슬.

의관-문물(衣冠文物)명 어떤 나라의 문화나 문물을 이르는 말.

의구(疑懼)명·하타 의심하고 두려워함. ▢~를 사다 / ~가 가시지 않다.

의구-심(疑懼心)명 의심하고 두려워하는 마음. ▢~이 들다 / ~을 낳다 / ~을 품다.

의구-하다(依舊-)형여 옛 모양과 다름없다. 옛날 그대로 변함이 없다. ▢강산은 의구한데 인걸은 간 곳 없네. **의구-히**부

의:군(義軍)명 의병(義兵).

의궤(儀軌)명〖역〗나라에서 큰일을 치를 때 후세에 참고하기 위하여 그 일의 전말·경과·경비 따위를 자세하게 기록한 책.

의귀(依歸)명·하자 귀의(歸依).

의:근(意根)명〖불〗육근(六根)의 하나. 온갖 마음의 작용을 이끌어 내는 근거.

의금(衣衾)명 옷과 이부자리.

의금(衣襟)명 옷깃.

의:금-부(義禁府)명〖역〗조선 때, 중죄인을 신문하는 일을 맡아보던 관아. 준금부(禁府).

의:금-사(義禁司)명〖역〗조선 고종 때, 의금부를 고쳐서 법무아문(法務衙門)에 속하게 한 관아(각 재판소의 상소(上訴)를 재판하였음).

의:기(意氣)명 무엇을 하고자 하는 적극적인

마음이나 장한 기개. ▢~가 드높다 / ~가 왕성하다.

의:기(義妓)명 의로운 일을 한 기생.

의:기(義氣)명 정의감에서 우러나오는 기개.

의:기(儀旗)명 의병의 군기(軍旗).

의:기-남아(義氣男兒)명 의기가 있는 남자.

의:기-상투(意氣相投)명·하자 의기투합.

의:기-소침(意氣銷沈)명·하형 기운을 잃고 풀이 죽음. 의기저상. ▢~하여 고개를 숙이다.

의:기-양양(意氣揚揚)뜻한 바를 이루어 만족한 마음이 얼굴에 나타난 모양. 득의양양. ▢~하게 귀국하다.

의:기-저상(意氣沮喪)명·하자 의기소침.

의:기-충천(意氣衝天)명·하형 뜻한 바를 이루어 만족한 마음이 하늘을 찌를 듯함. ▢우승 팀은 ~하여 환호했다.

의:기-투합(意氣投合)명·하자 마음이나 뜻이 서로 맞음. 의기상투. ▢그와 ~하여 기염을 토했다.

의:-남매(義男妹)명 1 의로 맺은 남매. 2 아버지나 어머니가 서로 다른 남매.

의낭(衣囊)명 호주머니.

의:녀(義女)명 의붓딸1.

의녀(醫女)명〖역〗조선 때, 간단한 의술을 익혀 내의원과 혜민서에서 심부름하던 여자.

의념(疑念)명 의심스러운 생각. ▢~을 품다.

의논(議論)명·하타 [←의론(議論)] 어떤 일에 대하여 서로 의견을 주고받음. ▢~ 상대 / 여행 계획을 친구들과 ~하다 / 그 일은 아직 ~된 바 없다.

[의논에 맞으면 부처도 앙군다] 여러 사람의 뜻이 합쳐지고 마음이 맞으면 무슨 일이라도 해낼 수 있다는 말.

의단(疑端)명 의심스러운 일의 실마리.

의:담(義膽)명 의로운 담력.

의당(宜當)부 마땅히. 으레. ▢잘못은 ~ 사과해야지. ――하다형여 마땅하다. 아주 당연하다. ▢자식이 부모님께 효도하는 것은 의당한 일이다. ――히부. ▢~ 내가 해야 할 일이다.

의당-당(宜當當)부 '의당'의 강조어.

의당-사(宜當事)명 1 마땅한 일. 2 예전에, 관아의 명령문 끝에 쓰던 문무로, '그대로 마땅히 실행하라'는 뜻.

의대(衣帶)명 옷과 띠라는 뜻으로, 갖추어 입는 옷차림의 일컬음. ▢~를 갖추다.

의대(衣襨)명 1 임금의 옷을 이르던 말. 주로, 겉에 입는 평복을 일컬음. 2 무당이 굿할 때 입는 옷.

의대(醫大)명〖교〗'의과 대학'의 준말.

의덕(宜德·懿德)명 아름다운 덕행.

의:덕(義德)명〖가〗사추덕(四樞德)의 하나. 정의를 이루려는 덕.

의:도(義徒)명 의(義)를 주장하는 무리. 의중(義衆).

의:도(意圖)명·하자타 무엇을 하고자 하는 마음속의 생각이나 계획. 또는 무엇을 하려고 꾀함. ▢정치적 ~ / 나쁜 ~가 있는 건 아니다 / 적의 ~를 간파하다 / ~한 대로 되다.

의:도-적(意圖的)관명 목적한 바를 이루려고 생각이나 계획을 품거나 꾀하는 (것). ▢~으로 접근하다 / ~인 도발 행위.

의량(衣糧)명 옷과 양식.

의:량(意量)명 생각과 도량.

의려(倚閭)명·하자 의문이망(倚門而望).

의려(疑慮)[명][하타] 의심하여 염려함.

의려지망(倚閭之望)[명] 자녀가 돌아오기를 초조하게 기다리는 어머니의 마음. 의려지정(倚閭之情). 의문이망(倚門而望).

의례(依例)[명][하자] '의전례(依前例)'의 준말.

의례(儀禮)[명] 형식과 절차를 갖춘 행사. 의식. 전례(典禮). ▣～ 준칙.

의례-건(依例件)[-껀][명] 전례나 관례에 비추어 있어 온 일. 웃어른을 찾아뵙는 것은 ～있는 일이다. ⒞예건(例件).

의례-적(儀禮的)[관][명] 1 의례에 알맞은 (것). ▣～ 행사. 2 형식이나 예의만 갖춘 (것). ▣～인 인사를 나누다.

의론(議論)[명][하타] 각자 의견을 주장하거나 논의함. 또는 그 의견이나 논의. ▣～이 자못 분분하다 / 두 가지 ～이 맞서다.

의：-롭다(義-)[-따][의로워, 의로우니][형타] 떳떳하고 울다. ▣의로운 죽음 / 의로운 일에 나서다. 의：-로이[부]

의롱(衣籠)[명] 옷을 담아 두는 농짝. 옷농.

의뢰(依賴)[명][하타] 1 남에게 의지함. 2 남에게 부탁함. ▣소송을 ～하다 / ～를 받다 / 협조를 보내다.

의뢰-서(依賴書)[명] 어떤 일을 남에게 부탁하는 내용을 적은 글.

의뢰-심(依賴心)[명] 남을 의지하고 믿는 마음. 의존심. ▣～을 버리다.

의뢰-인(依賴人)[명] 남에게 어떤 일을 맡긴 사람. ▣～에게서 사건을 수임한 변호사.

의료(衣料)[명] 옷감이나 옷의 총칭.

의료(醫療)[명] 의술로 병을 고치는 일. ▣～기구 / 기술의 발달 / 불법 ～ 행위.

의료(議了)[명][하자] 회의·의결 따위가 끝남.

의료-계(醫療界)[-/-게][명] 의료에 종사하는 사람들의 사회.

의료-기(醫療器)[명] 병을 치료하는 데 쓰는 기구. ▣최첨단 ～를 도입하다.

의료 기관(醫療機關)[명] 의료인이 공중(公衆) 또는 특정 다수인을 위하여 의료 행위를 하는 곳《병원·의원·보건소 따위》.

의료 기사(醫療技士)[《의》 소정의 면허를 받고 의사의 지시·감독을 받아 진료 또는 의화학적(醫化學的) 검사에 종사하는 사람《임상 병리사·방사선사·물리 치료사·치과 기공사 등》. 의료 보조원.

의료 법인(醫療法人)[《법》 의료법에 따라 의료업을 목적으로 설립된 법인.

의료 보：험(醫療保險)[《사》 상해나 질병에 대하여 의료의 보장 또는 의료비의 부담을 덜기 위한 목적으로 하는 사회 보험《수입에 따라 보험료를 치르고 질병·부상 따위의 치료를 받을 수 있는 제도》.

의료 보：호(醫療保護)[《사》 생활 보호 대상자에 대하여 의료를 보장하는 제도《비용은 의료 보호 기금에서 부담함》.

의료-비(醫療費)[명] 병을 치료하는 데 드는 돈.

의료 사：고(醫療事故)[《의》 주사·투약의 잘못이나 오진 등과 같이 의료인의 과실로 환자에게 상해나 사망 등의 사고를 일으키는 일.

의료-업(醫療業)[명] 의술로 병을 고치는 직업.

의료-인(醫療人)[명] 보건 복지부 장관의 면허를 받은 의사·한의사·치과 의사·조산사(助産師) 및 간호사의 일컬음.

의료-진(醫療陣)[명] 병원 등에서 환자 치료를 위해 구성된 사람들. ▣～을 파견하다 / 심장 질환 분야에서 최고의 ～을 자랑하다.

의류(衣類)[명] 옷 따위의 총칭. ▣여성 ～ 매장.

의：리(義理)[명] 1 사람으로서 지켜야 할 도리. ▣～를 모르다. 2 신의를 지켜야 할 교제상의 도리. ▣～의 사나이. 3 남남끼리 혈족과 같은 관계를 맺는 일.

의：리-부동(義理不同)[명][하형] 의리에 맞지 아니함. ▣～한 사람.

의：마-심원(意馬心猿)[《불》 생각은 말처럼 달리고 마음은 원숭이처럼 설렌다는 뜻으로, 번뇌와 정욕 때문에 산란한 마음을 억누를 수 없음을 비유한 말.

의마지재(倚馬之才)[명] 말에 잠깐 기대는 동안에 긴 문장을 짓는 글재주라는 뜻으로, 글을 빨리 잘 짓는 재주를 비유한 말.

의막(依幕)[명] 임시로 거처하게 된 곳.

의만(擬娩)[명][《사》 아내가 분만할 때, 남편도 진통·분만의 시늉을 하는 풍습.

의：망(意望)[명] 소망(所望).

의망(擬望)[명][하타] 《역》 삼망(三望)의 후보자로 추천하던 일.

의：매(義妹)[명] 1 의로 맺은 누이동생. 2 아버지나 어머니가 다른 누이동생.

의명(依命)[명][하자] 명령에 의거함.

의：모(義母)[명] 1 의붓어머니. 2 수양어머니. 3 의로 맺은 어머니.

의：무(義務)[명] 1 사람으로서 마땅히 하여야 할 일. 곧, 맡은 직분. ▣맡은 바 ～를 다하다. 2 《법》 법률로써 강제로 하게 하거나 하지 못하게 하는 일. ▣병역 ～를 마치다. ↔권리.　　　　　　　　　　　[업무.

의：무(醫務)[명] 의료에 관한 사무나 의사로서의

의：무-감(義務感)[명] 의무를 느끼는 마음. ▣～을 느끼다 / ～이 강하다.

의：무 경：찰(義務警察)[《법》 병역 의무 기간 동안 경찰 소속으로 전임(轉任)되어, 치안 업무의 보조를 임무로 하는 경찰《전투 경찰이나 일반 경찰에 소속됨》. ⒞의경.

의：무 교：육(義務敎育)[《교》 일정한 연령에 이른 아동을 교육법에 따라 의무적으로 받게 하는 보통 교육. 국민 교육.

의：무-적(義務的)[명] 마땅히 꼭 해야 하는 (것). ▣～으로 참석하다.

의：무-화(義務化)[명][하타] 하여야 하는 것으로 만듦. ▣안전띠 착용이 ～되다.

의문(疑問)[명][하타] 의심스럽게 생각함. 또는 그런 문제나 사실. ▣～을 품다.

의문(儀文)[명] 의식(儀式)의 표(標).

의문 대：명사(疑問代名詞)[《언》 의문의 뜻을 나타내는 대명사《누구·어디·무엇 따위》. 물음대이름씨.

의문-문(疑問文)[명] 《언》 질문을 하여 그 해답을 요구하는 문장.

의문-부(疑問符)[명] 《언》 물음표.

의문-스럽다(疑問-)[-따][-스러워, -스러우니][형타] 의문 나는 데가 있다. ▣그 말이 사실인지 ～. 의문-스레[부]

의문-시(疑問視)[명][하타] 의문스럽게 생각함. ▣그 말을 ～하는 사람들이 많.

의문이망(倚門而望)[명][하타] 어머니가 자식이 돌아오는 것을 마음을 졸이며 기다림. 의려(倚閭).

의문-점(疑問點)[-쩜][명] 의심이 나는 점. 의점. ▣몇 가지 ～을 지적하다 / 발표에도 불구하고 ～은 남아 있다 / 풀리지 않는 ～이 아직 많다.

의문-표(疑問標)[명] 《언》 물음표.

의뭉[명][하형] 겉으로는 어리석은 것처럼 보이면서 속은 엉큼함. ▣～을 떨다 / ～한 속셈을 드러내다.

의뭉-스럽다 [-따] [-스러워, -스러우니] [형][ㅂ] 의뭉한 데가 있다. ❑ 의뭉스러운 녀석. **의뭉-스레** [부]. ❑ ~ 시치미를 떼다.
의:미 (意味) [명][하타] **1** 말이나 글의 뜻. ❑ 문장의 ~ / 단어의 사전적 ~. **2** 행위나 현상이 지닌 뜻. ❑ ~ 있는 웃음. **3** 사물이나 현상의 가치. ❑ ~ 있는 삶을 살다.
의:미-론 (意味論) [명] 〖언〗 언어의 내용인 의미에 관하여 본질·기원·발전·변천 등을 연구하는 언어학의 한 부문. 의의학(意義學).
의:미-소 (意味素) [명] 〖언〗 의의소(意義素).
의:미심장-하다 (意味深長-) [형][여] 뜻이 매우 깊다. ❑ 의미심장한 한마디 / 의미심장한 표정을 짓다.
의미-하다 (依微-) [형][여] 아리송하고 어렴풋하다. ❑ 의미한 기억.
의:민 (義民) [명] 의로운 백성.
의발 (衣鉢) [명] 〖불〗 **1** 가사(袈裟)와 바리때. **2** 승려가 죽을 때 자신의 가사와 바리때를 후계자에게 전하던 일에서, 스승에게서 전하는 교법(敎法)이나 불교의 깊은 뜻을 이르는 말. ❑ ~을 전하다.
의발-각 (衣鉢閣) [명] 〖불〗 가사와 바리때를 넣어 두는 집. 바리때집.
의방 (依倣) [명][하타] 남의 것을 모방하여 본받음. 흉내 냄.
의범 (儀範) [명] 모범(模範)이 될 만한 예의범절.
의법 (依法) [명][하자] 법에 따름. ❑ ~ 처리하다.
의:병 (義兵) [명] 외적의 침입을 물리치기 위하여 백성들이 자발적으로 조직한 군대. 또는 그 군대의 병사. 의군(義軍). ❑ 각지에서 ~을 일으키다.
의병 (疑兵) [명] 적의 눈을 속이는 가짜 군사.
의:병-장 (義兵將) [명] 의병의 장수.
의병 제대 (依病除隊) 〖군〗 현역 군인이 업무 수행을 계속하기 어려운 병에 걸렸을 때, 예정보다 일찍 제대하는 일. *의가사 제대.
의복 (衣服) [명] 옷[1]. ❑ ~을 갈아입다 / ~을 손질하다. [준] 의(衣).
의복이 날개(라) [구] '옷이 날개라'와 같은 뜻.
의:복 (義服) [명] 상복을 입지 않아도 되는 사람이 의리로 입는 상복.
의복-가지 (衣服-) [-까-] [명] 옷가지. ❑ ~를 챙기다.
의복풍 (醫卜風) [명] 의술과 복서(卜筮)와 풍수.
의봉 (蟻封) [명] 개밋둑.
의부 (倚附·依附) [명][하타] 의지하여 좇음.
의:부 (義父) [명] **1** 의붓아버지. **2** 수양아버지. **3** 의리로 맺은 아버지.
의:부 (義婦) [명] 절개가 굳고 의로운 여자.
의부 (蟻附) [명][하자] **1** 개미 떼처럼 달라붙음. **2** 개미 떼처럼 한마음으로 장수에 복종함.
의:분 (義憤) [명] 불의를 보고 일으키는 분노. ❑ ~에 떨다 / ~을 느끼다 / ~을 참지 못하고 나서다.
의:분 (義奮) [명][하자] 의를 위해 분발함.
의:분-심 (義憤心) [명] 의분을 느끼는 마음.
의:불합-하다 (意不合-) [-하파-] [형][여] 뜻이 서로 맞지 않다.
의:붓-딸 [-붇-] [명] **1** 후실(後室)이나 첩이 데리고 들어온 전남편의 딸. 가봉녀. 의녀(義女). **2** 남편의 전처가 낳은 딸.
의:붓-아들 [-부다-] [명] **1** 후실이나 첩이 데리고 온 전남편의 아들. 가봉자. 의자(義子). **2** 남편의 전처가 낳은 아들.
의:붓-아버지 [-부다-] [명] 재혼한 어머니의 남편. 계부(繼父). 의부(義父).
의:붓-아비 [-부다-] [명] '의붓아버지'를 낮잡아 일컫는 말.
의:붓-어머니 [-부더-] [명] 아버지가 재혼하여 맞은 아내. 계모. 의모(義母).
의:붓-어미 [-부더-] [명] '의붓어머니'를 낮잡아 일컫는 말.
의붓어미 눈치 보듯 [구] 대하기 어려운 사람이나 무서운 사람의 눈치를 살피는 모양.
의:붓-자식 (-子息) [-붇짜-] [명] **1** 후실이나 첩이 데리고 온 자식. 계자(繼子). **2** 남편의 전처가 낳은 자식.
의빈 (儀賓) [명] 〖역〗 부마도위(駙馬都尉) 등과 같이 왕족의 신분이 아니면서 왕족과 통혼(通婚)한 사람의 통칭.
의빙 (依憑) [명][하자타] 의거(依據)3.
의빙 (疑氷) [명] 풀리지 않는 의심 덩어리.
의:사 (義士) [명] **1** 의리와 지조를 굳게 지키는 사람. 의인(義人). **2** 나라와 민족을 위하여 의로운 행동으로 목숨을 바친 사람. ❑ 안중근 ~.
의:사 (義死) [명][하자] 의를 위해 죽음.
의:사 (意思) [명] 무엇을 하고자 하는 생각. 뜻. ❑ 자유 ~에 맡기다 / ~ 전달이 잘되다 / 양보할 ~가 전혀 없다.
의사 (縊死) [명][하자] '액사(縊死)'의 본딧말.
의사 (擬死) [명] 〖동〗 동물이 외부의 갑작스러운 습격을 받거나 다른 것에 닿았을 때 움직이지 않고 죽은 체하는 일《곤충·뱀·조류·포유류 따위에서 볼 수 있음》.
의사 (醫師) [명] 의술과 약으로 병을 고치는 일을 직업으로 하는 사람. ❑ 외과 ~ / ~의 처방에 따르다.
의사 (議事) [명][하타] **1** 회의에서 어떤 일을 의논(議論)함. 또는 그 회의. ❑ ~ 공개의 원칙 / ~를 진행하다. **2** 회의에서 의논할 사항.
의:사 능력 (意思能力) [-녁] 〖법〗 자기 행위의 의미나 결과를 정상적으로 판단할 수 있는 정신적 능력.
의사-당 (議事堂) [명] 의원들이 모여 회의하는 건물. 주로 국회 의사당을 이름.
의사-록 (議事錄) [명] 회의의 경과나 의결 사항 따위를 기록한 문서.
의사 방해 (議事妨害) 〖정〗 의회에서 합법적 수단을 이용하거나 남용(濫用)해서 의사 진행을 계획적으로 방해하는 일.
의사-봉 (議事棒) [명] 국회 따위 의결 기관의 장이 개회·의안 상정·가결·부결·폐회 따위를 선언할 때 탁자를 두드리는 기구《대개 나무로 되어 있고 망치 모양과 비슷함》. 사회봉(司會棒). ❑ ~을 두드리다.
의:사-소통 (意思疏通) [명][하자] 가지고 있는 생각이나 뜻이 서로 막히지 않고 잘 통함. ❑ ~이 원활하다.
의사-일정 (議事日程) [-쩡] [명] 회의에서 의논할 사항을 미리 정해 놓은 차례. 의정(議程). ❑ ~대로 진행하다.
의:사-주의 (意思主義) [-/-이] [명] 〖법〗 의사 표시의 효력 및 해석을 그 사람의 마음속에 있는 의사에 의하여 결정하는 주의.
의사-증 (擬似症) [-쯩] [명] 〖의〗 진성(眞性)의 전염병과 비슷한 병 증세.
의사 콜레라 (擬似cholera) 〖의〗 콜레라균은 검출되지 않으나 콜레라와 비슷한 증상을 보이는 병. 가성 콜레라.
의:사 표시 (意思表示) 〖법〗 권리·의무에 관한 효과를 발생시킬 목적으로 자기 생각을

외부에 나타내는 행위(계약의 청약·해제나 유언 따위).

의사-하다 (擬似-) [형여] 실제와 비슷하다.

의산 (蟻酸) [명] 《화》 포름산(酸).

의살 (縊殺) [명][하타] '액살(縊殺)'의 본딧말.

의상 (衣裳) [명] 1 겉에 입는 옷. ⓒ민족 고유의 ~. 2 배우나 무용수들이 연기할 때 입는 옷. 3 여자들이 겉에 입는 저고리와 치마.

의:상 (意想) [명] 마음속에 지닌 뜻과 생각.

의상-실 (衣裳室) [명] 1 여자들의 정장을 맞추어 파는 옷가게. 양장점. 2 옷을 보관해 두거나 갈아입기 위해 마련한 방.

의생 (醫生) [명] 예전에, 한방 의술로 병을 고치는 것을 업으로 삼던 사람.

의-생활 (衣生活) [명] 옷과 관련된 생활.

의서 (醫書) [명] 의학에 관한 책. 의가서(醫家書). 의학서.

의석 (議席) [명] 1 회의하는 자리. 2 의회 따위에서 의원이 앉는 자리. ⓒ~이 비다 / 야당이 다수 ~을 차지하다.

의성 (擬聲) [명] 의음(擬音).

의성-법 (擬聲法) [-뻡] [명] 《언》 소리를 흉내 내는 방법. 성유법(聲喻法).

의성 부:사 (擬聲副詞) [명] 《언》 사물의 소리를 흉내 낸 부사('졸졸·땡땡땡·철썩철썩' 따위). ＊의태(擬態) 부사.

의성-어 (擬聲語) [명] 《언》 사물의 소리를 흉내 낸 말('탕탕·멍멍' 따위). 소리흉내말.

의세 (倚勢) [명][하자] 세력을 믿고 재거나 억지를 부림.

의속 (依屬) [명] 《논》 어떤 사물의 존재·성질·상태·가치 따위가 다른 것에 의해 규정되고 제약되는 관계.

의송 (議送) [명] 《역》 조선 때, 백성이 고을의 원에게 패소하고 관찰사에게 상소하던 일.

의수 (依數) [명][하타] 일정한 수(數)대로 함. 준수(準數).

의:수 (義手) [명] 손이 없는 사람을 위해 나무·고무·금속 따위로 만들어 붙인 손.

의:숙 (義塾) [명] 공익을 위해 의연금(義捐金)으로 세운 교육 기관.

의술 (醫術) [명] 병을 고치는 기술. 도규술(刀圭術). ⓒ~을 습득하다 / ~이 발달하다.

의술-가 (醫術家) [명] 의술이 있는 사람. ⓒ의가(醫家).

의시 (依施) [명][하타] 《역》 청원(請願)에 의해 임금이나 관청에서 허가하던 일. 준허(準許).

의시 (疑視) [명][하타] 의심하여 봄.

의식 (衣食) [명] 의복과 음식. 옷밥.
[의식이 풍족한 다음에야 예절을 차리게 된다] 살림이 넉넉하여야 예절을 차리고 인사를 차릴 수 있다는 말.

의:식 (意識) [명] 1 깨어 있는 상태에서 자기 자신이나 사물에 대하여 인식하는 작용. ⓒ~을 잃다 / ~이 돌아오다 / 기적적으로 ~을 찾다. 2 역사적·사회적으로 형성되는 사물이나 일에 대한 개인적·집단적 감정이나 견해나 사상. ⓒ올바른 ~ / 환경 문제에 대한 ~이 높아졌다. 3 《불》 의근(意根)에 기대어 대상을 인식·추리·추상(追想)하는 마음의 작용. 4 《철》 감각하거나 인식하는 정신 작용. —-하다 [-시카-] [타여] 자신의 언동이나 상태를 분명히 깨닫다. ⓒ남의 눈을 ~.

의식 (儀式) [명] 일정한 격식을 갖추어 치르는 행사나 예식. 식전(式典). 의전(儀典). ⓒ식.

의:식 구조 (意識構造) [-꾸-] 《심》 어떤 개인

이나 집단이 가진 의식의 계통이나 짜임새. ⓒ~를 개선하다 / ~가 바뀌다.

의:식 불명 (意識不明) [-뿔-] 의식을 잃은 상태. ⓒ~에 빠지다.

의:식 수준 (意識水準) [-쑤-] 어떤 대상에 대하여 생각하고 판단하는 능력의 정도. ⓒ~이 높다.

의:식 심리학 (意識心理學) [-씸니-] 《심》 주요 연구 대상을 의식으로 삼는 심리학. 내성(內省) 심리학.

의:식 일반 (意識一般) [명] 《철》 선험적 관념론에서, 객관적 인식 성립의 기초로서 상정(想定)되는 인식론적 주관. ＊선험적 관념론.

의:식-적 (意識的) [-쩍] [관형] 그런 줄 알면서 일부러 하는 (것). 고의적(故意的). ⓒ~(인) 행위. ↔무의식적.

의식주 (衣食住) [-쭈] 인간 생활의 세 가지 기본 요소인, 옷과 음식과 집.

의:식-화 (意識化) [-시콰] [명][하타] 어떤 대상에 대해 특정한 의식을 갖게 하는 일. 특히, 계급의식을 갖게 하는 데에 씀. ⓒ~ 교육 / 운동권을 통하여 ~된 학생.

의신-간 (疑信間) [명] 반은 믿고 반은 의심하는 처지. 의사간.

의:심 (義心) [명] 의로운 마음.

의심 (疑心) [명][하타] 확실히 알 수 없거나 믿지 못해 이상히 여기는 마음. ⓒ~을 풀다 / ~을 받다 / ~이 가다 / ~이 많다.

의심-꾸러기 (疑心-) [명] 의심이 많은 사람을 얕잡아 이르는 말.

의심-나다 (疑心-) [자] 의심하는 마음이 생기다. ⓒ의심나는 점이 한두 가지가 아니다.

의심-스럽다 (疑心-) [-따] [-스러워, -스러우니] [형타] 의심할 만한 데가 있다. ⓒ그의 말이 좀 ~. 의심-스레 [부]. ⓒ~ 쳐다보다.

의심-증 (疑心症) [-쯩] [명] 의증.

의심-쩍다 (疑心-) [-따] [형] 매우 의심스럽다.

의아-롭다 (疑訝-) [-따] [형] 의심스럽고 이상하다.

의아-스럽다 (疑訝-) [-따] [-스러워, -스러우니] [형타] 의아한 데가 있다. ⓒ의아스러운 표정을 짓다. 의아-스레 [부].

의아심 (疑訝心) [명] 의아하게 여기는 마음.

의:안 (義眼) [명] 유리·합성수지 따위로 만들어 박은 인공적인 눈.

의안 (疑案) [명] 의심스러운 사건이나 안건.

의안 (議案) [명] 회의에서 심의하고 토의할 안건. ⓒ~이 통과되다.

의약 (依約) [명][하자] 약조(約條)한 대로 함.

의약 (醫藥) [명] 1 병을 치료할 때에 쓰는 약품. 2 의술과 약제.

의약-복서 (醫藥卜筮) [-뽁써] [명] 의술과 점술(占術).

의약 분업 (醫藥分業) [-뿐넙] 의사와 약사의 업무를 따로 하는 제도《의사는 진찰과 처방, 약사는 조제와 투약만을 하도록 함》.

의-약품 (醫藥品) [명] 병을 치료하는 데에 쓰는 약품.

의양-단자 (衣樣單子) [-딴-] 신랑이나 신부가 입을 옷의 치수를 적은 단자.

의:업 (意業) [명] 《불》 삼업(三業)의 하나. 마음에서 비롯되는 모든 활동.

의업 (醫業) [명] 1 의술을 베푸는 직업. 2 《역》 고려 때 둔, 잡과(雜科)의 하나. 의술을 시험하였음.

의:역 (意譯) [명][하타] 개개의 단어·구절에 너무 얽매이지 않고, 전체의 뜻을 살리는 번역. ↔직역(直譯).

의:연 (義捐) [명][하타] 자선(慈善)이나 공익(公益)

을 위해 돈이나 물품을 냄.

의:연-금(義捐金)圀 자선이나 공익을 위해 내는 돈. 口수재 ~을 내다. ㉑연금(捐金).

의연-하다(依然-)圀 이전과 다름이 없다. 口이 책의 가치는 오늘날에도 여전히 ~. **의연-히**囝

의연-하다(毅然-)圀刨 의지가 굳세어 당당하다. 口의연한 태도 / 의연한 모습을 보이다. **의연-히**囝

의:열-하다(義烈-)圀刨 의로운 마음이 열렬하다. 방렬하다.

의-예과(醫豫科)[-꽈]圀 의과 대학에서, 예비 지식을 습득하기 위하여 설치한 2년 과정의 예과.

의옥(疑獄)圀 1 죄상이 뚜렷하지 아니하여 죄의 유무를 쉽게 판명하기 어려운 범죄 사건. 2 정치 문제로 다룰 만한 대규모의 증수회(贈收賄) 사건. 스캔들.

의:외(意外)圀 뜻밖. 생각 밖. 口~의 대답 / ~의 행운이 찾아오다.

의:외-로(意外-)囝 뜻밖에. 예상외로. 口~ 많은 사람들이 모여들었다 / ~ 좋은 결과를 낳다.

의:외-롭다(意外-)[-따][-로워, -로우니]圀刨 뜻밖이라는 느낌이 있다. 口사건의 진상은 너무나 의외로웠다. **의:외-로이**囝

의:욕(意慾)圀 1 무엇을 하고자 하는 적극적인 마음이나 욕망. 口~을 잃다 / ~이 넘치다. 2《철》선택한 하나의 목표에 의지가 적극적이고 능동적으로 움직이는 일. 3《심》의지(意志)2.

의:욕-적(意慾的)[-쩍]괜圀 무엇을 적극적으로 하고자 하는 (것). 口~으로 일하다.

의:용(義勇)圀 1 의를 위하여 일어나는 용기. 2 충의와 용기.

의용(儀容)圀 몸을 가지는 태도. 또는 차린 모습. 용의(容儀). 의표(儀表). 의형(儀形).

의:용-군(義勇軍)圀 전쟁·사변을 당해 민간인으로 조직한 군대. 또는 그런 군대의 군인. 口~에 나가다 / ~으로 지원하다.

의:용-병(義勇兵)圀 징병에 의하지 않고 스스로 지원한 군인.

의:용 소방대(義勇消防隊) 그 지역의 희망하는 주민으로 구성한 소방대(원칙적으로 비상근(非常勤)).

의운(疑雲)圀 의심스러운 사건을 비유적으로 일컫는 말.

의원(依願)圀하囝 원하는 바에 따름.

의원(醫員)圀 의사와 의생(醫生)의 총칭.

의원(醫院)圀 진료 시설을 갖추고 의사가 의료 행위를 하는 곳(병원보다 시설이 작음).

의원(議院)圀 국정을 심의하는 곳. 국회.

의원(議員)圀 국회나 지방 의회의 의결권을 가진 사람.

의원 내:각제(議院內閣制)[-쩨] 민주 국가의 주요 정부 형태의 하나. 국회의 신임을 정부 존립의 필수 조건으로 하는 정치 제도. 다수당을 중심으로 행정부가 구성됨. 내각 책임제.

의원 면:직(依願免職)《법》본인의 청원에 의하여 그 직에서 물러나게 함.

의원 총:회(議員總會) 국회의 한 정당 소속 의원들이 원내에서 여는 비공개회의. ㉑의총(議總).

의위(儀衛)圀 의식의 장엄을 더하기 위해 참렬시키는 호위병.

의:위-하다(依違-)圀刨 가부를 결정하지 못하고 우물쭈물하고 있다.

의:육(意育)圀 의지(意志)의 발달을 목적으로

하는 교육.

의윤(依允)圀하囝 상주(上奏)를 임금이 허락함. 口전일의 상소를 ~하다.

의율(擬律)圀하囝《법》법원이 법규를 구체적인 사건에 적용함. 조율(照律).

의율 징판(擬律懲判)《법》법규에 의하여 징벌을 결정함.

의음(擬音)圀 어떤 소리를 인공적으로 흉내내는 소리. 의성(擬聲).

의:의(意義)[-/-이]圀 1 말이나 글의 속뜻. 2 어떤 사실이나 행위 따위가 갖는 중요성이나 가치. 口~가 크다. 3《언》하나의 말이 가리키는 대상. 4《철》어떤 일이나 말·행위 따위가 현실에 구체적으로 연관되면서 가지는 가치 내용.

의의(疑義)[-/-이]圀 글 뜻 가운데 의심되는 부분.

의:의-소(意義素)[-/-이-]圀《언》단어에서 그 뜻의 관념을 나타내는 요소. 의미소.

의의-하다(依依-)[-/-이-]圀刨 1 부드럽고 약하다. 2 풀이 무성하여 싱싱하게 푸르다. 3 헤어지기가 서운하다. 4 기억이 어렴풋하다. **의의-히**[-/-이-]囝

의의-하다(猗猗-)[-/-이-]圀刨 1 아름답고 성하다. 2 바람 소리가 부드럽다. **의의-히**[-/-이-]囝

의:의-학(意義學)[-/-이-]圀《언》의미론(意味論).

의인(宜人)圀《역》조선 때, 정종(正從) 육품 문관의 아내에게 내리던 봉작(封爵).

의:인(義人)圀 의로운 사람. 의사(義士).

의인-화(擬人化)圀하囝 1 사람이 아닌 것을 사람에 비김. 2《법》자연인이 아닌 것에 법률상 인격을 부여함. 또는 그 인격.

의인-관(擬人觀)圀《철》비인격적 내지 초인격적 존재를 인격화하는 관념(신화·종교 등에서 볼 수 있음).

의인-법(擬人法)[-뻡]圀《문》사람이 아닌 것을 사람에 비겨 표현하는 수사법('슬피 우는 기적 소리' 따위). 활유법(活喩法).

의인-화(擬人化)圀하囝 사람이 아닌 것을 사람에 비겨 표현함. 인격화. 口사물의 ~ / 토끼와 거북을 ~한 동화 / 동물을 ~하여 인간 사회를 풍자하다.

의자(衣資)圀 1 옷감. 2 옷의 값.

의자(倚子)圀 앉을 때, 벽에 세워 놓고 등을 뒤로 기대는 기구.

의자(椅子)圀 사람이 걸터앉을 수 있게 만든 기구. 걸상. 교의(交椅). 口식탁 ~에 앉다.

의:자(義子)圀 1 의붓아들. 2 수양아들. 3 의로 맺은 아들.

의:자(意字)[-짜]圀《언》'표의 문자'의 준말.

의작(擬作)圀하囝 모방하여 만듦. 또는 그런 작품.

의잠(蟻蠶)圀 갓 부화한 누에. 애누에.

의장(衣欌)圀 옷을 넣는 장. 옷장.

의장(倚仗)圀하囝 의지하고 믿음.

의:장(意匠)圀 물품의 외관상의 미감(美感)을 주기 위해, 그 형상·맵시·색채 또는 그들의 결합 등을 연구하여 거기에 응용한 특수 고안. 미장.

의장(儀仗)圀《역》천자·왕공(王公) 등 지위가 높은 사람이 행차할 때 위엄을 보이기 위해 격식을 갖추어 세우는 무기나 물건.

의장(儀裝)圀 의식(儀式)을 행하는 장소의 장식이나 장치. 口~을 갖추다.

의장(艤裝)〖명〗〖하타〗 선박에 필요한 모든 선구(船具)나 기계를 장비해 출범 준비를 함.

의장(議長)〖명〗 1 의원을 통솔하고 의회를 대표하는 사람. ▣국회 ~을 선출하다. 2 회의를 주재하는 사람.

의장(議場)〖명〗 회의하는 장소. 회의장.

의:장-가(意匠家)〖명〗 의장을 잘하거나 업으로 하는 사람.

의:장-권(意匠權)[-꿘]〖명〗 산업 재산권의 하나. 의장에 관한 물품을 영업적으로 제작·사용·판매하는 독점적·배타적 권리《의장 등록에 의해 생김》. 의장 전용권.

의장-기(儀仗旗)〖역〗 나라 의식에 쓰인 기의 총칭《황룡기·백호기·청룡기 따위》.

의장-단(議長團)〖명〗 의장과 부의장.

의장-대(儀仗隊)〖군〗 국가 경축 행사나 외국 사절에 대한 환영·환송 따위의 의식을 위하여 특별히 조직·훈련된 군대.

의:장 등록(意匠登錄)[-녹]〖법〗 의장 고안자 또는 그 계승자의 청구에 의해 그 의장을 특허청이 공식적으로 문서에 기재하는 일《이에 따라 의장권이 생김》.

의장-병(儀仗兵)〖군〗 의장대에 속한 군인.

의:적(義賊)〖명〗 부정하게 모은 재물을 훔쳐다가 가난한 사람을 도와주는 의로운 도둑.

의전(衣廛)〖명〗 넝마전.

의:전(義戰)〖명〗 정의를 위한 전쟁.

의전(儀典)〖명〗 의식(儀式).

의전(醫專)〖명〗 '의학 전문학교'의 준말.

의-전례(依前例)[-녜-]〖명〗〖하자〗 전례에 의함. ⚱의례.

의:절(義絶)〖명〗〖하자〗 1 맺었던 의를 끊음. 2 친구나 골육·친척 간의 정을 끊음. 절의(絶義). ▣오랜 친구와 ~하다. 3 〖역〗 조선 때, 백성의 아내나 남편에게 패륜 행위가 있을 때에 법정에서 강제로 부부를 이혼시키던 제도. 4 아내가 죽은 뒤의 처족(妻族)과의 관계.

의절(儀節)〖명〗 예절.

의점(疑點)[-쩜]〖명〗 의문점.

의젓-이〖부〗 의젓하게. ⚱야젓이.

의젓-잖다[-전짠타]〖형〗 의젓하지 아니하다. ⚱야젓잖다.

의젓-하다[-저타]〖형여〗 말이나 행동이 점잖고 무게가 있다. ▣의젓한 인품 / 어린 나이에도 행동이 의젓했다. ⚱야젓하다.

의정(議定)〖명〗〖하타〗 논의하여 결정함. 또는 그 결정.

의정(議政)〖명〗 1 〖역〗 조선 때에 둔 영의정·좌의정·우의정의 총칭. 2 '의회 정치'의 준말. ▣~ 단상(壇上).

의정-부(議政府)〖역〗 조선 때, 행정부의 최고 기관. ⚱정부.

의정-서(議定書)〖명〗 1 외교적인 회의에서 의정한 사항을 기록한 국제 공문서. 2 나라를 대표하는 전권 위원 사이에 결정된 국제간의 공문서.

의정-안(議定案)〖명〗 회의에서 의정할 사항의 초안. 또는 그 안건.

의정 헌:법(議定憲法)[-뻡]〖법〗 협약 헌법.

의제(衣制)〖명〗 의복에 관한 제도.

의:제(義弟)〖명〗 1 의로 맺은 아우. 2 아버지나 어머니가 다른 아우. ↔의형.

의제(擬製)〖명〗〖법〗 성질이 전연 다른 것을 법률상 동일한 것으로 간주하여, 동일한 법률상의 효과를 주는 일. 민법에서 실종 선고를 받은 사람을 사망한 것으로 보는 따위.

의제(擬製)〖명〗〖하타〗 어느 물건을 본떠서 만듦. 또는 그 물건.

의제(議題)〖명〗 회의에서 의논할 문제. ▣~로 채택되다 / ~를 상정하다.

의제 자본(擬制資本)〖경〗 주식의 이율 따위에서 역산(逆算)하여 산정한, 현실로 투자한 것보다 높게 평가된 가공의 자본. 가장 자본.

의존(依存)〖명〗〖하자〗 다른 것에 의지하여 존재함. ▣원료를 외국에 ~하다 / 상상에 ~해 소설을 써 내려가다.

의존-도(依存度)〖명〗 의존하는 정도. ▣수입 상품에 대한 ~가 높다.

의존 명사(依存名詞)〖언〗 독립하지 못하고 수식어 밑에서 형식상으로만 쓰이는 명사《것·데·바·체·원·마리 따위》. 매인이름씨. 안옹근이름씨. 불완전 명사. 형식 명사. ↔자립(自立) 명사.

의존-심(依存心)〖명〗 의존하려는 마음. 의뢰심. ▣~을 버리다.

의존-적(依存的)〖관〗 무엇에 기대는 성질이 있는 (것). ▣~ 관계.

의존 형태소(依存形態素)〖언〗 다른 말에 의존하여 쓰이는 형태소《어간·어미·조사·접사 따위》. ↔자립(自立) 형태소.

의:-좋다(誼-)[-조타]〖형〗 정의(情誼)가 두텁다. ▣의좋은 부부 / 형제가 의좋게 지내다.

의주(儀註)〖역〗 나라의 전례(典禮)의 절차를 주해(註解)하여 적은 책.

의준(依準)〖명〗 1 일정한 기준에 근거함. 2 청원을 들어줌.

의준(依遵)〖명〗〖하타〗 전례에 따라 시행함.

의:-중(意中)〖명〗 마음속. ▣~을 헤아리다 / ~을 알 수 없다 / ~을 떠보다.

의:중(義衆)〖명〗 의도(義徒).

의:중-인(意中人)〖명〗 '의중지인'의 준말.

의:중지인(意中之人)〖명〗 마음속에 품고 있는 사람. ⚱의중인.

의증(疑症)[-쯩]〖명〗 의심이 많은 성질. 또는 그런 증세. 의심증.

의지〖명〗 관(棺) 대신 시체를 담는 기구.

의지(依支)〖명〗〖하자타〗 1 다른 것에 몸을 기댐. 또는 그 대상. ▣난간에 몸을 ~하다. 2 마음을 기대어 도움을 받음. 또는 그 대상. ▣아무 의지할 데 없이 살다 / 친구 하나만을 ~하고 살다.

의:지(意志)〖명〗 1 어떤 일을 이루려는 마음. ▣굳은 ~를 보이다 / ~가 강하다. 2 〖심〗 깊이 생각하고 선택·결심하여 실행하는 능력. 의욕. 3 〖윤〗 도덕적 행위의 근원이 되는 내적 욕구.

의:지(義肢)〖명〗 의수(義手)와 의족(義足).

의지가지-없다(依支-)[-업따]〖형〗 조금도 의지할 곳이 없다. 다른 방도가 없다. ▣의지가지없는 가련한 신세. **의지가지-없이** [-업씨]〖부〗

의지-간(倚支間)[-깐]〖명〗 집채의 처마 밑에 잇대어 지은 칸.

의:지-력(意志力)〖명〗 세운 뜻을 꿋꿋하게 지켜 나가는 힘. ▣~을 시험하다 / ~이 약하다.

의:지-박약(意志薄弱)〖명〗〖하타〗 의지력이 약하여 자제·인내·결행 따위를 못함.

의질(疑疾)〖명〗 전염이 우려되는 병.

의집(蟻集)〖명〗〖하자타〗 1 개미가 모임. 2 개미 떼같이 많이 모임.

의차(衣次)〖명〗 옷감.

의:창(義倉)〖명〗〖역〗 고려 때, 곡식을 저장했다가 흉년이나 비상 때 가난한 백성에게 대

여하던 기관.

의처(議處)[명][타] 의논하여 처리함.

의처-증(疑妻症)[-쯩][명]《심》아내의 행실을 공연히 의심하는 변태적 성격이나 병적 증세. ▣~에 걸리다.

의:체(義諦)[명] 사물의 근본 뜻이나 이유.

의:초(誼-)[명] **1** 동기간의 우애. ▣~가 좋다. **2** 부부 사이의 두터운 정.

의:초-롭다(誼-)[-따][-로워, -로우니][형][바] 화목하여 우애가 좋다. **의:초-로이**[부]

의촉(依囑)[명][타] 남에게 부탁함. 또는 남에게 의지함.

의:총(義塚)[명]《불》연고가 없는 사람의 시체를 묻은 무덤. **2** 의사(義士)의 무덤.

의총(疑塚)[명] 남이 파낼 염려가 있는 무덤을 보호하기 위해 그와 똑같이 만들어 놓은 여러 개의 무덤.

의총(議總)[명] '의원 총회(議員總會)'의 준말.

의:충(意衷)[명] 마음속에 품은 참뜻.

의:취(意趣)[명] 지취(志趣).

의:치(義齒)[명] 이가 빠진 자리에 만들어 박은 가짜 이. ▣~를 해 박다. ＊틀니.

의치(醫治)[명][타] 의술로 병을 고침.

의침(依枕)[명] 앉아 팔을 기대는 여러 가지 도구라는 뜻으로, 궤(几)를 달리 일컫는 말.

의타(依他)[명][자] 남에게 의지함. ↔배타.

의타-심(依他心)[명] 남에게 의지하려는 마음. ▣~이 생기다. ↔배타심.

의탁(依託·依托)[명][하][타] 어떤 것에 몸이나 마음을 의지하여 맡김. ▣~할 데 없는 노인들.

의태(擬態)[명] 어떤 모양이나 동작을 흉내 냄. 짓시늉.

의태-법(擬態法)[-뻽][명]《언》수사법 중에서 비유법의 일종. 사물의 모양이나 태도를 구체적으로 표현하는 방법(('엉금엉금 기다·바람이 솔솔 분다' 따위). 시자법(示姿法).

의태 부:사(擬態副詞)[명]《언》사람이나 사물의 모양이나 움직임을 흉내 내는 부사(('휘청휘청·데굴데굴·꾸벅꾸벅' 따위). ＊의성 부사.

의태-어(擬態語)[명]《언》사람이나 사물의 모양이나 움직임을 흉내 내어 만든 말(('슬금슬금·화끈화끈' 따위).

의:표(意表)[명] 생각 밖이나 예상 밖. ▣~를 찌르다.

의피(擬皮)[명] 인조 피혁(人造皮革).

의-하다(依-)[자] (주로 '의한·의하면·의하여'의 꼴로 쓰여) 무엇에 의거하거나 말미암다. ▣노력에 의한 대가 / 들리는 소문에 의하면 / 사정에 의하여 회의가 연기되나.

의-하다(疑-)[형] 생각이 똑똑하지 않다.

의학(醫學)[명] 인체의 구조와 기능을 조사하여 질병·상해의 치료와 예방에 관한 일을 연구하는 학문.

의학-계(醫學界)[-꼐 /-께][명] 의학에 종사하는 사람들의 사회.

의학-도(醫學徒)[-또][명] 의학을 전문적으로 연구하는 학생이나 학자.

의학 박사(醫學博士)[-빡싸][명] 의학을 전공하여 박사 학위 논문이 통과된 사람에게 주는 학위. 또는 그 학위를 받은 사람.

의학-부(醫學部)[명] 의학을 가르치는 대학의 한 학부. ▣대학에 ~를 신설하다.

의학-자(醫學者)[-짜][명] 의학을 전문적으로 연구하는 사람.

의학 전문학교(醫學專門學校)[-전-꾜] 예전에, 의학을 가르치던 전문학교. ⓒ의전.

의:합(意合)[명][하][형] **1** 뜻이나 마음이 서로 맞음. **2** 사이가 좋음.

의합-하다(宜合-)[-하파-][형] 적합하다.

의항(衣桁)[명] 횃대.

의:해(義解)[명] 글 뜻의 풀이.

의:행(義行)[명] 의로운 행위.

의향(衣香)[명] **1** 좀을 막기 위해 옷장이나 옷갈피에 넣어 두는 향. **2** 옷에서 나는 향내.

의:향(意向)[명] 무엇을 하려는 생각. ▣남편의 ~을 묻다 / 상대편의 ~을 타진하다.

의혁(擬革)[명] 인조 피혁.

의혁-지(擬革紙)[-찌][명] 가죽 비슷하게 만든 종이.

의현-하다(疑眩-)[형] 의심하여 마음이 어지럽다.

의:혈(義血)[명] 정의를 위해 흘린 피.

의혈(蟻穴)[명] 개미굴 1.

의:협(義俠)[명] **1** 강자를 누르고 약자를 도우려는 마음. **2** 체면을 중히 여기고 신의를 지키는 일.

의:협-심(義俠心)[-씸][명] 남의 어려움을 돕거나 억울함을 풀어 주기 위해 자신을 희생하는 의로운 마음. ▣~에 불타다 / ~이 강하다.

의:형(義兄)[명] **1** 의로 맺은 형. **2** 아버지나 어머니가 다른 형. ↔의제.

의형(儀形)[명] 의용(儀容).

의형-의제(宜兄宜弟)[-/-이-][명][하][형] 형제간에 우애가 좋음.

의:-형제(義兄弟)[명] **1** 의로 맺은 형제. ▣~를 맺다. **2** 아버지나 어머니가 다른 형제.

의혹(疑惑)[명][하][타] 의심하여 수상히 여김. 또는 그런 생각. ▣~을 품다 / ~을 사다 / ~에 싸이다 / 부당 이득을 챙겼다는 ~를 받다.

의혼(議婚)[명][하][자] 혼사를 의논함.

의-화학(醫化學)[명] 인체의 생리 현상을 화학적으로 연구하는 학문.

의회(議會)[명] **1** 국민이 선출한 의원에 의해 국민의 의사를 대변·결정하는 합의제의 기관(('지방 의회·국회 따위). **2** '국회'의 특칭.

의회 정치(議會政治)[명] 국가의 최고의 의사를 결정하는 정치(('정당 정치를 전제로 함). ⓒ의정(議政).

의회-제(議會制)[명] 의회가 국민의 의사를 대표하는 정치 제도.

의회-주의(議會主義)[-/-이][명] 국정의 최고 정책을 의회의 의결에 의해 결정해 나가는 의회 중심의 정치 방식.

의:흥-위(義興衛)[명]《역》조선 문종(文宗) 원년(1451)에 설치했던 오위(五衛) 가운데 하나인 중위(中衛)(('갑사(甲士)·보충대(補充隊)가 이에 속함).

의회-하다(依稀-)[-히-][형] **1** 거의 비슷하다. **2** 어렴풋하다. **의희-히**[-히-][부]

윗[조]〈옛〉에 있는.

윗-님[원-][명] '심마니'의 존칭.

윗-만[원-][명] '어른'의 심마니말.

이¹[명] 한글 자모 'ㅣ'의 이름.

이²[명] 사람이나 동물의 입 안에 나 있어 음식물을 씹는 역할을 하는 기관. ▣~가 나다. **2** 톱·톱니바퀴 따위의 뾰족뾰족 내민 부분. ▣~가 나가다 / ~가 맞물리다. **3** 사기그릇 따위의 아가리가 상해 잘게 이지러진 부분. **[이 없으면 잇몸으로 살지]** 요긴한 것이 없으면 안 될 것 같지만 없는 대로 그럭저럭 살아갈 수 있다는 말. **[이에 신물이 돈다]** 극도로 싫음을 느껴 두 번 다시 대하기도 싫을 정도로 지긋지긋함을 이르는 말.

이(가) 갈리다[관] 몹시 분하여 독한 마음이

생기다.

이(가) 빠지다 쿋 ㉠그릇의 가장자리나 칼날의 일부분이 떨어져 나가다. ㉡이 빠진 접시. ㉡갖추어져 있어야 할 것 가운데서 일부분이 빠져 온전하지 못하다.

이(를) 갈다 쿋 몹시 화가 나거나 분을 참지 못하여 독한 마음을 먹고 벼르다.

이를 악물다 쿋 고통이나 분노를 꾹 참거나 힘에 겨운 어려움을 헤쳐 나가려고 단단히 결심하다. ㉠이를 악물고 아픔을 참다.

이³〖충〗잇과의 곤충. 몸길이 1~4mm로 편평한 방추형이며 몸빛은 회백색. 사람의 몸에 기생하면서 피를 빨아 먹으며 발진티푸스·재귀열·참호열 등을 옮김.

[**이 잡듯 하다**] 샅샅이 뒤지어 찾다.

이(伊)圀 '이태리(伊太利)'의 준말.

이:(利)圀 1 이익이나 이득. ㉠~를 남기다 / ~가 되다. 2 변리(邊利).

이:(里)圀 지방 행정의 말단 구역의 하나. 자연 촌락을 기준으로 하여, 읍(邑)·면(面)에 속함(어말에 붙어 특정 동리의 이름을 나타낼 때에는 '리'로 씀).

이(理)圀 1 만물의 이치·원리·질서. 2 〖철〗동양 철학에서 우주의 본체.

이(頤)圀 '이괘(頤卦)'의 준말.

이(履)圀 '이괘(履卦)'의 준말.

이(離·离)圀 '이괘(離卦)'의 준말.

이(E, e)圀 영어의 다섯째 자모.

이⁴의 다른 말 뒤에 붙어 사람을 뜻함. ㉠저기에 서 있는 ~가 누구지.

이⁵윈댄 '이이'의 준말. 근짇댄 1 '이것'의 준말. ㉠~보다 좋은 물건은 없을 것이다. 2 이러한 형편. ㉠~에 그 정상을 참작하여. 근꽌 말하는 이에게 가까이 있거나 이야기한 대상을 가리킬 때 쓰는 말. ㉠~ 물건 / ~ 시간 / ~ 일.

이:(二·貳)윈숫 둘. 근꽌 두. ㉠~ 개월 / ~ 학년 / ~ 층.

이(釐·厘)쥼 십진급수의 단위의 하나. 분(分)의 10분의 1. 호(毫) 또는 모(毛)의 10배. 곧, 1의 100분의 1(숫자에 곁들여 쓸 때에는 '리'라고 함).

이⁶图 받침 있는 체언에 붙는 조사. 1 그 말을 주어가 되게 하는 주격 조사. ㉠산~ 높다 / 방~ 좁다 / 마당~ 넓다. 2 무엇이 변하여 그것으로 됨을 나타내는 보격 조사(그 뒤에는 반드시 '되다'가 따름). ㉠물이 얼면 얼음~ 된다. 3 그것이 아님을 나타내는 보격 조사(그 뒤에는 반드시 '아니다'가 따름). ㉠그것은 금(金)~ 아니다. ✻가³.

-이-囲 일부 용언의 어간에 붙어, 그것을 피동사나 사동사로 만드는 어간 형성 접미사. ㉠쓰~다 / 먹~다 / 높~다 / 죽~다 / 쌓~다. ✻-구-·-기-·-리-·-우-·-히-.

-이¹囲 1 형용사·동사의 어간에 붙어 그것들을 명사로 만드는 말. ㉠높~ / 먹~ / 벌~. 2 형용사의 어간에 붙어 부사로 만드는 말. ㉠많~ / 굳~. ✻-히. 3 첩어로 된 명사의 어근에 붙어 부사로 만드는 말. ㉠낱낱~ / 다달~ / 번번~. 4 발음 습관 또는 감정적 의미를 더하기 위하여 부사 뒤에 붙어, 같은 의미의 부사로 만드는 말. ㉠곰곰~ / 오똑~ / 일찍~ / 더욱~ / 생긋~. 5 '-하다'·'-거리다'가 붙는 어근에 붙어, 사람·동물·사물을 만드는 말. ㉠깔쭉~ / 홀쭉~ / 꿀꿀~ / 살살~. 6 받침 있는 사람의 이름 뒤에 덧붙여 어조를 고

르는 말. ㉠복순~ / 갑돌~.

-이²囲 받침 없는 형용사 및 일부 동사 어간에 붙어, 하게할 자리에 자기의 생각한 바를 말할 때에 쓰이는 종결 어미. ㉠과연 훌륭하~ / 노래를 정말 잘하~. ✻-으이·-네.

이:가¹(二價)[-까]圀 1〖화〗두 단위의 원자가. ㉠~ 알코올 / ~ 원소. 2〖수〗결정되는 값이 둘인 것. ✻일가(一價).

이:가²(二價)[-까]圀〖역〗조선 후기에, 세곡(稅穀)을 배로 나를 때 그 품삯의 명목으로 각 군(郡)에 덧붙여 받던 곡식.

이:가(俚歌)圀 항간(巷間)에 유행하는 속된 노래.

이:가(離家)圀하짜 1 집을 떠나 타향으로 감. 2 마을에서 외따로 떨어져 있는 집.

이:각(二刻)圀 한 시간을 넷으로 나눈 둘째 시각(30분).

이:각(耳殼)圀 귓바퀴.

이:각(離角)圀〖천〗천구상(天球上)에서, 한 천체 또는 정점(定點)에서 어느 천체까지 잰 각거리.

이:간(離間)圀하타 둘 사이를 헐뜯어 서로 멀어지게 함. ㉠친구 사이를 ~하다.

이간(을) 붙이다 쿋 중간에서 사이가 멀어지게 만들다.

이:간-질(離間-)圀하타 둘 사이를 갈라놓는 짓. ㉠~을 놓다 / 사람들을 ~하다.

이:간-책(離間策)圀 이간질을 하는 술책(術策). ㉠~을 쓰다〔꾀하다〕.

이-갈이圀 젖니가 빠지고 간니가 나는 일.

이감(移監)圀〖법〗한 교도소에서 다른 교도소로 수감자를 옮김. ㉠다른 교도소로 ~되다.

이:가-사(二甲絲)[-싸]圀 이겹사.

이:강(以降)圀 이후(以後).

이강-고(梨薑膏)圀 소주에 배즙·생강즙·꿀 따위를 넣고 중탕한 술.

이:강-웅예(二強雄蕊)圀〖식〗이생 웅예(離生雄蕊)의 하나. 네 개의 수술 가운데 둘은 길고 둘은 짧은 것(광대수염 따위).

이:-같이[-가치]囲 이와 같이. 이렇게. ㉠기쁜 일이 또 있을까 / 그는 ~ 말했다. 쨌요같이.

이:개(耳介)圀 귓바퀴.

이-개갑 개를 쫓을 때 지르는 소리.

이:객(異客)圀 타향살이하는 사람.

이거(移去)圀하짜 다른 곳으로 옮겨 감.

이거(移居)圀하짜 이주(移住).

이:거(離居)圀하짜 떨어져 따로 삶.

이-거짇댄윈댄 '이것'의 준말. ㉠~ 야단났구나 / ~면 충분하다. 쨌요거.

이거나囲 받침 있는 체언에 붙어, 사람·시간·장소·사물 등을 가리지 아니하는 뜻을 나타내는 접속 조사. ㉠금~ 은~ 다 귀중한 것이다. 쨌이건. ✻거나.

이건¹图 '이거나'의 준말. ㉠술~ 밥~. ✻건¹.

이-건²图 이것은. 쨌요건.

이-걸图 이것을.

이-걸-로图 이것으로.

이:검(利劍)圀 썩 잘 드는 검.

이-것[-걷]圀짇댄 가까운 자리에 있는 일이나 물건을 가리키거나 바로 앞에서 이야기한 대상을 가리키는 말. ㉠~은 책이다. 쨌이·이거. 윈댄 '이 사람'을 얕잡아 가리킬 때 일컫는 말. ㉠~들이 사람을 뭘로 보는 거야. 쨌요것. 쨌이거.

이것-저것[-걷쩌걷]圀 여러 가지의 것. ㉠~ 할 것 없이 다 못쓰겠다.

이-게 閨 이것이. ▣~ 뭐야.
이-격 (離隔) 圐하자타 사이가 벌어짐. 또는 사이를 벌려 놓음.
이-견 (異見) 圐 다른 의견. 이론(異論). ▣~을 내놓다 / ~을 제시하다.
이-결 (已決) 圐하자 이미 결정함. 기결(旣決).
이-겹-실 (二-)[-낄] 圐 두 올을 겹으로 꼰 실. 이겹사. 이합사. 쌍을실.
이-경 (二更) 圐 하룻밤을 오경으로 나눈 둘째 부분(오후 9시부터 11시까지). 을야.
이-경 (耳鏡) 圐의 귓속을 검사하는 데 쓰는 의료기의 하나. 귀거울.
이-경 (異境) 圐 1 타향. 2 타국.
이-경 (離京) 圐하자 서울을 떠남. 외국. 타국. ↔귀경(歸京).
이-계 (異系)[-/-계] 圐 계통이 서로 다름. 또는 서로 다른 계통.
이-계 교배 (異系交配)[-/-게-] 『생』 같은 종류이면서 계통이 다른 품종을 서로 교배시키는 일.
이-고 (離苦) 圐하자 『불』 번뇌나 고통에서 벗어나는 일.
이고 조 두 가지 이상의 사물을 아울러 설명할 때, 받침 있는 체언 뒤에 붙는 접속 조사. ▣사람~ 짐승~ 먹어야 산다. *고⁵.
이-골¹ 圐 『생』 치수(齒髓).
이-골² 圐 아주 길이 들어서 몸에 푹 밴 버릇. 이골(이) 나다 곾 어떤 방면에 길이 들어서 아주 익숙해지다. ▣밤샘에는 이골이 나서 이제는 견딜 만하다.
이-곳 [-곧] 団 여기 또는 바로 앞에서 이야기한 장소를 가리키는 지시 대명사. ~에서부터 갈림길이다 / ~은 공기가 아주 좋다.
이곳-저곳 [-곧쩌곧] 団 '여기저기'를 문어적으로 이르는 말. ▣온종일 ~을 돌아다니다.
이-공 (理工) 圐 이학과 공학.
이-과 (耳管)[-꽈] 圐의 귀에 생기는 병을 진찰하고 치료하는 의학의 한 분과.
이과 (梨果) 圐 『식』 장과(漿果)의 하나. 씨방은 응어리가 되고, 그 바깥쪽에 꽃턱이 변한 다육부(多肉部)가 둥글게 둘러싸고 있음(배·능금 따위).
이-과 (理科)[-꽈] 圐 자연 과학의 이론과 현상을 연구하는 학과(물리학·화학·생물학·천문학 따위). ↔문과.
이-과지사 (已過之事) 圐 이왕지사.
이-관 (耳管) 圐 『생』 유스타키오관(管).
이관 (移管) 圐하타 관할(管轄)을 옮김. 또는 옮겨 관할함. ▣관할 구역이 ~되다.
이괘 (離卦·离卦) 圐 『민』 1 팔괘의 하나. 상형은 '☲'으로 불을 상징함. 2 육십사괘의 하나. 상형은 '☲' 둘을 포갠 것으로, 밝음이 거듭됨을 상징함. 준이(離).
이:괘 (履卦) 圐 『민』 육십사괘의 하나. 건괘(乾卦)와 태괘(兌卦)가 거듭된 것. 준이(履).
이:괘 (頤卦) 圐 『민』 육십사괘의 하나. 간괘(艮卦)와 진괘(震卦)가 거듭된 것. 준이(頤).
이-괴 곱 고양이나 도둑을 쫓을 때에 지르는 소리.
이:교 (理敎) 圐 『불』 본체인 원리와 현상인 사실이 다른 것이 아니고, 차별의 사실 그대로가 곧 평등의 원리라고 이르는 가르침.
이:교 (異敎) 圐 1 이단의 가르침. 2 자기가 믿는 종교 이외의 종교. 3 『기』 기독교 이외의 종교.
이:교-도 (異敎徒) 圐 1 이교를 믿고 받드는 사람. 2 『기』 기독교 이외의 종교를 믿는 사람.
이-구 (耳垢) 圐 귀지.
이구 (泥丘) 圐 『지』 이화산(泥火山)에서 내뿜

어진 진흙이 분화구의 둘레에 원통 모양으로 쌓여서 된 언덕.
이-구 (異口) 圐 여러 사람의 입. 또는 여러 사람의 말.
이:구-동성 (異口同聲) 圐 여러 사람의 말이 한결같음. 이구동음. ▣~으로 칭찬하다.
이:구-동음 (異口同音) 圐 이구동성.
이:구-하다 (已久-) 혱여 이미 오래되다.
이국 (夷國) 圐 오랑캐 나라.
이:국 (理國) 圐하자 치국(治國).
이:국 (異國) 圐 인정·풍속 따위가 전혀 다른 남의 나라. 외국. 타국.
이:국-땅 (異國-) 圐 남의 나라 땅.
이:국-적 (異國的)[-쩍] 관圐 풍물이나 분위기 따위가 자기 나라와는 다른 (것). ▣~(인) 외모 / ~인 정취를 느끼다.
이:국-정조 (異國情調)[-쩡-] 圐 1 자기 나라와는 다른 독특한 분위기나 풍물. 2 이국취미.
이:국-정취 (異國情趣)[-쩡-] 圐 이국적인 풍물이나 기분. ▣~가 물씬 풍기다.
이:국-취미 (異國趣味) 圐 1 다른 나라의 풍물이나 제도를 즐기는 취미. 2 『문』 다른 나라의 풍물이나 정취를 그려 예술적 효과를 높이는 일. 이국정조.
이:국-편민 (利國便民) 圐하자 나라를 이롭게 하고 백성을 편안하게 함.
이:군 (二軍) 圐 스포츠 경기 특히 프로 야구에서, 보충 요원으로서 일군(一軍) 이외의 선수로 이루어진 팀.
이궁 (離宮) 圐 『역』 태자궁·세자궁의 총칭. 이궁(離宮).
이:궁 (離宮) 圐 1 이궁(离宮). 2 행궁(行宮).
이:궁-하다 (理窮-) 혱여 이치 또는 사리가 막혀 어찌할 도리가 없다.
이:권 (利權)[-꿘] 圐 이익을 얻을 수 있는 권리. ▣~ 운동에 개입하다 / ~ 다툼에 끼어들다.
이그러지다 자 ☞ 일그러지다.
이:극-두당 (履屐俱當)[-꾸-] 圐 맑은 날에는 신으로 쓰고, 궂은 날에는 나막신으로 쓴다는 뜻으로, 온갖 재주를 다 갖추어 못할 일이 없음을 비유한 말.
이:극 진공관 (二極眞空管)[-쩐-] 圐 『물』 음극에 연결한 필라멘트와 양극에 연결한 플레이트를 넣어서 만든 진공관(교류를 직류로 바꾸는 정류기나 검파기에 씀).
이-근 (耳根) 圐 귀뿌리.
이글 (eagle) 圐 골프에서, 홀의 기준 타수(打數)보다 2타 적은 타수로 공을 홀에 넣는 일. *버디·앨버트로스.
이글-거리다 자 1 불꽃이 어른어른하며 타오르다. ▣이글거리는 태양. 2 얼굴이 자꾸 붉어지거나 뜨거워지다. 3 정열·정기·분노 따위가 왕성하게 일어나다. ▣이글거리는 눈동자 / 가슴에서 분노가 이글거렸다. 이글-이글 [-글라-/-그리-] 圊하자 ▣숯불이 ~ 피어오르다.
이글-대다 자 이글거리다.
이글루 (igloo) 圐 1 얼음과 눈덩어리로 만든, 지붕이 둥근 에스키모 사람들의 집. 2 이글루형의 건물.
이:금 (利金) 圐 1 이익금. 2 변리(邊利).
이금 (弛禁) 圐하자 금령(禁令)을 늦춰 놓음.
이금 (泥金) 圐 금니(金泥).
이:금당 (已今當) 圐 『불』 과거·현재·미래의 통칭.

이금-에(而今-)[부] 이제 와서.
이금-이후(而今以後)[명][부] 지금부터 이후. 자금이후(自今以後).
이긔다[타] 〈옛〉이기다.
이:기(二氣)[명][철] 음양(陰陽)1.
이:기(二期)[명] 1 두 기간. 2 일 년을 두 기간으로 나누는 일. 또는 그 기간. ▷~에 나누어 세금을 내다. 3 봄·가을 일 년에 두 번.
이:기(利己)[명] 자기 이익만을 꾀함. ↔이타.
이:기(利器)[명] 1 썩 잘 드는 연모. 아주 날카로운 병기. ▷실제로 쓰기 편리한 기구. ▷문명의 ~. 3 쓸모 있는 재능. 4 마음대로 휘두를 수 있는 권력.
이:기(理氣)[명][철] 성리학에서, 우주를 이루는 근본의 이(理)인 태극과 그것으로부터 나온 음양의 기(氣)(본체의 이(理)와 현상의 기(氣)).
이기다[⌐][자][타] 1 무력을 가지고 싸워 적을 쳐부수다. ▷전쟁에 ~. 2 기량을 겨루어 상대를 꺾다. 승리하다. ▷예선에서 어려운 상대를 ~. ↔지다⁴. [⌐][타] 1 감정이나 욕망 따위를 억누르다. ▷유혹을 ~. 2 고통이나 고난 따위를 참고 견디어 내다. ▷역경을 이겨 내다. 3 몸을 가누거나 바로 하다. ▷술에 잔뜩 취해 제 몸을 이기지 못하다. ↔이기다².
〔이기는 것이 지는 것〕끝까지 버티는 것이 좋지 않으니 빨리 지는 척하고 그만두는 것이 상책이라는 말. 〔이기면 충신 지면 역적〕강한 자가 정의(正義)가 된다는 말.
이기다²[타] 1 흙·가루 따위에 물을 부어 반죽하다. ▷물에 이긴 진흙을 벽에 바르다. 2 칼따위로 잘게 썰어서 짓찧어 다지다. ▷마늘을 ~. 3 빨래 따위를 이리저리 뒤치며 두드리다.
이:기-설(利己說)[명] 자기의 이익과 쾌락을 위주로 하는 학설.
이:기-심(利己心)[명] 자기의 이익만을 꾀하고 남을 돌보지 아니하는 마음. 애기심(愛己心).
이:기-작(二期作)[명] 이모작(二毛作).
이:기-적(利己的)[관][명] 자기 이익만 꾀하는 (것). ▷~ 태도 / 인 성격.
이:기-주의(利己主義)[-/-이][명][윤] 자기의 이익을 꾀하고, 사회 일반의 이익은 염두에도 두지 않는 주의(내용적으로, 쾌락설과 개인적 공리설(功利說)의 두 가지가 있음). 개인주의. ↔이타주의.
이기죽-거리다[-꺼-][자] 자꾸 밉살스럽게 지껄이며 짓궂게 빈정거리다. ▷이기죽거리며 약을 올리다. 이기죽거리다. 준이죽거리다. 이기죽-이기죽[부][하자]
이기죽-대다[-때-][자] 이기죽거리다.
이:기-증(異嗜症)[-쯩][명] 〔의〕이미증(異味症).
이:기-한(利己漢)[명] 남달리 이기심이 강한 사람에 대한 낮춤말.
이-까지로[부] 겨우 이만한 정도로.
이-까짓[-진][관] 고작 이 정도밖에 안 되는. 겨우 이만한 정도의. ▷~ 상처쯤은 아무것도 아니다. 준이까짓.
이-깟[-깐][관] '이까짓'의 준말.
이끌다[이끌어, 이끄니, 이끄는][타] 1 목적하는 곳으로 따라오게 하다. ▷아이들을 이끌고 산책에 나서다. 2 약하거나 무지한 사람을 길잡아 주다. 3 관심이나 시선 따위를 쏠리게 하다. ▷그에게는 사람을 이끄는 매력이 있

다. 4 사람·사물·현상 따위를 인도하여 어떤 방향으로 나아가게 하다. ▷팀을 우승으로 ~.
이끌리다[자] ('이끌다'의 피동)이끎을 당하다. ▷엄마 손에 이끌려 병원에 갔다 / 알 수 는 음일). 도음(導音).
이:-끗(利-)[-끋][명] 재물의 이익이 되는 실마리. ▷~을 노리다 / ~에 밝다.
이끼¹[명] 〔식〕선류(蘚類)·태류(苔類)·지의류(地衣類)에 속하는 민꽃식물의 총칭(대체로 잎과 줄기의 구별이 분명하지 않고, 고목·바위나 습한 곳에 남). 선태. 태선.
이끼²[감] '이끼나'의 준말.
이끼-고사리[명] 〔식〕참고사릿과의 여러살이 상록 양치류. 뿌리와 줄기는 굳세고, 가늘게 째진 잎은 뭉쳐나며 길이는 약 40 cm. 산지에 남. 바위고사리.
이끼나[감] 갑자기 놀라 급히 뒤로 물러설 때 지르는 소리. 준이끼.
이나[조] 받침 있는 말에 붙는 보조사. 1 여럿을 나열하거나 비교하는 데 씀. ▷당신~ 나나 같은 평사원이다. 2 여러 사물 가운데서 가볍게 하나를 예로 들어 보이거나 선택하는 뜻을 나타냄. ▷다 그만두고 책~ 읽자. 3 강조하거나 조건을 붙이거나 양보하는 뜻을 나타냄. ▷네 일~ 제대로 해라. 4 수량이 예상되는 정도를 넘거나 많은 데에 이르렀음을 나타냄. ▷그는 무척~ 당당했다 / 벌써 다섯 명 ~ 애꿎게 희생되었다. 5 수량의 단위나 정도를 나타내는 말 뒤에 붙어, 많지는 않으나 어느 정도 됨을 나타냄. ▷밥술~ 먹고산다 / 돈푼~ 있다고 잰다. *나⁴.
-이나[回] 받침 있는 부사 뒤에 붙어, 새로운 부사를 만들거나 강조의 뜻을 나타냄. ▷가득 ~ 골치가 아픈데 / 그 일은 무척~ 힘들었다 / 바다만큼~ 넓더라. *나¹.
이-나마[부] 이것이나마. 이것이라도. ▷~ 있는 게 다행이다. 좐요나마.
이나마²[조] 받침 있는 체언에 붙어, 부족하나마 아쉬운 대로 함을 나타내는 보조사. ▷적은 것~ 받아 주십시오 / 조금~ 도움이 되기를 바란다 / 가난하거든 몸~ 성해야지. *나마.
이-날[명] 바로 오늘. 또는 바로 앞에서 이야기한 날. ▷기미년 3월 1일, 우리는 ~을 영원히 기릴 것이다. 좐요날.
이날 이때까지[관] '오늘에 이르기까지'의 강조어. ▷~ 고생만 시켰다. 좐요날 요때까지.
이:-남(以南)[명] 1 기준으로 삼는 곳에서부터 그 남쪽. 2 우리나라에서, 북위 38° 선 또는 휴전선 남쪽. 곧, 남한을 일컫는 말. ↔이북.
이남-박[명] 쌀 따위를 씻어 일 때 쓰는 함지박(안쪽을 이가 서게 여러 줄로 돌려 팠음).
이내¹[명] 해 질 무렵 멀리 보이는 푸르스름하고 흐릿한 기운. 남기(嵐氣).
이:-내(以内)[명] 공간·시간·수량 따위의 일정한 범위나 한도의 안(그 경계를 포함해서 말함). ▷한 시간 ~면 도착한다 / 3일 ~에 제출할 것. ↔이외(以外).
이-내²[명] '나의'의 힘줌말. ▷애타는 ~ 가슴 / 억울한 ~ 사정을 누가 알까.
이내³[부] 1 그때 곧. 지체함이 없이 바로. ▷눕더니 ~ 잠이 들다 / ~ 와야 해. 2 그때의 형편대로 계속. ▷헤어진 후 ~ 소식을 모른다. 3 가까이에 바로. ▷학교 앞은 ~ 차도라 위험했다.
이내-골(-骨)[명] 〈속〉후골(喉骨).

이-냥 (부) 이 모양대로. 이대로. ▢~ 살 수는 없다. ֎요냥.

이냥-저냥 (부) 이 모양 저 모양으로. 되어 가는 대로. ▢~ 살아간다. ֎요냥조냥.

이너 (inner) (명) 축구에서, 제1선의 다섯 사람 중 센터 포워드와 양쪽 윙 중간에 위치하는 공격수. ▢라이트 ~에 공을 패스하다.

이-네 (인대) 말하는 이에게 가까이 있거나 바로 앞에서 이야기한 사람들을 가리키는 말. ▢~ 들은 언제 오려나.

이:녀 (二女) (명) 둘째 딸. 또는 두 딸.

이-녁 (인대) 1 자기를 낮추는 말. ▢~ 사정도 좀 봐주오. 2 상대를 조금 낮추는 말. ▢ 대활 낮이.

이-년 (인대) 바로 앞에 있는 여자를 욕되게 이르는 말. ֎요년. *그년.

이:-년-생 (二年生) (명) 1 [식] 두해살이. 2 학교에서, 2학년이 된 학생. 3 식물·동물에서, 난 지 2년 되는 것.

이:-년생 식물 (二年生植物)[-싱-] [식] 두해살이식물.

이:-년생 초본 (二年生草本) [식] 두해살이풀.

이:-념 (理念) (명) 1 [철] 이성에서 얻은 모든 경험을 통제하는 최고의 개념. 이데아. 2 한 사회나 개인이 이상으로 여기는 생각이나 견해. ▢건국 ~ / ~ 간의 대립.

이녕 (泥濘) (명) 진창.

이노리-나무 (명) [식] 장미과의 낙엽 활엽 관목. 깊은 산 중턱의 양지바른 곳에서 자라며, 높이는 3~6 갈라짐. 봄에 흰색의 잔꽃이 가지 끝에 피고, 이과(梨果)는 가을에 붉게 익음(관상용으로 심음).

이노베이션 (innovation) (명) 기술 혁신(넓은 뜻으로는, 새 상품의 개발, 새로운 시장·자원의 개척, 새로운 경영 조직의 실시 등을 포함함).

이노신산 소다 (←inosinic酸 soda) [화] 독특한 감칠맛이 있는 무색 또는 백색의 결정임. 물에 잘 녹으며, 단독 또는 글루탐산나트륨과 섞어 조미료로 씀.

이-놈 (인대)(지대) 바로 앞에 있는 남자나 어떤 물건 따위를 얕잡아 욕되게 또는 귀엽게 이르는 말. ▢너 ~, 게 섰거라 / ~의 차가 또 고장 났네. ֎요놈.

이-농 (離農) (명) 농사짓는 일을 그만두고 농촌을 떠남. ▢~이 늘어나다 / ~ 현상이 두드러지다. ↔귀농(歸農).

이:-뇌 (貽惱) (명)(하자) 남에게 괴로움을 끼침.

이:-뇨 (利尿) (명)(하자) 오줌을 잘 나오게 함.

이:뇨-제 (利尿劑) (명) 오줌을 잘 나오게 하는 약제.

이:-능 (異能) (명) 특이하고 남다른 재능.

이니 (조) (주로 '-이니 -이니'의 꼴로 쓰여) 받침 있는 체언 뒤에 붙어, 둘 이상의 사물을 열거할 때에 쓰는 접속 조사. ▢밥~ 떡~ 다 있다. *니4.

이니셜 (initial) (명) 주로 알파벳의 표기에서, 고유 명사나 문장의 처음 글자에 쓰는 대문자. 또는 그 장식적 문자(특히, 성명의 첫 글자). 머리글자.

이닝 (inning) (명) 야구에서, 양 팀이 한 번의 공격과 한 번의 수비를 끝내는 동안(한 회(回)를 이르는 말). ▢라스트 ~.

이다1 (타) 1 머리 위에 이다. ▢함지를 이고 가다. 2 비유적으로, 머리 위쪽에 지니거나 두다. ▢흰 눈을 인 산.

이-다2 (타) 기와·볏짚·이엉 따위로 지붕 위를 덮다. ▢기와로 지붕을 ~.

이다3 (조) 체언에 붙어서 사물을 지정하는 뜻을

나타내는 서술격 조사. 용언처럼 활용을 하며, 받침 없는 말 뒤에서는 '이'가 생략되기도 함. ▢아메바는 생물~ / 이것은 책~ / 그는 유명한 학자다. *다4.

이다4 (조) (주로 '-이다 -이다'의 꼴로 쓰여) 둘 이상의 사물을 열거할 때에 쓰는 접속 조사. ▢떡~ 술~ 실컷 먹었다.

-이다 (미) 동작 또는 상태를 나타내는 어근 뒤에 붙어, 동사를 만드는 접미사. ▢끄덕~ / 출렁~ / 움직~ / 망설~ / 속삭~.

이-다음 (명) 뒤미처 오는 때나 자리. 이번의 다음. ▢~에 또 보자. ֎다음. ֍이담.

이-다지 (부) 이러한 정도로. 이렇게까지. ▢~ 힘들 줄이야. ֎요다지.

이다지-도 (부) '이다지'의 강조어. ▢왜 ~ 마음이 아플까. ֎요다지도.

이:-단 (異端) (명) 1 자기가 믿는 이외의 도(道). 2 옳지 않은 도. 3 전통이나 권위에 반항하는 주장이나 이론. 4 시류에 어긋나는 사상 및 학설. 5 [종] 자기가 믿는 종교의 교리에 어긋나는 이론이나 행동. 또는 그런 종교.

이:단-시 (異端視) (명)(하자) 어떤 사상·학설·종교 따위를 이단으로 봄. ▢학계에서 ~되고 있는 학설.

이:단-자 (異端者) (명) 1 이단(異端)의 종교·사상·학설 따위를 주장하거나 믿는 사람. 2 전통적·권위적·세속적인 상식에 반발하여 자기 개성을 강하게 주장하여 고립해 있는 사람. 아웃사이더(outsider).

이:단-적 (異端的) (관명) 1 전통이나 권위에 반항하는 (것). ▢~ 행위. 2 정통적 교의나 학설이 아닌 (것). ▢~ 교의.

이:단 평행봉 (二段平行棒) 여자 체조 경기 종목의 하나. 스윙(swing)을 손쉽게 할 수 있도록 두 개의 가로대를 하나는 높게(230cm) 다른 하나는 낮게(150cm) 설치함. 고저(高低) 평행봉. 이중 평행봉.

이-달 (명) 1 이번 달. 금월(今月). ▢~의 인물. 2 바로 앞에서 이야기한 달.

이-담 (명) '이다음'의 준말. ֎요담.

이:담-제 (利膽劑) (명) [약] 쓸개즙의 분비와 배출을 촉진하는 약제. 쓸개약.

이당 (飴餹) (명) 엿.

이:-당 (離黨) (명)(하자) 탈당.

이:당-류 (二糖類)[-뉴-] (명) [화] 당류의 하나. 가수 분해에 의하여 한 분자에서 두 분자의 단당류(單糖類)를 만드는 탄수화물.

이-대1 (명) [식] 볏과의 대나무. 해안 지대에 남. 높이 2~5m이며 잎은 어긋남. 여름에 가지 끝에 꽃이 피고 열매는 영과(穎果)로 가을에 익음. 줄기는 바구니·조리 따위를 만들고 죽순과 열매는 식용함. 설대.

이대2 (명) 〈옛〉 장대. 좋게.

이-대로 (부) 1 변함없이 이 모양으로. ▢~ 놓아두었다가는 큰일 나겠다. 2 이것과 똑같이. ▢~ 만들어 보아라. ֎요대로.

이데아 (이 idea) (명) 이념1.

이데올로기 (독 Ideologie) (명) 어떤 사회 집단의 사상·행동을 근본적으로 제약하거나 이끄는 관념이나 믿음의 체계.

이:도 (吏道) (명) 1 관리로서 마땅히 지켜야 할 도리. 2 이두(吏讀).

이:도 (利刀) (명) 날이 날카롭고 썩 잘 드는 칼.

이:도 (異道) (명) 1 서로 다른 길. 2 서로 같지 않은 방법. 3 주장이 다른 학설.

이:도-선 (耳道腺) (명) [생] 외이도(外耳道) 내

면의 피부에 분포되어 있는 분비샘의 하나.

이돌라 (라 idola) 몡〖철〗 올바른 인식을 가로막는 고정 관념(우상(偶像)이라는 뜻으로 철학자 베이컨이 쓴 말).

이:동 (以東) 몡 어떤 지점을 기준으로 하여 그 동쪽. ↔이서(以西).

이:동 (異同) 몡 **1** 다른 것과 같은 것. **2** 서로 같지 않음.

이:동 (異動) 몡 전임이나 퇴직 따위로 말미암은 지위나 직책의 변동. 🗋 직장 내의 인사 ~.

이동 (移動) 몡핸자타 움직여서 옮김. 또는 움직여서 자리를 바꿈. 🗋 철새의 ~ / 시내로 ~하는 군중 / 병력을 ~시키다.

이동 대:사 (移動大使) 순회 대사.

이동—도서관 (移動圖書館) 몡 순회도서관.

이동 무:대 (移動舞臺) 무대의 양쪽에 다음 장면의 무대를 만들어 놓고, 바퀴 장치로 이동하게 하는 무대 장치.

이동 방:송 (移動放送) 라디오·텔레비전의 중계에서, 송신 장비를 갖춘 중계차로 취재 현장을 옮겨 다니면서 하는 방송.

이동 병:원 (移動病院)〖군〗 시급(時急)을 요하는 환자를 돌보기 위하여 설비와 장비를 갖추고 현지로 출장 이동하면서 치료하는 일종의 야전 병원.

이동성 고기압 (移動性高氣壓)[-쎙-] 봄과 가을에 해륙의 온도 차가 적기 때문에 일정한 위치에 있지 않고 이동하거나, 또는 겨울에 대륙의 고기압이 약해져서 몇 개의 독립된 작은 고기압으로 갈라져 서쪽에서 동쪽으로 이동하는 고기압.

이동 세:포 (移動細胞)〖생〗동물의 몸 안에서 자유로이 운동할 수 있는 세포(백혈구(白血球)·림프구 따위).

이동—식 (移動式) 몡 이동할 수 있게 된 방식. ↔고정식.

이동 전:화 (移動電話) 이동하면서 통화할 수 있는 무선 전화(휴대 전화 따위).

이동 촬영 (移動撮影) 영화 촬영상의 한 기교. 이동차·크레인 따위로 카메라를 움직여 가면서 촬영하는 일.

이동 취:락 (移動聚落)〖지〗유목민이나 화전민들처럼 물·목초·화전 따위를 찾아 이동하는 취락.

이:동—치마 (二—) 몡 연의 한 가지. 아래위 양쪽으로 두 가지 빛으로 만든 연.

이동 통신 (移動通信) 자동차·열차 따위의 이동체와 일반 전화 사이의 통신이나 이동체 사이의 통신.

이동—판 (移動瓣) 몡 기계가 도는 대로 위치가 바뀌는 벨브(valve).

이:두 (吏讀·吏頭) 몡 삼국 시대부터 한자(漢字)의 음과 뜻을 빌려 우리말을 적던 표기법. 이도(吏道). 이서(吏書), 이토(吏吐).

이:두 (李杜) 몡 이백(李白)과 두보(杜甫)를 아울러 이르는 말.

이두 (蝸頭) 몡 **1** 이수(蝸首). **2**〖건〗이무깃돌.

이:두—고근 (二頭股筋) 몡〖생〗대퇴 이두근.

이:두 문학 (吏讀文學)〖문〗이두로 쓰여진 우리나라의 고전 문학(향가가 대표적임).

이:두—박근 (二頭膊筋)[-끈] 몡〖생〗상완 이두근.

이:두—정치 (二頭政治) 몡 양두(兩頭) 정치.

이:둔 (利鈍) 몡핸형 **1** 날카로움과 무딤. **2** 영리함과 어리석음. 예둔(銳鈍).

이드 (라 id) 몡 정신 분석학 용어로, 인간 정신

의 밑바닥에 있는 본능적 에너지의 원천(쾌락을 추구하며 쾌락 원칙에 지배됨).

이드거니 핸형 시간이 좀 오래面서 분량이 넉넉하게. 🗋 너무 가물어서 비가 ~ 와야겠는걸.

이드르르 핸형 번들번들 윤기가 돌고 부드러운 모양. ⓐ야드르르. ⓔ이드를.

이드를 핸형 '이드르르'의 준말. ⓐ야드를.

이:득 (利得) 몡 이익을 얻음. 또는 그 이익. 🗋 주식 투자로 큰 ~을 보았다. ↔손실.

이든¹ 몡〖옛〗착한. 좋은.

이든² 조 '이라든'의 준말. 🗋 칼~ 총~ / 오늘~ 내일~ 너 좋을 때 와라. *든.

이든지 조 받침 있는 체언이나 부사어 뒤에 붙어, 무엇이나 가리지 않는 뜻을 나타내는 보조사. 🗋 무엇~ 원하시는 것을 드리겠습니다. ⓔ이든. *든지.

이들—이들 [-러-/-드러-] 핸형 매우 이드르르한 모양. ⓐ야들야들.

이듬 몡핸타 논밭을 두 번째 매거나 가는 일. 이듬매기.

이듬—달 [-딸] 몡 바로 그 다음 달. 익월(翌月).

이듬—매기 몡 이듬.

이듬—해 몡 바로 그 다음의 해. 익년(翌年).

이듭 몡 마소의 두 살. 두습.

이:등 (二等) 몡 둘째 등급.

이:등 (異等) 몡핸형 남달리 재능이 뛰어남.

이:등 도:로 (二等道路) 예전에, '지방도(地方道)'를 일컫던 말.

이:—등변 (二等邊) 몡 두 변의 길이가 같음. 또는 그 두 변.

이:등변 삼각형 (二等邊三角形)[-가켱]〖수〗두 변의 길이가 서로 같은 삼각형.

이:등—병 (二等兵) 몡〖군〗국군의 사병 계급의 하나로 가장 아래의 계급. ⓔ이병.

이:—등분 (二等分) 몡핸타 둘로 똑같이 나눔. 🗋 ~된 선분 / 이익을 ~하다.

이:등분—선 (二等分線)〖수〗선분이나 각 따위를 이등분하는 선.

이디피에스 (EDPS) 몡〔electronic data processing system〕전자 정보 처리 시스템(컴퓨터에 의해 사무·관리 따위의 데이터 처리를 하는 시스템).

이따 핸 '이따가'의 준말. 🗋 조금 ~ 갈게 / ~ 다시 얘기하자.

이따가 핸 조금 지난 뒤에. 🗋 ~ 따로 만나자 / 조금 ~ 전화할게. ⓔ이따.

이따금 핸 조금씩 있다가. 가끔. 때때로. 왕왕. 🗋 친구에게서 ~ 편지가 온다 / ~ 그녀 생각이 혼이 나야 해.

이—따위 지대관 '이런 것들'·'이러한 종류'를 얕잡아 일컫는 말. 🗋 무슨 일을 ~로 해 / ~ 놈들은 혼이 나야 해. ⓔ요따위.

이—때 핸 바로 지금의 때. 또는 바로 앞에서 이야기한 때. 🗋 기회는 ~다 / 전화벨이 울린 것은 바로 ~였다 / 그를 본 것은 ~가 처음이었다.

이때—껏 [-껃] 핸 지금에 이르기까지. 여태까지. 🗋 ~ 나만 아무것도 모르고 있었다.

이—똥 몡 이의 안팎에 누렇게 낀 곱 모양의 버캐. 치석(齒石).

이라 조 **1** '이라고'의 준말. 🗋 사람~ 하는 동물. **2** '이라서'의 준말. 🗋 힘드는 일~ 못 시키겠다. *라².

이라고 조 받침 있는 체언에 붙어, 그 사물을 특별히 지적해서 가리키는 보조사. 🗋 이것도 옷~ 샀니. ⓔ이라. *라고.

이라는 조 '이라고 하는'의 준말로, 받침 있는

체언에 붙어, 어떤 사실의 인용을 나타내는 말. 〔신한국 창조의 한 역군(役軍)~ 자부심을 가지다. 〔⑧이란. *라는.

이라도 〔조〕 받침 있는 말에 붙는 보조사. **1** 강조하는 뜻으로 쓰는 말. 〔작은 보탬~ 되었으면 좋겠다. **2** 같지 않은 사물을 구태여 구별하지 않음을 나타내는 말. 〔무엇~ 먹을 것을 좀 주시오 / 아이들~ 보내시오. *라도.

이라든지 〔조〕 받침 있는 체언에 붙어, 여러 가지 사물을 나열할 때 쓰는 보조사. 〔물~ 물~ 모두 생활에 필요한 것이다. *라든지.

이라서 〔조〕 받침 있는 체언에 붙어 주격 조사 '이'의 뜻으로, '감히'·'능히'의 뜻을 포함하는 주격 조사. 〔어린 사람~ 못 할 일은 아니다. ⑧이라. *라서.

이라야 〔조〕 받침 있는 체언에 붙어, 그것이 꼭 필요함을 나타내는 보조사. 〔꼭 그 사람~ 할 수 있다. *라야.

이라야만 〔조〕 '이라야'를 힘주어 일컫는 말. 〔새것~ 좋은 것은 아니다. *라야만.

이라와 〈옛〉 보다.

이:락(二樂) 〔명〕 위로 하늘과 아래로 사람에게 부끄러워할 것이 없는 군자의 둘째가는 즐거움. *삼락(三樂).

이:락(利落) 〔명〕〔경〕 **1** '이락 가격'의 준말. **2** '이자락(利子落)'의 준말. ↔이부(利付).

이:락 가격(利落價格)〔─까─〕〔경〕 이자가 지급된 후의 채권으로 가치가 낮아진 때의 가격. ⑧이락(利落).

이란 〔조〕 **1** 받침 있는 체언 뒤에 붙어, 어떤 대상을 특별히 집어서 강조할 때에 쓰는 조사. 〔사람~ 겉모양만 보고는 알 수 없다. **2** '이라는'의 준말. 〔'인생은 일장춘몽'~ 말이 있다. *란'.

이:란격석(以卵擊石)〔─썩〕〔명〕 달걀로 돌을 친다는 뜻으로, 아주 약한 것으로 강한 것을 당해 내려는 어리석음의 비유.

이:란성 쌍생아(二卵性雙生兒)〔─썽─〕 두 개의 난자가 따로따로 두 개의 정자에 의해 수정하여 동시에 태아가 되어 발육한 쌍생아. *일란성(一卵性) 쌍생아.

이랑' 〔명〕 **1** 한 두둑과 한 고랑을 합해 이르는 말. 〔~을 짓다. **2** 의존 명사적 용법으로 이랑의 수를 세는 단위. 〔다섯 ~.

이랑² 〔조〕 받침 있는 체언에 붙어, 두 개 이상의 사물을 같은 자격으로 열거할 때 쓰는 접속 조사. 〔떡~ 과일~ 많이 먹었다. *랑.

이랑 재:배(─栽培) 이랑을 만들어 곡식을 가꾸는 일. 또는 그 방식.

이랑-지다 〔자〕 호수나 바다 표면이 밭이랑처럼 물결이 지다. 〔이랑지는 파도가 밀려오다.

이:래(以來) 〔의명〕 어느 일정한 때로부터 지금까지. 또는 그 뒤. 〔유사 ~ / 건국 ~ / 팀 창단 ~ 첫 우승이다.

이래(移來) 〔명〕〔하다〕 옮겨 옴.

이래(邇來·邇來) 〔명〕 가까운 요마적. 근년.

이래 〔준〕 **1** 이리하여. 〔~ 보면 잘 보인다 / ~ 봐야 소용없다. **2** 이리하여. 〔형편이 ~ 가지고는 안 되겠다. ⑧요래.

이래도 〔준〕 **1** 이리하여도. 〔과연 ~ 되는 걸까 / 네가 ~ 항복하지 않을 테냐. **2** 이리하여도. 〔~ 한세상 저래도 한세상. ⑧요래도.

이래라-저래라 〔준〕 이리하여라 저리하여라. 〔~ 참견이 심하다. ⑧요래라조래라.

이래서 〔준〕 **1** 이리하여서. 〔~ 그는 무사하였다. **2** 이리하여서. 〔사정이 ~ 나는 못 간다. ⑧요래서.

이래서-야 〔준〕 이리하여서야. 이리하여서야. 〔

늘 ~ 쓰겠나. ⑧요래서야.

이래야 〔준〕 이리하여야. 이리하여야. 〔곡속이 풀리겠니 / 사람은 ~ 한다. ⑧요래야.

이래-저래 〔부〕 이러하고 저러한 모양으로. 또는 이러저런 이유로. 〔~ 고민이 많다 / ~ 돈 들어갈 데가 많다 / ~ 시간만 보냈다. ⑧요래조래.

이랬다-저랬다 〔─랟따─랟따〕〔준〕 이리하였다 저리하였다. 〔~ 변덕이 심하다 / ~ 하여 혼란스럽다. ⑧요랬다조랬다.

이랴 〔감〕 말이나 소를 몰 때 내는 소리.

이러 〔감〕 말이나 소를 몰거나 끌어당길 때 내는 소리.

이러고 〔준〕 이러하고. 〔~ 10년을 지냈다. ⑧요러고.

이러고-저러고 〔준〕 이러하고 저러하고. 〔~ 따질 일이 아니다.

이러구러 〔부〕 **1** 우연히 이러하게 되어. 〔~ 여기에 눌러 살게 되었다. **2** 세월이 이럭저럭 지나가는 모양. 〔고향을 떠난 지 ~ 10년이 지나갔다.

이러나 〔준〕 **1** 이러하나. 〔지금은 ~ 앞으로는 달라질 것이다 / 용모는 ~ 성격은 좋다. **2** 이렇게 하나. 〔자네, 자꾸 왜 ~. ⑧요러나.

이러나-저러나 〔준〕 **1** 이러하나 저러하나. 〔~ 큰일을 치루구나. **2** 이렇게 하나 저렇게 하나. 〔~ 어차피 시간이 모자라다. ⑧요러나조러나.

이러니 〔준〕 **1** 이러하니. 〔형편이 ~ 이해해 주게. **2** 이렇게 하니. 〔자꾸 ~ 야단맞지. ⑧요러니.

이러니까 〔준〕 **1** 이러하니까. 〔성적이 ~ 야단맞지. **2** 이렇게 하니까. 〔네가 ~ 동생도 따라 하잖아.

이러니-저러니 〔준〕 이러하다느니 저러하다느니. 〔~ 잔소리가 많다 / ~ 해도 밥이 최고다. ⑧요러니조러니.

이러다 〔준〕 이렇게 하다. 〔~ 지각하겠다. ⑧요러다.

이러다가 〔준〕 이렇게 하다가. 〔~ 다치겠다.

이러루-하다 〔형〕 정도나 형편 따위가 대개 이러하다. 〔내가 가지고 있는 것은 대개 ~. *그러루하다.

이러면 〔준〕 **1** 이러하면. 〔성적이 ~ 곤란한데. **2** 이렇게 하면. 〔자꾸 ~ 안 돼. ⑧요러면.

이러이러-하다 〔형여〕 이러하고 이러하다. 여차여차하다. 〔~ 이러이러한 사람을 찾습니다. ⑧요러요러하다.

이러잖아도〔─잔─〕〔준〕 **1** 이러하지 아니하여도. **2** 이렇게 하지 아니하여도. 〔모양이 ~ 괜찮다.

이러저러-하다 〔형여〕 이러하고 저러하다. 〔이러저러한 사정으로 회사를 그만두다. ⑧요러조러하다.

이러쿵-저러쿵 〔부하자〕 이러하다는 둥 저러하다는 둥 말을 늘어놓는 모양. 〔그녀에 대해 ~ 말들이 많다. ⑧요러쿵조러쿵.

이러-하다 〔형여〕 **1** 이와 같다. 〔그의 대답은 이러하였다 / 사회란 이러한 것이나. **2** 이런 모양으로 되어 있다. 〔이러한 인상착의의 남자. ⑧요러하다. ⑧이렇다. **이러-히** 〔부〕

이러한-즉 〔부〕 이와 같은 즉. 〔형편이 ~ 이해를 해 주게. ⑧이런즉.

이럭-저럭 〔─쩌─〕〔부하자〕 **1** 정한 방법 없이 이러하게 또는 저러하게. 〔~ 겨우 졸업하다. **2** 어찌 되어 가는지 모르게. 되어 가는 대로.

❏~ 살다. **3** 하는 일 없이 어름어름하는 가운데 어느덧. ❏~ 5년의 세월이 흘렀다. [작]요럭조럭.
이런¹ [관] '이러한'의 준말. ❏~ 말을 믿으라니. [작]요런.
이런² [감] 뜻밖에 일이 일어났을 때 놀라서 내는 소리. ❏~, 내 정신 좀 봐. [작]요런.
이런-고로 (-故-) [부] 이러한 까닭으로. 이러므로. ❏~ 항상 주의하여야 한다.
이런-대로 [부] '이러한 대로'의 준말. ❏~ 지낼 만합니다 / ~ 만족하며 산다. [작]요런대로.
이런도로 [부] 〈옛〉 이러므로.
이런-즉 [부] '이러한즉'의 준말. ❏내 사정이 ~ 마냥 머물러 있을 수 없다. [작]요런즉. * 그런즉.
이럴씨 [부] 〈옛〉 이러므로.
이럼¹ [명] 〈옛〉 이랑.
이럼² [준] 이러면. ❏자꾸 ~ 못써. [작]요럼.
이렁성-저렁성 [부하자형] 이런 모양 저런 모양으로 대중이 없이. ❏나는 ~ 빈둥거리며 올해 겨울을 보냈다.
이렁-저렁 [부하자] 이럭저럭. ❏여름철도 ~ 다 넘겼다. [작]요렁조렁.
이렇게 [-러케] [부] '이러하게'의 준말. ❏~ 해 보아라 / 교정은 ~ 봐야 한다. [작]요렇게.
이렇다 [-러타] 〔이러니, 이래서〕 [형ㅎ] '이러하다'의 준말. ❏~ 할 곤란은 없다 / 내용은 ~ / 네가 나에게 이럴 수가 있니. [작]요렇다.
이렇듯 [-러듣] [부] **1** '이러하듯'의 준말. ❏내가 ~ 너도 이러하여야 한다. **2** 이렇게도 몹시. ❏~ 너를 기다렸는데 / ~ 좋은 일이 또 있을까. [작]요렇듯.
이렇듯-이 [-러트시] [부] '이러하듯이'의 준말. ❏~ 어려운 문제는 처음 봤다. [작]요렇듯이.
이렇지 [-러치] [一][감] '이와 같이 틀림없다'는 뜻으로 내는 소리. ❏~, 내가 짐작한 대로야 / ~, 그리 될 줄 알았어. [二][준] 이러하지. ❏예전에는 ~ 않았다. [작]요렇지.
이레 [명] **1** '이렛날'의 준말. **2** 일곱 날. 칠일. ❏그 일을 끝내는 데 ~나 걸렸다.
이렛-날 [-렌-] [명] **1** 일곱째의 날. **2** 초이렛날. [준]이레.
이렛-동풍 (-東風) [-레똥-/-렌똥-] [명] 이레 동안이나 두고 오래 부는 높새바람.
이:력 (二力) [명] 〔역〕 군사를 뽑는 시험에서, 군사의 힘을 구분하는 둘째의 등급. 50근 무게의 물건을 두 손에 하나씩 들고 130 보를 가던 일. *역(力).
이:력 (履歷) [명] **1** 지금까지 거쳐 온 학업·직업 등의 내력. ❏~을 쌓다 / ~이 화려하다 / 남의 ~을 들추다. **2** 많이 겪어 보아서 얻게 된 슬기. ❏~이 나다 / ~이 붙다.
이:력-서 (履歷書) [-써] [명] 이력을 적은 문서(文書). ❏~를 내다.
이:령 (二齡) [명] 누에가 첫잠을 잔 후 두 잠을 잘 때까지의 동안.
이령수 [명하자] 〔민〕 신에게 비손할 때 말로 고함. 또는 그런 일.
이:령-잠 (二齡蠶) [명] 첫잠을 자고 난 때부터 두잠을 자기까지의 누에.
이:례 (異例) [명] 보통 있는 일이 아닌 특이한 예. ❏~의 승진 / ~를 보여 주다.
이:례-적 (異例的) [관명] 보통 있는 일이 아닌 특이한 (것). ❏~ 조치 / ~(인) 현상.
이로 (泥路) [명] 진흙 길. 진창길.
이:로 (理路) [명] 이야기·글 따위의 조리(條理). ❏~가 정연하다.
이:로-동귀 (異路同歸) [명] 길은 각각 다르나 도착지는 같다는 뜻으로, 방법은 다르지만 결과는 같음을 이르는 말.
이록 (移錄) [명하타] 옮기어 적음.
이:론 (異論) [명] 다른 이론(理論)이나 의견. 이의(異議). ❏~의 여지가 없다.
이:론 (理論) [명] **1** 사물의 이치나 지식 따위를 해명하기 위하여 논리적으로 정연하게 일반화한 명제의 체계. ❏문학 ~ / ~을 전개하다. **2** 〔철〕 실증성이 희박한, 순 관념적으로 세워진 논리. ❏실천이 따르지 않는 ~. ↔실천.
이:론-가 (理論家) [명] **1** 이론에 밝고 능한 사람. ❏정부 안의 대표적인 경제 ~로 꼽히다. **2** 이론만 알고 실제 문제에는 어두운 사람. ❏탁상공론에 빠진 ~.
이:론 경제학 (理論經濟學) 〔경〕 경제 현상과 경제 조직의 일반적인 법칙을 이론적으로 연구하는 경제학의 한 분야. 순수 경제학. ↔응용 경제학.
이:론-과학 (理論科學) [명] 실제적인 응용 방면보다 순수한 지식의 원리를 중시하여 연구함을 목적으로 하는 과학. ↔응용과학.
이:론 물리학 (理論物理學) 실험이나 관측을 통해 얻은 사실과 법칙을 토대로 보편적인 가설이나 이론 체계를 세우는 것을 목적으로 하는 물리학의 한 분야. ↔응용 물리학.
이:론 이:성 (理論理性) 〔철〕 칸트 철학에서, 이성의 이론적 측면, 곧 인식을 주로 하는 능력이나 생각.
이:론-적 (理論的) [관명] 이론에 바탕을 둔 (것). ❏~ 근거. ↔실천적(實踐的).
이:론 철학 (理論哲學) 〔철〕 이론적 문제를 대상으로 하는 철학의 한 부문(《존재론·논리학·인식론 따위가 있음》). ↔실천 철학.
이:론 투쟁 (理論鬪爭) 사회 운동에서, 실천적 투쟁 이외에 이론에 의하여 남을 굴복시키려는 투쟁.
이:론-화 (理論化) [명하자타] 법칙을 찾고 체계를 세워 이론이 되게 함. ❏~된 체계.
이:론 화:학 (理論化學) 〔화〕 물리 화학. ↔응용 화학.
이롭 [명] 말이나 소의 일곱 살.
이:-롭다 (利-) [-따] 〔이로워, 이로우니〕 [형ㅂ] 이익이 있다. 유리하다. ❏흡연은 건강에 이로울 것이 없다. **이:-로이** [부]
이:롱 (耳聾) [명] 귀가 먹어 들리지 않음.
이:롱-증 (耳聾症) [-쯩] [명] 〔한의〕 소리를 듣지 못하는 병.
이룡 (驪龍) [명] 몸 빛깔이 검은 용. 흑룡.
이:루 (二壘) [명] **1** 야구에서, 투수의 후방, 일루와 삼루 사이의 베이스. **2** '이루수'의 준말.
이:루 (耳漏) [명] 〔의〕 귓속에서 고름이 나오는 병(病).
이루 [부] **1** 있는 것을 모두. ❏한이 없는 사랑 어찌 ~ 말하랴. **2** (주로 뒤에 부정어와 함께 쓰여) 여간해서는 도저히. ❏글로는 ~ 다 표현할 수 없다.
이루다 [타] **1** 어떤 상태나 결과가 되게 하다. ❏조화를 ~ / 문전성시를 ~ / 잠 못 이루는 밤 / 장관을 ~. **2** 목적을 성취하다. ❏뜻을 ~ / 소원을 ~. **3** 구성하다. ❏주성분을 ~.
이:루-수 (二壘手) [명] 야구에서, 이루를 지키는 선수. [준]이루.
이루어-지다 [자] **1** 어떠한 상태나 결과가 되다. ❏합의가 ~ / 논의가 ~. **2** 뜻대로 되다. 성사되다. ❏혼담이 ~ / 소원이 ~. **3** 구성되다. ❏분자로 ~.

이:루-타 (二壘打) 🔲 야구에서, 타자가 이루까지 나갈 수 있게 친 안타.

이룩-되다 [-뙤-] 🔳 바라거나 뜻하던 큰일이나 성과가 이루어지다. 🔲통일이 이룩되기를 간절히 바라다.

이룩-하다 [-루카-] 🔳 1 목적하던 큰일이나 성과를 이루다. 🔲100 호 홈런의 큰 목표를 ~ / 고도 경제 성장을 ~. 2 나라·도읍·집 따위를 새로 세우다. 🔲통일 국가를 ~.

이:류 (二流) 🔲 질·정도·지위 따위가 일류만 못하고 그에 버금가는 정도. 또는 그런 것. 🔲~ 호텔 / ~ 극장.

이:류 (泥流) 🔲 〖지〗 화산의 폭발이나 산사태 때, 산허리에서 흘러내리는 진흙의 흐름.

이:류 (異流) 🔲 한 가지가 아닌 다른 무리. 함께 섞일 수 없는 무리.

이:류 (異類) 🔲 서로 다른 종류나 종족.

이류 (移流) 🔲 대기가 수평으로 움직이는 흐름. 수평류 (水平流).

이류-개념 (異類槪念) 🔲 〖논〗괴리개념.

이류 안:개 (移流-) 따뜻하고 습한 공기가 차가운 표면 위를 수평 방향으로 흐를 때, 밑에서부터 식어서 생기는 안개.

이:-륙 (離陸) 🔲🔳🔳 비행기 따위가 날기 위하여 땅에서 떠오름 (↔착륙 (着陸)).

이:륙 활주 (離陸滑走) [-류콸쭈] 비행기가 이륙하기 위해 활주하는 동작.

이:-륜 (耳輪) 🔲 귓바퀴.

이륜 (彛倫) 🔲 떳떳이 지켜야 할 사람의 도리. 인륜 (人倫).

이:-륜-차 (二輪車) 🔲 바퀴가 둘 있는 차 《자전거·오토바이 따위》.

이르다¹ [이르러, 이르니] 🔳 1 어떤 장소나 시간에 닿다. 🔲목적지에 ~ / 우리는 자정에 이르러서야 숙소에 도착했다. ↔떠나다. 2 어떤 정도나 범위에 미치다. 🔲결론에 ~ / 위험한 지경에 ~ / 완숙의 단계에 ~.

이르다² [일러, 이르니] 🔳🔳 1 어떤 사물을 보고 무엇이라 말하다. 🔲이것을 새우라고 이른다. 2 미리 알려 주다. 🔲출발 시간을 일러 주다. 🔲알아듣게 깨닫게 말하다. 🔲잘 알아듣도록 ~. 4 고자질하다. 🔲친구가 거짓말한 것을 선생님께 일렀다. 5 책에 쓰여 있거나 예부터 말하다. 🔲속담에 이르기를 열 길 물속은 알아도 한 길 사람 속은 모른다고 했다.

이를 데〔것〕 없다 🔳 이루 다 말할 수 없다. 🔲미안하기 ~ / 기쁘기 이를 데 없는 소식.

이르다³ [일러, 이르니] 🔳 대중이나 기준을 잡은 때보다 빠르거나 앞서다. 🔲이른 아침 / 생각보다 이르게 도착하다. ↔늦다. 🔲일다.

이르집다 [-따] 🔳 1 여러 겹으로 된 물건을 뜯어내다. 🔲호미로 흙을 ~. 2 껍질을 뜯어 벗기다. 🔲밤껍질을 ~. 3 없는 일을 만들어 말썽을 일으키다. 🔲전에 했던 실수를 ~. 4 오래전의 일을 들추어내다.

이른-모 🔲 일찍이 심는 모. 조앙 (早秧).

이른-바 🔳 사람들이 흔히 말하는 바. 소위 (所謂). 🔲이것이 ~ 민주주의다.

이른봄-애호랑이 (-虎狼-) 🔲 〖충〗호랑나빗과의 나비. 편 날개의 길이는 6cm 정도이며 노랑 바탕에 검은빛의 넓은 띠가 있고, 날개 꼬리는 깂. 수컷은 배에 털이 많고 암컷은 적갈색의 부속기 (附屬器)가 있음. 한국 특산종임. 애호랑나비.

이를-지 (-至) [-찌] 🔲 한자 부수 (部首)의 하나 《'致'·'臺' 따위에서 '至'의 이름》.

이를-터이면 🔳 '이를테면'의 본딧말.

이를-테면 🔳 '가령 말하자면'의 뜻의 부사. 🔲고해 (苦海)는 ~ 인생의 괴로움을 비유한 말이다.

이름 🔲 1 사람의 성 뒤에 붙여 다른 사람과 구별하는 명칭. 🔲~을 부르다 / ~을 짓다. 2 개념을 대표하고, 그 사물과 딴 사물과를 구별하기 위한 칭호. 🔲꽃의 ~ / 검둥이라고 ~을 붙이다. 3 개개의 단체 등을 가리키는 칭호. 🔲회사의 ~. 4 평판. 명성. 🔲~이 높다 / ~을 날리다. 5 명예. 🔲~을 더럽히다 / ~을 손상시키다. 6 구실·명분. 🔲자선이란 ~ 아래. 7 명의 (名義). 🔲아버지 ~으로 등기된 토지. 8 성명 (姓名). 🔲~ 석 자 / ~을 적다. 9 《주로 '…의 이름으로'의 꼴로 쓰여》 '…을 대신〔대표〕하여', '…의 권위를 빌려'의 뜻을 나타냄. 🔲국민의 ~으로 반역자를 처단하다. ─하다 🔳 이름 지어 부르다. 이르다. 🔲'숭례문'을 달리 이름하여 '남대문'이라고 한다.

[이름도 성도 모른다] 전혀 모르는 사람임을 강조하는 말. [이름 좋은 하눌타리] 겉모양은 좋으나 실속이 없음을 비유하는 말.

이름(을) 날리다 [펼치다] 🔳 명성을 얻다.

이름(을) 남기다 🔳 이름을 후세에까지 전해지게 하다. 이름이 후세에 전해질 만하게 공적을 세우다.

이름(을) 팔다 🔳 이름이나 명성을 이용하다. 🔲회사 이름을 팔아 사기를 치다.

이름(이) 없다 🔳 세상에 그 이름이 널리 알려져 있지 아니하다. 🔲이름 없는 작가 / 이름 없는 선수에게 패하다.

이름(이) 있다 🔳 세상에 그 이름이 널리 알려져 있다. 🔲이름 있는 배우.

이름-값 [-깝] 🔲 명성이 높은 만큼 그에 걸맞게 하는 행동. 🔲~도 못하는 사람.

이름-나다 🔳 이름이 세상에 널리 알려지다. 유명해지다. 🔲이름난 의사 / 학자로 ~.

이름-씨 🔲 〖언〗'명사 (名詞)'의 풀어쓴 이름.

이름-자 (-字) [-짜] 🔲 이름을 나타내는 글자. 🔲제 ~도 쓸 줄 모른다.

이름-표 (-標) 🔲 이름을 적어 가슴에 다는 표. 명찰 (名札). 🔲~를 달다.

이리¹ 🔲 물고기 수컷의 배 속에 있는 흰 정액 덩어리. 어백 (魚白). 백자 (白子).

이리² 〖동〗 갯과의 짐승. 개와 비슷한데, 성질이 사납고 육식성이며 늑대·승냥이보다 큼. 털빛은 변화가 많으나 흔히 회갈색 바탕에 검은 털이 섞임.

이리³ 🔳 1 이곳으로. 이쪽으로. 🔲~ 앉게나 / 모두 ~ 오너라. 2 이러하게. 🔲~ 귀여울 수가 있을까. 🔳요리.

이리 뒤적 저리 뒤적 🔳 물건을 이리저리 뒤적거리는 모양. 🔲~ 물건을 고르기만 하다. 🔳요리 뒤적 조리 뒤적.

이리 뒤척 저리 뒤척 🔳 몸을 이쪽저쪽으로 뒤척거리는 모양.

이리-도 🔳 이다지. 🔲왜 ~ 괴롭히느냐. *그리도.

이리듐 (iridium) 🔲 〖화〗백금족의 은백색 금속 원소 《내산성이 강하며, 잘 녹지 않음. 경도는 크고, 팽창률이 작음. 백금과 합금하여 화학 기구를 만듦. [77 번; Ir: 192.22]

이리-로 🔳 '이리³'의 힘줌말. 🔲~ 오너라. 🔳일로.

이리-박이 🔲 배 속에 이리가 들어 있는 물고기.

이리위 [감] 〖역〗 지난날, 선배들이 새로 과거에 급제한 사람을 축하하는 뜻으로 앞으로 나오랬다 뒤로 가랬다 하면서 놀릴 때, 앞으로 나오라는 뜻으로 외치던 소리. ❑신래(新來)~, 신은(新恩) ~, 찍찍. ↔저리위.
이리-이리 [부][하자] **1** 이러하고 이러하게. ❑~하면 좋겠는데. **2** 이쪽으로 이쪽으로. ❑~가면 학교가 나올 겁니다. [작]요리요리.
이리-저리 [부][하자] **1** 이러하고 저러하게. ❑~궁리를 해도 소용이 없다 / ~하다 보니 지각하고 말았다. **2** 이쪽으로 저쪽으로. ❑~ 찾아보다 / 모금을 위하여 ~ 뛰어다니다. [작]요리조리.
이리쿵-저리쿵 [부][하자] 이리하자는 둥 저리하자는 둥 말이 많은 모양. ❑~ 의견이 분분하다. [작]요리쿵조리쿵.
이리-탕 (-湯) [명] 생선의 이리로 저냐를 만들어 넣고 끓인 맑은장국. 백자탕(白子湯).
이리-하다 [자][타][여] 이와 같이 하다. ❑이리하면 큰일 난다 / 공부를 이리하니 성적이 떨어지지. [작]요리하다.
이립 (而立) [명] 공자가 서른 살에 자립한 데서, 30세의 이칭(異稱).
이루삶다 [타] 〈옛〉 경영하다.
이마 [명] **1** 얼굴의 눈썹 위로부터 머리털이 난 아래까지의 부분. ❑~가 넓다. **2** '이맛돌'의 준말.
　이마를 맞대다〔마주하다〕 [구] 함께 모여 의논하다.
　이마에 내 천(川) 자를 쓰다〔그리다〕 [구] 마음이 언짢거나 수심에 싸여 얼굴을 잔뜩 찌푸리다.
　이마에 피도 안 마르다 [구] 아직 어리다.
이마마-하다 [형][여] 이 정도만 하다. ❑병세가 이마마하니 다행이다. [작]요마마하다.
이마-받이¹ [-바지] [명][하자타] **1** 이마로 부딪침. **2** 두 물체가 맞부딪거나 가깝게 맞붙음. ❑~하듯 우뚝 솟은 두 봉우리.
이마-받이² [-바지] [명] 장(欌)이나 문갑 따위 가구의 천판(天板) 앞면 좌우 귀에 대는 쇠 장식.
이마-빡 [명] 〈비〉 이마를 속되게 이르는 말.
이마-빼기 [명] 〈비〉 이마를 낮추어 이르는 말. [준]마빡.
이-마적 [명] 지나간 얼마 동안의 가까운 때. [작]요마적.
이만 [一][관] 상태·모양·성질 등이 이만한. ❑~ 일도 못 하나 / ~ 일로 화를 내다니. [二][부] 이 정도로 하고. ❑오늘은 ~ 실례하겠습니다. [작]요만.
이만-저만 (주로 뒤에 부정어와 함께 쓰여) [一][명][하형] 이만하고 저만함. ❑걱정이 ~이 아니다. [二][부][하형] 이만하고 저만한 정도로. ❑문제가 ~ 심각한 게 아니다.
이-만치 [명][부] 이만큼. [작]요만치.
이-만큼 [명][부] 이만한 정도. 이만한 정도로. 이만치. ❑~ 살게 된 것도 다 부모 덕이다. [작]요만큼.
이만-하다 [형][여] 상태·모양·성질 따위의 정도가 이러하다. ❑이만하면 알아듣겠지 / 이만하길 다행이다 / 이만한 일로 너무 화내지 말게. [작]요만하다.
이맘-때 [명] 이만큼 된 때. ❑작년 ~ / 이번 일요일 ~ 만나자. [작]요맘때.
이맛-돌 [-마똘 / -맏똘] [명] 아궁이 위 앞에 가로로 걸쳐 놓은 긴 돌. [준]이마.
이맛-살 [-마쌀 / -맏쌀] [명] 이마에 잡힌 주름살. ❑~을 찌푸리다.
이맛-전 [-마쩐 / -맏쩐] [명] 이마의 넓은 부분.
이매 (移買) [명][하타] 가진 땅을 팔아서 다른 땅을 삼.
이매 (魑魅) [명] 얼굴은 사람 모양이고 몸은 짐승 모양을 한, 사람을 잘 홀린다는 네 발 가진 도깨비.
이매-망량 (魑魅魍魎) [-냥] [명] 온갖 도깨비. [준]망량.
이메일 (email, e-mail) [명] 〔electronic mail〕 〖컴〗 전자 우편. ❑~을 주고받다 / ~을 보내다.
이며 [조] 받침 있는 체언에 붙어, 두 가지 이상의 사물을 늘어놓을 때 쓰는 접속 조사. ❑선생~ 학생~ 모두 한마음 / 산~ 들~ 모두 꽃들로 화사하다. *며.
이:면 (裏面) [명] **1** 속. 안. 뒷면. ❑수표 ~에 이름과 전화번호를 적어 주다. **2** 겉으로 드러나지 않은 속내나 속사정. ❑사태의 ~을 조사하다. ↔표면(表面).
　이면(을) 모르다 [구] 일이 어떻게 돌아가는지도 모르고 함부로 굴다.
이:면-각 (二面角) [명] 〖수〗 서로 만나는 두 평면이 이루는 각.
이:면-경계 (裏面境界) [- / -게] [명] 일의 내용과 옳고 그름. ❑~도 모르면서 참견하다.
이:면-공작 (裏面工作) [명] 겉으로 드러나지 않게 뒤에서 일을 꾸밈.
이:면부지 (裏面不知) [명] 경위(經緯) 없이 굶. 또는 그런 사람.
이:면-사 (裏面史) [명] 외부에 알려지지 않은 뒷이야기를 서술한 역사.
이:면수 [명] 〖어〗 ☞ 임연수어.
이:면-지 (裏面紙) [명] 뒷면의 종이. 종이 뒷면. ❑~를 활용하다.
이:면-치레 (裏面-) [명][하자] 면치레.
이:명 (耳鳴) [명] 〖의〗 청신경에 병적 자극이 생겨, 환자에게만 어떤 종류의 소리가 연속적으로 울리는 것처럼 느껴지는 상태. 귀울림. 이명증.
이:명 (異名) [명] **1** 본이름 외에 달리 부르는 이름. **2** 서로 다른 이름.
이:명-법 (二名法) [-뻡] [명] 생물 분류학에서, 속명 다음에 종명(種名)을 적어, 생물 하나하나의 종류를 라틴 어로 나타내는 명명법.
이:명-주 (耳明酒) [명] 귀밝이술.
이:명-증 (耳鳴症) [-쯩] [명] 이명(耳鳴).
이:모 (二毛) [명] **1** 검은 털과 흰 털. **2** '이모지년'의 준말.
이모 (姨母) [명] 어머니의 자매.
이:모 (異母) [명] 이복(異腹).
이모 (移摸·移模) [명][하타] 서화(書畵)를 본떠서 그림. ❑~한 탱화.
이모-부 (姨母夫) [명] 이모의 남편.
이:모-작 (二毛作) [명] 같은 경작지에서 1년에 두 번 곡물을 수확하는 토지의 이용법《보통, 여름에는 벼, 겨울에는 보리·밀 등을 심어 가꿈》. 그루갈이. 양그루. 양모작.
이모-저모 [명][부] 사물의 이런 면 저런 면. 이쪽 저쪽의 여러 방면. ❑학교 생활의 ~를 소개하다. [작]요모조모.
이:모-제 (異母弟) [명] 배다른 아우.
이:모지년 (二毛之年) [명] 흰 머리털이 나기 시작하는 나이라는 뜻으로, 32세를 이르는 말. [준]이모(二毛).
이:모취인 (以貌取人) [명][하자] 얼굴만 보고 사람을 골라 가리거나 씀.

이모-할머니 (姨母-)몡 할머니의 친정 언니나
여동생. 아버지의 이모.
이:모-형 (異母兄)몡 배다른 형. 또는 배다른
언니.
이:모-형제 (異母兄弟)몡 이복형제.
이:목 (耳目)몡 1 귀와 눈. 또는 얼굴의 생김
새. □~이 밝다 / ~이 수려하다. 2 주의나
관심. □남의 ~을 피하다 / ~이 집중되다.
이목을 끌다 판 남의 주의를 끌다. 특별히
남의 눈에 띄다.
이목 (梨木)몡〔식〕배나무.
이목 (移牧)몡 가축을 여름에는 산에 놓아기르
고, 겨울에는 평지로 내려와 건초(乾草)로 기
르는 목축 방식의 하나.
이:목구비 (耳目口鼻)[-꾸-]몡 귀·눈·입·코.
또는 얼굴의 생김새. □~가 뚜렷하다 / ~가
반듯하다.
이:목지욕 (耳目之慾)[-찌-]몡 1 듣고 싶고 보
고 싶은 욕망. 2 듣고 봄으로써 생기는 물질
에 대한 욕만.
이몽-가몽 (-夢-夢)몡 ☞ 비몽사몽(非夢似
夢).
이:무 (吏務)몡 관리의 직무.
이무 (移貿)몡하자〔역〕조선 말기에, 지방의
벼슬아치가 값이 비싼 제 고을의 환곡(還穀)
을 내다 팔고, 대신 값이 싼 딴 고을의 곡식
을 사서 채워 이익을 남겨 사사로이 차지하
던 일.
이:-무기 몡 1 용이 되려다 못 되고, 물속에 산
다는 큰 구렁이(천 년을 더 기다려야 용이 될
기회를 얻는다 함). 2 '거대한 뱀'을 흔히 이
르는 말. 대망(大蟒).
이:무깃-돌 [-기돌 / -긴똘]몡〔건〕성문 등에
빗물이 흘러내리게 하기 위해 난간에 끼우
는, 이무기 머리 모양의 돌 홈. 이두(螭頭).
이주석.
이:문 (耳門)몡 귓문1.
이:문 (利文)몡 이익으로 남은 돈. 이전(利
錢). □~이 남다 / ~이 없는〔적은〕장사 / ~
이 크다. 2 이자(利子).
이:문 (里門)몡 동네 어귀에 세운 문. 여문.
이:문 (異聞)몡 색다른 소문. 이상한 소문.
이:문-목견 (耳聞目見)[-껸]몡하타 귀로 듣고
눈으로 본다는 뜻으로, 실지로 경험함을 이
르는 말.
이물 몡 배의 머리. 뱃머리. 선두(船頭). 선수
(船首). ↔고물.
이:물 (異物)몡 1 기이한 물건. 2 보통과 다른
물건. □눈에 ~이 들어가다. 3 성질이 음험
(陰險)하여 측량하기 어려운 사람. 4 죽어 없
어진 사람.
이물-간 (-間)[-깐]몡 배의 이물 쪽의 칸.
이:물-감 (異物感)몡 몸 안에 무엇인가 별다
른 것이 들어 있는 듯한 느낌.
이물-대 [-때]몡 두대박이 배의 이물 쪽에 있
는 돛대. ↔고물대.
이:물-스럽다 (異物-)[-따][-스러워,-스러우
니]혱비 성질이 음험하여 속을 헤아리기 어
렵다. 이:물-스레 뭐
이:-물질 (異物質)[-찔]몡 1 다른 물질. 2 불
순한 물질.
이의 뭐〈옛〉이미.
이믜셔 뭐〈옛〉이미.
이:미 (異味)몡 색다른 맛. 별미(別味).
이:미 뭐 다 끝나거나 지난 일을 말할 때, '벌
써'의 뜻으로 쓰는 말. □~ 끝난 일 / ~ 때
가 늦었다 / ~ 엎질러진 물이다.
이:미-증 (異味症)[-쯩]몡〔의〕별난 음식이나

이상한 물질을 좋아하는 증상(아이들이 흙을
먹거나 임산부가 신 것을 좋아하는 따위). 이
기증(異嗜症).
이미지 (image)몡 1 마음속에 떠오르는 사물
에 대한 감각적 영상. 심상(心象). 2 어떤 사
람이나 사물에 대해 남아 있는 인상이나 기
억. □좋은 ~를 남기다 / ~ 관리에 힘쓰다.
이미지 오시콘 (image orthicon)〔물〕텔레비
전 카메라의 활상용(撮像用) 진공관《종래의
아이코노스코프(iconoscope)보다 훨씬 성능
이 높고 특별한 조명이 필요치 않으므로 많
이 사용됨》.
이미지즘 (imagism)몡〔문〕제1차 세계 대전
말기부터 재래의 전통적 시풍(詩風)에 만족
을 느끼지 못하는 미국과 영국의 시인들이
일으킨 신시(新詩) 운동.
이미지 프로세싱 (image processing)〔컴〕영
상 처리.
이미테이션 (imitation)몡 1〔악〕어떤 악구를
적절한 과정을 거친 뒤 다른 성부에서 거듭
쓰는 방법. 모방. 2 보석 따위의 모조품.
이:-민 (吏民)몡 지방의 아전과 백성.
이:민 (里民)몡 동리 사람.
이민 (移民)몡하자 자기 나라를 떠나 다른 나
라로 이주하는 일. 또는 그 사람.
이:-민위천 (以民爲天)몡하자 백성을 하늘같이
소중히 여김.
이:-민족 (異民族)몡 핏줄·언어·풍속 따위가
다른 민족.
이바돔 몡〈옛〉대접할 음식.
이바디 몡〈옛〉잔치. 이바지.
이바지 몡하자타 1 도움이 되게 함. □학문에
~한 사람. 2 힘들여 음식 등을 보내 줌. 또
는 그 음식. 3 물건을 갖춰 바라지함.
이:-박기 [-끼]몡 음력 정월 대보름날, 이를 건
강하게 하기 위하여 부럼을 깨무는 일.
이:반 (離反·離叛)몡하자 사이가 벌어져 떠나
거나 돌아섬. □민심이 ~하다.
이:발 (理髮)몡하자 머리털을 깎아 다듬음.
이:발-관 (理髮館)몡 이발소.
이:발-기 (理髮器)몡 머리털을 깎는 기계.
이:발-사 (理髮師)[-싸]몡 남의 머리털을 깎아
다듬는 일을 직업으로 하는 사람.
이:발-소 (理髮所)[-쏘]몡 이발을 영업으로 하
는 곳. 이발관.
이:발지시 (已發之矢)[-찌-]몡 이미 쏘아 놓
은 화살이라는 뜻으로, 이왕에 시작한 일이
라 중지하기 어려운 형편을 이르는 말.
이:-밥 몡 입쌀로 지은 밥. 흰밥. 쌀밥. 입쌀
밥. □하얀 ~으로 배를 채우다.
이:방 (←예방(豫防))몡〔민〕질병·재액 따위
를 미리 막기 위하여 행하는 미신적 행위.
이:방 (吏房)몡〔역〕조선 때, 승정원(承政
院)의 육방(六房) 가운데 승지(承旨) 아래 딸
려 문관의 인사·비서 따위의 사무를 맡아보
던 관아. 또는 아전.
이:방 (異方)몡 1 풍속·습관 따위가 다른 지
방. 2 물체의 어떤 성질이 물체 안에서 방향
에 따라 다른 것. ↔등방.
이:방 (異邦)몡 다른 나라. 이국(異國). 외국.
이방 (離方·離方)몡 팔방(八方)의 하나. 정남
을 중심으로 45도 각도 안의 방향.
이:방-성 (異方性)[-썽]몡 1〔물〕비등방성
(非等方性). 2〔심〕방향에 따라 물체가 달리
보이는 현상.
이:-방승 (二方乘)몡〔수〕'제곱'의 구용어.

이:방 아전(吏房衙前)《역》지방 관아에서 인사·비서 따위의 사무를 맡아보던 구실아치. 이방.

이:방-인(異邦人)명 **1** 다른 나라 사람. 이국인. 외국인. **2** 유대 사람이 선민(選民)의식에서 다른 민족을 얕잡아 이르던 말.

이:방-체(異方體)명《물》이방성이 있는 물체. ↔등방체.

이:배(吏輩)명《역》이서(吏胥)의 무리.

이배(移配)명하타 귀양살이하는 곳을 다른 곳으로 옮김.

이-배체(二倍體)명《생》기본 수의 2배인 염색체를 가지는 세포 또는 개체《대부분의 고등 동식물이 이에 해당함》.

이배-치(吏輩-)명 올이 깊고 코가 짧으며 투박하게 생긴 남자 가죽신《예전에 이속(吏屬)들이 많이 신었음》.

이-번(一番)명 이제 돌아온 바로 이 차례. 금번. 금회. 이참. ▢~에는 반드시 이기겠다. ⍣요번.

이별-찬(伊伐飡)명《역》신라 십칠 관등의 첫째 등급《진골(眞骨)만이 오를 수 있었음》. 각간(角干).

이-법(理法)[-뻡]명 **1** 원리와 법칙. ▢대자연의 ~. **2** 도리와 예법(禮法). ▢~에 밝다.

이-법사(尼法師)[-싸]명《불》불경을 가르치는 여승 법사.

이:법종사(以法從事)[-종-]명하자 법에 따라 일을 하여 감.

이벤트(event)명 **1** 여러 경기로 짜여진 스포츠 경기에서, 각각의 경기를 이르는 말. ▢메인~. **2** 불특정의 사람들을 모아 놓고 개최하는 행사. ▢~ 사업 / 신상품을 홍보하는 ~를 기획하다.

이:벽(耳壁)명 삼각형으로 된 벽돌.

이:변(異變)명 **1** 괴이한 변고. 변이. **2** 예상 밖의 사태. ▢기상 ~ / 약한 팀이 이기는 ~이 일어났다.

이:별(離別)명하자타 서로 갈려 떨어짐. 헤어짐. 별리. ▢~의 눈물 / 가족과 ~하고 고향을 떠나다 / 사랑하는 연인과 ~하다.

이-별-가(離別歌)명 이별의 노래.

이:별-주(離別酒)[-쭈]명 이별할 때 나누어 마시는 술. ⓒ별별주.

이:병(二兵)명 '이등병'의 준말.

이:병(利病)명 이로운 일과 병폐가 되는 일.

이병(罹病)명하자 병에 걸림. 이환(罹患). ▢~률이 높다.

이보(移步)명하자 걸음을 옮겨 놓음.

이:보다(利-)재 이익을 얻다.

이:복(利福)명 이익과 행복. 복리.

이:복(異腹)명 아버지는 같고 어머니가 다름. 이모(異母). ↔동복(同腹).

이:복-동생(異腹同生)[-똥-]명 아버지는 같고 어머니가 다른 동생.

이:복-형(異腹兄)[-보켱]명 아버지는 같고 어머니가 다른 형.

이:복-형제(異腹兄弟)[-보켱-]명 아버지는 같고 어머니가 다른 형제. 이모(異母)형제. 줄무더기형제. ↔이부형제.

이:본(異本)명 **1** 진기한 책. 진본(珍本). **2** 기본적인 내용은 같으나 부분적으로 약간의 차이가 있는 책.

이뵈잡 나이가 비슷한 벗이나 아랫사람을 부를 때 하는 말. ▢~. 나 좀 보게.

이:부(二部)명 이부제를 실시하는 학교에서,

나중에 수업을 하는 부《초등학교의 오후반·고등학교나 대학의 야간부를 일컬음》.

이:부(利付·利附)명 '이자부(利子附)'의 준말. ↔이락(利落).

이:부(異父)명 어머니는 같고 아버지가 다름. ↔동부(同父).

이:부 가격(利付價格)[-까-]명《경》이자가 지급되기 전의 채권으로 가격이 가장 높아질 때의 가격. 이식 가격.

이:부 공채(利付公債) 이자부의 공채.

이:부 교:수(二部敎授)《악》일정 또는 교원의 부족으로 주간과 야간, 오전과 오후의 두 부로 나누어 수업하는 일. 이부 수업.

이:부 수업(二部授業)명 **1** 이부 교수. **2** 이부제로 하는 수업에서 나중에 하는 수업.

이부-자리명 이불과 요. 금구. 침구. ▢~를 깔다 / ~를 개어 놓다.
　　이부자리를 보다 困 이부자리를 펴고 잘 수 있게 준비를 하다.

이:부-제(二部制)명 **1** 이부 교수를 하는 제도. **2** 주야간제.

이:부-지(耳部-)명〈궁〉귀지.
　　이부지(를) 아뢰다 困〈궁〉귀지를 후비어 드리다.

이:부 합주(二部合奏)[-쭈]《악》이중주.

이:부 합창(二部合唱)《악》 **1** 두 개의 성부(聲部)를 각각 두 사람 이상이 맡아 노래하는 합창. **2** 이중창(二重唱).

이:부 형식(二部形式)《악》두도막 형식.

이:부-형제(異父兄弟)명 어머니는 같고 아버지가 다른 형제. ↔이복형제.

이:북(以北)명 **1** 어떤 지점을 기준으로 한 그 북쪽. **2** 북한. ↔이남.

이북(e-book)명 전자책.

이:분(二分)명하자타 **1** 둘로 나눔. **2** 춘분과 추분. **3** 춘분점과 추분점. ↔이지(二至).

이-분인대 '이 사람'의 높임말.

이:-분모(異分母)[-모]《수》둘 이상의 분수에서 서로 다른 분모. ↔동분모.

이:분-법(二分法)[-뻡]명 두 부류로 가르거나 나누는 방법.

이:분-쉼표(二分-標)명《악》온쉼표의 2분의 1 길이를 가지는 쉼표(▬). 이분휴부.

이:분-음표(二分音標)명《악》온음표의 2분의 1 길이를 가지는 음표(♩). 이분음부.

이:-분자(異分子)명 한 단체에 있으면서 다른 다수인과 주의·주장이나 사상이 다른 사람. ▢당내의 ~를 제거하다.

이불명 잘 때에 몸을 덮기 위하여 피륙과 솜 따위로 만든 침구의 하나《핫이불·겹이불·홑이불 따위》. ▢~을 덮다.
　　[이불 속에서 활개를 친다] 남이 보지 않는 데에서 젠체하고 호기(豪氣)를 부린다.
　　이불 안 활개 困 남이 보지 않는 데에서 젠체하는 호기.

이불(泥佛)명《불》진흙으로 만든 부처의 상.

이불-귀[-뀌]명 이불의 네 귀퉁이.　└홑부처.

이불-깃[-낃]명 사람의 얼굴 쪽에 오는 이불의 윗부분. ▢~을 끌어 덮다.

이:불리-간(利不利間)부 이(利)가 되든지 해(害)가 되든지 간에.

이불-보(-褓)[-뽀]명 이불을 싸는 큰 보자기.

이불-잇[-릳]명 이불에 시치는 천.

이불-자락[-짜-]명 이불의 한쪽 귀퉁이 부분. ▢~ 끝에서 새우잠을 자다.

이불-장(-欌)[-짱]명 이불을 넣어 두는 장롱.

이불-줄[-쭐]명《광》경사가 거의 없이 이불이 깔려 있는 것처럼 가로 박힌 광맥.

이브 (Eve) 〖성〗 '하와'의 영어명.
이브닝-드레스 (evening dress) 圓 여자의 야회복(夜會服).
이브닝-코트 (evening coat) 圓 1 남자의 야회복(해가 진 뒤에 입는 연미복을 이름). 2 이브닝드레스 위에 입는 코트(재킷보다 긺).
이:비 (吏曹) 圓 이조(吏曹)에서, 주청(奏請)과 윤허에 관한 일을 맡아보던 벼슬. 또는 그 일.
이:비 (理非) 圓 옳음과 그름. 시비.
이:비인후-과 (耳鼻咽喉科)[―과] 圓 〖의〗 귀·코·목구멍·기관·식도에 생기는 병을 전문적으로 치료하는 의학의 한 분과. 또는 그 병원.
이:빙 (履氷) 圓하자 살얼음을 밟는 것과 같다는 뜻으로, 극히 위험한 짓을 함의 비유. 여리박빙(如履薄氷).
이:―빛 (二―)[―빋] 圓 〖미술〗 단청할 때 채색의 짙은 정도의 하나. 초(初)빛보다 진하고 삼(三)빛보다 엷은 중간색임.
이빨 圓 〈비〉 이².
이쁘다 휑 예쁘다.
이쁘―둥이 圓 1 예쁜 어린아이. 2 어린아이를 귀엽게 부르는 말.
이:사 (二死) 圓 야구에서, 아웃이 둘임. 투 아웃. □―만루.
이:사 (理事) 圓 〖법〗 법인(法人)의 사무를 처리하며, 이를 대표하여 권리를 행사하는 직위. 또는 그 직위에 있는 사람.
이:사 (異事) 圓 이상한 일. 또는 별스러운 일.
이사 (移徙) 圓하자 사는 곳을 다른 데로 옮김. □― 가다 / 서울에서 ~ 온 친구 / 해마다 ~ 를 다니다.
〔이사할 때 강아지 따라다니듯〕 어디든지 늘 귀찮게 따라다님.
이:사―관 (理事官) 圓 일반직 2급 공무원의 직급(관리관의 아래, 부(副)이사관의 위).
이:사―국 (理事國) 圓 국제기구에서, 이사회의 일원(一員)인 나라.
이사금 (尼斯수) 圓 〖역〗 신라 때의 임금의 칭호(稱號).
이사―단 (尼師壇) 圓 〖불〗 비구니가 어깨에 걸치고 있다가 앉을 때는 자리로 쓰는 천.
이:―사분기 (二四分期) 圓 1년을 4등분한 둘째 기간(4·5·6월의 석 달).
이:사위한 (以死爲限) 圓하터 죽음으로써 한정(限定)을 삼는다는 뜻으로, 죽음을 각오하고 일을 함을 이르는 말.
이―사이 圓뷔 이제까지의 가까운 때의 동안. 이동안. 요사이. 준이때.
이:사―장 (理事長) 圓 이사들 중의 우두머리. □재단 ~.
이사틴 (isatin) 圓 〖화〗 인디고(indigo)를 질산으로 산화하여 얻는 누런빛을 띤 붉은색의 결정.
이:사―회 (理事會) 圓 1 회사의 업무 집행에 관한 의사를 결정하는 기관. 2 국제기구에서, 이사국들로 구성하는 기관.
이삭 圓 1 긴 꽃대의 둘레에 꽃·열매가 더부룩하게 달린 것(벼·보리 따위에 있음). 2 농작물·과실 따위를 거둘 때 빠뜨리거나 흘린 낟알이나 과일을 이르는 말. □벼 ~ / ~을 줍다〔거두다〕.
    이삭(이) 패다 굄 이삭이 나오다.
이삭―귀개 [―뀌―] 圓 〖식〗 통발과의 한해살이풀. 양지쪽 습지에 남. 꽃줄기는 높이가 10―20cm이며, 잎은 주걱 모양임. 뿌리에 벌레를 잡는 주머니가 있고, 늦여름에 보라색 또는 청색 꽃이 핌.

이삭―물수세미 [―상―쑤―] 圓 〖식〗 개미탑과의 여러해살이 물풀. 줄기·도랑에 또는 줄기는 1m 이상. 여름에 갈색의 잔꽃이 수상(穗狀) 꽃차례로 수면에 층을 지어 돌려남.
이삭―줍기 [―쭙끼] 圓 농작물을 거두고 난 뒤, 땅에 떨어진 낟알이나 과일·채소 따위를 줍는 일.
이:산 (離山) 圓하자 1 고산(孤山). 2 〖불〗 승려가 절을 떠남.
이:산 (離散) 圓하자 헤어져 흩어짐. □전쟁으로 ~의 아픔을 겪다.
이:산-가족 (離散家族) 圓 전쟁 따위로 헤어지거나 흩어져서 서로 소식을 모르는 가족(특히 남북 분단으로 흩어진 가족을 가리킴).
이:산 염기 (二酸鹽基)[―념―] 〖화〗 한 분자 안에 두 개의 히드록시기(基)가 들어 있는 염기《수산화칼슘·수산화구리 따위》.
이:―산화 (二酸化) 圓 〖화〗 산소 원자 두 개와 결합하는 일.
이:산화-규소 (二酸化硅素) 圓 〖화〗 석영·수정·수석·마노 따위에 있는 규소의 산화물. 산성을 띤 고체로 천연으로 산출됨《렌즈·장식품 따위의 재료로 씀》. 실리카(silica). 통칭: 규산 무수물(硅酸無水物).
이:산화-납 (二酸化―) 圓 〖화〗 사산화(四酸化) 삼납을 묽은 질산에 녹일 때 남는 흑갈색의 가루(산화제·축전지의 재료로 씀). 과산화납.
이:산화-망간 (二酸化mangan) 圓〖화〗 망간 산화물의 하나. 천연적으로는 연(軟)망간석으로 산출되며, 탄소염과 염소산칼륨의 혼합물을 가열하면 생김《흑갈색 가루로, 산화제로 사용하며, 물감·잿물·성냥 따위의 제조에도 씀》. 과산화망간.
이:산화-수소 (二酸化水素) 圓 〖화〗 과산화(過酸化)수소.
이:산화-질소 (二酸化窒素)[―쏘] 圓 〖화〗 질소 산화물의 하나. 상온(常溫)에서는 붉은 갈색 기체, 저온(低溫)에서는 푸른빛 액체로 변하며, 물과 작용하면 질산과 산화질소가 됨. 대기 오염 물질의 하나로 자동차 배기가스의 주된 원인 물질임.
이:산화-탄소 (二酸化炭素) 圓 〖화〗 탄소와 산소의 화합물의 하나. 탄소를 완전 연소시키면 생기는 무색의 기체로, 공기보다 1.5 배 무거움. 식물의 탄소 동화 작용에 가장 필요함《청량음료·소화제·냉동제 등의 제조에 씀. 압축시켜 고체화한 것은 드라이아이스라 함》. 탄산가스. 탄산 무수물.
이:산화탄소 중독 (二酸化炭素中毒) 이산화탄소의 과잉으로 생기는 중독 증상《주로, 연소할 때 발생하는 이산화탄소를 흡입하여 일어나는 것으로, 심하면 질식 상태가 됨》. 탄산가스 중독.
이:산화-황 (二酸化黃) 圓 〖화〗 황 또는 황화물을 태울 때 생기는 독성이 있는 무색의 기체로 자극적인 냄새가 남. 표백제나 황산 제조의 원료로 씀. 공해 물질로 산성비 등의 원인이 됨. 아황산 무수물(無水物). 아황산가스.
이:삼 (二三) 圓 두세. □ ― 명 / ― 초 동안.
이삿-짐 (移徙―)[―사찜 / ―사찜] 圓 이사할 때 옮기는 짐. □~을 꾸리다 / ~을 싸다 / ~을 나르다〔옮기다〕.
이:상 (上) 圓 〖역〗 지난날, 시문(詩文)을 평하던 등급에서 둘째 등급의 첫째.
이:상 (以上) 圓뷔 1 수량·정도 따위가 일정한 표준보다 더 많거나 나음. □7세 ~은 유료 /

기대 ～의 좋은 성과. ↔이하. **2** 이제까지 앞에서 말한 내용. ❑～이 내가 아는 전부이다. **3** 서류나 강연 등의 마지막에 써서 '끝'의 뜻을 나타내는 말. ❑오늘 수업을 마친다. ～. **4** (부사적으로 쓰여) …한 바에는. ❑내가 맡은 ～ 최선을 다하겠다.

이:상 (異狀) 명 보통과는 다른 상태. ❑몸에는 아무 ～이 없다.

이:상 (異相) 명 보통과는 다른 모양이나 인상.

이:상 (異常) 명하형히부 **1** 보통과 다름. 보통이 아님. **2** 몸·정신·기계 등의 기능이나 활동이 정상적인 상태와 다름. ❑기계의 ～/～고온 현상/기분이 ～하다. **3** 의심스럽거나 알 수 없는 데가 있음. ❑～한 생각이 들다/～한 사람이다.

이:상 (異象) 명 **1** 이상(異常)한 모양. **2** 특수한 현상.

이:상 (理想) 명 **1** 생각할 수 있는 범위 안에서 가장 완전하다고 여겨지는 상태. ❑～을 향한 열정/～을 실현하다. ↔현실. **2** 〖철〗 생각할 수 있는 완전한 상태.

이:상 (貳相) 명 〖역〗 조선 때, 삼정승(三政丞) 다음가는 벼슬이란 뜻으로, 좌우찬성(左右贊成)을 일컫던 말.

이:상 건조 (異常乾燥) 〖지〗 좋은 날씨가 오래 계속되어 습도가 지나치게 낮아진 상태.

이:상 광선 (異常光線) 〖물〗 결정체(結晶體) 가운데서 광선이 둘로 나누어질 때, 방향에 따라서 굴절률을 달리하는 광선.

이:상-국 (理想國) 명 이상적이며 완전한 나라.

이:상 기상 (異常氣象) 과거 30년 동안의 기후와 현저하게 다른 기상《냉하(冷夏)·한파(寒波)·난동(暖冬)·폭서(暴暑) 따위》.

이:상 기체 (理想氣體) 〖물〗 보일·샤를의 법칙에 따른 가상적인 기체《온도가 높고 압력이 낮을 때 이에 가까워짐》. 완전 기체.

이:상-론 (理想論)[-논] 명 이상에 치우쳐, 현실과 동떨어져 실현될 것 같지 않은 논설. ❑～을 펴다/～으로 흐르다.

이:상-성 (理想性)[-썽] 명 **1** 이상이 가지고 있는 성질. **2** 이상에 근거를 두고 현실에 대해 이상의 의의를 강조하는 성질. ↔현실성.

이:상-스럽다 (異常-)[-따]〔-스러워, -스러우니〕 형ㅂ 보통과는 다른 듯하다. ❑오늘따라 이상스럽게 거리가 한산했다. **이:상-스레** 부

이:상 심리학 (異常心理學)[-니-] 〖심〗 정상인의 이상적인 심리 상태나 비정상인의 병적 심리 상태를 연구하는 심리학의 한 분야. 변태 심리학.

이:상-아 (異常兒) 명 정상아에 대해 신체적·정신적·행동적 또는 사회적으로 어떤 이상이 있는 어린이의 총칭. ↔정상아.

이:상야릇-이 (異常-)[-냐르시] 부 이상야릇하게. ❑～ 쳐다보다.

이:상야릇-하다 (異常-)[-냐르타-] 형여 매우 이상하다. ❑이상야릇한 복장/분위기가 ～/이상야릇한 미소를 보내다.

이:상-적 (理想的) 관명 생각할 수 있는 범위 안에서 가장 완전하다고 여겨지는 (것). ❑～(인) 사회/～인 부부/～인 만남/～으로 여기는 남편감.

이:상-주의 (理想主義)[-/-이] 명 〖철〗 **1** 인생의 의의를 오로지 이상, 특히 도덕적·사회적 이상을 실현에 두는 입장. **2** 관념론. ↔현실주의.

이:상-향 (理想鄕) 명 인간이 생각할 수 있는 최선의 상태를 갖춘 완전한 사회. 도원경(桃源境). 유토피아. ❑～을 꿈꾸다.

이:상-화 (理想化) 명하타 〖철〗 현실을 그대로 보지 않고 이상에 비추어서 보고 생각하는 일. ❑혁명을 ～하다.

이-새 명부 '이사이'의 준말. ❑～를 못 참고 먼저 출발했다. ㉶요새.

이:색 (二色) 명 두 가지 색.

이:색 (異色) 명 **1** 다른 빛깔. ❑～인종. **2** 보통의 것과 색다름. 또는 그런 것이나 곳. ❑～결혼식/～ 지대.

이:색-적 (異色的)[-쩍] 관명 보통과 색다른 (것). ❑～인 풍물/～ 제안을 하다.

이:색-지다 (二色-)[-찌-] 자 빛깔이나 모양이 서로 딴판이거나 조화를 이루지 못하다.

이:색-판 (二色版) 명 〖인〗 두 가지 색으로 인쇄하는 사진 동판. 또는 그런 인쇄물.

이-생 (-生) 명 이 세상에 살아 있는 동안. 이승. ❑～에서 맺지 못한 연분.

이:생 (利生) 명하타 〖불〗 부처·보살이 중생을 도와 이롭게 해 주는 일.

이:생 웅예 (離生雄蕊) 〖식〗 제각각 떨어져 있는 수술의 한 가지《이강(二强)웅예와 사강(四强)웅예가 있음》.

이생-지 (泥生地) 명 흔히, 시냇가에 있는 모래 섞인 개흙 땅.

이:서 (以西) 명 어떤 지점을 기준으로 하여 그 서쪽. ↔이동(以東).

이:서 (吏胥) 명 〖역〗 서리(胥吏).

이:서 (吏書) 명 이두(吏讀).

이:서 (異書) 명 그리 흔하지 않은 귀한 책.

이:서 (裏書) 명하자 **1** 종이 뒤에 문자를 씀. **2** 서화의 뒤에 진물(眞物)임을 증명하는 글을 씀. **3** 〖법〗 '배서(背書) 2'의 구용어.

이:석 (耳石) 명 〖동〗 동물의 내이(內耳)에 있는 골편《성장 연륜이 나타나며, 물고기는 이것으로 나이를 알 수 있음》. 평형석.

이:선 (離船) 명하자 승무원 등이 배에서 내림.

이:선악-곡 (離船樂曲)[이서낙꼭] 명 〖악〗 배따라기2.

이:선-주 (二仙酒) 명 소주에 용안육(龍眼肉)·계피·꿀 따위를 넣어 오래 우린 술.

이설 (移設) 명하타 다른 데로 옮겨 설치함.

이:설 (異說) 명 **1** 세상에 통용되는 것과는 다른 주장이나 의견. 이론(異論). ❑～이 분분하다/～을 내세우다. **2** 내용이 기괴하고 허랑한 저술. ❑～ 춘향전.

이:성 (二姓) 명 **1** 두 가지의 성. **2** 혼인을 한 남자와 여자의 양쪽 집. **3** 성이 다른 두 임금. ❑충신은 ～을 섬기지 않는다. **4** 두 남편.

이:성 (異性) 명 **1** 성질이 다름. 또는 다른 성질. **2** 남성이 여성을, 여성이 남성을 가리키는 말. ❑～ 친구/～ 간의 교제/～에 대한 호기심이 생기다. ↔동성(同性).

이성에 눈을 뜨다 구 이성에 대한 감정을 느끼기 시작하다.

이:성 (異姓) 명 성(姓)이 다름. 또는 다른 성. 타성. ↔동성.

이:성 (理性) 명 **1** 사물의 이치를 논리적으로 생각하고 판단하는 능력. ❑～을 잃지 않다/～을 찾다/～에 호소하다. **2** 실천적 원리에 따라 의지와 행동을 규정하는 능력. 자율적·도덕적 의지의 능력.

이:성 개:념 (理性槪念) 〖철〗 이념1.

이:성-론 (理性論)[-논] 명 〖철〗 인식의 기원에 대하여 경험론과 감각론에 반대하여, 인식은 이성적 사유(思惟)에서 생긴다고 하는 설. 오

성론(悟性論). 합리론(合理論).

이:-성-애(異性愛)명 이성 간의 사랑.

이:-성 장군(二星將軍) 별이 두 개라는 뜻에서 '소장(少將)'을 달리 이르는 말.

이:-성-적(理性的)관형 감정에 치우치지 않고 이성에 따른 (것). □~ 판단 / ~으로 대처하다. ↔감정적.

이:-성-주의(理性主義)[-/-이]명 〖철〗 합리주의.

이:-성지합(二姓之合) 성이 서로 다른 두 사람이 결합하였다는 뜻으로, 남녀의 혼인을 이르는 말.

이:-성질-체(異性質體)명 〖화〗 동일한 분자식 또는 분자량을 가지면서, 구조가 다르고 성질이 다른 화합물. 동분(同分) 이성체.

이:-성-친(異姓親)명 어머니 쪽의 일가(一家). 외척(外戚).

이:-세(二世)명 1 어떤 나라에 이주해 간 이민의 자녀로서 그 나라의 시민인 사람. 2 '이세 국민'의 준말. 3 '자녀'를 달리 이르는 말. □아직 ~가 없다. 4〖불〗현재의 세상과 미래의 세상. 5 다음 세대. 6 같은 이름을 가지고 둘째 번으로 자리에 오른 군주 또는 교황. □요한 바오로 ~. 7 아버지와 같은 이름을 가진 아들.

이:-세(理勢)명 1 사리(事理)와 형세. 2 자연의 운수.

이:-세-국민(二世國民)[-궁-]명 다음 세대를 이을 어린이들. ㊀이세.

이소(泥沼)명 진흙의 수렁.

이:-소(胎笑)명 남에게 비웃음을 당함.

이:-소(離騷)명 〖역〗 중국 초(楚)나라의 굴원(屈原)이 지은 부(賦)의 이름. 굴원이 반대파의 참소로 조정에서 쫓겨나 임금을 만날 기회를 잃은 시름을 읊은 서정적 서사시.

이:-소골(耳小骨)명 〖생〗 청골(聽骨).

이:-소능장(以小凌長)명 젊은 사람이 나이 많은 사람을 업신여김.

이소류신(isoleucine)명 〖화〗 필수 아미노산의 한 가지. 육류에 많이 들어 있는데, 조혈(造血) 작용이 강하여 결핍될 경우 빈혈증·체중 감소가 생김.

이:-소-성(離巢性)[-썽]명 새의 새끼가 빨리 자라 둥지에 오래 머무르지 않는 성질(물오리·도요새 따위에서 볼 수 있음). ↔유소성(留巢性).

이:-소역대(以小易大)[-때]명하자 작은 것을 가지고 큰 것과 바꿈.

이소옥탄(isooctane)명 〖화〗 포화 탄화수소의 일종(무색 액체로서 가솔린의 옥탄가 측정의 표준 연료로 씀).

이소프렌(isoprene)명 〖화〗 생고무를 열분해할 때 생기는 무색투명한 휘발성 액체(인조 고무의 중요한 원료가 됨).

이속(夷俗)명 오랑캐의 풍속.

이:-속(吏屬)명 〖역〗 아전(衙前)의 무리. 이배(吏輩).

이:-속(異俗)명 1 다른 풍속. 2 특이한 풍속. 이풍(異風).

이송(移送)명하타 1 다른 데로 옮기어 보냄. □화물 ~ / 연차 / 부상병을 ~하다. 2〖법〗 소송 또는 행정 절차로서, 사건의 처리권을 어느 관청에서 다른 관청으로 옮기는 일.

이:-수(耳垂)명 귓불.

이:-수(利水)명 1 물을 잘 이용함. 2 물이 잘 통하게 하는 일. □~ 공사.

이:-수(里數)[-쑤]명 1 거리를 리(里)의 단위로 측정한 수. 2 마을의 수효.

이수(泥水)명 흙탕물.

이수(移囚)명하타 죄수(罪囚)를 다른 교도소로 옮김.

이:-수(履修)명하타 차례를 밟아 학과를 공부하여 마침. □~ 학점 / 전 과정을 ~하다 / 교직 과목을 ~하다.

이수(螭首)명 종정(鐘鼎)·궁전의 섬돌·인장·비석의 머리 따위에, 뿔 없는 용(龍)의 모양을 아로새긴 형상. 이두(螭頭).

이:-수(離水)명하자 (수상(水上) 비행기가) 수면에서 떠 날아오름.

이:-수(離愁)명 이별의 슬픔.

이:-수-변(二水邊)명 한자 부수(部首)의 하나(〈凍〉·〈冷〉 따위에서 '冫'의 이름).

이:-수-성(異數性)[-썽]명 〖생〗 염색체의 수가 기본 수의 정수배(整數倍)보다 얼마간 늘거나 주는 현상.

이숙(梨熟)명 배숙.

이:-순(耳順)명 나이 예순 살의 일컬음.

이슈(issue)명 논의의 중심이 되는 문제. 논점. 논쟁점. □실업 문제가 사회적 ~로 떠오르다.

이스턴 그립(eastern grip) 테니스에서, 라켓면이 지면과 수직이 되도록 하여 악수하듯 라켓을 쥐는 방법. *웨스턴 그립.

이스트(yeast)명 효모균(보통, 빵을 부풀릴 때 씀).

이슥-도록 위 밤이 깊을 때까지. □밤이 ~ 이야기를 나누다.

이슥-하다[-스카-]형여 밤이 꽤 깊다. □밤이 이슥하도록 공부하다 / 그는 밤이 이슥해서야 돌아왔다. **이슥-히**[-스키]위

이슬 명 1 공기 중의 수증기가 기온이 내려가거나 찬 물체에 부딪힐 때 엉겨서 생기는 작은 물방울. □풀잎에 ~이 맺히다. 2 덧없는 생명을 비유하는 말. 3 눈물의 비유. 4 여자의 월경이나 해산 전에 조금 나오는 누르스름한 물.

이슬로 사라지다 ⇨ 사형장이나 전쟁터에서 목숨을 잃다. □교수대의 ~.

이슬-기(-氣)[-끼]명 이슬 기운.

이슬-떨이 명 1 이슬받이4. 2 이슬을 떠는 막대기.

이슬람(Islam)명 1 이슬람교도가 자신이 믿는 종교를 부르는 말. 2 이슬람교의 세계. 또는 이슬람교도 전체.

이슬람-교(Islam教)명 〖종〗 마호메트를 교조로 하고 유일 최고신 알라에 대한 믿음을 기초로 한 세계 3대 종교의 하나. 마호메트교. 모하메드교. 회교(回敎). 회회교.

이슬람-교도(Islam教徒)명 이슬람교를 믿는 사람. 또는 그 무리.

이슬람-력(Islam曆)[-녁]명 이슬람교국에서 쓰는 태음력. 서기 622년 7월 16일의 마호메트의 헤지라(Hegira), 곧 성천(聖遷)으로부터 기산하여, 1년을 354일, 큰달은 355일로 하고, 12월로 나누되, 한 달을 30일이나 29일로 번갈아 잡음. 회회력(回敎曆). 마호메트력(曆).

이슬-마루 명 배 위에 지은 돔집의 대들보.

이슬-받이[-바지]명 1 이슬이 내리는 때. 2 양옆에 이슬 맺힌 이슬이 맺혀 있는 작은 길. 3 풀섶의 이슬 내린 길을 걸을 때 이슬에 젖지 않도록 허리 아래에 두르는 작은 도롱이. 4 풀섶의 이슬 내린 길을 걸을 때 맨 앞에 가는 사람. 이슬떨이.

이슬-방울 [-빵-] 똉 이슬이 맺혀 생긴 방울. □풀잎에 ~이 송송 맺히다.
이슬-비 똉 아주 가늘게 내리는 비(는개보다 굵고 가랑비보다 가늚). □~를 맞다.
이슬-아침 똉 내린 이슬이 채 마르지 않은 이른 아침.
이슬-점 (-點) [-쩜] 똉 『물』 대기 중에 포함되어 있는 수증기가 냉각되어 응결되기 시작할 때의 온도. 노점(露點).
이슬점 습도계 (-點濕度計) [-쩜-또-/-쩜-또게] 똉 『물』 이슬점을 측정하여 습도를 구하는 기구(금속면의 뒷면을 차게 하여 이슬점을 잼). 노점(露點) 습도계.
이:습 (吏習) 똉 아전의 풍습.
이슷 뿐 〈옛〉 비슷이. 비슷하게.
이슷하다 혱 〈옛〉 비슷하다 준 죽다.
이승 똉 『불』 지금 살고 있는 세상. 금생(今生). 금세(今世). 이생. 차세(此世). 차생(此生). □~을 하직하다. ↔저승.
　이승을 떠나다 판 죽다.
이:승 (二乘) 똉하타 1 『수』 '제곱'의 구용어. 2 『불』 대승과 소승. 성문승과 연각승, 성문승과 보살승을 궁글 이릴름.
이승 (尼僧) 똉 『불』 비구니.
이승-잠 똉 이 세상에서 자는 잠이라는 뜻으로, 밤중에 정신없이 계속해서 자는 잠을 이르는 말.
이시 (伊時·爾時) 똉 그때.
이:시 (移施) 똉 『역』 양자(養子)로 간 사람의 벼슬이 높아짐으로써 그 생가의 아버지와 할아버지에게 품계와 벼슬을 내리던 일.
이:시 (異時) 똉 다른 때.
이시 (EC) 똉 〔European Community〕 『경』 유럽 공동체.
이시여 조 호격 조사 '이여'의 높임말. □신~, 우리를 보살펴 주소서. *시여.
이:식 (利息) 똉 이자. 길미.
이:식 (利殖) 똉하타 이자에 이자가 붙어서 재물이 늘어감.
이식 (移植) 똉하타 1 옮겨서 심음. 옮겨심기. □묘목 ~. 2 『생』 살아 있는 조직이나 장기를 생체에서 떼어 내어, 같은 개체나 다른 개체의 몸에 옮겨 붙이는 일. □피부 ~ / 심장 ~ 수술을 받다.
이:식-산 (利息算) [-싼] 똉 『수』 '이자산(利子算)'의 구용어.
이:식위천 (以食爲天) 똉 사람이 살아가는 데 먹는 것이 가장 중요하다는 말.
이:신-론 (理神論) [-논] 똉 『철』 계몽주의 시대에 성행했던 종교적 견해. 세계의 근원으로서 세계와는 별도로 하나의 신을 인정하면서, 이것을 세상일에 관여하거나 계시에 의해 자기를 나타내는 것과 같은 인격적 주재자로는 생각지 않고, 따라서 기적·계시의 존재를 부정함(계시 종교에 대한 이성 종교). 자연신론.
이:신벌군 (以臣伐君) 똉하자 신하가 임금을 침.
이신-양성 (頤神養性) 똉하자 마음을 가다듬어 고요하게 정신을 수양함. 준이양(頤養).
이:실고지 (以實告之) 똉하자타 이실직고.
이:실직고 (以實直告) [-꼬] 똉하자타 사실 그대로 고함. 이실고지.
이:심 (二心) 똉 1 두 가지 마음. 이심(異心). 2 배반하는 마음. □~을 가지다. 3 변하여 바뀌기 쉬운 마음.
이:심 (二審) 똉 『법』 '제이심'의 준말.

이:심 (異心) 똉 1 딴마음. □~을 가지다. 2 이심(二心)1.
이심 (移審) 똉하타 『법』 소송 사건을 한 법원에서 다른 법원으로 이송하여 심리하는 일. 또는 그 심리.
이:심-률 (離心率) [-뉼] 똉 『수』 원뿔 곡선이 가진 상수의 하나(이것이 1보다 작은가, 1과 같은가, 혹은 1보다 큰가에 따라 타원·포물선·쌍곡선이 됨). 심차율(心差率).
이:심-스럽다 (已甚-) [-따] [-스러워, -스러우니] 혱 너무 심한 데가 있다. 쫭야심스럽다. 이:심-스레 뿐
이:심전심 (以心傳心) 똉하자 마음에서 마음으로 통이 전함. 심심상인(心心相印). □~으로 우정이 싹트다.
이:심-하다 (已甚-) 혱예 지나치게 심하다.
이:십 (二十) 쉬똉 스물. □~ 명 / ~ 개 / 딸의 나이가 올해 ~이다.
[이십 안 자식 삼십 안 천량] 자식은 이십 안에 낳아야 하고, 재산은 삼십 안에 모아야 함을 이르는 말.
이:십사-금 (二十四金) [-싸-] 똉 순금(금의 성분이 24분의 24임).
이:십사-기 (二十四氣) [-싸-] 똉 '이십사절기(節氣)'의 준말.
이:십사반 무:예 (二十四般武藝) [-싸-] 『역』 무예 이십사반.
이:십사-방위 (二十四方位) [-싸-] 똉 스물넷으로 나눈 방위. 곧, 자(子)·계(癸)·축(丑)·간(艮)·인(寅)·갑(甲)·묘(卯)·을(乙)·진(辰)·손(巽)·사(巳)·병(丙)·오(午)·정(丁)·미(未)·곤(坤)·신(申)·경(庚)·유(酉)·신(辛)·술(戌)·건(乾)·해(亥)·임(壬)의 방위의 총칭.
이:십사번-화신풍 (二十四番花信風) [-싸-] 똉 이십사절기의 소한에서 곡우까지의 사이에 일후(一候), 곧 닷새마다 꽃이 피는 것을 알려 주는 봄바람. 화신풍.
이:십사-시 (二十四時) [-싸-] 똉 하루를 스물넷으로 나눈 시간. 상오와 하오 각각 열두 시간에 이십사방위의 이름을 붙여 이름.

시	1	2	3	4	5	6	7	8	9	10	11	12
오전	계 癸	축 丑	갑 甲	인 寅	을 乙	묘 卯	을 乙	진 辰	손 巽	사 巳	병 丙	오 午
오후	정 丁	미 未	곤 坤	신 申	경 庚	유 酉	신 辛	술 戌	건 乾	해 亥	임 壬	자 子

이:십사-절 (二十四節) [-싸-] 똉 '이십사절기'의 준말.
이:십사-절기 (二十四節氣) [-싸-] 똉 태양의 황도(黃道) 상의 위치에 따라 정한 일 년의 절기. 이십사절후. 준이십사기·이십사절.

계절	절 기	음력	양 력
봄	입춘(立春)	정월	2월 4일이나 5일
	우수(雨水)		2월 19일이나 20일
	경칩(驚蟄)	이월	3월 5일이나 6일
	춘분(春分)		3월 21일이나 22일
	청명(淸明)	삼월	4월 5일이나 6일
	곡우(穀雨)		4월 20일이나 21일
여름	입하(立夏)	사월	5월 6일이나 7일
	소만(小滿)		5월 21일이나 22일
	망종(芒種)	오월	6월 6일이나 7일
	하지(夏至)		6월 21일이나 22일
	소서(小暑)	유월	7월 7일이나 8일
	대서(大暑)		7월 23일이나 24일

	입추(立秋)	칠월	8월	8일이나 9일
가을	처서(處暑)		8월	23일이나 24일
	백로(白露)	팔월	9월	8일이나 9일
	추분(秋分)		9월	23일이나 24일
	한로(寒露)	구월	10월	8일이나 9일
	상강(霜降)		10월	23일이나 24일
겨울	입동(立冬)	시월	11월	7일이나 8일
	소설(小雪)		11월	22일이나 23일
	대설(大雪)	동지	12월	7일이나 8일
	동지(冬至)		12월	22일이나 23일
	소한(小寒)	섣달	1월	6일이나 7일
	대한(大寒)		1월	20일이나 21일

이:-십사-절후(二十四節候)[-싸-]명 이십사절기.

이:십-세기(二十世紀)[-쎄-]명 **1** 서기 1901년부터 2000년까지의 백 년 동안. **2**〔植〕9월 중순에 나는, 둥글고 엷은 초록색을 띤 배의 품종의 하나.

이:십오 보살(二十五菩薩)〔佛〕아미타불을 염(念)하여 극락왕생을 원하는 사람을 보호하여 주는 스물다섯 보살.

이:십오-시(二十五時)명 루마니아 작가 게오르기우의 소설 제목(불안과 절망의 시간).

이:십오-유(二十五有)〔佛〕윤회(輪廻)의 생사계(生死界)를 스물다섯으로 나눈 것으로, 욕계(欲界)의 십사유(十四有), 색계(色界)의 칠유(七有), 무색계의 사유(四有)를 말함.

이:십팔-수(二十八宿)[-쑤]명 옛날 인도·페르시아·중국에서 해와 달과 여러 행성들의 소재를 밝히기 위하여 황도를 따라 천구(天球)를 28로 구분한 것. 중국의 구분으로는 동에 각(角)·항(亢)·저(氐)·방(房)·심(心)·미(尾)·기(箕), 서에 규(奎)·누(婁)·위(胃)·묘(昴)·필(畢)·자(觜)·삼(參), 남에 정(井)·귀(鬼)·유(柳)·성(星)·장(張)·익(翼)·진(軫), 북에 두(斗)·우(牛)·여(女)·허(虛)·위(危)·실(室)·벽(壁)이 있음.

이-쑤시개명 잇새에 낀 것을 쑤셔 파내는 데 쓰이는 물건.

이아치다재 **1** 자연의 힘이 미치어 손해를 입다. **2** 거칠적거리거나 남의 짓으로 방해가 되거나 손실을 입히다. ⊜이치다.

이악-스럽다[-쓰-따][-스러워, -스러우니]형(ㅂ) 이악한 데가 있다. ☐돈에 이악스럽게 달라붙다. **이악-스레**[-쓰-]부. ☐~ 따지다.

이악-하다[-아카-]형여 **1** 달라붙는 기세가 굳세고 끈덕지다. ☐이악하게 일에 매달리다. **2** 자기 이익에만 마음이 있다.

이:-안(吏案)명〔歷〕군아(郡衙)에 갖추어 두던 아전 명부.

이안(移安)명하타 신주 따위를 다른 곳으로 옮겨 모심.

이:-안 리플렉스 카메라(二眼 reflex camera) 초점을 맞추는 렌즈와 촬영용의 렌즈를 아래위에 갖춘 리플렉스 카메라. ✻일안 리플렉스 카메라.

이:-안심(異安心)명〔佛〕조사(祖師)의 도(道)나 전승(傳承)에 어긋나는 사설(私說)을 주장하는 안심. 이단(異端).

이-알명 이밥의 낱알.
[**이알이 곤두서다**] 가난하던 사람이 조금 잘살게 되었다고 거만하게 행동함을 비꼬는 말.

이-앓이[-아리]명 치통. ─하다재여 치통을 앓다.

이암(泥岩)명 미세한 진흙이 쌓여 굳어서 된 퇴적암. 진흙 바위.

이앙(移秧)명하자 모내기.

이앙-기(移秧機)명 모를 내는 데 쓰는 기계.

이애저애-하다재여 남을 '이 애'·'저 애' 하는 식으로 마구 얕잡아 부르다.

이야조 받침 없는 체언에 붙어, 강조하는 뜻을 나타낼 때 쓰는 보조사. ☐설마 이번~ 붙겠지 / 이런 일쯤~ 문제없다. ✻야⁴.

이야기명하자타 **1** 남이 모르는 일을 일러 주는 말. ☐내막을 ~하다. **2** 서로 주고받고 하는 말. ☐둘만의 ~. **3** 경험한 일이나 심중에 느낀 바를 털어놓는 말. ☐자신의 입장을 ~하다. **4** 어떤 문제를 한가운데 놓고 하는 이런저런 말. ☐혼자 ~ / 하루 이틀 된 ~도 아니다. **5** 어떤 사실이나 있지도 않은 일을 사실처럼 꾸며서 재미있게 늘어놓는 말. 설화(說話). ☐황당무계한 ~. **6** 소설. **7** 소문이나 평판. ☐동네에 이상한 ~가 돈다.

이야기-꽃[-꼳]명 즐겁고 재미나는 이야기나 이야기판을 비유적으로 이르는 말. ☐오순도순 모여 앉아 ~를 피우다.

이야기-꾼명 이야기를 재미있게 잘하는 사람. ⊛얘기꾼.

이야기-책(-冊)명 이야기를 적어 놓은 책(고담책·소설 따위). ⊛얘기책.

이야기-판명 여러 사람이 모여 이야기를 하는 판. ☐~가 벌어지다. ⊛얘기판.

이야깃-거리[-꺼-/-낃꺼-]명 이야기가 될 만한 재료나 소재. ⊛얘깃거리.

이야깃-주머니[-기주-/-긷쭈-]명 재미있는 이야깃거리를 많이 알고 있는 사람. ⊛얘깃주머니.

이야-말로¹부 '이것이야말로'의 준말.

이야-말로²조 받침 있는 체언에 붙어, 강조하여 확인하는 뜻을 나타낼 때 쓰는 보조사. ☐그 곡 중의 명곡이요 / 그 사람~ 칭찬받을 만하다. ✻야말로.

이약(餌藥)명 '보약'을 한방에서 이르는 말.

이양(移讓)명하타 남에게 넘겨줌. ☐정권 ~ / 소유권을 ~하다.

이양(頤養)명하자 '이신양성(頤神養性)'의 준말.

이:양-선(異樣船)명 모양이 다른 배라는 뜻으로, 조선 때에 외국의 선박을 이르던 말.

이:어(耳語)명 귓속말.

이어(俚語)명 이언(俚言).

이어(移御)명하자 임금이 거처(居處)하는 곳을 옮김.

이:어(鯉魚)명〔農〕'잉어'의 본딧말.

이어부 계속하여. 잇대어. ☐행사가 끝나고 ~ 여흥이 있었다.

이어-같이명하타〔農〕이어짓기.

이어다타〈옛〉흔들다.

이어-달리기명하자 보통 한 조를 이루는 네 명의 경주자가 각자 일정한 거리를 분담하고 차례로 배턴을 이어받아 달려서 빠르기를 겨루는 경기. 릴레이 경주. 계주 경기.

이어마크(earmark)명 **1** 방목하는 가축의 사육자를 밝히기 위하여 그 가축의 귀에 다는 표지. 귀표. **2**〔經〕자금을 일정한 일에 쓰기 위하여 모아 놓는 일. 또는 그 자금.

이어-받다[-따]타 조상이나 선임자 따위의 지위·신분·권리·의무 따위를 물려받다. 계승하다. ☐전통을 ~ / 아버지의 사업을 ~.

이어-서부 부사 '이어'에 보조사 '서'를 덧붙여 어조를 고른 말. ☐밥을 먹고 나니 ~ 과일이 나왔다.

이어이다 邳 〈옛〉흔들리다.

이:어인 (異於人) 명하형 보통 사람과 다름.

이:어중 (異於衆) 명하형 무리 가운데 유달리 뛰어남.

이어-지다 邳 끊어지지 않고 계속되다. ▣ 흐린 날씨가 ~.

이어진-문장 (-文章) 명 〔언〕 둘 이상의 절이 연결 어미에 의하여 결합된 문장. 종속적으로 이어진 문장과 대등하게 이어진 문장의 두 종류가 있음('봄이 오면 꽃이 핀다'·'영화를 보고 저녁을 먹었다' 따위).

이어-짓기 [-진끼] 명하타 〔농〕 같은 땅에 같은 작물을 해마다 심어 가꾸는 일. 연작(連作). 이어갈이. →돌려짓기.

이어폰 (earphone) 명 귀에 꽂거나 밀착하여 방송이나 녹음테이프 등을 혼자 들을 수 있게 만든 장치. ▣ ~을 끼다.

이:언 (二言) 명하타 **1** 두 번 말함. **2** 한번 말한 것을 뒤집어 달리 말함.

이언 (俚言) 명 항간(巷間)에 떠돌며 쓰이는 속된 말. 상말. 이어(俚語).

이언 (俚諺) 명 항간에 퍼져 있는 속담.

이:엄 (耳掩) 명 〔역〕 관복을 입을 때 사모 밑에 쓰던, 모피로 된 방한구.

이엄-이엄 [-어미-/-어미-] 뭐 끊이지 않고 자꾸 이어 가는 모양.

이엉 명 초가집의 지붕·담을 이기 위하여 짚이나 새 따위로 엮은 물건. 개초. ▣ ~을 얹다 / ~을 엮다. 준영.

이엉-꼬챙이 명 지붕을 일 때, 이엉 마름을 꿰어 올리는 도구.

이-에 뭐 그래서. 이리하여 곧. ▣ 다른 학생의 모범이 되었으므로 ~ 상장을 수여함.

이-에서 뭐 이것에 비하여. 이보다. ▣ ~ 더 슬픈 일이 이연하기 위한 계정.

이에-짬 명 두 물건을 맞붙여 이은 짬.

이여 (爾汝) 명 너나들이. ▣ ~의 교분.

이여 (爾餘) 명 기여(其餘).

이여 邳 받침 있는 체언에 붙어, 감탄이나 호소의 뜻을 나타내는 호격 조사. ▣ 슬픔~ 안녕. *여⁴.

이여차 旮 '이영차'의 준말.

이:역 (二役) 명 **1** 두 가지 역할. **2** 배우가 두 사람의 역을 함. *일인이역.

이:역 (異域) 명 **1** 다른 나라의 땅. ▣ ~ 땅에 묻히다. **2** 제고장이나 고향이 아닌 딴 곳.

이역-만리 (異域萬里) [-영마-] 명 다른 나라의 아주 먼 곳.

이역부득 (移易不得) [-뿌-] 명하형 달리 변통할 도리가 없음. 變易부득.

이연 (移延) 명하타 차례로 시일·기일 따위를 미루어 나감.

이:연 (異緣) 명 〔불〕 불가사의한 인연《남녀의 인연을 일컬음》.

이:연 (離緣) 명하자타 부부·양자(養子)의 관계를 끊음. ↔결연.

이연 계:정 (移延計定) [- / -게-] 회계에서, 당기(當期)에 발생한 수익 또는 손실로서, 결산 때 차기에 이연하기 위한 계정.

이:연지사 (已然之事) 명 이미 그렇게 된 일.

이연-하다 (怡然-) 형여 기쁘고 즐겁다. 이연-히 뭐

이열 (怡悅) 명하형 즐겁고 기쁨.

이:열치열 (以熱治熱) 명하자 열은 열로써 다스린다는 뜻으로, 힘은 힘으로 물리침을 이르는 말.

이:염기-산 (二塩基酸) 명 〔화〕 황산·황화수소·탄산 등과 같이 한 분자 가운데 금속과 바꿀 수 있는 수소 원자 두 개를 함유한 산.

이영차 旮 여럿이 힘을 합쳐 한 가지 일을 할 때, 기운을 돋우려고 함께 지르는 소리. 준이여차·영차·여차.

이오니아-식 (Ionia式) 명 〔건〕 그리스 고전 건축 양식의 하나《우아하고 경쾌하며 기둥에는 주춧돌이 있고, 소용돌이 모양을 한 기둥머리 등이 특징임》.

이온 (ion) 명 〔화〕 양(陽) 또는 음(陰)의 전기를 갖는 원자 또는 원자단《음극으로 향해 가는 이온을 양이온, 양극으로 향하는 것을 음이온이라 함》.

이온-설 (ion說) 명 전리설(電離說).

이온-화 (ion化) 명하자타 〔화〕 원자 또는 분자가 전자를 얻거나 잃어서 이온으로 되는 현상. 전기 해리. 전리(電離).

이온화 경향 (ion化傾向) 〔화〕 금속이 금속이온을 함유하는 용액과 접할 때 이온으로 되어 용액 속으로 들어가려는 경향.

이온화-도 (ion化度) 〔화〕 전해질을 용매에 녹였을 때, 전해질 전체에 대해 이온화한 분자의 비율. 전리도.

이온화 상자 (ion化箱子) 〔물〕 방사선이 물질 안에서 만드는 전자·이온을 전극(電極)으로 모아서, 그 세기·선량(線量)·에너지 따위를 측정하는 장치. 전리 상자.

이온화-설 (ion化說) 〔화〕 전해질 용액은 전류를 통하였건 통하지 않았건 일정한 이온화도를 갖고 이온화하여 있으며, 전류는 이온을 운반하는 역할만을 한다는 설. 전리설.

이온화 전:류 (ion化電流) [-절-] 〔물〕 기체를 방사선으로 이온화하여 만든 이온에, 전기장(電氣場)을 작용시켜 일으키는 전류.

이:와전와 (以訛傳訛) 명하자 거짓말에 또 거짓말이 섞여 자꾸 잘못 전하여 감.

이완 (弛緩) 명하자 근육이나 긴장 따위가 풀려 느슨해짐. ▣ 결속력의 ~ / 긴장이 ~되다 / 근육을 ~시키다.

이:왕 (已往) 명 지금보다 이전. ▣ ~에 있던 일. □ 뭐 '이왕에'의 준말. 기왕. ▣ ~ 하려면 제대로 하자.

이왕 (易往) 명 〔불〕 아미타(阿彌陀)의 본원(本願)에 의하여 극락정토에 쉽게 왕생하는 일.

이:왕-에 (已往-) 뭐 이미 그렇게 된 바에, 기왕에. ▣ ~ 시작한 일이니 열심히 합시다. 준이왕.

이왕에 버린 몸 귀 이미 한 번 크게 실수하여 다시 회복시킬 수 없는 신세가 된 몸.

이:왕-이면 (已往-) 뭐 어차피 그렇게 할 바에는, 기왕이면. ▣ ~ 공기 좋은 곳으로 이사합시다.

이:왕지사 (已往之事) 명 이미 지나간 일. 기왕지사. 이과저사. ▣ ~ 끝난 일을 다시 생각하고 싶지 않다.

이:외 (以外) 명 일정한 범위나 한도의 밖. 이 밖. 그 밖. ▣ 규정 ~ / 관계자 ~ 출입 금지. ↔이내(以內).

이:욕 (利慾) 명 개인적인 이익을 탐하는 욕심. ▣ ~에 눈이 멀다 / ~을 채우다.

이:용 (利用) 명하타 **1** 필요에 따라 이롭거나 쓸모 있게 씀. ▣ 폐품 ~ / 대중교통을 ~하다. **2** 다른 사람이나 대상을 자신의 목적을 위해 수단으로 씀. ▣ 출세를 위해 친구를 ~하다.

이용 (移用) 명하타 〔법〕 세출 예산에서 지정된 경비를 다른 부서나 항목의 경비로 돌려씀.

이:용 (理容) 명 이발과 미용.
이:용-녹지 (利用綠地)[-찌] 명 도시 시민이 직접 이용하는 녹지대《공원이 그 주체가 됨》.
이:용-도 (利用度) 명 이용하는 정도.
이:용 조합 (利用組合)〖경〗산업 조합의 하나. 산업상·경제상 필요한 시설이나 자금을 그 조합원이 공동으로 이용하게 함을 목적으로 만든 조합.
이:용-후생 (利用厚生) 명 편리한 기구를 잘 사용하여 먹고 입는 것을 풍부하게 하며, 생계에 부족함이 없도록 함.
이우 (移寓) 명하자 딴 곳으로 옮겨 임시로 몸을 부쳐 삶.
이:우 (貽憂) 명하자 남에게 근심·걱정을 끼침.
이우다 타《'이다'의 사동》머리 위에 이게 하다. ❑짐을 머리에 ~.
이:우아 감 십팔기(十八技)의 왜검을 연습할 때, 돌진하는 자세를 취하면서 지르는 소리.
이운 (移運) 명하자 **1** 자리를 옮김. **2**〖불〗부처를 옮겨 모심.
이울다 〔이울어, 이우니, 이우는〕 자 **1** 꽃이나 잎이 시들다. **2** 점차 쇠약해지다. ❑국운이 ~. **3** 해나 달의 빛이 약해지거나 스러지다. ❑달빛이 ~.
이웃 [-욷] 명하자 **1** 가까이 있거나 나란히 있어서 경계가 서로 접해 있음. ❑~한 나라. **2** 가까이 사는 집. 또는 그 사람. ❑~끼리 정답게 지내다.
이웃-사촌 (-四寸)[-욷싸-] 명 서로 이웃에 살며 정이 들어 친분이 두터운 이웃.
이웃-집 [-욷찝] 명 이웃하여 사는 집. 인가(隣家). ❑~에 마을 가다.
이:원 (二元) 명 **1** 두 개의 요소. **2**〖철〗사물이 두 개의 다른 근본 원리로 이루어져 있다고 생각하는 경우의, 그 두 개의 원리. **3**〖수〗두 개의 미지수. ❑~ 방정식. **4** 두 곳의 방송 장소를 동시에 사용하는 일. ❑~방송.
이:원 (利源) 명 이익이 생기는 근원.
이원 (梨園) 명 **1** 배나무를 심어 가꾸는 정원. **2**〖역〗중국 당(唐)나라 때, 현종(玄宗)이 몸소 배우(俳優)들에게 기술을 가르치던 곳《이에 유래하여 배우의 사회·극단·연예계의 뜻으로 씀》.
이:원-권 (以遠權)[-꿘] 명〖법〗두 나라 사이의 항공 협정에서, 협정 상대국 내의 지점에서 다시 제삼국 지점으로 운항을 연장할 수 있는 권리.
이:원-론 (二元論)[-논] 명〖철〗**1** 대상을 고찰하는데 서로 대립하는 두 개의 원리로 실재의 개개의 부분 또는 전체를 설명하는 입장. 또는 그 사고방식《이를테면 주관과 객관, 의식과 존재, 오성과 감성, 천지, 음양 따위》. **2** 우주의 근본 원리를 정신과 물질의 이원으로 믿는 설《데카르트의 물심(物心) 이원론은 그 대표적임》. *다원론·일원론.
이:원-제 (二院制) 명〖법〗'이원 제도'의 준말.
이:원 제:도 (二院制度)〖법〗양원(兩院) 제도. ㈜이원제.
이:월 (二月) 명 한 해 열두 달 중의 둘째 달.
이월 (移越) 명하타 **1** 옮겨 넘김. **2**〖경〗부기에서, 한쪽의 계산의 결과를 다음 쪽으로 넘기는 일. **3** 회계에서, 한 회계 연도의 회계 계정을 다음 기간으로 넘기는 일. ❑잔액을 내년도 회계에 ~하다.
이월-금 (移越金) 명〖경〗한 회계 연도의 결산 결과, 배당금·상여금 따위 손익금을 처분하고 차기(次期)로 넘긴 잔액《이월 이익금과 이월 결손금(缺損金)이 있음》.

이:유 (理由) 명 **1** 어떠한 결론이나 결과에 이른 까닭이나 근거. 사유(事由). ❑~ 없는 반항 / 울고 있는 ~를 묻다. **2** 구실이나 변명. ❑무슨 ~가 그렇게 많으냐.
이:유 (離乳) 명하자타 **1** 젖먹이가 자라서 젖을 먹지 않게 됨. **2** 젖먹이에게 젖 이외의 음식물을 주어 점차로 젖을 뗌.
이:유-기 (離乳期) 명〖의〗젖먹이가 젖을 떼는 시기《보통 생후 6-7개월에 시작되는데, 젖만으로는 영양이 부족하여 젖 이외의 음식을 찾게 됨》. *이유식.
이:유-식 (離乳食) 명 이유기에 유아에게 먹이는 젖 이외의 음식.
이:유-율 (理由律) 명 충족(充足) 이유율.
이:유-표 (理由標) 명〖수〗어떤 문제나 사실을 베풀어 보인 뒤, 그 까닭을 나타낼 때 '왜냐하면'의 뜻으로 쓰는 부호. '∵'표의 이름. 까닭표. 거꿀삼발점.
이:윤 (利潤) 명 **1** 장사 따위를 하여 남은 돈. 이익. ❑~을 남기다. **2**〖경〗한 기업의 총수익에서 일체의 생산비. 곧 지대(地代)·임금·이자·감가상각비 따위를 빼고 남는 순이익.
이:윤-율 (利潤率)[-뉼] 명〖경〗총자본에 대한 이윤의 비율.
이:율 (利率) 명 원금에 대한 이자의 비율《기한에 따라 연리·월리·일변 따위로 나뉨》. 이자율. ❑~을 올리다 / ~이 높다.
이:율-배반 (二律背反) 명〖논〗서로 모순되는 두 개의 명제가 동등한 권리로서 주장되는 일. 안티노미. ❑~적인 논리.
이융 합금 (易融合金)[-끔]〖화〗가융(可融) 합금.
이윽고 [-꼬] 부 한참 만에. 얼마 있다가. ❑~ 그가 입을 열었지.
이:은 (二恩) 명 **1** 부모의 은혜. **2** 스승과 어버이의 은혜.
이은-말 명 '구(句)'의 풀어쓴 말.
이음 명 마주 이어서 합하는 일.
이음-매 명 두 물체를 이은 자리.
이음-새 명 **1** 두 물체를 이은 모양새. **2** ☞이음매.
이음-씨 명 '접속사(接續詞)'의 풀어쓴 이름.
이음-줄 [-쭐] 명 **1** 둘 사이를 잇는 줄. ❑~이 끊어지다. **2**〖악〗악보에서, 높이가 다른 둘 이상의 음표 사이를 끊지 않고 매끄럽게 연주하라는 기호. 연결선.
이음-표 (-標) 명〖언〗앞의 말이나 문장을 뒤의 말이나 문장과 연결시킬 때 쓰는 문장 부호《줄표(—)·붙임표(-)·물결표(~)가 있음》. 연결부(連結符).
이응 명〖언〗한글 자모 'ㅇ'의 이름.
이:의 (二儀)[-/-이] 명〖철〗양의(兩儀).
이:의 (異意)[-/-이] 명 다른 의견이나 의사. ❑~의 여지가 없다. ↔동의(同意).
이:의 (異義)[-/-이] 명 다른 뜻이나 의미.
이:의 (異議)[-/-이] 명하자 **1** 달리하는 주장. 다른 의견이나 의논. 이론(異論). ❑~를 제기하다. ↔동의(同議). **2**〖법〗어떤 행위가 법률상의 효과를 가져오는 데에 반대하여, 그에 대한 불복 및 항의의 의사를 표시하는 일《행정법상과 소송법상의 두 가지 이의가 있음》.
이:의 (肄儀)[-/-이] 명하자 의식이나 범절을 미리 익힘.
이:의 신청 (異議申請)[-/-이-]〖법〗법률상 인정한 절차에 의해 이의를 주장하는 행위.

이-이 [인대] 이 사람. ⓒ이.

이이시 (EEC) 圀 [European Economic Community] 유럽 경제 공동체.

이:제이 (以夷制夷) 圀하자 오랑캐로 오랑캐를 물리친다는 뜻으로, 한 세력을 이용하여 다른 세력을 제어한다는 말.

이:익 (利益) 圀 1 물질적으로나 정신적으로 보탬이 되는 것. ⓒ~을 보다 / ~을 남기다. 2 〖경〗기업의 결산 결과, 총수입에서 일체의 부채와 경비를 빼고 남은 금액. ↔손해.

이:익-금 (利益金)[-끔] 圀 이익을 본 돈. 개인·기업체가 원금 이상으로 번 돈. ⓒ~을 나누다.

이:익 대:표 (利益代表)[-때-] 어떤 단체의 권익을 보장하기 위하여 그 단체에 선거권을 주어, 의회에서 인구(人口) 대표와 대립하여 그 단체의 이익을 대표하게 함. 또는 그 대표하는 사람.

이:익 배:당 (利益配當)[-빼-] 圀 회사 따위에서 기말 결산의 순이익을 주주에게 나누어 주는 일.

이:익 사회 (利益社會)[-싸-] 노동조합·주식회사 등과 같이 자유 의지에 의하여 만들어진 집단으로, 개개인의 목적·이익과 타산에 의해 결합된 사회. 게젤샤프트(Gesellschaft). ↔공동 사회.

이:익 준:비금 (利益準備金)[-쭌-] 〖경〗회사가 총자본의 반이 될 때까지 결산기마다 순이익의 일부를 적립하는 법정 준비금.

이:인 (二人) 圀 1 두 사람. 2 부모. 3 부부.

이:인 (異人) 圀 1 재주가 신통하고 비범한 사람. 2 다른 사람. ⓒ동명(同名)~. 3 다른 나라 사람.

이:인-삼각 (二人三脚) 圀 두 사람이 옆으로 나란히 서서 맞닿은 쪽의 발목을 묶고 세 발처럼 하여 함께 뛰는 경기.

이:-인칭 (二人稱) 圀 제이 인칭.

이:일 (異日) 圀 1 과거나 미래의 어떤 날. 2 딴날. 타일(他日).

이:일-학 (二日瘧) 〖한의〗이틀거리.

이:임 (里任) 圀 〖역〗조선 때, 지방의 동리에서 호적에 관한 일과 기타 공공 사무를 맡아보던 사람.

이임 (移任) 圀하자 전임(轉任).

이:임 (離任) 圀하자 맡아보던 일을 내놓고 그 직위를 떠남. ⓒ~ 인사 / ~ 소감을 발표하다. ↔취임.

이입 (移入) 圀하타 1 옮겨 들임. ⓒ감정 ~. 2 세법상 국내 어떤 지역의 생산품을 다른 지역에서 사들이거나 옮겨 들이는 일. ↔이출(移出).

이아 〖옛〗잉아.

이자 圀 〖생〗위 뒤쪽에 있는, 길이 약 15cm의 가늘고 긴 삼각주 모양의 기관《하루 500~800cc의 이자액을 분비함》. 췌장. *지라.

이:자 (利子) 圀 돈을 빌린 사람이나, 예금 따위의 돈을 맡은 금융 기관 등이 그 대가로 지급하는 돈. 길미. 변리. 이문(利文). 이식(利息). 이전(利錢). 이조(利條). ⓒ~ 놀이 / ~를 내다 / ~를 받다 / ~가 ~를 낳다. ↔원금.

이:-자 (-者) 圀 〖비〗이 사람.

이:자-락 (利子落) 圀 공채·유가 증권의 이자 또는 이익 배당이 지급필(支給畢)로 된 것. ↔이자부. 이락(利落).

이자-머리 圀 새창에 붙은 쇠고기의 하나. 열구자탕을 만드는 데 씀.

이:자-부 (利子附) 圀 공채·주식 등에 이자 또는 배당이 붙어 있는 것. ↔이자락. ⓒ이부.

이:자-산 (利子算) 圀 원금·이율·기간 및 이자 중에서 3개의 값을 알 때 나머지 하나의 값을 구하는 계산법. 이식산(利息算).

이자-액 (-液) 圀 〖생〗이자에서 분비되는 무색무취의 투명한 알칼리성(性) 소화액. 췌장액(膵臟液).

이:자-율 (利子率) 圀 이율.

이:자-조 (利子條)[-쪼] 圀 이자의 부분. 이자의 명목. ⓒ이조(利條).

이-자택일 (二者擇一) 圀하자 양자택일.

이작 (移作) 圀하타 논이나 밭을 부치는 사람을 바꿈.

이:-작 (裏作) 圀 뒷갈이.

이:장 (弛張) 圀하자 풀려 느즈러짐과 당겨 켕김.

이:장 (里長) 圀 행정 구역인 이(里)를 대표하여 일을 맡아보는 사람.

이장 (泥匠) 圀 미장이.

이장 (移葬) 圀하타 무덤을 옮김. 개장. 천묘(遷墓). 천장(遷葬).

이:장-열 (弛張熱)[-녈] 圀 하루 종일 체온의 차가 섭씨 1°이상 되는 열형(熱型)《장결핵·신우염·패혈증 따위의 경우에 나타남》.

이:재 (吏才) 圀 관리로서 백성을 잘 다스리는 재간.

이:재 (異才) 圀 남다른 재주.

이:재 (理財) 圀하자 재물을 잘 관리함. ⓒ~에 밝다.

이재 (罹災) 圀하자 재해를 입음. 재앙을 당함.

이:재-가 (理財家) 圀 이재에 밝은 사람.

이재-민 (罹災民) 圀 재해(災害)를 입은 사람. ⓒ~을 돕다 / 홍수로 집을 잃고 ~이 되었다. ⓒ재민.

이:재발신 (以財發身)[-씬] 圀하자 재물의 힘으로 출세함.

이:재-법 (理財法)[-뻡] 圀 재산을 효과적으로 늘리는 방법.

이:재-학 (理財學) 圀 1 경제학. 2 재정학.

이:적 圀 이때. 이즈음.

이:적 (夷狄) 圀 오랑캐.

이:적 (利敵) 圀하자 적을 이롭게 함. ⓒ~ 단체 / ~ 행위.

이적 (移籍) 圀하자 1 호적을 옮김. 2 운동선수가 소속을 다른 팀으로 옮김.

이:적 (異跡·異蹟) 圀 1 기이한 행적. 2 기적(奇蹟). ⓒ~을 행하다 / ~을 보이다.

이:적 (離籍) 圀하타 〖법〗예전에, 호주가 가족 중의 어떤 사람을 호적에서 떼어 내던 일.

이:적-죄 (利敵罪)[-쬐] 圀 적을 이롭게 하는 행위를 함으로써 성립하는 죄.

이:적-토 (移積土) 圀 〖지〗운적토(運積土).

이:전 (以前) 圀 1 이제보다 전. 2 기준이 되는 때를 포함해서 그 전. ⓒ50세 ~의 저작. ↔이후.

이:전 (吏典) 圀 〖역〗1 육전(六典)의 하나. 군무 밖의 일반 관제와 관규(官規) 및 이조(吏曹)의 소관 사항을 규정한 법전. 2 조선 때, 이속(吏屬)을 통틀어 일컫던 말.

이:전 (利錢) 圀 1 이(利)가 남은 돈. 길미. 이문(利文). 2 이자(利子).

이전 (移轉) 圀하타 1 장소나 주소 따위를 다른 데로 옮김. ⓒ가게를 ~하다. 2 권리 따위를 넘겨주거나 넘겨받음. ⓒ소유권 ~.

이:전 (離箭) 圀하자 화살을 시위에 먹여 잡아당겼다가 손을 시위에서 뗌. 활을 쏨.

이전 등기 (移轉登記) 〖법〗매매·증여·상속 따위의 사실로 인하여 생기는 권리의 변동에

관한 등기.

이:전-번 (以前番)[-뻔]图 지난번. ⑧요전번.

이전 소:득 (移轉所得)『경』이전 지급으로 인하여 생기는 소득.

이전 지급 (移轉支給)『경』재화나 용역의 급부와는 관계없이 행하여지는 지급(연금·유족원호금·육영 자금·보조금·보험금 따위).

이전-투구 (泥田鬪狗)图 진흙탕에서 싸우는 개라는 뜻에서 1 강인한 성격의 함경도 사람을 이르는 말. 2 '명분이 서지 않는 일로 몰골사납게 싸움'을 이르는 말.

이:점 (利點)[-쩜]图 이로운 점. □~이 많다 / 교통이 편리한 ~이 있다.

이접 (移接)图하짜 1 거처를 잠시 옮겨 자리를 잡음. 2 예전에, 글을 배울 때 동접(同接)을 옮김. 3 다른 활터로 옮겨 감.

이:정 (里丁)图 마을에서 나이가 젊고 기운이 좋은 남자.

이:정 (里程)图 어떤 곳에서 다른 곳까지의 거리의 이수(里數). 도리(道里).

이정 (移定)图하타 옮겨 정함.

이정 (釐正)图하타 문서나 글을 정리하여 바로 잡음.

이:정-표 (里程表)图 육로(陸路)의 이정을 기록한 일람표.

이:정-표 (里程標)图 1 도로나 선로 등의 길가에 거리 및 방향을 적어 세운 표지. 거리표. 2 어떤 일이나 목적의 기준. □~로 삼다 / 민주주의 발전의 ~가 되다.

이제 图图 바로 이때. 지금. □추위가 ~부터 시작이다 / ~가면 언제 오나.

이:제 (二諦)图『불』진제(眞諦)와 속제(俗諦).

이:제 (裏題)图 책의 첫 장에 적힌 책의 제목.

이:-제공 (二提栱)图『건』주삼포(柱三包) 집기둥에 덧붙이는 쇠서받침.

이제-까지 图 이제껏.

이제-껏 [-껃]图 지금에 이르기까지. 여태껏. 이제까지. 입때껏. □~ 무엇을 하였느냐 / ~ 보지 못한 광경이다.

이제나-저제나 어떤 일이 일어나는 때가 언제일지 알 수 없을 때나 어떤 일을 몹시 안타깝게 기다릴 때 쓰는 말. □~ 애타게 기다리던 비가 오기 시작했다.

이제-야 图 이제 비로소. 지금에 이르러서야 겨우. □~ 알았다 / ~ 얼굴에 미소를 머금다 / ~ 본색을 드러내는구나.

이제저제-하다 짜재 어떤 일을 곧바로 행하지 않고 뭉그적거리다.

이젝션 시트 (ejection seat) 비행기가 사고로 추락할 때, 탑승원이 좌석에 앉은 채 자동적으로 비행기 밖으로 튀어나오면서 저절로 낙하산이 펴지게 된 장치.

이젤 (easel) 图 화가(畵家).

이:조 (吏曹)图『역』고려·조선 때, 육조의 하나(문관의 선임과 훈봉, 관원의 성적 고사, 포폄(褒貶)에 관한 일을 맡아보았음).

이:조 (李朝)图 일본인이 '조선 왕조'를 얕잡아 이르던 말.

이:조 (利條)[-쪼]图 1 '이자조'의 준말. 2 이자(利子).

이조 (移調)图하짜『악』조옮김.

이:조 참의 (吏曹參議)[-차믜 / -차미]이조에 속한 정삼품의 당상관(이조 참판의 아래).

이:조 참판 (吏曹參判)이조에 속한 종이품의 벼슬(이조 판서의 아래).

이:조 판서 (吏曹判書)이조의 으뜸 벼슬(정이품임). ⑧이판.

이:족 (異族)图 1 다른 민족. 2 성(姓)이 다른

겨레붙이.

이종 (姨從)图 '이종 사촌'의 준말.

이:종 (異種)图 1 다른 종류. ↔동종(同種). 2 변한 종자.

이종 (移種)图하타 모종을 옮겨 심음.

이:종 교배 (異種交配)『생』서로 다른 종의 생물의 암수를 교배시키는 일.

이종 사:촌 (姨從四寸)이모(姨母)의 아들과 딸. 9이르는 ~이다. ⑧이종.

이종 자매 (姨從姉妹)이종 사촌 간인 여자 형제. □~ 사이의 의(誼)가 좋다.

이종 형제 (姨從兄弟)이종 사촌 간인 남자 형제.

이:죄 (二罪)图 예전에, 일죄(一罪)인 사형 다음가는 죄를 이르던 말. 곧, 유형(流刑).

이죄 (弛罪)图하짜 죄를 용서함.

이죄 (罹罪)图하짜 죄에 걸려듦.

이:주 (二走)图『역』무과를 뽑을 때, 달음질의 둘째 등급.

이주 (移住)图하짜 다른 곳이나 나라에 옮아가서 삶. 이거(移居). □해외 ~.

이주-민 (移住民)图 다른 곳이나 나라에 옮아가서 사는 사람. ↔원주민. 이민(移民).

이주-석 (蟣柱石)图『건』이무깃돌.

이:주-화 (異株花)图『식』은행나무·삼 따위와 같이, 수꽃과 암꽃이 서로 다른 나무에서 피는 꽃.

이죽 (-粥)图 입쌀로 쑨 죽.

이죽-거리다 짜 '이기죽거리다'의 준말. 이죽-이죽 [-죽니- / -주기-]图하짜.

이죽-대다 [-때-]짜 이죽거리다.

이:중 (二中)图『역』시문(詩文)을 평하는 등급의 하나(이등(二等) 가운데의 중둥(中等)). 2 화살 다섯 대 가운데 둘을 맞힘.

이:중 (二重)图 1 두 겹. 2 삼중의 경계망을 펼치다. 2 두 번 거듭되거나 겹침. □~ 결혼 / 세금이 ~으로 나오다.

이:중 가격 (二重價格)[-까-]『경』같은 상품에 대해 두 가지 이상의 공정 가격을 매기는 일. 또는 그 가격(쌀의 생산자 가격과 소비자 가격, 상품의 수출 가격과 국내 가격 등).

이:중 결합 (二重結合)『화』분자 안에서, 두 원자 사이에 두 개의 전자쌍(電子雙)을 공유(共有)하는 결합(이산화탄소·에틸렌 따위).

이:중 경제 (二重經濟)『경』완전 고용의 달성과 불황의 극복을 목적으로 사기업의 자유로운 경제 활동을 기본으로 인정하면서 국가가 적극적으로 경제 활동을 행하여 공공 기업을 육성하는 경제. 혼합 경제.

이:중-고 (二重苦)图 한꺼번에 겹치거나 거듭되는 고생. □질병과 가난의 ~에 시달리다.

이:중-과세 (二重過歲)图하짜 양력과 음력으로 두 번의 설을 쇠는 일.

이:중 과세 (二重課稅)『경』동일한 과세 대상에 대하여 같은 성격의 조세를 두 번 이상 매기는 일(소득세에 지방 부가세를 물리는 일 따위). 중복 과세(重複課稅).

이:중 국적 (二重國籍)[-쩍]『법』한 사람이 동시에 두 나라의 국적을 가지는 일.

이:중 노출 (二重露出)각각 다른 피사체(被寫體)가 같은 건판 또는 필름에 두 번 찍히는 일. 이중 촬영.

이:중 매매 (二重賣買)『법』동일한 목적물을 이중으로 매매하는 일.

이:중 모:음 (二重母音)『언』국어의 모음 중에서 소리를 내는 동안 입술 모양이나 혀의

위치가 달라져 첫소리와 끝소리가 다른 모음《ㅑ·ㅕ·ㅛ·ㅠ·ㅒ·ㅖ·ㅘ·ㅙ·ㅝ·ㅞ·ㅢ 따위》. 겹홀소리, 복모음(複母音). 준모음. ↔단모음.

이:중 무:대(二重舞臺)【연】무대 위에 다시 한 단 더 높게 설치한 무대.

이:중 밀:착(二重密着) 사진·영화 제작상의 기교의 하나. 따로 촬영한 두 장의 건판이나 필름을 같은 인화지에 밀착하여 이중 노출의 효과를 얻는 일.

이:중 방:송(二重放送) 한 방송국에서 동시에 두 가지 방송을 하는 일.

이:중 번역(二重飜譯) 한 번 번역한 말이나 글을 원문으로 삼아 다시 다른 나라 말이나 글로 번역하는 일. ⓒ중역(重譯).

이:중-상(二重像)【심】 1 한 물체를 볼 때에 둘로 나타나는 망막의 영상. 2 두 개로 겹쳐 보이는 텔레비전 화상.

이:중-생활(二重生活)【명】 1 이상과 현실이 서로 반대되는 생활. 2 한 사람이 직업이나 환경이 크게 다른 두 가지 생활을 하는 일. 3 본처와 살면서 다른 여자와도 살림하는 일. 4 가족의 구성원이 어떤 사정에 의해 따로 생활하는 일.

이:중-성(二重性)[-썽]【명】 하나의 사물에 겹쳐 있는 다른 두 가지의 성질.

이:중-성(二重星)【천】 두 개 이상의 항성이 같은 방향에 있거나 가까이 있어서, 육안이나 도수가 낮은 망원경으로는 하나로 보이는 별.

이:중-성격(二重性格)[-격]【명】 다른 양면성을 지닌 성격.

이:중 수소(二重水素)【화】 수소의 동위 원소 중 질량수가 2인 중수소(重水素).

이:중 압류(二重押留)[-압뉴]【법】 한 채권자를 위해 이미 압류된 채무자의 같은 물건·권리를 다시 다른 채권자를 위하여 압류하는 일. 중복 압류.

이:중 외:교(二重外交) 내각 이외의 특수 기관이 외무 당국과 병립적으로 행하는 외교.

이:중 의:식(二重意識)【심】 글을 쓰면서 남과 이야기하는 것과 같이, 동시에 두 가지로 작용하는 의식.

이:중-인격(二重人格)[-격]【명】 1 겉과 속이 다른 사람을 비유적으로 이르는 말. 2【심】 인격의 통일성에 장애가 일어나서 생기는 이상 성격《한 사람 안에 두 개 또는 그 이상의 성격이 동시에 존재하는 것》.

이:중-장부(二重帳簿)【명】 금전의 출납·거래 따위의 실상을 감추기 위해 본디의 장부 이외에 따로 장부를 만드는 일. 또는 그 장부.

이:중 저:당(二重抵當)【법】 동일한 부동산에 대하여 이중으로 저당권을 설정하는 일.

이:중-주(二重奏)【명】【악】 두 개의 악기로 합주하는 연주. 듀엣. 이부 합주.

이:중-창(二重唱)【명】【악】 음성부(音聲部)가 다른 두 사람이 한 성부씩 맡아서 같이 노래를 부르는 일. 듀엣. 이부 합창.

이:중-창(二重窓)【명】【건】 온도의 변화나 소음을 막기 위해 이중으로 만든 창. 겹창. 갑창(甲窓).

이:중 화:산(二重火山)【지】 화구(火口)나 칼데라 안에 새로운 작은 화산이 생겨난 화산.

이:중 회로(二重回路)【물】 한 회로로 송신·수신을 동시에 할 수 있는 통신 회로.

이:중 효:과(二重效果) 하나의 수단으로써 동시에 두 가지 효과를 얻는 일.

이-즈막【명】 얼마 전부터 이제까지에 이르는 가까운 때. ¶ ~에는 그를 통 만날 수가 없다. ⓒ요즈막.

이-즈음【명】 얼마 전부터 이제까지의 무렵. ⓒ요즈음. ⓒ이즘.

이즘(ism)【명】 주의(主義).

이-즘【명】 '이즈음'의 준말. ⓒ요즘.

이:-증(貽贈)【명】【타】【역】 추증(追贈)1.

이:-증(痢症)【명】【의】 이질(痢疾).

이:-지(二至)【명】 1 하지(夏至)와 동지(冬至). 2 황도 위에서 춘분점과 추분점이 90° 떨어진 점《이 두 점의 북쪽 점이 하지점, 남쪽 점이 동지점임》. ↔이분(二分).

이:지(異志)【명】 딴마음.

이:지(理智)【명】 1 이성과 지혜. 또는 본능이나 감정에 지배되지 않고 지식과 윤리에 따라 사물을 분별하고 이해하는 슬기. 2【불】진여(眞如)의 이치를 깨닫는 지혜.

이지-기사(頤指氣使)【명】【하타】 턱으로 가리키고 기색이나 몸짓으로 부린다는 뜻으로, 남을 마음대로 부림을 이르는 말.

이:지다【형】 1 음식을 많이 먹어 배가 부르다. 2 물고기·닭·돼지 따위가 살쪄서 기름지다.

이지러-뜨리다【타】 이지러지게 하다.

이지러-지다【자】 1 한 귀퉁이가 떨어져 없어지다. ¶ 밥공기가 ~《이가 빠지다》. ⓒ야지러지다. 2 달 따위가 한쪽이 차지 않다. ¶ 이지러진 조각달. 3 불쾌한 감정 따위로 얼굴이 일그러지다. ¶ 표정이 ~. 4 성격이나 생각·행동 따위가 비뚤어지다. ¶ 이지러진 마음을 바로잡다.

이지러-트리다【타】 이지러뜨리다.

이지렁【명】 능청맞고 천연스러운 태도. ¶ ~을 떨다《능을 부리다》. ⓒ야지랑.

이지렁-스럽다[-따]【-스러워, -스러우니】【형】 능청맞고 천연스럽다. ⓒ야지랑스럽다. 이지렁-스레【부】

이:-지적(理智的)【관】【명】 1 이지로 판단·행동하는 (것). ¶ ~ 성품. 2 용모나 언행에서 이지가 풍기는 (것). ¶ ~(인) 용모 / ~ 여성.

이:-직(理直)【명】【하形】 이론이 바름.

이:-직(移職)【명】【하자】 직장이나 직업을 옮김. 전직(轉職).

이:-직(離職)【명】【하타】 직업을 잃거나 직장을 그만둠. ¶ 교원의 ~이 의외로 많다.

이:-직각(二直角)[-깍]【명】【수】 두 직각. 곧, 180°.

이:-진(二陣)【명】 단체 경기에서, 선수 가운데 주전급이 아닌 선수. ¶ ~ 선수를 기용한다.

이:-진법(二進法)[-뻡]【명】【수】 두 개의 숫자 0과 1을 가지고 수를 나타내는 방법《1은 1, 2는 10, 3은 11, 4는 100으로 씀. 계산의 규칙이 극히 단순하므로 컴퓨터 등에 이용됨》.

이질(姨姪)【명】 1 자매간의 아들딸. 2 아내의 자매의 아들딸.

이:-질(異質)【명】 성질이 다름. 또는 다른 성질. ↔동질.

이:질(痢疾)【명】 똥에 곱과 피가 나오고, 뒤가 잦은 법정 전염병《피가 섞여 나오는 적리(赤痢), 흰 곱이 나오는 백리(白痢) 등으로 구분함》. 이증(痢症). 하리[下痢].

이:질-균(痢疾菌)【생】 이질의 병원균. 그람 음성(陰性)의 간균(桿菌)으로 편모(鞭毛)가 없어 비(非)운동성임. 적리균.

이질-녀(姨姪女)[-려]【명】 자매간의 딸.

이:질-바퀴(痢疾-)【명】【충】 바큇과의 곤충. 몸길이 4cm가량으로 크며 갈색임. 촉각은 몸길이보다 긺. 동물 표본의 해충이며 이질 또

는 티푸스균을 전파함. 별자퀴.

이질-부(姨姪婦)團 이질의 아내.

이질-서(姨姪壻)團 이질녀의 남편.

이:질-성(異質性)[-썽]團 서로 바탕이 다른 성질이나 특성. □-의 극복. ↔동질성.

이질 아메바(痢疾amoeba)《동》 아메바성 이질의 병원체인 원생동물. 단세포 동물로 사람의 입을 통하여 감염되며 대장에 기생함. 적리 아메바.

이:질-적(異質的)[-쩍]團團 성질이 서로 다른 (것). □~ 체제 / ~인 요소.

이:질-풀(痢疾-)團《식》쥐손이풀과의 여러해살이풀. 들에 남. 줄기 높이 1m가량으로 가늘고 길며, 잎은 마주나고 3-5개로 갈라지며 검정 무늬가 있음. 여름에 붉거나 흰 다섯 잎꽃이 피고, 열매는 삭과를 맺음. 이질·설사 따위의 약재로 씀.

이:질-화(異質化)團하자타 바탕이 달라짐. 또는 달라지게 함. □남북 간의 ~ 현상이 심화되다.

이징가미 團 질그릇의 깨어진 조각.

이-쪽團 오래되어 굳어 붙은 이똥.

이-쪽¹團 이의 부스러진 조각.

이-쪽²지대 말하는 이에게 가까운 쪽. 이작. □~으로 오너라. ↔저쪽.

이쪽-저쪽[-쩌-]團 이쪽과 저쪽. □~ 둘러보아도 아무도 없다.

이-쯤□團 이만한 정도. □오늘은 ~ 얘기하자. □團 이만한 정도로. □~에서 마무리를 짓겠다.

이:-차(二次)團 1 두 번째. □~ 회합. 2 어떤 사물이나 현상이 본디 것에 대해 부수적인 관계나 차이에 있는 것. 부차(副次). □~ 문제. 3《수》정식(整式)·정(整)함수·대수(代數) 방정식·대수 곡선 따위의 차수(次數)가 2인 것.

이:차 곡면(二次曲面)[-공-]《수》해석 기하학에서 삼원 이차 방정식에 의해 표시되는 곡면(구면(球面)·타원면·쌍곡면(面)·쌍곡면·포물면 따위).

이:차 곡선(二次曲線)[-썬]《수》해석 기하학에서 이차 방정식으로 표시되는 곡선(원·타원·포물선·쌍곡선 따위).

이:차 방정식(二次方程式)《수》미지수의 가장 높은 차수(次數)가 이차인 방정식. $ax^2+bx+c=0$의 꼴로 나타남.

이:차 산:업(二次産業) 제이차 산업.

이:차어피-에(以此於彼-)團 거기나 여기나. 이것이나 그것이나. 이러나저러나. 이차어피에. ⑧이차피.

이:-차원(二次元)團 차원의 수가 둘임. 즉, 길이와 너비의 두 차원으로 이루어진 평면과 같은 것. □~의 세계.

이:차이-피-에(以此以彼-)團 이차어피에.

이:차-적(二次的)團團 어떤 사물·상태 등이 본디의 것에 비하여 부수적인 (것). □~인 문제.

이:차 전:류(二次電流)[-절-]《물》이차 회로나 이차 코일에 유도되어 흐르는 전류.

이:차 전:지(二次電池)《물》축전지.

이:차 코일(二次coil)《물》유도 코일이나 변압기에서 전력을 받는 쪽의 가는 동선 코일.

이:차피(以此彼)團 '이차어피에'의 준말.

이:차-회(二次會)團 연회나 회의 따위가 끝난 뒤에 다시 다른 곳으로 자리를 옮기어 가지는 모임.

이:-착륙(離着陸)[-장뉵]團하타 이륙과 착륙. □폭설이 내려서 비행기 ~이 안 된다.

이찬(伊湌)團《역》신라의 십칠 관등 가운데

둘째 등급. 잡찬의 위, 이벌찬의 아래로 진골만이 오를 수 있었음.

이-참團 이번. □~에 국어사전을 한 권 장만하자.

이-찹쌀 ☞ 찹쌀.

이-창포(泥菖蒲)團《식》창포의 하나. 못·늪 등에 나는데, 뿌리는 굵고 살지고 희며 마디가 성김. 백(白)창포.

이:채(吏債)團《역》지방 이속(吏屬)이 자기 돈을 백성에게 꾸어 주어 생긴 채권.

이:채(異彩)團 1 이상한 광채. 2 색다른 빛. □~를 띠다. 3 남다름. 또는 뛰어남.

이:채-롭다(異彩-)[-따][-로워, -로우니]團團 보기에 색다른 점이 있다.

이처ᄒ다다〈옛〉가빠하다. 피로해하다.

이:천¹(二天)團하자 지난날, 과거나 백일장 따위에서 또는 한시(漢詩) 등을 지을 때, 두 번째로 글을 지어 바치던 일. 또는 그 글.

이:천²(二天)《불》 1 범천(梵天)과 제석천(帝釋天). 2 일천자(日天子)와 월천자(月天子). 3 다문천(多聞天)과 지국천(持國天).

이:천(履踐)團하타 이행(履行)1.

이:첨(二尖瓣)團《생》심장의 좌심방(左心房)과 좌심실(左心室) 사이에 있는 판막(瓣膜). 피가 거꾸로 흐르는 것을 막음. 승모판. 좌심실판.

이첩(移牒)團하타 받은 공문이나 통첩 따위를 다른 부서로 넘김. 또는 그 공문이나 통첩.

이:첩-계(二疊系)[-계 / -께]《지》페름계.

이:첩-기(二疊紀)[-끼]《지》페름기.

이:첩 석탄기(二疊石炭紀)[-썩-]《지》 1 '페름기'와 '석탄기'를 아울러 일컫는 말. 2 페름기와 석탄기의 중간 시대.

이:첩-지(二疊紙)[-찌]團 삼(三)첩지보다 좀 얇은 백지.

이체(移替)團하자타 서로 갈리고 바뀜. 또는 서로 바꿈.

이:체(異體)團 1 체재나 형상이 다른 것. 여느 때와 다른 모습. 2 동일하지 않은 몸. 3 한자(漢字) 이외의 자체.

이:체-동심(異體同心)團 사람은 다르나 마음은 한가지라는 뜻으로, 마음이 서로 맞음을 이르는 말.

이:체-동종(異體同種)團 모양은 다르나 본바탕이 같은 물건.

이:체 문자(異體文字)[-짜]團 한자나 일본 글자 따위에서, 표준 자체 이외의 글자(속자나 약자 따위). 이체 글자.

이:체 웅예(二體雄蕊)《식》수술 열 개 가운데 아홉 개는 수술대가 서로 붙고 남은 한 개는 떨어져 있어, 두 몸으로 된 합생(合生) 수술의 한 가지. 양체 웅예. 두몸 수술.

이:초(二草)團 담뱃잎을 딴 뒤, 줄기에서 다시 돋는 잎을 따 말린 엽초.

이:초(異草)團 이상한 풀이나 화초.

이:초(離礁)團하자 항해 중에 암초에 걸린 배가 암초에서 떨어져서 다시 뜸.

이-촉團 이의 뿌리. 치근(齒根).

이:추(泥鰍·泥鰌)團《어》미꾸라지.

이축(移築)團하타 건물 따위를 다른 곳으로 옮겨 짓거나 세움. □공장을 지방으로 ~하다.

이:출(利出)團 본전을 빼고 남은 이익.

이출(移出)團하타 1 옮기어 냄. 2 한 나라 안의 어떤 지역에서 다른 지역으로 화물을 옮김. ↔이입(移入).

이-출입(移出入)團하타 이출과 이입.

이-춤 명 옷을 두껍게 입거나 물건을 몸에 지녀 가려워도 긁지 못하고 몸을 일기죽거리며 어깨를 으쓱거리는 짓. ❑ ~을 추다.
이:충기대 (以充其代) 명하자 실물이 아닌 다른 물건으로 대신 채움.
이취 (泥醉) 명하자 술이 곤드레만드레 취함.
이:취 (異臭) 명 이상한 냄새. 싫은 냄새.
이:-취임 (離就任) 명 이임과 취임을 아울러 이르는 말.
이:측 (離側) 명하자 부모 곁을 떠남.
이:층 (離層) 명 〖식〗 떨켜.
이:층-장 (二層欌)[-짱] 명 두 층으로 된 장.
이-치 (-齒) 명 한자 부수(部首)의 하나(('齦' 이나 '齡' 따위에서 '齒'의 이름)).
이:치 (吏治) 명 〖역〗 수령의 치적.
이:치 (理致) 명 사물의 정당한 조리. 또는 도리에 맞는 취지. ❑ ~에 어긋나다 / ~를 따지다.
이치다[1] 타 '이아치다'의 준말.
이치다[2] 자 〈옛〉 시달리다.
이:치-성 (異齒性)[-썽] 명 이의 모양이 고르지 않은 일((포유류에 앞니·송곳니·앞어금니·뒤어금니 등이 있는 것 따위)).
이:친 (二親) 명 양친(兩親).
이:-칠일 (二七日) 명 두이레.
이:칭 (異稱) 명 다른 이름.
이커서니 감 **1** 힘을 써서 무거운 물건을 번쩍 들 때 내는 소리. **2** 애써 찾던 것을 발견했을 때 놀라서 내는 소리. 작아카사니.
이코노마이저 (economizer) 명 보일러와 굴뚝의 중간, 연도(煙道)의 도중에 많은 수관(水管)을 붙여서 폐열(廢熱)을 이용하여 급수를 가열하는 장치.
이퀄 (equal) 명 **1** 같음. **2** 수학에서 등호(等號)로 쓰는 '='의 이름.
이큐 (EQ) 명 〔Emotional Quotient〕 감성 지수(感性指數).
이크 감 '이키'의 큰말.
이키 감 **1** 몹시 놀라거나 뜻밖의 일을 보고 갑자기 지르는 소리. ❑ ~ 큰일 났다. **2** 남을 슬쩍 추어주면서 비웃을 때 내는 소리. ❑ ~ 멋쟁이가 됐네그려.
이키나 감 '이키'를 강조하여 내는 소리.
이:타 (耳朶) 명 귓불[1].
이:타 (利他) 명 **1** 자기를 희생하면서 다른 사람의 행복과 복리의 증가를 행위의 목적으로 하는 것. ❑ ~ 정신. ↔이기(利己). **2** 〖불〗 자신이 얻은 공덕과 이익을 다른 사람들에게 베풀어 주며 중생을 구제하는 일. 타애(他愛).
이:타-주의 (利他主義)[-/-이] 명 자기를 희생함으로써 다른 사람의 행복과 복리의 증가를 행위의 목적으로 하는 생각이나 행위. 애타주의(愛他主義). ↔이기주의.
이타-하다 (弛惰-) 형여 마음이 느슨하여 몹시 게으르다.
이탄 (泥炭) 명 〖광〗 토탄(土炭).
이:탈 (離脫) 명하자타 어떤 범위나 대열 등에서 떨어져 나가거나 떨어져 나옴. 탈리. ❑ 부대 ~ / 대열을 ~하다.
이:탈 속도 (離脫速度)[-또] 〖천〗 탈출 속도.
이탓-저탓 [-탇쩌탇] 명하자 이런저런 일을 핑계로 삼음. ❑ ~ 변명을 늘어놓는다. 작요탓조탓.
이태 명 두 해.
이:태 (異態) 명 〖생〗 존재하는 위치가 정상에서 벗어난 기형((절지동물에서 앞다리와 뒷다리의 위치가 바뀐 현상, 곤충의 촉각이 걷는 다리로 되어 있는 것 따위)).
이태리 (伊太利) 명 〖지〗 '이탈리아'의 음역. 준이(伊).
이탤릭 (italic) 명 〖인〗 서양 활자체의 하나. 약간 오른쪽으로 기울어진 글자체((강조할 어구나 외국어·학명 따위를 나타내는 데 씀)). 이탤릭체.
이테르븀 (ytterbium) 명 〖화〗 희토류 원소의 하나. 은백색의 금속으로 수소와 반응하여 수소화물(水素化物)이 되며, 여러 가지 합금에 씀. [70번 : Yb : 173.04]
이:토 (吏吐) 명 〖언〗 이두(吏讀).
이토 (泥土) 명 진흙.
이-토록 부 이러한 정도로까지. 이렇게까지. ❑ ~ 상처가 심할 줄은 몰랐다.
이토-질 (泥土-) 명하자 〖건〗 흙으로 벽을 치는 일. 흙벽치기.
이:통 (耳痛) 명 〖의〗 귓병.
이트륨 (yttrium) 명 〖화〗 희토류 원소의 하나. 모나자이트·제노타임 따위에 많이 들어 있는 은백색의 금속으로 태우면 산화함. [39번 : Yt 또는 Y : 88.905]
이트륨-족 (yttrium族) 명 〖화〗 희토류 원소 중 수산화물의 염기성이 비교적 약한 원소의 총칭((유로퓸·가돌리늄·테르븀·디스프로슘·홀뮴·에르븀·툴륨·이테르븀·루테튬·스칸듐·이트륨의 11가지 원소가 있음)). *세륨족.
이튿-날 [-튼-] 명 **1** 어떤 일이 있은 그다음 날. **2** '초이튿날'의 준말. 준이틀.
이틀[1] 명 **1** 두 날. 양일. ❑ ~ 밤을 꼬박 새우다. **2** '이튿날'의 준말. **3** '초이틀'의 준말.
이-틀[2] 명 〖생〗 이가 박혀 있는 위턱 아래턱의 구멍이 뚫린 뼈. 치조(齒槽).
이틀-거리 명 〖한의〗 이틀을 걸러서 발작하며 좀처럼 낫지 않는 학질. 당고금. 이일학(二日瘧). 해학(痎瘧).
이-틈 명 이와 이 사이의 틈.
이:파 (異派) 명 다른 유파.
이파리 명 〖식〗 나무나 풀의 살아 있는 낱 잎. 잎사귀.
이:판 (吏判) 명 〖역〗 '이조 판서'의 준말.
이:판 (理判) 명 〖불〗 속세를 떠나 수도(修道)에 전심하는 일. *사판(事判).
이판-사판 명 막다른 데 이르러 어찌할 수 없게 된 지경 ❑ ~으로 덤벼들다.
이:판-승 (理判僧) 명 〖불〗 속세를 떠나 수도(修道)에만 전심하는 승려. *사판승.
이판-암 (泥板岩) 명 〖광〗 셰일(shale).
이:판-화 (離瓣花) 명 〖식〗 갈래꽃. ↔합판화.
이:판화-관 (離瓣花冠) 명 〖식〗 갈래꽃부리. ↔합판 화관.
이:판화-류 (離瓣花類) 명 〖식〗 갈래꽃류.
이:판화 식물 (離瓣花植物)[-싱-] 〖식〗 갈래꽃 식물.
이:판화-악 (離瓣花萼) 명 〖식〗 갈래꽃받침. ↔합판화악(合瓣花萼).
이:팔 (二八) 명 '이팔청춘'의 준말.
이:팔-월 (二八月) 명 2월에 눈비가 많거나 적게 옴에 따라 그해 8월에 비가 많이 오고 적게 온다고 하여, 2월과 8월이 맞섬을 이르는 말.
이:팔-청춘 (二八靑春) 명 16세 무렵의 꽃다운 청춘. 또는 혈기 왕성한 젊은 시절. ❑ 마음만은 아직도 ~이다. 준이팔.
이:팝-나무 [-팜-] 명 〖식〗 물푸레나뭇과의 낙엽 교목. 골짜기·개울가에 남. 암꽃·수꽃의 구별이 있으며, 봄에 흰 꽃이 피고 가을에 핵과(核果)가 까맣게 익음((정원수·풍치목으로

이:-팥 (-판) 圖 《식》 알이 납작하고 길며 빛이 검붉은, 품질이 낮은 팥의 일종.

이-패 (二牌) 圖 《역》 조선 때에, 상의원(尙衣院)에 속한 이급 기생.

이페리트 (ㅍ ypérite) 圖 《화》 이염화황과 에틸렌으로 만든 무색무취의 기름 모양 액체. 기화하면 미란성(糜爛性)의 독가스가 됨. 머스터드 가스. ⊛이-박.

이펙트 (effect) 圖 1 방송·영화 따위에서의 음향 효과. 2 《악》 댄스 밴드에서, 여러 가지 악기의 특수한 주법으로 여러 소리를 흉내 내는 효과.

이-편 (-便) ⊟圖 이쪽의 편. ◻~으로 옮기시오. ↔저편. ⊡인대 자기. ◻~의 불찰일세.

이편-저편 (-便-便) ⊟圖 이쪽 저쪽. 여기저기. ⊡이편쪽 사람 저편쪽 사람.

이폐 (弛廢)[-/-폐] 圖하자 느즈러지고 거칠어짐.

이:-폐 (貽弊)[-/-폐] 圖하자 남에게 폐(弊)를 끼침.

이:포 (吏逋) 圖 예전에, 아전이 공금을 집어 쓴 빚.

이:-포역포 (以暴易暴) 圖 횡포한 사람으로써 횡포한 사람을 바꾼다는 뜻으로, 나쁜 사람을 바꾼다면서 뒤의 사람도 똑같이 나쁜 사람을 들어앉힌다는 말.

이:-풀 圖 입쌀 가루로 쑨 풀.

이:-품 (異稟) 圖 남달리 뛰어난 천품(天稟).

이:-풍 (異風) 圖 1 이상스러운 기풍. 이상한 모양. 2 이속(異俗).

이풍-역속 (移風易俗)[-녁쏙] 圖하자 풍속을 다 좋게 고쳐 바꿈.

이피롬 (EPROM) 圖 [erasable and programmable ROM] 《컴》 자외선을 쬐거나 전기적 작용을 이용하여 메모리 안에 있는 내용을 지우고 다시 프로그램을 입력할 수 있는 롬 (ROM).

이피-반 (EP盤) 圖 [extended play] 1분에 45회 회전하는 장시간 레코드. 도넛판.

이:피-화 (異被花) 圖 《식》 꽃받침이 초록색이고, 꽃잎이 초록색 이외의 여러 가지 빛깔인 꽃. 다른꽃덮이꽃. ↔등피꽃.

이:필 (吏筆) 圖 지난날, 아전들이 쓰던 글씨체 《겉으로 보기에 곱고 미끈함》.

이:필 (異筆) 圖 필적이 다름. 또는 그 필적.

이:필-지다 (異筆-) 困 한군데에 쓴 글씨가 서로 다르다.

이:-하 (二下) 圖 지난날, 시문(詩文)을 평하는 등급의 하나(이등(二等) 중의 셋째 급).

이:-하 (以下) 圖 1 수량·정도 등을 나타내는 명사 뒤에 쓰여 그것보다 적거나 못함(그것을 포함함). ◻10만 원 ~는 비과세 / 기대 ~의 졸작. ↔이상. 2 순서나 위치가 기준보다 뒤거나 아래. ◻~ 생략 / ~에 대하여.

이:하부정관 (李下不整冠) 圖 자두나무 밑에서 갓을 고쳐 쓰면 도둑으로 오인되기 쉬우므로 자두나무 밑에서 갓을 고쳐 쓰지 말라는 뜻으로, 남에게 의심을 받을 만한 일은 하지 말라는 말.

이:하-선 (耳下腺) 圖 《생》 귀밑샘.

이:하선-염 (耳下腺炎)[-넘] 圖 《의》 침샘, 특히 귀밑샘이 염증으로 부어오르는 것을 주된 증상으로 하는 전염병(바이러스성(性)의 유행성 이하선염은 법정 전염병임).

이:-학 (異學) 圖 이단의 학문. 위학(僞學).

이:-학 (理學) 圖 1 물리·생물·지질·천문·화학 등 자연 과학을 연구하는 학문. 2 원리를 연구하는 학문이라는 뜻으로, 철학을 가리키는 말. 《철》 '성리학'의 준말.

이:학 박사 (理學博士)[-빡싸] 이학을 전공하여 박사 학위 논문이 통과된 사람에게 주는 학위. 또는 그 학위를 받은 사람. ⊛이-박.

이:학 병기 (理學兵器)[-뼝-] 圖 《군》 과학 병기 중 전기·광선 등을 응용한 병기.

이:학-부 (理學部) 圖 《교》 대학에서 자연 과학 부문을 전공하는 학부(수학·천문·물리·화학·동물·식물·지질·광물 등의 학과를 포함함).

이:-한 (離韓) 圖 한국에서 떠남.

이:-합 (離合) 圖하자 헤어짐과 모임.

이:-합사 (二合絲)[-싸] 圖 이겹실.

이:-합-집산 (離合集散)[-찝싼] 圖 헤어졌다가 모였다가 하는 일. 취산이합(聚散離合). 취산봉별(聚散別).

이:항 (移項) 圖하자 1 항목을 옮김. 2 《수》 등식·부등식의 한 변에 있는 항을 그 부호를 바꿔 다른 변에 옮기는 일.

이:항 방정식 (二項方程式) 《수》 n을 양의 정수(整數), A를 양이나 음, 또는 허수라 할 때, $X^n-A=0$ 의 형식으로 바뀌는 방정식.

이:항-식 (二項式) 圖 《수》 두 개의 항으로 된 정식(整式).

이:항 정:리 (二項定理)[-니] 《수》 이항식의 n제곱, 곧 $(a+b)^n$ 따위를 전개하는 법을 보이는 공식. 이항 공식.

이:-해 圖 이번 해. 올해. 또는 바로 앞에서 이야기한 해.

이:-해 (利害) 圖 이익과 손해. 득실. ◻~가 상반되다 /~를 따지다.

이:-해 (理解) 圖하자 1 사리를 분별하여 해석함. ◻~가 깊다. 2 말이나 글의 뜻을 깨달아 앎. ◻~하기 쉬운 문제. 3 양해. ◻내 뜻을 ~해 주게.

이:해-간 (利害間) 曵 이가 되거나 해가 되거나.

이:해-관계 (利害關係)[-/-계] 圖 서로 이해가 미치는 사이의 관계.

이:해관계-인 (利害關係人)[-/-게-] 圖 《법》 어떤 사실의 유무 또는 어떤 행위나 공적 기관의 처분 등에 의하여 자기의 권리 또는 이익에 영향을 받는 사람.

이:해-관두 (利害關頭) 圖 이익과 손해의 관계가 결정되는 고비.

이:해-득실 (利害得失)[-씰] 圖 이익과 손해와 얻음과 잃음. ◻~을 따지다.

이:해-력 (理解力) 圖 사리를 분별하여 잘 이해하는 힘. ◻~을 기르다 /~이 풍부하다.

이:해-상반 (利害相半) 圖 이익과 손해가 반반으로 맞섬.

이:해-설 (利害說) 圖 이해관계에 대한 관심이 사회 현상의 원동력이라고 주장하는 학설.

이:해-심 (理解心) 圖 사정이나 형편을 잘 헤아려 주는 마음. ◻~이 많다.

이:해-타산 (利害打算) 圖 이해관계를 이모저모 따져서 셈함. ◻~에 밝다 /~이 빠르다.

이:-핵 (離核) 圖 과실(果實)의 살과 떨어져 있는 씨.

이행 (易行) 圖하형 1 행하여 나가기 쉬움. 2 《불》 행하기 쉽고 깨달음에 빨리 이를 수 있는 수행(修行). ↔난행(難行).

이행 (移行) 圖하자 다른 상태로 옮아감. ◻자본주의의 ~ 논쟁.

이:행 (履行) 圖하타 1 실제로 행함. 말과 같이 함. 이천(履踐). ◻약속을 ~하다. 2 《법》 채무자가 채무의 내용을 실행하는 일.

이행-도 (易行道)圓〖불〗염불(念佛)로써 아미타불의 발원(發願)하는 힘에 의하여 쉽게 깨달음에 이르는 방법. ↔난행도(難行道).

이:행 불능 (履行不能)[-릉]〖법〗채권 성립 후 채무자에게 책임이 있는 사유로 채무를 이행할 수 없게 되는 일. 급부 불능.

이:행정 기관 (二行程機關)圓〖물〗내연 기관에서 피스톤의 2행정, 즉 한 왕복에 의해 순환 과정을 끝내는 기관(주로 오토바이 같은 소형 기관에 씀).

이:향 (吏鄕)圓〖역〗시골의 아전(衙前)과 향임(鄕任).

이:향 (異香)圓 이상야릇하게 좋은 향기.

이:향 (異鄕)圓 타향.

이:향 (離鄕)圓하자 고향을 떠남. ↔귀향.

이:허 (里許)圓 십 리쯤 됨. 십 리쯤 되는 곳.

이:허 (裏許)圓 속내.

이:험 (異驗)圓 색다른 효험.

이혁 (釐革)圓하타 뜯어고쳐 정리함.

이:현령비현령 (耳懸鈴鼻懸鈴)[-렁-렁-]圓 귀에 걸면 귀걸이, 코에 걸면 코걸이라는 뜻으로, 어떤 사실이 이렇게도 저렇게도 해석될 수 있음을 이르는 말.

이:형 (異形)圓 1 이상한 모양. 2 사물의 성질·모양·형식 따위가 다름.

이:관 (異形管)圓〖공〗구부러지거나 갈라지는 곳이나 지름이 서로 다른 관을 잇는 데 사용하는 관(Y 자 관·T 자 관 따위).

이:형 배:우자 (異型配偶子)圓 형태상으로 크기나 모양이 서로 달라 자웅(雌雄)으로 구별할 수 있는 배우자. ↔동형(同型) 배우자.

이:형 분열 (異型分裂)圓〖생〗염색체 수가 반감하는 세포 분열. 제일(第一) 분열.

이:형-질 (異形質)圓〖생〗생물의 세포에서 특수한 기능을 하는, 원형질에서 변화한 세포 내용물.

이:-형태 (異形態)圓〖언〗한 형태소가 주위 환경에 따라 음상(音相)이 달라지는 여러 모양(주격 조사 '가'와 '이', 목적격 조사 '을'과 '를' 따위).

이:혼 (離婚)圓하자 〖법〗부부가 합의 또는 재판에 의해 혼인 관계를 끊고 헤어지는 일. ◻합의의 ~ / ~ 수속을 밟다. ↔결혼.

이:혼-병 (離魂病)[-뼝]圓〖의〗몽유병.

이:혼-율 (離婚率)[-뉼]圓 전체 부부 중 이혼하는 수의 비율.

이:화 (李花)圓 1 자두나무의 꽃. 2 조선 때, 관리들이 쓰던 휘장. 3 모자표.

이:화 (異化)圓하자 1〖생〗'이화 작용'의 준말. 2〖심〗두 개의 감각을 공간적으로 시간적으로 접근시켜 배치할 때, 양자의 질적·양적인 차이가 한층 더 커지는 일. 3〖언〗동일하거나 성격이 비슷한 두 음이 이웃하여 나타날 때 그중 하나가 다른 음으로 바뀌는 현상. ↔동화(同化).

이화 (梨花)圓 배나무의 꽃.

이화 (罹禍)圓하자 재앙에 걸림.

이:-화-명나방 (二化螟-)圓〖충〗명나방과의 곤충. 몸길이 10~12mm, 몸빛은 회색을 띤 갈색에 앞날개는 좀 길고 누런 갈색 또는 회색을 띤 갈색이며, 뒷날개는 백색임. 애벌레는 벼 등의 잎사귀와 줄기를 갉아먹는 해충임. 이화명충. 이화명아. 명나방.

이:-화-명아 (二化螟蛾)圓〖충〗이화명나방.

이:-화-명충 (二化螟蟲)圓〖충〗이화명나방.

이:-화산 (泥火山)圓〖지〗유전대(油田帶) 징

후의 하나로, 땅속의 끓는 물과 수증기·천연가스가 분출되면서 진흙을 내뿜어 원뿔꼴을 이룬 화산.

이:-화-성 (二化性)[-썽]圓〖충〗곤충이 한 해에 두 번 우화(羽化)하는 성질. *다화성·일화성.

이:화 수정 (異花受精)〖식〗식물이 같은 나무의 다른 꽃이나 다른 나무의 꽃으로부터 꽃가루를 받아 수정하는 현상.

이:화 작용 (異化作用)〖생〗물질대사에서, 단백질·다당류(多糖類)·아미노산(酸) 따위 화학적으로 복잡한 구조의 물질을 단순한 물질로 분해하는 반응. 생물은 필요한 에너지를 이 반응으로 얻음. 준이화.

이화-주 (梨花酒)圓 배꽃을 넣어 빚은 술.

이:-화학 (理化學)圓 물리학과 화학.

이환 (罹患)圓하자 병에 걸림. 이병(罹病).

이환-율 (罹患率)[-뉼]圓 어떤 기일 내의 평균 인구에 대한 질병 발생 건수의 비율. *유병률(有病率).

이:황화-탄소 (二黃化炭素)圓〖화〗황과 탄소의 화합물. 자극성 냄새가 나며 인화성(引火性)이 강하고 독성이 있는 무색의 액체. 비스코스 인견·셀로판 등의 합성이나 살충제 등에 씀. 이유화탄소.

이:회 (里會)圓 동네의 일을 의논하는 모임.

이:회 (泥灰)圓 물에 이긴 석회(장사 지낼 때 광중(壙中)을 메우는 데 씀).

이:회 (理會)圓하타 사리(事理)를 깨달아 앎.

이:회-암 (泥灰岩)圓〖광〗이암(泥岩)과 석회암(石灰岩)의 중간적인 암석. 점토질(粘土質) 물질과 석회질 물질이 섞인 퇴적암.

이:회전 인쇄기 (二回轉印刷機)圓 원압식(圓壓式)의 하나(한 번 인쇄할 때에 압동(壓胴)이 두 번 회전하는 것으로, 속력이 빠르고 압력이 강하여 성능이 좋음).

이:회-질 (泥灰-)圓하타〖건〗석회를 이겨 벽을 바르는 일.

이:효상효 (以孝傷孝)圓하자 효성이 지극한 나머지 부모의 죽음을 너무 슬퍼하여 병이 나거나 죽음.

이:-후 (以後)圓부 1 기준이 되는 때를 포함해서 그 뒤. ◻50세 ~의 저작 / 지난달 ~ 비가 오지 않는다. 2 이제부터 뒤. 이다음. ◻~에 생기는 일은 생각지도 않겠다. ↔이전.

이:후 (爾後)圓 기후(其後).

이:흑 (二黑)圓〖민〗구궁(九宮)에서, 근본 자리가 남서쪽인 토성(土星)을 음양가(陰陽家)에서 이르는 말. 곤방(坤方).

이히-드라마 (독 Ich-Drama)圓〖연〗작가의 내면 생활을 고백, 참회하려는 자기 고백적. 독일 표현파의 초기 희곡 경향으로 주관적인 색채가 두드러짐.

이히티올 (독 Ichthyol)圓〖약〗오스트리아의 티롤(Tyrol) 지방에서 나는, 태고 때의 어류(魚類)나 바다 짐승의 뼈로 된 암석을 건류하여 진한 황산으로 중화한 누런 갈색의 액체(단내 같은 냄새가 있고, 방부(防腐)·소염(消炎)·진통제 따위로 씀).

이히히 빤 1 자지러질 듯이 크게 웃는 소리. 2 어리석게 또는 익살맞게 웃는 소리.

익곡 (溺谷)[-꼭]圓〖지〗육지의 침강, 해면의 상승으로 육지에 바닷물이 침입하여 생긴 골짜기.

익공 (翼工)[-꽁]圓〖건〗첨차(檐遮) 위에 소로(小櫨)와 함께 얹는, 짧게 아로새긴 나무.

익공-집 (翼工-)[-꽁찝]圓〖건〗기둥 위에 익

공을 얻어 지은 집.

익과(翼果)[-꽈]圓『식』시과(翅果).

익괘(益卦)[-꽤]圓『민』육십사괘의 하나. 손
괘(巽卦)와 진괘(震卦)가 거듭된 것《바람과
우레를 상징함》. ❀익(益).

익금(益金)[-끔]圓 이익금.

익년(翌年)[잉-]圓 이듬해.

익다[-따]困 1 열매·씨가 충분히 여물다. ❑
벼가 ~ / 빨갛게 익은 사과가 먹음직스러워
보였다. 2 뜨거운 열을 받아 날것이 먹을 수
있게 되다. ❑군밤이 덜 익었다. 3 술·김치·
장 등이 맛이 들다. ❑술이 ~ / 김치가 알맞
게 익었다.
[익은 밥 먹고 선소리한다] 사리에 맞지 않
는 말을 하는 경우의 비유.

익다[-따]혬 1 자주 경험하여 조금도 서투르
지 않다. ❑손에 익은 일. 2 여러 번 겪어 보
아 설지 않다. ❑귀에 익은 목소리 / 낯이 익
은 얼굴. 3 눈이 어둠거나 밝은 곳에 적응하
다. ❑어둠에 눈이 익기를 기다렸다.

익대(翊戴·翼戴)[-때]圓困타 받들어 정성스럽
게 추대함.

익더귀[-떠-]圓『조』새매의 암컷. ↔난추니.

익랑(翼廊)[잉낭]圓 대문의 좌우 양편에 잇대
어 지은 행랑.

익면(翼面)[잉-]圓 날개의 표면.

익-면적(翼面積)[잉-]圓 비행기 날개를 평면
도에서 본 면적.

익명(匿名)[잉-]圓하자 이름을 숨김. ❑~을
요구하다 / ~으로 제보하다.

익명 비:평(匿名批評)[-뼝]『문』필자의 본이
름을 감추고 비평함. 또는 그 글.

익명 조합(匿名組合)[잉-]『법』타인의 영업
에 출자하고, 그 영업에서 생기는 이익의 분
배를 약속한 상법상의 조합적 계약《외부에
대해 영업만이 권리 의무의 주체로 나타나
고, 익명 조합원(=출자자)은 나타나지 않으
므로 이 이름이 있음》.

익모-초(益母草)[잉-]圓 1『식』꿀풀과의 두
해살이풀. 들에 남. 줄기는 높이 1.5 m가량,
잎은 마주나며, 여름에 담홍자색 꽃이 잎겨
드랑이에서 핌. 암눈비앗. 2『한의』꽃 필 때
익모초의 전초(全草)를 말린 것《산모의 지
혈·강장제·이뇨제·진통제·더위 먹은 데 따위
에 씀》.

익몰(溺沒)[잉-]圓困 물에 빠져 가라앉음.

익-반죽[-빤-]圓하타 가루에 끓는 물을 끼얹
어 가며 하는 반죽. *날반죽.

익벽(翼壁)[-뼉]圓『건』흙이 무너지지 않도
록 쌓대(橋臺)에 붙여 놓은 벽체(壁體).

익보(翼輔)[-뽀]圓하타 보좌(補佐).

익사(溺死)[-싸]圓困 물에 빠져 죽음. ❑이
곳은 ~ 사고가 잦은 곳이다.

익사-자(溺死者)[-싸-]圓 물에 빠져 죽은 사
람. 수사자.

익사-체(溺死體)[-싸-]圓 물에 빠져 죽은 사
람의 시체. ❑실종된 지 사흘 만에 저수지에
서 ~로 발견되다.

익살[-쌀]圓 남을 웃기려고 일부러 우습게 하
는 말이나 몸짓. 골계(滑稽). ❑~을 떨다 /
~을 부리다.

익살-꾸러기[-쌀-]圓 익살이 능한 사람.

익살-꾼[-쌀-]圓 익살을 잘 부리는 사람.

익살-맞다[-쌀맏따]혬 익살스러운 데가 있
다. ❑익살맞게 굴다.

익살-스럽다[-쌀-따][-스러워, -스러우니]
혬타 남을 웃기느라고 일부러 우스운 말과
행동을 하는 데가 있다. ❑익살스러운 표정

을 짓다. **익살-스레**[-쌀-]甲

익살-쟁이[-쌀-]圓 '익살꾼'을 낮잡아 이르
는 말.

익선-관(翼善冠·翼蟬冠)[-썬-]圓『역』임금
이 평상복으로 집무를 볼 때에 쓰던 관.

익성(翼星)[-씽]圓『천』이십팔수(宿)의 스물
일곱째 별자리. ❀익(翼).

익수(-手)[-쑤]圓 어떤 일에 익숙한 사람. 숙
수(熟手). ↔생수(生手).

익숙-하다[-쑤카-]혬어 1 여러 번 해 보아 능
란하다. ❑익숙한 솜씨 / 아직 일에 익숙지
못하다. 2 자주 만나 사귀어 친숙하다. ❑익
숙한 얼굴들. 3 여러 번 듣거나 보아 훤히 알
다. ❑미국 사정에 ~. **익숙-히**[-쑤키]甲.
❀익(熟).

익스팬더(expander)圓 몇 가닥의 용수철을
나란히 걸어 놓은 체조 용구《두 손으로 잡아
당겨 가슴 근육을 발달시킴》.

익실(翼室)[-씰]圓『건』한옥에서, 본(本)채의
좌우편에 딸린 방.

익심-하다(益甚-)[-씸-]혬어 갈수록 더욱 심
하다.

익애(溺愛)圓하타 1 흠뻑 빠져 지나치게 귀여
워함. 2 사랑에 빠짐.

익야(翌夜)圓 다음 날 밤.

익우(益友)圓 유익한 벗. ↔손우(損友).

익월(翌月)圓 다음 달.

익은-말圓『언』관용구. 숙어.

익은-소리圓『언』속음(俗音).

익은-이圓 삶아 익힌 고기《수육·편육》.

익일(翌日)圓 이튿날2.

익자(益者)[-짜]圓 남을 이롭게 돕는 사람.

익자-삼요(益者三樂)[-짜사묘]圓 사람이 좋
아해서 유익한 세 가지. 논어에 있는 말로,
예악(禮樂)을 적당히 좋아하고, 사람의 착함
을 좋아하며, 착한 벗이 많음을 좋아하는 일
을 이름. ↔손자삼요(損者三樂).

익자-삼우(益者三友)[-짜사무]圓 삼익우(三
益友). ↔손자삼우.

익조(益鳥)[-쪼]圓『조』사람에게 직접·간접
으로 유익한 새《제비·까치·딱따구리 따위와
같이 해충을 잡아먹는 새들 따위》. 이론새.
↔해조.

익조(翌朝)[-쪼]圓 다음 날 아침.

익찬(翊贊·翼贊)圓하자 보도(輔導).

익충(益蟲)圓 직접·간접으로 사람에게 이익을
주는 벌레《꿀벌·누에나방·잠자리 등》. 이론
벌레. ↔해충(害蟲).

익판(翼瓣)圓『식』콩과(科) 식물에서 나비
모양 꽃부리의 곁꽃잎.

익효(翌曉)[이쿄]圓 다음 날 새벽.

익히[이키]甲 '익숙히'의 준말.

익히다[이키-]타 1 익게 하다. ❑감자를 ~ /
김치를 ~. 2 익숙하게 하다. ❑글씨를 ~ /
기술을 ~ / 낯을 ~.

인圓 번되다 물에 두루이해서 몸에 밴 습관.
인(이) 박이다丏 되풀이하여 버릇처럼 몸에
배다. ❑담배에 ~.

인(人)ー圓 '사람'을 예스럽게 한문투로 일컫
는 말. ㈡-의 장막. ㈢의집 사람의 수효를
나타내는 말. ❑삼십삼 ~.

인¹(仁)ー圓 1『윤』공자가 주장한 유교의 정치
상·윤리상의 이상(理想). 극기복례(克己復禮)
를 내용으로 하는 윤리적 모든 덕(德)의 기초
가 되는 심적 상태. 2 남을 사랑하고 어질게
행동하는 일《어짊·착함·박애》.

인²(仁)명 **1** 씨에서 껍질을 벗긴 배(胚)와 배젖. **2** 세포의 핵 안에 있는 임상체《한 개 내지 여러 개가 있음》.

인(印)명 **1** 도장. ▢~을 치다. **2** 옛날 중국에서 관직의 표시로 차고 다니던 금석류(金石類)의 조각물.

인(因)명 **1** 원인을 이루는 근본 동기. **2**〖불〗인명(因明)에서 논증의 근거가 되며 논증을 성립시키는 이유. ↔과(果).

인(寅)명〖민〗 **1** 십이지(十二支)의 셋째《범을 상징함》. **2** '인방(寅方)'의 준말. **3** '인시(寅時)'의 준말.

인(燐)명〖화〗질소족 원소의 하나. 동물 뼈·인광석 따위에 많이 들어 있고 어두운 곳에서 빛을 냄. 독성이 있고 공기 가운데서 발화하기 쉽고 산화하면 흰 연기가 남. [15번: P : 30.97376]

인(in)명 '인사이드(inside)'의 준말.

-인(人)미 '사람'의 뜻. ▢동양~ / 원시~ / 지식~ / 종교~.

인가(人家)명 사람이 사는 집. 인호(人戶). ▢~가 드물다 / ~와 떨어져 있다.

인가(姻家)명 인척(姻戚)의 집.

인가(認可)명 **1** 인정하여 허락함. 인허. ▢~를 얻다. **2**〖법〗어떤 일을 법제적으로 옳다고 인정해서, 행정적으로 그 시행을 허락하는 일. ▢법인 설립의 ~.

인가(隣家)명 이웃집.

인-가난(人-)명 쓸 만한 사람이 모자라 매우 아쉬운 말.

인가-증(認可證)[-쯩]명〖법〗인가한 사실을 적은 증명서.

인각(印刻)명하타 **1** 도장을 새김. **2** 나무나 돌 따위에 글자나 그림을 새기는 일.

인간(人間)명 **1** 언어를 사용하고 사고할 줄 알고 사회를 이루며 사는 지구 상의 고등 동물. 사람. 인류. ▢~의 본성은 선하다. **2** 사람의 됨됨이. ▢~이 왜 그 모양이냐. **3** 사람이 사는 곳. 세상. **4** 마음에 마땅치 않은 사람을 낮잡아 이르는 말. ▢그 ~하고는 말도 하기 싫다.
[인간 만사는 새옹지마라] 인간의 길흉화복은 돌고 돈다는 뜻으로, 인생의 덧없음을 비유한 말. [인간은 고해(苦海)라] 괴롭고 힘든 인생살이를 비유한 말.

인간(印刊)명하타 인쇄하여 책을 펴냄. 또는 그 책.

인간-계(人間界)[-/-게]명 **1** 사람이 사는 세상. ⓒ인계. **2**〖불〗사바.

인간-고(人間苦)명 사람이 살면서 받는 고통. ▢~에 시달리다.

인간 공학(人間工學)〖공〗기계 장치나 작업 환경을 인간의 특성에 맞추어 설계·조정하려는 공학의 한 부문.

인간-관(人間觀)명 인간을 보는 관점.

인간-관계(人間關係)[-/-게]명 사회 집단이나 조직의 구성원이 빚어 내는 개인적·정서적인 관계. ▢~가 원만하다.

인간-답다(人間-)[-따][-다워, -다우니]형ㅂ 인간으로서의 올바른 품성을 지니고 있다.

인간-대사(人間大事)명 인륜(人倫)대사.

인간 독(人間dock) 예방 의학의 한 방법으로, 병의 조기 발견이나 건강 지도를 위해서 병원에 단기간 입원해 전신의 정밀 검사를 받는 일.

인간-문화재(人間文化財)명 '중요 무형 문화재 보유자'를 흔히 이르는 말.

인간-미(人間味)명 인간다운 따뜻한 맛. ▢~가 넘치다.

인간-사(人間事)명 사람이 살아가면서 겪게 되는 온갖 일들.

인간-상(人間像)명 **1** 사람으로서 갖추어야 할 모습. ▢바람직한 ~. **2** 그 사람의 전인격적인 모습. ▢비뚤어진 ~.

인간 생태학(人間生態學) 공생적(共生的) 관계를 중심으로, 인간과 지역 사회와의 관계를 연구하는 사회학의 한 부문.

인간-성(人間性)[-썽]명 **1** 인간의 본성. 인간을 인간답게 하는 것. ▢~의 회복 / ~을 상실하다. **2** 사람다운 품성이나 성질. ▢~이 좋다.

인간 세:계(人間世界)[-/-게]〖불〗중생계(衆生界).

인간 소외(人間疎外) 고도로 발달한 산업 사회에서, 문명의 이기로 말미암아 인간 사이의 정신적 유대 관계가 허물어지고 인간미가 없어져, 인간성을 상실해 가는 현상.

인간-애(人間愛)명 인간에 대한 사랑. ▢숭고한 ~.

인간-적(人間的)관명 사람다운 성질이 있는 (것). ▢~인 대접을 받다.

인간 중심설(人間中心說)〖철〗인간을 우주의 중심이며 궁극의 목적이라고 보는 입장. *인간 중심주의.

인간 중심주의(人間中心主義)[-/-이]〖철〗인간은 세계의 중심이며 궁극적 목적이라고 보는 세계관. *인간 중심설.

인간-학(人間學)명〖철〗인간성의 본질, 우주에서의 인간의 지위와 의의 등을 연구하는 철학적 연구.

인감(印鑑)명 자기의 도장임을 증명할 수 있도록 미리 관공서·거래처 등에 등록해 두는 특정한 도장의 인발.

인감-도장(印鑑圖章)[-또-]명 인감 신고를 한 도장.

인감 신고(印鑑申告) 인감의 진위를 감정하기 위해, 동장이나 읍·면장에게 그런 뜻을 적은 서면을 제출함. 또는 그 서면.

인감 증명(印鑑證明)〖법〗**1** 증명을 신청한 인발과 관공서에 신고한 인발을 맞춰 보아 인감의 진위를 증명하는 행위. **2** '인감 증명서'의 준말.

인감 증명서(印鑑證明書)〖법〗인감을 증명하는 문서. ⓒ인감 증명.

인-감질(人疳疾)명 필요한 때 쓸 사람이 없어 애타는 일.

인갑(印匣)명 도장을 넣어 두는 갑.

인갑(鱗甲)명 **1** 비늘과 껍데기란 뜻으로, 물고기와 조개를 이르는 말. **2** 거북·악어 등에서와 같은 비늘 모양의 딱딱한 껍데기.

인개(鱗介)명 어류와 패류.

인객(引客)명 접객업소 따위에서 손님을 끄는 일. 유객.

인거(引據)명하타 인용해서 근거로 삼음. 또는 그 근거.

인거(引鋸)명하자 큰 톱을 마주 잡고 번갈아 잡아당겨 톱질함.

인거-장(引鋸匠)명 큰톱장이.

인건(人件)[-껀]명 인사에 관한 일.

인건-비(人件費)[-껀-]명〖경〗사람을 부리는 데에 드는 비용. ▢~가 비싸다 / ~를 줄이다.

인걸(人傑)명 특히 뛰어난 인재.

인검(引劍)명〖역〗지난날, 임금이 병마(兵

馬)를 통솔하는 장수에게 주던 검(명령을 어기는 사람은 보고하지 않고도 죽일 수 있는 권한을 주었음).

인격(人格)[-격] 명 **1** 사람으로서의 품격. □ ~ 수양 / ~을 갖추다 / ~을 존중하다. ↔신격. **2**《심》개인의 지적(知的)·정적(情的)의 지적 및 신체적 측면을 총괄하는 전체적 통일체. **3**《윤》도덕적 행위의 주체로서의 개인. 자기 결정적이고 자율적 의지를 가지며, 그 자신이 목적이 되는 개인. **4**《법》법률 관계, 특히 권리·의무의 주체이며, 법률상 독자적 가치가 인정되는 자격. **5**《종》신에 대해, 인성(人性)을 갖춘 품격.

인격 교:육(人格教育)[-격꾜-] 명 인격의 완성에 주안점을 두는 교육.

인격-권(人格權)[-격꿘] 명《법》사람이 생활 체로서 또는 사회적 활동의 한 단위로서 갖는 인적 이익에 관해 법률상 보호를 받을 권리. 곧, 생명·신체·자유·명예 등의 권리.

인격 분열(人格分裂)[-격뿐녈] 명《심》인격이 분리되어 의식의 연락 및 정신의 통일이 없고, 자기를 상실하여 발작적으로 이상한 상태를 나타내는 일.

인격-신(人格神)[-격씬] 명 신을 의인화(擬人化)한 것으로, 인간적인 의식·감정을 갖는 신(그리스 신화에 나오는 신 따위).

인격-자(人格者)[-격짜] 명 훌륭한 인격을 갖춘 사람.

인격-주의(人格主義)[-격쭈-/-격쭈이] 명 자각적·자율적인 인격에 절대적인 가치를 부여하고, 이것을 기준으로 모든 것의 가치를 평가하려는 입장(칸트주의가 대표적임).

인격-화(人格化)[-껴꽈] 명하타 사물을 감정과 의지가 있는 인간으로 간주함. 의인화(擬人化).

인견(人絹) 명 **1** '인조견'의 준말. **2** '인조 견사'의 준말.

인견(引見) 명하타 윗사람이 아랫사람을 불러 만나 봄.

인견-사(人絹絲) 명 '인조 견사'의 준말.

인경(←人定人) 《역》 조선 때, 밤에 통행금지를 알리기 위해 치던 큰 종(서울의 보신각(普信閣)종, 경주의 봉덕사종 따위).

인경(隣境) 명 인접한 땅의 경계.

인경(鱗莖) 명《식》 비늘줄기.

인계(人界)[-/-계] 명 **1** '인간계'의 준말. **2**《불》 삼계(三界)의 하나. 사람의 세계.

인계(引繼)[-/-계] 명하타 사람이나 물건 또는 일 등을 넘겨주거나 넘겨받음. □업무를 ~받다 / 그를 당국에 ~했다.

인계-인수(引繼引受)[-/-게-] 명하타 인수인계. □업무의 ~를 마치다.

인고(忍苦) 명하자 괴로움을 참음. □~의 생애 / ~하며 살다.

인곤마핍(人困馬乏) 명하형 사람과 말이 모두 지쳐 피곤함.

인골(人骨) 명 사람의 뼈. □~을 수습하다.

인공(人工) 명 **1** 사람이 하는 일. **2** 사람이 자연물에 가공이나 작용을 하는 일. 인조(人造). 인위(人爲). □~ 호수.

인공(人共) 명 '인민 공화국'의 준말.

인공 가루받이(人工-)[-바지] 《식》 인공 수분(受粉).

인공 감미료(人工甘味料) 화학 합성으로 만든 당류(사카린 따위).

인공 강:설(人工降雪) 인공적으로 눈이 내리게 하는 일.

인공 강:우(人工降雨) 인공적으로 비가 내리게 하는 일.

인공 결정(人工結晶)[-쩡] 천연 광물과 화학 성분이 같게 인공적으로 만든 결정.

인공 공물(人工公物)《법》 행정 주체가 인공을 가해서 공공 목적으로 사용하는 것(도로·항만·운하 따위).

인공 교배(人工交配)《생》 인공적으로 생물의 암수 교배를 행하는 일. ＊인공 수분·인공 수정.

인공 기흉 요법(人工氣胸療法)[-뇨뻡]《의》 인공 기흉기를 이용해서 흉벽(胸壁)과 폐사이의 늑막강에 공기를 주입하는 결핵 치료법.

인공 단위 생식(人工單爲生殖)《생》 성숙한 난자에 물리적·화학적 자극을 주어 정자 없이 발육시키는 생식. 인공 처녀 생식.

인공 돌연변이(人工突然變異)《생》 염색체나 유전자에 방사선·약품 등의 인공적인 변화를 가해서 얻어진 돌연변이.

인공-두뇌(人工頭腦) 명 '컴퓨터'의 속칭. 전자두뇌.

인공-림(人工林)[-님] 명 사람이 씨를 뿌리거나 나무를 심어 만든 숲. ↔천연림·자연림.

인공 면:역(人工免疫)《의》 면역 혈청 따위를 주사해서 인위적으로 얻은 후천적인 면역.

인공-미(人工美) 명 예술미. ↔자연미.

인공 방:사능(人工放射能)《물》 인공 방사성 원소에서 발생하는 방사능. 자연 상태에서는 방사능을 갖지 않는 원소의 원자핵에 엑스선·중성자선·감마선 따위로 충격을 주어 만듦.

인공 방:사성 원소(人工放射性元素)[-썽-]《물·화》 사이클로트론이나 원자로를 이용해서 인공적으로 만든 방사성 원소. 안정된 원자핵에 양성자·중성자·감마선 따위를 충돌시켜 만듦.

인공 번식법(人工繁殖法)[-뻡]《식》 식물을 인공적으로 번식시키는 방법(삽목법(揷木法)·취목법(取木法)·접목법 따위).

인공 부화(人工孵化) 부란기(孵卵器)·부화 시설 등을 써서 달걀·생선 알·누에알 따위를 까는 방법. ＊모계 부화.

인공 소생법(人工蘇生法)[-뻡] **1** 산소 호흡기 따위로 인공호흡을 해서 다시 살아나게 하는 방법. **2** 가사(假死) 상태의 신생아를 소생시키는 방법(아이의 두 발을 잡고 손바닥으로 등을 가볍게 두드리거나, 더운물에 씻기다가 급히 찬물에 씻기는 법 따위가 있음).

인공 수분(人工受粉)《식》 인공적으로 수분시키는 방법(붓 따위로 꽃가루를 암술의 머리에 묻히는 일). 인공 가루받이. ＊인공 교배·인공 수정.

인공 수정(人工受精)《생》 인위적으로 채취한 수컷의 정액을 암컷의 생식기 안에 주입해서 수정시키는 일. 가축·어류 따위의 번식이나 품종 개량에 이용하며, 인간의 불임증에도 시행하고 있음. 인공 정받이. ＊인공 교배·인공 수분.

인공 신:장(人工腎臟)《의》 기능 장애를 일으키는 신장을 대신하도록 셀로판 등으로 만든 신장. 요독증(尿毒症) 치료 등에 씀.

인공 심장(人工心臟) 심장의 기능을 대신하는 인공 펌프 장치.

인공 심폐(人工心肺)[-/-폐]《의》 심장 수술을 하는 짧은 시간 동안, 심장과 폐의 기능을 대신할 수 있게 만든 장치.

인공-어(人工語) 명 **1**《언》 세계 공통어를 목표로 인위적으로 만들어 낸 언어. 에스페란

토(Esperanto)·노비알(Novial) 따위. 국제어.
2 〖컴〗기계어.

인공-영양 (人工營養)[-녕-] 圀 **1** 어린아이를 모유 이외의 우유·분유·암죽 따위로 양육하는 일. 또는 그 영양분. **2** 입으로 음식물을 먹을 수 없을 때, 피하·정맥·직장(直腸) 등에 생리적 식염수·포도당액·유화(乳化) 지방액 등을 주입하는 일. 또는 그 영양분.

인공 온천 (人工溫泉) 〖의〗 인공으로 가열해서 병의 치료에 응용하는 온천《염류천·탄산천 따위》.

인공-위성 (人工衛星) 圀 지구 따위의 행성 둘레를 돌도록 로켓을 이용해서 쏘아 올린 인공의 장치《과학 위성·통신 위성·기상 위성따위》. ㉡ 위성.

인공 유산 (人工流産)[-뉴-] 〖의〗 인공 임신 중절 수술.

인공 임:신 중절 수술 (人工妊娠中絶手術) 〖의〗 태아가 모체 밖에서 생명을 유지할 수 없는 시기에, 태아와 그 부속물을 인공적으로 모체 밖으로 배출시키는 수술. 인공 유산.

인공 장기 (人工臟器) 〖의〗 생체의 장기 기능을 대행하는 장치《인공 심폐(心肺)·인공 신장 따위》.

인공-적 (人工的) 팬圀 사람의 힘으로 만든 (것). ㉡ ~으로 배양하다. ↔자연적.

인공 정받이 (人工精-)[-바지] 〖생〗 인공 수정(受精).

인공 조:림 (人工造林) 인공적으로 삼림을 조성하는 방법《임지에 접붙이기·씨뿌리기·나무심기 따위》. ↔천연 조림.

인공 지능 (人工知能)〖컴〗 인간의 지능이 가지는 학습·추리·적응·논증 따위의 기능을 갖춘 컴퓨터 시스템. 또는 그것을 연구하는 컴퓨터 공학. 에이아이(AI).

인공 진주 (人工眞珠) 양식 진주.

인공 채:유법 (人工採油法)[-뻡] 펌프 따위를 이용해 지하 유층(油層)에서 석유를 인공적으로 채취하는 방법.

인공 태양 광선 요법 (人工太陽光線療法)[-뇨뻡] 〖의〗 햇살에 가까운 광선을 내는 인공태양등(燈)을 이용한 치료 방법.

인공 태양등 (人工太陽燈)〖물〗 태양 광선에 가까운 빛을 내게 만든 등《주로 수은등을 쓰며, 의료에 사용함》.

인공 피:임 (人工避姙) 〖의〗 피임.

인공-항 (人工港)〖해〗 자연적 조건이 좋지 않은 해안에 인공으로 방파제·잔교(棧橋) 등을 만들고, 해저면을 깊이 파서 만든 항구《인천항이 그 예임》.

인공-호흡 (人工呼吸) 圀 호흡이 멈추었거나 호흡 곤란에 빠진 사람에게 인위적으로 호흡을 시키는 응급 처치.

인과 (因果) 圀 **1** 원인과 결과. **2** 〖불〗 선악의 업에 따라서 그에 해당하는 과보(果報)를 받는 일.

인과 관계 (因果關係)[-/-게] 圀 **1** 〖법〗 어떤 행위와 그 후에 발생한 사실과의 사이에 원인과 결과의 관계가 있는 일《민법·형법에서 행위자에게 책임을 지우는 근거가 됨》. **2** 〖철〗한 현상은 다른 현상의 원인이고, 다른 한 현상은 그 결과가 되는 관계.

인과 법칙 (因果法則) 〖철〗 인과율(因果律).

인과-설 (因果說) 圀 육체와 정신 사이에 서로 다른 한쪽을 제약하는 인과 관계가 있다고 하는 설. 상제설(相制說).

인과-성 (因果性)[-썽] 圀 **1** 〖철〗 둘 또는 그 이상의 존재 사이에 원인과 결과로 맺어지는 관계가 있는 성질. **2** 〖불〗 인연이 있으면 반드시 그 결과가 있는 것. 곧, 선을 행하면 선의 결과가, 악을 행하면 악의 결과가 생기는 관계.

인과-율 (因果律) 〖철〗 모든 일은 원인에서 발생한 결과이며, 원인이 없이는 아무것도 생기지 않는다는 법칙. 인과 법칙.

인과-응보 (因果應報) 圀 〖불〗 과거 또는 전생의 선악의 행위에 따라서 뒷날 길흉화복의 갚음을 받게 됨을 이르는 말. ㉡과보.

인과-자책 (引過自責) 圀 자기 잘못을 깨닫고 스스로 꾸짖음.

인광 (燐光) 圀 **1** 〖화〗 황린이 어두운 곳에서 나타내는 청백색의 약한 빛. ㉡ ~을 뿜다. **2** 〖물〗 빛의 자극을 받아 빛을 내던 물질이 그 자극이 멎은 뒤에도 계속 내는 빛.

인광-석 (燐鑛石) 圀 〖광〗 인 성분을 많이 함유한 광물의 총칭《인회석·구아노 등이 있으며, 인산이나 비료의 원료로 씀》.

인광-성 (燐光性)[-썽] 圀 〖물〗 물질이 인광을 내는 성질.

인광-체 (燐光體) 圀 〖물〗 인광을 발하는 물질《황화칼슘·황화아연 따위》.

인광 현:상 (燐光現象) 〖물〗 어떤 물체가 자극광(刺戟光)을 제거한 뒤에도 스스로 발광하는 현상.

인교 (人巧) 圀 사람의 정교한 솜씨.

인교 (隣交) 圀 이웃 또는 이웃 나라와의 교제.

인-교대 (印交代)〖역〗〖회자〗 관리가 갈릴 때, 관인을 넘겨주는 일.

인구 (人口) 圀 **1** 일정한 지역 안에 사는 사람의 수. 인총(人總). **2** 여러 사람들의 입. 세상의 소문. ㉡ ~에 회자(膾炙)되다.

인구 (印歐) 圀 인도와 유럽.

인구 과:잉 (人口過剩) 일정한 지역 안에 그 지역의 생산력을 초과할 정도로 인구가 많은 상태.

인구 국세 조사 (人口國勢調査)[-쎄-] 인구 센서스(census).

인구 동:태 (人口動態) 일정한 기간에 출생·사망·유입·유출·결혼·이혼 따위로 일어나는 인구 변동의 상태. ↔인구 정태.

인구-론 (人口論) 〖사〗 인구와 사회의 물질적 조건 사이의 관계에 대한 이론.

인구 문:제 (人口問題) 인구의 증감 및 질적 구성과 경제와의 관계에서 생겨나는 사회 문제. ㉡~가 심각하다.

인구 밀도 (人口密度)[-또] 일정한 지역의 단위 면적에 대한 인구수의 비율《보통, 1 km^2 안의 인구수로 나타냄》. ㉡~가 높다.

인구 센서스 (人口census)〖사〗 한 나라의 인구 상황을 총체적으로 파악하기 위해 일정한 시점을 기준으로 행하는 전국적인 인구 조사. 인구 국세 조사.

인구-수 (人口數) 圀 일정한 지역 안에 사는 사람의 수.

인구 어:족 (印歐語族) 인도유럽 어족.

인구 요인 (人口要因) 인구의 변화를 일으키는 요인《출생·사망·결혼 따위》.

인구 정책 (人口政策) 국가가 일정한 기준에 따라 인구 증식 또는 감소 과정에 관해 가하는 정치적 행위.

인구 정태 (人口靜態) 일정한 시점의 상태에서 관찰한 인구의 연령·성별·직업 따위의 구성 상태. ↔인구 동태.

인구 조사 (人口調査) 〖사〗 행정적인 기초 자료를 얻기 위해 정부가 전국적으로 시행하는

인구 동태 및 부수적인 조사.

인구-준행 (因舊遵行) 圏 전례(前例)대로 좇아 행함.

인구 지수 (人口指數) 해마다 또는 달마다 인구가 변동하는 추세를, 일정 시(一定時)를 100으로 해서 비교하는 수.

인구 최:적 밀도 (人口最適密度)[-정-또] 더이상 증가하면 문화인으로서의 생활 표준을 유지할 수 없는 한계적 밀도.

인구 통:계 (人口統計)[- / -게] 인구 현상에 관한 통계. 인구의 연령·직업·성별 따위에 대한 정태적(靜態的)인 통계와, 출생·사망·이동 따위에 대한 동태적(動態的)인 통계가 있음. *사회 통계.

인구 피라미드 (人口pyramid) 어떤 지역의 연령 계층별 인구를 상하로, 남녀별 인구를 좌우로 나누어 나타낸 도표. 출생률과 사망률이 같고 장기에 걸쳐 안정되어 있을 경우에는 피라미드 모양이 됨.

인국 (隣國) 圏 이웃 나라. 인방(隣邦).

인군 (人君) 圏 임금.

인군 (仁君) 圏 어진 임금.

인군 (隣郡) 圏 이웃 고을.

인권 (人權)[-꿘] 圏 인간으로서 당연히 갖는 기본적 권리. ▯ ~ 탄압 / ~ 옹호 / ~ 존중.

인권-하다 (引勸) 圏ᄒ자 〔불〕 남에게 시주하라고 인도하고 권장함.

인권 선언 (人權宣言)[-꿘서넌] 1789년 8월 프랑스 혁명 당시 국민 의회가 인권에 관한 것을 채택해서 발표한 선언(인민의 자유·평등의 권리를 분명히 규정한 것으로, 자유주의 원리의 가장 공식적인 표명임).

인권 유린 (人權蹂躪)[-꿘뉴-] 인권을 침해하는 일. 특히, 권력이 기본적 인권을 침해하는 일을 이름.

인궤 (印櫃)[-꿰] 圏 〔역〕 인뒤웅이.

인귀 (人鬼) 圏 1 사람과 귀신. 2 몹시 잔인하고 추악한 사람의 비유.

인귀 (人貴) 圏ᄒ형 1 사람이 드묾. 2 인물(人物)이 귀함.

인귀-상반 (人鬼相半) 圏ᄒ형 반은 사람이고 반은 귀신이라는 뜻으로, 몸이 몹시 쇠약해져 뼈만 남은 사람의 모습을 일컫는 말.

인근 (隣近) 圏 이웃한 가까운 곳. 근처. ▯ ~ 도로에 주차하다 / ~에 소문이 자자하다.

인-금 (人-)[-끔] 圏 인격적인 됨됨이나 사람의 가치.

인금 (印金) 圏 천의 바탕에 여러 가지 모양으로 금박을 찍어 넣은 것.

인기 (人氣)[-끼] 圏 1 어떤 대상에 쏠리는 대중의 높은 관심이나 호감. ▯ ~ 가수 / ~를 끌다 / 폭발적인 ~를 누리다. 2 사람의 기개. 의기(意氣).

인기 (人器) 圏 사람의 됨됨이. 도량과 재간.

인기-인 (人氣人)[-끼-] 圏 1 인기 있는 직업 등에 종사해서 인기가 있는 사람. 스타.

인기-주 (人氣株)[-끼-] 圏 증권 시장에서, 투자가가 몰리는 주식(거래량이 많고 시세 변동이 심함). *주력주.

인-기척 (人-)[-끼-] 圏ᄒ자 사람이 있음을 느낄 수 있게 하는 자취나 기색. 인적기. ▯ ~에 놀라다 / ~이 없다.

인기-투표 (人氣投票)[-끼-] 圏ᄒ자 투표를 통해서 인기의 순위를 정하는 일.

인-꼭지 (印-)[-찌] 圏 도장 따위의 손잡이. 유(鈕).

인-끈 (印-) 圏 1 인꼭지에 꿴 끈. 2 〔역〕 병권을 가진 벼슬아치가 병부(兵符) 주머니를 매

어 차던, 길고 넓적한 녹비 끈. 인수(印綬).

인-날 (人-) 圏 〔민〕 음력 정월 초이렛날. 인일(人日).

인-내 (人-) 圏 1 사람의 몸에서 나는 냄새. 2 짐승·벌레 등이 맡는 사람의 냄새.

인내 (忍耐) 圏ᄒ자타 괴로움이나 어려움을 참고 견딤. ▯ 역경을 ~로 극복하다.

인내-력 (忍耐力) 圏 괴로움이나 어려움을 참고 견디는 힘. 견딜힘. ▯ 초인적인 ~ / ~을 시험하다.

인내-성 (忍耐性)[-썽] 圏 괴로움이나 어려움을 참고 견디는 성질. 견딜성.

인내-심 (忍耐心) 圏 괴로움이나 어려움을 참고 견디는 마음. ▯ ~이 강하다.

인내천 (人乃天) 사람이 곧 한울이라는 천도교의 기본 사상.

인-년 (寅年) 圏 〔민〕 태세(太歲)의 지지(地支)가 인(寅)인 해(갑인(甲寅)·병인(丙寅) 등).

인노 (人奴) 圏 종. 노복(奴僕).

인-누에 圏 〔충〕 허물을 갓 벗은 누에.

인니 (印尼) '인도네시아'의 한자 이름.

인당 (印堂) 圏 〔민〕 관상에서, 양쪽 눈썹 사이.

인당-하다 (引當) 圏ᄒ타 담보(擔保)하다.

인대 (靭帶) 圏 〔생〕 관절을 튼튼하게 하고 그 운동을 제한하는 작용을 하는 결합 조직 섬유. ▯ ~가 늘어나다 / ~가 끊어지다.

인-대명사 (人代名詞) 圏 〔언〕 인칭 대명사.

인덕 (人德)[-떡] 圏 인복(人福). ▯ ~이 없다.

인덕 (仁德) 圏 어진 덕.

인덕턴스 (inductance) 圏 〔전〕 회로 안을 흐르는 전류가 변화했을 때, 회로 내에 생기는 기전력과 전류 변화량의 비. 유도 계수.

인덱스 (index) 圏 색인(索引).

인도¹ (人道) 圏 도로에서 차도와 구별해서 사람만이 다니는 길. 보도. ▯ 버스가 ~에 뛰어

인도² (人道) 圏 사람으로서 마땅히 지켜야 할 도리. ▯ ~에 벗어나는 행동 / ~를 어기다.

인도 (引渡) 圏ᄒ타 사물이나 권리 따위를 넘겨 줌. ▯ 범인 ~를 요청하다.

인도 (引導) 圏ᄒ타 1 가르쳐 이끎. ▯ 바른길로 ~하다. 2 길이나 장소를 안내함. 3 사람을 어떤 종교로 이끄는 일. 4 〔불〕 죽은 사람의 넋을 정토(淨土)로 이끌기 위해 장례 때 관 앞에서 경을 외우는 일.

인도게르만 어:족 (Indo-German語族) 〔언〕 인도유럽 어족.

인도-고 (人道苦) 圏 〔불〕 오고(五苦)의 하나. 사람으로 태어나서 받는 괴로움.

인도-고무나무 (印度-) 圏 〔식〕 뽕나뭇과의 상록 교목. 높이 30 m 이상, 여름에 꽃이 피며 무화과와 비슷한 열매를 맺음. 본디 고무를 채취했으나 현재는 파라고무가 대신함. 인도 원산.

인도-공작 (印度孔雀) 圏 〔조〕 꿩과의 공작의 하나. 날개 길이 50 cm가량. 관우(冠羽)는 절반만 펼치면 부채 모양임. 인도 원산.

인도-교 (人道橋) 圏 열차 철교에 대해, 강에 사람과 자동차 따위가 다니도록 놓은 다리. ▯ 자동차의 통행이 많은 한강 ~.

인도-교 (印度敎) 圏 〔종〕 힌두교.

인도-남 (印度藍) 圏 '인디고(indigo)'의 한자 이름.

인도 명:령 (引渡命令)[-녕] 〔법〕 토지·가옥·선박 등을 인도하라는 법원의 명령.

인도유럽 어:족 (Indo-Europe語族) 〔언〕 중

앙아시아·인도에서 유럽의 대부분에 걸친 지역에서 쓰는 언어《영어·프랑스어·러시아어·에스파냐어·그리스어·라틴어·인도어 따위. 굴절어임》. 인구(印歐) 어족. 인도게르만어족.

인도-적 (人道的)〔-쩍〕관명 사람으로서 마땅히 지켜야 할 도리에 바탕을 둔 (것). □~ 차원 / ~ 견지.

인도-주의 (人道主義)〔-/-이〕명 인간의 존엄성을 최고의 가치로 여기고 인류의 안녕과 복지를 꾀하는 것을 이상으로 하는 사상이나 태도. 휴머니즘. □~ 정신.

인도 증권 (引渡證券)〔-꿘〕경 증권상의 권리자가 증권을 내주면 물건 자체를 건네지 않아도 증권에 적힌 물건을 건넨 것과 같은 효력을 가지는 유가 증권.

인도-지 (印度紙)명 인디언지.

인도차이나 어:족 (Indo-China語族)언 서쪽은 티베트에서 동쪽은 중국 전체, 남은 타이·미얀마를 포함하는 지역에서 쓰이는 언어《중국어·티베트어·타이어·버마어 등》.

인도 철학 (印度哲學)철 인도에서 발달한 철학 사상《내면적·반성적인 경향의 윤회적(輪廻的)인 염세 사상》.

인도 청구 (引渡請求)법 토지·건물·선박 따위를 타인이 점유했을 경우에 소유권자인 자신에게 넘기도록 법원에 청구하는 일.

인도-코끼리 (印度-)동 코끼릿과의 하나. 밀림 속에 삶. 아프리카코끼리보다 조금 작은데, 어깨 높이는 수컷이 2.7 m, 암컷은 2.4 m 이하임. 수십 마리씩 떼 지어 삶. 성질이 온순해서 길들여 짐을 나르는 데 부림.

인동 (忍冬)명 ① 식 인동덩굴. ② 한의 인동덩굴의 줄기와 잎사귀를 그늘에서 말린 한약재《한열(寒熱)·이뇨·해열·풍습(風濕) 및 모든 종기에 씀》.

인동 (隣洞)명 이웃 동네. 인리(隣里).

인동-덩굴 (忍冬-)명 식 인동과의 덩굴진 낙엽 활엽 관목. 꽃은 백색에서 황색으로 변함. 장과는 가을에 검게 익음. 잎은 차 대용, 줄기·잎은 한방에서 '인동', 꽃은 '금은화'라 해서 약재로 씀. 겨우살이덩굴. 인동.

인두 ① 바느질할 때 불에 달구어, 천의 구김살을 눌러 펴거나 솔기를 꺾어 누르는 데 쓰는 기구. □~로 옷을 다리다. ② '납땜인두'의 준말.

인두 (人頭)명 ① 사람의 머리. ② 사람의 머릿수.

인두 (咽頭)생 식도와 후두에 붙어 있는 깔때기 모양의 근육성 기관.

인-두겁 (人-)명 사람의 형상이나 탈.
  인두겁(을) 쓰다 관 행실이나 바탕이 사람답지 못함을 욕하는 말.

인두-세 (人頭稅)〔-쎄〕명 법 납세 능력의 차이를 고려하지 않고 각 개인에게 일률적으로 부과하는 조세.

인두-염 (咽頭炎)명 인두의 점막이 붓고 헐어 목이 쉬는 병. 인두 카타르.

인두-질 명하자타 인두로 구김살을 펴거나 꺾은 솔기를 누르는 일.

인두 카타르 (咽頭catarrh)의 인두염.

인두-판 (-板)명 인두질할 때, 다리는 물건을 올려놓는 기구《직사각형의 널조각에 솜을 두어 안팎을 좋이나 헝겊 등으로 싼 것》.

인-둘리다 (人-)자 여러 사람의 웅김에 취해 정신이 어지러워지다.

인-뒤웅이 (印-)역 관아에서 쓰는 인(印)을 넣어 두던 궤. 인궤. ⑥인뚱이.

인듐 (indium)명 화 금속 원소의 하나. 은백색으로 납보다 무르고 가열하면 파란 불꽃을 내며 탐. 섬아연광·방아연광 속에 들어 있음. [49 번 : In : 114.82]

인들 조 받침 있는 체언에 붙어, '이라고 할지라도 어찌'·'이라도'의 뜻으로 쓰는 보조사. □죽음 ~ 두려워하랴. *ㄴ들.

인등 (引燈)명하자 불 부처 앞에 등불을 켬.

인디고 (indigo) ① 식물의 채색에 쓰이는 검푸른 물감. ② 천연으로 나는 검푸른 빛의 물감《옛날에는 쪽풀에서 채취했으나, 지금은 아닐린을 원료로 공업적으로 합성함》. 양람(洋藍). 인도남.

인디언 (Indian)명 아메리칸 인디언.

인디언-지 (Indian紙)명 얇고도 불투명하며 질긴 서양 종이《성경·사전에 많이 씀》. 인도지(印度紙).

인디오 (에 indio)명 넓은 뜻으로는 아메리칸 인디언, 좁은 뜻으로는 라틴 아메리카의 원주민을 일컬음.

인-뚱이 (印-)명 '인뒤웅이'의 준말.

인라인 안테나 (in-line antenna) 'ㅌ' 자 모양으로 생긴 근거리 전용 텔레비전 안테나.

인레이 (inlay)의 이에 봉 박는 합금. 또는 충치에 봉 박는 일.

인력 (人力)〔일-〕 ① 사람의 힘. □~으로는 막을 수 없다. ② 인간의 노동력. □~ 수출 / 전문 ~을 양성하다.

인력 (引力)〔일-〕명 물 공간적으로 떨어진 물체끼리 서로 끌어당기는 힘. ↔척력(斥力).

인력 개발 (人力開發)〔일-깨-〕사회 구성원 개개인에게 훈련·교육 등을 통해 기술과 지식을 습득시켜 능력을 발전시키는 일.

인력-거 (人力車)〔일-꺼〕명 사람을 태우고 사람이 끄는, 바퀴가 두 개 달린 수레.

인력거-꾼 (人力車-)〔일-꺼-〕명 인력거를 끄는 일을 직업으로 삼는 사람.

인력-권 (引力圈)〔일-꿘〕명 ① 물 인력이 미치는 범위. ② 천 어떤 천체의 인력이 가까운 다른 천체의 인력보다 강하게 작용하는 범위.

인력-난 (人力難)〔일령-〕명 노동력이 부족해서 겪는 어려움. □~에 시달리다 / ~을 해소하다.

인례 (人禮)〔일-〕명 종묘(宗廟) 등에 제사 지내는 예.

인례 (引例)〔일-〕명하자 전례(前例)를 들어 증거를 보임. 또는 그 예.

인류 (人類)〔일-〕명 ① 사람을 다른 동물과 구별하는 말. 인간. ② 세계의 모든 사람.

인류-애 (人類愛)〔일-〕명 인류 전체에 대한 사랑. 인류를 사랑하는 일.

인류-학 (人類學)〔일-〕명 인류와 그 문화의 기원·특질 따위를 연구하는 학문《체질 인류학·문화 인류학의 두 부문으로 나뉨》.

인륜 (人倫)〔일-〕명 윤 ① 사람으로서 마땅히 지켜야 할 도리. □~을 저버리다. ② 군신·부자·형제·부부 등 상하 존비의 인간관계나 질서. □~에 어긋나다.

인륜-대사 (人倫大事)〔일-〕명 사람이 살아가면서 치르게 되는 중대한 일《혼인·장례 따위》. 인간대사.

인리 (人里)〔일-〕명 사람이 많이 사는 동네.

인리 (隣里)〔일-〕명 인동(隣洞).

인린-하다 (燐燐-)〔일-〕자여 도깨비불이나 반딧불 따위가 번쩍거리다.

인마(人馬)명 1 사람과 말. 2 마부와 말.
인마-궁(人馬宮)명『천』궁수자리.
인말(姻末)명 편지글에서, 자기 이질(姨姪) 또는 처질(妻姪)에게 자신을 일컫는 말. 인하(姻下).
인말(寅末)명『민』인시(寅時)의 끝 무렵(오전 다섯 시경).
인망(人望)명 세상 사람이 우러르고 따르는 덕망. ▣~이 두텁다.
인맥(人脈)명 정계·재계·학계 따위에서, 형성된 사람들의 유대 관계.
인면(人面)명 사람의 얼굴.
인면(印面)명 도장의 글자가 새겨진 면.
인면-수심(人面獸心)명 사람의 얼굴을 하고 있으나 마음은 짐승과 같다는 뜻으로, 마음이나 행동이 몹시 흉악함을 이르는 말.
인멸(湮滅·堙滅)명하자타 흔적도 없이 모두 없어짐. 또는 그렇게 없앰. 인몰(湮沒). ▣증거 ~의 우려가 있다.
인명(人名)명 사람의 이름.
인명(人命)명 사람의 목숨. ▣~ 경시 풍조 / ~ 피해를 줄이다 / ~을 구조하다.
인명-록(人名錄)[-녹]명 사람의 이름을 적은 문서나 책. *방명록.
인명-부(人名簿)명 사람의 이름을 적은 장부.
인명-재천(人命在天)명 사람의 목숨은 하늘에 달려 있다는 뜻으로, 목숨이 길고 짧은 것은 사람의 힘으로 어쩔 수 없음을 이르는 말.
인모(人毛)명 사람의 머리털.
인모(鱗毛)명 1〔식〕많은 세포로 되어 있으며, 비늘 모양으로 줄기·잎 등의 거죽을 덮어 이를 보호하는 잔털. 비늘털. 2〔미술〕곤충·어류·조수(鳥獸) 따위를 그린 그림.
인모-난측(人謀難測)명 사람의 마음이 간사함은 헤아리기 어려움.
인모-망건(人毛網巾)명 사람의 머리털로 앞을 뜬 망건.
인모-앞(人毛-)[-압]명 인모망건에서 이마에 닿는 부분.
인목(人目)명 1 사람의 눈. 2 남의 눈.
인몰(湮沒)명하자 인멸(湮滅).
인문(人文)명 1 인류의 문화. 2 인물과 문물. 3 인류의 질서.
인문(印文)명 인발.
인문-계(人文系)[-/-계]명 언어·문화·역사·철학 따위의 학문 계통. ▣~ 학과.
인문 과학(人文科學) 정치·경제·사회·역사·철학·문학 따위의 정신 과학의 총칭. ↔자연 과학. ▣인문학.
인문 신화(人文神話)〔문〕인간의 생활 수단이나 문화를 신·영웅이나 동물 등이 주었다는 내용의 신화.
인문-주의(人文主義)[-/-이]명 서양 중세 르네상스기(期)에 이탈리아에서 일어나 유럽으로 확대된 정신 운동(그리스·로마의 고전을 통해 인간의 존엄성 회복과 문화적 교양의 발전에 노력함). 휴머니즘. 인본주의. ▣중세의 ~ 사상가.
인문 지리학(人文地理學)〔지〕지표에서의 인간 활동에 따른 현상을 자연환경과 관련해서 이해하고, 그 현상의 지역적 특성 및 법칙을 연구하는 학문. ↔자연 지리학.
인문 토기(印文土器) 막대로 누르거나 두들겨서 무늬를 새겨 넣은 선사 시대의 토기(고고학에서는 양쯔 강(揚子江) 중·하류에서 푸젠(福建)·광둥(廣東)·인도차이나 반도에 걸쳐 출토되는 토기를 이름).
인문-학(人文學)명 '인문 과학'의 준말

인물(人物)명 1 사람의 됨됨이. 인품. ▣훌륭한 ~. 2 뛰어난 사람. 인재. ▣당대의 ~. 3 사람의 얼굴 모양. 용모. ▣~이 반반하다. 4 사람과 물건.
인물-가난(人物-)명 인재가 드문 일. 인물난. ▣~이 들다.
인물-값(人物-)[-깝]명 생김새와 어울리는 행동. ▣~도 못한다.
인물-고사(人物考査)명 개인의 특성·됨됨이 또는 특수 사정을 판정하는 일.
인물-주의(人物主義)[-/-이]명 문벌이나 학력, 재산 따위보다 그 사람의 능력이나 됨됨이를 중요하게 여기는 태도.
인물-차지(人物次知)명〔역〕인사(人事) 관계의 사무를 맡아보던 사람.
인물-추심(人物推尋)명 1 도망한 사람을 더듬어 찾음. 2〔역〕먼 곳에 도망해 가서 사는 노비나 그 자손을 그의 상전이나 그 자손이 찾던 일.
인물-평(人物評)명 개인의 인품·능력 또는 행적상의 잘잘못 따위를 가려 평가함. 또는 그런 글.
인물-화(人物畵)명 사람을 주제로 그린 그림. 인물도. ▣인물화.
인민(人民)명 1 국가나 사회를 구성하는 사람. 2〔법〕국가를 구성하고 있는 자연인.
인민 공-화국(人民共和國) 인민이 주권을 가지고 직접 또는 대표 기관을 통해서 주권을 행사하는 국가(보통 사회주의 체제의 나라에 쓰는 말).
인민 위원회(人民委員會) 사회주의 국가에서의 행정 집행 기관.
인민-재판(人民裁判) 대중 앞에서 인민이 뽑은 사람을 배심으로 재판·처결하는 재판(공산주의 국가에서 행함).
인민 전-선(人民戰線) 지난날, 파시즘 및 전쟁에 반대하는 정당이나 단체의 공동 전선.
인민 주권(人民主權)[-꿘] 민주국·공화국에서, 나라의 주권이 인민에게 있는 경우의 주권. 국민 주권.
인바(invar)명 철 64%, 니켈 36%의 합금. 선(線)팽창률이 철의 1/10로 극히 작음(시계의 태엽·측량기 등에 씀).
인-발(印-)[-빨]명 도장을 찍은 흔적. 인문(印文). 인영(印影). 인장(印章). 인형(印形).
인방(引枋)명〔건〕기둥과 기둥 사이 또는 창이나 창의 아래나 위로 가로지른 나무(상인방·하인방이 있음).
인방(寅方)명〔민〕이십사방위의 하나. 북동에서 남쪽으로 15도 기운 방위를 중심으로 한 15도 각도 안의 방향. ▣인(寅).
인방(隣邦)명 이웃 나라. 인국(隣國).
인배(引陪)명〔역〕정삼품 이상의 벼슬아치의 앞을 인도하던 관노의 하나.
인버네스(inverness)명 소매 대신 망토가 달린 남자용 외투.
인벌류트(involute)명〔수〕임의의 곡선의 모든 접선과 직교하는 점으로 이루어진 곡선. 신개선(伸開線).
인법(人法)[-뻡]명 국제 사법(私法)에서, 관할 구역이 달라 어떤 법규가 적용되어야 할 것인가 할 때 사람에 대해서 어느 곳에서나 적용되는 법. ↔물법(物法).
인-법당(因法堂)[-땅]명〔불〕큰 법당이 없는 작은 절에서, 승려가 거처하는 방에 불상을 모신 집.

인베르타아제 (invertase) 圏 《화》 설탕을 분해해서 포도당과 과당의 혼합물인 전화당(轉化糖)으로 만드는 효소. 사카라아제. 전화 효소.

인벤토리 자산 (inventory資産) 〖경〗 기업이 가지고 있는 유동 자산. 재고 자산.

인변 (人變) 圏 인사(人痾).

인병-치사 (因病致死) 圏|하자| 병으로 죽음.

인보 (印譜) 圏 인발을 모아 둔 책.

인보 (隣保) 圏 **1** 가까운 이웃집이나 이웃 사람. **2** 가까운 이웃끼리 서로 도움. 또는 그런 목적으로 세운 단체. **3** 〖역〗 군보(軍保).

인보 사:업 (隣保事業) 빈민의 실태를 조사해서, 그들의 보건·위생·의료·교육과 복지 향상을 꾀하는 사회 사업. 보린 사업.

인보이스 (invoice) 〖경〗 무역에서, 매각·위탁 판매 계약 따위에 따라 상품을 원격지에 보낼 때 수화인(受貨人)에게 함께 부치는 그 상품의 명세서. 송장(送狀). 적화 명세서.

인-보험 (人保險) 圏 〖경〗 사람의 생명이나 신체에 생기는 손해에 대해서 보험금을 지급할 것을 약속하는 보험. →물(物)보험.

인복 (人福)[-뽁] 圏 다른 사람의 도움을 많이 받는 복. 인덕. ▢~이 많다 / ~을 타고나다.

인본 (印本) 圏 인쇄한 책.

인본 교:육 (人本教育) 인간의 가치와 개성을 존중하고 자유로운 규율 아래, 개인의 독창성을 장려할 목적으로 행하는 교육.

인본-주의 (人本主義)[-/-이] 圏 인문주의.

인봉 (印封)|하자| **1** 공무가 끝난 뒤에 관인을 봉해 둠. **2** 봉한 물건에 인장을 찍어 함부로 떼지 못하게 함. 봉인(封印).

인봉 (因封) 〖역〗 인산(因山).

인봉-가수 (印封枷囚) 〖역〗 중죄인의 목에 칼을 씌우고, 그 위에 관인을 찍은 종이를 붙이던 일.

인부 (人夫) 圏 품삯을 받고 일하는 막벌이꾼. 인정(人丁). ▢공사장 ~ / ~를 부리다.

인부 (人負) 圏 사람의 등에 지우는 짐.

인-부정 (人-)圏|하자| 〖민〗 아이를 낳은 지 이레째 되는 날, 인부정(人不淨)을 막는다는 뜻으로, 수수떡을 만들어 앞뒷문을 지나가는 사람에게 나누어 먹이던 일.

인-부정 (人不淨) 圏 〖민〗 꺼려야 할 사람을 피하거나 금하지 않아 생기는 부정.

인부정(을) 타다 丟 부정한 사람으로 말미암아 탈이 나다.

인분 (人糞) 圏 사람의 똥. ▢~을 푸다.

인분 (鱗粉) 圏 나비·나방 따위의 날개에 있는 비늘 모양의 분비물.

인-분뇨 (人糞尿) 圏 사람의 똥과 오줌.

인비 (人祕) 圏 '인사비밀'의 준말.

인비 (燐肥) 圏 '인산 비료'의 준말.

인-비늘 (人-)圏 사람의 살갗에서 하얗게 떨어지는 살가죽 부스러기. 인설(鱗屑).

인사 (人士) 圏 사회적 지위가 높거나 사회적 활동이 많은 사람. ▢각계 ~를 만나다.

인사 (人事) 圏 **1** 안부를 묻거나 공경하여 예를 표함. 또한 그런 말이나 행동. ▢~를 여쭙다 / 선생님께 ~를 드리다. **2** 처음 만나는 사람끼리 성명을 통함. ▢~를 나누다. **3** 사람들 사이에 지켜야 할 예의. ▢그것은 ~가 아니다. **4** 사람이 하는 일. ▢~를 다하고 천명을 기다린다. **5** 관리나 직원의 채용·신분에 관한 행정적인 일. ▢승진 ~ / ~ 문제. **6** 세상의 일.

인사 관리 (人事管理)[-괄-] 〖경〗 일하는 사람들이 각자의 능력을 최대로 발휘해서 좋은 실적을 거두도록 관리하는 일. *노무 관리.

인사-권 (人事權)[-꿘]圏 공공 기관이나 기업체 따위에서, 구성원에 대해 채용·해임·승진·상벌·이동 따위의 인사 문제를 다루는 권한. ▢~을 쥐다 / ~을 남용하다.

인사-란 (人事欄) 圏 소식란.

인사-말 (人事-)圏 인사로 하는 말. ▢~을 주고받다.

인사불성 (人事不省)[-썽] 圏 **1** 정신을 잃어 의식이 없음. ▢~이 되도록 술을 마시다. **2** 사람으로서의 예절을 차릴 줄 모름. 불성인사.

인사-비밀 (人事祕密) 圏 인사에 관한 비밀. 또는 그 서류. ⓒ인비.

인사-성 (人事性)[-썽] 圏 예의 바르게 인사를 차리는 성질이나 품성. ▢~이 밝다.

인사유명 (人死留名) 圏 사람은 죽어서 이름을 남긴다는 뜻으로, 사람의 삶이 헛되지 않으면 그 이름이 길이 남는다는 말. *표사유피(豹死留皮).

인사-이동 (人事異動) 圏 관공서·회사·군대 따위에서 직원·사원·군인 등의 지위나 근무 부서를 바꾸는 일. ▢~을 할 만도 하다.

인사이드 (inside) 圏 테니스·배구·축구 등에서, 공이 경계선 안으로 떨어지는 일. →아웃사이드. ⓒ인(in).

인사이드 킥 (inside kick) 축구에서, 발의 안쪽으로 공을 차는 일.

인사-조 (人事調)[-쪼] 圏 **1** 마음에 없이 형식만 갖춘 인사나 대접. ▢~로 한마디 거들다. **2** 인사하는 모양이나 태도.

인사-치레 (人事-)圏|하자| 성의 없이 겉으로만 하는 인사. ▢~로 하는 말.

인사 행정 (人事行政) 〖법〗 행정 조직을 이루는 직원에게 유능한 소질·능력을 갖게 하고, 이를 유지·활용하려는 인사상의 계획·감독·조정 따위의 기능.

인산 (人山) 圏 사람이 수없이 많이 모인 모양. ▢~을 이루다.

인산 (因山) 〖역〗 태상황(太上皇)·임금·황태자·황태손과 그 비(妃)들의 장례. 국장(國葬). 인봉(因封).

인산 (燐酸) 圏 〖화〗 **1** 오산화인(P_2O_5)에 물을 작용시켜서 얻는 산의 총칭《오르토인산·메타(meta)인산·피로(pyro)인산 따위가 있음》. **2** 오르토인산《무색의 투명한 결정으로 조해성(潮解性)이 있는데, 강장제로 씀》.

인산-나트륨 (燐酸Natrium) 圏 인산을 탄산나트륨의 수용액에 포화시켜서 만든 무색투명한 기둥 모양의 결정.

인산 무수물 (燐酸無水物) 〖화〗 '오산화인(五酸化燐)'의 통칭.

인산 비:료 (燐酸肥料) 인산 화합물이 들어 있는 비료《과인산석회·인산암모늄 등으로 뿌리의 발육, 줄기나 잎의 생장, 개화와 결실을 촉진함》. ⓒ인비.

인산-석회 (燐酸石灰)[-서쾨] 圏 인산칼슘.

인산-암모늄 (燐酸ammonium) 圏 〖화〗 인산에 암모니아를 넣어 만드는 무색 결정. 물에 잘 녹으며 용제와 비료(肥料)로 씀. 인산암모니아. ⓒ인안(燐安).

인산-인해 (人山人海) 圏 사람이 수없이 많이 모인 상태. ▢~을 이루다.

인산-칼슘 (燐酸calcium) 圏 〖화〗 인산과 칼슘의 염(塩). 동물의 뼈의 주성분이며, 에나멜·우윳빛 유리·거름 따위의 원료로 씀. 인산석회.

인산 코데인 (燐酸codeine) 〖약〗 아편에서 뽑

아낸 흰 결정성 분말(신경통·불면증·기관지염·기침 등의 약으로 씀).

인삼(人蔘)명『식』두릅나뭇과의 여러해살이풀. 깊은 산에 야생하거나 밭에서 기르는데, 높이 60 cm 가량임. 줄기는 외줄기로 곧게 서며, 서너 개의 잎이 줄기 끝에 돌려나고 뿌리는 희고 비대한 다육질임. 봄에 녹황색 다섯 잎꽃이 피고 열매는 타원형으로 붉게 익음. 한방에서 강장제의 약재로서 중히 여기며 널리 재배함. 야생종을 '산삼', 재배종을 '가삼'이라 함. ㉠삼.

인삼-당(人蔘糖)명 설탕에 조려 말린 인삼.

인삼-주(人蔘酒)명 인삼을 넣고 담근 술.

인삼-차(人蔘茶)명 인삼, 특히 미삼(尾蔘)을 넣고 끓인 차. ㉠삼차.

인상(人相)명 사람의 얼굴 생김새와 골격. ▫~을 찌푸리다 / ~이 험악하다.
  인상(을) 쓰다 관 언짢거나 성이 나 험악한 표정이나 좋지 않은 표정을 짓다.

인상(刃傷)명 칼날 등에 다침. 또는 그 상처.

인상(引上)명하타 1 끌어 올림. 2 물건 값·요금·봉급 등을 올림. ▫가격 ~ / 공공요금의 ~. ↔인하. 3 역도에서, 바벨을 두 손으로 잡아 한 번의 동작으로 머리 위까지 들어 올려 일어서는 종목. *용상.

인상(印象)명 1 어떤 대상에 대해서 마음에 새겨지는 느낌. ▫무뚝뚝한 ~ / ~에 남다 / 좋은 ~을 남기다. 2『심』외적 환경의 직접적인 영향으로 생긴 사상이나 감정. 3『미술』미적 대상이 인간에게 주는 모든 효과.
  인상(이) 깊다 관 어떤 느낌이 마음속에 뚜렷하게 남다. 인상(이) 짙다.
  인상(이) 짙다 관 인상(이) 깊다.

인상(鱗狀)명 비늘 모양의 형상.

인상-기(印象記)명 인상에 남은 사실을 적은 글. ▫~를 쓰다.

인상 비:평(印象批評)명 예술 작품을, 과학적·객관적인 기준에서가 아니고 비평가 자신의 주관적 인상에 따라 행하는 비평.

인상-적(印象的)관명 뚜렷이 기억에 남는 (것). ▫~ 장면.

인상-주의(印象主義)[-/-이]명 1『미술』19세기 후반 프랑스를 중심으로 회화·조각에서 자연에 대한 순간의 시각적 인상을 중시하고, 인상을 그대로 표현하려는 주의. 2『악』악기마다 각각 다른 악음의 색채감을 중시해서 순간적인 감정이나 분위기를 강조한 경향. 3『문』사실적인 수법을 버리고 주관적인 인상을 대담하게 나타내려는 문학 사조. ↔사실주의(寫實主義).

인상-착의(人相着衣)[-차긔/-차기]명 사람의 생김새와 옷차림. ▫~를 살피다.

인상-파(印象派)명『미술』19세기 후반 프랑스에서 활동한 인상주의를 신봉한 유파.

인상-폭(引上幅)명 인상된 크기의 범위. ▫~을 억제하다.

인상-화(印象畵)명『미술』인상주의적인 화풍의 그림.

인새(印璽)명 임금의 도장. 옥새.

인색(吝嗇)명하형헤부 1 재물을 아끼는 태도가 몹시 지나침. ▫~하게 굴다 / 문돈에게 ~하다. 2 어떤 일을 하는 데 대해서 지나치게 박함. ▫칭찬이나 박수에 ~하다 / 감정 표현에 ~하다.

인생(人生)명 1 생명을 가진 사람. ▫~이 불쌍하다. 2 사람이 살아 있는 동안. ▫~의 황금기를 맞다 / ~은 짧고 예술은 길다. 3 사람이 세상을 살아가는 일. ▫고달픈 ~.

인생(寅生)명『민』인년(寅年)에 태어난 사람을 이르는 말.

인생-관(人生觀)명『철』인생의 목적·의의·가치 및 그 의미를 이해·해석·평가하는 전체적인 사고 방법. 곧, 인생에 대한 관념 또는 사상적 태도. ▫~을 확립하다.

인생-극장(人生劇場)[-짱]명 이 세상을 극장으로 보고, 세상 사물을 그 안에서의 극에 비유한 말.

인생-길(人生-)[-낄]명 사람으로 태어나서 세상을 살아가는 길. ▫~을 가다.

인생-독본(人生讀本)[-뽄]명『문』인생의 목적 및 그 가치를 일깨우고, 살아가는 지혜를 가르친 책.

인생-무상(人生無常)명 인생이 덧없음. ▫~을 느끼다.

인생-살이(人生-)명 사람이 세상을 살아가는 일. ▫기구한 ~.

인생-삼락(人生三樂)[-낙]명 삼락(三樂).

인생-철학(人生哲學)명 개인의 인생관을 기초로 인생의 의의·가치·목적 등에 관해 연구하는 학문. 또는 인생에 대해 가지는 실천적인 태도.

인생-파(人生派)명 작품의 예술적 가치보다, 인생의 도덕적·현실적인 행복을 기초로 하는 인생을 위한 예술을 주장하는 예술의 유파. *예술파.

인생-행로(人生行路)[-노]명 사람의 한평생을 나그네 길에 비유한 말. 세상살이.

인서(仁恕)명하타 1 가엾게 여겨 다른 죄나 허물은 묻지 않음. 2 어질고 너그러움.

인석(人石)명 무덤 앞에 돌로 사람의 형상을 만들어 세운 것. 문인석(文人石)과 무인석(武人石)이 있음. 석인(石人).

인석(茵席)명 왕골이나 부들로 만든 돗자리.

인석-하다(吝惜-)[-서카-]형에 인색하다.

인선(人選)명하타 여럿 가운데 적당한 사람을 가려 뽑음. ▫~에 착수하다.

인선-하다(仁善-)형에 어질고 착하다. ▫성품이 ~.

인성(人性)명 사람의 성품. ▫~ 교육.

인성(人聲)명 사람의 소리.

인성(引性)명 끌어당기는 성질.

인성(靭性)명『물』잡아당기거나 누르는 힘에 견디는 성질.

인성-만성(부)(형) 1 여러 사람이 복작거려 떠들썩한 모양. ▫~ 떠들다. 2 정신이 어지럽고 흐릿한 모양.

인세(人稅)[-쎄]명『법』사람을 과세의 대상으로 해서 매기는 세금(법인세·상속세·소득세 따위). 대인세. ↔물세.

인세(印稅)[-쎄]명『법』저작물을 발행해서 판매하는 사람이나 단체가 저작자에게 저작물이 팔리는 수량에 따른 비율로 치르는 돈. ▫~ 수입 / ~를 지급하다.

인센티브(incentive)명『심』어떤 행동을 하도록 의욕을 북돋우는 것을 목적으로 하는 자극. 특히 종업원의 근로 의욕이나 소비자의 구매욕을 높이는 일.

인솔(引率)명하타 여러 사람을 이끌고 감. ▫~ 책임자 / 목적지까지 ~하다.

인쇄(印刷)명하타 문자·그림 등이 그려져 있는 판면(版面)에 잉크를 발라, 종이·천 등에 박아 내는 일. ▫~가 선명하다.

인쇄-공(印刷工)명 인쇄에 종사하는 직공.

인쇄-기(印刷機)명 인쇄하는 데 쓰는 기계

《판(版)의 방식에 따라 오목판·볼록판·평판 인쇄기, 압력을 주는 방식에 따라 평압기·윤전기 등으로 나눔》.

인쇄 매체(印刷媒體) 인쇄물에 따른 정보 전달 매체《신문·잡지·서적·팸플릿 따위》.

인쇄-물(印刷物) 명 도서·신문 등 인쇄된 물건의 총칭. ▢~를 찍다 / 선거 때면 ~의 주문이 크다.

인쇄 배:선(印刷配線) 전자 장치에서, 절연판(絶緣板) 위에 도체(導體)의 배선을 인쇄하여, 여기에 전기 부품을 붙여서 전기 회로를 만드는 방법.

인쇄-소(印刷所) 명 인쇄 설비를 갖추고 인쇄하는 곳. ▢원고를 ~에 넘기다.

인쇄-술(印刷術) 명 인쇄하는 기술. ▢목판~ / 평판 ~.

인쇄-인(印刷人) 명 인쇄하는 곳의 대표자. 또는 간행물의 인쇄 책임자. 박은이.

인쇄 잉크(印刷ink) 인쇄에 쓰는 잉크의 총칭. 인쇄 방식에 따라 잉크를 분류함.

인쇄 전:신기(印刷電信機) 통신에서, 전신 신호를 받아 이를 문자로 바꾸어 인쇄하는 장치. 전신 인자기.

인쇄-체(印刷體) 명 인쇄 활자의 글자 모양. 활자체.

인쇄-판(印刷版) 명 인쇄하는 데 쓰는 판《재료에 따라 목판·석판·아연판·동판 등이 있고, 양식에 따라 평판·오목판·볼록판 등이 있음》. 박음판. ⓒ인판.

인쇄 회로(印刷回路) 절연 기판 위에 도체의 배선·전기 저항·콘덴서 등을 인쇄해서 평면적으로 만든 회로《라디오·텔레비전의 조립 등에 씀》.

인수(人數)[-쑤] 사람의 수효. 인원수.

인수(引水) 명하자 물을 끌어다 댐.

인수(引受) 명하타 1 물건이나 권리를 넘겨받음. ▢물품 ~ / 화물을 ~하다 / 경영권을 ~하다. 2《경》환어음의 지급인이 어음 금액을 지급할 의무를 진다는 내용을 어음에 적고 서명하는 일.

인수(仁壽) 명 어진 덕이 있고 수명이 긺.

인수(印綬) 명 인끈2.

인수(因數)[-쑤] 명《수》수 또는 식을 몇 개의 곱의 형식으로 했을 경우, 이의 구성 부분을 말함. 인자(因子).

인수 거:절(引受拒絶)《경》환어음의 지급인이 인수를 거절하는 일.

인수-로(引水路) 명 물을 끌어 대는 도랑.

인수 매:출(引受賣出)《경》증권회사가 유가 증권의 발행자로부터 발행되는 증권을 일괄 인수해서 일반인에게 팔고 나머지는 자기 부담으로 하는 일. ＊인수 모집.

인수 모집(引受募集)《경》증권 회사가 발행 회사를 대신해서 사채 모집을 하되 응모액이 부족할 경우 그 잔액을 자신 부담으로 일괄해 떠맡는 일. 청부 모집. ＊인수 매출.

인수 분해(因數分解)《수》정수 또는 정식(整式)을 몇 개의 인수의 곱의 형태로 나타내는 일《$a^2+2ab+b^2$을 $(a+b)^2$으로 나타내는 따위》.

인수 설립(引受設立)《경》단순 설립.

인수 승계(引受承繼)[-/-게]《법》민사 소송이 진행되는 도중에, 제삼자가 그 소송의 대상인 채무를 승계했을 경우, 채권자가 법원에 요청해서 그 승계인을 소송에 참가시키는 일.

인수-은행(引受銀行) 명 1 어음 금액의 지급을 떠맡은 은행. 2 공채나 사채의 모집을 위탁받은 은행.

인수-인(引受人) 명《경》환어음을 맡아서 지급할 채무를 지는 사람.

인수-인계(引受引繼)[-/-계] 명하자타 업무나 물품 따위를 넘겨받고 물려줌. 인계인수. ▢후임자에게 업무를 ~하다.

인수 회:사(引受會社)《경》공사채 모집의 위탁을 받은 회사. 수탁 회사.

인숙(姻叔) 명 고모부.

인순(因循) 명하자 1 내키지 않아 머뭇거림. 2 낡은 인습을 버리고 꾀함.

인순-고식(因循姑息) 명하자 낡은 인습이나 폐단을 벗어나지 못하고 당장의 편안함만 취하는 것을 이름.

인술(仁術) 명 1 사람을 살리는 어진 기술이란 뜻으로, '의술'을 이르는 말. ▢~을 베풀다. 2 어진 덕을 베푸는 방법.

인숭무레기 명 어리석어 사리를 분별할 줄 모르는 사람.

인슐린(insulin) 명《화》이자에서 분비되는 호르몬 단백질. 체내의 글리코겐을 증가시키며, 혈당(血糖)을 감소시키므로 당뇨병의 치료에 씀.

인스턴트(instant) 명 즉석에서 손쉽게 조리해 먹을 수 있도록 만들어진 상태. 또는 그 식품. ▢~ 커피.

인스턴트-식품(instant食品) 명 조리하기 쉽고 저장이나 휴대도 편리한 가공 식품. 즉석식품.

인스텝 킥(instep kick) 축구에서, 공을 발등으로 차는 일.

인습(因習) 명 이전부터 전해 내려오는 습관. ▢~에 얽매이다 / ~을 타파하다.

인습(因襲) 명하타 예전의 풍습·습관·예절 따위를 그대로 따름. 답습(踏襲). 도습(蹈襲).

인습-도덕(因習道德)[-또-] 명 1 예로부터 지켜 내려오는 도덕. 2 인습에 젖어 현실에 맞지 않는 형식적인 도덕.

인습-적(因襲的)[-쩍] 명 인습에 관련된 (것). ▢~인 절차.

인습-주의(因襲主義)[-쭈-/-쮜이] 명 인습대로만 행하고 새로운 사회도덕을 따르지 않는 주의.

인시[1](人時) 명 민시(民時).

인시(因時) 명하자 시세(時勢)를 따름.

인시(寅時) 명《민》1 십이시의 셋째 시《오전 3시부터 5시까지》. 2 이십사시의 다섯째 시《오전 3시 반부터 4시 반까지》. ⓒ인(寅).

인시[2](人時) 의명 노동량의 단위. 한 사람이 한 시간 동안 일했을 때의 일의 양.

인식(認識) 명하타 1 사물을 분별하고 판단해서 아는 일. ▢환경에 대한 ~ / 교육의 중요성을 ~하다. 2《심》인지(認知). 3《철》사람이 사물에 대해서 가지는, 그것이 진(眞)이라고 하는 것을 요구할 수 있는 개념. 또는 그것을 얻는 과정.

인식 객관(認識客觀)[-꽌] 《철》주관이 어떤 것을 객관적 객체로 인식하는 일.

인식 객체(認識客體)[-꽤-]《철》인식 주체가 대상으로 하는 객관적 객체.

인식 능력(認識能力)[-싱-녁]《심》사물을 분별하고 인식할 수 있는 정신 능력. ↔감정

인식-론(認識論)[-싱논]《철》인식의 기원과 본질, 인식 과정의 형식과 방법 따위에 관해서 연구하는 철학의 한 부문. 지식 철학.

인식론적 논리학(認識論的論理學)[-싱논정

놀―』『논』연역 및 논증의 본원적인 반성 및 나아가 사고·경험의 가능과 한계를 재해명하는 논리학의 한 분과.

인식 사회학 (認識社會學)[―싸―]『사』인식이 사회적으로 결정된다는 전제에서 인식과 사회의 관련성을 연구하는 사회학의 한 분야.

인식-색 (認識色)[―쌕]『동』같은 종류의 동물이 서로를 인식하는 데 도움이 되는 동물의 체색(體色)《사슴 꼬리의 흰색 부분은 그 예임》.

인식 주관 (認識主觀)[―주―]『철』인식의 객관 대상에 대해서, 인식하는 일을 맡아보는 주체《이성·오성·의식 따위》.

인식-표 (認識票)圈『군』군인의 성명·군번·혈액형 등을 새긴 타원형의 얇은 쇠붙이《군인마다 줄에 매어 목에 걺》. 군번표.

인신 (人臣)圈 신하. □ 벼슬이 ∼을 극하다《영의정이 되다》.

인신 (人身)圈 1 사람의 몸. □∼ 구속. 2 개인의 신상이나 신분.

인신 (印信)圈 도장·관인 등의 통칭.

인신-공격 (人身攻擊)圈하타 남의 신상에 관한 일을 들어 비난함. □∼을 퍼붓다.

인신-권 (人身權)[―꿘]圈『법』인격권과 신분권의 병칭.

인신-매매 (人身賣買)圈하자 사람을 물건처럼 팔고 삼.

인신 보:호율 (人身保護律)『법』1679년 영국 의회가 불법적인 체포와 재판을 금하고 인권 보장의 확립을 위해 규정한 법률. 인신 보호령. 인신 보호법.

인심 (人心)圈 1 사람의 마음. □ 시골 ∼ / ∼을 얻다. 2 남의 딱한 사정을 헤아려 알아주고 도와주는 마음. □ ∼이 후하다. 3 백성의 마음. □∼이 흉흉하다 / ∼을 살피다. 4 사사로운 마음.

인심(을) **사다** 用 남에게서 좋은 평을 받다.

인심(을) **쓰다** 用 필요 이상으로 남에게 후하게 대하다.

인심(을) **잃다** 用 남에게서 좋은 평을 얻지 못하다.

인심(이) **사납다** 用 인정이 없고 야박하다.

인심 (仁心)圈 어진 마음.

인심-세태 (人心世態)圈 세상 사람들의 마음과 세상 물정. 인정물태. 인정세태.

인아 (人我)圈 1 다른 사람과 나. 2『불』사람 안에 변하지 않는 본체가 있다는 생각. 즉, 아(我)가 있다는 생각.

인아 (人牙)圈 사람의 몸이 변해 이상하게 되는 현상. 죽었던 사람이 다시 살아나거나 남자가 여자가 되는 일 따위. 인변(人變).

인아 (姻婭)圈 사위 쪽의 사돈 및 동서 쪽의 사돈.

인아 (鱗芽)圈『식』비늘눈.

인아-족척 (姻婭族戚)圈 인아와 족척. 모든 일가친척.

인아지친 (姻婭之親)圈 인아(姻婭)의 관계가 되는 인척.

인아-친척 (姻婭親戚)圈 인아와 친척. 곧, 모든 일가.

인안 (燐安)圈 1 '인산암모늄'의 준말. 2 화성(化成) 비료의 한 가지. 질소분 20 %, 인산분 50 %를 합유함《유산·과인산석회를 함께 시비(施肥)한 것과 같은 효력이 있음》.

인애 (仁愛)圈하타 어진 마음으로 사랑함. 또는 그런 사랑.

인양 (引揚)圈하타 끌어서 높은 곳으로 옮김. □ 표류 시체의 ∼ / 바닷속 유물을 ∼하다.

인어 (人魚)圈 상반신은 사람과 같고, 하반신은 물고기와 같다는 상상의 바다 동물. 소문(所聞).

인어 (人語)圈 사람의 말. 또는 말소리.

인언 (人言)圈 1 남의 말. 2 세상 사람의 말.

인-업 (人―)圈 사람으로서의 업. 또는 사람으로 태어난 업.

인업 (因業)圈『불』1 인과 업. 2 전세의 업(業)을 벗는 현세의 운명 및 내세의 과보를 이끌어 내는 현세의 작업.

인연 (人煙)圈 집에서 불을 때서 나는 연기라는 뜻으로, 사람이 사는 기척 또는 인가를 이르는 말. 연화(煙火).

인연 (引延)圈하타 잡아당겨 늘임.

인연 (因緣)圈하자 1 서로의 연분(緣分). □ 부부의 ∼ / ∼이 있어면 다시 만나겠지. 2 어떤 사물에 관계되는 연줄. □ 돈과는 ∼이 닿지 않는 모양이다. 3 내력. 이유. 4『불』인(因)과 연(緣). 곧, 결과를 만드는 직접적인 힘과 그를 돕는 외적이고 간접적인 힘《모든 사물은 이 인연에 따라 생멸한다 함》.

인연(을) **끊다** 用 관계를 끊다.

인연(을) **맺다** 用 관계를 새로이 맺다.

인연이 멀다 用 관계가 적거나 없다.

인엽 (鱗葉)圈『식』비늘잎.

인영 (人影)圈 사람의 그림자나 자취.

인영 (印影)圈 인발.

인영-맥 (人迎脈)圈『한의』후두(喉頭) 곁에 뛰는 큰 맥. 또는 왼손 손목의 맥.

인왕 (仁王)圈『불』불법의 수호신으로, 사문(寺門)·수미단(須彌壇) 전면의 좌우에 안치하는 한 쌍의 금강역사.

인왕-문 (仁王門)圈 인왕의 상(像)을 좌우에 세워 놓은 절의 문.

인요 (人妖)圈 상식에 벗어난 괴상한 짓을 하는 사람《남자로 변장한 여자나 여자로 행세하는 남자》.

인욕 (人慾)圈 사람의 욕심.

인욕 (忍辱)圈 1 욕되는 것을 참음. □∼의 세월. 2『불』온갖 욕됨과 번뇌를 참고 원한을 일으키지 않음.

인용 (仁勇)圈하타 어질고 용감함. □∼을 갖추다.

인용 (引用)圈하타 남의 말이나 글 가운데서 필요한 부분을 끌어다 씀. □ ∼ 보도 / 속담을 ∼하다 / 논어의 한 구절을 ∼하다.

인용 (認容)圈하타 인정하여 받아들임. 용인(容認).

인용-구 (引用句)[이농꾸]圈 다른 글에서 끌어다 쓴 구절.

인용-례 (引用例)[이농녜]圈 남이 쓴 글이나 다른 문헌 등에서 따온 예.

인용-문 (引用文)圈 다른 글에서 끌어다 쓴 문장. 따옴월.

인용-법 (引用法)[이농뻡]圈 자기의 이론을 증명하거나 주장을 강조하기 위해 남의 말이나 글을 따오는 수사법. 직접 인용과 간접 인용이 있음.

인용-부 (引用符)圈『언』'따옴표'의 한자 이름.

인용-서 (引用書)圈 인용한 글이 본디 실려 있는 책.

인용-어 (引用語)圈 남의 말이나 글에서 끌어 쓴 말. 따옴말.

인용-절 (引用節)圈 남의 말이나 글에서 직접 또는 간접으로 따온 절.

인우 (茵芋)〔명〕《식》 운향과의 상록 관목. 깊은 산골에 남. 높이 2m가량, 잎은 혁질이고 긴 타원형임. 봄철에 흰색의 작은 꽃이 가지 끝에 피고 핵과는 익으면 붉어짐.

인우 (隣友)〔명〕 이웃 친구.

인원 (人員)〔명〕 단체를 이루고 있는 사람들. 또는 그 수효. 口～ 파악 /～ 점검 /～ 감축.

인원-수 (人員數)〔-쑤〕〔명〕 사람의 수효. 인수 (人數). 口～를 세다.

인월 (寅月)〔명〕《민》 월건(月建)의 지지(地支)가 인(寅)이 되는 달(곧, 음력 정월).

인위 (人位)〔명〕 사람의 지위.

인위 (人爲)〔명〕 사람의 힘으로 이루어지는 일. 인공(人工). ↔자연·천위(天爲).

인위 도태 (人爲淘汰)《생》 인위 선택.

인위 분류 (人爲分類)〔-뉴불-〕《생》 생물을 외면적인 형태나 인간과의 관계로 분류하는 일. 고래를 어류로, 박쥐를 조류로 하는 따위. ↔자연 분류.

인위 사회 (人爲社會)《사》 특정한 목적을 달성하기 위해 의도적으로 구성되는 사회(이익 단체·문화 단체 따위).

인위 선:택 (人爲選擇)《생》 생물의 품종 개량에서, 목적에 적합한 형질을 가진 개체를 가려 교배해서 그 형질을 일정한 방향으로 변화시키는 일. 인위 도태. ↔자연 선택.

인위-적 (人爲的)〔관명〕 사람의 힘으로 이루어지는 (것). 口～으로 만든 호수.

인위적 경계 (人爲的境界)〔이놔-경- / 이놔-경게〕〔지〕 경계를 나눌 때, 뚜렷이 드러난 자연물이 없어서 인위적으로 만든 목표를 기준으로 삼은 것(미국의 주(州) 경계가 직선으로 되어 있는 것 따위). ↔자연적 경계.

인유 (人乳)〔명〕 사람의 젖.

인유 (引喩)〔명하타〕 다른 예를 끌어다 비유함.

인유-법 (引喩法)〔이뉴뻡〕〔명〕《문》 유명한 시가·문장·어구 등을 끌어다 자기를 표현 또는 보충하는 법.

인유-죽 (人乳粥)〔명〕 멥쌀 죽에 인유와 우유를 섞어 끓인 죽.

인육 (人肉)〔명〕 **1** 사람의 고기. **2** 몸을 파는 여자의 몸뚱이.

인육-시장 (人肉市場)〔이늑씨-〕〔명〕 매음부들이 몸을 파는 곳을 비유한 말.

인은 (仁恩)〔명〕 어진 사랑으로 베푸는 은혜.

인음-증 (引飮症)〔이늠쯩〕〔명〕 술을 마시기 시작하면 자꾸 마시려고 하는 버릇.

인읍 (隣邑)〔명〕 가까운 고을. 인근의 읍(邑).

인의 (人義)〔이늬 / 이니〕〔명〕 사람으로서 마땅히 행하여야 할 도리. 口～를 갖추다.

인의 (人意)〔이늬 / 이니〕〔명〕 사람의 뜻. 민심.

인의 (仁義)〔이늬 / 이니〕〔명〕 어짊과 의로움.

인의 (引義)〔이늬 / 이니〕〔명하자〕 **1** 의리를 좇아서 처신함. **2** 스스로 벼슬을 내놓음.

인의 (隣誼)〔이늬 / 이니〕〔명〕 이웃 사이의 정의 (情誼). 口～를 나누다.

인의예지 (仁義禮智)〔이늬- / 이니-〕〔명〕 유학에서, 사람이 마땅히 갖추어야 할 네 가지 도리. 곧 어질고, 의롭고, 예의 바르고, 지혜로움. 사단(四端).

인의예지신 (仁義禮智信)〔이늬- / 이니-〕〔명〕 유학에서, 사람이 마땅히 갖추어야 할 다섯 가지 도리. 곧 어질과 의로움과 예의와 지혜와 믿음. 오덕(五德). 오상(五常).

인의지정 (仁義之情)〔이늬- / 이니-〕〔명〕 어짊과 의로움의 인간 본성.

인인 (認印)〔명〕 중요하지 않은 일에 쓰는 도장 《흔히 성(姓)이나 이름만 새김》. 막도장.

인인 (隣人)〔명〕 이웃 사람.

인인-성사 (因人成事)〔명하자〕 어떤 일을 남의 힘을 얻어 이룸.

인일 (人日)〔명〕 인날.

인일 (寅日)〔명〕《민》 지지(地支)가 인(寅)으로 된 날.

인임 〔명하타〕〔←잉임(仍任)〕 지낸날, 임기가 다 된 관리를 그 자리에 그대로 두던 일.

인자 (人子)〔명〕 **1** 사람의 아들. **2**～로서 도리를 다하다. **2**《성》 예수가 자신을 일컬은 말.

인자 (仁者)〔명〕 마음이 어진 사람.

인자 (因子)〔명〕 **1** 어떤 사물의 원인이 되는 낱낱의 요소나 물질. **2**《생》 생명 현상에서 어떤 작용의 원인이 되는 요소(환경 인자·유전 인자 따위). **3**《수》 인수(因數).

인자 (印字)〔명하자〕 글자를 찍음. 또는 그 글자.

인자-기 (印字機)〔명〕 타자기·전신기·컴퓨터 프린터와 같이 문자와 부호를 찍는 기계.

인자-롭다 (仁慈-)〔-따〕〔-로워, -로우니〕〔형ㅂ〕 인자스럽다. 인자-로이〔부〕

인자-무적 (仁者無敵)〔명〕 어진 사람에게는 적이 없음.

인자-스럽다 (仁慈-)〔-따〕〔-스러워, -스러우니〕〔형ㅂ〕 어질고 자애로운 데가 있다. 인자롭다. 口인자스러운 미소. **인자-스레**〔부〕

인자요산 (仁者樂山)〔명〕 어진 사람은 의리에 만족하며 행동이 신중하고 덕이 두터워 그 마음이 산과 비슷하므로 산을 좋아함.

인자-하다 (仁慈-)〔형여〕 어질고 자애롭다. 口인자한 품성.

인자-형 (因子型)〔명〕 유전자형(遺傳子型).

인작 (人作)〔명〕 인조(人造)1. ↔천작(天作).

인작 (人爵)〔명〕 사람이 정해 준 벼슬이란 뜻으로, 공경대부(公卿大夫)를 이르는 말. ↔천작 (天爵).

인장 (引張)〔명〕《물》 어떤 힘이 물체의 중심축에 평행하게 바깥 방향으로 작용할 때 물체가 늘어나는 현상.

인장 (印章)〔명〕 **1** 도장(圖章). 口～이 찍히다 /～을 위조하다. **2** 인발.

인장 (印藏)〔명하타〕 문서 따위를 인쇄해서 간직해 둠.

인장 강도 (引張强度)《물》 물체가 잡아당기는 힘에 견딜 수 있는 최대의 응력.

인장-묘발 (寅葬卯發)〔명〕《민》 묏자리를 잘 써서 장사 지낸 뒤에 곧 운이 트이고 복을 받음.

인장 위조죄 (印章僞造罪)〔-쬐〕《법》 행사할 목적으로 남의 도장·기호·서명을 위조하여 성립하는 범죄.

인재 (人才)〔명〕 재주가 뛰어난 사람.

인재 (人材)〔명〕 학식이나 능력이 뛰어난 사람. 인물. 口～를 양성하다 /～를 배출하다.

인재 (人災)〔명〕 사람의 잘못으로 일어난 재난. ↔천재(天災).

인재 (印材)〔명〕 도장을 만드는 재료.

인적 (人迹·人蹟)〔명〕 사람의 발자취 또는 왕래. 口～이 드물다 /～이 끊기다.

인적 (人的)〔-쩍〕〔관명〕 사람에 관한 (것). 口～ 사항 /～ 교류.

인적-기 (人跡氣)〔-끼〕〔명〕 인기척.

인적 담보 (人的擔保)〔-쩍땀-〕《법》 어떤 사람의 재산이 남의 채무를 위한 담보로 되어 있는 법률 관계. ↔물적 담보.

인적-미답 (人跡未踏)〔-쩍-〕〔명〕 지금까지 사람이 지나간 일이 없음. 사람이 발을 들여놓지 않음. 口～의 땅.

인적부도-처 (人跡不到處)[-뿌-] 圏 사람의 발자취가 이르지 않은 곳.

인적 상호 (人的商號)[-쩍쌍-] 사람의 성(姓)이나 성명을 따서 만든 상호.

인적 자원 (人的資源)[-쩍짜-] 『經』 사람의 노동력을 다른 물자와 똑같이 생산 자원의 하나로 보고 하는 말.

인적 증거 (人的證據)[-쩍쯩-] 『法』 증인·감정인 및 당사자 본인의 진술을 증거로 삼는 일. ↔물적 증거. ⓒ인증(人證).

인적 회:사 (人的會社)[-쩍회-] 『經』 사원과 회사의 관계가 밀접해서, 회사의 활동이 사원의 인적 조건에 따르는 회사(합명 회사·합자 회사 따위).

인전 (印篆) 圏 도장에 새긴 전자(篆字).

인절미 圏 찹쌀을 쪄서 떡메로 친 다음, 길둥글게나 네모나게 썰어 고물을 묻힌 떡.

인접 (引接)[명][하타] 1 들어오게 해서 대접함. 2 『歷』 왕이 의정(議政) 등의 관리를 만날 때, 시신(侍臣)을 시켜 맞아 들이는 일. 3 『佛』 부처가 염불 행자(行者)를 극락정토로 인도하는 일.

인접 (隣接) 圏[하자] 이웃해 있음. 옆에 닿아 있음. □ ~ 지역 / 도로에 ~해 있는 건물.

인접 수역 (隣接水域)[-쑤-] 圏 접속 수역.

인정 (人丁) 圏 인부(人夫).

인정 (人定) 圏 『歷』 조선 때, 밤에 통행을 금지하기 위해 종을 치던 일.

인정 (人情) 圏 1 사람이 본디 가지고 있는 감정이나 심정. 2 남을 동정하는 마음씨. □ ~ 이 넘치다 / ~을 베풀다. 3 세상 사람의 마음. □ ~이 각박하다 / ~이 메마르다. 4 지난날, 벼슬아치들에게 몰래 주던 선물이나 뇌물. **인정(을) 쓰다** 丒 남에게 돈이나 물건을 주어 은근한 뜻을 보이다.

인정 (仁政) 圏 어진 정치. □ ~을 펴다.

인정 (寅正) 圏 『民』 인시(寅時)의 한가운데(오전 네 시 정각).

인정 (認定) 圏[하타] 1 옳거나 확실하다고 여김. □ 잘못을 ~하다. 2 『法』 국가나 지방 자치 단체가 어떤 사실을 판단해서 결정하는 일.

인정-가화 (人情佳話) 圏 따뜻한 인정을 베푼 아름다운 이야기.

인정-간 (人情間) 圏 정답게 지내거나 인간적인 정으로 맺어진 사이.

인정 과세 (認定課稅) 납세 의무자로부터 과세 표준의 신고가 없거나 그 신고가 부당하다고 인정될 때, 정부가 조사한 과세 표준에 따라 부과하는 과세.

인정 도서 (認定圖書) 교과서에 갈음하거나 이를 보충하기 위한 학생용 도서 또는 학교에서 사용되는 교사용 도서. 교육부 장관 또는 교육감의 사용 승인을 얻은 도서임.

인정-머리 (人情-) 〈속〉 인정(人情)2. □ ~ 없는 녀석.

인정-물태 (人情物態) 圏 인심세태.

인정-미 (人情味) 圏 인정이 깃든 따뜻한 느낌. □ ~가 넘치다. ⓒ정미.

인정-받다 (認定-)[-따] 匣 확실히 그렇다고 여김을 받다. □ 능력을 ~ / 학력을 ~.

인정-법 (人定法)[-뻡] 圏 『法』 인위적으로 제정한 법. ↔자연법.

인정 사:망 (認定死亡) 『法』 사고 등으로 사망이 확실함에도 시신이 발견되지 않을 때, 그 일을 조사한 관공서의 보고에 따라 사망으로 인정하는 일.

인정-사정 (人情事情) 圏 인정과 사정. □ ~ 볼 것 없다.

인정사정-없다 (人情事情-)[-업따] 匣 인정을 베풀거나 사정을 봐주지 않는다는 뜻으로, 몹시 엄격함을 이르는 말. **인정사정-없이** [-업씨] 悍. □ ~ 때리다.

인정-세태 (人情世態) 圏 인심세태. □ ~가 각박하다.

인정 소:설 (人情小說) 『文』 인정의 아름다움을 주제로 삼은 소설.

인정-스럽다 (人情-)[-따][-스러워, -스러우니][혷日] 인정을 베푸는 데가 있다. **인정-스레** 悍.

인정 신:문 (人定訊問) 『法』 법정에 출석한 형사 피고인이 본인인가를 확인하기 위해 재판장이 성명·연령 등을 묻는 일.

인제 (姻弟) 圏 처남·매부 사이에서 서로 자기를 일컫는 겸사말(편지에 씀).

인제 日圏 바로 이때. □ ~부터 시작하다 / ~라도 포기해라. 日悍 1 이제에 이르러. □ ~ 끝났다. 2 이제부터 곧. □ ~ 곧 가겠다.

인조 (人造) 圏 1 사람이 만듦. 또는 그 물건. 인작(人作). ⟷ 잔디 구장. 2 '인조견'의 준말.

인조 가죽 (人造-) 인공적으로 천연 가죽처럼 만든 것. 의피(擬皮). 인조 피혁.

인조-견 (人造絹) 圏 명주실로 짠 비단. □ ~ 치마. ⓒ인견·인견사.

인조 견사 (人造絹絲) 천연 섬유소로 명주실 비슷하게 인공적으로 만든 실. ⓒ인견·인견사.

인조-고기 (人造-) 圏 콩 따위의 식물성 단백질을 원료로 만든, 고기 비슷한 맛·감촉·영양 등을 갖는 가공 식품.

인조 고무 (人造-) 『化』 아세틸렌 등을 원료로 화학적으로 합성한 고무. 합성 고무.

인조-금 (人造金) 『化』 알루미늄·구리·아연·마그네슘·주석 등을 합성해서 금 비슷하게 만든 합금. 연성(延性)이 풍부함.

인조-물감 (人造-)[-깜] 인공적으로 합성해서 만든 물감(콜타르 물감 따위). 인조염료. 합성물감.

인조-미 (人造米) 녹말 80 %에 쌀가루 20 %를 섞어서 쌀알만 한 크기로 잘게 자르고 가열하여 만든 것(쌀의 대용품임).

인-조반 (因早飯)[명][하자] 주막에서 머물고 아침에 잠이 깨자마자 그 자리에서 조반을 먹음. 또는 그 조반.

인조-반정 (仁祖反正) 圏 『歷』 조선 광해군 15년(1623)에 김류(金瑬)·이서(李曙)·이귀(李貴)·이괄(李适) 등 서인(西人) 일파가 광해군 및 집권 세력인 대북파(大北派)를 몰아내고 능양군(綾陽君)인 인조를 즉위시킨 정변. 계해반정.

인조-버터 (人造butter) 圏 마가린.

인조 보:석 (人造寶石) 인공적으로 만든 보석 및 준보석.

인조 비:료 (人造肥料) 화학 비료. ↔천연 비료. ⓒ인비(人肥).

인조 사:향 (人造麝香) 『化』 사향의 대용품. 트리니트로·부틸·톨루엔 등의 화합물(화장·의복의 향료로 씀).

인조-석 (人造石) 圏 1 시멘트에 모래·화강암·석회암 등을 섞어서 자연석 비슷하게 만든 돌. 2 보석 비슷하게 인공적으로 만든 보석. 모조석. ⓒ천연석.

인조 석유 (人造石油) 『化』 동식물 유지(油脂)·수지·테레빈유 등에 산성 백토를 섞어 건류(乾溜)해서 얻은 석유(석탄·함유 셰일·

석탄 가스를 원료로 쓰기도 함).

인조 섬유(人造纖維)〖화〗**1** 인공적으로 만든 섬유. ↔천연 섬유. **2** 스테이플 파이버(staple fiber).

인조-염료(人造染料)[-뇨] 명 인조물감.

인조-인간(人造人間) 명 로봇5.

인조 진주(人造眞珠) 유리구슬에 진주 빛깔의 도료를 입히어 천연 진주처럼 만든 모조품. 모조 진주.

인조 피혁(人造皮革) 인조 가죽.

인족(姻族) 명 〖법〗 인척(姻戚).

인족(鱗族) 명 인충(鱗蟲)의 종류.

인종(人種) 명 피부나 머리털의 빛깔, 골격 등 신체적인 형질에 따라 구분되는 사람의 집단. 황인종·백인종·흑인종 등이 대표적임. ▢유색 ~ / ~ 격리 정책.

인종(忍從) 명하자타 묵묵히 참고 따름. ▢~의 미덕.

인종-적(人種的) 관명 인종을 어떤 구별의 기준으로 삼는 (것). ▢~ 편견.

인종 집단(人種集團)[-딴] 피부색이나 머리 모양 등의 신체적 특징으로 구분한 집단(백인종·황인종 등).

인종 차별(人種差別) 인종적 편견 때문에 특정한 인종에게 사회적·경제적·법적 불평등을 강요하는 일.

인종-학(人種學) 명 인종의 용모·골격을 조사해서 그 발생·변화·체질 등 관계를 연구하는 인류학의 한 분야.

인좌(引座) 명 〖불〗 도사(導師)를 설법하는 자리로 인도하는 일.

인좌(寅坐) 명 〖민〗 묏자리나 집터가 인방(寅方)을 등지고 앉은 자리. 북동쪽을 등지고 앉은 자리임.

인좌-신향(寅坐申向) 명 〖민〗 묏자리나 집터가 인방(寅方)을 등지고 신방(申方)을 바라보는 좌향. 북동쪽을 등지고 남서쪽을 바라보는 방향임.

인주(人主) 명 임금.

인주(印朱) 명 도장을 찍는 데 쓰는 붉은빛의 재료(솜 같은 물건에 아주까리기름과 주사(朱砂)를 넣어 만듦). 도장밥. 인육(印肉).

인주-갑(印朱匣)[-깝] 명 인주를 담아 쓰는 작은 상자.

인-주머니(印-) [-쭈-] 명 도장을 넣어 두는 주머니.

인주-점(鱗住點)[-쩜] 명 지구의 남북 어느 쪽이든, 같은 반구에 있으면서 경도 180도를 달리하는 점.

인주-합(印朱盒) 명 인주를 담아 쓰는 합.

인준(認准) 명 〖법〗 법률에 지정된 공무원의 임명과 행정부의 행정 행위에 대한 입법부의 승인. ▢총리 ~ / ~을 받다.

인-줄(人-)[-쭐] 명 부정을 꺼리어 사람이 함부로 드나들지 못하게 문이나 길 어귀에 건너질러 매는 줄. 금줄. ▢~을 치다.

인중(人中) 명 코와 윗입술 사이에 오목하게 골이 진 곳.

　인중이 길다 편 수명이 길 것이라는 뜻.

인중(人衆) 명 사람이 많음. 또는 많은 사람.

인-중방(引中枋) 명 〖건〗 인방과 중방.

인중-백(人中白) 명 〖한의〗 오줌버캐.

인중승천(人衆勝天) 사람이 많으면 하늘도 이길 수 있다는 뜻으로, 많은 사람의 힘이 크다는 말.

인중지말(人中之末) 명 사람 가운데 행실이나 인품이 가장 못난 사람.

인-쥐(人-) 명 〈속〉 몰래 부정을 저지르거나, 무엇을 야금야금 축내는 사람을 쥐에 비유하는 말.

인즉조 받침 있는 체언에 붙어, '으로 말하면'의 뜻으로 쓰는 보조사. ▢사람~ 더할 나위 없이 착하오. ★ㄴ즉.

인즉-슨[-쓴] 조 '인즉'의 뜻을 강조하는 보조사. ★ㄴ즉슨.

인증(人證) 명 〖법〗 '인적 증거'의 준말. ★서증(書證).

인증(引證) 명하타 인용해서 증거를 삼음. 또는 그런 증거.

인증(認證) 명하타 〖법〗 어떤 문서나 행위가 정당한 절차로 이루어졌다는 것을 공적 기관이 증명함. ▢품질 규격 ~ / ~을 받다.

인지(人指) 명 둘째 손가락. 집게손가락.

인지(人智) 명 사람의 슬기나 지식.

인지(印紙) 명 세금이나 수수료 등을 낸 것을 증명하기 위해 서류에 붙이는, 정부가 발행한 증표. ▢민원서류에 ~를 붙이다.

인지(認知) 명하타 **1** 어떤 사실을 인정해서 앎. **2** 〖법〗 혼인 외의 출생자를 친아버지나 친어머니가 자기의 자녀임을 확인하는 일. **3** 〖심〗 자극을 받아들이고, 저장하고, 인출하는 일련의 과정. 인식(認識).

인지 과학(認知科學) 〖심〗 인간의 마음과 지식의 습득 과정 등을 종합적으로 탐구하는 학문.

인지-도(認知度) 명 어떤 대상을 알아보는 정도. ▢~가 낮다 / ~를 높이다.

인지상정(人之常情) 명 사람이 보통 가질 수 있는 마음.

인지-세(印紙稅)[-쩨] 명 〖법〗 재산권의 창설·이전·변경 또는 소멸을 증명하거나 재산권에 관한 승인을 증명하는 문서에 대해 과하는 세금(보통, 증서에 인지를 붙여 납부함).

인지위덕(忍之爲德) 참는 것이 덕이 됨.

인지-의(印地儀)[-|-이] 명 〖역〗 조선 때 세조가 직접 제작한, 각도와 축척(縮尺)의 원리를 이용하여 거리와 높낮이를 재는 데 쓰던 기구.

인-지질(鱗脂質) 명 〖화〗 분자 안에 인산이 들어 있는 복합 지질. 동식물의 세포를 형성하며, 물질대사의 기능을 함.

인진(引進) 명하타 인재를 끌어다 등용함.

인진(茵蔯) 명 **1** 〖식〗 사철쑥. **2** 〖한의〗 말린 사철쑥(성질이 차며, 습열로 인한 황달과 오줌을 통하게 하는 데 씀).

인질(人質) 명 볼모2. ▢~을 풀어 주다 / ~로 삼다.

인질(姻姪) 명 조카가 고모부에 대해 자신을 이르는 말. 고질(姑姪). 부질(婦姪).

인질-극(人質劇) 명 완력이나 무력으로 무고한 사람을 붙들어 놓고 자기의 목적을 이루려고 벌이는 소동. ▢~을 벌이다.

인차(人車) 명 〖광〗 탄광·광산에서 사람을 실어 나르는 데 쓰는 광차(鑛車).

인차-하다(鱗次-) 혱여 비늘과 같이 차례로 잇닿아 있다.

인찰-지(印札紙)[-찌] 명 미농지에 괘선을 박은 종이. 쾌지(罫紙).

인찰-판(印札板) 명 인찰지를 박아 내는 판.

인창(刃創) 명 칼날에 다친 흉.

인책(引責) 명하타 잘못된 일에 대해 책임을 스스로 짐. ▢~을 요구하다.

인책 사직(引責辭職)[-싸-] 어떤 일에 책임을 지고 자리에서 물러남.

인척 (人尺) 몡 사람의 키를 재는 자.
인印 (印紙) 몡『역』조세를 받은 표.
인척 (姻戚) 몡 혼인으로 맺어진 친척. 인족. 혼척. ▢ ~ 관계.
인천 동 (人薦) 몡 남을 추천함.
인-청동 (燐青銅) 몡『화』청동에 인(燐)을 조금 섞은 합금. 청동에 비해 강도가 높고 잘 녹슬지 않음(기계 부품 등에 씀).
인체 (人體) 몡 사람의 몸. ▢ ~에 해로운 물질 /~를 해부하다.
인체 모델 (人體model) 미술가의 모델이 되는 사람.
인초 (寅初) 몡『민』인시(寅時)를 셋으로 나눈 첫째 시간(오전 세 시에서 그 뒤 20분쯤까지).
인촌 (隣村) 몡 이웃 마을.
인총 (人總) 몡 인구(人口)1.
인축 (人畜) 몡 사람과 가축.
인출 (引出) 몡하타 예금 따위를 찾음. ▢ 현금을 ~하다.
인출 (印出) 몡하타 인쇄하여 펴냄.
인충 (鱗蟲) 몡『동』비늘이 있는 동물의 총칭《뱀·물고기 따위》.
인치 (引致) 몡하타 사람을 강제로 끌어가거나 끌어 옴. ▢ ~를 당하다.
인치 (inch) 의몡 영국식 도량형의 길이의 단위《1 피트의 12분의 1. 약 2.54 cm》.
인친 (姻親) 몡 사돈2.
인칭 (人稱) 몡『언』인칭 대명사의 종별(種別)을 일컫는 말.
인칭 대:명사 (人稱代名詞)『언』사람을 가리키는 대명사. 제1 인칭에 '나'·'우리', 제2 인칭에 '너'·'너희', 제3 인칭에 '이'·'그'·'저'·'이이들'·'저이들'·'그들', 모르는 사람을 가리키는 미지칭(未知稱)에 '누구'·'누구들', 무턱대고 아무나 가리키는 부정칭(不定稱)에 '아무'·'아무들' 등이 있음. 사람대이름씨. 인대명사.
인칭 어:미 (人稱語尾)『언』주어의 인칭에 따라 변하는 동사의 어미. 인도유럽 어족과 셈 어족에 그 예가 많음.
인커브 (incurve) 몡 야구에서, 투수가 던진 공이 타자 가까이에서 안쪽으로 휘는 일. 또는 그 공. ↔아웃커브.
인-코너 (in+corner) 몡 야구에서, 타자의 위치에서 보아, 홈 베이스의 안쪽. 인사이드. 내각(內角). ↔아웃코너.
인코넬 (Inconel) 몡 니켈 78-80 %, 크롬 12-14 %, 철 4-6 %, 탄소 0.15-0.35 %의 비율로 만든 합금. 높은 온도에서 내식성이 강하므로 항공기의 배기판 등에 씀(상표명).
인코스 (in+course) 몡 1 야구에서, 타자 가까이 지나가는 공의 길. 2 육상 경기에서, 트랙의 안쪽으로 도는 주로(走路). ↔아웃코스.
인큐베이터 (incubator) 몡 보육기(保育器).
인클라인 (incline) 몡 비탈진 곳에 레일을 깔고 동력으로 짐이나 선박 따위를 올리거나 내리는 장치.
인터넷 (Internet) 몡 컴퓨터의 네트워크를 연결하는 세계적 규모의 컴퓨터 통신망. 전자 우편·전자 뉴스·데이터베이스·화상(畫像) 전송 등이 국경을 넘어 교환되고 있음. ▢ ~ 사용자 /~으로 정보를 검색하다 /~에 광고를 올리다.
인터넷 방:송 (internet放送)『컴』인터넷을 통해서 행하는 방송. 방송국에서는 동영상(動映像) 신호를 특정 규격에 맞게 방송하며, 시청자는 별도의 하드웨어 장비와 소프트웨어를 갖추어야 함. 인터캐스트.

인터넷 전:화 (internet電話)『컴』개인용 컴퓨터와 인터넷을 이용한 국제 전화. 이용료가 일반 국제 전화보다 저렴함.
인터넷 포털 서비스 (internet portal service)『컴』인터넷의 다양한 서비스를 한곳에 집약시켜, 사용자의 웹 사이트 검색에 편의를 제공하는 서비스.
인터럽트 (interrupt) 몡『컴』중앙 처리 장치가 프로그램을 실행하는 중 외부의 어떤 변화로 실행이 정지되고 다른 프로그램이 먼저 실행되는 일.
인터벌 (interval) 몡 1 시간적인 간격. 2 운동 연습 때의 중간 휴식. 3 야구에서, 투수의 투구와 투구 사이의 간격. ▢ ~이 길다.
인터뷰 (interview) 몡하타 조사·진단·시험·취재 등을 목적으로, 특정한 개인이나 집단을 만나 정보를 수집하는 일. ▢ ~ 기사 /~를 갖다.
인터셉트 (intercept) 몡하타 구기(球技)에서, 상대편이 패스한 공을 중간에서 가로채는 일.
인터체인지 (interchange) 몡 교통이 혼잡한 곳이나 고속도로 등에서 사고를 방지하고 교통이 지체되지 않도록 도로가 교차하는 부분을 입체적으로 만든 것. 나들목. 아이시(IC).
인터-캐스트 (inter-cast) 몡〔internet+broadcast〕인터넷 방송.
인터컷 (intercut) 몡 스포츠 실황 방송 등에서, 관람석의 모습이나 관객의 감상 등을 삽입시키는 일.
인터페론 (interferon) 몡『생』바이러스에 감염된 동물 세포에서 생성되는 당(糖)단백질《바이러스 증식을 억제하는 작용이 있어, B형 간염이나 암의 치료에 이용됨》.
인터페이스 (interface) 몡『컴』1 사용자인 인간과 컴퓨터를 연결하는 장치《키보드·디스플레이 따위》. 2 서로 다른 두 시스템·장치·소프트웨어 따위를 서로 이어 주는 부분. 또는 그 접속 장치.
인터폰 (interphone) 몡 구내(構內)·가정·열차·선박 안에서 내부 연락용으로 쓰는 유선 전화 장치.
인터폴 (Interpol) 몡〔International Criminal Police Organization〕국제적인 형사 범죄의 방지와 해결에 이바지할 목적으로 결성된 기구. 국제 형사(刑事) 경찰 기구.
인턴 (intern) 몡 의과 대학을 졸업하고 의사 면허를 받은 후, 병원에서 임상 실습을 받는 수련의(醫)《기간은 1년임》. ∗레지던트.
인턴-사원 (intern社員) 몡 회사에 정식으로 채용되지 않은 채 실습 과정을 밟는 사원. ▢ ~을 뽑다.
인테르 (←interline) 몡『인』활판 식자를 할 때, 행과 행 사이의 적당한 간격을 두기 위해 끼우는 물건(납·구리·나무 따위로 만듦).
인테르메조 (이 intermezzo) 몡 1『연』막간극. 2『악』간주곡(間奏曲)2.
인테리어 (interior) 몡 실내 장식. 실내 장식용품. ▢ ~ 디자인.
인텔리 몡 '인텔리겐치아'의 준말.
인텔리겐치아 (러 intelligentsia)〔러시아 제정 시대의 서구파 자유주의자를 이르던 말〕지적 노동에 종사하는 사회층. 지식 계급. 준인텔리.
인텔리전트 빌딩 (intelligent building)『건』고도의 정보 통신 시스템과 사무 자동화 관리 시스템을 갖추고, 이를 중앙 컴퓨터로 제

어(制御)하는 정보화 빌딩.
인텔리전트 터미널 (intelligent terminal) 〖컴〗 독자적인 정보 처리 능력을 가진 단말 장치. 내부에 기억 장치를 가지며, 오류의 발견·정정, 데이터 축적, 정보 검색이 가능함.
인퇴 (引退) 〖명하자〗 어떤 직무를 그만두고 물러남. ＊은퇴.
인트라넷 (intranet) 〖명〗 〖컴〗 기업이 내부의 정보 교환과 공동 작업을 위해서 인터넷을 이용해 구축한 컴퓨터 통신망. ＊엑스트라넷.
인파 (人波) 〖명〗 많이 모여 움직이는 사람의 모양을 물결에 비유한 말. 〖□〗~가 넘치다 / ~를 헤치고 나아간다.
인파이터 (infighter) 〖명〗 권투에서, 상대방에게 바짝 달라붙어 공격하는 형(型)의 선수.
인파이팅 (infighting) 〖명〗 권투에서, 상대방의 손이나 팔 안쪽으로 바짝 달라붙어 공격하는 전법. ↔아웃복싱.
인판 (印版) 〖명〗 '인쇄판'의 준말.
인편 (人便) 〖명〗 사람이 오고 가는 편. 〖□〗~에 소식을 전하다.
인편 (鱗片) 〖명〗 비늘 조각. 또는 비늘 모양의 얇은 조각.
인품 (人品) 〖명〗 사람의 품격이나 됨됨이. 〖□〗고귀한 ~.
인풋 (input) 〖명〗 1 산업 부문·기업·기계 등에 어떤 목적을 위해 원재료·노동력·정보 따위 생산 요소를 투입하는 일. 2 컴퓨터에 정보를 넣는 일. 입력. ↔아웃풋.
인풍 (人風) 〖명〗 사람의 풍채.
인프라 (←infrastructure) 〖명〗 〖건〗 생산이나 생활의 기반이 되는 중요한 시설. 도로·항만·철도·통신·학교·병원·상수·하수 처리 시설 따위. 〖□〗~ 비용이 많이 들다.
인플레 (←inflation) 〖명〗 〖경〗 '인플레이션'의 준말. ↔디플레.
인플레이션 (inflation) 〖명〗 〖경〗 통화량이 팽창해서 화폐 가치가 떨어지고 물가가 지속적으로 올라 실질 소득이 줄어드는 현상. ↔디플레이션. ⓒ인플레.
인플레이션 헤지 (inflation hedge) 〖경〗 인플레이션으로 화폐 가치가 떨어지는 것에 대비해서 부동산·상품·주식에 투자하는 일.
인플레이어 (in player) 〖명〗 테니스에서, 서브를 넣는 쪽의 선수.
인플루엔자 (influenza) 〖명〗 〖의〗 유행성 감기. 독감(毒感).
인피 (靭皮) 〖명〗 〖식〗 1 식물체 내의 줄기 형성층의 바깥쪽에 남아 있는 조직. 2 인피 섬유.
인피-부 (靭皮部) 〖명〗 〖식〗 체관부.
인피 섬유 (靭皮纖維) 〖식〗 줄기 형성층의 바깥쪽 조직에 함유되어 있는 섬유. 질기고 저항력이 강해서 제지(製紙)·직물 등의 공업에 씀. 인피.
인피 식물 (靭皮植物) [-싱-] 〖식〗 잎이나 줄기의 인피 섬유가 직물·종이·끈 등의 공업용 원료가 되는 식물(삼·아마·모시 따위).
인필드 플라이 (infield fly) 야구에서, 무사(無死) 또는 일 아웃에 주자(走者)가 1·2루 또는 만루인 경우에, 타자가 친 공이 내야수가 쉽게 잡을 수 있게 뜨는 일. 심판이 이를 선언하면 타자는 아웃됨.
인하 (引下) 〖명〗 1 물건 따위를 끌어내림. 2 가격 따위를 낮춤. 〖□〗금리 ~ / 가격 ~. ↔인상(引上) 1·2.
인하 (姻下) 〖명〗 인말(姻末).

인-하다 (因-) 〖자여〗 (주로 '인하여'·'인한'의 꼴로 쓰여) 1 말미암다. 〖□〗병으로 인하여 죽었다. 2 본디 그대로 하다. 의지하다. 〖□〗옛 풍속에 인하여 식을 올리다.
인-하다 (隣-) 〖자여〗 이웃하다.
인-하다 (吝-) 〖형여〗 좀 인색하다.
인하-책 (引下策) 〖명〗 물가·요금 따위를 내리는 정책. 〖□〗~을 강구하다.
인항 (引航) 〖명〗 1 예항(曳航). 〖□〗좌초된 선박의 ~ 문제. 2 글라이더를 자동차·비행기 등으로 끌어서 이륙시킴.
인해 (人海) 〖명〗 사람이 극히 많이 모인 상태를 가리키는 말.
인해 전술 (人海戰術) 〖명〗 1 〖군〗 극히 많은 병력을 투입해서 그 수의 힘으로 전선을 돌파하는 공격법. 2 많은 사람을 투입해서 일을 성취하려는 수법.
인행 (印行) 〖명하타〗 간행(刊行).
인허 (認許) 〖명하타〗 인정해서 허가함. 인가.
인-허가 (認許可) 〖명〗 인가와 허가.
인혐 (引嫌) 〖명하자〗 1 자기 허물을 깨달아 뉘우침. 2 책임을 지고 사퇴하는 일.
인형 (人形) 〖명〗 1 사람의 모양으로 만든 장난감. 2 사람의 형상. 3 예쁘고 귀여운 아이를 비유한 말.
인형 (印形) 〖명〗 인발.
인형 (姻兄) 〖명〗 자형(姊兄).
인형 (仁兄) 〖대〗 친구 사이에 서로 상대편을 높여 이르는 말(편지에 씀).
인형-극 (人形劇) 〖명〗 배우 대신에 사람이 놀리는 인형으로 하는 연극.
인혜-하다 (仁惠-) [-[-] / -혜-] 〖형여〗 어질고 은혜롭다.
인호 (人戶) 〖명〗 인가(人家).
인호 (人豪) 〖명〗 기량(器量)이 뛰어난 인물.
인호 (印號) 〖명〗 〖가〗 세례나 견진, 신품(神品) 등의 성사를 받은 신자에게 박히는, 지워지는 일이 없는 표징.
인호 (隣好) 〖명〗 이웃끼리 사이좋게 지내는 일.
인홀불견 (因忽不見) 〖명〗 언뜻 보이다가 바로 없어짐.
인화 (人和) 〖명하자〗 여러 사람이 서로 화합함. 〖□〗~ 단결 / ~를 도모하다.
인화 (引火) 〖명하자〗 불이 붙음. 또는 불을 붙임. 〖□〗~가 잘되는 물질.
인화 (印花) 〖명〗 도자기를 만들 때, 도장 따위의 도구로 눌러 찍어 무늬를 만드는 기법. 또는 그 무늬.
인화 (印畵) 〖명하타〗 사진의 음화(陰畵)에 인화지를 겹쳐 감광시켜 사진이 나타나게 하는 일. 또는 그런 양화.
인화 (燐火) 〖명〗 도깨비불1.
인화-물 (引火物) 〖명〗 불이 잘 붙는 성질을 가진 물질. 〖□〗~에 불이 붙다.
인화-성 (引火性) [-썽] 〖명〗 불이 잘 붙는 성질. 〖□〗~이 강한 물질.
인화-점 (引火點) [-쩜] 〖명〗 〖화〗 물질이 가연성 증기를 발생해서 인화할 수 있게 되는 최저 온도. 겹화 온도.
인화-지 (印畵紙) 〖명〗 사진 원판으로 사진을 인화하기 위해 감광제를 바른 종이.
인환 (引換) 〖명〗 1 상환(相換). 2 〖경〗 '교환(交換)'의 구용어.
인환-증 (引換證) [-쯩] 〖명〗 '상환증(相換證)'의 구용어.
인회-석 (燐灰石) 〖명〗 〖광〗 플루오르와 염소가 들어 있는 칼슘의 인산염(燐酸塩) 광물. 보통 무색투명하며 유리 광택을 냄(인산질 비료·

크림·치약의 원료로 씀).

인회-토(燐灰土)圓『광』인산칼슘에 불순물
이 섞인 흰색 또는 회갈색의 흙. 척추동물의
뼈와 배설물이 쌓여 이루어진 것으로 인조
비료의 원료임.

인후(咽喉)圓『생』목구멍.

인후-강(咽喉腔)圓『생』목구멍의 후두개 연
골(軟骨)에서 성문(聲門)까지의 안쪽 부분.

인후-병(咽喉病)[-뼝]圓『의』목구멍이 아프
고 붓는 병의 총칭. 후증(喉症).

인후-염(咽喉炎)圓『의』감기 따위로 인해 인
후 점막에 생기는 염증. 인후 카타르.

인후지지(咽喉之地)圓 목구멍과 같은 곳이라
는 뜻으로, 매우 중요한 길목을 이르는 말.

인후-창(咽喉瘡)圓『한의』목구멍이 헐어서
짓물러 아픈 병의 총칭《결핵성·매독성 등이
있음》.

인후 카타르(咽喉catarrh)『의』인후염.

인후-통(咽喉痛)圓 목구멍이 아픈 병.

인후-하다(仁厚-)혬 어질고 후덕하다. ⬜
성품이 ~.

인휼(仁恤)圓하타 어진 마음으로 불쌍히 여겨
도와줌.

인희-지광(人稀地廣)[-히-]圓 사람은 적고
땅은 넓음.

일¹圓하자 1 무엇을 만들거나 이루기 위해 몸
을 움직이고 머리를 쓰는 활동. 또는 그 활동
의 대상. ⬜~을 마치다 / ~에 파묻히다. 2
생계나 벌이를 위한 노동이나 직업. ⬜경비
~을 맡기다 / 무슨 ~을 하십니까. 3 볼일.
용무. ⬜만날 ~이 있다. 4 되어 가는 형편.
⬜오지 못하게 ~이 있다 / 살아가는 ~이란 다
그런 거지. 5 큰 난리나 변동. ⬜~이 났다.
6 사고. ⬜~만 저지른다. 7 특별한 형편. 사
정. ⬜가지 못할 ~이 있다. 8 경험. ⬜본 ~
이 있다. 9 비용이 많이 드는 행사. ⬜~을
치르다. 10 말의 끝에 써서 무엇을 바라거나
가벼운 명령을 뜻함. ⬜신을 벗을 ~. 11 용
언을 명사화하는 말. ⬜먹는 ~ / 섬기는 ~.
12 말의 끝에 써서 단정·의문을 나타내는 말.
⬜웃기는 ~이군. 13 계획. 사업. ⬜~이 잘
되어 간다. 14 문제. 사건. ⬜대수롭지 아니
한 ~. 15 용변(用便)이나 성교를 점잖게 이
르는 말. 16『물』외부의 힘으로 물체가 움직
였을 때, 힘과 거리를 곱한 양.

일(日)圓 1 '일요일'의 준말. 2 날. 하루.
⬜1~ 2회 복용할 것. 의圓 날짜·날수를
셀 때 쓰는 말. ⬜십오(十五) ~.

일(一)圓주 하나. 관圓 '한'의 뜻.

일²튀⟨옛⟩ 일찍이.

-일(日)回 어떤 날을 나타냄. ⬜기념~ / 경축
~ / 공휴~.

일가(一家)圓 1 성과 본이 같은 겨레붙이.
⬜~가 되는 분. 2 한집안. ⬜화기애애한 ~. 3
학문·예술·기술 따위 한 분야에서, 독자적인 유
파. ⬜서예의 ~를 이루다.

일가(一價)[-까]圓 1 『수』값이 하나임. 또는
그런 값. 2 『화』원자가가 하나임. *이가¹
(二價).

일가-견(一家見)圓 어떤 분야에 대해서 독자
적인 경지나 체계를 이룬 견해. ⬜~이 있다 /
~을 피력하다.

일가 문중(一家門中)圓 멀고 가까운 모든 일
가. ⬜~가 모두 모이다.

일가-붙이(一家-)[-부치]圓 한집안에 속하는
겨레붙이.

일가 알코올(一價alcohol)[-까-]圓『화』한 분
자(分子) 중에 히드록시기 한 개를 가진 알코

올《메틸알코올·에틸알코올 따위》.

일가-언(一家言)圓 자기가 독자적으로 주장
하는 학설.

일가 원소(一價元素)[-까-]『화』원자가가 1
인 원소《나트륨·칼륨·브롬 따위》.

일가월증(日加月增)[-증]圓하자 날이 가고 달
이 갈수록 늘고 불어남. ⬜재산이 ~하다.

일-가족(一家族)圓 한집안의 가족. 또는 온
가족. ⬜김씨 ~ / ~ 총동원.

일가-친지(一家親知)圓 친척이 되거나 서로
알고 지내는 사람들.

일가-친척(一家親戚)圓 일가와 외척(外戚).
인척(姻戚)의 모든 겨레붙이.

일가 함수(一價函數)[-까-쑤]『수』함수
y=f(x)에서 하나의 독립 변수 x에 대해서 종
속 변수 y의 값이 하나뿐인 함수. ↔다가(多
價)함수.

일각(一角)圓 1 한 귀퉁이. 한 방향. 한 부분.
⬜빙산의 ~ / 사회 ~. 2 한 개의 뿔.

일각(一刻)圓 1 아주 짧은 시간. ⬜~을 다투
다. 2 한 시간의 4분의 1. 곧, 15분.
[일각이 삼추(三秋) 같다] 기다리는 마음이
간절해서 짧은 시간이 삼 년같이 길게 느껴
지다. 일각여삼추.

일각(日脚)圓 햇발.

일각 대:문(一角大門)[-때-]『건』대문간이
없이 양쪽에 기둥을 하나씩 세워 문짝을 단
대문. 일각문.

일각-문(一角門)[-강-]『건』일각 대문.

일각-수(一角獸)[-쑤]圓 모양과 크기가 말과
같고 이마에 뿔이 하나 있는 인도의 전설상
의 동물. 유니콘(unicorn).

일각-여삼추(一刻如三秋)[-강녀-]圓 기다리
는 마음이 간절함을 비유한 말.

일각 중문(一角中門)[-쭝-]『건』기둥이 양
쪽에 하나씩 있는 중문.

일각-천금(一刻千金)圓 매우 짧은 시간도 천
금같이 귀중함《좋은 계절 등에 씀》.

일간(日刊)圓하타 1 신문 따위를 날마다 간행
함. 또는 그 간행물. 2 '일간 신문'의 준말.

일간(日間)圓回 하루 동안. ⬜~ 작업량.
⟨⟩가까운 며칠 안에. ⬜~ 다시 들르겠네.

일간-두옥(一間斗屋)圓 한 칸밖에 안 되는
작은 오막살이집.

일간 신문(日刊新聞) 날마다 발행하는 신문.
일간지. ⟨⟩일간(日刊).

일간-지(日刊紙)圓 일간 신문. ⬜사건 소식
이 ~에 실리다.

일간-초옥(一間草屋)圓 한 칸밖에 안 되는
작은 초가집.

일갈(一喝)圓하자 한 번 큰 소리로 꾸짖음.
⬜대성(大聲)~.

일:-감[-깜]圓 일거리. ⬜~이 떨어지다 /
~이 쌓이다 / ~을 찾다.

일-개(一介)圓 보잘것없는 한 낱. ⬜~ 서생
(書生)의 의견이다.

일:-개미『충』집을 짓고, 먹이를 날라 모
으는 일을 하는 개미. 날개와 생식 기능이 없
음. 일꾼개미.

일-개인(一個人)圓 한 사람의 개인. ⬜~의
문제.

일거(一擧)圓 한 번 움직임. 또는 한 번 일을
벌임. ⬜~에 해결하다 / ~에 무너뜨리다.

일거(逸居)圓하자 별로 하는 일 없이 한가로
이 지내는 일.

일:-거리[-꺼-]圓 일을 할 거리. 일감. ⬜~

를 맡기다 / ~를 찾다 / ~가 끊기다.

일거수-일투족(一舉手一投足)명 손 한 번 들고 발 한 번 옮긴다는 뜻으로, 크고 작은 동작 하나하나. 일거일동. ▣~을 감시하다.

일거-양득(一擧兩得)명하타 한 가지 일을 해서 두 가지 이익을 거둠. 일전쌍조(一箭雙鳥). 일석이조. ▣~의 효과. ⓐ양득(兩得).

일거월저(日居月諸)[-쩌]명 쉼 없이 가는 세월. 준거저(居諸).

일거-일동(一擧一動)[-똥]명 하나하나의 동작이나 움직임. 일거수일투족. ▣~을 지켜보다.

일건(一件)[-껀]명 한 벌. 한 가지. ▣~은 이미 처리했다.

일건 기록(一件記錄)[-껀-] 일건 서류.

일건 서류(一件書類)[-껀-] 『법』 하나의 소송 사건에 관련된 서류.

일격(一擊)명 한 번 침. 또는 그런 공격. ▣~에 쓰러뜨리다 / ~을 가하다.

일견(一見)명하타 한 번 봄. 또는 언뜻 봄. ▣~해서는 구별이 되지 않는다. ▣무 한 번 보아. 언뜻 보기에. ▣~ 타당해 보인다.

일:결(-結)크게 손님을 겪는 일.

일결(一決)명하타 1 한 번에 결정함. 2 제방 따위가 한 번에 터짐.

일경(一更)명 초경(初更).

일계(一計)[-/-게]명 한 가지 꾀·책략. ▣~를 내다.

일계(日計)[-/-게]명 1 하루를 단위로 하는 계산. 2 날수대로의 계산. ▣매출액의 ~를 내다.

일계-표(日計表)[-/-게-]명 나날의 계산을 모아 알아보기 쉽게 나타낸 표. ▣~를 작성하다.

일고(一考)명하타 한 번 생각해 봄. ▣~를 요하다 / ~해 볼 만하다.

일고(一顧)명하타 1 한 번 돌이켜 봄. 또는 잠깐 돌아봄. 2 잠깐 생각해 봄. ▣~의 여지도 없다.

일고(一雇)명 날품.

일:-고동(-꼬-)명 일이 잘되고 못됨이 결정되는 중요한 고비.

일고-삼장(日高三丈)명하자 해가 세 길이나 떠올랐다는 뜻으로, 날이 밝아 해가 높이 뜸을 이르는 말. 삼간(三竿).

일고-여덟[-덜]명 일곱이나 여덟. ▣가마니에 쌀이 ~ 말은 된다. ⓐ일여덟.

일곱㈜판 여섯보다 하나가 많은 수를 되는 수(의). ▣식구가 모두 ~이다 / 그 아이는 ~살이다.

일곱-무날[-곰-]명 무수기를 볼 때, 음력 초하루와 열엿샛날을 이르는 말.

일곱-성사(-聖事)[-썽-]명 『가』 예수가 제정한 일곱 가지 성사. 곧, 세례·견진(堅振)·고해·성체(聖體)·병자·신품(神品)·혼인. 칠성사.

일곱-이레[-곱니-]명 아이가 난 지 일곱 번째 되는 이레(곧, 난 뒤로 49일이 되는 날). 칠칠(七七).

일곱-째㈜ 순서가 일곱 번째가 되는 차례.

일공(一空)명 1 텅 비어 아무것도 없는 상태. 2 하늘 전체. 3 『불』 모든 법(法)이 비어 있음.

일공(日工)명 1 하루의 공전이나 품삯. 2 날에 일정한 품삯을 주고 시키는 일. 3 '일공쟁이'의 준말.

일공-쟁이(日工-)명 날품팔이꾼. ⓐ일공.

일과(一過)명하타 1 한 번 지남. ▣태풍 ~

후. 2 스치듯이 한 번 봄. 또는 그런 시선.

일과(日課)명 날마다 규칙적으로 하는 일정한 일. ▣~ 시간표 / 운동을 ~로 삼다.

일과-력(日課曆)명 일기(日記)와 일과를 겸해서 쓸 수 있게 만든 일력.

일과-성(一過性)[-썽]명 어떤 현상이나 증상이 잠깐 나타났다가 곧 사라지는 성질. ▣~비 / ~ 행사에 그치다.

일과-표(日課表)명 그날그날의 해야 할 일을 적어 놓은 표(학과 시간표 따위). ▣~를 작성하다.

일곽(一郭·一廓)명 하나의 담으로 둘러친 지역. 한 구역. 한 구역.

일관¹(一貫)명하타 1 '일이관지'의 준말. 2 처음부터 끝까지 같은 태도나 방법으로 계속함. ▣~ 작업 / 태도가 ~되다.

일관²(一貫)명 1 엽전의 한 꿰미. 2 한 관. 곧, 3.75kg.

일관-성(一貫性)[-썽]명 태도나 방법 따위가 처음부터 끝까지 변함없이 계속하는 성질. ▣정책의 ~.

일관 작업(一貫作業) 원료에서 제품이 나올 때까지의 여러 갈래의 작업을 연속적으로 행하는 일. 연속 생산. ▣~으로 처리하다.

일괄(一括)명하타 한데 묶거나 아우름. ▣~ 사표 / ~ 타결안을 내놓다.

일괄-적(一括的)[-쩍]관명 한데 묶거나 아우르는 (것). ▣~으로 처리하다.

일괄 처:리(一括處理) 『컴』 데이터를 일정 기간 또는 일정량을 기준으로 묶어서 한꺼번에 처리하는 방식. 배치 프로세싱.

일광(日光)명 햇빛. ▣~이 내리쪼이다.

일광 반:사경(日光反射鏡)『물』 헬리오스탯(heliostat).

일광-보살(日光菩薩)명 『불』 약사불(藥師佛)의 왼쪽에 있는 보처존(補處尊). 일광변조(遍照)보살.

일광 소독(日光消毒) 햇빛 속의 자외선의 살균 작용을 이용해서 물건을 햇빛에 쐬는 소독.

일광 요법(日光療法)[-뇨뻡]『의』 일광욕을 해서 햇빛 속에 포함된 자외선으로 결핵성 질환 등을 치료하는 법.

일광 요양소(日光療養所)[-뇨-] 공기가 맑고 햇빛이 잘 쬐는 고지·해변 등에 설치해서, 주로 폐결핵 환자를 요양시키는 곳. 자연 요양소. 새너토리엄(sanatorium).

일광-욕(日光浴)[-뇩]명하타 치료나 건강을 위해 맨 몸을 햇빛에 쐬는 일.

일광 절약 시간(日光節約時間)[-저략씨-] '서머 타임'의 번역어인 말.

일교-차(日較差)명 『지』 기온·기압·습도 등이 하루 동안에 변화하는 차이. ▣~가 크다 / ~가 심하다. ＊연교차.

일구(一口)명 1 한 사람. 2 여러 사람의 같은 말. 3 한 마디의 말. 4 한 입.

일구(逸口)명 지나친 말. 실수한 말. 일언(逸言). --하다자여 지나친 말이나 실언(失言)을 하다.

일구-난설(一口難說)명 한 마디 말로 다 설명할 수 없음. ▣그 참상은 ~이다.

일구다타 1 논밭을 만들기 위해 땅을 파서 일으키다. 기경(起耕)하다. ▣땅을 ~ / 화전을 ~. 2 두더지 등이 땅을 쑤셔 흙이 솟게 하다.

일구월심(日久月深)[-심]명하타 날이 오래고 달이 깊어 간다는 뜻으로, 세월이 흐를수록 더함을 이르는 말. ▣~ 성공을 빌다.

일구-이언(一口二言)명하자 한 입으로 두 말을 한다는 뜻으로, 한 가지 일에 대해 말을

이랬다저랬다 함을 이름. 일구양설(兩舌). ❏
~할 사람은 아니다.

일구-하다 (日久-)【혱어】 시일이 오래다.

일국 (一國)【명】 **1** 한 나라. ❏~의 장관. **2** 온 나라. ❏ 명성이 ~에 자자하다.

일국 (一掬)【명하타】 두 손으로 한 번 움킴. 또 는 한 움큼.

일군 (一軍)【명】 **1** 온 군대. **2** 스포츠 경기, 특히 프로 야구에서, 공식 시합에 출장(出場)할 자 격을 가진 선수로 이루어진 팀.

일군 (一郡)【명】 **1** 한 군(郡). **2** 온 고을.

일군 (一群)【명】 한 무리. 한 떼. ❏~을 이루다.

일군 (逸群)【명】 재능 따위가 여럿 가운데 썩 뛰어남. 발군(拔群)

일규 (一揆)【명】 **1** 같은 경우나 경로. **2** 한결같은 법칙.

일그러-뜨리다【타】 물건이나 얼굴의 한쪽을 비 뚤어지게 하거나 우글쭈글하게 하다. ❏ 미 간을 ~ / 얼굴을 ~.

일그러-지다【자】 물건이나 얼굴의 한쪽이 약간 비뚤어지거나 우글쭈글해지다.

일그러-트리다【타】 일그러뜨리다.

일근 (日勤)【명하자】 **1** 날마다 출근해서 사무를 봄. **2** 낮에 근무함(야근에 대한 말).

일금 (一金)【명】 전부의 돈(돈의 액수를 쓸 때, 그 액수의 앞에 쓰는 말). ❏~ 십만 원정.

일금 (一禁)【명하타】 죄다 금지함. ❏집회 ~.

일급 (一級)【명】 **1** 한 계급. **2** 등급의 제일 위. ❏~ 호텔 /~비밀. **3** 바둑·유도·태권도 등 의 초단 바로 밑의 급수. ❏바둑 ~.

일급 (日給)【명】 하루를 단위로 지급하는 급료. 또는 그런 방식. 일당(日當). ❏임금을 ~으 로 받다.

일급-꾼 (日給-)【명】 날품팔이꾼.

일급-쟁이 (日給-)【-쩽-】【명】 날품팔이꾼.

일급-제 (日給制)【-쩨-】【명】 하루를 단위로 급료 를 계산해서 주는 제도. 일당제(日當制). ❏ ~를 실시하다.

일긋-거리다【-근꺼-】【자】 짜인 물건의 사개가 느슨해져 이리저리 자꾸 움직이다. ⑫얄긋거 리다. **일긋-일긋**【-그딜귿 /-근닐귿】【부하자】

일긋-대다【-근때-】【자】 일긋거리다.

일긋-얄긋【-그달귿 /-근날귿】【부하자】 일긋거 리고 얄긋거리는 모양.

일긋-하다【-그타-】【혱어】 한쪽으로 조금 쏠려 있다. ⑫얄긋하다.

일기 (一己)【명】 자기 한 몸.

일기 (一技)【명】 한 가지의 재주. 일능(一能). ❏ 일인(一人) ~ 교육.

일기 (一氣)【명】 **1** 천지간에 가득한 대기(大氣). **2** 한목에 내치는 기운.

일기 (一基)【명】 무덤·비석·탑 따위의 하나.

일기 (一期)【명】 **1** 어떤 시기를 몇으로 나누는 것 의 하나. ❏~분(分) 세금. **2** 한평생. ❏50 세 를 ~로 세상을 떠나다.

일기 (一朞)【명】 한 돌. 일주년.

일기 (一騎)【명】 한 명의 말탄 병사.

일기 (日記)【명】 **1** 날마다 겪은 일이나 느낌 등 을 적은 개인의 기록. **2** '일기장'의 준말. **3** 〖역〗 폐위된 임금의 재위(在位) 동안의 치세 를 적은 역사. ❏연산군 ~.

일기 (日氣)【명】 날씨. ❏~가 화창하다.

일기 (逸機)【명하자】 기회를 놓침.

일기-가성 (一氣呵成)【명】 **1** 단숨에 문장을 지 어냄. **2** 일을 단숨에 몰아쳐 해냄.

일기 개:황 (日氣槪況) 어떤 지역의 기상 상태 의 흐름을 대체적으로 종합한 것.

일기-당천 (一騎當千)【명】 한 사람의 기병이 천

사람의 적을 당해 낼 수 있다는 뜻으로, 무예 가 썩 뛰어남을 이르는 말. ⑫의 맹장.

일기-도 (日氣圖)【명】 일정한 시각에 어떤 지방 의 기온·기압·풍향·풍속 등을 측정해서 등압 선·등온선·등편차선을 써서 일기의 상태를 나타낸 그림.

일기 문학 (日記文學)〖문〗 일기와 형식으로 표현된 문학. 또는 문학적 가치를 지닌 일기.

일기불순 (日氣不順)【-쑨】 기후가 고르지 못한 일. ❏~으로 항공기가 결항했다.

일기 예:보 (日氣豫報) 지상 및 상공의 일기도 를 분석해서 그 변화를 예상하고 알리는 일. 단기·주간·장기 예보 등이 있음.

일기-장 (日記帳)【-짱】 **1** 그날그날 겪은 일 이나 생각, 느낌 따위를 적는 공책. ⑫일기. **2**〖경〗부기에서, 거래의 내용을 발생한 순서 대로 기입하는 장부. 일기책.

일기죽-거리다【-꺼-】【자타】 입이나 허리 따위 가 이리저리 느리게 자꾸 움직이다. 또는 그 리 되게 하다. **일기죽-일기죽** **일기죽** 【-주길- /-중닐-】【부하자타】

일기죽-대다【-때-】【자타】 일기죽거리다.

일기죽-얄기죽【-주갈- /-중날-】【부하자타】 일 기죽거리고 얄기죽거리는 모양.

일기지욕 (一己之慾)【명】 자기만의 욕심.

일기-체 (日記體)【명】 일기 형식으로 쓴 문체.

일기-초 (日記抄)【명】 **1** 일기 가운데서 중요한 곳만 가려 뽑은 기록. **2**〖역〗폐위된 임금의 역사를 편찬하는 데 근거가 되는 초록(抄錄).

일기-회 (一器會)【명】 여럿이 각자 한 가지씩의 음식을 가지고 모여 노는 놀이.

일길신량 (日吉辰良)【-실-】【명하형】 날짜가 길 하고 때가 좋음.

일-길찬 (一吉湌)【명】〖역〗신라 때, 십칠 관등 의 일곱째 등급. 아찬(阿湌)의 아래, 사찬(沙 湌)의 위임. 육두품(六頭品)이 오름. 을길간 (乙吉干)

일-깨다【자】 잠을 일찍 깨다.

일-깨다[2] ☞ 일깨우다[1,2].

일-깨우다[1]【타】《'일깨다'의 사동》자는 사람 을 일찍 깨우다.

일-깨우다[2]【타】 일러 주거나 가르쳐서 깨닫게 하다. ❏사안의 중요성을 ~.

일깬-날【명】 잠을 일찍 깬 날.

일-:껏【-껃】【부】 모처럼 애써서. ❏~ 만들어 놓은 것을 망가뜨렸다 /~ 마련한 기회를 놓 치다.

일-:꾼【명】 **1** 삯을 받고 남의 일을 하는 사람. ❏~을 고용하다. **2** 어떤 일을 맡아서 하거나 맡아서 할 사람. ~. **3** 일의 계획이 나 처리를 잘하는 사람.

일-:끝【-끋】【명】 일의 실마리. ❏~이 풀리다.

일낙 (一諾)【명하타】 한 번 승낙함.

일낙-천금 (一諾千金)【-락-】【명】 한 번 승낙함 은 천금같이 귀중함.

일난풍화 (日暖風和)【-란-】【명하형】 날씨가 따 뜻하고 바람이 온화함.

일-남중 (日南中)【-람-】【명】〖천〗태양이 자오 선에 이르는 일.

일-남지 (日南至)【-람-】【명】 동짓날의 뜻《태양 이 동지에 남회귀선인 남위 23°5′에 이르는 데서 나온 말》.

일:-내다【-래-】【자】 말썽을 일으키다. 사고를 저지르다. ❏그는 일낼 사람이 아니다.

일년-감 (一年-)【-련-】【명】〖식〗토마토.

일년-근 (一年根)【-련-】【명】〖식〗한 해가 지나

지 않은 뿌리. 한해살이뿌리.

일년-생 (一年生)[-련-]〖명〗 **1** 일 학년 학생. **2**〖식〗한해살이풀. *다년생.

일년생 식물 (一年生植物)[-련-싱-]〖식〗한해살이풀.

일년생 초본 (一年生草本)[-련-]〖식〗한해살이풀.

일년-초 (一年草)[-련-]〖식〗한해살이풀.

일념 (一念)[-렴]〖명〗 **1** 한결같은 마음. 또는 오직 한 가지 생각. ▢구국의 ~. **2**〖불〗전심(專心)으로 염불함.

일념-불생 (一念不生)[-렴-]〖불〗모든 생각을 초월한 경지.

일념-불퇴 (一念不退)[-렴-]〖불〗결심이 굳어 흔들리지 않음.

일념-통천 (一念通天)[-렴-]〖불〗온 마음을 기울이면 하늘을 감동시킴.

일능 (一能)[-릉]〖명〗한 가지의 재능. 일기.

일:다¹〔일어, 이니, 이는〕〖자〗 **1** 어떤 현상이 생기다. ▢바람이 ~ / 파문이 ~ / 파도가 ~ / 논란이 ~. **2** 약하거나 희미한 것이 성해지다. ▢불이 ~ / 가운(家運)이 ~. **3** 솟아오르거나 부풀다. ▢거품이 ~ / 보풀이 ~.

일:다²〖자〗〈옛〉되다. 이루어지다.

일:다³〔일어, 이니, 이는〕〖타〗 **1** 곡식이나 사금 따위를 물속에 넣어 모래·티를 가려내다. ▢쌀을 ~. **2** 곡식 따위를 키질을 해서 쓸 것을 가려내다. ▢참깨를 키로 ~.

일:다⁴ 〖탭〗 ☞ 일구다.

일다⁵ [-따]〖형〗'이르다'의 준말. ▢아직 시간이 한참 ~.

일단 (一段)[-딴]〖명〗 **1** 한 계단. **2** 문장·이야기 등의 한 토막. **3** 인쇄물의 한 단. ▢~ 기사. **4** 자동차 따위의 기어 변속(變速)에서, 중립에서 시작하는 첫 단(段). ▢기어를 ~에 넣다. **5** 바둑·태권도·검도·유도 등의 초단 또는 한 단. ▢~씩 승단하다.

일단 (一團)[-딴]〖명〗 **1** 한 덩어리나 무리. ▢~의 관광객.

일단 (一端)[-딴]〖명〗 **1** 한 끝. **2** 사물의 일부분. ▢~ 사건의.

일단 (一旦)[-딴]〖부〗우선 먼저. 잠깐. ▢~ 보자 / ~ 작업을 끝내고 보자.

일-단락 (一段落)[-딴낙 / -딸-]〖명〗일의 한 단계가 끝남. ▢~을 짓다 / 사건이 ~되다.

일단-정지 (一旦停止)[-딴-]〖명〗차량이 횡단보도 따위를 지나갈 때 우선멈춤으로써 보행자 등을 안전하게 통행케 해 주는 일.

일당 (一堂)[-땅]〖명〗같은 회당. 한자리. ▢~에 모이다.

일당 (一黨)[-땅]〖명〗 **1** 목적이나 행동 따위를 같이하는 무리. ▢도둑의 ~. **2** 하나의 정당·당파. ▢~ 독재.

일당 (日當)[-땅]〖명〗하루에 일한 대가로 얼마씩 정해서 주는 수당이나 보수. 일급. ▢~을 받다 / ~이 후하다.

일당백 (一當百)[-땅-]〖명〗한 사람이 백 사람을 당한다는 뜻으로, 매우 용감함을 이르는 말. 일인당백.

일대 (一代)[-때]〖명〗한 시대나 한 세대 전체. ▢~의 영걸 / ~에 한 번밖에 없는 기회.

일대 (一帶)[-때]〖명〗어느 지역의 전부. 일원(一圓). ▢호남 ~에 비가 내리다.

일대 (一隊)[-때]〖명〗한 떼. ▢~의 군중.

일대 (一對)[-때]〖명〗한 쌍.

일대 (一大)[-때]〖관〗명사 앞에 붙어 '굉장한'

'큰'의 뜻을 나타내는 관형사. ▢~ 시련 / ~ 성황을 이루다.

일대-기 (一代記)[-때-]〖명〗어느 한 사람의 일생 동안의 일을 적은 기록. 전기(傳記). ▢시인의 ~.

일대-사 (一大事)[-때-]〖명〗중대한 일. 아주 큰 일. ▢결혼은 인생의 ~이다.

일대일 (一對一)[-때-]〖명〗한 사람이 한 사람을 상대함. 양쪽이 같은 비율, 같은 권리로 상대함. ▢~로 대결하다.

일대 잡종 (一代雜種)[-때-종]〖생〗서로 다른 순수 품종을 교배해서 낳은 최초의 것(앞의 대보다 우수함).

일-더위 [-때-]〖명〗첫여름부터 일찍 오는 더위. ↔늦더위.

일덩 〖부〗〈옛〉반드시. 필시.

일도 (一到)[-또]〖명〗한 번 다다름. ▢~ 창해(滄海).

일도 (一途)[-또]〖명〗한 가지 길이나 방도. 같은 길.

일도 (一道)[-또]〖명〗 **1** 한 가지 길. **2** 한 가지 도리. **3** 행정 구역의 하나인 도(道)의 전부. 또는 하나의 도.

일도-양단 (一刀兩斷)[-또-]〖명하자〗칼로 쳐서 두 동강이를 내듯이 어떤 일을 선뜻 결정함.

일도-조 (一刀彫)[-또-]〖명〗조각할 때, 한 칼에 넓고 평평하게 깎아 내는 기법.

일독 (一讀)[-똑]〖명하자〗한 번 읽음. ▢~을 권하다 / ~의 가치도 없다.

일동 (一同)[-똥]〖명〗어느 모임·단체에 든 모든 사람. ▢직원 ~ / ~을 대신하다.

일동 (一洞)[-똥]〖명〗한 동리. 온 동리.

일동일정 (一動一靜)[-똥-쩡]〖명〗모든 동작. 일거수일투족. ▢~을 살피다.

일-되다 [-뙤-]〖자〗 **1** 곡식이나 열매 따위가 제철보다 일찍 익다. 올되다. ▢일된 과일. **2** 나이에 비해 발육이 빠르거나 일찍 철이 들다. ↔늦되다.

일득일실 (一得一失)[-뜨길씰]〖명〗한 가지 이득이 있으면 한 가지 손실이 있다는 말. 일실일득. 일리일해.

일등 (一等)[-뜽]〖명〗순위·등급 따위에서 첫째. ▢~을 차지하다.

일등-국 (一等國)[-뜽-]〈속〉강대국(强大國).

일등 도:로 (一等道路)[-뜽-]'국도(國道)'의 구용어.

일등-병 (一等兵)[-뜽-]〖명〗사병 계급의 하나(이등병의 위, 상등병의 아래). 준일병.

일등-성 (一等星)[-뜽-]〖천〗맨눈으로 볼 수 있는 별의 밝기를 여섯 등급으로 나눌 때 가장 밝게 보이는 별(육등성보다 100배 정도 밝고, 시리우스·견우성·직녀성 따위가 있음).

일등-지 (一等地)[-뜽-]〖명〗가장 살기 좋은 땅. 값이 가장 비싼 땅.

일등-품 (一等品)[-뜽-]〖명〗품질이 가장 좋은 물건. ▢~으로 평가되다.

일-떠나다 〖자〗기운차게 일어나다.

일-떠나다 〖자〗길을 일찍 떠나다.

일떠-서다 〖자〗기운차게 썩 일어서다.

일떠-세우다 〖타〗'일떠서다'의 사동〗기운차게 썩 일어서게 하다.

일락 (一樂)〖명〗첫째의 즐거움. 곧, 부모가 살아 계시고 형제가 무고한 일. *삼락(三樂).

일락 (逸樂)〖명하자〗쾌락을 즐겨 멋대로 놂. ▢~에 빠지다.

일락-배락 〖부〗〈옛〉흥할락 망할락. 될락 말락.

일락-서산 (日落西山)[-써-]〖명하자〗해가 서산

일란성 쌍생아 (一卵性雙生兒)[—썽—]〖생〗하나의 난자와 하나의 정자가 결합해서 생긴 쌍둥이(반드시 동성(同性)이고 생김새나 성격이 매우 비슷함). *이(二)란성 쌍생아.

일람 (一覽)〖명〗〖하타〗**1** 한 번 죽 훑어봄. 한 번 열람함. □서류를 ~하다. **2** 내용을 한눈에 볼 수 있게 한 것. □명승지 ~.

일람불 어음 (一覽拂—) 일람 출급 어음.

일람-첩기 (一覽輒記)[—끼]〖명〗〖하타〗한 번 보면 잊지 않는다는 뜻으로, 기억력이 썩 좋다는 말.

일람 출급 어음 (一覽出給—)〖경〗어음을 받은 사람이 제시하면 즉시 지급해야 할 어음. 일람불 어음.

일람-표 (一覽表)〖명〗여러 가지 사항을 한 번에 알 수 있도록 꾸며 놓은 표.

일랍 (一臘)〖명〗**1**〖불〗'일법랍(一法臘)'의 준말. **2**〖불〗법랍이 가장 많은 장로(長老). **3** 사람이 태어나서 일곱 살이 되는 날.

일랑조 받침 있는 체언에 붙어, 구어체로 '이는'의 뜻을 강조하는 보조사. □복남이 집에 있어라. *ㄹ랑.

일랑-은조 '일랑'의 힘줌말. *ㄹ랑은.

일래 (日來)〖명〗지난 며칠 동안. □~ 무고했는가.

일러-두기 책의 첫머리에 그 책의 내용이나 사용법 등을 설명한 글. 범례(凡例).

일러-두다타 특별히 부탁하거나 지시해 두다. □단단히 ~ / 문단속을 잘 하라고 ~.

일러-바치다타 남의 잘못이나 감추고자 하는 일을 다른 사람에게 알리다.

일러스트 (illust)〖명〗'일러스트레이션'의 준말.

일러스트레이션 (illustration)〖명〗어떤 의미나 내용을 시각적으로 전달하기 위해 곁들이는 삽화·사진·도안 등의 총칭. ㉰일러스트.

일렁-거리다재 **1** 물 가운데 떠서 물결에 따라 이리저리 자꾸 흔들리다. **2** 촛불 따위가 이리저리 자꾸 흔들리다. ㉰얄랑거리다. **일렁-일렁**[—닐—/—]〖부〗〖하재〗

일렁-대다재 일렁거리다.

일렁-얄랑[—냘—/—]〖부〗〖하재〗 일렁거리며 얄랑거리는 모양.

일렁-이다재 일렁거리다.

일렉트로그래프 (electrograph)〖명〗〖전〗전광 뉴스처럼 전등을 이용해서 어떤 글자나 선을 나타내고, 그것을 차례로 이동해 하나의 의미를 전달하는 장치.

일렉트론-메탈 (electron metal)〖명〗〖화〗90% 이상의 마그네슘을 주성분으로 하는 초경금속 합금. 알루미늄 경합금보다 가볍고 강하나 내식성이 약함(항공기·자동차 등에 씀).

일렉트론-볼트 (electron volt)〖의명〗〖전〗전자 볼트(電子volt).

일력 (一力)〖명〗〖역〗조선 때, 군사를 뽑을 때, 50근 무게의 물건을 두 손에 하나씩 들고 160보를 걷게 하던 시험(역(力)의 첫째 등급). *역(力).

일력 (日力)〖명〗**1** 그날의 해가 넘어갈 때까지의 남아 있는 동안. **2** 하루 종일 해야 하는 양의 일. 또는 날마다의 일.

일력 (日曆)〖명〗그날의 날짜·요일·일진(日辰) 등을 각각 한 장에 적어 매일 한 장씩 떼거나 젖히는 책력.

일련 (一連)〖명〗하나로 이어지는 것. □~의 사건을 해결하다.

일련 (一聯)〖명〗율시(律詩)의 한 대구(對句).

일련-번호 (一連番號)〖명〗일률적으로 연속되어 있는 번호. □~를 매기다. ㉰연번(連番).

일련-탁생 (一蓮托生)[—쌩]〖명〗**1** 좋든 나쁘든 행동·운명을 같이함. **2**〖불〗죽은 뒤 함께 극락정토에 같은 연꽃 위에 왕생함.

일렬 (一列)〖명〗하나로 벌인 줄. □~종대 / ~로 늘어서다.

일령 (一齡)〖명〗처음 알에서 깨어난 누에가 첫번째 잠을 잘 때까지의 동안.

일례 (一例)〖명〗하나의 보기. 한 가지 실례. □~를 들다 / ~에 불과하다.

일로 (一路)〖명〗한 방향으로 곧장 나아가는 추세. □회사가 성장 ~에 있다.

일로부 '이리로'의 준말. □~ 오너라.

일로-매진 (一路邁進)〖명〗〖하자〗한 길로 곧장 거침없이 나아감.

일록 (日錄)〖명〗〖하타〗날마다 기록함. 또는 그런 기록.

일루 (一縷)〖명〗한 오리의 실이라는 뜻으로, 미약하거나 불확실하게 유지되는 상태. □~의 희망을 품다.

일루 (一壘)〖명〗**1** 야구에서, 주자(走者)가 맨 처음 밟는 누(壘). 퍼스트 베이스. **2** '일루수'의 준말.

일루-수 (一壘手)〖명〗야구에서, 일루를 지키는 선수. ㉰일루.

일루-타 (一壘打)〖명〗야구에서, 타자가 일루까지 갈 수 있게 친 안타. 단타(單打).

일류 (一流)〖명〗어떤 분야에서 첫째가는 지위나 부류. □~ 극장 / ~ 대학 / ~의 문장가.

일류-신사 (一流紳士)〖명〗**1** 첫째가는 부류에 속하는 신사. **2** 맵시가 미끈한 사람.

일류-제 (溢流堤)〖명〗둑 안의 너무 많은 물이 저절로 넘쳐흐르게 만든 부분.

일륜 (一輪)〖명〗**1** 한 둘레. 한 바퀴. **2** 한 송이의 꽃의 비유. **3** 밝은 달의 비유.

일륜 (日輪)〖명〗〖불〗태양1.

일륜-명월 (一輪明月)〖명〗둥글고 밝은 달. □~이 교교하다.

일륜-차 (一輪車)〖명〗물건 등을 나르는, 바퀴가 하나 달린 수레.

일률 (一律)〖명〗**1** 한결같이 다름. 일정한 규율. **2** 같은 가락. **3**〖역〗사형에 해당하는 죄. 일죄(一罪).

일:-률 (一率)〖물〗단위 시간에 이루어지는 일의 양. 단위는 와트나 마력을 씀.

일률-적 (一律的)[—쩍]〖관〗〖명〗태도나 방식 등이 한결같은 (것). □~ 평가 / ~으로 다루다.

일리 (一里)〖명〗**1** 이정(里程)의 단위. 한 이(里). **2** 온 동네.

일리 (一利)〖명〗한 가지 이로움.

일리 (一理)〖명〗**1** 옳은 데가 있어 받아들일 만한 이치. □~ 있는 말. **2** 같은 이치.

일리미네이터 (eliminator)〖명〗〖전〗교류 전원(電源)에서 직류를 얻는 장치(라디오 수신기 등에 부속됨).

일리일해 (一利一害)〖명〗한 가지 이로움이 있으면 한 가지 해로움이 있음. 일득일실.

일립 만배 (一粒萬倍)[—림—]〖명〗한 알의 곡식도 심으면 만 배가 된다는 뜻으로, 작은 것도 쌓이면 많아진다는 말.

일막-극 (一幕劇)[—꼭]〖명〗〖연〗한 막으로 극적 사건이 진행되는 극. 단막극(單幕劇).

일말 (一抹)〖명〗한 번 칠하거나 지우는 정도라는 뜻으로, '약간·조금'을 이르는 말. □~의 희망 / ~의 가능성도 없다.

일망 (一望)〖명〗〖하타〗한눈에 바라봄.

일망-무애 (一望無涯)〖명〗〖하형〗일망무제.

일망-무제 (一望無際) 명하형 아득하게 멀고 넓어서 끝이 없음. 일망무애. ❏ ~의 벌판.
일망지하 (一望之下) 명 한눈에 다 바라볼 수 있는 시야의 안.
일망타진 (一網打盡) 명하타 어떤 무리를 한꺼번에 모조리 잡음. ❏ 마약 밀매단을 ~하다.
일매-지다 형 모두 고르고 가지런하다. ❏ 과일을 일매지게 깎다.
일맥 (一脈) 명 하나로 이어진 것. 한줄기.
일맥-상통 (一脈相通)[-쌍-] 명하자 사고방식·상태·성질 등이 서로 통하거나 비슷함. ❏ ~한 생각.
일면 (一面) 명 **1** 물체나 사람의 한 면. 또는 일의 한 방면. ❏ 정육면체의 ~/그의 ~을 엿보다. **2** 신문의 첫째 면. —**-하다** 타여 모르는 사람을 처음으로 만나 보다.
일면-관 (一面觀) 명 한 방면으로만 보는 관점.
일-면식 (一面識) 명 서로 한 번 만난 일이 있어, 안면이 약간 있는 일. ❏ ~도 없다.
일면여구 (一面如舊)[-녀-] 명하형 처음 만났으나 오랜 친구처럼 친밀함.
일면-적 (一面的) 관명 한 방면으로 치우치는 (것). ❏ ~인 관찰.
일면지분 (一面之分) 명 일면식의 친분.
일명 (一名) 명 본명 이외에 따로 부르는 이름.
일명 (一命) 명 **1** 하나의 목숨. **2** 한 번의 명령. **3** 처음으로 관직에 임명된 사람.
일명 (逸名) 명 서얼(庶孼).
일명-경인 (一鳴驚人) 명 한번 시작하면 사람을 놀랠 정도의 대사업을 이룩함을 이르는 말.
일명-하다 (日明-) 형여 햇빛이 밝다.
일모 (一毛) 명 한 가닥의 털이라는 뜻으로, 지극히 적은 분량을 이르는 말.
일모 (一眸) 명 한 번 봄. 또는 한눈에 바라봄. 일견(一見).
일모 (日暮) 명하자 날이 저묾. 또는 날이 저물 무렵.
일모-도궁 (日暮途窮) 명하형 **1** 날은 저물고 갈 길은 막힘. **2** 늙고 쇠약해서 앞날이 얼마 남지 않음의 비유. 일모도원(日暮途遠).
일모-작 (一毛作) 명 한 땅에서 한 해에 한 번 농작물을 심어 거두는 일.
일목 (一目) 명 **1** 한쪽 눈. 애꾸눈. **2** 한 번 봄.
일목요연-하다 (一目瞭然-) 형여 한눈에 알아볼 수 있을 만큼 분명하고 뚜렷하다. ❏ 일목요연하게 정리하다.
일목-장군 (一目將軍)[-짱-] 명 '애꾸눈이'를 조롱하는 말.
일목-조 (一木造)[-쪼] 명 〖미술〗 하나의 통나무에 조각해 만든 상(像).
일몰 (日沒) 명하자 해가 짐. 일입(日入). ❏ ~ 시간/~을 바라보다. ↔일출.
일무 (一無) 명하형 하나도 없음.
일무 (佾舞) 명 〖악〗 종묘나 문묘 제향 때, 여러 사람이 여러 줄로 벌여 서서 추는 춤.
일무-가관 (一無可觀) 명 볼 만한 것이 하나도 없음.
일무-가론 (一無可論) 명 의논할 만한 것이 하나도 없음.
일무-가취 (一無可取) 명 취할 만한 것이 하나도 없음.
일무-소득 (一無所得) 명 소득이 전혀 없음. ❏ 계산을 해보니 ~이다.
일무-소식 (一無消息) 명 소식이 전혀 없음. ❏ 그때 떠난 후로는 ~이다.
일문 (一門) 명 **1** 한 가문이나 문중. ❏ 김씨 ~. **2** 〖불〗 같은 법문의 사람. **3** 예술이나 학문 따위에서, 같은 스승 밑에서 공부한 동문.
일문 (日文) 명 일본어로 쓴 글. ❏ ~ 소설.
일문 (逸文) 명 **1** 뛰어난 문장. 명문(名文). ❏ 당대의 ~. **2** 세상에 알려지지 않은 글. **3** 흩어져서 별로 전해지지 않은 글.
일문 (逸聞) 명 세상에 알려지지 않은 좋은 소문이나 이야기. 일화(逸話).
일문-일답 (一問一答)[-무닐땁] 명하자 한 번 묻는 데 대해 한 번 대답함. 또는 이를 여러 차례 되풀이함. ❏ ~식의 국회 청문회.
일문지내 (一門之內) 명 한 가문에 속하는 사람. 또는 한집안 사람.
일물 (逸物) 명 썩 뛰어난 물건.
일미 (一味) 명 **1** 아주 뛰어나고 독특한 맛. ❏ 천하 ~. **2** 〖불〗 부처에 관한 설(說)은 여러 가지이나 그 본지(本旨)는 동일하다는 뜻.
일미-선 (一味禪) 명 〖불〗 참선(參禪)하여 부처의 참뜻을 깨닫게 되는 경지.
일민 (逸民) 명 학문·덕행이 있으면서 세상에 나서지 않고 묻혀 지내는 사람.
일박 (一泊) 명하자 하룻밤을 묵음. ❏ ~ 이일(二日)의 여행.
일반 (一半) 명 절반1.
일반 (一般) 명 **1** 다른 것이 없는 마찬가지의 상태. ❏ 어느 일이나 힘들기는 ~이다. **2** 보통의 사람들. ❏ ~ 서민/~에 공개하다. **3** 전체에 두루 해당되는 것. ❏ ~ 상식.
일반 (一斑) 명 아롱진 무늬 한 점.
일반 감:각 (一般感覺) 〖심〗 유기(有機) 감각.
일반 개:념 (一般概念) 〖논〗 뜻을 변하지 않고 수많은 사물에 공통으로 적용될 수 있는 개념. 보통 개념. 보편 개념. ↔단독 개념.
일반-객 (一般客) 명 귀빈이나 특별히 초대받은 사람이 아닌 보통 손님.
일반 교:서 (一般教書) 미국 대통령이 연두에 상하 양원 합동 회의에서 발표하는 시정 방침. 내정·외교의 기본 방침을 발표하고 의회의 입법을 요청함. 연두 교서.
일반 담보 (一般擔保) 〖법〗 채무자의 재산 가운데 특별 담보의 대상과 압류가 금지되어 있는 것을 제외한 나머지 재산으로 이루어지는 담보. ↔특별 담보.
일반-론 (一般論)[-논] 명 전체에 두루 통용되는 학설이나 논리.
일반 명사 (一般名辭) 〖논〗 일반 개념을 나타내는 명사《여러 사물의 공통된 특성을 나타냄》. 보통 명사.
일반-미 (一般米) 명 정부 보유미가 아닌, 생산자가 시세에 따라 파는 쌀.
일반-법 (一般法)[-뻡] 명 〖법〗 사람·장소·지역 등에 특별히 제한되지 않는 법률《헌법·형법·민법 따위》. 보통법. ↔특별법.
일반 사:면 (一般赦免) 〖법〗 사면의 한 가지. 죄의 종류를 정해서 그에 해당하는 모든 죄인에게 형을 사면하는 일. 형의 선고 효력과 공소권이 소멸됨. *특별 사면.
일반 상대성 이:론 (一般相對性理論)[-썽-] 〖물〗 아인슈타인이 1915년에 특수 상대성 이론을 확장해서 임의의 좌표계에 대해 일반적인 상대성을 적용하도록 세운 이론. *특수 상대성 이론.
일반-석 (一般席) 명 귀빈석이나 특별석 등에 대한 일반의 자리. 보통석. ↔특별석.
일반-성 (一般性)[-썽] 명 전체에 두루 해당하는 성질. ❏ 자연현상에서 ~을 찾다.
일반-세 (一般稅)[-쎄] 명 국가의 일반 경비에 쓰기 위해 거두는 세금《소득세·주세(酒稅)

따위). *특별세.

일반-수 (一般數)[一쑤] 【수】 수식(數式)에서 문자로 나타내어 어떤 값으로도 대신할 수 있는 수(3a+2a=5a 에서의 a 따위).

일반 심리학 (一般心理學)[一니一] 개체의 차이를 생각하지 않고 누구에게나 통용되는 일반적인 심리 현상을 연구 대상으로 하는 심리학. 보통 심리학.

일반 언어학 (一般言語學) 【언】 개별 언어가 아닌 세계 여러 언어의 보편적 성격과 법칙을 연구하는 언어학.

일반 여권 (一般旅券)[一녀꿘] 【법】 개인적인 용무로 해외에 여행하는 사람에게 발급하는 여권.

일반 예:금 (一般預金)[一녜一] 【경】 시중 은행이 중앙은행에 언제나 예치해 둔 돈.

일반 은행 (一般銀行) 가계 및 기업의 예금을 주된 자금원으로 해서 금융 사업을 하는 은행(시중 은행·지방 은행·외국 은행의 국내 지점). 보통 은행. ↔특수 은행.

일반 의:미론 (一般意味論) 말이나 기호의 사용을 현실에 입각해서 사용하도록 훈련함으로써, 인간의 환경에 대한 반응의 습관을 개선하려는 학설.

일반-인 (一般人) 【명】 1 특별한 신분이나 지위에 있지 않은 보통 사람. ❏~ 자격. 2 어느 일에 특별한 관계가 없는 사람. ❏~ 출입 금지. ↔특정인.

일반-적 (一般的) 【관】 1 일부에 한정되지 않고 전체에 걸친 (것). ❏~인 성격. ↔국부적(局部的). 2 전문에 속하지 않은 (것). ❏~ 견해. ↔전문적.

일반 조약 (一般條約) 여러 나라가 참가하는 조약. *특수 조약.

일반지덕 (一飯之德) 【명】 밥 한 끼를 베푸는 덕이라는 뜻으로, 작은 은덕을 이르는 말.

일반 지리학 (一般地理學) 【지】 세계 전체에 걸쳐 지표 위의 모든 현상을 살펴, 그 분포에 관한 일반 법칙이나 유형을 밝히는 지리학.

일반지보 (一飯之報) 【명】 한 끼의 밥을 얻어먹은 것에 대한 보답이라는 뜻으로, 작은 은혜에 대한 보답을 이르는 말.

일반직 공무원 (一般職公務員)[一꽁一] 경력직 공무원의 한 갈래. 기술·연구 또는 행정 일반에 대한 업무를 담당하는 공무원.

일반 참모 (一般參謀) 【군】 사단급 이상의 부대에서, 인사·정보·작전·군수 등의 분야에서 지휘관을 보좌하는 참모. ↔특별 참모.

일반 투표 (一般投票) 국민 투표.

일반-항 (一般項) 【수】 수열·급수 등에서, 임의의 n번째 항.

일반-화 (一般化)[하짜타] 일반적인 것으로 되게 함. ❏과소비 현상의 ~.

일반 회:계 (一般會計)[一게] 【법】 한 나라나 지방 자치 단체의 세출입을 종합해서 처리하는 회계. ↔특별 회계.

일발 (一發) 【명】 활·총포를 한 번 쏘는 일. 또는 총알이나 탄환 하나. 한 방. ❏~의 총성.

일발 (一髮) 아주 짧은 사이. 또는 아주 긴박한 상황. ❏위기 ~.

일발불백 (一髮不白) 늙은이의 머리털이 전혀 세지 않은 모양. 일모(一毛)·불백.

일방 (一方) 【명】 1 어느 한쪽. 또는 어느 한편. ❏당사자 ~ / 길이 ~으로 통하다. 2 한편. 일면. ❏일하는 ~, 공부에 열중하다.

일방 (一放) 【명】 단방(單放)1.

일방 (一棒) 【불】 선(禪)의 사승(師僧)이 죽비(竹篦)로 제자를 깨우치는 일.

일방-교통 (一方交通) 【명】 일방통행1.

일-방보 (一方步) 【명】 사방 한 걸음의 넓이.

일방-부시 (一放一) 【명】 한 번 쳐서 깃에 불이 붙는 부시. 또는 그런 광경.

일방-적 (一方的) 【관】 1 한쪽으로 치우치는 (것). ❏~(인) 승리 / ~인 희생. 2 상대방은 생각지 않고 자기 일만 생각하는 (것). ❏조약을 ~으로 파기하다.

일방-통행 (一方通行) 【명】 1 일정한 구간을 정해서 사람이나 차량 따위를 한 방향으로만 통행시키는 일. 일방교통. 2 한쪽의 의사만이 행세하거나 통하는 일의 비유. ❏의사 전달이 ~으로만 이루어진다.

일방 행위 (一方行爲) 【법】 단독 행위.

일배-주 (一杯酒) 【명】 한 잔의 술. ❏~를 나누다.

일백 (一白) 【명】 【민】'수성(水星)'을 일컫는 음양가(陰陽家)의 말. 구궁(九宮)에서의 북쪽 방위, 곧 감방(坎方)을 일컬음. 일백 수성(一白水星).

일백 (一百) 【수관】 백(百). ❏~ 원.

일:-벌 (一一) 【충】 수벌·암벌에 대해, 집을 지으며 애벌레를 기르고, 꿀을 치는 일을 맡아 하는 벌(생식 기능이 없음). 직봉(職蜂).

일벌-백계 (一罰百戒)[一꼐 / 一꼐] 【명】 한 사람이나 한 가지 죄를 엄하게 벌줌으로써 여러 사람을 경계함. ❏~로 다스리다.

일벌-일습 (一一一襲)[一버릴씁] 【명】 옷 한 벌을 거듭 강조하는 말.

일-법랍 (一法臘)[一념납] 【명】 【불】 승려가 득도(得度)한 뒤의 첫 해. ❏일 ~.

일벗다 (一一) 〈옛〉 도둑질하다. 훔치다.

일변 (一邊) 1 어느 한편. 한쪽 부분. 2 한편. ❏우습기도 하고 ~ 가엾기도 하다.

일변 (一變) 【명】【하다자타】 아주 달라짐. ❏안색이 ~하다 / 태도를 ~하다.

일변 (日邊) 하루하루 계산하는 변리(邊利). 날변.

일변-도 (一邊倒) 【명】 한쪽으로만 쏠림. ❏강경 ~로 치닫다 / 대미(對美)~의 외교.

일-변화 (日變化) 【지】 기온·습도·기압 따위의 하루 동안의 변화. ❏~가 심하다.

일별 (一別) 【명】【하다자】 한 번 헤어짐. ❏~ 이후 영영 만나지 못했다.

일별 (一瞥) 【명】【하다타】 한 번 흘낏 봄. ❏~도 던지지 않다 / ~을 보내다.

일별 (日別) 1 날마다. 2 날을 단위로 나눈 구별. ❏~ 생산량.

일병 (一兵) 【군】'일등병'의 준말.

일보 (一步) 【명】 1 한 걸음. ❏~ 전진. 2 어떤 일의 시작이나 첫걸음. ❏개혁의 ~를 내딛다. 3 어떤 일이 가까이 있음의 비유. ❏붕괴 ~ 직전.

일보 (日步) '일변(日邊)'의 구용어.

일보 (日報) 【명】 1 나날의 보도나 보고. ❏~를 띄우다. 2 일간 신문.

일보불양 (一步不讓) 【명】【하다자】 조금도 양보하지 않음.

일:-복 (一服)[一뽁] 【명】 일을 할 때 입는 옷. 작업복. 일옷.

일:-복 (一福)[一뽁] 【명】 일거리가 많음을 복으로 일컫는 말. ❏~이 터지다 / ~을 타고나다.

일본 뇌염 (日本腦炎) 【의】 바이러스의 감염으로 일어나는 유행성 뇌염(늦여름에 모기에 의해 퍼지는데 혼수상태·고열·두통 따위의 증상이 나타나며 사망률이 높음).

일본-도 (日本刀)똉 일본 고유의 방법으로 만든 칼. 단단하고 잘 들기로 알려져 있음. 왜검(倭劍). 왜도(倭刀).

일본식 성:명 강:요 (日本式姓名强要)똉〔역〕 1940년 일제가 한국인의 성명을 강제로 일본식으로 바꾸게 한 일.

일본-어 (日本語)똉〔언〕 일본 민족이 사용하는 언어. 알타이 어족의 하나(가나(かな)와 한자로 표기함). 일본말. ⊛일어(日語).

일봉 (一封)똉 사례금이나 상금으로 얼마의 돈을 넣은 봉투.

일봉 (日捧)똉허 날마다 거두어들임.

일부 (一夫)똉 한 사람의 평범한 남자.

일부 (一部)똉 한 부분. ▫ ~ 구간 / 전체의 ~에 불과하다.

일부 (日附)똉 서류 따위에 적는 그날그날의 일자(日字). 날짜.

일부 (日賦)똉 물건 값이나 빚 따위의 일정한 금액을 얼마씩 나누어 날마다 갚아 나가는 일. 또는 그 돈. *월부.

일부-금 (日賦金)똉 일부로 갚아 치르는 돈. *월부금.

일부-다처 (一夫多妻)똉 한 남편에게 동시에 여러 아내가 있는 혼인 형태.

일:부러倞 특히 일삼아. 굳이. ▫ ~ 찾아가다. 2 알면서 짐짓. ▫ ~ 모르는 체하다.

일부 변:경선 (日附變更線)〔지〕 날짜 변경선.

일부-분 (一部分)똉 한 부분. 또는 전체를 여럿으로 나눈 얼마. ▫ 건물의 ~에 금이 가다 / 재산의 ~을 내놓다.

일부-불 (日賦拂)똉 일부로 갚음.

일부-인 (日附印)똉 서류 등에 그날그날의 날짜를 찍는 도장.

일부-일 (日復日)倞 나날이. 날마다.

일부-일처 (一夫一妻)똉 한 남편에게 한 아내만 있는 혼인 형태.

일부-종사 (一夫從事)똉허 한 남편만을 섬김. ▫ 그 여자는 재혼해도 ~하지 못했다.

일부-종신 (一夫終身)똉허 한 남편만을 섬겨 그 남편이 죽어도 개가하지 않고 일생을 마침.

일부 주권국 (一部主權國)〔법〕 국제법상의 주권을 완전히 행사하지 못하고 그 일부가 제한되어 있는 나라. 반독립국. 반주권국. 불완전 주권국.

일부-토 (一杯土)똉 한 줌의 흙. 곧. 무덤.

일부 파:산 (一部破産)〔법〕 어떤 사람에 속한 재산의 일부만으로 구성되어 있는 특별한 재산에 대해서 행해지는 파산 절차.

일부 판결 (一部判決)〔법〕 하나의 소송 절차 속에 병합된 여러 소송 사건의 일부에 대해 행하는 마지막 판결. ↔전부 판결.

일분-일초 (一分一秒)똉 극히 짧은 시간. ▫ ~를 다투다.

일-분자 (一分子)똉 어떤 조직체나 동아리 속의 구성원.

일분자-층 (一分子層)똉〔화〕 단(單)분자층.

일불 (一不)똉 여럿 가운데서 하나가 잘못되거나 불합격임.

일불 (一佛)똉〔불〕 1 한 몸의 부처. 2 아미타여래.

일불 국토 (一佛國土)〔불〕 일불 세계.

일불 세:계 (一佛世界)〔불〕 1 일불이 공덕을 베풀어 나가는 세계(삼천 대천세계(三千大千世界)와 같음). 일불토(一佛土). 일불 국토.

일불-승 (一佛乘)〔쌍〕〔불〕 모든 중생이 부처와 함께 성불한다는 석가모니의 교법. 일승법(一乘法).

일불이 살육통 (一不一殺六通)〔-부리-륙-〕 1 한 가지 잘못으로 모든 것이 망쳐짐. 2〔역〕 강경과(講經科)의 강생(講生)이 칠서(七書) 중 육서에 합격해도, 일서(一書)에 합격하지 못하면 낙제하던 일.

일불 정토 (一佛淨土)〔불〕 1 한 부처의 극락세계. 2 아미타불의 정토.

일불현형 (一不現形)똉허 한 번도 나타나지 않음.

일비 (日費)똉 날마다의 비용.

일비일희 (一悲一喜)〔-히〕똉허 일희일비(一喜一悲).

일비지력 (一臂之力)똉 한 팔의 힘이라는 뜻으로, 남을 돕는 작은 힘.

일빈-일소 (一嚬一笑)〔-비닐쏘〕똉허 얼굴을 한 번 찡그림과 한 번 웃음(감정이나 표정을 이르는 말).

일사 (一死)〔-싸〕똉 1 한 번 죽음. 한 목숨을 버림. ▫ ~보국(報國). 2 야구에서, 원 아웃을 이르는 말.

일사 (一事)〔-싸〕똉 한 사건. 한 가지의 일.

일사 (一絲)〔-싸〕똉 한 오리의 실.

일사 (日射)〔-싸〕똉 1 햇빛이 강렬히 내리쬠. 2〔물〕 태양의 복사 에너지의 세기.

일사 (逸士)〔-싸〕똉 1 세상을 등지고 숨어 사는 선비. 2 뛰어난 선비.

일사 (逸史)〔-싸〕똉 정사(正史)에 빠진 사실을 기록한 역사.

일사 (逸事·軼事)〔-싸〕똉 세상에 드러나지 않은 사실.

일-사반기 (一四半期)〔-싸〕똉 '일사분기(一四分期)'의 구용어.

일사-병 (日射病)〔-싸뼝〕똉〔의〕 강한 태양의 직사광선을 오래 받아 일어나는 병(심한 두통에 현기증이 나고 숨이 차며, 인사불성이 되어 졸도함). 갈병(暍病).

일사부재리 (一事不再理)〔-싸-〕똉〔법〕 형사소송법에서, 한번 판결이 난 사건에 대해서는 다시 공소(公訴)를 제기할 수 없다는 원칙. ▫ ~의 원칙.

일사부재의 (一事不再議)〔-싸- / -싸-이〕똉〔법〕 의회에서 한번 부결된 안건은 같은 회기 중에는 다시 제출할 수 없다는 원칙.

일-사분기 (一四分期)〔-싸-〕똉 1년을 4등분한 첫째 기간(1·2·3월의 3개월).

일사불란 (一絲不亂)〔-싸-〕똉허형 질서가 정연해서 조금도 흐트러지지 않음. ▫ ~하게 움직이다.

일사-천리 (一瀉千里)〔-싸철-〕똉 강물이 빨라, 한 번 흘러 천 리에 다다른다는 뜻으로, 어떤 일이 거침없이 빨리 진행됨을 이르는 말. ▫ 안건이 ~로 처리되다.

일삭 (一朔)〔-싹〕똉 한 달.

일산 (日産)〔-싼〕똉 1 하루의 생산량. 2 일본에서 만든 물건.

일산 (日傘)〔-싼〕똉 1 햇볕을 가리기 위한 큰 양산. 2〔역〕 의장(儀仗)의 한 가지(자루가 긴 큰 양산으로, 왕·왕후·왕세자가 받았음). 3〔역〕 흰 바탕에 푸른 선을 두른 긴 양산(감사(監司)·수령(守令)이 부임할 때 받음).

일산 (日算)〔-싼〕똉 그날그날의 계산. 일계(日計).

일산 염기 (一酸鹽基)〔-싼념-〕똉〔화〕 1분자 안에 1개의 히드록시기가 들어 있는 염기(수산화나트륨·수산화칼륨 따위).

일산화-납 (一酸化-)[-싼-] 圓 『화』 납을 공기 속에서 고열로 태워 만든 노란 가루(납유리·유약(釉藥)·축전지 등을 만드는 데 씀).

일산화-질소 (一酸化窒素)[-싼-쏘] 圓 질소와 산소를 고온에서 직접 작용시키거나 암모니아를 가열해서 만드는 무색의 기체. 공기보다 약간 무거우며, 여러 금속과 니트로 화합물을 만드는 데 씀.

일산화-탄소 (一酸化炭素)[-싼-] 圓 『화』 탄소 또는 탄소 화합물이 불완전 연소 때 생기는 무색·무취(無臭)·무미(無味)의 맹독성 기체. 공기 중에서 점화(點火)하면 푸른 불꽃을 내며 이산화탄소가 됨. 메탄올·포르말린 따위의 제조 원료임. 산화탄소.

일산화탄소 중독 (一酸化炭素中毒)[-싼-] 일산화탄소를 일정량 이상 들이마셔 생기는 중독 현상(머리가 아프고 어지러우며, 속이 메스꺼워지고 인사불성이 되는데, 심하면 죽음. 죽지 않을 경우에도 기억 상실·경련·운동 실조 등 후유증이 따르는 일이 있음. 연탄가스·자동차의 배기가스 등이 원인임).

일:-삼다 [-따] 囹 1 해야 할 일로 여겨 행하다. 2 좋지 않은 일 따위를 계속해서 하다. ❏ 험담을 ~.

일상 (日常)[-쌍] 囹圓 매일 반복되는 생활. ❏ 바쁜 ~을 살다. 三卫 날마다. 늘. 항상. ❏ ~ 하는 일.

일상-사 (日常事)[-쌍-] 圓 날마다 일어나는 일. 늘 있는 일.

일상-생활 (日常生活)[-쌍-] 圓 날마다의 생활. 평소의 생활. ❏ 예후가 좋아 ~에 지장이 없다.

일상-성 (日常性)[-쌍썽] 圓 인간 본연의 자세.

일상-용어 (日常用語)[-쌍눙-] 圓 보통으로 늘 쓰는 말.

일상-적 (日常的)[-쌍-] 펜圓 날마다 늘 있는 (것). ❏ ~(인) 일이다.

일상-화 (日常化)[-쌍-] 圓圀타타 날마다 늘 있는 일이 됨. 또는 그렇게 되게 함.

일색 (一色)[-쌕] 圓 1 하나의 빛깔. ❏ 교복이 검정 ~이다. 2 뛰어난 미인. ❏ 천하~. 3 그 한 가지로만 이루어진 특색이나 정경. ❏ 거리가 온통 축제 분위기 ~이다.
[일색 소박은 있어도 박색 소박은 없다] ㉠ 아름다운 여자는 흔히 잘난 체하므로 남편에게 소박을 당해도, 못생긴 여자는 다소곳하므로 소박을 당하는 일이 적다는 말. ㉡사람됨은 얼굴과 상관없음을 비유한 말.

일생 (一生)[-쌩] 圓 살아 있는 동안. 평생. 한살이. ❏ ~을 잊을 수 없는 일 / 인재 양성에 ~을 바치다.

일생-일대 (一生一大)[-쌩-때] 圓 (주로 '일생일대의'의 꼴로 쓰여) 일생을 통해서 가장 중요함을 이르는 말. ❏ ~의 실수.

일생-일대 (一生一代)[-쌩-때] 圓 태어나서 죽을 때까지의 동안. 한평생. 일생일세. 일세일대. ❏ ~의 소원.

일생-일사 (一生一死)[-쌩-싸] 圓 한 번 태어나고 한 번 죽는 일. 일사일생.

일생-토록 (一生-)[-쌩-] 卫 평생토록.

일서 (逸書)[-써] 圓 흩어지거나 알려지지 않아 세상에 나오지 않은 책.

일석 (一夕)[-썩] 圓 1 하루 저녁. ❏ 일조(一朝) ~. 2 어느 저녁.

일석 (日夕)[-썩] 圓 저녁.

일석이조 (一石二鳥)[-써기-] 圓 돌 한 개를 던져 새 두 마리를 잡는다는 뜻으로, 동시에 두 가지 이득을 봄을 이르는 말. 일거양득.

❏ ~의 효과.

일석-점호 (日夕點呼)[-썩쩜-] 圓 『군』 저녁 때, 잠자리에 들기 전에 실시하는 점호. *일조점호.

일선 (一線)[-썬] 圓 1 하나의 선. 2 중요한 뜻이 되는 뚜렷한 구분. ❏ ~을 긋다. 3 '제일선'의 준말. ❏ ~ 기자 / ~ 장병 / ~ 행정 / 경영 ~에서 물러나다.

일설 (一說)[-썰] 圓 어떤 하나의 주장이나 학설. ❏ ~에 따르면.

일성 (一聲)[-썽] 圓 하나의 소리. 또는 한 마디의 말. ❏ ~을 발하다.

일성 (日省)[-썽] 圓囹타 1 매일 자기의 행실을 반성함. 2 매일 자기의 행실을 살핌.

일성-일쇠 (一盛-衰)[-썽-쐬] 圓囹타 한 번 성하고 한 번 쇠함. 성하는 때도 있고 쇠하는 때도 있음. 일영일락(-榮-落). ❏ ~를 거듭하다.

일성-호가 (一聲胡笳)[-썽-] 圓 한 곡조의 피리 소리. ❏어디서 ~는 남의 애를 끊나니.

일세 (一世)[-쎄] 圓 1 한 사람의 일생. ❏ ~를 마치다. 2 한 시대나 한 세대. 당대. ❏ ~의 영웅 / ~는 말하다.

일세-일대 (一世一代)[-쎄-때] 圓 일생일대.

일세지웅 (一世之雄)[-쎄-] 圓 그 시대에 대적할 만한 사람이 없을 정도로 뛰어난 사람.

일:-소 (-牛)[-쏘] 圓 주로 일을 시킬 목적으로 기르는 소. ↔젖소.

일소 (一笑)[-쏘] 圓圀타 1 한 번 웃음. ❏ ~를 터뜨리다. 2 업신여기거나 깔보아 웃음.
[일소에 부치다] 卫 대수롭지 않게 여겨 무시해 버리다. ⇨충고를 ~.

일소 (一掃)[-쏘] 圓圀타 모조리 쓸어버림. ❏ 부정부패 ~ / 폐풍 ~.

일소 (馹召)[-쏘] 圓圀타 『역』 역마를 보내어 지방 관원을 불러올리던 일.

일-속 [-쏙] 圓 일의 내용이나 실속. ❏ ~을 차리다.

일-손 [-쏜] 圓 1 일하는 손. 손을 놀려 하는 일. ❏ ~을 멈추다 / ~이 바빠지다. 2 일하는 솜씨. ❏ ~이 재빠르다. 3 일하는 사람. ❏ ~이 부족하다 / ~을 구하다.
[일손(을) 놓다] 卫 ㉠하던 일을 그만두다. ㉡ 일하던 손을 잠시 멈추다.
[일손(을) 떼다] 卫 ㉠하던 일을 그만두다. ㉡ 하던 일을 끝내다.
[일손이 잡히다] 卫 일할 마음이 생기다.

일:-솜씨 [-쏨-] 圓 일하는 솜씨. 또는 일을 해 놓은 솜씨. ❏나무랄 데 없는 ~ / ~가 거칠다.

일수 (一手)[-쑤] 圓 1 상수(上手). 2 같은 수. 동일한 수법. 3 바둑·장기에서, 한 수. 한 번 둔 수. ❏ ~를 놓다.

일수 (日收)[-쑤] 圓 1 본전에 이자를 합쳐서 일정한 액수를 날마다 거둬들이는 일. 또는 그런 빚. 2 '일수입'의 준말. ❏ ~ 만 원.

일수 (日數)[-쑤] 圓 1 날의 수. 날수. ❏ ~ 수업. 2 그날의 운수. 날셈수. ❏ ~가 사납다.

일수-놀이 (日收-)[-쑤노리] 圓 일수로 빌려 주는 일.

일수백확 (一樹百穫)[-쑤배콱] 圓 나무 한 그루를 기르면 백 가지 이익을 본다는 뜻으로, 유능한 인재를 하나 길러 많은 효과를 얻음을 이르는 말.

일수불퇴 (一手不退)[-쑤-] 圓囹자 바둑·장기에서, 한번 둔 수는 무르지 않음.

일-수입 (日收入)[-쑤-] 圓 하루의 수입. 준일

수. *월(月)수입.

일수-쟁이 (日收-)[-쑤-] 일수놀이를 하는 사람을 낮잡아 이르는 말.

일수-판매 (一手販賣)[-쑤-] 圏 물건을 도거리로 혼자 맡아서 파는 일. 도고(都賣).

일숙 (一宿)[-쑥] 圏団 하룻밤을 묵음.

일숙-일반 (一宿一飯)[-쑤길-] 圏 하룻밤을 머무르면서 한 끼를 얻어먹음. 곧, 조그마한 은덕을 입음의 비유. □~의 은혜.

일-숙직 (日宿直)[-쑥찍] 圏 일직과 숙직.

일순 (一巡)[-쑨] 圏団 한 바퀴 돌거나 돎. □타자(打者) ~하는 맹공격 / 술잔을 ~하다.

일순 (一瞬)[-쑨] 圏 아주 짧은 동안. 삽시간. □~의 착각.

일순-간 (一瞬間)[-쑨-] 圏 눈 깜짝할 사이. 아주 짧은 동안. 삽시간. □~의 실수로 사고를 내다 / ~에 일어난 일이다.

일순 식물 (一巡植物)[-쑨싱-] 『植』 오직 한 번 꽃이 피어 열매 맺고 죽는 식물(한해살이식물 따위). 일일(一稔) 식물.

일순-천리 (一瞬千里)[-쑨철-] 圏団 천 리나 되는 넓은 경치를 한눈에 내다봄.

일숫-돈 (日收-)[-쑤똔 ~쑨똔] 圏 본전과 이자를 합친 금액을 며칠에 나누어 일정한 액수를 날마다 갚아 나가는 빚돈. □~을 받다 / ~을 쓰다.

일습 (一襲)[-씁] 圏 옷·그릇·기구 따위의 한 벌. □~을 챙기다 / 새 옷 ~을 갈아입다.

일승-법 (一乘法)[-씅뻡] 圏 『佛』 모든 중생이 부처와 함께 성불한다는 석가모니의 교법. 일불승.

일승일패 (一勝一敗)[-씅-] 圏 한 번 이기고 한 번 지는 일. □~의 전적.

일시 (一時)[-씨] 圏圄 **1** 같은 때. □주문이 ~에 폭주하다. **2** 한때. 한동안. □~ 중단 / ~ 귀국.

일시 (日時)[-씨] 圏 날과 때. 날짜와 시간. □장소와 ~를 알리다.

일시-금 (一時金)[-씨-] 圏 한꺼번에 지급하거나 받는 돈. □~을 타다.

일시동인 (一視同仁)[-씨-] 圏団 누구나 평등하게 똑같이 사랑함.

일시 변:이 (一時變異)[-씨벼니] 환경 변화로 생기는 생물체의 일시적인 변이.

일시-불 (一時拂)[-씨-] 圏 『經』 금액을 한꺼번에 치르거나 갚는 일. ↔분할불(分割拂).

일시-생사 (一時生死)[-씨-] 圏 같이 살다가 함께 죽는 일.

일시-성 (一時星)[-씨-] 圏 『天』 신성(新星)1.

일시 센:물 (一時-)[-씨-] 끓이면 곧 단물이되는 센물.

일시 자:석 (一時磁石)[-씨-] 자기장(磁氣場) 안에 있을 때만 자기(磁氣)를 띠는 자석. ↔영구 자석.

일시-적 (一時的)[-씨-] 관圏 한때나 한동안만의 (것). 오래가지 못하는 (것). □~(인) 충동 / ~ 현상. ↔영구적.

일시 차:입금 (一時借入金)[-씨-끔] 『經』 국가나 지방 자치 단체가 회계 연도 안에 일시적으로 부족한 현금을 채우기 위하여 차입하는 돈.

일식 (一式)[-씩] 圏 그릇·가구(家具) 등의 한 벌. 또는 그 전부.

일식 (日食)[-씩] 圏 일본식 음식. 화식(和食). □~ 전문점.

일식 (日蝕·日食)[-씩] 圏団 지구와 태양과의

사이에 달이 들어가서 태양의 전부 또는 일부를 가리는 현상. □개기(皆旣) ~ / 부분 ~. *월식(月蝕).

일식경 (一息耕)[-씩껑] 圏 한 식경(息耕)의 밭을 갈 만한 동안.

일식-집 (日食-)[-씩찝] 圏 일본식 음식을 파는 음식점.

일신 (一身)[-씬] 圏 **1** 자기 한 몸. □~의 안위(安危)를 돌보다. **2** 온몸. 전신.

일신 (一新)[-씬] 圏団刄 아주 새로워지거나 새롭게 함. □면모를 ~하다 / 기분이 ~되다 / 분위기가 ~되다.

일신 (日新)[-씬] 圏団刄 날로 새로워지거나 새롭게 함. □덕업(德業)을 ~하다.

일신-교 (一神敎)[-씬-] 『宗』 오직 하나의 신만을 인정하고 신앙하는 종교(기독교·이슬람교·유대교 따위). 유일신교. ↔다신교.

일신-상 (一身上)[-씬-] 圏 한 개인의 형편. □~의 문제 / ~의 사정으로 사퇴하다.

일신-양역 (一身兩役)[-씬냥-] 圏 한 사람이두 가지 일을 동시에 맡음.

일실 (一室)[-씰] 圏 **1** 한 방. **2** 한집안에 사는 가족.

일실 (逸失)[-씰] 圏団刄 잃어버림. 놓침. □기회를 ~하다.

일심 (一心)[-씸] 圏 **1** 한마음. □~으로 단결하다. **2** 한쪽에만 마음을 씀. □~으로 기도하다. **3** 여러 사람이 한마음으로 일치함. □~해서 난국을 극복하다.

일심 (一審)[-씸] 圏 『法』 '제일심'의 준말.

일심-동체 (一心同體)[-씸-] 圏 한마음 한 몸. 곧, 서로 굳게 결합함. □노사가 ~되다.

일심-만능 (一心萬能)[-씸-] 圏 무슨 일이든지한마음으로 하면 이룰 수 있음.

일심-불란 (一心不亂)[-씸-] 圏団刄 **1** 한 가지에만 마음을 쓰고 흩뜨리지 않음. **2** 『佛』 한삼매(三昧).

일심-전력 (一心專力)[-씸쩔-] 圏団刄 한마음으로 온 힘을 다함.

일심-하다 (一甚-)[-씸-] 圀어 날로 심하다.

일심-협력 (一心協力)[-씸혐녁] 圏団刄 한마음한뜻으로 서로 힘을 합함.

일쑤 	団 흔히 또는 으레 그러는 일. □시험 때라 밤을 새우기 ~다 / 칭찬은커녕 비난의 대상이 되기 ~다. 	国国 흔히. 곧잘. □~ 지각을 하는 녀석.

일악 (一惡) 圏 몹시 악한 사람.

일안 (日案) 圏 하루마다의 계획.

일안 리플렉스 카메라 (一眼reflex camera) 한 개의 렌즈가 초점 조정과 촬영을 겸한 리플렉스 카메라. *이안 리플렉스 카메라.

일-안하다 (一安-) 圀어 한결같이 편안하다.

일야 (一夜) 圏 하룻밤.

일야 (日夜) 圏 낮과 밤. 밤낮.

일약 (一躍) 圏国 단번에 높이 뛰어남. 国国 지위·등급·가격 등이 단번에 높이 뛰어오르는 모양. □~ 스타가 되다.

일양 (一樣) 圏団 한결같은 모양. 또는 같은 모양. 国国 한결같이 그대로. 또는 꼭 그대로.

일-양일 (一兩日)[-량-] 圏 **1** 하루나 이틀. **2** 오늘이나 내일.

일어 (日語) 圏 '일본어'의 준말. □~를 배우다 / ~에 능통하다.

일어-나다 (刄 누웠다가 앉거나, 앉았다가 서다. □자리에서 ~. **2** 일·사건·현상 따위가 생기다. □사고가 ~ / 동요가 ~ / 심경에 변화가 ~. **3** 불이 붙기 시작하다. □산불이 ~. **4** 한창 성해지다. □집안이 ~. **5** 잠에서

깨어나다. ⬜아침 5시에 ~. **6** 몸과 마음을 모아 나서다. ⬜부패 추방 운동에 ~. **7** 위로 솟거나 부풀다. ⬜먼지가 ~ / 보풀이 ~ / 거품이 ~. **8** 병을 앓다가 낫다.

일어-서다[자] **1** 앉았다가 서다. ⬜일어서서 밖으로 나가다. **2** 기운이 생겨 번창해지다. ⬜사업이 ~. **3** 어려움 따위를 이겨 내다. ⬜좌절을 딛고 ~. **4** 어떤 일에 나서다. ⬜민주화 운동에 학생들이 ~.

일어성[부]〈옛〉이럭저럭.

일어-앉다[이러안따][자] 누웠다가 일어나 앉다. ⬜벌떡 자리에 일어앉았다.

일어 탁수 (一魚濁水)[이러-쑤][명] 한 마리의 고기가 물을 흐린다는 뜻으로, 한 사람의 잘못으로 여러 사람이 해를 입게 됨의 비유.

일언 (一言)[하타][명] **1** 한 마디 말. 또는 한 번 한 말. ⬜~의 대구도 없다. **2** 간단히 말함. 또는 그런 말.

일언-가파 (一言可破)[명] 한 마디만 말해도 능히 판단할 수 있음.   「는 사람.

일언-거사 (一言居士)[명] 말참견을 썩 좋아하

일언-반구 (一言半句)[명] 한 마디의 말과 한 구절의 반《아주 짧은 말》. 일언반사. ⬜~도

일언-반사 (一言半辭)[명] 일언반구.   없다.

일언이폐지 (一言以蔽之)[이러니-/이러니폐-][명][하자] 한 마디로 그 전체의 뜻을 다 말함.

일언-일행 (一言一行)[명] 하나하나의 말과 행동. 사소한 말과 행동.

일언지하 (一言之下) 한 마디로 잘라 말함. ⬜~에 거절하다.

일:-없다[이럽따][형] **1** 소용이나 필요가 없다. ⬜그런 건 ~. **2** 괜찮다. ⬜염려하지 않아도 ~. **일:-없이**[부]. ⬜~ 거리를 쏘다니다.

일-여덟[-녀덜][수관] '일고여덟'의 준말. ⬜~ 살 / ~ 개.

일역 (日域)[명] **1** 햇빛이 비치는 범위 전체. 곧, 천하. **2** 해가 뜨는 곳.

일역 (日譯)[하타][명] 일본어로 번역함. 또는 그리 된 것.

일염기-산 (一塩基酸)[명]〔화〕한 분자 속에 수소 원자 한 개를 가지는, 곧 염기도(度)가 1인 산《염산·질산 따위》.

일엽-주 (一葉舟)[이렵쭈][명] '일엽편주(片舟)'의 준말. ⬜~를 저어 가다.

일엽-지추 (一葉知秋)[이렵찌-][명] 나뭇잎 하나가 떨어짐을 보고 가을이 옴을 안다는 뜻으로, 조그마한 일을 보고 장차 있을 일을 미리 짐작함.

일엽-편주 (一葉片舟)[명] 한 척의 작은 배. ⬜~를 강물에 띄우다. ⓐ일엽주.

일영 (日影)[명] **1** 햇빛이 비쳐서 생기는 그림자. ⬜~이 방 안을 비추다. **2** 예전에, 해의 그림자로 시간을 헤아리던 해시계의 하나. **3** 햇볕.

일영일락 (一榮一落)[명][하자] 일성일쇠.

일오 (日午)[명] 한낮. 정오.

일요 (日曜)[명] '일요일'의 준말. ⬜~ 축구회. [주의] 주로 관형적으로 쓰임.

일요-일 (日曜日)[명] 7요일의 첫날. 공일. ⓐ일(日)·일요.

일요 학교 (日曜學校)[이료-꾜] 기독교 등에서, 일요일에 신도를 모아 종교 교육을 행하는 학교.

일요-화가 (日曜畫家)[명] 평일에는 직장 또는 일상 업무에 종사하고 일요일에만 그림을 그리는 아마추어 화가.

일용 (日用)[명][하타] 날마다 씀. ⬜~ 잡화.

일용 (日傭)[명] 날품팔이1. ⬜~ 노동자.

일용-범백 (日用凡百)[명] 날마다 사용하는 여러 가지 물건.

일용-상행 (日用常行)[명] 날마다 하는 일상적인 행동.

일용-직 (日傭職)[명] 하루 단위로 일당을 받고 일하는 직종. ⬜공사 현장에서 ~으로 일하다.

일용-품 (日用品)[명] 날마다 쓰는 물건.

일우 (一隅)[명] 한쪽 구석. 또는 한 모퉁이.

일우다[타]〈옛〉이루다.

일우명지 (一牛鳴地)[명] 소의 울음소리가 들릴 만한 가까운 거리의 땅.

일운 (日暈)[명] 햇무리.

일-울다 (일울어, 일우니, 일우는)[자] 제철이나 제때보다 일찍 울다.

일원 (一元)[명] **1** 사물이나 현상의 근원이 오직 하나임. **2**〔수〕방정식에서, 미지수가 하나임. ⬜~의 이차 방정식. ↔다원(多元).

일원 (一員)[명] 단체를 구성하고 있는 사람 가운데 하나. ⬜대표단의 ~.

일원 (一圓)[명] 일정한 범위의 지역. 일대(一帶). ⬜경기도 ~.

일원-론 (一元論)[이뤈논][명]〔철〕**1** 하나의 원리로 전체를 설명하려는 태도나 사고방식. **2** 우주의 근본 원리는 오직 하나라는 이론. 단원론(單元論). *↔이원론·다원론.

일원 묘:사 (一元描寫)〔문〕작품 속의 사건·인물의 심리를 하나의 주인공을 통해 묘사하는 일.

일원-제 (一院制)[명] '일원 제도'의 준말.

일원 제:도 (一院制度)[명] 하나의 의원(議院)만 두는 의회 제도. 단원 제도. ↔양원 제도. ⓐ일원제.

일원-화 (一元化)[명][하자타] 하나로 됨. 하나로 만듦. ⬜체제의 ~ / ~을 이루다.

일월 (一月)[명] 한 해 열두 달 가운데 첫째 달. 정월(正月).

일월 (日月)[명] **1** 해와 달. ⬜~을 보다. **2** 날과 달의 뜻으로, 세월을 이르는 말.

일월-광 (日月光)[명] **1** 해와 달의 빛. **2**〔불〕가사(袈裟)의 등 뒤에 붙이는 수(繡).

일월-권 (日月圈)[이뤌꿘][명]〔민〕사월 초파일에 세우는 등대 꼭대기의 장식.

일월성신 (日月星辰)[명] 해와 달과 별.

일월식 (日月蝕)[이뤌씩][명] 일식과 월식.

일웃다[타]〈옛〉훔치다.

일위 (一位)[명] 한 분. 한 사람.

일으키다[타] **1** 일어나게 하다. ⬜넘어진 사람을 ~. **2** 어떤 사태나 일을 시작하거나 벌이다. ⬜사업을 ~ / 소송을 ~ / 말썽을 ~. **3** 세우다. 창설하다. ⬜학교를 ~. **4** 깨우다. ⬜잠자리에서 ~. **5** 생리적·심리적 현상을 생기게 하다. ⬜빈혈을 ~ / 발작을 ~. **6** 생겨나게 하다. ⬜먼지를 ~ / 오해를 ~ / 마음의 동요를 ~. **7** 흥성하게 만들다. ⬜가세(家勢)를 ~.

일음-증 (溢飲症)[이름쯩][명]〔한의〕땀이 나지 않고 소변을 보지 못해 몸이 붓는 병.

일읍 (一邑)[명] 온 고을.

일의놀다[자]〈옛〉재롱부리다. 응석부리다.

일의대-수 (一衣帶水)[이리-/이리이-][명] 한 줄기의 좁은 냇물이나 바닷물. ⬜~를 끼고 있는 한일 양국.

일의-적 (一義的)[이릐-/이리이-][관][명] 하나의 뜻으로 규정되는 (것). ⬜~인 의미.

일이 (一二)[명] 한두. ⬜~ 명 / ~ 개월.

일이관지(一以貫之)[명][하자] 한 이치로 모든 일을 꿰뚫음. 준일관.

일익(一翼)[명] 한쪽 부분. 한 소임(所任). 한 구실. ▫국방의 ~을 맡다.

일익(日益)[부] 날로 더욱. ▫~ 번창하다.

일인(一人)[명] 한 사람. 또는 어떤 사람. ▫~ 독재 체제.

일인(日人)[명] 일본 사람.

일인-당천(一人當千)[명] 일기(一騎)당천.

일인-이역(一人二役)[명] 혼자서 두 가지 구실을 맡음.

일인-일기(一人一技)[명] 한 사람이 하나의 기술을 익히는 일. ▫~ 교육.

일인-자(一人者)[명] '제일인자'의 준말. ▫~가 되다.

일-인칭(一人稱)[명]《언》제일 인칭.

일인칭 소:설(一人稱小說)《문》주인공의 표현이 '내가'·'나의'·'나를' 등과 같이, 일인칭 대명사로 쓰여진 소설.

일인칭 영화(一人稱映畵)《연》영화 속 주인공의 눈으로 바라본 세계를 나타낸 영화. 주인공의 시야가 미치는 범위에 카메라의 시야가 한정됨.

일인칭 희곡(一人稱戱曲)[이린-히-] 한 사람이 무대에서 독백의 형식으로 연기하도록 쓴 희곡.

일인 회:사(一人會社) 한 사람이 주식의 전부를 소유하고 있는 회사(몇 사람의 주주 또는 사원이 있더라도 한 사람이 대부분의 주식을 소유한 경우도 포함됨).

일일(一日)[명] **1** 하루. ▫~ 관광권. **2** 어떤 달의 첫째 날.

일일(日日)[명][부] 하루하루. ▫~ 연속극. [부] 날마다.

일일-생활권(一日生活圈)[이릴-꿘][명] 볼일을 당일로 끝내고 되돌아올 수 있는 거리 안에 있는 범위. ▫전국이 ~에 들다.

일일신(日日新)[이릴씬][명][하자] 날로 더욱 새로워짐.

일일여삼추(一日如三秋)[이릴려-][명] 하루가 삼 년 같다는 뜻으로, 몹시 애태우며 기다림을 이르는 말.

일-일이(一一-)[리리][부] 일마다 모두. ▫~ 트집을 잡다.

일일-이(———)[리리][부] **1** 하나씩 하나씩. 낱낱이. ▫~ 간섭하다 / ~ 가르쳐 주다. **2** 한 사람씩 한 사람씩. ▫~ 만나 보다.

일일-조(一日潮)[이릴조][명]《지》하루의 주기를 갖는 천체의 기조력(起潮力)에 따라 일어나는 밀물과 썰물. *반일조.

일일지장(一日之長)[이릴찌-][명] **1** 하루 먼저 세상에 났다는 뜻으로, 연령이 조금 위임을 이르는 말. **2** 조금 나음. 또는 그런 선배.

일일-학(一日瘧)[명]《의》날마다 일정한 시간에 앓는 학질.

일일-화(日日花)[명] 날마다 피는 꽃.

일임(一任)[명][하타] 모조리 맡김. ▫권한을 ~하다 / ~을 받다.

일입(日入)[명][하자] 일몰(日沒). ↔일출(日出).

일자(一字)[명][-짜-][명] **1** 한 글자라는 뜻으로, 아주 적은 지식을 이르는 말. ▫~도 아는 바 없다. **2** 짧은 글. ▫~ 소식. **3** '一' 자 모양. ▫~로 굳게 다문 입.

일자(日子·日字)[명][-짜-][명] 날짜.

일:-자리[-짜-][명] 직장. ▫~를 구하다 / ~가 생기다.

일자-매기(一字-)[-짜-][명][하타]《건》서까래 끝을 '一' 자와 같게 자르는 일. ↔방구매기.

일자-무식(一字無識)[-짜-][명][하형] **1** 글자를 한 자도 모를 정도로 무식함. 또는 그런 사람. 전(全)무식. **2** 어떤 분야에 대해 아는 바가 전혀 없음을 비유한 말. ▫나는 기계는 ~이다.

일자-반급(一資半級)[-짜-][명] 보잘것없는 작은 벼슬.

일자-양의(一字兩義)[-짜-/-짜-이][명] 한 글자에 두 가지 뜻이 담겨 있음.

일자-이후(一自以後)[-짜-][명] 그 뒤부터 지금까지. ▫~ 소식이 끊어지다.

일자-좀나비(一字-)[-짜-][명]《충》팔랑나빗과의 곤충. 몸길이 2cm가량, 몸빛은 다갈색, 날개는 흑갈색, 앞날개에 8개, 뒷날개에는 4개의 흰 반점이 '一' 자형으로 있음. 애벌레는 '가위좀'이라 하며, 벼의 큰 해충임.

일자-집(一字-)[-짜-][명]《건》건물 평면이 '一' 자 모양으로 된 집.

일자-총(一字銃)[-짜-][명] 한 방으로 바로 맞히는 좋은 총.

일자-포수(一字砲手)[-짜-][명] 한 방으로 맞히는 명포수. 일방(一放)포수.

일-잠[-짬][명] 저녁에 일찍 자는 잠.

일장(一場)[-짱][명] 어떤 일이 벌어진 한 판. 한바탕. ▫~ 연설 / ~ 훈계.

일-장검(一長劍)[-짱-][명] 한 자루의 길고 큰 칼. ▫~을 짚고 서다.

일장-기(日章旗)[-짱-][명] 일본의 국기.

일장월취(日將月就)[-짱-][명][하자] 일취월장.

일장일단(一長一短)[-짱-딴][명] 장점도 있고 단점도 있음.

일장일이(一張一弛)[-짱이리][명] 활시위를 죄었다 늦추었다 한다는 뜻으로, 사람이나 물건을 상황에 맞게 부리고 알맞게 쉬게 함.

일장-춘몽(一場春夢)[-짱-][명] 한바탕의 봄꿈이라는 뜻으로, 헛된 영화(榮華)나 덧없는 일을 비유한 말.

일장-풍파(一場風波)[-짱-][명] 한바탕의 심한 야단이나 싸움을 비유한 말. ▫~가 나다 / ~를 일으키다.

일재(逸才)[-째][명] 뛰어난 재주. 또는 그런 재주를 가진 사람.

일:-재간(-才幹)[-째-][명] 일을 해나가는 재주와 솜씨. ▫~이 뛰어나다.

일적(一滴)[-쩍][명] 한 방울이라는 뜻으로, 아주 적은 양의 액체를 비유한 말.

일전(一戰)[-쩐][명][하자] 한바탕의 싸움. ▫최후의 ~ / ~을 결하다 / ~을 불사하다.

일전(一轉)[-쩐][명][하자] **1** 한 바퀴 돎. **2** 마음이나 사태가 아주 달라짐. 또는 마음을 새로이 먹거나 다짐. ▫심기(心機)의 ~ / 전세가 ~되다.

일전(日前)[-쩐][명] 며칠 전. ▫~에 한 약속을 잊다.

일절(一切)[-쩔][부] 아주. 도무지. 전혀. 결코《사물을 부인하거나 행위를 금지할 때 씀》. ▫출입을 ~ 금하다 / ~ 말이 없구나. *일체(一切).

일점-혈육(一點血肉)[-쩜혀륙][명] 자기가 낳은 단 하나의 자녀. ▫슬하에 ~도 없다.

일점-홍(一點紅)[-쩜-][명] **1** 홍일점. **2** '석류꽃'의 별명.

일정(一定)[-쩡][명][하형][히부] **1** 고정되어 변동이 없음. ▫~한 수입 / ~한 규칙. **2** 어떤 기준에 따라 범위나 방향 따위가 정해져 있음. ▫~한 방향으로 원운동을 하다.

일정 (日政)[-쩡][명] 왜정(倭政). □ ~ 시대.

일정 (日程)[-쩡][명] **1** 그날에 할 일. 또는 그 분량이나 순서. □ 경기 ~. **2** 그날의 도정(道程). **3** 의회 따위에서, 그날 심의할 의사(議事)나 그 순서. □ 의사 ~.

일정-량 (一定量)[-쩡냥][명] 정해져 있는 분량. □ ~을 할당받다.

일정-액 (一定額)[-쩡-][명] 돈의 일정한 액수.

일정-표 (日程表)[-쩡-][명] 그날 해야 할 일을 적어 놓은 표. □ ~를 작성하다.

일제 (一齊)[-쩨][명] 여럿이 한꺼번에 함. □ ~ 단속 / ~ 점검.

일제 (日帝)[-쩨][명] '일본 제국' 또는 '일본 제국주의'를 줄여 이르는 말. □ ~ 식민 통치.

일제 (日製)[-쩨][명] 일본에서 만든 물품. 일본제의 물품.

일제 강:점기 (日帝强占期)[-쩨-] 1910년 일본에 국권을 강탈당한 이후 1945년 광복할 때까지의 시기.

일제 사격 (一齊射擊)[-쩨-] 여럿이 한꺼번에 총포를 쏨. □ ~을 퍼붓다.

일제-히 (一齊-)[-쩨-][부] 여럿이 한꺼번에. □ ~ 방학에 들어가다.

일조 (一助)[-쪼][명][하자] 얼마간의 도움이 됨. 또는 그런 도움. □ 환경 보호 운동에 ~하다.

일조 (一朝)[-쪼][명] **1** '일조일석(一朝一夕)'의 준말. **2** 만일의 경우. □ ~ 유사시(有事時). **3** 하루 아침. 어느 날 아침.

일조 (日照)[-쪼][명] 햇볕이 내리쬠.

일조-권 (日照權)[-쪼꿘][명] 〖법〗태양 광선을 확보하는 권리《자기 집에 햇빛이 충분히 쬐도록 집 곁에 고층 건물을 짓지 못하게 하는 권리를 이름》.

일조-량 (日照量)[-쪼-][명] 일정한 물체의 표면이나 지표면에 비치는 햇볕의 양. □ ~이 풍부하다.

일조-부등 (日潮不等)[-쪼-][명] 같은 날 두 번의 만조 또는 간조의 높이가 같지 않은 현상.

일조-시 (日照時)[-쪼-][명] 일조 시간.

일조 시간 (日照時間)[-쪼-] 햇볕이 구름이나 안개에 가려지지 않고 내리쬐는 시간. 일조시.

일조-율 (日照率)[-쪼-][명] 해가 떠 있는 시간에 대해서 햇볕이 실제로 내리쬔 시간의 비율.

일조-일석 (一朝一夕)[-쪼-썩][명] (주로 '일조일석에'의 꼴로 쓰여) 하루 아침과 하루 저녁처럼 짧은 시일. □ ~에 될 일이 아니다. 준일조.

일조-점호 (日朝點呼)[-쪼-][명] 〖군〗기상해서 일과를 시작하기 전에 취하는 점호. *일석(日夕)점호.

일족 (一族)[-쪽][명] 같은 조상의 친척. 같은 겨레붙이.

일족(을) 물리다 〔역〕일가붙이에 족징(族徵)을 내게 하다.

일종 (一種)[-쫑][명] 한 종류. 한 가지. □ 양주의 ~.

일좌 (一座)[-쫘][명] 한 좌석. 같은 자리.

일죄 (一罪)[-쬐][명] **1** 한 가지의 죄. 같은 죄. **2** 일률(一律)3.

일주 (一走)[-쭈][명] 〔역〕군사를 뽑던 시험에서 달음질의 첫째 등급.

일주 (一周)[-쭈][명][하타] 한 바퀴를 돎. □ 세계 ~ 여행.

일주 (逸走)[-쭈][명][하자] 도망쳐 달아남.

일주-권 (日周圈)[-쭈꿘][명] 〖천〗천구의 극(極)을 중심으로 하고, 천체의 극거리(極距離)를 반지름으로 하는 천구 위의 작은 원.

일주-기 (一週忌)[-쭈-][명] 소상(小祥). □ ~를

일주-년 (一週年)[-쭈-][명] 한 돌. 또는 꼭 한 해가 되는 날. □ 결혼 ~ / ~을 기념하다.

일주-문 (一柱門)[-쭈-][명] 〖불〗기둥을 한 줄로 세워 만든 절의 문.

일주 운:동 (日周運動)[-쭈-] 〖천〗지구의 자전 운동으로 말미암아 모든 천체가 천구와 함께 지구의 자전 방향과 반대 방향으로 도는 것처럼 보이는 현상. 매일 운동.

일-주일 (一週日)[-쭈-][명] 칠 일. 한 주일. □ ~이 걸리다 / ~ 지나도 소식이 없다.

일중 (日中)[-쭝][명] **1** 정오 때. **2** '일중식(食)'의 준말.

일중-식 (日中食)[-쭝-][명][하자] 가난해서 아침·저녁은 거르고 낮에 한 끼만 먹음. 준일중.

일증-월가 (日增月加)[-쭝-][명][하자] 나날이 다달이 자꾸 늘어 감.

일지 (日誌)[-찌][명] 그날그날의 일을 적은 기록. 또는 그 책. □ 업무 ~ / ~를 쓰다.

일지 (逸志)[-찌][명] 고결한 뜻이나 지조.

일지-반해 (一知半解)[-찌-][명][하타] 하나쯤 알고 반쯤 깨닫는다는 뜻으로, 아는 것이 적음을 이르는 말.

일지-필 (一枝筆)[-찌-][명] 한 자루의 붓.

일직 (日直)[-찍][명] **1** 그날그날의 당직(當直). □ ~을 맡다. **2** 낮이나 일요일의 당직. 또는 그 사람. □ ~ 근무. ↔숙직(宿直).

일직 사령 (日直司令)[-찍싸-] 〖군〗지난날, 부대장의 명을 받아, 일직 근무를 총괄하고 지휘하던 장교.

일-직선 (一直線)[-찍썬][명] 한 방향으로 쭉 곧은 줄. 또는 그런 형태. □ ~으로 뻗은 대로 / ~을 이루다.

일진 (一陣)[-찐][명] **1** 군사들의 한 무리. □ ~의 군사들. **2** 첫째의 진이나 집단. □ 대표 ~. **3** '바람이나 구름 따위가 한바탕 일어남'의 뜻. □ ~의 눈보라.

일진 (日辰)[-찐][명] **1** 날의 육십갑자. **2** 그날의 운세. □ ~이 사납다 / ~이 좋다.

일진 (日進)[-찐][명] 나날이 나아짐.

일진-광풍 (一陣狂風)[-찐-][명] 한바탕 몰아치는 사나운 바람. □ ~이 몰아치다.

일진-월보 (日進月步)[-찐-][명][하자] 날로 달로 끊임없이 진보·발전함. □ 사업이 ~하다.

일진일퇴 (一進一退)[-찌늴][명][하자] 한 번 나아갔다 한 번 물러섰다 함. □ ~의 공방전 / ~를 거듭하다.

일진-청풍 (一陣淸風)[-찐-][명] 한바탕 부는 맑고 시원한 바람.

일진-흑운 (一陣黑雲)[-찐흐군][명] 한바탕 이는 먹구름.

일질 (逸帙)[-찔][명] 여러 권으로 한 질을 이루는 책 가운데 한 부분이 없어짐. 또는 그 책. 낙질.

일쩝다 [-따][일쩌워, 일쩌우니][형][타] 일거리가 되어 귀찮거나 난처하게 되어 불편하다.

일쭉-거리다 [-꺼-][자타] 허리를 좌우로 가볍게 자꾸 흔들다. ⑦ 얄쭉거리다. **일쭉-일쭉** [-쭈닐-/-쭈길-][부]일쭉자타

일쭉-대다 [-때-][자타] 일쭉거리다.

일쭉-얄쭉 [-쭝날-/-쭈걀-][부][하자타] 고르지 않고 자꾸 이쪽저쪽 일긋거리고 얄긋거리는 모양.

일찌감치 [부] 조금 이르다고 할 정도로 얼른. 일찌거니. □ 승부를 ~ 결정짓다.

일찌거니 [부] 일찌감치.

일찌기 [부] ☞ 일찍이.

일찍 튀 일찍이1. ⬛~ 귀가하다.

일찍-이 튀 1 이르게. 늦지 않게. 일찍. ⬛~ 출발하다. 2 이전에 한 번. 이전에. ⬛~ 없었던 일.

일차(一次)명 1 한 차례. 한 번. 2 첫 번. ⬛~ 방어전. 3《수》대수식에서, 제곱 또는 그 이상의 항을 포함하지 않는 것.

일차 방정식(一次方程式)《수》미지수의 최고 차수인 항이 일차인 방정식.

일차 산:업(一次産業) '제일차 산업'의 준말.

일차 산:품(一次産品) 가공하지 않고 원료의 형태로 거래되는 산품(농산물·수산물 따위).

일차 에너지(一次energy) 원유·석탄·천연가스 등는 수력·원자력 따위처럼 변화·가공하기 이전의 물질을 근원으로 한 에너지.

일차-적(一次的)관명 첫 번째가 되는 (것). 우선적인 (것). ⬛~인 관심사 / 사고의 ~인 책임 / ~으로 할 일.

일차 전:류(一次電流)[-류]《물》일차 코일에 흐르는 전류.

일차 전:지(一次電池)《물》한 번 방전하면 다시 충전해서 사용할 수 없는 형태 그대로의 전진지.

일차 제:품(一次製品) 자연 원료를 가공한 최초의 제품《면사(綿絲)·선철 따위》.

일차 조직(一次組織)《식》줄기 또는 뿌리의 생장점의 분열 조직에서 만들어진 조직.

일차 코일(一次coil)《물》유도 코일이나 변압기에서 전원에 연결하는 코일. 제일 코일.

일착(一着)명하자 1 첫째로 도착함. ⬛~으로 골인하다. 2 맨 처음 시작함.

일처-다부(一妻多夫)명 한 여자에게 동시에 둘 이상의 남편이 있는 혼인 형태.

일척(一擲)명하타 한 번에 내던지거나 버림.

일천(一天)명《역》과거 때나 여럿이 한시(漢詩) 따위를 지을 때, 첫째로 글을 지어 바치던 일. 또는 그글.

일천(一喘)명 한 번 숨을 쉰다는 뜻으로, 매우 짧은 시간을 이르는 말.

일천-하다(日淺-)혱여 시작한 지 날짜가 얼마 되지 않다. ⬛~된 역사 / 경험이 ~.

일철(一轍)명 같은 수레바퀴 자국이란 뜻으로, 먼저 있었던 경우를 똑같이 되풀이함을 이르는 말.

일체(一切)⬛명 모든 것. 온갖 사물. ⬛소품 ~를 조사하다. ⬛튀 통틀어서. 모두. ⬛ 모든 권한을 ~ 네게 맡긴다. *일절.

일체(一體)명 한 몸. 한 덩어리. ⬛상하가 ~가 되다.

일체-감(一體感)명 남과 어우러져 하나로 되는 감정. ⬛~을 불어넣다 / ~을 느끼다.

일체-경(一切經)명《불》대장경(大藏經).

일체-성(一體性)[-썽]명 일체를 이루고 있는 성질.

일체-중생(一切衆生)명《불》이 세상에 살아 있는 모든 생물(특히, 사람에 대해 씀). 일체유정(有情). 준일체중생(衆).

일촉즉발(一觸卽發)[-쪽빨]명 조금만 건드려도 폭발할 것 같은 몹시 위급한 상태. ⬛~의 위기.

일촌(一村)명 온 마을.

일촌-간장(一寸肝腸)명 한 토막의 간과 창자라는 뜻으로, 애달프거나 애가 타는 마음을 이르는 말. ⬛~을 에다.

일촌-광음(一寸光陰)명 매우 짧은 시간. 촌음(寸陰). ⬛~도 아끼다.

일총(一聰)명하형 썩 총명함. 또는 그런 사람.

일총(一寵)명 독차지해 받는 사랑.

일축(一蹴)명하타 1 제안이나 부탁 따위를 단번에 거절하거나 물리침. ⬛~을 당하다 / 우리는 그의 제의를 ~했다. 2 소문·의혹이나 주장 따위를 단호히 부인하거나 더 이상 거론하지 않음. 3 운동 경기 따위에서, 상대를 쉽게 물리침.

일출(日出)명하자 해가 뜸. 해돋이. ⬛동해의 ~을 구경하다. ↔일몰(日沒)·일입(日入).

일출[1](逸出)명하자 피해 빠져나옴.

일출[2](逸出)명하형 뛰어남.

일출(溢出)명하자 물 등이 넘쳐흐름.

일취(日就)명하자 일취월장.

일취-월장(日就月將)[-짱]명하자 날로 달로 진보함. 일취. 일장월취. 장취. ⬛국력이 ~으로 뻗어 나가다.

일취지몽(一炊之夢)명 한단몽(邯鄲夢).

일층(一層)튀 한결 더. 한층. ⬛경비를 ~ 더 강화하다.

일치(一致)명하자 서로 어긋나지 않고 꼭 맞음. ⬛언행의 ~ / 의견이 ~하다.

일치-단결(一致團結)명하자 여럿이 마음을 합쳐 한 덩어리로 굳게 뭉침. ⬛~하여 고난을 극복하다.

일치-법(一致法)[-뻡]명《논》밀(J.S. Mill)이 이룬 귀납법의 하나. 두 개 이상의 사례(事例)에서 오직 하나의 사정만이 공통일 때, 이 공통된 사정을 현상의 원인 또는 결과라고 함. 유동법(類同法).

일치-점(一致點)[-쩜]명 둘 이상의 것이 서로 일치하는 점이나 계기. 합치점. ⬛~을 찾다.

일침(一針·一鍼)명 침 한 대라는 뜻으로, 따끔한 충고나 경고. ⬛~을 가하다.
일침(을) 놓다곤 따끔하게 경고나 충고를 하다. ⬛얌전히 굴라고 ~.

일컫다[-따]〔일컬어, 일컬으니, 일컫는〕타ㄷ 1 이름 지어 부르다. 칭하다. 2 무어라고 부르다. ⬛그를 일컬어 천재 기사(棋士)라고 했다. 3 우러러 칭찬하거나 기리다. ⬛효행을 길이 ~.

일큿다타〈옛〉일컫다.

일탄(一統)명 빗나간 탄환.

일탈(逸脫)명하자 어떤 영역 또는 본디의 목적이나 길, 사상·규범·조직 따위에서 빠져 벗어남. ⬛청소년들의 ~을 막다.

일:-터명 일을 하는 곳. 직장. 작업장. ⬛~를 마련하다.

일:-토시명 일할 때 팔에 끼는 토시.

일-토양세(一土壤稅)명 같은 논밭에 대해 이중으로 과세함.

일통(一統)명하타 하나로 합치거나 뭉침.
일통(을) 치다곤 한데 뭉치거나 합하다.

일퇴(日退)명하자 나날이 퇴보함. ⬛~를 거듭하다.

일파(一派)명 1 학문·종교·예술·무술 등에서의 한 갈래. ⬛독자적인 ~를 이루다. 2 주의·주장 또는 목적을 같이하는 한 동아리. ⬛두 ~가 대립하다. 3 강의 한 지류.

일파-만파(一波萬波)명 한 물결이 연쇄적으로 많은 물결을 일으킨다는 뜻으로, 한 사건이나 일이 확대되거나 번짐을 이르는 말.

일:-판명 일이 벌어진 판. ⬛~에 뛰어들다.

일패도지(一敗塗地)명 여지없이 패해서 다시 일어날 수 없게 됨. ⬛~를 당하다 / ~의 고배를 마시다.

일편(一片)명 한 조각. ⬛~고운(孤雲).

일편(一便)명 한편.

일편-고월(一片孤月)몡 창공에 외로이 떠 있는 조각달.

일편-단심(一片丹心)몡 한 조각 붉은 마음이라는 뜻으로, 진심에서 우러나오는 변치 않는 마음을 이르는 말. ▢임 향한 ~이야 가실 줄이 있으랴.

일-평생(一平生)몡 한평생. ▢~을 독신으로 지내다.

일-폭(一幅)몡 베나 그림의 한 폭 또는 한 장. ▢~의 그림.

일폭-십한(一曝十寒)[-씨판] 몡 십한일폭.

일품(一品)몡 1 품질이나 상태가 으뜸임. 또는 그 물품. ▢~으로 평가되다. 2 솜씨가 아주 좋음. 또는 그 솜씨. ▢맛이 ~이다. 3 《역》문무관 품계의 첫째《정(正)·종(從)의 구별이 있음》.

일품(逸品)몡 아주 뛰어난 물건. 절품(絶品).

일품-요리(一品料理)[-뇨-] 몡 1 한 가지마다 값을 매겨 놓고 손님의 주문에 따라 내는 요리. 아라카르트. 2 맛이 뛰어난 요리. 3 한 끼의 음식을 모두 한 그릇에 담은 간편한 요리《덮밥·비빔밥·카레라이스 따위》.

일필(一筆)몡 1 붓에 먹을 다시 먹이지 않고 단번에 씀. ▢~로 단숨에 쓰다. 2 같은 필적. 3 한 줄의 글. 4 한 통의 문서.

일필-난기(一筆難記)[-란-] 몡 내용이 복잡하거나 길어서 간단히 적기 어려움.

일필-휘지(一筆揮之)몡하자 글씨를 단숨에 써 내림.

일-하(一瑕)몡 한 가지의 흠이나 결점.

일:-하다〔자〕 일을 하다. ▢땀 흘려 ~ / 일한 보람이 있다.

일한(日限)몡 일정한 날의 기한. 또는 기한으로 정해진 날.

일합(一合)몡 칼·창 등으로 싸울 때, 칼과 칼 또는 창과 창이 서로 한 번 마주침.

일행(一行)몡 길을 함께 가는 사람들의 무리. ▢관광단 ~ / ~에서 이탈하다.

일행(日行)몡 하루에 걷는 걸음.

일향(一晌)몡 아주 짧은 시간.

일향(一餉)몡 한 차례의 음식을 먹을 만한 동안. 한 식경(食頃).

일향(一向)튀 언제나 한결같이. 꾸준히. ▢기체후(氣體候)~ 만강하옵시고.

일현-금(一絃琴)몡《악》길이 석 자 여섯 치 가량 되는 나무에 한 가닥의 줄을 친 현악기.

일혈(溢血)몡《의》신체 조직 사이에 일어나는 내출혈.

일호(一毫)몡 한 가닥의 털《아주 작다는 뜻》. 일호반점.

일호-반점(一毫半點)몡 '일호(一毫)'를 강조한 말. ▢~의 흠도 없다.

일호-백낙(一呼百諾)[-뱅-] 몡하자 한 사람이 소리 내어 외치면, 여러 사람이 그에 따름.

일호-차착(一毫差錯)몡하자 아주 작은 잘못이나 어긋남.

일화(日貨)몡 1 일본 화폐. 2 일본에서 수입한 상품.

일화(逸話)몡 세상에 알려지지 않은 흥미 있는 이야기. 일문(逸聞). 에피소드. ▢숨은 ~를 공개하다 / 한 토막을 소개하다.

일화-성(一化性)[-썽] 몡《충》1년 동안 한 번만 까는 성질《특히 한 세대만 까는 누에 품종의 성질을 말함》. *이화성·다(多)화성.

일확(一攫)몡 1 한 움큼. 2 손쉽게 한 번에 얻음.

일확-천금(一攫千金)몡하자 단번에 천금을 움켜쥔다는 뜻으로, 힘들이지 않고 단번에

많은 재물을 얻음을 이르는 말. ▢~을 노리다 / ~의 요행수를 꿈꾸다.

일환(一環)몡 1 줄지어 있는 많은 고리 가운데 하나. 2 밀접한 관계가 있는 것 가운데 일부분. ▢정책의 ~으로 환율을 조정하다.

일환-책(一環策)몡 전체와 관련된 한 부분으로서의 방책.

일회-기(一回忌)몡 소상(小祥).

일회-성(一回性)[-썽] 몡 단 한 번만 일어나는 성질. ▢~으로 끝나다.

일회-용(一回用)몡 한 번만 쓰고 버림. 또는 그런 것. ▢~ 컵 / ~ 반창고.

일회-용품(一回用品)몡 한 번만 쓰고 버리도록 되어 있는 물품.

일후(一吼)몡하자 한 번 크게 소리 내어 울부짖음.

일후(日後)몡 뒷날2.

일훈(日暈)몡 햇무리.

일훔〈옛〉이름.

일흔〔수〕관 열의 일곱 배. 칠십. ▢~ 개의 사과 / 나이 ~에 개우치다.

일희일비(一喜一悲)[-히-] 몡하자형 1 기쁜 일과 슬픈 일이 번갈아 일어남. 일비일희. 2 한편으로는 기쁘고 한편으로는 슬픔.

일히몡〈옛〉이리2.

읽기[일끼] 몡 국어 학습에서, 글을 바르게 읽고 이해하는 일. 또는 그 방법. *말하기·듣기·쓰기.

읽다[익따] 〔타〕 1 소리 내어 글을 보다. 2 눈으로 보아 뜻을 헤아려 알다. ▢책을 ~ / 악보를 ~. 3 바둑·장기에서, 수를 생각하거나 상대방의 수를 헤아려 알다. ▢수(手)를 ~. 4 상대방의 의중을 꿰뚫어 보다. ▢그녀의 감정을 ~.

읽을-거리[일끌꺼-] 몡 읽을 만한 책이나 잡지 따위. 또는 그 내용. ▢~가 다양하다.

읽히다[일키-] 〔태 ('읽다'의 사동〕 읽게 하다. ▢사설을 ~. □자 ('읽다'의 피동〕 읽힘을 당하다. ▢잘 읽히는 책.

잃다[일타] 〔태〕 1 가졌던 사물이 없어지다. ▢지갑을 ~. 2 도둑을 맞거나 노름·내기에 져서 빼앗기다. ▢노름으로 돈을 ~. 3 가까운 사람이 죽어 이별하다. ▢남편을 ~ / 자식을 ~. 4 가졌던 것이 없어지거나 사라지다. ▢목숨을 ~ / 의식을 ~ / 사고로 다리를 ~. 5 사람과의 관계가 끊어지거나 헤어지다. ▢벗을 ~. 6 때·기회나 분위를 놓치다. ▢공부할 기회를 ~. 7 길을 찾지 못하다. ▢길 잃은 양떼.

잃어-버리다[이러-] 〔태〕 1 가졌던 물건이 없어지다. ▢길에서 돈을 ~. 2 본디 모습이나 상태를 유지하지 못하다. ▢명성을 ~ / 매력을 ~. 3 길이나 방향을 찾지 못하다. ▢산에서 길을 ~. 4 같이 있거나 길을 가던 사람을 놓쳐 헤어지다. ▢아이를 ~. 5 의미나 의의가 아주 없어지다.

임[1] 몡 사모하는 사람. ▢~을 그리워하다.
[임도 보고 뽕도 딴다] 한꺼번에 두 가지 좋은 결과를 얻음.

임[2] 몡 머리 위에 인 물건. 또는 머리에 일 정도의 짐.

임(壬)몡《민》1 십간(十干)의 아홉째. 2 '임방(壬方)'의 준말. 3 '임시(壬時)'의 준말.

임-가공(賃加工)몡 일정한 값을 받고 물품을 가공하는 일.

임간(林間)몡 수풀 사이. 숲 속.

임간 학교(林間學校)[-꾜] 여름철에 학생들의 건강 증진이나 자연 학습 등을 꾀하기 위해 숲 속에서 베푸는 합숙 훈련. 또는 그를 위한 건물.

임검(臨檢)〖명〗〖하타〗 사건이 일어난 현장에 가서 조사함.

임계(臨界)[-/-계]〖명〗 **1** 경계(境界). **2**〖물〗어떤 물리 현상이 나뉘어 다르게 나타나는 경계.

임계-각(臨界角)[-/-계-]〖명〗〖물〗굴절률이 큰 물질에서 작은 물질로 빛이 입사(入射)할 때, 전반사(全反射)가 일어나는 한계의 입사각. 한계각.

임계-량(臨界量)[-/-계-]〖명〗임계 질량.

임계 상태(臨界狀態)[-/-계]〖명〗온도나 압력 따위의 변화 때문에 물질의 상태나 속성이 바뀔 때의 물질의 상태.

임계 압력(臨界壓力)[-/-계-/-계압녁]〖물〗임계 상태에 도달했을 때의 압력. 곧, 어떤 일정한 온도에서 기체를 액화시키는 데 필요한 최소 압력.

임계 온도(臨界溫度)[-/-계-]〖물〗임계 상태에 도달했을 때의 온도. 곧, 일정한 압력에서 기체를 액화시키는 데 필요한 최고 온도.

임계 질량(臨界質量)[-/-계-]〖물〗핵분열 물질이 연쇄 반응을 일으킬 수 있는 최소의 질량. 임계량.

임계 현:상(臨界現象)[-/-계-]〖물〗액체를 밀폐했을 때의 온도를 올릴 때, 액체와 증기가 식별되지 않는 상태, 곧 임계 상태에서 일어나는 현상.

임:관(任官)〖명〗〖하자〗 **1** 관직에 임명됨. 서관(敍官). **2**〖군〗사관후보생이나 사관생도가 장교로 임명됨.

임관(林冠)〖명〗수립 위층의 모양(수령(樹齡)에 따라 층하가 생기며, 수관(樹冠)에 따라 모양이 달라짐).

임관-석(臨官席)〖명〗극장 등에 단속 경찰관·소방관 등을 위해 마련한 특별석.

임괘(臨卦)〖명〗〖민〗육십사괘의 하나. 태괘(兌卦)와 곤괘(坤卦)가 거듭된 것. 준말임괘.

임:국(任國)〖명〗대사·공사·영사가 임명되어 부임하는 나라.

임:균(淋菌·痲菌)〖명〗〖의〗임질을 일으키는 병원균(요도(尿道) 등 점막에 부착하나 체외에서는 저항력이 없음).

임:균성 결막염(淋菌性結膜炎)[-썽-망념]〖명〗임균이 눈의 결막에 침입해서 생기는 병(결막의 분비가 심하며 실명하는 수가 있음). 농루안(膿漏眼).

임:금〖명〗군주 국가의 원수. 나라님. 왕. 〖예어진 ~.

임금(林檎)〖명〗능금.

임:금(賃金)〖명〗 **1** 근로자가 노동의 대가로 받는 보수. 삯돈. 노임(勞賃). 〖예~ 인상. **2**〖법〗임대차에서 차용물 사용의 대가.

임:금 가이드라인(賃金guideline)〖경〗임금과 물가의 악순환을 방지하기 위해 국가가 임금 상승률을 민간 노사(勞使)에게 제시하는 정책. 〖예~에 노사 모두가 반대한다.

임:금 격차(賃金格差)〖경〗남녀별·연령별·직종별·숙련 정도·산업별·지역별에 따른 개개 노동자의 임금 차이.

임:금 기금설(賃金基金說)〖경〗임금은 한 사회의 총자본에서 임금으로 지급될 기본 금액을 노동자 수로 나눈 몫으로 결정한다는

설. 노임 기금설.

임:금 노동(賃金勞動)〖경〗자기의 노동력을 자본가에게 제공하고 그 대가로 임금을 받는 노동 형태. 준임금노동.

임:금 정책(賃金政策)〖경〗근로자에게 지급할 임금 또는 임금률을 유지·보장하기 위한 정책.

임:금 지수(賃金指數)〖경〗근로자의 임금 수준을 시간적·장소적으로 비교하기 위한 지수.

임:금 철칙(賃金鐵則)〖경〗임금은 근로자의 생활비에 따라 결정되어야 한다는 설. 노임 철칙.

임:금 체계(賃金體系)[-/-계]〖경〗임금 결정의 기준이 되는 기본급·성과급·근무 수당·생활 수당 등 지급 항목의 구성.

임:금 학설(賃金學說)[-썰]〖경〗임금이 어떻게 결정되는가를 연구하는 이론.

임:금 형태(賃金形態)〖경〗임금을 지급하는 기본 형태(시간급·능률급의 두 가지).

임:기(臨機)〖명〗임무를 맡아보는 일정한 기한. 〖예~를 채우다 / ~가 차다.

임기(臨機)〖명〗〖하자〗사태의 변화나 어떤 것을 즉시 결정해야 할 시기에 임함.

임기-응변(臨機應變)〖명〗〖하자〗 그때그때 처한 형편에 맞추어 그 자리에서 결정하거나 처리함. 응변. 〖예~에 능하다 / ~으로 대처하다.

임:년(壬年)〖명〗〖민〗태세의 천간(天干)이 임(壬)으로 된 해(임인(壬寅)·임진(壬辰) 따위).

임:-노동(賃勞動)〖명〗〖경〗'임금 노동'의 준말.

임농(臨農)〖명〗〖하자〗농사지을 시기에 임함.

임농-탈경(臨農奪耕)〖명〗 **1** 농사지을 시기에 이르러 경작자를 바꾸는 일. **2** 남이 준비한 것을 빼앗는 일의 비유.

임:대(賃貸)〖명〗〖하타〗돈을 받고 자기 물건을 남에게 빌려 줌. 〖예~ 계약 / ~ 아파트. ↔임차.

임:대-료(賃貸料)〖명〗물건이나 건물 따위를 빌려 주고 받는 돈. 〖예사무실 ~ / ~를 인상하다. ↔임차료.

임:대-물(賃貸物)〖명〗임대차의 대상이 되는 물건을 빌려 주는 사람 쪽에서 일컫는 말. ↔임차물.

임:대-인(賃貸人)〖명〗임대차 계약에서, 물품을 빌려 준 사람. ↔임차인.

임:대-지(賃貸地)〖명〗임대차 계약에 따라 돈을 받고 빌려 주는 토지. ↔임차지.

임:-대차(賃貸借)〖명〗〖하타〗당사자의 한쪽이 상대방에게 물건을 사용하게 하고, 이에 대해 그 상대방은 임차료를 지급할 것을 내용으로 하는 계약.

임:독(淋毒·痲毒)〖명〗임질의 독.

임:란(壬亂)[-난]〖명〗〖역〗'임진왜란'의 준말.

임:리(淋漓)[-니]〖명〗〖하형〗 **1** 피나 땀, 물 따위가 뚝뚝 떨어지거나 흥건하게 흐르는 모양. **2** 힘이 넘치는 모양.

임립(林立)[-납]〖명〗〖하자〗숲의 나무처럼 빽빽하게 늘어섬. 〖예고층 빌딩이 ~해 있다.

임:만(任滿)〖명〗〖하자〗임기가 참. 과만(瓜滿).

임:면(任免)〖명〗〖하타〗임명과 해임.

임:면-권(任免權)[-꿘]〖명〗직무를 맡기고 그만두게 할 권한.

임:명(任命)〖명〗〖하타〗일정한 지위나 임무를 맡김. 〖예~을 받다.

임:명-권(任命權)[-꿘]〖명〗직원의 임명·휴직·면직, 기타 징계를 행할 수 있는 권한. 〖예~을 행사하다.

임:명-장(任命狀)[-짱]〖명〗임명한다는 내용을 적은 문서. 〖예~을 주다 / ~을 받다.

임:명-제(任命制)〖명〗관직이나 공공의 직무를

맡을 사람을 선거하지 않고 임명권자가 뽑는 제도.

임목 (林木) 圈 수풀의 나무. ▢ ~을 가꾸다.

임:무 (任務) 圈 맡은 일. ▢ ~ 교대 / ~를 완수하다 / ~에 충실하다.

임민 (臨民) 圈하자 백성을 다스림.

임박-하다 (臨迫-)[-빠카-] 자어 어떤 때가 가까이 닥쳐오다. ▢마감 시간이 ~ / 죽음에 ~.

임-반달 (-半-) 圈 연의 하나((머리에 직사각형 색종이의 두 귀를 둥글게 하거나 모만 접어서 반달 모양으로 오려 붙여 만듦)).

임:방 (壬方) 圈《민》 이십사방위의 하나((정북에서 서쪽으로 15도 되는 방위를 중심으로 한 15도 각도 안의 방향)). 준임(壬).

임:방 (任房) 圈 지난날, 보부상(褓負商)들이 모여 어울리던 곳.

임:병-양란 (壬丙兩亂)[-냥난] 圈《역》 임진왜란과 병자호란.

임:부 (妊婦·姙婦) 圈 아이를 밴 여자. 잉부(孕婦). 임신부.

임사 (臨死) 圈하자 죽을 때에 이름.

임사 (臨寫) 圈하자 어떤 글씨를 임함.

임사-본 (臨寫本) 圈 원본을 옆에 놓고 베낀 모사본. *영사본.

임삭 (臨朔) 圈하자 임부가 해산달을 당함. 임월(臨月).

임산 (林山) 圈 숲으로 덮여 있는 산. 수풀이 우거져 있는 산.

임산 (林産) 圈 임산물.

임:산 (姙産) 圈 아이를 배고 낳는 일.

임산 (臨産) 圈하자 아이를 낳을 때가 됨.

임산-물 (林産物) 圈 산림에서 나는 물품. 임산. ▢ ~을 생산하다.

임:산-부 (姙産婦) 圈 임신부와 해산부.

임산 자원 (林産資源) 산림에서 생산되는 자원((목재·땔감 따위)). ▢ ~이 풍부하다.

임상 (林相) 圈 숲의 생긴 모습.

임상 (臨床) 圈 환자를 진료하거나 의학을 연구하기 위해 병상(病床)에 임함. ▢ ~ 실험.

임상 강:의 (臨床講義)[-/-이] 직접 환자가 있는 병상 곁에서 그 질병의 진단·치료를 강의하는 일.

임상 신:문 (臨床訊問) 병상에 있는 피의자나 증인을 그가 있는 장소에서 신문하는 일.

임상 의학 (臨床醫學) 환자를 실제로 진찰하고 치료하는 의학.

임서 (臨書) 圈하자 글씨본을 보면서 글씨를 씀. 또는 그 글씨.

임석 (臨席) 圈 행사 따위가 벌어지는 자리에 참석함. ▢많은 축하객이 ~하다.

임:석-간 (衽席間)[-깐] 圈 부부가 동침하는 때.

임성 (稔性) 圈 생물이 새끼나 열매를 갖는 일.

임:소 (任所) 圈 지난날, 지방 관원이 머물러 근무하던 곳.

임:술 (壬戌) 圈《민》 육십갑자(六十甲子)의 쉰아홉째.

임습 (霖濕) 圈 장마 때의 습기.

임:시 (壬時) 圈《민》 이십사시의 스물넷째 시((오후 10시 반부터 11시 반까지)). 준임.

임시 (臨時) 圈 1 정해진 시간에 다다름. 또는 그 무렵. 2 정상적이지 않은 일시적인 기간. ▢ ~ 열차 / ~ 직원 / ~ 총회를 열다 / ~로 거처하다.

임시 국회 (臨時國會)[-구쾌] 필요에 따라 임시로 소집되는 국회. *정기 국회.

임시-낭패 (臨時狼狽) 圈하자 다 잘된 일이 그 때에 이르러 틀어짐.

임시 뉴스 (臨時news) 라디오·텔레비전 등에

서 큰 사건이 있을 때, 정규 프로를 중단하고 방송하는 뉴스.

임시-방편 (臨時方便) 圈 임시변통. ▢ ~으로 처리하다.

임시-변통 (臨時變通) 圈하자 갑자기 터진 일을 우선 간단하게 둘러맞추어 처리함. 임시방편. 임시처변.

임시-비 (臨時費) 圈 뜻밖의 지출에 대비하기 위해 계산하는 비용. 불항비. ↔경상비.

임시 손:실 (臨時損失) 圈《경》 기업 경영과 상관 없이 일시적이고 불규칙적으로 발생하는 손실((천재지변에 따른 피해액 따위)).

임시 예:산 (臨時豫算) 예상하지 못한 사정에 따라 임시로 편성하는 예산.

임시-적 (臨時的) 관어 1 그때그때 필요에 따라 정하는 (것). ▢ ~ 조치 / ~인 미봉책. 2 잠시 동안의 (것). ▢ ~ 채용.

임시 정부 (臨時政府) 국제법에서, 적법한 정부로 인정받지 못한 사실상의 정부. 가정부(假政府). 준임정.

임시-졸판 (臨時猝辦) 圈하타 갑자기 당한 일을 임시로 처리함.

임시-직 (臨時職) 圈 임시적으로 맡는 직위 또는 직책. ▢ ~을 고용하다.

임시-처변 (臨時處變) 圈하자 임시변통.

임시-표 (臨時標) 圈《악》 악곡의 도중에 본디의 음을 임시로 변화시키기 위해 쓰는 기호 ((올림표(#)·내림표(♭)·제자리표(♮) 등이 쓰임)). 변위(變位) 기호. 변화 기호. 변화표.

임:신 (壬申) 圈《민》 육십갑자의 아홉째.

임:신 (姙娠·妊娠) 圈하자 아이나 새끼를 뱀. 잉태(孕胎). 회임(懷妊). 회잉(懷孕). ▢ ~과 출산 / ~ 초기에는 몸조심해야 한다.

임:신-부 (姙娠婦) 圈 임부(姙婦).

임야 (林野) 圈 숲과 들을 아울러 이름. 임야를 훼손하다.

임야-세 (林野稅)[이먀쎄] 圈《법》 임야에 대해 부과하는 세금.

임어 (臨御) 圈 임금이 그 자리에 왕림함.

임업 (林業) 圈 각종 임산물에서 얻는 경제적 이득을 위해 삼림을 경영하는 사업.

임연수-어 (林延壽魚) 圈〔어〕쥐노래밋과의 바닷물고기. 한해성(寒海性) 어종으로, 몸길이 45cm가량. 쥐노래미와 비슷함. 몸빛은 노란 바탕에 다섯 줄의 검은 세로띠가 있음.

임:염 (荏苒) 圈하자 1 세월이 흐름. 2 사물이 점진적으로 변화함.

임:오 (壬午) 圈《민》 육십갑자의 열아홉째.

임:오-군란 (壬午軍亂)[이모굴-] 圈《역》 조선 고종 때(1882) 구식 군인들이 신식 군대인 별기군(別技軍)과의 차별 대우에 불만을 품고 일으킨 반란.

임:용 (任用) 圈하타 직무를 맡겨 사람을 씀. ▢ 교사 ~ / 공무원 ~ 시험.

임우 (霖雨) 圈 장마.

임:원 (任員) 圈 어떤 단체를 운영하고 감독하는 일을 맡은 사람. ▢ ~을 선출하다.

임원 (林苑) 圈 나무가 무성한 뜰.

임월 (臨月) 圈하자 임삭(臨朔).

임:의 (任意)[이믜 / 이미] 圈 1 자기 의사대로 처리하는 일. ▢ ~로 처분하다. 2 대상이나 장소를 일정하게 정하지 않음. ▢ ~의 장소.

임:의 경:매 (任意競賣)[이믜- / 이미-] 《법》 경매의 권리를 가진 사람이 집행관에게 신청해서 행하는 경매.

임:의 공채 (任意公債)[이믜- / 이미-] 《경》 응모자가 임의로 정부와 자유 계약을 맺고 응

모하는 공채. ↔강제 공채.

임:의 규정 (任意規定)[이믜- / 이미-] 『법』 당사자의 의사에 따라 적용이 결정되는 규정. ↔강행(強行) 규정.

임:의 단체 (任意團體)[이믜- / 이미-] 『법』 법률상의 공적인 단체와 같은 목적을 가지면서, 소정 절차나 자격 미비 따위로 법의 보호를 받을 수 없는 사적(私的)인 단체.

임:의 대:리 (任意代理)[이믜- / 이미-] 『법』 본인과 대리인 사이의 신임에 따라 자발적으로 정해지는 대리. 위임 대리. ↔법정(法定) 대리.

임:의 동행 (任意同行)[이믜- / 이미-] 수사 기관이 피의자나 참고인 등을 그 당사자의 승낙을 얻어 검찰청이나 경찰서 따위로 연행하는 일.

임:의-롭다 (任意-)[이믜-따 / 이미-따][-로워, -로우니]『형』 **1** 하고 싶은 대로 할 수 있다. ▯임의로운 행동[선택]. **2** 거북하지 않고 행동에 구애됨이 없다. ▯임의로운 표현.

임:의-로이 [이믜- / 이미-] 『부』

임:의-법 (任意法)[이믜뻡 / 이미뻡] 『법』 당사자의 의견에 따라 적용이 결정되는 법률. ↔강행법.

임:의 보:험 (任意保險)[이믜- / 이미-] 당사자의 자유의사로 가입한 보통의 보험. ↔강제 보험.

임:의 소각 (任意消却)[이믜- / 이미-] 『법』 회사가 주주와 계약을 맺고 주식을 자기 소유로 한 후 소각을 해서 그 효력을 없애 버리는 일. ↔강제 소각.

임:의 수사 (任意搜査)[이믜- / 이미-] 『법』 피의자를 체포나 구금하지 않고 동의나 승낙을 얻어 행하는 수사. ↔강제 수사.

임:의 조정 (任意調停)[이믜- / 이미-] 『법』 노동 쟁의에서, 당사자 쌍방의 합의에 따라 노동 위원회가 행하는 조정. ↔강제 조정.

임:의 준:비금 (任意準備金)[이믜- / 이미-] 『경』 회사 등이 정관 또는 주주 총회의 결의에 따라 임의로 마련하는 준비금.

임:의 추출법 (任意抽出法)[이믜-뻡 / 이미-뻡] 『수』 모집단에서 표본을 뽑을 때, 여러 개 가운데서 일정한 기준 없이 되는대로 뽑는 방법. 무작위(無作爲) 추출법.

임:의 출석 (任意出席)[이믜-썩 / 이미-썩] 『법』 피의자가 강제 처분에 의하지 않고 임의로 검찰이나 법원에 출석하는 일.

임:의 표본 (任意標本)[이믜- / 이미-] 임의 추출법으로 뽑아낸 표본.

임:인 (壬人)『명』 간사하고 아첨 잘하는 소인.

임:인 (壬寅)『명』 『민』 육십갑자의 서른아홉째.

임:일 (壬日)『명』 『민』 천간(天干)이 임(壬)으로 된 날[임자(壬子)·임인(壬寅) 따위].

임:자 『명』 물건을 소유한 사람. 소유주.

　임자(를) 만나다 『관』 ㉠사물이나 사람이 적임자와 연결되어, 능력이나 기능을 제대로 발휘할 수 있게 되다. ㉡아주 어려운 상대를 만나 호되게 당하게 되다.

임:자 (壬子)『명』 『민』 육십갑자의 마흔아홉째.

임:자 (荏子)『명』 『식』 들깨.

임:자 『인대』 **1** 친한 사람끼리 '자네'라고 하기는 좀 거북할 때 쓰는 이인칭 대명사. **2** 나이가 지긋한 부부 사이에서 남편이 아내를 부르는 말.

임:자지전 (任子之典)『명』 『역』 나라에 공을 세운 신하의 자손에게 벼슬을 주던 은전.

임장 (林葬)『명』 『불』 시체를 숲이나 들에 버려 새나 짐승들이 먹게 하는 장사법.

임장 (臨場)『명』『하자』 그 현장에 나옴. ▯~감.

임전 (臨戰)『명』『하자』 전쟁에 나아감. ▯~ 태세를 갖추다.

임전-무퇴 (臨戰無退)『명』『하자』 세속 오계의 하나. 전장에 나아가 물러나지 않음을 이르는 말. ▯~의 정신.

임정 (林政)『명』 임업(林業)에 관한 행정.

임정 (臨政)『명』 『역』 '임시 정부'의 준말.

임종 (林鐘)『명』 『악』 동양 음악에서, 십이율(十二律) 가운데 여덟째 음. 육려(六呂)의 하나 (방위는 미(未), 절후(節候)는 음력 6월에 해당함).

임종 (臨終)『명』『하자』 **1** 죽음을 맞이함. ▯조용한 ~. **2** 부모가 돌아가실 때 그 곁에 지키고 있음. 종신(終身). ▯어머니의 ~을 지켜보다.

임:좌 (壬坐)『명』 『민』 묏자리나 집터 등의 임방(壬方)을 등지고 앉은 자리(《서북 방향을 등진 자리임).

임:좌-병향 (壬坐丙向)『명』 『민』 묏자리나 집터 따위가 임방(壬方)을 등지고 병방(丙方)을 향한 방향.

임:중도원 (任重道遠)『명』『하짜』 맡은 책임은 무겁고 이를 수행할 길은 멂.

임:지 (任地)『명』 임무를 받아 근무하는 곳. ▯~로 떠나다.

임지 (林地)『명』 나무가 많이 자라는 땅. 또는 임업의 대상이 되는 땅. ▯~를 조성하다.

임지 (臨地)『명』 그곳에 실제로 감. ▯~ 조사.

임:직 (任職)『명』『하자』 직무를 맡김.

임:-직원 (任職員)『명』 임원과 직원.

임:진 (壬辰)『명』 『민』 육십갑자의 스물아홉째.

임진 (臨陣)『명』 전쟁터에 나섬.

임진-대적 (臨陣對敵)『명』『하자』 싸움터에서 적과 맞서 겨룸.

임:진-란 (壬辰亂)[-난]『명』 '임진왜란'의 준말.

임진-역장 (臨陣易將)[-지격짱]『명』 어떤 일에 닥쳐 익숙한 사람을 서투른 사람으로 바꿔 씀.

임:진-왜란 (壬辰倭亂)『명』 『역』 조선 선조 25년(1592) 4월에 일본의 수령 도요토미 히데요시(豊臣秀吉)가 15만 대군을 보내어 조선에 침입한 난리(선조 30년(1597)에 재침(=정유재란)해서 전후 7년간 끌다가 31년에 물러감). ㉮왜란·임란·임진란.

임:-질 (任질)『명』 물건 따위를 머리 위에 이는 일.

임질 (淋疾·痳疾)『명』 『의』 임균이 일으키는 요도 점막의 염증(주로 성교에 의해 전염됨). 음질(陰疾).

임:차 (賃借)『명』『하타』 돈을 주고 남의 물건을 빌리는 일. ▯사무실을 ~하다. ↔임대(賃貸).

임:차-권 (賃借權)[-꿘]『명』 『법』 임대차 계약에서, 빌려 쓰는 사람이 그 물건을 사용해서 이익을 얻을 수 있는 권리.

임:차-료 (賃借料)『명』 남의 물건을 빌려 쓰는 대가로 내는 돈. ↔임대료.

임:차-물 (賃借物)『명』 『법』 임대차의 대상이 되는 물건을 빌리는 사람 쪽에서 일컫는 말. ↔임대물(賃貸物).

임:차-인 (賃借人)『명』 『법』 임대차 계약에서, 돈을 내고 물건을 빌려 쓰는 사람. ↔임대인.

임:차-지 (賃借地)『명』 임대차 계약에 따라, 돈을 내고 빌려 쓰는 땅. ↔임대지.

임천 (林泉)『명』 **1** 숲과 샘. 또는 숲 속의 샘. **2** 은사(隱士)가 사는 곳.

임첩 (臨帖)『명』『하자』 서화첩(書畵帖)의 글씨나 그림을 본떠서 쓰거나 그림.

임:치 (任置) 명하타 1 남에게 돈이나 물건을 맡겨 둠. 2《법》당사자 가운데 한쪽이 금전이나 물건을 맡기고 상대편이 이를 보관하기로 약속함. 또는 그 계약. 구용어: 기탁(寄託) 2.

임:치 증서 (任置證書)《법》임치를 받은 증거로서 내주는 증서. 보관을 맡은 사람이 보관을 부탁한 사람에게 줌. 구용어: 기탁(寄託) 증서.

임:파 (淋巴) 명《생》'림프(lymph)'의 취음.

임:파-선 (淋巴腺) 명 림프선.

임팩트 론 (impact loan)《경》용도에 규제를 받지 않는 차관(借款)(설비 등을 수입하기 위한 것이 아니고 단지 원화(貨)를 조달하기 위해 외국 은행에서 차입하는 일).

임:편 (任便) 명하자 편할 대로 함.

임포텐츠 (독 Impotenz) 명《의》음위(陰痿).

임피던스 (impedance) 명《전》교류가 흐를 때 그 회로에 생기는 저항. 그 절댓값은 전압의 최댓값과 전류의 최댓값의 비로 나타냄.

임ː-하다 (任-) 자여 떠맡아 제 직무로 삼다.
  타 임명하다.

임-하다 (臨-) 자여 1 높은 곳에서 낮은 곳을 대하다. 2 윗사람이 아랫사람을 대하다. 3 높은 사람이 아랫사람이 있는 곳으로 가다. 4 어떤 장소에 도달하다. □임지에 ~. 5 어떤 사태나 일에 직면하다. □경기에 ~ / 인내를 가지고 협상에 ~. 6 지리적으로 가까이 접하다. □바닷가에 임하여 공업 단지가 조성되다.

임허-유문 (林下儒門) 명 초야에 묻혀 학문에만 힘쓰는 선비.

임학 (林學) 명 '삼림학(森林學)'의 준말.

임항 (臨港) 명하자 항구에 가까이 있음.

임해 (臨海) 명하자 바다에 가까이 있음. □~지역.

임행 (臨幸) 명하자 임금이 어떤 곳에 거둥함.

임화 (臨畫) 명 화집(畫集) 따위의 그림을 본떠 그려 배우는 일. 또는 그 그림.

입 명 1 입술에서 목구멍까지의 부분. 먹이를 섭취하며, 소리 내는 기관. □~을 벌리다. 2 입술. □~을 빼죽 내밀다. 3 음식을 먹는 사람의 수. □~이 늘다·줄다. 4 말재간. 말버릇. □~이 걸다. 5 남의 말·소문. □남의 ~에 오르내리다. 6 한 번에 먹을 만한 음식물의 양. □한 ~ 베어 물다.
  [입에 맞는 떡] 마음에 꼭 드는 일이나 물건. [입에서 젖내가 난다] 나이가 어려 말이나 행동이 유치함을 비유한 말. [입이 열둘이라도 말 못한다] 변명할 여지가 없다. [입이 개차반이다] 아무 말이나 가리지 않고 되는대로 상스럽게 마구 하는 경우를 비유한 말.
  입만 살다 판 ㉠행동은 하지 않고, 말만 그럴듯하게 잘한다. ㉡음식을 맛있지 않게 음식을 가려 먹다. □주제에, 입만 살아서.
  입만 아프다 판 여러 번 일러도 받아들이지 않아 말한 보람이 없다. □말해 보아야 내 입만 아프지.
  입 밖에 내다 판 어떤 생각이나 사실을 드러내어 말하다. □입 밖에 내면 알지.
  입에 거미줄 치다 판 가난해서 먹지 못하고 오랫동안 굶다.
  입에 맞다 판 음식물이 식성이나 기호와 일치하다.
  입에 발린 소리 판 마음에는 없이 겉치레로 하는 말.
  입에 올리다 판 말하다. 이야깃거리로 삼다.
  입에 침이 마르다 판 남이나 물건에 대해 아주 좋게 말하다.

입에 풀칠(을) 하다 판 근근이 밥이나 먹고 살다.

입(을) 놀리다 판 경솔하게 말을 함부로 하다. □함부로 입을 놀리면 그냥 안 둘 테다.

입(을) 다물다 판 말을 하지 않거나 하던 말을 그치다. □굳게 ~.

입(을) 떼다 판 말을 하기 시작하다.

입(을) 막다 판 말을 하지 못하게 하다.

입(을) 맞추다 판 서로의 말이 일치하도록 짜다. □사전에 ~.

입(을) 모으다 판 여러 사람이 같은 의견을 말하다.

입(을) 씻기다 판 돈이나 물건 따위를 주어 자기에게 불리한 말을 하지 못하게 하다.

입(을) 씻다 판 이익 따위를 가로채거나 혼자 차지하고 시치미를 떼다.

입(을) 열다 판 이야기를 꺼내다.

입이 가볍다 판 말이 많거나 아는 일을 함부로 옮기다.

입이 걸다 판 말을 거리낌 없이 함부로 하다.

입이 무겁다 판 말이 적거나 아는 일을 함부로 옮기지 않다.

입(이) 싸다 판 입이 가볍다.

입이 쓰다 판 어떤 일이나 말 따위가 못마땅해서 기분이 언짢다.

입이 천 근 같다 판 입이 매우 무겁다. 말수가 적다.

입-가 [-까] 명 입의 가장자리나 언저리. 구변.
  □~에 미소를 띠다.

입-가심 [-까-] 명하자 1 입 안을 가셔서 개운하게 함. 입씻이. □~으로 맥주를 한 잔 마시다. 2 더 중요한 일에 앞서 가볍게 할 수 있는 일을 비유한 말. □이 정도의 일은 ~이다. *약가심.

입각 (入閣) [-깍] 명하자 내각의 한 사람이 됨.
  □하마평대로 ~하다.

입각 (立脚) [-깍] 명하자 어떤 사실이나 주장에 근거를 두어 그 입장에 섬. □사실에 ~해서 진술하다.

입-간판 (立看板) [-깐-] 명 벽 등에 기대어 놓거나 길가에 세워 두는 간판. □~을 세우다.

입감 (入監) [-깜] 명하자 죄수가 감방·감옥에 갇힘. 수감. ↔출감(出監).

입갱 (入坑) [-깽] 명하자 탄광 등의 갱도(坑道)에 들어감.

입거 (入渠) [-꺼] 명하타 배를 독(dock)에 넣음.

입거웃 [-꺼-] 명 <옛> 수염.

입건 (立件) [-껀] 명하타《법》범죄 혐의 사실을 인정하고 사건을 성립시킴. □불구속 ~ / 형사 사건으로 ~하다.

입격 (入格) [-껵] 명하자 1 시험에 뽑힘. 합격. 2《역》소과(小科) 또는 초시(初試)의 과거에 합격하던 일.

입경 (入京) [-껭] 명하자 서울에 들어가거나 들어옴. □외국 선수단이 ~하다.

입경 (入境) [-껭] 명하자 국경이나 지리적인 경계 안에 들어감. □~을 통제하다.

입곁 <옛> 토(조사(助詞)).

입계 (入啓) [-꼐 / -께] 명하타《역》임금에게 상주하는 글을 올리던 일.

입고 (入庫) [-꼬] 명하타 물건을 창고에 넣음.
  □주문한 책이 ~되다. ↔출고(出庫).

입고-병 (立枯病) [-꼬뼝] 명 모잘록병.

입곡 (入哭) [-꼭] 명하자 우제(虞祭)·졸곡(卒哭)·소상(小祥)·대상(大祥) 등의 제사를 지내기 전에 먼저 신주(神主) 앞에서 슬프게 곡함.

입공 (入工)[-꽁]圓 일감을 공장에 집어넣음(《인쇄 등에서》).

입공 (入貢)[-꽁]圓하재 조공을 바침.

입관 (入棺)[-꽌]圓하재 시신을 관에 넣음.

입관 (入館)[-꽌]圓하재 도서관·박물관·미술관 등에 들어감.

입관 (入關)[-꽌]圓하재 관문으로 들어감.

입교 (入校)[-꾜]圓하재 사관 학교나 보병 학교 따위의 군사 학교에 들어감. 입학. □~식.

입교 (入敎)[-꾜]圓 1『종』종교를 믿기 시작함. 2『기』세례를 받고 정식으로 신자가 됨.

입구 (-口)[-꾸]圓 한자 부수의 하나(《'唯'·'때' 등에서 '口'의 이름).

입구 (入口)[-꾸]圓 들어가는 어귀나 문. □백화점 ~ / 지하철역 ~. ↔출구.

입구 (入寇)[-꾸]圓 적이 쳐들어옴.

입국 (入國)[-꾹]圓하재 자기 나라나 남의 나라에 들어감. □~ 허가 / ~ 심사. ↔출국.

입국 (立國)[-꾹]圓 1 나라를 세움. 2 국력을 길러 나라를 번영하게 함. □공업 ~.

입국 사증 (入國査證)[-꾹싸쯩] 외국에 갈 때 상대국의 주재 기관이나 현지에서 받는 입국 허가. 사증. 비자(visa).

입궁 (入宮)[-꿍]圓 1 궁 안으로 들어감. 2 장기에서, 말이 상대방의 궁밭에 들어감. 3『역』궁녀가 되려고 궁중에 들어감.

입궐 (入闕)[-꿸]圓하재 대궐로 들어감. 예궐(詣闕). ↔퇴궐.

입-귀 [-뀌]圓 대청 한가운데에 있는 동귀틀의 좌우 쪽에 끼우는 나무.

입금 (入金)[-끔]圓하재태 1 돈이 들어옴. 또는 그 돈. →출금. 2 은행 등에 예금하거나 빚을 갚기 위해 돈을 들여놓음.

입금-액 (入金額)[-끄맥]圓 은행 따위에 넣은 돈의 액수.

입-길 [-낄]圓 남을 흉보는 입의 놀림.

입길에 오르내리다 困 남에게 구설을 듣다.

입-김 [-낌]圓 1 입에서 나오는 더운 김. □~을 내뿜다. 2 어떤 일에 미치는 영향력. □~이 세다 / 실력자의 ~이 작용하다.

입김(을) 넣다 困 영향력이나 압력을 넌지시 가하다.

입김(이) 세다 困 영향력이나 압력이 세다.

입김이 어리다 困 소중히 여기고 귀여워하는 정이 담겨 있다.

입낙 (立諾)[임-]圓하재 〔←입락〕 그 자리에서 곧 승낙함.

입납 (入納)[임-]圓 삼가 편지를 드림(《봉투에 쓰는 말).

입-내¹ [임-]圓 소리나 말로 내는 흉내.

입-내² [임-]圓 입에서 나는 고약한 냄새. 구취(口臭). □~를 피우다.

입내 (入內)[임-]圓 안으로 들어옴.

입-노릇 [임-릇]圓하재 〈속〉 음식을 먹음.

입-놀림 [임-]圓 1 입의 움직임. □~이 빠르다 / ~을 흉내 내다. 2 경솔하게 함부로 하는 말. □~이 가볍다.

입다¹ [-따]태 1 옷을 몸에 꿰거나 두르다. □운동복을 ~. 2 피해·손해를 보거나 부상을 당하거나 누명 등을 쓰다. □손실을 ~. 3 도움을 받다. □은혜를 ~ / 혜택을 ~.

입다² [-따]〈옛〉이롭다. 쉽다.

입다³ 鬨〈옛〉희미하다. 혼미(昏迷)하다.

입-다짐 [-따-]圓하태 말로써 다짐함. □~을 받아 두다.

입단 (入團)[-딴]圓하재 어떤 단체에 가입함.

□~ 선서. ↔퇴단.

입-단속 (-團束)[-딴-]圓 어떤 사실이나 정보가 밖으로 퍼져 나가지 못하게 규제하는 것. □~을 단부하다.

입-담 [-땀]圓 말하는 솜씨나 힘. □~이 세다 / ~이 좋다 / ~을 늘어놓다.

입당 (入黨)[-땅]圓하재 정당 등에 가입함. □~을 권하다. ↔탈당(脫黨).

입대 (入隊)[-때]圓하재 군대에 들어가 군인이 됨. 입영(入營). □재학 중 ~하다. ↔제대.

입대 (入對)[-때]圓『역』임금 앞에 나아가 자문에 응하던 일.

입-덧 [-떧]圓하재 임신한 지 이삼 개월쯤 되어 오심(惡心)·구토·식욕 부진 등을 일으켜 몸이 쇠약해지며 특별한 음식을 좋아하는 증세. 오조증(惡阻症).

□입덧의 증세가 생기다.

입덧(이) 나다 困 입덧의 증세가 생기다.

입도 (入道)[-또]圓하재 1 도교(道敎)에 들어감. 2 불문에 들어가 수행함. 출가(出家).

입도 (立稻)[-또]圓 베기 전에 논에 그냥 서 있는 벼.

입도 (粒度)[-또]圓『광』암석이나 모래 따위 알갱이의 크기.

입도-선매 (立稻先賣)[-또-]圓하태 아직 논에서 자라고 있는 벼를 미리 팖.

입도 압류 (立稻押留)[-또압뉴] 논에서 아직 자라고 있는 벼를 압류 처분함.

입동 (立冬)[-똥]圓 이십사절기의 열아홉째(상강(霜降)과 소설(小雪) 사이로 양력 11월 7-8일경. 이때부터 겨울이 시작됨).

입때 周 여태. □~까지 뭐 했어.

입때-껏 [-껃]周 여태껏. 입때.

입락 (入落)[임낙]圓 합격과 낙제.

입력 (入力)[임녁]圓하태 1『물』어떤 장치 등을 움직이기 위해 동력이나 신호를 보내는 일. 2『컴』문자나 숫자를 기억하게 하는 일. 인풋.

입력 장치 (入力裝置)[임녁짱-] 『컴』프로그램이나 데이터를 컴퓨터가 인식할 수 있는 부호로 바꾸어 주기억 장치로 보내는 장치. ↔출력 장치.

입론 (立論)[임논]圓하태 의론의 체계를 세움. 또는 그런 이론.

입-막음 [임마금]圓하태 불리한 말을 하지 못하게 함. □~으로 돈을 주다.

입-말 [임-]圓『언』구어(口語). *글말.

입-맛 [임맏]圓 1 음식을 먹어서 입에서 느끼는 맛에 대한 감각. 구미(口味). 2 즐기거나 좋아하는 마음. □~에 맞추다.

입맛대로 하다 困 저 좋은 대로 하다.

입맛(을) 다시다 困 ㉠음식이 먹고 싶거나, 일이 뜻대로 되지 않아 귀찮아하거나 난처해하다. ㉡무엇을 갖고 싶어하거나 하고 싶어하다.

입맛(이) 당기다 困 ㉠먹고 싶은 생각이 들다. ㉡흥미가 일거나 욕심이 나다.

입맛(이) 돌다 困 입맛이 생기다.

입맛(이) 떨어지다 困 ㉠입맛을 잃다. ㉡흥미를 잃거나 흥이 나지 않다.

입맛(이) 쓰다 困 일이 뜻대로 되지 않아 기분이 좋지 못하다.

입-맞춤 [임맏-]圓하재 입을 맞추는 일. 키스(kiss). □뜨거운 ~.

입-매¹ [임-]圓 입의 생긴 모양. 입맵시. 입모양. □~가 예쁘다 / ~가 곱다.

입-매² [임-]圓하재태 1 음식을 조금만 먹어 시장기를 면함. 2 일을 눈가림으로만 함.

입-맵시 [임-씨]圓 입매.

입맷-상(-床)[임매쌍 / 임맨쌍]圈 잔치 때 큰 상을 차리기 전에 먼저 간단하게 대접하는 음식상.

입면(立面)[임-]圈〔數〕정면·측면 따위에서 수평으로 본 모양《수직으로 본 평면에 상대되는 말》.

입면-도(立面圖)[임-]圈〔數〕정면도(正面圖)2.

입멸(入滅)[임-]圈[하자]〔佛〕입적(入寂).

입명(立命)[임-]圈[하자] 천명(天命)을 좇아 마음의 안정을 얻음. □안심(安心)~.

입모(笠帽)[임-]圈 갈모.

입모-근(立毛筋)[임-]圈〔生〕모근에 붙어 있는 근육《수축에 의해 털을 꼿꼿이 서게 함》. 모발근(毛髮筋).

입-모습[임-]圈 입매. □~이 예쁘다.

입목(立木)[임-]圈 땅에 뿌리 박고 서 있는 산 나무.

입몰(入沒)[임-]圈[하자] **1** 들어가 빠짐. **2** 죽음.

입묘(入廟)[임-]圈[하타] 대상(大祥)을 치른 후 신주(神主)를 사당에 모시는 일.

입묵(入墨)[임-]圈 먹물로 살 속에 글씨나 그림을 새겨 넣음. 먹물뜨기.

입문(入門)[임-]圈[하자] **1** 학문의 길에 처음으로 들어섬. 또는 그런 과정. □철학 ~. **2** 스승을 따라 그 제자가 됨. **3** 어떤 직업이나 분야에 처음 들어섬. □정치에 ~하다. **4**〔歷〕 과거 때, 유생(儒生)이 과장(科場)으로 들어가던 일. 또는 그 문.

입문(入聞)[임-]圈[하자] 어떤 사실이나 소문 따위가 윗사람의 귀에 들어감.

입문-관(入門官)[임-]圈〔歷〕과거 때, 과장(科場)을 감시하던 임시 벼슬.

입문-서(入門書)[임-]圈 처음 배우는 사람을 위한, 알기 쉬운 책. □컴퓨터 ~.

입미(粒米)[임-]圈 낟알.

입-바르다[-빠-]〔입발라, 입바르니〕圐르 바른말을 하는 데 거침이 없다. □입바른 소리. *입빠르다.

입-발림[-빨-]圈[하타] 사탕발림. □~으로 하는 소리가 아니다.

입방(立方)[-빵]圈〔數〕'세제곱'의 구용어.

입방-근(立方根)[-빵-]圈〔數〕'세제곱근'의 구용어.

입방-미터(立方meter)[-빵-]圈〔數〕'세제곱미터'의 구용어.

입-방아[-빵-]圈 어떤 사실을 화제로 삼아 이러쿵저러쿵 쓸데없이 입을 놀리는 일.
입방아(를) **찧다**⏎ 쓸데없는 말을 방정맞게 자꾸 하다.

입-방정[-빵-]圈 버릇없이 수다스럽게 지껄이며 방정을 떠는 일.

입방-체(立方體)[-빵-]圈〔數〕정육면체.

입-버릇[-뻐를]圈 입에 배어 굳은 말버릇. 구벽. 구습(口習). □~처럼 말하다 / ~이 고약하다.

입법(立法)[-뻡]圈[하자] 법률을 제정함. 또는 그 행위. □~ 정신.

입법-권(立法權)[-뻡꿘]圈 **1** 법률을 제정하는 국가 작용(민선(民選) 의회가 행함). **2** 국회가 가지는 법률 제정권.

입법 기관(立法機關)[-뻡끼-]圈 삼권 분립에 따라, 법률 제정에 참여하는 권한을 갖는 국가 기관《원칙적으로 국회를 이름》. 입법부.

입법-부(立法府)[-뻡뿌]圈 입법 기관.

입법-화(立法化)[-뻡퐈]圈[하자타] 법률이 되거나 되게 함.

입-병(-病)[-뼝]圈 입에 나는 모든 병.

입보(立保)[-뽀]圈[하타] 보증인을 세움.

입본(立本)[-뽄]圈〔歷〕조선 고려, 고을 원이 봄에 쌀값을 싸게 쳐서 백성에게 돈을 빌려 주고, 가을에 쌀을 받아 이(利)를 보던 일. 2 장사나 돈놀이할 밑천을 세우는 일.

입-부리圈〔俗〕부리.

입북(入北)[-뿍]圈[하자] 북한으로 들어감.

입-비뚜리[-뿌-]圈 입이 비뚤어진 사람.

입-빠르다〔입빨라, 입빠르니〕圐르 입이 가볍다. *입바르다.

입사(入仕)[-싸]圈[하자] 벼슬한 뒤에 처음으로 그 벼슬자리에 나감.

입사(入舍)[-싸]圈[하자] 기숙사·관사·병사(兵舍) 등에 들어감. ↔퇴사(退舍).

입사(入社)[-싸]圈[하자] 회사 등에 취직해 들어감. □~ 시험을 치르다. ↔퇴사(退社)2.

입사(入射)[-싸-]圈[하자] **1** 하나의 매질(媒質) 속을 지나가는 소리나 빛의 파동이 다른 매질의 경계면에 이르는 일. 투사(投射). ↔반사.

입사(入絲)[-싸]圈[하자] 놋그릇·쇠 그릇 따위에 은실을 장식으로 박음.

입사(入嗣)[-싸]圈 **1** 아들을 길러서 대를 잇게 함. **2** 대를 이을 아들을 들여세움. 입후(立後).

입사-각(入射角)[-싸-]圈〔物〕입사 광선이 입사점에서 경계면의 법선(法線)과 이루는 각. 투사각.

입사 광선(入射光線)[-싸-]圈〔物〕제 1 매질을 통과하여 제 2 매질의 경계면에 들어가는 광선. 투사 광선. 투사선. ↔반사 광선.

입사-점(入射點)[-싸쩜]圈〔物〕입사 광선이 제2매질(媒質)의 경계면과 만나는 점. 투사점(投射點).

입산(入山)[-싼]圈[하자] **1** 산속에 들어감. □~ 금지. ↔출산(出山). **2**〔佛〕출가(出家)하여 승려가 됨.

입상(入賞)[-쌍]圈[하자] 상을 탈 수 있는 등수 안에 듦. □~ 경력이 화려하다.

입상(立像)[-쌍]圈 서 있는 자세의 상(像).

입상(粒狀)[-쌍]圈 낟알이나 알갱이의 모양.

입상-반(粒狀斑)[-쌍-]圈〔天〕태양의 표면에 보이는 쌀알 모양의 작은 점.

입석(立石)[-썩]圈 **1** 돌로 만든 비갈(碑碣)이나 이정표 따위를 세움. 또는 그 돌. **2** 어떤 일을 기념해서 큰 돌로 비(碑)를 만들어 세움. **3**〔歷〕선돌.

입석(立席)[-썩]圈 서서 타거나 구경하는 자리. □귀성열차의 ~도 매진되었다. ↔좌석(座席).

입선(入船)[-썬]圈[하자] 입항(入港).

입선(入線)[-썬]圈[하자] 전차나 열차가 승객을 태우기 위해 역의 지정된 선로에 들어옴.

입선(入選)[-썬]圈[하자] 응모·출품한 것 등이 심사에 뽑힘. □백일장에서 ~ 되다.

입선(入禪)[-썬]圈〔佛〕좌선을 하거나 불경을 읽으러 선원에 들어가는 일.

입성[-썽]圈〔俗〕옷. □~이 남루하다.

입성(入城)[-썽]圈[하자] **1** 성안으로 들어감. ↔출성(出城). **2** 싸움에서 이겨 점령지에 진입함. □국군의 ~.

입성(入聲)[-썽]圈 **1** 중세 국어 사성(四聲)의 하나《끝을 빨리 닫는 소리》. **2** 한자음의 사성. 짧고 빨리 거둬들이는 소리.

입-성수(-星數)[-썽-]圈 음성을 듣고 그 사람의 장래를 점치는 일.

입세니즘(Ibsenism)閱 입센의 사회극에서 볼 수 있는, 사회에 대한 통렬한 비판의 태도. 또는 그런 문예상의 작품.

입소(入所)[-쏘]閱하자 훈련소·연구소·교도소 등에 들어감. □신병으로 훈련소에 ~하다.

입-소리[-쏘-]閱 구음(口音).

입-소문(-所聞)[-쏘-]閱 입에서 입으로 전해 지는 소문. □~이 나다.

입-속[-쏙]閱 입안.

입속-말[-쏭-]閱 입속으로 중얼거리는 말.

입송(入送)[-쏭]閱하타 밖에서 안으로 들여보 냄.

입수(入水)[-쑤]閱하자 물에 들어감. □~가 완벽하다.

입수(入手)[-쑤]閱하자타 손에 들어옴. 또는 손에 넣음. □정보를 ~하다.

입술[-쑬]閱 포유동물의 입의 아래위에 도도록하게 붙은 얇고 부드러운 살. 구문(口吻). 구순. □~이 부르트다 / ~을 맞추다.
[입술에 침이나 바르지] 거짓말을 천연덕스럽게 한다는 말.
입술을 깨물다 閱 ㉠북받치는 감정을 참다. ㉡결심을 굳게 하다.

입술-꽃[-쑬꼳]閱《식》입술꽃부리로 된 꽃. 순형화(脣形花).

입술-꽃부리[-쑬꼳뿌-]閱《식》통꽃부리의 한 가지. 두 개의 꽃잎이 윗입술, 세 개의 꽃잎이 아랫입술을 각각 이루는 꽃부리. 순형화관(脣形花冠).

입술-소리[-쑬-]閱《언》두 입술 사이에서 발음되는 소리(ㅂ·ㅃ·ㅍ·ㅁ 따위). 순음(脣音). 양순음(兩脣音). 순성(脣聲).

입술-연지(-臙脂)[-쑬련-]閱 화장할 때 입술에 바르는 화장품. 립스틱.

입시(入侍)[-씨]閱《역》대궐에 들어가 왕을 알현하던 일.

입시(入試)[-씨]閱'입학시험'의 준말. □~문제집.

입시울〈옛〉입술.

입시울가비야본소리閱〈옛〉입술가벼운소리.

입시울쏘리閱〈옛〉입술소리.

입식(入植)[-씩]閱하자 식민지를 개척하기 위하여 다른 나라나 지역에 살거나 살게 함.

입식(立式)[-씩]閱 부엌 따위에서 서서 일하게 된 방식. □~ 부엌.

입식(立飾)[-씩]閱《역》머리에 얹는 관의 둥근 밑동 부분 위에 세운 장식.

입신(入神)[-씬]閱자 1 기술이나 기예가 영묘한 경지에 이름. □~의 경지. 2 바둑에서 9단을 이르는 말.

입신(立身)[-씬]閱자 사회에서 기반을 닦고 지위를 얻어 출세함.

입신-양명(立身揚名)[-씬냥-]閱하자 출세해서 세상에 이름을 들날림. □~의 꿈.

입신-출세(立身出世)[-씬-쎄]閱하자 성공해서 세상에 이름을 떨침. □~하다.

입실(入室)[-씰]閱하자 1 방이나 교실 따위에 들어감. □고사장에 ~하다. 2 어떤 기관이나 군대의 의무실 등에 환자로 들어감. 3 《불》 선원(禪院)에서, 제자가 스승의 방에 들어가 도(道)를 묻는 일.

입-심[-씸]閱 기운차게 거침없이 말하는 힘. □~이 좋다 / ~이 세다.

입심(立心)[-씸]閱하자 마음을 단단히 먹음.

입:쌀閱 멥쌀을 잡곡에 대해 일컫는 말. 도미(稻米). 춘쌀.

입-씨름閱하자 1 어떤 일을 이루려고 말로 애를 쓰는 일. □~을 계속하다. 2 말다툼. □~이 벌어지다.

입-씻김[-씯낌]閱하타 자기에게 불리한 말을 하지 못하게 금품을 남몰래 주는 일.

입-씻이[-씨시]閱하타 1 입씻김으로 금품을 줌. 또는 그 금품. 2 입가심1.

입아귀閱〈옛〉입아귀.

입-아귀閱 입의 양쪽 구석. 구각(口角). □~가 찢어지게 웃어 대다.

입-안閱 입의 안쪽에 있는 빈 공간. 입속. 구강.

입안(立案)閱하타 1 어떤 안을 세움. 또는 그 안건. □정책을 ~하다. 2《역》조선 때, 관아에서 어떤 사실을 인증하던 서면.

입안-자(立案者)閱 안(案)을 세우는 사람. □법률 ~.

입약(立約)閱하타 약속함.

입양(入養)閱하타 1 양자를 들이거나 양자로 들어감. 입후(入後). □해외 ~. 2《법》양친(養親)과 양자가 법률적으로 친부모와 친자식의 관계를 맺는 일.

입어(入御)閱하자《역》임금이 편전(便殿)에 들어 자리 잡고 앉던 일.

입어(入漁)閱하자 남의 어장(漁場) 따위 특정한 어장에 들어가 고기잡이를 함.

입어-권(入漁權)[이버꿘]閱《법》남이 점유권을 갖고 있는 어장 따위 특정한 어장에서 어업을 할 수 있는 권리.

입언(立言)閱 1 후세에 모범이 될 만한 말을 함. 2 의견을 세상에 발표함.

입역(入域)閱하자 어떤 지역이나 수역(水域)에 들어감.

입영(入營)閱하자 입대(入隊). □~ 통지를 받다.

입영(立泳)閱하자 선헤엄.

입영(笠纓)閱 갓끈.

입옥(入獄)閱하자 옥에 들어감. 또는 옥에 갇힘. ↔출옥.

입-요기(-療飢)[임뇨-]閱하자 입가심이나 할 만큼의 간단한 요기.

입욕(入浴)閱하자 목욕탕에 들어감. 또는 목욕을 함. 입탕(入湯).

입원(入院)閱하자 1 환자가 치료 또는 요양하기 위해 일정한 기간 병원에 머무름. □~ 환자 / ~ 치료. ↔퇴원. 2《불》진산(晉山).

입원-비(入院費)閱 병원에 입원해 치료를 받고 내는 돈. □~를 치르다.

입원-실(入院室)閱 환자가 입원해 치료를 받을 수 있게 시설해 놓은 방.

입자(笠子)[-짜]閱 갓'1.

입자(粒子)[-짜]閱《물》물질을 이루는 매우 작은 낱낱의 알갱이.

입장(入丈)[-짱]閱하자 장가 듦.

입장(入場)[-짱]閱하자 극장·식장·경기장 따위의 장내로 들어감. □무료 ~ / 연소자 ~ 불가. ↔퇴장.

입장(入葬)[-짱]閱하타 장사를 지냄.

입장(立場)[-짱]閱 당면(當面)하고 있는 상황. 처지. □난처한 ~ / ~을 밝히다.

입장-권(入場券)[-짱꿘]閱 입장을 허락하는 표. □~이 매진되다.

입-장단(-長短)[-짱-]閱 춤을 출 때 입속말로 맞추는 장단. □~에 맞추어 춤을 추다(비유적).

입장-료(入場料)[-짱뇨]閱 입장할 때 내는 요금. □~ 수입 / ~를 내다.

입장-식(入場式)[-짱-]閱 운동 경기장 등에 선수들이 정식 입장할 때 행하는 의식.

입재 (入齋)[-째] 圓 圓한자 1 제사 전날에 재계(齋戒)하는 일. 2 《불》 재를 시작하는 일.

입적 (入寂)[-쩍] 圓 圓한자 《불》 승려가 죽음. 멸도(滅度). 열반(涅槃). 입멸(入滅).

입적 (入籍)[-쩍] 圓한자 1 예전에, 호적에 올림. 2 어떤 곳에 적(籍)을 올림.

입전 (入電)[-쩐] 圓한자 전보·전화·전신 따위가 들어옴.

입절 (立節)[-쩔] 圓한자 한평생 절개를 굽히지 않음.

입점 (入店)[-쩜] 圓 상가나 건물 따위에 어떤 점포가 새로 들어와 영업함.

입정 [-쩡] 圓 1 음식을 먹거나 말을 하기 위하여 놀리는 입. □ 직원들의 ~에 오르내리다. 2 〈속〉 입버릇. □ ~이 고약하다.
  입정(을) 놀리다 □ ㉠싫지 않고 계속해서 군것질을 하다. ㉡말을 함부로 하다.
  입정(이) 사납다 □ ㉠음식을 탐하다. ㉡입버릇이 점잖지 못하다.

입정 (入廷)[-쩡] 圓한자 재판을 하는 법정에 들어감. □ 재판관 ~. ↔퇴정.

입정 (入定)[-쩡] 圓한자 《불》 1 선정(禪定)에 들어감. ↔출정(出定). 2 수행하기 위해 방에 들어감. 3 승려가 죽음.

입정-미 (入鼎米)[-쩡-] 圓 아주먹이 1.

입제 (入題)[-쩨] 圓 《역》 과거에서, 시의 첫째 구 또는 부(賦)의 넷째 구.

입조 (入朝)[-쪼] 圓한자 1 벼슬아치가 조정의 조회에 들어감. ↔퇴조. 2 외국 사신이 조정의 회의에 참석함.

입조 (立朝)[-쪼] 圓한자 벼슬에 오름.

입주 (入住)[-쭈] 圓한자 특정한 땅이나 새집 등에 들어가 삶. □ 새 아파트에 ~하다.

입주 (立柱)[-쭈] 圓한자 집을 지을 때 기둥을 세움.

입주리다 圓〈옛〉읊조리다.

입주-상량 (立柱上梁)[-쭈-냥] 圓한자 기둥을 세우고 마룻대를 올림.

입-줄 [-쭐] 圓 〈속〉 이러쿵저러쿵 남의 말을 하는 사람의 입. □ ~에 오르내리다.

입증 (立證)[-쯩] 圓한자 증거 따위를 내세워 증명함. 거증. □ 결백을 ~하다.

입증 책임 (立證責任)[-쯩채김] 《법》 거증 책임(擧證責任).

입지 (立地)[-찌] 圓 1 기후·지질 등 동식물이 생육하는 장소의 환경. 2 인간이 경제 활동을 하기 위해 선택하는 장소. □ 조건이 열악하다. 3 자신의 입장. □ 선발 투수로서의 ~를 확실히 굳히다.

입지 (立志)[-찌] 圓한자 뜻을 세움.

입지-전 (立志傳)[-찌-] 圓 뜻을 세워 어려운 환경을 이기고 노력하고 정진해서 목적을 달성한 사람의 전기.

입직 (入直)[-찍] 圓한자 관아에 들어가 번드는 일. 숙직하는 일.

입진 (入津)[-찐] 圓한자 배가 나루에 들어옴.

입진 (入診)[-찐] 圓한자 의원이 궁중에 들어가 임금을 진찰함.

입질 [-찔] 圓한자 낚시질할 때, 물고기가 낚싯밥을 건드리는 일. □ ~이 신통치 않다.

입질 (入質)[-찔] 圓 돈을 빌리기 위해 물건을 담보로 맡기는 일.

입-짓 [-찓] 圓한자 뜻을 넌지시 전하기 위해 입을 움직이는 동작. □ ~, 눈짓으로 가르쳐 주다.

입-짧다 [-짤따] 圓 음식을 적게 먹거나 편식하는 습관이 있다.

입-차다 圓 말로 자랑하다. 장담하다.

입찬-말 圓한자 자기의 지위나 능력을 믿고 지나치게 장담하는 말. 입찬소리.
[입찬말은 묘 앞에 가서 하여라] 쓸데없는 장담은 하지 말라는 말.

입찬-소리 圓한자 입찬말.

입찰 (入札) 圓한타 《경》 매매나 도급 등의 계약을 맺을 때, 여러 희망자들에게 각자의 낙찰 희망 가격을 서면으로 제출하게 하는 일. □ ~ 공고를 내다.

입참 (入參) 圓한자 《역》 궁중의 잔치나 제례(祭禮)에 참석함.

입창 (入倉) 圓한자타 1 조세로 바치는 곡식이나 물건을 창고에 넣음. 2 《군》 법을 어긴 군인이 영창에 들어감.

입창 (立唱) 圓 선소리1. ↔좌창(坐唱).

입-천장 (-天障) 圓 《생》 입 안의 천장을 이루는 부분. 구개(口蓋).

입천장-소리 (-天障) 圓 《언》 구개음.

입첨 (笠檐) 圓 갓양태.

입체 (立替) 圓한타 뒤에 상환(償還)받을 목적으로 금품 등을 대신 지급하는 일. 체당(替當). □ 회비를 [책값을] ~하다.

입체 (立體) 圓 《수》 일정한 위치에서 길이·넓이·두께를 지닌 물체.

입체-각 (立體角) 圓 《수》 공간의 한 점을 꼭짓점으로 하는 사선이, 꼭짓점을 중심으로 회전해서 처음의 위치로 되돌아왔을 때 그려진 도형에 생긴 각.

입체-감 (立體感) 圓 위치·넓이·길이·두께를 가진 물건의 느낌. 입체를 보는 것과 같은 느낌. □ ~을 나타내다.

입체-경 (立體鏡) 圓 《물》 다른 각도에서 찍은 두 장의 사진을 동시에 보여, 그 상(像)이 보이게 하는 장치. 실체경.

입체 교차로 (立體交叉路) 교차하는 두 도로를 위아래로 분리해서 엇갈리게 만든 도로.

입체 기하학 (立體幾何學) 《수》 공간에 있는 점·직선·각·곡선·평면·곡면·입체 또는 그들의 집합으로 된 도형을 연구하는 기하학.

입체-낭독 (立體朗讀) 圓 소설 등을 낭독할 때, 대화 장면 등에서 등장인물의 성별에 따라 대사를 각기 따로 읽고 효과나 음악 따위를 넣어 실감 나게 하는 낭독.

입체 농업 (立體農業) 종래의 농경 조직에 양축(養畜)·농산물 가공 등을 결합한 종합적인 농업.

입체 도형 (立體圖形) 《수》 삼차원의 공간에 부피를 가진 도형. 공간 도형.

입체-미 (立體美) 圓 조각·건축·공예 따위의 입체 형상에 나타난 아름다움.

입체 방·송 (立體放送) 하나의 프로그램을 주파수가 다른 둘 이상의 방송 회로로 행하는 방송. 스테레오 방송.

입체 사진 (立體寫眞) 하나의 대상을 다른 각도에서 두 장의 사진으로 찍어 입체적으로 보이도록 한 사진.

입체 영화 (立體映畵) 촬영 각도를 달리해서 두 대의 촬영기로 찍은 두 개의 장면을 두 대의 영사기로 스크린에 동시에 영사하는 것으로, 편광 안경을 쓰고 봄. 3D 영화. 삼차원 영화.

입체 음향 (立體音響) 둘 이상의 스피커를 사용해서 음원(音源)의 음색뿐만 아니라 방향감이나 거리감 따위를 재생한 음향.

입체-적 (立體的) 圓관한 1 입체감을 주는 (것). □ ~ 기법. 2 사물을 여러 각도에서 파악하는 (것). □ ~ 접근.

입체-전(立體戰)〖명〗〖군〗육해공군이 합동 작전으로 싸우는 현대의 전쟁.

입체-주의(立體主義)[-/-이]〖명〗입체파.

입체-파(立體派)〖명〗물체의 본질이나 형상을 이성으로 파악할 것을 주장하고, 물체의 모양을 분석해서 기하학적인 점과 선으로 표현하려고 한 회화의 한 유파(20세기 초 프랑스의 피카소·브라크 등이 대표적임). 입체주의. 큐비즘.

입체 화법(立體畵法)[-뻡] 각종 입체 도형을 평면 위에 정밀하게 나타내는 기법(투영 화법·투시 화법 따위).

입초(入超)〖명〗〖경〗'수입 초과'의 준말. ↔출초(出超).

입초(立哨)〖명〗〖하자〗정해진 곳에서 움직이지 않고 보초를 섬. 또는 그 사람. 부동초. ▣~를 서다. ↔동초(動哨).

입촌(入村)〖명〗〖하자〗마을·선수촌 등에 들어감. ▣선수단의 선수촌 ~. ↔퇴촌(退村).

입추(入秋)〖명〗이십사절기의 열셋째《대서(大暑)와 처서(處暑) 사이로, 양력 8월 8~9일경. 이때부터 가을이 시작됨》.

입추(立錐)〖명〗송곳을 세움.
입추의 여지가 없다〖관〗송곳도 세울 수 없을 만큼 많은 사람이 꽉 들어차 발을 들여놓을 틈도 없음.

입추지지(立錐之地)〖명〗송곳 하나 세울 만한 땅이란 뜻으로, 매우 좁아 여유가 조금도 없음을 이르는 말.

입춘(立春)〖명〗이십사절기의 첫째《대한(大寒)과 우수(雨水) 사이로, 양력 2월 4일경. 이때부터 봄이 시작됨》.

입춘-대길(立春大吉)〖명〗입춘을 맞이해서 길운(吉運)을 기원하며 대문이나 문지방 등에 써 붙이는 글.

입춘-방(立春榜)〖명〗입춘서.

입춘-서(立春書)〖명〗입춘에 벽이나 문짝 등에 써 붙이는 글. 춘방(春榜). 입춘방.

입출(入出)〖명〗수입과 지출. 수지(收支). ▣~명세.

입출-금(入出金)〖명〗들어오는 돈과 나가는 돈. ▣~을 비교하다.

입출력 장치(入出力裝置)[-짱-]〖컴〗새로운 데이터를 받아들여 중앙 처리 장치로 보내고, 다시 처리 결과를 받아 사용자가 이해할 수 있는 형태로 바꾸어 주는 장치.

입-춤(立-)〖명〗사람들이 보통 옷을 입고 둘이 마주 서서 추는 춤.

입치(入齒)〖명〗〖하자〗이를 해 넣음. 의치(義齒)를 박음.

입-치다꺼리〖명〗〖하자〗〈속〉먹는 일을 뒷바라지하는 일. ▣워낙 박봉(薄俸)이라 처자식 ~하기에도 벅차다.

입탕(入湯)〖명〗〖하자〗입욕(入浴).

입-태자(立太子)〖명〗〖하자〗태자를 정함.

입평(立坪)〖명〗흙·모래 등의 부피를 재는 단위《여섯 자 입방체의 부피》.

입표(立標)〖명〗〖하자〗1 나무·돌·기(旗) 등으로 표를 세움. 또는 그 표. 2〖해〗암초·여울 등에 세우는 경계 표지.

입품(入品)〖명〗〖하자〗물품이 들어옴. 또는 그 물품. ▣~목록.

입품(入稟)〖명〗〖하자〗임금에게 아룀.

입하(入荷)[이파]〖명〗〖하자타〗물건이 들어옴. 또는 물건을 들여옴. ▣신상품 ~. ↔출하(出荷).

입하(立夏)[이파]〖명〗이십사절기의 일곱째《곡

우(穀雨)와 소만(小滿) 사이로, 양력 5월 5~6일경. 이때부터 여름이 시작됨》.

입학(入學)[이팍]〖명〗〖하자타〗학교에 들어가 학생이 됨. 입교(入校). ▣~ 선물 / ~ 자격 / ~ 정원을 늘리다.

입학-금(入學金)[이팍끔]〖명〗입학할 때 학교에 내는 돈. ▣~ 납부.

입학-기(入學期)[이팍끼]〖명〗입학하는 때. ▣~가 되다.

입학-생(入學生)[이팍쌩]〖명〗새로 학교에 들어간 학생. ▣~을 선발하다.

입학-시험(入學試驗)[이팍씨-]〖명〗입학생을 선발하는 시험. ▣~에 합격하다. ㉰입시.

입학-식(入學式)[이팍씩]〖명〗입학할 때 신입생을 모아 놓고 행하는 의식. ▣~에 참석하다.

입학 원서(入學願書)[이파권-]〖명〗입학을 청원하는 문서. ▣~를 접수하다.

입항(入港)[이팡]〖명〗〖하자타〗배가 항구에 들어옴. 입선(入船). ▣~을 허가하다.

입향-순속(入鄕循俗)[이팡-]〖명〗다른 지방에 가서는 그 지방의 풍속을 좇음.

입헌(立憲)[이펀]〖명〗헌법을 제정함.

입헌-국(立憲國)[이펀-]〖명〗헌법을 제정하고 그에 따라 정치를 행하는 나라.

입헌 군주국(立憲君主國)[이펀-]〖명〗입헌 군주제의 나라.

입헌 군주제(立憲君主制)[이펀-]〖명〗군주가 헌법에서 정한 제한된 권력을 행사하는 정치 체제.

입헌 정체(立憲政體)[이펀-]〖명〗헌법을 제정하고 그에 따라 정치를 행하는 체제. 군주제와 공화제가 있음. ＊전제(專制) 정체.

입헌 정치(立憲政治)[이펀-]〖명〗헌법에 따라 행하는 정치. 헌정.

입헌-주의(立憲主義)[이펀- / 이펀-이]〖명〗국가 구성원의 합의에 의해 제정된 헌법에 따라 국가를 운영하려는 정치사상.

입화-면(立畵面)[이퐈-]〖명〗〖수〗투영도에서, 물체를 평면에 수직을 이루는 정면에서 보았을 때의 모양을 그린 면. 직립면. ＊평화면·측화면.

입회(入會)[이푀]〖명〗〖하자〗어떤 모임에 들어가 회원이 됨. ▣~ 절차 / ~를 희망하다. ↔탈회·퇴회.

입회(立會)[이푀]〖명〗〖하자〗1 증거로 삼거나 검증을 하려고 현장에 가서 지켜봄. ▣증인으로 ~하다. 2 증권 거래소 등에서, 거래하는 사람이나 그 대리인이 일정한 시간에 거래소 안에 모여 매매 거래를 맺는 일.

입회-인(立會人)[이푀-]〖명〗뒷날 증인으로 삼기 위해 어떤 사실이 발생하거나 존재하는 곳에 입회하는 사람.

입후(入后)[이푸]〖명〗〖하자타〗황후를 맞아들임. 또는 황후로 들어감.

입후(入後)[이푸]〖명〗〖하자타〗양자를 들임. 또는 양자로 들어감.

입후(立后)[이푸]〖명〗〖하자〗황후를 책립함.

입후(立後)[이푸]〖명〗〖하자〗양자를 세움. 입사.

입-후보(立候補)[이푸-]〖명〗선거에 후보자로 나섬. ▣무소속으로 ~하다.

입후보-자(立候補者)[이푸-]〖명〗선거에 후보자로 나선 사람. ↔선정.

입히다[이피-]〖타〗1《'입다'의 사동》입게 하다. 닿게 하다. 끼치다. ▣옷을 ~ / 상처를 ~ / 손해를 ~. 2 물건의 거죽에 무엇을 올리거나 바르다. ▣구리에 금을 ~ / 잔디를 ~.

잇다(立-)〈옛〉㉠〖자〗이울다. 마르다. ㉡〖형〗아득하다. 희미하다.

잇¹[일]圏 이부자리나 베개 따위의 거죽을 싸는 천. ▯이불의 ～을 벗기다.
잇²[일]圏 **1** 《식》 잇꽃. **2** 잇꽃의 꽃부리에서 채취하는 붉은빛의 물감.
잇³圏〈옛〉 이끼.
잇-구멍 (利-)[이꾸-/ 잇꾸-]圏 이익이 생길 만한 기회나 길.
잇-꽃[읻꼳]圏《식》 국화과의 두해살이풀. 줄기 높이 1 m 내외, 한여름에 적황색의 꽃이 줄기와 가지 끝에 핌. 씨는 기름을 짜고, 꽃은 약재, 꽃물은 짜서 붉은빛 물감을 만드는 데 씀. 이집트 원산. 잇. 홍화(紅花).
잇-다[일따][이어, 이으니, 잇는]𝐓㊈ **1** 두 끝을 맞대어 붙이다. ▯새끼를 ～. **2** 끊어지지 않게 계속하다. ▯가업을 ～/ 말을 ～/ 끼니를 ～. **3** 줄을 이루어 서다. ▯표를 사려고 줄을 이어 섰다.
잇다감튄〈옛〉 이따금.
잇-단-음표 (-音標)[일따-음-]圏《악》 같은 음표 몇 개를 연결해서 본디의 박자 수보다 길거나 짧게 연주하는 부호. 연음부.
잇-달다[일딸-][잇달아, 잇다니, 잇다는]㊈㊀ **1** 뒤를 이어 달다. 연달다. **2** 끊어진 실을 ～. ㊂㉑ 잇따르다. **3** 축하 행렬이 ～/ 사람들이 잇달아 찾아오다.
잇-달리다[일딸-]㉑(《'잇달다'의 피동》) 일정한 모양이 있는 사물이 다른 사물에 이어 달리다. ▯앞들에 잇달린 텃밭. 「처마가 ～.
잇-닿다[일따타]㉑ 서로 이어져 맞닿다.
잇-대다[일때-]㊀ 서로 잇닿게 하다. ▯형겊을 잇대어 꿰매다.
잇-따르다[일-][잇따라, 잇따르니]㉑ 뒤를 이어 따르다. ▯잇따라 질문하다/ 자동차가 ～/ 교통사고가 잇따르는 구역.
잇-몸[인-]圏 이뿌리를 싸고 있는 살. 치경(齒莖). 치은(齒齦). ▯～을 드러내다.
잇-바디[이빠-/ 읻빠-]圏 이가 죽 박힌 열(列)의 생김새. 치열(齒列). ▯～가 곱다.
잇브다휑〈옛〉 가쁘다. 힘들다.
잇-비[이삐/ 읻삐]圏 잇짚으로 만든 비.
잇비다휑〈옛〉 가쁘게. 힘들게.   「잘못.
잇-살[이쌀/ 읻쌀]圏 **1** 잇몸의 틈. **2** '잇몸'의
잇-새[이쌔/ 읻쌔]圏 이와 이의 사이. ▯～가 벌어지다.
잇-소리[이쏘-/ 읻쏘-]圏 훈민정음에서, ㅅ·ㅈ·ㅊ 따위의 일컬음. 치음(齒音). 치성(齒聲).
잇-속¹[이쏙/ 읻쏙]圏 이의 중심부의 연한 부분. 신경과 핏줄이 분포되어 있음.
잇-속²[이쏙/ 읻쏙]圏 이의 생긴 모양. ▯～이 고르다.
잇-속 (利-)[이쏙/ 읻쏙]圏 이익이 있는 실속. ▯～에 밝다/～을 차리다.
잇-자국[이짜-/ 읻짜-]圏 이로 문 자국. ▯～이 뚜렷하다.
잇-줄 (利-)[이쭐/ 읻쭐]圏 이익을 얻을 수 있는 길. ▯～을 잡다.
잇-집[이찝/ 읻찝]圏 치조(齒槽).
잇-짚[이찝/ 읻찝]圏 메벼의 짚.
있다[읻따]휑 **1** 어떤 장소에 존재하다. ▯산도 있고 물도 ～. **2** 어떤 지위·직장·처소를 차지하는 분. ▯요즘 어디 있나/ 회사 부장으로 있는 분. **3** 생기거나 발생하다. ▯오늘 회식이 ～/ 자동차 추돌 사고가 있었다. **4** 물건·돈 등을 소유하다. ▯있는 사람과 없는 사람. **5** 무형의 것·뜻·정·사랑·믿음 등이 존재하다. ▯행복은 만족에 ～/ 용기가 ～. **6** 몸에 지니거나 품거나 배다. ▯배 속에 아이가 ～/ 병이 ～. **7** 속에 들어 있거나 차다. ▯병에 술

이 ～. ㊂ **1** 어떤 장소에 머물다. ▯집에 있는다. **2** 어떤 상태를 지속하다. ▯가만히 있어라. **3** 얼마의 시간이 지나다. ▯일주일만 있으면 방학이다. ㊂〔보통〕 어미 '-고' 다음에 쓰여, 동작을 계속하다. ▯책을 읽고 있는 아이/ 빵을 먹고 ～. ㊃〔보형〕'-아'·'-어' 다음에 쓰여, 어떤 상태가 지속되다. ▯앉아 ～. 〔주의〕¹ '있다'는 '없다'와 더불어, 기본형 및 감탄형일 때는 형용사, 현재 관형사형 및 의문형·명령형에서는 동사와 같은 활용을 함(없다는 명령형이 없음). ▯학교가 있다/ 학교가 있구나/ 학교가 있는 곳/ 학교가 있느냐/ 학교에 가 있어라. 〔주의〕² 현재의 동작이나 상태를 나타내는 종결 어미 '-느니다'와 연결될 때는 '있습니다' 꼴로 쓰며, 예전에 '합쇼'할 자리에서 쓰던 '있읍니다'는 비표준어로 됨. 〔주의〕³ '있다'의 명사형 표기는 '있음'이며 '있슴'이 아님.
잉튄 **1** 날벌레 따위가 나는 소리. **2** 날쌘 물건이 공중을 잽싸게 나는 소리. **3** 거센 바람에 가늘고 팽팽한 전선 따위에 부딪치는 소리.
잉걸圏 '불잉걸'의 준말.
잉걸-불圏 **1** 이글이글 핀 숯불. 불잉걸. ▯～을 화덕에 담다. **2** 다 타지 않은 장작불.
잉곳 (ingot)圏 제련해서 녹인 금속을 거푸집에 넣어 굳힌 금속 덩어리.
잉글리시 호른 (English horn)《악》 오보에(oboe) 계통의 세로로 부는 목관 악기《대편성의 관현악에 사용함》.
잉꼬 (←일 いんこ)圏《조》 앵무과의 새. 몸길이는 21 cm가량으로 도가머리가 없고, 몸빛은 적색·녹색·황색 등으로 앵무새보다 아름다움. 농조(籠鳥)로 많이 기름.
잉꼬-부부 (←いんこ夫婦)圏 다정하고 금실이 좋은 부부의 비유.
잉:모 (孕母)圏 잉부.
잉:부 (孕婦)圏 아이를 밴 부인. 임부(姙婦).
잉:수 (剩數)[-쑤]圏 남은 수.
잉아圏 베틀의 날실을 한 칸씩 걸어 끌어 올리도록 맨 굵은 실. 종사(綜絲).
잉앗-대[-아때 / -앋때]圏 베틀에서, 위로는 눈썹줄에 대고 아래로는 잉아를 걸어 놓은 나무.
잉:어圏《어》 잉엇과의 민물고기. 몸빛은 대개 주홍빛 섞인 갈색이고 입가에 두 쌍의 수염이 있음. 몸길이는 일정하지 않으나 큰 것은 1 m 이상인 것도 있음. 이어(鯉魚).
［잉어가 뛰니까 망둥이도 뛴다] 힘이 미치지 못하는 자가 분에 넘치게 남의 행동을 모방하여 되지못한 짓을 한다는 말.
잉:어-등 (-燈)圏 사월 초파일에 등대에 매어 다는 잉어 모양의 등《종이나 얇은 서양사(西洋紗)로 만듦》.
잉:엇-국[-어꾹 / -얻꾹]圏 잉어를 넣고 끓인 국. 이어탕.
［잉엇국 먹고 용트림한다] 작은 일을 큰일인 체하고 남에게 거짓 태도를 보이거나 행동한다는 말.
잉:여 (剩餘)圏 쓰고 난 나머지. 여잉(餘剩). ▯～ 농산물.
잉:여 가치 (剩餘價値)《경》 자본가가 노동자에게 지급하는 임금 이상으로 노동자가 생산하는 가치《기업 이윤·지대(地代)·이자 같은 소득의 원천이 됨》.
잉:여 가치설 (剩餘價値說)《경》 노동자가 임금 이상으로 생산한 가치가 자본가의 이윤의

원천이 된다는 학설. 유물 사관과 더불어 마르크스주의 경제학의 근간을 이룸.

잉:여-금(剩餘金)[명]《경》기업의 자산 가운데 법률로 정해진 자본금을 넘는 금액《이익잉여금과 자본 잉여금으로 나뉨》.

잉:여 노동(剩餘勞動)《경》노동자가 자기 생계를 유지하기 위해 생산물을 생산하는 데 필요한 노동 이상으로 하는 노동.

잉:여 생산물(剩餘生産物)《경》노동자가 자기의 생존에 필요한 생산물 이상으로 생산한 생산물.

잉:용(仍用)[명][하타] 이전 것을 그대로 씀.

잉잉[1][부하자] 어린아이가 입을 찡그리듯이 벌리고 밉살스럽게 잇따라 우는 소리. 또는 그런 모양.

잉-잉[2][부하자] **1** 날벌레 따위가 잇따라 날아가는 소리. **2** 세찬 바람이 가늘고 팽팽한 철사줄이나 전깃줄 따위에 잇따라 부딪치는 소리.

잉잉-거리다[1][자] 자꾸 잉잉 울다.

잉잉-거리다[2][자] 잉잉 소리를 자꾸 내다. ▷ 모기가 귓가에서 잉잉거린다.

잉잉-대다[1][자] 잉잉거리다[1].

잉잉-대다[2][자] 잉잉거리다[2].

잉:조(剩條)[-쪼][명] 쓰고 남은 부분.

잉:존(仍存)[명][하타] 그전 물건을 그대로 둠.

잉크(ink)[명] 필기·인쇄에 쓰는, 빛깔이 있는 액체. ▷ ~가 번지다.

잉크-병(ink瓶)[명] 잉크를 담아 두는 병.

잉크스탠드(inkstand)[명] 책상 위에 놓아 두고 잉크를 담아 찍어 쓸 수 있게 만든 문방구.

잉크젯 프린터(inkjet printer)《컴》용지에 잉크를 내뿜어 인쇄하는 비충격식 프린터. 도트 프린터보다 소음이 적음.

잉:태(孕胎)[명][하타타] **1** 아이를 뱀. 임신(姙娠). 회태(懷胎). **2** 어떤 사실이나 현상이 내부에서 생겨 자라남. ▷ 민족적 비극의 ~.

잊다[읻따][타] **1** 기억하지 못하거나 깨닫지 못하다. ▷ 약속을 ~ / 지금은 이름도 다 잊었다. **2** 단념하고 생각하지 않다. ▷ 지난 일은 다 잊었다. **3** 마음에 새겨 두지 않고 저버리다. ▷ 은혜를 ~ / 본분을 ~. **4** 물건을 어떤 곳에 두고 생각하지 못하다.

잊어-버리다[타] 모두 잊다. 아주 잊다. ▷ 약속을 까맣게 ~ / 얼굴을 ~.

잊히다[이치-][자]《'잊다'의 피동》잊게 되다. 생각이 나지 않게 되다. ▷ 꿈엔들 잊힐 리야.

잎[1][입][명] **1**《식》식물의 영양 기관의 하나(호흡 작용·광합성 작용을 함). ▷ ~이 무성하다 / ~이 시들다. **2** 잎을 세는 단위. ▷ 나뭇잎이 한 두 ~ 떨어진다.

잎[2][명]〈옛〉**1** 지게문. **2** 어귀.

잎[3][입][의명] 명주실의 한 바람을 세는 단위.

잎-가[입까][명] 잎의 가장자리.

잎-가지[입까-][명] 잎과 가지를 아울러 이르는 말. 엽지(葉枝).

잎갈-나무[입깔나-][명]《식》소나뭇과의 낙엽 침엽 교목. 깊은 산·고원에 남. 늦봄에 황갈색 꽃이 피며, 둥근 과실은 9월에 붉은 갈색으로 익음. 건축·전주(電柱)·침목(枕木)으로 씀. 적목(赤木).

잎-갈이[입까리][명][하자] 묵은 잎이 떨어지고 새 잎이 나는 일.

잎-거미[입꺼-][명]《동》잎거밋과의 절지동물. 나뭇잎 위에 삶. 몸길이 3 mm 내외, 몸빛은 황갈색임.

잎-겨드랑이[입껴-][명]《식》식물의 가지나 줄기에 잎이 붙은 부분의 위쪽. 엽액(葉腋).

잎-꼭지[입-찌][명]《식》잎자루.

잎-꽂이[입꼬지][명]《농》잎을 땅에 꽂아 뿌리를 내리게 하는 꺾꽂이 방법.

잎-나무[임-][명] 잎이 붙은 땔나무.

잎-노랑이[임-][명]《식》엽황소(葉黃素).

잎-눈[임-][명]《식》자라서 줄기 또는 잎이 될 식물의 눈(꽃눈보다 작음). 엽아(葉芽).

잎다[타]〈옛〉읊다.

잎-담배[입땀-][명] 썰지 않고 잎사귀 그대로 말린 담배. 엽초(葉草). ←살담배.

잎-덩굴손[입떵-][명]《식》잎이 변해서 생긴 덩굴손. 엽권수.

잎마름-병(-病)[임-뼝]《농》엽고병(葉枯病).

잎말잇-병(-病)[임마리뼝 / 임마릳뼝]《식》잎말이나방으로 말미암아 식물의 잎이 말려서 마르는 증세.

잎-망울[임-][명] 아직 피지 않고 잎눈이 부풀어서 곧 피려고 하는 잎.

잎-맥(-脈)[임-][명]《식》잎살 안에 벋어 있는 관다발의 한 부분(잎살을 버티어 주고, 수분·양분의 통로가 됨). 엽맥(葉脈).

잎-몸[임-][명]《식》잎의 넓은 부분. 잎살과 잎맥으로 이루어짐. 엽록체를 함유하며 광합성을 함. 엽신(葉身). 엽편(葉片).

잎-바늘[입빠-][명]《식》잎이 변해서 가시같이 된 것(선인장의 가시 따위). 엽침(葉針).

잎-벌레[입뻘-][명]《충》잎벌렛과의 딱정벌레의 총칭. 몸은 작은 타원형, 빛은 흑갈색·적황색 따위가 있으며 애벌레와 엄지벌레 모두 농작물·채소·과수의 잎을 해침.

잎-사귀[입싸-][명] 낱낱의 잎. 이파리.

잎사귀-머리[입싸-][명] 소의 처녑에 붙은 넓고 얇은 고기(저냐에 씀).

잎-살[입쌀][명]《식》잎의 겉가죽 안쪽에 있는 녹색의 연한 세포 조직. 곧, 잎에서 잎맥을 제외한 나머지 부분. 광합성을 함. 엽육(葉肉).

잎-새[입쌔][명] 나무의 잎사귀. 주로 문학적 표현에 씀.

잎-샘[입쌤][명][하자] 봄에 잎이 나올 무렵에 갑자기 날씨가 추워짐. 또는 그런 추위. ▷ ~ 추위.

잎-성냥[입썽-][명] 성냥의 일종. 나비 2 cm, 길이 25 cm 가량의 얇은 소나무 개비의 한끝을 삼각형으로 만들어 그 끝에 황을 발라 불이 옮겨 붙게 한 것.

잎-숟가락[입쑫가-][명] 얇고 거칠게 만든 숟가락. *간자숟가락.

잎잎-이[임니피][부] 각각의 잎마다 모두. ▷ ~ 꿈게 물들다.

잎-자루[입짜-][명]《식》잎몸을 줄기나 가지에 붙게 하는 꼭지 부분(잎을 햇빛 방향으로 향하게 함). 엽병(葉柄). 잎꼭지.

잎-줄기[입쭐-][명]《식》잎의 줄기. 엽축(葉軸).

잎줄기-채소(-菜蔬)[입쭐-][명]《식》잎과 줄기를 식용하는 채소붙이. 엽채류(葉菜類).

잎-집[입찝][명]《식》잎자루가 칼집 모양으로 되어 줄기를 싸고 있는 것(벼·보리 등 볏과 식물에 많음). 엽초(葉鞘).

잎-차례(-次例)[입-][명]《식》잎이 줄기에 붙어 있는 모양(어긋나기·마주나기·돌려나기·뭉쳐나기 따위가 있음). 엽서(葉序).

잎-채소(-菜蔬)[입-][명]《식》잎을 식용으로 하는 채소(배추·양배추·시금치·상추·근대 따위). 엽채(葉菜).

잎-침(-鍼)[입-][명]《한의》침혈 부위를 찔러 피를 빼는 목적으로 쓰는 침.

잎-파랑이 [입−]〔명〕《식》 엽록소(葉綠素).

잎파리 〔명〕 ☞ 이파리.

잎-혀 [이펴]〔명〕《식》 잎집의 끝이 줄기에 닿은 자리에 붙어 있는 작고 얇은 조각. 줄기와 잎집 사이에 불순물이 들어가는 것을 막음. 엽설(葉舌).

-으나 〔어미〕〈옛〉 −으나.

-으니 〔어미〕〈옛〉 −으니.

-으니이다 〔어미〕〈옛〉 −은 것입니다.

으란 〔조〕〈옛〉 일랑.

으로 〔조〕〈옛〉 으로.

-으리잇가 〔어미〕〈옛〉 −으리까. −을 것입니까.

-으샤 〔어미〕〈옛〉 −으시어.

-으샨 〔어미〕〈옛〉 −으신.

-으시니 〔어미〕〈옛〉 −으시니.

-으시니이다 〔어미〕〈옛〉 −으시었습니다. −으신 것입니다.

-으시러니와 〔어미〕〈옛〉 −으시거니와.

-으시리잇가 〔어미〕〈옛〉 −으시리이까. −으시겠습니까.

-으실쎄 〔어미〕〈옛〉 −으시므로.

은 〔조〕〈옛〉 은.

을 〔조〕〈옛〉 을.

-읍 〔어미〕〈옛〉 (용언 어간 뒤에 붙어) −옵소서.

-읍- 〔선어미〕〈옛〉 −옵-.

의 〔조〕〈옛〉 **1** 의. **2** 에.

ᅌ (옛이응[엔−])〈옛〉 옛 자음의 하나(지금의 'ㅇ' 받침 소리와 같은 음가로 발음됨).

에 〔조〕〈옛〉 에.

ㆆ[1] (된이응)〈옛〉 옛 자음의 하나. 목젖으로 콧길을 막으면서 목 안의 숨길을 닫아, 장차 입 안만을 숨 없이 튀겨 터뜨리는 맑은 음가(《경음(硬音) 부호의 일종으로 관형격 사잇소리로 많이 쓰였음)).

ㆆ[2] 〔조〕〈옛〉 의.

ㆀ (쌍이응)〈옛〉 초성의 배가(倍加)와 같이 발음을 세게 하라는 경음적(硬音的) 역할의 표기법(목 안을 열어 내는 'ㅇ' 첫소리임).

-여 〔어미〕〈옛〉 −여.

ㅈ (지읒[-읃]) **1** 한글 자모의 아홉째 글자. **2** 자음의 하나. 혓바닥을 입천장에 붙였다가 터뜨릴 때에 나는 무성음(받침으로 그칠 때는 입천장에 붙이기만 함).

자¹ 〔-〕똉 길이를 재는 기구. ▢ ~로 길이를 재다 / ~를 대고 줄을 긋다 / ~로 잰 것처럼 정확하다. 〔-〕의명 길이 단위의 하나. '치'의 열 배. 약 30.3 cm. 척(尺).
[자에도 모자랄 적이 있고 치에도 넉넉할 적이 있다] 경우에 따라서는 많아도 모자랄 때가 있고, 적어도 남을 때가 있을 수 있다.

자² 〔子〕똉 **1** 아들 또는 자식. **2** 민법에서, 적출자·서자·양자 등의 총칭. **3** 공자(孔子)의 존칭. ▢ ~ 왈(日). **4** '자작(子爵)'의 준말. **5** 십이지(十二支)의 첫째. **6** '자방(子方)'의 준말. **7** '자시(子時)'의 준말.

자² 〔字〕똉 사람의 본이름 외에 부르는 이름〔흔히 장가든 뒤에 본이름 대신으로 부름〕.

자² 〔字〕〔-〕똉 글자. ▢ 하늘 천 ~를 쓰다 / 이 한자가 무슨 ~냐. 〔-〕의명 글자의 수를 나타내는 말. ▢ 원고 석 ~ / 200~ 원고지.

자: 〔紫〕똉 자줏빛.

자 〔者〕의명 사람을 얕잡아 이르는 말. ▢ 힘으로는 그에게 당할 ~가 없다.

자 〔秭〕㈜괸 십진급수의 한 단위. 해(垓)의 만 배, 양(壤)의 만분의 일. 곧 10^{24}.

자² 〔감〕 남의 주의를 불러일으켜 행동을 재촉할 때 내는 소리. ☞자, 가자.

-자 〔子〕回 **1** 아주 작은 것을 나타내는 말. ▢ 미립~ / 중성~. **2** 신문·잡지 등의 어느 난을 맡은 기자가 자칭할 때 쓰는 말. ▢ 편집~. **3** 성도(聖道)를 전하는 사람이나 독자적인 학설을 세운 사람의 존칭. ▢ 공~ / 맹~.

-자 〔者〕回 '그러한 사람'·'그 방면에 능통한 사람'의 뜻. ▢ 입후보~ / 당선~ / 과학~ / 철학~.

-자 어미 **1** 동사 및 '있다'의 어간에 붙어, 친구나 손아랫사람에게 함께 하기를 청하는 뜻을 나타내는 종결 어미. ▢ 어서 가~. **2** 동사 및 '있다'의 어간에 붙어, 하고자 하는 뜻을 나타내는 연결 어미. ▢ 죽~ 하니 청춘이요, 살~ 하니 고생이라. **3** 동사의 어간에 붙어, 동작이 막 끝남과 동시에 다른 동작이나 사실이 생김을 나타내는 연결 어미. ▢ 정들자 이별이라. **4** '이다'의 어간에 붙어, 그 자격과 동격으로 다른 자격을 나타내는 연결 어미. ▢ 그는 작가이~ 정치가이다 / 제비는 새이~ 동물이다.

자가 〔自家〕똉 **1** 자기의 집. 자택. **2** 자기 자체. → 본인.

자가 감:염 〔自家感染〕 자기 몸에 스스로 병원균을 옮게 해서 병을 일으키게 되는 일. 자가 전염.

자가 결실 〔自家結實〕〔-씰〕〔식〕 같은 꽃이나 그루 사이에서 수분(受粉)이 이루어져 열매를 맺는 일.

자가-광고 〔自家廣告〕똉 자가선전.

자가 규정 〔自家規定〕〔철〕 다른 데에 의지하지 않고 자기의 자유의사에 맡기는 규정.

자가-당착 〔自家撞着〕 같은 사람이 하는 말

과 행동의 앞뒤가 어긋나 모순됨. 자기모순. 모순당착. ▢ ~에 빠지다.

자가-발전 〔自家發電〕〔-쩐〕똉〔전〕 개인이 소규모의 발전 시설을 갖추어 놓고 전기를 일으키는 일.

자가 보:존 〔自家保存〕〔생〕 자기 보존.

자가사리 똉〔어〕동자갯과의 민물고기. 개울의 돌 밑에 사는데, 길이 5∼13 cm로 네 쌍의 수염이 있고 입이 아래로 향해 있음. 등은 질은 적갈색, 배는 누런색을 띰.
[자가사리 끓듯 한다] 잔 것들이 모여 분주히 떠돌아다닌다. [자가사리 용을 건드린다] 약한 자기 힘을 생각하지 않고 함부로 남을 건드린다.

자가-선전 〔自家宣傳〕똉 제 스스로 자기가 한 일이나 자신의 장점을 드러내어 자랑하는 일. 자가광고. 자기광고. 자기선전.

자가-소비 〔自家消費〕똉 자기가 생산한 것을 자기가 소비함.

자가 수분 〔自家受粉〕〔식〕 양성화(兩性花)에서는 같은 꽃 안의 꽃가루로, 단성화(單性花)에서는 동일 개체의 수꽃의 꽃가루로 수분하는 일. 제꽃가루받이. ↔타가 수분.

자가 수정 〔自家受精〕〔생〕 **1** 자웅 동체의 동물에서, 동일 개체 내에 생긴 정자와 난자 사이에 일어나는 수정. **2** 종자식물에서 자가 수분의 결과 행해지는 수정. 제꽃정받이. ↔타가 수정.

자가-용 〔自家用〕똉 **1** 영리를 목적으로 하지 않고 개인 또는 개인의 가정에서 사용하는 물건. ▢ ~ 비행기. **2** '자가용차'의 준말. ▢ ~을 몰다 / ~을 타고 다니다 / ~으로 출퇴근한다.

자가용-차 〔自家用車〕똉 자가용으로 부리는 자동차. ㈜자가용.

자가-운전 〔自家運轉〕똉 자동차를 차 주인이 손수 운전하는 일.

자가 임성 〔自家稔性〕〔식〕 타가 수분(他家受粉) 식물에서, 어떤 개체에 한하여 자기의 꽃가루로 열매를 맺는 성질.

자가 전염 〔自家傳染〕〔의〕 자가 감염.

자가-제 〔自家製〕똉 자기 집이나 자기 공장에서 만든 물건.

자가 중독 〔自家中毒〕〔의〕 자기 몸 안에서 생긴 독소에 의한 중독 증상.

자가품 똉 손목·발목·손아귀 등의 이음매가 과로로 마비되어 시고 아픈 병증.

자각 〔自覺〕똉하타 **1** 자기 결점이나 지위·책임 따위를 스스로 깨달음. ▢ 민족의식의 ~ / 자신의 처지를 ~하고 분발하다. **2** 스스로도 앎. ▢ 병이 매우 위중한 것을 ~하다.

자각-심 〔自覺心〕〔-씸〕똉 자기 자신을 스스로 의식하는 마음.

자각 증상 〔自覺症狀〕〔-쯩-〕〔의〕 환자 자신이 느끼는 병의 증상. 자각 증세.

자간 〔子癎〕〔의〕 몸속에 생긴 독소의 중화와 배설이 잘 안되어 태중(胎中)에 생기는 위험한 병〔두통·현기·호흡 곤란·경련 등으로 게거품을 흘리고 까무러침〕.

자간 〔字間〕똉 쓰거나 인쇄한 글자와 글자 사

이. ▢ ~을 좁히다 / ~을 조절하다.
자갈 ① 강이나 바다의 바닥에서 오랫동안 갈리고 물에 씻기어 반들반들해진 잔돌. 역석(礫石). ▢ ~정원에 ~을 깔다. ② 자질구레하게 생긴 돌. ▢ 운동장에서 ~을 줍다.
자갈-길 [-낄] 몡 자갈이 깔려 있는 길.
자갈-밭 [-받] 몡 자갈이 많이 깔려 있는 땅. 사력지. ▢ 모래밭과 ~ / ~을 일구다.
자:-갈색 (紫褐色)[-쌕] 몡 검누른 바탕에 조금 붉은빛을 띤 빛깔. 자주고동색.
자갈-치 몡 [어] 등가시칫과의 바닷물고기. 몸이 길고 납작하며 꼬리가 긺. 몸빛은 연한 갈색이고 배지느러미가 없음. 동해와 오호츠크 해에 분포함.
자강 (自強·自彊) 몡하자 스스로 몸과 마음을 힘써 가다듬음.
자강불식 (自強不息)[-씩] 몡하자 스스로 힘써 몸과 마음을 가다듬는 것을 쉬지 않음.
자개 몡 금조개 껍데기를 썰어 낸 조각《잘게 썰어 가구 등을 장식하는 나전 공예에 널리 씀》. ▢ ~ 공예 / ~경대 / ~ 박힌 옷장.
자개-그릇 [-륻] 몡 자개를 박아서 만든 나무 그릇.
자개-농 (-籠) 몡 자개장롱.
자개미 몡[생] 겨드랑이나 오금 양쪽의 오목하게 들어간 곳.
자개-상 (-床) 몡 자개를 박아 꾸민 상의 총칭.
자개-일꾼 금조개를 썰어 여러 가지 물건을 만드는 것을 업으로 삼는 사람.
자개-장 (-欌) 몡 자개장롱.
자개-장롱 (-欌籠)[-농] 몡 자개를 박아 꾸민 장롱. 자개농. 자개장.
자개-함 (-函) 몡 자개를 박아 장식한 함.
자:객 (刺客) 몡 사람을 몰래 죽이는 일을 하는 사람. ▢ 요인을 암살하는 ~이 체포되었다.
자:객-간인 (刺客奸人)[-까닌] 몡 마음씨가 몹시 악하고 모진 사내놈.
자갸 몡 [←자가(自家)] '자기(自己)'를 좀 공손히 예스럽게 일컫는 말.
자거 (恣擧) 몡하자 [불] 불교를 공부하는 동안에 느낀 바를 들어서 말함.
자겁 (自怯) 몡하자 제풀에 겁을 냄.
자:-게 (紫-) 몡 [동] 자겟과의 게. 바다 밑의 진흙·모래에 삶. 등딱지의 길이 4cm, 폭 5cm 정도이고, 모양은 마름모임. 집게발이 크고 힘이 셈.
자격 (字格) 몡 글자, 특히 한자를 쓰는 법칙.
자격 (資格) 몡 ① 어떤 임무를 맡거나 일을 하는 데 필요한 조건. ▢ ~을 갖추다 / ~이 충분하다 / 응시 ~을 제한하다. ② 신분과 지위. ▢ 대의원 ~으로 총회에 참석하다.
자격-루 (自擊漏)[-경누] 몡 조선 세종 때, 물이 흐르는 것을 이용하여 스스로 소리를 내서 시간을 알리도록 만든 시계의 한 가지.
자격 상실 (資格喪失)[-쌍-] 【법】 사형·무기 징역 또는 무기 금고의 판결을 받은 사람이, 공무원이 되는 등의 일정한 자격을 갖지 못하도록 하는 명예형의 하나.
자격-시험 (資格試驗)[-씨-] 몡 일정한 일을 할 수 있는 자격의 유무를 알아보거나, 자격을 부여하기 위하여 치르는 시험.
자격 심:사 (資格審査)[-씸-] 자격의 적부(適否)를 검토하고 조사하는 일.
자격 임:용 (資格任用) 일정한 자격을 갖춘 사람만을 임용하는 일.
자격-자 (資格者)[-짜] 몡 일정한 자격을 가진 사람.
자격 정지 (資格停止)[-쩡-] 【법】 징역이나

금고의 선고를 받은 사람에게 일정한 자격의 전부 또는 일부를 일정 기간 동안 가지지 못하게 하는 명예형의 하나.
자격-증 (資格證)[-쯩] 몡 일정한 자격을 인정하여 주는 증서. ▢ 기능사 ~ / ~을 가진 사람만 채용한다.
자격지심 (自激之心)[-찌-] 몡 자기가 한 일에 대해 자기 스스로 미흡(未洽)하게 여기는 마음. ▢ ~이 들다 / 그것은 아마 그의 ~에서 나온 말일 게다.
자견 (雌犬) 몡 암캐.
자결 (自決) 몡하자 ① 자기와 관련된 일을 스스로 해결함. ▢ 민족 ~. ② 의분을 참지 못하거나 지조를 지키기 위해 스스로 목숨을 끊음. ▢ 혀를 깨물고 ~하였다.
자결-권 (自決權)[-꿘] 몡 자기 문제를 스스로 해결하고 결정할 수 있는 권리.
자결-주의 (自決主義)[- / -이] 몡 남의 힘을 빌리지 않고 자기 일을 스스로 해결해 나가는 주의. ▢ 민족 ~를 내걸다.
자겸 (自謙) 몡하자 겸손하여 자기를 낮춤.
자경 (自剄) 몡하자 자문(自刎).
자경 (自敬) 몡 인격성의 절대적 가치와 존엄을 제 스스로 인식하는 일. 자존(自尊).
자경 (自警) 몡하자 스스로 경계하여 조심함.
자경-단 (自警團) 몡 주민들이 자신의 마을을 지키기 위해 스스로 조직한 경비 단체.
자-경마 (自-) 몡하자 [←自牽馬] 말 탄 사람이 스스로 고삐를 잡고 말을 몲.
자경마(를) 들다 자경마로 말을 타다.
자계 (自戒)[- / -게] 몡하자 잘못을 저지르지 않게 스스로 경계하고 삼감.
자:계 (磁界)[- / -게] 몡 자기장(磁氣場).
자고 (自顧) 몡하자 스스로 자신의 과거나 행동을 돌아봄.
자:고 (瓷鼓) 몡 도자기로 된 장구.
자:고 (慈姑) 몡 [식] 쇠귀나물.
자고 (鷓鴣) 몡 [조] 꿩과의 새. 산이나 들에 살며 메추라기와 비슷함. 날개 길이 17cm 정도, 등과 배와 꽁무니는 누런 갈색을 띠고, 부리와 다리는 붉음. 우리나라와 중국, 유럽 동부 등지에 분포함. 자고새.
자고-급금 (自古及今)[-끔] 몡 (주로 '자고급금에'의 꼴로 쓰여) 예로부터 지금에 이르기까지.
자고-로 (自古-) 몜 '자고이래로'의 준말. ▢ ~ 혼인을 인륜대사라 하여……
자고-이래 (自古以來) 몜 예로부터 지금까지의 동안. 고래(古來).
자고이래-로 (自古以來-) 몜 예로부터 내려오면서. ⑩자고로·자래(自來)로.
자고-자대 (自高自大) 몡하자 교만하여 스스로 잘난 체함.
자-고저 (字高低) 몡 한자음의 높낮이.
자곡 (自曲) 몡하자 결점이 있는 사람이 스스로 고깝게 여김.
자곡지심 (自曲之心)[-찌-] 몡 자곡하는 마음. 스스로 고깝게 여기는 마음.
자공 (自供) 몡하타 스스로 사실대로 말함. 범인이 범행을 자백함.
자과 (自科) 몡 자기가 저지른 죄과(罪科).
자과 (自過) 몡 자기의 잘못.
자과 (自誇) 몡하자 자기 스스로 자랑함.
자과부지 (自過不知) 몡하자 자기 잘못은 자기가 알지 못함.
자과-심 (自誇心) 몡 자기를 과시하고 자랑해

보이려는 마음.

자괴 (自愧) 몡하재 스스로 부끄러워함.

자괴 (自壞) 몡 자연히 부서짐. 외부의 힘에 의하지 않고 저절로 무너짐.

자괴-감 (自愧感) 몡 스스로 부끄럽게 여기는 느낌이나 감정. □～에 잠을 못 이루다.

자괴지심 (自愧之心) 몡 스스로 부끄러워하는 마음. 자괴심.

자구 (字句) 몡 문자와 어구. □～ 해석 / 의안의 ～를 수정하다.

자구 (自求) 몡하타 스스로 구(求)함.

자구 (自救) 몡하타 스스로를 구(救)함. □～ 수단을 강구하다 / ～ 노력을 기울이다.

자:구 (磁區) 몡 강자성체(強磁性體)를 형성한다고 믿어지는 작은 단위체. 자기 구역(磁氣區域).

자:구 (藉口) 몡하재 구실이 될 만한 핑계를 댐. 또는 그 핑계.

자구-권 (自救權) [-꿘] 몡 자력 구제(救濟)를 할 수 있는 법률상의 권리·자격.

자:구지단 (藉口之端) 몡 핑계 삼을 거리.

자구-책 (自救策) 몡 스스로 자기를 구하기 위한 방책. □～을 마련하다.

자구 행위 (自救行爲) 〖법〗 자력 구제. □폭력을 ～라고 강변한다.

자국[1] 몡 1 어떤 물건이나 곳에 다른 물건이 닿아서 생긴 자리. □손톱 ～ / 얼굴이 눈물으로 얼룩지다. 2 부스럼이나 상처가 아문 자리. □불에 덴 ～ / 칼에 벤 ～이 남다. 3 발자국. □눈 위에 ～을 남기다.
자국(을) 밟다 귄 사람이나 동물이 남기고 간 발자국을 따르다.
자국(이) 나다 귄 자국이 생기다.

자국[2] 몡 1 물건이 생산 또는 집산되는 곳. 2 일의 근원이 발단된 곳. 3 붙박이로 박혀 있어야 할 자리.

자국 (自國) 몡 자기 나라. □～의 이익을 무엇보다 우선한다.

자국-걸음 [-꺼름] 몡 조심스럽게 한 발짝씩 옮겨 디디는 걸음.

자국-눈 [-궁-] 몡 겨우 발자국이 날 정도로 적게 내린 눈. 박설(薄雪).

자국-물 [-궁-] 몡 1 발자국에 괸 적은 물. 2 겨우 발목에나 닿을 만큼 적은 물.

자국-민 (自國民) [-궁-] 몡 자기 나라 국민. 자국인.

자국-인 (自國人) [-궁-] 몡 자기 나라 사람. 자국민.

자굴 (自屈) 몡하재 의지나 주장 따위를 스스로 굽힘.

자굴지심 (自屈之心) [-찌-] 몡 스스로 자기를 굽히는 마음.

자궁 (子宮) 몡 여성 생식기인 수란관(輸卵管)의 일부가 변화한 근육질의 기관(受精란이 착상(着床)하여 발육함). 아기집. 자호(子壺). 포궁(胞宮).

자궁 (梓宮) 몡 〖역〗 임금·왕대비·왕비·왕세자들의 유해(遺骸)를 모시던 관. 재궁(梓宮).

자궁 내:막염 (子宮內膜炎) [-망념] 〖의〗 자궁 점막에 생기는 염증(임균·결핵균 등이 원인이 되며, 대하증·하복통·월경 불순 등의 증상이 일어남).

자궁-병 (子宮病) [-뼝] 〖의〗 자궁에 생기는 병의 총칭.

자궁-암 (子宮癌) 몡 〖의〗 자궁에 생기는 암.

자궁-염 (子宮炎) [-념] 〖의〗 자궁벽에 생기는 염증.

자궁 외:임:신 (子宮外姙娠) 〖의〗 수정된 난자가 자궁 이외의 다른 부위에 착상하여 자라는 비정상적인 임신.

자궁-탈 (子宮脫) 몡 〖의〗 자궁이 제자리에서 내려앉는 병.

자궁-후굴 (子宮後屈) 몡 〖의〗 자궁이 뒤로 젖혀져 있는 상태(임신하기 어려우며 임신을 하더라도 조산하기 쉬움).

자궤 (自潰) 몡하재 저절로 뭉그러지거나 찌부러짐.

자귀[1] 몡 흔히 너무 많이 먹어서 생기는 강아지·돼지 새끼 등의 병(배가 붓고 발목이 굽음). □～가 나다.

자귀[2] 몡 짐승의 발자국.
자귀(를) 짚다 귄 짐승의 발자국을 따라 찾아가다.

자귀[3] 몡 나무를 깎아 다듬는 데 쓰는 연장의 하나.

자귀-나무 몡 〖식〗 콩과의 낙엽 활엽 소교목. 산기슭의 양지에 남. 잎은 깃 모양의 겹잎인데 밤이 되면 오므라듦. 여름에 분홍 꽃이 피고 가을에 협과가 익음. 나무는 도구나 세공 재로 씀.

자귀-벌 몡 원목(原木)을 산판에서 자귀로 대강 다듬은 목재.

자귀-질 몡하재 자귀로 나무를 깎는 일. □～로 대충 다듬다 / 그 목수는 ～이 서투르다.

자귀-풀 몡 〖식〗 콩과의 한해살이풀. 밭이나 습지에 나며 높이 약 80cm, 줄기는 연하고 속이 빈 원주형. 여름에 노란 꽃이 총상꽃차례로 피고 잎은 차로 씀.

자귓-밥 [-귀빱 / -귇빱] 몡 자귀질을 할 때 자귀에 찍혀 나오는 나뭇조각이나 나무 부스러기. 비목(飛木). *톱밥.

자규 (子規) 몡 〖조〗 두견이.

자그락-거리다 [-꺼-] 재 하찮은 일로 옥신각신하며 다투다. 융자그럭거리다. 셈짜그락거리다. 자그락-자그락 [-짜-] 몡재

자그락-대다 [-때-] 재 자그락거리다.

자그르르 몡하재 거의 졸아든 물기나 기름기 같은 것이 갑자기 끓어오르는 소리. 또는 그 모양. 큰지그르르. 셈짜그르르.

자그마-하게 몡 자그마하게. □입을 ～ 벌리다. 2 '예상보다 지나치게 많이'·'적지 않게'의 뜻. □～ 만 명이나 모여들었다 / 연봉이 ～ 1억 원이다.

자그마-하다 혬예 보기에 좀 작다. □키가 ～. 준자그맣다.

자그마치 몡 자그마치.

자그맣다 [-마타] [자그마니, 자그매서] 혬ㅎ '자그마하다'의 준말. □머리를 땋아 늘인 자그만 소녀 / 몸집이 ～.

자그시 몡 1 천천히 힘 있게 누르거나 당기거나 밀거나 닫는 모양. 2 눈을 슬그머니 감는 모양. 큰지그시. 3 조용히 참고 견디는 모양.

자:극 (刺戟) 몡하타 1 외부에서 작용을 주어 감각이나 마음에 반응이 일어나게 함. □～을 주다 / ～을 받다 / 신경을 ～하다 / 호기심을 ～하다. 2 신경을 충동하여 흥분되게 함.

자:극 (磁極) 몡 〖물〗 자기력이 가장 센, 자석의 두 끝 부분. 자기극(磁氣極).

자:극-물 (刺戟物) [-궁-] 몡 감각이나 마음에 자극을 주는 물질.

자:극 비:료 (刺戟肥料) [-뼤-] 〖농〗 발육을 촉진하는 자극성이 있는 간접 비료. 곧, 구리·철·붕소·브롬·요오드 등을 화합한 비료.

자:극-성 (刺戟性) [-썽] 몡 신경이나 감각 등에 반응이 일어나게 하는 성질. □～ 음료 / ～

이 강한 음식.

자:극-역 (刺戟閾)[-극녁]圓『심』어떤 감각을 일으키는 데 필요한 최소의 자극 강도.

자:극 운:동 (刺戟運動)『식』식물의 세포가 외부의 자극을 받아 그 영향으로 일어나는 식물체 내의 운동.

자:극-적 (刺戟的)[-쩍]판圓 신경이나 감각 등을 자극하는 (것). ㉠~인 빛깔 / 그의 논조가 뜻밖에 몹시 ~이다.

자:극-제 (刺戟劑)圓 1 신체 조직을 자극하여 염증·운동·이뇨 등을 일으키게 하는 약제. 2 일정한 현상이 촉진되도록 자극을 주는 요소. ㉠생활에 활력을 주는 ~가 되다.

자:근 (紫根)『식』말린 지치 뿌리(물감·약용(藥用)). 자초근(紫草根).

자근-거리다자타 1 남이 귀찮아할 정도로 건드려서 괴롭게 굴다. ㉠자꾸 자근거려 귀찮다. ㉑짜근거리다. ㉮차근거리다. 2 어떤 물건을 약한 힘으로 자꾸 눌러 깨뜨리다. 3 가볍게 여러 번 씹다. ㉑지근거리다. 4 머리가 자꾸 쑤시듯 아프다. **자근-자근**튀자타. ㉠침뿌리를 ~ 씹다.

자근-대다자타 자근거리다.

자근덕-거리다[-꺼-]자타 몹시 끈덕지게 자근거리다. ㉑짜근덕거리다. ㉮짜근덕거리다. **자근덕-자근덕**[-짜-]튀하자타.

자근덕-대다[-때-]자타 자근덕거리다.

자글-거리다자 1 적은 양의 잦아진 물기나 기름기가 자꾸 소리를 내며 끓다. 2 무슨 일에 걱정이 되거나 조바심이 나서 마음을 몹시 졸이다. ㉑짜글거리다. ㉮차글거리다. **자글-자글**튀하자. ㉠뚝배기에서 된장찌개가 ~ 끓는다.

자글-대다자 자글거리다.

자금 (自今)튀 지금으로부터.

자금 (資金)圓 1 사업을 경영하는 데에 쓰는 돈. 자본금. ㉠사업 ~을 대다 / ~ 사정이 좋지 않다. 2 특정한 목적에 사용되는 금전. ㉠정치 ~ / 결혼 ~을 마련하다.

자금-거리다자 음식에 섞인 잔모래 따위가 자꾸 씹히다. ㉑지금거리다. ㉮자끔거리다. **자금-자금**[1]튀하자.

자금-난 (資金難)圓 자금이 부족하여 생기는 곤란. ㉠자금 허덕이다 / 극심한 ~을 겪다.

자금-대다자 자금거리다.

자금 동:결 (資金凍結)圓 1 정부가 자금의 처분이나 이동을 제한·금지하는 조치. 자금 사용이 어렵다. 2 빌려준 자금이 회수되지 않는 일.

자:금-우 (紫金牛)圓『식』자금우과의 상록활엽의 작은 관목. 숲에 나는데, 여름에 흰 꽃이 피고 가을에 빨간 장과가 익음. 우리나라, 일본, 대만, 중국 등지에 분포함. 관상용.

자금-이후 (自今以後)튀 이제부터이다. ~는 마음을 고쳐먹겠다.

자금-자금² 튀하형 모두가 자그마한 모양.

자금-줄 (資金-)[-쭐]圓 돈줄. ㉠~이 막히다 / ~ 역할을 하다.

자금 코스트 (資金cost) 기업체가 생산 또는 사업을 위하여 사용하는 자금 중 차입한 돈의 금리 따위를 이르는 말.

자금 통:제 (資金統制)『경』정부 또는 중앙은행이 통화 안정이나 국민 경제 발전 등을 위하여 금융 시장을 통해 계획적으로 자금의 수요와 공급을 조정하는 일.

자급 (自給)圓하타 자기에게 필요한 물건을 자기 힘으로 마련하여 씀. ㉠식량을 ~하다.

자급 비:료 (自給肥料)[-뇨] 농가에서 스스로 생산해 쓰는 비료(퇴비(堆肥)·재 따위).

자급-자족 (自給自足)[-짜-]圓하타 필요한 것을 자기가 생산하여 충당함.

자급자족-주의 (自給自足主義)[-짜-쭈-/-짜-쭈이]圓 자기 나라의 수요를 자기 나라의 생산으로 충족시킴으로써 국가 경제의 확립·발전을 꾀하는 주의.

자긋-자긋¹ [-귿짜귿]튀 1 잇따라 슬그머니 당기거나 밀거나 닿는 모양. 2 오래 참고 조용히 견디는 모양. ㉑지긋지긋.

자긋-자긋² [-귿짜귿]튀하형 1 보기에 몹시 잔인한 모양. 2 진저리가 나도록 싫고 괴로운 모양. ㉑지긋지긋².

자긋자긋-이 [-귿짜그시]튀 자긋자긋하게.

자긍 (自矜)圓 자기에게 긍지를 가짐. 또는 자기 스스로 하는 자랑.

자긍-심 (自矜心)圓 자기 스스로 자랑하는 마음. 자기 직업에 대한 ~을 가져라.

자기 (自己)[]圓 그 사람 자신. ㉠~ 위주 / 변명을 늘어놓다 / ~ 관리가 철저하다 / ~ 일은 ~가 해라. [관대] 앞에서 이미 말하였거나 나온 바 있는 사람을 도로 가리키는 말. ㉠그는 ~의 주장을 관철했다.

자기 (自記)圓하타 1 스스로 기록함. 2 기계가 자동적으로 부호나 문자를 기록하는 일.

자기 (自起)圓하자 1 자기 힘으로 일어남. 2 저절로 일어남.

자기 (自期)圓하자 마음속에 스스로 기약(期約)함.

자기 (自欺)圓하타 1 자기의 양심을 속임. 2 자기가 자기에게 속음.

자기 (自棄)圓하자 스스로 자기 자신을 버리고 돌보지 않음. 자포자기.

자:기 (瓷器·磁器)圓 사기그릇.

자:기 (磁氣)圓 쇠붙이를 끌어당기거나 남북을 가리키는 등 자석이 갖는 작용이나 성질.

자기-감응 (自己感應)『물』자체 유도(自體誘導).

자:기-감응 (磁氣感應)圓『물』자기 유도(磁氣誘導).

자기-감정 (自己感情)圓『심』자기가 자기 스스로를 평가하는 일종의 감정.

자기 고도계 (自記高度計)[-/-계] 자동적으로 고도를 기록하는 장치.

자기 과:시 (自己誇示)圓 자기의 존재를 인정받으려고 남에게 자기를 과장하여 드러내 보이려는 심리적 경향.

자기 관찰 (自己觀察)『심』자기의 의식이나 경험을 스스로 관찰하는 일. 내관(內觀). 내성(內省).

자기-광고 (自己廣告)圓 자가(自家)선전.

자:기 구역 (磁氣區域)『물』철이나 코발트 따위 강자성체의 결정 안에서 원자의 자기 모멘트 방향이 일치하는 작은 구역.

자기 규정 (自己規定)『철』자가 규정.

자기-기계 (自記器械)[-/-계]圓 자동적으로 어떤 현상의 변화를 연속적으로 기록하는 기계의 총칭.

자:기 기뢰 (磁氣機雷) 배가 가까이 지나가면 자기 유도 작용을 일으켜 자동적으로 폭발하도록 장치한 기뢰.

자기-기만 (自己欺瞞)圓 자기가 자기의 마음을 속이는 일(자기의 신조나 양심에 어긋난다는 것을 알면서도 하는 일 따위).

자기 기압계 (自記氣壓計)[-계/-꼐] 기압의 시간적 변화를 자동적으로 기록하는 장치. 자기 청우계(晴雨計).

자:기 나침반 (磁氣羅針盤) 배나 비행기의 항로나 천체나 지상에 있는 물건의 방위를 재기 위한 기구. 자기 나침의(羅針儀). 자기 컴퍼스. 자석반.

자기 남극 (磁氣南極) 지구 자기장의 남극점. 남반구에서 자침(地磁氣)의 복각(伏角)이 90°로 되는 점. 자남극(南南極).

자:기 녹음 (磁氣錄音) 자성체(磁性體)에 음(音)을 자기적으로 기록하는 방법(자성체로는 플라스틱 테이프 겉에 자성의 철분을 바른 것을 쓰고 있음).

자:기 녹화 장치 (磁氣錄畫裝置)[-노콰-] 〖물〗 음성과 화상(畫像)을 자기(磁氣) 테이프에 기록하는 장치.

자기-도취 (自己陶醉) 圈 자아도취.

자:기 드럼 (磁氣drum) 〖컴〗 자성(磁性) 재료를 바른 원통 모양의 컴퓨터용 기억 매체(고속으로 회전시켜 대량의 정보를 입력하거나 출력할 수 있음).

자:기 디스크 (磁氣disk) 〖컴〗 보조 기억 매체(媒體)로서 사용하는, 자성(磁性) 재료를 바른 디스크(기억 용량이 크며 디스크의 어떤 부분에 들어 있는 데이터든지 즉시 꺼낼 수 있는 장점이 있음).

자:기-력 (磁氣力) 圈 〖물〗 서로 끌거나 밀어내는 자기의 힘. 자력(磁力).

자:기력-선 (磁氣力線場)[-썬] 〖물〗 자기장(磁氣場)에 있어서 자기력(磁氣力)이 작용하는 방향을 나타내는 선(線). ㉮자력선.

자:기력선-속 (磁氣力線束)[-썬-] 〖물〗 한 곳에서 한 방향으로 향한 많은 자기력선. 곧, 자기장 안에 일정 면적을 뚫고 나가는 자기력선의 총수. 자력선속, 자속(磁束).

자기-류 (自己流) 圈 자기만의 독특한 방식. 자기 주관대로 하는 방식. ㉮자 창법.

자:기 마당 (磁氣-) 〖물〗 자기장.

자기-만족 (自己滿足) 圈 자기 자신 또는 자기 행위에 스스로 만족함. ▢그는 ~에 빠져 우쭐거린다.

자기 면:역병 (自己免疫病)[-며력뼝] 〖의〗 면역 반응으로부터 제외되어 있는 자기의 생체 성분에 대한 항체가 병인(病因)이 되는 질병(교원병, 류머티즘 따위). 자기 면역 질환.

자:기 모멘트 (磁氣moment) 〖물〗 자석 또는 회전하는 대전(帶電) 입자를 자석으로 바꾼 것에 작용하는 짝힘 모멘트.

자기-모순 (自己矛盾) 〖논〗 자기의 생각이나 주장이 앞뒤가 맞지 않는 일. 자가당착. ▢~에 빠지다.

자기-반성 (自己反省) 圈 자기가 한 일을 스스로 반성하는 일.

자기 발견 (自己發見) 스스로 모르고 있던 자기 자신의 능력 같은 것을 발견하는 일.

자기 방:치 (自己放置) 자신을 돌보지 않고 될 대로 되라고 내버려 둠.

자기 보:존 (自己保存) 〖생〗 생물이 본능적으로 자기의 생명을 보존하고 발전시키려는 일. 자가 보존.

자기 본위 (自己本位) 자기 생각을 기준으로 하여 생각하고 행동함. ▢그는 무슨 일이나 ~로 생각한다.

자:기 부상 열차 (磁氣浮上列車)[-녈-] 자기력에 의해 바퀴가 궤도 위로 떠서 달리는 열차(고속 구동 및 고가속이 가능하고 소음과 진동이 적은 것이 특징임). 리니어 모터 카.

자기 부:정 (自己否定) 〖철〗 자기 자신을 부정

하는 일.

자기 분석 (自己分析) 〖심〗 자기의 심리를 스스로 분석하는 일.

자기-비판 (自己批判) 圈 자기가 자기를 분석하고 비판하는 일. 자아비판.

자기 생산 (自己生産) 〖경〗 자기의 필요에 따라 스스로 하는 생산.

자:-기세력 (藉其勢力) 圈하찮 남의 세력에 의지함.

자기-소개 (自己紹介) 圈 처음 만난 사람에게 자기의 성명·경력 등을 알리는 일. ▢취업 희망자는 ~서(書)를 첨부할 것.

자기 소외 (自己疏外) **1**〖철〗 헤겔의 변증법에서, 운동의 주체가 자기 본래의 모습에서 벗어나 대립되는 상황으로 변전(變轉)하는 일. **2** 인간이 자기의 본질을 상실하여 비인간적인 상태에 놓이게 되는 일.

자기 습도계 (自記濕度計)[-또-/-또계] 〖물〗 모발(毛髮)이 습도에 따라 신축하는 성질을 이용하여 습도의 시간적 변화를 자동적으로 기록하는 장치.

자기-실현 (自己實現) 〖윤〗 자아실현.

자:기 암:시 (自己暗示) 〖심〗 일정한 관념을 되풀이함으로써 자기 자신에게 암시를 주는 심리 작용.

자기앞 수표 (自己-手票)[-압쑤-] 〖경〗 발행인이 자기를 지급인으로 하여 발행하는 수표. 보증 수표.

자기앞 어음 (自己-)[-압-] 〖경〗 발행인이 자기를 지급인으로 하여 발행한 어음.

자기-애 (自己愛) 圈 자기의 가치를 높이고 싶은 욕망에서 생기는 자기에 대한 사랑.

자기 온도계 (自記溫度計)[-/-게] 〖물〗 온도의 시간적 변화를 자동적으로 기록하는 온도계.

자기-완성 (自己完成) 圈 자기 자신의 인격을 완전한 것으로 만드는 일.

자기 우:량계 (自記雨量計)[-/-게] 자동적으로 강우량을 기록하는 장치.

자기 유도 (自己誘導) 〖물〗 자체 유도(自體誘導).

자:기 유도 (磁氣誘導) 〖물〗 자석의 주변에 연철(軟鐵) 등의 자성체를 놓을 때, 그 자성체가 자기를 띠는 현상. 자기감응.

자기 융자 (自己融資) 〖경〗 증권 회사가 스스로 조달(調達)한 자금을, 신용 거래 고객에게 융자하는 일.

자기 일사계 (自記日射計)[-싸-/-싸계] 일사량(日射量)의 시간적 변화를 자동적으로 기록하는 장치.

자:기 잉크 문자 판독기 (磁氣ink文字判讀機)[-짜-끼] 〖컴〗 자성(磁性)을 가진 특수 잉크로 기록된 문자나 숫자를 판독하는 장치. 변조를 방지하기 위해 주로 수표나 어음 따위에 사용함.

자기 자본 (自己資本) 〖경〗 기업의 주주가 출자한 자본과 기업 내부에서 축적된 적립금·준비금 등의 유보 자본을 합한 자본. ↔타인 자본.

자:기 자오선 (磁氣子午線) 〖물〗 지구 자기장의 수평 자기력의 방향을 나타내는 선.

자:기-장 (磁氣場) 〖물〗 자석이나 전류의 주위에 발생하는 자기력이 작용하는 공간. 자기 마당. 자계(磁界). 자장(磁場).

자기 장치 (自記裝置) 시간적으로 변화하는 현상을 자동적으로 기록하기 위한 장치.

자:기 저:항 (磁氣抵抗) 〖물〗 자기 회로 중의 자기력선속에 대한 방해의 정도.

자:기 적도 (磁氣赤道)[-또]『물』지구 표면에서, 지자기(地磁氣)의 복각(伏角)이 영(零)이 되는 점을 맺는 지구 상의 곡선(지리학상의 적도와는 일치하지 않음).

자기 점유 (自己占有)『법』'직접 점유'의 구용어. ↔대리 점유.

자기-주의 (自己主義)[- / -이] 圏 이기(利己)주의1.

자기-주장 (自己主張) 圏 자기의 생각이나 의견 따위를 당당하고 자신 있게 주장하는 일. ▢~이 강하다.

자기-중심 (自己中心) 圏 자기 일만을 생각하고, 남의 일은 생각하지 않는 일. ▢~주의 / 그는 만사를 ~으로 생각한다.

자:기 지력선 (磁氣指力線)[-썬]『물』자기력선.

자기 진:단 (自己診斷)『심』자기의 개성을 남의 것과 비교하여 평가하는 일. 자기 평가.

자기-청산 (自己淸算) 圏 지난날의 온갖 너저분했던 생활을 깨끗이 지워 버림.

자기 청우계 (自記晴雨計)[- / -게]『물』자기 기압계(氣壓計).

자:기 카드 (磁氣card)『컴』플라스틱에 자성체(磁性體)를 입힌, 정보 기록용 카드(아이디 카드(ID card)·현금 인출(引出) 카드 따위가 있음).

자:기 컴퍼스 (磁氣compass)『물』자기 나침반(羅針盤).

자:기 코어 (磁氣core)『컴』자성체(磁性體)로 된 주기억 장치의 기억 소자. 도넛 모양이며, 크기가 작을수록 속도가 빠르고 전력 소모가 적음.

자:기 탐광 (磁氣探鑛)『광』자기 탐사.

자:기 탐사 (磁氣探査)『광』지자기(地磁氣)를 측정하여 자철광·프랭클린석(石)·티탄 철광·자황(雌黃) 철광 등을 탐사하는 방법. 자기 탐광.

자:기 탐상법 (磁氣探傷法)[-뻡]『공』자기력선속의 변화를 이용하여 철제품의 미세한 흠을 탐사하는 방법.

자:기 탐지기 (磁氣探知機) 자기를 이용하여 항행 중인 잠수함이나 땅속의 지뢰 따위를 탐지하는 장치.

자:기 테이프 (磁氣tape)『전』플라스틱 테이프의 표면에 산화철 등의 자성(磁性) 재료를 바른 것(테이프 리코더·비디오 리코더·컴퓨터 따위에 씀).

자기-편 (自己便) 圏 자기와 같은 입장(立場)에 선 쪽. 또는 그 사람. ▢사람들을 ~으로 끌어들이다 / ~ 선수를 응원하다.

자기 평:가 (自己評價)[-까]『심』자기 진단.

자:기 폭풍 (磁氣暴風)『물』지구 상의 자기장(磁氣場)이 지구 전체에 걸쳐 거의 같은 시간에 크게 변동하는 현상(태양의 흑점, 오로라의 출현 등이 주요 원인이 됨).

자기-표현 (自己表現) 圏 자기의 생각이나 의견 따위를 외부로 드러내 보임.

자기 학대 (自己虐待)[-때] 자기가 자기 스스로를 구박함.

자기 학습 프로그램 (自己學習program)[-씁]『컴』컴퓨터가 프로그램을 실행하는 과정에서 스스로 학습하도록 만든 프로그램. 인간이 시행착오를 거치면서 오류를 발견하고 개선하여 나가는 과정을 응용한 것.

자:기 헤드 (磁氣head)『컴』자기 디스크·자기 테이프·자기 드럼에서 정보를 판독(判讀)·기록·삭제할 수 있도록 한 부품. 또는 그 장치.

자기 현:시 (自己顯示) 자기의 존재를 일부러 남에게 돋보이게 하는 일. ▢~욕(欲)이 강한 사람.

자기-혐오 (自己嫌惡) 圏 자기가 자기를 싫어함. ▢~에 빠지다.

자:기-화 (磁氣化) 圏하자『물』자기 유도(磁氣誘導)에 의해 물체가 자기(磁氣)를 띠는 일(자성체가 자기장(磁氣場) 속에 놓여 있을 때 일어남). 여자(勵磁). 자화(磁化). 대자(帶磁).

자기 활동 (自己活動)[-똥] 학습자 자신의 자발적인 활동.

자기-희생 (自己犧牲)[-히-] 圏 남을 위해 자기의 수고나 목숨을 아끼지 않는 일. ▢숭고한 ~의 정신.

자깝-스럽다 [-쓰-따][-스러워, -스러우니] 形田 젊은 사람이 늙은이 흉내를 내거나, 어린아이가 짐짓 어른스럽게 행동하여 깜찍하다. ▢자깝스러운 태도. 자깝-스레 [-쓰-] 튀

자-꺾음 圏『건』서까래를 걸 적에, 물매의 경사를 가로 세로 다섯 치 높이의 비율로 하는 일.

자꾸[1] 圏 ☞지퍼(zipper).

자꾸[2] 튀 잇따라서 계속. ▢술을 ~ 권하다.

-자꾸나 어미 해라할 자리에 쓰는, '함께 하자'의 뜻의 종결 어미. ▢가~ / 같이 놀~.

자꾸-만 튀 '자꾸'를 좀 강조하는 말. ▢싫다는데 why ~ 귀찮게 하느냐.

자꾸-자꾸 튀 여러 번 잇따라서. ▢~ 묻다.

자끈 튀 단단한 물건이 별안간 깨지거나 부러지는 소리. 또는 그 모양. ▢막대기가 ~ 부러졌다. 큰지끈.

자끈-거리다 闾 1 작고 단단한 물건이 잇따라 깨지거나 부러지는 소리가 나다. 2 머리 따위가 가볍게 자꾸 쑤시듯 아프다. 큰지끈거리다. 자끈-자끈 튀하闾.

자끈-대다 闾 자끈거리다.

자끈-동 튀 '자끈'을 힘 있게 이르는 말. ▢받침 막대기가 ~ 부러지다. 큰지끈동.

자끔-거리다 闾 음식에 섞인 잔모래 따위가 가볍게 자꾸 씹히다. 큰지끔거리다. 여자금거리다. 자끔-자끔 튀하闾.

자끔-대다 闾 자끔거리다.

자:-난초 (紫蘭草) 圏『식』꿀풀과의 여러해살이풀. 줄기 높이는 50 cm 정도이고 잎은 마주나며 넓은 타원형임. 초여름에 짙은 자주색 꽃이 핌.

자:-남극 (磁南極) 圏 자기 남극.

자낭 (子囊) 圏『식』1 자낭균의 포자가 든 곤봉 모양의 주머니. 2 선태(蘚苔)식물의 포자낭(특히, 태류(苔類)의 포자낭을 일컬음).

자낭균-류 (子囊菌類)[-뉴] 圏『식』자낭 속에서 포자를 생성하는 균의 총칭(효모균(酵母菌)·누룩곰팡이 등).

자내 튀〔옛〕몸소.

자내 거동 (自內-)〔역〕임금이 대궐 안에서 하는 거동.

자내 제수 (自內除授)〔역〕임금이 삼망(三望)을 거치지 않고 직접 벼슬을 내리던 일.

자낭-스럽다 [-따][-스러워, -스러우니] 形田 재잘거리는 소리가 듣기에 똑똑하다. 자낭-스레 튀

자네 인때 하게할 자리에 쓰여, 상대자를 가리켜 일컫는 말. ▢~ 이름이 무언가 / 웬만하면 ~도 함께 가지.

자녀 (子女) 圏 아들과 딸. ▢~ 교육.

자녀-분 (子女-) 圏 남의 자녀의 경칭. ▢~과 함께 사십니까.

자:녀-안 (恣女案)圓《歷》조선 때, 양반집 여자로 품행이 부정하거나 세 번 이상 개가한 사람의 소행을 적어 두던 대장.

자년 (子年)圓《民》태세(太歲)의 지지(地支)가 자(子)로 된 해. 쥐해.

자-놀이 (字-)圓ᄒᆞᄌᆞ 한시(漢詩)를 짓는 데에 형식이나 내용에 맞도록 글자를 놓는 일.

자농 (自農)圓 자작농(自作農).

자늑-자늑 [-짜-]圖ᄒᆞᄌᆞ 동작이 조용하며 가볍고 부드러운 모양.

-자는 어미 동사의 어간에 붙어, 권유의 내용을 나타내는 연결 어미. ▷그만하자 하~ 말이다 / 지금 떠나~ 말인가. 준-잔.

자:니 (紫泥)圓《美術》철분이 많이 섞인 도자기의 검붉은 빛.

-자니 어미 '-자 하니'의 준말. ▷그냥 죽~ 억울하다 / 내버리~ 아깝다.

자닝-스럽다 [-따] (-스러워, -스러우니)ᄒᆞᄃᆞ 보기에 자닝한 데가 있다. **자닝-스레** 團

자닝-하다 ᄒᆞᄋᆞ 애처롭고 불쌍하여 차마 보기가 어렵다. ▷초췌한 그 모습이 참으로 ~ / 엄마를 부르며 우는 아이가 자닝하게 느껴졌다. **자닝-히** 團. ▷~ 여기다.

자다 圄團 1 눈이 감기며 의식 없는 상태가 되어 활동하는 기능이 쉬는 상태로 되다. ▷늘어지게 한잠 ~. 2 바람이나 물결 따위가 잠잠해지다. ▷바람은 자고 거리는 고요해졌다 / 파도가 잘 때까지 기다리자. 3 기계가 작동하지 않다. ▷시계가 ~. 4 남녀가 잠자리를 함께하다. ▷그들은 이미 결혼 전에 같이 잔 적이 있다. 5 화투 따위를 할 때, 어떤 장이 떼어 놓은 몫의 제일 밑에 깔리다. ▷비열 끗이 ~ . □ 〔잠을〕 취하다. ▷늦잠을 ~ / 단잠을 ~ / 새우잠을 ~.
[자는 법 코칭ھ 주기] 공연히 건드려 스스로 위험한 상황을 만듦. [자다가 봉창 두드린다] 전혀 관계없는 얼토당토않은 말을 한다.

자단 (自斷)圓ᄒᆞᄃᆞ 스스로 딱 잘라 정함.

자:단 (紫檀)圓《植》콩과의 상록 활엽 교목. 인도·필리핀 원산. 높이는 약 10 m, 꽃은 황색, 재목은 암적색으로 질이 단단하며, 가구 및 도구재로 씀.

자:단-향 (紫檀香)圓 자단나무를 잘게 깎아 만든 향(불에 피우거나 약으로 씀).

자담 (自擔)圓ᄒᆞᄃᆞ 스스로 담당하거나 부담함. **자당** (自當). ▷회원은 식비만 ~한다.

자답 (自答)圓ᄒᆞᄃᆞ 스스로 자기에게 물은 것에 대해 스스로 대답함.

자당 (自當)圓ᄒᆞᄃᆞ 자담(自擔).

자당 (自黨)圓 자기가 속해 있는 당파. ▷~의 당리당략에 따라 행동하다.

자당 (慈堂)圓 남의 어머니의 존칭. 대부인. 북당(北堂). 영당(令堂). 훤당(萱堂). ▷~께서는 별고 없으십니까.

자당 (蔗糖)圓《化》수크로오스.

자대 (自大)圓ᄒᆞᄃᆞ 스스로 잘난 체함.

자도 (子道)圓 아들로서 부모(父母)를 섬기는 도리(道理).

자도 (紫桃)圓 '자두'의 본딧말.

자독 (自瀆)圓 '수음(手淫)'을 달리 이르는 말. ▷~ 행위.

자돈 (仔豚)圓 새끼 돼지. 돼지 새끼.

자동 (自動)圓 스스로 움직임. 제 힘으로 움직임. ▷~ 개폐식 / ~ 응답기를 달다 / ~ 경보기를 설치하다.

자동 경운기 (自動耕耘機) 원동기를 장착하여 기계적으로 논밭을 갈거나 김을 매는 데 쓰는 농업 기계.

자동-계단 (自動階段)[-/-게-]圓 에스컬레이터.

자동 기록기 (自動記錄器)[-끼] 여러 가지 계기에 의하여 측정된 값을 시각에 따라 자동적으로 기록하는 장치.

자동 대: (自動-) 동력으로 대팻날을 회전시켜 나무를 깎게 되어 있는 대패.

자동 면:역 (自動免疫)《醫》어떤 전염병을 겪은 뒤나 인공적으로 병원체를 접종하여 생체 속에 항체(抗體)를 길러 면역이 되게 하는 일.

자동-문 (自動門)圓 건물 출입구에 설치해 놓은 것으로, 사람이 출입할 때에 자동적으로 열리고 닫히는 문.

자동-사 (自動詞)圓《言》동작·작용이 주어(主語) 자신에만 그치고 딴 사물에는 미치지 않는 동사. '새가 날다', '바람이 불다'에서의 '날다', '불다' 따위. ↔타동사.

자동 선반 (自動旋盤) 여러 가지 조작을 자동적으로 하게 한 터릿(turret) 선반.

자동 소:총 (自動小銃) 방아쇠를 당기면 총알이 자동으로 장전되어 연속으로 발사할 수 있는 소총의 총칭.

자동-식 (自動式)圓 기계 장치가 사람의 손을 빌리지 아니하고 작동하거나 작업을 하게 되어 있는 방식. ▷~ 기계 장치.

자동식 전:화 (自動式電話)[-쩐-] 번호의 숫자에 맞춰 키를 누르면 자동적으로 상대방과 통화할 수 있는 전화.

자동 신:호기 (自動信號機) 자동적으로 제어되는 신호기.

자동 악기 (自動樂器)[-끼] 악곡이 재현되는 기계 작용에 의해 자동적으로 연주할 수 있게 된 기구(자동 피아노 따위).

자동 연결기 (自動連結器)[-껸-] 열차의 차량과 차량을 자동적으로 연결하게 된 장치.

자동-저울 (自動-) 저울대에 물건을 올려 놓으면 자동적으로 바늘이 움직여 그 무게를 가리키게 만든 저울.

자동-적 (自動的)冠圓 1 저절로 움직이고 일하는 (것). ▷모든 시설이 ~이다 / ~으로 작동한다. 2 당연한 결과로써 그렇게 되는 (것). ▷~ 귀결.

자동 전:화 (自動電話) 자동식 전화.

자동 접지기 (自動摺紙機)[-찌-] 종이나 인쇄물 따위를 자동적으로 접는 기계.

자동 제:어 (自動制御) 상태 변화를 감지하고 그것을 조정하는 데 필요한 동작을 하는 장치.

자동-차 (自動車)圓 가스·휘발유·중유 등을 연료로 하는 발동기를 달고 그 동력으로써 바퀴를 돌려 달리게 만든 차. ▷~를 몰다 / ~를 운전하다 / ~ 번호판을 달다.

자동차 기관 (自動車機關) 자동차에 쓰는 원동기의 총칭(대개 가솔린 기관·디젤 기관 등을 말함).

자동차 보:험 (自動車保險) 자동차 사고로 인한 물적 손해나 인적 손해 또는 자동차의 도난에 대해 배상 책임을 지는 보험.

자동-총 (自動銃)圓 기관 단총이나 자동 소총같이 자동식으로 되어 있는 총의 총칭.

자동-판매기 (自動販賣機)圓 돈을 투입구에 넣고 원하는 상품을 선택하면 지정한 상품이 저절로 나오게 만든 장치. ▷담배 ~ / ~에서 커피를 뽑아 마시다. 준자판기.

자동 피아노 (自動piano) 기계 작용에 의해서 자동적으로 연주하는 피아노(특수한 악보를 쓰며 공기의 압력으로 지렛대를 움직여 소리

가 나게 함)).
자동-화 (自動化) [명][하자타] 다른 힘을 빌리지 아니하고 스스로 움직이거나 작용하게 됨. 또는 그렇게 되게 함. ❏~ 생산 라인을 구축하다.
자동 화:기 (自動火器) 장전·발사를 자동적으로 하는 총포의 총칭.
자두 [명] 〔←자도(紫桃)〕 자두나무의 열매. 복숭아와 비슷하나 좀 작고 신맛이 있음.
자두-나무 [명] 〔←자도(紫桃)나무〕 〖식〗 장미과의 낙엽 활엽 작은 교목. 중국 원산. 높이 약 5m, 봄에 잎이 나기 전에 흰 다섯잎꽃이 피고 여름에 노랑 또는 자주색의 핵과가 익음.
자두지미 (自頭至尾) [명] 처음부터 끝까지. 자초지종(自初至終).
자드락 [명] 나지막한 산기슭의 비탈진 땅. ❏양지바른 ~에 밭을 일구다.
자드락-거리다 [-꺼-] [자타] 남이 귀찮아하도록 자꾸 끈덕지고 성가시게 굴다. [큰]지드럭거리다. [센]짜드락거리다. **자드락-자드락** [-짜-] [부][하자타]
자드락-길 [-낄] [명] 나지막한 산기슭의 비탈에 있는 좁은 길.
자드락-나다 [-랑-] [자] 감추던 일이 터져 버리다. [센]짜드락나다.
자드락-대다 [-때-] [자타] 자드락거리다.
자드락-밭 [-빧] [명] 나지막한 산기슭의 비탈에 있는 밭.
자득 (自得) [명][하타] **1** 스스로 깨달아 얻음. **2** 스스로 마음에 흡족하게 여김. **3** 스스로 한 일에 대해 갚음을 받음. ❏자업(自業)~.
자득지묘 (自得之妙) [-찌-] [명] 스스로 깨달아 얻은 오묘한 이치.
자:등 (紫藤) [명] 〖식〗 등나무의 하나. 보랏빛 꽃이 핌.
자디-잘다 〔-잘아, -자니, -잔〕 [형] **1** 매우 잘다. ❏자디잔 글씨로 빽빽이 쓴 엽서. **2** 성질이 아주 좀스럽다.
자라 [명] 〖동〗 자랏과의 동물. 하천에 살며 모양이 거북과 비슷함. 몸길이는 30cm가량, 목이 길고 부리도 길며 뾰족함. 꼬리는 짧고 발에 발톱이 각각 세 개씩 있음. 살은 식용하고 피는 보강제임.
[자라 보고 놀란 가슴 소댕 보고 놀란다] 어떤 사물에 한 번 놀란 사람은 비슷한 사물만 보아도 놀란다.
자라-구이 [명] 자라의 껍데기를 벗겨 내고 기름종이에 싸서 잿불에 구운 음식. 별구(鼈灸).
자라-나다 [자][거라] 자라서 크게 되다. ❏새순이 ~/그는 교육자 가정에서 자라났다.
자라-눈 [명] 젖먹이의 엉덩이 양쪽으로 오목히 들어간 자국.
자라다¹ [자] **1** 차차 커지다. 어른이 되다. ❏머리가 ~/손톱이 빨리 ~. **2** 발전하다. ❏훌륭한 야구 선수로 자랐다. **3** 차차 많아지다.
자라다² [一][형] 모자람이 없다. ❏그만한 돈이면 자라겠지. [二][자] 어떤 수준에 미치거나 닿다. ❏너무 높아서 손이 자라지 않는다.
자라-마름 [명] 〖식〗자라풀.
자라-목 [명] **1** 자라의 목. **2** 보통 사람보다 짧고 밭은 목을 비유적으로 이르는 말.
자라목(이) 되다 [구] 사물이나 기세 따위가 움츠러들다.
자라-배 [명] 〖한의〗 복학(腹瘧).
자라-병 (-甁) [명] 자라 모양을 한 병.
자라-자지 [명] **1** 양기가 동하지 않아 자라목처럼 바싹 움츠러드는 자지. **2** 평시에는 작아도 발기하면 매우 커지는 자지.
자라-풀 [명] 〖식〗 자라풀과의 여러해살이풀. 연못이나 물속에 나며, 줄기는 땅으로 뻗고 마디에서 수염뿌리가 남. 잎은 원형·신장형이며 잎 뒤에 기낭(氣囊)이 있어 물에 잘 뜨고, 8-9월에 흰 꽃이 핌. 수별(水鼈).
자락 [명] **1** 옷·피륙 따위의 아래로 드리운 넓은 조각. ❏도포 ~/바지 ~을 걷어 올리다/두루마기 ~이 바람에 날리다. **2** 논밭이나 산 따위의 아래쪽에 넓은 부분. ❏밭 한 ~/북한산 ~. **3** 한 차례 부는 바람이나 빗줄기. ❏시원한 바람 한 ~에 땀을 식히다. **4** 넓게 퍼진 안개나 구름, 어둠 따위. ❏봉우리가 안개 ~에 가리다.
자락 (恣樂) [명][하자] 마음대로 즐김.
자락-자락 [-짜-] [부] 갈수록 더 거리낌 없이 구는 모양.
자:란 (紫蘭) [명] 〖식〗 난초과의 여러해살이풀. 산지의 습지에 남. 땅속에 알줄기의 백색 비늘줄기가 있고 꽃줄기는 50cm가량. 잎은 긴 타원형으로 줄기 하반부에 어긋나며, 5-6월에 담자색 혹은 홍자색 꽃이 핌. 뿌리는 '백급(白芨)'이라 하여 약용함. 대암풀.
자란-벌레 [명] 〖충〗 '성충(成蟲)'의 풀어쓴 말.
자란-자란 [부][하형] **1** 액체가 그릇의 가장자리에서 넘칠락 말락 하는 모양. ❏항아리에 물이 ~하다. **2** 물건의 한끝이 다른 물건에 스칠락 말락 하는 모양. [큰]지런지런. [거]차란차란.
자람-점 (-點)[-쩜] [명] 〖식〗 '생장점(生長點)'의 풀어쓴 말.
자랑¹ [명][하타] 자기 자신이나 자기와 관련이 있는 일을 드러내어 말함. ❏자식 ~/ 우리 학교의 ~/~을 늘어놓다/음식 솜씨를 ~하다.
[자랑 끝에 불붙는다] 무엇을 너무 자랑하면 그 끝에는 무슨 말썽거리가 생긴다.
자랑² [부][하자타] 얇은 쇠붙이 따위가 서로 부딪쳐서 짧게 울리는 소리. [큰]저렁. [센]짜랑. [거]차랑.
자랑-거리 [-꺼-] [명] 자랑할 만한 거리. ❏우리 고장에는 ~가 많다.
자랑-거리다 [자타] 얇은 쇠붙이 따위가 서로 부딪쳐 짧게 울리는 소리가 자꾸 나다. 또는 그런 소리를 자꾸 내다. ❏처마 끝에 달린 풍경이 바람에 자랑거린다. [큰]저렁거리다. **자랑-자랑** [부][하자타]
자랑-대다 [자타] 자랑거리다.
자랑-삼다 [-따] [타] 자랑거리로 하다. ❏백두산 관광을 자랑삼아 이야기하다.
자랑-스럽다 [-따] 〔-스러워, -스러우니〕 [형][ㅂ] 남에게 자랑할 만하여 마음에 흐뭇하다. ❏자랑스러운 얼굴. **자랑-스레** [부]. ❏우승컵을 ~ 들어 올리다.
자래 [一][명] 쌍으로 된 물고기의 알주머니. [二][의명] 쌍으로 된 물고기의 알주머니를 세는 데 쓰는 말.
자래-로 (自來-) [부] '자고이래로'의 준말.
자량 (自量) [명][하타] 스스로 헤아림. ❏집안일을 ~해 처리한다.
자량 (資糧) [명] 여행의 비용과 식량.
자량-처지 (自量處之) [명][하타] 스스로 헤아려서 처리함.
자력 (自力) [명] **1** 자기 혼자의 힘. ❏~으로 학비를 마련하다. **2** 〖불〗 제 능력이나 행동으로써 깨달음에 이르려고 하는 힘.
자력 (資力) [명] **1** 자본을 낼 수 있는 힘. 사업 등을 할 수 있는 경제적인 능력. ❏사업을 시작할 만한 충분한 ~이 있다. **2** 〖법〗 재산상

의 지급 능력.

자:력(磁力)[명] 자기력(磁氣力).

자력-갱생(自力更生)[-깽-][명][하자] 오로지 제 힘만으로 생활을 고쳐 감. □~의 정신.

자력-계(磁力計)[-계/-꼐][명] 자기장의 강도 와 방향을 재는 장치.

자력-교(自力教)[-꾜][명][불] 자신의 힘으로 부처의 깨달음을 얻으려는 성도문(聖道門)의 교. 자력종. 자력문.

자력 구:제(自力救濟)[-꾸-] 권리자가 사법 절차를 따르지 않고, 자력으로 그 권리를 실 현하는 일〔정당방위·긴급 피난 따위〕.

자:력-선(磁力線)[-썬][명][물] 자기력선(磁氣力線).

자:력 선:광(磁力選鑛)[-썬-][광] 광물마다 가지고 있는 자성의 차이를 이용하여 유용한 광물을 골라내는 방법. 자기력 선별.

자력 염:불(自力念佛)[-렴불][불] 자력회 향(回向)을 위해 하는 염불.

자력-종(自力宗)[-쫑][불] 자력교.

자력-회향(自力回向)[-려쾨][명][불] 자기가 닦은 선행의 공덕을 베풀어서 과보(果報)를 얻으려는 일.

자:로(紫鷺)[명][조] 얼룩백로.

자로[부][옛] 자주.

자로이득(自勞而得)[명][하타] 자기의 노력을 들 여 얻음.

자뢰(資賴)[명][하타] 밑천으로 삼음.

자료(自了)[명] 혼자 힘으로 일을 끝마침.

자료(資料)[명] 연구나 조사 따위의 바탕이 되 는 재료. □~ 검색 / 통계 ~를 수집 하다 / ~가 불충분하다 / 풍부한 ~를 남기다.

자루¹[명] 속에 물건을 넣을 수 있게 헝겊 따위 로 길고 크게 만든 주머니. □곡식 ~ / 밀가 루 ~.

자루²[명] 연장·기구 따위에 박거나 낀 손잡이. □도끼 ~ / 곡괭이 ~ / 붓 ~.

자루³[의명] 1 기름하게 생긴 물건을 세는 단위. □연필 두 ~ / 총 세 ~. 2 자루에 든 것을 세는 단위. □쌀 두 ~.

자루-걸레[명] 긴 자루가 달린 걸레.

자루-바가지[명] 나무를 파서 만든, 손잡이가 달린 바가지.

자:류-마(紫騮馬)[명] 밤빛의 털이 난 말.

자르다〔잘라, 자르니〕[타][르] 1 동강을 치다. 끊 어 내다. □무를 도막도막 ~ / 머리를 짧게 ~. 2 해고시키다. □과장의 목을 ~. 3 일 따위의 단락을 짓다. 4 단단히 동여매다.

자르랑[부][하자] 얇은 쇠붙이 따위가 부딪쳐 울 리는 소리. ⊜저르렁. ⑩짜르랑. ⑦차르랑.

자르랑-거리다[자][타] 자꾸 자르랑 소리가 나 다. 또는 그런 소리를 자꾸 내다. ⊜저르렁거 리다. **자르랑-자르랑**[부][하자]

자르랑-대다[자][타] 자르랑거리다.

자르르[부][하자] 1 거죽에 물기나 기름기·윤기 따위가 골고루 빛나게 흐르는 모양. □머리 에 윤기가 ~ 흐른다. 2 살이나 뼈마디에 저 린 느낌이 일어나는 모양. □다리가 ~ 저려 온다. ⊜지르르. ⑩짜르르.

자른-면(-面)[명] 단면(斷面).

자리¹[명] 1 사람이나 물체가 차지하고 있는 공 간. □학교가 있던 ~ / 책상을 놓을 ~. 2 앉 거나 서거나 누울 장소. □~가 좁다 / 네 ~ 에 가서 앉아라 / 누울 ~를 보고 발을 뻗어 라. 3 일정한 조건의 사람을 필요로 하는 곳. □회사에 ~가 나다 / 혼처로 이만한 ~ 구하

기도 쉽지 않다. 4 무엇이 있었던 자국. □사 나운 개에게 물린 ~ / 수술 ~. 5 조직에서의 지위나 직위. □장관 ~. 6 일정한 사람이 모 인 곳. 또는 그런 기회. □만남의 ~를 마련 하다 / 이런 ~에 초대해 주셔서 감사합니다. 7 십진법(十進法)에 의한 숫자의 위치. □두 ~ 숫자 / 소수점 아래 첫째 ~. ─ ─ 하다[자타] 1 일정한 곳에 있다. 2 여러 사람이 모이다.

자리(가) 잡히다[구] ㉠서투르던 것이 익숙해 지다. □어수선함이 가라앉아 안정되다.

자리를 뜨다[구] 일어나서 그 자리를 떠나다.

자리(를) 잡다[구] ㉠의지할 곳을 얻는다. ㉡자 리를 정하여 머무르게 된다. ㉢마음속에 깊 이 뿌리를 박은 듯 남아 있다.

자리²[명] 1 앉거나 눕도록 바닥에 까는 직사각 형의 물건(왕골·부들·갈대 따위로 짬). 2 깔 고 덮고 잘 이부자리. 3 '잠자리'의 준말.

자리(를) 보다[구] ㉠잠을 자려고 이부자리를 깔다. □잠을 자려고 자리에 드러눕다.

자리에 눕다[구] 자리에 누워서 앓다. □이 바쁜 때에 몸살 정도로 ~니.

자리³[어] '자리돔'의 준말.

자리(自利)[명] 1 자기의 이익. 2[불] 자기가 얻은 공덕을 다른 사람에게 주지 않고 자기 에게만 돌리는 일.

자:리(紫李)[명] 자두.

자리-갈이[명][하자] 누에의 똥을 치고 새 자리 로 바꾸는 일.

자리개[명] 몸을 옭아 매거나 볏단을 묶는 데 쓰는, 짚으로 만든 굵은 줄.

자리개미[명][하역] 조선 선 때, 포도청에서 죄 인의 목을 졸라 죽이던 일.

자리개-질[명][하자] 자리개로 곡식 단을 묶어서 타작하는 일. ⊜잘개질.

자리-걷이[-거지][명][하자] 관(棺)이 집 밖으로 나간 뒤 관이 있던 자리에 음식을 차려 놓고 굿을 하며 명복을 비는 일.

자리공[식] 자리공과의 여러해살이풀. 마 을 근처에 나는데 높이 약 1 m, 잎은 타원형. 봄에 흰 무판화가 피고 자흑색의 장과가 익 음. 독이 있음. 뿌리는 '상륙(商陸)'이라 하여 이뇨제로 씀.

자리-끼[명] 자다가 마시기 위해 잠자리의 머리 맡에 두는 물. □~가 얼 정도로 추운 날씨.

자리다[형] 1 살이나 뼈마디가 오래 눌려 피가 잘 통하지 못하여 피가 없고 감각이 둔해지 다. □발이 ~. 2 뼈마디나 몸의 일부가 쑤시 듯이 아프다. □뼈마디가 ~. 3 가슴이나 마 음 따위가 못 견딜 정도로 아프다. ⊜저리다.

자리-다툼[명][하자] 좋은 지위나 자리를 차지하 려고 다투는 일. □동료끼리 ~을 벌이다.

자리-돔[명][어] 자리돔과의 바닷물고기. 길이 18 cm 가량의 내만성(內灣性) 어종으로, 입이 작고 몸빛은 흑갈색임. ⊜자리.

자리-매김[명][하자] 전체와 관련해서 알맞은 가 치를 정함. 적절한 평가를 내림. □제주도는 국제적 관광 명소로 ~했다.

자리-바꿈[명][하자] 1 서로 자리를 바꾸는 일. 2[언] 격 변화(格變化). 3[악] 화음(和音)에 서, 아래의 음이 옥타브 위로 또는 위의 음이 옥타브 아래로 바뀌는 일.

자리-보전(-保全)[명][하자] 병석에 몸져누움. □중풍으로 ~한 지 3년이 되다.

자리-옷[-옫][명] 잠옷. □~ 바람으로 뛰쳐나 오다.

자리-자리[부][하자] 신체 부위에 피가 돌지 못하 여 자꾸 자린 느낌. □팔을 베고 있었더니 ~ 저리다. ⊜저리저리.

자리-토씨 명 〖언〗 '격 조사(格助詞)'의 풀어 쓴 말.
자리-틀 명 자리를 짜는, 나무로 만든 틀《왕골·부들·짚 따위로 엮음》.
자리-표 (-標) 명 〖수〗 좌표(座標).
자리-품 명 '고지자리품'의 준말.
자린-고비 명 〈속〉 다라울 정도로 인색한 사람. ❑ 있는 사람이 ~ 노릇을 더 한다더라.
자림 (子淋) 명 〖한의〗 임신 중의 부인이 오줌을 자주 누는 병.
자립 (自立) 명하자 남의 힘을 빌리지 않고 스스로 섬. ❑ ~ 경제 / 부모의 슬하를 떠나 ~ 생활을 하다.
자립 명사 (自立名詞)[-림-] 〖언〗 다른 말의 도움을 받지 않고 쓰인다는 뜻에서, 여느 명사를 '의존 명사'에 대하여 반대 의미로 일컫는 말. 구용어 : 실질(實質) 명사.
자립-성 (自立性)[-썽] 명 남에게 의지하지 아니하고 자기 스스로 하려는 성질. ❑ ~이 강하다.
자립-심 (自立心)[-씸] 명 남에게 의지하지 않고 스스로의 힘으로 해 나가거나 일어서려는 마음가짐.
자립-자영 (自立自營)[-짜-] 명하타 남에게 의지하지 않고 스스로 경영함.
자립-적 (自立的)[-쩍] 관명 남에게 의지하지 아니하고 자기 스스로 하는 (것). ❑ ~으로 해결해 나가다.
자립 형태소 (自立形態素)[-리평-] 〖언〗 '문(門)·돌' 등과 같이 다른 말의 도움 없이 그것만으로도 자립할 수 있는 형태소를, 의존 형태소에 대하여 반대 의미로 일컫는 말.
자릿-값 [-리깝 / -릳깝] 명 자릿세.
자릿-내 [-린-] 명 오랫동안 빨지 않은 더러운 빨래에서 나는 쉰 냄새.
자릿-상 (-牀)[-리쌍 / -릳쌍] 명 이부자리를 쌓아 두는 상《높이는 책상만 하고 문짝은 없으며 서랍만 있음》. ❑ 밥상을 겸한 ~만이 동그마니 놓여 있다.
자릿-세 (-貰)[-리쎄 / -릳쎄] 명 자리를 빌린 대가로 무는 세(貰).
자릿-쇠 [-리쐬 / -릳쐬] 명 와셔(washer) 2.
자릿-수 (-數)[-리쑤 / -릳쑤] 명 십진법에 의한 자리의 숫자. ❑ 두 ~의 경제 성장률.
자릿-자릿 [-릳짜릳] 부하형 몹시 자린 듯한 느낌. ❑ 가슴이 ~하다. ㊄저릿저릿.
자릿-장 (-欌)[-리짱 / -릳짱] 명 이부자리를 넣어 두는 장. 금침장.
자릿-저고리 [-리쩌- / -릳쩌-] 명 밤에 잘 때에 입는 저고리.
자릿-점 (-點)[-리쩜 / -릳쩜] 명 수판에 수의 자리를 나타내기 위해 표시한 점.
자릿-조반 (-早飯)[-리쪼- / -릳쪼-] 명 아침에 잠이 깨는 길로 그 자리에서 조금 먹는 죽이나 미음 따위의 간단한 식사.
자릿-하다 [-리타-] 형여 좀 자린 듯하다. ❑ 전선에 닿은 순간, 온몸이 자릿하였다. ㊄저릿하다.
자마구 명 〖식〗 곡식의 꽃가루.
자:-마노 (紫瑪瑙) 명 〖광〗 자줏빛을 띤 마노.
-자마자 어미 동사 어간에 붙어, '그 동작을 하자 곧'의 뜻을 나타내는 연결 어미. ❑ 출발하~ 비가 쏟아졌다.
자막 (字幕) 명 영화·텔레비전에서, 표제·배역·등장인물의 대화·설명 등을 화면에 글자로 나타낸 것. ❑ ~이 흐리다 / ~으로 처리하다.
자-막대기 [-때-] 명 자로 쓰는 대막대기나 나무 막대기. ㊅잣대.

자막집중 (子莫執中)[-찝쭝] 명 중국 전국 시대에 자막이 중용(中庸)만을 지켰다는 데서, 융통성이 없음을 가리키는 말.
자만 (自慢) 명하자타 자신이나 자신과 관계가 있는 것을 스스로 뽐내며 자랑하여 거만하게 굶. ❑ ~에 빠지다 / ~에 차다 / 지금까지의 실적에 ~하다.
자만 (自滿) 명하자 스스로 거드름을 부리며 만족해 함.
자만-심 (自慢心) 명 스스로 자랑하는 마음. ❑ ~에 빠지다 / ~을 버리다 / 그는 지금 ~에 차 있다.
자말 (子末) 명 자시(子時)의 맨 끝《오전 한 시 바로 전》.
자:망 (刺網) 명 걸그물.
자망 (資望) 명 자질과 인망.
자-맞춤 (字-)[-맏-] 명하자 1 책 속에 나란히 있는 글자를 더 많이 찾아내기를 하는 아이들 놀이. 2 자(字)모듬.
자맞춤-딱지 (字-)[-맏-찌] 명 한글 글자를 가지고 재미있는 놀이가 되게 만든 놀잇감의 종이 딱지《56장이 한 벌임》.
자매 (姉妹) 명 1 여자끼리의 동기. 손위 누이와 손아래 누이. 여형제. ❑ 쌍둥이 ~. 2 같은 계통에 속하여 서로 밀접한 관계가 있거나 친선 관계가 있음을 이르는 말. ❑ ~품 / ~ 학교.
자매-결연 (姉妹結緣) 명 1 자매의 관계를 맺는 일. 2 어떤 지역이나 단체가 다른 지역·단체와 서로 돕기 위해 자매의 관계를 맺는 일. ❑ ~ 부락.
자매-교 (姉妹校) 명 서로 목적·정신·운영 방침을 같이하여 밀접한 관계에 있는 두 학교.
자매-기관 (姉妹機關) 명 목적과 정신을 같이 하여 서로 밀접한 유기적 관계에 있는 기관.
자매 도시 (姉妹都市) 도시 상호 간에 문화를 제휴하고 그 이해를 깊게 하기 위해 친선 관계를 맺은 도시.
자매-선 (姉妹船) 명 같은 설계로 건조된 배. 또는 그런 관계에 있는 배.
자매 역연혼 (姉妹逆緣婚) 홀아비가 죽은 아내의 자매와 결혼하는 관습. 자매혼.
자매-지 (姉妹紙) 명 같은 정신으로 발행되어 밀접한 관련성을 가진 두 신문. 자매 신문.
자매-편 (姉妹篇) 명 소설·희곡·영화 등 서로 관련된 두 작품.
자매 회:사 (姉妹會社) 서로 같은 목적과 같은 정신을 가지고 운영되는 밀접한 관계에 있는 두 회사.
자맥 (自脈) 명하자 자기 맥을 자기가 짚으면서 병을 진찰하는 일.
자맥-질 [-찔] 명하자 '무자맥질'의 준말.
자-머리 명 피륙 따위를 자로 잴 때, 자의 길이보다 조금 여유 있게 잰 부분.
자멸 (自滅) 명하자 자기의 행동이 원인이 되어 스스로 자신을 망치거나 저절로 멸망함. ❑ 핵 개발은 인류의 ~을 초래할 것이다.
자멸 (自蔑) 명하자 스스로 자기를 멸시함.
자멸-책 (自滅策) 명 잘한다는 것이 도리어 잘못되어 자기가 망하게 된 꾀.
자명 (自鳴) 명하자 1 저절로 소리가 남. 2 제풀에 울거나 울림.
자:명 (藉名) 명하타 이름을 빙자함.
자명-고 (自鳴鼓) 명 〖역〗 적이 침입하면 저절로 울렸다는 북《낙랑(樂浪)에 있었다고 함》.
자명-소 (自明疏) 명 자기의 무죄를 스스로 밝

히는 상소(上疏).

자명-악(自鳴樂)圈 오르골(orgel).

자명-종(自鳴鐘)圈 미리 맞춰 놓은 시각이 되면 저절로 울려 시간을 알리는 시계.

자명-하다(自明-)[혱어] 증명이나 설명을 하지 않아도 저절로 알 정도로 명백하다. ⬜자명한 이치.

자모(子母)圈 아들과 어머니. 모자(母子).

자모(字母)圈 1 음절의 근본이 되는 글자(ㄱ·ㄴ·ㄷ이나 a·b·c 따위). 낱자. 2〔인〕 모형(母型).

자모(自侮)圈혱자 스스로 업신여김.

자모(姊母)圈 누이와 어머니. ↔부형.

자모(姿貌)圈 얼굴 모양 또는 모습.

자모(慈母)圈 1 자식에 대한 사랑이 깊다는 뜻으로 어머니를 일컫는 말. 2 팔모(八母)의 하나. 친어머니를 여읜 뒤 자기를 길러 준 새어머니.

자모-듬(字-)圈혱자 예전에, 한시 짓는 것을 익히느라고 여러 글자를 한데 모아 말을 만들던 일. 자맞춤.

자모-변(字母辨)圈〔언〕 조선 정조(正祖) 때의 학자 황윤석(黃胤錫)이 지었다는 문자 연구론(초성·중성·종성의 삼성(三聲)에 관한 논술로, 그의 문집 '이재유고(頤齋遺稿)'에 실려 있음).

자모-순(字母順)圈 자모의 배열 순서(가나다 순 또는 ABC 순 따위).

자모-음(子母音)圈〔언〕 자음과 모음.

자모-자(子母字)圈〔언〕 자음 문자와 모음 문자. 자모 문자(文字).

자모-전(子母錢)圈 이자가 붙은 돈. 밑천과 이자. 원리금.

자모-회(姊母會)圈 유치원·초등학교 등에서 효과적인 교육을 위해 아동의 자모들로 구성된 모임.

자목(字牧)圈혱타 지방 수령이 백성을 사랑으로 다스리던 일.

자-목련(紫木蓮)[-몽년]〔식〕 목련과의 낙엽 활엽 관목. 중국 원산으로 흔히 절에서 심음. 높이 약 3m, 봄에 종 모양의 자주색 꽃이 피고 가을에 골돌과(蓇葖果)가 익음.

자목지임(字牧之任)[-찌-]圈 지난날, '수령(守令)'의 별칭.

자못[-몯]圉 생각보다 매우. 퍽. ⬜언동이 ~ 불쾌하다 / 배려가 ~ 아쉽다.

자문(自刎)圈혱자 스스로 자신의 목을 찌름. 또는 그렇게 해서 죽음. 자경(自剄).

자문(自問)圈혱자타 제 자신에게 물음. ⬜행위의 당부(當否)를 ~해 본다.

자:문(刺文)圈 1 문신(文身). 2 자자(刺字).

자:문(諮問)圈혱타 어떤 일과 관련된 전문가나 전문 기관에 의견을 물음. ⬜~ 위원 / 학계의 ~을 받다.

자:문-감(紫門監)〔역〕 조선 때, 선공감(繕工監)에 딸려 궁중의 건축·수리와 토목 공사를 맡아보던 관아.

자:문 기관(諮問機關) 어떤 조직체에서 집행 기관의 자문에 대해서 답신(答申)하는 일을 맡아보는 기관.

자문-자답(自問自答)圈혱자 자기가 묻고 자기가 답함.

자문-죽(自紋竹)圈 아롱진 무늬가 있는 중국산 대나무(흔히 담뱃대로 씀).

자물-단추圈 직사각형 또는 타원형으로 된 암단추의 한가운데에 구멍이 뚫려, 작은 수

단추를 그 구멍에 꿰게 된 단추(금이나 은 따위로 만듦).

자물-쇠[-쐬]圈 여닫게 된 물건에 채워서 열지 못하게 잠그는 쇠. 자물통. ⬜~가 잠기다 / ~를 채우다. 준쇠.

자물쇠-청[-쐬-]圈 자물쇠에 딸린 날름쇠(자물쇠의 줏대 좌우에 있는 얇은 쇳조각으로, 탄력성(彈力性)이 있으며, 잠길 때에는 벌어져 있고 열쇠를 넣어서 열 때에는 오그라지면서 열림).

자물-통(-筒)圈 자물쇠.

자-미(紫薇)圈〔식〕백일홍.

자미(滋味)圈 1 영양분이 많고 맛있는 음식. 2☞재미1.

자:미-궁(紫微宮)〔천〕자미원(紫微垣).

자:미-사(紫薇紗)圈 옷감으로 쓰는 비단의 한 가지.

자:미-성(紫微星)〔천〕 큰곰자리 부근에 있는 자미원에 있는 별의 이름(북두칠성의 동북쪽에 있음).

자미-승(粢米僧)圈 1 음력 섣달 대목·정월 보름 등에 아이들의 복을 빌어 준다고 하며 쌀을 얻으러 다니는 승려. 자미중. 2 동냥중.

자:미-원(紫微垣)〔천〕 삼원(三垣)의 하나인 별자리. 큰곰자리 부근에 있으며 천제(天帝)가 거처하는 곳이라고 전해 내려옴.

자미-중(粢米-)圈 자미승1.

자:미-화(紫薇花)圈 백일홍(百日紅).

자바라(啫哱囉)〔악〕 두 짝으로 된 타악기(놋쇠로 둥글넓적하게 만들고 배가 불룩하며 가운데에 끈을 꿰어 마주쳐서 소리를 내며 불교 의식에서 많이 씀).

자바라-수(啫哱囉手)圈 군중(軍中)에서 자바라를 치던 취타수. 준바라수.

자-바리〔어〕 농엇과의 바닷물고기. 연안성 어종으로, 몸길이는 약 60cm, 빛은 다갈색임. 식용됨.

자바 원인(Java猿人)〔인류〕 1891년 자바 섬에서 발견된, 약 50만 년 전의 화석인(化石人)(유인과 유인원(類人猿)의 중간형으로 이들이 살던 시대는 제4기 홍적세의 전기로 알려짐).

자락[1] 圈 사금광(砂金鑛)에서 캐어 낸 큰 생금(生金) 덩어리.

자박(自縛)圈혱자 1 스스로 자기를 옭아 묶음. 2 자기가 주장한 의견에 구속되어 자유롭지 못하게 되는 일. ⬜자승(自繩)~.

자박²圉혱자 가만히 내디디는 발자국 소리. 큰저벅.

자박-거리다[-꺼-]혱자 가만가만 가벼운 발걸음으로 자꾸 걷다. 큰저벅거리다. **자박-자박**[-빡-]圉혱자.

자박-대다[-때-]혱자 자박거리다.

자:반[←佐飯] 생선을 소금에 절인 반찬감. 또는 그것을 굽거나 쪄서 조리한 반찬. ⬜~갈치 / ~고등어가 상에 오른다.

자:반(紫斑)圈 출혈로 피부 조직 속에 나타난 자줏빛의 멍.

자:반(紫瘢)圈 상처가 아문 후에도 한동안 자줏빛 흔적이 남는 일.

자:반-뒤지기圈 씨름에서, 자기 몸을 뒤로 젖히면서 상대를 넘어뜨리는 기술.

자:반-뒤집기[-끼]圈혱자 병으로 통증이 심해 몸을 심하게 뒤집는 짓.

자:반-병(紫斑病)[-뼝]圈〔의〕 피부와 점막에 출혈을 일으키는 병(사지에 둥근 점 모양으로 출혈하며 류머티즘과 같은 동통과 종창이 생김).

자발 (自發)〖몡〗〖하자〗 스스로 나아가 행함.

자:발머리-없다 [-업따] 〖혱〗〈속〉자발없다.
　자:발머리-없이 [-업씨] 〖ㅂ〗
자발-성 (自發性)[-썽]〖몡〗 남의 교시나 영향을 받지 않고 스스로의 힘으로 표현하는 일. 또는 그런 특성.
자:발-없다 [-업따]〖혱〗 참을성이 없고 경솔하다. 〖ㅣ 키 크고 ~. 자:발-없이 [-업씨]〖ㅂ〗
　〖~ 굴다.
　[자발없는 귀신은 무랍도 못 얻어먹는다] 너무 경솔하게 굴면 얻어먹을 것도 못 얻어먹는다.
자발-적 (自發的)[-쩍]〖관몡〗 스스로 나서서 하는 (것). 〖ㅣ ~ 참여 / ~인 봉사 활동 / ~으로 행동하다. ↔강제적.
자발적 실업 (自發的失業)[-쩍씨럽]〖경〗 일할 의사(意思)와 능력은 가지고 있으나 임금(賃金)이 너무 싸다고 여겨 일하지 아니하는 실업의 한 형태.
자밤 〖의몡〗 나물·양념 따위를 손가락 끝으로 집을 만한 정도의 분량. 〖ㅣ 소금 한 ~.
자밤-자밤 〖ㅂ〗 자밤 한 자밤씩 집는 모양.
자방 (子方)〖몡〗 이십사방위의 하나. 정북(正北)을 중심으로 15도 각도 안의 방향. 〖ㅣ자.
자방 (子房)〖몡〗〖식〗 씨방.
자방 (訾謗)〖몡〗〖하타〗 훼방(毀謗).
자방-충 (虻蚄蟲)〖몡〗〖충〗 며루.
자방-하다 (恣放-)〖혱여〗 방자(放恣)하다.
자배기 〖몡〗 둥글넓적하고 아가리가 쩍 벌어진 질그릇.
자백 (自白)〖몡〗〖하타〗 스스로의 죄를 고백함. 〖ㅣ ~을 강요하다 / ~을 번복하다 / 범행 일체를 순순히 ~하다.
자벌 (自伐)〖몡〗 자기의 공(功)을 드러내어 스스로 자랑하는 것.
자-벌레 〖몡〗〖충〗 자벌레나방의 애벌레. 원통형으로 회갈색 또는 녹색임. 꼬리를 머리 쪽에 갖다 붙이고 몸을 앞으로 펴는 동작을 반복해 가며 기어감. 나무나 풀잎을 갉아 먹는 해충임.
자벌레-나방 〖몡〗〖충〗 자나방과에 속하는 곤충의 총칭. 척확이(尺蠖蛾).
자별-적 (自罰的)[-쩍]〖관몡〗 내벌적(內罰的).
자법 (子法)〖몡〗 다른 나라의 법률을 모방하여 만든 법률. ↔모법(母法).
자벽 (自辟)〖몡〗〖하타〗 1〖역〗 조선 때, 각 관아의 장(長)이 자기의 뜻대로 사람을 천거하여 벼슬을 시키던 일. 2 회의에서, 회장이 자기 마음대로 임원을 임명함.
자벽-과 (自辟窠)[-꽈]〖몡〗〖역〗 조선 때, 자벽으로 시키던 벼슬 자리.
자변 (自辨)〖몡〗〖하타〗 스스로 비용을 부담함. 자판(自辦).
자-변수 (自變數)〖몡〗 독립 변수(變數).
자별-하다 (自別-)〖혱여〗 1 보기 드물게 남다르고 특별하다. 〖ㅣ남녀가 ~. 2 친분이 다른 사람에 비해 특별하다. 〖ㅣ자별한 친구 사이 / 자별하게 지내다. 자별-히〖ㅂ〗
자복 (子福)〖몡〗 1 자식을 많이 둔 복. 2 자식을 두어 얻는 복.
자복 (自服)〖몡〗〖하타〗 1 자백하여 복종함. 〖ㅣ ~을 받다. 2〖법〗 친고죄에서, 범인이 피해자에게 자기의 범죄 사실을 고백하는 일(자수와 같은 효력이 인정됨).
자복 (雌伏)〖몡〗〖하자〗 1 남에게 굴복함. 2 때를 기다려 가만히 숨어서 지냄. ↔웅비.
자본 (資本)〖몡〗 1 사업의 기본이 되는 돈. 밑천. 〖ㅣ~을 조달하다 / ~이 달리다 / ~을 대다.

2 토지·노동과 함께 생산 3요소의 하나.
자본-가 (資本家)〖몡〗 1 자본금을 대부하여 이자를 받는 사람. 2 노동자를 고용하여 기업을 경영하는 사람.
자본가 계급 (資本家階級)[-/-게-]〖경〗 생산 수단을 소유하고 노동자를 고용하여 이윤을 얻는 계급. 부르주아 계급. ↔노동자 계급.
자본 거래 (資本去來) 국제 수지에서, 유가 증권의 매매나 자금의 융통 등을 중심으로 한 채권·채무의 거래.
자본 계:수 (資本係數)[-/-게-]〖경〗 생산 시설·원자재 등 투입된 자본 전량의 생산량에 대한 비율.
자본 계:정 (資本計定)[-/-게-]〖경〗 1 넓은 뜻에서는 자기 자본액 또는 실제 재산액의 증감을 기록하는 모든 계정의 총칭. 2 좁은 뜻에서는 결산이 끝난 후 실제 재산액을 나타내는 계정.
자본-금 (資本金)〖몡〗 영리를 목적으로 하는 사업을 일으키는 바탕이 되는 돈. 〖ㅣ~을 잠식하다.
자본 도피 (資本逃避) 정치적·경제적 불안 등으로, 한 나라의 화폐 가치의 하락이 예상될 때 그 나라의 자본이 타국으로 이동하는 일.
자본 수출 (資本輸出)〖경〗 국내보다 높은 이윤을 얻기 위하여 외국에 투자하는 일(외국에 자회사를 세우거나 기존 기업을 매수하기도 하고 외국의 증권을 사거나 외국 정부나 민간 기업에 투자하는 경우도 있음).
자본 시:장 (資本市場)〖경〗 기업의 창설·확장 및 개량 등을 위해 비교적 장기에 걸친 자금의 신용 거래가 행해지는 시장. 〖ㅣ~을 육성하다.
자본-액 (資本額)〖몡〗 자본의 액수.
자본 예:산 (資本豫算)[-녜-]〖경〗 기업의 장기(長期)에 걸친 장래의 자본 지출 활동을 예산의 형태로 나타낸 것.
자본 유통 (資本流通)[-뉴-]〖경〗 자본주의 생산에서, 화폐 자본이 생산 자본으로 전화(轉化)되고, 그것이 다시 상품 자본으로 되었다가 도로 화폐 자본으로 전화하는 유통 현상. 자본 순환.
자본 이:자세 (資本利子稅)[-니-]〖경〗 자본의 투자로 생기는 이자에 대해 자본 소유자에게 부과하는 조세.
자본 자유화 (資本自由化)〖경〗 외국 자본에 의한 회사 설립, 기존 회사의 주식 취득, 증권 투자 및 국제간의 자본 이동을 자유롭게 하도록 하는 조치.
자본-재 (資本財)〖몡〗〖경〗 소비재의 생산에 이바지하는 물건 중 토지를 제외한 것의 총칭.
자본-주 (資本主)〖몡〗 일정한 기업에 영리를 목적으로 자본을 대는 사람. 전주(錢主). 〖ㅣ~를 구하다.
자본-주의 (資本主義)[-/-이]〖몡〗〖경〗 생산 수단을 가진 자본가 및 기업가 계급이 그 이익 추구를 위해 생산 활동을 하도록 보장하는 사회 경제 체제.
자본주의 경제 (資本主義經濟)[-/-이-]〖경〗 자본 계급의 이윤 획득을 목표로 자유 활동에 의하여 조직되는 경제.
자본주의 국가 (資本主義國家)[-까/-이-까] 자본주의 체제 아래에 있는 국가.
자본주의 사회 (資本主義社會)〖사〗 자본주의가 경제 조직의 지배적 형태를 이룬 사회. 자본가 계급과 임금 노동자 계급으로 구성됨.

자본 준:비금(資本準備金)〖법〗주식회사가 법률에 의하여 적립해야 할 준비금.

자본 축적(資本蓄積)[-쩍]〖경〗이윤의 일부를 자본에 넣어서, 생산 규모를 확대해 나가는 일. ▷~이 이루어지다.

자-볼기〖명〗 1 자로 때리는 볼기. 2 아내에게 매를 맞는다고 조롱하는 말.
[자볼기 맞겠다] 무슨 잘못이 있어 아내에게 자볼기라도 맞겠다고 조롱하는 말.

자봉(自奉)〖명〗하자 스스로 자기 몸을 보양함.

자봉(雌蜂)〖명〗 암벌. ↔웅봉(雄蜂).

자봉-침(自縫針)〖명〗 재봉틀.

자봉-틀(自縫-)〖명〗 ☞ 재봉틀.

자부(子部)〖명〗 중국 고전을 경(經)·사(史)·자(子)·집(集)의 사부(四部)로 나눈 것 중의 하나《유가(儒家)·병가(兵家)·법가(法家)·도가(道家)·석가(釋家)·기예·술수(術數) 등의 서적과 소설·유서(類書) 등이 이에 속함》. 병부(丙部).

자부(子婦)〖명〗 며느리.

자부(自負)〖명〗하다 자기나 자기와 관련된 일에 대하여 스스로의 가치나 능력을 믿고 자랑으로 여김. ▷영화에는 나름대로 일가견이 있다고 ~하다.

자부(姉夫)〖명〗 자형(姉兄).

자부(慈父)〖명〗 자애로운 아버지.

자부(慈婦)〖명〗 자애로운 부인.

자부락-거리다[-꺼-]〖자타〗 실없이 장난삼아 가만히 있는 사람을 자꾸 건드려 괴롭히다. 〈큰〉지부럭거리다. **자부락-자부락**[-짜-]〖부〗하다타

자부락-대다[-때-]〖자타〗 자부락거리다.

자부-심(自負心)〖명〗 자부하는 마음. ▷~을 가지다 / ~이 강하다 / 그는 ~이 대단한 사람이다.

자부지〖명〗 쟁기의 손잡이.

자분(自噴)〖명〗하자 지하에서 고압 상태로 있던 온천·석유·가스 등이 저절로 솟아 나옴.

자분-거리다[-꺼-]〖자〗 음식에 섞인 잔모래 따위가 귀찮게 잇따라 씹히다. 〈큰〉지분거리다. 〈트〉타 짓궂은 말이나 행동으로 남을 자꾸 건드리어 귀찮게 하다. 〈큰〉지분거리다. **자분-자분**[-짜-]〖부〗하다타

자분-대다〖자타〗 자분거리다.

자분-자분[-짜-]〖부〗하다 1 성질이 온순하고 침착한 모양. ▷~ 일을 잘한다. 2 부드러운 물건이 씹히는 모양. 〈큰〉지분지분.

자분-정(自噴井)〖명〗 지하수가 지층의 압력으로 자연히 뿜어 나오는 샘.

자분치〖명〗 귀 앞에 난 머리털.

자불(自不)〖역〗 과거 때, 강서과(講書科)에 응시한 사람이 해답을 못 쓰고 자기 성명 위에 불합격 표시인 '不' 자를 써 달라고 시험관에게 청하던 일.

자-불(瓷佛)〖명〗 도자기로 만들어진 불상.

자비[1](自-)〖명〗 가마 따위 탈것의 총칭. ▷~를 놓다.

자비[2]〖역〗 '차비(差備)2'의 변한말.

자비(自卑)〖명〗하자 1 스스로를 낮춤. 2 낮은 데서부터 시작함.

자비(自備)〖명〗하타 스스로 준비함.

자비(自費)〖명〗 자기가 부담하는 비용. ▷~로 유학을 가다 / 모자라는 돈을 ~로 메우다.

자-비(煮沸)〖명〗하자타 물 따위가 펄펄 끓음. 또는 물 따위를 펄펄 끓임.

자비(慈悲)〖명〗 1 남을 사랑하고 가엾게 여김. ▷~를 구하다 / ~를 베풀다. ↔무자비. 2

〖불〗부처나 보살이 중생에게 고통을 덜어 주고 안락하게 해 주려는 일. ─하다〖형〗여 남을 깊이 사랑하고 가엾게 여기는 마음이 있다. ─자비하신 부처님.

자비-량(自備糧)〖명〗하자 자기가 쓸 양식 등을 스스로 갖춤. 또는 그 양식.

자비-롭다(慈悲-)[-따][-로워, -로우니]〖형〗비 자비스러운 데가 있다. ▷자비로운 부처님의 은덕. **자비-로이**〖부〗

자비-문(-門)〖명〗〖역〗'차비문(差備門)'의 변한말.

자비-생(自費生)〖명〗 자비로 공부하는 학생.

자:비 소독법(煮沸消毒法)[-뻡]〖명〗 물체를 끓는 물속에 넣어 살균하는 소독 방법.

자비-스럽다(慈悲-)[-따][-스러워, -스러우니]〖형〗비 남을 사랑하고 가엾게 여기는 마음이 깊다. **자비-스레**〖부〗

자비-심(自卑心)〖명〗 스스로를 남보다 낮추어 보거나 못하다고 여기는 마음.

자비-심(慈悲心)〖불〗 중생을 사랑하고 가엾게 여기는 마음. 자비지심.

자비-옷(慈悲-)[-옫]〖명〗〖불〗'가사(袈裟)'의 별칭.

자비-인욕(慈悲忍辱)〖명〗〖불〗 승려가 반드시 지켜야 할 자비와 인욕. 또는 보살이 중생을 구제하기 위해 자비심으로 고난을 참고 견디는 일.

자비 출판(自費出版) 저자 자신이 돈을 내어 책을 냄.

자빗-간(-間)[-비깐 /-빋깐]〖명〗 가마 따위 탈것을 넣어 두는 곳간.

자빠-뜨리다〖타〗 자빠지게 하다.

자빠-지다〖자〗 1 뒤로 또는 옆으로 넘어지다. ▷뒤로 벌렁 ~. 2 〈낮〉하던 일에서 손을 떼고 물러나다. 3〈속〉눕다.
[자빠져도 코가 깨진다] 일이 되지 않으려면 뜻밖의 불행까지 생긴다.

자빠-트리다〖타〗 자빠뜨리다.

자빡〖명〗 결정적인 거절. 납백(納白).
자빡(을) 대다〔치다〕〖무〗 아주 딱 잘라 거절하다.
자빡(을) 맞다〖무〗 아주 거절을 당하다.

자빡-계(-契)[-께]〖명〗 산통계(算筒契)의 일종. 당첨된 계원은 곗돈을 타는 동시에 곧 탈퇴하도록 한 계.

자빡-뿔〖명〗 끝이 뒤틀려 뒤로 잦혀진 쇠뿔.

자-뼈〖생〗 척골(尺骨).

자뿌룩-하다[-루카-]〖형〗여 조금 어긋나다.

자사(子史)〖명〗 사부(四部)에서 자부와 사부를 이르는 말. 곧, 제자(諸子)의 글과 역사책.

자사(子舍)〖명〗 1 자제(子弟)1. 2〖역〗 각 고을 원의 아들이 거처하던 곳.

자사(自社)〖명〗 자기가 소속하여 있는 회사. ▷~ 제품. ↔타사(他社).

자:사(刺絲)〖명〗 해파리·산호 따위 강장동물의 자세포(刺細胞)에 있는 실 모양의 기관《독액이 있어 다른 동물의 침해를 막음》.

자사(恣肆)〖명〗하다 제멋대로 하는 면이 있음.

자사-받기[-끼]〖명〗하자 윷을 던져 손등으로 받아 가지고 다시 던져 잡는 윷놀이기 기술.

자산(資産)〖명〗 1 개인 또는 법인이 소유하는 토지·건물·기구·금전 등의 총칭. 재산. 2 금전으로 환산할 수 있는 적극적 재산. 3〖법〗유형 또는 무형의 유가물(有價物)로서 부채의 담보가 될 수 있는 것.

자산-가(資産家)〖명〗 재산이 많은 사람.

자산 계:정(資産計定)[- /-게-]〖경〗 부기에서, 자산의 증감·변화를 기록하는 계정.

자산 동:결(資産凍結)〖경〗자산의 처분·이동을 제한·금지하는 조치(주로, 적대국에 대한 경제 제재 수단으로 씀).

자산 재:평가(資産再評價)[-까]〖경〗적정한 감가상각(減價償却)을 하기 위하여, 고정 자산의 장부 가격을 시가(時價)로 고쳐 평가하는 일. ㉣재평가.

자산-주(資産株)명〖경〗가치 폭락의 염려가 적으며 자산으로서 보유하기에 적합한 견실한 주식. *성장주.

자산 평:가(資産評價)[-까] 재산 목록·대차대조표에 든 자산의 시가(時價)를 매기는 일.

자살(自殺)명하자 스스로 제 목숨을 끊음. 자결. 자처(自處). 자해(自害). 자진(自盡). 자재(自裁). 자폐(自斃). □ ~을 기도하다 / 권총으로 ~하다. ↔타살.

자:살(刺殺)명하타 척살(刺殺)1.

자살-골(自殺goal)명 자책골.

자살 관여죄(自殺關與罪)[-괴녀쬐]〖법〗다른 사람의 자살을 교사하거나 방조함으로써 성립하는 죄.

자살 교:사죄(自殺敎唆罪)[-쬐]〖법〗자살할 의사가 없는 사람에게 협박·유혹·모욕 등의 방법으로 자살하게 한 죄.

자살 방조죄(自殺幇助罪)[-쬐]〖법〗자살할 의사가 있는 사람에게 유형·무형의 편의를 주어 자살하게 함으로써 성립하는 죄.

자살-자(自殺者)[-짜]명 자살한 사람. 스스로 자기 목숨을 끊은 사람.

자상(自傷)명하자 일부러 제 몸에 상처를 냄. 또는 그 상처. 자해.

자:상(刺傷)명 칼 따위의 날카로운 것에 찔린 상처. □목덜미에 ~이 있다.

자상달하(自上達下)명하자 위로부터 아래까지 미침. ↔자하달상(自下達上).

자상-스럽다(仔詳-)[-따][-스러워][-스러우니]형 자상한 데가 있다. **자상-스레**튀.

자상-처분(自上處分)명하자 상관이 내리는 지휘나 명령.

자상-하다(仔詳-)형여 1 자세하고 찬찬하다. □자상한 성품 / 자상하게 설명해 주다. 2 인정이 넘치고 마음 씀씀이가 넉넉하다. □자상한 남편 / 자상한 눈길로 바라보다. **자상-히**튀. □통관 절차를 ~ 일러 주다.

자상 행위(自傷行爲) 스스로 자기 몸에 상처를 내는 행위.

자새명 새끼나 밧 등을 꼬거나 실을 감는 데 쓰는 얼레.

자새-질명하자 실이나 줄 따위를 꼬거나 감기 위하여 자새를 돌리는 일.

자색(自色)명 광물 고유의 빛깔. 진색(眞色).

자색(姿色)명 여자의 고운 얼굴.

자:색(紫色)명 자줏빛.

자:색(赭色)명 붉은 흙과 같은 검붉은 빛.

자:색-금(紫色金)[-끔]명 금 78%와 알루미늄 22%의 비율로 만든 합금.

자생(子生)명 자년(子年)에 태어난 사람을 이르는 말. 쥐띠.

자생(自生)명하자 1 (식물이) 저절로 나서 자람. ~ 능력 / 풍란이 ~하고 있다. 2〖불〗저절로 생겨남.

자생-력(自生力)[-녁]명 스스로 살아 나가는 능력이나 힘. □ ~이 없는 기업 / ~을 기르다.

자생 식물(自生植物)[-싱-]〖식〗산이나 들 또는 강이나 바다에 저절로 나는 식물.

자생-적(自生的)관명 자연히 나거나 생기는 (것). □ ~ 정당 / ~ 조직.

자생-지(自生地)명 식물이 자생하는 땅. □

문주란의 ~ / 희귀 식물의 ~가 점점 훼손되고 있다.

자서(字書)명 1 자전(字典). 2 사전(辭典).

자서(自序)명하자 지은이가 직접 쓴 서문.

자서(自敍)명하타 자기 자신에 관한 일을 자기가 서술함.

자서(自書)명하자타 자필(自筆).

자서(自署)명하자타 문서 따위에 이름이나 상호를 적음. 또는 그 서명.

자서 문학(自敍文學)〖문〗자기의 지난 일을 문학적으로 서술한 작품.

자서-전(自敍傳)명 자기가 쓴 자기의 전기.

자서제질(子壻弟姪)명 아들과 사위와 아우와 조카.

자석(字釋)명 글자의 뜻을 풀이하는 일.

자:석(紫石)명 1 '자석영(紫石英)'의 준말. 2 '벼루'의 별칭.

자:석(磁石)명 1 철을 끌어당기는 성질이 있는 물체〖천연적으로는 자철광이 있으며, 인공적으로는 강철을 자기화하여 만들기도 함. 영구 자석과 일시 자석이 있음〗. 2 자철석(磁鐵石).

자:석(赭石)명〖광〗1 붉은 돌. 2 '대자석(代赭石)'의 준말.

자:석-강(磁石鋼)[-깡]명 강한 인공 자석을 만들기 위해 자성(磁性)을 띠게 한 특수 강철.

자:석-광(磁石鑛)[-꽝]명 '자철광'의 속칭.

자:석-반(磁石盤)[-빤]명 자기 나침반(羅針盤). 자기 컴퍼스.

자:석식 전:화기(磁石式電話機)[-씩쩐-] 통화할 때마다 핸들을 돌려 신호 전류를 발생시켜 교환원을 불러내는 방식의 전화기.

자:석영(紫石英)명〖광〗자수정(紫水晶).

자선(自選)명하자타 1 선거 따위에서, 자기 자신에게 투표함. 2 자기 작품을 자신이 직접 골라 뽑음. □ ~ 대표 작품집.

자선(慈善)명하자타 선의를 베풂. 특히 불행·재해 등으로 가난하거나 불행한 처지에 있는 사람을 가엾게 여겨 도와줌. □ ~ 공연 / ~을 베풀다 / ~ 음악회를 열다.

자선-가(慈善家)명 자선 사업을 하는 사람.

자선-냄비(慈善-)명 구세군에서, 연말에 불쌍한 사람을 돕기 위해 길거리에 걸어 놓고 통행인들의 성금을 받는 그릇. □거리에 ~가 등장했다.

자선 단체(慈善團體) 자선 사업을 하기 위하여 설립한 단체.

자선 병:원(慈善病院) 주로 공공 단체가 자선의 목적으로 설립한 병원.

자선 사:업(慈善事業) 병자·노약자·빈민·고아 등의 구조를 목적으로 이루어지는 사회사업. □그는 전 재산을 ~에 쾌척했다.

자선-시(慈善市)명 바자(bazaar).

자선 행위(慈善行爲) 불쌍한 처지에 있는 사람을 도와주는 일.

자선-회(慈善會)명 1 자선 사업 자금을 마련하기 위해 입장료를 받고 흥행을 하거나 물건을 파는 모임. 2 자선 사업을 목적으로 하는 단체의 일반적인 호칭.

자설(自說)명 자기의 의견을 주장하는 논설. □ ~을 고집하다 / ~을 정립하다.

자성(自性)명〖불〗1 본래 가지고 있는 진성(眞性). 본래의 성질. 2 '자성본불'의 준말.

자성(自省)명하자 자신의 태도나 행동을 스스로 반성함. □과소비에 대한 ~의 목소리가 높다.

자성 (眥星)몡 〖천〗 이십팔수(宿)의 하나. 대설(大雪) 무렵 중천에 나타나는 마늘모꼴의 세 별. ⓑ자(眥).

자성 (資性)몡 천성(天性).

자성 (雌性)몡 〖생〗 생물의 암컷에 나타나는 공통되는 성질. ↔웅성(雄性).

자성 (慈聖)몡 임금의 어머니. 자전(慈殿).

자:성 (磁性)몡 〖물〗 자기를 띤 물체가 나타내는 성질. 강자성체(强磁性體)를 끌어당기거나 자석에 끌리는 성질. □~을 띠다.

자성-본불 (自性本佛)몡 본디부터 지니고 있는 고유한 불성(佛性). ⓑ자성(自性).

자:성 산화철 (磁性酸化鐵)〖화〗 사산화삼철(四酸化三鐵).

자성-일가 (自成一家)몡하자 스스로의 노력으로 어떤 학문이나 기예에 통달하여 일가를 이룸.

자:성-체 (磁性體)몡 〖물〗 자기장(磁氣場)에 놓으면 자기화(磁氣化)하는 물체.

자세 (姿勢)몡 1 몸을 움직이거나 가누는 모양. □~가 바르다 / ~를 고쳐 앉다 / ~를 가다듬다. 2 (비유적으로) 사물을 대할 때 가지는 마음가짐이나 태도. □정신 ~ / 생활 ~ / 진지한 ~로 임하다 / 적극적인 ~를 취하다.

자:세 (藉勢)몡하자 자기나 남의 세력을 믿고 세도를 부림. □돈푼이나 있다고 ~가 여간 아니다.

자:-세포 (刺細胞)몡 〖동〗 강장(腔腸)동물의 내외 표피 속에 있는 특유한 세포. 자극에 감응하고 독물을 분비하여 먹이를 잡아먹는 구실을 함. 자포(刺胞). 바늘 세포.

자세-하다 (仔細-·仔細-)혱여 아주 작고 하찮은 부분까지 구체적이고 분명하다. □자세한 약도 / 설명이 ~. **자세-히** 囝

자소 (自訴)몡하자 스스로 자기 죄를 고소함.

자소-로 (自少-) 囝 '자소이래로'의 준말.

자소이래-로 (自少以來-) 囝 젊고 어렸을 때부터 이제까지. ⓑ자소로.

자손 (子孫)몡 1 자식과 손자. □직계 ~ / ~이 많다 / ~이 모두 성공하다. 2 후손. □만대 / ~ 대대로 물려주다 / ~이 번성하다.

자손-계 (子孫計)[-/-게]몡 자손을 위하여 세우는 계획.

자수 (自手)몡 1 자기의 손. 2 자기 혼자의 노력 또는 힘. □~로 이룬 큰 재산.

자수 (自守)몡하타 행실이나 말을 스스로 조심하여 지킴.

자수 (自首)몡하자 죄를 범한 사람이 자진하여 수사 기관에 범죄 사실을 신고함. □~를 권하다 / ~하기로 결심하다.

자수 (自修)몡하타 남의 가르침을 받지 않고 스스로 학문을 닦음.

자수 (字數)[-쑤]몡 글자의 수. □300자 이내로 ~를 제한하다.

자:수 (刺繡)몡하타 수를 놓음. 또는 그 수. □~를 배우다 / 전통 ~를 놓다.

자:수 (紫綬)몡 〖역〗 정삼품 당상관 이상의 관원이 차던 호패의 자줏빛 술.

자수립 (自樹立)몡하타 제 힘으로 일의 기초나 공을 세움.

자수-삭발 (自手削髮)[-빨]몡 1 자기 손으로 자기 머리털을 깎음. 2 어려운 일을 자기 힘으로 감당함의 비유. 3〖불〗 자신의 뜻으로 머리를 깎가 승려가 됨.

자수-성가 (自手成家)몡하자 물려받은 재산이 없는 사람이 자기 힘만으로 집안을 일으키고

재산을 모음.

자:-수정 (紫水晶)몡 〖광〗 자줏빛의 수정. 자석영. 자석(紫石).

자숙 (自肅)몡하자 자신이 하는 말과 행동을 스스로 조심함. □난동에 휩쓸리지 말고 ~하기를 요구하다 / 용서를 빌고 ~하는 시간을 갖다.

자숙-자계 (自肅自戒)[-짜-/-째게]몡하자 스스로 삼가고 경계함.

자:순 (諮詢)몡하타 윗사람이 아랫사람에게 의견을 물어 의논함.

자술-서 (自述書)[-써]몡 사건의 피해자나 참고인이 자기가 한 일이나 겪은 일에 대하여 진술한 글. □~를 써 내다.

자슬 (慈膝)몡 자애로운 무릎이라는 뜻으로, 부모의 슬하를 이르는 말.

자습 (自習)몡하타 스스로 배워 익힘. □~으로 대학에 합격하다 / ~을 시키다.

자습-서 (自習書)[-써]몡 스스로 배워 익힐 수 있게 만든 책. □영어 ~. ＊참고서.

자승 (自乘)몡하타 〖수〗 '제곱'의 구용어.

자승 (自勝)몡하자 1 자기가 남보다 나은 줄로 여김. 2 사사로운 욕망을 스스로 억제함.

자승-근 (自乘根)몡 〖수〗 '제곱근'의 구용어.

자승-멱 (自乘冪)몡 〖수〗 '제곱멱'의 구용어.

자승-비 (自乘比)몡 〖수〗 '제곱비'의 구용어.

자승-수 (自乘數)[-쑤]몡 〖수〗 '제곱수'의 구용어.

자승-자박 (自繩自縛)몡하자 자신이 한 말과 행동에 자기가 구속되어 괴로움을 당함.

자승지벽 (自勝之癖)몡 자기가 남보다 나은 줄로 여기는 버릇.

자시 (子時)몡 〖민〗 1 십이시의 첫째 시(밤 11시부터 오전 1시까지). 2 이십사시의 첫째 시(오후 11시 반부터 오전 0시 반까지). ⓑ자.

자시 (自恃)몡하타 무슨 일이 그러려니 하고 자기 혼자 짐작하여 믿고 겉으로 드러냄.

자시 (自是)몡하자 자기 의견만 옳다고 여김.

자:시다[1] 태 '먹다'의 경칭. □드리는 대로 잘 ~.

자:시다[2] 톄 (주로 '-고 자시고'의 꼴로 쓰이어) 앞에 나온 말을 부정하는 뜻으로 이르는 말. □기다리고 자시고 할 거 없다.

자시지벽 (自是之癖)몡 자기 의견만 옳은 줄로 여기는 버릇.

자-시하 (慈侍下)몡 아버지는 돌아가시고 어머니만 모시고 있는 처지. ↔엄시하.

자식 (子息)몡 1 아들과 딸의 총칭. □~ 농사 / ~을 낳아 기르다 / ~들에게 유산을 물려주다 / ~ 된 도리를 다하다. 2 '놈'보다 낮추어 욕하는 말. □나쁜 ~ / 바보 같은 ~.
[자식 겉 낳지 속은 못 낳는다] ㉠자기가 낳은 자식이라도 그 마음속은 알 수 없다는 말. ㉡자식의 잘못은 부모의 책임은 아니라는 말. [자식 둔 골은 호랑이도 돌아본다] 짐승도 제 새끼를 사랑하는데 하물며 사람은 더 말할 것이 있으랴.

자식을 보다 쿤 자식을 가지게 되다. 자식을 낳다. □늦은 나이에 ~.

자식-새끼 (子息-)[-째-]몡 〈속〉 자식1.

자신 (自身)몡 자기. 제 몸. □자기 ~과의 싸움 / ~을 돌보다 / ~이 알아서 하다 / 너 ~.

자신 (自信)몡하타 자기의 능력이나 가치를 확신함. □~이 있다 / 할 수 있다고 ~하다.

자신-감 (自信感)몡 자신이 있다고 여겨지는 느낌. □~이 넘치다 / ~을 되찾다 / ~을 불어넣다 / ~을 갖다.

자신만만-하다 (自信滿滿-) 〖형어〗 아주 자신이 있다. ¶자신만만한 태도. **자신만만-히** 〖부〗

자신-방매 (自身放賣) 〖명타〗 자기의 몸을 스스로 팔아 망침.

자신지책 (資身之策) 〖명〗 자기 한 몸의 생활을 꾀하는 일. 또는 그 계책.

자실 (自失) 〖명하자〗 자기 자신을 잊고 얼이 빠진 상태로 명하니 있음. ¶망연(茫然)~.

자실-체 (子實體) 〖명〗〖식〗균류(菌類)의 포자를 만드는 기관(器官).

자심-하다 (滋甚-) 〖형어〗 점점 더 심하다. ¶횡포가 ~. **자심-히** 〖부〗

자씨 (姉氏) 〖명〗 남의 손위 누이의 경칭.

자씨 (慈氏) 〖명〗〖불〗'자씨보살'의 준말.

자씨-보살 (慈氏菩薩) 〖명〗〖불〗'미륵보살'의 이칭. ㉮자씨.

자씨-존 (慈氏尊) 〖명〗〖불〗'미륵보살'의 경칭.

자아 (自我) 〖명〗 **1** 〖철〗나. 자기. 곧, 의식자가 다른 의식자 및 대상으로부터 스스로를 구별하는 자칭. ¶~를 망각하다. ↔비아(非我). **2** 〖심〗자기 자신에 관한 각 개인의 의식 또는 관념. ¶~가 강하다.

자아-내다 〖타〗 **1** 기계의 힘으로 실을 잇따라 뽑아내다. **2** 기계의 힘으로 액체나 기체를 잇따라 흘러나오게 하다. ¶바닥에 괸 물을 ~. **3** 어떤 느낌이나 일, 말 따위를 끄집어 내어 일으켜 내다. ¶슬픔을 ~ / 탄성을 ~.

자아-도취 (自我陶醉) 〖명〗 스스로에게 황홀하게 빠지는 일. 자기도취(自己陶醉).

자아-비판 (自我批判) 〖명〗 자기비판.

자아-실현 (自我實現) 〖윤〗 자아의 가능성을 완전히 실현하는 일을 도덕의 궁극 목적인 최고선(最高善)으로 삼는 완전설의 주장. 자기실현.

자아-올리다 〖타〗 기계의 힘으로 물을 빨아올리다. ¶양수기로 지하수를 ~.

자아-의식 (自我意識) 〖명〗〖심〗자의식(自意識).

자아-틀 윈치(winch).

자안 (字眼) 〖명〗 시문(詩文) 가운데서 안목(眼目)이 되는 가장 중요한 글자.

자안 (慈眼) 〖명〗〖불〗중생을 자비롭게 보는 관음보살의 눈.

자안 (慈顔) 〖명〗 자애로운 얼굴. 자비롭게 다정한 얼굴.

자애 (自愛) 〖명하자〗 **1** 자기 몸을 스스로 아끼고 사랑함. ¶자중~하다. **2** 자기 보존·자기 주장의 본능에 따르는 감정.

자애 (慈愛) 〖명〗 아랫사람에게 베푸는 도타운 사랑. ¶~가 깊다 / ~를 베풀다.

자애-롭다 (慈愛-)[-따][-로워, -로우니] 〖형ㅂ〗 자애를 드러내는 태도가 있다. ¶자애로운 미소. **자애-로이** 〖부〗

자애-심 (慈愛心) 〖명〗 아랫사람에게 도타운 사랑을 베푸는 마음.

자애-주의 (自愛主義)[- / -이] 〖명〗 이기주의1.

자애지정 (慈愛之情) 〖명〗 자애로운 마음.

자액 (自縊) 〖명하자〗 스스로 목매어 죽음.

자야 (子夜) 〖명〗 한밤중의 자시(子時)의 일컬음.

자약 (芍藥) 〖식〗'작약(芍藥)'의 변한말.

자약-하다 (自若-)[-야카-] 〖형어〗 큰일을 당해서도 놀라지 않고 보통 때처럼 침착하다. **자약-히** [-야키-] 〖부〗

자양 (字樣) 〖명〗 글자의 모양. 자체(字體).

자양 (滋養) 〖명〗 몸의 영양이 됨. 또는 그런 음식. ¶~을 흡수하다.

자양 관:장 (滋養灌腸) 〖의〗 자양액을 항문으로 주입하여 대장 벽에서 흡수시키는 일.

자양-당 (滋養糖) 〖명〗 맥아당 제제의 하나. 소화

불량증, 유아의 설사 등을 치료하는 데 씀.

자양-물 (滋養物) 〖명〗 자양분이 많은 음식물. 자양품.

자양-분 (滋養分) 〖명〗 자양이 되는 음식의 성분. ¶~이 많은 음식 / ~을 섭취하다.

자양-액 (滋養液) 〖명〗 자양분(滋養分)이 많이 들어 있는 액체.

자양-제 (滋養劑) 〖명〗 영양소를 소화하기 쉬운 형태로 풍부하게 포함하고 있는 약제.

자양-품 (滋養品) 〖명〗 자양물.

자:-화 (紫陽花) 〖명〗〖식〗수국(水菊).

자어 (子魚) 〖명〗 잔고기.

자언 (自言) 〖명하타〗 자기 말을 자기가 함.

자업-자득 (自業自得)[-짜-] 〖명〗〖불〗자기가 저지른 일의 과보를 자기가 받음. 자업자박. ¶이런 꼴로 사는 것도 ~이지.

자업-자박 (自業自縛)[-빡] 〖명〗〖불〗자업자득.

자-에 (玆-) 〖부〗'여기에·이에'의 뜻의 접속 부사. ¶~ 상장을 수여함.

자여 (自餘) 〖명〗넉넉하여 저절로 남음.

자여손 (子與孫) 〖명〗 아들과 손자.

자여질 (子與姪) 〖명〗 아들과 조카. 자질(子姪).

자연 (自然) 〖명〗 **1** 세상에 스스로 존재하거나 우주에 저절로 이루어지는 모든 존재나 상태. ¶~의 법칙 / ~ 자원 / ~에 순응하다 / ~으로 돌아가다. **2** 사람의 힘을 더하지 않은 천연 그대로의 존재(산·강·바다·식물·동물 따위). 또는 그것들이 이루는 지리적·지질적 환경. ¶~ 경관 / ~을 보존하다 / ~을 벗 삼다 / ~을 노래하다. **3** 스스로 존재하거나 저절로 이루어진다는 뜻을 나타내는 말. ¶~ 증가 / ~ 식품. **4** 〖철〗의식이나 경험 대상의 전체. **5** 〖철〗사람과 물질의 고유성 혹은 본연성. ¶~의 이치. 〓〖부〗'자연히'의 준말. ¶떨어져 사니 ~ 마음도 멀어진다. *자연하다.

자:연 (瓷硯) 〖명〗 자기로 만든 벼루. 도연(陶硯).

자:연 (紫煙) 〖명〗 **1** 담배 연기. ¶~이 가득한 휴게실. **2** 보랏빛 연기.

자연 가격 (自然價格)[-까-] 〖경〗 정상(正常) 가격.

자연-가스 (自然gas) 〖명〗 천연가스(天然gas).

자연 경관 (自然景觀) 〖명〗 사람의 손길이 닿지 않은 자연 그대로의 경치. ¶~이 빼어난 관광지.

자연 경제 (自然經濟) 〖경〗 화폐를 사용하지 않고 자급자족이나 물물 교환으로 이루어졌던 고대 경제.

자연-계 (自然界)[- / -게] 〖명〗 **1** 천지 만물이 존재하는 범위. **2** 인간 세계를 둘러싸고 있는 동물·식물·천체·산천 따위의 모든 세계.

자연-공원 (自然公園) 〖명〗 인공적인 시설 등을 많이 하지 않고 자연 그대로의 풍경을 즐길 수 있도록 만든 공원.

자연 과학 (自然科學) 〖명〗 자연에 속하는 모든 대상을 다루는 학문. ↔인문 과학.

자연-관 (自然觀) 〖명〗 자연에 대한 관념이나 견해. ¶유교적 ~.

자연 관찰 (自然觀察) 〖명〗 자연의 법칙(法則)이나 현상(現象)을 살펴봄.

자연-광 (自然光) 〖명〗 태양 광선이나 구름의 반사광 등에 의한 빛. 자연 광선.

자연-교 (自然教) 〖종〗 자연 종교.

자연-권 (自然權)[-꿘] 〖명〗 인간이 나면서부터 가지고 있는 권리.

자연-금 (自然金) 〖명〗〖광〗천연적으로 홑원소

물질의 상태로 산출되는 황금.

자연 녹지(自然綠地)[-찌] 인공적으로 만들지 않은, 자연 그대로의 물가·산림·들판 등의 녹지.

자연-대수(自然對數) 〔명〕 〔수〕 '자연로그'의 구용어.

자연 도태(自然淘汰) 〔생〕 자연 선택.

자연-동(自然銅) 〔광〕 천연적으로 홑원소 물질의 상태로 산출되는 구리.

자연-력(自然力)[-녁] 〔명〕 **1** 자연계에 작용하는 온갖 힘. **2** 사람의 노력을 대신하여 주는 자연계의 힘(풍력·화력·수력 등의 원시적 자연력과 증기력·전기력 등의 유도적 자연력).

자연-로그(自然log) 〔명〕 〔수〕 특정한 수를 밑으로 하는 로그. 구용어 : 자연대수.

자연-림(自然林)[-님] 〔명〕 **1** 원시림. **2** 자연적으로 이루어진 수풀. 천연림. 〔〕마을 뒤로는 ~이 우거져 있다. ↔인공림.

자연 면:역(自然免疫) 〔의〕 사람이나 동물이 특정한 병원체(病原體)에 대하여 태어날 때부터 갖고 있는 저항성. 선천성 면역.

자연-목(自然木) 〔명〕 산이나 들에서 저절로 자라난 나무.

자연 묘:사(自然描寫) 〔문〕 문학 작품 등에서 자연을 그대로 그려 내는 일.

자연-물(自然物) 〔명〕 자연계에 존재하는 유형물(有形物).

자연-미(自然美) 〔명〕 인위적이 아니고 자연 그대로의 모습이 드러내는 아름다움. 〔〕~가 넘치다. ↔인공미.

자연 발생설(自然發生說)[-쌩-] 〔명〕 〔생〕 생물이 무생물로부터 자연적으로 생겨날 수 있다는 학설(아리스토텔레스 이래로 이 설이 믿어져 왔으나 파스퇴르에 이르러 부정됨). 우연 발생설.

자연 발화(自然發火) 산화하기 쉬운 물질이 상온의 공기 중에서 산화하여 축적된 열에 의해 자연적으로 발화하는 현상. 자연 연소.

자연-범(自然犯) 〔명〕 〔법〕 법으로 규정할 것도 없이 사회의 일반적·도의적 규범에 어긋나는 범죄(살인·강도·방화 따위). 형사범. ↔법정범(法定犯).

자연-법(自然法)[-뻡] 〔명〕 **1** 인간의 본성에 바탕을 두고 때와 곳에 관계없이 보편타당한 법률. **2**〔불〕우주 그대로의 진여(眞如)한 제법(諸法). **3**〔철〕자연계의 모든 사물을 지배한다고 여겨지는 법칙(法則).

자연-법칙(自然法則) 〔명〕 자연계의 현상이나 질서를 지배한다고 여겨지는 법칙. 자연율.

자연법-학(自然法學)[-뻐팍] 〔명〕 자연법을 인정하여 이를 실정법(實定法)의 기초로 삼으려는 법률 사상의 학문 체계.

자연-보호(自然保護) 〔명〕 특정한 자연물 또는 지역의 자연경관(景觀)을 보호하여 자연을 본디의 모습으로 보존하려 하는 일. 〔〕~ 운동 / ~을 외치는 목소리가 높다.

자연 분류(自然分類)[-불-] 〔생〕 분류할 사물의 본질적 속성에 따라서 하는 분류. ↔인위 분류.

자연-사(自然史) 〔명〕 인류가 등장하기 이전의 자연의 발전이나 인간 이외의 자연계의 발전의 역사.

자연-사(自然死) 〔명〕〔하자〕 외상이나 병이 원인이 되지 않고 노쇠하여 자연히 죽음. 〔〕그의 죽음은 ~로 밝혀졌다. *우연사.

자연 사회(自然社會) 개인의 의지나 목적과

는 전혀 상관없이 혈연 또는 지연에 의해 성립되는 사회.

자연-산(自然産) 〔명〕 양식한 것이 아니라 자연에서 저절로 생산되는 것. 〔〕~ 송이.

자연-색(自然色) 〔명〕 인공적인 색채를 가하지 아니한 자연 그대로의 색깔.

자연-생(自然生) 〔명〕 〔식〕 씨를 뿌리거나 심지 않아도 식물이 저절로 남. 또는 그 초목. 〔〕~ 약초.

자연 생태계 보:호 지역(自然生態系保護地域)[-/-게-] 환경부가 지정한 생태계 보호 지역. 건물의 신축·개축, 토지 형질 변경, 동식물 포획·채취 등이 금지됨. 낙동강 하류을숙도(= 철새 도래지)·지리산 피아골(= 극상 원시림) 등이 있음.

자연-석(自然石) 〔명〕 천연 그대로의 돌. 천연석.

자연 선:택(自然選擇) 〔생〕 자연계에서 생존 경쟁의 결과, 주변 환경에 적응하는 것은 생존하고, 적응하지 못하는 것은 저절로 사라지는 일. 자연 도태. ↔인위 선택.

자연-성(自然性)[-쌩] 〔명〕 자연 그대로의 성질.

자연-수(自然水) 〔명〕 바다·강·호수·땅속 같은 데에 자연적으로 있는 물.

자연-수(自然數) 〔명〕 〔수〕 1부터 시작하여 하나씩 더하여 얻을 수 있는 수. 1, 2, 3 따위.

자연 수은(自然水銀) 〔광〕 천연적으로 홑원소 물질의 상태로 산출되는 수은.

자연 숭배(自然崇拜) 〔종〕 자연 및 자연물을 숭배하며, 영적 존재로서 신앙하는 일. 자연물 숭배. 천연 숭배.

자연-스럽다(自然-)[-따][-스러워, -스러우니] 〔형〕 꾸밈이 없이 천연한 데가 있다. 〔〕자연스러운 현상 / 자연스럽게 행동하다 / 말씨가 한국 사람처럼 ~. 자연-스레 〔부〕

자연-식(自然食) 〔명〕 방부제·인공 색소 따위의 식품 첨가물을 사용하지 않은 식품. 좁은 뜻으로는 제철에 섭취하는, 영양분이 조화 있게 함유되어 있는 자연 그대로의 식품을 일컫는 말. 자연식품.

자연-식품(自然食品) 〔명〕 자연식(自然食).

자연-신(自然神) 〔명〕 자연의 현상·사물을 숭배하여 신으로 삼은 것.

자연신-교(自然神教) 〔명〕 〔종〕 자연신론에 바탕을 둔 종교.

자연신-론(自然神論)[-논] 〔명〕 〔종〕 이신론(理神論).

자연 신학(自然神學) 〔종〕 신의 존재 및 그 진리의 근거를 초자연적인 계시나 기적에서 구하지 않고 인간 이성(理性)이 인식할 수 있는 자연적인 것에서 구하는 입장.

자연 언어(自然言語) 일반 사회에서 일상적으로 자연스럽게 사용하고 있는 언어. 인공 언어에 상대하여 이르는 말임.

자연 연소(自然燃燒)[-년-] 〔물〕 자연 발화(自然發火).

자연-영양법(自然營養法)[-녕-뻡] 〔명〕 모유로 아기를 기르는 영양법.

자연-율(自然律)[-뉼] 〔명〕 자연법칙.

자연-은(自然銀) 〔광〕 천연으로, 홑원소 물질의 상태로 산출되는 은. 금·수은 등의 불순물을 함유하며, 공기 중에서 변색되기 쉬움.

자연-인(自然人) 〔명〕 **1** 사회나 문화에 속박되지 않는, 태어난 그대로의 사람. **2** 출생과 동시에 권리 능력을 가지는 개인. ↔법인.

자연 인류학(自然人類學)[-일-] 자연적 존재로서의 인류 발전의 전사(全史)를 대상으로 하는 생물학.

자연-재해(自然災害) 〔명〕 태풍, 해일, 지진 등

의 자연현상이 원인이 되어 일어나는 재해.
천재(天災). ▣~를 극복하다.

자연-적 (自然的)囲 1 사람의 손길이 닿지 않은 자연 그대로인 (것). ▣천혜의 ~ 환경. 2 당연히 그렇게 되는 (것). ▣공해는 환경 파괴의 ~인 결과이다. ↔인위적.

자연적 경계 (自然的境界)[-경-/-경계] 『지』 산맥·해양·하천·사막·산림 등으로 이루어진 경계. ↔인위적 경계.

자연-정화 (自然淨化) 하천의 물 따위가 자연히 정화되는 일. 자정(自淨).

자연 종교 (自然宗敎)『종』 1 인간의 본성인 이성에 근거를 두는 종교(이신론理神論 따위). 2 윤리성이 풍부한 국민적·세계적 종교에 이르기 전에 생겨난 자연 발생적·원시적 종교의 총칭.

자연-주의 (自然主義)[-/-이]圄 1 『철』 자연을 유일·절대 또는 근본 원리로 보고, 모든 현상 과정을 자연의 힘에 귀착시키려는 주의. 2 『윤』 인생의 자연적 요소를 기초로 하여 도덕적 규범을 세우려는 주의. 3 『문』 인간 생활의 추악한 욕망을 있는 그대로 적나라하게 묘사함을 본지(本旨)로 하는 주의. 4 아동의 천성(天性)을 자연 그대로 발달시키려는 교육상의 주의.

자연 증가 (自然增加) 저절로 늘어 감. ▣인구가 ~ 추세를 보이다.

자연 증가율 (自然增加率) 출생률에서 사망률을 뺀 값. ▣산아 제한으로 인구의 ~이 낮아지고 있다.

자연 증수 (自然增收)『경』 국내 경제의 발전에 따라 저절로 국가 수입이 느는 일.

자연-지 (自然智)『불』 스승의 가르침을 받지 아니하고 저절로 생겨나는 지혜.

자연 지리학 (自然地理學)『지』 지구를 자연계의 한 물체로 취급하여, 우주 공간에서의 지구의 위치·운동·육계(陸界)·수계(水界)·기계(氣界)의 여러 현상 및 생물의 분포를 연구하는 학문. ↔인문 지리학.

자연 채:권 (自然債權)[-꿘] 『법』 소송을 할 권리가 없는 채권.

자연 채:무 (自然債務)『법』 소송할 권리나 강제 이행 청구권이 없는 채무.

자연-철 (自然鐵)『광』 천연적으로 산출되는 철. 소량의 니켈·구리·탄소 등을 함유함.

자연 철학 (自然哲學)『철』 자연적 현상을 통일적이면서도 초로 사변적(思辨的)으로 이해하려고 하는 철학.

자연-파 (自然派)『철』 1 서정적인 농촌의 풍경화를 주로 그렸던 근대 미술의 한 유파. 2 자연 속에서 참과 아름다움을 찾으려고 하는 한 파. 3 자연의 본능·욕망을 존중하여 생활하는 사람들.

자연-하다 (自然-)웹어 저절로 되어 억지나 꾸밈·거짓이 없다. ▣자연히 圄 저절로. 圄 머리가 숙이다 / 상처가 ~ 나았다. ❀자연.

자연 현:상 (自然現象) 자연계의 법칙에 따라 일어나는 현상. 자연히 일어나는 현상. ▣~을 연구하다.

자연 혈족 (自然血族)[-쪽] 부모·형제 등 자연적인 혈연에 의해 맺어진 혈족. ↔법정(法定) 혈족.

자연-환경 (自然環境)圄 인간 생활을 둘러싼 자연계의 모든 요소가 이루는 환경. ▣~을 보전하다.

자연-황 (自然黃)『화』 화산·온천 등에서 천연적으로 홑원소 물질의 상태로 산출되는 황. 빛은 누렇고, 공업용 또는 약용으로 쓰고

있음. 자연 유황.

자:염 (煮塩)圄하자 바닷물을 끓여서 소금을 만듦. 또는 그 소금.

자엽 (子葉)圄『식』 떡잎.

자영 (自營)圄하자 자신이 직접 사업 따위를 경영함. ▣~ 농민 / 영세한 ~업자 / 기업을 ~하다.

자:-영산 (紫映山)圄『식』 영산자(映山紫).

자영-업 (自營業)圄 자신이 직접 경영하는 사업.

자예 (雌蕊)圄『식』 암술. ↔웅예(雄蕊). 〔업.

자오 (慈烏)圄『조』 까마귀. 자조(慈鳥).

자오 (ⓒ角)의단 중국의 화폐 단위. 10자오는 1위안.

-자오- 선어미 '-자옵-'의 ㅂ이 모음으로 시작된 어미를 만날 때 줄어든 선어말 어미. ▣받~니 / 들~니 자제분께서 귀국하셨더군요.

자오록-이 團 자오록하게.

자오록-하다 [-로카-] 웹어 연기나 안개 따위가 잔뜩 끼어 흐릿하고 고요하다. ▣방 안에 담배 연기가 ~. 圄자오록하다.

자오-면 (子午面)圄『천』 자오선이 이루는 평면. 적도면과 수직으로 만남.

자오-선 (子午線)圄 1 『천』 어떤 지점에서 정북과 정남을 통해 천구에 상상으로 그은 선. 2 경선(經線).

자오선 고도 (子午線高度)『천』 천체가 자오선을 통과할 때의 고도. 남중 고도.

자오선 관측 (子午線觀測)『천』 천체가 자오선을 통과할 때, 그 시각과 고도를 관측하는 일.

자오선 통과 (子午線通過)『천』 천체가 어느 지점의 자오선을 지나는 일.

자오-의 (子午儀)[-/-이]圄『천』 천체가 자오선을 통과하는 시각과 위치 따위를 관측하는 기계(器械).

자오-환 (子午環)圄『천』 대형의 자오의로서, 별이 자오선을 지날 때의 고도를 측정하여 그 천체의 적위(赤緯)를 구하는 기계.

자옥 (子-金)圄『광』 같은 광맥이면서도 금의 함유량(含有量)이 고르지 못한 사금맥의 상태.

자옥-이 團 자옥하게.

자옥-하다 [-오카-]웹어 연기나 안개 같은 것이 잔뜩 끼어 흐릿하다. ▣안개가 자옥한 산중턱 / 방 안은 연기로 자옥했다 / 교실 안은 먼지로 ~. 圄자옥하다.

-자옵- 선어미 ㄷ·ㅈ·ㅊ으로 끝난 동사의 어간과 자음으로 시작되는 어미 사이에 붙어서, 공손하게 대하는 뜻을 나타내는 선어말 어미. ▣듣~건대 / 받~고.

자:완 (紫菀)圄『식』 개미취. 2 『한의』 개미취의 뿌리. 기침을 가라앉히고 가래를 삭히는 데에 씀.

자:-외선 (紫外線)圄『물』 태양 광선의 스펙트럼이 자색부로부터 바깥쪽의 암흑부에 있는 파장이 긴 복사선(피부를 태우며 암을 유발함).

자:외선 사진 (紫外線寫眞) 자외선용 특수 건판(乾板)을 자외선에 감광(感光)시켜서 촬영하는 사진.

자:외선 요법 (紫外線療法)[-뻡]『의』 자외선이 인체에 미치는 영향을 질병 치료에 응용하는 방법. 〔씀이.

자용 (自用)圄하타 자기가 몸소 씀. 또는 그 씀.

자용 (姿容)圄 모습. 모양. 용자(容姿).

자우 (滋雨·慈雨)圄 1 생물이 자라는 데에 알맞게 오는 비. 택우(澤雨). 2 오래도록 가물

다가 오는 비. 단비.

자우룩-이 뮈 자우룩하게.

자우룩-하다 [-루카-] 혱어 연기나 안개 등이 잔뜩 끼어 몹시 흐리고 고요하다. ▣ 골짜기에 안개가 ~. ᄍ자우룩하다.

자욱-이 뮈 자욱하게.

자욱-포수 (-砲手) 몡 짐승의 발자국을 찾아가면서 사냥하는 포수.

자욱-하다 [-우카-] 혱어 연기나 안개 등이 잔뜩 끼어 몹시 흐릿하다. ▣ 포연(砲煙)이 자욱한 격전지. ᄍ자욱하다.

자운 (字韻) 몡 글자의 운(韻).

자-운 (紫雲) 몡 자줏빛 구름이라는 뜻으로, 상서로운 구름을 이르는 말.

자-운영 (紫雲英) 몡 식 콩과의 두해살이풀. 중국 원산. 줄기는 땅 위에 가로 뻗고 잎은 깃꼴 겹잎. 봄에 자줏빛 꽃이 피고 삭과가 익음. 어린잎과 줄기는 식용하거나 사료로 씀. 풋거름으로 쓰려고 많이 재배함.

자웅 (雌雄) 몡 1 암수. 2 강약·승부·우열 따위의 비유. ▣ ~을 겨루다.

자웅-눈 (雌雄-) 몡 한쪽은 크고 한쪽은 작은 눈. 자웅목(雌雄目).

자웅눈-이 (雌雄-) 몡 자웅눈을 가진 사람. 자웅목(雌雄目).

자웅 도태 (雌雄淘汰) 생 '자웅 선택(選擇)'의 구용어.

자웅 동가 (雌雄同家) 식 한 꽃봉오리 안에 암술·수술이 다 있는 것. 암수한꽃. 자웅 일가. ↔자웅 이가(異家).

자웅 동주 (雌雄同株) 식 암꽃과 수꽃이 한 나무에 있음. 암수한그루. ↔자웅 이주.

자웅 동체 (雌雄同體) 동 같은 개체 안에 암수의 두 생식기를 갖춘 것(지렁이·기생충 따위). 암수한몸.

자웅 동형 (雌雄同形) 동 같은 종류이면서 암컷과 수컷의 형태가 서로 같은 생물. 암수한꼴. ↔자웅 이형.

자웅 동화 (雌雄同花) 식 한 꽃에 암수 양쪽을 모두 갖추고 있는 꽃. 양성화(兩性花). ↔자웅 이화.

자웅-목 (雌雄目) 몡 1 자웅눈. 2 자웅눈이.

자웅 선:택 (雌雄選擇) 생 동물이 생식할 때, 짝을 선택하는 데 따라 적당한 형질이 자손에게 전해져서 진화에 관여한다고 하는 학설(영국의 생물학자 다윈이 주창함). 자웅 도태(雌雄淘汰). 성도태(性淘汰).

자웅-성 (雌雄聲) 몡 언 거센 소리와 앳된 소리가 섞여 나오는 목소리.

자웅 이:가 (雌雄異家) 식 자웅 이화.

자웅 이:색 (雌雄異色) 동 조류·곤충 등의 몸빛이 암수에 따라 서로 다른 일. 암수딴빛.

자웅 이:주 (雌雄異株) 식 같은 종류의 식물에서 암수의 구별이 있는 것(은행·잣나무 등). 암수딴그루.

자웅 이:체 (雌雄異體) 동 척추동물과 절지동물 등에서 암컷과 수컷의 개체가 서로 따로 있는 것. 암수딴몸. ↔자웅 동체.

자웅 이:형 (雌雄異形) 생 같은 종류이면서 암수의 형태가 서로 다른 생물. ↔자웅 동형.

자웅 이:화 (雌雄異花) 식 한 나무에 피되 암꽃과 수꽃이 각각 달리 피는 꽃. 오박꽃 따위. 암수딴꽃. 자웅 이가(異家). 자웅 별가. ↔자웅 동화.

자웅 일가 (雌雄一家) 식 자웅 동가.

자원 (字源) 몡 문자가 구성된 근원(한자에서

'信' 자가 '人'과 '言'으로, '明' 자가 '日'과 '月'로 되는 따위).

자원 (自願) 몡하자타 어떤 일을 자기 스스로 원해 나섬. ▣ ~ 입대 / 벽지 근무를 ~하다.

자원 (資源) 몡 자연에서 얻어지는 것으로서 인간 생활 및 경제 생산에 이용되는 온갖 물질이나 노동력, 기술 따위. ▣ 식량 ~ / 인적 ~ / ~이 풍부하다.

자원-봉사 (自願奉仕) 몡 무료 봉사로 자진해서 어떤 일에 참여하는 도움. 또는 그런 활동.

자:-원앙 (紫鴛鴦) 몡 조 비오리.

자원 위성 (資源衛星) 적외선 카메라 따위를 장치하여 지구 상의 자원의 개발과 이용을 위한 자료를 분석하거나 수집하는 인공위성.

자원 전:쟁 (資源戰爭) 석유와 같은 한정된 자원을 독점한 민족이나 국가들이 이를 무기로 내세워 정치적 목적을 달성하고자 하는 데서 빚어지는 극도의 긴장 상태.

자월 (子月) 몡 민 월건이 자(子)로 된 달(음력 동짓달의 별칭).

자위 몡 눈알이나 새 따위의 알에서 빛깔에 따라 구분되는 부분. 검은~. 흰~.

자위 몡 1 무거운 물건이 움직이기 전까지 붙박이로 놓였던 자리. 2 배 속의 아이가 놀기 전까지 차지하고 있는 자리. 3 밤톨이 완전히 익기 전까지 밤송이 안에 붙어 있는 자리. 4 운동 경기 등에서, 상대에게 틈을 보여서는 안 될 자기의 지킬 자리.

자위(가) 돌다 먹은 음식이 삭기 시작하다.

자위(를) 뜨다 ㉠ 무거운 물건이 다른 힘을 받아 겨우 자리에서 움직이다. ㉡ 배 속의 어린아이가 놀기 시작하다. ㉢ 밤톨이 익어서 밤송이 안에서 밑이 돌기 시작하다. ㉣ 운동 경기 등에서 자기의 지킬 자리를 떠나선 틈이 나다.

자위 (自慰) 몡하자 1 자기 마음을 스스로 위로함. ▣ 목숨을 건진 것만도 다행이라고 ~하다. 2 수음(手淫). ▣ ~행위를 하다.

자위 (自衛) 몡하타 자기 힘으로 자기를 방위함. ▣ ~ 수단.

자위 (慈闈) 몡 '어머니'의 존칭. 자친(慈親).

자위-권 (自衛權) [-꿘] 몡 법 1 자기의 생명·재산에 관한 위험 방위의 권리. 2 외국의 불법적인 침해를 받았을 때, 이를 실력으로써 방위할 수 있는 국가의 권리. ▣ 영공 침범에 대해 ~을 행사하다.

자위-대 (自衛隊) 몡 1 자위하기 위해 조직한 단체. 2 제2차 세계 대전 이후의 일본의 방위 조직.

자위-책 (自衛策) 몡 스스로 방위하는 방책. ▣ ~을 강구하다.

자유 (自由) 몡 1 남에게 구속을 받거나 무엇에 얽매이지 않고 자기 마음대로 행동함. ▣ ~를 누리다 / ~를 만끽하다 / 나의 몸이 되다 / ~와 방종을 혼동하다 / 개인의 ~를 침해하다. 2 법률의 범위 안에서 자기 마음대로 하는 행위. ▣ 언론의 ~ / 종교의 ~.

자유 가격 (自由價格) [-까-] 경 자유 경쟁 시장에서 결정되거나 변동하는 가격.

자유-겨루기 (自由-) 몡 태권도에서, 아무런 사전 약속 없이 자유롭게 공격과 방어를 하는 겨루기. 자유 대련(對鍊). 겨루기.

자유 결혼 (自由結婚) 남녀가 부모 동의 없이 서로의 합의만으로 하는 결혼. 자유 혼인. ▣ 일정한 연령에 이르면 ~을 할 수 있다.

자유 경:쟁 (自由競爭) 경 국가의 간섭이나 사적인 제약을 받지 않고, 수요와 공급이 자

유롭게 이루어지는 시장 경쟁.

자유 경제 (自由經濟) 경제 활동이 국가의 통제에 얽매이지 않고 각 경제 단위의 창의에 맡겨지는 경제 조직. 자유주의 경제.

자유 공채 (自由公債) 〖經〗 응모 여부를 개인의 자유에 맡기는 공채.

자유 교:육 (自由敎育) **1** 학습자의 자유로운 학습 활동을 중시하여 창조력·개성 등을 중히 여기는 교육. **2** 근세 이래 정치·종교·직업상의 속박을 떠나 지식을 위한 지식, 교양을 위한 교양을 추구하는 교육.

자유-권 (自由權) [-꿘] 〖法〗 국가 권력에 의해서도 자유를 침해받지 않는 개인의 권리.

자유-기구 (自由氣球) 지상(地上)에 매어 놓지 않고 기류에 따라 공중에서 자유로이 비행하는 대형의 기구. ↔계류기구.

자유 기업 (自由企業) 〖經〗 개인의 자유의사대로 경영하는 기업.

자유-노동 (自由勞動) 일정한 직장을 갖지 않고 그날그날 품팔이로 하는 노동.

자유-노동자 (自由勞動者) 〖名〗 자유노동에 종사하는 사람. 곧, 일정한 직장 없이 그날그날 품팔이를 하는 노동자. □ 대량 실업으로 ~만 늘었다.

자유 대:련 (自由對鍊) 자유겨루기.

자유 도시 (自由都市) 중세 유럽에서, 교황이나 국왕·제후의 지배를 받지 않고 정치·군사상 독립한 도시. 자유시.

자유-롭다 (自由-) [-따] [-로워, -로우니] 〖形〗 자유가 있다. □ 활동이 ~ / 자유로운 생활을 누리다. **자유-로이** 〖副〗. ↔드나들다.

자유 무:역 (自由貿易) 〖經〗 국가가 외국 무역에 규제나 보호를 하지 않고 수출입을 자유로이 하도록 방임하는 무역. □ ~으로 경제가 호전되다. ↔보호 무역.

자유 무:역항 (自由貿易港) [-여컁] 자유항.

자유-민 (自由民) 정당한 행위에 대하여 자유권을 가진 국민. ↔사민(私民).

자유 민권론 (自由民權論) [-꿘논] 자유와 민권의 신장 및 민주적 의회 정치를 주장하는 계몽적인 정치사상.

자유-방임 (自由放任) 각자의 자유에 맡겨 간섭하지 않음.

자유방임-주의 (自由放任主義) [-/-이] 〖名〗 국가가 국민의 경제 활동에 간섭하지 않고, 자유 경쟁에 맡겨야 한다는 경제적 자유주의.

자유 법학 (自由法學) [-뻐팍] 〖法〗 법전(法典) 만능주의를 배격하고 형식 논리를 피해 실사회 생활에 적응하는 법 해석을 주장하는 법률사상. 자유법설(說).

자유-분방 (自由奔放) 〖名〗〖하形〗 체면·관습·격식 같은 것에 얽매이지 아니하고 행동이 자유로움. □ ~한 생활.

자유-사상 (自由思想) 〖名〗 자유주의의 사상. 자유를 존중하는 사상.

자유-삼매 (自由三昧) 〖名〗 거리낌 없이 하고 싶은 대로 행동하는 모양.

자유 선박 (自由船舶) 〖法〗 교전국에서 포획·몰수할 수 없는 중립국의 선박.

자유-세계 (自由世界) [-/-게] 〖名〗 **1** 자유로운 세계. 또는 그런 사회. **2** 제2차 세계 대전 후 공산 진영에 대해 자본주의 국가가 자기 진영을 지칭하던 말.

자유-스럽다 (自由-) [-따] [-스러워, -스러우니] 〖形〗 자유로운 상태에 있다. □ 자유스러운 분위기 / 활동이 ~. **자유-스레** 〖副〗

자유-시 (自由市) 〖名〗 자유 도시.

자유-시 (自由詩) 〖名〗〖文〗 정해진 형식이나 운

자유지정

율 등을 무시하고 자유로운 형식으로 지은 시. ↔정형시.

자유 심증주의 (自由心證主義) [-/-이] 〖法〗 재판에 필요한 사실을 입증하는 증거의 가치를 재판관의 자유로운 판단에 맡기는 주의. ↔법정 증거주의.

자유 어업 (自由漁業) 관청의 허가 없이 자유롭게 할 수 있는 어업.

자유-업 (自由業) 〖名〗 자유직업.

자유 연상 (自由聯想) 어떤 말이 주어질 때, 거기서 마음에 떠오르는 생각을 자유롭게 연상해 가는 일.

자유-연애 (自由戀愛) 〖名〗 남녀가 전통이나 관례에서 벗어나 자유롭게 하는 연애. □ ~를 구가하다.

자유-의사 (自由意思) [-/-이-] 남에게 속박이나 간섭을 받지 않는 자유로운 생각. □ ~를 존중하다 / 각자의 ~에 맡기다.

자유 의:지 (自由意志) **1** 〖倫〗 인간의 의지는 외부의 구속이나 제약을 받지 않고 제 스스로 어떤 목적을 세우고 실행할 수 있다는 의지. **2** 〖心〗 두 가지 이상의 동기에 대해 그 선택과 결정은 자신에게 있으며 이를 자유로이 선택할 수 있다는 의지. **3** 〖宗〗 인간이 신에 의해 창조될 때부터 부여됐다는 의지. **4** 〖哲〗 유심론에 근거를 두어, 우주의 일체는 정신의 소산이므로 정신이 목적을 가지고 스스로 생각하고 결정하는 의지.

자유 의:지론 (自由意志論) 〖哲〗 비결정론(非決定論).

자유 이민 (自由移民) 각자의 자유로운 의사에 따라 타국에 이주하는 일.

자유-인 (自由人) 〖名〗 자유민.

자유 임:용 (自由任用) 〖法〗 일반적인 임용 자격에 맞출 필요 없이 채용자가 자유롭게 임용하는 제도.

자유-자재 (自由自在) 〖名〗〖하形〗 어떤 범위 내에서 구속·제한됨이 없이 자기 마음대로 할 수 있음. □ 영어를 ~로 구사하다.

자유-재 (自由財) 〖名〗〖經〗 무한으로 존재하여 사람이 그것을 점유·처분할 수 없고 제 그럴 필요도 없는 재화(햇빛·공기 등). ↔경제재.

자유-재량 (自由裁量) 〖名〗 **1** 자기가 옳다고 믿는 바대로 결단함. □ ~에 맡기다. **2** 법치주의 아래서 법이 충분히 규정할 수 없는 경우에, 법의 기속(羈束)에 대해 국가 기관에 허용된 판단 및 행위의 자유. ㉰자량(裁量).

자유 재화 (自由財貨) 〖經〗 자유재.

자유 전:기 (自由電氣) 절연된 도체에 있는 전기《다른 물체를 만나게 되면 전기의 작용을 일으킴》.

자유 전:자 (自由電子) 〖物〗 금속 등의 도체 안에서 자유로이 움직이며 전기나 열의 전도 역할을 하는 전자.

자유-주의 (自由主義) [-/-이] 〖名〗 개인의 자유를 존중하고 이것에 대한 국가 권력의 간섭을 배격하려고 하는 사상적 입장.

자유주의 경제 (自由主義經濟) [-/-이-] 자유경제.

자유주의 경제학 (自由主義經濟學) [-/-이-] 〖經〗 보호 관세 등에 의한 제한이 없는 국제 자유무역 또는 경제 활동에서 법적 속박·통제를 배제하는 것을 기본으로 한 경제학.

자유지정 (自有之情) 인(仁)·의(義)·예(禮)·지(智) 등에 바탕을 둔, 나면서부터 지니고 있는 정.

자유-직업 (自由職業)圓 고용 관계에 의하지 않고 독립적으로 활동하면서 자기 생활을 영위해 가는 직업〖예술가·저술가 등〗.

자유 진:동 (自由振動)〖物〗외부에서 힘을 받지 않고 복원력만으로 일어나는 진동. 고유(固有) 진동.

자유 토:의 (自由討議)[-/-이] 자유로이 문제를 내놓고 의논하는 토의. 자유 토론.

자유 통상 (自由通商)〖經〗교역 당사국 사이의 원활한 통상을 위하여 극단적인 보호 정책의 채용을 거부·배제하고 개인의 자유에 맡기는 무역.

자유-투 (自由投)圓 농구·핸드볼·수구 등에서, 상대편이 반칙을 범했을 때, 일정한 선에서 자유로이 공을 던지는 일. 프리 스로. ❏80 % 대의 ~ 성공률.

자유-항 (自由港)圓 수출입 화물이나 선박에 대한 관세가 없고 그 출입이 자유로운 항구. 자유 무역항.

자유 항:로 (自由航路)[-노] 법규의 범위 내에서 선주가 자유로이 항로를 골라 배선(配船)할 수 있는 항로.

자유-항행 (自由航行)圓하자 국제적으로 개방된 공해나 하천을 자유로이 항행함.

자유-행동 (自由行動)圓 단체에 소속된 개인이 감독을 벗어나서 자기 마음대로 하는 행동.

자유-형 (自由刑)圓〖法〗범죄자의 자유를 박탈하는 형벌〖징역·구류·금고 등〗.

자유-형 (自由型)圓 1 수영에서, 헤엄치는 방법에 제한이 없는 자유로운 경기 수영법〖흔히, 크롤 영법을 말함〗. 2 레슬링에서, 상대편의 몸 전체를 자유의 대상으로 삼는 경기 종목. 프리 스타일. *그레코로만형.

자유 혼인 (自由婚姻) 자유 결혼.

자유-화 (自由化)圓하자타 1 제약이나 제한 없이 자유롭게 함. 또는 자유롭게 됨. ❏~의 물결. 2 국가의 통제가 풀리어 당사자의 자유로운 재량에 맡기어지는 일. 〖동외여행의 ~.

자유-화 (自由畵)圓 아동이 표현하고 싶은 대로 자유로이 그린 그림〖실제의 느낌을 그대로 표현한 아동의 그림〗.

자유 화:물 (自由貨物) 교전국이 포획·몰수할 수 없는 중립국 선박의 화물.

자유 시:세 (自由時勢)〖經〗외환 시장에서, 외환 수요와 공급의 변화에 따라 자연적으로 결정되는 환시세.

자육 (孳育)圓하타 새끼를 낳아서 기름.

자육 (慈育)圓하타 사랑하여 기름.

자율 (自律)圓 1 스스로 자기의 행동을 규제함. ❏~에 맡기다. 2〖哲〗실천 이성(實踐理性)이 스스로 보편적 도덕법을 세워 이에 따르는 일〖이성(理性) 이외의 외적 권위나 자연적 욕망에서 구속되지 않음〗.

자율-권 (自律權)[-꿘]圓〖法〗국가 기관이 일정한 범위 안에서 독자적으로 규칙을 제정할 수 있는 권한.

자율-성 (自律性)[-씽]圓 스스로의 의지로 자기 행동을 조절하는 성질이나 특성. ❏~이 보장되다.

자율 신경 (自律神經)〖生〗생체의 의지와는 관계없이 작용하는 위장·혈관·심장·자궁·방광·내분비선·땀샘·침샘 등을 지배하는 신경〖교감 신경과 부교감 신경으로 구성됨〗.

자율-적 (自律的)[-쩍]괸圓 스스로의 의지로 자기 행동을 조절하는 (것). ❏~ 규제 / ~으로 해결하다.

자은-종 (慈恩宗)圓〖佛〗법상종(法相宗).

자음 (子音)圓〖言〗발음할 때, 혀·이·구강·입술 등의 발음 기관에 의해 호흡이 제한되어 나는 소리〖성대의 진동이 일어나는 유성 자음과 그렇지 않은 무성 자음으로 대별함〗. *모음(母音).

자음 (字音)圓 글자의 음〖흔히 한자의 음을 이름〗. ㉣음(音).

자음 동화 (子音同化)〖言〗음절 끝 자음이 그 뒤에 오는 자음과 서로 만나 동화해서 그 소리가 바뀌는 현상〖대체로 'ㄱ·ㅋ·ㄲ'은 'ㄴ' 위에서 'ㅇ'으로, 'ㄷ·ㅌ·ㅅ·ㅊ·ㅈ'은 'ㄴ·ㅁ' 위에서 'ㅁ'으로, 'ㄴ'은 'ㄹ' 위에서 'ㄹ'로, 'ㄹ'과 같은 겹받침은 자음 위에서 둘째 받침인 'ㄱ·ㅁ'으로 변하여 발음됨. 곧, '독립'이 '동닙'으로, '떡메'가 '떵메'로, '신라'가 '실라'로 변하는 현상〗. 닿소리이어바뀜. 자음 접변.

자음 접변 (子音接變)[-뻔]〖言〗자음 동화.

자음 탈락 (子音脫落)〖言〗발음을 부드럽게 하기 위해 자음 하나를 줄이는 현상〖솔나무→소나무, 종용히→조용히, 간난→가난, 출렴→추렴 따위〗.

자:응-장 (紫鷹章)[-짱]圓〖歷〗대한 제국 때, 무공이 뛰어난 사람에게 주던 훈장〖1등에서 8등까지 있었음〗.

자의 (字義)[-/-이]圓 글자의 뜻. 특히, 한자(漢字)의 뜻. ❏~대로 해석하다.

자의 (自意)[-/-이]圓 자기의 생각이나 의견. ❏~로 사직하다.

자의 (恣意)[-/-이]圓 제멋대로 하는 생각. ❏~로 판단하다.

자:의 (紫衣)[-/-이]圓 1 자줏빛 옷. 2 임금의 옷. 3〖佛〗자줏빛 가사(袈裟).

자:의 (赭衣)[-/-이]圓 전에 죄수가 입던 붉은 옷. 전하여, 죄인.

자의 (諮議)[-/-이]圓 1 남에게 의견을 물어 의논함. 2〖歷〗조선 때, 세자시강원(世子侍講院)에 속했던 정칠품 벼슬.

자의-대부 (資義大夫)[-/-이-]圓〖歷〗조선 때, 종이품 의빈(儀賓)의 품계.

자의-성 (恣意性)[-씽/-이씽]圓〖言〗언어에서 소리와 의미의 관계가 사회적 약속에 따라 임의로 이루어지는 특성.

자-의식 (自意識)[-이-]圓〖心〗자신이 처한 위치나 자신의 행동·성격 따위에 대해 깨닫는 일. 자기 의식. ❏~이 강하다.

자의-적 (恣意的)[-/-이-]괸圓 자기 마음대로 하는 (것). ❏~인 법 해석.

자이로스코프 (gyroscope)圓〖物〗회전체의 역학적인 운동 성질을 관찰하는 실험 기구. 회전하는 팽이를 세 개의 회전축으로 자유롭게 방향을 바꿀 수 있도록 받친 장치. 회전의(回轉儀). ㉣자이로.

자이로스태빌라이저 (gyrostabilizer)圓〖物〗자이로스코프를 응용해서 배나 비행기가 옆으로 흔들리지 않도록 하는 장치.

자이로컴퍼스 (gyrocompass)圓〖物〗나침의의 한 가지. 고속도로 회전하는 팽이의 축이 지구의 자전하는 힘에 따라 항상 남북을 가리키도록 한 장치〖선박 등의 방위 측정에 쓰임〗.

자이로파일럿 (gyropilot)圓 자이로스코프를 응용해서 선박·비행기 등의 조타수(操舵手)를 대신해 자동으로 진로를 유지하는 장치.

자이로 호라이즌 (gyro horizon)圓 자이로스코프를 응용해서 선박·비행기 등과 같이 동요가 심한 물체 속에서 인공적으로 수평을 유지하게 하는 장치.

자이언트 (giant) 몡 거인(巨人).
자익 (自益) 몡 자기의 이익.
자익-권 (自益權)[-꿘] 몡 『법』 사원(社員) 개인의 이익을 추구할 수 있도록 사원에게 주어진 권리(이익 배당 청구권 따위). ↔공익권.
자익 신·탁 (自益信託)[-씬-] 몡 『경』 신탁 재산에서 생기는 이익이 위탁자에게 돌아가는 신탁. ↔타익 신탁(他益信託).
자인 (自刃) 몡하자 칼로 자기 목숨을 끊음.
자인 (自認) 몡하타 스스로 인정함. ▢실수를 ~하다.
자·인 (瓷印) 몡 도자기의 원료로 쓰이는 흙을 구워 만든 도장.
자인-소 (自引疏) 몡 『역』 자신의 허물을 스스로 밝히던 상소. 자핵소(自劾疏).
자일 (子日) 몡 『민』 일진의 지지(地支)가 자(子)로 된 날. 쥐날.
자일 (독 Seil) 몡 등산용의 밧줄. 로프.
자일-하다 (恣逸-) 타어 방자(放恣)하다.
자임 (自任) 몡하자타 1 임무를 자기가 스스로 맡음. 2 어떤 일에 대해 자기가 적임이라고 여김. ▢국내 최고의 선수로 ~하다.
자자 (自恣) 몡 『불』 때로 말함. 2 『불』 하안거(夏安居)의 마지막 날에, 모인 승려들이 자기의 죄를 참회하고 고백해서 다른 승려들에게서 훈계를 받는 일.
자·자 (刺字) 몡하자 옛 중국의 형벌의 한 가지. 얼굴이나 팔뚝의 살을 따고 홈을 내어 죄명을 찍어 넣던 벌. 자문(刺文), 자청(刺靑).
자·자 (紫瓷) 몡 1 발해 때 만든 자줏빛 자기. 2 중국 명나라 세종 때 만든 자줏빛 자기.
자자손손 (子子孫孫) 몡 자손의 여러 대. 대대손손. ▢~ 물려줄 좋은 전통.
자자-이 (字字-) 뮈 한 글자 한 글자마다.
자자-일 (自恣日) 몡 『불』 하안거(夏安居)의 맨 마지막 날. 곧, 음력 칠월 보름날.
자자-주옥 (字字珠玉) 몡 글자마다 주옥이라는 뜻으로, 필법이 묘하게 잘된 것을 이르는 말.
자자-하다 (孜孜-) 형어 꾸준하게 부지런하다.
자자-히 뮈
자·자-하다 (藉藉-) 형어 여러 사람의 입에 오르내려 떠들썩하다. ▢명성이 ~ / 소문이 ~ / 원성이 ~. 자·자-히 뮈
자자-형 (刺字刑) 몡 자자(刺字)하는 형벌.
자작 (子爵) 몡 오등작(五等爵)의 넷째 작위.
자작 (自作) 몡하타 1 자기 스스로 만들거나 지음. 또는 그렇게 만든 것. 자제(自製). ▢~ 소설. 2 자기 땅에서 직접 농사를 지음. ▢농사를 ~으로 짓다. ↔소작.
자작 (自酌) 몡 '자작자음'의 준말.
자작-거리다 [-꺼-] 자 어린아이가 처음 걷기 시작해서 위태롭게 걷다. 쥔저적거리다. 자작-하다¹ [-짜-] 뮈하자. ▢아기가 ~ 걸음을 걷다.
자작-곡 (自作曲)[-꼭] 몡 자기 스스로 지은 곡. ▢~을 연주하다.
자작-극 (自作劇)[-끅] 몡 1 남을 속이거나 모략하기 위해 자신이 직접 거짓으로 꾸민 사건. ▢~을 벌이다 / ~을 꾸미다 / ~으로 드러나다. 2 자기 스스로 지은 연극.
자작-나무 [-장-] 몡 『식』 자작나뭇과의 낙엽 활엽 교목. 높은 산 양지에 남. 높이 30 m 정도. 잎은 삼각형 또는 마름모꼴의 달걀 모양임. 봄에 꽃이 수상꽃차례로 피고 가을에 날개 있는 견과가 익음. 목재는 기구에, 껍질은 약용·유피용(鞣皮用)으로 씀. 백화(白樺).
자작-농 (自作農)[-장-] 몡 자기 땅에 자기가 직접 짓는 농사. 또는 그 농민이나 농가. 자

농(自農). ↔소작농.
자작-대다 [-때-] 자 자작거리다.
자작-시 (自作詩)[-씨] 몡 자기 스스로 지은 시. ▢~를 읊다.
자작-일촌 (自作一村) 몡하자 한집안끼리 또는 뜻이 같은 사람끼리 모여 한 마을을 이룸. 자성일촌(自成一村).
자작-자급 (自作自給)[-짜-] 몡하타 1 필요한 물건을 자기 스스로 모자람이 없이 이냄. ▢쌀은 ~하기에 부족하다. 2 자기 나라에서 만든 물건으로 살아감.
자작-자연 (自作自演)[-짜-] 몡하타 자기가 지은 소설이나 희곡 따위를 스스로 연출하거나 거기에 출연함.
자작-자음 (自酌自飮)[-짜-] 몡하자 자기 스스로 술을 따라 마심. 쥔자작.
자작-자작² [-짜-] 뮈형 물 따위가 바닥에 점점 줄어 붙는 모양. 쥔지적지적.
자작-자필 (自作自筆)[-짜-] 몡하타 자기 스스로 글을 짓고 씀.
자작-자활 (自作自活)[-짜-] 몡하자 남의 힘을 빌리지 않고 제힘으로 살아감.
자작-지 (自作地)[-찌] 몡 직접 경작하는 자기 소유의 농지. ↔소작지(小作地).
자작지얼 (自作之孽)[-찌-] 몡 자기가 저지른 일 때문에 생긴 재앙.
자작-지주 (自作地主)[-찌-] 몡 자신이 소유한 토지에서 농사짓는 사람. 지주 겸 자작농.
자잘-하다 형어 여러 개가 다 잘다. ▢자잘한 것으로 고르다.
자·장 (煮醬) 몡 장조림.
자·장 (磁場) 몡 『물』 자기장(磁氣場).
자장 (-歌) 몡 아기를 재울 때 부르는 노래.
자장-격지 (自將擊之)[-찌] 몡하자타 1 자기 스스로 군사를 거느리고 나아가 싸움. 2 남에게 시키지 않고 자기 스스로 함.
자장면 (준 炸醬麵) 몡 짜장면.
자장이분 (滋長利分)[-니-] 몡 관계된 물건에서 불어나서 생기는 이자.
자장-자장 집 어린아이를 재울 때 조용히 노래부르듯 내는 소리. ▢~ 우리 아기, ~ 잘도 잔다.
자장-타령 (-) 몡 타령조로 부르는 자장가.
자재 (自在) 몡하형 1 저절로 있음. 2 속박이나 장애 없이 마음대로임.
자재 (自裁) 몡하자 자살(自殺).
자재 (資材) 몡 무엇을 만드는 기본적인 재료. ▢건축 ~ / ~ 창고 / ~를 구하다.
자재 (資財) 몡 1 자산(資産). 2 자본이 되는 재산. 재용(財用). 자(資).
자재 관리 (資材管理)[-괄-] 『경』 생산에 필요한 여러 가지 자재를 합리적으로 관리해서 생산을 지원하는 일(재료나 원료의 구입·보관·소비에 관한 것).
자재-난 (資材難) 몡 자재가 모자라서 겪게 되는 어려운 사정. ▢~을 겪다 / ~이 심각하다.
자재 스패너 (自在spanner) 멍키 스패너.
자재-천 (自在天) 몡 『불』 '대자재천(大自在天)'의 준말.
자재-화 (自在畵) 몡 『미술』 자나 컴퍼스 따위의 기구를 쓰지 않고 연필이나 붓으로 그리는 그림.
자저 (自著) 몡하타 자기 스스로 책을 지음. 또는 그 책. ▢~를 증정하다.
자저 (趑趄) 몡하자타 머뭇거리며 망설임. 주저(躊躇).

자적(自適)명하자 아무 속박을 받지 않고 마음껏 즐김. ▢유유(悠悠)~하다.

자전(自全)명하타형 스스로 편안하고 온전하게 함. 또는 그러함.

자전(字典)명 한자를 모아 일정한 순서로 늘어놓고 글자 하나하나의 음과 뜻을 풀이한 책.

자전(自傳)명《문》'자서전(自敍傳)'의 준말.

자전(自轉)명하자 1 스스로 회전함. 2〈천〉천체 스스로 그 내부를 지나는 축을 중심으로 회전하는 일. ▢지구의 ~. ＊공전.

자:전(紫電)명 1 자줏빛이 나는 번갯불. 2 칼의 번득이는 빛 또는 사람 눈의 날카로운 빛을 비유한 말. 3 매우 다급한 일을 비유한 말.

자전(慈殿)명 자성(慈聖).

자전-거(自轉車)명 사람이 타고 양발로 페달을 밟아 바퀴를 돌려서 앞으로 나아가게 장치한 수레. ▢~ 짐받이에 물건을 싣다 / ~ 페달을 밟다.

자전거 경:기(自轉車競技) 경기용 자전거를 타고 트랙·도로에서 속도를 겨루는 경기《스프린트·로드 레이스 등의 종목이 있음》.

자전거-포(自轉車鋪)명 자전거를 팔거나 수선하는 가게.

자전 매매(自轉賣買)《경》증권 시장에서, 증권 회사가 같은 종목의 증권을 같은 가격으로 같은 수량을 팔고사는 일.

자전 소:설(自傳小說)《문》자기의 생애나 경험을 내용으로 한 소설.

자전-적(自傳的)관명 자서전의 성격을 띠고 있는 (것). ▢~ 소설.

자전 주기(自轉週期)〈천〉천체가 한 번의 자전을 마치는 데 걸리는 시간.

자전지계(自全之計)[-/-게]명 자신의 안전을 꾀하는 계책.

자전-차(自轉車)명 ☞ 자전거.

자절(自切·自截)명《동》일부 동물이 위기를 벗어나기 위해 몸의 일부를 스스로 끊는 일《도마뱀은 꼬리, 게나 여치 따위는 다리를 끊는데 그 부분은 쉽게 재생됨》.

자정(子正)명 자시(子時)의 정중(正中)《밤 12시》. ▢~을 알리는 종소리 / ~이 넘어 귀가하다. ↔정오(正午).

자정(自淨)명하자 1 오염된 물이나 땅 따위가 물리학적·화학적·생물학적 작용으로 저절로 깨끗해지는 일. ▢강의 ~ 능력. 2 비리 따위로 부패된 조직이 어떤 조치를 함으로써 스스로를 정화(淨化)함을 비유한 말. ▢언론인들의 ~ 움직임.

자-정간(字井間)명 여러 줄로 쓴 글자 사이의 세로줄과 가로줄로 이룬 가지런한 정사각형의 칸.

자정-수(子正水)명《민》자정 때 길어 마시는 물《매일 마시면 건강해진다고 함》.

자정 작용(自淨作用)〈생〉오염된 대기나 하천이 침전·산화 작용·유기물의 분해 등으로 저절로 깨끗해지는 작용.

자:-정향(紫丁香)명 라일락.

자제(子弟)명 1 남을 높여 그의 아들을 이르는 말. ▢명문가의 ~. 2 남을 높여 그 집안의 젊은이를 일컫는 말. ▢양가(良家)의 ~.

자제(自制)명하타 자기의 감정이나 욕망을 억제함. ▢흥분을 ~하다.

자제(自製)명하타 자작(自作). ＊수제(手製).

자제(姉弟)명 누이와 동생.

자제-력(自制力)명 자제하는 힘. ▢~이 강하다 / ~을 잃다.

자제-심(自制心)명 자제하는 마음. ▢강한 ~.

자조(自助)명하자 자기 힘을 스스로 돕는 일. ▢~ 정신. 2〈법〉국가가 자력으로 국제법상의 권리를 확보하는 일.

자조(自照)명하자 자기를 관찰하고 반성함.

자조(自嘲)명하자 자기를 스스로 비웃는 일. ▢~의 빛.

자조(慈鳥)명 새끼가 어미에게 먹이를 날라 먹이는 인자한 새라는 뜻으로, 까마귀를 이르는 말. 자오(慈烏).

자조 문학(自照文學)《문》일기·수필 등과 같이 자조의 정신에서 이루어진 문학.

자조-적(自嘲的)관명 스스로를 비웃는 (것). ▢~ 표현 / ~인 냉소.

자족(自足)명하자타 1 스스로 만족함. ▢~할 줄을 모른다. 2 필요한 것을 스스로 충족시킴. ▢열심히 일하여 ~하며 살다.

자족-감(自足感)[-깸]명 스스로 넉넉하게 여기는 느낌. ▢~을 느끼다.

자족 경제(自足經濟)[-경-]〈경〉자기가 필요한 만큼의 생산·소비를 해서 가족 외의 교환 관계가 생기지 않는 경제.

자족-하다(自足-)[-조카-] 형어 남에게 빌리거나 의지하지 않을 만큼 넉넉하다.

자존(自存)명하자 1 자기의 존재. 2 자기 힘으로 생존함. ▢민족 ~.

자존(自尊)명하자 1 자기의 품위를 스스로 높임. ▢독립 ~ / ~을 세우다. 2 자기를 높여잘난 체함. 자대(自敬). ▢오만과 ~.

자존-권(自存權)[-꿘]명《법》자기의 생존을 위해 필요한 행위를 할 수 있는 자기 보존권.

자존-심(自尊心)명 남에게 굽히지 않고 스스로 품위를 지키는 마음. 프라이드. ▢~이 강하다 / ~을 버리다 / ~을 건드리다.

자존-자대(自尊自大)명하자 자기를 높이고 크게 여김.

자존-자만(自尊自慢)명하자 자기를 높여 잘난 체하며 뽐냄.

자좌(子坐)명《민》묏자리나 집터 등의 자방(子方)을 등진 자리《정남향으로 앉음》.

자좌-오향(子坐午向)명《민》북쪽을 등지고 남쪽을 향함《정남방으로 앉음》.

자주(自主)명 남의 보호나 간섭을 받지 않고 자신의 일을 스스로 처리함. ▢~ 사상.

자주(自走)명 엔진·바퀴 따위를 갖추어 스스로 움직임.

자주(自註)명하자 자기가 쓴 글에 스스로 주석을 닮. 또는 그 주석. ＊역주·각주.

자:주(紫朱)명 자줏빛.

자:주(紫珠)명 작살나무.

자:주(紫紬)명 자줏빛이 나는 명주(明紬).

자주(慈主)명 어머니《흔히 편지에 씀》.

자주튀 같은 일을 잇따라 잦게. ▢술을 ~ 마시다 / ~ 싸우다.

자:주-개자리(紫朱-)명《식》콩과의 여러해살이풀. 줄기는 가운데가 비었고 높이 30-90 cm이며, 7-8월에 다자색(茶紫色) 꽃이 총상꽃차례로 피고, 과실은 협과(莢果)임. 사료용으로 재배하기도 함. 앨팰퍼(alfalfa).

자:주-고동색(紫朱古銅色)명 자줏빛을 띤 고동색. 자갈색(紫褐色).

자:주-괴불주머니(紫朱-)명《식》현호색과의 두해살이풀. 산이나 들의 음습지(陰濕地)에 남. 줄기의 높이는 50 cm가량. 5월에 홍자색 꽃이 줄기 끝에 나서 총상꽃차례로 피고, 과실은 삭과(蒴果)임. 만다라화.

자주-국(自主國)명 다른 나라의 간섭이나 보호를 받지 않고 독립된 주권을 행사하는 나라.

자주-권(自主權)[-꿘] 명 1 남의 간섭을 받지 않고 자기의 일을 스스로 처리하는 권리. 2 《법》 국가가 국내 문제나 대외 문제를 자기 뜻대로 자유롭게 결정할 수 있는 권리. ▢~을 행사하다.

자:주-달개비(紫朱-) 명 《식》 닭의장풀과의 여러해살이풀. 높이 50 cm 정도이며 넓은 선형(線形) 잎이 무더기로 남. 5월경에 자색 꽃이 줄기 끝에 피는데, 아침 일찍 피고 해가 나면 시듦. 관상용. 북아메리카 원산.

자주-독립(自主獨立)[-동닙] 명하자 국가 등이 다른 나라의 간섭을 받거나 다른 나라에 의존하지 아니하고 자주권을 행사하는 일. ▢ 조국의 ~.

자주-독왕(自主獨往) 명하자 남의 태도나 주장에 얽매이지 아니하고 자기가 믿는 대로 행동함.

자주-민(自主民) 명 모든 권리를 스스로 가지고 있는 독립국의 국민.

자:주-색(紫朱色) 명 자줏빛.

자주-성(自主性)[-썽] 명 자주적인 성질. ▢~이 강하다.

자:주-쓴풀(紫朱-) 명 《식》 용담과의 두해살이풀. 산야(山野)에 남. 줄기는 검은 자색으로 높이 15-30 cm. 가을에 푸른 자줏빛 꽃이 핌. 약재로 쓰임.

자주-자주 부 매우 자주. ▢~ 오너라.

자주-주장(自主主張) 명하자 자기 주장대로 함.

자주-적(自主的) 관명 남의 간섭 등을 받지 않고 스스로 행하는 (것). ▢~ 결정 / ~으로 해결하다.

자주 점유(自主占有) 《법》 소유의 의사를 갖고 하는 점유. ↔타주 점유.

자주-정신(自主精神) 명 자기 스스로 일을 처리하려는 정신. ▢~을 기르다.

자주-포(自走砲) 명 《군》 장갑차나 차량에 고정하고, 동력을 갖추어 움직이는 각종 포(砲)의 총칭.

자:주-호반새(紫朱湖畔-) 명 《조》 청호반새.

자:-죽(紫竹) 명 《식》 볏과의 대의 하나. 높이 2-3 m. 마디가 좀 길고 껍질은 남빛을 띰. 관상 및 산울타리용임. 죽순은 식용함.

자:-줏물(紫朱-)[-줃-] 명 자줏빛 물감.

자:줏-빛(紫朱-)[-줃삗 ·-줃삗] 명 짙은 남빛을 띤 붉은빛. 자색. 자주. 자주색. ▢~ 댕기.

자중(自重)[-] 명 물건 자체의 무게.

자중²(自重) 명하자 1 품위를 지켜 몸가짐을 신중히 함. ▢경솔하지 말고 ~하시오. 2 행실을 삼가서 자신을 소중히 함. ▢~자애.

자:중(藉重) 명하자 중요한 것이나 권위 있는 것이나 함.

자중-심(自重心) 명 자중하는 마음.

자중지란(自中之亂) 명 같은 무리 속에서 일어나는 싸움. ▢~으로 일을 망치다.

자증(自證) 명하자 1 자기 스스로 증명함. 2 《불》 불법을 스스로 깨달아 앎.

자:지 명 남성의 외부 생식기의 길게 내민 부분. 남경(男莖). 남근(男根). 양경(陽莖). 양근(陽根). 음경. ☞보지.

자지(子枝) 명 번성한 자손.

자지(自持) 명하타 자기가 가짐. 또는 스스로 지님.

자:지(紫芝) 명 《식》 지치.

자:지(紫地) 명 자줏빛 땅.

자지(慈旨) 명 임금 어머니의 전교(傳教).

자지러-들다(-들어, -드니, -드는) 자 몸이나 목소리 따위가 움츠러들거나 작아지다. ▢ 자지러드는 목소리.

자지러-뜨리다 타 1 몹시 놀라 몸을 움츠러뜨리다. 2 병이나 탈이 나서 오그라지게 하다. 준자지러트리다.

자지러-지다 자 1 놀라서 몸이 움츠러지다. 2 병이나 탈이 나서 오그라지다. 준자지러지다. 3 장단·웃음소리·울음소리가 빠르고 잦게 들리다. ▢자지러지는 아기의 울음소리.

자지러-지다² 혱 그림·조각·음악·수(繡) 등이 정교하고 아름답다.

자지러-트리다 타 자지러뜨리다.

자지레-하다 혱여 '자질구레하다'의 준말. ▢ 자지레한 집안일.

자지리 부 아주 몹시. 지긋지긋하게. ▢~ 못난 사람 / ~ 고생만 하다. ☞지지리.

자진(自進) 명하자 남이 시킬 때까지 기다리지 않고 스스로 나섬. ▢~ 출석 / ~ 헌혈.

자진(自盡) 명하자 1 자살. 2 죽기로 결심하고 굶거나 약을 쓰지 않아 목숨이 다함. 3 물기 따위가 저절로 없어짐. 4 온갖 정성을 다함.

자진-가락(自進-) 명 《악》 민속 음악에서, 빠르고 잦게 넘어가는 가락.

자진-마치(自進-) 명 《악》 무엇을 거듭해서 치거나 두드리는 동작.

자진-모리(自進-) 명 《악》 민속 음악에서, 판소리 및 산조(散調) 장단의 하나. 휘모리보다 좀 느리고 중중모리보다 좀 빠르며, 섬세하면서 명랑하고 차분하면서 상쾌함.

자진-장단(自進-) 명 《악》 빠르고 잦게 치는 장단.

자진-타령장단(自進-) 명 《악》 서울 무속(巫俗) 음악에서, 조금 빠른 타령 장단.

자-질 명하자 자로 재는 일.

자질(子姪) 명 아들과 조카.

자질(資質) 명 1 타고난 성품이나 소질. ▢음악적 ~. 2 어떤 분야의 일에 대한 능력이나 실력의 정도. ▢교사로서의 ~.

자질구레-하다 혱여 모두가 잘고 시시하다. ▢자질구레한 살림 도구. 준자지레하다.

자질-자질 부혱 물기가 말라서 잦아드는 모양. ▢가뭄으로 논바닥에 물이 ~하다.

자-짜리 명 낚시질에서, 한 자짜리의 물고기. ▢ 붕어가 올라온다.

자차(咨嗟) 명하자 애석해서 탄식함.

자차분-하다 혱여 자질구레하다. ▢자차분한 일거리. 자차분-히 부

자찬(自撰) 명하타 직접 편찬함.

자찬(自讚) 명하자타 자기를 스스로 칭찬함. ▢~을 늘어놓다 / 자신의 그림을 ~하다.

자:-창(刺創) 명 바늘·꼬챙이·칼 따위의 날카로운 것에 찔린 상처.

자창-자화(自唱自和) 명 1 자기가 노래하고 자기가 화답함. 2 남을 위해 자기가 마련한 것을 자기가 이용함을 비유한 말. 3 자탄자가(自彈自歌).

자:-채(紫彩) 명 《식》 '자채벼'의 준말.

자:-채-논(紫彩-) 명 '자채볏논'의 준말.

자:-채-벼(紫彩-) 명 《식》 올벼의 하나. 빛이 누르고 가시랭이가 있음. 심어서 되는 논이 따로 있으나 품질은 우수함. 준자채.

자:-채볏-논(紫彩-)[-변-] 명 자채벼를 심는 논. 준자채논.

자책(自責) 명하자타 스스로 뉘우치고 자신을 나무람. ▢~을 느끼다.

자책-감(自責感)[-깜] 명 자책을 느끼는 마음. ▢~이 들다 / ~에 시달리다 / ~을 떨쳐 버리다.

자책-골(自責goal) 명 축구 등에서, 실수로 자

기편 골에 공을 넣는 일. 자살골.

자책 관념(自責觀念)[-콴-]《심》 자기가 나쁜 짓을 저질렀다는 망상적(妄想的) 관념.

자책-점(自責點)[-쩜]图 야구에서, 투수가 데 드 볼·안타 따위로 상대편에 준 점수.

자처(自處)图하자타 1 자기 스스로 어떤 사람 인 체함. ▣학자로 ~하다. 2 자기의 일을 스 스로 처리함. 3 자결(自決).

자처-울다[-울어, -우니, -우는]困 닭이 점 점 새벽을 재우쳐 울다.

자천(自薦)图하자타 자기가 스스로를 추천함. ▣~ 타천으로 많은 사람이 몰려든다. ↔타천.

자천(恣擅)图하자 방자하게 제멋대로 함.

자천-배타(自賤拜他)图하자 자기 것은 천하 게 여기고 남의 것을 받듦.

자철(子鐵)图 신의 밑바닥에 박는 징의 통칭.

자:철(磁鐵)图《광》 자철석.

자:철-광(磁鐵鑛)图《광》 '자철석'의 구용어.

자:철-석(磁鐵石)[-썩]图《광》 결정·괴상(塊 狀)·입상(粒狀)으로 이루어진 산화철의 하나. 검은 금속광택이 나며 부스러지기 쉽고 약하 나 자성(磁性)이 강함(제철 원료로 씀).

자청(自請)图하자타 어떤 일에 나서기를 스스 로 청함. ▣기자 회견을 ~하다.

자:청(刺靑)图 1 입묵(入墨). 2 자자(刺字).

자체(自體)图 1 그 본디의 바탕. 2 발상·가 비현실적이다. 3 그 자신. ◦~ 점검/~ 개 발./~ 조달.

자체(字體)图 1 자형. 2 글자의 체.

자체(姿體)图 몸가짐. 몸의 모양.

자체 감:응(自體感應)《물》 자체 유도.

자체 금융(自體金融)[-늉/-그융]《경》 기업 자체나 기업주에 의해 마련되는 자본.

자체 방:전(自體放電)《물》 축전지의 극판에 서 외부 회로(回路)를 연결하지 않아도 스스 로 일어나는 방전.

자체 유도(自體誘導)《물》 회로를 흐르는 전 류의 세기가 바뀔 때, 그 회로 자체에 이런 변화를 완화하려는 유도 전류가 일어나는 현 상. 자기(自己) 유도. 자체 감응. ↔상호(相 互) 유도.

자체 환:각(自體幻覺)《심》 거울에 비치듯 자 기 자신을 보는 환각. 영영(鏡映) 환각.

자초(子初)图 자시(子時)의 처음(오후 11시).

자초(自初)图 '처음부터'의 뜻.

자초(自招)图하타 어떤 결과를 자기가 생기게 함. ▣반감을 ~하다 / 위험을 ~하다.

자:초(紫草)图 1《식》 지치. 2《한의》 지치의 뿌리. 이뇨제·청혈제(淸血劑)로나 창증(脹症)· 두진(痘疹)·부스럼 등에 약으로 씀.

자:초-근(紫草根)图《한의》 자근(紫根).

자:초-용(紫草茸)图《한의》 지치의 싹[두창· 종창·악창 따위의 약재로 씀].

자초지종(自初至終)图 처음부터 끝까지의 과 정. ▣~을 밝히다 / ~을 털어놓다.

자:촉(刺促)图 세상일에 얽매어 매우 바쁨.

자촉 반:응(自觸反應)[-빠능]《화》 반응 물질 또는 생성 물질이 스스로 촉매 구실까지 하 는 화학 반응.

자:총(紫葱)图《식》 자총이.

자:총-이(紫葱-)图《식》 파의 한 종류. 겉껍 질은 자황색, 속껍질은 자색, 속은 흼. 땅속 줄기는 원추형이며 파보다 더 매움.

자최(齊衰)图 '재최'의 본딧말.

자축(自祝)图하타 자기에게 생긴 좋은 일을 스스로 축하함. ▣합격을 ~하다.

자축-거리다[-꺼-]困타 다리에 힘이 없어 다 리를 잘똑거리다. ⓒ저축거리다. **자축-자축**[- 짜-]튀하자타

자축-대다[-때-]困타 자축거리다.

자축-연(自祝宴)图 자축하기 위하여 베푸는 연회. ▣~을 베풀다 / ~을 열다.

자춤-거리다困타 다리에 힘이 없어 다리를 조금 자축거리다. ⓒ저춤거리다. **자춤-자춤**틔하자타

자춤-대다困타 자춤거리다.

자춤발-이图 자춤거리며 걷는 사람.

자충(自充)图하자 바둑에서, 자기가 돌을 놓 아 자기의 수를 줄임.

자충(仔蟲)图《충》 유충(幼蟲).

자:충(刺衝)图하타 찌르는 일.

자충-수(自充手)图 바둑에서, 자충이 되는 수. ▣~을 두다.

자취图 1 어떤 것이 남긴 표시나 자리. ▣~를 남기다 / ~를 감추다 / ~가 묘연하다 / 역사 의 ~를 더듬다. 2《수》 어떤 일정한 성질을 가진 점들의 집합으로 이루어진 도형(주로 곡선임).

자취(自炊)图하자 밥을 직접 지어 먹으면서 생 활함. ▣~방 / ~ 생활 / 학생 때는 줄곧 ~를 했다.

자취(自取)图하타 잘잘못간에 자기 스스로 만 들어 그렇게 됨. 자초(自招).

자취-기화(自取其禍)图 자기에게 재앙이 될 일을 스스로 함. 또는 그 일로 화를 입음.

자취지화(自取之禍)图 자기 스스로 불러들인 재앙.

자치图《어》 연어과의 민물고기. 찬물이 흐르 는 산간의 계곡에 사는데 길이 1.5m 이상이 고, 빛은 황갈색임. 몸 옆쪽에 갈색의 작은 반점이 산재함.

자치(自治)图하자 1 자기 일을 스스로 다스 림. ▣~ 정신 / 학생 ~ 기구. 2《법》 지방 자치 단체가 국가로부터 위임받은 행정 업무 를 수행하는 일. ▣지방 ~ 단체. 3 자치 행 정. 4《정》 식민지 국가가 일정한 한도 안에 서 행정 업무를 독자적으로 수행하는 일. ▣ ~ 정부 수립.

자치-국(自治國)图 연방국에 속해 있으면서 자치권을 가진 나라.

자치-권(自治權)[-꿘]图《법》 지방 자치 단체 에 인정된, 자치 행정을 할 수 있는 권리.

자-치기(自治機)图 긴 나무막대기로 그보다 짧은 나무 때기를 쳐서 날아간 거리를 재어 승부를 겨 루는 아이들 놀이.

자치 기관(自治機關)《법》 자치 단체가 행정 사무를 집행하는 기관.

자치 단체(自治團體)《법》 국가로부터 자치 권이 부여된 공공 단체.

자치-대(自治隊)图 정치적인 공백이나 혼란 기에 그 지역의 질서를 유지하고 치안을 담 당하기 위해 민간에서 조직한 단체.

자치-동갑(-同甲)图 한 살 차이의 동갑.

자치-령(自治領)图《정》 광범위한 자치권을 얻 어 중앙 정부의 간섭을 받지 아니하는 지역 《독립 이전의 캐나다·오스트레일리아·뉴질 랜드 따위》.

자치 식민지(自治植民地)[-싱-]《정》 자치권 이 부여된 식민지.

자치-적(自治的)图뿐 스스로 다스리는 (것). ▣학생회는 ~으로 운영된다.

자치-제(自治制)图《법》 지방 자치 제도.

자치 제:도(自治制度)《법》 지방 자치 제도.

자치 통:제(自治統制)《경》 사업자가 각자의

자유로운 경제 활동을 자치적으로 통제하는 일.

자치 행정(自治行政) **1**〖정〗국민이나 주민이 그들 스스로 또는 그들이 선출한 기관에 의해 처리하는 행정. **2**〖법〗지방 자치 단체가 그 사무를 집행하는 일.

자치 활동(自治活動)〖통〗학생이 집단으로 자주적인 학교 생활을 조직하고 운영하는 과외 활동.

자치-회(自治會)명 **1**〖교〗학생들의 자치 활동을 위한 조직 및 회합. **2** 민간 단체 또는 지역 내 주민들의 지역 생활 향상을 위해 만든 자치적인 조직.

자친(慈親)명 남에게 자기 어머니를 높여 이르는 말. 자위(慈闈). ↔엄친.

자침(自沈)명하자 자기가 타고 있는 배를 스스로 가라앉힘.

자침(自鍼)명하자 자기가 자기의 몸에 침을 놓음.

자:침(瓷枕)명 자기(瓷器)로 만든 베개. 도침(陶枕).

자:침(磁針)명〖물〗중앙 부분을 수평 방향으로 자유로이 회전할 수 있도록 한 영구 자석. 나침. 지남침.

자칫[-칟]부하자 **1** 어쩌다가 조금 어긋남을 나타내는 말. ¶ ~ 흔들리기 쉬운 마음/~하면 실패하기 쉽다. **2** 비교적 조금. ¶ ~ 큰 듯하다.

자칫-거리다[-칟꺼-]자타 걸음발을 타는 젖먹이가 서투른 걸음으로 몇 걸음씩 걷다. **자칫-자칫**[-칟짜칟]부하자타

자칫-대다[-칟때-]자타 자칫거리다.

자칭(自稱)명하자타 **1** 자기 자신을 스스로 일컬음. ¶ ~ 천재/~ 자선가. **2** 문법에서, 제 1인칭(나·우리·저·저희 따위).

자:칭(藉稱)명하자타 자탁(藉託).

자칭-군자(自稱君子)명 자칭천자.

자칭 대:명사(自稱代名詞)〖언〗자기를 일컫는 대명사. 제일 인칭 대명사.

자칭-천자(自稱天子)명 자기 스스로 으뜸이라고 하는 사람을 비웃는 말. 자칭군자.

자켓 ☞ 재킷(jacket).

자키(jockey)명 **1** 경마의 기수(騎手). **2** '디스크자키'의 준말.

자타(自他)명 **1** 자기와 남. ¶ ~가 인정하는 미모. **2**〖불〗불법을 깨닫는 제힘과 남의 힘.

자-타작(自打作)명하자 자기의 논밭을 스스로 농사지어 거둠.

자:탁(藉託)명하타 다른 구실을 내세워 핑계를 댐. 자칭(藉稱).

자탄(自彈)명하타 피아노·풍금 등의 악기를 직접 연주함.

자탄(自歎·自嘆)명하자타 자기의 일에 대해 탄식함. ¶ ~이 새어 나오다.

자탄(咨歎·咨嘆)명하타 가엾게 여겨 탄식함. 또는 그런 탄식.

자탄-가(自嘆歌)명 자기의 신세나 처지를 탄식해서 부르는 노래.

자탄-자가(自彈自歌)명 스스로 거문고를 타며 노래함. 자창자화(自唱自和).

자:탑(瓷塔)명 자기(瓷器)로 만든 탑.

자태(姿態)명 **1** 고운 몸가짐과 맵시. ¶ 아름다운 ~의 여인/한복을 입은 ~가 곱다. **2** 모양이나 모습. ¶ 웅장한 ~를 뽐내다.

자태(瓷胎)명 돌의 고운 가루(그릇을 만드는 데 씀).

자택(自宅)명 자기의 집. 자가(自家). ¶ ~ 연금/~에서 요양하다.

자:토(瓷土)명 도토(陶土).

자:토(赭土)명〖광〗석간주(石間硃).

자통(自通)명하타 **1** 가르침을 받지 않고 스스로 깨달음. **2** 저절로 통함.

자:통(刺痛)명 찌르는 듯한 아픔.

자퇴(自退)명하자 자기 쪽에서 스스로 물러남. ¶ 학교를 ~하고 직장에 나간다.

자투리명 **1** 팔리거나 쓰다가 남은 천의 조각. 말합(末合). ¶ 비단 ~. **2** 주된 용도로 쓰고 남은 나머지. ¶ ~ 시간.

자투리-땅명 구획 정리를 하고 남은 땅 조각.

자파(自派)명 자기 쪽의 계파나 유파. 자기 편. ¶ ~ 세력을 규합하다.

자파(自罷)명하타 어떤 일을 스스로 그만둠.

자판(自判)명하타 **1** 저절로 밝혀짐. **2**〖법〗상급 법원에서 원판결(原判決)을 파기하고 독자적으로 새로운 판결을 내림.

자판(字板)명〖컴〗데이터를 입력하기 위해 손가락으로 누르는 문자판. 키보드(keyboard). 글자판.

자판(自辦)명하타 **1** 자기 일을 스스로 처리함. ¶ ~ 능력. **2** 자변(自辨).

자판-기(自販機)명 '자동판매기'의 준말. ¶ ~에서 커피를 뽑다.

자:패(紫貝)명〖조개〗권패(卷貝)의 하나. 껍데기의 길이 8~9cm, 달걀꼴에 두꺼운 법랑질임. 등 쪽은 자색 바탕에 담색 무늬가 있고 입구는 톱니 모양을 이루어 안으로 오므라듦(고대에는 화폐로 쓰였음).

자편(子鞭)명〖농〗도리깻열.

자편(自便)명 **1** 자기 한 몸의 편안함을 꾀함. **2** 자편.

자평(自評)명하타 자기가 한 일을 스스로 평가함. ¶ 회담이 유익했다고 ~했다.

자폐(自廢)[-/-폐]명하자 스스로 그만둠.

자폐(自斃)[-/-폐]명하자 자살.

자폐-선(自閉線)[-/-폐-]명〖수〗한 곡선이 한 점에서 시작해서 다시 같은 점에 이르는 선. 폐곡선.

자폐-성(自閉性)[-썽/-폐썽]명〖심〗내폐성(內閉性).

자폐-아(自閉兒)[-/-폐-]명 자폐증이 있는 어린이.

자폐-증(自閉症)[-쯩/-폐쯩]명〖의〗정신병의 하나. 다른 사람과 접촉하기를 싫어하며, 자기만의 세계에 틀어박히는 증상.

자포(自暴)명 '자포자기'의 준말.

자:포(刺胞)명〖동〗자세포(刺細胞).

자:포(紫袍)명 **1** 자줏빛 도포. **2** 매우 훌륭한 옷이나 예복.

자포-자기(自暴自棄)명하자 절망에 빠져 자신을 포기하고 돌아보지 않음. ¶ ~에 빠지다.

자폭(自爆)명하자 **1** 전황(戰況)이 불리할 때, 자기가 타고 있는 함선·비행기 등을 스스로 폭파함. **2** 자기가 지닌 폭발물을 스스로 폭발시켜 죽음. ¶ 패전을 비관하고 ~하다.

자표(字票)명 화살에 표시한 숫자.

자-풀이명하타 **1** 천 한 자에 값이 얼마씩인지 셈해보는 일. **2** 천을 자로 끊어 파는 일. 해척(解尺). ¶ ~로 팔다. **3**〖건〗방의 칸수나 건물의 높이, 폭 등을 계산하는 일.

자품(資禀)명 사람의 타고난 바탕과 성품.

자필(自筆)명하타 자기가 글씨를 직접 씀. 또는 그 글씨. 자서(自書). ¶ ~ 이력서/~로 서명하다. ↔대필(代筆).

자:하 (紫蝦) 명 《동》 곤쟁이.

자:-하거 (紫河車) 명 《한의》 '태(胎)'의 한의학적 명칭.

자하-거행 (自下擧行) 명하타 윗사람의 허락 없이 스스로 해 나감. ⊕자하(自下).

자-하다 (資-) 자여 도움이 되다.

자하-달상 (自下達上)[-쌍] 명하자 아래에서 위까지 미침. ↔자상달하(自上達下).

자략 (子瘧) 명 《한의》 임신 중인 여인이 앓는 학질.

자학 (自虐) 명하타 자기 자신을 스스로 학대함. ⊐-행위 / ~하며 괴로워하다.

자학 (自學) 명하타 **1** 자기 힘으로 배움. **2** 《교》 교사의 강의를 위주로 하지 않고 스스로 공부하는 학습법.

자학 (字學) 명 글자의 근원·원리·음·뜻 등을 연구하는 학문.

자학-자습 (自學自習)[-짜-] 명하타 남의 가르침 없이 스스로 배워 익힘.

자한 (自汗) 명하자 《한의》 저절로 땀이 많이 흐름. 또는 그런 증세.

자할 (自割) 명하자 《동》 자절(自切).

자항 (慈航) 명 《불》 부처가 중생을 자비심으로 구함을 배에 비유한 말.

자해 (自害) 명하자 **1** 자기 몸을 스스로 해침. ⊐~ 소동 / 자신의 몸을 ~하다. **2** 자살.

자해 (自解) 명하타 **1** 자기 스스로 풀어냄. **2** 자기를 해명함. **3** 스스로의 힘으로 구속에서 벗어남. **4** 《불》 스승의 가르침 없이 스스로 깨달음.

자해 (字解) 명 글자 특히, 한자의 해석. 자석(字釋). ⊐~를 붙이다.

자핵 (自劾) 명하타 자기의 죄를 스스로 탄핵함.

자핵-소 (自劾疏)[-쏘] 명 《역》 자인소.

자행 (自行) 명하타 **1** 자기의 수행(修行). **2** 스스로 행함.

자행 (恣行) 명하타 방자하게 행동함. 또는 그런 행동. ⊐부녀자 폭행을 ~하다.

자행-자지 (自行自止) 명 제 마음대로 하고 싶으면 하고 하기 싫으면 하지 않음.

자행-화타 (自行化他) 명 《불》 자기 스스로 불도(佛道)를 닦고 그 얻은 바에 따라 다시 다른 중생을 교화하는 일.

자허 (自許) 명하타 **1** 자기의 힘으로 넉넉히 할 만한 일이라고 여김. **2** 자기의 장점을 스스로 인정함.

자허 (自詡) 명하타 자기를 스스로 추켜세움.

자헌-대부 (資憲大夫) 명 《역》 조선 때, 정이품 문무관의 품계.

자현 (自現) 명하자 자수(自首).

자형 (自形) 명 《광》 그 광물 특유의 결정면(結晶面)을 띠고 있는 모양. *사형(似形).

자형 (字形) 명 글자의 모양. 자체(字體).

자형 (字型) 명 《인》 활자를 부어 만드는 데 판이 되는 원형(原型).

자형 (姉兄) 명 손위 누이의 남편. 손위 매부(妹夫). 매형(妹兄).

자형 (慈兄) 명 자애로운 형(편지에서 상대를 높이는 말).

자혜 (慈惠)[-/-혜] 명 자애롭게 베푸는 은혜. ⊐두터운 ~.

자혜-롭다 (慈惠-)[-따/-혜-따][-로워-로우니] 형비 인자하고 은혜로운 데가 있다. ⊐자혜로운 은혜. **자혜-로이**[-/-혜-] 부

자호 (子壺) 명 《생》 자궁(子宮).

자호 (自號) 명하자 자기의 호를 스스로 지어 부름. 또는 그런 호.

자호 (字號) 명 **1** 활자의 크기를 나타내는 번호. **2** 토지의 번호나 족보의 장수 등에 숫자 대신 천자문의 차례에 따라 붙인 번호.

자:홍-색 (紫紅色) 명 자줏빛을 띤 붉은색.

자화 (自火) 명 자기 집에 난 불.

자화 (自畵) 명 자기가 그린 그림.

자화 (雌花) 명 《식》 암꽃. ↔웅화(雄花).

자:화 (磁化) 명하자타 《물》 자기화(磁氣化).

자화-상 (自畵像) 명 《미술》 자기가 그린 자신의 초상화. ⊐우리 시대 청춘의 ~ / ~을 그리다 / ~을 보다.

자화 수분 (自花受粉) 《식》 자가(自家) 수분. ↔타화(他花) 수분.

자화 수정 (自花受精) 《식》 자가(自家) 수정2.

자화-자찬 (自畵自讚) 명하타타 자기가 그린 그림을 스스로 칭찬한다는 뜻으로, 자기가 한 일을 스스로 자랑함. ⊐~을 늘어놓는.

자:화-채 (紫花菜) 명 먹을 수 있는 꽃이나 잎을 끓는 물에 데쳐 소금과 기름에 무친 나물.

자활 (自活) 명하자 자기 힘으로 살아감. ⊐~ 능력 / ~의 길을 열다.

자황 (雌黃) 명 **1** 황과 비소의 화합물《천연산은 누른빛의 결정체인데, 채료·약재로 씀》. **2** 채색의 한 가지《선명한 황색》. **3** 《한의》 외과(外科)에 쓰는 약. **4** 《문》 시문을 첨삭하는 일《변론의 시비를 가리는 말로도 씀》.

자:황-색 (赭黃色) 명 주황빛.

자회 (自晦) 명하타 자기 스스로 감추어 드러내지 않음.

자회 (資賄) 명 **1** 소중한 물건. 보물. **2** 시집갈 때 가지고 가는 물품.

자회 (慈誨) 명 자애가 넘치는 가르침.

자-회사 (子會社) 명 《경》 다른 회사와 자본적인 관계를 맺어 그 회사의 지배를 받는 회사. ↔모회사(母會社).

자획 (字劃) 명 글자를 이루는 점과 획. 필획(筆劃). ⊐~을 판독하다.

자획 (自劃) 명하타 스스로 금을 긋는다는 뜻으로, 한계를 정하고 더 이상 나가지 않음을 비유한 말.

자훈 (字訓) 명 **1** 한자의 우리말 새김. **2** 글자와 새김.

자훈 (慈訓) 명 모훈(母訓).

자휘 (字彙) 명 자전(字典). *어휘(語彙).

자휼 (慈恤·字恤) 명하타 백성을 어루만져 사랑하고 가엾게 여김.

자:흑-색 (紫黑色)[-쌕] 명 자줏빛을 띤 검은색. 흑자색.

자흔 (疵痕) 명 흉이나 흠이 난 자리. 흉터.

작 (爵) 명 **1** 벼슬의 위계(位階). **2** 오등작(五等爵)의 계급.

작 (勺) 의명 **1** 양의 단위. 홉(合)의 1/10. **2** 땅넓이의 단위. 평의 1/100.

작 (作) 의명 제작이나 저작의 뜻. ⊐이광수 ~ '무정'.

작 (昨) 관 '어제'의 뜻. ⊐~ 15일.

작 부하자 글자의 획 같은 것을 한 번 긋거나 종이나 천 따위를 한 번 찢는 소리. 또는 그 모양. ⊐선을 ~ 긋다 / 폐지를 ~ 찢다. ⊜짝. 쎈쎅작.

-작 (作) 접 농작(農作)·경작(耕作)의 뜻을 나타내는 말. ⊐평년(平年)~ / 이모~.

작가 (作家)[-까] 명 시가·소설·회화·조각 따위 예술품의 제작자. 특히, 소설가를 일컬음. ⊐~ 정신 / 방송 ~ / ~ 수업을 받다.

작가-론 (作家論)[-까-] 명 《문》 작가의 예술 활동이나 사상 따위를 연구하고 비평하는

일. 또는 그 글.

작가-적(作家的)[-까-]**관** 작가로서 가지는 (것). ▢~ 양심 / ~인 역량.

작간(作奸)[-깐]**명하자** 간악한 꾀를 부림. 또는 그런 짓. ▢~을 부리다.

작객(作客)[-깩]**명하자** 자기 집을 떠나 객지나 남의 집에 머물러 손님 노릇을 함.

작견(作繭)[-껸]**명**『농』산누에고치.

작경(作梗)[-껑]**명하자** 못된 행실을 부림. ▢~을 부리다 / ~을 치다.

작고(作故)[-꼬]**명하자** '사망'의 경칭. ▢~ 문인 / 3년 전에 ~하다.

작곡(作曲)[-꼭]**명하자타**『악』음악 작품을 창작하는 일. 또는 시나 가사에 가락을 붙이는 일. ▢노래를 ~하다 / 오페라를 ~하다.

작곡-가(作曲家)[-꼭까]**명**『악』작곡에 정통해서 전문적인 기술을 가지고 작곡에 종사하는 사람. ▢~ 겸 가수. *작곡자.

작곡-계(作曲界)[-꼭꼐 / -꼭꼐]**명**『악』작곡하는 사람들의 사회.

작곡-법(作曲法)[-꼭뻡]**명**『악』선율법(旋律法)·화성법(和聲法)·대위법(對位法)·관현악법 등의 기초 지식을 토대로 악곡을 창작하는 기법.

작곡-자(作曲者)[-꼭짜]**명**『악』작곡한 사람. ▢안익태는 '애국가'의 ~다. *작곡가.

작과(作寡)[-꽈]**명** 다른 사람을 등용하기 위해 그 자리에 있는 사람을 면직함.

작관(作貫)[-꽌]**명** 엽전 열 냥을 꿰어 한 뭉치로 만듦. 작쾌(作快).

작광(作壙)[-꽝]**명하자** 땅을 파서 시체를 묻을 구덩이를 만듦.

작교(酌交)[-꾜]**명하자** 술을 서로 권함.

작구(雀口)[-꾸]**명** 도자기 밑에 달린 발.

작국(作局)[-꾹]**명**『민』풍수지리에서, 골상(骨相)·묏자리 따위의 모양새.

작근(作斤)[-끈]**명하타** 1 무게가 한 근씩 되게 만듦. 2 작편(作片).

작금(昨今)[-끔]**명** 어제와 오늘. 요즈음. 근래. ▢~의 세태 / ~의 정계 동향을 살피다.

작금-양년(昨今兩年)[-끔냥-]**명** 작년과 올해의 두 해. ▢~은 풍년이다.

작금-양일(昨今兩日)[-끔냥-]**명** 어제와 오늘의 이틀.

작년(昨年)[장-]**명** 지난해. 거년(去年). 구년(舊年). ▢~ 이맘때 / 올 여름은 ~보다 덥다.

작년-도(昨年度)[장-]**명** 작년 한 해. ▢~의 수출입 통계.

작농(作農)[장-]**명하자** 농사를 지음.

작:다[-따]**형** 1 길이·넓이·부피 따위가 보통보다 덜하다. ▢작고 조용한 마을 / 몸집이 ~. 2 정해진 크기에 모자라 맞지 않다. ▢치수가 ~. 3 규모·범위·정도·중요성 따위가 수준에 미치지 못하다. ▢작은 실수 / 작은 힘이라도 보태다. 4 사람됨이나 생각 따위가 좁고 보잘것없다. ▢그릇이 작은 사람 / 통이 ~. 5 소리가 낮거나 약하다. ▢작은 목소리 / 말소리가 ~. 6 액수가 적거나 단위가 낮다. ▢작은 돈. [작게 먹고 가는 똥 누어라] 분수에 맞게 살아감이 편안하다. [작은 고추가 더 맵다] 작은 사람이 큰 사람보다 더 뛰어나거나 야무지다. ↔크다.

작다리[-따-]**명** 키가 작달막한 사람을 놀리어 이르는 말. ↔키다리.

작-다랗다[-따라타]**[**작다라니, 작다래서]**형** **활** 길이·넓이·부피 따위가 꽤 작다. ▢작다란 몸집. ↔커다랗다.

작단(作壇)[-딴]**명**『문』'창작단(創作壇)'의 준말.

작달막-하다[-딸마카-]**형어** 키가 몸집에 비해 자그마하다. ▢작달막하고 똥똥한 사람.

작달-비[-딸-]**명** 굵고 거세게 퍼붓는 비. 장대비.

작답(作畓)[-땁]**명하자**『농』땅을 일구어 논을 만드는 일. 기답(起畓).

작당(作黨)[-땅]**명하자** 떼를 지음. 무리를 이룸. 작패(作牌). ▢~과 음모 / ~하여 난입하다.

작대기[-때-]**명** 1 긴 막대기(흔히, 무엇을 버티는 데 씀). ▢~를 짚다 / ~를 휘두르다 / 지게를 ~로 괴어 놓다. 2 답안지 따위의 잘못된 곳에 긋는 줄.

작대기-바늘[-때-]**명** 길고 굵은 바늘.

작대기-찜질[-때-]**명하타** 작대기로 마구 때리거나 찌르는 짓. 몽둥이찜질. ▢~을 심하게 당하다.

작도(作圖)[-또]**명하타** 1 그림·지도·설계도 등을 그림. 2『수』자와 컴퍼스만으로 선이나 도형을 그림.

작도(斫刀)[-또]**명** '작두'의 본딧말.

작도-법(作圖法)[-또뻡]**명**『수』작도하는 법칙이나 방법. ㉭도법(圖法).

작동(作動)[-똥]**명하자타** 기계 따위가 작용을 받아 움직임. 또는 움직이게 함. ▢~ 장치 / ~이 멈추다 / 안전장치가 ~되다.

작동(昨冬)[-똥]**명** 지난겨울.

작두(作頭)[-뚜]**명하자** 여러 사람의 우두머리가 됨.

작두(斫-)[-뚜]**명** 마소에게 먹일 풀·짚·콩깍지 따위를 써는 연장(기름하고 두둑한 나무토막 위에 짤막한 쇠기둥 두 개를 세우고 그 사이에 긴 칼날 끝을 끼워 박음). 작도(斫刀).

작두(齰豆)[-뚜]**명**『식』까치콩.

작두-질(斫-)[-뚜-]**명하자타** 작두로 짚·콩깍지 등을 써는 일.

작두-향(雀頭香)[-뚜-]**명**『한의』향부자(香附子)2.

작란(作亂)[장난]**명하자** 난리를 일으킴.

작란(雀卵)[장난]**명**『한의』참새의 알(양기를 돕는 데나 여자의 대하증 등에 약으로 씀).

작란-반(雀卵斑)[장난-]**명**『한의』주근깨.

작량(作兩)[장냥]**명하타** 엽전 백 푼으로 한 꿰미를 지음.

작량(酌量)[장냥]**명하타** 짐작하여 헤아리는 일. ▢정상을 ~해서 훈방하다.

작량 감:경(酌量減輕)[장냥-]**명**『법』법적으로 특별한 사유가 없이면 범죄의 정상(情狀)에 참작할 만한 사유가 있을 때, 법관이 형(刑)을 가볍게 하는 일. 정상 작량. 정상 참작.

작려(作侶)[장녀]**명하자** 작반(作伴).

작렬(炸裂)[장녈]**명하자** 1 폭발물이 터져서 산산이 흩어짐. ▢포탄이 ~하다. 2 박수 소리나 운동 경기에서의 공격 따위가 포탄이 터지듯 극렬하게 터져 나오는 것을 비유한 말. ▢홈런의 ~.

작례(作例)[장녜]**명** 글을 짓는 데에 본보기가 되는 예문.

작로(作路)[장노]**명하자** 갈 길을 미리 정함.

작록(爵祿)[장녹]**명** 벼슬과 녹봉(祿俸).

작료(作料)[장뇨]**명하자** 동료가 됨.

작린(作隣)[장닌]**명하자** 이웃해서 삶.

작만(昨晚)[장-]**명** 어제저녁 무렵. 지난밤.

작석(昨夕).

작말(作末)[장-] 명하타 가루로 만듦.

작망(繳網)[장-] 명 주살과 그물이라는 뜻으로, 사냥하고 고기 잡는 일.

작맥(雀麥)[장-] 명 〖植〗 귀리.

작명(作名)[장-] 명 1 이름을 지음. 2〖역〗호(戶) 단위로 기병(騎兵)이나 보졸(步卒)이 징발되는 수효를 치던 일(기병은 한 호에 네 사람, 보졸은 세 사람으로 하였음).

작명-가(作名家)[장-] 명 〖민〗 사람이나 상점, 회사 등의 이름을 짓는 일을 업으로 삼는 사람. 작명사(師).

작명-사(作名師)[장-] 명 〖민〗 작명가.

작목(雀目)[장-] 명 밤눈이 어두움. 또는 그 눈. 야맹증(夜盲症).

작몽(昨夢)[장-] 명 1 어젯밤의 꿈. 2 지나간 일의 비유.

작문(作文)[장-] 명하타 1 글을 지음. 또는 그 글. 행문(行文). ▷~을 짓다 / ~ 실력이 출중하다. 2 '작자문(作者文)'의 준말. 3〖교〗학생이 자기의 감상이나 생각을 글로 나타내는 일. 또는 그 글. 글짓기. ▷~ 시간 / ~ 숙제를 내다.

작문(作門)[장-] 명 〖역〗 파수병을 두어 함부로 출입하지 못하게 경계하던 군영의 문.

작문(을) 잡다 귀〖역〗 예전에, 삼문(三門)이 있는 관아(官衙)에서, 그 관아의 고관이 귀빈이 올 때에 특별히 대접해서 가운뎃문을 열어 맞이하였다.

작문-법(作文法)[장-뻡] 명 글을 짓는 법.

작물(作物)[장-] 명 '농작물'의 준말. ▷원예 ~ / 특용 ~ / ~을 재배하다 / ~을 수확하다.

작물-학(作物學)[장-] 명 〖농〗 농작물의 형태와 상태·분류·재배·이용·개량 등을 연구하는 학문.

작물 한:계(作物限界)[장- / 장-게] 명 〖농〗 지형이나 기후 조건 따위에 의하여 제한·지배되는 작물 재배의 한계.

작미(作米)[장-] 명하타 벼를 찧어 겨를 벗겨 내고 쌀을 만듦.

작박구리[-빠꾸-] 명 위로 뻗은 뿔.

작반(作伴)[장-] 명자타 길동무로 삼음. 작려. ▷~해서 회의에 출석하다.

작반(雀斑)[장-] 명 주근깨.

작발(炸發)[장-] 명 화약이 폭발함.

작배(作配)[장-] 명하타 남녀가 짝을 지음. 배필(配匹)을 정함.

작배(作輩)[장-] 명 무리를 짓는 일. 작당(作黨).

작벌(斫伐)[장-] 명하타 도끼 따위로 나무를 찍어서 베어 냄.

작법(作法)[장-뻡] 명자 1 글 따위를 짓는 법. ▷소설 ~. 2 법칙을 만들어 정함.

작법-자폐(作法自斃)[장-뻡짜- / 장-뻡짜폐] 명하자 자기가 만든 법에 자기가 해를 입음.

작벼리[-뼈-] 명 물가의 모래와 돌이 섞인 곳.

작변(作變)[장-뼌] 명하자 변란을 일으킴. ▷~을 도모하다.

작별(作別)[장-뼐] 명하자타 인사를 나누고 헤어짐. 또는 그 인사. ▷~ 인사 / ~을 아쉬워하다 / ~을 고하다. *이별.

작보(昨報)[장-뽀] 명하타 어제 보도함. 또는 그 보도.

작봉(作封)[장-뽕] 명하타 한 봉지씩 따로따로 만듦.

작부(作付)[장-뿌] 명 작물을 심음. ▷~ 면적.

작부(酌婦)[-뿌] 명 술집에서 손님을 접대하고 술 시중을 드는 여자. 접대부. ☞술집~.

작비-금시(昨非今是)[-삐-] 명 전에는 그르다고 여기던 일이 지금은 옳다고 여기게 됨.

작사(作事)[-싸] 명하자 1 일자리를 만듦. 2 없는 일을 꾸밈.

작사(作詞)[-싸] 명하타 가사를 지음. ▷'애국가'는 누가 ~하였는가.

작사-도방(作舍道傍)[-싸-] 명 길가에 집 짓기라는 뜻에서, 이론(異論)이 많아 얼른 결정 짓지 못함을 이르는 말.

작사리[-싸-] 명 한끝을 엇걸어서 동여맨 작대기. ☞작살¹.

작사-자(作詞者)[-싸-] 명 노랫말을 지은 사람.

작살¹[-쌀] 명 1 물고기를 찔러 잡는 기구(작대기 끝에 뾰족한 쇠를 삼지창처럼 박았음). ▷~을 던지다. 2 '작사리'의 준말.

작살²[-쌀] 명 1 완전히 깨어지거나 부서짐. 2 아주 결딴이 남.

작살-나다[-쌀라-] 자 1 완전히 깨어지거나 부서지다. 2 아주 결딴이 나다.

작살-나무[-쌀라-] 명 〖植〗 마편초과의 낙엽 활엽 관목. 산기슭이나 해안 등에 남. 높이 2-3 m, 여름에 희고 잔 꽃이 핌. 목재는 도구나 양산 자루 등으로 쓰임.

작살-내다[-쌀래-] 타 작살나게 만들다. ▷밑천을 ~.

작색(作色)[-쌕] 명하자 불쾌한 느낌이 얼굴에 드러남. 또는 그런 느낌을 드러냄.

작석(作石)[-썩] 명하타 곡식을 한 섬씩 만듦. 또는 그리 만든 섬.

작석(昨夕)[-썩] 명 어제저녁. 작만(昨晩).

작선(作善)[-썬] 명 〖불〗 선을 위해 행하는 모든 행위(불상·불당·탑을 만들고 경전을 외는 일 등).

작설(綽楔)[-썰] 명 〖역〗 정문(旌門).

작설지전(綽楔之典)[-썰지-] 명 〖역〗 효자·충신·열녀들을 표창하기 위해 정문(旌門)을 세워 주던 나라의 특전.

작설-차(雀舌茶)[-썰-] 명 차나무의 어린 새 싹을 따서 만든 차.

작성(作成)[-썽] 명하타 1 서류·원고·계획 따위를 만듦. 보고서를 ~하다 / 기사 ~이 늦어지다. 2 운동 경기 따위에서, 기록에 남길 만한 일을 이루어 냄. ▷대회 신기록을 ~.

작성-법(作成法)[-썽뻡] 명 작성하는 방법.

작성-자(作成者)[-썽-] 명 작성한 사람. ▷문서 ~ / 세계 기록 ~.

작소(昨宵)[-쏘] 명 어젯밤.

작소(繳銷)[-쏘] 명하타 말이나 행동의 흔적을 없애 버림.

작송(繳送)[-쏭] 명하타 문서나 물건 등을 돌려보냄. 작환(繳還).

작수불입(勺水不入)[-쑤부립] 명하자 한 모금의 물도 넘기지 못한다는 뜻으로, 음식을 조금도 먹지 못함.

작수-성례(酌水成禮)[-쑤-녜] 명하자 물 한 그릇만 떠 놓고 혼례를 치른다는 뜻으로, 가난한 집의 혼례를 이르는 말.

작슈아리[-쑤-] 명 〖옛〗 작사리.

작시(作詩)[-씨] 명 시작(詩作).

작시-법(作詩法)[-씨뻡] 명 〖文〗 시를 짓는 방법(方法).

작신-거리다[-씬-] 자타 1 짓궂은 말이나 행동으로 자꾸 귀찮게 굴다. 2 지그시 힘을 주어 자꾸 누르다. ㈜직신거리다. **작신-작신**[-

썬-씬] 부하자타

작신-대다[-씬-] 자타 작신거리다.

작심 (作心)[-씸] 명하자타 마음을 단단히 품음. □~을 굳히다 / 금연을 ~하다.

작심-삼일 (作心三日)[-씸사밀] 명 결심이 사흘을 가지 못함(결심이 굳지 못하다는 말)).

작아-지다 자 작은 상태로 되다.

작야 (昨夜) 명 어젯밤.

작약 (芍藥) 명 식 미나리아재빗과의 백(白) 작약·산(山)작약·호(胡)작약·적(赤)작약 등의 총칭. 뿌리는 한약재로 씀.

작약 (炸藥) 명 폭탄·포탄 따위를 작렬시키기 위해 장전하는 화약.

작약 (雀躍) 명하자 너무 좋아서 날뛰며 기뻐함. □흔희(欣喜)~.

작약-하다 (綽約-)[자갸야-] 형여 몸매가 가냘프고 아리땁다.

작약-화 (芍藥花)[자갸콰] 명 작약의 꽃. 함박꽃.

작업 (作業) 명하자 일정한 목적과 계획을 세워 일을 함. 또는 그 일. □준비 ~ / ~ 능률을 높이다 / 전산화 ~이 마무리되다 / ~ 환경과 근로 조건을 개선하다.

작업-가설 (作業假說)[자겁까-] 명 연구나 실험의 과정을 통해서 검증을 쉽게 하기 위해 세운 가설. 작용(作用)가설.

작업 검:사 (作業檢查)[자겁껌-] 1 노동 능률을 높이기 위해 행하는 작업에 대한 검사. 2 심 일정한 작업을 하게 해서 정신 기능을 파악하는 심리 검사.

작업 곡선 (作業曲線)[자겁곡썬] 심 단위 시간에 따른 작업량의 변화를 좌표로 나타낸 곡선(연습 효과·피로 등을 검토함).

작업-기 (作業機)[자겁끼] 명 공 원동기에서 동력을 공급받아 기계 작업을 하는 기계의 총칭. 작업 기구(機構).

작업-대 (作業臺)[자겁때] 명 작업하기에 편리하도록 만들어 놓은 대(臺).

작업-등 (作業燈)[자겁뚱] 명 작업하는 자리를 특별히 밝게 하기 위해 켜는 등.

작업-량 (作業量)[자겁냥] 명 일정한 시간에 행하는 작업의 양. 일의 분량. □~을 할당하다 / 하루의 ~을 채우다.

작업-모 (作業帽)[자겁-] 명 작업 중 쓰는 모자. 약모. →정모(正帽).

작업-반 (作業班)[자겁빤] 명 일정한 일을 하려고 조직한 반. □~을 편성하다.

작업-복 (作業服)[자겁뽁] 명 작업할 때 입는 옷. □~으로 갈아입다.

작업-실 (作業室)[자겁씰] 명 일을 하는 방.

작업자 분석 (作業者分析)[자겁짜-] 심 작업자의 신체적·심리적 특질과 학력·능력 따위의 자질을 분석하는 일.

작업-장 (作業場)[자겁짱] 명 작업을 하는 공장이나 공사장. 일터.

작연-하다 (灼然-) 형여 1 밝게 빛나고 있다. 2 뚜렷하고 명백하다.

작연-하다 (綽然-) 형여 침착하고 여유가 있다.

작열 (灼熱)[장녈] 명하자 1 불 따위가 이글이글 끓듯이 타오름. □~하는 태양. 2 이글거리듯 들끓음을 비유한 말.

작용 (作用) 명하자 1 어떤 현상을 일으키거나 영향을 미침. □반사 ~ / 상호 ~ / 변수로 ~하다 / 불리하게 ~하다. 2 물 어떤 물리적 원인이나 대상이 다른 대상이나 원인에 기여함. 또는 그런 현상. □전기 ~ / ~과 반-.

작용-가설 (作用假說) 명 작업가설.

작용-권 (作用圈)[자용꿘] 물 물리적 작용

이 미치는 범위.

작용-량 (作用量)[자굥냥] 물 에너지와 시간의 곱과 같은 차원의 양.

작용-력 (作用力)[자굥녁] 명 작용하는 힘.

작용 반:작용의 법칙 (作用反作用—法則)[자굥-자굥-자굥-] 물 뉴턴의 운동의 제3법칙(모든 작용에 대하여 항상 방향이 반대이고 크기가 같은 반작용이 따른다는 원리). 작용 반작용의 원리.

작용-선 (作用線)[자굥-] 물 힘이 물체에 작용할 때, 힘의 작용점을 지나 힘의 방향으로 그은 직선.

작용-점 (作用點)[자굥쩜] 명 물 물체 내의 한 점에 힘이 작용할 때 그 힘이 미치는 점. 착력점(着力點).

작월 (昨月) 명 지난달. 거월(去月). 객월(客月).

작위 (作爲) 명 1 법 의식적으로 한 적극적인 행위나 동작. ↔부작위(不作爲). 2 사실은 그렇지 않은데 그렇게 보이려고 의식적으로 취하는 행위. □진실과 ~.

작위 (爵位) 명 벼슬과 지위. 관작(官爵)과 위계. □~를 받다.

작위-령 (作爲令)[-녕] 법 특정한 행위를 명하는 행정상의 명령.

작위-범 (作爲犯) 명 법 살인·절도 등 적극적 행위로 이루어지는 범죄. ↔부(不)작위범.

작위-적 (作爲的) 관형 꾸며다는 것이 두드러지게 눈에 띄는 (것). □~ 행동 / ~인 미소.

작위 채:무 (作爲債務) 명 법 채무자의 적극적인 행위를 목적으로 하는 채무(보통의 채무를 가리킴). ↔부(不)작위 채무.

작위 체험 (作爲體驗) 심 자기의 생각이나 행위가 남의 조종을 받는 것으로 느끼는 이상 체험.

작육 (雀肉) 명 한의 겨울에 잡은 참새의 고기(보양제(補陽劑)·강장제로 씀).

작은- 톱 친족 관계를 나타내는 명사 앞에 붙어, '맏이가 아님'의 뜻을 나타내는 말. □~고모 / ~언니. ↔큰-.

작은개-자리 명 천 북쪽 하늘에 있는 별자리의 이름(오리온자리의 동쪽, 쌍둥이자리의 남쪽에 있음). *큰개자리.

작은-계집 [자근- / 자근계-] 명 〈속〉 첩(妾). ↔큰계집.

작은-골 명 생 소뇌(小腦).

작은곰-자리 명 천 하늘의 북극을 포함하는 별자리. 눈으로 볼 수 있는 것이 50개 가량으로 북극성이 그 주성(主星)임. 소웅좌(小熊座). *큰곰자리.

작은-꾸리 명 소의 앞다리의 안쪽에 붙은 살. ↔큰꾸리.

작은-놈 명 1 덜 자란 놈. 2 〈속〉 작은아들. □이 애가 내 ~이오. ↔큰놈.

작은-누나 명 작은누이. ↔큰누나.

작은-누이 명 맏누이가 아닌 누이. ↔큰누이.

작은-달 명 양력으로 31일이 못 되는 달. 음력으로 28일이나 29일이 되는 달. ↔큰달.

작은-댁 (-宅) 명 '작은집'의 경칭. ↔큰댁.

작은-동서 (-同壻) 명 남편의 동생의 아내.

작은-따님 명 남의 '작은딸'을 높여 이르는 말. ↔큰따님.

작은-따옴표 (-標) 명 언 가로글에 쓰는 따옴표 ' '의 이름(따온 말 가운데 다시 따온 말이 들어 있을 때 또는 마음속으로 한 말을 적을 때 등에 씀). 새발톱표. 내인용부(內引用符). ↔큰따옴표.

작은-딸 圓 맏딸이 아닌 딸. ↔큰딸.
작은-떼새 圓『조』작은물떼새.
작은-마누라 圓 '첩'을 듣기 좋게 부르는 말. ↔큰마누라.
작은-마마 (-媽媽) 圓『의』 어린이의 살갗에 붉고 둥근 발진이 생겼다가 물집으로 변하는 유행병. 소두(小痘). 수두(水痘).
작은-말 圓『언』단어의 실질적인 뜻은 큰말과 같으나 표현상의 느낌이 작고, 가볍고, 밝고, 강하게 들리는 말. 주로 의성어·의태어에 딸음《주음절의 모음이 ㅏ·ㅐ·ㅗ·ㅚ·ㅙ 등으로 되는 '말랑말랑'·'뱅뱅'·'졸졸' 등》. ↔큰말.
작은-매부 (-妹夫) 圓 작은누이의 남편. □~는 공무원이다. ↔큰매부.
작은-며느리 圓 작은아들의 아내. ↔큰며느리.
작은모-쌓기 [자근-싸키]圓『건』벽돌의 작은 면이 곁면이 되도록 쌓는 일.
작은-물떼새 圓『조』물떼새과의 새. 바다나 냇가에 삶. 몸의 윗면은 엷은 밤색, 밑면은 흼. 목에 흰 고리가 둘렸고 그 밑에 검은 띠가 있음. 작은떼새. 알도요.
작은-바늘 圓 시계에서 시간을 가리키는 바늘. □~이 2를 가리키고 있다.
작은-방 (-房)圓『건』집 안의 큰방과 나란히 딸려 있는 방. ↔큰방.
작은-북 圓 1 크기가 작은 북. 소고(小鼓). 2『악』서양 타악기의 하나. 앞에 걸어 메거나 대(臺) 위에 가로놓고 두 개의 가는 나무 막대기로 두들겨 소리를 냄. 사이드 드럼.
작은-사랑 (-舍廊)圓 아들이나 손자가 거처하는 사랑. 작은사랑.
작은-사위 圓 작은딸의 남편. ↔큰사위.
작은-사폭 (-邪幅)圓 바지나 고의 등의 오른쪽 무르폭에 대는 헝겊.
작은-설 圓 설에 상대해서 섣달 그믐날을 이르는 말. 圓 까치설날.
작은-손녀 (-孫女)圓 맏손녀가 아닌 손녀. ↔큰손녀.
작은-손자 (-孫子)圓 맏손자가 아닌 손자. ↔큰손자.
작은-아가씨 圓 작은아씨. ↔큰아가씨.
작은-아기 圓 막내딸이나 막내며느리를 정답게 부르는 말. ↔큰아기.
작은-아기씨 圓 작은아씨.
작은-아들 圓 맏아들이 아닌 아들. ↔큰아들.
작은-아버지 圓 아버지의 결혼한 아우. 숙부. □~께서 우리를 키워 주셨다. ↔큰아버지.
작은-아씨 圓 1 지체가 낮은 사람이 처녀를 높여 부르는 말. 2 올케가 손아래 시누이를 높여 일컫는 말. 3 아씨가 두 이상일 경우 나이가 적은 아씨. 작은아가씨. ↔큰아씨.
작은-아이 圓 작은아들이나 작은딸을 다정하게 일컫는 말. 圓작은애.
작은-악절 (-樂節)[자그나쩔]圓『악』두 개의 동기(動機)가 모여 보통 넷 또는 여섯 마디로 이루어진 악절. 소악절. ↔큰악절.
작은-어머니 圓 1 작은아버지의 아내. 숙모(叔母). ↔큰어머니. 2 '서모(庶母)'를 자기 어머니와 구별해서 부르는 말.
작은-애 圓 '작은아이'의 준말.
작은-어미 圓〈비〉작은어머니.
작은-언니 圓 맏언니가 아닌 언니. ↔큰언니.
작은-오빠 圓 맏오빠가 아닌 오빠. ↔큰오빠.
작은-정부 (-政府)圓 국민 총생산에서 차지하는 재정 지출이나 공무원의 수가 비교적 적

은 정부.
작은-집 圓 1 따로 사는 아들이나 아우 또는 작은아버지의 집. 2 '변소'의 곁말. 3 첩 또는 첩의 집. 별방(別房).
작은-창자 (-腸)圓『생』'소장(小腸)'의 풀어쓴 말.
작은-처남 (-妻男)圓 여러 처남 가운데 맨 위가 아닌 처남. ↔큰처남.
작은-칼 (-)圓『역』죄수의 목에 씌우던 칼의 하나(길이 1m가량). ↔큰칼.
작은-할머니 圓 작은할아버지의 아내. 작은종조모(從祖母). ↔큰할머니.
작은-할아버지 圓 할아버지의 아우. 작은종조부(從祖父). ↔큰할아버지.
작은-형 (-兄)圓 맏형이 아닌 형. ↔큰형.
작은-형수 (-兄嫂)圓 맏형수가 아닌 형수. ↔큰형수.
작을-소 (-小)[자글쏘]圓 한자 부수의 하나('仰'이나 '少' 등에서 '小'의 이름).
작을-요 (-幺)[자글쏘]圓 한자 부수의 하나('幻'이나 '幼' 등에서 '幺'의 이름).
작의 (作意)[자긔/자기]圓 작가가 예술 작품을 통해서 나타내고자 하는 의도. □~를 파악하다.
작인 (作人)圓 '소작인'의 준말.
작인 (作人)圓 사람의 됨됨이나 생김새.
작일 (昨日)圓 어제. ↔내일·명일(明日).
작자 (杓子)[-짜]圓 구기.
작자 (作者)[-짜]圓 1 '저작자'의 준말. □~와 창작 연대 미상의 작품. 2 소작으로. 3 '위인(爲人)'의 낮춤말. □별 우스운 ~ 다 보겠네. 4 물건을 살 사람. □마땅한 ~가 나서야 팔지.
작자-문 (作者文)[-짜-]圓 기교를 부려 지은 산문(散文). 圓작문(作文).
작작 (-짝)圖 대강. 어지간하게. □바보 같은 소리 ~ 해라 / 속 좀 ~ 썩여라. [작게 먹고 가는 똥 누어라] '작게 먹고 가는 똥 누어라'와 같은 뜻.
작-작 (-짝)圖하타 1 신을 끌면서 걷는 소리. □슬리퍼를 ~ 끌다. 2 선이나 획을 함부로 긋거나 종이나 천 등을 마구 찢는 소리. □원고지를 ~ 찢다. 圓직직. 셴짝짝.
작작-거리다 [-짝꺼-]타 자꾸 작작 소리를 내다. 圓직직거리다.
작작-대다 [-짝때-]타 작작거리다.
작작유여-하다 (綽綽有餘-)[-짱뉴-]圈어 여유작작하다.
작작-하다 (灼灼-)[-짜카-]圈어 꽃이 핀 모양이 화려하고 찬란하다.
작작-하다 (綽綽-)[-짜카-]圈어 빠듯하지 않고 넉넉하다.
작잠 (柞蠶)[-짬]圓『충』산누에. ↔가잠.
작잠-견 (作蠶繭)[-짬-]圓 산누에고치.
작잠-사 (作蠶絲)[-짬-]圓 산누에고치에서 뽑은 실.
작잠-아 (作蠶蛾)[-짜마-]圓『충』산누에나방.
작장 (作場)[-짱]圓 농사짓는 일터.
작재 (作宰)[-째]圓하자『역』고을의 원이 되던 일.
작전 (作錢)[-쩐]圓하자 1 물건을 팔아 돈을 장만함. 2 조선 때, 전세(田稅)로서 쌀·콩·무명 따위 대신에 값을 돈으로 내게 하던 일.
작전 (作戰)[-쩐]圓하자 1 어떤 일을 이루기 위해 조치나 방법을 강구함. □~ 세력 / ~을 짜다 / 교과 ~을 펼치다. 2『군』군사적 목적을 이루기 위해 행하는 전투·수색·행군·보급 따위의 조치나 방법. □~ 계획을 수립하다 / 토벌 ~을 펼치다 / 경찰 특공대를 ~에 투입하다.

작전 구역 (作戰區域)[-쩐-]《군》 작전 지역.
작전 명:령 (作戰命令)[-쩐-녕]《군》 예하 부대의 작전 행동을 지시하고 통제하는 공식적인 명령.
작전 목표 (作戰目標)[-쩐-]《군》 작전을 통해 파괴하거나 빼앗으려고 설정한 목표《의의 주력(主力)이나 전략 요점 등》.
작전-지 (作戰地)[-쩐-]《군》 작전 지역.
작전 지도 (作戰地圖)[-쩐-]《군》 작전을 세우거나 수행하는 데 필요한 사항을 나타낸 지도《작전 지역의 지형, 적과 아군의 배치, 군사 시설의 위치, 적의 예상 이동로 따위가 표시됨》.
작전 지역 (作戰地域)[-쩐-]《군》 작전 및 이에 따르는 행정에 필요한 전쟁 지역의 한 부분. 작전 구역. 작전지.
작전 참모 (作戰參謀)[-쩐-]《군》 부대 작전·교육·훈련에 관한 사항을 맡아보는 참모.
작전 타임 (作戰time)[-쩐-] 배구·농구 따위에서, 감독 또는 주장이 자기 팀의 선수들에게 작전을 지시하기 위해 심판에게 요구하는 경기 중단 시간.
작전 행동 (作戰行動)[-쩐-]《군》 병력이 작전에 따라 행하는 실제의 전투 행위. ▢~에 임하다.
작정 (作定)[-쩡]𝐦𝐡타자 일을 어떻게 하기로 결정함. 또는 그런 결정. ▢~을 내리다/떠날 ~을 굳히다/내일부터 운동을 시작할 ~이다.
작정 (酌定)[-쩡]𝐦𝐡타자 일의 사정을 헤아려 결정함. 또는 그런 결정.
작조 (昨朝)[-쪼]𝐦 어제 아침.
작조-기 (作條器)[-쪼-]𝐦《농》 씨를 뿌릴 고랑을 만드는 데 쓰는 기구《괭이·쟁기 따위》.
작죄 (作罪)[-쬐]𝐦𝐡자 죄를 지음. 또는 그 지은 죄.
작주 (昨週)[-쭈]𝐦 지난주. ⇒내주(來週).
작주 (酌酒)[-쭈]𝐦𝐡자 잔에 술을 따름.
작중 인물 (作中人物)[-쭝-]《문》 작품에 등장하는 인물. 등장인물. ▢~의 성격.
작증 (作證)[-쯩]𝐦𝐡타 증거로 삼음. 또는 증거가 되게 함.
작지 (昨紙)[-찌]𝐦 어제 날짜의 신문.
작지불이 (作之不已)[-찌부리]𝐦𝐡타 끊임없이 힘써 함.
작지서지 (作之書之)[-찌-]𝐦𝐡타 1 자작자필(自作自筆). 2 자기가 계획하고 자기가 실천함의 비유.
작-차다𝐣 1 가득하게 차다. 2 기한이나 한도 따위가 꽉 차다.
작처 (酌處)𝐦𝐡타 죄의 가볍고 무거움을 헤아려 처단함.
작척 (作隻)𝐦𝐡자 척(隻)을 지음. 곧, 서로 원수가 되는 일.
작첩 (作妾)𝐦𝐡자 첩을 삼거나 둠.
작추 (昨秋)𝐦 지난가을.
작축 (作軸)𝐦𝐡타 종이를 한 축씩 묶음.
작춘 (昨春)𝐦 지난봄. ▢~에 졸업을 하다.
작취-미성 (昨醉未醒)𝐦𝐡자 어제 마신 술이 아직 깨지 않음.
작쾌 (作快)𝐦𝐡타 1 작관(作貫). 2 북어 스무 마리를 꿰어 한 쾌를 지음.
작태 (作態)𝐦𝐡타 1 의도적으로 어떤 태도나 표정을 지음. 또는 그런 태도나 표정. ▢아양스러운 ~. 2 하는 짓거리. ▢몰지각한 ~/비열한 ~를 보이다.
작파 (作破)𝐦𝐡타 어떤 계획이나 일을 중도에서 그만두어 버림. ▢생업을 ~하다/공사를

중도에서 ~하다.
작파 (斫破)𝐦𝐡타 찍어서 쪼개거나 쪼개어 깨뜨림.
작패 (作牌)𝐦𝐡타 1 골패 노름에서, 몇 짝씩을 모아 한 패를 지음. 조패. 2 작당(作黨).
작편 (作片)𝐦𝐡타 인삼을 굵기에 따라 나누어 한 근을 만듦. 작근(作斤).
작폐 (作弊)[-/-폐]𝐦𝐡자 폐단이 됨. ▢탐관오리의 ~.
작표 (雀瓢)𝐦《한의》 새박.
작품 (作品)𝐦 1 만든 물품. 제작물. 2 그림·조각·시가(詩歌)나 소설 등 예술상의 창작물. ▢문학 ~/~ 활동/~을 감상하다/~을 창작하다.
작품 (爵品)𝐦《역》 직품(職品).
작품 가치 (作品價値) 완성된 예술 작품에서 상대적이거나 조건적이 아닌, 작품 자체의 절대적인 예술적 가치.
작품-란 (作品欄)[-난]𝐦 신문·잡지 등에서 문예 작품이 실리는 난(欄).
작품-론 (作品論)[-논]𝐦《문》 작품에 대한 구성과 창작 따위에 따른 문제에 대해 연구하고 비평하는 일. 또는 그런 글.
작품-성 (作品性)[-썽]𝐦 작품이 갖는 그 자체의 예술적 가치. ▢~이 높다.
작품-집 (作品集)𝐦 작품을 모아서 엮은 책. ▢~을 내다.
작품 행위 (作品行爲)《문》 1 인간적인 활동을 떠나, 작품 자체의 가치와 존재. 2 창작 행위를 이르는 말.
작풍 (作風)𝐦 예술 작품에 나타난 예술가의 독특한 개성이나 수법.
작하 (昨夏)[자카]𝐦 지난여름.
작-하다 (作-)[자카-]𝐭여 말이나 행동을 부자연스럽게 꾸미다.
작헌-례 (酌獻禮)[자컨녜]𝐦《역》 임금이 몸소 왕릉·영전(影殿)·종묘(宗廟)·문묘 따위에 참배하고 잔을 올리던 제례.
작혐 (作嫌)[자켬]𝐦𝐡자 서로 싫어하고 의심함.
작호 (綽號)[자코]𝐦 남들이 별명처럼 지어서 불러 주는 이름. 작명(綽名).
작호 (爵號)[자코]𝐦 관작(官爵)의 칭호. 특히 작위의 칭호《공작·후작·백작·자작·남작 등》.
작화 (作畵)[자콰]𝐦𝐡자 그림을 그림.
작환 (作丸)[자콴]𝐦𝐡타 환약(丸藥)을 만듦.
작환 (繳還)[자콴]𝐦𝐡타 1 작송(繳送). 2 문서나 물건 따위를 도로 찾음.
작황 (作況)[자쾅]𝐦《농》 농작의 잘되고 못된 상태. ▢과일 ~/벼의 ~이 좋다.
작황 예:보 (作況豫報)[자쾅녜-]《농》 농작물의 수확량을 수확기 이전에 추정해서 공표하는 일.
작황 지수 (作況指數)[자쾅-]《농》 예상되는 작황을 평년에 비교해 나타낸 지수.
작효 (昨曉)[자쿄]𝐦 어제 새벽.
작흥 (作興)[자킁]𝐦𝐡타 정신이나 기운을 단번에 일으킴.
작히 (作-)[자키]𝐦𝐡자타 남의 일에 훼방을 놓음. ▢귀신의 ~/남의 일을 ~하는 것이 그의 버릇이다.
작히 [자키]𝐦 '어찌 조금만큼만·얼마나·여북이나'의 뜻으로, 반어(反語)로 쓰는 말. ▢그렇게 된다면야 ~ 좋으랴.
작히나 [자키나]𝐦 '작히'를 강조하여 이르는 말. ▢그렇게 해 준다면 ~ 고마울까.

잔 (盞)몡 1 술·차·물 등의 음료를 따라 마시
는 작은 그릇. 口커피가 든 ~을 들어 한 모
금 마시다. 2 '술잔'의 준말. 口~을 권하다 /
~을 들다 / ~에 술을 따르다. 3 (의존 명사
적으로 쓰여) 술이나 음료가 든 잔의 수를 세
는 단위. 口우유 한 ~.
　잔(을) 기울이다 丹 술잔에 따라 놓은 술을
마시다.
　잔(을) 돌리다 丹 ㉠(술잔을 비운 뒤 상대편
에게) 잔을 권하다. ㉡술잔 하나로 좌중에 차
례로 돌려 가며 술을 권하다.
　잔(을) 받다 丹 돌리거나 권하는 술잔의 술
을 받다.
잔-튀 잘거나 가늘다는 뜻. 口~돌 / ~꾀 / ~
심부름.
-잔어미 '-자는'의 준말. 口가~ 말인가.
잔-가락 몡 노래나 춤의 짧고 급한 또는 빠른
가락.
잔-가랑니 몡 자디잔 가랑니.
잔-가시 몡 1 생선의 몸에 있는 가늘고 작은
가시. 口~를 바르다. 2 식물의 작은 가시.
口밤의 ~에 찔리다.
잔-가지 몡 푸나무의 작은 가지. 口~를 치다.
잔간 (殘簡)몡 흩어져서 일부가 없어지고 남은
문서.
잔-걱정 [-쩡]몡하자 자질구레한 걱정. 口딸
이 많아 ~도 많다.
잔-걸음 몡 1 방 안이나 집 안에서 왔다 갔다
하는 걸음. 2 재게 걷는 걸음.
　잔걸음(을) 치다 丹 가까운 거리를 재게 걸
어 왔다 갔다 하다.
잔-결 (-)[건] 가늘게 나타난 곧은 결.
잔결 (殘缺)몡하자 1 이지러져서 완전하지 못
함. 2 헐려 없어짐.
잔결-꾸밈음 (-音)몡[악] 주요 음에서 시작
해 이도(二度) 아래를 거쳐 다시 주요 음으로
되돌아오는 장식음(裝飾音). 모르덴트.
잔결-본 (殘缺本)몡 낙질본.
잔경 (殘更)몡 날이 샐 무렵. 곧, 오경(五更).
잔-경위 (-涇渭)몡 사소한 일도 분명히 따지
는 경위.
잔고 (殘高)몡 잔액. 口예금 ~.
잔-고기 몡 조그마한 물고기. 소어(小魚).
　[잔고기 가시 세다] 크기는 작아도 속은 야
무지고 단단하다.
잔골 (孱骨)몡 약골(弱骨)2.
잔공 (殘孔)몡 발파 후 손가락 길이만큼 남은
남포구멍.
잔광 (殘光)몡 1 해가 질 무렵의 약한 햇빛.
口~이 눈부시다. 2[물] 물질의 에너지 공
급이 중단된 뒤에도 방출되는 빛.
잔교 (棧橋)몡 1 절벽과 절벽 사이에 높이 걸
쳐 놓은 다리. 口~를 가설하다. 2 부두에서
선박에 걸쳐 놓아, 화물을 싣고 부리거나 선
객(船客)이 오르내리게 된 다리.
잔구 (殘丘)몡 준평원에 남아 있는 암석으로
된 언덕.
잔-구멍 몡 1 작은 구멍. 2 일에 대해 좁게 보
는 관점.
잔국 (殘菊)몡 1 늦가을까지 남아서 피는 국
화. 2 시든 국화.
잔-글씨 몡 가늘고 작은 글씨. 세자(細字). 세
서(細書). 口~로 빼곡히 적다.
잔금 몡 잘게 접히거나 그은 금. 세선(細線).
口손바닥의 ~.
잔금 (殘金)몡 1 쓰고 남은 돈. 여재문. 여전

(餘錢). 잔액. 口~을 반환하다. 2 갚다 남은
돈. 口~을 치르다.
잔기 (殘期)몡 앞으로 남은 기간. 口~ 보름.
잔-기술 (-技術)몡 운동 경기 따위에서, 자잘
한 재간. 세기(細技).
잔-기침 몡하자 작은 소리로 잇따라 내는 기
침. 口~으로 인기척을 내다. ↔큰기침.
잔-꾀 몡 약고도 얕은 꾀. 口~에 넘어가다.
　잔꾀(를) 피우다 丹 제게 이롭도록 잔꾀를
부리다. *꾀피우다.
잔나비 몡 일부 속담에 쓰여, '원숭이'를 이르
는 말.
잔년 (殘年)몡 1 명이 다할 때까지 얼마 남지 않
은 나이. 여생(餘生). 잔생(殘生).
잔-누비 몡 잘게 누빈 누비.
잔누비-질 몡하자 잘게 누비는 일.
잔-눈치 몡 남과의 행동에서 자질구레한
껌새를 알아채는 눈치. 口~가 밝다 / ~만
늘다.
잔다리-밟다 [-밥따]자 낮은 지위에서부터 높
은 지위로 차차 오르다. 口잔다리밟아 30년,
마침내 장관에 올랐다.
잔-달음 몡 발을 좁게 자주 떼면서 바삐 뛰는
걸음. 口~을 치다.
잔당 (殘黨)몡 쳐 없애고 남은 도둑이나 악당
의 무리. 여당(餘黨). 여류(餘類). 잔도(殘
徒). 口~이 준동하다 / ~을 소탕하다.
잔-대 (-)[식] 초롱꽃과의 여러해살이풀. 산에
나는데, 뿌리는 희고 굵으며 줄기 높이 1m
정도. 어린잎과 뿌리는 식용함.
잔대 (盞臺)(-때)몡 잔을 받치는 접시 모양의
그릇. 탁반(托盤). 口~를 받들어 올리다.
잔도 (殘徒)몡 잔당(殘黨). 口~를 소탕하다.
잔도 (殘盜)몡 일당 가운데 잡히지 않고 남은
도둑. 잔적(殘賊).
잔도 (棧道)몡 험한 벼랑에 선반처럼 달아 낸
길. 口험한 ~.
잔독-하다 (殘毒-)[-도카-]혱어 잔인하고 독
하다. 잔독-히 [-도키]튀.
잔-돈 몡 1 작은 돈. 몇 푼 되지 않는 돈. 口~
으로 바꾸다. 2 우수리. 口~을 거스르다. 3
'잔돈푼'의 준말. *푼돈.
잔돈-푼 몡 1 얼마 되지 않는 돈. 口~이 생겼
다. 2 자질구레하게 쓰는 돈. 잔전푼. 口~이
나 들겠다. ㈜잔돈.
잔-돌 몡 조그마한 돌. 口~을 깔다.
잔돌-밭 [-받]몡 1 잔돌이 많은 밭. 2 잔돌이
널리 깔린 곳. 口~에서 공을 차다.
잔동 (殘冬)몡 늦겨울. 겨울이 끝날 무렵.
잔두지련 (棧豆之戀)몡 말이 얼마 되지 않는
콩을 못 잊어 마구간을 떠나지 못한다는 뜻
으로, 작은 이익을 단념하지 못함의 비유.
잔드근-하다 (盞-)혱어 잔득하다. ㈜진드근하다.
　잔드근-히 튀.
잔-드리다 (盞-)丹 축하나 축수(祝壽)를 하는
마음으로 윗사람의 술잔에 술을 따르다.
잔득-거리다 [-꺼-]자 1 검질기게 자꾸 달라
붙다. 口갱엿이 입 안에서 ~. 2 검질겨 잘
끊어지지 않다. ㈜진득거리다. ㈐짠득거리
다. 잔득-잔득 [-짠-]튀혱.
잔득-대다 [-때-]자 잔득거리다.
잔득-이 튀 잔득하게.
잔득-하다 [-드카-]혱어 1 성질이나 행동이 검
질기게 끈기가 있다. 口잔득한 성미. 2 녹진
하고 차지다. ㈜진득하다.
잔등 (殘燈)몡 깊은 밤의 꺼질락 말락 하는 희
미한 등불.
잔등-머리 몡〈속〉등.

잔등-이 명 〈속〉등.

잔디 명 [植] 볏과의 여러해살이풀. 들이나 길가에 남. 뿌리줄기는 옆으로 벋고, 각 마디에서 수염뿌리가 나오며 줄기는 뭉쳐남. 5~6월에 작은 수상화가 핌. 흙의 붕괴를 막거나 미관을 더하는 데 이용됨. 사초(莎草).

잔디-밭 [-받] 명 잔디가 많이 난 곳. ▣~에 들어가지 마시오.
[잔디밭에서 바늘 찾기] ⓐ아무리 애쓰며 수고해도 찾을 수 없는 경우를 비유하는 말. ⓑ성과 없는 헛수고.

잔디-찰방(-察訪) 명 죽어서 땅에 묻힘을 농으로 이르는 말.

잔뜩 틧 한도에 이를 때까지 가득. ▣~ 찌푸린 날씨 / 밥을 ~ 먹다 / 일이 ~ 밀리다.

잔량(殘量)[잘-] 명 남은 수량. 나머지. ▣~을 수거하다.

잔루(殘淚)[잘-] 명 눈물을 흘린 자국.

잔루(殘壘)[잘-] 명 1 남아 있는 보루. 2 야구에서, 공격과 수비를 교체할 때 누에 주자가 남아 있는 일. 레프트 온 베이스.

잔류(殘留)[잘-] 명[하자] 남아 처져 있음. 뒤에 남음. ▣~ 인력 / 철수하지 않고 ~ 하다.

잔류 감:각(殘留感覺)[잘-] 명 [心] 자극이 사라진 후에도 잠깐 남아 있는 감각. 잔존(殘存) 감각. *잔상(殘像).

잔류 방:사선(殘留放射線)[잘-] 명 [物] 핵폭발로 생긴 물질에서 발생하는 방사선.

잔류 시간(殘留時間)[잘-] 명 [物] 핵폭발 후, 방사성 물질이 대기 가운데 남아 있는 기간 《반감기(半減期)로 표시됨》.

잔류 자:기(殘留磁氣)[잘-] 명 [物] 기자력(起磁力)을 제거한 후에도 남아 있는 자기(磁氣).

잔-말 명[하자] 쓸데없이 자질구레하게 늘어 놓는 말. 잔소리. ▣~ 말고 가만 있어.

잔말-쟁이 명 잔말을 잘 늘어 놓는 버릇이 있는 사람.

잔망(殘亡) 명[하자] 잔멸(殘滅).

잔망-스럽다(孱妄-)[-따][-스러워, -스러우니] 형⑪ 잔망한 데가 있다. 잔망-스레 틧

잔망-이(孱妄-) 명 잔망스러운 사람.

잔망-하다(孱妄-) 형⑪ 1 몸이 약하고 가냘프다. 2 행동이 자질구레하고 가볍다.

잔매(殘梅) 명 1 제철이 지난 뒤에 피는 매화. 2 지고 남은 매화.

잔맹(殘氓) 명 잔민(殘民).

잔-머리 명 〈속〉잔꾀. ▣~를 굴리다.

잔멸(殘滅) 명[하자] 쇠잔해 다 없어짐. 잔망(殘亡). 잔폐(殘廢).

잔명(殘命) 명 얼마 남지 않은 쇠잔한 목숨. 여명(餘命). ▣~을 구하다 [부지하다].

잔-모래 명 잘고 고운 모래. 세사(細砂).

잔-못 [-몯] 명 작은 못. ↔큰못.

잔몽(殘夢) 명 1 잠이 깰 무렵에 꾸는 꿈. 2 잠이 깬 후에도 마음속에 어렴풋이 남은 꿈.

잔무(殘務) 명 모두 끝내지 못하고 남은 일. ▣~를 처리하다.

잔-무늬 [-니] 명 작고 섬세한 무늬.

잔물(殘物) 명 팔거나 쓰고 남은 물건. ▣~을 정리하다.

잔-물결 [-껼] 명 1 초속 1m 이상 5m 이하의 바람이 불 때 생기는 주름살 같은 작은 파도. ▣강물에 ~이 일다. 2 근심이나 흥분 따위로 일어나는 가벼운 동요를 비유한 말.

잔물-잔물 틧[하자] 눈가나 살가죽이 짓무르고 진물이 괴어 있는 모양. ⑩진물진물.

잔민(殘民) 명 가난에 지친 힘없는 백성. 잔맹.

잔-밉다 [-따][잔미워, 잔미우니] 형⑪ 몹시 얄

밉다.

잔밉고 얄밉다 틧 아주 얄밉다.

잔-바느질 명 자질구레한 바느질.

잔-바늘 명 작고 가는 바늘.
[잔바늘 쑤시듯] 착살맞게 들쑤시기를 잘함을 비유하는 말.

잔반(殘班) 명 집안 세력이나 살림이 보잘것없어진 변변치 않은 양반.

잔반(殘飯) 명 1 먹고 남은 밥이나 음식. ▣~을 거두어 돼지에 먹이다. 2 대궁.

잔-발 명 무나 인삼 따위의 굵은 뿌리에 덧붙은 잘고 가는 뿌리.

잔-방귀 명 조금씩 자주 뀌는 방귀.

잔배(殘杯) 명 마시다 잔에 남긴 술. 또는 술이 남아 있는 술잔.

잔배-냉적(殘杯冷炙) 명 마시다 남은 술과 다 식은 구운 고기라는 뜻으로, 보잘것없는 음식을 비유한 말.

잔배-냉효(殘杯冷肴) 명 잔배냉적.

잔-별 명 작은 별. 자잘한 별.

잔-병(-病) 명 흔히 앓는 자질구레한 병. ▣~이 끊이지 않는다.
[잔병에 효자 없다] 부모가 잔병을 늘 앓으면 자식이 변함없이 효도하기가 쉽지 않다는 말.

잔병(殘兵) 명 1 남은 군사. ▣~을 거두어 퇴각하다. 2 패잔병.

잔병-꾸러기(-病-) 명 잔병을 자주 앓는 사람을 낮잡아 이르는 말.

잔병-치레(-病-) 명[하자] 잔병을 자주 앓는 일. ▣~가 잦다 / ~없이 자라다.

잔본(殘本) 명 팔다 남은 책. ▣~ 정리.

잔-부끄러움 명 사소한 일에도 부끄러워하는 마음. ▣~이 많다 / ~을 타다.

잔-불 명 꿩 따위의 작은 짐승을 잡는 데 쓰는 화력이 약한 탄알. ▣~을 놓다. ↔큰불.

잔불-놓이 [-로-] 명[하자] 잔불질로 작은 짐승을 잡는 사냥.

잔불-질 명[하자] 잔불을 놓는 일. ▣~로 꿩을 사냥하다.

잔비(殘匪) 명 소탕되고 남은 비적(匪賊).

잔비(殘碑) 명 비바람에 견디어 남은 오래된 비석.

잔-뼈 명 아직 다 자라지 않은 작고 약한 뼈.
잔뼈가 굵어지다 틧 어려서부터 어떤 일이나 환경 속에서 자라나다. ▣그 바닥에서 잔뼈가 굵어진 사람이다.

잔-뿌리 명 [植] 풀이나 나무 따위의 굵은 뿌리에서 돋아나는 작은 뿌리. 세근(細根).

잔사(殘寺) 명 오래되어 낡고 허물어져 가는 절.

잔사(殘渣) 명 잔재(殘滓).

잔-사다리 명 〈속〉잔사설.

잔-사단(-事端) 명 잔사설.

잔-사설(-辭說) 명 쓸데없이 번거롭고 자질구레하게 늘어놓는 말. 잔사단. ▣~이 많다.

잔산(殘山) 명 비바람에 깎인 나지막한 산.

잔산-단록(殘山短麓)[-달-] 명 작고 나지막한 산들.

잔살(殘殺) 명[하타] 잔인하게 죽임.

잔상(殘像) 명 [生] 시각(視覺)에서, 외부 자극이 사라진 뒤에도 감각 경험이 잠깐 지속되는 상. 잔류 감각.

잔생(殘生) 명 잔명(殘命).

잔생-이 틧 1 지긋지긋하게 말을 듣지 않는 모양. ▣녀석이 공부를 ~ 안 한다. 2 애걸복걸하는 모양. ▣살려 달라고 ~ 빌다. 3 ☞지지리.

잔서 (殘暑) 명 늦여름의 한물 꺾인 더위. 잔염 (殘炎). 잔열(殘熱).

잔-석기 (-石器)[-끼] 명 구석기 말기에서 중 석기(中器) 시대에 걸쳐 발달한 세모꼴·네 모꼴 따위의 작은 석기(주로 작살 또는 살촉 따위로 사용함). 세석기(細石器).

잔선 (殘蟬) 명 늦가을까지 남아서 우는 매미.

잔설 (殘雪) 명 녹다 남은 눈. 이른 봄까지 남아 있는 눈. ⬚산꼭대기에는 ~이 아직 남아 있다.

잔성 (殘星) 명 새벽녘에 보이는 별.

잔-셈 명하타 자질구레한 셈. ⬚~에 밝다.

잔-소리 명하자 1 잔말. ⬚~를 늘어놓다 / 두 말하면 ~다. 2 필요 이상으로 듣기 싫게 꾸 짖거나 참견하는 말. ⬚~를 퍼붓다 / 듣기싫 은 ~가 심하다.

잔소리-꾼 명 잔소리를 많이 하는 사람. ⬚소 문난 ~.

잔-속 명 1 자세한 속 내용. ⬚~을 모르겠다. 2 대수롭지 않은 일로 걱정하게 되는 마음.

잔-손 명 자질구레하게 자주 가는 손질. ⬚~ 이 많이 가는 일.

잔-손금 [-끔] 명 손바닥의 잔금.

잔손-놀림 명 잔손질이 드는 일.

잔-손질 명하타 자질구레하게 여러 번 매만지 는 손질. ⬚~이 많이 가다.

잔솔 명 어린 소나무. 치송(稚松).

잔솔-가지 명 어린 소나무의 가지.

잔솔-밭 [-받] 명 잔솔이 많은 곳. ⬚두루마 기 ~에 내려앉다.

잔솔-잎 [-립] 명 어린 소나무의 잎.

잔솔-포기 명 어린 소나무의 포기.

잔-술 (盞-)[-쑬] 명 1 한 잔의 술. 배주(杯酒). ⬚~에 취하다. 2 낱잔으로 파는 술. ⬚~ 몇 잔을 얻어 마시다. *병술.

잔술-집 (盞-)[-쑬찝] 명 술을 낱잔으로 파는 집. ⬚친구와 ~으로 갔다.

잔-시중 명 [←잔수종(隨從)] 자질구레한 시 중. ⬚~을 받다.

잔-심부름 명하자 자질구레한 심부름. ⬚~을 다니다.

잔심부름-꾼 명 잔심부름을 하는 사람.

잔악 (殘惡) 명하형 잔인하고 악함. ⬚~ 행위 / ~한 살인 사건.

잔악-무도 (殘惡無道)[-짜낭-] 명하형 말할 수 없이 잔인하고 악독함. 잔인무도. 잔학무도. ⬚~한 만행.

잔악-성 (殘惡性)[-짜낭쌩] 명 잔악한 경향이나 성질. ⬚전쟁의 ~.

잔암 (殘庵) 명 비바람에 황폐한 암자.

잔액 (殘額) 명 나머지 액수. 잔고(殘高). 잔금. ⬚~을 모두 갚다 / 통장의 ~을 확인하다.

잔야 (殘夜) 명 새벽녘.

잔-약과 (-藥果)[자냑꽈] 명 자잘하게 만든 유 밀과(油蜜菓).

잔약-하다 (孱弱-)[자냐카-] 형어 가냘프고 약 하다.

잔양 (殘陽) 명 저녁 무렵의 기우는 햇볕. 석양. 잔일(殘日).

잔양-판 (殘陽-) 명 석양(夕陽)이 비치는 곳. *석양판.

잔업 (殘業) 명 정해진 근무 시간이 끝난 뒤에 하는 작업. 시간 외 근무. ⬚~을 끝내다.

잔업 수당 (殘業手當)[자녑쑤-] 잔업 대가로 받은 노임. ⬚~을 받다.

잔여 (殘餘) 명 남아 있는 것. ⬚~ 임기.

잔연 (殘煙) 명 사라져 가는 연기.

잔열 (殘熱) 명 1 잔서(殘暑). 2 남은 신열(身熱). ⬚~이 가시다.

잔열-하다 (孱劣-) 형어 가냘프고 변변하지 못 하다.

잔염 (殘炎) 명 잔서(殘暑).

잔영 (殘影) 명 1 희미하게 남은 그림자나 모 습. ⬚어젯밤 꿈의 ~이 사라지지 않는다. 2 가시지 않은 지난날의 모습.

잔-영산 (-靈山)[-녕-] 명 [악] 영산회상(會 相)의 셋째 곡조. 상(上)영산·중(中)영산보다 빠르며, 사장(四章)으로 되었음. 세(細)영산.

잔-올리다 (盞-) 자 1 제사 때, 잔에 술을 부어 올리다. 2 잔드리다.

잔용 (-用)[-농] 명 자질구레한 데 드는 비용.

잔원-하다 (潺湲-) 형어 물이나 눈물의 흐름이 잔잔하고 조용하다.

잔월 (殘月) 명 1 날이 밝을 때까지 남아 있는 달. 2 거의 넘어가게 된 달.

잔월-효성 (殘月曉星) 명 새벽녘의 달과 별. 새벽달과 새벽별.

잔읍 (殘邑) 명 황폐한 고을. 박읍(薄邑).

잔인 (殘忍) 명하형 인정이 없고 모짊. ⬚~한 인물 / 흉포하고 ~한.

잔인-무도 (殘忍無道) 명하형 더할 수 없이 잔 인함. 잔악무도. 잔학무도.

잔인-박행 (殘忍薄行)[자닌바캥] 명 잔인하고 야 박한 행위. ⬚~을 일삼다.

잔인-성 (殘忍性)[자닌썽] 명 잔인한 경향이나 성질.

잔인-스럽다 (殘忍-)[자닌-따][-스러워, -스 러우니] 형어 잔인한 데가 있다. ⬚잔인스럽 기 짝이 없다. **잔인-스레** 부

잔인해물 (殘人害物) 명하자 사람에게 모질게 굴고 물건을 해침. *찬학해물.

잔-일 [-닐] 명 자질구레해서 잔손이 많이 가는 일. ↔큰일.

잔일 (殘日) 명 1 저무는 해. 잔양(殘陽). 2 남 은 일수. 3 남은 생애.

잔-입 [-닙] 명 아침에 일어나서 아직 아무것도 먹지 않은 입. 마른입. ⬚~에 담배를 피우다.

잔-잎 [-닙] 명 [식] 소엽(小葉)1.

잔-자갈 명 아주 자잘한 자갈. ⬚지천으로 널 린 ~.

잔자누룩-하다 [-루카-] 형어 소란하거나 시 끄럽지 않고 진정되어 잔잔하다.

잔:작-하다 [-자카-] 형어 나이보다 늦되고 용 렬하다.

잔-잔누비 명 잘게 누빈 누비.

잔잔-하다 형어 1 바람이나 물결 따위가 가라 앉아 잠잠하다. ⬚잔잔한 수면 / 물결이 ~. 2 분위기가 고요하고 평화롭다. ⬚잔잔한 감 동. 3 태도나 마음 따위가 차분하고 평온하다. ⬚잔잔한 미소. 4 병이나 형세 따위가 더하지 않 고 그만하다. ⬚잔잔하던 병세가 갑자기 악 화되다. **잔잔-히** 부

잔잔-하다 (孱孱-) 형어 기질이 약하다.

잔잔-하다 (潺潺-) 형어 1 흐르는 물소리가 가 늘고 나직막하다. ⬚잔잔한 시냇물 소리. 2 내리는 비가 가늘고 조용하다. **잔잔-히** 부 ⬚~ 흐르는 시냇물.

잔재 (殘在) 명하자 남아 있음.

잔재 (殘滓) 명 1 쓰고 남은 찌꺼기. ⬚폐허의 ~. 2 지난날의 낡은 사고방식이나 생활양식 의 찌꺼기. 잔재(殘渣). ⬚봉건 시대의 ~.

잔-재미 명 잘고 감칠맛이 있는 재미. ⬚~라 고는 털끝만큼도 없는 사람 / ~를 보다.

잔-재비 명 1 자질구레한 일을 잘 하는 손재

주. **2** 큰 일판에서 잔손이 많이 가는 일.
잔-재주圈 얕은 재주. ▣~를 부리다. **2** 자질구레한 일을 잘 해내는 재주. ▣~가 많다.
잔적(殘賊)圈閉他 **1** 붙잡히지 않고 남은 도둑. **2** 사람이나 물건을 잔인하게 해침.
잔적(殘敵)圈 패망한 뒤 죽거나 잡히지 않고 남은 적병. ▣~을 소탕하다.
잔적-토(殘積土)圈『지』원적토(原積土).
잔-전(-錢)圈 ☞ 잔돈.
잔-절편圈 잘게 만든 절편.
잔-정(-情)圈 자상하고 다정한 정. 세정(細情). ▣~이 든 이웃 / ~이 많다.
잔정(殘政)圈 잔악한 정치.
잔조(殘租)圈 기한 안에 다 거두어들이지 못하고 남은 조세(租稅).
잔조(殘照)圈 저녁놀.
잔족(殘族)圈 **1** 살아남은 일족. **2** 망해서 얼마 남지 않은 족속.
잔존(殘存)圈閉자 없어지지 않고 남아 있음. ▣~ 세력 / 구습이 ~하다.
잔존 감:각(殘存感覺)『심』잔류 감각.
잔졸-하다(孱拙-)헬어 약하고 옹졸하다. 잔망하다.
잔주圈자 술에 취해 잔말을 늘어놓음. 또는 그런 말. ▣~가 심하다.
잔-주(-註)圈 큰 주석 아래에 자세히 단 주석. ▣~를 달다.
잔-주름圈 잘게 잡힌 주름. ▣눈가에 ~이 잡히다. *잔주름.
잔-주름살[-쌀]圈 잘게 잡힌 주름살.
잔-주접圈 **1** 어렸을 때 잔병치레로 잘 자라지 못하는 탈. ▣~이 들다. **2** 헌데나 음 따위의 총칭.
잔-줄圈 잘게 그은 줄. ▣~을 긋다.
잔지(殘地)圈 **1** 면적이 한 단위가 못 되는 땅. **2** 자투리땅.
잔지러-뜨리다他 몹시 자지러지게 하다. ☜진지러뜨리다.
잔지러-지다자 몹시 자지러지다. ▣잔지러지게 웃다. ☜진지러지다.
잔지러-트리다他 ☞ 잔지러뜨리다.
잔-질(盞-)圈閉자 잔에 술을 따르는 일. 또는 잔에 술을 따라 돌리는 일. ▣간염을 염려해 ~을 하지 않는다.
잔질(殘疾)圈 몸에 병이 남아 있는 일. 또는 그 질병.
잔질다[잔질어, 잔지니, 잔진]헬 마음이 약하고 하는 짓이 잘다. ▣잔진 사람.
잔질지인(殘疾之人)[-찌-]圈 병을 많이 치러 쇠약해진 사람.
잔-짐승圈 작은 짐승.
잔-채圈 잘게 썬 채.
잔채(殘菜)圈 먹고 남은 반찬.
잔채-질圈閉他타 『역』 포교(捕校)가 죄인을 신문할 때, 회초리로 연거푸 때리던 매질.
잔챙이圈 여럿 가운데 가장 작고 품이 낮은 사람이나 물건. ▣~들만 잡아들이다 / 낚시에 ~만 걸린다.
잔천(殘喘)圈 아주 끊어지지 않고 겨우 붙어 있는 숨.
잔초(殘礎)圈 남아 있는 주춧돌.
잔촉(殘燭)圈 꺼의 꺼져 가는 촛불.
잔추(殘秋)圈 늦가을. 만추(晩秋).
잔춘(殘春)圈 늦봄. 만춘(晩春).
잔치圈 경사 때 음식을 차려 놓고 여러 사람이 모여 즐기는 일. ▣혼인 ~ / 칠순 ~를 벌이다 / 큰 ~를 베풀다.
잔치-판圈 잔치를 벌여 놓은 판. ▣~을 벌이

다 / ~이 무르익다.
잔칫-날[-친-]圈 잔치를 벌이는 날.
잔칫-상(-床)[-치쌍 / -친쌍]圈 잔치 때 차리는 음식상.
잔칫-집[-치찝 / -친찝]圈 잔치를 벌이는 집. ▣돌 ~.
잔-칼질圈閉자타 칼로 아주 잘게 썰거나 이기는 일.
잔-털圈 썩 가늘고 짧은 털.
잔털-머리圈 ☞ 잔판머리.
잔판(棧板)圈 굽기 전의 질그릇을 담아 나르는 널빤지.
잔판-머리圈 일의 끝판이 날 무렵.
잔패(殘敗)圈閉자 힘이 다해서 패함.
잔편(殘片)圈 남은 조각.
잔편(殘編)圈 여러 편으로 된 책이 오랜 세월이 지나면서 일부 없어지고 남아 있는 편.
잔폐(殘廢)[-페]圈閉자 잔멸(殘滅).
잔포(殘暴)圈閉하자 잔학(殘虐).
잔-풀圈 어린 풀. 자디잔 풀.
잔풀-나기[-라-]圈 잔풀이 싹이 돋는 봄철.
잔풀-내기[-래-]圈 하찮은 공로나 출세로 거들먹거리는 사람.
잔풀-호사(-豪奢)圈 분에 넘치는 호사나 허영에 들뜬 옷차림.
잔품(殘品)圈 팔거나 쓰다가 남은 물건. ▣~ 정리.
잔피-하다(孱疲-)헬어 가냘프고 약해서 골골하다.
잔하(殘夏)圈 늦여름. 만하(晩夏).
잔학(殘虐)圈閉하자 잔인하고 포학함. 잔포(殘暴). ▣~한 권위 / ~한 독재자.
잔학-무도(殘虐無道)[-항-]圈閉하자 더할 수 없이 잔인하고 포악함. 잔악무도. 잔인무도.
잔학-성(殘虐性)[-썽]圈 잔학한 경향이나 성질. ▣~을 드러내다.
잔한(殘恨)圈 유한(遺恨).
잔한(殘寒)圈 봄가지 남아 있는 추위. 늦추위.
잔해(殘害)圈閉자 '잔인해물(殘人害物)'의 준말.
잔해(殘骸)圈 **1** 썩거나 타다가 남은 뼈. **2** 부서지거나 못 쓰게 되어 남은 물체. ▣추락한 비행기의 ~.
잔향(殘香)圈 남아 있는 향기. ▣향불의 ~.
잔향(殘鄕)圈 황폐해서 보잘것없이 된 시골.
잔향(殘響)圈『물』실내의 발음체에서 나는 소리가 울리다가 그친 뒤에도 남아서 울리는 소리. 여향(餘響).
잔-허리圈 허리의 뒤쪽으로 가늘게 된 부분. 가는허리.
잔혈-하다(孱子-)헬어 가냘프고 연약하며 의지할 데가 없다.
잔호(殘戶)圈 피폐한 백성의 집.
잔혹(殘酷)圈閉하자 잔인하고 혹독함. ▣~한 행위.
잔화(殘火)圈 타고 남은 불. 꺼져 가는 불.
잔화(殘花)圈 **1** 거의 지고 남은 꽃. **2** 시들어 가는 꽃.
잔회(殘懷)圈 마음속에 남은 회포.
잔-회계(-會計)[-/-게]圈 자질구레한 회계.
잔효(殘肴)圈 먹다 남은 안주.
잔훼(殘毁)圈閉他 깨뜨려 헐어 버림.
잔흔(殘痕)圈 남은 흔적.
잘-갈다[-깔-][잘갈아, 잘가니, 잘가는]他 잘고 곱게 갈다. ▣팥을 ~.
잘-갈리다[-깔-]자 《'잘갈다'의 피동》 잘고

곱게 갈리다. ❏잘갈린 녹두로 죽을 쑤다.

잗-널다[잔-]〔잗널어, 잗너니, 잗너는〕**타** 음식을 이로 깨물어 잘게 만들다. ❏고기를 ~.

잗-다듬다[-따-따]**타** 잘고 곱게 다듬다. ❏화초를 ~.

잗-다랗다[-따라타]〔잗다라니, 잗다래서〕**형** ⑧ 1 꽤 잘다. ❏잗다랗게 주름이 잡히다. 2 아주 자질구레하다. ❏잗다란 근심. 3 볼 만한 가치가 없을 정도로 하찮다. ⚫잗닿다.

잗-달다[-딸-]〔잗달아, 잗다니, 잗단〕**형** 하는 짓이 잘고 다랍다. ❏잗달게 굴다.

잗-닿다[-따타]〔잗다니, 잗대서〕**형**⑧ '잗다랗다'의 준말.

잗-젊다[-쩜따]**형** 나이보다 젊어 보이다.

잗-주름[-쭈-]**명** 옷 등에 잡은 잔주름. ❏~을 잡다.

잗-타다[-타-]**타** 맷돌에 팥이나 녹두 등을 잘게 부서뜨리다. ❏콩을 ~.

잘¹[명] 검은담비의 털가죽(초피(貂皮) 가운데 상품임). 산달피(山獺皮).

잘²〔㉿〕〔옛〕 억(億).

잘³[부] 1 옳고 바르게. ❏마음을 ~ 써라. 2 좋고 훌륭하게. ❏~ 그런 그림. 3 익숙하고 능란하게. ❏탁구를 ~ 치다. 4 탈없이 편안하게. ❏~ 가시오. 5 만족스럽게. ❏~ 먹었소. 6 예쁘고 아름답게. ❏~ 차려입다. 7 버릇으로 늘. 곧잘. ❏~ 웃는 사람. 8 실히. 족히. ❏한 말은 ~ 될 거다. 9 썩 적절하게. ❏마침 ~ 왔다. 10 예사롭거나 쉽게. ❏생각이 ~ 안 난다.

[잘 자랄 나무는 떡잎부터 알아본다] 잘될 사람은 어려서부터 남달리 장래성이 엿보인다는 말.

-잘[어미] 동사의 어간 뒤에 붙어, '-자고 할'의 뜻을 나타내는 말. ❏보~ 사람이 없다.

잘가닥[부하자타] 1 작고 단단한 물체가 가볍게 맞부딪치는 소리. 또는 그 모양. 2 끈기 있는 물건이 세차게 달라붙는 소리. 또는 그 모양. 3 작은 자물쇠 따위가 잠기거나 열리는 소리. ❏자물쇠를 ~ 열다. 4 서로 닿으면 걸려 붙는 단단한 물건끼리 맞부딪치는 소리. 또는 그 모양. ⚫잘가닥. ❅짤가닥·짤까닥. ㉠잘카닥·찰카닥. ⚫잘각.

잘가닥-거리다[-꺼-]**자타** 잘가닥 소리가 잇따라 나다. 또는 그런 소리를 잇따라 내다. ⚫절거덕거리다. ㉠잘각거리다. **잘가닥-잘가닥**[-짤-]**부하자타**

잘가닥-대다[-때-]**자타** 잘가닥거리다.

잘가당[부하자타] 작고 단단한 쇠붙이 따위가 가볍게 맞부딪치는 소리. 또는 그런 모양. ⚫절거덩. ❅짤가당·짤까당. ㉠잘카당·찰카당.

잘가당-거리다[자타] 잘가당 소리가 잇따라 나다. 또는 그 소리를 잇따라 내다. ⚫절거덩거리다. **잘가당-잘가당**[부하자타]

잘가당-대다[자타] 잘가당거리다.

잘각[부하자타] '잘가닥'의 준말. ⚫절각. ❅짤각·짤깍. ㉠찰각·찰칵.

잘각-거리다[-꺼-]**자타** '잘가닥거리다'의 준말. ⚫절걱거리다. **잘각-잘각**[-짤-]**부하자타**

잘각-대다[-때-]**자타** 잘각거리다.

잘강-거리다[타] 질긴 물건을 잘게 자꾸 씹다. ❏잘강거리며 오징어를 씹다. ⚫질겅거리다. **잘강-잘강**[부하타] ❏~ 껌을 씹다.

잘강-대다[타] 잘강거리다.

잘개-질[명하자] '자리개질'의 준말.

잘겁-하다[-거파-]**자㉡** 자지러질 정도로 놀

라다. ⚫질겁하다.

잘그락[부하자타] 얇은 쇠붙이 따위가 가볍게 떨어지거나 맞부딪치는 소리. 또는 그 모양. ⚫절그럭. ❅짤그락.

잘그락-거리다[-꺼-]**자타** 잘그락 소리가 자꾸 나다. 또는 그런 소리를 자꾸 내다. ❏동전이 ~. ⚫절그럭거리다. **잘그락-잘그락**[-짤-]**부하자타**

잘그락-대다[-때-]**자타** 잘그락거리다.

잘그랑[부하자타] 작고 얇은 쇠붙이 따위가 가볍게 떨어지거나 맞부딪치는 소리. 또는 그 모양. ⚫절그렁. ❅짤그랑. ㉠잘그랑.

잘그랑-거리다[자타] 잘그랑 소리가 자꾸 나다. 또는 그런 소리를 자꾸 내다. ❏방울을 ~. ⚫절그렁거리다. **잘그랑-잘그랑**[부하자타]

잘그랑-대다[자타] 잘그랑거리다.

잘근-잘근[부] 질깃한 것을 가볍게 자꾸 씹는 모양. ❏껌을 ~ 씹다. ⚫질근질근.

잘금[부하자타] 액체가 조금 새어 흐르거나 나오다 그치는 모양. ❏수돗물이 ~ 나오다 말다. ⚫졸금·질금. ❅짤끔.

잘금-거리다[자타] 자꾸 잘금하다. 또는 자꾸 잘금하게 하다. ❏강아지가 오줌을 ~. ⚫졸금거리다·질금거리다. ❅짤끔거리다. **잘금-잘금**[부하자타]

잘금-대다[자타] 잘금거리다.

잘깃-잘깃[-긴깔긷]**부하⑧** 1 질깃한 모양. ❏오징어를 ~ 씹다. 2 성질이 검질긴 모양. ❏질깃질깃. ❅짤깃짤깃.

잘깃-하다[-기타-]**형㉡** 조금 질긴 듯하다. ❏질깃하다. ❅짤깃하다.

잘까닥[부하자타] 1 작고 단단한 물체가 가볍게 맞부딪치는 소리. 또는 그 모양. 2 끈기 있는 물건이 세차게 달라붙는 소리. 또는 그 모양. 3 작은 자물쇠 따위가 잠기거나 열리는 소리. 또는 그 모양. 4 서로 닿으면 걸려 붙는 단단한 물건끼리 가볍게 맞부딪치는 소리. 또는 그 모양. ⚫절꺼덕. ❅잘가닥. ㉠짤까닥. ㉠잘카닥·찰카닥. ⚫잘각.

잘까닥-거리다[-꺼-]**자타** 잘까닥 소리가 자꾸 나다. 또는 그런 소리를 자꾸 내다. ⚫절꺼덕거리다. ㉠잘깍거리다. **잘까닥-잘까닥**[-짤-]**부하자타**

잘까닥-대다[-때-]**자타** 잘까닥거리다.

잘까당[부하자타] 작고 단단한 쇠붙이 따위가 가볍게 맞부딪치는 소리. 또는 그 모양. ⚫절꺼덩. ❅잘가당. ㉠잘카당·찰카당. ㉠잘까당.

잘까당-거리다[자타] 잘까당 소리가 자꾸 나다. 또는 그런 소리를 자꾸 내다. ⚫절꺼덩거리다. **잘까당-잘까당**[부하자타]

잘까당-대다[자타] 잘까당거리다.

잘깍[부하자타] '잘까닥'의 준말. ⚫절꺽. ㉠잘깍. ㉠찰깍·찰칵.

잘깍-거리다[-꺼-]**자타** '잘까닥거리다'의 준말. ⚫절꺽거리다. **잘깍-잘깍**[-짤-]**부하자타**

잘깍-대다[-때-]**자타** 잘깍거리다.

잘끈[부] 단단히 졸라매거나 동이는 모양. ❏허리띠를 ~ 동여매다. ⚫질끈.

잘-나가다[-라-]**자** 사회적으로 계속 성공하다. ❏잘나가는 벤처 기업.

잘-나다[-라-]**형** 1 똑똑하고 뛰어나다. ❏잘난 체하다. 2 잘생기거나 예쁘다. ❏잘난 사나이. ↔못나다. 3 (반어적으로) 보잘것없거나 대수롭지 않음을 나타내는 말. ❏그토록 큰소리치더니, 잘났어 정말.

잘다〔잘아, 자니, 잔〕**형** 1 알곡·과일 또는 모래나 글씨 따위가 작다. 2 몸피가 가늘고 작다. ❏못이 ~/무를 잘게 썰다. 3 세밀하고

자세하다. ❏잔 주석 / 소설을 잘게 분석하다. **4** 생각이나 성질이 좀스럽다. ❏됨됨이가 잘고 경망스럽다.

잘-되다 困 **1** 일·현상·물건 등이 좋게 이루어지다. ❏요즘 하는 일은 잘되나 / 일이 잘되었다. **2** 사람이 훌륭하게 되다. ❏너 하나 잘되기만 바란다. **3** 일정한 정도나 수준에 이르다. ❏잘되면 내일 끝날 거야. **4** (반어적으로) 결과가 좋지 않게 되다. ❏넘어진 사람한테 녀석은 잘됐다고 놀려 댄다.
[**잘되면** 제 탓 못되면 조상 탓] 잘되면 제 공으로 돌리고, 잘못되면 남의 탓으로 돌리는 인정 세태를 이르는 말.

잘:-두루마기 图 검은담비의 털을 안에 붙인 두루마기.

잘똑-거리다 [-꺼-] 困 한쪽 다리가 짧거나 탈이 나서 자꾸 절며 걷다. 른절뚝거리다. 쎈잘똑거리다. **잘똑-잘똑**[-짤-] 튄困厨

잘똑-대다 [-때-] 困 잘똑거리다.

잘똑-하다 [-또카-] 혱어 긴 물건의 한 부분이 깊게 패어 옥쏙하다. 른질뚝하다. 쎈짤똑하다.
잘똑-잘똑[-짤-] 튄 혱어

잘뚜마기 图 긴 물건의 잘록하게 들어간 부분.

잘라-매다 囤 잘록할 정도로 끈으로 단단히 동여매다. *졸라매다.

잘라-먹다 [-따] 囤 **1** 동강을 내어 먹다. **2** 남에게 갚거나 돌려주어야 할 것을 제 것으로 삼다. ❏빚을 ~. **3** 중간에서 횡령하다. ❏공금을 ~. **4** 남의 의견을 무시하거나 전하지 않다. ❏얘기를 번번이 ~. **5** 써서 없애거나 허비하다. ❏밑천을 ~.

잘랑 튄困困 얇은 쇠붙이나 작은 방울이 흔들리거나 부딪치는 소리. 른절렁. 쎈짤랑. 꾼찰랑.

잘랑-거리다 困困 잘랑 소리가 자꾸 나다. 또는 그런 소리를 자꾸 내다. ❏주화가 ~. 른절렁거리다. **잘랑-잘랑**튄困困

잘랑-대다 困困 잘랑거리다.

잘래-잘래 튄 머리를 좌우로 자꾸 흔드는 모양. ❏고개를 ~ 흔들다. 른절레절레. 쎈짤래잘래. 꾼찰랑찰랑.

잘록-거리다 [-꺼-] 囤 다리를 약간 잘름거리다. 른절룩거리다. 쎈짤록거리다. **잘록-잘록**[-짤-] 튄困厨

잘록-대다 [-때-] 囤 잘록거리다.

잘록-하다 [-로카-] 혱어 긴 물건의 한 군데가 패어 들어가 오목하다. ❏허리가 ~. 른질룩하다. 쎈짤록하다. **잘록-잘록**[-짤-] 튄혱

잘름-거리다 困 가득 찬 액체가 흔들려서 조금씩 자꾸 넘치다. 른절름거리다. 쎈짤름거리다. **잘름-잘름**[튄困

잘름-거리다[2] 困 한쪽 다리가 짧거나 탈이 나서 조금씩 자꾸 절다. 른절름거리다. 쎈짤름거리다. **잘름-잘름**[2] 튄困困

잘름-거리다[3] 囤 한목에 주지 않고 여러 차례에 나누어 조금씩 주다. 른질름거리다. 쎈짤름거리다. **잘름-잘름**[3] 튄困厨

잘름-대다[1] 困 잘름거리다[1].

잘름-대다[2] 困 잘름거리다[2].

잘름-대다[3] 囤 잘름거리다[3].

잘름-발이 图 다리를 잘름거리는 사람. 른절름발이. 쎈짤름발이.

잘리다 困 ('자르다'의 피동) **1** 자신의 몫을 남에게 가로채이다. ❏본전까지 ~. **2** 끊어지게 되다. ❏꼬리가 ~. **3** 해고당하다. ❏목이 ~.

잘못 [-몯] 圐 图 옳게 하지 못한 일. 제대로 되지 않은 일. ❏~을 인정하다 / ~을 저지르다 / ~을 뉘우치다 / 아무 ~이 없다. 투튄 그

릇되게. 틀리게. ❏뜻을 ~ 이해하다 / ~ 가르치다 / 길을 ~ 들다 / 음식을 ~ 먹어 체하다 / 사기꾼에게 ~ 걸려들어 돈을 날리다.

잘못-되다 [-몯뙤-] 困 **1** 틀리게 되거나 그릇되다. ❏일이 ~/수술이 잘못된 듯싶다. **2** 나쁜 길로 빠지다. **3** '불행하게 죽다'의 뜻으로 하는 말. ❏큰병에 걸렸다더니 잘못된 것이 아닐까.

잘못-짚다 [-몯찝따] 困囤 짐작이나 예상이 빗나가다. ❏경마에서 우승마를 ~.

잘못-하다 [-모타-] 囤어 **1** 일을 그릇되게 하다. ❏수술을 ~. **2** 실수하다. ❏잘못해서 웅덩이에 빠지다. **3** 사리에 어긋나게 하다. ❏이렇게 하면 뒤우칠 줄 알아야지. ↔잘하다.

잘바닥 튄困囤 얇은 물이나 진창을 거칠게 밟거나 치는 소리. 또는 그 모양. 른절버덕.

잘바닥-거리다 [-꺼-] 困囤 잘바닥 소리가 자꾸 나다. 또는 그런 소리를 자꾸 내다. ❏잘바닥거리며 개울을 건너다. 른절버덕거리다.

잘바닥-잘바닥[-짤-]튄困囤

잘바닥-대다 [-때-] 困囤 잘바닥거리다.

잘바당 튄困囤 묵직한 물체가 물에 거칠게 부딪치는 소리. 또는 그 모양. ❏돌덩이가 물로 떨어지다. 른절버덩. 꾼찰바당. 쎈잘바당.

잘바당-거리다 [-꺼-] 困囤 잘바당 소리가 자꾸 나다. 또는 그런 소리를 자꾸 내다. 른절버덩거리다. 꾼잘방거리다. **잘바당-잘바당**튄困囤

잘바당-대다 困囤 잘바당거리다.

잘박 튄困囤 '잘바닥'의 준말. 른절벅. 꾼찰박.

잘박-거리다 [-꺼-] 困囤 '잘바닥거리다'의 준말. 른절벅거리다. **잘박-잘박**[-짤-] 튄困囤

잘박-대다 [-때-] 困囤 잘박거리다.

잘방 튄困囤 '잘바당'의 준말. ❏강물로 돌이 ~ 떨어졌다. 른절벙. 꾼찰방.

잘방-거리다 困困 '잘바당거리다'의 준말. 른절벙거리다. 꾼잘방거리다. **잘방-잘방**튄困囤

잘방-게 图 민물에 사는 작은 게의 한 가지. 딱지는 앞이 넓고 뒤가 좁으며, 몸빛은 환경에 따라 다르나 보통 잿빛 갈색을 띰(디스토마의 숙주(宿主)임).

잘방-대다 困困 잘방거리다.

잘:-배자(-褙子) 图 검은담비의 털로 안을 대어 만든 배자.

잘-빠지다 혱 미끈하게 잘생겨 빼어나다. ❏제품이 ~/몸매가 ~.

잘-살다 [잘살아, 잘사니, 잘사는] 困 **1** 부유하게 살아가다. ❏잘사는 집. ↔못살다. **2** 탈없이 지내다. ❏화목하게 ~.

잘-생기다 혱 **1** 얼굴이나 풍채가 훤하여 훌륭하다. ❏잘생긴 청년 / 코가 ~. **2** 물건의 모양이 미끈해서 보기 좋다. ❏잘생긴 오이. ↔못생기다.

잘싹 튄困困 액체가 단단한 물체에 마구 부딪치는 소리. 또는 그 모양. 른절써덕. 꾼찰싸닥. 쎈잘싹.

잘싹-거리다 [-꺼-] 困囤 잘싹 소리가 자꾸 나다. 또는 그런 소리를 자꾸 내다. 른절써덕거리다. 꾼잘싹거리다. **잘싹-잘싹**[-짤-] 튄困囤

잘싹-대다 [-때-] 困囤 잘싹거리다.

잘싹 튄困困 '잘싸닥'의 준말. 른절썩. 꾼찰싹.

잘싹-거리다 [-꺼-] 困囤 '잘싹거리다'의 준말. 른절썩거리다. 꾼찰싹거리다. **잘싹-잘싹**

[-짤] **[부하타타]**

잘싹-대다 [-때~] 재타 잘싹거리다.

잘쏙-거리다 [-꺼~] 재 한쪽 다리가 짧거나
탈이 나서 약간 절룩거리다. 센쌀쏙거리다. **잘쏙-잘쏙¹** [-짤~] **[부하자타]**

잘쏙-대다 [-때~] 재타 잘쏙거리다.

잘쏙-이 [부] 잘쏙하게.

잘쏙-하다 [-쏘카~] 재타 긴 물건의 한 부분이
패어 옴쏙하다. 센쌀쏙하다. **잘쏙-잘쏙²** [-짤~] **[부하형]**

잘잘¹ [부] '잘래잘래'의 준말. ▯아기가 머리를
~ 흔들다. 큰절절. 센짤짤.

잘잘² [부] 열이나 온도가 높아 더운 모양. ▯~
끓는 아랫목. 큰절절. 센짤짤.

잘잘³ [부] 물건을 손에 쥐고 가볍게 흔드는 모
양. ▯장난감을 ~ 흔들다. 큰절절. 센짤짤.

잘잘⁴ [부] 채신없이 자꾸 이리저리 바삐 쏘다니
는 모양. ▯온 동네를 ~ 싸다니다. 큰절절.
센짤짤.

잘잘⁵ [부] **1** 바닥에 늘어져 끌리는 소리. 또는
그 모양. ▯드레스를 ~ 끌다. **2** 기름기나 윤
기가 반드르르 흐르는 모양. ▯윤기가 ~ 도
는 햅쌀밥. 큰질질. 센짤짤.

잘잘⁶ [부] 적은 물이 끊임없이 흐르는 소리. 또
는 그 모양. 큰절절.

잘잘-거리다 이리저리 채신없이 바삐 쏘다
니다. ▯어딜 그렇게 잘잘거리며 쏘다니느냐.
큰절절거리다·질질거리다.

잘잘-대다 [-때~] 재 잘잘거리다.

잘-잘못 [-몯] 명 잘함과 잘못함. 옳음과 그름.
시비(是非). ▯~을 따지다.

잘잘못-간에 [-께-] [-몯까네] [부] 잘했거나 잘
못했거나 따지지 않고. ▯~ 수고했다.

잘착-거리다 [-꺼~] 재 진흙이나 반죽 따위가
물기가 차진 느낌이 자꾸 들다. ▯밀가
루 반죽이 ~. 큰질척거리다. **잘착-잘착** [-
짤~] **[부하자형]**

잘착-대다 [-때~] 재 잘착거리다.

잘착-하다 [-차카~] 형여 진흙이나 반죽 따위
가 물기가 많아 차지고 질다. ▯잘착한 진흙
길. 큰질척하다.

잘카닥 **[부하자타]** **1** 끈기 있는 물건이 세차게
달라붙는 소리. 또는 그 모양. **2** 서로 닿으면
붙게 된 단단한 물건끼리 가볍게 맞부딪치는
소리. 또는 그 모양. **3** 작고 단단한 물체가
가볍게 맞부딪치는 소리. 또는 그 모양. 큰절
커덕. 센잘가닥. 센쌀까닥·짤까닥. 캐찰카닥.
준잘칵.

잘카닥-거리다¹ [-꺼~] 재타 잘카닥 소리가 자
꾸 나다. 또는 그런 소리를 자꾸 내다. 큰절
커덕거리다. 준잘칵거리다. **잘카닥-잘카닥¹**
[-짤~] **[부하자타]**

잘카닥-거리다² [-꺼~] 재 진흙이나 반죽 따
위가 물기가 많아 진 느낌이 자꾸 들다. 큰질
커덕거리다. **잘카닥-잘카닥²** [-짤~] **[부하자형]**

잘카닥-대다¹ [-때~] 재타 잘카닥거리다¹.

잘카닥-대다² [-때~] 재 잘카닥거리다².

잘카닥-하다 [-다카~] 형여 진흙이나 반죽 따
위가 물기가 많아 조금 질다. 큰질커덕하다.

잘카닥 **[부하자타]** 작고 단단한 쇠붙이 따위가
가볍게 맞부딪치는 소리. 또는 그 모양. 큰절
커덩. 센잘까당·짤까당. 캐찰카당.

잘카당-거리다 재타 잘카당 소리가 자꾸 나
다. 또는 그런 소리를 자꾸 내다. 큰절커덩거
리다. **잘카당-잘카당** **[부하자타]**

잘카당-대다 재타 잘카당거리다.

잘칵 **[부하자타]** '잘카닥'의 준말. 큰절컥. 센잘
깍. 센쌀깍·짤깍. 캐찰칵.

잘칵-거리다¹ [-꺼~] 재타 '잘카닥거리다¹'의
준말. 큰절컥거리다. **잘칵-잘칵¹** [-짤~] **[부
하자타]**

잘칵-거리다² [-꺼~] 재 진흙이나 반죽 따위
가 물기가 많아 진 느낌이 자꾸 들다. ▯비가
오면 질척거리는 길. 큰질컥거리다. **잘칵-
잘칵²** [-짤~] **[부하자형]**

잘칵-대다¹ [-때~] 재타 잘칵거리다¹.

잘칵-대다² [-때~] 재 잘칵거리다².

잘칵-하다 [-카카~] 형여 진흙이나 반죽 따위
가 물기가 많아 꽤 질다. 큰질컥하다.

잘코사니 명 고소하게 여겨지는 일. 큰큰 남
의 불행이 마음에 고소하게 여겨질 때 내는
소리.

잘크라-지다 재 잘쏙하게 들어가다. ▯잘크라
지게 아이를 끌어안다. 큰질크러지다.

잘-토시 명 검은담비의 털가죽을 안에 대어
지은 토시.

잘파닥-거리다 [-꺼~] 재타 얕은 물이나 진창
을 거칠게 밟거나 치는 소리가 자꾸 나다. 또
는 그런 소리를 자꾸 내다. **잘파닥-잘파닥** [-
짤~] **[부하자타]**

잘파닥-대다 [-때~] 재타 잘파닥거리다.

잘파닥-하다 [-다카~] 형여 몹시 잘팍하다. 큰
질퍼덕하다.

잘팍-거리다 [-꺼~] 재 진흙 같은 것이 묽게
곤죽이 되어 밟으면 잇따라 진 느낌이 들다.
큰질퍽거리다. **잘팍-잘팍** [-짤~] **[부하자형]**

잘팍-대다 [-때~] 재 잘팍거리다.

잘팍-하다 [-파카~] 형여 진흙 같은 것이 곤죽
이 되어 아주 묽게 질다. 큰질퍽하다.

잘-하다 [-여] **1** 옳고 바르게 하다. ▯정말 잘
했다 / 시부모님께 잘한다. **2** 남보다 낫게 또
는 훌륭하게 하다. ▯공부를 ~. **3** 익숙하고
능란하게 하다. ▯운전을 ~. **4** 순편하고 만
족하게 하다. ▯일 처리를 잘해 내다. **5** 버릇
으로 자주 하다. ▯웃기를 ~ / 거짓말을 ~. **6**
음식 따위를 즐겨 먹다. ▯술을 ~. **7** (반어적
으로) 하는 짓이 못마땅하다는 뜻을 나타내
는 말. ▯잘한다, 잘해, 만날 늦기나 하고.

잘-해야 [부] 넉넉잡아서. 기껏해야. ▯~ 열이
나 될까 / ~ 장려상이나 받겠지.

잠 명 **1** 눈이 감긴 채 의식 활동이 쉬는 상태.
▯깊은 ~이 들다 / ~이 쏟아지다 / ~을 설
치다 / ~을 못 이루다 / ~에서 깨어나다 /
~이 달아나다. **2** 아직 각성되지 못한 상태를 비
유한 말. ▯겨레가 오랜 ~에서 깨어나다. **3**
《농》누에가 허물을 벗기 전에 뽕을 먹지 않
고 잠시 쉬는 상태. ▯넉 ~을 자고 허물을 벗
다. **4** 여러 겹으로 된 물건이 부풀지 않고 눌
려 가라앉은 상태. ▯~을 잔 이불솜.

[잠을 자야 꿈을 꾸지] 어떤 결과를 얻으려
면 그에 필요한 조건을 갖추어야 한다.

잠 (箴) 명 훈계하는 뜻을 담은 글의 형식.

잠 (簪) 명 **1** 비녀. **2** 《건》비녀장2.

잠가 (蠶架) 명 《농》누에 채반을 얹는 시렁.

잠간 (箴諫) 명재타 훈계해서 간함.

잠개 명 〈옛〉병장기(兵仗器).

잠거 (潛居) 명재타 숨어서 삶.

잠견 (暫見) 명재타 잠깐 봄.

잠견 (蠶繭) 명 《농》누에고치.

잠-결 [-껼] 명 의식이 흐릿할 정도로 잠이 어
렴풋이 들거나 깬 상태. 또는 잠을 자는 겨
를. ▯~에 비 오는 소리를 듣다 / ~에 신음
소리를 내다 / ~에 코를 골다.

[잠결에 남의 다리를 긁는다] ㉠자기를 위해

한 일이 남만 이롭게 한 결과가 됐다. ⓒ남의 일을 제 일로 잘못 알고.

잠계(箴戒)[-/-게]圓動타 깨우쳐 타이름.

잠공(潛攻)圓動타[軍] 1 잠복하고 있다가 적을 침. 2 잠수함으로 적을 공격함.

잠구(蠶具)圓[農] 누에를 치는 데 쓰는 기구.

잠군(潛軍)圓 1 잠복해 있는 군사. 2 몰래 쳐들어오는 군사.

잠-귀[-뀌]圓 잠결에 소리를 듣는 감각. ◻︎~가 밝다 / ~가 어둡다.

잠규(箴規)圓 잘못을 바로잡으려 하는 경계.

잠그다¹〔잠가, 잠그니〕타 1 여닫는 물건을 열지 못하게 자물쇠를 채우거나 빗장을 걸다. ◻︎현관문을 ~ / 서랍을 ~. 2 물·가스 따위가 흘러나오지 못하게 차단하다. ◻︎가스를 ~. 3 옷의 단추를 끼우다. ◻︎점퍼의 단추를 ~.

잠그다²〔잠가, 잠그니〕타 1 액체 속에 물건을 넣거나 가라앉게 하다. ◻︎물에 발을 ~. 2 장래를 보고 어떤 일에 돈을 들이다. ◻︎사업에 돈을 ~.

잠금-장치(-裝置)圓 총기·문·서랍 따위를 잠그는 장치. ◻︎~를 달다.

잠기圓〈옛〉쟁기.

잠-기(-氣)[-끼]圓 잠이 오거나 잠에서 덜 깬 기색. 잠기운.

잠기다¹재 1《'잠그다'의 피동》잠금을 당하다. ◻︎사무실 문이 ~ / 수도꼭지가 ~. 2 목이 쉬거나 막혀서 소리가 제대로 나지 않다. ◻︎잠긴 목소리.

잠기다²재 1 액체 속에 가라앉다. ◻︎밭이 물에 ~. 2 어떤 것에 돈 따위가 들어 있다. ◻︎돈이 부동산에 ~. 3 한 가지 일이나 생각에 골똘하다. ◻︎생각〔슬픔〕에 ~. 4 어떤 현상에 휩싸이다. ◻︎안개 속에 잠긴 도시.

잠깐圓동 매우 짧은 동안. ◻︎~만 기다려 주십시오 / ~ 한눈을 팔다 / ~ 잠이 들다.

잠깐-잠깐동 잠깐씩 여러 차례 거듭하는 모양. ◻︎현장에는 ~잠깐.

잠-꼬대圓動재 1 잠을 자면서 저도 모르게 중얼거리는 헛소리. 섬어(譫語). ◻︎~가 심하다. 2 사리에 닿지 않는 말의 비유. ◻︎무슨 ~ 같은 소리냐.

잠-꾸러기圓 잠이 매우 많은 사람. 잠보.

잠녀(潛女)圓 해녀(海女).

잠농(蠶農)圓[農] 누에 농사.

잠-누에圓[農] 허물을 벗느라고 먹지도 움직이지도 않는 누에.

잠닉(潛匿)圓動재 '잠복장닉(潛伏藏匿)'의 준말. ◻︎산속에 ~하다.

잠-동무[-똥-]圓動재 친근하게 한자리에서 잠을 자는 사람.

잠두(蠶豆)圓[植] 누에콩.

잠두(蠶頭)圓 누에머리.

잠두-마제(蠶頭馬蹄)圓 한자 필법의 한 가지. 가로 획을 긋는 데 왼쪽 끝은 말굽 모양, 오른쪽 끝은 누에의 머리 모양과 같이 하는 필법.

잠-들다〔잠들어, 잠드니, 잠드는〕재 1 잠을 자게 되다. ◻︎푹 ~. 2 '죽다'를 완곡하게 이르는 말. ◻︎여기 무명용사 ~. 3 사납던 바람세나 눈보라·물결 따위가 잦아지면서 조용해지다.

잠란(蠶卵)[-난]圓[農] 누에의 알.

잠란-지(蠶卵紙)[-난-]圓[農] 누에가 알을 슬어 놓은 종이. 잠종이.

잠령(蠶齡)[-녕]圓[農] 누에의 발육의 정도를 나타내는 말. 곧, 누에 나이.

잠룡(潛龍)[-농]圓 물속에 잠겨 있어 아직 하

늘에 오르기 전의 용이라는 뜻으로, 왕위에 오르지 않고 잠시 피하여 있는 사람이나 기회를 아직 얻지 못하고 묻혀 있는 영웅이나 호걸.

잠루(岑樓)[-누]圓 높고 뾰족한 누각.

잠류(暫留)[-뉴]圓動재 잠시 머묾. ◻︎미국에 ~하다.

잠린(潛鱗)[-닌]圓 물속에 깊이 잠겨 있는 물고기. 잠어(潛魚).

잠망-경(潛望鏡)圓 잠수함이나 참호 따위에서, 해상이나 지상의 목표물을 살펴볼 수 있는 반사식 망원경. ◻︎~을 통해 적함을 확인하다.

잠매(潛寐)圓動재 영면(永眠).

잠매(潛賣)圓動타 암매(暗賣).

잠매(蠶苺)圓[植] 뱀딸기.

잠명송(箴銘頌)圓 행실을 가르치고 경계하는 글인 잠(箴)과, 마음에 간직해서 생활의 신조로 삼는 글인 명(銘)과, 공덕을 찬양하는 글인 송(頌)을 아울러 이르는 말.

잠몰(潛沒)圓動재 물속에 잠김.

잠바(←jumper)圓 점퍼. ◻︎~를 걸치다.

잠박(蠶箔)圓[農] 누에 채반.

잠방동타 작은 물체가 물에 부딪치거나 잠기는 소리. 또는 그 모양. ◻︎조약돌이 ~ 물에 떨어지다. ⓒ점벙.

잠방-거리다재타 잠방 소리가 자꾸 나다. 또는 그런 소리를 자꾸 내다. ⓒ점벙거리다. **잠방-잠방**동動재타

잠방-대다재타 잠방거리다.

잠방이圓 가랑이가 무릎까지 내려오는 짧은 남자용 홑바지.
[잠방이에 대님 치듯] 군색한 일을 당해 몹시 켕기는 모양.

잠뱅이圓 잠방이.

잠-버릇[-뻐릇]圓 잘 때에 하는 버릇이나 짓. ◻︎~이 사납다.

잠별(暫別)圓動재타 잠깐 동안 헤어짐.

잠병(蠶病)圓[農] 누에에 생기는 병의 총칭.

잠-보(-甫)圓 잠꾸러기.

잠복(潛伏)圓動재 1 드러나지 않고 숨어 있음. ◻︎범인을 잡으려고 ~하다. 2《醫》감염은 됐으나 증상은 나타나지 않음.

잠복 감:염(潛伏感染)[-까몀]《醫》병원체에 감염되어 잠복기가 지난 후에도 증세가 나타나지 않는 상태. 불현성 감염.

잠복-근무(潛伏勤務)[-끈-]圓動재 범인이나 적군을 색출 또는 방어하기 위해 예상 출몰지에 잠복하는 일. ◻︎교대로 ~를 하다.

잠복-기(潛伏期)[-끼]圓《醫》병원체가 신체에 침입해서 발병하기까지의 기간.

잠복-아(潛伏芽)圓[植] 숨은눈.

잠복 유전(潛伏遺傳)[-뉴-]《生》격세(隔世) 유전.

잠복-장닉(潛伏藏匿)[-짱-]圓動재 행방을 감추어 남이 그 소재를 모르게 함. 잠닉.

잠복 초소(潛伏哨所)《軍》보초가 드러나지 않게 숨어서 경계 근무를 하도록 지정된 초소. ◻︎~ 근무.

잠봉(暫逢)圓動재타 잠깐 서로 만남.

잠부(蠶婦)圓 누에를 치는 여자.

잠분(蠶糞)圓 누에똥.

잠불리측(暫不離側)圓動재 잠시도 곁에서 떠나지 않음.

잠불-마(暫佛馬)圓 뺨에 흰 줄이 있고 눈에 누른빛을 띤 말.

잠뿍[부] 꽉 차도록 잔뜩. ▢차에 이삿짐을 ~
싣는다.

잠사(潛思)[명][하타] 마음을 가라앉히고 깊이 생
각함.

잠사(蠶事)[명][농] 누에를 치는 일.

잠사(蠶砂)[명] 말린 누에의 똥《중풍으
로 손발이 자유롭지 못한 데 약으로 씀》.

잠사(蠶絲)[명] 누에고치에서 뽑은 실.

잠사-업(蠶絲業)[명] 양잠·잠종(蠶種) 제조·제
사(製絲) 등을 경영하는 기업의 총칭.

잠삼(潛蔘)[명] 예전에, 관아의 허가 없이 몰래
만들어 팔던 홍삼.

잠상(潛商)[명] 법령으로 금하는 물건을 몰래
파는 장사. 또는 그 장수.

잠상(潛像)[명] 사진에서, 노출 후 아직 현상하
지 않은 필름이나 건판의 감광막에 찍혀 있
는 피사체의 보이지 않는 영상(影像).

잠상(蠶桑)[명] 누에와 뽕.

잠섭(潛涉)[명][하타] 강이나 호수를 몰래 건넘.

잠성(潛性)[명][생] 열성(劣性).

잠세(潛勢)[명] '잠세력(潛勢力)'의 준말.

잠-세력(潛勢力)[명] 겉으로 드러나지 않는 세
력. ⓒ잠세.

잠수(潛水)[명][하자] 물속에 잠겨 들어감. ▢진
주를 캐려고 ~하다.

잠수-관(潛水冠)[명] 잠수부가 물속에서 머리
에는 쓰는 잠수복에 달린 구리로 만든 모자. 잠
수모(帽).

잠수-교(潛水橋)[명] 홍수 때에는 물에 잠기는
다리.

잠수-군(潛水軍)[명][역] 수영(水營)에 딸려,
수중 공사를 하던 군졸.

잠수-기(潛水器)[명] 물속으로 들어갈 때 사용
하는 기구.

잠수 모:함(潛水母艦)[군] 잠수 함대의 기함
(旗艦)으로, 함대를 지휘하며 보급을 담당하
는 군함《휴양 시설도 갖추고 있음》. ⓒ모함.

잠수-병(潛水病)[-뼝][명][의] 물 밑과 물 밖
의 심한 기압의 차로 말미암아 잠수부에게
나타나는 신체적 장애. 케이슨(caisson)병.

잠수-복(潛水服)[명] 잠수부가 물속에 들어갈
때 입는 옷.

잠수-부(潛水夫)[명] 잠수 작업을 업으로 삼는
사람. 잠수원(員).

잠수 어로(潛水漁撈) 잠수해서 수산물을 잡
거나 따는 일.

잠수 어업(潛水漁業) 잠수해서 행하는 어업.

잠수 영:법(潛水泳法)[-뻡] 잠영(潛泳).

잠수-정(潛水艇)[명] **1**[군] 소형의 빠른 잠수
함. **2** 잠수해서 해양 및 해저를 조사하는 배
《높은 수압에 견디는 특수한 구조를 가짐》.

잠수-질(潛水-)[명][하자] 사람이 물속에 잠기는
짓. 자맥질하는 일.

잠수-함(潛水艦)[명][군] 주로 물속을 잠행하
며 적을 공격하거나 원거리 정찰 등의 임무
를 맡은 함정.

잠수함 투수(潛水艦投手)〈속〉야구에서, 공
을 들어올리지 않고 밑으로 던지는 투수. 언더
스로 투수.

잠:시(暫時)[명][부] '잠시간'의 준말. ▢걸음
을 멈추다 / ~ 쉬어 가자 / ~ 눈을 붙이다.

잠:시-간(暫時間)[명][부] 짧은 시간. 잠깐 동안.
ⓒ잠시.

잠식(蠶食)[명][하타] '초잠식지(稍蠶食之)'의 준
말. ▢외국 상품에 국내 시장이 ~되고 있다.

잠신(潛身)[명][하자] **1** 몸을 숨기고 나타내지 않

음. **2** 정치 활동 따위를 적극적으로 하지 않
고 피함.

잠신(蠶神)[명][민] 선잠(先蠶).

잠실(蠶室)[명] 누에를 치는 방.

잠심(潛心)[명][하자] 마음을 두어 깊이 생각함.

잠아(潛芽)[명][식] 잠복아(潛伏芽).

잠아(蠶蛾)[명][충] 누에나방.

잠양(潛陽)[명][한의] 과색(過色) 또는 금욕으
로 얼마 동안 성욕이 없어져 양기가 동하지
않는 일.

잠언(箴言)[명] **1** 교훈이 되고 경계가 되는 짧
은 말. **2** 구약 성서 가운데 한 편. 솔로몬 왕
의 경계와 교훈을 내용으로 함.

잠업(蠶業)[명] '양잠업'의 준말.

잠열(潛熱)[명][물] **1** 융해열이나 기화열처럼
외부에서 흡수하는 열량. **2** 겉으로 나타나지
않고 속에 숨어 있는 열. '숨은열(熱)'의 한
자말.

잠영(潛泳)[명][하자] 몸을 물 위로 드러내지 않
고 물속에서만 헤엄침. 잠수 영법.

잠영(潛影)[명][하자] 그림자를 감춘다는 뜻으로,
얼씬도 하지 않음을 이르는 말.

잠영(簪纓)[명][역] **1** 관원이 쓰던 비녀와 갓
끈. **2** 양반의 별칭.

잠영-세족(簪纓世族)[명][역] 대대로 높은 벼
슬을 지내 온 집안.

잠-옷[자몯][명] 잠잘 때 입는 옷. 자리옷. 침의.
▢~으로 갈아입다.

잠외약질(潛外-)〈옛〉무자맥질.

잠유(蘸釉)[명][공] 찬유(贊釉).

잠입(潛入)[명][하자] **1** 남몰래 숨어듦. ▢적진에
~하다. **2** 물속에 잠겨 들어감.

잠-자다[자] **1** 자는 상태에 들다. ▢곤하게 ~ /
새근새근 ~. **2** 사물이 기능을 잃어 활동을
멈추거나 이용되지 않다. ▢잠자고 있는 천
연자원. **3** 부풀어 오른 물건 따위가 착 가라
앉다. ▢잠잔 이불솜.

잠-자리[-짜리][명] **1** 잠을 자는 이부자리.
▢~를 펴다. **2** 잠을 자는 곳. ▢~에 들다 /
~에서 일어나다 / ~를 바꾸다 / ~가 불편하
다. **3** 남녀의 성적 관계를 완곡하게 이르는
말. ▢~를 같이하다.

잠자리(를) 보다[구] 요와 이불을 펴고 잠잘
준비를 하다.

잠자리[명][충] 잠자릿과 곤충의 총칭. 겹눈
은 한 쌍. 작은 촉각과 턱이 있음. 가슴에 있
는 다리는 세 쌍, 투명한 그물 모양의 날개는
두 쌍임. 잘 날며 난생임.

잠자리 날개 같다[구] 모시 따위가 매우 얇고
고움을 비유한 말.

잠자리-무사(-武砂)[명][건] 홍예문과 홍예문
을 잇대어 쌓은 뒤, 벌어진 사이에 처음 놓는
돌《윗면과 앞뒷면은 평평하며 끝의 한 끝이 뾰
족한 쐐기 모양임》. 청정무사(蜻蜓武砂).

잠자리-비행기(-飛行機)[명]〈속〉헬리콥터.

잠자리-채[명] 잠자리 등 날아다니는 곤충을 잡
기 위해 긴 막대에 그물주머니를 단 기구.

잠자리-피[명][식] 볏과의 여러해살이풀. 풀
밭에 남. 줄기 높이 40~80cm. 6월에 넓은
타원형 꽃이 원추꽃차례로 줄기 끝에 핌.

잠자코[부] 아무 말 없이 가만히. ▢~ 듣다 /
~ 있다.
[잠자코 있는 것이 무식을 면한다] 잘 알지
못하면서 섣불리 나서지 말라는 말.

잠작(蠶作)[명][농] 누에 농사. 잠농(蠶農).

잠:잖다[-잔타][형] **1** 몸가짐이 의젓하고 예절
바르다. **2** 품격이 높고 고상하다. ⓒ점잖다.

잠잠-하다(潛潛-)[형여] **1** 분위기나 활동 따위

가 소란하지 않고 조용하다. ▢사무실이 ~.
2 말없이 가만히 있다. **잠잠-히** 閉. ▢입을
다물고 ~ 앉아 있다.

잠재 (潛在)명하자 드러나지 않고 속에 잠겨
있거나 숨어 있음. ▢~ 능력. ↔현재(顯在).

잠재-력 (潛在力)명 겉으로 드러나지 않고 속
에 숨어 있는 힘. ▢이 큰 수출 시장.

잠재-부 (潛在符)명[언]안드러냄표.

잠재 수요 (潛在需要)〖경〗값이 비싸거나 상
품 정보 부족 등으로 표면에 나타나지 않는
수요. ↔유효 수요.

잠재 실업 (潛在失業)잠재적 실업.

잠-재우다 卧 **1** 잠자게 하다. ▢아기를 ~. **2**
어떤 현상을 무기력하게 만들다. ▢투기 열
풍을 ~ / 소문을 ~. **3** 부풀어 오른 것을 가
라앉히다. ▢솜을 ~.

잠재 유전 (潛在遺傳)〖생〗부모의 유전질이
직접 자식에 나타나지 않고 손자 이후에 나
타나는 유전.

잠재-의식 (潛在意識)[-/-이-]명〖심〗활동
하고 있지만 자각되지 않는 의식. 반의식.

잠재-적 (潛在的)겉으로 드러나지 않고
숨은 상태로 존재하는 (것). ▢~인 구매력 /
~ 능력.

잠재적 실업 (潛在的失業)[-씨럽]〖사〗표면
적으로는 취업을 하고 있으나 실질적으로는
실업 상태에 있는 일. 생계 유지 방편으로 일
시적인 직업에 종사하는 일.

잠재 통화 (潛在通貨)〖경〗중앙은행에 맡겨
진 정부 및 민간의 당좌 예금. 현재는 유통되
고 있지 않으나 언제든지 출금하면 통화로 될
수 있는 것.

잠저 (潛邸)명〖역〗나라를 처음 이룩한 임금
이나 종실에서 들어온 임금으로서 아직 왕위
에 오르기 전에 살던 집. 또는 그 시기.

잠적 (潛跡·潛迹)명하자 자취나 행방을 감추는
것. '잠종비적(潛蹤秘跡)'의 준말. ▢부도가
나자 사장은 ~해 버렸다.

잠적-하다 (潛寂-)[-저카-]혱여 고요하고 쓸
쓸하다.

잠정 (暫定)명하타 임시로 정함. ▢~ 조처.

잠정 예:산 (暫定豫算)[-녜-]〖법〗가예산(假
豫算).

잠정-적 (暫定的)임시로 정하는 (것). 일시
적인 (것). ▢~ 조치(措置) / ~ 합의.

잠정 조약 (暫定條約)〖정〗정식 조약을 체결
하기 전에 우선 임시로 체결하는 영구성이
없는 가조약(假條約).

잠족 (蠶族)명〖농〗누에섶.

잠종 (蠶種)명〖농〗누에씨. ▢~ 개량.

잠종-비적 (潛蹤秘跡)명하자 종적을 아주 감
춤. ⑤잠적(潛跡).

잠-주정 (-酒酊)☞잠투정.

잠지 명 어린애 자지의 애칭.

잠차 (暫借)명하타 잠시 동안 빌림.

잠착-하다 (潛着-)[-차카-]자여 '참척하다'의
본딧말.

잠채 (潛採)명하자〖광〗광물을 몰래 캠.

잠채-꾼 (潛採-)명 광물을 몰래 캐는 사람.

잠청 (潛聽)명하타 **1** 정신을 가다듬어 조용히
들음. **2** 가만히 속내를 엿들음.

잠-출혈 (潛出血)〖의〗아주 적은 양의 혈액
이 대변에 섞여 나오는 일. 잠혈. ▢~ 반응.

잠통 (潛通)명하자 **1** 몰래 간통함. **2** 몰래 내통
함. ▢적과 ~하다.

잠-투세 명 ☞잠투정.

잠-투정 명하자 어린아이가 잠들기 전이나 잠
을 깬 후에 짜증을 내거나 우는 짓. ▢~이

심한 아이 / ~을 부리다.

잠포록-이 閉 잠포록하게.

잠포록-하다 [-로카-]혱여 날씨가 흐리고 바
람이 없다.

잠필 (簪筆)명하자 붓을 지니고 다님.

잠한 (潛旱)명 홍수와 가뭄.

잠함 (潛函)명〖건〗토목건축의 기초 공사를
할 때 압축 공기를 보내어 지하수의 분출을
막고 그 속에서 일할 수 있게 철근 콘크리트
로 만든 상자. 케이슨(caisson). ▢~ 공법.

잠함 (潛艦)명〖군〗'잠수함'의 준말.

잠항 (潛航)명하자 **1** 잠수함 따위가 물속으로
숨어 항행함. **2** 몰래 배에 숨어 들어 항해함.

잠행 (潛行)명하자 **1** 남이 모르게 숨어서 오
고 감. **2** 물속에 잠기어 감. **3** 남이 모르게 비
밀리에 함.

잠행 운:동 (潛行運動)〖사〗지하 운동.

잠허 (暫許)명하타 잠시 허락함.

잠혈 (潛血)명[의]잠출혈.

잠형 (潛形)명하자 모습과 자취를 감춤.

잠홀 (簪笏)명 옛날 관리가 관에 꽂던 비녀와
손에 쥐던 홀(笏).

잠화 (簪花)명 지난날, 경사로운 모임에서 남
자의 머리에 꽂던 조화(造花).

잢간 명〈옛〉잠깐.

잡- (雜)접뒤 **1** 여러 가지가 뒤섞여 순수하지 않
음의 뜻. ▢~탕 / ~소리 / ~수입. **2** 아무렇
게나 막됨의 뜻. ▢~놈.

-잡- 선어미 '-자옵-'의 준말. ▢묻~고 / 듣
~고 / 명을 받~고.

잡가 (雜家)[-까]명 중국 춘추 전국 시대에 제
가(諸家)의 설을 종합하여 참작한 학설. 또는
그 학설을 따르던 학파.

잡가 (雜歌)[-까]명 **1** 속되고 잡스러운 노래.
2 (악) 정악(正樂) 이외의 노래. **3** 〖문〗조선
말엽 평민들이 지어 부르던 율격이 산문적으
로 된 노래(경기 잡가·서도 잡가·남도 잡가
따위).

잡감 (雜感)[-깜]명 여러 가지 잡다한 느낌.

잡객 (雜客)[-깩]명 대수롭지 않은 손님.

잡거 (雜居)[-꺼]명하자 **1** 여러 사람이 섞여 삶.
혼거(混居). ▢~ 생활. **2** 한 감방에 여러 수
감자가 한데 섞여 지냄. ▢~ 감방. **3** 한 집
이나 건물 안에 여러 세대가 삶. 잡처(雜處).

잡거 구금 (雜居拘禁)[-꺼-]〖법〗두 사람 이
상의 수감자(收監者)를 한데 가두어 두는 일.

잡거-빌딩 (雜居building)[-꺼-]명 **1** 여러 업
종의 기업 따위가 한데 들어 있는 빌딩. **2** 사
무실·가게·주택 따위가 한데 들어 있는 빌딩.

잡거-제 (雜居制)[-꺼-]명〖법〗두 사람 이상
의 수감자를 한 감방에 가두는 제도.

잡거-지 (雜居地)[-꺼-]명〖법〗여러 나라 사
람이 한데 모여 사는 지역.

잡건 (雜件)[-껀]명 대수롭지 않은 갖가지 일.

잡-것 (雜-)[-껏]명 **1** 여러 가지가 섞여 순수
하지 못한 잡스러운 물건. **2** 〈속〉잡스럽고
점잖지 못한 사람. ▢저런 ~들.

잡견 (雜犬)[-껸]명 혈통이 순수하지 못한 개.

잡-계정 (雜計定)[-꼐-/-께-]명〖경〗일정한
항목에 해당하지 않는 거래나 독립된 과목을
설정할 만큼 크지 못한 거래를 처리하는 계정.

잡고 (雜考)[-꼬]명 여러 가지 사항을 질서 없
이 생각함. 또는 그런 생각.

잡곡 (雜曲)[-꼭]명 잡스러운 곡조.

잡곡 (雜穀)[-꼭]명 멥쌀과 찹쌀 이외의 모든
곡식. 곡물. ▢~상(商) / ~을 섞어 밥을

짓다. ↔주곡(主穀).

잡곡-밥 (雜穀–)[–꼭빱] 명 입쌀에 잡곡을 섞어 지은 밥.

잡곡-전 (雜穀廛)[–꼭쩐] 명 잡곡을 파는 가게.

잡곡-주 (雜穀酒)[–꼭쭈] 명 잡곡으로 빚은 술.

잡과 (雜果)[–꽈] 명 다식이나 떡을 만들 때 쓰는, 곶감·대추·밤·잣·호두 따위의 여러 가지 과일.

잡과 (雜科)[–꽈] 명 〖역〗 과거 제도의 하나. 일종의 기술관 시험으로, 역과·의과·음양과·율과 따위의 총칭. ↔정과(正科).

잡-관목 (雜灌木) [–꽌–] 명 〖농〗 경제적인 가치가 없는 자질구레한 관목.

잡교 (雜交)[–꾜] 명 〖생〗 다른 종류나 또는 종류는 같지만 계통이 다른 개체 사이에 행하여지는 수정(受精). 교잡(交雜).

잡구 (雜具)[–꾸] 명 자질구레한 도구.

잡귀 (雜鬼)[–뀌] 명 잡스러운 여러 귀신. 잡신(雜神). ❏ ~를 쫓다.

잡균 (雜菌)[–뀬] 명 **1** 잡다한 세균. **2** 〖생〗 미생물 따위를 배양할 때, 외부에서 섞여 들어와 자라는 이종(異種)의 세균.

잡급 (雜給)[–끕] 명 정한 급료 이외에 더 받는 돈.

잡기 (雜技)[–끼] 명 **1** 잡다한 놀이의 기술이나 재주. ❏ ~에 능하다. **2** 잡된 노름《투전·골패 따위》.

잡기 (雜記)[–끼] 명하타 자질구레한 일을 질서 없이 기록함. 또는 그런 기록. 잡록(雜錄). 잡필(雜筆).

잡기 (雜器)[–끼] 명 **1** 잡다한 기물(器物). 잡구(雜具). **2** 신령에게 공물을 바칠 때 쓰는 작은 나무 접시.

잡기-꾼 (雜技–)[–끼–] 명 잡스러운 노름으로 소일하는 사람.

잡기-장 (雜記帳)[–끼–] 명 잡다한 것을 적는 공책.

잡기-판 (雜技–)[–끼–] 명 잡스러운 노름을 하는 자리. 노름판.

잡기-하다 (雜技–)[–끼–] 자여 잡다한 노름을 하다.

잡-꽃 (雜–)[–꼳] 명 보잘것없는 여러 가지 꽃.

잡-년 (雜–)[잠–] 명 행실이 나쁜 여자를 욕하는 말. ↔잡놈.

잡념 (雜念)[잠–] 명 여러 가지 쓸데없는 생각. ❏ ~이 사라지다 / ~을 떨쳐 버리다.

잡-놈 (雜–)[잠–] 명 행실이 바르지 못한 사내를 욕하는 말. 잡녀석. ↔잡년.

잡-누르미 (雜–)[잠–] 명 도라지·숙주나물·미나리·쇠고기·돼지고기·해삼·전복 등을 잘게 썰어 황화채·버섯 따위와 섞어 양념한 뒤, 밀가루에 걸쭉하게 반죽하여 부친 술안주.

잡다[1] [–따] 타 **1** 손 따위로 움켜 쥐고 놓지 않다. ❏ 손을 잡고 걷다 / 멱살을 ~. **2** 권리나 권한 따위를 차지하다. ❏ 주도권을 ~ / 정권을 ~. **3** 담보로 맡다. ❏ 집을 잡고 돈을 내주다. **4** 주인·집 또는 직장·가질 물건·목표 등을 정하다. ❏ 여관을 ~ / 방향을 ~. **5** 논에 물을 끌어 넣다. ❏ 논에 물을 ~. **6** 결점을 집어 내다. ❏ 트집을 ~. **7** 삼눈 따위를 고치다. ❏ 삼눈을 ~. **8** 실마리·요점·안점 따위를 찾아내거나 알아내다. ❏ 일의 가닥을 ~ / 단서를 ~. **9** '붙잡다'의 준말. ❏ 범인을 ~. **10** 떠나지 못하게 하다. ❏ 떠나는 손님을 ~. **11** 전파·암호 따위를 알아내다. ❏ 방해 전파를 ~. **12** 특정한 도구로 그와 관련된 일을 하다. ❏ 운전대를 ~ / 칼을 ~.

잡다[2] [–따] 타 **1** 마음으로 헤아리다. ❏ 시간이 얼마나 걸릴지 잡아 보아라. **2** 어떤 계산의 기준을 요량하여 정하다. ❏ 길게 잡아 한 달이면 일을 끝낼 수 있다.

잡다[3] [–따] 타 **1** 동물을 죽이다. ❏ 돼지를 ~. **2** 남을 헐뜯어 구렁에 넣다. ❏ 사람 잡을 소리. **3** 불길을 끄다. ❏ 불을 ~. **4** 흥분되거나 들뜬 마음을 가라앉히다. ❏ 마음을 잡고 집안 일에 힘쓰다.

잡다[4] [–따] 타 **1** 굽은 물건을 곧게 하다. ❏ 굽은 철사를 곧게 ~. **2** 옷 따위에 주름을 내다. ❏ 바지 주름을 ~.

잡다[5] [–따] 타 '잡치다'의 준말.

잡다-하다 (雜多–) [–따–] 형여 잡스러운 것이 뒤섞여 너저분하다. ❏ 잡다한 물건들 / 여러 잡다한 인간들이 모였다. **잡다-히** [–따–] 부

잡담 (雜談) [–땀] 명하자 쓸데없이 지껄이는 말. ❏ ~을 나누다 / ~을 늘어놓다.

잡답 (雜沓)[–땁] 명하형 사람들이 몰려 붐빔.

잡도리 [–또–] 명하타 잘못되지 않도록 단단히 주의하여 다룸. ❏ 엄하게 ~하다.

잡동사니 (雜–) [–똥–] 명 쓸데없는 것이 한데 뒤섞인 것. 또는 그 물건. ❏ 해묵은 ~.

잡-되다 (雜–) [–뙤–] 형 **1** 여러 가지가 섞여 순수하지 아니하다. **2** 됨됨이가 천하고 난잡하고 막되다. ❏ 잡된 소리.

잡들다 타 〈옛〉 붙들다. 부추기다.

-잡디까 [–띠–] 어미 '–자고 합디까'의 준말. ❏ 무슨 책을 출판하~.

-잡디다 [–띠–] 어미 '–자고 합디다'의 준말. ❏ 책을 같이 보~ / 일을 같이 하~.

잡렴 (雜斂)[잠념] 명 '잡추렴'의 준말.

잡령 (雜令)[잠녕] 명 잡다한 금령(禁令).

잡록 (雜錄)[잠녹] 명하타 잡기(雜記).

잡류 (雜流)[잠뉴] 명 정파(正派) 이외의 잡다한 유파.

잡류 (雜類)[잠뉴] 명 점잖지 못한 사람들. 잡된 무리들. 잡배(雜輩).

잡-말 (雜–)[잠–] 명하자 쓸데없이 하는 잡스러운 말. ❏ ~ 말고 먹어라.

잡-맛 (雜–)[잠맏] 명 제맛 이외에 더 나는 군맛. 잡미(雜味). ❏ ~이 나다.

잡-매다 [잠–] 타 '잡아매다'의 준말.

잡면 (雜綿)[잠–] 명 미국산 이외의 브라질·이집트·인도·터키산(産) 따위의 목화.

잡목 (雜木)[잠–] 명 긴요하게 쓰지 못하는 여러 가지 나무. 잡나무. ❏ ~이 무성하다.

잡무 (雜務)[잠–] 명 여러 가지 자질구레한 사무나 일. ❏ ~에 시달리다.

잡문 (雜文)[잠–] 명 일정한 형식이 없이 되는 대로 쓰는 글.

잡문 (雜問)[잠–] 명 갖가지 자질구레한 질문이나 문제.

잡물 (雜物)[잠–] 명 **1** 자질구레한 물건. **2** 물질 속에 섞여 있는 순수하지 않고 불필요하거나 해로운 물질.

잡미 (雜味)[잠–] 명 잡맛.

잡박-하다 (雜駁–) [–빠카–] 형여 이것저것 뒤섞여 질서가 없다.

잡방 (雜方)[–빵] 명 〖한의〗 의서(醫書)에는 없고, 민간에 전하는 약방문.

잡배 (雜輩)[–빼] 명 잡된 무리. ❏ ~들과 어울리다.

잡범 (雜犯)[–뻠] 명 정치범 이외의 자질구레한 범죄. 또는 그 죄를 범한 사람. ❏ ~들을 한곳에 수용하다.

잡병 (雜病)[–뼝] 명 별로 대단하지 않은 잡스

러운 병(돌림병 따위).

잡보 (雜報)[-뽀] 뎽 그다지 중요하지 않은 자잘한 사건에 관한 보도.

잡부 (雜夫)[-뿌] 뎽 아무 일이나 하는 막일꾼. 잡역부(雜役夫). ☞공사장 ~로 일한다.

잡부-금 (雜賦金)[-뿌-] 뎽 기본 부과금 이외에 잡다하게 물리는 돈. ☞~ 징수 / ~을 일소하다.

잡분 (雜粉)[-뿐] 뎽 밀가루 외의 잡곡의 가루.

잡비 (雜肥)[-삐]『농』'잡비료'의 준말.

잡비 (雜費)[-삐] 뎽 잡다하게 쓰는 비용. ☞돈이 ~로 나가다.

잡-비료 (雜肥料)[-삐-] 뎽『농』두엄·풋거름 따위의 여러 가지 비료를 섞은 비료. ☞잡비.

잡사 (雜史)[-싸] 뎽 민간에 전하는, 체재를 갖추지 못한 역사책.

잡사 (雜事)[-싸] 뎽 자질구레한 일. 잡일.

잡살-뱅이 [-쌀-] 뎽 자질구레한 것이 뒤섞인 허름한 물건. ☞~를 사고파는 벼룩시장.

잡살-전 (-廛)[-쌀-] 뎽 여러 가지 씨앗, 특히 채소의 씨앗을 파는 가게.

잡상 (雜像)[-쌍]『건』궁전의 추녀·용마루 또는 박공머리 위의 수키와 위에 덧얹는 여러 가지 짐승 형상이나 손오공(孫悟空) 따위.

잡상-스럽다 (雜常-)[-쌍-따][-스러워, -스러우니] 톙 잡되고 상스러운 느낌이 있다. 잡상-스레[-쌍-] 튀 ☞잡상스러운 이야기로 시간을 보내다.

잡-상인 (雜商人)[-쌍-] 뎽 일정한 가게 없이 옮겨 다니면서 잡살뱅이 물건을 파는 장사꾼. ☞~ 출입 금지.

잡색 (雜色)[-쌕] 뎽 1 갖가지 색이 뒤섞인 빛깔. 2 온갖 종류의 사람이 뒤섞임.

잡색-꾼 (雜色-)[-쌕-] 뎽 의식(儀式)이 있을 때에 잡일을 맡아 하는 일꾼.

잡서 (雜書)[-써] 뎽 1 여러 가지 잡다한 사실을 적은 책. 2 되는대로 지어낸 책. 3 도서 분류상 일정한 분류에 들지 않는 책. 4 한학에서, 경사자집(經史子集)이 아닌 책.

잡석 (雜石)[-썩] 뎽 토목이나 건축에 막 쓰는 허드렛돌. 막돌.

잡설 (雜說)[-썰] 뎽 대수롭지 않은 잡다한 이야기나 여론. ☞그런 ~에 솔깃해 하지 마라.

잡성-화 (雜性花)[-썽-]『식』한 나무에 양성화와 단성화가 함께 피는 꽃.

잡세 (雜稅)[-쎄] 뎽『법』자질구레한 세금.

잡소 (雜訴)[-쏘] 뎽 갖가지 대수롭지 않은 사건의 소송.

잡-소득 (雜所得)[-쏘-] 뎽 일정한 소득 이외의 잡다한 소득.

잡-소리 (雜-)[-쏘-] 뎽 1 잡말. 2 오만 ~를 마구 내뱉는다. 2 잡가(雜歌). 3 잡음(雜音).

잡-손 (雜-)[-쏜] 뎽재 잡손질의 손길.

잡-손질 (雜-)[-쏜-] 뎽하재 쓸데없는 손질. 자질구레한 손질.

잡-송골 (雜松鶻)[-쏭-] 뎽『조』옥송골(玉松鶻) 다음가는 송골매.

잡수 (雜修)[-쑤] 뎽『불』염불 이외의 잡다한 수행(修行).

잡수다 [-쑤-] 톹 1 '먹다²'의 높임말. 드시다. ☞진지를 ~. 2 제사를 차려 올리다. ☞염을 ~.

잡-수당 (雜手當)[-쑤-] 뎽 자질구레한 수당. ☞~으로 8만 원을 받다.

잡-수수료 (雜手數料)[-쑤수-] 뎽 여러 가지 자질구레한 수수료.

잡수시다 [-쑤-] 톹 '잡수다'의 높임말. ☞진지를 ~. ⓪잡숫다.

잡-수입 (雜收入)[-쑤-] 뎽 1 장부에 두드러진 명목으로 오르지 않는 잡살뱅이 수입. 2 일정한 수입 이외에 잡다하게 생기는 수입. ☞~이 쏠쏠하다. *부수입.

잡순 (市旬·匝旬)[-쑨] 뎽 십 일간. 열흘 동안.

잡술 (雜術)[-쑬] 뎽 사람을 속이는 요사스러운 술법.

잡숫다 [-쑫따] 톹 '잡수시다'의 준말. ☞할아버지께서 진지를 ~.

잡-스럽다 (雜-)[-쓰-따][잡스러워, 잡스러우니] 톙 상스럽고 난잡한 데가 있다. ☞잡스러운 생각. 잡스레[-쓰-] 튀

잡식 (雜食)[-씩] 뎽하재 1 여러 가지 음식을 가리지 않고 먹음. 또는 그 음식. 2 육류와 채류를 섞어 먹음.

잡식 (雜植)[-씩] 뎽하재『농』줄을 맞추지 않고 되는대로 모를 심음.

잡-식구 (雜食口)[-씩꾸] 뎽 군식구.

잡식 동:물 (雜食動物)[-씩똥-]『동』동물성 먹이나 식물성 먹이를 가리지 않고 다 먹는 동물《고양이·쥐·닭·참새 따위》.

잡식-성 (雜食性)[-씩썽]『동』동물성 먹이와 식물성 먹이의 양쪽을 다 먹는 동물의 습성. ☞고양이는 ~ 동물이다.

잡신 (雜神)[-씬] 뎽 잡다한 신(神). 잡귀(雜鬼). ☞~이 붙다.

잡심 (雜心)[-씸] 뎽 온갖 잡된 마음.

잡아-가다 톹 사람을 잡아 데려가다. ☞소매치기를 ~.

잡아-끊다 [자바끈타] 톹 이야기나 요구 따위를 딱 잘라 거절한다. ☞부탁을 ~.

잡아-끌다 〔-끌어, -끄니, -끄는〕 톹 손으로 잡고 끌다. ☞멱살을 ~.

잡아-내다 톹 1 결점이나 틀린 곳을 찾아내다. ☞교정에서 오자를 ~ / 꼬투리를 ~. 2 숨겨져 있는 것을 들추어 찾아내다. ☞범인을 ~ / 어군 탐지기로 고기 떼를 ~.

잡아-넣다 [자바너타] 톹 1 붙잡아 가두다. ☞범인을 ~. 2 억지로 들어가게 하다. 잡아들이다. ☞닭을 닭장에 ~.

잡아-다니다 톹 ☞잡아당기다.

잡아-당기다 톹 잡아서 자기 쪽으로 끌어당기다. ☞줄을 ~ / 문고리를 ~ / 소매를 잡아당기며 만류하다.

잡아-들다 〔-들어, -드니, -드는〕 ① 때·날짜·나이가 닥쳐오다. ☞추수기에 ~ / 40대로 ~. 2 목표를 정하여 어떤 길로 들어가다. ☞산길로 ~. ②접어들다. ④ 정하여 들다. ☞각각 다른 방을 ~.

잡아-들이다 톹 1 억지로 안으로 들어오게 하다. 2 잡아서 가두다. ☞사기꾼을 ~.

잡아-떼다 톹 1 붙어 있는 것을 억지로 떨어지게 하다. ☞벽에 붙은 광고지를 ~. 2 아는 것을 모른다거나 한 것을 하지 않았다고 우기며 말하다. ☞모른다고 딱 ~.

잡아-매다 톹 1 흩어진 것을 한데 매다. ☞흘러내리는 머리를 ~. 2 달아나지 못하게 묶다. ☞소를 말뚝에 ~. ⑤잡매다.

잡아-먹다 [자바-따] 톹 1 동물을 죽여 그 고기를 먹다. ☞소를 ~. 2 남을 몹시 괴롭게 하다. ☞사람 잡아먹을 소리. 3 어떤 일에 돈·물건·값 따위가 들거나 시간이 걸리게 하다. ☞하찮은 일에 시간만 잡아먹는다. 4 자리를 차지하다.

잡아-채다 톹 1 잡아서 힘껏 당기거나 들어 올리다. ☞낚싯대를 ~. 2 남의 물건을 날쌔게

빼앗다. ▢핸드백을 ~.

잡아-타다 囲 자동차 등을 세워서 타다. ▢택시를 ~.

잡악 (雜樂)圀『악』아악 이외의 여러 가지 속악(俗樂).

잡어 (雜魚)圀 자질구레한 물고기.

잡언-고시 (雜言古詩)圀『문』시 한 수 속에 삼언(三言)·오언(五言)·칠언(七言) 등의 구를 섞어 쓰는 한시체(漢詩體).

잡업 (雜業)圀 자질구레한 영업이나 직업.

잡역 (雜役)圀 1 공역(公役) 이외의 여러 가지 부역. 2 갖가지 잡다한 일. 허드렛일.

잡역-꾼 (雜役-)圀 잡역에 종사하는 일꾼. 막일꾼. 잡역부.

잡역-부 (雜役夫)[자벽뿌]圀 잡역에 종사하는 인부. 잡부. 막일꾼.

잡역-부 (雜役婦)[자벽뿌]圀 잡역에 종사하는 여자.

잡역-선 (雜役船)[자벽썬]圀 잡역에 쓰는 배의 총칭(예인선·준설선 따위).

잡연 (雜緣)圀『불』불도 수행을 방해하는 온갖 연(緣)(사견(邪見)·유혹 따위).

잡예 (雜藝)圀 자질구레한 기예(技藝).

잡용 (雜用)圀 1 일상의 자질구레한 쓰임새. 2 잡비. ▢그것이 ~에 충당하다.

잡은-것 [자븐긷]圀『광』광물을 캐는 데 쓰는 연장의 총칭.

잡을-도조 (-賭租)[자블또-]圀『사』지주가 소작인을 입회시키고 벼의 수확량에 따라 정하는 도조.

잡을-손 [자블쏜]圀 일을 다잡아 해내는 솜씨. ▢~이 매섭다.

　잡을손(이) 뜨다 圀 일을 다잡아 하지도 않고 한다 해도 매우 굼뜨다.

잡음 (雜音)圀 1 시끄러운 소리. 2 전신·라디오의 청취를 방해하는 소리. ▢~이 섞이다 / 전화기에 혼선과 ~이 심하다. 3 주위에서 이러쿵저러쿵하는 의견이나 비판. ▢~을 일으키다 / 수상자 선정에 ~이 많다 / 중간에 ~넣지 마라.

잡-은-씨 圀『언』'지정사(指定詞)'의 풀어쓴 말.

-잡이 囿 1 명사 뒤에 붙어 그것을 잡는 일을 나타냄. ▢멱살~. 2 명사 뒤에 붙어 어떤 일을 맡아 하거나 그 일에 능한 사람을 나타냄. ▢고기~ / 총~ / 길~ / 왼손~. 3 풍물·농기구 등을 다루는 사람. ▢가래~ / 장구~ / 피리~ / 못줄~. 4 나이를 세는 '살' 따위에 붙어 '그 나이의 아이'를 나타냄. ▢세 살~ / 두 사내아이.

잡인 (雜人)圀 그곳이나 그 일에 관계없는 사람. ▢~ 출입 금지.

잡-일 (雜-)[잡닐]圀 갖가지 자질구레한 일. 잡역(雜役).

잡장 (雜杖)[-짱]圀『건』건물의 벽을 만들 때 외로 쓰는 잡목.

잡저 (雜著)[-쩌]圀 1『문』한문으로 된 서(序)·기(記)·잠(箴)·명(銘)·부(賦)·표(表)·책(策) 이외의 저서. 2 잡서(雜書).

잡전 (雜錢)[-쩐]圀 여러 가지 잔돈.

잡-젓 (雜-)[-젇]圀 여러 가지 생선으로 담근 젓. 잡해(雜醢).

잡제 (雜題)[-쩨]圀 1 잡다한 문제. 2 일정한 제목도 없이 여러 가지 내용을 적은 대수롭지 않은 한시(漢詩).

잡졸 (雜卒)[-쫄]圀 훈련이 되어 있지 않은 병

졸. 또는 잡역(雜役)에 종사하는 병사.

잡종 (雜種)[-종]圀 1 이것저것 잡다한 종류. 2『생』다른 종류의 생물과 교배해 생긴 순수하지 못한 생물체. ▢~ 개.

잡종 강세 (雜種强勢)[-종-]『생』잡종 제1대가 몸의 크기·증식력·저항성 등에서 어버이보다 뛰어난 현상.

잡종 경:기 (雜種競技)[-종-] 줄다리기 등 정식 육상 경기가 아닌 경기.

잡종-법 (雜種法)[-종뻡]圀『생』유용(有用)한 잡종을 만드는 방법.

잡종 보:험 (雜種保險)[-종-]『경』손해 보험 가운데 해상 화재 보험을 제외한 다른 보험의 총칭.

잡종-세 (雜種稅)[-종쎄]圀『법』지난날, 상공업 이외의 영업이나 재산에 부과하던 여러 가지 세금(차량세·시장세·선박세·수렵세 따위).

잡종 형성법 (雜種形成法)[-종-뻡]圀『식』품종 개량법의 하나(품종이 다른 식물을 인공적으로 수분(受粉)하여, 양쪽의 우수한 개체로 고정시키는 방법).

잡-좆 [-쫃]圀 쟁깃술의 중간에 박아서 쳐들게 된 나무.

잡-죄다 [-쬐-]囲 1 다잡아 쾌치거나 독촉하다. 2 강도리를 엄히 하다.

잡증 (雜症)[-쯩]圀 주된 질병 이외에 일어나는 여러 가지 증세.

잡지 (雜誌)[-찌]圀 호를 거듭하여 정기적으로 간행되는 출판물(주간·월간·계간 따위). 매거진. 휘보(彙報). ▢~를 구독하다 / ~를 발행하다 / ~에 기사가 실리다.

잡지-사 (雜誌社)[-찌-]圀 영리를 목적으로 잡지를 편집·간행하는 회사.

잡직 (雜職)[-찍]圀『역』조선 때, 의학·역학·음양학·율학·산학 따위를 맡아보던 벼슬.

잡차래 圀 삶아 낸 잡살뱅이 쇠고기. ⦗잡찰.

잡착-하다 (雜錯-)[-차카-]圀囿 착잡하다.

잡찬 (迊湌)[-역]圀 신라 때, 십칠 관등 가운데 셋째 등급.

잡찬 (雜纂)圀 잡다한 내용의 것을 모아 편찬하는 일. 또는 그 책.

잡찰 圀 '잡차래'의 준말.

잡채 (雜菜)圀 여러 가지 나물에 고기를 잘게 썰어 넣고 양념하여 볶은 것에 삶은 당면을 넣고 버무린 음식.

잡처 (雜處)圀 잡거(雜居).

잡철 (雜鐵)圀 잡다한 헌 쇠붙이.

잡초 (雜草)圀 잡풀. ▢~를 뽑다 / ~가 무성하다 / ~가 돋아나다.

잡총 (雜聰)圀 자잘한 일을 잘 기억하는 총기.

잡-추렴 (雜-)圀 정규적이 아닌 자질구레한 추렴. ⦗잡렴(雜斂).

잡축 (雜畜)圀 말과 소 이외의 여러 가지 가축.

잡치다 囲 1 일 따위를 그르치다. ▢일을 ~. 2 기분이나 분위기를 좋지 않게 하다. ▢기분을 ~. 3 물건을 못 쓰게 만들다. ▢경운기를 잡쳐 일손을 놓았다.

잡칙 (雜則)圀 잡다한 규칙.

잡탈 (雜頉)圀 1 잡스러운 폐단. 2 관노(官奴)의 여러 가지 탈.

잡탕 (雜湯)圀 1 쇠고기·해삼·전복·무 따위에 갖은 양념과 고명을 하여 끓인 국 또는 볶은 음식. 2 여러 가지가 뒤섞여 난잡한 모양. 또는 그런 물건.

잡탕-패 (雜湯牌)圀 몹시 난잡한 행동을 하는 무리.

잡-티 (雜-)圀 여러 가지 자잘한 티나 흠.

잡-풀 (雜-)圀 가꾸지 않아도 저절로 나서 자

라는 여러 가지 풀. 잡초.

잡품 (雜品)[-品]명 자질구레한 물품.

잡필 (雜筆)[-筆]명하타 잡기(雜記).

잡학 (雜學)[자팍]명 넓은 분야에 걸친 잡다한 지식이나 학문.

잡행 (雜行)[자팽]명 1 잡스러운 행동. 2 《불》 승려가 계율을 범하는 행위.

잡혀-가다 [자펴-]재 1 붙들려 가다. □유리창을 깨어 주인에게 잡혀가서 혼이 났다. 2 수사 기관에 연행되어 가다. □경찰에 ~. 3 볼모나 포로가 되어 가다. □적군에게 ~.

잡혼 (雜婚)[자폰]명 《사》 난혼(亂婚).

잡화 (雜貨)[자퐈]명 일상생활에서 쓰는 여러 가지 잡다한 물품. □~를 진열하다.

잡화-상 (雜貨商)[자퐈-]명 잡화를 파는 장사. 또는 그 장수나 상점. □~를 벌이다.

잡화-점 (雜貨店)[자퐈-]명 여러 가지 일용품을 파는 상점.

잡회 (雜膾)[자푀]명 간·양·콩팥·처녑 및 살코기를 잘게 썰어 만든 육회의 일종.

잡희 (雜戲)[자피]명 여러 가지 장난이나 놀이.

잡히다¹ [자피-]재 《'잡다¹'의 피동》 1 잡음을 당하다. □손에 ~. 2 논 등에 물이 들어가 차게 되다. □물이 가득히 잡힌 논. 3 '붙잡히다'의 준말. □범인이 ~.

잡히다² [자피-]재 《'잡다²'의 피동》 1 도조(賭租)를 얼마로 정하게 되다. 2 일정이 결정되다. □결혼 날짜가 ~ / 건설 기간이 석 달로 잡혔다.

잡히다³ [자피-]재 《'잡다³'의 피동》 1 동물이 잡음을 당하다. □근해에 고래가 많이 잡혔다. 2 남의 모해를 입다. 3 결점이나 흠잡음을 당하다. □약점이 ~ / 흠이 ~. 4 화재가 진화되다. □불이 ~. 5 일·마음 또는 자리가 안정되다. □마음이 ~ / 살림이 안정되게 잘 ~.

잡히다⁴ [자피-]재 《'잡다⁴'의 피동》 1 굽은 것이 곧게 잡음을 당하다. □굽은 철사가 곧게 ~. 2 의복 따위에 주름이 서게 되다. □주름이 잡힌 스커트 / 이마에 주름이 ~.

잡히다⁵ [자피-]타 《'잡다¹'의 사동》 1 담보로 맡게 하다. □시계를 잡히고 돈을 빌리다 / 담보로 잡혀 있다. 2 손으로 잡게 하다.

잡히다⁶ [자피-]재 1 얼음이 얼기 시작하다. □강가에 살얼음이 잡혔다. 2 꽃망울 따위가 생기다. □마당의 정원수 마른 가지에도 꽃 망울이 잡히기 시작하다.

잡힐-손 [자필쏜]명 무슨 일에든지 쓸모가 있는 재간.

잣¹ [잗]명 잣나무의 열매. 백자(柏子). 송자(松子). □~을 까다 / 수정과에 ~을 띄우다.

잣² [잗]옛 성城).

잣:-가루 [잗까-]명 잣으로 만든 가루(요리의 고명으로 씀). 백자말.

잣:-기름 [잗끼-]명 잣에서 짜낸 기름(식용·약용함).

잣:-나무 [잔-]명 《식》 소나뭇과의 상록 교목. 높이 약 30m 정도이며, 잎은 다섯 개씩 뭉쳐 남. 가을에 잣송이가 익음. 건축재·가구재로 씀. 씨는 식용함.

잣-눈¹ [잔-]명 길이를 재는 자에 새겨진 눈금.
[잣눈도 모르고 조복(朝服) 마른다] 아무것도 모르면서 가장 어려운 일을 하려고 한다는 뜻.

잣-눈² [잔-]명 한 자 높이 정도로 온 눈. 척설(尺雪).

잣:다 [잗따]〔자아, 자으니, 잣는〕타A 1 물레

━━━━━━━━━━━━

를 돌려 실을 뽑다. □물레로 실을 ~. 2 물을 높은 곳으로 빨아올리다. □못의 물을 자아 논에 댔다.

잣다리 [잗따-]명 《식》 올벼의 하나. 까끄라기가 없고 빛이 누름.

잣:-단자 (-團餈)[잗딴-]명 잣가루를 넣어 만든 단자.

잣-대 [잗때-]명 '자막대기'의 준말.

잣:-박산 (-薄饊)[잗빡싼]명 1 산자(饊子)에 잣을 으깨어 붙인 유밀과의 한 가지. 2 잣을 꿀이나 엿에 버무려 반듯반듯하게 만든 음식.

잣:-불 [잗뿔]명 《민》 음력 정월 열나흗날 밤, 깐 잣 열두 개를 각각 바늘로 꿰어 불을 붙여 그해 신수를 보는 아이들의 장난.

잣:-새 [잗쌔]명 《조》 솔잣새.

잣:-송이 [잗쏭-]명 잣이 박혀 있는 잣나무의 열매.

잣:-송진 (-松津)[잗쏭-]명 잣나무에서 나는 아주 끈끈한 진.

잣:-엿 [잗녇]명 깐 잣을 섞어서 굳힌 엿.

잣:-죽 (-粥)[잗쭉]명 잣과 쌀을 물에 불려 갈아서 쑨 죽.

잣:-즙 (-汁)[잗쯥]명 잣을 짜서 낸 즙.

잣:-집게 [잗찝께]명 잣을 까는 데 쓰는 쇠로 만든 작은 집게.

잣:-징 [잗찡]명 대가리가 잣처럼 둥글고 못이 하나 달린 작은 징.

장¹ 화투 놀이에서 열 끗의 일컬음. □~땡.

장² 게의 딱지 속에 들어 있는 누르스름한 물질. 가을에 양이 많아지며 맛이 있음. 해황(蟹黄)

장¹ (丈)명 길이¹·¹.

장:² (長)명 어떤 조직의 우두머리. □~ 노릇하기도 힘들다.

장 (章)명 1 문장을 몇 부분으로 크게 나눈 단락. 2 예산 편성상 구분의 하나. 장 아래는 관·항·목 등이 있음.

장² (帳)명 《역》 조선 때, 동학 교구의 한 단위.

장: (將)명 1 장수(將帥). 2 장기에서 '초(楚)'·'한(漢)' 자를 새긴 짝. 3 '장군²(將軍)█'의 준말. □~을 부르다.

장¹ (場)명 많은 사람이 모여 물건을 사고파는 곳. 또는 그 일. 시장. □~이 서다 / ~이 파하다 / 쌀을 사러 ~에 가다 / ~을 보러 가다.

장² (場)명 1 어떤 일이 행하여지는 곳. □만남의 ~. 2 《물》 물체 사이에 힘이 작용하는 공간. 3 《심》 심적 사상(心的 思想)이 생기는 원인을 전체 구조나 상황과의 상호 의존 관점에서 구하는 경우의 그 심리학적 상태.

장: (腸)명 《생》 소화기의 한 부분. 배 속의 위(胃)의 유문(幽門) 아래부터 항문까지인데, 길고 꼬불꼬불하며 음식물의 소화·흡수·배설 따위의 작용을 함.

장: (醬)명 1 '간장'의 준말. 2 간장·고추장·된장의 총칭. □~을 담그다.

장: (欌)명 1 옷·장·옷장·책장 등 물건을 넣어 두는 가구의 총칭. □~을 짜다 / ~을 맞추다 / ~을 들여놓다 / ~ 속 깊이 숨기다.

장: (臟)명 《생》 심장·간장·폐장·신장·비장 등 내장의 총칭.

장 의명 무덤을 세는 단위. □두 ~의 큰 뫼가 나란히 자리 잡고 있다.

장 (丈)의명 1 길이의 단위. 한 자(尺)의 열 배

로 약 3m에 해당함. **2** 한자로 된 숫자 뒤에 붙여 '길'의 뜻을 나타내는 말. ☐천(千) ~의 심해(深海).

장(張)〔의명〕 종이나 유리 따위의 얇고 넓적한 조각으로 생긴 물건을 세는 단위. ☐가마니 두 ~/B4 용지 석 ~.

장³(場)〔의명〕〖연〗 연극 등에서, 한 막 가운데 무대 정경은 변하지 않은 채 바뀌는 장면을 세는 단위. ☐3막 5 ~. *막(幕)·경(景).

장-(長)〔접〕'긴' 또는 '오랜'의 뜻을 나타내는 말. ☐~시간 / ~모음 / ~거리 / ~시일. ↔단(短)~.

-장(丈)〔접〕일부 명사 뒤에 붙어 '어른'의 뜻을 나타내는 말. ☐노인~ / 춘부~ / 주인~.

-장(狀)〔짱〕〔접〕일부 명사 뒤에 붙어 '증서'의 뜻을 나타내는 말. ☐졸업~ / 감사~ / 임명~ / 초청~.

-장(長)〔접〕기관·단체·부서명 등의 뒤에 붙어 '우두머리·책임자'의 뜻을 나타내는 말. ☐후원회~ / 조합~ / 이사~.

-장(帳)〔접〕일부 명사 뒤에 붙어 '장부'나 '공책'의 뜻을 나타내는 말. ☐매출~ / 출납~ / 연습~ / 일기~.

-장(場)〔접〕일부 명사 뒤에 붙어 '장소'의 뜻을 나타내는 말. ☐야구~ / 수영~ / 시험~ / 운동~ / 연회~.

-장(葬)〔접〕일부 명사 뒤에 붙어 '장례식'의 뜻을 나타내는 말. ☐국민~ / 사회~.

장:가〔명〕남자가 아내를 맞는 일. ☐~를 들다 / ~를 가다.

장가(長歌)〔명〕**1** 장편으로 된 노래. 또는 곡조가 긴 노래. **2**〖문〗글자 수에 제한이 없는 긴 형식의 시가 문학(글자 수에 제한이 있는 시조에 상대하여 긴 노래라는 뜻으로, 흔히 고려 가사를 이르는 말〕.

장:가(葬歌)〔명〕죽은 사람을 조상하기 위한 성악곡 또는 기악곡.

장:가-가다 혼인하여 아내를 맞다.

장:가-들다〔-들어, -드니, -드는〕〔재〕장가가다. ☐부잣집에 ~.

〔장가들러 가는 놈이 불알 떼어 놓고 간다〕가장 요긴한 것을 잊어버린다.

장:가-들이다〔타〕('장가들다'의 사동〕장가가게 하다.

장:가-보내다〔타〕장가들이다.

장:가-처(-妻)〔명〕정식으로 혼례를 치르고 맞은 아내.

장각(長角)〔명〕**1** 긴 뿔. **2** '장각과'의 준말.

장각(長脚)〔명〕긴 다리.

장각(獐角)〔명〕〖한의〗노루의 굳은 뿔(부인병·임질에 씀〕.

장각-과(長角果)〔-꽈〕〔명〕〖식〗건조과(乾燥果)가운데 열과(裂果)의 하나. 두 장의 심피(心皮)로 이루어진 좁고 긴 뿔 모양의 열매 가운데 격막이 생김(무·배추·냉이 따위〕.

장간(長竿)〔명〕장대.

장간(獐肝)〔명〕〖한의〗약으로 쓰는 노루의 간.

장간(檣竿)〔명〕돛대.

장:-간(醬-)〔명〕간장으로 간을 한 음식의 짠맛의 정도.

장:-간(醬間)〔-깐〕〔명〕장독간.

장-간막(腸間膜)〔명〕〖생〗복막의 한 부분. 반투명의 얇은 막으로 장관(腸管)을 둘러싸고 그것이 수직으로 걸려 있게 함.

장-간죽(長簡竹)〔명〕긴 담뱃설대.

장감(長感)〔명〕〖한의〗오래된 감기로 생기는

병. 기침과 오한이 심하며 폐렴이 되기 쉬움.

장-감고(場監考)〔명〕〖역〗관아에서 파견되어 장판으로 돌아다니면서 물건의 시세를 살펴 검사하던 사람.

장:갑(掌甲·掌匣)〔명〕방한이나 장식으로 손에 끼는 물건(털실·천·가죽 따위로 만듦〕. ☐~한 켤레 / ~을 끼다.

장갑(裝甲)〔명〕〔하자〕**1** 갑옷을 입고 투구를 갖춤. **2** 적탄을 막기 위해 선체·차체 등에 강철판으로 튼튼히. 또는 그 강철판.

장갑 부대(裝甲部隊)〔-뿌-〕〖군〗주로 전차·장갑 자동차 등으로 편성된 부대.

장갑 열차(裝甲列車)〔-찰〕〖군〗장갑판과 화포 등으로 중무장한 철도 차량.

장갑 자동차(裝甲自動車)〔-짜-〕〖군〗차체를 철판 따위로 싸고 기관총 따위로 무장한 군용 자동차.

장갑-차(裝甲車)〔명〕〖군〗적탄에 대한 방어용의 장갑을 하고, 무기를 장비한 차량.

장갑 차량(裝甲車輛)〔명〕〖군〗전투 수행을 목적으로 장갑을 한 차량의 총칭.

장갑-판(裝甲板)〔명〕〖군〗장갑을 하기 위한 강철판.

장갑-함(裝甲艦)〔-가팜〕〔명〕〖군〗선체를 강철판으로 싸서 무장한 군함.

장강(長江)〔명〕**1** 길고 큰 강. **2**〖지〗양쯔 강(揚子江〕의 중국식 표기.

장강(長杠)〔명〕길고 굵은 멜대. 물건을 가운데 올려놓거나 매어 달고 앞뒤로 들어서 멤. 장강목(木〕.

장강-대필(長杠大筆)〔명〕힘 있고 웅대한 글을 가리키는 말.

장강-목(長杠木)〔명〕장강(長杠〕.

장강-틀(長杠-)〔명〕이상의 장강을 여러 개의 가로장으로 맞추거나 얽어맨 틀(흔히, 상여 따위를 운반할 때 씀〕.

장갱이〔어〕장갱잇과의 바닷물고기. 길이 60cm 정도, 뱀장어 모양으로 길고 머리는 옆으로 납작하고, 눈은 작고 입은 큼.

장:거(壯擧)〔명〕장하고 큰 계획이나 일. ☐올림픽 마라톤 제패의 ~를 이루다.

장-거리(長距離)〔명〕**1** 멀고 긴 거리. **2** '장거리 달리기'의 준말.

장-거리¹(場-)〔-꺼-〕〔명〕장이 서는 번잡한 거리. ☐~가 장꾼들로 혼잡하다.

장-거리²(場-)〔-꺼-〕〔명〕장에 내다 팔아 돈을 마련하거나 사 올 물건. ☐아낙네들이 ~를 이고 오다.

장거리 경:주(長距離競走〕장거리 달리기.

장거리 달리기(長距離-)육상에서, 5,000m·10,000m·마라톤 경주 등의 총칭. ▷장거리. *단거리 달리기·중거리 달리기.

장거리 전:화(長距離電話〕보통의 가입 구역 이외에, 특정된 먼 구역과 통화할 수 있는 전화. 원거리 전화.

장거리-포(長距離砲)〔명〕〖군〗먼 거리의 포격을 목적으로 하는 사정거리가 긴 대포.

장:-건더기(醬-)〔명〕장을 재료로 쓴 반찬을 통틀어 이르는 말.

장:건-하다(壯健-)〔형여〕기골이 장대하고 튼튼하다.

장검(長劍)〔명〕지난날, 무기로 쓰던 긴 칼. 장도(長刀〕. ↔단검.

장:-결핵(腸結核)〔명〕〖의〗장 점막에 일어나는 결핵(결핵균이 침이나 가래 등과 함께 삼켜져서 장 점막을 침해하여 발생함〕.

장경(長徑)〔명〕〖수〗'긴지름'의 구용어.

장경(粧鏡)〔명〕경대(鏡臺〕.

장경 (蔣莖) 圏 《식》 식물 줄기의 한 형태. 크고 살진 모양으로 저수(貯水) 조직이 있고 동화 작용을 함. 선인장의 줄기 따위.

장경 (藏經) 圏 《불》 '대(大)장경'의 준말.

장경-성 (長庚星) 圏 《천》 태백성(太白星).

장경-판 (藏經板) 圏 《불》 석가모니가 일생 동안 베푼 교법의 글월을 새겨 놓은 경판.

장계 (長計)[-/-계] 圏 '장구지계(長久之計)'의 준말.

장:계 (狀啓)[-/-계] 圏하자 《역》 왕명으로 지방에 나간 관원이 글로 써서 올리던 보고.

장계-취색 (將計就計)[-/-게-게] 圏 상대편의 계략을 미리 알고, 이를 역이용하는 계교.

장고 (長考) 圏하타 오랫동안 깊이 생각하는 일. ▢ ~ 끝에 악수(惡手).

장고 (杖鼓·長鼓) 圏 '장구'의 원말.

장-고래 (長-) 圏 길이로 길게 켠 방고래.

장곡 (長谷) 圏 깊고 긴 산골짜기.

장-골 (壯骨) 圏 기운 좋고 크게 생긴 골격. 또는 그런 사람. ▢ 워낙 무거워 ~ 셋이 겨우 들었다.

장골 (長骨) 圏 척추동물의 사지(四肢)를 이루고 있는, 양끝이 공 모양인 길고 굵은 원통형의 뼈.

장:골 (掌骨) 圏 《생》 손바닥을 이루는 다섯 개의 뼈. 손바닥뼈.

장:골 (腸骨) 圏 《생》 허리 부분을 이루는 뼈의 하나. 두 물과 궁둥이뼈의 뒤쪽 위에 있는 뼈.

장공 (長空) 圏 끝없이 높고 먼 하늘. ▢ 봉황이 구만 리 ~을 난다고 한다.

장공-속죄 (將功贖罪)[-죄] 圏 죄지은 사람이 공을 세워 속죄함.

장과 (漿果) 圏 《식》 과실의 한 가지. 과육과 액즙이 많고 속에 씨가 있음(귤·감·포도 따위).

장과-지 (長果枝) 圏 《식》 사과나무 등의 어린 나무에서 볼 수 있는, 열매가 달리는 30-60cm의 긴 가지.

장곽 (長藿) 圏 《식》 길쭉하고 넓은 미역.

장-관 (壯觀) 圏 1 훌륭하여 볼만한 광경. 대관(大觀). ▢ 만산홍엽이 일대 ~이다. 2 '구경거리'·'매우 꼴 보기 좋음'의 뜻으로 남의 행동이나 어떤 상태를 비웃는 말. ▢ 질은 화장에 야한 옷이 아주 ~이다.

장:관 (長官) 圏 1 국무를 나누어 맡아 처리하는 행정 각부의 우두머리. ▢ 행정 자치부 ~. 2 《역》 한 관아의 으뜸 벼슬.

장:관 (將官) 圏 1 장수(將帥). 2 원수·대장·중장·소장 및 준장의 총칭. 3 《역》 대장·부장(副將)·참장(參將)의 총칭.

장:관 (掌管) 圏하타 관장(管掌).

장:관 (腸管) 圏 《생》 1 동물이 섭취한 음식물을 소화해서 흡수하는 기관의 창자《입으로 시작하여 항문에서 끝남》. 2 장(腸).

장관이대 (張冠李戴) 圏 장가의 관을 이가가 쓴다는 뜻으로, 이름과 실상이 일치하지 못하는 것의 비유.

장광 (長廣) 圏 길이와 넓이.

장광-도 (長廣刀) 圏 길고 넓은 큰 칼.

장광-설 (長廣舌) 圏 1 길고 세차게 잘하는 말솜씨. 2 쓸데없이 너저분하게 오래 지껄이는 말. ▢~을 늘어놓다.

장광-창 (長廣窓) 圏 《건》 곳집을 밝게 하려고 도리 밑에 가로질러 길게 만든 창.

장:교 (將校) 圏 1 《군》 육해공군의 소위 이상의 군인. ▢ 고급 ~ / 연락 ~ / ~ 출신. ↔사병. 2 《역》 조선 때, 각 군영과 지방 관아의 군무에 종사하던 낮은 벼슬아치의 총칭.

장:교-단 (將校團) 圏 《군》 한 국가의 군대 또

는 육해공군의 한 군에 소속된 장교의 무리.

장구 (章句) 圏 국악에서 쓰는 타악기의 하나. 허리가 잘록한 통의 양쪽 두 개의 테에, 하나는 말가죽을 매어 오른쪽 마구리에 대고 다른 하나는 쇠가죽을 매어 왼쪽 마구리에 대어 붉은 줄로 얽어서 팽팽하게 켕김. 왼쪽은 손, 오른쪽은 채로 침.
[장구를 쳐야 춤을 추지] 곁에서 북돋우며 거들어야 일을 더 잘할 수 있다.

장구 (長軀) 圏 키가 큰 몸. 장신(長身). ↔단구(短軀).

장구 (長驅) 圏하타 말을 타고 멀리 달려감. 먼 곳까지 쫓아감. ▢ 승승(乘勝)~.

장구 (章句) 圏 1 글의 장과 구. 2 문장의 단락.

장:구 (葬具) 圏 장례에 쓰는 여러 가지 기구.

장구 (裝具) 圏 1 무엇을 꾸미고 단장하는 데 쓰는 제구. 2 어떤 일을 하려고 몸에 지니는 기구. ▢ 등산 ~.

장-구력 (場-)[-꾸-] 圏 시장에 물건을 사러 다닐 때에 쓰는 돈이나 다니는 바구니.

장구-매듭 圏 두 끝을 맞매는 매듭의 한 가지. 이 끝은 저쪽 줄에 한 번 얽어매고, 저 끝은 이쪽 줄에 한 번 얽어서 맨 뒤에 잡아당기면 맞닿게 되어 늘었다 줄었다 함.

장구-머리 圏 《건》 보·도리·평방(平枋) 등에 그리는 단청(丹靑)의 하나. 짧 다섯 송이씩 모아 띄엄띄엄 그리고, '살'과 '휘'들을 엇걸리게 그림.

장구-무사 (-武砂) 圏 홍예문의 홍예 옆이나 위의 호형(弧形)에 맞추어 평행이 되게 놓는 돌. 어느 한 면을 둥그스름하게 다듬어 호형에 맞춤. *잠자리무사.

장구-배미 圏 장구 모양과 같이 가운데가 잘록하게 생긴 논배미.

장구-벌레 圏 모기의 애벌레. 길이 4-7mm로 몸은 머리·가슴·배의 세 부분으로 구분됨. 여름에 물속에서 부화하여 껍질을 벗고 번데기가 되었다가 변태하여 모기가 됨. 적충(赤蟲).

장구-애비 圏 《충》 장구애빗과의 곤충. 논·늪에 살며 길이 3cm 내외, 빛은 갈색임. 배 끝에 한 쌍의 긴 호흡기가 있음.

장구-재비 圏 농악이나 풍악에서, 장구를 치는 사람.

장구지계 (長久之計)[-/-게] 圏 어떤 일이 오래 계속되기를 꾀하는 계획. 장구지책. ⑱장계(長計).

장구-채 圏 1 장구를 치는 채. 2 《식》 석죽과의 두해살이풀. 줄기는 여럿이 뭉쳐나고 높이 약 80cm. 여름에 흰 꽃이 핌. 씨는 한약재, 줄기와 어린잎은 식용됨. 전금화(翦金花).

장구-통 圏 장구의 몸이 되는 통.

장구-하다 (長久-) 圏여 대단히 길고 오래다. ▢ 장구한 세월. 장구-히튀.

장:-국 (醬-)[-꾹] 圏 1 '맑은장국'의 준말. 2 토장국이 아닌 국물의 총칭. 3 간장을 탄 물《열구자나 전골 등의 국물로 씀》.

장:국-밥 (醬-)[-국빱] 圏 1 장국에 만 밥. 2 장국을 붓고, 산적과 혹살을 넣어 파는 밥. 온반(溫飯). 탕반(湯飯).

장군 圏 1 물·술·간장 등을 담아 옮길 때 쓰는 오지 또는 나무로 만든 그릇. 중두리를 뉘어 놓은 것 같은데 한쪽 마구리는 평평하고 한쪽은 반구형이며 배 쪽에 작은 아가리가 있음. 2 '오줌장군'의 준말.

장군¹ (將軍) 圏 1 군을 지휘하고 통솔하는 무

관. ▯이순신 ~/~의 명령을 따르다. **2** '장 관(將官)2'의 속칭. ▯~으로 진급하다. **3** 신 라 때, 임금을 호위하던 군대의 으뜸 벼슬. **4** 고려 때, 무관의 정사품 벼슬. **5** 벼슬의 품계 에 붙이는 칭호.

장군²(將軍)〖명〗 장기에서, 상대편의 장(將) 을 치려고 놓는 수. ⓒ장(將). 〘갑〙 장기에 서, 장군 부를 때 지르는 소리.

　장군 멍군〖구〗 장기에서, 두 사람이 서로 대 립해서 승부를 가리기 어려움을 비유하는 말. 멍군 장군. *멍군.

　장군(을) 받다〖구〗 장기에서, 장군을 피하여 막다. 장을 받다.

　장군(을) 부르다〖구〗 장기에서, 장군을 받으 라고 소리를 지르다. 장을 부르다.

장군-목(將軍木)〖명〗〖건〗 궁문·성문 따위의 큰 문을 닫고 빗장처럼 가로지르는 굵고 긴 나무.

장군-부(─缶)〖명〗 한자 부수의 하나('缺·罐' 따위에서 '缶'의 이름).

장군-석(將軍石)〖명〗 무인석(武人石).

장군-전(將軍箭)〖명〗 쇠붙이로 만든 큰 화살. 무게는 서 근에서 닷 근까지이며 쇠뇌에 장치 하여 내쏨.

장군-풀(將軍─)〖명〗〖식〗 여뀟과의 여러해살이 풀. 높은 산의 암석지에 남. 줄기는 속이 비 고 높이는 2 m 이상. 여름에 황백색 꽃이 핌. 뿌리는 '대황(大黃)'이라 하여 약재로 씀.

장:-굴젓(醬─)[─젓]〖명〗 굴을 소금에 절였다가 끓여 삭힌 뒤에 간장을 부어 삭힌 것.

장궁(長弓)〖명〗 앞을 순전히 뿔로 만든 각궁(角 弓)의 하나.

장:-권(獎勸)〖명〗〖하타〗 장려하여 권함. 권장.

장궐-증(臟厥症)[─쯩]〖명〗〖한의〗 원기가 허하 여져서 팔다리가 싸늘해지고 설사와 구토를 하고 오한이 일어나는 증세.

장궤(長櫃)〖명〗 큼직하고 기다란 궤짝.

장:귀(將─)〖명〗 투전·섰다에서, '가보'의 한 가지(열 끗짜리와 아홉 끗짜리).

장귀-천(將鬼薦)〖명〗〖역〗 무과(武科) 출신으 로 장차 대장(大將)이 될 만한 사람을 벼슬길 에 추천하던 일.

장-귀틀(長─)〖명〗〖건〗 마루 귀틀 가운데 세로 로 놓이는 가장 긴 귀틀.

장그랍다[─따][장그라워, 장그라우니]〖형ㅂ〗 '쟁 그랍다'를 얕잡아 이르는 말.

장근(將近)〖명〗 사물의 수효나 시간을 나타내는 말 따위와 함께 쓰여, '거의'의 뜻을 나타내 는 말. ▯~ 두 달이 지나다. ──하다〖자여〗 거의 가깝다.

장글-장글〖부〗〖하〗 ☞쟁글쟁글.

장-금(場─)[─끔]〖명〗 시장에서 거래되는 시세. 장(場)시세. ▯~이 오르다/~으로 팔다/~ 으로 드립다.

장:-기(壯妓)〖명〗 나이가 지긋한 기생(妓生).

장:-기(壯氣)〖명〗 건장한 기운. 왕성한 원기.

장:-기(杖朞)〖명〗 상례(喪禮)에서, 상주가 상장 (喪杖)을 짚고 자최(齊衰)로 1년 동안 입는 상복(喪服).

장기(長技)[─끼]〖명〗 가장 능한 재주. ▯~ 자 랑을 하다/업어 치기가 그의 ~이다.

장기(長期)〖명〗 오랜 기간. ▯~ 대출/~ 여행/ ~ 출장을 가다. ↔단기.

장:기(帳記·掌記)[─끼]〖명〗 물건이나 논밭 등의 매매에 관한 물목(物目)을 적은 글.

장:기(將棋)〖명〗 놀음놀이의 하나. 32짝을 붉은

글자, 푸른 글자의 두 종류로 나누어, 판 위 에 정해진 대로 벌여 놓고 둘이서 교대로 두 어 장군을 막지 못하면 짐. ▯~를 두다.

장:기(將器)〖명〗 장수가 될 만한 인재.

장:기(瘴氣)〖명〗 축축하고 더운 땅에서 일어나 는 독한 기운. 장독(瘴毒).

장기(臟器)〖명〗〖생〗 내장의 여러 기관. ▯~를 기증하다.

장-기간(長期間)〖명〗 오랫동안. ▯~ 머물다/ ~ 해외에 체류하다. ↔단기간.

장기 감:각(臟器感覺)〖심〗 유기 감각(有機 感覺). 내장 감각.

장기 거:래(長期去來)〖경〗 '장기 청산 거래' 의 준말.

장기 금융(長期金融)[─늉/─그늉]〖경〗 장기 간에 걸쳐 상환하기로 하고 대부하여 주는 자금. ↔단기 금융.

장기 기생충(臟器寄生蟲)〖동〗 동물의 장기 속에 기생하는 기생충.

장기 신:용(長期信用)〖경〗 부동산을 담보로 오랜 기간 지속되는 금융상의 신용. ▯~ 대 출을 하다.

장기 신:탁(長期信託)〖경〗 보통 5년 이상의 장기신용으로 하는 신탁.

장기 어음(長期─)〖경〗 발행일로부터 3개월 에서 6개월에 걸친, 또는 그 이상의 긴 기간 을 두고 지급되는 어음.

장기 예:보(長期豫報)〖지〗 3일 이상 앞날의 일기 예보. ▯요즘은 ~가 비교적 잘 맞는다. ↔단기 예보.

장기 이식(臟器移植)〖의〗 질병이나 외상으 로 장기가 손상되었을 때, 다른 개체의 정상 적인 장기를 이식하는 일(신장·골수·심장· 간·각막 등의 이식이 행해지고 있음). ▯~ 의 성공률이 높다.

장기-적(長期的)〖관〗〖명〗 오랜 기간에 걸치는 (것). ▯~인 안목/~인 실업 대책.

장기-전(長期戰)〖명〗 오랜 기간에 걸쳐 싸우는 전쟁. ▯~으로 들어가다/~에 대비하다. ↔단기전(短期戰).

장:기-짝(將棋─)〖명〗 장기를 두는 데 말로 쓰는 나뭇조각(붉은 글자와 푸른 글자 각 16짝씩 32짝이 한 벌임).

장기-채(長期債)〖명〗〖경〗 갚는 기간이 1년 이 상인 긴 채권. ↔단기채.

장기 청산 거:래(長期淸算去來)〖경〗 증권 거 래소에서, 일정한 끼기가 지난 후 현품을 넘 기기로 계약을 하고, 그 기간 안에 전매(轉 賣)·환매(還買)한 차액으로 결재가 되는 거 래. ↔단기 청산 거래. ⓒ장기 거래.

장:-기-퇴김(將棋─)〖명〗 한 곳에서 생긴 일의 영향이 차차 다른 데로 옮겨 미치게 됨을 이 르는 말.

장:기-판(將棋─)〖명〗 장기를 두고 있는 자리. ▯~을 벌이다/~이 벌어지다.

장:기-판(將棋板)〖명〗 장기를 두는 판. 가로로 열 줄, 세로로 아홉 줄이 그려진 말판.

장기-화(長期化)〖명〗〖하자타〗 일이 오래 끌게 됨. 또는 그렇게 되게 함. ▯공사의 ~/사건 수 사의 ~.

장:-김치(醬─)〖명〗 **1** 장과 김치. **2** 무·배추·오 이 등을 넣어 간장에 절여 담근 김치.

장:-깍두기(醬─)[─뚜─]〖명〗 소금 대신 간장을 넣어 담근 깍두기.

장-꾼(場─)〖명〗 장(場)에 모여 물건을 사고파는 사람들.

장끼 몡 '수꿩'의 별칭. ↔까투리.

장-나무 (長-) 몡 물건을 받치거나 버티는 데 쓰는 굵고 긴 나무. 목간(木竿). 장목(長木).

장난 몡하자 1 아이들의 여러 가지 놀음놀이. ▫~이 심하다 / 수업 시간에 ~을 치다. 2 실없이 하는 일. ▫ 전화가 걸려 오다. 3 짓궂게 놀리는 짓. ▫~이 지나치다 / 못된 ~을 하다.

장난-감 [-깜] 몡 아이들이 가지고 노는 여러 가지 물건. ▫ ~ 자동차.

장난-기 (-氣)[-끼] 몡 장난하려는 기분. 장난하려는 마음. ▫~가 섞이다.

장난-꾸러기 몡 장난이 심한 아이.

장난-꾼 몡 장난을 잘 치는 사람.

장난-삼다 [-따] 짜 (주로 '장난삼아'의 꼴로 쓰여) 목적이나 의도 따위가 없이 심심풀이로 실없게 행동하다. ▫말을 장난삼아 하지 말게.

장난-치다 짜 심하게 장난하다. ▫친구와 장난치고 놀다 / 중간에서 장난치지 마라.

장-날 (場-) 몡 장이 서는 날. ▫~을 기다리다.

장:-남 (長男) 몡 맏아들. ▫~으로 태어나다 / ~이 가업을 잇다.

장:-남-하다 형여 〈속〉 자라서 어른스럽다.

장:-내 (帳內) [-때] 몡 조선 때, 한양 오부(五部)가 관할하던 구역의 안. ↔장외.

장내 (場內) 몡 어떠한 장소의 안. ▫~ 정리 / ~가 소란해지다. ↔장외(場外).

장내 (掌內) 몡 맡아보는 일의 범위 안.

장내 (牆內) 몡 담장의 안.

장-내기 (場-) 몡 장에 내다 팔려고 만든 물건.

장:내 기생충 (腸内寄生蟲) 《동》 창자 안에 기생하는 기생충의 총칭(회충·촌충 따위).

장내기-옷 (場-)[-옫] 몡 시장에 내다가 팔기 위하여 만든 옷.

장:-녀 (長女) 몡 맏딸. ▫~와 결혼하다 / 2 남 2 녀 중 ~로 태어났다.

장:-년 (壯年) 몡 사람의 일생 중에서, 일반적으로 서른에서 마흔 안팎의 혈기 왕성하여 한창 활동할 나이. 또는 그런 사람. 장령(壯齡). ▫청년~ 가리지 않고 모집하다.

장년 (長年) 몡 1 긴 세월. 2 나이가 많은 사람. 3 긴 삶.

장:-년-기 (壯年期) 몡 장년(壯年)의 시기. ▫~에 접어들다.

장:년기 지형 (壯年期地形) 《지》 활발한 침식(浸蝕) 작용으로 깊은 골짜기와 날카로운 산마루를 형성하는 시기의 지형.

장년 섭동 (長年攝動)[-똥] 《천》 장차(長差).

장:-농 (欌籠) 몡 장롱.

장뇌 (長腦) 몡 《식》 장로(長蘆).

장뇌 (樟腦) 몡 《화》 녹나무를 증류해서 얻는 고체 성분. 무색·반투명 결정으로 독특한 향기가 있음. 셀룰로이드·무연(無煙) 화약·필름·강심제 또는 방충제·방취제(防臭劑) 제조 등에 씀.

장뇌-유 (樟腦油) 몡 《화》 장뇌를 증류·분류(分溜)할 때 장뇌와 함께 얻는 정유(노란색 내지 갈색을 띰).

장니 (障泥) 몡 말다래.

장닉 (藏匿) 몡하타 감추어서 숨김.

장:-님 몡 눈이 먼 사람. 맹인. 시각 장애인. [장님 잠자나 마나] 무엇을 했는지 겉으로 나타남이 없다. [장님 코끼리 말하듯] ⊙능력이 없으면서 큰일을 말한다. ⓒ일부분을 알면서 그것이 전체인 양 말한다.

장:님-도가 (-都家) 몡 여러 사람이 모여서 떠들어 대는 곳을 이르는 말.

장:님-술래 몡 수건으로 눈을 가린 술래가 손뼉을 치며 도망다니는 사람을 잡는 놀이.

장:님-총 (-銃) 몡 겨냥을 바로 하지 못하고 함부로 쏘는 총. 또는 그런 총질.

장다리 몡 무·배추 따위의 꽃줄기.

장다리-꽃 [-꼳] 몡 장다리에서 피는 꽃.

장다리-무 몡 씨를 받기 위해 장다리꽃이 피도록 가꾼 무.

장-단 (長短) 몡 1 《악》 노래·춤·풍류 등의 길고 짧은 박자. 주의 '長短'으로 씀은 취음. 2 남의 행동을 뒤에서 꼬드기는 짓의 비유.

장단(을) 맞추다 굔 ⊙박자를 맞추다. ⓒ남의 기분이나 비위를 맞추어 주다.

장단(을) 치다 굔 풍류·노래 등의 박자를 맞추어 장구나 북 따위를 치다.

장단(이) 맞다 굔 조화가 잘 이루어지고 짝이 맞다.

장단 (長短) 몡 1 길고 짧음. ▫~을 재다. 2 장점과 단점. 장단점. ▫~을 분간하다 / 모든 일에는 ~이 있게 마련이다.

장단-점 (長短點)[-쩜] 몡 장점과 단점. 장단. ▫~을 비교하다.

장-닭 [-딱] 몡 수탉.

장:-담 (壯談) 몡하자타 확신을 갖고 자신 있게 하는 말. ▫압승을 ~하다 / 성공을 ~하기는 아직 이르다.

장:-담 (壯膽) 몡 씩씩한 담력.

장-대 (杖臺) 몡 《역》 장판(杖板).

장-대 (長-)[-때] 몡 대나 나무를 다듬어 만든 긴 막대기. 장간(長竿). ▫~를 휘두르다. [장대로 하늘 재기] 가능성이 전혀 없는 짓을 이르는 말.

장대 (長臺) 《건》 '장대석'의 준말.

장-대 (狀袋) 몡 예전에, 편지를 넣던 봉투.

장-대 (將臺) 몡 《역》 성·보(堡)·둔(屯)·수(戍) 등의 동서 양쪽에 돌로 쌓아 만든, 장수의 지휘대.

장-대 (掌大) 몡 손바닥만 한 크기(매우 작은 물건이나 비좁은 곳의 비유).

장:-대구 (醬大口) 몡 간장에 절였다가 배를 갈라 내장을 넣어서 말린 대구.

장대-높이뛰기 (長-)[-때노피-] 몡 장대를 짚고 가로대를 뛰어넘는 육상 경기의 하나. 봉고도(棒高跳).

장대-도둑 (長-)[-때-] 몡 장대질을 하여 물건을 훔치는 도둑.

장대-비 (長-)[-때-] 몡 장대같이 굵고 세차게 좍좍 내리는 비.

장대-석 (長臺石) 《건》 섬돌 층계나 축대에 쓰려고 길게 다듬은 돌. 준장대.

장대-질 (長-)[-때-] 몡하자타 장대를 다루는 짓.

장:-대패 (長-) 몡 대팻집이 길고 바닥이 평평한 대패.

장:-대-하다 (壯大-) 형여 1 허우대가 크고 튼튼하다. ▫기골이 ~. 2 기상이 씩씩하고 크다. 장대-히 閉

장대-하다 (長大-) 형여 길고 크다. ▫장대한 목재가 쌓여 있다. 장대-히 閉

장대-하다 (張大-) 형여 1 규모가 넓고 크다. ▫장대한 풍경. 2 일이 크게 벌어져 거창하다. ▫장대한 계획.

장:-도 (壯途) 몡 중대한 사명이나 장한 뜻을 품고 떠나는 길. ▫~에 오르다.

장:-도 (壯圖) 몡 장하고 웅대한 계획이나 포부. ▫~를 품다.

장-도 (長刀) 몡 긴 칼. 대도(大刀). ▫~를 휘두

르다. ↔단도.

장도(長途)[명] 오랜 기간의 여행. 먼 길.

장도(粧刀)[명] 장도칼.

장-도감(張都監)[명] 큰 말썽이나 풍파를 이르는 말. '수호지(水滸誌)'에 나오는 말로, 장도감의 집이 풍파를 만나 큰 해를 입었다는 데서 유래함.

　　장도감(을) 치다 ㈜ 말썽이나 풍파를 크게 일으키다.

장:도리[명] 못을 박거나 빼는 데 쓰는 연장. 노루발장도리.

장-도막(場-)[의명] 장날과 장날 사이의 동안을 세는 말. ▣한 ~ / 두 ~을 기다리다.

장-도지(場賭地)[명] 장변(場邊).

장도-칼(粧刀-)[명] 옷고름이나 주머니에 차고 다니며 주머니칼처럼 쓰는 칼집 있는 작은 칼. 장도.

장:-독(醬-)[-똑][명] 간장·고추장·된장을 담아 두거나 담그는 독.

장:-독(杖毒)[명] 곤장 따위로 매를 몹시 맞아서 생긴 상처의 독. ▣~이 올라 죽다.

장:-독(瘴毒)[명] 장기(瘴氣).

장:-독(臟毒)[명] 〖한의〗똥을 눈 뒤에 피가 나오는 치질.

장:-독-간(醬-間)[-똑깐][명] 장독을 놓아 두는 곳. 장간(醬間).

장:-독교(帳獨轎)[-꾜][명] 가마의 하나. 전체가 붙박이로 되어 꾸몄다 뜯었다 하지 못함.

장:-독-대(醬-臺)[-똑때][명] 장독을 놓아 두는 높직한 곳.

장:-독-받침(醬-)[-똑빧-][명] 장독을 받쳐 놓는 벽돌·나무토막 따위.

장:-독-소래기(醬-)[-똑쏘-][명] 장독을 덮는 오지나 질 따위로 만든 뚜껑.

장-돌다[장돌아, 장도니, 장도는][자] **1** 속이 비어 자위가 뜨다. **2** 풀잎 날아돌다.

장-돌림(場-)[-똘-][명] 각처의 장으로 돌아다니면서 물건을 파는 장수.

장돌-뱅이(場-)[-똘-][명] '장돌림'을 낮잡아 이르는 말. ▣정처없는 ~ 신세.

장동(章動)[명] 〖천〗달이나 태양의 인력으로 지구의 자전축에 생기는 주기적인 작은 진동. 태양 장동·태음 장동 따위.

장-되(場-)[-뙤][명] 지난날, 장판에서 곡식을 되던 되. 시승(市升). 화인(火印).

장두[명][하타] 거리가 멀고 가까움을 서로 비교(比較)함.

장:-두(杖頭)[명] 지팡이의 손잡이 부분.

장-두(長頭)[명] 머리 모양의 하나로, 두장폭 지수(頭長幅指數)가 길이 100에 폭이 76 미만의 머리. ↔단두.

장:-두(狀頭)[명] 지난날, 연명으로 된 소장(訴狀)의 첫머리에 적힌 사람.

　　장두(를) 서다 ㈜ 연명(連名)한 소장에 장두가 되다.

장두(裝頭)[명] 책판(冊板) 같은 널조각을 들뜨지 않게 하려고 두 끝에 대는 나무오리.

장두(檣頭)[명] 돛대의 맨 꼭대기.

장:-두-상련(腸肚相連)[-년][명][하자] 창자와 밥통이 잇닿아 있다는 뜻으로, 어떤 사람끼리 서로 뜻이 맞거나 협력하여 일을 해 나감.

장두은미(藏頭隱尾)[명][하타] 머리를 감추고 꼬리를 숨긴다는 뜻으로, 일의 전말(顚末)을 똑똑히 밝히지 않음.

장:-두-전(杖頭錢)[명] 길을 가는 데 술값으로 지닌 약간의 돈.

장등(長燈)[명][하자] **1** 밤새도록 등불을 켜 둠. **2**〖불〗부처 앞에 불을 켬.

장등(張燈)[명][하자] 등불을 켜 놓음.

장등(檣燈)[명]〖해〗배의 돛대 꼭대기에 달아 놓는 등. 헤드라이트(headlight) **2**.

장등-시주(長燈施主)[명]〖불〗부처 앞에 불을 켜는 기름을 시주함. 또는 그 사람.

장:-딴지[명] 종아리 뒤쪽의 살이 불룩한 부분. 비장(腓腸). 어복(魚腹). ▣~를 걸어 넘어뜨리다 / ~에 알이 배다.

장-딸기〖식〗장미과의 반만성(半蔓性) 낙엽 관목. 산에 나는데, 줄기에 가시가 있고 봄에 흰 꽃이 핌. 빨간 열매는 식용함.

장땡[명] **1** 화투 노름에서, 두 끗짜리의 짝을 잡은 가장 높은 끗수. **2**⟨속⟩제일. 최고. ▣시치미만 떼면 ~이냐.

장:-떡(醬-)[-떡][명] **1** 고추장을 탄 물에 밀가루를 풀고 미나리와 다른 나물을 넣어서 부친 전병. **2** 밀가루에 된장을 섞고 파나 다른 나물을 버무려 부친 전병. **3** 간장을 쳐서 만든 흰 무리.

장:-람(瘴嵐)[-남][명] 열대 지방의 독기를 품은 듯이 습하고 어둠침침하며 으슥한 산과 바다의 기운《이 때문에 열병을 앓기도 함》.

장랑(長廊)[-낭][명] 줄행랑1.

장래(將來)[-내][명] **1** 앞으로 닥쳐올 때. 앞날. 미래. ▣~의 희망 / ~를 약속하다 / ~를 걱정하다. **2** 앞날의 전망이나 전도(前途). ▣~가 밝다 / ~가 촉망되다 / ~가 기대되는 젊은이. 😊[부] 장래에.

장래-성(將來性)[-내-][명] 앞으로 성공하거나 크게 되리라는 가능성. ▣~이 있는 사람 / 이러한 사업은 ~이 없다.

장:-략(將略)[-냑][명] 장수로서의 지략과 기량.

장:-려(奬勵)[-녀][명][하타] 좋은 일에 힘쓰도록 북돋아 줌. ▣저축을 ~하다 / 학문을 ~하다.

장:-려(瘴癘)[-녀][명]〖한의〗장기(瘴氣)를 마셔서 일어나는 유행성 열병이나 학질.

장:-려-금(奬勵金)[-녀-][명] 어떤 사업이나 연구의 조성(助成) 및 발달을 장려하기 위하여 주는 돈. ▣~을 지급하다.

장:-려-상(奬勵賞)[-녀-][명] 무엇을 장려할 목적으로 주는 상. ▣저축 ~ / ~을 받다.

장:-려-하다(壯麗-)[-녀-][형여] 웅장하고 화려하다.

장력(壯力)[-녁][명] 씩씩하고 굳센 힘.

장력(張力)[-녁][명] **1** 당기거나 당겨지는 힘. **2**〖물〗물체 내의 임의의 면에 대해서 양측 부분이 그 면에 수직으로 서로 끌어당기는 힘. ▣표면 ~ / ~을 시험하다.

장:-력-세다(壯力-)[-녁쎄-][형] 담이 차고 군세어 무서움을 타지 않다.

장:-렬(葬列)[-녈][명] 장례 행렬.

장:-렬-하다(壯烈-)[-녈-][형여] 의기가 씩씩하고 열렬하다. ▣장렬한 최후를 맞다 / 장렬하게 산화하다. **장:-렬-히**[-녈-][부]

장:-령(壯齡)[-녕][명] 장년의 나이.

장:-령(將令)[-녕][명] 장수의 명령. ▣~을 어기다.

장:-령(將領)[-녕][명]〖군〗**1** 장수(將帥). **2** 장성²(將星).

장:-령(掌令)[-녕][명]〖역〗조선 때, 사헌부의 정사품 벼슬.

장:-례(葬禮)[-녜][명] 장사 지내는 예식. 빈례(殯禮). 장의(葬儀). ▣~ 절차 / ~를 치르다 / ~를 모시다.

장:-례-비(葬禮費)[-녜-][명] 장례를 치르는 데 드는 비용. 장비(葬費).

장:례-식 (葬禮式)[-네-] 명 장사를 지내는 의식(儀式). ▯ ~을 엄수하다.

장:례식-장 (葬禮式場)[-네-짱] 명 장례를 치르는 곳. 장장(葬場). ▯ 혐오 시설이라며 ~의 건립을 반대한다.

장:례-원 (掌隷院)[-네-] 명 《역》 조선 때, 공사(公私) 노비 문서의 관리와 노비 소송을 맡아보던 관아.

장:례-원 (掌隷院)[-네-] 명 《역》 대한 제국 때 궁내부(宮內部)의 한 분장(分掌). 궁중 의식·제향(祭享)·조의(朝儀)·아악·속악(俗樂)·능원(陵園) 등의 일을 맡아보았음.

장:로 (長老)[-노] 명 1 '나이 많고 덕이 높은 사람'의 존칭. ▯ 학계의 ~. 2 《불》 나이가 많고 학식이 풍부하며 덕이 높은 승려. 3 《기》 선교 및 교회의 운영에 참여하는 교회의 한 직분. 또는 그 사람.

장로 (長路)[-노] 명 장정(長程).

장로 (長蘆)[-노] 명 《식》 심어서 기른 산삼. 장뇌(長腦).

장:로-교 (長老敎)[-노-] 명 《기》 기독교 개신교의 한 파.

장:롱 (欌籠)[-농] 명 1 옷 따위를 넣어 두는 자그마하게 만든 장(欌). 준농(籠). 2 장과 농을 아울러 일컫는 말. ▯ 자개 ~.

장루 (檣樓)[-누] 명 《군》 군함의 돛대 위에 두며 놓은 대.

장:류 (杖流)[-뉴] 명 《역》 장형(杖刑)과 유형(流刑)을 아울러 이르는 말.

장류 (長旒)[-뉴] 명 폭이 넓고 긴 깃발.

장류-수 (長流水)[-뉴-] 명 끊임없이 늘 흘러가는 물. 천리수(千里水).

장:륙 (丈六)[-뉵] 명 1 일 장(丈) 육 척(尺)의 높이. 2 《불》 높이가 일 장 육 척 되는 불상. 장륙불(丈六佛).

장:륙-불 (丈六佛)[-뉵뿔] 명 《불》 장륙2.

장:률 (長律)[-뉼] 명 《문》 한시에서, 배율(排律) 또는 칠언율(七言律).

장르 (ㅍ genre) 명 《문》 문학이나 예술의 부문·종류·양식·형 등의 뜻. 특히 문학 용어로서 문학 형태의 종별을 뜻함.

장:리 (長吏)[-니] 명 《역》 고을의 '수령(守令)'을 달리 이르던 말.

장:리 (長利)[-니] 명 1 곡식을 꾸어 주고 받을 때 붙는 한 해 이자로, 1년에 본디 곡식의 절반이 되는 변리. ▯ ~를 주다 / ~쌀을 놓다. 2 물건의 길이·수효에 대해 본디의 것보다 절반을 더한 것.

장:리 (掌理)[-니] 명하타 일을 맡아서 처리함.

장:리 (掌裏)[-니] 명 손바닥 안. 장중(掌中). 장악중(掌握中).

장리 (牆籬)[-니] 명 담장. 울타리.

장림 (長林)[-님] 명 길게 뻗쳐 있는 숲.

장림 (長霖)[-님] 명 오래 계속되는 장마.

장림-심처 (長林深處)[-님-] 명 길게 뻗친 숲의 깊숙한 곳.

장립 (將立)[-닙] 명하타 《기》 안수 목사가 선정된 신자에게 장로의 교직(敎職)을 주는 일.

장립-대령 (長立待令)[-닙때-] 명하자 오래서서 분부를 기다린다는 뜻으로, 권문세가(權門勢家)에 늘 드나들며 이권을 얻고자 하는 사람을 조롱하는 말.

장:릿-벼 (長利-)[-니뼈 /-닏뼈] 명 장리로 빌려 주거나 빌리는 벼. ▯ ~를 놓다.

장마 명 여름철 많은 비가 계속해서 내리는 것. 또는 그 비. 임우(霖雨). ▯ 지루한 ~가 끝나고 무더위가 시작되었다.

장마(가) 들다 군 장마가 시작되다.

장마(가) 지다 군 여러 날 계속해 비가 오다.

장-마당 (場-) 명 장이 서는 곳. 장터. ▯ ~이 사람들로 들끓다.

장-마루 (長-) 명 《건》 긴 널을 죽죽 깔아 만든 마루.

장마 전선 (-前線) 기상에서, 여름철에 우리나라의 남쪽 지방에 머물면서 장마가 지게 하는 전선. ▯ ~이 동서로 길게 뻗어 있다.

장마-철 명 장마가 지는 계절.

장마철에 비구름 모여들듯 군 구름처럼 많이 모여드는 모양을 비유.

장막 (帳幕) 명 1 한데에서 볕 또는 비바람을 피할 수 있도록 둘러치는 막. ▯ ~을 치다 / ~을 드리우다. 2 어떤 사실이나 현상을 보지 못하게 가리는 것. ▯ 철의 ~ / 인(人)의 ~에 갇히다.

장막 (漿膜) 명 《생》 1 파충류·조류·포유류의 배(胚)를 둘러싸고 있는 양막(羊膜)의 바깥쪽을 다시 둘러싸고 있는 막. 2 흉막·복막·심막의 총칭. 척추동물의 체강에 면한 부분과 내장의 외면을 싸고 있는 흰빛의 얇은 막.

장막-극 (長幕劇)[-끅] 명 《연》 단락이 여럿인 긴 극. ↔단막극.

장만 명하타 필요한 것을 만들거나 사들여 갖춤. ▯ 혼숫감 ~ / 살림 도구를 ~하다 / 내 집 ~에 10년이 걸렸다.

장:-맛 (醬-)[-맏] 명 간장·된장 따위의 맛.

장맛-비 [-마삐 /-맏삐] 명 장마 때 오는 비. ▯ ~에 대비하다.

장망 (長望) 명 《역》 벼슬아치를 추천할 때에 네 명 이상의 후보자 가운데에서 골라 정하던 일. *삼망(三望)·수망(首望).

장:-맞이 (場-) 명하타 길목을 지키고 기다리다가 사람을 만나려는 것.

장-매 (長-) 명 길쭉한 물건을 세로로 동이는 줄. ↔동매.

장-머리 (場-) 명 장이 선 곳의 입구.

장면 (場面) 명 1 어떠한 장소의 겉으로 드러난 면. 또는 그 광경. ▯ 감격적인 ~을 연출하다 / 극적인 ~이 벌어지다. 2 영화·연극·문학 작품 등의 한 정경. ▯ 이 영화는 전투 ~이 압권이다 / ~이 바뀌어 무대는 바닷가로 변한다.

장면 전:환 (場面轉換) 《연》 장면이 갈려 바뀜. ▯ ~이 잦아 템포가 빠르다.

장명 (長命) 명하형 목숨이 긺. 또는 긴 수명.

장명-등 (長明燈) 명 1 대문 밖이나 처마 끝에 달아 두고 밤에 켜는 유리등. 2 무덤 앞의 석물(石物)의 하나. 돌로 네모지게 만든 것인데, 맨 위에 지붕이 덮여 있음.

장-모 (丈母) 명 아내의 어머니. 빙모(聘母). 악모(岳母). 처모. ▯ 사위가 ~(丈人).

장-모 (長毛) 명 긴 털. ↔단모(短毛).

장-모음 (長母音) 명 《언》 발음의 지속 시간이 긴 모음.

장목 명 꿩의 꽁지깃을 묶어 깃대 끝에 꽂는 꾸밈새(흔히 군기(軍旗) 나 농기에 씀).

장목 (長木) 명 장나무.

장목 (張目) 명하자 눈을 크게 부릅뜸.

장목 (樟木) 명 《식》 녹나무.

장목-계 (長木契)[-/-께] 명 《역》 목재를 공물(貢物)로 바치던 계.

장목-비 [-삐] 명 1 꿩의 꽁지깃을 묶어 만든 비. 2 장목수수로 만든 비.

장목-수수 [-쑤] 명 《식》 수수의 한 품종. 이

삭의 줄기가 길며, 알이 잘고 껍질이 두꺼워 품이 낮음.
장목어 (樟木魚) [명] 〔어〕 귀상어.
장목-전 (長木廛) [-쩐] [명] 온갖 재목을 파는 가게.
장:묘 (葬墓) [명] '매장(埋葬)'과 '묘지(墓地)'를 아울러 이르는 말. ❏~ 문화.
장:묵-죽 (醬-粥) [-쭉] [명] 쇠고기와 파를 이겨 갖은 양념을 하고 끓인 뒤 입쌀을 찧어 붓고 다시 끓인 죽.
장문 (-門) [명] 활짝 열어 놓은 문.
장:문 (杖問) [명][하타] 관아에서 곤장을 치며 신문함.
장문 (長文) [명] **1** 〔문〕 줄글. **2** 긴 글. ❏~의 편지를 쓰다. ↔단문.
장:문 (狀聞) [명][하타] 〔역〕 임금에게 상계(上啓)하여 아룀. 또는 그 글.
장:문 (將門) [명] 무장(武將)의 가문(家門).
장:문 (掌紋) [명] 손바닥에 나타난 손금의 무늬. ❏문에 ~ 인식 보안 시스템을 설치하다.
장문 (藏門) [명] 바둑에서, 상대방의 돌이 도망가지 못하게 직접 단수가 되지 않는 곳에 두어서 가두는 수단.
장문 (欌門) [명] 장(欌)에 달아 여닫게 된 문.
장물 (長物) [명] **1** 긴 물건. **2** 불필요하거나 남은 물건. ❏무용(無用)~.
장:-물 (醬-) [명] **1** 간장을 탄 찬물. **2** 간장을 담글 때에 쓰는 소금물.
장물 (贓物) [명] 〔법〕 범죄 행위로 부당하게 얻은 남의 물건. ❏~ 가운데는 보석이 많이 있었다.
장물-아비 (贓物-) [명] 〈속〉 장물을 전문적으로 매매·운반·알선하는 사람.
장물-죄 (贓物罪) [-쬐] [명] 〔법〕 장물의 양여(讓與)·보관·알선·취득 등에 따라 성립하는 죄의 총칭. [준]장죄(贓罪).
장물 취:득죄 (贓物取得罪) [-쬐] 〔법〕 장물을 취득함으로써 성립하는 장물죄의 한 가지.
장미 (薔薇) [명] 〔식〕 장미과의 낙엽 관목. 높이는 2-3 m, 가시가 많으며, 5-6월에 여러 빛깔의 고운 꽃이 핌. 종류가 썩 많음.
장미-꽃 (薔薇-) [-꼳] [명] 장미의 꽃. 장미화.
장미-꽃부리 (薔薇-) [-꼳뿌-] [명] 〔식〕 갈래꽃부리의 한 가지. 평평한 꽃잎이 모여서 술잔 모양으로 된 꽃부리《매화·장미 따위》. 장미상 화관.
장미상 화관 (薔薇狀花冠) 〔식〕 장미꽃부리.
장미-색 (薔薇色) [명] 장밋빛1.
장미 석영 (薔薇石英) 〔광〕 붉은색이나 엷은 붉은색을 띠는 석영. 공기 중에 오래 두면 푸른색으로 변함《보석으로 씀》.
장미-수 (薔薇水) [명] 장미유와 증류수의 혼합물을 여과한 투명한 액체《약품의 맛·냄새를 조절하는 데 씀》.
장미-유 (薔薇油) [명] 장미꽃을 물과 함께 증류하여 얻는 휘발성 향유《향료·화장품의 원료가 되며 냄새나 맛을 조절하는 데도 씀》.
장미-진 (薔薇疹) [명] 〔의〕 **1** 모세 혈관의 충혈에 따라 일어나는 장밋빛의 작은 홍반《장티푸스·발진 티푸스 등에 나타남》. **2** 발진 티푸스.
장:미-하다 (壯美-) [형][여] 장대(壯大)하고도 아름답다.
장미-화 (薔薇花) [명] 장미꽃.
장:민 (狀民) [명] 〔역〕 관가(官家)에 소장(訴狀)을 낸 백성.
장밋 [-믿] [명] 배에서 쓰는 노(櫓)의 한 가지《방향을 조절함》.
장밋-빛 (薔薇-) [-미삗/-믿삗] [명] **1** 장미꽃의 빛깔과 같이 짙은 붉은빛. 장미색. ❏~ 홍조. **2** 건강·행복·앞날의 광명 등의 상징으로 쓰는 말. ❏~ 미래.
장-바구니 (場-) [-빠-] [명] '시장바구니'의 준말. ❏~ 가지고 다니기를 권장하다.
장-바닥 (場-) [-빠-] [명] **1** 장이 서 있는 곳의 바닥. ❏~에 좌판을 벌이다. **2** 장이 서 있는 곳의 그 안. ❏~이 파장이 되다.
장박-새 [-쌔] [명] 〔조〕 되샛과의 새. 산이나 들에 사는데, 방울새와 비슷하며 참새만 함. 머리는 회갈색, 등은 암갈색임. 가을에 떼를 지어 다니며 작물에 해를 끼침.
장-반경 (長半徑) [명] 〔수〕 긴반지름. ↔단반경(短半徑).
장-반자 (長-) [명] 〔건〕 반자틀을 짜지 않고 긴 널을 그대로 대서 만든 반자.
장:발 (杖鉢) [명] 승려가 탁발(托鉢)에 가지고 다니는 지팡이와 바리때. 또는 그것을 가지고 다니는 탁발승(僧).
장발 (長髮) [명] 길게 기른 머리털.
장:-발 (欌-) [명] 장 밑에 달린 발. 장을 괴는 물건.
장발-승 (長髮僧) [-쏭] [명] 〔불〕 머리털을 길게 기른 승려.
장발-족 (長髮族) [명] 〈속〉 머리를 길게 기른 젊은 남자들.
장방 (長房) [명] **1** 너비보다 길이가 길고 큰 방. **2** 〔역〕 지방 관아에서 서리(書吏)가 쓰던 방.
장방-체 (長方體) [명] 〔수〕 '직육면체'의 별칭.
장방-형 (長方形) [명] 〔수〕 직사각형.
장:배 (杖配) [명] 〔역〕 장류(杖流).
장백-대 (長白帶) [-때] [명] 〔가〕 사제(司祭)가 장백의(長白衣)를 입고 그 위에 매는 띠.
장-백의 (長白衣) [-배긔/-배기] [명] 〔가〕 사제(司祭)가 미사 때 입는 전례복의 하나《희고 긴 가운처럼 생김》.
장:벌 (杖罰) [명][하타] 벌로 매를 치는 일.
장법 (章法) [-뻡] [명] **1** 전장(典章)과 법도(法度). **2** 문장을 구성하는 방법.
장:법 (葬法) [-뻡] [명] 장사 지내는 예법《토장·화장·수장 따위가 있음》.
장법 (贓法) [-뻡] [명] 장물(贓物)에 관한 법규.
장벽 (長壁) [명] 길게 쌓은 성벽.
장:벽 (腸壁) [명] 〔생〕 **1** 장의 벽. 창자벽. **2** 환형동물의 소화관(消化管) 벽.
장:벽 (腸癖) [명] 〔한의〕 대변에 피가 섞여 나오는 병.
장벽 (障壁) [명] **1** 밖을 가려 막은 벽. ❏~을 쌓다 / ~이 무너지다. **2** 방해가 되는 것의 비유. ❏무역 ~ / 언어의 ~을 극복하다 / 마음의 ~을 허물다.
장벽 (牆壁) [명] 담과 벽.
장벽-무의 (牆壁無依) [-병-/-병-이] [명][하형] 의지할 곳이 전혀 없음.
장변 (長邊) [명] 누운변.
장변 (場邊) [-뻔] [명] 장에서 꾸는 돈의 이자《한 장도막, 곧 닷새 동안에 얼마로 셈함》. ❏~을 놓다 / ~을 얻다.
장-변리 (場邊利) [-뻘-] [명] 장변(場邊).
장병 (長兵) [명] 궁시(弓矢)·총 따위 먼 거리에서 쓰는 병기. ↔단병.
장병 (長病) [명] 오래 앓는 병. 장질(長疾).
장:병 (將兵) [명] 〔군〕 장교와 사병. ❏국군 ~ / 일선 ~을 위문하다.
장병-엽 (長柄葉) [명] 〔식〕 긴 잎자루가 달린 잎《미루나무·양버들·제비꽃 따위의 잎》.

장-보 (長─)[─뽀] 몡 『건』 칸 반 이상 되는 큰 방의 중간에, 기둥을 세우지 않고 내처 길게 쓴 들보.

장보 (章甫) 몡 유생(儒生).

장:-보교 (帳步轎) 몡 가마의 한 가지. 장독교(帳獨轎)와 비슷한데, 네 기둥을 세우고 사면에 휘장을 둘러쳐 꾸몄다 뜯었다 하게 되어 있음.

장-보기 (場─) 몡 장에 가서 물건을 팔거나 사오는 일.

장-보석 (長步席) 몡 행보석(行步席).

장복 (長服) 몡하타 같은 약이나 음식을 오래 계속해서 먹음. ▢약을 ~하다.

장본 (張本) 몡 1 일의 발단이 되는 근원. 2 '장본인'의 준말.

장본 (藏本) 몡하자 장서(藏書).

장본-인 (張本人) 몡 어떠한 일을 꾀하여 일으킨 바로 그 사람. ▢사건의 ~.

장봉 (藏鋒) 몡 서예에서, 붓끝의 흔적이 날카롭게 나타나지 않게 쓰는 필법.

장부¹ 몡 『건』 한 부재의 이쪽 끝을 저쪽 구멍에 맞추기 위해 가늘게 만든 부분.

장부² 몡 『농』 '장부꾼'의 준말.

장:-부 (丈夫) 몡 1 장성한 남자. ▢늠름한 ~가 되다. 2 '대장부'의 준말. ▢~의 뜻은 꺾을 수 없다.

　장부 일언(一言)이 **중천금**(重千金) ⓟ 장부의 말 한마디는 천금같이 무겁다는 뜻으로, 곧 한번한 약속은 꼭 지키라는 말.

장부 (帳簿) 몡하타 금품의 수입과 지출을 기록하는 책. ▢외상 ~ / ~를 정리하다 / ~를 위로 작성하다.

장부 (臟腑) 몡 『한의』 '오장육부(五臟六腑)'의 준말.

장부 가격 (帳簿價格)[─까─] 몡 『경』 장부에 기록되어 있는, 자산·부채 또는 자본의 가격.

장부-꾼 (帳簿─) 몡 『농』 가래질을 할 때 가랫장부를 잡는 사람. 장부잡이. 준장부².

장부-끝 (帳簿─)[─끋] 몡 1 장부 기장의 끝 부분. 2 정산(精算)의 결과. ▢~을 맞추다.

장부-쇠 (帳簿─) 몡 『건』 장부를 단단히 하기 위하여 쓰이는 쇠.

장부-책 (帳簿冊) 몡 장부로 쓰는 책.

장부-촉 (─鏃) 몡 『건』 장부의 끝.

장붓-구멍 [─부꾸 / ─붇꾸] 몡 『건』 장부의 끝을 끼우는 구멍.

장비 (裝備) 몡하타 1 갖추어 차림. 또는 그 장치와 설비. ▢등산 ~ / 촬영 ~ / ~가 노후하다. 2 『군』 전투력을 이루는 무기·장치·설비. 또는 기술적인 준비와 차림. ▢군사 ~의 현대화 / 20 인치 포를 ~하다.

장:-비 (葬費) 몡 장사를 지내는 데 드는 비용. 장례비. 장수(葬需).

장비-목 (長鼻目) 몡 『동』 포유류에 속하는 한 목(目). 몸은 육지에 사는 동물 가운데 가장 큼(코끼리·매머드 따위). 장비류(類).

장:-비지 (醬─) 몡 장을 걸러 내고 남은 찌끼.

장빙 (藏氷) 몡하자 겨울에 얼음을 떠서 곳간에 넣어 둠. 또는 그 얼음.

장-뼘 (長─) 몡 엄지손가락과 가운뎃손가락을 힘껏 벌린 길이. ▢~으로 재다. 준뼘².

장사 몡하자 이익을 얻으려고 물건을 사서 파는 일. ▢옷 ~ / ~ 밑천을 대다 / ~가 잘되다 / ~로 큰돈을 모으다.

장:사 (壯士) 몡 1 몸이 우람하고 힘이 아주 센 사람. ▢힘이 ~다 / 그를 당해 낼 ~가 없다. 2 프로 씨름에서, 각 체급별 우승자에게 주는 칭호. ▢백두 ~ / 한라 ~.

[장사가 나면 용마(龍馬)가 난다] 어떤 일이든 잘되려면 좋은 기회가 저절로 생긴다.

장:사 (杖死) 몡하자 『역』 장형(杖刑)을 당하여 죽음. 장폐(杖斃). ＊장살(杖殺).

장사 (長蛇) 몡 1 크고 긴 뱀. 2 열차나 긴 행렬의 비유.

장:사 (狀辭) 몡 소장(訴狀)에 기록된 글.

장:사 (將士) 몡 장졸(將卒).

장사 (將事) 몡하자 제사 지내는 일을 맡아봄.

장:사 (葬事) 몡하타 죽은 사람을 땅에 묻거나 화장(火葬)하는 일. ▢~를 지내다.

장사-꾼 몡 장사에 수단이 있는 사람. ▢타고난 ~. 2 장사치.

장사-아치 몡 ☞장사치.

장사-진 (長蛇陣) 몡 1 많은 사람이 줄을 지어 길게 늘어선 모양을 이르는 말. ▢~을 이루다. 2 예전에 병법에서, 한 줄로 길게 벌인 군진(軍陣)의 하나.

장사-치 몡 장사하는 사람을 낮잡아 이르는 말. 장사꾼. 상고배(商賈輩). 상로배(商路輩).

장사-판 몡 1 장사가 이루어지고 있는 범위나 장소. ▢~을 벌이다 / ~을 돌아다니다. 2 장삿감.

장:산 (壯山) 몡 웅장하고 큰 산.

장산 (長山) 몡 『건』 장선(長線).

장:-산적 (醬散炙) 몡 쇠고기를 짓이겨 갖은 양념을 쳐서 얇은 반대기를 지어 구운 뒤에 다시 네모반듯하게 썰어 진간장에 조린 반찬. 약산적.

장-살 (葉─) 몡 『건』 문살 가운데 세로로 세워서 짜는 살. ↔동살.

장:-살 (杖殺) 몡하타 『역』 형벌로 매를 쳐서 죽임. ＊장사(杖死).

장살 (戕殺) 몡하타 무찔러 죽임.

장삼 (長衫) 몡 『불』 검은 베로 길이가 길고 소매를 넓게 만든 승려의 옷.

장삼-띠 (長衫─) 몡 장삼 위에 띠는 헝겊 띠.

장삼-이사 (張三李四) 몡 1 이름이나 신분이 특별하지 못한 평범한 사람들. 2 『불』 사람에게 성리(性理)가 있는 줄은 알지만, 그 모양이나 이름을 지어 말할 수 없음의 비유.

장삼-춤 (長衫─) 몡 민속 무용의 하나. 긴 소매를 휘저으며 추는 춤.

장삿-길 [─사낄 / ─산낄] 몡 장사를 하려고 나선 길. 상로(商路). 장사판. ▢~에 들어서다 / ~을 트다.

장삿-속 [─사쏙 / ─산쏙] 몡 이익을 꾀하는 장사하는 사람의 속마음. ▢~이 밝다 / ~을 드러내다.

장:-상 (杖傷) 몡 곤장에 맞아 생긴 상처.

장:상 (長上) 몡 지위가 높거나 나이가 많은 어른. 상장(上長).

장상 (長殤) 몡하자 상상(上殤).

장:-상 (將相) 몡 장수와 재상.

장:-상 (掌狀) 몡 편 손바닥 모양. 손꼴.

장:상-맥 (掌狀脈) 몡 『식』 손바닥 모양으로 된 잎의 잎맥(단풍잎 따위). 손꼴맥.

장:상 복엽 (掌狀複葉) 몡 『식』 손꼴 겹잎.

장:상 심:렬 (掌狀深裂)[─녈] 몡 『식』 잎몸이 손바닥 모양으로 깊이 째진 잎(한삼덩굴·단풍나무 따위). 손모양 심렬.

장:상지재 (將相之材) 몡 장수나 재상이 될 만한 인재.

장색 (匠色) 몡 장인(匠人).

장:-샘 (腸─) 몡 『생』 고등 동물, 특히 인간의 소장(小腸)에 있는, 장액(腸液)을 분비하는

선(腺). 장선(腸腺). 창자샘.

장생(長生)〖명〗〖자〗 오래도록 삶.

장생(長柱)〖명〗'장승'의 본딧말.

장생불사(長生不死)[-싸]〖명〗〖하자〗 오래 살아 죽지 않음.

장서(長書)〖명〗 **1** 사연을 길게 적은 편지. **2** 내용이 긴 글.

장서(長逝)〖명〗〖자〗 영영 가고 돌아오지 않음. 곧, 죽음. 영서(永逝). 영면(永眠).

장서(藏書)〖명〗〖하자〗 책을 간직해 둠. 또는 그 책. 장본(藏本). □~인(印) / 개인 ~ / ~를 기증하다.

장서-가(藏書家)〖명〗 책을 많이 간직하고 있는 사람.

장서-판(藏書版)〖명〗 오래 보존할 수 있게 만든 책. 또는 그런 체재(견고하고 미술적인 가치에 치중함). *보급판(普及版).

장서-표(藏書票)〖명〗 자기의 장서임을 표시하여 책에 붙이는 표.

장:석(丈席)〖명〗 학문과 덕망이 높은 사람.

장석(長石)〖명〗〖광〗 화성암의 주성분. 규산·알루미늄·나트륨·칼슘·칼륨 등으로 되었고 질그릇·사기그릇 제조의 원료나 비료·화약·유리·성냥 등의 제조에 씀.

장석(長席)〖명〗 짚으로 길게 엮어 만든 자리.

장석(張石)〖명〗〖건〗 둑·호안(護岸)·절토(切土) 등의 경사면을 보호하기 위하여 돌을 덮어 까는 일.

장:석(腸石)〖명〗〖의〗 충수염(蟲垂炎) 등으로 장의 일부가 좁아지거나 막혔을 때, 끝 부분에 몰린 내용물이 굳어져서 된 돌. 장결석(腸結石). 분석(糞石).

장석-친구(長席親舊)〖명〗 병문(屛門)친구.

장선(長線)〖명〗〖건〗 마루 밑에 대어 마루청을 받치게 된 나무.

장:선(將船)〖명〗 장수가 타고 군사를 지휘하는 배. *기함(旗艦).

장선(裝船)〖명〗〖자〗 배에 짐을 실음.

장:선(腸腺)〖명〗〖생〗 장샘.

장:선(腸線)〖명〗 동물의 창자로 만든 노끈 같은 줄(수술용 봉합사, 라켓의 그물, 현악기의 줄 따위에 씀).

장:설(丈雪)〖명〗 한 길이나 되게 많이 내린 눈.

장:설(壯雪)〖명〗 엄청나게 많이 내리는 눈. 대설(大雪).

장설(長舌)〖명〗 긴 혀라는 뜻으로, 말이 많음. 다변(多辯)임. □~을 풀다.

장:설(帳設)〖명〗 잔치나 놀이로 여러 사람이 모인 자리에 내어 가는 음식.

장:설-간(帳設間)[-깐]〖명〗 잔칫집 따위에서 음식을 차리는 곳.

장:성(長成)〖명〗〖하자〗 자라서 어른이 됨. □~한 아들이 부모를 공양하다.

장성(長城)〖명〗 **1** 길게 둘러쌓은 성. □~을 쌓다. **2** 만리장성.

장:성¹(將星)〖명〗〖민〗 어떤 사람에게든지 인연이 각각 맺어져 있다는 별.

장:성²(將星)〖명〗〖군〗'장군(將軍)'의 이칭. □예비역 ~.

장성(張星)〖명〗〖천〗 이십팔수(宿)의 스물여섯째 별.

장성-세다〖형〗☞장력세다.

장:성-하다(壯盛-)〖형여〗 기운이 씩씩하고 힘차다.

장세(場稅)[-쎄]〖명〗 시장 상인들에게서 장소 사용료로 거두는 세금. □~를 물다.

장세(場勢)〖명〗 주식 시장 따위의 시세. □호황 ~가 지속되다 / 향후 ~를 낙관하다.

장소(長所)〖명〗 장점(長點).

장소(長嘯)〖명〗〖하자〗 **1** 휘파람을 길게 붊. 또는 그 휘파람. **2** 시가(詩歌) 따위를 길게 읊조림.

장소(場所)〖명〗 무엇이 있거나 어떤 일이 이루어지거나 일어나는 곳. 처소. □집합 ~ / ~가 좁다 / 만나는 ~가 정하다 / 약속 ~에 늦게 나가다 / 때와 ~를 가려 말을 하다.

장:속(杖贖)〖명〗〖역〗 장형(杖刑)을 면하려고 바치던 돈.

장속(裝束)〖명〗〖하타〗 몸을 꾸며서 차림. 또는 그 차림새.

장:손(長孫)〖명〗 맏손자.

장:-손녀(長孫女)〖명〗 맏손녀.

장:송(長松)〖명〗 **1** 잘 자란 큰 소나무. **2** 너비 25cm, 두께 4cm, 길이 250cm가량 되는 널.

장:송(葬送)〖명〗〖하타〗 죽은 이를 장사 지내어 장지로 보냄.

장:송-곡(葬送曲)〖명〗〖악〗 **1** 장례 때 연주하는 곡의 총칭. **2** 장송 행진곡.

장:송 행진곡(葬送行進曲)〖악〗 장례 행렬이 행진할 때 연주하는, 슬프고 장중한 느낌을 주는, 느린 행진곡.

장수〖명〗 장사하는 사람. 상인(商人). 상고(商賈). □채소 ~ / 생선 ~.

장:수(杖囚)〖명〗〖하타〗'장지수지(杖之囚之)'의 준말.

장수(長袖)〖명〗 길게 만든 옷소매.

장:수(長壽)〖명〗〖하자〗 오래 삶. □~의 비결 / 불로~ / ~를 누리다.

장:수(張數)[-쑤]〖명〗 종이·유리·널빤지 따위 넓적한 물건의 수효. 매수(枚數). □~를 세다.

장:수(葬需)〖명〗 장례비(葬禮費).

장:수(漿水)〖명〗 오래 끓인 좁쌀 미음(달고 새콤한 맛이 있어 갈증을 덜어 줌).

장수(樟樹)〖명〗〖식〗 녹나무.

장수(藏守)〖명〗〖하타〗 잘 간직하여 지킴.

장수-로(長水路)〖명〗 길이 50m 이상의 코스를 가진 수영장의 수로. ↔단수로.

장:수-벌(長壽-)〖명〗〖충〗 여왕벌.

장수-선무(長袖善舞)〖명〗 소매가 길면 춤추기가 수월하다는 뜻으로, 재물이 넉넉하면 일을 하거나 성공하기가 쉽다는 말.

장:수-잠자리(將帥-)〖명〗〖충〗 장수잠자릿과의 잠자리. 몸길이가 8cm 내외, 뒷날개 길이는 5cm가량임. 머리 부분과 가슴 부분은 검고 가슴 가운데의 전면에는 누런 긴 무늬가 두 개 있음.

장:수-변(將帥將邊)〖명〗 한자 부수(部首)의 하나('牀'·'牆' 등에서 'ㅐ'의 이름).

장:수-풍뎅이(將帥-)〖명〗〖충〗 풍뎅잇과의 곤충. 몸길이는 38~53mm, 몸빛은 흑갈색. 수컷의 머리에는 투구를 쓴 것같이 가랑이진 뿔 모양의 돌기가 있음. 투구벌레.

장:수-하늘소(將帥-)[-쏘]〖명〗〖충〗 하늘솟과의 곤충. 몸길이 수컷은 11cm가량, 암컷은 7~9cm임. 커서 언뜻 새처럼 보일 때도 있음. 천연기념물 제218호.

장승〖~↦장생(長柱)〗〖명〗 마을 어귀나 길가에 세운 목상(木像)이나 석상(石像). 이정표나 마을의 수호신 구실을 하며 촌락민의 신앙의 대상이었음. 보통, 남녀 한 쌍을 세우는데, 위쪽에 사람의 얼굴 형상을 나타내고 아래쪽에는 천하대장군·지하여장군 등의 글씨를 쓰거나 새김. **2** 키가 멋없이 큰 사람의 비유.

장승-병 (-病)[-뼝] 명 〖농〗 모잘록병.

장시 (長詩) 〖문〗 많은 시구로 이루어진 긴 시. ↔단시(短詩).

장-시간 (長時間) 명 오랜 시간. ◻~ 얘기를 나누다. ↔단시간.

장-시세 (場時勢)[-씨-] 명 시장에서 물건이 매매되는 시세. 장금.

장-시일 (長時日) 명 오랜 시일. ◻~이 걸리다. ↔단(短)시일.

장-시조 (長時調) 명 〖문〗 단시조(短時調)와는 달리 초·중·종장 어느 2장이 긴 시조의 한 가지(창곡상(唱曲上)의 이름은 사설시조).

장식 (粧飾) 명하타 겉을 매만져 꾸밈. 또는 그 꾸밈새.

장:식 (葬式) 명 장례식(葬禮式).

장식 (裝飾) 명하타 겉모양을 아름답게 꾸밈. 또는 그 꾸밈새나 장식물. ◻실내 ~ / 무대 ~ / 옷에 ~을 달다 / 단상(壇上)을 꽃으로 ~ 하다 / 역사의 한 페이지를 ~하다.

장식-깃 (裝飾-)[-낏] 일부 새들에 몸치장으로 붙어 있는 아름다운 깃. 치렛깃.

장식 도안 (裝飾圖案)[-또-] 〖미술〗 장식을 목적으로 하는 도안.

장식-물 (裝飾物)[-씽-] 명 장식품.

장식 미:술 (裝飾美術)[-씽-] 건물·기구 따위의 장식을 목적으로 하는 미술.

장식-음 (裝飾音) 명 〖악〗 꾸밈음.

장식-지 (裝飾紙)[-찌] 명 제본·포장·상자 등에 쓰는 가공한 종이.

장식-품 (裝飾品) 명 장식에 쓰는 물품.

장식-화 (裝飾畫)[-시과] 〖미술〗 건축·가구·그릇 등에 장식으로 도안화하여 그린 그림.

장신 (長身) 명 키가 큰 몸. 장구(長軀). ◻~의 사나이 / 2미터가 넘는 ~의 농구 선수. ↔단신(短身).

장·신 (將臣) 명 〖역〗 대장(大將)1.

장신-구 (裝身具) 명 몸치장을 하는 데 쓰는 물건(귀고리·목걸이·반지·팔찌 따위). ◻화려한 ~.

장실 (丈室) 명 1 〖불〗 주지(住持)의 거실(열 자 사방(四方)의 방이라는 뜻). 2 〖종〗 천도교의 최고 기관. 곧, 대도주실(大道主室).

장심 (掌心) 명 〖생〗 손바닥이나 발바닥의 한가운데. ◻~에 땀을 놓다.

장-써레 (長-) 명 〖농〗 논바닥의 두둑진 곳을 길이로 써는 데.

장아찌 명 무·오이·마늘 따위를 썰어 말려서 간장에 절이거나 된장·고추장에 박았다가 꺼내 양념을 해서 묵혀 두고 먹는 반찬.

장-악 (掌握) 명하타 손안에 잡아 쥔다는 뜻으로, 무엇을 마음대로 할 수 있게 됨. ◻권력 ~ / 주도권을 ~하다.

장:악-원 (掌樂院) 명 〖역〗 조선 때, 음악에 관한 일을 맡아보던 관아.

장안 (長安) 명 서울을 수도라는 뜻으로 일컫는 말. ◻~의 화제.

장안-장외 (長安場外) 명 〖속〗 서울의 성(城) 안과 성 밖.

장안-편사 (長安便射) 명 〖역〗 조선 때, 서울에서 구역별로 편을 짜서 행하던 활쏘기 시합.

장:암 (腸癌) 명 〖의〗 장에 발생하는 악성 종양(주로 결장(結腸)·직장(直腸)에 생기며 대부분 선암(腺癌)임).

장애 (莊涯) 명 〖광〗 수직 갱도의 물을 퍼 올리는 기구. 두 기둥을 세우고 굵은 나무를 가로질러 거기에 두레박 달린 줄을 감았다 풀었다 하여 물을 퍼 올림.

장애 (障礙) 명 1 어떤 일을 하는 데 거치적거리

어 방해가 되는 일이나 물건. ◻의사소통에 ~를 겪다 / 통행에 ~가 되다. 2 신체 기능에 결합이 있는 상태. ◻호흡 / 위장 ~를 일으키다.

장애-물 (障礙物) 명 장애가 되는 사물. ◻~을 만나다 / ~을 구축하다 / ~을 제거하다.

장애물 경:마 (障礙物競馬) 경마에서, 울타리·담장 따위의 장애물을 설치한 경기장에서 행하는 경주(스피드에 중점을 둠).

장애물 경:주 (障礙物競走) 장애물 달리기.

장애물 달리기 (障礙物-) 1 장애물을 뛰어넘어 달리는 육상 경기의 하나(남자의 110 m·200 m·400 m 와 여자의 100 m·200 m 의 다섯 종목이 있음). 장애물 경주. 허들 레이스. 2 3,000 m 를 달리는 동안에 28개의 장애물과 7개의 물웅덩이를 건너게 된 경주.

장애 미:수 (障礙未遂) 〖법〗 범죄의 실행에 착수하였으나 뜻밖의 장애로 말미암아 범죄를 저지르지 못한 경우.

장애-인 (障礙人) 명 정신적 또는 신체적 결합으로 일상생활에 상당한 제약을 받는 사람. ◻지체 ~.

장애-틀 (障礙-) 명 〖광〗 장애를 만드는 틀.

장-액 (腸液) 명 〖생〗 창자의 점막에 분포하는 샘과 조직에서 분비되는 소화액.

장액 (獐腋) 명 노루 앞다리 안쪽의 겨드랑이 털(부드럽고 끝이 빨라서 붓을 매는 데 씀).

장액 (漿液) 명 1 〖생〗 장막(漿膜)에서 분비되는 투명한 황색의 액체. 2 점액(粘液)에 대하여, 맑은 액체.

장액-막 (漿液膜)[-앵-] 명 〖생〗 장막(漿膜).

장액-필 (獐腋筆) 명 장액으로 만든 붓.

장야 (長夜) 명 가을이나 겨울의 기나긴 밤.

장약 (裝藥) 명하타 〖군〗 총포의 약실에 화약이나 탄알을 잼. 또는 그 화약이나 탄알.

장어 (長魚) 명 〖어〗 '뱀장어'의 준말.

장어 (章魚) 명 〖동〗 낙지.

장:어-영 (壯禦營) 명 〖역〗 조선 왕조 고종 18년(1881)에 총융청(摠戎廳)·금위영(禁衛營)·어영청(御營廳)을 합쳐서 만든 군영(軍營).

장:언 (壯言) 명하자타 의기양양한 말. 장하게 하는 말. 장담(壯談).

장엄 (莊嚴) 명하형 훼부 웅장하며 위엄 있고 엄숙함. ◻~한 의식.

장:여 (丈餘) 명 한 길 남짓한 길이(열 자가 넘는 길이임).

장여 (長-) 명 [←장려(長欐)] 〖건〗 도리 밑에서 도리를 받치고 있는 길고 모진 나무.

장-역 (瘴疫) 명 〖한의〗 무덥고 습기가 많은 지역에서 생기는 유행성 열병.

장연 (長椽) 명 〖건〗 들연.

장:열 (壯熱) 명 병으로 말미암아 일어나는 매우 높은 신열.

장-염 (腸炎)[-념] 명 〖의〗 창자의 점막에 생기는 염증(급성과 만성이 있음). 장카타르.

장-염-균 (腸炎菌)[-념-] 명 〖의〗 게르트너균.

장-염 비브리오 (腸炎 Vibrio)[-념-] 〖의〗 여름에 생선이나 조개류 등으로 말미암아 식중독을 일으키는 병원균.

장-염전-증 (腸捻轉症)[-념-쯩] 명 〖의〗 장관(腸管)이 뒤틀리거나 꼬이는 증세.

장영-창 (長映窓) 명 〖건〗 길이가 썩 긴 영창. ⊗장창(長窓).

장옥 (牆屋) 명 담.

장옷 [-온] 명 〖역〗 예전에, 부녀자가 나들이할 때에 얼굴을 가리느라고 머리에서부터 길게

내려 쓰던 옷.

장옷-짜리 [-온-] 圐 장옷을 쓰고 다니던 사람
을 낮잡아 이르던 말.

장와불기 (長臥不起) 圐하刀 오래도록 앓아 누
워서 일어나지 못하거나 죽게 됨.

장:외 (帳外) 圐 《역》 조선 때, 서울 오부(五部)
가 관할하던 구역의 바깥. ↔장내(帳內).

장외 (場外) 圐 어떠한 곳의 바깥. 口~ 훈련/
~ 투쟁/ ~ 경기. ↔장내.

장외 거:래 (場外去來) 《경》 증권 거래소 밖에
서 이루어지는 주식이나 채권의 거래.

장외 시:장 (場外市場) 《경》 장외 거래가 이루
어지는 시장.

장용 (獐茸) 圐 《한의》 노루의 어린 뿔(돋아 나
와서 아직 굳지 않은 것. 보약으로 씀).

장·용-제 (腸溶劑) 圐 《약》 위를 자극할 염려
가 있는 약의 거죽을 젤라틴으로 싸서 위에
서는 녹지 않고 장에 들어가 녹게 한 약제.

장-용지 (長-) 圐 《건》 벽에 붙여 담을 쌓을 때
흙이 무너지지 않도록 담 마구리에 대는 긴
널조각.

장우-단탄 (長吁短歎) 圐하刀 긴 한숨과 짧은
탄식의 뜻으로, 탄식하여 마지아니함을 이르
는 말.

장:-운동 (腸運動) 圐 《생》 위에서 소화된 음
식을 십이지장으로 옮겨 차차 대장으로 보내
는 창자의 소화 작용으로 일어나는 운동.

장:원 (壯元·狀元) 圐하刀 1 과거에서, 갑
과(甲科)에 첫째로 급제함. 또는 그런 사람.
2 백일장 등에서 첫째를 하는 일.

장원 (莊園) 圐 유럽의 중세기에, 귀족이
나 교회가 사유하던 토지(봉건 사회의 경제
단위를 이루었음). 口~ 제도.

장:원 (掌苑) 圐 《역》 조선 때, 장원서(掌苑署)
의 정육품 벼슬.

장원 (牆垣) 圐 담'.

장:원 급제 (壯元及第) [-쩨-] 《역》 과거에서,
장원으로 급제함.

장:원-랑 (壯元郎) [-낭] 圐 《역》 과거에서, 장
원으로 급제한 사람. 괴방(魁榜).

장:원-례 (壯元禮) [-녜] 圐하刀 예전에, 글방에
서 글이나 글씨에 장원이 된 사람이 한턱을
내던 일.

장:원-서 (掌苑署) 圐 《역》 조선 때, 대궐 안에
있는 정원의 꽃과 과일나무 등에 관한 일을
맡아보던 관아.

장원지계 (長遠之計) [-/-게] 圐 먼 장래에 관
한 계책.

장원-하다 (長遠-) 혈에 끝없이 길고도 멀다.
口갈 길이 장원하니 일찍 떠나세. **장원-히** 男

장:-월 (壯月) 圐 '음력 8월'의 이칭.

장:-위 (腸胃) 圐 《생》 창자와 위장.

장:-유 (長幼) 圐 어른과 어린이.

장:-유 (醬油) 圐 1 간장. 2 간장과 먹는 기름.

장:-유-유서 (長幼有序) 圐 오륜(五倫)의 하나.
윗사람과 아랫사람 사이에는 엄격한 차례와
질서가 있음.

장:-유지 (壯油紙) 圐 들기름에 결은 두꺼운
장지(壯紙).

장:-육 (醬肉) 圐 장조림.

장으리 圐 《식》 줄기가 푸르고 씨는 흰 기장의
하나.

장음 (長吟) 圐하刀 시가(詩歌)를 길게 읊음.

장음 (長音) 圐 《언》 길게 나는 소리. 긴소리.
↔단음(短音).

장-음계 (長音階) [-/-게] 圐 《악》 온음계의 한

가지. 셋째와 넷째 사이의 음정과, 일곱째와
여덟째 사이의 음정은 반음이고, 기타 각 음
의 사이는 온음정을 이루는 음계. ↔단음계.

장음 부:호 (長音符號) 1 《언》 장음을 표시하
는 부호. 흔히 글자의 머리에다 '-'표를 하거
나, 오른편에 ':'표를 함. 긴소리표. 2 《악》
장음을 표시하는 부호.

장-음정 (長音程) 圐 《악》 단음정보다 반음 넓
고, 중음정보다 반음 좁은 음정(2도, 3도, 6
도, 7도가 있음).

장음-화 (長音化) 圐하자타 《언》 장음으로 됨.
또는 그렇게 되게 함.

장읍 (長揖) 圐하자 두 손을 마주 잡고 눈높이
만큼 들어 올리며 허리를 굽힘. 또는 그렇게
하는 예.

장읍불배 (長揖不拜) [-뿔-] 길게 읍만
하고 절하지 않음.

장의 (長衣) [-/-이] 圐 장옷.

장:의 (葬儀) [-/-이] 圐 장례. 口~ 행렬.

장:의-사 (葬儀社) [-/-이-] 圐 장례에 필요한
여러 가지 일을 맡아 하는 영업소.

장-의자 (長椅子) [-/-이-] 圐 가로로 길게 만
들어 여럿이 앉게 된 의자. 벤치.

장:의-차 (葬儀車) [-/-이-] 圐 영구차.

-장이 回 '직업·물건 이름 등에 붙어 그것을 만
들거나 그 직종에 종사하는 기술자임을 나타
내는 말. 口유기~/ 땜~/ 옹기~/ 미~. *-
쟁이.

장익 圐하刀 ☞ 장닉(藏匿).

장:인 (丈人) 圐 아내의 아버지. 빙부. 악부(岳
父). *장모(丈母).

장인 (匠人) 圐 손으로 물건 만드는 것을 업으
로 하는 사람. 장색(匠色).

장:인 (將印) 圐 장수(將帥)의 관인(官印).

장인-공 (匠人工) 圐 한자 부수의 하나('左'·
'巨' 등에서 '工'의 이름).

장:-일 (葬日) 圐 장사를 지내는 날.

장일 식물 (長日植物) [-싱-] 《식》 일조(日照)
시간이 12시간 이상이면 꽃봉오리를 맺는 식
물(양배추·완두·보리·무·시금치 따위). ↔단
일(短日) 식물.

장:-임 (將任) 圐 장수의 임무.

장-잎 [-닙] 圐 볏과의 곡식의 맨 나중에
나오는 잎(이 잎이 나온 뒤에 이삭이 나옴).

장:-자 (壯者) 圐 장년(壯年)에 이른 사람.

장:-자 (長子) 圐 맏아들. 口~로 태어나다.

장:-자 (長姊) 圐 맏누이.

장:-자 (長者) 圐 1 윗사람. 2 덕망이 있고 경험
이 많아 세상일에 밝은 어른. 口~의 풍모가
엿보이다. 3 큰 부자를 점잖게 이르는 말.

장:자 상속 (長子相續) 《법》 장자가 단독으로
상속을 하는 형태(장남자(長男子)의 상속
이 보통인데, 남녀를 불문한 초생자(初生子)
상속도 있음).

장-자석 (長磁石) 圐 《물》 발전기·전동기 등에
강한 자기장(磁氣場)을 일으키게 하기 위하
여 고정한 전자석(電磁石).

장:자-풍 (長者風) 圐 '장자풍도'의 준말. 口
~의 위엄.

장:자-풍도 (長者風度) 圐 덕망 있고 세상일에
익숙한 사람의 풍도. 준장자풍.

장작 (長斫) 圐 통나무를 길쭉하게 쪼갠 땔나
무. 口~ 한 단/~을 패다/아궁이에 ~을
때다.

장작-개비 (長斫-) [-깨-] 圐 쪼갠 장작의 낱
개. 口~처럼 뻣뻣하다.

장작-더미 (長斫-) [-떠-] 圐 장작을 쌓아 올린
무더기. 장작가리. 口~를 쌓다.

장작-모시 (長斫-)[-장-]똉 굵고 성기게 짠 모시. ↔세(細)모시.

장작-바리 (長斫-)[-빠-]똉 장작을 수레에 가득 실은 바리.

장작-불 (長斫-)[-뿔]똉 장작으로 피운 불. ▯~을 지피다.

장작-윷 (長斫-)[-장눋]똉 길고 굵게 만든 윷.

장: 잠 (壯蠶)똉[농]석 잠 자고 난 누에.

장: 장 (葬場)똉 장례식장.

장장 (長長)튄 기나긴. ▯~ 세월 / ~ 열두 시간에 걸친 마라톤 회의.

장:-장이 (欌-)똉 장롱 따위를 만드는 일을 업으로 하는 사람.

장장-이 (張張-)튄 하나하나의 장마다. ▯~ 검토하고 확인하다.

장장-추야 (長長秋夜)똉 기나긴 가을밤.

장장-춘일 (長長春日)똉 기나긴 봄날.

장장-치기 똉 투전 노름의 한 가지.

장장-하일 (長長夏日)똉 기나긴 여름날.

장재 (長齋)똉[불]오랫동안 재계(齋戒)함. 또는 일년 내내 채식(菜食)을 함.

장:재 (將材)똉 장수가 될 만한 훌륭한 인재.

장:재 (壯財)똉 금전의 출납을 맡아보는 사람.

장재 (裝載)똉[하타] 짐을 꾸려 배나 수레 따위에 실음.

장:재 (醬滓)똉 된장.

장:재 (壯哉)갑 '장하도다'의 뜻.

장:적 (長嫡)똉 본처가 낳은 맏아들.

장:적 (戕賊)똉[하타] 1 주색에 빠져 몸을 해침. 2 잔적(殘賊)2.

장:적 (帳籍)똉 호적(戶籍)1.

장:적 (掌跡)똉 손바닥의 자국.

장전 (長田)똉[역]고려·조선 때, 각 역장(驛長)의 공비(公費)에 쓰기 위하여 지급된 토지.

장전 (長箭)똉 싸움에 쓰는 긴 화살.

장전 (莊田)똉[역]옛날 귀족의 사유지.

장:전 (章典)똉 전장(典章). ▯권리 ~.

장:전 (帳前)똉 1 임금이 들어가 있는 장막의 앞. 2 장수(將帥)의 앞.

장:전 (帳殿)똉[역]임금이 앉도록 임시로 꾸민 자리.

장:전 (葬前)똉 장사를 지내기 전. ↔장후.

장전 (裝塡)똉[하타][군]탄환에 탄환을 잼. ▯소총에 실탄을 ~하고 방아쇠를 당기다.

장전 (贓錢)똉 옳지 못한 짓으로 얻은 돈.

장:전 (欌廛)똉 장롱 등을 만들어 파는 가게.

장:절 (壯絕)똉[하][부] 아주 장하고 뛰어남.

장절 (章節)똉 글에서의 장(章)과 절.

장:-절초 (長切草)똉 품질이 좋은 살담배.

장점 (長點)[-쩜]똉 좋은 점. 보다 뛰어난 점. 장처(長處). 장소(長所). ▯~이 많다 / ~을 살리다. ↔단점.

장점 (粧點)똉[하타] 1 좋은 땅을 가려 집을 지음. 2 생전에 자기가 묻힐 묘자리를 정해서 광중(壙中)을 미리 만들어 둠.

장:-점막 (腸粘膜)똉[생]장벽(腸壁)을 이루고 있는 점막.

장:정 (壯丁)똉 1 나이가 젊고 혈기가 왕성한 남자. 2 소년 장사라 ~ 한 사람 몫의 일은 거뜬히 해낸다. 2 징병 적령자인 남자. ▯영장을 받고 입대하는 ~.

장정 (長汀)똉 길게 뻗친 바닷가.

장정 (長征)똉[하][하자] 1 멀리 정벌하러 감. 2 (비유적으로) 경기 일정 따위를 오래 계속함. ▯프로 축구가 6개월 간의 대~에 돌입했다.

장정 (長程)똉 매우 먼 길. 장로(長路).

장정 (章程)똉 여러 조목(條目)으로 나누어 정한 규정.

장정 (裝幀·裝訂)똉[하타] 1 제본에서, 책을 매어 꾸밈. 2 책의 형식면의 조화미를 꾸미는 기술. 또는 그 의장(意匠). 책치레. 장황(粧潢). ▯가죽 ~ / ~이 화려하다.

장정-곡포 (長汀曲浦)똉 해안선이 길고 구부러진 갯벌.

장제 (長堤)똉 기다란 둑.

장:제 (葬祭)똉 장례와 제사.

장:제 (葬制)똉 장사를 지내는 방식과 제도.

장제 (漿劑)똉[약]아라비아고무·녹말 등의 점액질을 포함한 약물을 물에 풀어 끈적끈적하게 만든 액제. 점장제(粘漿劑).

장:조 (丈祖)똉 처조부(妻祖父).

장:조 (長調)[-쪼]똉[악]장음계로 된 곡조. ↔단조.

장:-조림 (醬-)똉 간장에다 쇠고기를 넣고 조린 반찬. 자장(煮醬). 장육(醬肉).

장:-조모 (丈祖母)똉 처조모(妻祖母).

장:-조부 (丈祖父)똉 처조부(妻祖父).

장:-조카 (長-)똉 맏형의 맏아들. 맏조카. 장질(長姪).

장족 (長足)똉 1 긴 다리. 2 발전이나 진보가 매우 빠름. ▯~의 발전.

장:-족 (杖足)똉 몽둥이로 발을 치던 형벌.

장족 (獐足)똉 과녁에 박힌 화살을 뽑는 도구 (쇠로 노루발같이 끝이 갈라지게 만듦).

장족-마치 (獐足-)[-종-]똉 과녁에 박혀 있는 화살을 뽑아낼 때 장족을 두드리는 마치.

장:-족편 (醬足-)똉 간장을 쳐서 만든 족편.

장족-한량 (獐足閑良)[-조칼-]똉 장족으로 과녁에 꽂힌 화살을 뽑는 일을 맡은 사람.

장졸 (將卒)똉 장수와 병졸.

장졸 (藏拙)똉[하타] 자기의 단점(短點)을 가려서 감춤.

장:종 (將種)똉 무장(武將) 집안의 자손.

장:죄 (杖罪)[-쬐]똉[역]장형(杖刑)에 해당하는 죄.

장죄 (贓罪)[-쬐]똉[법] 1 관리가 뇌물을 받은 죄. 2 '장물죄'의 준말.

장죄-피 (-皮)똉[식]피의 한 종류. 까라기가 길고 씨는 흰데 7월에 익음.

장주 (長酒)똉[하자] 오랜 시간 술을 마심.

장주기-조 (長週期潮)똉[지]천체의 기조력(起潮力)으로 일어나는, 보름 이상의 오랜 주기를 갖는 조석(潮汐).

장-주릅 (場-)[-주-]똉 예전에, 장에서 흥정 붙이는 일을 업으로 하던 사람. 시쾌(市儈).

장:-죽 (杖竹)똉 지팡이로 쓰는 대나무.

장죽 (長竹)똉 긴 담뱃대. ↔단죽.

장준 (長蹲)똉 큰 뾰주리감(홍시 만들기에 알맞음).

장-줄 똉[농]줄모를 심을 때 세로로 길게 대는 못줄.

장:중 (帳中)똉 장막의 안.

장중 (場中)똉 1 어떤 장소의 안. 장내(場內). 2 장외. 2 [역]과거를 보던 과장(科場)의 안.

장:중 (掌中)똉 수중(手中). ▯~의 구슬.

장중-득실 (場中得失)[-씰]똉 평소에 잘하는 사람이 시험장에서는 낙방하는 수가 있고, 못하는 사람도 급제할 때가 있듯이, 일이 생각한 바와 같이 이루어지지 않음을 가리키는 말.

장:-중-물 (掌中物)똉 자기의 수중에 들어 있는 물건.

장:중-보옥 (掌中寶玉)똉 가장 귀하고 소중한 것. ▯~처럼 여기다.

장:중-주 (掌中珠) 명 장중보옥.

장중-하다 (莊重-) 형여 장엄하고 무게가 있다. ❏장중한 음악. **장중-히** 부

장:지 (壯志) 명 마음속에 품은 장하고 큰 뜻. ❏~를 품다.

장:지 (壯紙) 명 우리나라에서 만든 두껍고 질긴 큰 종이의 한 가지《기름을 먹여 장판지(壯版紙)로 씀》.

장지 (長指·將指) 명 가운뎃손가락.

장:지 (將指) 명 엄지발가락.

장:지 (葬地) 명 장사(葬事)하여 시체를 묻는 땅. 매장지(埋葬地). ❏~를 정하다.

장지 (障-) 명〖건〗방과 방 사이, 방과 마루 사이에 칸을 막아 끼우는 문《미닫이 비슷하나 운두가 높고 문지방이 낮음》. ❏~를 열다.

장지 두꺼비집 (障-)〖건〗장지를 열 때, 문짝이 들어가게 된 문.

장지-문 (障-門) 명〖건〗지게문에 장지 짝을 덧들인 문.

장지-뱀 명〖동〗장지뱀과의 파충류의 하나. 양지바른 풀밭에 살며 도마뱀과 비슷하나 머리에서 꼬리 끝까지 15cm 가량, 꼬리는 몸통의 3배 가량임. 우리나라 특산종임.

장:지수지 (杖之囚之) 명하타 예전에, 곤장으로 때린 뒤에 옥에 다시 가둠을 이르던 말. 준장수(杖囚).

장지-틀 (障-) 명〖건〗장지문을 끼우는 틀.

장진 (長進) 명하자 크게 나아감. 장족의 발전을 함.

장:진-성 (將進性)[-썽] 명 장취성.

장진주-사 (將進酒辭) 명〖문〗조선 때, 정철(鄭澈)이 지은 사설시조(辭說時調) 형식의 권주가(勸酒歌).

장:질 (長姪) 명 장조카. 큰조카. 맏조카.

장질 (長疾) 명 장병(長病).

장-질부사 (腸窒扶斯) 명〖의〗'장티푸스'의 한자말.

장-짐 (場-)[-찜] 명 장에서 샀거나 또는 장에 팔 물건을 꾸려 놓은 짐.

장:-짠지 (醬-) 명 데친 오이와 배추를 간장에 절인 뒤에 갖은 양념을 넣고 진간장을 부어 익힌 반찬. 장함저(醬鹹菹).

장:-쪽박 (醬-)[-빡] 명 '간장쪽박'의 준말.

장차 (長差) 명〖천〗행성이나 위성의 궤도의 위치 및 모양이 해마다 조금씩 달라지는 현상. 장년 섭동(長年攝動).

장차 (將次) 부 앞으로. 미래에. ❏~ 하고 싶은 일 / ~ 아내가 될 사람.

장-차다 (長-) 형 **1** 곧고도 길다. ❏장차게 자라다. **2** 거리가 길고도 멀다. ❏하룻길로는 ~. **3** 시간적으로 오래고 길다.

장착 (裝着) 명하타 의복·기구·장비 등을 붙이거나 착용함. ❏체인을 ~한 차.

장찬 (粧撰) 명하타 허물을 숨기려고 꾸밈.

장찰 (長札) 명 긴 사연의 편지.

장-창 (長-) 명 짚신이나 미투리 따위의 바닥 전체에 덧대는 창.

장:창 (杖瘡) 명 장형(杖刑)으로 매를 맞은 자리에 생긴 헌데. ❏~으로 고생하다.

장창 (長窓) 명〖건〗'장영창(長映窓)'의 준말.

장창 (長槍) 명 **1**〖군〗길이가 긴 창. ↔단창. **2**〖역〗십팔기(十八技)의 한 가지. 보졸(步卒)이 장창을 가지고 하는 무예.

장창(을) 쓴다 구 해낼 수 있다고 호언장담한다.

장-채 (長-) 명 가마 따위의 긴 채. ↔꺾은채.

장책 (長策) 명 **1** 원대(遠大)한 계책이나 대책. **2** 승산(勝算).

장책 (粧冊) 명하타 책을 꾸미어 만듦. *제본(製本).

장책 (帳冊·賬冊) 명 거래처에 따라 나누어 적는 상인의 장부.

장:처 (杖處) 명 장형(杖刑)으로 곤장(棍杖)이나 태장(笞杖)을 맞은 자리.

장처 (長處) 명 장점. ↔단처.

장:척 (丈尺) 명 장대로 열 자 길이가 되게 만든 자.

장척 (長尺) 명 **1** 썩 기다란 자. **2** 베·무명 등을 정척(定尺)인 마흔 자보다 길게 짠 길이.

장천 (長天) 명 멀고도 넓은 하늘.

장천 (長川) 부 '주야장천(晝夜長川)'의 준말.

장:-천공 (腸穿孔) 명〖의〗창자가 외상이나 궤양 때문에 구멍이 생긴 병.

장첩 (粧帖) 명 책처럼 아담하게 꾸며 만든 서화첩(書畵帖).

장:청 (狀請) 명하타〖역〗임금에게 글을 올려 주청(奏請)함.

장-청판 (長廳板) 명〖건〗마룻바닥에 깔린 긴 널빤지.

장-체계 (場遞計)[-/-게] 명 예전에, 장에서 돈을 비싼 이자로 꾸어 주고, 장날마다 본전의 일부와 이자를 받아들이던 일. 준체계(遞計).

장:초 (壯抄) 명하타〖역〗군사가 될 만한 장정을 골라 뽑던 일.

장초 (章草) 명 예서(隷書)에서 초서(草書)로 변하는 과도적 서체(書體).

장:초-군 (壯抄軍) 명〖역〗군사로 뽑힌 장정.

장-초석 (長礎石) 명〖건〗누(樓)나 정자 등에 길게 세운 초석.

장촉 (長鏃) 명 긴 붓촉.

장총 (長銃) 명〖군〗소총(小銃)을 단총에 상대하여 일컫는 말.

장축 (長軸) 명〖수〗긴지름. ↔단축.

장:-출혈 (腸出血) 명〖의〗장벽(腸壁)의 출혈. 장티푸스·장결핵·장암·장궤양 따위에서 나타남.

장취 (長醉) 명하자 술에 늘 취해 있음.

장취 (將就) 명하자 앞으로 진보하여 나아감. 일취월장(日就月將).

장취불성 (長醉不醒)[-썽] 명하자 술에 늘 취하여 깨어나지 않음.

장취-성 (將就性)[-썽] 명 앞으로 진보될 가능성. 장진성(將進性).

장-치 (場-) 명 예전에, 장날마다 이자를 갚던 빚. *날치².

장:치 (腸痔) 명〖한의〗항문 안의 살이 밖으로 늘어져서 나온 치질. 탈항(脫肛).

장치 (裝置) 명하타 **1** 기계나 설비 따위를 설치함. 또는 그 설치한 것. ❏냉방 ~ / 방음 ~ / 에어컨이 ~된 자동차 / 폭약을 ~하다. **2** 어떤 일을 잘 해내기 위하여 마련한 제도·규칙 따위를 비유적으로 일컫는 말. ❏제도적 ~ / 법적인 ~를 마련하다. **3** 세트4. ❏무대 ~를 가설하다.

장치 (藏置) 명하타 **1** 간직하여 둠. **2** 통관(通關)하고자 하는 수출입 물품을 보세(保稅) 구역 안에 임시로 보관하는 일. ❏~ 기간.

장치 공업 (裝置工業)〖공〗생산 수단으로서 거대한 설비나 장치를 필요로 하는 공업《석유 정제·석유 화학·제철·자동차 공업 따위》.

장:치-기 명하자〖민〗겨울철에 어린이들이 하던 공치기 놀이의 하나. 두 편이 각각 막대를 가지고 나무 공을 쳐서 한정한 금 밖으로 먼

저 내보내기를 다투던 경기.

장-치기-공 (-公) 명 장치기를 하는 데 쓰는 공《나무를 둥글게 깎아 만듦》.

장-치다 짜 말이 누워서 등을 땅에 대고 문질러 비비다.

장-치다² 짜 『민』 장치기를 하다.

장-치다² 짜 '독장치다'의 준말.

장침 (長枕) 명 모로 비스듬히 기대 앉아서 팔꿈치를 괴게 만든 베개 모양의 물건.

장침 (長針) 명 1 긴 바늘. 2 분침(分針). ↔단침(短針).

장-카타르 (腸catarrh) 명 『의』 장염(腸炎).

장-쾌-하다 (壯快-) 혬 가슴이 벅차도록 장하고 통쾌하다. ꏔ장쾌한 스키 활강 / 장쾌한 장외 홈런. **장-쾌-히** 閉

장타 (長打) 명 야구에서, 2루타 이상의 안타. ꏔ~를 날리다.

장-타령 (場-) 명 『민』 속된 잡가의 한 가지 《동냥하는 사람이 장판·길거리로 돌아다니며 부름》.

장타령-꾼 (場-) 명 예전에, 장판이나 길거리를 돌아다니면서 장타령을 부르던 거지.

장탄 (長歎) 명하재 '장탄식'의 준말.

장탄 (裝彈) 명하타 총포에 탄알을 잼. ꏔ총에 실탄을 ~하다.

장-탄식 (長歎息) 명하재 길게 한숨을 내쉬며 깊이 탄식함. 또는 그 탄식. 장태식. ꏔ~을 늘어놓다 / 땅이 꺼져라고 ~을 하다. ꎁ장탄.

장태 (漿胎) 명 『공』 자기(瓷器)를 만드는 재료가 되는 흙《자토(瓷土)를 물속에 넣고 휘저어 잡물을 없앤 후 앙금을 가라앉힌 것》.

장:태 (醬太) 명 장을 담글 콩.

장-태식 (長太息) 명하재 장탄식.

장태평-하다 (長太平-) 혬어 아무 걱정이 없이 늘 태평하다.

장:택 (葬擇) 명하재 장사(葬事) 지낼 날을 가려 정함.

장-터 (場-) 명 장이 서는 곳. 장마당. 장판. ꏔ대목을 맞은 ~는 사람들로 시끌벅적했다.

장토 (莊土) 명 장토(田莊).

장:통 (醬桶) 명 간장을 담는 나무로 만든 통.

장:-티푸스 (腸typhus) 명 『의』 급성 전염병의 하나. 티푸스균이 창자에 들어가 일으키는 병. 장질부사.

장파 (長波) 명 『물』 파장(波長)이 3,000 m 이상의 전파《주로 근거리 통신에 이용됨》. *중파·단파.

장:파 (長派) 명 맏파.

장:파 (狀罷) 명하타 『역』 죄를 지은 원(員)을 그 도의 감사가 임금에게 장계(狀啓)하여 파면시키던 일.

장-파장 (長波長) 명 『물』 장파의 파장.

장판 (壯版) 명 1 새벽질을 하고 그 위에 기름 먹인 종이를 바른 방바닥. ꏔ~이 반들반들 윤이 난다. 2 '장판지'의 준말. ꏔ비닐 ~을 깔다. ──하다 재타 장판지로 방바닥을 바르다.

장:판 (杖板) 명 『역』 장형(杖刑)을 집행할 때 죄인을 엎드리게 하고 팔다리를 매던 틀.

장-판 (場-) 명 1 장이 선 곳. ꏔ~을 기웃거리다. 2 많은 사람이 모여서 북적거리는 곳을 비유하는 말.

장판 (藏版·藏板) 명 어떤 곳에 보관하여 둔 책판(冊版).

장판-돌 (壯版-)[-똘] 명 『광』 광물을 고를 때 광석을 올려놓고 두드려 깨뜨리는 받침돌.

장판-머리 명 소의 양에 붙어 있는 넓적한 고기《국거리로 씀》.

장판-방 (壯版房) 명 장판지로 바닥을 바른 방. [장판방에서 자빠진다] 안전한 곳에서 실수하는 경우가 있음을 비유적으로 이르는 말.

장판-지 (壯版紙) 명 방바닥을 바르는 데 쓰는, 기름 먹인 두꺼운 종이. ꎁ장판종.

장:패 (將牌) 명 『역』 비장(裨將)이나 군관이 허리에 차던 나무패.

장:편 (杖-) 명 『악』 쇠로 만든 테에 쇠가죽을 메워 장구의 오른편 마구리에 댄 부분.

장편 (長篇) 명 『문』 1 구(句)의 수에 제한이 없는 한시체(漢詩體). ꎁ시(詩). 2 내용이 복잡한 시가·소설·영화 따위의 작품. ꏔ~ 기록 영화. ↔단편.

장:편 (掌篇) 명 1 극히 짧은 작품. 2 콩트1.

장편 소:설 (長篇小說) 명 『문』 장편으로 된 소설 《다룬 내용이 광범위하고 구성이 복잡하며 긴 소설》.

장:편 소:설 (掌篇小說) 명 『문』 콩트1.

장:폐 (杖斃)[-/ --폐] 명하재 장형(杖刑)으로 곤장을 쳐 죽음. 장사(杖死).

장-폐색-증 (腸閉塞症)[-증/ --쯩] 명 『의』 장관(腸管)의 일부가 막히는 질환《복통·구토·변통(便通) 불능 등의 증상을 일으킴》.

장포 명 『식』 창포(菖蒲).

장포 (場圃) 명 집 근처에 있는 채소밭.

장포 (獐脯) 명 노루 고기로 뜬 포.

장포 (漿疱) 명 『한의』 살이 부르트고 진물이 괴어서 곪은 부스럼.

장:포 (醬脯) 명 진장(陳醬)을 치고 주물러 말린 포육.

장품 (贓品) 명 『법』 장물(贓物).

장:풍 (掌風) 명 무술에서, 손바닥으로 일으키는 바람.

장:풍 (腸風) 명 『한의』 결핵성 치질이 원인이 되어 똥을 눌 때에 피가 나오는 병.

장피 (獐皮) 명 노루의 가죽.

장피-살 (-살) 명 『건』 창살의 배가 약간 불러 창포의 줄기같이 된 문살.

장:하 (杖下) 명 장형(杖刑)을 행하는 그 자리. ꏔ~에 숨지다.

장하 (長夏) 명 1 해가 긴 여름. 2 음력 6월의 이칭.

장:하 (帳下) 명 1 장막의 아래. 2 『역』 막하(幕下).

장하 (裝荷) 명하타 『전』 전화의 통화 상태를 좋게 하기 위해 인덕턴스를 삽입하는 일. ꏔ~ 케이블.

장:-하다 (壯-) 혬어 1 하는 일이 매우 훌륭하다. ꏔ장한 어머니 / 의기를 장하게 여기다. 2 정성 따위가 갸륵하다. ꏔ병든 부모를 잘 돌볼 줄 아는 장한 어린이. **장:-히** 閉

장-하다 (長-) 혬어 어떤 일에 대단히 능하다. ꏔ장사에 ~.

장하-주 (章下註) 명 한 장이 끝난 뒤 몰아서 다는 주.

장:학 (奬學) 명하재 공부나 학문을 장려함. ꏔ~ 지도.

장:학 (瘴瘧) 명 『한의』 덥고 습한 지역에서 생기는 학질.

장:학-관 (奬學官)[-꽌] 명 『교』 교육의 지도·조사·감독의 일을 맡은 교육 공무원.

장:학-금 (奬學金)[-끔] 명 1 가난하지만 성적이 우수한 학생을 위한 학자 보조금. ꏔ~을 받다 / ~을 타다 / 거액의 ~을 기부하다. 2 학문 연구를 돕기 위하여 연구자에게 주는 장려금.

장:학-사 (獎學士)[-싸]圓《교》교육의 지도·조사·감독에 관한 일을 맡은 교육 공무원. 장학관의 아래임.

장:학-생 (獎學生)[-쌩]圓 장학금을 받는 학생. ▣국비 ~ / ~을 더 선발되다.

장:한 (壯漢)圓 몸집이 건장하고 힘이 센 남자.

장한 (長恨)圓 오랜 가뭄.

장한 (長恨)圓 오래도록 잊지 못할 원한. ▣~을 품다.

장한-몽 (長恨夢)圓 깊이 사무쳐 오래도록 잊을 수 없는 마음.

장함 (長銜)圓〖역〗벼슬의 등급, 관직 이름 따위를 적은 명함.

장:항 (醬缸)圓 간장·된장·고추장 따위를 담는 항아리.

장해 (障害)圓하타 하고자 하는 일을 막아서 방해함. 또는 그런 것. ▣별다른 ~를 받지 않고 강을 건넜다.

장해-물 (障害物)圓 장해가 되는 일이나 물건.

장:행 (壯行)圓하자 장한 뜻을 품고 먼 길을 떠남.

장:혈 (葬穴)圓 시체를 묻는 구덩이. 광(壙).

장혈 (獐血)圓〖한의〗노루의 피(보혈제(補血劑)로 씀).

장:-협착 (腸狹窄)圓〖의〗장관(腸管)의 내강(內腔)이 좁아지는 증상(장결핵·장유착·종양 등으로 일어남).

장:형 (杖刑)圓〖역〗오형(五刑)의 하나. 곤장으로 볼기를 치던 형벌. 곤형(棍刑).

장:형 (長兄)圓 맏형. 큰형.

장:형-부모 (長兄父母)圓 맏형의 자리는 부모와 같다는 뜻(맏형은 부모처럼 집안과 아랫사람을 돌보기 때문에 이름).

장화 (長靴)圓 목이 길게 올라오는 가죽신이나 고무신. ▣~를 신고 빗속을 걷다. ↔단화.

장화 (裝畵)圓 책의 표지를 장식한 그림.

장-화반 (長花盤)圓〖건〗공청(空廳)이나 법당 따위에 길게 짠 화반. 화반과 두공(枓栱)을 겸하여 초제공(初提栱)과 교차하여 짬. 천리(千里)화반.

장활-하다 (長闊-)혱형 아주 멀고 넓다. ▣장활한 들판. 장활-히倍

장황 (裝潢·粧潢)圓 비단이나 두꺼운 종이로 책면이나 서화첩을 꾸며 만듦.

장황-하다 (張皇-)혱형 번거롭고 길다. ▣장황한 연설 / 설명이 ~ / 말을 장황하게 늘어놓다. 장황-히倍

장:회 (壯懷)圓 장하게 품은 뜻.

장회 소:설 (章回小說)〖문〗여러 장(章)으로 나누어져 있는 장편(長篇) 연재소설.

장획 (長劃)圓〖건〗단청을 칠할 때 굵고 길게 그은 묵선(墨線)이나 분선(粉線).

장:후 (葬後)圓 장사를 치른 뒤. ↔장전(葬前).

장흔 (粧痕)圓 단장한 흔적.

장흥-고 (長興庫)圓〖역〗조선 때, 돗자리·종이·유지(油紙) 등의 관리를 맡아보던 관아.

장-흥정 (場-)圓하타 장에서 물건을 사고팔 때 벌이는 흥정.

잦감 [잗깜]圓 밀물이 다 빠져 바닷물이 잦아진 상태.

잦다[잗따]재 1 액체가 졸아 밑바닥에 깔리다. ▣밥물이 ~. 2 거친 기운이 잠잠해지거나 가라앉다. ▣거센 물결이 점차 잦아 온다. 3 기운이 깊이 스미거나 배어들다.

잦다[잗따]재 뒤로 기울어지다.

잦다[잗따]혱 1 여러 차례로 거듭되는 기간

이 짧다. ▣횟수가 ~. 2 자주 있다. 빈번하다. ▣비가 ~.

잦-뜨리다 [잗-]타 힘을 들여 뒤로 잦히다. ⓔ젖뜨리다.

잦바듬-하다 [잗빠-]혱형 1 뒤로 넘어질 듯이 비스듬하다. ▣모자를 잦바듬하게 쓰다. 2 탐탁해하거나 즐거워하는 빛이 없다. ▣잦바듬해하는 표정. ⓔ젖버듬하다. **잦바듬-히** [잗빠-]倍

잦아-들다 [-들어, -드니, -드는]재 1 괴었던 물이 차차 말라들어 가다. 2 거친 기운이 가라앉아 가거나 잠잠해져 가다. ▣바람이 ~. 3 기운이 속으로 깊이 스며들어 가거나 배어들어 가다.

잦아-지다재 점점 잦아들어 없어지게 되다. ▣저수지의 물이 ~.

잦아-지다재 어떤 일이나 행위 따위가 자주 있게 되다. ▣외출이 ~ / 잦아진 선생님의 잔소리.

잦은-가락圓 ☞자진가락.

잦은-걸음圓 1 발을 자주 떼어 놓으며 걷는 걸음. ▣~으로 걷다. 2 자주 들름.

잦은-마치圓 ☞자진마치.

잦은-방구圓 잇따라 자주 뀌는 방구.

잦은-장단圓 ☞자진장단.

잦추 [잗-]倍 잦거나 잰 동작으로.

잦추다 [잗-]타 동작을 재게 하여 잇따라 재촉하다.

잦-추르다 [잗-][잦추러, 잦추르니]타돔 잇따라 재촉하여 바싹 잦추다.

잦-트리다 [잗-]타 ☞잦뜨리다.

잦혀-지다 [자처-]재 1 뒤로 기울어지다. 2 안쪽이나 아래쪽이 겉으로 드러나게 열리다. ⓔ젖혀지다.

잦히다[자치-]타 ('잦다'의 사동) 밥이 끓은 뒤에 불을 잠깐 물렸다가 다시 불을 조금 때어 물이 잦아지게 하다.

잦히다[자치-]타 1 ('잦다'의 사동) 뒤로 잦게 하다. ▣고개를 ~ / 상체를 뒤로 ~. 2 안쪽이 겉으로 드러나게 열다. ▣문을 ~. ⓔ젖히다.

재圓 불에 타고 남는 가루. ▣종이가 타고 남은 ~ / ~를 뿌리다 / 재멸이에 ~을 털다 / 한 줌의 ~로 돌아가다 / 아궁이의 ~를 그러내다.

재가 되다 다 없어져 버리다. 일 따위가 모두 허사가 되다. ▣한순간에 ~.

재圓 넘어 다니도록 길이 나 있는 높은 산의 고개.

[재는 넘을수록 험하고 내는 건널수록 깊다] 어떤 일이 갈수록 더 어려워짐을 이르는 말.

재圓 장기판의 앞조 맨 끝줄.

재: (在)圓 물건이나 돈 따위의 쓰고 남은 나머지.

재 (災)圓 1 '재상(災傷)'의 준말. 2 '재액(災厄)'의 준말.

재 (財)圓 1 보배. 재산. 2 가재(家財). 3 인간의 욕망을 만족시킬 수 있는 물건.

재(齋)圓〖불〗명복을 비는 불공. ▣~를 올리다. 2 '재계(齋戒)'의 준말.

재(齋)圓 초상계(初喪契)에서, 계원이 잿돈을 타 쓸 수 있게 된 일.

재(를) 타다 잿돈을 받다.

재 (載)㈜ 십진급수의 한 단위. 극(極)의 아래. 정(正)의 만 배. 곧. 10^{44}

재:- (再)倍 '두 번째'·'다시'의 뜻을 나타내는 말. ▣~검토 / ~출발 / ~교육 / ~시험.

재:- (在)倍 어떤 곳에 살고 있음을 나타내는 말. ▣~일본 / ~미 / ~외.

-재 (材) 〔미〕 '재료'의 뜻을 나타내는 말. ▫️생산~ / 감속(減速) / 건축~.

-재 〔어미〕 '~자고 해'의 준말. ▫️같이 가~ / 결혼을 하~ / 나무를 심~.

재:~ (在家) 〔명〕〔하타〕 **1** 집에 머물러 있음. **2**〔불〕집에 있으면서 승려처럼 도를 닦음. 재속(在俗).

재:가 (再嫁) 〔명〕〔자〕 한 번 결혼했던 여자가 다시 다른 곳으로 시집감. 개가(改嫁).

재가 (裁可) 〔명〕〔하타〕 **1** 안건(案件)을 결재하여 허가함. ▫️~를 얻다. **2**〔역〕임금이 안건에 어명을 적고 어새를 찍어 결재함.

재가 (齋家) 〔명〕 재주(齋主)의 집안. **2** 초상 계원 중에 초상난 집. **3** 상가(喪家)를 무당이나 승려가 이르는 말.

재:-가계 (在家戒) 〔명〕〔불〕삼계(三戒)의 하나. 재가 불자(佛子)들이 지켜야 할 금계(禁戒)〔오계와 팔계 따위〕. *출가계.

재:-가동 (再稼動) 〔명〕〔하자타〕 일을 하기 위하여 기계·인원 따위가 다시 움직임. 또는 그렇게 되게 함.

재:가-무일 (在家無日) 〔명〕 바빠 돌아다니느라고 집에 있는 날이 없음.

재:가-승 (在家僧) 〔명〕〔불〕 속가(俗家)에서 불법을 닦는 사람.

재각 (齋閣) 〔명〕 재실(齋室)2.

재간 (才幹) 〔명〕 **1** 어떤 일을 할 수 있는 재주와 솜씨. ▫️~이 있는 사람 / ~을 부리다 / ~이 비상하다 / ~이 좋다. **2** 어떠한 수단이나 방도. ▫️알아낼 ~이 없다 / 무슨 ~으로 이 많은 일을 혼자 해낼느냐.

재:간 (再刊) 〔명〕〔하타〕〔인〕 두 번째 간행함. ▫️~을 준비하다 / ~도 다 팔리다.

재간-꾼 (才幹-) 〔명〕 재간이 많은 사람. ▫️타고난 ~.

재갈 〔명〕 말을 부리기 위하여 입에 가로 물리는 쇠토막. 마함(馬銜). ▫️~을 물리다.

재갈(을) 먹이다 〔구〕 ⬤말의 입에 재갈을 물리다. ⬤말이나 소리를 내지 못하게 입을 틀어막다.

재감 (災減) 〔명〕〔하타〕 재해(災害)를 입은 논밭의 세금을 덜어 줌.

재감 (裁減) 〔명〕〔하타〕 남의 처지를 미리 헤아려서 부담을 덜어 줌.

재:-감염 (再感染) 〔명〕〔의〕 한 번 걸렸던 병이 재발하는 일.

재:감-자 (在監者) 〔명〕 재소자(在所者).

재강 〔명〕 술을 거르고 남은 찌끼.

재-강아지 〔명〕 **1** 재투성이가 된 강아지. **2** 잿빛 털을 한 강아지.
  〔재강아지 눈 감은 듯하다〕 어떤 일이 요행히 발각되지 않고 감쪽같이 지나가다.

재강-장 (-醬) 〔명〕 재강으로 담근 간장.

재강-죽 (-粥) 〔명〕 재강에 쌀을 넣고 끓여, 설탕 등을 탄 죽.

재:개 (再改) 〔명〕〔하타〕 한 번 고친 것을 다시 고침. 두 번째 고침.

재:개 (再開) 〔명〕〔하타〕 어떤 활동이나 회의 따위를 다시 시작함. ▫️국교 ~ / 회담을 ~하다.

재:-개발 (再開發) 〔명〕〔하타〕 이미 있는 것을 고쳐 다시 개발함. ▫️~ 지역 / ~ 사업 / 주택 ~.

재:-개의 (再改議) 〔-/-이〕 〔명〕〔하자〕 회의에서, 개의(改議)에 대해 다시 개의함. 또는 그 개의. ▫️~에 동의하시는 분은 손을 들어 주세요.

재:거 (再擧) 〔명〕〔하타〕 두 번째 거사함. 또는 그 거사. ▫️~를 꾀하다.

재:건 (再建) 〔명〕〔하타〕 무너진 것을 다시 일으켜 세움. ▫️국가의 ~ / ~ 사업 / 해체된 조직을

~하다.

재:-건축 (再建築) 〔명〕〔하타〕 이미 있던 건축물을 허물고 다시 짓는 일.

재:-검사 (再檢査) 〔명〕〔하타〕 한 번 검사가 끝난 것을 다시 검사함. 또는 그 검사. ▫️잔류 농약이 얼마나 있는지 ~하다.

재:-검토 (再檢討) 〔명〕〔하타〕 한 번 검토한 것을 다시 검토함. 또는 그런 검토. ▫️원안을 ~하다.

재격 (才格) 〔명〕 재주와 품격.

재결 (災結) 〔명〕 재상(災傷)을 입은 논밭.

재결 (裁決) 〔명〕〔하타〕 **1** 재량하여 결정함. 재단(裁斷). **2**〔법〕재결 신청·이의 신청·소원(訴願)에 대한 행정 기관의 판정.

재결 (齋潔) 〔명〕〔하자〕 근신하여 몸과 마음을 깨끗이 함.

재결 신청 (裁決申請) 〔법〕 행정상의 법률에 관련해서 분쟁이 있는 경우에 제3자인 행정 기관에 판정을 청구하는 행위.

재:-결정 (再結晶) 〔-정〕〔화〕 결정성의 고체를 물이나 다른 용매에 녹여, 냉각 또는 증발에 의해 다시 결정시키는 일.

재결 처:분 (裁決處分) 〔법〕법규에 정한 형식을 좇아 내리는 행정 처분〔조세를 징수하는 일 따위〕.

재:-결합 (再結合) 〔명〕〔하자〕 **1** 헤어지거나 떨어졌다가 다시 결합함. ▫️이산가족의 ~. **2**〔화〕분리되어 있던 한 쌍의 입자가 결합하여 안정된 입자로 되돌아가는 현상. **3**〔물〕방사선에 의해 분해된 화합물이 다시 결합하는 일.

재겸 (災歉) 〔명〕 자연재해로 말미암아 곡식의 열매가 잘 여물지 못함.

재:경 (在京) 〔명〕〔하자〕 서울에 있음. ▫️~ 향우회.

재:경 (再耕) 〔명〕〔하자〕〔농〕 두벌갈이.

재경 (財經) 〔명〕 재정과 경제. ▫️~ 위원회.

재:-경매 (再競賣) 〔명〕〔하타〕〔경〕 경매에서 낙찰이 결정된 후 그 낙찰자가 대금을 지불하지 않아 다시 하는 경매.

재:-계 (再啓) 〔-/-게〕 〔명〕〔하타〕 추신(追伸).

재계 (財界) 〔-/-게〕 〔명〕 실업가 및 금융업자의 사회. ▫️~를 움직이는 큰손.

재계 (齋戒) 〔-/-게〕 〔명〕〔하타〕〔불〕 종교 의식 따위를 치르기 위해 마음과 몸을 깨끗이 하고 부정(不淨)한 일을 멀리함. ▫️목욕~. ⬤재(齋).

재:고 (再考) 〔명〕〔하타〕 어떤 일이나 문제 따위를 다시 생각함. ▫️이 문제는 ~의 여지가 없다 / 추진 중인 계획을 신중하게 ~하다.

재:고 (在庫) 〔명〕 **1** 창고 따위에 있음. ▫️~ 물량이 바닥나다. **2** '재고품'의 준말. ▫️~ 정리 / ~ 조사 / ~가 쌓이다.

재:고 자산 (在庫資産) 〔경〕 생산 원자재·반제품·제품·부산물 따위 일체의 재고 상품 자산. 인벤토리 자산.

재:고 투자 (在庫投資) 〔경〕 기말(期末)에, 재고의 증가분을 기초(期初)의 재고에 대한 추가 투자로 보아 일컫는 말.

재:고-품 (在庫品) 〔명〕 상점에 아직 내놓지 아니하였거나, 팔다가 남아서 창고에 쌓아 둔 물품. 재하(在荷). ⬤정리 대폐물. ⬤재고.

재곤두-치다 〔자〕 몹시 곤두박질쳐 떨어지다.

재골 (才骨) 〔명〕 재주 있게 생긴 골상. 또는 그런 사람.

재:관 (在官) 〔명〕 관직에 있음.

재:교 (再校) 〔명〕〔하타〕〔인〕 두 번째의 교정(校正). 재준(再準). ▫️~를 마치다.

재:교 (在校) 〔명〕 **1** 학교에 재학 중임. 재학. **2**

학교 안에 있음.

재:-교부(再交付)〖명〗〖하타〗한 번 교부한 서류나 증명서 등을 다시 교부함. □~ 신청 / 주민 등록증을 ~ 받다.

재:-교섭(再交涉)〖명〗〖하자타〗한 번 교섭한 일이 잘되지 않아 다시 교섭함. □임금 문제를 ~

재:-교육(再敎育)〖명〗〖하타〗〖교〗이미 실무에 종사하는 사람에게 필요한 교육을 다시 베풂. □일선 교사들의 ~

재구(災咎)〖명〗재앙과 허물.

재-구새〖명〗〖광〗황화물(黃化物)이 산화하여 재와 같이 된 가루.

재:-구성(再構成)〖명〗〖하타〗한 번 구성한 것을 다시 새롭게 구성함. 또는 그 구성. □조직을 ~하다 / 내각의 ~이 불가피하다.

재국(才局)〖명〗재주와 국량. 재기(才器).

재:-군비(再軍備)〖명〗〖하자〗한 번 폐지하였던 군대나 군사 시설들 따위를 다시 갖춤.

재궁(梓宮)〖명〗〖역〗'자궁(梓宮)'의 본딧말.

재궁(齋宮)〖명〗**1**〖역〗교궁(校宮). **2** 재실(齋室)2.

재:-귀(再歸)〖명〗〖하자〗다시 돌아옴. □~ 본능 / 연어는 태어났던 강으로 ~한다.

재-귀 대:명사(再歸代名詞)〖언〗대명사의 한 가지. 유럽 어 따위의 문법에서, 재귀 동사·타동사·전치사의 목적어로 쓰이는 대명사(한국어에서는 '자기·저' 등의 대명사를 가리키는 경우가 있음).

재-귀 동:사(再歸動詞)〖언〗어떤 동작의 작용이 동작자 자신에게 되돌아오는 역할을 하는 동사.

재:-귀-열(再歸熱)〖명〗〖의〗전염병의 하나. 스피로헤타가 체내에 침입하여 일어남. 고열·오한·구토 등을 일으키다가 5~7일 뒤에 사라지고 약 1주간 무열 상태로 있다가 다시 전 증세를 일으킴(이·벼룩·모기 등이 매개함).

재:-귀화(再歸化)〖명〗〖법〗어떤 이유로 국적을 잃었던 사람이 다시 국적을 회복함. 적 회복(國籍回復).

재규어(jaguar)〖명〗〖동〗고양잇과의 맹수. 몸길이 약 140 cm가량. 표범과 비슷한데, 얼룩무늬가 다르며, 머리가 크고 다리가 짧음. 성질이 매우 흉포하나 나무에 잘 오르고 물에도 들어감.

재:-근(在勤)〖명〗〖하자〗어떤 직장에 근무하고 있음. 재직.

재기(才氣)〖명〗재주가 있는 기질. □~ 발랄 / ~가 넘치다.

재기(才器)〖명〗**1** 재주와 기량(器量). **2** 재주가 있어서 쓸모가 있는 바탕. 또는 그런 사람.

재:-기(再起)〖명〗〖하자〗다시 일어남. 갱기(更起). □~ 불능 / ~를 노리다 / ~의 발판을 마련하다 / 부상을 딛고 ~하다.

재:-기(載記)〖명〗〖하자〗책에 기록함.

재기(齋期)〖명〗재계(齋戒)하는 기간.

재:-기소(再起訴)〖명〗〖하자〗〖법〗공소를 취소한 후, 같은 사건에 대해 다른 증거가 발견되었을 때 공소 제기를 다시 하는 일. 또는 그 공소 제기. ⑤재소(再訴).

재-까닥〖부〗'재깍'을 강조해 이르는 말. □일을 ~ 해치우다. ⑤제꺼덕.

재-깍¹〖부〗〖하자타〗**1** 단단한 물건이 부러지거나 맞부딪치는 소리. □자물쇠가 ~하고 잠겨지다. **2** 시계 따위의 톱니바퀴가 돌아가는 소리. ⑤제깍. ⑱째깍.

재-깍²〖부〗어떤 일을 시원스럽게 해치우는 모양. ⑥제깍.

재깍-거리다[-꺼-]〖자타〗재깍 소리가 계속 나다. 또는 그런 소리를 계속 내다. ⑥제깍거리다. **재깍-재깍¹**[-깍-]〖부〗〖자타〗 **1** 초침이 ~ 움직이다.

재깍-대다[-깍-]〖자타〗재깍거리다.

재깍-재깍²[-깍-]〖부〗어떤 일이든 그 자리에서 재빨리 해내는 모양. □일을 ~ 처리하다. ⑥제깍제깍.

재깔-거리다〖자〗자꾸 재깔이다. ⑥지껄거리다. **재깔-재깔**〖부〗〖하자〗

재깔-대다〖자〗재깔거리다.

재깔-이다〖자〗나직한 소리로 조금 떠들썩하게 이야기하다. ⑥지껄이다.

재깔-하다〖형어〗재깔거리어 시끄럽다. ⑥지껄하다.

재난(災難)〖명〗뜻밖의 불행한 일. 화해(禍害). □~을 겪다 / 뜻밖의 ~을 당하다.

재:-내(在內)〖명〗〖하자〗안에 있음. ↔재외.

재-넘이〖명〗산에서 내리 부는 바람. 산풍(山風). □~가 산들산들 불다.

재녀(才女)〖명〗재주가 있는 여자. 재온(才媼). ↔재사. *재원(才媛).

재년(災年)〖명〗**1** 재앙이 심한 해. **2** 흉년.

재능(才能)〖명〗재주와 능력. 재력(才力). □어학에 ~이 있는 사람 / 타고난 ~을 발휘하다.

재:-다¹〖타〗〖타〗**1** 길이·높이·깊이·너비·속도·온도·무게 따위를 자나 저울 또는 계기로 헤아리다. □키를 ~ / 각도를 ~ / 깊이를 ~. **2** 실정을 몰래 알아보다. □뒤를 ~. **3** 총에 탄환이나 화약을 넣다. □탄약을 ~. **4** 앞뒤를 따져 헤아리다. □여러 각도로 ~. 〖자〗〈속〗젠체하고 뽐내다. 잘난 체하고 으스대다.

재:-다²〖타〗☞ 재우다¹.

재:-다³〖타〗'쟁이다'의 준말. □고기를 양념에 재어 놓다.

재-다⁴〖형〗**1** 동작이 날쌔고 재빠르다. □걸음이 ~. **2** 물건이 쉽사리 더워지다. □솥이 ~. **3** 입을 가볍게 놀리다. □입이 ~.

재단(財團)〖명〗〖법〗**1** 일정한 목적을 위해 결합된 재산의 집단. □장학 ~. **2** '재단 법인'의 준말. *사단(社團).

재단(裁斷)〖명〗〖하타〗**1** 재결(裁決)1. □혼자의 생각으로 ~하다. **2** 마름질. □~ 가위 / 양복을 ~하다.

재단-기(裁斷機)〖명〗〖공〗종이·옷감 따위를 자르는 기계.

재단-법(裁斷法)[-뻡]〖명〗마름질하는 방법.

재단 법인(財團法人)〖법〗일정한 목적에 제공된 재산을 기초로 설립된 공익 법인(스스로 권리·의무의 주체가 됨). *사단 법인.

재단 비:평(裁斷批評)〖문〗미리 일정한 기준을 세워 놓고 그 기준에 맞추어 작품을 논하는 비평.

재단-사(裁斷師)〖명〗의복의 재단을 업으로 하는 사람. □양복점에서 ~로 일한다.

재:단 저:당(財團抵當)〖법〗일정한 기업용 재산을 한데 총괄(總括)한 재산을 목적으로 한 저당권.

재단 채:권(財團債權)[-꿘]〖법〗파산 재단에서 일반 파산 채권자에 우선하여, 파산 절차에 따르지 않고 변제(辨濟)를 받을 수 있는 청구권.

재담(才談)〖명〗〖하자〗익살을 섞어 가며 재치 있게 하는, 재미있는 이야기. 또는 그런 말. □~을 섞어 가며 좌중을 웃긴다.

재담-꾼(才談-)〖명〗재담을 잘하는 사람. □타

고난 ~.

재당(齋堂)멤《불》선사(禪寺)의 식당.

재:-당숙(再堂叔)멤 재종숙(再從叔).

재:-당숙모(再堂叔母)[-숙-]멤 재종숙모(再從叔母).

재:-당질(再堂姪)멤 재종질(再從姪).

재:-당질녀(再堂姪女)[-려]멤 재종질녀(再從姪女).

재덕(才德)멤 재주와 덕. 재지(才智)와 덕행. ᗀ~을 두루 갖춘 학자.

재덕-겸비(才德兼備)[-겸-][멤하자] 재주와 덕을 함께 갖춤. ᗀ~의 인물.

재:-도(再度)멤뷔 재차(再次).

재-도감(齋都監)멤《불》재(齋)를 올리는 의 식을 감독하는 승려.

재:-독(再讀)[멤하타] 읽은 것을 다시 또 읽음. ᗀ~의 가치가 있는 책 / ~을 권하다.

재:-돌입(再突入)멤 우주선 따위가 대기권 밖으로 나갔다가 다시 대기권 안으로 들어오는 일.

재동(才童)멤 재주가 뛰어난 아이. ᗀ어릴 적 ~으로 소문 났던 사람.

재-두루미《조》두루밋과의 새. 논·연못·냇가에 떼를 지어 다니는데 몸은 잿빛이고 다리가 붉음.

재-떨이멤 담뱃재를 떨어 놓는 그릇. ᗀ~에 담뱃재를 떨다 / 꽁초를 ~에 버리다 / 담뱃불을 ~에 비벼 끄다.

재랄[멤하자] 법석을 떨며 분별없이 하는 행동을 낮잡아 이르는 말. ᗀ~ 발광 / 갖은 ~을 떨다 / 애 매친 ~이야. ⑪지랄.

재:래(在來)멤 전부터 내려옴. ᗀ~시장 / ~의 민간요법 / ~의 구습을 되풀이하다.

재래(齋來)[멤하타] 가져서 옴.

재래(齎來)[멤하타] 어떤 결과를 가져옴.

재:래-면(在來棉)멤《농》옛날부터 우리나라에서 재배하여 오던 면화.

재:래-식(在來式)멤 전부터 행하여 오던 방식. ᗀ~ 화장실 / ~ 영농법.

재:래식 무기(在來式武器)[-씩-]《군》칼·총·대포 따위와 같이 예전부터 사용해 오던 무기《핵무기·생화학 무기·탄도 미사일 따위를 제외한 무기를 이름》.

재:래-종(在來種)멤 어떤 지역에서 오랜 기간 기르거나 재배되어, 그 지방의 풍토에 적응한 종자. ᗀ~ 배추 / ~ 삽사리. ⇔개량종.

재략(才略)멤 1 재주와 꾀. ᗀ~이 뛰어나다. 2 재주 있는 계략. ᗀ~에 걸려들다.

재량(才量)멤 재주와 도량. 재국(才局). ᗀ~을 펼치다.

재량(裁量)[멤하타] 1 자기 생각대로 헤아려서 처리함. 재작(裁作), 재탁(裁度). ᗀ네 ~껏 해 보아라. 2 '자유재량'의 준말.

재량-권(裁量權)[-꿘]멤 자유재량으로 결정하고 처리할 수 있는 권한. ᗀ~을 행사하다.

재량 변:호(裁量辯護)《법》법원에서 자유재량에 따라 직권으로 선임하는 변호인의 변호.

재량 처:분(裁量處分)《법》행정청의 자유재량에 속하는 범위 안에서 행해지는 행정 처분. ↔기속 처분.

재력(才力)멤 재주와 능력. 재능.

재력(財力)멤 재물의 힘. 또는 재산상의 세력. ᗀ~이 탄탄하다 / ~을 과시하다 / ~이 달리다.

재력-가(財力家)[-까]멤 재산가.

재:-련(再鍊)[멤하타] 1 쇠붙이를 두 번째 단련함. 2《건》목재나 석재를 두 번째 다듬음.

재:-련-질(再鍊-)[멤하타]《건》초벌로 깎아 낸

나무의 면을 다시 곱게 깎는 일. 재벌질.

재령(材齡)멤《건》회삼물(灰三物)이나 콘크리트를 한 뒤의 지나간 햇수.

재:-록(再錄)[멤하타] 다시 기록하거나 수록함. 또는 그 기록. ᗀ~ 논문.

재:-록(載錄)[멤하타] 책 따위에 실어 올림. ᗀ족보에 ~되다.

재록-신(財祿神)[-씬]《민》사람의 재물을 맡은 신. ⑥재신(財神).

재:-론(再論)[멤하타] 이미 논의한 것을 다시 논함. ᗀ그 문제는 더 이상 ~할 여지가 없다.

재롱(才弄)멤 어린아이의 슬기로운 말과 귀여운 짓. ᗀ~을 떨다 / ~을 부리다.

재롱-둥이(才弄-)멤 재롱을 잘 부리는 어린아이.

재롱-떨다(才弄-)[-떨어, -떠니, -떠는]자 재롱부리다.

재롱-받이(才弄-)[-바지]멤 재롱을 받아 주는 일. ᗀ손자의 ~로 하루 해를 보내다.

재롱-부리다(才弄-)자 어린아이가 귀여운 짓을 하다. 재롱떨다.

재롱-스럽다(才弄-)[-따][-스러워, -스러우니][혬뒤] 어린아이의 행동이 귀엽고 예쁜 데가 있다. ᗀ재롱스럽게 노는 아이들.

재롱-스레 뷔

재료(材料)멤 1 물건을 만드는 데 드는 원료. ᗀ건축 ~ / 음식 ~ / 좋은 ~를 쓰다. 2 어떤 일을 할 거리. ᗀ이야기 ~를 수집하다. 3 예술적 표현의 제재(題材). ᗀ수필의 ~. 4《경》증권 거래에서, 장세를 움직이게 하는 요인.

재료-비(材料費)멤 제품 생산에 들어가는 재료에 드는 비용. ᗀ~를 탐내다.

재료 역학(材料力學)[-여칵]《물》기계·건축물·교량 등의 구조물 및 그 요소, 재료의 강도, 하중(荷重)으로 인한 변형 등을 연구하는 학문.

재:-류(在留)[멤하자] 어느 곳에 한동안 머물러 있음. 체류. ᗀ기간 / 외국에 ~하다.

재:-류-민(在留民)멤 외국에 재류하는 사람.

재리¹멤 눈이나 얼음 위에서 넘어지지 않도록 나막신 굽에 박는 쇠.

재:-리²멤 1 나이 어린 땅꾼. 2 몹시 인색한 사람을 낮잡아 이르는 말. ᗀ~ 같은 녀석.

재리(財利)멤 재물과 이익. ᗀ~를 탐내다.

재:-림(再臨)[멤하자] 1 다시 옴. 2《기》최후의 심판날에 그리스도가 세상을 심판하기 위하여 다시 이 세상에 나타나는 일. ᗀ예수의 ~을 기다리다. *초림(初臨).

재망(才望)멤 재주와 명망. 재명(才名). ᗀ~이 있다.

재면(材面)멤 재목의 앞면. ᗀ~을 다듬다.

재명(才名)멤 1 재망(才望). ᗀ~이 널리 알려지다. 2 뛰어난 재주로 얻은 명망. ᗀ~을 얻다.

재:-명년(再明年)멤 후년(後年)1.

재:-명일(再明日)멤 모레.

재모(才貌)멤 재주와 용모. ᗀ~가 빼어나다.

재목(材木)멤 1 건축·기구 제작의 재료가 되는 나무. ᗀ좋은 ~으로 집을 짓다. 2 어떤 일이나 직위에 합당한 인물. ᗀ장수의 ~으로 꼽다 / 장차 큰 ~이 될 젊은이.

재목(宰木)멤 무덤가에 심는 나무.

재목-상(材木商)[-쌍]멤 재목을 파는 장사. 또는 그 장수. ⑥목상.

재무(財務)멤 재정에 관한 사무. ᗀ기업의 ~ 상태를 감사하다.

재무-관 (財務官)〖명〗〖법〗각 중앙 관서에서, 재무에 관한 일을 담당하는 공무원.

재무-비 (財務費)〖명〗〖경〗재정 자금을 마련하고 운용하는 데 쓰는 경비. 국가 재정에서 지출함〖경영비·출납비·징세비 등〗.

재무-서 (財務署)〖명〗〖역〗대한 제국 때, 세무와 지방 재무에 관한 일을 맡아보던 관아.

재:-무장 (再武裝)〖명〗〖하자〗**1** 무장을 해제당했던 군대가 다시 무장함. 〖~을 꾀하다 **2** 흐트러지거나 문란해진 정신적 가치관을 다시 세움. 〖도덕 ~.

재무-제표 (財務諸表)〖명〗〖경〗기업 활동의 경영 성적 및 재정 상태를 이해관계인에게 보고할 목적으로 작성되는 각종 계산서〖대차 대조표·손익 계산서 따위〗.

재-무진동 (-銅)〖명〗〖광〗황화철 성분이 50 % 이상 섞인, 잿빛 가루로 된 무진동.

재무 테크놀로지 (財務technology)〖경〗기업이 금융 자산을 효율적으로 운영하여 보다 많은 수익을 올리기 위한 고도의 자금 운영 기술〖개인의 재산 운영에도 씀〗. ⓒ재(財)테크.

재무 행정 (財務行政)〖정〗국가나 기타의 행정 주체의 임무 수행에 필요한 재화의 조달이나 관리·사용에 관한 행정.

재문 (才門)〖명〗대대로 재주 있는 사람이 많이 나온 집안.

재:-문 (在文)〖명〗셈하고 남은 돈. 재전(在錢).

재문은-떡〖명〗〖민〗무당이 굿에 쓰고 남은 떡.

재:-물 (在物)〖명〗어떤 자리에 있는 물건. 〖~ 조사 / ~ 목록.

재물 (財物)〖명〗**1** 돈이나 그 밖의 온갖 값나가는 물건. 〖~을 탐내다 / ~을 긁어모으다 / ~에 욕심이 없다. **2**〖법〗주로 형법상의 용어로, 절도죄·횡령죄 등의 대상이 되는 물건. 재화.

재:-물-대 (載物臺)[-때]〖명〗〖물〗현미경에서, 관찰 재료를 얹어 놓고 보는 평평한 대.

재미〖명〗**1** 아기자기하게 즐거운 맛이나 기분. 〖읽는 ~를 만끽하다 / ~ 삼아 꽃을 가꾸다. **2** 좋은 성과나 보람. 〖~가 쏠쏠한 장사. **3** 안부를 묻는 인사말에서, 어떤 일이나 생활의 형편. 〖요즘 ~가 어떤가.

재미(를) 보다 〖㉠즐겁거나 수지맞는 결과를 얻다. 〖재미 보는 장사 / 주식 투자에서 ~. ㉡성적 즐거움을 경험하다. 〖여자와 ~.

재미(를) 붙이다 〖어떤 일을 좋아하거나 재미를 느끼게 되다.

재미 (齋米)〖명〗〖불〗승려나 사찰에 보시(布施)로 주는 쌀.

재미-나다〖자〗아기자기한 맛이나 즐거움이 있다. 〖재미나는 만화 / 재미난 이야기. [재미나는 골에 범 난다] 재미있다고 나쁜 일을 계속하면 나중에는 봉변을 당한다.

재미-스럽다[-따]〖형〗〖-스러워, -스러우니〗보기에 재미가 있다. 〖재미스러워 보인다. 재미-스레〖부〗

재미-없다[-업따]〖형〗**1** 아기자기하게 즐겁고 유쾌한 기분이나 느낌이 없다. 〖재미없는 이야기 / 재미없다는 듯 교훈적이다. **2** 신상에 해롭다〖남을 억누르듯이 으르는 말로 쓰임〗. 〖너 그러면 ~.

재미-있다[-읻따]〖형〗아기자기하게 즐겁고 유쾌한 기분이나 느낌이 있다. 〖재미있는 친구 / 재미있게 읽은 책.

재미-적다[-따]〖형〗**1** 일의 성과가 기대에 미치지 못하다. 〖부동산 투자는 ~. **2** 마음에

걸리어 꺼림칙하다. 〖그에게 들켰으니 재미적을 것 같다. **3** 좋지 않은 일이 있게 되다. 〖또 그러면 재미적을 줄 알아.

재미-중 (齋米-)〖명〗동냥중.

재:-바닥〖명〗〖광〗광맥의 윗부분에 있던 광석이 끊어지고 아랫부분에서 광석이 나올 때에 그 부분.

재바닥(을) 짚다 〖광〗재바닥을 따라서 파들어 가다.

재:-바닥-줄[-쭐]〖명〗〖광〗재바닥으로 있는 광맥.

재-바르다〖재발라, 재바르니〗〖형르〗재고 빠르다. ⑤재빠르다.

재:발 (再發)〖명〗〖하자〗**1** 다시 생겨나거나 발생함. 〖병이 ~하다 / 사고가 ~하지 않도록 대책을 세우다. **2** 두 번째 발송함. 〖공문을 ~하다.

재:-발견 (再發見)〖명〗〖하타〗다시 발견함. 〖고유미의 ~ / 인생의 의미를 ~하다.

재방-변 (才傍邊)〖명〗한자 부수의 하나〖'技·持' 등에서 '扌'의 이름〗. '손수변'의 별칭.

재:-방송 (再放送)〖명〗〖하타〗전에 방송한 프로그램을 다시 방송함. 〖드라마를 ~하다 / 축구를 ~으로 보다.

재-방어 (-魴魚)〖명〗〖어〗동갈삼칫과의 바닷물고기. 몸길이 2 m가량으로 삼치와 비슷하나 얼룩무늬가 없고 혀 밑에 이가 있음.

재:배 (再拜)〖명〗〖하자〗**1** 두 번 절함. 또는 그 절. 〖~를 올리다. **2** 편지 끝에 쓰는 말.

재:배 (栽培)〖명〗〖하타〗식물·약용·관상용 등의 목적으로 식물을 심어서 가꿈. 〖~ 방법 / ~ 면적 / 온실에서 화초를 ~하다 / 신품종의 ~에 성공하다.

재:-배당 (再配當)〖명〗〖하타〗〖경〗회사가 특별한 이익을 남겼을 때, 배당 외에 더 주는 배당.

재:배-법 (栽培法)[-뻡]〖명〗식물을 재배하는 방법. 〖수경 ~ / ~을 익히다.

재:배 식물 (栽培植物)[-씽-]〖농〗이용 목적에 맞게 개량하고 발전시켜 재배하는 식물〖식용·약용·관상용/기타 섬유·향료·염료 등을 얻기 위한 것 등〗. ↔야생 식물·자생 식물.

재:-배치 (再配置)〖명〗〖하타〗다시 배치함. 〖부대의 ~ / 가구를 ~하다.

재백 (財帛)〖명〗재화와 포백(布帛).

재:-번 (再燔)〖명〗〖하타〗도자기를 두 번 구움.

재벌 (財閥)〖명〗〖경〗**1** 재계(財界)에서, 여러 개의 기업을 소유하며 강력한 재력과 거대한 자본을 가지고 있는 자본가·기업가의 무리. 〖~ 기업의 총수 / 신흥 ~ / ~ 계열사. **2** 콘체른.

재:-벌-질 (再-)〖명〗〖하타〗**1** 이미 한 일을 한 번 더 하는 일. **2**〖건〗재련질.

재:범 (再犯)〖명〗〖하자〗두 번째 죄를 범함. 또는 그 사람. 〖~은 가중 처벌한다 / ~을 막으려는 사회적·국가적 노력이 요망된다.

재:-벽 (再壁)〖명〗〖하자〗〖건〗초벽이 마른 위에 다시 한 번 벽토를 바르는 일.

재변 (才辯)〖명〗재치 있게 잘하는 말. 〖~이 뛰어나다.

재변 (災變)〖명〗재앙으로 말미암아 생긴 변고. 〖~을 당하다 / ~이 심하다.

재:보 (再報)〖명〗두 번째 알림.

재보 (財寶)〖명〗**1** 보배로운 재물. **2** 재화(財貨)와 보물.

재-보시 (財布施)〖명〗〖불〗승려나 가난한 사람에게 재물을 주는 일.

재-보시 (齋布施)〖명〗〖불〗재를 올린 뒤에 사례로 주는 돈.

재:-보험 (再保險)〖명〗〖하타〗〖경〗보험자가 피보

험 물건에 대한 보험 책임을 분산시키기 위하여 책임의 일부 또는 전부를, 다시 다른 보험자에게 분담시키는 보험.

재ː복무 (再服務)[―봉―]몡하재 일정한 병역 의무를 마친 사람이 군인으로 다시 복무함.

재ː봉 (再逢)몡하재 다시 만남. 재회. ▢~의 기회.

재봉 (裁縫)몡하타 옷감 따위를 말라서 바느질함. 또는 그 일. ▢~ 기술 /~과 수예를 배우다.

재봉-기 (裁縫機)몡 재봉틀.

재봉-사 (裁縫師)몡 양복 따위를 마르고 짓는 일을 전문으로 하는 사람.

재봉-사 (裁縫絲)몡 재봉실.

재봉-수 (裁縫繡)몡 재봉틀로 놓은 수.

재봉-실 (裁縫―)몡 재봉틀에 쓰는 실. 재봉사.

재ː봉춘 (再逢春)몡하재 1 음력으로 윤달이 들어가 일 년 안에 입춘이 두 번 드는 일. 2 불우한 처지에 빠졌던 사람이 다시 행복을 되찾음.

재봉-틀 (裁縫―)몡 피륙·종이·가죽 따위를 바느질하는 기계. ▢~을 돌리다 /~로 옷을 짓다.

재부족―하다 (才不足)[―조카―]뼝예 재주가 모자라다.

재분 (才分)몡 재주의 정도.

재ː분류 (再分類)[―불―]몡하타 이미 분류한 것을 다시 분류함. ▢계층 구조를 ~하다.

재ː분배 (再分配)몡하타 이미 분배한 것을 다시 분배함. ▢부(富)의 ~.

재ː분할 (再分割)몡하타 이미 분할한 것을 다시 분할함. ▢어장을 ~하다.

재블린 (javelin)몡 1 경기 용구의 하나. 끝에 날카로운 쇠붙이가 달린, 나무로 만든 투척용의 창. 2 투창(投槍).

재ː빠르다 [재빨라, 재빠르니]뼝 재고 빠르다. 그재빠른 동작 / 몸놀림이 ~. 옌재바르다. 재―빨리 분 ~ 도망치다.

재―빼기 몡 재의 꼭대기. 잿마루. ▢~에 올라서다 /~를 넘다.

재사 (才士)몡 재주 있는 남자. ▢당대의 ~ / ~로 이름나다. ↔재녀.

재사 (才思)몡 재치 있는 생각.

재ː사 (在社)몡하재 회사에 근무하고 있음.

재ː사 (再思)몡하타 여러모로 헤아려 보고 다시 생각함. ▢삼고(三考).

재사―스럽다 (才思―)[―따―]뼝―스러워, ―스러우니]뼝 보기에 재사(才思)가 있다. ▢겉보기와는 달리 재사스러운 데가 있구나. 재사스레ⓟ

재산 (財産)몡 1 재화와 자산의 총칭. ▢~을 모으다 /~을 늘리다 /~을 모두 날리다 /~을 가로채다 /~을 탕진하다. 2《법》동산이나 부동산 이외에 금전적 가치가 있는 권리 및 의무의 총체. 3 '소중한 것'을 비유하여 이르는 말. ▢건강은 소중한 ~이다.
[재산을 잃고 쌀알을 줍는다] 많은 재산을 잃고 적은 수입으로 겨우 생계를 이어감을 이르는 말.

재산―가 (財産家)몡 재산을 많이 가진 사람. 재력가(財力家).

재산 계ː정 (財産計定)[― /―게―]《경》 부기에서, 자산 및 부채에 관한 계정.

재산 관리인 (財産管理人)[―괄―]《법》 관재인(管財人).

재산―권 (財産權)[―꿘]몡《법》경제적 이익을 목적으로 하는 권리《주로 물권·채권·무체(無體) 재산권 등》.

재산 목록 (財産目錄)[―몽녹] 1《법》상업 장부의 일종. 일정 시기에 상인의 재산에 가격을 하나하나 붙여 기재한 명세표. 2 금전상 가치가 있는 개인 재산의 목록(비유적으로 씀). ▢이 산수도는 내 ~ 일 호다 /내 아들이 단연 ~ 일 호지.

재산―법 (財産法)[―뻡]몡《법》사법(私法) 가운데 경제적 생활 관계에 관한 법의 총체《민법의 물권법·채권법·상법 등》.

재산 보ː험 (財産保險)《경》재산과 관련된 경제 사정의 불안정성을 제거할 목적으로 만든 보험《화재·해상·신용·육운(陸運)·도난 보험 등이 있음》.

재산 분여 (財産分與)《법》이혼할 경우에 당사자의 한쪽이 상대편에게 재산을 나누어 주는 일.

재산 상속 (財産相續)《법》적극 재산은 물론 소극 재산. 곧 채무까지를 포함하는 재산상의 지위 상속.

재산-세 (財産稅)[―쎄]몡《법》지방세의 하나. 토지·건물·주택·선박·항공기 등을 소유하고 있는 사람에게 부과하는 조세.

재산 소ː득 (財産所得)《경》재산을 이용해서 생기는 소득《이자·지대·배당 따위》.

재산 압류 (財産押留)[―사남뉴]《법》1 채권자가 법절 절차에 따라 채무자의 재산에 대하여 행하는 압류. 2 국가나 자치 단체가 납세 의무를 이행하지 아니하는 사람의 재산에 대하여 행하는 압류. ▢~를 집행하다.

재산 제ː도 (財産制度)《국가에서 규정한, 재산의 소유 및 처분에 관한 제도.

재산 차압 (財産差押)'재산 압류'의 구칭.

재산 출자 (財産出資)[―짜]《경》회사 설립 등을 할 때, 구성원의 의무로서, 금전 기타의 재산을 그 단체에 제공하는 일《금전 출자와 현물 출자가 있음》.

재산-형 (財産刑)몡《법》재산을 박탈하는 형벌《벌금·과료·몰수 따위》.

재산 형성 저ː축 (財産形成貯蓄)《경》'근로자 재산 형성 저축'의 준말. 즌재형저축.

재ː삼 (再三)분 두세 번. 여러 번. ▢~ 부탁하다 / ~ 권유하다.

재ː삼-사지 (再三思之)몡 여러 번 생각함.

재ː삼-재ː사 (再三再四)분 '재삼(再三)'의 힘줌말. ▢~ 강조하다.

재ː상 (在喪)몡 어버이의 상중(喪中)에 있음.

재상 (災傷)몡 자연재해로 농사에 입는 피해. 즌재(災).

재ː상 (宰相)몡 1 왕을 돕고 모든 관원을 지휘 감독하는 지위에 있던 이품 이상의 벼슬. 또는 그 벼슬에 있던 사람. 재신(宰臣). 2 수상. ▢철혈(鐵血) ~.

재ː상-가 (宰相家)몡 재상의 집이나 집안.

재상-분명 (財上分明)몡 돈 거래에 흐리터분한 데가 없이 셈이 밝고 명확함.

재색 (才色)몡 여자의 재주와 아름다운 용모. ▢~을 겸비한 규수 / ~을 갖추다.

재색 (財色)몡 재물과 여색(女色). 화색(貨色). ▢~을 탐하다.

재ː생 (再生)몡하자타 1 죽게 되었다가 다시 살아남. ▢~의 기쁨을 얻다. 2 잘못이나 죄를 뉘우치고 새로운 생활을 시작함. ▢죄를 뉘우치고 ~의 길을 걷다. 3 버리게 된 물건을 다시 살려서 쓰게 만듦. ▢~ 타이어 / 수집한 폐지를 ~하여 쓰다. 4《심》이미 경험하거나 학습한 정보를 다시 기억해 내는 일. 재

현(再現). ▢기억 ~. 5《생》상실 또는 손상된 생물체의 일부가 다시 자라나는 현상. 6 녹음·녹화한 음성·영상 등을 다시 들려주거나 보여 주는 일. ▢녹화 비디오테이프를 ~하다.

재생 (齋生) 몡 《역》'거재 유생(居齋儒生)'의 준말.

재ː생-고무 (再生-) 몡 낡은 고무를 가루로 만든 다음 산(酸)·알칼리 등과 함께 가열하여 다시 만든 고무.

재생명 (哉生明) 몡 달의 밝은 부분이 처음 생긴다는 뜻으로, 음력 초사흗날의 일컬음.

재ː생-모 (再生毛) 몡 털을 원료로 한 헌 제품을 풀어서 다시 원모(原毛)처럼 만든 것.

재생백 (哉生魄) 몡 달의 검은 부분이 생기기 시작하는 뜻으로, 음력 열엿샛날의 일컬음.

재ː생 불량성 빈혈 (再生不良性貧血)[-썽-]《의》골수에서 혈액 세포를 만드는 능력이 온전하지 못해 일어나는 질병(빈혈·출혈 경향이 강함).

재ː-생산 (再生産) 몡하타 《경》생산된 상품을 시장에 내어 팔아서 얻은 자본으로 다시 전과 똑같은 종류의 상품을 생산하는 일.

재ː생 섬유 (再生纖維) 몡 《공》목재·펄프 등의 셀룰로오스를 약품에 녹여 만든 섬유.

재ː생-성 (再生性)[-썽] 몡 1 다시 살려 쓸 수 있는 성질. 2《생》생물체의 손상된 부분이 되살아나는 성질.

재ː생 에너지 (再生energy) 몡 《물》아무리 써도 없어지지 않고 다시 공급되는 에너지(태양열·풍력(風力)·지열(地熱) 등).

재ː생-지 (再生紙) 몡 한 번 쓴 종이를 녹여서 다시 만든 종이.

재ː생지은 (再生之恩) 몡 죽게 된 것을 살려 준 은혜.

재ː생지인 (再生之人) 몡 죽을 고비를 겪은 사람.

재ː생-품 (再生品) 몡 재생한 물건. ▢~은 값이 비교적 싸다.

재ː석 (在昔) 몡 옛적.

재ː석 (在席) 몡 1 자리에 있음. 2 회의에서, 표결할 때 자리에 있음. ▢~ 의원 과반수 찬성.

재ː선 (再選) 몡하자타 1 '재선거'의 준말. 2 두 번째의 당선. ▢~ 의원 / 회장에 ~하다.

재ː-선거 (再選擧) 몡하타 《법》1 선거의 일부나 전부가 무효가 되었을 때 다시 하는 선거. ▢~를 치르다. 2 당선인을 보충하기 위하여 행하는 선거. ▢궐석으로 ~을 실시하다.

재ː설 (再說) 몡하자타 한 이야기를 다시 함.

재ː성-장 (再成醬) 몡 내림장.

재ː세 (在世) 몡하자 세상에 살아 있음. 또는 그 동안.

재ː소 (再訴) 몡하타 《법》1 한 번 취하하였거나 기각된 소송을 다시 제기함. 2 '재기소(再起訴)'의 준말.

재소 (齋所) 몡 1 재계(齋戒)하는 곳. 2《불》재장(齋場)3.

재ː소난면 (在所難免) 몡 어떤 처지나 일에서 벗어나기가 어려움.

재ː소-자 (在所者) 몡 1 어떤 곳에 있는 사람. 2 교도소에 갇혀 있는 사람. 재감자(在監者).

재ː속 (在俗) 몡하자 《불》재가(在家)2. ↔출가(出家).

재ː송 (再送) 몡하타 다시 보냄.

재ː송 (載送) 몡하타 물건을 실어 보냄. ▢물품을 매장으로 ~하다.

재ː송 전ː보 (再送電報)《법》수신인이 주소를 옮겼을 때 수신인의 대리인이나 전 주소에 있는 사람에게 새 주소로 보내 줄 것을 청구하는 전보.

재ː수 (在囚) 몡 교도소에 갇혀 있음.

재ː수 (再修) 몡하타 한 번 배웠던 과정을 다시 배우는 일(입학시험에 실패한 뒤 다음 시험에 대비하기 위해 공부하는 일). ▢희망 대학에 가려고 ~하다.

재수 (財數) 몡 1 재물에 대한 운수. 2 좋은 일을 만나게 되는 운수. ▢~ 좋은 날 / ~ 없는 놈은 뒤로 자빠져도 코가 깨진다.
[재수가 불 일 듯하다] 재수가 좋아서 일이 썩 잘되어 간다. [재수가 옴 붙었다] 재수가 도무지 없다.

재수 발원 (財數發願)《불》재수가 좋아지기를 부처에게 비는 일.

재수 불공 (財數佛供)《불》재수 발원(發願)으로 올리는 불공.

재ː수-생 (再修生) 몡 시험에 떨어져서 배웠던 과정을 다시 배우는 학생. ▢새로운 입시 제도에서는 ~이 불리하다.

재ː-수술 (再手術) 몡하타 수술한 자리에 이상이 생겨 다시 수술하는 일. 또는 그런 수술.

재ː-수습 (再收拾) 몡하타 다시 수습함. ▢사태가 ~되다.

재ː-수입 (再輸入) 몡하타 《경》수출했던 물건을 다시 수입함. ↔재수출. *역수입.

재ː-수출 (再輸出) 몡하타 《경》수입했던 물건을 다시 수출함. ↔재수입. *역수출.

재ː-순 (再巡) 몡 두 번째 도는 차례. 2 활을 쏠 때, 두 번째 순.

재스민 (jasmine) 몡 1《식》물푸레나뭇과 재스민속(屬) 식물의 총칭. 잎은 겹잎, 흰색 또는 노란색 꽃이 피고 특유한 향내가 남. 2 재스민 꽃에서 얻은 향유(향료로 씀).

재승덕박 (才勝德薄)[-빡] 몡하형 재주는 있으나 덕이 적음.

재승덕-하다 (才勝德-)[-더카-] 형어 재주가 덕보다 더 뛰어나다.

재시 (財施) 몡 《불》삼시(三施)의 하나로, 절이나 가난한 사람에게 재물을 베푸는 일.

재ː-시공 (再施工) 몡하타 한 번 시공한 것을 다시 시공함. ▢부실 공사를 ~하다.

재ː-시험 (再試驗) 몡하타 1 두 번 시험을 침. ▢출제 착오로 ~을 보다. 2 일정한 점수를 받지 못한 사람에게 다시 보이는 시험. ▢~을 치르다[보다].

재식 (才識) 몡 재주와 식견. ▢넓은 ~.

재ː식 (栽植) 몡하타 초목이나 농작물을 심음.

재식 (齋式) 몡 《불》재(齋)를 올리는 의식.

재ː상 (宰相) 몡 재상(宰相).

재신 (財神) 몡 《민》'재록신(財祿神)'의 준말.

재ː-신문 (再訊問) 몡 《법》반대 신문이 끝난 다음 증인을 신청한 당사자가 행하는 신문.

재ː실 (齋室) 몡 1 재취한 아내. 2《건》낡은 집을 헐어 낸 재목으로 지은 집.

재실 (梓室) 몡 《역》왕세자의 관(棺).

재실 (齋室) 몡 1《역》능이나 종묘 등의 제사 지내는 집. 재전(齋殿). 2 무덤·사당 옆에 제사 지내려고 지은 집. 재각(齋閣). 재궁(齋宮). 3《역》문묘(文廟)에서, 유생(儒生)들이 공부하던 집.

재ː심 (再審) 몡하타 1 '재심사'의 준말. ▢~에 부치다. 2《법》이미 판결이 난 사건에 대해, 그 재판에 결함이 발견되어 법원이 다시 심리하는 일. ▢~ 판결.

재ː-심사 (再審査) 몡하타 한 번 심사한 것을

다시 심사하는 일. □~를 받다. ㉰재심.

재앙(災殃)똉 뜻하지 않은 불행한 변고. 또는 천변지이(天變地異)로 말미암은 불행한 사고. □~을 당하다 / ~을 입다 / ~이 닥치다.

재액(災厄)똉 재앙과 액운. □~을 물리치다 / ~을 당하다. ㉰재(災).

재:야(在野)똉하재 **1** 벼슬길에 오르지 않고 민간에 있음. □~ 인사. **2** 일정한 정치 세력이 제도적 정치 조직에 들어가지 못하는 처지임. □~ 단체.

재:야-당(在野黨)똉 야당.

재:약-하다(-藥-)[-야카-]타예 화약을 총이나 포에 재어 넣다.

재:양¹(載陽)똉 명주·모시붙이를 빤 뒤에 풀을 먹여 반반하게 펴서 말리거나 다리는 일 《재양틀에 꿰매어 말림》. ㉰정.

재:양²(載陽)똉 절기가 따뜻해짐.

재:양-치다(載陽-)탄 명주·모시붙이를 풀을 먹여 재양틀에 매거나 재양판에 대고 펴서 말리거나 다리다. ㉰정치다.

재:양-틀(載陽-)똉 재양치는 데에 쓰는 틀 《가는 나무오리를 직사각형으로 짠 것임》. ㉰정틀.

재:양-판(載陽板)똉 재양치는 데 쓰는 큰 널. ㉰정판.

재억(裁抑)똉하타 제재(制裁)하여 억누름.

재언(再言)똉하재 한 번 말한 것을 다시 말함. □~할 필요가 있다.

재역(災疫)똉 재앙과 전염병.

재연(再演)똉하타 **1** 다시 공연함. **2** 한 번 했던 일을 다시 되풀이함. □범행을 ~하다.

재:연(再燃)똉하재 **1** 꺼졌던 불이 다시 탐. **2** 잠잠해진 일이 다시 떠들고 일어남. □잠잠하던 여론이 ~되다.

재:열(宰列)똉 재상의 반열(班列). □~에 오르다.

재:염(再塩)똉 천일염을 물에 풀어서 다시 곤 소금(빛깔이 희고 맛이 좀 씀). 재제염.

재예(才藝)똉 재능과 기예. □~가 출중하다.

재완(才腕)똉 재능 있는 수완. □~이 좋다.

재:외(在外)똉 외국에 있음. □~ 동포.

재:외 공관(在外公館)똉법 외국에 설치하는 대사관·공사관·영사관 등의 총칭.

재:외 자금(在外資金)똉경 외국에 있는 자기 나라의 자금.

재:외 정:화(在外正貨)똉경 정부나 중앙은행이 국제 대차 결제의 목적으로 외국에 보관하는 정화.

재요(災妖)똉 재앙과 요괴.

재욕(財慾)똉불 재물에 대한 욕심.

재용(才容)똉 재주와 용모. □빼어난 ~.

재:우¹(再虞)똉 장사 지낸 뒤 두 번째 지내는 우제(虞祭). ☞초우(初虞)·삼우(三虞).

재:우²틘 매우 재게. □발걸음을 ~ 놀리다.

재우다¹탄 **1** 잠을 자게 하다. □나그네를 하룻밤 ~. **2** 부픈 솜 따위를 가다듬어 자리가 잡히게 하다. □솜을 ~. ㉰재다.

재우다²탄 기름을 잘 스며들도록 손질하다.

재우다³탄 고기에 양념을 넣어 맛이 배어들도록 한동안 놓아두다. □고기를 하룻밤 ~.

재우-치다탄 빨리 몰아치거나 재촉하다. □재우쳐 묻다 / 걸음을 ~.

재운(財運)똉 재물을 모을 운수. □~이 따르다 / ~을 타고나다.

재원(才媛)똉 재주가 있는 젊은 여자. □미모와 교양을 갖춘 ~. ↔재자(才子). *재녀(才女).

재원(財源)똉 재화(財貨)나 자금이 나오는 원천. □~을 확보하다 / ~을 조달하다.

재:위(在位)똉하재 왕위에 있음. 또는 그 동안. 어극(御極). □~ 10년.

재:유(再由)똉하타 역 벼슬아치가 말미를 두 번째 연기해 주기를 청함.

재유(齋儒)똉 역 '거재 유생(居齋儒生)'의 준말.

재-음미(再吟味)똉하타 다시 음미함. □글의 뜻을 ~하다.

재:의(再議)[-/-이]똉하타 **1** 거듭 의논함. 두 번째 심의함. 또는 그 의논이나 심의. **2**법 이미 결정한 사항을 같은 기관이 다시 심의하거나 의결하는 일.

재의 수요일(-水曜日)[-/-에-]가 사순절이 시작되는 첫날. 교회는 참회의 상징으로 재를 신자의 머리에 얹고, 신자는 금욕과 금식을 함.

재이(災異)똉 **1** 재앙이 되는 괴이한 일. **2** 천재(天災)와 지이(地異).

재인(才人)똉 **1** 재주가 있는 사람. **2** 역 고려·조선 때, 재주를 부리거나 악기로 풍악을 치던 광대를 일컫던 말.

재:인(再認)똉하타 '재인식(再認識)'의 준말.

재:-인식(再認識)똉하타 **1** 다시 또는 고쳐 인식함. **2**심 과거에 경험한 것을 현재의 경험 속에서 다시 의식에 떠올리는 심리 작용. ㉰재인.

재일(齋日)똉불 재계(齋戒)하는 날.

재-일차(再一次)똉틘 다시 또 한 번.

재:임(在任)똉하재 임무 또는 임지에 있음. □~ 기간.

재:임(再任)똉하재 같은 관직에 다시 임명됨. □전직에 ~하다. *연임.

재임(齋任)똉 역 거재 유생 중의 임원.

재:-임명(再任命)똉하타 다시 임명함. □~ 통지서.

재:-임용(再任用)똉하타 다시 임용함. □~에서 탈락하다.

재:-입찰(再入札)똉하재 다시 입찰함. □~ 공고 / 유찰된 사업을 ~하다.

재자(才子)똉 재주 있는 젊은 남자. ↔재원(才媛). *재사(才士).

재자(齋者)똉불 재 올리러 온 사람.

재자-가인(才子佳人)똉 재주 있는 젊은 남자와 아름다운 여자.

재자-거리다재 자꾸 지저귀다. □새들이 ~. ㉰지저거리다. **재자-재자**틘하재

재자-다병(才子多病)똉 재주 있는 사람은 병이 잦음.

재자-대다재 재자거리다.

재작(裁酌)똉하타 옷 따위를 마름질하여 만듦.

재작(裁酌)똉하타 재량(裁量)1.

재:-작년(再昨年)[-장-]똉 지난해의 바로 전해. 그러께.

재:-작일(再昨日)똉 그저께.

재잘-거리다재 낮고 빠른 말로 잇따라 재깔이다. □아이들이 재잘거리는 소리. ㉰지절거리다. **재잘-재잘**틘하재

재잘-대다재 재잘거리다.

재장(齋場)똉불 **1** 불공하는 곳. **2** 제사 지내는 곳. **3** 밥 먹는 곳. 재소(齋所).

재:-장구치다(再-)탄 두 번째 서로 마주쳐 만나다.

재장-바르다[-발라, -바르니]혱르 어떤 일을 시작하려는 첫머리에 좋지 못한 일이 생겨 꺼림칙하다.

재:재(在在)똉 여러 곳. 곳곳.

재재-거리다 豚 수다스럽게 자꾸 재잘거리다.
□ 신이 나서 연방 무어라고 재재거렸다. 재
재-재재 튀하자

재재-대다 豚 재재거리다.

재:재소소 (在在所所) 여기저기. 이곳저곳.

재재-하다 혱어 재잘거리어 어지럽다.

재:적 (在籍) 멱하자 1 학적이나 호적 따위에
적혀 있음. □～ 학생 수. 2 어떤 조직체 따
위에 적(籍)이 있음. □～ 의원.

재적 (材積) 멱 〚농〛 목재의 부피. 나무 부피.

재:적 (載積) 멱 실어서 쌓음.

재적-생 (在籍生) [-쌩] 멱 학적부에 올라 있는
학생.

재적-수 (在籍數) [-쑤] 멱 학적·호적·병적(兵籍)
따위의 적(籍)에 올라 있는 수효.

재:-전 (再煎) 멱하타 1 고아 낸 찌끼를 다시 곰.
2 〚한의〛 재탕(再湯)1.

재:전 (在錢) 멱 재문(在文).

재전 (齋殿) 멱 〚역〛 재실(齋室)1.

재전 (齋錢) 멱 〚불〛 잿돈.

재:-전과 (再煎果) 멱 과줄을 부수어 꿀·기름
에 반죽한 뒤, 다시 기름에 지지고 끓이나 엿
에 담가 낸 과줄.

재:정 (在廷) 멱 1 조정에서 일을 함. 2 법정에
출두해 있음.

재:정 (再訂) 멱하타 다시 정정(訂正)함. 또는 그
정정.

재정 (財政) 멱 〚경〛 1 개인·가계·기업 등의 경
제 사정. □ 회사의 ～ 상태. 2 국가 또는 지
방 자치 단체가 필요한 재력을 취득하고 관
리하는 경제적인 활동. □ 지방 ～의 확립.

재정 (裁定) 멱하타 옳고 그름을 따져서 결정
함. □～에 승복하다 / ～을 요청하다.

재정-가 (財政家) 멱 재정 업무와 이재(理財)에
밝은 사람.

재정 경제부 (財政經濟部) 〚법〛 전에 중앙 행
정 기관의 하나. 경제 정책의 수립과 조정, 화
폐·금융·국채·정부 회계·외국환·경제 협력·
국유 재산 관리 등에 관한 사무를 맡아봄.

재정 경제 위원회 (財政經濟委員會) 〚법〛 국
회 상임 위원회의 하나. 재정 경제부 소관 사
항을 심의하였음.

재정 관세 (財政關稅) 〚법〛 재정 수입을 늘리
기 위해 부과하는 관세. *보호 관세.

재정-권 (財政權) [-꿘] 〚법〛 국가나 지방 자
치 단체가 재정 수입을 확보하기 위하여 행
사하는 권한.

재정 기간 (裁定期間) 〚법〛 법원이 재판을 통
해서 정하는 기간. 곧, 민사 소송법상의 소장
(訴狀) 보정(補正) 기간, 담보를 제공해야 할
기간 같은 것. ↔법정 기간.

재정-난 (財政難) 멱 〚경〛 재정이 부족하여 생
기는 어려움. □～에 허덕이다 / ～으로 회사
가 문을 닫았다.

재정-범 (財政犯) 멱 〚법〛 행정범(行政犯)의 하
나. 재정법상의 의무를 위반한 범정범.

재정-법 (財政法) [-뻡] 〚법〛 1 국가나 지방
자치 단체의 재정에 관한 법률. 2 국가 재정
의 기본 원칙, 국가 예산의 작성·집행 및 결산
에 관한 기본적인 사항 따위를 규정한 법률.

재정 보증 (財政保證) 〚법〛 재산을 취급하는
담당자가 업무 수행상 일정한 손해를 끼쳤을
때 보상을 하기 위한 재산상의 보증.

재정 보증인 (財政保證人) 〚법〛 재정 보증을
하는 사람. □～을 세우다.

재:-정비 (再整備) 멱하타 다시 정비함. □～

작업 / 전열을 ～하다.

재정 신청 (裁定申請) 〚법〛 검사가 고소·고발
사건에 대해 불기소 결정을 내렸을 때, 그 결
정에 불복하는 고소.

재정 융자 (財政融資) [-늉-/-] 〚경〛 국가 재
정으로 이루어지는 융자.

재정 인플레이션 (財政inflation) 〚경〛 재정상
의 적자가 원인이 되어 지폐가 증발(增發)하
면서 일어나는 물가의 앙등.

재정 자금 (財政資金) 〚경〛 재정 수입·재정 지
출로서 국고(國庫)에서 다루는 자금.

재정 재산 (財政財産) 〚경〛 수익을 목적으로
하여 보유되는 국가나 지방 자치 단체의 재산.

재정-적 (財政的) 멱 재정에 관계가 있는 (것).
□～(인) 뒷받침.

재:정 증인 (在廷證人) 〚법〛 미리 호출·소환
된 것이 아니고, 법정에 있는 사람으로 세우
는 증인.

재정 투융자 (財政投融資) 〚경〛 국가의 재정
활동으로서, 주택·도로·통신·지역 개발 따위
에 돌려지는 투자 및 융자의 총칭.

재정 투자 (財政投資) 〚경〛 정부가 조세나 전
매 사업 따위로 생긴 이익금을 공익사업이나
공공사업에 직접 투자하는 일.

재정-학 (財政學) 〚경〛 국가 재정의 원리 및
정책을 연구하는 학문.

재:-제 (再製) 멱하타 이미 만든 것이나 낡은 것
을 다시 가공하여 제품으로 만듦.

재:제-염 (再製塩) 멱 재염(再塩).

재:제-주 (再製酒) 멱 양조주나 증류주를 원료
로 알코올·당분·향료 등을 혼합하여 빚은 술
(배갈 따위).

재:조 (再祚) 멱하자 물러났던 임금이 재차 왕
위에 나아감. 중조(重祚).

재:조 (再造) 멱하타 다시 만듦.

재:조 (在朝) 멱 조정에서 벼슬을 살고 있음.

재:-조명 (再照明) 멱하타 일이나 사물의 가치
를 다시 들추어 살펴봄. □ 고대사의 ～ / 한
일 관계를 ～하다.

재:-조사 (再調査) 멱하타 다시 조사함. □ 의
문점을 ～하다.

재:-조정 (再調整) 멱하타 다시 조정함. □ 공
급 물량을 ～하다.

재:-조지은 (再造之恩) 멱 거의 망하게 된 것을
구원하여 도와준 은혜.

재:-조직 (再組織) 멱하타 다시 조직함. □ 조직
체 구조의 ～. *재구성·재편성(再編成).

재:종 (再從) 멱 육촌2.

재종 (材種) 멱 1 목재의 종류. 2 재료나 자재의
종류.

재:종-간 (再從間) 멱 육촌 형제의 사이.

재:종-고모 (再從姑母) 멱 아버지의 육촌 누
이.

재:종-고모부 (再從姑母夫) 멱 재종고모의 남
편.

재:종-동서 (再從同壻) 멱 1 육촌 자매의 남편.
2 육촌 형제의 아내.

재:종-매 (再從妹) 멱 육촌 누이.

재:종-손 (再從孫) 멱 사촌 형제의 손자.

재:종-수 (再從嫂) 멱 육촌 형제의 아내.

재:종-숙 (再從叔) 멱 아버지의 육촌 형제.

재:종-숙모 (再從叔母) [-숭-] 멱 재종숙의 아
내. 재당숙모.

재:종-씨 (再從氏) 멱 1 남에게 자기 재종형을
일컫는 말. 2 남의 재종형제의 경칭.

재:종-제 (再從弟) 멱 육촌 아우.

재:종-조 (再從祖) 멱 할아버지의 사촌 형제.

재:종-질 (再從姪) 멱 육촌 형제의 아들.

재:종-질녀 (再從姪女)[-려] 몡 육촌 형제의 딸. 재당질녀.

재:종-형 (再從兄) 몡 육촌 형.

재:종-형제 (再從兄弟) 몡 육촌 형제.

재주 (才-) 몡 **1** 무엇을 잘할 수 있는 타고난 소질. ¶ ~가 비상하다 / 그림에 ~가 있다. **2** 어떤 일에 대처하는 방도나 꾀. ¶서투른 ~ / ~를 부리다 / 무슨 ~로 돈을 벌겠어요.
[재주는 곰이 넘고 돈은 되놈이 번다] 수고한 사람은 따로 있고, 엉뚱한 사람이 보수를 가로챈다는 뜻.
재주(를) 피우다 쿤 대수롭지 않은 일에 묘한 꾀나 술씨를 부리다.

재:주 (在住) 몡하자 그곳에 머물러 삶. ¶부산 ~ 외국인.

재주 (財主) 몡 재산이나 재물의 임자.

재주 (齋主) 몡 [불] 불공을 올리는 주인공.

재주-껏 (才-)[-껃] 튀 있는 재주를 다해. ¶어디 ~ 만들어 보아라.

재주-꾼 (才-) 몡 재주가 뛰어난 사람.

재주-넘다 (才-)[-따] 자 몸을 날려 머리와 다리를 거꾸로 해서 뛰어넘다.

재준 (才俊) 몡 재주가 뛰어남. 또는 그런 사람.

재:준 (再準) 몡하타 [인] 재교(再校).

재:중 (在中) 몡 속에 들어 있다는 뜻으로, 봉함된 봉투 겉에 쓰는 말. ¶사진 ~.

재즈 (jazz) 몡 [악] 20세기 초 미국에서 시작된 경쾌한 리듬의 대중음악(흑인 민속 음악을 바탕으로 발달하였으며 즉흥적인 연주를 중시함).

재즈-곡 (jazz曲) 몡 [악] 재즈로 된 악곡. 또는 재즈 조(調)의 악곡.

재즈 밴드 (jazz band) [악] 재즈를 전문적으로 연주하는 악단.

재지 (才智) 몡 재주와 슬기.

재지 (災地) 몡 재해(災害)가 생긴 곳.

재:지니 (再-) 몡 두 해 묵어서 세 살된 매나 새매.

재:직 (在職) 몡하자 어느 직장에서 근무하고 있음. ¶~ 증명서 / 경리 과장으로 ~하다.

재질 (才質) 몡 재주와 기질. ¶~을 살리다 / 음악에 ~이 있다.

재질 (材質) 몡 **1** 목재의 성질. ¶~이 단단한 나무. **2** 재료가 갖는 성질. ¶~이 좋다.

재:차 (再次) 몡튀 두 번째. 거듭. 재도(再度). ¶담배통·재떨이·요강·타구 등을 놓거나 장판이 상하지 않게 하기 위해 놓기도 함.

재-차비 (齋差備) 몡 [불] 재를 올리는 절차.

재:창 (再唱) 몡하자 노래를 다시 부름. ¶~을 청하다.

재채기 몡하자 코의 점막이 자극을 받아 일어나는 경련성의 반사 운동.

재:천 (在天) 몡 **1** 하늘에 있음. ¶ ~의 영령이시여. **2** 하늘에 달렸음. ¶인명은 ~이라.

재:-천명 (再闡明) 몡하자타 다시 드러내어 밝힘. ¶민주 국가임을 ~하다.

재첩 몡 [조개] 재첩과에 속하는 민물 조개. 외형이 정삼각형에 가깝고 껍데기는 강한 광택이 남. 난생(卵生)이며 식용함. 모래땅의 것은 황갈색, 진흙과 모래가 섞인 곳의 것은 아주 까맘.

재:청 (再請) 몡하타자타 **1** 다시 청함. **2** 회의 때, 남의 동의에 찬성하여 거듭 청함.

재촉 몡하타 **1** 하는 일을 빨리 하도록 죄어침. ¶ ~을 받다 / ~하다 / ~에서 피고는 자신의 무죄를 주장했다.

재최 (齊衰) 몡 [민] 조선 때, 오복(五服)의 하나. 굵은 삼베로 짓되 아래 가를 좁게 접어서

꿰맨 상복. 자최.

재:-축 (再築) 몡하타 고쳐 세움. 다시 건축함.

재:-출발 (再出發) 몡하자 어떤 일을 처음부터 다시 시작함. ¶과거는 흘려 버리고 ~하다.

재:-충전 (再充電) 몡하타 **1** [물] 축전기나 축전지 따위에 다시 전기 에너지를 축적하는 일. **2** 휴식을 통하여 활력을 되찾는 일을 비유하여 이르는 말. ¶~의 기회를 갖다.

재:취 (再娶) 몡하자 아내가 죽은 뒤에 두 번째 장가를 듦. 또는 그 아내. 후취.

재치 (才致) 몡 눈치 빠른 재주. 또는 능란한 솜씨나 말씨. ¶ ~ 있게 말하다 / 까다로운 질문을 ~ 있게 받아넘기다.

재:침 (再侵) 몡하타 '재침략'의 준말. ¶~의 기회를 노리다.

재:-침략 (再侵略)[-냑] 몡하타 다시 침략함. ¶~을 노리다. 춘재침.

재킷 (jacket) 몡 **1** 짧은 상의의 총칭. **2** 음반의 커버.

재탁 (裁度) 몡하타 재량(裁量)1.

재탄 (滓炭) 몡 잘게 부스러진 탄.

재:-탈환 (再奪還) 몡하타 탈환하였다가 빼앗긴 것을 다시 빼앗아 찾음. ¶빼앗긴 고지를 ~하다.

재:-탕 (再湯) 몡하타 **1** [한의] 한 번 달여 낸 약 찌꺼기를 두 번째 달임. ¶~ 약. **2** 한 번 썼던 일이나 말을 다시 되풀이함. ¶낡은 필름을 ~하여 방영하다.

재:-택근무 (在宅勤務)[-끈-] 몡 회사의 사무실로 출근하지 않고 컴퓨터 등 정보 통신 기술을 이용해 자기 집에서 회사의 업무를 보는 일. ¶주부 사원들에게 ~는 권장할 만한 일이다.

재-테크 (財tech) 몡 [경] '재무 테크놀로지'의 준말.

재:-통 (再痛) 몡하타 [한의] 나았던 병이 다시 도져서 앓음.

재:-통일 (再統一) 몡하타 다시 통일함.

재:-투자 (再投資) 몡하타 [경] 단순 재생산을 하기 위하여 들이는 자본(자본의 소모 부분을 보충하는 투자임). ¶~로 이익을 ~하다.

재-티 몡 불에 탄 재의 티끌.

재-판 (-板) 몡 방 안에 깔아 놓는 두꺼운 종이 (담배통·재떨이·요강·타구 등을 놓거나 장판이 상하지 않게 하기 위해 놓기도 함).

재:판 (再版) 몡하타 **1** [인] 이미 간행된 출판물을 다시 출판함. 또는 그 출판물. ¶~이 매진되다. **2** 과거의 어떤 일이 다시 되풀이되는 일. ¶흘러간 멜로드라마의 ~.

재:판 (裁判) 몡하타 '재판매'의 준말.

재판 (裁判) 몡하타 **1** 옳고 그름을 살피어 판단함. **2** [법] 쟁송(爭訟)의 해결을 위해 법원 또는 그 재판관이 내리는 판단(성질에 따라 민사·형사·행정 재판의 세 가지가 있으며, 형식에 따라 판결·결정·명령 등이 있음). ¶~을 받다 / ~에 공정하다 / ~에서 피고는 자신의 무죄를 주장했다.

재판-관 (裁判官) 몡 **1** [법] 법원에서 재판 사무를 담당하는 법관. **2** 당사자 간의 분쟁에 대하여 구속력이 있는 재단(裁斷)을 내리는 권한을 가진 제삼자.

재판 관할 (裁判管轄) [법] **1** 법원이 직권을 행사할 수 있는 범위. **2** 국제법에서, 조약에 따라 국제 사법 재판소가 취급할 수 있는 사건의 범위.

재판-권 (裁判權)[-꿘] 몡 [법] 한 나라의 법원

이 소송 사건에 대하여 재판을 행할 수 있는 권한.

재 :-판매(再販賣)**명**[하타] 사 온 상품에 이윤을 붙여서 다시 파는 일. □～ 가격. ⊚재판.

재판-서(裁判書)**명**〖법〗재판의 내용을 적은 문서〔판결서·결정서·명령서 따위〕.

재판-소(裁判所)**명**〖법〗1 각종 분쟁에 대한 재판을 내리는 기관. □국제 사법 ～. 2 법원.

재판-장(裁判長)**명**〖법〗합의체 법원에서, 합의체의 대표자.

재판-적(裁判籍)**명**〖법〗민사 소송에서, 재판을 받는 사람의 입장에서 보는 재판 관할.

재 :-판정(再判定)**명**[하자타] 다시 판정함. 또는 그 판정.

재판-정(裁判廷)**명**〖법〗법정(法廷).

재판 청구권(裁判請求權)[-꿘]〖법〗법률에 따라 재판을 청구할 수 있는 국민의 권리.

재 :-편(再編)**명**[하타] '재편성'의 준말. □기구를 ～하다 / 정치권이 양당 체제로 ～되다.

재 :-편성(再編成)**명**[하타] 다시 편성함. □부대를 ～하다. ⊚재편.

재 :-평가(再評價)[-까]**명**[하타] 1 다시 평가함. □고전을 ～ 하다. 2〖경〗'자산(資産) 재평가'의 준말.

재품(才品)**명** 재주와 품격.

재필(才筆)**명** 재치가 있는 글씨나 문장. 또는 글씨나 문장을 재치 있게 쓰는 사람.

재 :-하-도리(在下道理)**명** 웃어른을 섬기는 아랫사람의 도리.

재 :-하-자(在下者)**명** 웃어른을 섬기는 사람.

재학(才學)**명** 재주와 학식. □～을 겸비하다.

재 :학(在學)**명**[하자] 학교에 적(籍)을 둠. □～ 증명서 / 대학 ～ 중.

재학-겸유(才學兼有)[-껴뮤]**명**[하자] 재주와 학식을 아울러 갖춤.

재 :-할(再割)**명**[하타] 〖경〗'재할인(再割引)'의 준말.

재할(宰割)**명**[하타] 일을 주장하여 처리함.

재 :-할인(再割引)**명**[하타] 〖경〗한 은행이 할인한 어음을 다른 은행이 다시 할인하는 일. ⊚재할.

재 :-할인-료(再割引料)[-하린뇨]**명**〖경〗어음을 재할인할 때 지급하는 이자.

재 :-항고(再抗告)**명**[하자] 항고 법원의 결정이나 명령이 법령에 위배함을 이유로 상급 법원에 항고하는 일. 또는 그 항고.

재 :-항변(再抗辯)**명**〖법〗피고의 항변에 대해 그것이 타당하지 않음을 주장하여 원고가 다시 제출하는 항변.

재해(災害)**명** 재앙으로 인해 받은 피해. □산업 ～ / ～ 대책 본부를 세우다 / 환경 파괴로 인한 ～가 늘고 있다.

재해 보 :상(災害補償)〖사〗근로자가 업무상 재해를 입었을 때 근로 기준법에 따라 사용자가 지급하는 보상.

재해 보 :험(災害保險)〖경〗근로자 등의 업무를 수행하면서 질병·부상 또는 사망 등에 대해 보상하는 것을 목적으로 하는 보험.

재해-자(災害者)**명** 재해를 입은 사람.

재해-지(災害地)**명** 재해를 입은 곳. □～에 구호품을 전하다.

재 :-행(再行)**명**[하자] 혼인한 뒤에 신랑이 처음으로 처가에 감.

재 :향(在鄕)**명**[하자] 고향에 있음.

재 :향 군인(在鄕軍人)〖군〗현역 복무를 마치고 일반 사회로 돌아온 사람. ⊚향군.

재허(裁許)**명**[하타] 재결(裁決)하여 허가함.

재 :-현(再現)**명**[하자타] 1 다시 나타나거나 나타냄. □고교 야구의 황금시대를 ～하다 / 청자의 비취색을 ～하다. 2〖심〗재생(再生)4.

재형-저축(財形貯蓄)**명**〖경〗'근로자 재산 형성 저축'의 준말.

재 :-혼(再婚)**명**[하자] 다시 혼인함. 또는 그런 혼인. ↔초혼.

재화(才華)**명** 빛나는 재주. 뛰어난 재능.

재화(災禍)**명** 재앙(災殃)과 화난(禍難). □～가 들다.

재화(財貨)**명** 1 재물(財物). 2〖경〗사람의 욕망을 만족시키는 물질.

재 :화(載貨)**명**[하자] 화물을 차나 배에 실음. 또는 그 화물. □～ 용적(容積).

재 :-화 흘수선(載貨吃水線)[-쑤-]〖해〗선체의 중앙 바깥쪽에 표기한, 짐을 가득 실었을 때의 흘수선.

재 :-확인(再確認)**명**[하타] 다시 확인함. 거듭 다짐함. □임금 인상을 ～하다.

재환(災患)**명** 재앙(災殃)과 우환(憂患).

재 :-활(再活)**명**[하자타] 다시 활용하거나 활동함. □～ 치료.

재 :-활용(再活用)**명**[하타] 폐품 따위를 손질하여 다시 씀. □～ 쓰레기 / 빈 병을 수거해 ～하다.

재 :-회(再會)**명**[하자] 다시 또는 두 번째로 모이거나 만남. □～의 기쁨 / ～을 약속하다.

재회(齋會)**명**[하자] 〖불〗1 승려들이 모여 독경과 불공으로 죽은 사람을 제도하는 일. 2 신남과 신녀들이 모여서 승려를 공양하는 일.

재 :-흥(再興)**명**[하자] 다시 일으키거나 일어남. □민족 문화의 ～.

잭(jack)**명** 1 무거운 것을 밑에서 받쳐 들어 올리는 기중기. 2 트럼프에서, 병사가 그려져 있는 카드의 하나. 3〖전〗플러그를 꽂아 전기를 접속시키는 장치.

잭나이프(jackknife)**명** 1 주로 배 안이나 야외에서 쓰는 휴대용 접칼. 2 수영에서, 도약판을 뛰어내리는 순간에는 몸을 새우처럼 구부렸다가 물속으로 들어가기 직전에 몸을 펴는 다이빙.

잰-걸음[-거름]**명** 보폭이 짧고 빠른 걸음. □～으로 골목길을 빠져나가다.

잰지(-)**명**〖조개〗국자가리비.

잴잴[부] 1 몸에 지닌 것을 자꾸 빠뜨리거나 흘리는 모양. 2 눈물을 잘금거리며 우는 모양. □툭하면 ～ 울다. 3 액체 등이 조금씩 흐르는 모양. □코를 ～ 흘리다. ⊚질질. 쎈쨀쨀.

잼(jam)**명** 과실을 삶아 즙을 내어 설탕을 넣고 약한 불로 졸여 만든 식품. □～을 바르다.

잼버리(jamboree)**명**〖사〗보이 스카우트의 야영 대회〔흔히 캠핑·작업·경기 따위를 함〕.

잼 세션(jam session)〖악〗재즈 밴드에서, 악보 없이 즉흥적으로 연주하는 일.

잼처[부] 어떤 일에 바로 뒤이어 거듭. 되짚어. □～ 물어보다.

잽(jab)**명** 권투에서, 계속적으로 팔을 뻗어 가볍게 치는 공격법. □연방 ～을 날리다.

잽-싸다[형] 매우 재빠르고 날래다. □동작이 ～ / 잽싸게 달아나다.

잿-간(-間)[재깐 / 잿깐]**명** 거름으로 쓸 재를 모아 두는 헛간.

잿-길[재낄 / 잿낄]**명** 재에 난 길. 또는 언덕배기에 난 길.

잿-날(齋-)[잰-]**명**〖불〗염불·일종식(一終食)·설법 등을 하는 날.

잿-더미[재떠- / 잿떠-]**명** 1 재가 쌓인 더미.

2 불에 타 폐허가 된 자리의 비유. ▣화재로 집이 ~가 되다.

잿-독 [재똑 / 잿똑] 몡 재를 담아 두는 독.

잿-돈 (齋-) [재똔 / 잿똔] 몡 《불》 초상계(初喪禊)에서, 재가 난 경우에 상비(喪費)로 보내는 돈.

잿-모 [잰-] 몡 《농》 재거름을 준 못자리에 심은 모.

잿-물 [잰-] 몡 **1** 재를 물로 받아서 우려낸 물(예전에 주로 빨래할 때 썼음). **2**《공》도자기를 구울 때, 표면에 광택이 나고 기체나 액체의 침투를 막도록 덧씌우는 약(그 원료는 광물질임). 유약(釉藥). ▣도자기에 ~을 입히다. **3** '양잿물'의 준말.

잿물(을) 내리다 귀 시루에 콩깍지·풋나무 따위의 재를 안치고 물을 부어 잿물이 시루 구멍으로 흐르게 하다.

잿물-시루 [잰-] 몡 잿물을 내리는 데에 쓰는 시루.

잿-박 [재빡 / 잿빡] 몡 농가에서 거름으로 쓸 재를 담는 그릇.

잿-밥 (齋-) [재빱 / 잿빱] 몡 《불》 불공할 때, 부처 앞에 올리는 밥.

잿-방어 (-魴魚) [재빵- / 잿빵-] 몡 《어》 전갱잇과의 바닷물고기. 방어와 비슷하며 몸길이는 1m가량으로 굵고 짧으며, 등은 보랏빛을 띤 푸른색이고 배는 담색임.

잿-밭 [재빹 / 잿빹] 몡 장기판의 앞으로 맨 끝줄의 말밭.

잿-불 [재뿔 / 잿뿔] 몡 재로 덮여 있는 아주 여린 불. ▣~에 고구마를 묻어 굽다.

잿-빛 [재삗 / 잿삗] 몡 재의 빛깔과 같이 부옇고 검은 빛. 회색(灰色).

쟁 몡 '재양¹(載陽)'의 준말.

쟁 (箏) 몡 《악》모양이 대쟁(大箏)과 같고, 열석 줄의 명주실로 된 현을 친 악기.

쟁 (錚) 몡 《악》 쟁과리.

쟁강 [재깡] 뮈하짜타 얇은 쇠붙이나 유리 따위가 가볍게 부딪치는 소리. ▣유리컵 두 개가 ~하고 부딪다. 쎈쨍강.

쟁강-거리다 째 얇은 금속이나 유리 따위가 부딪쳐 자꾸 소리가 나다. 또는 그런 소리를 자꾸 내다. 큰쟁겅거리다. 쎈쨍강거리다. **쟁강-쟁강** 뮈하짜타

쟁강-대다 째타 쟁강거리다.

쟁개비 몡 무쇠나 양은으로 만든 작은 냄비.

쟁공 (爭功) 몡 서로 공을 다툼.

쟁괴 (爭魁) 몡하짜 두목이 되려고 서로 다툼.

쟁권 (爭權) [-꿘] 몡하짜 권리나 권세를 다툼.

쟁규 (爭窺) 몡하짜 서로 다투어 엿봄.

쟁그랍다 [-따] 쩽그라워, 쩽그라우니] 혱ㅂ 소름이 끼칠 정도로 흉하고 더럽다. 큰징그럽다.

쟁그랑 뮈하짜타 얇은 금속이나 유리 따위가 부딪쳐 맑게 울리는 소리. ▣동전이 ~하고 떨어지다. 큰쩽그렁. 쎈쨍그랑.

쟁그랑-거리다 째 쟁그랑 소리가 자꾸 나다. 또는 그런 소리를 자꾸 내다. 큰쩽그렁거리다. **쟁그랑-쟁그랑** 뮈하짜타

쟁그랑-대다 째타 쟁그랑거리다.

쟁글-쟁글 뮈하혱 **1** 몹시 쟁그라운 모양. 큰징글징글. **2** 미운 사람이 잘못되거나 하여 아주 고소한 느낌.

쟁기 몡 《농》마소에 끌려 논밭을 가는 농구의 하나(술·성에·한마루를 삼각형으로 맞춘 것). ▣~로 밭을 갈다 / 소가 ~를 끌다.

쟁기-고기 몡 각을 뜨고, 뼈를 바르지 않은 고깃덩이.

쟁기-질 몡하짜 쟁기를 부려 논밭을 가는 일.

▣~이 능숙하다.

쟁깃-밥 [-기빱 / -긷빱] 몡 쟁기질할 때, 쟁기날에 깎이어 나오는 흙.

쟁깃-술 [-기쑬 / -긷쑬] 몡 《농》 쟁기의 몸체 아래에 있는 보습 위에 댄 나무. 준술.

쟁단 (爭端) 몡 다툼의 실마리.

쟁두 (爭頭) 몡하짜 **1** 일을 먼저 하려고 서로 다툼. **2** 내기에서, 끗수가 서로 같을 때 다른 방법으로 승패를 결정함.

쟁론 (爭論) [-논] 몡하짜 다투어 토론함. ▣~을 일으키다.

쟁반 (錚盤) 몡 운두가 얕고 동글납작하거나 네모난 그릇(음식 그릇을 받쳐 드는 데 씀). ▣과일 접시를 ~에 담아 내오다.

쟁반-서랍 (錚盤-) 몡 일본식 장(欌)에 달린 운두가 낮은 서랍.

쟁선 (爭先) 몡하짜 서로 앞서려고 다툼.

쟁소 (爭訴) 몡하짜 쟁송(爭訟).

쟁송 (爭訟) 몡하짜 서로 송사(訟事)로 다툼.

쟁신 (諍臣·爭臣) 몡 임금의 잘못을 바른말로 간하는 신하.

쟁심 (爭心) 몡 남과 다투거나 겨루려는 마음.

쟁연-하다 (錚然-) 혱여 쇠붙이가 부딪치는 것같이 소리가 날카롭다. 쟁연-히 뮈

쟁우 (諍友) 몡 친구의 잘못을 바른말로 충고하는 벗.

쟁의 (爭議) [-/-이] 몡하짜 **1** 서로 자기 의견을 주장하여 다툼. 또는 그 의론. **2**《사》'노동 쟁의'의 준말. ▣~가 끊이지 않다.

쟁의-권 (爭議權) [-꿘 /-이꿘] 몡 《법》 근로자가 단결하여 자신들의 권익 옹호를 위한 여러 가지 쟁의 행위를 할 수 있는 권리(동맹파업 따위).

쟁의 행위 (爭議行爲) [-/-이-] 《사》 노동 쟁의에서, 분쟁을 자기에게 유리하게 해결하기 위해 노사(勞使) 어느 쪽인가가 업무의 정상적 운영을 저해하는 행위(파업·태업(怠業)·직장 폐쇄 등).

-쟁이 젭 사람의 성질·습관 또는 행동·모양 등과 일부 직종을 나타내는 말에 붙어, 그러한 사람을 낮게 이르는 말. ▣멋~ / 심술~. 겁~ / 요술~. *=장이.

쟁이다 타 **1** 물건을 여러 개 차곡차곡 포개어 쌓다. ▣옷을 장 속에~. **2** 불고기용의 고기나 갈비 따위를 양념하여 그릇 속에 차곡차곡 쌓아서 묵히다. 또는 김 따위를 기름을 바르고 소금을 뿌려서 쌓다. ▣쇠고기를 하룻밤 ~. 준재다.

쟁자 (諍子·爭子) 몡 어버이의 잘못을 바른말로 간하는 아들.

쟁장 (錚匠) 몡 《역》 징을 만드는 공장(工匠).

쟁쟁 (錚錚) 뮈하혱 옥이 부딪쳐 맑게 울리는 소리. ▣종소리가 ~ 울리다.

쟁쟁-하다 (琤琤-) 혱여 **1** 옥이 부딪치는 소리가 맑다. **2** 전에 들었던 말이나 소리가 귀에 울리는 듯하다. ▣어머니의 목소리가 귀에 ~. 쟁쟁-히 뮈

쟁쟁-하다 (錚錚-) 혱여 여럿 가운데 매우 뛰어나다. ▣쟁쟁한 인사.

쟁점 (爭點) [-쩜] 몡 논쟁·쟁송(爭訟)의 중심이 되는 점. ▣정치적 ~ / ~으로 떠오르다 / 핵심이 타결되다.

쟁:-첩 몡 반찬을 담는 작은 접시.

쟁취 (爭取) 몡하짜타 다투어 빼앗아 가짐. ▣권력 ~ / 승리를 ~하다.

쟁:-치다 타 '재양치다'의 준말.

쟁탈 (爭奪) 명하타 서로 다투어 빼앗음.
쟁탈-전 (爭奪戰) 명 서로 다투어 빼앗는 싸움. ▢우승컵 ~ / ~을 벌이다.
쟁투 (爭鬪) 명하자 서로 다투어 싸움.
쟁:-퉁이 명 1 잘난 체하고 거만을 부리는 같잖은 사람. 2 가난에 쪼들리어 마음이 좁고 비꼬인 사람.
쟁:-틀 명 '재양틀'의 준말.
쟁패 (爭霸) 명하자 서로 패권을 다툼.
쟁패-전 (爭霸戰) 명 서로 패권을 다투는 싸움.
쟁힐 (爭詰) 명하자 서로 다투어 힐난함.
자감 명 〈옛〉메밀의 겉껍질.
자래 명 〈옛〉자라.
잘 명 〈옛〉자루.
장춧 부 〈옛〉장차(將次).
쟤: 준 저 아이. ▢~는 말도 잘한다.
저[1] (笛) 가로로 불게 되어 있는 관악기의 총칭. 적(笛). 횡적(橫笛).
저[2] '젓가락'의 준말.
저 (氏) 【천】'저성(氏星)'의 준말.
저: (著) 명 '저술'의 준말.
저[3] 대인대 1 '나'의 겸사말(조사 '가' 앞에서는 '제'가 됨). ▢~를 데리고 가 주세요 / 제가 가지요. 2 '자기'의 낮춤말(조사 '가' 앞에서는 '제'가 됨). ▢누가 ~ 보고 욕을 했나 / 제가 제 잘못을 알고. 〓지대 '저것'의 준말. ▢이도 ~도 아닌 / 아이고, ~를 어쩌나. 〓관 자기로부터 보일 만한 곳에 있는 사람이나 사물을 가리키는 말. ▢~ 사람 / ~ 물건. [저 먹자니 싫고 개 주자니 아깝다] 자기는 싫고 남에게 주기도 아깝다는 뜻으로 인색하다는 말.
저:[4] 갑 1 생각이 잘 떠오르지 않을 때 내는 소리. ▢~, 뭐라더라. 2 말을 꺼내기가 거북하거나 어색할 때 머뭇거리는 소리. ▢~, 지금 뭐라고 말씀하셨죠. 3 ☞ 쉬.
저:- (低) 두 '낮음'의 뜻. ▢~기압 / ~자세.
저:-가 (低價)[-까] 명 헐한 값. 염가. ▢~ 상품 / ~ 우량주를 매집하다. ↔고가.
저:-각 (底角) 명 【수】'밑각'의 구용어.
저-간 (這間) 명 요즈음. 그동안. ▢~의 사정.
저간 (猪肝) 명 【한의】돼지의 간(어린아이의 경간(驚癇), 어른의 각기·대하증(帶下症) 등에 쓰여 씀).
저:-감 (低減) 명하타 낮추어 줄임. ▢예산을 ~하다.
저-개발-국 (低開發國) 명 개발 도상국.
저-거 지대 '저것'의 준말. ▢~ 좀 주세요. 참조거.
저-거시기 갑 말하는 도중에 기억이 잘 나지 않을 때 쓰는 군말. ▢~, 말입니다.
저-것 [-껀] 대지대 저기에 있는 사물을 가리키는 말. ▢~이 우리 집이다. 참저·저것. 〓인대 1 '저 사람'을 얕잡아 이르는 말. ▢~도 사내라고. 2 '저 아이'를 귀엽게 이르는 말. ▢~이 벌써 학교에 들어간답니다. 참조것.
저:-격 (狙擊) 명하타 몰래 숨어서 특정 목표를 겨냥하여 쏨. ▢~을 가하다 / 괴한에게 ~을 당하다.
저:격-병 (狙擊兵)[-뼝] 명 【군】적을 저격하는 임무를 맡은 병사. 저격수.
저:격-수 (狙擊手)[-쑤] 명 【군】저격병.
저:-고도 (低高度) 명 해발 1 만 피트 이하의 높이를 이름. ▢~로 날다.
저고리 명 한복 윗옷의 하나(길·소매·섶·깃·동정·고름이 갖추어져 있음).

저:곡 (貯穀) 명하자 곡식을 쌓아 둠. 또는 그 곡식.
저-곳 [-꼰] 지대 말하는 이나 듣는 이에게서 좀 떨어져 있는 곳을 가리키는 말. ▢~은 항상 사람들로 붐빈다.
저:-공 (低空) 명 낮은 하늘. ▢~을 선회하다. ↔고공.
저:공-비행 (低空飛行) 명 비행기·헬리콥터 따위가 아주 낮게 낢. ▢~으로 레이더망을 피하다. ↔고공비행.
저광-수리 【조】맷과의 새. 몸길이 60 cm 가량에 목은 흰빛, 등은 엷은 갈색. 꽁지는 잿빛을 띠고 배는 흰빛임. 큰말똥가리.
저광이 【식】올벼의 한 종류. 까끄라기가 짧고 빛이 검누르며 이른 봄에 심음.
저:-광-장 (貯鑛場) 명 【광】제철소 등에서 광석이나 석회석을 저장하는 넓은 터.
저구지교 (杵臼之交) 명 절굿공이와 확의 사귐이라는 뜻으로, 귀천을 가리지 않고 사귐을 이르는 말.
저군 (儲君) 명 【역】1 왕세자. 2 황태자.
저궁 (儲宮) 명 【역】저군(儲君).
저:-극 (低極) 명 【기상】장기간에 걸쳐 나타난 기온이나 그 밖의 기상(氣象) 요소의 최젓값. ↔고극(高極).
저글 (juggle) 명 1 야구에서, 공을 꼭 잡지 못하여 글러브 안에서 튀기는 일. 2 핸드볼에서, 공중의 공에 두 번 잇따라 손이 닿아 범하는 반칙.
저:-금 (貯金) 명하타 1 돈을 모아 둠. 또는 그 돈. 2 돈을 금융 기관이나 우체국 등에 맡겨 저축함. 또는 그 돈.
저:-금리 (低金利)[-니] 명 싼 이자. 저리(低利). ↔고금리.
저:금리 정책 (低金利政策)[-니-] 【경】정부 또는 중앙은행이 경기의 회복을 목적으로 금리를 낮추는 정책.
저:금-통 (貯金筒) 명 주로 동전을 모아 둘 수 있게 만든 통. ▢돼지 ~ / ~에 동전을 넣다.
저:금-통장 (貯金通帳) 명 저금 통장.
저:-급 (低級) 명 내용·성질·품질 따위의 정도가 낮거나 천박함. 또는 낮은 등급. ▢~한 문화 품질이 ~하다 / ~한 독자에게 영향한다. ↔고급.
저:급 개:념 (低級概念)[-깨-] 명 【논】하위 개념. ↔고급 개념.
저기 (沮氣) 명하자 축기(縮氣).
저기 〓지대 저곳. ▢~에 있는 저 물건. 〓부 저곳에. ▢~가 보아라. 참조기[2].
저:-기압 (低氣壓) 명 1 【지】대기 가운데 주위보다 기압이 낮은 부분. ▢960 헥토파스칼의 ~. ↔고기압. 2 기분이나 일의 형세가 좋지 않은 상태. ▢사장은 오늘 ~이다.
저:기압-성 (低氣壓性)[-썽] 명 【지】저기압에 관계되는 성질.
저-까지로 부 겨우 저만한 정도로. ▢~ 무엇을 하겠다는 말이오. 참조가지로.
저-까짓 [-짇] 관 '겨우 저것만한 정도의'의 뜻. ▢~ 것이 무엇을 안다고. 참조까짓.
저-깟 [-깐] 관 '저까짓'의 준말.
저-나마 부 저것이나마. 저것일망정. ▢~ 없으면 곤란하다.
저:-나 명 얇게 저민 생선이나 쇠고기에 밀가루를 바르고 달걀을 입혀 기름에 지진 음식. 전유어. ▢~를 부치다.
저-냥 부 저러한 모양으로. 줄곧. ▢~ 내버려 두어라. 참조냥.
저널 (journal) 명 정기적으로 발행되는 잡지나

신문.

저널리스트 (journalist) 圓 **1** 방송·신문·잡지의 기자. **2** 저널리즘에 종사하는 사람.

저널리즘 (journalism) 圓 신문·잡지 또는 방송 등을 통하여 대중에게 시사적인 정보와 견해 따위를 전달하는 활동. 또는 그런 활동을 하는 사업.

저-네 떼 저 사람들. 저편 사람들. ▯~는 아무것도 모른다.

저녁 圓 **1** 해가 지고 밤이 되어 오는 때. 무렵에 돌아오다 / 아침부터 ~까지 쉴새없이 일했다. **2** '저녁밥'의 준말. ▯~을 먹다 / ~을 짓다 / 친구와 ~ 약속이 있다.
[저녁 굶은 시어미 상] ㉠얼굴을 잔뜩 찌푸리고 있는 모양. ㉡음산한 날씨를 이르는 말.

저녁-거리 [-꺼-] 圓 저녁 끼니를 지을 거리. ▯~를 마련하다.

저녁-결두리 [-껼뚜-] 圓 점심밥과 저녁밥 사이에 먹는 곁두리. ▯논에 ~를 내가다.

저녁-나절 [-녕-] 圓 저녁때를 전후한 어느 무렵이나 동안. ▯~에 산책을 나가다.

저녁-내 [-녕-] 圓 저녁 동안 계속하여. ▯~책만 읽는다.

저녁-노을 [-녕-] 圓 저녁에 끼는 노을. 잔조(殘照). ▯~이 유난히 붉다. 壺저녁놀.

저녁-놀 [-녕-] 圓 '저녁노을'의 준말.

저녁-때 圓 **1** 해가 질 무렵. 석각(夕刻). ▯아침에 나가 ~에 돌아왔다. **2** 저녁밥을 먹을 때. ▯~가 다 되다.

저녁-먹이 [-녕머기] 圓 저녁 끼니로 먹거나 지을 거리.

저녁-밥 [-빱] 圓 저녁 끼니로 먹는 밥. 석반(夕飯). 壺저녁.

저녁-상 (-床) [-쌍] 圓 저녁밥을 차려 놓은 밥상. ▯~에 둘러앉다.

저녁-상식 (-上食) [-쌍-] 圓 상가(喪家)에서, 탈상 때까지 날마다 궤연(几筵) 앞에 올리는 음식. 석상식(夕上食).

저녁-석 (-夕) [-썩] 圓 한자 부수의 하나(('外'·'夜' 등에서 '夕'의 이름).

저녁-쌀 圓 저녁밥을 지을 쌀.

저:-능 (低能) 圓囮 지능이 보통보다 썩 낮음. ▯스스로 ~임을 드러내는 거동.

저:-능-아 (低能兒) 圓〖교〗지능이 보통보다 썩 낮은 아이. 정신 지체아.

저-다지 위 저러하도록, 저렇게까지. ▯사람이 ~도 답답할까. 壺조다지.

저:-단-하다 (低短-) 囫여 낮고 짧다.

저:-당 (抵當) 圓囫재 **1** 맞서서 겨룸. **2**〖법〗부동산이나 동산을 채무의 담보로 잡거나 담보로 잡힘. ▯집을 ~ 잡히고 돈을 꾸다.

저:-당-권 (抵當權) 圓〖법〗채무가 이행되지 않을 경우 채권자가 저당물에 대해서 일반 채권자에 우선해 변제를 받을 수 있는 권리.

저:-당권 설정 (抵當權設定) [-핀-쩡]〖법〗저당권을 법적 절차를 밟아 성립시키는 일.

저:-당-물 (抵當物) 圓〖법〗저당을 잡힌 물건. ▯~을 경매에 부치다.

저:-당 채:-권 (抵當債權) [-핀]〖법〗원금 및 이자의 청구권이 저당권부(付) 채권에 따라서 주어지는 유가 증권.

저-대로 위 저것과 같이. 저 모양으로. ▯~가다가는 큰일 나겠다. 壺조대로.

저:-대-하다 (著大-) 囫여 현저하게 크다.

저:-도 (低度) 圓 낮은 정도. ↔고도(高度).

저돌-적 (豬突的) [-쩍] 판圓 앞뒤를 헤아리지 않고 돌진하는 (것). 앞일을 생각하지 않고 처리하는 (것). ▯~(인) 행동.

저돌-하다 (豬突-) 囮여 앞뒤를 헤아리지 않고 돌진하다.

저돌-희용 (豬突豨勇) [-히-] 圓囮재 앞뒤를 가리지 않고 마구 날뜀.

저:-두 (低頭) 圓囮재 머리를 낮게 숙임.

저:-두부답 (低頭不答) 圓囮재 머리를 숙이고 대답을 아니함.

저:-두-평신 (低頭平身) 圓囮재 머리를 숙이고 몸을 낮춤.

저:-등 (著騰) 圓囮재〖경〗물가 등이 현저히 오름. ↔저락(著落).

저-따위 ㉠圓 '저러한 것들·저러한 종류'를 얕잡아 이르는 말. ▯~가 무얼 안다고. ㉡판 (낮잡는 뜻으로) 저러한 부류의. ▯~ 녀석 / ~ 집[것]을 사서 뭘 해.

저라 쥄 소를 왼편으로 모는 소리. ↔어디여.

저:-락 (低落) 圓囮재 값·가치·등급 따위가 낮게 떨어짐.

저:-락 (著落) 圓囮재 물가 등이 현저히 떨어짐. ↔저등(著騰).

저래 쥅 **1** 저러하여. ▯꼴이 ~ 가지고 무얼 한다고. **2** 저리하여. 壺조래.

저래도 쥅 **1** 저리하여도. ▯아무리 ~ 소용없을 거다. **2** 저러하여도. ▯키는 ~ 아직 어린애랍니다. 壺조래도.

저래서 쥅 **1** 저러하여서. ▯~ 탈이야. **2** 저리하여서. ▯~는 안 된다. 壺조래서.

저러고 쥅 '저리하고'의 준말. ▯녀석은 늘 ~ 다닌다. 壺조러고. *그러고·이러고.

저러나 쥅 **1** 저러하나. ▯그는 ~ 나는 저러지 않는다. **2** 저러하나. ▯모습은 ~ 속은 넓단다. 壺그러나·이러나.

저러다 쥅 저렇게 하다. ▯~ 넘어지지. 壺조러다. *이러다·그러다.

저러루-하다 囫여 대개 저런 것들과 비슷하다. 壺조러루하다.

저러면 쥅 저렇게 하면. 저러하면. ▯커서도 ~ 무엇에 쓰나. 壺저러면.

저러저러-하다 囫여 **1** 여럿이 모두 저러하다. ▯저러저러한 사정으로 결근했다. **2** 저러루하여 별다른 것이 없다. ▯모두가 저러저러하여 특출한 선수가 없다. 壺조러조러하다.

저러-하다 囫여 저와 같다. ▯저러한 모양으로 만들겠다. 壺조러하다. 壺저렇다.

저런¹ 쥅 뜻밖에 놀라운 일이 있을 때 부르짖는 소리. ▯~, 거참 큰일 났군. 壺조런¹.

저런² 판 저러한. ▯~ 녀석은 안 돼. 壺조런².

저럼 쥅 저러면. ▯자꾸 ~ 어째나.

저렁 위囮재 얇은 금속 등이 서로 부딪쳐 은은히 울리는 소리. 壺자랑. 쎈쩌렁. 큰저렁.

저렁-거리다 재재 저렁 소리가 자꾸 나다. 또는 그런 소리를 자꾸 내다. ▯쇠 종을 ~. 壺자랑거리다. 쎈쩌렁거리다.
◇ **저렁-대다** 재재 저렁거리다.

저렇다 [-러타] 〔저러니, 저래서〕 囫여 '저러하다'의 준말. ▯모두 저러니 할 말이 없다. 壺조렇다.

저:-력 (底力) 圓 속에 간직한 든든한 힘. 숨은 힘. ▯~을 과시하다 / 국민의 ~을 유감없이 발휘하다.

저력지재 (樗櫟之材) [-찌-] 圓 참나무와 가죽나무 재목이라는 뜻으로, 아무 소용이 없는 인물.

저:-렴-하다 (低廉-) 囫여 물건의 값이 싸다. ▯저렴한 가격 / 물건값이~.

저:-류 (底流) 圓 **1** 강이나 바다의 바닥을 흐르

는 물결. 2 표면에 나타나지 않고 깊은 곳에서 일고 있는 움직임. ▢정계의 ~를 이루다.

저르렁 [부] 넓고 얇은 금속이 부딪쳐 울리는 소리. 작자르랑. 센쩌르렁. 겐처르렁.

저르렁-거리다 [자타] 저르렁 소리가 계속 나다. 또는 그런 소리를 계속 내다. 작자르랑거리다. **저르렁-저르렁** [부] [자타] 작.

저르렁-대다 [자타] 저르렁거리다.

저름-나다 [자] 마소가 다리를 절게 되다.

저:리 (低利) [명] 싼 이자. 헐한 변리. 저금리. 저변. ▢~를 융자받다.

저리 (楮李) [명] [식] 갈매나무.

저리 [부] 1 저러하게. 저와 같이. ▢무슨 까닭으로 ~ 울까. 2 저곳으로. 저쪽으로. ▢~ 가시오. 작조리.

저리다 [형] 살이나 뼈마디가 오래 눌려서 피가 잘 통하지 않아 감각이 둔하게 되다. ▢팔다리가 ~. 작자리다.

저리-위 [감] [역] 신은(新恩)을 불릴 때, 저쪽으로 뒷걸음쳐서 가라고 외치는 소리. ↔이리위.

저:리 자금 (低利資金) [경] 사회 정책적으로 정부나 금융 기관 따위가 낮은 이자로 빌려 주는 자금. ▢~을 융자받다.

저리-저리 [부] [형] 매우 저린 모양. ▢팔이 ~ 저리다. 작자리자리.

저:리 차:환 (低利借還) [경] 한 번 꾸어 온 빚의 변리를 이상에 물어 오던 것보다 싸게 물게 되는 일.

저:리-채 (低利債) [명] 이자가 낮은 빚. ↔고리채(高利債).

저리-하다 [타] [자] 저와 같이 하다. ▢이리할까 저리할까 망설이다. 작조리하다.

저:립 (佇立) [명] [하다] [자] 우두커니 섬.

저릿-저릿 [릿쩌릿] [부] [하다] [형] 몹시 저린 듯한 느낌. 작자릿자릿.

저릿-하다 [리타] [형] [여] 조금 저린 듯하다. ▢과로를 해서 온몸이 나른하고 ~. 작자릿하다. 센쩌릿하다.

저:마 (苧麻) [명] [식] 모시풀.

저-마다 [부] [명] 사람 또는 사물마다. ▢한마디씩 한다. [의] 각각의 사람이나 사물. 우리에게는 ~의 삶이 있다.

저만저만-하다 [여] 여럿이 다 비슷비슷하다. ▢저만저만한 녀석들로 골랐습니다.

저-만치 [부] [명] 저만큼. ▢~ 떨어져라 / 나도 ~는 할 수 있다.

저-만큼 [부] [명] 저만한 정도(로). ▢~ 일하기도 쉽지 않다 / 저에게도 ~은 줘야 할 것입니다. 작조만큼.

저만-하다 [여] 1 크기나 정도가 같거나 거의 비슷하다. ▢저만한 크기의 나무. 2 별로 대단하지 않다. ▢저만한 것이라면 지천에 있다. 작조만하다.

저맘-때 [명] 저만큼 된 때. ▢나도 ~는 기운깨나 썼지. 작조맘때.

저:-망 (貯望) [명] 명망의 근본을 기름. 양망(養望).

저:면 (底面) [명] 1 밑바닥. ▢호수 ~에 쌓인 오니(汚泥). 2 [수] '밑면'의 구용어.

저:-면적 (底面積) [명] [수] '밑넓이'의 구용어.

저:-인사 (著名人士) [명] 사회에 이름이 난 사람.

저:명-하다 (著名-) [형] [여] 세상에 이름이 널리 드러나 있다. ▢저명한 과학자 / 심장 전문의로 ~.

저:모 (豬毛) [명] 돼지 털(솔을 매는 데 씀). 돈모(豚毛).

저:모-립 (豬毛笠) [명] [역] 돼지 털로 싸개를 한 갓(죽사립(竹絲笠) 다음가는 것으로 당상관(堂上官)이 썼음). [저모립 쓰고 물구나무를 서도 제멋이다] 제가 좋아서 한 일을 남이 시비할 거리가 못 된다는 말.

저:-모음 (低母音) [명] [언] 입을 크게 벌리고 혀의 위치를 가장 낮추어서 발음하는 모음(한국어의 'ㅏ·ㅐ' 따위). 개(開)모음.

저:모-필 (豬毛筆) [명] 돼지 털로 맨 큰 붓.

저:목 (樗木) [명] [식] 가죽나무.

저:묵 (楮墨) [명] 종이와 먹.

저:-물가 (低物價) [-까] [명] 물건의 값이 쌈. 또는 헐한 물가.

저:물가 정책 (低物價政策) [-까-] [경] 국내 물가를 낮추거나 낮은 수준으로 유지하려는 정책. ▢~이 실효를 거두다.

저물-녘 [-력] [명] 날이 저물 무렵.

저물다 [저물어, 저무니, 저무는] [자] 1 해가 져서 어두워지다. ▢저물기 전에 돌아오너라. 2 계절이나 한 해가 거의 다 지나게 되다. ▢한 해가 ~.

저물-도록 [부] 날이 저물어 어두워질 때까지. 늦게까지. ▢날이 ~ 일하다.

저뭇-하다 [-무타-] [형] [여] 날이 저물어 어스레하다.

저미다 [타] 얇게 베어 여러 개의 조각을 내다. ▢고기를 ~.

저:미-하다 (低迷-) [자여] 1 안개나 구름 따위가 낮게 떠돌다. 2 어떤 상태가 흔미해지거나 험악해지다. ▢전운(戰雲)이 ~. [형] [여] 1 안개나 구름 따위가 낮게 끼어 어둑하다. 2 기운이 빠져 활동이 둔하고 흔미하다.

저:-백피 (楮白皮) [명] 닥나무의 속껍질(종이 만드는 데 씀).

저:-버리다 [타] 1 도리나 의리를 잊거나 어기다. ▢약속을 ~ / 신의를 ~. 2 남이 바라는 바를 거절하다. ▢남의 호의를 ~.

저벅 [부] [하다] 묵직하고 크게 한 번 내딛는 발자국 소리. 작자박.

저벅-거리다 [-꺼-] [자] 발을 묵직하고 느리게 내딛어 자꾸 걷다. 작자박거리다. **저벅-저벅** [-쩌-] [부] [하다]. ▢~ 걸어가다.

저벅-대다 [-때-] [자] 저벅거리다.

저:번 (這番) [명] 요전의 그때. ▢~에 만났던 사람.

저:변 (低邊) [명] 저리(低利).

저:변 (底邊) [명] 1 [수] '밑변'의 구용어. 2 밑바탕을 이루는 부분. ▢사회의 ~ / 스포츠 인구의 ~ 확대.

저:본 (底本) [명] 1 문서·저작물의 초고. 2 번역이나 저술을 할 때, 그 바탕이 되는 책. 원본. 대본.

저:부 (低部) [명] 낮은 부분.

저:부 (底部) [명] 밑바닥이 되는 부분.

저:-분 [인대] '저 사람'의 높임말. ▢~이 우리 선생님이시다.

저분-저분 [부] [하다] [형] 1 성질이 부드럽고 찬찬한 모양. 2 가루 따위가 부드럽게 씹히는 모양. 작자분자분.

저:사 (抵死) [명] [하다] [자] '저사위한'의 준말.

저:사 (儲嗣) [명] 왕세자(王世子).

저:사-위한 (抵死爲限) [명] [하다] [자] 죽기를 작정하고 뜻을 지킴. 준저사(抵死).

저:상 (沮喪) [명] [하다] [자] 기운을 잃음. ▢사기(士氣)가 ~되다.

저:생-동물 (底生動物) 〖동〗 바다·호수·하천 등의 바다의 바닥에 사는 동물(바다에는 가자미·해삼 따위, 호수에는 조개류 따위가 있음).

저:서 (著書) 〖명〗 책을 지음. 또는 그 책. ▢많은 ～을 남기다.

저:선 (底線) 〖명〗 '밑줄'의 구용어.

저성 (氐星) 〖명〗 〖천〗 이십팔수(宿)의 셋째 별자리. ㉣저(氐).

저:성 (低聲) 〖명〗 낮은 목소리. ↔고성(高聲).

저:소득 (低所得) 〖명〗 소득이 낮음. 또는 낮은 소득. ↔고소득.

저:속 (低俗) 〖명〗〖하형〗 성질·취미 등이 낮고 속됨. ▢～한 소설 / ～하고 천박하다.

저:속 (低速) 〖명〗 '저속도'의 준말. ▢～ 운행. ↔고속.

저:속-도 (低速度)[-또] 〖명〗 낮은 속도. 느린 속도. ㉣저속도. ↔고속도.

저:속-어 (低俗語) 〖명〗 고상하지 못하고 속된 말. ▢～로 가득 찬 글.

저:속-열악 (低俗劣惡)[-송녀락] 〖명〗〖하형〗 저속하고 열등·조악함.

저:수 (低首) 〖명〗 고개를 숙임.

저:수 (貯水) 〖명〗〖하타〗 물을 인공적으로 모아 둠. 또는 그 물. ▢이 댐은 천만 톤까지 ～할 수 있다.

저:수-공사 (低水工事) 〖명〗 〖건〗 강물이 최저 수량일 때도 배가 다닐 수 있도록 일정한 폭과 깊이를 유지하기 위해 하는 하천 공사.

저:수-량 (貯水量) 〖명〗 저수지·댐 따위에 모아 두는 물의 양.

저:수-로 (低水路) 〖명〗 가뭄 때에도 물이 흐르는 하천 부지의 얕은 부분.

저:수-반 (貯水盤) 〖명〗 분수기 등에서 뿜어내는 물을 모아 두기 위하여 만들어 놓은 장치.

저:수 식물 (貯水植物)[-싱-] 〖식〗 스스로 물을 저장하여 오랫동안 마르지 않고 가뭄을 견디는 식물. 다육(多肉)식물.

저:수-지 (貯水池) 〖명〗 물을 모아 두기 위하여 하천이나 골짜기를 막아 만든 큰 못. ▢가뭄으로 ～의 물이 말랐다.

저:술 (著述) 〖명〗〖하타〗 글을 지어 책을 만듦. 또는 그 책. ㉣저(著).

저:술-가 (著述家) 〖명〗 저술을 전문으로 하는 사람. 저작가.

저:술-업 (著述業) 〖명〗 저술에 종사하는 직업.

저:습 (低濕) 〖명〗〖하형〗 땅이 낮고 습함.

저승 〖명〗 사람이 죽은 뒤 그 혼령이 가서 산다는 세상. 황천(黃泉). ▢～으로 떠나다 / 이승과 ～을 넘나들다 / 개똥밭에 굴러도 ～보다는 이승이 좋다. ↔이승.
  저승에 가다 〖귀〗 '죽다'를 완곡하게 이르는 말. ▢저승에 가서도 잊지 못할 은혜.
  저승으로 보내다 〖귀〗 '죽이다'를 완곡하게 이르는 말.

저승-길 [-낄] 〖명〗 저승으로 가는 길. ▢～을 떠나다.
  [저승길이 대문 밖이다] 죽는 일이 먼 듯하면서도 실상은 가깝다는 뜻.

저승-말 〖불〗 저승의 차사(差使)가 타고 다닌다는 말(그 꼬리에 사람을 달고 간다 함).

저승-빛 [-삗] 〖불〗 저승에서 이승으로 올 때 지고 온다는 빛.

저승-사자 (-使者) 〖명〗 저승에서 염라대왕의 명을 받고 죽은 사람의 넋을 데리러 온다는 심부름꾼.

저승-패 (-牌) 〖명〗 남사당패의 은어로, 놀이를 하지 못하는 늙은이를 죽을 날이 가깝다고 해서 이르던 말.

저실 (楮實) 〖명〗〖한의〗 닥나무의 열매. 모양이 딸기와 같고 빛이 붉음. 부종(浮腫)·안질(眼疾)에 약으로 씀. 구수자(構樹子).

저쑵다 [-따][저쑤워, 저쑤우니] 〖자타〗 신이나 부처에게 절하다.

저:압 (低壓) 〖명〗 1 낮은 압력. 2 낮은 전압(직류 750 볼트, 교류 600 볼트 이하). ↔고압(高壓). 3 〖기상〗 저기압.

저:압 경제 (低壓經濟)[-꼉-] 〖경〗 공급이 수요보다 많은, 생산 과잉 상태에 있는 경제.

저:압-계 (低壓計)[-꼐 / -꼐] 〖명〗〖물〗 낮은 기압의 압력을 측정하는 장치.

저:압-선 (低壓線)[-썬] 〖명〗 〖전〗 배전선에서, 변압기로 전압을 낮게 하여 수요자에게 보내는 전선. ↔고압선.

저:압 터빈 (低壓turbine) 〖공〗 대기압 비슷한 기압의 증기로 동력을 발생시키는 터빈.

저:앙 (低昻) 〖명〗〖하자타〗 낮아졌다 높아졌다 함. 또는 낮추었다 높였다 함.

저:액 (低額) 〖명〗 적은 금액. ▢～ 소득층. ↔고액. ＊소액.

저어-새 〖명〗〖조〗 따오깃과의 새. 해안·무논·연못에 살며, 노랑부리저어새 비슷하나 좀 작고 몸은 흼. 볼·눈 둘레·부리는 검음.

저어-하다 (齟齬-) 〖명하〗 서어하다.

저어-하다 〖타〗 두려워하다.

저:역 (著譯) 〖명〗〖하타〗 저술하고 번역함.

저:열 (低熱) 〖명〗 낮은 열. ↔고열(高熱).

저:-하다 (低-) 〖하형〗 질이 낮고 변변치 못하다. ▢저열한 사람. 저:열-히 〖부〗

저:온 (低溫) 〖명〗 '저온도'의 준말. ▢～ 처리.

저:온 공업 (低溫工業) 〖공〗 저온 공학을 이용하는 공업(공기에서 산소를 분리하는 따위).

저:온 공학 (低溫工學) -150℃ 이하의 저온의 생성 및 저온 현상 응용을 대상으로 하는 공학의 한 분야.

저:온-도 (低溫度) 〖명〗 낮은 온도. ㉣저온(低溫).

저:온 마취 (低溫痲醉) 〖의〗 생체를 냉각하여 체온을 내리고 물질대사(物質代謝)를 저하시키는 마취(보통 30-33℃에서 하지만 더욱 낮은 온도에서 하는 때도 있음). 저체온 마취. 저체온법.

저:온 살균 (低溫殺菌) 〖공〗 고온에서 변질하기 쉬운 혈청·우유 등을 60-80℃ 정도에서 30분가량 두어 살균하는 일.

저용 (猪勇) 〖명〗 멧돼지처럼 외곬으로 내닫는 용기. 또는 그런 용기를 부리는 사람.

저울 〖명〗 물건의 무게를 다는 데 쓰는 기계의 총칭. ▢～의 눈금을 읽다 / ～로 무게를 달다.

저울-눈 [-룬] 〖명〗 저울에 새긴 눈금. ▢～을 속이다.

저울-대 [-때] 〖명〗 대저울의 눈금이 새겨져 있는 대.

저울-질 〖명〗〖하타〗 1 저울로 물건의 무게를 다는 일. 2 마음속이나 인품 등을 이리저리 헤아려 보는 일.

저울-추 (-錘) 〖명〗 저울대 한쪽에 거는 일정한 무게의 쇳덩어리. ㉣추.

저울-판 (-板) 〖명〗 저울대 한쪽 끝에 달려, 물건을 올려놓고 무게를 다는 접시 모양의 그릇. 칭판(秤板).

저:원 (低原) 〖명〗 지형이 낮은 벌판.

저:위 (低位) 〖명〗 1 낮은 위치. 2 낮은 지위. ↔고위.

저:-위도 (低緯度) 〖명〗 〖지〗 낮은 위도. 곧, 적

도에 가까운 위도.

저:위도 지방(低緯度地方)『지』 적도에서 남북 회귀선에 이르는 사이의 지역.

저:위도 해:역(低緯度海域)『지』 적도에서 남북 회귀선에 이르는 사이의 해역.

저육(豬肉)똉 '제육'의 본딧말.

저:율(低率)똉 **1** 낮은 비율. □~의 경쟁률. **2** 헐한 이율. □~의 이자. ↔고율(高率).

저으기 뿐 ☞적이.

저:음(低吟)똉—하타 낮은 소리로 읊음. ↔고음(高吟).

저:음(低音)똉 낮은 소리. 낮은음. □굵은 ~으로 말하다. ↔고음.

저:음부 기호(低音部記號)『악』 낮은음자리표. ↔고음부 기호.

저:의(底意)[-/-이]똉 속에 품고 있는 생각. 속마음. 속뜻. □~를 드러내다 / 다른 ~가 있다.

저:의(紵衣)[-/-이]똉 모시로 지은 옷.

저-이[인데 저 사람.

저:익-기(低翼機)[-끼]똉 동체의 중심선보다 하부에 주익(主翼)이 달려 있는 비행기.

저:인-망(底引網)똉 원양 어업에 쓰는 그물의 한 가지(자루처럼 생겼으며 바다 밑바닥으로 끌고 다니면서 물고기를 잡음). 트롤망.

저:인망 어선(底引網漁船) 저인망으로 물고기를 잡는 어선. 트롤선(船).

저:인망 어업(底引網漁業) 저인망으로 물고기를 잡는 어업(주로 양쪽에 가자미를 잡음). 트롤(trawl) 어업. 저예망(底曳網) 어업.

저:일-계(低日季)[-/-게]똉『지』 동지를 중심으로 한 일 앞뒤의 기간(해가 낮게 뜸).

저:임(低賃)똉 '저임금'의 준말. □~ 노동자.

저:-임금(低賃金)똉 낮은 임금. □~ 정책. 준저임.

저자똉 **1** 시장에서 물건을 파는 가게. **2** 아침 저녁으로 반찬거리를 파는 장.

저자(가) 서다 관 저자에서 물건의 매매가 시작되다.

저자(를) 보다 관 저자에 가서 물건을 매매하다.

저-자(-者)[인데 [비] 저 사람. □~는 뭐가 작자인가.

저-자(著者) '저작자(著作者)'의 준말로 지은이. □~ 불명의 책.

저자-상어(-)똉『어』 전자리상어.

저:-자세(低姿勢)똉 상대방에게 눌려서 굽실거리는 자세. □~ 외교 / ~로 나오다. ↔고(高)자세.

저작(咀嚼)똉—하타 음식을 입에 넣어 씹음.

저:작(著作)똉—하타 책을 지어냄. □오로지 ~에만 힘쓰다.

저:작-가(著作家)[-까]똉 저술가.

저:작-권(著作權)[-핀]똉『법』 문학·예술·학술에 속하는 창작물에 대해서 저작자나 그 권리 승계인이 행사하는 배타적·독점적 권리. □~을 주장하다 / ~이 침해당하다.

저:작권-법(著作權法)[-핀뻡]똉『법』 저작권을 보호하기 위해 제정한 법률.

저:작권-자(著作權者)[-핀-]똉『법』 저작권법에 따라 저작권을 인정받아 그 권리를 행사할 수 있는 사람.

저:작권 침:해(著作權侵害)[-핀-]『법』 저작권자의 승인 없이 저작권의 내용을 이용하는 행위.

저작-근(咀嚼筋)[-끈]똉『생』 음식을 씹는 작

용을 하는, 얼굴에 있는 근육.

저작-기(咀嚼器)[-끼]똉『생』 음식물을 씹는 일을 맡은 기관(포유류의 이 따위).

저:작-물(著作物)[-장-]똉 사상이나 기술·연구 결과·문예 따위를 책이나 작품으로 표현한 것.

저:작 인접권(著作隣接權)[-자긴-핀]『법』 실연자(實演者)·음반 제작자·방송 사업자에게 인정되는, 저작권에 준하는 권리. 녹음·녹화·복제 등을 독점할 수 있는 권리.

저:작-자(著作者)[-짜]똉 **1** 저작물의 작성자. **2** 책을 지은 사람. 지은이. 준저자.

저잣-거리[-자꺼-/-잗꺼-]똉 가게가 죽 늘어서 있는 거리.

저:장(低張)똉—하형『생』 한 용액의 삼투압이 다른 용액의 삼투압에 비하여 낮음. □~ 용액. ↔고장(高張).

저:장(貯藏)똉—하타 물건이나 재화 따위를 모아 간수함. □곳간에 곡식을 ~.

저:장-고(貯藏庫)똉 물건이나 재화 따위를 모아서 간수하는 창고. □냉동 ~.

저:장 녹말(貯藏綠末)[-농-]『식』 탄소 동화 작용으로 인해서 뿌리·땅속줄기·씨 등에 저장되어 있는 녹말. 저장 전분(澱粉).

저:장-량(貯藏量)[-냥]똉 **1** 저장되어 있는 물건이나 재화 따위의 양. **2** 저장할 수 있는 용량(容量).

저:장-물(貯藏物)똉 저장되어 있는 물건.

저:장 물질(貯藏物質)[-찔]『생』 에너지원·대사(代謝) 물질로서 생물체에 저장되어 있는 영양 물질. 식물은 씨·줄기·뿌리 따위에, 동물은 간·근육 따위에 저장되어 있음.

저:장-법(貯藏法)[-뻡]똉 물건이나 재화 따위를 상하지 않게 갈무리하는 방법.

저:장-뿌리(貯藏-)『식』 양분을 많이 저장해 두어 비대해진 뿌리(무·고구마 등). 저장근(根).

저:장-성(貯藏性)[-씽]똉 오래 저장해 두어도 상하지 아니하는 성질.

저:장-실(貯藏室)똉 물건이나 재화 따위를 저장하는 방.

저:-장애(低障礙)똉 '저장애물 경주'의 준말.

저:장애물 경:주(低障礙物競走) 육상 경기 종목의 하나. 200 m 코스에 62 cm 높이의 장애물 열 개를 뛰어넘기를 겨룸. 로 허들(low hurdle) 경주. 저장애.

저:장-엽(貯藏葉)똉『식』 양분이나 수분 등을 많이 저장하여 두꺼워진 잎(양파·백합 등의 비늘잎).

저:장 조직(貯藏組織)『식』 식물체 안에서, 영양 물질을 저장하는 조직.

저:-저이(這這-)뿐 낱낱이 모두. □~ 아뢰다.

저적-거리다[-꺼-]재 **1** 힘없이 천천히 걷다. **2** 어린아이가 겨우 걸음발을 타서 위태롭게 걷다. 준저작거리다. **저적-저적**[-쩌-]뿐—하재자

저적-대다[-때-]재 저적거리다.

저:적-에[-쩌] 지난번에. 접때에.

저전(楮田)똉 닥나무를 심은 밭.

저:절로뿐 다른 힘을 빌리지 않고 저 스스로. 인공을 가하지 않고 자연으로. □일이 ~되다 / 촛불이 ~ 꺼지다. 준절로.

저:조(低調)똉—하형 **1** 낮은 가락. **2** 활기 없고 침체함. □~한 경기(景氣). **3** 능률이나 성적이 낮음. □~한 성적 / 출석률이 ~하다.

저:조(低潮)똉『지』 간조(干潮)의 극한에 이른 때의 일컬음. ↔고조(高潮).

저:조-선(低潮線)『지』 간조(干潮)가 극한

에 달했을 때의 수위(水位)의 선. 간조선.

저:주(詛呪·咀呪)[명][하타] 남에게 재앙이나 불행이 일어나도록 빌고 바람. 또는 그런 재앙이나 불행. ◻︎~를 받다 / ~를 내리다 / ~를 퍼붓다.

저:주-스럽다(詛呪-)[-따][-스러워, -스러우니][형ㅂ] 저주를 할 마땅한 점이 있다. 저:주-스레[부]

저주-지(楮注紙)[명]《역》조선 때, 저화(楮貨)로 쓰던 종이(길이가 한 자 여섯 치, 넓이가 자가 네 치임).

저:주파(低周波)[명]《물》주파수 즉 진동수가 비교적 적은 주파. 전파에서는 음성 주파, 즉 가청 주파를 가리킴. ↔고주파.

저:지(低地)[명] 낮은 땅. 낮은 곳. ↔고지.

저지(沮止)[명][하타] 어떤 행동을 막아서 하지 못하게 함. ◻︎적의 공격을 ~하다 / 집회가 경찰의 ~로 무산되다.

저:지(低地)[명][하자] 벌어져 나가던 것이 목적한 곳에 이르러 그침.

저지(楮紙)[명] 닥으로 뜬 종이.

저지(judge)[명] 운동 경기의 심판원.

저지난-달[명] 1 이삼 개월 전의 달. 2 ☞ 지지난달.

저지난-밤[명] 1 이삼 일 전의 밤. 2 ☞ 지지난밤.

저지난-번(-番)[명] 1 지난번의 전번. 2 ☞ 지지난번.

저지난-해[명] 1 이삼 년 전의 해. 2 ☞ 지지난해.

저:-지대(低地帶)[명] 평지보다 낮은 지대의 땅. ◻︎~의 가옥이 침수되다. ↔고지대.

저지레[명][하타] 일이나 물건을 버르집어 그르치는 짓.

저지르다[저질러, 저지르니][타ㄹ] 죄를 짓거나 잘못을 일으키다. ◻︎잘못을 ~ / 범행을 저지르고 숨어 다니다.

저지-선(沮止線)[명] 더 이상 범하지 못하도록 막는 경계선. ◻︎~을 돌파하다.

저지 페이퍼(judge paper) 권투에서, 심판이 경기자의 득점을 각 라운드마다 적는 용지.

저:질(低質)[명] 품질이 낮음. 바탕이 좋지 않음. ◻︎~ 문화 / ~의 제품.

저:질-탄(低質炭)[명] 화력이 약하고 질이 나쁜 석탄.

저-쪽[지대] 이곳에서 떨어져 있는 다른 쪽 편. ◻︎강 ~ / ~으로 가거라. ↔이쪽.

저-쯤[(디[명] 저만한 정도. ◻︎~은 아무것도 아니다. (재조금.](부]) 저만한 정도로. ◻︎~ 했으면 충분하다.

저:차(低次)[명] 낮은 차원이나 정도.

저-천우(楮天牛)[춤] 하늘소.

저:체온 마취(低體溫痲醉)[의] 저온(低溫) 마취.

저:체온-법(低體溫法)[-뻡][명]《의》저온(低溫) 마취.

저:촉(抵觸)[명][하자] 1 서로 부딪치거나 모순됨. 2 법률이나 규칙 등에 위반되거나 거슬림. ◻︎법에~되는 행위.

저:축(貯蓄)[명][하타] 1 절약하여 모아 둠. ◻︎~ 생활 / 한 푼 두 푼 ~하다. 2《경》소득 가운데 소비로 지출되지 않는 부분.

저축-거리다[-꺼-][타] 다리에 힘이 없어 다리를 절며 걷다. (재자축거리다. 저축-저축[-꺼-][하타]

저축-대다[-때-][타] 저축거리다.

저:축 보:험(貯蓄保險)[-뽀-]《경》피보험자가 일정한 연령에 달하였을 때에 일정한 금

액을 지급할 것을 약속하는 보험(학자(學資) 보험·혼인 보험 따위).

저:축 성:향(貯蓄性向)[-썽-]《경》소득에서 차지하는 저축의 비율. ↔소비 성향.

저:축 예:금(貯蓄預金)[-충녜-]《경》개인이 저축의 이자를 늘리기 위해서 맡기는 예금(정기 예금의 형태를 취하는 경우가 많음).

저:축 은행(貯蓄銀行)《경》일반 서민층의 저축을 주업무로 하는 은행.

저춤-거리다[타] 다리에 힘이 없어 다리를 조금 절며 걷다. (재저춤거리다. 저춤-저춤[부][하타]

저춤-대다[타] 저춤거리다.

저:층(底層)[명] 밑바닥 층. ◻︎~ 건물.

저:치(貯置)[명][하타] 저축하거나 저장하여 둠.

저-치[인대] '저 사람'을 낮잡아 이르는 말.

저퀴[민] 사람을 몹시 앓게 한다는 귀신.

저퀴(가) 들다[구] 저퀴가 씌워서 몹시 앓게 되다.

저큼[명][하자] 잘못을 고치고 다시 하지 않는 버릇. 또는 그리 되도록 조심함. ◻︎~을 해라.

저:탄(貯炭)[명][하타] 숯·석탄을 저장함. 또는 그 숯이나 석탄.

저:탄-량(貯炭量)[-냥][명] 저장되어 있는 숯이나 석탄의 양.

저:-탄소강(低炭素鋼)[명]《공》탄소 함량이 0.12~0.2인 탄소강. 연강(軟鋼).

저:탄-장(貯炭場)[명] 석탄이나 숯을 저장하는 장소.

저:택(邸宅)[명] 1 왕후(王侯)의 집. 2 규모가 큰 집. ◻︎으리으리한.

저택(瀦宅)[명][하타]《역》대역 죄인의 집을 헐고 그 자리에 못을 만들던 형벌.

저:토(底土)[명] 밑바닥 흙.

저-토록[부] 저러한 정도로. ◻︎사람이 ~ 달라질 수 있는 건지.

저:판(底板)[명] 밑널.

저:편(-便)[명] 1 저쪽. ◻︎~에 있는 집. 2 저쪽 편의 사람들. ◻︎~에서 먼저 싸움을 걸어왔다. ↔이편.

저폐(楮幣)[-/-페][명]《역》저화(楮貨).

저:포(紵布)[명] 모시1.

저:포-전(紵布廛)[명]《역》조선 때, 육주비전의 하나(저포만을 팔던 시전(市廛)).

저프다[형]〈옛〉두렵다. 무섭다.

저:하(低下)[명][하자] 1 사기·정도·수준·능률 따위가 낮아짐. ◻︎경쟁력 ~ / 실력이 ~하다. 2 비하(卑下).

저:하(邸下)[명]《역》조선 때, 왕세자의 존칭.

저:-학년(低學年)[-향-]《명》낮은 학년. ◻︎초등학교 ~ ↔고학년.

저:함-하다(低陷)[형여] 낮고 우묵하다. ◻︎함한 부분을 메우다.

저:항(抵抗)[명][하자] 1 어떤 힘이나 압력에 굴하지 않고 맞서서 버팀. ◻︎~ 세력 / 독재 권력에 ~하다. 2《물》물체의 운동 방향과 반대의 방향으로 작용하는 힘. 3《물》전기(電氣) 저항.

저:항-계(抵抗計)[-/-게][명]《물》도선(導線)의 전기 저항을 측정하는 데 쓰는 계기. 옴계(ohm計).

저:항-권(抵抗權)[-꿘][명]《법》기본적 인권을 침해하는 국가 권력에 대하여 저항할 수 있는 권리.

저:항-기(抵抗器)[명]《물》필요한 전기 저항을 얻기 위한 기구나 부품. 전기 저항기. 레지스터.

저:-항라(紵亢羅)[-나][명] 모시 실로 짠 항라.

저:-항-력(抵抗力)[-녁][명] **1**〖물〗외부의 힘에 반발하는 힘. **2** 질병이나 병원균을 견디어 내는 힘. ▣ 노약자는 ~이 약하다.

저:-항-률(抵抗率)[-뉼][명] 비(比)저항.

저항 문학(抵抗文學)〖문〗제2차 세계 대전 중 프랑스의 저항 운동을 기반으로 하여 생긴 문학.

저:-항-선(抵抗線)[명] **1**〖군〗공격해 오는 적을 막는 방어선. ▣ ~을 치다. **2**〖물〗전기 에너지를 열에너지로 바꾸기 위하여 전류를 통하게 한 고유 저항이 큰 도선(導線)(니크롬선 따위).

저:-항-성(抵抗性)[-썽][명] 저항하는 성질.

저:-항-손(抵抗損)[명]〖전〗전류가 저항체를 흐를 때, 열이 발생하여 일어나는 전기 에너지의 손실.

저:-항-심(抵抗心)[명] 저항하는 마음.

저:-항 운:-동(抵抗運動)〖사〗압제나 외국의 지배에 대항하여 싸우는 민중 운동.

저:-항-체(抵抗體)[명]〖물〗저항기나 저항 재료를 통틀어 이르는 말.

저해(沮害)[명][하타] 막아서 하지 못하게 해침. ▣ 사회 발전을 ~하는 성차별 의식.

저허-흐다[타]〖옛〗두려워하다.

저혈(豬血)[명] 돼지의 피.

저:-혈압(低血壓)[명]〖의〗정상보다 혈압이 낮은 증상(최고 혈압이 성인은 90mmHg 이하인 혈압). ↔고혈압.

저화(楮貨)[명]〖역〗고려 말·조선 초에 닥나무 껍질로 만들어 쓰던 종이돈.

저:-회(低徊)[명][하타] 머리를 숙이고 생각에 잠겨 왔다 갔다 함.

저:-회-취미(低徊趣味)[명]〖문〗문학적 사상 및 감정 따위를 우회하여 표현하는 태도. 또는 그런 내용.

저희(沮戱)[-히][명][하타] 지근덕거려 방해함.

저희[-히][대] **1** '우리'의 겸사말. ▣ ~들이 하겠습니다. **2** 저 사람들. ▣ 말도 없이 ~끼리 놀러 갔다.

저히다[타]〖옛〗두렵게 하다.

적¹[명] **1** 나무나 돌 따위가 결을 따라 일어나는 조각. **2** 굴의 껍데기를 따 낸 뒤에 아직 굴이 붙어 있는 껍데기 조각. ▣ ~을 따다.

적(赤)[명] '적색(赤色)'의 준말.

적(炙)[명] 온갖 양념을 하고 대꼬챙이에 꿰어 불에 구운 음식.

적(的)[명] 대상. 목표. 표적. ▣ 선망의 ~.

적(笛)[명]〖악〗**1** 저¹. **2** '세피리'를 잘못 일컫는 말.

적(賊)[명] 도둑. 도적.

적(敵)[명] **1** 서로 싸우거나 해치고자 하는 상대. ▣ ~을 섬멸하다 / ~과 치열한 교전을 벌이다 / ~의 수중에 떨어지다. **2** 어떤 것에 해를 끼치는 요소의 비유. ▣ 피로는 건강의 ~이다. **3** 경기나 시합 따위에서, 승부를 겨루는 상대편.

적(積)[명]〖수〗'곱²³'의 구용어. ↔상(商).

적(簆)[명]〖악〗아악기에 속하는 피리의 하나. 퉁소보다 약간 긴데, 구멍이 뒤에 하나, 앞에 다섯 있음.

적(籍)[명] 소속·신분·성별·생년월일 따위를 공적으로 등록한 근거(호적·병적·학적 따위). ▣ 대학원에 ~을 두다.

적(癪)[명]〖한의〗심한 위경련으로 가슴과 배가 몹시 아픈 병.

적²[의명] 그 동작이 진행되거나 그 상태가 나타나 있을 때. 또는 지나간 어떤 때. ▣ 어릴 ~ / 어머니가 처녀 ~에 살던 집.

-적(的)[미] 한자어 뒤에 붙어 그러한 성질·경향·상태에 있음을 나타내는 말. ▣ 세계 ~ 과학자 / 학구(學究)~ 태도.

적가(嫡家)[-까][명] 서자(庶子)의 자손이 적자의 집을 일컫는 말. ↔서가(庶家).

적각(赤脚)[-깍][명] **1** 맨다리. **2** 다목다리.

적각-마(赤脚馬)[-깡-][명] 정강말.

적간(摘奸)[-깐][명][하타] 부정이 있는지 없는지 캐어 살핌.

적-갈색(赤褐色)[-깔쌕][명] 붉은빛을 많이 띤 갈색. 고동색.

적강(謫降)[-깡][명][하타] **1** 신선이 인간 세상에 내려오거나 사람으로 태어남. **2**〖역〗관리가 외직(外職)으로 좌천됨.

적개-심(敵愾心)[-깨-][명] 적에 대하여 느끼는 분노와 증오. ▣ ~를 불타다 / ~를 품다.

적객(謫客)[-깩][명] 귀양살이하는 사람.

적거(謫居)[-꺼][명][하자] 귀양살이를 함.

적격(適格)[-껵][명][하자] 어떤 규정이나 자격에 알맞음. ▣ ~ 여부 / 이 일에는 그가 ~이다.

적격-자(適格者)[-껵짜][명] 어떤 규정이나 자격에 합당한 사람. 적임자. ▣ 이 직임(職任)에는 그가 ~다.

적견(的見)[-껸][명][하타] 정확하게 어김없이 봄. ▣ 사태를 ~하다.

적경(赤經)[-껑][명]〖천〗천구상의 위치를 나타내는 적도 좌표의 하나. 천구상의 한 정점(頂點)을 통하는 경선(經線)과 춘분점을 통하는 경선이 하늘의 극(極)에서 이루는 각도. ↔적위(赤緯).

적경(賊境)[-껑][명] **1** 도둑을 경계함. **2** 도둑이 일어날 낌새가 드러남.

적경(敵境)[-껑][명] 적 또는 적국과의 경계.

적경(積慶)[-껑][명] 잇따라 생기는 경사스러운 일.

적고병간(積苦兵間)[-꼬-][명][하자] 여러 해 동안 전쟁터에서 고초를 겪음.

적곡(積穀)[-꼭][명] 곡식을 쌓아 둠. 또는 그 곡식.

적공(積功)[-꽁][명][하자] **1** 공을 쌓음. **2** 많은 공을 들임. ▣ ~을 들여서 안되는 일 없다.

적공-누덕(積功累德)[-꽁-][명]〖불〗불과(佛果)의 보리(菩提)를 얻기 위하여 착한 일을 하며 공덕을 쌓는 일.

적과(摘果)[-꽈][명][하타]〖농〗열매솎기.

적과-기(炙果器)[-꽈-][명]〖민〗적틀.

적광(寂光)[-꽝][명]〖불〗**1** 세상의 번뇌를 끊고 적정(寂靜)한 열반의 경계로 들어가 발휘하는 참된 지혜의 빛. **2** '적광토'의 준말.

적광-토(寂光土)[-꽝-][명]〖불〗사토(四土)의 하나. 법신불(法身佛)이 사는 정토(淨土). 곧, 부처가 사는 세계. ⑥적광.

적괴(賊魁)[-꾀][명] 도둑의 괴수. 적수(賊首).

적괴(敵魁)[-꾀][명] 적의 우두머리.

적교(吊橋)[-꾜][명] ☞조교(弔橋).

적구(積久)[-꾸][명] 아주 오래 걸림.

적구지병(適口之餠)[-꾸-][명] 입에 맞는 떡.

적구-하다(適口-)[-꾸-][자유] 음식 맛이 입에 맞다.

적국(敵國)[-꾹][명] 적대 관계에 있는 나라.

적군(赤軍)[-꾼][명] **1** 옛 소련의 정규군. **2** 공산군.

적군(賊軍)[-꾼][명] 도둑 무리의 군대. 적도(賊徒). ↔관군(官軍).

적군(敵軍)[-꾼][명] 적의 군대나 군사. ▣ ~을

무찌르다. ↔아군(我軍)

적굴 (賊窟)[-꿀] 명 도둑의 소굴. 적혈(賊穴).

적굴 (敵窟)[-꿀] 명 적의 무리가 자리 잡고 있는 소굴(巢窟).

적권-운 (積卷雲)[-꿔눈] 명 '고적운(高積雲)'의 구칭.

적극 (積極)[-끅] 명 어떤 일에 의욕적이고 능동적으로 바싹 다깔아서 활동함. 표(表)·양(陽)·긍정·플러스·능동·진취·철저 등의 뜻을 나타내는 말. ▢ ~ 동참하다 / ~ 지지하다 / 여론을 ~ 수용하다 / 위기 상황에 ~ 대처하다. ↔소극.

적극 :제 (積極命題)[-꽁-] 『논』 긍정 명제.

적극 방어 (積極防禦)[-끅빵-] 『군』 적의 공격을 막기 위한 적극적인 공세를 벌임으로써 방어하는 활동. ↔소극 방어.

적극-성 (積極性)[-끅썽] 명 적극적인 성질. ▢ ~을 보이다 / ~이 모자라다. ↔소극성.

적극 의:무 (積極義務)[-끄그-] 『법』 일정한 행위를 하지 않으면 안 되는 의무. ↔소극 의무.

적극 재산 (積極財産)[-끅째-] 『법』 특정인에 속하는 재산권의 총체. ↔소극 재산.

적극 재정 (積極財政)[-끅째-] 『경』 정부가 적극적으로 지출을 늘리고 경제의 확대를 꾀하려는 재정 정책. ↔긴축 재정.

적극-적 (積極的)[-끅쩍] 관명 사물에 대한 태도가 긍정적이고 능동적인 (것). ▢ ~(인) 행동 / ~인 자세 / ~으로 사업을 추진하다. ↔소극적.

적극적 개:념 (積極的概念)[-끅쩍깨-] 『논』 긍정적 개념.

적극적 판단 (積極的判斷)[-끅쩍-] 『논』 긍정적 판단.

적극-주의 (積極主義)[-끅쭈-/-끅쭈이] 명 1 『철』 실증주의(實證主義). 2 『윤』 일을 적극적으로 하는 태도. ↔소극주의.

적극-책 (積極策)[-끅-] 명 적극적인 정책이나 대책. ↔소극책.

적극-화 (積極化)[-끄콰] 명하자타 적극적인 것으로 됨. 또는 그렇게 되게 함.

적금 (赤金)[-끔] 명 1 『공』 붉은빛을 띤 금의 합금. 2 『화』 '구리'의 별칭.

적금 (積金)[-끔] 명하자타 1 돈을 모아 둠. 또는 그 돈. 2 『경』 일정한 기간마다 일정한 금액을 적립하는 저금. 적립(積立) 저금. ▢ 매달 10만 원씩 ~을 붓다.

적기 (赤記)[-끼] 명하타 붉은 글씨. 또는 붉은 글씨로 적은 기록.

적기 (赤旗)[-끼] 명 1 붉은 기. 2 위험을 알리는 신호기. ▢ ~를 흔들어 위험을 알리다. 3 공산주의를 상징하는 기.

적기 (炙器)[-끼] 명 『민』 적틀.

적기 (摘記)[-끼] 명하타 요점만 뽑아 기록함. 또는 그런 기록. ▢ 관계 기록만을 ~하다.

적기 (適期)[-끼] 명 알맞은 시기. ▢ 모내기의 ~ / 투자의 ~ / ~를 놓치다.

적기 (敵機)[-끼] 명 적의 비행기. ▢ ~를 격추하다.

적기 (積氣)[-끼] 명 『한의』 적취(積聚).

적-꼬치 (炙-)[-꼬-] 명 적을 꿰는 대꼬챙이.

적-꽃 (炙-)[-꼳] 명 '적꼬치'의 준말.

적나라-하다 (赤裸裸-)[-J-] 형여 발가벗는다는 뜻으로, 있는 그대로 드러내어 숨김이 없다. ▢ 적나라한 인간상 / 인간의 잔인성이 적나라하게 드러난 장면.

적난 (賊難)[-J] 명하자 도둑에게 재난을 당함. 또는 그 재난.

적남 (嫡男)[-J] 명 적자(嫡子).

적녀 (嫡女)[-J] 명 정실(正室)의 몸에서 난 ~서녀(庶女).

적년 (積年)[-J] 명 여러 해.

적년-신고 (積年辛苦)[-J] 명하자 여러 해 동안 쓰리며 고생을 함. 또는 그런 고생. ▢ 합격 소식을 ~가 가시는 듯하다.

적념 (寂念)[-J] 명 『불』 번뇌를 벗어나 몸과 마음이 흔들리지 않고 고요한 상태의 생각.

적 다 (摘茶)[-따] 명하자 차(茶)나무의 싹을 땀.

적 다[-따] 타 글로 쓰다. ▢ 선생님의 말씀을 ~ / 이름을 적고 날인하다.

적 :다²[-따] 형 분량이나 수효가 표준에 미치지 못하다. ▢ 금액이 ~ / 경험이 ~ / 적은 자본으로 사업을 시작하다. ▢많다.

　[적게 먹으면 약주요 많이 먹으면 망주다] 모든 일은 정도에 맞아야 한다.

적다-마 (赤多馬)[-따-] 명 절따말.

적담 (赤痰)[-땀] 명 피가 섞여서 붉은빛을 띤 가래.

적담 (敵膽)[-땀] 명 적의 쓸개라는 뜻으로, 적의 마음을 이르는 말. ▢ ~을 서늘하게 하다.

적당 (賊黨)[-땅] 명 도둑의 무리. 적도(賊徒).

적당-주의 (適當主義)[-땅-/-땅-이] 명 일을 대충 해치우려는 태도나 생각. ▢ ~는 배격되어야 한다.

적당-하다 (適當-)[-땅-] 형여 1 어떤 성질·상태·요구 따위에 꼭 알맞다. ▢ 적당한 시기 / 적당한 기후와 토질. 2 정도가 알맞게 적당하다. ▢ 욕탕의 물의 온도가 ~. **적당-히**[-땅-] 부. ▢소금을 ~ 넣어 간을 맞추다 / 말을 ~ 부리우다.

적대 (敵對)[-때] 명하타 적으로서 맞섬. ▢ ~ 관계.

적대-감 (敵對感)[-때-] 명 적으로 여기는 감정. ▢ ~을 드러내다 / ~을 극복하다.

적대-국 (敵對國)[-때-] 명 서로 적으로 대하는 나라.

적-대모 (赤玳瑁)[-때-] 명 빛깔이 검붉고 광택이 있는 대모갑(玳瑁甲).

적대-성 (敵對性)[-때썽] 명 적으로 여겨지는 성질. ▢ ~을 드러내다.

적대-시 (敵對視)[-때-] 명하타 적으로 여김. ▢ 경쟁자를 ~하다.

적대-심 (敵對心)[-때-] 명 적으로 여기는 마음. ▢ ~을 갖다 / ~을 부추기다.

적대 의:사 (敵對意思)[-때-] 명 적으로 여겨서 마주 대하여 버티려는 생각. ▢ ~의 표시.

적대-적 (敵對的)[-때-] 관명 적대하거나 적대되는 (것). ▢ ~인 태도 / 분위기가 비우호적이며 ~이다.

적-대하 (赤帶下)[-때-] 명 『한의』 피가 섞여 나오는 대하증(帶下症).

적대 행위 (敵對行爲)[-때-] 명 적으로 여겨 마주 대하여 겨루는 행동. ▢ ~를 중단하고 투항하다.

적덕 (積德)[-떡] 명하자 은혜를 많이 베풀어 덕을 쌓음. 또는 그 쌓은 덕행.

적덕-누인 (積德累仁)[-떵-] 명하자 덕을 쌓고 어진 일을 많이 함.

적도 (赤道)[-또] 명 1 『천』 천구상의 상상선으로, 지구의 적도면과 천구와의 교선. 2 『지』 지구의 중심(重心)을 통하는 지축에 직각인 평면이 지표와 교차된 선(남북 양극에서 90°의 거리에 있음).

적도 (賊徒)[-또] 명 적당(賊黨).

적도(適度)[-또-] 명 알맞은 정도.

적도-류(赤道流)[-또-] 명 『지』'적도 해류'의 준말.

적도 무풍대(赤道無風帶)[-또-] 『지』 적도 부근의 바람이 없는 지대. 적도 수렴대.

적도 반:경(赤道半徑)[-또-] 『지』 적도 반지름.

적도 반:류(赤道反流)[-또발-] 『지』 적도의 북쪽에서 북적도 해류와 남적도 해류 사이를 적도 해류와 반대 방향인 동쪽으로 흐르는 해류. 적도 역류(逆流).

적도 반:지름(赤道半-)[-또-] 『지』 지구 중심에서 적도까지의 거리(약 6,378 km 임).

적도 상우대(赤道常雨帶)[-또-] 『지』 적도를 중심으로, 남북으로 약 5도 이내에서 늘 비가 내리는 지대.

적도 수렴대(赤道收斂帶)[-또-] 『지』 적도 무풍대(無風帶).

적도 역류(赤道逆流)[-또영뉴] 『지』 적도 반류(反流).

적도-의(赤道儀)[-또-/-또이] 명 『천』 지축의 방향과 이것에 직각인 방향과의 두 개의 회전축을 갖도록 장치한 천체 망원경(천체의 일주 운동을 따라가며 관측할 수 있음).

적도 저:압대(赤道低壓帶)[-또-때] 『지』 적도 부근의 온도가 높아 기류가 상승함으로써 기압이 낮아지는 곳(적도 무풍대와 일치함).

적도 전선(赤道前線)[-또-] 『지』 북반구의 북동 무역풍과 남반구의 남동 무역풍의 두 열대 기단(氣團) 사이에 형성되는 전선.

적도-제(赤道祭)[-또-] 명 배가 적도를 지날 때, 안전한 항해를 빌며 베푸는 제사.

적도 좌:표(赤道座標)[-또-] 『천』 천구(天球) 위의 천체 위치를 나타내기 위하여 쓰이는 구면(球面) 좌표의 하나. 적도를 기준으로 하여 남북 각각 90°의 적위(赤緯)를 잡고, 춘분점을 기준으로 서쪽에서 동쪽을 향하여 360°의 적경(赤經)을 설정하는 좌표.

적도 직하(赤道直下)[-또지카] 『지』 적도의 선에 해당하는 지역. 일 년 내내 태양의 직사 광선을 받아 very 더움.

적도 해:류(赤道海流)[-또-] 『지』 무역풍 때문에 적도의 남북 양쪽을 서쪽으로 향해 흐르는 두 해류(남적도 해류와 북적도 해류). ⓧ적도류.

적돈-수(積噸數)[-똔-] 명 선박에 적재할 수 있는 짐의 톤수.

적동(赤銅)[-똥] 명 1『광』 적동광에서 나는 구리. 2『공』 구리에 3~8%의 금을 더한 합금.

적동-광(赤銅鑛)[-똥-] 명 『광』'적동석(赤銅石)'의 구용어.

적동-색(赤銅色)[-똥-] 명 검붉은 광택이 나는 구릿빛. ▯햇볕에 그을은 ~ 피부.

적동-석(赤銅石)[-똥-] 명 『광』 적동을 주성분으로 하는 산화 광물. 검붉은색을 띠며 광택이 있음(구리 제련의 원료임).

적동-설(赤銅屑)[-똥-] 명 『한의』 구리의 가루. 안질·암내 등에 약으로 씀.

적동-자(赤銅-)[-똥-] 명 『공』 적동으로 만든 주전자.

적동-전(赤銅錢)[-똥-] 명 동전(銅錢).

적동-화(赤銅貨)[-똥-] 명 동전.

적두(赤豆)[-뚜] 명 붉은팥.

적두-반(赤豆飯)[-뚜-] 명 팥밥.

적락(謫落)[정낙] 명하자 죄를 지어 관직에서 퇴직당함.

적란-운(積亂雲)[정나눈] 명 『지』 적운보다 낮게 뜨는 구름(위는 산 모양으로 솟고 아래는 비를 머금음. 우박·소나기·천둥을 동반하는 경우가 많음). 쌘비구름.

적람(積藍)[정남] 명 쪽빛과 흡사한 도자기의 빛깔.

적량(適量)[정냥] 명 적당한 분량. ▯~의 약을 복용하다.

적량(積量)[정냥] 명 적재할 화물의 중량. 적재량. ▯~의 / ~을 초과한 과적 차량.

적력-하다(的歷-)[정녁카-] 형여 또렷하고 분명하다.

적령(適齡)[정녕] 명 어떤 표준이나 규정에 알맞은 나이. ▯결혼 ~에 이르다.

적령-기(適齡期)[정녕-] 명 나이가 어느 표준이나 규정에 이른 때. ▯결혼 ~.

적령-자(適齡者)[정녕-] 명 나이가 어느 표준이나 규정에 이른 사람. ▯징병 ~.

적례(適例)[정네] 명 배의 ~을 적당한 예.

적로(滴露)[정노] 명 방울지어 떨어지는 이슬.

적로-마(馴虜馬)[정노-] 명 『동』 별박이².

적로-성질(積勞成疾)[정노-] 명하자 피로가 쌓여 병이 남.

적록(赤綠)[정녹] 명 붉은빛을 많이 띤 녹색.

적록(摘錄)[정녹] 명하타 요점을 적음. 또는 그 기록. 적바림.

적록 색맹(赤綠色盲)[정녹쌩-] 『의』 붉은색과 녹색을 구별하지 못하는 색맹. 홍록(紅綠) 색맹.

적루(吊樓) 명 ☞ 조루(弔樓).

적루(敵樓)[정누] 명 『군』 적의 보루.

적루(積累)[정누] 명하타 누적(累積).

적류(嫡流)[정뉴] 명 적가(嫡家)의 계통. 정통(正統)의 유파. ↔서류(庶流).

적률(賊律)[정뉼] 명 도둑을 벌하는 법률.

적리(赤痢)[정니] 명 『의』 이질.

적리-균(赤痢菌)[정니-] 명 『의』 이질균.

적리-아메바(赤痢amoeba)[정니-] 명 『생』 이질아메바.

적린(赤燐)[정닌] 명 『화』 적갈색의 가루로 된 인(燐)(공기 중에서도 산화하지 않음. 안전 성냥 제조용임). 붉은인.

적립(赤立)[정닙] 명하형 1 공허한 모양. 아무 것도 없는 모양. 2 적빈(赤貧).

적립(積立)[정닙] 명하타 모아서 쌓음. ▯일정 금액을 ~하다.

적립-금(積立金)[정닙끔] 명 1 적립해 두는 돈. 2『경』 회사가 순이익의 일부를 기업 내에 유보하여 장래에 대비하는 돈.

적립 저:금(積立貯金)[정닙쩌-] 『경』 적금(積金)2.

적막(寂寞)[정-] 명하형하자부 쓸쓸하고 고요함. ▯~한 산중.

적막-감(寂寞感)[정-깜] 명 고요하고 쓸쓸한 느낌이나 마음. ▯산사(山寺)의 경내에 ~이 감돌다.

적면(赤面)[정-] 명하자 부끄럽거나 성이 나서 얼굴을 붉힘.

적면 공:포증(赤面恐怖症)[정-쫑] 『심』 남의 앞에 나서면 얼굴이 붉어져, 남 앞에 나서기를 꺼리는 강박성 신경증.

적멸(寂滅)[정-] 명하자 『불』 1 생멸(生滅)이 함께 없어져 무위 적정(無爲寂靜)함. 번뇌의 경계를 떠남. 열반. 2 죽음.

적멸-궁(寂滅宮)[정-] 명 『불』 불상을 모시지 않고 법당만 있는 불전(佛殿).

적모(嫡母)[정-] 명 서자가 아버지의 정실을 일컫는 말. 큰어머니.

적목 (赤木)[정-][명]《식》잎갈나무.
적몰 (籍沒)[정-][명][하타]《역》중죄인의 재산을
　모두 몰수하던 일.
적묵-하다 (寂默-)[정무카-][형어] 말없이 명상
　에 잠겨 잠잠하다.
적미 (赤米)[정-][명] 앵미.
적-바르다 [-빠-][적발라, 적바르니][형ㄹ] 어
　느 수준에 겨우 미치다.
적-바림 [-빠-][명][하타] 나중에 참고하기 위해
　글로 적어 둠. 또는 그 기록.
적반하장 (賊反荷杖)[-빤-][명] 도둑이 도리어
　매를 든다는 뜻으로, 잘못한 사람이 도리어
　잘한 사람을 나무라는 경우에 쓰는 말. ▢ ~
　도 유분수지.
적발 [-빨][명] 적바림하여 놓은 글.
적발 (摘發)[-빨][명][하타] 숨겨진 일이나 물건을
　들추어 냄. ▢주차 위반 차량 ~ / 불법적인
　주가 조작 사실이 ~됐다.
적배 (賊輩)[-빼][명] 도둑의 무리.
적법 (適法)[-뻡][명][하형] 법규에 맞음. 또는 알
　맞은 법규. ▢ ~ 행위. ↔위법.
적법-성 (適法性)[-뻡썽][명] 법에 어긋남이 없
　는 성질. ▢절차를 두고 ~을 따지다.
적벽-부[1] (赤壁賦)[-뼉뿌][명]《문》중국 송나
　라 때의 문인 소식(蘇軾)이 지은 글. 송나라
　신종(神宗) 5년(1082) 가을에 친구 양세창(楊
　世昌)과 더불어 적벽(赤壁)에서 놀 때 적벽
　대전을 생각하며 지은 것.
적벽-부[2] (赤壁賦)[-뼉뿌][명] 큰 사기그릇의 한
　가지. 겉에 중국 송나라 소식(蘇軾)의 시 '적
　벽부(赤壁賦)'를 쓰고 적벽의 경치를 그려 놓
　은 것.
적병 (賊兵)[-뼝][명] 도둑의 병졸.
적병 (敵兵)[-뼝][명] 적군의 병사.
적병 (積病)[-뼝][명]《한의》적취(積聚)2.
적보 (的報)[-뽀][명] 적확한(的確-) 통보.
적부 (的否)[-뿌][명] 꼭 그러함과 그러하지 아
　니함.
적부 (適否)[-뿌][명] 알맞음과 알맞지 아니함.
　▢~를 따지다.
적-부루마 (赤-馬)[-뿌-][명] 붉은빛과 흰빛의
　털이 섞여 있는 말.
적부 심사 (適否審査)[-뿌-]《법》영장의 집
　행이 적법(適法)한가의 여부를 법원이 심사
　하는 일. 구속 적부 심사.
적부적 (適不適)[-뿌-][명] 적당함과 부적당함.
　▢사람에 따라 ~이 있다.
적분 (積分)[-뿐][명]《수》1 주어진 함수를 미
　분의 역함수로 고치는 연산법. 2 '적분학'의
　준말. *미분(微分).
적분 (積憤)[-뿐][명] 쌓이고 쌓인 분한 마음.
적분 방정식 (積分方程式)[-뿐-]《수》미지(未
　知) 함수의 적분을 포함하는 방정식의 총칭.
적분-학 (積分學)[-뿐-][명]《수》함수의 적분
　에 관한 성질을 연구하는 학문.
적불선 (積不善)[-뿔썬][명][하자] 착하지 않은 행
　실을 쌓음.
적비 (賊匪)[-삐][명] 도둑질·약탈을 일삼는 도
　둑의 무리. 비적.
적-비취 (赤翡翠)[-삐-][명]《조》호반새.
적빈 (赤貧)[-삔][명][하형] 몹시 가난함. ▢~한
　가정 / ~에 시달리다
적빈-무의 (赤貧無依)[-삔- / -삔-이][명][하형]
　몹시 가난한 데다가 의지할 데도 없음.
적빈여세 (赤貧如洗)[-삔녀-][명][하형] 마치 물
　로 씻은 듯이 아무것도 가진 것이 없을 정도
　로 몹시 가난함.
적사 (嫡嗣)[-싸][명] 적출의 사자(嗣子).

적사 (積仕)[-싸][명][하자] '적사구근(久勤)'의 준
　말.
적사 (積卸)[-싸][명][하타] 배나 수레 따위에 짐
　을 싣거나 부림.
적사-구근 (積仕久勤)[-싸-][명][하자] 여러 해를
　벼슬살이함. 준적사.
적사-장 (積卸場)[-싸-][명] 배나 수레 따위에
　짐을 싣거나 부리는 곳.
적산 (敵産)[-싼][명] 자국(自國)이나 점령지 내
　에 있는 적의 재산. ▢ ~ 가옥.
적산 (積算)[-싼][명][하타] 모아서 계산함.
적산-법 (積算法)[-싼뻡][명] 공사의 실비를 정
　확히 산출하는 방법.
적산 온도 (積算溫度)[-싼논-][명]《생》생물의 생육 시
　기와 관련된 온도의 총계.
적산 전·력계 (積算電力計)[-싼절-계 / -싼절-
　게][명] 일정 기간 동안 사용한 전력의 총량
　을 측정하는 계기.
적삼 [-쌈][명] 윗도리에 입는 홑옷((모양은 저고
　리와 같음). 주의 '赤衫'으로 씀은 취함.
　[적삼 벗고 은가락지 낀다] 격에 맞지 않는
　일을 한다.
적상 (積想)[-쌍][명] 오랫동안 쌓이고 쌓인 생
　각.
적상 (積傷)[-쌍][명][하자] 오랜 근심으로 마음이
　썩 상함.
적새 [-쌔][명]《건》1 기와집 지붕마루를 포개
　어 덮어 쌓는 암키와. 2 초가집 지붕마루에
　이엉을 물매가 지게 틀어 덮은 것.
적색 (赤色)[-쌕][명] 1 붉은 빛깔. ▢~ 잉크.
　준적. 2 공산주의나 사회주의를 상징하는 빛
　깔. ▢~ 사상. ↔백색(白色).
적색 리트머스 (赤色litmus)[-쌕-]《화》리트
　머스의 수용액에 약간의 염산을 가한 것((빛
　이 붉고 알칼리와 만나면 푸르게 변함).
적-색맹 (赤色盲)[-쌩-][명]《의》적색과 그 보
　색인 청록색이 무색 또는 회색으로 보이는
　색맹.
적색-분자 (赤色分子)[-쌕뿐][명] 사회주의자
　나 공산주의자를 이르는 말.
적색 테러 (赤色terror)[-쌕-] 공산주의자들
　이 행하는 테러. 적색 공포. ↔백색 테러.
적서 (赤黍)[-써][명]《식》기장의 한 품종. 이
　삭이 붉고 알이 누르며, 찰기가 있음.
적서 (嫡庶)[-써][명] 1 적자와 서자. 2 적파와
　서파.
적석 (赤鳥)[-썩][명]《역》임금이 정복(正服)을
　입을 때 신던, 붉은 비단으로 만든 가죽신.
적석 (積石)[-썩][명] 1 여러 겹으로 쌓은 돌. 2
　《역》돌무지.
적석-총 (積石塚)[-썩-][명]《역》돌무지무덤.
적선 (賊船)[-썬][명] 해적의 배.
적선 (敵船)[-썬][명] 적국의 배. ▢미사일로 ~
　을 격침하다.
적선 (積善)[-썬][명][하자] 착한 일을 많이 함. ↔
　적악(積惡).
적선 (謫仙)[-썬][명] 1 벌을 받고 인간계로 쫓
　겨 내려온 선인(仙人). 2 대시인(大詩人)의
　미칭. 3 중국 당나라의 시인인 이백(李白)의
　미칭. 시선(詩仙).
적설 (赤雪)[-썰][명] 한대 및 고산의 항상 쌓여
　있는 눈에 붉은 원조류(原藻類)가 번식해
　서 붉게 보이는 현상.
적설 (積雪)[-썰][명] 쌓인 눈. ▢많은 ~로 보
　행이 불편하다.
적설-량 (積雪量)[-썰-][명] 땅 위에 쌓여 있는

눈의 양.

적성(赤誠)[-썽]圓 참된 정성. 단성(丹誠).

적성(笛聲)[-썽]圓 1 피리 소리. 2 기적 소리.

적성(適性)[-썽]圓 성질이나 성격이 그 일에 알맞음. 또는 그 성질이나 성격. ▢~에 맞는 일을 하다 / ~을 살리다.

적성(敵性)[-썽]圓 서로 대적하려는 성질. ▢~ 국가.

적성(積誠)[-썽]圓하자 오랫동안 정성을 들임.

적성 검:사(適性檢査)[-썽-]圓 특정한 일에 적합한 소질이 있는지의 여부를 밝히는 검사.

적성-병(赤星病)[-썽뼝]圓《식》담배·배나무·사과나무 등의 잎에 적갈색의 반점이 생기면서 말라 죽는 병. 붉은별무늬병.

적세(賊勢)[-쎄]圓 도둑의 형세.

적세(敵勢)[-쎄]圓 적의 세력.

적소(賊巢)[-쏘]圓 도둑의 소굴.

적소(適所)[-쏘]圓 적당한 곳. 적당한 지위. ▢인력을 ~에 배치하다.

적소(謫所)[-쏘]圓《역》죄인이 유배(流配)되어 있는 곳. 귀양지.

적-소두(赤小豆)[-쏘-]圓 붉은팥.

적소성대(積小成大)[-쏘-]圓 작은 것도 쌓이면 크게 됨. 적은 것도 쌓이면 많아짐. 적진성산(積塵成山). 적토성산(積土成山).

적손(嫡孫)[-쏜-]圓 적자(嫡子)의 정실이 낳은 아들. ↔서손(庶孫).

적손-승조(嫡孫承祖)[-쏜-]圓 적손이 직접 조부의 가독(家督)을 계승하는 일.

적송(赤松)[-쏭]圓《식》소나무. 육송(陸松).

적송(積送)[-쏭]圓하타 물품을 실어 보냄.

적송-품(積送品)[-쏭-]圓 실어서 보내는 물건.

적쇠-가락(炙-)[-쐬까-/-쒣까-]圓 두 개로 된 굵고 큰 철사로 만든 부젓가락(화로나 풍로에 걸쳐 놓고 적을 굽거나, 음식을 익히려고 그릇을 올려놓기도 함).

적수(赤手)[-쑤]圓 맨손.

적수(赤鬚)[-쑤]圓 1 붉은 수염. 2 붉은 갈기.

적수(笛手)[-쑤]圓《역》대금을 불던 세악수(細樂手)의 하나.

적수(賊首)[-쑤]圓 1 도적의 머리. 2 도적의 괴수.

적수(敵手)[-쑤]圓 재주나 힘이 서로 비슷한 상대. ▢그들은 우리의 ~가 못 되었다.

적수(敵讐)[-쑤]圓 원수(怨讐).

적수(積數)[-쑤]圓《수》서로 곱한 수.

적수-공권(赤手空拳)[-쑤-]圓 맨손과 맨주먹이라는 뜻으로, 아무것도 가진 것이 없음. ▢~으로 기업을 세우다.

적수-단신(赤手單身)[-쑤-]圓 맨손과 홀몸이라는 뜻으로, 가진 재산도 없고 의지할 일가붙이도 없는 외로운 몸을 이르는 말.

적수-성가(赤手成家)[-쑤-]圓하자 몹시 가난한 사람이 스스로의 힘으로 재산을 모음.

적습(積習)[-씁]圓 적의 습격.

적습(積習)[-씁]圓 옛날부터의 버릇. 오래된 버릇.

적승(赤繩)[-씅]圓 인연을 맺는 끈. 또는 부부의 인연.

적승-계족(赤繩繫足)[-씅-/-씅계-]圓 인연을 맺는 끈으로 발목을 묶는다는 뜻으로, 혼인이 정해짐.

적승-자(赤繩子)[-씅-]圓《문》월하빙인(月下氷人).

적시(摘示)[-씨]圓하타 지적하여 제시(提示)

함. ▢문제점을 ~하다.

적시(適時)[-씨]圓 알맞은 때. ▢~에 안타(安打)를 치다.

적시(敵視)[-씨]圓하타 '적대시(敵對視)'의 준말.

적시다[-씨-]目 1 액체를 묻혀서 젖게 하다. ▢물을 엎질러 옷을 ~ / 눈물로 손수건을 ~. 2 정조(貞操)를 빼앗겨 몸을 더럽히다.

적시재상(赤屍在牀)[-씨]圓하자 몹시 가난하여 죽은 사람을 장사 지내지 못함.

적시-적지(適時適地)[-씨-찌]圓 알맞은 시기와 장소. ▢인력을 ~에 배치하다.

적시-타(適時打)[-씨-]圓 야구에서, 가장 요긴한 때 때리는 안타. 타임리 히트. ▢~를 치다.

적신(赤身)[-씬]圓 벌거벗은 몸.

적신(賊臣)[-씬]圓 육사신(六邪臣)의 하나. 반역하거나 불충한 신하.

적-신호(赤信號)[-씬-]圓 1 교차로나 횡단보도 따위에서, 붉은 등을 켜거나 붉은 기를 달아 정지를 표시하는 교통 신호. 2 위험 신호. ▢건강에 대한 ~. ↔청신호.

적실(嫡室)[-씰]圓 정실(正室). 본처.

적실(敵失)[-씰]圓 야구에서, 상대 팀의 실책(失策). ▢~로 한 점을 보태다.

적실-인심(積失人心)[-씨린-]圓하자 인심을 많이 잃음.

적실-하다(的實-)[-씰-]혱여 틀림없이 확실하다. 적실-히[-씰-]튀

적실-하다(適實-)[-씰-]혱여 실제에 적합하다. 2 적절한 예를 들다.

적심[1][-씸]圓 재목을 물에 띄워 내리는 일.

적심[2][-씸]圓《건》1 알매흙 위에 물매를 잡기 위해 보강하는 잡목. 2 마루나 서까래의 뒷목을 보강하기 위해 큰 원목을 눌러 박은 것. 주의 '積心'으로 씀은 취음.

적심(赤心)[-씸]圓 거짓이 없는 참된 마음. ▢~으로 대하다.

적심(賊心)[-씸]圓 1 도둑질할 마음. ▢~을 품다. 2 왕가에 반대하는 마음. 역심(逆心).

적심(摘心)[-씸]圓하자 성장이나 결실의 조절을 위해 나무나 농작물 줄기의 끝눈·생장점 부위를 제거하는 일. *적아(摘芽).

적심-돌(積心-)[-씸-]圓《건》적심석.

적심-석(積心石)[-씸-]圓《건》축석의 안쪽에 넣을 박아 쌓는 돌.

적심-쌓음(積心-)[-씸싸-]圓《건》벽의 안쪽을 돌로 튼튼히 쌓는 일.

적십자(赤十字)[-씹짜]圓 1 흰 바탕에 붉게 십자형을 그린 휘장(적십자사의 표징임). 2 '적십자사'의 준말.

적십자-기(赤十字旗)[-씹짜-]圓 흰 바탕에 붉게 '十'자를 그린 적십자사의 기.

적십자-사(赤十字社)[-씹짜-]圓 전시에는 부상자·난민·어린이의 구호, 평시에는 일반 구호 사업·질병 예방 등을 목적으로 하는 국제적인 민간 조직.

적십자-정신(赤十字精神)[-씹짜-]圓 적십자사의 취지에 따라, 모든 사람을 사랑하고 서로 돕자는 박애(博愛) 정신.

적아(摘芽)[-아]圓《농》농작물의 새싹을 골라 필요하지 않은 어린눈을 따 버리는 일. 곁순치기. 순지르기.

적악(積惡)[-아]圓하자 못된 짓을 많이 함. ↔적선(積善).

적앙(積殃)[-아]圓하자 재앙이 거듭됨. 또는 그 재앙(災殃).

적약(敵藥)[-야]圓 1 배합 여하에 따라 서로 독이

되는 약. **2** 함께 먹으면 독이 되는 약.

적양 (赤楊) 圀《식》 오리나무.

적:어도 图 **1** 줄잡아 어림하여도. 최소한도로. ⬝~ 열흘은 걸리겠다. **2** 마음에 부족하나마 그런대로. ⬝~ 만 원은 있어야지. **3** 아무리 낮게 평가하여도. ⬝~ 사기꾼은 아니다.

적:어-지다 쟈 적게 되다. ⬝실수입이 많이 적어졌다.

적업 (適業) 圀 능력이나 적성에 알맞은 직업.

적여구산 (積如丘山) 圀혱 산더미같이 많이 쌓임.

적역 (適役) 圀 알맞은 배역(配役). ⬝~을 맡다 / 그녀에게는 햔당 역이 ~이다.

적역 (適譯) 圀 적절한 번역이나 통역.

적연무문 (寂然無聞) 圀혱 아무 소식도 없이 감감함.

적연부동 (寂然不動) 圀혱 아주 조용하여 움직이지 않음.

적-연와 (赤煉瓦)[정녀놔] 圀 붉은 벽돌.

적연-하다 (的然−) 혱어 틀림없이 그러하다.

　　적연-히 图

적연-하다 (寂然−) 혱어 조용하고 쓸쓸하다.

　　적연-히 图

적연-하다 (適然−) 혱어 우연하다. 공교롭다.

　　적연-히 图

적열 (赤熱) 혱쟈타 쇠붙이 따위가 빨갛게 달구어짐. 또는 그렇게 달군 상태.

적외-선 (赤外線) 圀 파장이 가시광선보다 길고 열작용이 큰 전자기파(눈에 보이지 않고 가시광선보다 투과력이 큼).

적외선 사진 (赤外線寫眞)《물》 적외선을 이용하여 특수한 필터 긴판으로 찍는 사진(연기·안개·수증기가 많을 때나, 야간의 무조명 촬영 등에 이용함).

적외선 요법 (赤外線療法)[저괴−뇨뻡]《의》 적외선을 환부에 쬐어 혈액 순환을 왕성하게 하고 영양 상태를 좋게 하려는 요법(류머티즘·동상 등의 치료에 효력이 있음).

적요 (寂寥) 圀혱 적적하고 고요함.

적요 (摘要) 圀혱타 요점을 뽑아 적음. 또는 그 기록.

적요-란 (摘要欄) 圀 요점을 뽑아서 적는 난. ⬝금전 출납부의 ~.

적용 (適用) 圀혱타 알맞게 이용하거나 맞추어 씀. ⬝법률의 ~ / 이론을 실생활에 ~하다.

적우 (適雨) 圀 알맞은 시기에 내리는 비.

적우 (積憂) 圀 오랫동안 쌓인 근심이나 걱정.

적우침주 (積羽沈舟) 圀 새털 같은 가벼운 것도 많이 쌓이면 배를 침몰시킨다는 뜻으로, 여럿의 힘이 모이면 큰 힘이 됨을 비유한 말.

적운 (積雲) 圀 수직으로 솟은 구름의 한 가지. 뭉게구름은 둥글어 솜을 쌓아 놓은 것처럼 뭉실뭉실한 구름. 뭉게구름. 쎈구름.

적울 (積鬱) 圀혱쟈 **1** 오래 쌓인 울분. **2** 답답한 마음이 풀리지 않고 오래 쌓임. **3**《한의》 오래된 울증.

적원 (積怨) 圀 오래 쌓인 원한.

적위 (赤緯) 圀《천》 천구(天球) 위의 별의 위치를 표시하기 위해 적도의 북쪽이나 남쪽으로 재어 나간 각거리(角距離). ↔적경(赤經).

적위 (積威) 圀 선대로부터 쌓아 내려오는 위세(威勢).

적위-권 (赤緯圈)[저귀뀐] 圀《천》 **1** 적위 등권(等圈). **2** 적위를 재기 위해 적도의(赤道儀)

에 표시한 눈금판.

적위 등-권 (赤緯等圈)[저귀−뀐]《천》 천구 위의 등적위(等赤緯)을 연결한 선. 적위권.

적은-집 ☞ 작은집3.

적응 (適應) 圀혱쟈 **1** 어떤 상황이나 환경에 익숙해져 어울림. ⬝시차 ~ / ~이 빠르다 / 현실에 ~하는 데 어려움을 겪다. **2**《생》 동식물이 주위 환경에 적합하도록 자기의 형태·습성을 변화시키는 현상. **3**《심》 주위 환경과 생활이 조화를 이룸. 또는 그런 상태.

적응 기제 (適應機制) 방어 기제.

적응-력 (適應力)[저긍녁] 圀 적응해 가는 힘. ⬝외래종일수록 환경 ~이 뛰어나다.

적응-성 (適應性)[저긍썽] 圀 외적(外的) 자극이나 변화에 순응하는 성질. 圀·형용.

적응-증 (適應症)[저긍쯩] 圀《의》 약제·수술 기타의 치료법에 대한 효과가 기대되는 질환 또는 증후.

적응 형질 (適應形質)《생》 생물이 생명을 유지하기 위해 환경 변화에 따라 형태·기능 등을 변화시켜 이에 순응하는 형질.

적의 (赤衣)[저긔 / 저기] 圀 **1** 붉은색의 옷. **2**《불》 진언종(眞言宗), 군다리명왕(軍荼利明王)에게 수법(修法)할 때에 승려가 입는 붉은 옷.

적의 (翟衣)[저긔 / 저기] 圀《역》 조선 때, 중요한 의식이 있는 날에 왕후가 입던 옷(붉은 비단 바탕에 꿩을 수놓음).

적의 (敵意)[저긔 / 저기] 圀 **1** 적대시하는 마음. 노골적으로 ~를 드러내다. **2** 해를 가하려는 마음. ⬝~를 품다.

적의-하다 (適宜−)[저긔− / 저기−] 혱어 걸맞고 적당하다. ⬝인삼 재배에 적의한 땅.

적의-하다 (適意−)[저긔− / 저기−] 혱어 뜻에 맞다. 중의(中意)하다.

적:이 图 약간. 다소. 조금. 얼마간. ⬝그 소식에 ~ 당황했소.

적:이-나 图 **1** 약간이라도. 다소라도. ⬝~ 다행이다. **2** '적이'를 약간 꼬집어 부인하는 말. ⬝흥, 고소를 한다니 ~ 두렵군.

적:이나-하면 图 형편이 다소나마 우연만하면. ⬝그런 소식을 들으니 ~가 보련만.

적인 (狄人) 圀 **1** 북적(北狄). **2** 예전에, 우리나라 북쪽에 살던 여진족을 이름.

적임 (適任) 圀 **1** 임무에 적당함. 또는 재능에 적당한 임무. **2** '적임자'의 준말. ⬝이 일은 그가 ~이다.

적임-자 (適任者) 圀 어느 임무에 마땅한 사람. 적격자. ⬝~를 뽑다 / 마땅한 ~가 없다. ㉡ 적임.

적자 (赤子)[−짜] 圀 **1** 갓난아이. **2** 임금이 '갓난아이'처럼 여겨 사랑한다는 뜻에서, 백성을 이름.

적자 (赤字)[−짜] 圀 **1** 교정에서, 오식(誤植) 등을 바로잡기 위해 쓴, 붉은빛의 글자. **2** 지출이 수입을 초과하여 결손이 나는 일. ⬝~를 보다 / ~가 나다 / ~를 메우다 / ~를 면하다 / ~로 돌아서다. ↔흑자(黑字).

적자 (賊子)[−짜] 圀 불충하거나 불효한 사람.

적자 (嫡子)[−짜] 圀 정실이 낳은 아들. 적남. ↔서자.

적자 (適者)[−짜] 圀 **1** 적당한 사람. **2** 적응한 사람. ⬝치열한 경쟁에서는 강자와 ~만 살아남는다.

적자 공채 (赤字公債)[−짜−]《경》 국가가 일반 회계 예산의 세입 부족을 보충하기 위해

서 발행하는 공채.

적-자색 (赤紫色)[-짜-] 圀 붉은 빛깔이 나는 자줏빛. 자홍색.

적자-생존 (適者生存)[-짜-] 圀 《생》 환경에 적응하는 생물만이 살아남고, 그렇지 못한 것은 도태되어 사라지는 현상.

적자 예:산 (赤字豫算)[-짜-] 圀 《경》 예산 편성 때, 수입이 지출보다 부족할 경우, 그 부족액을 적자 공채(公債)의 발행으로 메워 균형을 잡는 예산.

적자 융자 (赤字融資)[-짜-] 圀 《경》 금융 기관이 기업체의 손실, 곧 장부상의 적자를 메우기 위해 자금을 융통해 주는 일.

적자 재정 (赤字財政)[-짜-] 圀 《경》 조세 따위의 경영 수입이 지출보다 부족하여 그 예산이 적자 상태인 국가 재정. ↔균형 재정.

적자지심 (赤子之心)[-짜-] 圀 태어난 그대로의 깨끗하고 거짓이 없는 마음.

적-작약 (赤芍藥)[-짜갹] 圀 《식》 작약과의 여러해살이풀. 뿌리는 방추형이며 절단면이 붉은색을 띰. 줄기 높이는 약 90cm이고, 초여름에 흰 꽃이 가지 끝에 하나씩 핌(뿌리는 한약재로 씀).

적:잖다 [-짠타] 톙 **1** 적은 수나 양이 아니다. ▢ 적잖은 비용이 들다. **2** 소홀히 하거나 대수롭지 않게 여길 수 없다. ▢ 나는 그에게 적잖은 신세를 졌다.

적:잖이 [-짜니] 團 적다고 할 수 없을 정도로 많이. ▢ ~ 놀랐다.

적장 (賊將)[-짱] 圀 도적 떼의 우두머리.

적장 (嫡長)[-짱] 圀 정실(正室)이 낳은 장자와 장손.

적장 (敵將)[-짱] 圀 적의 장수. ▢ ~의 머리를 베다.

적-장자 (嫡長子)[-짱-] 圀 정실(正室)의 몸에서 난 장자(長子).

적재 (摘載)[-째] 圀하타 요점만을 따서 기재함.

적재 (適材)[-째] 圀 어떤 일에 적당한 재능. 또는 그런 재능을 가진 사람.

적재 (積財)[-째] 圀하자 재산을 쌓아 모음. 또는 그 재산.

적재 (積載)[-째] 圀하타 차·선박에 짐을 쌓아 실음. ▢ 트럭에 화물을 ~하다.

적재-량 (積載量)[-째-] 圀 물건을 쌓아 실은 분량이나 중량. ▢ ~을 초과하다.

적재-적소 (適材適所)[-째-쏘] 圀 마땅한 인재를 마땅한 자리에 씀. ▢ 직원들을 ~에 배치하다.

적재-함 (積載函)[-째-] 圀 화물 자동차 따위에 짐을 실을 수 있게 만들어 놓은 칸.

적적-상승 (嫡嫡相承)[-쩍쌍-] 圀하자 정실(正室)이 낳은 장자·장손이 대대로 집안의 대를 이음.

적적-하다 (寂寂-)[-쩌카-] 톙어 외롭고 쓸쓸하다. 고요하고 조용하다. ▢ 혼자 적적하게 살아가다. **적적-히** [-쩌키] 團

적전 (籍田)[-쩐] 圀 《역》 임금이 몸소 경작하여 그 곡식으로 제사 지내던 제전(祭田)의 한 가지.

적전 (敵前)[-쩐-] 圀 적의 앞면. 적진의 전면. ▢ ~에서 내분을 일으키다.

적전 도하 (敵前渡河)[-쩐-] 圀 《군》 적이 병력을 배치하고 있는 강을 건너는 일. ▢ ~를 감행하다.

적전 상:륙 (敵前上陸)[-쩐-뉵] 圀 《군》 적이 병력을 배치하는 앞에서 행하는 상륙.

적절-하다 (適切-)[-쩔-] 톙어 매우 알맞다. ▢ 적절한 대책 / 적절한 판매 전략. **적절-히** [-쩔-] 團 ▢ 새로운 환경에 ~ 대응하다.

적-점토 (赤粘土)[-쩜-] 圀 대양의 바닥에 널리 분포돼 있는 적갈색을 띤 해저 침적물의 하나.

적정 (寂靜)[-쩡] 圀 《불》 번뇌를 떠나 괴로움이 없는 해탈(解脫)·열반(涅槃)의 경지.

적정 (滴定)[-쩡] 圀 《화》 용량 분석에서, 일정 부피의 시료(試料)에 농도를 아는 표준 용액을 떨어뜨려 반응시키고, 그 반응이 끝났을 때의 표준 용액의 떨어뜨린 양을 구하여 시료 용액의 농도를 산출하는 일.

적정 (適正)[-쩡] 圀하혱 알맞고 바름. ▢ ~ 규모 / ~ 수준.

적정 (敵情)[-쩡] 圀 적의 정세. ▢ ~을 살피다 / ~을 보고받다.

적정-가 (適正價)[-쩡까] 圀 적정 가격. ▢ ~를 매기다.

적정 가격 (適正價格)[-쩡까-] 圀 원가를 알맞게 계산하여 정한 값. 적정가. ▢ 의약품의 ~을 산정하다.

적정-하다 (寂靜-)[-쩡-] 톙어 매우 조용하고 고요하다.

적제 (赤帝)[-쩨] 圀 《민》 오제(五帝) 가운데 하나로, 오행설(五行說)에 여름을 맡은 남쪽의 신.

적제 (嫡弟)[-쩨] 圀 서자(庶子)가 자기 아버지의 정실이 낳은 아우를 이르는 말.

적제 (滴劑)[-쩨] 圀 아주 적은 양으로도 효과를 낼 수 있어, 사용량을 방울 수로 정한, 액체로 된 약.

적조 (赤潮)[-쪼] 圀 플랑크톤이 너무 많이 번식되어 바닷물이 붉게 보이는 현상. 바닷물이 부패하므로 어패류에 해를 끼침.

적조 (積阻)[-쪼] 圀하자 서로 오래 떨어져 소식이 막힘. 격조. ▢ 오랫동안 ~했습니다.

적중 (的中)[-쭝] 圀하자 목표에 어김없이 들어맞음. ▢ ~한 일기 예보 / 화살이 과녁에 ~하다.

적중 (積重)[-쭝] 圀하자타 물건이 거듭 겹쳐 쌓임. 또는 물건을 거듭 쌓음.

적중 (謫中)[-쭝] 圀 귀양살이하는 동안.

적중-률 (的中率)[-쭝뉼] 圀 화살이나 예측 따위가 들어맞는 비율. ▢ ~이 높다.

적중-하다 (適中-)[-쭝-] 톙어 지나치거나 부족함이 없이 꼭 알맞다. **적중-히** [-쭝-] 團

적증 (的證)[-쯩] 圀 적확한 증거. ▢ ~을 찾다.

적지 (赤地)[-찌] 圀 흉년이 들어 거두어들일 농작물이 아주 없게 된 땅.

적지 (的知)[-찌] 圀하타 제대로 확실히 앎.

적지 (適地)[-찌] 圀 어떤 일을 하는 데 알맞은 곳. ▢ 높은 지대는 공업 단지의 ~가 못 된다.

적지 (敵地)[-찌] 圀 적이 차지하고 있는 땅. ▢ ~에 숨어 들어가다.

적지-적수 (適地適樹)[-찌-쑤] 圀 알맞은 땅에 알맞은 나무를 심음. *적재적소(適材適所).

적지-적작 (適地適作)[-찌-짝] 圀 알맞은 땅에 알맞은 작물을 심음.

적지-천리 (赤地千里)[-찌철-] 圀 《민》 입춘 뒤의 첫 갑자일(甲子日)에 비가 오면, 그해 봄에 크게 가물어서 천 리에 걸치는 넓은 땅이 모두 적지가 된다는 말.

적직 (適職)[-찍] 圀 능력이나 성격에 알맞은 직업.

적진 (敵陣)[-찐] 圀 적의 진지나 진영. ▢ ~을 초토화하다 / ~에 포탄을 퍼붓다.

적진-성산 (積塵成山)[-찐-] 圀하자 적소성대.

적찰 (赤札)[명] 팔기로 약속된 상품이나 팔다 남아서 싼값으로 치우려는 상품 등에 붙이는 붉은색 쪽지. 빨간딱지.

적채 (積債)[명] 오랫동안 쌓이고 쌓인 빚.

적처 (嫡妻)[명] 정식으로 예를 갖추어 맞은 아내. 장가처. 정배(正配).

적철 (炙鐵)[명] 석쇠.

적철-광 (赤鐵鑛)[명] ‘적철석’의 구용어.

적철-석 (赤鐵石)[—썩][명]《광》적갈·암회·철흑색의 산화철로 이루어진 광석(제철에 필요한 광석임).

적첩 (嫡妾)[명] 적처와 첩. 처첩(妻妾).

적첩 (積疊)[명][하자] 첩첩이 쌓임.

적체 (赤體)[명]《생》응혈(凝血)이 차 있어서 빨갛게 된, 배란(排卵) 후의 위축된 난포(卵胞)《이것이 황체(黃體)가 됨》. *백체(白體).

적체 (積滯)[명][하타] 쌓이고 쌓여 통하지 않음. □인사 ~ /사무직 인력의 ~ 현상 / 수거되지 않고 ~된 쓰레기.

적출 (摘出)[명][하타] 1 끄집어내거나 도려냄. □종양으로 난소를 ~하다. 2 들추어냄.

적출 (嫡出)[명] 정실의 소생. 본처가 낳은 자식. ↔서출(庶出).

적출 (積出)[명][하타] 출하(出荷).

적출-자 (嫡出子)[—짜][명]《법》법률상의 혼인 관계에 있는 부부가 낳은 자식.

적출-항 (積出港)[명] 화물을 선박으로 실어 내는 항구. 선적항(船積港).

적충 (赤蟲)[명] 장구벌레.

적취 (積聚)[명] 1 쌓여서 모임. 2《한의》체증이 오래되어 배 속에 덩어리가 생기는 병. 적병(積病). 적기(積氣).

적측 (敵側)[명] 서로 적대 관계가 되는 편.

적치 (敵治)[명] 적이 점령하여 다스리는 정치.

적치 (積置)[명][하타] 쌓아 둠. □화물을 ~할 장소가 비좁다.

적침 (敵侵)[명] 적의 침입. 적의 침략. □~을 물리치다.

적탄 (敵彈)[명] 적군이 쏜 탄알. □~에 맞아 쓰러지다.

적토 (赤土)[명]《광》석간주(石間砂).

적토-성산 (積土成山)[명] 적소성대(積小成大).

적통 (嫡統)[명] 적자 자손의 계통.

적-틀 (炙—)[명] 제사 때, 산적을 담는 직사각형의 그릇《놋쇠나 나무로 만들며 높은 굽이 달렸음》. 적과기. 적기.

적파 (嫡派)[명] 적자의 자손.

적파 (摘播)[명][하타] 종자를 몇 알씩 모아 군데군데 뿌림.

적판 (滴板)[명]《화》점적(點滴) 분석에 쓰는 기구《사기판 위에 여러 개의 오목한 부분을 만들어 시료의 용액을 넣게 되었음》. 점적판.

적패 (積敗)[명] 실패나 패배를 거듭한다는 뜻으로, 몹시 지쳐 있음을 이르는 말.

적평 (適評)[명] 알맞은 비평. □~을 내리다.

적폐 (積弊)[—/—페][명] 오랫동안 쌓여 뿌리 박힌 폐단. □—를 일소하다.

적-포도주 (赤葡萄酒)[명] 붉은 포도주《타닌산이 포함되어 있어, 흥분제·강장제로 쓰임》.

적하 (滴下)[저카][명][하자타] 액체가 방울지어 떨어짐. 또는 그렇게 떨어지게 함.

적하 (積荷)[저카][명][하타] 선하(船荷). 적화(積貨).

적하 (謫下)[저카][명][하자타]《역》귀양을 가거나 귀양을 보내는 일.

적함 (敵艦)[저캄][명] 적의 군함. □~과 교전하다 /~을 격침하다.

적합 (適合)[저캅][명][하형] 꼭 알맞음. □농사에 ~한 기후.

적합-성 (適合性)[저캅썽][명] 알맞게 들어맞는 성질. □~ 여부를 묻는다.

적-행낭 (赤行囊)[저캥—][명] 우체국에서 등기 우편 등의 귀중한 우편물을 담아 나르는 데 쓰던 붉은 주머니.

적혈 (赤血)[저켤][명] 붉은 피.

적혈 (賊穴)[저켤][명] 도둑의 소굴.

적혈 (積血)[저켤][명]《한의》어혈(瘀血).

적-혈구 (赤血球)[저켤—][명]《생》혈구의 하나. 골수에서 만들어지며, 산소를 운반하는 혈색소(血色素)인 헤모글로빈을 가지고 있어 붉게 보임. *백혈구.

적형 (嫡兄)[저켱][명] 서자(庶子)가 아버지의 정실(正室)에게서 난 형을 이르는 말.

적호-하다 (適好—)[저코—][형여] 알맞고 좋다.

적화 (赤化)[저콰][명][하자타] 1 붉게 됨. 2《사》공산주의에 물듦. 또는 그렇게 되게 함. 좌익화. □베트남이 ~ 통일되었다.

적화 (赤禍)[저콰][명] 공산주의에 의한 화(禍).

적화 (積貨)[저콰][명] 화물을 차나 배에 실음. 또는 그 화물. 적하(積荷).

적화 보-험 (積貨保險)[저콰—][명]《경》화물이 해상 운송 중에 없어지거나 훼손된 경우에 그 손해를 담보하는 해상 보험.

적화-사상 (赤化思想)[저콰—][명]《사》공산주의에 물들어 좌경적 색채를 띤 사상.

적화 운-동 (赤化運動)[저콰—][명]《사》적화를 위한 운동.

적화 증권 (積貨證券)[저콰—꿘]《경》보험의 조항이 첨가된 선화 증권.

적확-하다 (的確—)[저콰카—][형여] 확실하다. 틀림없이 들어맞다. □적확한 근거. 적확-히 [저콰키][부]. ~ 파악하다.

적환 (賊患)[저콴][명] 도둑으로 인한 근심.

적환 (積丸)[저콴][명] 적이 쏜 탄환.

적황 (赤黃)[저쾅][명] ‘적황색’의 준말.

적황 (敵況)[저쾅][명] 전투에서, 적의 움직임이나 상태. □~을 살피다.

적황-색 (赤黃色)[저쾅—][명] 붉은빛이 도는 누른빛. ㉰적황.

적회 (積懷)[저쾨][명] 오래 만나지 못하여 쌓인 회포. □~를 나누다 /~를 풀다.

적흉 (赤凶)[저큥][명] 매우 심한 흉년.

적흑-색 (赤黑色)[저큭쌕][명] 붉은빛이 도는 검은빛. 검붉은색.

적히다 [저키—][자]《‘적다’의 피동》적음을 당하다. □이름이 ~.

전[1][명] 물건의 위쪽 가장자리가 좀 나부죽하게 된 부분. □그릇의 ~ /화로의 ~에 재가 얹혔다.

전[2][ㄷ불][명] 갈퀴·낫 등과 손으로 한 번에 껴안을 정도의 나무·꼴 따위의 분량. [ㄷ의] 나무·꼴 따위를 갈퀴와 손으로 한 번에 껴안을 만한 분량을 세는 단위《풋나무는 보통 네 줌이 한 전이 됨》. □솔가리 석 ~.

전 (田)[명] 밭1.

전 (前)[명] 1 이전. □조금 / 며칠 ~ / 10년 ~ / 공연이 시작되기 ~. 2 막연히 과거의 어느 때를 이르는 말. □~에 만난 일이 있다 / ~부터 알던 사람이다. 3 편지나 사연을 상대 앞으로 보냄을 높여 이르는 말. □부모님 ~ 상서(上書).

전 (奠)[명] 장례 전에 영좌(靈座) 앞에 간단히 술과 과일을 차려 놓는 예식.

전 (煎)[명] 번철에 기름을 두르고, 생선·고기나 채소 따위를 얇게 썰어 밀가루를 묻혀 지

진 음식의 총칭. ▢～을 부치다.

전: (篆) 〔명〕 '전자(篆字)'의 준말.

전: (甎·塼·磚) 〔명〕 동양의 건축 재료의 하나(벽돌과 비슷한데 흙을 구워 사각형 또는 직사각형으로 만듦).

전: (廛) 〔명〕 물건을 늘어놓고 파는 가게.

전: (氈) 〔명〕 짐승의 털로 짠 모직물의 하나.

전: (轉) 〔명〕 '전구(轉句)'의 준말.

전 (錢) 〔의〕 〔명〕 1 화폐의 단위('원'·'환(圜)'의 1/100). 2 예전에, 엽전 열 푼을 일컫던 말.

전 (全) 〔관〕 (한자어 명사 앞에 쓰여) '모든'·'전체'의 뜻을 나타내는 말. ▢～ 국민 / ～ 인류 / ～ 장병.

전² (前) 〔관〕 1 (자격·직함 등을 나타내는 명사 앞에 쓰여) 과거의 경력을 나타내는 말. 2 ～ 대통령 / ～ 국가 대표 선수 / ～ 남편. 2 (일부 명사 앞에 쓰여) '이전'·'앞'의 뜻을 나타냄. ▢～ 학기 / ～ 시대.

전 〔준〕 저는. ▢～ 못하겠습니다.

-전 〔미〕 '전람회'·'전시회'의 뜻을 나타내는 말. ▢사진~ / 미술~.

-전 (殿) 〔미〕 '신당'·'불각'·'궁궐' 등의 뜻을 나타내는 말. ▢대웅~ / 침~ / 근정~.

-전 (戰) 〔미〕 '전투'·'시합'·'경쟁'의 뜻을 나타내는 말. ▢산악~ / 총격~ / 장기~ / 청백(靑白)~ / 단체~ / 결승~.

전가 (田家) 〔명〕 농부의 집. 농가(農家).

전가 (全家) 〔명〕 한 집안의 전부. 온 집안.

전가 (傳家) 〔명〕〔하타〕 1 아버지가 아들에게 집안 살림을 물려줌. 2 대대로 그 집에 전하여 내려옴. ▢～의 보물.

전:가 (轉嫁) 〔명〕〔하타〕 죄과·책임 등을 남에게 넘겨씌움. ▢책임을 ~하다.

전가지보 (傳家之寶) 〔명〕 대대로 집안에 전해 내려오는 보배.

전각 (全角) 〔명〕〔인〕 기본 활자와 같은 폭의 간격. ▢～으로 띄다.

전각 (前脚) 〔명〕 앞다리.

전:각 (殿閣) 〔명〕 1 임금이 거처하는 궁전. 2 궁전과 누각.

전:각 (篆刻) 〔명〕〔인〕 나무·돌·금속·옥 따위에 인장을 새김(그 글자를 전자(篆字)로 새긴 데서 유래한 말).

전:각-가 (篆刻家)[-까] 〔명〕 전각으로 일가(一家)를 이룬 사람.

전간 (傳簡) 〔명〕〔하자〕 사람을 시켜 편지를 전함.

전간 (癲癇) 〔명〕〔의〕 간질.

전간-전 (傳簡錢) 〔명〕 예전에, 사람을 시켜 편지를 전할 때 주던 삯.

전갈 (全蠍) 〔명〕〔동〕 전갈과의 절지동물. 길이는 약 6cm이고, 몸은 머리가슴부와 배로 나뉘며, 배는 가늘고 긺, 등은 푸른빛을 띤 갈색, 배는 누른데 배 끝에 독침이 있음. 입가까이에 집게가 있으며, 다리는 네 쌍임.

전갈 (傳喝) 〔명〕〔하타〕 사람을 시켜 남의 안부를 묻거나 말을 전함. ▢급한 ～을 받다 / 좋은 소식을 ~하다.

전:갈 (錢渴) 〔명〕〔하자〕 돈이 잘 돌지 않음.

전갈-자리 (全蠍-) 〔명〕〔천〕 황도 십이궁의 하나. 천칭(天秤)자리의 동쪽, 궁수(弓手)자리의 서쪽에 있음. 주성(主星)은 안타레스임. 전갈좌(全蠍座).

전감 (前鑑) 〔명〕 지난 일을 거울삼아 비춰 보는 일. 또는 본받을 만한 지난날의 일.

전감-소연 (前鑑昭然) 〔명〕〔하형〕 거울에 비쳐 보는 듯 앞의 일이 환하게 밝음.

전-강풍 (全強風) 〔명〕〔기상〕 '노대바람'의 구용어.

전개 (悛改) 〔명〕〔하타〕 개전(改悛).

전:개 (展開) 〔명〕〔하자타〕 1 눈앞에 벌어짐. ▢아름다운 경치가 눈앞에 ～되다. 2 시작하여 벌임. ▢불우 이웃 돕기 운동을 ~하다. 3 어떤 내용이나 논리를 차례로 펴 나감. ▢조리 있게 논리를 ~하다 / 논의가 활발하게 ～되다. 4 〔군〕 부대를 전투 대형으로 벌림. 5 〔수〕 일반 함수를 급수의 형태로 고침(대수에서 다항식을 써서 일반 수식으로 고침). 6 입체의 표면을 한 평면 위에 펴 놓음. 7 작곡·소설·영화 등에서, 주제를 여러 가지 각도에서 자유로이 변화시키는 일. ▢소설 줄거리의 ～가 복잡하다.

전:개-도 (展開圖) 〔명〕〔수〕 입체의 표면을 한 평면 위에 펼쳐 놓은 도형(圖形). ▢정육면체의 ～.

전:개-식 (展開式) 〔명〕〔수〕 다항식을 전개하여 얻은 식.

전객 (佃客) 〔명〕 남의 땅을 빌려서 농사짓는 사람. 전호(佃戶).

전갱이 〔어〕 전갱잇과의 바닷물고기. 온대성 바닷물고기로 길이 약 40cm, 등은 암청색, 배는 은백색임.

전거 (典據) 〔명〕 말이나 문장 따위의 근거가 되는 문헌상의 출처. ▢믿을 만한 ～.

전:거 (奠居) 〔명〕〔하자〕 머물러 살 만한 곳을 정함. 전접(奠接).

전:거 (轉居) 〔명〕〔하자〕 살던 곳을 떠나 다른 데로 옮겨 삶. 전주(轉住).

전:-거리 (廛-) 〔명〕 전으로 쌓아 둔 나무. 또는 한 전씩 묶어서 지은 잎나무.

전건 (前件)[-껀] 〔명〕 1 앞에서 든 조항이나 사건. 2 〔논〕 가언적(假言的) 판단에서, 그 조건·이유 등을 표시하는 부분.

전:건 (電鍵) 〔명〕 유선 전신에서, 손가락으로 눌러 전기 회로를 개폐함으로써 전신 부호를 보내는 용수철 장치로 된 기기.

전:건 (戰巾) 〔명〕〔역〕 군사들이 머리에 쓰던 두건.

전:격 (電擊) 〔명〕〔하타〕 번개처럼 갑작스럽게 들이침. ▢～ 작전을 벌이다 / ～ 해임되다 / 세무 조사에 ～ 착수하다.

전:격-적 (電擊的)[-쩍] 〔관〕〔명〕 번개와 같이 갑자기 이루어지거나 행하는 (것). ▢～(인) 환율 인상 조치 / ～으로 공격을 감행하다.

전:격-전 (電擊戰)[-쩐] 〔명〕〔군〕 갑자기 적을 들이쳐서 순식간에 끝내는 싸움. 전격 작전.

전결 (田結) 〔명〕〔구어〕 논밭에 매기던 조세.

전결 (專決) 〔명〕〔하타〕 결정권을 갖는 그 사람만의 생각으로 일을 결정함. ▢국장 ～ 사항.

전결 (纏結) 〔명〕〔하타〕 얽어맺거나 매어 묶음.

전경 (全景) 〔명〕 한눈에 바라보이는 전체의 경치. ▢도시 ～을 담은 항공 사진.

전:경 (典經) 〔명〕 1 규범. 2 경전(經典).

전경 (前景) 〔명〕 1 앞쪽의 경치. 2 그림·사진 등에서 사람이나 물건의 앞에 있는 경치.

전:경 (戰警) 〔명〕 '전투 경찰대'의 준말.

전:경-의 (轉鏡儀)[-/-이] 〔명〕〔공〕 트랜싯.

전계 (電界)[-/-게] 〔명〕 전기장.

전계 (傳戒) 〔명〕〔불〕 계법을 전함.

전:고 (典故) 〔명〕 1 전례(典例)와 고사. 2 전거가 되는 고사. ▢～에 밝은 사람.

전고 (前古) 〔명〕 지난 옛날. 왕고(往古).

전:고 (詮考) 〔명〕〔하타〕 서로 의논하여 참고하거나 검토함.

전고 (傳告) 〔명〕〔하타〕 전하여 알림.

전고(傳稿)〔명〕〔하자〕 뒤에 남길 목적으로 자기의 일생을 적어 놓음. 또는 그 글.

전:고(銓考)〔명〕〔하타〕 대상 인물을 이모저모 따져 합당한 사람을 고름.

전고(戰鼓)〔명〕 예전에, 전투할 때에 치던 북.

전고-미문(前古未聞)〔명〕 전에 들어 보지 못한 일. 전대미문. 〔□〕~의 희한한 사건.

전고-미증유(前古未曾有)〔명〕 전에 없었던 최초의 일. 〔□〕~의 대홍수.

전:곡(田曲) 집터의 경계선.

전곡(田穀)〔명〕 밭곡식.

전곡(全曲)〔명〕 그 곡의 전체. 〔□〕~ 연주.

전:곡(錢穀)〔명〕 돈과 곡식.

전:골(一)〔명〕 쇠고기나 돼지고기를 잘게 썰어 양념을 하고, 채소·해물 따위를 섞어 국물을 부어 끓인 음식.

전골(全骨)〔명〕 '전신골(全身骨)'의 준말.

전:골-틀〔명〕 전골을 끓이는 그릇.

전공(全功)〔명〕**1** 모든 공로. **2** 온전(穩全)한 공로. 결점이 없는 공로.

전공(前功)〔명〕**1** 전에 세운 공로나 공적. **2** 옛 사람이 세운 공적.

전공(專攻)〔명〕〔하타〕 어떤 학문이나 학과를 전문적으로 연구함. 또는 그 학문. 〔□〕~을 살리다 / 문학을 ~하다. **2** 전공과목.

전:공(電工)〔명〕**1** '전기 공업'의 준말. **2** '전기공(電氣工)'의 준말.

전:공(戰功)〔명〕 전투에서 세운 공로. 〔□〕혁혁한 ~을 세우다.

전공-과목(專攻科目)〔명〕 전문적으로 연구하는 과목. 전공. 〔□〕~을 이수하다 / ~ 학점을 따다 / ~으로 경영학을 수강하다.

전:공-비(戰功碑)〔명〕 전투에서 세운 공로를 기리어 세우는 비석.

전공-의(專攻醫)〔-/-이〕〔명〕 수련의.

전:-공후(鈿箜篌)〔명〕〔악〕 자개로 장식하여 만든 공후.

전과(全科)〔-꽈〕〔명〕**1** 학교에서 규정한 모든 교과 또는 학과. **2** 초등학교의 전 과목에 걸친 학습 참고서.

전과(全課)〔명〕**1** 모든 과. **2** 그 과의 전부. **3** 모든 과목.

전과(前科)〔-꽈〕〔명〕 이전에 형벌을 받은 사실. 〔□〕~ 3 범 / ~가 말소되다.

전과(前過)〔명〕 전에 저지른 잘못이나 죄. 〔□〕~를 뉘우치다.

전과(專科)〔-꽈〕〔명〕 전문적으로 연구하는 학과.

전:과(煎果)〔명〕 정과(正果).

전:과(戰果)〔명〕 전쟁이나 경기 따위에서 올린 성과. 〔□〕~를 세우다 / ~를 올리다.

전:과(轉科)〔-꽈〕〔명〕〔하자〕**1** 학과를 옮김. **2** 병과(兵科)를 옮김.

전과-자(前科者)〔-꽈-〕〔명〕 전과가 있는 사람.

전관(全館)〔명〕**1** 모든 기관이나 건물. **2** 그 기관이나 건물의 전체.

전관(前官)〔명〕 이전에 그 벼슬에 있던 관원.

전관(專管)〔명〕〔하타〕**1** 어떤 일을 전적으로 책임지고 맡아서 관리함. **2** 전체가 그 관할에 속함. 전속(專屬) 관할.

전:관(錢貫)〔-꽌〕〔명〕 엽전 한 관 정도의 액수. 돈관(貫).

전:관(轉官)〔명〕〔하자〕 한 관직에서 다른 관직으로 옮김.

전관 거류지(專管居留地)〔법〕 외국 영토에서 어느 한 나라의 행정권과 경찰권 따위가 행사되는 지역. 전관 조계(租界).

전관 수역(專管水域) 연안국이 자국(自國) 연안에서 어선의 조업(操業), 그 밖의 자원의

발굴 따위에 대해 배타적 권리를 갖는 수역. *경제 수역.

전관-예우(前官禮遇)〔-녜-〕〔명〕 대통령·장관 등 고관을 지낸 사람에게 퇴임 후에도 재임 때와 같이 예우를 하는 일.

전관 조계(專管租界)〔-/-계〕〔법〕 전관 거류지. ↔공동(共同) 조계.

전:광(電光)〔명〕**1** 번개. 번갯불. **2** 전기 등의 불빛.

전광(顚狂)〔명〕**1** 정신 이상으로 실없이 웃는 미친 병. **2** 간질과 광기(狂氣).

전:광-게시판(電光揭示板)〔명〕 여러 개의 전구를 가로세로로 빽빽이 배열하고 그것을 적절히 켜고 꺼다 함으로써 문자·그림 등이 나타나게 만든 게시판. ⓒ전광판.

전:광 뉴스(電光news) 전광게시판에 문자로 나타내는 뉴스.

전:광-석화(電光石火)〔-서콰〕〔명〕 (번갯불이나 부싯돌의 불이란 뜻으로) **1** 극히 짧은 시간. 〔□〕~처럼 뇌리를 스쳐간 불길한 예감 / ~처럼 눈깜짝할 사이에 일어난 일. **2** 아주 신속한 동작. 〔□〕~와 같은 펀치를 날리다.

전:광-판(電光板)〔명〕 '전광게시판'의 준말.

전괴(全壞)〔명〕〔자타〕 전부 파괴됨. 또는 파괴함. 전파(全破).

전교(全校)〔명〕 한 학교의 전체.

전교¹(傳教)〔명〕〔하자〕〔역〕 임금이 명령을 내림. 또는 그 명령. 하교(下教).

전교²(傳教)〔명〕〔하자〕 종교를 널리 전도함.

전:교(錢驕)〔명〕 돈 많은 사람의 교만.

전:교(轉交)〔명〕〔하타〕**1** 편지나 서류 등을 다른 사람을 거쳐서 교부함. **2** 다른 사람을 거쳐서 받게 한다는 뜻으로, 편지 겉봉에 쓰는 말. 〔□〕민중서림 ~ 담당자 귀하.

전:교(轉校)〔명〕〔하자〕 전학(轉學).

전교-생(全校生)〔명〕 학교의 전체 학생. 〔□〕~이 20 명도 안 되는 분교.

전교-회(傳教會)〔명〕〔가〕 전교를 목적으로 하는 모임.

전구(全軀)〔명〕 전신(全身).

전구(前驅)〔명〕 어떤 행렬의 맨 앞에 가는 사람.

전:구(電球)〔명〕 전류를 통해 빛을 내는 기구. 전등알. 〔□〕~를 달다 / ~에 불이 들어오다.

전:구(轉句)〔명〕〔문〕 한시(漢詩) 절구(絶句)의 제3구(이 구에서 시상(詩想)이 바뀜). ⓒ전(轉). *기승전결.

전:구(轉求)〔명〕〔가〕 성모 마리아와 그 밖의 성인(聖人)을 통해서 은혜를 구함.

전-구개음(前口蓋音)〔명〕〔언〕 전설면(前舌面)과 경구개(硬口蓋) 사이에서 나는 소리.

전구 증상(前驅症狀)〔의〕 전염병의 잠복기 및 뇌출혈·간질 따위의 전조로서 나타나는 증상.

전:-국(全-)〔명〕 물을 타지 않은 진한 국물. 진국. 순액(純液).

전국(全局)〔명〕 전체의 판국. 〔□〕~을 관망하다.

전국(全國)〔명〕 온 나라. 〔□〕~ 순회공연 / ~ 체육 대회가 열리다 / ~으로 생중계하다.

전:국(戰局)〔명〕 전쟁이 되어 가는 판국. 〔□〕~이 아군에게 유리하게 전개되다.

전국-구(全國區)〔-꾸〕〔명〕〔법〕 전국을 한 구로 한 선거구. 〔□〕~ 의원. ↔지역구.

전:국 시대(戰國時代)〔-씨-〕〔역〕 중국의 춘추 시대에 이어 진(晉)나라가 한·위·조(趙)로 삼분된 때부터 진(秦)나라가 통일할 때까지의 어지러웠던 시대.

전국-적 (全國的)[-쩍] 관명 온 나라에 관계되는 (것). ▯ ~ 규모 / 소문이 ~으로 퍼지다.

전군 (全軍) 명 전체의 군대. ▯ ~을 지휘하다.

전군 (前軍) 명 앞장서는 군대.

전:군 (殿軍) 명 ❶ 대열의 맨 뒤에 따르는 군대. 후군(後軍).

전권 (全卷) 명 ❶ 여러 권으로 된 책의 전부. ❷ 한 권의 책 전부.

전권 (全權)[-꿘] 명 ❶ 맡겨진 어떤 일을 책임지고 처리하는 일체의 권리. ▯ ~을 위임하다. ❷ 완전한 권리. ▯ ~을 장악하다. ❸ '전권 위원'의 준말.

전:권 (典券) 하자 땅문서나 집문서 따위의 문권(文券)을 전당으로 하거나 전당 잡힘.

전권 (專權)[-꿘] 하자 마음대로 권력을 휘두름. 또는 그런 권력. ▯ ~을 들어쥐다. ＊전횡.

전권 공사 (全權公使) [명] 국가를 대표하는 외교 사절 가운데 제 2급에 속하는 공무원. 공사(公使).

전권 대:사 (全權大使)[-꿘-] 『법』 국가를 대표하는 외교 사절 가운데 제 1급에 속하는 공무원.

전권 위원 (全權委員)[-꿘뉘-] 『법』 국제 조약의 체결 및 국제회의·기타의 외교 교섭에 전권위임장을 소유하고 파견되는 위원. 준전권.

전권 위임장 (全權委任狀)[-꿘뉘-짱] 『법』 국가 원수가 임시 외교 사절에게 외교 교섭과 조약 체결의 권한을 위임하는 공문서.

전:극 (電極) 명 『물』 전기가 드나드는 곳(전지에서 전류가 나가는 쪽이 양극, 전류가 들어가는 쪽이 음극). 폴(pole).

전:극 전:위 (電極電位)[-쩌뷔] 『물』 전극과 이에 접촉하는 전해질 용액 사이에 생기는 전위차(電位差). 단극(單極) 전위.

전:근 (轉勤) 하자 근무하는 곳을 옮김. ▯ ~ 발령 / ~을 가다 / 지방으로 ~되다. ＊전직(轉職).

전:근 (轉筋) 하자 쥐가 나서, 근육이 뒤틀려 오그라짐.

전근대-적 (前近代的) 관명 근대 이전 시대의 색채를 벗어나지 못한 (것). ▯ ~ 사고방식.

전금 (前金) 명 ❶ 대차 관계를 셈할 때에, 그 전에 이미 치른 돈. ❷ 선금.

전:금-화 (爵金花) 명 『식』 장구채2.

전:긍 (戰兢) 명 '전전긍긍(戰戰兢兢)'의 준말.

전기 (全期) 명 ❶ 모든 기간. ❷ 그 기간의 전체.

전기 (全機) 명 『군』 전대(戰隊) 따위에 편성된 모든 비행기. ▯ ~ 무사 귀환 / ~가 비상 발진하다.

전기 (前記) 명하타 앞에 기록함. 또 그 기록. ▯ ~와 같다. ↔후기.

전기 (前期) 명 ❶ 한 기간을 몇 개로 나눈 첫 시기. ▯ ~ 대학 입시. ↔후기. ❷ 앞의 시기. 특히, 앞의 결산기. ▯ ~ 순이익.

전기 (傳奇) 명하자 ❶ 전해 오는 기이한 일을 세상에 전함. ❷ 기괴하고 신기한 일을 내용으로 한 소설·희곡.

전기 (傳記) 명하자 개인 일생의 사적인 기록. 위인들의 ~ / ~ 작가 / ~를 쓰다.

전기 (傳騎) 명 예전에, 전령(傳令)의 임무를 맡던 기병.

전:기 (電氣) 명 ❶ 전자의 이동으로 생기는 에너지의 한 형태(음양의 두 종류가 있는데 같은 종류의 전기는 배척하고 다른 종류끼리는 당기는 힘이 있음). ▯ ~가 흐르다 / ~가 들

어오다 / ~가 나가다 / ~를 공급하다 / ~가 끊기다 / ~ 사정이 좋아지다. ❷ 전등. ▯ ~를 켜다〔끄다〕 / ~가 밝다〔어둡다〕. ❸ 저리거나 무엇에 부딪혔을 때 몸에 짜릿하게 오는 느낌의 비유. ▯ 팔꿈치에 찌르르하고 ~가 오다.

전:기 (電機) 명 전력으로 움직이는 기계.

전:기 (戰記) 명 전쟁에 대한 기록.

전:기 (戰機) 명 ❶ 전쟁이 일어나려는 기운(機運). ▯ ~가 무르익다.

전:기 (轉記) 명 한 장부에서 다른 장부에 기재 사항을 옮겨 씀.

전:기 (轉機) 명 사물이 바뀌는 기회. 전환의 시기. ▯ 지난번의 분규가 회사 발전의 ~가 되었다.

전:기-가오리 (電氣-) 『어』 시끈가오리.

전:기 감:수율 (電氣感受率) 『물』 전기장(電氣場)에 의하여 물질이 분극(分極)을 일으키는 정도를 나타내는 양.

전:기 감:응 (電氣感應) 『물』 정전기(靜電氣) 유도.

전:기-계 (電氣計)[-/-게] 『전』 전위계.

전:기 계:기 (電氣計器)[-/-게-] 『전』 전기적 측정을 행하는 계기의 총칭.

전:기-공 (電氣工) 명 전기 관계의 작업에 종사하는 기능공. 준전공(電工).

전:기 공업 (電氣工業) 『공』 전기를 원동력으로 하는 공업. 준전공(電工).

전:기 공학 (電氣工學) 『전』 전기에 관한 이론 및 응용을 연구하는 학문.

전:기 기관 (電氣器官) 『생』 전기가오리 따위 전기어(電氣魚)의 발전 기관.

전:기 기관차 (電氣機關車) 『공』 전동기로 움직이는 기관차.

전:기 기구 (電氣器具) 『공』 전기를 열원(熱源)·광원(光源)·동력원(動力源) 등으로 이용하는 기구. 전기 제품. ▯ 절전형 ~.

전:기-난로 (電氣煖爐)[-날-] 명 전기 저항에 의해 발생하는 열을 이용하는 난로. 전기스토브.

전:기-냄비 (電氣-) 명 전기를 열원(熱源)으로 하는 냄비.

전:기-냉장고 (電氣冷藏庫) 명 전기의 힘으로 음식물 등의 온도를 냉각시키는 장치를 작동시키는 냉장고.

전:기-다리미 (電氣-) 명 전기 저항에 의한 발열 작용을 이용한 다리미.

전:기 당량 (電氣當量)[-냥] 『화』 '전기 화학 당량(當量)'의 준말.

전:기 도:금 (電氣鍍金) 『화』 전기 분해를 이용해 어떤 금속의 표면에 다른 금속의 얇은 막을 입히는 방법. 준전도(電鍍).

전:기-동 (電氣銅) 『화』 전해(電解) 구리.

전:기 동:력계 (電氣動力計)[-녁 께/-녁 께] 『공』 기관의 동력을 측정하는 계기의 하나.

전:기 드릴 (電氣drill) 『공』 전기를 이용해 송곳을 회전시켜 구멍을 뚫는 기계.

전:기-등 (電氣燈) 명 전등.

전:기-량 (電氣量) 명 전하(電荷)의 양.

전:기량-계 (電氣量計)[-/-게] 명 『물』 도선을 통과한 전하(電荷)의 총량을 재는 계기.

전:기-력 (電氣力) 명 『물』 대전체(帶電體) 사이에 작용하는 전기의 힘. 준전력.

전:기력-선 (電氣力線)[-썬] 명 『물』 전기장(電氣場)의 크기와 방향을 나타내는 곡선. 준전력선.

전:기-로 (電氣爐) 명 『공』 전열에 의해서 광석을 용해 제련하는 노(불순물이 섞일 일이 적으므로 각종 합금·특수강 제조에 적합함).

전로(電爐).

전:기-료(電氣料) 圐 전기를 사용한 요금.

전:기 마당(電氣-) 『물』 전기장(電氣場).

전:기-메기(電氣-) 圐 『어』 전기메깃과의 민물고기. 몸길이 약 20 cm, 몸빛은 다갈색임. 몸에서 전기를 일으켜 먹이를 잡을 때와 적을 방어할 때 쓰며 최대 전압은 450 V 가량임. 아프리카 열대 지방의 하천에 분포함.

전:기 메스(電氣mes) 『의』 고주파 전류를 이용한 메스. 절연체로 된 금속판에 전류를 통하여 가열한 다음 병조직(病組織)의 절단·응고(凝固) 등에 사용함. 전기 수술도. 전기칼.

전:기-면도기(電氣面刀器) 圐 전기의 힘으로 날을 움직여 수염을 깎는 면도기.

전기 문학(傳奇文學) 『문』 공상적이고 기이한 것을 주제로 한 흥미 본위의 문학.

전기 문학(傳記文學) 『문』 어떤 개인의 생애나 사적(事跡)을 소재로 한 문학.

전:기-미터(電氣meter) 圐 『전』 적산(積算) 전력계.

전:기-밥솥(電氣-) 〔-쏟〕 圐 밥이 다 되면 자동적으로 스위치가 꺼지는 전열 이용의 밥솥.

전:기-밥통(電氣-桶) 圐 전열을 이용하여 밥을 따뜻하게 보존하는 밥통.

전:기-방석(電氣方席) 圐 전기 저항에 의해 발생하는 열을 이용한 방석.

전:기 부화기(電氣孵化器) 『전』 자동으로 온도가 조절되는, 전열을 이용하여 알을 부화시키는 장치.

전:기 분석(電氣分析) 『화』 전기 적정(滴定)·전기 분해(分解) 등을 이용하는 화학 분석.

전:기 분해(電氣分解) 『화』 전해질의 수용액에 전류를 통하여 액 중의 양음(陽陰) 이온이 각각 음극·양극에 모여, 화학적인 전기 생성물이 형성되는 현상.

전:기 불꽃(電氣-) 〔-꼳〕 『물』 스파크(spark).

전:기-사:업(電氣事業) 『전』 전기를 생산·공급·판매하는 사업.

전:기-사인(電氣sign) 圐 전구나 네온사인관 등을 이용하여 나타내는 글자·그림 따위의 여러 가지 기호.

전:기 삼투(電氣滲透) 『화』 액체가 전압의 차이에 따라 이동하는 현상.

전:기-석(電氣石) 『광』 육방 정계(六方晶系) 규산염 광물의 총칭(흑색·청흑색·흑갈색 또는 청록색·홍색 등을 띠었고, 마찰하거나 열을 가하면 전기가 생김).

전:기-선(電氣線) 圐 전선(電線).

전:기-세탁기(電氣洗濯機) 〔-끼〕 圐 전동기의 힘을 이용하여 세탁을 하는 기계.

전:기 소:량(電氣素量) 『물』 전자가 갖는 전기량의 절댓값.

전기 소:설(傳奇小說) 『문』 공상적이고 기이한 일을 주제로 하여 흥미 본위로 쓴 소설.

전기 소:설(傳記小說) 『문』 특정 인물의 전기를 기록한 소설.

전:기-스탠드(電氣stand) 圐 책상 따위에 놓고 쓰는, 이동식 전기등. ⑥스탠드.

전:기-스토브(電氣stove) 圐 전기난로.

전:기 쌍극자(電氣雙極子) 〔-짜〕 『물』 썩 가까운 거리에 존재하는 음양의 양이 같은 전하(電荷)의 쌍(雙). 전기 이중극(二重極).

전:기 야:금(電氣冶金) 『광』 전류의 화학 작용이나 열작용을 이용한 야금 방법. 전기 정련(精鍊).

전:기-어(電氣魚) 圐 『어』 발전 기관을 갖추고 있어 강한 전기를 발생하는 물고기의 총칭. 발전어(發電魚).

전:기 에너지(電氣energy) 『물』 1 전하(電荷)가 전기장 안의 위치에 의하여 갖는 에너지. 2 전류(電流)가 자기장 안의 위치에 의하여 갖는 에너지.

전:기-요(電氣-) 圐 전열(電熱)을 장치하여 만든 요. 전기담요.

전:기 요법(電氣療法) 〔-뻡〕 『의』 전기 치료.

전:기 욕(電氣浴) 『의』 약한 전류를 흐르게 한 물에 환자를 입욕시켜 병을 치료하는 방법(신경 쇠약·신경통 등에 효과가 있음).

전:기 용:량(電氣容量) 〔-냥〕 『전』 절연된 고립 도체의 전위 또는 축전기의 극판 사이의 전위차를 단위 압력까지 올리는 데 필요한 전기량.

전:기 용접(電氣鎔接) 『공』 열원(熱源)으로 전기를 사용하는 용접의 총칭. 전기땜.

전:기-의자(電氣椅子) 〔-/-이-〕 圐 고압 전류를 통하여 만든, 사형 집행용의 의자.

전:기 이:중극(電氣二重極) 『물』 전기 쌍극자(雙極子).

전:기-인두(電氣-) 圐 전기를 이용한 인두.

전:기-자(電機子) 圐 『물』 발전기의 발전자(發電子)와 전동기의 전동자의 총칭. 아마추어(armature).

전:기 자:석(電氣磁石) 『물』 전자석.

전:기-장(電氣場) 圐 『물』 대전체(帶電體)의 전기 작용이 존재하고 있는 장소. 전장(電場). 전기 마당. *전자기장(電磁氣場).

전:기-장판(電氣版版) 圐 전열을 이용한 장판. □ ~을 깔고 자다.

전:기-쟁반(電氣錚盤) 『전』 정전(靜電) 유도를 이용하여 전기를 모으는 장치(에보나이트 원판과 절연체의 자루가 있는 납작한 금속 원판으로 되어 있음).

전:기 저:항(電氣抵抗) 『물』 도체가 전류를 통하지 않으려는 작용(전압을 전류로 나눈 값으로 나타냄).

전:기 적정(電氣滴定) 〔-쩡〕 『화』 적정에서 종말점을 전기적으로 재는 부피 분석법.

전:기 전도(電氣傳導) 『전』 전위차가 있는 두 물체를 도체로 연결했을 때 전류가 흐르는 현상.

전:기 전도도(電氣傳導度) 『전』 전기 전도율.

전:기 전도율(電氣傳導率) 『전』 도체 속을 흐르는 전류의 크기를 나타내는 상수(常數)(비저항(比抵抗)과는 역수 관계임). 전기 전도도. ⑥전도율.

전:기 절연물(電氣絶緣物) 『전』 전기 전도를 가로막는 물질(유리·고무 따위). 절연물. 절연체.

전:기 점화(電氣點火) 『물』 가솔린 엔진·가스 엔진 등에 점화할 때, 전기 스파크를 일으켜 가스를 폭발시키는 일.

전:기 정련(電氣精鍊) 〔-년〕 『광』 전기 야금.

전:기-종(電氣鐘) 圐 『전』 전령(電鈴).

전:기 주:조(電氣鑄造) 『화』 전기 도금으로 원형을 복제(複製)하는 주조법. ⑥전주(電鑄).

전:기 진:동(電氣振動) 『물』 하나의 회로 안을 전류가 고속으로 왕복하는 현상.

전:기 진:동기(電氣振動器) 『물』 전기 회로에 진동을 일으키는 장치.

전:기 진:자(電氣振子) 『물』 어떤 물체가 전기를 띠고 있는지의 여부를 실험하는 장치.

전:기 착암기(電氣鑿岩機) 『공』 전기의 힘으

로 바위에 구멍을 뚫는 기계.

전:기 철도(電氣鐵道)[-또] 전기를 동력으로 하여 궤도 위의 차량을 운전하는 철도. ⓒ전철(電鐵).

전:기 치료(電氣治療)《의》전기 에너지를 이용한 의료 기계로 신경 계통이나 근육에 자극을 주어 질병을 치료하는 일.

전:기 탐광(電氣探鑛)《광》지하를 흐르는 전류의 방향이나 강도를 측정하여 지하에 있는 각종 광상을 찾는 방법.

전:기 통신(電氣通信) 부호·음향·영상 따위의 정보를 전기 또는 전자기적 방식을 통하여 주고받는 일.

전:기-파(電氣波)《물》전파(電波).

전:기-풍(電氣風)《물》첨단(尖端) 방전의 결과로 일어나는 공기의 진동 현상.

전:기-풍로(電氣風爐)[-노]《명》전열선을 장치한 풍로.

전:기-학(電氣學)《물》전기 현상 및 그 이론을 연구하는 물리학의 한 분야.

전:기 해:리(電氣解離)《화》전리(電離).

전:기 현:상(電氣現象)《물》전기에 관한 여러 가지 현상의 총칭.

전:기 화:학(電氣化學)《화》전기 현상과 이에 수반되는 화학 변화 사이의 관계를 연구하는 물리 화학의 한 부문.

전:기 화:학 당량(電氣化學當量)[-땅냥]《화》전기 분해 반응에서, 1쿨롬의 전기량에 의해 석출(析出)되는 원자 또는 원자단의 질량. ⓒ전기 당량.

전:기 회로(電氣回路)《전》도체의 한 점에서 시작하여 다시 그 출발점에 돌아오는 전류의 통로. ⓒ회로.

전:깃-불(電氣-)[-기뿔 /-긴뿔]《명》전등에 켜진 불. ⓐ~을 켜다 /~이 밝다 /~이 나가다 /~이 들어오다.

전:깃-줄(電氣-)[-기쭐 /-긴쭐]《명》전선.

전-깍쟁이(全-)[-쨍-]《명》지독한 깍쟁이.

전-나귀《명》다리를 저는 나귀.

전:-나무《명》《식》소나뭇과의 상록 침엽 교목. 산기슭이나 골짜기에 나며, 줄기의 높이 30 m 내외로 구과(毬果)가 맺힘《재목은 건축·가구·제지용임》. 젓나무.

전-날(前-)《명》**1** 어떤 날의 바로 앞날. ⓐ소풍 ~ / 입대 ~. **2** 지나간 날. ⓐ~의 잘못을 뉘우치다.

전-남편(前男便)《명》그전 남편. 전부(前夫).

전납(全納)《명》《하타》전부 바침.

전납(前納)《명》《하타》예납(豫納).

전:-내(殿內)《명》**1** 전각·궁전의 안. **2**《민》신위를 모시고 길흉을 점치며, 기도를 올리는 여자. 또는 그 신위.

전-내기(全-)《명》물을 조금도 타지 않은 순수한 술.

전:-내기(廛-)《명》가게에 내다 팔려고 날림으로 만든 물건.

전:-냥(錢兩)《명》돈냥.

전년(前年)《명》지난해. ⓐ~에 비해 경기(景氣)가 좋아졌다.

전념(專念)《명》《하자》오로지 한 가지 일에만 마음을 씀. ⓐ평생을 암 연구에만 ~하다.

전:-농(轉農)《명》《하타》직업을 농업으로 바꿈.

전능(全能)《명》《하형》어떤 일이든 하지 못하는 것이 없이 능함. ⓐ~하신 하느님.

전:-다(煎茶)《명》《하자》차를 달임. 팽다(烹茶).

전다라(旃陀羅)《명》〔산 candāla〕《사》인도의

카스트 이외의 최하급 종족《도살·어렵(漁獵) 따위에 종사하는 천민》. 찬달라.

전:-다리《명》저는 다리. 또는 그런 다리를 가진 사람.

전-다리(前-)[-따-]《명》물건·사람·지위 등이 자리를 옮겼을 때에, 그 전의 물건·사람·지위 등을 이르는 말.

전단(全段)《명》모든 단. 모든 단락. ⓐ~ 광고.

전단(前端)《명》앞의 끝.

전단(栴檀)《명》《식》단향목(檀香木).

전:-단(剪斷)《명》《하타》자름. 끊음.

전단(專斷)《명》《하타》제 마음대로 결정하고 실행함. ⓐ국정을 ~하다.

전단(傳單)《명》선전·광고를 하기 위해 나누어 주는 종이쪽. ⓐ~을 돌리다 /~을 뿌리다.

전:-단(戰端)《명》싸움을 하게 된 실마리. ⓐ~을 열다.

전-달(前-)[-딸]《명》**1** 지난달. ⓐ~ 월급이 오늘 나왔다. **2** 지나간 달. ⓐ~의 기록들을 검토하다.

전달(傳達)《명》《하타》**1** 지시·명령·물품 등을 다른 사람이나 기관에 전하여 이르게 함. ⓐ~ 사항 / 결혼 축의금을 ~하다 / 명령을 ~하다. **2** 자극·신호·동력 등이 다른 기관에 전하여짐. ⓐ동력의 ~ / 자극을 대뇌로 ~하다.

전담(全擔)《명》《하타》어떤 일의 전부를 담당함. ⓐ비용을 혼자서 ~하다.

전담(專擔)《명》《하타》전문적으로 맡거나 혼자서 담당함. 전당(專當). ⓐ국사 과목을 ~하는 교사 / 혼자서 가사를 ~하다.

전답(田畓)《명》논과 밭. 전토.

전당(全黨)《명》어떤 정당의 전부.

전:당(典當)《명》《하타》물품을 담보로 하여 돈을 꾸어 주지, 꾸어 씀. ⓐ전당을 ~ 잡다 / 시계를 ~ 잡히다.

전당(專當)《명》《하타》전담(專擔).

전:당(殿堂)《명》**1** 크고 화려한 집. **2** 학문·예술 등 그 분야에서 가장 권위 있는 기관. ⓐ예술의 ~ / 학문의 ~ / 명예의 ~에 이름을 올리다. **3** 신을 모신 집. 전우(殿宇).

전당 대:회(全黨大會)《정》한 정당의 전국적인 대의원(代議員) 대회.

전:당-질(典當-)《명》《하타》전당을 잡힘. ⓐ~하느라 남아나는 물건이 없다.

전:당-포(典當鋪)《명》전당을 잡고 돈을 꾸어 주는 것을 업으로 삼는 가게.

전:당-표(典當票)《명》전당을 잡고 그 증거로 건네주는 쪽지.

전:당-품(典當品)《명》전당으로 잡거나 전당 잡히는 물건.

전대(前代)《명》지나간 시대. 앞 시대. 전세. ↔후대.

전:-대(戰隊)《명》**1** 해군에서, 군함 두 척 이상, 또는 군함 및 구축함대·잠수함대로 편성된 부대. **2** 공군에서, 비행 대대의 상위 부대《2개나 3개의 비행 대대로 편성됨》.

전:-대(轉貸)《명》《하타》**1** 꾸어 온 것을 다시 남에게 꾸어 줌. ↔전차(轉借). **2** 남을 거쳐서 꾸어 줌.

전:-대(纏帶)《명》허리에 두르거나 어깨에 메게 된 자루《중간을 막고 두 끝을 터서 그곳으로 돈이나 물건을 넣게 되었음》.

전:-대-띠(戰帶-)《명》《역》구식 군복에 띠던 띠.

전대-미문(前代未聞)《명》이제까지 들은 적이 없음. 전고미문. ⓐ~의 엽기 사건.

전:-대야《명》전이 있는 놋대야.

전:-대-작(轉貸作)《명》《하타》소작인이 소작 부치던 땅을 다시 딴 사람에게 소작을 주는 일.

전대지재(專對之才)[명] 묻는 즉시 지혜롭게 대답할 수 있는 인재라는 뜻으로, 외국에 사신으로 보낼 만한 인재.

전:-대차(轉貸借)[명하타] 빌리거나 꾼 물건을 남에게 다시 빌려 줌.

전:대 차:관(轉借款)[경] 외국환 은행이 국내 거주자에게 수입 자금 등으로 빌려 줄 것을 조건으로 하여 외국의 금융 기관에서 외화 자금을 빌려 오는 일.

전도(全島)[명] 섬의 전체. 온 섬.

전도(全都)[명] 1 서울 전체. 2 도시 전체.

전도(全道)[명] 한 도의 전부.

전도(全圖)[명] 전체를 그려 놓은 그림이나 지도. □대한민국 ~ / 세계 ~.

전도(前途)[명] 1 앞으로 나아갈 길. □~가 양양하다. 2 장래. □~가 유망한 청년.

전도(前渡)[명하타] 돈이나 물품 따위를 정해진 날짜 전에 치르거나 내어 줌. 선급.

전도(前導)[명하타] 앞길을 인도함. 선도.

전:도(剪刀)[명] 가위.

전:도(奠都)[명하자] 나라의 도읍을 정함. □한 양 ~ 600년.

전도(傳道)[명하타] 1 도리를 세상에 널리 알림. 2 [기] 교리를 펴서 신앙이 없는 사람에게 신앙을 갖게 하는 일.

전도(傳導)[명하타][물] 열·전기가 물체의 한 부분에서 점차 다른 곳으로 옮김. 또는 그런 현상.

전:도(電鍍)[명][화] '전기 도금(電氣鍍金)'의 준말.

전:도(顚倒)[명하자타] 1 엎어져서 넘어지거나 넘어뜨림. 2 위치나 차례가 뒤바뀌어 거꾸로 됨. □주객(主客)이 ~되다.

전:-도가(廛都家)[-또-][명] 같은 장사를 하는 사람들끼리 모이는 집.

전도-금(前渡金)[경] 매매·위탁·청부 등의 계약을 이행하기 전에 주는 대금이나 교부금. 선급금(先給金).

전도-도(傳導度)[명] 1 '전기 전도도'의 준말. 2 '열전도도'의 준말.

전도-사(傳道師)[기] 교직의 하나. 전도의 임무를 맡은 사람.

전도-서(傳道書)[성] 구약 성서의 한 편. 기원전 250년경에 씌어진 것이며, 작자는 미상임.

전:도-열(顚倒熱)[의] 정상의 체온과는 반대로 아침에 오르고 저녁에 내리는 열.

전도-요원(前途遼遠)[명하형] 1 가야 할 길이 까마득하게 멂. 2 장래가 창창하게 멂.

전도-유망(前途有望)[명하형] 앞길에 희망이 있음. 장래가 유망함. □~한 청년.

전도-율(傳導率)[명] 1 '전기 전도율'의 준말. 2 '열전도율'의 준말.

전도 전:자(傳導電子)[물] 자유 전자.

전:도주리(剪刀周牢)[역] 가새주리.

전:돈-낭패(顚頓狼狽)[명] 자빠지고 엎어지며 갈팡질팡함.

전동(全洞)[명] 온 동네.

전동(電動)[명하타] 전기로 움직임. 또는 전력을 동력으로 이용하는 일.

전동(傳動)[명하타] 기계 장치에서, 동력을 기계의 다른 부분 또는 다른 기계에 전달함.

전:동(箭筒)[명][←전통] 화살을 넣는 통.

전:동(轉動)[명하자타] 굴러서 움직이거나 굴러서 움직임.

전:동(顫動)[명하자타] 떨어서 움직이거나 떨려서 움직임.

전:동-기(電動機)[명][물] 전기 에너지를 기계

─────────────

에너지로 변환시키는 장치. 자기장에 의한 자기력선과 전동자에 말린 코일 사이에 흐르는 전류에 의해 회전력이 발생하는 기계. 모터. 전기 모터.

전:동-력(電動力)[-녁][물] 기전력.

전:동 발전기(電動發電機)[-전-] 전동기로써 발전기를 돌려 어떤 전류를 다른 전류로 변환하는 장치.

전:동-음(顫動音)[명][언] 혀·입술 따위의 진동으로 나는 자음. 설전음.

전:동-자(電動子)[명][물] 전기자(電機子).

전:동-주머니(箭筒-)[명] 활의 부속품을 넣는 주머니.

전:동-차(電動車)[명] 전동기 및 전동기 제어용 장치를 설비하여 동력차로서 부수차를 끌거나 단독으로 달리는 전차.

전두(前頭)[명] 1 내두(來頭). 2 머리의 앞쪽.

전:두(纏頭)[명] 광대·기생 등에게 그 재주를 칭찬하여 사례로 주는 돈.

전두-골(前頭骨)[명][생] 머리뼈의 앞을 이룬 뼈. 앞머리뼈.

전두-근(前頭筋)[명][생] 머리의 앞쪽에 있는 근육.

전:-두리 둥근 그릇의 아가리에 둘려 있는 전의 둘레. 또는 둥근 뚜껑 따위의 둘레의 가장자리.

전:-드리다(廛-)[자] 가게의 물건을 거두어들이고 문을 닫다.

전득(傳得)[명하타] 상속 또는 유증(遺贈)에 의하여 재산을 취득함.

전:득(轉得)[명하타] 남의 손을 거쳐서 얻음.

전등(前燈)[명하타] 앞주 똑같음.

전등(前燈)[명] 전조등.

전등(傳燈)[명하자][불] 스승이 제자에게 불법의 전통을 받아 전함. 곧, 법맥(法脈)이 끊어지지 않고 이어가는 일.

전:등(電燈)[명] 전기의 힘으로 빛을 내는 등불. □~을 켜다 / ~을 끄다 / ~ 스위치를 올리다 / ~이 나가다.

전:등-갓(電燈-)[-갇][명] 전등 위에 덧씌우는 갓.

전:등-불(電燈-)[-뿔][명] 전깃불. □~이 희미하다 / ~이 침침하다.

전:등-선(電燈線)[명][전] 1 가정용 전기를 내는 배전선. ↔동력선(動力線). 2 전등이 달린 전깃줄.

전:등-알(電燈-)[명] 전구(電球).

전라(全裸)[절-][명] 발가벗은 알몸뚱이. □~의 미인.

전:락(轉落)[절-][명하자] 1 굴러 떨어짐. 전추(顚墜). 2 나쁜 상태나 처지에 빠짐. □천덕꾸러기로 ~하다.

전:란(戰亂)[절-][명] 전쟁으로 인한 난리. □~을 겪다 / ~에 시달리다 / ~ 통에 고아가 되다.

전:람(展覽)[절-][명하타] 1 펴서 봄. 2 여러 가지 물품을 벌여 놓고 일반인들에게 보임.

전:람(電纜)[절-][명] 절연체로 포장한 전선 또는 그 다발(땅속이나 물속 송전에 씀).

전:람-회(展覽會)[절-][명] 물품 따위를 진열해 놓고 여러 사람에게 관람시키는 모임. □미술 ~ / ~를 개최하다 / ~에 작품을 출품하다.

전래(傳來)[절-][명하자] 1 예로부터 전해 내려옴. □~ 동화 / 조상(祖上) ~의 보물. 2 외국에서 전해 들어옴. □불교의 ~.

전래지물(傳來之物)[절-][명] 예로부터 전해

오는 물건.

전래지풍 (傳來之風)[절-] 명 예로부터 전해 오는 풍속.

전략 (前略)[절-] 명하타 글이나 편지에서, 전문(前文)을 생략함.

전·략 (電略)[절-] 명 '전신 약호'의 준말.

전·략 (戰略)[절-] 명 **1** 전쟁을 전반적으로 이끌어 가는 방법이나 책략. ▢~이 뛰어나다 / ~을 수립하다 / ~ 요충을 점거하다. *전술. **2** 정치·사회 운동 등에서의 책략. ▢판매 ~ / 선거 ~을 짜다.

전·략-가 (戰略家)[절-까] 명 전략을 세우는 데 능숙한 사람.

전·략 공군 (戰略空軍)[절-꿍-] 〖군〗 전략 폭격을 주로 하는 항공 부대.

전·략 무·기 (戰略武器)[절량-] 〖군〗 전략 목적에 쓰이는 무기(대륙 간 탄도 미사일·원자력 잠수함·전략 폭격기 따위).

전·략 물자 (戰略物資)[절량-짜] 〖군〗 전쟁 수행에 없어서는 안될 주요 물자(식량·석유·철·우라늄·비철 금속 따위).

전·략 산·업 (戰略産業)[절-싸넙] 〖경〗 기술 또는 생산 규모의 관점에서 보아 다른 산업에 미치는 파급 효과가 커서, 그 성과가 경제 전반의 발전에 큰 영향을 미치는 산업(철강·조선·석유 화학·기계 등의 중화학 공업).

전·략 요지 (戰略要地)[절량뇨-] 명 전략적으로 매우 중요한 지역.

전·략-적 (戰略的)[절-쩍] 관명 전쟁을 전반적으로 이끌어 가는 방법이나 책략에 관한 (것). ▢~ 판단 / ~으로 유리한 고지.

전·략 지도 (戰略地圖)[절-찌-] 〖군〗 군대의 이동·집결·보급 등을 포함한 전략적 작전을 세울 때 사용되는 지도.

전·략 폭격 (戰略爆擊)[절-격] 〖군〗 적국의 산업 파괴·민심 교란·교통 차단 등을 목적으로 하는 전략상의 장거리 폭격. *전술 폭격.

전·략 핵무기 (戰略核武器)[절랙캥-] 〖군〗 전략적으로 적의 대도시나 공업 중심지 및 전략 핵기지 등을 파괴하기 위한 핵무기.

전량 (全量)[절-] 명 전체의 분량. ▢~ 수출.

전·량 (電量)[절-] 명 전기량(電氣量).

전·량 (錢糧)[절-] 명 전곡(錢穀).

전·량-계 (電量計)[절- / 절-계] 명 전기량계.

전력 (全力)[절-] 명 모든 힘. 온 힘. ▢~으로 질주하다 / ~을 다하다.

전력 (前歷)[절-] 명 현재에 이르기까지의 행적. 경력. ▢~을 숨기다 / ~이 드러나다.

전력 (專力)[절-] 명하자 오로지 한 일에만 힘을 씀. ▢신기술 개발에 ~하다.

전:력 (電力)[절-] 명 **1** '전기력'의 준말. **2** 단위 시간에 사용되는 전기 에너지의 양. 또는 전류가 단위 시간에 하는 일. 단위는 와트(W). ▢~ 공급 / 여름에는 ~ 사용이 많아진다.

전:력 (戰力)[절-] 명 전투나 경기 따위를 할 수 있는 능력. ▢~ 증강 / ~을 보강하다 / 막대 최고의 ~을 갖추다 / 주전 선수들의 부상으로 ~이 약화되다.

전:력 (戰歷)[절-] 명 전쟁에 참가한 경력.

전:력-계 (電力計)[절-계 / 절-게] 명 전등·동력 등에 사용되는 전력을 측정하는 계기.

전:력-선 (電力線)[절-썬] 명 〖물〗 '전기력선'의 준말.

전:력 수송 (電力輸送)[절-쑤-] 〖전〗 발전소에서 전력을 송전선을 이용하여 먼 곳의 소비지로 보내는 일.

전력-투구 (全力投球)[절-] 명하자 **1** 야구에서, 투수가 타자를 상대로 모든 힘을 다하여 공을 던짐. **2** 모든 힘을 다 기울임의 비유.

전:력-화 (電力化)[절려콰] 명하자타 시설·장치 등이 전력을 이용하게 됨. 또는 이용하게 함.

전:련-하다 (顚連-)[절-] 형여 몹시 가난하여 어찌할 수가 없다.

전념 (專念) 명 ☞ 전념.

전렵 (田獵)[절-] 명하타 사냥.

전:령 (典令)[절-] 명 **1** 법령이나 법률. **2** 선례(先例).

전령 (傳令)[절-] 명하타 **1** 명령·훈령 또는 고시 따위를 전해 보냄. 또는 그 명령·훈령 또는 고시. 전명(傳命) ▢~을 내리다 / ~을 받다. **2** 부대 간에 명령을 전달함. 또는 그 병사. 전령병. ▢~을 보내다.

전:령 (電令)[절-] 명 전명(電命).

전:령 (電鈴)[절-] 명 전류를 이용하여 종을 때려 소리를 내게 하는 신호 장치(초인종·전화기 등에 이용됨). 전종(電鐘). 벨.

전령-병 (傳令兵)[절-] 명 〖군〗 명령이나 문서 전달을 위주로 하는 병사. 전령.

전령-패 (傳令牌)[절-] 명 〖역〗 조선 때, 좌우 포도대장(左右捕盜大將)이 지니고 다니던 직무 표지의 패.

전:례 (典例)[절-] 명 전거(典據)가 되는 선례. ▢~로 삼다 / ~에 따라 하다.

전:례 (典禮)[절-] 명 **1** 왕실의 의식. **2** 일정한 의식. ~ 음악.

전례 (前例)[절-] 명 **1** 전부터 있던 사례. ▢~ 없는 호황 / ~를 남기다. **2** 예로부터 내려오는 일 처리의 관습. ▢~를 따르다.

전:례 (篆隷)[절-] 명 전자(篆字)와 예자(隷字).

전:례-복 (典禮服)[절-] 명 〖가〗 사제가 미사나 성체 강복 등의 의식 때 입는 예복의 총칭(전례 축일이나 시기 등에 따라 여섯 가지 색깔로 구분됨). 제의(祭衣).

전:로 (電路)[절-] 명 〖물〗 전류가 통하는 도체의 회로.

전:로 (電爐)[절-] 명 전기로(電氣爐).

전:로 (錢路)[절-] 명 돈이 융통되는 길. 돈길.

전:로 (轉爐)[절-] 명 철이나 구리 등의 제련에 사용하는, 회전·전도(轉倒)가 가능한 용광로의 하나. 회전로.

전롱 (全聾)[절-] 명 전혀 듣지 못하는 귀머거리. 또는 그런 상태.

전루 (傳漏)[절-] 명하자 〖역〗 조선 때, 도성 안에서 경점 군사(更點軍士)들이 북을 쳐서 밤 시각을 알리던 일.

전:류 (電流)[절-] 명 〖물〗 도체 내를 전도하는 전기의 흐름(도체 내부의 전위가 높은 곳에서 낮은 곳으로 흐르며, 양전기가 흐르는 방향을 전류의 방향으로 함). ▢~가 흐르다.

전:류 (轉流)[절-] 명하자 〖지〗 조류(潮流)가 흐르는 방향을 바꾸는 일(하루에 네 번 정도 일어남).

전:류-계 (電流計)[절- / 절-계] 명 〖물〗 전류의 강도를 재는 계기.

전:류 전:환기 (電流轉換器)[절-] 〖물〗 정류자(整流子).

전륜 (前輪)[절-] 명 자동차나 자전거 따위의 앞바퀴. ↔후륜.

전:륜 (轉輪)[절-] 명하자 **1** 바퀴를 돌림. **2** 〖불〗 '전륜왕'의 준말.

전륜 구동 (前輪驅動)[절-] 자동차에서, 앞바퀴를 굴려 움직여서 주행(走行)하는 방식.

전:륜-왕 (轉輪王)[절륜냉] 명 〖불〗 몸에 32상(相)을 갖추고 있으며, 즉위할 때에 하늘에서

윤보(輪寶)를 감득(感得)하여 이것을 굴리면서 천하를 위엄으로 굴복하게 하여 다스리게 한다는 왕《금륜왕(金輪王)·은륜왕·동륜왕·철륜왕의 네 윤왕이 있음》. 전륜성왕. 전륜성제. ⓒ전륜.

전:**륜-화** (轉輪花)[절-] 圀 『식』 국화과의 한해살이 또는 두해살이풀. 멕시코 원산으로 높이 50~80cm, 잎은 피침형에 잔 톱니가 있음. 초여름에 황색·적색·담황색의 큰 두상화가 줄기 끝에 핌.

전리 (田里)[절-] 圀 고향 마을. 향리.

전:**리** (電離)[절-] 圀彫재타 『화』 **1** 기체나 액체의 분자나 원자가 전기를 띤 원자나 원자단으로 되는 일. **2** 이온화.

전:**리-도** (電離度)[절-] 圀 『물』 이온화도.

전:**리 상자** (電離箱子)[절-] 圀 『물』 이온화 상자.

전:**리-설** (電離說)[절-] 圀 『화』 전류는 이온을 운반하는 역할을 하며, 전해질 용액은 늘 일정한 전리도(電離度)로 전리되어 있다는 설. 이온화설.

전:**리 전:류** (電離電流)[절-절-] 圀 이온화 전류.

전:**리-층** (電離層)[절-] 圀 『지』 대기의 상층부에 있는, 현저히 전리되어 있는 공기의 층《전파를 반사하므로 원거리 무선 통신을 가능하게 함》.

전:**리-품** (戰利品)[절-] 圀 전쟁에서, 적군에게 서 빼앗은 물품.

전:**립** (戰笠)[절-] 圀 『역』 조선 때, 무관이 쓰던 벙거지.

전립 (氈笠)[절-] 圀 『역』 군뢰복더기.

전립-샘 (前立-)[절-쌤] 圀 전립선.

전립-선 (前立腺)[절-썬] 圀 『생』 남성 생식기의 뒷부분에 오줌이 나오는 요도(尿道)를 둘러싸고 있는 선(腺) 모양의 장기《여기서 나오는 분비액은 정자의 운동을 활발하게 함》.

전:**마** (戰馬) 圀 **1** 전쟁에 쓰는 말. **2** 바둑에서, 서로 싸우는 말.

전마-선 (傳馬船) 圀 큰 배와 육지, 또는 배와 배 사이에서 연락을 하거나 짐을 나르는 배.

전:**-마찰** (轉摩擦) 圀 〔준〕'회전마찰(回轉摩擦)'의 준말.

전:**-마춤** (廛-) 圀 ☞ 전맞춤.

전:**-마침** (廛-) 圀 ☞ 전맞춤.

전막 (全幕) 圀 한 연극을 이루는 모든 막.

전만 (錢萬) 圀 돈만. 〔♂〕-이나 되는 돈.

전:**말** (顚末) 圀 일의 처음부터 끝까지의 양상. 〔♂〕사건의 ~을 진술하다.

전:**말-서** (顚末書)[-써] 圀 시말서(始末書).

전:**망** (展望) 圀彫타 **1** 멀리 바라봄. 또는 멀리 바라다보이는 경치. 〔♂〕앞이 탁 틔어 ~이 좋다. **2** 앞날을 헤아려 내다봄. 또는 내다보이는 장래의 상황. 〔♂〕~이 밝다 / 앞으로의 ~은 어떤가 / 미래를 낙관적으로 ~이 밝다.

전:**망** (戰亡) 圀彫재 싸움터에서 싸우다가 죽음. 전사(戰死). 전몰(戰歿).

전:**망-대** (展望臺) 圀 멀리 바라볼 수 있도록 높이 만든 대. 〔♂〕-에 올라서다.

전:**망-성** (展望性)[-썽] 圀 앞날이 유망한 가능성. 〔♂〕~이 있는 연구.

전:**망-차** (展望車) 圀 달리는 열차 안에서 바깥의 경치를 전망할 수 있게 만든 객차.

전:**-맞춤** (廛-)[-맏-] 圀 상인이 직접 공장에 주문하여 날림치보다 좀 좋게 만든 물건.

전매 (前賣) 圀彫타 예매(豫賣).

전매 (專賣) 圀彫타 **1** 어떤 물건을 독점하여 팖. **2** 『법』 국가가 행정상의 목적으로 특정 물품의 생산 판매를 독점함.

전:**매** (轉賣) 圀彫타 샀던 물건을 다시 다른 사람에게 팔아넘김. 〔♂〕아파트 ~.

전매-권 (專賣權)[-꿘] 圀 『법』 어떤 물건을 혼자서만 팔 수 있게 정부에서 특별히 허가해 준 권리.

전매 수입 (專賣收入) 圀 『경』 정부나 지방 자치 단체가 물건을 전매하여 얻은 수입.

전:**매-질** (電媒質) 圀 『물』 유전체(誘電體).

전매-특허 (專賣特許)[-트커] 圀 **1** '특허'의 구칭. **2** 〈속〉독차지하여 담당하는 일을 비유적으로 이르는 말. 특기.

전매-품 (專賣品) 圀 전매권이 있는 기관에서 생산·판매하게 된 물품. 〔♂〕우리나라 담배는 정부의 ~이다.

전매-하다 (全昧-) 彫여 아주 어리석다.

전면 (全面) 圀 **1** 모든 면. 모든 부문. 〔♂〕~ 개각이 이루어지다 / ~ 파업에 돌입하다. **2** 하나의 면 전체. 〔♂〕~ 광고.

전면 (前面) 圀 앞면. 앞쪽. 〔♂〕~ 사진.

전:**면** (轉眄) 圀彫타 **1** 눈알을 굴려서 봄. **2** 잠깐 사이.

전:**면** (纏綿) 圀彫재 **1** 실이나 끈 따위가 얽히어 감김. **2** 남녀의 애정이 깊이 얽히어 헤어지기 어려움.

전면 강:화 (全面講和) 圀 동맹 관계에 있는 여러 나라가 상대국 모두와 적국과 강화 조약을 체결하는 일. ↔단독 강화.

전면-적 (全面的) 관圀 전면에 걸친 (것). 〔♂〕~ 개혁이 필요하다 / 요구를 ~으로 수용하다.

전면-전 (全面戰) 圀 『군』 '전면 전쟁'의 준말. 〔♂〕~에 돌입하다.

전면 전:쟁 (全面戰爭) 圀 『군』 모든 전선에 걸쳐 광범위하게 벌어진 전쟁. ↔국지 전쟁·제한 전쟁. ⓒ전면전.

전멸 (全滅) 圀彫재 죄다 멸망함. 다 죽음. 모두 패함. 〔♂〕출전 선수가 ~하다시피 됐다 / 적군을 ~시키다.

전:**명** (電命) 圀 전보로 하는 명령. 전령(電令).

전명 (傳命) 圀彫타 전령(傳令)1.

전모 (全貌) 圀 전체의 모양. 전용. 〔♂〕~가 드러나다 / 사건의 ~를 밝히다.

전모 (前母) 圀 전어머니.

전모 (氈毛) 圀 모직물의 올을 이루는 털.

전:**모** (剪毛) 圀彫타 **1** 직물 표면에 나와 있는 잔털을 깎아 올을 뚜렷하게 하는 일. **2** 짐승의 털을 깎음. 털깎기.

전:**모** (氈帽) 圀 조선 때, 여자 하인이나 아이들이 비 올 때 쓰던 갓의 한 가지. 대나무로 삿갓 모양의 테두리를 만들고 겉에 종이를 발라 기름에 결여 만듦.

전:**몰** (戰歿) 圀彫재 전장에서 싸우다가 죽음. 전사(戰死).

전:**몰-자** (戰歿者)[-짜] 圀 전사자.

전묘 (田畝) 圀 밭이랑.

전무 (全無) 圀彫여 전혀 없음. 〔♂〕의료 시설이 ~한 섬 마을 / 사고가 ~하다.

전무 (專務) 圀 **1** 어떤 일을 전문적으로 맡아보는 사무. **2** '전무 이사'의 준말.

전:**무-식** (全無識) 圀彫여 아주 무식함. 또는, 그런 사람. 일자무식. 판무식.

전무 이:사 (專務理事) 圀 이사의 하나. 사장을 보좌하며 회사의 업무를 전체적으로 맡아봄. ⓒ전무.

전무-후무 (前無後無) 圀彫여 전에도 없었고 앞으로도 없음. 〔♂〕~한 대사건.

전문 (全文) 圀 문장의 전체. 〔♂〕시의 ~.

전문(前文)〖명〗**1** 한 편의 글에서, 앞부분에 해당하는 글. **2** 법령의 목적이나 제정 취지 등을 밝히는 머리 부분의 글. ▣헌법 ~.

전문(前門)〖명〗앞문. ↔후문(後門).

전문(前聞)〖명하타〗이전에 들었음. 또는 그런 소문.

전문(專門)〖명하타〗어떤 한 분야에 상당한 지식과 경험을 가지고 오직 그 분야만 연구하거나 맡음. ▣~ 분야 / ~ 경영인 / 수입 상품 ~ 매장을 운영하다.

전:문(電文)〖명〗전보의 글귀. 전보문(電報文).

전문(傳聞)〖명하타〗다른 사람을 통해서 전해 들음. ▣~한 바에 의하면 사정이 바뀌었다고 한다.

전:문(箋文)〖명〗〖역〗지난날, 길흉사(吉凶事)가 있을 때에 임금이나 왕후·태자에게 아뢰던 사륙체(四六體)의 글.

전:문(廛門)〖명〗가게의 문.

전:문(錢文)〖명〗돈.

전:문(轉聞)〖명하타〗다른 사람을 거쳐서 간접적으로 들음.

전문-가(專門家)〖명〗어떤 분야에 대한 전문적 지식·기술이나 경험을 가진 사람. ▣군사 ~ / ~를 초빙하다 / ~ 못지않은 해박한 경제 지식을 갖고 있다.

전문가 시스템(專門家system)〖컴〗전문적인 지식이나 문제 해결 방법 따위를 입력해 두어, 이용자들이 전문가들을 직접 만나지 않고도 해결할 수 있도록 하는 시스템. 의료 진단 시스템·설계 시스템 따위가 있음.

전문 경영인(專門經營人)〖기업 경영에 대한 전문적인 지식과 경험을 갖춘 사람.

전문 교:육(專門敎育)〖전문 지식이나 기술을 가르치는 교육.

전문-대학(專門大學)〖명〗고등 교육 기관의 하나. 중견 직업인을 양성하기 위하여 전문적인 지식과 이론을 교수·연구함. 수업 연한은 2년. 초급 대학·실업 고등 전문학교·전문학교를 일원화한 것(간호 전문대학은 3년임).

전문-어(專門語)〖명〗학술이나 그 밖의 전문 분야에서 특별한 의미로 쓰는 말.

전문-의(專門醫)[-무늬/-무니]〖명〗어떤 한 부분만을 전문으로 연구하는 의사. ▣피부과 ~.

전문-적(專門的)〖명〗오직 한 가지 일을 하는 (것). ▣~(인) 교육. →일반적.

전문-점(專門店)〖명〗특정 부문의 상품만을 판매하는 가게. ▣프랑스 요리 ~ / 수입품 ~.

전문 지식(專門知識)전문 분야의 지식.

전문-직(專門職)〖명〗전문적인 지식이나 기술이 필요한 직업. ▣~에 종사하다.

전문-학교(專門學校)[-교]〖명〗**1**'전문대학'의 구칭. **2** 일제 강점기 때, 중등학교 졸업생에게 전문적인 학술·기예를 가르치던 학교.

전문-화(專門化)〖명하자타〗전문적으로 됨. 또는 전문적으로 되게 함.

전:물(奠物床)〖명〗신불(神佛)에게 올리는 물품.

전:물(澱物)〖명〗가라앉아서 앙금이 된 물질. 침전물(沈澱物).

전:물-상(奠物床)[-쌍]〖명〗무당이 굿할 때, 전물을 차려 놓는 상.

전:미(展眉)〖명하자〗찡그렸던 눈썹이 펴진다는 뜻으로, 근심이 없어져 마음을 놓음을 비유.

전:미개오(轉迷開悟)〖불〗어지러운 번뇌에서 벗어나서 열반의 깨달음에 이르는 일.

전미련-하다(全-)〖형어〗아주 미련하다.

전미-하다(全美-)〖형어〗흠이 없이 완전하게 아

름답다.

전민(田民)〖명〗농민(農民).

전:민(煎悶)〖명하타〗근심이나 걱정으로 속을 태우며 몹시 민망히 여김.

전박(前膊)〖명〗〖생〗하박(下膊).

전박-골(前膊骨)[-꼴]〖명〗〖생〗하박골(下膊骨).

전반(全般)〖명〗통틀어 모두. ▣연구소 운영 ~을 관리한다.

전반(前半)〖명〗전체를 둘로 나누었을 때의 앞부분. ▣20세기 ~. ↔후반.

전:반(一鞭板)〖명〗**1** 종이를 도련할 때 쓰는 얇고 긴 나뭇조각. **2** 인두판.

전반-기(前半期)〖명〗어떤 기간을 둘로 나누었을 때의 앞의 기간. ▣~ 판매 실적. ↔후반기.

전반-부(前半部)〖명〗전반이 되는 부분. ▣영화의 ~가 후반부.

전-반사(全反射)〖물〗빛이 굴절률이 큰 매질에서 작은 매질로 입사할 때, 굴절하지 않고 전부 경계면에서 반사되는 현상.

전반사 프리즘(全反射prism)〖물〗전반사를 이용하여 광선을 약화시키지 않고 그 방향만 바꾸는 프리즘(단면이 직각 이등변 삼각형임).

전-반생(前半生)〖명〗인생을 둘로 나누었을 때 그 앞의 절반. ▣그의 ~은 순탄치 못했다. →후반생.

전-반신(前半身)〖명〗몸의 앞쪽 반. 앞몸.

전반-적(全般的)〖명〗어떤 사물의 전반에 걸친 (것). ▣~인 경향 / 고교생의 학력 수준이 ~으로 향상되었다.

전반-전(前半戰)〖명〗운동 경기에서, 전반의 싸움. ▣~을 득점으로 끝났다.

전발(傳鉢)〖명하자〗〖불〗'전의발'의 준말.

전방(前方)〖명〗**1** 앞쪽. ▣~ 20m 지점. **2** 제일선. ▣~에서 근무하는 장병. ↔후방.

전방(專房)〖명〗**1** 방을 독점함. **2** 첩이 사랑을 독차지함.

전방(傳榜)〖명하자〗지식이나 기술 따위가 전수(傳授)된 방법.

전방(傳榜)〖명하타〗〖역〗과거의 신래(新來)나 초사(初仕)가 새로 수령 임명이 있을 때, 관아에서 그 관직·성명을 적어서 방군(榜軍)을 시켜서 본인에게 알리던 일.

전:방(廛房)〖명〗가게.

전:-방석(氈方席)〖명〗전으로 만든 방석.

전방지총(專房之寵)〖명〗여러 처첩 중에서, 어느 한 첩에게 쏠는 특별한 사랑.

전배(前杯)〖명〗전작(前酌).

전배(前胚)〖명〗〖식〗식물의 배(胚) 발생의 초기 단계.

전배(前配)〖명〗죽은 전처(前妻). 원배(元配). 초배(初配). ↔후배(後配).

전:배(前陪)〖명〗〖역〗벼슬아치의 행차 때나 상관의 배견(拜見) 때, 앞에서 인도하던 하인.

전배(前輩)〖명〗**1** 선배(先輩). **2** 연장자.

전:배(展拜)〖명하자〗궁궐·종묘·문묘·능침에 참배함. 전알(展謁).

전:배(餞杯)〖명하자〗석별의 정을 나누며 술을 마심. 또는 그 술이나 술잔.

전:백(錢百)[-백]〖명〗돈백.

전번(前番)[-뻔]〖명〗지난번.

전:범(典範)〖명〗본보기가 될 만한 모범.

전:범(戰犯)〖명〗**1**'전쟁 범죄'의 준말. **2**'전쟁 범죄자'의 준말. ▣~ 재판이 열리다.

전:범-자(戰犯者)〖명〗〖법〗'전쟁 범죄자'의 준말.

전법(傳法)〖명하자〗〖불〗교법을 전하여 줌.

전:법(戰法)[-뻡]〖명〗전쟁이나 경기 따위에서 싸우는 방법.

전:-법륜 (轉法輪)[-범뉸]〖명〗〖불〗석가가 성도 (成道)한 뒤에 사제(四諦)·팔성도(八聖道) 등을 설법(說法)한 일.

전벽 (全壁)〖명〗〖건〗문과 창이 전혀 없는 벽.

전벽 (甎壁)〖명〗벽돌로 쌓은 벽.

전:변 (轉變)〖명〗〖하자〗형세나 국면이 바뀌어 달라짐. ▣~이 심하고 불안하다.

전:별 (餞別)〖명〗〖하타〗떠나는 사람을 위하여 잔치를 베풀어 작별함.

전:별-금 (餞別金)〖명〗전별할 때, 떠나는 사람을 위로하는 뜻으로 주는 돈.

전:별-연 (餞別宴)〖명〗전별하는 잔치.

전:별-주 (餞別酒)[-쭈]〖명〗전별할 때, 서운함을 달래며 나누는 술.

전:별-회 (餞別會)〖명〗전별하기 위하여 베푸는 모임.

전:병 (煎餅)〖명〗부꾸미.

전:병-코 (煎餅-)〖명〗몹시 넓죽하게 생긴 코.

전:보 (電報)〖명〗전신으로 보내는 통신·통보. ▣~를 받다 /~를 치다〔보내다〕.

전:보 (塡補)〖명〗〖하타〗부족한 것을 메워서 채움. 보전.

전:보 (戰報)〖명〗전쟁에 관한 보도.

전:보 (轉報)〖명〗〖하타〗남을 통하여 소식을 알림.

전:보 (轉補)〖명〗〖하자〗같은 직급 안에서, 다른 자리로 임용됨.

전:보-료 (電報料)〖명〗전보를 치는 데 드는 요금. 전신료(電信料).

전:보-문 (電報文)〖명〗전문(電文).

전:보-발신지 (電報發信紙)[-씬-]〖명〗발신하고자 하는 전문을 써서 내는 용지.

전:보-용지 (電報用紙)〖명〗전보발신지.

전:보 탁송 (電報託送)[-쏭]〖명〗전화 가입자가 전화를 이용하여 전보를 치는 일.

전:보-환 (電報換)〖명〗전신환(電信換).

전복 (全鰒)〖명〗〖조개〗전복과의 조개. 껍데기는 타원형이며, 길이 약 20 cm로 암갈색이나 청자색임. 살은 먹으며, 조개껍데기는 나전 세공의 재료로 쓰이는데, '석결명(石決明)'이라 하여 약재로도 씀.

전:복 (戰服)〖명〗〖역〗조선 후기에, 무관들이 입던 옷. 소매가 없고 뒤 솔기가 트여 있어 다른 옷 위에 덧보태 입는 용지.

전:복 (顚覆)〖명〗〖하자타〗뒤집혀 엎어짐. 또는 뒤집어 엎음. ▣~ 사고 / 열차가 ~되다 / 독재 정권을 ~하다.

전복-갑 (全鰒甲)[-깝]〖명〗금조개.

전복-죽 (全鰒粥)[-쭉]〖명〗전복을 참기름에 볶다가 불린 쌀을 넣어 푸짐하게 쑨 죽.

전복-탕 (全鰒湯)〖명〗생전복을 저미고 달걀을 씌워 맑은장국으로 끓인 국.

전:봇-대 (電報-)[-보때 / -봇때]〖명〗1 전주(電柱). ▣~를 세우다 /~에 광고지가 덕지덕지 붙어 있다. 2〈속〉키 큰 사람의 별명.

전:봇-줄 (電報-)[-보쭐 / -봇쭐]〖명〗〈속〉전선(電線). ▣~에 참새들이 앉아 있다.

전봉 (前鋒)〖명〗선봉(先鋒).

전:봉 (轉蓬)〖명〗가을에 뿌리째 뽑혀 여기저기 굴러다니는 쑥이라는 뜻으로, 고향을 떠나 정한 곳이 없이 떠돌아다님의 비유.

전부 (田婦)〖명〗농가의 부녀.

전부 (全部)〖명〗〖부〗사물의 모두. ▣이것이 내 재산의 ~다 / 그의 말은 ~ 거짓말이다 / 식구들이 ~ 다 모였다.

전부 (佃夫)〖명〗농부.

전부 (前夫)〖명〗전남편.

전부 (前部)〖명〗앞의 부분.

전부 (前婦)〖명〗전처(前妻).

전:부 (戰斧)〖명〗예전에, 전쟁할 때 쓰던 도끼.

전부지공 (田夫之功)〖명〗힘들이지 않고 거저 얻는 것을 이르는 말. *어부지리(漁父之利).

전부 판결 (全部判決)〖법〗하나의 소송에 여러 개의 청구가 있는 경우 전부에 대해 행해진 종국(終局) 판결. ↔일부 판결.

전:분 (澱粉)〖명〗〖화〗녹말.

전:분-당 (澱粉糖)〖명〗〖화〗녹말당.

전:분당화-소 (澱粉糖化素)〖명〗〖화〗녹말 효소.

전:분-종자 (澱粉種子)〖명〗〖농〗녹말종자.

전:분-질 (澱粉質)〖명〗녹말질.

전:분 효소 (澱粉酵素)〖화〗녹말 효소.

전불 (前佛)〖명〗〖불〗1 현세에 나타난 부처보다 이전에 성도(成道)하여 입멸(入滅)한 부처. 석가에 대하여 가섭불(迦葉佛) 등을 이름. 2 미륵불을 후불(後佛)이라고 하는 데 대하여, 석가를 이르는 말.

전불 (前拂)〖명〗〖하타〗물건을 받거나 일을 마치기 전에 돈을 미리 지불함.

전불고견 (全不顧見)〖명〗〖하자〗전혀 돌보아 주지 않음.

전비 (全備)〖명〗〖하타〗1 있어야 할 것을 전부 갖춤. 완비. 2 완전한 장비.

전비 (前妣)〖명〗선비(先妣).

전비 (前非)〖명〗이전에 저지른 잘못. 과거의 허물. ▣~를 뉘우치다.

전:비 (戰費)〖명〗전쟁에 드는 비용.

전:비 (戰備)〖명〗전쟁할 준비. 또는 그 장비. ▣~ 증강.

전비 중:량 (全備重量)[-냥]〖명〗규정 탑재물을 전부 실었을 때의 항공기 전체 무게.

전사 (前史)〖명〗1 역사 이전. 선사(先史). 2 어떤 역사의 원인을 설명하기 위해 쓰는, 그 전의 역사.

전사 (前事)〖명〗전에 있었던 일.

전사 (專使)〖명〗특사(特使).

전사 (轉寫)〖명〗〖하타〗본에서 전하여 베껴 씀.

전:사 (電寫)〖명〗'전송(電送) 사진'의 준말.

전:사 (戰士)〖명〗1 싸움을 하는 병사. 2 작업 현장에서 땀 흘려 일하는 사람. ▣산업 ~.

전:사 (戰史)〖명〗전쟁의 역사. ▣~에 길이 남을 유엔군의 인천 상륙 작전.

전:사 (戰死)〖명〗〖하자〗전장에서 싸우다 죽음. 전몰. 전망.

전:사 (戰事)〖명〗전쟁에 관한 일. 병사(兵事).

전:사 (轉寫)〖명〗1 글이나 그림 따위를 옮기어 베낌. 2〖인〗전사지에 그린 잉크 화상을 평판 판재면에 옮기는 일.

전:-과녁 (戰射-)〖명〗내기할 때 쓰는 과녁.

전-사내 (前-)〖명〗〈속〉전남편.

전사물론 (前事勿論)〖명〗지나간 일은 옳고 그름을 논할 것이 없음.

전:사-본 (轉寫本)〖명〗다른 책을 베껴 쓴 것.

전사-옹 (田舍翁)〖명〗고루한 시골 노인.

전:사-자 (戰死者)〖명〗전사한 사람. ▣~ 유족.

전:사-지 (轉寫紙)〖인〗1 전사 석판(轉寫石版)에 쓰는 얇은 가공지. 2 도기(陶器)나 양철에 인쇄할 때에 쓰는 인쇄 화지(畵紙). 3 카본(carbon) 사진 인쇄에 쓰는, 중크롬산 젤라틴을 두껍게 바른 종이.

전삭 (前朔)〖명〗지난달.

전:산 (全山)〖명〗1 모든 산. 2 그 산의 전체. ▣진달래꽃으로 ~이 붉게 물들었다.

전산 (前山)〖명〗앞산.

전:-산 (電算)〖명〗'전자계산기'의 준말. ▣정보

를 ~으로 처리하다.

전:산-기(電算機)圈 '전자계산기'의 준말.

전:산-망(電算網)圈『컴』 컴퓨터로 연결되는 통신 조직망.

전:산 사식(電算寫植) 활자가 아니고 사진 식 자 문자를 사용하여 컴퓨터 제어(制御)로 조 판하는 공정(工程). 컴퓨터 조판.

전:산-화(電算化)圈하자타 대량의 정보를 컴 퓨터로 고속·자동으로 처리함. 또는 그러한 시설을 갖춤.

전:상(戰狀)圈 전쟁의 상황. 전황.

전:상(戰傷)圈하자 전투에서 상처를 입음. 또 는 그 상처. ◇~을 입다.

전:상-병(戰傷兵)圈 전상을 입은 병사.

전상-의(田相衣)[-/-이]圈『불』 가사(袈裟).

전:상-자(戰傷者)圈 전상을 입은 사람.

전색(栓塞)圈『의』 혈관이 염증으로 말미암아 막힘. ◇동맥 ~.

전-색(塡塞)圈하자타 메워서 막힘. 또는 메워 서 막음.

전-색맹(全色盲)[-생-]圈『의』 빛깔을 전혀 느끼지 못하고 명암(明暗)만을 감지하는 색맹. *부분 색맹.

전:색-제(展色劑)[-쩨]圈 페인트를 고루 퍼는 데 쓰는 물질(보통, 아마인유(油)를 씀).

전생(全生)圈 온 생애. 평생. 일생. ◇~을 교 육에 바치다.

전생(前生)圈『불』 삼생(三生)의 하나. 이 세 상에 태어나기 이전의 생애. 전세. ◇~의 업 보 / ~의 인연. *금생·내생.

전:생(轉生)圈 다른 것으로 다시 태어남.

전생-연분(前生緣分)[-년-]圈 전생에서 맺은 연분. ⓒ전연(前緣).

전서(田鼠)圈『동』 두더지.

전서(全書)圈 1 어떤 사람의 저작·학설을 모 아 한 질로 만든 책. 2 어떤 한 분야의 것을 망라하여 엮은 책. ◇가정 의학 ~.

전서(前書)圈 전신(前信).

전서(傳書)圈하자 편지를 전함.

전:서(塡書)圈하타 빠진 글자를 채워서 써 넣 음.

전:서(篆書)圈 1 전자체(篆字體)로 쓴 글씨. 2 전자(篆字).

전:서(戰書)圈 전쟁의 시작을 알리는 통지서.

전:서(轉書)圈하자 배서(背書).

전서-구(傳書鳩)圈 통신에 이용하는 훈련된 비둘기.

전-서방(前書房)圈〈속〉 전남편.

전석(全石)圈 곡식 따위의 마되 수효가 완전 히 찬 온 섬.

전석(甎石)圈『건』 벽돌.

전:석(轉石)圈 암반에서 떨어져, 흐르는 물에 떠 내려온 돌.

전선(全線)圈 1 모든 선로. ◇폭설로 ~이 불 절되다. 2 모든 전선(戰線). ◇~에서 전투는 소강 상태에 빠졌다.

전선(前線)圈 1『군』 전쟁터에서 적과 상대하 는 맨 앞 지역을 연결한 선. ◇~에서 싸우는 용사. 2 직접 뛰어든 일정한 활동 분야. ◇산 업 ~ / 생활 ~. 3『기상』 성질이 다른 두 기 단의 경계면이 지표와 만나는 선. 불연속선 (不連續線). ◇장마 ~.

전:선(電線)圈 전기를 통하는 도체로 쓰는 금 속선. 전깃줄. 전선줄. 전신선.

전:선(銓選)圈하타 사람을 골라 뽑음.

전:선(戰船)圈 전투에 쓰는 배. 병선.

전:선(戰線)圈 1 전시에 적전(敵前)에 배치한 전투 부대의 배치선. 전선(前線). 제일선. ◇150 마일에 걸치는 ~ / 증원 부대가 ~으로 투입되다. 2 경쟁·투쟁 국면을 전쟁으로 비 유한 말. ◇평화 / 공동 ~을 형성하다.

전:선(轉旋)圈하자타 굴러서 빙빙 돌아감. 또 는 굴려서 빙빙 돌림.

전선 뇌우(前線雷雨)『기상』 한랭 전선 부근 에서 급격한 상승 기류가 일어남으로써 발생 하는 뇌우. 계뢰(界雷).

전:선-대(電線-)圈 ☞ 전봇대.

전선-면(前線面)圈『기상』 기온·습도·풍향 등이 다른 두 기단(氣團)이 만났을 때 잘 섞 이지 않아 생긴 경계면. 불연속면(不連續面).

전:선-주(電線柱)圈 전주(電柱).

전:선-줄(電線-)[-쭐]圈 전선(電線).

전설(前說)圈 1 전 사람이 남겨 놓은 말. 2 전 에 논한 말. ◇~을 번복하다.

전설(傳說)圈 1 예로부터 전해 내려오는 이야 기. 어떤 민족 또는 지방에서 전승(傳承)된 설화(說話). ◇밀양의 아랑(阿娘)에 관한 ~. 2 전언(傳言).

전설 모:음(前舌母音)『언』 혀의 앞쪽에서 발 음되는 모음(「ㅣ·ㅔ·ㅐ·ㅟ·ㅚ」 따위).

전:설-음(顫舌音)『언』 설전음.

전설-적(傳說的)[-쩍]관圈 전설과 같은 (것). 전설에 등장하기에 알맞은 (것). ◇~(인) 인 물의 이야기.

전설-화(傳說化)圈하자타 전설적인 것이 됨. 또는, 전설로 되게 함.

전성(全盛)圈하圈 형세나 세력 따위가 한창 왕성함.

전:성(展性)圈 두드리거나 누르면 얇게 퍼지 는 금속의 성질(금·은·동 등이 이런 성질이 뛰어남.

전:성(轉成)圈하자 1 기능이나 상태 따위가 바 뀌어 다른 것이 됨. 2 '품사 전성(品詞轉成)' 의 준말.

전:성(顫聲)圈 떨리는 목소리.

전성-관(傳聲管)圈 항공기·기선·철도 따위의 소음이 심한 곳에서, 관의 한끝에서 한 말소 리가 다른 한끝에서 들리게 만든 장치.

전성-기(全盛期)圈 형세·세력 따위가 한창 왕성한 시기. 황금시대(黃金時代). ◇그때가 그의 ~였다 / 제2의 ~를 구가하다.

전성-시대(全盛時代)圈 형세·세력 따위가 한 창 왕성한 시대. ◇그의 ~도 막을 내렸다.

전:성-어(轉成語)圈『언』 1 어떤 품사가 다른 품사로 바뀐 말. 2 외국어가 자국어로 된 말 (「남포·빵」 따위).

전:성 어:미(轉成語尾)『언』 활용어의 어말 어미의 한 갈래. 한 문장을 관형사나 명사, 부사처럼 만들어 줌. 관형사형 어미·명사형 어미·부사형 어미로 나뉨(「-(으)ㄴ·-ㄹ·-기·-(으)ㅁ-·-아/-어·-게·-기·-고」 따위).

전:성-형(轉成形)圈『언』 활용어로 하여금 다 른 품사의 자격을 가지게 하는 활용형. 활용 어에 전성 어미가 붙는 꼴. 명사형·관형사형· 부사형으로 나뉨. 자격형(資格形).

전세(田稅)圈 논밭의 조세.

전세(前世)圈 1 전대(前代). 2『불』 전생(前 生). *내세·후세.

전세(專貰)圈 약속한 일정 기간 그 사람에게 만 빌려 주고 타인의 사용을 금지하는 일. 대 절(貸切). ◇~ 버스.

전세(傳世)圈하타 대를 물려 전해감.

전세(傳貰)圈 일정 금액을 지불하고 남의 부 동산을 일정 기간 빌려 쓰는 일(반환할 때는

그 돈을 도로 찾음). ❑~ 보증금 /~로 든 집 / 살던 집을 ~ 놓다.

전:세 (戰勢) **명** 전쟁의 형세. ❑불리한 ~를 만회하다 / ~가 역전하다.

전세-가 (傳貰價) [-까] **명** 전세를 얻을 때 그 대가로 내는 돈의 액수. 전셋값.

전세-권 (傳貰權) [-꿘] **명** 『법』 전세금을 주고 남의 부동산을 점유하여 그 용도에 따라 사용할 수 있는 권리.

전세-금 (傳貰金) **명** 전셋돈.

전-세기 (前世紀) **명** 지나간 세기.

전세-방 (傳貰房) [-빵] **명** 전세로 빌려 주는 방. 또는 전세로 빌려 쓰는 방.

전-세월 (前歲月) **명** 지나간 세월.

전셋-값 (傳貰-) [-세깝 /-센깝] **명** 전세가 (傳貰價).

전셋-돈 (傳貰-) [-세똔 /-센똔] **명** 전세를 얻을 때에 그 부동산의 소유자에게 맡기는 돈. 전세금. ❑~이 많이 올라 집 얻기가 힘들다.

전셋-집 (傳貰-) [-세찝 /-센찝] **명** 전세로 빌려 주거나 빌려 쓰는 집.

전소 (全燒) **명하자** 남김없이 모두 타 버림. ❑가옥 3동(棟)이 ~. *반소.

전소 (前宵) **명** 어젯밤.

전속 (全速) **명** 전속력. ❑~으로 달리다.

전속 (專屬) **명하자** 오직 한 기구나 조직에만 속함. ❑~ 탤런트 /~ 계약을 하다.

전-속 (轉屬) **명하자 1** 원적(原籍)을 다른 데로 옮김. **2** 소속을 바꿈. ❑~ 명령을 받다.

전속 관할 (專屬管轄) [-관-] **1** 전관(專管). **2** 『법』 법정 관리의 하나. 어떤 종류의 소송 사건을 특정 법원의 재판관석에 복속(服屬)시켜 당사자에 의하여 변경될 수 없는 것과 같은 관할.

전-속력 (全速力) [-송녁] **명** 낼 수 있는 최대한의 속력. ❑~으로 차를 몰다.

전속-물 (專屬物) [-송-] **명** 어느 한곳에만 전적(全的)으로 속해 있는 물건.

전속 부:관 (專屬副官) [-뿌-] **명** 『군』 장관급(將官級) 장교에 속하여 그를 보좌하여 신변 보호·사무 연락 따위의 일을 맡아보는 장교.

전:속 전:류 (電束電流) [-쩔-] **전** 변위(變位) 전류.

전손 (全損) **명 1** 죄다 없어진 손실. **2** 해상 보험에서, 피보험물이 완전히 없어지거나 쓸모 없게 되는 손실. →분손(分損).

전:송 (電送) **명하타** 글이나 사진 따위를 전류 또는 전파를 이용해 먼 곳에 보냄. ❑사진을 ~하다.

전송 (傳送) **명하타** 전하여 보냄.

전송 (傳誦) **명하타** 사람의 입에서 입으로 외워서 전함. ❑대대로 ~하여 온 민요.

전:송 (餞送) **명하타** 전별하여 보냄. ❑~을 받다 / 역까지 나가 입대하는 친구를 ~하다.

전-송 (轉送) **명하타** 간접적으로 남의 손을 거쳐 물건을 보냄. ❑우편물을 이사간 곳으로 ~하다.

전:송 사진 (電送寫眞) 전송된 사진. ❑신문은 통신사의 ~을 많이 이용한다. 圖전사.

전수 (田叟) **명** 농촌의 노인.

전수 (全數) **명뛰** 전체의 수. **뛰** 온통. 모두. ❑그의 말은 ~ 거짓말이다.

전수 (專修) **명하타** 오로지 그 분야의 지식이나 기술 따위를 전문적으로 배우고 익힘. ❑~과목.

전수 (傳受) **명하타** 기술이나 지식 따위를 전하여 받음. ❑새로운 무술을 ~하다.

전수 (傳授) **명하타** 기술이나 지식 따위를 전하

여 줌. ❑요리 비법을 ~하다.

전:수 (轉綬) **명하타** 기와나 검은 빛깔의 토기를 불에 그슬려 광채를 냄. 또는, 그 일.

전수-가결 (全數可決) **명하타** 회의에 모인 전원이 찬성하여 가결함. *다수결.

전수-금 (前受金) **명** 선수금.

전수 조사 (全數調査) 대상이 되는 통계 집단의 단위를 하나하나 전부 조사하는 관찰 방법. ↔표본 조사.

전:숙 (轉宿) **명하자** 숙소를 다른 곳으로 옮김.

전-술 (全-) **명** 전내기의 술.

전술 (前述) **명하자** 앞에서 이미 진술 또는 논술함. ❑~한 바와 같다.

전술 (戰術) **명 1** 전쟁에 이기기 위한 여러 가지 기술과 방책. 전법(戰法). 병술(兵術). ❑~에 능하다. *전략(戰略). **2** 일정한 목적을 달성하기 위한 수단이나 방법. ❑태업(怠業) ~로써 기업주에 대항하다.

전:술-가 (戰術家) **명** 전술에 능한 사람.

전:술 공군 (戰術空軍) 『군』 교전 중(交戰中)인 지상·해상 부대의 작전 지원을 주요 임무로 하는 공군 부대. *전략 공군.

전:술-적 (戰術的) [-쩍] **관명** 전술에 관한 (것). ❑~ 후퇴. *전략적.

전:술 폭격 (戰術爆擊) [-격] 『군』 지상·해상 부대를 엄호하기 위해서 하는 폭격. *전략 폭격.

전:술-학 (戰術學) 『군』 전술에 관한 군사학.

전:술 핵무기 (戰術核武器) [-행-] 주로 국지전에서 쓰이는, 비교적 폭발 위력이 작은 핵무기(공대공 미사일·지대공 미사일·핵 지뢰 따위에 장착됨).

전습 (傳習) **명하타** 기술·지식 따위를 다른 사람에게 배워 익힘.

전습 (傳襲) **명하타** 전하여 내려오는 대로 답습함. 전하여 물려받음.

전승 (全勝) **명하자** 전쟁이나 경기 따위에서 한 번도 지지 않고 모조리 이김. ❑~을 기록하다 /5전 ~으로 우승하다.

전승 (傳承) **명하타** 문화·풍속·제도 따위를 이어받아 계승함. ❑~ 공예 / 민간 ~의 치료법.

전승 (戰勝) **명하자** 전쟁이나 경기 따위에서 싸워 이김. 전첩. →전패(戰敗).

전:승 (轉乘) **명하자** 다른 말·차·배 따위로 바꾸어 탐.

전승-국 (戰勝國) **명** 전쟁에 이긴 나라. 전첩국(戰捷國). ↔패전국(敗戰國).

전승 문학 (傳承文學) 『문』 구비(口碑) 문학.

전시 (全市) **명** 시의 전체.

전:시 (展示) **명하타** 여러 가지 물품 따위를 한곳에 모아 벌여 놓고 사람들에게 보임. ❑도서 ~ / ~ 기간을 연장하다 / 미술품을 ~하다.

전:시 (展翅) **명하타** 곤충을 채집하여 표본으로 만듦.

전:시 (殿試) **명** 『역』 조선 때, 문과의 복시에서 선발된 33명과 무과의 복시에서 선발된 28명을 궐내에 모아 왕이 친히 보이던 과거.

전시 (戰時) **명** 전쟁이 벌어진 때. ❑~ 비상사국 / ~에 대비하다. ↔평시(平時).

전:시 경제 (戰時經濟) 『경』 전쟁 수행을 위하여 편성하는 국민 경제. 곧, 소비 절약·생산 증가 등을 꾀하는 계획적·통제적인 경제.

전:시 공법 (戰時公法) [-뻡] 『법』 전시 국제 공법.

전:시 공채 (戰時公債) 『경』 전시에 국가가 군

사비로 쓰려고 모집하는 공채.

전시-과(田柴科)[-꽈]몡《역》고려 때, 관리·서리(胥吏)·향직자(鄕職者)·군인·한인(閑人) 등에게 그 관급에 따라 토지와 임야를 나누어 주던 규정.

전:시 국제 공법(戰時國際公法)[-쩨-뻡]《법》전시의 국제간 법률 관계를 규정한 법률. 전국제법.

전:시 국제법(戰時國際法)[-쩨뻡]《법》전시 국제 공법. ↔평시(平時) 국제법.

전:시 금:제품(戰時禁制品)《법》전시 국력의 법상, 적국으로 수송되면 적국의 교전 능력을 증가시킬 가능성이 있어 수출이 금지 또는 제한된 물품.

전:시-대(展示臺)몡 물품을 전시할 수 있도록 만든 대.

전:시-물(展示物)몡 전시하여 놓은 물품.

전:시 복구(戰時復仇)[-꾸]《법》한 교전국이 전시 법규에 위반되는 행위를 했을 때 다른 교전국이 같은 정도의 전시 법규에 위반되는 행위를 하는 일.

전:시 봉쇄(戰時封鎖) 전시에, 해군력으로 적의 항구나 연안의 교통을 차단하는 일.

전:시 비:상권(戰時非常權)[-꿘]《법》교전국이 필요에 따라 점령지에 있는 적의 재산을 강제로 사용·처분할 수 있는 권리.

전:시-세(戰時稅)《법》전시에 전쟁 경비의 조달을 위해 부과하는 특별세.

전:시-용(展示用)몡 1 전시를 하는 데 쓰기 위한 것. ▣ 가구. 2 남에게 잘 보이기 위한 것. ▣책장에 꽂힌 책들은 ~에 불과하다.

전:시-장(展示場)몡 무엇을 모아 전시를 하는 곳. ▣고대 유물 ~ / 상설 ~.

전:시 징발(戰時徵發)《법》전시에 민간으로부터 군대에 필요한 물적(物的) 자원을 징발하는 일.

전:시 체제(戰時體制) 전쟁 수행을 위해 전시에 맞게 편성한 체제.

전:시-판(展翅板)몡 채집한 곤충의 촉각·날개·다리 등을 잘 펴서 고정하는 판.

전:시 편제(戰時編制) 국방 방침에 따라 전시에 대비하여 마련한 부대 편제.

전:시-품(展示品)몡 전시하는 물품.

전:시-회(展示會)몡 어떤 특정한 물건 등을 전시하여 일반에게 참고가 되게 하는 모임. ▣전자 제품 ~.

전:시 효:과(展示效果) 1《경》소비 지출이 자신의 소득 수준에 따르지 않고 타인을 모방하여 증대되는 사회적·심리적 효과. 2 정치 지도자가 대내외적으로 그 업적을 과시하기 위하여 실질적인 효과가 크지도 않은 상징적인 사업을 실시하는 따위를 이름.

전신(全身)몡 온몸. 온 ▣몸에 졎다 / ~에 전율이 흐르다 / ~을 부들부들 떨다.

전신(前身)몡 1 어떤 단체나 물체 따위가 바뀌기 전의 본체. ▣교육부의 ~은 문교부이다. 2《불》이 세상에 나오기 전의 세상의 몸.

전신(前信)몡 전에 보낸 편지. 전서(前書).

전신(電信)몡 소식이나 편지를 전함.

전:신(電信)몡 전류·전파를 써서 두 지점 사이에 행하는 통신.

전:신(轉身)몡하짜 1 다른 곳으로 몸을 옮김. 2 주의(主義)나 생활 방침을 바꿈.

전신-골(全身骨)몡 염소·노루·소 등의 살을 발라내고 난 온몸의 뼈.

전:신-기(電信機)몡 전류나 전파를 이용하여

통신하는 기계.

전:신-료(電信料)[-뇨]몡 1 전보료(電報料). 2 전신을 이용한 데 대한 요금.

전신 마취(全身痲醉)《의》큰 수술을 하기 위해 마취제를 써서 온몸의 감각·의식을 마비시키는 일.

전:신-만신(全身滿身)몡 온몸을 강조하여 이르는 말. ▣~에 상처투성이다.

전:신-망(電信網)몡 전신 통신 설비의 분포 체계.

전:신 부:호(電信符號) 전신에 쓰는 부호(점이나 선으로 자모를 나타냄).

전신 불수(全身不隨)[-쑤]《한의》중풍에 걸려 온몸을 마음대로 쓰지 못하는 상태. *반신불수.

전신-상(全身像)몡 몸 전체를 표현한 조소나 그림. 화상.

전:신-선(電信線)몡 전선(電線).

전:신 약호(電信略號)[-냐코] 전보 발신 때, 특수한 취급을 지정하기 위해 전보용지에 기입하는 약호. ㉮전략.

전신 운:동(全身運動) 온몸을 고루 움직이는 운동. 온몸 운동.

전:신-주(電信柱)몡 전주(電柱).

전:신-줄(電信-)[-쭐]몡 전선(電線).

전:신-환(電信換)몡 지급 송금이 필요한 발송인의 청구에 따라, 발행국의 전신 지시로 지급국이 전신환 증서를 만들어 수취인에게 통지하는 환(換).

전실(前室)몡 '전취(前娶)'의 높임말. ▣~ 소생 / ~의 자식.

전:실-하다(眞實-)혱여 몸가짐이 법도에 맞고 성실하다.

전심(全心)몡 온 마음.

전심(前審)몡《법》1 이전에 있었던 심리(審理). ▣~ 판결. 2 법원의 심리에 앞서 행정기관 따위에서 하는 심리.

전심(專心)몡하짜 마음을 오로지 한곳에만 씀. ▣~으로 연구에 몰두하다.

전심-전력(全心全力)[-녁-]몡 온 마음과 온 힘. ▣~을 다하다.

전심-전력(專心專力)[-녁-]몡하짜 온 마음과 온 힘을 한곳에 다 기울임.

전심-치지(專心致志) 딴 생각은 않고 오로지 한 가지 일에만 마음을 써서 뜻한 바를 이룸.

전아(全我)몡《철》관념론에서, 자아(自我)의 전체.

전:아(剪芽)몡하짜 초목의 싹을 자름.

전:아-하다(典雅-)혱여 사물의 법도에 맞고 아담하다. ▣전아한 아악(雅樂)의 가락.

전:악(典樂)몡《역》조선 때, 장악원(掌樂院)의 정육품 잡직(雜職)의 하나.

전악(前惡)몡 1 이전에 저지른 죄악. 2《불》전세의 죄업.

전안(前案)몡 이전의 고안이나 안건.

전:안(奠雁)몡하짜 혼인 때, 신랑이 기러기를 갖고 신부 집에 가서, 상 위에 놓고 절하는 예.

전:안-상(奠雁床)[-쌍]몡 신랑이 전안(奠雁)을 할 때, 기러기를 올려놓는 상(床).

전:안-청(奠雁廳) 전안을 위해 차려 놓은 자리(차일을 치고 병풍을 두르고 솔·대·과일·음식이 차려진 큰상을 놓음).

전:알(展謁)몡하짜 전배(展拜).

전:압(電壓)몡《전》전기장이나 도체 내에 있는 두 점 사이의 전위차(단위는 볼트(V)임). ▣~이 높다.

전:압-계(電壓計)[저납꼐 / 저납꼐]몡《전》전

전-압력 (全壓力)[저남녁]똉 『물』 서로 접해 있는 면 전체에 작용하는 압력의 합계. 전체 압력.

전:압-선 (電壓線)[저납썬]똉 배전 간선에서 발전소나 배전소까지 끌어 온 가는 전선.

전:압 조정기 (電壓調整器)[저납쪼-]〔전〕 부하(負荷)에 공급되는 전압을 일정하게 하기 위하여 전원(電源)과 부하 사이에 삽입하는 기계.

전액 (全額)똉 액수의 전부. ▣~ 배상.

전:액 (篆額)똉 전자(篆字)로 쓴 비갈(碑碣)의 제액(題額).

전야 (田野)똉 1 논밭과 들. 2 시골·농촌을 이르는 말. ▣~에 묻혀 살다.

전야 (前夜)똉 1 어젯밤. 2 특정한 날을 기준으로 그 전날 밤. ▣크리스마스 ~.

전야-제 (前夜祭)똉 어떤 행사의 전날 밤에 행하는 축제. ▣부천 국제 영화제 ~ 행사.

전약 (前約)똉 선약(先約).

전:약 (煎藥)똉 1 쇠가죽을 고아서 만든, 동짓(冬至)날에 먹는 음식의 한 가지. 2〔한의〕 달여 놓은 약(藥).

전어 (傳語)똉톈짜톄 전언(傳言).

전:어 (箭魚)똉 〔어〕 준치.

전:어 (錢魚)똉 〔어〕 전어과의 바닷물고기. 근해에 살며 길이 약 30cm, 등이 솟고 배가 불러 긴 달걀꼴 모양이며, 등지느러미의 끝의 여린 줄기가 특히 깊.

전-어머니 (前-)똉 후처의 자식이 그 아버지의 전처를 이르는 말. 전모(前母).

전:어-사리 (錢魚-)똉 전어의 새끼.

전언 (前言)똉 1 전에 한 말. 전설(前說). ▣~을 취소하다. 2 옛사람이 남긴 말.

전언 (傳言)똉톈짜톄 말을 전함. 또는 그 말. 전설. 전어. 탁언(託言).

전언-판 (傳言板)똉 역이나 휴게실 등에서, 만날 사람을 만나지 못하여 전할 말을 적거나 편지를 써서 꽂아 놓는 판.

전업 (前業)똉 1 이전에 하던 사업이나 직업. 2〔불〕 전세에 지은 선악의 업.

전업 (專業)똉톈짜 전문으로 하는 직업이나 사업. ▣~ 주부 / ~ 농가.

전:업 (電業)똉 전기와 관련된, 발전(發電)·송전(送電)·배전(配電) 등의 사업.

전:업 (轉業)똉톈짜 직업을 바꿈. ▣농업을 하던 사람이 상업으로 ~하다.

전역 (全域)똉 어느 지역의 전부. ▣한반도 ~에 비가 온다.

전역 (全譯)똉톈짜톄 원문 전체를 번역함. 또는 그 번역. 완역(完譯).

전:역 (戰役)똉 전쟁(戰爭).

전:역 (戰域)똉 전투가 벌어진 지역.

전:역 (轉役)똉톈짜 〔군〕 현재 근무하는 역종(役種)에서 다른 역종으로 바뀜(흔히 현역에서 예비역으로 편입되는 경우). ▣예비역으로 ~하다.

전:역-식 (轉役式)[저녁씩]똉 〔군〕 현역에서 예비역으로 전역할 때 행하는 의식.

전연 (全緣)똉 〔식〕 잎의 가장자리 생김새의 하나. 톱니가 없고 민틋함(감나무의 잎 따위).

전연 (前緣)똉 1 '전생연분(前生緣分)'의 준말. 2 앞쪽의 가장자리. ↔후연(後緣).

전:연 (展延)똉 얇게 펌. 또는 얇게 펴짐.

전연 (全然)톘 전혀. ▣~ 모르는 사람.

전열 (全裂)똉 〔식〕 잎·꽃받침·꽃잎 등이 그 밑 부분까지 깊이 갈라진 것.

전열 (前列)[저녈]똉 앞의 줄. 앞의 대열.

전:열 (電熱)똉 전기 저항에 의해 생기는 열. ▣~ 기구.

전:열 (戰列)똉 전쟁에 참가하는 부대의 대열. ▣~을 갖추다 / ~을 가다듬다.

전:열-기 (電熱器)똉 전기 저항에 의해 생기는 열을 이용하는 전기 기구(전기난로·전기다리미 따위).

전:열-선 (電熱線)[저녈썬]똉 전류를 통해 전열을 발생시키는 도선. ▣~으로는 니크롬선이 많이 쓰인다.

전염 (傳染)똉톈짜 1 〔생〕 병원체가 어떤 생물체에 옮음. ▣말라리아는 모기에 의해 ~된다. 2 나쁜 습관이나 풍속 등이 옮아 물이 듦. 또는 외래문화에 ~되는 것을 말다.

전염-병 (傳染病)[저념뼝]똉 〔의〕 전염성을 가진 병. ▣~ 예방 주사 / ~이 돌다 / ~이 퍼지다 / ~에 감염되다. ☎염병(染病).

전염-성 (傳染性)[저념썽]똉 전염하는 성질. ▣~이 강한 병.

전엽-육 (全葉育)[저념뉵]똉 누에를 칠 동안 시종 썰지 않은 뽕잎을 먹이는 일.

전엽-체 (前葉體)똉 〔식〕 양치식물의 홀씨가 싹이 터서 된 배우체(수정란이 발육하여 양치류가 됨). 원엽체. 편평체.

전-오대 (前五代)똉 〔역〕 중국의 동진(東晉)이 망한 뒤부터 당(唐)나라 이전까지의 다섯 왕조. 송·제(齊)·양(梁)·진(陳)·수. 오대(五代).

전:옥 (典獄)똉 1 '교도소장'의 구칭. 2 〔역〕 죄인을 가두던 감옥.

전와 (甎瓦)똉 벽돌과 기와.

전:와 (戰渦)똉 전쟁으로 일어나는 혼란.

전:와 (轉訛)똉 어떤 말이 본디의 뜻과 달리 전해져 굳어짐.

전:와-어 (轉訛語)똉 전와된 말.

전완 (前腕)똉 〔생〕 하박(下膊).

전완-골 (前腕骨)똉 〔생〕 하박골(下膊骨).

전완-근 (前腕筋)똉 〔생〕 하박근(下膊筋).

전왕 (前王)똉 전번의 왕. 전대(前代)의 왕.

전:-요 (氈-)[-뇨]똉 전으로 만든 요.

전:요 (纏繞)똉톈짜톄 덩굴 같은 것이 다른 나무를 휘감음. 또는 휘감김.

전:요-경 (纏繞莖)똉 감는줄기.

전용 (全用)똉톈톄 온전히 씀.

전용 (全容)똉 전체의 모습이나 내용. 전모(全貌).

전용 (專用)똉톈톄 1 오로지 그것만 씀. ▣한글 ~. 2 특정한 사람 한 사람만이 씀. ▣임원 ~ 식당 / 회원 ~ 클럽 / 버스 ~ 차선.

전:용 (轉用)똉톈톄 쓰려던 데가 아닌 다른 데로 돌려서 씀. ▣예산을 ~하다 / 농지를 택지로 ~하다.

전용-권 (專用權)[저뇽꿘]똉 〔법〕 특정한 물건이나 장소를 특정인만 쓰고 다른 사람은 쓰지 못하게 할 수 있는 권리.

전용-기 (專用機)똉 특정한 사람만이 이용하는 비행기. ▣대통령 ~.

전용 면:적 (專用面積) 아파트 따위의 공동 주택에서, 복도·계단·승강기 등의 공용 면적을 뺀 부분의 바닥 면적.

전용-선 (專用船)똉 특정 화물만을 운반하는 데 쓰는 배(탱커·석탄선 따위).

전용-선 (專用線)똉 1 특정인만이 혼자 사용하는 전화. 2 궤도 사용자가 국유 철도의 역 구내에 설치하여 전용하는 철도선.

전용 어장 (專用漁場) 수면 전용의 허가를 받은 어장.

전용-전(專用栓)團 한 집에서만 사용하는 수도전.

전용 철도(專用鐵道)[저눙—또] 특정인이 혼자서만 사용하기 위해 관청의 허가를 얻어 부설한 철도.

전용 컴퓨터(專用computer)『컴』 특정한 목적을 위하여 만들어진 컴퓨터. 미사일 궤도 추적용·공정(工程) 제어용 따위가 있음. 특수 목적 컴퓨터. *범용 컴퓨터.

전:우(殿宇)團 신령이나 부처를 모신 집.

전:우(戰友)團 같은 부대에 소속하면서 생활과 전투를 같이하는 동료. 군우. ▢~들의 도움으로 위기를 넘겼다.

전:우-애(戰友愛)團 전우로서 서로 돕고 사랑하는 마음. ▢~를 발휘하다.

전:운(戰雲)團 전쟁이 일어나려는 험악한 형세. ▢~이 감돌다.

전원(田園)團 1 논밭과 동산. 2 시골. 교외.

전원(全員)團 전체의 인원. ▢~ 집합 / 각료 ~이 사표를 내다.

전원(全院)團 한 원(院)의 전체.

전:원(電源)團『物』1 전류가 오는 원천《전기 콘센트 등》. 2 전력을 공급하는 원천.

전:원 개발(電源開發)『工』전원 확보를 위한 발전에 필요한 댐(dam)·수로(水路)·저수지(貯水池) 따위를 설치하고 개량하는 일.

전원-교외(田園郊外)團 도시 교외에 있는 근교(近郊) 주택지.

전원 교향곡(田園交響曲)『樂』베토벤이 작곡한 교향곡 제6번. 자신이 표제를 붙인 것으로서 표제 음악의 선구임. 5악장으로 되어 있으며, 1808년에 완성되었음. 파스토랄 심포니.

전원-도시(田園都市)團 도시 생활의 편익과 전원생활의 정취(情趣)를 갖추어 도시 근교에 건설한 도시.

전원 문학(田園文學)『文』전원의 정경·생활을 제재로 한 문학.

전원-생활(田園生活)團 도시를 떠나 전원에서 자연과 더불어 사는 생활.

전원-시(田園詩)團 전원의 생활이나 자연미를 읊은 시.

전원-시인(田園詩人)團 전원·자연의 아름다움을 노래하는 시인.

전원-주택(田園住宅)團 전원의 정취를 느낄 수 있게 도시 근교의 전원 지대에 지은 단독 주택.

전월(前月)團 지난달.

전위(全委)團[하타] 전부를 다 맡김.

전위(前衛)團 1 전방의 호위(護衛). 2 '전위대'의 준말. 3 테니스·배구 등에서, 자기 진의 전방에 위치하여 주로 공격을 하는 선수. 4 사회 운동이나 예술 운동에서 가장 선구적인 사람이나 집단. ▢~ 음악.

전위(專委)團[하타] 전임(專任).

전위(專爲)團[하타] 오로지 한 가지 일만을 함.

전위(傳位)團[하타] 왕위를 물려줌.

전:위(電位)團『物』전기장(電氣場) 내의 한 점에, 어떤 표준점으로부터 단위 전기량을 옮기는 데 필요한 두 점 사이의 전압의 차《전류는 전위의 높은 곳에서 낮은 곳으로 흐름》.

전:위(轉位)團 1 위치가 변함. 위치를 옮김. 2『化』유기 화합물의 분자 안에서 두 원자나 원자단이 서로 위치를 바꾸는 일.

전:위-계(電位計)[저뉘—/ 저뷔게]團『物』정전기(靜電氣)를 이용해서 전위차나 전기량으로

재는 계기(計器). 전기계.

전위-극(前衛劇)『演』틀에 박힌 연극 형식에서 벗어나 새로운 표현 방법을 추구하는 연극.

전위-대(前衛隊)團 전진할 때 적의 엄습을 경계하기 위해 앞서 나가는 부대. 준전위.

전위 영화(前衛映畵)『演』새롭고 실험적인 표현 기술을 사용하여 만든 영화.

전위 예:술(前衛藝術)기존의 예술 형식을 부정하고 새로운 표현을 추구하는 예술 경향.

전:위-차(電位差)團『物』전기장(電氣場) 또는 도체 내의 두 점 사이의 전위의 차. 전압.

전위-파(前衛派)團 아방가르드2.

전유(全乳)團 지방을 빼지 않은 자연 그대로의 우유.

전유(專有)團[하타] 혼자만 소유함. 독점함.

전유(煎油)團[하자타] 지짐질. 준전(煎).

전유(傳諭)團[하타]『歷』왕의 유지(諭旨)를 의정(議政) 또는 유현(儒賢)에게 전함.

전유-물(專有物)團 혼자 독차지한 물건. 독점물. ↔공유물.

전유-어(煎油魚)團 저냐.

전:율(典律)團 1 정해진 법률. 2『歷』조선 때, 장악원(掌樂院)의 정칠품 잡직의 하나.

전:율(戰慄)團[하자타] 무섭거나 두려워 몸이 벌벌 떨림. 전전율률. ▢~을 느끼다 / 참상을 목격하고 ~했다.

전:율-스럽다(戰慄—)[저눌—따][—즐러워·—스러우니][형타] 무섭거나 두려워서 몸이 떨리는 느낌이 있다. ▢폭력 장면이 전율스러웠다.

전음(全音)團『樂』온음.

전:음(餞飮)團 전배(餞杯).

전:음(顫音)團『樂』트릴(trill).

전음-계(全音階)[저능—/ 저늠게]團『樂』온음계.

전음-기(傳音器)團 소리를 크게 멀리 전하는 기기《메가폰·확성기 따위》.

전음-부(全音符)團『樂』온음표.

전음 음계(全音音階)[저느금—/ 저느금게]團『樂』온음 음계.

전-음정(全音程)團『樂』온음정.

전읍(全邑)團 읍의 전체.

전:의(典衣)[저늬/ 저니]團[하타] 옷을 전당(典當) 잡힘.

전:의(典醫)[저늬/ 저니]團『歷』대한 제국 때, 태의원(太醫院)에 딸린 주임(奏任)의 벼슬《네 명이 있었음》.

전의(前誼)[저늬/ 저니]團 이전부터 사귄 정의. ▢~가 두텁다.

전의(前議)[저늬/ 저니]團 앞서의 의논.

전의(專意)[저늬/ 저니]團[하자] 오직 한 곳에 만 뜻을 쏟음.

전의(傳衣)[저늬/ 저니]團[하자]『佛』'전의발(傳衣鉢)'의 준말.

전:의(詮議)[저늬/ 저니]團[하타] 1 내용을 분명히 하기 위해 사리(事理)를 따져 논의함. 2 죄인이나 죄의 흔적을 따져서 밝힘.

전:의(戰意)[저늬/ 저니]團 싸우고자 하는 의사. ▢~를 잃다 / ~를 불태우다.

전:의(氈衣)[저늬/ 저니]團 전으로 만든 옷.

전:의(轉義)[저늬/ 저니]團[하자] 본디 뜻에서 다른 뜻으로 바뀜. 또는 그 바뀐 뜻.

전:의-감(典醫監)[저늬—/ 저니—]團『歷』조선 때, 왕실의 의약을 맡던 관아.

전-의발(傳衣鉢)[저늬—/ 저니—]團[하자]『佛』제자에게 도를 전해 줌을 일컫는 말. 준전의.

전-의식(前意識)[저늬—/ 저니—]團『心』의식이나 기억에 나타나는 억압된 잠재의식《정신

전:이(轉移)**명**하자 **1** 자리나 위치 따위를 다른 곳으로 옮김. **2** 《의》악성 종양 등이 혈액이나 림프를 따라 딴 조직으로 옮아감. ◘암이 다른 장기로 ~하다.

전인 (全人)**명** 지(知)·정(情)·의(意)가 완전히 조화된 원만한 인격자.

전인 (前人)**명** 앞사람. 옛날 사람. ↔후인.

전인 (前因)**명**《불》전생의 인연.

전인 (專人)**명** 어떤 소식이나 물건을 전하기 위하여 특별히 사람을 보냄. 또는 그 사람. 전족(專足). 전팽(專伻).

전인 교:육(全人教育) 지식에 치우친 교육을 배제하고 성격 교육·정서(情緖) 교육 등을 중히 하는 교육.

전-인구(全人口)**명** 모든 인구. 인구 전체. ◘~의 반 이상이 여성이다.

전인대 (全人代)**명** 중국의 최고 국가 기관인 '전국 인민 대표자 대회'의 준말.

전인-미답(前人未踏)**명** **1** 이제까지 그 누구도 발을 들여놓거나 도달한 사람이 없음. ◘~의 처녀림. **2** 이제까지 그 누구도 손을 대본 일이 없음. ◘~의 연구 분야.

전일 (全一)**명** 완전한 것. 또는 하나의 전체로서 통일성이 있는 것.

전일 (全日)**명** **1** 하루 종일. ◘~ 근무 / ~ 수업. **2** 모든 날.

전일 (前日)**명** 전날. ↔후일.

전일 (專一)**명**하자 마음과 힘을 오로지 한 곳에만 씀.

전일-제 (全日制)[저닐쩨]**명** **1** 어떤 일을 온종일 실시하도록 만든 제도. ◘토요 ~ 근무. **2** 매일 학생을 등교시키는 것을 원칙으로 하는 교육 제도.

전:일회천 (轉日回天)**명**하자 해를 굴리고 하늘을 돌린다는 뜻으로, 임금의 마음을 뒤집어 돌리게 함을 이르는 말.

전임 (前任)**명** 전에 맡았던 일. 또는 그 일을 맡았던 사람. ◘~ 교장. ↔후임(後任).

전임 (專任)**명**하타 어떤 일을 전문적으로 맡거나 맡김. 또는 그 일을 맡은 사람. 전위(專委). ↔겸임.

전:임 (轉任)**명**하자 다른 관직이나 임무·임지로 옮김. ◘교감이 장학사로 ~하다 /지방에서 서울로 ~되어 오다.

전임 강:사(專任講師) 그 학교에 전임으로 있는 강사. *시간 강사.

전임-자 (前任者)**명** 전임이었던 사람. ◘~만 못한 우리들. ↔후임자.

전임-책성(專任責成)[저님-썽]**명**하타 오로지 남에게 맡겨서 책임을 지게 함.

전:입 (轉入)**명**하자 **1** 전학하여 입학함. ◘새로 ~한 학생을 소개하다. **2** 다른 거주지에서 옮기어 들어옴. ◘~ 인구. ↔전출.

전자 (前者)**명** **1** 지난번. ◘~에 지적했던 일. **2** 두 가지의 사실이나 사물을 들어 말할 때의 앞의 것. ↔후자(後者).

전:자 (電子)**명**《물》소립자의 하나. 물질의 기본적 구성 단위로서 원자 안에 그 원자 번호와 같은 수가 들어 있음. 음전기를 띠고 원자핵의 주위를 회전함(기호 : e).

전:자 (電磁)**명**《물》전자기(電磁氣).

전:자 (篆字)**명** 한자의 한 서체(書體). 전서(篆書). 전자(篆).

전:자 감:응(電磁感應) 전자기 유도.

전:자 게:시판(電子揭示板)《컴》중앙 컴퓨터와 개인의 단말기를 접속하여 불특정 다수의 가입자에게 여러 가지 서비스를 제공하는

게시판 시스템. 가입자들은 모뎀과 전화선을 이용해 접속함으로써 다른 가입자와 편지·메시지·데이터 따위를 주고받을 수 있음. 비비에스(BBS).

전:자-계(電磁界)[-/-게]**명**《물》전자기 마당. 전자기장.

전:자-계산기(電子計算機)[-/-게-]**명** **1** 컴퓨터. ㈜전산(電算)·전산기(電算機). **2** 간단한 조작으로 각종 계산을 할 수 있는 소형의 디지털 계산기.

전:자 공업(電子工業) 전자 공학·전자 기술에 관한 공업. 일렉트로닉스 산업.

전:자 공학(電子工學)《물》전자의 운동 현상과 그 응용 기술을 연구하는 공학의 한 분야.

전:자-관(電子管)《물》진공이나 저압 가스 공간에서의 전자(電子) 또는 이온(ion)의 운동을 이용하여 정류(整流)·증폭·발진(發振) 따위의 작용을 하게 하는 전자 부품의 총칭(진공관·방전관 따위).

전:-자기(電磁氣)《물》전기와 자기를 아울러 이르는 말. 전자(電磁).

전:자기 단위(電磁氣單位)《물》자기량을 나타내는 단위의 하나(기호 : emu). 전자(電磁) 단위.

전:자기-력(電磁氣力)**명**《물》전기나 자기(磁氣)에의 힘의 총칭. 일반적으로 전기장 내의 전하(電荷)·자기량·전류에 전자기장이 작용하는 힘을 가리킴. 전자력(電磁力).

전:자기 마당(電磁氣-)**명**《물》전기장과 자기장의 총칭. 보통 양자(兩者)는 반드시 함께 있으며, 서로 관련을 맺고 존재함. 전자계. 전자장(電磁場).

전:자기 유도(電磁氣誘導)《물》전기장과 코일을 상대적으로 움직이게 할 때 그 운동을 하고 있는 동안 코일에 전류가 일어나는 현상. 전자 감응. 전자(電磁) 유도.

전:자기-장(電磁氣場)**명**《물》전자기 마당.

전:자-파(電磁氣波)**명**《물》전자기 마당의 진동이 진공 속 또는 물질 속을 전파해 가는 현상. 전자파.

전:자 단위(電磁單位)《물》전자기 단위.

전:자-두뇌(電子頭腦)**명** 전자를 사용한 높은 정밀도의 기계류에서 그것을 조작하는 컴퓨터의 중추(中樞). 인공두뇌.

전:자-레인지(電子range)**명** 고주파로 식품을 가열하는 조리 기구.

전:자 렌즈(電子lens) 전자 현미경에서, 전자빔을 굴절시켜 상(像)을 집결시키는 장치.

전:자-력(電磁力)**명**《물》전자기력(電磁氣力).

전:자-론(電子論)**명**《물》전자의 성질 또는 물질 안에 있는 전자 운동을 연구하는 이론체계. 전자설.

전자리-상어(-魚)**명**《어》전자리상엇과의 바닷물고기. 상어와 가오리의 중간형으로 몸길이는 1.5 m 정도. 몸은 넓적하고 가슴지느러미가 커서 좌우로 벌어졌음. 전자상어.

전:자 망:원경(電子望遠鏡)《물》전자 빔과 전자 렌즈를 이용하여 어두운 천체의 촬영을 용이하게 하는 장치.

전:자 문서 교환(電子文書交換)《컴》컴퓨터 따위로 만든 일정한 파일 형태의 서류를 전산망을 통하여 주고받는 일.

전:자 방:출(電子放出)《물》진공관이나 광전관(光電管)의 음극(陰極) 등에서 전자가 방출되는 현상. 모든 전자관에 응용됨.

전:-자-볼트(電子volt)**의명**《물》소립자·원자

핵·원자·분자 등의 에너지를 나타내는 단위의 하나. (1.602192±0.000007)×10⁻¹⁹ 줄(joule)과 같음(기호: eV). 일렉트론볼트(electronvolt).

전:자 빔 (電子beam) 〖물〗 선(線) 모양으로 가늘게 나오는 전자의 흐름. 전자총(電子銃)으로 발생시킴. 전자선.

전:자 사전 (電子辭典) 〖컴〗 사전의 내용을 자기 테이프나 시디롬(CD-ROM) 등의 기록 매체에 수록하여 컴퓨터로 검색할 수 있도록 만든 사전.

전:자 사진 (電子寫眞) 셀렌이나 산화아연이 가지는 광전도(光傳導)와 정전기의 흡착(吸着) 현상을 이용한 사진법(도면·서류 따위의 복사에 씀).

전:자 상거래 (電子商去來) 통신망 특히 인터넷을 활용해서 상품 및 서비스를 사고파는 일. 인터넷상의 가상 상점을 통하여 신속하고 싼 가격으로 거래할 수 있는 이점이 있음. ❏ ~ 시장이 급속도로 성장하고 있다.

전:자-석 (電磁石) 〖물〗 투자율(透磁率)이 큰 강자성체(強磁性體)의 둘레에 코일을 감은 것. 코일에 직류를 통하면 그 자기장(磁氣場)에 의하여 철심(鐵心)이 자화(磁化)되어 자석과 같은 작용을 함. 전기 자석.

전:자-선 (電子線) 〖물〗 전자 빔.

전:자-설 (電子說) 〖물〗 전자론(電子論).

전:자-수첩 (電子手帖) 〖컴〗 간단한 연산 및 전화번호·스케줄·주소 따위를 입력할 수 있는 휴대용 컴퓨터.

전:자-시계 (電子時計)[-/-계] 〖물〗 반도체 소자를 사용한 시계. 전자 장치와 수정(水晶) 발진자(發振子) 및 액정에 의해 시간을 알림.

전:자-오락 (電子娛樂) 〖물〗 비디오 게임. ❏ ~에 시간 가는 줄 몰랐다.

전:자 오르간 (電子organ) 전자를 이용하여 여러 가지 악기의 소리를 합성하는, 오르간과 비슷한 건반 악기.

전:자 우편 (電子郵便) **1** 발신인에게서 접수한 통신문을 고속 팩시밀리를 이용하여 수신인이 사는 상대 우체국에 송신하여, 이것을 봉투에 넣어 속달로 배달하는 방식. **2** 컴퓨터 이용자끼리 네트워크를 통해서 문서(文書)·화상(畵像) 등의 정보를 주고받는 통신 시스템. 이메일.

전:자 유도 (電磁誘導) 〖물〗 전자기(電磁氣) 유도.

전:자-음 (電子音) 〖물〗 전자적인 발진에 의하여 나는 소리. 경보기의 발진음이나 전자 악기음 따위의 이름. 테크노사운드.

전:자 음악 (電子音樂) 〖악〗 전자적 발진음을 사용하여 작곡하거나 연주하는 음악.

전:자 자 (電子jar) 전열(電熱)로 보온(保溫)하는 밥통.

전:자-장 (電磁場) 〖물〗 전자기 마당.

전:자 장치 (電子裝置) 전자관·트랜지스터·반도체를 응용한 전기 기기(機器)의 총칭.

전:자 차:단 (電磁遮斷) 〖물〗 전기 회로(回路) 또는 기구(器具)의 전자 작용이 다른 데에 영향을 미치지 못하게 막는 현상.

전자-창 (田字窓)[-짜-] 〖물〗 창살을 '十'자 모양으로 끼워 '田'자 모양으로 짠 창.

전:자-책 (電子冊) 종이 대신 디지털 데이터로 읽을 수 있게 만든 전자 매체형 책. 이북.

전:자-총 (電子銃) 〖물〗 전자관 안에서 전자 빔(beam)을 발생시키는 장치(브라운관·전자 현미경 따위에 씀).

전:자 출판 (電子出版) 서적의 편집·조판·인쇄 과정을 컴퓨터로 관리하는 출판 방식.

전:자-파 (電子波) 〖물〗 전자를 입자가 아니고 물질파로 생각할 때의 일컬음.

전:자-파 (電磁波) 〖물〗 전자기파.

전자-하다 (專一-) 〖형여〗 거리낌 없이 제 마음대로 함부로 하는 태도가 있다.

전:자 현:미경 (電子顯微鏡) 〖물〗 광선 대신에 전자 빔을 쓰는 현미경. 10만 배의 배율을 가지며, 물질의 미소(微小) 구조를 보는 데 이용함.

전:자 화:폐 (電子貨幣)[-/-폐] 〖컴〗 마이크로칩이 내장되어 화폐 기능을 하는 플라스틱 카드. 개인용 컴퓨터 등에 연결하여 국제적으로도 사용할 수 있음.

전작 (田作) 〖물〗 **1** 밭농사. **2** 밭곡식.

전작 (全作) 〖물〗 모든 작품.

전작 (前作) 〖물〗 **1** 전의 작품. **2** 앞그루.

전작 (前酌) 〖물〗 어떤 술자리에 참여하기 전에 이미 딴 자리에서 마신 술. 전배(前杯). ❏ 그는 ~이 있다며 술을 사양하였다.

전장 장편 소:설 (全作長篇小說)[-쨩-] 〖문〗 여러 횟수로 나누지 아니하고 한꺼번에 길게 써 내는 장편 소설.

전작-지 (田作地)[-찌] 〖물〗 밭농사를 짓는 땅.

전잠 (田蠶) 〖물〗 밭농사와 누에치기.

전장 (田莊) 〖물〗 개인이 소유하고 있는 논밭. 장원(莊土).

전장 (全長) 〖물〗 어떤 대상의 전체의 길이. ❏ ~ 7310 m의 서해 대교.

전장 (全張) 〖물〗 종이 따위의 온 장.

전:장 (典章) 〖물〗 **1** 제도와 문물. **2** 법칙이나 규칙을 적은 글. 장전(章典).

전:장 (典掌) 〖물〗 일을 맡아서 처리함.

전장 (前章) 〖물〗 문장을 몇 개의 장(章)으로 나눌 때, 앞의 장.

전장 (前場) 〖물〗 증권 거래소에서 오전에 열리는 거래. ❏ ~보다 시세가 내리다. ↔후장(後場).

전장 (前檣) 〖물〗 뱃머리 쪽에 있는 돛대.

전:장 (傳掌) 〖물〗 전임자가 맡아보던 사무를 후임자에게 전하여 맡김. 사무 인계.

전:장 (電場) 〖물〗 전기장.

전:장 (戰場) 〖물〗 전쟁터. ❏ ~에 핀 들꽃.

전장-총 (前裝銃) 〖물〗 탄약을 총구로 재는 구식 소총.

전장-포 (前裝砲) 〖물〗 포탄을 포구(砲口)로 재는 구식 대포.

전재 (全載) 〖물하타〗 소설·논문 따위의 글 전체를 한꺼번에 다 실음. ❏ 신문에 신춘문예 당선작을 ~하였다.

전:재 (戰災) 〖물〗 전쟁으로 말미암아 입은 재해. ❏ ~ 복구.

전:재 (剪裁) 〖물하타〗 마름질.

전:재 (錢財) 〖물〗 재물로서의 돈.

전:재 (轉載) 〖물하타〗 한 군데에 이미 내었던 글을 다시 다른 데로 옮겨 실음. ❏ 무단 ~를 금함.

전:재-고아 (戰災孤兒) 〖물〗 전쟁고아.

전:재-민 (戰災民) 〖물〗 전재를 입은 국민. 전재자(戰災者).

전:쟁 (戰爭) 〖물하자〗 **1** 병력에 의한 국가 상호 간 또는 국가와 교전 단체 간의 싸움. 전화(戰火). ❏ ~ 영화 / ~ 포로 / ~이 발발하다 / ~을 일으키다. **2** 극심한 경쟁이나 혼란의 비유. ❏ 입시 ~ 소리 / 범죄와의 ~을 선포하다.

전:쟁-고아 (戰爭孤兒) 〖물〗 전쟁으로 부모를 잃은 아이. 전재고아.

전:쟁-놀이 (戰爭-) 〖물하자〗 아이들이 전쟁하는 흉내를 내며 노는 일. 병정놀이.

전:쟁 문학 (戰爭文學)〚문〛전쟁을 소재로 한 문학.

전:쟁 범:죄 (戰爭犯罪)〚법〛1 국제 조약에 규정된 전투 법규를 어긴 행위. 2 침략 전쟁이나 국제법에 위반되는 전쟁을 준비·개시·실행하거나 그의 공동 모의·계획에 참가하는 죄. 㽋전범.

전:쟁 범:죄자 (戰爭犯罪者)〚법〛전쟁 범죄를 저지른 사람. 전쟁 범죄인. ▷ ~로 단죄되다. 㽋전범·전범자.

전:쟁-터 (戰爭-)〚명〛전쟁이 벌어진 곳. 전장 (戰場). 진중(陣中).

전:-저당 (轉抵當)〚명〛〚법〛저당권자가 저당권을 자기의 채무의 담보로 하는 일.

전적 (田籍)〚명〛〚역〛양안(量案).

전적 (全的)[-쩍]〚관〛〚명〛전체에 걸친 (것). ▷ 사고에 대한 ~인 책임 / 그것은 ~으로 네 잘못이다 / 그의 의견은 ~으로 찬성한다.

전:적 (典籍)〚명〛책.

전:적 (前績)〚명〛이전에 이루어 놓은 업적. ▷ ~이 화려하다.

전:적 (戰跡)〚명〛전쟁의 자취. 싸움의 자취.

전:적 (戰績)〚명〛상대와 싸워서 얻은 실적. ▷ 3승 1패의 ~.

전:적 (轉籍)〚명〛〚하자〛호적·학적·병적 따위를 딴데로 옮김.

전:적-비 (戰跡碑)[-삐]〚명〛전쟁 때에 적군과 격전을 치른 곳에 격전의 사실과 전물 장병들의 넋을 기리기 위하여 세운 기념비.

전:적-지 (戰跡地)[-찌]〚명〛전쟁의 자취가 남아 있는 곳. ▷ 6·25 전쟁의 ~.

전:적-지 (轉籍地)[-찌]〚명〛전적하여 새로 적(籍)을 둔 곳.

전:전 (展轉)〚명〛1 말이나 행동을 이랬다저랬다 하며 자꾸 반복함. 2 전전(輾轉)1.

전:전 (戰前)〚명〛전쟁이 일어나기 전. ↔전후.

전:전 (輾轉)〚명〛1 누워서 이리저리 몸을 뒤척임. 전전(展轉). 2 구르거나 회전함.

전:전 (傳傳)〚명〛〚하타〛여러 사람을 거쳐서 전달함.

전:전 (轉戰)〚명〛〚하타〛이리저리 자리를 옮겨 다니며 싸움.

전:전 (轉轉)〚명〛〚자타〛이리저리 돌아다님. ▷ 여러 곳을 ~하다가 이곳에 정착하게 되었다 / 남의 집을 ~하다.

전전 (前前)〚명〛오래전. 이전의 이전. ▷ ~ 주소 / ~에 있었던 일.

전:전-걸식 (轉轉乞食)[-씩]〚명〛〚하자〛정처 없이 이리저리 돌아다니며 빌어먹음.

전:전긍긍 (戰戰兢兢)〚명〛〚하자〛몹시 두려워서 벌벌 떨며 조심함. ▷ 비밀이 탄로날까 봐 ~하면서 지냈다. 㽋전긍.

전전-날 (前前-)〚명〛1 어떤 날의 이틀 전. 2 그저께.

전전-해 (前前年)〚명〛그러께. 지지난해.

전전-달 (前前-)[-딸]〚명〛지지난달.

전:전-반측 (輾轉反側)〚명〛〚하자〛전전불매.

전전-번 (前前番)[-뻔]〚명〛지지난번.

전:전불매 (輾轉不寐)〚명〛〚하자〛누워서 이리저리 뒤척거리며 잠을 이루지 못함. 전전반측.

전전-월 (前前月)〚명〛지지난달.

전:전-율률 (戰戰慄慄)[-뉼-]〚명〛〚하자〛전율.

전:전-파 (戰前派)〚명〛아방게르. *전후파(戰後派)·전중파(戰中派).

전:절 (剪截)〚명〛〚하타〛가위로 잘라 버림.

전점 (專占)〚명〛〚하타〛자기 혼자서 차지함.

전:접 (奠接)〚명〛〚하자〛전거(奠居).

전정 (前定)〚명〛전쟁에 이미 결정함.

전정 (前庭)〚명〛앞뜰.

전정 (前情)〚명〛구정(舊情). 옛정.

전:정 (剪定)〚명〛앞길'2.
[전정이 구만리 같다] 나이가 젊어서 장래가 아주 유망하다는 뜻.

전:정 (剪定)〚명〛가지치기.

전:정 (殿庭)〚명〛궁전의 뜰.

전:정-가위 (剪定-)〚명〛가지치기할 때에 쓰는 가위. 저정가위.

전제 (田制)〚명〛논밭에 관한 제도.

전제 (前提)〚명〛1 어떤 사물이나 상황이 이루어지도록 먼저 내세우는 것. ▷ 결혼을 ~로 교제하다. 2 논리에서 추리를 할 때, 결론의 기초가 되는 판단.

전제 (專制)〚명〛〚하타〛1 남의 의사는 존중하지 않고 혼자서 일을 결정함. 2 '전제 정치'의 준말. ↔공화(共和).

전:제 (剪除)〚명〛〚하타〛불필요한 것을 베어서 없애 버림.

전제 (筌蹄)〚명〛1 고기를 잡는 통발과 토끼를 잡는 올가미라는 뜻으로, 목적을 달성하기 위한 방편을 이르는 말. 2 사물의 길잡이가 되는 것.

전제-국 (專制國)〚명〛전제 정치를 하는 나라. ↔공화국.

전제 군주 (專制君主) 전제 정치를 하는 군주.

전제-적 (前提的)〚관〛어떤 상태나 판단의 전제가 되는 (것). ▷ ~ 요건.

전제-적 (專制的)〚관〛혼자서 자기의 생각대로 모든 일을 결정하는 (것). ▷ ~ 지도자.

전제 정체 (專制政體) 군주 등이 전제 정치를 행하는 정치 체제. *입헌 정체.

전제 정치 (專制政治) 국가의 권력이 특정인에 집중되어 국민의 의사나 법률상의 제약을 받지 않고 운용되는 정치. ↔전제.

전제 조건 (前提條件)[-껀] 어떠한 일에 앞서 먼저 내세우는 조건. ▷ 아무런 ~도 없이 승낙하다.

전제-주의 (專制主義)[-/-이]〚명〛국민의 의사를 존중하지 아니하고 지배자가 주권을 마음대로 행사하는 제도. ↔민주주의.

전조 (田租)〚명〛논밭에 대한 조세.

전조 (前兆)〚명〛미리 나타나 보이는 조짐. 징조. ▷ 진작부터 실패의 ~가 보였다.

전조 (前條)〚명〛앞의 조항 또는 조문.

전조 (前朝)〚명〛바로 전대의 왕조. 선조(先朝). 승국(勝國).

전:조 (電槽)〚명〛1 전기 도금에 쓰는 전해조. 2 전해 공업에 쓰는 전해조. 3 축전지의 껍데기인 상자.

전:조 (轉照)〚명〛〚하타〛차례로 돌려 가며 봄.

전:조 (轉漕)〚명〛〚하타〛조운(漕運).

전:조 (轉調)〚명〛〚음〛〚악〛조바꿈.

전조-등 (前照燈)〚명〛열차·자동차 따위의 앞에 단 등. 전등(前燈). 헤드라이트.

전족 (前足)〚명〛앞발.

전:족 (專足)〚명〛〚하타〛전인(專人).

전:족 (塡足)〚명〛〚하타〛모자라는 것을 채움.

전:족 (纏足)〚명〛중국의 옛 풍습에서, 여자의 발을 작게 하려고 어릴 때부터 피륙으로 발가락을 감아 자라지 못하게 하던 일. 또는 그렇게 만든 발.

전존 (傳存)〚명〛전해져서 현존함.

전종 (前蹤)〚명〛옛사람의 발자취. 기왕(旣往)의 사적(事蹟).

전종 (專從)〚명〛〚하자〛오로지 한 가지 일에만 종

사(從事)함.

전:종(電鐘)명『물』전령(電鈴).

전:좌(殿座)명하자『역』친정(親政)·조하(朝賀) 때에 왕이 정전(正殿)에 나와 있는 것. 또는 그 자리.

전죄(前罪)명 전에 지은 죄.

전주(田主)명 논밭의 임자.

전주(典主)명 전당을 잡은 사람.

전주(前主)명 1 이전의 군주. 2 이전의 주인.

전주(前奏)명『악』1 성악(聲樂)이나 기악 독주의 반주에서, 그 첫머리에 도입(導入)하여 연주되는 부분. 2 오페라 따위에서, 막을 열기 전에 하는 연주.

전주(前週)명 지난주. □~ 토요일.

전주(專主)명하타 혼자서 일을 주관함.

전:주(電柱)명 전선을 늘여 매기 위하여 세운 기둥. 전신주. 전봇대.

전:주(電鑄)명『화』'전기 주조'의 준말.

전:주(銓注)명하타『역』인물을 심사하여 적당한 벼슬 자리에 배정함.

전:주(箋註)명 본문의 뜻을 설명한 주해.

전:주(篆籀)명 대전(大篆).

전:주(錢主)명 1 사업에 돈을 댄 사람. □~를 구하다. 2 빚을 준 사람.

전:주(轉住)명하자 전거(轉居).

전:주(轉注)명 한자 육서(六書)의 하나. 어떤 글자의 뜻을 그 글자와 같은 부류 안에서 딴 뜻으로 바꾸는 일. 음이 바뀌기도 함. '악(惡)'을 미워한다는 뜻에서는 '오(惡)'로 하는 따위.

전주-곡(前奏曲)명 1『악』전에는, 무도곡의 최초의 곡, 지금은 즉흥적인 환상곡이나 형식이 자유로운 소기악곡을 일컫는 말. 2『악』가극의 서곡. 3 어떤 일이 본격화되거나 겉으로 드러나기 전에 그 조짐이나 암시가 되는 일. □세계 대전의 ~.

전주르다〔전줄러, 전주르니〕자타 동작의 진행 중에 다음 동작에 힘을 더 내려고 한번 쉬다.

전:죽(箭竹)명 화살대.

전중(傳重)명 조상의 제사를 후손에게 전하여 받들어 잇게 함.

전중이명〈속〉징역(懲役)꾼.

전:중-파(戰中派)명 전쟁 중, 특히 제2차 세계 대전 중에 청년 시절을 보낸 세대. *전전파·전후파.

전:중-하다(典重-)형어 말과 행동이 법도에 맞고 점잖다. □언행이 ~. **전:중-히**부

전지명 1 아이들에게 억지로 약을 먹일 때, 위아래 턱을 벌려 입에 물리는 막대기 따위의 물건. □~ 물리다. 2 '전짓다리'의 준말. 3 '전짓대'의 준말.

전지(田地)명 논밭.

전지(全知)명 1 신불(神佛)이 모든 것을 다 아는 지혜. 2『가』하나님의 적극적 품성.

전지(全紙)명 1 신문 따위의 한 면 전체. 2 자르지 않은 온장의 종이. 전판. 3 모든 신문.

전지(全智)명 모든 일에 통달한 지혜.

전지(前志)명 1 전에 품었던 뜻. 2 이전의 서적이나 기록.

전지(前肢)명 앞쪽의 두 다리. 앞다리.

전:지(剪枝)명하자 전정(剪定).

전:지(電池)명 화학 반응 따위에 의해 전류를 일으키는 장치. □시계 ~를 새 것으로 갈아 끼우다.

전지(傳旨)명하타『역』상벌(賞罰)에 관한 임

금의 명을 그 맡은 관아에 전달하던 일.

전지(傳持)명하자『불』교법(敎法)을 전하여 받아 유지함.

전:지(戰地)명 전쟁터. 싸움터.

전:지(轉地)명하자 있는 곳을 바꾸어 얼마 동안 다른 곳으로 옮겨 감. □해외 ~ 훈련을 떠나다.

전:지(顚躓)명하자 전질(顚躓).

전:지-가위(剪枝-)명 전정가위. □~로 가지치기를 하다.

전:지-약(電池藥)명 '건전지(乾電池)'를 약에 비유하여 일컫는 말.

전:지 요양(轉地療養) 기후 좋고 공기 신선한 곳으로 가서 병을 치료함.

전:지 용량(電池容量)[-냥]『물』전지가 방전(放電)할 때에 낼 수 있는 전기량.

전지-자손(傳之子孫)명 자손에게 물려줌.

전지-전능(全知全能)명하형 무엇이나 다 알고 무엇이나 행할 수 있는 신불(神佛)의 능력. □~하신 하느님.

전지-전지(傳之傳之)부 전하고 전하여.

전직(前職)명 이전에 가졌던 직업이나 지위. □~ 경찰관 / ~ 장관. ↔현직.

전:직(轉職)명하자 1 직업이나 직무를 바꾸어 옮김. □총무과에서 기획실로 ~되다. 2『법』공무원의 직렬을 변경하여 임명함.

전진(前陣)명 여러 진 가운데 앞에 친 진. □부대를 ~에 배치하다. ↔후진(後陣).

전진(前進)명하자 앞으로 나아감. □어업 ~기지 / 전속력으로 ~하다 / ~과 후퇴를 거듭하다. ↔후진(後進)·후퇴.

전진(前震)명『지』큰 지진에 앞서 일어나는 작은 지진. *여진(餘震).

전:진(戰陣)명 1 진을 치고 싸우는 곳. 2 싸우기 위해 벌여 친 진영.

전:진(戰塵)명 1 싸움터에서 이는 먼지나 티끌. □~을 씻다. 2 싸움터의 소란. □~을 피하다.

전:진(轉進)명하자 1 진로(進路)를 바꾸어 나아감. 2 군대가 주둔하던 곳을 떠나 다른 곳으로 이동함.

전질(全帙)명 한 질로 된 책의 전부.

전:질(典質)명하타 물건을 전당 잡힘.

전:질(顚躓)명하자 무엇에 걸리거나 헛디뎌 굴러 넘어짐. 전지(顚躓).

전:질(癲疾)명『의』간질(癎疾).

전집(全集)명 한 사람 또는 같은 종류나 시대의 저작을 한데 모아서 한 질로 펴낸 책. □~문학 ~.

전:집(典執)명하타 전당을 잡히거나 잡음.

전집(前集)명 전에 가리어 모은 시집(詩集) 또는 문집(文集). ↔후집(後集).

전집(專執)명하타 어떤 일을 오로지 혼자서 주장하여 잡음.

전짓-다리(剪-)명 삼이나 모시를 삼을 때 쓰는 제구. 가지 돋친 기둥 두 개를 각각 나무토막에 박아 세운 것. 준전지.

전짓-대[-따때 /-짇때]명 감을 따는 데 쓰는, 위 끝이 두 갈래진 긴 장대. 준전지.

전:짓-불(電池-)[-찓뿔 /-짇뿔]명 손전등에서 비치는 불빛. □~을 비추다.

전-짬(全-)명 다른 군것이 섞이지 않은, 아주 순수하고 진한 것.

전차(前次)명 지난번.

전차(前借)명하타 1 뒷날에 받을 돈을 기일 전에 당겨 씀. 2 어떤 조건 아래 갚기로 하고 앞당겨 빚을 씀. 또는 그 빚.

전:차(電車)명 공중에 가설한 전선으로부터

전력을 공급받아 지상에 설치된 궤도 위를 다니는 차.

전:차(塡差)〖하타〗〖役〗비어 있는 벼슬 자리에 관원을 임명하여 채우던 일.

전:차(戰車)〖명〗**1** 전쟁에 쓰이는 차. 병거(兵車). **2** 무장·장갑한 차체에 무한궤도를 갖춘 공격 병기. 탱크.

전:차(轉借)〖명〗〖하타〗남이 빌려 온 것을 다시 빌림. ↔전대(轉貸)**1**.

전차-금(前借金)〖명〗**1** 뒷날에 받을 돈을 기일 전에 당겨쓰는 돈. **2** 어떤 조건 아래 갚기로 하고 빚으로 쓰는 돈.

전:차-대(轉車臺)〖명〗철도 차량이나 자동차 등의 방향 전환을 하기 위한 회전대(回轉臺). 턴테이블(turntable).

전차-후옹(前遮後擁)〖명〗〖하타〗많은 사람이 앞뒤로 보호하며 따름.

전:착(電着)〖명〗〖하타〗〖物〗전기 분해에 의해 전해질이 갈라져 나와 전극의 표면에 들러붙는 현상.

전:착(顚錯)〖명〗〖하타〗앞뒤를 바꾸어 어그러뜨림. □~된 부분을 바로잡다.

전:착(纏着)〖명〗〖하타〗덩굴 따위가 친친 감기어 붙음.

전:착 도장(電着塗裝)〖-또-〗전기 도금과 같은 원리로 자동차의 차체(車體)·전기 기기 부품 따위에 칠하는 방법.

전:착-제(展着劑)〖-쩨〗〖명〗살포한 농약이 고르게 퍼져서 작물이나 해충에 잘 달라붙게 하기 위하여 약제에 섞는 물질.

전찬(傳餐)〖명〗〖하자〗아침저녁으로 밥을 나름. 전식(傳食).

전참(前站)〖명〗다음에 머무를 곳. 앞참.

전:찻-길(電車-)〖-차낄/-짠낄〗〖명〗전차가 다니는 길.

전:창(箭窓)〖명〗〖建〗살창.

전채(前菜)〖명〗오르되브르. □~요리.

전채(前債)〖명〗전에 진 빚.

전:채(箭-)〖명〗전동(箭筒).

전:채(戰債)〖명〗전쟁에 필요한 비용을 충당하기 위해서 발행하는 국채.

전처(前妻)〖명〗재혼하기 전의 아내. 전부(前婦). 전취(前娶). ↔후처(後妻).

전처-소생(前妻所生)〖명〗전처의 몸에서 난 자식. 전취소생. □~이 있는 이에게 개가하다.

전천(專擅)〖명〗〖하자〗전행(專行).

전:천(錢千)〖명〗돈천.

전천 사진기(全天寫眞機)〖명〗어안(魚眼) 렌즈나 구면 거울을 써서, 하늘 전체를 한꺼번에 찍는 기상 관측용 사진기.

전-천후(全天候)〖명〗어떠한 날씨나 상황에서도 제 기능을 다할 수 있음. □~ 타이어 / ~ 전투기.

전천후-기(全天候機)〖명〗밤이나 나쁜 기상 조건에서도 활동이 가능한, 레이더를 갖춘 항공기.

전천후 농업(全天候農業)가뭄이나 홍수 따위의 나쁜 기상 조건에서도 별 지장 없이 경영할 수 있는 농업.

전철(前哲)〖명〗옛날의 철인(哲人). 선철(先哲).

전철(前轍)〖명〗앞서 지나간 수레바퀴 자국이라는 뜻으로, 이전 사람의 그릇된 일이나 행동의 자취를 이르는 말.

전철을 밟다〖관〗앞의 사람의 잘못이나 실패를 되풀이하다.

전:철(煎鐵)〖명〗번철(燔鐵).

전:철(電鐵)〖명〗'전기 철도(電氣鐵道)'의 준말. □고속 ~ / ~로 출근한다.

전:철-기(轉轍機)〖명〗철도 선로의 분기점에 붙여 차량을 다른 선로로 옮기기 위해 설치한 장치. 스위치(switch). 포인트(point).

전:철-수(轉轍手)〖-쑤〗〖명〗전철기를 조작하는 철도 종업원.

전:철-역(電鐵驛)〖-력〗〖명〗전기 철도 노선의 역.

전첨-후고(前瞻後顧)〖명〗〖하자〗앞을 바라보고 뒤를 돌아본다는 뜻으로, 일을 당하여 결단하지 못하고 앞뒤를 재며 주저함을 이르는 말. 첨전고후.

전:첩(戰捷)〖명〗〖하자〗전승(戰勝).

전청(全淸)〖명〗〖言〗훈민정음 또는 동국정운(東國正韻) 초성(初聲) 체계 중 'ㄱ'·'ㄷ'·'ㅂ'·'ㅅ'·'ㅈ'·'ㆆ' 따위에 공통되는 음성적 특질. 곧, 안울림소리.

전:청(轉請)〖명〗〖하타〗다른 사람을 사이에 넣어 간접적으로 청함. 전탁(轉託).

전체(全體)〖명〗어떤 대상의 모든 부분. 전부. □~ 학생의 의견을 듣다 / 홍수로 마을 ~가 물에 잠기다. ↔부분.

전체(傳遞)〖명〗〖하타〗차례로 전하여 보냄.

전:체(轉遞)〖명〗〖하타〗이 사람 저 사람의 손을 거쳐 보냄. 또는 그 인편. 전편(轉便).

전체 국가(全體國家)〖-까〗전체주의 국가.

전체-성(全體性)〖-씽〗〖명〗여러 사물을 하나의 전체로서 파악하여 고찰할 때 그 사물에 특유한 것이라고 생각되는 성질.

전체-송장(傳遞-)〖명〗**1** 제 고향으로 돌려보내어지는 객사한 송장. **2** 귀찮은 일을 억지로 남에게 떠맡김의 비유.

전체-수(全體-)〖명〗**1** 통째로 삶거나 구워서 익힌 음식. **2** 닭·꿩·물고기 따위를 통째로 양념하여 구운 적. 전체숙(全體熟).

전체 압력(全體壓力)〖-암녁〗〖物〗전압력.

전체-의식(全體意識)〖-/-이-〗〖명〗인간 공동체 전체로서의 의식.

전체-적(全體的)〖-쩍〗〖명〗전체에 관계되는 (것). □~ 개요. ↔부분적.

전체-주의(全體主義)〖-/-이〗〖명〗개인의 모든 활동은 전체, 즉 민족·국가의 존립·발전을 위해 바쳐져야 한다는 이념 아래 국민의 자유를 억압하는 사상(파시즘·나치즘 따위). ↔개인주의.

전체주의 국가(全體主義國家)〖-까/-이-까〗〖政〗전체주의를 통치 원리로 하는 국가(혼히, 일당 일당제를 취함). 전체 국가.

전체 집합(全體集合)〖-지팝〗〖數〗어떤 집합의 원소 전체로 이루어지는 집합.

전초(全草)〖명〗뿌리·잎·줄기·꽃 등을 가진 옹근 풀포기.

전초(前哨)〖명〗〖軍〗군대가 주둔할 때에 적을 경계하기 위하여 맨 앞에 배치하는 초소나 초병. 또는 그 임무. □~ 기지로부터 연락이 오다.

전초-전(前哨戰)〖명〗〖軍〗**1** 전초에서 하는 작은 규모의 전투. **2** 본격적인 전투가 벌어지기 전의 작은 충돌.

전:촉(箭鏃)〖명〗화살촉.

전촌(全村)〖명〗온 마을.

전총(專寵)〖명〗〖하자〗각별한 사랑과 귀염을 혼자 받음.

전:추(顚墜)〖명〗〖하자〗굴러 떨어짐. 전락(轉落). □언덕에서 ~되다.

전:추-라(躑羅)〖명〗〖植〗너도개미자릿과의 여러해살이풀. 산에 남. 높이 60~90cm. 잎

은 끝이 뾰족하고 줄기와 함께 잔털이 났음. 여름과 가을에 검붉은 다섯잎꽃이 핌. 해열·진통 따위에 쓰며 관상용으로 재배함.

전:축(電蓄)圀 음반의 홈을 따라 바늘이 돌면서 받는 진동을 전류로 바꾸어, 이것을 증폭하여 확성기로 확대하여 소리를 재생하는 장치(본디, '전기 축음기'의 준말). ▷~을 켜다. *오디오 기기.

전:춘(餞春)圀하재 봄을 마지막으로 보냄.

전:춘-날(餞春-)圀 봄을 마지막으로 보내는 날. 곧, 음력 3월 그믐날.

전:춘-놀이(餞春-)圀『민』 봄을 보내는 뜻으로 음력 3월 그믐날에 노는 놀이.

전:춘-시(餞春詩)圀 봄을 보내는 감상을 읊은 시.

전:출(轉出)圀하재 1 딴 곳으로 이주하여 감. ▷~ 신고를 하다. 2 다른 근무지로 옮겨 감. ▷전방으로 ~되다. ↔전입.

전:출 증명서(轉出證明書) 딴 곳으로 이주하였음을 증명하는 문서.

전:충(塡充)圀하재 빈 곳을 채워서 메움.

전:충-성(塡充性)[-썽]圀『물』 물질이 공간을 메우는 성질.

전취(前娶)圀 전처(前妻).

전:취(戰取)圀하재 싸워서 목적한 바를 얻음. ▷자유를 ~하다.

전취-소생(前娶所生)圀 전처소생.

전:치(全治)圀하타 병을 완전히 고침. ▷~ 2주의 부상을 입다 / 부상병이 ~되다.

전치(前置)圀하타 앞에 놓음.

전치(前齒)圀 앞니.

전:치(轉置)圀하타 딴 곳으로 옮겨 놓음.

전치-사(前置詞)圀『언』 서양 문법에서, 명사나 대명사 앞에 놓여 다른 품사와의 관계를 나타내는 품사(영어의 'at'·'in' 따위).

전:칙(典則)圀 법칙(法則)1.

전칭(全稱)圀『논』 주사(主辭)의 모든 범위에 걸치는 말('모든 사람은 평등하다'에서 '모든' 따위).

전칭 긍:정 명:제(全稱肯定命題)『논』 형식 논리학에서, 정언적(定言的) 명제 중 주어의 모든 것이 술어의 모든 것에 포함되는 명제 ('모든 사람은 죽는다' 따위).

전칭 긍:정 판단(全稱肯定判斷)『논』 주사(主辭)의 모든 범위에 걸쳐서 긍정하는 판단.

전칭 명:제(全稱命題)『논』 정언적(定言的) 명제 중에서, 그 주어가 가리키는 모든 것에 대하여 긍정적 또는 부정적으로 서술하는 명제.

전칭 부:정 명:제(全稱否定命題)『논』 주개념의 모든 범위에 걸쳐서 부정하는 명제.

전칭 부:정 판단(全稱否定判斷)『논』 주사(主辭)의 모든 범위에 걸쳐서 부정하는 판단.

전칭 판단(全稱判斷)『논』 주사의 모든 범위에 걸쳐 긍정 또는 부정하는 판단.

전쾌(全快)圀하재 완쾌(完快).

전타라(旃陀羅)圀〔산 caṇḍāla〕 인도의 카스트 중 최하급인 수드라보다 더 아래의 하급 종족. 도살(屠殺)·수렵 등을 업으로 하는 천민(賤民)임. 도사(屠者).

전-타음(前打音)圀『악』 '앞꾸밈음'의 한자 이름.

전탁(全託)圀하타 어떤 사물이나 일을 모두 남에게 부탁함.

전탁(全濁)圀『언』 1 동국정운(東國正韻)의 23자모 체계에 포함되어 있는 'ㄲ'·'ㄸ'·'ㅃ'·'ㅆ'·'ㅉ'·'ㆅ' 등에 공통되는 음성적

특질. 곧, 된소리. 2 중국 성운학에서, 비음(鼻音)을 제외한 유성 자음.

전탁(專託)圀하타 오로지 남에게만 부탁함.

전-탁(轉託)圀하타 사람을 사이에 넣어 간접적으로 남에게 부탁함.

전탑(甎塔)圀 흙벽돌로 쌓은 탑.

전택(田宅)圀 논밭과 집.

전택-궁(田宅宮)[-꿍]圀『민』 1 십이궁(十二宮)의 하나로 전택을 맡은 별자리. 2 관상에서, 논밭과 집을 가질 수 있고 없음을 점치는 자리.

전토(田土)圀 전답(田畓).

전토(全土)圀 1 국토의 전체. 2 어떤 땅의 전부.

전통(全通)圀하재 도선·철도 등의 선로가 모두 통함. ▷순환선이 ~되다.

전통(全統)圀旵 온통.

전통(傳統)圀 어떤 집단이나 공동체에서, 역사적으로 형성·축적되어 계통을 이루며 전하여 내려오는 사상·관습·행동 따위의 양식. 또는 그 핵심을 이루는 정신. ▷~ 혼례 / ~ 놀이 / ~ 의상 / ~을 세우다 / ~을 따르다 / 역사와 ~을 자랑하다.

전:통(箋筒)圀『역』 나라에 길흉이 있을 때 왕에게 바치는 보고문인 전문(箋文)을 넣어 두던 통.

전:통(箭筒)圀 '전동(箭筒)'의 본딧말.

전통-문화(傳統文化)圀 그 나라에서 발생하여 전해 내려오는 그 나라 고유의 문화. ▷~를 계승하다.

전통-미(傳統美)圀 전통적으로 전하여 내려오는 아름다움. ▷~를 살리다.

전통-적(傳統的)관圀 예로부터 이어져 내려오는 (것). ▷~ 윤리관을 중시하다 / ~인 풍습을 따르다.

전통-주의(傳統主義)[-/-이]圀 전통적인 것을 존중하고 이를 지키려는 보수적 경향.

전:쟁(戰爭)圀하재 두 편의 군대가 무장하여 싸움. ▷치열한 ~가 벌어지다 / 적군과 ~를 치르다.

전:투 경:찰대(戰鬪警察隊)[-때]『법』 대간첩 작전 및 경비 임무를 수행하기 위하여 편성한 경찰 조직(1971년에 창설됨). 준전경.

전:투-기(戰鬪旗)圀『군』 군함에서, 전투 시 작의 신호로 올리는 기.

전:투-기(戰鬪機)圀『군』 적기와 공중전을 하기 위해 제작하여 비행기.

전:투 대:형(戰鬪隊形)『군』 전투에 대비하여 부대의 인원·장비 따위를 배치한 형태.

전:투-력(戰鬪力)圀『군』 전투를 수행할 수 있는 역량. 또는 그 병력. ▷~ 향상에 이바지하다.

전:투 명:령(戰鬪命令)[-녕]『군』 야전(野戰)에서 내리는 작전과 행정에 관한 명령. 직접 명령·행정 명령·훈령(訓令)이 포함됨.

전:투-모(戰鬪帽)圀『군』 전투나 훈련 때 군인이 쓰는, 천으로 만든 모자. ▷~를 쓰다.

전:투 병과(戰鬪兵科)[-꽈]『군』 보병·포병·기갑·공병·통신·항공 병과로서 실제 전투에 투입되는 과.

전:투-복(戰鬪服)圀『군』 전투나 훈련 때 입는 옷.

전:투 부대(戰鬪部隊)『군』 전시에, 실제로 전투에 참가하여 싸우는 부대.

전:투-선(戰鬪線)圀『군』 전시에, 전투 부대가 차지한 최전선의 지점을 가상적으로 연결한 선.

전:투-원(戰鬪員)圀『군』 전투에 직접 참가하는 군인. ↔비전투원.

전:**투-적** (戰鬪的)〔관〕명 전투를 하는 것과 같은 (것). ▯~ 자세를 취하다.

전:**투 폭격기** (戰鬪爆擊機)[-격끼]〔군〕 공중 전과 폭격을 겸하도록 제작된 비행기. ⓒ전 폭기.

전:**투-함** (戰鬪艦)명 〔군〕 군함 중 가장 탁월 한 공격력과 방어력을 가진 튼튼한 군함《전함·구축함 따위》. ⓒ전함(戰艦).

전:**투 행위** (戰鬪行爲)〔군〕 전투의 방법으로 적군이 저항하지 못하도록 하는 행위.

전:**투 휴대량** (戰鬪携帶量)〔군〕 전투 참가 시, 재보급(再補給)이 실시 가능할 때까지 개 인이 제각기 지니도록 한 장비·화기·탄약 및 보급품의 분량.

전파 (全破)명하자타 전부 파괴하거나 파괴됨. ▯지진으로 ~된 가옥.

전:**파** (電波)〔물〕 전자기파 중 적외선 이상 의 파장을 갖는 것. 주파수 10^3~10^{12} 헤르츠 내외의 전자기파《장파·중파·단파·초단파·극 초단파·밀리파(milli波) 따위》. 전기파. ▯~ 를 타다 / ~를 보내다.

전파 (傳播)명하타 **1** 전하여 널리 퍼짐. 또는 퍼뜨림. 전포(傳布). ▯불교가 동쪽으로 ~되 다 / 전통문화를 ~하다. **2** 〔물〕 파동이 매질 (媒質) 속을 퍼져 가는 일.

전:**파-계** (電波計)[-/-게]명 무선 주파 발진 기의 출력 또는 도달한 전파의 파장이나 주 파수를 재는 장치.

전:**파 망:원경** (電波望遠鏡)〔천〕 천체로부터 오는 전파를 수신·증폭하여 관측하는 장치.

전:**파 별** (電波-)〔천〕 우주에서 점 모양으로 흩어져 강한 전파를 방출하는 별. 라디오 별.

전:**파 병기** (電波兵器) 전파를 이용한 통신기· 레이더 따위의 군용 병기.

전파-설 (傳播說) 문화의 기원이나 전달의 연구에 있어 역사적 접촉에 의한 전파의 역 할만을 지나치게 강조하는 설.

전파 수신기 (全波受信機) 장파로부터 단파에 이르는 넓은 주파수대(帶)를 수신할 수 있는 수신기.

전:**파 천문학** (電波天文學) 전파 관측을 이용 하는 천문학. 천체 자체가 발하는 전파를 연 구하는 것과 지상에서 발사한 전파의 반사를 측정하는 것이 있음.

전:**파 탐지기** (電波探知機) 레이더.

전:**파 항:법** (電波航法)[-뻡]명 전파 장치와 전 파 기술을 이용한 배나 항공기의 항법.

전판 (全-)명 남김없이 모두. 온통.

전판 (全判)명 **1** 전지(全紙). **2** 전지를 인쇄할 수 있는 크기의 인쇄 기계. 전판기.

전패 (全敗)명하자 싸우는 족족 모두 짐. 완전 히 패함. ↔전승(全勝).

전:**패** (殿牌)명 〔역〕 지방 객사(客舍)에 '殿' 자를 새겨 세운 나무패《왕의 상징으로, 공무 로 그곳에 간 관원이나 그 고을 원이 배례하 였음》.

전:**패** (戰敗)명하자 패전(敗戰). ↔전승(戰勝).

전:**패** (顚沛)명하자 엎어지고 자빠짐.

전:**패위공** (轉敗爲功)명하자 실패를 이용하여 도리어 공(功)이 됨.

전편 (全篇)명 시문(詩文)이나 서적 따위의 한 편 전체.

전편 (前篇)명 두세 편으로 나뉜 책이나 영화 따위의 앞의 편. 전후편(前後篇).

전편 (專便)명 어떤 일을 부탁하여 특별히 보 내는 인편. ▯직원을 ~으로 보내니 협조해 주시기 바랍니다.

전:**편** (轉便)명하타 전체(轉遞).

전폐 (全閉)[-/-폐]명하타 모두 닫음. 아주 닫 아 버림.

전폐 (全廢)[-/-폐]명하타 아주 없애 버림. 전 부 그만둠. ▯그 규정은 벌써 ~되었다 / 식 음을 ~하고 드러눕다.

전폐 (前弊)[-/-폐]명 이전부터 내려오는 폐 단. ▯~를 타파하다.

전:**폐** (奠幣)[-/-폐]명하자 〔역〕 나라의 대제 (大祭)에 폐백(幣帛)을 올리던 일. 또는 그 일 을 맡아 하던 사람.

전:**폐** (殿陛)[-/-폐]명 전각(殿閣)의 섬돌. 전 계(殿階).

전:**폐** (錢幣)[-/-폐]명 돈■**1**.

전:**폐** (錢弊)[-/-폐]명 화폐 제도가 잘 정비 되지 아니하여 일어나는 여러 폐단.

전포 (田圃)명 남새밭.

전:**포** (典當鋪)명 '전당포(典當鋪)'의 준말.

전포 (傳布)명하타 전파(傳播)**1**.

전:**포** (廛鋪)명 전방(廛房). ▯~를 차리다.

전:**포** (戰袍)명 〔역〕 장수가 입던 긴 웃옷. ▯장 수가 ~를 입고 위엄을 갖추다.

전폭 (全幅)명 **1** 온폭. **2** 일정한 범위의 전체. ▯장비를 ~ 지원하다 / 그들의 요구를 ~ 수 용하다.

전폭 (前幅)명 앞폭.

전:**폭-기** (戰爆機)[-끼]명 '전투 폭격기'의 준 말.

전폭-적 (全幅的)[-쩍]관명 있는 대로의 전부 에 걸친 (것). ▯~ 지지 / ~ 인 지지를 받다.

전표 (傳票)명 은행·회사 등에서 금전 출납·거 래 내용 등을 적어 책임을 분명히 하는 쪽지. ▯입금 ~ / ~를 끊다.

전:**표** (錢票)명 흔히, 공사장에서 일용 근로자 들에게 현금 대신 지급하는 쪽지. 가지고 오 는 사람에게 적힌 액수만큼의 돈을 주도록 되어 있음. ▯~를 현금으로 바꾸다.

전:**풍** (癲風)명 〔한의〕 어루러기.

전:**하** (殿下)명 **1** 왕·왕비 등 왕족에 대한 존 칭. ▯세자 ~. **2** 〔가〕 '추기경'에 대한 존칭.

전:**하** (電荷)명 〔물〕 물체가 띠고 있는 전기. 또는 그 전기의 양(量). 하전(荷電).

전:**하** (轉荷)명하타 **1** 짐을 딴 데로 옮김. **2** 책 임이나 죄과(罪過) 따위를 남에게 떠넘김.

전-**하다** (傳-)┌─타자어 이리저리 내려오다. 알려 져 내려오다. ▯예로부터 전하는 말. └─타여 **1** 어떤 것을 상대에게 옮겨 주다. ▯물건을 ~ / 생일 선물을 친구에게 ~. **2** 소식을 알리 다. ▯기쁜 소식을 ~. **3** 남기어 물려 주다. ▯가보(家寶)를 자손에게 ~.

전:**학** (轉學)명하자 딴 학교로 옮겨 가서 배 움. 전교(轉校). ▯지방에서 서울로 ~하다.

전할 (全割)명 〔생〕 알 전체가 세포로 분할되 는 난할(개구리·성게 따위에서 볼 수 있음).

전할-란 (全割卵)명 〔생〕 전할을 하는 알.

전함 (前銜)명 전임(前任). 전직(前職).

전:**함** (戰艦)명 **1** 전쟁에 직접 사용하는 함선 의 총칭. **2** '전투함'의 준말.

전:-**함지**명 위쪽 가장자리가 나부죽하게 생 긴 함지박.

전항 (前項)명 **1** 앞에 적혀 있는 사항. ▯이하 ~과 같음. **2** 〔수〕 둘 이상의 항 중에서 앞에 있는 항. ↔후항(後項).

전항-동물 (前肛動物)명 〔동〕 동물 분류의 한 문(門). 무척추동물의 한 가지로, 입 주위에 여러 개의 촉수(觸手)가 발달하였고 항문은 몸 앞쪽에 있는 입 부근에 있음.

전-해(前-)[명] **1** 지난해. ▣~에 비해 올해는 희망적이다. **2** 어떤 해의 바로 앞의 해. ▣~에는 큰 흉수가 많았다.

전:해(電解)[명][하자타]〖물〗'전기 분해'의 준말. ▣~된 물질.

전:해 공업(電解工業) 전기 분해를 이용하는 전기 화학 공업의 하나.

전:해 구리(電解-)〖물·화〗전기 정련으로 얻은 구리(99.9%의 구리 성분을 포함하며, 전도율이 가장 큼). 전기동. 전해동.

전:해-동(電解銅)[명]〖화〗전해 구리.

전:해-물(電解物)[명]〖물〗전해질(電解質).

전:해-액(電解液)[명]〖화〗전기 분해를 할 때, 전해조(電解槽) 안에 넣어 이온 전류로 전류를 흘려 보내는 매체(媒體)가 되는 용액.

전:해-조(電解槽)[명]〖화〗전기 분해를 할 때, 전극과 전해액을 넣는 장치.

전:해-질(電解質)[명]〖화〗수용액으로 되었을 때 전리(電離)하여 이온을 생기게 하고 전류를 이끌 수 있는 물질(산·알칼리·염류 따위). 전해물. ↔비전해질.

전행(專行)[명][하타] 오로지 혼자서 결단하여 행함. 전천(專擅). ▣척신(戚臣)들의 ~.

전향(前向)[명][하자] 앞으로 향함.

전:향(轉向)[명][하자] **1** 방향을 바꿈. **2** 현실 사회와 배치되는 자기의 사상을 그 사회와 맞게 바꿈. 방향 전환. ▣공산주의 사상에서 ~하다 / 프로 선수로 ~하다. ↔미전향.

전:향 문학(轉向文學)〖문〗사상(思想)의 전향 현상을 소재로 한 문학.

전향-적(前向的)[관][명] 어떤 대상에 대한 태도가 긍정적이고 적극적이고 진취적인 (것).

전혀(全-)[부] (주로 부정하는 말과 함께 쓰여) 도무지. 아주. 온전히. 전연(全然). ▣~ 모르는 사실 / 이전과는 ~ 다른 사람이 되어 있었다 / 그와는 ~ 관계가 없다.

전혀(專-)[부] 오로지. 오직. ▣그것은 ~ 우리의 일이다.

전현(前賢)[명] 예전의 현인.

전:혈(戰血)[명] 전쟁에서 흘린 피.

전렴(前嫌)[명] 지난날의 혐의.

전형(全形)[명] **1** 사물 전체의 형체. ▣건물을 ~을 찍다. **2** 완전한 형체.

전:형(典刑)[명] **1** 예로부터 전하여 내려오는 법전. **2** 전형(典型). **3** 형벌을 관장함.

전:형(典型)[명] **1** 모범이 될 만한 본보기. 전형(典刑). ▣고전(古典)의 ~. **2** 자손이나 제자의 언행이 그 조상이나 스승을 닮은 꼴.

전:형(銓衡)[명][하타] 인물의 됨됨이나 재능 따위를 시험하여 뽑는 선고(選考). ▣~을 거치다 / ~위원으로 추천하다 / 서류 ~을 하다.

전:형(箭形)[명]〖식〗잎 모양의 하나. 화살 모양으로 길이 뾰족함.

전:형(轉形)[명] **1** 형식이나 형태를 바꿈. **2** 물건이 구르는 모양.

전:형-성(典型性)[명] 같은 종류의 것들 중에서 가장 일반적이고 본질적인 특성.

전:형-적(典型的)[관][명] 전형이 될 만한 (것). ▣~ 미인 / ~(인) 영국 신사.

전호(全戶)[명] **1** 온 집안. **2** 온 가호(家戶).

전호(佃戶)[명]〖역〗지주의 토지를 빌려 경작하고 소작료를 물어야 하는 농민.

전호(前胡)[명] **1**〖식〗미나릿과의 여러해살이풀. 줄기 높이 1m가량. 5~7월에 흰 다섯잎 꽃이 피고, 과실은 긴 타원형임. 산지의 습지에 나며, 어린잎은 식용하고 뿌리는 약용함. **2**

〖한의〗바디나물의 뿌리《성질은 약간 찬데, 두통·해소·담 등에 약으로 씀》. 사양채.

전호(前號)[명] 신문·잡지 따위에서 앞에 매겨진 번호 또는 호수. ▣~에 이어서 계속.

전:호(電弧)[명]〖물〗아크 방전.

전:화(電火)[명] 번갯불.

전:화(電化)[명][하자타] 열·빛·동력 따위를 전력을 써서 얻도록 함. ▣농촌 ~ 계획.

전:화(電話)[명][하자타] **1** 전화기로 말을 주고받음. 또는 그 내용. ▣~를 걸다 / ~를 받다 / ~로 안부를 묻다 / 회사에 ~하다. **2** '전화기'의 준말. ▣~를 새로 놓다 / ~가 고장 나다.

전:화(錢貨)[명] 돈■1.

전:화(戰火)[명] **1** 전쟁으로 말미암은 화재. 병화(兵火). **2** 전쟁. ▣세상을 ~로 몰아넣다.

전:화(戰禍)[명] 전쟁으로 말미암은 재화. 또는 그런 피해. 병화(兵禍). ▣~를 입다 / ~로 폐허가 되다.

전:화(轉化)[명][하자타] 바뀌어서 달리 됨. 또는 바꾸어 다르게 함. ▣애정이 증오로 ~되다.

전:화 교환(電話交換) 전화 사용자의 전화선을 통화하고자 하는 상대편의 전화선에 연결하는 일. ⑨교환.

전:화 교환기(電話交換機) 전화 교환을 하는 데 쓰는 기계. ⑨교환기.

전:화 교환원(電話交換員) 전화 교환의 일에 종사하는 사람. ⑨교환원.

전:-국(電話-局) 전화 가입자들의 전화 회선을 집중시켜 교환·중계 또는 새로운 가설 따위의 업무를 맡아보는 곳.

전:화-기(電話機)[명] 전화의 말소리를 전파나 전류로 바꾸어 먼 곳으로 보내어 다시 음파로 환원하여 통화하는 장치. ▣~에서 전화벨 소리가 울리다 / ~에 메시지를 남기다.

전:화-당(轉化糖)[명]〖화〗설탕을 가수 분해하여 얻은, 포도당과 과당의 등량(等量) 혼합물.

전:화 도:수제(電話度數制)[-쑤-] 전화 가입자로부터 기본 요금 외에 전화의 사용 횟수에 따라 요금을 받는 제도.

전:화-료(電話料)[명] 전화 사용의 대가로 치르는 요금. 전화세.

전:화-번호(電話番號)[명] 전화 가입자의 전화 기마다 매겨져 있는 일정한 번호. ▣~를 바꾸다 / ~를 남기다.

전:화번호-부(電話番號簿)[명] 전화 가입자의 전화번호를 성명이나 상호, 주소 따위와 함께 적어 놓은 책.

전:화-벨(電話bell)[명] 전화가 걸려 올 때, 소리가 나게 전화기에 설치한 장치. ▣~이 울리다 / ~ 소리에 잠이 깨다.

전:화-선(電話線)[명] 유선 전화기에 전류를 보내어 통화하는 선(線).

전:화-세(電話稅)[-쎄][명] **1** 전화료. **2**〖법〗전화 가입자가 전화 사용료에 따라 일정액을 전화 사용료 납부와 동시에 내는 국세.

전:화위복(轉禍爲福)[명][하자] 재화(災禍)가 바뀌어 오히려 복(福)이 됨. ▣위기를 ~의 계기로 삼다.

전:화-질(電話-)[명][하자] 쓸데없이 전화를 자주 하는 짓.

전:화-통(電話筒)[명]〈속〉전화기(電話機). ▣틈만 나면 ~에 매달려 있다 / 합격자 발표로 ~에 불이 난다.

전:화-학(錢貨學)[명] 옛날 돈을 수집하여 분류·고증하는 학문.

전:화 회선(電話回線) 전화의 신호를 전송하기 위하여 설치한 선(線).

전:화 효:소(轉化酵素)〖화〗인베르타아제.

전:환(轉換)圓하자타 다른 방향이나 상태로 바뀌거나 바꿈. 🔲기분 / 녹지가 택지로 ~되다 / 이부제를 삼부제로 ~시키다.

전:환-기(轉換期)圓 다른 방향이나 상태로 바뀌는 시기. 🔲인생의 ~를 맞이하다.

전:환-기(轉換器)圓『물』전기 회로나 전자기(電磁氣) 회로 따위의 전류 방향을 바꾸는 기구 또는 장치. 스위치.

전:환-로(轉換爐)[-노]圓『물』원자로의 하나. 에너지를 생산하면서, 사용(試用)이 끝난 핵연료로써 새로운 핵연료 물질을 만드는 원자로.

전:환 무:대(轉換舞臺)『연』모든 장면의 뼈대가 되는 고정된 장치를 중심으로, 배경이나 소품(小品) 따위를 바꿀 수 있는 무대.

전:환 사채(轉換社債)『경』일정 기간이 지난 후 주식으로 전환할 수 있는 사채. 시비(CB).

전:환-점(轉換點)[-쩜]圓 전환하는 계기. 또는 그런 시점. 🔲회의 ~ / ~으로 삼다.

전:환 주식(轉換株式)『경』다른 종류의 주식으로 전환할 수 있는 권리가 인정된 주식.

전:황(戰況)圓 전쟁의 실제 상황. 🔲~을 보고하다.

전:황(錢荒)圓하형 돈이 잘 융통되지 않아 귀해지는 일.

전회(前回)圓 먼젓번. 전번. 앞 회. 🔲~ 졸업생 / ~에 이어 승리를 거두다.

전:회(轉回)圓하자 1 회전(回轉) 2『악』'자리바꿈'의 한자 이름.

전횡(專橫)圓하자 권세를 혼자 쥐고 제 마음대로 함. 🔲~을 휘두르다 / ~을 일삼다.

전후(前後)圓 1 어떤 물체·장소 따위의 앞과 뒤. 🔲~를 살피면서 가다. 2 어떤 때를 중심으로 한 일련의 상황. 처음과 마지막. 🔲~ 사정 이야기를 듣다 / 교사와 학생이 거의 ~하여 강당에 들어갔다. 3 시간·나이·연대를 나타내는 말에 붙어서, '경(頃)·쯤'의 뜻을 나타내는 말. 앞뒤. 🔲9시 ~ / 40세를 ~한 나이 / 명절을 ~하여 귀성객이 몰리다.

전:후(戰後)圓 전쟁이 끝난 뒤(특히 제2차 세계 대전 후). ↔전전(戰前).

전후-곡절(前後曲折)[-쩔]圓 일의 처음부터 끝까지의 복잡한 사정. 전후사연. 🔲~을 자세히 말하다.

전후-방(前後方)圓 전방과 후방. 곧, 전선의 제일선과 전투를 막아서 효과적으로 지원하는 지역. 🔲국토 방위에는 ~이 없다.

전후-사(前後事)圓 앞일과 뒷일. 앞뒷일.

전후-사연(前後事緣)圓 전후곡절.

전후좌우(前後左右)圓 앞과 뒤, 왼쪽과 오른쪽. 곧, 사방. 🔲~를 살피다.

전:후-파(戰後派)圓 아프레게르. ＊전전파(戰前派)·전중파.

전:훈(電訓)圓 전보로 보내는 훈령.

전:훈(戰勳)圓 전공(戰功). 🔲~을 세우다.

전휴(全休)圓하타 온 하루를 내리 쉼.

전-휴부(全休符)圓『악』온쉼표.

전흉(前胸)圓 앞가슴 3.

전흉배-판(前胸背板)圓『충』앞가슴등판.

전흉-절(前胸節)圓『충』앞가슴마디.

전:흔(戰痕)圓 전쟁의 흔적.

절[1]圓 불상을 모시고 불도를 수행하는 승려들이 거처하면서 교법을 펴는 집. 범찰. 불가(佛家). 불사(佛寺). 불찰(佛刹). 사원(寺院). 사찰. 정사(精舍). 🔲~에 다니다 / ~에 가서 불공을 드리다.
[절에 가면 중 노릇 하고 싶다] 좋아 뵈는 남의 일을 덮어놓고 따르려고 한다. [절에 가면

중인 체, 촌에 가면 속인인 체] 처소에 따라지조와 태도를 바꿈. [절에 가서 젓국 달라한다] 🍎물건 따위가 있을 수 없는 데 가서 엉뚱하게 그것을 찾는다. 🍏엉뚱한 짓을 한다. [절에 간 색시] 남이 시키는 대로 따라하는 사람의 비유. [절이 망하려니까 새우젓 장수가 들어온다] 일이 안되려니까 뜻밖의 괴상한 일이 생긴다.

절[2]圓 남에게 공경하는 뜻으로 몸을 굽혀 인사하는 예(禮)(공경하는 정도나 경우 또는 남녀에 따라 법식이 다름). 🔲~을 올리다 / ~을 받다. ──하다자여 공경하는 뜻으로 몸을 굽히다.

절[3]圓 1『언』주어와 술어를 갖추었으나, 독립하지 않고 다른 문장의 한 성분으로 쓰이는 단위. 마디. 2『물』'마디8'의 한자말. 3 '절가(節槪)'의 준말. 4 예산 편성에서 맨 아래 구분의 명목(목(目)의 다음으로, 현재는 잘 쓰이지 않음). 5 시가·문장·음곡 중의 작은 단락(段落). 🔲애국가의 1~. 6『민』'절괘(節卦)'의 준말.

절[3]圓 저를. 🔲~ 도와주시오.

절가(折價)[-까]圓하타 1 결가(決價). 2 물건을 교환할 때 그 값을 겨누어 수량을 정함. 3 물건의 값을 깎음.

절가(絶家)圓하자 혈통이 끊어져 상속자가 없음. 또는 그런 집안.

절가-하다(絶佳-)圓혭 1 더없이 훌륭하고 좋다. 2 뛰어나게 아름답다. 🔲절가한 미인.

절각(折角)圓하자 1 뿔이 부러짐. 또는 그 뿔. 2 두건의 건(巾)을 접음.

절각(折脚)圓하자 다리가 부러짐. 또는 그 다리. 절질(折跌).

절각(截脚)圓하타 다리를 자름.

절간(折簡)[-깐]圓圓《속》절지.

절감(切感)圓하타 절실히 느낌. 통감(痛感). 🔲인간의 한계를 ~하다.

절감(節減)圓하타 아껴서 줄임. 🔲경비를 ~하다 / 예산이 ~되다.

절개(切開)圓하타 1 째거나 갈라서 엶. 2 치료를 위해 피부나 조직을 칼·가위 따위로 쨈. 🔲제왕 ~ 수술을 받다 / 환부를 ~하다.

절개(節槪·節介)圓 신념·신의 따위를 굽히지 않고 지키는 굳건한 마음이나 태도. 🔲~를 지키다. ⓐ절(節).

절거덕圓하자타 1 끈기 있는 물건이 세차게 들러붙었다 떨어지는 소리나 모양. 2 서로 닿으면 걸려 붙게 된 단단한 물건끼리 맞부딪쳐 나는 소리. 🔲기차의 연결기가 ~ 달라붙다. 3 큰 자물쇠 따위가 잠기거나 열리는 소리. 또는 그 모양. 4 넓적한 물건에 맞부딪쳐 끈기 있게 나는 소리. ⓐ잘가닥다. ⓦ절꺼덕·절꺼덕. ⓑ절거덕·철커덕. ⓐ절걱.

절거덕-거리다[-꺼-]자타 절거덕 소리가 자꾸 나다. 또는 그런 소리를 자꾸 내다. ⓐ잘가닥거리다. 절거덕-절거덕[-꺼-절-]圓하자타.

절거덕-대다[-때-]자타 절거덕거리다.

절거덕圓하자타 서로 닿으면 걸려 붙게 된 쇠붙이 등이 맞부딪쳐 울리는 소리. ⓐ잘가당. ⓦ절꺼덩.

절거덩-거리다자타 절거덩 소리가 자꾸 나다. 또는 그런 소리를 자꾸 내다. ⓐ잘가당거리다. ⓚ절커덩거리다·철커덩거리다. 절거덩-절거덩圓하자타.

절거덩-대다자타 절거덩거리다.

절걱 [부][하][자][타] '절거덕'의 준말. [작]잘각. [센]절꺽. [거]절컥·철걱.

절걱-거리다 [-꺼-] [자][타] '절거덕거리다'의 준말. [작]잘각거리다. [센]절꺽거리다. **절걱-절걱** [-쩔-] [부][하][자][타]

절걱-대다 [-때-] [자][타] 절걱거리다.

절검 (節儉) [명][하][타] 절약하고 검소하게 함.

절경 (絶景) [명] 뛰어나게 아름다운 경치. ❏ 천하의 ~ 금강산에 가다.

절경 (絶境) [명] 절역(絶域).

절계 (節季)[-/-게] [명] **1** 계절의 끝. **2** '음력 섣달'을 달리 일컫는 말.

절고 (節鼓) [명] 〖악〗 아악기에 속하는 타악기의 하나. 붉게 칠한 나무 궤 위에 구멍을 뚫고 북의 한 모를 그 구멍에 넣어 동요를 막게 한 북. 주악의 시작과 마침에 씀.

절고-하다 (絶高-) [형][여] 더없이 높다.

절곡 (絶穀) [명][하][자] 단식(斷食)1.

절골 (折骨) [명][하][자] 뼈가 부러짐. 골절. ❏ ~된 다리.

절골지통 (折骨之痛)[-찌-] [명] 뼈가 부러지는 아픔이란 뜻으로, 매우 견디기 어려운 고통의 비유.

절괘 (節卦) [명] 〖민〗 육십사괘의 하나《태괘(兌卦)와 감괘(坎卦)가 거듭된 것》. [준]절(節).

절교 (絶交) [명][하][자] 교제를 끊음. 조면(阻面). ❏ 사소한 말다툼으로 친구와 ~하였다 / 일방적으로 ~를 선언하다.

절교-하다 (切巧-·絶巧-) [형][여] 더할 수 없이 교묘하다. ❏ 절교한 공예품 / 사람을 절교하게 이용하다.

절구 [명] 곡식을 찧거나 빻는 데 쓰는 기구《통나무나 돌, 쇠 따위의 속을 파낸 것으로, 그 구멍에 곡식 따위를 넣고 절굿공이로 찧거나 빻게 됨》. 도구. ❏ 겉보리를 ~에 넣고 찧다.

절구 (絶句) [명] 〖문〗 한시(漢詩)의 근체시(近體詩) 형식의 하나《기(起)·승(承)·전(轉)·결(結)의 네 구로 됨》.

절구-구 (-臼) [명] 한자 부수의 하나《'興'·'舊' 따위에서 '臼'의 이름》.

절구-떡 [명] 절구에 찧어서 만든 떡.

절구-질 [명][하][자] 절구에 곡식 따위를 넣고 찧거나 빻는 일.

절구-통 (-桶) [명] **1** 절구를 절굿공이에 상대하여 이르는 말. **2** 〈속〉 뚱뚱한 사람. ❏ 뚱뚱하기가 ~ 같다.

절국-대 [-때] [명] 〖식〗 현삼과의 반기생(半寄生) 한해살이풀. 줄기 높이 60 cm가량, 잎은 마주나고 여름에 노란 꽃이 핌. 산후의 지혈·이뇨제로 씀.

절굿-공이 [-구꽁-/-굳꽁-] [명] 절구에 곡식을 넣고 빻거나 찧는 데 쓰는 나무나 돌 또는 쇠로 만든 공이.

절굿-대 [-구때/-굳때] [명] 〖식〗 국화과의 여러해살이풀. 산에 나는데, 줄기 높이 1 m 정도, 잎의 뒷면에 흰 털이 있고 가에 잔가시가 있음. 여름에 짙은 자줏빛의 둥근 꽃이 꼭지에서 핌. 뿌리는 약으로 씀.

절규 (絶叫) [명][하][자][타] 힘을 다해 애타게 부르짖음. ❏ 자유가 아니면 죽음을 달라고 ~하다.

절그럭 [부][하][자][타] 얇은 쇠붙이끼리 서로 맞닿아서 약간 가볍게 나는 소리. 또는 그 모양. [작]잘그락. [센]쩔그럭.

절그럭-거리다 [-꺼-] [자][타] 절그럭 소리가 자꾸 나다. 또는 그런 소리를 자꾸 내다. [작]잘그락거리다. [센]쩔그럭거리다. **절그럭-절그럭** [-쩔-] [부][하][자][타]

절그럭-대다 [-때-] [자][타] 절그럭거리다.

절그렁 [부][하][자][타] 얇은 쇠붙이가 맞닿아 울리는 소리. 또는 그 모양. [작]잘그랑. [센]쩔그렁. [거]철그렁.

절그렁-거리다 [자][타] 절그렁 소리가 자꾸 나다. 또는 그런 소리를 자꾸 내다. [작]잘그랑거리다. [센]쩔그렁거리다. [거]철그렁거리다. **절그렁-절그렁** [부][하][자][타]

절그렁-대다 [자][타] 절그렁거리다.

절근-하다 (切近-) [형][여] 아주 가깝다.

절금 (切禁) [명][하][타] 엄금(嚴禁).

절급-하다 (切急-)[-그파-] [형][여] 몹시 급하다. ❏ 일이 매우 ~.

절기 (絶忌) [명][하][타] 몹시 꺼림. 아주 싫어함.

절기 (絶技) [명] 아주 뛰어난 기술이나 솜씨.

절기 (節氣) [명] **1** 한 해를 스물넷으로 나눈 계절의 구분. 시령(時令). 절후(節候). **2** 이십사절기 가운데 매월 양력 상순에 드는 것《입춘·경칩·청명 따위》.

절기-하다 (絶奇-) [형][여] **1** 아주 신기하다. **2** 절묘하다.

절긴-하다 (切緊-) [형][여] 긴절(緊切)하다.

절꺼덕 [부][하][자][타] **1** 끈기 있는 물건이 세차게 들러붙었다가 떨어지는 소리나 모양. **2** 넓적한 물건이 맞부딪치어 끈기 있게 나는 소리. **3** 큰 자물쇠 따위가 잠기거나 열리는 소리. 또는 그 모양. **4** 서로 맞닿으면 걸리어 붙게 되어 있는 단단한 물건끼리 서로 맞부딪치어 나는 소리. [작]잘까닥. [여]절거덕. [센]쩔꺼덕. [거]절커덕·철커덕. [준]절꺽.

절꺼덕-거리다 [-꺼-] [자][타] 계속 절꺼덕 소리가 나다. 또는 계속 그런 소리를 내다. ❏ 대문이 바람에 흔들려 절꺼덕거린다. [작]잘까닥거리다. [준]절꺽거리다. **절꺼덕-절꺼덕** [-쩔-] [부][하][자][타]

절꺼덕-대다 [-때-] [자][타] 절꺼덕거리다.

절꺼덩 [부][하][자][타] 서로 닿으면 걸리어 붙게 되어 있는 쇠붙이 따위가 맞부딪치어 울리는 소리. [작]잘까당. [여]절거덩. [센]쩔꺼덩. [거]절커덩·철커덩.

절꺼덩-거리다 [자][타] 자꾸 절꺼덩 소리가 나다. 또는 자꾸 그런 소리를 내다. [작]잘까당거리다. **절꺼덩-절꺼덩** [부][하][자][타]

절꺼덩-대다 [자][타] 절꺼덩거리다.

절꺽 [부][하][자][타] '절꺼덕'의 준말. [작]잘깍. [여]절걱. [센]쩔꺽. [거]절컥·철컥.

절꺽-거리다 [-꺼-] [자][타] '절꺼덕거리다'의 준말. [작]잘깍거리다. **절꺽-절꺽** [-쩔-] [부][하][자][타]

절꺽-대다 [-때-] [자][타] 절꺽거리다.

절:다[1] 〔절어, 저니, 저는〕 [자] **1** 물체에 소금기나 식초 따위가 속속들이 배어들다. ❏ 김칫거리가 알맞게 ~. **2** 땀이나 때 따위가 더럽게 묻어 찌들다. ❏ 옷이 때에 절어 지저분하다. **3** 술이나 피로 따위에 몸이 부대껴 지치다. ❏ 그는 사업 실패 후 술에 절어 지낸다.

절:다[2] 〔절어, 저니, 저는〕 [타] 몸을 한쪽으로 끼우뚱거리며 걷다. ❏ 다리를 ~.

절단 (切斷·截斷)[-딴] [명][하][타] 자르거나 베어서 끊음. ❏ 철조망을 ~하다 / 사고로 ~된 다리.

절단 (絶斷)[-딴] [명][하][타] 관계 따위를 끊음. 단절(斷絶).

절단-기 (切斷機)[-딴-] [명] 물건을 절단하는 기계.

절단-면 (切斷面)[-딴-] [명] 어떤 물체를 절단한 그 표면.

절담 (絶談)[-땀] [명] 뛰어나게 잘한 말.

절대 (絶代)[-때] [명] **1** 아주 먼 옛 세대. **2** 당대

에 견줄 만한 것이 없을 정도로 뛰어남. 절세(絶世).

절대(絕對)[-때] 🔲 **1** (일부 명사 앞에 쓰여) 상대하여 비교될 만한 것이 없음. 🔲~ 권력. **2** (일부 명사 앞에 쓰여) 조금도 제한이나 구속이 붙지 아니함. 🔲~ 진리 /~ 자유. ↔상대(相對). **3** 절대자. 🔲튀 '절대로'의 준말. 🔲~ 너를 미워하는 것은 아니다 /지금 한 말은 ~ 비밀이다.

절대 가격(絕對價格)[-때까-] 상품의 가치를 화폐량으로 표시한 가격(시장 가격 따위). ↔상대 가격(相對價格).

절대-가인(絕代佳人)[-때-] 🔲 절세가인.

절대 개:념(絕對概念)[-때-] 『철』 그 자체가 독립적으로 의미가 명료한 개념(집·사람 따위). ↔상대 개념.

절대 군주제(絕對君主制)[-때-] 절대주의적인 군주 정체.

절대-권(絕對權)[-때꿘] 🔲 **1** 절대적인 권리. **2** 『법』 사권(私權)의 하나. 특정 의무자에 대한 것이 아니고 일반인 모두에 대해 주장할 수 있는 권리(물권(物權)·인격권(人格權)·무체(無體)재산권 따위). ↔상대권.

절대 농지(絕對農地)[-때-] 『법』 농지 이외의 다른 목적으로 사용할 수 없도록 농림부 장관이 지정하여 고시(告示)한 농지.

절대-다수(絕對多數)[-때-] 🔲 전체 중에서 압도적으로 많은 수(대개 과반수를 넘는 것을 이름). 🔲~의 찬성으로 가결(可決)되다.

절대 단위(絕對單位)[-때다뉘] 『물』 절대 단위계(單位系)의 내용을 이루는 단위(길이에 cm, 질량(質量)에 g, 시간(時間)에 s 따위).

절대 단위계(絕對單位系)[-때다뉘-/-때다뉘게] 기본 단위의 크기가 장소·시간 및 특수한 물질의 성질 따위에 관계없이 일정하게 규정될 수 있는 단위계. *실용 단위·유도 단위.

절대 등:급(絕對等級)[-때-] 『천』 천체(天體)를 10파섹, 곧 32.6광년(光年)의 거리에서 보았을 때의 그 밝기의 등급. 천체의 단위 시간당의 발광량(發光量)을 나타냄. *실시(實視)등급.

절대-량(絕對量)[-때-] 🔲 **1** 어떤 일이 있어도 꼭 필요한 양. 🔲식량의 ~. **2** 더하거나 덜거나 하지 않는 본디의 양. 🔲수입의 ~. **3** 일정한 양 가운데 거의 대부분에 해당하는 양.

절대-로(絕對-)[-때-] 튀 어떤 일이 있어도 반드시. 꼭. 🔲~ 먹지 마라 /~ 안 가겠다. 춘절대.

절대-성(絕對性)[-때썽] 🔲 비교하거나 상대할 만한 것이 없는 성질. 🔲인간 생명의 ~.

절대 습도(絕對濕度)[-때-또] 『물』 1 m^3의 공기 속에 들어 있는 수증기의 질량을 g 수로 나타낸 것. *상대 습도.

절대-시(絕對視)[-때-] 🔲하타 절대적인 것으로 여김. 🔲인간의 삶을 ~하다.

절대 안정(絕對安靜)[-때-] 환자를 누운 자세로 장시간 쉬게 하고, 외부와의 접촉을 끊게 하는 일. 🔲~이 필요하다.

절대 압력(絕對壓力)[-때암녁] 『물』 진공을 기준으로 하여 잰 압력.

절대 영도(絕對零度)[-때-] 『물』 절대 온도의 기준 온도(곧, $-273.16℃$).

절대 오:차(絕對誤差)[-때-] 『수』 오차의 절댓값.

절대 온도(絕對溫度)[-때-] 『물』 절대 영도를 기준으로 하여 섭씨와 같은 눈금으로 잰 온도(기호: K).

절대 음감(絕對音感)[-때-] 『악』 어떤 음을 듣고 그 음의 고유한 높낮이를 알아내는 능력. ↔상대 음감.

절대 음악(絕對音樂)[-때으막] 『악』 문학적 내용·회화적 묘사 등 음악 이외의 요소를 제거하고 음의 순수한 예술성만을 목표로 하여 작곡한 음악.

절대 의:무(絕對義務)[-때-] 『법』 권리와 대응하지 않는 의무(병역 의무·납세 의무 따위). ↔상대 의무.

절대 임야(絕對林野)[-때이먀] 영구히 산지로 보호하기로 행정 관서에서 지정한 임야. 경사가 15도 이상이거나, 30% 이상 나무가 자라고 있는 임야.

절대-자(絕對者)[-때-] 🔲 스스로 존재하면서 그 자체만으로 완전한 것(신(神)·실체(實體) 따위). 절대.

절대-적(絕對的)[-때-] 🔲관 🔲 **1** 어떤 조건이나 제약이 따르지 않는 (것). 🔲~ 신뢰 /~ 인지를 받다. **2** 다른 것과 비교하거나 상대될 만한 것이 없는 (것). 🔲~으로 부족한 식량 / 우리 팀이 ~으로 불리하다. ↔상대적.

절대적 가치(絕對的價値)[-때-까-] 다른 원리나 관계 따위를 초월하여 그 자신만으로 타당성을 가지는 가치.

절대적 빈곤(絕對的貧困)[-때-뻔-] 인간의 생존에 필요한 최저한의 물자마저 부족한 극도의 빈곤. 영양실조, 문맹, 질병, 높은 유아 사망률, 낮은 평균 수명 따위가 현저히 나타남.

절대적 진리(絕對的眞理)[-때-찔-] 모든 현상 및 경험을 초월하여 영구히 변하지 않는 진리.

절대-절명(絕對絕命) 🔲 ☞ 절체절명(絕體絕命).

절대-주의(絕對主義)[-때-/-때-이] 🔲 **1** 『철』 절대자를 인정하고 그 추구를 철학의 근본 문제로 하는 입장. ↔상대주의. **2** 군주에게 무제한의 권력을 부여하려는 정치 사상.

절대-치(絕對値)[-때-] 🔲 『수』 '절댓값'의 구용어.

절대 평:가(絕對評價)[-때-까-] 교육 목표에 대하여 개인 혹은 집단이 어느 정도로 달성하였는가를 평가하는 방법. ↔상대 평가.

절대-하다(絕大-)[-때-] 🔲형어 견줄 바가 없이 아주 월등히 크다. 🔲관심이 ~.

절댓-값(絕對-)[-때깝-] 🔲 『수』 실수(實數)인 경우, 그 수의 양(陽) 또는 음(陰)의 부호를 떼어 버린 수. 절대치(絕對値).

절덕(節德)[-떡] 『가』 사추덕(四樞德)의 하나. 욕심을 조절하고 쾌락을 절제하는 덕.

절도(絕島)[-또] 🔲 '절해고도(絕海孤島)'의 준말.

절도(絕倒)[-또] 🔲하자 '포복절도(抱腹絕倒)'의 준말.

절도(節度)[-또] 🔲 일이나 행동 따위를 정도에 알맞게 하는 규칙적인 한도. 🔲~ 있는 태도 /~를 지키다.

절도(竊盜)[-또] 🔲하타 남의 재물을 훔침. 또는 그런 사람. 🔲상습 ~로 구속되다.

절도-광(竊盜狂)[-또-] 🔲 절도를 곧잘 하는 버릇. 또는 그런 사람.

절도-범(竊盜犯)[-또-] 🔲 **1** 절도죄. **2** 절도죄를 범한 사람.

절도-사(節度使)[-또-] 🔲 『역』 **1** '병마절도사'의 준말. **2** '수군절도사'의 준말.

절도-죄(竊盜罪)[-또쬐] 『법』 남의 재물을 몰래 훔침으로써 성립하는 죄. 절도범.

절두(截頭)[-뚜] 🔲하타 머리 부분을 자름.

절두-체(截頭體)[-뚜-] 圓 〔數〕 어떤 물체를 그 밑면과 평행하는 평면으로 잘랐을 때, 그 밑면과 평면 사이의 부분.

절등-하다(絶等-)[-뜽-] 圈回 절륜(絶倫)하다. ▷무예가 ~.

절따-말 圓 절따말.

절따-말 圓 털빛이 붉은 말. 적다마. 절다.

절뚝-거리다[-꺼-] 囤 한쪽 다리가 짧거나 탈이 나서 걸을 때 자꾸 절다. ▷다리를 ~ / 절뚝거리면서 걷다. 칸잘뚝거리다. 엔절뚝거리다. **절뚝-절뚝** [-쩔-] 圉回回.

절뚝-대다[-때-] 圈 절뚝거리다.

절뚝발-이[-빠리] 圓 절뚝거리며 걷는 사람. 엔절뚝발이. ㉰절뚝발이.

절락(絶落) 圓回回 끊어져서 떨어짐.

절략(節略) 圓回回 절약(節約).

절량(絶糧) 圓 양식이 떨어짐.

절량-농가(絶糧農家) 圓 재해(災害)나 흉작(凶作) 따위로 양식이 떨어진 농가.

절렁 圉回 여러 개의 큰 방울이나 얇은 쇠붙이 따위가 흔들리거나 서로 맞부딪치어 나는 소리. 칸잘랑. 엔절렁. ㉯철렁.

절렁-거리다 囤回 여러 개의 방울이나 얇은 쇠붙이가 맞부딪쳐 소리가 자꾸 나다. 또는 그런 소리를 자꾸 내다. ▷주머니의 동전이 ~. 칸잘랑거리다. 엔절렁거리다. **절렁-절렁** 圉 回回回.

절렁-대다 囤回 절렁거리다.

절레-절레 圉回 머리를 계속 옆으로 가볍게 자꾸 흔드는 모양. ▷머리를 ~ 흔들다. 칸잘래잘래. 엔절레절레. ㉰절절.

절련(絶戀) 圓 연애 관계를 끊음.

절로 圉 1 '저절로'의 준말. ▷고개가 숙여지다. 2 '저리로'의 준말. ▷~ 가거라.

절록(節錄) 圓回回 알맞게 줄이어 기록함. 또는 그런 기록. ▷~된 서류.

절룩-거리다[-꺼-] 囤 걸을 때에 자꾸 다리를 몹시 절다. 칸잘룩거리다. 엔절룩거리다. **절룩-절룩** [-쩔-] 圉回回.

절룩-대다[-때-] 囤 절룩거리다.

절류(折柳) 圓 〔중국 한나라 때, 떠나는 이에게 버드나무 가지를 꺾어 주면서 재회를 기약하였다는 고사에서〕 사람을 배웅하여 이별하는 일. 절지(折枝).

절륜-하다(絶倫-) 圈回 매우 두드러지게 뛰어나다. 절등(絶等)하다.

절름-거리다 囤 다리 하나가 짧거나 탈이 나서 약간 절다. ▷다친 다리를 ~. 엔쩔름거리다. **절름-절름** 圉回回.

절름-대다 囤 절름거리다.

절름발-이 圓 1 절름거리는 사람. 칸잘름발이. 엔쩔름발이. 2 발이 달린 물건의 한쪽 발이 온전하지 못한 것. ▷책상. 3 사물을 이루고 있는 요소들이 균형을 잡지 못하고 조화되지 않는 상태의 비유. ▷~ 교육 정책.

절름발이-왕(-尤) 圓 한자 부수의 하나(('尤'·'就' 따위에서 '尤'의 이름)).

절리(節理) 圓 1 갈라진 틈. 2 〔地〕 화성암에서 볼 수 있는 좀 규칙적인 틈새.

절마(切磨) 圓 '절차탁마'의 준말.

절망(切望) 圓回回 간절히 바람.

절망(絶望) 圓回回 희망을 끊어 버림. 또는 그런 상태. ▷~의 구렁텅이에 빠지다 / ~을 극복하다 / ~을 딛고 일어서다. ↔희망.

절망-감(絶望感) 圓 모든 희망이 끊어진 느낌. ▷~에 휩싸이다.

절망고-하다(絶望顧-) 圈回 일이 매우 바빠서 다른 일을 돌아볼 겨를이 없다.

절망-적(絶望的) 꽌圓 희망이나 기대를 아주 잃게 된 (것). 희망을 버리고 체념한 (것). ▷~인 상태. ↔희망적(希望的).

절맥(切脈) 圓回回 〔한의〕 맥박을 짚어서 진찰함. 진맥(診脈).

절맥(絶脈) 圓回回 1 맥박이 끊어짐. 죽음. ▷이미 ~된 환자. 2 〔민〕 풍수지리에서, 산의 혈맥이 끊어짐.

절-메주(切-) 圓 〔역〕 조선 때, 관아에 공물로 바치려고 만드는 메주(보통 검은콩으로 쑴).

절멸(絶滅) 圓回回回 아주 멸망하여 없어짐. 또는 아주 없앰. ▷~된 동물. ＊멸종(滅種).

절명(絶命) 圓回回 목숨이 끊어짐. 죽음. ▷신 끝에 마침내 ~하였다.

절목(節目) 圓 1 〔식〕 초목의 마디와 눈. 2 조목(條目) 1.

절묘-하다(絶妙-) 圈回 더할 수 없이 교묘하다. 묘절하다. 절기하다. ▷솜씨가 ~ / 예상이 절묘하게 적중했다.

절무-하다(絶無-) 圈回 아주 없다.

절문(切問) 圓回回 간절히 물음.

절문(節文) 圓 예절에 관한 규정.

절물(節物) 圓 철을 따라 나오는 물건.

절미(折米) 圓回回 1 낱알이 여러 개로 깨져서 토막 난 쌀. 싸라기. 2 〔역〕 조선 때, 공물을 쌀로 환산하여 받던 일.

절미(節米) 圓回回 쌀을 절약함. ▷~ 운동.

절미-하다(絶美-) 圈回 더없이 뛰어나게 아름답다.

절미-하다(絶微-) 圈回 더없이 미묘하다.

절박(節拍) 圓回回 1 〔악〕 아악의 곡조에 한 곡마다 박자를 쳐서 음조의 마디를 지음. 2 끝을 맞음.

절박-감(切迫感) [-깜] 圓 절박한 느낌. ▷~에 사로잡히다.

절박-하다(切迫-)[-바카-] 圈回 어떤 일이나 때가 매우 다급하여 여유가 없다. ▷사태가 ~ / 그의 사정이 절박하여 내가 양보했다.

절박-흥정(切迫-)[-바콩-] 圓 융통성이 전혀 없는 빡빡한 흥정.

절반(折半) 圓 1 하나를 반으로 가름. 또는 그 반. 반절(半折). 일반(一半). ▷종이를 ~으로 접다 / 밥을 ~도 먹지 못하고 남기다 / 널뛰기를 ~하다. 2 유도에서, 메친 기술이 한판만큼 완전한 성공을 거두지 못하였을 때나, 누르기를 25초 이상 30초 미만 지속시켰을 때 내리는 판정(절반 둘이면 한판으로 인정됨).

절버덕 圉回回回 얕은 물이나 진창을 거칠고 어지럽게 밟거나 치는 소리. 또는 그 모양. 칸잘바닥. ㉯철버덕.

절버덕-거리다[-꺼-] 囤回 계속 절버덕 소리가 나다. 또는 그런 소리를 자꾸 내다. 칸잘바닥거리다. 엔철버덕거리다. **절버덕-절버덕** [-쩔-] 圉回回回.

절버덕-대다[-때-] 囤回 절버덕거리다.

절버덩 圉回回回 깊은 물에 묵직한 돌멩이 따위가 떨어져서 울리어 나는 소리. 또는 그 모양. 칸잘바당. ㉯철버덩.

절버덩-거리다 囤回 자꾸 절버덩 소리가 나다. 또는 그런 소리를 자꾸 내다. 칸잘바당거리다. 엔철버덩거리다. **절버덩-절버덩** 圉回回回.

절버덩-대다 囤回 절버덩거리다.

절벅 圉回回回 얕은 물이나 진창을 밟을 때 나는 것과 같은 소리. 또는 그 모양. 칸잘박. ㉯철벅.

절벅-거리다 [-꺼-] 〔자타〕 자꾸 절벅 소리가 나다. 또는 그런 소리를 자꾸 내다. 〔큰〕절박거리다. 절벅-절벅 [-쩔-] 〔부〕〔자타〕

절벅-대다 [-때-] 〔자타〕 절벅거리다.

절벙 〔부〕〔하〕〔자타〕 깊은 물에 묵직한 돌멩이 따위가 떨어져서 응숭깊게 울리어 나는 소리. 또는 그 모양. 〔작〕잘방. 〔거〕철벙.

절벙-거리다 〔자타〕 자꾸 절벙 소리가 나다. 또는 그런 소리를 자꾸 내다. 〔작〕잘방거리다. 〔거〕철벙거리다. 절벙-절벙 〔부〕〔하〕〔자타〕

절벙-대다 〔자타〕 절벙거리다.

절벽 (絕壁) 〔명〕 1 바위가 깎아 세운 것처럼 아주 높이 솟아 있는 험한 낭떠러지. 〔본〕~을 오르다 / 깎아지른 듯한 ~으로 둘러싸이다. 2 아주 귀가 먹었거나 사리에 어두운 사람의 비유. 절벽강산. 〔본〕그 노인은 귀가 ~이다.

절벽-강산 (絕壁江山) [-깡-] 〔명〕 절벽 2.

절병 (切餅) 〔명〕 절편.

절병-통 (節餅桶) 〔명〕 궁전이나 정자 따위의 지붕마루의 가운데에 세우는 탑 모양의 장식.

절봉 (絕峰) 〔명〕 썩 험한 산봉우리.

절부 (切膚) 〔명〕〔하〕〔자〕 살을 에는 듯이 사무침.

절부 (節婦) 〔명〕 절개가 굳은 부인.

절분-하다 (切忿--) 〔형〕〔여〕 몹시 원통하고 분하다. 절분히 〔부〕

절사 (折死) [-싸-] 〔명〕〔하〕〔자〕 요절.

절사 (絕嗣) [-싸-] 〔명〕〔하〕〔자〕 대(代)가 끊어짐.

절사 (節士) [-싸-] 〔명〕 절개가 굳은 선비.

절사 (節死) [-싸-] 〔명〕〔하〕〔자〕 절개를 지켜 죽음.

절사 (節祀) [-싸-] 〔명〕 철·명절을 따라 지내는 제사. 〔본〕추석의 ~를 모시다.

절사-하다 (絕嗣--) [-싸-] 〔형〕〔여〕 후사가 없다.

절삭 (切削) [-싹-] 〔명〕〔하〕〔타〕 쇠붙이 따위를 자르거나 깎음. 〔본〕~ 공구.

절상 (切上) [-쌍-] 〔명〕〔하〕〔타〕〔경〕 화폐의 대외 가치를 높임. 〔본〕원화(貨) ~ / 통화 가치가 ~되다 ↔절하(切下).

절새 (絕塞) [-쌔-] 〔명〕 아주 먼, 국경(國境) 가까이의 땅.

절색 (絕色) [-쌕-] 〔명〕 뛰어나게 아름다운 여자. 〔본〕천하의 ~.

절서 (節序) [-써-] 〔명〕 절기의 차례. 또는 차례로 바뀌는 절기.

절선 (切線) [-썬-] 〔명〕〔수〕 접선(接線)1.

절선 (折線) [-썬-] 〔명〕 '꺾은선'의 구용어.

절선 그래프 (折線graph) [-썬-] 〔수〕 '꺾은선 그래프'의 구용어.

절세[1] (絕世) [-쎄-] 〔명〕〔하〕〔자〕 세상과 인연을 끊음.

절세[2] (絕世) [-쎄-] 〔명〕〔하〕〔자〕 세상에 비길 데가 없을 만큼 뛰어남. 절대(絕代). 〔본〕~의 미인.

절세 (節稅) [-쎄-] 〔명〕〔하〕〔자〕 세금을 되도록 덜 내는 일.

절세-가인 (絕世佳人) [-쎄-] 〔명〕 이 세상에서는 견줄 사람이 없을 정도로 뛰어나게 아름다운 여자. 절대가인. 절세미인(美人).

절소 (絕笑) [-쏘] 〔명〕 몹시 자지러지게 웃음. 또는 그런 웃음.

절속 (絕俗) [-쏙] 〔명〕〔하〕〔자〕 세상의 번거로운 일과 관계를 끊음.

절속-하다 (絕俗--) [-쏘카-] 〔형〕〔여〕 보통 사람보다 훨씬 뛰어나다.

절손 (絕孫) [-쏜] 〔명〕〔하〕〔자〕 대를 이을 자손이 끊어짐.

절수 (折收) [-쑤] 〔명〕〔하〕〔타〕 징수액을 얼마씩 나누어서 거둠.

절수 (節水) [-쑤] 〔명〕〔하〕〔자〕 물, 특히 수돗물을 아껴 씀. 〔본〕~ 운동을 전개하다.

절수-하다 (絕秀--) [-쑤-] 〔형〕〔여〕 아주 빼어나다.

〔본〕절수한 기술.

절승 (絕勝) [-씅] 〔명〕〔하〕 경치가 더할 나위 없이 뛰어나게 좋음. 또는 그 경치. 〔본〕해금강은 동해의 ~이다 / ~한 경치.

절식 (絕食) [-씩] 〔명〕〔하〕〔자〕 단식(斷食).

절식 (絕息) [-씩] 〔명〕〔하〕〔자〕 숨이 끊어짐.

절식[1] (節食) [-씩] 〔명〕 절기에 맞추어 특별히 만들어 먹는 음식의 총칭(설날에 떡국, 대보름에 오곡밥, 초파일에 증편, 유두에 국수, 삼복중에 육개장, 추석에 송편, 구월 구일에 국화전, 동지에 팥죽 따위).

절식[2] (節食) [-씩] 〔명〕〔하〕〔자〕 1 음식을 절약해 먹음. 2 건강·미용 등을 위하여 음식의 양을 적당히 줄임.

절식-복약 (節食服藥) [-씩뽀갹] 〔명〕〔자〕 음식의 양을 줄여 먹으면서 약을 먹음.

절식 요법 (絕食療法) [-씽뇨뻡] 〔의〕 단식 요법(斷食療法).

절신 (絕信) [-씬] 〔명〕〔하〕〔자〕 소식이나 편지를 끊음. 또는 끊어진 소식이나 편지.

절실-하다 (切實--) [-씰-] 〔형〕〔여〕 1 실제에 꼭 들어맞다. 〔본〕절실한 표현. 2 아주 긴요하고 다급하다. 〔본〕매우 절실한 요청이오니 들어주시기 바랍니다. 3 무엇을 바라는 마음이 간절하다. 〔본〕고인이 된 친구가 절실하게 그립다. 절실-히 [-씰-] 〔부〕〔본〕외국어의 필요성을 ~ 느끼다.

절심 (絕心) [-씸] 〔명〕〔하〕〔자타〕 폭약에 연결한 도화선이 타 들어가다 끊어짐. 또는 그 도화선을 끊음.

절써덕 〔부〕〔자타〕 액체의 면이 손바닥 따위의 넓적한 물체와 부딪칠 때 나는 소리. 또는 그 모양. 〔작〕잘싸닥. 〔거〕철써덕. 〔준〕절썩.

절써덕-거리다 [-꺼-] 〔자타〕 계속 절써덕 소리가 나다. 또는 그런 소리를 내다. 〔작〕잘싸닥거리다. 〔거〕철써덕거리다. 〔준〕절썩거리다. 절써덕-절써덕 [-쩔-] 〔부〕〔하〕〔자타〕

절써덕-대다 [-때-] 〔자타〕 절써덕거리다.

절썩 〔부〕〔자타〕 '절써덕'의 준말. 〔작〕잘싹. 〔거〕철썩.

절썩-거리다 [-꺼-] 〔자타〕 '절써덕거리다'의 준말. 〔거〕잘싹거리다. 절썩-절썩 [-쩔-] 〔부〕〔하〕〔자타〕

절썩-대다 [-때-] 〔자타〕 절썩거리다.

절쑥-거리다 [-꺼-] 〔자타〕 걸을 때마다 약간 절뚝거리다. 〔작〕잘쏙거리다. 〔센〕쩔쑥거리다. 절쑥-절쑥 [-쩔-] 〔부〕〔하〕〔타〕

절쑥-대다 [-때-] 〔자타〕 절쑥거리다.

절애 (絕崖) 〔명〕 깎아 세운 듯한 낭떠러지.

절약 (節約) 〔명〕〔하〕〔타〕 함부로 쓰지 않고 꼭 필요한 데에만 써서 아낌. 절략. 〔본〕에너지 ~ / 경비를 ~하다 / 근검과 ~을 미덕으로 삼다.

절억 (節抑) 〔명〕〔하〕〔타〕 참고 억제함.

절언 (切言) 〔명〕〔하〕〔자〕 간절하거나 절실한 말.

절엄-하다 (切嚴--·截嚴--) 〔형〕〔여〕 지엄(至嚴)하다.

절역 (絕域) 〔명〕 멀리 떨어져 있는 지역이나 나라.

절연 (絕緣) 〔명〕〔하〕〔자〕 1 인연이나 관계를 끊음. 〔본〕외부와 ~된 장소. 2〔물〕도체 사이에 절연체를 끼우거나 도체 사이를 연락하는 도선을 끊어 전기나 열이 통하지 못하게 하는 일.

절연 (節煙) 〔명〕〔하〕〔자〕 담배 피우는 양을 줄임. 〔본〕~을 실천하고 있다.

절연 도료 (絕緣塗料) 전기 절연성이 큰 도료.

절연-물 (絕緣物) 〔명〕〔물〕 절연 재료.

절연-선 (絕緣線) 〔명〕〔물〕 절연 재료로 덮어 전류가 새지 않게 한 전선. 피복선(被覆線).

절연-성 (絶緣性)[저련썽] [명] 〔물〕 전기가 통하지 아니하는 성질.
절연-유 (絶緣油)[저련뉴] [명] 〔물〕 전기 기계·기구 등의 절연 재료로 쓰는 기름.
절연-장 (絶緣狀)[저련짱] [명] 인연을 끊겠다고 알리는 편지.
절연 재료 (絶緣材料) 〔물〕 전기나 열의 도체를 절연하는 데 쓰는 물질. 절연물. 절연재.
절연-지 (絶緣紙) [명] 〔물〕 전기 절연물로 사용하는 종이. 전기 절연지.
절연-체 (絶緣體) [명] 〔물〕 전기나 열을 잘 전하지 못하는 물체. 부도체(不導體).
절연-하다 (截然-) [형][여] 맺고 끊음이 칼로 자른 듯이 분명하다. **절연-히** [부]
절염 (絶艶) [명][하형] 견줄 사람이 없을 만큼 아주 예쁨.
절영 (絶影) [명][하자] 그림자조차 끊어진다는 뜻으로, 발길을 아주 끊음을 이르는 말.
절요 (折腰) [명][하자] 허리를 꺾는다는 뜻으로, 절개를 굽히고 남에게 굽실거림을 이르는 말.
절요-하다 (切要-·絶要-) [형][여] 아주 긴요하다.
절욕 (節慾) [명][하자] **1** 색욕을 억제함. **2** 욕심을 억제함.
절용 (切茸) [명] 썬 녹용(鹿茸).
절용 (節用) [명][하타] 아껴 씀.
절원 (切願) [명][하타] 간절히 바람.
절원-하다 (絶遠-) [형][여] 격원(隔遠)하다.
절육 (切肉) [명] 얄팍얄팍하게 썰어 양념장에 재워서 익힌 고기.
절음 [명] 말이나 소가 다리를 저는 병.
절음 (絶飮) [명][하자] 술을 끊음.
절음 (節飮) [명][하자] 술을 알맞게 줄여 마심. 절주(節酒).
절음 법칙 (絶音法則) 〔언〕 합성어나 단어 사이에서 받침이 모음을 만날 때 연음되지 않고 대표음으로 발음되는 현상(《'꽃 위'가 [꼳위→꼬뒤]로, '겉옷'이 [걷옫→거돋]으로 변하는 따위》). *말음 법칙(末音法則).
절의 (絶義)[저릐 / 저리] [명][하자] 의절(義絶)2.
절의 (節義)[저릐 / 저리] [명] 절개와 의리.
절이다 [타] 《'절다'의 사동》 소금이나 식초 따위를 먹여서 절게 하다. ❏ 배추를 소금에 ~.
절이-하다 (絶異-) [형][여] 아주 훌륭하여 다른 것과 다르다.
절인 (絶人) [명][하형] 남보다 아주 뛰어남. 또는 그런 사람.
절인지력 (絶人之力) [명] 남보다 뛰어난 힘.
절인지용 (絶人之勇) [명] 남보다 아주 뛰어난 용맹.
절일 (節日) [명] **1** 한 철의 명절(《삼짇날·단오·칠석 따위》). **2** 임금의 탄생일.
절임 [명] 소금·장 따위를 써서 절이는 일. 또는 그렇게 한 식료품.
절장보단 (絶長補短·截長補短)[-짱-] [명][하자] 긴 것을 잘라서 짧은 것을 보충한다는 뜻으로, 장점이나 넉넉한 부분에서 단점이나 부족한 것을 보충함을 이르는 말.
절재 (絶才)[-째] [명] 아주 뛰어난 재주. 또는 그런 재주를 가진 사람.
절적 (絶迹·絶跡)[-쩍] [명][하자] 발길을 끊고 왕래하지 않음. 절족(絶足).
절전 (節電)[-쩐] [명][하자] 전기를 아껴 씀. ❏ ~의 생활화.
절절[1] [부] '절레절레'의 준말. [작]잘잘. [센]쩔쩔.
절절[2] [부] 열이 높아 매우 더운 모양. ❏ 온돌방이 ~ 끓다. [작]잘잘. [센]쩔쩔.
절절[3] [부] 무엇을 손에 쥐고 크게 천천히 흔드는 모양. [작]잘잘. [센]쩔쩔.
절절[4] [부] 주책없이 이리저리 바삐 쏘다니는 모양. [작]잘잘. [센]쩔쩔.
절절[5] [부] 물이 끊임없이 흐르는 소리. 또는 그 모양. [작]잘잘.
절절-거리다 [자] 주책없이 이리저리 자꾸 바삐 쏘다니다. [작]잘잘거리다. [큰]질질거리다.
절절-대다 [자] 절절거리다.
절절-매다 [자] **1** 어찌할 줄을 몰라 정신을 못 차리다. ❏ 답을 몰라서 ~. **2** 어떤 사람이나 일 따위에 눌려 기를 펴지 못하다. ❏ 남편에게 ~/ 주인에게 ~. [센]쩔쩔매다.
절절-하다 (切切-) [형][여] 매우 간절하다. ❏ 절절한 염원이 이루어지다. **절절-히** [부]
절점 (切點)[-쩜] [명] **1** 요점. **2** 〔수〕 접점.
절접 (切椄)[-쩝] [명][하타] 잘라서 물건과 물건을 서로 이어 붙임.
절정 (切釘)[-쩡] [명] 대가리를 잘라 없앤 쇠못.
절정 (絶頂)[-쩡] [명] **1** 산의 맨 꼭대기. ❏ ~에 서다. **2** 사물의 진행이나 발전이 최고의 경지에 달한 상태. ❏ 인기 ~에 오르다. **3** 극이나 소설 따위에서, 사건의 발전이 가장 긴장된 단계. 클라이맥스.
절정-기 (絶頂期)[-쩡-] [명] 사물의 진행이나 발전이 최고의 경지에 달한 시기. ❏ 기량이 ~를 이루다 / ~를 맞다.
절제 (切除)[-쩨] [명][하타] 잘라 버림. ❏ ~된 환부 / 장기의 일부를 ~하다.
절제 (節制)[-쩨] [명][하타] 정도를 넘지 않도록 알맞게 조절하여 제한함. ❏ 술을 ~하다 / ~된 표현 / ~ 있는 생활.
절제-사 (節制使)[-쩨-] [명] 〔역〕 **1** 조선 초에 의흥친군위(義興親軍衛)에 딸린 군직(軍職)의 하나. 순문사(巡問使). **2** 조선 때, 절도사에 딸려 있던 거진(巨鎭)에 둔 정삼품 벼슬. **3** 고려 때, 군사 업무를 맡아보던 외직(外職).
절제-술 (切除術)[-쩨-] [명] 〔의〕 장기(臟器)나 조직의 일부를 잘라 내는 수술.
절조 (絶調)[-쪼] [명] 아주 뛰어난 곡조.
절조 (節操)[-쪼] [명] 절개와 지조(志操). ❏ ~가 굳다 / ~를 지키다.
절족 (絶足)[-쪽] [명][하자] 절적(絶迹).
절종 (絶種)[-쫑] [명][하자] 생물의 씨가 끊어져 아주 없어짐. ❏ 환경오염으로 많은 동식물이 ~ 위기에 있다.
절주 (節奏)[-쭈] [명] 〔악〕 리듬(rhythm)3.
절주 (節酒)[-쭈] [명][하자] 절음(節飮). ❏ 금주에 앞서 ~를 하다.
절주-배 (節酒杯)[-쭈-] [명] 계영배(戒盈杯).
절중-하다 (節中-)[-쭝-] [형][여] 사리나 형편에 꼭 알맞다. 절적(節適)하다.
절지 (折枝)[-찌] [명][하자] **1** 나뭇가지를 꺾음. 또는 그 나뭇가지. **2** 그림으로 그린 꽃가지나 나뭇가지. **3** 절류.
절지 (絶地)[-찌] [명] 중심에서 멀리 떨어진 외진 땅.
절지-동물 (節肢動物)[-찌-] [명] 〔동〕 동물 분류의 한 문(門). 일반적으로 몸이 작고 여러 개의 환절로 이루어짐. 대개 머리·가슴·배의 3부로 나뉨. 겉껍질은 딱딱하여 외골격이 되고 그 내부에 근육이 부착함. 갑각류·곤충류 따위가 이에 속함.
절직-하다 (切直-)[-찌카-] [형][여] 매우 정직하다.
절진 (切診)[-찐] [명][하타] 〔한의〕 촉진(觸診).
절질-상 (折跌傷)[-찔쌍] [명] 다리가 부러지거나 접질려서 다침. 또는 그 상처.

절차 (切磋) 명하타 '절차탁마'의 준말.
절차 (節次) 명 일의 순서나 방법. 수속. 수속 ~/~를 밟다 / 입국 ~가 까다롭다.
절차-법 (節次法)[-뻡] 명 『법』 실체법(實體法)의 운영상의 절차(특히, 권리의 실질적 내용을 실현하는 데 관해 국가 기관이 관여하는 방법·형식을 정한 법).
절차-탁마 (切磋琢磨)[-탕-] 명하타 옥·돌 따위를 갈고 닦아서 빛을 낸다는 뜻으로, 부지런히 학문이나 덕행을 닦음을 이르는 말. 준절마·절차.
절찬 (絕讚) 명하타 지극히 칭찬함. 또는 그런 칭찬. ~을 받은 음악회.
절찬-리 (絕讚裏)[-니] 명 절찬을 받는 가운데. 연주회는 ~에 끝났다.
절창 (絕唱) 명 1 뛰어난 명창. 2 뛰어나게 잘 지은 시. 3 뛰어나게 잘 부름. 또는 그런 노래. 새타령을 ~하다.
절책 (切責) 명하타 심책(深責).
절처봉생 (絕處逢生) 명 극도로 궁박한 끝에 살길이 생김.
절척 (切戚) 명 동성동본이 아닌 가까운 친척.
절척 (折尺) 명 접자.
절척 (絕尺) 명하타 피륙을 몇 자씩으로 끊음.
절청 (竊聽) 명하타 남의 비밀을 몰래 엿들음.
절체-절명 (絕體絕命) 명 몸도 목숨도 다 되었다는 뜻으로, 어찌할 수 없는 궁벽한 경우의 비유. ~의 위기에 처하다.
절초 (切草) 명 살담배.
절초 (折草) 명하자 거름이나 땔나무로 쓰기 위해 풀이나 잎나무 따위를 벰.
절축 (截軸) 명 『수』 원뿔의 초점을 지나는 축.
절충 (折衷) 명하타 서로 다른 견해나 관점을 어느 편으로도 치우치지 않게 조절하여 알맞게 함. 서로의 생각을 ~하다 / 의견이 잘 ~되다.
절충 (折衝) 명하타 적의 창끝을 꺾어 막는다는 뜻으로, 외교나 기타의 교섭에서 담판하거나 흥정하는 일. 양측이 ~을 거듭하다 / 노사가 막후 ~을 벌이다.
절충-설 (折衷說) 명 대립되는 둘 이상의 학설을 취사하여 절충한 학설.
절충-안 (折衷案) 명 두 가지 이상의 안을 서로 보충하여 알맞게 조절한 안. ~을 내놓다.
절충-주의 (折衷主義)[-/-이] 명 1 『법』 둘 이상의 대립되는 법 학설에서 각 장점을 취하여 절충하는 주의. 2 『철』 여러 가지 사상에서 진리라고 생각되는 것을 결합하여 새로운 학설을 구성하려는 사상 경향.
절취 (切取·截取) 명하타 잘라 냄.
절취 (竊取) 명하타 남의 물건을 몰래 훔치어 가짐. 금품을 ~하다.
절-치 명 거칠게 삼은 미투리.
절치 (切齒) 명하자 몹시 분하여 이를 갊.
절치-부심 (切齒腐心) 명하자 몹시 분하여 이를 갈며 속을 썩임. ~의 한을 품다.
절치-액완 (切齒扼腕) 명하자 몹시 분하여 이를 갈고 팔을 걷어붙이며 벼름.
절친-하다 (切親-) 형여 더할 나위 없이 아주 친하다. 절친한 친구. 절친-히 부
절커덕 부하자타 1 끈기 있는 물건이 서로 세차게 들러붙었다가 떨어지는 소리. ~ 떨어지다. 2 서로 닿으면 걸리어 붙게 된 단단한 물건끼리 맞부딪치어 나는 소리. ~ 자의 연결기가 ~하고 붙었다. 3 넓적한 물건끼리 맞부딪치어 끈기 있게 나는 소리. 잘카닥. 여절거덕. 센절꺼덕·쩔꺼덕. 준절컥.
절커덕-거리다 [-꺼-] 자타 계속 절커덕 소리

가 나다. 또는 계속 그런 소리를 내다. 잘카닥거리다. 여절컥거리다. 절커덕-절커덕 [-쩔-] 부하자타
절커덕-대다 [-때-] 자타 절커덕거리다.
절커덩 부하자타 서로 닿으면 걸리어 붙게 되어 있는 크고 단단한 물건끼리 맞부딪치어 울리는 소리. 잘카당. 여절커덩.
절커덩-거리다 자타 계속 절커덩 소리가 나다. 또는 계속 그런 소리를 내다. 잘카당거리다. 센절꺼덩거리다·쩔꺼덩거리다. 절커덩-절커덩 부하자타
절커덩-대다 자타 절커덩거리다.
절컥 부자타 '절커덕'의 준말. 잘칵. 여절걱. 센절꺽·쩔꺽.
절컥-거리다 [-꺼-] 자타 '절커덕거리다'의 준말. 잘칵거리다. 절컥-절컥 [-쩔-] 부하자타
절컥-대다 [-때-] 자타 절컥거리다.
절-터 명 절이 있는 터. 또는 절이 있던 터. 사지(寺址).
절토 (切土) 명하자 『건』 평지나 경사면을 만들기 위하여 흙을 깎아 내는 일. 땅깎기.
절통 (切痛) 명하형히부 뼈에 사무치도록 원통함. 기가 막히고 ~하여 눈물이…
절특-하다 (絕特-)[-트카-] 형여 아주 특별하다. 아주 별다르다.
절판 (絕版) 명하자 1 출판된 책이 떨어져서 없음. 그 책은 호평을 받아 이미 ~되었다. 2 인쇄의 원판이 없어 재판을 간행하지 못함. ~본 / ~을 결정하다.
절편 (截片) 명 해석 기하에서, 직선이 x축 또는 y축과 만나는 점의 높이나 거리.
절편 명 떡살로 눌러 둥글거나 모나게 만든 흰 떡. 절병(切餅).
절편-판 (-板) 명 절편을 박아 내는 나무 판.
절품 (絕乏) 명하자 1 물건이 다 팔려 없음. 품절. 날씨가 추워지자 난방 기구가 ~되었다.
절품 (絕品) 명 아주 뛰어나게 좋은 물건이나 작품.
절피 명 활시위에 오늬를 먹일 수 있도록 실로 감은 부분.
절필 (絕筆) 명하자 1 죽기 전에 마지막으로 쓴 글이나 글씨. 고인의 ~. 2 붓을 놓고 다시는 글을 안 씀. ~을 선언하다.
절핍 (絕乏) 명하자 공급이 끊어져서 아주 없어짐. 핍절(乏絕). 물자가 ~되다.
절핍-하다 (絕逼-)[-피파-] 형여 1 정한 날짜가 닥쳐 몹시 다급하다. 2 돈을 구하기 몹시 어렵고 가난하다.
절하 (切下) 명하타 물가나 화폐 가치의 수준을 낮춤. 원화(貨)의 평가 ~ / 원화가 엔화에 대해 ~되다. 절상.
절-하다 (切-) 자타여 1 끊어지다. 소식이 ~. 2 뛰어넘다. 상상을 절하는 아픔.
절-하다 (絕-) 형여 비길 데 없이 뛰어나다.
절학 (絕學) 명 1 폐지되거나 없어진 학문. 2 학문이나 지식을 초월한 경지.
절한 (絕汗) 명 죽게 되었을 때에 이마에서 나는 식은땀.
절한 (節限) 명하타 알맞게 제한함.
절해 (絕海) 명 육지에서 아주 멀리 떨어져 있는 바다.
절해-고도 (絕海孤島) 명 육지에서 아주 멀리 떨어진 외딴섬. ~에 갇힌 신세가 되다. 준절도(絕島).
절행 (節行) 명 절개를 지키는 행실.
절험-하다 (絕險-) 형여 아주 험하다.
절현 (絕絃) 명하타 현악기의 줄을 끊는다는 중

국의 고사(故事)에서, 진정으로 자기를 알아주는 사람과 사별함을 일컫는 말.

절협(絶峽)圓 아주 깊고 험한 두메.

절호(絶好)圓형형 기회나 시기 따위가 더할 수 없이 좋음. ▯~의 기회를 놓치다.

절화(折花)圓하자 가지째 꽃을 꺾음. 또는 그렇게 꺾은 꽃.

절화(絶火)圓하자 아궁이에 불이 끊어진다는 뜻으로, 몹시 가난하여 밥을 짓지 못함을 이르는 말.

절효(節孝)圓 1 절조(節操)와 효성. 2 절어서 남편과 사별한 부인이 재가하지 아니하고 시부모를 잘 모심.

절효-정문(節孝旌門) 충신·효자·열녀 등을 표창하기 위하여 세운, 붉은 칠을 한 문.

절후(絶後)圓형형 비교할 만한 것이 뒤에도 다시 없음. ▯~의 명작.

절후(節候)圓 절기(節氣)1.

젊:다[점따]圓 1 나이가 적어 한창때에 있다. ▯젊은 사람들. 2 혈기가 왕성하다. ▯젊은 혈기 / 젊은 기운. 3 보기에 나이가 제 나이보다 적은 듯하다. ▯나이보다 젊어 보이는 얼굴. ▶늙다.
[젊은 과부 한숨 쉬듯] 수심이 가득하여 한숨을 자주 쉼의 비유.

젊으신-네[절므─]圓 '젊은이'의 높임말.

젊은-것[절믄걷]圓 '젊은이'의 낮춤말.

젊은-이[절므니]圓 1 나이가 젊은 사람. ▯~들에게 용기와 희망을 불어넣다. 2 혈기가 왕성한 사람. ↔늙은이.

젊-음[절믐]圓 젊은 상태. 또는 젊은 기력. ▯~을 누리다 / ~을 불태우다.

점(占) 팔괘·오행·육효 따위의 방법으로 앞날의 운수·길흉·화복 따위를 미리 판단하는 일. ▯~을 보다.

점:(店) 토기나 철기 따위를 만드는 곳.

점:(漸)圓[민] '점괘(漸卦)'의 준말.

점(點)圓 1 작고 둥글게 찍는 표. ▯~을 찍다. 2 흩어져 있는 작은 얼룩. 3 특히, 한자에서 글자를 쓸 때에 한 번 찍는 획. ▯한 ~ 한 획. 4 문장 부호로 쓰는, 온점·반점·가운뎃점 따위의 표. 5 어느 지적되는 사항을 나타내는 부분. ▯그에게도 좋은 ~이 있다. 6 짐승의 털에 다른 빛깔로 박힌 작은 얼룩. ▯그 강아지는 눈가에 검은 ~이 있다. 7 여럿 가운데서 선택하여 결정할 때 쓰는 말. ▯~을 찍어 놓다. 8[수]두 선이 맞닿은 자리(위치만 있고 크기가 없음). 9 살갗에 거뭇하거나 불그레하게 박힌, 표난 부분. ▯입가에 ~이 생기다. 10 소수의 소수점. 11[약]사람의 쉼표의 오른쪽에 덧붙여 찍어서 그 원길이의 반만큼의 길이를 더함을 표시하는 검은 점. 부점(附點). ▣의말 1 성적을 나타내는 단위. ▯백 ~ 만점을 맞다. 2 물품의 가짓수를 셀 때 쓰는 말. ▯그림 한 ~ / 의류 열 ~. 3 (주로 '한' 뒤에 쓰여) 아주 적은 양을 나타내는 말. ▯하늘이 구름 한 ~ 없이 맑다. 4 떨어지는 액체의 방울을 세는 말. ▯빗방울이 한 ~ 두 ~ 떨어지다. 5 살코기 따위의 작은 조각. ▯회를 한 ~ 집어 먹다. 6 예전에, 시각을 세던 단위. 괘종시계의 종 치는 횟수로 세었음. ▯시계가 열두 ~을 알리다. 7 바둑에서, 바둑판의 눈이나 돌의 수를 세는 말. ▯상수에게 두 ~ 깔고 두다.

-점(店) ▣ '가게·상점'의 뜻. ▯철물~ / 할인~ / 백화~.

점:가(漸加)圓하자타 점점 더하여짐. 또는 점점 더하여 감. ↔점감.

점:감(漸減)圓하자타 차차 줄어듦. 또는 차차 줄여 감. ↔점가.

점:강-법(漸降法)[─뻡]圓《문》수사법의 한 가지. 강하고 힘찬 표현에서부터 시작하여 점점 약한 표현으로 되었다가 평범한 문장이 되는 서술법. 점차법. ↔점층법(漸層法).

점거(占居)圓하타 어떤 장소를 차지하여 삶.

점거(占據)圓하타 1 차지하여 자리를 잡음. ▯~ 농성 / 다방을 ~하여 인질극을 벌이다 / 채권자에게 공장이 ~되다. 2 점령(占領)1. ▯~된 교량.

점검(點檢)圓하타타 낱낱이 검사함. 또는 그 검사. ▯인원 ~ / 기계를 세밀히 ~하다 / 가스관을 ~하여 사고를 예방하다.

점결-성(粘結性)[─씽]圓《광》석탄이 탈 때, 녹아서 유동체가 되어 뭉쳐 덩어리가 되는 성질.

점결-탄(粘結炭)圓 점결성이 있는 석탄.

점경(點景)圓하타타 풍경화에 다른 사물을 그려 넣어서 정취를 더함.

점계(點計)[─/─게]圓하타타 일일이 조사하여 헤아림.

점:고(漸高)圓하자타 차차 높아짐. ▯비난의 소리가 ~하다 / 관심이 ~되다.

점고(點考)圓하타타 명부에 일일이 점을 찍어 가며 사람의 수효를 조사함. ▯~를 받다 / ~를 마치다.

점고(를) 맞다句 점고에 빠지지 않고 그 일을 치르다.

점괘(占卦)[─꽤]圓 점을 쳐서 나오는 괘. ▯좋은 ~가 나오다. ㉺괘(卦).

점:괘(漸卦)[─꽤]圓《민》육십사괘의 하나. 손괘(巽卦) 위에 간괘(艮卦)가 거듭된 것으로, 산 위에 나무가 있음을 상징함. ㉺점(漸).

점괘-효(占卦爻)[─꽤─]圓 한자 부수의 하나 ('爽'·'爾' 따위에서 '爻'의 이름).

점괴(苫塊)圓 거적자리와 흙덩이 베개라는 뜻으로, 상제(喪制)가 앉는 자리의 일컬음.

점괴-여천(苫塊餘喘)圓 막 거상을 벗은 사람이 죄스럽고 경황이 없음을 남에게 일컫는 말.

점:교(漸敎)圓《불》오랫동안 수행하여 점차 깨달음의 경지에 이르는 교법(敎法). 또는 순서를 밟아서 차차 불과(佛果)를 얻는 교법.

점귀-부(點鬼簿)圓 죽은 사람의 이름을 적는 장부.

점균-류(粘菌類)[─뉴]圓 균류의 하나. 분화가 매우 낮아 포자로 번식하며, 엽록소를 포함하지 않는 점액상의 원형질 덩어리로된 변형체. 운동성이 있음. 변형균류.

점-그래프(點graph)圓《수》통계 도표의 한 가지. 점의 개수로 수량의 밀도 분포를 나타내는 도표. 점그림표. 점도표.

점:근(漸近)圓하자타 점점 가까워짐.

점:급(漸及)圓하자타 일정한 시기나 장소에 점점 이르러 미침.

점-내기(點─)圓하타타 바둑에서, 승패에 따라 한 점씩 접어주는 내기.

점다(點茶)圓하자타 마른 찻잎을 그릇에 담고 끓는 물을 부어 우려냄.

점-다랑어(點─魚)圓《어》고등엇과의 바닷물고기. 가다랑어와 비슷한데, 등은 어두운 청색이고 가슴지느러미 밑에 1~7개의 검은 점이 있음.

점단(占斷)圓하타타 점쳐서 판단함.

점-대(占─)[─때]圓 점칠 때 쓰는 대오리. 점괘의 글이 적혀 있음. 첨자.

점-대칭 (點對稱)[명]《수》대칭의 한 가지. 도형을 한 점을 중심으로 180° 회전하여 다른 도형과 완전히 겹쳐지는 대칭. 점맞섬. 중심 대칭.

점도 (粘度)[명]《물》유체가 고체면에 부착하는 정도. 점성도. 점성률.

점도-계 (粘度計)[−/−계][명] 점도를 재는 계기(計器).

점-도미 (點−)[명]《어》달고기. ㉚점돔.

점-도표 (點圖表)[명] 점그래프.

점-돈 (占−)[−돈][명] 점치는 제구로 쓰는 돈.

점-돔 (點−)[명]《어》'점도미'의 준말.

점:두 (店頭)[명] **1** 가게의 앞쪽. **2** 증권 거래소 이외의 장소. 장외(場外).

점두 (點頭)[명][하자] 승낙 또는 옳다는 뜻으로 머리를 약간 끄덕임.

점:두 거:래 (店頭去來)[경] 장외 거래.

점:두 매매 (店頭賣買)[경] 장외 거래.

점-둥이 (點−)[명] **1** 점박이1. **2** 몸에 점이 박힌 개.

점득 (占得)[명][하타] 차지하여 얻음.

점:등 (漸騰)[명][하자] 시세가 점점 오름. ↔점락(漸落).

점등 (點燈)[명][하자타] 등에 불을 켬. ▢∼ 시간. ↔소등(消燈).

점등-관 (點燈管)[명] 형광등에 달려 있는 점등용 방전관. 글로램프. 글로스타터.

점:락 (漸落)[−낙][명][하자] 시세가 점점 떨어짐. ↔점등(漸騰).

점력 (粘力)[−녁][명] 끈끈하고 차진 힘이나 기운. ▢∼이 떨어진 점토.

점령 (占領)[명][하타] **1** 일정한 땅을 차지하여 제 것으로 함. 점거(占據). **2** 다른 나라의 영토를 자기 나라의 군사적 지배하에 둠. ▢∼된 지역/적 진지를 ∼하다/본진이 ∼당하다.

점:막 (店幕)[명] 주막(酒幕).

점막 (粘膜)[명]《생》소화관·기도·비뇨 생식도 따위의 안쪽을 덮고 있는 끈끈하고 부드러운 막의 총칭. 점액막. ▢코의 ∼.

점막-암 (粘膜癌)[명] 점막에 생기는 암.

점:멸 (漸滅)[명][하자] 점점 멸망해 감.

점멸 (點滅)[명][하자타] 등불을 켰다 껐다 함. 또는 등불이 켜졌다 꺼졌다 함. ▢거리의 등불이 ∼하다.

점멸-기 (點滅器)[명] 전등을 자동적으로 켰다 껐다 할 수 있게 만든 장치.

점멸-등 (點滅燈)[−등][명] 자동차·기차·비행기 따위에 쓰이는 신호등의 한 가지. 일정한 시간 간격을 두고 켜졌다 꺼졌다 함. 깜박등. ▢∼을 깜박이다.

점명 (點名)[명][하타] 명부(名簿)의 이름을 차례로 점을 찍어 가며 부름.

점모 (粘毛)[명]《식》식물의 어린잎이나 꽃받침 따위에서 점액을 분비하는 털.

점묘 (點描)[명][하타] **1** 물감을 점으로 찍어서 그림을 그림. 또는 그런 화법(畫法). **2**《문》인물이나 사물 전체를 묘사하지 않고 작은 부분을 떼어 따라 묘사함.

점묘-주의 (點描主義)[−/−이][명] 신인상주의.

점묘-파 (點描派)[명] 신인상파(新印象派).

점문 (占文)[명] 점괘에 나타난 길흉화복의 내용을 적은 글.

점미 (粘米)[명] 찹쌀.

점-박이 (點−)[명] **1** 얼굴이나 몸에 큰 점이 있는 사람이나 짐승. 점둥이. ▢∼ 사냥개. **2** 남에게 손가락질을 받아 점이 박히다시피 된 사람.

점:방 (店房)[−빵][명] 상점(商店) 또는 가게로 쓰는 방. ▢∼ 문을 열다.

점법 (點法)[−뻡][명][하타] 점을 치는 법.

점벙 [부][하자타] 큰 물체가 물에 부딪치거나 잠길 때 나는 소리. 또는 그 모양. ㉛잠방.

점벙-거리다 [자타] 자꾸 점벙 소리가 나다. 또는 그런 소리를 자꾸 내다. ㉛잠방거리다. **점벙-점벙** [부][하자타]

점벙-대다 [자타] 점벙거리다.

점병 (粘餠)[명] 찰떡.

점보 (粘補)[명][하타] 증거 서류를 덧붙여서 보고함. ▢결과를 상부에 ∼하다.

점보 (jumbo)[명] **1** 크기나 규모가 거대한 것. ▢∼ 환영식. **2** 여러 개의 드릴을 연이어 놓은 대형 토목 기계. 한꺼번에 많은 구멍을 뚫을 수 있음. **3** 사진의 확대를 대량으로 싸게 하려고 원판의 전면을 일정한 규격의 인화지에 잇대어 인화하는 일. 또는 그 규격. ∼사이즈. **4** 점보제트기.

점보-제트기 (jumbo jet機)[명] 승객 400명 이상이 탑승할 수 있는 초대형 제트 여객기의 통칭. 점보.

점복¹ (占卜)[명][하자] **1** 점을 치는 일. **2** 점술과 복술의 통칭.

점-복² (占卜)[명] 한자 부수의 하나('占'·'卦' 따위에서 '卜'의 이름).

점-불정 (點佛睛)[−정][명][하자]《불》불상을 만들거나 그릴 때 마지막으로 눈을 박거나 찍음. 또는 그런 일. 점안(點眼).

점-뿌림 (點−)[명][하타] 씨앗을 한 개 또는 몇 개씩 한 곳에 일정한 사이를 두고 뿌려 나감. 또는 그런 파종법. 점파(點播).

점사 (占辭)[명] 점괘에 나타난 말.

점사 (點射)[명][하타]《군》기관총이나 소총 사격법의 하나. 목표에 한 발씩 끊어서 또는 몇 발씩 쏨. 또는 그런 사격법. 점발사격.

점상 (占床)[명] 점치는 제구를 올려놓고 점을 치는 데 쓰는 상.

점상 (點狀)[명] 점과 같은 모양.

점서 (占書)[명] 점술을 기록한 책. 점책.

점서 (占筮)[명] 복서(卜筮). 점(占).

점석 (苫席)[명] 상제(喪制)가 앉는 거적자리.

점선 (點線)[명] 점을 줄지어 찍어서 된 선. ▢∼을 긋다.

점성 (占星)[명][하자] 별의 빛·위치·운행 따위를 보고 길흉을 점침.

점성 (粘性)[명] **1** 차지고 끈끈한 성질. **2**《물》유체가 운동할 때에 내부에 마찰을 일으키는 성질.

점성-가 (占星家)[명] 별의 빛·위치·운행 따위로 점을 치는 사람. 점성술사. 성학가(星學家).

점성-도 (粘性度)[명]《물》점도(粘度).

점성-률 (粘性率)[−뉼][명]《물》점도.

점성-술 (占星術)[명] 별로써 점치는 복술(卜術). 점성학(學). ▢예전에는 국가의 장래도 ∼에 의존했었다.

점수 (點水)[명][하자] 물을 방울지게 떨어뜨림.

점수 (點授)[명] 점수1.

점수 (點數)[−쑤][명] **1** 성적을 나타내는 숫자. ▢∼를 매기다/높은 ∼를 받다/∼를 후하게 주다. **2** 물건의 가짓수. **3** 끗수.

점술 (占術)[명] 점을 치는 술법.

점-쉼표 (點−標)[명]《악》점이 덧붙어 찍혀 있는 쉼표. 점 온쉼표·점 이분쉼표·점 사분쉼표·점 팔분쉼표 따위가 있음. 점휴지부. 부점 휴

지부(附點休止符).

점-시 (覘視)圓화타 규시(窺視).

점:-시력 (點視力)圓 미세한 점의 존재 유무를 분간할 수 있는 눈의 능력. ↔선시력.

점:-신세 (漸新世)圓〖지〗올리고세(世).

점:심 (點心)圓 1 낮에 끼니로 먹는 음식. 중반(中飯). 중식(中食). ~을 늦게 먹다 /~을 거르다. 2〖불〗선종에서, 배고플 때 조금 먹는 음식. 3〖민〗무당이 삼신에게 음식을 차려 놓고 갓난아이의 젖이나 죽은 사람의 명복을 비는 일. ~을 바치다.

점심 싸 들고 나서다 굿 도와주려고 정성과 열의를 다하다. 발 벗고 나서다.

점:심-나절 (點心-)圓 점심때를 앞뒤로 한 반나절. ~이 다 되어서야 도착했다.

점:심-때 (點心-)圓 점심을 먹을 때.

점:심-밥 (點心-)[-빱]圓 점심으로 먹는 밥.

점:심-상 (點心床)[-쌍]圓 점심을 차린 상. ~을 물리다.

점:심-시간 (點心時間)[-씨-]圓 점심을 먹기로 정해 둔 시간. 보통 낮 열두 시부터 한 시 사이임.

점:심-참 (點心-)圓 점심을 먹을 시간.

점안 (點眼)圓화타 1 눈에 안약을 떨어뜨려 넣음. 2 점정(點睛). 3〖불〗점불정(點佛睛).

점안-수 (點眼水)圓 눈에 방울방울 떨어뜨리는 안약. 점안제.

점액 (粘液)圓 1 끈끈한 액체. 2〖생〗생물체 내의 점액선 등에서 분비되는 끈끈한 액체.

점액-낭 (粘液囊)[저맹-]圓〖생〗생물체 내에서 점액이 들어 있는 주머니 모양의 조직.

점액-막 (粘液膜)[저맹막]圓 점막(粘膜).

점액-선 (粘液腺)[저맥썬]圓〖생〗점막에 있어 점액을 분비하는 선.

점액 수종 (粘液水腫)[저맥쑤-]〖의〗갑상선(甲狀腺)의 기능 감퇴에 따라 일어나는 질병. 부종·탈모·혈압 강하 등이 나타남.

점액-질 (粘液質)[저맥찔]圓〖심〗감수성이 둔하고 열성과 활기는 적으나, 의지가 강하고 인내력이 있는 기질. ↔다혈질.

점약 (點藥)圓화타 눈에 약물을 넣음. 또는 그 약물.

점-양태 (點-)[-냥-]圓〖어〗양탯과의 바닷물고기. 몸길이 20 cm 정도이며, 머리에 많은 돌기(突起)와 톱니 모양의 가시가 있고 비늘이 작음. 몸빛은 등 쪽이 옅은 갈색, 배 쪽은 누른빛을 띤 백색이며, 머리에 작고 검은 점이 흩어져 있음.

점-양토 (粘壤土)[-냥-]圓〖지〗양토에 점토가 섞인 토질.

점역 (點譯)圓화타 말이나 보통의 글자를 점자(點字)로 고침.

점:염 (漸染)圓화자 차차 번져서 물듦. 또는 점점 전염됨.

점염 (點染)圓화자 조금씩 물듦. ~노을에 붉게 ~된 하늘.

점엽 (點葉)圓 동양화에서, 나뭇잎을 그릴 때 윤곽선을 사용하지 않고 붓을 사용하여 점묘(點描)하는 수법. 점법(點法). 점엽법.

점:오 (漸悟)圓화타〖불〗점점 깊이 깨달음.

점용 (占用)圓화타 1 차지하여 씀. 2〖법〗하천·도로·수면 따위를 점거하여 사용함.

점:원 (店員)圓 상점에 고용되어 물건을 파는 따위의 일을 맡아 하는 사람. ~으로 근무하다 / 남녀 ~을 모집함.

점유 (占有)圓화타 물건이나 영역, 지위 따위

를 차지하여 자기의 소유로 함. ❑대기업으로 ~된 상품 시장.

점:유 (漸癒)圓화자 병이 차차 나아짐.

점유-권 (占有權)[저유꿘]圓〖법〗물건을 차지하고 있는 사람에게 인정되는 권리.

점유-물 (占有物)圓 점유하고 있는 물건.

점유-율 (占有率)圓 물건이나 영역, 지위 따위를 차지하고 있는 비율. ~이 높다.

점윤 (露潤·沾潤)圓 1 비나 이슬에 젖어 불음. 2 땀이나 물기가 배어 번짐.

점-음표 (點音標)圓〖악〗점 머리 오른쪽에 점이 찍혀 있는 음표. 점 온음표·점 이분음표·점 사분음표·점 팔분음표·점 십육분음표 등이 있음. 부점음표. ↔민음표.

점:이 (漸移)圓화자 차차 옮아감.

점:이-성 (漸移性)[저미썽]圓 차차 옮아가는 성질.

점:이 지대 (漸移地帶)〖지〗각기 다른 지리적 특성을 가진 지역과 지역 사이에서 중간적인 현상을 나타내는 지대.

점:입-가경 (漸入佳境)[저밉까-]圓화자 차차 재미있는 경지로 들어감. ~의 경지로 들어가다 / 정치는 갈수록 ~이다.

점자 (點字)[-짜]圓 두꺼운 종이에 도드라진 점을 일정한 방식으로 짜 모아 만든, 맹인용 글자(손가락으로 더듬어 읽음). ~를 해독하다.

점자 블록 (點字block)[-짜-]〖맹인의 안전을 위하여 도로에 깐 특수한 블록. 발바닥의 촉감으로 위치와 방향을 알 수 있도록 표면에 돌기가 있음. ❑횡단보도 입구에 ~이 설치되어 있다.

점:잔 (點-)圓 점잖은 태도. ❑~을 부리다 / ~을 빼다 / ~을 피우다.

점:잖다 [-잔타]톈 1 몸가짐이 묵중하고 의젓하다. 2 점잖게 말하다. 2 품격이 야하지 않고 고상하다. ❑매우새가 ~. 짤잠잖다. 점:잖-이 [-자니]튄

[점잖은 개가 부뚜막에 오른다] 점잖다고 믿었던 사람이 엉뚱한 짓을 할 때.

점재 (點在)圓화자 여기저기 점점이 흩어져 있음. ❑섬들이 ~하는 남해의 절경.

점-쟁이 (占-)圓 남의 신수를 점쳐 주는 일을 업으로 삼는 사람. 매복자(賣卜者). 복자(卜者). 점술가. 주역선생.

점적 (點滴)圓 1 낱낱의 물방울. 2 물방울을 떨어뜨림. 3〖화〗시료(試料)에 시약(試藥)을 한 방울씩 떨어뜨려 분석하는 일.

점적-판 (點滴板)[-쩍]圓 적판(滴板).

점전 (苫前)圓 초상(初喪)을 치르기 전의 상제에게 편지를 낼 때 상제 성명 뒤에 쓰는 말.

점:점 (漸漸)튄 조금씩 더하거나 덜해지는 모양. 초초(稍稍). ❑병세가 ~ 좋아지다.

점점 (點點)圓화타 1 낱낱의 점. 2 여기저기 점 찍은 듯이 흩어져 있음.

점점-이 (點點-)튄 여기저기 하나씩 흩어져 있는 모양. ❑~ 떨어진 물방울 /~ 흩어진 꽃잎들.

점점-홍 (點點紅)圓 1 점점이 붉음. 2 여기저기 울긋불긋하게 꽃이 핀 모양.

점정 (點睛)圓 1 사람이나 짐승을 그릴 때 맨 나중에 눈동자를 그려 넣음. 점안(點眼). 2 '화룡점정'의 준말.

점제 (點劑)圓 '점조제'의 준말.

점조 (占兆)圓 점패에 나타나는 길흉의 징조. ❑~가 불길하다.

점조-제 (粘稠劑)圓 액체에 끈기를 주기 위해 쓰는 물질. 짤점제(粘劑).

점조-하다 (粘稠-)〖형여〗 끈기가 있고 밀도가 빽빽하다.

점:주 (店主)〖명〗 가게의 주인.

점-주 (點丶)〖명〗 한자 부수의 하나(('丹'·'丸' 따위에서 '丶'의 이름)). 불똥주부.

점-줄 (點-)〖명〗〖언〗 줄임표.

점:증 (漸增)〖명하자〗 점점 증가함. ¶인구가 ~하다 / 불안감이 ~.

점지〖하타〗**1** 신불이 사람에게 자식을 갖게 하여 줌. 점수(點授). ¶~를 받다 / 늘그막에 삼신(三神)이 ~해 준 외아들. **2** 무엇이 생기는 것을 미리 지시해 줌의 비유. ¶하늘이 ~해 준 배필.

점직-스럽다 [-쓰-따] [-스러워, -스러우니] 〖형비〗 부끄럽고 미안하게 느껴지는 데가 있다. 점직-스레 [-쓰-]〖부〗

점직-하다 [-지카-]〖형여〗 부끄럽고 미안하다. ¶너무 칭찬을 받으니 좀 ~. 준점직하다.

점:진 (漸進)〖명하자〗**1** 조금씩 앞으로 나아감. **2** 점점 발전함. ¶선진 사회로 ~하다. ↔급진(急進).

점:진-적 (漸進的)〖관〗 목적·이상 등을 서서히 실현하려는 (것). 조금씩 앞으로 나아가는 (것). ¶~ 개혁 / ~인 개선책. ↔급진적.

점:진-주의 (漸進主義)[-이] 급격한 수단을 피하고 순서를 밟아 서서히 나아가려는 주의. ↔급진주의.

점질 (粘質)〖명〗 끈끈하고 차진 성질. 또는 그런 물질.

점-찍다 (點-)[-따]〖자〗 여럿 가운데 어느 것이라고 마음속으로 정하다. ¶신붓감으로 ~.

점차 (苫次)〓〖명〗 거상 중에 있는 아랫사람. 〓〖인대〗 주로 편지글에서, 부모 상중에 있는 사람이 윗사람에게 자기를 낮추어 이르는 말.

점:차 (漸次)〖부〗 차례를 따라 조금씩. ¶~ 회복되다 / ~ 좋아지다 / 쌀쌀하던 날씨가 ~ 누그러진다.

점차 (點差)〖명〗 점수의 차. 득점의 차.

점:차-적 (漸次的)〖관〗 차례를 따라 조금씩 진행되는 (것). ¶~(으)로 진행되다.

점착 (粘着)〖명하자〗 끈끈하게 착 달라붙음.

점착-력 (粘着力)[-창녁]〖명〗 끈끈하게 착 달라붙는 힘. ¶~이 강한 풀.

점착-성 (粘着性)[-썽]〖명〗 끈끈하게 착 달라붙는 성질. ¶~이 강한 테이프.

점착-제 (粘着劑)[-쩨]〖명〗 물질을 달라붙게 하는 데 쓰이는 물질((풀·고무풀 따위)).

점철 (點綴)〖명하자타〗 흐트러진 여러 점이 서로 이어짐. 또는 서로 이음. ¶애틋한 사연이 ~된 편지.

점체 (粘體)〖명〗 고체와 액체의 중간적 성질을 띤 끈끈한 물질((풀·엿 따위)).

점:추-법 (漸墜法)[-뻡]〖명〗〖문〗 점강법(漸降法).

점:층-법 (漸層法)[-뻡]〖명〗〖문〗 수사법의 한 가지. 어구(語句)를 점점 겹치어 써서 차차로 문장의 뜻을 강화시켜 독자의 느낌을 절정으로 이끄는 수법. ↔점강법.

점-치다 (占-)〖타〗**1** 길흉과 화복을 판단하기 위해 점괘를 내어 보다. ¶신년 운수를 ~. **2** 앞일을 내다보아 미리 판단하다. 점하다. ¶어느 쪽이 이길지 얼른 점치기 어렵다.

점탈 (占奪)〖명하타〗 남의 것을 빼앗아 차지함.

점태 (點苔)〖명〗 동양화에서, 암석·나뭇가지 따위의 이끼를 나타내기 위하여 찍는 점.

점토 (粘土)〖명〗〖지〗 극히 미세한 암석 풍화 분해물의 총칭. 지름 0.01 mm 이하로 물에 이기면 점성을 띰((벽돌·기와·도자기 따위의 원

료가 됨)).

점토-기 (粘土器)〖명〗 점토를 원료로 하여 만든 질그릇.

점토-암 (粘土岩)〖명〗〖광〗 수성암의 하나. 약간 굳은 점토로 이루어짐.

점토-질 (粘土質)〖명〗〖지〗 점토가 많이 섞인 지질. 또는 그런 흙.

점:퇴 (漸退)〖명하자〗**1** 점점 뒤로 물러남. **2** 차차 쇠퇴하여 감.

점파 (點播)〖명하타〗 점뿌림.

점파-기 (點播機)〖명〗 점뿌림에 쓰는 파종기의 하나.

점:판 (店-)〖명〗 금·은·구리 따위의 광구(鑛區)의 통칭.

점판-암 (粘板岩)〖명〗〖광〗 점토가 굳어서 된 검은빛의 치밀한 암석((얇게 잘 갈라지는데, 슬레이트·석판·벼룻돌 따위에 씀)).

점퍼 (jumper)〖명〗 품이 넉넉하고 활동성이 좋은 웃옷. 놀이용이나 운동복, 작업복 따위로 씀. 잠바.

점퍼-스커트 (jumper skirt)〖명〗 윗옷을 입고 그 위에 입는, 상의와 스커트가 한데 붙은 여자옷((두 쪽 소매가 없음)). 잠바스커트.

점편 (占便)〖명하자〗 쉬운 방법을 골라서 가림.

점:포 (店鋪·店舖)〖명〗 물건을 벌여 놓고 파는 곳. 가게. 가겟집. ¶~를 내다.

점폭-약 (點爆藥)[-풍냑]〖명〗 폭약에 폭발을 일으키게 하기 위하여 쓰는 약제. 화염(火炎)에 의해서 쉽게 폭발하며 폭약을 폭발시킴.

점품 (占風)〖명〗 점술과 지술(地術).

점풍-기 (占風旗)〖명〗 바람의 방향을 알기 위해 배의 돛대 머리에 다는 기.

점프 (jump)〖명하자〗**1** 도약. 뜀박질. **2** 육상 경기나 스키 따위에서, 도약하는 종목. **3**〖연〗필름 편집 착오로 장면의 접속이 틀리는 일.

점프 볼 (jump ball) 농구에서, 심판이 양쪽 팀의 두 선수 사이에서 공을 던져 올려 경기를 시작하거나 계속하게 하는 것.

점-하다¹ (占-)〖자타여〗**1** 점을 보다. ¶운수가 어떻게 될지를 점해 보다. **2** 점치다2.

점-하다² (占-)〖타여〗 자리를 차지하다.

점:-하다〖형여〗'점직하다'의 준말.

점호 (點呼)〖명하타〗 한 사람 한 사람 이름을 불러 인원이 맞는가를 알아봄. ¶~ 시간 / 각개 ~를 실시하다.

점화 (點火)〖명하자타〗**1** 불을 켜거나 붙임. 착화(着火). ¶성화(聖火)에 ~하다 / 조명등에 ~되다. **2** 장마 때 방 안의 축축한 기운을 말리려고 불을 땜. **3** 내연 기관에서, 가스를 폭발시키기 위해 가스체에 가열물 또는 전기 불꽃을 접촉시키는 조작.

점화-구 (點火口)〖명〗 가스등 따위의 불을 붙이는 부리의 구멍.

점화-법 (點火法)[-뻡]〖명〗 불을 붙이거나 켜는 방법.

점화-약 (點火藥)〖명〗〖화〗 화약에 연소를 일으키기 위해 쓰는 약제. 기폭약.

점화 장치 (點火裝置)**1** 총포의 장약을 발화시키거나 수뢰 따위의 폭약을 폭발시키는 장치. **2** 내연 기관에서, 압축된 가스를 폭발시키기 위하여 전기 불꽃을 일으키는 장치.

점화-전 (點火栓)〖명〗 점화 플러그.

점화 플러그 (點火plug) 내연 기관에서, 실린더 안의 혼합 기체에 불을 붙이기 위하여 고압 전류를 흘려서 불꽃 방전을 일으키는 장치. 발화전(發火栓). 점화전. 플러그(plug).

점-획 (點劃)[명] 글자의 점과 획.

점후 (占候)[명][하타] 구름의 모양·빛·움직임 등을 보고 길흉을 점침.

접 (接)[명][역] **1** 글방 학생이나 과거에 응하던 유생(儒生)의 동아리. **2** 보부상(褓負商)의 동아리. **3** 포¹(包)3.

접 (接)[명][식] 과실나무·수목 따위의 품종 개량·번식을 위하여 한 나무에 다른 나무의 가지나 눈을 따다 붙이는 방법. 같은 종류나 비슷한 종류의 접수를 접본의 목질부에 밀착시켜 조직을 연결시킴.

접[의명] 과일·채소 따위를 묶어 세는 단위. 한 접은 과일이나 채소 백 개를 이름. ▫마늘 두 ~ / 오이 한 ~으로 오이지를 담그다.

접-가지 (接-)[-까-][명][하타] 나무에 접을 붙일 때, 접본(接本)에 나뭇가지를 꽂음. 또는 그 나뭇가지. 접수(椄穗).

접각 (接角)[-깍][명][수] 평면상의 두 개의 각이 꼭짓점과 한 변을 공유했을 때, 한 각을 다른 각에 상대하여 일컫는 말.

접객 (接客)[-깩][명][하자] 손님을 접대함. 접빈.

접객-부 (接客婦)[-깩뿌][명] 접대부.

접객-업 (接客業)[-깩껍] 여관·음식점·다방·목욕탕 따위와 같이 일정한 요금을 받고 손님을 접대하고 서비스하는 영업. ▫~을 대상으로 위생 상태를 점검하다.

접거 (接居)[-꺼][명][하자] 남의 집에서 잠시 동안 머물러 삶.

접견 (接見)[-껸][명][하타] **1** 신분이 높은 사람이 공식적으로 손님을 만남. ▫사절(使節)을 ~하다. **2**『법』구류 중인 피고인·수형자(受刑者)가 변호사 등 외부 사람과 만남. ▫변호사 ~이 허용되다.

접견-실 (接見室)[-껸-][명] **1** 공식적으로 손님을 맞아들여 대면하는 방. ▫귀빈을 ~로 모시다. **2** 구류 중인 피고인이나 수형자가 변호사나 가족 또는 외부인과 만나는 방. ▫~에서 변호사와 대면하다.

접경 (接境)[-꼉][명][하자] 경계가 서로 맞닿음. 또는 그 경계. 연경(連境). 접계. ▫중국과 ~된 지역.

접계 (接界)[-꼐 / -꼐][명][하자] 접경(接境).

접골 (接骨)[-꼴][명][하타]『의』삐거나 부러진 뼈를 이어 맞춤. 정골(整骨). ▫~된 부위에 다시 금이 갔다.

접골-사 (接骨師)[-꼴싸][명] 외과 수술에 의하지 아니하고 주로 부목·안마·깁스 따위의 방법으로 골절·탈구 따위를 치료하는 사람.

접골-의 (接骨醫)[-꼬릐 / -꼬리][명][의] 접골의 치료를 전문으로 하는 의사.

접구 (接口)[-꾸][명][하타] 음식물을 조금 입에 대어 조금 먹음. 근구(近口).

접근 (接近)[-끈][명][하자] **1** 가까이 다가감. 바싹 다가붙음. ▫의견이 ~하다 / 일반인 ~을 금지하다 / 배를 강기슭에 ~시키다. **2** 친밀하고 밀접한 관계를 가짐. ▫그에게 ~을 시도하다. **3**『컴』액세스(access).

접-낫[점낟][명] **1** 자그마한 낫. **2** 아주 보잘것없는 사내를 이르는 말.

접-눈 (接-)[점-][명]『식』접붙이기를 할 때에 접가지에 같이 붙여서 자른 눈. 접아(椄芽).

접다[-따][타] **1** 천·종이 따위를 꺾어서 겹치다. ▫종이학을 ~. **2** 폈던 것을 본디의 모양이 되게 하다. ▫우산을 ~. **3** 의견·주장 따위를 미루어 두다. ▫그 문제는 일단 접어 두자. **4** '접어주다'의 준말.

접대 (接待)[-때][명][하타] 손님을 맞아 시중을 듦. ▫~를 받다.

접대 (接對)[-때][명][하타] 맞아들여 대면함.

접대 (椄臺)[-때][명]『농』접본(接本).

접대-등절 (接待等節)[-때-][명] 손님을 접대하는 모든 예절.

접대-부 (接待婦)[-때-][명] 요릿집·술집 따위에서 손님을 접대하는 일을 직업으로 하는 여자. 접객부.

접대-비 (接待費)[-때-][명] 손님을 접대하는 데에는 비용. ▫~ 명목으로 상당한 돈을 지출했다.

접대-용 (接待用)[-때-][명] 손님을 접대하는 데 사용함. 또는 그런 물건.

접-대패 (接-)[-때-][명] 날 위에 덧날을 끼워 곱게 깎는 데 쓰는 대패.

접도 (椄刀)[-또][명] 나무를 접붙일 때에 접본(椄本)을 째는 데 쓰는 칼.

접도 (摺刀)[-또][명] 접칼.

접도 구역 (接道區域)[-또-][명] 장래의 도로 확장용 공간 확보, 도로 보호, 도로변의 미화(美化), 위험 방지 따위를 위하여 법으로 지정한 도로 또는 도로 예정 경계선에서 일정 거리의 구역.

접두-사 (接頭辭)[-뚜-][명]『언』어떤 단어의 앞에 붙어 뜻을 첨가하여 새로운 단어를 이루는 말(「맨주먹·덧버선·새색시」등에서 '맨-'·'덧-'·'새-' 따위). 머리가지. 앞가지. 접두어.

접두-어 (接頭語)[-뚜-][명]『언』접두사.

접-등 (摺燈)[-뜽][명] 주름을 잡아서 위아래로 접었다 폈다 할 수 있게 종이로 만든 등. 그 안에 초나 등을 넣음.

접:때[명][부] 오래지 아니한 과거의 어느 때를 이르는 말. 접때. ▫우리 둘이 ~ 그를 만났는데 신수가 좋더군 / ~ 한 말이 마음에 걸린다.

접린 (接隣)[점닌][명][하자] 이웃끼리 서로 가까이 닿음. 또는 그런 이웃.

접맥 (接脈)[점-][명][하자타] 맥락(脈絡)이 닿음. 맥을 이음. ▫서양 음악과 동양 음악의 ~을 시도하다.

접목 (椄木·接木)[점-][명][하타] **1** 나무를 접붙임. 또는 그 나무. **2** 서로 다른 것들을 합쳐서 알맞게 조화시킴. ▫전통문화에 외래문화를 ~하다.

접목 (接目)[점-][명][하자] 잠자기 위해 눈을 붙임. 잠을 잠.

접문 (接吻)[점-][명][하자] 입맞춤.

접물 (接物)[점-][명][하자] 물건에 접함.

접미-사 (接尾辭)[점-][명]『언』어떤 단어의 뒤에 붙어 뜻을 첨가하여 새로운 단어를 이루는 말(「선생님·군것질·기웃거리다」따위에서 '-님'·'-질'·'-거리다' 따위)). 뒷가지. 발가지. 접미어.

접미-어 (接尾語)[점-][명]『언』접미사.

접-바둑[-빠-][명] 바둑에서, 수가 낮은 사람이 미리 화점(花點)에 두 점 이상 놓고 두는 바둑. ▫맞바둑.

접변 (接變)[-뼌][명][하자]『언』어떤 음이 이웃한 음의 영향으로 본래의 음과 다르게 발음됨. 또는 그 현상.

접본 (椄本)[-뽄][명]『농』접붙일 때 바탕이 되는 나무. 대목(臺木). 접대(椄臺).

접-붙이기 (椄-)[-뿌치-][명]『농』접붙이기.

접-붙이기 (椄-)[-뿌치-][명][하타]『농』나무에 접을 붙임. 또는 그 일.

접-붙이다 (椄-)[-뿌치-][타] **1** 나무에 접을 붙이다. **2** '교배하다'의 비유.

접빈 (接賓)[-삔][명][하자] 접객(接客).
접빈-실 (接賓室)[-삔-][명][명] 응접실(應接室).
접사 (接邪)[-싸][명] 못된 귀신이 붙었다는 뜻으로, 시름시름 앓는 병에 걸림의 일컬음.
접사 (接寫)[-싸][명][하자] 사진에서, 렌즈를 그 물건에 가까이 대고 찍음. 또는 그런 방법.
접사 (接辭)[-싸][명][언] 어떤 단어나 어간(語幹)에 첨가되어 새로운 단어를 이루게 하는 말. 접두사와 접미사로 나뉨. 접어(接語).
접사리 [-싸-][명] 1 비옷의 하나. 띠나 밀짚 따위로 머리에 덮어써서 무릎 가까이에 이르게 만듦(흔히, 모낼 때 씀). 2 미사리'.
접서-법 (接敍法)[-써뻡][명][언] 문장이나 단어를 접속어로 이어 가는 서술법. ↔단서법(斷敍法).
접석 (接席)[-썩][명][하자] 자리를 가까이 대어 앉음.
접선 (接線)[-썬][명][하자] 1 [수] 곡선의 한 점에 닿은 직선. 절선(切線). 촉선(觸線). 2 을 댐. 비밀리에 만남. □간첩과 ~하다.
접선 (摺扇)[-썬][명] 쥘부채.
접속 (接續)[-쏙][명] 1 맞대어 이음. □국도와 ~된 지방도. 2 [컴] 여러 개의 프로세서와 기억 장치 모듈 사이를 연결하는 일. □두 대의 컴퓨터에 ~된 프린터 / 컴퓨터 통신에 ~하다.
접속-곡 (接續曲)[-쏙꼭][명][악] 여러 가지 악곡의 일부씩을 접속하여 한 곡으로 만든 곡. 메들리.
접속-범 (接續犯)[-쏙뻠][명][법] 시간적·공간적으로 더 근접한 기회에 몇 가지 같은 종류의 범죄를 저지르는 일. 또는 그 범인.
접속 부:사 (接續副詞)[-쏙뿌-][명][언] 접속사(接續詞)와 같은 구실을 하는 부사('그러나'·'즉'·'또는'·'및' 따위).
접속-사 (接續詞)[-쏙싸][명][언] 접속어.
접속 수역 (接續水域)[-쏙녁-] 한 나라의 영해에 가까운 일정 범위의 공해(公海)에서 그 나라가 관할권을 행사하는 수역. 인접 수역.
접속-어 (接續語)[-쏘거][명][언] 단어나 구절, 문장을 이어 주는 구실을 하는 문장 성분 《국어에서의 접속 부사 따위》. 접속사.
접속 조:사 (接續助詞)[-쏙쪼-][명][언] 조사의 분류의 하나. 체언과 체언을 연결하여 접속시키는 구실을 함('와'·'과' 따위).
접속-형 (接續形)[-쏘켱][명][언] 연결 어미로 끝나는 활용형. 접속 관계에 따라 대립적·종속적 연결 어미로 나뉨.
접솔 (接率)[-쏠][명][역] 과거를 보는 사람과 그에 딸린 사람을 이르던 말.
접수 (接收)[-쑤][명][하자] 1 받아서 거둠. 2 권력 기관이 필요상 국민의 소유물을 일방적으로 수용함.
접수 (接受)[-쑤][명][하자] 관청이나 공공 단체가 서류나 구두로 제출되는 신청 사실을 처리하기 위해 받음. □번호 / 를 받다 / 신청서를 ~하다 / 입학 원서 / 를 마감하다.
접수 (接穗)[-쑤][명][하자][식] 접가지.
접수-구 (接受口)[-쑤-][명] 접수창구.
접수-국 (接受國)[-쑤-][명] 외국의 외교 사절·영사 따위를 받아들이는 쪽의 나라.
접수-부 (接受簿)[-쑤-][명] 접수한 사실이나 건수(件數) 등을 기록하는 장부.
접수-증 (接受證)[-쑤쯩][명] 접수하였음을 증명(證明)하는 표. □~을 발부하다.
접수-창구 (接受窓口)[-쑤-][명] 관청이나 회사·공공 단체에서 접수 사무를 맡아보는 창구. 접수구.

접수-처 (接受處)[-쑤-][명] 접수 사무를 맡아보는 곳. 접수소.
접순 (接脣)[-쑨][명][하자] 근구(近口).
접슬 (接膝)[-쓸][명][하자] 무릎을 가까이 맞대고 앉음.
접시 [-씨][명] 운두가 낮고 납작한 그릇. 반찬·과실 따위를 담음. 또는 담은 그 분량을 세는 단위. □과일 ~ / 떡 한 ~ / ~에 음식을 담다. [접시 밥도 담을 탓이다] 무슨 일이나 머리를 써서 솜씨 있게 함에 달렸다는 말.
접시-꽃 [-씨꼳][명][식] 아욱과의 여러해살이풀. 중국이 원산임. 양아욱과 비슷한데 높이 2 m 정도, 잎은 어긋나고 넓은 심장형임. 여름에 잎겨드랑이에서 접시 모양의 크고 납작한 빨강·하양·자줏빛의 꽃이 핌. 뿌리는 약재로 씀.
접시-돌리기 [-씨-][명] 접시를 손가락이나 막대의 끝에 올려놓고 돌리는 곡예.
접시-받침 [-씨-][명][건] 두공·첨차·한대·제공·장여·화반 따위의 사이에 틈틈이 끼우는 네모진 나무. 소로(小櫨).
접시-저울 [-씨-][명] 접시천칭.
접시-천칭 (-天秤)[-씨-][명] 접시가 위쪽에 달린 천칭. 접시저울.
접신 (接神)[-씬][명][하자] 신령이 사람의 몸에 내려 신통한 능력이 생기는 일.
접심 (接心)[-씸][명][하자] 1 마음이 바깥의 사물을 접하여 느낌. 2 [불] 선종(禪宗)에서, 중이 선의 교의(敎義)를 보이는 일. 3 [불] 정해진 기간에 흔들림이 없이 좌선함.
접아 (接芽)[-아][명] 접눈.
접안-경 (接眼鏡)[-안-][명] '접안렌즈'의 한자말.
접안-렌즈 (接眼lens)[-안-][명] 현미경·망원경 따위에서, 눈으로 보는 쪽의 렌즈. ↔대물렌즈.
접어 (接語)[-어][명] 1 말을 서로 주고받음. 2 [언] 접사(接辭).
접어 (鰈魚)[-어][명][어] 가자미.
접어-놓다 [저버노타][자] 제쳐 놓고 관심을 두지 않다. □이미 지난 일은 접어놓고 앞으로 잘해 나가자.
접어-들다 [-들-][들-, -드니, -드는][자] 1 일정한 시기나 어느 때, 또는 나이에 이르다. □봄철로 ~ / 장마철에 ~ / 나이가 벌써 사십 줄에 접어들었다. 2 어느 지점을 넘거나 갈림길로 들어서다. □오르막길로 ~. □잡아들다. 3 어떠한 상태로 들어서다. □주가가 조정 국면으로 ~.
접어-주다 [타] 1 자기보다 못한 사람에게 얼마쯤 너그럽게 대해 주다. □아랫사람의 실수를 ~. 2 바둑·장기 등에서, 자기보다 수가 낮은 사람에게 유리한 조건을 붙여 주다. □하수에게 석 점 접어주고 바둑을 두다.
접역 (鰈域)[명] 가자미 모양으로 생긴 지역이라는 뜻으로, 한때 우리나라를 일컫던 말.
접영 (蝶泳)[명] 수영법의 하나. 두 손을 동시에 앞으로 뻗쳐 물을 끌어당기면서 두 다리로 동시에 물을 차면서 헤엄쳐 나아감. 버터플라이.
접-요 [점뇨][명] 짐승 털로 만들어 병풍처럼 접었다 폈다 할 수 있게 만든 요. 먼 길 갈 때 씀.
접요-사 (接腰辭)[명][언] 독립하여 쓰이지 못하고 다른 말 중간에 끼어 함께 한 단어를 이루는 접사('먹이다'·'좁쌀'에서 '-이-'·'ㅂ' 따위). 삽요사(插腰辭).
접-의자 (摺椅子)[저비-/저비-][명] 접었다 폈다 할 수 있게 만든 의자.

접이 (接耳)〖명〗〖하자〗 귀엣말을 함.

접-자 [-짜]〖명〗 접었다 폈다 할 수 있게 만든 자. 절척(折尺).

접잠 (蝶簪)[-짬]〖명〗 나비잠.

접장 (接長)[-짱]〖명〗 1〖역〗 보부상의 우두머리. 2〈속〉선생(先生). □~질.

접장 (接狀)[-짱]〖명〗 서류를 접수함.

접적 (接敵)[-쩍]〖명〗〖하자〗 1 적과 맞부딪침. 2 적진에 가까이 감.

접전 (接戰)[-쩐]〖명〗〖하자〗 1 서로 맞부딪쳐 싸움. 합전(合戰). □두 팀 사이에 치열한 ~이 벌어지다. 2 서로 힘이 비슷하여 승부가 쉽게 나지 아니하는 싸움. □팽팽한 ~을 벌이다.

접점 (接點)[-쩜]〖명〗〖수〗 곡선 또는 곡면에 접선이 맞는 점. 절점(切點).

접제 (接濟)[-쩨]〖명〗 살림살이에 필요한 물건을 갖춰 살아갈 방도를 세움.

접족 (接足)[-쪽]〖명〗〖하자〗 디디고 들어가려고 발을 붙임. 또는 디디고 들어감.

접종 (接種)[-쫑]〖명〗〖하자〗 병의 예방·치료 등을 위해 병원균이나 항체 따위를 사람이나 동물의 몸에 주입함. □독감 예방 ~을 실시하다.

접종 (接踵)[-쫑]〖명〗〖하자〗 1 남에게 바짝 붙어서 따름. 2 사물이나 사건이 계속 뒤를 이어 일어남. □~하는 유괴 사건.

접중 (接中)[-쭝]〖명〗 어떤 접(接)의 속. 또는 그에 딸린 모든 사람.

접지 (接地)[-찌]〖명〗〖하자〗〖물〗 전기 기기와 땅 사이를 도선으로 연결하는 일. 또는 그 장치 《감전을 피하기 위해 시설함》. 어스(earth).

접지 (接枝)[-찌]〖명〗〖하자〗〖식〗 접가지.

접지 (摺紙)[-찌]〖명〗〖하자〗 1 종이를 접음. 또는 접은 종이. 2 책을 만들 때, 인쇄된 종이를 페이지 순서대로 접음. 또는 그렇게 접은 것.

접지-기 (摺紙機)[-찌-]〖명〗 접지하는 기계.

접-지르다 〖자타〗☞ 접질리다.

접지-선 (接地線)[-찌-]〖명〗〖물〗 전기 회로의 일부를 지면에 연결시키는 선. 어스선.

접-질리다 [-찔-]〖자타〗 근육과 관절이 심한 충격을 받아 삔 지경에 이르다. 또는 삔 지경에 이르게 하다. □발목이 ~.

접착 (接着)〖명〗〖하자〗 끈기 있게 붙음. □몸체에 ~된 부품.

접착-제 (接着劑)[-쩨]〖명〗 두 물체를 접착하는 데 쓰는 물질《풀·아교·본드 따위》.

접책 (摺冊)〖명〗 1 종이를 앞뒤로 고르게 여러 겹 접어서 책처럼 만든 것. 2 장첩(粧帖)으로 꾸민 책.

접처 (摺處)〖명〗 접은 곳. 접은 자리.

접철 (摺綴)〖명〗〖하타〗 접어서 한데 맴.

접첩-접첩 〖부〗〖하타〗 여러 번 접어서 포갠 모양. □~한 편지를 품에 넣다.

접첩 (摺帖)〖명〗 접을 수 있게 만든 서화첩.

접촉 (接觸)〖명〗〖하자타〗 1 맞붙어 닿음. □신체 ~/자동차 ~ 사고를 내다. 2 가까이 대하고 사귐. 교섭함. □~을 피하다/이웃과의 ~을 꺼리다/외부와 ~을 끊다.

접촉 감:염 (接觸感染)[-까염] 접촉 전염.

접촉 광:물 (接觸鑛物)[-꽝-]〖광〗 암석이 접촉 변성 작용을 받았을 때, 본디 암석 중의 광물이 재결정하여 생긴 새로운 광물.

접촉-렌즈 (接觸lens)〖명〗 콘택트렌즈.

접촉 반:응 (接觸反應)[-빠능]〖화〗 촉매에 의해 반응의 속도를 변화시키는 화학 작용.

접촉-법 (接觸法)[-뻡]〖화〗 촉매를 사용하

여 화합물을 합성하는 방법《백금을 촉매로 하여 황산을 제조하는 방법 등》.

접촉 변:성암 (接觸變成岩)[-뼌-]〖광〗 접촉 변성 작용에 의하여 생긴, 편리(片理)가 적은 치밀한 암석(岩石). 열변성암(熱變成岩).

접촉 변:성 작용 (接觸變成作用)[-뼌-자꽁]〖지〗 마그마가 지각을 구성하는 암석에 접촉하여 그것을 변성암으로 변화시키는 작용.

접촉 운:동 (接觸運動)〖식〗 외부의 접촉으로 말미암아 일어나는 식물의 운동《채송화의 수술을 건드리면 건드린 쪽으로 수술들이 몰리거나, 벌레잡이식물이 먹이의 접촉으로 움직여 벌레를 잡아먹는 일 따위》.

접촉 작용 (接觸作用)[-짜꽁]〖화〗 접촉 반응에서, 촉매가 반응을 촉진 또는 방해하는 작용.

접촉 저:항 (接觸抵抗)[-쩌-]〖물〗 두 물체의 접촉면을 통하여 전기가 흐를 때, 그 사이에서 생기는 전기 저항.

접촉 전:기 (接觸電氣)[-쩐-]〖물〗 서로 다른 종류의 두 금속을 접촉시킬 때 생기는 양전기와 음전기.

접촉 전염 (接觸傳染)[-쩌염]〖의〗 병원균을 지닌 환부나 배설물에 타인의 피부 또는 점막이 접촉하여 일어나는 전염.

접촉-제 (接觸劑)[-쩨]〖명〗〖화〗 접촉 반응의 촉매로 쓰는 물질. 2 해충의 몸에 붙으면 신경을 마비시켜 살충 효과를 나타내는 살충제의 한 가지.

접치다¹ 〖타〗 '접다'의 힘줌말.

접치다² 〖자〗 '접치이다'의 준말.

접치-이다 〖자〗 '접치다'의 피동》 접침을 당하다. ⓥ접치다².

접침 (摺枕)〖명〗 1 짐승의 털을 두껍게 두고 드문드문 누벼서 여러 조각을 포개어 만든 베개. 2 다리를 접었다 폈다 하는 목침.

접-침상 (摺寢牀)〖명〗 접었다 폈다 할 수 있게 만든 침상.

접침-접침 〖부〗〖하타〗 이리저리 여러 겹으로 접힌 모양.

접-칼 〖명〗 접었다 폈다 할 수 있게 만든 칼.

접-톱 〖명〗 날을 자루 속으로 접어 넣을 수 있게 만든 톱.

접-평면 (接平面)〖수〗 곡면(曲面) 위의 한 점과 접하는 평면.

접피-술 (接皮術)〖명〗〖의〗 흉터·상처에 피부를 이식하는 외과 수술.

접-하다 (接-)〖저파〗〖자타〗〖어〗 1 이어서 닿다. □한반도는 삼면이 바다에 접해 있다. 2 가까이하다. □그와는 접할 기회가 없었다. 3 어떤 일에 부닥치다. □일대 난관에 접하다. 4 소식·명령 등을 듣거나 받다. □합격 소식을 접하 ~. 5 귀신을 받아들여 신통력을 가지다. □신을 접하여 무당이 되다.

접-하다 (椄-)〖저파〗〖타〗〖어〗〖식〗 접을 붙이다.

접합 (接合)〖명〗〖하잡〗〖하자타〗 1 한데 이어 붙임. 또는 한데 닿아 붙음. □수술/두 부위가 ~되다. 2〖동〗유성 생식에서, 생식 세포가 암수 구별 없이 동형인 경우, 양자가 서로 달라붙는 현상.

접합-부 (接合符)[저팝뿌]〖명〗〖언〗 붙임표.

접합 생식 (接合生殖)[저팝쌩-]〖생〗 1 접합에 의한 유성(有性) 생식. 2 접합에 의한 원생동물의 생식.

접합-자 (接合子)[저팝짜]〖명〗〖생〗 자웅의 생식 세포의 접합에 의해 생긴 세포.

접합 재료 (接合材料)[저팝째-]〖건〗 건축에서, 접합에 쓰이는 재료. 못·땜납·아교 따위.

접형-골 (蝶形骨)[저평-]〖명〗〖생〗 척추동물의

두개(頭蓋)에 연골성(軟骨性)으로 발생하여, 눈 가까이로부터 두개의 밑 중앙까지에 있는 보통 여섯 개로 된 뼈. 고등 척추동물은 나비 모양으로 되어 있음. 나비뼈.

접형 화관(蝶形花冠)[저평-]〖식〗나비꽃부리.

접히다[저피-]〖자〗('접다'의 피동) **1** 접음을 당하다. ▷종이가 ~. **2** 남에게 접어줌을 당하다. ▷한 수 ~.

젓[전]〖명〗새우·조기·멸치 따위의 생선이나 조개·생선의 알·창자 따위를 소금에 짜게 절여 삭힌 반찬(새우젓·멸치젓 따위). ▷~을 담그다.

젓-가락[저까-/저까-]〖명〗음식이나 그 밖의 다른 물건을 끼워서 집는 기구(길이가 같은 두 개의 쇠붙이나 나무 따위로 가늘고 짤막하게 만듦). ▷~ 두 매 / ~ 한 벌》으로 반찬을 집어 먹다 / 음식에는 ~도 대지 않다. ֎저(箸)·젓갈.

[젓가락으로 김칫국을 집어 먹을 놈] 어리석고 용렬하여 어처구니없는 짓을 하는 사람을 이르는 말.

젓가락-나물[저까랑-/전까랑-]〖명〗〖식〗미나리아재빗과에 속하는 두해살이풀. 높이 60cm 내외, 6월에 노란 다섯잎꽃이 취산(聚纖)꽃차례로 피며, 과실은 수과(瘦果)로 독이 있음. 들의 습지나 초원 지대에 야생(野生)함. 젓가락풀.

젓가락-질[저까-찔/전까-찔]〖명〗〖하자〗젓가락으로 음식을 집어먹거나 물건 따위를 잡는 일. ▷~이 서투르다.

젓가락-풀[저까-/저까-]〖명〗〖식〗젓가락나물.

젓-갈[전깔]〖명〗젓으로 담근 음식.

[젓갈 가게에 중] 자기와는 아무 상관없는 것을 쓸데없이 보고 있다는 말.

젓-갈²[저깔 / 전깔]〖명〗'젓가락'의 준말.

젓갈-붙이[전깔부치]〖명〗젓갈류에 딸린 음식의 총칭. 해속(醢屬).

젓-갖[전갖]〖명〗사냥에 쓰이는 매의 두 발을 각각 잡아매는 가느다란 가죽 끈.

젓:개-질[전깨-]〖명〗〖하타〗액체나 가루 따위를 씨하거나 섞기 위하여 휘젓는 짓.

젓-국[전꾹]〖명〗젓갈이 삭아서 우러나온 국물.

젓국-수란(水卵)[전꾹쑤-]〖명〗젓국을 탄 물에 쇠고기나 파를 썰어 넣고 끓이다가 달걀을 깨뜨려 넣고 반쯤 익힌 반찬.

젓국-지[전꾹찌]〖명〗주로, 조기 젓국을 냉수에 타서 국물을 부어 담근 김치.

젓나모〖명〗〈옛〉전나무.

젓:다[전따][저어, 저으니, 젓는]〖타ㅅ〗**1** 액체나 가루 따위를 고르게 퍼지게 하려고 휘둘러 섞다. ▷커피를 저어 마시다. **2** 배 따위를 움직이려고 노를 일정한 방향으로 계속 움직이다. ▷노를 ~. **3** 싫거나 거절하는 뜻으로 손이나 머리를 흔들어 나타내다. ▷아무것도 먹기 싫다며 머리를 ~. **4** 팔·어깨 따위를 일정한 방향으로 계속해서 움직이다. ▷팔을 저으며 걸어가다.

-젓다[미]〈옛〉-쩍다. -롭다. -스럽다.

젓-대[저때 / 전때]〖명〗〖악〗대금(大笒).

젓-조기[전쪼-]〖명〗젓을 담그는 조기.

-젓다[미]〈옛〉-쩍다. -롭다. -스럽다.

정:〖명〗돌에 구멍을 뚫거나 돌을 쪼아 다듬는 데 쓰는, 끝이 뾰족한 쇠로 만든 연장.

정(丁)〖명〗천간(天干)의 넷째.

정(井)〖명〗**1**〖천〗'정성(井星)'의 준말. **2**〖민〗'정괘(井卦)'의 준말.

정:(正)□〖명〗**1** 옳은 길. 올바른 일. ↔사(邪). **2**〖철〗정립(定立). □〖수관〗십진급수의 단위의 하나. 재(載)의 아래, 간(澗)의 만 배.

정(疔)〖명〗〖한의〗화농균의 침입으로 피부 및 뼈마디에 생기는 부스럼. 열독이 모여 쌓여서 생기는데, 단단하며 뿌리가 깊고 형태가 못과 같으며 통증이 심함. 정저(疔疽).

정:(定)〖명〗〖불〗마음을 한곳에 집중하여 움직이지 아니하여 안정된 상태. 선정(禪定).

정(情)〖명〗**1** 느끼어 일어나는 마음의 작용. □감사의 ~을 표하다 / 연민의 ~을 느끼다 / 석별의 ~을 나누다. **2** 사랑이나 친근감을 느끼는 마음. □부부간의 ~ / ~이 들다 / ~이 떨어지다 / 오는 ~이 있어야 가는 ~이 있다. **3**〖심〗마음을 이룬 두 요소 중의 하나. 곧, 이지적인 요소에 대해 극히 감동적인 요소.

[정에서 노염이 난다] 정다울수록 예의를 지켜야 한다.

정을 쏟다[?]정성을 다해 아끼고 사랑하다. 애정을 기울이다. □늦게 얻은 자식이라 유난히 ~.

정을 통하다[?]부부 사이가 아닌 남녀가 부도덕한 육체관계를 맺다.

정(旌)〖명〗〖역〗깃대 끝에 새의 깃으로 장목을 꾸민 기.

정:(鼎)〖명〗**1**〖역〗세발솥. **2**〖역〗중국 하(夏)나라 우왕(禹王)이 구주(九州)의 금속을 모아 만든 아홉 개의 솥. 처음에는 음식을 익히거나 죄인을 삶아 죽이는 데 쓰다가 후에 왕위(王位) 전승(傳承)의 보기(寶器)로 삼은 후, 국가·왕위·제업(帝業)의 뜻이 됨. **3**〖민〗정괘(鼎卦).

정(鉦)〖명〗〖악〗'징²'의 본딧말.

정(精)〖명〗**1** '정수(精髓)¹'의 준말. **2** '정액(精液)¹'의 준말. **3** '정기(精氣)²'의 준말. **4** '정령(精靈)⁴'의 준말.

정(町)〖의명〗**1** 거리의 단위. 60간. **2** 땅 넓이의 단위. 10단. 곧, 3000평.

정(梃·挺)〖의명〗총·노·호미·삽 따위를 셀 때의 단위. □기관총 10~.

정:²(正)□[부]'정말로'·'참으로'의 뜻. □~ 하기 싫으면 하지 않아도 좋다.

정:(正)[부]**1** '올바른'·'바로'의 뜻. **2** '부(副)'에 대해, 주장됨의 뜻. □~사원. □〖역〗'종(從)'에 대해, 한 자리 높은 품계의 뜻(품수(品數) 위에 붙는데, 정일품(正一品)부터 정구품(正九品)까지 있음). **4** '부(負)가 아닌' 또는 '역(逆)이 아닌'의 뜻.

-정(亭)〖미〗정자의 이름을 이루는 말. □세검~ / 월송~ / 총석~ / 팔각~.

-정(艇)〖미〗'규모가 작은 배'의 뜻. □상륙~ / 쾌속~.

-정(整)〖미〗돈의 액수 뒤에 붙어, '그 금액에 한정됨'의 뜻. □2천 원~.

-정(錠)〖미〗'알약'의 뜻. □비타민~.

정가〖명〗〖하타〗지나간 허물을 들추어 흠봄.

정가²(莛芥)〖명〗〖식〗형개(荊芥)1.

정:가(正歌)〖명〗〖악〗노래로서의 정악(正樂). 가곡·가사·시조가 이에 속함.

정:가(正價)[-까]〖명〗에누리 없는 값. 정당한 가격. □~를 매기다.

정:가(定價)[-까]〖명〗〖하타〗상품에 일정한 값을 매김. 또는 그 값. □~대로 판매하다.

정:가(政街)〖명〗정치인을 중심으로 형성된 사회.

정가(情歌)〖명〗연정(戀情)을 읊은 노래.

정:-가교 (正駕轎)圄〖역〗 거둥 때, 임금이 타고 있는 가교를 이르던 말.

정:-가극 (正歌劇)圄〖악〗 그랜드 오페라(grand opera).

정가-롭다 [-따][-로워, -로우니]휑비 몹시 정갈롭다. 정가-로이튄

정:-각 (正角)圄〖수〗 '양각(陽角)'의 구용어.

정:-각 (正刻)圄 조금도 틀림없는 바로 그 시각. ▢~ 한 시에 출발하다 / 시계가 열두 시 ~을 가리키고 있었다.

정:-각 (正覺)圄〖불〗 올바른 깨달음.

정:-각 (定刻)圄 정해진 시각. 정한 시각. ▢기차가 ~에 도착했다.

정각 (亭閣)圄 정자(亭子).

정각 (頂角)圄〖수〗 '꼭지각'의 구용어.

정:-각기둥 (正角-)[-끼-]圄〖수〗 밑면이 정다각형인 각기둥. 구용어: 정각주.

정:-각뿔 (正角-)圄〖수〗 밑면이 정다각형이고 측면이 모두 이등변 삼각형인 각뿔. 구용어: 정각추(錐).

정:-각주 (正角柱)[-주]圄〖수〗 '정각기둥'의 구용어.

정:-각추 (正角錐)圄〖수〗 '정각뿔'의 구용어.

정간 (井間)圄 가로세로로 여러 평행선을 그어 '井' 자 모양으로 된 각각의 칸살. ▢~을 치다 / ~을 그리다.

정:-간 (正諫)圄하타 윗사람에게 바른말로 간함.

정간 (停刊)圄하타 신문·잡지 따위의 정기 간행물의 간행을 감독관청의 명령으로 한때 중지함. ▢~된 일간지.

정간 (楨幹)圄 1 나무의 으뜸되는 줄기. 2 사물의 근본을 뜻하는 말.

정간-보 (井間譜)圄〖악〗 음의 길이·높이를 똑똑히 나타낼 수 있는 '#' 자 모양의 옛날 악보(조선 세종 때 창안하였음).

정간-자 (釘竿子)圄 물레의 가락.

정간-지 (井間紙)圄 붓글씨를 쓸 때, 글자의 간격을 고르게 하려고 종이 밑에 받치는, 정간(井間)을 그은 종이.

정갈-스럽다 [-따][-스러워, -스러우니]휑비 보기에 정갈한 데가 있다. ▢정갈스럽게 차려진 음식. 정갈-스레튄

정갈-하다 휑옙 모양이나 옷 등이 깔끔하고 깨끗하다. ▢정갈하게 차려입다. 정갈-히튄

정감 (情感)圄 정조(情調)와 감흥을 불러일으키는 느낌. ▢~이 어린 목소리 / ~을 자아내다 / ~이 풍부하다. ──하다타옙 정조와 감흥을 불러일으키다.

정강 (政綱)圄 1 정치의 대강(大綱). 2 정부 또는 정당이 국민에게 실현을 공약한 정책의 큰 줄기. ▢~을 발표하다.

정강 (精鋼)圄 정련(精鍊)한 강철.

정강-다리 圄 ☞ 정강이.

정강-마루 圄 정강뼈 앞 거죽에 마루가 진 곳.

정강-말 圄 정강이의 힘으로 걷는 말이라는 뜻으로, 아무것도 타지 않고 제 발로 걷는 것을 농으로 하는 말. 적각마. ▢이번 방학에는 ~로 부산까지 갈까 생각한다.

정강말을 타다 곤 아무것도 타지 않고 제 발로 걷다.

정강-뼈 圄〖생〗 종아리 안쪽에 있는 뼈. 정강이뼈. 경골(脛骨).

정강이 圄 아랫다리의 앞뼈 부분.

정:-개 (定改)圄〖가〗 다시 죄를 짓지 않기로 결심하는 일. 고해 성사의 다섯 가지 요건 중의 하나.

정:-객 (正客)圄 중요한 손님. 정빈.

정객 (政客)圄 정치에 종사하는 사람. ▢원로 ~ / ~들의 모임.

정거 (停車)圄자타 정차(停車). ▢정류장마다 ~하다.

정거 (停擧)圄하타 〖역〗 조선 때, 시험장에서 부정행위를 한 유생에게 일정 기간 과거를 보지 못하게 하던 벌.

정거 (靜居)圄자 세상일을 떠나 한가히 지냄.

정거-장 (停車場)圄 버스나 열차가 정지하여 여객·화물을 싣고 내릴 수 있도록 정해진 곳. ▢~으로 마중을 나가다.

정것-대 (停車-)[-거때/-걷때]圄 돌아가거나 움직이는 것을 손으로 눌러서 정거하게 하는 간단한 장치.

정:-격 (正格)[-격]圄 바른 격식. 정당한 규격. ↔변격.

정:-격 (定格)[-격]圄〖물〗 발전기·전동기·변압기·진공관 등의 전기 기기(器機)에 대하여 제조자가 규정한 사용 상태. 정격 전압·정격 전류 등의 표현함. 정격 전압·정격 전류 등으로 표현함.

정:-격 활용 (正格活用)[-껵콸룡]〖언〗 규칙 활용(規則活用).

정:-견 (正見)圄〖불〗 팔정도(八正道)의 하나. 제법(諸法)의 진상을 바르게 판단하는 지혜.

정:-견 (定見)圄 일정하게 자기의 주장이 있는 의견. 그저 사람은 도무지 ~이 없다. ▢저 사람은 도무지 ~이 없다.

정견 (政見)圄 정치상의 의견이나 식견. ▢~ 발표를 하다.

정결 (貞潔)圄하휑휑휘 정조가 굳고 행실이 결백함. ▢~한 부인 / ~을 지키다.

정결 (淨潔)圄하휑휑휘 매우 깨끗하고 깔끔함. ▢~하고 쾌적한 분위기를 조성하다 / 몸을 ~히 하다.

정결-스럽다 (淨潔-)[-따][-스러워, -스러우니]휑비 보기에 깨끗하고 깔끔한 데가 있다. 정결-스레튄

정결-스럽다 (精潔-)[-따][-스러워, -스러우니]휑비 순수하고 깨끗하며 조촐한 느낌이 있다. 정결-스레튄

정결-하다 (精潔-)휑옙 순수하고 깨끗하다. 정결-히튄

정:-겹다 (情-)[-따][정겨워, 정겨우니]휑비 정에 넘치는 듯하다. 매우 다정하다. ▢정겹게 이야기를 나누다 / 정겨운 목소리로 위로하다.

정:-경 (正逕)圄 옳고 바른 길. 정도(正道).

정:-경 (正經)圄 1 사람으로서 행하여야 할 바른 길. 2〖기〗 구약 성서와 신약 성서의 총칭(가톨릭에서는 외경도 포함함).

정경 (政經)圄 정치와 경제. ▢~ 유착 / ~ 분리의 원칙.

정경 (情景)圄 1 감흥과 경치. ▢아름다운 산천의 ~ / 이국적인 ~을 카메라에 담다. 2 가엾은 처지에 있는 딱한 모습이나 형편. ▢눈물겨운 ~ / ~이 가엾다.

정:-경-대원 (正經大原)圄 바른길과 큰 원칙(原則).

정경-부인 (貞敬夫人)圄〖역〗 조선 때, 정일품·종일품의 문무관의 아내에게 주던 봉작.

정:-계 (正系)[-/-계]圄 바른 혈통. 바른 계통.

정:-계 (定界)[-/-계]圄하타 일정한 한계나 경계를 정함. 또는 그 한계나 경계.

정계 (政界)[-/-계]圄 '정치계(政治界)'의 준말. ▢~ 개편 / ~의 요인 / ~에 입문하다 / ~를 떠나다 / ~에 발을 들여놓다.

정계 (淨界)[-/-계]圄 1〖불〗 매우 깨끗한 곳

이라는 뜻으로, 신불을 모시는 절이나 사당 따위를 이르는 말. **2** 정토(淨土). 「의 준말.

정계(晶系)[-/-게] 團 〖광〗 '결정계(結晶系)'
정계(精系)[-/-게] 團 〖생〗 고환(睾丸)에서 복벽으로 이어져 있는 편평한 원기둥 모양의 줄《수정관·림프관·신경·동맥·정맥 따위가 들어 있음》.

정:계-비(定界碑)[-/-게-] 〖역〗 조선 숙종 38년(1712)에 조선과 청나라의 경계를 표시하기 위하여 백두산에 세운 비. 백두산 정계비.

정:계-항(定繫港)[-/-게-] 團 선박을 머무르게 하는 일정한 항구.

정고(艇庫) 團 보트를 넣어 두는 창고.

정:곡(正鵠) 團 **1** 과녁의 한복판이 되는 점. ▢~을 맞히다. **2** 목표나 핵심의 비유. ▢~을

정곡(情曲) 團 간곡한 정. 「찌르다.

정:-골(整骨) 團하타 〖의〗 접골(接骨).

정:공(正攻) 團 **1** 정면으로 하는 공격. ▢~을 가하다. **2** 모략을 쓰지 않는 정정당당한 공격.

정공(精工) 團하타 **1** 정교하게 공작함. 또는 그 공작물. **2** '정밀 공업'의 준말.

정공-식물(挺空植物)[-싱-] 團 〖식〗 지상 식물.

정:과(正果) 團 과실·생강·연근 또는 인삼·도라지 따위를 꿀에 조린 음식.

정:과(正科) 團 〖역〗 문과(文科)와 무과(武科)의 통칭. ↔잡과(雜科).

정:과(正課)[-꽈] 團 학교 같은 곳에서, 배워야 할 정규의 과업.

정:관(正官) 團 어떤 부서에서 가장 높은 관리.

정관(呈官) 團하타 〖역〗 관부(官府)에 소장(訴狀)이나 청원서를 내던 일.

정관(定款) 團 사단 법인·주식회사의 조직과 업무 따위에 관한 기본 규칙. 또는 그것을 적은 문서. ▢~에 기재되어 있는 조항.

정관(精管) 團 '수정관(輸精管)'

정관(靜觀) 團하타 **1** 조용히 사태의 추이를 관찰함. ▢사태를 ~하다. **2** 〖철〗 무상한 현상계 속에 있는 보편적인 본체적인 것을 심안(心眼)에 비추어 바라봄.

정:-관사(定冠詞) 團 〖언〗 서구어에서, 명사 앞에 붙어서 강한 지시·한정의 뜻을 나타내는 관사. ↔부정 관사.

정관 수술(精管手術) 〖의〗 정관을 실로 묶거나 절단하여 정충의 사출을 막는, 남성의 피임 수술.

정광(精鑛) 團 〖광〗 선광 작업으로, 불순물이 제거되고 유용 성분의 함유율이 높아져 순도가 높아진 광물.

정괘(井卦) 團 〖민〗 육십사괘의 하나. 감괘(坎卦)와 손괘(巽卦)가 거듭된 것. ❀정(井).

정:괘(鼎卦) 團 〖민〗 육십사괘의 하나. 이괘(離卦)와 손괘(巽卦)가 거듭된 것. ❀정(鼎).

정:교(正校) 團 〖역〗 대한 제국 때, 무관 계급의 하나《특무(特務)정교의 아래, 부교(副校)의 위》.

정:교(正敎) 團 **1** 사교(邪敎)가 아닌 바른 종교. **2** 〖기〗 그리스 정교회.

정:교(政敎) 團 **1** 정치와 종교. ▢~를 분리하다. **2** 정치와 교육.

정교(情交) 團하자 **1** 친밀한 교제. **2** 남녀 간에 색정을 주고받는 교제.

정교-롭다(精巧-)[-따][-로워, -로우니] 혭回 보기에 정교한 데가 있다. ▢세공은 극히 정교로웠다. **정교-로이** 團

정:-교사(正敎師) 團 교육부 장관이 수여하는 정교사 자격증을 가지고 정식 교사로서 근무

하는 교사. 「교수의 위.

정:교수(正敎授) 團 대학교수 직위의 하나. 부

정:-교점(正交點)[-쩜] 團 승교점(昇交點).

정교-하다(精巧-) 혭여 솜씨나 기술 따위가 정밀하고 교묘하다. ▢정교하게 만들다. **정교-히** 團

정:교-회(正敎會) 團 그리스 정교회.

정구(井口) 團 정구지역(井口之役).

정구(庭球) 團 **1** 경기장 중앙 바닥에 네트를 가로질러 치고 그 양쪽에서 라켓으로 공을 주고 받아 승패를 겨루는 경기. 연식 정구와 경식 정구가 있음. ▢~ 선수로 활약하다. **2** '테니스'의 전용어.

정구(停柩) 團하자 행상(行喪) 때, 상여가 길에 머무름.

정구(精究) 團하타 정밀히 연구함.

정구지역(井臼之役) 團 물을 긷고 절구질하는 일이라는 뜻으로, 살림살이의 수고로움을 이르는 말. 정구(井口).

정구-청(停柩廳) 團 〖역〗 인산(因山) 때, 행상(行喪)하는 도중에 상여를 머물러 쉬게 하려고 베풀어 놓은 곳.

정국(政局) 團 정치의 국면. 정치계의 형편. ▢~을 타개하다 / ~이 안정되다.

정국(庭鞫·庭鞠) 團하타 〖역〗 의금부나 사헌부에서 임금의 명에 따라 죄인을 국문하던 일.

정국(靖國) 團하타 어지럽던 나라를 평안하게 진정(鎭定)시킴.

정:군(正軍) 團 〖역〗 조선 때, 장정으로 군역에 복무하던 사람. 정병(正兵).

정:-군(整軍) 團 군대를 정비·재편함. **2** 흐트러진 군대의 기강을 바로잡음.

정:궁(正宮) 團 〖역〗 왕비나 황후를 후궁에 상대해 일컫던 말.

정:권(正權) 團 정당한 권리.

정권(呈券) 團하자 〖역〗 과거(科擧)의 답안지를 시관(試官)에게 내던 일.

정권(政權)[-꿘] 團 정부를 구성하고 나라의 정치를 담당하는 권력. ▢~ 교체가 이루어지다 / ~을 잡다.

정:궤(正軌) 團 정규(正規)1.

정:규(正規) 團 **1** 정식의 규정. ▢~ 방송 / ~의 과정을 밟다. **2** 규정에 맞는 정상적인 상태. ▢~를 벗어나다.

정:규(定規) 團 **1** 일정한 규약·규칙. **2** 제도에 쓰는 기구의 한 가지. 자.

정:규-군(正規軍) 團 〖군〗 한 나라에 소속되어 체계적인 군사 훈련을 받은 군대.

정:-규적(正規的) 團 정식 규범과 제도에 따른 (것). ▢~ 교육을 받다.

정:규-직(正規職) 團 정식으로 맡은 직위나 직책. 정년까지의 고용이 보장되며 전일제로 일함.

정균(靜菌) 團 〖생〗 세균의 성장·대사(代謝)가 저해(沮害)되는 일.

정:극(正劇) 團 〖연〗 가면극·인형극 따위에 대해 보통의 정통 연극을 일컫는 말.

정극(情劇) 團 〖연〗 기분이나 무대상의 정조(情調)를 중시하고 적은 동작과 대사로 내면적 갈등을 표현하는 극.

정:근(定根) 團 **1** 〖식〗 제뿌리. **2** 〖식〗 원뿌리. **3** 〖불〗 오근(五根)의 하나. 일체의 공덕을 낳게 한다는 뜻으로, 선정(禪定)을 뿌리에 비유해서 이르는 말. ＊정력(定力).

정근(精勤) 團하자 게으름을 피우거나 쉬지 않고 일이나 공부 따위에 부지런히 힘씀. ▢~ 수

정근-하다 (情近-)〖형여〗정분이 매우 가깝다.

정글 (jungle)〖명〗밀림(密林). ▢~ 속을 헤매다.

정글-짐 (jungle gym)〖명〗둥근 나무나 철봉 따위를 가로세로로 짜 맞추어 아이들이 오르내리고 건너며 놀게 만든 운동 기구.

정-금 (正金)〖명〗**1** 순금(純金). **2** 금·은 따위로 만든 정화(正貨).

정:금 (整襟)〖명〗〖하자〗옷깃을 여며 모양을 바로잡음.

정금-나무〖명〗〖식〗진달랫과의 낙엽 활엽 관목. 산에 남. 높이 2–3m, 잎은 어긋나고 타원형이며, 늦봄에 홍백색 꽃이 피고 열매는 장과로 가을에 까맣게 익으며 식용함.

정:금-단좌 (正襟端坐)〖명〗〖하자〗옷매무시를 바로 하고 단정하게 앉음.

정금-미옥 (精金美玉)〖명〗정교하게 다듬은 금과 아름다운 옥이라는 뜻으로, 인품이나 시문 따위가 맑고 아름다움을 일컫는 말.

정기 (丁幾)〖명〗'팅크'의 음역.

정:기 (正氣)〖명〗**1** 지극히 크고 바르고 공명한 천지의 원기. **2** 바른 기풍. ▢~를 되살리다. **3** 정상적인 기후. 〖한의〗생명의 원기(元氣).

정:기 (定期)〖명〗일정한 기한이나 기간. ▢~ 항공로 / ~ 연주회가 열리다 / ~ 여객선이 취항하다 / 신문을 ~ 구독하다. ↔부정기(不定期).

정기 (旌旗)〖명〗정(旌)과 기. ▢~가 휘날리다.

정기 (精記)〖명〗〖하타〗자세하고 꼼꼼하게 기록함. 또는 그 기록.

정기 (精氣)〖명〗**1** 민족 따위의 정신과 기력. **2** 만물을 생성하는 원기. 생명의 원천이 되는 원기. 영기(靈氣). **3** 고향 산천(山川)의 ~를 타고나다. 〖준〗정(精). **3** 정령(精靈) **4** 사물의 순수한 기운.

정기 (精騎)〖명〗날쌔고 용감한 기병.

정기 (精機)〖명〗'정밀 기계'의 준말.

정:기 간행 (定期刊行)〖명〗신문·잡지·서적 따위의 출판물을 정기적으로 펴내는 일.

정:기 간행물 (定期刊行物)〖명〗정기적으로 펴내는 신문·잡지 따위의 출판물. ▢~을 구독하다. 〖준〗정기물.

정:기 거:래 (定期去來)〖경〗'장기 청산 거래'의 구칭.

정:기 국회 (定期國會)〖구궈〗〖법〗국회법의 규정에 따라 매년 한 번씩 정기적으로 소집되는 국회. 회기는 집회 후 즉시 이를 결정하여야 함. 그의결로 연장할 수 있음. 〖준〗정기회. *임시 국회.

정:기-권 (定期券)〖궈〗〖명〗'정기 승차권'의 준말. ▢~을 끊다.

정:기-금 (定期金)〖명〗〖경〗정기적으로 일정하게 치르거나 받는 돈.

정:기 대:부 (定期貸付)〖경〗은행 따위에서, 일정한 기한을 정하고 돈을 빌려 주는 일.

정:기 매매 (定期賣買)〖경〗장기 청산 거래.

정:기-물 (定期物)〖명〗**1** 장기 청산 거래에서 매매의 목적이 되는 물건. **2** '정기 간행물'의 준말.

정:기-불 (定期拂)〖하타〗〖경〗**1** 일정 기간까지 또는 기간마다 치르는 지급. 정기급. **2** 어음 지급인이 일정 기일 또는 발행 날짜로부터 일정 기일이 경과한 후에 치르는 지급.

정:기 상환 (定期償還)〖경〗일정한 기간에 공

채·채권 따위를 갚는 일.

정:기-선 (定期船)〖명〗정기적으로 일정한 항로를 운행하는 배.

정:기 선:거 (定期選擧)〖명〗규정된 임기가 끝났을 때에 실시하는 선거.

정:기 소:작 (定期小作)〖명〗계약에 따라 경작 기간과 소작료를 미리 정해 놓고 하는 소작.

정:기 승차권 (定期乘車券)〖궈〗일정한 기간 동안 일정한 구간을 왕복할 수 있는, 기차·전철 등의 할인 승차권. 〖준〗정기권.

정:기 연금 (定期年金)〖명〗연금을 받을 사람이 일정한 나이에 이른 때부터 일정 기간에 한하여, 생존을 조건으로 연금을 지급하는 제도.

정:기 예:금 (定期預金)〖경〗일정 금액을 일정 기간 동안 금융 기관에 맡기고 정한 기한 안에는 찾지 않겠다는 약속으로 이루어지는 예금.

정:기-적 (定期的)〖관〗〖명〗일정 기간을 두거나 정해진 시기에 일이 행하여지는 (것). ▢~인 모임 / ~으로 집회를 열다.

정:기 적금 (定期積金)〖금〗〖경〗목표액을 정하고 일정 기간 동안 달마다 일정 금액을 금융 기관에 적립하는 예금.

정:기 총:회 (定期總會)〖명〗정기적으로 여는 총회. ▢~를 개최하다.

정:기-풍 (定期風)〖명〗일정한 시기에 따라 풍향을 달리하는 바람. 해륙풍·무역풍 따위.

정:기 항:공로 (定期航空路)〖노〗정기적으로 여객·화물 따위를 수송하는 항공로. ▢~를 개설하다.

정:기 항:로 (定期航路)〖노〗〖해〗선박의 항해가 정기적으로 이루어지는 항로.

정:기-형 (定期刑)〖명〗〖법〗법원이 자유형의 기간을 확정하여 선고하는 형.

정:기-회 (定期會)〖명〗**1** 어떤 모임이나 단체에서 정기적으로 개최되는 회의. 통상회. ▢~가 소집되다. **2** '정기 국회'의 준말.

정:기 휴업 (定期休業)〖명〗회사·상점 따위에서, 정기적으로 영업을 쉬는 일.

정긴-하다 (精緊-)〖형여〗정밀하고 썩 긴요하다. 정요하다. **정긴-히**〖부〗

정-나미 (情-)〖명〗어떤 대상에 대한 애착을 가지는 정. ▢~가 떨어지는 짓을 하다.

정난 (靖難)〖명〗〖하자〗나라의 위난을 평정(平定)함. 정국(靖國). 정란(靖亂).

정:남 (丁男)〖명〗장정(壯丁).

정:남 (正南)〖명〗'정남방(正南方)'의 준말.

정남 (貞男)〖명〗숫총각. ↔정녀.

정:남-방 (正南方)〖명〗똑바른 남쪽. 또는 그 방향. 〖준〗정남.

정납 (呈納)〖명〗〖하타〗물건을 보내서 바침. 정송(呈送).

정납 (停納)〖명〗〖하타〗상납(上納)을 그침.

정낭 (精囊)〖명〗〖생〗남자 생식기의 일부(한 쌍으로 되었으며, 길쭉한 주머니로 오줌통의 밑에서 수정관의 바깥쪽에 위치하며 정액을 생산함).

정내 (庭內)〖명〗법정의 안. ▢~의 질서를 유지하다. ↔정외(廷外).

정녀 (貞女)〖명〗**1** 숫처녀. ↔정남. **2** 정부(貞婦).

정년¹ (丁年)〖명〗남자의 나이 20세를 일컫는 말. ▢~에 이르다 / ~을 맞다.

정년² (丁年)〖명〗태세(太歲)의 천간(天干)이 정(丁)인 해.

정년 (停年)〖명〗공무원·회사 직원이 일정한 나이에 이르면 퇴직하도록 정해진 연령. ▢~을 맞다 / ~에 달하다 / ~을 60세로 정하다.

정년-제 (停年制)〖명〗일정한 나이에 이르면 퇴

직하도록 정한 제도.

정년-퇴직(停年退職)**명하자** 정해진 나이가 되어 직장에서 물러남.

정:념(正念)**명**『불』1 팔성도(八聖道)의 한 가지. 즉, 제법(諸法)의 성상(性相)을 바로 기억하여 잊지 아니함. 2 정법(正法)에 의하여 극락왕생함을 이름.

정념(情念)**명** 감정에 따라 생기는 생각. 정사(情思). ▢ ~에 사로잡히다.

정녕(丁寧)**명하형하** 1 태도가 친절하고 충고하는 태도가 간곡하여 여러 번 되풀이함.

정녕[(丁寧·叮嚀)**부하형하**) 틀림없이 꼭. ▢ ~ 네가 한 짓이렸다.

정녕-코(丁寧-·叮嚀-)**부** '정녕'의 힘줌말. ▢ ~ 여길 떠나겠다면 잡지는 않겠다.

정농(精農)**명** 땅을 다해 농사에 종사하는 농민. ↔타농(惰農).

정:-다각형(正多角形)[-가켱]**명**『수』변의 길이와 내각의 크기가 모두 같은 다각형.

정:-다면체(正多面體)**명**『수』모든 면이 다 똑같은 정다각형이고, 모든 입체각이 다 같게 된 다면체. 정사면체·정육면체·정팔면체·정십이면체·정이십면체의 다섯 종류가 있음.

정-다시다(精-)**자** 무슨 일에 크게 혼이 나서 다시는 하지 아니할 만큼 정신을 차리게 되다.

정-다웁다(情-)**형** ☞정답다.

정-다이(情-)**부** 정답게. ▢ ~ 대하다.

정:단(正旦)**명** 원단(元旦).

정단(呈單)**명하자**『역』서류를 관아에 제출하던 일.

정:-단층(正斷層)**명**『지』기울어진 단층면을 따라 위에 있는 지반이 아래쪽으로 밀려 내려간 단층. ↔역단층(逆斷層).

정담(政談)**명하자** 정국에 관한 담론.

정담(情談)**명** 1 다정한 이야기. ▢ ~을 나누다. 2 남녀가 애정을 주고받는 이야기.

정:-담(鼎談)**명** 세 사람이 솥날같이 벌려 마주 앉아 하는 이야기.

정:-답(正答)**명** 옳은 답. ▢ ~을 맞히다 / ~을 알려 주다. ↔오답.

정-답다(情-)[-따]〔정다워, 정다우니〕**형타** 정이 있어 따뜻하다. 다정하다. ▢ 정답게 맞이하다 / 정다운 눈길.

정:당(正堂)**명**『건』몸채의 대청(大廳). 안당.

정당(政堂)**명**『역』예전에, 지방의 관아.

정당(政黨)**명** 일정한 정치 이상의 실현을 위해 정치 권력의 참여를 목적으로 하는 정치 단체. 당(黨). ▢ ~에 가입하다.

정당(精糖)**명**『화』조당을 정제하여 백설탕을 만드는 일. 또는 그 설탕. ↔조당(粗糖).

정당 내:각(政黨內閣) 의회에서 다수의 의석을 차지한 정당의 당원에 의하여 조직되며, 지도 세력이 정당에 있는 내각.

정:-당-방위(正當防衛)**명**『법』급박하고 부당한 침해에 대해, 자기 또는 타인의 권리를 방어하기 위하여 부득이 행하는 가해 행위. 긴급 방위. 정당 방어.

정:당-성(正當性)[-썽]**명** 이치에 합당하고 옳은 (것). ▢ ~을 주장하다.

정당 정치(政黨政治) 정당을 바탕으로 하여 이루어지는 정치.

정:당-하다(正當-)**형여** 바르고 옳다. 이치에 합당하다. ▢ 정당한 이유 / 정당한 거래가 이루어지다. ↔부정당하다. **정:당-히부**. ▢ 권리를 ~ 찾다.

정당-하다(精當-)**형여** 정밀하고 자세하며 당연하다. **정당-히부**.

정:당 행위(正當行爲)『법』위법성이 없기

때문에 죄가 되지 않는 행위. 직권·직무 또는 권리·의무의 행사로서의 행위 같은 것.

정:당-화(正當化)**명하자타** 정당하게 됨. 또는 정당하게 되도록 함. ▢ 침략 행위를 ~하다 / 어떤 이유로도 전쟁을 ~할 수는 없다.

정대(艇隊)**명** 소해정·어뢰정 따위의 작은 배 두 척 이상으로 이루어진 해군 조직.

정:대-하다(正大-)**형여** 바르고 옳아서 말이나 행동 따위가 당당하다. ▢ 정대한 성품.

정덕(貞德)**명** 여자의 정숙한 덕.

정:도(正度)**명하자** 1 바른 규칙. 정칙(正則). 2 규칙을 바로잡음.

정:도(正道)**명** 올바른 길. 정당한 도리. ▢ ~를 걷다 / ~에서 벗어나다. ↔사도(邪道).

정도(征途)**명** 1 정벌하러 가는 길. 2 여행하는 길. 정로(征路).

정:도(定都)**명하자** 국가의 도읍을 정함.

정:도(定道)**명** 1 저절로 정해진 도리. 2 이미 정하여져 바꿀 수 없는 길.

정:도(定賭)**명** 남의 논밭을 빌려 농사를 짓고서, 풍년이나 흉년에 상관없이 해마다 일정하게 내는 도조(賭租).

정도(政道)**명** 정치를 하는 방침.

정도(程度)**명** 1 알맞은 한도. ▢ ~에 넘는 호화 생활 / 장난도 ~껏 해라 / 참는 것도 ~가 있다. 2 (수량을 나타내는 말 뒤에 쓰이어) 그만큼의 분량. 3 사물의 성질이나 가치를 양적 또는 질적으로 본 분량이나 수준. ▢ 피해 ~가 심각하다 / 추위가 어느 ~ 누그러졌다.

정도(精度)**명** '정밀도(精密度)'의 준말.

정도-하다(情到-)**형여** 애정이 깊다.

정독(精讀)**명하타** 뜻을 새겨 가며 자세히 살피어 읽음. ▢ 책을 ~하다.

정:-독본(正讀本)[-뽄]**명** 주가 되는 학습용의 독본. ↔부독본(副讀本).

정돈(停頓)**명하자** 한때 멈춤. 침체하여 나아가지 않음. ▢ ~ 상태에 빠지다 / ~된 정국.

정돈(整頓)**명하타** 어지럽거나 흩어진 것을 가지런히 하여 바로잡음. ▢ ~된 책상 / 방을 말끔히 ~하다.

정:동(正東)**명** '정동방(正東方)'의 준말.

정동(征東)**명하자** 1 동쪽을 향하여 감. 2 동방을 정벌함.

정동(情動)**명**『심』희로애락과 같이 일시적으로 일어나는 급격한 감정(타오르는 듯한 애정, 강렬한 증오 등이 이에 속함).

정동(精銅)**명**『광』정련한 구리(99.9% 이상의 구리를 포함함).

정:-동방(正東方)**명** 똑바른 동쪽. 또는 그 방향. ☎정동.

정동방-곡(靖東方曲)**명**『악』조선 태조(太祖) 때 개국 공신인 정도전이 지은 한문 악장. 이 성계의 위화도 회군을 찬양한 것으로, 악학궤범과 악장가사에 실려 전함.

정동-적(情動的)**관명** 감정이 일시적으로 급격히 일어나는 (것). ▢ ~ 표현 / ~인 행동.

정-들다(情-)〔정들어, 정드니, 정드는〕**자** 정이 깊어지다. 정이 생기다. ▢ 타향도 정들면 고향 / 정든 친구와 헤어지다.

〔정들자 이별〕 만난 지 얼마 되지 아니하여 헤어지게 되는 경우를 이르는 말.

정:-떨어지다(情-)**자** 애착심이 떨어져 싫은 생각이 생기다. ▢ 정떨어지는 짓만 골라서 한다.

정란(靖亂)[-난]**명하자** 정난(靖難).

정:랑(正郎)[-낭]**명**『역』1 조선 때, 육조(六

曹)에 딸린 정오품 벼슬. **2** 고려 때, 육조와 고공사 따위에 딸린 정오품 벼슬.

정랑(情郞)[-낭] 圐 여자가 남편 외에 정을 둔 남자.

정략(政略)[-냑] 圐 정치상의 책략. 목적을 위한 방략. ▷ ~에 휘말리다.

정략-결혼(政略結婚)[-냑껼-] 圐 정략혼.

정략-적(政略的)[-냑쩍] 倶圀 정치상의 책략을 목적으로 삼는 (것). ▷ ~인 차원 / ~으로 담합이 이루어지다.

정략-혼(政略婚)[-냔콘] 圐 가장이나 친권자가 자신의 이익이나 목적을 위해 당사자의 의사를 무시하고 억지로 시키는 결혼. 정략결혼.

정:량(定量)[-냥] 圐 일정한 분량. ▷ ~에 미달되다.

정:량 분석(定量分析)[-냥-] 『화』 시료(試料)를 구성하고 있는 성분 물질의 양을 측정(測定)하는 화학 분석의 한 방법. ＊정성 분석.

정량-하다(貞亮-)[-냥-] 倿圀 마음이 곧고 신의(信義)가 있다. **정량-히**[-냥-] 倶

정량-하다(精良-)[-냥-] 倿圀 매우 정묘하고 훌륭하다. **정량-히**[-냥-] 倶

정려(旌閭)[-녀] 圐『역』충신·효자·열녀 등을 그 동네에 정문(旌門)을 세워 표창하던 일. ▷ ~를 세우다.

정려(精慮)[-녀] 圐倿 정밀하고 자세하게 생각함.

정려(精勵)[-녀] 圐倿 힘을 다해 부지런히 힘씀. ▷ 각고(刻苦)의 ~ 끝에 성공하다.

정려(靜慮)[-녀] 圐倿 조용히 생각함.

정려-하다(精麗-)[-녀-] 倿 정교하고 화려하다.

정:력(定力)[-녁] 圐 **1** 확정된 학문의 힘. 일정한 힘. **2**『불』선정(禪定)에 의해 어지러운 생각을 없애고 마음을 한곳에 쏟는 힘. ＊정근(定根).

정력(精力)[-녁] 圐 **1** 심신의 활동력. ▷ ~이 왕성하다. **2** 남자의 성적(性的) 능력.

정력-가(精力家)[-녁까] 圐 정력이 왕성한 사람.

정력-적(精力的)[-녁쩍] 倶圀 기력·체력 등이 넘치는 (것). ▷ ~인 활동가.

정력-제(精力劑)[-녁쩨] 圐 정력을 돋우는 약.

정:련(廷輦)[-년] 圐『역』임금이 거둥할 때 타던 연(輦).

정련(精練)[-년] 圐倿 **1** 잘 연습함. **2** 섬유를 순수하고 깨끗한 것으로 만들기 위하여 불순물을 없애고 그 특성을 발휘시켜 표백 및 염색을 하는 일. ▷ ~ 공장 / ~된 섬유.

정련(精鍊)[-년] 圐倿 **1** 잘 단련함. **2**『광』광석이나 기타의 원료에 들어 있는 금속을 빼내어 정제함. ▷ 조동(粗銅)을 ~해서 순동으로 만들다.

정련-소(精鍊所)[-년-] 圐 제련소.

정련-제(精練劑)[-년-] 圐 천연 섬유를 정련하는 데 쓰는 약제. 소다·비누 따위.

정렬(貞烈)[-녈] 圐倿 여자의 행실이 바르고 절개가 굳음.

정:렬(整列)[-녈] 圐倿圀 **1** 가지런히 줄지어 늘어섬. 또는 그렇게 늘어서게 함. ▷ 두 줄로 ~하다. **2**『컴』파일에 편성된 데이터를 처리하기 쉽게 분류하고 순서에 따라 다시 배열하는 일. 소트(sort). 차례짓기.

정렬-부인(貞烈夫人)[-녈-] 圐『역』조선 때, 정조와 지조를 굳게 지킨 부인에게 내리던

칭호.

정:령(正領)[-녕] 圐 **1**『역』대한 제국 때의 영관 계급의 하나(참장의 아래, 부령의 위). **2**『기』구세군 계급의 하나(부장의 아래, 부정령의 위).

정령(政令)[-녕] 圐 정치상의 명령 또는 법령.

정령(精靈)[-녕] 圐 **1** 육체를 떠나 죽은 사람의 혼백. **2** 원시 종교에서, 초목이나 무생물따위 갖가지 물건에 붙어 있다는 혼령. ▷ 숲의 ~. **3**『철』생활력이나 생명력의 근원이되는 정신. **4** 만물의 근원을 이루는 신령스러운 기운. 倧정(精).

정령 숭배(精靈崇拜)[-녕-] 『종』사람·동물의 혼령이나 자연물의 정령이 인간 생활에 중대한 영향을 끼친다고 믿어 갖가지 방법으로 섬기는, 원시 신앙의 한 형태. 사령 숭배.

정:례(正禮)[-네] 圐倿 합례(合禮)1.

정:례(定例)[-네] 圐 **1** 일정하게 정해진 규칙이나 관례. **2** 정기적으로 계속하여 행하는 일. ▷ ~ 국무 회의.

정례(頂禮)[-네] 圐倿 가장 공경하는 뜻으로 이마가 땅에 닿도록 몸을 구부려 절함. 또는 그렇게 하는 절.

정-례(情禮)[-네] 圐 정리(情理)와 예의.

정례-심(頂禮心)[-네-] 圐 이마가 땅에 닿도록 절할 만큼 경건한 마음.

정:로(正路)[-노] 圐 바른 길. 정도(正道).

정로(征路)[-노] 圐 정도(征途)2.

정:론(正論)[-논] 圐 바른 언론. 이치에 맞는 의견이나 주장. ▷ ~을 펴다.

정론(廷論)[-논] 圐 조정의 공론(公論).

정:론(定論)[-논] 圐 어떤 결론에 도달한 일정한 의견이나 이론. ▷ 자기를 알아야 적을 이긴다는 것이 ~이다.

정론(政論)[-논] 圐 정치상의 의견이나 이론.

정:류(定流)[-뉴] 圐 방향이 일정한 수류(水流) 또는 전류(電流).

정류(停留)[-뉴] 圐倿 자동차 따위가 일정한 장소에 머물러 섬. 머무름. ▷ 버스가 ~하다.

정류(精溜)[-뉴] 圐『화』어떤 액체를 분류(分溜)에 의해 불순물을 제거하여 정제(精製)함. ▷ ~된 주정(酒精).

정:류(整流)[-뉴] 圐倿圀 **1** 유체의 흐름을 고르게 하여 혼란이 없는 흐름으로 함. **2**『물』전류의 교류를 직류로 바꿈.

정류(檉柳)[-뉴] 圐『식』능수버들.

정:류-관(整流管)[-뉴-] 圐 교류 전류를 직류 전류로 바꿀 때 쓰는 진공관.

정류-기(精溜器)[-뉴-] 圐『화』특히 높은 순도(純度)의 증류물(物)을 얻기 위한 장치.

정:류-기(整流器)[-뉴-] 圐『물』교류 전류를 직류 전류로 변경하는 장치.

정류-부(停留符)[-뉴-] 圐『언』구두점.

정류-소(停留所)[-뉴-] 圐 정류장.

정:류-자(整流子)[-뉴-] 圐『전』직류 발전기 등의 코일에 일어난 전류를 유도해 내어 일정한 방향으로 흐르게 하는 장치.

정:류 작용(整流作用)[-뉴자꽁] 『전』교류를 직류로 바꾸는 작용.

정류-장(停留場)[-뉴-] 圐 버스·택시 따위가 사람이 타고 내리도록 잠시 머무르는 일정한 장소. 정류소(所). ▷ ~에서 버스를 기다리다.

정:률(定律)[-뉼] 圐 **1** 정하여진 법률·법칙. **2** 어떤 관찰에서 얻은 가설이 다른 경우에도 모두 옳다고 확정될 때의 그 가설.

정:률(定率)[-뉼] 圐 일정한 비율.

정:률-세(定率稅)[-뉼쎄] 圐『법』미리 과세물·

세율·과세 표준 등을 정하고 부과하는 조세.

정:리 (正理)[-니] 圀 올바른 도리.

정:리 (定理)[-니] 圀 이미 진리라고 증명된 일반적인 명제. 피타고라스의 ~.

정리 (情理)[-니] 圀 인정과 도리. 圀 이웃 간의 ~ / ~를 다해서 설득하다.

정:리 (整理)[-니] 圀하타 1 흐트러진 것을 가지런히 바로잡음. 圀 책상을 ~하다 / 말끔히 ~된 교실. 2 문제가 되거나 불필요한 것을 줄이거나 없애어 바로잡음. 圀 부도로 회사가 ~되었다. 3 복잡한 관계나 일 따위를 끝맺는 것. 圀 그와의 관계를 ~하다.

정:리 공채 (整理公債)[-니-] 『경』 이미 발행된 여러 공채의 정리를 위하여 발행하는 공채.

정:리 운·동 (整理運動)[-니-] 圀 힘든 운동을 한 뒤에 몸을 풀기 위하여 가볍게 하는 운동.

정:리-자 (整理字)[-니-] 圀 『역』 조선 정조(正祖) 때에 생생자(生生字)를 글자의 본보기로 하여 만든 구리 활자(活字).

정:리-지 (整理地)[-니-] 圀 『지』 경지 정리를 시행하여야 할 토지.

정:리 해:고제 (整理解雇制)[-니-] 『경』 사용자가 경제적·기술적 여건의 변화에 따른 경영의 악화로 구조 조정·기술 혁신·사업 부문의 일부 폐지를 위하여 종업원을 해고할 수 있도록 합법화한 제도.

정:립 (正立)[-닙] 圀하자타 바로 섬. 또는 바로 세움. 圀확고히 ~된 가치관 / 흔들리는 가족 제도를 ~하다.

정:립 (定立)[-닙] 圀하타 1 판단·명제를 정하여 세움. 圀새로이 ~된 목표. 2 『철』 어떤 논점에 대하여 반론을 예상하고 주장함. 또는 그런 의견이나 학설. ↔반정립. 3 『철』 전체에서 특정한 면이나 일정한 내용을 추출하여 고정하는 일. 4 『철』 헤겔의 변증법에서, 논리를 전개하기 위한 최초의 명제. 또는 사물 발전의 최초의 단계. 테제.

정립 (挺立)[-닙] 圀자동형 1 높이 솟음. 2 남보다 뛰어남.

정립 (鼎立)[-닙] 圀자자 세 사람 또는 세 세력이 솥발과 같이 벌여 섬. 圀세 후보가 ~하다 / 삼국이 ~하다.

정마 (征馬) 圀 1 먼 길을 갈 때 타는 말. 2 싸움터로 나가는 말.

정마 (停馬) 圀하자 가는 말을 멈추어 세움.

정:-말 圀 1 거짓이 없는 진실한 말. 圀그게 ~이냐. ↔거짓말. *참말. 圀튄 어떤 일에 대하여 심각하거나 놀랐을 때 느낌을 나타내는 말. 圀야단났네. / ~그렇군. ~뜻 밖이야. 圀튄 '정말로'의 준말. 圀~ 불쌍하다 / 기분이 ~ 좋다 / ~ 훌륭한 사람이다.

정:-말로 (正-) 튄 진실로. 참말로. 圀참을 수 없다 / 그녀는 ~ 고운 마음씨를 지녔다. ⓒ정말.

정:망 (定望) 圀하타 어떤 사람을 마음으로 지정하여 두고 벼슬에 추천함.

정망 (停望) 圀하타 『역』 죄가 있는 사람에게 벼슬살이를 그만두게 함.

정:맥 (精麥) 圀하자 1 깨끗이 쓿은 보리쌀. 2 보리를 찧어서 대낌.

정맥 (靜脈) 圀 『생』 정맥혈을 심장으로 보내는 순환 계통의 하나. 맥벽은 얇고 곳곳에 판(瓣)이 있어 피의 역류를 막음《살갗에 퍼렇게 드러나 보이는 혈맥》. ↔동맥.

정:-맥 (整脈) 圀 [-] 정상적이고 규칙적으로 뛰는 맥박.

정맥-노장 (靜脈怒張)[-맹-] 『생』 정맥류(瘤) 중에서 주머니 모양으로 늘어난 것.

정맥-류 (靜脈瘤)[-맹뉴] 圀 『생』 정맥이 혈행(血行) 장애로 말미암아 부분적으로 볼록하게 된 혹.

정맥 산:업 (靜脈産業)[-싸넙] 『사』 산업 폐기물을 해체(解體)·재생·재가공하는 산업(돼지의 배설물로부터 돼지의 먹이를 재생산한다거나, 농업 폐기물로부터 플라스틱·세제(洗劑)을 만들어 내는 따위).

정맥성 색전증 (靜脈性塞栓症)[-썽-쩐쯩] 『의』 색전의 운반 경로가 정맥인 색전증의 한. ↔동맥성 색전증.

정맥 주:사 (靜脈注射)[-주-] 『의』 정맥에다 놓는 혈관 주사. *동맥 주사.

정맥-혈 (靜脈血)[-맥켤] 圀 『생』 정맥에 의해 심장으로 보내지는 노폐한 피(이산화탄소가 많고 산소가 적어 검붉은 색을 띰).

정:면 (正面) 圀 1 똑바로 마주 보이는 편. 圀 ~에 보이는 건물이 우체국이다. 2 앞쪽으로 향한 면. 圀건물 ~에 간판을 내달다. 3 직접 마주 대함. 圀 ~으로 돌진하다.

정면 (精綿) 圀 소면기(梳綿機)에서 나오는 길이와 폭이 일정한 면섬유.

정:면 공·격 (正面攻擊) 바로 마주 대고 하는 공격. 圀 ~으로 돌파하다.

정:면-도 (正面圖) 圀 1 사물의 정면을 그린 그림. 2 『수』 입화면(立畫面)에 그려진 투영도. 입면도.

정:면-충돌 (正面衝突) 圀하자 1 두 물체가 정면으로 부딪침. 圀 트럭이 버스와 ~하다. 2 두 편의 의견이나 감정 따위가 맞부딪쳐 싸움. 圀여야가 ~하다.

정:명 (正明) 圀 정대하고 공명함.

정:명 (正命) 圀 『불』 팔정도(八正道)의 하나. 생각이나 언행으로 악업을 짓지 않고 불법(佛法)을 따르는 바른 생활.

정:명 (定命) 圀 1 날 때부터 정해진 운명. 2 『불』 전생(前生)의 인연으로 정하여진 목숨. 3 변경하지 못할 명령.

정:명 (淨命) 圀 『불』 오덕(五德)의 하나. 승려가 걸식을 하며, 다른 생활 방법은 구하지 않고 깨끗한 마음으로 생활하는 일.

정명 (旌銘) 圀 명정(銘旌).

정명-하다 (精明-) 圀여 아주 깨끗하고 밝다. **정명-히** 튄

정:모 (正帽) 圀 정복에 갖추어 쓰는 모자. 圀정복에 ~를 착용하다. ↔약모·작업모.

정모 세:포 (精母細胞) 圀 『생』 남성의 정원세포(精原細胞)로부터 만들어져 정자의 근원이 되는 세포. 두 번의 감수 분열(減數分裂)에 의하여 네 개의 정세포(精細胞)가 생김.

정목 (貞木) 圀 『식』 상록수(常綠樹).

정목 (政目) 圀 『역』 조선 때, 벼슬아치의 임명과 해임을 적어 놓은 문서.

정묘 (丁卯) 圀 『민』 육십갑자의 넷째.

정묘-하다 (精妙-) 圀여 섬세하고 교묘하다. 圀정묘한 세공. **정묘-히** 튄

정묘-호란 (丁卯胡亂) 圀 『역』 조선 인조(仁祖) 5년(1627)에 후금(後金)이 3만여 군대를 이끌고 침입한 난(강화(江華)로 피란하였다가 평화 조약을 맺어 형제국이 됨).

정무 (政務) 圀 정치상의 사무. 행정 사무. 圀 ~를 보다 / ~를 총괄하다.

정무 (停務) 圀하자 사무를 그치고 쉼.

정무-관 (政務官) 내각 책임제에서, 장관을 도와 정책에만 관여하며 국회와의 연락 교섭 따위를 맡는 직원(정무 차관 따위).

정무 장:관(政務長官) 원(院)·부(部)·처(處)의 우두머리가 아닌 국무 위원. 대통령 및 국무총리가 지정하는 사무를 담당한다. 전의 무임소 장관(無任所長官)을 고친 이름.

정무직 공무원(政務職公務員) [-공-] 선거에 의해서 취임하거나 임명에 국회의 동의를 필요로 하는 특수 경력직 공무원. 감사원의 원장·감사 위원 및 사무총장, 국회의 사무총장 및 차장, 헌법 재판소의 재판관 및 사무처장 등이 이에 속함.

정무 차관(政務次官) 내각 책임제에서, 장관을 보좌하여 정책·기획 수립에 참가하여 정무를 처리하는 별정직의 차관.

정묵-하다(靜默-)[-무카-] 혱여 아무 말 없이 조용하게 있다. 정묵-히 [-무키] 冨

정:문(正文) 명 (주석·이유서 등에 대하여) 책이나 문서의 본문(本文).

정:문(正門) 명 1 건물의 정면에 있는 주가 되는 문. ㅁ~으로 들어가다 / ~을 통과하다. 2 대궐이나 관아의 삼문(三門) 중 가운데에 있는 문. 큰문. ㅁ창덕궁 ~을 지키다.

정문(頂門) 명 1 숫구멍. 2 정수리1.

정문(旌門) 명 충신·효자·열녀 등을 표창하고자 그 집 앞에 세우던 붉은 문.

정문-금추(頂門金椎) 명 정수리를 쇠망치로 두드린다는 뜻으로, 정신을 바짝 차리도록 깨우침을 이르는 말.

정문-일침(頂門一鍼) 명 정수리에 침을 놓는다는 뜻으로, 따끔한 충고나 교훈을 이르는 말. 정상일침(頂上一鍼).

정물(靜物) 명 1 정지하여 움직이지 않는 물건. 생명이 없는 것. 2 '정물화'의 준말.

정물-화(靜物畫) 명 꽃·과일·화병 따위의 정물을 소재로 하여 그린 그림. 囹정물.

정미(丁未) 명 육십갑자의 마흔넷째.

정:미(正味) 명 1 물건의 겉껍질을 제외한 내용물. 2 전체의 무게에서 그릇이나 포장 따위의 무게를 뺀 내용물만의 무게. 3 예비를 보태지 아니한 정량의 용지.

정미(情味) 명 1 따뜻한 정의 맛. 2 '인정미(人情味)'의 준말.

정미(精米) 명하타 1 '정백미(精白米)'의 준말. 2 기계 따위로 벼를 찧어 입쌀을 만듦.

정미-기(精米機) 명 벼를 찧어서 쌀로 만드는 기계.

정미-소(精米所) 명 방앗간.

정:미 시:장(正米市場) 『경』 쌀을 거래하는 시장.

정미-하다(精美-) 혱여 정세하고 아름답다. 정미-히 冨

정미-하다(精微-) 혱여 정밀하고 미세하다. 정미-히 冨

정민-하다(精敏-) 혱여 정밀하고 민첩하다.

정밀(精密) 명하형하부 1 가늘고 촘촘함. 2 빈틈이 없이 아주 자세하고 치밀함. ㅁ~ 검사를 하다 / ~ 검진을 받다 / ~하게 분석하다.

정밀(靜謐) 명하형하부 고요하고 편안함. ㅁ암자가 고요와 ~ 속에 잠겨 있다.

정밀 공업(精密工業) 정밀 기계나 기구를 만드는 공업. 囹정공(精工).

정밀-과학(精密科學) 명 수학·물리학 따위처럼 양적 규정의 논증 체계로 조직할 수 있는 과학의 총칭.

정밀 기계(精密機械)[- /-게] 공차(公差)가 아주 적고 극히 정밀하게 만든 기계.

정밀-도(精密度)[-또] 명 측정의 정밀함을 나타내는 정도. 囹정도(精度).

정밀-성(精密性)[-썽] 명 정밀한 특성. ㅁ고도의 ~을 필요로 하다.

정박(碇泊·渟泊) 명하자타 배가 닻을 내리고 머무름. ㅁ화물선이 부두에 ~하다.

정박-등(碇泊燈)[-등] 명 정박 중인 배가 밤에 그 위치를 나타내기 위하여 갑판 위에 높이 내거는 등불.

정:-반대(正反對) 명 완전히 반대되는 일. ㅁ~ 방향으로 나가다 / 국가 정책에 ~되는 처사 / ~되는 의견을 내놓다.

정:-반사(正反射) 명하자 『물』 투사(投射)된 광선이 반사 법칙에 따라 일정한 방향으로 반사되는 현상.

정:-반응(正反應) 명 『화』 가역 반응(可逆反應)에서, 화학 변화가 원물질(原物質)로부터 생성(生成) 물질의 방향으로 진행하는 반응. ↔역반응(逆反應).

정:-반합(正反合) 명 『철』 헤겔의 변증법에서, 논리 전개의 삼 단계(정립·반정립·종합의 뜻).

정-받이(精-)[-바지] 명하자 『생』 수정(受精).

정방(丁方) 명 『민』 이십사방위의 하나. 정남에서 서쪽으로 15도째 되는 방위를 중심으로 한 15도 각도의 안.

정:방(正方) 명 1 바른 사각(四角). 2 똑바로 되는 정면(正面).

정:방(正房) 명 몸채.

정방(淨房) 명 변소.

정방(精紡) 명하타 방적(紡績)에서, 실이 질기고 탄력성 있게 하기 위하여 잡아당기면서 꼬는 마지막 공정.

정:방 정계(正方晶系)[- /-게] 『광』 서로 직각으로 만나는 세 결정축 가운데, 두 가로축은 길이가 같고 세로축 하나만 길이가 다른 결정계.

정:방-형(正方形) 명 『수』 정사각형.

정:배(正配) 명 장가처. 적처(嫡妻).

정:배(正褙) 명 초배를 한 뒤에 정식으로 하는 도배.

정:배(定配) 명하타 『역』 귀양살이할 곳을 정하여 죄인을 유배시킴. ㅁ~를 보내다 / 변방에 ~되다.

정배(淨配) 명 『가』 깨끗한 배필이란 뜻으로, 그리스도와 교회의 관계를 이르는 말.

정백(精白) 명 아주 깨끗한 흰빛.

정백(精魄) 명 정령(精靈)1.

정백-미(精白米)[-뱅-] 명 아주먹이1. 囹백미.

정백-하다(淨白-)[-배카-] 혱여 깨끗하고 희다. ㅁ정백한 소복.

정벌(征伐) 명하타 적이나 죄 있는 무리를 무력으로 침. 정토(征討). ㅁ~에 나서다 / 오랑캐를 ~하다.

정:범(正犯) 명 『법』 형법에서, 범죄를 실제로 저지른 사람. 주범.

정:법(正法) 명 [-뻡] 1 바른 법칙. 2 『법』 정형(正刑). 3 『불』 불교의 바른 교법. 불법(佛法). 4 『불』 '정법시(正法時)'의 준말.

정:법(定法) 명 [-뻡] 정하여진 법칙.

정법(政法) 명 [-뻡] 1 정치와 법률. 2 정치와 법도.

정:법-시(正法時) 명 [-뻡씨] 『불』 삼시(三時)의 하나. 정법이 행하여지는 시기. 곧, 부처의 입적(入寂) 후 오백 년 또는 천 년 동안. 囹정법.

정벽-처(靜僻處) 명 고요하고 궁벽한 곳.

정변(政變) 명 반란·혁명·쿠데타 등의 비합법적인 수단으로 생긴 정치상의 큰 변동. ㅁ~이 일어나다.

정:병 (正兵)ⓜ 1《군》간사한 꾀를 쓰지 않고 정당하게 싸우는 군대. 2《역》정군(正軍).

정병 (政柄)ⓜ 정권(政權).

정병 (精兵)ⓜ 우수하고 강한 군사. 정갑(精甲). 정졸(精卒). □~양성/~으로 결사대를 편성하다.

정보 (情報)ⓜ 1 사정이나 정황에 관한 소식이나 자료. □교통·~/생활~. 2《군》전쟁 수행상 필요한 첩보를 수집하여 해석·평가·분석한 적의 상황. 또는 그에 관한 보고. □전략 ~. 3《컴》여러 형태로 표시된 자료의 집단. 또는 여러 가지 선택 상대들로부터 특별히 하나를 지시하는 기호들의 집합.

정보 (町步)의ⓜ 땅 넓이의 단위로 면적이 한 정(町)으로 끝이 나고 끝수가 없을 때의 일컬음(1정보는 약 3,000평임).

정보 검:색 (情報檢索)《컴》많은 양의 정보를 가진 데이터베이스에서 원하는 정보를 찾아내는 일. 또는 그 절차나 방법.

정보 공해 (情報公害) 정보화 사회의 진전에 따라 초래되는 각종 공해(프라이버시의 침해, 인간 소외의 증대 따위).

정보-과 (情報課)[-꽈] 경찰서 등의 기관에서 정보의 수집·처리 등의 일을 맡아보는 과.

정보 과학 (情報科學) 정보의 형태·전송(傳送)·처리·축적 등의 이론이나 기술을 연구하는 분야(컴퓨터·통신 기술·사이버네틱스 등).

정보-기관 (情報機關) 정보의 수집·처리·산전·통제 따위에 관한 일을 전문적으로 담당하는 국가 기관.

정보 도시 (情報都市) 용량이 큰 광섬유 케이블망, 통신 위성, 유선 텔레비전 등의 정보 통신 기반이 고도로 발달한 도시.

정보-망 (情報網) 정보를 탐지·수집하고 전달하기 위하여 각 방면으로 편 조직.

정보 부대 (情報部隊)《군》정보의 수집 및 분석을 주임무로 하는 부대.

정보 사회 (情報社會) 정보화 사회.

정보 산:업 (情報産業) 정보의 취급에 관한 산업. 정보의 발생·전달·기록·축적·검색·복제(複製)·배포 따위를 취급함.

정보-원 (情報員)ⓜ 정보의 수집·분석 따위에 관한 일을 맡아 하는 실무자. □비밀 ~으로 활동하다.

정보-원 (情報源)ⓜ 정보가 흘러나오는 근원. 정보의 출처. □가장 정확한 ~이다.

정보-은행 (情報銀行)《컴》데이터 뱅크.

정보-지 (情報誌)ⓜ 특정한 분야에 대한 정보를 제공하는 잡지(영화·연극·음악·스포츠·전시회 정보, 주택 정보, 열차 시간 정보 등이 부문별로 발간됨). □생활~를 발간하다.

정보 처:리 (情報處理)《컴》필요한 정보를 얻을 수 있도록 자료를 처리하는 일. 특히 컴퓨터를 이용하는 것을 가리키는 수가 많음.

정보-통 (情報通) 특정 방면의 정보에 정통한 사람. □증권가의 ~.

정보 통신부 (情報通信部) 전에 중앙 행정 기관의 하나. 정보 통신·전파 관리·우편·우편환 및 우편 대체(對替)에 관한 사무를 맡아 처리함. ⇒정통부.

정보 혁명 (情報革命)[-현-] 컴퓨터를 중심으로 한 정보 기술의 발달로 야기되는 사회의 대변혁.

정보화 사회 (情報化社會) 공업 제품에 가름하여 정보의 생산이 가치를 낳는 사회(정보가 물품이나 에너지·서비스 이상으로 유력한 자원이 되어, 정보를 중심으로 사회·경제가 운

영되고 발전되어 감). 정보 사회. 지식 사회.

정:복 (正服)ⓜ 1 의식 때에 입는 정식의 복장. 2 제복. □~ 경찰관.

정복 (征服)ⓜ하타 1 다른 나라나 민족을 정벌하여 복종시킴. □이민족에게 ~되다/강대국에게 ~당하다. 2 어려운 일을 겪어 이겨냄. □에베레스트 정상을 ~하다. 3 질병 따위가 완치할 수 있게 됨. □암 ~의 날도 멀지 않다.

정복 (淨福)ⓜ 1 맑고 조촐한 행복. 2《불》불교를 믿음으로써 얻는 행복.

정:복 (整復)ⓜ 골절·탈구(脫臼) 따위로 어긋난 뼈를 본디 상태로 바로잡는 일.

정:본 (正本)ⓜ 1 문서의 원본. 2 원본과 동일한 효력을 갖는 문서. ↔부본.

정:본 (定本)ⓜ 고전의 이본(異本)을 비교·검토·교정하여 원본과 가장 가깝다고 판단된, 표준이 되는 책.

정봉 (停捧)ⓜ하타 《역》흉년 따위로 납세를 중지하거나 연기하는 일.

정봉 (精捧)ⓜ하타 세곡(稅穀)을 정확하게 받아들임.

정:부 (正否)ⓜ 바름과 바르지 못함. 옳고 그름. □~를 가리다.

정:부 (正副)ⓜ 주장되는 으뜸과 그의 버금. □~ 반장.

정부 (征夫)ⓜ 1 전쟁터로 나가는 군사. 2 먼 길을 가는 남자.

정부¹ (政府)ⓜ 《역》'의정부(議政府)'의 준말.

정부² (政府)ⓜ 《법》1 국가의 통치권을 행사하는 기관. 곧, 입법·행정·사법의 세 기관을 포함한 한 나라의 통치 기구의 총칭. 2 국가의 정책을 집행하는 행정부.

정부 (貞婦)ⓜ 슬기롭고 정조가 곧은 아내나 여자. 정녀(貞女).

정부 (情夫)ⓜ 남편 있는 여자가 몰래 정을 통하는 남자.

정부 (情婦)ⓜ 아내 있는 남자가 몰래 정을 통하는 여자.

정부-군 (政府軍)ⓜ 정부에 딸린 군대. 정부편의 군사. □~에 투항하다.

정부-미 (政府米)ⓜ 쌀값의 조절 및 군수용(軍需用) 등으로 충당하기 위하여 정부가 사들여 보유하고 있는 쌀. □~를 방출하다.

정부 보:유불 (政府保有弗)《경》국고금(國庫金)으로 정부가 보관·관리하고 있는 달러(dollar). □~을 유지하다.

정부 보:증채 (政府保證債)《경》정부가 원금의 상환이나 이자의 지급을 보증하고 발행하는 채권.

정부-불 (政府弗)ⓜ 《경》정부 보유불.

정부-안 (政府案)ⓜ 정부가 작성하여 국회에 제출하는 의안(議案).

정부 예:금 (政府預金)《경》중앙은행에 예치된 정부의 예금.

정부 위원 (政府委員) 장관을 대신하여 그 명을 받아 국회와 교섭하며 의원(議院)에 출석하여 발언할 수 있는 위원(처장(處長)·차관(次官)·청장(廳長)·차장(次長)·차관보(補)·실장·국장·부장 등).

정:-부의장 (正副議長)[-/-이-]ⓜ 의장과 부의장.

정-부인 (貞夫人)ⓜ 《역》조선 때, 정이품·종이품의 종친(宗親) 및 문무관의 아내에게 주던 봉작.

정부 자금 (政府資金)《경》1 자금의 출자 및

용자에 관하여 정부가 그 운용을 규제하는 자금. **2** 그 자금의 수불(受拂)이 정부의 창구(窓口)를 통하여 행하여지는 자금.

정:-부통령 (正副統領)[-녕] 圀 대통령과 부통령을 아울러 이르는 말.

정부 투자 (政府投資)[-] 〖經〗 정부에 의한 투자.

정:-북 (正北) 圀 '정북방(正北方)'의 준말.

정:-북방 (正北方)[-빵] 圀 똑바른 북쪽. 또는 그 방향. 〖-〗을 향하다.

정:-북향 (正北向)[-뱡] 圀하자 정북(正北)을 향함. 또는 그런 방향.

정분 (情分) 圀 정이 넘치는 따뜻한 마음. 사귀어 정이 든 정도. 〖〗이웃 간의 ~ / ~이 두텁다 / ~을 나누다.

정분-나다 (情分-) 困 서로 사랑하게 되다. 〖〗앞집 총각과 ~.

정-붙이다 (情-)[-부치-] 困 정을 두거나 기울이다. 〖〗정붙이고 의지할 데가 없다 / 이곳은 정붙이고 살아가기가 어렵다.

정:비 (正比) 圀 〖數〗 반비에 대하여, 보통의 비. ↔반비(反比).

정:비 (正妃) 圀 〖歷〗 왕의 정실인 왕비를 후궁에 상대하여 일컫던 말.

정비 (情費) 圀 〖歷〗 공물(貢物)이나 세금을 바칠 때에 비공식으로 아전들에게 주던 푼돈.

정:비 (鼎沸) 圀 솥 안의 물이 끓듯이 요란하고 어수선함의 비유.

정:비 (整備) 圀하타 **1** 정돈(整頓)하여 제대로 갖춤. 〖〗사업을 ~하다 / 체제가 ~되다. **2** 기계나 설비 따위가 제대로 움직이는지 보살피고 고장난 부분을 수리함. 〖〗잘 ~된 자동차. **3** 도로나 설비 따위가 제 기능을 하도록 정리함. 〖〗가로수 ~ / 주차 시설 ~.

정:비-공 (整備工) 圀 기계나 설비 따위를 살피고 손질하는 기술자. 정비원.

정:-비례 (正比例) 圀하자 〖數〗 두 양의 변화가 늘 일정한 비일 때, 그 두 양에 대한 일컬음. 〖〗자유는 책임에 ~된다. ↔반(反)비례.

정:-비례 (定比例) 圀 일정한 비율.

정:비-사 (整備士) 圀 기계나 설비 따위를 살피고 손질하는 일을 전문으로 하는 기술자.

정:빈 (正賓) 圀 정객(正客).

정사 (丁巳) 圀 〖民〗 육십갑자의 쉰넷째.

정:사 (正史) 圀 **1** 정확한 사실의 역사. 또는 그 기록. 〖〗~에 기록되다. ↔야사(野史). **2** 기전체(紀傳體)로 서술한 중국 역대의 역사. 또는 그 기록. **3** 정통적인 역사 체계에 의하여 서술된 역사를 야사(野史)에 상대하여 이르는 말.

정:사 (正邪) 圀 **1** 바른 일과 사악한 일. **2** 정기(正氣)와 사기(邪氣).

정:사 (正使) 圀 〖歷〗 사신(使臣)의 수석. 상사(上使).

정:사 (正射) 圀하타 **1** 정면에서 쏨. **2** 수직으로 투사(投射)함.

정:사 (正書) 圀하타 정서(正書).

정사 (呈辭) 圀하자 〖歷〗 벼슬아치가 사직하거나 말미를 얻고자 할 때, 원서를 관부(官府)에 제출하던 일.

정사 (政事) 圀 **1** 정치상의 일. 행정상의 사무. 〖〗~를 돌보다. **2** 예전에, 벼슬아치의 임명과 해임에 관한 일.

정사 (情史) 圀 남녀의 애정에 관한 일을 기술한 소설. 또는 그 책.

정사 (情死) 圀하자 사랑하는 남녀가 사랑을 이루지 못해 함께 자살하는 일.

정사 (情私) 圀 친족 사이의 사사로운 정.

정사 (情事) 圀 **1** 남녀 간의 사랑에 관한 일. **2** 남녀 사이의 육체적인 사랑의 행위. 〖〗~를 나누다.

정사 (情思) 圀 **1** 정념(情念). **2** 남녀가 서로 사랑하는 생각.

정사 (淨寫) 圀하타 정서(淨書)2.

정사 (精舍) 圀 **1** 학문을 가르치려고 지은 집. **2** 정신을 수양하는 곳. **3** 절'.

정사 (精査) 圀하타 자세히 조사함. 〖〗~된 자료.

정사 (靜思) 圀하타 고요히 생각함.

정:-사각형 (正四角形)[-까켱] 圀 〖數〗 네 변과 네 각이 모두 같은 사각형. 정방형(正方形). 정사변형(正四邊形).

정사 도법 (正射圖法)[-뻡] 〖地〗 투시 도법의 한 가지. 시점(視點)을 무한히 먼 곳에 두었을 경우, 곧 지구를 대단히 먼 거리에서 본 경우의 모양을 나타낼 때의 도법. 정사 투영 도법(正射投影圖法).

정:-사면체 (正四面體) 圀 〖數〗 각 면이 정삼각형인 사면체.

정:-사영 (正射影) 圀 〖數〗 한 점에서 한 직선 또는 한 평면 위에 그은 수선의 발.

정:-사원 (正社員) 圀 일정한 자격을 갖춘 정식 사원. 〖〗~로 입사하다.

정:-사유 (正思惟) 圀 〖佛〗 팔성도(八聖道)의 하나. 사제(四諦)의 이치를 추구·고찰하고, 지혜를 향상시키는 일.

정사 투영 도법 (正射投影圖法)[-뻡] 정사도법(正射圖法).

정삭 (正朔) 圀 **1** 정월 초하루. **2** 책력.

정삭 (精索) 圀 〖生〗 부(副)고환에서 정낭(精囊)으로 정자(精子)를 이끄는 통로(혈관·신경·근(筋)으로 됨).

정:산 (正産) 圀하타 태아를 정상적으로 해산함.

정:산 (正酸) 圀 〖化〗 비금속의 산화물이 물과 화합하여 된 산 중에서 염기도가 가장 높은 산. 오르토산(ortho酸).

정:산 (定算) 圀 예정한 계산.

정산 (精算) 圀하타 정밀하게 계산함. 또는 그 계산. 〖〗소득세의 연말 ~ / ~된 퇴직금 / 운임을 ~하다.

정산-표 (精算表) 圀 손익 계산서가 작성될 때까지의 계산 과정을 한데 모아 나타낸 표.

정:-삼각형 (正三角形)[-까켱] 圀 〖數〗 세 변과 세 변의 길이가 똑같은 삼각형.

정:상 (正常) 圀 변동이나 탈이 없이 제대로인 상태. 〖〗~ 수업이 진행되다 / ~을 회복하다 / 그의 행동은 ~이 아니다.

정:상 (呈上) 圀하타 정납(呈納).

정:상 (定常) 圀 일정하여 늘 한결같음.

정:상 (頂上) 圀 **1** 산 따위에서 맨 꼭대기. 〖〗설악산 ~에 오르다. **2** 그 이상 더없는 것. 최상. 절정(絶頂). 〖〗인기 ~의 영화 배우 / 팀을 ~에 올려놓았다 / 가요계의 ~에 서다. **3** 한 나라의 최고 지도자. 〖〗한미 두 ~의 만남.

정상 (情狀) 圀 **1** 있는 그대로의 상태. 〖〗~을 피력하다. **2** 인정상 차마 볼 수 없는 가련한 상태. 〖〗~이 가엾다. **3** 〖法〗 구체적 범죄에서 구체적 책임의 경중(輕重)에 영향을 미치는 일체의 사정. 〖〗~을 참작하다.

정상 (情想) 圀 감정과 생각.

정상 (晶相) 圀 결정의 형상.

정:상 가격 (正常價格)[-까-] 〖經〗 수요와 공급이 오랫동안 자연스러운 균형을 이룰 때 형성되는 안정되고 표준적인 가격. 자연 가격. ↔시장(市場) 가격.

정상-급 (頂上級)[-끕] 명 지위나 등급에서 맨 위의 급. ⇨세계 ~ 선수.

정ː상-류 (定常流)[-뉴] 명 『물』속도·압력·방향 등이 시간에 따라 변화하지 않는 유체(流體)의 흐름.

정상-배 (政商輩) 명 정치가와 결탁하여 사사로운 이익을 꾀하는 무리.

정ː상 상태 (正常狀態) 1 정상적인 상태. 2 『물』유체의 흐름, 열의 전도, 전류의 동적인 상태가 시간의 변화에 따라 바뀌지 않고 일정하게 유지되는 상태.

정ː상 상태 (定常狀態) 『물』1 어떤 물리적 체계를 결정하는 변수가 시간과 더불어 변하지 않는 경우, 그 변수에 관한 체계를 이르는 말. 2 양자 역학에서, 계(系)의 에너지가 일정한 값을 가지고 있는 상태.

정ː상-아 (正常兒) 명 몸과 마음의 상태에 이상이 없는 아이. ↔이상아(異常兒).

정상-일침 (頂上一鍼) 명 정문일침.

정상 작량 (情狀酌量)[-장냥] 『법』작량 감경.

정ː상-적 (正常的)[-쩍] 관명 상태가 특별한 변동이 나 탈이 없이 제대로인 (것). ⇨일이 ~으로 돌아가다 / 기계가 ~으로 작동되다.

정ː상 전ː류 (定常電流)[-절-] 『물』시간이 지나도 크기나 방향이 변하지 않는 전류.

정상 참작 (情狀參酌) 『법』작량 감경.

정ː상-파 (定常波) 명 『물』서로 반대 방향으로 진행하는 길이의 진동수의 진행파가 겹치, 매질(媒質) 가운데로 진행하지 않고 일정한 곳에서 진동하는 파. 진행파와 반사파가 서로 겹쳐 간섭 현상으로 인해 일어남.

정상-하다 (精詳-) 형여 정밀하고 자상하다.
정상-히 부

정ː상-화 (正常化) 명하자타 비정상적인 것이 정상적인 상태로 됨. 또는 그렇게 되게 함. ⇨두 나라 국교가 ~되다.

정상 회ː담 (頂上會談) 두 나라 이상의 최고 지도자가 모여 하는 회담.

정ː색¹ (正色) 명하자 얼굴에 엄정(嚴正)한 빛을 나타냄. 또는 그 얼굴빛. ⇨~을 하고 대들다 / ~하며 따지다.

정ː색² (正色) 명 다른 색의 섞임이 없는 순수한 색《적·황·백·청·흑의 다섯 색》. ↔간색(間色).

정색 (呈色) 명하자 색채를 나타냄.

정색 (精索) 명 『의』정삭(精索).

정ː색-건판 (整色乾板)[-껀-] 명 녹색에 강한 감광성을 보이는 사진 건판.

정색 반ː응 (呈色反應)[-빠능] 『화』발색(發色) 반응.

정생 (頂生) 명하자 꽃 따위가 줄기의 꼭대기나 끝에 남.

정ː서 (正西) 명 '정서방(正西方)'의 준말.

정ː서 (正書) 명하타 1 글씨를 또박또박 바르게 씀. 또는 그 글씨. 2 초(草) 잡았던 글을 정식으로 베껴 씀. 정사(正寫).

정서 (征西) 명하자 1 서쪽으로 나아감. 2 서쪽을 정벌함.

정서 (淨書) 명하타 1 글씨를 깨끗이 씀. 2 초잡았던 글을 깨끗이 베껴 씀. 정사(淨寫). 청서(淸書).

정서 (情緖) 명 1 사람의 마음에 일어나는 온갖 감정. 또는 그러한 감정을 불러일으키는 기분이나 분위기. ⇨~가 풍부하다 / ~가 메마르다. 2 『심』본능을 기초로 하여 일어나는 희로애락(喜怒哀樂) 등의 감정. 또는 그때의 정신 상태.

정서 (精書) 명하타 정신을 가다듬고 집중해서

2071

정성스럽다

글씨를 씀.

정ː-서방 (正西方) 명 똑바른 서쪽. 또는 그 방향. ⓒ정서.

정ː서-법 (正書法)[-뻡] 명 『언』말을 올바르게 적는 방법. 한 언어를 표기하는 바른 법의 체계. 정자법(正字法).

정서 장애 (情緒障礙) 『심』외계의 자극에 대하여 반응을 보이지 못하는 하나의 정신 이상 상태. ⇨~를 일으키다.

정서-적 (情緖的) 관명 정서를 불러일으키는 (것). ⇨불안정 / ~ 분위기.

정ː-서향 (正西向) 명하자 꼭 바르게 서쪽으로 향함. 또는 그 방향.

정ː석 (定石) 명 1 사물의 처리에 정하여진 일정한 방식. ⇨~대로 대응책을 강구하다. 2 바둑에서, 공격과 수비에 최선이라고 일컬어지는, 일정한 방식으로 돌을 놓는 법. ⇨~을 익히다.

정ː석 (定席) 명 일정한 좌석. 정해진 자리.

정석 (晶析) 명하자 『화』정출(晶出).

정ː석 (鼎席) 명 『역』삼공(三公)의 자리. 곧, 영의정·좌의정·우의정의 지위.

정ː석-가 (鄭石歌)[-까] 명 『문』고려 때의 가요. 작자·제작 연대 미상. 임금의 만수무강을 빌고, 남녀 간의 끝없는 애정을 읊었음. 현재 '악장가사'에 이 노래의 전문이 실려 전함. 모두 6연으로 됨.

정ː선 (正善) 명하자 마음이 바르고 착함.

정선 (汀線) 명 해안선1.

정ː선 (定先) 명 바둑에서, 상대방과의 수에 차가 있어 늘 흑(黑)을 가지고 먼저 두는 일. ⓒ호선(互先).

정선 (停船) 명하자타 1 항해하던 배가 멈춤. 또는 멈추게 함. 2 『법』선박의 진항(進航)을 정지시켜 선박으로서의 업무를 금지함.

정선 (精選) 명하타 많은 것 중에서 특히 뛰어난 것을 잘 골라 뽑음. 정택(精擇). ⇨~한 물건 / ~된 정보.

정ː-선율 (定旋律) 명 『악』대위법에서, 대위를 붙이는 데 기초가 되는 선율. 정한가락.

정ː설 (定說) 명 확실히 확정되거나 인정된 설. 정론(定論). ⇨종래의 ~을 뒤엎다.

정성 (井星) 명 『천』이십팔수의 스물두째 별자리의 별들. 남쪽에 있음. ⓒ정(井).

정ː성 (正聲) 명 1 바른 목소리. 또는 바른 곡조의 음악. 2 음탕하지 않은 음률.

정ː성 (定性) 명하자 물질의 성분이나 성질을 밝히어 정함.

정ː성 (定星) 명 『천』항성(恒星).

정ː성 (定省) 명 '혼정신성(昏定晨省)'의 준말.

정성 (政聲) 명 훌륭하고 바른 정치로 소문난 명성.

정성 (情性) 명 인정과 성질. 성정(性情).

정성 (精誠) 명 참되고 성실한 마음. ⇨~ 어린 간호 / ~을 다하다 / ~을 바치다 / ~을 모으다 / ~을 들이다.

정ː성 (鄭聲) 명하자 1 음란하고 야비한 음률. 2 『한의』환자가 분명히 알아들을 수 없는 말을 웅얼거리거나 같은 말을 되풀이하는 일.

정성-껏 (精誠-)[-껀] 부 정성을 다하여. 정성이 미치는 데까지. ⇨노모를 ~ 모시다 / 환자를 ~ 돌보다.

정ː성 분석 (定性分析) 『화』검사를 받을 물질의 성분을 검출하는 화학 분석. ✽정량 분석.

정성-스럽다 (精誠-)[-따][-스러워, -스러우니] 형타 정성 어린 태도가 있다. ⇨부모를

정성스럽게 봉양하다. **정성-스레** 閉

정세(政勢)똉 정치상의 형세. ❏최근 들어 ~
　가 안정되었다.

정세(情勢)똉 일이 되어 가는 사정과 형세.
　❏국제 ~를 관망하다 / ~를 살피다.

정-세포(精細胞)똉 『생』 동물의 정소에 있는
　생식 세포의 하나. 한 개의 정모 세포(精母細
　胞)에서 감수 분열에 의해 4개가 생긴 후 각
　각 정자가 됨. ↔난세포.

정세-하다(精細-)톙 정밀하고 세세하다.
　정세-히 閉

정소(呈訴)똉 톙 정장(呈狀).

정소(定所)똉 정하여진 거처. 일정한 장소.

정소(精巢)똉 『생』 수컷의 생식 기관(정자를
　만들고 호르몬을 분비하는 조직임). 정집. ↔
　난소(卵巢).

정소-하다(情疏-)톙 정분이 버성기다.

정:속(正俗)똉 올바른 풍속.

정:속(定屬)똉 톙 『역』 죄인을 종으로 삼던
　일. ❏~된 죄인.

정송(呈送)똉 톙 정납(呈納).

정송(停訟)똉 톙 송사를 중지함.

정송오죽(正松五竹)똉 소나무는 정월, 대나
　무는 오월에 옮겨 심어야 잘 산다는 말.

정송오죽(淨松汚竹)똉 깨끗한 땅에는 소나무
　를, 지저분한 땅에는 대나무를 심음.

정쇄-하다(精灑-)톙 매우 맑고 깨끗하다.

정수(井水)똉 우물물.

정:수(正手)똉 바둑·장기 따위에서, 속임수나
　홀림수가 아닌 정당하게 두는 기술.

정:수(正數)똉 『수』 '양수(陽數)'의 구용어.

정:수(定數)똉 1 정해진 운수(運數). 2 일정한
　수효나 수량. 3 『수』 '상수(常數)'의 구용어.

정수(庭樹)똉 뜰에 심은 나무.

정수(淨水)똉 톙 물을 깨끗이 함. 또는 그렇
　게 한 물. ❏지하수를 ~하여 마시다.

정수(渟水)똉 괴어 있는 물.

정수(艇首)똉 쾌속정·요트·보트 등 작은 배의
　이물. ❏~를 돌리다.

정수(精水)똉 『생』 정액(精液)1.

정수(精修)똉 톙 정세하게 학문을 닦음.

정수(精髓)똉 1 뼈의 속에 있는 골수. 준통(精
　精). 2 사물의 중심을 이루는 가장 뛰어나고
　중요한 것. ❏한국 문화의 ~.

정수(靜水)똉 흐르지 않고 괴어 있는 잔잔한
　물.

정수(靜修)똉 톙 고요한 마음으로 학문과 덕
　을 닦음. 심신을 조용히 하여 수양함.

정:수(整數)똉 『수』 자연수 또는 이에 대응하
　는 음수 및 0의 총칭. ↔가수(假數).

정수-기(淨水器)똉 물을 깨끗하게 하는 장치·
　기구.

정:수-론(整數論)똉 『수』 정수의 성질을 연
　구하는 수학의 한 부문.

정수리(頂-)똉 1 머리 위의 숫구멍이 있는 자
　리. 뇌천(腦天). 신문(囟門)2. 2 정문(頂門)2. 2
　사물의 가장 꼭대기 부분을 비유적으로 이르
　는 말.

정수-법(淨水法)[-뻡]똉 물을 깨끗이 하는 방
　법. 침전·여과·살균의 세 방법이 있음.

정:수 비:례(定數比例)『화』'상수 비례(常數
　比例)'의 구용어.

정수-식물(挺水植物)[-씽-]똉 『식』 뿌리는
　물속의 땅에 박고, 잎이나 줄기 따위의 대부
　분을 물 위로 벋어 있는 수생 식물의 하나.

정수-압(靜水壓)똉 『물』 흐르지 않고 괴어 있

　는 물속에서 생기는 압력.

정수-지(淨水池)똉 수도 설비에서, 여과지에
　서 거른 맑은 물을 높은 배수지로 올리기 전
　에 일시 저장하는 못.

정수-하다(精秀-)톙 정량(精良)하고 뛰어
　나다.

정수-하다(精粹-)톙 1 순수하고 깨끗하다.
　2 청렴하고 사욕이 없다.

정숙(貞淑)똉 하다 히부 여자의 행실이 곧고
　마음씨가 맑고 고움. ❏~한 아내.

정숙(靜肅)똉 하다 히부 조용하고 엄숙함. ❏
　~을 유지하다 / ~한 분위기.

정숙-하다(情熟-)[-수카-]톙 정분이 두터
　워 친숙하다. **정숙-히** [-수키]閉

정숙-하다(精熟-)[-수카-]톙 사물에 정통
　(精通)하고 능숙하다. **정숙-히** [-수키]閉

정:숙-하다(整肅-)[-수카-]톙 몸가짐이 바
　르고 엄숙하다. **정:숙-히** [-수키]閉

정숙-하다(靜淑-)[-수카-]톙 여자의 성품
　이나 태도가 조용하고 얌전하다. **정숙-히** [-
　수키]閉

정:순(正巡)똉 활쏘기에서, 정식(正式)으로
　쏘는 순(巡). 한 순(巡)에 다섯 대까지 쏨.

정순(呈旬)똉 『역』 낭관(郎官)이 사임하려 할
　때, 열흘에 한 번씩 세 차례 연거푸 사직원을
　내던 일.

정순-하다(貞順-)톙 정조(貞操)가 굳고 마
　음씨가 순하다. **정순한 여인**.

정승(政丞)똉 『역』 조선 때, 의정(議政)의 대
　신(大臣). 영의정·좌의정·우의정을 일컫던 말.
　[정승도 저 싫으면 안 한다] 아무리 좋은 것
　이라도 제 마음에 내키지 않으면 할 수 없 을
　다는 말.

정시(丁時)똉 『민』 이십사시의 열넷째 시(오
　후 열두 시 반부터 한 시 반까지).

정:시(正始)똉 톙 올바르게 시작함. 또는 올
　바른 시작.

정:시(正視)똉 톙 1 똑바로 봄. ❏사물을 ~
　하다. 2 '정시안'의 준말.

정시(呈示)똉 하다 1 꺼내 보임. 2 『경』 제시
　(提示)2.

정시(定時)똉 일정한 시간 또는 시기. ❏~
　뉴스에 출발하다 / ~에 퇴근하다.

정시(庭試)똉 『역』 조선 때, 나라에 경사(慶
　事)가 있을 때에 대궐 안에서 보이던 과거.

정:시-안(正視眼)똉 『생』 시력을 조절하지
　않고도 평행 광선이 망막(網膜) 위에 상(像)
　을 맺는 눈. 준정시.

정:시-제(定時制)똉 특별한 시간·시기를 이
　용하여 행하여지는 학습의 과정.

정시 증권(呈示證券)[-꿘]『경』'제시 증권'
　의 구용어.

정:식(正式)똉 정당한 방식이나 방법. 규정대
　로의 방식. ❏~ 절차를 밟다. ↔약식(略式).

정:식(定式)똉 하다 방식이나 격식을 일정하게
　정함. 또는 그 방식이나 격식.

정:식(定食)똉 1 식당 등에서 일정한 식단에
　따라 차리는 음식. ❏백반 ~을 시키다. 2 식
　당·여관 등에서 때를 정해 놓고 먹는 끼니때
　의 음식.

정:식(定植)똉 하다 온상(溫床)에서 기른 모종
　을 밭의 제자리에 내어다 심음. ↔가식(假植).

정식(淨食)똉 『불』 채식(菜食)으로 된 식사.

정:식(整式)똉 『수』 문자의 어떠한 덧셈·뺄셈·
　곱셈만의 연산을 사용하여 얻어지는 대수식.

정식(靜息)똉 하다 고요히 쉼. 고요히 삶.

정:식 간:격(正式間隔)[-깐-]『군』 정렬할
　때, 왼팔을 옆으로 완전히 뻗치어 가운뎃손

가락 끝이 왼쪽 사람의 어깨에 닿을 정도로
벌리는 간격.

정:식 재판(正式裁判)[-째-] 〖법〗약식 명령
이나 즉결 재판에 불복하여 법정 기간 안에
관할 법원에 대하여 청구하는 재판.

정:신(正信)〖명〗〖불〗참되고 바르게 믿는 마음.

정신(貞臣)〖명〗육정(六正)의 하나. 일체의 녹
(祿)과 하사(下賜)·증유(贈遺)를 사양하고 법
을 받드는 지조 있는 신하.

정신(挺身)〖명〗〖하자〗어떤 일에 앞장서서 나아
감. ▷ ∼ 사회 사업에 ∼하다.

정신(艇身)〖명〗 **1** 보트(boat)의 전체 길이. **2** (수
량을 나타내는 말 뒤에 쓰여) 보트 경주를 할
때, 보트와 보트 사이의 거리를 나타내는 단
위. ▷ 1 ∼의 차이로 이기다.

정신(精神)〖명〗 **1** 마음이나 영혼. ▷건전한 육
체에 건전한 ∼ / ∼ 상태가 양호하다. ↔육체.
2 생각하고 판단하는 능력이나 작용. ▷ ∼을
잃다 / ∼을 가다듬다 / ∼을 집중하다 / ∼이
흐려지다. **3** 근본이 되는 이념이나 사상. ▷
화랑도 ∼ / 3·1 ∼. **4** 마음의 자세나 태도.
▷봉사 ∼ / 절약 ∼. **5** 〖철〗우주의 근원을
이루는 비물질적인 실재.
[정신은 빼서 꽁무니에 차고 있다] 경우에
밝지 못하고 어리석으며 실수가 많은 사람을
두고 하는 말.

정신(을) **들이다** 〔…〕 정신 차리어 하다.

정신(을) **뽑다** 〔…〕 정신을 빼서 얼떨떨하게
만들다.

정신을 잃다 〔…〕 의식을 잃다. 실신(失神)하
다. 그정신을 잃고 쓰러지다.

정신(을) **차리다** 〔…〕 ㉠잃었던 의식을 되찾
다. ㉡어떤 잘못이나 실패의 원인을 알아서
반성하다. 정신(이) 나다. 정신(이) 들다. ㉢
얻어맞고 ∼. ㉢사리를 분별하게 되다. 그정
신 차리고 내 말을 잘 들어라.

정신(이) **나가다** 〔…〕 정신이 정상 상태에서
벗어나다. 미치거나 돌다. 정신(이) 빠지다.
그정신 나간 소리 마라.

정신(이) **나다** 〔…〕 ㉠무엇을 분별할 만한 정
신이 생기다. ㉡정신(을) 차리다.

정신(이) **들다** 〔…〕 ㉠사물을 분별할 만한 정
신을 가지다. ㉡정신(을) 차리다.

정신(이) **빠지다** 〔…〕 정신(이) 나가다.

정신(이) **사납다** 〔…〕 주위가 부산스럽거나 시
끄러워 정신이 어지럽다.

정신(이) **팔리다** 〔…〕 자기가 할 일을 잊을 정
도로 다른 데에 정신이 쏠리다. 그노는 데에
정신이 팔려 숙제 하는 것도 잊었다.

정신 감:응(精神感應)〖심〗텔레파시(telepa-
thy).

정신 감정(精神鑑定)〖법〗형사 사건에서, 담
당 법관이 전문가에게 의뢰하여 범죄자 등의
정신 상태를 감정하는 일.

정신-계(精神界)[-/-게]〖명〗정신이 작용하는
분야. 정신세계.

정신-골(精神骨)〖명〗영리하고 총기 있게 생긴
골격.

정신-골자(精神骨子)[-짜]〖명〗일의 가장 중요
한 부분.

정신-과(精神科)[-꽈]〖의〗정신상의 질환
을 진단·치료·예방하는 임상(臨床) 의학의
한 분과. 신경 정신과.

정신-과학(精神科學)〖명〗인간의 정신 활동의
소산인 학문·예술·종교·정치·경제·법 등의
이론적 해명을 목적으로 연구하는 과학〖철학·
신학·심리학·역사학·정치학·경제학 따위〗.

정신 교:육(精神敎育)도덕적 의식의 계발(啓

發)·훈련을 목적으로 하는 교육.

정신-기(精神氣)[-끼]〖명〗정신의 기운.

정신-노동(精神勞動)〖명〗주로 두뇌를 써서 하
는 노동. ↔근육노동·육체노동.

정신-대(挺身隊)〖명〗 **1** 태평양 전쟁 때, 일제(日
帝)가 강제 징집한 한국 여성 근로자와 위안
부를 이르는 말. **2** 결사대.

정신-력(精神力)[-녁]〖명〗정신을 지탱하는 힘.
정신적인 힘. ▷ ∼이 강한 사람.

정신-론(精神論)[-논]〖명〗 **1** 〖철〗유심론. **2** 정
신이 경험으로부터 독립된 이성(理性)의 실
체임을 논하는 철학적 견해. **3** 정신이 육체를
떠나 불가사의한 작용을 한다는 신앙.

정신-맹(精神盲)[-녕]〖심〗사물도 보이고 사고
능력도 있으나 보이는 대상의 의미를 파악하
지 못하는 일종의 정신 장애.

정신-머리(精神-)〖속〗정신(精神)2. ▷ ∼
가 나가다 / ∼가 없다.

정신-문명(精神文明)〖명〗물질을 초월하여 정
신을 바탕으로 하여 이루어진 문명. ↔물질
문명.

정신-문화(精神文化)〖명〗사상·도덕·학술·예술·
종교 등 인간의 정신적인 활동으로 이룬 문
화. ↔물질문화.

정신 박약(精神薄弱)〖의〗'지적 장애'를 낮
잡아 이르는 말.

정신 박약자(精神薄弱者)〖교〗'지적 장애
인'을 낮잡아 이르는 말.

정신-병(精神病)[-녕]〖의〗정신의 장애나
이상으로 인한 병적인 상태.

정신 병:리학(精神病理學)[-뼝니-]〖의〗정
신 장애자의 정신 현상을 연구하는 학문. 정신
의학.

정신 병:원(精神病院)[-뼝-]〖의〗정신병 환
자를 수용·치료하는 병원.

정신병-자(精神病者)[-뼝-]〖명〗〖의〗정신병에
걸린 환자.

정신병-질(精神病質)[-뼝-]〖명〗비정상적인 성
격에 의해 사회에 해(害)를 주고 자기도 괴로
워하는 체질〖범죄자·마약 중독자·알코올 중
독자·신경병 환자 등에서 흔히 볼 수 있다〗.

정신병-학(精神病學)[-뼝-]〖의〗정신병의
증세·원인·경과 등을 과학적으로 연구하여 그
예방·치료에 응용하는 학문. 정신 의학.

정신 보:건(精神保健)〖의〗정신 위생.

정신 분석(精神分析)〖심〗무의식과 같은 인
간의 정신 세계를 대화(對話)·연상(聯想)·꿈
의 판단 따위의 방법으로 표면의 의식을 관
찰·분석하여 이해하고 연구하는 일〖프로이트
가 제창함〗.

정신 분석학(精神分析學)[-서칵]〖심〗프로
이트가 세운 심리학 이론 체계의 하나.

정신 분열병(精神分裂病)[-부녈뼝]〖의〗'조
현병'의 전 용어.

정신 분열증(精神分裂症)[-부녈쯩]〖의〗'조
현병'의 전 용어.

정신-사(精神史)〖명〗역사적 사실의 개개의 인
과 관계를 초월하여 그 배후에 흐르는 정신
내지 이념을 역사 형성의 참 힘으로 규정하
는 역사 고찰의 한 방법.

정신-생활(精神生活)〖명〗〖철〗 **1** 생활의 의의
를 주로 정신에다 두는 생활. **2** 이상·감정 등
정신적 방면의 활동 상태.

정신-세계(精神世界)[-/-게]〖명〗정신계.

정신 안정제(精神安靜劑)수면·진정·해열·마
취 등의 작용이 없이 정신적 흥분을 가라앉

히는 약제. 정신 신경 안정제. 트랭퀼라이저. ㈜안정제.

정신-없다 (精神-)[-시넙따] 형 **1** 제정신이 아니다. ❏ 술에 취해 정신없는 행동을 보이다. **2** 몹시 바쁘거나 하여 어찌할 바를 모르다.

정신-없이 [-시넙씨] 부. ❏ ~ 쏘다니다.

정신 연령 (精神年齡)[-녈-] 〖심〗 개인의 지능 발달 정도가 정상인의 몇 살 정도의 나이에 해당하는가를 지능 검사에 의하여 측정한 것. ❏ ~이 높다.

정신 요법 (精神療法)[-뇨뻡] 환자의 정신에 심리적 영향을 주어 병을 치료하는 방법《병자에 대한 이론적인 설득·암시·정신 분석 따위의 방법을 씀》. 심리 요법.

정신 위생 (精神衛生) 〖의〗 사회생활에서, 정신 활동의 조화와 적응을 유지함을 목적으로 하는 이론이나 실천 방법의 총칭. 정신 보건.

정신 의학 (精神醫學) 〖의〗 정신 병리학.

정신 이:상 (精神異常) 신경 정신 계통의 장애로 말미암아 정신이 정상이 아닌 상태. ❏ ~을 일으키다.

정신 장애자 (精神障礙者) 중독성 정신병을 포함하는 정신병자·정신 박약자·정신병질자 등과 같이 정신 위생법에 의한 의료나 보호를 필요로 하는 사람.

정신-적 (精神的) 관명 정신에 관한 (것). 정신상의 일에 중점을 두는 (것). ❏ ~ 고통 / ~인 타격. ↔물질적·육체적.

정신-주의 (精神主義)[-/-이] 명 〖철〗 **1** 정신적인 사물의 근원적인 지배나 섭리(攝理)를 믿는 철학적인 견지. 관념론(觀念論). **2** 정신력을 인간 생활의 결정적 요인으로 생각하는 견해나 태도.

정신 지체아 (精神遲滯兒) 정신 능력의 발달이 늦어진 아이. 보통 정신박약아보다 정도가 가벼움. 저능아(低能兒). 열등아(劣等兒).

정신 착란 (精神錯亂)[-창난] 〖심〗 급성 중독이나 전염병 따위로 인하여 지각·기억·주의(注意)·사고(思考) 등의 지적인 능력이 일시적으로 상실되는 상태.

정:실 (正室) 명 **1** 본처(本妻). 정처(正妻). ❏ ~을 두다. ↔소실(小室). **2** 집의 몸채.

정실 (情實) 명 **1** 실제의 사실. **2** 사사로운 정이나 관계에 끌리는 일. ❏ ~ 인사 / ~에 얽매이다.

정:실-하다 (正實-) 형여 참되고 올바르다.

정:실-히 부

정실-하다 (貞實-) 형여 정조가 바르고 독실(篤實)하다. **정실-히** 부

정:심 (正心) 명하자 마음을 올바르게 가짐. 또는 그 마음.

정:심-공부 (正心工夫) 명하타 마음을 가다듬어 배우고 익히는 데 힘씀.

정:-씨 (正-) 명 논밭의 면적에 비례하여 에누리 없이 정확하게 뿌려지는 곡식의 씨.

정:아 (定芽) 명 〖식〗 제눈. ↔부정아(不定芽).

정아 (頂芽) 명 〖식〗 끝눈.

정:악 (正樂) 명 〖악〗 **1** 국악 가운데 넓은 의미의 아악(雅樂)을 이르는 말. **2** 아악 가운데 민간에 계승되어 온 우아하고 고상한 순정 음악. 풍류(風流)와 정가(正歌)로 나뉨.

정안-수 (井-水) 명 ☞ 정화수(井華水).

정:압 (定壓) 명 일정한 압력.

정압 (靜壓) 명 〖물〗 멎어 있는 유체(流體)의 압력. 운동하고 있는 유체에서는 유체의 흐름과 평행인 면에 수직으로 작용하는 압력. ↔동압(動壓).

정:압 비:열 (定壓比熱) [-삐-] 〖물〗 일정한 압력하에서 1g의 물체의 온도를 1℃ 올리는 데 필요한 열량.

정애 (情愛) 명 따뜻한 사랑.

정:액 (定額) 명 일정한 액수.

정액 (精液) 명 **1** 〖생〗 수컷의 생식기에서 분비되는 액체. 음수(陰水). 정수(精水). ㈜정(精). **2** 순수한 진액으로 된 액체.

정:액-권 (定額券)[-꿘] 명 '정액 승차권'의 준말.

정:액-등 (定額燈)[-뜽] 명 등의 수와 촉수대로 사용 요금을 내는 전등.

정:액 보:험 (定額保險) [-뽀-] 〖경〗 보험 사고가 일어났을 때, 계약한 일정 보험액을 지급하도록 계약하는 보험. ↔부정액 보험.

정:액-세 (定額稅)[-쎄] 명 소득과는 상관없이 일정한 금액을 거두는 조세《생활필수품의 소비세 따위》.

정:액 승차권 (定額乘車券)[-씅-꿘] 일정한 금액을 미리 지불하고 그 금액만큼 버스나 전철 등을 이용할 수 있는 승차권. ㈜정액권.

정액-은행 (精液銀行) 명 훌륭한 학자·정치가·스포츠맨·예술가 등 혈통이 좋은 남성들의 정액을 냉동 보존해 두었다가 원하는 여성에게 분양하여 인공 수정케 하는 기관.

정야 (丁夜) 명 오야(五夜)의 하나인 사경(四更).

정야 (靜夜) 명 고요한 밤.

정:약 (定約) 명하자 약속이나 계약을 정함. 또는 그 약속이나 계약.

정약 (情弱) 명하형 인정이 여림.

정:양 (正陽) 명 **1** 한낮. **2** 음력 정월.

정양 (靜養) 명하자타 피로 회복이나 병의 치료 따위를 위하여 몸과 마음을 안정시키며 요양함. ❏ 퇴원 후 몇 달 동안은 ~이 필요하다.

정양-원 (靜養院) 명 정양을 요하는 환자들을 위하여 세운 시설. 요양원.

정:어 (正語) 명 〖불〗 팔정도(八正道)의 하나. 도리에 어긋나는 일체의 말을 삼감.

정어리 명 〖어〗 청어과의 바닷물고기. 몸길이 20-25cm, 빛은 등이 어두운 청색, 옆구리와 배는 은빛을 띤 백색이며 옆구리에 일곱 개의 검은 점이 한 줄로 있음.

정:언 (定言) 명하자 〖논〗 어떤 명제(命題)·주장·판단을 '만일'·'혹은' 따위의 조건을 붙이지 않고 단정하여 말함. 또는 그런 말.

정:언-적 (定言的) 관명 〖논〗 어떤 명제(命題)·주장(主張)·판단을 조건 없이 단정하는 (것). 단언적(斷言的). ↔가언적(假言的)·선언적(選言的).

정:언적 명:령 (定言的命令)[-정-녕] 〖철〗 칸트 철학에서, 행위의 결과에 관계없이 그것 자체가 선(善)으로서 절대적·무조건적으로 지켜야 할 도덕적 명령. 정언적 명법. ↔가언적 명령.

정:언적 명:법 (定言的命法)[-정-뻡] 〖철〗 정언적 명령.

정:언적 명:제 (定言的命題)[-정-] 〖논〗 정언적 판단을 나타내고, 형식상 주사(主辭)와 빈사(賓辭)와의 일치나 불일치를 아무런 가정 조건이나 제약 없이 세우는 명제. 단언 명제.

정:언적 삼단 논법 (定言的三段論法)[-쌈-뻡] 〖논〗 추리의 두 전제가 정언적 판단으로 이루어지는 삼단 논법.

정:언적 추리 (定言的推理) 〖논〗 정언적 명제(命題)로 된 추리.

정:언적 판단 (定言的判斷) 〖논〗 'A는 B다'와 같이 무조건 주사(主辭)와 빈사(賓辭)와의

일정 관계를 주장하는 판단.

정:업 (正業) 명 **1** 정당한 직업이나 생업. **2** 〖불〗 살생이나 도둑질을 하지 않는 일.

정:업 (定業) 명 **1** 일정한 직업이나 영업 또는 업무. 직업(定職). **2** 〖불〗 전생(前生)에 지은 일을 이승에서 업(業)으로 정하는 일. 정정업(正定業).

정업 (淨業) 명 〖불〗 깨끗한 행위. 맑고 깨끗한 행업(行業). 선업(善業).

정업 (停業) 명하타 업무·영업·생업 따위를 쉬거나 그만둠.

정역 (停役) 명하타 하던 일을 쉼.

정-역학 (靜力學) [-녁칵] 명 〖물〗 물체에 작용하는 힘의 작용 따위를 연구하는 학문. 정학(靜學). ↔동(動)역학.

정연-하다 (井然-) 형에 짜임새가 갖추어지고 조리가 있다. **정연-히** 부

정연-하다 (亭然-) 형에 우뚝 솟아 있다. **정연-히** 부

정:연-하다 (整然-) 형에 질서 있고 가지런하다. ▢질서가 ~. **정:연-히** 부

정열 (情熱) [-녈] 명 가슴속에서 맹렬히 일어나는 적극적인 감정. 열띤 감정. 열정(熱情). ▢~을 불태우다 / 온 ~을 쏟다 / ~이 넘치다.

정열-적 (情熱的) [-녈쩍] 관명 정열에 불타는 (것). ▢~(인) 사랑.

정염 (井鹽) [-념] 명 소금기가 녹아 있는 지하수를 퍼올려서 채워낸 소금.

정:염 (正鹽) [-념] 명 〖화〗 다염기산(多鹽基酸)의 수소 원자를 전부 금속 원자로 바꾼 염. 중성염(中性鹽).

정염 (情炎) [-념] 명 불같이 타오르는 욕정. 격렬한 욕정. ▢~에 빠지다.

정예 (淨穢) 명 깨끗함과 더러움.

정예 (精銳) 명하형 **1** 썩 날래고 용맹스러움. 또는 그런 군사. ▢~ 병사로 조직된 부대. **2** 능력이 우수하고 뛰어남. 또는 그런 인재. 소수 ~를 표방하다.

정:오 (正午) 명 낮 열두 시. 오정(午正). ▢~의 시보 / ~를 알리다. ↔자정(子正).

정:오 (正誤) 명하타 잘못된 글자나 문구를 바로잡음.

정:오-표 (正誤表) 명 출판물 따위에서, 잘못된 글자나 부분을 바로잡아 꾸민 일람표.

정:온 (定溫) 명 일정한 온도.

정온 (靜穩) 명하형 **1** 고요하고 평온함. **2** 〖지〗 풍파가 없어 고요하고 평온한 상태.

정:온-기 (定溫器) 명 항온기(恒溫器).

정:온 동:물 (定溫動物) 〖동〗 외계의 온도에 관계없이 체온이 거의 일정하고 늘 따뜻한 동물(조류·포유류 등). 온혈(溫血) 동물. 더운피 동물. ↔변온(變溫) 동물.

정와 (井蛙) 명 '정저와(井底蛙)'의 준말.

정완-하다 (貞婉-) 형에 정숙하고 온순하다.

정외 (廷外) 명 법정의 밖. ↔정내(廷內).

정외 (情外) 명하타 **1** 가까이 지내는 사람을 멀리함. **2** (주로 '정외의'의 꼴로 쓰여) 인정에 벗어나는 일. ▢~의 말씀.

정외지언 (情外之言) 명 인정에 벗어나는 말이라는 뜻으로, 가까이 지내는 사람에게 버성기게 구는 말.

정요-하다 (精要-) 형에 정긴(精緊)하다. **정요-히** 부

정욕 (情欲) 명 **1** 마음에 이는 여러 가지 욕구. **2** 〖불〗 4욕의 하나. 물건을 탐하고 집착하는 마음.

정욕 (情慾) 명 이성(異性)의 육체에 대한 성적 욕망. 색정. 성욕(性慾). ▢~을 채우다.

정:용 (整容) 명하타 자세를 바로잡음.

정:용-법 (整容法) [-뻡] 명 체조를 시작할 때 준비 운동을 하여 자세를 바르게 하는 법. 두 팔을 벌리고 손바닥을 펴서 앞뒤와 위아래로 원형(圓形)을 그리며 발뒤축을 들었다 놓았다 하여, 가슴이나 어깨의 위치를 바로 하여 자세를 바로잡음.

정:용 비:열 (定容比熱) 〖물〗 물질 1g을 부피를 일정하게 유지하면서 그 온도를 1℃ 높이는 데 소요되는 열량. 정적(定積) 비열.

정용-체 (晶溶體) 명 〖화〗 두 가지 이상의 결정 물이 섞이어 녹아서 다시 결정된 물체.

정우 (丁憂) 명하타 부모의 상사를 당함.

정우 (政友) 명 정견(政見)이 같은 사람. 정치계의 벗. ↔정적(政敵).

정:원 (正員) 명 정당한 자격을 가진 사람.

정:원 (正圓) 명 아주 둥근 원.

정:원 (定員) 명 일정한 규정에 의하여 정해진 인원. ▢~을 초과하다 / ~이 미달되다.

정원 (庭園) 명 집 안의 뜰이나 꽃밭. ▢~을 가꾸다 / ~을 꾸미다 / ~을 거닐다.

정원 (淨院) 명 깨끗하고 조용한 집이란 뜻으로, 절간이나 불당의 일컬음.

정원-사 (庭園師) 명 정원의 화단이나 수목을 가꾸는 것을 업으로 삼는 사람. 원정(園丁).

정원-세포 (精原細胞) 명 〖생〗 동물의 정소(情巢)에 있는 생식 세포. ↔난원(卵原)세포.

정원-수 (庭園樹) 명 정원에 심어 가꾸는 나무.

정:원-제 (定員制) 명 일정한 규정에 의하여 정하여진 인원으로 운영하는 제도. ▢졸업 ~를 실시하다.

정월 (丁月) 명 〖민〗 월건(月建)의 천간이 정(丁)으로 된 달.

정월 (正月) 명 음력으로 한 해의 첫째 달. 일월. ▢~ 초하룻날 / ~ 대보름에 오곡밥을 먹는다.

정:위 (正位) 명 **1** 바른 자리. 정당한 위치. **2** 〖불〗 지혜로 열반을 깨달아 얻는 자리.

정:위 (正尉) 명 **1** 〖역〗 대한 제국 때에 둔 위관 계급의 하나(참령(參領)의 아래, 부위(副尉)의 위로 위관(尉官)급의 맨 위의 지위임). **2** 〖기〗 구세군 계급의 하나(참령의 아래, 부위의 위).

정:위 (正僞) 명 올바름과 거짓.

정:위 (定位) 명하타 몸의 위치나 자세를 정함. 또는 그 위치나 자세.

정위-점 (定位點) [-쩜] 명 '자릿점'의 구용어.

정유 (丁酉) 명 〖민〗 육십갑자의 서른넷째.

정유 (情由) 명 사유(事由).

정유 (精油) 명하타 **1** 어떤 식물의 꽃·잎·열매·가지·줄기·뿌리 따위에서 채취하여 정제한 방향유나 휘발유. ▢동백의 ~. **2** 석유를 정제함. 또는 그 석유. ▢~ 공장 / ~ 시설.

정유-재란 (丁酉再亂) 명 〖역〗 조선 선조(宣祖) 30년(1597 : 정유년)에 왜군이 재차 우리나라에 침입하여 일어난 전쟁.

정:육 (正肉) 명 쇠고기의 살코기.

정육 (精肉) 명 지방이나 뼈 따위를 발라낸 살코기.

정:-육면체 (正六面體) [-늉-] 명 〖수〗 여섯 개의 면이 정사각형인 평행 육면체. 입방체.

정육-점 (精肉店) [-쩜] 명 쇠고기·돼지고기 따위를 파는 가게. 푸줏간.

정:윤 (正閏) 명 **1** 평년과 윤년. **2** 정위(正位)와 윤위(閏位).

정은 (丁銀) 명 품질이 가장 낮은 은.

정ː은(正銀)	[명] 순은(純銀).

정ː음(正音)	[명] **1** 한자 본래의 올바른 음. **2** '훈민정음'의 준말.

정읍-사(井邑詞)[-싸]	[명]	[문] 백제 때의 가요(歌謠). 행상(行商)을 나간 남편의 밤길을 염려하는 내용임('악학궤범'에 수록. 한글 가요 중 가장 오래된 것임).

정ː의(正意)[-/-이]	[명] 올바른 마음. 또는 바른 뜻.

정ː의(正義)[-/-이]	[명] **1** 진리에 맞는 올바른 도리. ▢~의 사도/~를 위해 싸우다. **2** 바른 의의.

정의(廷議)[-/-이]	[명] 조정(朝廷)의 의론. 묘의(廟議).

정의(征衣)[-/-이]	[명] **1** 여장(旅裝). **2** 출정하는 군인의 복장. 군복.

정ː의(定義)[-/-이]	[명][하타] 어떤 말이나 사물의 뜻을 명백히 밝혀 규정함. 또는 그 뜻. 뜻매김. ▢~를 내리다/교육이 다양하게 ~되고 있다.

정의(情意)[-/-이]	[명] 따뜻한 마음과 참된 의사를 통틀어 이르는 말.

정의(情義)[-/-이]	[명] 인정과 의리.

정의(情誼)[-/-이]	[명] 서로 사귀어 친하여진 정. ▢두터운 ~/~가 깊다/그간의 ~를 봐서 이번 일은 눈감아 주겠다. ⊛의(誼).

정의(精義)[-/-이]	[명] 자세한 의의(意義). 또는 정확한 의의. ▢헌법 ~.

정ː의-감(正義感)[-/-이]	[명] 정의를 지향하는 생각이나 마음. 정의심(正義心). ▢~에 불타다.

정ː-의관(整衣冠)[-/-이]	[명][하자] 의관을 바로잡아 몸가짐을 단정하게 함.

정ː의-롭다(正義-)[-따/-이-따][로워, -로우니]	[형] 정의에 어긋나지 않고 올바르다. ▢정의로운 사회. **정ː의-로이**[-/-이][부]. ▢~ 살다.

정의-상통(情意相通)[-/-이]	[명][하자] 정의가 소통하여 서로 친함.

정의-투합(情意投合)[-/-이]	[명][하자] **1** 따뜻한 마음과 뜻이 서로 맞아서 합함. **2** 남녀 간에 어떤 관계가 이루어짐.

정ː의-한(正義漢)[-/-이]	[명] 정의감이 강한 사나이.

정이(征夷)	[명][하자] 오랑캐를 정벌함.

정이사지(靜而俟之)	[명][하타] 가만히 기다리고 있음.

정이-월(正二月)	[명] 정월과 이월.

정ː인(正人)	[명] 마음씨가 올바른 사람.

정인(情人)	[명] **1** 진정으로 사귀는 사람. **2** 연애 관계에 있는 이성. 또는 정사(情事)의 상대. 연인. 애인.

정일(丁日)	[명]	[민] 일진의 천간이 정(丁)으로 된 날.

정ː일(定日)	[명][하타] 날짜를 정함. 또는 그 정한 날짜.

정ː일-시장(定日市場)	[명] 날짜를 정해 놓고 정기적으로 서는 시장.

정ː일 출급 어음(定日出給-)	[경] 확정한 날짜를 만기로 하는 어음. 확정일 출급 어음.

정일-하다(精一-)	[형] 정세하고 한결같다. **정일-히**[부]

정일-하다(靜逸-)	[형] 조용하고 몸과 마음이 편안하다. **정일-히**[부]

정ː임(正任)	[명]	[역] 실직(實職) 1.

정ː임(定賃)	[명] 정해진 임금. 일정한 임금.

정ː임 대ː신(正任大臣)	[역] 실직(實職)에 있던 대신.

정자(丁字)[-짜]	[명] '정자형(丁字形)'의 준말.

정ː자(正字)	[명] **1** 똑똑하고 서체가 바른 글자. ▢흘려 쓰지 말고 ~로 써라. **2** 점이나 획을 생략·변경하지 않은 한자의 원글자. ↔속자·약자.

정자(亭子)	[명] 경치가 좋은 곳에 놀거나 쉬기 위하여 지은 집. 벽이 없이 기둥과 지붕만 있음. ▢~에 오르다.

정자(晶子)	[명]	[광] 파리질(玻璃質)의 화성암에 들어 있는 아주 작은 결정의 알갱이.

정자(精子)	[명]	[생] 동물의 수컷의 생식 세포. 편모(鞭毛)·섬모(纖毛)를 갖추어 활발히 운동하며, 난자와 결합하여 새로운 개체를 생성함. ↔난자.

정자-각(丁字閣)[-짜-]	[명]	[역] 능에서 제사를 지내기 위하여 봉분 앞에 '丁'자 모양으로 지은 집.

정자-관(程子冠)	[명]	[역] 선비들이 평상시에 쓰던, 말총으로 짜거나 떠서 만든 관.

정자-나무(亭子-)	[명] 집 근처나 길가에 있는 큰 나무(가지와 잎이 무성하여 그 그늘 밑에서 사람들이 모여 놀거나 쉼).

정자-로(丁字路)[-짜-]	[명] '丁'자 모양으로 난 길.

정자-모(亭子-)	[명] 산골 논에 듬성듬성 심은 모.

정ː자-법(正字法)[-뻡]	[명] 정서법(正書法).

정자-보(丁字-)[-짜-]	[명] '丁'자 모양으로 짠 보.

정자살 교창(井字-交窓)[-짜-]	[건] 문살을 '井'자 모양으로 짠 교창.

정자살-문(井字-門)[-짜-]	[명] 문살을 '井'자 모양으로 촘촘이 짠 문.

정자-자(丁字-)[-짜-]	[명] 티(T)자.

정자 전ː법(丁字戰法)[-짜-뻡]	[명] '丁'자 모양으로 함대를 벌여 맞서 싸우는 전법.

정자 정ː규(丁字定規)[-짜-]	[명] 티(T)자.

정자-집(丁字-)[-짜-]	[명]	[건] 지붕의 용마루가 '丁'자 모양으로 된 집.

정자-형(丁字形)[-짜-]	[명] '丁'자처럼 생긴 모양.

정자형 약(丁字形葯)[-짜-냑]	[식] 수술대의 꼭대기에 붙어 정자형으로 생긴 꽃밥.

정ː-작(正作)	[명] 요긴(要緊)하거나 진짜인 것. ▢~할 일은 하지 않고 이 무슨 짓들이냐. ⊟[부] 긴히. 꼭. 막상. 생각과는 달리. ▢~ 당하면 꽁무니를 뺀다/~ 해 보면 어렵다.

정ː-장(正章)	[명] 약식이 아닌 정식의 훈장(勳章)·휘장(徽章) 따위. ↔약장(略章).

정ː-장(正裝)	[명] 정식의 복장을 함. 또는 그 복장. ▢~ 차림/~하고 의식에 참석하다. ↔약장(略裝).

정ː-장(呈狀)	[명][하자] 소장(訴狀)을 관청에 냄. 정소(呈訴).

정ː-장석(正長石)	[명]	[광] 단사 정계(單斜晶系)의 칼슘·알루미늄을 함유하는 규산염 광물(도자기·비료·유리 따위를 만드는 데 씀).

정장-제(整腸劑)	[명] 설사나 변비 등 장의 이상을 바로잡고 장의 소화·흡수·운동 기능을 향상시키는 약제.

정장-질(呈狀-)	[명][하자] 관청에 소장(訴狀)을 내는 일.

정재(呈才)	[명]	[역] 대궐 안 잔치 때에 벌이던 춤과 노래.

정재(淨財)	[명] 남을 돕거나 신불을 섬기기 위하여 깨끗하게 쓰는 재물. ▢~를 모으다.

정재 (淨齋)〖불〗정재소.
정재-소 (淨齋所)몡〖불〗절에서 밥을 짓는 곳. 정재.
정쟁 (政爭)몡 정치상의 주의·주장 등에 관한 싸움. 〔~의 씨 / ~에 말려들다.
정쟁 (挺爭)몡하짜 남보다 앞장서서 다툼.
정저 (井底)몡 우물의 밑바닥.
정저 (疔疽)몡〖한의〗정(疔).
정저-와 (井底蛙)몡 우물 안 개구리라는 뜻으로, 견문이 좁아 세상 물정에 어두운 사람의 비유. 정정와. 정중와. 정와.
정:적 (正嫡)몡 1 장가처. 적처(嫡妻). 2 본처가 낳은 아들.
정:적 (正籍)몡 바른 호적. 본적.
정:적 (定積)몡 1 곱하여 얻은 일정한 값. 2 일정한 면적을 가지는 부피.
정적 (政敵)몡 정치에서 대립 관계에 있는 사람. 〔~을 제거하다. ↔정우(政友).
정-적 (情的)[-쩍]관몡 감정이나 인정과 관계되는 (것). 〔~인 요소.
정적 (情迹)몡 감정으로 느낄 수 있는 흔적. 또는 사정의 흔적.
정-적 (靜的)[-쩍]관몡 정지 상태에 있는 (것). 조용한 (것). 〔~인 분위기. ↔동적(動的).
정적 (靜寂)몡하여 고요하여 잠잠함. 〔~을 깨뜨리다 / ~이 감돌다.
정:적 도법 (正積圖法)[-또뻡]〖지〗각 부분의 면적이 어디서나 같은 비율로 되어 있는 지도 작도법(作圖法)의 하나.
정:-적분 (定積分)[-뿐]몡〖수〗일정 구간 안의 적분.
정:적 비:열 (定積比熱)[-삐-]〖물〗정용(定容) 비열.
정:적-토 (定積土)몡〖지〗암석의 풍화 분해물이 딴 데로 운반되지 않고 본래의 암석 위에 그대로 퇴적하여 된 흙. 원생토(原生土). 원적토(原積土). ↔운적토(運積土).
정전 (丁田)몡〖역〗신라 때 토지 제도에서, 15세 이상의 남자에게 나누어 주던 토지. 성덕왕(聖德王) 21년(722)에 처음으로 시행함.
정전 (丁錢)몡〖역〗조선 때, 장정이 군역(軍役) 대신 바치던 돈.
정:전 (正田)몡〖역〗조선 때, 세율을 정하려고 나누는 토지 구분의 한 가지. 양안(量案)에 기록되어 해마다 농사짓던 논밭.
정:전 (正殿)몡〖역〗왕이 나와서 조회를 행하던 궁전.
정전 (征戰)몡하짜 출정하여 싸움.
정전 (政戰)몡하짜 정쟁(政爭).
정전 (挺戰)몡하짜 스스로 앞장서서 싸움.
정전 (停電)몡하짜 송전이 한때 그침. 전기가 나감. 〔~ 사고가 잦다 / 정전이 ~되다.
정전 (停戰)몡하짜 교전 중 어떤 목적을 위해 한때 서로 교전을 중지함. 〔~ 회담 장소 / 일시 ~인 상태.
정전 감:응 (靜電感應)〖물〗정전기(靜電氣) 유도.
정:-전기 (正電氣)〖물〗양(陽)전기.
정-전기 (靜電氣)〖물〗물체가 마찰했을 때 흐르지 않고 정지하여 있는 전기〔섬유끼리 마찰하면 일어나는 전기 따위〕. 마찰 전기.
정전기 유도 (靜電氣誘導)〖물〗양전기나 음전기에 대전(帶電)한 도체(導體)를 대전하지 않은 다른 도체에 접근시키면 가까운 표면에 반대되는 대전이 일어나는 현상. 정전 감응(感應). 전기 감응.
정전 렌즈 (靜電lens) 전기장(電氣場)을 이용한 전자 렌즈의 하나. 전장 렌즈.

정전-법 (井田法)[-뻡]몡〖역〗고대 중국의 하(夏)·은(殷)·주(周) 때의 토지 제도. 사방 1리(里)의 땅을 '井' 자 모양으로 아홉 등분하여 여덟 농가에게 나누어 맡기고, 그 중앙의 땅은 여덟 집에서 공동으로 부치어 그 수확을 나라에 바치게 하였음.
정전 협정 (停戰協定)[-쩡] 참전국(參戰國)이나 부대 쌍방이 전투 중단을 합의하여 맺은 협정.
정절 (貞節)몡 여자의 곧은 절개. 〔~을 지키다.
정절 (情節)몡 궂은일을 당한 가엾은 사정.
정:점 (定點)[-쩜]몡 장소·위치 따위가 정해져 있는 일정한 점.
정점 (頂點)[-쩜]몡 1 맨 꼭대기의 점. 2〖수〗'꼭짓점'의 구용어. 3 사물의 절정. 클라이맥스. 〔~에 이르다.
정:접 (正接)〖수〗'탄젠트'의 구용어.
정:정 (正定)〖불〗팔정도(八正道)의 하나. 번뇌로 인한 어지러운 생각을 버리고 마음을 안정하는 일.
정정 (征頂)몡하타 산의 정상(頂上)을 정복함.
정정 (定鼎)몡하짜〖역〗새로 나라를 세워 도읍을 정함.
정정 (訂正)몡하타 글이나 글자 따위의 틀린 곳을 고쳐 바로잡음. 〔~된 부분을 알리다.
정정 (訂定)몡하타 잘잘못을 의논하여 정함.
정정 (政情)몡 정계의 정황. 정세(政勢). 〔~이 불안정하다.
정:정당당-하다 (正正堂堂-)형여 태도나 수단이 공정하고 떳떳하다. 〔면전에서 정정당당하게 맞서다 / ~ 싸우다. 정:정당당-히튀.
정:정방방-하다 (正正方方-)형여 조리가 발라서 조금도 어지럽지 아니하다. 정:정방방-히튀.
정:정백백-하다 (正正白白-)[-빼카-]형여 행동이 바르고 당당하며 마음이 순수하고 깨끗하다. 정:정백백-히[-빼키]튀.
정:-정업 (正定業)몡〖불〗정토교(淨土敎)에서, 아미타불의 본원(本願)에 의하여 그의 명호인 나무아미타불을 부르는 극락왕생의 행업(行業). 정업(正業). 정업(定業).
정정-와 (井底蛙)몡 정저와(井底蛙).
정:-정진 (正精進)몡〖불〗팔정도(八正道)의 하나. 일심 노력하여 아직 나지 않은 악은 못 나게 하고, 나지 않은 선은 나게 함.
정정-하다 (井井-)형여 1 질서·조리가 정연하다. 2 왕래가 빈번하다. 정정-히튀.
정:정-하다 (正正-)형여 1 바르고 떳떳하다. 2 바르고 가지런하다.
정정-하다 (亭亭-)형여 1 나무 따위가 우뚝하게 높이 솟아 있다. 2 정정한 노인 / 80세의 고령인데 아직도 ~. 정정-히튀.
정정-하다 (貞靜-)형여 여자의 정조가 바르고 성질이 조용하다. 정정-히튀.
정정-하다 (淨淨-)형여 아주 맑고 깨끗하다.
정제 (井祭)몡 우물에 지내는 제사. 샘굿.
정제 (庭除)몡 섬돌 아래. 곧, 뜰이나 마당.
정제 (精製)몡하타 1 정성을 들여 잘 만듦. 2 물질에 섞인 불순물을 제거하여 한층 더 순수한 것으로 만듦. 〔~된 소금 / 조당(粗糖)을 ~하다 / 원유 ~ 시설을 갖추다.
정:제 (整齊)몡하타형히튀 1 정돈하여 가지런

히 함. **2** 옷을 격식에 맞게 차려입고 매무시를 바르게 함. ❑의관(衣冠)을 ~하다.

정제 (錠劑) [명] 알약.

정제 (情弟) [인대] 주로 편지에서, 다정한 벗 사이에 자기를 일컫는 말.

정:제 꽃부리 (整齊―)[―꼳뿌―] 〔식〕 꽃잎의 모양과 크기가 같고 규칙적인 방사상으로 배열된 꽃부리《매화·장다리꽃 따위》. 갖춘꽃부리. 정제 화관(花冠).

정제-당 (精製糖) [명] 조당(粗糖)을 정제하여 희게 만든 설탕.

정제-면 (精製綿) [명] 〔의〕 탈지면(脫脂綿).

정제-법 (精製法)[―뻡] [명] 정제하는 방법.

정제-품 (精製品) [명] 정제한 물건.

정:제-화 (整齊花) [명] 〔식〕 꽃받침이나 꽃잎의 모양과 크기가 각각 똑같이 생긴 꽃《복숭아꽃·벚꽃 따위》.

정:조 (正租) [명] **1** 벼. **2** 정규의 조세.

정:조 (正條) [명] **1** 법에 규정된 조례(條例). **2** 간격이 바른 줄.

정조 (正朝) [명] 원단(元旦).

정:조 (正調) [명] 바른 곡조.

정:조 (定租) [명] 정도(定賭).

정조 (貞操) [명] **1** 여자의 깨끗한 절개와 지조. ❑~가 굳은 여자. **2** 성적 순결을 지니는 일. ❑~를 바치다 / ~ 관념이 희박하다.

정조 (情調) [명] **1** 기분. 취미. **2** 〔심〕 감각에 따라 일어나는 단순한 감정《아름다운 빛깔에 대한 좋은 감정, 나쁜 냄새에 대한 불쾌한 감정 따위》.

정조 (情操) [명] 〔심〕 정서가 더욱 발달되면서 일어나는 고차원적인 복잡한 감정. 지적(知的)·도덕적·미적(美的)·종교적 정조 따위로 나뉨.

정조-대 (貞操帶) [명] 여자의 정조를 보호하기 위해 음부(陰部)에 채우는, 금속제의 자물쇠가 달린 기구《15-16 세기 유럽에서 십자군 기사가 그들의 아내에게 사용하였음》.

정조 문:안 (正朝問安) 〔역〕 **1** 정월 초하룻날, 조정의 신하가 임금에게 문안하던 일. **2** 정월 초하룻날, 젊은이가 어른에게 문안하던 일.

정-조시 (停朝市) [명][하자] 〔역〕 국상이나 대신의 장례 또는 큰 재변이 있을 때, 각 관아는 공사를 보지 않고 시장은 문을 닫고 장사를 쉬던 일.

정:조-식 (正條植) [명] 〔농〕 줄모. **―-하다** [―시카―] [타여] 〔농〕 못줄을 대어 가로와 세로로 줄이 반듯하게 모를 심다.

정조 의:무 (貞操義務) 〔법〕 부부가 서로 정조를 지킬 의무. 이것을 어기면 부정한 행위로 보고 법적인 이혼 사유로 인정됨.

정족 (晶簇) [명] 〔광〕 암석·광맥 따위의 속이 빈 곳의 내면에 결정(結晶)이 빽빽이 있는 것. 정동(晶洞).

정:족 (鼎足) [명] 솥발.

정:족-수 (定足數)[―쑤] [명] 회의를 열고 의결할 수 있는 최소의 정원(定員). ❑~에 미달하여 유회가 되다.

정:족지세 (鼎足之勢) [―찌―] [명] 솥발처럼 셋이 맞서 대립한 형세.

정졸 (精卒) [명] 정병(精兵).

정:종[1] (正宗) [명] 〔불〕 창시자의 정통을 이어받은 종파.

정:종[2] (正宗) [명] 〔일 正宗 : まさむね ; 상표 이름에서 유래〕 일본식으로 빚어 만든 청주(淸酒)의 일컬음.

정종 (疔腫) [명] 〔한의〕 정(疔).

정:종 (定鐘) [명] 〔역〕 인정(人定)의 종(鐘).

정좌 (丁坐) [명] 〔민〕 묏자리나 집터 따위가 정방(丁方)을 등진 방향. 또는 그런 자리.

정:좌 (正坐) [명][하자] 몸을 바르게 하고 앉음. ❑~하고 책을 읽다.

정:좌 (鼎坐) [명][하자] 세 사람이 솥발 모양으로 벌려 앉음.

정좌 (靜坐) [명][하자] 마음을 가라앉히고 몸을 바르게 하여 고요히 앉음.

정좌-계향 (丁坐癸向)[―/―게―] [명] 〔민〕 집터나 묏자리가 정방(丁方)을 등지고 계방(癸方)을 바라보는 방향. 또는 그런 자리.

정:죄 (定罪) [명][하타] **1** 죄가 있는 것으로 단정함. **2** 〔불〕 전생에 정하여진 죄.

정죄 (淨罪) [명][하자] 죄를 깨끗이 씻음.

정죄 (情罪) [명] 사정과 죄상.

정주 (汀洲) [명] 강·늪·못 따위에서 물이 얕고 흙이나 모래가 드러난 곳.

정:주 (正株) [명] 〔경〕 현품의 주권(株券).

정:주 (定住) [명][하자] 일정한 곳에 자리를 잡고 삶. ❑한곳에 ~하지 못하고 떠돌다.

정:주 (鼎廚) [명] '정주간'의 준말.

정:주-간 (鼎廚間)[―깐] [명] 부엌과 안방 사이에 벽이 없이 부뚜막과 방바닥이 한데 잇닿은 곳《함경도 지방에 흔함》. [준]정주.

정:주-자 (定住者) [명] 일정한 곳에 오래 머물러 사는 사람.

정:-주체 (正柱體) [명] 〔수〕 '정각기둥'의 구용어.

정주-학 (程朱學) [명] 중국 송나라 때의 정호(程顥)·정이(程頤) 및 주희(朱熹) 계통의 유학. 성리학(性理學). 송학(宋學).

정:중 (正中) [명] 한가운데.

정중동 (靜中動) [명] 조용히 있는 가운데 어떤 움직임이 있음.

정중와 (井中蛙) [명] 정저와(井底蛙).

정:중-하다 (鄭重―) [형여] 태도가 점잖고 예의가 있다. ❑정중한 인사 / 정중한 표현 / 정중하게 손님을 맞다. **정:중-히** [부]. ❑~ 사과하다 / ~ 거절하다.

정지 (正至) [명] 정월 초하루와 동지(冬至).

정지 (停止) [명][하자타] **1** 움직이고 있던 것이 멈추거나 그침. 또는 그것을 멈추거나 그치게 함. ❑열차가 ~하다 / ~된 차량. **2** 하고 있던 일을 그침. 또는 그치게 함. ❑지급 ~ / 영업이 ~되다.

정지 (淨地) [명] 맑고 깨끗한 곳. 곧, 절 따위가 있는 곳.

정지 (情地) [명] **1** 정다운 처지. **2** 딱한 사정에 있는 가엾은 처지.

정지 (靜止) [명][하자타] **1** 머물러 움직이지 않음. 또는 그 상태. **2** 〔물〕 물체가 그 위치를 바꾸지 않음. 또는 그 상태. ❑~된 물체. ↔운동(運動)3.

정:지 (整地) [명][하타] 땅바닥을 반반하게 고름. 또는 그런 일. ❑~ 작업을 하다.

정:지 (整枝) [명][하타] 가지치기.

정지-각 (靜止角) [명] 〔물〕 평면 위에서 물체를 끌 때, 면의 마찰과 면의 압력과의 합력과 압력의 방향이 이루는 각 중에서 가장 큰 각.

정지 공권 (停止公權)[―꿘] 〔법〕 형(刑)의 한 가지. 일정한 기간 동안 공권(公權)의 행사를 정지하는 일.

정지 궤:도 위성 (靜止軌道衛星) 정지 위성.

정지-등 (停止燈) [명] 자동차의 브레이크를 밟았을 때, 자동적으로 켜져 뒤차에 정지를 알리는 신호등.

정지 마찰(靜止摩擦)『물』어떤 면에 놓인 물체에, 그 면에 따른 방향으로 힘을 가해 움직이게 하려 할 때, 힘과 반대의 방향으로 물체를 정지시키려고 하는 마찰.

정지 신:호(靜止信號) 열차나 자동차 따위로는 통행인의 정지를 지시하는 신호(빨간색임). ▣~를 지키다.

정지 위성(靜止衛星) 적도 상의 고도 3만 5천 8백 km의 원 궤도로 쏘아올린 인공위성(지구의 자전(自轉) 시간과 일치하므로 정지해 있는 것처럼 보임. 통신 위성·방송 위성·기상 위성에 많음). 정지 궤도 위성.

정지 인구(靜止人口) 매년 출생과 사망의 수가 같고, 남녀별 출생률과 사망률이 일정하여 인구의 증가율이 0이 되고, 그 크기 및 남녀 연령별 인구 구조가 일정한 것으로 가정하였을 때의 인구.

정지 조건(靜止條件)[-껀] 조건이 성취될 때까지는 법률 행위의 효력이 정지하여 발생하지 않다가 조건이 성취되면 비로소 그 효력이 발생하는 일. ↔해제 조건(解除條件).

정지-표(停止標) 정차 또는 차량이 정지할 위치 또는 한계를 표시하는 표지.

정지-핵(靜止核)『생』세포가 분열하지 않은 평상 상태의 핵. 휴지핵.

정:직(正職)『역』1 실직(實職). 2 사족(士族) 이상의 신분만 임용하는 문무 관직.

정:직(定職) 일정한 직업.

정:직(正直)[명][하형][하부] 거짓이나 허식이 없이 마음이 바르고 곧음. ▣~한 사람 / ~한 마음 / ~·근면·성실을 가훈으로 삼다 / 당시의 심정을 ~히 고백하다.

정직(停職)[명][하자]『법』공무원의 징계 처분의 하나로, 일정 기간 직무를 정지시킴. ▣~처분을 당하다.

정:-직선(定直線)[-썬][명]『수』정해진 직선. 문제를 풀 때 미리 주어져 있으며, 다른 도형이 바뀌어도 그 위치를 바꾸지 않는 직선.

정진(征塵)[명] 병마(兵馬)가 달리면서 일으키는 먼지.

정진(挺進)[명][하자] 여럿 가운데서 앞질러 나감.

정진(精進)[명][하자] 1 정력을 다하여 나아감. 열심히 노력함. ▣학업에 ~하다. 2 몸을 깨끗이 하고 마음을 가다듬음. 3『불』악행을 버리고 선행을 닦음. 4『불』세속의 인연을 끊고 채식하면서 힘쓰는 일.

정진(靜振)[명]『지』바닷가나 못 따위의 표면에 일어나는 정상파(定常波)에 의한 주기적 진동 현상.

정진-근(精進根)[명]『불』오근(五根)의 하나. 잡념을 버리고 정법(正法)을 굳게 믿어 근행(勤行)하는 일.

정:진-하다(正眞~)[형어] 거짓이 없이 참되다.

정질(晶質)[명]『화』결정질.

정-집(精-)[-찝][명]『생』정소(精巢).

정:-짜(正-)[명] 위조가 아닌 정당한 물건.

정차(停車)[명][하자타] 1 가던 차가 멎음. 또는 차를 멈춤. ▣~시간이 오래다. 2 도로 교통법에서, 차가 5분을 초과하지 않고 멈춤. ▣~위반을 단속하다. ↔발차(發車). *주차(駐車).

정차(艇差)[명] 조정 경기에서, 보트와 보트 사이의 거리를 이르는 말.

정-다:다(情~)[형] 매우 정답다.

정:착(定着)[명][하자] 1 일정한 곳에 자리를 잡아 머물러 삶. ▣고향을 떠나 서울에서 ~하여 살다. 2 단단히 붙어 쉽게 떨어지지 않음. 3 새로운 제도나 문화 등이 사회에 받아들여져

뿌리를 내림. 4 사진술에서, 현상한 필름·인화지가 다시 감광되지 않도록 감광막에서 감광력을 제거하는 일.

정:착-물(定着物)[-창-][명] 인위 또는 자연적으로, 주로 땅에 붙어 있어 쉽게 움직일 수 없이 된 물건. 건물·교량 따위.

정:착-민(定着民)[-창-][명] 일정한 곳에 머물러 사는 주민.

정:착 생활(定着生活)[-쌩-] 일정한 곳에 정착하여 사는 생활.

정:착-성(定着性)[-썽][명] 어떤 물건이나 장소 등에 착 들러붙어 떨어지지 않는 특성.

정:찬(正餐)[명] 정식의 식단에 의한 식사.

정:찰(正札)[명] 물건의 정당한 값을 적은 쪽지. ▣~판매 / ~가격을 붙이다.

정:찰(正察)[명][하타] 똑바로 살핌.

정찰(情札)[명] 따뜻한 마음으로 주는 정다운 편지.

정찰(偵察)[명][하타] 1 더듬어서 알아냄. 2『군』몰래 적의 정세나 지형을 살핌. ▣~비행 / 적의 동태를 ~하다.

정찰(精察)[명][하타] 세밀하게 관찰함.

정찰-기(偵察機)[명]『군』정찰하는 데에 쓰는 군용 비행기.

정찰-대(偵察隊)[-때][명]『군』정찰을 위하여 파견되는 부대.

정찰-병(偵察兵)[명]『군』정찰 임무를 맡은 병사(兵士).

정찰 위성(偵察衛星) 대기권 밖의 상공에서 적지를 정찰하는 임무를 띤 인공위성.

정:찰-제(正札制)[-쩨][명] 상품에 표시한 정찰대로 파는 판매 제도. ▣~를 실시하다.

정채(精彩)[명] 1 아름답고 빛나는 색채. 정묘한 광채. 2 생기가 넘치는 활발한 기상. ▣눈에 ~가 돌다.

정책(政策)[명] 정치 또는 정무를 시행하는 방침. ▣~을 세우다 / 외교 ~을 펴다.

정책 금융(政策金融)[-끔늉 / -끄늉] 특정한 정책을 실시하기 위하여 행하는 금융.

정책-적(政策的)[-쩍][관명] 정책에 관한 (것). 정책에 관계되는 (것). ▣~인 배려를 하다 / 벤처 기업을 ~으로 육성하다.

정:처(正妻)[명] 정실(正室)1.

정:처(定處)[명] 정한 곳. 일정한 처소. ▣~없이 떠돌다.

정천-수(井泉水)[명]『민』육십갑자에서, 갑신(甲申)·을유(乙酉)를 납음(納音)으로 이르는 말. 정숫근.

정:철(正鐵)[명] 1 시우쇠. 2 잡것이 섞이지 않은 순수한 무진동(銅).

정철(精鐵)[명] 잘 정련된 쇠붙이.

정첩(偵諜)[명] 적의 사정이나 형편을 정탐하는 사람.

정청(政廳)[명] 정무를 보는 관청.

정청(靜聽)[명][하타] 조용히 들음.

정:체(正體)[명] 1 참된 본디의 형체. ▣~가 드러나다 / ~를 밝히다. 2 본심의 모양.

정체(政體)[명] 1 국가의 조직 형태. 군주제·귀족제·민주제·공화제 따위가 있음. 2 통치권의 운용 형식. 입헌 정체와 전제 정체가 있음.

정체(停滯)[명][하자] 사물의 상태가 발전하거나 나아가지 못하고 한곳에 머물러 그침. ▣도로의 상습 ~ 구간 / 퇴근길 ~가 시작되다 / ~된 봉건 사회.

정:체(整體)[명] 지압(指壓)이나 마사지 따위로 등뼈를 바르게 하거나 몸의 상태를 좋게 함.

❑ ~ 마사지 / ~ 요법.

정:체-불명 (正體不明)圓 정체가 분명하지 않은 것. ❑ ~의 사나이.

정:체-성 (正體性)[-썽]圓 변하지 않는 존재의 본질을 깨닫는 성질. 또는 그런 성질을 가진 독립적 존재. ❑ 민족의 ~을 확립하다.

정체-성 (停滯性)[-썽]圓 사물이 발전하거나 더 나아가지 못하고 한곳에 머물러 있는 특성. ❑ 후진국의 ~을 탈피하다.

정체 전선 (停滯前線)〖기상〗 온난 기단과 한랭 기단의 경계면에 머무르며 천천히 움직이는 전선(《장마의 원인이 됨. 장마 전선 따위).

정초 (正初)圓 정월의 초승. 또는 그해의 맨 처음. ❑ 새해마다 ~에 계획을 세우다.

정:초 (正草)圓圉퇴 1 〖역〗 시지(試紙). 2 정서 (正書)로 글의 초를 잡음. 또는 그 글.

정:초 (正草)圓 완전히 결정된 글의 초.

정:초 (定礎)圓圉퇴 1 사물의 기초를 잡아 정함. 2 주춧돌을 놓음. 또는 그 돌. 머릿돌.

정초 (旌招)[圓]〖역〗 학덕이 높은 선비를 과시(科試)를 거치지 아니하고 유림(儒林)의 천거로 벼슬에 부르던 일.

정:-초점 (正焦點)[-쩜]圓圉퇴〖물〗 평행으로 입사한 광선이 반사한 후에 축 위의 한 점에 모이는 점.

정:-촉매 (正觸媒)[-총-]圓 화학 반응의 속도를 빠르게 하는 촉매.

정:-총 (定總)圓 '정기 총회'의 준말.

정추 (精麤)圓 정밀한 것과 거친 것.

정추불계 (精麤不計)[- / -게]圓圉퇴 정추를 가리지 않음.

정축 (丁丑)圓〖민〗 육십갑자의 열넷째.

정축 (頂祝)圓圉퇴 이마를 땅에 대고 빎.

정출 (挺出)圓圉자퇴 1 쑥 비어져 나옴. 2 남달리 뛰어남. 무리 가운데서 빼어나 있음.

정출 (晶出)圓圉퇴〖화〗 액체의 용질을 고체 결정으로 분리 또는 석출(析出)함. 정석(晶析).

정충 (貞忠)圓圉퇴 절개가 곧고 충성스러움.

정충 (貞忠)圓 자기를 돌보지 않는 순수한 충성.

정충 (精蟲)圓〖생〗 정자(精子).

정충-증 (怔忡症)[-쯩]圓〖한의〗 공연히 가슴이 울렁거리며 불안한 증세. 정충.

정취 (情趣)圓 깊은 정서를 자아내는 흥취(興趣). ❑ 예술적 ~에 흠뻑 젖어들다.

정측 (精測)圓 정밀하게 측량함.

정:치圓〖어〗 알을 배지 않은 뱅어.

정:치 (定置)圓圉퇴 일정한 장소에 놓음.

정치 (政治)圓圉자퇴 1 국가의 주권자가 그 영토 및 국민을 통치함. 국가 권력을 획득하고 유지하며 행사하는 일. ❑ ~ 세력 / 권력이 왕성하다 / ~ 노선을 달리하다 / ~ 이념을 같이하다. 2 여러 권력이나 집단 사이에 생기는 이해관계의 대립 등을 조정·통합하는 일.

정치 (情致)圓 좋은 감정을 자아내는 흥치.

정치 (情癡)圓 색정(色情)에 빠져 이성(理性)을 잃어버림. 또는 그런 사람.

정치-가 (政治家)圓 정치를 맡아서 하는 사람. 또는 정치에 정통한 사람. 정치인.

정치 결사 (政治結社)[-싸] 정치적 권력의 획득·유지 또는 확대를 위해 결성된 집단(《정당이 전형적인 예임).

정치 경:찰 (政治警察) 정치 활동을 단속하는 경찰(《주로 반대 세력 또는 야당 세력의 고립화·말살을 도모하며, 일정한 정치 체제 또는 정권의 안정을 꾀함).

정치-계 (政治界)[- / -게]圓 정치상의 의논과 활동이 행해지는 사회. 정치 사회. ⑧정계.

정치 교:육 (政治教育) 일반 대중의 정치적인 지식 및 정치 도덕의 향상을 꾀하는 교육.

정치-군인 (政治軍人)圓 군인 본연의 일보다 정치적인 활동에 치중하는 군인.

정치-권 (政治圈)[-꿘]圓 정치하는 사람들의 영역.

정치-권력 (政治權力)[-궐-]圓 정치적 기능을 수행하기 위해 권력 관계가 조직화될 때에 생기는 공권력.

정치 단체 (政治團體) 정치적 목적을 위해 결합된 단체.

정치-력 (政治力)圓 정치적인 수완이나 역량.

정:치-망 (定置網)圓 일정한 장소에 쳐 놓고 물고기를 잡는 그물. 자리그물.

정치-면 (政治面)圓 1 정치적인 방면. 정치적인 입장에서 본 국면. 2 신문 등에서, 국내외의 정치에 관계된 기사를 싣는 면(《흔히, 제 1 면을 차지함).

정치-범 (政治犯)圓 국사범(國事犯).

정:치-법 (正置法)[-뻡]圓〖언〗 문장의 성분을 보통의 바른 순서대로 배열하는 일. ↔도치법(倒置法).

정치-부 (政治部)圓 신문사·방송국 등에서, 정치에 관한 기사를 전적으로 취급하는 편집부서. ❑ ~ 기자.

정치-사 (政治史)圓 정치적 사실 및 정치권력의 변천 과정을 연구의 대상으로 하는 역사.

정치-사상 (政治思想)圓 정치에 관한 사상.

정치 사회 (政治社會) 1 주권자에 의한 통치 행위가 행해지는 사회. 2 정치계(政治界).

정치-성 (政治性)[-썽]圓 정치에 관계되는 성질. ❑ ~을 띤 모임 / ~을 배제하다.

정치 소:설 (政治小說)〖문〗 정치적 사건이나 인물을 주제로 한 소설. 또는 어떤 정치 사상의 보급·선전을 목적으로 하는 소설.

정치 스트라이크 (政治strike) 시정(施政)에 반대하기 위한 파업.

정:치 어업 (定置漁業) 그물 따위의 어구(漁具)를 일정한 수면에 설치하고 하는 어업. 정치망 어업.

정치-열 (政治熱)圓 정치에 대한 관심과 열성. ❑ ~이 높다.

정치-의식 (政治意識)[- / -이-]圓 정치 일반 또는 특정 정치 문제에 대하여 사람들이 품는 관심·태도·사고방식 따위.

정치-인 (政治人)圓 정치가(家).

정치 자금 (政治資金) 정치 활동을 하는 데 필요한 자금. ❑ ~을 마련하다.

정치-적 (政治的)뗄풘 정치에 관한 (것). ❑ ~문제 / ~ 방법 / ~ 무관심.

정치적 책임 (政治的責任) 정치가의 권력 행사로 인하여 생긴 정치적 결과에 대하여 지는 책임. 설령 법적인 책임은 면한다고 해도 여전히 남는 책임을 이름.

정치 차:관 (政治借款) 정치상의 비용에 충당할 목적으로 정부가 쓰는 빚.

정치 철학 (政治哲學)〖철〗 정치의 본질·이상·가치를 연구하는 학문.

정치 체제 (政治體制) 정치권력의 지배적 기능의 방향 및 성질을 나타내는 체제.

정치 투쟁 (政治鬪爭) 1 정치적 수단에 의한 투쟁. 2 정치적 자유의 획득 및 정치적 권리의 확장을 위한 온갖 투쟁.

정치-판 (政治-)圓 정치가 벌어지는 마당. 또는 그 형국. ❑ ~에 뛰어들다.

정치-하다 (精緻-)뼹퇴 정교하고 치밀하다.

정치-학 (政治學)圓 정치 및 정치 현상을 연구

의 대상으로 하는 사회 과학.

정치 헌:금 (政治獻金) 개인이나 회사가 정당이나 정치가에게 활동 자금을 기탁하는 일. 또는 그 돈.

정치 혁명 (政治革命)[-형-] 기성 정치 제도에 근본적인 변혁을 가져오는 혁명.

정:칙 (正則) 명 바른 규칙이나 법칙.

정:칙 (定則) 명 일정한 규칙이나 법칙.

정친 (情親) 명하형하부 정답고 친절함.

정칠-월 (正七月) 명 정월과 칠월을 아울러 일컫는 말(정월의 강설량은 칠월의 강우량에 비례한다고 하여 이르는 말).

정:침 (正寢) 명 1 제사를 지내는 몸채의 방. 2 거처하는 곳이 아닌, 주로 일을 보는 곳으로 쓰는 몸채의 방.

정크 (junk) 명 중국에서, 연해나 하천에서 승객이나 화물을 실어 나르는 데 쓰는, 특수하게 생긴 배.

정:탈 (定奪) 명 임금의 재결(裁決).

정탈-목 명 활의 곡뒤의 다음에서 고자잎의 바로 앞에 쇠심을 대어 붙이고 꼬부린 곳.

정탐 (偵探) 명하타 탐정(探偵). ▢~을 나가다 / 적진을 ~하다.

정탐-꾼 (偵探-) 명 정탐하는 사람. 정탐객(客).

정태 (情態) 명 1 아첨하는 사람의 마음씨와 태도. 2 어떤 일의 사정과 상태. ▢환자의 ~를 살피다.

정태 (靜態) 명 1 움직이지 않고 머물러 있는 상태. 2 경제에 영향을 주는 사회적 여건에 변화가 없는 상태. ↔동태(動態).

정태 경제 (靜態經濟) 명 경제의 여러 요소가 균형을 이루어 변화가 없는 정적(靜的)인 경제 상태.

정태-계 (靜態統計)[-/-게] 명 모체 집단의 일정 시점의 상태에 관한 통계. 인구·세대수·은행권 발행액 등이 그 대상이 됨. ↔동태 통계.

정택 (精擇) 명하타 정선(精選).

정토 (征討) 명하타 정벌(征伐).

정토 (淨土) 명 《불》 부처가 사는 깨끗한 세상. ↔예토(穢土).

정토-교 (淨土敎) 명 《불》 정토문의 교법. 곧, 이승에서 염불을 닦아 죽은 뒤에 정토왕생을 얻기를 바라는 교법.

정토 만다라 (淨土曼陀羅) 《불》 극락(極樂) 만다라.

정토-문 (淨土門) 명 《불》 염불로써 아미타불에 왕생하여 부처가 되기를 발원하는 법문.

정토-발원 (淨土發願) 명 《불》 극락에 가기를 원하여 비는 일.

정토-변상 (淨土變相) 명 《불》 제불(諸佛)의 정토의 모양을 그린 그림.

정토-왕생 (淨土往生) 명 《불》 극락왕생.

정토-종 (淨土宗) 명 《불》 무량수경·아미타경을 근본 경전으로 삼는 불교의 한 파.

정토-회향 (淨土回向) 명 《불》 1 자신의 선근과 공덕을 중생에게 베풀어 함께 정토에 왕생하는 일. 2 젊었을 때는 다른 일을 하다가 늙은 뒤에 염불을 하는 일.

정:통 (正統) 명 1 바른 계통. ▢~을 잇다. 2 정당한 혈통. 3 사물의 중심이 되는 한 방면으로의 흐름 또는 그 계통. 4 (주로 '정통으로'의 꼴로 쓰여) 빗나가지 않고 정확히. ▢~으로 맞다.

정통 (精通) 명하자 어떤 사물에 깊고 자세히 통함. ▢~한 소식통 / 사물의 안팎에 ~하다.

정:통-론 (正統論)[-논] 명 어떤 학설이나 종교에서, 교의(敎義)를 가장 올바르게 이어받은 이론.

정통-부 (情通部) 명 '정보 통신부'의 준말.

정:통-성 (正統性)[-썽] 명 정식으로 계승되어 오는 바른 계통의 자격. ▢~이 결여된 정권 / ~을 인정하다.

정:통-적 (正統的) 관명 정통에 속하는 (것). ▢~ 학설.

정:통-파 (正統派) 명 학설·교의 따위를 가장 바르게 계승한 파. ▢~임을 주장하다.

정:통-학파 (正統學派) 명 《경》 애덤 스미스를 비조(鼻祖)로 하고 맬서스·리카도 등에 의해서 기초가 확립된 경제학의 한 학파(개인의 이기심을 발달의 원동력으로 보고 개인주의와 자유방임주의를 주장함). 고전(古典) 경제학파.

정퇴 (停退) 명하타 기한을 뒤로 물림.

정파 (政派) 명 정치에서의 이해관계에 따라 따로 모인 무리. ▢~를 달리하다.

정-파리 (淨玻璃) 명 깨끗하고 맑은 파리.

정판 (精版) 명 오프셋 인쇄.

정:-판 (整版) 명 《인》 오자나 조판의 잘못된 부분을 교정의 지시대로 고쳐서 활자를 바꾸 끼우거나 판을 다시 짜는 일.

정:-팔면체 (正八面體) 명 《수》 여덟 개의 정삼각형으로 이루어지는 다면체(多面體). 꼭짓점은 여섯임.

정패 (征霸) 명하타 정복하여 패권을 잡음.

정:-평 (正平) 명하타 되질이나 저울질 따위를 똑바르게 함.

정:-평 (正評) 명 바른 평론이나 비평.

정:-평 (定評) 명 모든 사람이 다 같이 인정하는 평. ▢~이 있다 / ~이 나다.

정폐 (停廢)[-/-폐] 명 일을 하다가 중도에 그만둠.

정폐 (情弊)[-/-폐] 명 정실(情實)에 이끌려 일어나는 폐단.

정:-포 (正布) 명 품질이 좋은 베.

정표 (旌表) 명하타 어진 행실을 세상에 드러내어 널리 알림.

정표 (情表) 명하타 간절한 정을 드러내 보이기 위해 물품을 줌. 또는 그 물품. ▢~로 삼다 / 금반지를 ~로 주고받다.

정:-품 (正品) 명 진짜이거나 온전한 물품. ▢~으로 납품하다.

정품 (精品) 명 정제한 물품.

정:-풍 (整風) 명하자 사회 기풍(氣風)이나 작풍(作風) 등을 바르게 잡음. ▢~ 운동.

정피 (丁皮) 명 《한의》 정향나무의 껍질. 치통약(齒痛藥)·건위제(健胃劑) 등으로 씀.

정필 (停筆) 명 1 글이나 글씨를 쓰다가 멈춤. 2 남의 잘된 글에 눌려 글쓰기를 그만둠.

정-하다 (呈-) 타여 1 소장(訴狀)·원서(願書) 따위를 제출하다. 2 어떤 모양이나 빛깔 따위를 나타내다.

정:-하다 (正-) 형여 1 바르다. 2 (주로 '정한'의 꼴로 쓰여) 당연하다. ▢인구가 많으니 땅값이 오르는 건 정한 이치다.

정:-하다 (定-) 타여 1 선택하거나 판단해서 결정하다. ▢약속 장소를 ~. 2 규칙 등의 적용 범위를 결정하다. ▢법이 정한 범위/기준을 ~. 3 뜻을 세워 굳히다. ▢뜻을 ~/마음을 ~.

정-하다 (淨-) 형여 맑고 깨끗하다. ▢정한 샘물/마음을 정하게 가지다. **정-히** 부

정-하다 (精-) 형여 거칠지 않고 매우 곱다. ▢붓글씨가 ~. **정-히** 부

정-하중 (靜荷重) 명 《건》 구조물이 받는 하중

가운데 시간적으로 변화하지 않는 하중.

정학(停學)〖명〗〖하타〗 교칙을 위반한 학생을 일시적으로 등교를 정지시키는 학교의 처벌. ¶ ~ 처분을 내리다.

정:-한(定限)〖명〗 일정한 한도 또는 제한.

정한(情恨)〖명〗 정과 한.

정한-수(井-水)〖명〗☞ 정화수.

정:-한 이:자(定限利子)[-니-]〖명〗〖법〗 이율의 최고액을 법률로 한정한 이자.

정한-하다(精悍-)〖형여〗 날쌔고 용감하다. 정한-히〖부〗

정한-하다(靜閑-)〖형여〗 조용하고 한가하다. 정한-히〖부〗

정할(正割)〖명〗〖수〗'시컨트(secant)'의 구용어.

정:-합(整合)〖명〗〖하자〗 1 가지런히 맞음. 2〖지〗둘 이상의 지층이 나란히 이어 퇴적된 현상. ↔부정합(不整合).

정합-국(政合國)[-꾹]〖명〗 다수의 국가가 외무(外務)를 공동으로 처리하기 위해 결합하는 연합국의 한 형태.

정해(丁亥)〖명〗 육십갑자의 스물넷째.

정:-해(正解)〖명〗〖하타〗 바르게 풀이함. 또는 그런 풀이.

정해(精解)〖명〗〖하타〗 정밀하고 자세하게 풀이함. 또는 그런 풀이. ¶ 수학 ~를 참고하다.

정핵(精核)〖명〗〖핵〗 자세히 조사해 밝힘.

정:-행(正行)〖명〗 1 올바른 행실. 2〖불〗 극락에 가기 위해 닦는 행업(行業).

정향(丁香)〖명〗 정향나무의 꽃봉오리를 말린 것. 심복통(心腹痛)·구토·설사 등에 씀. 계설향(鷄舌香).

정:-향(定向)〖명〗 방향을 정함. 또는 일정한 방향성을 가짐.

정향-나무(丁香-)〖명〗〖식〗 1 물푸레나뭇과의 낙엽 활엽 교목. 높이 약 10 m 정도. 봄에 자색 꽃이 피고 가을에 삭과가 익음. 관상용임. 한국 특산종. 2 협죽도과의 상록 교목. 높이 약 10 m 정도. 담자색 꽃이 피고 핵과가 익음. 꽃봉오리를 말린 것은 약재로 씀. 동남아시아 원산.

정:-향 반:사(正向反射)〖생〗 동물이 이상(異常) 자세에서 정상(正常) 자세로 돌아오는 반사. 체위(體位) 반사.

정향-유(丁香油)[-뉴]〖명〗 정향나무의 꽃봉오리와 열매에서 짜 기름. 향료임.

정:-향 진:화설(定向進化說)〖생〗 생물이 일정한 방향성(方向性)을 가지고 진화한다는 학설.

정:험(定驗)〖명〗〖철〗 규정성에 의하여 구성된 경험.

정:험 철학(定驗哲學)〖철〗 지식이나 경험은 개념의 규정성에 의하여 구성된다는 철학.

정:-현(正弦)〖명〗〖수〗'사인(sine)'의 구용어.

정:-현-파(正弦波)〖명〗〖수〗'사인파(sine波)'의 구용어.

정혈(精血)〖명〗 생생하고 맑은 피.

정:-형(正刑)〖명〗 예전에, 죄인을 사형에 처하던 형벌. 정법(正法). ¶ ~을 받다.

정:-형(定形)〖명〗 일정한 형태.

정:-형(定型)〖명〗 일정한 형식이나 틀. ¶ ~을 벗어나다 / ~을 깨뜨리다.

정형(情形)〖명〗 1 사물의 정세와 형편. 2 딱한 형편. ¶ ~이 가긍하다.

정형(晶形)〖명〗 결정형(結晶形).

정:-형(整形)〖명〗〖하타〗 1 모양을 가지런히 하

몸의 생김새를 고쳐 바로잡음.

정:-형 수술(整形手術)〖명〗 뼈·관절·근육 등의 선천적 또는 후천적 장애를 바로잡는 외과 수술. *성형(成形) 수술.

정:-형-시(定型詩)〖명〗〖문〗 시구의 수나 배열의 순서, 운율 등이 일정한 시.

정:-형-외과(整形外科)[-꽈]〖명〗〖의〗 외과의 한 갈래. 근육·골격 따위 운동 기관의 기능 장애나 형상의 변화 등에 관한 예방·치료를 전문으로 함. *성형(成形)외과.

정혜(淨慧)[-/-혜]〖명〗〖불〗 깨끗하고 맑은 지혜. 밝은 지혜.

정호(情好)〖명〗 정의(情誼)가 좋은 사이.

정혼(定婚)〖명〗〖하자〗 혼인을 정함. ¶ ~한 사이.

정혼(精魂)〖명〗 정령(精靈)1.

정:-화(正貨)〖명〗 지폐·은행권 등에 대해, 명목(名目) 가치와 소재(素材) 가치가 일치하는 본위 화폐.

정화(政化)〖명〗 정치로 백성을 가르쳐 이끎.

정화(淨火)〖명〗 신성한 불.

정화(淨化)〖명〗〖하타〗 불순하거나 더러운 것을 깨끗하게 함. ¶ 폐수 ~ 시설 / ~된 하천 / 거리를 ~하다 / 정치 풍토를 ~하다.

정화(情火)〖명〗 정염(情炎).

정화(情話)〖명〗 정담(情談).

정화(精華·菁華)〖명〗 1 깨끗하고 순수한 부분. 2 정수(精髓)가 될 만한 뛰어난 부분. ¶ 민족 문화의 ~.

정화-수(井華水)〖명〗 이른 새벽에 길은 우물물 〖정성을 들이는 일에나 약 달이는 데 씀〗.

정화-조(淨化槽)〖명〗 오물(汚物) 정화 시설의 하나. 수세식 변소의 분뇨를 정화해서 하수도로 흐르게 하는 땅속 설비 시설.

정:-화 준:비(正貨準備)〖경〗 중앙은행이 발행한 은행권을 정화로 바꿀 수 있도록 금은화·지금(地金)을 준비해 두는 일.

정:-확(正確)〖명〗〖하형〗〖하부〗 바르고 확실함. ¶ ~한 판단 / ~을 기하다. ↔부정확.

정:-확(鼎鑊)〖명〗 1 발이 있는 솥과 발이 없는 솥. 2〖역〗 중국 전국 시대에, 죄인을 삶아 죽이던 큰 솥.

정:-확(精確)〖명〗〖하형〗〖하부〗 자세하고 확실함. ¶ ~히 분석하다.

정:-확-성(正確性)[-썽]〖명〗 정확한 성질이나 정도. ¶ ~이 떨어지다.

정:-활차(定滑車·靜滑車)〖명〗〖물〗 '고정 도르래'의 구용어.

정황(政況)〖명〗 정계의 형편.

정황(情況)〖명〗 1 일의 사정과 형편. ¶ 여러 가지 ~으로 미루어 볼 때 정당방위임이 인정된다 / ~을 분석하다. 2 인정상 딱한 처지에 있는 형편. *정형(情形).

정회(停會)〖명〗〖하자〗 1 회의를 한때 중지함. ¶ ~를 선언하다. 2 국회의 개회 중, 한때 그 활동을 멈춤.

정회(情懷)〖명〗 정과 회포. 생각하는 마음. ¶ ~를 풀다.

정훈(政訓)〖명〗〖군〗 군인을 대상으로 한 교양, 이념 교육 및 군사 선전, 대외 보도 따위에 관한 일. ¶ ~ 교육을 받다.

정훈(庭訓)〖명〗 가정의 교훈.

정:-휴(定休)〖명〗 '정기 휴업'의 준말.

정:-휴-일(定休日)〖명〗 정기로 휴업하는 날.

정:-히(正-)〖부〗 1 틀림없이 바로. ¶ ~ 영수함. 2 진정으로 꼭. ¶ ~ 가야 한다면 지금 가거라.

젖[젇]〖명〗 1 분만 후에 유방에서 분비되는 뿌연 액체. 자식이나 새끼를 양육하는 먹이임. 2

유방(乳房). □ ~을 빨다. 3 식물의 줄기나 잎에서 나오는 희고 끈끈한 진(津).
[젖 먹던 힘이 다 든다 ; 젖 먹은 힘까지 다 낸다] 어떤 일이 몹시 힘이 든다.
젖 떨어진 강아지 같다 囝 몹시 보채다.
젖(을) 떼다 囝 젖먹이나 짐승의 새끼 등에게 젖 먹이는 것을 그만두고 다른 음식을 먹게 하다.
젖(이) 떨어지다 囝 젖먹이나 짐승의 새끼 등이 젖을 먹지 않게 되다.
젖-가슴 [전까-] 명 젖 언저리의 가슴. □ ~을 파고들다 / ~에 안기다.
젖-감질 (-疳疾) [전깜-] [전깝-] 『한의』 젖이 모자라서 생기는 젖먹이의 병.
젖-꼭지 [전-찌] 명 1 젖의 한가운데에 쏙 내민 가뭇한 꼭지. 유두(乳頭). 2 아이가 우유를 빨아 먹을 수 있도록 젖 모양으로 만든 물건.
젖-꽃판 [전꼰-] 명 『의』 젖꼭지 둘레에 있는 가뭇하고 동그란 자리. 유륜.
젖-내 [전-] 명 젖의 냄새. 유취(乳臭).
젖내(가) 나다 囝 ㉠나이가 어리다는 말. ㉡하는 짓이나 말이 어리다는 말.
젖-니 [전-] 명 젖먹이 때 나서 아직 갈지 않은 이. 배냇니. 유치(乳齒).
젖다 [전따] 困 뒤로 기울어지다. ㉱잦다.
젖다 [전따] 困 1 물이 배어 축축하게 되다. 눈물에 젖은 눈 / 옷이 땀에 ~. 2 몸에 배어 버릇이 되다. □ 인습에 ~ / 술에 젖은 버릇. 3 귀에 익다. □ 귀에 젖은 목소리. 4 어떤 심정에 잠기다. □ 슬픔에 ~ / 향수에 ~.
젖-당 (-糖) [전땅] 명 『화』 '락토오스(lactose)'의 관용명.
젖-동냥 [전똥-] 명하자 젖먹이를 기르려고 남의 집으로 젖을 얻으러 다니는 일.
젖-동생 (-同生) [전똥-] 명 자기의 유모가 낳은 아들이나 딸.
젖-떼기 [전떼기] 명 젖을 뗄 때가 된 아이나 짐승. 이유(離乳).
젖-뜨리다 [전-] 団 힘을 주어 뒤로 기울이다. □ 고개를 ~. ㉱잦뜨리다.
젖-마 (-媽) [전-] 명 임금의 유모(乳母).
젖-먹이 [전머기] 명 젖을 먹는 어린아이.
젖-멍울 [전-] 명 1 젖샘. 2 젖에 서는 멍울. 유종(乳腫). □ ~이 서다.
젖-몸살 [전-] 명하자 젖의 분비로 생기는 몸살. □ ~이 나다 / ~을 앓다.
젖-무덤 [전-] 명 성숙한 여자의 젖꽃판 언저리로 살이 불룩하게 두드러진 부분. 젖퉁이.
젖-미수 [전-] 명 구덩이 속에 멥쌀가루를 넣어 뜨게 한 것을 즙을 내어 다른 쌀가루와 반죽하여 쪄서 볕에 말린 가루(몸에 보가 된다고 함).
젖-미시 명 ☞젖미수.
젖-배 [전빼] 명 젖을 먹는 아이의 배. □ ~가 부르다.
젖배(를) 곯다 囝 젖먹이가 젖을 배불리 먹지 못하다.
젖-버듬-하다 [전뻐-] 형형 1 뒤로 자빠질 듯이 비스듬하다. 2 탐탁하게 여기지 않다. ㉱잦버듬하다. **젖버듬-히** [전뻐-] 튀
젖-병 (-瓶) [전뼹] 명 1 젖먹이에게 먹일 우유나 미음 등을 담아 두는, 젖꼭지가 달린 병. 포유병. 2 젖이 모자라는 산모가 삼신께 젖이 많이 나오게 해 달라고 빌 때, 샘물을 담아 놓는 목이 긴 흰 사기병.
젖-부들기 [전뿌-] 명 짐승의 젖가슴의 살고기.
젖-비린내 [전삐-] 명 1 젖에서 풍기는 비린내. □ 비릿한 ~가 코를 자극했다. 2 유치한 느낌.

젖비린내(가) 나다 囝 하는 짓이나 말이 치기(稚氣)가 어리고 앳되어 보이다.
젖-빌다 [전삘-] [젖빌어, 젖비니, 젖비는] 困 젖이 모자라는 산모가 삼신께나 약물터에서 젖이 나게 해 달라고 빌다.
젖-빛 [전삗] 명 젖과 같은 빛깔. □ ~ 구름.
젖빛 유리 (-琉璃) [전삗뉴-] 광택이 없고 투명하지 않은 뿌연 빛깔의 유리.
젖-산 (-酸) [전싼] 명 『화』 락트산(酸).
젖산-균 (-酸菌) [전싼-] 『식』 당류(糖類)를 분해해서 젖산을 만드는 작용을 하는 세균. 유산균(乳酸菌).
젖산 발효 (-酸醱酵) [전싼-] 『화』 젖산균이 당류(糖類)를 분해해서 젖산이 생기는 현상. 유산(乳酸) 발효.
젖산-음료 (-酸飲料) [전싼늠뇨] 명 우유 등에 젖산균을 섞어 젖산 발효를 시켜 만든, 독특한 풍미와 새콤한 맛이 나는 음료(칼피스 따위). 유산음료.
젖-샘 [전쌤] 명 『생』 유방 속에 있는, 젖을 분비하는 샘. 임신을 하면 활동을 시작해서 분만하면 젖을 분비함. 젖멍울. 유선(乳腺).
젖-소 [전쏘] 명 젖을 짜내는 소. 유우(乳牛).
젖-송이 [전쏭-] 명 젖 속에 멍울멍울하게 엉긴 부분.
젖-양 (-羊) [전냥] 명 젖을 짜내는 양.
젖-어머니 [저더-] 명 유모(乳母).
젖-어멈 [저더-] 명 '젖어머니'의 비칭.
젖-어미 [저더-] 명 '젖어머니'의 비칭.
젖-유종 (-乳腫) [전뉴-] 명 '유종(乳腫)'의 통칭.
젖을-개 [저즐깨] 명 길쌈할 때, 마른 실에 물을 축이는 데 쓰는, 끝에 헝겊을 단 나무토막.
젖-줄 [전쭐] 명 1 젖샘. 2 필요한 것을 가져다 주는 주요한 수단을 비유적으로 일컫는 말. □ 서울의 ~인 한강.
젖-털 [전-] 명 남자의 젖꽃판 둘레에 나는 털.
젖-퉁 [전-] 명 젖퉁이.
젖-퉁이 [전-] 명 '젖무덤'의 낮잡은 말. 유방(乳房).
젖-트리다 [전-] 団 젖뜨리다. □ 고개를 ~.
젖-혀-지다 [저처-] 困 1 안쪽이 겉으로 드러나다. 2 뒤로 기울어지다. □ 고개가 ~. ㉱잦혀지다.
젖-히다 [저치-] 団 1 무엇의 윗부분을 뒤로 젖게 하다. □ 상체를 ~. 2 ('젖다'의 사동) 물건의 밑쪽이 겉으로 드러나게 하다. □ 모자를 뒤로 젖혀 쓰다. 3 ('젖다'의 사동) 속의 것이 겉으로 드러나게 열다. □ 웃통을 벗어 ~ / 대문을 젖히고 들어서다. 4 바둑에서, 자기의 돌에서 대각선 방향으로 상대편의 돌에 붙여 놓다. □ 젖히면 끊어라. ㉱잦히다.
절다 団 〈옛〉두려워하다.
제 (除) 명하타 1 『수』 '제법(除法)'의 준말. 2 '제거(除去)'의 준말.
제: (祭) 명 제사(祭祀). □ ~를 올리다 / ~를 지내다.
제 (題) 명 1 '제목(題目)'의 준말. 2 '제사(題詞)'의 준말.
제 (劑) 의명 『한의』 탕약 스무 첩. 또는 그만한 분량으로 지은 환약을 일컫는 말. □ 탕약 다섯 ~ / 보약 한 ~.
제¹ ㉠대 1 '나'의 낮춤말인 '저'의 다른 꼴 《조사 '가' 앞에서만 쓰임》. □ ~가 하겠습니다. 2 '자기'의 낮춤말인 '저'의 다른 꼴 《조사 '가' 앞에서만 쓰임》. □ ~가 무엇인데

이래라 저래라 하느냐.

[제가 기른 개에게 발꿈치 물린다] 은혜를 베풀어 준 자에게서 도리어 해를 당한다.

日준 1 '나의'의 낮춤말인 '저의'의 준말. ❑ ~ 생각은 이렇습니다. 2 '자기'의 낮춤말인 '저의'의 준말. ❑ ~ 낯짝에 침 뱉기.

[제 꾀에 넘어간다] 남을 속이려다가 제가 속는다. [제 눈에 안경이다] 보잘것없는 것도 마음에 들면 좋아 보인다. [제 밑 들어 남 보이기] 제 흠을 남에게 드러내어 창피를 당하다. [제 발등을 제가 찍는다] 자기가 한 일이 도리어 자기에게 해가 된다. [제 버릇 개 줄까] 나쁜 버릇은 고치기 어렵다. [제 흉 열 가지 가진 놈이 남의 흉 한 가지를 본다] 제 결점은 모르면서 남의 결점만 들추어 낸다.

제:(弟)[인대] '아우'의 뜻으로, 평교간 편지에서 자기를 낮추어 쓰는 말.

제²[지대] '저기에'의 준말. ❑그놈이 ~ 있구먼 / 봄 처녀 ~ 오시네.

제(諸)[관] 한자어 명사 앞에 붙어, '모든'·'여러'의 뜻을 나타내는 말. ❑~ 단체.

제³[감] 원망스럽거나 답답할 때 내는 소리. ❑~, 하필이면 지금 온담.

제⁴[감] '적에'의 준말. ❑해 돋을 ~ 왔다.

제:-(第)[투] 한자어 수사 앞에 붙어, 차례의 몇째를 가리키는 말. ❑~일 과 / ~이 전선.

-제(制)[미] '제도'의 뜻을 나타내는 말. ❑양원~ / 대통령~ / 단임(單任)~.

-제(祭)[미] '의식'·'제전'·'축전'의 뜻을 나타내는 말. ❑예술~ / 위령~ / 기우~.

-제(製)[미] 제조한 데나 원료를 나타내는 말. ❑외국~ / 중국~ / 플라스틱~.

-제(劑)[미] 약품임을 나타내는 말. ❑소화~ / 살충~ / 진통~.

제가(齊家) 집안을 바로 다스림.

제가(諸家)[명] 1 문중(門中)의 여러 집안. 2 여러 대가(大家). ❑~의 학설. 3 '제자백가(諸子百家)'의 준말.

제-가끔[부] 제각기. ❑~ 음식을 장만하다.

제각(除角)[명][하타] 성질을 온순하게 하려고 소나 염소의 뿔을 없앰.

제각(除却)[명][하타] 제거(除去).

제각(祭閣)[명] 무덤 근처에 제청(祭廳)으로 쓰려고 지은 집.

제각(題刻)[명][하타] 문자(文字)나 사물의 형상을 새김.

제-각각(-各各)[-깍][日명] 사람이나 물건이 모두 각각. ❑성격이 ~이다. 日부 여럿이 모두 각각. ❑입맛이 다르다.

제-각기(-各其)[-끼][명] 저마다 각기. 제가끔. ❑~의 생각 — 한마디씩 하다.

제갈-동지(-同知)[명] 나잇살이나 먹고 교만하며, 터수는 넉넉하되 지체는 좀 낮은 사람을 이르는 말.

제감(除減)[명][하타] 수효를 덜어 줄임.

제:-값[-갑][명] 물건의 가치에 맞는 가격. ❑~을 받다.

제:강(製鋼)[명][하자] 시우쇠를 불려서 강철을 만듦. 또는 그 강철. ❑~ 공업을 육성하다.

제:거(制擧)[명][역] 중국 당나라 때, 황제의 명에 따라 관리를 등용하던 제도.

제거(除去)[명][하타] 덜어 없앰. ❑악취 ~ / 불순물이 ~되다.

제겨-내다[타] 1 돈치기할 때, 지정한 돈을 꼭 맞혀 내다. 2 나뭇가지 따위를 깎아 내거나 베어 내다.

제겨-디디다[타] 발끝이나 뒤꿈치만으로 땅을 디디다. ❑발을 제겨디디며 조심조심 걷다.

제겨-잇다[-일따][-이어, -이으니, -잇는][타][자] 두 끈의 끝을 서로 어긋매게 대고 한 끝씩 꼬부려서 옭매어 잇다.

제-격(-格)[명] 그 지닌 바의 정도나 신분에 알맞은 격식. ❑~에 맞다 / ~에 어울리다 / 잔칫상에는 술이 있어야 ~이다.

제계(梯階)[-/-게][명] 사다리다리.

제:고(制誥)[명] 제왕이 내리는 사령(辭令).

제고(提高)[명][하타] 쳐들어 높임. ❑대외 신인도를 ~하다 / 국가 경쟁력이 ~되다.

제고(諸苦)[명] 갖가지의 괴로움. 많은 괴로움.

제-고물[명] 반자를 들이지 않고 서까래에 흙을 붙여 만든 천장.

제고장[명] 본고장. 준제곳.

제곡(啼哭)[명][하자] 큰 소리로 욺.

제곱[명][하타] 《수》 1 같은 수를 두 번 곱함. 또는 그렇게 해서 얻은 수《2² 따위》. 이승(二乘). 자승(自乘). 2 길이의 단위 앞에 붙어, 넓이의 단위를 나타내는 말. ❑~미터 / ~센티미터.

제곱-근(-根)[-끈][명] 《수》 어떤 수 a를 두 번 곱하여 x가 되었을 때, a를 x에 대하여 일컫는 말《5는 25의 제곱근인 것 따위》.

제곱근-표(-根表)[-끈-][명] 《수》 각 정수(整數) n에 대한 제곱근 $\sqrt{n}$을 표로 만든 것.

제곱근-풀이(-根-)[-끈푸리][명] 《수》 제곱근을 계산하여 그 답을 구하는 일.

제곱-멱(-羃)[-곰-][명] 《수》 제곱의 멱수(羃數), 가령 5의 제곱은 5²과 같이 적는 따위. 자승멱.

제곱-비(-比)[-삐][명] 《수》 어떤 비의 전항(前項)의 제곱을 전항으로 하고, 후항(後項)의 제곱을 후항으로 한 비.

제곱 비:례(-比例)[-삐-][명] 《수》 어떤 양이 다른 양의 제곱에 비례하는 관계. A가 n배로 늘어 감에 따라 B가 $n²$배로 늘어 가는 일.

제곱-수(-數)[-쑤][명] 《수》 어떤 수를 제곱하여 이루어진 수《4는 2의 제곱수가 되는 따위》. 자승수.

제:공(祭供)[명][하자] 제사에 이바지함. 또는 그런 물건.

제공(提供)[명][하타] 갖다 주어 이바지함. 쓰라고 줌. ❑숙식 ~ / 연구 자료 ~ / 향응을 ~하다 / 정보가 ~되다.

제공(諸公)[명] 여러분. 제위(諸位).

제:-공권(制空權)[-꿘][명] 공군력으로 어느 지역의 공중을 지배하는 능력. ❑우세한 공군력으로 ~을 장악하다.

제-곳[-곧][명] '제고장'의 준말.

제:과(製菓)[명][하자] 과자나 빵을 만듦.

제:과-점(製菓店)[명] 과자나 빵을 만들어 파는 가게.

제:관(祭官)[명] 1 제사를 맡은 관원. 2 제사에 참례하는 사람.

제:관(祭冠)[명] 제사 때, 제관(祭官)이 쓰는 관.

제:관(祭館)[명] 재실(齋室).

제관(諸官)[명] 여러 관원. ❑문무 ~이 모두 도열하다.

제:관(製罐)[명] 보일러를 만드는 일.

제:-구(制球)[명] 야구에서, 투수가 마음먹은 곳으로 공을 던지는 일. 컨트롤.

제:구(祭具)[명] 제사에 쓰는 여러 가지 기구.

제:구(製具)[명] 물건을 만드는 연장.

제구(諸具)[명] 여러 가지의 기구. ❑수술 ~.

제:-구력(制球力)[명] 야구에서, 투수가 투구를 잘 조절하는 능력. ❑~이 뛰어난 투수.

제구멍-박이 圀《농》 김맬 때, 흙덩이를 떠서 도로 그 자리에 덮는 일.
제-구실 圀하자 1 제가 마땅히 해야 할 일이나 책임. ▢~을 톡톡히 하다. 2《속》어린아이들이 으레 치르는 역질(疫疾)《홍역 따위》.
제:구 예:술(第九藝術) 토키(talkie).
제-국 圀 1 다른 것을 섞지 않고 순수한 제 재료만으로 조리한 국. 2 거짓이나 잡것이 섞이지 않고 제격인 일을 비유한 말.
제:국(帝國) 圀 황제가 다스리는 국가. ▢대영(大英) ~ / 제삼 ~.
제국(諸國) 圀 여러 나라. ▢동남아 ~.
제:국-주의(帝國主義)[-쭈-] 圀《정》우월한 군사력과 경제력으로 다른 나라나 민족을 정복하여 대국가를 건설하려는 침략주의적 경향.
제군(諸君) 때 '여러분'의 뜻. 손아랫사람에게 쓰는 말. ▢학생 ~.
제:궁(帝弓) 圀 무지개의 딴 이름. 천궁(天弓).
제:권(帝權) [-꿘] 황제의 권한.
제:궐(帝闕) 圀 궁궐.
제궤의혈(堤潰蟻穴)[-/-이-] 圀 개미구멍으로 마침내 큰 둑이 무너진다는 뜻으로, 소홀히 작은 일이 큰 화를 불러온다는 말.
제-규(制規) 圀 정해 놓은 규칙.
제균-하다(齊均-) 圀 정돈되어 한결같이 가지런하다.
제금(提金) 圀 자바라.
제금(提琴) 圀《악》1 중국 명(明)·청(淸) 때의 현악기의 하나. 올림통은 야자나무의 열매로 박쪽같이 파서 만들며, 한옆에 대를 세우고 두 줄을 매어 활로 켜서 소리를 냄. 2 바이올린.
제금-가(提琴家) 圀 바이올리니스트.
제급(除給) 圀하자 돈이나 물건 따위의 일부를 덜어 줌.
제기¹ 圀 엽전이나 그와 비슷한 것을 종이로 싼 다음 나머지 부분을 구멍으로 내보내어 갈래갈래 찢어서 발로 차고 노는 장난감. 또는 그 장난. ▢~을 차다.
제:기(祭器) 圀 제사에 쓰는 그릇.
제기(提起) 圀하자 1 의견이나 문제를 내어 놓음. ▢반론이 ~되다. 2 소송을 일으킴. ▢소송을 ~하다 / 소송이 ~되다.
제:기(製器) 圀하자 기구나 그릇을 만듦.
제:기² 때 '제기랄'의 준말. ▢이런 ~, 난 또 뭐라고.
제기다¹ 困 1 '알제기다'의 준말. 2 있던 자리에서 빠져 달아나다.
제기다² 困 소장(訴狀)이나 원서에 제사(題辭)를 적다.
제기다³ 타 1 팔꿈치나 발꿈치 따위로 지르다. ▢팔꿈치로 옆구리를 ~. 2 자귀 따위로 가볍게 톡톡 깎다. 3 물이나 국물 따위를 조금씩 부어 떨어뜨리다. 4 돈치기에서, 여러 개의 돈이 붙어 있을 때 그 가운데 지정한 돈을 목대를 던져 꼭 맞히다.
제-기랄 껍 언짢을 때에 불평스럽게 내뱉는 소리. ▢~, 또 허탕이군. ㉰제기².
제:기-접시(祭器-)[-씨] 圀 제기로 쓰는, 굽이 높은 접시.
제:기-차기 圀하자 제기를 차면서 노는 놀이.
제-긴 圀 윷놀이에서, 모 한 사리에 잡을 수 있는 긴.
제깃-물 [-긴-] 圀 간장을 담고 뜨기 전에 장물이 줄어드는 대로 채우는 소금물.
제-까짓 [-짇] 괨 겨우 저 따위 정도의. ▢~것이 무엇이기에. ㉰제깟.

제-깟 [-깐] 괨 '제까짓'의 준말. ▢~ 놈이 무얼 할까.
제꺼덕 ⓤ '제꺽'을 강조하여 이르는 말.
제꺽 ⓤ困자타 1 크고 단단한 물건이 가볍게 맞부딪치는 소리. 또는 그 모양. ▢~하고 총을 재다. 2 시계의 톱니바퀴가 돌아가는 소리. ㉱재각. ㉶제꺽.
제꺽² 튀 어떤 일을 시원스럽게 해내는 모양. ▢~ 해치우다 / 돈을 ~ 내놓다. ㉱재깍.
제꺽-거리다 [-꺼-] 困타 제꺽 소리가 자꾸 나다. 또는 그런 소리를 자꾸 내다. ㉱재깍거리다. 제꺽-제꺽¹ [-깨-] ⓤ困자타
제꺽-대다 [-때-] 困타 제꺽거리다.
제꺽-제꺽² [-께-] 튀 어떤 일을 시원스럽게 해치우는 모양. ▢일을 ~ 처리하다. ㉱재깍재깍.
제꽃-가루받이 [-꼳-바지] 圀《식》자가 수분(自家受粉). ↔딴꽃가루받이.
제꽃-정받이 (-精-)[-꼳쩡바지] 圀《식》자가 수정(自家受精). ㉶제정받이.
제-날¹ 圀 '제날짜'의 준말.
제-날² 圀 짚신이나 미투리 따위에서, 그것을 삼는 재료로 삼은 재료로 댄 날.
제-날짜 圀 정했거나 기한이 찬 날. ▢~를 넘기다 / 월급이 ~에 나오다. ㉶제날¹.
제낭(臍囊) 圀《어》알에서 막 깐 어린 물고기의 배에 달린 영양 주머니《스스로 먹이를 찾을 수 있을 때까지 그 속에 든 난황을 흡수하면서 자람》.
제내-지(堤內地) 圀 둑 안에 있어 둑의 보호를 받는 땅.
제네바 관세 협정 (Geneva關稅協定)[-쩡]《경》가트(GATT).
제네바 조약 (Geneva條約)《역》1 1864 년 제네바에서 열린 국제 적십자 회의의 결과로 조인된 조약. 전시의 상병자의 상태 개선에 관한 것으로, 이 조약 이후 각국 적십자사가 조직됨. 2 1929 년 제네바에서 조인된 적십자 조약. 포로에 대한 보호와 인도적 대우, 포로에 관한 정보 제공 등 수용국의 의무 및 포로의 권리 따위를 규정함.
제네바 협약 (Geneva協約) 1949 년 제네바에서 채택된 네 가지 조약. 전시의 군대 상병자의 상태 개선 조약, 해상에 있는 군대의 상병자·난선자(難船者)의 상태 개선 조약, 포로의 대우에 관한 조약, 전시의 민간인 보호에 관한 조약의 네 조약을 이름.
제논 (xenon) 圀《화》크세논.
제-눈 圀《식》줄기의 끝이나 잎겨드랑이에 생기는 싹. 꼭지눈이나 곁눈 따위가 있음. 정아(定芽). ↔엇눈.
제-다(製茶) 圀하자 차를 만듦.
제:단(祭壇) 圀 1 제사(祭祀)를 지내는 단. 2《가》미사를 드리는 단.
제-달 圀 정했거나 기한이 찬 달. ▢~에 맞추어 공사를 마치다.
제:답(祭畓) 圀 수확물을 조상의 제사에 쓰려고 마련한 논.
제:당(祭堂) 圀 신령에게 제사를 지내는 집.
제:당(製糖) 圀하자 설탕을 만듦. ▢~ 공장.
제:당-업(製糖業) 圀 설탕류의 제조를 전문으로 하는 업.
제대(除隊) 圀하자타 규정된 기한이 차거나 혹은 다른 사정으로 현역에서 해제하는 일. ▢만기 ~ / 중위로 ~하다. →입대.
제대(梯隊) 圀 군대·군함·비행기 따위를 사다

리골로 편성한 대.

제:대 (祭臺)〖명〗‘제단(祭壇)2’의 구용어.

제대 (臍帶)〖명〗〖생〗탯줄.

제-대로 〖부〗**1** 제 격식이나 규격대로. 일을 ~ 해라. **2** 마음먹은 대로. □몸을 ~ 가누지 못하다 / 일이 ~ 풀리다. **3** 알맞은 정도로. □~ 먹지 못하다 / 값을 ~ 치르다. **4** 본디 상태대로. □~ 고쳐 놓다.

제대로-근 (-筋)〖명〗〖생〗불수의근(不隨意筋). ↔맘대로근.

제:덕 (帝德)〖명〗제왕의 성덕(聖德).

제:도 (制度)〖명〗관습·도덕·법률 등의 규범이나 사회 구조의 체계. □의회 ~를 개혁하다.

제:도 (帝都)〖명〗제국의 수도. 황성(皇城).

제:도 (帝道)〖명〗인의(仁義)로 나라를 다스리는 제왕의 정도(正道). □~를 행하다.

제:도 (製陶)〖명〗질그릇을 만듦.

제:도 (製圖)〖명〗〖하자타〗기계·건축물·공작물 따위의 도면이나 도안을 그림. 드로잉. □~ 연필 / ~ 용구 / 기계의 원형을 ~하다.

제도 (諸島)〖명〗**1** 모든 섬. 또는 여러 섬. **2**〖지〗어떤 해역에 흩어져 있는 많은 섬을 통틀어 이르는 말. 군도(群島).

제도 (諸道)〖명〗**1** 행정 구획의 모든 도. 여러 도. **2** 모든 길. 여러 길.

제:도 (濟度)〖명〗〖하타〗〖불〗중생(衆生)을 고해(苦海)에서 건져 내어 극락세계로 이끌어 줌. □중생을 ~하다.

제:도-공 (製陶工)〖명〗제도를 전문으로 하는 기술자. 도공(陶工).

제:도-권 (制度圈)[-꿘]〖명〗국가나 사회의 제도를 벗어나지 않는 영역이나 범위.

제:도-기 (製圖器)〖명〗제도하는 기구.

제:도 이:생 (濟度利生)〖불〗중생을 제도하여 이익을 줌.

제:도-적 (制度的)〖관형〗법률이나 제도로 규정하는 (것). □~ 장치를 마련하다.

제도적 문화 (制度的文化)[-꽈]〖명〗법률·제도·관습 따위와 같이 인간의 행동이나 사회 생활을 구체적으로 규정하고 있는 문화.

제:도 중생 (濟度衆生)〖불〗⇒중생 제도.

제:도-판 (製圖板)〖명〗제도 용지 밑에 받치는 평평한 널빤지.

제:도-화 (制度化)〖명〗〖하자타〗제도로 됨. 또는 그리 되게 함. □연말 성과급 지급이 ~되다.

제:독 (制毒)〖명〗〖하타〗미리 해독을 막음.

제독(을) 주다 〖구〗기운을 꺾어 다시 다른 마음을 품지 못하게 하다.

제:독 (除毒)〖명〗〖하자〗독을 없애 버림.

제:독 (祭犢)〖명〗제사에 쓸 송아지.

제독 (提督)〖명〗**1** 해군의 장관(將官). 함대의 사령관. **2**〖역〗조선 선조 때, 교육의 장려·감독을 위해 각 도(道)에 한 사람씩 둔 벼슬.

제독-검 (提督劍)[-껌]〖명〗십팔기 또는 무예 이십사반의 하나. 보졸(步卒)이 요도(腰刀)를 가지고 하는 검술.

제:동 (制動)〖명〗〖하자〗기계나 자동차의 운동을 멈추게 하거나 속도를 떨어지게 함. □차량의 ~ 장치 / ~ 거리가 짧다.

제동을 걸다 〖구〗일의 진행이나 활동을 방해하거나 멈추게 하다.

제:동-기 (制動機)〖명〗〖공〗브레이크(brake).

제:동-마력 (制動馬力)〖명〗〖물〗제동기로 멈추게 할 때의 힘의 마력.

제:동맥 (臍動脈)〖명〗〖생〗탯줄을 통해 태아와 태반을 잇댄 핏줄.

제:동-자 (制動子)〖명〗제동기에서, 제동륜을 눌러서 생기는 마찰로 제동을 거는 물체.

제등 (提燈)〖명〗**1** 자루가 있어 들고 다닐 수 있게 된 등. **2**〖불〗등불을 들고 부처에게 축원하거나 부처의 탄생을 축하하는 상법.

제등-명법 (諸等命法)[-뻡]〖명〗〖수〗단명수(單名數)를 제등수로 고쳐 계산하는 법(90분을 1시간 30분으로 하는 따위). ↔제등통법(諸等通法).

제등-수 (諸等數)[-쑤]〖명〗〖수〗여러 가지 단위의 명칭으로 표시되는 명수(1시간 30분 15초 따위). 복명수(複名數).

제등-통법 (諸等通法)[-뻡]〖명〗〖수〗제등수를 단명수(單名數)로 고치는 계산법.

제등 행렬 (提燈行列)[-녈]〖명〗부처의 탄생을 축하하는 뜻으로, 여러 사람이 제등을 들고 돌아다니는 행렬.

제-때 〖명〗**1** 일이 있는 그 때. 정해 놓은 그 시각. 알맞은 때. □차가 ~에 오다 / 월급이 ~에 나오다. **2** 알맞은 때. □식사는 ~에 해야 한다.

제라늄 (geranium)〖명〗〖식〗양아욱.

제랑 (弟郞)〖명〗제부(弟夫).

제:련 (製鍊)〖명〗〖하타〗광석을 용광로에 녹여 함유한 금속을 뽑아내어 정제함. □알루미늄 ~ 공장 / ~ 기술이 발달하다.

제:련-소 (製鍊所)〖명〗제련을 하는 곳.

제:렴 (製-)〖명〗‘제염(製鹽)’의 변한말.

제:령 (制令)〖명〗**1** 법도. **2** 법제에서 정해진 명령. **3** 일제 강점기에, 조선 총독이 법률을 대신하여 발포한 명령.

제:례 (制禮)〖명〗〖하자〗예법을 제정함.

제례 (除例)〖명〗〖하타〗갖추어야 할 식례(式例)를 덜어 버림.

제례 (除禮)〖명〗〖하자〗갖추어야 할 예의를 덞(간단한 편지의 첫머리에 씀). □~하옵고.

제:례 (祭禮)〖명〗제사의 예법이나 예절. □~를 지내다.

제례 (諸禮)〖명〗모든 예절.

제:례-악 (祭禮樂)〖명〗〖악〗아악의 향부악(鄕部樂)의 하나《종묘·문묘의 춘추 사대제(四大祭)에 씀》.

제로 (zero)〖명〗**1** 영(零). 영점. **2** 인구 증가율이 거의 ~이다. **2** 전혀 없음. □인격이 ~인 사람 / 기업 윤리가 ~라는 얘기다.

제로 게임 (zero game) 경기 등에서, 한 점도 얻지 못하고 진 시합. 전패(全敗) 시합. 영패 시합.

제로섬 (zero-sum)〖명〗어떤 시스템이나 사회 전체의 이익이 일정하여 한쪽이 득을 보면 반드시 다른 한쪽이 손해를 보는 상태.

제로 성장 사회 (zero成長社會) 경제 성장률과 인구 성장률이 제로인 정상 상태의 사회.

제록스 (Xerox)〖명〗문서를 자동으로 복사하는 방식. 또는 그런 기계. 전자 복사기《상표명》.

제론 (提論)〖명〗〖하타〗제의(提議).

제리 (諸吏)〖명〗모든 아전.

제:마 (製麻)〖명〗〖하자〗삼으로 실을 만들거나 베를 짬.

제:마 (濟馬)〖명〗제주도에서 나는 말.

제막 (除幕)〖명〗막을 걷어 냄. □기념비 ~.

제막-식 (除幕式)[-씩]〖명〗동상·기념비 따위를 완공하고 행하는 의식《그것에 덮었던 흰 보를 걷어내고 공개함》. □~이 거행되다.

제-만사 (除萬事)〖명〗제백사(除百事).

제-맛 [-맏]〖명〗음식의 본디의 맛. 또는 본디의 효과. □~이 나다 / ~을 내다.

제매 (弟妹)〖명〗남동생과 여동생.

제-멋 [-먿] 圀 제 스스로 느끼고 생각하는 멋. ▢~에 살다 / ~에 겹다.

제멋-대로 [-먿때-] 뮈 아무렇게나 마구. 제가 하고 싶은 대로. ▢~ 지껄이다 / ~ 놀아나다 / ~ 값을 올리다.

제:면 (製綿) 圀하재 목화를 다루어 솜을 만듦.

제:면 (製麵) 圀하재 국수를 만듦.

제-면-기 (製麵機) 圀 국수틀.

제-명 (-命) 圀 타고난 자기의 목숨. ▢~에 죽지 못할 놈 / ~을 다하지 못하다.

제:명 (帝命) 圀 황제의 명령.

제명 (除名) 圀하타 명부에서 성명을 빼어 자격을 박탈함. ▢~ 처분 / 당에서 ~되다.

제명 (題名) 圀하재 1 책·시문 등의 표제의 이름. 2 명승지에 자기의 이름을 기록함.

제명 (題銘) 圀 책의 첫머리에 쓰는 제사(題詞)와 기물에 새기는 명(銘).

제:모 (制帽) 圀 학교·관청·회사 따위에서, 규정에 따라 제정한 모자.

제모 (諸母) 圀 제부(諸父)의 아내.

제목 (題目) 圀 1 글·강연·공연·작품 등에서, 그것을 대표하거나 내용을 보이기 위해 붙이는 이름. ▢~을 정하다. 2 글제.

제:문 (祭文) 圀 죽은 사람을 조상하는 글. ▢~을 읽다.

제-물 圀 1 음식을 익힐 때 처음부터 부어 둔 물. ▢~ 김칫국. 2 그 자체에서 우러난 국물. ▢~ 젓국. 3 다른 것이 섞이지 않은 순수한 물건.

제:물 (祭物) 圀 1 제사에 쓰는 음식. 제수(祭需). ▢~을 마련하다 / ~을 바치다. 2 '희생물'의 비유. ▢당파 싸움의 ~이 되다.

제물-국수 [-쑤] 圀 국수 삶은 국물을 갈지 않고 그대로 먹는 국수.

제물-낚시 [-락씨] 圀 깃털로 모기 모양으로 만든 낚싯바늘. ▢~로 물고기를 낚다.

제물-땜 圀하타 1 깨진 쇠붙이 그릇에 쇳조각을 대지 않고 같은 쇠붙을 녹여 붙이는 땜. 2 뚫어진 물건에 같은 종류의 조각을 대어 깁는 일. 3 어떤 일을 하는 김에 다른 일까지 함께 끝내는 일.

제물-로 뮈 그 자체가 스스로. 저절로. ▢~ 찾아오다 / ~ 화가 풀리다.

제물-묵 圀 쑤어 불린 녹두를 갈아 전대에 담아 짜서 그 물로 쑤어 굳힌 묵.

제물-물부리 [-뿌-] 圀 지궐련 한끝에 제물로 붙여 만든 물부리.

제물-에 뮈 저 혼자 스스로의 바람에. ▢~ 지치다 / ~ 넘어지다.

제물-장 (-欌) 圀 방·부엌 등에 붙박이로 짜 놓은 장.

제미 㘴 매우 못마땅할 때, 욕으로 하는 말. ▢~, 이게 무슨 꼴이람. 㘴 圀 '제 어미'의 준말.

제미니 계:획 (Gemini計劃) [-/-/-게-] 1964-1966 년에 있었던, 미국의 2인승 인공위성의 비행 계획. 머큐리 계획의 다음 단계이며, 아폴로 계획의 준비 단계임. *머큐리 계획·아폴로 계획.

제미-붙을 㘴㘴 제 어미와 붙을 것이라는 뜻으로, 남을 욕하는 말.

제민 (齊民) 圀 일반 백성.

제:민 (濟民) 圀하재 도탄에 빠진 백성을 구제(救濟)함.

제밀-동생 (同生) [-밀똥-] 圀 성별(性別)이 같은, 자기 바로 밑의 동생.

제-바닥 圀 1 물건 자체의 본바닥. 2 본디 살고 있는 고장. ▢그는 ~을 떠나 본 적이 없는

이 고장 토박이다.

제-바람 圀 (주로 '제바람에'의 꼴로 쓰여) 스스로의 행동에서 생긴 영향. ▢~에 놀라다.

제:박 (制縛) 圀하타 제재(制裁)하여 자유를 속박함.

제:반 (除飯) 圀하재 끼니때마다 밥을 조금 떠내어서 신에게 감사의 뜻을 표하는 일.

제반 (諸般) 圀관 어떤 것과 관련된 모든 것. 여러 가지. ▢~ 사정.

제반-사 (諸般事) 圀 어떤 것과 관련된 모든 일. 여러 가지 일. ▢~에 형통한 사람. 㕮제사(諸事).

제:발 (題跋) 圀 제사(題辭)와 발문(跋文).

제:발 뮈 간절히 바라건대. ▢~ 부탁이다.

제발 덕분 ㄷ '제발 덕분에'의 준말.

제발 덕분에 ㄷ 간절히 은혜나 도움을 바라건대. ▢그 일을 관대히 봐 주십시오.

제방 (堤防) 圀 둑². 1

제방 (諸邦) 圀 제국(諸國).

제배 (儕輩) 圀 동배(同輩).

제배부채 圀 『식』 껍질과 알맹이가 희고 조금 굵은 팥.

제-백사 (除百事) [-싸] 圀하재 한 가지 일에만 전력하기 위해 다른 일은 다 제쳐 놓음. 파제만사. 제만사. ▢~하고 회의에 참석하다.

제번 (除番) 圀하재 번(番)차례를 면(免)해서 그 만듦.

제번 (除煩) 圀하재 간단한 편지의 첫머리에 쓰는 말. 번거로운 인사말을 덜어 버리고 바로 할 말을 적는다는 뜻. ▢~하옵고, 결론부터 말씀드리겠습니다.

제벌 (除伐) 圀하타 필요 없는 나무나 나뭇가지를 베어 버림.

제법 圀뮈 수준이나 솜씨가 어느 정도에 이르렀음을 나타내는 말. ▢날씨가 ~ 춥네 / ~ 어른티가 나다 / 음식 솜씨가 ~이로구나.

제법 (除法) [-뻽] 圀 『수』 '나눗셈'의 구용어.

제:법 (製法) [-뻽] 圀 '제조법'의 준말. ▢신약의 ~.

제법 (諸法) 圀 1 모든 법. 2 『불』 우주에 있는 유형·무형의 모든 사물.

제법 실상 (諸法實相) [-쌍] 圀 『불』 우주의 모든 사물이 있는 그대로 진실한 자태로 있는 일.

제벽 (題壁) 圀하타 시문을 지어 벽에 씀.

제:병 (祭屛) 圀 제사 때 치는 병풍.

제:병 (祭餠) 圀 『가』 성체 성사에 쓰는, 누룩 없이 만든 둥근 빵. 오스티아(hostia).

제병연명 (除病延命) 圀하재 병을 물리쳐 목숨을 연장함.

제보 (提報) 圀하재타 정보를 제공함. ▢목격자의 ~가 들어오다.

제:복 (制服) 圀 1 학교·관청·회사 따위에서 규정에 따라 입도록 한 옷. ▢~을 입은 군인. 2 정복. 유니폼. ▢~을 입다.

제복 (除服) 圀하재 상기(喪期)가 지나 상복을 벗음. 탈복(脫服).

제:복 (祭服) 圀 1 제사 때 입는 예복. 2 ☞최복(衰服).

제복-살 [-쌀] 圀 쇠갈비에 붙은 고기.

제:본 (製本) 圀하타 1 인쇄물 등을 실로 매거나 풀로 붙이고 표지를 씌워 책으로 만듦. ▢~ 상태 / 튼튼하게 ~된 책. 2 만든 물건의 본보기.

제:부 (弟夫) 圀 여자의 여동생의 남편. 제랑(弟郞). *형부(兄夫).

제부 (諸父) 圀 아버지와 같은 항렬의 당내친

(堂內親).
제:분 (製粉) 명하타 밀 따위의 곡식을 가루로 만듦. ❑~ 공장.
제-붙이 [-부치] 명 '제살붙이'의 준말.
제비¹ 명 여럿 가운데 어느 하나를 골라잡게 하는 데 쓰는 물건《종잇조각 따위에 표를 해서 임의로 뽑아 결정함》. ❑~를 뽑다.
제:비² 명 〖조〗 제빗과의 작은 새. 몸길이는 18 cm 정도이며, 봄에 우리나라에 와서 인가의 처마 밑에 집을 짓고 늦가을에 남쪽으로 감. 날개와 꽁지가 길며 시속 90 km 정도로 낢. 등은 청흑색, 배는 희며 꽁지는 두 갈래로 깊게 갈라짐.
[제비는 작아도 강남을 간다] 모양은 비록 작아도 제 할 일은 다 한다.
제:비-갈매기 명 〖조〗 갈매깃과의 바닷새. 몸길이 33 cm 정도. 태평양에 널리 분포함. 머리는 검고 등은 청회색, 가슴은 백색임. 날개 길이 약 27 cm, 부리는 가늘고 꽁지는 날카롭게 갈라짐.
제:비-꽃 [-꼳] 명 〖식〗 제비꽃과의 여러해살이풀. 높이는 12 cm 정도이며, 봄에 보랏빛 꽃이 핌. 오랑캐꽃.
제:비-꿀 명 〖식〗 단향과의 여러해살이풀. 산야에 남. 줄기 높이는 30 cm 내외로 다른 풀 뿌리에 기생함. 늦은 봄에 녹색 꽃이 핌《한방에서는 하고초(夏枯草)라 함》.
제:비-나비 명 〖충〗 호랑나빗과의 곤충. 편 날개의 길이는 8-14 cm로 검고, 금빛 녹색의 작은 비늘무늬가 있음.
제:비-도요 명 〖조〗 제비물떼새.
제:비-물떼새 명 〖조〗 제비물떼샛과의 새. 몸길이 23 cm 정도. 바다나 강의 모래 벌판에 떼 지어 살며, 꽁지와 부리가 제비와 비슷함. 몸빛은 등이 붉은 갈색, 배는 흰색임.
제:비-부리 명 좁고 긴 물건의 오라기 한 끝의 좌우 귀를 접고 가운데만 뾰족하게 만든 것. 또는 그 모양.
제:비-붓꽃 [-붇꼳] 명 〖식〗 붓꽃과의 여러해살이풀. 습지에 나는데 줄기는 뭉쳐남. 높이는 약 70 cm 정도이며, 잎은 칼 모양임. 늦봄에 여러 빛깔의 꽃이 핌.
제비-뽑기 [-끼] 명하자 제비를 만들어 승부나 차례를 정하는 일. ❑~로 순서를 정하다.
제:비-쑥 명 〖식〗 국화과의 여러해살이풀. 산지에 나는데 줄기 높이는 60-90 cm 정도이며, 가을에 담황색 두화(頭花)가 핌. 한방에서 청호(靑蒿)라 하여 약재로 씀.
제:비-옥잠 (-玉簪)[-짬] 명 〖식〗 은방울꽃과의 여러해살이풀. 깊은 산에 나는데, 땅속줄기는 짧으나 수염뿌리가 있음. 꽃줄기는 곧으며 높이는 25-50 cm에 이름. 잎은 거꿀달걀꼴로 여름에 흰 여섯잎꽃이 핌.
제:비-족 (-族) 명 〈속〉 특별한 직업 없이 유흥가를 전전하며 돈 많은 여성에게 의지해 사는 젊은 남자. ❑~에게 걸려들다.
제:비-초리 명 뒤통수나 앞이마의 한가운데에 아래로 뾰족하게 내민 머리털.
제:비-추리 명 **1** 소의 안심에 붙은 고기. **2** ☞ 제비초리.
제:비-콩 명 〖식〗 콩의 하나. 알이 납작하고 흰데, 가장자리에 제비부리 모양의 검은 점이 있음.
제:비-턱 명 밑이 두툼하고 너부죽하게 생긴 턱. 또는 그런 사람의 별명.
제:빈 (濟貧) 명하자 가난한 사람을 구제함.
제:빙 (製氷) 명하자 얼음을 만듦. ❑~ 공장.
제:빙-기 (製氷機) 명 얼음을 만드는 기계.
제-뿌리 명 〖식〗 배(胚)의 어린뿌리가 자라서 땅속에 곧게 뻗어 주축이 되는 뿌리. 주근(主根). 정근(定根). ↔막뿌리.
제:사 (娣姒) 명 형제의 아내 가운데 손아래 동서와 손위 동서.
제:사 (祭司) 명 **1** 유대교에서, 신전의 의식·전례를 맡아보는 사람. **2** 사제(司祭). **3** 주문(呪文) 따위로 영험을 얻게 하는 사람.
제:사 (祭祀) 명하자타 신령이나 죽은 사람의 넋에게 음식을 바쳐 정성을 나타냄. 또는 그 의식. ❑~를 지내다 / ~를 드리다 / ~를 모시다 / 조상에게 ~하다.
[제사 덕에 이밥이라] 무슨 일을 빙자하여 이익을 얻다.
제:사 (製絲) 명하자 고치나 솜으로 실을 만듦. ❑~방직업.
제사 (諸事) 명 '제반사(諸般事)'의 준말.
제사 (題詞) 명 책의 첫머리에 그 책과 관련되는 노래·시 따위로 적은 글.
제사 (題辭) 명 〖역〗 백성의 소장(訴狀)이나 원서에 쓰던 관부의 판결이나 지령.
제:사-계 (第四系)[-/-게] 명 〖지〗 제사기에 생긴 지층. 곧, 홍적층 및 충적층의 총칭. 제사기계(第四紀系). 제사기층(第四紀層).
제:사 계급 (第四階級)[-/-게-] **1** 무산 계급. **2** 언론직에 종사하는 사람, 특히 신문 기자.
제:사-공 (製絲工) 명 고치나 솜 따위로 실을 만드는 일에 종사하는 직공《특히 여공》.
제:사-기 (第四紀) 명 〖지〗 신생대의 후반에서 현대에 이르는 지질 시대의 한 구분.
제:사기-층 (第四紀層) 명 〖지〗 제사계(系).
제-사날로 부 남이 시키지 않은, 제 생각으로. ❑~ 한 짓이다.
제:사-상 (祭祀床)[-쌍] 명 제사를 지낼 때, 제물을 차려 놓은 상. 준제상(祭床).
제:사 성:병 (第四性病)[-뼝] 〖의〗 서혜 림프육아종(鼠蹊lymph肉芽腫).
제:사 세:계 (第四世界) [-/-게] 〖정〗 개발도상국 가운데 석유 따위의 자원이 없고 식량 자급이 어려운 후발 도상국.
제:사 세:대 컴퓨터 (第四世代computer) 〖컴〗 컴퓨터의 발달 과정에 따른 분류의 하나. 1970-80 년대의 고밀도 집적 회로·초대규모 집적 회로를 사용한 시스템.
제:사의 불 (第四-)[-/-에-] 핵융합 반응으로 발생하는 원자력의 일컬음. *제삼의 불.
제:사-장 (祭司長) 명 〖기〗 유대교에서, 예루살렘 성전에서 의식이나 제례를 맡아보는 공직자.
제:사 종 우편물 (第四種郵便物) 서적·인쇄물·업무용 서류·사진·서화·상품 견본 및 박물학상의 표본, 맹인용 점자 서적 따위.
제:사차 산:업 (第四次產業) 〖경〗 정보·의료·교육 및 서비스 산업 등의 지식 집약형 산업.
제산 (除算) 명하타 '나눗셈'의 구용어.
제:산 (製產) 명하타 물건을 만들어 냄.
제:산-제 (制酸劑) 명 위산의 분비를 억제하고 그 자극을 완화하는 약제.
제:살 (制煞) 명하자 〖민〗 살풀이를 해서 미리 재액을 막음.
제살-붙이 [-부치] 명 혈통이 같은 가까운 일가붙이. 준제붙이.
제-살이 명하자 남에게 의지하지 않고 제 힘으로 살아감. 또는 그런 살림.
제살이(를) 가다 구 시부모가 없는 집으로 시집을 가다.

제:삼 계급 (第三階級)[-/-게-] 유럽의 봉건 사회에서, 부르주아를 비롯한 상공업자·농민·소상인 따위의 평민 계급.
제:삼-국 (第三國) [명] 당사국이 아닌 나라. ❏ ~을 통해 망명하다.
제:삼 권리자 (第三權利者)[-궐-] 〖법〗 어떤 채권 관계의 권리자에 대해 채권을 갖는 제삼자를 이르는 말.
제:삼-기 (第三紀) [명] 〖지〗 지질 시대의 한 구분. 신생대의 전반기로 포유동물과 쌍떡잎식물이 번성하고 조산(造山) 운동이 활발하여 알프스·에베레스 따위의 산맥이 생겼음.
제:삼기-계 (第三紀系)[-/-게] [명] 제삼기층.
제:삼기-층 (第三紀層) [명] 〖지〗 제삼기에 생긴 지층. 석탄·석유 따위의 광상(鑛床)이 많음. 제삼기계.
제:삼 당 (第三黨) 의석수가 세 번째인 정당. 2대 정당의 어느 쪽도 과반수를 차지하지 못할 때 그 사이에서 캐스팅 보트를 쥐게 되는 정당.
제:삼 독회 (第三讀會)[-도쾨] 국회에서, 의안에 대한 제3차의 독회.
제:삼-성 (第三聲) [명] 거성(去聲)2.
제:삼 세:계 (第三世界)[-/-게] 제2차 세계대전 후, 아시아·아프리카·라틴아메리카 등지의 개발도상국을 일컫는 말.
제:삼 세:대 컴퓨터 (第三世代computer) 〖컴〗 컴퓨터의 발달 과정에 따른 분류의 하나. 1960년대 후반의 것으로, 트랜지스터 대신 집적 회로를 이용한 시스템.
제:삼 세:력 (第三勢力) **1** 대립하는 두 세력 밖에 있는 세력. **2** 국제 정치에서, 동서 양 진영의 어느 쪽에도 속하지 않은 나라들.
제:삼 시:장 (第三市場) 〖경〗 증권 거래소 시장과 코스닥(KOSDAQ) 시장에 이어 중소기업의 육성 자금 조달을 위하여 설립된 증권 시장.
제:삼-심 (第三審) [명] 〖법〗 소송에서, 제3차로 받는 심판. 또는 그 법원.
제:삼의 물결 (第三-)[-사믜-껼/-사메-껼] 가까운 장래에 일어날, 고도로 발달된 과학 기술에 따른 변혁의 일컬음《미국의 문명 평론가 토플러의 말로, 농업 혁명을 제일의 물결, 산업 혁명을 제이의 물결이라 했음》.
제:삼의 불 (第三-)[-사믜-/-사메-] 핵분열 반응으로 발생하는 원자력의 일컬음《제1의 불은 원시인의 불 또는 석탄·석유, 제2의 불은 증기 기관·전기 또는 다이너마이트》. *제사의 불.
제:삼 의학 (第三醫學) 전쟁이나 산업 사고로 신체장애를 입은 환자를 육체적·정신적·경제적으로 재기시켜 사회에 복귀시키려는 의학.
제:삼 인칭 (第三人稱) 〖언〗 화자와 청자 이외의 사람을 가리키는 말《그, 그녀, 당신, 저분 따위》.
제:삼-자 (第三者) [명] 당사자가 아닌 사람. 삼자. ❏ ~가 개입하다 / ~는 나서지 마라.
제:삼 제:국 (第三帝國) **1** 나치스 통치 때의 독일. **2** 육(肉)의 세계를 제1 제국, 영(靈)의 세계를 제2 제국이라 하고, 이에 대해 영육이 합쳐 이상과 현실이 조화된 세계의 일컬음.
제:삼 종 우편물 (第三種郵便物) 한 달에 한 번 이상 간행되는 정기 간행물로, 당국의 인가를 받은 우편물.
제:삼 종 전염병 (第三種傳染病)[-뼝] 결핵·성병(性病)·나병(癩病)·만성 B형 간염 따위의 법정 전염병.
제:삼차 산:업 (第三次産業) 상업·운수·통신·

금융 따위의 서비스업《제1차·제2차 산업 이외의 모든 산업》.
제:삼 차 산:업 혁명 (第三次産業革命)[-사녀평-] 〖경〗 증기(蒸氣)와 전력에 이어 원자력의 에너지를 평화적인 목적에 이용함으로써 일어날 산업의 획기적인 전환.
제:삼 채:무자 (第三債務者) 〖법〗 채권(債權) 관계의 채무자에 대해 채무를 지는 제삼자.
제:삿-날 (祭祀-)[-산-] [명] 제사 지내는 날. 제일(祭日). ❏ 내일이 할머니 ~이다. [준]젯날.
제:삿-밥 (祭祀-)[-사빱/-삳빱] [명] **1** 제상에 차려 놓은 밥. 메. **2** 제사 지내고 먹는 밥. [준]젯밥.
제상 (除喪) [명][하자] 상기(喪期)를 마치거나 복상(服喪)을 도중에서 그만두어 상을 벗음.
제:상 (祭床)[-쌍] [명] '제사상'의 준말. ❏ ~을 차리다.
제상 (梯狀) [명] 사다리 모양. 제형(梯形).
제생 (諸生) [명] **1** 여러 학생. **2** 여러 유생.
제:생 (濟生) [명][하자] **1** 생명을 구제함. **2** 〖불〗 중생을 구제함.
제서 (題書) [명] 제자(題字).
제서 (臍緖) [명] 〖생〗 탯줄.
제:석 (帝釋) [명] **1** 〖불〗 '제석천(帝釋天)'의 준말. **2** '제석신'의 준말.
제석 (除夕) [명] 섣달 그믐날 밤. 제야(除夜).
제:석 (祭席) [명] 제사 때 까는 돗자리.
제:석-거리 (帝釋-)[-꺼-] [명] 무당이 제석굿을 할 때 부르는 노래.
제:석-굿 (帝釋-)[-꾿] [명] 〖민〗 무당의 열두 거리 굿 가운데 하나. 제석신을 받들기 위해 행하는 굿. 제석풀이.
제:석-신 (帝釋神)[-씬] [명] 〖민〗 무당이 모시는 신의 하나. 가신제(家神祭)의 대상임. [준]제석(帝釋).
제석의 종 (除夕-鐘)[-서긔-/-서게-] 섣달 그믐날 밤 자정에, 절에서 백팔 번뇌(百八煩惱)를 없앤다는 뜻으로 108번을 치는 종.
제:석-천 (帝釋天) [명] 〖불〗 범왕(梵王)과 더불어 불법을 지키는 신. [준]제석.
제:석-풀이 (帝釋-) [명][하자] 〖민〗 제석굿.
제설 (除雪) [명][하자] 쌓인 눈을 치움. 또는 그 일. 소설(掃雪). ❏ ~ 작업을 하다.
제설 (諸說) [명] 여러 사람이 주장하는 말. 또는 그런 학설. ❏ ~이 분분하다.
제설-기 (除雪機) [명] 길에 쌓인 눈을 치워 없애는 기계. 소설기(掃雪機).
제설-차 (除雪車) [명] 길에 쌓인 눈을 치워 없애는 차.
제:성 (帝城) [명] 황성(皇城).
제:세 (濟世) [명][하자] 세상을 구제함.
제세 (諸稅) [명] 여러 가지 세금.
제:세-경륜 (濟世經綸)[-뉸] [명] 세상을 구제할 만한 역량과 포부.
제:세-안민 (濟世安民) [명] 세상을 구제하고 백성을 편안하게 함. ❏ ~에 힘쓰다.
제:세-재 (濟世才) [명] 제세지재.
제:세-주 (濟世主) [명] 세상을 구제하는 거룩한 사람.
제:세지재 (濟世之才) [명] 세상을 구제할 만한 재주. 또는 그런 재주를 가진 사람.
제소 (提訴) [명][하타] 소송을 제기함. 또는 그런 일. ❏ 당국에 ~하다 / ~를 취하하다.
제-소리¹ [명] **1** 글자의 바른 음. 정음(正音). **2** 〖물〗 발음체 각각의 고유한 소리.
제-소리² [명][하자] 본심에서 나오는 말. ❏ 이제

~가 나오는군.

제:수 (弟嫂) 圏 계수(季嫂)1.

제수 (除授) 圏하타 천거에 의하지 않고 임금이 직접 벼슬을 내림. □예조 판서에 ~되다.

제수 (除數)[一쑤] 圏《수》 나눗셈에서, 피(被)제수를 나누는 수(6÷2=3에서 2의 일컬음). 피제수(被除數).

제:수 (祭需) 圏 1 제사에 드는 여러 가지 재료. □~를 장만하다. 2 제물(祭物).

제:수-답 (祭需畓) 圏 제위답(祭位畓).

제:수-씨 (弟嫂氏) 圏 계수씨(季嫂氏).

제수이트-회 (Jesuit會) 〖가〗 예수회.

제:수-전 (祭需錢) 圏 제수를 장만하는 데에 드는 돈.

제:술 (製述) 圏하타 시나 글을 지음.

제스처 (gesture) 圏 1 말의 효과를 더하기 위한 몸짓이나 손짓. 2 특이한 ~를 하다. 2 마음에 없이 남에게 보이기 위한, 형식뿐인 태도. 공허한 선전 행위. □에 지나지 않다.

제습 (除濕) 圏하타 습기를 없앰.

제:승 (制勝) 圏하타 1〖역〗세자가 섭정할 때 군무(軍務)에 관한 문서에 찍던 나무 도장. 2 승리함.

제:승 (濟勝) 圏하자 명승지를 두루 돌아다님.

제시 (提示) 圏하타 1 어떠한 의사를 글이나 말로 드러내어 보임. □해결책 ~ / 대안이 ~되다. 2 검사나 검열 따위를 위하여 물품을 내어 보임. □영장 ~. 3 어음·수표 따위 증권의 소지자가 인수·지급을 요구하기 위해 지급인 또는 인수인에게 제출해 보이는 일. 정시(呈示).

제시 (題詩) 圏하자 제목을 붙여 시를 지음. 또는 그 시.

제-시간 (一時間) 圏 정한 시간. □학교에 ~에 도착했다 / ~에 일을 끝내다.

제시 증권 (提示證券)[一쭌]〖경〗증권상의 권리를 행사하기 위해 의무 이행자에게 제시해야 하는 유가 증권.

제:식 (制式) 圏 1 정해진 양식. 2〖군〗대열을 짓는 훈련에 규정된 격식과 방식.

제:식 교:련 (制式教鍊)[一교一]〖군〗제식 훈련(制式訓鍊).

제:식-복 (祭式服)[一뽁] 圏 관혼상제나 의식에 입는 복장(예복·상복 등).

제:식 훈:련 (制式訓鍊)[一시쿨一]〖군〗집단적이면서 통일성이 필요한 군인에게 절도와 규율을 익히게 하는 훈련. 제식 교련.

제신-기 (除燼器) 圏 굴뚝 끝에 달아 그을음이 흩어지는 것을 막는 장치.

제:실 (帝室) 圏 황실.

제:씨 (弟氏) 圏 계씨(季氏).

제씨 (諸氏) 圏 여러 사람의 이름이나 직명(職名)을 들고 그 다음에 붙여, '여러분'의 뜻으로 쓰는 말.

제-아무리 뮈 남을 얕잡아 보는 뜻으로 쓰는 말. □~ 잘난 체해도 별수 없다.

제:악 (祭樂) 圏 나라의 제향 때 연주하던 아악.

제악 (諸惡) 圏 모든 악. 많은 악행이나 흉악한 일. □~의 근원.

제안 (除案) 圏하타〖역〗죄나 허물이 있는 관리의 이름을 녹명안(綠名案)에서 빼어 버림.

제안 (提案) 圏하자타 의안을 내어 놓음. 또는 그 의안. □~을 받아들이다 / ~에 응하다 / 새 법안이 ~되다.

제안-권 (提案權)[一꿘] 圏 법률안이나 예산안을 국회에 제출할 수 있는 권리.

제안-자 (提案者) 圏 법률안 또는 예산안을 제출하는 기관 또는 사람.

제:암-제 (制癌劑) 圏 항암제(抗癌劑).

제:압 (制壓) 圏하타 위력이나 위엄으로 세력이나 기세 따위를 억눌러 통제함. □반대파의 ~ / ~을 당하다 / 적군이 완전히 ~되다.

제:애 (際涯) 圏 1 끝닿는 곳. 2 넓고 큰 물의 맨 가쪽.

제액 (題額) 圏하자 액자에 글씨를 쓰거나 그림을 그림.

제야 (除夜) 圏 제석(除夕). □~의 종소리.

제:약 (制約) 圏하타 1 사물의 성립에 필요한 조건이나 규정. 2 조건을 붙여 내용을 제한함. 또는 그런 조건. □~을 가하다.

제:약 (製藥) 圏하자 약을 제조함. 또는 그 약. □~ 회사.

제:약-성 (制約性)[一썽] 圏 조건을 붙여 내용을 제약하는 성질 또는 특성.

제:약 판단 (制約的判斷)[一쩍一]〖논〗어떤 조건이나 제약 아래에서만 가능한 주장의 판단 (가언적 판단과 선언적 판단이 있음).

제:어 (制御) 圏하타 1 상대편을 억눌러 제 마음대로 다룸. 2 감정·충동·생각 따위를 막거나 누름. □~된 행동. 3 기계·설비나 화학적 반응 등을 알맞은 상태로 움직이도록 조절함. □자동 ~ 장치 / 컴퓨터로 ~되는 로봇.

제:어-봉 (制御棒) 圏〖물〗원자로에 넣었다 뺐다 해서 핵분열에 의한 연쇄 반응을 조절하는 막대기.

제:어용 컴퓨터 (制御用computer)〖컴〗1 공정 과정을 직접 제어하는 컴퓨터. 2 장치를 필요한 상태로 유지하기 위한 동작에 사용하는 컴퓨터.

제:어 장치 (制御裝置)〖컴〗1 데이터 처리 시스템에서, 하나 이상의 주변 장치를 제어하는 기능을 하는 장치. 2 중앙 처리 장치를 구성하는 장치로, 기억 장치에 있는 명령을 차례로 해독하고 필요한 신호를 보내 각 장치의 동작을 지시함. 통제 장치.

제:어 프로그램 (制御program)〖컴〗시스템 전체의 동작 상태를 감시하고 프로그램의 실행 과정을 지시하며 다음에 실행할 프로그램을 준비하는 역할을 맡은 프로그램의 집합. 관리 프로그램. 통제 프로그램.

제언 (提言) 圏하자타 생각이나 의견을 내놓음. 또는 그 생각이나 의견. □~을 받아들이다.

제언 (堤堰) 圏 강이나 바다의 일부를 가로질러 둑을 쌓아 물을 가두어 두는 구조물.

제언 (諸彦) 圏 제현(諸賢).

제언 (題言) 圏 서적·화폭·비석 따위의 첫머리에 적은 글.

제언-사 (堤堰司)〖역〗조선 때, 각 도의 제방과 수리(水利)를 맡아보던 관아.

제:업 (帝業) 圏 제왕의 업적.

제여곰 뮈〖옛〗제가끔.

제역 (除役) 圏하타 1 병역의 일부나 전부를 면제함. 2 면역(免役)3.

제:염 (製塩) 圏하타 소금을 만듦.

제염 (臍炎) 圏〖의〗탯줄을 자른 뒤 배꼽과 그 부근에 염증이 생기는 갓난아이의 병.

제영 (題詠) 圏하타 제목을 붙여 시를 읊음. 또는 그런 시가.

제:오 열 (第五列) 圏 내부에 있으면서 외부의 반대 세력에 협조하는 집단. 제5부대. 오열.

제:오 종 우편물 (第五種郵便物) 圏 농산물의 씨앗 및 누에씨를 싼 우편물.

제:오차 산:업 (第五次産業) 圏 취미·오락·패션 등의 산업.

제올라이트 (zeolite) 명 『광』 나트륨·알루미늄 따위의 함수(含水) 규산염 광물. 다량의 물을 함유하여 가열하면 끓어 거품이 일기 때문에 비석(沸石)이라고도 함. 무색 또는 백색에 유리 광택이 남.

제-왈 (-曰) 튀 자기랍시고 장담(壯談)으로. □ ~. 찐만 원쯤은 문제 없이 구한다.

제:왕 (帝王) 명 황제와 국왕.

제왕 (諸王) 명 여러 임금.

제:왕-가 (帝王家) 명 제왕의 가정.

제:왕 신권설 (帝王神權說)[-꿘-] 왕권신수설. 준신권설.

제:왕 절개 수술 (帝王切開手術) 『의』 산도(産道)를 통한 해산이 어려울 때, 배와 자궁을 갈라 태아를 꺼내는 수술. 제왕 절개술.

제:왕 주권설 (帝王主權說)[-꿘-] 국가의 주권이 제왕에게 있고 제왕은 곧 국가라는 설.

제외 (除外) 명하타 어떤 범위 밖에 둠. 따로 떼어 내어 셈에서 뺌. □승진에서 ~되다 / 모임에서 ~시키다.

제외-례 (除外例) 명 예외 규정.

제외-지 (堤外地) 명 둑 바깥 강가에 있는 땅.

제요 (提要) 명하자 중요한 줄거리나 골자를 추려 제시함. □논리학 ~.

제:욕 (制慾) 명하타자 욕심을 억누름.

제:욕-주의 (制慾主義)[-주- / -쭈이] 명 금욕주의(禁慾主義)2.

제우 (悌友) 명 형제 사이나 어른과 어린이 사이에 우애가 두터움.

제:우 (際遇) 명하자 제회(際會)1.

제우 (諸友) 명 여러 친구.

제:우-교 (濟愚敎) 명 『종』 천도교.

제우스 (Zeus) 명 그리스 신화에 나오는 최고의 신. *주피터.

제-움직씨 (-) 명 『언』 자동사. ↔남움직씨.

제웅 1 『민』 짚으로 사람의 형상을 만든 것 (음력 정월 열나흗날 저녁의 액막이나, 무당이 앓는 사람을 위해 산영장을 지내는 데 씀). 초우인. 2 분수를 모르는 사람의 비유.

제웅 (除雄) 명 『식』 식물이 교배할 때, 자가 수정을 방지하기 위하여 꽃봉오리일 때에 수술의 꽃밥을 미리 제거하는 일.

제웅-직성 (-直星)[-썽] 명 『민』 아홉 직성의 하나. 흉한 직성으로 아홉 해에 한 번씩 돌아오는 데 남자는 열 살에, 여자는 열한 살에 처음으로 든다고 함. ↔나후(羅睺)직성.

제웅-치기 명하자 정월 열나흗날 밤에 집집마다 돌며 제웅에 입힌 옷과 그 속의 돈푼을 얻으려고 제웅을 거둠.

제원 (諸元) 명 기계류 따위에서 크기·무게·성능·특성 따위를 나타낸 수적(數的) 지표.

제원 (諸員) 명 여러 인원.

제월 (除月) 명 음력 12월의 별칭.

제:월 (霽月) 명 비가 갠 날의 밝은 달.

제:월-광풍 (霽月光風) 명 광풍제월.

제:위 (帝位) 명 제왕의 자리. □~에 오르다.

제:위 (帝威) 명 황제나 국왕의 위엄.

제:위 (祭位) 명 제사를 받는 신위.

제위 (諸位) 명 여러분.

제-위-답 (祭位畓) 명 추수한 것을 제사 비용으로 쓰기 위해 마련한 논. 제수답(祭需畓).

제-위-전 (祭位田) 명 추수한 것을 제사 비용으로 쓰기 위해 마련한 밭.

제:유 (製油) 명하자 동식물체에서 기름을 짜 만듦. □~공장.

제유 (諸有) 명 『불』 1 제법(諸法). 2 중생(衆生). 3 모든 것.

제유 (諸儒) 명 여러 선비.

제유-법 (提喩法)[-뻡] 명 『문』 수사법의 하나. 하나의 명칭으로 전체 또는 그와 관련되는 모든 것을 나타내는 표현법(예를 들어, '빵만으로는 살 수 없다'에서 '빵'이 '식량'을 의미하는 것).

제육 (-肉) 명 [←저육(豬肉)] 돼지고기.

제:육-감 (第六感)[-깜] 명 『심』 오관 이외의 감각. 도무지 알 수 없는 사물의 본질을 직접적으로 포착하는 심리 작용. 준육감.

제육-구이 (-肉-)[-꾸-] 돼지고기를 얇게 저며 양념을 해서 구운 음식.

제육-무침 (-肉-)[-용-] 명 비계 없는 돼지고기를 삶아 잘게 썰어 새우젓국, 채 친 마늘, 고춧가루 따위로 양념을 해서 무친 음식.

제육-볶음 (-肉-)[-뽀끔] 돼지고기에 갖은양념을 넣어 볶다가 다시 부추와 함께 볶은 음식. 돼지고기볶음.

제:육 의:식 (第六意識) 『불』 감각의 결과를 종합해서 이지(理智)·감정·의욕 등을 불러일으키는 정신의 활동.

제육-편육 (-肉片肉) 명 삶은 돼지고기를 얇게 저며서 조각을 낸 음식.

제:윤 (帝胤) 명 임금의 혈통.

제읍 (啼泣) 명하자 소리를 높여 욺.

제읍 (諸邑) 명 1 여러 고을. 2 행정 구획의 여러 읍.

제:의 (祭衣)[-/-이] 명 『가』 미사 때, 사제가 장백의 위에 입는, 앞뒤가 늘어지고 양옆이 터진 큰 옷.

제:의 (祭儀)[-/-이] 명 제사를 지내는 의식.

제의 (提議)[-/-이] 명하타자 의견이나 의논, 의안을 내놓음 또는 그 의견이나 의논, 의안. □협상 ~ / ~가 들어오다.

제의 (題意)[-/-이] 명 1 제목의 뜻. 2 문제의 뜻.

제이 (J, j) 명 영어 자모의 열째.

제:이 계급 (第二階級)[-/-게-] 유럽의 봉건 사회의 제2 신분인 성직자 등의 계급.

제:이 국민역 (第二國民役)[-궁-녁] 『법』 병역의 한 가지. 징병 검사 결과 현역 복무는 할 수 없으나 전시에 군사 지원 업무는 감당할 수 있다고 판정된 병역.

제:이 금융권 (第二金融圈)[-늉꿘 /-그뮴권] 『경』 은행 같은 전형적인 금융 기관으로 보는 관점에서, 그 밖의 보험 회사·신탁 회사·증권 시장·투자 금융 회사 따위를 통틀어 가리키는 말.

제:이 성:질 (第二性質) 『철』 물체를 대하는 사람의 주관적 감각으로 규정되는 물체의 빛깔·소리·냄새·음·맛 따위의 성질.

제:이 성:징 (第二性徵) 『동』 제이차 성징.

제:이-심 (第二審) 『법』 제1 심의 재판에 불복 신청이 있을 때에 하는 제2차의 심리.

제:이 예:비금 (第二豫備金) 『법』 예산 항목 외에 생기는 사건의 비용에 충당하는 예비비(豫備費).

제:이 위 (第二胃) 벌집위.

제:이-의 (第二義)[-/-이] 명 근본이 되는 첫째 의의가 아닌 둘째의 의의.

제:이 인칭 (第二人稱) 『언』 청자를 일컫는 인칭. '너'·'자네' 등. 이인칭.

제:이 인칭 대:명사 (第二人稱代名詞) 『언』 청자를 일컫는 인칭 대명사. '너'·'자네'·'당신' 등. 대칭(對稱) 대명사.

제:이 종 우편물 (第二種郵便物) 이전에, 통상 우편물 분류의 한 갈래로, 우편엽서로서

의 우편물을 일컫던 말.

제:이 종 운전면허 (第二種運轉免許) 〖법〗 운전면허의 하나. 보통 면허·소형 면허·특수 면허·원동기 장치 자전거 면허의 네 종류가 있음《이 면허를 받은 사람은 사업용 자동차 는 운전할 수 없음》. ＊제일 종 운전면허.

제:이 종 전염병 (第二種傳染病)[-저념뼝] 법 정 전염병의 한 가지. 백일해·홍역·유행성 이하선염·일본 뇌염·공수병·말라리아·성홍 열·유행성 출혈열·파상풍 따위.

제:이차 산:업 (第二次産業) 광업·건설업·제 조업 등 주로 원재료의 정제·가공을 담당하 는 산업 부문.

제:이차 성:징 (第二次性徵) 생식기 이외에 나타나는, 남녀·암수를 구별할 수 있는 특징 《사람에 있어서는 수염·유방 따위》.

제:이 차 세:계 대:전 (第二次世界大戰)[-/ -게-] 1939 년 9월부터 1945년 8월까지의 세 계 대전《연합국과 독일·이탈리아·일본 동맹 국과의 전쟁》. 제이 차 대전.

제인 (諸人) 명 모든 사람. 여러 사람.

제일 (除日) 명 섣달그믐.

제:일 (祭日) 명 제삿날.

제:일 (第一) 〔□명 여럿 가운데 첫째가는 것. □돈을 ~로 치는 세상 / 그래, 네가 ~이다. 〔□뿌 가장. 〔동〕. 준젤.

제:일 (齊一) 명〔하〕 똑같이 가지런함.

제:일-가다 (第一一) 자 으뜸가다. 첫째가다. □ 동네에서 제일가는 부잣집.

제:일-강산 (第一江山) 명 경치가 썩 좋아 첫 째갈 만한 곳.

제:일 계급 (第一階級)[-/-게-] 유럽 봉건 사 회에서, 첫째 계급인 왕·제후 등.

제:일 국민역 (第一國民役)[-궁-녁] 〖법〗 18 세부터 징병 처분을 마칠 때까지 현역·예비역· 보충역·제이 국민역에 복무하지 아니한 사람이 복무하는 병역.

제:일-류 (第一流) 명 가장 높은 등급.

제:일-보 (第一步) 명 첫걸음2.

제:일-선 (第一線)[-썬] 명 1 계획을 실행하는 데 있어서의 맨 앞장. □산업 현장의 ~. 2 최전선2. □~에서 지휘하다.

제:일 성:질 (第一性質) 〖철〗 물질 자체에 갖 추어져 있는 객관적인 성질로, 밀도·정지·운 동·수(數) 따위.

제:일-심 (第一審)[-씸] 명 〖법〗 소송에서, 제 일차로 받는 심판.

제:일 원리 (第一原理)[-뤼] 〖철〗 현상의 배 후에서 현상을 지배하는 근본 원리.

제:일-의 (第一義)[-이릐/-이릐] 명 1〖불〗가 장 뛰어나고 참된 도리. 2[근본이 되는 첫째 의의. 또는 궁극적 진리.

제:일 의:무 (第一義務) 법률에 규정되어 있 어 위반이 허용되지 않는 제일차적 의무《납 세 의무·부채 변상 의무 따위》.

제:일-인 (第一人) 명 '제일인자'의 준말.

제:일인-자 (第一人者) 특정한 사회나 방면 에서 견줄 상대가 없을 만큼 뛰어난 사람.

제:일 인칭 (第一人稱)〖언〗화자가 자기를 일 컬을 때에 쓰는 인칭. 일인칭.

제:일 종 우편물 (第一種郵便物)[-종-] 통상 우편물 분류의 한 갈래로, 보통 봉함 편지 따 위를 일컫던 말.

제:일 종 운전면허 (第一種運轉免許)[-종-] 〖법〗일반 자동차의 운전 자격격자에게 주어지 는 면허의 하나. 대형·보통·대형 특수·자동

이륜·소형 특수·원부·견인의 일곱 가지 면허 가 있음. ＊제이 종 운전면허.

제:일 종 전염병 (第一種傳染病)[-저념뼝] 법정 전염병의 한 가지. 콜레라·페스트·발진 티푸스·장티푸스·파라티푸스·디프테리아·세 균성 이질·황열(黃熱) 등.

제:일-주의 (第一主義)[-/-이] 명 무슨 일에 든지 첫째가 되고자 하는 주의. □안전을 ~ 로 삼다.

제:일 주제 (第一主題)〖악〗소나타 형식의 악 장의 첫머리에 제시되어 그 악장의 주요 부 분을 이루는 주제.

제:일차 산:업 (第一次産業) 농업·임업·어업 따위 주로 원재료의 생산·채취를 담당하는 산업. 일차 산업. 원시(原始) 산업.

제:일차 성:징 (第一次性徵) 동물의 암수의 특징을 짓는 성질 가운데, 생식기 등에 나타 나는 형태상의 차이.

제:일 차 세:계 대:전 (第一次世界大戰)[-/ -게-] 〖역〗1914 년 7월부터 1918년 11월 까 지의 세계 대전《영국·프랑스·러시아 등의 연 합국과 독일·오스트리아 등의 동맹국과의 전 쟁》. 제일 차 대전.

제:자 (弟子) 명 스승에게서 가르침을 받거나 받는 사람. □~로 삼다 / ~를 기르다.

제:자 (祭資) 명 제사에 필요한 비용.

제자 (諸子) 명 1 아들 또는 아들과 같은 항렬 이 되는 사람의 통칭. 2 제군(諸君). 3〖역〗 중국 춘추 전국 시대의 일가(一家)의 학설을 세운 사람. 또는 그 저서와 학설.

제자 (題字) 명 서적의 머리나 족자·비석 따위 에 쓴 글자.

제자루-칼 명 자루를 따로 박지 않고 제몸에 손잡이까지 되어 있게 만들어진 칼.

제-자리 명 1 본디 있던 자리. □~에 갖다 놓 다. 2 마땅히 있어야 할 자리. □~를 지키 다 / ~를 찾다.

제자리-걸음 명 1 앞으로 나가지 않고 제자리 에 서 있으면서 걷는 것처럼 다리를 움직이 는 일. 또는 그 걸음. 2 상태가 나아가지 못하 고 한 자리에 머무르는 일. 또는 그런 상태. 답 보(踏步). □논의가 ~이다 / 생산이 ~을 하다.

제자리-높이뛰기 명 도움닫기 없이 제자리에 서 바를 뛰어넘는 경기.

제자리-멀리뛰기 명 도움닫기 없이 구름판 위 에서 두 발을 놓고 멀리 뛰는 경기.

제자리-표 (-標)〖악〗#나 b에 의해 변화 된 음을 본디 음으로 돌아가게 하는 표. ♮ 제낸내. 본위 기호.

제자-백가 (諸子百家)[-까] 춘추 전국 시대 의 여러 학파를 통틀어 이르는 말.

제:작 (製作) 명〔하〕타 재료를 가지고 기능과 내 용을 가진 새로운 물건이나 예술 작품을 만 듦. □기계 ~ / 음반 ~ / 인기 소설이 영화로 ~되다.

제:작-권 (製作權)[-꿘] 명 물건이나 예술 작품 을 만드는 권리.

제:작-비 (製作費)[-삐] 명 물건이나 예술 작품 을 만드는 데드는 비용. □막대한 ~.

제:작-소 (製作所)[-쏘] 명 물건이나 예술 작품 을 만드는 장소.

제:작-진 (製作陣)[-찐] 명 연극·영화·방송 프 로그램을 만드는 일에 관여하는, 연기자 이 외의 모든 사람들.

제:작-품 (製作品) 명 제작된 물품이나 예술 작품.

제잠 (鯷岑) 명 옛날 중국에서, 우리나라를 달 리 일컫던 말.

제-잡담 (除雜談)[-땀] 명하자 여러 말을 하지 않음.

제-잡비 (除雜費)[-삐] 명하자 잡비를 제외하고 실속으로 셈을 침.

제장 (祭場) 명 제사를 지내는 곳.

제장 (諸將) 명 1 여러 장수. 2『민』 출전하였다가 죽은 신령《군복을 만들어 놓고 모심》.

제-재 (制裁) 명하타 1 국가가 법규를 위반한 사람에 대하여 처벌이나 금지 따위를 행함. 또는 그런 일. □~ 방안. 2 규칙이나 관습의 위반에 대해 제한하거나 금지함. 또는 그런 조치. □~를 가하다 /~를 받다.

제-재 (製材) 명하타 베어 낸 나무로 각목·널빤지 따위의 재목(材木)을 만듦. *삭제.

제재 (題材) 명 예술 작품·학술 연구의 주제가 되는 재료.

제적 (除籍) 명하타 호적·학적·당적(黨籍) 따위에서 지워 버림. □~당한 불량 학생 / 학적에서 ~되다. *삭제.

제적-부 (除籍簿)[-뿌] 명 학적·당적(黨籍)·회원적(會員籍) 등에서 제적한 사람을 따로 적어 두거나 묶어 두는 장부.

제전 (除田) 명 『역』 사전(寺田)처럼 면세를 받던 토지.

제전 (梯田) 명 비탈에 층층이 사다리 모양으로 일군 논밭.

제-전 (祭田) 명 1 조상의 제사를 받들기 위해 설정한 위토(位土)《제위전과 제위답이 있음》. 제위토(祭位土). *묘전(墓田). 2 조선 때, 왕실의 의례·제례에 소요되는 비용을 충당하기 위해 지급된 토지.

제-전 (祭典) 명 1 제사의 의식. 2 문화·예술·체육 따위와 관련하여 성대히 열리는 사회적인 행사. 축전. □음악의 ~.

제-전 (祭奠) 명 의식을 갖춘 제사와 갖추지 않은 제사의 통칭.

제-전-악 (祭典樂) 명 『악』 제전에서 연주하는 음악.

제-절 (制節) 명하타 옷감·재목 등을 말라서 쓰기에 알맞게 함.

제절 (除節) 명 '계절(階節)'의 변한말.

제절 (祭節) 명 제사 지내는 절차.

제절 (諸節) 명 1 남을 높여 그 집안 사람들의 지내는 형편을 이르는 말. □댁내 ~이 평안하신지요. 2 남의 집안의 윗사람을 높여 그의 지내는 형편을 이르는 말. □자당(慈堂) ~이 안녕하신가. 3 모든 절차.

제-정 (制定) 명하타 제도나 법률 따위를 만들어 정함. □법률 ~ / 특별법이 ~되다.

제-정 (帝政) 명 1 황제의 정치. 2 ~ 러시아. 2 제국주의의 정치.

제정 (祭政) 명 제사와 정치. □~ 분리.

제정 (提呈) 명하타 바침. 드림. □신임장 ~.

제-정-법 (制定法)[-뻡] 명 『법』 입법 기관이 일정한 형식과 절차에 따라 만들어 문서로 나타낸 법률. 성문법(成文法).

제-정신 (-精神) 명 자기 본디의 바른 정신. 본정신. □~이 아니다.

제-정-일치 (祭政一致) 명 『정』 제사와 정치가 일치한다는 사상. 또는 그런 정치 형태《고대 사회에서 볼 수 있었음》. 정교(政敎)일치.

제제 (提題) 명 『논』 논증해야 할 명제.

제-제 (製劑) 명하타 의약품을 치료 목적에 따라 배합하고 가공하여 일정한 형태로 만듦. 또는 그 제품. □생약(生藥) ~.

제-제-다사 (濟濟多士) 명 훌륭한 여러 선비.

제-제창창 (濟濟蹌蹌) 명하타 몸가짐이 위엄 있고 질서가 정연함.

제:제-하다 (濟濟-) 형여 1 많고 성하다. 2 삼가고 조심해서 엄숙하다. 제:제-히 형.

제조 (提調) 명 『역』 조선 때, 중앙에서 각 사(司)나 청(廳)의 우두머리가 아니면서 각 관아의 일을 다스리던 벼슬.

제:조 (製造) 명하타 1 공장에서 물건을 만듦. □선박 ~ / 대량으로 ~되다. 2 원료를 가공해 제품을 만듦.

제:조-계:정 (製造計定)[-/-게-] 명 『경』 제조의 원가를 집계하는 계정.

제:조-량 (製造量) 명 제조한 물건의 양.

제:조-법 (製造法)[-뻡] 명 물건을 만드는 방법. 준제법.

제-조사 (除朝辭) 명하타 『역』 지방 벼슬아치가 빨리 부임하게 하기 위하여 왕에 대한 숙배(肅拜)를 특별히 면해 주던 일.

제:조-업 (製造業) 명 물품을 만드는 영업. □반도체 ~ / ~에 종사하다.

제:조-원 (製造元) 명 특정 상품을 제조해 내는 곳.

제:조 원가 (製造原價)[-까] 명 『경』 제품을 만드는 데 드는 재물(財物)과 용역을 화폐 가치로 계산한 합계액.

제:조-품 (製造品) 명 만들어 낸 물품.

제족 (諸族) 명 한 집안의 모든 겨레붙이.

제졸 (諸卒) 명 여러 병졸.

제종 (諸宗) 명 한 겨레붙이의 본종(本宗)과 지파(支派).

제종 (諸種) 명 여러 종류.

제종 (臍腫) 명 『한의』 어린아이의 배꼽에 부스럼이 나는 병.

제:좌 (帝座) 명 1 황제의 옥좌. 2 중국에서, 천제(天帝)의 자리라고 정한 별자리.

제좌 (諸座) 명 1 여러 계좌(計座). 2 부기에서, 분개(分介)할 때 한 거래의 대차 어느 한쪽의 계정 과목이 둘 이상에 걸쳐 있는 일《차변의 상품에 대하여 대변은 현금과 당좌 예금이 되는 따위》.

제:주 (帝主) 명 신으로 모시는 제왕의 신주.

제:주 (祭主) 명 제사의 주장이 되는 상제.

제:주 (祭酒) 명 제사에 쓰는 술. 젯술. 제삿술. □~를 올리다.

제주 (題主) 명하자 신주(神主)에 글자를 씀.

제:-자제 (濟州子弟) 명 『역』 조선 때, 하급 무관으로 쓰려고 제주도에서 해마다 뽑아 올리던 사람.

제:주-잔 (祭酒盞)[-짠] 명 제주를 담는 잔.

제주-전 (題主奠) 명 장사를 지낸 뒤, 산소에서 혼령을 신주(神主)에 옮길 때에 지내는 제식(祭式).

제:중 (濟衆) 명하자 『불』 모든 사람을 구제함.

제증 (諸症) 명 여러 가지 병의 증세.

제:지 (制止) 명하타 말려서 하지 못하게 함. □~를 받다 / 독주(獨走)를 ~하다.

제:지 (製紙) 명하타 종이를 만듦. □~ 공장.

제지 (踏紙) 명 국지(國紙).

제지 (諸誌) 명 여러 가지 잡지.

제지 (題旨) 명 『역』 제사(題辭).

제:-지내다 (祭-) 자 제물을 차려 신위(神位)에 바치다.

제직-회 (諸職會)[-지쾨] 명 『기』 개신교에서, 교회의 직책을 맡은 사람들이 모여 교회 업무를 의논하는 모임.

제진 (除塵) 명하자 공기 중에 떠도는 먼지를 없앰. □~기(機).

제진 (梯陣) 명 군대·군함·비행기 따위를 사다

리꼴로 편성한 진형.

제진 (齊進)**명하자** 일제히 나아감.

제-집 자기의 집. □~을 찾아가다 / 외국을 ~ 드나들듯 하다.

제-짝 한 쌍이나 벌을 이루는 그 짝. □~을 잃다 / 신발을 ~ 찾아 놓다.

제:차 (第次)**명** 차례1.

제:찬 (制撰)**명하타**〔역〕 왕의 말씀이나 명령의 내용을 신하가 대신 짓던 일. 대찬(代撰).

제:찬 (祭粲)**명** 젯메쌀.

제창 (提唱)**명하타** 어떤 일을 내놓아 주장함. □남북 협상을 통한 통일론을 ~하다.

제창 (齊唱)**명하타 1** 여러 사람이 다 같이 큰 소리로 외침. **2**〔음〕같은 가락을 두 사람 이상이 동시에 노래함. □애국가를 ~하다.

제창 (臍瘡)**명** 〔한의〕 제종(臍腫).

제창 저절로 알맞게. **주의** 명사적으로 써서 서술어가 되는 경우도 있음. □그가 돌아온 것은 ~ 잘된 일이다 / 그것 참 ~이다.

제채 (薺菜)**명** 〔식〕 냉이.

제:책 (製冊)**명하타** 제본(製本)1. □~이 튼튼한 서적.

제척 (除斥)**명하타 1** 배제해서 물리침. **2**〔법〕법관이나 법원 사무관이 특정 사건에 관해 불공평한 취급을 할 우려가 있는 경우에, 그의 직무 집행을 행할 수 없게 하는 일. □~된 법관.

제:천 (祭天)**명하자** 하늘에 제사를 지냄.

제천 (諸天)**명** 〔불〕 **1** 모든 하늘. 마음을 수양하는 경계를 따라 나눈 여덟 하늘. **2** 천상계의 모든 천신(天神).

제:천 (霽天)**명** 맑게 갠 하늘.

제:천 의식 (祭天儀式) 하늘을 숭배하고 제사 지내는 원시 종교 의식.

제-철 옷·음식 따위의 알맞은 시절. □~을 만나다 / ~에 나는 과일이 맛이 좋다.

제:철 (製鐵)**명하자** 철광석을 제련하여 철, 주로 무쇠를 뽑음. □~ 공업.

제:철 (蹄鐵)**명** 편자1.

제:철-소 (製鐵所)[-쏘]**명** 제철하는 곳.

제:청 (祭廳)**명 1** 장사 때, 제사 지내려고 무덤 옆에 마련한 곳. **2** 제사를 지내는 대청.

제청 (提請)**명하자타** 어떤 안건을 제시해서 결정해 달라고 청구함. □총리의 ~으로 장관에 임명되다.

제초 (除草)**명하타** 잡초를 뽑아 없앰. □~ 작업을 하다.

제초-기 (除草器)**명** 제초하는 기계.

제초-약 (除草藥)**명** 제초제.

제초-제 (除草劑)**명** 농작물을 해치지 않고 잡초만을 없애는 약. □~를 뿌리다.

제:축-문 (祭祝文)[-쭝-]**명** 제사 지낼 때, 신명(神明)에게 고하는 글.

제출 (除出)**명하타** 덜어 냄.

제출 (提出)**명하타** 의견이나 문안(文案), 법안 따위를 내어 놓음. □사표 ~ / ~ 서류가 반환되다.

제:출 (製出)**명하타** 만들어 냄.

제출물-로 **부** 남의 시킴을 받지 않고 제 생각 나는 대로. 남의 힘을 빌리지 않고 제힘으로.

제출물-에 **부** 저 혼자서 저절로.

제충 (除蟲)**명하자** 해로운 벌레를 없애 버림. 구충(驅蟲).

제충-국 (除蟲菊)**명** 〔식〕 국화과의 여러해살이풀. 높이는 30-60 cm 이며, 늦봄에 흰 두상화가 피는데 꽃은 우수한 살충제임.

제충국-분 (除蟲菊粉)[-뿐]**명** 제충국의 꽃을 말려 만든 가루(강력한 살충제임).

제취 (除臭)**명하자** 냄새를 없앰.

제치다 **타 1** 거치적거리지 않게 처리하다. □골키퍼를 제치고 골을 넣다. **2** 일정한 대상이나 범위에서 빼다. □동료들을 제쳐 두고 혼자 가다. **3** 경쟁 상대보다 우위에 서다. □선두를 제치고 우승하다. **4** 일을 미루다. □집안일을 제쳐 두고 놀러 가다.

제:칠-천국 (第七天國)**명** 위안(慰安)의 이상향.

제키다[1] 살가죽이 조금 다쳐서 벗겨지다.

제키다[2] **타** ☞ 젖히다.

제:탄 (製炭)**명하자 1** 연탄이나 탄을 만듦. **2** 숯을 구워 만듦.

제태 (除汰)**명하타**〔역〕 조선 때, 칠반천역(七般賤役)에 종사하는 사람의 구실을 그만두게 하던 일.

제:태 (祭馱)**명** 제수(祭需)를 실은 짐바리.

제:택 (第宅)**명** 살림집과 정자.

제택 (諸宅)**명** '제가(諸家)'의 높임말.

제:-터 (祭-)**명** 제사를 올리는 터.

제-턱 변함 없는 그대로의 정도나 분량. □아무리 타일러도 ~이다.

제:토-제 (制吐劑)**명** 구토를 멈추게 하는 약.

제:통 (帝統)**명** 제왕의 계통.

제:-퇴선 (祭退膳)**명** 제사를 지내고 제상에서 물린 음식. **준**퇴선(退膳).

제트 (jet)**명** 증기나 액체 따위가 좁은 구멍에서 잇달아 뿜어 나오는 현상.

제트-기 (jet機)**명** 연소 가스를 내뿜어서 그 반작용으로 추진력을 얻는 제트 기관을 사용하는 비행기.

제트-기 (Z旗)**명** 만국 선박 신호기 가운데 제트(Z)에 해당하는 기. 두 줄의 대각선으로 네 부분으로 나뉘며 황·흑·적·청의 4색으로 되어 있음.

제트 기관 (jet機關) 제트 엔진.

제트 기류 (jet氣流)〔지〕1만 피트가량의 고공(高空)을 동쪽으로 흐르는 공기의 세찬 흐름.

제트 엔진 (jet engine) 높은 온도의 가스를 노즐(nozzle)로부터 분출시켜서 그 반동으로 추진력을 얻는 열기관. 제트 기관.

제트 연료 (jet燃料)[-열] 가스 터빈 기관을 갖춘 제트기에 사용하는 연료(가솔린과 등유를 섞어 만듦).

제-판 거리낌이 없이 제멋대로 거드럭거리는 판.

제:판 (製版)**명하자**〔인〕 **1** 인쇄판을 만듦. □아연판으로 ~하다. **2** 조판(組版).

제판 (題判)**명**〔역〕 관부에서 백성의 소장(訴狀)에 쓰던 판결.

제:팔 예:술 (第八藝術)[-례-] 영화. 특히, 무성 영화의 별칭. *제구(第九) 예술.

제:패 (制霸)**명하자 1** 패권을 잡음. **2** 경기에서, 우승함. □태권도로 세계를 ~하다.

제평-하다 (齊平-)**형여** 가지런하고 평평하다.

제폐 (除弊)**명하자** 폐단을 없앰.

제폭 (除暴)**명하자** 폭력을 제거함.

제:폭-제 (制爆劑)**명** 내폭제(耐爆劑).

제표 (祭標)**명** '낫ను셈표'의 구용어.

제출-로 **부** 저 혼자 저절로. □~ 자라다.

제출-에 **부** 저절로 되는 바람에. □~ 털썩 넘어지다 / 울다가 ~ 잠이 들다.

제:품 (製品)**명하타** 원료를 써서 물건을 만듦. 또는 그렇게 만든 물품. □고무 ~ / ~을 차별화하다.

제품 (題品)**명** 사물의 가치나 우열 따위를 평하는 일.

제하 (除下) 圓하타 아랫사람에게 물건을 나누어 줌.

제하 (除荷) 圓하타 조난당한 배의 선체를 가볍게 하기 위해 짐을 바닷속에 버림. 또는 그 짐. 투하(投荷).

제하 (題下) 圓 제목 아래. ▣'자유'라는 ~의 글을 발표한다.

제하 (臍下) 圓 배꼽 밑.

제-하다 (除－) 타 1 덜어 내거나 빼다. 2 圓수 나누어 계산하다.

제：-하다 (製－) 타재 한약을 짓기 위해 건재(乾材)를 썰고 갈고 빻다.

제：-하다 (際－) 재타재 즈음하다. 당하다. ▣한글날에 제하여 ～.

제학 (提學) 圓역 1 고려 때, 대제학(大提學)의 다음. 2 조선 때, 예문관·홍문관의 종이품 또는 규장각의 종일품 내지 종이품 벼슬.

제한 (制限) 圓하타 일정한 한도를 정하거나 그 한도를 넘지 못하게 막음. 또는 그렇게 정한 한계. ▣～ 속도를 지키다 / ～된 범위 / 연령 ～을 두다 / 수입을 ～하다.

제한 (際限) 圓 끝이 되는 부분.

제한 공간 (制限空間) 국가 보안을 위해 지정된 육지나 수역(水域) 상공에 항공기의 비행이 금지 또는 제한되는 공간.

제한 기울기 (制限－) 기관차가 끄는 열차의 수효를 제한하는 기울기. 제한 경사.

제한 선：거 (制限選擧) 선거 자격에 재산·납세·교육·신앙 따위의 일정한 제한을 두는 제도. ↔보통 선거.

제-한성 (制限性) [-썽] 圓 일정한 제한이 가게 되는 특성. ▣역사의 ～ / 공간의 ～.

제-한적 (制限的) 관圓 한도를 정하거나 그것을 넘지 못하게 하는 (것). ▣～ 허용.

제한 전：쟁 (制限戰爭) 전쟁의 목적·수단·규모·지역 등에 제한을 두고 벌이는 전쟁.

제한-제 (制汗劑) 圓 지한제(止汗劑).

제：함 (製艦) 圓하타 군함을 만듦.

제함 (擠陷) 圓하타 악의로 함정에 밀어 넣어 해침.

제항 (梯航) 圓 사다리로 산을 오르는 것과 배로 바다를 건넌다는 뜻으로, 먼 곳으로 감.

제해 (除書) 圓하타 해가 되는 사물을 없앰.

제：해-권 (制海權) [-꿘] 圓 전시(戰時)나 평시(平時)를 가리지 않고 군사·통상·항해 따위의 국가 이익 및 안보에 관한 해상에서의 권리를 확보하는 실력. 해상권. ▣～을 장악하다.

제행 (諸行) 圓불 1 인연으로 말미암아 일어나는 온갖 현상. 2 온갖 수행.

제행-무상 (諸行無常) 圓불 우주 만물은 항상 돌고 변해서 한 모양으로 머물지 않음.

제：황 (帝皇) 圓 1 황성(皇城). 2 제왕이 난 곳. 3 하느님이 있는 곳.

제：향 (祭享) 圓 1 나라에서 지내는 제사. 2 '제사'의 높임말.

제：헌 (制憲) 圓하타 헌법을 제정함. ▣～ 국회.

제：헌-절 (制憲節) 圓 대한민국 헌법을 제정하고 공포한 것을 기념하는 국경일(7월 17일).

제：혁 (製革) 圓하타 짐승의 생가죽을 다루어 제품으로 만듦. ▣～ 공장.

제현 (諸賢) 圓 점잖은 여러분. ▣애독자 ～.

제형 (弟兄) 圓 아우와 형.

제형 (梯形) 圓 '사다리꼴'의 구용어.

제형 (諸兄) 圓 집안의 여러 형. 同圓대 동료 사이에 '여러분'을 높여 일컫는 이인칭 대명사.

제형 (蹄形) 圓 말굽 모양.

제형 자：석 (蹄形磁石) 말굽자석.

제：호 (帝號) 圓 제왕의 칭호.

제호 (除號) 圓수 '나눗셈표'의 구용어.

제호 (醍醐) 圓 우유에 갈분을 타서 미음같이 쑨 죽.

제호 (題號) 圓 책이나 신문 따위의 제목. 표제. ▣～를 정하다 / ～를 붙이다.

제호 (鵜鶘) 圓조 사다새.

제호-탕 (醍醐湯) 圓한의 오매육(烏梅肉)·사인(砂仁)·백단향(白檀香)·초과(草果)를 가루로 만들어 꿀에 버무려 끓였다가 냉수에 타서 마시는 청량음료.

제：홍 (祭紅) 圓공 도자기에 바르는 선홍색 유약의 한 가지.

제：화 (製靴) 圓하자 구두를 만듦. ▣～ 공장.

제：화 (濟化) 圓하타 가르쳐 이끌어 잘하게 함.

제：화-공 (製靴工) 圓 구두 따위를 만드는 일을 업(業)으로 하는 사람.

제회 (際會) 圓하자 1 좋은 때를 만남. 2 임금과 신하 사이에 뜻이 잘 맞음. 제우(際遇).

제후 (諸侯) 圓 봉건 시대에 영토를 가지고 그 영내의 백성을 지배하던 사람.

제후-국 (諸侯國) 圓 제후가 다스리는 나라.

제휴 (提携) 圓하자 행동을 함께하기 위해 서로 붙들어 도와줌. ▣기술 ～ / ～를 맺다.

제-힘 圓 자기의 힘. ▣～으로 해내다.

제힘-움직씨 圓언 능동사(能動詞).

젠드-아베스타 (페 Zend-Avesta) 圓 '아베스타(Avesta)'의 딴 이름.

젠-장 감 1 '젠장맞을'의 준말. 2 '젠장칠'의 준말.

젠-장-맞을 감 뜻에 맞지 않아 혼자 내뱉는 소리(('제기 난장(亂杖)을 맞을 것'이란 뜻에서 온 말)). ▣～, 비가 또 오네. 춘젠장.

젠-장-칠 감 뜻에 맞지 않아 혼자 내뱉는 소리(('제기 난장을 칠 것'이란 뜻에서 온 말)). ▣이런 ～ 일이 있군. 춘젠장.

젠체-하다 자여 잘난 체하다. ▣젠체하는 놈.

젤 圓부 '제일'의 준말. ▣무엇이 ～ 좋으냐.

젤라틴 (gelatine) 圓 단순 단백의 하나. 동물 등의 가죽·뼈·힘줄 등을 장시간 석회액에 담갔다가 물을 가해 끓이거나 산을 가해 만듦(식용·지혈제 및 공업용으로 쓰임).

젤라틴 페이퍼 (gelatine paper) 젤라틴을 정제(精製)해서 적당한 색소를 넣어 만든, 조명에 쓰는 종이.

젤리 (jelly) 圓 1 어육류나 과실류의 교질분을 채취한 맑은 즙. 또는 이것을 젤라틴으로 응고시킨 것. 2 과일즙에 설탕을 넣고 끓인 뒤 식혀 만든 과자.

젬병 圓속 형편없는 것. ▣운동은 ～이다.

젯-날 (祭-)[젠-] 圓 '제삿날'의 준말.

젯-메 (祭-)[젠-] 圓 제사 때 올리는 밥.

젯-메-쌀 (祭-)[젠-] 圓 젯메를 지을 쌀.

젯-밥 (祭-)[젣-] 圓 '제삿밥'의 준말.

젯-술 (祭-)[제쑬 / 젣쑬] 圓 제주(祭酒).

쟁경-거리다 자타 얇고 조금 무거운 쇠붙이나 유리 따위가 부딪치는 소리가 잇따라 나다. 또는 그런 소리를 내게 하다. 참쟁강거리다. 센쩽경거리다. 쟁경-쟁경 부하자타

쟁경-대다 자타 쟁경거리다.

쟁그렁 부하자타 얇은 쇠붙이나 유리 따위가 부딪치는 소리. 참쟁그랑. 센쩽그렁.

쟁그렁-거리다 자타 쟁그렁 소리가 자꾸 나다. 또는 그런 소리를 자꾸 내다. 참쟁그랑거리다. 센쩽그렁거리다. 쟁그렁-쟁그렁 부하자타

쟁그렁-대다 자타 쟁그렁거리다.

저 圀 〈옛〉 젓가락.

-저 어미 〈옛〉-자. -으려.

저고맛 圀 〈옛〉 조고마한.

저근덛 閈 〈옛〉 잠깐 동안. 어느덧.

저근덧 閈 〈옛〉 잠깐 동안. 어느덧.

저기 閈 〈옛〉 적이. 좀.

저김 圀 〈옛〉 제금.

저믄 갓나히 圀 〈옛〉 소녀. 차환(叉鬟).

저붐 印 〈옛〉 접어 줌. 용서함. '겹다'의 명사형.

저재 圀 〈옛〉 저자. 시장.

저제 圀 〈옛〉 저자. 시장.

저주다 印 〈옛〉 따지다. 신문(訊問)하다.

적이 閈 〈옛〉 조금조금. 조그마치. 작작.

전근 閈 〈옛〉 마음껏. 마구. 함부로.

전섯 閈 〈옛〉 마음껏. 마구. 함부로.

전메우다 印 〈옛〉 그릇의 전에 쇠를 메우다.

전술 圀 〈옛〉 거르지 않은 술. 전국 술.

전츠 圀 〈옛〉 까닭.

젼굿 閈 〈옛〉 마음껏. 건방지게.

젼굿 閈 〈옛〉 함부로. 마음대로.

점글다 〈옛〉 저물다.

졈다 혬 〈옛〉 어리다. 젊다.

졉다 印 〈옛〉 접어주다. 용서하다.

졉이 圀 〈옛〉 제비.

졋 圀 〈옛〉 젖.

졋바디다 印 〈옛〉 자빠지다.

졔-밥 圀 '지에밥'의 준말.

조¹ 圀 〔植〕 볏과의 한해살이풀. 오곡의 하나. 높이 약 1m. 가을에 이삭이 나와 원통형의 가는 꽃이 모여 핌. 노랗고 자디잔 열매는 식량임(메조와 차조가 있음).

조 (租) 圀 〔歷〕 공부(貢賦)의 하나(전세(田稅)임).

조 (租) 圀 과거의 소과(小科)·대과(大科)에서 강서(講書)의 성적 등급의 하나. 급제로서 세 등분의 맨 아래 등급으로, 약(略)의 다음 등급임. *통(通)·약(略)·불(不).

조 (組) 圀 일정한 목적을 위해 적은 사람들로 조직된 집단. □ ~를 짜다. 글의 1 적은 수의 사람들이 모인 집단을 세는 단위. □ 세 ~로 나누다. 2 2개 이상의 물건이 갖추어 한 벌을 이룰 때, 그 벌을 세는 단위. □ 커피 세트 한 ~.

조: (詔) 圀 '조서(詔書)'의 준말.

조 (操) 글圀 1 품격을 높고 깨끗하게 가지려는 행동. □ ~를 지키다. 2 '곡조'의 준말. 3 〔歷〕 공부(貢賦)의 하나(각지의 특산물을 바치던 일). □의圀 1 '그런 말투나 행동'의 뜻. □ 시비하는 ~로 대들다 / 명령하는 ~로 말하다. 2 시가나 노래의 음수(音數)에 따라 리듬을 나타내는 단위. □ 삼사 ~ / 칠오 ~.

조 (操) 깨끗이 가지는 몸과 굳게 잡은 마음. □ ~가 바르다 / ~를 지키다.

조 (條) 의圀 1 '조목'이나 '조항'의 뜻을 나타내는 데 쓰는 말. □ 헌법 제3 ~. 2 (주로 '조로'의 꼴로 쓰여) '어떤 조건으로'라는 뜻. □ 사례금 ~로 준 돈.

조 (兆) 閤圀 억의 만 배가 되는 수(의).

조² 圀 그 자리에서 보일 정도로 떨어져 있는 사람이나 사물을 가리키는 말. □ 조기 ~ 계집애. 조저³.

조:- (助) 절 '직위'나 '직위'를 나타내는 말 앞에 붙어, '보조적인' 또는 '버금가는'의 뜻을 나타냄. □ ~감독 / ~교수.

-조 (祖) 젭 '대(代)' 뒤에 붙어, '조상'의 뜻을 나타냄. □ 육 대~ / 칠 대~.

-조 (朝) 절 '왕명(王名)' 또는 '왕조'를 나타내는 말 뒤에 붙어, '통치 기간' 또는 '왕조'의 뜻을 나타냄. □ 조선~ / 세종~.

조:가 (弔歌) 圀 죽음을 슬퍼하는 노래. □ 슬프게 들려오는 ~ / ~를 부르다.

조가 (朝家) 圀 조정(朝廷).

조가비 圀 조개의 껍데기. 조개껍질. 패각.

조각 印 1 넓적하거나 얇은 물건에서 떼어낸 부분. 2 갈라져 따로 떨어진 물건. □ 헝겊 ~ / 깨진 유리 ~. 글의圀 (수량을 나타내는 말 뒤에 쓰여) 떼어 내거나 떨어져 나온 부분을 세는 단위를 나타냄. □ 빵 한 ~을 먹다.

조각 (組閣) 圀하印 내각을 조직함. □ 거국적으로 ~되다.

조각 (彫刻·雕刻) 圀하印 재료를 새기거나 깎아서 입체적으로 형상을 만듦. 또는 그런 미술 분야(주로 나무·돌·금속 따위로 만듦). □ ~공원 / 대리석으로 ~된 어린이상.

조각-가 (彫刻家) [-까] 圀 조각을 전문으로 하는 미술가.

조각-구름 [-꾸] 圀 여러 개의 조각으로 흩어져 있는 구름. 편운(片雲).

조각-기 (彫刻機) [-끼] 圀 회전 공구를 써서 문자나 도안 따위를 새기는 기계.

조각-나다 [-강-] 印 1 깨어지거나 갈라져서 여러 조각이 되다. □ 병이 떨어져 ~. 2 의견이 맞지 않아 서로 갈라서다.

조각-내다 [-강-] 印 깨거나 갈라서 여러 조각을 만들다. □ 유리를 ~.

조각-달 [-딸] 圀 음력 초닷새 무렵과 스무 닷새 무렵에 뜨는, 반달보다 더 이지러진 달. □ ~이 떠오르다.

조각-도 (彫刻刀) [-또] 圀 조각용의 칼. 작은 조각칼.

조각-배 [-빼] 圀 작은 배. 편주(片舟).

조각-보 [-뽀] 圀 여러 조각의 헝겊을 대어 만든 보자기.

조각-사 (彫刻師) [-싸] 圀 조각가.

조각 석판 (彫刻石版) [-써-] 〔印〕 석판에 원도(原圖)의 윤곽을 조각하여 그 팬 부분에 아마인유(油)를 배어들게 한 제판(製版).

조각-술 (彫刻術) [-쑬] 圀 조각하는 기술.

조각-실 (彫刻室) [-씰] 圀 1 조각하는 방. 2 〔天〕 '조각실자리'의 준말.

조각실-자리 (彫刻室-) [-씰짜-] 圀 〔天〕 남쪽 하늘의 작은 별자리. 고래자리의 남쪽, 물고기자리의 동쪽에 있으며, 지평선 가까이에 보임. 11월 하순에 남중(南中)함. ㉤조각실.

조각 오목판 (彫刻-版) 〔印〕 사진 제판법을 사용하지 않고 판재(版材)에 직접 조각해서 제판하는 오목판(미술 인쇄 및 유가 증권 등의 인쇄 제판에 씀).

조각 요판 (彫刻凹版) [-강뇨-] 조각 오목판.

조각자-나무 (早角刺-) [-짜-] 圀 〔植〕 콩과의 낙엽 활엽 교목. 산야나 개울가에 자생(自生)함. 가지에 가시가 많고 여름에 녹황색 꽃이 핌. 열매와 가시는 약용, 재목은 가구재임.

조각-장이 (彫刻-) [-짱-] 圀 '조각사(彫刻師)'의 낮춤말.

조각-조각 [-조-] 글圀 여러 조각. 각각의 조각. □ ~으로 나누다. 글閈 여러 조각으로 갈라지거나 깨진 모양. □ ~ 금이 가다.

조각-편 (-片) 圀 한자 부수의 하나(('版'·'牒' 따위에서 '片'의 이름).

조각-품 (彫刻品) 圀 조각한 물품.

조간 (刁姦) 圀하印 여자를 후려내어 간통함.

조:간 (釣竿) 圀 낚싯대.

조간 (朝刊)〖명〗'조간신문'의 준말. ↔석간.

조간 (遭艱)〖명〗〖하자〗당고(當故).

조간-신문 (朝刊新聞)〖명〗날마다 아침에 발행하는 신문. 조간지. ↔석간신문.

조간-지 (朝刊紙)〖명〗조간신문. ↔석간지.

조갈 (燥渴)〖명〗〖하형〗목이 마름. 〔~이 나다 /~이 들다.

조갈-소 (藻褐素)[-쏘]〖명〗〖식〗갈조소.

조갈-증 (燥渴症)[-쯩]〖명〗〖한의〗목이 몹시 마르는 병. 소갈증.

조감 (鳥瞰)〖명〗〖하타〗높은 곳에서 한눈에 내려다봄. 〔산 위에서 주변의 전경을 ~하다.

조:감 (照鑑)〖명〗〖하타〗1 대조하여 봄. 2 신불(神佛)이 밝게 보살핌.

조감 (藻鑑)〖명〗사람의 겉만 보고도 그 인격을 분별하는 식견.

조감-도 (鳥瞰圖)〖명〗높은 곳에서 내려다본 상태의 그림이나 지도.

조갑 (爪甲)〖명〗손톱과 발톱.

조강 (條鋼)〖명〗강재(鋼材)의 한 분류. 궤조(軌條)·봉강(棒鋼)·형강(形鋼)·선재(線材) 따위.

조강 (粗鋼)〖명〗압연(壓延)·단조(鍛造) 따위의 가공되지 않은, 제강로(製鋼爐)에서 제조된 그대로의 강철.

조강 (朝講)〖명〗〖하자〗1〖역〗이른 아침에 강연관(講筵官)이 임금에게 진강(進講)하던 일. 2〖불〗아침에 불도(佛徒)들이 모여 불경을 강담(講談)하는 일.

조강 (糟糠)〖명〗지게미와 쌀겨라는 뜻으로, 가난한 사람이 먹는 보잘것없는 음식(飲食)을 이르는 말.

조강 (燥强)〖명〗〖하형〗땅바닥에 물기가 없어 보송보송함.

조강지처 (糟糠之妻)〖명〗지게미와 쌀겨로 끼니를 이을 때의 아내라는 뜻으로, 가난하고 천할 때부터 고생을 함께 겪어온 아내.

조개 〖명〗〖동〗두족류를 제외한 대부분의 연체동물의 총칭. 주로 조가비를 가졌음. 속살은 연하여 식용함.

조가-관자 (-貫子)〖명〗폐각근(閉殻筋).

조개-구름 〈속〉권적운(卷積雲).

조개-껍데기 [-떼-]〖명〗조가비.

조개-껍질 [-찔]〖명〗조가비.

조개-더미 〖명〗〖역〗원시인이 먹고 버린 조가비가 쌓여 이루어진 무더기. 조개무지. 패총(貝塚).

조개모변 (朝改暮變)〖명〗〖하자〗조변석개.

조개-무지 〖명〗〖역〗조개더미.

조개-밥 〖명〗조갯살을 넣고 간장을 쳐서 지은 입쌀밥.

조개-불 〖명〗1 조가비 모양으로 가운데가 볼록하게 생긴 불. 2☞ 보조개.

조개-새우 〖명〗〖동〗조개새웃과의 갑각류 물벼룩의 하나. 못이나 무논 따위에 살며 길이 1~1.4cm. 몸은 두 개의 패각으로 덮였고 다리는 24쌍임.

조개-젓 [-젇]〖명〗조갯살로 담근 것.

조개-치레 〖명〗〖동〗조개치렛과의 게. 길이 2cm 가량, 폭 2cm가량. 등딱지는 사람 얼굴과 비슷하고, 조개껍데기 따위를 등에 업고 진흙 속으로 숨는 습성이 있음.

조개-탄 (-炭)〖명〗조가비 모양으로 만든 연탄.

조개-탕 (-湯)〖명〗모시조개를 맹물에 삶아서 국물째 먹는 국. 조갯국.

조개-패 (-貝)〖명〗한자 부수의 한 가지('財'·'貞' 등의 '貝'의 이름).

조개-풀 〖명〗〖식〗볏과의 한해살이풀. 들·논둑 따위에서 남. 여름에 녹자색 꽃이 핌. 줄기와

잎은 황색 염료로 씀.

조:객 (弔客)〖명〗조상(弔喪)하러 온 사람. 문상객(問喪客). 조문객(弔問客).

조:객-록 (弔客錄)[-껙녹]〖명〗조객의 이름을 적은 책.

조갯-살 [-개쌀 /-갣쌀]〖명〗1 조개의 살. 2 조개의 살을 말린 것.

조갯속-게 [-개쏙께 /-갣쏙께]〖명〗1〖동〗속살이게. 2 몸이 연약하고 가냘파서 일을 감당하지 못하게 생긴 사람의 비유.

조거 (漕渠)〖명〗짐을 싣고 내리기 위해 배를 들여댈 수 있도록 깊이 파서 만든 개울.

조-거 〖지대〗'조것'의 준말. 웹저거.

조건 (條件)[-껀]〖명〗1 어떤 일을 결정하기에 앞서 내놓는 요구나 견해. 〔매매〖계약〗~ /~을 붙이다 /~을 제시하다. 2 어떤 사물이 성립되거나 성립되지 못하게 하기 위해 갖추어야 할 상태나 요소. 〔결혼 ~ /노동 ~ /~을 갖추다. 3〖법〗법률 행위의 효력이 발생하느냐 소멸하느냐가 장래의 불확실한 사실에 의해 제한되는 일.

조건-문 (條件文)[-껀-]〖명〗〖컴〗루틴 내에서 주어진 어떤 조건이 만족되었을 때만 수행되는 문장.

조건 반:사 (條件反射)[-껀-]〖생〗동물이 그 환경에 적응하기 위하여 후천적으로 획득하는 반사. 개에게 밥을 줄 때마다 방울을 울리면, 나중에는 방울만 울려도 개가 침을 흘리게 되는 현상과 같은 일. ↔무조건 반사. *식이 반사.

조건-부 (條件附)[-껀-]〖명〗어떤 일에 일정한 조건이 붙음. 또는 그 조건. 〔~ 원조〖후원〗/~로 승인하다.

조건 자:극 (條件刺戟)[-껀-]〖심〗조건 반사 또는 조건 반응을 일으키게 하는 자극.

조:걸위악 (助桀爲惡)〖명〗조걸위학(爲虐).

조:걸위학 (助桀爲虐)〖명〗중국 고대 하(夏)나라의 폭군 걸(桀)을 부추겨 포악하게 한다는 뜻으로, 못된 사람을 부추기어 악한 짓을 더하게 함.

조-것[1] [-껃]〈옛〉조짜.

조-것[2] [-껃]〖지대〗조기 있는 사물을 가리키는 말. 〔~ 좀 집어 다오. 〖인대〗1 '조 사람'을 낮잡아 이르는 말. 〔~이 제법 건방지구나. 2 '조 아이'를 귀엽게 이르는 말. 〔~이 벌써 다 컸네. 웹저것.

조:격 (阻隔)〖명〗〖하자〗막혀서 서로 통하지 못함.

조:견 (早見)〖명〗〖하타〗한눈에 쉽게 봄.

조:견-표 (早見表)〖명〗한눈에 알아보기 쉽게 만든 표. 〔~를 작성하다.

조:경 (造景)〖명〗〖하타〗경치를 아름답게 꾸밈. 〔~ 공사 /~이 잘된 아파트 단지.

조경 (調經)〖명〗〖하자〗월경을 고르게 함.

조경 (潮境)〖명〗〖지〗성질이 다른 해류 등이 만나서 불연속선을 이루는 수렴선(收斂線).

조:계 (早計)[-/-께]〖명〗적당한 때가 되기도 전에 지레 잡는 계획이나 셈.

조계 (租界)[-/-게]〖명〗19세기 후반에, 중국의 개항 도시에 있었던 외국인의 거주 지역. 또는 그 거류 지구 안의 경찰 및 행정을 관리하던 조직.

조계-종 (曹溪宗)[-/-게-]〖명〗〖불〗1 고려 때, 신라의 구산선문(九山禪門)을 합친 종파로 천태종에 대해서 이르는 말. 2 태고국사(太古國師)를 종조(宗祖)로 하는 우리나라 불교의 한 종파.

조고(祖考)[명] 돌아가신 할아버지. 왕고(王考).

조고(祖姑)[명] 조부모의 자매.

조고(凋枯)[명][하자] 초목이 시들어 마름.

조:고(照考)[명][하타] 율문(律文)을 참조하고 깊이 생각함.

조고(遭故)[명][하자] 당고(當故).

조고(潮高)[명] 조석(潮汐)에 따라 달라지는 물높이.

조고(操觚)[명][하자] 나무패를 잡고 글을 씀. 곧, 문필에 종사함.

조고-계(操觚界)[-/-계][명] 문필가들의 사회. 문필계.

조:고여생(早孤餘生)[명] 어려서 어버이를 여의고 자란 사람.

조:곡(弔哭)[명][하자] 조상(弔喪)하는 뜻으로 곡함. 또는 그런 곡.

조곡(組曲)[명][악] 모음곡(曲).

조곡(朝哭)[명][하자] 상제가 소상 때까지 이른 아침마다 궤연 앞에서 곡함. 또는 그런 곡.

조곤-조곤[부][하][부] 성질이나 태도가 조금 은근하고 끈적진 모양. ▷~ 따지다.

조:골-세포(造骨細胞)[명][생] 골질을 분비해서 뼈를 만드는 세포.

조공(租貢)[명][하자] 나라에 조세를 바침. 또는 그 조세.

조공(彫工)[명] 조각을 업으로 하는 사람.

조공(朝貢)[명][하자] 종주국에게 속국이 때맞추어 예물을 바치던 일. 또는 그 예물.

조:공(照空)[명][하자] 하늘을 비춤.

조:공-등(照空燈)[명] 탐조등.

조과(造菓)[명] 유밀과나 과자 등을 일컫는 말. ↔실과(實果).

조:과(釣果)[명] 낚시로 고기를 낚은 성과.

조과(朝課)[명] 아침 일과.

조:곽(早藿)[명] 제철보다 일찍 따서 말린 미역.

조관(條款)[명] 벌여 놓은 조목(條目).

조관(朝官)[명][역] 조신(朝臣).

조관(朝冠)[명] 벼슬아치가 조복할 때 쓰던 관.

조:관(照管)[명][하타] 맡아서 보관함.

조광(粗鑛)[명] 파낸 그대로의 광석. 원광(原鑛).

조광(眺光)[명][하자] 먼 데 날빛.

조광-권(租鑛權)[-꿘][명][법] 남의 광구에서 광물을 채굴해서 취득할 수 있는 권리.

조:교(弔橋)[명] 骨짝 언덕에 줄이나 쇠사슬 등을 건너질러, 거기에 의지해 매달아 놓은 다리. 현교(懸橋). 현수교(懸垂橋).

조:교(助敎)[명] 1 [교] 대학의 교수 밑에서 연구와 사무를 돕는 사람. 또는 그런 직위. 2 [군] 교관을 도와 교재 관리·시범 훈련·피교육자의 인솔 따위를 맡아보는 사병.

조:교(照校)[명][하타] 대조해서 검토함.

조교(調敎)[명][하자] 승마(乘馬)를 훈련함. ▷~ 사(師).

조:-교수(助敎授)[명] 대학 교수의 직위의 하나. 부교수의 아래.

조:구(釣鉤)[명] 낚시¹.

조구(漕溝)[명] 조거(漕渠).

조:구-등(釣鉤藤)[명][식] 꼭두서닛과의 목질 덩굴풀. 잎은 마주나고 달걀꼴이며, 잎겨드랑이마다 가시가 둘 있고 다른 물건에 붙어 감김. 여름에 깔때기 모양의 작은 황갈색 꽃이 핌. 옹달에 말린 가시는 약용함. ▷조등(釣藤).

조:구조 운:동(造構造運動)[지] 산지의 주요 구조를 이루는 대규모의 지각 변형 작용.

조국(祖國)[명] 1 조상 때부터 대대로 살아온 나라. ▷~으로 돌아오다. 2 민족이나 국토의

일부가 떨어져 딴 나라에 합쳤을 때, 그 본디의 나라. 3 자기의 국적이 속해 있는 나라.

조:국(肇國)[명][하자] 건국.

조국-애(祖國愛)[명] 조국에 대한 사랑. 애국심. ▷~가 솟아나다 / ~를 느끼다.

조군(-軍)[명] ☞교군(轎軍).

조군(漕軍)[명][역] 조졸(漕卒).

조:궁(造弓)[명] 궁전을 지음.

조:궁-장(造弓匠)[명] 조궁장이.

조:궁-장이(造弓-)[명] 활을 만드는 일을 업으로 삼는 사람. ▷궁장이.

조궁즉탁(鳥窮則啄)[명] 쫓기던 새가 도망갈 곳을 잃게 되면 도리어 상대방을 쫀다는 뜻으로, 비록 약한 자일지라도 궁지에 몰리면 강자에게 대항함을 비유한 말.

조:귀(早歸)[명][하자] 일찍 돌아오거나 돌아감.

조규(條規)[명] 조문(條文)의 규정. ▷~에 따르다.

조균(朝菌)[명] 아침에 생겼다가 저녁에 스러지는 버섯이라는 뜻으로, 덧없이 짧은 목숨.

조균-류(藻菌類)[-뉴][명][식] 조균식물.

조균-식물(藻菌植物)[-싱-][명][식] 하등 식물의 한 문(門). 진균(眞菌)식물과 함께 엽록소가 없어 종속 영양을 함. 몸은 단세포 또는 다세포의 균사체(菌絲體)[거미줄곰팡이·물곰팡이·빵곰팡이 등]. 조균류. *진균식물.

조그마-하다[형여] 1 조금 작거나 적다. ▷조그마한 집. 2 그리 대단하지 않다. ▷조그마한 사고. ⒳ 조그마하다. ⒳ 조그맣다.

조그만[관] 조그마한. ▷~ 돌멩이.

조그만큼[부] 매우 적은 정도로.

조그맣다[-마타][조그마니, 조그매서][형ㅎ] '조그마하다'의 준말. ▷조그만 실수 / 키가 ~. ⒳조그맣다.

조근(朝槿)[명] '무궁화'를 달리 이르는 말.

조근(朝覲)[명][하자] 조현(朝見).

조금[ㅡ][명] 1 적은 정도나 분량. ▷~밖에 없다 / ~이라도 다르면 안 된다. 2 짧은 동안. ▷~만 더 기다리면 된다. [ㅡ][부] 1 정도나 분량이 적게. ▷조금 남았다. 2 시간적으로 짧게. ▷~ 후에. ⒳조금·쪼끔. ⒳좀.

조:금(造金)[명] 인공으로 만든 금.

조금(彫金)[명][하자] 끌을 이용하여 금속을 조각함. ▷~사(師).

조금(潮-)[명] 음력 매달 초여드레와 스무사흘[조수가 가장 낮은 때를 일컬음].

조금-씩[부] 많지 않게 계속하여. ▷~ 양보하다 / 빛을 ~ 나누어 갚다.

조금-조금[부][부] 1 여럿이 다 조그마하게. 2 잇달라 조금씩. ▷~ 다가서다. ⒳조끔조끔·쪼끔조끔.

조금-치(潮-)[명][하자] 조금 때 날씨가 궂어짐.

조급-성(躁急性)[-썽][명] 조급해하는 성질.

조급-증(躁急症)[-쯩][명] 조급해하는 버릇이나 마음.

조:급-하다(早急-)[-끄파-][형여] 늦거나 느긋하지 않고 매우 급하다. **조:급-히**[-끄피][부]. ▷~ 해결할 사안.

조급-하다(躁急-)[-끄파-][형여] 성질이 참을성이 없이 급하다. ▷조급한 성질. **조급-히**[-끄피][부]. ▷~ 생각지 마라.

조기¹[명][어] 민어과의 참조기·수조기·보구치 따위의 통칭. 석수어. 석어.

조:기(弔旗)[명][하자] 1 반기(半旗). ▷~를 게양하다. 2 조의(弔意)를 표하려 검은 선을 두른 기.

조:기(早起)[명][하자] 아침에 일찍 일어남. ▷~축구회 / ~ 체조.

조:기(早期)[명] 이른 시기. ▷~ 치료 / 위암을

~에 발견하다.

조:기 (造機) 圓 기관·기계를 만듦.
조기 (彫技) 圓 조각의 기술. 조각술.
조:기 (釣磯) 圓 낚시터.
조:기² [一凸] 地代 圓 곳. 口~가 종점이다. 囸准 조 곳에. 口~ 있습니다. 튼저기.
조:기 교:육 (早期敎育)〖敎〗지능 발달이 빠른, 학령 이전의 어린이를 대상으로 일정한 교육 과정에 따라 실시하는 교육.
조:기-장 (造器匠) 圓 도자기의 형태만을 만드는 사람.
조:기 재:배 (早期栽培) 농작물을 보통보다 한두 달가량 일찍 심어서 거두어들이는 일. *촉성 재배.
조기-젓 [一전] 圓 조기로 담근 젓.
조:기-회 (早起會) 圓 아침에 일찍 일어나 함께 운동이나 동네 청소 따위를 하려고 조직한 모임. 口~를 만들다.
조깃-국 [一기꾹 / 一긴꾹] 圓 조기를 넣고 끓인 국.
조깅 (jogging) 圓 건강을 유지하기 위해 자기의 몸에 알맞은 속도로 천천히 달리는 운동. 口산책로를 따라 ~을 하다.
조-까지로 圓 겨우 조만한 정도로. 口~ 되겠소. 훤저까지로.
조-까짓 [一짇] 冠 겨우 조만한 정도의. 口~ 것. 훤저까짓. 㽷조깟.
조-깜부기 圓 까맣게 깜부기로 된 조의 이삭.
조-깟 [一깓] 冠 '조까짓'의 준말. 口~ 녀석.
조끔 圓圓 1 적은 정도나 분량. 口~이라도 잘못이 있으면 안 돼. 2 짧은 동안. 口~만 더 기다려라. 圓 1 정도나 분량이 적게. 口을 ~ 마시다. 2 시간적으로 짧게. 口~ 쉬자. 㽷조금. 㽷조끔.
조끔-조끔 圓 1 여럿이 다 조금인 모양. 㽷조금조금. 2 잇따라 조금씩. 㽷쪼끔쪼끔.
조끼 (一일 チョッキ) 圓 [jacket] 배자(褙子)와 같이 생겼고, 저고리·와이셔츠 위에 덧입는, 소매가 없는 옷. 口양복 ~ / 방탄~.
조끼 (一일 ジョッキ) 圓 [jug] 손잡이가 달린 커다란 맥주 컵. 口생맥주 한 ~.
조끼-적삼 (一일 チョッキー) 圓 모양은 조끼와 비슷하나 소매가 달린 등거리.
조난 (遭難) 圓하자 항해나 등산 따위에서 재난을 만남. 口~ 현장 / ~을 당하다.
조난-선 (遭難船) 圓 조난한 배.
조난 신:호 (遭難信號) 재난을 만난 배나 항공기가 위급을 알리고 구조를 요청하기 위해 보내는 신호.
조난-자 (遭難者) 圓 재난을 당한 사람.
조난-지 (遭難地) 圓 재난을 당한 곳.
조난 통신 (遭難通信)〖海〗항해 중이던 자기의 선박이 조난하거나 조난한 다른 선박이 통신 불능일 때 구조를 청하는 통신.
조냥 圓 조러한 모양으로 줄곧. 口~ 자게 버려 둬. 㽷저냥.
조널이 圓〈옛〉함부로. 감히.
조:년 (早年) 圓 젊을 때. 또는 젊은 나이. ↔노년(老年).
조:닐 圓 조닐로.
조:닐-로 圓 남에게 사정할 때, '제발 빈다'는 뜻으로 쓰는 말.
조:다 田 정 따위로 쪼아 울퉁불퉁한 것을 고르게 다듬다.
조-다지 圓 조러하도록. 또는 조렇게까지. 㽷 저다지.
조:단 (早旦) 圓 조조(早朝).
조단 (操短) 圓 '조업(操業) 단축'의 준말.

조:달 (早達) 圓하자타 1 젊은 나이에 높은 지위에 오름. 2 나이에 비해 올되게 보임.
조달 (調達) 圓하자타 1 자금이나 물자 등을 대어 줌. 口경비 ~ / 물품이 ~되다. 2 조화되어 통함. 口서로 잘 ~되다.
조달-청 (調達廳) 圓 기획 재정부 장관 소속의 중앙 행정 기관. 정부가 행하는 물자의 구매·공급·관리 및 정부의 주요 시설 공사 계약에 관한 사무를 맡아봄.
조:담 (助痰) 圓하자 가래가 더 생겨 성하게 됨.
조담 (阻擋·阻攔) 圓 막아서 가림.
조당 (粗糖) 圓 정제하지 않은 설탕. 막설탕. ↔정당(精糖).
조당 (朝堂) 圓 조정(朝廷).
조-당수 圓 좁쌀로 묽게 쑨 당수.
조:-대 圓 대나무나 진흙 따위로 담배통을 만든 담뱃대.
조대 (措大) 圓 청렴결백한 선비.
조:대 (釣臺) 圓 낚시터.
조대 (調帶) 圓 벨트(belt).
조:-대로 圓 조것과 같이. 조 모양으로. 口~ 따라 해라. 㽷저대로.
조대-하다 (粗大一) 囸囸 거칠고 크다.
조:도 (弔悼) 圓하타 조문하고 추도함.
조:도 (早到) 圓하자 일찍이 다다름.
조:도 (早稻) 圓 올벼. 문일 쪽.
조도 (祖道)圓〖民〗먼 길을 떠나는 사람에게 술을 베풀어서 이별하여 보내는 일. 口~를 베풀.
조도 (鳥道) 圓 나는 새도 넘기 어려울 만큼 험한, 산속의 좁은 길.
조:도 (照度)圓〖物〗조명도. 口~를 높이다.
조도 (調度) 圓하타 1 사물을 정도에 맞게 처리함. 2 정도에 알맞게 살아가는 꾀.
조:도-계 (照度計)[一/一게] 圓 조명계(照明計).
조독 (爪毒)圓〖한의〗손톱에 긁힌 자리에 균이 들어가 생긴 염증.
조독(을) 들이다 田 조독이 들게 하다.
조독(이) 들다 田 ㉠손톱에 긁힌 자리에 균이 들다. ㉡긁거나 주물러서 손톱의 독이 오르다.
조:동 (早冬) 圓 이른 겨울. ↔만동(晩冬).
조:동 (早動) 圓하자 남보다 먼저 움직임. 이른 시간에 움직임.
조동 (粗銅) 圓 거친구리.
조동 (躁動) 圓하자 조급하고 망령되게 움직임.
조동모서 (朝東暮西) 圓 일정한 주소가 없이 이리저리 옮겨 다니는 생활.
조:-동사 (助動詞)圓〖언〗보조 동사.
조동아리 圓 입 또는 부리의 낮춤말. 口~를 함부로 놀리지 마라. 㽷주둥아리. 㽷조동이.
조동율서 (棗東栗西)[一뉼써] 圓 제물(祭物)을 차릴 때 대추는 동쪽에, 밤은 서쪽에 놓는다는 말. *홍동백서.
조동이 圓 '조동아리'의 준말. 㽷주둥이.
조동이(를) 싸다 田 ㉠신중하지 못하여 말을 함부로 하다. ㉡남이 하는 말을 정중히 듣지 않고 말대답을 잘하다.
조두 (俎豆) 圓 나무로 만든 제기(祭器)의 한 가지.
조득모실 (朝得暮失)[一듬一] 圓하타 얻은 지 얼마 안 되어 곧 잃어버리는 일.
조:-등 (釣藤)圓〖植〗'조구등(釣鉤藤)'의 준말.
조:-등 (照謄) 圓하타 글을 하나하나 맞추어 보면서 베낌.

조라 명〖민〗 '조라술'의 준말.

조라 (鳥羅) 명 새를 잡는 망. 새그물.

조라기 명 삼 껍질의 부스러진 오라기.

조라-떨다 [-떨어, -떠니, -떠는] 자 일을 망치도록 경망스럽게 굴다.

조라-술 명〖민〗 산신제나 용왕제 따위에 쓰는 술(빚어서 제단 옆에 묻었다가 씀). 조라주. 준조라.

조락 (凋落) 명하자 1 나뭇잎이 시들어 떨어짐. ▷~의 가을 / ~한 장미의 꽃잎. 2 차차 쇠하여 보잘것없이 됨. 조령(凋零). ▷~의 길로 들어서다.

조락-노 [-랑-] 명 조라기로 꼰 노.

조락-신 [-씬] 명 조라기로 삼은 신.

조란 (鳥卵) 명 새의 알.

조란 (棗卵) 명 세실과(細實果)의 한 가지. 대추를 쪄서 씨를 빼고 체에 걸러, 꿀로 반죽하여 대추 크기만 하게 빚고, 거기에 밤 가루에 꿀을 버무려 만든 소를 박은 다음 겉에 잣가루를 묻힌 음식.

조:람 (照覽) 명하타 1 똑똑히 살펴봄. 2〖불〗 부처나 보살이 빛으로 중생을 굽어 살핌.

조람-소 (藻藍素) 명 남조류(藍藻類)에 고유하게 있는 청람색의 색소 단백.

조랑 (潮浪) 명 조수의 물결.

조랑-마차 (一馬車) 명 조랑말이 끄는 마차.

조랑-말 명 몸집이 작은 종자의 말.

조랑말-자리 명〖천〗 독수리자리와 페가수스자리 사이에 있는 사다리 모양의 별자리. 10월 상순 저녁에 남중(南中)함.

조랑-망아지 명 조랑말의 새끼.

조랑-조랑 부 1 작은 열매 따위가 많이 매달린 모양. 2 아이가 많이 딸린 모양. 준주렁주렁. 3 어린 사람이 똑똑하게 글을 읽거나 말을 하는 모양.

조래 준 1 조리하여. ▷~ 보여도 힘은 세지. 2 조리하여. ▷~ 봐야 소용없어. 준저래.

조래도 준 1 조리하여도. ▷몸집은 ~ 담은 크답니다. 2 조리하여도. ▷~ 정말 괜찮을까. 준저래도.

조래서 준 1 조리하여서. ▷~ 내가 저 사람을 못 믿는 거지. 2 조리하여서. ▷~야 어떻게 살아간담. 준저래서.

조락 (粗略)- [-랴카-] 형어 1 너무 간략하여서 보잘것없다. ▷내용이 ~. 2 함부로 여겨 허투루 하다. ▷대접이 ~.

조:량 (照諒·照亮) 명하타 형편이나 사정을 살펴서 밝히 앎.

조러고 부 '조리하고'의 준말. ▷바쁜데 ~ 있으니 답답하긴 그지없다. 준저러고.

조러다 준 조렇게 하다. ▷~가 다치지. 준저러다.

조러루-하다 형어 대개 정도나 형편 따위가 조리하다. 준저러루하다.

조러면 준 조렇게 하면. 조러면은. 준저러면.

조러조러-하다 준 1 조리하고 조리하다. 모두 조러하다. ▷말씨가 ~. 2 대개 조러해서 특별하지 않다. ▷조러조러한 것은 필요하지 않다. 준저러저러하다.

조러-하다 형어 상태·모양·성질 따위가 조와 같다. ▷조러한 것쯤은 문제없다. 준저러하다. 준조렇다.

조런 [1] 관 상태·모양·성질 따위가 조러한. ▷~ 놈은 혼내 줘야 해. [2] 감 뜻밖에 놀라운 일이 있을 때 부르짖는 소리. ▷~, 저걸 어째. 준저런[1].

조런[2] 감 조러한. ▷~ 놈 봤나. 준저런[2].

조렇다 [-러타] [조러니, 조래서] 형ㅎ '조러하다'의 준말. ▷조렇게 예쁜 것은 본 적이 없다. 준저렇다.

조:력 (助力) 명하자타 힘을 써 도와줌. 또는 그 힘. ▷~을 구하다 / ~을 얻다.

조:력 (爵歷) 명 낚시질을 한 이력이나 경력.

조력 (潮力) 명 조수 간만의 차이로 생기는 힘.

조력 발전 (潮力發電)[-빨쩐] 명 조수 간만의 차를 이용하는 수력 발전.

조련 (調鍊·調練) 명하타 1 전투를 할 수 있도록 병사를 훈련함. 2 훈련을 거듭하여 쌓음.

조:련 (操鍊·操練) 명하타 1 교련(敎鍊). 2. 못되게 굴어 남을 몹시 괴롭힘.

조련-사 (調鍊師) 명 동물에게 곡예 따위의 재주를 훈련시키는 사람.

조:련-장 (操鍊場) 명 군사 훈련을 하는 마당.

조:련-질 (操鍊-) 명하타 못되게 굴어 남을 괴롭히는 짓.

조령 (祖靈) 명 조상의 영혼.

조령 (凋零) 명하자 조락(凋落).

조령 (條令) 명〖법〗 조례(條例).

조령 (朝令) 명 조정(朝廷)의 명령.

조령모개 (朝令暮改) 명하자 아침에 명령을 내렸다가 저녁에 다시 고친다는 뜻으로, 법령을 자꾸 고쳐서 갈피를 잡기가 어려움을 이르는 말.

조:례 (弔禮) 명 조상(弔喪)하는 예절.

조례 (皁隷) 명〖역〗 관아에서 부리던 하인.

조례 (條例) 명 1 조목조목 적어 놓은 규칙이나 명령. 2〖법〗 지방 자치 단체가 법령의 범위 안에서 자주적으로 제정하는 법규. 조령(條令). ▷~를 반포하다.

조례 (朝禮) 명 학교 등에서, 교사와 학생이 수업하기 전에 모여 행하는 아침 인사. 조회(朝會). ↔종례(終禮).

조:례 (照例) 명하타 일을 처리할 때, 전례(前例)를 참고함.

조:로 (早老) 명하자 나이에 비하여 빨리 늙음. 걸늙음.

조로 (朝露) 명 1 아침 이슬. 2 인생의 덧없음을 비유적으로 이르는 말.

조로아스터-교 (Zoroaster敎) 명〖종〗 기원전 6세기경 조로아스터가 창시한, 페르시아의 고대 종교(선과 악의 이원론을 가르치며, 아베스타를 경전으로 함). 배화교(拜火敎).

조로-인생 (朝露人生) 명 초로인생.

조록 부하자 가는 물줄기 따위가 빠르게 잠깐 흐르다가 그치는 소리. 또는 그 모양. 큰주룩. 센쪼록.

조록-싸리 명〖식〗 콩과의 낙엽 활엽 관목. 높이 2-3m. 여름에 홍자색 꽃이 피고 가을에 협과가 익음. 잎은 사료로, 나무껍질은 섬유용으로 씀. 우리나라 특산종임.

조록-조록 [-조-] 부 1 비가 그치려 하면서 띄엄띄엄 떨어지며 나는 소리. ▷봄비가 ~ 내린다. 2 가는 물줄기가 구멍이나 면을 흐르다가 그치어 방울방울 떨어지는 소리. 큰주룩주룩. 센쪼록쪼록.

조롱 명〖민〗 어린아이들이 액막이로 주머니 끈이나 옷끈에 차던 물건(나무로 밤톨만 한 크기의 호리병처럼 만듦). *서캐조롱.

조롱 (鳥籠) 명 새장.

조롱 안[속]의 새 관 자유를 속박당한 몸의 비유.

조롱 (嘲弄) 명하타 비웃거나 깔보면서 놀림. ▷~을 당하다 / ~을 받다 / ~하는 듯한 눈길을 보내다.

조롱-거리 (嘲弄-)[-꺼-] [명] 남의 비웃음이나 놀림을 받는 대상. ❑남의 ~가 되다.

조롱-기 (嘲弄氣)[-끼] [명] 비웃거나 깔보면서 놀리는 기색. ❑~ 섞인 어조로 말하다.

조롱-노린재 [명] 〔충〕 조롱노린잿과의 곤충. 국화과 식물 따위에 기생함. 몸길이 1.5 cm 가량, 촉각이 굵고 배는 양쪽이 뚱뚱함.

조롱-동자 (-童子) [명] 〔건〕 조롱박 모양으로 장식한, 난간의 동자기둥.

조롱-목 [명] **1** 조롱처럼 생긴 물건의 잘록한 부분. **2** 조롱 모양으로 된 길목.

조롱-박 [명] **1** 〔식〕 호리병박. **2** 호리병박으로 만든 바가지.

조롱박-벌 [-뻘] [명] 〔충〕 구멍벌과의 벌. 땅속에 집을 지음. 몸의 길이는 2.5–3 cm. 빛은 검은데 회백색의 털이 있음.

조롱-벌 [명] 〔충〕 애호리병벌.

조롱-복 (-福) [명] 짧게 타고난 복력(福力).

조롱이 [명] 〔조〕 수릿과의 새. 날개의 길이가 수컷은 16 cm가량, 암컷은 18–20 cm. 빛은 황갈색을 띰. 암컷은 사냥매로 기름.

조롱-조롱 [부][하형] **1** 열매 따위가 많이 매달린 모양. ❑대추가 ~ 열리다. **2** 아이가 많이 딸려 있는 모양. ❑어린 자식들을 ~ 데리고 길을 떠났다. ㊔주렁주렁.

조룸 [명] 〈옛〉 졸임.

조:루 (弔樓) [명] 지난날, 군진(軍陣)에 임시로 설치하던 누(樓).

조:루 (早漏) [명][하자] 〔의〕 **1** 성교할 때, 사정(射精)이 병적으로 빠름. 또는 그런 병. **2** 조루증.

조:루-증 (早漏症)[-쯩] [명] 조루하는 병증. 조루. 조루병.

조류 (鳥類) [명] 〔동〕 척추동물의 한 강. 온혈·난생이며 몸은 깃털로 덮이고 날개가 있음. 파충류에서 진화된 것으로 체제가 비슷함. 새무리.

조류 (潮流) [명] **1** 밀물과 썰물 때문에 일어나는 바닷물의 흐름. **2** 시대 흐름의 동향이나 경향. ❑시대의 ~를 타다.

조류 (藻類) [명] 〔식〕 은화(隱花)식물인 수초(水草)의 통칭. 대부분 물속이나 습한 곳에 남. 뿌리·줄기·잎이 구별되지 않고 포자에 의해 번식하며 꽃이 피지 않음.

조류 신:호 (潮流信號) 간만(干滿)이 일정하지 않은 물길에서 조류의 방향이나 속도 따위를 알리는 신호.

조:륙 운:동 (造陸運動) 〔지〕 지반(地盤)이 융기하거나 침강하여 넓은 육지를 만드는 일 따위의 지질 현상. ＊조산(造山) 운동.

조르-개 [명] **1** ☞ 조리개. **2** 물건을 졸라매는 데 쓰는 가는 줄.

조르-기 [명] 유도에서, 굳히기의 한 가지. 상대편의 목을 맨손이나 다리 또는 유도복의 깃 따위를 이용하여 조르는 기술.

조르다 〔졸라, 조르니〕 [타][르] **1** 동이거나 감긴 것을 단단히 죄다. ❑허리띠를 ~/목을 ~. **2** 끈덕지게 무엇을 자꾸 요구하다. ❑용돈을 더 달라고 ~.

조르르[1] [부][하자] **1** 잰싼 걸음으로 앞만 바라보고 나가는 모양. ❑~ 달려 나오다. **2** 물줄기 따위가 빠르게 흘러내리는 소리. 또는 그 모양. ❑물이 ~ 흐르다. **3** 경사진 곳에서 작은 물건이 미끄러지듯이 흘러내리는 모양. ㊔주르르. ㊛쪼르르.

조르르[2] [부][하형] 작은 것들이 한 줄로 고르게 잇따라 있는 모양. ❑아이들이 ~ 앉아 있다. ㊛쪼르르.

조르륵 [부][하자] **1** 액체가 좁은 구멍이나 면을 흐르다가 그치는 소리. **2** 작은 물건이 경사진 곳에서 미끄러져 내려오다가 멎는 모양. ㊔주르륵. ㊛쪼르륵.

조르륵-거리다 [-꺼-] [자] 잇따라 조르륵하다. ㊔주르륵거리다. ㊛쪼르륵거리다. **조르륵-조르륵** [-쪼-] [부][하자]

조르륵-대다 [-때-] [자] 조르륵거리다.

조:름 [명] 물고기의 아가미 안에 있는 숨을 쉬는 기관《반원형에 검붉고, 빗살처럼 생겼음》.

조름-나물 [명] 〔식〕 조름나물과의 여러해살이 물풀. 연못·늪에 남. 잎은 잎자루가 길고 세 개의 작은 잎으로 되어 있음. 여름에 백색 또는 자색 꽃이 핌. 잎은 건위제로 약용함. 수채(睡菜).

조:리 (笊籬) [명] 쌀을 이는 데 쓰는 기구. 가는 대오리나 싸리·철사 따위로 조그마하게 삼태기 모양으로 만들고, 이어서 손잡이 자루를 냄. ❑~로 쌀을 일다.

[조리에 옻칠한다] ㉠소용없는 일에 재물을 써 버린다는 뜻. ㉡격에 맞지 않게 꾸며 도리어 보기 흉하다는 뜻.

조리 (條理) [명] 글이나 말 등의 앞뒤가 들어맞고 체계가 서는 갈피. 두서. ❑~ 없는 말/말을 ~ 있게 하다.

조리 (調理) [명][하타] **1** 건강이 회복되도록 몸을 보살피고 병을 다스림. 조섭(調攝). 조양(調養). 조치(調治). ❑산후 ~/병후에는 ~를 잘해야 한다. **2** 여러 가지 재료가 잘 어울리게 하고 간을 맞추어 요리함. ❑위생적으로 ~된 요리.

조리[1] [부][하자] 조러하게. ❑~되면 큰일이지.

조리[2] [부] 저곳으로. 저쪽으로. ❑~ 가게. ㊔저리.

조리개 [명] 카메라에서, 렌즈를 통과하는 광선의 양을 조절하는 기계 장치.

조리-기 (調理器) [명] 음식을 조리하는 기구.

조리다 [타] 어육이나 채소 따위를 양념하여 국물이 졸아들게 바짝 끓이다. ❑생선을 ~.

조리-대 (調理臺) [명] 음식 따위를 만드는 데에 쓰는 대.

조리-돌리다 [타] 죄지은 사람을 벌하기 위하여 끌고 돌아다니며 망신을 시키다.

조리-로 [부] '조리²'의 힘줌말.

조리복소니 [-쏘-] [명] 본디의 크기나 모양이 깎이거나 차차 졸아들어 보잘것없이 된 것.

조:리-사 (調理士) [명] 단체 급식소나 음식점 등에서 음식을 만드는 일을 직업으로 하는 사람. 식품 위생법의 규정에 따라 그 자격이 주어짐.

조:리-자지 (笊籬-) [명] 오줌을 자주 누는 자지.

조:리-질 (笊籬-) [명][하자] 조리로 쌀 따위를 이는 일.

조리차 [명][하타] 알뜰하게 아껴 쓰는 일. ❑살림을 ~하다.

조리-치기 [명] 썩 연한 살코기를 가늘게 썰어 간하여 볶고 다시 양념해서 익힌 반찬.

조리-치다 [자] 졸음이 올 때 잠깐 졸고 깨다. ❑그 북새통에도 조리쳤다.

조리-하다 [타][여] 조와 같이 하다. ❑일을 조리하면 안 될 텐데. ㊔저리하다.

조림 [명] 고기·생선·야채 따위를 조려서 만든 음식. ❑생선으로 ~을 만들다.

조:림 (造林) [명][하자] 나무를 심거나 씨를 뿌려 숲을 만듦. ❑~ 사업/~된 공원의 숲.

조림 (稠林) [명] 나무가 빽빽하게 들어선 숲.

石)으로 된 화산암의 일종.

조:림 (照臨)**명**[하]타 **1** 해와 달이 위에서 내리 비침. **2** 신불이 세상을 굽어봄.

조:림-학 (造林學)**명** 삼림을 조성(造成)·갱신· 육성하는 기술을 연구하는, 임업학(林業學) 의 한 분야.

조립 (組立)**명**[하]타 여러 부품을 하나의 구조물 로 짜 맞춤. 또는 그런 것. ▣ ~ 제품 / 정교 하게 ~된 기계.

조립 건:축 (組立建築)[-껀-]『건』 주택의 뼈 대를 구성하는 자재를 대량으로 생산하여 이 를 현장(現場)에서 짜 맞추는 건축 양식.

조립-식 (組立式)[-씩]**명** 조립하는 방법으로 꾸미는 방식. ▣ ~ 주택.

조릿-대 [-리때 -릳때]**명**『식』 볏과의 여러 해살이 식물. 줄기 높이 1–2 m이며, 여름에 보랏빛의 작은 꽃이 복총상(複總狀)꽃차례로 피고, 영과(穎果)는 가을에 익음. 보통 5년 만에 열매를 맺은 후 말라 죽음. 줄기는 조리 를 만드는 데 쓰고 잎은 약용하며, 과실은 식 용함.

조릿-조릿 [-릳조릳]**부**[하]형 겁이 나거나 걱정 이 되어 마음을 놓을 수 없는 모양.

조마 (調馬)**명**[하]자 **1** 말을 길들임. **2** 말을 징 발함.

조:마-경 (照魔鏡)**명** 마귀의 본정도 비추어 보인다는 신통한 거울. 조요경(照妖鏡).

조마-사 (調馬師)**명** 말을 길들이는 일을 직업 으로 하는 사람.

조마-조마 (∼∼)[하]형 마음이 초조하고 불안한 모 양. ▣ 마음이 ∼하다.

조마-증 (-症)[-쯩]**명** 어떤 일이 염려되어 조 마조마한 증세. ▣ ∼이 나서 못 견디겠다.

조막명 주먹보다 작은 물건의 덩이를 형용하 는 말. ▣ 크기가 ∼만 하다.

조막-손 [-쏜]**명** 손가락이 없거나 오그라져 펴지 못하는 손.

조막손-이 [-쏘니]**명** 조막손을 가진 사람.

조:-만 (早晚)**명** 이름과 늦음.

조:만-간 (早晚間)**부** 앞으로 곧. 머지않아. ▣ ∼ 그는 잡힐 것이다.

조만조만-하다[형어] **1** 조만한 정도로 여럿이 다 비슷비슷하다. **2** 사실이나 내용이 조렇고 조렇다. 조만저만하다.

조:-만큼[하]부 조만한 정도. ▣ 이제 ∼밖에 남 지 않았네. ▣[부] 조만한 정도로. ▣ 조만큼.

조:만-하다[형어] **1** 크기와 정도 따위가 비슷하 다. **2** 일이 그 정도에 있다. ▣ 저만하다. 조 만-히[부]

조만-때명 어떤 날이나 어떤 해의 곡 조만큼 된 때. 조만때때.

조망 (眺望)**명**[하]타 먼 곳을 바라봄. 또는 그 경 치. ▣ ∼이 좋다 / 산 정상에서 시가지를 ∼ 하다.

조망 (鳥網)**명** 새그물.

조망 (罿網)**명** 반두.

조매 (嘲罵)**명**[하]타 비웃으며 꾸짖음.

조매-화 (鳥媒花)**명**『식』 새에 의해 꽃가루가 매개되는 꽃(동백꽃 따위).

조:-면 (阻面)**명** **1** 오랫동안 서로 만나 보 지 못함. **2** 절교(絶交).

조면 (粗面)**명** 물건의 거친 면.

조면 (繰綿)**명**[하]자 목화의 씨를 앗아 솜을 만 듦. 또는 그 솜.

조면-기 (繰綿機)**명** 목화의 씨를 빼거나 솜을 트는 기계.

조면-암 (粗面岩)**명**『광』 주로 알칼리 장석(長

石)으로 된 화산암의 일종.

조:-명 (助命)**명**[하]타 목숨을 구해 줌.

조:-명 (釣名)**명**[하]자 거짓을 꾸며 명예를 구함.

조:명 (詔命)**명** 조서(詔書).

조명 (朝命)**명** 조정의 명령.

조:-명 (照明)**명**[하]타 **1** 광선으로 밝게 비춤. 또 는 그 광선. ▣ ∼ 시설 / 방내의 ∼이 너무 밝 다. **2**『연』무대 효과·촬영 효과를 높이기 위 해 광선을 비춤. 또는 그 광선. ▣ ∼ 효과 / ∼이 꺼지다. **3** 일정한 관점에서 어떤 대상을 바라봄. ▣ 토속 신앙의 평가가 새롭게 ∼되 고 있다.

조명 (嘲名)**명** **1** 남들이 빈정거리는 뜻으로 지 목하여 부르는 이름. **2** 개인에 대한 좋지 않 은 소문. ▣ ∼을 내다 / ∼이 나다.

조:명-계 (照明計)[-/-계]**명**『물』 조명도를 재는 계기. 조도계(照度計). 럭스 미터(lux meter).

조:명-도 (照明度)**명**『물』 단위 면적이 단위 시간에 받는 빛의 양. 광원의 광도에 비례하 고, 광원으로부터의 거리에 반비례함(단위는 럭스(lux) 또는 포트(phot)). 조도(照度).

조:명-등 (照明燈)**명** 조명하는 데 쓰는 등.

조명시리 (朝名市利)**명** 명예는 조정(朝廷)에 서 다투고 이익은 저자에서 다투라는 뜻으 로, 무슨 일이든 적당한 곳에서 하라는 말.

조:명-탄 (照明彈)**명** 공중에서 터지면서 강한 빛을 발하는 탄알이나 폭탄(밤에 일정한 지 역이나 목표를 밝히는 데에 사용함).

조모 (祖母)**명** 할머니.

조모 (粗毛)**명** 동물의 몸에 난 털 가운데 거칠 고 빳빳하며 곧은 털. 거셀털. ↔면모.

조모 (朝暮)**명** 아침때와 저녁때. 아침과 저녁. 조석(朝夕).

조목 (條目)**명** **1** 법률이나 규정 등의 낱낱의 조항이나 항목. 절목(節目). 조항(條項). 항 목. ▣ ∼별로 심리하다. **2** 일을 구성하고 있 는 낱낱의 부분이나 갈래. ▣ 원인을 몇 ∼으 로 나누어 따지다.

조목 (棗木)**명** 대추나무.

조목-조목 (條目條目)▣**명** 각각의 조목. ▣**부** 조목마다. ▣ 요구 사항을 ∼ 다 쓰다 / 쓰레 기 소각장의 문제점들을 ∼ 따졌다.

조몰락-거리다[-꺼-]타 작은 손놀림으로 물 건 따위를 자꾸 주무르다. ▣주물럭거리다.

조몰락-조몰락 [-꺼-]**부** 조몰락거리다.

조몰락-대다[-때-]타 조몰락거리다.

조묘 (祖廟)**명** 선조의 사당.

조묘 (粗描)**명**[하]타 줄거리만 대강 묘사함.

조무 (朝霧)**명** 아침에 끼는 안개.

조무래기 (∼)**명** **1** 자질구레한 물건. **2** 어린아이들 을 낮잡아 일컫는 말.

조-묵 (-)**명** 좁쌀 가루로 죽을 쑤어 그릇에 담아 굳힌 음식.

조:-문 (弔文)**명** 죽은 사람의 생전의 공덕을 기 리고 명복을 비는 글. ▣ ∼을 읽다.

조:-문 (弔問)**명**[하]타 남의 죽음에 대하여 슬퍼 하는 뜻을 나타내어 상주(喪主)를 위문함. 또 는 그 위문. ▣ ∼을 가다 / ∼ 온 사람 / ∼을 받다.

조문 (條文)**명** 규정이나 법령 따위에서 조목으 로 나누어 적은 글. ▣ ∼에 명시하다.

조:문 (照門)**명**『군』가늠구멍.

조:문-객 (弔問客)**명** 조문하러 온 사람. 문상 객. 조상객.

조문석사 (朝聞夕死)[-싸]**명** 아침에 진리를 들어 깨치면 저녁에 죽어도 한이 없다는 뜻 으로, 짧은 인생을 값있게 살아야 한다는 말

《공자의 말씀》.

조:물 (造物)몡 조물주가 만든 온갖 물건.

조물 (彫物)몡 조각한 물건.

조물-사 (彫物師)[-싸]몡 물건을 조각(彫刻)하는 사람.

조물-조물 閉하타 작은 손놀림으로 자꾸 주물러 만지작거리는 모양. ➊~ 나물을 무치다.

조:물-주 (造物主)[-쭈]몡 우주의 만물을 만들고 다스리는 신. 조화옹. 조화신.

조:미 (助味)몡 음식의 맛을 좋아지게 함.

조:미 (造米·糙米)몡하타 1 매갈이. 2 매조미쌀.

조미 (調味)몡하타 음식의 맛을 알맞게 맞춤. ➊향신료로 ~된 요리.

조미-료 (調味料)몡 음식의 맛을 맞추는 데 쓰는 재료. ➊인공 ~ / ~를 넣다 / ~를 치다.

조:미-상 (造米商)몡 매갈이를 업으로 하는 사람. 또는 그런 영업.

조민 (兆民)몡 모든 백성. 만민(萬民).

조민-하다 (躁悶-)혱여 마음이 조급하여 가슴이 답답하다. 조민-히 閉

조밀-하다 (稠密-)혱여 촘촘하고 빽빽하다. 인구가 조밀한 도시. 조밀-히 閉

조:-밀화 (造蜜花)몡 인공으로 만든 밀화.

조-바꿈 (調-)몡하타 《악》 악곡의 진행 중에 계속되던 곡조를 다른 곡조로 바꾸는 일. 변조(變調). 전조(轉調).

조바심¹ 몡하자 조마조마하여 마음을 졸임. 또는 그렇게 졸이는 마음. ➊~이 나다 / 떨어질까 못내 ~하다.

조-바심² 몡하타 조의 이삭을 떨어서 좁쌀을 만듦.

조바심-치다자 몹시 조바심하다.

조바위 몡 여자가 쓰는 방한모(防寒帽)의 일종. 아얌과 비슷하나 볼끼가 커서 귀와 빰을 가림.

조박 (糟粕)몡 1 재강. 2 학문이나 서화·음악 등에서, 옛사람이 다 밝혀서 지금은 새로운 의의가 없는 것을 일컫는 말.

조:반 (早飯)몡 아침밥 전에 조금 먹는 음식.

조반 (朝飯)몡 아침밥. ──하다 자 1 아침밥을 짓다. 2 아침밥을 먹다.

조반-기 (早飯器)[-끼]몡 놋쇠로 만든 식기의 하나. 반병두리 모양으로 뚜껑이 있음.

조반-병 (條斑病)[-뼝]몡 《식》 식물의 잎이나 잎자루에 세로로 누런색 또는 갈색의 긴 병반(病斑)이 생기는 병.

조반-상 (朝飯床)[-쌍]몡 아침밥을 차린 상. ➊~을 차리다 / ~을 물리다.

조반-석죽 (朝飯夕粥)[-쭉]몡 아침에는 밥을 먹고 저녁에는 죽을 먹는다는 뜻으로, 몹시 가난한 살림을 이르는 말.

조:발 (早發)몡하자 1 어떤 꽃이 다른 꽃보다 일찍 핌. 2 조행(早行). 3 기차나 기선 등이 정한 시간보다 일찍 떠남.

조발 (調髮)몡하자 1 머리를 땋음. 2 머리를 깎아 다듬음.

조발석지 (早發夕至)[-찌]몡 아침에 떠나 저녁에 이름. 조발모지(早發暮至).

조:발성 치매 (早發性癡呆)[-썽-]《의》 정신 분열증.

조-밥 몡 좁쌀로만 짓거나 입쌀에 좁쌀을 많이 두어 지은 밥. 속반(粟飯).

[조밥에도 큰 덩이 작은 덩이가 있다] 어디에나 크고 작은 구별이 있다.

조:방 (助幇)몡하타 오입판에서, 남녀 사이의 온갖 일을 주선·심부름해 주는 일.

조방 (朝房)몡 《역》 조정의 신하들이 조회를 기다리며 쉬던 방.

조:방-꾸니 (助幇-)몡 1 오입판에서 조방을 보는 사람. 2 어린아이를 데리고 놀면서 보살피는 일을 하는 사람.

조방적 농업 (粗放的農業)[-쩍-] 단위 면적의 땅에 자본과 노동력을 적게 들이고 자연력에 의존하는 농업. ↔집약적 농업.

조방-하다 (粗放-)혱여 거칠고 면밀하지 않다.

조:백 (早白)몡하자 늙기도 전에 머리가 셈(흔히 마흔 살 안팎의 나이에 머리가 세는 경우를 이름).

조백 (皂白)몡 1 잘잘못. 2 검은색과 흰색.

조뱅-이 몡 《식》 국화과의 두해살이풀. 줄기 높이 30-50 cm, 여름에 홍자색 꽃이 핌. 줄기와 뿌리는 약용하며, 어린잎은 식용함.

조:법 (助法)[-뻡]몡 '절차법'의 구용어.

조:변 (早變)몡하자 일찍 변함. 빨리 변함.

조변 (調辨)몡하타 1 조사하여 처치함. 2 군량을 현지에서 조달함.

조변석개 (朝變夕改)[-깨]몡하자 아침저녁으로 뜯어고친다는 뜻으로, 계획이나 결정 따위를 일관성 없이 자주 고침의 비유. 조개모변. 조석변개.

조별 (組別)몡 조를 단위로 하는 구별. ➊~예선 / ~ 토론.

조:병 (造兵)몡하자 병기를 만드는 일.

조병 (操兵)몡하자 군사를 조련함.

조:병-창 (造兵廠)몡 병기를 만드는 공장.

조보 (朝報)《역》 기별(奇別)➊.

조복 (粗服)몡 거칠고 값싼 의복.

조복 (朝服)몡 《역》 관원이 조정에 나아가 하례할 때에 입던 예복(禮服).

조:복 (照覆)몡하타 어떤 사람의 인적 사항 등을 물어 온 데 대하여 답함. 또는 그런 회답.

조복 (調伏)몡하타 《불》 1 몸·입·뜻을 고르게 하여 모든 악행을 제어함. 2 원수나 악마를 항복시킴.

조복 (調服)몡하타 어떤 약에 다른 약을 타서 먹음.

조봉 (遭逢)몡하자타 조우(遭遇)2.

조:부 (弔賻)몡 조문과 부의.

조부 (祖父)몡 할아버지.

조:부 (釣父)몡 낚시질하는 노인.

조부 (調府)몡 《역》 신라 때, 공부(貢賦)를 맡았던 관아.

조-부모 (祖父母)몡 할아버지와 할머니를 함께 이르는 말. 왕부모.

조분 (鳥糞)몡 새의 똥. 새똥.

조분-석 (鳥糞石)[-썩]몡 《광》 구아노.

조:불 (造佛)몡하자 불상을 만듦.

조불려석 (朝不慮夕)[-쩍]몡 형세가 절박하여 아침에 저녁 일을 헤아리지 못한다는 뜻으로, 당장을 걱정할 뿐이고 앞일을 생각할 겨를이 없음.

조불식석불식 (朝不食夕不食)[-씩 썩뿔씩]몡하자 아침도 굶고 저녁도 굶는다는 뜻으로, 몹시 가난하여 먹을 것을 늘 굶음을 이르는 말.

조붓-이 閉 조붓하게.

조붓-하다 [-부타-]혱여 조금 좁은 듯하다. ➊조붓한 길 / 조붓한 방.

조비 (祖妣)몡 돌아가신 할머니.

조빙 (朝聘)몡하타 조정에서 불러들임.

조-빼다 (操-)자 난잡하게 굴지 않고 짐짓 조촐한 태도를 나타내다.

조뼛 [-뼏]閉하자타 1 물건의 끝이 뾰족하게 솟은 모양. 2 무섭거나 놀라서 머리카락이 꼿꼿이 서는 듯한 느낌. 3 어줍거나 부끄러워서 머

뭇거리거나 주저하는 모양. [큰]주뼛. [센]쪼뼛.
조뼛-거리다 [-뻗꺼-] [자타] 자꾸 조뼛하다. 조뼛-조뼛[1] [-뻗쪼뻗] [부하자타]
조뼛-대다 [-뻗때-] [자타] 조뼛거리다.
조뼛-이 [부] 조뼛하게.
조뼛-조뼛[2] [-뻗쪼뻗] [부하형] 거리낌 없이 내닫지 못하고 머뭇거리는 모양. [큰]주뼛주뼛. [센]쪼뼛쪼뼛.
조뼛-하다 [-뼈타-] [형여] 물건의 끝이 차차 가늘어지면서 뾰족하게 솟아 있다. [큰]주뼛하다. [센]쪼뼛하다.
조:사 (弔詞·弔辭) [명] 죽은 사람을 기리고 그의 죽음을 슬퍼하는 뜻을 나타내는 글이나 말.
조:사 (早死) [명하자] 요절(夭折).
조:사 (助事) [명] 〖기〗 장로교에서, 목사를 도와서 전도하는 교직(敎職). 또는 그 교직에 있는 사람.
조:사 (助詞) [명] 〖언〗 체언이나 부사, 어미 따위의 뒤에 붙어, 그 말과 다른 말과의 문법적 관계를 나타내거나 그 말의 뜻을 도와주는 품사. 격 조사·보조사(補助詞)·접속(接續) 조사로 크게 나눔. 토씨. 관계사.
조:사 (助辭) [명] 〖언〗 '어조사(語助辭)'의 준말.
조사 (祖師) [명] **1** 어떤 학파를 처음 세운 사람. **2** 〖불〗 한 종파를 세워, 그 종지(宗旨)를 펼친 사람을 높여 일컫는 말.
조사 (曹司) [명] **1** 관직(官職)·계급·재능 따위가 째마리가 되는 사람. **2** 〖역〗 조선 때, 정삼품(正三品)의 문신(文臣)으로 임명한 오위장(五衛將) 두 사람을 이르던 말.
조:사 (釣絲) [명] 낚싯줄.
조사 (措辭) [명하자] 〖문〗 시가나 산문에서, 문자를 선택하고 배열하는 일. 또는 그런 용법.
조사 (朝士) [명] 조신(朝臣).
조사 (朝仕) [명하자] 예전에, 벼슬아치가 아침마다 으뜸 벼슬아치를 뵙던 일.
조사 (朝使) [명] 조정의 사신.
조:사 (照査) [명하타] 대조하여 조사함.
조:사 (照射) [명하자타] **1** 햇빛 따위가 내리쬠. ❏ 태양의 ~ / 햇빛이 ~되다. **2** 광선이나 방사선 따위를 쬠. ❏ 방사선 ~.
조사 (調査) [명하타] 사물의 내용을 자세히 살펴보거나 찾아봄. ❏ 인구 ~ / ~를 받다 / ~를 벌이다 / 사고 원인을 ~하다.
조사 (繰絲) [명하자] 고치나 목화 따위에서 실을 뽑아냄.
조사-단 (調査團) [명] 어떤 사건이나 사실을 조사하기 위해 여러 사람으로 조직된 단체.
조사-당 (祖師堂) [명] 〖불〗 조사의 영정이나 위패를 모신 집.
조:사-량 (照射量) [명] 방사선 따위를 쬔 양.
조-사료 (粗飼料) [명] 지방·녹말·단백질 등의 함량이 적고 섬유가 많은 사료《건초 따위》. ↔농후 사료.
조:사 식품 (照射食品) 방사선을 쬐어 보존성을 높인 식품《장거리 수송·장기 저장이 가능함. 베이컨·양파·감자 등의 식품에 이용함》.
조사-원 (調査員) [명] 사건이나 사실에 대하여 필요한 사항을 알아내는 임무를 띤 사람.
조:산 (早産) [명하타] 아이를 해산달이 차기 전에 낳음. ↔만산(晩産).
조:산 (助産) [명하타] 해산을 도움.
조산 (祖山) [명] 풍수설에서, 혈(穴)에서 가장 멀리 있는 용(龍)의 봉우리를 이르는 말.
조:산 (造山) [명하자] **1** 인공적으로 산을 쌓아서 만듦. 또는 그 산. **2** 〖지〗 지각 변동으로 산이 만들어짐.
조:산-대 (造山帶) [명] 〖지〗 조산 운동이 있었던 지역. 습곡(褶曲)·단층(斷層)·변성대(變成帶) 따위를 수반하고, 보통 띠 모양으로 길게 이어짐.
조:산-사 (助産師) [명] 〖의〗 아기를 낳을 때, 아기를 받고 산모를 도와주는 일을 업으로 하는 여자.
조:산-아 (早産兒) [명] 달을 다 채우지 못하고, 29-38주 안에 태어난 아이. 조생아(早生兒). ↔성숙아(成熟兒).
조:산 운:동 (造山運動) 〖지〗 마그마의 활동이나 변성 작용이 없어도, 습곡이나 단층 작용에 의하여 지각이 융기되어 산맥을 형성하는 지각 운동. 대규모의 습곡 산맥이 만들어짐. 조산 작용.
조:산-원 (助産員) [명] '조산사'의 구칭.
조:-산호 (造珊瑚) [명] 인공으로 만든 산호.
조:삼 (造蔘) [명하자] 수삼을 쪄서 백삼 또는 홍삼을 만듦.
조삼모사 (朝三暮四) [명] 〔중국 송(宋)나라 때, 원숭이들에게 상수리를 아침에 세 개, 저녁에 네 개씩 주겠다고 하니 원숭이들이 적다고 화를 내어 아침에 네 개, 저녁에 세 개씩 준다고 하자 좋아하였다는 우화(寓話)에서 나온 말 : 열자(列子)에 나오는 말〕 간사한 꾀로 남을 속여 희롱함을 이르는 말.
조삽-하다 (燥澁-)[-사파-] [형여] 말라서 부드럽지 못하고 파슬파슬하다.
조:상 (弔喪) [명하타] 남의 상사에 대하여 조의를 나타냄. 문상. 조문. ❏ 죽은 이를 ~하다.
조상 (爪傷) [명] 손톱이나 발톱에 긁혀서 생긴 생채기.
조:상 (早霜) [명] 철보다 일찍 내리는 서리. —-**하다** [자여] 서리가 철보다 이르게 내리다.
조상 (祖上) [명] **1** 돌아간 어버이 위로 대대의 어른. 조선(祖先). ❏ ~ 전래의 땅 / ~을 섬기다. **2** 자기 세대 이전의 모든 세대. ❏ ~들의 지혜를 본받다. **3** 후에 오는 것이 발생·발전하는 데 토대가 되는 것. ❏ 새의 ~.
조상 (凋傷) [명하자] 시들어 상함.
조상 (彫像) [명] 조각한 상. 조각상.
조:상-객 (弔喪客) [명] 조문객.
조상-굿 (祖上-)[-꾿] [명하자] 〖민〗 조상을 위해 하는 굿.
조:상-기 (造像記) [명] 석상·동상 따위를 만든 사연이나 유래를 적은 글.
조상-대감 (祖上大監) [명] 〖민〗 조상신(祖上神).
조:상-부모 (早喪父母) [명하자] 조실(早失)부모.
조상-상 (祖上床)[-쌍] [명] 〖민〗 무당이 굿할 때, 조상에게 올리는 제물을 차려 놓은 상.
조상 숭배 (祖上崇拜) 가족·부족 내지 민족의 조상을 신으로 모셔 제사하는 습속. 조선 숭배(祖先崇拜).
조상-신 (祖上神) [명] 〖민〗 가신제(家神祭)의 대상의 하나. 사대조(四代祖) 이상인 조상의 신으로 자손의 보호를 맡아본다고 하며 신체(神體)는 없음. 조상대감.
조상-육 (俎上肉)[-뉵] [명] 도마에 오른 고기라는 뜻으로, 어쩔 수 없이 된 막다른 운명을 이르는 말.
조상 청배 (祖上請陪) 〖민〗 무당이 굿하는 집의 조상이나 친척 중 죽은 사람의 혼령을 청해 오는 일.
조상-치레 (祖上-) [명하자] **1** 조상을 자랑하고 위함. **2** 조상에 대한 치다꺼리.
조새 [명] 굴조개 따위를 따는데 쓰는, 쇠로 만든 갈고리.

조색 (早色) 圓 곱지 않은 검은 빛깔.

조:색 (阻塞) 圓하타 가로막아 못하게 함.

조색 (調色) 圓하자 그림을 그릴 때, 물감을 섞어서 그리고자 하는 빛깔을 내는 일.

조색-족두리 (早色-)[-쪽뚜-] 圓 족두리의 한 가지. 족두리의 겉을 흰 헝겊으로 바르고 검은빛을 칠하였는데, 복인(服人)이 씀.

조색-판 (調色板) 圓 팔레트.

조생모몰 (早生暮沒) 圓하자 아침에 나왔다가 저녁에 스러진다는 뜻으로, 짧은 목숨을 이르는 말.

조:생-아 (早生兒) 圓 조산아(早産兒).

조:생-종 (早生種) 《식》 같은 농작물 중에서 특별히 일찍 성숙되는 종류. 조종(早種). →만생종.

조:서 (弔書) 圓 조문의 뜻을 적은 편지.

조서 (兆庶) 圓 만민(萬民).

조:서 (早逝) 圓 요절(夭折).

조:서 (詔書) 圓 임금의 선지(宣旨)를 일반에게 알리고자 적은 문서. 조명(詔命). 조칙(詔勅). 준조(詔). ──하다재타 조서를 내리다.

조서 (調書) 圓 조사한 사실을 기록한 문서. 피의자 신문~ / ~를 꾸미다.

조석 (朝夕) 圓 1 아침과 저녁. 조모(朝暮). □ ~으로 문안을 드리다. 2 '조석반(朝夕飯)'의 준말. □ ~을 끓이기도 힘들다.

조석 (潮汐) 圓 1 '조석수'의 준말. 2 달·태양 등의 기조력(起潮力)에 의해 해면(海面)이 주기적으로 오르내리는 현상.

조석-거리 (朝夕-)[-꺼-] 圓 끼닛거리. □ ~를 걱정할 만큼 살림이 어렵다.

조석-곡 (朝夕哭)[-꼭] 圓 사람이 죽은 뒤 일 년 동안 상제가 아침저녁으로 신주 앞에서 하는 곡.

조석-공양 (朝夕供養)[-꽁-] 圓하타 아침저녁으로 웃어른께 음식을 드림.

조-석반 (朝夕飯)[-빤] 圓 아침밥과 저녁밥. 준조석(朝夕).

조석-변개 (朝夕變改)[-뼌-] 圓하자 조변석개.

조석-상식 (朝夕上食)[-쌍-] 圓 아침 상식과 저녁 상식.

조석-수 (潮汐水)[-쑤] 圓 1 조수와 석수. 준조석. 2 조수1.

조석 예불 (朝夕禮佛)[-성녜-] 圓 아침저녁으로 부처에게 절하는 일.

조-석전 (早夕奠)[-쩐] 圓 조전(朝奠)과 석전(夕奠).

조선 (祖先) 圓 조상(祖上)1.

조:선 (造船) 圓하타 배를 설계하여 만듦. □ ~공업.

조:선 (釣船) 圓 낚싯배.

조선 (朝鮮) 圓 1 우리나라의 상고 때부터 써 내려오는 국명. 고조선(古朝鮮). 2 1392년 이성계가 고려를 무너뜨리고 세운 나라.

조선 (漕船) 圓 물건을 실어 나르는 배.

조선-간장 (朝鮮-醬)[-깐-] 圓 전통적인 방법으로 만든 한국 고유의 간장. *왜간장.

조:선-공 (造船工) 圓 배를 만들거나 고치는 일을 하는 사람.

조선-교 (祖先教) 圓 《종》 조상의 신령 숭배를 근본으로 하는 종교.

조선 기와 (朝鮮-) 우리나라 재래의 기와(암키와와 수키와가 있고 기왓골이 깊음).

조선-낫 (朝鮮-)[-낟] 圓 날이 두껍고 손잡이 속에 박히는 뾰족한 부분이 비교적 긴 재래식의 낫(나무를 베는 데 편리함).

조:선-대 (造船臺) 圓 선체를 건조할 때 올려 놓는 대.

조선-말 (朝鮮-) 圓 조선어.

조선-무 (朝鮮-) 圓 둥글고 단단한 재래의 무

를 왜무에 상대하여 이르는 말.

조:선-소 (造船所) 圓 배를 만들거나 고치는 곳. 선창(船廠).

조선-어 (朝鮮語) 圓 1 일제 강점기에, '우리말'을 일컫던 말. 2 조선 시대의 언어. 3 북한이나 해외 일부에서 쓰는 한국어. 조선말. □중국의 조선족은~이 공용하고 있다.

조선어 학회 사:건 (朝鮮語學會事件)[-서닉하쾨-껀] 《역》 1942년 10월에 일본어 사용과 국어 말살을 꾀하던 일제(日帝)가 조선어 학회의 회원을 민족주의자로 몰아 투옥한 사건.

조선-족 (朝鮮族) 圓 중국에 사는 우리 겨레. □연변 ~ 자치주.

조선-종이 (朝鮮-)[-종-] 圓 한지(韓紙).

조선-집 (朝鮮-)[-찝] 圓 한옥(韓屋).

조선 총:독부 (朝鮮總督府)[-뿌] 《역》 일제가 1910년부터 1945년까지 우리나라를 통치하기 위하여 설치하였던 최고 행정 관청.

조선-통보 (朝鮮通寶) 《역》 조선 세종 5년(1423)에 발행한, 쇠로 만든 엽전.

조:설 (早雪) 圓 제철보다 이르게 내리는 눈.

조:설 (造設) 圓하타 만들어 설비함.

조섭 (調攝) 圓하타 조리(調理)1. □몸을 잘 ~하다 / 산후 ~을 잘하다.

조:성 (早成) 圓하자 조숙(早熟)2.

조:성 (助成) 圓하타 도와서 이루게 함.

조:성 (造成) 圓하타 1 만들어서 이룸. □택지 ~ / 아파트 단지 ~. 2 분위기나 형세 등을 생기게 함. □분위기를 ~하다 / 위화감이 ~되다 / 여론이 ~되다.

조성 (組成) 圓하타 두 가지 이상의 요소나 성분을 짜 맞추어 만듦. □화합물의 ~ / 질소와 산소로 ~된 물질.

조성 (鳥聲) 圓 새의 소리. 새소리.

조:성 (照星) 圓 《군》 가늠쇠.

조성 (調聲) 圓하자 소리를 낼 때에 그 높낮이와 장단을 고름.

조성 모:음 (調聲母音) 《언》 매개 모음(媒介母音).

조성 사회 (組成社會) 국가·정당·교회·클럽 등 특정한 활동을 하기 위해 인위적으로 조직된 사회 집단.

조:-성품 (助成品) 圓 생산물을 이루도록 돕는 물품(비료·약품 따위).

조:세 (早世·蚤世) 圓하자 요절(夭折).

조:세 (助勢) 圓하자 힘을 보탬. 또는 단세.

조세 (租稅) 圓 국가나 지방 자치 단체가 필요한 경비를 마련하기 위해 국민으로부터 강제로 거두어들이는 돈. 공세(貢稅). 준세.

조세 (潮勢) 圓 조수(潮水)의 형세.

조세-범 (租稅犯) 圓 조세의 부과·징수·납부에 직접 관계된 범죄. 또는 그런 죄를 지은 사람.

조세-법 (租稅法)[-뻽] 圓 세법(稅法).

조세 법률주의 (租稅法律主義)[-뻠뉼-/-범뉼-이] 조세의 부과 및 징수는 반드시 법률의 근거에 따라야 한다는 원칙.

조세 부:담률 (租稅負擔率)[-뉼] 圓 국민 소득에서 조세가 차지하는 비율.

조세-안 (租稅案) 圓 《역》 결세(結稅)를 적은 장부.

조세 전:가 (租稅轉嫁) 《법》 조세의 부담이 시장의 유통 과정에서 이루어지는 가격 관계를 통하여 법률상의 납세 의무자로부터 다른 사람에게 옮겨지는 일(간접 소비세에서 볼 수 있음).

그 음식.

조세 주체(租稅主體)〖법〗조세를 낼 의무가 있는 개인이나 법인.

조세 체납 처:분(租稅滯納處分)〖법〗체납 처분.

조세 특면(租稅特免)[-튼]〔경〕조세 특혜.

조세 특혜(租稅特惠)[-트케/-트케] 특별히 규정된 특정한 경우에 한하여 특정인에게 납세 의무를 면제해 주는 행정 처분. 조세 특면.

조세 협정(租稅協定)[-쩡]〖법〗동일한 물건에 대한 이중(二重) 과세와 탈세 방지를 목적으로 체결하는 국제간의 협정.

조소(彫塑)[명][하타]〔미술〕재료를 깎고 새기거나 빚어서 어떤 형상을 만드는 일. 조각과 소조를 아울러 이르는 말.

조소(嘲笑)[명][하타] 비웃음. ▫~의 대상이 되다 / 야유와 ~를 보내다.

조속(粗俗)[명] 천박하고 상스러운 풍속.

조속(早束)[명][하타] 단단히 잡아서 단속함.

조속-기(調速機)[끼][명] 원동기(原動機)에서, 하중(荷重)의 증감에 따라 회전 속도를 일정하게 조정하는 기계.

조속-조속[쪽][부] 기운 없이 꼬박꼬박 조는 모양.

조:속-하다(早速)[소카][형][어] 이르고도 빠르다. ▫조속한 시일 내에 처리하겠다. 조:**속-히**(速)[쏘키][부]. ▫~ 완성하여라.

조손(祖孫)[명] 할아버지와 손자.

조손-간(祖孫間)[명] 할아버지와 손자 사이.

조:쇠(早衰)[명][하자] 나이보다 일찍 쇠약해짐.

조:수(助手)[명] 기술적인 일을 보조하는 사람.

조:수(釣叟)[명] 낚시질하는 늙은이.

조수(鳥獸)[명] 새와 짐승. 금수.

조:수(照數)[명][하타] 수효를 맞추어 봄.

조수(漕手)[명] 조정(漕艇) 경기 등에서, 노를 젓는 사람.

조수(潮水)[명] **1** 해와 달, 특히 달의 인력에 의해 일정한 시간을 두고 주기적으로 들어왔다 나갔다 하는 바닷물. 조석수. 미세기. **2** 아침에 밀려들었다가 나가는 바닷물. 해조(海潮). ↔석수(汐水).

조수(操守)[명][하타] 지조나 정조 따위를 지킴.

조수불급(措手不及)[명][하형] 일이 썩 급하여 손을 댈 겨를이 없음.

조-수입(粗收入)[명] 필요한 경비를 빼지 않은 수입(조수입에서 경비를 뺀 것이 소득임).

조-수족(措手足)[명][하자] 손발을 움직인다는 뜻으로, 제힘으로 겨우 살아갈 만함.

조:숙(早熟)[명][하자동] **1** 곡식·과일이 일찍 익음. **2** 나이에 비해 정신적·육체적으로 발달이 빠름. 조성(早成). ▫ 한 아이. ↔만숙.

조:숙 재:배(早熟栽培)[째]〔농〕온상에서 모종을 길러 밭에 재배하는 방법. 비용이 많이 드나 일찍 수확할 수가 있음. *촉성(促成) 재배.

조술(祖述)[명][하타] 선인(先人)의 설(說)을 본받아서 서술하여 밝힘.

조습(調習)[명][하타] 정숙하게 배워 익힘.

조습(燥濕)[명] 바싹 마름과 축축히 젖음.

조:시(弔詩)[명] 애도의 뜻을 담은 시.

조시(朝市)[명] **1** 조정(朝廷)과 시정(市井). **2** 아침에 서는 장.

조:시(肇始)[명][하자타] 무엇이 비롯됨. 무엇을 비롯함.

조:식(朝食)[명][하자] 아침밥을 일찍 먹음. 또는 그 밥.

조식(粗食)[명][하자] 검소한 음식을 먹음. 또는

그 음식.

조식(朝食)[명] 아침밥.

조신(祖神)[명] 신으로 모시는 조상.

조신(朝臣)[명] 조정에서 벼슬살이를 하는 신하. 조관(朝官). 조사(朝士).

조신(操身)[명][하자] 몸가짐을 조심함. ▫매사에 ~하는 사람 / 시집가면 ~해야 한다.

조신-하다(操身)[형][어] 몸가짐이 조심스럽고 얌전하다. ▫조신한 처녀 / 몸가짐이 ~.

조실(祖室)[명] **1** 선방(禪房)의 수행 지도 선사(禪師). **2** 조사(祖師)가 거처하는 방.

조:실-부모(早失父母)[명][하자] 어려서 부모를 여읨. 조상부모(早喪父母).

조심(彫心)[명][하타] 마음에 새김. 뼈에 사무치는 고심(苦心).

조:심(操心)[명][하자타][부] 잘못이나 실수가 없도록 말이나 행동에 마음을 씀. ▫산불 ~ / 말을 ~하다 / 매사에 ~해라.

조심-누골(彫心鏤骨)[명][하자] 마음에 새기고 뼈에 사무친다는 뜻으로, 몹시 고심함. 또는 시문을 애써 다듬음의 비유.

조:심-성(操心性)[썽][명] 미리 조심하는 성질이나 태도. ▫~ 없는 행동 / ~ 있게 다루다.

조:심성-스럽다(操心性)[썽따][스러워, 스러우니][형] 조심성이 있어 보인다. ▫~ 조심성스러운 말투. 조:**심성-스레**[썽][부]

조:심-스럽다(操心)[따][스러워, 스러우니][형] 보기에 조심하는 태도가 있다. ▫조심스럽게 행동하다. 조:**심-스레**[부]. ▫~ 물어보다.

조:심-조심(操心操心)[부][하자타][히부] 매우 조심스럽게 행동하는 모양. ▫~ 말하다 / ~하면서 빙판 길을 내려오다.

조:쌀-스럽다[따][스러워, 스러우니][형][타] 조쌀한 데가 있다. 조:**쌀-스레**[부]

조:쌀-하다[형][어] 노인의 얼굴이 깨끗하고 조촐하다.

조슈로이[부]〈옛〉중요롭게

조슈르비[부]〈옛〉중요롭게

조슈르이[부]〈옛〉중요롭게

조슐[명]〈옛〉요체(要諦).

조아(爪牙)[명] **1** 손톱과 어금니. **2** 자기에게 매우 필요한 사람이나 물건의 비유. **3** 적을 막고 임금을 호위하는 신하의 비유.

조아리다[타] 황송하여 이마가 바닥에 닿을 정도로 머리를 자꾸 숙이다. ▫머리를 ~.

조아-팔다[팔아, 파니, 파는][타] 크거나 많은 물건을 헐어서 조금씩 팔다.

조악-하다(粗惡)[아카][형][어] 거칠고 나쁘다. ▫조악한 제품.

조안(粗安)[명][하자] 별 탈 없이 대체로 편안함 (흔히, 윗사람에게 자기의 안부를 전하는 편지에 씀).

조:암 광:물(造岩鑛物)〔광〕암석을 구성하는 광물《석영·장석·운모·각섬석 따위》.

조:앙(早秧)[명][하타] 볏모를 보통보다 일찍 냄. 조이(早移).

조:애(弔哀)[명][하자] 남이 슬피 울 때에 곁에서 같이 서럽게 욺.

조:애(阻礙)[명][하타] 일이나 행동을 막아서 방해함.

조애(朝靄)[명] 아침에 끼는 아지랑이.

조:애-하다(阻礙·阻厄)[형][어] 험하고 좁다.

조야(朝野)[명] 조정과 민간. ▫~의 유력 인사를 예방하다.

조야-하다(粗野)[형][어] **1** 됨됨이가 촌스럽고 천하다. ▫태도가 ~. **2** 물건 따위가 거칠고

막되다.
조약 (條約) 명 국가 간 또는 국가와 국제기구 사이의 문서에 의한 합의. ❏ ~을 체결하다 / ~을 맺다.
조약 (調藥) 명하자 약을 조제함.
조약-국 (條約國)[-꾹] 명 서로 수교 통상 조약을 맺은 나라.
조약-돌 [-똘] 명 작고 동글동글한 돌.
조약-밭 [-빧] 명 조약돌이 많이 있는 밭. 또는 그런 땅.
조:양 (早穰) 명 〖식〗 올벼.
조:양 (助陽) 명하자 성적 양기(陽氣)를 돋움.
조양 (朝陽) 명 **1** 아침 볕. 아침 해. ↔석양. **2** 새벽에 동하는 남자의 양기(陽氣).
조양 (調養) 명하타 조리(調理)1.
조:어 (助語) 명하자 〖언〗 **1** 문장에 어구(語句)를 보탬. **2** 어조사(語助辭).
조어 (祖語) 명 〖언〗 비교 언어학에서, 같은 계통의 여러 언어들이 갈려 나온 근원이 되는 언어.
조:어 (釣魚) 명하자 물고기를 낚음.
조어 (措語) 명하자 말의 뜻을 글자로 짜맞추어 만듦.
조:어 (造語) 명하타 **1** 새로 말을 만듦. 또는 그 말. **2** 이미 있는 말을 짜맞추어 새로운 뜻을 지닌 말이나 복합어를 만드는 일.
조어 (鳥語) 명 **1** 새가 지저귀는 소리. **2** 알아듣지 못하게 지껄이는 말소리.
조어 (藻魚) 명 해조(海藻)가 많은 곳에서 사는 어류(魚類).
조:어-법 (造語法)[-뻡] 명 실질 형태소에 형식 형태소가 붙거나 실질 형태소끼리 붙어 새로운 단어를 만들어 내는 방법.
조:언 (助言) 명하자타 도움이 될 수 있도록 말을 거들거나 깨우쳐 주는 일. 또는 그 말. 도움말. ❏ ~을 구하다 / ~을 받다 / 후배에게 학창 생활에 대해 ~하다 / 그에게 건강에 조심하라고 ~했다.
조:언 (造言) 명 근거 없는 사실을 지어낸 말.
조:업 (助業) 명 본업이나 부업에 도움이 되는 직업.
조업 (祖業) 명 조상 때부터 대대로 내려오는 가업(家業).
조:업 (肇業) 명하자 어떤 사업을 처음으로 시작함.
조업 (操業) 명하자 기계 따위를 움직여 일을 함. ❏ 어선들이 바다에 나가 ~하다.
조업 단:축 (操業短縮)[-딴-] 상품의 생산 과잉으로 기업가가 작업 시간을 단축하여 생산을 제한하는 일. 준조단(操短).
조업-도 (操業度)[-또] 명 일정 기간 동안 생산 설비를 이용하는 정도.
조여-들다 [-들어, -드니, -드는] 자 죄어들다.
조:역 (助役) 명하타 **1** 일을 도와서 거들어 줌. **2** '조역꾼'의 준말. **3** 철도청에서, 역장을 보좌하고 역장이 없을 때는 그 직무를 대행하는 사람.
조:역-꾼 (助役-) 명 일을 도와서 거들어 주는 사람. 준조역.
조역-문 (兆域門)[-영-] 명 무덤의 광중(壙中) 앞쪽에 있는 문.
조:연 (助演) 명하자 〖연〗 연극이나 영화 따위에서, 주연을 도와서 연기함. 또는 그 역(役)을 맡은 사람. ❏ ~ 배우 / ~을 맡다.
조연 (朝煙) 명 **1** 아침에 공중에 끼는 연기. **2** 아침밥을 짓는 연기.
조:-연출 (助演出) 명 연출가를 돕거나 대리하는 사람.
조열 (朝列) 명 〖역〗 조정에서, 관원이 조회 때에 벌여 서던 차례. 조반(朝班).
조열 (潮熱) 명 정기적으로 일어나는 신열.
조열-하다 (燥熱-) 형여 **1** 바싹 마르고 덥다. **2** 마음이 답답하고 몸에 열이 나서 덥다. **조열-히** 부
조:영 (造營) 명하타 집 따위를 지음. ❏ 사찰을 ~하다.
조:영 (照影) 명 **1** 비치는 그림자. **2** 사진. 초상(肖像).
조:영-제 (造影劑) 명 〖의〗 엑스선 촬영 때, 사진을 뚜렷이 나타내기 위하여 사용하는 물질 《황산바륨 따위》.
조:예 (造詣) 명 학문·기예 따위가 깊은 지경에 이른 정도. ❏ 문학에 ~가 깊다.
조오롬 명 〈옛〉 졸음.
조-옮김 (調-)[-옴-] 명하타 〖악〗 악곡 전체를 그대로 다른 조로 옮겨서 연주하거나 악보에 옮겨 쓰는 일. 이조(移調).
조왕 (竈王) 명 〖민〗 부엌을 맡은 신. 늘 부엌에 있으면서 모든 길흉을 판단한다고 함. 조신. 조왕신.
조왕-굿 (竈王-)[-굳] 명 〖민〗 조왕에게 치성을 드리는 굿.
조왕-단 (竈王壇) 명 〖불〗 조왕을 모셔 두는 곳. 절의 부엌 뒷벽에 마련함.
조왕모귀 (朝往暮歸) 명하자 아침에 갔다가 저녁에 돌아옴.
조왕-신 (竈王神) 명 조왕(竈王).
조:요 (照耀) 명하형히부 밝게 비쳐서 빛남. ❏ 불빛이 ~하다.
조:요-경 (照妖鏡) 명 조마경(照魔鏡).
조욕 (潮浴) 명하자 해수욕.
조용조 (租庸調) 명 〖역〗 당(唐)나라의 조세법(租稅法). 균전제(均田制)를 배경으로 조(租)는 구분전(口分田)에 과한 세, 용(庸)은 사람에 대하여 과하는 노역(勞役) 의무, 조(調)는 집에 과한 현물세(現物稅)를 말함.
조용-조용 부하형히부 말이나 행동이 한결같이 수선스럽지 않고 얌전한 모양. ❏ ~ 문을 열고 들어갔다 / 흥분하지 말고 ~히 말해라.
조용-품 (租用品) 명 막잡이1.
조용-하다 형여 〔←종용(從容)하다〕 **1** 아무 소리도 나지 않고 고요하다. ❏ 사방이 쥐 죽은 듯이 ~. **2** 언행이 수선스럽지 않고 썩 얌전하다. ❏ 조용한 목소리로 말하다. **3** 말썽이 없이 평온하다. ❏ 올해도 사고 없이 조용하게 지나갔다. **4** 번잡하지 않고 한가하다. ❏ 조용한 곳으로 요양을 가다. **5** 드러나지 않고 은밀하다. ❏ 이번 일은 조용하게 처리해야 한다. **조용-히** 부. ❏ 음악이 ~ 흐르다 / 하루가 ~ 지나가다.
조우 (遭遇) 명하자타 **1** 신하가 뜻에 맞는 임금을 만남. **2** 우연히 서로 만남. 조봉(遭逢). ❏ 적의 복병과 ~하다 / 길을 가다가 옛 친구를 ~하다.
조우-전 (遭遇戰) 명 양편의 군대가 진군 중에 우연히 만나서 벌이는 전투.
조운 (漕運) 명하타 배로 물건을 실어 나름. 전조(轉漕). *참운(站運).
조운-배 (漕運-)[-빼] 명 물건을 실어 나르는 배. 조운선(漕運船).
조운-창 (漕運倉) 명 〖역〗 조창(漕倉).
조울-병 (躁鬱病)[-뼝] 명 〖의〗 정신 이상의 하나. 상쾌하고 흥분된 상태와 우울하고 불안한 상태가 번갈아 나타나거나 양쪽 중 한쪽

만 나타나는 증상.

조원(組員)**명** 한조를 이루는 사람. 같은 조의 사람.

조:원(造園)**명하자** 정원·공원 따위를 만듦. ▣ ~ 기사.

조:위(弔慰)**명하자** 죽은 사람을 조상(弔喪)하고 유족을 위문함.

조위(調萎)**명하자** 나무나 풀 따위가 물기가 모자라서 시듦.

조위(潮位)**명** 조석 현상으로 변화하는 해면의 높이. ▣ ~가 낮아지다.

조위(調胃)**명하자**『한의』 위병(胃病)을 조절하여 고침.

조:위-금(弔慰金)**명** 조위의 뜻으로 내는 돈. ▣ 유가족에게 ~을 전달하다.

조육(鳥肉)**명** 새고기.

조율(棗栗)**명** 대추와 밤.

조:율(照律)**명하자**『법』 의율(擬律).

조율(調律)**명하자** 1 악기의 음을 표준음에 맞추어 고름. 2 일·된 악기. 2 서로 다른 의견 따위를 알맞게 맞춤. ▣ 사전 ~ / 다양한 의견을 ~하다.

조율-미음(棗栗米飮)**명** 대추·밤·찹쌀 따위를 한데 끓여 만든 미음.

조율-사(調律師)[-싸]**명** 조율을 업으로 하는 사람. ▣ 피아노 ~.

조율이시(棗栗梨柹)[-리-]**명** 1 제사에 흔히 쓰는 대추·밤·배·감 따위의 과실. 2 제물을 진설할 때, 왼쪽부터 대추·밤·배·감의 순서로 차리는 격식.

조:율 징판(照律懲判) 의율(擬律) 징판.

조:은(造銀)**명** 인공으로 만든 가짜 은.

조은(朝恩)**명** 조정의 은혜.

조:음(助淫)**명하자** 음욕(淫慾)을 도움.

조음(潮音)**명** 1 바다 물결 소리. 2 해조음(海潮音).

조음(調音)**명하자** 1 말소리를 내기 위하여 여러 음성 기관을 움직이는 것. ▣~ 과정은 입 안이나 코 안에서 이루어진다. 2《악》악기의 음정을 고름. 또는 음율(音律)을 고른 악음(樂音).

조음(噪音)**명** 진동이 불규칙하고 높이나 가락이 분명하지 않은 음. 또는, 진동 시간이 극히 짧고 판별할 수 없는 음. 시끄러운음. ↔악음(樂音).

조음 기관(調音器官)《언》성대(聲帶)보다 위에 있는 음성 기관(音聲器官)의 총칭《입술·이·잇몸·입천장·혀·인두(咽頭) 따위》.

조음-소(調音素)**명**《언》매개 모음.

조:응(照應)**명하자** 1 서로 일치하게 대응함. ▣ 이론과 실천이 ~되다. 2 원인에 따라서 결과가 생김.

조응(調應)**명**《생》눈이 어두운 곳이나 밝은 곳에 대해 차차 적응하게 되는 기능.

조:의(弔意)[-/-이]**명** 남의 죽음을 슬퍼하는 마음. ▣ 삼가 ~를 표하다.

조의(粗衣)[-/-이]**명** 너절한 옷.

조의(朝衣)[-/-이]**명**《역》공복(公服).

조의(朝儀)[-/-이]**명** 조정의 의식.

조의(朝議)[-/-이]**명** 조정에서, 서로 의견을 교환하여 의논하는 일.

조:의-금(弔意金)**명** 남의 죽음을 슬퍼하는 뜻으로 내는 돈.

조의-조식(粗衣粗食)[-/-이-]**명** 악의악식(惡衣惡食).

조:이(早移)**명하자** 조앙(早秧).

조:이(釣餌)**명** 낚싯밥.

조이(雕螭)**명**〔←조리(雕螭)〕금·은·동 따위로 만든 물건에 무늬를 새기는 일.

조이-개(명)《악》장구의 부속품의 하나. 가죽으로 깔때기처럼 만든 장구의 좌우 마구리에 얼기설기 얽은 줄의 두 가닥을 꿰어서 한쪽으로 밀면 줄이 팽팽해지고, 다른 한쪽으로 밀면 줄이 늘어지게 되어 장구의 소리를 조절함.

조이다[자타] 죄다'. ▣ 나사를 ~ / 허리띠를 조여 매다.

조이 스틱(joy stick)《컴》화면에서 점을 이동하는 데 쓰는 입력 장치. 컴퓨터 게임이나 그래픽에서, 막대 모양의 손잡이를 전후좌우로 이동시켜 도형이나 물체를 입력함.

조익(鳥翼)**명** 새의 날개.

조인(鳥人)**명** '비행사'의 곁말.

조:인(釣人)**명** 낚시꾼.

조인(稠人)**명** 많은 사람. 뭇사람. 중인(衆人).

조인(調印)**명하자** 1 약정서에 도장을 찍음. 2《법》조약 당사국의 대표자가 조약의 공문서에 서명·날인하는 일《조약 성립의 한 요건임》. ▣ 협정이 ~되다.

조인-광좌(稠人廣座)**명** 여러 사람이 빽빽하게 많이 모인 자리. ⊛조좌(稠座).

조인-식(調印式)**명** 조약의 공문서에 당사국의 대표자가 서명·날인하는 의식.

조인트(joint)**명** 1 기계·목공 기계 따위의 이음매. 2 합동(合同). 연합. ▣~ 콘서트.

조인트(를) 까다 □ '구둣발로 정강이뼈를 걷어찼다'를 속되게 이르는 말.

조인트 리사이틀(joint recital)《악》두 사람 이상의 연주자가 함께 주최하는 독주회나 독창회.

조일(朝日)**명** 아침 해.

조임-줄[-쭐]**명**《악》장구의 좌우 마구리를 잇는 줄《무명실을 꼬아 붉게 물들였음》.

조자리'(명) 너저분한 물건이 어지럽게 매달려 있거나 한데 묶여 있는 것을 이르는 말. ⊛주저리.

조자리²(명) 대문 위의 장부.

조자인(독 Sosein)**명**《철》'이러이러하다'라고 하는 본질적·가능적 존재를 일컫는 말. ↔다자인.

조:작(造作)**명하자** 1 어떤 일을 사실인 듯이 꾸며 만듦. ▣~된 사실 / 사건을 ~하다. 2 진짜를 본떠서 가짜를 만듦. ▣ 장부를 ~하다. 3 물건을 지어 만듦.

조작(操作)**명하자** 1 기계나 장치 따위를 다루어 움직임. ▣~이 간단하다 / 리모컨으로 ~되는 가전제품 / 컴퓨터를 ~하다. 2 작업 등을 잘 처리하여 행함.

조작-거리다[-꺼-]**자** 1 주책없이 잘난 체하며 자꾸 떠들다. 2 걸음발타는 어린아이가 제 마음대로 귀엽게 자꾸 걷다. ⊛조적거리다. **조작-조작**[-쪼-]**부하자**

조:작-극(造作劇)[-끅]**명** 꾸며 내거나 지어서 만든 일의 비유. ▣~을 벌이다.

조작-대다[-때-]**자** 조작거리다.

조잔-거리다[타] 때 없이 군음식을 점잖지 않게 자꾸 먹다. ⊛주전거리다. **조잔-조잔** **부하자**

조잔-대다[타] 조잔거리다.

조잔-부리[명]**하자** 때를 가리지 않고 군음식을 자꾸 먹는 입버릇. ⊛주전부리.

조잔-하다(凋殘-)**형** 빼빼 말라서 쇠약하다.

조잘-거리다[자타] 1 좀 낮은 목소리로 계속해서 떠들다. ⊛주절거리다. 2 참새 따위의 작

은 새가 자꾸 지저귀다. 조잘-조잘¹ ⊞하자타

조잘-대다 재타 조잘거리다.

조잘-조잘² ⊞형 끄나풀 따위가 어지럽게 달린 모양. ⊜주절주절².

조잡 명 1 여러 가지 탓으로 생물체가 쇠해지는 일. 2 옷차림이 초라하고 너절한 것. ⊜주접.

조잡-들다 [-뜰-]〔-들어, -드니, -드는〕 재 1 생물체가 잔병이 많아서 잘 자라지 못하다. 2 기를 펴지 못하고 시들다. 3 옷 따위가 추접해지다.

조잡-스럽다 (粗雜-)〔-쓰-따〕〔-스러워, -스러우니〕 형 1 음식에 대해 추잡하게 욕심을 부리는 태도가 있다. ⊜조잡스럽다. 2 보기에 말이나 행동 따위가 거칠고 잡스러워 품위가 없다. 조잡-스레 [-쓰-] ⊞

조잡-하다 (粗雜-)〔-자파-〕 형어 말이나 행동 따위가 거칠고 잡스러워 품위가 없다. ⊟조잡한 옷차림 [작품] / 조잡하게 만든 장난감.

조잡-하다 (稠雜-)〔-자파-〕 형어 빽빽하고 복잡하다.

조:장 (弔狀) 명 조상(弔喪)하는 편지나 글.

조:장 (助長) 명 바람직하지 않은 일을 부추김. ⊟사행심 ~ / 위화감이 ~되다 / 과소비를 ~하다.

조장 (彫匠) 명 조각가.

조장 (組長) 명 조로 편성한 단위의 책임자나 우두머리.

조장 (條章) 명 조(條)나 장(章) 따위의 여러 조목으로 나눈 규정. 또는 그 낱낱의 조나 장. ⊟법규의 ~을 고치다.

조장 (鳥葬) 명 시체를 들에 내다 놓아 새가 파먹게 하던 원시적인 장사.

조장 (彫牆) 명 『긴』 화초담.

조:재 (造材) 명 벌채한 나무의 껍질을 벗기고 다듬어서 이용하기에 편리한 재목으로 만듦.

조적 (鳥迹·鳥跡) 명 1 새의 발자국. 2 〔중국 황제 때, 창힐(蒼頡)이란 사람이 새의 발자국을 보고 글자를 만들었다는 고사에서〕 한자(漢字)의 필적을 이르는 말.

조:전 (弔電) 명 조상(弔喪)의 뜻을 나타내기 위하여 보내는 전보. ⊟~을 치다.

조전 (祖奠) 명 발인 전에 영결을 고하는 제사 의식.

조전 (祖餞) 명하타 멀리 가는 사람을 전송함.

조:전 (造錢) 명 『불』 죽은 사람이 저승에 가서 빚을 갚는 데 쓰게 한다고 하여 관(棺)에 넣어 주는, 종이로 만든 가짜 돈.

조전 (朝典) 명 조정의 제도와 의식.

조전 (朝奠) 명 장사에 앞서 아침마다 영전에 지내는 제사 의식.

조:전-원수 (助戰元帥) 명 『역』 고려 후기에, 도원수·상원수·원수·부원수 등의 주장(主將)을 돕던 원수.

조절 (調節) 명하타 균형을 잡아 어울리게 바로잡음. 또는 적당하게 맞추어 나감. ⊟물가 ~ / 인구 ~ / 온도를 ~하다 / 습도가 자동적으로 ~되다.

조점 (兆占) 명하자 점을 침. 또는 그 점쾌.

조정 (措定) 명하타 『철』 1 존재를 긍정하거나 내용을 명백히 규정하는 일. 2 명제를 자명한 것 또는 임의의 가정으로서 직접적으로 추리에 의하지 않고 긍정하여 주장하는 일.

조:정 (釣艇) 명 낚싯배.

조정 (朝廷) 명 임금이 나라의 정치를 의논하고 집행하는 곳. 조가(朝家). 조당(朝堂).

조정 (漕艇) 명하자 1 보트를 저음. 2 정해진 거리에서 보트를 저어 그 빠르기로 승부를 겨루

는 운동 경기.

조정 (調定) 명하타 조사하여 확정함.

조정 (調停) 명하타 분쟁을 중간에서 화해시키거나 타협해서 합의하도록 함. ⊟의견 ~ / 분쟁을 ~하다 / 견해 차이를 ~하다.

조정 (調整) 명하타 기준이나 실정에 알맞게 정돈함. ⊟회사의 구조 ~ / 버스 노선이 지하철과 연계하여 ~되다.

조정-법 (調停法)〔-뻡〕 명 『법』 각종 분쟁을 조정하는 법의 총칭《차지 차가(借地借家) 조정법·노동 쟁의 조정법 따위》.

조정-안 (調停案) 명 제삼자가 분쟁 당사자 사이에 개입하여 분쟁을 그치게 하기 위해 제시하는 안.

조정-지 (調整池) 명 수력식 발전에서, 전력 수요의 변동에 맞추어 유량을 조절하려고 수로의 중간에 만들어 놓은 저수지.

조:제 (弔祭) 명하타 조상(弔喪)하여 제사함.

조:제 (助劑) 명 보제(補劑)2.

조제 (粗製) 명하타 물건을 거칠게 만듦. 조조(粗造).

조제 (調製) 명하타 1 물건을 주문에 따라 만듦. ⊟된 상품. 2 조절하여 만듦.

조제 (調劑) 명하타 여러 가지 약품을 적절히 조합하여 약을 만듦. ⊟약사가 감기약을 ~하다 / 녹용이 중심이 되는 약제의 ~를 금하고 있다.

조제-남조 (粗製濫造) 명 조제품(粗製品)을 마구 만듦.

조제-법 (調劑法)〔-뻡〕 명 약을 조제하는 방법.

조제-사 (調劑師) 명 ☞ 약사(藥師).

조제-실 (調劑室) 명 약을 조제하는 방.

조제-약 (調劑藥) 명 조제한 약품.

조제-품 (粗製品) 명 막치.

조젯 (Georgette) 명 여름철 여자 옷에 많이 쓰는, 얇고 톡톡한 견직물 또는 면직물《본디, 상표명임》.

조-조 (早朝) 명 이른 아침. 조단(早旦). 조천(早天).

조조 (粗造) 명하타 조제(粗製).

조:조 (肇造) 명하타 처음으로 만듦.

조조-이 (條條-) 명 조목조목.

조조-하다 (躁躁-) 형어 성질 따위가 몹시 조급하다. 조조-히 ⊞

조:조-할인 (早朝割引) 명하타 극장 등에서, 통상 오전에 입장 요금을 할인하는 일.

조족 (祖族) 명 선조와 일족. 또는 조상과 그 겨레.

조족지혈 (鳥足之血)〔-찌-〕 명 새 발의 피라는 뜻으로, 극히 적은 분량의 비유.

조졸 (早卒) 명하자 요절(夭折).

조졸 (漕卒) 명 『역』 고려·조선 때, 배로 물건을 실어 나르는 일을 하는 사람을 이르던 말. 수부(水夫). 조군(漕軍).

조:종 (弔鐘) 명 1 죽은 사람을 애도하는 뜻으로 치는 종. 2 일의 마지막을 뜻하는 말. ⊟제국주의 시대의 ~이 울리다.

조:종 (早種) 명 1 '조생종(早生種)'의 준말. 2 올벼.

조종 (祖宗) 명 1 시조가 되는 조상. 2 임금의 조상.

조종 (朝宗) 명 1 중국에서 제후(諸侯)가 천자를 알현하던 일. 2 강물이 바다로 흐르는 것을 비유한 말.

조종 (操縱) 명하타 1 비행기·선박·자동차 따위의 기계를 다루어 부림. ⊟비행기 ~ / 이 장치는 자동으로 ~된다. 2 남을 자기 마음대로 다

루어 부림. ❏ 외부 인사에게 ~당하다 / 배후
에서 ~하다.

조종-간 (操縱桿)[-] 명 조종사가 비행기를 조종
하는 장치. 또는 그 손잡이.

조종-기업 (祖宗基業) 명 조상 때부터 대대로
전하는 왕업(王業). 조종세업.

조종-사 (操縱士) 명 비행기를 조종하는 사람.
파일럿.

조종-석 (操縱席) 명 조종사가 앉는 자리.

조종-세업 (祖宗世業) 명 조종기업.

조종-실 (操縱室) 명 항공기를 조종하는 방.

조좌 (朝座) 명 관원들이 조정에 모인 자리.

조좌 (稠座) 명 '조인광좌(稠人廣座)'의 준말.

조:-주 (助走) 명하자 도움닫기.

조:-주 (助奏) 명 [악] 오블리가토.

조:-주 (造主) 명하자 신주(神主)를 만듦. 또는
그런 일.

조:-주 (造酒) 명하자 술을 빚어 만듦.

조:-주 (造珠) 명 인공으로 만든 구슬.

조주 (粗酒) 명 박주(薄酒).

조주 (朝酒) 명 아침에 마시는 술. 묘주.

조:-준 (照準) 명하타 발사하는 탄환이 목표에
명중하도록 총이나 포 따위를 겨냥함. ❏ ~
사격 / 정확히 목표를 ~하다.

조:준-기 (照準器) 명 포신을 움직여 목표를
겨냥하기 위한 장치.

조:준 망:원경 (照準望遠鏡) 총포 따위에 덧
붙여서 조준하는 데 쓰이는 망원경.

조:준-선 (照準線) 명 조준의 표준이 되는 선.
사수의 눈에서 가늠구멍과 가늠쇠를 거쳐 조
준점에 이르는 직선. ❏ ~을 정렬하다.

조:준-점 (照準點)[-쩜] 명 [군] 사격할 때, 사
수가 가늠구멍과 가늠쇠를 일치시켜 겨누는
목표물이나 점.

조증 (燥症)[-쯩] 명 [한의] 마음이 답답하여
편하지 않은 증세.

조증 (躁症)[-쯩] 명 조급하게 구는 성질이나
버릇. ❏ ~이 나다.

조지 (朝紙) 명 [역] 기별(奇別).

조지다 타 1 짜임새가 느슨하지 않게 단단히
맞추다. 2 일이나 말이 허술하게 되지 않도록
단단히 단속하다. ❏ 비밀을 지키도록 단단히
~. 3 호되게 때리다. 늘썽하게 갈기다. ❏ 다
시는 나서지 못하게 조져라. 4 〈속〉 자기 몸
이나 일 등을 망치다. ❏ 신세를 ~.

조:-지서 (造紙署) 명 [역] 조선 때, 종이 뜨는
일을 맡아보던 관아.

조직 (組織) 명하타 1 짜서 이룸. 얽어서 만듦.
2 특정한 목적을 달성하기 위하여 여러 개체
를 모아서 집합체를 이룸. 또는 그 집합체.
❏ 사회 ~ / ~을 구성하다 / 위원회가 ~되
다. 3 [생] 거의 모양과 크기가 같고 작용도
비슷한 세포의 집단. ❏ 체내 ~ / 신경 ~. 4
날실과 씨실로 짠 천의 짜임새. ❏ 삼베는 ~
이 성기다.

조직-계 (組織系)[-계 / -께] 명 [식] 해면상(海
綿狀) 조직·책상(柵狀) 조직 등의 각종 조직
이 모여서 이루는 고차(高次)의 조직.

조직 근로자 (組織勤勞者)[-끌-] 노동조합에
가입한 근로자.

조직-력 (組織力)[-녁] 명 조직하는 힘.

조직-망 (組織網) 명 그물처럼 널리 퍼
져 있는 조직체의 체계적인 갈래. ❏ ~을 갖
추다 / ~을 확장하다.

조직-법 (組織法)[-뻡] 명 인간 행위의 바탕이
나 수단이 되는 조직에 관하여 정한 법.

조직 배:양 (組織培養)[-빼-] 명 [생] 생물체 조
직의 한 조각을 떼어 내어 체외에서 적당한
배양기에 옮겨 생존·증식시키는 일.

조직-적 (組織的)[-쩍] 관명 일이나 행동에 체
계가 짜여 있는 (것). ❏ ~ 항거 / 모금 운동
을 ~으로 전개하다.

조직-책 (組織責) 명 조직을 구성하는 업무 분
야의 책임자. 특히, 정당 조직에서 일컫는
말. ❏ 지구당 ~.

조직-체 (組織體) 명 조직적으로 이루어진 체
제나 단체.

조직-학 (組織學)[-짜칵] 명 [생] 생물 조직의
구성·분화·발생·기능 따위를 연구하는 학문.

조직-화 (組織化)[-지롸] 명하자타 사물이 일정
한 질서를 갖고 유기적인 활동을 하도록 통
일이 이루어짐. 또는 그렇게 함. ❏ ~된 생산
라인 / 업무 체계를 ~하다.

조진 (凋盡) 명하자 시들어 없어짐.

조진 (調進) 명하타 주문 받은 물건을 만들어
바침.

조진 (躁進) 명하자 벼슬이나 지위를 올리려고
조급하게 굶.

조짐 (兆朕) 명 어떤 일이 생길 기미가 보이는
현상. ❏ ~이 심상치 않다 / 불길한 ~이 나
타나다 / 호황의 ~이 보인다 / 값이 오를 ~
이다. ＊전조(前兆).

조짐 의명 쪼갠 장작을 사방 여섯 자 부피로
쌓은 것을 세는 말. ❏ 장작 열 ~.

조짐-머리 명 여자의 머리털을 소라딱지와 비
슷하게 틀어 만든 머리.

조-짚 [-집] 명 조·피 따위의 낟알을 떨어낸 짚.

조:-짜 (造-) 명 진짜처럼 만든 가짜 물건.

조:-차 (造次) 명 '조차간(造次間)'의 준말.

조차 (租借) 명 특별한 합의에 따라 어떤
나라가 다른 나라 영토의 일부를 빌려 일정
기간 통치하는 일. ❏ 외국에 ~된 토지.

조차 (粗茶) 명 변변치 못한 차(손님에게 차를
권할 때의 겸사말).

조차 (潮差) 명 [지] 밀물과 썰물 때의 수위(水
位)의 차.

조차 (操車) 명하자 열차를 편성하거나 다른 선
로에 넣거나 나누거나 하는 일.

조차 조 '도·마저·역시' 등의 뜻으로 앞의 말
을 강조할 때 쓰는 보조사. ❏ 말~ 불손하다 /
비가 오는데 바람~ 분다 / 이런 일은 생각~
못했다 / 너~ 그럴 줄은 몰랐다 / 그 사람은 만
나기~ 힘들다.

조:-차간 (造次間) 명 1 얼마 되지 않는 짧은
시간. 2 아주 급한 때. ❏ 조차.

조차-장 (操車場) 명 철도에서 열차를 잇거나
떼어 내거나 하며 조절하는 곳.

조차-지 (租借地) 명 조차한 땅.

조:-착 (早着) 명하자 열차 따위가 예정된 시간
보다 이르게 도착함.

조찬 (粗餐) 명 변변치 못한 식사(손님에게 식
사를 권할 때의 겸사말).

조찬 (朝餐) 명 손님을 초대하여 함께 먹는 아
침 식사. ❏ ~ 기도회.

조찬-회 (朝餐會) 명 손님을 초대해서 아침 식
사를 겸하여 베푸는 모임. ＊오찬회·만찬회.

조:-찰 (照察) 명하타 잘잘못을 보아 살핌.

조:-참 (早參) 명하자 모임에 예정 시각보다 이
르게 참석함. ↔지참.

조참 (朝參) 명 [역] 한 달에 네 번 백관이
정전에 모여 임금에게 문안을 드리고 정사
(政事)를 아뢰던 일.

조창 (漕倉) 명 [역] 고려·조선 때, 조운(漕運)
할 곡식을 쌓아 두던 곳집. 조운창(漕運倉).

조처(措處)〖명〗〖하타〗 조치(措置).

조:척(照尺)〖명〗〖군〗 가늠자.

조:천(早天)〖명〗 **1** 조조(早朝). **2** 동틀 무렵의 하늘.

조철(條鐵)〖명〗 가늘고 길게 생긴 철재.

조철(銚鐵)〖명〗 들쇠1.

조첩(稠疊)〖명〗〖하자〗 **1** 빽빽하게 첩첩이 겹쳐 있음. **2** 연달아 거듭됨.

조:청(造淸)〖명〗 묽게 곤 엿. 〇떡을 ~에 찍어 먹다.

조체(朝體)〖명〗 조정의 체면과 위신.

조체모개(朝遞暮改)〖명〗〖하자〗 아침에 갈았는데 저녁에 다시 고친다는 뜻으로, 관원을 너무 자주 갈아 치움의 비유.

조:촉(弔燭)〖명〗 장례식이나 위령제에 켜는 초.

조졸-하다〖형어〗 **1** 아담하고 깨끗하다. 〖@〗 한 세간. **2** 행동이 난잡하지 않고 단정하다. **3** 외모가 말쑥하고 맵시가 있다. **4** 호젓하고 단출하다. 〇조졸한 모임. 〖준〗조하다. **조졸-히**〖부〗

조촘-거리다〖자타〗 어떤 행동이나 걸음 따위를 망설이며 자꾸 머뭇거리다. 〖큰〗주춤거리다. **조촘-조촘**〖부〗〖자타〗

조촘-대다〖자타〗 조촘거리다.

조촘-병(-病)〖뺑〗 무슨 일을 결단성 있게 하지 못하고 조촘거리는 결점. 〖큰〗주춤병.

조:총(弔銃)〖명〗 저명인사·지사·군인 등의 장례식·위령제 따위에서, 조의(弔意)를 표하기 위해 쏘는 예총. 〇추모의 ~을 쏘다.

조총(鳥銃)〖명〗 **1** 새총1. **2** '화승총(火繩銃)'의 딴 이름.

조:추(早秋)〖명〗 이른 가을. ↔만추(晩秋).

조:추(肇秋)〖명〗 초가을.

조추〖부〗 차차 나중에.

조:춘(早春)〖명〗 이른 봄. ↔만춘(晩春).

조:춘(肇春)〖명〗 초봄.

조:출(早出)〖명〗 **1** 아침에 일찍 나감. **2** 정한 시각보다 이르게 나감.

조:출(造出)〖명〗〖하타〗 물건을 만들어 세상에 냄.

조:출(繰出)〖명〗〖하타〗 고치를 삶아 실을 뽑아냄.

조출모귀(朝出暮歸)〖명〗〖하자〗 **1** 늘 아침 일찍 나가고 저녁에 늦게 돌아와, 집에 있는 동안이 얼마 되지 않음. **2** 사물이 항상 바뀌어 덧덧함이 없음의 비유. 조출모입(朝出暮入).

조충(條蟲·條蟲)〖명〗〖←도충(絛蟲)〗〖동〗촌충류에 속하는 기생충의 총칭. 암수한몸으로 변태를 하며 길이는 1cm로부터 10m에 달하는 것도 있음. 척추동물의 창자에 기생하여 양분을 체벽(體壁)에서 섭취함.

조충-서(鳥蟲書)〖명〗 왕망(王莽)의 육체서(六體書)의 하나. 새와 벌레의 모양을 본뜬 글씨체〖기치(旗幟)나 부신(符信)에 씀〗.

조충-소기(彫蟲小技)〖명〗 벌레를 새기는 보잘것없는 솜씨라는 뜻으로, 남의 글귀를 토막토막 따다가 맞추는 서투른 재간을 이르는 말.

조충-전각(彫蟲篆刻)〖명〗 문장(文章)에서 너무 글귀만을 수식하는 일.

조취(臊臭)〖명〗 누린내.

조취모산(朝聚暮散)〖명〗〖하자〗 아침에 모였다가 저녁에 흩어진다는 뜻으로, 모이고 헤어짐이 무상함을 이름.

조치〖명〗 **1** 국물이 바특하게 만든 찌개나 찜. **2** 조칫보에 담겨진 반찬. **3** '조칫보'의 준말.

조치(措置)〖명〗〖하타〗 문제나 사태를 해결하거나 해 필요한 대책을 세움. 또는 그 대책. 조처(措處). 〇~를 내리다 / 법적 ~를 취하다.

조치(調治)〖명〗〖하타〗 조리(調理)1.

조치-개〖명〗 무엇에 마땅히 딸려 있어야 할 물

건〖밥에 대하여 반찬 따위〗.

조:칙(詔勅)〖명〗 조서(詔書).

조:침(釣針)〖명〗 낚시1.

조침(朝寢)〖명〗 아침잠.

조침-문(弔針文)〖명〗〖문〗조선 순조(純祖) 때, 유씨(兪氏) 부인이 지은 수필(隨筆). 바늘을 의인화한 것으로, 남편을 여의고 바느질에 재미를 붙여 나날을 보내던 어느 날, 자기가 쓰던 바늘이 부러지자 슬픈 심정을 누를 길 없어 이 글을 지었다 함. 제문(祭文) 형식의 글임. 제침문(祭針文).

조침-젓[-젇]〖명〗 여러 가지 물고기를 섞어 담근 젓.

조칫-보[-치뽀/-칟뽀]〖명〗 김칫보보다 조금 크고 운두가 낮은, 조치를 담는 데 쓰는 그릇. 〖준〗조치.

조카-딸〖명〗 형제자매의 딸. 여질(女姪). 유녀(猶女). 질녀(姪女).

조카-며느리〖명〗 조카의 아내. 질부(姪婦).

조카-사위〖명〗 조카딸의 남편. 질서(姪壻).

조카-자식(-子息)〖명〗 **1** 조카와 조카딸의 총칭. **2** 자기 조카의 낮춤말.

조커(joker)〖명〗 트럼프의 하나〖트럼프의 으뜸 패로도 쓸 수 있고, 다른 패 대신으로도 쓸 수 있음〗.

조크(joke)〖명〗 농담. 우스개. 익살.

조타(操舵)〖명〗〖하타〗 배의 키를 조종함.

조타-기(操舵機)〖명〗 배의 키를 조종하는 장치. 타기(舵機).

조타-수(操舵手)〖명〗 키잡이. 〖준〗타수(舵手).

조타-실(操舵室)〖명〗 조타기가 장치된 방.

조탁(彫琢)〖명〗〖하타〗 **1** 보석 따위를 새기거나 쫌. **2** 문장이나 글을 매끄럽게 다듬음.

조탁-성(鳥啄聲)[-씽]〖명〗 새가 쪼아 먹는 소리라는 뜻으로, 사실이 아닌 말을 듣고 잘못 옮기는 헛소문을 이르는 말.

조탄(粗炭)〖명〗 아주 질이 나쁘고 거친 석탄. 흙이 많이 섞이고 충분히 탄화되지 않아 광택이 없음.

조탕(潮湯)〖명〗 바닷물을 데운 목욕물. 또는 그 물을 쓰는 목욕탕.

조:태(釣太)〖명〗 주낙으로 잡은 명태.

조:퇴(早退)〖명〗〖하자〗 정한 시각 이전에 일찍 물러감. 〇감기 몸살로 ~했다.

조퇴(潮退)〖명〗 조수가 밀려 나감.

조:파(早播)〖명〗〖하타〗 씨를 제철보다 일찍 뿌림. ↔만파(晩播).

조파(條播)〖명〗〖하타〗 줄뿌림.

조:파(照破)〖명〗〖하타〗〖불〗석가모니가 지혜의 빛으로 범부(凡夫)의 무명(無明)을 비추어 깨치는 일.

조판(組版)〖명〗〖하자〗 활판 인쇄에서, 원고에 따라 골라 뽑은 활자를 원고의 지시대로 맞추어 짬. 또는 그런 일. 제판(製版). 판짜기. 〇~된 원고.

조판(彫版·雕版)〖명〗〖하타〗 나무 따위에 조각하거나 글자를 새김. 또는 그 판자.

조판(調辦)〖명〗〖하타〗 **1** 조사하여 처리함. 또는 정리하여 조처함. **2** 조달 물품을 구입하여 정리함.

조팝-나무[-팜-]〖명〗〖식〗장미과의 낙엽 활엽 관목. 산기슭이나 밭둑에 나며, 높이 1~2m, 고약한 냄새가 남. 봄에 흰 꽃이 피고 골돌과

가 익음. 어린잎은 식용하고 뿌리와 줄기는
약용함.

조ː패 (造牌)몡하타 작패(作牌).

조ː폐 (造幣)[-/-폐]몡하자 화폐를 만듦.

조ː폐 공사 (造幣公社)[-/-폐-] '한국 조폐
공사'의 준말.

조ː폐-권 (造幣權)[-권/-폐꿘]몡《경》화폐의
제조 및 발행을 장악하는 권리《일반적으로
정부가 독점함》.

조ː폐 평가 (造幣平價)[-까/-폐-까]《경》본
위 화폐 제도를 실시하는 나라 사이에 금 따
위의 법정 함유량으로 결정하는 화폐의 교환
비율이나 시세.

조ː포 (弔砲)몡 군대에서 장례식을 할 때, 조의
를 나타내는 뜻으로 쏘는 예포.

조포 (粗包)몡 벼를 담는 데 쓰는 포대.

조포 (粗布)몡 거칠고 성기게 짠 피륙. 막베.

조ː포 (造布)몡 함경북도에서 나는 베의 하나.
너비는 좁고 바탕은 두껍고 촘촘하게 짬.

조-포체 (造胞體)몡《식》세대 교번을 하는
식물로서, 포자(胞子)를 만들어 무성 생식을
하는 세대의 식물체. 홀씨체.

조포-하다 (粗暴-)톙여 행동이나 성격이 몹시
거칠고 사납다. 조포-히뭐

조표 (調標)몡《악》악곡의 조를 나타내는 표
《음자리표의 오른쪽에 붙이는 샤프(#)나 플
랫(♭) 따위》. 조호(調號).

조품 (粗品)몡 1 변변하지 못한 물품. 2 남에게
보내는 선물을 겸손하게 이르는 말.

조풍 (條風)몡 북동풍(北東風).

조풍 (潮風)몡 바닷바람.

조피 (조피)몡 초피나무의 열매《껍질은 한방에서 천
초(川椒)라 함》.

조피-나무 (조피-)몡《식》초피나무.

조피-볼락 (조피-)몡 양볼락과의 바닷물고기.
몸길이 30 cm 정도로 모양은 볼락과 비슷함.
머리에 가시가 많음.

조필 (粗筆)몡 1 거친 붓. 2 졸필(拙筆)3.

조핏-가루 [-피까/-핃까]몡 초피나무 껍질
인 천초의 가루《조미료로 씀》.

조ː하 (早夏)몡 이른 여름.

조하 (朝賀)몡하자《역》경축일에 신하들이 조
정에 나아가 임금에게 하례하던 일.

조하 (朝霞)몡 아침노을.

조ː하 (肇夏)몡 초여름.

조-하다 (造-)톙여 '조졸하다'의 준말.

조-하다 (燥-)톙여 축축하거나 부드러운 맛이
없이 깔깔하게 말라 있다.

조-하다 (躁-)톙여 성미(性味)가 몹시 급하다.

조하-주 (槽下酒)몡 1 용수뒤. 2 송이술.

조학 (嘲謔)몡하타 조롱하고 놀림.　　「불음.

조학 (燥涸)몡하자 물기가 걷혀서 바짝 말라

조합 (組合)몡 1 민법에서, 두 사람 이상
이 출자하여 공동 사업을 경영하기 위하여
결합한 단체《보통 법인격을 갖지 않음》. 2 특
별법에서, 각종 공동 목적의 수행을 위해 특
정 자격이 있는 사람들에 의해 조직된 사단
법인의 하나《협동조합·공제 조합 따위》. 3
《수》여러 개 중에서 정한 수를 한 쌍으로 하여
뽑아서 모은 짝《a·b·c 중 ab, bc, ca 따위》.
콤비네이션. 4 여럿을 모아 한 덩어리가 되게
한 기. □많은 부품이 ~된 기계.

조ː합 (照合)몡하타 서로 맞추어 봄. □사본을
원본과 ~하다.

조합 (調合)몡하타 약재나 물감 따위를 분량에
따라 한데 섞음. □잘 ~된 물감.

조합 계ː약 (組合契約)[-꼐-/-꼐-]《법》각
당사자가 출자해 조합을 경영하기 위한 계약.

조합 기업 (組合企業)[-끼-]《경》공동 기업의
한 가지. 소규모의 생산자와 노동자가 서로
도와서 경제적 이익을 도모하는 기업.

조합-비 (組合費)[-삐]몡 1 조합 운영에 필요
한 비용. 2 조합원이 내는 회비.

조합-원 (組合員)몡 조합에 가입한 사람.

조합-장 (組合長)[-짱]몡 조합의 우두머리.

조합-주의 (組合主義)[-주-/-주이]몡 과격한
정치 투쟁을 피하고 노동조합을 통해 노동
조건의 개선을 달성하고자 하는 사상.

조항 (祖行)몡 할아버지뻘이 되는 항렬.

조항 (條項)몡 조목이나 항목. □법률 ~.

조ː해 (阻害)몡 ☞ 저해(沮害).

조해 (潮害)몡 간석지 따위에 조수가 들어서
입는 피해. □~를 입다.

조해 (潮解)몡하자《화》고체가 대기 중의 습
기를 흡수하여 액체가 됨. 흡습 용해.

조해-성 (潮解性)[-썽]몡《화》고체가 대기 속에서
습기를 빨아들여 녹는 성질.　　「발(不發).

조ː행 (早行)몡하자 아침 일찍 길을 떠남. 조

조행 (操行)몡 태도와 행실. 품행(品行).

조향 장치 (操向裝置)자동차의 진행 방향을
바꾸기 위하여 앞바퀴의 회전축 방향을 조절
하는 장치.

조헌 (朝憲)몡 1 조정의 법규. 2 국헌(國憲).

조ː험 (照驗)몡하타 1 서로 맞대어 보아 앎. 2
경험에 비추어서 앎.

조ː험-하다 (阻險-)톙여 길이 막히고 험난하
다. 조ː험-히뭐

조현 (朝見)몡하자 예전에, 신하가 조정에 나
아가 임금을 뵙던 일.

조현-례 (朝見禮)[-녜]몡《역》새로 간택된 비
빈이 가례를 지낸 뒤, 처음으로 부왕과 모비
를 뵙던 예식.

조현-병 (調絃病)몡《의》사고의 장애, 감정·
의지·충동의 이상을 주된 증상으로 하는 정
신병의 하나. 정신 분열증.

조ː혈 (造血)몡하자 몸 안에서 피를 만듦. □
~ 작용.

조ː혈-기 (造血器)몡《생》몸에서 적혈구를
만드는 기관《주로 골수에서 조혈됨》.

조ː혈 기관 (造血器官)조혈기.

조ː혈-제 (造血劑)[-쩨]몡 적혈구나 헤모글
빈을 증가시켜 빈혈을 치료하는 약.

조ː혈 조직 (造血組織)《생》혈액 중의 혈구
(血球), 특히 적혈구를 만드는 조직.

조협 (皁莢)몡《한의》쥐엄나무 열매의 껍데기
《성질은 따뜻하되, 독이 조금 있음. 중풍·마
비·소답(消痰) 등에 씀》.

조협-자 (皁莢子)몡《한의》쥐엄나무 열
매의 씨《장을 유화(柔和)시키며 풍열을 다스
리는 데 씀》.

조협-자 (皁莢刺)[-짜]몡《한의》쥐엄나무의
가시《한의에서 외과에 많이 씀》.

조ː형 (造形)몡하자 어떤 형태나 형상을 만듦.
□동양적으로 ~된 동상.

조ː형 (造型)몡하타 기계 공학에서, 주형(鑄
型)을 만듦. □금속으로 ~된 형틀.

조ː형-물 (造形物)몡 인공적으로 어떤 효과나
기능을 발휘하기 위해 만든 큰 물체.

조ː형-미 (造形美)몡 입체감 있게 표현하는
아름다움. □~가 돋보이다.

조ː형 미ː술 (造形美術)조형 예술.

조ː형-성 (造形性)[-썽]몡 조형 예술의 작품이
지니고 있는 특성.

조ː형 예ː술 (造形藝術)[-녜-]물질적 재료를

써서 사물을 유형적(有形的)으로 표현하여 시각에 호소하는 미술의 총칭(조각·회화(繪畵)·건축·공예 등). 공간(空間) 예술. 조형 미술.

조:형-화(造形化)**명하자타** 어떤 모습이나 사상 따위가 구체적인 형태를 지닌 예술 작품으로 표현됨. 또는 그렇게 되게 함.

조:호(助護)**명하타** 도와서 보호함.

조호(潮湖)**명**『지』 조수가 빠진 뒤에, 땅이 팬 곳에 물이 그냥 남아 호수처럼 된 곳.

조호(調號)**명**『악』 조표(調標).

조호(調護)**명하타** 1 매만져서 보호함. 2 환자를 보양하여 회복을 빠르게 함.

조:혼(早婚)**명하자** 어린 나이에 일찍 혼인함. 또는 그 혼인. ↔만혼(晚婚).

조:혼(助婚)**명하타** 1 혼인에 드는 비용을 도와줌. 2 혼인 때에, 신부의 집이 가난해서 신랑의 집에서 돈을 보태어 줌.

조혼-전(助婚錢)**명** 혼인 때, 신부의 집이 가난해서 신랑의 집에서 보태어 주는 비용.

조홀-하다(粗忽-)**형여** 간략하고 소홀하다.
조홀-히튀

조:홍(早紅)**명** 일찍 익고 빛깔이 썩 붉은 감의 일종. 조홍시.

조홍(朝虹)**명** 아침에 서쪽에 서는 무지개(큰비가 올 징조라 함).

조홍(潮紅)**명** 수줍거나 부끄러워서 얼굴이 붉어짐.

조:-홍시(早紅柿)**명** 조홍(早紅).

조:홍시-가(早紅柿歌)**명**『문』 조선 선조 때, 박인로(朴仁老)가 지은 연시조. 작자가 한음(漢陰) 이덕형(李德馨)이 보낸 조홍시(早紅柿)를 보고 돌아가신 어머니를 생각하며 지은 작품. 모두 4수로 됨.

조:-화(弔花)**명** 조상(弔喪)하는 뜻으로 바치는 꽃.

조:화(造化)**명** 1 만물을 창조하고 기르는 대자연의 이치. 또는 그런 이치에 따라 만들어진 우주 만물. ▷자연의 ~/~의 묘(妙). 2 사람의 힘으로 어찌할 수 없는, 신통하게 된 일. 또는 일을 꾸미는 재간. ▷~를 부리다/이건 또 무슨 ~냐.

조:화(造花)**명** 종이·천·비닐 등으로 만든 꽃. 가화(假花). ↔생화.

조화(彫花)**명하자** 도자기에 꽃무늬를 새김. 또는 그런 기법.

조화(調和)**명하자타** 서로 잘 어울리게 함. 또는 잘 어울림. 어울림. 해화(諧和). ▷~의 미/주변과 ~를 이루다/빛깔이 잘 ~되다/춤을 노래에 ~시키다.

조:-화(遭禍)**명하자** 화를 입음. 재앙을 만남.

조화 급수(調和級數)[-쑤]『수』각 항의 역수가 등차급수를 이루는 급수.

조화-롭다(調和-)[-따][-로워][-로우니]**형ㅂ** 서로 잘 어울려 자연스럽게 모순(矛盾)되거나 어긋남이 없다. ▷조화로운 색깔. 조화-로이튀

조화-미(調和美)**명** 조화된 아름다움.

조화-성(調和性)[-썽]**명** 조화를 이루는 성질.

조화-수열(調和數列)[-쑤-]『수』각 항의 역수가 등차수열을 이루는 수열.

조:화-신(造化神)**명** 조물주.

조:화신-공(造化神功)**명** 조화신의 공력.

조:화-옹(造化翁)**명** 조물주.

조화 중항(調和中項)『수』세 개의 수가 조화 수열(數列)을 이룰 때, 그 가운데의 항.

조화 해:석(調和解析)『수』일반적으로 어떤 함수를 삼각 함수의 급수로 분해하는 일.

조:환 운:동(弔環運動) 링 운동.

조:홧-속(造化-)[-화쏙/-환쏙]**명** 어떻게 된 것인지 알 수 없는, 야릇하거나 신통한 일의 속내.

조:황(釣況)**명** 낚시질의 상황(狀況).

조회(朝會)**명** 1 조례(朝禮). 2『역』모든 관리가 조정에 나아가 임금을 뵙던 일.

조회(照會)**명하타** 어떤 사람의 인적 사항을 관계되는 기관에 알아보는 일. ▷신원을 경찰에 ~하다/비자 발급 여부가 대사관에 ~되면 알리겠다.

조:효(早曉)**명** 이른 새벽.

조효(粗肴)**명** 변변찮은 안주(자기가 차린 안주의 낮춤말). ▷박주(薄酒) ~.

조후(嘲哮)**명하타** 포효(咆哮).

조후(兆候)**명** 조짐이나 징후.

조후(潮候)**명** 밀물과 썰물이 드나드는 시각.

조후-차(潮候差)**명** 달이 자오선을 지나 만조가 될 때까지의 평균 시간.

조훈(祖訓)**명** 조상이 남긴 훈계.

조:휼(弔恤)**명하타** 어떤 사람의 죽음에 대하여 조의를 표하고 위로함.

조:흥(助興)**명하자** 흥취를 돋움.

조흥(嘲興)[-히]**명하타** 빈정거리며 희롱함.

조희(調戲)[-히]**명하타** 희롱하며 놀림.

족(足)**명** 1 소·돼지 따위의 무릎 아랫부분을 식용으로 이르는 말. ▷~을 고다. 二**의명** 켤레. ▷버선 한 ~.

족튀 1 여럿이 한 줄로 잇따라 줄지어 있는 모양. 1 운동장 담 밑에 푸른 잔디가 ~ 깔려 있다. 2 동작이 단번에 거침없이 곧장 나아가는 양. ▷아이들이 한 줄로 ~ 늘어서다. 3 종이나 천 따위를 단번에 찢는 모양. 4 적은 양의 액체를 단숨에 들이마시는 모양. 5 가는 줄이나 금을 곧게 내긋는 모양. 6 좁은 범위로 눈길을 보내어 한눈에 훑어보는 모양. ▷메모지를 ~ 읽어 내려가다. 歪죽. 솀쪽.

-족(族)**의** 1 겨레의 뜻. ▷여진~/거란~. 2 같은 동아리나 부류의 사람을 뜻하는 말. ▷히피~/제비~.

족가(足枷)[-까]**명**『역』차꼬.

족건(足巾)[-껀]**명**〈궁〉버선.

족골(足骨)[-꼴]**명**『생』족부(足部)를 구성한 뼈의 총칭. 발뼈.

족-근골(足根骨)[-끈-]**명**『생』발목뼈.

족-내혼(族內婚)[종-]**명** 같은 종족·씨족 사이에서 하는 혼인. ↔족외혼(族外婚).

족당(族黨)[-땅]**명** 족속(族屬).

족대[-때]**명** 물고기를 잡는 기구의 하나(작은 반두와 비슷하나 그물의 가운데에 불이 처져 있음).

족대(足臺)[-때]**명** 목기류나 가구류를 놓을 때, 발밑에 건너대는 널.

족대기다[-때-]**태** 1 남을 견디기 어렵도록 볶아치다. 2 함부로 우겨 대다. ▷자기가 옳다고 ~. 3 마구 두들겨 패다.

족-대부(族大父)[-때-]**명** 할아버지뻘 되는 같은 성(姓)의 먼 일가붙이.

족도 (足蹈)[-또][명][하자] 발로 뛰는 짓.
족두리 [-뚜-][명] 부녀자가 예복을 입을 때에 머리에 얹던 검은 관(위는 여섯 모가 지고 아래는 둥긂).
족두리-풀 [-뚜-][명]《식》 쥐방울덩굴과의 여러해살이풀. 산지에 나며, 뿌리줄기는 가늘고 마디가 있음. 봄에 홍자색 꽃이 핌. 뿌리는 '세신(細辛)'이라 하여 약재로 씀.
족두리-하님 [-뚜-][명] 혼행(婚行) 때, 신부를 따라가는 여자 하인(향꽂이를 들고 당의(唐衣)를 입고 족두리를 씀). 두리하님.
족류 (族類)[종뉴][명] 일가붙이.
족멸 (族滅)[종-][명][하다] 멸족(滅族).
족반거상 (足反居上)[-빤-][명] 발이 도리어 위에 있다는 뜻으로, 사물이 거꾸로 뒤집힘을 이르는 말.
족-발 (足-)[-빨][명] 잡아서 각을 뜬 돼지의 발. 또는 그것을 조린 음식. ▢~을 안주로 술을 마시다.
족벌 (族閥)[-뻘][명] 큰 세력을 가진 가문의 일족(一族). ▢~ 정치 / ~ 경영.
족보 (族譜)[-뽀][명] 1 한 가문의 계통과 혈통 관계를 기록한 책. 한 가문의 계보(系譜). 보첩(譜牒). ▢~에 오르다 / ~에도 없는 망나니. 2 한 가문의 계통과 혈통 관계. ▢~를 따지다 / ~를 캐다.
족부 (足部)[-뿌][명] 발에서 발목까지의 부분.
족부 (族父)[-뿌][명] 씨족·부족의 우두머리.
족부-권 (族父權)[-뿌꿘][명] 족장(族長)이 가지는 통솔권.
족부족-간 (足不足間)[-뿌-깐][명] (주로 '족부족간에'의 꼴로 쓰여) 자라든지 모자라든지 관계없음. ▢~에 우선 셈이나 해 보자.
족불리지 (足不履地)[-빨-][명][하자] 발이 땅에 닿지 않는다는 뜻으로, 몹시 급하게 달아나거나 걸어감을 이르는 말.
족사 (足絲)[-싸][명]《동》 연체동물이 몸에서 내는 실 모양의 분비물. 다른 물건에 달라붙는 작용을 하며, 섭조개 등에서 볼 수 있음.
족산 (族山)[-싼][명] 일족의 묘를 쓴 산.
족-삼리 (足三里)[-쌈니][명]《한의》 무릎 아래 안쪽 바깥쪽에 있는 혈(穴).
족생 (簇生)[-쌩][명][하자] 뭉쳐나기.
족속 (族屬)[-쏙][명] 1 같은 문중의 겨레붙이. 족당(族黨). 2 같은 패거리에 속하는 사람들을 낮잡아 일컫는 말. ▢염치도 모르는 ~들.
족손 (族孫)[-쏜][명] 성이 같은 사람들 가운데 유복친 외의 손자뻘 항렬이 되는 사람.
족쇄 (足鎖)[-쐐][명][하타] 1《역》 죄인의 발목에 채우던 쇠사슬. 2 자유를 구속하는 대상의 비유. 《사회 활동의 ~가 되는 인습. ──하다 [타자][족쇄를 채우다. ▢죄수를 ~.
족숙 (族叔)[-쑥][명] 동성동본이면서 유복친 이외의 아저씨뻘 항렬이 되는 남자.
족-외혼 (族外婚)[명] 같은 종족·씨족 사이의 혼인을 금하고 다른 종족·씨족의 사람과 하는 결혼. ↔족내혼(族內婚).
족인 (族人)[명] 동성동본이면서 유복친 이외의 겨레붙이.
족자 (簇子)[-짜][명] 글씨나 그림 등을 표구하여 벽에 걸거나 두루마리처럼 말아 둘 수 있게 만든 물건. ▢~를 걸다.
족자-걸이 (簇子-)[-짜거리][명] 족자를 걸거나 내리는 데 쓰는 기구(긴 막대기 끝에 두 갈래로 된 쇠붙이가 달려 있음).
족자리 [-짜-][명] 옹기 따위의 배의 좌우에 달린 손잡이.

족장 (足掌)[-짱][명] 발바닥.
　족장(을) **대다**〔구〕막 두들기다.
　족장(을) **맞다**〔구〕㉠신랑이 거꾸로 매달려 발바닥을 맞다. ㉡발바닥에 침을 맞다.
　족장(을) **치다**〔구〕동상례(東床禮)를 받으려고 장난삼아 신랑을 거꾸로 매달고 발바닥을 때리다.
족장 (族丈)[-짱][명] 동성동본인 사람 중에서 유복친 이외의 웃 항렬이 되는 어른.
족장 (族長)[-짱][명] 일족의 우두머리.
족적 (足跡·足迹)[-쩍][명] 1 발자국. 2 경험해 온 일의 자취. 발자취. ▢~을 남기다 / ~을 더듬다.
족적 (族籍)[-쩍][명] 족칭(族稱)과 본적.
족제 (族弟)[-쩨][명] 동성동본인 사람 중에서, 유복친 이외의 아우뻘이 되는 남자.
족제 (族制)[-쩨][명] 혈연 관계에 의해 결합한 집단 제도.
족제비 [-쩨-][명]《동》 족제비과의 동물. 몸길이는 꼬리 끝까지 약 50 cm, 쥐·닭 등을 잡아먹음. 적갈색의 털은 방한용 옷에 쓰고, 꼬리털은 붓을 매는 데 씀.
　[족제비도 낯짝이 있다] 염치없는 사람을 나무라는 말.
족제비-얼레 [-쩨-][명] 통이 좁고 길쭉하게 생긴 얼레(실을 다루는 데 씀).
족족[1] [-쪽][의명] '어떤 일을 할 때마다, 하는 것마다'의 뜻(동사 어미 '-는', 의존 명사 '대'의 뒤에 붙음). ▢해숙은 보는 ~ 죽여라 / 돈을 버는 ~ 써 버린다.
족-족[2] [-쪽][명] 1 여러 줄로 늘어지거나 떨어지는 모양. ▢~ 늘어지다. 2 동작이 여러 번 거침없이 나아가는 모양. ▢천자문을 ~ 내리읽는다. 3 줄을 잇따라 고르게 긋는 모양. 4 물건을 잇따라 찢거나 훑는 모양. ▢사진을 ~ 찢다. 5 무엇을 입으로 계속 빠는 소리. ▢젖을 ~ 빨다. ㉡쪽쪽. ㉣죽죽. ㉢쪽쪽.
족족-유여 (足足有餘)[-쪽규-][명][하형] 넉넉하여 남음이 있음.
족족-하다 (足足-)[-쪽-][형어] 썩 넉넉하다.
족족-히 [-쪽키][부]
족촉-하다 (簇簇-)[-쪽카-][형어] 1 들어선 모양이 빽빽하다. 2 아래로 늘어진 것이 수없이 많다. **족촉-히** [-쪽키][부]
족주 (族誅)[-쭈][명][하자] 멸문(滅門).
족지 (足指)[-찌][명] 발가락.
족지족 (族之族)[-찌-][명] 친척의 관계.
족질 (族姪)[-찔][명] 동성동본인 사람 중 유복친 이외의 조카뻘이 되는 남자.
족집게 [-찝께][명] 1 잔털이나 가시 등을 뽑는 데 쓰는, 쇠로 만든 작은 기구. 2 어떤 사실·비밀을 잘 알아맞히는 사람을 비유한 말. ▢~ 과외 / ~같이 알아낸다.
족집게 장:님 [-찝께-] 무꾸리할 때, 남의 지난 일을 잘 알아맞히는 영검한 장님.
족징 (族徵)[-찡][명][하다]《역》 조선 때, 지방 고을의 이속(吏屬)들이 공금이나 관곡(官穀)을 사사로이 썼거나, 군정(軍丁)이 도망·사망하여 군포세(軍布稅)가 모자랄 때, 그 일가붙이에게 대신 물리던 일.
족채 (足債)[-채][명] 1 먼 곳에 심부름을 가는 사람에게 주는 삯. 2《역》차사예채(差使例債).
족척 (族戚)[-척][명] 동성(同姓) 혹은 타성(他姓)의 겨레붙이.
족첨 (足尖)[-첨][명] 발부리.
족출 (簇出)[-출][명][하자] 떼를 지어서 잇따라 나옴.
족치다[타] 1 견디지 못하도록 몹시 볶아치다.

□죄인을 족쳐 자백을 받다. **2** 짓찧어서 쭈그러지게 하다. □북어를 족쳐 잘게 찢다. **3** 규모를 줄여 작게 만들다.

족친(族親)[─] 圀 유복친(有服親)이 아닌, 같은 성을 가진 겨레붙이.

족칭(族稱)[─] 圀 예전에, 신분·계급을 따져 이르던 말(양반·평민·천민 등).

족탈불급(足脫不及) 圀 맨발로 뛰어도 따라가지 못한다는 뜻으로, 능력·역량·재질 따위의 차이가 뚜렷함을 이르는 말.

족탕(足湯) 圀 소의 발과 사태를 넣어 끓인 국.

족통(足痛) 圀 발이 아픈 증세.

족─편(足─) 圀 **1** 소의 발·가죽·꼬리 따위를 고아 묵같이 만든 음식. **2** 소의 발 두 개를 뼈를 바르고 데쳐서, 꿩고기와 한데 삶아 간장을 넣어 간을 맞춘 뒤에, 넓은 그릇에 옮겨 양념을 하고 굳혀서 반듯반듯하게 썰어 만든 음식.

족하(足下)[조카] 圀 같은 또래에서, 편지 받는 사람의 이름 밑에 써서 존칭어로 쓰는 말.

족─하다(足─)[조카─] 圀웹 수량이나 정도 따위가 넉넉하다. 충분하다. □신랑감으로 ~ / 친구로 삼기에 ~ / 열 개로 ~ / 한 달 생활비로 이 정도면 ~. **족─히**[조키] 圄. □십 리 길은 ~ 되고 남는 거리였다.

족형(族兄)[조경] 圀 동성동본인 일가 중 유복친 이외의 형뻘이 되는 남자.

족적(足跡)[조걱] 圀 **1** 사람이나 동물의 발자국이나 자취. **2** 화석으로 남은 동물의 발자국.

존가(尊家) 圀 남의 집을 높여 이르는 말.

존객(尊客) 圀 높고 귀한 손님.

존견(尊見) 圀 존의(尊意).

존경(尊敬) 圀웹 남의 인격·사상·행위 따위를 높여 공경함. □~을 받다 / ~을 표하다 / 스승을 ~하다.

존경─심(尊敬心) 圀 남을 공경하고 높이 받들어 모시는 마음.

존경─어(尊敬語) 圀 존경하는 말. 경어(敬語).

존공(尊公) 圀 손윗사람의 아버지에 대한 존칭. 존대인(尊大人).

존귀(尊貴) 圀웹 지위나 신분이 높고 귀함. □~한 신분.

존념(存念) 圀 늘 생각하여 잊지 않음.

존당(尊堂) 圀 남의 어머니의 존칭.

존대(尊待) 圀웹 **1** 존경하여 받들어 대접하거나 대함. □~를 받다. **2** 존경하는 말투로 대함. □선배에게 ~하여 말하다.
[존대하고 뺨 맞지 않는다] 남에게 공손하면 욕이 돌아오지 않는다.

존대─어(尊待語) 圀 존댓말.

존대─인(尊大人) 圀 존공(尊公).

존대─하다(尊大─) 圀웹 벼슬이나 학식·인격 따위가 높고 크다.

존댓─말(尊待─)[─댄─] 圀 존대해 쓰는 말. 존대어. 높임말.

존데(독 Sonde) 圀 **1**《의》소식자(消息子). **2** 라디오존데.

존득─거리다[─끄─] 圂 **1** 음식물이 검질겨서 탄력성 있게 씹히는 느낌이 계속해서 나다. **2** 몹시 차져서 검질기고 잘 끊어지지 아니하는 느낌이 계속해서 나다. 웹준득거리다. 圎존득거리다. **존득─존득**[─끈─] 圄圂웹. □~한 캐러멜 / 인절미가 ~하다.

존득─대다[─때─] 圂 존득거리다.

존 라인(zone line) 아이스하키에서, 링크를 세 구역으로 나누는 두 개의 선. 블루 라인(blue line).

존람(尊覽)[졸─] 圀웹 '남이 봄'의 존대어.

존래(尊來)[졸─] 圀 왕림(枉臨).

존려(尊慮)[졸─] 圀 존의(尊意).

존령(尊靈)[졸─] 圀 '혼령'을 높여 이르는 말.

존로(尊老)[졸─] 圀 '노인'을 높여 이르는 말.

존류(存留) 圀웹자 남아서 머물게 함.

존립(存立)[졸─] 圀웹자 **1** 생존하여 자립함. □인간과 생물이 ~할 수 있는 환경. **2** 단체·국가·제도 등이 그 위치를 지키며 존재함. □국가의 ~이 위태롭다.

존망(存亡) 圀 존속과 멸망. 또는 생존과 사망. 존멸(存滅). 존몰(存沒). □국가의 ~이 걸린 문제.

존망지추(存亡之秋) 圀 존망이 결정되는 아주 절박한 때. □국가가 ~에 놓이다.

존멸(存滅) 圀웹자 존속함과 멸망함. 존망.

존명(存命) 圀웹자 살아서 목숨을 유지함.

존명(尊名) 圀 존함(尊啣).

존명(尊命) 圀 남의 명령을 높여 이르는 말.

존모(尊慕) 圀웹 존경하여 그리워함.

존몰(存沒) 圀 존망(存亡).

존문(存問) 圀웹《역》 고을의 원이 그 지방의 형편을 알아보려고 관할 지역의 백성을 방문하는 일.

존문(尊門) 圀 '상대방의 가문'을 높여서 일컫는 말.

존문(尊問) 圀웹 상대방의 질문을 높여 일컫는 말.

존문─장(存問狀)[─짱] 圀《역》 존문 편지.

존문 편지(存問便紙)《역》 수령이 존문하겠다는 뜻을 알리는 편지. 존문장.

존본취리(存本取利) 圀 돈이나 곡식 따위를 꾸어 주고, 해마다 그 이자만 받고 본전은 그대로 둠.

존봉(尊奉) 圀웹 존경하여 높이 받듦.

존부(存否) 圀 존재함과 존재하지 않음.

존비(尊卑) 圀 지위·신분 등의 높음과 낮음.

존비─귀천(尊卑貴賤) 圀 지위·신분 등의 높고 낮음과 귀하고 천함.

존상(尊像) 圀 존귀한 형상.

존서(尊書) 圀 존한(尊翰).

존성(尊姓) 圀 상대방의 성을 높여 이르는 말.

존성─대명(尊姓大名) 圀 상대방의 성명을 높여 이르는 말.

존속(存續) 圀웹자 어떤 대상이 그대로 있거나 어떤 현상이 계속됨. □~ 기간 / 관료주의가 ~되다 / 보상 제도를 ~시키다.

존속(尊屬) 圀《법》 부모 또는 그와 같은 항렬 이상에 속하는 혈족. □직계(直系) ~. ↔비속(卑屬).

존속 살해(尊屬殺害)[─쌀─] 《법》 자기나 배우자의 직계 존속을 살해함. 또는 그때 성립하는 죄.

존속─친(尊屬親) 圀《법》 부모나 조부모·백숙부모를 친족적으로 부르는 말.

존숭(尊崇) 圀웹 존경하고 숭배함.

존시(尊侍) 圀 존장(尊長)과 시생(侍生). 나이 많은 웃어른과 나이가 적은 아랫사람.

존시─간(尊侍間) 圀 나이 많은 사람과 적은 사람의 사이《주로 20세 정도의 차이가 있을 때에 씀》.

존심(存心) 圀웹 마음에 새겨 두고 잊지 않음. 택심(宅心).

존안(存案) 圀 없어지지 않고 보존해 두는 안건. 존안건(存案件).

존안(尊顔) 圀 상대방의 얼굴을 높여 이르는

말. 대안(臺顏).

존앙(尊仰) 명하타 존경하여 우러러봄.

존양지의(存羊之義)[-/-이] 명 허례나 구례(舊禮)를 버리지 않고 보존하고 있는 일.

존엄(尊嚴) 명하타히무 인물이나 지위 따위가 감히 범할 수 없을 정도로 높고 엄숙함. ▢생명이란 ~한 것이다.

존엄-사(尊嚴死) 명 소생할 가망도 없이 장기간 식물인간 상태로 있는 환자에 대하여 생명 유지 장치 따위에 의한 연명(延命)을 중지하고 인간으로서의 존엄을 유지하면서 죽음에 이르게 하는 일. *호스피스.

존엄-성(尊嚴性)[-썽] 명 존엄한 성질. ▢법의 ~ / 인간으로서의 ~을 지닐다.

존영(尊詠) 명 상대방의 시가(詩歌)를 높여 이르는 말.

존영(尊影) 명 상대방의 화상(畫像)이나 사진 따위를 높여 이르는 말. 존조(尊照).

존영-하다(尊榮-) 형여 지위가 높고 영화(榮華)롭다.

존옹(尊翁) 명 남자 노인을 높여 이르는 말.

존위(尊位) 명 1 예전에, 천자(天子)의 지위를 이르던 말. 2 예전에, 한 면 또는 마을의 어른이 되는 사람을 이르던 말.

존의(尊意)[조늬 / 조니] 명 상대방의 의견을 높여 이르는 말. 존려. 존려.

존이불론(存而不論) 명하타 그대로 두어 더 따지지 않음.

존자(尊者) 명 〖불〗 학문과 덕행이 높은 부처의 제자를 높여 이르는 말. ▢목련 ~.

존장(尊長) 명 친척이 아닌 사람으로서 존대해야 할 나이 많은 어른.

존재(存在) 명하자 1 현실에 실제로 있음. 또는 그 대상. ▢신의 ~를 믿다 / 가능성이 ~하다 / 상대방의 ~를 무시하다. 2 어떤 작용을 갖는 능력을 지닌 인간. ▢위대한 ~. 3 독특성이나 가치·능력을 갖고 있음으로써 자립이 인정되는 일. ▢독립국으로서의 ~를 잃다 / 그 소설로 ~를 인정받다. 4〖철〗의식으로부터 독립하여 외계에 객관적으로 실재하는 일. ▢~와 허무.

존재-론(存在論) 명 〖철〗 존재 또는 존재의 가장 근본적이고 보편적인 규정을 연구하는 학문. 본체론. 실체론.

존재론-적(存在論的) 관명 〖철〗 존재론에 관한 (것). 존재적. ▢~ 개념.

존재 명:제(存在命題) 〖철〗 존재 판단을 말로 나타내는 명제.

존재-물(存在物) 명 실재로 있는 것.

존재-성(存在性)[-썽] 명 현실에 있거나 있다고 생각되는 성질. 존재의 확실성.

존재-적(存在的) 관명 1 실제로 있는 특성을 지닌 (것). ▢~ 가치 / ~인 의의. 2〖철〗존재론적.

존재 판:단(存在判斷) 〖철〗 어떤 사물이나 대상의 존재 여부에 관한 판단. '산이 있다', '강이 없다'라는 형식으로 어떤 대상이나 사물이 있는가 없는가에 대하여 판단함.

존저(尊邸) 명 상대방의 집을 높여 이르는 말.

존전(尊前) 명 1 신불(神佛)이나 존귀(尊貴)한 사람의 앞. ▢어느 ~이라고 감히 그러느냐. 2 예전에, 임금이나 높은 벼슬아치의 앞을 이르던 말.

존:절 명하타 〔←준절(撙節)〕 씀씀이를 아껴 알맞게 씀.

존:절-하다 형여 〔←준절(撙節)하다〕 씀씀이를 아껴서 알맞게 쓰다. **존:절-히** 부. ▢돈을 ~ 써라.

존조(尊照) 명 존영(尊影).

존:조리 부 타이르듯이 조리 있고 친절하게. ~ 타이르다.

존존-하다 형여 피륙의 발이 고르고도 곱다. ▢발이 존존하게 무명베. ◑쫀쫀하다. **존존-히** 부

존중(尊重) 명하타히무 높이여 귀중하게 여김. ▢인권 ~ / 창의성이 ~되는 교육 / 남의 의사를 ~하다.

존중-시(尊重視) 명하타 존중하게 여김. ▢도덕심이 ~되다.

존중-심(尊重心) 명 존중하는 마음. ▢스승에 대한 ~.

존집(尊執) 명 아버지의 벗이 될 만한 어른을 높여 일컫는 말.

존찰(尊札) 명 존한(尊翰).

존체(尊體) 명 상대방의 몸을 높여 이르는 말. 귀체. ▢~ 만안하심을 비옵니다.

존총(尊寵) 명 높은 사람이 베푸는 총애. ▢~을 받자와.

존치(存置) 명하타 제도나 설비 따위를 없애지 않고 그대로 둠. ▢연구소를 ~하다 / 제도가 ~되다.

존칭(尊稱) 명하타 남을 공경하는 뜻으로 높여 부름. 또는 그 칭호. ▢~을 붙이다 / ~을 쓰다 / ~을 생략하다. ↔비칭(卑稱).

존칭-어(尊稱語) 명 〖언〗 경어(敬語).

존택(尊宅) 명 상대방의 집이나 집안을 높여 이르는 말.

존폐(存廢)[-/-폐] 명 보존과 폐지. ▢적부 심사 제도의 ~에 관한 문제 / ~의 위기를 맞다 / ~의 기로에 서다.

존필(尊筆) 명 상대방의 글이나 글씨를 높여 이르는 말.

존함(尊翰) 명 존함(尊函).

존함(尊械·尊函) 명 상대방의 편지를 높여 이르는 말. 존서(尊書). 존찰(尊札). 존한(尊翰). ▢~을 받자옵고.

존함(尊啣·尊銜) 명 상대방의 이름을 높여 이르는 말. 존명(尊名). ▢~은 익히 들어 알고 있습니다.

존항(尊行) 명 아저씨뻘 이상의 항렬.

존현(尊賢) 명하자 어질고 착한 사람을 존경함.

존현-하다(尊顯-) 형여 지위(地位)가 높고 이름이 드러나다.

존형(尊兄) 대 같은 또래 사이에서 상대편을 높여 부르는 말.

존호(尊號) 명 〖역〗 왕이나 왕비의 덕을 칭송하여 올리던 칭호.

존후(尊候) 명 주로 편지 글에서, 상대방의 건강 상태를 높여 이르는 말.

졸[1](卒) 명 '卒·兵' 자를 새긴 장기짝. 졸때기. ▢~이 다 죽다.

졸[2](卒) 명 '죽음'을 완곡하게 이르는 말. 몰(歿). ▢1992년 ~.

졸(sol) 명 〖화〗 콜로이드 용액.

졸-(拙-) 접두 자기 집을 낮추어 이르는 말.

졸가리 명 1 잎이 다 떨어진 나뭇가지. 2 군더더기를 다 떼어 낸 나머지의 골자. ◑줄거리.

졸개(卒-) 명 남의 부하 노릇을 하면서 잔심부름을 하는 사람을 얕잡아 이르는 말.

졸경(卒更) 명하자 1 〖역〗 야경(夜警)을 하기 위하여 순라를 돌던 일. 2 밤새 괴로움을 당해 자지 못함을 이르는 말.

졸경(을) 치르다[치다] 부 ㉠인정(人定)을 친 뒤에 밤길을 다니다 졸경군에게 잡혀 벌

을 받다. ⓒ한동안 남에게 모진 시달림을 당

졸경-군(卒更軍)[-꾼]圀《역》밤에 순라하여 경계하는 사람. 순라군.

졸계(拙計)[-/-께]圀 졸책(拙策).

졸고(拙稿)圀 남 앞에서 자기의 원고를 겸손하게 이르는 말.

졸곡(卒哭)圀 사람이 죽은 지 석 달 만의 정일(丁日)이나 해일(亥日)에 지내는 제사《삼우제를 지낸 뒤임》.

졸공(拙工)圀 솜씨가 서투른 기술자.

졸공(拙攻)圀 스포츠 경기에서, 서투르고 졸렬한 공격.

졸-규모(拙規模)圀 졸렬하게 생긴 인물이나 변변찮은 규모. 졸때기.

졸금[튀하자타]圀 액체가 조금 쏟아지다 그치는 모양. 4잘금. ▣질금. 센쫄끔.

졸금-거리다[자타]圀 잇따라 졸금하다. 또는 잇따라 졸금하게 하다. 4잘금거리다. 센쫄끔거리다. **졸금-졸금**[튀하자타]

졸금-대다[자타]圀 졸금거리다.

졸깃-졸깃[-긴깃긴]圀[튀하형]圀 씹히는 맛이 매우 차지고 질긴 듯한 느낌. ▣~한 장조림. ▣졸깃졸깃. 센쫄깃쫄깃.

졸깃-하다[-기타-]圀[튀하형]圀 씹히는 맛이 조금 차지고 질긴 듯한 느낌이 있다. ▣줄깃하다. 센쫄깃하다.

졸난-변통(猝難變通)[-란-]圀 어떤 일을 갑자기 당하여 미처 조처할 수 없음.

졸년(卒年)[-련]圀 죽은 해. 몰년(沒年).

졸-년월일(卒年月日)[-려눠릴]圀 죽은 해와 달과 날. ↔생년월일.

졸눌-하다(拙訥-)[-룰-]圀 재주가 무디고 말이 어눌하다. **졸눌-히**[-룰-]圀

졸-다¹[졸아, 조니, 조는]圀 졸음이 밀려와 잠드는 상태로 들어가다. ▣꾸벅꾸벅 ~ / 졸면서 운전하다.

졸-다²[졸아, 조니, 조는]圀 분량이나 부피가 적어지다. ▣간장이 햇볕에 ~ / 오래 끓여 국이 바짝 졸았다.

졸도(卒徒)[-또]圀 1 부하 군졸. 2 부하로 있는 변변하지 못한 사람.

졸도(卒倒)[-또]圀 심한 충격·피로·일사병 등으로 갑자기 정신을 잃고 쓰러짐. ▣심장 마비로 ~하다.

졸-되다圀 가냘프고 약하면서 졸망하다.

졸-들다[졸들어, 졸드니, 졸드는]圀 발육이 부진하고 주접이 들다.

졸딱-졸딱[-똑-]圀[튀하형]圀 1 규모 따위가 작고 옹졸한 모양. 2 일을 단박에 못하고 조금씩 여러 차례에 걸쳐 하는 모양. 센쫄딱쫄딱.

졸-때기圀《속》1 규모가 작은 일. ▣~ 장사. 2 지위가 변변찮은 사람. ▣~ 직원. 3 졸¹(卒).

졸라-매다圀 느슨하지 않게 단단히 동여매다. ▣허리띠를 ~.

졸라이슴(ㅍ zolaïsme)圀《문》프랑스의 작가 졸라가 창작에 임하여 쓴 과학적 및 실험적 방법으로, 자연주의 문학의 주지(主旨)를 말함.

졸랑-거리다圀 경망스럽게 자꾸 까불다. 4촐랑거리다. **졸랑-졸랑**[튀하자]圀 ▣강아지가 ~ 따라오다.

졸랑-대다圀 졸랑거리다.

졸래-졸래[튀]圀 1 경망스럽게 까불며 행동하는 모양. ▣~ 따라오다. 2 여럿이 무질서하게 졸졸 뒤따르는 모양. ▣줄레줄레. 센쫄래쫄래.

졸렬-하다(拙劣-)圀[튀하형]圀 옹졸하고 천하여 서투

르다. ▣졸렬한 방법. **졸렬-히**[튀]

졸로(拙老)[대]圀 노인이 자기를 낮추어 이르는 말. 우로(愚老).

졸로[튀]圀 '조리로'의 준말.

졸론(拙論)圀 1 변변하지 못한 말이나 이론. 2 자기의 말이나 이론을 겸손하게 이르는 말.

졸루-하다(拙陋-)圀[튀형]圀 졸렬하고 비루하다.

졸르다圀 조르다.

졸:리다¹圀 졸음이 오다. ▣밤을 새웠더니 졸리고 피곤하다.

졸리다²圀《'조르다'의 피동》남에게 조름을 당하다. ▣빚쟁이에게 ~ / 목이 ~.

졸립다圀 ▣ 졸리다¹.

졸막-졸막[튀-]圀[튀하형]圀 여러 개의 작은 물건이 고르지 않게 뒤섞이어 있는 모양. ▣줄먹줄먹.

졸망-이圀 자질구레한 것.

졸망-졸망[튀하형]圀 1 거죽이 울퉁불퉁하게 생긴 모양. 2 자질구레한 물건이 모여 있어 보기에 사랑스러운 모양. ▣애들이 ~ 모여 있다. ▣줄멍줄멍.

졸망-하다(拙妄-)圀[튀형]圀 졸렬하고 잔망하다. **졸망-히**[튀]

졸모(拙謀)圀 졸렬한 꾀.

졸문(拙文)圀 1 졸렬하게 지은 글. 2 자기가 지은 글을 겸손하게 이르는 말.

졸-밥圀 사냥매에게 꿩을 잡을 생각이 나게 조금 주는 꿩고기 미끼.

졸병(卒兵)圀 지위가 낮은 병사.

졸보(拙甫)圀 재주가 없고 졸망(拙妄)하게 생긴 사람.

졸-보기圀 근시(近視).

졸보기-눈圀 근시안(近視眼)1.

졸-복(-鰒)圀《어》참복과의 바닷물고기. 몸 길이 약 38cm로 몽톡하고 짧은데 빛은 황갈색. 배는 흼. 알집과 간에는 맹독이 있음.

졸부(猝富)圀 벼락부자.

졸부(拙夫)圀 아내에게 남편이 자기를 낮추어 일컫는 말《흔히 편지에서 씀》.

졸-부귀(猝富貴)圀 갑자기 얻은 부귀.

졸부귀-불상(猝富貴不祥)[-싸-][-쌍]圀 갑자기 얻은 부귀는 도리어 상서롭지 못함. 곧, 그 뒤에 재앙이 따르기 쉽다는 말.

졸사(猝死)[-싸]圀[튀하자]圀 갑자기 죽음.

졸사-간(猝乍間)[-싸-]圀《주로 '졸사간에'의 꼴로 쓰여》갑작스러운 짧은 동안. ▣~에 당하다.

졸서(卒逝)[-써]圀[튀하자]圀 죽어서 멀리 감.

졸성(拙誠)[-썽]圀 1 보잘것없거나 변변하지 못한 정성. 2 자기의 정성을 겸손하게 일컫는 말.

졸세(卒歲)[-쎄]圀[튀하자]圀 한 해를 마침.

졸소-하다(拙小-)[-쏘-]圀 못생기고 작다.

졸속(拙速)[-쏙]圀[튀하형]圀 어설프고 빠름. 또는 그런 태도. ▣시간을 단축하려고 서두르다간 ~으로 흐르기 쉽다.

졸속-주의(拙速主義)[-쏙쭈-/-쏙쭈이]圀 일 따위를 차근차근 하지 않고 빨리만 하려는 태도. ▣~로 인한 참사.

졸-수단(拙手段)[-쑤-]圀 매우 옹졸하고 못난 수단.

졸승(卒乘)[-씅]圀 보병과 기병.

졸아-들다[-들어, -드니, -드는]圀 부피가 작게 되다. 많던 것이 적어지다. ▣간이 졸아드는 심정 / 국이 ~. ▣줄어들다.

졸아-붙다[조라뿌따]圀 열에 의해 물기가 거

의 없을 정도에 이르다. ❏찌개가 바짝 ~.

졸업 (卒業)[―하타] **1** 규정된 교과 또는 교육 과정을 마침. ❏~ 앨범 / 아들만은 꼭 대학을 ~시키려 애썼다. **2** 어떤 부문의 일에 통달하여 익숙해짐. ❏그 방면 일은 이미 ~하고 이골이 났다.

졸업-기 (卒業期)[조럽끼] 졸업하는 시기나 학기.

졸업 논문 (卒業論文)[조럼-] 졸업 예정자가 전공(專攻)한 부문에 관해서 제출하는 논문. ❏~을 제출하다.

졸업-반 (卒業班)[조럽빤] 졸업을 앞둔 학년. 또는 그런 학생.

졸업-생 (卒業生)[조럽쌩] **1** 졸업한 사람. **2** 규정에 따라 학과를 마친 사람. 졸업자.

졸업-식 (卒業式)[조럽씩] 졸업장을 주는 의식. ❏~에 참석하다.

졸업-자 (卒業者)[조럽짜] 졸업생.

졸업-장 (卒業狀)[조럽짱] 졸업한 사항을 적어 졸업자에게 주는 증서. 졸업증. ❏~을 받다 / ~을 타다.

졸연-하다 (猝然-·卒然-)[형여] **1** 어떤 일의 상태가 갑작스럽다. **2** (흔히, '졸연히'의 꼴로 '않다'·'못하다' 따위의 부정하는 말과 함께 쓰여서) 쉽게 할 수 있다. **졸연-히** 튀

졸오 (卒伍) 병졸의 대열.

졸우-하다 (拙愚-)[형여] 옹졸하고 못나며 어리석다.

졸:음 명 잠이 오는 느낌. 자고 싶은 기분(氣分). ❏~이 오다 / ~이 쏟아지다 / ~을 참다 / ~을 쫓다.

졸음 (拙吟) 명 **1** 잘 짓지 못한 시(詩). **2** 자기가 지은 시를 겸손하게 일컫는 말.

졸:음-기 (-氣)[조름끼] 명 졸음이 나타나는 기색. ❏~이 달아나다.

졸:음-운전 (-運轉)[조름-] 명 졸면서 하는 운전.

졸:음-증 (-症)[조름쯩] 명 병적으로 졸음이 오는 증세.

졸의 (拙意)[조릐 / 조리] 명 자기의 의견이나 의사를 겸손하게 일컫는 말.

졸-이다 타 ❪'졸다'의 사동❫ 졸아들게 하다. ⓐ줄이다. **2** 속을 태우다시피 조바심하다. ❏마음을 ~ / 가슴을 졸이는 공포 영화.

졸자 (拙者)[―짜] 명 졸렬한 사람. ▣인대 자기를 겸손하게 일컫는 말.

졸:-자라다 자 키나 신체 부분이 기준에 못 미치게 자라다.

졸작 (拙作)[―짝] 명 **1** 보잘것없는 작품. ↔걸작. **2** 자기의 작품을 겸손하게 일컫는 말.

졸:-잡다[―따] 타 어느 표준보다 낮추어 헤아려 보다. ⓐ줄잡다.

졸-장부 (拙丈夫)[―짱―] 명 도량이 좁고 졸렬한 남자. ❏에게, 이 ~야. ↔대장부.

졸저 (拙著)[―쩌] 명 **1** 보잘것없는 저서. **2** 자기의 저작(著作)을 겸손하게 일컫는 말.

졸전 (拙戰)[―쩐] 명 서투른 싸움이나 시합. ❏~을 벌이다 / ~을 치르다.

졸졸 튀 **1** 가는 물줄기 따위가 잇따라 순하게 흐르는 소리. 또는 그 모양. ❏시냇물이 ~ 흐르다. **2** 가는 줄 등이 바닥에 자꾸 끌리는 모양. **3** 사람이나 작은 동물이 자꾸 뒤를 따라다니는 모양. ❏강아지가 ~ 따라오다. ⓐ줄줄. 쎈쫄쫄.

졸졸-거리다 자 가는 물줄기 따위가 잇따라 졸졸 소리를 내며 흐르다. ❏졸졸거리며 흐르는 냇물. ⓐ줄줄거리다. 쎈쫄쫄거리다.

졸졸-대다 자 졸졸거리다.

졸졸-요당 (猝猝不當)[―료―] 명 미처 손쓸 사이 없이 갑작스럽게 마침.

졸중 (卒中)[―쭝] 명『한의』졸중풍.

졸-중풍 (卒中風)[―쭝―] 명『한의』뇌혈관의 장애로 갑자기 의식을 잃고 쓰러지는 증상. 뇌졸중. 졸중.

졸지 (猝地)[―찌] 명 (주로 '졸지에'의 꼴로 쓰여) 느닷없고 갑작스러운 판국. ❏불이 나서 ~에 집이 타 버렸다.

졸지-풍파 (猝地風波)[―찌―] 명 갑작스레 일어나는 풍파. 뜻밖의 어려움.

졸직-하다 (拙直-)[―찌카―] 형여 고지식하고 융통성이 없다.

졸-참나무 명『식』참나뭇과의 낙엽 활엽 교목. 높이는 25 m 정도이며, 꽃은 봄에 피고 가을에 견과가 익음. 목재는 땔나무 및 기구재로 쓰고, 열매는 식용함.

졸책 (拙策) 명 서투르고 보잘것없는 꾀. 졸계(拙計). ❏~을 쓰다.

졸처 (拙妻) ▣명 남에게 자기 아내를 낮추어 이르는 말. ▣인대 주로 편지 글에서, 아내가 남편에게 자기를 낮추어 이르는 말.

졸편 (卒篇) 명하타 시나 글의 전편을 다 짓거나 읽기를 마침. 종편(終篇).

졸품 (拙品) 명 **1** 졸렬한 작품이나 물품. **2** 자기의 작품이나 물품을 겸손하게 일컫는 말.

졸필 (拙筆) 명 **1** 졸렬한 글씨. **2** 글씨를 잘 못 쓰는 사람. **3** 자기가 쓴 글씨를 겸손하게 일컫는 말. 졸필(拙筆).

졸-하다 (卒-) 자여 '죽다'의 약간 높임말.

졸-하다 (拙-) 형여 **1** 재주가 없다. **2** 씩씩하지 못하고 생각이 좁다. **3** 솜씨가 서투르다.

졸한 (猝寒) 명 갑자기 닥치는 추위.

졸형 (拙荊) 명 '내자(內子)'의 뜻으로 편지에 쓰는 말. 졸처(拙妻).

좀 [종] **1** [충] '수시렁좀'의 준말. **2** [충] '나무좀'의 준말. **3** 사물을 눈에 띄지 않게 조금씩 해치는 물건이나 사람을 비유적으로 이르는 말.

좀이 쑤시다 쿠 마음이 들뜨거나 초조하여 가만히 있지 못하다. ❏아이들이 좀이 쑤셔 잠시를 참지 못하다.

좀² 명 《옛》 줌. 줌통.

좀³ 튀 **1** '조금'의 준말. ❏~ 수고해 주게 / ~ 나은 편이다. **2** 부탁이나 동의를 구할 때 간곡한 뜻을 더하는 말. ❏이것 ~ 드시지요.

좀⁴ 튀 (의문문이나 반어적 문장에 쓰여) 그얼마나. 오죽. ❏~ 예쁜가 / 합격만 한다면 ~ 좋을까.

좀-것 [―껃] 명 좀스럽게 생긴 물건이나 사람을 낮잡아 이르는 말.

좀-꾀 명 좀스러운 잔꾀.

좀-나무 명 ☞ 떨기나무.

좀-날개바퀴 [―충] 명『충』바퀴과의 곤충. 몸길이 약 2 cm, 밤색에 누렇고 큰 흠눈이 있음. 위생상 해충임.

좀-녕 [―] 비 좀스러운 사람.

좀-노릇 [―름] 명 좀스러운 일.

좀-놈 [―] 비 좀스러운 남자.

좀-날개도둑 [―또―] 명 자질구레한 물건을 훔쳐 가는 도둑. 서적(鼠賊). 소도(小盜). 소적(小賊). 좀도적. 초적(草賊).

좀도둑-질 [―또―찔] 명하자 자질구레한 물건을 훔치는 짓.

좀-되다 [―뙤―] 형 사람의 됨됨이나 언행이 너무 치사스럽고 잘다. ❏좀된 사내.

좀-말 명 좀스럽게 하는 말.

좀-매미 몡《충》거품벌레.

좀-먹다 [-따] [자타] **1** 좀이 물건을 쏠다. ▷옷가지가 ~. **2** 어떤 사물에 드러나지 않게 조금씩 해를 입히다. ▷결핵균이 폐를 ~ / 국가 경제를 ~.

좀-복숭아 [-쑹-] 몡 열매가 잔 복숭아.

좀상좀상-하다 (형여) 여럿이 다 좀스럽다.

좀-생원 (生員) 몡 좀스럽고 옹졸한 사람.

좀-생이 몡 **1** 묘성(昴星)의 속칭. **2** 좀스러운 사람. 또는 자질구레한 물건.

좀생이-구멍 몡 쟁기의 좀생이막대를 끼는 구멍.

좀생이-막대 [-때] 몡 쟁기의 위 덧방을 누르는 나무(좀생이구멍에 끼워 되어 있음).

좀생이-보기 몡《민》음력 2월 6일에 묘성의 빛깔과 달과의 거리를 살펴 그해 농사의 형편을 점치는 일.

좀-스럽다 [-따] [좀스러워, 좀스러우니] (형비) **1** 사물의 규모가 보잘것없이 작다. **2** 도량이 좁고 옹졸한 데가 있다. ▷사람 됨됨이가 ~.

좀-스레 (부) ▷~ 굴다.

좀-약 (-藥) [-냑] 몡 좀이 슬리는 것을 막기 위해 쓰는 약품(나프탈렌 따위).

좀-지네 몡《동》좀지넷과의 절지동물. 음습한 곳에 살며, 몸길이 약 5mm. 빛은 희고 온몸에 잔털이 빽빽함.

좀-처럼 (부) (주로 부정적 뜻을 가진 말과 호응하여) 여간하여서는. 좀체. ▷그는 ~ 화를 내지 않는다.

좀:-체 (부) 좀처럼.

좀:체-로 (부) ☞ 좀처럼.

좀:쳇-것 [-체껀 -첸껀] 몡 웬만한 물건. ▷~은 우습게 여긴다.

좀-파리 몡《충》좀파릿과의 곤충. 몸길이 약 1cm, 빛은 갈색, 가슴에는 세 개의 갈색 세로띠가 있고, 그 사이에는 가는 가로줄이 있음.

좀파리-매 몡《충》좀파리맷과의 곤충. 길이 1cm 내외. 몸빛은 흑색이고, 수컷은 백색, 암컷은 황색의 가루로 덮였음. 가슴에 수컷은 백색, 암컷은 황색 가루로 된 두 개의 세로줄이 있음. 몸에 가시와 털이 없음.

좀-팽이 몡 **1** 몸피가 작고 좀스러운 사람의 낮춤말. **2** 자질구레하여 보잘것없는 물건.

좀-해 (부) ☞ 좀처럼.

좀-해선 (부) ☞ 좀처럼.

좁다 [-따] (형) **1** 길이나 너비가 너비가 작다. ▷길이 ~. **2** 마음이 너그럽지 못하고 옹졸하다. ▷마음이 ~. **3** 공간이나 면적이 넓지 않다. ▷넓고도 좁은 세상 / 5천 명을 수용하기에는 ~. **4** 내용이나 범위 따위가 널리 미치지 않다. ▷활동 범위가 ~ / 시야가 ~. ↔넓다.

좁-다랗다 [-따라타] [좁다라니, 좁다래서] (형 ㅎ) 너비나 면적이 매우 좁다. ▷좁다란 방. ↔널따랗다.

좁디-좁다 [-띠-따] (형) 더할 나위 없이 좁다. ↔널디널다.

좁쌀 몡 **1** 조의 열매인 쌀. 소미(小米). ▷~떡. **2** 몹시 작고 좀스러운 사람이나 사물의 비유.

좁쌀-과녁 몡 좁쌀로도 능히 맞힌다는 뜻으로, 얼굴이 매우 큰 사람을 비유한 말.

좁쌀-눈 [-룬] 몡 아주 작은 눈. 또는 그런 눈을 가진 사람.

좁쌀-메뚜기 몡《충》좁쌀메뚜깃과의 작은 곤충. 습한 곳에서 살며 몸길이 5mm가량. 빛은 검고 광택이 남. 채소의 해충임.

좁쌀-미음 (-米飮) 몡 좁쌀로 쑨 미음.

좁쌀-뱅이 몡 **1** 몸피가 썩 작은 사람. **2** 소견

이 좁고 언행이 좀스러운 사람.

좁쌀-여우 [-려-] 몡 좀스럽고 요변을 잘 부리는 아이.

좁쌀-영감 (-令監) [-령-] 몡 **1** 좀스러운 늙은이. **2** 좀스러운 사람의 비유.

좁쌀-친구 (-親舊) 몡 나이 어린 조무래기 친구.

좁쌀풀-떡 몡 차좁쌀 가루를 반죽하여 덩이를 지어 삶아서 고물이나 삶은 청대콩을 묻힌 떡.

좁은 간격 (-間隔)《군》제식 훈련에서, 왼쪽 팔을 구부려 손바닥을 허리에 대어 팔꿈치가 옆 사람의 오른팔에 닿을 정도의 간격.

좁-히다 [조피-] (타)《'좁다'의 사동》**1** 좁게 만들다. ▷거리를 ~ / 자리를 ~ / 수사 범위를 ~. **2** 차이를 줄이다. ▷임금 격차를 ~ / 서로의 의견 차를 ~.

좁혀 지내다 (구) 남에게 눌려 기를 펴지 못하고 지내다.

좇-다 (타) 〈옛〉좇아가다.

좇다 (타) 〈옛〉좇아가다.

종[1] 몡 마늘·파 등의 꽃줄기 끝에 달린 망울. ▷~이 나오다.

종[2] 몡 '종작'의 준말.

종[3] 몡 **1**《역》남의 집에 대대로 천한 일을 하던 사람. 예복(隸僕). **2** 남의 뜻이나 명령에 따라 움직이는 사람의 비유.

종:(腫) 몡 '종기'의 준말.

종:(을) 달다 (구) 종기 옆에 또 종기가 잇대어 생기다.

종(種) 몡 **1** 종자. **2** 종류. 같은 부류. ▷같은 ~에 속하다. **3**《생》생물 분류의 기초 단위 《최소 개체를 형성하며 비슷한 종이 모여서 속(屬)을 이룸》. ▷~의 기원(起原). **4** '종개념(種概念)'의 준말.

종(鍾) 몡 **1** 옛날에 쓰던 술잔의 하나. ▤(의명) 곡식 따위를 되는 양(量)의 한 단위.

종(縱) 몡 세로. ▷~으로 쓰다. ↔횡(橫).

종(鐘) 몡 **1** 시간을 알리고나 신호용으로, 치거나 울리어 소리를 내는 금속 기구 《보통, 청동으로 속이 비게 만들고, 아래는 퍼지고 위는 조금 좁음》. ▷~을 치다 / ~이 울리다. **2** 국악에서, 놋쇠로 만든 타악기의 하나.

-종(種) 回《'종류'·'품종'의 뜻. ▷개량~ / 재래~.

종가 (宗家) 몡 한 문중에서 맏이로만 이어 온 큰집. 종갓집.

종가 (終價) [-까] 몡 증권 시장에서, 일반적으로 그날의 최종 시세. ↔시가(始價).

종-가래 몡 작은 가래《한 손으로도 쓸 수 있음》.

종가-세 (從價稅) [-까쎄] 몡 물건의 값에 따라 세율을 정하는 조세. ✱종량세.

종가 임:금법 (從價賃金法) [-까-뻡]《경》슬라이딩 시스템.

종각 (鐘閣) 몡 큰 종을 달아 두는 누각.

종간 (終刊) 몡 [하자타] 마지막으로 간행함. 간행을 끝냄. ↔창간(創刊).

종갓-집 (宗家-) [-가찝 /-간찝] 몡 종가(宗家). ▷~ 맏며느리.

종강 (終講) 몡 [하자타] 한 학기의 강의가 끝나거나 강의를 끝마침. 또는 그 강의. ↔개강.

종개 몡《어》종갯과의 민물고기. 하천 상류에 살며 몸길이 약 20cm. 미꾸라지와 비슷하고 머리는 조금 편편함.

종-개념 (種概念)《철》하나의 개념 속에 포함되어 있는 여러 개의 개별 개념. ▷한국인은 동양인의 ~이다. ↔유(類)개념. (준)종(種).

종격 (縱擊) 〖명하타〗 **1** 군대를 풀어서 냅다 침. **2** 제 마음대로 함부로 침.

종견 (種犬) 〖명〗 씨를 받을 개.

종견 (種繭) 〖명〗 누에씨를 얻는 데 쓰는 고치. 씨고치. ↔사견(絲繭).

종결 (終決) 〖명하자〗 결정을 내림.

종결 (終結) 〖명하타〗 끝을 냄. 일을 끝마침. ▫심의를 ~하다 / 수사가 ~되다.

종결 어:미 (終結語尾) 〖언〗 한 문장 끝에 쓰인 어간에 붙어 그 문장을 끝맺는 어말 어미 《평서형·감탄형·의문형·명령형·청유형이 있음》. 종지사.

종결-짓다 (終結-)[-짇따]〖-지어, -지으니, -짓는〗 〖타〗 일을 끝내다. ▫수사를 ~.

종결형 (終結形) 〖언〗 용언의 활용어가 종결 어미로 끝나는 활용형.

종경 (終境) 〖명〗 땅의 경계가 끝나는 곳.

종경 (鐘磬) 〖명〗 종과 경(磬).

종경 (從輕) 〖명하타〗 〖법〗 '종경론'의 준말. 종지사.

종경-도 (從卿圖) 〖명하자〗 승경도(陞卿圖).

종경-론 (從輕論)[-논] 〖명〗 〖법〗 두 가지 이상의 죄가 동시에 드러났을 때에, 가벼운 죄를 따라 처벌함. ↔종중론. ⓐ종경.

종계 (宗契)[/-계] 〖명〗 조상의 제사를 모시는 데에 드는 비용을 모으는 계.

종계 (種鷄)[/-계] 〖명〗 씨닭.

종고 (宗高) 〖명〗〖건〗 마루높이.

종고 (鐘鼓) 〖명〗 종과 북.

종:-고모 (從姑母) 〖명〗 아버지의 사촌 누이. 당고모.

종:고모-부 (從姑母夫) 〖명〗 종고모의 남편. 당고모부(堂姑母夫).

종곡 (終曲) 〖명〗〖악〗 **1** 피날레2. **2** 오페라에서, 각 막(幕)을 맺는 곡.

종곡 (種穀) 〖명〗 씨앗으로 쓸 곡식. 씨곡.

종곡 (種麴) 〖명〗 누룩을 만들 때 씨가 되는 것 《흔히 좁쌀에 곡균(麴菌)을 배양하여 만든 황곡·백곡·흑곡 따위》.

종곡 (縱谷) 〖명〗 산맥과 산맥 사이에 거의 평행으로 나 있는 골짜기.

종과득과 (種瓜得瓜)[-꽈]〖명〗 오이를 심으면 오이가 난다는 뜻으로, 원인이 있으면 결과가 생김을 이르는 말. 인과응보. 종두득두(種豆得豆).

종관 (縱貫) 〖명하타〗 세로나 남북으로 꿰뚫음. ▫~ 철도. ↔횡관.

종관 (縱觀) 〖명하타〗 종람(縱覽).

종교 (宗敎) 〖명〗 신 또는 초인간적 존재를 우주와 사람의 지배자이며 인도자로 믿고 복종하면서, 일정한 의식을 통하여 예배하며 일정한 윤리나 철학의 기본으로 삼는 것. ▫~ 단체 / ~를 가지다 / ~를 믿다 / ~에 귀의하다. ⓐ교(敎).

종교-가 (宗敎家) 〖명〗 어떤 종교를 믿고, 그것의 전도나 포교에 힘쓰는 사람.

종교 개:혁 (宗敎改革) 〖역〗 16세기에 로마 교회의 부정을 비판하고 이의 개혁을 주장하여 프로테스탄트 교회를 세운 기독교의 개혁 운동《루터(M.Luther)에 의해 발단되었음》.

종교-계 (宗敎界)[/-게] 〖명〗 종교를 믿는 사람들이 이루는 사회. 교계(敎界).

종교-관 (宗敎觀) 〖명〗 종교에 대한 관념과 견해.

종교-광 (宗敎狂) 〖명〗 상식으로 판단할 수 없을 만큼 종교에 집착하는 사람.

종교-극 (宗敎劇) 〖명〗〖연〗 종교의 한 의식으로서 종교 행사에 딸려 행하거나 종교적인 주제를 다룬 연극.

종교 문학 (宗敎文學) 〖문〗 종교적 내용을 다룬 문학의 총칭《소재(素材)를 성서(聖書)나 경전(經典)에서 취함》.

종교 민족학 (宗敎民族學)[-조각] 종교학의 한 영역. 주로 원시 민족의 종교 현상을 민족학 또는 인류학의 자료·방법 등을 써서 연구하는 학문.

종교-불 (宗敎弗) 〖명〗 종교 사업을 위하여 재외(在外) 단체로부터 송금된 달러(dollar).

종교-사 (宗敎史) 〖명〗 종교의 역사적 의미와 기원·변천 따위를 연구하는 학문.

종교 사회학 (宗敎社會學) 종교학과 사회학에 걸친 한 부문. 종교 현상을 근본적으로 사회적 사실로 보고 그 성질/기능을 연구하고 혹은 종교와 사회와의 상호 관련 또는 종교의 사회적 부면을 연구하는 학문.

종교-성 (宗敎性)[-썽] 〖명〗 **1** 인간이 가지는 종교인 성질이나 감정. **2** 종교가 가지는 독특한 성질.

종교-심 (宗敎心) 〖명〗 신불(神佛) 또는 초월자에 대한 귀의에서 우러나오는 경건한 마음.

종교 심리학 (宗敎心理學)[-니-] 〖심〗 개인이나 집단, 인종 등에 나타나는 종교의 심리적 현상을 연구하는 학문.

종교 예:술 (宗敎藝術) 종교적 신앙에 의하여 창작되거나 종교적 사실을 제재(題材)로 다루는 예술.

종교 음악 (宗敎音樂) 〖악〗 **1** 종교 의식이나 포교의 필요에 따라 발달한 음악《불교의 성명(聲明), 가톨릭의 성가(聖歌), 기독교의 찬송가 따위》. **2** 종교적 내용을 다룬 연주회용 음악.

종교-의식 (宗敎意識)[-/-이-] 〖심〗 종교적 대상과 자기와의 관계를 느끼는 심리 상태.

종교 의식 (宗敎儀式) 종교에서 행하는 의식.

종교-인 (宗敎人) 〖명〗 종교를 가진 사람.

종교 재판 (宗敎裁判) 〖역〗 로마 가톨릭교회의 옹호를 위해 12∼16세기에 행하였던 종교상의 재판.

종교-적 (宗敎的) 〖관명〗 종교에 딸리거나 종교와 관계가 있는 (것). ▫~ 갈등 / ~인 행사.

종교 전:쟁 (宗敎戰爭) 종교상의 충돌에 의해 일어나는 전쟁.

종교 철학 (宗敎哲學) 〖철〗 종교의 보편적 본질·의의·가치 따위에 대하여 철학적 관점과 방법으로 연구하는 철학.

종교-학 (宗敎學) 〖명〗 여러 종교 현상을 비교·연구하여, 종교의 본질을 객관적·보편적으로 파악하려는 학문.

종교 학교 (宗敎學校)[-꾜] 〖명〗 **1** 종교를 전도·포교하는 사람을 길러 내는 학교. **2** 종교 단체에서 운영하는 학교.

종교-화 (宗敎畵) 〖명〗 종교적 사실·인물 등을 제재로 한 그림.

종구라기 〖명〗 조그마한 바가지.

종국 (終局) 〖명〗 끝판1. ▫~에 가서는 성공하였다 / 바둑이 ~에 이르다.

종국 재판 (終局裁判)[-째-] 〖법〗 해당 사건에 대하여 해당 법원이 소송 절차를 종결하는 재판.

종국-적 (終局的)[-쩍] 〖관명〗 마지막인 (것). 끝판인 (것). ▫~ 책임 / ~인 목표.

종국 판결 (終局判決) 〖법〗 민사 소송법상 당해 심급(當該審級)에서 사건의 전부 또는 일부를 완결하는 판결.

종군 (從軍) 〖명하자〗 **1** 군대를 따라 전쟁터로 나감. ▫~ 간호사 / 월남전에 ~하다. **2** 전투

목적 이외의 일로 군대를 따라 같이 다님. ❏ 기자들의 ~ 활동.

종군-기 (從軍記)〔명〕 종군하여 보고 느낀 점을 쓴 글.

종군 기자 (從軍記者) 전쟁터에 나가 전투 상황을 보도하는 기자.

종군 기장 (從軍記章) 전공(戰功)과 상관없이 전쟁이나 작전에 참가한 군인 또는 군무원에게 주는 기장.

종군 위안부 (從軍慰安婦) 전시에 군인들을 성적(性的)으로 위로하기 위해 종군한 여자.

종군 작가 (從軍作家)〔-까〕〚문〛 종군하여 체험하였거나 목격한 전투 실황을 작품으로 창작하는 작가.

종굴-박 〔명〕 작은 표주박.

종권 (終卷)〔명〕 마지막 권.

종권 (從權)〔명〕 그때그때의 형편에 따라 적당히 변통(變通)함.

종귀일철 (終歸一轍)〔명〕 마침내는 모두 서로 같이 됨.

종규 (宗規)〔명〕 종법(宗法).

종극 (終極)〔명〕 맨 마지막. ❏~의 목적.

종근 (種根)〔명〕〚식〛 씨뿌리.

종금 (從今)〔부〕 지금으로부터.

종금-이후 (從今以後)〔-니-〕 지금으로부터 그 뒤. 종자이후.

종기 (終期)〔명〕 **1** 어떤 일이 끝나는 시기. **2** 〚법〛 법률 행위의 효력이 소멸하는 기한. ❏계약의 ~.

종:기 (腫氣)〔명〕 화농균이 일으키는 피부 염증. 종물(腫物). ❏~가 나다 / ~가 돋다. ⓐ종(腫).

종:기 (鍾氣)〔명〕〔하자〕 정기(精氣)가 한데 뭉침. 또는 그 정기.

종-날 〔명〕〚민〛 일 년 농사를 시작하기 전에 하인들을 격려하는 날(음력 2월 초하룻날로, 농사일을 시작하는 준비로 집 안의 먼지를 떨어내고 송편을 빚어 하인들에게 그 나이의 수효대로 나누어 줌).

종:-남매 (從男妹)〔명〕 사촌 오누이.

종내 (終乃)〔부〕 끝내. ❏~ 항복하고 말다 / ~ 오지 않았다.

종:-내기 (種-)〔명〕 종류나 품종·종자 따위의 같고 다름을 이르는 말. 종락(種落).

종:-년 〔명〕〈비〉 계집종. ↔종놈.

종년 (終年)〔명〕 마지막 해.

종년-열세 (終年閱歲)〔-녈쎄〕〔명〕〔하자〕 한 해가 지나도록 일이 끝나지 아니하고 늦어짐.

종:-놈 〔명〕〈비〉 사내종. ↔종년.

종-다래끼 〔명〕 대나 싸리로 만든 작은 바구니.

종다리 〔명〕〚조〛 종다릿과의 새. 참새보다 좀 큰데, 등 쪽은 적갈색 바탕에 흑갈색 반문이 있고, 배 쪽은 흼. 뒷발가락의 발톱이 썩 걺. 봄에 공중으로 높이 날아오르면서 고운 소리로 욺. 고천자(告天子). 운달새. 운작(雲雀).

종다리-집기 〔-끼〕〔명〕 씨름에서, 상대자의 다리를 비꼬아 걸지 않고 다리 관절에다 거는 기술.

종-다수 (從多數)〔명〕〔하자〕 많은 사람이 지지하는 의견을 좇음.

종다수-결 (從多數決)〔명〕〔하자〕 종다수취결.

종다수-취결 (從多數取決)〔명〕〔하자〕 많은 사람이 지지하는 의견을 좇아 결정함. 종다수결.

종단 (宗團)〔명〕 종교 또는 종파의 단체.

종단 (終端)〔명〕 맨 끝. 마지막.

종단 (縱斷)〔명〕〔하자〕 **1** 세로로 끊거나 길이로 자름. **2** 남북의 방향으로 건너가거나 건너옴. ❏~ 비행 / 국토. ↔횡단.

종단-면 (縱斷面)〔명〕 물체를 세로로 자른 면. ↔횡단면.

종단-주의 (縱斷主義)〔-/-이〕 한 공장의 자본주(資本主)와 노동자가 공동으로 조합을 조직하려는 주의. ＊횡단주의.

종단-항 (終端港)〔명〕 항로의 맨 마지막 항구.

종달-거리다 〔자타〕 불평을 품은 태도로 잇따라 종알거리다. ⓑ중얼거리다. ⑩종달거리다. **종달-종달** 〔부〔하자타〕

종달-대다 〔자타〕 종달거리다.

종달-새 〔-쌔〕〔명〕〚조〛 '종다리'를 분명히 이르는 말.

종답 (宗畓)〔명〕 종중(宗中)에서 관리하고 소유하는 논. 종중논. 종중답.

종당 (從當)〔명〕 (주로 '종당에'의 꼴로 쓰여) 일의 마지막. ❏~에 믿게 되겠지.

종-대 〔-때〕〔명〕 파·마늘·달래 등의 한가운데서 나오는 줄기.

종대 (縱帶)〔명〕 세로띠. ↔횡대1.

종대 (縱隊)〔명〕 세로로 줄을 지어 늘어선 대형. ❏일렬 ~. ↔횡대.

종-댕기 〔명〕 도투락댕기에 다는 가느다란 끈.

종덕 (種德)〔명〕〔하자〕 남에게 은덕이 될 일을 행함.

종-덩굴 (鐘-)〔명〕〚식〛 미나리아재빗과의 낙엽 활엽 만목. 높이는 3m 정도, 잎은 마주나고, 여름에 자줏빛 꽃이 밑을 향하여 핌. 관상용으로 재배함.

종도 (宗徒)〔명〕 **1**〚종〛 신도(信徒). **2**〚가〛 사도(使徒)1. ❏12 ~.

종도 신:경 (宗徒信經)〚가〛 사도 신경.

종돈 (種豚)〔명〕 씨돼지.

종돈 (鐘銅)〔명〕 종청동(鐘靑銅).

종두 (種痘)〔명〕〚의〛 천연두를 예방하기 위하여 우두를 접종하는 일.

종두 (鐘頭)〔명〕〚불〛 **1** 결제(結制)할 때에 머리를 모아 공부하는 일. **2** 선원에서, 의식(儀式) 때나 또는 결제 때에 심부름을 하는 일. 또는 그 일을 맡아 하는 사람.

종두득두 (種豆得豆)〔-뚜〕〔명〕 콩을 심으면 반드시 콩이 나온다는 뜻으로, 원인에 따라 결과가 생김을 이르는 말. 종과득과(種瓜得瓜).

종:락 (種落)〔-낙〕〔명〕 종내기1.

종람 (縱覽)〔-남〕〔명〕〔하자〕 자초지종.

종람 (縱覽)〔-남〕〔명〕〔하자〕 공장이나 시설 등을 마음대로 구경함. 종관(縱觀). ❏~ 사절.

종람-소 (縱覽所)〔-남-〕〔명〕 신문·잡지 등을 갖추어 놓고 누구든지 마음대로 보게 하는 곳.

종래 (從來)〔-내〕〔명〕 지금까지 내려온 동안. ❏~의 방침대로 하다. 目〔부〕 지금까지 내려온 그대로. 이제까지. ❏~ 없었던 큰 사건.

종량 (宗樑)〔-냥〕〚건〛 마룻보.

종량 (從良)〔-냥〕〔명〕〔하자〕〚역〛 종이나 천민의 신분을 면하고 양민이 되던 일.

종량-등 (從量燈)〔-냥-〕 계량기를 달고 전력의 소모량에 따라 요금을 내는 전등.

종량-세 (從量稅)〔-냥쎄〕〔명〕 무게·길이·부피에 따라 세율을 정하는 조세. ＊종가세.

종량-제 (從量制)〔-냥-〕〔명〕 요금·세금 따위가 사용량·배출량 따위에 의해 매겨지는 제도. ❏쓰레기 ~.

종려 (棕櫚)〔-녀〕〔명〕〚식〛 종려나무.

종려-나무 (棕櫚-)〔-녀-〕〔명〕〚식〛 야자과의 상록 교목. 높이는 3~7m이며 잎은 부채 모양의

으로 줄기 끝에 뭉쳐남. 5월에 노란 꽃이 피고 열매는 둥근 핵과로 까맣게 익음. 재목은 고급 악기의 재료로, 꽃은 중화 요리의 재료로 씀. 정원수로 재배함. 종려.

종려-모(棕櫚毛)[-녀-]圏 종려나무의 잎꼭지나 껍질에 붙어 있는 갈색 섬유질로 된 털(비나 새끼·끈 따위를 만드는 데 씀).

종려-비(棕櫚-)[-녀-]圏 종려모로 만든 비.

종려-선(棕櫚扇)[-녀-]圏 종려나무의 잎으로 만든 부채.

종려-유(棕櫚油)[-녀-]圏 종려나무의 열매에서 짜낸 기름(마가린·식용유에 쓰고 비누 따위 유지(油脂) 공업의 원료로도 씀). 팜유.

종려-피(棕櫚皮)[-녀-]圏《한의》 종려나무의 껍질(지혈제로 씀).

종렬(縱列)[-녈]圏하자 세로로 줄을 지음. 또는 그 줄. ▢~로 서다. ↔횡렬.

종렬(縱裂)[-녈]圏하자 **1**《식》식물의 꽃밥이 세로로 터져서 꽃가루가 날림(무나 배추 따위). **2** 세로로 째어짐. 세로로 틈이 남. ▢~된 목재.

종례(終禮)[-녜]圏하자 학교에서 일과가 끝난 뒤에 담임선생과 학생이 나누는 인사. ▢~시간. ↔조례.

종로(鐘路·鍾路)[-노]圏 서울특별시 광화문 네거리에서 동대문에 이르는 큰 거리.
[종로에서 뺨 맞고 한강에 가서 눈 흘긴다] ㉠욕을 본 데서는 아무 말도 못하고 뒤에 가서 욕을 한다는 말. ㉡노여움을 애매한 다른 사람에게 옮긴다는 말.

종로-결장(鐘路決杖)[-노-짱]圏《역》사람 왕래가 많은 종로 거리에서 탐관오리의 볼기를 치던 일.

종로-제기(鐘路-)[-노-]圏 두 사람이 마주 서서 서로 받아 차는 제기(예전에 종로 상인들이 추위를 잊기 위해 앞에서 행하던 데서 유래됨).

종론(宗論)[-논]圏 **1** 종중(宗中)의 여론. **2** 각기 다른 종교가 서로 우열·진위(眞僞)를 들어 다투는 언론.

종료(終了)[-뇨]圏하자타 행동이나 일 따위를 끝마침. ▢경기 ~ / 작업이 ~되다 / 정규 방송이 ~되다.

종루(鐘漏)[-누]圏 때를 알리는 종과 물시계. 또는 그런 설비가 있는 궁궐 안.

종루(鐘樓)[-누]圏 종을 달아 두는 누각.

종:-류(種類)[-뉴]圏 **1** 사물의 부문을 나누는 갈래. 종(種). ▢~가 다양하다 / ~가 같은 것끼리 모으다. **2** 갈래의 수를 세는 단위. ▢한 ~ / 두 ~로 가르다. ㉥유(類).

종:-류-별(種類別)[-뉴-]圏 종류에 따라 각각 다른 구별. ▢~로 나누다.

종률-세(從率稅)[-뉼쎄]圏《법》일정한 세율에 따라서 매기는 조세. 과세의 목적물에 대하여 일정한 세율을 물리는 간접세임.

종리(綜理)[-니]圏하자 빈틈없이 조리 있게 처리함.

종마(種馬)圏 씨를 받을 말. 씨말.

종-마루(宗-)圏《건》건물의 지붕 중앙에 있는 주요한 마루.

종막(終幕)圏 **1** 연극이나 오페라 등의 마지막 막. **2** 일의 끝판이나 사건의 최후의 비유. ▢~을 고하다.

종말(終末)圏 계속된 일이나 현상의 맨 끝. ▢인생의 ~ / ~이 다가오다.
종말을 고하다 圐 종말을 짓다.

종말-관(終末觀)圏《종》종말론.

종말-론(終末論)圏《종》유대교나 기독교에서, 세상의 종말이 왔을 때 최후의 심판·인류의 부활 등이 있음을 내세우는 설. 종말관.

종말 처:리장(終末處理場)《건》하수(下水)를 마지막으로 처리하여 하천이나 바다로 흘려보내려고 시설을 한 곳.

종:-매(從妹)圏 사촌 누이동생.

종:-매부(從妹夫)圏 사촌 누이의 남편.

종:-명(種名)圏《생》생물을 분류할 때 종(種)에 부여한 이름.

종명(鐘銘)圏 종에 새긴 명(銘).

종명-누진(鐘鳴漏盡)圏 종이 울리고 누수가 다 되어 밤이 지났다는 뜻으로, 늙은 벼슬아치의 처지를 이르는 말.

종명-정식(鐘鳴鼎食)圏 종이 울리는 소리로 사람을 모아 솥을 벌여 놓고 밥을 먹는다는 뜻으로, 부귀한 집의 생활을 가리키는 말. ㉥종정.

종-모돈(種牡豚)圏 씨를 받을 수패지. 씨수패지.

종-모우(種牡牛)圏 씨를 받을 황소. 씨황소.

종:-목(種目)圏 **1** 종류에 따라 나눈 항목. ▢경기 ~. **2**《경》증권 시장에서, 매매 거래의 대상이 되는 유가 증권의 이름.

종목(種牧)圏 식물을 심어 가꾸고 짐승을 기르는 일.

종목(樅木)圏《식》전나무.

종:-목-별(種目別)[-뼐]圏 종목에 따라 각각 다른 구별. ▢~로 나누다.

종묘(宗廟)圏 조선 때, 역대 임금과 왕비의 위패를 모시던 왕실의 사당. 대묘(大廟). 태묘(太廟). ㉥묘(廟).

종묘(種苗)圏하자 식물의 씨나 싹을 심어서 가꿈. 또는 그런 모종이나 묘목.

종묘-사직(宗廟社稷)圏 왕실과 나라를 아울러 이르던 말. ▢~이 위태롭다.

종묘-상(種苗商)圏 농작물의 씨앗이나 묘목을 파는 장사. 또는 그 상인.

종묘-악(宗廟樂)圏《악》종묘 제례악.

종묘-장(種苗場)圏 식물의 씨앗·모종·묘목을 심어서 기르는 곳.

종묘 제:례악(宗廟祭禮樂)《악》조선 때, 종묘에서 제사 지낼 때 쓰던 음악.

종무(宗務)圏 종교나 종단, 종파에 관한 사무.

종무(終務)圏하자 **1** 맡아보던 일을 끝냄. **2** 관공서나 회사 등에서 연말에 그해의 근무를 마무리짓는 일. ↔시무(始務).

종무-소(宗務所)圏《불》영소(領所).

종무-소식(終無消息)圏 끝끝내 아무 소식이 없음. ▢집을 나가고는 ~이다.

종무-식(終務式)圏 관공서나 회사 따위에서 종무할 때 행하는 의식. ↔시무식.

종문(宗門)圏 **1** 종가(宗家)의 문중. **2**《불》종파(宗派)2.

종물(從物)圏《법》어떤 물건의 사용을 계속적으로 돕기 위해 그에 딸린 물건(장롱에 대한 열쇠 등). ↔주물(主物).

종:-물(腫物)圏 종기(腫氣).

종미(終尾)圏 끝. 마지막.

종반(宗班)圏 임금의 본종(本宗)이 되는 겨레붙이. 종성(宗姓).

종반(終盤)圏 **1** 운동 경기나 바둑·장기 등의 끝판. ▢경기가 ~에 이르다. **2** 행사·일 따위의 마지막에 가까운 단계. ▢90년대 ~. *초반·중반.

종반(縱班)圏 세로무늬.

종반-전(終盤戰)圏 운동 경기나 바둑·장기

따위에서 승패가 마무리되는 무렵의 싸움. □∼으로 접어들다. *초반전·중반전.

종발(終發) 명하자 그날 맨 마지막으로 출발하거나 발차함. ↔시발(始發).

종발(鍾鉢) 명 중발보다 작고 종지보다 조금 넓고 평평한 그릇. □반take ∼.

종-배(終)-[-빼] 명 짐승이 마지막에 새끼치는 일. 또는 그 새끼. ↔첫배2.

종배(終杯) 명 **1** 술잔을 차례로 돌리며 술을 마실 때, 맨 나중의 술잔. 납배(納杯). **2** 술자리의 마지막 잔.

종:백(從伯) 명 자기 사촌 맏형을 남에게 이르는 말. 종제씨.

종:-백씨(從伯氏) 명 종백.

종-벌레(鐘) 명동 원생동물의 섬모충류에 속하는 동물. 여름에 웅덩이나 더러운 물 속의 물풀이나 돌에 붙어삶. 몸은 신축성이 강하고 분체법(分體法)이나 포자 형성에 의해 증식함.

종범(從犯) 명 《법》 다른 사람의 범죄를 도와준 죄. 또는 그 범인. ↔정범(正犯).

종법(宗法)-[-뻡] 명 **1** 한 겨레붙이 사이에 정한 규약. **2** 한 종파의 법규. 종규(宗規).

종법(宗法)-[-뻡] 명 《법》 '절차법'의 구용어.

종:별(種別) 명하자 종류에 따라 구별함. 또는 그런 구별. 유별(類別). □∼된 자료 / ∼로 나누다.

종복(從僕) 명 **1** 사내종. ↔종비(從婢). **2** 줏대 없이 남이 시키는 대로 따라서 하는 사람의 비유.

종부(宗婦) 명 종가의 맏며느리.

종부-돋움 명하자동 **1** 물건을 차곡차곡 쌓아 올리는 일. **2** 발돋움1.

종부 성:사(終傅聖事) 《가》 '병자(病者) 성사'의 구용어.

종-부직(從夫職) 명하자 《역》 남편의 품계에 따라 아내의 작위를 높여 부르던 일.

종비(從婢) 명 여자 종. ↔종복(從僕)1.

종비(種肥) 명 씨앗의 발아나 성장을 돕기 위해 주는 거름.

종비-나무(樅榧-) 명 《식》 소나뭇과의 상록 침엽 교목. 깊은 산이나 고원 지대에서 자람. 재목·펄프재로 씀.

종사(宗社) 명 종묘와 사직이란 뜻으로, 나라의 일컬음.

종사(宗師) 명 **1** 모든 사람들이 우러러 존경하는 사람. **2**《불》법맥을 받은 고승. 또는 각 종파의 조사(祖師). **3** 대종교에서, 성도 천리의 사람을 높여 이르는 말.

종사(宗嗣) 명 종가 계통의 후손.

종사(從死) 명하자 망인(亡人)을 따라서 죽음.

종사(從事) 명하자 **1** 어떤 일에 마음과 힘을 다함. **2** 어떤 일을 일삼아서 함. □농업에 ∼하다.

종사(綜絲) 명 잉아.

종사(螽斯) 명 **1**《충》메뚜기·베짱이·여치의 총칭. **2**〔여치가 한 번에 99개의 알을 낳는데서〕부부가 화합하여 자손이 번창함을 비유하는 말.

종삭(終朔) 명 한 해의 마지막 달. 곧, 섣달.

종산(宗山) 명 **1** '종중산(宗中山)'의 준말. **2** '종주산(宗主山)'의 준말.

종-살이 명하자 지난날, 남의 집에서 종노릇을 하던 일.

종삼(種蔘) 명 종자로 쓰는 삼.

종삼-포(種蔘圃) 명 삼의 종자를 심는 밭.

종상(終喪) 명하자 해상(解喪).

종상(種桑) 명하자 뽕나무를 심음.

종상-꽃부리(鐘狀-)-[-꼳뿌-] 명 《식》 종 모양의 통꽃부리(제비꽃·도라지꽃 따위). 종상화관.

종상-하다(綜詳-) 혱여 치밀하고 상세하다.

종상-화(鐘狀花) 명 《식》 종상꽃부리로 된 꽃.

종상 화관(鐘狀花冠) 《식》 종상꽃부리.

종상 화:산(鐘狀火山) 《지》 산꼭대기가 종 모양으로 되고, 마그마는 산성암을 이룬 화산. 톨로이데.

종생(終生) 명 종신(終身)3.

종생 면:역(終生免疫) 한 번 앓은 병원체에 대해 평생토록 면역이 되는 일. 영구 면역.

종서(縱書) 명하자 **1** 세로쓰기. **2** 세로글씨. ↔횡서.

종선(從船) 명 큰 배에 딸린 작은 배.

종선(縱線) 명 세로줄. □∼을 긋다. ↔횡선.

종성(宗姓) 명 **1** 종반(宗班). **2** 왕실의 성(姓).

종성(終聲) 명 《언》 받침. 종자음(終子音).

종성(鐘聲) 명 종소리.

종세(終歲) 명하자 한 해를 마침. 종년(終年).

종소(終宵) 명 종야(終夜).

종-소리(鐘-)-[-쏘-] 명 종을 칠 때 울리는 소리. 종성(鐘聲). □제야의 ∼.

종-소원(從所願) 명하타 소원을 들어줌.

종속(從俗) 명하자 '종시속(從時俗)'의 준말.

종속(從屬) 명하자 주되는 것에 딸려 붙음. □경제적 ∼ / 정치적으로 ∼되다 / 강대국에 ∼시키다.

종속-국(從屬國)-[-꾹] 명 **1** 법적으로는 독립국이지만 실제로는 다른 나라의 지배를 받는 나라. **2** 종주국의 국내법에 의거하여 외교 관계의 일부만을 독립 처리하고 나머지는 종주국에 의해 처리되는 국가. 속국. 종속 국가. ↔종주국1.

종속-노동(從屬勞動)-[-뚱] 《경》 남에게 종속되어 보수를 받으면서 하는 노동.

종속-문(從屬文)-[-쏭-] 명 《언》 한 문장에서 종속 관계에 있는 문장. 딸림월.

종속-물(從屬物)-[-쏭-] 명 어떤 것에 딸려 있는 물건.

종속-범(從屬犯)-[-쏭-] 명 《법》 정범에 딸려 성립하는 교사범이나 방조범.

종속 변:수(從屬變數)-[-뻔-] 《수》 독립 변수의 변화에 따라서 변하는 변수. ↔독립 변수.

종속 사:건(從屬事件)-[-싸껀] 《수》 어떤 사건의 발생 여부가 다른 사건이 일어날 확률에 영향을 줄 때에, 앞 사건에 대하여 뒤 사건을 이르는 말. 구용어 : 종속 사상. ↔독립 사건.

종속 성분(從屬成分)-[-씽-] 《언》 부속 성분.

종속-적(從屬的)-[-쩍] 명 종속 관계에 있는 (것). □∼ 지위.

종속적 연결 어:미(從屬的連結語尾)-[-쩡 년-] 《언》 앞의 문장을 뒤의 문장에 종속적으로 이어 주는 연결 어미('봄이 오면 꽃이 핀다.'에서 '-면' 따위). ↔대등적 연결 어미.

종속-절(從屬節)-[-쩔] 명 《언》 이어진 문장에서 뒤의 주절(主節)에 대하여 그 원인·이유·조건 등을 보여 주는 절('봄이 오니 날씨가 따뜻하다.'에서 '봄이 오니' 따위). 딸림마디. ↔주절(主節).

종속 회:사(從屬會社)-[-소쾨-] 자본 참가 또는 계약·정관(定款) 등에 따라 어떤 회사의 지배를 받는 회사.

종속-히(從速-)-[-소키] 부 오래 걸리지 않고 빠르게.

종손 (宗孫) 圏 종가의 대를 이을 자손. 종가의 맏손자. ↔지손(支孫).

종:손 (從孫) 圏 형이나 아우의 손자.

종:-손녀 (從孫女) 圏 형이나 아우의 손녀.

종:-손부 (從孫婦) 圏 종손의 아내.

종:-손서 (從孫壻) 圏 종손녀의 남편.

종:수 (從嫂) 圏 사촌 형이나 아우의 아내.

종수 (種樹) 圏하타 1 식물을 심고 가꿈. 2 식목 (植木).

종:수-씨 (從嫂氏) 圏 친형제 외의 같은 항렬 (行列)의 형이나 아우의 아내를 친근히 일컫는 말.

종수일별 (終須一別) 圏 언제 어디서 이별하나 이별하기는 마찬가지임.

종:숙 (從叔) 圏 아버지의 사촌 형제. 당숙(堂叔).

종:-숙모 (從叔母)[-숭-] 圏 종숙의 아내. 당숙모(堂叔母).

종시 (終始) 圏 마지막과 처음. 또는 마침과 시작함. ──하다재어 처음부터 끝까지 어떤 동작이나 태도를 계속함.

종시 (終是) 튀 끝이 나도록. 끝내. ▢~ 말하지 않았다.

종-시가 (從時價)[-까] 圏하자 물건을 사거나 팔 때에 시세를 따름. 종시세.

종-시세 (從時勢) 圏하자 종시가.

종-시속 (從時俗) 圏하자 세상의 풍속대로 따름. ⊜종속(從俗).

종시-여일 (終始如一) 圏하형 시종여일.

종시-일관 (終始一貫) 圏하자 시종일관.

종식 (終熄) 圏하자 한때 매우 성하던 일이 끝나거나 없어짐. ▢내란의 ~ / 분쟁이 ~되다 / 내전을 ~시키다.

종신 (宗臣) 圏 1 나라에 큰 공을 세운 신하. 2 왕족으로 벼슬자리에 있는 사람.

종신 (終身) 圏 1 한평생을 마침. 2 임종2. ▢~하는 사람도 없이 죽다. 3 목숨을 다하기까지의 동안. 종생(終生). ▢그 노인은 ~ 속 병을 앓았다.

종신 (從臣) 圏 임금을 늘 따라다니는 신하.

종신-계 (終身計)[-/-게] 圏 한평생을 지낼 계책. 종신지계.

종신 보:험 (終身保險) 피보험자가 죽어야만 보험금을 지급하는 생명 보험.

종신 연금 (終身年金)[-년-] 〖法〗권리자가 죽을 때까지 해마다 일정한 금액을 받을 수 있는 연금.

종신-자식 (終身子息) 圏 부모가 운명(殞命)할 때 임종한 자식.

종신지계 (終身之計)[-/-게] 圏 종신계.

종신지질 (終身之疾) 圏 평생 고칠 수 없는 병.

종신-직 (終身職) 圏 유죄 선고 또는 징계 처분을 받거나 스스로 그만두지 않는 한, 평생 일할 수 있는 직위.

종신 징역 (終身懲役) 〖法〗'무기 징역'의 구용어.

종신-토록 (終身-) 튀 평생토록.

종신-형 (終身刑) 圏〖法〗무기형.

종신-회원 (終身會員) 圏 평생토록 회원의 자격을 갖는 회원. 평생회원.

종실 (宗室) 圏 종친(宗親)1.

종실 (終實) 圏하자 거짓이 없이 사실대로 함.

종심 (從心) 圏 '일흔 살'을 달리 이르는 말.

종심 (終審) 圏 1 마지막 심사나 심리. 2 소송 사건의 최후 심리.

종심소욕 (從心所欲) 圏하자 마음에 하고 싶은 대로 좇아 함.

종씨 (宗氏) 圏 같은 성으로서 촌수를 따질 정도가 못 되는 사람끼리 쓰는 호칭.

종:씨 (從氏) 圏 1 남에게 자기의 사촌 형을 높여 이르는 말. 2 남의 사촌 형제를 높여 이르는 말.

종:아리 〖生〗무릎과 발목 사이의 뒤쪽 근육 부분.

종아리(를) 맞다 匣 벌로 종아리에 매를 맞다.

종아리(를) 치다 匣 벌로 종아리를 때리다.

종:아리-뼈 〖生〗비골(腓骨).

종:아리-채 圏 종아리를 때릴 때 쓰는 회초리.

종:-아이 圏 종으로 둔 아이.

종알-거리다 재타 남이 잘 알아듣기 어려울 정도의 작은 목소리로 혼잣말을 자꾸 한다. ▢무엇이 못마땅한지 하루 종일 종알거리고 있다. ⊜중얼거리다. ⊗쫑알거리다. **종알-알** 圏하자타

종알-대다 재타 종알거리다.

종:애 (鍾愛) 圏하자 종정(鍾情).

종야 (終夜) □튀 하룻밤 동안. 종소(終宵). □튀 밤이 새도록.

종약 (種藥) 圏하자 약재로 쓸 식물을 심음.

종:양 (腫瘍) 圏〖의〗세포가 병적으로 증식하여 생리적으로 쓸모없는 덩어리를 만드는 병증(비교적 낫기 쉬운 근종(筋腫) 등을 양성(良性) 종양, 사망률이 높은 암육종(癌肉腫) 등을 악성 종양이라 함). 육종(肉腫).

종어 (宗魚·鯮魚) 圏〖어〗동자갯과의 민물고기. 강 하류에 살며 몸길이 20~50 cm, 돌출한 주둥이는 아래턱이 위턱보다 짧으며, 몸빛은 등 쪽이 황갈색, 배 쪽은 담색임. 식용함. 예미어.

종어 (種魚) 圏 키워서 번식시키려고 종자로 삼는 물고기. 씨고기.

종언 (終焉) 圏 1 없어지거나 죽어서 존재가 사라짐. ▢일생을 ~을 고하다. 2 하던 일이 끝남.

종업 (從業) 圏하자 어떤 업무에 종사함.

종업 (終業) 圏하자타 1 업무를 끝마침. 2 학교에서, 한 학기나 한 학년을 다 끝냄. ↔시업(始業).

종업-식 (終業式)[-씩] 圏 학교에서 한 학기 또는 한 학년 동안의 학업을 마칠 때 행하는 식. ↔시업식.

종업-원 (從業員) 圏 어떤 업무에 종사하는 사람. ▢식당 ~.

종업원 지주 제:도 (從業員持株制度) 〖경〗기업이 종업원의 근로 의욕을 높이고 노사 협조를 위하여, 종업원에게 자사(自社) 주식을 가질 수 있도록 하는 제도.

종:-없다 [-업따] 圏 '종작없다'의 준말. **종:-없이** [-업씨] 튀

종연 (終演) 圏하자타 연극 따위의 상연이 끝남. 또는 상연을 끝냄. ▢오후 8시 ~ / 이미 연극이 ~된 후에 왔다.

종-열차 (終列車)[-녈-] 圏 그날의 마지막 열차. 막차.

종영 (終映) 圏하자타 영화 상영이 끝남. 또는 그 영화 상영을 끝냄. ▢인기 있는 영화가 ~되다.

종예 (種藝) 圏하타 온갖 식물을 심어 기름.

종오소호 (從吾所好) 圏하자 자기가 좋아하는 대로 좇아서 함.

종요-롭다 [-따][-로워, -로우니] 圏団 없으면 안 될 만큼 긴요하다. ▢효는 우리 삶의 종요로운 덕목이다. **종요-로이** 튀

종용 (慫慂) [명][하타] 잘 설명하고 달래어 권함. ❏어머니의 ~에 따라 원치 않는 결혼을 하게 되다.
종용-하다 (從容-) [형][여] **1** 성격이나 태도가 차분하고 침착하다. **2** ☞ 조용하다. **종용-히** [부]
종우 (種牛) [명] 씨를 받을 소. 씨소.
종유 (從遊) [명][하자] 학덕이 있는 사람을 좇아 함께 지냄.
종유-굴 (鍾乳窟) [명] 〚지〛 석회암 속의 층면을 따라 흐르는 지하수의 용해 작용으로 생긴 동굴. 석회동. 종유동.
종유-동 (鍾乳洞) [명] 〚지〛 종유굴.
종유-석 (鍾乳石) [명] 〚광〛 돌고드름.
종의 (宗義)[-/-이] [명] 〚불〛 종문(宗門)의 교의.
종의 (宗誼)[-/-이] [명] 일가친척 사이의 친한 정의(情誼).
종:의 (腫醫)[-/-이] [명] 〚한의〛 예전에, 종기를 고치던 의원.
종이 [명] 식물성 섬유를 원료로 하여 만든 얇은 물건《글을 쓰거나 그림을 그리거나 인쇄·도배·포장 따위에 씀》.
종이 한 장(張)(**의**) **차이** [구] ㉠사물의 간격이나 틈이 지극히 작음의 비유. ㉡수량·정도의 차가 지극히 적음의비유.
종이 (宗彛) [명] 〚역〛 **1** 종묘의 제례에 쓰던 술그릇. **2** 곤룡포에 수놓은 범의 그림.
종이 광대 〚역〛 죄인을 잡아가거나 사형을 집행할 때, 죄인의 얼굴을 가리려고 눈과 코만 내놓게 구멍을 낸 종이탈. *용수.
종이-돈 [명] 지폐(紙幣).
종이-배 [명] 종이를 접어 만든 배.
종이부시 (終而復始) [명][하타] 어떤 일을 마치고 다시 연달아 시작함.
종이-비행기 (-飛行機) [명] 종이를 접어서 만든 비행기.
종이-우산 (-雨傘) [명] 지(紙)우산.
종이-접기 [-끼] [명] 종이를 접어 학·배·비행기 따위 여러 가지 모양의 모형을 만드는 일.
종이-쪽 [명] 종이의 작은 조각. 종잇조각.
종이-쪽지 (-紙)[-찌] [명] 종이에 몇 글자 적은 글쪽지. ❏~에 메모를 남기다.
종이-창 (-窓) [명] 종이를 바른 창.
종이-컵 (-cup) [명] 종이로 만든 일회용 컵.
종이-풍선 (-風船) [명] 종이로 만든 공에 공기를 불어 넣어 가지고 노는 장난감. [준]풍선.
종이-학 (-鶴) [명] 종이를 접어서 학 모양으로 만든 것.
종이-호랑이 (-虎狼-) [명] **1** 나무틀이나 대오리를 결어 만든 틀에 종이를 여러 겹 발라 만든 호랑이의 형상. **2** 종이로 만든 호랑이라는 뜻으로, 겉보기에는 힘이 셀 것 같으나 사실은 아주 약한 것을 이르는 말.
종인 (宗人) [명] 같은 일가 가운데서 촌수가 아주 먼 사람.
종인 (從因) [명] 주가 아닌 간접적인 원인.
종인지과 (從因至果) [명] 〚불〛 부처가 되려고 수행하는 자리인 인위(因位)에서 깨달은 자리인 과위(果位)에 오름을 일컫는 말. 종인향과(從因向果).
종일 (終日) [명] 아침부터 저녁까지의 사이. 하루의 낮 동안. 온종일. ❏~ 비가 내리다.
종일 (縱逸) [명][하자] 버릇없이 제 마음대로 함.
종일지역 (終日之役)[-찌-] [명] 하루 낮 동안에 들인 수고.
종일-토록 (終日-) [부] 아침부터 저녁까지 내내. 하루 낮 내내. ❏~ 기다리다.
종잇-장 (-張)[-이짱/-읻짱] [명] **1** 종이의 낱장. ❏~같이 얇다. **2** 백지장2. ❏얼굴이 ~같이 창백하다.

종잇-조각 [-이쪼-/-읻쪼-] [명] 종이쪽.
종자 (宗子) [명] 종가(宗家)의 맏아들.
종:자 (從子) [명] 조카.
종:자 (從姊) [명] 손위의 사촌 누이.
종자 (從者) [명] 상전을 따라다니며 시중드는 사람. 데리고 다니는 사람. 종인(從人).
종자 (種子) [명] 씨[1]1.
종자 (鍾子) [명] '종지'의 본딧말.
종자 (縱恣) [명][하자] 제멋대로 함.
종:-자매 (從姊妹) [명] 사촌 사이인 자매.
종자-문 (鍾子紋) [명] '수복(壽福)'의 글자를 놓은 무늬《그릇이나 옷감 따위에 새김》.
종자-식물 (種子植物)[-싱-] [명] 꽃이 피어 암술의 밑씨가 수술의 꽃가루를 받아 종자를 만들어 번식하는 식물. 겉씨식물과 속씨식물로 나뉨. 꽃식물. 현화식물. *포자식물(胞子植物).
종-자음 (終子音) [명] 〚언〛 받침이 되는 자음. 종성(終聲).
종자이후 (從玆以後) [명] 종금이후.
종작 [명] 대중으로 헤아려 잡은 짐작. ❏도깨비한테 홀린 것 같아 ~을 할 수가 없다. [준]종[2].
종작-없다 [-자겁따] [형] 말이나 태도가 똑똑하지 못하여 종잡을 수가 없다. ❏종작없는 소리. [준]종없다. **종작-없이** [-자겁씨] [부]
종잘-거리다 [자] 수다스럽게 종알거리다. [큰]중절거리다. [센]쫑잘거리다. **종잘-종잘** [부][하자]
종잘-대다 [자] 종잘거리다.
종-잡다 [-따] [타] 대중으로 헤아려 잡다. ❏종잡을 수 없는 말.
종장 (宗匠) [명] **1** 경학(經學)에 밝고 글을 잘 짓는 사람. **2** 장인(匠人)의 우두머리.
종장 (終章) [명] **1** 풍류·노래의 초장·중장에 대한 마지막 장. **2** 〚문〛 초중종(初中終)에서 어떤 정한 글자가 맨 끝에 있는 시구(詩句).
종장 (終場) [명] **1** 〚역〛 이틀이나 사흘에 걸쳐 보던 과거에서 마지막 날의 시험장. **2** 증권 거래소에서 그날의 마지막 장.
종장 (從葬) [명][하타] 옛날에, 장사 지낼 때 허수아비를 송장과 함께 묻던 일.
종적 (蹤迹·蹤跡) [명] 없어지거나 떠난 뒤에 남는 자취나 형상. 또는 행방(行方). ❏~을 감추다 / ~이 묘연하다 / ~이 끊기다 / ~도 없이 사라지다.
종-적 (縱的)[-쩍] [관][명] 어떤 일이나 사물의 관계가 상하로 연결되어 있는 (것). ❏~ 관계. ↔횡적.
종적부지 (蹤迹不知)[-뿌-] [명] 간 곳을 알 수가 없음.
종전 (宗田) [명] 종중(宗中) 소유의 밭. 종중밭. 종중전.
종전 (宗典) [명] 〚불〛 한 종파의 의지가 되는 경전(經典).
종전 (從前) [명] 지금보다 이전. ❏~의 방식 / ~과는 다른 생각을 하게 되었다.
종전 (終戰) [명][하자타] 전쟁이 끝남. 또는 전쟁을 끝냄. ❏~ 협상 / ~된 지 반세기가 지났다. ↔개전(開戰).
종전 (縱轉) [명][하자] 세로로 뒤집힘. 앞뒤로 회전함.
종점 (終點)[-쩜] [명] **1** 기차·버스 따위 노선의 맨 끝의 지점. ❏버스 ~. ↔기점(起點). **2** 일정한 동안의 맨 끝이 되는 때. ❏근대사의 시점과 ~.
종접 (踵接) [명][하자] 접종(接踵).
종정 (宗正) [명] **1** 종파의 가장 높은 어른. **2** 〚불〛 우리나라 불교의 최고 통합자로, 총본

산의 우두머리.

종:정(鍾情)**[-]**[명][하타] 따뜻한 사랑을 한쪽으로 모음. 종애(鍾愛).

종정(鐘鼎)[명] 1 종이나 솥 따위의 쇠붙이와 그릇붙이의 통칭. 2 '종명정식(鐘鳴鼎食)'의 준말.

종정-도(鐘鼎圖)[명] 종이나 솥 따위의 옛 그릇붙이 따위를 그린 그림.

종정-문(鐘鼎文)[명] 종이나 솥 따위의 옛 그릇붙이 따위에 새겨져 있는 글자.

종:제(從弟)[명] 사촌 아우.

종제(終制)[명][하자] 해상(解喪).

종조(宗祖)[명] 한 종파를 처음 세운 사람. 교조(敎祖).

종:조(從祖)[명] '종조부(從祖父)'의 준말.

종:-조모(從祖母)[명] 종조부의 아내.

종:-조부(從祖父)[명] 할아버지의 형이나 아우. ⓐ종조.

종족(宗族)[명] 동성동본의 겨레붙이.

종족(種族)[명] 1 같은 종류의 생물 전체. ▣~을 보존하다. 2 조상이 같고, 같은 계통의 언어·문화 따위를 가지는 사회 집단.

종족 보:존 본능(種族保存本能)[-뿐-] [명] 종족을 지켜 대를 이어 가려는 생물의 본능.

종족-적(種族的)[-쩍][명][관] 어떤 종족에만 있거나 한 종족에 관계되는 (것). ▣~ 이해관계.

종졸(從卒)[명] 1 남을 따라다니며 심부름을 하는 사람. 2 특정인이나 특정 부서에 속하는 병졸.

종:종(種種)[명] 물건의 가지가지. [부] 가끔. ▣~ 찾아오는 친구.

종종-거리다[자] 1 원망하는 태도로 종알거리다. ⓐ종중거리다. 2 발을 가까이 자주 떼며 급히 걷다. ⑱쫑쫑거리다. ⓗ총총거리다.

종종-걸음[명] 발을 가까이 자주 떼며 급히 걷는 걸음. ⓗ총총걸음.

종종걸음(을) **치다**[구] 종종걸음으로 걷다. ▣다리 사이에서 바람 소리를 내며 ~.

종종-대다[자] 종종거리다.

종종-머리[명] 바둑머리가 조금 지난 뒤에, 한쪽에 세 층씩 석 줄로 땋아서 그 끝에 댕기를 드린 여자 아이의 머리.

종종-모[명] 아주 총총히 심은 볏모.

종:종색색(種種色色)[-쌕][명] 가지각색.

종종-이[명][인] 인쇄 기호 '……'를 이르는 말. 줄임표.

종:종-하다(種種-)[형][어] 어떠한 일이 가끔 있다.

종-좌표(縱座標)[명][수] '와이(Y) 좌표'의 구용어. ↔횡좌표(橫座標).

종죄(從罪)[명] 종범(從犯)에게 과하는 죄.

종주(宗主)[명][역] 중국 봉건 시대에, 제후들 가운데 패권(覇權)을 잡은 맹주(盟主).

종주(縱走)[명][하타] 1 능선을 따라 산을 걸어 많은 산봉우리를 넘어가는 일. ▣지리산을 ~하다. 2 산맥 따위가 지형이 긴 쪽으로, 또는 남북으로 이어져 있음. ▣한반도를 ~하는 태백산맥.

종주(酲酒)[명][하자] 몸을 가누지 못할 정도로 술을 많이 마심.

종주-국(宗主國)[명] 1 종속된 다른 나라에 대하여 종주권을 갖고 있는 나라. ↔종속국. 2 어떤 일이나 활동이 처음 시작한 나라. ▣태권도의 ~은 한국이다.

종주-권(宗主權)[-꿘][명] 한 나라가 다른 나라의 내정이나 외교를 관리하는 특수한 권력.

종:-주먹[명] (주로 '대다'·'들이대다' 등과 함께 쓰여) 쥐어지르며 을러대는 주먹. ▣~을 들이대다 / 떡 쥐다. 종주먹(을) 대다 / ~을 쥐다.

종주-산(宗主山)[명] 주산(主山) 위에 있는 주산. ⓐ종산(宗山).

종중(宗中)[명] 조상을 같이하는 한 겨레붙이의 문중. ▣~ 소유의 토지.

종중(從重)[명][하타] [법] '종중론'의 준말.

종중(從衆)[명][하타] 여러 사람의 말이나 행동을 따라 함.

종중-논(宗中-)[명] 종답(宗畓).

종중-답(宗中畓)[명] 종답(宗畓).

종중-론(從重論)[-논][명][하타] [법] 두 죄가 한꺼번에 드러났을 때에 중한 죄를 좇아서 벌하는 일. ↔종경론(從輕論). ⓐ종중(從重).

종중-발(宗中-)[-받][명] 종전(宗田).

종중-산(宗中山)[명] 한 문중의 조상을 모신 산. 또는 한 종중의 소유로 되어 있는 산. ⓐ종산(宗山).

종:-중씨(從仲氏)[명] 남에게 대해 자기 또는 상대방의 사촌 둘째 형을 일컫는 말.

종중-전(宗中田)[명] 종전(宗田).

종중-전답(宗中田畓)[명] 종중 소유의 논밭.

종중-추고(從重推考)[명][역] 관리의 죄과를 그 경중에 따라 엄히 따지어 살피던 일.

종:-증손(從曾孫)[명] 자기 형제의 증손자.

종:-증손녀(從曾孫女)[명] 자기 형제의 증손녀.

종:-증손부(從曾孫婦)[명] 자기 형제의 증손부.

종:-증조(從曾祖)[명] 증조할아버지의 형이나 아우.

종:-증조모(從曾祖母)[명] 종증조의 아내.

종지[명] 간장·고추장 등을 담아 상에 놓는, 종발보다 작은 그릇. ▣양념장 ~.

종지(宗支)[명] 종파(宗派)와 지파(支派).

종지(宗旨)[명] 1 한 종교나 종파의 중심이 되는 가르침. 2 주장되는 요지나 근본이 되는 중요한 뜻.

종지(終止)[명][하자타] 1 끝마쳐 그침. 2 [악] 악곡의 일부나 중도에서 끝맺는다는 느낌을 주도록 2-3개의 화음을 연결하는 것.

종지(踵至)[명][하자] 뒤를 따라 곧 옴.

종-지기(鐘-)[명] 종을 치거나 지키는 사람.

종지 기호(終止記號)[명][악] 마침표2.

종지-부(終止符)[명][언·악] 마침표.

종지부(를) **찍다**[구] 어떤 일을 끝장을 내다. 또는 끝장이 나다.

종지-뼈[명][생] 슬개골(膝蓋骨).

종지-사(終止詞)[명][언] 종결 어미.

종진(縱陣)[명] 군함 등이 진행 방향으로 일직선이 되도록 편 진형(陣形).

종진(縱震)[명][지] 산맥과 평행한 지반이 생긴 단층에서 일어나는 지진.

종-진동(縱振動)[명][물] 기둥 모양의 물체가 그 길이의 방향으로 일어나는 탄성(彈性) 진동. 세로 진동.

종:-질[명][하자] 남의 종노릇을 하는 일.

종:-질(從姪)[명] 사촌 형제의 아들로 오촌이 되는 관계.

종:-질녀(從姪女)[-려][명] 사촌 형제의 딸.

종:-질부(從姪婦)[명] 종질의 아내.

종:-질서(從姪壻)[-써][명] 종질녀의 남편.

종짓-굽[-지꿉 /-진꿉][명] 1 쟁기의 한마루 아래 끝에 턱이 져서 내민 부분. 2 [생] 종지뼈가 있는 언저리.

종짓굽아 날 살려라 ☞ 있는 힘을 다하여
빨리 도망침을 이르는 말. 걸음아 날 살려라.
종짓굽이 떨어지다 ☞ 젖먹이가 처음으로
걷게 되다.
종차 (種差)⬚[논] 한 유개념 속의 어떤 종개
념이 다른 종개념과 구별되는 요소《사람과
개 따위를 비교할 때 사람은 이성적(理性的)이
라는 따위).
종차 (從此)⬚[뿐] 이 뒤. 이로부터.
종차 (從次)⬚[뿐] 다음에.
종차이후 (從此以後) 종금(從今)이후.
종착 (終着)⬚[하자] 마지막으로 도착함.
종착-역 (終着驛)[-창녁]⬚[뿐] 기차나 전차 따위
가 마지막으로 도착하는 역. ↔시발역.
종착-점 (終着點)[-쩜]⬚[뿐] 마지막으로 도착하
는 지점. □ 승리의 ~ / 마라톤 코스의 ~.
종착-지 (終着地)[-찌]⬚[뿐] 마지막으로 도착하
는 곳. □ 여행의 ~.
종-창 (腫脹)⬚[하자] 염증이나 종양 등으
로 부어오름. 또는 그 상처.
종-처 (腫處)⬚[뿐] 부스럼이 난 자리.
종척 (宗戚)⬚[뿐] 왕의 종친과 외척.
종천지통 (終天之痛)⬚[뿐] 세상에서 더할 수 없
이 큰 슬픔.
종-첩 (-妾)⬚[뿐] 종으로 부리다가 올려 앉게
됨.
종-청동 (鐘靑銅)⬚[뿐] 종을 주조하는 데 쓰는 청
동의 일종(구리 75~80 %, 주석 20~25 %로
된 합금). 종동(鐘銅).
종체 (宗體)⬚[불] 한 경전(經典)의 핵심이
되는 근본 정리.
종축 (種畜)⬚[뿐] 씨를 받을 가축. 씨짐승.
종축 (縱軸)⬚[수] '와이축'의 구용어. ↔횡
축(橫軸).
종축 목장 (種畜牧場)[-축-짱] 우수한 새끼를
얻기 위하여 우량 품종의 가축을 기르는 목
장. 종축장.
종축-장 (種畜場)[-짱]⬚[뿐] 종축 목장.
종친 (宗親)⬚[뿐] 1 임금의 친족. 종실(宗室). 2 동
성동본으로 유복친 안에는 들지 않는 일가
붙이.
종친-부 (宗親府)⬚[뿐]⬚[역] 조선 때, 왕실의 계
보와 초상화를 관리하고, 왕과 왕비의 의복
을 관리하며 종반(宗班)을 다스리던 관아.
종친-회 (宗親會)⬚[뿐] 동성동본의 일가붙이끼리
모여서 하는 모꼬지. 종문회.
종-콩⬚[뿐] 주로 메주를 쑤는 데 쓰는, 빛이 희고
알이 잔 콩.
종탑 (鐘塔)⬚[뿐] 교회나 성당에서 종을 매달아
치도록 만든 탑.
종토 (種兔)⬚[뿐] 씨를 받을 토끼. 씨토끼.
종토-세 (綜土稅)⬚[뿐] '종합 토지세'의 준말.
종통 (宗統)⬚[뿐] 종가 맏아들의 계통. □ ~을 이
어오다.
종파 (宗派)⬚[뿐] 1 지파에 대한 종가의 계통. 2
⬚[불] 각기 주장하는 교리를 따라 세운 갈래.
종문(宗門). 3 교파(敎派).
종-파 (種-)⬚[뿐] 씨를 받을 파.
종파 (種播)⬚[뿐]⬚[하타] 파종(播種).
종파 (縱波)⬚[뿐] 1⬚[물] 매질(媒質)의 진동 방향
이 파동의 방향에 일치하는 파동. 2 배가 가
는 방향에 평행되게 나가는 파도. ↔횡파.
종패 (種貝)⬚[뿐] 1 씨조개. 2 진주 양식에서, 주
핵(珠核)을 삽입한 조개.
종편 (終篇)⬚[뿐]⬚[하타] 1 졸편(卒篇). 2 여러 편으
로 된 서책의 마지막 편.
종편 (鐘便)⬚[뿐] 자명종에서 종이 울리도록 되어
있는 부분.

종풍 (宗風)⬚[뿐]⬚[불] 한 종파의 풍습.
종피 (種皮)⬚[뿐]⬚[식] 씨껍질.
종하-생 (宗下生)⬚[인대] 동성동본으로 나이가
젊고 벼슬이 낮은 사람이, 나이가 많고 벼슬
이 높은 사람에게 자기를 낮추어 일컫는 말.
종학 (從學)⬚[뿐]⬚[하타] 남을 좇아서 배움.
종합 (綜合)⬚[뿐]⬚[하타] 1 개의 것을 한데 모아
합함. □ ~된 결과 / 단편적으로 이야기를 ~하
다. 2⬚[철] 변증법에서 대립과 모순이 통일되
는 단계(정립(定立)에서 반정립(反正立)을 지
나 종합에 이름). 3⬚[논] 개개의 개념·관념·
판단 등을 결합시켜 새로운 개념이나 관념을
구성함.
종합 개발 (綜合開發)[-깨-] 국가적 차원에서
종합적·계획적으로 실시되는 국토와 자원의
개발.
종합 고등학교 (綜合高等學校)[-꼬-꾜] 일반
과정과 실업 과정을 함께 둔 고등학교.
종합 과세 (綜合課稅)[-꽈-]⬚[법] 법인 또는
개인 납세자의 각종 소득을 종합하여 세금을
매기는 방법.
종합 대:학 (綜合大學)[-때-] 세 개 이상의 단
과 대학과 한 개의 대학원으로 구성된 대학.
↔단과 대학.
종합 링크제 (綜合link制)⬚[경] 링크제의 하
나. 상품을 제삼국에 수출하여 대외 채권(對
外債權)을 얻은 사람에게만 수출용 원자재를
비롯하여 일정한 범위 내의 물자 수입을 인
정하는 제도. →개별 링크제.
종합 병:원 (綜合病院)[-뼝-] 여러 진료 과목
을 고루 갖춘 병원.
종합 비디오 터미널 (綜合video terminal)
⬚[컴] 비디오테이프리코더에 전화기·텔레비전·
컴퓨터 등 각종 정보 기기가 연결된 단말기.
종합 비타민제 (綜合vitamin劑) 수용성(水溶
性) 비타민과 지용성(脂溶性) 비타민 양쪽의
각종 비타민을 조합한 약. *복합 비타민제.
종합 비:평 (綜合批評)[-삥]⬚[문] 문예 작품
을 세부적으로 분석하지 않고 종합적으로 그
가치를 논의하는 비평. ↔분석 비평.
종합 상사 (綜合商社)[-쌍-] 다루는 상품의
수효가 많고 수출입·국내 매매 등의 유통과
함께 금융·자원 개발 등의 업무에도 손을 대
는 규모가 큰 상사.
종합 소:득세 (綜合所得稅)[-쏘-쎄]⬚[법] 납
세자의 각종 소득을 합계한 총소득에 대하여
매기는 소득세.
종합 예:술 (綜合藝術)[-합녜-] 분야를 달리
하는 모든 예술적 요소를 종합하여 이루어지
는 예술(연극·오페라 따위).
종합 유:선 방:송 (綜合有線放送) 하나의 전
선을 통하여 여러 방송국의 프로그램을 공동
으로 이용하게 구성한 방송.
종합 잡지 (綜合雜誌)[-짭찌] 정치·경제·사회·
문예·과학 등 문화 일반에 걸쳐 종합적으로
수록한 잡지.
종합-적 (綜合的)[-쩍]⬚[관뿐] 여러 가지를 한데
모아 합한 (것). □ ~ 연구 / ~으로 파악하다.
종합 정보 통신망 (綜合情報通信網)[-쩡-]
아이에스디엔(ISDN).
종합 주가 지수 (綜合株價指數)[-쭈까-] 증
권 시장에 상장된 모든 종목의 주가 변동을
매일 종합한 지수. 우리나라는 기준 시점과
비교하는 총액식 주가 지수를 사용함.
종합 카드 (綜合card) 체크 카드와 신용 카드
및 현금 인출 카드를 합해서 하나로 만든 카

드. 가계(家計) 종합 예금에 가입한 희망자에게 은행에서 발급해 줌.

종합 토지세(綜合土地稅) 지방세의 하나. 토지를 사실상 소유하고 있는 사람에게 부과함《납세지는 토지 소재의 시·군이며, 종합 합산 과세·별도 합산 과세·분리 과세로 구분함》. ⓐ종토세(綜土稅).

종합 판단(綜合判斷) 〖철〗 칸트의 철학 용어로, 주개념 속에 없던 것을 빈개념과의 종합에서 이끌어 내는 판단《'물체는 모두 중량을 가진다' 따위》.

종합 학습(綜合學習)[-하팍씁] 교과를 나누지 않고 종합적으로 학습하는 일.

종항(終航)〖하자〗 배나 항공기가 정해진 항해나 항공을 끝냄. 〖- 예정 시간.

종-항간(從行間)〖명〗 사촌 형제 사이.

종-해안(從海岸)〖명〗 산맥이나 지질 구조의 주축과 평행한 해안. ↔횡해안.

종핵(種核)〖명〗 씨앗의 알맹이《다음 대의 식물이 될 작은 배(胚)가 들었음》.

종핵(綜核·綜覈)〖하타〗 속내를 자세하고 꼼꼼하게 밝힘.

종행(縱行)〖명〗 세로로 된 줄.

종헌(終獻)〖명〗〖하타〗 제사를 지낼 때 올리는 세 번의 잔 가운데 마지막 잔을 올림. 또는 그 일. ☞아헌·초헌.

종헌-관(終獻官)〖명〗〖역〗 종묘 제향(祭享) 때에 종헌을 맡던 사람의 직함.

종:-형(從兄)〖명〗 사촌 형.

종형(鐘形)〖명〗 종과 같은 모양. 종상(鐘狀).

종:-형제(從兄弟)〖명〗 사촌 관계인 형과 아우. 당형제.

종환(從宦)〖명〗〖하자〗 벼슬길에 나아감. 또는 벼슬살이를 함.

종:-환(腫患)〖명〗 남을 높여 그가 앓는 '종기'의 일컬음.

종회(宗會)〖명〗 종중(宗中)의 모임.

종횡(縱橫)〖명〗 1 세로와 가로. 2 (주로 '종횡으로'의 꼴로 쓰여) 거침없이 오가거나 이리저리 다님. 〖전국을 ~으로 누비고 다니다.

종횡-가(縱橫家)〖명〗〖역〗 중국 전국 시대 때, 여러 국가를 종횡으로 합쳐야 한다는 합종책(合縱策)과 연횡책(連衡策)을 논한 일파를 일컫는 말.

종횡-무애(縱橫無礙)〖명〗 자유자재로 행동하여 사방에 걸릴 것이 없는 상태.

종횡-무진(縱橫無盡)〖명〗 자유자재로 행동하여 거침없이 없는 상태. 〖~으로 활약하다.

종효(終孝)〖명〗〖하자〗 부모의 임종 때에 곁에서 정성을 다함. 또는 그런 효성.

종후(從厚)〖명〗〖하타〗 무슨 일을 박하지 않게 후한 편으로 좇아 함.

좆〖존〗〖명〗 남성의 성기.

좆-같다[존깐따]〖형〗〈비〉 사물이 몹시 마음에 들지 않거나 보기에 싫다. **좆-같이**[존까치]〖부〗

좆다[존따]〖타〗 상투나 낭자 따위를 틀어서 죄어 매다.

좆-심[존씸]〖명〗〈비〉 남자의 성교하는 힘.

좇다[존따]〖타〗 1 남의 뜻·이상·행복 따위를 추구하다. 〖명예를 좇는 젊은이. 2 남의 말이나 뜻을 따르다. 〖아버지의 유언을 ~. 3 규칙이나 관습 따위를 지키다. 〖관례를 ~. 4 남을 여겨보거나 눈길을 보내다. 〖하늘을 나는 기러기 떼를 ~. 5 남의 이론 따위를 따르다. 〖스승의 학설을 ~.

좇아-가다〖타〗 1 남의 말이나 뜻을 좇아가다. 2

〖선생님의 가르침을 하나씩 ~. 2 어떤 대상을 눈길로 따라가다.

좇아-오다〖타〗 1 남의 말이나 뜻을 따라오다. 2 어떤 대상을 눈길로 따라온다.

좋:다'[조타]〖형〗 1 즐겁다. 유쾌하다. 〖기분이 ~. 2 아름답다. 〖경치가 ~. 3 훌륭하다. 뛰어나다. 〖집안이 ~ / 음식 솜씨 좋은 아내 / 입담이 ~ / 힘이 ~. 4 슬기롭다. 〖머리가 ~. 5 효험이 있다. 〖이 약은 건강에 ~. 6 낫다. 유익하다. 〖이 책이 더 ~ / 가는 게 ~. 7 바르다. 또는 착하다. 〖좋은 일 / 좋은 사람. 8 괜찮다. 〖얼마라도 좋으니 / 좋은 장사. 9 상관없다. 〖가도 ~. 10 적당하다. 알맞다. 〖좋은 예 / 좋은 적수 / 어느 정도의 자극은 건강에도 ~. 11 경사스럽다. 기쁘다. 〖오늘같이 좋은 날. 12 화목하다. 친하다. 〖사이가 ~ / 금실이 ~. 13 비위·염치 등에 무감각하다. 〖염치가 ~. 14 보기 싫거나 나쁜 것을 빈정거리며 하는 말. 〖꼴 ~. 15 마음에 들다. 마땅하다. 〖그이가 ~ / 공부를 열심히 하는 모습은 보기에도 ~. 16 순조롭고 상서롭다. 〖운이 좋은 사람 / 좋은 날을 택하다. 17 날씨가 맑거나 고르다. 〖오늘은 날씨가 참 ~. 18 값이나 평가가 높다. 〖값으로 매기면 / 경기가 ~. 19 (감탄사적으로 쓰여) 즐거움·찬성·결의 등을 나타냄. 〖~, 내가 가지 / 얼씨구 ~ / ~, 두고 보자. 20 (동사에 붙어) 쉽거나 편하다. 〖입기가 ~ / 먹기 좋게 썰다.

[좋은 일에는 남이요 궂은일에는 일가라] ㉠좋은 일이 있을 때에는 모르는 체하다가 궂은일을 당하면 일가친척을 찾는다는 말. ㉡먹을 일이 생겼을 때는 남들이 먼저 찾아오고 궂은일이 생겼을 때에는 일가친척이 먼저 찾아온다는 말. [좋은 일에 마가 든다] 좋은 일에는 흔히 마희(魔戲)가 들기 쉽다는 뜻으로, 좋은 일에 훼방꾼이 나타나는 경우의 비유.

좋다²〖형〗〈옛〉 조촐하다.

좋아[조하]〖갑〗 결심을 하거나 상대의 요구에 선뜻 응할 때 내는 소리. 〖~, 지금 갈게 / ~, 이번 일은 내가 맡겠다.

좋:-지내다[조-]〖남녀가 정분이 나서 친하게 지내다. 〖그와 좋아지낸다는 소문이 나돌던데.

좋:-아하다[조-]〖타조〗 1 좋은 느낌을 가지다. 〖꽃을 ~. 2 즐겨 하거나 즐겨 먹다. 〖축구를 ~ / 육식보다는 채식을 좋아하는 편이다. 3 남에게 애정의 느낌을 가지다. 〖좋아하는 사람이 생기다. 4 기뻐하며. 즐거워하다. 〖합격 통지서를 받고 무척 ~.

좋:-이[조-]〖부〗 1 마음에 들게. 〖~ 여기다. 2 거리·수량 따위가 어느 한도에 미칠 만하게. 〖~ 재산을 모았다 / 걸어서 이십 리는 ~ 될 것 같다.

좌:(左)〖명〗 '왼쪽'의 뜻. 〖~로 돌다. ↔우(右).

좌:(坐)〖명〗 묏자리나 집터 등의 등진 방위. ↔향(向).

좌:(座)〖〖명〗 앉을 자리. 〖의명〗〖불〗 불상을 세는 말. 〖불상 삼 ~.

-좌:(座)〖의〗 '별자리'의 뜻. 〖사자~.

좌:-각(坐脚)〖명〗 오금이 붙거나 힘이 없거나 뼈가 드러져서 마음대로 쓰지 못하는 다리.

좌:-객(坐客)〖명〗 앉은뱅이.

좌:-객(座客)〖명〗 자리에 앉은 손님.

좌:-견천리(坐見千里)[-철-]〖명〗 자리에 앉아서 천 리를 본다는 뜻으로, 보이지 않는 먼 곳이

나 앞일을 내다봄을 이르는 말.

좌:경 (左傾)**명하자** 1 왼쪽으로 기욺. 2 사회주의나 공산주의 등 좌익 사상으로 기울어짐. 또는 그런 경향. ▢~ 사상. ↔우경.

좌:경 (更更)**명** 조선 때, 궁중의 보루각(報漏閣)에서 밤에 징과 북을 쳐서 시각을 알리던 일.

좌:경-화 (左傾化)**명하자** 좌경이 됨. 또는 그렇게 되게 함. ▢~된 단체. ↔우경화.

좌:계 (左契)[-/-게]**명** 둘로 나눈 부신(符信) 가운데 왼쪽의 것. 좌권(左券). ↔우계.

좌:고 (左顧)**명하자** 왼쪽을 돌아봄.

좌:고 (坐高)**명** 앉은키. ▢신장(身長)과 ~.

좌:고 (坐賈)**명** 앉은장사.

좌:고 (座鼓)**명**『악』 국악 타악기의 하나. 북을 틀에 매달아 앉아서 채로 치는, 건고(建鼓)와 비슷한 악기.

좌:고-우면 (左顧右眄)**명하자** 좌우고면(顧眄).

좌:골 (坐骨)**명** 골반을 이루는 좌우 한 쌍의 뼈. 궁둥뼈.

좌:골 신경 (坐骨神經)『생』 허리로부터 대퇴부의 뒤쪽을 지나 무릎께까지 이르는, 다리의 운동과 지각을 맡은 가장 길고 굵은 신경.

좌:골 신경통 (坐骨神經痛)『의』 좌골 신경에 일어나는 신경통. 신경염·중독·골반 내 장애·요추(腰椎) 카리에스·추간판(椎間板) 헤르니아 등으로 생기며 허리·엉덩이·무릎 뒷부분·장딴지·발에 걸쳐 통증이 일어남.

좌:구 (坐具)**명** 1 앉을 때 밑에 까는 방석. 2 『불』 비구(比丘)가 앉거나 누울 때 까는 방석.

좌:국 (左局)**명** 산세나 집터 등의 어느 방위를 등져서 앉은 자리.

좌:군 (左軍)**명** '좌익군'의 준말.

좌:굴 (左屈)**명하타** 스스로 찾아가지 않고 남을 오게 함.

좌:궁 (左弓)**명** 왼손으로 시위를 당기어 쏘는 활. 왼활. ↔우궁(右弓).

좌:궁-깃 (左弓-)[-긷]**명** 새의 오른쪽 날갯깃으로 꾸민 화살의 깃. ↔우궁깃.

좌:규 (左揆)**명**『역』 '좌의정'을 달리 이르던 말. ↔우규.

좌:금 (座金)**명** 와셔2.

좌:기 (左記)**명** 세로쓰기를 한 글에서, 본문의 왼쪽에 써 있는 글귀. ▢~와 같음. ↔우기(右記).

좌:기 (坐起)**명하자**『역』 관아의 우두머리가 출근하여 일을 봄.
　좌기를 벌이다 丞『역』 관아의 우두머리가 일을 보기 위하여 채비를 차리다.

좌:기 (挫氣)**명하자** 기세가 꺾임. 또는 기세를 꺾음.

좌:단 (左袒)**명하자** 왼쪽 소매를 벗는다는 뜻으로, 남을 편들어 동의함을 이르는 말.

좌:담 (座談)**명하자** 여러 사람이 한자리에 모여 형식에 구애됨이 없이 의견을 나누는 일. 또는 그 담화. ▢교육 문제에 대해 ~을 나누다.

좌:담-회 (座談會)**명** 좌담을 하는 모임. ▢~를 열다.

좌:당 (左黨)**명** 1 좌익의 정당. 2 정부의 반대당. ↔우당(右黨).

좌:대 (座臺)**명** 기물을 받쳐서 얹어 놓는 대. 깔판. 받침대.

좌:도 (左道)**명** 1 조선 때에, 경기·충청·전라·경상·황해의 각 도를 둘로 나누어 그 한쪽을 일컫던 말. ↔우도(右道). 2 유교의 종지(宗旨)에 어긋나는 사교(邪敎).

좌:돈 (挫頓)**명하자** 좌절(挫折).

좌:두 (莝豆)**명** 마소의 먹이로 쓰는 짚과 콩.

좌:-뜨다 [좌떠, 좌뜨니]**자** 생각이 남보다 뛰어나다.

좌:랑 (佐郎)**명**『역』 1 고려 때에, 육부(六部)·육사(六司)·육조(六曹)의 정오품 벼슬. 2 조선 때, 육조(六曹)의 정육품 벼슬.

좌르르 **부하자** 1 물줄기 따위가 잇따라 세차게 쏟아지는 소리. 또는 그 모양. 2 여러 개의 작은 물건이 잇따라 쏟아지는 소리. 또는 그 모양. ▢진열대의 물건이 ~ 쏟아지다. ◉좌르르.

좌:립 (坐立)**명** 앉음과 섬.

좌:마 (坐馬)**명**『역』 1 관원이 타던 관아의 말. 2 행군 때 거느리고 가던 대장의 부마(副馬).

좌:면-지 (座面紙)**명** 제상(祭床) 위에 까는 기름종이.

좌:목 (座目)**명** 자리의 차례를 적은 목록.

좌:무 (左舞)**명** 왼쪽에서 춤추는 사람.

좌:방 (左方)**명** 왼쪽. ↔우방.

좌:번 (左番)**명** 좌우 두 쪽으로 나눈 왼쪽 번.

좌:법 (坐法)**명**『불』 결가부좌 따위의, 부처나 불교 신도들이 앉는 법식.

좌:변 (左邊)**명** 1 왼편짝. 2〔수〕 등식이나 부등식에서, 등호 또는 부등호의 왼쪽에 적은 수나 식.

좌:-변기 (坐便器)**명** 양변기.

좌:병-영 (左兵營)**명**『역』 조선 성종 때, 울산에 두었던 경상 좌병영의 통칭.

좌:보-성 (左輔星)**명**『민』 구성(九星) 중의 여덟째 별.

좌:부-변 (左阜邊)**명** 한자 부수의 하나('陰'·'陽' 등에서 'ß'의 이름). 언덕부(阜).

좌:불안석 (坐不安席)**명하자** 앉아 있어도 자리가 편안하지 않다는 뜻으로, 불안·근심 등으로 한군데에 가만히 앉아 있지 못하고 안절부절못하는 모양을 이르는 말.

좌:사우고 (左思右考)**명하타** 이리저리 생각하여 헤아려 봄. 좌사우량. 좌우사량.

좌:사우량 (左思右量)**명하타** 좌사우고.

좌:산 (坐産)**명하타** 늘어뜨린 줄 따위를 붙잡고 앉아서 해산함.

좌:상 (左相)**명**『역』 '좌의정'을 달리 이르는 말.

좌:상 (坐商)**명** 앉은장사.

좌:상 (坐像)**명** 앉은 모습을 나타낸 그림이나 조각.

좌:상 (座上)**명** 1 좌중(座中). 2 여러 사람이 모인 자리에서 가장 어른이 되는 사람.

좌:상 (挫傷)**명하자** 1 기운이 꺾이고 마음이 상함. 2 받치거나 넘어지거나 하여 피부 표면에는 손상이 없으나 피하 조직이나 내장이 손상되는 일. 타박상. 좌상(挫傷).

좌:상-불 (坐像佛)**명** 앉아 있는 모양의 불상.

좌:상-육 (剉桑育)[-뉵]**명** 누에의 발육에 따라 뽕잎을 적당한 크기로 썰어 먹여 기르는 법.

좌:서 (左書)**명하자** 1 오른쪽과 왼쪽이 바뀌어 된 글자. 2 왼손으로 글씨를 씀. 또는 그 글자.

좌:석 (座席·坐席)**명** 1 앉는 자리. ▢~에 앉다 / ~에서 일어나다. ↔입석(立席). 2 여러 사람이 모인 자리. ▢~을 정돈하다.

좌:석-권 (座席券)[-꿘]**명** 좌석의 번호를 지정한 입장권이나 승차권.

좌:석미난 (座席未煖)[-성-]**명** 앉는 자리가 따뜻해질 겨를이 없다는 뜻으로, 이사를 자주 다님을 이르는 말.

좌:석 버스 (座席bus)**명** 앉는 자리가 배당되어 있는 버스.

좌:선 (左旋)**명하자타** 왼쪽으로 돌거나 돌림.

↔우선.

좌:선 (坐禪) 명하자 『불』 고요히 앉아서 참선함. 준선.

좌:선-룡 (左旋龍) [-뇽] 명 『민』 풍수지리에서, 산맥이 오른편에서 왼편으로 돌아 내려간 산줄기.

좌:섬 (挫閃) 명 『한의』 타격으로 뼈마디가 물러앉아, 그 둘레의 막이 상하여 붓고 아픈 병. 준섬.

좌:섬 요통 (挫閃腰痛) [-뇨-] 『한의』 뼈마디를 다치거나 접질려 일어나는 요통.

좌:수 (左手) 명 왼손. ↔우수(右手).

좌:수 (坐收) 명하자 가만히 앉아서 편하게 이익을 거둠.

좌:수 (坐睡) 명하자 앉아서 졺.

좌:수 (座首) 명 『역』 조선 때, 지방의 자치 기구인 향청(鄕廳)의 우두머리.

좌:수군-절도사 (左水軍節度使) [-또-] 명 『역』 조선 때, 좌수영(左水營)의 우두머리. 정삼품 벼슬. 좌수사(左水使). ＊우수군절도사.

좌:수사 (左水使) 명 『역』 좌수군절도사. ＊우수사.

좌:수어인지공 (坐收漁人之功) 명 남이 다툼질하는 틈을 타서 수고하지 않고 공을 거둠을 이름. ＊어부지리(漁父之利).

좌:수영 (左水營) 명 『역』 조선 때, 경상도 동래와 전라도 여수에 두었던 수군절도사의 군영(軍營). ＊우수영.

좌:수우봉 (左授右捧) 명하타 왼손으로 주고 오른손으로 받는다는 뜻으로, 즉석에서 거래함을 이르는 말.

좌:수우응 (左酬右應) 명하타 이리저리 바삐 상대하고 응함.

좌:승지 (左承旨) 명 『역』 1 고려 때 왕명(王命)의 출납(出納)을 맡아보던 밀직사(密直司)의 정삼품(正三品) 벼슬. 2 조선 때, 중추원이나 승정원에 속하여 왕명의 출납을 맡아보던 정삼품 벼슬.

좌:시 (坐市) 명 예전에, 옮겨 다니지 않고 한 곳에서 가게를 내어 물건을 팔던 곳.

좌:시 (坐視) 명하타 옆에 앉아 보기만 하고 참견하지 않음. ▷ ~할 수 없었다.

좌시다 타 〈옛〉 잡수시다.

좌:시-터 (坐市-) 명 예전에, 좌시를 낼 만한 자리. 또는 좌시를 낸 자리.

좌:식 (坐食) 명하자 와식(臥食).

좌:식-산공 (坐食山空) [-싼-] 명 벌지 않고 놀고먹기만 하면 산더미같이 큰 재산도 결국 다 없어지고 만다는 뜻.

좌:심-방 (左心房) 명 『생』 심장 안의 왼쪽 윗부분《폐정맥의 피를 받아 좌심실로 보냄》. ↔우심방.

좌:심-실 (左心室) 명 『생』 심장 안의 왼쪽 아랫부분《좌심방에서 오는 피를 깨끗이 하여 대동맥으로 보냄》. ↔우심실.

좌:안 (左岸) 명 강이나 바다 따위의 왼쪽 기슭. ↔우안(右岸).

좌:약 (坐藥) 명 요도·질·항문에 끼워 넣고 체온으로 녹여서 약효를 내게 만든 약.

좌:업 (坐業) 명 1 앉은 채 손으로 하는 일. 2 앉아서 일하는 직업.

좌:연-사 (左撚絲) 명 왼쪽으로 꼰 실.

좌:열 (左列) 명 왼쪽의 대열. ↔우열.

좌:와 (坐臥) 명 앉음과 누움. ▷ 행주(行住).

좌:와-기거 (坐臥起居) 명 1 좌와와 기거. 2 '일상생활'을 일컬음.

좌:욕 (坐浴) 명하자 허리부터 그 아래만을 목욕하는 일.

좌:욕 (坐褥) 명 방석.

좌:우 (左右) 명하타 1 왼쪽과 오른쪽. 2 편지글에서, '어르신네'의 뜻으로 어른의 이름 뒤에 쓰는 말. 3 '좌지우지'의 준말. ▷ 운명을 ~하다 / 돈에 ~되다. 4 옆이나 곁. ▷ 두리번거리며 ~를 살피다. 5 좌익과 우익. 좌파와 우파. ▷ ~ 합작(合作) / ~ 대립의 양상. 6 곁에 가까이 거느리고 있는 사람. ▷ ~를 물리치다.

좌:우 (座右) 명 좌석의 오른쪽 또는 옆.

좌:우-간 (左右間) 부 이렇든 저렇든 간에. 좌우지간. ▷ ~ 밥이나 먹고 보자.

좌:우-고면 (左右顧眄) 명하자 이쪽저쪽을 돌아본다는 뜻으로, 앞뒤를 재고 망설임의 일컬음. 좌고우면.

좌:우-기거 (左右起居) 명 일상생활의 모든 동작.

좌:우-두동 (左右-) 명 『민』 윷놀이에서, 말 두 개가 각각 두 동씩 된 것.

좌:우-명 (座右銘) 명 늘 옆에 갖추어 두고 가르침으로 삼는 말이나 문구. ▷ ~으로 삼다.

좌:우 보:처 (左右補處) 명 『불』 부처를 모시는 좌우의 두 보처.

좌:우-사량 (左右思量) 명하타 좌사우고(左思右考).

좌:우 상칭 (左右相稱) 명 1 대칭(對稱)3. 2 『생』 생물체를 두 조각으로 나눌 때 그 나누어진 조각이 균등한 모양.

좌:우익 (左右翼) 명 1 군진의 좌우로 날개 모양으로 벌여 있는 군대. 2 좌익과 우익.

좌:우지 (左右之) 명하타 '좌지우지'의 준말.

좌:우지-간 (左右之間) 명 좌우간.

좌:우-청촉 (左右請囑) 명하타 이리저리 갖은 수단을 다 써서 하는 청탁. 좌청우촉.

좌:우-충돌 (左右衝突) 명 1 좌충우돌(左衝右突). 2 좌익과 우익이 충돌함.

좌:우-편 (左右便) 명 왼쪽과 오른쪽의 두 편.

좌:우-협공 (左右挾攻) [-꽁] 명하타 좌우 양쪽에서 죄어들어 가며 공격함.

좌:원우응 (左援右應) 명하타 이쪽저쪽을 다 응원함.

좌:윤 (左尹) 명 『역』 1 고려 때, 삼사(三司)의 종삼품 벼슬. 2 조선 때, 한성부(漢城府)의 종이품 벼슬.

좌:-의정 (左議政) [-/-이-] 명 『역』 조선 때, 의정부의 정일품 벼슬《우의정의 위, 영의정의 아래》(左相). 좌정승.

좌:이대사 (坐而待死) 명 앉아서 죽기만을 기다린다는 뜻으로, 썩 궁박하여 어찌하는 수 없이 운명에만 맡김의 일컬음.

좌:익 (左翼) 명 1 새나 비행기 따위의 왼쪽 날개. 2 '좌익군'의 준말. 3 급진적이거나 사회주의적·공산주의적인 경향. 또는 그런 단체. 4 축구에서, 공격수 중의 맨 왼쪽 선수. 레프트 윙. 5 야구에서, 외야의 왼쪽 선수. 레프트 필드. 6 '좌익수(左翼手)'의 준말. ↔우익(右翼).

좌:익-군 (左翼軍) [-꾼] 명 중군(中軍)의 왼쪽에 있는 군사. ↔우익군. 준좌군·좌익.

좌:익 소:아병 (左翼小兒病) [-쏘-뼝] 명 공산주의 운동에서, 현실을 이해하지 못하고 극렬하게 교조주의적·극단론적 태도만을 고집하는 경향.

좌:익-수 (左翼手) [-쑤] 명 야구에서, 외야의 왼쪽을 지키는 선수. 레프트 필더. 준좌익.

좌:임 (左袵) 명 북쪽의 미개한 인종의 옷 입는 방식이 오른쪽 섶을 왼쪽 섶 위로 여몄다는

데서, 미개함을 이르는 말.

좌:작진퇴 (坐作進退)[─찐─] **명**[하자] **1** 군대가 훈련할 때에, 앉고·서고·나아가고·물러섬을 이르는 말. **2** 군대가 지휘관의 명령 아래 진법대로 질서정연하게 움직임.

좌:장 (坐杖) **명** 늙은이가 겨드랑이를 괴어 의지하는 '丁'자 모양의 짧은 지팡이.

좌:장 (坐贓) **명** 벼슬아치가 까닭 없이 백성에게서 재물을 거두어 받음.

좌:장 (座長) **명** 여럿이 모인 자리에서 그 자리를 주재하는 어른이 되는 사람. 석장(席長).

좌:재 (坐齋) **명**[하자] 제사의 전날부터 부정한 일을 삼가고 몸을 깨끗이 함.

좌:전 (左前) **명** 야구에서, 좌익수의 앞. ▢∼안타.

좌:전 (座前) **명** 좌하(座下).

좌:절 (挫折) **명**[하자] **1** 마음이나 기운이 꺾임. ▢∼을 맛보다 /∼을 겪다 /∼하지 않고 재기하다. **2** 어떤 계획이나 일 따위가 실패로 돌아감. ▢사업 계획이 ∼되다.

좌:정 (坐定) **명**[하자] '앉음'의 공대말.

좌:정관천 (坐井觀天) 우물 속에 앉아 하늘을 본다는 뜻으로, 견문이 매우 좁음을 이르는 말.

좌:정승 (左政丞) **명** 《역》 '좌의정'을 달리 이르는 말.

좌:족 (左族) **명** 서족(庶族). ↔우족(右族).

좌:종 (坐鐘) **명** 책상이나 탁자 따위에 앉혀 놓게 만든 자명종.

좌:죄 (坐罪) **명**[하자] 죄를 지어 벌을 받음.

좌:주 (座主) **명 1** 은문(恩門). **2**《불》 주로 경(經)·논(論)을 강설하는 승려. 강사(講師).

좌:중 (座中) **명** 여러 사람이 모인 자리. 또는 모여 있는 여러 사람. 좌상(座上). ▢∼을 둘러보다 /∼ 모두에게 인사를 하다.

좌:─중간 (左中間) **명** 야구에서, 좌익수와 중견수 사이. ▢∼으로 떨어지는 2루타.

좌:지 (坐地·座地) **명 1** 어느 계급보다 높은 자리. **2** 자리 잡아 사는 땅의 위치.

좌:지불천 (坐之不遷) 어떤 자리에 눌러앉아 다른 데로 옮기지 않음.

좌:지우지 (左之右之) **명**[하타] 제 마음대로 다루거나 휘두름. ▢회사가 회장의 의사대로 ∼되다. ㉰좌우·좌우지.

좌:차 (座次) **명** 좌석의 차례.

좌:우란 (左遮右攔) **명**[하타] 왼쪽과 오른쪽에서 막는다는 뜻으로, 온 힘을 다해 이리저리 막아 냄을 이르는 말.

좌:찬성 (左贊成) **명** 《역》 조선 때, 의정부의 종일품 벼슬. ↔우찬성.

좌:참찬 (左參贊) **명** 《역》 조선 때, 의정부의 정이품 벼슬. ↔우참찬.

좌:창 (坐唱) **명**[하자] 앉은소리. ↔입창(立唱).

좌:창 (挫創) **명**[하자] 좌상(挫傷)2.

좌:처 (坐處) **명 1** 여장을 풀거나 가게를 벌일 자리. ▢∼를 정하다. **2** 집이나 방이 차지하고 있는 자리.

좌:천 (左遷) **명**[하자] 낮은 관직이나 지위로 떨어지거나 외직으로 전근됨. ▢책임을 물어 ∼시키다 /국장에서 부장으로 ∼되다. ↔영전(榮轉).

좌:철 (座鐵) **명** 와셔(washer)2.

좌:─청룡 (左靑龍)[─농] **명** 《민》 풍수지리에서, 주산(主山)의 왼쪽에 있다는 뜻으로 '청룡'을 일컫는 말. *우백호(右白虎).

좌:청우촉 (左請右囑) **명** 좌우청촉.

좌:초 (坐礁) **명**[하자] **1** 배가 암초에 얹힘. ▢∼한 배. **2** 곤경에 빠짐의 비유. ▢개혁이 ∼되다.

좌:─초롱 (坐─籠) 네모반듯하고 운두가 높은 등(사면에 종이를 바르거나 유리를 낌).

좌:충우돌 (左衝右突) **명**[하자] **1** 이리저리 마구 찌르고 부딪침. 좌우충돌. **2** 아무에게나 또는 아무 일에나 함부로 맞닥뜨림.

좌:측 (左側) **명** 왼쪽. ▢∼으로 비켜나다. ↔우측(右側).

좌:측─통행 (左側通行) **명**[하자] 길을 갈 때에 왼쪽으로 걸음. ↔우측통행.

좌:파 (左派) **명 1** 좌익의 당파. **2** 어떤 단체나 정당 내부에서 급진적인 파. ↔우파.

좌:판 (坐板) **명 1** 땅에 늘어놓고 앉게 된 널조각. **2** 장사하기 위해 물건을 벌여 놓은 널조각. ▢∼을 벌이다.

좌:패 (坐牌) **명** 본거지에 앉아 계책을 꾸미는 불량배.

좌:편 (左便) **명** 왼쪽. ↔우편(右便).

좌:평 (佐平) **명** 《역》 백제 때, 십육품 관등(十六品官等)의 첫째 등급.

좌:─포도청 (左捕盜廳) **명** 《역》 조선 때, 포도청의 좌청. *우포도청.

좌:포우혜 (左脯右醯)[─ /─혜] **명** 제상(祭床)을 차릴 때, 왼쪽에 포, 오른쪽에 식혜를 차리는 격식을 일컫는 말.

좌:표 (座標) **명 1**《수》 어떤 위치나 점의 자리를 나타내는 데에 표준이 되는 표. **2** 사물이 처해 있는 위치나 형편의 비유. ▢삶의 ∼로 삼다.

좌:표 기하학 (座標幾何學) 《수》 해석 기하학.

좌:표─축 (座標軸) **명** 좌표를 정할 때 그 기준이 되는 축(엑스축·와이축 따위).

좌:하 (座下) **명** 편지에서, 상대의 이름 뒤에 쓰는 높임말. 좌전(座前).

좌:해 (左海) **명** 바다를 동쪽에 두었다는 뜻으로, 우리나라를 달리 이르던 말.

좌:향 (坐向) **명** 《민》 묏자리나 집터 등의 등진 방위에서 정면으로 바라보이는 방향.

좌:향─좌 (坐向左) **감** **명** 선 자세에서 몸을 왼쪽으로 90도 방향을 바꾸라는 구령. 또는 그 구령에 따른 동작.

좌:험 (左驗) **명** 사건이 일어날 당시에 그 곁에서 그 일을 직접 본 증명할 만한 사람.

좌:현 (左舷) **명** 고물에서 뱃머리를 향하여 왼쪽의 뱃전. ↔우현.

좌:─협무 (左挾舞)[─함─] **명** 주연자의 왼쪽에 춤추는 사람. ㉰우협무.

좌:화 (坐化) **명**[하자] 《불》 앉은 채로 입멸함.

좌:─회전 (左回轉) **명**[하자타] 차 따위가 왼쪽으로 돎. ▢차가 ∼하다. ↔우회전.

좌:흥 (座興) **명** 여러 사람이 모인 자리의 흥취. ▢∼을 돋우다 /∼이 깨지다.

좍 **부** **1** 넓게 퍼지는 모양. ▢소문이 ∼ 퍼지다. **2** 물 따위가 갑자기 쏟아지는 모양. 또는 그 소리. ▢소나기가 ∼ 쏟아지다. **3** 거침없이 읽거나 말하는 모양. ㉰좍.

좍─좍 [─좍] **부**[하자] **1** 여러 갈래로 자꾸 넓게 퍼지는 모양. ㉰좤좍. **2** 굵은 빗방울이나 물줄기가 세게 자꾸 쏟아지는 모양. 또는 그 소리. ▢비가 ∼ 오다. **3** 거침없이 계속 읽거나 말하는 모양. ▢천자문을 ∼ 읽어 내려가다.

좔─좔 **부**[하자] 많은 양의 액체가 힘차게 흐르는 모양. 또는 그 소리. ▢계곡물이 ∼ 흐르다. ㉰좤좤.

좔좔─거리다 **자** 많은 양의 액체 따위가 세차게 흐르는 소리가 자꾸 나다. ㉰좤좤거리다.

쫠쫠-대다 재 쫠쫠거리다.

쾌:기(刌) 뎅에 친 나물이나 반죽한 가루를 조그마하고 둥글넓적하게 만든 조각.

쾌:-들다 〔쾌들어, 쾌드니, 쾌드는〕 재 '쾌어들다'의 준말.

쾌:주 (祭酒) 명 〔역〕 고려·조선 초의 종삼품 벼슬. 조선 태종(太宗) 원년(1401)에 사성(司成)이라고 고침.

쾌:-치다 태 '쾌어치다'의 준말.

쾡:이 명 물고기를 잡는 그물의 하나(원뿔 모양인데 위에 긴 벼리가 있고 아래에 납·쇠 등의 추가 달렸음. 펴서 물에 던져 물고기를 잡음). 쾡이그물. 투망.

쾡:이-질 하자 쾡이를 물속에 던져 물고기를 잡는 일.

죄: (罪) 명 1 양심이나 도의에 벗어난 행위. ▯~와 벌 / ~를 짓다. 2 벌을 받을 만한 일. ▯지각한 ~로 청소를 하다. 3〔법〕 법률에 위반되어 처벌을 면치 못하는 불법 행위. 범죄. 4〔불〕 도리에 거슬리어 괴로움의 과보(果報)를 부르는 나쁜 행위. 5〔기〕 하나님의 계명을 거역하고 그의 명령을 지키지 않는 행위.
[죄는 지은 대로 가고 덕은 닦은 대로 간다] 죄를 지으면 벌을 받고 덕을 닦으면 복을 받는다.

죄: 뭐 '죄다'의 준말.

죄:-고 (罪辜) 명 죄과(罪過).

죄:-과 (罪科)〔-꽈〕 명하자 1 죄와 허물. 2 지은 죄에 대해 법률에 비추어 처벌함. ▯살인에 대한 ~는 무겁다.

죄:-과 (罪過) 명 죄가 될 만한 허물. 죄고(罪辜). ▯~를 인정하다.

죄:-구 (罪垢) 명〔불〕죄악이 몸을 더럽힘.

죄:-근 (罪根) 명〔불〕1 죄를 짓게 된 원인. 2〔불〕 죄악을 낳는 근본인 무명 번뇌(無明煩惱).

죄:-다¹ 재태 1 느슨한 것을 팽팽하게 하다. ▯고삐를 ~ / 나사를 ~. 2 벌어진 사이를 좁히다. ▯자리를 죄어 앉다. 3 마음을 졸여 간절히 바라고 기다리다. ▯마음을 ~ / 가슴이 너무 죄어서 답답하다.

죄:-다² 뭐 모조리 다. ▯~ 먹어 버리다 / ~ 엣들다. 준죄.

죄:-다짐 (罪-) 명 죄에 대한 갚음.

죄:-려 (罪戾) 명 죄를 저질러 몹시 사리에 어그러지는 일.

죄:-례 (罪例) 명〔역〕죄의 성립 및 그 경중(輕重)을 정하던 표준.

죄:-루 (罪累) 명 범죄에 연루되는 일.

죄:-만-스럽다 (罪萬-)〔-따〕〔-스러워, -스러우니〕형비 매우 죄송한 느낌이 있다. 죄:만-스레 뭐

죄:-만-하다 (罪萬-) 형여 '죄송만만하다'의 준말.

죄:-명 (罪名) 명 죄의 이름(사기죄·위증죄·절도죄·살인죄 따위).

죄:-목 (罪目) 명 저지른 죄의 명목.

죄:-민-스럽다 (罪悶-)〔-따〕〔-스러워, -스러우니〕형비 죄송하고 민망하다. 죄:민-스레 뭐

죄:-민-하다 (罪悶-) 형여 죄송스럽고 민망하다.

죄:-밑 (罪-)〔-믿〕 명 1 지은 죄로 인한 마음의 불안. ▯지각한 것이 ~이 되어 열심히 일하다. 2 범죄의 진상. ▯~을 밝히다.

죄:-받다 (罪-)〔-따〕 재 지은 죄에 대하여 벌을 받다. ▯죄받을 짓을 하다. ↔죄주다.

죄:-벌 (罪罰) 명 죄에 대한 형벌. 죄책(罪責).

죄:-범 (罪犯) 명 죄. 범죄.

죄:-보 (罪報) 명〔불〕죄업(罪業)에 대한 응보.

죄:-상 (罪狀) 명 범죄의 구체적인 사실. ▯~을 밝히다 / ~이 드러나다.

죄:송만만-하다 (罪悚萬萬-) 형여 더할 수 없이 죄송하다. 준죄만하다.

죄:-송-스럽다 (罪悚-)〔-따〕〔-스러워, -스러우니〕형비 죄스러울 정도로 황송한 데가 있다. 죄:-송-스레 뭐

죄:-송-하다 (罪悚-) 형여 죄스러울 정도로 황송하다. ▯미처 연락을 못 드려서 죄송합니다. 죄:-송-히 뭐

죄:-수 (罪囚) 명 교도소에 갇힌 죄인. 수인(囚人).

죄:-수-복 (罪囚服) 명 수의(囚衣).

죄:-스럽다 (罪-)〔-따〕〔-스러워, 죄스러우니〕형비 죄를 짓기나 한 것처럼 마음이 편하지 않다. ▯부모를 속인 것 같아 ~. 죄:-스레 뭐

죄:-악 (罪惡) 명 죄가 될 만한 나쁜 짓. ▯~을 범하다 / ~에 물들다 / ~의 구렁텅이에 빠지다 / 남을 모함하는 것은 ~이다.

죄:악-감 (罪惡感)〔-깜〕 명 어떤 행위를 죄악이라고 느끼어 이에 지배되는 감정. 죄장감. ▯~에 사로잡히다.

죄:악-상 (罪惡相)〔-쌍〕 명 죄가 될 만한 악한 짓을 저지른 실제의 모습이나 내용. ▯~을 폭로하다 / ~이 드러나다.

죄:악-성 (罪惡性)〔-썽〕 명 죄악의 성질·경향.

죄:악-시 (罪惡視)〔-씨〕 명하자 죄악으로 보거나 여김. ▯부정 축재가 ~ 되다.

죄:-안 (罪案) 명 범죄 사실을 적은 기록.

죄암-죄암 ㅁ명 젖먹이가 두 손을 쥐었다 폈다 하는 동작. ㅁ재 젖먹이에게 죄암질을 시킬 때 하는 소리. 관쥐엄쥐엄. 좀쥠.

죄암-질 명하자 젖먹이가 두 손을 쥐었다 폈다 하며 재롱을 부리는 일. 관쥐엄질.

죄:어-들다 〔-들어, -드니, -드는〕 재 1 안으로 바짝 오그라들다. ▯결박한 밧줄이 몸에 ~. 2 불안·초조 따위의 감정이 몸이나 마음에 스며들다. ▯고통이 온몸에 ~. 준죄들다.

죄:어-치다 태 1 죄어서 몰아치다. 2 재촉하여 몰아대다.

죄:-얼 (罪孼) 명 죄악에 대한 재앙.

죄:-업 (罪業) 명〔불〕1 몸·입·마음의 삼업(三業)으로 저지르는 죄악. 2 죄의 과보(果報).

죄:업-망:상 (罪業妄想)〔-엄-〕 명 미소 망상(微小妄想)의 하나. 자기가 죄 많은 사람이라고 생각하는 것.

죄:-역 (罪逆) 명 이치에 거슬리는 큰 죄.

죄:-옥 (罪獄) 명 옥사(獄事).

죄:-원 (罪源) 명 죄의 근원.

죄:-의식 (罪意識)〔-ㅢ/-이-〕 명 저지른 죄과나 잘못에 대하여 스스로 느끼고 깨닫는 것. ▯~에 사로잡히다 / ~을 느끼다 / ~에서 벗어나다.

죄:-이다 재 ('죄다¹'의 피동) 죔을 당하다. ▯나사가 꽉 ~ / 마음이 ~.

죄:-인 (罪人) 명 1 죄를 지은 사람. 2 부모의 상중(喪中)인 사람이 자기를 일컫는 말. 3〔법〕 유죄(有罪)의 확정 판결을 받은 사람.

죄임-성 (-性)〔-썽〕 명 어떤 일을 속으로 몹시 바라고 기다려 바짝 다그쳐지는 마음.

죄:-장 (罪障) 명〔불〕죄업에 의한 성불(成佛)의 장애.

죄:장-감 (罪障感) 명 죄악감.

죄:-적 (罪迹) 명 범죄의 증거가 되는 흔적.

죄:-적 (罪籍) 명〔역〕죄인의 죄상을 적은 도류

안(徒流案)·형 명부(刑名簿) 등의 일컬음.

죄:제(罪弟)[명] 어버이의 상중(喪中)에 있는 사람이 벗에게 보내는 편지에서 자기를 낮추어 일컫는 말.

죄:종(罪宗)[명]《가》 모든 죄악의 근원. 칠죄종(七罪宗).

죄:죄[갑] '죄죄반반'의 준말.

죄:죄-반반[갑] 개에게 죄다 핥아 먹으라고 하는 말. ⓒ죄죄.

죄:-주다(罪-)[자] 죄에 대하여 벌을 주다. ↔죄받다.

죄:중-벌경(罪重罰輕)[명][하:동] 죄는 무거운데 형벌은 가볍다는 뜻으로, 형벌이 불공정함의 일컬음.

죄:중우범(罪中又犯)[명][하:자] 형기가 끝나기 전에 거듭 죄를 지음.

죄:증(罪證)[명] 범죄의 증거.

죄:질(罪質)[명] 범죄의 성질. ▫~이 나쁘다 / ~이 무겁다.

죄:-짓:다(罪-)[-짇따]〔죄지어, 죄지으니, 죄짓는〕[자人] 죄를 저지르다. ▫죄지은 사람처럼 공연히 가슴이 두근거린다.

죄:책(罪責)[명] 1 잘못을 저지른 책임. 2 죄벌.
죄책을 당하다[구] 아주 심하게 추궁을 받다.

죄:책-감(罪責感)[-깜][명] 저지른 잘못에 대하여 책임을 느끼는 마음. ▫~에 시달리다.

죄:칩(罪蟄)[명][하:자] 죄를 지어 숨어 지낸다는 뜻으로, 부모의 상중(喪中)에 있음의 뜻.

죄:형(罪刑)[명] 범죄와 형벌.

죄:형 법정주의(罪刑法定主義)[-쩡-/-쩡-이]《법》 어떤 행위가 범죄이며 그 범죄에 어떤 형벌을 가하는가 하는 것은 법률에 의해서만 정할 수 있다는 주의.

죄:화(罪禍)[명] 죄를 저질러 받는 재앙.

죔:-쇠[명] 나무오리를 물려 죌 수 있게 쇠로 만든 연장.

죔:죔[갑] '죄암죄암'의 준말.

죔:-틀[명] 무엇을 사이에 끼워 놓고 죄는 기구의 총칭.

죗:-값(罪-)[죄깝 / 쾬깝][명] 지은 죄에 대하여 치르는 대가. ▫~을 톡톡히 치르다.

-죠[어미] '-지요'의 준말. ▫여기서 좀 쉬었다가~.

죠고맛[관]〈옛〉작은. 조그마한.

죠고맛간[관]〈옛〉작은. 조그마한.

죠롱-물[명]〈옛〉조롱박.

쪽접개[명]〈옛〉족집게.

쪽지[명]〈옛〉산달래.

주[명][동] 1 주요하거나 기본이 되는 것. ▫~가 되는 요지 / ~를 이루는 이론. 2《기》만백성의 주인이라는 뜻으로, 하나님 또는 예수를 이르는 말. □[관] 주요한. 일차적인. ▫~ 무기 / ~ 관심 사항.

주(朱)[명] 1 누른빛이 섞인 붉은빛. 2 수은과 황으로 만든 붉은빛의 고급 안료. 주황(朱紅).

주(州)[명] 1《역》지방 행정 구역의 하나. 그 아래 군·현이 있었음. 2 연방 국가의 행정 구역. ▫텍사스~.

주[1](周)[명]《수》물건 둘레의 길이.

주[2](周)[명]《역》은(殷)나라 다음에 일어난 중국 고대 왕조.

주(呪)[명] '주문(呪文)'의 준말.

주(柱)[명] 기둥.

주(胄)[명] 갑옷(才) 때, 오색단갑(五色緞甲)에 맞추어 쓰던, 고운 비단으로 꾸민 투구.

주(洲)[명] 1 흙·모래가 물속에 퇴적하여 물 위에 나타난 것. 2《지》지구 상의 대륙을 나눈 명칭. ▫아시아~ / 아메리카~ / 지구 상에

주개념

는 여섯 개의 ~가 있다.

주(株)[명][동] 1 '주식'의 준말. 2 '주권'의 준말. □[의] 1 주권이나 주식의 수를 세는 단위. ▫국민주 50~. 2 나무의 수를 세는 단위. ▫감나무 다섯 ~.

주:(註·注)[명] 1 글이나 말의 뜻을 자세히 풀어 주거나 보충 설명을 더하여 주는 글이나 말. ▫~를 참조하다. 2 '주석·주해'의 준말.
주를 달다[구] 본문의 뜻을 설명 또는 보충하는 글을 적어 넣음.

주(週)[명] 일·월·화·수·목·토의 7일 동안. □[의] 이레 동안을 세는 단위. ▫올해도 몇 ~ 안 남았다.

주:(籌)[명] 예전에, 산가지로 셈을 치던 일. ▫~를 놓다.

주:-(駐)[두] 주둔·주재의 뜻. ▫~미(美) 대사.

-주(主)[미] 주인·임자의 뜻. ▫사업~ / 가구~ / 소유~.

-주(酒)[미] '술'의 뜻. ▫포도~ / 과실~ / 인삼~.

주가(主家)[명] 주인집.

주:가(住家)[명] 사람이 사는 집. 주택.

주가(酒家)[명] 술집.

주가(酒價)[-까][명] 술값.

주가(株價)[-까][명] 주식이나 주권의 가격. ▫~가 오르다 / ~가 폭락하다.

주가 수익률(株價收益率)[-까-잉뉼]《경》주가를 1주당 이익으로 나누어서 산출한 배율(倍率)(주가가 이익의 몇 배까지 매입되고 있는가를 보는 것으로, 유력한 투자 척도의 하나). 퍼. 피이아르.

주가 순자산 배:율(株價純資産倍率)[-까-]《경》주가를 1주당 순자산으로 나누어 산정한 배율(주가가 장부 가격으로 헤아린 1주당 순자산의 몇 배까지 매입되고 있는가를 보는. 투자 척도의 하나). 피비아르.

주가 조:작(株價操作)[-까-]《경》주가를 인위적으로 끌어올리거나 내려 고정하는 일.

주가 지수(株價指數)[-까-]《경》주가의 변동을 나타내는 지수.

주각(柱脚)[명] 기둥뿌리.

주:각(註脚)[명] 각주(脚註).

주간(主幹)[명][하:타] 어떤 일을 책임지고 맡아서 처리함. 또는 그런 사람. ▫잡지사의 ~.

주간(書間)[명] 낮. 낮 동안. ▫~ 근무 / ~ 대학 / ~ 인구.

주간(週刊)[명][하:타] 한 주일마다 발간함. 또는 그 간행물.

주간(週間)[명][동] 1 한 주일 동안. ▫~ 기상 예보. 2 특별한 행사를 위하여 정한 7일 동안. ▫청소~ / 음주 운전 단속 ~. □[의] 한 주일 동안을 세는 단위.

주간 신문(週刊新聞) 한 주일에 한 번씩 발행하는 신문. 주간지(週刊紙).

주간 잡지(週刊雜誌)[-찌] 한 주일에 한 번씩 간행하는 잡지. ⓒ주간지(週刊誌).

주간-지(週刊紙)[명] 주간 신문.

주간-지(週刊誌)[명] '주간 잡지'의 준말.

주갈(酒渴)[명]《한의》술 중독으로 생기는 목이 마른 병.

주-감이[명] 해금의 줄 끝을 감아 매는 부분.

주:강(鑄鋼)[명] 정련한 탄소강이나 합금강을 거푸집에 넣어 주조한 후, 열처리를 하여 재질(材質)을 개량한 강철. ＊단강.

주-개념(主概念)[명]《논》 주사(主辭). ↔빈(賓)개념.

주객(主客)[명] **1** 주인과 손. **2** 주되는 사물과 거기 딸린 사물. ▣~이 전도되다. **3** 《언》주어와 객어(客語).

주객(酒客)[명] 술을 좋아하는 사람. 또는 술을 마시는 사람. 술꾼.

주객-일체(主客一體)[명] 나와 나 이외의 대상이 하나가 됨.

주객-일치(主客一致)[명][하자] 주체와 객체, 주관과 객관이 하나가 됨.

주객-전도(主客顚倒)[-전-][명][하자] 주인과 손의 위치가 서로 뒤바뀐다는 뜻으로, 사물의 경중·선후·완급 따위가 서로 뒤바뀜. 객반위주(客反爲主).

주객지세(主客之勢)[-찌-] 종속적인 처지에 있는 사람이 중요한 위치의 사람을 당해 내지 못하는 형세.

주객지의(主客之誼)[-찌-/-찌이] [명] 주인과 손 사이의 정의(情誼). 주객지정.

주거(舟車)[명] 배와 수레.

주:거(住居)[명] 어떤 곳에 자리 잡고 삶. 또는 그런 집. 거주(居住). ▣~ 공간 / ~ 환경 / ~ 밀집 지역.

주:거(做去)[명][하타] 실행하여 나감.

주거래 은행(主去來銀行) 어떤 기업의 거래 은행 중 가장 많은 돈을 융자해 주고 인적·정보적으로도 밀접한 관련이 있는 은행.

주:거-비(住居費)[명] 가계 지출 가운데, 주거에 소요되는 경비(집세·수도료·화재 보험료 따위).

주:거의 자유(住居-自由) 《법》법률에 의하지 않고는 주거에 대해 침입·수색 및 압수를 당하지 않는 권리.

주:거-지(住居地)[명] 살고 있는 지역. ▣~가 불분명하다.

주:거-지(住居址)[명] **1** 집터. **2** 고대에 인류가 집단으로 생활하던 움집터 따위의 살림 유적. 동굴이나 조개더미 따위에서 발견됨.

주:거 침입죄(住居侵入罪)[-쬐] 《법》정당한 이유 없이 남의 집이나 저택·건조물·함선 등에 침입하거나, 요구를 받고도 그 장소로부터 물러가지 않음으로써 성립하는 죄.

주격[명] **1** '밥주걱'의 준말. **2** '구둣주걱'의 준말.

주격-뼈[명] 《생》 마소의 어깻죽지의 뼈.

주격-상(-相)[-쌍] 주걱처럼 넓적하고 우묵하게 생긴 얼굴.

주걱-턱[명] 주걱처럼 길고 끝이 밖으로 굽은 턱. ▣~이 진 얼굴.

주검[명] 송장.

주검시-엄(-尸广)[명] 한자 부수(部首)의 하나 ('居'·'局' 등에서 '尸'의 이름). 주검시밑.

주:겁(住劫)[명] 《불》인류가 세계에 안주하는 기간으로 사겁(四劫)의 하나.

주격(主格)[-격] 《언》문장 안에서, 체언이 서술어의 주어임을 나타내는 격(격 조사 '이·가·께서·에서' 따위를 붙임). 임자자리. *본 술격.

주격 보:어(主格補語)[-격-] 《언》서양 문법에서 불완전 자동사를 보충하는 말.

주격 조:사(主格助詞)[-격쪼-] 《언》문장 안에서, 체언이 서술어의 주어임을 나타내는 조사('이·가·께서·에서' 따위).

주견(主見)[명] 자기의 주장이 있는 의견. ▣~이 서 있다 / ~이 뚜렷하다.

주경(州境)[명] 주(州)의 경계. 주계(州界).

주경(遒勁)[명][하형] 그림이나 글씨 따위에서 붓

주:경(駐京)[명][하자] 지방 공무원 등이 공무를 띠고 서울에 와 머물러 있음.

주경-야독(晝耕夜讀)[-냐-][명][하자] 낮에는 농사짓고 밤에는 글을 읽는다는 뜻으로, 어려운 여건 속에서도 꿋꿋이 공부함을 이르는 말.

주계(酒戒)[-/-게] [명] 술을 삼가라는 훈계.

주고(酒庫)[명] 술을 넣어 두는 광.

주고-받다[-따] [타] 서로 주기도 하고 받기도 하다. ▣농담을 ~ / 술잔을 ~ / 인사를 ~ / 몰래 편지를 ~.

주고-성(走固性)[-썽] [명] 《생》생물의 고형물에 대한 주성(走性). 주촉성(走觸性).

주고-야비(晝高夜卑)[명] 화투놀이나 골패 등에서 선(先)을 결정할 때 각각 패를 떼어서 낮에는 끗수가 높은 사람, 밤에는 끗수가 낮은 사람이 선을 하는 일. 밤일낮장.

주곡(主穀)[명] 주식의 재료가 되는 곡물(쌀·보리·밀 따위).

주곡-식(主穀式)[-씩] [명] 주곡의 생산을 주목적으로 하는 영농 방식. 곡물식(穀物式).

주공(主公)[명] **1** 임금. **2** '주인(主人)'을 높여 이르는 말. **3** '주인공'의 준말.

주공(主攻)[명][하타] 주공격.

주:공(奏功)[명][하자] **1** 공들인 보람이 드러남. **2** 일이 성취됨.

주:공(做工)[명][하자] 공부나 일을 힘써 함.

주:공(做恭)[명][하자] 공손한 태도를 가짐.

주:공(鑄工)[명] 쇠붙이의 주조(鑄造)에 종사하는 기술자.

주-공격(主攻擊)[-껵] [명][하타] 《군》주력 부대를 투입하여 적의 주력을 공격함. 주공(主攻).

주-공급원(主供給源)[명] 공급이 이루어지는 바탕 가운데 가장 주된 것.

주과(酒果)[명] **1** 술과 과일. **2** 술과 과일만으로 간소하게 차린 제물(祭物).

주과포(酒果脯)[명] 주과포혜.

주과포혜(酒果脯醯)[-/-혜] [명] 술·과실·포·식혜라는 뜻으로, 간략하게 차린 제물을 이르는 말. 주과포.

주관(主管)[명][하타] 어떤 일을 책임지고 맡아 관리함. ▣~ 단체 / ~ 업무 / 관청에 의해 ~되다.

주관(主觀)[명] **1** 자기만의 견해나 관점. ▣~이 확립되다 / ~이 뚜렷하다. ↔객관(客觀). **2**《철》외부 세계 및 그 밖의 객체를 의식하는 자아.

주관 가치설(主觀價値說) 《경》재화의 효용·욕망 충족 등의 주관적인 요소에 의해 가치나 가격을 설명하려는 가치 학설.

주관-무인(主管無人)[명][하형] 어떤 일을 책임지고 맡아 관리하는 사람이 없음.

주관-성(主觀性)[-썽] [명] 주관에 의하여 규정되고 제약받는 일. ↔객관성.

주관식(主觀式)[명] 필기시험 문제 형식의 하나. 문제에 대한 답안을 완결형, 단답형, 논문형 등으로 작성하게 하는 방식. 서답형(書答型). ↔객관식.

주관-적(主觀的)[관][명] 주관을 기초로 한 (것). ▣~ 판단. ↔객관적.

주관적 가치(主觀的價値)[-까-] 《경》주관적인 판단에 의한 재화의 효용에 관한 평가. ↔객관적 가치.

주관적 도:덕(主觀的道德)[-또-] **1** 개인의 주관적인 자각을 중요시하는 도덕적 신념. **2** 행위의 동기나 의지 등의 내적·주관적인 방면에 도덕적인 가치를 두는 이론 및 그 체계(體系). ↔객관적 도덕.

주관적 비:평 (主觀的批評)[-삐-] 예술 작품의 비평의 기준을 주관에 두는 비평(《인상 비평·감상 비평 따위》). ↔객관적 비평.
주-관절 (肘關節) 명 〖생〗 팔꿈치의 관절.
주관-주의 (主觀主義)[-/-이] 명 **1** 〖철〗 주관을 떠난 객관적 진리나 가치를 인정하지 않고, 인식이나 판단의 근거를 주관에 두는 입장. **2** 개인의 주관을 모든 판단과 인식의 기본으로 하는 태도. ↔객관주의.
주광 (酒狂) 명 **1** 술주정이 심함. 또는 그런 사람. 주란(酒亂). 주망(酒妄). **2** 술을 광적으로 즐기는 사람.
주광 (晝光) 명 태양 광선에 의한 낮 동안의 빛. 또는 그런 밝음.
주광-등 (晝光燈) 명 햇빛에 가까운 빛을 가진 전등.
주광-색 (晝光色) 명 조명에서, 햇빛에 가까운 색. *천연주광색.
주광-성 (走光性)[-썽] 명 〖생〗 빛의 자극에 대한 생물의 주성(走性)(《식물이 태양을 향하거나, 벌레가 등불에 모이는 성질 따위》). 추광성(趨光性).
주광-전구 (晝光電球) 명 주광색을 내비치는 전구.
주:괴 (鑄塊) 명 거푸집에 부어 여러 가지 모양으로 주조한 금속이나 합금의 덩이.
주교 (主敎) 명 **1** 주장으로 삼는 종교. **2** 〖가〗 교구를 관할하는 교직. 또는 그 직에 있는 사람(《대주교의 아래, 사제의 위임》).
주교 (舟橋) 명 배다리1.
주교-관 (主敎冠) 명 〖가〗 교황·추기경·대수도원장·주교가 의식 때에 쓰는 관(冠).
주교-단 (主敎團) 명 〖가〗 교황을 단장으로 하고 주교들을 단원으로 하는 단체.
주교 미사 (主敎Missa) 〖가〗 주교와 일정한 고위(高位) 성직자가 드리는 미사.
주구 (主構) 명 다리의 구조에서 가장 중요한 귀틀.
주구 (走狗) 명 **1** 사냥할 때 부리는 개. 응견. **2** 앞잡이2. ❑ 반역자의 ~/~ 노릇을 하다.
주:구 (誅求) 명하타 관청에서 백성의 재물을 강제로 빼앗음.
주국 (酒國) 명 **1** 술을 많이 생산하는 나라. **2** 술에 취한 상태에서 느끼는 딴 세상 같은 황홀경.
주군 (主君) 명 임금.
주군 (主軍) 명 주력이 되는 군대나 선수.
주군 (舟軍) 명 〖역〗 수군.
주:군 (駐軍) 명하자 주병(駐兵).
주굴위다 자 〈옛〉 쭈그러지다.
주궁패궐 (珠宮貝闕) 명 진주나 조개 따위의 보석으로 호화찬란하게 꾸민 궁궐.
주궁휼빈 (賙窮恤貧) 명하타 가난한 사람을 구하여 도와줌.
주권 (主權)[-꿘] 명 **1** 가장 중요한 권리. **2** 국가 구성의 요소로서 국가의 의사를 최종적으로 결정하는 최고·독립·절대의 권력.
주권 (株券)[-꿘] 명 〖경〗 주주의 출자에 대하여 교부하는 유가 증권. 주식. 준주(株).
주권-국 (主權國)[-꿘-] 명 **1** 다른 나라의 간섭 없이 주권을 완전히 행사할 수 있는 독립국. **2** 어떤 사건에 대하여 통치권, 특히 재판권을 가지는 나라. 주권 국가.
주권 국가 (主權國家)[-꿘-까] 주권국.
주권 배:당 (株券配當)[-꿘-] 주식 배당2.
주권-자 (主權者)[-꿘-] 명 국가의 최고 절대권을 가진 자(《군주국에서는 군주, 공화국에서는 국민 또는 의회》).
주권 재민 (主權在民)[-꿘-] 국가의 주권이 국민에게 있음.
주궤 (主饋) 명 안살림 가운데 음식에 관한 일을 맡아 주장하는 여자.
주귬 명 〈옛〉 죽임.
주극-성 (週極星·周極星)[-썽] 명 〖천〗 천구의 극 둘레를 돌면서 지평선 아래로 떨어져 내리는 일이 없는 별.
주극-풍 (周極風) 명 극풍(極風).
주근 (主根) 명 〖식〗 원뿌리.
주근 (主筋) 명 〖건〗 철근 콘크리트 건물의 기둥이나 대들보 등의 길이의 방향으로 넣는 철근.
주근 (柱根) 명 〖식〗 지주근(支柱根).
주근-깨 명 얼굴의 군데군데에 생기는 다갈색 또는 암갈색의 잔 점. 작란반(雀卵斑). 작반. 하일반(夏日斑).
주근-주근 부하형 성질이나 태도가 은근하고 끈덕진 모양.
주글 명 〈옛〉 쭉정이.
주글-주글 부하형 쭈그러지거나 구겨져서 고르지 아니하게 주름이 많이 잡힌 모양. ❑ 얼굴에 주름이 ~하다. 센쭈글쭈글.
주금 (走禽) 명 주금류에 딸린 새의 총칭(《타조 따위》).
주금 (株金) 명 〖경〗 주식에 대하여 출자하는 돈.
주금 (酒禁) 명하자 술을 빚거나 팔지 못하게 법으로 금함.
[주금에 누룩 장사] 소견이 없고 사리에 어두워 엉뚱한 짓을 하는 사람의 비유.
주:금 (鑄金) 명 거푸집에 금속을 녹여 넣어 기물을 만드는 주조의 한 기법.
주금-류 (走禽類)[-뉴] 명 〖조〗 날개가 퇴화하거나 불완전하여 날지는 못하고, 다리가 길고 튼튼하여 걷고 달리기를 잘하는 새의 종류(《타조·키위 따위》).
주급 (週給) 명 한 주일마다 지급되는 급료.
주기 (主氣) 명 주되는 정기(精氣).
주기 (朱記) 명하자 중요한 곳에 붉은 글씨로 드러나게 기록하거나 표시함.
주기 (走技) 명 달리기·이어달리기·장애물 달리기의 총칭.
주:기 (注記·註記) 명 **1** 사물을 기록하는 일. **2** 〖불〗 불전(佛典)을 주석(註釋)한 책.
주기 (酒氣) 명 술기운. ❑ ~를 띤 얼굴/~가 오르다/~가 돌다.
주기 (酒旗) 명 술집임을 나타내기 위해 내걸던 깃발.
주기 (酒器) 명 술 마시는 데 쓰는 온갖 그릇.
주기 (週期) 명 **1** 한 바퀴를 도는 기간. ❑ ~가 단축되다. **2** 〖물〗 진동하는 물체가 한 방향으로 움직였다가 다시 반대 방향으로 그만큼 움직여 본래의 자리로 돌아오는 데 걸리는 시간. 사이클.
주기 (周忌·週忌) 의명 사람이 죽은 뒤 그 날짜가 해마다 돌아오는 횟수를 나타내는 말. ❑ 고인의 30~가 돌아오다.
주기 결산 (週期決算)[-싼] 수입과 지출에 대하여 주말에 하는 계산.
주기 곡선 (週期曲線)[-썬] 〖수〗 일정한 주기마다 같은 모양을 반복하는 곡선.
주-기도문 (主祈禱文) 명 〖기〗 예수가 모범 기도로서 제자들에게 가르친 기도문. 기도문.
주기-성 (走氣性)[-썽] 명 〖생〗 생물의 산소(酸素)에 대한 주화성(走化性)(《세균에서 볼 수

있음). 호기성. 추기성(趨氣性).

주기-성(週期性)[-썽]圏 일정한 간격을 두고 되풀이하여 진행하거나 나타나는 성질.

주기억 장치(主記憶裝置)[-짱-]〖컴〗컴퓨터 본체에서, 운영 체제 및 프로그램이나 데이터를 기억하는 부분. 모든 정보는 이곳을 거침. 램(RAM) 따위의 반도체 집적 회로 메모리가 주로 이용됨.

주기 운·동(週期運動)〖물〗일정한 시간마다 같은 상태(위치·속도·가속도)가 되풀이되는 운동. 주기 운동.

주기-율(週期律)[-뉼]〖화〗원소(元素)를 원자 번호의 차례로 배열하였을 때, 그 성질이 주기적으로 바뀐다고 하는 법칙. 원소 주기율.

주기율-표(週期律表)圏 주기율에 따라서 원소를 배열한 표. 1869년 러시아의 멘델레예프가 처음 발표함. 원소를 원자 번호 순서로 왼쪽에서 오른쪽으로 배열하고, 비슷한 성질의 원소가 나타날 때마다 그것을 위아래로 겹쳐지게 배열하였음. 세로줄을 족(族), 가로줄을 주기라 함. 원소 주기율표. 주기표.

주·기-장(駐機場)圏 운항(運航)을 끝낸 비행기를 세워 두는 곳.

주기-적(週期的)관圏 일정한 간격을 두고 되풀이되는 (것). □~ 변화 / ~으로 일어나다.

주기적 운·동(週期的運動)〖물〗주기 운동.

주꾸미圏〖동〗문어과에 속하는 연체동물의 하나. 모양이 낙지와 같은데 머리가 둥글고 몸이 작음.

주낙圏 물고기를 잡는 기구의 하나. 긴 낚싯줄에 여러 개의 낚시를 달아 물속에 늘어뜨려 고기를 잡음(땅주낙·뜬주낙·선주낙 등이 있음). 연승(延繩).

주낙-배[-빼]圏 주낙을 갖춘 고기잡이배.

주:-내다(註-)屆 글에 주석을 달다.

주년(周年·週年)의圏 일 년을 단위로 돌아오는 돌을 세는 말. □결혼 25 ~.

주:-놓다(籌-)[-노타]屆 산가지를 놓아 셈을 하다.

주:-눅圏 1 기운을 펴지 못하고 움츠러드는 태도나 성질. 2 (주로 '좋다'와 함께 쓰여) 부끄러움을 모르고 언죽번죽하는 태도나 성질. □~이 좋게 잘도 받아넘긴다.

주눅(이) 들다〖잡히다〗图 기를 펴지 못하고 움츠러들다. □남의 사람 앞에서 말할 때는 주눅이 든다.

주뉴(朱紐)圏 옥으로 만든 붉은 단추.

주니圏 (주로 '나다·내다'와 함께 쓰여) 몹시 지루함을 느끼는 싫증. □더 이상 ~가 나서 못하겠다 / ~는 날 지겨워하다.

주니(朱泥)圏 석질(石質)의 잿물로 안을 발라 만든 붉은 진흙의 자기(瓷器).

주니어(junior)圏 1 청소년. 중급자. □~ 스타일. 2 권투에서, 같은 체급을 다시 둘로 나눌 때 가벼운 쪽. □~ 플라이급.

주니어-급(junior級)圏 체급 경기에서, 국제 경기의 체중량으로 나눌 수 없는 연소자에 대하여 따로 나눈 등급.

주-님(主-)圏〖기〗'주(主)■2'의 높임말.

주다¹目 1 물건 따위를 남에게 건네어 그의 것이 되게 하다. □선물을 ~. 2 받게 하다. 입게 하다. □이익(利益)을 ~ / 충격을 ~. 3 감았던 줄을 풀어서 가게 하다. □닻을 ~. 4 못 따위를 박거나 주사·침 따위를 놓다. □대못을 ~ / 팔에 주사를 ~. 5 시선·몸짓 등을 어떤 곳으로 향하게 하다. □그녀에게는

눈도 주지 않았다. 6 정이나 마음을 베풀거나 터놓다. □정을 ~. 7 속력이나 힘 등을 가하다. □손에 힘을 ~. 8 좋지 않은 영향을 끼치다. □상처를 ~.

[주는 떡도 못 받아 먹는다] 제가 받을 수 있는 복도 멍청하게 놓친다는 말. [줄 듯 줄 듯 하면서 안 준다] 애당초 줄 생각이 없으면서 말로만 준다고 하고 실행은 아니한다는 말. [줄수록 양양] 주면 줄수록 부족하게 여기고 더 요구하게 된다는 말.

주거니 받거니 图 물건이나 말을 서로 계속 주고받는 모양을 이르는 말.

주다²보통 동사의 연결 어미 '-아'나 '-어'에 붙어, 남을 위해 동작하는 뜻을 보이는 동사. □숙제를 봐 ~ / 읽어 ~ / 편지를 써 ~.

주단(朱丹)圏 곱고 붉은 색 또는 그런 칠.

주단(柱單)圏 '사주단자'의 준말.

주단(綢緞)圏 명주와 비단 등의 총칭.

주단(紬緞)圏 품질이 썩 좋은 비단.

주단야장(晝短夜長)[-냐-]圏옌 낮은 짧고 밤은 길다는 뜻으로, 동지(冬至)의 전후를 이르는 말. ↔주장야단(晝長夜短).

주:-달(奏達)圏하타 임금께 아룀. 주문(奏聞). 주어(奏御). 주품(奏稟).

주달(酒疸)圏〖한의〗술의 중독으로 소변 불통·발열 등의 증세가 일어나는 황달.

주담(酒痰)圏〖한의〗술을 마신 이튿날 입맛이 없고 가래가 성하여 구토가 나는 병.

주담(酒談)圏 술김에 지껄이는 객쩍은 말.

주당(主堂)圏〖민〗뒷간을 지킨다는 귀신.

주당(周堂)圏〖민〗혼인 때에 꺼리는 귀신.

주당(을) 맞다图 주당으로 말미암아 빌미를 입다.

주당(酒黨)圏 술을 즐기며 잘 마시는 무리. 주도(酒徒). 술꾼.

주당-물림(周堂-)圏〖민〗주당을 물리친다고 하여 혼례 안에 있는 사람을 추녀 밖으로 잠시 내보내는 일.

주대圏 줄과 대. 곧, 낚싯줄과 낚싯대.

주대(主隊)圏〖군〗주력(主力) 부대. 또는 주력 함대.

주:-대(奏對)圏하타 임금의 물음에 대답하여 아룀.

주덕(主德)圏 원덕(元德).

주덕(酒德)圏 1 술의 공덕. 2 술 취한 뒤에도 주정하지 않고 몸과 마음을 바르게 가지는 버릇.

주도(主都)圏 1 주요한 도시. 2 위성 도시의 중심이 되는 도시.

주도(主導)圏하타 주장(主張)이 되어 이끎. □~ 세력 / 시민들에 의해 ~되는 환경 보호 운동 / 개혁을 ~하다.

주도(州都)圏 주를 행정 단위로 하는 국가에서 주의 정치·문화 따위의 중심 도시.

주도(洲島)圏 주서(州嶼).

주도(周到)圏하웜부해 주의가 두루 미쳐서 빈틈없이 찬찬함. □만사를 ~하게 준비하다.

주도(酒道)圏 술자리에서의 도리.

주도(酒徒)圏 주당(酒黨).

주도-권(主導權)[-꿘]圏 책임을 지는 위치에서 길을 향하는 권리나 권력. □~을 잡다 / ~을 장악하다 / ~ 다툼을 벌이다.

주도-력(主導力)圏 주동적인 위치에서 이끌어 가는 힘.

주도면밀-하다(周到綿密-)톙옌 주의가 두루 미쳐 자세하고 빈틈이 없다. □그는 매사에 ~. **주도면밀-히**부. □~ 검토하다.

주도-산업(主導産業)圏 경제 성장을 이끌어

나가는 중심적인 산업. 철강·전기·기계·자동차 산업 따위가 대표적이지만, 나라마다 또는 발전 단계마다 다를 수 있음.

주도-적 (主導的) 관명 주장이 되어 이끄는 (것). ▢~ 역할을 하다.

주독 (主櫝) 명 신주를 모셔 두는 궤. ⓟ독.

주독 (走讀) 명하타 책 따위를 빨리 건성으로 읽음.

주독 (酒毒) 명 『한의』술의 중독으로 얼굴에 붉은 반점이 생기는 증세. 술독. ▢~이 오르다 / ~이 들다.

주독-코 (酒毒-) 명 술의 중독으로 코가 붉게 변하는 증상. 또는 그 코.

주동 (主動) 명하타 1 어떤 일에 주장이 되어 움직임. ▢시위를 ~하다. 2 '주동자'의 준말.

주-동사 (主動詞) 명 『언』 행동하는 주체가 스스로 행하는 동작을 나타내는 동사《먹다·앉다·웃다 따위》. *사동사(使動詞).

주동-자 (主動者) 명 어떤 일에 주장이 되어 행동하는 사람. ⓟ주동.

주동-적 (主動的) 관명 어떤 일에 주장이 되어 움직이는 (것). 주명 역할 / ~ 입장에 서다.

주-되다 (主-) 자 주장이나 중심이 되다. ▢주된 목적.

주두 (柱枓·柱頭) 명 『건』 대접받침.

주두 (柱頭) 명 1 『식』 암술머리. 2 『건』 기둥머리.

주두라지 명 1 '말씨'를 속되게 이르는 말. 2 ☞ 주둥아리.

주:둔 (駐屯) 명하자 『군』 군대가 임무 수행을 위해 어떤 지역에 머무름. ▢점령군의 ~.

주:둔-군 (駐屯軍) 명 『군』 어떤 지역에 일시적으로 머물러 있는 군대. ▢~의 철수.

주:둔-지 (駐屯地) 명 『군』 군대가 주둔하고 있는 지역. 주둔 구역.

주둥아리 명 〈속〉 1 입. ▢함부로 ~를 놀리다. 2 부리. ⓟ조동아리, ⓟ조동이.
주둥아리(를) 놀리다 구 〈속〉 ⓐ말을 함부로 하다. ⓑ버릇없이 대꾸하다.
주둥아리만 까다 구 〈속〉 실천은 못하면서 말만 잘하다.

주둥이 명 〈속〉 '주둥아리'의 준말. ⓟ조동이.
주둥이(가) 싸다 구 〈속〉 입이 가볍다.
주둥이만 살다 구 〈속〉 입만 살다. ▢주둥이만 살아 가지고 한 마디도 지지 않는구나.

주둥치 명 『어』 주둥칫과의 바닷물고기. 몸길이는 7 cm 정도이나 나뭇잎 모양이며, 푸른빛을 띤 은백색임. 머리 뒤와 등지느러미가 시에는 뚜렷한 검은색 점무늬가 있음.

주등 (酒燈) 명 술집임을 알리려고 문간에 다는 지등롱.

주라 (朱喇) 명 『악』 붉은 칠을 한 소라 껍데기로 만든 대각(大角).

주라-통 (朱螺筒) 명 소의 목구멍에서 밥통에 이르는 길.

주락 (珠絡) 명 『역』 '주락상모'의 준말.

주락-상모 (珠絡象毛)[-쌍-] 명 『역』 임금이나 벼슬아치가 타는 말 머리의 꾸밈새《갈기를 모숨모숨 땋아 붉은 줄을 드리고 그 끝에 붉은 털로 넓적하게 술과 비슷이 만들어 대었음》. 준주락.

주란 (朱欄) 명 붉은 칠을 한 난간.

주란 (酒亂) 명 습관적으로 술에 취해서 미처 날뛰는 일. 주광(酒狂).

주란-사 (-紗) 명 주란사실로 짠 피륙의 일종.

주란사-실 (-紗-) 명 무명실의 거죽에 난 솜털 같은 섬유를 가스 불에 태워 윤을 낸 실. 가스사(gas絲). 가스실.

주란-화각 (朱欄畫閣) 명 단청을 곱게 하여 아름답게 꾸민 누각. 주루화각.

주람 (周覽) 명하타 두루 돌아다니며 자세히 살펴봄.

주랍 (朱蠟) 명 편지 따위를 봉하는 데 쓰는 붉은빛의 밀랍.

주랑 (柱廊) 명 기둥만 있고 벽(壁)이 없는 복도(複道). 콜로네이드.

주:략 (籌略) 명 계책과 모략.

주량 (柱梁) 명 1 기둥과 대들보. 2 국가나 집안의 중요한 인재.

주량 (酒量) 명 견딜 수 있을 정도로 술을 마시는 분량. 주호(酒戶). ▢~이 큰 사람 / ~이 세다 / ~이 줄다.

주럽 명 1 피로하여 고단한 증세. 2 ☞ 주접.

주렁-주렁 부하 1 열매 따위가 많이 매달려 있는 모양. ▢감이 ~ 열리다. 2 한 사람에게 여러 사람이 딸려 있는 모양. ▢아이가 ~ 딸린 과부. 여조랑조랑·조롱조롱.

주레-동 명 갱도가 비스듬히 땅속으로 향해 들어간 데에 세우는 동발.

주레-장 명 너무 높아 위험한 갱도의 천장에 따로 방발과 살장으로 천장을 만들고 그 위에 버력을 채워 만든 천장.

주려 (周廬) 명 지난날, 궁궐을 지키는 군사가 번을 서며 자던 곳.

주력 (主力) 명 중심이 되어 주요한 역할을 하는 세력. ▢수출 ~ 상품 / ~ 기업 / ~을 이루다.

주력 (走力) 명 달리는 힘.

주:력 (注力) 명하자 어떤 일에 온 힘을 기울임. ▢경제 활성화에 ~.

주:력 (呪力) 명 불행이나 재해를 막아 준다고 믿는 신비한 힘.

주력 (周歷) 명하자 두루 돌아다님.

주력 (酒力) 명 1 술김으로 나는 기운. 2 사람을 취하게 하는 술의 힘.

주력 (酒歷) 명 술을 마신 이력이나 경력.

주력 부대 (主力部隊)[-뿌-] 『군』 주력을 이루는 부대. ▢~를 이동하다.

주력-주 (主力株)[-쭈-] 명 『경』 증권 거래소에서, 항상 많은 거래가 이루어지고 그 주식의 시세가 주가 동향에 큰 영향을 미치는 주식. *인기주.

주력-함 (主力艦)[-려캄-] 명 『군』 여러 군함 중에서 공격력·방어력이 가장 우수하여 중심이 되는 군함.

주력 함:대 (主力艦隊)[-려캄-] 『군』 한 나라의 해군 또는 연합 함대 중에서 주력함을 기간(基幹)으로 이룬 함대.

주련 (柱聯) 명 기둥이나 벽 따위에 장식으로 써 붙이는 글귀. 영련(楹聯).

주련 (株連) 명하자 한 사람이 저지른 죄에 여러 사람이 관련됨.

주:련 (駐輦) 명하자 임금이 거둥할 때, 길 가운데 잠시 가마를 머무르게 하던 일.

주련-경 (柱聯鏡) 명 기둥에 걸게 된 좁고 긴 거울.

주련-판 (柱聯板) 명 주련에 쓰는 나무 판.

주렴 (珠簾) 명 구슬을 꿰어 만든 발. 구슬발.

주령 (主令) 명 예전에, 손님이 정삼품 이상의 주인을 높여 일컫던 말.

주령 (主嶺) 명 잇달아 있는 고개 중 가장 높은 고개.

주령 (酒令) 명 여럿이 술을 마실 때에 마시는 방식을 정하는 약속.

주령-배 (酒令杯)명 예전에 쓰던 술잔의 하나. 속에 오똑이 같은 인형이 있어 술이 차면 떠올라 무껑의 구멍 밖으로 머리를 내미는데, 인형이 향하는 쪽에 있는 사람이 술을 마시게 됨.

주례 (主禮)명하타 결혼식 따위의 예식을 맡아 주장하여 진행하는 일. 또는 그 사람. ~를 보다 / ~로 모시다 / 결혼식을 ~하다.
주례(를) 서다 관 주례를 맡아서 하다.

주례-사 (主禮辭)명 주례가 하는 축사.

주로 (主路)명〖물〗회로(回路) 가운데의 두 점을 별도의 도선(導線)으로 연결할 때의 처음의 회로. ↔분로(分路)2.

주로 (朱鷺)명〖조〗따오기.

주로 (走路)명 경주할 때 달리는 일정한 코스.

주-로 (主-)부 가장 흔하게. 주되게. ▣관객은 ~ 여성이다 / ~ 풍경화를 그린다.

주록 (週錄)명 한 주일의 기록.

주론 (主論)명하자타 주장하여 논함. 또는 그런 논의.

주뢰 (周牢)명〖역〗'주리'의 본딧말.

주룡 (主龍)명〖민〗풍수지리에서, 주산(主山)의 줄기를 이르는 말.

주루 (走壘)명하자 야구에서, 주자가 어느 누(壘)에서 다음 누로 달리는 일.

주루 (酒樓)명 설비가 좋은 술집. 주사(酒肆).

주루룩부 ☞ 주르륵.

주루-화각 (朱樓畫閣)명 주란화각.

주룩부하자 굵은 물줄기나 빗물 등이 빠르게 잠깐 흐르다가 그치는 소리. 또는 그 모양. 쐰조록. 쎈쭈룩.

주룩-주룩[-주-]부하자 굵은 물줄기나 빗물 따위가 빠르게 자꾸 흐르거나 내리는 소리. 또는 그 모양. ▣비가 ~ 내리다. 쐰조록조록. 쎈쭈룩쭈룩.

주류 (主流)명 1 강의 주(主)되는 큰 흐름. ▣강의 ~. 2 사상이나 학술 등의 주된 경향. 3 조직이나 단체 등에서 주도권을 가진 다수파. ▣~와 비주류의 대립.

주류 (酒類)명 술의 종류. ▣~ 판매.

주:류 (駐留)명하자 어떤 곳에 한때 머무름. ▣~군(軍).

주류-성 (走流性)[-썽]명〖생〗물의 흐름이 자극이 되어 일어나는 생물의 이동 운동《물고기가 상류를 향하여 이동하는 소행(溯行) 운동 따위》. 추류성(趨流性).

주류-업 (酒類業)명 술을 양조(釀造)하거나 거래하는 영업.

주류-품 (酒類品)명 술에 관련된 물품을 통틀어 일컫는 말.

주:륙 (誅戮)명하타 죄를 물어 죽임. 또는 죄로 몰아 죽임.

주륜 (主輪)명 수레 따위에서 주가 되는 바퀴.

주르르[1] 부하자 1 잽싼 걸음으로 앞만 바라보고 나아가는 모양. ▣~ 달려가다. 2 물줄기 따위가 빠르게 흘러내리는 소리. 또는 그 모양. ▣양동이의 물이 ~ 새다. 3 경사진 곳에서 물건이 미끄러지듯이 흘러내리는 모양. ▣비탈길에서 ~ 미끄러지다. 쐰조르르. 쎈쭈르르.

주르르[2] 부하형 여럿이 한 줄로 고르게 잇따라 있는 모양. ▣극장 앞에 사람들이 ~ 서 있다. 쐰조르르. 쎈쭈르르.

주르륵부하자 1 굵은 물줄기 따위가 빠르게 잠깐 흐르다 그치는 소리. 또는 그 모양. ▣눈물이 ~ 흘러내리다. 2 물건 따위가 비탈진 곳에서 빠르게 잠깐 미끄러지다 멎는 모양. 쐰조르륵. 쎈쭈르륵.

주르륵-거리다[-꺼-]자 잇따라 주르륵하다. 쐰조르륵거리다. 쎈쭈르륵거리다. **주르륵-주르륵**부하자 ☞ 주룩주룩.

주르륵-대다[-때-]자 주르륵거리다.

주름[1]명 1 피부가 늘어지거나 노화되어 생긴 잔금. 2 옷의 폭 따위를 줄이 지게 접은 금. ▣바지에 ~를 세우다. 3 헝겊·종이 따위의 구김살. ▣옷에 ~이 가다.

주름[2]명〖옛〗주릅. 거간. 중개인.

주름-살[-쌀]명 1 피부가 노화하여 생긴 잔줄. ▣얼굴에 ~이 잡히다. 2 옷이나 종이 따위에 주름이 잡힌 금. ▣옷의 ~을 잡다 / 종이에 ~이 가다.

주름-상자 (-箱子)명 1 일부 사진기에서, 본체와 렌즈를 연결하는 부분. 주름으로 되어 있어 신축이 자유로움. 2 아코디언의 몸통을 이루는 부분.

주름-위 (-胃)명〖동〗반추위(反芻胃)의 제4실(室)《많은 주름으로 되어 있으며, 제3위(胃)에서 온 것을 화학적으로 소화함》. 추위(皺胃).

주름-잡다[-따]타 모든 일을 자기가 하고 싶은 대로 주동이 되어 처리하다. ▣천하를 ~.

주름-치마명 허리춤에서 세로로 주름을 많이 잡은 치마. 플리츠스커트.

주름-투성이명 주름이 많은 상태. ▣~가 된 옷 / 얼굴이 온통 ~가 되다.

주릅명 흥정을 붙여 주고 구전을 받는 일을 업으로 하는 사람.

주릅-들다[-따](-들어, -드니, -드는)자 매매 따위에서 중간에 흥정을 붙여 주다.

주리[1][←주뢰(周牢)]명〖역〗죄인의 두 다리를 묶고 그 틈에 두 개의 주릿대를 끼워 비틀던 형벌.
[주리 참듯 한다] 모진 고통을 억지로 참다.
주리(를) 틀다 관 주리의 형벌을 가하다.

주:리 (腠理)명 살가죽 겉에 생긴 자디잔 결.

주:리다[1]타 먹을 것을 제대로 먹지 못해 배를 곯다. ▣배를 주리던 시절. [2]자 욕망이 채워지지 않아 아쉬워하다. ▣애정에 주린 아이.

주립 (州立)명 미국 등에서, 주에서 세운 학교나 기관. ▣~ 대학.

주립 (朱笠)명〖역〗융복을 입을 때 쓰던 붉은 갓.

주릿-대[-리때 / -릳때]명 1 주리를 트는 데에 쓰는 두 개의 붉은 막대. 2 몹시 불량한 사람의 비유.
주릿대(를) 안기다 관 모진 벌을 주다.

주릿-방망이[-리빵- / -릳빵-]명〈속〉주릿대1.
주릿방망이 맛을 보다 관 몹시 혼이 나다.

주마 (走馬)명하자 말을 타고 달림. 또는 그 말.
주마(를) 놓다 관 말을 몰아 빨리 가다.

주마가편 (走馬加鞭)명하자 달리는 말에 채찍질하는 뜻으로, 잘하는 사람을 한층 더 장려함을 이르는 말.

주마간산 (走馬看山)명하자 말을 타고 달리며 산천을 구경한다는 뜻으로, 자세히 살피지 않고 과눈 보고 지나감을 이르는 말.

주마-등 (走馬燈)명 1 등(燈)의 하나. 등 한가운데에 가는 대오리를 세우고 대 끝에 두꺼운 종이로 만든 바퀴를 붙이고 종이로 만든 네 개의 말 형상을 달아서 촛불로 데워진 공기의 힘으로 종이 바퀴에 의하여 돌게 되어 있음. 2 사물이 덧없이 빨리 변하여 돌아감을 비유하는 말. ▣~ 같은 인생 / 옛 추억이 ~.

같이 스쳐 갔다.

주마-창 (走馬瘡) 圀 《한의》 몸의 여기저기를 돌아가며 생기는 종기.

주막 (酒幕) 圀 시골 길가에서 술과 밥을 팔고 나그네를 치는 집. 주막집.

주막-거리 (酒幕-)[-꺼-] 圀 주막이 있는 길거리.

주막-방 (酒幕房)[-빵] 圀 봉놋방.

주막-쟁이 (酒幕-)[-쩽-] 圀 주막을 경영하는 사람을 낮잡아 이르는 말.

주막-집 (酒幕-)[-찝] 圀 주막.

주말 (週末) 圀 한 주일의 끝 무렵. 보통 토요일 오후부터 일요일까지를 이름. ▯ ~ 드라마. ↔주초(週初).

주말-여행 (週末旅行)[-려-] 圀 휴양차 주말에 하는 여행.

주망 (酒妄) 圀 주광(酒狂)1.

주망 (蛛網) 圀 거미집.

주매 (酒媒) 圀 누룩.

주맥 (主脈) 圀 1 산맥·광맥 등의 주가 되는 줄기. 2 《식》 잎의 한가운데 있는 가장 큰 잎맥. ↔지맥(支脈).

주맹 (晝盲) 圀 밝은 곳에서의 시력이 어두운 곳에서보다 떨어지는 증상.

주머니 圀 1 자질구레한 물품 따위를 넣어 허리에 차거나 들고 다니는 물건《천이나 가죽 따위로 만듦》. ▯도시락 ~. 2 옷의 일정한 곳에 헝겊을 달거나 옷의 한 부분에 헝겊을 덧대어 돈·소지품 따위를 넣는 부분. ▯~를 뒤지다 / ~에 손을 넣다. 3 무엇이 유난히 많은 사람의 비유. ▯꾀~ / 고생~.

  주머니가 가볍다[비다] 图 가지고 있는 돈이 적다[없이 되다].

  주머니 끈을 조르다 图 돈을 몹시 아껴 절약하다.

  주머니(를) 털다 图 ㉠주머니 안에 들어 있는 돈을 있는 대로 다 내놓다. ㉡강도질하다.

주머니-떨이[-떠리] 圀하자 주머닛돈을 있는 대로 다 떨어서 술이나 과실을 사 먹는 장난.

주머니-밑천[-믿-] 圀 주머니에 늘 넣어 두고 쓰지 않는 약간의 돈. ▯~이 다 떨어지다.

주머니-쥐 圀 《동》 주머니쥣과의 포유류. 몸 길이는 45 cm, 꼬리는 37 cm가량임. 발가락은 물건을 붙잡기에 알맞고 암컷은 배 쪽에 있는 육아낭 속에 새끼를 넣어 기름. 잡식성으로 남북아메리카에 분포함.

주머니-칼 圀 접어서 주머니에 넣고 다니는 작은 칼. 낭도(囊刀).

주머닛-돈[-니똔·-닏똔] 圀 주머니 안에 들어 있는 돈.

  [주머닛돈이 쌈짓돈] 그 돈이 그 돈이니 결국은 마찬가지라는 말.

주먹 圀 1 다섯 손가락을 오므려 쥔 손. ▯~을 쥐다 / ~으로 치다. ㉰줌. 2 물리적인 힘이나 폭력, 폭력배의 힘. ▯~ 세계 / ~을 쓰다 / ~이 세다. 3 (의존 명사적으로 쓰여) 주먹에 쥘 수 있는 분량을 나타내는 말. ▯사탕을 한 ~씩 나누어 갖다.

  [주먹은 가깝고 법은 멀다] 나중에는 어떻게 되든 간에 당장에는 완력으로 해치운다는 말.

  주먹을 불끈 쥐다 图 갑자기 주먹을 꼭 쥐며 무엇에 대한 결의를 나타내다.

  주먹이 오고 가다 图 싸움이 벌어져 서로 주먹질을 하다.

  주먹이 운다[울다] 图 분한 일이 있어서 치거나 때리고 싶지만 참는다는 말.

주먹-구구 (一九九)[-꾸-] 圀 1 손가락을 일일이 꼽아서 하는 셈. 2 어림짐작으로 대충 하

는 계산.

주먹구구-식 (一九九式)[-꾸-] 圀 어림짐작으로 대충 하는 방식. ▯~ 행정.

주먹-다짐[-따-] 圀하자 1 주먹으로 때리는 짓. ㉠사소한 말다툼 끝에 ~까지 벌어졌다. 2 함부로 윽박지르는 짓.

주먹 도끼[-또-] 俉 주먹만 하여, 한쪽은 손으로 잡아 쥘 수 있고 다른 쪽은 날카롭게 된 석기(石器)《구석기 시대의 유물(遺物)임》.

주먹-동발[-똥-] 圀 《광》 가장 작은 동발.

주먹-떼 圀 무덤에 떼를 입힐 때, 여기저기 드문드문 심는 뗏장.

주먹-묶음[-뭉꿈] 圀 길쌈할 때, 실을 뭉쳐 매는 방법의 하나.

주먹-밥[-빱] 圀 1 주먹처럼 뭉친 밥덩이. 2 맨손으로 집어 먹는 밥.

주먹-빵 圀 주먹으로 호되게 치는 빵.

주먹-상투[-쌍-] 圀 머리를 솎지 않고 틀어서, 주먹처럼 크고 모양이 없는 상투.

주먹-세례[-洗禮][-쎄-] 圀 주먹으로 여러 차례 때리는 짓. ▯~를 받다.

주먹-심[-씸] 圀 1 주먹으로 때리거나 쥐는 힘. 2 남을 억누르는 힘. 완력(腕力).

주먹-장[-짱] 圀 《건》 주먹처럼 끝이 넓고 안으로 갈수록 좁게 된 장부.

주먹-질[-찔] 圀하자 1 주먹을 휘두르며 으르거나 때리는 짓. 2 미운 사람 뒤에서 주먹을 내밀며 모욕하는 짓.

주먹-총 (-銃) 圀 내지르는 주먹을 강조하여 이르는 말.

주먹총-질 (-銃-) 圀하자 상대편을 향하여 주먹을 내지르는 짓.

주먹-치기 圀하자 1 상대편이 내민 주먹을 때리는 놀이《헛치면 맞는 편이 됨》. 2 일을 계획 없이 되는대로 처리하는 짓.

주먹-코 圀 뭉뚝하고 크게 생긴 코. 또는 그러한 코를 가진 사람을 농으로 이르는 말. ▯~에 대구 입.

주면 (柱面) 圀 《수》 '기둥면'의 구용어.

주:면 (奏免) 圀하타 《역》 임금에게 아뢰어 벼슬을 면하게 하던 일.

주:멸 (誅滅) 圀하타 죄인을 죽여 없앰.

주명 (主命) 圀 1 군명(君命). 2 주인의 명령. 3 《가》 하느님의 명령. 곧, 섭리(攝理).

주:명 (註明) 圀하타 주(註)를 달아 본문의 뜻을 밝힘.

주:명-곡 (奏鳴曲) 圀 《악》 소나타(sonata).

주모 (主母) 圀 1 집안 살림을 주장하여 다스리는 부인. 2 《가》 천주와 성모 마리아. 또는 예수와 성모 마리아.

주모 (主謀) 圀하타 주장하여 일을 꾸밈. ▯반란을 ~하다.

주모 (酒母) 圀 1 술밑. 2 술청에서 술을 파는 여자. 주부(酒婦).

주모 (珠母) 圀 《조개》 진주조갯과의 조개. 바다 밑에서 살며 높이와 길이는 약 25 cm 정도임. 겉은 검은색이고 껍데기 속에 아름다운 진주가 있음.

주모-자 (主謀者) 圀 우두머리가 되어 어떤 일이나 음모 따위를 꾸미는 사람.

주목 (朱木) 圀 《식》 주목과의 상록 침엽 교목. 고산 지대에서 나며 높이 10~15 m. 봄에 꽃이 피고 열매는 가을에 익음. 정원수나 건축재 및 붉은빛의 염료로 쓰고, 가지와 잎은 약용함.

주:목 (注目) ㉠圀하타 1 관심을 가지고 주의 깊

게 살핌. ❏언론의 ~을 받다 / 뭇사람의 ~을 끌다. 2 조심하고 경계하는 눈으로 살핌. ❏앞으로 귀추가 자못 ~된다. ⊟[감] 구령자에게 시선을 모으라는 구령. ❏일동 ~.
주:목-거리 (注目–)[–꺼–] [명] 관심을 가지고 주의 깊게 볼 만한 가치가 있는 것. ❏누가 의장이 될지 ~이다.
주-목적 (主目的)[–쩍] [명] 주되는 목적. ❏~으로 삼다.
주몽 (晝夢) [명] 낮에 공상에 잠겨 꿈을 꾸는 것처럼 되는 상태.
주무 (主務) [명][하타] 1 사무를 주장해 맡음. ❏~ 부서. 2 '주무자'의 준말.
주:무 (綢繆) [명][하타] 미리 빈틈없이 꼼꼼하게 준비함.
주무-관 (主務官) [명] 어떤 사무를 주장으로 맡아 처결하는 관리.
주무 관청 (主務官廳) 해당 행정 사무를 주관하는 행정 관청. *주무부.
주무르다 〔주물러, 주무르니〕 [타][르] 1 손으로 물건이나 몸의 한 부분을 쥐었다 놓았다 하면서 자꾸 만지다. ❏팔다리를 ~. 2 남이나 어떤 일을 자기 마음대로 다루다. ❏집의 재산을 마음대로 ~.
주무-부 (主務部) [명] 어떤 사무를 주관하는 행정 각부의 부(部). *주무 관청.
주무시다 [타] '자다'의 높임말. ❏낮잠을 주무시고 계시다 / 안녕히 주무셨습니까.
주무-자 (主務者) [명] 어떤 사무를 주장하여 맡아보는 사람. [준]주무(主務).
주무 장:관 (主務長官) 어떤 사무를 주관하는 행정 각부의 장관.
주묵 (朱墨) [명] 붉은 빛깔의 먹.
주문 (主文) [명] 1 문장의 주되는 부분. 2 〖법〗 '판결(判決) 주문'의 준말.
주문 (朱門) [명] 1 붉은 문. 2 예전에, 지위가 높은 관리의 집을 이르던 말.
주:문 (注文) [명][하타] 1 물건을 만들거나 파는 사람에게 품종·수량·모양·크기 등을 일러 주고, 그렇게 만들거나 보내 달라고 하는 일. ❏~된 물량 / ~이 쇄도하다. 2 남에게 어떤 일을 하도록 요구하거나 부탁함. 또는 그 요구나 부탁. ❏이것저것 성가신 ~만 하다.
주:문 (呪文) [명] 1 술법을 부리거나 귀신을 쫓을 때 외는 글귀. ❏~을 걸다. 2 천도교에서, 심령을 닦고 한울님께 빌 때 외는 글. 진언(眞言). [준]주(呪).
주:문 (奏聞) [명][하타] 주달(奏達).
주:문 (註文) [명] 어떤 문장이나 글귀에 주(註)를 붙여 쉽게 풀이한 글.
주:문-배수 (注文拜受) [명] 삼가 주문을 받음.
주:문 생산 (注文生産) 소비자의 주문에 따라서만 생산하는 일. ↔시장 생산.
주:문-서 (注文書) [명] 물품 따위를 주문하는데 관한 여러 가지 내용을 적은 글이나 문서.
주:문-자 (注文者) [명] 1 주문한 사람. 2 〖법〗 도급을 맡은 사람에게 일의 완성을 청구할 권리와 함께 보수(報酬) 지급의 의무를 가진 도급 계약의 당사자.
주:문-품 (注文品) [명] 주문하여 맞춘 물품. 또는 주문을 받은 물품. ↔기성품.
주물 (主物) [명] 〖법〗 종물(從物)이 딸려 있어 직접적인 효용을 가지는 주된 물건《시곗줄에 대한 시계 따위》. ↔종물(從物).
주:물 (呪物) [명] 원시 종교에서, 악귀를 물리치고 행운을 가져다 주는 신비한 힘을 가졌다고 신성시하는 물건.
주:물 (鑄物) [명] 쇠붙이를 녹여 거푸집에 부어 굳혀서 만든 물건.
주:물-공 (鑄物工) [명] 주물 만드는 일을 전문으로 하는 사람.
주:물 공장 (鑄物工場) 쇠붙이를 녹여 일정한 틀 속에 부어 굳혀서 물건을 만드는 일을 전문으로 하는 공장.
주물럭-거리다 [–꺼–] [타] 물건 따위를 자꾸 주무르다. [작]조몰락거리다. **주물럭-주물럭** [–쭈–] [부][하타]
주물럭-대다 [–때–] [타] 주물럭거리다.
주물-상 (晝物床)[–쌍] [명] 귀한 손님을 대접할 때 간략히 차려 먼저 내오는 음식상.
주:물 숭배 (呪物崇拜) 주물의 숭배와 그 의식《미개 종교의 하나》.
주:물-품 (鑄物品) [명] 주물로 되어 있는 물품.
주:미 (駐美) [명] 미국에 주재함. ❏~ 대사.
주:민 (住民) [명] 일정한 지역에 살고 있는 사람. ❏아파트 ~.
주:민 등록 (住民登錄)[–녹] 〖법〗 시·군·읍·면·동의 주민을 해당 지역에 등록하게 하는 일. ❏~ 번호 / ~ 등본 / ~표(票).
주:민 등록증 (住民登錄證)[–녹쯩] 일정한 거주지에 거주하는 주민임을 나타내는 증명서. 해당 시장·군수·구청장이 발행함. [준]주민증.
주:민-세 (住民稅)[–쎄] [명] 지방세의 하나. 그 고장에 사는 개인과 그 고장에 사무소나 사업소 등을 둔 법인, 또는 그들의 소득에 대하여 부과함.
주:민-증 (住民證)[–쯩] [명] '주민 등록증'의 준말. ❏~을 제시하다.
주밀-하다 (周密–) [형][여] 허술한 구석이 없이 세밀하다. ❏주밀한 성격. **주밀-히** [부]
주박 (酒粕) [명] 지게미1.
주반 (柱半) [명] 〖건〗 기둥 한가운데에 장식으로 내리그은 먹줄.
주반 (酒飯) [명] 1 주식(酒食). 2 술밥2.
주반 (酒盤) [명] 술과 안주를 올려놓는 소반이나 예반.
주발 (周鉢) [명] 위가 약간 벌어지고 뚜껑이 있는 놋쇠로 만든 밥그릇. 밥주발.
주발-대접 (周鉢–) [명] 주발과 대접이란 뜻으로, 식기(食器)를 이르는 말.
주방 (酒榜) [명] 술집 앞에 내다 거는 간판.
주방 (廚房) [명] 1 음식을 만들거나 차리는 방. 2 〖역〗 '소주방'의 준말.
주방-장 (廚房長) [명] 음식점이나 다방 등에서 조리를 맡은 곳의 우두머리.
주방-하다 (遒放–) [형][여] 필체나 문장이 힘차고 막힘이 없다.
주배 (酒杯) [명] 술잔1.
주:배 (做坏) [명] 도자기의 몸체를 만드는 일.
주버기 [명] 많이 모인 더께. ❏신발에 흙이 ~로 묻었다.
주번 (主番) [명][하자] 공무로 관할 지역을 돌아보는 일. 또는 그 사람.
주번 (週番) [명] 한 주간마다 바꾸어 하는 근무. 또는 그 근무를 서는 사람. ❏~을 서다.
주번-병 (週番兵) [명] 〖군〗 예전에, 주번 근무를 하던 병사.
주번 사:관 (週番士官) 〖군〗 예전에, 주번 사령을 도와 주번 하사관 이하를 감독하여 주번 임무를 수행하던 장교.
주번 사령 (週番司令) 〖군〗 예전에, 주번 사관 이하를 지휘·감독하여 주번 임무를 수행하던 책임 장교.
주번-생 (週番生) [명] 학교에서 주번 일을 맡아

보는 학생(보통 상급생이 맡음).

주벌 (主伐) 〖명〗〖하타〗 다 자라서 쓸 수 있게 된 나무를 뱀.

주:벌 (誅伐) 〖명〗〖하타〗 죄인을 꾸짖어 침.

주:벌 (誅罰) 〖명〗〖하타〗 죄인을 꾸짖어 벌을 줌. 또는 그 벌.

주범 (主犯) 〖명〗 1〖법〗 정범(正犯). ◻사건의 ~을 체포하다. 2 좋지 않은 결과를 만드는 주된 원인. ◻환경 오염의 ~.

주범 (主帆) 〖명〗〖해〗 중심이 되는 돛대 위에 다는 돛.

주법 (主法) 〖명〗〖법〗 실체법(實體法).

주법 (走法) 〖-뻡〗 〖명〗 육상에서, 달리는 방법.

주:법 (呪法) 〖-뻡〗 〖명〗 1 주문을 읽는 법식. 2 주술(呪術).

주:법 (奏法) 〖-뻡〗 〖명〗 '연주법'의 준말.

주벽 (主壁) 〖명〗 1 방문에서 정면으로 보이는 벽. 2 좌우로 앉은 좌석 한가운데의 주되는 자리. 또는 거기 앉은 사람. 3 사원(祠院)이나 사당에 모신 위패 중에서 주장되는 위패.

주벽 (酒癖) 〖명〗 1 술을 썩 즐기는 버릇. 2 술 취한 뒤의 버릇. 주성(酒性). 술버릇. ◻~이 심하다.

주:변 〖명〗〖하타〗 일을 주선하거나 변통함. 또는 그 재주. ◻~이 없다 / 무슨 ~으로 그렇게 잘해 냈니?

주변 (周邊) 〖명〗 1 주위의 가장자리. ◻~ 환경 / ~ 지역 / 도시 ~ / ~을 정리하다. 2 전두리.

주:변-머리 (一一) 〖명〗 주변. ◻~ 없는 사람.

주:변-성 (一性) 〖-썽〗 〖명〗 두름성. ◻~이 있다.

주변 세:포 (周邊細胞) 〖생〗 공변 세포.

주변-인 (周邊人) 〖명〗〖심〗 둘 이상의 이질적인 사회나 집단에 동시에 속하여 양쪽의 영향을 함께 받으면서도, 그 어느 쪽에도 완전하게 속하지 아니하는 사람. 경계인(境界人).

주변 장치 (周邊裝置) 〖컴〗 중앙 처리 장치에 연결되어 제어를 받는 장치의 총칭〔입출력 장치·보조 기억 장치 따위〕.

주병 (酒餠) 〖명〗 술과 떡.

주:병 (駐兵) 〖명〗〖하자〗 어떤 곳에 군대를 머무르게 함. 또는 그 군대. 주군(駐軍).

주:병-권 (駐兵權) 〖-꿘〗 〖명〗 타국 영토 안에 군대를 주둔시켜 자국민의 생명·재산 따위를 보호할 수 있는 권리.

주보 (主保) 〖명〗〖가〗 '주보성인'의 준말.

주보 (酒甫) 〖명〗 술을 몹시 즐기거나 많이 마시는 사람.

주보 (酒保) 〖명〗 예전에, '군매점'을 이르던 말.

주보 (週報) 〖명〗 1 주간(週刊)의 신문이나 잡지. 2 한 주일마다 하는 보고나 보도.

주보-성인 (主保聖人) 〖명〗〖가〗 '수호성인'의 구용어. ⓒ주보.

주복 (主僕) 〖명〗 주인과 종.

주복 (珠服) 〖명〗 구슬과 옥 따위로 아름답게 꾸민 옷.

주복-야행 (晝伏夜行) 〖-봉냐-〗 〖명〗〖하자〗 낮에는 숨어 있다가 밤에 길을 감.

주:본 (奏本) 〖명〗 임금에게 올리는 글월.

주봉 (主峰) 〖명〗 1 최고봉1. 2 '주인봉(主人峰)'의 준말.

주부 (主部) 〖명〗 1 주요한 부분. 2〖언〗 주어부(主語部). ↔술부(述部).

주부 (主婦) 〖명〗 집안의 살림살이를 맡아 꾸려 가는 안주인. 가정주부. ◻~를 대상으로 설문 조사를 하다.

주부 (主簿) 〖명〗 1〖역〗 조선 때, 내의원·사복시·한성부 등 여러 관아(官衙)의 낭관(郎官) 벼슬의 하나. 2 한약방을 낸 사람의 일컬음.

주:부 (注賦) 〖명〗〖하타〗 부어 넣어 줌.

주부 (酒婦) 〖명〗 주모(酒母)2.

주부 습진 (主婦濕疹) 〖-찐〗 〖의〗 '지장 각피증'을 달리 이르는 말〔물을 많이 다루는 주부에게 주로 생기므로 이렇게 이름〕.

주부-코 (酒-) 〖명〗〖한의〗 비사증(鼻齄症)으로 부어오르고 붉은 점이 생긴 코.

주불 (主佛) 〖명〗〖불〗 1 '주세불(主世佛)'의 준말. 2 염주의 위아래에 펜 큰 구슬. 위의 것은 상주불, 아래의 것은 하주불이라고 함.

주:불 (駐佛) 〖명〗 프랑스에 주재(駐在)함. ◻~ 대사.

주불쌍배 (酒不雙杯) 〖명〗 술을 마실 때, 잔의 수효가 짝수가 됨을 피함.

주붕 (酒朋) 〖명〗 술벗. 술친구.

주비 (主一) 〖식〗 기장의 일종. 열매는 누르고 껍질은 잿빛이며 줄기는 검숭함.

주비 (周痺) 〖명〗〖한의〗 때때로 팔다리의 곳곳에 마비가 일어나는 병.

주:비 (籌備) 〖명〗〖하타〗 어떤 일을 미리 계획하고 준비함. ↔ 위원회.

주:비-전 (注比廛) 〖명〗〖역〗 조선 때, 서울에 있던 백각전(百各廛) 가운데에서 으뜸가던 시전(市廛).

주빈 (主賓) 〖명〗 손님 가운데서 주되는 손님. ◻~으로 참석하다.

주뼛 〖-뼏〗 〖부〗〖하자〗 1 물건의 끝이 삐죽하게 솟은 모양. 2 몹시 놀라거나 무서워서 머리카락이 꼿꼿이 서는 듯한 느낌. 3 부끄럽거나 어줍거나 하여 머뭇거리는 모양. ㉝조뼛. ㉞쭈뼛.

주뼛-거리다 〖-뼏꺼-〗 〖자타〗 1 물건의 끝이 삐죽하게 자꾸 솟거나 되게 하다. 2 몹시 놀라거나 무서워서 머리카락이 꼿꼿이 서는 듯한 느낌이 자꾸 들다. 3 부끄럽거나 어줍거나 하여 자꾸 머뭇거리다. ㉝조뼛거리다.

주뼛-대다 〖-뼏때-〗 〖자타〗 주뼛거리다.

주뼛-주뼛 〖-뼏쭈뼏〗 〖부〗〖하형〗 거리낌 없이 내닫거나 머뭇거리는 모양. ◻~하며 묻다. ㉝조뼛조뼛. ㉞쭈뼛주뼛.

주뼛-하다 〖-뼈타-〗 〖형여〗 물건의 끝이 삐죽하게 솟아 있다. ㉝조뼛하다. ㉞쭈뼛하다.

주사 (主使) 〖명〗〖하타〗 1 주장하여 사람을 부림. 2 주되는 사신.

주사 (主祀) 〖명〗〖하자〗 봉사(奉祀).

주사 (主事) 〖명〗 1 사무를 주장하는 사람. 2 남자의 성 뒤에 쓰여, 그를 높여 일컫는 말. ◻박 ~. 3 일반직 6급 공무원의 직급. 사무관의 아래, 주사보(主事補)의 위임.

주사 (主辭) 〖명〗〖논〗 명제가 되는 문장에서 주어에 대응하는 명사. 또는 그런 개념〔판단의 대상이 되는 것으로, 서술이 그것에 대하여 행하여지는 주되는 개념〕. 주개념(主槪念). 주어(主語). ↔빈사(賓辭).

주사 (朱砂·硃沙) 〖명〗〖광〗 빛깔이 붉고 광택이 나는 광석〔수은과 황의 화합물로 염료나 한방약에 씀〕. 단사(丹砂). 진사(辰砂).

주사 (舟師) 〖명〗〖역〗 수군(水軍).

주사 (走使) 〖명〗 급사(急使).

주:사 (走査) 〖명〗〖하타〗 텔레비전이나 사진 전송 따위에서, 화면을 여러 개의 점으로 세분하고 그 점을 전기 신호로 바꾸는 일. 또는 이 전기 신호에서 점을 조립하여 화면을 재구성하는 일. 스캐닝.

주:사 (注射) 〖명〗〖하타〗 약액을 주사기에 넣어 생물체의 조직이나 혈액 속에 직접 주입함. ◻~를 놓다 / ~를 맞다.

주:사(呪辭)圏 주술을 행할 때 외는 말.

주:사(奏事)圏 공적인 일을 임금께 아룀.

주사(酒邪)圏 술에 취해서 하는 못된 행동. ▢~가 심하다／~를 부리다.

주사(酒肆)圏 주루(酒樓).

주사(做事)圏 일을 경영함.

주사(紬絲)圏 명주실.

주사(蛛絲)圏 거미줄.

주:사-기(注射器)圏 약액(藥液)을 주사하는 기구. 체내에 꽂는 바늘과 약액을 밀어 넣는 피스톤으로 구성됨.

주사니(紬-)圏 ☞ 명주붙이.

주사니-것(紬-)[-건]圏 명주로 만든 옷.

주사 방식(走査方式)〖물〗 텔레비전에서, 주사(走査)의 방향과 속도를 결정하는 방식.

주사-보(主事補)圏 일반직 7급 공무원의 직급. 주사의 아래, 서기(書記)의 위.

주사-석(朱砂石)〖광〗주자석(朱子石).

주사-선(走査線)圏 화상(畫像) 전송 장치에서, 화상을 이루고 있는 많은 점을 일정한 차례로 이은 많은 선들의 날개.

주:사-액(注射液)圏 주사기에 넣어 주사하는 액체의 약물. 주사약(注射藥).

주사야몽(晝思夜夢)圏[하타] 주사야탁.

주사야탁(晝思夜度)圏[하타] 밤낮으로 생각하고 헤아림. 주사야몽.

주:사-약(注射藥)圏 주사액.

주사위圏 뼈나 단단한 나무 따위로 만든 정육 면체의 각 면에 하나에서 여섯까지의 점을 새겨, 바닥에 던져 그 점수를 겨루는 장난감. 투자(骰子). ▢~를 던지다.

주사위는 던져졌다 ⟨구⟩ [로마의 카이사르가 루비콘 강을 건널 때 한 말] 일이 되돌릴 수 없는 지경에 이르렀으니 단행할 수밖에 없다는 말.

주사위-뼈圏 주사위 하나를 만들 만한 작은 뼈. 투자골.

주사-청루(酒肆靑樓)[-누]圏 술집·기생집·매음굴 등의 통칭.

주:사-침(注射針)圏 주삿바늘.

주산(主山)圏 1 도읍·집터·무덤 따위의 뒤쪽에 있는 산. 2〈민〉풍수지리에서, 묏자리나 집터 따위의 운수 기운이 매였다는 산.

주산(珠算)圏 '수판셈'의 구용어.

주산-단지(主産團地)圏 어떤 산물이 집단적으로 많이 나는 지역. ▢배 ~.

주-산물(主産物)圏 어떤 지역에서 가장 많이 나는 생산물.

주-산업(主産業)圏 어떤 지역에서 으뜸가는 산업. ▢이 지방의 ~은 철강 산업이다.

주-산지(主産地)圏 어떤 물건이 주로 생산되는 지역. ▢채소류의 ~.

주살圏 활쏘기의 기본자세를 연습할 때, 오늬와 시위를 잡아매고 쏘는 화살.

주:살(誅殺)圏[하타] 죄를 물어 죽임. ▢역적을 ~하다.

주살-나다[-라-]圏〈속〉뻔질나다.

주살-익(-弋)圏 한자 부수의 하나('式'·'弑'등에서 '弋'의 이름).

주살-질圏[하자] 주살로 쏘는 짓.

주-삼포(柱三包)〖건〗주두(柱枓)와 삼포만으로 지은 포살미집.

주-삼화음(主三和音)圏〖악〗으뜸 삼화음.

주-삿-바늘(注射-)[-사빠-／-삳빠-]圏 주사기 끝에 꽂는 바늘(살을 찌르고 약물을 넣게 되었음). 주사침.

주상(主上)圏 임금.

주상(主喪)圏 죽은 사람의 제전(祭奠)을 주장하여 맡아보는 사람.

주상(柱狀)圏 기둥 모양.

주:상(奏上)圏[하타]〖역〗상주(上奏).

주상(酒商)圏 술을 파는 장사. 또는 그런 장사를 하는 장수.

주상(酒傷)圏 술로 말미암아 위에 생기는 탈.

주:상(籌商)圏[하타] 헤아려서 생각함.

주상 변:압기(柱上變壓器)[-벼납끼]〖전〗전주 위에 설치한 변압기(변전소에서 낮게 온 고전압을 공장용 또는 가정용의 저전압으로 낮춤).

주:상 복합 건:물(住商複合建物)[-코칵건-]〖건〗주택과 상점이 함께 들어 있는 건물.

주색(主色)圏 1 전체적으로 밑바탕을 이루는 빛깔. 2 중심이 되는 빛깔. 곧, 적·황·청·녹의 네 가지.

주색(朱色)圏 누렁이 조금 섞인 붉은 빛깔.

주색(酒色)圏 1 술과 여자. 주음 ▢~에 빠지다／~을 밝히다. 2 얼굴에 나타난 술기운.

주색-잡기(酒色雜技)[-짬끼]圏 술과 여자와 노름. ▢~로 패가망신하다.

주:-생활(住生活)圏 집을 터전으로 해서 살아가는 생활. ▢~ 양식.

주서(朱書)圏[하타] 붉은색으로 글씨를 씀. 또는 그 글씨.

주서(洲嶼)圏 강 어귀에 삼각주처럼 토사가 쌓여 된 섬. 주도(洲島).

주서(周書)圏 1 상서(尙書), 곧 서경(書經) 중의 태서(泰書)에서 진서(秦書)까지의 32 편의 일컬음. 2 북주(北周)의 사서(史書)로, 당(唐) 태종의 명으로 위징(魏徵)의 총괄 아래 영호덕분(令狐德棻)이 지음.

주석(主席)圏 1 주장되는 자리. 2 일부 국가에서, 국가나 정당의 최고 지위. 또는 그 지위에 있는 사람. ▢국가 ~／임시 정부 ~.

주석(朱錫)圏〖화〗금속 원소의 하나. 은백색 금속 광택을 지니고, 전연성(展延性)이 풍부함. 식기·도금·양철의 재료 등에 쓰이고 석박(錫箔)으로 씀. [50번：Sn：118.70]

주석(柱石)圏 1 기둥과 주추. 2 가장 중요한 자리에 있거나 구실을 하는 사람의 비유. ▢국가의 ~.

주석(酒石)圏 포도주를 만들 때, 발효가 진행되어 앙금을 이룬 것에서 생기는 침전물(酒石酸) 및 그 화합물의 원료임).

주석(酒席)圏 술자리. ▢~을 마련하다.

주:석(註釋·注釋)圏[하타] 낱말이나 문장의 뜻을 쉽게 풀이함. 또는 그 글. ▢~을 달다. 준주(註).

주석-땜(朱錫-)圏[하자타] 놋쇠나 주석을 녹여서 하는 땜.

주석-산(朱錫酸)[-싼]圏〖화〗산화 제이주석(酸化第二朱錫)의 수화물(水化物)을 산(酸) 형식으로 부를 때의 이름.

주석-산(酒石酸)[-싼]圏〖화〗타르타르산.

주석-칼륨(酒石酸Kalium)[-싼-]圏〖화〗타르타르산(酸)칼륨.

주석-쇠(朱錫)[-쐬]圏 목조 건물의 나무와 나무를 잇는 곳이나 장식용으로 쓰는 놋쇠.

주-석영(酒石英)圏〖화〗타르타르산(酸)칼륨.

주석지신(柱石之臣)[-찌-]圏 나라의 중요한 신하. 사직지신(社稷之臣).

주석혼-식(朱錫婚式)[-코손-]圏 서양 풍습에서, 결혼 10주년을 축하하는 의식.

주선(主膳)圏 주방(廚房)에서 반찬을 만드는 사람.

주선 (周旋) 명하타 **1** 일이 잘되도록 두루 힘씀. ❑ ~을 부탁하다 / 면담이 ~되다 / 아저씨의 ~으로 입사하다. **2** 〔법〕 제삼국이 분쟁 당사국 간의 교섭을 진행하는 일.
주선 (酒仙) 명 **1** 세속을 초월해서 술을 즐기는 사람. **2** 주호(酒豪).
주선-괴뢰 (走線傀儡) 명 인형극에서, 실을 이용해 걸을 수 있도록 고안한 인형.
주선-료 (周旋料)[-뇨] 명 일이 잘되도록 힘써 준 대가로 받는 요금.
주선-성 (周旋性)[-썽] 명 일이 잘되도록 힘쓰는 성질이나 재간.
주설 (酒泄) 명 〔한의〕 술을 지나치게 마셔서 나는 설사.
주섬-주섬 부하타 널려 있는 물건을 주워 거두는 모양. ❑ 옷가지를 ~ 챙기다.
주성 (主星) 명 〔천〕 쌍성(雙星) 가운데 가장 밝은 별.
주성 (走性) 명 〔생〕 생물이 외부의 자극에 대해 일으키는 방향성이 있는 행동《자극의 종류에 따라 주화성(走化性)·주광성(走光性)·주열성(走熱性)·주지성(走地性)·주전성(走電性)·주류성(走流性)·주고성(走固性) 등으로 나눔》. 주향성. 추성(趨性).
주성 (周星) 명 목성이 하늘을 한 바퀴 도는 기간인 '열두 해 동안'을 이르는 말.
주성 (酒性) 명 주벽2.
주-성분 (主成分) 명 **1** 어떤 물질을 이루는 주된 성분. **2** 〔언〕 문장의 뼈대를 이루는 필수적인 부분. 주어·서술어·목적어·보어가 있음. *부속 성분·독립 성분.
주세 (酒洗) 명하타 〔한의〕 약재를 술에 씻음.
주세 (酒稅) 명 주류에 매기는 소비세.
주세-불 (主世佛) 명 〔불〕 법당의 부처 가운데 가장 으뜸되는 부처. 본존(本尊). ㊉주불.
주:소 (住所) 명 **1** 사람이 살고 있는 곳이나 기관, 회사 따위가 자리 잡고 있는 곳을 행정구역으로 나타낸 이름. **2** '거주소(居住所)'의 준말. **3** 〔법〕 생활의 본거인 장소. **4** 〔컴〕 데이터가 저장되어 있는 기억 장소의 위치. 또는 그것을 나타내는 수. 바이트(byte)를 단위로 번지를 부여함. 어드레스(address). 번지(番地).
주:소 (奏疏) 명하타 〔역〕 상소(上疏).
주:소 (註疏·注疏) 명하타 자세한 설명. 주해. 소주(疏註).
주소 (晝宵) 명 밤낮.
주:소-록 (住所錄) 명 여러 사람의 주소를 적어 두는 장부. ❑ 사원 ~.
주:소지-법 (住所地法)[-뻡] 명 당사자의 주소가 있는 곳의 법. 국제 사법에서 준거법의 하나로 인정됨.
주속 (酒贖) 명 술을 만들거나 팔지 못하게 한 규정을 어긴 사람이 무는 벌금.
주속 (紬屬) 명 명주붙이.
주손 (冑孫) 명 맏손자.
주:송 (呪誦) 명하자 송주(誦呪).
주수 (走獸) 명 길짐승.
주수 (株守) 명하타 변통할 줄 모르고 어리석게 지키기만 함.
주수 (酒嗽) 명 〔한의〕 술을 지나치게 마셔 기침과 가래가 심하게 나오는 병.
주수-병 (酒水甁)[-뼝] 명 〔가〕 미사 때 사용되는 물과 포도주를 담는 작은 병.
주수 상반 (酒水相半) 약을 달일 때 술과 물을 같은 분량으로 섞는 일.
주수-성 (走水性)[-썽] 명 〔생〕 생물이 수분이나 습도의 자극에 반응해서 운동하는 성질.

추수성(趨水性).
주:수-세례 (注水洗禮) 명 〔기〕 머리 위에 물을 떨어뜨려서 행하는 세례.
주순 (朱脣) 명 단순(丹脣).
주순 (酒巡) 명 술잔을 돌리는 일. 순배(巡杯).
주순-호치 (朱脣皓齒) 명 단순호치.
주-순환 (主循環) 명 〔경〕 설비 투자의 변동으로 일어나는 경기 순환.
주:술 (呪術) 명 불행이나 재해를 막으려고 주문을 외거나 술법을 부리는 일. 또는 그 술법. 주법(呪法). ❑ ~을 걸다 / ~에 걸리다 / ~을 부리다.
주:술-사 (呪術師)[-싸] 명 주술로 재앙(災殃)을 면하게 하는 신묘한 힘을 가진 사람.
주스 (juice) 명 과실이나 야채를 짜낸 즙. ❑ 레몬~.
주승 (主僧) 명 〔불〕 주지(住持).
주시 (走時) 명 **1** 〔물〕 파동이 어떤 거리까지 퍼지는 데 걸리는 시간. **2** 〔지〕 지진파가 진원지에서 어떤 지점까지 이르는 데 걸리는 시간.
주:시 (注視) 명하타 **1** 주의를 집중하여 봄. 눈여겨봄. ❑ 남의 ~를 받다. **2** 어떤 일에 온 정신을 모아 살핌. ❑ 상황을 예의 ~하다.
주:시-점 (注視點)[-쩜] 명 시점(視點).
주시행육 (走尸行肉) 명 달리는 송장과 걸어가는 고깃덩어리라는 뜻으로, 아무 쓸모가 없는 사람의 비유.
주식 (主食) 명 '주식물'의 준말. ❑ 쌀을 ~으로 하다. ↔부식.
주식 (株式) 명 〔경〕 **1** 주식회사의 자본을 구성하는 단위. ❑ ~에 투자하다. ㊉주(株). **2** 주권(株券).
주식 (酒食) 명 술과 밥. 주반. ❑ ~을 제공하다.
주식 (晝食) 명 점심밥.
주식 거:래 (株式去來)[-꺼-] 〔경〕 주식의 시세를 이용해 현물 없이 주식을 매매하는 행위.
주식 공개 (株式公開)[-꽁-] 〔경〕 동족(同族) 회사 또는 소수의 주주로 구성된 회사의 주식 소유를 일반 투자자에게 허용하는 일.
주식 금융 (株式金融)[-끔늉 / -끄뮹] 〔경〕 **1** 기업체의 신설이나 확장에 필요한 자금을 주식의 발행·인수 또는 매입 따위로 공급하는 일. **2** '주식 담보 금융'의 준말.
주:식-기 (鑄植機)[-끼] 명 〔인〕 활자의 문선(文選)과 주조, 식자(植字)를 겸하는 기계《모노타이프·라이노타이프·인터타이프 따위》.
주식 담보 금융 (株式擔保金融)[-땀-늉 / -땀-그뮹] 〔경〕 주식을 담보로 해서 자금을 대출하는 일. ㊉주식 금융.
주-식물 (主食物)[-싱-] 명 식생활에서 주식으로 하는 음식《쌀·보리 따위》. ㊉주식.
주식 배:당 (株式配當)[-빼-] 〔경〕 **1** 주식에 대한 배당. **2** 주식회사에서, 주주에 대해 이익 배당을 할 때, 현금이 아닌 신주를 발행해서 행하는 일. 주권 배당.
주식-비 (主食費)[-삐] 명 식생활에서 주식물을 사는 데 드는 비용. ↔부식비.
주식 시:장 (株式市場)[-씨-] 〔경〕 주식의 매매가 행해지는 시장.
주식 양:도 (株式讓渡)[-싱냥-] 〔경〕 법률 행위에 따라 주주권(株主權)을 이양하는 일《이양받는 사람은 회사에 대해 가지는 법률 관계와 주주의 지위를 표시하는 주권(株券)을 교부받음》.
주식 자본 (株式資本)[-짜-] 〔경〕 주식으로

출자(出資)된 자본.

주식-점 (酒食店)[-쩜]圓 예전에, 나그네는 치지 않고 길거리에서 술과 밥을 팔던 집.

주식 중:매 (株式仲買)[-쭝-] 〖經〗 주식을 매매하거나 거래하는 일.

주식-청약 (株式請約)圓 〖經〗 주식을 인수해서 주주가 되고자 하는 의사 표시.

주식 투자 수익률 (株式投資收益率)[-잉뉼] 〖經〗 연간 배당을 주식의 시가로 나눈 수익 비율. 곧 배당금의 배당이 끝나고 난 뒤의 주식 시가에 대한 비율.

주식 투자 신:탁 (株式投資信託)〖經〗 증권 회사가 일반 투자가로부터 모은 신탁 재산을 주식에 투자해서 운용하는 투자 신탁.

주식 합자 회:사 (株式合資會社)[-시캅짜-]〖經〗주주와 무한 책임 사원으로 조직된 회사. 주식 회사와 합자 회사를 절충한 형태.

주식-회사 (株式會社)[-시쾨-]圓 〖經〗 주식을 발행하여 자금을 조달하며, 주주는 소유 주식에 따르는 권리와 의무를 가질 뿐, 회사의 채권자에 대해서는 책임지지 않는 회사.

주신 (主神)圓 제단에 모신 신 가운데 주체가 되는 신. ⓒ그리스의 ~인 제우스.

주신 (柱身)圓 주두(株頭)나 주초를 제외한 기둥의 몸체.

주신 (酒神)圓 술의 신(그리스 신화에서는 디오니소스, 로마 신화에서는 바쿠스).

주실 (酒失)圓ᄒᆞ재 술에 취해서 실수를 저지름. 또는 그런 실수.

주심 (主心)圓 주(主)가 되는 마음. 또는 일정한 마음.

주심 (主審)圓 1 심사원의 우두머리. 2 '주심판(主審判)'의 준말. ↔부심(副審).

주심 (柱心)圓 기둥의 중심.

주심 (珠心)圓 〖植〗 꽃식물의 밑씨의 주체를 이루는 부분.

주-심판 (主審判)圓 운동 경기에서, 주장이 되어 심판하는 사람. ⓒ주심.

주아 (主我)圓 남의 이해에 구애하지 않고 제 이해만을 따지는 욕심.

주아 (主芽)圓 〖植〗 자라서 줄기가 되어 꽃을 피우거나 열매를 맺는 싹.

주아 (珠芽)圓 〖植〗 겨드랑눈이 변태된 곁눈의 하나. 양분을 저장하여 다육질인데, 식물의 모체에서 쉽게 땅에 떨어져 무성적(無性的)으로 새 개체가 됨(참나리·마 따위). 살눈. 육아(肉芽). 구아(球芽).

주아-주의 (主我主義)[-/-이]圓 이기주의.

주악圓 찹쌀가루에 대추를 이겨 섞고 꿀에 반죽해서 깨소나 팥소를 넣어 송편처럼 만들어 기름에 지진 옻기떡의 일종.

주:악 (奏樂)圓ᄒᆞ재 음악을 연주함. 또는 그 음악. ⓒ~이 울리다.

주안 (主眼)圓 주된 목표.

주:안 (奏案)圓 상주(上奏)하는 글의 초안.

주안 (酒案)圓 '주안상'의 준말.

주안-상 (酒案床)[-쌍]圓 술상. ⓒ~을 차리다. ⓒ주안(酒案).

주안-점 (主眼點)[-쩜]圓 중점을 두어 살리는 대목. ⓒ~을 두다.

주암-옹두리圓 주먹처럼 생긴 소의 옹두리뼈.

주:앙 (注秧)圓 봄에 법씨를 모판에 뿌림.

주액 (肘腋)圓 1 팔꿈치와 겨드랑이. 2 사물이 자기 몸에 가까이 있음의 비유.

주야 (晝夜)圓 밤낮. ⓒ~로 쉬지 않다.

주야간-제 (晝夜間制)圓 〖敎〗 주간과 야간으로 나누어 수업하는 제도. 이부제.

주야-겸행 (晝夜兼行)圓ᄒᆞ재 밤낮을 가리지 않고 계속 행함. ⓒ~의 강행군.

주야-골몰 (晝夜汨沒)圓ᄒᆞ재 밤낮을 가리지 않고 골똘함. ⓒ~하다.

주야불망 (晝夜不忘)圓ᄒᆞ재 밤낮으로 잊지 못함. 늘 잊지 않음.

주야불식 (晝夜不息)[-씩]圓ᄒᆞ재 밤낮으로 쉬지 않음.

주야-은행 (晝夜銀行)圓 고객의 편의를 위하여 밤에도 영업하는 은행.

주야-장단 (晝夜長短)圓 밤과 낮의 길고 짧음.

주야-장천 (晝夜長川)閠 밤낮으로 쉬지 않고 잇따라. ⓒ~ 자식 걱정뿐이다. ⓒ장천.

주야-풍 (晝夜風)圓 같은 지점에서 밤과 낮에 따라 방향이 다른 바람.

주약 (主藥)圓 처방약이나 제제(製劑)에서 주요 성분이 되는 약.

주:약 (呪藥)圓 미개인들이 병을 치료하는 데 신비한 효력이 있다고 믿는 물질.

주약-신강 (主弱臣强)[-씬-]圓ᄒᆞ형 왕이 약하고 신하가 강함. 곧 실권이 신하에 있음.

주어 (主語)圓 1 〖言〗 주요 문장 성분의 하나로, 술어가 나타내는 동작이나 상태의 주체가 되는 말. 임자말. ↔서술어. 2 〖論〗 주사(主辭).

주:어 (奏御)圓ᄒᆞ재 〖歷〗 주달(奏達).

주어-부 (主語部)圓 〖言〗 문장의 주어와 그에 딸린 부속 성분으로 이루어진 부분. 주부(主部). ↔서술부.

주어-절 (主語節)圓 〖言〗 문장에서 주어의 구실을 하는 절. 임자마디. *술어절.

주어-지다[-어-]圓 일·환경·조건 따위가 갖추어지거나 제시되다. ⓒ주어진 운명 / 임무가 ~.

주억-거리다[-꺼-]国 천천히 고개를 끄덕거리다. ⓒ그럴듯하게 여겼는지 연방 고개를 주억거린다.

주업 (主業)圓 본업(本業). ⓒ농업이 ~이다.

주:업 (做業)圓ᄒᆞ재 직업에 종사함.

주여미圓 〈옛〉지게미.

주역 (主役)圓 1 주장되는 역할. 또는 그 역할을 하는 사람. ⓒ역사 창조의 ~. 2 영화·연극에서 주연하는 배우. ⓒ~을 맡다 / ~으로 발탁되다.

주역 (周易)圓 중국 주(周)나라 때의 경서(經書)(천문·지리·인사·물상(物象)을 음양(陰陽) 변화의 원리에 따라 해명한 유교의 경전). 역(易). 역경(易經).

주:역 (註譯)圓ᄒᆞ재 주를 달면서 번역함. 또는 그 번역.

주역-선생 (周易先生)[-썬-]圓 1 주역의 원리에 따라 길흉화복을 점치는 사람. 2 점쟁이.

주연 (主演)圓ᄒᆞ재 1 연극·영화 등에서, 주인공으로 출연함. ⓒ~으로 나오다. 2 '주연 배우'의 준말.

주연 (朱硯)圓 주묵(朱墨)을 갈 때 쓰는 벼루.

주연 (周延)圓 〖論〗 어떤 개념을 포함하는 판단이 그 개념의 외연 전부에 대해 무엇인가를 주장하고 있을 때, 그 개념의 상태를 이르는 말(「모든 새는 동물이다.」에서 모든 새가 동물에 포함될 때, '새'와 '동물'은 주연 관계에 있음).

주연 (周緣)圓 둘레의 가장자리.

주연 (酒宴)圓 술잔치. ⓒ~을 베풀다.

주연 (酒筵)圓 술자리.

주연-곡 (酒宴曲)圓 떠들썩한 주연에서 부르는 술의 노래(주신(酒神) 바쿠스를 찬양하는

곡이라는 뜻).

주연 배우(主演俳優) 연극이나 영화에서, 주연하는 배우. ㉣주연(主演).

주열-성(走熱性)[―썽]圀『生』생물의 열 자극에 대한 주성(走性). 체온을 조절할 능력이 없는 동물에서 볼 수 있음. 추열성(趨熱性). 추온성(趨溫性).

주염-떡圀 인절미를 송편처럼 빚어 팥소를 넣고 겉에 콩고물을 묻힌 떡.

주영(珠纓)圀 구슬을 꿴 갓끈.

주:영(駐英)圀 영국에 주재함. ㅁ~ 대사.

주옥(珠玉)圀 **1** 구슬과 옥. **2** 여럿 가운데 가장 아름답고 귀한 것.

주옥-같다(珠玉―)[―갇따]혱 주옥처럼 아름답거나 귀하다. ㅁ주옥같은 글. **주옥같-이**[―까치]튀

주옥-편(珠玉篇)圀 여러 작품 가운데 가장 뛰어난 작품. ㅁ~만 모은 선집(選集).

주요(主要)圀 주되고 중요함. ㅁ~ 인물 / ~ 사건 / ~ 고객은 어린이다.

주요-동(主要動)圀『지』지진에서, 초기의 미동(微動) 다음에 오는 진폭이 큰 진동.

주요-부(主要簿)圀 '주요 장부'의 준말.

주요 삼화음(主要三和音)『악』으뜸 삼화음.

주요-색(主要色)圀 네 가지 주요한 색(적·황·녹·청).

주요-성(主要性)[―썽]圀 주요한 성질·특성.

주요-시(主要視)圀하타 주요하게 여김. ㅁ안전 관리가 ~되다.

주-요인(主要因)圀 여러 요인 가운데 가장 주된 것. ㅁ실패한 ~을 분석하다.

주요 장부(主要帳簿)『경』부기의 모든 계정을 포함하는 장부(분개장(分介帳)과 원장(元帳)이 있음). ㉣주요부.

주우(酒友)圀 술벗. 주붕(酒朋).

주운(舟運)圀 배로 화물 등을 나르는 것.

주워-대다타 이 말 저 말을 마구 끌어다 대다.

주워-듣다[―따][―들어, ―들으니, ―듣는]타ㄷ 귓결에 한 마디씩 얻어듣다. ㅁ주워들은 소문 / 여기저기서 주워듣는 이야기.

주워-섬기다타 들은 대로 본 대로 이런저런 말을 아무렇게나 늘어놓다. ㅁ입에서 나오는 대로 ~.

주:원(呪願)圀하타『불』주문을 읽어 시주(施主)나 죽은 사람을 위해 기원함.

주-원료(主原料)[―뇨] 圀 주되는 원료.

주-원인(主原因)圀 주된 원인. 주인(主因). ㅁ사고의 ~.

주위(主位)圀 으뜸되는 자리. 또는 주된 자리.

주위(周圍)圀 **1** 어떤 곳의 바깥 둘레. ㅁ지구의 ~를 돌다. **2** 사물이나 사람을 둘러싸고 있는 것. 또는 그 환경. ㅁ~ 환경 / ~를 둘러보다. **3**『수』원의 바깥 둘레.

주위상책(走爲上策)『경』피해를 면하려면 달아나는 것이 가장 좋은 꾀라는 말.

주위-선(周圍線)圀 바깥 둘레의 선. 경계선.

주위-염(周圍炎)圀『의』어떤 주되는 기관(器官)의 둘레에 일어나는 염증.

주유(舟遊)圀하타 뱃놀이. 선유(船遊).

주:유(注油)圀하타 **1** 자동차 등에 휘발유 따위를 넣음. **2** 기계나 기구의 마찰 부분에 기름을 침.

주유(周遊)圀하타 두루 돌아다니면서 구경하며 놂. 주행(周行). ㅁ천하를 ~하다.

주유(侏儒)圀 **1** 난쟁이. **2** 지난날, 궁중에 있던 배우.

주:유-소(注油所)圀 휘발유 등을 자동차에 넣는 곳. 급유소.

주유-천하(周遊天下)圀하자 천하를 두루 돌아다니며 구경함. 주유자모.

주육(朱肉)圀 인주(印朱).

주육(酒肉)圀 술과 고기.

주은(主恩)圀 **1**『기·가』주님의 은혜. **2** 군은(君恩). **3** 주인의 은혜.

주음(主音)圀『악』으뜸음.

주음(酒淫)圀 주색(酒色)1.

주:음-부호(注音符號)圀 1918년 중국 정부가 제정한 표음 기호(자음 21개, 모음 16개). 주음자모.

주의(主意)[―이]圀 **1** 주된 요지. 주지(主旨). **2** 이성이나 감성보다 의지를 중요하게 여기는 일.

주의(主義)[―이]圀 **1** 굳게 지키는 주장이나 방침. ㅁ~ 주장. **2** 체계화된 이론이나 학설. 설(說). 이론. 이즘. 민족~.

주의(周衣)[―이]圀 두루마기.

주:의(注意)[―이]圀하자타 **1** 마음에 새겨 두어 조심함. ㅁ요(要)~ / ~ 깊게 관찰함. **2** 곁에서 귀띔해서 일깨워 줌. ㅁ~ 사항 / ~를 주다. **3** 어떤 곳이나 일에 관심을 집중함. ㅁ~를 끌다 / ~를 기울이다 / ~를 환기하다. **4**『심』외부 환경이나 개체 내부의 여러 자극 가운데 특정한 것을 분별해서 인정하거나, 그것에만 반응하는 정신 기능의 작용. **5** 유도에서, 심판이 내리는 벌칙의 하나. 상대편에게 유효(有效)를 뺏기는 것과 같은 효과를 가짐.

주의(柱衣)[―이]圀『건』기둥머리를 장식하기 위해 그린 단청.

주의(酒蟻)[―이]圀 술구더기.

주의(紬衣)[―이]圀 명주옷.

주의 기도(主―祈禱)[―이―]『가』예수가 제자들에게 가르친 기도문으로, '하늘에 계신…'으로 시작됨(개신교에서는 보통 '주기도문'이라고 함). 천주경(天主經).

주:의-력(注意力)[―이―]圀 한 가지 일에 마음을 집중해 나가는 힘. ㅁ~을 기르다.

주의 만:찬(主―晩餐)[―이―에] 최후의 만찬.

주:의-보(注意報)[―이―]圀 폭풍·해일·홍수 등으로 피해를 입을 염려가 있을 때 기상대에서 주의를 주는 예보. ＊경보(警報).

주의-설(主意說)[―이―]圀 주의주의(主意主義).

주의-자(主義者)[―이―]圀 어떤 주의를 믿고 따르는 사람. ㅁ이상~.

주의-주의(主意主義)[―이―이]圀 **1**『철』의지를 존재의 근본 원리라고 보는 생각. **2**『심』의지를 정신 생활의 근본 기능으로 보는 입장. 주의설.

주이계야(晝而繼夜)[―이―]圀하자 불철주야. ㅁ~로 연구에 몰두하다.

주익(主翼)圀『항』비행기 동체의 좌우로 뻗은 날개. →보조익.

주인(主人)圀 **1** 집안이나 단체 따위를 이끄는 사람. **2** 물건의 임자. ㅁ~ 없는 물건. **3** 손님을 맞는 주장되는 사람. **4** 고용 관계에서 고용하는 사람. ㅁ~과 종업원. **5** '남편'을 간접적으로 이르는 말. ㅁ~ 양반은 댁에 계십니까. ㉣주.

[주인 보탤 나그네 없다] 손은 언제나 주인의 신세를 지게 마련이다.

주인(主因)圀 가장 근본되는 원인. 주원인. →부인(副因).

주인-공(主人公)圀 **1** 소설·희곡·영화 등의 중

심인물. ▢~으로 발탁되다. 2 어떤 일에서 중심이 되거나 주도적인 역할을 하는 사람. ▢새로운 역사의 ~. ⓥ주공.

주인-댁 (主人宅)[-땍] 몡 1 주인집에 대한 경칭. ▢~ 따님을 사모하다. 2 안주인.

주인-봉 (主人峰) 몡[민] 풍수지리에서, 묏자리나 집터 등의 근처에 있는 가장 높은 산봉우리. ⓥ주봉.

주인-옹 (主人翁) 몡 늙은 주인.

주인-장 (主人丈) 몡 주인을 높여 일컫는 말. ⓥ권장.

주인-집 (主人-)[-찜] 몡 주인이 살고 있는 집. ▢~에서 하루 묵었다.

주일 (主一) 몡하타 정신을 한곳에 모음.

주일 (主日) 몡[기] 일요일(예수가 부활한 날이 일요일이었다는 데서). 주일날.

주일 (週日) 몡 일요일부터 토요일까지. 또는 어느 날부터 이레 되는 날. ▢의의 이레 동안을 세는 단위. ▢두~.

주:-일 (駐日) 몡 일본에 주재함. ▢~ 대사.

주일-날 (主日-)[-랄] 몡[기] 주일.

주일 예:배 (主日禮拜)[-례-] 주일마다 행하는 예배.

주일 학교 (主日學校)[-꾜] 몡[기] '교회 학교'의 구용어.

주임 (主任) 몡 1 어떤 일을 주로 담당함. 또는 그 사람. 2 임무 담당자 가운데 상급자. ▢교무 ~.

주:-임-관 (奏任官) 몡[역] 갑오개혁 때, 대신의 주천(奏薦)으로 임명되던 관원.

주임 교:수 (主任敎授) 대학에서, 어떤 전문 학과나 학부(學部)의 일을 통괄하는 교수.

주임 신부 (主任神父)[가] 본당 사목(司牧)을 주장해서 맡아보는 신부. 본당 신부.

주:입 (注入) 몡하타 1 액체를 부어 넣음. ▢약물을 ~하다. 2[교] 기억과 암송을 주로 해서 지식을 넣어 줌. ▢머리에 ~된 지식.

주:입 (鑄入) 몡하타 1 녹인 쇳물을 거푸집에 부어 넣음. 2 조형법의 하나. 조소(彫塑)에서, 석고로 된 판에 묽은 흙을 부어 넣거나 맨몸을 이겨 박음.

주:입 교:육 (注入敎育)[-꾜-] 능력 계발이나 이해보다는 지식의 주입에 중점을 두는 교육. ↔개발 교육.

주:입-식 (注入式)[-씩] 몡 1 주입하는 방식. 2 주입 교육에 따라 베푸는 교육 방식. *문답식(問答式).

주:입-주의 (注入主義)[-쭈-/-쭈이] 몡 학습자의 이해를 위주로 하고 기억과 암기를 위주로 해서 지식을 넣어 주는 것을 기본으로 삼는 주의. ↔개발주의.

주자 (舟子) 몡 뱃사공.

주자 (走者) 몡 1 달리는 사람. ▢릴레이의 제1~. 2 야구에서, 누(壘)에 나가 있는 사람. 러너(runner).

주:-자 (注子) 몡 술 따위를 퍼서 잔에 따르는 그릇.

주:자 (奏者) 몡 '연주자'의 준말. ▢전자 오르간~.

주자 (酒榨) 몡 술주자.

주:자 (鑄字) 몡 쇠붙이를 녹여 부어 활자를 만듦. 또는 그 활자.

주자-석 (朱子石) 몡[광] 주홍빛 무늬를 띤 석회암(도장 재료나 장식석으로 씀). 주사석.

주:자-소 (鑄字所) 몡[역] 조선 때, 활자를 만들어 책을 찍어 낸던 곳.

주:-자 (鑄字-) 몡 활자금(活字金).

주-자재 (主資材) 몡 제품의 직접 원료가 되는 자재. *부자재.

주자-학 (朱子學) 몡 중국 송(宋)나라의 주돈이(周敦頤)·정명도(程明道)·정이천(程伊川) 등에서 비롯되어 주자에 이르러 대성한 유학. 성리학(性理學).

주작 (朱雀) 몡[민] 남쪽 방위를 지키는 신령을 상징한 짐승(붉은 황룡[鳳凰]으로 형상화하였음).

주:작 (做作) 몡하타 없는 사실을 꾸며 만듦. 주출(做出).

주:작-부언 (做作浮言)[-뿐] 몡하짜 터무니없는 말을 지어냄.

주잠 (酒箴) 몡 술을 경계하라는 훈계의 말. 주훈(酒訓).

주잠 (珠簪) 몡 구슬로 꾸민 비녀.

주장 (主張) 몡하타 1 자기의 의견이나 주의를 굳게 내세움. 또는 그런 의견이나 주의. ▢~을 굽히다 / ~에 동조하다. 2 주재(主宰).

주장 (主將) 몡 1 한 군대의 으뜸되는 장수. 2 운동 경기에서, 팀을 대표하는 선수. ▢농구부의 ~.

주장 (主掌) 몡하타 어떤 일을 책임지고 맡아 행함. 또는 그 사람.

주장 (朱杖) 몡[역] 주릿대·무기 등으로 쓰는 붉은 칠을 한 몽둥이. 주장대.

주:-장 (拄杖) 몡 짚고 의지하는 지팡이.

주:-장 (主張) 몡하짜 허튼소리로 떠벌림.

주:-장 (注腸) 몡 약물이나 영양제를 항문을 통해서 직장에 넣는 일.

주:-장 (酒場) 몡 1 술도가. 2 술 파는 곳.

주:-장 (鑄匠) 몡 1 놋갓장이. 2 조선 때, 주자소(鑄字所)에서 활자를 만들던 공장(工匠).

주장-낙토 (走獐落兎) 노루를 쫓다가 생각지도 않은 토끼가 걸려들었다는 뜻으로, 뜻밖의 이익을 얻음을 이르는 말.

주장-대 (朱杖-)[-때] 몡 주장(朱杖).

주장무인 (主張無人) 몡 주장해 맡는 사람이 없음.

주장-삼다 (主張-)[-따] 타 1 무엇을 위주로 하다. 2 유일한 근거나 명분으로 믿고 툭하면 그것을 내세우다.

주장-야단 (晝長夜短)[-냐-] 몡 낮이 길고 밤이 짧다는 뜻으로, 하지(夏至)의 전후를 이르는 말. →주단야장(晝短夜長).

주장-질 (朱杖-) 몡하짜 1[역] 주장으로 매질하던 일. 2 몹시 나무라거나 때리는 일.

주재 (主材) 몡 1 주된 재료나 자재. 2 신주(神主)를 만드는 데 쓰는 나무.

주재 (主宰) 몡하타 중심이 되어 맡아 처리함. 또는 그 사람. 주장(主張). ▢회의를 ~하다.

주:재 (奏裁) 몡하타 임금에게 아뢰어 재가(裁可)를 청함.

주:재 (駐在) 몡하짜 1 한곳에 머물러 있음. 2 직무상으로 파견되어 그곳에 머물러 있음. ▢뉴욕에 ~하는 기자.

주:재-국 (駐在國) 몡 대사·공사 등이 국가의 명을 받고 주재해 있는 나라.

주-재료 (主材料) 몡 무엇을 만드는 데 주가 되는 재료.

주:재-소 (駐在所) 몡 1 파견되어 머물러 있는 곳. 2[역] 일제 강점기에, 순사가 머무르면서 근무하던 경찰의 말단 기관.

주:재-원 (駐在員) 몡 어떤 곳에 파견되어 주재하고 있는 직원. ▢현지 법인의 ~.

주재-자 (主宰者) 몡 어떤 일을 중심이 되어 맡아 처리하는 사람. 주재.

주저 (主著)명 주가 되는 저서.
주:저 (呪詛)명하타 저주(詛呪).
주저 (躊躇)명하자타 머뭇거리며 망설임. ▣~없이 행동하다 / 그 일을 떠맡기기 ~되다 / ~하거나 두려워하며.
주저-롭다 [-따][-로워, -로우니]형ㅂ 넉넉지 못해서 아쉽거나 곤란하다. 주저-로이 閉
주저리 1 너저분한 물건이 어지럽게 매달리거나 한데 묶인 것. ▣배추 ~. 참조자리. 2 일정한 양의 볏짚의 끝을 모아 엮어서 무엇을 씌울 수 있도록 만든 물건《겨울에 꽃나무나 김칫독 위에 덮어씌워 눈비를 가리며 추위를 막는 데 씀》.
주저리-주저리 閉 너부룩한 물건이 어지럽게 많이 매달린 모양. ▣~ 달려 있다.
주저-앉다 [-안따][자] 1 섰던 자리에 힘없이 앉다. ▣그 자리에 털썩 ~. 2 물건의 밑이 움푹하게 빠져 들어가다. ▣지진으로 주저앉은 건물. 3 하던 일을 그만두다. ▣정상의 문턱에서 ~. 4 일정한 곳에 자리 잡고 살다. ▣한국에 들렀다가 그대로 주저앉았다.
주저-앉히다 [-안치-][안치-]《'주저앉다'의 사동》 주저앉게 하다. ▣의자에 ~.
주저-주저 (躊躇躊躇)閉하자타 몹시 머뭇거리며 망설이는 모양.
주저-탕 (-湯)명 쇠족을 썰어 넣고 끓는 국물에 밀가루를 풀고 무를 얇게 썰어 넣어 죽처럼 끓은 국《흔히 제사에 씀》.
주적 (酒積)명《한의》술을 지나치게 마셔 생기는 병. 배와 가슴이 더부룩하고 얼굴이 황흑색이 됨.
주:적 (籌摘)명하타 어림해서 대강 치는 셈.
주적-거리다 [-꺼-][자] 1 주책없이 아는 체하며 자꾸 떠들다. 2 어린아이가 걸음발타 듯 귀엽게 자꾸 걷다. 3 자꾸 느리게 어정어정 걷다. 참조작거리다. 주적-주적 [-쭈-]閉하자
주적-대다 [-때-][타] 주적거리다.
주전 (主戰)명하자 1 전쟁하기를 주장함. ↔주화(主和). 2 주력이 되어 싸움. 또는 그 사람. ▣~ 멤버 / ~ 투수.
주:전 (鑄錢)명하자 돈을 주조(鑄造)함. 또는 그 돈.
주전-거리다[타] 때없이 군음식을 재신없이 자꾸 먹다. 참조잔대다. 주전-주전 閉하타
주전-대다[타] 주전거리다.
주-전론 (主戰論)[-논]명 전쟁하기를 주장하는 의견이나 이론. ↔주화론.
주-전립 (朱氈笠)[-절-]명《역》군뢰복다기.
주전-부리 명하자 군음식을 때없이 자꾸 먹는 입버릇. 군것질. ▣~가 심하다. 참조잔부리.
주전-성 (走電性)[-썽]명《생》전류가 통할 때 음극 또는 양극으로 향하는 주성(走性). 추전성(趨電性).
주전-자 (酒煎子)명 술이나 물 따위를 데우거나 그것을 담아 따르게 된 그릇. 주둥이·뚜껑·귀때·손잡이가 있음.
주전-하다 (周全-)형여 빈틈없이 두루 온전하다. 주전-히 閉
주절 (主節)명《언》종속절(從屬節)이 있는 문장에서 주(主)가 되는 절(節). 으뜸마디. ↔종속절.
주절-거리다[자타] 낮은 목소리로 말을 계속하다. 참조잘거리다. 주절-주절¹ 閉하자타 ▣~ 변명을 늘어놓다.
주절-대다[자타] 주절거리다.
주절-주절² 閉하형 끄나풀 따위가 너저분하게 늘어진 모양. 참조잘조잘².
주점 (主點)[-쩜]명 주요한 점. 요점.

주점 (朱點)명 붉은 점. 또는 붉게 찍은 점.
주점 (酒店)명 술집.
주점 사기 (朱點沙器)녹색 바탕에 붉은 점을 찍어 만든 사기.
주접 (이) 여러 가지 탓으로 생물체가 쇠해지는 상태. 2 옷차림이 초라하고 너절한 것. ▣~이 끼다. 참조잡.
주접(이) 들다 ㉠생물체가 탈이 많아 잘 자라지 못하거나 생기가 없어지다. ㉡모습이 초라해지다.
주접-대다 [-때-]자 음식 따위에 대해 지나치게 욕심을 부리는 짓을 자꾸 하다.
주접-떨다 [-떨어, -떠니, -떠는]자 욕심을 부리며 추하고 염치없게 행동하다. ▣주접떨지 말고 가만히 있어라.
주접-부리다 [-뿌-][타] 추하고 염치없는 짓을 하다.
주접-스럽다 [-쓰-따][-스러워, -스러우니] 형ㅂ 1 음식 따위에 대해 심하게 욕심을 부리는 태도가 있다. ▣주접스럽게 먹으려 들다. 2 모습이 볼품이 없거나 어수선한 데가 있다. ▣차림새가 ~. 참조잡스럽다. 주접-스레 [-쓰-]閉
주정 (主情)명 이성이나 지성보다 감정이나 정서를 중히 여기는 일. ↔주지(主知).
주정 (舟艇)명 소형의 배. ▣상륙용 ~.
주:정 (酒酊)명하자 술에 취해 정신없이 말하거나 행동함. 또는 그런 말이나 행동. ▣~을 부리다 / ~이 심하다.
주정 (酒精)명 에탄올의《각종 주류(酒類)에 함유되어 있다고 해서 일컫는 말》.
주정-계 (酒精計)[-/-게]명 물에 들어 있는 알코올의 분량을 재는 비중계.
주:정-꾼 (酒酊-)명 술을 마시고 주정을 하는 사람.
주정 발효 (酒精醱酵)《화》알코올 발효.
주:정-배기 (酒酊-)명 주정뱅이.
주:정-뱅이 (酒酊-)명《속》주정쟁이. 주정배기.
주정-분 (酒精分)명 알코올 성분.
주정-설 (主情說)명《철》주정주의(主義). ↔주지설.
주정-음료 (酒精飮料)[-뇨]명 알코올이 들어 있는 음료《맥주·포도주 따위》.
주:정-쟁이 (酒酊-)명 주정을 부리는 버릇이 있는 사람.
주정-주의 (主情主義)[-/-이]명《철》이성이나 지성보다 감정이나 정서를 중히 여기거나, 근원적인 것이라고 믿는 사상. 주정설(說). ↔주지(主知)주의2.
주:정-질 (酒酊-)명하자타 술을 마시고 주정하는 짓.
주:-정차 (駐停車)명하자 주차와 정차. ▣~ 금지 구역.
주제 명 1 '주제꼴'의 준말. ▣~가 말이 아니다. 2 《주로 '주제에'의 꼴로 쓰여》 변변하지 못한 처지. ▣제~에 무슨 노래를 한답시고.
주제 (主祭)명하자 제사를 주장해서 행함. 또는 그 사람.
주제 (主題)명 1 대화나 연구 등에서 중심이 되는 제목 또는 문제. ▣강연의 ~. ↔부제(副題). 2 작가가 나타내고자 하는 기본적인 사상. ▣소설의 ~.
주제 (主劑)명 조제에 주가 되는 약.
주제 (酒劑)명 약품을 포도주 따위의 술에 녹여 만든 약《강장제로 씀》.
주제-가 (主題歌)명 영화·연극 등에서, 주제

의 내용을 상징적으로 나타낸 노래.

주제-꼴 [명] 변변치 못한 몰골이나 몸치장. ▢ ~이 사납다 / 비루한 ~에 꼴사납게 군다. ㉿ 주제.

주제-넘다 [-따] [형] 제 분수에 넘게 건방지다. ▢ 주제넘은 녀석 / 주제넘게 굴다.

주제 소:설 (主題小說) [문] 기분이나 정조(情調)보다는 어떤 일관된 사상·주의를 주로 해서 쓰여진 소설. 테마 소설.

주제 음악 (主題音樂) [악] 테마 뮤직.

주조 (主調) [악] 한 악곡의 기초가 되는 가락(넓은 뜻으로는 회화(繪畫)에 대해서도 말함). 주조음. 기조(基調).

주조 (主潮) [명] 주된 사조(思潮)나 경향. ▢ 사실적 묘사가 ~를 이루다. ~하다.

주조 (酒造) [명] [하] [타] 술을 빚어 만듦. ▢ 밀주를 ~하다.

주조 (酒槽) [명] 술주자(酒榨).

주조 (酒糟) [명] 재강.

주:조 (鑄造) [명] [하] [타] 쇠붙이를 녹여 거푸집에 부어 물건을 만듦. ▢ 전통 문양으로 ~된 화폐 / 새 활자를 ~하다.

주:조-기 (鑄造機) [명] [인] 활자를 주조하는 기계.

주조-음 (主調音) [명] [악] 주조(主調).

주조-장 (酒造場) [명] 술도가.

주졸 (走卒) [명] 여기저기 바쁘게 돌아다니며 심부름하는 사람.

주종 (主宗) [명] 여러 가지 가운데 주가 되는 것. ▢ ~을 이루다 / ~으로 삼다.

주종 (主從) [명] 1 주인과 부하. ▢ ~ 관계. 2 주체와 종속.

주:종 (鑄鐘) [명] [하] [타] 종을 주조해 만듦.

주주 (株主) [명] [경] 주식(株式)을 가지고 직접 또는 간접으로 회사 경영에 참여하고 있는 개인이나 법인.

주주객반 (主酒客飯) [-빤] [명] 주인은 손에게 술을 권하고, 손은 주인에게 밥을 권하며 다정히 먹고 마심.

주주-권 (株主權) [-꿘] [명] [경] 주주가 주식 소유자로서 회사에 대해 갖는 권리.

주주 총:회 (株主總會) [경] 주주로 구성되어, 주식회사의 의사를 결정하는 최고 기관.

주줄-이 [부] 줄지어 죽 늘어선 모양. ▢ ~ 꿰다.

주중 (週中) [명] 1 한 주일의 중간. 2 그 주 안. ▢ ~에 가야 한다.

주중-적국 (舟中敵國) [-꾹] [명] 한배 안에 적의 편이 있다는 뜻으로, 군주가 덕을 닦지 않으면 자기편일지라도 모두 곧 적이 될 수 있다는 말.

주즙 (舟楫) [명] 배와 삿대. 곧, 배의 전체.

주증 (主症) [명] 병의 주된 증래.

주지 (主旨) [명] 1 주의(主意)1. 2 [가] 하느님의 뜻.

주지 (主枝) [명] [식] 주가 되는 가지. 원가지.

주지 (主知) [명] 감성이나 의지보다 이성·지성·합리성 따위를 중요하게 여기는 일. ↔주정(主情).

주:지 (住持) [명] [불] 한 절을 주관하는 승려. 주승(主僧). ▢ ~를 맡다.

주지 (周知) [명] 여러 사람이 두루 앎. ▢ ~의 사실 / ~하는 바와 같이 / 안전 수칙을 ~시키다.

주지 (周紙) [명] 두루마리1.

주:지 (注紙) [명] 승지(承旨) 따위가 임금 앞에서 왕명(王命)을 받아 적는 데 쓰던 종이.

주-지사 (州知事) [명] 미국 등 일부 국가에서, 주(州)의 행정 사무를 총괄하는 자치 단체장.

주지-설 (主知說) [철] 주지주의(主知主義)2. ↔주정설(主情說).

주지-성 (走地性) [-썽] [명] [생] 생물의 중력에 대한 주성(走性). 추지성(趨地性).

주지-시 (主知詩) [문] 감정보다는 이성이나 지성을 중시하는 입장에서 쓰여진 시.

주지-육림 (酒池肉林) [-늄] [명] 술로 연못을 이루고 고기로 숲을 이룬다는 뜻으로, 호사스러운 술잔치의 비유.

주지-주의 (主知主義) [/-이] [명] 1 [문] 감정이나 정서보다는 지성 또는 이지(理智)를 앞세우는 경향이나 태도. 2 [철] 일반적으로 감정이나 행동보다는 지성이나 이론, 사유 따위의 지적인 것을 중시하는 사상. 주지설. ↔주정(主情)주의.

주진 (主震) [명] 같은 지역에서 연속적으로 일어나는 지진 가운데 가장 큰 지진.

주징 (酒癥) [명] [한의] 알코올 중독으로 생기는 만성병.

주:차 (駐車) [명] [하] [타] 자동차를 일정한 곳에 세워 둠. ▢ ~ 금지 / ~료 / ~ 공간.

주:차 (駐箚) [명] [하] [자] 공무를 띠고 다른 나라에 머무름. 주재.

주:차 대:사 (駐箚大使) 임지인 외국에 파견되어 머물러 있는 대사.

주:차-장 (駐車場) [명] 자동차를 세워 두도록 마련한 곳. ▢ 유료 ~ / ~에 차를 대다.

주착 (主着) [명] ☞주책.

주찬 (酒饌) [명] 주효(酒肴).

주찬 (晝餐) [명] 오찬(午餐).

주:찬 (誅竄) [명] [하] [타] 형벌로 죽이는 일과 귀양 보내는 일.

주찰 (周察) [명] [하] [타] 두루 자세히 살핌.

주창 (主唱) [명] [하] [타] 주의나 사상을 앞장서서 주장함. ▢ 사회 개혁을 ~하다.

주창-자 (主唱者) [명] 주창하는 사람.

주채 (酒債) [명] 술값으로 진 빚. 술빚.

주책 [명] 1 일정한 주견 또는 판단력. ▢ ~이 없다. 2 일정한 줏대가 없이 되는대로 하는 짓. ▢ ~을 떨다 / ~을 부리다.

주:책 (誅責) [명] [하] [타] 엄하게 꾸짖음.

주:책 (籌策·籌策) [명] 이리저리 헤아린 끝에 생각한 꾀.

주책-망나니 [-챙-] [명] 주책없는 사람을 욕으로 이르는 말.

주책-머리 [-챙-] [명] 〈속〉 주책.

주책-바가지 [-빠-] [명] 주책없는 사람을 조롱하여 이르는 말.

주책-없다 [-채겁따] [형] 줏대 없이 이랬다저랬다 해서 몹시 실없다. **주책-없이** [-채겁씨] [부]. ▢ ~ 굴다.

주책-이 (主冊이) [명] '어미자'의 구용어.

주척 (周尺) [명] 한 자가 곱자의 여섯 치 육 푼(=0.231 m)과 같은 자.

주천 (朱天) [명] 구천(九天)의 하나. 남서쪽의 하늘.

주천 (周天) [명] [하] [자] [천] 천체가 궤도를 따라 한 바퀴 도는 일.

주:천 (奏薦) [명] [하] [타] [역] 조선 때, 임금께 상주(上奏)해서 천거하던 일.

주:철 (鑄鐵) [명] [광] 1.7 % 이상의 탄소를 포함하는 철의 합금(주조가 쉬워서 공업 재료로 씀).

주:철-관 (鑄鐵管) [명] 수도·가스 등의 도관으로 쓰는, 주철로 만든 관.

주:청 (奏請) [명] [하] [타] [역] 임금께 아뢰어 청하

던 일. 계청(啓請).

주:청-사 (奏請使) [명] 〔역〕 조선 때, 동지사(冬至使) 이외의 중국에 청할 일이 있을 때 보내던 사신.

주체 [명][하타] 짐스럽거나 귀찮은 것을 처리함. ❏ ~할 수 없을 정도로 일이 몰리다.

주체(를) 못하다 [구] 짐스럽거나 귀찮아 감당하지 못하다. ❏ 일이 밀려 ~.

주체 (主體) [명] **1** 어떤 단체나 물건의 주가 되는 부분. ❏ 국가의 ~는 국민이다. **2** 사물의 작용이나 어떤 행동의 주가 되는 것. ❏ 역사의 ~. **3** 〔철〕 객관에 대한 주관. 의식하는 것으로서의 자아. ↔객체.

주체 (酒滯) [명] 〔한의〕 술로 말미암은 체증.

주체-궂다 [-굳따] [형] 몹시 주체스럽다.

주체 높임법 (主體-法) [-노핌뻡] 〔언〕 높임법의 하나. 동작·상태의 주체인 인물이 화자(話者)보다 존귀한 경우, 그 동작·상태를 표현하는 용언에 어미 '-(으)시-'를 연결해 표시함 《'큰어머님께서 오십니다.', '선생님께서 가셨다.' 따위》. 주체 존대법.

주체-성 (主體性) [-썽] [명] 어떤 일을 실천할 때 나타내는 자유롭고 자주적인 성질. ❏ 민족의 ~ / ~을 확립하다.

주체-스럽다 [-따] [-스러워, -스러우니] [형][ㅂ] 처리하기가 짐스럽고 귀찮은 데가 있다. ❏ 짐이 많아 ~. **주체-스레** [부]

주체-적 (主體的) [관][명] 주체에 관한 (것). 주체가 되어 작용하는 (것). ❏ ~으로 해결하다.

주쳇-덩어리 [-체떵- / -첻떵-] [명] 주체하기가 매우 어려운 사물이나 사람.

주초 (柱礎) [명] ☞ 주추.

주초 (酒炒) [명][하타] 〔한의〕 약재를 술에 담갔다가 볶음.

주초 (酒草) [명] 술과 담배.

주초 (週初) [명] 한 주일의 처음. ↔주말.

주:촉 (嗾囑) [명][하타] 남을 꾀어 부추겨서 시킴.

주촉-성 (走觸性) [-썽] [명] 〔생〕 딴 물체와의 접촉이 자극이 되어 일어나는 주성(走性). 주고성(走固性). 추고성(趨固性).

주최 (主催) [명][하타] 행사나 모임을 주장하고 기획해서 엶. ❏ 걷기 대회를 ~하다.

주최-자 (主催者) [명] 행사나 모임을 주장해서 여는 개인이나 단체. 회주(會主).

주추 [명] 〔←주초(柱礎)〕 기둥 밑에 괴는 돌 따위. ❏ ~를 놓다.

주축 (主軸) [명] **1** 〔수〕 몇 개의 축을 가진 도형 및 물체의 축 가운데 주가 되는 축. **2** 원동기에서 동력을 직접 전하는 축. **3** 주장이 되어 움직이는 사람이나 세력의 비유. ❏ 청소년이 ~을 이룬 모임.

주축-일반 (走逐一般) [명] 달아나는 것이나 뒤쫓아가는 것이 다 같다는 뜻으로, 다 같이 옳지 않은 짓을 한 바에는 나무라는 쪽이나 듣는 쪽이나 마찬가지임을 이르는 말.

주:춘-증 (注春症) [-쯩] [명] 〔한의〕 봄을 몹시 타는 병증.

주:출 (做出) [명][하타] 주작(做作).

주:출 (鑄出) [명][하타] 녹인 쇠붙이를 거푸집에 부어 만들어 냄.

주춤 [부][하자타] 망설이거나 가볍게 놀라서 갑자기 멈칫하거나 움츠리는 모양. ❏ 걸음을 ~하고 서다.

주춤-거리다 [자타] 어떤 행동이나 걸음 따위를 망설이며 자꾸 머뭇거리다. ❏ 발걸음이 ~ / 대답하기를 ~. [작] 조촘거리다. **주춤-주춤** [부][하자타]. ❏ ~ 뒷걸음치다.

주춤-대다 [자타] 주춤거리다.

주춤-병 (-病) [-뼝] [명] 무슨 일을 하는 데 결단성이 없고 주춤거리는 결점. [작] 조촘병.

주춤-세 (-勢) [명] 〔경〕 변동이 거의 없이 그대로 유지되는 시세.

주춧-돌 (柱-) [-추똘 / -춛똘] [명] 주추로 쓰인 돌. 모퉁잇돌. 초석(礎石). ❏ ~을 놓다.

주충 (酒蟲) [명] 술 벌레라는 뜻으로, 술에 미치다시피 된 사람을 놓으로 일컫는 말.

주치 (主治) [명][하타] 병을 주로 맡아서 치료함.

주치 (酒痔) [명] 〔한의〕 술을 지나치게 마셔서 생기는 치질. 항문이 붓고 아프며 피가 나옴.

주치-의 (主治醫) [- / -이] [명] 어떤 사람의 병을 맡아서 치료하는 의사. ❏ ~를 정하다.

주침 (酒浸) [명][하타] 〔한의〕 약재를 일정한 시간 동안 술에 담가 둠.

주침 (晝寢) [명] 낮잠.

주침-야소 (晝寢夜梳) [-냐-] [명] 낮잠과 밤에 하는 빗질이란 뜻으로, 위생에 해로운 일을 비유적으로 이르는 말.

주크박스 (jukebox) [명] 동전을 넣고 단추를 눌러 곡을 지정하면 저절로 음악이 나오는 장치. 자동 전축.

주탕 (酒湯) [명] 술국.

주:택 (住宅) [명] **1** 사람이 들어가 살 수 있게 지은 집. 거택(居宅). ❏ 공동 ~. **2** '단독 주택'의 준말.

주:택-가 (住宅街) [-까] [명] 도회지의 번잡한 상업가나 공업 지대와 떨어져 주로 주택들로 이루어진 지대. ❏ ~를 조성하다.

주:택 관리사 (住宅管理士) [-꽐-] 정부에서 시행하는 시험에 합격해서, 공동 주택의 관리와 운영을 담당하는 전문직.

주:택-난 (住宅難) [-탱-] [명] 주택이 모자라서 구하기 어려운 일. ❏ ~을 해소하다.

주:택 단지 (住宅團地) [-딴-] 〔건〕 계획적으로 건설한 큰 규모의 주택 지역. 좋은 거주 환경과 편의를 위해 상점·공원·학교 따위의 공동 시설이 배치됨. ❏ 대규모의 ~를 조성하다.

주:택-비 (住宅費) [-삐] [명] **1** 주택에 대한 유지 및 관리비. **2** 주택 건립에 드는 비용.

주:택-지 (住宅地) [-찌] [명] **1** 위치·환경 따위가 주택을 짓기에 알맞은 지역. ❏ ~를 확보하다. **2** 주로 주택이 들어선 지역.

주토 (朱土) [명] **1** 붉은 흙. 적토(赤土). **2** 〔광〕 석간주(石間硃).

주톳-빛 (朱土-) [-토삗 / -톧삗] [명] 붉은 흙의 빛깔.

주트 (jute) [명] 황마(黃麻)의 섬유.

주-특기 (主特技) [-끼] [명] **1** 주된 특기. **2** 〔군〕 기본 교육 과정을 마친 군인이 각자의 전 이력과 소질을 참작해서 전문적인 교육을 받음으로써 얻게 되는 특기. 군사 특기. 엠오에스.

주특기 번호 (主特技番號) [-끼-] 〔군〕 주특기를 나타내는 고유 번호.

주파 (走破) [명][하타] 정해진 거리를 쉬지 않고 끝까지 달림. ❏ 마라톤 전 구간을 ~하다.

주파 (周波) [명] 〔물〕 물체의 진동이나 파동이 한번 되풀이되는 과정.

주파 (酒婆) [명] 술을 파는 늙은 여자.

주파-계 (周波計) [- / -게] [명] '파장계(波長計)'의 구용어.

주파-수 (周波數) [명] 〔물〕 전파나 음파 등이 1초 동안 진동하는 횟수《고(高)주파와 저(低)주파의 두 가지가 있음. 단위: 헤르츠》. ❏ ~를 맞추다.

주파수 대:역폭 (周波數帶域幅)〖물〗여러 가지의 다른 주파수의 성분이 분포되어 있는 주파수 범위의 폭.

주파수 변:조 (周波數變調)〖물〗일정한 진폭의 반송파 주파수를 전기 신호에 따라 변화시켜 통신하는 방법《진폭(振幅) 변조에 비해 잡음이 적음》. 에프엠(FM). ↔진폭 변조.

주:판 (籌板·珠板)몡 수판(數板).
　주판(을) **놓다** 관 수판(을) 놓다.

주:판 (籌辦)몡하타 형편이나 사정을 헤아려 처리함.

주:판-알 (籌板-)몡 수판알.
　주판알을 튀기다 관 수판(을) 놓다.

주판지세 (走阪之勢)몡 가파른 산비탈을 내리달리는 형세라는 뜻으로, 어찌할 수가 없어되어 가는 대로 맡겨 둠의 비유.

주:판-질 (籌板-)몡하자타 수판질.

주편 (主便)몡하타 자기에게 편하도록 주장함.

주평 (週評)몡 한 주일 동안 일어난 일에 대한 비평. ▢~이 매섭다.

주포 (主砲)몡 군함이나 전차에 장치한 포 가운데 가장 위력이 큰 포. ↔부포(副砲).

주-폭도 (走幅跳)[-도] 멀리뛰기.

주표 (書標)몡 주간 항로의 위험을 나타내는 표지.

주-표제어 (主標題語)몡 사전에서, 다른 표제어에 딸리지 않고 배열되는 말.

주:품 (奏稟)몡하타 ⟪역⟫ 주달(奏達).

주피터 (Jupiter)몡 로마 신화의 최고신《그리스 신화의 제우스(Zeus)에 해당함》.

주필 (主筆)몡 신문사 등에서 기자 가운데 첫째가는 지위에 있으면서 중요 사설·논설 등을 집필하는 사람.

주필 (朱筆)몡 붉은 먹을 묻혀 쓰는 붓. 또는 그것으로 쓴 글자.

주필 (走筆)몡하타 글씨를 흘려 빨리 씀.

주:필 (駐蹕)몡하타 왕이 거둥길에 잠시 머무르거나 묵던 일.

주:하 (奏下)몡하타 신하가 아뢴 일에 대해 임금이 재가(裁可)를 내림.

주:-하다 (奏-)자타여 **1** 연주하다. **2** ⟪역⟫ 상주(上奏)하다.

주학 (書學)몡하자 주로 학교에서 낮에 공부함. ↔야학(夜學)2.

주:한 (駐韓)몡 임무를 띠고 한국에 주재함. ▢~ 미국 대사 / ~ 외교 사절.

주합 (酒盒)몡 **1** 뚜껑을 술잔 대신 쓸 수 있는 쇠붙이로 된 술 그릇. **2** 술과 안주를 담아 들고 다니게 된 찬합.

주-합분 (主合分)[-뿐]몡 ⟪광⟫ 암석 가운데 들어 있는 주요한 광물.

주항 (舟航)몡하자 항해함.

주항 (周航)몡하자 여러 곳을 두루 항해함.

주항 (酒缸)몡 술을 담은 항아리. 술독1.

주-항라 (紬亢羅)[-나]몡 명주실로 짠 항라.

주:해 (註解·注解)몡하타 본문의 뜻을 알기 쉽게 풀이함. 또는 그 글. ▢전문가에 의해 ~된 고전 / ~를 달다 / ~를 붙이다. ⓒ주석.

주행 (舟行)몡하자 배를 타고 감. 배가 물에 떠서 다님.

주행 (走行)몡하자 주로 동력으로 움직이는 자동차나 기차 따위가 달림. ▢~ 시험 / ~ 속도 / 고속 ~.

주행 (周行)몡하자 주유(周遊).

주행 (書行)몡하자 ⟪동⟫ 낮에 활동함. ↔야행(夜行).

주행 거:리 (走行距離) 차량 따위가 움직여 간 거리나, 일정한 속도로 갈 수 있는 전체 거리.

주행-선 (走行線)몡 고속도로 따위 큰길에서, 추월선에 대해 평상으로 달리는 차선.

주행-성 (晝行性)[-씽]몡 ⟪동⟫ 낮에 활동하는 성질. ↔야행성.

주행 차로 (走行車路) 고속도로 따위에서, 추월 차로에 대해 평상으로 달리는 차로.

주향 (走向)몡 ⟪지⟫ 층향(層向).

주향 (酒香)몡 술에서 나는 향기.

주향-성 (走向性)[-씽]몡 ⟪생⟫ 주성(走性)과 향성(向性). 또는 주성(走性)을 일컫는 말. 추향성(趨向性).

주현-절 (主顯節)몡 ⟪기⟫ 그리스 정교와 감독(監督) 교회에서 행하는 1월 6일의 축일.

주-혈-사상충 (住血絲狀蟲)몡 ⟪동⟫ 사람에 기생하는 선형동물의 하나. 몸길이는 암컷이 10 cm 쯤, 수컷은 그 반가량임. 혈관에 기생하면 상피병(象皮病), 곧 필라리아라는 병증을 일으킴. 사상충.

주:혈-흡충 (住血吸蟲)몡 ⟪동⟫ 편충류(扁蟲類)의 편형(扁形)동물. 몸길이 2 cm 가량의 가는 원통상이며, 전단에 흡반이 있음. 사람·동물의 정맥에 기생하며 빈혈증을 유발함.

주형 (主刑)몡 **1** ⟪법⟫ 다른 형벌에 덧붙이지 않고 독립해서 과할 수 있는 형벌《사형·징역·금고·벌금·구류 및 과료》. **2** ⟪역⟫ 형법 대전에 규정했던 사형·유형·역형(役刑)·금옥(禁獄)·태형 따위.

주형 (舟形)몡 배같이 생긴 모양. 배꼴.

주:형 (鑄型)몡 **1** 거푸집3. **2** 활자의 몸을 만드는 틀.

주호 (酒戶)몡 주량(酒量).

주호 (酒豪)몡 술을 잘 마시는 사람. 주선(酒仙).

주혼 (主婚)몡하자 **1** 혼사(婚事)를 맡아 주관함. **2** '주혼자'의 준말.

주혼-자 (主婚者)몡 혼사를 맡아 처리하는 사람. ⓒ주혼.

주홍 (朱紅)몡 **1** 누른빛을 약간 띤 붉은빛. 주홍빛. 주홍색. **2** 황과 수은으로 된 붉은빛의 안료. 주(朱).

주홍-빛 (朱紅-)[-삗]몡 주홍1.

주홍-색 (朱紅色)몡 주홍1.

주화 (主和)몡하자 전쟁을 피하고 화해하거나 평화롭게 지내자고 주장함. ↔주전(主戰).

주:화 (鑄貨)몡하자 쇠붙이를 녹여 화폐를 만듦. 또는 그 화폐. ▢~를 발행하다.

주-화기 (主火器)몡 ⟪군⟫ 전투 부대에서, 가장 중요한 화기《소총 중대의 소총 따위》. 기본 화기.

주화-론 (主和論)몡 전쟁을 피하고 화해하거나 평화롭게 지내자고 주장하는 의견이나 이론. ▢~을 펴다. ↔주전론.

주화-성 (走化性)[-씽]몡 ⟪생⟫ 생물이 화학 물질의 자극에 쏠리어 나타나는 성질《썩은 물건에 파리가 꾀는 따위》. 추화성(趨化性).

주황 (朱黃)몡 **1** 빨간빛과 누른빛 사이의 빛깔. 주황빛. 주황색. **2** 주황의 물감.

주황-빛 (朱黃-)[-삗]몡 주황1.

주황-색 (朱黃色)몡 주황1.

주회 (周回)몡하타 **1** 지면(地面) 따위의 둘레. 주위. **2** 둘레를 빙 돎. ▢~ 비행.

주:획 (籌劃)몡하타 형편·방법 등을 헤아려 계획함. 또는 그런 계획.

주효 (奏效)몡하자 효력이 나타남. ▢코치의 작전이 ~했다.

주효 (酒肴)몡 술과 안주. 주찬(酒饌).

주후 (酒後)몡 취후(醉後).

주훈 (主訓)【명】〖가〗천주(天主)의 가르침.
주훈 (週訓)【명】 학교나 공공 단체 등에서, 한 주일을 단위로 해서 그 주일에 특히 강조하는 교훈.
주휴 (週休)【명】 일 주에 한 번 휴가가 있는 일. 또는 그런 휴가. ▢~ 이일제(二日制).
주흔 (酒痕)【명】 1 술이 묻은 자국. 2 술에 취한 흔적.
주흥 (酒興)【명】 1 술 마신 뒤의 흥겨운 기분. ▢~이 나다 / ~을 깨다 / ~을 돋우다. 2 술을 마시고 싶은 생각.
죽 (粥)【명】 곡식을 물에 오래 끓여 알갱이가 흠뻑 무르게 만든 음식.
[죽도 밥도 안 된다] 되다가 말아서 아무짝에도 쓸모없다. 어중간해서 이것도 저것도 안 된다. [죽 떠먹은 자리] 조금 덜어 내도 흔적이 나지 않음.
죽 끓듯 하다 〖千〗 ㉠변덕이 심하다. 이랬다 저랬다 변덕이 ~. ㉡화나 분통 따위를 참지 못해서 마음속이 부글부글 끓어오르다.
죽을 쑤다 〖千〗 일을 망치거나 실패하다.
죽이 되든 밥이 되든 〖千〗 결과가 어찌 되든 상관없이. ▢~ 시도를 해봐야지.
죽¹【의명】 옷·그릇 등의 열 벌을 묶어 일컫는 말. ▢버선 한 ~ / 접시 두 ~.
죽이 맞다 〖千〗 서로 뜻이 맞다. ▢죽이 맞는 사이.
죽²【부】 1 한 줄로 늘어선 모양. ▢~ 늘어서다. 2 줄이나 금 따위를 곧게 긋는 모양. ▢줄을 ~ 긋다. 3 동작이 단번에 거침없이 나아가는 모양. ㉫족. 4 종이나 천 따위를 단번에 찢는 소리. ▢종이를 한눈에 훑어보는 모양. ㉫교실 안을 ~ 훑어보다. 6 물 따위를 단숨에 들이마시는 모양. ▢물을 ~ 들이켜다. 7 같은 상태로 계속되는 모양. ▢일 년이나 ~ 함께 지내왔다. ㉫쭉.
죽각 (-角)[-깍]【명】 모서리에 생나무의 거죽 부분이 남아 있는 건축용 각재(角材).
죽간 (竹竿)[-깐]【명】 대나무 장대.
죽간 (竹簡)[-깐]【명】 중국에서 종이가 발명되기 전에 문자를 기록하던 대나무 조각. 또는 댓조각을 엮어서 만든 책.
죽-갓 [-깓]【명】 1 한 죽, 곧 열 개의 갓. 2 막 만들어 여러 죽씩 헐값으로 파는 갓.
죽견 (竹筧)[-껸]【명】 대나무로 만든 홈통.
죽-공예 (竹工藝)[-꽁-]【명】 대나무를 재료로 쓰는 공예.
죽근 (竹根)[-끈]【명】 대나무의 뿌리.
죽기 (竹器)[-끼]【명】 대그릇.
죽-나무 [중-]【명】㉫지〖'참죽나무'의 준말.
죽-널 [중-]【명】 널의 일부에 나무의 둥근 표피가 있는 널.
죽는-소리 [중-]【명】〖하자〗 별것 아닌 고통이나 곤란에 대해 엄살을 부리는 말. ▢나만 보면 노상 ~만 한다.
죽는-시늉 [중-]【명】〖하자〗 대단찮은 고통이나 곤란에 대해 엄살을 부리며 나타내는 몸짓. ▢땅바닥을 구르며 ~을 하다.
죽다¹ [-따]㉠㉫지 1 목숨이 끊어지다. 숨지다. 죽은 사람 / 굶어 ~. ↔살다¹▣. 2 움직이던 물체가 동작을 멈추다. ▢팽이가 ~ / 시계가 ~. ↔살다¹▣. 3 불이 꺼지다. ▢난롯불이 ~. ↔살다¹▣. 4 성질이나 기운 따위가 꺾이다. ▢기가 ~ / 풀이 ~ / 죽어 지내다. ↔살다¹▣. 5 야구·술래잡기 따위의 선수나 바둑·장기 등의 말이 적게에 잡히다. ▢대마(大馬)가 ~. ↔살다¹▣. 6 놋쇠·은·수은·식초 등이 화학적 변화로 빛이나 맛을 잃다. ▢거렇게

죽은 은수저. 7 상대편에게 으름장을 놓거나 위협하는 말. ▢너 까불면 죽어. 8 참다움이나 생김감 따위가 사라지다. ▢죽은 색깔 / 죽은 지식. 9 (주로 '죽도록·죽어라(하고)·죽자고' 등의 꼴로 쓰여) 있는 힘을 다한다는 뜻을 나타내는 말. ▢죽도록 사랑하다 / 죽어라 하고 싫어한다 / 죽자고 들이덤비다. 〖보형〗 형용사 뒤에서 '-어[-아] 죽겠다'의 꼴로 쓰여, 상태나 느낌이 극도에 달함을 나타내는 말. ▢배고파 죽겠다 / 우스워 죽겠네 / 불쌍해 죽겠다.
[죽기는 정승 하기보다 어렵다] 함부로 죽어지는 것이 아니다. [죽은 나무에 꽃이 핀다] 보잘것없던 집안이 영화로운 일이 생기게 된 경우를 비유한 말. [죽은 정승이 산 개만 못하다] 죽으면 부귀영화가 소용없다.
죽고 못 살다 〖千〗 몹시 좋아하거나 아끼다. ▢죽고 못 사는 사이.
죽기보다 싫다 〖千〗 아주 싫다.
죽기 살기로 있는 힘을 다해. 몹시 열심히. ▢~ 일에 매달리다.
죽었다 깨어(나)도 〖千〗 (부정하는 말 앞에 쓰여) 아무리 애를 써도 도저히. ▢백번 ~ 알 수 없는 일.
죽으나 사나 〖千〗 다른 일은 생각지 않고 어쩔 수 없이. ▢~ 공부밖에 모른다.
죽은 듯이 〖千〗 매우 조용히. ▢~ 조용하다.
죽을 둥 살 둥 〖千〗 온 힘을 다해서 마구 덤비는 모양의 비유. ▢날마다 ~ 고시 공부에만 매달려라.
죽을 똥을 싸다 〖千〗 어떤 일에 몹시 힘을 들이다.
죽을 맛 〖千〗 매우 곤란한 형편. ▢집세를 또 올려 달라니 ~이다.
죽자 사자 〖千〗 있는 힘을 다해 덤비는 모양. ▢죽자 하고 / 기를 쓰고. 〖千〗 기를 듣지 않는다.
죽다² [-따]【형】 1 두드러져야 할 자리가 꺼져서 뭉툭한 상태가 되다. ▢콧날이 ~. 2 칼날 등이 무디다. ▢날이 죽은 칼.
죽-담 [-땀]【명】 막돌에 흙을 섞어 쌓은 담.
죽대 [-때]【명】〖식〗 백합과의 여러해살이풀. 산과 들에 남. 줄기 높이 1m가량. 봄에 담녹색의 꽃이 잎겨드랑이에서 밑으로 처지며 달림. 뿌리줄기는 굵고 옆으로 뻗으며, '황정(黃精)'이라고 해서 강장제로 씀.
죽데기 [-떼-]【명】 통나무 겉쪽에서 떼어 낸 널. 흔히, 땔감으로 씀.
죽도 (竹刀)[-또]【명】 1 대칼. 2 검도 연습에 쓰는 대쪽 넷을 묶어 칼 대신으로 쓰는 제구.
죽도-화 (-花)[-또-]【명】〖식〗 1 죽도화나무의 꽃. 출장화(黜墻花). 2 '죽도화나무'의 준말.
죽도화-나무 (-花--)[-또-]【명】〖식〗 장미과의 낙엽 활엽 관목. 봄에 황금색 다섯잎꽃이 가지 끝에 하나씩 피며 열매는 없음. 꽃잎이 겹잎인 것을 관상용으로 심음. ㉫죽도화.
죽두목설 (竹頭木屑)[-두-썰]【명】 대나무 조각과 나무 부스러기라는 뜻으로, 소용이 적은 물건, 또는 하찮은 물건이라도 소홀히 하지 않음을 이르는 말.
죽-떡 (粥-)【명】 찹쌀가루에 청둥호박을 썰어 넣고 찐 시루팥떡의 하나《차지고 눅어서 숟가락으로 떠 먹음》.
죽렴 (竹簾)[중념]【명】 대발.
죽롱 (竹籠)[중농]【명】 대오리로 엮어 만든 농.
죽리 (竹籬)[중니]【명】 대울타리.

죽림 (竹林)[중님] 圏 대숲.

죽림 산수 (竹林山水)[중님-] 대나무 숲을 주제로 그린 산수화.

죽림-칠현 (竹林七賢)[중님-] 圏 《역》 중국 진(晉)나라 초기에 노자·장자의 무위(無爲) 사상을 숭상해서 죽림에 모여 청담(淸談)을 나누던 일곱 선비. 곧, 산도(山濤)·왕융(王戎)·유영(劉伶)·완적(阮籍)·완함(阮咸)·혜강(嵇康)·상수(向秀). ⦿칠현(七賢).

죽림칠현-도 (竹林七賢圖)[중님-] 圏 《미술》 대나무 숲과 일곱 사람의 어진 선비를 그린 그림.

죽마 (竹馬)[중-] 圏 대말.

죽마고우 (竹馬故友)[중-] 圏 대말을 타고 놀던 벗이라는 뜻으로, 어렸을 때부터 같이 놀며 친하게 지내 온 벗. 죽마구우(舊友).

죽마구우 (竹馬舊友)[중-] 圏 죽마고우(故友).

죽마구의 (竹馬舊誼)[중-/중-이] 圏 어릴 때부터 같이 자란 벗 사이의 정.

죽-머리 [중-] 圏 활을 잡은 쪽의 어깨.

죽물 (竹物)[중-] 圏 대그릇.

죽-물 (粥-)[중-] 圏 1 멀겋게 쑨 죽. 2 죽 국물.

죽-바디 [-빠-] 圏 소의 다리 안쪽에 붙은 고기. 달기살.

죽밥-간에 (粥-間-)[-빱까네] 甲 죽식간에.

죽-방울 [-빵-] 圏 1 장난감의 하나. 장구 모양의 나무토막에 실을 걸어 공중에 치뜨렸다 받았다 함. 2 나무나 흙으로 장구 바퀴처럼 만든 것(주머니 끈을 치는 데 씀). **죽방울(을) 받다** 圏 ㉠죽방울을 공중으로 치뜨렸다 받았다 하다. ㉡아이를 던져 올렸다 내렸다 하며 정신 차리지 못하게 놀리다. ㉢사람을 요리조리 놀려 먹다. 쏠까스르다.

죽백 (竹帛)[-빽] 圏 서적. 특히 사서(史書)의 일컬음. **죽백에 이름을 ~에 드리우다**(역사에 공을 남기다).

죽백지공 (竹帛之功)[-빽찌-] 圏 역사에 남길 만한 공적.

죽-부인 (竹夫人)[-뿌-] 圏 대오리로 길고 둥글게 얼기설기 엮어 만든 제구(여름밤에 서늘한 기운이 돌게 끼고 잠).

죽비 (竹扉)[-삐] 圏 대를 엮어 만든 사립문. 대사립.

죽빗 (竹篦)[-삗] 圏 1 대빗. 2《불》두 개의 대쪽을 맞추어 만든 불구(佛具). 불사(佛事) 때 승려가 손바닥을 쳐 소리를 내어서 시작과 끝을 알리는 데 씀.

죽사 (竹絲)[-싸] 圏 실처럼 가늘게 조갠 대오리(갓이나 패랭이 따위를 만드는 데 씀).

죽사-립 (竹絲笠)[-싸-] 圏 거죽을 명주실로 엮고 위에 옻칠한 갓(귀인이 썼음).

죽-사발 (粥沙鉢)[-싸-] 圏 1 죽을 담은 사발. 2《속》심하게 얻어맞거나 욕을 들은 상태. **~이 되도록** 얻어맞으나.

죽살 圏 ☞죽살이.

죽-살이 [-싸리] 圏 죽음과 삶. 죽고 살음을 다투는 고생.

죽살이-치다 [-싸리-] 圏 어떤 일에 힘을 모질게 쓰다. **~잠히지 않으려고** 죽살이치며 도망치다.

죽-상 (-相)[-쌍] 圏 '죽을상'의 준말. **~을** 짓다.

죽-상자 (竹箱子)[-쌍-] 圏 대오리로 결어 만든 상자.

죽석 (竹石)[-썩] 圏 《미술》 남종화(南宗畫)에서, 대나무와 돌을 소재로 그린 그림.

죽석 (竹席)[-썩] 圏 대자리.

죽-세공 (竹細工)[-쎄-] 圏 《공》 대를 재료로 하는 세공.

죽소 (竹梳)[-쏘] 圏 대빗.

죽순 (竹筍)[-쑨] 圏 대의 땅속줄기에서 돋아나는 어리고 연한 싹(식용함). 대순.

죽순-대 (竹筍-)[-쑨-] 圏 《식》 볏과의 상록 아교목(亞喬木). 높이 12 m가량. 잎은 피침형임. 꽃은 7-10월에 원추꽃차례로 피고 영과(穎果)는 11월에 익음. 맹종죽.

죽순-밥 (竹筍-)[-쑨-] 圏 삶은 죽순을 가늘게 썰어 넣은 밥.

죽순-방석 (竹筍方席)[-쑨-] 圏 죽피(竹皮)방석.

죽-술 (粥-)[-쑬] 圏 지에밥 대신에 죽을 쑤어 누룩과 섞어서 술밑을 만들어 빚은 술.

죽-술 (粥-)[-쑬] 圏 몇 숟가락의 죽. **~이나 겨우 뜨다.**

죽술-연명 (粥-延命)[-쑬련-] 圏閑子 죽술로 끼니를 때워 목숨을 간신히 이어 감.

죽식간-에 (粥食間-)[-씩까네] 甲 1 죽이든지 밥이든지 아무것이나. **~ 요기나 하자.** 2 일 따위가 어떻게 되든지에. 죽밥간에. **~상관하지 않다.**

죽-신 [-씬] 圏 1 한 죽의 미투리나 짚신. 2 날림으로 많이 만들어서 여러 죽씩 헐값으로 파는 가죽신.

죽실 (竹實)[-씰] 圏 《한의》 대나무 열매의 씨. 강장제로 씀.

죽실-반 (竹實飯)[-씰-] 圏 대나무 열매를 까서 멥쌀과 섞어 지은 밥.

죽어-나다 圏 일 따위가 매우 힘들고 고달프다. **~죽어나는 건 만만한 백성뿐이다.**

죽어-지내다 圏 1 남에게 눌려 기를 펴지 못하고 지내다. **~억압되어 ~.** 2 너무 가난해서 심한 고생을 하며 살아가다.

죽어-지다 (-遲晚)[圏 죽기가 늦었다는 뜻(흔히 죄를 자백할 때 씀). **~소인의 죄 ~입니다.**

죽여 (竹茹)圏 《한의》 청대의 얇은 속껍질(열을 내리고 담을 삭이는 데 씀).

죽여-주다 圏 1 죽게 하여 주다. 2《속》몹시 고통을 당하여 못 견디게 하다. **~이 많은 일을 다 내게 맡기니 사람을 죽여주는군.** 3《속》몹시 만족스럽거나 흡족하다. **~맛이 진짜 죽여준다.**

죽염 (竹塩)圏 《약》 한쪽이 막힌 대나무 통 속에 천일염을 다져 넣고 황토로 봉한 다음, 높은 열에 아홉 번 거듭 구워 내어 얻은 가루(간염 등의 난치병에 효험이 있음).

죽엽 (竹葉)圏 대나무의 잎(성질이 차서 해열제로 씀). 댓잎.

죽엽-주 (竹葉酒)[주접뿌] 圏 《한의》 댓잎 삶은 물로 담근 술(풍증(風症)·열병에 효과가 있음). 댓잎술.

죽엽-죽 (竹葉粥)[주접쭉] 圏 《한의》 댓잎과 석고(石膏)를 물에 달여 웃물을 따라 멥쌀을 넣어 끓인 죽(해열제로 씀).

죽영 (竹纓)圏 대갓끈.

죽원 (竹院)圏 대나무 숲 속에 있는 집. 또는 주위에 대를 많이 심은 집.

죽원 (竹園)圏 대나무 동산.

죽은-목숨 [주근-] 圏 1 살길이 막힌 목숨. **~농토를 잃으니 ~이나 진배없습니다.** 2 자유를 잃고 사는 보람이 없거나 아무 활동을 할 수 없게 된 사람.

죽을-고 [주글꼬] 圏 막다른 고비나 골목. 또는 더 어쩔 수 없게 된 어려운 처지나 지경. **~나를 구하려는가 ~로 몰아넣으려는가.**

죽을-병(-病)[주글뼝]閔 살아날 가망이 없는 병. 卬~에 걸리다.

죽을사-변(-死邊)[주글싸-]閔 한자 부수의 하나('死'·'殆'에 딸린 '歹'의 이름).

죽을-상(-相)[주글쌍]閔 거의 죽게 된 얼굴의 표정. 卬~을 짓다 /~이 되다. 윤죽상.

죽을-죄(-罪)[주글쬐]閔 죽어 마땅한 큰 죄. 사죄(死罪). 卬~를 짓다.

죽을-힘閔 죽기를 각오하고 쓰는 힘. 사력(死力). 卬~을 다하다.

죽음閔 죽는 일. 생물의 생명이 없어지는 현상. 卬삶과 ~ /~에 대한 공포 /~을 각오하다 /~을 면하다. ↔삶.

죽음의 재[주그믜- / 주그메-] 대기 가운데 핵폭발로 생기는 방사능진의 일컬음. 방사선낙진.

죽의 장막(竹-帳幕)[주긔- / 주게-] 예전에, 중국과 자유주의 국가 사이에 가로놓인 장벽을 비유적으로 이르던 말. *철의 장막.

죽이다[日〔'죽다'의 사동〕1 목숨을 빼앗다. 卬굶겨 ~ /말려 ~. 2 기계나 물건의 기능을 정지시키다. 卬시계를 건드려 ~. 3 불을 끄다. 卬난롯불을 ~ / 불씨를 ~. 4 기세나 기운을 꺾거나 줄게 하다. 卬기를 ~ / 감정을 ~ / 성질을 ~. 5 운동 경기 등의 상대 선수나 바둑·장기 등의 상대편 말 등을 잡다. 卬대마를 ~. 6 옷이나 종이의 풀기를 없애다. 卬옷에 물을 뿌려 풀기를 ~. 7 속력을 낮추다. 8 웃음·하품 따위를 나오지 못하게 하다. 卬하품을 죽이며 졸음을 쫓다. 9 시간을 보내거나 소비하다. 卬공원에서 두 시간을 죽였다. 10 발소리나 숨소리 따위를 낮추거나 멈추다. 卬숨을 죽이고 이야기를 듣다 / 발소리를 죽이고 모서리를 다가가다.

죽이다[日〔'죽다'의 사동〕불거진 모서리나 두드러진 데를 깎거나 낮게 하다. 卬수술로 콧날을 ~ / 사포로 문질러 상 모서리를 ~.

죽인(竹印)閔 대나무 뿌리로 만든 도장.

죽장(竹杖)[-짱]閔 대지팡이. 卬~에 삿갓 쓰고 방랑 3천리 /~을 짚다.

죽-장구(竹-)[-짱-]閔〔←죽장고(竹杖鼓)〕〔악〕굵고 긴 대통의 속을 풀어 만든 타악기〔세워 놓고 막대기로 쳐서 소리를 냄〕.

죽-장기(-將棋)[-짱-]閔 서투른 장기.

죽장-망혜(竹杖芒鞋)[-짱- / -짱-혜]閔 대지팡이와 짚신의 뜻으로, 먼 길을 떠날 때의 아주 간편한 차림새를 이르는 말.

죽-장창(竹長槍)[-짱-]閔 1 조선 때, 무예를 익히는 데 쓰던, 대로 만든 긴 창. 2 십팔기(十八技)의 하나로, 보졸(步卒)이 이를 들고 익히던 무예. 윤죽창.

죽저(竹箸)[-쩌]閔 대젓가락.

죽전(竹田)[-쩐]閔 대밭.

죽전(竹箭)[-쩐]閔 대나무로 만든 화살.

죽절(竹節)[-쩔]閔 1 대의 마디. 2 죽절비녀.

죽절-갓끈(竹節-)[-쩔갇-]閔 금패(錦貝)·대모(玳瑁) 등으로 만든 갓끈〔가는 대통처럼 만들고, 같은 감의 구슬로 격자를 만듦〕.

죽절-과(竹節果)[-쩔-]閔 대의 마디 모양으로 만든 과줄.

죽절-비녀(竹節-)[-쩔-]閔 대로 만든 값싼 비녀. 죽절.

죽-젓개(粥-)[-쩓깨]閔 죽젓광이.

죽-젓개-질(粥-)[-쩓깨-]閔困曰 1 죽을 쑬 때 죽젓광이로 젓는 일. 2 남이 하는 일을 휘저어 방해하는 짓.

죽-젓광이(粥-)[-쩓꽝-]閔 죽 쑬 때 젓는 나무 방망이. 죽젓개.

죽정(竹亭)[-쩡]閔 1 대로 자그마하게 지은 정자. 2 뜰에 대를 심어 놓은 정자.

죽정(竹釘)[-쩡]閔 대못.

죽-죽[-쭉]튄 1 여럿이 잇따라 늘어선 모양. 卬은행나무가 ~ 늘어선 길. 2 물 따위를 단숨에 잇따라 마시는 모양. 卬막걸리 몇 사발을 ~ 들이켰다. 3 종이나 천 따위를 여러 가닥으로 잇따라 찢는 소리. 卬배춧잎을 ~ 찢다. 4 계속해서 줄을 치거나 선을 긋는 모양. 卬원고에 ~ 줄을 긋다. 5 입으로 계속해서 힘차게 빠는 모양. 卬하인들이 ~ 젖을 ~ 빨다. 6 거침없이 잇따라 읽거나 외거나 말하는 모양. 卬책을 ~ 읽어 가다. 7 소름이나 땀이 잇따라 돋는 모양. 卬소름이 ~ 끼치다. 8 여럿이 한 줄로 계속 이어지는 모양. 卬비가 ~ 내리다 / 땀을 ~ 흘리다. 윤족족. 센쭉쭉.

죽지[-찌]閔 1 팔과 어깨가 이어진 관절의 부분. 2 새의 날개가 몸에 붙은 부분.

죽지(를) 떼다困 ㉠활을 쏘고 나서 어깨를 내리다. ㉡하인들이 기세를 부리다.

죽지(竹紙)[-찌]閔 중국에서, 어린 대를 원료로 해서 만든 얇은 종이. 죽엽지.

죽지-뼈[-찌-]閔 生 어깨뼈.

죽지-사(竹枝詞)[-찌-]閔〔문〕조선 때, 십이가사(十二歌詞)의 하나. 중국 악부(樂府)의 '죽지사'에 준해서 우리나라의 경치·인정·풍속 등을 노래한 작품으로, 모두 4장으로 되어 있음.

죽지-성대[-찌-]閔〔어〕죽지성댓과의 바닷물고기. 심해성 어종으로 길이 35cm 정도, 머리 뒤에 긴 가시가 있고 몸 크기는 가슴지느러미로 낙하산식으로 활강하는 습성을 낞. 매미성대.

죽창(竹窓)[-창]閔 대로 창살을 만든 창문.

죽창(竹槍)[-창]閔 1 대로 만든 창. 卬~으로 찌르다. 2 '죽장창(竹長槍)'의 준말.

죽책(竹冊)[-책]閔〔역〕대쪽을 여러 개 꿰어 한 데 매어서 세자비(世子妃)의 책봉문(冊封文)을 새긴 간책(簡冊).

죽책(竹柵)[-책]閔 대로 말뚝을 만들어 둘러막은 울타리. 대나무 울짱.

죽책(竹策)[-책]閔 대로 만든 채찍.

죽척(竹尺)[-척]閔 대자.

죽첨(竹籤)[-첨]閔 얇고 반반하게 깎은 댓조각.

죽청-지(竹靑紙)[-청-]閔 종이의 일종〔매우 얇으나 단단하고 질김〕.

죽총(竹叢)[-총]閔 자그마한 대숲.

죽-치閔 날림으로 여러 죽씩 만들어 파는 물건〔죽갓·죽신 따위〕.

죽-치기閔 물건을 낱개로 팔지 않고 여러 죽씩 넘기는 일. 卬물건을 ~로 넘기다.

죽-치다困 오랫동안 한곳에만 붙박여 있다. 卬집에만 죽치고 있다.

죽침(竹枕)[-침]閔 대로 만든 베개. 대베개.

죽침(竹針)[-침]閔 대바늘.

죽침(竹鍼)[-침]閔〔한의〕대로 만든 침〔주로 종기 수술에 씀〕.

죽통(竹筒)[-통]閔 굵은 대로 만든, 술·간장·기름 등을 담는 긴 통. 대통.

죽파(竹把)[-파]閔 논밭을 고르는 농기구의 하나〔직사각형의 나무토막에 댓조각으로 이를 만들어 박고 긴 자루를 달았음〕.

죽패(竹牌)[-패]閔 화살을 막기 위한 대나무 방패.

죽피(竹皮)[-피]閔 죽순(竹筍)을 싸고 있는 껍질.

죽피-방석(竹皮方席)[-피-]閔 죽피로 짚을 싸서 결어 만든 방석. 죽순(竹筍)방석.

준:(準)閔困曰〔인〕교정(校正). 卬~을 보다.

준(樽·罇·尊)[명] 1 제사 때 술 따위를 담는 긴 항아리 모양의 구리 그릇. 2 질그릇으로 된 옛날 술잔.

준:-(準)[투] 어떤 본보기에 비길 만한 것을 표하는 말. ☐~교사 / ~결승 / ~급행.

준:-가(準價)[-까][명][하][타] 1 제 가치에 꼭 찬 값. 2 가격에 준함. 또는 가격대로 함.

준:-강도(準强盜)[명]〖법〗 도둑이 훔친 물건을 빼앗기지 않으려고 항거하거나, 잡히지 않으려고 또는 죄의 흔적을 남기지 않으려고 폭행이나 협박을 하는 일.

준:거(峻拒)[명][하][타] 엄정한 태도로 거절함.

준:거(準據)[명][하][자][타] 표준을 삼아 따름. ☐판단의 ~.

준:거(遵據)[명][하][자][타] 전례(前例)나 명령 따위에 의거해 따름.

준:거-법(準據法)[-뻡]〖법〗 국제 사법 규정에 따라 일정한 국제적 법률 관계를 규정하는 데 준거하는 본국 또는 외국의 법률.

준:걸(俊傑)[명] 재주와 슬기가 뛰어남. 또는 그런 사람. 준골(俊骨). 준사(俊士). 준언. ＊포걸(豪傑).

준:-걸-스럽다(俊傑-)[-따][-스러워, -스러우니][형] 재주와 슬기가 뛰어난 데가 있다. 준:-걸-스레[투]

준:-결승(準決勝)[-씅][명] '준결승전'의 준말.

준:-결승전(準決勝戰)[-씅-][명] 운동 경기 등에서, 결승전에 진출할 자격을 겨루는 경기. 준준결승.

준:-골(俊骨)[명] 1 준수하게 생긴 골격. 또는 그런 용모를 지닌 사람. 2 준걸(俊傑).

준:-공(竣工)[명][하][타] 공사를 마침. 준역. ☐금년에 ~된 건물. ↔기공(起工).

준:-공 검:사(竣工檢査) 건물이 완성된 후에 설계에 따라 만들었는지를 검사하는 일. ☐~가 나다.

준:-공-식(竣工式)[명] 준공을 축하하는 의식(儀式). ☐~을 갖다.

준:-공유(準共有)[명]〖법〗 민법상의 물권과 주식, 광업권·저작권·특허권 따위를 여러 사람이 공동으로 소유하는 일.

준:교(遵敎)[명][하][타] 가르침을 좇음.

준:-교사(準敎師)[명] 정교사에 준하는 자격을 인정받은 교사.

준:-규(準規)[명] 표준이 되는 규칙. 준칙(準則).

준:-금속(準金屬)[명] 금속과 비금속의 중간 성질을 나타내는 물질(비소·붕소·규소·텔루르 따위). 메탈로이드. 준금속 원소.

준:-금치산(準禁治産)[명]〖법〗 '한정(限定) 치산'의 구용어.

준:-급(準急)[명] '준(準)급행열차'의 준말.

준:-급-하다(峻急-)[-그파-][형] 높고 험해서 아주 가파르다. 준:-급-히[-그피][투]

준:-급행(準急行)[-그팽][명] '준급행열차'의 준말.

준:급행-열차(準急行列車)[-그팽녈-][명] 속도나 정차역 등으로 보아 급행열차에 준하는 여객 열차. 준준급·준급행.

준:기소 절차(準起訴節次)〖법〗 고소나 고발이 있었는데도 검사가 불기소 처분을 했을 때, 고소인이나 고발인이 그 처분에 불복(不服)해서 법원의 심판을 요구하는 절차.

준:-납(準納)[명][하][타] 돈이나 물품 따위를 일정한 기준에 따라 바침.

준:-대로(遵大路)[명][하][자] 1 큰길을 좇아감. 2 정정당당한 절차와 방법으로 일을 함을 비유

준:-돈[명] 돈치기할 때 맞히도록 지정한 돈.

준:동(蠢動)[명][하][자] 벌레 따위가 꿈적거린다는 뜻으로, 불순한 세력이나 보잘것없는 무리가 소란을 피움을 이르는 말. ☐게릴라가 ~하다.

준:-동-하다(準同-)[하][여] 어떤 표준과 같다.

준:-두(準頭)[명] 코의 끝. ☐~가 솟은 코.

준:득-거리다[-꺼-][자] 1 음식물 따위가 검질겨서 끈기 있고 줄깃줄깃한 느낌이 들다. ☐피자가 ~. 2 차져서 잘 끊어지지 않는 느낌이 들다. ⊛존득거리다. ⊛쫀득거리다. 준득-준득[-쭌-][투][하][자][명]. ☐떡이 ~하고 맛이 좋다.

준:득-대다[-때-][자] 준득거리다.

준:령(峻嶺)[줄][명] 높고 가파른 고개. ☐~을 타고 넘다.

준:례(準例)[줄][명][하][타] 1 표준이 될 만한 전례. 2 어떤 예에 비겨 봄.

준:로(峻路)[줄-][명] 험한 길.

준:론(峻論)[줄-][명] 엄정하고 날카로운 언론.

준뢰(樽罍)[줄-][명] 제사 때 술을 담는 그릇.

준:-말[명]〖언〗 1 둘 이상의 음절로 된 말이 줄어 간단하게 된 말('마음'이 '맘'으로 된 것 따위). 2 어떤 말의 그 첫 글자를 따 간편하게 한 말(USA·한은(韓銀) 따위). 약어(略語). ＊본딧말.

준:-매(俊邁)[명][하][자] 재주와 지혜가 뛰어남. 또는 그런 사람.

준:-맹(準盲)[명]〖의〗 안경을 쓰고 약 2m 거리의 손가락 수를 알 수 없을 정도의 시력 장애(시력 0.3에 이르지 못함).

준:-명(峻命)[명] 1 엄한 명령. ☐~을 따르다. 2 왕명. ☐~을 받들다.

준:-모(俊髦)[명] 1 준수한 사람. 2 재주와 덕망이 뛰어난 젊은 선비.

준:-무기(準武器)[명] 군용과 민간용으로 두루 쓸 수 있는 비행정·제트 수송기·헬리콥터 따위의 장비.

준:-문서(準文書)[명] 문서처럼 의사를 나타낸 것은 아니나 증표를 위해 작성된 것(경계표·도면·사진·녹음테이프 따위).

준:-물(偉物)[명] 뛰어난 인물.

준:민-고택(浚民膏澤)[명][하][자] 재물을 마구 착취해서 백성을 괴롭힘.

준:민-하다(俊敏-)[형][여] 머리가 좋고 날렵하다.

준:발(俊拔)[명][하][형] 준수하고 빼어남.

준:법(遵法)[명][하][자] 사회의 규범을 잘 지킴.

준:법(峻法)[명] 엄격한 법률.

준:법(遵法)[-뻡][명][하][자] 법령을 지킴.

준:법-정신(遵法精神)[-뻡쩡-][명] 법을 올바르게 지키는 정신. ☐~이 투철하다.

준:법 투쟁(遵法鬪爭)[-뻡-]〖법〗 법규를 규정대로 지키면서 사용자에게 손해를 주는 노동 쟁의 방법.

준:-별(峻別)[명][하][타] 엄격히 구별함. 또는 그런 구별. ☐공사(公私)를 ~.

준:-보다(準-)[타]〖인〗 교정(校正)보다.

준:봉(峻峰)[명] 높고 험한 산봉우리. ☐~을 오르다.

준:-봉(遵奉)[명][하][타] 관례나 명령을 좇아서 받듦. ☐법을 ~하다.

준:-비(準備)[명][하][타] 미리 마련해 갖춤. ☐~를 서두르다 / ~를 끝내다 / 좌석이 ~되다 / 식사를 ~시키다.

준:비-금(準備金)[명] 1 어떤 일을 준비하기 위한 돈. 2〖경〗당좌 예금 청구자의 요구에 응

할 수 있게 은행에서 미리 적립해 두는 현금.
3 적립금2.

준:비-물 (準備物) 명 앞으로 해야 할 일에 필요한 물건. ▫ ~을 챙기다.

준:비 서면 (準備書面) 명 〖법〗 당사자가 변론에서 진술할 사항을 기재해서 법원에 제출하는 서류.

준:비-성 (準備性) [-썽] 명 준비를 잘하는 성질. ▫ 철저한 ~ / ~이 좋다.

준:비 운-동 (準備運動) 본격적인 운동이나 경기를 하기 전에, 몸을 풀기 위해 전신을 움직여 하는 가벼운 운동. 준비 체조.

준:비 위원 (準備委員) 어떤 일을 효과적으로 하기 위해 미리 준비하는 위원.

준:비 체조 (準備體操) 준비 운동.

준:사 (俊士) 명 준걸 (俊傑).

준:사 (竣事) 명하자 사업을 끝마침.

준:-사관 (準士官) 〖군〗 부사관의 위, 사관의 아래인 직위(계급은 준위(准尉)임).

준:삭 (準朔) 명 달수가 차는 일.

준:산 (峻山) 명 높고 험한 산. 준악(峻岳).

준상 (樽床·尊床) [-쌍] 명 제사 때, 술 그릇을 올려놓는 상.

준석 (樽石) 명 무덤 앞에 있는, 술 그릇을 올려놓는 돌.

준:설 (浚渫) 명하타 하천이나 해안의 바닥에 쌓인 흙이나 암석 따위를 쳐내어 바닥을 깊게 하는 일. ▫ ~ 작업.

준:설-기 (浚渫機) 명 준설에 쓰는 기계.

준:설-선 (浚渫船) [-썬] 명 준설기를 장치한 배.

준:성 (準星) 명 〖천〗 준성전파원.

준:성-전파원 (準星電波源) 명 〖천〗 대단히 먼 곳에 있으면서 보기에 별 같으나, 강한 전파와 에너지를 방출하는 항성상 전파원(恒星狀電波源). 준성.

준소 (樽所·尊所) 명 제사 때, 준상(樽床)을 차려 놓는 곳.

준:수 (遵守) 명하타 규칙·명령 등을 그대로 좇아서 지킴. ▫ 안전 수칙 ~ / 법률을 ~하다.

준:수-하다 (俊秀−) 형여 재주·슬기와 풍채가 빼어나다. ▫ 준수한 용모 / 준수하게 생기다 / 인물이 ~.

준순¹ (逡巡) 명하자 어떤 일을 단행하지 못하고 우물쭈물함. 또는 뒤로 멈칫멈칫 물러남.

준순² (逡巡) 수 소수 단위의 하나. 모호(模糊)의 십분의 일, 수유(須臾)의 십 배가 되는 수. 곧 10⁻¹⁴.

준:승 (準繩) 명 1 평면의 경사를 재기 위해 치는 수준기나 먹줄. 2 일정한 법식.

준:시 (遵施) 명하타 그대로 좇아서 시행함.

준:시 (蹲柿) 명 꼬챙이에 꿰지 않고 납작하게 말린 감.

준:신 (準信) 명하타 어떤 기준에 비추어 보고 믿음.

준:악 (峻岳) 명 준산(峻山).

준:언 (俊彦) 명 준걸(俊傑).

준:엄-하다 (峻嚴−) 형여 1 타협함이 없이 매우 엄격하다. ▫ 준엄한 심판 / 준엄한 표정을 짓다 / 준엄하게 꾸짖다. 2 형편이 매우 어렵고 엄하다. ▫ 준엄한 시련. 준:엄-히 ꓲ

준:역 (竣役) 명하타 준공(竣工).

준:연-하다 (蠢然−) 형여 꿈질거리는 모양이 굼뜨다. 준:연-히 ꓲ

준:열-하다 (峻烈−) 형여 매우 엄하고 매섭다. ▫ 준열한 비판 / 추궁이 ~. 준:열-히 ꓲ. ▫ ~ 꾸짖다.

준:영 (俊英) 명하형 뛰어나고 빼어남. 또는 그

런 사람. 영준(英俊).

준:예 (俊乂) 명 재주와 슬기가 뛰어난 사람.

준:-예산 (準豫算) [-녜-] 명 〖경〗 국가의 예산이 법정 기간 안에 성립하지 못할 경우에 정부가 전년도의 예산에 기준을 두고 집행하는 잠정(暫定) 예산.

준:용 (準用) 명하타 표준으로 삼아 적용함. ▫ 여러 사례를 ~해서 검토하다 / 선진국의 교육 제도를 ~되다.

준:용 (遵用) 명하타 그대로 좇아서 씀.

준:용 하천 (準用河川) 관할권이 서울특별시장·광역시장·도지사에게 있는 하천.

준:우 (峻宇) 명 크고 높다랗게 지은 집.

준:-우승 (準優勝) 명하자 운동 경기 따위에서, 우승 다음가는 성적을 땀. 또는 그 성적. ▫ ~에 머물다 / 제전에서 ~하다.

준:우-하다 (蠢愚−) 형여 굼뜨고 어리석다.

준:위 (准尉) 명 〖군〗 위관 계급의 하나(소위의 아래, 원사(元士)의 위).

준:위 (準位) 명 〖물〗 어떤 물리적인 양을 이미 주어진 양의 상대적인 양으로 표시한 값.

준:일 (俊逸) 명하형 재능이 뛰어남. 또는 그런 사람.

준:장 (准將) 명 〖군〗 장성(將星) 계급의 하나 《소장의 아래, 대령의 위》.

준:장 (準張) [-짱] 명 〖인〗 교정지.

준:재 (俊才) 명 뛰어난 재주. 또는 재주가 뛰어난 사람.

준:적 (準的) 명하자 활쏘기에서, 표적을 겨냥함.

준:적-하다 (準的−) [-저카-] 형여 표준이나 목표가 될 지침. ▫ 준적할 지침.

준:전시 체제 (準戰時體制) 전쟁 때에 준하는 긴장된 국내의 체제.

준:절-하다 (峻截−·峻切−) 형여 1 산이 깎아세운 듯이 높고 험하다. 2 위엄 있고 정중하다. ▫ 준절하게 꾸짖다. 준:절-히 ꓲ

준:-점유 (準占有) 명 〖법〗 진정한 권리자는 아니지만 권리자의 조건을 갖추어 재산권을 사실상 행사하는 일《예금 통장과 도장을 가진 사람은 예금 채권의 준점유자임》.

준:정 (浚井) 명하자 우물을 깨끗이 쳐냄.

준조 (樽俎·尊俎) 명 1 제사 때, 술을 담는 준(樽)과 고기를 담는 조(俎). 2 예절을 갖춘 공식적인 잔치.

준:-조세 (準租稅) 명 〖법〗 조세는 아니지만 실질적으로 조세와 같은 성질의 공과금(公課金)이나 기부금.

준:족 (駿足) 명 1 발이 빠른 좋은 말. 2 빠르게 잘 달림. 또는 그 사람. 3 뛰어난 인재를 비유적으로 이르는 말.

준좌 (蹲坐) 명하자 1 주저앉음. 2 일을 하다가 중도에 그만둠. 3 사태나 기세 따위가 진정함. ▫ 이제야 마음이 ~되다.

준:-준결승 (準準決勝) [-씅] 명 준결승전에 나아갈 자격을 겨루는 경기. 준준결승전.

준중 (樽中) 명 술독의 안.

준:지 (準紙) 명 〖인〗 교정지(校正紙).

준:채 (俊彩) 명 뛰어나게 빛나는 인물.

준:책 (準責) 명하타 준엄하게 꾸짖음.

준:척 (準尺) 명 낚시에서, 낚은 물고기의 길이가 거의 한 자가 됨을 이르는 말.

준천 (濬川) 명하자 물이 잘 흐르도록 개천을 파서 쳐냄.

준:초-하다 (峻峭−) 형여 산 따위가 높고 깎아지른 듯하다.

준축(蹲縮) 圀하자 땅이 주저앉아서 우므러짐.

준:치 圀 〘어〙 준칫과의 바닷물고기. 몸길이 50cm 정도로 뱅댕이 비슷함. 등은 청황색, 배는 은백색임. 가시가 많음. 전어(箭魚).

준:칙(準則) 圀 표준으로 적용할 규칙이나 법칙. 격률(格率). 준규. ▣~에 따르다.

준:평원(準平原) 圀 〘지〙 오랫동안 계속된 침식으로 산이 깎여, 지역 전체가 낮고 평평하게 된 평지. 파상 평원.

준:-하다(準-) 邷여 어떤 본보기에 비추어 그대로 좇다. ▣이하 이에 준함.

준:-하다(峻-) 圀여 1 술맛이 진하거나 독하다. 2 산세가 가파르다.

준:-하제(峻下劑) 圀 적은 양으로도 강한 작용을 일으키는 식물성 설사제〔피마자유 따위가 있음〕.

준:행(準行) 圀하타 어떤 사물을 표준으로 그대로 행함. ▣노동법을 ~하다.

준:행(遵行) 圀하타 관례나 명령을 좇아서 행함. ▣관례를 ~하다 / 조상의 관습을 ~하다.

준:허(準許) 圀하타 〘역〙 의시(依施). ▣~를 받지 않고 처리하다.

준:험-하다(峻險-) 圀여 산 따위가 높고 험하다. ▣준험한 골짜기 / 준험한 벼랑길.

준:-현행범(準現行犯) 圀 〘법〙 현행범은 아니나 현행범으로 간주할 수 있는 범행〔흉기·장물 등을 소지하거나 검문에 도주하는 따위〕.

준:-혈족(準血族)〔-쪽〕圀 법정(法定) 혈족.

준:형(峻刑) 圀 혹독한 형벌. 「그런 사람.

준:호(俊豪) 圀 도량이 크고 호탕함. 또는

준:-혹하다(峻酷-)〔-호카-〕圀여 썩 혹독해서 인정이 없다. 준**:혹-히**〔-호키〕圀

준:-환경(準環境) 圀 환경에 대해 사람이 갖는 이미지로서 인간의 머릿속에 있는 세계상.

준:-회원(準會員) 圀 정회원이 되기 전에 의결권 없이 회의에 참가하는 회원.

줄[1] 圀 1 노·새끼 따위의 총칭〔묶거나 동이는 데 씀〕. ▣~로 묶다 / ~을 감다 / ~을 당기다. 2 길게 처진 선이나 무늬. ▣~이 쳐 있는 옷감 / ~을 긋다. 3 벌여 선 행렬. ▣~을 서다 / ~이 길게 이어지다. 4 '쇳줄'의 준말. 5 사회생활에서의 관계나 인연. 연줄. ▣~이 좋다 / ~이 닿다.

줄 걷다 뀌 줄타기에서, 광대가 줄 위를 걸어가다.

줄(을) 대다 뀌 ㉠끊임없이 잇대다. ㉡중간에 사람을 놓아 모르는 사람과 친분을 맺다.

줄(을) 타다 뀌 ㉠줄을 잡고 오르내리거나 건너다니며 재주를 부리다. ㉡공중에 내려 드리운 밧줄을 타고 건너가거나 오르내리다. ㉢힘이 될 만한 사람과 관계를 맺어 그 힘을 이용하다.

줄(이) 풀리다 뀌 〘광〙 광맥이 먼저 파던 데보다 점점 좋아지다.

줄:[2] 圀 쇠붙이를 쓸거나 깎는 연장〔강철로 만든 것으로, 아래위에 잔 이가 있음〕. ✽줄칼.

줄:[3] 圀 볏과의 여러해살이풀. 못이나 물가에 남. 줄기 높이 1~2m, 잎은 뭉쳐나며 꽃은 여름에 핌. 영과(穎果)는 가늘고 길며 어린싹과 함께 식용하고 잎은 도롱이나 자리를 만드는 데 씀. 줄풀.

줄[4] 圀 용언 뒤에 붙어 어떤 방법·속셈·사실 등을 나타내는 말〔어미 'ㄴ'이나 'ㄹ'에서만 씀〕. ▣간 ~ 알았다 / 이렇게 빨리 떠날 ~은 몰랐다.

줄[5] 圀 1 사람이나 물건의 늘어선 열을 세는

말. ▣한 ~로 서시오. 2 글을 가로나 세로로 벌인 것을 세는 말. ▣두 번째 ~을 읽어라 / 세 ~씩 읽다. 3 채소 등의 엮어 묶은 두름을 세는 말. ▣잎담배 한 ~. 4 수사 뒤에 쓰여 그 정도를 나타내는 말. ▣50~에 들다. 5 비슷한 수준이나 정도. ▣장관 ~에 올라갈 재목이다.

줄(joule) 圀 〘물〙 에너지의 절대 단위(1줄은 약 천만 에르그(erg). 기호 : J).

줄- 젭 '적게' 또는 '줄이어'의 뜻. ▣~달음질 / ~초상 / ~담배 / 값이 닷 섬은 된다.

줄-가리 圀 벼를 말리는 방법의 하나. 이삭 쪽을 위로 해서 맞대고 뿌리 쪽은 떼어서 줄을 지어 세우는 방법.

줄가리(를) 치다 뀌 줄가리를 지어 벼를 말리다.

줄거리 圀 1 잎이 다 떨어진 나뭇가지. ▣고구마 ~ / ~만 앙상한 나무들. 2 사물의 기본 골자. ▣간단하게 ~만 얘기하시오. 劙졸가리. 3 〘식〙 잎자루·잎줄기·잎맥의 총칭.

줄-걷기〔-끼〕圀 줄타기에서, 광대가 줄 위를 걷는 재주.

줄-걷다〔-따〕타 '줄밑걷다'의 준말.

줄곧 円 끊임없이 잇따라. 내처. 내내. ▣여름내 ~ 비가 내리다.

줄-광대 圀 외줄타기를 하는 어릿광대.

줄-글 圀 한문에서, 글 토막이나 글자 수를 맞추지 않고 죽 잇달아 지은 글. 장문(長文).

줄기 圀 1 고등 식물의 기본 기관의 하나. 배(胚)의 어린싹이 발달한 것으로 가지를 달고 뿌리를 가짐. 2 물이 줄 대어 흐르는 선. ▣강물 ~가 굽이치다. 3 산이 갈라져 나간 갈래. 4 빛이나 연기가 길게 뻗은 형세. ▣등불의 불빛 ~가 쏟아져 내린다. 5 한 사상이나 행동이 계승되어 이어진 것. ▣노론의 ~가 지금까지 이어지고 있다. 6 비의 한 차례. ▣시원하게 한 ~ 내리는군. 7 어떤 일이나 이야기 따위가 진행되는 흐름. ▣이 영화의 줄~는 이렇다. 8 (의존 명사적으로 쓰여) 산·강·물 등의 갈래를 세는 말. ▣두 ~ 눈물이

줄기마름-병(-病)〔-뼝〕圀 〘식〙 자낭균의 침입으로 줄기나 큰 가지 일부에 오목하고 큰 반점이 생겨 말라 죽게 되는 식물의 병. 동고병(胴枯病).

줄기-세포(-細胞) 圀 〘생〙 여러 종류의 신체 조직으로 분화할 수 있는 능력을 가진 미분화 세포.

줄기-잎〔-입〕圀 〘식〙 초본(草本) 식물에서, 뿌리 쪽의 잎보다 위쪽의 잎이 다른 형태를 갖는 경우의 잎. ↔뿌리잎.

줄기-줄기 円 여러 줄기로. 줄기마다. ▣산맥이 ~이어지다. 「흘러내리다.

줄기-지다 邷 줄기를 이루다. ▣눈물이 줄기져

줄:-기직 圀 줄의 잎으로 거칠게 짠 기직. 흔히 엮음 멍석으로 씀.

줄기-차다 圀 억세고 세차게 계속되다. ▣줄기찬 노력 / 줄기차게 비가 내리다.

줄기-채소(-菜蔬) 圀 줄기를 식용하는 채소 〔양배추·죽순 따위〕.

줄깃-줄깃〔-긷줄긷〕円하여 물체가 차지고도 질긴 모양. ▣~ 씹히는 맛. 劙졸깃졸깃. 劙쭐깃쭐깃.

줄깃-하다〔-기타-〕圀여 씹을 때 차지고 질긴 듯한 느낌이 있다. 劙졸깃하다. 劙쭐깃하다. ✽잘깃하다·질깃하다.

줄-꾼 圀 1 가래질할 때 줄을 당기는 사람. 2 줄모 심을 때 못줄을 잡는 일꾼. 줄잡이. 3

줄타기를 하는 사람.

줄:-나다 [-라-] 〔자〕 생산량이 표준 수량보다 덜 나다. ◻쌀이 예년보다 ~.

줄-남생이 [-람-] 〔명〕 양지바른 물가에 죽 늘어앉은 남생이들.

줄-넘기 [-럼끼] 〔명〕〔하자〕 **1** 두 사람이 기다란 줄의 양쪽 끝을 한쪽씩 잡고 커다란 원을 그리면서 돌리고 나머지 사람들은 그 속에서 차례대로 들어가면서 뛰어넘는 놀이. **2** 두 손으로 줄 끝을 잡고 발 아래에서 머리 위로 돌려 넘기면서 뛰는 운동. 또는 그 줄.

줄-눈 [-룬] 〔명〕〔건〕 벽돌이나 돌을 쌓을 때, 사이사이에 모르타르 따위를 바르거나 채워 넣는 부분.

줄느런-하다 [-르-] 〔형어〕 한 줄로 죽 벌어 있다. ◻화분들이 마당에 ~. **줄느런-히** [-르-] 〔부〕 ◻모래톱에 ~ 늘다.

줄:다 〔줄어, 주니, 주는〕 〔자〕 **1** 길이·넓이·부피 따위가 작아지다. ◻길이가 ~ / 면적이 ~. **2** 수효나 양이 적어지다. ◻수량(水量)이 ~ / 인원이 ~. **3** 힘이나 세력, 실력 따위가 본디보다 못하게 되다. ◻속력이 ~ / 영어 실력이 ~. **4** 살림이 어려워지다. ◻살림살이는 줄고 빚만 늘었다. ◉졸다. ↔늘다.

줄-다리기 〔명〕〔하자〕 **1** 여러 사람이 양쪽으로 나뉘어 줄을 마주 잡아당겨 승부를 겨루는 놀이. **2** 서로 지지 않으려고 맞서는 일을 비유한 말. ◻자기에게 유리하게 되도록 ~를 하는 셈이다.

줄-달다 〔줄달아, 줄다니, 줄다는〕 **1** 〔자〕 끊임없이 줄을 잇닿다. ◻손님이 ~ / 주문이 ~. □〔타〕 끊임없이 줄을 잇대 잇닿다. ◻약을 줄달아 먹다 / 이야기를 줄달아 하다.

줄-달음 〔명〕〔하자〕 '줄달음질'의 준말. ◻ ~을 놓다.

줄달음-질 〔명〕〔하자〕 단숨에 내처 달리는 달음박질. ◻~로 달아나다. ◉줄달음.

줄달음-치다 〔자〕 줄달음질로 달리다.

줄-담배 〔명〕 **1** 새끼줄 같은 데에 길게 엮어 놓은 잎담배. **2** 잇따라 피우는 담배. ◻~를 피우다.

줄-도망 (-逃亡) 〔명〕〔하자〕 여러 사람이 줄을 짓듯이 잇따라 도망함. ◻~을 놓다(치다).

줄-뒤짐 〔명〕〔하타〕 무엇을 찾으려고 하나하나 차례로 뒤지는 일.

줄-드리다 〔타〕 **1** 줄을 늘어뜨리다. **2** 여러 가닥을 합쳐서 줄을 꼬다.

줄-따귀 〔명〕 따귀를 잇따라서 몇 대 때리는 일. ◻~를 맞다.

줄-때 〔명〕 줄줄이 낀 때. ◻~가 전 상의.

줄-띄기 [-띠-] 〔명〕 집터에 줄을 띄워 건물의 배치 등을 알기 쉽게 나타내는 일. 줄치기.

줄-띄우다 [-띠-] 〔자〕 거리·수직·고저 및 방향 등을 살피려고 줄을 늘이다.

줄-띠 〔명〕 '목줄띠'의 준말.

줄레-줄레 〔부〕〔하자〕 **1** 까불거리며 경망스럽게 행동하는 모양. ◻ ~ 따라나서다. **2** 여럿이 무질서하게 줄줄 뒤따르는 모양. ◻ ~ 모여들다. ◉졸래졸래. ◉쫄래쫄래.

줄룩-줄룩 [-쭉-] 〔부〕〔형〕 기다란 물체가 드문드문 깊이 패어 홀쭉하게 들어간 모양. ◉쫄룩쫄룩.

줄-마노 (-瑪瑙) 〔명〕〔광〕 마노의 일종. 겹겹이 여러 가지 빛깔의 줄이 졌음.

줄-말 〔명〕〔식〕 가랫과의 여러해살이 수초. 바닷가의 고랑 속에 떼 지어 남. 줄기는 실 모양이고 길이는 60cm 정도임. 여름에 녹황색 꽃이 핌.

줄먹-줄먹 [-쭐-] 〔부〕〔형〕 여러 개의 큰 물건이 고르지 않게 뒤섞인 모양. ◉졸막졸막.

줄멍-줄멍 〔부〕〔형〕 **1** 거죽이 울퉁불퉁하게 생긴 모양. **2** 고르지 않은 여러 개의 큰 물건이 뒤섞여 있는 모양. ◻소쿠리에 ~ 담긴 참외.

줄-모 〔명〕 못줄을 대고 가로와 세로가 줄이 반듯하게 심는 모. ↔허튼모.

줄-목 〔명〕 **1** 일에 되어 가는 요긴한 목. **2** 줄다리기에서, 양편의 줄의 맨 앞부분.

줄-무늬 [-니] 〔명〕 줄로 이루어진 무늬. 선문(線紋). ◻~가 처진 티셔츠.

줄-무더기 〔명〕 **1** 빛이 다른 여러 물건이 모여서 된 한 벌. **2** 여러 가지 빛깔의 실로 토막토막 이은 연줄.

줄무더기-형제 (-兄弟) 〔명〕 이복형제.

줄-무지 〔명〕 기생이나 장난꾼의 행상(行喪). 가까운 친구끼리 풍악을 울리고 춤추며 상여를 메고 나감.

줄-밑 [-믿] 〔명〕 어떤 일이나 이야기의 실마리나 출처.

줄밑-걷다 [-믿껃따] 〔타〕 일의 단서나 말의 출처를 더듬어 찾다. ◉줄밑걷다.

줄-바둑 〔명〕 돌을 일자(一字)로 늘어놓기만 하는 서투른 바둑.

줄-박 (-拍) 〔명〕〔악〕 종묘 제례 등에서, 박을 두세 번 이상 잇따라 급하게 치는 일(음악을 끝내게 할 때 침).

줄-반장 (-班長) 〔명〕 초등학교에서, 한 줄의 책상에 앉은 학생들의 대표자.

줄-밥 [1] 〔명〕 갓 잡은 매를 길들일 때 줄 한 끝에 매어 주는 밥(매의 발목을 홰에 매어 놓아 달아나지 못하게 하면서 줄을 따라가서 밥을 먹게 함).
〔줄밥에 매로구나〕 재물을 탐하다가 남에게 이용당하게 된다는 말.

줄:-밥 [2] [-빱] 〔명〕 줄질할 때 쓸려 떨어지는 부스러기.

줄-방귀 〔명〕 계속해서 뀌는 방귀.

줄:-방석 (-方席) 〔명〕 줄로 엮은 거친 방석.

줄-방울 〔명〕 줄을 지어 달아맨 여러 개의 방울.

줄-버들 〔명〕 줄을 지어 죽 심은 버드나무.

줄-버력 〔명〕〔광〕 광맥과 나란히 있어 마치 광맥처럼 뻗은 암석.

줄-변자 (-邊子) 〔명〕 남자용 마른신의 전에 장식으로 두른 가는 천. 또는 그렇게 만든 신.

줄-봉사 〔명〕 앞을 보지 못하는 사람이 잇따라 생기는 일.

줄:-부채 〔명〕 줄을 엮어 만든 둥글넓적한 부채. 줄부채.

줄-불 〔명〕 화약·염초·참숯 가루 등을 섞어 종이에 싸서 줄에다 죽 달아 놓은 불놀이 제구(한쪽에 불을 붙이면 불이 잇달아 번짐).

줄-뿌림 〔명〕〔하타〕〔농〕 밭에 일정한 거리를 두고 평행하게 고랑을 내어, 한 줄로 씨를 뿌리고 흙을 덮는 파종법의 한 가지. 조파(條播).

줄-사다리 〔명〕 '줄사닥다리'의 준말.

줄-사닥다리 [-따-] 〔명〕 두 가닥의 밧줄 따위에 세장을 질러, 아래다 머리 끝에 쇠갈고리를 달아서 만든 사다리. ◉줄사다리.

줄-살 〔명〕 밧줄과 닻으로 긴그물·깃그물·통그물을 고정시킨 어장(漁場).

줄-심기 [-끼] 〔명〕 모나 모종나무 따위를 고랑을 치고 줄이 지게 심는 일.

줄-쌈지 〔명〕 개 가죽으로 만든 담배쌈지.

줄-씨 〔명〕 줄뿌림할 씨.

줄-썹[명][하자]〈비〉한 남자나 한 여자가, 상대를 연이어 갈아 가며 내리 하는 성교.

줄어-들다[-들어, -드니, -드는][자] 부피나 양이 작게 되거나 적어지다. □줄어든 인원/예산이 ~. 〈작〉졸아들다.

줄어-지다[자] 점점 줄게 되다. □수입량이 ~/용기가 ~.

줄 열(Joule熱)〈물〉전기가 도체 안을 흐를 때 도체에 생기는 열.

줄의 법칙(Joule-法則)[주리-/주레-]〈물〉'도선(導線) 안을 흐르는 정상 전류가 일정한 시간 안에 내는 줄 열의 양은 전류 세기의 곱 및 도선의 저항에 비례한다'는 줄이 1840년에 발견한 법칙.

줄이다[타] 1 ('줄다'의 사동) 줄게 하다. □지출을 ~/소리를 ~/옷을 ~/짐을 줄여 이사하다. 〈작〉졸이다. 2 말이나 글의 끝에서, 할 말은 많으나 그만 하고 마친다는 뜻으로 하는 말. □하고 싶은 말은 많지만 이만 줄입니다. ↔늘이다.

줄인-자[명] 축척(縮尺)1.

줄임-표(-標)[명] 할 말을 줄였을 때나 말이 없음을 나타낼 때 쓰는 '……'의 이름. 말없음표. 무언표. 생략표(標).

줄-자[명] 헝겊이나 쇠로 가는 띠 모양으로 만들어 둥근 갑 속에 말아 두었다가 풀어 쓰게 된 자. 권척(卷尺).

줄:-잡다[-따][타] 1 실제의 표준보다 줄여서 헤아려 보다. 2 (주로 '줄잡아'의 꼴로 쓰여) 대강 어림잡아 헤아려 보다. □줄잡아도 5만 명은 넘는다.

줄-잡이[명] 줄꾼.

줄장(茁長)[-짱][명][하자] 1 풀·나무 따위가 눈 터서 자람. 2 짐승이 커서 살찜.

줄-정간(-井間)[명] 정간지(井間紙)의 세로줄에 맞추어 내리그은 줄.

줄줄[부] 1 굵은 물줄기가 계속 흐르는 소리 또는 그 모양. □눈물이 ~ 흐르다/국물이 ~ 새다. 2 굵은 줄 따위가 자꾸 바닥에 끌리는 모양. □치맛자락이 ~ 끌리다. 3 사람이나 짐승 따위가 자꾸 뒤를 따라다니는 모양. □학생들이 ~ 따라오다. 〈작〉졸졸. 〈센〉쫄쫄 4 막힘이 읽거나 외거나 말하는 모양. □시를 ~ 왼다/벌써 동화책도 ~ 읽게 되었다. 5 물건을 자꾸 흘리는 모양. □칠칠치 못하게 제 물건을 ~ 흘리고 다닌다.

줄줄-거리다[자] 굵은 물줄기가 계속 줄줄 소리를 내며 흐르다. 〈작〉졸졸거리다. 〈센〉쫄쫄거리다.

줄줄-대다[자] 줄줄거리다.

줄줄-이[부] 1 줄마다 다. □글에 애타는 그리움이 ~ 배어 있다. 2 여러 줄로. □~ 늘어서다. 3 줄지어 잇따라. □문상객이 ~ 이어지다.

줄-지다[자] 1 물건 위에 금이나 줄이 생기다. □줄진 바지를 다리다. 2 오라가다.

줄-질[명] 줄로 쇠붙이를 깎거나 쓰는 일.

줄-짓다[-짇따][줄지어, 줄지으니, 줄짓는][자ㅅ] (주로 '줄지어'의 꼴로 쓰여) 1 줄을 이루다. □줄지어 늘어서다. 2 어떤 일이 잇따라 계속되다. □눈물이 줄지어 흘러내리다.

줄-차(-車)[명] 장기에서, 한 줄에 둘이 놓인 차(車).

줄-초상(-初喪)[명] 한 집에 잇따라 나는 초상. □~을 치르다.

줄:-칼[명] 칼날 모양으로 얇고 조붓한 줄. □

~로 손톱을 다듬다. ＊줄².

줄-타기[명][하자] 1〈민〉공중에 친 줄의 위를 재주를 피며 건너가는 곡예. 2 요행수를 바라며 위태롭게 생활하거나 일을 처리하는 일. □감시와 미행을 피해 숨어 사는 하루하루가 ~였다.

줄-통[명]〈광〉모암(母岩)과 구별되어 있는 광맥 전체의 모양.

줄통-뽑다[-따][자] 호기가 나서 객기를 부릴 때, 옷깃을 헤치는 기세로 목 아래의 속 옷깃을 뽑아 올리다.

줄:-판(-板)[명] 철필로 등사 원지를 긁을 때 밑에 받치는 가로세로 홈이 팬 강철판.

줄-팔매[명] 노끈을 둘로 접어 두 끝을 손에 쥐고, 고에 돌멩이를 끼워서 휘두르다가 줄의 한 끝을 놓으면서 돌만 던지는 팔매.

줄팔매-질[명] 줄팔매를 던지는 짓.

줄패-장(-牌長)[명] 고싸움 놀이·줄다리기 따위에서, 고나 줄 위에 올라타고 경기를 지휘하는 사람(40, 50대의 덕망 있고 힘센 사람이 뽑힘).

줄-팽팽[명] 늘거나 줄어듦이 없이 언제나 일정하게 켕겨 있는 상태.

줄-포(-包)[명] 장기에서, 한 줄에 둘이 놓인 포(包).

줄-폭탄(-爆彈)[명] 줄지어 떨어지는 폭탄. □~이 터지다/~이 떨어지다.

줄-표(-標)[명] 인용표의 하나. 이미 말한 내용을 다른 말로 부연(敷衍)하거나 보충할 때, 그 사이 또는 그 뒤에 긋는 '—'의 이름. 대시(dash).

줄:-풀[명]〈식〉줄³.

줄:-풀-부채[명] 줄부채.

줄-풍류(-風流)[-뉴][명] 거문고나 가야금 따위의 현악기로 연주하는 풍류. ＊대풍류.

줄-행랑(-行廊)[-낭][명] 1 대문의 좌우로 죽 벌여 있는 행랑. 2〈속〉도망.

줄행랑(을) 놓다[관] 낌새를 채고 피하여 달아나다. □수박서리를 하다 들키자 ~.

줄행랑-치다(-行廊-)[-낭-][자] 피하여 도망치다.

줄-향(-香)[명] 염주처럼 끈에 꿴 여러 가지 빛의 구슬 속에 넣은 사향(부인네들이 치마 속에 참).

줄-홈[명]〈광〉광석과 맥석(脈石)이 섞여 된 광맥의 변변찮은 부분.

줌[명] 1 ⇒'주먹'의 준말. □~을 쥐다/~을 휘두르다. 2 ⇒'줌통'의 준말. □[의명] 1 주먹으로 쥘 만한 양. □한 ~의 흙/잎담배 한 ~/쌀 한 ~. 2〈역〉조세를 계산하기 위한, 토지 면적의 단위(뭇의 1/10). 파(把).

줌-돌[-똘][명] 돌화에 고추나 보리쌀 따위를 넣고 으깰 때 주먹에 쥐고 쓰는, 둥글고 길쭉한 돌.

줌-뒤[명] 활을 쏠 때 줌통을 쥔 주먹의 거죽. ↔줌앞.

줌-뒤-가다[자] 화살이 과녁의 왼쪽으로 쏠려 나가다. ↔줌앞가다.

줌 렌즈(zoom lens) 피사체에 초점을 맞춘 채 초점 거리나 화상의 크기를 연속적으로 변화시킬 수 있는 렌즈(영화·텔레비전 등의 카메라에 쓰임).

줌-머리[명] 활의 줌통의 위쪽 부분.

줌-몸[명] 활의 줌통의 전체.

줌-벌다[줌벌어, 줌버니, 줌버는][자] 한 줌으로 쥐기에 지나치다.

줌-손[-쏜][명] 활의 줌통을 잡은 손.

줌:-앞[주맙][명] 활을 쏠 때 줌통을 쥔 주먹의

안쪽. ↔줌뒤.

줌:앞-가다[주맙까-] 재 화살이 과녁의 오른 쪽으로 쏠려 나가다. ↔줌뒤가다.

줌:앞-줌뒤[주맙줌-] 명 **1** 화살 따위가 좌우로 빗나감. **2** 예측에 어긋나 맞지 않음을 이르는 말.

줌:-이 부 주먹에 쥘 정도의 양으로 잇따라. ▣고사리를 ~ 꺾다.

줌:-통 명 활 한가운데의 손으로 쥐는 부분. 활줌통.

줌통 내밀듯 団 받으라고 팔을 쭉 뻗쳐서 내미는 모양의 비유.

줌:-피(-皮) 명 활의 줌통을 싼 물건.

줍:는-목[줌-] 명 판소리에서, 차근차근 주워 담는 듯한 목소리.

줍:다[-따][주워, 주우니] 태国 **1** 바닥에 있는 것을 집다. 흩어진 것을 거두다. ▣휴지를 ~ / 이삭을 ~. **2** 남이 분실한 물건을 집어 가지다. ▣지갑을 ~ / 길에서 돈을 ~. **3** 버려진 아이를 키우려고 데려오다. ▣다리 밑에서 주워 온 아이. **4** (주로 '주워'의 꼴로 다른 동사 앞에 쓰여) 이것저것 되는대로 취하거나 가져오다. ▣이것저것 주워 먹었더니 배가 부르다.

줏그리다 國〈옛〉 쭈그리다.

줏다 타团 **1** '줍다'의 방언. **2**〈옛〉 줍다.

줏대[주때 / 준때] 명 수레바퀴 끝의 휘갑쇠.

줏대(主-)[주때 / 준때] 명 **1** 사물(事物)의 가장 중요한 부분. ▣내가 이제는 집의 ~다. **2** 품은 마음의 중심. ▣~가 있는 사람 / ~가 서다 / ~가 약하다.

줏대 신경(主-神經)[주때- / 준때-] 명 〖生〗 신경 중추(中樞).

줏대-잡이(主-)[주때자비 / 준때자비] 명 중심이 되는 사람. ▣너는 집안의 ~이다.

중: 명 〖佛〗 절에 살면서 수행을 쌓고 불도를 닦고 실천하며 포교하는 사람(《본디 그런 단체를 일컫던 말. 근래에는 비하하는 말로 쓰여, 대신 '승려'나 '스님'이 일반적인 호칭이 됨). 승(僧).

[중의 상투] 매우 구하기 힘든 것. [중이 고기 맛을 알면 절에 빈대가 안 남는다] 어떤 좋은 일을 한번 경험하면 앞뒤를 가리지 않고 덤빈다. [중이 제 머리 못 깎는다] 아무리 긴한 일이라도 남의 손을 빌려야만 이루어짐을 가리킴.

중(中)□명 **1** 가치·등급·순위·정도 등이 중간 정도임. ▣성적이 ~에 든다. **2** '중등(中等)'의 준말. **3** '중국(中國)'의 준말. □주~(駐中) 대사. 장기판의 끝에서, 둘째 가로줄. ▣포를 ~으로 옮기다. □의명 **1** 안이나 속. ▣공기 ~의 산소. **2** 현재 진행되고 있음. 무엇을 하는 동안((`-는 중'·`-던 중'의 꼴로도 씀). ▣회의 ~ / 작업 ~ / 임신 ~ / 이야기하던 ~ 알게 되다. **3** 어떤 범주에 속함. 여럿 가운데. ▣불행 ~ 다행 / 꽃 ~의 꽃. **4** (주로 '중으로'의 꼴로 쓰여) 시간의 한계를 넘지 않는 동안. ▣내일 ~으로 마치자.

중:-¹(重) 匣 무엇이 겹쳤다어 둘이 합쳐짐의 뜻. ▣~수소 / ~모음.

중:-²(重) 匣 **1** '크고 중대함' 또는 '심한'의 뜻. ▣~근신(謹愼) / ~환자 / ~노동. **2** 무거움의 뜻. ▣~금속.

중:-가(中價) 명 중간 가격(中間價格).

중:-가산금(重加算金) 명 밀린 세금이 100만 원 이상일 때, 납부 기한 경과 후 밀린 세금을 납부하지 않을 때, 가산금 100 분의 3 이외에 그 세액의 1000 분의 12 씩을 매 1 월이

경과할 때마다 더 가산해 징수하는 가산금.

중:-각(重刻) 명하타 중간(重刊). ▣~본(本).

중-간(中間) 명 **1** 두 사물의 사이. ▣역과 은행 ~ / ~에 끼이다. **2** 어떤 일이 아직 끝나지 않은 때나 장소. ▣~ 단계 / ~ 평가를 거치다 / 강의 ~에 자리를 뜨다. **3** 한가운데. 반중간. ▣~ 위치에 앉다. **4** 이쪽도 저쪽도 아닌 그 사이. ▣애인과 친구의 ~ 정도의 관계를 유지하다. **5** 사람과 사람의 관계를 연결하는 사이. ▣~에 사람을 넣어 흥정하다.

중:-간(重刊) 명하타 책을 거듭 간행함. 중각(重刻). ▣조선 중기에 ~된 책자.

중간 경기(中間景氣) 〖經〗 불경기의 중도에서 일시적으로 나타나는 호경기.

중간 계급(中間階級)[-가-/-게-] 지배 계급과 피지배 계급의 중간에 위치하는 사회층(중세에는 도시 시민, 현재는 공무원·상인·봉급 생활자 등).

중간-고사(中間考査) 명 학기의 중간에 학력을 평가하기 위해 실시하는 학력고사.

중간 관리직(中間管理職)[-괄-] 관리직 가운데 상위인 이사·부장 아래에서 현장을 감독하는 관리직(과장·계장 따위의 직위).

중간-권(中間圈)[-꿘] 〖地〗 높이 48~80km까지의 대기의 층. 성층권과 온도권의 사이에 해당한다.

중간-노선(中間路線) 명 어느 한쪽으로도 치우치지 않는 의견이나 주장. ▣~을 표방하다 / ~을 고수하다 / ~을 취하다.

중간 도매(中間都賣) 〖經〗 생산자와 소규모의 도매상 사이에서 상품을 공급하고 판매하는 일.

중간-따기(中間-) 명 자기 차례나 몫이 아닌데도 남보다 앞질러 중간에서 차지하는 일.

중간-발표(中間發表) 명 최종 결과가 나오기 전에 그때그때의 상태를 발표하는 일.

중간-보고(中間報告) 명하타 마지막 성과를 얻기 전에 중도에 보고하는 일.

중:-간본(重刊本) 명 여러 번째 간행한 책.

중간 상인(中間商人) 〖經〗 생산자와 소비자의 사이에서 상품을 공급하고 매매하는 장수. ▣~의 농간.

중간 생산물(中間生産物) 〖經〗 생산 과정에서 다른 재화를 생산하기 위해 사용되는 생산물(《원료나 재료 따위를 말함). *최종 생산물.

중간 선:거(中間選擧) 미국에서, 4 년마다 실시하는 대통령 선거의 중간에 행해지는 의원 선거.

중간-성(中間性)[-썽] 서로 대립하는 두 사물의 사이에서 어느 것에도 치우치지 않는 성질이나 성품.

중간 세:포(中間細胞) 〖生〗 간(間)세포.

중간 소:설(中間小說) 〖文〗 예술성과 오락성을 함께 추구한 순문학과 대중 문학의 중간에 위치하는 소설.

중간 숙주(中間宿主)[-쭈] 〖動〗 기생충이 최종 숙주에 붙기 전에 기생해서 발육·변태의 일부를 거치는 숙주.

중간 유전(中間遺傳)[-뉴-] 〖生〗 잡종 제 1 대에서 어버이의 중간 형질을 나타내는 유전 방식. 중간(間性) 유전.

중간-이득(中間利得)[-니-] 명 두 사람 사이에 관여하거나 관련이 있는 사람이 취하는 이득.

중간-자(中間子) 〖物〗 소립자 가운데서 전

자(電子)보다 무겁고 양자(陽子)보다 가벼운 입자. 메소트론. 메손(meson). *중입자.

중간 잡종 (中間雜種)[-쫑]〖생〗어버이 형질의 중간을 나타내는 잡종.

중간-적 (中間的)〖관〗중간에 해당하는 (것). □~ 성격 / ~인 입장.

중간-착취 (中間搾取)〖명〗〖하타〗착취자와 피착취자의 중간에서 착취를 돕거나 대행해서 이득을 얻는 일.

중간-층 (中間層)〖지〗**1**〖지〗지구 내부의 시마 층(Sima層)과 중심층 사이에 있는 층《깊이 1,200~2,900 km》. **2** 경제적·사회적 계급으로서의 중간 계급.

중간-치 (中間-)〖명〗크기나 품질 따위가 다른 여럿 가운데서 중간이 되는 물건. 중치.

중간-파 (中間派)〖명〗사회 운동에서 좌익과 우익의 중간노선을 취하는 파.

중간 판결 (中間判決)〖법〗민사 소송에서, 종국(終局) 판결에 앞서 그 사건의 쟁점에 대해 서만 내리는 판결.

중-갈이 (中-)〖명〗〖하타〗철을 가리지 않고 아무 때에나 씨를 뿌려 푸성귀를 가꾸어 먹는 일. 또는 그 푸성귀. 중경(中耕).

중갈이-김치 (中-)〖명〗중갈이 배추나 무로 담근 김치.

중-갑판 (中甲板)〖명〗함선의 갑판 가운데 가장 크고 으뜸가는 갑판.

중:-값 (重-)[-깝]〖명〗비싼 값. 상당한 값. 중가(重價). □~을 치르다.

중-강아지 (中-)[-깡-]〖명〗**1** 크기가 중간쯤 되는 강아지. **2** 크기가 거의 어미만큼 자란 큰 강아지.

중-개 (中-)[-깨]〖명〗크기가 중간쯤 되는 개.

중-개 (仲介)〖명〗〖하타〗제삼자로서 두 당사자 사이에서 일을 주선함. □부동산 ~ / ~ 수수료를 내다.

중-개념 (中槪念)〖명〗〖논〗삼단 논법에서, 대소두 전제들에 공통된 개념. 대개념과 소개념을 매개해서 결론을 성립시킴. 매(媒)개념.

중개-료 (仲介料)〖명〗두 당사자 사이에서 일을 주선한 대가로 받는 돈.

중개 무:역 (仲介貿易)〖경〗수출국과 수입국 사이의 무역 거래에 제삼국의 무역업자가 개입해서 화물을 이동시키고 대금 결제의 당사자가 되는 무역 형태.

중개 상인 (仲介商人)〖경〗다른 사람의 의뢰를 받고 상행위의 대리 또는 매개를 하여 이에 대한 수수료를 받는 상인. 중개인.

중개-업 (仲介業)〖경〗다른 사람을 위해 상행위를 대리하거나 매개하고 수수료를 받는 영업. □부동산 ~(자).

중개-인 (仲介人)〖명〗중개 상인. 브로커.

중-거리 (中距離)〖명〗길이가 중간쯤 되는 톱.

중-거리 (中距離)〖명〗**1** 짧지도 길지도 않은 중간 정도의 거리. □~ 슛을 날리다. **2** '중거리 달리기'의 준말. □~ 선수.

중거리 경:주 (中距離競走)〖명〗중거리 달리기.

중거리 달리기 (中距離-)〖명〗육상 경기에서, 남자 800 m·1,500 m 달리기와 여자 400 m·800 m 달리기 따위. 중거리 경주. 중중거리. *단거리 달리기·장거리 달리기.

중거리 탄:도 미사일 (中距離彈道missile)〖군〗사거리가 2,400 km 정도인 미사일(약칭: IRBM). 중거리 탄도 유도탄.

중거리 탄:도 유도탄 (中距離彈道誘導彈)〖군〗중거리 탄도 미사일.

중:-건 (重建)〖명〗〖하타〗절이나 궁궐 따위를 보수하거나 고쳐 지음. □대웅전 ~ / 금년에 ~된 사찰.

중견 (中堅)〖명〗**1** 어떤 단체나 사회에 중심이 되는 사람. □~ 간부 / 문단의 ~으로 자리 잡다. **2**〖군〗예전에, 우두머리에게 직속된 정예의 부대인 중군(中軍). **3** 야구에서, 2루의 뒤쪽.

중견 (中繭)〖명〗품질이 중간쯤 되는 누에고치.

중견-수 (中堅手)〖명〗야구에서, 외야의 가운데 구역의 수비를 맡는 선수. 센터 필더.

중견 작가 (中堅作家)[-까]〖문〗작품 활동 기간이 비교적 오래되어 문단에서 역량을 인정받은 작가.

중:-견책 (重譴責)〖명〗〖하타〗아주 심하고 준절하게 꾸짖음.

중경 (中京)〖명〗〖역〗**1** 고려 때, 서울인 '개성(開城)'을 사경(四京)의 하나로 일컫던 이름. **2** 중국 남조(南朝)에서 당대(唐代)까지의 북양(北洋)의 일컬음. **3** 발해(渤海)의 현덕부(顯德府), 요(遼)나라의 대정부(大定府), 금(金)나라의 금창부(金昌府)의 일컬음.

중경 (中耕)〖명〗〖하타〗**1** 사이갈이. **2** 중갈이.

중:-경상 (重輕傷)〖명〗중상과 경상. □~을 입다 / ~을 당하다.

중계 (中階)[-/-게]〖명〗집을 지을 때, 기초가 되도록 한 층을 높게 쌓아 올린 단.

중계 (中繼)[-/-게]〖명〗**1** 중간에서 이어줌. □~역(驛). **2** '중계방송'의 준말. □스포츠 ~ / 실황 ~ / 녹화로 ~되다.

중계-국 (中繼局)[-/-게-]〖명〗**1** 발신국과 수신국 사이에서 전신을 중계하는 전신국. **2** 방송국의 전파 수신이 곤란한 지역에 설치해서, 본국(本局)의 방송 전파를 증폭해 방송하는 방송국.

중계 무:역 (中繼貿易)[-/-게-]〖경〗외국에서 수입한 물자를 그대로 또는 약간 가공해서 재수출하는 형식의 무역. 통과 무역.

중계-방송 (中繼放送)[-/-게-]〖명〗어떤 방송국의 프로그램이나, 강연·축전·운동 경기 등의 실황을 현지에서 다른 방송국을 중계로 해서 방송하는 일. 중중계.

중계-소 (中繼所)[-/-게-]〖명〗**1** 중간에서 양쪽을 이어 주는 곳. **2** 중계방송을 하거나 통신을 중계하는 곳.

중계-차 (中繼車)[-/-게-]〖명〗현장의 실황을 중계하기 위한 장비와 인원을 갖추어 현지에 나가는 차. □사고 현장의 ~와 연결하다.

중계-항 (中繼港)[-/-게-]〖명〗〖경〗주로 중계 무역을 하는 상항(商港).

중고 (中古)〖명〗**1**〖역〗역사에서 상고(上古)와 근고(近古)의 중간 시기. □~ 시대. **2** '중고품'의 준말. □~이긴 하나 아직 쓸 만하다. **3** (일부 명사 앞에 쓰여) 이미 사용했거나 오래됨을 나타내는 말. □~ 가구 / ~ 자동차.

중:-고 (重苦)〖명〗참기 힘든 고통. □~를 겪다.

중:-고기 (重-)〖어〗잉엇과의 민물고기. 시냇물에 삶. 몸길이 10~16 cm. 가늘며 옆으로 납작함. 작은 대구와 비슷하고 빛은 녹갈색, 배는 은백색임.

중-고도 (中高度)〖명〗해발 1만~2만 5천 피트의 높이.

중고-사 (中古史)〖명〗〖역〗중고 시대의 역사.

중고-생 (中高生)〖명〗중학생과 고등학생.

중고-차 (中古車)〖명〗어느 기간 동안 사용해서 조금 낡은 자동차. □~ 시장 / ~를 사다.

중고-품 (中古品)〖명〗좀 낡은 물건. 중중고.

중곤 (中棍)〖명〗〖역〗중간치 크기의 곤장.

중:-곤 (重棍)〖역〗 죽을죄를 지은 죄인의 볼 기를 치던 가장 큰 곤장. ▢ 대역 죄인을 ~으로 다스리다.

중공 (中空)〖명〗 1 중천(中天). 2 속이 비어 있음. ▢ ~ 벽돌.

중공 댐 (中空dam) 공사 비용을 절약하기 위해 제방의 안을 비게 만든 댐.

중공-벽 (中空壁)〖명〗 벽이 두 겹으로 분리되어 그 사이에 공기층을 가진 벽.

중:-공업 (重工業)〖명〗〖공〗 제철·조선·기계·차량 따위의 부피에 비해 무게가 큰 물건을 만드는 공업. ↔경공업.

중:-과 (重科)〖명〗〖법〗 죄에 비해 무거운 형벌.

중:-과 (重過)〖명〗 1 '중과실(重過失)'의 준말. 2 중대한 과실. 큰 실수.

중:-과타 (重課打)〖명〗〖타〗 부담이 많이 가게 매김. ▢ 탈세자에게 벌금이 ~되다.

중:-과 (衆寡)〖명〗 수효의 많음과 적음.

중:-과부적 (衆寡不敵)〖명〗 적은 수로 많은 수를 맞서지 못함. 과부적중. ▢ ~으로 적에게 쫓기다.

중:-과실 (重過失)〖명〗〖법〗 조금만 주의하면 결과의 발생을 피할 수 있는데도 이를 게을리 한 일. ↔경과실. ⊙중과과.

중-과피 (中果皮)〖명〗〖식〗 과실의 속껍질. *내과피·외과피.

중관 (中官)〖명〗〖역〗 1 내시(內侍). 2 지방관(地方官)에 대하여 조정(朝廷)에서 근무하는 벼슬아치를 일컫던 말.

중관 (中觀)〖명〗〖불〗 1 중제(中諦)의 이치를 직관(直觀)하여 중도의 진리를 구명하는 일. 2 가(假)와 공(空)을 하나로 보는 지혜의 통달.

중-괄식 (中括式)〖명〗 글의 중간 부분에 중심 내용이 오는 문장 구성 방식. *두괄식·미괄식·양괄식.

중-괄호 (中括弧)〖명〗 1〖언〗묶음표의 하나. 여러 단위를 동등하게 묶어서 보일 때 쓰는, 문장 부호 '{ }'의 이름. 2〖수〗소괄호를 포함하는 식의 앞뒤를 묶어서 한 단위를 나타낼 때 쓰는 부호. '{ }'. *대괄호·소괄호.

중:-광 (重光)〖명〗 1 고갑자(古甲子)에서, 천간(天干)의 여덟째인 '신(辛)'을 일컫는 말. 2 구일(九日).

중:-광-절 (重光節)〖명〗〖종〗 대종교의 처음 발포를 기념하는 날(음력 정월 보름날).

중-괴탄 (中塊炭)〖명〗 덩이가 중간 정도인 석탄.

중교-점 (中交點)[-쩜]〖천〗 강교(降交)점.

중구 (中九)〖명〗 그달의 초아흐렛날.

중구 (中歐)〖명〗 중부 유럽(독일·오스트리아·헝가리·스위스 등 여러 나라를 포함함).

중-구 (重九)〖명〗 옛 명절인 음력 9월 9일.

중:구 (衆口)〖명〗 뭇입.

중:구-난방 (衆口難防)〖명〗 뭇사람의 말을 이루 다 막기가 어렵다는 뜻으로, 막기 어려울 정도로 여러 사람이 마구 지껄임을 이르는 말. ▢ ~으로 떠들어 대다.

중구미 〖명〗 활을 잡은 팔의 팔꿈치.

중:-구-삭금 (衆口鑠金)[-삭끔]〖명〗 뭇사람의 말은 쇠도 녹인다는 뜻으로, 여러 사람의 말은 큰 힘이 있음을 이르는 말.

중:-구-일 (重九日)〖명〗 음력 9월 9일.

중국-어 (中國語)〖명〗 중국인이 쓰는 말. 중어(中語).

중국-옷 (中國-)[-곧]〖명〗 중국 사람의 전통적인 옷. 중국복(中國服).

중국-요리 (中國料理)[-뇨-]〖명〗 중화요리(中華料理).

중국-인 (中國人)〖명〗 1 넓은 뜻으로 한족·몽골

족·터키 족·티베트 족·만주족 등을 통틀어 이르는 말. 2 한인(漢人).

중:-국적 (重國籍)[-쩍]〖명〗 한 사람이 두 나라 이상의 국적을 겸하여 갖는 일.

중국-전 (中-殿)[-쩐]〖명〗 '중궁전'의 변한말.

중국-집 (中國-)[-찝]〖명〗 중국 음식을 파는 식당. ▢ ~에 자장면을 시키다.

중국-학 (中國學)[-구카-]〖명〗 중국의 언어·역사·문화 따위를 연구하는 학문.

중군 (中軍)〖명〗 1 예전에, 전군의 중간에 있어, 대개는 대장이 직접 통솔하던 군대. 2〖역〗 조선 때, 각 군영의 대장이나 절도사·통제사 등에 버금가던 장수.

중궁 (中宮)〖명〗 '중궁전(中宮殿)'의 준말.

중궁 마:마 (中宮媽媽)〖역〗 아랫사람이 왕후를 높여 일컫던 말.

중궁-전 (中宮殿)〖명〗 1 왕비가 거처하던 궁전. 2 '왕비'의 높임말. 곤전. ⊙중궁·중전.

중권 (中卷)〖명〗 상·중·하 세 권으로 된 책의 가운데 권.

중:-권 (重圈)[-꿘]〖명〗〖지〗 비중이 무거운 물질로 되어 있으며 맨틀과 핵을 포함하는 지구의 내부.

중-귀틀 (中-)〖명〗〖건〗 동(棟)귀틀 사이를 막아 낀 귀틀.

중-규모 (中規模)〖명〗 중간 정도의 규모. ▢ ~ 기업 / ~ 공장을 운영하다.

중-근동 (中近東)〖명〗 중동과 근동 지역.

중금 (中笒)〖명〗〖악〗 저(笛)의 하나(대금과 소금의 중간 크기로 목관 악기임).

중:-금속 (重金屬)〖명〗〖화〗 비중이 4 이상인 금속의 총칭(금·은·구리·수은·납·철 따위). ▢ ~에 오염된 폐수 / ~이 검출되다. ↔경금속.

중:-금-주의 (重金主義)[-/-이]〖명〗〖경〗 화폐 및 금의 증가만이 나라를 부강하게 한다는 주의.

중:-금-학파 (重金學派)〖명〗〖경〗 중금주의를 내세우는 경제학의 유파.

중급 (中級)〖명〗 중치인 등급. 가운데의 계급이나 학급. ▢ ~ 영어 / ~ 과정을 밟다.

중급-반 (中級班)[-빤]〖명〗 학교·학원 따위에서 수준이 중간 정도인 반.

중기 (中氣)〖명〗 1 사람의 속 기운. 2 이십사절기 가운데 양력으로 매달마다 중순 이후에 드는 절기(우수·춘분·곡우 따위). 3〖한의〗기색(氣塞). 4 중풍(中風).

중기 (中期)〖명〗 중간의 시기. ▢ 조선 초기와 ~가 교차하는 16세기.

중:-기 (重器)〖명〗 1 귀중한 기구. 2 나라의 중요한 자리에 있는 사람.

중:-기 (重機)〖명〗 1〖군〗'중기관총'의 준말. 2 중공업용의 기계. 3 건설 공사 따위에 사용되는 일정 무게 이상의 기계.

중:-기관총 (重機關銃)〖명〗〖군〗 무게가 비교적 무겁고 구경이 크며 화력이 센 기관총. ⊙중기(重機).

중기 국채 (中期國債)〖경〗 갚는 기간이 비교적 짧은 장기 국채의 하나.

중기-중기 〖부〗 크기가 비슷한 물건들이 여기저기 모여 있는 모양.

중-길 (中-)[-낄]〖명〗 같은 종류에서 품질이 중간쯤 되는 물건. 중질(中秩). ▢ ~의 것.

중-깃 (中-)[-낃]〖명〗〖건〗 벽 사이에 욋가지를 대고 엮기 위해 듬성듬성 세우는 가는 기둥.

중-나리 〖명〗〖식〗 백합과의 여러해살이풀. 산지에 남. 높이는 약 1.5 m인데, 여름에 황적색

꽃이 핌. 넓은 달걀 모양인 비늘줄기와 어린 잎은 식용함.

중:-난-하다(重難-) [형여] **1** 중대(重大)하고도 어렵다. 난중(難重)하다. **2** 매우 소중하다.

중:-난-히 [부]

중:-남미(中南美) [명] 라틴 아메리카.

중:-녀(衆女) [명] 많은 여자.

중년(中年) [명] 청년과 노년 사이의 나이. 곧, 마흔 살 안팎의 나이. ▣~ 남자/~에 접어들다/~의 운세가 좋다.

[중년 상처는 대들보가 휜다] 어린 자녀를 두고 아내가 죽게 되면 집안 살림이 엉망이 된다는 말.

중년-기(中年期) [명] 중년의 시기. ▣~ 여성/~에 접어들다.

중년-층(中年層) [명] 중년기에 있는 사람의 계층. ▣사십 대의 ~.

중:-노동(重勞動) [명] **1** 육체적으로 힘이 많이 드는 노동. ▣~에 시달리다. **2** 어떤 집단이나 단체에서 과하는 형벌의 하나. 중노역. ▣~에 처하다. ↔경노동.

중:-노릇[-늘] [명][하자] 승려의 행세. 중질.

중노미(中-) [명] 음식점·여관 따위에서 허드렛일을 하는 남자. ▣술심부름하던 ~라.

중:-노역(重勞役) [명] →중노동.

중:-노인(中老人) [명] 중늙은이. ▣오십이 넘은 점잖은 ~.

중:-놈(中속) '승려'를 욕으로 일컫는 말.

중농(中農) [명] 중간 정도 되는 규모의 농토를 가지고 사람도 부리면서 자기도 함께 일을 하는 농민층. *대농(大農)·소농(小農).

중:-농-주의(重農主義) [-/-이] [명] [경] 18세기에 프랑스 고전 경제학자들이 제창한 주의. 국민 복리를 증진하고 산업을 중진시키기 위해 특히 농업을 중시하고 농업만이 유일한 생산업이라 하여 중상(重商)주의에 대항하는 사상. 그 경제 정책은 자유방임주의임. 상농주의.

중:-농-학파(重農學派) [명] [경] 중농주의를 주장하는 학파.

중뇌(中腦) [명] [생] 간뇌와 소뇌 사이에 있는 뇌의 한 부분. 안구 운동·동공 조절·반사 등을 맡은 신경 중추가 있음. 중간뇌.

중:-늙은이(中-) [-늘그니] [명] 초로(初老)는 지났으나 아주 늙지는 않은 사람. 중노인. 중로(中老).

중니(仲尼) [명] 공자(孔子)의 자(字).

중니지도(仲尼之徒) [명] 공자의 문인(門人). 공자의 학문을 우러러 받드는 사람들.

중다리[식] 올벼의 일종. 누런 까끄라기가 있고 한식(寒食) 뒤에 곧 씨를 뿌림.

중-대버지(中-) [명] 길게 자라서 더펄더펄한 아이의 머리. 또는 그런 아이.

중:-다-하다(衆多-) [형여] 수효가 아주 많다.

중단(中段) [명] **1** 한 편의 글의 가운데 단락. **2** 건물의 한가운데의 층.

중단(中單) [명] 남자의 상복(喪服) 속에 입는 소매 넓은 두루마기. ▣~에 두건을 쓰고 하얀 굴건을 얹어 쓰다.

중단(中斷) [명] [하다] **1** 중도에서 끊어짐. 또는 끊음. 중절. ▣조업 ~ /지하철 운행이 ~되다 /교섭을 ~하다. **2** [법] 중도에서 끊어져 이제까지의 효력을 잃게 함.

중-단전(中丹田) [명] 도가(道家)에서, 삼단전(三丹田)의 하나. 심장을 일컬음.

중-단파(中短波) [명] [전] 파장 50-200 m의 전

파(주로 해상 업무에 씀).

중-닭(中-) [-딱] [명] 중간 정도 크기의 닭. ▣이제는 병아리들이 실한 ~이 되었다.

중답(中畓) [명] 토양 조건과 물의 형편이 중간쯤 되는 논.

중-답주(中畓主) [-쭈] [명] 지주의 땅을 빌려서 다시 남에게 빌려 주고 중도조를 받아먹는 사람. 중도주.

중당(中堂) [명] **1** 중국에서, 재상(宰相)이 정치를 하던 곳. 또는 재상. **2** 당상(堂上)의 남북의 중간. **3** [불] 천태종(天台宗)의 본존(本尊)을 안치하는 본당.

중대(中帶) [명] 소반의 네 다리 중간쯤에 건너 지른 가는 나무오리.

중대(中隊) [명] **1** [군] 육군·해병대의 부대 편제의 하나(보통 4개 소대로 이루어짐). **2** [역] 행군할 때 다섯 오(伍)로 편제한 25명의 군사를 이르던 말.

중:대(重大) [명] [하다] [형] [부] 매우 중요하여 가볍게 여길 수 없음. ▣오늘 ~ 발표가 있을 예정이다 /~한 과오를 범하다.

중:-대가리(重-) [명] 〈속〉 승려처럼 빡빡 깎은 머리. 또는 그렇게 깎은 사람.

중-대님(中-) [-때-] [명] 무릎 바로 밑에 매는 대님.

중-대문(中大門) [-때-] [명] 중문(中門)1.

중-대방(中帶枋) [명] [건] 판장벽 한가운데에 댄 막방. 중띠방.

중:-대-사(重大事) [명] 아주 큰 사건. ▣국가의 ~ 를 결정하다.

중:-대-성(重大性) [-썽] [명] 중대한 성질이나 경향. ▣문제의 ~을 직시해야 한다.

중:-대-시(重大視) [명] [하다] 중대하게 봄. 중대하게 여김. ⊕중시(重視).

중대-장(中隊長) [명] [군] 중대를 지휘하고 통솔하는 책임자. 보통 대위가 맡음.

중덕(中德) [명] [불] 조선 때, 승과(僧科) 합격 후 2년 이상 선(禪)이나 교(敎)를 닦은 사람에게 주던 승려의 계급.

중덜-거리다 [자] 불만스러운 태도로 자꾸 중얼거리다. ▣불만이 섞인 말을 ~. ⊕종달거리다. 쎈쫑떨거리다. 중덜-중덜 [부] [하자]

중덜-대다[자] →중덜거리다.

중도-대 '중도위'의 준말.

중도(中途) [명] **1** 하던 일의 도중. ▣~ 탈락 /~에 포기하다 /일을 ~에 그만두다 /말을 ~에 끊다. **2** 중로(中路)1. ▣차가 ~에서 고장 나다.

중도(中道) [명] **1** 어느 한쪽으로 치우치지 않은 바른 길. ▣~ 노선을 걷다. **2** 중로(中路)1. **3** [불] 유(有)나 공(空)에 치우치지 않는 절대 진실의 도리. **4** [불] 고락의 양편을 떠난 올바른 행법(行法).

중:-도(重盜) [명] [하다] 더블 스틸.

중:-도(衆徒) [명] [불] **1** 계율을 지키는 청정한 승려. **2** 한 절의 주지 이외의 승려들. **3** 절에서 경론을 공부하는 승려들.

중도-개로(中途改路) [명] [하자] 하던 일의 중간에 방침을 바꿈.

중도-금(中途金) [명] 부동산 거래 등에서, 계약금과 잔금 사이에 치르는 돈. ▣~을 치르다.

중-도리(中-) [명] [건] 동자기둥에 가로 얹은 중간 도리.

중도-부처(中途付處) [명] [역] 벼슬아치에게 어느 곳을 지정하여 머물러 있게 하던 형벌.

중도위 [명] 예전에, 장판을 돌아다니며 과실이나 나무 따위를 가지고 다니던 사람. ⊕중도.

중도이폐(中途而廢) [-/-폐] [명] [하다] 일을 하

다가 중도에서 그만둠. 반도이폐. ▢ ~하면 아니함만 못하니라.

중도-적(中道的)〔관〕〔명〕 어느 한쪽으로 치우치지 않고 가운데에 있는 (것). ▢ ~ 인물 / ~인 노선.

중-도조(中賭租)[-또-]〔명〕 중답주가 소작인에게 원도조 이외에 더 받아 차지하는 도조.

중-도주(中賭主)[-또-]〔명〕 중답주(中畓主).

중도 퇴:학(中途退學) 학생이 교과 과정을 다 마치지 못하고 중도에서 학교를 그만둠. ❀ 중퇴(中退).

중도-파(中道派)〔명〕 어느 한쪽으로 치우치지 않고 그 중간을 지향하는 무리.

중독(中毒)〔명〕**1** 몸이 음식이나 내용(內用)·외용(外用) 약물의 독성에 치여서 기능 장애를 일으키는 일. ▢ 마약에 ~된 사람 / 연탄가스에 ~되다. **2** 어떤 사상이나 사물에 젖어 버려 정상적으로 실물을 판단할 수 없는 상태. ▢ 완고한 수구 사상에 ~된 인물.

중독-량(中毒量)[-똥냥]〔명〕 그 이상을 사용하면 중독을 일으키게 되는 약물의 한계량.

중독-성(中毒性)[-썽]〔명〕 중독을 일으키는 성질. ▢ ~이 강한 마약.

중독-자(中毒者)[-짜]〔명〕 음식·약물의 중독량을 취해 중독 증상을 일으킨 사람. ▢ 마약 ~를 단속하다.

중독-진(中毒疹)[-찐]〔명〕〔의〕 중독으로 인하여 신체의 안팎에 생기는 발진.

중-동(中-)〔명〕**1** 사물의 중간 되는 토막. ▢ 밧줄로 비석 ~을 잡아매다. **2** 일의 중간이 되는 부분. ▢ ~에서 말을 끊다. **3** 중동끈. 중동(을) 치다 ┈┈ 하던 일이나 말을 끝내지 못하고 중간에서 끊다.

중동(中東)〔명〕 유럽에서 보아, 극동과 근동의 중간 지역《서아시아 일대인 아라비아 반도 및 파키스탄·이란·이라크·아프가니스탄 등》.

중동(仲冬)〔명〕 겨울의 한창 추울 때《음력 11월을 달리 이르는 말》.

중동-끈(中-)〔명〕 여자의 치마 위에 눌러 띠는 좁고 긴 끈《흔히 진일을 할 때 치마가 거치적거리지 않게 하려고 함》. 중동.

중동-무이(中-)〔명〕〔하타〕 하던 일이나 말을 끝마치지 못하고 중간에서 흐지부지 그만둠.

중동-바지(中-)〔명〕 위는 홑으로 아래는 겹으로 만든 여자의 바지.

중동-치레(中-)〔명〕〔하자〕 허리띠·주머니·쌈지 따위로 허리 부분을 치장하는 일. 중동풀이.

중동-풀다(中-)〔풀어, -푸니, -푸는〕〔자〕 중동치레를 잘하다.

중-돼지(中-)[-돼-]〔명〕 새끼보다 크지만 완전히 다 자라지 아니한 중간 정도의 돼지.

중두(中頭)〔명〕〔문〕 과거 때, 중간에서 논지(論旨)를 바꾸어 다른 말로 서술하는 방식으로 된 책문(策問)의 문체.

중두리(中-)〔명〕 독보다 좀 작고 배가 부른 오지그릇.

중:-둥-밥(重-)〔명〕**1** 팥을 삶은 물에 입쌀을 안쳐 지은 밥. **2** 찬밥에 물을 조금 치고 다시 무르게 끓인 밥.

중등(中等)〔명〕**1** 중간 정도의 등급이나 수준. ▢ 성적이 ~ 수준은 유지하고 있다. **2** 초등 교육과 고등 교육 사이의 수준.

중등 교:육(中等敎育) 초등 교육을 끝낸 사람에게 실시하는 중등 정도의 교육.

중등-맞다(中等-)[-맏따]〔자〕〔역〕 조선 때, 관리가 도목정사(都目政事)에서 중등의 성적을 맞다《이 등급을 맞으면 벼슬자리를 내놓아야 함》.

중등-부(中等部)〔명〕 중학생 또는 그와 같은 등급의 학생들이 속한 부분. ▢ ~ 20개 팀, 고등부 10개 팀.

중등-학교(中等學校)[-꾜]〔명〕 초등 교육을 마친 사람에게 중등 교육을 실시하는 학교. 곧, 중학교와 고등학교를 이름.

중-띠(中-)〔명〕 여러 층으로 된 나무 그릇·가구의 두 층 사이에 가로로 대어 꾸미는 나무오리.

중랑-장(中郎將)[-낭-]〔명〕〔역〕 고려 때, 무관의 정오품 벼슬. 장군의 아래, 낭장(郎將)의 위의 영(領)에 두 명씩 두었음.

중래(重來)[-내]〔하자〕**1** 한번 지낸 벼슬에 거듭 임명됨. **2** 갔다가 다시 옴.

중략(中略)[-냑]〔명〕〔하타〕 말이나 글에서 중간의 일부를 줄임.

중량(中涼)[-냥]〔명〕 세량(細涼)보다 좀 굵게 만든 갓양태. *세량.

중:량(重量)[-냥]〔명〕**1** 무게1. ▢ ~ 초과 / ~ 제한 / ~을 달다. **2** 지구 상의 물체에 작용하는 중력(重力)의 크기. **3** 아주 큰 무게. ↔경량(輕量).

중:량-감(重量感)[-냥-]〔명〕 물체의 무게에서 오는 묵직한 느낌. ▢ ~이 느껴지다.

중량-급(中量級)[-냥끕]〔명〕 무게의 급수. 경량급과 중량급(重量級)의 중간 체급.

중:량-급(重量級)[-냥-]〔명〕**1** 체급 경기에서, 미들급 이상의 급. 헤비급(級). ▢ ~ 선수. **2** 중요하고 비중이 높은 사람의 비유. ▢ 정계의 ~ 인사.

중:량 분석(重量分析)[-냥-]〔화〕 무게 분석.

중:량-톤(重量ton)[-냥-]〔명〕〔해〕 배에 실을 수 있는 짐의 최대 중량.

중:량-품(重量品)[-냥-]〔명〕 부피에 비해 무게가 커서 무게를 표준으로 하여 운임을 계산하는 물품《돌·철재·광석 따위》. ↔경량품2.

중:려(衆慮)〔명〕 많은 사람의 염려.

중력(中力)[-녁]〔명〕 중힘.

중력(中曆)[-녁]〔명〕 겉장을 잘 꾸미지 않은 책력《책장을 접어 풀로만 붙임》.

중:력(重力)[-녁]〔명〕〔물〕 지구 위의 물체가 지구 중심으로부터 받는 힘. 지구 위의 물체에 작용하는 만유인력과 지구 자전(自轉)에 의한 원심력을 합한 인력.

중:력(衆力)[-녁]〔명〕 많은 사람의 힘. ▢ ~을 믿다.

중:력 가속도(重力加速度)[-녁까-또]〔물〕 물체가 운동할 때 중력의 작용으로 생기는 가속도. 물체에 작용하는 중력을 그 물체의 질량으로 나눈 값(대략 9.81m/s^2임).

중:력 단위계(重力單位系)[-녁딴뉘-/-녁딴뉘게]〔명〕 길이·시간·중량을 기본 단위로 하여 다른 여러 단위를 이것에서 유도하는 단위계(工學)에 씀).

중:력 댐(重力dam)[-녁-]〔물〕 단면이 삼각형에 가까운 콘크리트 댐《댐 자체의 무게로 수압(水壓)을 지탱함》.

중력-분(中力粉)[-녁뿐]〔명〕 글루텐의 함량에 따라 나눈 밀가루 종류의 하나. 강력분보다 찰기가 적고 국수를 만드는 데 알맞음.

중:력-수(重力水)[-녁쑤]〔명〕〔지〕 중력에 따라 차차 땅속 깊이 스며들어 가는 지하수의 하나. *흡착수·모관수.

중:력-장(重力場)[-녁짱]〔명〕〔물〕 중력이 작용하고 있는 지구 주위의 공간. 중력 마당.

중:력-파(重力波)[-녁-]〔명〕〔물〕**1** 중력의 작용으로 액체 표면에 생기는 파동. **2** 아인슈타

인의 일반 상대성 원리의 결과로 알려진 만유인력의 파동. 만유인력파(萬有引力波).

중령(中領)[-녕] 〖군〗 영관 계급의 하나. 대령의 아래. 소령의 위임.

중로(中老)[-노] 圆 중노인(中老人). 중늙은 이. 도~의 부부.

중로(中路)[-노] 圆 **1** (주로 '중로에, 중로에서'의 꼴로 쓰여) 오가는 길의 중간. 중도(中道). 중도(中途). ⬜혹시 ~에서 무슨 일이 생겼는지 걱정된다. **2** 중인(中人)의 계급.

중로-배(中路輩)[-노-] 圆 중인(中人) 계급의 사람의 낮춤말.

중:-록(重祿)[-녹] 圆 많고도 후한 녹봉.

중:-론(衆論)[-논] 圆 여러 사람의 의논·의견. 중의(衆議). ⬜~ 일치 / ~로 모으다 / ~에 따라 결정하다.

중:론불일(衆論不一)[-논부릴] 圆𝙝𝙤𝙡 여러 사람의 의논이 한결같지 않음.

중룡(中籠)[-농] 圆 크지도 작지도 않은 중간 크기의 장롱.

중류(中流)[-뉴] 圆 **1** 강이나 내의 중간. ⬜한강 ~. **2** 기류(氣流)의 중간쯤. **3** 등등의 정도나 계급. ⬜~ 가정에서 자라다.

중류 계급(中流階級)[-뉴-/-뉴게-] 생활이나 문화 수준이 중간쯤 되는 계급.

중류 사회(中流社會)[-뉴-] 중류 계급으로 이루어지는 사회.

중류-층(中流層)[-뉴-] 圆 중류의 생활을 하고 있는 사회 계층.

중륵-맥(中肋脈)[-능-] 圆 〖식〗 잎의 한가운데를 세로로 통하고 있는 굵은 잎맥.

중:-리(重利)[-니] 圆 **1** 썩 큰 이익. **2** 〖경〗복리(複利).

중:리-법(重利法)[-니뻡] 圆 복리법.

중림(中林)[-님] 圆 교목(喬木)과 관목(灌木)이 섞여 이루어진 혼합림.

중립(中立)[-닙] 圆 **1** 어느 편에도 치우침이 없이 그 중간에 서는 일. ⬜~ 노선 / ~을 지키다. **2** 국가 사이의 분쟁이나 전쟁에 관여하지 않는 일. 또는 어떠한 군사 동맹에도 참가하지 않는 일. ⬜~ 국가.

중립-국(中立國)[-닙꾹] 圆 중립주의를 외교 방침으로 하는 국가. ⬜~국외 ~ / 영세 ~ / ~ 감독 위원회.

중립 내:각(中立內閣)[-님-] 거국 내각.

중립 위반(中立違反)[-니뷔-] 국제법상의 중립 의무에 위반하는 일.

중립-적(中立的)[-닙쩍] 圆𝙂𝙤 중립의 태도를 취하는 (것). ⬜~ 태도 / ~인 정책.

중립-주의(中立主義)[-닙쭈-/-닙쭈이] 圆 전시(戰時)·평시를 불문하고 중립적 정책을 취해 나가려는 외교상의 입장.

중립 지대(中立地帶)[-닙찌-] **1** 전쟁시에, 교전국 사이의 협정으로 교전 행위를 금한 지역. **2** 평화시에, 요새의 구축이나 병력 주둔이 금지된 지역. 비무장 지대.

중립-화(中立化)[-니퐈] 圆 어느 쪽에도 치우치지 않고 공정하게 되는 일.

중-마냥(中-) 圆 중모보다는 늦고 늦모보다는 이르게 심는 모. 중만앙.

중-마름(中-) 圆 마름에게 일부의 땅을 빌려 일정한 도조를 주고 소작인에게서 혹독한 도조를 받아먹던 중간 마름.

중:-망(重望) 圆 두터운 명망(名望).

중:-망(衆望) 圆 뭇사람에게서 받는 신망. ⬜~에 보답하다.

중:망소귀(衆望所歸) 圆 뭇사람의 기대가 한 사람에게 쏠림.

중매(仲媒)𝙂𝙤𝙝𝙩𝙖 결혼이 이루어지게 중간에서 사람을 소개하는 일. 또는 그 사람. 매자(媒子). 매작(媒妁). ⬜~가 들어오다 / ~로 결혼하다 / ~를 넣어 청혼한다.

중매(를) **들다** 𝙂 혼인에 중매 노릇을 하다.

중매(를) **서다** 𝙂 중매인으로 나서다. 중신(을) 서다.

중매(仲買)𝙂𝙤𝙝𝙩𝙖 물건이나 권리를 사고파는 일을 매개해 주고 이익을 얻는 일.

중매-결혼(仲媒結婚) 圆 중매로 이루어진 결혼. ＊연애결혼.

중매-상(仲買商) 圆 중매를 업으로 하는 상인. 브로커.

중매-인(仲媒人) 圆 혼인(婚姻)을 중매하는 사람. 매자(媒子).

중매-인(仲買人) 圆 **1** 중상(中商). **2** 거간꾼.

중매-쟁이(仲媒-) 圆 중매인을 홀하게 일컫는 말. ⬜~ 말을 잘하는 ~.

중:-맹(重盟) 圆𝙂𝙤𝙝𝙩𝙖 중대한 맹세.

중:-머리 圆 **1** 빡빡 깎은 승려의 머리. **2** 승려의 머리처럼 빡빡 깎은 머리. 또는 그런 머리를 한 사람. ⬜~에 동저고리 바람이었다.

중:명(重名) 圆𝙂𝙤𝙟𝙖 **1** 갸륵한 명예. **2** 명예를 중히 여김.

중-명사(中名辭) 圆 〖논〗 매명사(媒名辭).

중-모(中-) 圆 모내기 철에 이르지도 늦지도 않게 낸 모.

중모리 圆 〖악〗 판소리 및 산조 장단의 하나. 진양조 장단보다 좀 빠르고 중중모리 장단보다 좀 느린 속도로, 8분의12 박자임.

중-모음(中母音) 圆 〖언〗 입을 고모음(高母音)보다 크게 벌리고, 혀를 중간에 놓고 발음하는 모음('ㅔ·ㅚ·ㅓ·ㅗ' 따위). ＊고모음·저모음.

중-모음(重母音) 圆 〖언〗 이중 모음.

중-목(中木) 圆 품질이 중간쯤 되는 무명. ＊상목(上木).

중:-목(衆目) 圆 여러 사람의 눈. ⬜~이 일치하다.

중목-방매(中目放賣)[-빵-] 圆𝙂𝙤𝙝𝙩𝙖 남의 물건을 몰래 파는 일.

중:-목소시(衆目所視)[-쏘-] 圆 뭇사람이 다같이 보고 있는 터. 중인소시.

중:-무기(重武器) 圆 중화기(重火器).

중무소주(中無所主) 圆𝙂𝙤𝙝𝙩𝙖 줏대가 없음.

중:-무장(重武裝) 圆𝙂𝙤𝙟𝙖 **1** 중화기(重火器)로 무장함. 또는 중화기로 한 무장. **2** 어떤 조건에 대처하기 위하여 든든히 차림. 또는 그러한 차림새. ⬜방한복과 방한화로 ~하다.

중문(中文) 圆 중국 글자로 쓴 글.

중문(中門) 圆 **1** 대문 안에 거듭 세운 문. 중대문(中大門). 중문(重門). **2** 가운데 뜰로 들어가는 문.

중:-문(重文) 圆 〖언〗 둘 이상의 절(節)이 대등하게 이어진 문장. ＊단문(單文)·복문(複文).

중:문(重門) 圆 중문(中門)1.

중-물[1](中-) 圆 맑물과 끝물의 중간에 나오는 푸성귀나 해산물 따위.

중-물[2](中-) 圆 한사리와 조금의 중간 물때.

중미(中米) 圆 품질이 중간쯤 되는 쌀.

중미(中美) 圆 중앙아메리카.

중:-민(衆民) 圆 많은 백성.

중-바닥(中-) 圆 **1** 〖역〗 중촌(中村)의 낮춤말. **2** 예전에, 양반도 아니고 상인도 아닌 중간층을 낮추어 일컫던 말.

중:-바람 圆〖불〗 바람2.

중:-박격포 (重迫擊砲)[-격-] 명 〖군〗 구경이 4.2인치인 박격포.

중반 (中飯) 명 점심1.

중반 (中盤) 명 1 바둑·경기·선거전 등의 초반이 끝나고 정점 본격적인 대전으로 들어가는 국면. ◻개표를 ~에 접어들다. 2 사물의 진행이 초기 단계를 지나 중기 단계로 접어듦. ◻인생의 ~/3월을 ~을 넘었는데도 봄이 올 기색은 보이지 않는다. *초반·종반.

중반-전 (中盤戰) 명 바둑이나 장기 또는 운동경기나 선거전 따위에서, 초반을 지나 본격적으로 치열해진 싸움. ◻경기가 ~을 넘기고 있다. *초반전·종반전.

중발 (中鉢) 명 자그마한 밥주발.

중방 (中枋) 명 1 '중인방(中引枋)'의 준말. 2 톱틀의 톱양과 탕개줄의 사이에 양쪽 마구리를 버티어 지른 막대기.

　중방 밑 귀뚜라미 ⊞ 무엇이고 잘 아는 체하는 사람을 이름.

중방 (中房) 명 〖역〗 지방 수령을 따라다니며 시중들던 사람.

중방-구멍 (中枋-)[-꾸-] 명 〖건〗 중인방을 끼한 구멍.

중방-목 (中枋木) 명 〖건〗 중인방(中引枋)으로 쓰는 재목.

중방-벽 (中枋壁)[-뼉] 명 〖건〗 중인방 위쪽에 있는 벽.

중-배 (中-)[-빼] 명 1 길쭉한 물건의 가운데에 불룩하게 나온 부분. 중복(中腹). 2 맏배 다음에 낳은 짐승의 새끼.

　중배(가) 부르다 ⊞ 길쭉하게 생긴 물건의 가운데 부분이 불룩하다.

중-배끼 명 유밀과의 일종. 밀가루를 꿀 또는 조청과 기름으로 반죽하여 길고 네모지게 잘라 기름에 지져 만듦.

중-배엽 (中胚葉) 명 〖생〗 후생동물에서, 난분할(卵分割)에 의하여 내배엽(內胚葉)과 외배엽(外胚葉) 사이에 생기는 세포층. 뒤에 이로부터 골격·근육 및 내장 기관 등이 형성됨.

중-벌 (重罰) 명 무거운 징벌. ◻~을 받다 /~로 다스리다 /~에 처하다 /~을 내리다.

중:-범 (重犯) 명 1 거듭 저지른 범죄. 또는 그 범죄를 저지른 사람. 2 크고 무거운 범죄. 또는 그 범죄를 저지른 사람.

중:-변 (重邊) 명 비싼 이자. ◻~을 놓다 /~으로 돈을 쓰다.

중병 (中病)[-뼝] 명 일의 중도에서 뜻밖에 생기는 사고나 탈. ◻~이 나다.

중:-병 (重病) 명 목숨을 잃을 정도로 위중한 병. 중태에 빠진 병. 중질. 중환(重患). ◻~환자 /~에 걸리다 /~이 들다.

중-병아리 (中-)[-뼝-] 명 크지도 작지도 않은 중간 크기의 병아리(흔히 약으로 씀).

중:-병지여 (重病之餘) 명 중병을 앓고 난 뒤.

중보 (中保·仲保) 명 1 둘 사이에서 일을 주선하는 사람. 2〖기〗 하나님과 사람과의 사이에서 인간을 대신해 피를 흘리고 죽음으로써 하나님과의 관계를 회복시키는 역할. 곧, 예수의 역할.

중:-보 (重寶) 명 귀중한 보배.

중보-자 (中保者) 명 중보(仲保)의 역할을 하는 사람. 곧, 그리스도.

중복 (中伏) 명 삼복(三伏)의 하나(하지 뒤의 넷째 경일(庚日)). ◻~ 더위. *초복·말복.

중-복 (中-) 명 배꼽. 중배1. 2 산의 중턱.

중:-복 (重卜) 명하타 〖역〗 의정 벼슬에 거듭 임명하던 일.

중:-복 (重服) 명 상례(喪禮)에서, 대공(大功) 이

상의 상복(喪服). 중제(重制). ↔경복(輕服).

중:-복 (重複) 명하타 거듭함. 겹침. ◻같은 질문을 ~하다 /~된 부분을 삭제하다.

중복-허리 (中伏-)[-보커-] 명 중복 무렵의 가장 더운 때. ◻~의 뜨거운 땡볕.

중본 (中本) 명 같은 종류 가운데서 대본과 소본의 중간이 되는 본새.

중봉 (中峰) 명 1 가운데 봉우리. ◻~을 향하여 오르다. 2 봉우리의 중턱.

중부 (中孚) 명 〖민〗 '중부괘(中孚卦)'의 준말.

중부 (中部) 명 1 어떤 지역의 가운데 부분. ◻~ 이남 /~ 전선. 2〖역〗조선 때, 서울 안을 다섯으로 나눈 구역의 하나. 또는 이를 관할하던 관아.

중:-부 (仲父) 명 둘째아버지.

중부-괘 (中孚卦) 명 육십사괘의 하나. 손괘(巽卦)와 태괘(兌卦)가 거듭된 것. 못 위에 바람이 있음을 상징함. ㉰중부(中孚).

중-부중 (中不中) 명 맞힘과 못 맞힘.

중분 (中分) 명하타 1 반으로 똑같이 나눔. 2 사람의 평생을 셋으로 나눈 것의 중간 부분. 중년의 운수나 처지. *초분·후분.

중:분 (衆忿) 명 많은 사람의 분노.

중비 (中批) 명하타 〖역〗 시험을 거치지 않고 임금의 특지(特旨)로 벼슬을 시키던 일.

중비 (中費) 명 어떤 일을 성사시키는 데에 드는 비용. ◻벼슬을 하나 하자면 ~가 많이 든다고 한다.

중:-빈 (衆賓) 명 많은 손님.

중-뿔-나다 (中-)[-라-] 형 (주로 '중뿔나게'의 꼴로 쓰여) 1 관계가 없는 사람이 참견하며 나서는 것이 주제넘다. ◻중뿔나게 나서지 마라. 2 하는 일이나 모양이 유별나거나 엉뚱하다. ◻중뿔나게 굴다.

중사 (中士) 명 〖군〗 부사관 계급의 하나(상사의 아래, 하사의 위).

중사 (中使) 명 〖역〗 궁중에서 왕명을 전하던 내시(內侍).

중사 (中祀) 명 〖역〗 고려·조선 때, 대사(大祀)보다 의식이 간단한 나라 제사 등급의 하나(선농단 제사 따위가 이에 속함).

중:-사 (重事) 명 중대한 일.

중:-사전 (中辭典) 명 수록한 내용이나 부피가 대사전보다 작고 소사전보다 큰, 중간쯤 되는 사전.

중삭 (仲朔) 명 '음력 이월·오월·팔월·십일월' 등의 일컬음. 중월(仲月).

중:-삭 (重削) 명하자 〖불〗 1 되깎이. 2 처음 삭발시킨 사승(師僧)과 인연을 끊고, 다른 승려에게 귀의하는 일.

중산 계급 (中産階級)[-/-게-] 유산자와 무산자의 중간에 놓인 사회층.

중산-모 (中山帽) 명 중산모자2.

중산-모자 (中山帽子) 명 꼭대기가 둥글고 높은 서양 모자. 보통 예장용은 검은색, 승마용·산책용은 회색이나 밤색임. 중산모.

중산-층 (中産層) 명 중산 계급에 속하는 사회적 신분의 층.

중:-살이 명하타 중노릇을 하면서 사는 일.

중:-삼 (重三) 명하자 삼짇날.

중-상 (上上) 명 등급을 매길 때, 중간 정도의 것 가운데 좋은 쪽이나 위쪽의 것. ◻성적이 ~은 된다 /생활수준이 ~이다.

중상 (中商) 명 거간도 하고 되넘겨 팔기도 하는 상인. 중매인.

중상 (中傷) 명하타 근거 없는 말로 남을 헐뜯

어 명예나 지위를 손상시킴. ▢남을 ~하고 이간하며.

중-상(中殤)圓圓子 12살부터 15살 사이에 죽음. 또는 그 사람.

중상(仲商)圓 중추(仲秋).

중-상(重喪)圓圓子 탈상(脫喪)하기 전에 부모상을 거듭 당함.

중상(重傷)圓圓子 심하게 다침. 또는 그런 부상. ▢~을 입다 / 교통사고로 ~을 당하다. ↔경상(輕傷).

중상(重賞)圓圓타 상을 후히 줌. 또는 그 상.

중상-모략(中傷謀略)圓 중상과 모략의 총칭. ▢~을 일삼다.

중-상-주의(重商主義)[-/-이]圓『經』 자본주의 생성기에 절대주의 국가가 취한 경제정책. 국가의 보호 무역주의에 의해 유리한 무역 차액을 얻어 나라를 부강하게 하려는 주의.

중-상-학파(重商學派)圓『經』 중상주의를 주장하는 경제학파.

중-새끼(中-)[-째-]圓 짐승 중에서 거의 어미만큼 자란 새끼.

중생(重生)圓圓타『基』 영적(靈的)으로 다시 새사람이 됨. 거듭남.

중-생(衆生)圓 1 『佛』 부처의 구제 대상이 되는, 생명을 가지고 있는 모든 존재. 제유(諸有). ▢~을 구제하다. 2 많은 사람. ▢가난하고 핍박받는 ~을 위해 바르게 살고자 결심하다.

중-생-계(衆生界)[-/-계]圓『地』 중생대층.

중-생-계(衆生界)[-/-계]圓『佛』 중생이 사는 세계. 인간 세계.

중생-대(中生代)圓『地』 지질 시대의 하나. 고생대의 다음, 신생대의 앞 시대(트라이아스기(紀)·쥐라기·백악기로 나뉘며, 활엽수·파충류·양서류·경골어 따위가 번성하였음).

중생대-층(中生代層)圓『地』 중생대에 퇴적된 지층(역암·사암·셰일·석회암 따위임).

중-생-은(衆生恩)圓『佛』 사은(四恩)의 하나. 모든 중생으로부터 받는 은혜.

중-생 제-도(衆生濟度)『佛』 부처가 중생을 구제하여 불과(佛果)를 얻게 하는 일. 제도중생.

중-생-탁(衆生濁)圓『佛』 중생이 죄가 많아서 의리를 알지 못하는 일(오탁(五濁) 가운데 네 번째).

중서(中庶)圓 중인(中人)과 서얼(庶孽).

중-서(中暑)圓『한의』 더위를 먹어서 두통·어질증·체온 상승·맥박 미약 등의 증세를 보이다가 정신을 잃는 상태에까지 이르는 병.

중:-서(衆庶)圓 뭇사람.

중서-문하성(中書門下省)圓『歷』 고려 때, 서무(庶務)를 총괄하고 간쟁(諫諍)을 맡아보던 관아.

중:-석(重石)圓『鑛』 텅스텐.

중석기 시대(中石器時代)[-끼-]『歷』 구석기 시대와 신석기 시대의 중간 시대(사람들은 비교적 정착 생활을 했고, 세석기(細石器)의 사용이 특징임).

중선(中線)圓『數』 삼각형의 각 꼭짓점에서 그 대변의 중점에 똑바로 그은 선분.

중:-선(重船)圓 큰 고기잡이배.

중:-선(重選)圓圓타 거듭 뽑음.

중-선거구(中選擧區)圓 대(大)선거구와 소선거구의 중간에 해당하는 선거구. 선거구가 전국을 단위로 하지 않고 보통 도(道) 크기

정도의 지역을 단위로 하여 2-5명 정도의 의원을 선출함.

중설(重說)圓圓타 거듭 말함. 또는 그런 말. 중언(重言).

중:-설(衆說)圓 여러 사람의 의견.

중설 모:음(中舌母音)圓『言』 혀의 가운데 면과 입천장 중앙부 사이에서 조음되는 모음. 국어에서는 'ㅡ·ㅓ·ㅏ' 따위. 혼합 모음.

중성(中性)圓 1 한쪽으로 치우치지 않는, 중간의 성질. 2 『化』 산성과 염기성의 서로 대립하는 상태의 중간에 있다고 생각되는 물질의 성질. 3 인도·유럽 어족이나 셈 어족의 문법(文法)에서, 남성도 여성도 아닌 명사의 성(性). 4 〈속〉 남성 같은 여자. 여자다운 맛이 없는 걸걸한 여자. 또는 여자 같은 남자.

중성(中星)圓『天』 이십팔수(二十八宿) 중 해가 질 때와 돋을 때 하늘 정남(正南)쪽에 보이는 별(단중성·혼중성 따위).

중성(中聲)圓『言』 가운뎃소리.

중:-성(重星)圓『天』 육안으로 보면 한 개의 항성(恒星)으로 보이나, 망원경으로 보면 두 개 이상으로 분리되어 보이는 별. 다중성.

중:-성(衆星)圓 뭇별.

중성 대:명사(中性代名詞)圓『言』 일부 외국어 문법에서, 남성도 여성도 아닌 대명사.

중성 명사(中性名詞)圓『言』 일부 외국어 문법에서, 남성도 여성도 아닌 명사.

중성 모:음(中性母音)圓『言』 우리말의 중성(中聲)에서 'ㅣ' 모음(양성·음성 어느 모음과도 잘 어울림).

중성-미자(中性微子)圓『物』 중성자가 베타(β) 붕괴할 때에 생기는 소립자의 하나(질량 10^{-30}g 이하로 추정됨). 뉴트리노.

중성 반:응(中性反應)圓『化』 산성이나 염기성을 나타내지 않는 반응.

중성 비:료(中性肥料)圓 1 화학적으로 중성인 비료. 그 수용액이 중성을 나타내는 비료(황산암모늄·황산칼륨 따위). 2 생리적으로 중성인 비료. 비료를 줌으로써 토양을 중성으로 만드는 비료(질산암모늄 따위).

중성 세:제(中性洗劑)圓『化』 합성 세제의 하나. 주로 고급 알코올 또는 알킬벤젠을 원료로 만듦(물에 녹아 중성을 나타내기 때문에 섬유를 상하게 하지 않고, 또 센물에나 산(酸)에서도 때를 씻어 내는 성질이 있음).

중성-자(中性子)圓『物』 소립자의 하나. 양자와 거의 같은 질량을 가지며 전하(電荷)이 없고 양자와 함께 원자핵의 구성 요소가 됨. 뉴트론.

중성자-속(中性子束)圓『物』 원자로 안의 중성자의 흐름. 보통 1cm² 면적을 매초 통과하는 중성자의 수로 나타냄.

중성자-탄(中性子彈)圓 핵분열이나 핵융합 때 원자핵에서 방출되는 중성자와 감마(γ)선을 이용하여 만든 원자 폭탄(시설물에는 거의 피해를 주지 않으면서 사람을 많이 죽임).

중성자 포:획(中性子捕獲)圓『物』 방사선 포획의 하나. 중성자가 원자핵에 흡수되는 순간에 감마(γ)선을 방출하는 반응.

중성 지방(中性脂肪)圓『生』 단순 지질(脂質)에 속하는 지방의 하나. 동물에는 피하(皮下)·장간막(腸間膜)·근육 등에, 식물에는 주로 씨앗에 축적됨. 생체 에너지의 저장원(貯藏源)임.

중성 토양(中性土壤)圓『農』 토양 반응이 산성도 알칼리성도 아닌 토양(생물이 자라기에 알맞음).

중성-화(中性化)圓圓자타 남성 또는 여성의 특성을 잃어버림. 또는 그렇게 되게 함. ▢~

된 성격.

중성-화(中性化)명【식】수술·암술이 모두 퇴화하여 없는 꽃(수국(水菊) 따위).

중세(中世)명【역】시대 구분의 하나. 고대에서 근대에 이르는 중간의 시대. 우리나라는 고려 시대, 서양에서는 민족 대이동부터 동로마 제국이 멸망할 때까지의 5~15세기경을 말함. 중세기.

중-세(重稅)명 부담이 큰 조세. □~에 허덕이다 / ~를 부과하다.

중세 국어(中世國語)【언】고대 국어와 근대 국어의 중간 시기에 위치하는 국어. 고려 시대와 임진왜란 이전까지의 조선 시대, 곧 10세기부터 16세기까지의 국어.

중세-기(中世紀)명 중세(中世).

중세-사(中世史)명 중세기의 역사.

중-소(中─)[─쏘]명 크기가 중간치인 소.

중소(中小)명 (일부 명사 앞에 쓰여) 규모 따위가 중간 및 그 이하인 것. □~ 상인 / ~ 국가 / ~ 공장.

중소(中宵)명 한밤중.

중소(中天)명 중천(中天).

중-소-공지(衆所共知)명 뭇사람이 다 아는 바. □~의 사실이 되다.

중소-기업(中小企業)명【경】자본금이나 종업원의 수 등이 중소 규모인 기업.

중소기업-청(中小企業廳)명 중앙 행정 기관의 하나. 지식 경제부 소속으로, 중소기업의 육성·발전 지원에 관한 사무를 맡아봄.

중소 도시(中小都市)규모가 중간 이하의 작은 도시. □~와 농어촌 지역의 낙후된 경제를 활성화하다.

중-소형(中小型)명 중형과 소형. □~ 아파트 / ~ 자동차.

중-속환이(─俗還─)[─소콰니]명 승려로서 다시 속인이 된 사람. ◇속환이.

중-손(衆孫)명 맏손자 외의 여러 손자.

중-송아지(中─)[─쏭─]명 거의 다 큰 송아지.

중-솥(中─)[─솥]명 크기가 중간 정도인 솥.

중-쇄(重刷)명【인】중쇄(增刷).

중쇠¹(中─)명【민】걸립패(乞粒牌)에서, 상쇠 다음으로 놀이를 지도하는 사람.

중쇠²(中─)명 '맷돌중쇠'의 준말.

중쇠-받이(中─)[─바지]명 맷돌 수쇠를 받는 맷돌 암쇠.

중수(中數)[─쑤]명【수】1 평균수. 2 비례 중항.

중수(中壽)명 1 보통 사람보다 꽤 많은 나이. 2 노인의 나이를 상·중·하로 나눌 때, 여든 살이나 아흔 살. 또는 그 나이가 된 노인. ＊상수(上壽)·하수(下壽).

중-수(重水)명【화】중수소(重水素)와 산소로 된 물(보통의 물보다 분자량이 크며, 듀테륨(deuterium) 화합물의 제조 원료, 원자로의 감속재(減速材) 따위에 씀).

중-수(重囚)명 큰 죄를 지은 죄수.

중-수(重修)명하다 건축물 따위의 낡고 헌 것을 다시 손을 대어 고침. □절이 ~되다 / 창덕궁을 ~하다.

중-수(重數)[─쑤]명 무게를 나타낸 수.

중수-도(中水道)명 산업 배수·생활 배수·하수 등을 처리해서 살수용수(撒水用水) 등으로 재이용하는 시설. ＊상수도·하수도.

중-수-로(重水爐)명【물】노심(爐心)의 냉각과 중성자의 감속을 위해 중수를 사용하는 원자로(천연 우라늄을 연료로 사용함).

중-수소(重水素)명【화】수소의 동위 원소로서 질량수가 2 및 3인 것. 특히, 질량수가 2인 ^{2}H 또는 D의 일컬음(중수를 만듦). 듀

테륨(deuterium).

중-수필(重隨筆)명 주로 무거운 주제를 논리적·객관적으로 서술하는, 논설에 가까운 비평적 수필. ＊경수필(輕隨筆).

중순(中旬)명 한 달의 11일부터 20일까지의 10일간. 중완(中浣). 중한(中澣). ＊상순·하순.

중-시(重視)명하다 1 '중대시'의 준말. 2 '중요시'의 준말. □전통 ~ / 학력보다 인물이 ~되다. ↔경시(輕視).

중-시(重試)명【역】고려·조선 때, 당하관 이하의 문무관에게 10년마다 한 번씩 보게 하던 시험.

중-시조(中始祖)명 쇠퇴한 가문을 다시 일으켜 세운 조상.

중-시조(中時調)명【문】엇시조(旕時調).

중-시하(重侍下)명 부모와 조부모가 다 살아 있어서 모시는 처지.

중식(中食)명 점심1. □~ 시간 / ~ 지참.

중신(中─)명하다 중매(中媒). □~을 들다.

　　중신(을) **서다** ☞ 중매(를) 서다.

중-신(重臣)명 1 예전에, 중요한 관직에 있던 신하. 2【역】정이품 이상의 벼슬아치.

중-신(重新)명하다 거듭 새롭게 함.

중-신(衆臣)명 여러 신하.

중신-세(中新世)명【지】마이오세(世).

중신-아비(中─)명 남의 혼인을 중매하는 남자를 낮잡아 이르는 말.

중신-어미(中─)명 남의 혼인을 중매하는 여자를 낮잡아 이르는 말.

중신-종(中神宗)명【불】칠종십이파(七宗十二派)의 하나. 중도종(中道宗)과 신인종(紳印宗)의 합한 것으로, 뒤에 시흥종(始興宗)·엄종(華嚴宗)·자은종(慈恩宗)과 합하여 교종(敎宗)이 되었음.

중신-할미(中─)명 혼인을 중매하는 할머니를 낮잡아 이르는 말.

중실(中室)명【동】나비 따위의 날개 밑동 부분 가운데 굵은 맥으로 둘러 막힌 부분.

중실-하다(←充實─)형여 몸이 단단하고 튼튼하다.

중심(中心)명 1 사물의 한가운데가 되는 곳. □건물의 ~에 기둥을 세우다. 2 매우 중요하고 기본이 되는 부분. □농경 ~의 전통적인 문화 / 정치·경제·문화의 ~ / 학자들이 ~이 되어 추진하다. 3 주관이나 줏대. □~이 있는 사람 / ~을 잡다 / ~이 흔들리다. 4【수】원이나 구(球)에서 가장자리의 각 점에서 같은 거리에 있는 점. ──하다 태여 어떤 대상을 중심으로 삼다. □인솔자를 중심하여 빙둘러서다.

중-심(重心)명【물】무게 중심. □~을 잃고 쓰러지다 / 몸의 ~을 잡다.

중심(衆心)명 여러 사람의 마음.

중심-가(中心街)명 시내의 중심이 되는 거리. □가게는 시내 ~에 자리 잡고 있다 / ~를 벗어나다.

중심-각(中心角)명【수】원의 두 반지름이 만드는 각.

중심 기압(中心氣壓)【기상】고기압이나 저기압의 중심부의 기압의 값(저기압의 중심 기압이 깊어지는 것을 '발달한다'고 하고, 그 반대를 '쇠약해진다'고 함). 단위는 헥토파스칼(hPa). 중심 시도. □~ 980 헥토파스칼.

중심 도법(中心圖法)[─뻡]명【지】지도 투영법의 한 가지. 시점(視點)을 지구의 중심에 둘 때의 투시 도법.

중심-력 (中心力)[-녁]〖명〗〖물〗질점(質點)에 작용하는 힘의 방향이 늘 한 정점(定點)을 지날 경우의 힘.

중심-부 (中心部)〖명〗사물의 한가운데가 되는 부분. ▣시내 ~ / 권력의 ~.

중심-선 (中心線)〖명〗1〖수〗원의 중심을 지나는 직선. 또는 주어진 두 원의 중심을 지나는 직선. 2 물체의 중심을 지나는 선.

중:심성성 (衆心成城)〖명〗뭇사람의 마음이 일치하면 성벽같이 굳어짐을 비유적으로 이르는 말.

중심-송곳 (中心-)[-곧]〖명〗송곳의 하나. 삼지창과 비슷한데 가운데 것은 길고, 양쪽 것은 짧으며 끝이 매우 뾰족하다.

중심 시:도 (中心示度)〖기상〗중심 기압.

중심-식 (中心蝕)〖명〗〖천〗달의 중심이 태양의 중심과 일직선 상에 놓일 때의 일식.

중심-인물 (中心人物)〖명〗어떤 사건 또는 단체·사회에서 중심이 되는 사람. ▣폭동의 ~.

중심-적 (中心的)〖관형〗중심을 이루는 (것). ▣~ 위치 / ~ 인물 / ~인 문제.

중심-점 (中心點)[-쩜]〖명〗중심에 해당하는 점. ▣과녁의 ~ / 논쟁의 ~.

중심-지 (中心地)〖명〗어떤 일이나 활동의 중심이 되는 곳. ▣교육의 ~ / 교통의 ~에는 상권이 발달한다.

중심-체 (中心體)〖명〗1〖생〗세포질 속에서 핵가까이 있는 작은 입상(粒狀) 구조. 중앙체(中央體). 2 어떤 활동이나 행동의 중심이 되는 것. 또는 그런 단체. ▣조직적 독립 운동의 ~가 되었다.

중쑬쑬-하다 (中-)〖형용〗크지도 작지도 않고 어지간히 괜찮다.

중:씨 (仲氏)〖명〗1 남의 둘째 형의 높임말. 2 중형(仲兄).

중씰-하다 〖형용〗중년(中年)이 넘은 듯하다.

중:압 (重壓)〖명〗〖하〗타〗1 무겁게 내리누름. 또는 그런 압력. 2 (심리적으로) 견디기 힘든 부담을 주거나 강요하는 것. 또는 그 부담. ▣근대 사회는 물질문명의 ~에 허덕이고 있다.

중:압-감 (重壓感)[-깜]〖명〗강요되거나 강제되는 것에 대한 부담감. ▣정신적인 ~에 시달리다.

중앙 (中央)〖명〗1 사방의 중심이 되는 한가운데. ▣사무실 ~에 탁자를 놓다. 2 중심이 되는 가장 요긴한 곳. ▣대학의 ~ 도서관. 3 지방에 대하여 수도를 이름. ▣일간지 / ~ 정계에 진출하다 / 토지는 ~의 귀족과 지방의 토호들이 소유하게 되었다.

중앙-값 (中央-)[-깝]〖명〗〖수〗통계 자료에서, 대푯값의 하나. 변량(變量)의 값을 크기의 차례로 늘어놓은 경우의 중앙에 있는 값. 메디안(median). 중앙치(中央値). 중위수.

중앙 관제 (中央官制) 중앙 관청의 설치나 명칭, 조직·기능 따위에 관한 제도.

중앙 관청 (中央官廳) 그 권한이 전국에 미치는 행정 관청《행정 각부·대검찰청·감사원 따위》.

중앙 금고 (中央金庫) 국고(國庫)2.

중앙-난방 (中央煖房)〖명〗중심이 되는 한곳에서 건물의 각부에 증기나 온수·온풍을 보내는 난방 방식. 집중난방. 센트럴 히팅.

중앙-당 (中央黨)〖명〗정당의 중앙 조직. ↔지구당(地區黨).

중앙-부 (中央部)〖명〗중앙을 차지하고 있는 부분. 중심 부분. ▣절의 ~에 대웅전이 자리

잡고 있다.

중앙 분리대 (中央分離帶)[-불-] 4차선 이상의 차도(車道)를 왕복 방향별로 분리하기 위하여 차도의 한복판에 시설한 띠 모양의 부분. 도로면보다 높게 만들어 정면 충돌을 방지함. ▣자동차가 ~를 들이받다.

중앙-비 (中央費)〖명〗〖경〗중앙 정부의 경비. ↔지방비.

중앙-선 (中央線)〖명〗1 한가운데를 지나가는 선. 2 하프 라인. ▣경기장 가운데 ~을 긋다. 3 차도 중간에 그은 선. ▣~ 침범으로 사고가 일어나다.

중앙-아메리카 (中央America)〖명〗아메리카 대륙의 중앙부 지역. 중미(中美).

중앙 위원회 (中央委員會) 정당·노동조합 따위에서, 중앙 위원들로 구성된 기관《다음 대회까지 대회를 대신하는 최고 기관임》. 중앙집행 위원회.

중앙-은행 (中央銀行)〖명〗한 나라의 화폐 금융의 중심을 이루는 특수 은행《은행권을 발행하고 국고의 출납을 다루며 금융 정책을 시행함》.

중앙 정보부 (中央情報部) 제3·제4 공화국 때에, 국가 안전 보장에 관련되는 정보와 보안, 범죄 수사에 관한 사무를 수행하던 기관. ㉰중정(中情). *국가 정보원.

중앙 정부 (中央政府) 지방 자치제가 확립된 행정 제도에서 전국을 통할하는 최고 행정 기관. ▣지방 정부는 ~의 통제를 받는다.

중앙-지 (中央紙)〖명〗서울에 본사가 있는 신문사가 전국에 보급하는 신문. ↔지방지.

중앙 집권 (中央集權)[-꿘] 정치상의 실권이 중앙 정부에 집중되어 있는 통치 형태. ↔지방 분권.

중앙 집권주의 (中央集權主義)[-꿘-/-꿘-이] 정치 제도를 중앙 집권으로 하는 주의. ↔지방 분권주의.

중앙 집행 위원회 (中央執行委員會)[-지팽] 중앙 위원회.

중앙 처:리 장치 (中央處理裝置)〖컴〗컴퓨터의 본체로 두뇌에 해당하는 작용을 하는 부분《기억 장치·제어(制御) 장치·연산(演算) 장치 등으로 이루어짐》. 시피유(CPU).

중앙-청 (中央廳)〖역〗원래, 일제 강점기에 조선 총독부 건물로, 8·15 광복 후 대한민국 정부 청사로 사용되던 시기에 불리던 이름. 광복 50주년을 기념하여 철거함.

중앙-치 (中央値)〖명〗〖수〗중앙값.

중앙 표준시 (中央標準時) 한 나라나 지방에서 표준으로 하는 시간.

중앙 행정 (中央行政) 중앙 관청에서 시행하는 행정.

중앙 화:구구 (中央火口丘)〖지〗화산의 분화구 안에 작은 분화가 일어나 생긴 작은 화산.

중:애 (重愛)〖명〗〖하〗타〗소중히 여겨 사랑함.

중:액 (重液)〖명〗〖화〗고체 물질의 비중을 재거나 혼합물의 분리에 쓰는, 비중이 큰 액체《사염화탄소·요오드화에틸 따위》.

중야 (中夜)〖명〗한밤중《해시(亥時)부터 축시(丑時)까지》.

중:양 (仲陽)〖명〗음력 2월.

중:양 (重陽)〖명〗구일(九日)2.

중:-양성자 (重陽性子)〖명〗〖물〗중수소의 원자핵《각기 한 개의 양성자와 중성자로 이루어짐. 기호: ²H 또는 D》. 듀테론. 중양자.

중:-양자 (重陽子)〖명〗〖물〗중양성자.

중:-양절 (重陽節)〖명〗옛 명절의 하나《음력 9월 9일》.

중어(中語)圏 중국어.
중:언(重言)圏 중설(重說).
중:언-부언(重言復言)圏[하자타] 한 말을 자꾸 되풀이함. ▢~ 되뇌다 / ~ 지껄이다.
중얼-거리다[자타] 남이 잘 알아듣기 어려울 정도로 낮고 작은 목소리로 혼잣말을 자꾸 하다. ▢혼잣말로 ~. ⓐ종알거리다. ㈜중얼 거리다. ㈜중-중얼[하자타]
중얼-대다[자타] 중얼거리다.
중:역(重役)圏 1 은행·회사 따위의 중요한 임원(이사·감사 따위). ▢~ 회의 / 회사 ~으로 초빙되다. 2 책임이 무거운 역할. ▢~을 맡다.
중:역(重疫)圏 위중한 병. 중병(重病).
중:역(重譯)圏[하자타] 1 '이중 번역'의 준말. ▢~한 책 / ~된 외국 소설. 2 중역본.
중:역-본(重譯本)[-뽄] 圏 이중으로 번역한 책. 중역(重譯).
중:역-실(重役室)[-씰] 圏 회사의 중역들이 사무를 보는 방.
중:역-진(重役陣)[-찐] 圏 회사 따위에서 중역들로 이루어진 층(層).
중연(中椽)圏 그리 굵지 않은 서까래. 중도리와 중도리에 걸치는 서까래.
중:연(重緣)圏 한 번 혼인 관계가 있던 집안 간에 다시 혼인이 이루어지는 일.
중엽(中葉)圏 1 어느 시대를 셋으로 나눌 때 그 가운데 부분이 되는 시대. ▢19세기 ~ / 신라 시대 ~. ＊초엽·말엽 2 『식』 줄기를 향해 가운데 쪽이 되는. ＊소엽(小葉)2.
중-영산(中靈山)[-녕-]圏『악』'영산회상'의 둘째 곡조. 다섯 장(章)으로 되어 있으며, 곡조가 상영산보다는 약간 빠르고 잔영산보다는 느림.
중:오(重五)圏 음력 5월 5일. 곧, 단오.
중:오-절(重五節)圏 단오절(端午節).
중완(中浣)圏 중순(中旬).
중완(中脘)圏『한의』침을 놓는 혈의 하나. 위(胃)가 있는 자리.
중외(中外)圏 1 안과 밖. 2 국내와 국외. 이름을 ~에 떨치다. 3 조정과 민간. ▢법령을 ~에 선포하다. 4 서울과 시골. ▢~의 주요 관직을 두루 점거했던 이성계 일파.
중외-비(中外比)圏『수』황금비(黃金比).
중요(中夭)圏[하자타] 1 중년에 죽음. 또는 젊어서 죽음. 2 뜻밖의 재난.
중:요(重要)圏[하타] 귀중하고 요긴함. ▢~한 문제 / ~한 사항 / ~ 정책 / ~ 인물 / 실천이 더 ~하다.
중:요 무형 문화재 보:유자(重要無形文化財保有者) 역사상·학술상·예술상의 가치가 큰 예능·공예 기술·무술 등 무형의 문화 소산(所産)에 대한 예능·기능을 원형대로 정확히 체득·보존하고 있다고 국가가 인정한 사람. 속칭: 인간문화재.
중:요-성(重要性)[-씽]圏 사물의 중요한 요소나 성질. ▢교육의 ~ / 환경의 ~이 부각되다.
중:요-시(重要視)圏[하타] 중요하게 여김. ▢자연보호를 ~하다 / 인간의 존엄성이 ~되다. ㈜중시(重視).
중용(中庸)圏 어느 쪽으로나 치우침이 없이 올바르며 변함이 없는 상태나 정도. ▢~을 지키다.
중:용(重用)圏[하타] 중요한 지위에 임용함. ▢측근을 장관으로 ~하다 / 중앙 정부의 요직에 ~되다.
중용-사상(中庸思想)圏 지나치거나 모자람이 없는 중용의 길을 주장한 사상.

중용지도(中庸之道)圏 극단에 치우치지 않고 평범함 속에서 찾는 진실한 도리.
중:우(衆愚)圏 많은 어리석은 사람들.
중:우 정치(衆愚政治)『정』민주 정치를 멸시해서 이르는 말로, 이성보다는 일시적 충동에 좌우되는 어리석은 대중들의 정치.
중원(中元)圏 음력 7월 보름날. 백중(百中)날. ＊상원(上元)·하원(下元).
중원(中原)圏 1 넓은 들판의 중앙. 2 중국 문화의 발원지인 황허(黃河) 강 유역의 남북 지역. 3 전하여, 정권을 다투는 무대. 또는 경쟁하는 곳.
중:원(衆怨)圏 뭇사람의 원망.
중원-축록(中原逐鹿)[-축녹]圏 1 제왕의 지위를 얻고자 다투는 일. 2 서로 경쟁하여 어떤 지위를 얻으려고 하는 일.
중월(仲月)圏 중삭(仲朔).
중위(中位)圏 중간 정도의 위치나 지위. ▢~의 성적.
중위(中尉)圏『군』위관 계급의 하나(대위의 아래, 소위의 위).
중위(中衛)圏 축구·하키 따위에서, 중간에 위치하는 선수. 하프백.
중:위(重位)圏 중요한 직위. 요직(要職).
중:위(重圍)圏[하타] 여러 겹으로 에워쌈.
중-위도(中緯度)圏『지』저위도와 고위도의 중간 지대(대략 위도 20~50도를 이름).
중위-수(中位數)[-쑤]圏『수』중앙값.
중유(中有)圏『불』사유(四有)의 하나. 사람이 죽어서 다음의 생(生)을 받을 때까지의 동안. 곧, 죽어 49일 동안. 중음(中陰). ▢~를 헤매다.
중유(中油)圏 콜타르를 분류(分溜)하여 170~230℃에서 얻는 기름(나프탈렌 제조의 원료가 됨). 석탄산유(石炭酸油).
중:유(重油)圏 원유에서 휘발유·등유·경유 등을 뽑아낸 후 얻어지는 흑갈색의 점성유(粘性油). 디젤 기관·보일러의 연료나 인쇄 잉크 등의 원료로 씀.
중:유 기관(重油機關) 중유를 연료로 쓰는 내연 기관(디젤 기관이 대표적임).
중:유-연료(重油燃料)[-녈-] 연료로 쓰는 중유(석탄보다 발열량이 큼).
중:은(重恩)圏 크고 두터운 은혜.
중음(重音)圏 1 여자나 어린아이의 목소리. 2 『언』가운뎃소리. 3『악』가온음. 4『언』간음(間音).
중음(中陰)圏『불』중유(中有).
중:음(重音)圏『언』높이가 다른 두 개 이상의 겹으로 된 소리. 복음(複音).
중의(中衣)圏『민衣』. ▢~ 적삼. [중의 벗은 아이 마구 풀 끌어 넣듯 한다] 음식을 마구 걸터먹는 모양을 일컫는 말.
중:의(衆意)[-/-이]圏 뭇사람의 의견. ▢~에 따르다 / ~가 모이다 / 국회는 국민의 ~를 대변한다.
중:의(衆議)[-/-이]圏 중론(衆論). ▢~가 그러하다면 구태여 반대하지 않겠다.
중:의-하다(中意-)[-/-이-]圏[형] 적의(適意).
중이(中耳)圏『생』귀의 한 부분. 외이(外耳)와 내이(內耳)의 중간쯤 부분으로 고막·청소골·유스타키오관 등으로 이루어짐. 가운데귀.
중이-염(中耳炎)圏『의』중이에 생기는 염증. 고열·심한 통증·이명 따위의 증상이 나타남(급성과 만성으로 대별함).

중-이층(中二層)圓 보통의 이 층보다 낮고 단층보다는 좀 높게 지은 이 층.

중인(中人)圓 **1** 조선 때, 양반과 상인의 중간 계급의 사람. 의관·역관·향리 따위의 세습적인 기술직이나 사무직에 종사했음. **2** 시골에서 노명(奴名)이 없거나 천한 일을 하지 않던 계급의 사람.

중-인(重因)圓 중요한 원인.

중-인(衆人)圓 여러 사람. 뭇사람. ▢～의 이목을 끌다 / ～의 지혜를 모으다.

중-인방(中引枋)『건』벽 한가운데에 가로지르는 인방.〈중앙방(中枋).

중-인-소시(衆人所視)圓 중목소시(衆目所視). ▢～에 면박을 당하다.

중-인-환시(衆人環視)圓圓하圓 여러 사람이 에워싸고 지켜봄. ▢～의 대로(大路) 상에서 희롱하다.

중일-연(中日宴)圓〔역〕조선 때, 과거에 급제한 사람이 처음 벼슬할 때 먼저 과거에 급제해 벼슬아치로 있는 사람을 대접하던 잔치.

중:임[1](重任)圓圓하圓 먼저 근무하던 지위에 거듭 임용함. ▢대통령의 임기는 5년이며, ～할 수 없다 / 개각에서 ～된 사람.

중:임[2](重任)圓 중대한 임무. ▢～을 맡다.

중:-입자(重粒子)[-짜]〔물〕소립자(素粒子) 중에서 핵자(核子)와 하이퍼론(hyperon)의 총칭. 바리온(baryon).

중-자(衆子)圓 맏아들 외의 모든 아들. 서자.

중:-자음(重子音)圓〔언〕복자음(複子音).

중작(中斫)圓 굵지도 잘지도 않은 중간 정도의 장작.

중장(中章)圓 초·중·종으로 나누었을 때의 문장이나 시구, 악곡 따위의 가운데 장.

중장(中將)圓〔군〕장관(將官) 계급의 하나《대장의 아래, 소장의 위》.

중장(中場)圓〔역〕사흘에 나누어 보던 과거의 둘째 날의 시험장.

중장(中腸)圓〔생〕무척추동물의 장관(腸管)의 두 끝. 곧, 전장과 후장을 제외한 가운데 부분《주로 식물(食物)을 흡수함》.

중:-장(重杖)圓〔역〕몹시 치던 장형(杖刑).

중:-장비(重裝備)圓 토목이나 건축 따위에 쓰는, 무겁고 큰 기계의 총칭. ▢불도저·덤프트럭 따위의 ～가 동원되다.

중재(仲裁)圓圓하圓 **1** 다툼질의 사이에 끼어들어 화해를 시킴. ▢분쟁의 ～를 맡다 / 윗사람에게 ～를 요청하다. **2** 제삼자 또는 제삼국이, 쟁의를 야기시킨 당사자 또는 당사국 사이에 들어 조정하고 해결하는 일.

중재-국(仲裁國)圓〔법〕나라와 나라 사이의 분쟁이 일어났을 때 쟁의를 끝내기 위하여 나서는 중립적인 제삼국.

중재-인(仲裁人)圓 분쟁을 중재하는 사람. 중재자.

중재 재정(仲裁裁定)〔법〕노동 쟁의 조정법에 의하여 노동 위원회가 노동 쟁의에 관하여 그 해결을 위한 판결을 내리는 일.

중재 재판(仲裁裁判)나라와 나라 사이의 분쟁이 있을 때, 분쟁 당사국이 선임한 재판관에 의해 행하여지는 재판.

중-저가(中低價)[-까]圓 보통의 경우보다 조금 싼 상품의 가격. ▢～ 의류 / ～ 상품.

중:-적(重積)圓 많은 적.

중전(中前)圓 야구에서, 중견수의 앞. ▢～ 안타를 날리다.

중전(中殿)圓〔역〕'중궁전(中宮殿)'의 준말.

▢～ 자리에 오르다.

중:-전(重箭)圓 무거운 화살.

중:-전기(重電機)圓 중량이 큰 전기 기구의 총칭《발전기·전동기·변압기 따위를 이르며, 넓게는 철도용 보일러·터빈까지도 포함함》. 중전(重電). ↔경(輕)전기.

중전-마마(中殿媽媽)圓〔역〕중전에 대해 마마의 경칭을 덧붙인 말.

중-전차(中戰車)圓〔군〕25톤 이상 55톤 이하의 무게와 장비를 갖춘 전차.

중:-전차(重戰車)圓〔군〕장갑이 두꺼운, 55톤 이상의 대형 전차.

중절(中絶)圓圓하圓 **1** 중도에서 그만둠. 중단(中斷). **2** 임신 중절을 뜻하는 말. 곧, 임신 중에 인공적으로 유산이나 조산을 시키는 일.

중절-거리다圓 수다스럽게 중얼거리다. 〈종잘거리다. ⑩쭝절거리다. **중절-중절**圓하圓

중절-대다圓 중절거리다.

중절-모(中折帽)圓 '중절모자'의 준말.

중절-모자(中折帽子)圓 꼭대기의 가운데가 접히고 둥근 챙이 달린 신사용의 모자. 〈중절모.

중점(中點)[-쩜]圓 **1**〔언〕가운뎃점. **2**〔수〕선분(線分) 위에 있으면서 선분의 양 끝에서 같은 거리에 있는 점. 이등분점.

중:점(重點)[-쩜]圓 **1** 가장 중요하게 여겨야 할 점. ▢관리 / ～ 단속 / 전인 교육에 ～을 두다. **2**〔물〕지렛대가 물체를 떠받치는 점.

중:점 산:업(重點産業)[-쩜사법]圓 특히 중점을 두어야 할 산업.

중:점-적(重點的)[-쩜-]圓圓圓圓 힘을 분산시키지 않고 중요한 곳에 집중시키는 (것). ▢～인 투자 / 컴퓨터 산업을 ～으로 육성하다.

중:점-주의(重點主義)[-쩜-/-쩜-이]圓 특히 중요한 방면에 노력이나 자재(資材) 따위를 집중하는 주의나 태도.

중정(中丁)圓 음력 중순에 드는 정일(丁日). 연제(練祭)나 담제(禫祭) 따위의 제사는 대개 이날을 가리어 지냄.

중정(中正)圓圓하圓 모자르거나 넘치지 않으면서 치우침이 없이 곧고 올바름. 또는 그 모양. ▢～을 유지하다.

중정(中庭)圓 **1** 마당의 한가운데. **2** 집 안의 안채와 바깥채 사이에 있는 뜰.

중정(中情)圓 **1** 가슴속에 맺힌 감정이나 생각. 심중(心中). ▢～을 떠보다. **2** '중앙 정보부'의 준말.

중:-정(重訂)圓圓하圓 책 따위의 내용을 두 번째 고침.

중:-정(衆情)圓 여러 사람의 감정이나 의견.

중:-정석(重晶石)圓〔광〕중금속의 광상에서 맥석으로 산출되는 황산바륨의 광석《가루로 정제하여 백색 안료, 식염의 정제, 제지·인조 상아의 첨가제로 씀》.

중제(中諦)圓〔불〕삼제(三諦)의 하나. 일체의 제법이 불공(不空)·불유(不有)의 중정 절대(中正絶對)라는 진리.

중-제(仲弟)圓 자기의 둘째 아우.

중:-제(重劑)圓〔한의〕진정시키는 성질을 가진 약제《자석·주사(朱沙) 따위》.

중:-조(重酢)圓圓圓圓 재조(再酢).

중-조(重曹)圓〔화〕탄산수소나트륨.

중졸(中卒)圓 '중학교 졸업'의 준말.

중종-보(中宗-)[-뽀]圓〔건〕대들보와 마룻보 사이에 건 들보.

중:-죄(重罪)圓 무거운 죄. ▢～를 저지르다 / ～를 짓다 / ～로 다스리다. ↔경죄(輕罪).

중:-주(重奏)圓圓하圓〔악〕둘 이상의 성부(聲部)

를 한 사람이 각각 한 성부씩 맡아 동시에 악기로 연주함. *독주·합주.

중준 (中蹲) [명] 장준(長蹲)보다 작고 고추감보다 큰 뾰주리감.

중:중 (衆中) [명] 뭇사람 가운데.

중중-거리다 [자] 원망하듯 군소리로 중얼거리다. ❏불쾌한 듯 혼자 중중거리며 콧방귀를 뀌었다 / 중중거리지 말고 말 좀 들어라. [작]종종거리다. [센]쭝쭝거리다.

중중-대다 [자] 중중거리다.

중중-모리 [명] 〔악〕 산조(散調)나 판소리 장단의 하나. 중모리보다 좀 빠르고 자진모리보다 좀 느린 속도로, 12박 1장단임.

중:중첩첩 (重重疊疊) [부][하형][히부] 겹겹이 포개진 모양. ❏서해안은 여기서도 운봉이 ~한 사이로 시원하게 내려다보인다. [준]첩첩.

중:증 (重症)[-쯩] [명] 매우 위중한 병세. ❏~ 환자 / ~ 심신 장애 / ~의 동상에 걸리다.

중:증 (衆證) [명] **1** 많은 사람의 증거. **2** 세 사람 이상의 증인.

중지 (中止) [명][하타] 하던 일을 중도에서 그만둠. ❏사격 ~ / 핵 실험 ~를 촉구하다 / 공연이 ~되다.

중지 (中指) [명] 가운뎃손가락.

중지 (中智) [명] 상(上)과 하(下) 사이의 지혜. 곧, 평범한 슬기.

중:지 (重地) [명] 매우 중요한 땅.

중:지 (衆志) [명] 많은 사람의 생각이나 의지.

중:지 (衆智) [명] 여러 사람의 지혜. ❏~를 모으다.

중지 미:수 (中止未遂) 〔법〕 범죄 실행에 착수한 범인이 자기 의사에 따라 범행을 중지하는 일. 중지범.

중지-범 (中止犯) [명] 〔법〕 중지 미수.

중지-부 (中止符) [명] ☞쌍점2.

중지-상 (中之上) [명] 중길 가운데 상등.

중지-중 (中之中) [명] 중길 가운데 중등.

중지-하 (中之下) [명] 중길 가운데 하등.

중:직 (重職) [명] 중대한 책임이 있는 직무. ❏~에 임명되다 / ~을 맡다.

중진 (中震) [명] 〔지〕 지진 진도(震度)의 하나. 집이 심하게 흔들리고 그릇 안의 물이 넘치는 정도《진도는 4》.

중:진 (重鎭) [명] 어떤 분야에서 중요한 자리에 있거나 지도적 영향력을 가진 사람. ❏정계의 ~ / ~이 모여 대책을 논의하다.

중진-국 (中進國) [명] 경제 개발이 선진국과 개발 도상국의 중간 수준에 해당되는 나라.

중:-질 [명][하자] 중노릇.

중질 (中秩)[-찔] [명] 중길.

중질 (中質) [명] 질이 중등 정도임.

중:질 (重疾) [명] 중병(重病).

중질-유 (中質油)[-류] [명] 비중 측정 단위 35-30 도의 원유(原油). *경질유(輕質油)·중질유(重質油).

중:질-유 (重質油)[-류] [명] 비중 측정 단위 30도 이하의 원유. *중질유(中質油)·경질유(輕質油).

중질-지 (中質紙)[-찌] [명] 〔인〕 백상지(白上紙)와 갱지(更紙)의 중간 정도 품질의 인쇄 용지.

중:징 (重徵) [명][하자] 지나치게 많은 조세를 징수함.

중:-징계 (重懲戒)[-/-게] [명] 규율을 위반하거나 과실을 범한 사람에게 부과하는 파면·강등 따위의 무거운 처분. ❏~를 받다.

중:차대-하다 (重且大-) [형][여] 중요하고도 크다. ❏중차대한 임무.

중참 (中-) [명] 일을 하다가 중간에 쉬는 참《보통 간단한 식사나 술을 먹음》.

중-창 (中-) [명] 구두의 창을 튼튼히 하려고 겉창 속에 한 겹을 더 붙여 댄 가죽.

중:창 (重創) [명][하타] 낡은 건물을 헐거나 고쳐서 다시 새롭게 지음. ❏화재로 소실된 건물을 ~하다. *중수(重修).

중:창 (重唱) [명][하자] 〔악〕 둘 이상의 성부를 한 사람이 한 성부씩 맡아 동시에 노래함. 또는 그 노래. 이중창·삼중창 따위가 있음.

중-채 (中-) [명] 〔건〕 안채와 사랑채 사이에 있는 가운데 집채.

중책 (中策) [명] 중간 정도의 책략. 보통의 꾀. ❏상책은 못 되고 ~입니다.

중:책 (重責) [명][하타] **1** 무거운 책임이나 직책. ❏~을 맡다 / ~을 다하다. **2** 엄중하게 책망함. ❏~을 당하다 / 비리에 연루된 임원을 ~하다.

중천 (中天) [명] 하늘의 한복판. 반천. 중공(中空). 중소(中霄). ❏해가 ~에 뜨다.

중:-천금 (重千金) [명] 무게가 천금 같다는 뜻으로, 가치가 극히 귀함을 이르는 말. ❏장부일언(丈夫一言)이 ~.

중-천세계 (中千世界)[-/-게] [명] 〔불〕 수미산(須彌山)을 중심으로 한 것을 세계(世界)라 하고, 이것을 천 개 모은 것을 소천세계(小千世界)라고 하는데, 이것을 다시 천 개 모은 것을 일컫는 말. 또, 중천세계를 천 개 모은 것은 대천세계(大千世界)라고 함. *삼천 대천세계.

중:첩 (重疊) [명][하자] 거듭 겹쳐지거나 포개어짐. ❏난관이 ~되다.

중:청 (重聽) [명] 〔한의〕 귀가 어두워 잘 듣지 못하는 증세.

중-초 (中-) [명] 크기가 중간 정도 되는 초.

중초 (中草) [명] 품질이 중간 정도 되는 담배.

중초 (中焦) [명] 〔한의〕 삼초(三焦)의 하나. 심장과 배꼽 사이에 있으며 소화 작용을 맡음.

중초-열 (中焦熱) [명] 〔한의〕 중초에 열이 나고 변비가 생기며 식욕이 감퇴되는 병.

중촌 (中村) [명] 〔역〕 중인(中人)들이 살던 서울 안의 구역. 지금의 을지로와 종로 사이임.

중추 (中樞) [명] **1** 사물의 중심이 되는 중요한 부분이나 자리. ❏~ 기관 / 사회의 ~를 이루다. **2** 한가운데. **3** '신경 중추'의 준말.

중추 (仲秋) [명] 가을이 한창인 때《음력 팔월》. 중상(仲商).

중추-부 (中樞府) [명] 〔역〕 조선 세조 12년(1466)에 중추원(中樞院)을 고친 이름.

중추-성묘 (仲秋省墓) [명] 추석에 하는 성묘.

중추 신경 (中樞神經) 〔생〕 신경 중추.

중추 신경계 (中樞神經系)[-/-게] 〔생〕 동물의 신경계가 집중하여 중심부를 형성하고 있는 부분《강장(腔腸)동물인 해파리 이상의 동물에서 볼 수 있음》.

중추-원 (中樞院) [명] 〔역〕 **1** 고려·조선 때, 왕명의 출납·숙위(宿衛)·군기(軍機) 따위의 일을 맡아보던 관아. **2** 대한 제국 때, 의정부(議政府)에 딸린 관아《내각(內閣)의 자문 기관》. **3** 일제 강점기에 둔, 조선 총독부의 어용 자문 기관.

중추-월 (仲秋月) [명] 음력 팔월의 맑고 밝은 달.

중추-적 (中樞的) [관][명] 중요한 부분이나 자리가 되는 (것). ❏~ 역할.

중추-절 (仲秋節) [명] 팔월 보름을 명절로 일컫는 말. 추석.

중축(中軸)圀 **1** 물건의 가운데를 가로지르는 축. **2** 사물이나 사건의 중심이 되는 중요한 일이나 사람. ⬜회사 발전의 ~으로 활약하다.

중춘(仲春)圀 봄이 한창인 때(음력 이월).

중:출(重出)圀→**중복**(重複).

중층(中層)圀 여러 층 속의 가운데〔중간 정도의〕 층. ⬜~이 두꺼운 사회 구조 / 고층 아파트의 ~에 살다.

중:층(重層)圀 여러 층. ⬜~으로 이루어진 구조물.

중층-운(中層雲)圀 높이에 따른 구름 분류의 하나. 2~7 km 높이에 있는 구름. 고적운(高積雲)·고층운(高層雲)·난층운(亂層雲)이 이에 속함. 중층 구름. *상층운·하층운.

중-치(中)圀 크기나 품질이 중간쯤 되는 물건. 중간치.

중치(重治)圀하자 엄치(嚴治).

중치막圀 소매가 넓고 길이가 길며 앞은 두 자락, 뒤는 한 자락으로 된, 무가 없이 옆이 터진 네 자락으로 된 옷옷〔옛날에 벼슬하지 아니한 선비가 입었음〕.

중치막-짜리圀 중치막을 입은 사람을 낮잡아 이르는 말.

중침(中針)圀 굵지도 가늘지도 않은 중치의 바늘. 중바늘.

중칭(中秤)圀 무게를 7근부터 30근까지를 다는 중간치의 저울.

중칭(中稱)圀《언》듣는 사람에게 그리 멀지 않은 곳에 있는 대상을 가리키는 것. *근칭·원칭.

중칭 대:명사(中稱代名詞)《언》듣는 사람에게 그리 멀지 않은 곳에 있는 사람·사물·처소 따위를 가리키는 대명사〔그이·그것·거기 따위〕.

중:크롬산-나트륨(重chrome酸natrium)圀《화》크롬과 나트륨과의 화합물로, 적황색·흡습성(吸濕性)의 결정(結晶). 제법(製法)·성질·용도는 중크롬산칼륨과 거의 같으며 물에 잘 녹음. 산화제·분석 시약·전기 도금 따위에 씀. 중크롬산소다.

중:크롬산-칼륨(重chrome酸kalium)圀《화》크롬과 칼륨의 화합물로, 주황색 판상(板狀)의 결정체〔산화제·전지·사진술·염료·폭발물·안전성냥 따위에 씀〕.

중-키(中)圀 크지도 작지도 않은 보통 키. ⬜보통 몸집에 ~의 사나이.

중:-타르(重tar)圀《화》목재를 건류할 때 흘러나오는 액체. 생산 중인 목초산액(木醋酸液) 밑에 침전하는 타르. 침전 타르.

중:탁-하다(重濁-)〔-타카-〕형여 탕약이나 국물 있는 물질이 걸쭉하고 뻑뻑하다.

중:탄산-나트륨(重炭酸Natrium)圀《화》탄산수소나트륨.

중:탄산-소다(重炭酸soda)圀《화》탄산수소나트륨.

중:탄소강(中炭素鋼)圀 탄소량이 0.2-0.5 %인 강철.

중탕(中湯)圀 물의 온도가 중간쯤 되는 온천.

중:탕(重湯)圀하자 끓는 물속에 음식이 담긴 그릇을 넣어 익히거나 데움.

중:탕-냄비(重湯-)圀 중탕하는 데 쓰는 냄비.

중:태(重態)圀 병이 위중한 상태. ⬜~에 빠지다.

중태-성(中台星)圀《천》삼태성 중에 상태성과 하태성 사이에 있는, 종실(宗室)을 맡았다는 두 별.

중-턱(中-)圀 **1** 산·고개 따위의 허리쯤 되는 곳. 중허리. ⬜산 ~ / 고개 ~에서 차를 세우다. **2** 시간이나 일의 중간쯤 되는 곳. ⬜오월 ~을 넘어섰다.

중턱 대:문(中-大門)〔-때-〕《건》솟을대문의 문짝을 지붕의 마룻보와 나란히 단 대문.

중토(中土)圀 농사를 짓기에 썩 좋지도 나쁘지도 않은 땅. *상토(上土)·하토(下土).

중:토(重土)圀 **1**《화》산화바륨(barium). **2** 너무 차져서 농사짓기에 마땅치 않은 땅.

중:토-수(重土水)圀《화》산화바륨을 물에 녹인 액체〔알칼리의 표준 용액 등으로 씀〕.

중-톱(中-)圀 크기가 대톱과 소톱의 중간쯤 되는 톱. *대톱·세톱·소톱.

중통(中桶)圀 **1** 크지도 작지도 않은 중간쯤 되는 통. **2** 소금을 중간쯤 담은 섬.

중통(中筒)圀 크기가 중간쯤 되는 대통.

중:-통(重痛)圀하자 병을 몹시 앓음. ⬜사흘 동안이나 ~한 장군은 겨우 정신을 수습하여 일어났다.

중퇴(中退)圀하타 '중도 퇴학'의 준말. ⬜대학을 ~하다.

중파(中波)圀《물》주파수 300-3,000 kHz, 파장 100-1,000 m의 전파. 라디오 방송에 씀.

중파(中破)圀하자 수리하면 다시 쓸 수 있을 정도로 파손됨. 또는 그 정도의 파손.

중판(中判·中版)圀 종이·사진 따위의 크기가 중간 정도 되는 판형.

중:-판(重版)圀하타 한 번 간행한 출판물을 거듭하여 간행함. ⬜~된 시집.

중:-판(重瓣)圀《식》수술이 꽃잎으로 변하여 꽃잎의 수가 늘어서 몇 겹으로 겹쳐진 꽃잎. 겹꽃잎. ↔단판(單瓣).

중판-매다(中-)티 하던 일을 도중에 그만두다. ⬜저녁밥을 ~.

중:-판본(重版本)圀 중판한 간행물.

중:-판위(重瓣胃)圀《동》접주름위(胃).

중:-판화(重瓣花)圀《식》겹꽃1. ↔단판화(單瓣花).

중편(中篇)圀 **1** 상·중·하의 세 편으로 나눈 책의 가운데 편. **2**《문》'중편 소설'의 준말.

중편 소:설(中篇小說)《문》장편 소설과 단편 소설의 중간쯤 되는 분량의 소설. ㉑중편.

중:-평(衆評)圀 뭇사람의 비평. ⬜전문가들의 ~이 일치하다 / 우수한 기술자라는 ~을 듣다.

중포(中布)圀 보통보다 좀 큰 과녁.

중:포(中包)圀 장기에서, 포를 궁 자리의 옆줄로 넘어 다닐 수 없도록 끝에서 두 번째 자리에 앉진 포.

중포(中砲)圀《군》구경이 105-155 mm인 곡사포(曲射砲). *중포(重砲).

중포(中脯)圀 나라 제사 때 쓰던 어육의 포.

중:포(重砲)圀《군》구경이 155 mm 이상인 대포. 사정 거리가 길고 포탄의 위력이 큼. ↔경포(輕砲). *중포(中砲).

중:-포화(重砲火)圀 **1** 대형 화포의 화력. **2** 아주 심한 포격.

중폭(中幅)圀 크기가 중치쯤 되는 피륙의 나비나 옷의 폭.

중폭(中爆)圀《군》'중(中)폭격기'의 준말.

중:-폭(重爆)圀《군》**1** '중(重)폭격기'의 준말. **2** 엄청난 화력을 쏟아 붓는 폭격.

중폭격기(中爆擊機)〔-껵끼〕圀《군》경폭격기보다 기체가 비교적 크며 행동 반경이 1,609-4,023 km의 폭격기(B-29가 대표적임). ㉑중폭격기.

중:-폭격기(重爆擊機)〔-껵끼〕圀《군》기체가 매우 크고 행동반경이 4,023 km 이상 되는 폭

격기《주로 전략 폭격에 사용되며, B-47A, B-52, B-56 등이 있음》. ⑤중폭(重爆).

중표-형제(中表兄弟)〖명〗내외종(內外從).

중품(中品)〖명〗중등의 품위·품질.

중풍(中風)〖명〗〖한의〗대체로 뇌일혈로 인해, 전신·반신 또는 몸의 일부가 마비되는 병. 중기(中氣). 중풍증. □~을 맞다 / ~으로 쓰러지다 / ~이 들다.

중풍-증(中風症)[-쯩]〖명〗〖한의〗1 중풍. 2 중풍으로 인해 일어나는 여러 가지 증세.

중풍-질(中風質)〖명〗〖한의〗중풍에 걸리기 쉬운 체질. 곧, 비만하여 지방질이 많고, 조금만 움직여도 호흡이 급하고 가슴이 뛰는 체질. 또, 혈압이 아주 높은 사람.

중하(中蝦)〖명〗그리 크지도 작지도 않은 중간 크기의 새우.

중하(仲夏)〖명〗여름이 한창인 때《음력 5월》.

중:하(重荷)〖명〗무거운 짐.

중:-하다(重-)〖형어〗1 병이나 죄 따위가 대단하거나 크다. □중한 죄 / 상처가 ~. 2 책임·임무 따위가 무겁다. □중한 책임을 지다. 3 소중하다. □의리를 중하게 여기다. ↔경하다. **중:-히**〖부〗체면을 ~ 여기다 / 강력범을 ~ 다스리다.

중-하순(中下旬)〖명〗중순과 하순. 또는 하순의 중간 무렵.

중학(中學)〖명〗1 '중학교'의 준말. 2〖역〗조선 때, 서울 중부에 위치한 사학(四學)의 하나《지금의 종로구 중학동에 있었음》.

중-학교(中學校)[-교]〖명〗초등학교의 교육을 기초로 하여 중등 보통 교육을 실시하는 학교. ⑤중학.

중-학년(中學年)[-항-]〖명〗고학년과 저학년의 중간인 학년. 곧, 초등학교의 3·4학년.

중학-생(中學生)[-쌩]〖명〗중학교에 다니고 있는 학생.

중한(中限)〖명〗〖경〗청산 거래에서 대금과 현물의 교환을 계약한 달의 말일로 정하는 기한. *당한(當限)·선한(先限).

중한(中寒)〖명〗1 추위로 팔다리가 뻣뻣해지고 까무러치는 병. 중한증. 2 중초(中焦)가 허하고 차서 배가 아프고 입맛을 잃는 병.

중한(中韓)〖명〗1 중국과 한국. □~ 친선 탁구대회. 2 중국어와 한국어.

중한(中澣)〖명〗중순(中旬).

중한-사전(中韓辭典)〖명〗중국어를 한국어로 풀이한 사전.

중한-증(中寒症)[-쯩]〖명〗〖한의〗중한(中寒)1.

중:-합(重合)〖명〗〖하자〗같은 화합물의 분자 두 개 이상이 결합하여 분자량이 큰 다른 화합물이 되는 일. 중합 반응.

중:-합(衆合)〖명〗〖불〗중합옥.

중:-합 가솔린(重合gasoline)〖화〗기체상(氣體狀)의 에틸렌계(系) 탄화수소를 중합하여 만드는 합성 석유.

중:-합-지옥(衆合地獄)[-찌-]〖명〗〖불〗팔열(八熱) 지옥의 하나《살생·투도(偸盜)·사음(邪淫)을 범한 사람이 떨어짐》. 중합(衆合).

중:-합-체(重合體)〖명〗〖화〗중합하여 생성된 화합물《합성수지·나일론 등이 이에 포함됨》. 폴리머.

중항(中項)〖명〗〖수〗수열이나 급수에서, 이웃하는 세 항 중에서 가운데 항《…, a, b, c, … 에서 b를 a와 c의 중항이라 함》.

중핵(中核)〖명〗사물의 중심에 있어 조직 형성에 중요한 부분. 핵심. 중심. □~을 이루다 / ~ 구실을 하다.

중:-핵자(重核子)[-짜]〖명〗〖물〗하이퍼론

(hyperon).

중행(中行)〖명〗중용을 지키는 바른 행실.

중-허리¹(中-)〖명〗중턱1. □비로봉~.

중-허리²(中-)〖명〗〖악〗평시조로 시작하여 중간에서 곡조를 잠깐 변조시켜 높은 소리로 부르는 가곡이나 시조의 곡조의 하나.

중:-혀(重-)〖명〗〖한의〗희고 푸른 물집이 혓줄기 옆으로 일어, 점점 커져서 달걀만 하게 되어 아프지는 않으나 말하기가 거북한 증기. 중설(重舌).

중형(中形)〖명〗중간쯤 되는 형체.

중형(中型)〖명〗같은 종류의 사물 가운데 중간 정도의 크기나 규모.

중:형(仲兄)〖명〗자기의 둘째 형. 중씨.

중:형(重型)〖명〗아주 크고 무거운 형(型).

중:형(重刑)〖명〗무거운 형벌. □~에 처하다 / ~을 받다.

중형 자동차(中型自動車) 크기가 중간 정도가 되는 자동차. 승용차는 배기량 1,500 cc 이상 2,000 cc 미만, 화물 자동차는 적재량(積載量)이 1톤 이상 5톤 미만, 버스는 16인승 이상 35인승 이하의 것을 가리킴. ⑤중형차.

중형-주(中型株)〖명〗대형주와 소형주의 중간에 위치하는 주식으로, 자본금의 크기가 중간 정도의 주식.

중형-차(中型車)〖명〗'중형 자동차'의 준말.

중:-혼(重婚)〖명〗〖하자〗배우자가 있는 사람이 이중으로 혼인함.

중화(中火)〖명〗길을 가다가 점심을 먹음. 또는 그 점심. □미륵원에서 ~하고 저녁 때 서울로 돌아왔다.

중화(中和)〖명〗〖하자〗1 덕성이 중용을 잃지 아니한 상태. 2 서로 다른 성질을 가진 것이 섞여 각각의 성질을 잃거나 그 중간의 성격을 띠게 함. 또는 그러한 상태. □여야의 주장을 ~시키다 / 인류 문화의 ~ / 서로 어울리면서 독한 성질이 ~되다. 3〖화〗서로 다른 성질의 물질이 서로 융합하여 서로의 특징이나 작용을 잃음. 4 산과 염기의 물질이 서로 합하여 중성이 됨. 또는 그 반응. 5 같은 분량의 음전기와 양전기가 만나 전기 현상을 나타내지 않는 일. □전하를 띤 입자가 ~되어 응고하다.

중화(中華)〖명〗한(漢)민족이 주위 민족을 야만시(野蠻視)하고 자기네 나라가 세계의 중앙에 위치한 가장 문명한 나라라는 뜻으로 일컫는 말. □~ 사상.

중:-화기(重火器)〖명〗〖군〗보병이 지니는 화기 중에서 비교적 화력이 강한 화기《중기관총·박격포·무반동총 따위》. 중무기. ↔경(輕)화기.

중:-화상(重火傷)〖명〗정도가 심한 화상. □~을 입다.

중화-열(中和熱)〖명〗〖화〗산과 염기가 각각 1 g 당량씩 중화할 때 나는 열량《18℃에서 13.7 칼로리》.

중화-요리(中華料理)〖명〗중국 고유의 요리. 청요리(淸料理).

중화지기(中和之氣)〖명〗덕성이 바르고 고른 화평한 기상.

중화-참(中火-)〖명〗길을 가다가 점심을 먹는 일. 또는 그런 곳. □~을 대다.

중:-화학(重化學)〖명〗'중화학 공업'의 준말. □~ 단지의 조성.

중:화학 공업(重化學工業)[-꽁-] 중공업과 화학 공업의 총칭. ⑤중화학.

중환(中丸)〔명〕〔하자〕 탄환에 맞음.
중:(重患)〔명〕 **1** 중병(重病). □~을 앓다. ↔경환. **2** '중환자'의 준말.
중:-환자(重患者)〔명〕 중병을 앓는 환자. □~를 돌보다. ↔경(輕)환자. ㉰중환.
중환-치사(中丸致死)〔명〕〔하자〕 탄환에 맞아 죽음.
중:회(衆會)〔명〕 여러 사람이 모이는 모임.
중:후-하다(重厚-)〔형〕〔어〕 **1** 태도가 정중하고 무게가 있다. □중후한 성격 / 중후한 멋을 지니다. **2** 작품이나 분위기가 엄숙하고 깊이가 있다. □중후한 연주 / 장식이 ~.
중흥(中興)〔명〕〔하자〕타〕 쇠하던 것이 중간에 다시 일어남 또는 다시 일어나게 함. □민족의 ~.
중흥지주(中興之主)〔명〕 쇠해 가던 나라를 다시 일으킨 임금.
중-힘(中-)〔명〕 활 등급의 하나. 탄력이 실중힘보다 조금 약한 것. 중력(中力).
췌:-뜯기다[-끼-]〔자〕타〕 '쥐어뜯기다'의 준말.
췌:-뜯다[-따]〔타〕 '쥐어뜯다'의 준말. □머리카락을 췌뜯어 놓다.
췌:-바르다〔췌발라, 췌바르니〕〔타〕르〕 '쥐어바르다'의 준말.
췌:-박다[-따]〔타〕 '쥐어박다'의 준말.
췌:-살다〔췌살아, 췌사니, 췌사는〕〔자〕 '쥐어살다'의 준말.
췌:-지내다〔자〕 '쥐어지내다'의 준말. □처가와 아내에게 ~.
췌:-지르다〔췌질러, 췌지르니〕〔타〕르〕 '쥐어지르다'의 준말.
췌:-흔들다〔췌흔들어, 췌흔드니, 췌흔드는〕〔타〕 '쥐어흔들다'의 준말.
쥐[1]〔명〕〔한의〕 몸의 일부에 경련이 일어나 부분적으로 근육이 수축되어 기능을 일시적으로 잃는 현상. □다리에 ~가 나다.
쥐[2]〔명〕〔동〕 쥣과의 짐승의 총칭. 몸길이 15-23 cm, 꼬리는 몸보다 길고 귀는 둥글며 큼. 털은 잿빛을 띰. 곡물과 음식물 따위를 훔쳐 먹으며, 사람에게 페스트균을 가진 벼룩을 퍼뜨림.
[쥐가 쥐 꼬리를 물고] 여러 사람이 잇따라 나오는 것을 이르는 말. [쥐 소금 나르듯] 조금씩 조금씩 줄어 없어짐의 비유. [쥐 포수] 사소한 사물을 얻으려고 애쓰는 사람.
쥐도 새도 모르게〔구〕 아무도 모르게 감쪽같이. □용의자는 증거를 ~ 없앴다.
쥐 숨듯〔구〕 교묘하게 자취를 살짝 감추는 모양을 비꼬는 말.
쥐 잡듯이〔구〕 꼼짝도 못하게 하고 모조리 뒤져 잡는 모양. □적병들을 ~ 에워싸고 두들겨 패다.
쥐 죽은 듯이〔구〕 매우 조용한 상태의 비유. □~ 조용하다.
쥐-가오리〔명〕〔어〕 매가오릿과의 바닷물고기. 난해성 어종. 몸길이는 2.5 m 내외, 무게는 500 kg 이상, 몸이 납작하며 몸의 폭이 넓음. 매가오리와 비슷하나 가슴지느러미가 변한 머리지느러미가 귀처럼 보임.
쥐-구멍〔명〕 **1** 쥐가 드나드는 구멍. **2** 몸을 숨길 만한 최소한의 장소의 비유. □창피해서 ~에라도 들어가고 싶었다 / 하도 무안해서 ~을 찾고 싶은 심정이다.
[쥐구멍에도 볕 들 날이 있다] 몹시 고생하는 사람도 운이 트일 날이 있다.
쥐-꼬리〔명〕 매우 적은 것을 비유적으로 이르는 말. □~만 한 월급.

쥐꼬리-망초〔명〕〔식〕 쥐꼬리망촛과의 한해살이풀. 들이나 산에 나며, 줄기 높이는 30-40 cm, 여름에 담홍색 또는 흰 순형화가 핌. 뿌리는 진범(秦艽)이라 하여 약용함.
쥐꼬리-톱〔명〕 나무를 굽게 켜는 데 쓰는, 가늘고 얇은 톱.
쥐-날〔명〕 '자일(子日)'의 속칭.
쥐-노래미〔명〕〔어〕 쥐노래밋과의 바닷물고기. 해조·암초 사이에 살며, 몸길이는 30-40 cm, 몸 양쪽에 다섯 쌍의 옆줄이 있음. 석반어.
쥐눈이-콩〔명〕〔식〕 콩과의 여러해살이 덩굴풀. 산과 들에 나며, 줄기와 잎은 갈색이고 여름에 노란 꽃이 핌. 콩나물용으로 재배함. 서목태.
쥐:다〔타〕 **1** 손가락을 구부려 주먹을 짓거나 주먹 안에 사물을 넣고 싹쥐잡다. □주먹을 불끈 / 벽살을 쥐고 밀치다. **2** 권력·권리 따위를 손아귀에 넣다. 또는 남을 휘어잡아 자기 마음대로 하다. □권력을 손에 ~. **3** 증거 따위를 얻거나 가지다. □결정적인 단서를 쥐고 있다. **4** 재물 따위를 벌거나 가지다. □한밑천 ~ / 목돈을 손에 ~ / 손에 쥔 게 없으니 아무것도 할 수 없다.
[쥐면 꺼질까 불면 날까] 매우 소중히 여기는 모양.
쥐고 흔들다〔구〕 남이나 어떤 일을 마음대로 다루거나 조종하다. 쥐었다 폈다 하다.
쥐었다 폈다 하다〔구〕 쥐고 흔들다.
쥐다래-나무〔명〕〔식〕 다랫과의 낙엽 활엽 관목. 깊은 산에 나며, 초여름에 흰 꽃이 피고 가을에 장과가 익음. 과실은 식용함.
쥐:대기〔명〕 전문가가 아니어서 솜씨가 서투른 장인(匠人).
쥐-덫[-덛]〔명〕 쥐를 잡는 데 쓰는 덫. □~을 놓다 / ~에 걸린 쥐.
쥐똥〔명〕 머리의 숫구멍 자리. *정수리.
쥐똥-나무〔명〕〔식〕 물푸레나뭇과의 낙엽 활엽 관목. 산과 들에 나며, 높이는 2 m가량. 봄에 흰색의 꽃이 피고, 가을에 핵과가 익음. 산울타리로 심으며, 나무껍질은 약용 또는 공업용으로 씀. 백랍나무.
쥐-띠〔명〕〔민〕 자생(子生).
쥐라-계(Jura系)[-/-계]〔명〕〔지〕 쥐라기의 지층(地層).
쥐라-기(Jura紀)〔지〕 중생대를 이루는 세 기에서 중간에 속하는 지질 시대. 양치식물·은행나무·암모나이트·공룡 따위가 번성하였고, 시조새가 출현하였음.
쥐:-락펴락〔하타〕 남을 자기 손아귀에 넣고 마음대로 부리는 모양.
쥐머리〔명〕 갈비에 붙은 쇠고기(편육을 만드는 데 씀).
쥐-며느리〔명〕〔동〕 쥐며느릿과의 절지동물. 쓰레기 더미·마루 밑 따위의 습한 곳에 살며, 몸길이 1 cm 내외, 넓은 타원형임. 자극을 받으면 몸을 둥글게 옴츠리고 죽은 시늉을 함. 7개의 가슴마디, 6개의 배마디로 되었음.
쥐-코(-叩)〔명〕〔동〕 포유류의 한 목. 송곳니가 없고 앞니가 발달하여 물건을 잘 쏢. 보통, 몸집이 작고 초식성이며, 겁이 많으나 민첩하고 번식력이 강함(쥐·다람쥐 따위).
쥐-방울〔명〕〔식〕 쥐방울과의 여러해살이 덩굴풀. 산과 들에 나며, 높이는 1.5 m 정도에 달함. 잎은 어긋나며 심장 모양임. 여름에 녹자색 꽃이 핌. 뿌리와 과실은 약용함.
쥐방울-만하다〔형〕〈속〉 몸집이 작고 앙증스럽다(보통, 사람에 대하여 씀). □쥐방울만한 게 까분다.

쥐-벼룩圈《충》 가시벼룩과의 곤충. 몸길이 2-2.5mm이며, 붉은 갈색을 띰. 쥐·고양이·사람 등에 기생하며, 페스트균을 옮김.

쥐-볶이圈《민》 음력 정월의 첫 쥐날에 쥐를 볶아 죽인다는 뜻으로 콩을 볶는 일.

쥐-부스럼圈《한의》 머리 위에 툭툭 불거지는 부스럼의 일종.

쥐-불圈 음력 정월의 첫 쥐날에 농가에서 쥐를 쫓는다는 뜻으로 논밭의 둑에 놓는 불. ▯논둑에 ~을 놓았다.

쥐불-놀이 [-로리]圈《민》 쥐불놀이.

쥐불-놓이 [-로-]圈하자《민》 농가에서 쥐불을 놓는 일. 쥐불놀이.

쥐-빚다 [-빋따]匣 술 따위를 손으로 주물러서 빚다.

쥐-뿔圈 아주 보잘것없거나 규모가 작은 것을 가리키는 말. ▯~만 한 상식.
　쥐뿔도 모르다⦿ 아는 체 하지만 아무것도 알지 못하다. ▯쥐뿔도 모르면서 참견한다.
　쥐뿔도 없다⦿ 가진 것이나 쓸 만한 데가 조금도 없다. ▯쥐뿔도 없는 주제에 큰소리만 친다.
　쥐뿔만도 못하다⦿ ㉠아주 보잘것없다. ㉡보잘것없이 적다. ▯쥐뿔만도 못한 돈을 내놓고서 화개 한다.
　쥐뿔(이) 나다⦿ 보잘것없는 사람이 갑같은 짓을 하다.

쥐뿔-같다 [-갇따]톙 아주 보잘것없다. 쥐좆같다. 쥐뿔-같이 [-가치]튄

쥐-살圈 소의 앞다리에 붙은 고기. 흔히 찌개에 넣음.

쥐-새끼圈 몹시 교활하고 잔일에 약게 구는 사람을 욕으로 하는 말. ▯~ 같은 놈.

쥐-색 (-色)圈 짙은 재색. 쥣빛.

쥐-서 (-鼠)圈 한자 부수(部首)의 하나(『鼧』·『鼠』 따위에서 『鼠』의 이름).

쥐손이-풀圈《식》 쥐손이풀과의 여러해살이풀. 산과 들에 나며, 줄기 높이 1m 이상, 잎은 손바닥 모양임. 여름에 분홍색 꽃이 핌. 잎과 뿌리는 말려 약용함.

쥐악-상추 [-쌍-]圈 잎이 덜 자란 상추.

쥐알-봉수圈 잔꾀를 부리며 매우 약은 사람을 조롱하는 말.

쥐-약 (-藥)圈 쥐를 잡는 데 쓰는 독약. 살서제. ▯~을 놓다.

쥐어-뜯기다 [-끼-/-여-끼-]자匣 (『쥐어뜯다』의 피동) 쥐어뜯음을 당하다. ▯머리카락을 ~. 춘웨뜯기다.

쥐어-뜯다 [-따/-여-따]匣 1 손에 단단히 쥐고 뜯어내다. ▯머리를 ~. 2 속이 답답하거나 괴로울 때 가슴 등을 뜯다시피 함부로 꼬집거나 잡아당기다. ▯가슴을 쥐어뜯고 한숨을 내쉬었다. 춘웨뜯다.

쥐어-바르다 [-/-여-]〔-발라, -바르니〕匣르 손으로 함부로 펴 바르거나 비비다. ▯약을 상처에 ~. 춘웨바르다.

쥐어-박다 [-따/-여-따]匣 주먹으로 내지르듯이 때리다. ▯머리를 ~ / 동생을 ~. 춘웨박다.

쥐어-뿌리다 [-/-여-]匣 1 아무 데나 흘리거나 뿌리다. 2 일 따위를 되는대로 팽개치다.

쥐어-지르다 [-/-여-]〔-질러, -지르니〕匣르 주먹으로 냅다 지르다. ▯볼따구니를 한 대 ~ / 옆의 있는 총각의 옆구리를 힘껏 쥐어질렀다. 춘웨지르다.

쥐어-짜다 [-/-여-]匣 1 손에 단단히 쥐고 비틀거나 액체 따위를 짜내다. ▯빨래를 힘껏 ~. 2 오기 있게 떼를 쓰며 조르거나 괴롭

2175 / 쥐털방

히다. ▯채무자를 쥐어짠다고 돈이 나올 것도 아니고 며칠만 더 기다려 보자. 3 눈물만 찔꿈찔꿈 흘리다. ▯넘어진 꼬마는 눈물만 쥐어짜고 있다. 4 안 나오는 목소리를 억지로 내다. ▯목소리를 쥐어짜듯이 힘없이 말한다. 5 이리저리 궁리하여 골돌히 생각하다. ▯새로운 아이디어를 ~. 6 억지로 받아 내다. ▯약한 백성들로부터 고혈을 ~.

쥐어-치다 [-/-여-]匣 쓸데없는 말을 함부로 자꾸 지껄이다.

쥐어-틀다 [-/-여-]〔-틀어, -트니, -트는〕匣 단단히 잡고 비틀다. ▯범인의 손목을 쥐어틀고 수갑을 채우다.

쥐어-흔들다 [-/-여-]〔-흔들어, -흔드니, -흔드는〕匣 1 손으로 휘어잡고 흔들다. ▯멱살을 ~. 2 마음대로 휘두르다. ▯남편을 쥐어흔들며 산다. 춘웨흔들다.

쥐-엄나무圈《식》 콩과의 낙엽 활엽 교목. 산골짜기나 개울가에 남. 높이는 15-18m, 여름에 황록색 꽃이 피고, 가을에 협과가 익음. 열매의 껍데기와 씨는 약용함.

쥐엄-떡圈 인절미를 송편처럼 빚어 팥소를 넣고 콩가루를 묻힌 떡.

쥐엄-발이圈 발끝이 오그라져 디디어도 잘 펴지지 않는 발. 또는 그런 사람.

쥐엄-쥐엄 [-염-염]튄 젖먹이에게 쥐엄질을 시킬 때 하는 소리. 춥죄암죄암. 큰-쥐엄질하는 동작. 춥죄암죄암.

쥐엄-질圈하자 젖먹이가 두 손을 쥐었다 폈다 하며 재롱을 부리는 일. 춥죄암질.

쥐여미圈《옛》 지게미.

쥐여-살다〔-살아, -사니, -사는〕자 다른 사람에게 억눌려 기를 펴지 못하고 살다. ▯마누라에게 ~. 춘웨살다.

쥐여-지내다〔-내어, -내〕자 남에게 눌려 꼼짝 못하고 지내다. ▯남편에게 ~. 춘웨지내다.

쥐-오리圈《조》 오릿과의 새. 오리와 비슷하나 몸이 작음. 날개와 꽁지는 짧고 얼굴과 머리에 긴 털이 있음.

쥐이다[1] 자 (『쥐다』의 피동) 쥠을 당하다. ▯손에 칼이 쥐어 있었다 / 아내에게 쥐여 꼼짝도 못한다.

쥐이다[2] 匣 (『쥐다』의 사동) 쥐게 하다. ▯손에 쪽지를 쥐여 주다 / 여행을 떠나는 아들에게 십만 원을 쥐여 보냈다.

쥐-잡기 [-끼]圈하자 쥐를 잡아 없애는 일.

쥐-정신 (-精神)圈 금방 잊기를 잘하는 정신.

쥐-젖 [-젇]圈 사람의 살가죽에 젖꼭지 모양으로 가름하게 생기는 사마귀.

쥐좆-같다 [-졷깓따]톙 아주 보잘것없다. 쥐뿔같다. 쥐좆-같이 [-졷까치]튄

쥐-참외圈《식》 박과의 여러해살이풀. 수풀속에 남. 봄에 묵은 뿌리에서 싹이 나와 덩굴이 되어 3-4m로 벋음. 여름에 흰 꽃이 피고, 달걀만 한 열매가 열림.

쥐-치圈《어》 쥐칫과의 바닷물고기. 몸길이 25cm 내외로 모양은 마름모꼴에 가깝고 옆으로 납작함. 주둥이 끝은 뾰족하고 꼬리자루는 짧음. 눈 위에 한 개의 가시가 있고 배지느러미가 없음.

쥐코-밥상 (-床)[-쌍]圈 밥 한 그릇과 반찬 두어 가지로 간단히 차린 밥상. ▯마루 끝의 ~도 여전히 그대로 놓여 있다.

쥐코-조리圈 마음이 좁아 옹졸한 사람을 조롱하는 말.

쥐털-방 (-房)圈 살인범이나 강도범 따위의

흉악범을 가둔 방(죄수들의 은어).

쥐통〔명〕《의》콜레라.

쥐-포(-脯)〔명〕 말린 생선 쥐치를 기계로 눌러 납작하게 만든 어포(魚脯). 술안주나 군것질감으로 이용됨.

쥐포육-장수(-脯肉-)〔-짱-〕〔명〕 염치없이 다랍게 좀팽이 짓을 하는 사람을 가리키는 말.

쥐-해〔명〕《민》'자년(子年)'의 속칭.

쥔〔명〕'주인(主人)'의 준말. ¶ 나그네가 ~ 행세한다.

쥔:-댁(-宅)〔-때〕〔명〕 '주인댁'의 준말. ¶ -에서 아랫방을 쓰시고 안방을 비워 주시니 이상하지 않은가 / ~이 뭐라던가.

쥔:-장(-丈)〔명〕 '주인장'의 준말. ¶ 지금 ~께서는 계십니까.

쥔:-집〔-찝〕〔명〕 '주인집'의 준말.

쥘-대〔-때〕〔명〕 누비질할 때 쓰는, 가늘고 짤막한 둥근 막대.

쥘-부채〔-뿌-〕〔명〕 접었다 폈다 하는 부채. 접선(摺扇).

쥘-손〔-쏜〕〔명〕 어떤 물건을 들 때, 손으로 쥐는 데 편리하게 된 부분.

쥘-쌈지〔명〕 옷소매나 호주머니에 넣게 된 담배쌈지. ¶ 홀태바지 옆구리에서 ~를 꺼내다.

쥠:〔명〕 바둑을 두는 대국자끼리 선후를 정하는 일. 한 사람이 임의로 쥔 돌의 홀수·짝수로 순서를 정함.

쥣-빛〔쥐삗/쥗삗〕〔명〕 쥐색(色). 잿빛.

쥬련〔명〕〈옛〉 여자의 수건.

쥬리울〔명〕〈옛〉 후릿고삐.

쥬복〔명〕〈옛〉 여드름.

쥭〔명〕〈옛〉 밥주걱.

즁싱〔명〕〈옛〉 1 짐승. 2 중생(衆生).

즈런-즈런〔부형형〕 살림살이가 넉넉한 모양. ¶ 살림이 ~ 윤택해진다.

즈름〔명〕〈옛〉 주릅.

즈믄〔쥐〕〈옛〉 천(千).

즈봉(←ㅍ jupon)〔명〕☞ 양복바지.

즈음〔의명〕〈옛〉 즈음. 사이.

즈싀〔명〕〈옛〉 찌꺼기.

즈음〔의명〕 (관형사 '이·그'나 어미 '-을' 뒤에 쓰여) 일이 어찌 될 무렵. ¶ 졸업식 날이 가까워 올 ~에 갑자기 병이 났다. ⓒ즘.

즈음-하다〔자여〕('즈음한'·'즈음하여'의 꼴로 때를 나타내는 말 뒤에 쓰여) 어떠한 때나 날을 당하거나 맞다. ¶ 출발에 즈음하여 뒷일을 부탁하다 / 그것은 변혁기에 즈음한 역사의 순리로 간주된다 / 광복절에 즈음하여 성명을 발표하다.

즈츼다〔자〕〈옛〉 지치다. 설사하다.

즈크(←네 doek)〔명〕 베실이나 무명실로 두껍게 짠 직물(천막·신·캔버스 따위에 씀). ¶ -로 만든 보스턴백.

즉(卽)〔부〕 '다른 것이 아니라 곧' 또는 '다시 말하여'의 뜻의 접속 부사. ¶ 이것이 ~ 현대의 희비극이다.

즉각(卽刻)〔-깍〕〔부〕 당장에 곧. 즉시. ¶ ~ 떠나도록 하여라 / 사고에 ~ 대처하라.

즉각-적(卽刻的)〔-깍쩍〕〔관〕 당장에 곧 하는 (것). ¶ -으로 조처하다.

즉결(卽決)〔-껼〕〔명하타〕 1 그 자리에서 바로 결정하거나 처리함. 직결(直決). ¶ -로 하다. 2 '즉결 심판'의 준말. ¶ -로 넘겨지다.

즉결 심:판(卽決審判)〔-껼-〕《법》 경범죄에 대해 간단한 절차로 행하는 재판. 경찰서장의 청구를 받아들여 지방 법원 판사가 행함.

즉결 재판(卽決裁判)〔-껼-〕《법》 1 변론이 끝나고 즉시 판결을 선고하는 일. 2 즉결 심판.

즉결 처:분(卽決處分)〔-껼-〕 1 경찰서장 경찰서장의 권한으로 즉결하여 내리던 처분. 2〈속〉 범인을 체포 현장에서 처형하는 일. 3 전장에서 지휘관이 군사 법원을 거치지 않고 군율을 어긴 부하를 처형하는 일.

즉경(卽景)〔-꼉〕〔명〕 그 자리에서 보는 경치나 눈앞의 광경.

즉금(卽今)〔-끔〕〔부〕 1 곧 이제. 또는 지금 당장. 2 그 자리에서 곧.

즉금(卽金)〔-끔〕〔명〕 맞돈.

즉낙(卽諾)〔-낙〕〔명하타〕 그 자리에서 당장 승낙함. ¶ 결혼 얘기가 나오자 아버지께서 흔쾌히 ~하셨다.

즉납(卽納)〔-납〕〔명하타〕 돈이나 물건을 즉시 바침. ¶ 밀린 세금을 ~하다.

즉단(卽斷)〔-딴〕〔명하타〕 그 자리에서 당장 단정하거나 결정함.

즉답(卽答)〔-땁〕〔명하자〕 그 자리에서 당장 대답함. 또는 그 대답. 직답. ¶ -을 받아 오다.

즉매(卽賣)〔-매〕〔명하타〕 상품을 벌여 놓은 현장에서 곧 팔아 버림. 전시회 등에서 행함. ¶ 전시장에서 소비자에게 전시품이 ~되다.

즉멸(卽滅)〔-멸〕〔명하타〕 당장에 멸망함.

즉물-적(卽物的)〔-쩍〕〔관명〕 1 실제 사물에 비추어 생각하거나 행동하는 (것). ¶ ~ 사고 방식. 2 물질적인 것을 중심으로 생각하는 (것). 이해관계를 먼저 생각하는 (것).

즉발(卽發)〔-빨〕〔명하자〕 1 곧 출발함. ¶ ~을 독촉하다. 2 그 자리에서 폭발함. ¶ 폭탄이 ~하다.

즉발 중성자(卽發中性子)〔-빨-〕《물》 핵분열 순간에 방출되는 고속의 중성자.

즉변(卽便)〔-뼌〕〔부〕 곧[1].

즉사(卽死)〔-싸〕〔명하자〕 그 자리에서 바로 죽음. 직사. ¶ -를 면하다 / 총에 맞아 ~하다.

즉살(卽殺)〔-쌀〕〔명하타〕 그 자리에서 바로 죽임. ¶ 포로를 ~하다 / 잡혀서 ~되기 전에 도망치다.

즉석(卽席)〔-썩〕〔명〕 1 그 자리. 앉은자리. 즉좌(卽座). 직석(直席). ¶ 복권 / ~에서 승낙하다. 2 그 자리에서 만듦. ¶ ~ 떡볶이.

즉석-식품(卽席食品)〔-썩 씩-〕〔명〕 인스턴트식품.

즉석-연설(卽席演說)〔-썽년-〕〔명하자〕 미리 준비하지 않고 그 자리에서 바로 연설함. 또는 그런 연설.

즉석-요리(卽席料理)〔-썽뇨-〕〔명하타〕 그 자리에서 만들어 먹음. 또는 그 음식.

즉석-카메라(卽席camera)〔-썩-〕〔명〕 찍은 자리에서 곧 사진이 나오는 카메라. 인스턴트카메라.

즉성(卽成)〔-썽〕〔명자타〕 그 자리에서 곧이 루어지거나 이룸.

즉세(卽世)〔-쎄〕〔명하자〕 사람이 죽어서 세상을 떠남. ¶ 그가 ~한 지 10년이 다 되어 간다.

즉속(卽速)〔-쏙〕〔부〕 즉시로. 빨리.

즉송(卽送)〔-쏭〕〔명하타〕 즉시 보냄. ¶ 주문을 받은 물품을 소비자에게 ~하다.

즉시(卽時)〔-씨〕〔명부〕 곧. 바로 그때. ¶ ~ 가라 / 그 ~에는 대답을 못했다.

즉시-급(卽時給)〔-씨-〕〔명〕 지급 청구가 있을 때 곧 현금으로 지급해 주는 일. 즉시불.

즉시 매매(卽時賣買)〔-씨-〕 현실(現實) 매매.

즉시-범(卽時犯)〔-씨-〕〔명〕《법》 형사상 범죄가 구성 요건의 내용인 위법 사실의 실현과

동시에 완성되는 범죄(절도·강도·방화·살인 따위).

즉시-불(即時拂)[-씨-] 몡하타 즉시급(即時給).

즉시 인도(即時引渡)[-씨-] 慶 매매 계약 성립과 동시에 상품을 인도하는 일.

즉시-즉시(即時即時)[-씨-씨] 튄 그때그때마다 곧. ㅁ~ 해결하다 / 희로애락이 ~ 얼굴에 나타난다.

즉시 취-득(即時取得)[-씨-] 法 선의(善意) 취득.

즉시 항-고(即時抗告)[-씨-] 法 민사·형사 소송에서 결정에 대해 일정 기간 내에 제기하는 불복 신청(不服申請).

즉신-성불(即身成佛)[-씬-] 몡 佛 현세에 있는 육신(肉身) 그대로 곧 부처가 되는 일.

즉심(即審)[-씸] 몡 法 '즉결 심판'의 준말. ㅁ~에 회부하다.

즉심시불(即心是佛)[-씸-] 몡 佛 사람은 번뇌로 인하여 마음이 더러워지나, 본심은 불성(佛性)으로서 중생(衆生)의 마음이 곧 부처의 마음이라는 뜻. 시심시불(是心是佛).

즉야(即夜) 몡 그날 밤. 당야(當夜).

즉위(即位) 몡하자 임금의 자리에 오름. 등극(登極). 어극(御極). 즉조(即祚). ㅁ인정전에서 ~의 예식을 올리다 / 태자가 뒤를 이어~ 하다. ↔퇴위(退位).

즉응(即應) 몡하자 곧바로 응함.

즉일(即日) 몡 바로 그날. 당일. ㅁ조사가 끝나 ~로 석방되었다.

즉일 방-방(即日放榜) 歷 과거를 보인 바로 그날에 방을 내어 합격자를 발표하고 홍패를 내려 주던 일. 즉일 창방(唱榜).

즉일 시-행(即日施行) 法 법령을 공포(公布)한 그날부터 시행하는 일.

즉자(即自)[-짜] 몡 哲 현장에서 독립한 그 스스로의 존재. 안지히(an sich).

즉지히 튄 옛 곧. 즉시.

즉전(即前)[-쩐] 전 직전(直前). ↔즉후.

즉전(即傳)[-쩐] 몡하타 곧 전하여 보냄. ㅁ지체 말고 답장을 ~하라고 이르다.

즉전(即戰)[-쩐] 몡 훈련을 받지 않고 즉시 전투에 나서는 일.

즉전(即錢)[-쩐] 몡 맞돈.

즉제(即製)[-쩨] 몡 그 자리에서 곧바로 만듦.

즉제(即題)[-쩨] 몡 그 자리에서 바로 내놓아 짓게 하는 과제.

즉제 튄 옛 즉시.

즉조(即祚)[-쪼] 몡하자 즉위(即位).

즉좌(即座)[-쫘] 몡 그 자리. ㅁ~에서 노래 한 곡을 청하다.

즉-출급(即出給) 몡하타 돈이나 물건을 곧바로 지급함.

즉-치다(即-) 타 서슴없이 대번에 냅다 치다.

즉통(喞筒) 몡 무자위.

즉-하다(即-)[-카-] 자어 사실에 의거하다.

즉행(即行)[즈캥] 몡하자타 1 곧 감. ㅁ쫓기는 처지라 그 길로 ~하였다. 2 곧 실행함. ㅁ지시가 내려오자 ~에 옮겼다.

즉향(即向)[즈캥] 몡하자 어떤 방향을 향해 곧바로 감.

즉효(即效)[즈쿄] 몡 즉시 나타나는 효험. ㅁ~를 보다 / ~를 나타내다 / ~가 나는 약을 복용하다.

즉후(即後)[즈쿠] 몡 직후(直後). ㅁ개업 ~에는 손님이 많지 않았다. ↔즉전.

즉흥(即興)[즈킁] 몡 그 자리에서 바로 일어나는 감흥이나 기분. ㅁ~으로 떠오르는 악상 / ~에 따라 말하고는 후회한다.

즉흥-곡(即興曲)[즈킁-] 몡 樂 즉흥적으로 일어나는 생각이나 느낌에 따라 자유로운 형식으로 만드는 악곡.

즉흥-극(即興劇)[즈킁-] 몡 고정된 대본 없이 자리의 분위기에 따라 연출하는 연극.

즉흥-시(即興詩)[즈킁-] 몡 文 그 자리에서 나는 흥에 따라 감상을 표현한 시.

즉흥-적(即興的)[즈킁-] 몡하자 그 자리에서 일어나는 기분이나 생각에 따라 하는 (것). ㅁ~ 연설 / ~인 발상 / ~으로 떠오른 생각.

즌퍼리 몡 옛 진펄.

즌붑다 타 옛 짓밟다.

즐거움 몡 즐거운 느낌이나 마음. ㅁ~에 찬 표정 / ~을 같이하다.

즐거워-하다 타어 즐겁게 여기다. ㅁ남을 위해 봉사하는 것을 ~.

즐거이 튄 즐겁게. ㅁ~ 노래 부르다.

즐겁다[-따] 慶(즐거워, 즐거우니) 혱타 마음이 만족스럽고 유쾌하다. ㅁ즐거운 시간 / 즐겁게 지내다.

즐기다 타 1 즐거움을 누리다. ㅁ청춘을 ~. 2 무엇을 좋아하다. ㅁ여행을 ~ / 음악을 즐겨 듣다 / 노란 셔츠를 즐겨 입는다.

즐린(櫛鱗) 몡 魚 한쪽 가장자리가 빗살같이 된 물고기의 비늘. 빗비늘.

즐문-토기(櫛文土器) 몡 歷 빗살무늬 토기.

즐번-하다(櫛繁-) 혱어 많은 것이 가지런하게 늘어 놓여 있다. ㅁ선반 위에 술병들이 ~.

즐비-하다(櫛比-) 혱어 많은 것이 빗살처럼 가지런하고 빽빽하게 늘어서 있다. ㅁ고층 건물이 즐비하게 들어서다.

즐풍-목우(櫛風沐雨) 몡하자 바람으로 머리를 빗고 빗물로 목욕한다는 뜻으로, 긴 세월을 객지로 떠돌며 갖은 고생을 함을 이르는 말.

즘 의명 '즈음'의 준말. ㅁ식사가 끝날 ~에야 돌아오다.

즘게¹ 몡 옛 큰 나무. 수목.

즘게² 몡 옛 끝. 한계.

즙(汁) 몡 물체에서 배어 나오거나 짜낸 액체. 액즙. ㅁ~을 내다 / ~을 짜다.

즙이 나다 ㄱ ㉠즙이 나오다. ㉡일이 아주 익숙해지다.

즙-내기(汁-)[즘-] 몡하자 과일이나 채소 따위를 짜서 즙이 나오게 함. 착즙.

즙-물(汁-)[즘-] 몡 工 도자기를 만들 때 표면에 바르는 잿물. 즙유.

즙액(汁液) 몡 즙을 짜낸 액. 즙물.

즙유(汁釉) 몡 工 즙물.

즙장(汁醬)[-짱] 몡 집장.

즙재(汁滓)[-째] 몡 즙을 짜낸 뒤에 남은 찌끼.

즙청(汁淸) 몡하타 과줄·주악 따위에 꿀을 바르고 계핏가루를 뿌려 재워 둠.

즛 몡 옛 짓. 모양.

즈의 몡 옛 찌꺼기.

즈의 몡 옛 찌꺼기.

즈의 몡 옛 도자기 굽 밑에 붙은 모래알이나 진흙.

증(症) 몡 1 '증세'의 준말. 2 '화증(火症)'의 준말. ㅁ~이 나다 / ~ 난 말투로 대들다 / ~를 내다.

증(證) 몡 1 '증거¹'의 준말. 2 '증명서'의 준말. ㅁ~을 내보이다 / ~가 나다 하다.

증(贈) 몡 기증의 뜻으로, 선물을 보내는 사람이 물건에 쓰는 글자. 드림. ㅁ동창회 ~.

-증(症) 젭 일부 어근에 붙어 '증세'·'생각'·'느낌' 등의 뜻을 나타내는 말. ㅁ우울~ / 답답~ / 현기~.

-증 (證) 回 '증명서'의 뜻을 나타내는 말. ❏ 영수~ / 면허~ / 학생~.

증가 (增加) 圓하자타 수량이 더 늘어 많아짐. 또는 수량을 늘림. ❏ 인구 ~ / 소비 ~ / 수입 이 ~ 되다 / 투자를 ~시키다. ↔감소.

증가 (增價) 圓[-가] 값을 올림. 또는 값이 오름. ❏ 생선값을 ~하여 출고하다.

증간 (增刊) 圓하자타 정해진 발행 기간이나 지면 외에 더 늘려서 간행함. 또는 그 간행물. ❏ 임시 ~호 / 특집물이 ~되다.

증감 (增減) 圓하자타 늘림과 줄임 또는 늚과 줆. 증손(增損). ❏ 매출액을 ~으로 광고 효과를 판가름하다 / 대출액이 일정 비율로 ~되다.

증감 (增感) 圓하자타 사진 감광(感光) 재료의 감광도를 높임. 또는 감광도가 높아짐.

증강 (增强) 圓 인원·설비 따위를 더 늘려 강하게 함. ❏ 군사력 ~ / 후속 부대가 속속 ~되고 있다.

증-개축 (增改築) 圓 증축과 개축. ❏ 건물의 ~ 허가가 나다.

증거 (證據) 圓 1 증명할 수 있는 근거. ❏ ~를 잡다 / ~를 대다 / 아무런 ~가 없다. ❷증(證). 2 〖法〗 법원이 법률을 적용할 사실의 유무를 확정하는 재료. ❏ ~ 불충분.

증거-금 (證據金) 圓 〖法〗 계약의 이행을 확실히 하기 위해 당사자의 한쪽이 상대방에게 제공하는 담보금.

증거 능력 (證據能力) [-녁] 〖法〗 소송 절차상, 증거가 증명의 자료로서 쓰이기 위한 자격.

증거-력 (證據力) 圓 증거가 가지는 신빙성의 정도나 가치.

증거-물 (證據物) 圓 증거가 될 만한 물건. 증거품. ❏ 위조 어음을 ~로 압수하다.

증거 보:전 (證據保全) 〖法〗 소송에서, 정규의 증거 조사 때가지 미루면 그 증거 방법을 사용하기가 불가능하거나 곤란할 경우에, 미리 증거 조사를 하여 증거를 보전하는 일.

증거-인 (證據人) 圓 증인1.

증거 인멸죄 (證據湮滅罪) [-쬐] 〖法〗 타인의 형사 사건 또는 징계 사건에 관하여 증거를 인멸·은닉·위조·변조하거나 그 사건과 관련된 증인을 은닉·도피시킴으로써 성립하는 죄.

증거 재판주의 (證據裁判主義) [-/-이] 범죄 사실의 인정은 증거에 따라야 한다는 주의. 특히, 적법(適法)한 증거 조사의 절차를 거친, 증거 능력이 있는 증거에 따라 재판해야 한다는 주의.

증거 조사 (證據調査) 〖法〗 법원이 어떤 사실의 있고 없음을 확인하려고 증인이나 그 사물을 검증·조사하는 일. 또는 그러한 소송에서의 절차.

증거 증권 (證據證券) [-꿘] 재산법상의 권리 의무가 기재되어 일정한 법률 관계의 증명에 쓰이는 증서《차용 증서·수령서·통상의 계약서·운송장 따위가 이에 속함》.

증거-품 (證據品) 圓 증거물.

증결 (增結) 圓하타 정해진 편성의 객차나 화차의 열차에 임시로 차량을 더 연결함. ❏ 객차를 다섯 량 더 ~하다 / 두 량 ~된 급행열차가 도착했다.

증과 (證果) 圓 〖佛〗 수행(修行)의 인연으로 얻는 깨달음의 결과. 소증(所證).

증광 (增廣) 圓 〖歷〗 증광시.

증광-시 (增廣試) 圓 〖歷〗 조선 때, 나라에 큰 경사가 있을 때 보이던 과거. 증광.

증군 (增軍) 圓하타 군대를 늘림. ↔감군(減軍).

증권 (證券) [-꿘] 圓 1 증거가 되는 문권. 2 〖法〗 재산상의 권리·의무에 관한 기재를 위해 만들어진 문서《유가 증권 및 증거 증권으로 나뉨》. 증서. 3 '유가 증권'의 통칭.

증권-가 (證券街) [-꿘-] 圓 1 증권 회사가 모여 있는 거리. 2 증권과 관계된 분야나 그 사회. ❏ 경기 회복으로 ~ 활기를 찾았다.

증권 거:래소 (證券去來所) [-꿘-] 유가 증권의 공정한 가격 형성과 안정 및 그 유통의 원활을 기하기 위하여 설립된 법인.

증권-계 (證券界) [-꿘-/-꿘계] 圓 〖經〗 주식·공채(公債)·사채(社債) 따위의 거래가 행해지고 있는 사회.

증권 공채 (證券公債) [-꿘-] 〖經〗 채권액을 표시한 증권을 발행했을 때의 공채.

증권 금융 (證券金融) [-꿘-늉 /-꿘그륭] 〖經〗 유가 증권을 담보로 한 자금의 조달.

증권-사 (證券社) [-꿘-] 圓 '증권 회사'의 준말.

증권 시:장 (證券市場) [-꿘-] 〖經〗 증권의 발행·매매·유통 등이 행해지는 시장. 좁은 뜻으로는 증권 거래소를 가리킨다. ❷증시(證市).

증권-업 (證券業) [-꿘넙] 圓 〖經〗 유가 증권의 매매, 위탁 매매, 매매의 중개나 대리, 인수, 모집 또는 매출의 주선 따위를 하는 영업.

증권 투자 (證券投資) [-꿘-] 일정한 이익을 예상하고 국채·사채(社債)·주식·따위의 유가 증권을 사들이는 일. 직접 투자와 간접 투자로 나뉨.

증권 회:사 (證券會社) [-꿘-] 圓 증권업을 하는 회사. ❷증권사.

증급 (增給) 圓하타 월급(月給)·일급(日給) 따위의 급료 삯을 올려 줌.

증기 (蒸氣) 圓 1 〖物〗 액체나 고체가 증발 또는 승화하여 생긴 기체. 2 '수증기'의 준말. ❏ 밥을 ~로 쪄서 짓다 / ~가 주전자 뚜껑을 들썩거린다.

증기-관 (蒸氣罐) 圓 기관(汽罐).

증기 기관 (蒸氣機關) 증기의 팽창과 응축을 이용하여 피스톤의 왕복 운동을 일으켜 동력을 얻는 열기관. 기기(汽機).

증기 기관차 (蒸氣機關車) 증기의 힘으로 움직이는 기관차.

증기-선 (蒸氣船) 圓 기선(汽船).

증기 소독법 (蒸氣消毒法) [-뻡] 뜨거운 증기를 이용하여 균을 죽이는 소독법.

증기-압 (蒸氣壓) 圓 〖物〗 수증기가 일정한 온도에서 가지는 압력.

증기-욕 (蒸氣浴) 圓하타 1 수증기를 몸에 쐬어서 땀을 흘림. 2 〖物〗 물체가 들어 있는 용기 바깥에서 수증기 따위의 증기를 사용하여 물체를 가열하는 방법. 또는 그런 장치. 인화성 물질의 가열 따위에 씀.

증기-탕 (蒸氣湯) 圓 한증탕을 갖추어 놓고 운영하는 목욕 시설.

증기 터빈 (蒸氣turbine) 〖物〗 수증기를 팽창시켜 만든 고압의 증기를 바퀴에 내뿜어 회전 운동을 일으켜 동력을 얻는 원동기.

증답 (贈答) 圓하타 선물이나 편지 따위를 서로 주고받음. ❏ 문우들과 ~한 작품.

증대 (增大) 圓하자타 더하여 커짐. 또는 늘려서 많게 함. ❏ 소득 ~ / 정보량이 ~된 정보화 시대 / 생산량을 ~하다.

증-대부 (曾大父) 圓 촌수가 먼, 증조 항렬의 남자.

증대-호 (增大號) 圓 보통 호보다 지면을 늘려서 간행한 잡지 따위의 인쇄물.

증득 (證得)〖명〗〖하타〗〖불〗바른 지혜로써 진리를 깨달아 얻음.

증량 (增量)[-냥]〖명〗〖하자타〗수량이나 무게가 늚. 또는 수량이나 무게를 늘림. ❏체중 ~과 감량. ↔감량.

증례 (證例)[-녜]〖명〗어떤 사실이 있었는지 없었는지, 또는 진실인지 아닌지를 증명하는 보기.

증뢰 (贈賂)[-뇌]〖명〗〖하타〗뇌물을 줌. 또는 그 뇌물. 증회(贈賄). ↔수뢰(受賂).

증뢰-죄 (贈賂罪)[-뇌쬐]〖명〗〖법〗공무원 등에게 청탁을 하고 뇌물을 주거나 주기로 약속함으로써 성립하는 죄. 증회죄.

증류 (蒸溜)[-뉴]〖명〗〖하타〗〖물〗액체를 가열하여 생긴 증기를 냉각시켜 다시 액체로 만드는 일. 액체 속에서 여러 성분을 분리하거나 정제하는 데 씀. ❏~된 액체. ↔건류(乾溜).

증류-기 (蒸溜器)[-뉴-]〖명〗〖물〗보일러의 급수(給水)를 증류하는 데 쓰는 장치(보통 선박용 보일러에 씀).

증류-수 (蒸溜水)[-뉴-]〖명〗〖물〗보통의 물을 증류하여 얻는, 거의 순수한 물(화학 실험·의약품 따위에 씀).

증류-주 (蒸溜酒)[-뉴-]〖명〗일단 만든 술을 다시 증류해서 도수를 높인 술(위스키·브랜디·소주 따위).

증립 (證立)[-닙]〖명〗〖하타〗〖논〗근거·이유를 찾아 세움.

증면 (增面)〖명〗〖하타〗신문·잡지 따위의 발행 면수를 늘림. ❏경제면을 ~한 신문 / 특집호를 ~하여 발간할 예정이다.

증명 (證明)〖명〗〖하타〗1 증거로써 사물을 밝혀 확실하게 함. ❏결백을 ~하다 / 과학적으로 ~된 현상. 2〖논〗어떤 사물의 판단 또는 진위를 밝힘. 어떤 명제는 근본 원리로부터 이끌어 냄. 3 '증명서'의 준말.

증명-사진 (證明寫眞)〖명〗증명서 따위에 붙이는 작은 규격의 얼굴 사진. ❏~을 찍다 / 학생증에 ~을 붙이다.

증명-서 (證明書)〖명〗어떤 사실을 증명하는 문서. ❏~를 발급하다. ⊛증·증명.

증모 (增募)〖명〗〖하타〗정원보다 더 늘려 모집함. 더 뽑음. ❏군대를 ~하다 / ~된 인력을 각 부서로 배치하다.

증문 (證文)〖명〗증서(證書).

증미 (拯米)〖명〗물에 담갔다가 건져 낸 젖은 쌀. 증렬미(拯劣米).

증민 (蒸民)〖명〗모든 백성. 만민(萬民). 서민.

증발 (蒸發)〖명〗〖하자타〗1 액체 상태에서 기체 상태로 변함. 또는 그 현상. ❏물이 서서히 ~되다. 2〈속〉사람이나 물건이 갑자기 없어져 행방을 모르게 됨. ❏어느 날 별안간 유명한 배우가 ~한 사건이 일어났다.

증발 (增發)〖명〗〖하타〗정한 수효보다 더 발행하거나 내보냄. ❏물가 상승의 첫째 원인은 지폐의 ~이다.

증발-계 (蒸發計)[-/-게]〖명〗일정한 시간 동안 물의 증발량을 측정하는 장치.

증발-량 (蒸發量)〖명〗공기 중에 있는 물이 표면으로부터 단위 시간에 증발하는 분량.

증발-열 (蒸發熱)[-렬]〖명〗기화열.

증발 접시 (蒸發-)[-씨]〖화〗액체를 증발시켜 농축한 용액이나 고체의 시험체를 얻는 데 쓰는 얕은 접시.

증배 (增配)〖명〗〖하타〗배급이나 배당을 늘림. ❏~된 식량. ↔감배(減配).

증별 (贈別)〖명〗〖하타〗친한 사이에서 정표로 시(詩) 따위를 지어 주고 떠나 보냄.

증병 (蒸餠)〖명〗증편.

증병 (增兵)〖명〗〖하타〗군사의 수효를 늘림. 병력(兵力)을 증강함.

증병 (甑餠)〖명〗시루떡.

증보 (增補)〖명〗〖하타〗책이나 글 따위에서 부족한 내용을 더 보태어 채움. ❏개정 ~ / 신간이 ~되어 출간되다.

증본 (證本)〖명〗증거가 되는 책.

증봉 (增俸)〖명〗〖하타〗봉급을 더 늘림.

증봉 (增捧)〖명〗〖하타〗액수를 늘려 거둠.

증비 (增備)〖명〗〖하타〗더 늘려 갖춤. 설비를 늘림. ❏모든 장비를 ~한 후에 새로운 일을 시작하기로 했다.

증빙 (證憑)〖명〗〖하타〗사실을 증명할 만함. 또는 그 근거. ❏~ 자료를 제출하다 / 실효성을 ~할 구체적인 방안이 제시되어 있다.

증빙 서류 (證憑書類)1〖법〗증거가 되는 서류. 증거 서류. 2〖경〗기업 사이에서 이루어진 거래의 증거가 되는 각종 서류.

증사 (證師)〖명〗〖불〗법회를 증명할 임무를 맡은 법사(法師).

증삭 (增削)〖명〗〖하타〗증산(增刪). ❏약간의 ~을 가하여 저술한 다음 비에 새기는 것이 합당하겠습니다.

증산 (蒸散)〖명〗〖하자〗1 증산 작용. 2 증발하여 흩어져 없어짐.

증산 (增刪)〖명〗〖하타〗시문 따위를 다듬기 위하여 더 보태거나 깎아 냄. 증삭. 첨삭.

증산 (增産)〖명〗〖하타〗생산을 늘림. 또는 생산이 늚. ❏석탄 ~ / 식량을 ~하다 / 광산물이 ~되다. ↔감산(減産).

증산-교 (甑山敎)〖명〗〖종〗증산대도교.

증산-대도교 (甑山大道敎)〖명〗〖종〗조선 고종 때, 증산(甑山) 강일순(姜一淳)이 전라북도 정읍에서 세운 종교. 흠치교 계통의 하나임.

증산 작용 (蒸散作用)〖식〗식물체 안의 수분이 수증기가 되어 공기 중에 배출되는 현상. 김내기. 발산(發散) 작용. 증발.

증상 (症狀)〖명〗병이나 상처의 상태. 증세. ❏~이 나빠지다 / ~에 따라 처방을 내리다 / 이번 감기는 ~이 다양하다.

증상-만 (增上慢)〖명〗〖불〗사만(四慢)의 하나. 최상의 교법과 깨달음을 얻지 못하고서, 얻었다고 교만하게 생각하는 일.

증상-맞다 (憎狀-)[-맏따]〖형〗모습이나 태도가 징그러울 정도로 밉살맞다.

증상-스럽다 (憎狀-)[-따]〖형〗(-스러워, -스러우니)〖형〗보기에 증상맞다. 증상-스레 〖부〗

증서 (證書)〖명〗어떤 사실을 증명하는 문서. 증거가 되는 문서.

증서 대:부 (證書貸付)은행 등 돈을 빌려 주는 쪽에서 돈을 빌리는 쪽으로부터 차용(借用) 증서를 받고 빌려 주는 대부. 증서 대출.

증설 (增設)〖명〗〖하타〗시설이나 설비 따위를 더 늘려 설치함. ❏학급 ~ / 전화 두 대가 ~되다.

증세 (症勢)〖명〗병으로 인해 몸에 나타나는 여러 가지 상태나 현상. 증상. 증정(症情). 증후(症候). ❏독감 ~ / ~가 좋아지다 / ~에 따라 처방하다 / ~가 악화되다.

증세 (增稅)〖명〗〖하자타〗조세액을 늘리거나 세율을 높임. ❏~를 반대하다. ↔감세.

증속 (增速)〖명〗〖하자타〗속도를 냄. 또는 속도가 빨라짐. ↔감속.

증손 (曾孫)〖명〗손자의 아들. 증손자.

증손 (增損)〖명〗〖하자타〗증감(增減).

증손-녀 (曾孫女)〖명〗손자의 딸.

증손-부(曾孫婦)〔명〕 증손의 아내.

증손-서(曾孫壻)〔명〕 증손녀의 남편.

증손-자(曾孫子)〔명〕 증손.

증쇄(增刷)〔명〕〔하타〕 더 늘려 인쇄함. 또는 그 인쇄물. 중쇄(重刷).

증수(增水)〔명〕〔하자〕 물이 불어서 늚. 또는 그 물. ☐ 댐의 수위로 ~한 양을 측정하다. ↔감수(減水).

증수(增收)〔명〕〔하자타〕 수입이나 수확이 늚. 또는 수입이나 수확을 늘림. ☐ 세금의 ~ / 새로운 영농법을 쓰면 농산물이 몇 배나 더 ~될 수 있다. ↔감수.

증수(增修)〔명〕〔하타〕 **1** 건물 따위를 더 늘려서 짓거나 고침. ☐ 경복궁을 ~하다 / 사찰이 ~되다. *증축(增築). **2** 책 따위의 내용을 더 보태고 고쳐 펴냄. ☐ 예전(禮典)을 ~하여 발간하다.

증-수회(贈收賄)〔명〕〔하자〕 뇌물을 주고받음.

증습-하다(蒸濕-)〔-스파〕〔형어〕 찌는 듯이 무덥고 습하다.

증시(證市)〔명〕 '증권 시장'의 준말.

증시(證示)〔명〕〔하타〕 증명하여 내보임. ☐ 증인의 진술은 변호사가 제시한 증거물로 낱낱이 ~되었다.

증시(贈諡)〔명〕〔하타〕 왕이 시호를 내려 줌.

증식(增殖)〔명〕〔하타〕 **1** 더욱 늚. 또는 더하여 늘림. ☐ 재산 ~. **2**〔생〕생물 또는 그 조직이나 세포 따위가 생식이나 분열로 그 수가 늘어남. ☐ 바이러스가 ~되다. **3**〔물〕원자로에서 중성자의 흡수를 이용하여 핵연료가 소비되는 비율보다 큰 비율로 핵연료를 발생하는 일.

증식-로(增殖爐)〔-싱노〕〔명〕 '증식 원자로'의 준말.

증식 원자로(增殖原子爐)〔물〕 핵분열성 물질이 노(爐) 안에서 소비됨과 동시에 연쇄 반응으로 소비된 것 이상으로 새로운 핵분열성 물질이 증가하는 원자로. ㉣증식로.

증애(憎愛)〔명〕 애증(愛憎).

증액(增額)〔명〕〔하타〕 액수를 늘림. 또는 그 액수. ☐ 국고 보조금의 ~ / 투자비를 ~하다 / ~된 연구비를 지급하다. ↔감액(減額).

증언(證言)〔명〕〔하타〕 **1** 사실을 증명함. 또는 그 말. ☐ 역사의 ~을 요구하다 / ~을 뒷받침하다 / 사건의 정황을 ~하다. **2** 증인으로서 사실을 진술함. 또는 그 진술. ☐ ~을 듣다 / 목격한 바가 없다고 ~하다.

증언-대(證言臺)〔명〕 법정에서 증인이 증언을 하는 자리. 증인대. ☐ ~에 서다.

증여(贈與)〔명〕〔하타〕 **1** 물건을 선물로 줌. 기증(寄贈). 증유(贈遺). ☐ 학교에 피아노 한 대를 ~하다. **2**〔법〕자기의 재산을 대가 없이 상대방에게 줄 의사를 표시하고 상대방이 이를 승낙함으로써 성립하는 계약. ☐ 자신의 전 재산을 모교의 장학 재단에 ~했다.

증여-세(贈與稅)〔-쎄〕〔명〕 증여받은 사람에게 물리는 세금.

증열(蒸熱)〔-녈〕〔명〕〔하타〕 **1** 증기로 열을 가하여 쪄 냄. **2** 무더위.

증염(蒸炎)〔-념〕〔명〕 무더위.

증오(憎惡)〔명〕〔하타〕 몹시 미워함. ☐ ~의 눈길 / 전쟁을 ~하다.

증오(證悟)〔명〕〔하자〕〔불〕불도(佛道)를 수행(修行)하여 진리를 깨달음.

증오-감(憎惡感)〔명〕 몹시 미워하는 감정. ☐ ~으로 몸을 떨다.

증오-심(憎惡心)〔명〕 몹시 미워하는 마음. ☐ ~이 불타다 / ~이 끓어오르다.

증왕(曾往)〔명〕 이미 지나간 때. 증전.

증운(增韻)〔명〕 운서(韻書)의 운통(韻統)에 더 보태 넣은 운자(韻字).

증울-하다(蒸鬱-)〔형어〕 찌는 듯한 더위로 가슴이 막히고 답답하다.

증원(增員)〔명〕〔하타〕 사람 수를 늘림. ☐ 전산과 모집 인원을 ~하다. ↔감원.

증원(增援)〔명〕〔하타〕 **1** 사람의 수를 늘려 도움. 사람을 늘려 힘을 보탬. ☐ ~ 병력. **2** 원조금 따위를 더 늘림.

증원(憎怨)〔명〕〔하타〕 미워하고 원망함. ☐ 배신자를 ~하다.

증유(贈遺)〔명〕〔하타〕 증여(贈與)1.

증-음정(增音程)〔악〕 완전 음정 또는 장음정을 반음 넓힌 음정(증 1 도, 증 2 도, 증 5 도, 증 6 도 따위가 있음).

증익(增益)〔명〕〔하자타〕 **1** 더하여 늘게 함. 또는 늚. **2** 이윤·이익이 늚.

증인(證人)〔명〕 **1** 증명을 하는 사람. 증거인. ☐ 현장을 목격한 ~도 없다. **2** 보증인1. ☐ ~을 세우고 대출을 받다. **3**〔법〕소송법상 법원으로부터 과거에 경험한 사실에 대해 진술하도록 명령을 받은 소송 당사자 아닌 제삼자. ☐ ~ 출두 / 피고 측 ~을 소환하다.

증인(證印)〔명〕 증명하기 위해 찍는 도장.

증인-대(證人臺)〔명〕 증언대.

증인-석(證人席)〔명〕 법정 따위에서 증인이 앉도록 마련된 자리.

증인 신:문(證人訊問)〔법〕 증거 조사의 한 방법으로 증인을 신문하는 일. 또는 그 신문.

증자(增資)〔명〕〔하자타〕 자본을 더 늘림. 또는 그 자본. ☐ 사업 확장을 위하여 ~하다 / ~된 부분을 재투자하다. ↔감자(減資).

증장(增長)〔명〕〔하타〕 **1** 늘어서 더 자람. ☐ 세력이 ~되다. **2** 어떤 현상이나 정도가 점점 더 심하여짐. **3** 점점 오만하게 됨.

증장천-왕(增長天王)〔명〕〔불〕사천왕(四天王)의 하나. 붉은 몸에 성난 얼굴을 하고 있으며 남쪽을 수호함. 왼손은 팔꿈치를 굽혀 허리에 대고 오른손에는 창(槍)을 잡고 있음. 자기와 남의 선근(善根)을 증진시킨다 함.

증적(證迹·證跡)〔명〕 증거가 될 만한 흔적이나 자취.

증전(曾前)〔명〕 증왕(曾往).

증정(贈呈)〔명〕〔하타〕 남에게 선물이나 기념품 따위를 드림. 기증(寄贈). ☐ ~본(本) / 기념품 ~ / 꽃다발을 ~하다.

증정(增訂)〔명〕〔하타〕 책 따위에서 내용을 더하거나 잘못된 곳을 고침. ☐ 책을 ~하여 출판하다 / 새롭게 ~된 국어사전이 간행되다.

증조(曾祖)〔명〕 '증조부'의 준말.

증조-고(曾祖考)〔명〕 돌아가신 증조부.

증조-모(曾祖母)〔명〕 아버지의 할머니. 증조할머니.

증조-부(曾祖父)〔명〕 아버지의 할아버지. 증조할아버지. ㉣증조.

증조-비(曾祖妣)〔명〕 돌아가신 증조모.

증조-할머니(曾祖-)〔명〕 증조모.

증조-할아버지(曾祖-)〔명〕 증조부.

증좌(證左)〔명〕 참고가 될 만한 증거. 증참(證參). ☐ 이것이 신을 공경한다는 ~이다.

증주(增株)〔명〕 주식회사가 자본을 늘리기 위해 모집하는 주식.

증주(增註)〔명〕〔하타〕 있는 주석 위에 주석을 더 보탬. 또는 그 주석.

증증-하다(蒸蒸-)〔형어〕 **1** 김 따위가 무럭무럭

피어오르거나 뭉게뭉게 나아가는 모양이 자욱하다. **2** 효성 따위가 극진하다.

증지 (證紙) 명 돈을 지급하였거나 어떤 사항을 증명하기 위하여 서류나 물품에 붙이는 종잇조각. ❏납세필 ～ / 수입 ～를 붙이다.

증진 (增進) 명하타 기운이나 세력 따위가 점점 커져 나아감. 또는 나아가게 함. ❏건강 ～ / 식욕이 ～되다 / 세계 평화를 ～하는 데 기여하다. ↔감퇴.

증질 (證質) 명하타 두 사람 이상을 서로 증인으로 삼아 질문함. ❏이 사건 해결에 두 증인의 ～이 필요하다.

증징 (增徵) 명하타 조세(租稅) 따위를 이전보다 더 늘려서 거둠. ❏특별 소비세를 ～하다.

증차 (增車) 명하타 차량의 수(數)를 더하여 늘림. ❏버스를 ～하고 배차 간격도 좁히다.

증착 (蒸着) 명하타 증발시켜서 붙임.

증참 (證參) 명 **1** 증좌(證左). **2** 증인으로 참석함. 또는 그 증인.

증척 (憎斥) 명하타 미워하여 배척함.

증축 (增築) 명하타 건축물 따위를 더 늘려 지음. ❏～ 공사 / 작년에 ～된 건물 / 기숙사를 ～하다. ＊증수(增修).

증치 (增置) 명하타 시설(施設) 따위를 늘려서 설치함.

증타 (憎唾) 명하타 미워하여 침을 뱉음.

증탄 (增炭) 명하자 석탄의 산출량을 늘림. 또는 그 증가한 양.

증투-막 (增透膜) 명 투명한 물질 표면에 붙여서 반사광을 줄이고 광선의 투과력(透過力)을 높이는 얇은 막《보통 사진 렌즈에 붙임》.

증파 (增派) 명하타 인원을 늘려서 파견함. ❏지원군(支援軍)을 ～하다 / 응원군이 전선에 ～되다.

증편 (蒸-) 명 여름에 먹는 떡의 한 가지. 막걸리를 조금 탄 뜨거운 물에 멥쌀가루를 걸쭉하게 반죽하여 더운 방에 밤새 두어 부풀린 다음 틀에 담아 붓고 고명을 뿌려서 찐 떡. 증병(蒸餠).

증편 (增便) 명하타 배·항공기·자동차 따위의 정기편의 횟수를 늘림. ❏～ 운행 / 동남아 노선을 주 2회로 ～했다. ↔감편(減便).

증편-틀 (蒸-) 명 증편을 찔 때 쓰는 기구.

증폭 (增幅) 명하자타 **1** 〖물〗 진동 전류 또는 전압·전파 따위의 진폭을 늘여 감도(感度)를 좋게 함. 또는 그 일. **2** 사물의 범위가 늘어나 커짐. 또는 사물의 범위를 넓혀 크게 함. ❏동서 간의 갈등이 ～되다 / 술자리에서 한 말이 ～되어 파문을 일으키다.

증폭-기 (增幅器)[-끼] 명 〖물〗 증폭 작용을 일으키게 하는 기기. 무선 통신·라디오 등에서 전자기파(電磁氣波)의 진폭을 증대하여 감도를 강하게 하는 장치《일반적으로 진공관·트랜지스터를 이용함》. 앰플리파이어.

증폭 작용 (增幅作用)[-짜굥] 〖물〗 **1** 진동의 진폭을 증가시키는 작용. **2** 진동 전파의 전류 또는 전압의 진폭을 증가시키는 작용.

증폭-제 (增爆劑)[-쩨] 명 〖군〗 폭발파를 만들도록 폭약 속에 넣는 비활성 물질.

증표 (證票) 명 증명이나 증거가 될 만한 표. ❏사랑의 ～ / 돈을 받았다는 ～로 영수증을 써 주다.

증-하다 (憎-) 형여 모양이 지나치게 크거나 이상하여 보기에 징그럽다.

증험 (證驗) 명하타 **1** 실지로 사실을 경험함. 또는 증거로 삼을 만한 경험. ❏홍수 피해를 ～하고 돌아와 보고하다. **2** 시험해 본 효험. ❏신약의 ～이 아주 뛰어나다.

증호 (增戶) 명 더 늘어난 집의 수효.

증회 (贈賄) 명하자 뇌물(賂物)을 줌. 증뢰(贈賂). ❏관련자에 ～한 사실이 밝혀지다. ↔수회(收賄).

증회-죄 (贈賄罪)[-쬐] 명 〖법〗 증뢰죄.

증후 (症候) 명 증세(症勢). ❏결핵의 ～ / ～가 나쁘다.

증후 (證候) 명 증거가 될 만한 기미. ❏～가 나타나다 / ～가 보이다 / ～를 예견하다.

증후-군 (症候群) 명 〖의〗 몇몇의 증후가 함께 나타나면서 그 원인이 확실치 않거나 단일(單一)이 아닌 병적인 증상의 총칭. ❏과민성 대장 ～ / 만성 피로 ～.

즞다 자 〈옛〉 개 따위가 짖다.

즹경이 명 〈옛〉 징경이.

지[1] 명 〈궁〉 요강(尿鋼).

지 (地) 명 병풍 하단에 붙이는 천. 병풍 치마.

지 (智) 명 사물의 도리·시비·선악을 잘 판단하고 처리하는 능력. 지혜. 슬기.

지 (識) 명 글을 쓴 후에 아무개가 '적음'의 뜻으로 쓰는 말. ❏저자(著者) ～.

지 (篪) 명 〖악〗 아악기(雅樂器)에 속하는 저의 하나. 오래 묵은 대통의 뒤쪽에 하나, 앞쪽에 네 개의 구멍을 뚫어서 만듦. 고음(高音)을 내는데, 음색(音色)이 부드럽고 고움.

지 (G, g) ㊀명 영어 자모의 일곱째. ㊁의명 지구의 중력(重力) 가속도의 단위의 기호《지구 표면의 중력 가속도 980 cm / sec^2가 1 G. 달 표면은 1/6 G》.

지[2] 의명 동작이 있었던 때로부터 지금까지의 동안의 뜻《'-은·-ㄴ' 뒤에 씀》. ❏그가 죽은 ～ 2년이 지났다 / 고향을 떠나 온 ～ 벌써 10년이나 되었다.

-지[1] 준 일부 안울림소리 받침의 용언 어간에 붙어 '하지'의 뜻으로 쓰이는 말. ❏생각～ 않다 / 섭섭～ 않다 / 답답～ 않다 / 익숙～ 못하다.

-지- 미 명사 및 형용사 어근(語根)에 붙어서 그리 되어 있는 상태를 나타내는 어간 형성 접미사. ❏기름～다 / 값～다 / 척(隻)～다 / 네모～다 / 경사(傾斜)～다.

-지[2] 미 '김치'의 뜻. ❏오이～ / 짠～.

-지 (池) 미 '못'의 뜻을 나타냄. ❏저수～.

-지 (地) 미 **1** '땅'·'곳'의 뜻을 나타냄. ❏신축～ / 본적～ / 근거～. **2** '옷감'의 뜻을 나타냄. ❏양복～.

-지 (紙) 미 **1** 어떤 명사의 뒤에 붙어 '종이'의 뜻을 나타냄. ❏포장～ / 원고～. **2** '신문'의 뜻을 나타냄. ❏조간～ / 일간～ / 주간～.

-지 (誌) 미 어떤 명사 뒤에 붙어 '정기 간행물' 또는 그러한 내용의 '기록물' 또는 '잡지'임을 나타냄. ❏기관～ / 월간～ / 향토～.

-지[3] 어미 **1** 동사·형용사의 뜻을 부정하려 할 때, 그 어간에 붙이는 연결 어미. 뒤에 '못하다'·'아니하다'·'말다' 따위가 이어짐. ❏놀～ 못하다 / 좋～ 않다 / 더 묻～ 마오 / 그분은 네 스승이었～ 않느냐. **2** 어간에 붙어 그 말의 뜻을 강하게 하는 종결 어미. ❏하면 되겠～ / 그러면 안 되～. **3** 어간에 붙어 바라는 뜻을 나타내는 종결 어미. ❏그만들 하～. **4** 어간에 붙어 의문의 뜻을 나타내는 종결 어미. ❏누가 오～ / 그 사람은 누구～ / 오늘이 며칠이～. **5** 어간에 붙어 서로 상반되는 사실이나 움직임·상태 등을 나타내는 연결 어미. ❏자네가 바보～ 내가 바본가 / 책임질 사람은 윗사람이～ 아랫사람이 아니다.

지가 (地價)[-까] 圀 땅값. 토지의 가격. ◘공시 ~ / ~의 변동이 심하다.

지가 (知家·止街) 圀 〖역〗 높은 벼슬아치가 지나가는 길을 침범한 사람을 붙잡아서 한동안 길가의 집에 맡겨 두던 일. ◘~를 잡히다.

지가 (紙價)[-까] 圀 **1** 종이의 값. ◘낙양의 ~를 올리다〖책이 많이 팔린다는 뜻〗. **2** 신문 구독료.

지가-서 (地家書) 圀 〖민〗 풍수지리에 근거를 둔 지술(地術)에 관한 책.

지 가스 (G-gas)〖화〗빛깔도 맛도 냄새도 없으면서 액체 상태인 독가스(몸에 한 방울만 떨어뜨려도 30초 만에 죽게 됨).

지가 증권 (地價證券)[-까-권] 농지 개혁 때, 정부가 사들인 농지의 보상으로 땅 주인에게 발행한 유가 증권.

지각 (地角) 圀 땅의 어느 한 모퉁이라는 뜻으로, 멀리 떨어진 땅의 일컬음.

지각 (地殼) 圀 〖지〗 지구의 표층부(表層部)를 형성하는 암석층(두께는 대륙 지역에서 약 35 km, 해양 지역에서 약 5 km 임).

지각 (知覺)圀하타 **1** 알아서 깨달음. 또는 그 능력. ◘이제야 그 일이 현실로 ~되기 시작했다. **2**〖심〗감각 기관을 통하여 주변에 있는 대상·현상을 의식하는 작용 및 이에서 얻어지는 표상(表象). **3** 사물의 이치나 도리를 분별하는 능력. 魯. ◘~이 들다 / 이제 좀 ~이 나냐 / 나이를 먹으면서 ~을 차리는 것 같다. [지각이 나자 망령] 일이 되자마자 곧 그릇됨을 이르는 말.

지각 (遲刻)圀하자 정한 시각보다 늦게 도착함. 지참(遲參). ◘오늘도 또 ~했다.

지각-령 (知覺領)[-깡녕] 圀 〖생〗 감각을 일으키는 작용을 지난 대뇌 피질(大腦皮質)의 부분. 감각 신경 섬유의 말단과 이에 접하는 영역으로 이루어짐. 감각령. ＊운동령(運動領)·연합령(聯合領).

지각 마비 (知覺痲痺)[-강-] 〖생〗 신경 계통이나 정신 작용 따위의 장애로 지각이 마비되는 일. 감각 마비.

지각-망나니 (知覺-)[-강-] 나이에 비해 철이 덜 든 사람을 놀리는 말.

지각-머리 (知覺-)[-강-] 圀 '지각'을 낮잡아 이르는 말.

지각 변동 (地殼變動)[-뼌-] 〖지〗 지구 내부의 원인으로서 지각에 일어나는 동요(動搖) 또는 변형(조산(造山) 운동·단층(斷層)·지반의 융기·침강(沈降) 따위). 지각 운동.

지각 신경 (知覺神經)[-씬-] 〖생〗 감각(感覺) 신경.

지각-없다 (知覺-)[-가겁따] 혱 하는 짓이 어리고 철없으며 사물에 대한 분별력이 없다. ◘그런 일로 싸우다니 모두 지각없는 사람이군. **지각-없이**[-가겁씨] 閈. ◘나이를 먹어도 ~ 노릇만 쫓아다니네.

지각 운동 (地殼運動)〖지〗 지각 변동.

지각 이상 (知覺異常)〖의〗 신경 계통 또는 정신 작용에 장애가 일어나 감각 기관이 정상 상태를 잃는 일.

지각 장애 (知覺障礙)[-짱-] 지각을 제대로 할 수 없게 되는 장애 증상.

지간 (枝幹) 圀 **1** 가지와 줄기. **2** 지간(肢幹).

지간 (肢幹) 圀 팔다리와 몸. 지간(枝幹).

지갈 (止渴)圀하자 목마름이 그침. 또는 목마름을 그치게 함. ◘물을 마시니 조금 ~되는 느낌이 든다.

지갑 (紙匣) 圀 **1** 종이로 만든 작은 상자. **2** 가죽이나 헝겊 따위로 쌈지같이 만든 물건〖돈이나 카드, 명함·증명서 따위를 넣는 데 씀〗. ◘돈지갑 ~을 소매치기당하여.

지강-하다 (至剛-)圀어 지극히 강직하여 사악(邪惡)에 굴하지 않다. ◘지강한 성품.

지개 (志槪) 圀 지기(志氣).

지객 (知客) 圀 〖불〗 절에서 손님을 접대하고 인도하는 일. 또는 그 일을 맡은 사람.

지검 (地檢) 圀 '지방 검찰청'의 준말. ◘서울 ~에 배속되다.

지검 (智劍) 圀 〖불〗 지혜검(智慧劍).

지게¹ ┌圀 짐을 얹어 사람이 등에 지는 기구. ◘~를 지다. └의튀 지게에 실은 물건의 분량을 세는 단위. ◘나무 한 ~.

지게² 圀 '지게문'의 준말.

지게-꼬리 圀 지게에 진 짐을 매는 줄.

지게-꾼 圀 지게질을 업으로 삼는 사람. ◘~을 불러 짐을 옮기다.

지게-다리 圀 한자 중, 무(戊)·성(成) 따위의 오른쪽에 있는 '丶'의 일컬음.

지게-문 (-門) 圀 마루에서 방으로 드나드는 곳에 있는, 안팎을 두꺼운 종이로 바른 외짝 문. 魯지게.

지게미 圀 **1** 술을 거르고 남은 찌꺼기. 주박(酒粕). ◘~에 설탕을 쳐서 먹다. **2** 술을 많이 마시거나 열기로 눈가에 끼는 눈곱. ◘입에서 술내가 나고 눈에서 ~가 나오면서 혀 꼬부라진 소리로 말을 하다.

지게-벌이 圀 지게로 짐을 져 날라 주고 돈을 버는 일. ◘그 날 겨우 먹고살다.

지게-질 圀하자 지게로 짐을 나르는 일. ◘질통을 지는 ~은 몹시 힘이 드는 일이다.

지게-차 (-車) 圀 포크리프트(forklift).

지게-호 (-戶) 圀 한자 부수(部首)의 하나('房'·'所' 따위에서 '戶'의 이름).

지겟-가지 [-게까-/-겓까-] 圀 지게 몸에서 뒤로 벋어 나간 가지. 그 위에 짐을 얹음.

지겟-다리 [-게따-/-겓따-] 圀 지게 몸체의 맨 아랫부분에 있는 양쪽 다리.

지겟-등태 [-게뚱-/-겓뚱-] 圀 지게에 붙인 등태. 짐을 질 때 등이 배기지 않도록 짚으로 엮어 댄 것.

지겟-작대기 [-게짝때-/-겓짝때-] 圀 지게를 버티어 세우는 작대기.

지겨움 圀 지겨워하는 느낌. ◘~을 견딜 수 없다.

지겨워-하다 팀어 지겹게 여기다. ◘가난을 ~ / 일을 지겨워하지 마라.

지격-하다 (至隔-)[-겨카-]혱어 기일이 바싹 닥쳐 가깝다.

지견 (知見) 圀 지식과 견문. 식견(識見). ◘좁은 ~과 얕은 주관.

지견 (智見) 圀 지혜와 식견(識見).

지결-하다 (至潔-)圀어 지극히 청결하다.

지겹다 [-따] [지겨워, 지겨우니]혱曰 몸서리가 쳐지도록 싫다. 정나미가 떨어지고 지긋지긋하다. ◘그 일은 생각만 해도 ~ / 하도 놀았더니 이제 노는 것도 ~.

지경 (地莄) 圀〖식〗 '지하경(地下莄)'의 준말.

지경 (地境) 圀 **1** 땅의 경계. 경(境). 지계(地界). **2** 일정한 테두리 안의 땅. ◘~을 다지다 / 을 닦다 / ~을 넓히다. └의튀 (관형사나 어미 '-은·-는·-을' 뒤에 쓰여) 어떤 처지나 형편 또는 경우의 뜻을 나타내는 말. ◘죽을 ~이다 / 사태가 심각한 ~에 이르다.

지경 (枝莄) 圀 가지와 줄기.

지경-풍 (至輕風) 圀 '실바람2'의 구용어.

지계 (地界)[-/-게][명] **1** 지경(地境)■1. **2** 『물』삼계의 하나.

지계 (地契)[-/-게][명]〖역〗대한 제국 때, 토지 소유권을 증명하던 문서. *가계(家契).

지계 (地階)[-/-게][명]〖건〗**1** 고층 건물의 지하실. **2** 고층 건물의 첫째 층.

지계 (持戒)[-/-게][명][하자]〖불〗계행(戒行)을 지킴. ↔파계(破戒).

지고 (地高)[명]땅의 높이.

지고 (至高)[명][형]더할 수 없이 높음. 지극히 높음. □~하신 존재/~한 사랑/~한 뜻/ ~의 이상.

지고-선 (至高善)[명]〖윤〗최고선(最高善).

지고-지순 (至高至純)[명][형]더할 수 없이 높고 순수함. □~한 사랑.

지곡 (止哭)[명][하자]곡(哭)을 그침.

지골 (肢骨)[명]〖생〗팔다리뼈.

지골 (指骨)[명]〖생〗손가락을 이루는 14개의 뼈. 손가락뼈.

지골 (趾骨)[명]〖생〗발가락을 이루는 14개의 뼈. 발가락뼈.

지골-피 (地骨皮)[명]〖한의〗구기자나무 뿌리의 껍질(해열제로, 또는 해수·소갈증에 씀).

지공 (支供)[명][하타] **1** 음식 따위를 대접하여 받듦. 지참(支站). □부모님께 ~하다. **2** 필요한 물품 따위를 줌.

지공 (至公)[명][하형]'지공무사'의 준말.

지공 (遲攻)[명][하자]축구·농구 따위에서, 시간을 끌며 느릿느릿 공격함. □~ 작전이 주효했다. ↔속공(速攻).

지공무사 (至公無私)[명][하형]지극히 공평하고 사사로움이 없음. □하늘의 이치는 ~하다. ㉳지공(至公).

지공-지평 (至公至平)[명][하형]지극히 공평(公平)함. □~한 세상이 오기를 기다리다.

지공-하다 (至恭-)[형][여]더할 수 없이 공손하다. □자식들의 지공한 태도로 보아 그 집안의 가정교육을 짐작할 수 있을 것이다.

지과 (指寡)[명][하타]〖역〗벼슬하려는 사람이 빈 벼슬자리 중에서 희망하는 자리를 고르던 일.

지곽 (地廓)[명]땅의 둘레라는 뜻으로, 눈의 위 아래 시울의 비유.

지관 (支管)[명]본관에서 갈라져 나온 관.

지관 (止觀)[명]〖불〗**1** 천태종(天台宗)에서, 잡념을 버리고 마음을 하나의 대상에 집중시켜 바른 지혜로 대상을 비추어 보는 일. **2** '천태종(天台宗)'을 달리 이르는 말.

지관 (地官)[명] **1**〖민〗풍수설에 따라 집터·묏자리 따위를 잡을 사람. 지사(地師). 풍수(風水). **2**〖역〗'호조(戶曹)'의 별칭.

지관 (地管)[명]땅속에 파묻어 땅 밑으로 통하게 설치한 관.

지광-인희 (地廣人稀)[-희][명][하형]땅은 넓고 사람은 드묾. 토광인희.

지광-하다 (地廣-)[형][여]땅이 넓다. □지광한 땅에 황금빛으로 익어 가는 벼 이삭을 바라보다.

지괴 (地塊)[명] **1** 땅덩어리. **2**〖지〗사방이 단층면(斷層面)으로 한정된 육지의 덩어리.

지괴 산맥 (地塊山脈)〖지〗단층 산맥.

지괴 산지 (地塊山地)〖지〗단층 산지.

지괴 운:동 (地塊運動)〖지〗지괴가 단층면을 따라 미끄러져 움직이는, 지각(地殼) 운동의 하나. 단층 운동.

지교 (至交)[명]깊은 교의(交誼). 두터운 교분.

지교-하다 (至巧-)[형][여]더없이 정교하다.

지교-하다 (智巧-)[형][여]슬기롭고 교묘하다.

지구 (地球)[명]〖지〗우리 인류가 살고 있는 천

체. 태양계의 여덟 행성(行星) 중의 하나. 공전(公轉)에 의해 사계(四季)가 생기고, 그 주기는 약 365일, 자전(自轉)에 의해 밤·낮의 구별이 생기고, 그 주기는 약 24시간임. 표면적은 약 5억 2천3백만 km^2.

지구 (地區)[명] **1** 땅의 한 구획. **2** 일정한 목적을 위하여 특별히 지정된 지역. □풍치 ~.

지구 (地溝)[명]〖지〗지반이 꺼져서 생긴, 거의 평행하는 두 단층 사이의 움푹 팬 곳.

지구 (知舊)[명]오랜 친구.

지구 (持久)[명][하자]오래도록 버티어 감. 오래 끌어감. □인내심으로 ~하다 / 환경 문제의 해결에는 ~적(的)인 시각을 가져야 한다.

지구 과학 (地球科學)지구를 대상으로 하는 자연 과학(광물학·지질학·해양학·기상학·지구 물리학·지구 화학·암석학·지진학 따위). ㉳지학.

지구 관측 위성 (地球觀測衛星)카메라·화상(畵像) 레이더·레이더 고도계 등 각종 관측 기구를 설치해, 우주 공간에서 지구 표면의 지상 상태를 관측하는 인공위성.

지구-광 (地球光)[명]〖천〗음력 초하루 전후에 달이 지평선 가까이 보일 때 달의 암흑면이 희미하게 보이는 현상. 지구가 태양 광선을 반사하여 그 빛이 달을 비추기 때문에 일어남. 지구 회조광(回照光).

지구-당 (地區黨)[명]정당의 지역 조직. □~ 위원장. ↔중앙당.

지구-대 (地溝帶)[명]〖지〗지구(地溝)로 된 띠 모양의 낮은 땅(추가령(楸哥嶺) 지구대 등).

지구-력 (持久力)[명]오래 견디어 내는 힘. □ ~을 기르다 / ~이 강하다.

지구 물리학 (地球物理學)〖물〗지구 및 그 각 부분의 물리적 성질을 논하며, 이에 관련된 물리적 현상을 연구하는 학문.

지구-본 (地球-)[명]지구의.

지구 온난화 (地球溫暖化)〖지〗화석(化石) 연료 소비 증가에 따라 대기 속에 이산화탄소·메탄가스·프레온(Freon) 가스 등 온실 효과를 증대시키는 기체가 증가함에 따라 지구의 평균 기온이 올라가는 현상.

지구 위성 (地球衛星)〖천〗지구 둘레를 도는 위성(달·인공위성 따위).

지구-의 (地球儀)[-/-이][명]지구를 본떠 만든 작은 모형. 지구본.

지구 자:기 (地球磁氣)〖물〗지구가 가지는 자기. 또는 그로 인하여 생기는 자기장(磁氣場). 이 때문에 자침(磁針)은 늘 남북을 가리키게 됨. 지자기(地磁氣). □~제.

지구-장 (地區長)[명]〖행〗지구(地區)의 수석 사

지구-전 (持久戰)[명] **1** 오랫동안 끌어 가며 싸우는 싸움. □~을 펼치다. **2** 승패가 빨리 나지 않는 경우, 적의 쇠퇴나 아군의 구원병을 기다리기 위해 가능한 한 오래 끄는 전쟁. 장기전.

지구지계 (持久之計)[-/-게][명]시합이나 싸움 따위에서 얼른 결판을 내지 않고 오래 질질 끄는 계략.

지구-촌 (地球村)[명]통신·교통 수단의 발달로 좁아져서 지구 전체가 한 마을처럼 된 것을 이르는 말. 「없다.

지구-하다 (地久-)[형][여]땅이 오래도록 변함이

지구 화:학 (地球化學)〖화〗지구의 조성(組成) 및 각 원소·화합물의 분포·이동에 관해 연구하는 화학의 한 부문.

지국 (支局)[명]본사·본국의 관리하에 각 지방에 설치되어 그 지역의 업무를 맡아보는 곳.

□ 신문사 ~.

지국천-왕 (持國天王)명 《불》 사천왕(四天王)의 하나. 동방을 수호하는 신으로 붉은 몸에 천의(天衣)로 몸을 장식하고, 오른손에는 보주(寶珠)를, 왼손에는 검(劍)을 들고 있음.

지국총-지국총 (─)갑 흥을 돋우기 위해 내는, 어부가(漁夫歌)의 후렴의 하나.

지궁차궁-하다 (至窮且窮)혱데 그 이상은 더할 수 없이 곤궁하다.

지궁-하다 (至窮)혱데 몹시 곤궁하다. □ 지궁한 생활에서 벗어나다. **지궁-히** 閉

지권 (地券)[─꿘]명 땅문서.

지-권연 (紙卷煙)명 '지궐련'의 본딧말.

지-궐련 (紙─)명 담뱃잎을 썰어 얇은 종이로 만 담배. ↔엽궐련.

지귀-하다 (至貴─)혱데 지극히 귀하다.

지그 (jig)명 가공물(加工物)을 고정시키고 절삭 공구(切削工具)를 정확하게 대는 데 쓰이는 도구.

지그럭-거리다 [─꺼─]짜 1 작은 일로 티격태격하며 자꾸 다투다. □ 형제간에 지그럭거리는 소리가 듣기 싫어 자리를 피하다. 짬자그락거리다. 2 남이 듣기 싫도록 자꾸 불평을 말하다. □ 남자가 그런 일 가지고 지그럭거리느냐. 쎈찌그럭거리다. **지그럭-지그럭** [─찌─]閉

지그럭-대다 [─때─]짜 지그럭거리다.

지그르르 閉하자 거의 잦아진 물이나 기름 따위가 세게 끓어오르거나 졸아드는 소리. 또는 그 모양. 짬자그르르. 쎈찌그르르.

지그시 閉 1 슬그머니 누르거나 당기거나 닫는 모양. □ ~ 밟다 / 입술을 ~ 깨물다 / 아내의 손을 ~ 당기다. 2 눈을 슬그머니 감는 모양. □ 눈을 ~ 감다. 짬자그시. 3 어려움을 참고 견디는 모양. □ 아픔을 ~ 참다.

지그재그 (zigzag)명 번개형. Z 자형. 갈지자형. □ 술에 취해 ~로 걷다.

지그재그 항:행 (zigzag航行)군함이 적의 뇌격(雷擊)·폭격 등을 피하고자 진로를 Z 자형으로 잡는 방법.

지극-하다 (至極─)[─끄카─]혱데 더할 수 없이 극진하다. □ 효성이 ~ / 지극한 정성으로 모시다. **지극-히** [─끄키]閉 더할 수 없이 아주. □ ~ 까다롭다 / ~ 단순한 일 / ~ 당연한 일 / ~ 가난하다.

지근 (支根)명 《식》 받침뿌리.

지근-거리다 짜타 1 남이 싫어하도록 자꾸 귀찮게 굴다. □ 같은 반 여학생을 ~ / 엄마에게 지근거려 용돈을 얻어 내다. 쎈찌근거리다. 짬치근거리다. 2 어떤 물건을 약한 힘으로 자꾸 눌러 깨뜨리다. 3 가볍게 자꾸 씹다. □ 소들이 여물을 ~. 짬자근거리다. 4 머리가 자꾸 쑤시듯 아프다. □ 온몸이 지근거리고 열이 난다. **지근-지근** 閉하자타. □ ~ 누르다 / 꽃밭을 ~ 밟다 / ~ 짓밟히다 / ~ 씹다 / 골치가 ~ 아프다.

지근-대다 짜타 지근거리다.

지근덕-거리다 [─꺼─]짜타 몹시 끈덕지게 지근거리다. □ 불량배가 행상들을 ~ / 여자에게 ~. 짬자근덕거리다. 쎈찌근덕거리다. 껜치근덕거리다. **지근덕-지근덕** [─찌─]閉하자타

지근덕-대다 [─때─]짜타 지근덕거리다.

지근-이 (至近─)閉 지근하게.

지근지지 (至近之地)명 지근지처.

지근지처 (至近之處)명 아주 가까운 곳. 지근지지.

지근-탄 (至近彈)명 아주 가까운 거리에 떨어진 탄알. 또는 아주 가까운 거리에서 쏜 탄알.

지근-하다 (至近─)혱데 거리나 정의(情誼) 따위가 아주 가깝다.

지글-거리다 짜 1 적은 물 등이 타는 듯이 계속해 소리를 내면서 끓다. □ 찌개가 ~. 2 조바심이 나거나 걱정이 되어 마음을 몹시 졸이다. □ 분통을 이기지 못해 ~. 짬자글거리다. 쎈찌글거리다. **지글-지글** 閉하자 □ 찌개가 ~ 끓다.

지글-대다 짜 지글거리다.

지금 (只今)ㅡ명 이제. 바로 이때. 시방(時方). □ ~의 상황 / ~의 형편으로는 못하다 / ~부터 한 시간 후에 만나자 / ~까지 꾹 참았다. ㅡ閉 이제 막. 바로 이제. □ ~ 떠납시다.

지금 (地金)명 1 제품으로 만들거나 세공하지 않은 황금. 2 화폐·그릇 따위의 재료가 되는 금속. 3 도금할 때 쓰는 금속.

지금 (至今)閉 '지우금(至于今)'의 준말.

지금-거리다 짜 음식에 섞인 잔모래 따위가 자꾸 씹히다. □ 밥이 ~. 짬자금거리다. 쎈지끔거리다. **지금-지금** 閉하자

지금-껏 (只今─)[─껃]閉 여태까지. □ ~ 한 번도 본 적이 없다.

지금-대다 짜 지금거리다.

지급 (支給)명하타 1 돈이나 물품 따위를 정해진 몫만큼 내줌. □ 여비를 ~하다 / 보너스가 ~ 되다. 2 《법》 채무의 변제로서 빌린 사람이 금전·어음 따위를 빌려 준 사람에게 줌.

지급 (至急)명하혱부 1 매우 급함. □ ~ 연락 바람. 2 '지급 전보'의 준말. □ ~으로 쳤으니까 두 시간 후면 받을 거다.

지급 거:절 (支給拒絶)[─꺼─] 《법》 지급 제시 기간 안에, 어음·수표의 소지인이 인수인·지급인 또는 지급 담당자에게 지급 제시를 하고 지급을 청구했는데도, 제시한 금액의 전부 또는 일부의 지급이 거절된 경우.

지급 기일 (支給期日)[─끼─] 1 지급을 할 기일. 2 《법》 어음면에 기재된 금액 지급의 만기일.

지급 명:령 (支給命令)[─금─녕] 《법》 금전이나 기타의 대체물·유가 증권 따위의 일정 수량의 급부를 목적으로 하는 청구에 관해 채권자의 일방적 신청이 있으면 채무자를 심문(審問)하지 않고 채무자에게 그 지급을 명령하는 재판.

지급 보증 (支給保證)[─뽕─] 《법》 지급 제시 기간 안에 수표가 제시될 경우, 지급인이 수표에 기재된 내용대로 지급할 것을 약속하는 행위. 쥰지보(支保).

지급 불능 (支給不能)[─뿔릉] 《법》 채무자가 돈을 가지고 있지 않거나 가까운 장래에 조달할 가망이 없으며, 청구를 받고 있는 채무의 전부 또는 그 중요한 부분을 지급할 수 없는 상태(전형적인 파산 원인임).

지급-액 (支給額)명 내준 돈의 액수. 급액(給額). □ 외국 상표 사용에 대한 로열티 ~이 줄다.

지급 어음 (支給─)《경》 상거래에서 상품의 매입 대금 또는 외상 매입금을 결제하기 위하여 발행한 어음. ↔받을어음.

지급 유예 (支給猶豫)[─뉴─] 《경》 전쟁·큰 화재 등에 의해 경제 사정이 비상 긴급하여 채무자의 파탄이 경제계에 큰 타격을 줄 것으로 예상될 때, 법령으로 보아, 일정 기간 금전의 대차 수수(授受)를 연기하는 조치. 모라토리엄.

지급-인 (支給人)명 1 금전의 지급을 하는 사람. 2 《법》 어음 금액 또는 수표 금액을 지급

해야 할 사람으로서 발행인에 의해 지정된 사람.

지급 장소 (支給場所)[-짱-] 〘법〙 어음·수표 등의 지급을 해야 할 곳으로 증권면(面)에 지정된 장소(《대개 은행임》).

지급-전 (至急電)[-쩐] 명 지급 전보.

지급 전:보 (至急電報)[-쩐-] 특별 취급 전보(《일반 전보보다 우선적으로 송신이 됨》). 지급전. 준지급.

지급 전표 (支給傳票)[-쩐-] 은행·회사 등에서 현금을 지급했을 때, 그 계정 과목·금액·성명 등을 그 거래에 관계되는 각 과로 통달하기 위해 만드는 작은 쪽지. 출금 전표.

지급 정지 (支給停止)[-쩡-] 〘법〙 채무자가 지급 불능이 되었음을 스스로 표시하는 일.

지급 제시 (支給提示)[-쩨-] 〘법〙 어음·수표 등의 소지인이 그 증권을 제시하여 지급을 요구하는 행위.

지급 준:비금 (支給準備金)[-쭌-] 〘경〙 은행이 예금 지급의 준비에 충당하려고 중앙은행에 맡겨 두는 자금. 은행 준비금.

지급 준:비율 (支給準備率)[-쭌-] 예금액에 대한 지급 준비금의 일정한 비율. 준지준율(支準率).

지급 증권 (支給證券)[-쯩꿘] 〘법〙 금전 채무의 변제인 금전의 인도와 법률상 동일한 효력을 발생하는 유가 증권(《수표 따위》).

지급-지 (支給地)[-찌] 명 〘법〙 어음·수표 등의 금액을 지급해야 할 곳.

지긋-이 부 지긋하게. ❏나이가 ~ 들어 보이다 / ~ 앉아서 이야기가 끝나기를 기다리다.

지긋-지긋¹ [-귿찌귿] 부 **1** 자꾸 지그시 밀거나 당기거나 누르거나 닫는 모양. ❏소매를 ~ 잡아당기다. **2** 오래 참고 조용히 견디는 모양. 작자긋자긋¹.

지긋-지긋² [-귿찌귿] 부하형 **1** 보기에 소름이 끼치도록 몹시 잔인한 모양. **2** 진저리가 나도록 몹시 싫고 괴로운 모양. ❏가난이 ~하다. 작자긋자긋².

지긋지긋-이 [-귿찌그시] 부 지긋지긋하게.

지긋-하다 [-그타-] 형여 **1** 나이가 비교적 많다. ❏나이가 지긋한 신사. **2** 참을성 있게 끈지다. ❏한자리에 지긋하게 앉아 있다.

지기 명 **1** 두 팔과 두 다리. **2** 기운(氣運).

지기(를) 펴다 구 ㉠억눌림에서 벗어나 마음을 자유롭게 가지다. ㉡어려운 고비를 벗어나 마음을 놓다.

지기 (至氣) 명 천도교에서, 우주의 근본적 실재인 '한울님'의 원기(元氣)(《천도교의 물심일체(物心一體)라는 교리의 근본이 됨》).

지기 (地祇) 명 **1** 땅의 신령. 지신(地神). ❏~를 모시는 신당을 꾸며 놓다. **2** 〘역〙 사전(祀典)에서 사직(社稷)을 가리키던 말. 중춘(仲春) 및 중추(仲秋)의 첫째 무일(戊日)과 납향(臘享)에 제향을 올렸음.

지기 (地氣) 명 **1** 토양(土壤) 속의 공기. **2** 땅의 눅눅한 기운. **3** 대지의 정기(精氣). 토기(土氣). ❏~를 향수하다 / ~가 성하다.

지기 (志氣) 명 의지와 기개. 어떤 일을 이룩하고자 하는 의기. 지개(志槪). ❏애국의 ~.

지기 (知己) 명 '지기지우'의 준말. ❏막역한 ~ / 여러 해 사귀어 온 ~.

지기 (知機) 명하자 낌새를 알아차림.

지기 (紙器) 명 종이로 만든 그릇(《종이컵·마분지 상자 따위》). ❏~ 인쇄 / 환경 보호를 위하여 일회용 ~류(類)의 사용을 삼가다.

-지기¹ 미 '되·말·섬' 따위에 붙어, 곡식의 씨를 뿌리는 분량에 따라 논밭의 넓이를 나타내는 말. ❏서 마~.

-지기² 미 그 사물을 '지키는 사람'의 뜻을 나타내는 말. ❏등대~ / 문~ / 창고~.

지기-상합 (志氣相合) 명하자 두 사람의 뜻이 서로 맞음. 지기투합(投合).

지기지우 (知己之友) 명 서로 마음이 잘 통하는 친구. ❏~를 사귀다 / 역시 자네는 ~야. 준지기(知己).

지긴지요 (至緊至要) 명하형 매우 긴요함. ❏못과 망치는 목수에게 ~한 물건이다.

지꺼분-하다 형여 **1** 눈이 깨끗하지 못하고 흐릿하다. **2** 물건 따위가 널려 있어 어수선하고 지저분하다. ❏지꺼분한 창고를 깨끗이 정리하다.

지껄-거리다 자 자꾸 지껄이다. 작재깔거리다. **지껄-지껄** 부하자

지껄-대다 자 지껄거리다.

지껄-이다 자 약간 큰 소리로 떠들썩하게 말하다. ❏욕설을 ~ / 헛소문을 지껄이고 다니다. 작재깔이다.

지껄-하다 형여 지껄이는 소리로 시끄럽다. 작재깔하다.

지끈 부 단단한 물건이 단박에 깨지거나 부러지는 소리. 또는 그 모양. ❏바람에 나뭇가지가 ~ 부러지다. 작자끈.

지끈-거리다 자 **1** 여러 개가 모두 잇따라 깨지거나 부러지다. ❏바람에 나무들이 지끈거리며 넘어지다. **2** 머리·몸 따위가 자꾸 쑤시고 아프다. ❏속이 울렁거리고 머리가 ~. 작자끈거리다. **지끈-지끈** 부하자

지끈-대다 자 지끈거리다.

지끈둥 부 '지끈'을 힘 있게 이르는 말. ❏강풍으로 나무가 ~ 부러졌다. 작자끈둥.

지끔-거리다 자 음식에 섞인 잔모래 따위가 자꾸 씹히다. 작자끔거리다. 여지금거리다. **지끔-지끔** 부하자. ❏잡곡은 잘 일지 않으면 ~ 흙이 씹히기 쉽다.

지끔-대다 자 지끔거리다.

지나 (支那) 명 '중국(中國)'의 딴 이름.

지나-가다 ㊀자거라 **1** 시간이 흘러가서 과거가 되다. 세월이 가다. ❏지나간 일 / 삼복더위가 ~. **2** 어떤 수량·정도의 수준을 넘어가다. ❏유통 기한이 ~. **3** (주로 '지나가는'의 꼴로 쓰여) 말 따위를 별다른 의미 없이 하다. ❏지나가는 말투로 묻다 / 지나가는 말처럼 중얼대다. ㊁자타거라 **1** 어떤 곳을 거쳐 다른 곳으로 옮겨 가다. ❏숲을 ~. **2** 어떤 길을 통과하다. ❏종로를 지나가면 광화문에 이른다. **3** 들르거나 머무르지 않고 바로 가다. ❏공연히 길을 지나가는 사람을 붙잡고 시비를 걸다. **4** 어떤 표정이나 예감, 생각 따위가 머리를 스쳐 가다. ❏불길한 예감이 갑자기 머리에 지나갔다. **5** 바람이 불며 지나치다. ❏바람이 마을로 지나가면서 먼지를 일으켰다 / 거센 바람이 들판을 지나가면서 비를 뿌렸다.

지나가는 말로 구 예사로 다른 말을 하는 결에. 지나는 말로. ❏~ 일간 들르라고 했다.

지나다 ㊀자 **1** 시간이 흘러 과거가 되다. ❏지난 봄 / 학교에 간 지 한 시간이 지났다. **2** 한도나 정도가 벗어나거나 넘다. ❏기한이 ~. ㊁타 **1** 어떤 곳을 통과하다. ❏이제 대전을 지났으니 고향까지 얼마 안 남았다. **2** 기준이나 정도를 넘다. ❏위험 수위를 지났는데도 계속 물은 불어나고 있다. **3** 어떤 일을 그냥 넘겨 버리다. ❏그 일을 무심결에 그냥 지나

버렸다.

지나-다니다 [자타] 어느 곳을 거쳐 오고 가고 하다. ▣시장을 지나다니는 장사꾼들 / 이 길은 주로 학생들이 많이 지나다닌다.

지나-새나 [부] 밤낮의 구별 없이. 항상. ▣노모는 ~ 자식 걱정뿐이다.

지나-오다 [타자너라] 1 어떤 곳을 들르지 않고 바로 오다. ▣갈 길이 바빠서 고향 집을 그냥 지나오고 말았다. 2 무슨 일을 겪어 오다. ▣지나온 일을 생각하다 / 힘든 세월을 지나오신 어머니. 3 어느 곳을 통과하여 오다. ▣학교 앞을 지나오면서 어린 시절을 생각했다. ▣가게 앞을 ~ 친구를 만났다.

지나치다 [자타너라] 대상물의 주위를 지나쳐 오다. ▣가게 앞을 ~ 친구를 만났다.

지나치다 [자타] 1 어떤 곳을 머무르거나 들르지 않고 지나가거나 지나오다. ▣극장 앞을 지나쳐 가다. 2 어떤 일을 문제 삼거나 관심을 가지지 않고 그냥 넘기다. ▣네 잘못을 그냥 지나칠 수는 없다. ▣[형] 한도를 넘어 정도가 심하다. ▣지나친 장난 / 욕심이 ~.

지난 (持難) [명][하타] 일을 바로바로 처리하지 못하고 미루기만 함.

지난-가을 [명] 바로 전에 지나간 가을. 객추. 거추. 작추. ▣~엔 유난히 단풍이 고왔다.

지난-겨울 [명] 바로 전에 지나간 겨울. 객동. 거동. 작동.

지난-날 [명] 1 이미 지나 버린 과거의 날. 또는 그런 날의 생활이나 과정. ▣~의 추억. 2 역사상의 한 시대. ▣~ 선조들의 위대한 업적.

지난-달 [명] 이달의 바로 전달. 객월. 거월. 전월(前月).

지난-밤 [명] 어젯밤. 간밤. 거야(去夜). ▣~에 한숨도 못 잤다.

지난-번 (─番) [명] 요전의 그때. 먼젓번. 거반. 전번. ▣~에 약속을 잊지 마.

지난-봄 [명] 바로 전에 지나간 봄. 객춘. 거춘. 작춘.

지난-여름 [─녀─] [명] 바로 전에 지나간 여름. 객하. 거하. 작하. ▣~의 장마에 쓸려 내려간 작물.

지난-주 (─週) [명] 이 주의 바로 앞의 주. 거주. 작주. 전주. ▣~는 무척 바빴다.

지난-하다 (至難─) [형에] 지극히 어렵다. 심난(甚難)하다. ▣지난한 과제 / 일이 ~.

지난-해 [명] 이해의 바로 앞의 해. 객년. 거년(去年). 작년. 전년.

지날-결 [─껼] [명] 지나가는 길이나 편. ▣~에 잠깐 들렀습니다.

지남 (指南) [명][하][자타] 1 남쪽을 가리킴. 2 이끌어 가르치거나 가리켜 지시함.

지남-석 (指南石) [명] 【물】 자석(磁石)2.

지남-음 (─音) [명] 【악】 음악의 가락 중에서 화성적(和聲的)으로 중요하지 않은 음이나 장식음. 경과음(經過音).

지남-차 (指南車) [명] 1 고대 중국에서 쓰던 수레의 일종. 수레 위에 신선의 목상(木像)을 얹었고, 그 손의 손가락이 늘 남쪽을 가리키게 만든 수레. 지남거. 2 진행해 나가는 데 모범이 되는 사물.

지남-철 (指南鐵) [명] 【물】 1 자석(磁石)2. ▣쇳가루가 ~에 붙다. 2 자침(磁針).

지남-침 (指南針) [명] 자침(磁針).

지낭 (智囊) [명] 1 지혜의 주머니. 2 지혜가 많은 사람의 비유.

지:내다 [자] 1 살아가다. ▣별고 없이 ~. 2 서로 사귀어 가다. ▣그와 정답게 ~. ▣[타] 1

어떤 직위에 있어 그에 관련된 일을 하다. ▣판사를 지낸 사람. 2 혼인·제사 따위의 관혼상제를 치르다. ▣제사를 ~ / 차례를 ~ / 기우제를 ~. 3 일정한 시간을 보내다. ▣여관에서 하룻밤을 ~ / 고향에서 여름을 ~. ▣귓결에 ~.

지:내-듣다 [─따] [─들어, ─들으니, ─듣는] [타] ▣ㄷ 말·소리 등을 귀담아듣지 않고 흘려듣다. ▣귓결에 ~.

지:내력 (地耐力) [명] 1 어떤 목적으로 쓰이는 토지가 그 용도에 견디는 능력. 2 구조물(構造物)을 지탱하는 지반(地盤)의 세기 또는 그 한도. t/m²로 나타냄.

지:내-보다 [자] 서로 사귀어 겪어 보다. ▣앞으로 잘 지내봅시다 / 그와 지내보니 괜찮은 사람인데. ▣[타] 1 어떤 일을 겪어 보다. ▣며칠 동안 지내본 결과 쉬운 일이 아니라는 것을 알았다. 2 어떤 사물을 주의하지 않고 건성으로 보다. ▣내키지 않은 맞선이라 상대방을 지내보았다.

지네 [명] 【동】 지넷과의 절지동물의 총칭. 축축한 흙 속에 사는데 몸은 편평하며 가늘고 긺. 여러 마디로 이루어지고 마디마디에 한 쌍의 다리가 있음. 한방에서 강장제로 씀. 오공(蜈蚣). 토충(土蟲).

지네-발 [명] 연이나 농기(農旗) 따위의 가장자리에 너슬너슬하게 오려 붙인 지네 모양의 조각.

지네-철 (─鐵) [명] 【건】 박공의 두 쪽을 마주어 짜는 곳에 걸쳐 박는 지네 모양의 쇳조각. 오공철.

지-노 (紙─) [명] 종이로 꼰 노끈. 빔지. 연지(撚紙). 지승(紙繩). ▣~를 꼬다 / ~로 묶다.

지노귀 (─鬼) [명] 【민】 '지노귀새남'의 준말.

지노귀-새남 (─鬼─) [명] 【민】 죽은 사람의 넋이 극락으로 가도록 베푸는 굿. @지노귀·새남.

지느러미 [명] 【동】 물고기나 물에 사는 포유류의 운동 기관. 연골(軟骨) 또는 경골(硬骨)로 이루어진 납작한 막(膜) 모양의 기관으로 등지느러미·뒷지느러미·가슴지느러미·배지느러미·꼬리지느러미 따위가 있음. 몸의 균형을 유지하거나 헤엄치는 데 쓰는 기관임.

지능 (知能) [명] 1 사물이나 현상을 이해하고 대응하는 지적 능력. ▣~이 높다 / ~이 발달하다 / ~을 개발하다. 2 지혜와 재능.

지능 검:사 (知能檢査) 지적 능력 검사의 하나. 연상(聯想)·주의(注意)·상상·기억·추리 따위의 특수 능력을 단독으로 측정하는 검사법. 멘탈 테스트.

지능-권 (知能權) [─꿘] [명] 【법】 무체 재산권.

지능 로봇 (知能robot) 감각과 인식의 기능을 가지고 인간처럼 행동·결정을 할 수 있는 로봇(공장에서의 부품 조립이나 의료, 서비스 분야 따위에 이용함).

지능-범 (知能犯) [명] 【법】 사기·횡령·위조 따위 교활한 지능을 이용해 저지른 범죄. 또는 그 범인.

지능 연령 (知能年齡) [─녕─] [심] 정신 연령.

지능-적 (知能的) [관][명] (어떤 일을) 지능을 써서 계획적으로 하는 (것). ▣~인 수법 / 교활하고 ~이다 / 마음이 약한 점을 ~으로 이용하다.

지능 지수 (知能指數) 지능 검사의 결과로 얻은 정신 연령을 실제 연령으로 나눈 다음 100을 곱한 수. 아이큐(IQ).

지니다 [타] 1 몸에 간직하다. ▣돈을 ~ / 보석을 몸에 ~. 2 몸에 갖추어 가지다. ▣덕을 ~ / 매력을 지닌 여인. 3 본래의 모양을 그대로 간직하다. ▣원형을 ~ / 어릴 때 다

습을 그대로 ~. **4** 무슨 일을 잊어버리지 않고 새겨 두다. **5** 어떤 일 따위를 맡아 가지다. ▣임무를 ~ / 그는 사업 확장의 책임을 지니고 지방으로 부임했다.

지닐-성 (-性)[-썽]圀 아는 것이나 가진 것을 오래 지니는 성질. ▣~이 있는 사람.

지닐-재주 (-才-)[-째-]圀 한 번 보고 들은 것을 잊지 않고 오래 지니는 재주. 지닐총. *월재주.

지닐-총 (-聰)圀 한 번 듣거나 보거나 한 것을 잊지 않고 오래 지니는 총기. 지닐재주. 기억력. 총기. *월총.

지다¹死 젖이 절로 저절로 나오다. ▣젖이 ~.

지다²死 **1** 어떤 현상이나 상태가 이루어지다. ▣장마가 ~ / 얼룩이 ~ / 그늘이 진 얼굴. **2** 서로 좋지 않은 관계가 되다. ▣원수가 ~ / 척이 ~. **3** 보통보다 특징이 두드러지게 생기다. ▣모가 ~.

지다³死 **1** 해나 달이 서쪽으로 넘어가다. ▣해가 ~. **2** 꽃·잎 따위가 시들어 떨어지다. ▣꽃이 ~. **3** 거죽에 묻어 있거나 붙어 있던 것이 닦이거나 씻기다. ▣때가 ~. **4** 태아가 배 속에서 죽다. **5** 목숨이 끊어지다. ▣숨이 ~. **6** 이슬 따위가 사라져 없어지다. ▣아침 이슬이 ~.

지다⁴死 **1** 싸움·겨루기 따위에서 상대를 이기지 못하다. ▣야구 경기에서 ~. **2** 민사 재판에서 패소하다. ▣소송에 ~. **3** 어떤 요구나 마지못해 들어주거나 양보하다. ▣내가 졌다. ↔이기다.

지다⁵他 **1** '등지다'의 준말. **2** 지게나 물건을 등에 얹다. ▣배낭을 지고 산에 오르다. **3** 남에게 빚을 얻거나 하여 갚아야 할 의무를 지다. ▣빚을 ~. **4** 신세나 은혜를 입다. ▣신세 지고 살다. **5** 어떤 책임이나 임무를 맡다. ▣책임을 지고 일을 하다.

지다⁶⏚圓⏚圓 어미 '-아'나 '-어' 뒤에 붙어 사물이 어떻게 되어 감을 나타내는 말(흔히, 관용어로 되어 붙여 씀). ▣좁아~ / 넓어~. ⏚圓⏚ ('-고 싶다'의 꼴로 쓰여) '싶다'와 같이, 그렇게 되기를 간절히 바라는 뜻을 나타내는 예스러운 표현의 말. ▣양친 부모 모셔다가 천년만년 살고 지고 / 보고 지고.

-지다⏚ 명사 뒤에 붙어서 그리 되어 있는 상태를 나타내는 말. ▣기름 ~ / 값 ~.

지:-다위 圀⏚死 **1** 남에게 등을 대고 의지하거나 떼를 씀. 또는 그런 짓. **2** 자기의 허물을 남에게 덮어씌움. 또는 그런 짓.

지단 (地段)圀 땅을 나누어 가른 한 부분.

지단 (肢端)圀 손발의 맨 끝 부분.

지단 (준 鷄蛋 : jidan)圀 달걀의 흰자와 노른자를 따로 풀어서 번철에 얇게 지진 것(고명으로 씀). 알반대기. 알고명.

지단 비:대증 (肢端肥大症)[-쯩] 《의》 뇌하수체의 기능 이상으로 손·발 따위가 비정상적으로 커지는 병. 말단 거대증(末端巨大症).

지당 (地堂)圀 《가》 인류의 시조가 타락하기 전에 살았다는 만복소(萬福所).

지당 (池塘)圀 못³.

지당-하다 (至當-)圝圓 이치에 맞고 지극히 당연하다. ▣지당하신 말씀 / ~는 생각이 들었다. **지당-히**⏚

지대 (地帶)圀《불》 승려가 행장을 넣고 다니는 자루.

지대 (支待)圀 지방으로 업무를 보러 나가는 고관의 먹을 것과 쓸 물건을 그 지방 관아에서 바라지하던 일. ▣~를 치르다.

지대 (支隊)圀《군》 본대에서 갈라져 독립적인

행동을 하는 작은 부대.

지대 (地大)圀《불》 사대(四大)의 하나.

지대 (地代)圀 남의 토지를 이용하는 사람이 땅 주인에게 무는 셋돈.

지대 (地帶)圀 한정된 일정한 구역. ▣산악 ~에서만 볼 수 있는 식물.

지대 (址臺)圀《건》 담·집채 등의 지면(地面)에 터전을 잡고 돌로 쌓은 부분.

지-대공 (地對空)圀 지상에서 공중으로 향함. ▣~ 유도탄의 위력. ↔공대지(空對地).

지대공 미사일 (地對空missile) 지상 또는 함상(艦上)에서, 적(敵)의 비행 물체를 공격하는 미사일. 약칭 : 샘(SAM).

지대기 (地帶旗)圀《불》 이리저리 돌아다니며 수양하는 승려의 의복 따위.

지대-방 (-房)圀《불》 절의 큰방 머리에 있는 작은 방(이부자리·옷·행탁 따위를 두는 곳)

지대-석 (址臺石)圀《건》 지댓돌.

지-대지 (地對地)圀 지상에서 지상으로 향함. *지대공(地對空).

지대지 미사일 (地對地missile) 지상 또는 함상(艦上)에서, 지상에 있는 적을 공격하는 미사일. 약칭 : 에스에스엠(SSM).

지대-하다 (至大-)圝圓 더없이 크다. ▣지대한 공적 / 선거에 대한 관심이 ~.

지댓-돌 (址臺-)[-때-]-땓돌]圀《건》 지대를 쌓은 돌. 지대석(址臺石).

지-더리다 圝 성질이나 행실이 지나치게 더럽고 야비하다.

지덕 (至德)圀 지극한 덕.

지덕 (地德)圀 **1** 집터의 운이 틔고 복이 들어오는 기운. ▣~을 입다 / ~이 왕성하다. **2** 땅이 만물에게 주는 편의. ▣올 농사는 ~의 덕분으로 풍작이 되었다.
지덕(이) 사납다 圂 걸어 다니기에 땅이 험하다.

지덕 (知德)圀 지식과 덕성. ▣~을 겸비하다 / ~을 갖추다.

지덕 (智德)圀 **1**《불》 평등한 지혜로 일체를 비추는 여래지(如來智)의 덕. **2**《가》 어떤 행위의 옳고 그름을 올바르게 판단하는 덕.

지덕체 (智德體)圀 지육(智育)·덕육(德育)·체육(體育)을 아울러 이르는 말.

지도 (地道)圀 땅을 파서 길을 치는 길. ▣적진으로 ~를 파서 기습 공격을 하다.

지도 (地圖)圀 지구 표면의 일부 또는 전부를 일정한 축척(縮尺)에 따라 평면 상에 나타낸 그림.

지도 (指導)圀⏚死 **1** 일정한 목적이나 방향으로 남을 가르쳐 이끎. ▣~를 맡다 / ~를 받다 / 국가 대표 선수들을 ~하다. **2** '학습 지도'의 준말.

지도-급 (指導級)[-끕]圀 지도를 할 만한 수준이나 계급. ▣사회의 ~ 인사.

지도-력 (指導力)圀 지도하는 능력. ▣~을 발휘하다.

지도리 圀 돌쩌귀·문장부 따위의 총칭.

지도-부 (指導部)圀 지도하는 일을 맡은 부서. ▣정당의 ~.

지도 신부 (指導神父)《가》 수도회·학교·병원·고아원·교도소·군대 따위 특정한 부류의 사람을 다스리고 이끄는 사제.

지도-자 (指導者)圀 가르쳐 이끌어 가는 사람.

지도-적 (指導的)圂圀 가르쳐 이끌 만한 (것). ▣~ 인사 / ~ 위치에 있다.

지도 투영법 (地圖投影法)[-뻽]《지》 둥근 지

구 표면을 가능한 한 오차를 줄이면서 평면으로 나타내는 법. 조건의 정확성에 따라 정적 도법·정각 도법·정거 도법 등으로 나누며, 투영면의 종류에 따라 평면 도법·원통 도법·원뿔 도법 등으로 나눔.

지도 표지(指導標識) 도로 표지의 하나. 차량의 속도 제한과 해제, 중량과 높이의 제한, 일방통행(一方通行)·굴절 방향(屈折方向) 등을 나타냄.

지-독(紙-)몜 종이를 삶아 짓찧어서 만든 독. *채독.

지독-스럽다(至毒-)[-쓰-따][-스러워, -스러우니]혬탄 더할 나위 없이 독한 데가 있다. 매우 모질고 심한 데가 있다. ◻지독스럽게 추운 날씨. **지독-스레**[-쓰-]甼

지독지애(舐犢之愛)[-찌-]몜 어미 소가 송아지를 사랑하여 혀로 핥아 준다는 뜻으로, 자식에 대한 부모의 지극한 사랑을 이르는 말. 지독지정.

지독지정(舐犢之情)[-찌-]몜 지독지애.

지독-하다(至毒-)[-도카-]혬 더할 나위 없이 독하다. 매우 모질거나 심하다. ◻지독한 구두쇠 / 지독하게 더운 날씨 / 쓰레기 냄새가 ~. **지독-히**[-도키]甼

지-돌이몜 험한 산길에서 바위 따위에 등을 대고 겨우 돌아가게 된 곳. ↔안돌이.

지동(地動)몜 1『지』지진(地震). 2 지구가 움직이는 일. 곧, 지구의 공전과 자전.

지동-설(地動說)몜 태양은 우주의 중심에 정지해 있고, 지구는 그 주위를 회전한다는 설. ↔천동설(天動說).

지동-의(地動儀)[-/-이]몜 지난날, 중국에서 쓰던 지구의(地球儀).

지동지서(之東之西)몜혬쟈 뚜렷한 목적 없이 이리저리 갈팡질팡함.

지동지서(指東指西)몜혬쟈 근본에는 손을 못 대고 딴것을 가지고 이러쿵저러쿵함.

지두(池頭)몜 못가.

지두(枝頭)몜 나뭇가지의 끝.

지두(指頭)몜 손가락의 끝.

지두-문(指頭紋)몜『공』도자기에 잿물을 바른 뒤에 붓 대신에 손가락 끝으로 그린 무늬.

지두-서(指頭書)몜 1 손가락 끝으로 쓴 글씨. 2『민』신령을 청하는 굿에서, 맨 먼저 부르는 노래.

지두-화(指頭畵)몜 붓 대신 손가락 끝으로 그린 그림《동양화의 하나》. 지화(指畵).

지둔-하다(至鈍-)혬 몹시 우둔하다. ◻지둔한 생각.

지둔-하다(遲鈍-)혬 굼뜨고 미련하다. ◻지둔한 남자.

지둥(地-)몜 '지동(地動)1'의 변한말.

　지둥 치듯 甼 태풍·포성 등으로 요란스럽게 일어나는 소리를 강조하는 말.

지드럭-거리다[-꺼-]쟈 남이 귀찮아할 정도로 자꾸 성가시게 굴다. 쟉자드락거리다. 쎈찌드럭거리다. **지드럭-지드럭**[-꺼-]甼쟈

지드럭-대다[-때-]쟈탄 지드럭거리다.

지득(知得)몜혬탄 깨달아 알게 됨.

지등(紙燈)몜 겉을 종이로 발라 만든 등.

지-등롱(紙燈籠)[-농]몜 기름에 결은 종이로 집을 만든 등롱. 쥰지롱(紙籠).

지디피(GDP)몜『Gross Domestic Product』 '국내 총생산'의 약칭.

지딱-거리다[-꺼-]탄 1 서둘러서 되는대로 설거지를 하다. 2 함부로 자꾸 들부수어 못

쓰게 만들다. 3 서둘러서 마구 일 따위를 벌이다. **지딱-지딱**[-꺼-]甼탄

지딱-대다[-때-]탄 지딱거리다.

지딱-이다탄 마구 들부수어 못 쓰게 만들다.

지라몜『생』비장(脾臟).

지락(至樂)몜 더할 수 없는 즐거움.

지란(芝蘭)몜 영지(靈芝)와 난초《모두 향초(香草)임》.

지란지교(芝蘭之交)몜 벗 사이의 맑고도 고귀한 사귐.

지랄몜혬쟈 1 변덕스럽고 함부로 행동함에 대한 욕. ◻~을 떨다. 쟉재랄. 2 잡스러운 언행. 3 '지랄병'의 준말. ◻~이 나다.

지랄-버릇[-를]몜 말짱하다가 갑자기 변덕스러워지는 버릇. ◻~이 도지다.

지랄-병(-病)[-뼝]몜 1〈속〉간질(癎疾). 쟉지랄. 2 '정신병'의 통칭.

지랄-쟁이몜 1 지랄병이 있는 사람. 2 지랄버릇이 있는 사람. 3 조리 없이 변덕스럽게 구는 사람을 낮추어 이르는 말.

지랭-하다(至冷-)혬 몹시 차거나 춥다.

지략(智略)몜 슬기로운 계략. ◻~이 뛰어나다 / ~을 쓰다.

지략(誌略)몜 간단히 적은 기록.

지러-지다쟈 훤칠하게 자라지 못하고 시들시들해지다.

지런-지런甼혬 1 액체가 그릇에 가득 차서 넘칠락 말락 한 모양. 2 물건의 한끝이 다른 것에 닿을락 말락 스치는 모양. 쟉자란자란. 캐치렁치렁.

지-렁이몜『동』지렁이목(目) 환형(環形)동물의 총칭. 몸은 원통형이며 많은 마디로 이루어지고, 길이는 10cm 정도이며 등은 암적갈색임. 암수한몸으로, 부식토를 먹고 그 속의 식물질을 영양으로 섭취함. 한방에서 약용하며, 낚싯밥으로 씀. 지룡. 지룡자. 토룡.
[지렁이도 밟으면 꿈틀한다] 아무리 순하고 미천한 사람이라도 너무 업신여기면 반항한다는 말.

지-렁이-고무몜 마디 금이 있게 만든 지렁이 모양과 비슷한 고무관(管).

지-렁이-나무몜『식』인동과의 낙엽 활엽 관목. 산기슭·골짜기 등에 남. 봄에 황록색 꽃이 피며, 핵과는 초가을에 빨갛게 익음. 가지는 약용, 어린싹은 식용함.

지레[1] 지렛대.

지레[2] 甼 어떤 일이 일어나기 전이나 어떤 시기가 되기 전에 미리. ◻~ 겁을 먹고 몸을 떨다 / 경찰차를 보고 ~ 놀라 달아났다.

지레 채다 甼 지레짐작으로 알아차리다.

지레-김치몜 보통 김장 담그기 전에 조금 담가 먹는 김치.

지레-뜸몜혬탄 뜸이 들기 전에 밥을 푸는 일. 또는 그 밥.

지레-목몜 산줄기가 끊어진 곳.

지레-질몜혬탄 지렛대로 물건을 움직여 옮기는 일.

지레-짐작(-斟酌)몜혬탄 미리 넘겨짚는 짐작. ◻귀머거리의 ~으로 눈치채다.
[지레짐작 매꾸러기] 깊이 생각하지 않고 짐작이 가는 대로 무슨 일을 저지르면 낭패를 보기가 일쑤라는 말.

지렛-대[-레때/-렏때]몜 무거운 물건을 움직이는 데에 쓰는 막대기. 지레.

지렛-목[-렌-]몜 지레를 받치는 점.

지려(智慮)몜 슬기롭고 민첩한 생각.

지력(地力)몜 농작물을 자라게 하는 땅의 힘. 토력(土力). ◻~을 높이다.

지력 (地歷)[명] 지리와 역사.
지력 (知力)[명] 지식의 능력. 지식의 힘. 높은 ∼의 소유자.
지력 (智力)[명] 슬기의 힘. 사물을 헤아리는 지능. □통찰력과 ∼이 뛰어나다.
지력-선 (指力線)[−썬][명]〖물〗역선(力線).
지력 체감 (地力遞減) 매년 비료를 주지 않고 같은 토지에 곡물을 재배할 경우, 그 양분(養分)이 점차로 작물에 흡수되어 지력이 해마다 약해져 가는 현상.
지령 (地靈)[명] 땅에 지내는 제사의 정령(精靈). 또는 땅의 신령스러운 기운.
지령 (指令)[명][하다] 1 지휘명령. □∼을 내리다. 2 상부 조직이 하부 조직이나 그 구성원에게 내리는 지시나 명령. □상부의 ∼에 따라 움직이다.
지령 (紙齡)[명] 신문의 나이(1 회에 발행되는 분을 1 호로 하여 매겨 감). □∼ 1 만 호 기념 특집 기사.
지령 (誌齡)[명] 잡지의 나이(매 1 회에 한 호씩 매겨 나간 잡지의 호수(號數)의 일컬음).
지령-하다 (至靈−)[형어] 지극히 신령스럽다.
지례 (地禮)[명] 땅에 지내는 제사의 예(禮).
지로 (支路)[명] 큰길에서 갈린 작은 길.
지로 (指路)[명][하다] 길을 가리켜 인도함.
지로 (giro)[명] 은행 따위의 금융권에서, 고객을 대신하여 어떤 사람이나 회사 따위의 예금 계좌로 돈을 입금하는 방식. □은행 ∼로 대금을 보내다 / ∼로 전기 요금을 납부하다.
지로-꾼 (指路−)[명] 산속에서 길을 인도하여 주는 사람. 지로승.
지로-승 (指路僧)[명] 1〖불〗산속에서 길을 인도해 주는 승려. 2 지로꾼.
지로-제 (giro制)[명] 지급인과 수취인이 서로 직접 만나 돈을 주고받지 않고 지급인이 수취인의 은행 예금 계좌에 돈이 들어가도록 하는 결제 제도.
지록위마 (指鹿爲馬)[명] 1 윗사람을 농락하여 권세를 마음대로 함을 가리키는 말. 2 모순된 것을 우겨서 남을 속이려는 짓의 비유.
지론 (至論)[명] 지극히 당연한 이론.
지론 (持論)[명] 늘 가지고 있거나 주장하는 의견. 지설(持說). □∼을 굽히지 않다.
지롱 (紙籠)[명] '지등롱(紙燈籠)'의 준말.
지뢰 (地雷)[명] 땅속에 묻어, 그 위를 사람이나 전차 등이 지나가면 폭발하도록 장치한 폭약. □∼를 밟다 / ∼가 터지다.
지뢰 (地籟)[명] 땅이 울리는 갖가지의 소리. ↔천뢰(天籟).
지뢰-밭 (地雷−)[−받] 지뢰가 묻혀 있는 지역. 지뢰원. □∼을 우회하여 진군하다.
지뢰-원 (地雷原)[명] 지뢰밭.
지료 (地料)[명] '지대(地代)'의 민법 용어.
지료 (紙料)[명] 종이를 만드는 원료. 특히, 펄프·닥나무 따위.
지룡 (地龍)[명] 지렁이.
지룡-자 (地龍子)[명] 지렁이.
지루 (地壘)[명]〖지〗몇 개의 평행 단층(斷層)에 의해 양쪽 지반이 내려앉아 그 사이에 높게 남은 땅.
지루 (脂漏)[명] 피지선(皮脂腺)의 분비물이 지나치게 많이 분비된 상태.
지루 산맥 (地壘山脈)〖지〗단층 운동으로 생긴 좁고 긴 산맥.
지루-하다 (−)[형어][←지리(支離)하다] 시간을 너무 오래 끌어 따분하고 싫증이 나다. □지루한 여행 / 기다리기가 지루했다.
지류 (支流)[명] 1 본류로 흘러 들어가는 물줄기. 또는 본류에서 갈라져 나온 물줄기. □한 강의 ∼. ↔본류(本流). 2 분파(分派).
지류 (紙類)[명] 종이 등속. 종이 종류.
지류 (遲留)[명][하다재] 오래 머무름.

지르다¹〔질러, 지르니〕[타ㄹ] 1 막대기·주먹 등을 내뻗치어 대상물을 치거나, 그 속에 박아 넣다. □발로 옆구리를 ∼. 2 한쪽과 다른 한쪽 사이에 막대나 줄을 건너 막거나 내리꽂다. □빗장을 ∼ / 비녀를 ∼. 3 지름길을 통하여 가깝게 가다. □길을 질러 가다. 4 분한 마음이나 불이 일어나게 하다. □집에 불을 ∼. 5 냄새가 갑자기 후각을 자극하다. □악취가 코를 ∼. [센]찌르다. 6 식물의 겉순 등을 자르다. □순을 ∼. 7 힘찬 기세를 꺾다. □예기를 ∼. 8 도박 등에서 돈·물건 등을 걸다. □판에 돈을 ∼. 9 약·술 등에 다른 약을 타다. □술에 수면제를 ∼. 10 질은 빛으로 연한 빛의 옆을 칠해 연한 빛이 두드러지게 하다. 11 갈라서 나누다. □패를 ∼. 12 농약이나 오줌 등을 내뿜다. □논에 농약을 ∼. 13 글씨나 도표에 기호로 표를 하다. □중요한 부분에 별표를 ∼.
지르다²〔질러, 지르니〕[타ㄹ] 목청을 높여 소리를 크게 내다. □비명을 ∼ / 고함을 ∼.
지르-되다[자] 제때를 지나 더디게 자라거나 익다. 늦되다.
지르르¹[부][하동] 1 물기·윤기·기름기가 번드럽게 흐르는 모양. □윤기가 ∼ 흐르는 머리. 2 뼈마디 등에 저린 느낌이 일어나는 모양. □다리가 ∼ 하다. [잔]자르르. [센]찌르르.
지르르²[부] 늘어져서 끌리는 모양. □팔을 잡고 ∼ 끌어당기다.
지르박 (←jitterbug)[명] 1930년대 후반부터 미국에서 유행된 4분의4 박자의 속도가 빠른 사교춤의 한 가지. 지터버그. □젊은 남녀 한 쌍이 ∼을 추고 있다.
지르-밟다[−밥따][타] 위에서 내리눌러 밟다.
지르-신다[−따][타] 신·버선 등을 신을 때 발꿈치에 뒤축이 뭉개지게 신다.
지르-잡다[−따][타] 옷에 더러운 것이 묻었을 때 그 부분만을 걷어쥐고 빨다.
지르코늄 (zirconium)[명]〖화〗지르콘광으로 산출되는 은백색의 희유 금속 원소(무정형의 것은 흑색의 분말. 공기 중에서 발화하기 쉬움. 내식성(耐蝕性)이 강하여 원자로 재료·화학 장치 따위에 씀). [40 번 : Zr : 91.22]
지르콘 (zircon)[명]〖광〗지르코늄 규산염 광물(정방 정계(正方晶系) 결정으로 무색·황색·황갈색·적갈색 등을 나타내며, 투명함. 보석, 고주파 전기로의 재료로 씀).
지르퉁-하다[형어] 못마땅하여 성이 잔뜩 나서 말없이 있다. □그는 화를 삭이지 못하고 지르퉁한 얼굴이다. 지르퉁-히[부]
지름 (−)[명]〖수〗원·구(球) 등의 중심을 통과하여 원둘레나 구면 위에 두 끝을 가지는 직선의 선분. 직경(直徑).
지름-길 (−낄)[명] 1 가깝게 질러서 통하는 길. □∼로 가다. 2 빠르고 쉽게 이룰 수 있는 방법. 첩경(捷徑). □성공의 ∼.
지름-시조 (−時調)[명] 창법(唱法)으로 나눈 시조의 하나(초장은 높은 소리로 부르고 중장과 종장은 평시조처럼 부름).
지릅-뜨기[명] 눈을 지릅뜨는 버릇이 있는 사람. 또는 그 눈.
지릅-뜨다 (−떠, −뜨니)[타] 1 고개를 숙이고 눈을 치올려 뜨다. 2 눈을 크게 부릅뜨다.

지리 (地利) 명 **1** 땅의 생긴 모양에서 얻는 편리함이나 이로움. **2** 땅의 산물에서 생기는 이익《산림·목축 따위》. **3** 땅에서 생기는 이익.
지리 (地理) 명 **1** 어떤 곳의 지형이나 길 따위의 형편. ❏ ~에 밝다. **2** 지구 상의 산천·수륙·기후·생물·도시·인구 따위의 상태. **3** '지리학'의 준말. **4** '풍수지리'의 준말.
지리-구 (地理區) 명 지표(地表)를 지리적 특색을 기준으로 나눈 구역.
지리다[1] 타 똥·오줌을 참지 못하고 조금 싸다. ❏ 오줌을 찔끔 ~.
[지린 것은 똥 아닌가] 조그마한 잘못이라고 하여 책임을 면해 보려고 발뺌할 수는 없다는 말.
지리다[2] 형 오줌 냄새와 같다. 또는 그런 맛이 있다.
지리-멸렬 (支離滅裂) 명하자 갈가리 흩어지고 찢기어 갈피를 잡을 수 없이 됨. ❏ 기습을 당한 적군은 ~하고 말았다 / 국론이 ~되다.
지리-부도 (地理附圖) 명 부록으로 덧붙여 발행한 지도나 지도 책.
지리-적 (地理的) 관명 지리에 관한 (것). 지리상의 문제에 관계되는 (것). ❏ ~ 환경에 영향을 받다.
지리 초석 (智利硝石) 칠레(Chile) 초석.
지리-하다 (支離-) 형 ☞ 지루하다.
지리-학 (地理學) 명 지구 표면에서 볼 수 있는 많은 현상들을 지역적인 관점에서 고찰·연구하는 학문. ❏ ~과에 입학하다. ㊟지리.
지린-내 명 오줌 냄새와 같은 냄새.
지마 (芝麻·脂麻) 명 〖식〗 호마(胡麻).
-지마는 어미 서술격 조사 '이다'나 용언의 어간 또는 어미 '-었-·-겠-' 뒤에 붙어 앞말을 시인하면서 뒷말에 의문이나 불가능을 나타낼 때 쓰는 연결 어미. ❏ 키는 크~ 기운은 없다. ㊟-지만.
지마-죽 (芝麻粥) 명 참깨죽.
-지만 어미 '-지마는'의 준말.
지만의득 (志滿意得) [-마늬-/-마니-] 명하형 바라는 대로 되어 마음이 흡족함.
지만-하다 (遲慢-) 형여 지완(遲緩)하다.
지망 (地望) 명 **1** 지위(地位)와 명망(名望). **2** 지체와 명망.
지망 (志望) 명하자타 뜻하여 바람. 또는 그 뜻. ❏ 담임선생이 졸업 후의 ~을 물었다 / 철학과에 ~하다 / 과학자를 ~하다.
지망-년 (至亡年) 명 운수가 몹시 나빠 아주 결딴나는 해.
지망-생 (志望生) 명 어떤 일에 뜻을 두고 그 일을 하려고 하거나 배우려고 하는 사람. ❏ 그는 가수 ~이다.
지망-지망 부하형히부 **1** 조심성 없고 가볍게 촐랑거리는 모양. **2** 어리석고 둔해 무슨 일에나 소홀한 모양.
지매 명하자 그림의 여백에 연녹색·연노랑·연보라 따위의 색을 칠하는 일. ❏ 갈색의 문방구에 연녹색의 ~.
지매 (地苺) 명 〖식〗 뱀딸기.
지-매 (紙-) 명 소렴(小殮) 때에 쓰는, 종이를 길게 접어서 묶어 동이는 매.
지맥 (支脈) 명 **1** 산맥 따위의 원줄기에서 갈려 나간 줄기. 또는 그 가닥. **2** 〖식〗 주맥(主脈)에서 좌우로 뻗어 나간 잎맥. 측맥(側脈). ↔ 본맥·주맥.
지맥 (地脈) 명 **1** 〖지〗 지층이 죽 이어진 맥락(脈絡). 토맥(土脈). **2** 풍수설에서, 땅속의 정기가 순환한다는 줄.
지맥 (遲脈) 명 〖한의〗 동맥 경화증에서 볼 수 있는, 보통 사람보다 느리게 뛰는 맥. ↔속맥.
지며리 부 **1** 차분하고 꾸준한 모양. ❏ ~ 공부를 한다. **2** 차분하고 탐탁한 모양. ❏ 밥을 ~ 먹는다.
지면 (地面) 명 땅의 표면. 땅바닥. ❏ 평평한 ~ / ~을 고르다.
지면 (知面) 명하자 **1** 처음 만나서 서로 앎. **2** 만나서 서로 얼굴을 알아봄. 또는 얼굴이 익은 사이. ❏ ~이 있는 노신사.
지면 (紙面) 명 **1** 종이의 겉면. ❏ ~이 매끄럽다. **2** 기사나 글이 실리는 인쇄물의 면. ❏ 많은 ~을 차지한 기사.
지면 (誌面) 명 잡지에서 내용이 실리는 종이의 면. ❏ ~을 늘리다.
지멸-있다 [-머릳따] 형 꾸준하고 성실하다. 한결같고 참을성이 있다.
지명 (地名) 명 땅 이름. 지방·지역 등의 이름. ❏ ~을 표시한 지도.
지명 (地鳴) 명 땅울림.
지명 (知名) 명하형 이름이 널리 알려져 있음.
지명 (知命) 명하자 **1** 천명(天命)을 앎. **2** 나이 쉰 살의 별칭.
지명 (指名) 명하타 여럿 가운데에서 정한 사람이나 물건의 이름을 지칭하여 이름. ❏ 후계자를 ~하다 / 장관으로 ~되다.
지명 (指命) 명하타 지정해서 명령함.
지명 경:쟁 계:약 (指名競爭契約)[-/-게-] 미리 계약의 상대가 될 사람을 몇몇 지정하고, 그 가운데 가장 유리한 조건으로 계약에 응하는 사람과 계약을 체결하는 방법.
지명-도 (知名度) 명 이름이 세상에 알려진 정도. ❏ ~가 높다 / ~가 있다.
지명 수배 (指名手配) 〖법〗 잡기 힘든 범죄인을 지명하여 전국 또는 일정 지역의 수사 기관에 도움을 청해 잡도록 하는 일. ❏ 전국에 ~가 되어 있는 인물.
지명-인사 (知名人士) 명 이름이 세상에 널리 알려진 사람. 지명지사(知名之士). ❏ 문단의 ~들이 모였다.
지명 입찰 (指名入札) 지명된 사람에게만 허가하는 입찰.
지명-전 (指名戰) 명 선거 등에서 정당의 지명을 얻기 위한 경쟁.
지명 채:권 (指名債權)[-꿘] 특정인을 채권자로 하는 채권《보통의 채권은 이것임. 지시 채권·무기명 채권에 상대하여 일컫는 말》.
지명 타:자 (指名打者) 야구에서, 투수에 대신하여 지명된 타격 전담의 타자.
지명 투표 (指名投票) 대통령·국무총리 등을 선출할 때 미리 그 후보자를 결정하기 위해 하는 투표.
지모 (地貌) 명 〖지〗 땅 표면의 생김새. 고저·기복·비탈 따위의 상태《좁은 뜻으로 지형(地形)을 말할 때도 있음》.
지모 (知母) 명 〖식〗 백합과의 여러해살이풀. 산과 들에 절로 남. 꽃줄기의 높이는 1m 정도이며, 잎은 뿌리에서 뭉쳐나고 좁은 선 모양임. 늦봄에 담자색 꽃이 드문드문 핌. 뿌리줄기는 기침·가래·갈증 등의 약재로 씀.
지모 (智謀) 명 슬기로운 계책(計策). 지술(智術). ❏ ~가 뛰어나다.
지-모끼 명 〖공〗 재목의 면과 평행되게 금을 긋기도 하고 짜개기도 하며 따 내기도 하는 연장.
지모-웅략 (智謀雄略)[-냑] 명 슬기로운 계책과 웅대한 계략(計略).

지목 (地目) 圏 토지의 현황 또는 사용 목적에 따라 구별해 부르는 명칭. ◻농지에서 ~을 택지로 바꾸다.

지목 (指目) 圏[하타] 사람·사물 등이 어떻다고 가리켜 정함. ◻간첩으로 ~하다 / 후보자로 ~된 사람.

지목 변:경 (地目變更)[-뼌] 圏 토지의 형태·사용 목적이 바뀜에 따라 그 지목을 바꾸는 일.

지묘-하다 (至妙-) 圈예 지극히 묘하다. 극묘 (極妙)하다.

지묵 (紙墨) 圏 종이와 먹.

지문 (至文) 圏 아주 빼어난 글.

지문 (地文) 圏 1 [지] 산천·구릉(丘陵)·지택(池澤) 등 대지의 온갖 모양. 2 '지문학'의 준말. 3 주어진 내용의 글. 4 희곡에서, 해설과 대사를 뺀 나머지 부분의 글(등장인물의 동작·표정·심리·말투 등을 지시하여서 서술함). 지시문.

지문 (指紋) 圏 손가락 끝마디 안쪽에 있는 피부의 무늬. 또는 그것이 어떤 물건에 남긴 흔적(사람마다 다르며 일생 변하지 않음). 손가락무늬. ◻~을 채취하다 / ~을 찍다 / ~이 남다 / ~이 찍히다.

지문 (誌文) 圏 죽은 사람의 성명, 태어나고 죽은 날, 행적과 무덤의 위치·좌향(坐向) 등을 적은 글.

지문-법 (指紋法)[-뻡] 圏 지문으로 사람을 식별하는 방법. 주로 범죄 수사에서 범인 식별에 이용함.

지문-학 (地文學) 圏 [지] 예전에, '자연 지리학'을 일컫던 말. 지구 과학 영역까지 포함했음. 준지문.

지물 (地物) 圏 1 땅 위에 존재하는 천연 또는 인공의 모든 물체(나무·집·하천·도로·철로 따위). 2 [군] 전투할 때 몸을 숨길 수 있는 나무나 건물 따위의 물체.

지물 (紙物) 圏 종이의 총칭. 지속(紙屬).

지물-상 (紙物商)[-쌍] 圏 종이를 취급하는 상점이나 상인.

지물-포 (紙物鋪) 圏 온갖 종이를 파는 가게. 지전(紙廛).

지미 (地味) 圏 토리(土理).

지미-하다 (至美-) 圈예 맛이 좋다.

지미-하다 (至美-) 圈예 지극히 아름답다.

지미-하다 (至微-) 圈예 지극히 미세하다.

지밀 (至密) 圏 [역] 1 지극히 비밀스럽다는 뜻에서, 대전(大殿)·내전(內殿) 등 임금이 항시 거처하던 처소. 2 각 궁방(宮房)의 침실. *안지밀·밭지밀. ––하다 圈예 아주 은밀하거나 비밀스럽다.

지밀-나인 (至密-)[-라-] 圏 [역] 궁중 지밀에서 임금과 왕비를 모시던 궁녀.

지반 (池畔) 圏 못가. 지변(池邊).

지반 (地盤) 圏 1 땅의 표면. ◻~이 내려앉다. 2 공작물 등을 설치하는 기초가 되는 땅. 3 일을 이루는 근거지. ◻선거 ~을 다지다. 4 성공한 지위 또는 장소.

지반 공사 (地盤工事) 건축물 따위 또는 공작물을 건설할 때 그것을 세울 땅바닥을 먼저 손질하고 다지는 일.

지-반자 (紙-)[지-] 圏 [건] 반자틀을 치고 종이를 바른 반자.

지발 (遲發) 圏[하자] 1 늦게 출발함. 2 탄알·폭약 따위가 늦게 터짐. 3 늦게 발생함.

지발 중성자 (遲發中性子) [물] 원자핵 분열 후, 수 초 내지 수 분 후에 생기는 중성자. 분열 생성물이 붕괴하여 보다 안전한 것으로 될 때에 방출됨(원자로의 연쇄 반응 제어에

적합함). 지체 중성자.

지방 圏 일각 대문의 심방 끝에 세우는 나무.

지방 (地方) 圏 1 어느 한 방면의 땅. ◻중부 ~ / 온대 ~. 2 서울 밖의 지역. ◻~ 유세(遊說)를 떠나다.

지방 (地枋) 圏 [건] 하인방(下引枋).

지방 (脂肪) 圏 동물·식물 등에 포함되어 있는 불휘발성(不揮發性)의 탄수화물로서 글리세린과 지방산(酸)이 결합한 것. 곧, 유지(油脂)가 상온(常溫)에서 고체로 된 것. 기름.

지방 (紙榜) 圏 종이로 만든 신주(神主).

지방-간 (脂肪肝) 圏 [의] 간(肝)에 중성 지방이 비정상적으로 축적된 상태. 또는 그 간. 지간(脂肝).

지방 검:찰청 (地方檢察廳) 각 지방의 지방 법원에 대응(對應)하여 설치된 검찰청. 준지검(地檢).

지방 공공 단체 (地方公共團體) [정] 지방 자치 단체.

지방 공무원 (地方公務員) 지방 자치 단체의 공무에 종사하는 사람. *국가 공무원.

지방 공사 (地方公社) 공공 용지의 취득이나 조성, 주택·유료 도로 등의 건설·관리, 관광 사업의 개발 등을 하기 위해 지방 자치 단체가 출자하여 설립한 법인.

지방-관 (地方官) 圏 [역] 주(州)·부(府)·군(郡)·현(縣)의 행정 업무를 맡아보던 으뜸 벼슬. 태수(太守).

지방 교부세 (地方交付稅)[-쎄] [법] 국가가 지방 재정 조정을 위하여 국세 수입 중 일정한 비율로 지방 자치 단체에 교부하는 금액.

지방-당 (地方黨) 圏 특정 지역에 정치적 기반을 둔 당.

지방-대 (地方隊) 圏 [역] 지방 각 진(鎭)에 있던 군대.

지방-도 (地方道) 圏 도지사의 관할 아래에 있는 도로. 지방의 간선 도로망을 이룸. ↔국도(國道).

지방-민 (地方民) 圏 지방에 사는 국민. 시골 주민.

지방 방:송국 (地方放送局) 방송 프로그램의 대부분을 중앙 방송국에서 받아 방송하고, 지역 사회와 관련된 프로만을 자국(自局)에서 제작하여 방송하는 지방 방송국.

지방 법원 (地方法院) [법] 민사 및 형사 소송을 처리하는 제1심의 법원. 준지법(地法).

지방-병 (地方病)[-뼝] 圏 철 따라 매년 또는 매기(每期)에 되풀이하여 한 지방에서 일어나는 병. 풍토병.

지방 분권 (地方分權)[-꿘] 중앙 정부에 모든 권력을 집중시키지 않고 지방 자치 단체의 자치권을 일부 인정하는 일. ↔중앙 집권.

지방 분권주의 (地方分權主義)[-꿘-/-꿘-이] 권력을 지방에 분산시키는 주의. ↔중앙 집권주의. 준분권주의.

지방-비 (地方費)[-삐] 圏 [경] 지방 자치 단체의 경비. ↔중앙비(中央費).

지방-산 (脂肪酸) 圏 [화] 탄소 원자가 사슬 모양으로 결합한 일가(一價) 카르복시산의 총칭(아세트산·팔미트산·스테아르산·올레산·포름산 따위).

지방-색 (地方色) 圏 1 한 지방에 특별한 자연이나 인정, 풍속 등 그 지방의 특색. 향토색(鄕土色). 2 같은 지방의 출신자끼리 서로 동아리를 지어 다른 지방 사람들을 배척(排斥)·비방·중상·질투하는 파벌적인 색채. ◻

파벌을 조성하는 ~을 없애야 한다.

지방-선 (脂肪腺)圀 살갗 아래에 있으며, 지방을 분비하는 선(腺)으로 털과 피부를 윤택하게 하는 샘. 기름샘. 기름 구멍. 지선(脂腺). 피지선(皮脂腺).

지방 선:거 (地方選擧)圀 지방 의회 의원 및 지방 자치 단체장을 뽑는 선거.

지방-성 (地方性)[-썽]圀 각 지방에 따라 다른 그 지방 특유의 성질. ▢~을 띤 풍속.

지방-세 (地方稅)[-쎄]圀《法》지방 자치 단체가 부과·징수하는 조세의 총칭《등록세·취득세 따위》. ↔국세.

지방 세:포 (脂肪細胞)《生》지방을 저장·생산하는 세포의 총칭. 지방 조직을 구성하는 것도 있음.

지방-시 (地方時)圀《地》어떤 지방에서 그 지점을 통과하는 자오선(子午線)을 기준으로 하여 정한 시간. 국소시(局所時).

지방-열 (地方熱)[-녈]圀 자기 지방을 특히 아끼고 사랑하는 열성.

지방-유 (脂肪油)[-뉴]圀 지방이 상온(常溫)에서 액체로 된 것《콩기름·아마인유 따위》. 지유(脂油).

지방 은행 (地方銀行) 지방 도시의 한정된 일정 구역 내에서 독자적 영업을 하는 보통 은행《중앙 또는 대도시에 본점을 두지 않음》. *시중 은행.

지방 의회 (地方議會) 지방 자치 단체의 의결 기관《도(道)의회·시(市)의회 따위》.

지방 자치 단체 (地方自治團體) 특별시·광역시·도·시·군과 같이 국가 영토의 일부를 구역으로 하여 그 구역 내에서 법이 인정하는 한도의 지배권을 소유하는 단체. 지방 공공 단체. 지역 단체. 준지방체.

지방 자치 제:도 (地方自治制度) 지방 자치 단체가 자주적으로 행정을 하는 제도. 자치제. 자치 제도. 준지방자제.

지방 장:관 (地方長官) 지방 관청의 장(長). 특별시장·광역시장·도지사 등을 이름.

지방-적 (地方的)圀圀 지방에 관련되거나 딸린 (것). ▢~ 특색.

지방 정부 (地方政府) 1 지방 자치에서, ‘지방 자치 단체’를 중앙 정부에 상대하여 일컫는 말. 2 연방제 국가에서 연방을 구성하는 각각의 정부.

지방 조직 (脂肪組織)《生》결합(結合) 조직의 하나. 지방 세포가 많이 모여 이루어진 조직. 영양의 저장, 조직 간극의 충전, 보온 따위의 작용을 함.

지방-종 (脂肪腫)圀《醫》지방 조직으로 이루어진 양성(良性) 종양의 하나《피하 근육 사이 등 정상적인 지방 조직이 있는 부위에 많이 생김》.

지방-종자 (脂肪種子)圀《植》저장 물질(貯藏物質)로서 많은 양의 지방을 함유하는 종자《콩·깨·아주까리 따위》. *녹말종자.

지방-지 (地方紙)圀 어떤 지방을 대상으로 하여 발행하는 신문. ↔중앙지.

지방-질 (脂肪質)圀《生》 1 지방 성분으로 된 물질. 2 지방을 많이 함유하는 체질.

지방-채 (地方債)圀《法》지방 자치 단체가 재정적인 필요에 따라 발행하는 공채(公債).

지방-청 (地方廳)圀 지방에 있는 국가 행정 관청. ▢~으로 출장을 가다.

지방-층 (脂肪層)圀《生》동물의 피하(皮下)에 있는, 지방으로 된 층.

지방-판 (地方版)圀 중앙에서 발행하는 신문으로서 지방의 독자를 위하여 그 지방에 관한 기사를 따로 싣는 신문. *시내판.

지방-풍 (地方風)圀《地》국지풍.

지방 행정 (地方行政) 1 지방 자치 단체, 곧 특별시·광역시·도·시·군·구(區)에서 실시하는 행정. 2 국가의 지방 행정 기관에서 실시하는 행정.

지방-형 (地方型)圀《生》같은 종류이지만 산지에 따라 형태가 조금씩 다른 생물.

지배 (支配)圀㉗ 1 다른 사람·집단·사물 등을 자기 의사대로 복종시켜 부림. ▢~ 세력에 대항하다 / 약소민족을 ~하다 / 강대국에 ~되다 / 강자에게 ~당하다. 2 외부의 요인이 사람의 생각이나 행동에 적극적으로 영향을 미침. ▢감정에 ~되다 / 환경의 ~를 받다.

지배 (紙背)圀 1 종이의 뒤쪽. 2 문장의 내면에 포함된 뜻.

지배 (遲配)圀㉗㉗ 규정된 기일보다 배급·배달·지급 등이 늦음. ▢우편물의 ~.

지배 계급 (支配階級)[-/-게-] 정치·경제·사회적으로 지배할 수 있는 세력을 가진 계급.

지배-권 (支配權)[-꿘]圀《法》남의 행위를 개입시키지 않고 목적물을 직접 지배할 수 있는 권리. 물권(物權)·무체 재산권·인격권 따위가 있음.

지배-인 (支配人)圀 사용인 중, 주인을 대신하여 영업에 관한 모든 것을 지시하고 감독하는 최고 책임자.

지배-자 (支配者)圀 남을 지배하거나 지배적인 위치에 있는 사람.

지배-적 (支配的)圀圀 지배하는 상태에 있는 (것). 우세한 (것). ▢~ 위치에 있는 사람.

지배-층 (支配層)圀 지배 계급에 속하는 계층.

지벅-거리다 [-꺼-]㉗ 어둡거나 길이 험해서 발이 뜻대로 잘 놓여지지 않아 휘청거리며 걷다. ㉟지벅거리다·찌뻑거리다. **지벅-지벅** [-찌-] 閈㉗㉗

지벅-대다 [-때-]㉗ 지벅거리다.

지번 (地番)圀 토지의 번호. ▢~을 정리하다.

지번-하다 (支煩)㉠㉗ 지루하고 번거롭다.

지벌 (-罰)圀《民》신불(神佛)의 뜻을 거슬러서 당하는 벌.
    지벌(을) 입다 ㉓ 신불에게 지벌을 당하다.

지벌 (地閥)圀 지체와 문벌.

지범-거리다 ㉗ 음식 등을 치신없이 이것저것 자꾸 집어 거두거나 먹다. ▢배가 고픈지 음식을 마구 지범거린다. **지범-지범** 閈㉗㉗

지범-대다 ㉗ 지범거리다.

지법 (地法)圀《法》‘지방 법원’의 준말.

지벽 (紙壁)圀 종이 벽. 종이를 바른 벽.

지벽-하다 (地僻-)[-벼카-]㉠㉗ 마을 따위의 위치가 아주 외지다.

지변 (支辨)圀㉗㉗ 빚을 갚기 위해 돈이나 물건 등을 내줌.

지변 (池邊)圀 못가. 지반(池畔).

지변 (地變)圀《地》 1 땅의 변동. 2 지각의 운동《화산의 분화(噴火)나 지진 따위를 이름》. 3 지이(地異).

지병 (持病)圀 고질(痼疾) 1. ▢~인 신경통 / ~을 앓다.

지보 (支保)圀㉗㉗ 1 지탱하여 보존함. 지존(支存). 2 ‘지급 보증’의 준말.

지보 (地步)圀 자기가 처해 있는 지위·입장(立場)·위치. 처지. ▢~를 확고히 하다.

지보 (至寶)圀 지극히 진귀한 보배. ▢그는 ~적인 존재다.

지보-공 (支保工)圀 땅이나 굴을 팔 때에, 흙

이 무너지지 않도록 임시로 설치하는 가설 구조물.
지복 (至福) [명] 그 위에 더없는 행복. ❏ ~의 삶 / ~을 누리다.
지본 (紙本) [명] **1** 서화에 쓰기 위해 마련한 종이. **2** 종이에 쓴 글씨나 그림.
지부 (支部) [명] 본부의 관리 아래, 일정한 지역의 사무를 맡아보는 곳. ❏ 여러 곳에 ~를 설치하다. ↔본부.
지부 (地膚) [명] 〖식〗 댑싸리.
지부럭-거리다 [-꺼-] [자타] 장난삼아 남을 자꾸 건드려 괴롭히다. [작]자부락거리다. **지부럭-지부럭** [-찌-] [부하자타]
지부럭-대다 [-때-] [자타] 지부럭거리다.
지부-자 (地膚子) [명] 〖한의〗 댑싸리의 씨《오줌을 순하게 하고 피부를 깨끗하게 하는 약재》. 천두자(千頭子).
지부-지기 [명] 〖식〗 돌나물과의 여러해살이풀. 기와지붕 등에 나는데, 바위솔과 비슷하나 잎이 가늘고 잎 끝이 바늘처럼 뾰족함. 경천(景天). 바위솔.
지분 (支分) [명하타] 잘게 나눔.
지분 (知分) [명하자] 자기 분수나 본분을 앎.
지분 (持分) [명] 〖법〗 공유물이나 공유 재산 따위에서, 공유자 각자가 소유하는 몫. 또는 그런 비율. ❏ ~을 처분하다 / 모 회사의 ~을 인수하다.
지분 (脂粉) [명] 연지와 백분.
지분(을) 다스리다 [구] 여자가 얼굴에 화장을 하다.
지분-거리다 [一자] 음식 따위에 섞인 잔모래나 돌 따위가 부드럽게 자꾸 씹히다. [작]자분거리다. [二타] 말이나 행동으로 남을 자꾸 건드려 귀찮게 하다. [작]자분거리다. **지분-지분** [부하자타]
지분-권 (持分權) [-꿘] [명] 공유자가 공유물에 대하여 일정한 비율로 가지고 있는 부분적인 소유권.
지분-대다 [자타] 지분거리다.
지분혜탄 (芝焚蕙嘆) [-/-헤-] [명] 벗이 화를 당하면 가슴 아프게 여긴다는 말.
지불 (支拂) [명하타] **1** 값을 내어 줌. 돈을 치러 줌. ❏ ~ 능력 / 식대를 ~하다 / 가게에 ~되는 물품대. **2** 〖법〗 '지급(支給)'의 구용어.
지붕 [명] **1** 비·이슬·햇빛 등을 막기 위해 가옥 꼭대기 부분에 씌우는 덮개. 옥개. ❏ ~을 이다 / ~이 내려앉다. **2** 어떤 물건의 위를 덮는 물건. ❏ 자동차 ~에 눈이 쌓였다.
지붕-마루 [명] 용마루.
지붕 물매 지붕의 경사진 면. 또는 그 경사진 정도.
지빈 (至貧) [명하형] 매우 가난함.
지빈-무의 (至貧無依) [-/-이] [명하형] 매우 가난하고 의지할 곳이 없음.
지빠귀 [명] 〖조〗 **1** 지빠귓과의 작은 새의 총칭. 숲 속에 사는데 아름답게 욺. 등 쪽은 흑갈색, 낮은 황백색, 눈가에 검은 무늬가 있음. **2** '개똥지빠귀'의 준말.
지빵-나무 [명] 〖식〗 측백나뭇과의 상록 침엽 교목. 산에 남. 잎은 마주나고 비늘 모양이며 향기가 강함. 관상용·향료용임. 누운측백.
지뻑-거리다 [-꺼-] [자] 어둡거나 길이 험해서 발이 뜻대로 놓여지질 않아 휘청거리며 걷다. [여]지벅거리다. [센]찌뻑거리다. **지뻑-지뻑** [-찌-] [부하자]
지뻑-대다 [-때-] [자] 지뻑거리다.
지사 (支社) [명] 회사·단체 등의 지방·외국 등지에 설치한 사업소. ❏ 현지에 ~를 설치하다.
지사 (地史) [명] 〖지〗 지구의 형성과 발달, 변천에 관한 역사.
지사 (地師) [명] 〖민〗 지관(地官)1.
지사 (志士) [명] 국가·사회를 위해 몸을 바치려는 큰 뜻을 품은 사람.
지사 (知事) [명] 〖법〗 '도지사(道知事)'의 준말.
지사 (指使) [명하타] 지시해 부림.
지사 (指事) [명하자] **1** 사물을 가리켜 보임. **2** 한자의 육서(六書)의 하나. 글자의 모양이 어떤 사물의 위치나 수량을 가리키는 것《'上'·'下'·'一'·'二'·'三'·'凹'·'凸' 따위》.
지사불굴 (至死不屈) [명하자] 죽을 때까지 항거해 굽히지 아니함.
지사위한 (至死爲限) [명하자] 죽을 때까지 자기의 의견을 굽히지 않고 주장해 나아감.
지사-제 (止瀉劑) [명] 설사를 멎게 하는 약.
지사-학 (地史學) [명] 〖지〗 지구의 생성·발달·변천의 역사를 연구하는 지질학의 한 분과.
지상 (地上) [명] **1** 땅의 위. 지면. ❏ ~ 30층의 빌딩. **2** 이 세상. 현실 세계. ❏ ~에 하나밖에 없다는 보물.
지상 (地床) [명] 지면보다 얕은 묘상(苗床)《보온(保溫)에 편리함》.
지상 (地相) [명] **1** 주택 따위를 지을 때 토지의 형세를 관찰하여 길흉(吉凶)을 따지는 일. **2** 토지의 모양. 지형(地形).
지상 (地象) [명] 지진(地震)·화산·산사태와 같은, 땅에 일어나는 여러 현상. *기상(氣象)·천상(天象).
지상 (至上) [명] 더할 수 없이 높은 위. 최상. ❏ ~ 과제 / ~ 목표.
지상 (至想) [명] 지극히 뛰어난 생각.
지상 (志尙) [명] 고상한 마음과 뜻.
지상 (紙上) [명] **1** 종이의 위. **2** 신문·잡지의 지면. ❏ 입상자 명단이 신문 ~에 발표되었다.
지상 (誌上) [명] 잡지의 지면.
지상-경 (地上莖) [명] 〖식〗 땅위줄기.
지상-공문 (紙上空文) [명] 아무런 결과도 기대할 수 없거나 실행이 불가능한 헛된 글. 공문(空文).
지상 관측 (地上觀測) 〖군〗 한 지점에서 적군 또는 우군의 진지 행동(陣地行動)·사격 등을 관측하고, 그 지역 상공을 지나가는 항공기의 이동을 관측하는 일.
지상-군 (地上軍) [명] 〖군〗 지상에서 전투하는 군대《주로 육군》.
지상-권 (地上權) [-꿘] [명] 〖법〗 물권의 하나. 남의 토지에서 공작물(工作物) 또는 수목(樹木)을 소유하기 위해 세를 내고 그 토지를 사용할 수 있는 권리.
지상 기지 (地上基地) 지상에 시설한 군사 기지나 연구 기지 따위의 총칭.
지상 낙원 (地上樂園) 지상 천국2.
지상 마:력 (地上馬力) 항공 발동기가 지상에서 낼 수 있는 마력.
지상 명:령 (至上命令) [-녕] **1** 절대로 복종해야 할 명령. **2** 〖논〗 정언적 명령(定言的命令).
지상-선 (地上仙) [명] '지상신선'의 준말.
지상 식물 (地上植物) [-싱-] 〖식〗 겨울눈이 지표(地表)에서 30 cm 이상 높이에 있는 식물. 정공식물. *지표(地表) 식물.
지상-신 (至上神) [명] 영원하고 무한한 신령(神靈). 곧, 여러 신들 중에서 최고의 존재《그리스의 제우스, 인도의 범(梵), 기독교의 여호와 등》.
지상-신선 (地上神仙) [명] **1** 사람이 사는 세상

에 존재한다고 상상되는 신선. **2** 팔자가 아주 좋은 사람을 부러워하여 이르는 말. ㉰지상선(地上仙).

지상-자 (至上者)〔명〕 일부 미개 민족의 신앙에서 전승되어 온 만물의 창조주인 영적 존재.

지-상자 (紙箱子)〔명〕 종이로 만든 상자. 종이상자.

지상-전 (地上戰)〔명〕 공중이나 물이 아닌 땅위에서 벌이는 전투. *공중전·해전.

지상 천국 (地上天國) **1** 이 세상에서 더할 나위 없이 완전한 이상 세계. **2** 천도교 등에서 극락세계를 천상에다 구하지 아니하고 사람이 사는 이 땅 위에 세워야 한다는 영육 쌍전(靈肉雙全)의 이상적 세계. 지상 낙원.

지상-파 (地上波)〔명〕 지표를 따라 퍼지는 전파.

지상파 방:송 (地上波放送) 일반 사람들이 쉽게 시청하거나 청취할 수 있도록 전파를 대기 중에 쏘아 내보내는 방송. 공중파 방송.

지상 표지 (地上標識) 항공기가 날면서 비행지점을 쉽게 알아볼 수 있도록, 그 항공로 지상에 설치한 여러 가지 표지물.

지새는-달〔명〕 먼동이 튼 뒤 서쪽 하늘에 보이는 달. 또는 음력 보름 무렵의 달.

지-새다〔자〕 달이 지며 밤이 새다. ▢밤이 지새도록 소설을 읽다.

지-새우다〔타〕 밤을 고스란히 새우다. ▢하룻밤을 한숨으로 ~.

지서 (支庶)〔명〕 지자(支子)와 서자(庶子).

지서 (支署)〔명〕 본서에서 갈라 나간 관서.

지석 (支石)〔명〕 굄돌 2.

지석 (砥石)〔명〕 숫돌.

지석 (誌石)〔명〕 죽은 사람의 성명·생몰 연월일·행적·무덤의 위치 등을 기록하여 무덤 앞에 묻는 판석 또는 도판(陶板).

지석-묘 (支石墓)〔명-하〕〔명〕 고인돌.

지-석판 (紙石板)〔명〕 마분지에 금강사(金剛砂)·부석분(浮石粉)·동물의 뼈 따위를 태워 만든 가루를 섞어 반죽한 것을 발라서 만든 석판(石版)의 대용품.

지선 (支線)〔명〕 **1** 철도·수로·통신 선로에서, 본선에서 갈라 나간 노선. ↔간선(幹線). **2** 전주가 전선의 장력(張力) 또는 바람에 견디도록 전주의 상부에서 비탁하게 지상에 친 줄.

지선 (至善)〔명〕 지극히 착함. ▢지고 ~의 사람. **2** '지어지선(止於至善)'의 준말.

지선 (脂腺)〔명〕〔생〕 지방선(脂肪腺).

지설 (持說)〔명〕 지론(持論). ▢이것이 나의 ~이다.

지성 (至性)〔명〕 매우 착한 성질.

지성 (至聖)〔명〕 지덕(智德)이 지극히 뛰어난 성인(聖人).

지성 (至誠)〔명-하형〕 **1** 지극한 정성. ▢환자를 ~으로 돌보다 / ~을 다하다. **2** 아주 성실함. [지성이면 감천] 정성이 지극하면 하늘도 감동한다는 뜻으로, 무슨 일이든 정성을 다하면 아주 어려운 일도 순조롭게 풀려 좋은 결과를 얻는다are 말.

지성 (知性)〔명〕 **1**〔심〕 인간의 지적 능력. 사고하고, 이해하고, 판단하는 능력. ▢~이 뛰어나다. **2** 감각을 통해 얻어진 소재를 정리·통일하여 새로운 인식을 형성하는 정신 작용.

지성-껏 (至誠-)〔-껏〕〔부〕 지성을 다하여. 온갖 정성을 다하여. ▢양친을 ~ 모시다.

지성 문학 (知性文學)〔문〕 작품의 내용·주제·수법 따위가 지적이고 합리적인 경향의 문학.

지성-소 (至聖所)〔명〕〔기〕 구약 시대에 신전이

나 성막 안의 하나님이 있는 가장 신성한 곳.

지성-스럽다 (至誠-)〔-따〕〔-스러워, -스러우니〕〔형〕 지극히 정성스러운 데가 있다. ▢지성스러운 마음. **지성-스레**〔부〕

지성-심 (至誠心)〔명〕 극히 정성스러운 마음.

지성-인 (知性人)〔명〕 지성을 지닌 사람. ▢~다운 면모를 갖추다.

지성-적 (知性的)〔관·명〕 지성에 관한 (것). ▢~여성 / ~인 이미지를 풍기는 외모.

지세 (地税)〔명〕 땅에 대한 조세.

지세 (地貰)〔명〕 땅을 빌려 쓰는 값으로 내는 세. 지대(地代). 땅세.

지세 (地勢)〔명〕 깊고 얕고 넓고 좁고 울퉁불퉁한 것과 같은 땅의 생긴 모양. 지형(地形). ▢~가 험하다.

지세-하다 (至細-)〔형어〕 아주 가늘거나 작다. **지세-히**〔부〕

지소 (支所)〔명〕 본소의 관리 아래, 본소에서 갈리어 일정한 지역의 업무를 맡아보는 곳.

지소 (池沼)〔명〕 못과 늪.

지소 (指笑)〔명-하타〕 손가락질하며 비웃음.

지소 (紙所)〔명〕 **1** 종이를 만드는 재래식 공장. **2**〔역〕 고려·조선 때, 천민인 지장(紙匠)이 집단으로 거주하며 나라에 공물로 바치기 위해 종이를 만든 특수 부락.

지소-사 (指小辭)〔명〕〔언〕 어떤 낱말에 덧붙어서 그 말보다 더욱 작은 개념이나 친애의 뜻을 나타내는 접사(接辭). 또는 그렇게 하여 파생된 말('망아지'·'송아지' 따위에서의 '아지' 따위).

지소-하다 (至小-)〔형어〕 지극히 작다.

지속 (持續)〔명-하자타〕 어떤 일이나 상태가 오래 계속됨. 또는 오래 계속함. ▢약효의 ~ 시간 / 학업을 ~하다 / 경제의 안정세가 ~되다.

지속 (紙屬)〔명〕 지물(紙物).

지속 (遲速)〔명〕 더딤과 빠름.

지속-력 (持續力)〔-녁〕〔명〕 끊임없이 오래 지녀 나가는 힘. 이어갈 힘. 견딜힘.

지속-성 (持續性)〔-썽〕〔명〕 지속해 나가는 성질. ▢~을 유지하다.

지속-음 (持續音)〔명〕〔악〕 '끎음'의 한자 이름. ㉰속음.

지속-적 (持續的)〔-쩍〕〔관·명〕 어떤 상태가 오래 계속되는 (것). ▢~인 경제 성장 / 개혁 정책을 ~으로 추진하다.

지속-침 (遲速針)〔명〕 시계의 더디고 빠름을 바로잡는 바늘대. 교정침.

지손 (支孫)〔명〕 지파(支派)의 자손. ↔종손(宗孫).

지송 (祇送)〔명-하타〕 백관(百官)이 임금의 거가(車駕)를 공경하여 보냄. ↔지영(祇迎).

지쇠 (地衰)〔명-하자〕〔민〕 지덕(地德)이 다하고 줄어듦.

지수 (止水)〔명〕 **1** 흐르지 않고 괴어 있는 물. **2** 마음이 고요하고 움직이지 않음을 비유적으로 일컫는 말.

지수 (地水)〔명〕 땅속의 물. 지하수.

지수 (指數)〔명〕 **1**〔수〕 어떤 수나 문자의 오른쪽 위에 덧붙여 그 거듭제곱을 나타내는 문자나 숫자. **2**〔경〕 물가·노임 등의 시기에 따른 변동을, 일정한 때를 100으로 하여 비교하는 숫자(물가 지수·생산 지수 따위).

지수 (祗受)〔명-하타〕 임금이 내리는 물건을 공경하여 받음.

지수 (紙數)〔명〕 종이의 수. 또는 지면의 수.

지수 방정식 (指數方程式)〔수〕 지수 부분에 미지수를 포함하고 있는 방정식.

지수 법칙 (指數法則) **1**〔수〕 같은 문자 또는

수의 거듭제곱의 곱셈이나 나눗셈을 지수의 덧셈과 뺄셈으로 할 수 있다는 법칙. 2『물』물리량(物理量)의 증가나 감소에 관계되는 법칙.

지숙(止宿)〖하자〗 어떤 곳에서 머물러 잠.

지순(至順)〖하형〗〖부〗 지극히 순함. 아주 고분고분함.

지순-하다(至純-)〖형어〗 지극히 순결하다. ▢지순한 사랑. **지순-히**〖부〗

지술(地術)〖명〗〖민〗 풍수설에 근거하여 지리를 보아서 묏자리·집터 따위의 좋고 나쁨을 알아내는 술법.

지스러기〖명〗 고르고 남은 부스러기. 마름질하거나 에어 내고 난 나머지. ▢마름질을 하고 남은 ~로 인형 옷을 만든다.

지승(紙繩)〖명〗 지노.

지시(指示)〖하타〗 1 가리켜 보임. ▢갈 길을 ~해 주다. 2 일러서 시킴. 또는 그 내용. ▢~가 내려지다 / 상부 마련을 ~하다 / ~된 사항을 지키다. 3 증권상의 기재에 의하여 어떤 사람을 권리자로 지정하는 일.

지시 가격(指示價格)[-까-]〖경〗 원료 공급자 또는 제품 공급자가 제품공급자 또는 판매업자에게 지시하는 제품의 판매 가격.

지시 관형사(指示冠形詞)〖언〗 특정한 대상을 지시하여 가리키는 관형사(‘그·요·저·이’ 따위). 가리킴 매김씨.

지시 대:명사(指示代名詞)〖언〗 어떤 사물이나 처소 등을 가리키는 대명사(그·이것·어디·무엇 따위). 가리킴 대이름씨. 사물 대명사.

지시 마:력(指示馬力)〖공〗 지압계로 측정한 기관의 평균 유효 압력에서 계산해 낸 마력(보통 i.h.p.로 표시). 도시(圖示) 마력.

지시-문(指示文)〖명〗 1 지시의 내용을 적은 문건. 2 지문(地文)4.

지시 부:사(指示副詞)〖언〗 때와 곳을 가리켜 꾸미는 부사(이리·저리·여기·저기·아까 따위). 가리킴 어찌씨.

지시-약(指示藥)〖명〗〖화〗 부피 분석에서, 반응의 종결점의 판정, 수소 이온 농도의 판정 등에 쓰는 시약(試藥)의 총칭.

지시-인(指示人)〖명〗〖법〗 지시 증권에서 채권자가 변제(辨濟)받을 권리자로 지정한 사람.

지시인-급(指示人給)〖명〗 채권자가 지정한 사람에게 채무자가 빚을 갚는 일. 지시인불.

지시인-불(指示人拂)〖명〗 지시인급.

지시적 요법(指示的療法)[-쩍료뻡]〖심〗 치료자가 올바르다고 믿는 방향으로, 적극적으로 환자를 인도하여 가는 치료자 중심의 심리 요법.

지시 증권(指示證券)[-꿘]〖법〗 증권에 기재된 특정한 사람 또는 그가 지정한 제삼자를 권리자로 하는 유가 증권(수표(手票)·어음·창고 증권 따위).

지시 채:권(指示債權)[-꿘]〖법〗 증권에 지정된 특정인 또는 그가 지정하여 권리를 이양해 받은 사람에게만 변제해야 할 채권.

지시 표지(指示標識)〖교통 안전 표지의 하나. 횡단보도·주차장·안전지대·방향 지시·속도 지시 등을 알려 주는 표지판.

지시 형용사(指示形容詞)〖언〗 형용사의 큰 분류. 사물의 성질·모양·상태 등을 나타내는 말(‘그러하다’·‘저러하다’ 따위). 가리킴 그림씨. *성상(性狀) 형용사.

지식(止息)〖명〗〖하타〗 1 침식(寢息). 2 진행되오던 일이나 앓던 병 등이 잠시 멈춤.

지식(知識)〖명〗 1 배우거나 실천하여 알게 된 명확한 인식이나 이해. ▢~을 쌓다 / 많은

~을 얻게 되다. 2 알고 있는 내용. ▢예비 ~을 갖추다. 3『철』인식에 의해 얻어진 성적인 사실적·경험적 인식, 엄밀한 뜻으로는 원리적·통일적으로 조직되어 객관적 타당성을 요구할 수 있는 판단의 체계.

지식(智識)〖명〗 안다는 의식의 작용. 지혜와 견식. 지력(知力).

지식 경제부(知識經濟部)[-경-] 전에 중앙 행정 기관의 하나. 상업·무역·공업, 외국인 투자, 정보 통신 산업, 산업 기술 연구 개발 정책, 에너지·지하자원, 전파·통신, 우편·우편환 및 우편 대체에 관한 사무를 맡아보았다.

지식 계급(知識階級)[-꼐- / -께-] 인텔리겐치아.

지식 공학(知識工學)[-꽁-] 인간의 고도의 지적(知的) 활동 및 인공 지능의 응용 등을 공학적으로 연구하는 학문.　　　　「사람.

지식 분자(知識分子)[-뿐-] 지식층에 속하는

지식 산:업(知識産業)[-싸넙] 신문·통신·출판·영화·음악·방송 따위와 같이, 대중의 지적 요구에 호응하기 위한 산업.

지식-수준(知識水準)[-쑤-]〖명〗 아는 정도. 공부를 해서 배운 정도. ▢~이 높다.

지식-욕(知識慾)[-싱뇩]〖명〗 지식을 추구하려는 욕망. ▢왕성한 ~을 보이다.

지식-인(知識人)〖명〗 지식 계급에 속하는 사람.

지식 재산권(知識財産權)[-째-꿘] 지적 재산권.

지식-층(知識層)〖명〗 인텔리겐치아. 지식 계급.

지신(地神)〖명〗 땅을 다스리는 신령. 지기(地祇). [지신에 붙이고 성주에 붙인다] 가득이나 적은 것을 여기저기 뜯기고 나면 남는 것이 없다는 말.

지신(智臣)〖명〗 육정(六正)의 하나. 지혜로운 신하.

지신-밟기(地神-)[-밥끼]〖명〗〖민〗 음력 정월 보름경에 영남 각 지방에서 행해져 온 민속놀이의 하나. 사대부(士大夫)·팔대부(八大夫)·포수(砲手)로 가장한 일단이 농악 행렬을 앞세우고 집집마다 돌며 지신을 위로하면, 집주인은 술과 음식이나 곡식, 돈으로 이들을 대접함. 마당밟이.

지-신심(至信心)〖명〗 지극한 신심.

지신-하다(至信-)〖형어〗 더할 수 없이 성실하다.

지신-하다(至神-)〖형어〗 지극히 신통하다.

지실〖명〗 재앙으로 인해 해가 미치는 일. ▢~이 들다 / 앞으로 큰 ~만 없으면 올해도 풍년이 될 것이다.

지실(地室)〖명〗 광중(壙中).

지실(知悉)〖명〗〖하타〗 모든 형편이나 사정 따위를 자세히 앎. 또는 죄다 앎.

지실(枳實)〖명〗〖한의〗 덜 익은 탱자를 썰어 말리어 만든 약재. 성질이 약간 차고, 가래를 없애며 대변을 잘 통하게 하는 효능이 있음.

지심(至心)〖명〗 더없이 성실한 마음.

지심(地心)〖명〗〖天〗지구의 중심.

지심(知心)〖명〗〖하자〗 뜻이 서로 통해 잘 앎.

지심 경도(地心經度)〖천〗 지구의 중심에서 보는 천구(天球) 위의 경도. 춘분점을 기준으로 하여 잼.

지심 위도(地心緯度)〖천〗 1 지구의 중심에서 천체를 본다고 가정할 때 천구(天球) 상의 위도. 2 지구 표면의 한 점과 지심을 잇는 직선

이 적도면(赤道面)과 이루는 각.

지심 지평(地心地平)〖천〗지구 표면의 한 지점과 지구의 중심을 잇는 직선에 수직인 평면.

지심 천정(地心天頂)〖천〗지구의 중심과 관측자가 있는 지점과를 맺는 직선이 천구와 교차하는 점. ☞천정.

지싯-거리다[-싣꺼-]쟈 남이 싫어하건 말건 짓궂게 자꾸 요구하다. **지싯-지싯**[-싣찌싣]㈜하쟈

지싯-대다[-싣때-]쟈 지싯거리다.

지아비명 1 웃어른 앞에서 일컫는 자기 남편의 낮춤말. ↔지어미. 2 지난날, 여자 하인의 남편을 일컫던 말. 3 남편의 예스러운 말.

지아이(GI)명〔Government Issue〕부사관·병사의 의복 등 모든 보급이 관에서 지급된다는 뜻에서, 미국의 징모병(徵募兵) 또는 일반적으로 병사를 속되게 일컫는 말.

지악-스럽다(至惡-)[-쓰-따][-스러워, -스러우니]형ㅂ 1 보기에 마음씨가 몹시 모질고 악한 데가 있다. ☞지악스럽게 굴다. 2 보기에 악착스럽게 일을 하는 데가 있다. ☞돈을 지악스럽게 모았다. **지악-스레**[-쓰-]㈜

지악-하다(至惡-)[-아카-]형여 1 지극히 모질고 악하다. 2 일을 하는 것이 악착스럽다.

지압(地壓)명 지하의 물체가 상호 간 또는 그에 닿는 다른 물체에 미치는 압력.

지압(指壓)명하타 1 손끝으로 누르거나 두드림. 2 '지압 요법'의 준말.

지압-법(指壓法)[-뻡]〖의〗혈관을 손가락으로 세게 누르는 구급 지혈법.

지압 요법(指壓療法)[-압뇨뻡]〖의〗아픈 부위를 손가락 등으로 누르거나 주물러서 신경을 자극하여 피의 순환을 순조롭게 하는 민간요법. ☞지압.

지애(至愛)명 더없이 깊은 사랑.

지약(持藥)명 늘 몸에 지니고 다니며 먹는 약.

지양(止揚)명하타 1 더 높은 단계로 오르기 위하여 어떤 것을 하지 않음. ☞상업주의를 ~하다. 2〖철〗변증법의 중요 개념. 어떤 것을 그 자체로서는 부정하면서, 도리어 한층 더 높은 단계에서 이것을 긍정적으로 여겨 살리는 일. 양기(揚棄).

지어-내다[-/-여-]타 없는 사실이나 감정, 표정 따위를 만들거나 꾸며서 내다. ☞억지 웃음을 ~ / 이야기를 ~.

지어-농조(池魚籠鳥)명 못 속의 고기와 새장 속의 새처럼, 자유롭지 못함을 이르는 말.

지어-먹다[-따/-여-따]타 마음을 다잡아 가지다.
[지어먹은 마음이 사흘을 못 간다] 일시적인 자극으로 오는 결심은 오래 지속하지 못함을 가리키는 말.

지어미명 1 웃어른 앞에서의 자기 아내의 낮춤말. ↔지아비. 2 '남편이 있는 여자'의 예스러운 말.

지어-붓다[-붇따/-여붇따][-부어, -부으니, -붓는]타ㅅ 쇠를 녹여 붓다.

지어지선(止於至善)명 '대학(大學)'에서 말하는 삼강(三綱)의 하나. 지극히 착한 경지에 이름. ☞지선(至善).

지어지앙(池魚之殃)명 못의 물로 불을 끄니 물이 없어져 물고기가 죽는다는 뜻으로, 뜻밖에 당하는 재앙을 이르는 말.

지어지처(止於至處)명하쟈 1 정처 없이 어디든 가다가 발길 닿는 곳에서 머물러 잠. 2 마

땅히 그쳐야 할 데서 알맞게 그침.

지언(至言)명 지극히 당연한 말.

지언(知言)명 사리(事理)가 통하는 말. 도리에 맞는 말.

지엄-하다(至嚴-)형여 매우 엄하다. 절엄하다. ☞지엄하신 분부가 내리다. **지엄-히**㈜

지업(志業)명하쟈 1 학업에 뜻을 둠. 2 지망하는 사업.

지업(紙業)명 종이를 생산·취급하는 영업.

지에명 '지에밥'의 준말.

지에-밥(地-)명 찹쌀·멥쌀 등을 시루에 쪄서 만든 밥. 약밥·인절미를 만들거나 술밑으로 씀. ☞제밥·지에.

지엔피(GNP)명〔Gross National Product〕국민 총생산.

지엠티(GMT)명〔Greenwich Mean Time〕그리니치 표준시. 경도(經度) 0도의 자오선에서의 평균 태양시를 일컬음.

지역(地役)명〖법〗남의 땅을 자기의 땅에 이익이 되도록 사용하는 일.

지역(地域)명 토지의 구역. 땅의 경계. 또는 그 안의 땅. ☞그 ~의 특수성을 감안하다.

지역-감정(地域感情)[-쩡]명 일정한 지역의 주민이나 그 지역 출신자들에 대한 좋지 않은 생각이나 편견. ☞~을 해소시키다.

지역 개발(地域開發)명 특정 지역에 대하여 경제적·사회적 개발을 이루어 지역 주민의 복지 향상을 꾀하는 일.

지역-구(地域區)[-꾸]명〔區〕시·군(郡) 따위 일정한 지역을 한 단위로 하여 설정된 선거구. ↔전국구(全國區).

지역-권(地役權)[-꿘]명〖법〗자기 땅의 편익을 위하여 남의 땅을 이용할 수 있는 권리(용익 물권(用益物權)의 하나).

지역-난방(地域煖房)[-영-]명 중앙난방 보일러에서 한 지역 안의 여러 건물에 온수나 증기를 보내는 방식의 난방(화력 발전소의 폐열을 이용하는 따위).

지역 단체(地域團體)[-딴-]명 1 지방 자치 단체. 2 지연(地緣) 단체.

지역 대-표제(地域代表制)[-때-]명 지역적 구성을 표준으로 하여 선거구를 설정하고, 그 안에서 대표자를 선출하여 의회로 보내는 제도. ↔직능(職能) 대표제.

지역 방어(地域防禦)[-빵-]명 농구·핸드볼·축구 따위 경기에서, 지역을 미리 분담하여 책임을 지고 수비하는 방어법. 존 디펜스(zone defence). *대인 방어.

지역 사회(地域社會)[-싸-]명 일정 지역 안에 성립되어 있는 생활 공동체. ☞~의 발전을 위한 계획.

지역 사회 학교(地域社會學校)[-싸-꾜]명 학교와 지역 사회를 긴밀하게 연결하여 교육하는 학교. 지역 사회의 여러 문제와 지역 사회가 필요로 하는 것을 학습 계획에 반영하여 교육한다.

지역-상(地域相)[-쌍]명 어떤 지역의 자연 지리적인 모든 요소를 통틀어 본 모양.

지역-성(地域性)[-썽]명〖지〗한 지역의 특정한 요소에 관한 것. ☞지역마다 독특한 ~을 보이고 있다.

지역 수당(地域手當)[-쑤-]명 지역에 따라 생활비에 큰 차이가 있는 경우에 지급되는 수당.

지역-적(地域的)[-쩍]관명 1 지역에 속하거나 관계가 있는 (것). ☞~ 갈등 / ~인 문제.

지-역청(地瀝青)명 아스팔트(asphalt).

지역 투쟁(地域鬪爭)명 노동 운동 전술의 하나. 노동자가 직장 투쟁을 더욱 발전시켜서 그

지역 주민의 요구까지 결부시켜 지방 권력과 투쟁하는 일.

지연 (地緣)〖명〗살고 있는 지역을 근거로 하는 연고 관계. □ ~적인 유대감 / 인사에는 ~을 따질 필요가 없다. *학연(學緣)·혈연(血緣).

지연 (紙鳶)〖명〗연(鳶).

지연 (遲延)〖명〗〖하타〗어떤 일을 더디게 끌거나 끌리어 나감. □ 기술 개발의 ~ / 회복이 ~되다 / 협상을 ~시키다.

지연 단체 (地緣團體) 집단 구성의 주된 조건이 공동 지역에 생활한다는 사실에 있는 집단. 지역 단체.

지연 이:자 (遲延利子)[-니-]〖경〗연체 이자.

지연-작전 (遲延作戰)[-쩐]〖명〗일을 지연시켜 자기에게 이롭게 하려는 작전. □ ~을 쓰다.

지열 (止熱)〖명〗〖하자타〗병으로 생긴 열이 내림. 또는 내리게 함.

지열 (地熱)〖명〗〖지〗**1** 지구 내부에 본디부터 있는 열《지표에서 땅속으로 33m 내려갈 때마다 1℃씩 높아짐》. **2** 햇볕을 받아 지표에서 나는 열.

지열 발전 (地熱發電)[-쩐]〖명〗지하에서 뿜어 나오는 증기의 열에너지를 이용하는 발전.

지열-제 (止熱劑)[-쩨]〖명〗해열제(解熱劑).

지열-하다 (至熱-)〖형여〗음식·약 등이 몹시 뜨겁다.

지열-하다 (枝劣-)〖형여〗**1** 가지가 줄기보다 못하다. **2** 조상보다 자손이 못하다.

지엽 (枝葉)〖명〗**1** 가지와 잎. **2** 본질적이거나 중요하지 않은 부분. □ ~ 말단.

지엽-적 (枝葉的)[-쩍]〖명〗본질적이거나 중요하지 않은 (것). □ ~ 문제.

지영 (祗迎)〖명〗〖하타〗백관(百官)이 임금의 환행(還幸)을 공경하여 맞음. ↔지송(祗送).

지오 (枝梧·支吾)〖명〗〖하자〗**1** 서로 어긋남. **2** 맞서서 겨우 버티어 감.

지오코소 (이 giocoso)〖명〗〖악〗'익살스럽고 즐겁게'의 뜻.

지오콘도 (이 giocondo)〖명〗〖악〗'즐겁고 쾌활하게'의 뜻.

지옥 (地獄)〖명〗**1**〖불〗중생이 지은 죄업으로 죽어서 간다고 하는 지하의 세계《모두 136종류가 있음》. 나락. **2**〖기〗큰 죄인으로서, 구원을 받지 못하고 영원히 벌을 받는다는 곳. □ ~으로 떨어지다. ↔천국. **3** '못 견딜 만큼 괴롭고 참담한 형편이나 환경'을 비유적으로 이르는 말. □ 입시 ~ / 교통 ~.

지옥-계 (地獄界)[-꼐 / -꼐]〖불〗십계의 하나. 지옥의 세계.

지옥-도 (地獄道)[-또]〖명〗〖불〗삼악도(三惡道)의 하나. 죄를 지은 중생이 죽어서 간다는 지옥의 세계.

지온 (地溫)〖명〗땅 표면 또는 땅속의 온도.

지완-하다 (遲緩-)〖형여〗더디고 느즈러지다. 지만(遲慢)하다.

지요 (地-)〖명〗관(棺) 안에 까는 요.

지요 (地妖)〖명〗지상에서 일어나는 요사한 변화와 재앙.

-지요〖어미〗'-지'의 존대어. □ 함께 가~ / 이제 떠나시~.

지요-하다 (至要-)〖형여〗지극히 중요하다.

지용 (智勇)〖명〗지혜와 용기. □ ~을 겸비(兼備)하다.

지용-성 (脂溶性)[-썽]〖화〗어떤 물질이 기름에 녹는 성질. ↔수용성.

지용성 비타민 (脂溶性vitamin)[-썽-]〖화〗버터·어유(魚油)·콩기름 따위에 녹아 그 속에 함유되어 있는 비타민《비타민 A·D·E·F·

K·U 따위》.

지우 (知友)〖명〗서로 마음을 아는 친한 벗. □ 오랫동안 사귀어 온 ~.

지우 (知遇)〖명〗자기의 인격·학식을 알아서 남이 후히 대우함. 또는 그 대우.

지우-개〖명〗**1** 쓴 글씨나 그림을 지우는 물건. □ ~로 칠판을 깨끗이 지우다. **2** '고무지우개'의 준말.

지-우금 (至于今)〖부〗예로부터 지금에 이르기까지. 지우금일(至于今日). ⑥지금(至今).

지우다¹〖타〗**1** 글씨·그림·흔적 따위를 지우거나 천 따위로 보이지 않게 없애다. □ 낙서를 ~ / 화장을 ~. **2** 생각이나 기억을 없애다. **3** 감정이나 표정 따위를 사라지게 하다. □ 웃음을 ~.

지우다²〖타〗**1** 끊어지거나 떨어져서 제자리로부터 떠나게 하다. □ 숨을 ~ / 아이를 ~. **2** 적은 양의 액체를 떨어지게 하다. □ 눈물을 ~. **3** 많은 분량 중에서 일부를 덜다. □ 그릇의 물을 ~.

지우다³〖타〗활의 시위를 벗기다.

지우다⁴〖타〗('지다'의 사동) 지게 하다. 남을 이기다. □ 상대 팀을 2대 0으로 ~.

지우다⁵〖타〗('지다'의 사동) **1** 짐 등을 지게 하다. □ 그에게 쌀가마를 ~. **2** 빚을 지게 하다. **3** 책임을 맡도록 만들다. □ 그에게 경비 책임을 ~.

지-우산 (紙雨傘)〖명〗대오리로 만든 살에 기름 먹인 종이를 발라 만든 우산. 종이우산. *박쥐우산.

지우지감 (知遇之感)〖명〗자기의 인격·학식을 잘 알아서 후하게 대우해 줌에 대한 고마운 감.

지우-하다 (至愚-)〖형여〗지극히 어리석다.

지운 (地運)〖명〗〖민〗땅의 운수.

지원 (支院)〖명〗지방 법원·가정 법원 등의 관할 아래 따로 분설(分設)된 하부 기관. *분원(分院).

지원 (支援)〖명〗〖하타〗지지해 도움. 원조함. □ 자금 ~ / 경제적 ~을 중단하다 / ~을 아끼지 않다.

지원 (至冤)〖명〗〖하형〗'지원극통'의 준말.

지원 (至願)〖명〗〖하타〗지극히 바람. 또는 그런 소원.

지원 (志願)〖명〗〖하타〗어떤 일이나 조직에 뜻을 두어 함께하거나 구성원이 되기를 바람. □ 학과별 ~ 현황 / 영문과를 ~하다.

지원-극통 (至冤極痛)〖명〗〖하형〗지극히 원통함. 지원지통(至冤至痛). ⑥지원.

지원-서 (志願書)〖명〗학교·기관 등에 지원하는 뜻을 적어서 내는 서류.

지원-자 (志願者)〖명〗어떤 일이나 조직에 끼이길 바라는 사람. □ 전자 계통 회사에 ~가 많이 몰리다.

지월 (至月)〖명〗동짓달.

지위¹〖명〗'목수(木手)'의 존칭.

지위²〖명〗질병이나 재앙으로 화를 입는 고비. **지위(가) 지다**〖관〗⑦병으로 몸이 쇠약하여지다. □ 해산에 지위 진 아내가 헛소리까지 하였다. ⑥씀씀이가 지나치거나 재앙을 입어 살림이 어려워지다.

지위 (地位)〖명〗**1** 있는 자리. 위치. 처지. **2** 신분에 따르는 어떠한 자리나 계급. □ ~가 높다 / ~를 확보하다. **3** 땅의 모양. 지세(地勢).

지위 (知委)〖명〗〖하타〗글이나 말로 명령을 내려서 알려 줌.

지위(를) 주다 句 명령을 내려서 행동으로 옮기게 하다.

지유(地油) 圕 '석유'를 달리 이르는 말.

지유(脂油) 圕 지방유(脂肪油).

지-유삼(紙油衫) 圕 기름을 먹인 종이로 만든 비옷.

지육(枝肉) 圕 소·돼지 등을 도살하여, 머리·내장·족을 잘라 내고 아직 각(脚)을 뜨지 아니한 고기.

지육(脂肉) 圕 기름기와 살코기. 기름이 많은 고기.

지육(智育) 圕 체육·덕육에 대해, 지능의 개발과 지식의 함양을 목적으로 하는 교육. *덕육·체육.

지은(至恩) 圕 지극한 은혜.

지은(地銀) 圕 순도가 90 % 인 은.

지은(知恩) 圕하자 1 은혜를 앎. 2 〖불〗 불보(佛寶)·법보(法寶)·승보(僧寶)의 삼보(三寶)의 은덕을 갚음.

지은-보은(知恩報恩) 圕하자 남의 은혜를 알고 그 은혜를 갚음.

지은-이 圕 책을 지은 사람. 작자. 저자. 저작자(著作者).

지음(知音) 圕하자 1 음악의 곡조를 잘 앎. 2 새·짐승의 소리를 구별해 알아들음. 3 마음이 서로 통하는 친한 벗.

지음-객(知音客) 圕 음악의 곡조를 잘 알아듣는 사람. 풍류객(風流客).

지음-증(支飮症)[-쯩] 〖한의〗 기침이 나고 숨이 차서 모로 눕기가 어려운 병증. 지음.

지읒[-읃] 圕 한글의 자음(字音) 'ㅈ'의 이름.

지의[1](地衣)[-/-이] 圕 형겊으로 가장자리를 꾸미고 여러 개를 마주 이어서 크게 만든 돗자리(제사 때 씀).

지의[2](地衣)[-/-이] 圕 〖식〗 지의류(類) 식물의 총칭. 석화(石花).

지의(旨義)[-/-이] 圕 깊고도 중심이 되는 생각이나 의향.

지의(紙衣)[-/-이] 圕 1 〖역〗 솜 대신 종이를 두어서 만든 겨울옷(서북쪽에서 국경을 지키던 군사가 입었음). 2 〖불〗 영혼을 천도(薦度)할 때에 관욕(灌浴)하려고 종이로 만든 영가(靈駕)의 옷.

지의-대(地衣帶)[-/-이] 圕 〖식〗 식물의 수직 분포의 한 지대. 초본대(草本帶)의 위, 설대(雪帶)의 아래에 위치함.

지의-류(地衣類)[-/-이] 圕 〖식〗 은화식물의 하나. 균류는 조류를 싸서 보호하고 수분을 공급하며, 조류는 동화 작용을 하여 양분을 균류에 공급하는 공생체. 나무껍질·바위에 붙어 삶.

지이(地異) 圕 땅 위에서 일어나는 지진·홍수·해일 등의 이변. 지변. ↔천변(天變).

지이다[타]〈옛〉기대다. 의지하다.

지이부지(知而不知) 圕하자 알고도 모르는 체함. 지사부지(知事不知).

지이-하다(至易-) 톕어 지극히 쉽다.

지인(至人) 圕 덕이 극치에 이른 사람.

지인(知人) 圕하자 1 아는 사람. ▣~의 소개로 입사(入社)하다. 2 사람의 됨됨이를 잘 알아봄.

지인(智印) 圕 〖불〗 보살의 지혜를 나타내는 표지의 인계(印契)의 하나.

지인용(智仁勇) 圕 지혜와 인자와 용기.

지인지감(知人之鑑) 圕 사람을 잘 알아보는 일. 또는 그러한 능력.

지인-지자(至仁至慈) 圕하톕 지극히 인자함.

지인-하다(至仁-) 톕어 더없이 인자하다.

지일(至日) 圕 동짓날 또는 하짓날.

지일가기(指日可期) 圕 훗날에 일이 잘 이루어질 것을 꼭 믿음.

지자(支子) 圕 맏아들 이외의 아들.

지자(知者) 圕 지식이 많고 사리에 밝은 사람.

지자(智者) 圕 슬기로운 사람. 또는 지혜가 많은 사람.

지-자기(地磁氣) 圕 〖지〗 지구 자기(磁氣).

지자기 적도(地磁氣赤道)[-또] 〖지〗 지구의 중심을 지나면서 지자기의 자오선과 직각이 되는 평면.

지자불언(知者不言) 圕 지식이 많고 사리에 밝은 사람은 재능을 감추고 함부로 말하지 아니함.

지자-요수(智者樂水) 圕 슬기로운 사람은 사리에 밝아 막힘이 없는 것이 흐르는 물과 같아서 늘 물을 가까이하며 즐긴다는 말.

지자체(地自制) 圕 '지방 자치 제도'의 준말.

지자체(地自體) 圕 '지방 자치 단체'의 준말.

지자-하다(至慈-) 톕어 더없이 자비롭다.

지잠(地蠶) 圕 〖충〗 굼벵이1.

지장(支障) 圕 일의 진행에 방해가 되는 장애(障礙). ▣ 소음으로 수업에 ~을 받고 있다.

지장(地漿) 圕 〖한의〗 황토로 된 땅을 석 자가량 파고 그 속에서 나오는 물을 휘저었다가 가라앉힌 맑은 물(해독제로 씀). 황토수.

지장(地藏) 圕 〖불〗 '지장보살'의 준말.

지장(指章) 圕 도장 대신으로 손가락의 지문(指紋)을 찍는 인(印). 손도장. 무인(拇印).

지장(紙匠) 圕 〖역〗 1 조선 때, 교서관에서 종이를 다루던 공장(工匠). 2 조선 때, 조지서에서 종이를 만들던 사람.

지장(紙帳) 圕 종이로 만든 방장(房帳)이나 모기장.

지장(紙機) 圕 겉을 종이로 발라서 만든 옷장.

지장-보살(地藏菩薩) 圕 〖불〗 석가의 부탁을 받고, 그 입멸 후 미륵불의 출세까지, 부처 없는 세계에 머물면서 육도(六道)의 중생을 교화(敎化)한다는 보살. 왼손에는 연꽃을, 오른손에는 보주를 들고 있는 모습임. ㉤지장.

지재(持齋) 圕 〖불〗 1 오후에는 식사하지 않는다는 계법을 지킴. 2 정진(精進)·결재(潔齋)하여 심신을 깨끗이 함.

지재지삼(至再至三) 圕 두 번 세 번. 곧 여러 차례. ▣ 꼭 참가하라고 ~ 당부했다.

지저(地底) 圕 땅의 밑바닥. 땅속.

지저-거리다 재 자꾸 지저귀다. ㉤재자거리다. 지저-지저 튀어리.

지저귀 圕하자 1 남의 일을 방해함. 또는 그런 행동. 2 짓거리2.

지저귀다 재 1 새가 계속 소리 내어 우짖다. ▣ 산새들이 ~. 2 신통치 않거나 조리 없는 말을 지껄이다.

지저-깨비 圕 1 나무를 깎거나 다듬을 때 생기는 잔 조각. 목찰(木札). 2 떨어져 나오는 부스러기나 잔 조각.

지저-대다 재 지저귀리다.

지저분-하다 톕어 1 정리되지 않아 깨끗하지 못하다. ▣ 지저분한 옷. 2 어수선하고 더럽다. ▣ 지저분한 교실 / 광장은 사람들이 버리고 간 쓰레기로 지저분했다. 3 말과 행동이 추잡하고 더럽다. ▣ 지저분한 소행. 지저분-히 튀어.

지적(地積) 圕 땅의 넓이[면적]. ▣ ~을 측량하다.

지적 (地籍)〖명〗 토지에 관한 여러 가지 사항을 기재한 기록.

지적 (指摘)〖명〗〖하타〗 **1** 손가락질해 가리킴. ▯학생이 선생님의 ~을 받고 자리에서 일어나다. **2** 허물을 들추어 폭로함. ▯잘못을 ~하다 / 낭비가 많다는 ~을 받다.

지-적 (知的)〖―쩍〗〖관형〗 지식 있는 (것). 지식에 관한 (것). ▯~ 수준이 높은 환경 / ~으로 우수한 아동 / ~인 외모.

지적 대장 (地籍臺帳)〖―때―〗 토지 대장.

지적-도 (地籍圖)〖―또〗〖명〗 토지의 지번·지목·면적 등을 나타내기 위하여 국가가 만든 평면 지도(平面地圖).

지적 장애 (知的障礙)〖―쩍짱―〗〖의〗 지능의 발달이 뒤쳐져 있는 상태.

지적 장애인 (知的障礙人)〖―쩍짱―〗〖사〗 지능의 발달이 뒤져 사회생활에 지장을 받는 사람.

지적 재산권 (知的財産權)〖―쩍째―꿘〗 산업 재산권이나 저작권 등 인간의 지적 생산물에 대한 재산권. 지식 재산권.

지적지아 (知敵知我)〖―자―〗 적을 알고 자신을 앎. 지피지기(知彼知己).

지적-지적 〖―찌―〗〖부〗〖하형〗 **1** 물이 밑바닥에 잦아 붙은 모양. 〖작〗자작자작. **2** 물기가 있어서 진득한 모양. ▯반죽이 ~하다.

지적 직관 (知的直觀)〖―쩍찍꽌〗〖철〗 사물의 본질을 직접적으로 파악하는 정신적·초감성적인 작용을 이르는 말.

지적 판단 (知的判斷)〖―쩍―〗〖철〗 논리적으로 진위(眞僞)를 가려서 내리는 판단.

지전 (紙錢)〖명〗 **1**〖민〗돈 모양으로 오린 종이《죽은 사람이 저승으로 가면서 쓰라는 뜻으로 관 속에 넣음》. **2**〖민〗무당이 비손할 때에 쓰는 긴 종이 오리를 둥글둥글하게 잇대어 돈 모양으로 만든 물건. **3** 지폐(紙幣). ▯천 원짜리 ~.

지전 (紙廛)〖명〗 **1** 지물포(紙物鋪). **2** 조선 때, 종이를 팔던 육주비전의 하나.

지-전류 (地電流)〖―절―〗〖명〗 **1** 지구의 표면 가까이에 흐르는 전류. **2** 지구를 회로(回路)의 일부로 하는 전신기 등에서 전선 속을 흐르는 전신에 장애를 끼치는 전류.

지 전:지 (G電池) 삼극 진공관의 격자(格子)에 전압을 주는 전지.

지절 (志節)〖명〗 지조와 절개. ▯고인의 고결한 ~을 되새기다.

지절 (枝節)〖명〗 **1** 나무의 가지와 마디. **2** 사연이 많은 일의 비유. ▯~이 아니다.

지절 (肢節)〖명〗〖생〗팔다리의 마디뼈.

지절-거리다 〖자〗 낮은 목소리로 수다스럽게 자꾸 지껄이다. ▯지절거리며 집을 나서는 여학생들. 〖작〗재잘거리다. **지절-지절**〖부〗〖자〗

지절-대다 〖자〗 지절거리다.

지절-통 (肢節痛)〖명〗〖한의〗 감기·몸살로 팔다리가 쑤시고 아픈 증세.

지절-하다 (至切―)〖형〗〖여〗 **1** 지극히 간절하다. **2** 지극히 필요하다. ▯어린이에게는 부모의 사랑이 ~.

지점 (支店)〖명〗 **1** 본점에서 갈려 나온 가게. **2** 본점에 딸리어 그 지휘·명령을 받으며 일정한 지역에서 업무를 보는 영업소. ▯~을 개설하다.

지점 (支點)〖명〗 **1**〖물〗받침점. **2**〖토〗구조물을 받치고 있는 부분.

지점 (至點)〖명〗〖천〗 하지점(夏至點)과 동지점(冬至點)을 아울러 일컫는 말.

지점 (地點)〖명〗 땅 위의 일정한 점. ▯사고가

잦은 ~ / 지도에 표시한 ~에 이르다.

지점 (指點)〖명〗〖하타〗 손가락으로 가리켜 보임.

지점 (趾點)〖명〗 수직선·사선의 밑점.

지접 (止接)〖명〗〖하자〗 한때 몸을 의지하여 삶.

지정 (地釘)〖명〗〖건〗 집터 따위를 단단히 다지려고 주추 대신 땅속에 박는 통나무 토막이나 콘크리트 기둥.

지정 (至情)〖명〗 **1** 아주 가까운 정분. **2** 더할 수 없이 지극한 친정. **3** 아주 가까운 친척.

지정 (知情)〖명〗〖하자〗 남의 사정을 앎.

지정 (指定)〖명〗 **1** 가리켜 정함. ▯관람석을 ~하다 / ~된 날짜에 출석하다. **2** 관공서·학교·회사·개인이 특정한 자격을 줌. ▯학교 ~ 병원 / 국보로 ~하다.

지정가 주:문 (指定價注文)〖―까―〗〖경〗 유가 증권의 매매를 증권업자에게 위탁할 때, 최고 판매 가격과 최저 매입 가격을 지정하는 주문 방법. ↔역지정가 주문.

지정-거리다 〖자〗 곧장 내달아 가지 않고 자꾸 지체하다. **지정-지정**〖부〗〖자〗

지정-곡 (指定曲)〖명〗 노래자랑 등에서, 자유곡에 상대하여 주최측에서 지정한 곡목.

지정-다지다 (地釘―)〖자〗 '지정닫다'의 준말.

지정-닫다 (地釘―)〖―닫따〗〖자〗 '지정다지다'의 준말.

지정-대다 〖자〗 지정거리다. 〖준말.

지정-머리 〖명〗 좋지 못한 곳은 짓거리.

지정 문화재 (指定文化財) 문화재 보호법에 따라 역사상, 예술상, 학술상 가치가 큰 것으로 지정된 문화재. 유형 문화재·무형 문화재·민속자료·기념물 등이 있음.

지정불고 (知情不告)〖명〗〖하타〗 남이 저지른 죄를 알고 있으면서 고발하지 않음.

지정-사 (指定詞)〖명〗〖언〗 '이다'·'아니다'를 한 품사로 볼 때의 이름. 잡음씨. *서술격 조사.

지정-석 (指定席)〖명〗 극장·열차·항공기·선박 등에서 정해진 좌석.

지정의 (知情意)〖―/―이〗〖명〗〖심〗 지성(知性)·감정(感情)·의지(意志). 인간의 세 가지 심적 요소를 이름.

지정지미 (至精至微)〖명〗〖하형〗 지극히 자세하고 정밀(精密)함.

지정지밀 (至精至密)〖명〗〖하형〗 지극히 정밀함. ▯~한 기계 설계도.

지정-하다 (至正―)〖형〗〖여〗 더없이 올바르다.

지정-하다 (至精―)〖형〗〖여〗 **1** 전혀 잡것이 섞이지 않고 더할 나위 없이 깨끗하다. **2** 지극히 정밀하다. **지정-히**〖부〗

지정-학 (地政學)〖명〗 정치 현상과 지리 조건과의 관계를 연구하는 학문. ▯~을 전공하다.

지제 (地祭)〖명〗 지신(地神)에게 지내는 제사.

지제 (紙製)〖명〗 종이로 만듦. 또는 그 물건.

지조 (地租)〖명〗〖법〗 토지 수익(收益)에 대해 부과하는 조세.

지조 (志操)〖명〗 옳은 원칙과 신념을 지켜 끝까지 굽히지 않는 꿋꿋한 의지. 또는 그러한 기개. ▯~ 높은 선비 / ~가 없이 행동하다 / 학자로서의 ~를 지키다.

지조 (知照)〖명〗〖하타〗 알리기 위해 조회함.

지조 (指爪)〖명〗 손톱.

지족 (支族·枝族)〖명〗 갈라져 나온 혈족.

지족 (知足)〖명〗〖하자〗 분수(分數)를 지켜 만족할 줄을 앎.

지족불욕 (知足不辱)〖―뿌룍〗〖명〗 분수를 지켜 만족할 줄 아는 사람은 욕되지 아니함.

지존 (至尊)〖명〗 '임금'을 공경하여 일컫는 말.

지존-하다 (至尊―)〖형〗〖여〗 더없이 존귀하다.

지종(至終)〔명〕〔하자〕 마지막에 이름.

지종[1](地種)〔명〕〔하타〕 화초 따위를 화분에 심지 않고 직접 땅에 심음.

지종[2](地種)〔명〕〔법〕 주로 그 소유자에 따라 구별한 토지 종목《관유지·민유지 따위》.

지죄(知罪)〔명〕〔하자〕 자기가 저지른 죄를 앎.

지주(支柱)〔명〕 **1** 무엇을 버티는 기둥. 받침대. 버팀대. **2** 정신적·사상적으로 의지할 수 있는 근거나 힘의 비유. ▣ 선생님은 나의 정신적 ~이시다.

지주(地主)〔명〕 **1** 토지의 소유자. **2** 소유하고 있는 토지를 남에게 빌려 주고 지대(地代)를 받는 사람. **3** 그 땅에서 사는 사람.

지주(指嗾)〔명〕〔하타〕 달래고 꾀어서 어떤 일을 하도록 부추김.

지주(砥柱)〔명〕 중국 황허(黃河) 강 중류에 있는 기둥 모양의 돌. 격류 속에 우뚝 솟아 꼼짝도 하지 않으므로 난세에 처하여 의연히 절개를 지키는 선비의 비유로 쓰임.

지주(蜘蛛)〔명〕〔동〕 거미.

지주 계급(地主階級)[-/-게-] 지주들로 이루어지는 사회적 계층.

지주-근(支柱根)〔명〕〔식〕 기근(氣根)의 하나. 땅위줄기에서 나온 부정근(不定根)의 일종《줄기를 지지하는 한편 양분을 흡수하는 작용을 함》. 주근(柱根).

지주-망(蜘蛛網)〔명〕 거미줄1.

지주 회:사(持株會社)〔경〕 다른 회사의 주식을 보유함으로써 그 회사를 독점적으로 지배하는 회사《지배하는 회사를 모회사(母會社), 지배를 받는 회사를 자회사(子會社)라고 함》. 투자 회사.

지준-율(支準率)[-뉼]〔명〕〔경〕 '지급 준비율'의 준말.

지중(地中)〔명〕 **1** 땅속. 흙의 속. **2** 광중(壙中).

지중(持重)〔명〕〔하자〕 몸가짐을 점잖고 무게 있게 함.

지중-선(地中線)〔명〕 지하선1.

지중 식물(地中植物)[-싱-]〔식〕 땅속줄기나 덩이뿌리와 같이 땅속에서 겨울을 나는 눈을 가진 식물《토란·고구마 따위》. 땅속 식물.

지중 온도계(地中溫度計)[-/-게] 땅속 온도를 측정하는 데 쓰는 온도계.

지중-전(地中戰)〔명〕〔군〕 적군의 요새 밑으로 굴을 파서 폭약을 설치한 후 폭파하며 벌이는 전투.

지중-하다(至重-)〔형〕어〕 **1** 지극히 귀중하다. ▣ 지중한 서약. **2** 지극히 무겁다. **지중-히**〔부〕

지중해성 기후(地中海性氣候)[-썽-] 여름에는 비가 적고 고온·건조하며, 겨울에는 비가 자주 오고 온난·다습한 온대 기후《지중해 연안, 미국 캘리포니아 서부, 칠레 중부 등에 분포함》.

지즈로〔부〕〈옛〉 인(因)하여. 말미암아.

지즐우다〔타〕〈옛〉 지질르다.

지즐타〔타〕〈옛〉 눌러 타다. 털썩 타다.

지쥬〔명〕〈옛〉 기직. 왕골자리.

지지[1]〔명〕 어린아이에게 더러운 것임을 일러 주는 말. ▣ ~니까 만지지 마라.

지지[2]〔명〕〈옛〉 치자(梔子).

지지(支持)〔명〕〔하자〕 **1** 붙들어서 버팀. 부지해 지님. **2** 개인·단체 등의 주의·정책 등에 찬동하여 뒷받침함. 또는 그 원조. ▣ ~ 세력 / 나는 그의 주장을 ~한다 / 여러 사람에게 ~를 받고 있는 학설.

지지(地支)〔명〕 육십갑자의 아래 단위를 이루는

요소《자(子)·축(丑)·인(寅)·묘(卯)·진(辰)·사(巳)·오(午)·미(未)·신(申)·유(酉)·술(戌)·해(亥)의 십이지(十二支)임》. ＊천간(天干).

지지(地誌)〔명〕 어떤 지역의 자연·사회·문화 등의 지리적 현상을 분류하고 기록한 책. **2** '지지학'의 준말.

지지(知止)〔명〕〔하자〕 자신의 분수에 지나치지 않게 그칠 줄을 앎.

지지(紙誌)〔명〕 신문과 잡지 등의 총칭.

지-지난(至-)〔명〕 지난번의 바로 전. ▣ ~ 봄 / ~ 토요일의 일이었다.

지지난-달〔명〕 지난달의 바로 전달. 전전월(前前月). 전전달. ▣ ~부터 월급이 올랐다.

지지난-밤〔명〕 그저께의 밤.

지지난-번(-番)〔명〕 지난번의 바로 전번.

지지난-해〔명〕 그러께. 재작년. ▣ ~에 대학을 졸업했다.

지지다〔타〕 **1** 국물을 조금 붓고 끓여 익히다. ▣ 생선을 ~. **2** 지짐질로 익히다. ▣ 빈대떡을 ~ / 지진 두부. **3** 눌거나 타게 하다. ▣ 인두로 살을 지져 고문을 하다. **4** 열을 내는 것에 몸을 대어 찜질을 하다. ▣ 더운 방바닥에 등을 ~.

지지고 볶다〔주〕 ㉠ 지지기도 하고 볶기도 하여 요리를 많이 장만하다. ㉡〈속〉 사람을 들볶아서 몹시 부대끼게 하다. ㉢〈속〉 여자들이 머리털을 파마하다. ▣ 그 얼굴에 머리를 지지고 볶는다고 해서 더 예뻐지겠나.

지지랑-물〔명〕 비가 온 뒤 썩은 초가집 처마에서 떨어지는 검붉은 빛깔의 낙숫물. 지랑물.

지지러-뜨리다〔타〕 **1** 몹시 놀라 몸을 움츠리게 하다. **2** 병이나 탈이 나서 제대로 자라지 못하고 오그라지게 하다. 〔작〕자지러뜨리다.

지지러-지다〔자〕 **1** 놀라 몹시 주춤하면서 움츠러지다. ▣ 숨이 지지러질 듯하다. **2** 병이나 탈이 나서 제대로 자라지 못하고 오그라지다. 〔작〕자지러지다.

지지러-트리다〔타〕 지지러뜨리다.

지지르다〔지질러, 지지르니〕〔타〕여〕 **1** 기운·의견을 꺾어 누르다. ▣ 그는 내 설명을 한마디로 지질러 버렸다. **2** 무거운 물건으로 내리누르다. ▣ 오이를 소금물에 담가 돌로 지질러 놓았다.

지지름-돌[-똘]〔명〕 물건을 지르는 돌. 김칫독 위에 ~을 얹어 놓다.

지지리〔부〕 매우 심하게. 지긋지긋하게. ▣ ~(도) 못나다 / ~ 고생하다. 〔작〕자지리.

지지-배배〔명〕 제비·종달새 따위의 새가 지저귀는 소리.

지지-벌개다〔자〕 단정하지 못하게 아무 데서나 떡 벌리고 앉다.

지지부진(遲遲不進)〔명〕〔하자〕 매우 더뎌 잘 나아가지 않음. ▣ 사업이 ~을 면치 못하다 / 공사가 ~하게 진행되다.

지지-자(支持者)〔명〕 지지하는 사람.

지지 조직(支持組織)〔생〕 동물체나 식물체의 몸을 지탱하며 보호하는 조직. 곧, 동물체에서는 척삭(脊索)·골격·연골 조직 및 결합 조직 등을 말하며, 식물체에서는 통도(通導) 조직·동화 조직·저장 조직 등을 말함.

지지-하다〔형〕여〕 **1** 무슨 일이 오래 끌기만 해 보잘것없다. ▣ 성과가 지지하여 기대를 걸 수가 없다. **2** 시시하고 지루하다. ▣ 지지하게 굴지 마라.

지지-하다(遲遲-)〔형〕여〕 몹시 더디다.

지지-학(地誌學)〔명〕〔지〕 지지(地誌)를 과학적으로 연구하는 학문. 〔준〕지지.

지직-하다[-지카-]〔형〕어〕 반죽 따위가 되직하

지 않고 좀 진 듯하다.

지진(地震)〖명〗《지》지면이 진동하는 현상(지각 내부의 급격한 변화로 일어남). 지동(地動). ▢~이 나다.

지진(指診)〖명〗손가락으로 만져 진찰하는 일.

지진-계(地震計)[-/-게]〖명〗지면의 진동 상태를 자동으로 기록하는 장치. 검진기.

지진 단:층(地震斷層)《지》큰 지진으로 생긴 대규모의 단층.

지진-대(地震帶)〖명〗《지》지진이 자주 일어나거나 일어나기 쉬운 지역. 흔히 가늘고 긴 띠 모양을 하고 있음.

지진-동(地震動)〖명〗《지》지진으로 일어나는 지면의 진동.

지진-두(地盡頭)〖명〗1 여지가 없게 된 판국. 2 시기가 절박한 것의 비유. ▢일이 ~에 다다르다. 3 중앙에서 멀리 떨어져 바다와 접한 변두리의 땅.

지진-아(遲進兒)〖명〗학습이나 지능 발달이 더딘 아동. 정신박약아·학업 부진아·저능아 등.

지진-제(地鎭祭)〖명〗《민》토목 공사를 할 때, 터를 닦기 전에 그 건물의 안전을 기원하는 뜻으로 지신(地神)에게 지내는 고사.

지진 탐사(地震探査) 인공적으로 지진을 일으켜 지하의 석유나 천연가스 등 경제 가치가 있는 매장물을 탐사하는 일.

지진-파(地震波)〖명〗《지》지진이 일어날 때 진원·진앙에서 퍼지는 파동(P파·S파 따위).

지질(地質)〖명〗《지》지각을 구성하는 암석·지층의 성질 또는 상태.

지질(脂質)〖명〗생물체 안에 존재하며 물에 녹지 않고 유기 용매(有機溶媒)에 잘 녹는 기름 모양 물질의 총칭(단순 지질·복합 지질·유도 지질의 셋으로 분류됨).

지질(紙質)〖명〗종이의 품질. ▢~이 좋다.

지질 대:사(脂質代謝)《생》지질이 장관(腸管)에서 구성 성분으로 분해·흡수된 후, 다시 지질로 합성되는 일.

지질-도(地質圖)〖명〗《지》어떤 지역의 지질 상태를 나타낸 지도(지표에 드러나 있는 암석의 분포·지질 구조를 나타냄).

지질리다〖자〗('지지르다'의 피동) 지지름을 당하다. ▢그는 늘 형에게 지질려서 기를 펴지 못했다.

지질-맞다[-맏따]〖형〗매우 보잘것없고 변변하지 못하다. ▢지질맞은 사람.

지질-버력〖명〗《광》버력 중에서 가장 질이 낮은 버력.

지질 시대(地質時代)〖명〗《지》지구 표면에 지각이 생긴 이래의 시대(가까운 시대로부터 신생대·중생대·고생대·캄브리아대(Cambria代)로 크게 나뉘고, 각 대(代)는 다시 기(紀)·세(世)·절(節)로 구분됨).

지질-영력(地質營力)[-령녁]〖명〗《지》영력(營力).

지질 조사(地質調査)《지》어떤 지역의 지질 상태를 알기 위하여 암석의 종류와 분포, 주향(走向)·경사·단층 따위를 조사하는 일.

지질-지질〖부〗〖형〗1 물기가 많아서 조금 진 듯한 모양. 2 보잘것없고 몹시 변변하지 못한 모양.

지질-컹이〖명〗1 무엇에 지질리어 기를 못 펴는 못난 사람. 2 무엇에 내리눌려 제대로 모양을 갖추지 못한 물건.

지질편편-하다〖형여〗1 높낮이가 없이 편편하다. 2 땅이 약간 진 듯하고 편편하다.

지질-하다〖형여〗보잘것없고 용렬하다. 변변하지 못하다. ▢인품이 ~. **지질-히**〖부〗

2201 　　　　　　　　　　　**지체**

지질-하다²〖형여〗싫증이 날 만큼 지루하다. **지질-히²**〖부〗

지질-학(地質學)〖명〗지구와 그 주위의 지구형 행성을 연구하는 학문(지구의 구성 물질, 형성 과정, 과거에 살았던 생물 따위를 연구함).

지짐-거리다〖자〗비가 자꾸 오다 멎었다 하며 자주 내리다. **지짐-지짐**〖부〗〖하자〗

지짐-대다〖자〗지짐거리다.

지짐-이〖명〗1 국물을 적게 잡아 짭짤하게 끓인 음식. ▢~를 끓이다. 2 지짐질한 음식의 총칭. ▢두부 ~.

지짐-질〖명〗〖하자〗전병·저냐·누름적 따위를 기름 친 번철에 지져 익히는 일. 부침개질. 부침질. ▢~하는 냄새가 진동한다.

지징무처(指徵無處)〖명〗〖하자〗세금을 낼 사람이나 빚을 진 사람이 죽거나 달아나거나 하여 돈을 받을 길이 없음.

지차(之次)〖명〗1 다음. 버금. 2 맏이 이외의 자식들.

지참(持參)〖명〗〖하자〗무엇을 가지고 모임에 참석함. ▢필기도구를 ~하시오.

지참(遲參)〖명〗〖자〗〖하자〗정해진 시각보다 늦게 참석함. ▢조찬(早參).

지참-금(持參金)〖명〗1 현재 가지고 있는 돈. 2 신부가 시집갈 때 친정에서 가지고 가는 돈. ▢~을 노린 결혼.

지창(紙窓)〖명〗종이로 바른 창문.

지채(芝菜)〖명〗《식》지채과의 여러해살이풀. 바닷물이 들어오는 연못에 나는데, 높이 30 cm가량. 잎은 뿌리에서 뭉쳐나며 선 모양임. 여름에 녹색을 띤 자주색 꽃이 핌. 잎은 식용함.

지척(咫尺)〖명〗아주 가까운 거리. ▢~도 볼 수 없다 / ~에 두고 찾다.

[지척이 천 리라] 매우 가까운 곳에 살면서도 오래 만나지 못해 멀리 떨어져 사는 것과 같다는 말.

지척(指斥)〖명〗〖하자〗웃어른의 말과 행동을 지적해 탓함.

지척-거리다[-꺼-]〖자〗〖타〗힘없이 다리를 끌면서 자꾸 억지로 걷다. **지척거리면서도 십 리나 걸었다. 지척-지척**[-찌-]〖부〗〖하자〗〖타〗

지척-대다[-때-]〖자〗〖타〗지척거리다.

지척불변(咫尺不辨)[-뿔-]〖명〗매우 어둡거나 안개·눈·비 따위가 심하여 아주 가까운 곳도 분별할 수 없음.

지척지지(咫尺之地)[-찌-]〖명〗매우 가까운 곳. 지척지.

지천(至賤)〖명〗〖하자〗1 매우 천함. 2 하도 많아서 별로 귀할 것이 없음. ▢들에 꽃이 ~으로 피어 있다.

지천명(知天命)〖명〗〖하자〗1 하늘의 뜻을 앎. 2 쉰 살을 달리 이르는 말.

지천위서(指天爲誓)〖명〗〖하자〗하늘에 맹세함.

지첨(指尖)〖명〗손가락의 끝.

지청(支廳)〖명〗본청의 관리 아래, 소재지의 소관 사무를 맡아보는 관청.

지청구〖명〗〖하자〗1 꾸람. ▢~를 퍼붓다. 2 까닭 없이 남을 탓하고 원망함. ▢선생님께 ~를 듣기 일쑤였다.

지체〖명〗대대로 전해 내려오는 집안의 신분이나 지위. 세벌(世閥). ▢~가 높은 집안.

지체(肢體)〖명〗팔다리와 몸.

지체(遲滯)〖명〗〖하자〗1 때를 늦추거나 질질 끎. ▢~ 없이 이행하다 / 진행이 ~되다. 2《법》의무 이행을 정당한 이유 없이 지연하는 일.

지체-부자유아(肢體不自由兒)**명** 팔다리나 몸을 제대로 움직일 수 없는 어린이. □~를 위한 특수 시설.

지초(芝草)**명**〖食〗**1** 지치. **2** 영지(靈芝).

지초(紙草)**명** 종이와 담배(부의(賻儀)에 흔히 쓰는 말).

지촉(紙燭)**명** 종이와 초(상가(喪家)에 부의할 때 흔히 씀).

지촉-대전(紙燭代錢)[-때-]**명** 종이와 초 대신에 부의로 보내는 돈.

지총(紙銃)**명** 딱총.

지축(地軸)**명〖地〗1** 지구 자전의 회전축. 곧, 남북 양극을 연결하는 축. **2** 대지의 중심. □~을 흔드는 탱크의 굉음.

지출(支出)**명하타 1** 어떤 목적을 위해 돈을 쓰는 일. □~을 줄이다 / 월급의 대부분이 생활비로 ~되다. **2** 국가나 지방 자치 단체가 직무 수행을 위해 지불하는 경비. □정부 ~ 축소안. ↔수입.

지출(持出)**명하타** 물품을 가지고 나감.

지출-관(支出官)**명**〖法〗예산 정액의 사용을 결정하고 국고금의 지출을 명령하는 권한을 가지는 관리. 지출 명령관.

지출 명:령관(支出命令官)[-녕-]**명** 지출관.

지출-부(支出簿)**명** 지출의 내용이나 날짜, 수량 따위를 적는 장부.

지출-액(支出額)**명** 지출한 액수. □크게 늘어난 ~.

지출 예:산(支出豫算)[-례-]**명**〖經〗한 회계 연도에 국가나 공공 단체가 지출할 총경비를 세운 예산.

지충-하다(至忠-)**형여** 더없이 충성스럽다.

지취(旨趣)**명 1** 어떤 일에 대한 깊은 맛. 또는 그 일에 깃들어 있는 깊은 뜻. **2** 취지(趣旨).

지취(地嘴)**명** 곶(串).

지취(志趣)**명** 의지와 취향(趣向).

지층(地層)**명**〖地〗자갈·모래·진흙·생물체 따위가 지표나 물 밑에 퇴적하여 이룬 층.

지층-수(地層水)**명**〖地〗지표로부터 흘러 들어가지 않고 본디부터 지층에 있는 물.

지치(명)〖食〗지칫과의 여러해살이풀. 산과 들에 남. 뿌리는 굵고 자주색을 띠며 줄기 높이는 35 cm 정도. 잎은 두껍고 피침형임. 여름에 흰 꽃이 핌. 뿌리는 자근(紫根)이라 하여 한약재로 씀. 자지(紫芝). 자초(紫草). 지초(芝草).

지치(至治)**명** 세상이 잘 다스려진 정치.

지치(智齒)**명**〖醫〗사랑니.

지:치다¹자 1 힘든 일을 하거나 시달림을 받아 기운이 빠지다. □너무 지쳐서 입맛이 없다. **2** 어떤 일에 시달려 싫증이 나다. □반복되는 일에 ~.

지:치다²자 소나 말 따위가 기운이 빠져 묽은 똥을 싸다.

지:치다³타 얼음 위를 미끄러져 달리다. □얼음을 ~.

지:치다⁴타 문을 잠그지 않고 닫아만 두다. □대문을 지치고 나가라.

지치-보라명 도라지 꽃의 빛깔과 같은 보라.

지칙(指飭)**명하타** 가리켜서 타이름.

지친(至親)**명하타형어 1** 더할 수 없이 친함. **2** 부자간·형제간의 일컬음.

지:친-것[-걷]**의명** 어떤 직업 이름에 붙어서, 그 일에 오래 종사하다 물러난 사람을 낮잡아 이르는 말. □선생 ~ / 공무원 ~.

지침(指針)**명 1** 시계·계량기 따위의 지시 장

치에 붙어 있는 바늘. □나침반의 ~. **2** 생활이나 행동 따위의 올바른 방법이나 방향을 알려 주는 준칙. □행동 ~ / ~을 따르다.

지침-서(指針書)**명** 지침이 될 만한 내용이 담긴 책. □학습 ~ / 인생 ~.

지칫-거리다[-칟꺼-]**자** 마땅히 떠나야 할 데서 훌쩍 못 떠나고 자꾸 머뭇머뭇거리다. □안으로 들어가지 못하고 밖에서 ~. □타 발을 작게 자주 떼면서 느릿느릿 걷다. □다친 다리를 지칫거리며 걷다. **지칫-지칫**[-칟찓칟]**부어자타**

지칫-대다[-칟때-]**자타** 지칫거리다.

지칭(指稱)**명하타** 어떤 대상을 가리켜 부름. 또는 그 이름. □배우자에 대한 ~ / 신세대로 ~되는 젊은이들.

지칭개(명)〖食〗국화과의 두해살이풀. 높이 약 90 cm. 여름에 붉은 자주색의 두상화가 핌. 어린잎은 나물로 식용함.

지켜-보다타 주의를 기울여 살펴보다. □신입 사원이 맡은 일을 열심히 하는지 ~.

지키다타 1 재산·안전 따위를 잃거나 침해당하지 않도록 보호하거나 살피다. □나라를 ~ / 잠든 환자를 ~. **2** 눈여겨 감시하다. □골목을 ~. **3** 어떤 상태나 태도 따위를 그대로 계속 유지하다. □침묵을 ~ / 건강은 젊어서 지켜야 한다. **4** 지조 등을 굳게 지니다. □절개를 ~. **5** 약속·법령 등을 준수하다. □규칙을 ~ / 질서를 ~.

[지키는 사람 열이 도둑 하나를 못 당한다] 아무리 조심하여 감시 또는 예방하여도 불시에 생기는 불행은 막기 어려움의 비유.

지킴(地-)**명**〖民〗한 집안이나 어떤 장소 등을 지키고 있다는 신령한 동물이나 물건.

지킴-이(地-)**명** 한 집·마을·공동 구역을 지켜 주는 신(터주신·조왕신·장승 따위).

지-타구(-唾具)**명**〖宮〗'요강'과 '타구'를 아울러 이르면 말.

지탄(枝炭)**명** 나뭇가지로 구운 숯.

지탄(指彈)**명하타 1** 손끝으로 튀김. **2** 잘못을 지적하여 비난함. □사회의 ~을 받다.

지태-하다(遲怠-)**형여** 굼뜨고 태만하다.

지탱(支撑)**명하타** 오래 버티거나 배겨 냄. □겨우 목숨을 ~하다 / 버팀목이 겨우 담을 ~하고 있다.

지탱할-지(支撑-支)**명** 한자 부수의 하나('敍'·'鼓' 등에서 '支'의 이름).

지토-선(地土船)**명**〖역〗**1** 지방의 토착민들이 소유한 배. **2** 지방 관아에 등록된 배.

지통(止痛)**명하자** 아픔이 멈춤.

지통(至痛)**명**[至痛] 극통(極痛).

지통(紙筒)**명** 한지를 뜰 때, 그 감을 물에 풀어 담는 길쭉하고 번듯하게 만든 큰 나무통.

지퇴(知退)**명하자** 물러날 것을 앎.

지파(支派)**명** 종파(宗派)에서 갈라져 나온 파.

지판(地板)**명 1** 관(棺)의 밑바닥 널. **2**〖전〗접지할 때의 땅속에 묻는 금속판.

지팡-막대(-때)**명** 지팡이 삼아 짚는 막대기.

지팡이(명)보행을 도우려고 짚는 막대기. □~를 짚다.

지퍼(zipper)**명** 서로 이가 맞물리도록 금속이나 플라스틱 등의 조각을 헝겊 테이프에 나란히 박아서, 그 두 줄을 쇠고리로 밀고 당겨 여닫을 수 있도록 만든 것. 파스너. □~가 달린 바지 / ~를 열다.

지편(紙片)**명** 종잇조각.

지평(地平)**명 1** 대지(大地)의 편평한 면. **2** '지평선'의 준말. **3** 어떤 분야의 전망이나 발전 가능성 따위의 비유. □한국 영화의 새

을 열다.
지평 (地坪) 명 땅의 평수.
지평 거:리 (地平距離) 〖지〗 지구 표면의 어떤 높이에서 내다볼 수 있는 가장 먼 거리.
지평-면 (地平面) 명 〖지〗 지구 위의 어떤 지점에서 연직선에 수직인 평면.
지평 부:각 (地平俯角) 〖지〗 실제로 보이는 지평선과 천문학적인 지평선이 이루는 각도.
지평-선 (地平線) 명 **1** 편평한 대지의 끝과 하늘이 맞닿아 보이는 경계선. 스카이라인(skyline). ❏~ 너머로 해가 지다. **2** 〖천〗 지평면이 천구(天球)와 만나는 큰 원. ㊟지평.
지평 시:차 (地平視差) 〖천〗 천체(天體)에서 지구의 반지름을 보는 각. 해나 달의 거리를 측정하는 데에 이용함.
지폐 (紙幣)[-/-페] 명 종이에 인쇄해 만든 화폐. 종이돈. 지전(紙錢). 지화(紙貨). ❏만 원짜리 ~. ↔금속 화폐.
지폐 본위 제:도 (紙幣本位制度)[-보뉘-/-페보뉘-] 〖경〗 지폐를 본위 화폐로 하는 제도. 지폐 본위.
지폐 소각 (紙幣消却)[-/-페-] 이미 발행한 지폐를 회수하여 폐기하고, 새 지폐 또는 화폐와 교환하는 일.
지포-나무 명 〖식〗 진달랫과의 낙엽 활엽 관목. 산기슭의 숲 속에 남. 꽃은 초여름에 총상꽃차례로 피고, 둥근 장과는 가을에 익으며 식용함.
지폭 (紙幅) 명 종이의 너비.
지표 (地表) 명 지구의 표면. 또는 땅의 겉면. 지표면.
지표 (指標) 명 **1** 방향이나 목적, 기준 따위를 나타내는 표지. ❏경제적인 ~/~를 세우다. **2** 〖수〗 상용로그(常用log)의 정수 부분.
지표 (紙票) 명 종이로 만든 딱지. 카드.
지표-면 (地表面) 명 지표(地表).
지표-수 (地表水) 명 지구 표면에 있는 물《하천·호수 등의 물》. ↔지하수.
지표 식물 (地表植物)[-싱-] 〖식〗 겨울철 또는 건조기(乾燥期)에 겨울눈의 위치가 지표에서 30 cm 이내에 있는 식물.
지표 식물 (指標植物)[-싱-] 기후·토양 등 식물이 성장하는 데 필요한 특정한 환경 조건을 나타내는 식물이나 그 군락.
지푸라기 명 짚의 낱개. 또는 부서진 짚의 부스러기. ❏여기저기 ~가 널려 있다.
지풍-초 (知風草) 명 〖식〗 그령.
지프 (jeep) 명 사륜 구동의 소형 자동차. 미국에서 군용으로 개발한 것으로 험한 지형에서 주행하기에 알맞음《본디 상표명임》. 지프차.
지프-차 (jeep車) 명 지프.
지피 (地被) 명 땅을 덮고 있는 잡초나 선태류.
지피다[1] 자 사람에게 신의 영(靈)이 내려 신통하고 묘한 힘이 생기다. ❏신이 무당에게 ~.
지피다[2] 타 아궁이나 화덕 등에 땔나무를 넣어 불을 붙이다. ❏장작을 ~.
지피-물 (地被物) 명 땅을 덮고 있는 온갖 물건.
지피에스 (GPS) 명 〔global positioning system〕 위성 지리 정보 장치. 인공위성에서 발사된 전파를 이용하여 현재의 위치를 찾아내는 방식《표시 장치에 위도·경도로 나타내거나 지도 위에 점으로 나타냄》.
지피지기 (知彼知己) 명하자 적의 사정과 나의 사정을 잘 앎. ❏~면 백전백승이라.
지필 (紙筆) 명 종이와 붓.
지필묵 (紙筆墨) 명 종이와 붓과 먹.
지필연묵 (紙筆硯墨)[-련-] 명 종이·붓·벼루·먹. 문방사우.
지하 (地下) 명 **1** 땅속이나, 땅속을 파고 만든 구조물의 공간. ❏~ 감옥/건물 붕괴로 ~에 갇히다/~에 매장되어 있는 자원. **2** 무덤 속. 저승. ❏나중에 ~에 가 조상님 볼 낯이 없다. **3** 사회 운동·정치 운동에서 비합법적인 면. ❏~ 단체/~에서 활동하다.
지하-가 (地下街) 명 지하상가.
지하 결실 (地下結實)[-씰] 〖식〗 땅 위에서 꽃이 수정한 후에, 열매는 땅속에서 맺는 일《땅콩 따위가 있음》.
지하-경 (地下莖) 명 〖식〗 땅속줄기. ㊟지경(地莖).
지하 경제 (地下經濟) 〖경〗 사채놀이·마약 거래·도박·매춘 등 불법적인 경제 활동과 합법적이지만 정부의 공식 통계에는 나타나지 않는 여러 가지 경제 활동.
지하-공작 (地下工作) 명 어떤 목적을 이루기 위하여 비합법적으로 비밀리에 하는 활동. ❏반체제 운동의 ~.
지하-근 (地下根) 명 〖식〗 땅속뿌리.
지하-도 (地下道) 명 땅 밑으로 낸 길. ❏~로 길을 건너다.
지하 문학 (地下文學) 〖문〗 정부의 탄압으로 공공연히 발표하거나 읽지 못하고 숨어서 하는 문학.
지하-보도 (地下步道) 명 걸어서 길을 건널 수 있게 지하로 낸 길.
지하-상가 (地下商街) 명 지하도에 상점이 늘어서 있는 곳. 지하가.
지하-선 (地下線) 명 **1** 땅속에 묻어 가설한 전선. 지중선. 지하 케이블. **2** 지하철의 선로.
지하-수 (地下水) 명 땅속의 토사나 암석 등의 사이를 채우고 있는 물. ❏~ 개발/~를 끌어 올려 식수로 사용하다. ↔지표수.
지하 식물 (地下植物)[-싱-] 〖식〗 식물체의 눈이 땅속에서 나오는 식물.
지하-신문 (地下新聞) 명 비합법적으로 숨어서 발행하는 신문.
지하-실 (地下室) 명 **1** 건물에서 땅속에 만들어 놓은 방. ❏어두컴컴한 ~. **2** 땅광.
지하 운:동 (地下運動) 비합법적으로 숨어서 하는 사회 운동이나 정치 운동. 잠행(潛行) 운동. 지하 활동.
지하-자원 (地下資源) 명 지하에 묻혀 있는 자원《석탄·석유·광석 따위 인간 생활에 도움이 되는 광산물》. ❏~을 개발하다.
지하 정부 (地下政府) 합법적인 정부를 부인하고 전복시킬 목적으로 비합법적인 활동을 하는 비밀 정부.
지하 조직 (地下組織) 지하 활동을 하는 비합법적인 비밀 조직.
지하-철 (地下鐵) 명 대도시에서 교통 혼잡을 완화하고 빠른 속도로 운행하고자 땅속에 터널을 파고 부설한 철도.
지하 철도 (地下鐵道)[-또] '지하철'의 본딧말.
지하철-역 (地下鐵驛)[-력] 명 지하철이 떠나거나 도착하는 역.
지하-층 (地下層) 명 땅 밑에 지은 아래층.
지하 케이블 (地下cable) 지하선(地下線)1.
지하 폭발 (地下爆發)[-빨] 실험을 위해 원자나 수소 폭탄 따위를 땅속 깊은 곳에서 폭발시키는 일.
지하 활동 (地下活動)[-똥] 지하 운동.
지학 (地學) 명 '지구 과학'의 준말.
지학 (志學) 명하자 **1** 학문에 뜻을 둠. **2** '열다

섯 살'을 일컫는 말.

지한(至恨)〖명〗매우 큰 원한.

지한(脂汗)〖의〗지방분이 많이 섞여서 끈끈한 땀.

지한-제(止汗劑)〖명〗땀이 많이 나는 것을 억제하거나 방지하는 약제《아트로핀·장뇌산(樟腦酸) 따위》. 제한제.

지함(地陷)〖명〗〖하자〗땅이 움푹 주저앉음.

지함(紙函)〖명〗두꺼운 종이로 만든 상자.

지해(支解·肢解)〖명〗옛날 중국에서 행하던 가혹한 형벌의 하나《팔다리를 찢어 내는 형벌》. ——하다〖타어〗지해의 형벌을 가하다.

지핵(地核)〖명〗〖지〗지심(地心).

지행(至行)〖명〗더없이 착한 행실.

지행(志行)〖명〗지조(志操)와 행실.

지행(知行)〖명〗아는 것과 실천하는 것. □ ～이 일치하다.

지행-하다(至幸一)〖형어〗지극히 다행하다.

지행-합일설(知行合一說)[一썰]〖명〗〖철〗지식과 행위는 원래 하나이므로, 알고 행하지 아니하면 진짜 아는 것이 아니라는 학설. 중국 명나라 왕양명이 주장한 수양법임. ＊선지후행설.

지향(地響)〖명〗1 무거운 것이 떨어지거나 통과할 때, 지면이 울려 소리가 나는 일. 2 지진·분화 따위가 일어날 때 지반이 흔들리며 소리가 나는 일.

지향(志向)〖명〗〖하자〗어떤 목적으로 뜻이 쏠리어 향함. 또는 그 의지나 방향. □ 출세 ～ / 복지 국가를 ～하다.

지향(指向)〖명〗〖하타〗지정한 방향으로 나아감. 또는 그 방향. □ 길을 잃고 ～ 없이 헤매다.

지-향사(地向斜)〖명〗〖지〗지층이 수천 미터 이상 두껍게 쌓인 후, 조산 운동을 받아 습곡 산맥을 이룬 퇴적 분지.

지향-성(志向性)[一썽]〖명〗의식(意識)이 늘 어떤 것에 쏠리는 성질.

지향-성(指向性)[一썽]〖명〗1 지향하는 성질·경향. 2〖물〗빛·음파·전파 따위의 세기가 방향에 따라 변하는 성질《파장이 짧을수록 현저하게 나타남》.

지향성 안테나(指向性antenna)[一썽一]특정한 방향으로 세게 전파를 방사하거나, 특정한 방향에서 오는 전파를 특히 잘 받아들일 수 있게 설계한 안테나.

지혈-하다(至歇一)〖형어〗물건값이 매우 싸다.

지-현판(紙懸板)〖명〗가로 폭의 종이에 써서 붙인 글씨나 그림.

지현-하다(至賢一)〖형어〗지극히 어질고 현명하다.

지혈(止血)〖명〗〖하자타〗흐르는 피가 멈춤. 또는 흐르는 피를 멈추게 함. □ ～을 위해 상처 부위에 붕대를 감다.

지혈-면(止血綿)〖명〗흐르는 피를 멈추는 데에 쓰는 솜《탈지면에 약품을 바르고 눌러 말림》.

지혈-법(止血法)[一뻡]〖명〗흐르는 피를 멈추게 하는 방법《지압법이나 압박법 등의 일시적 지혈법과, 수술시에 행하는 영구적 지혈법이 있음》.

지혈-제(止血劑)[一쩨]〖명〗흐르는 피를 멈추게 하는 약《젤라틴·칼슘제 따위》.

지협(地峽)〖명〗〖지〗두 육지를 연결하는 좁고 잘록한 땅《수에즈·파나마 따위》.

지형(地形)〖명〗땅의 생긴 모양이나 형태. 지세(地勢). □ ～이 험하다 / ～을 살피다 / 근처의 ～을 잘 알고 있다.

지형(紙型)〖명〗〖인〗활판 인쇄에서 연판(鉛版)을 뜨기 위해 식자판 위에 축축한 종이를 올려놓고 강한 힘으로 눌러서 그 종이 위에 활자 자국이 나타나게 한 것《여기에 인쇄용 납을 녹여 부어 내면 인쇄용 연판이 됨》.

지형-도(地形圖)〖명〗〖지〗토지의 기복·형태, 교통로, 취락, 수계(水系) 배치 상황 등을 그린 지도.

지형 모형(地形模型)〖지〗어떤 지역의 지형을 입체적으로 축소하여 나타낸 모형.

지형 윤회(地形輪廻)[一뉴一]침식 윤회.

지형 측량(地形測量)[一층냥]지형도를 작성하기 위해, 지구 표면의 여러 지점의 위치 및 지표의 높낮이 상태를 측정하는 일.

지형-학(地形學)〖명〗〖지〗지표의 형태 및 그 형성 과정과 변천을 연구하는 지리학의 한 부문.

지혜(智慧·知慧)[一/一헤]〖명〗1 사물의 도리나 이치를 잘 분별하는 정신 능력. 슬기. □ ～를 짜내다 / ～가 뛰어나다. 2〖불〗미혹(迷惑)을 소멸하고 부처의 진정한 깨달음을 얻는 힘.

지혜-검(智慧劍)[一/一헤一]〖명〗〖불〗지혜가 번뇌를 끊는 것을 잘 드는 칼에 비유한 말. 지검(智劍).

지혜-경(智慧鏡)[一/一헤一]〖명〗〖불〗지혜의 맑고 밝음을 만물을 비추는 거울에 비유한 말.

지혜-광(智慧光)[一/一헤一]〖명〗〖불〗아미타불의 12광명(光明)의 하나. 모든 중생의 무명(無明)의 어두움을 비추어 주는 아미타불의 지심(智心)으로부터 나오는 광명.

지혜-롭다(智慧一)[一/一헤一따][一로워, 一로우니]〖형〗지혜가 많다. 슬기롭다. □ 지혜로운 사람 / 문제를 지혜롭게 해결하다. **지혜-로이**[一/一헤一].

지혜 문학(智慧文學)[一/一헤一]〖기〗구약 성서 중의 '잠언'·'전도서'·'욥기' 및 '시편(詩篇)'의 일부의 통칭.

지혜 염-불(智慧念佛)[一/一헤一]〖불〗진종(眞宗)에서, 아미타불의 본원(本願)인 타력(他力) 염불.

지혜-화(智慧火)[一/一헤一]〖명〗〖불〗지혜가 번뇌를 태워 없애는 것이 불과 같다는 뜻.

지호(池湖)〖명〗못과 호수.

지호(指呼)〖명〗〖하타〗손짓해 부름.

지호지간(指呼之間)〖명〗손짓해 부를 만한 가까운 거리.

지혼-식(紙婚式)〖명〗결혼 기념식의 하나. 결혼 1주년을 기념하여, 부부가 서로 그림·책 따위의 종이로 된 선물을 주고받음.

지화(地火)〖명〗1 산불의 하나. 타기 쉬운 땅 표면의 토양이 연소함으로써 발생하는 화재. 2 음양오행설에서 말하는 화(火)의 하나.

지화-법(指話法)[一뻡]〖명〗수화법.

지화자ᄀ〖명〗나라가 태평하고 국민이 평안한 시대에 부르는 노래. 또는 그 노랫소리. ᄂ〖감〗1 노래나 춤의 곡조에 맞추어 흥을 돋우기 위해 부르는 소리. □ 얼씨구절씨구 ～ 좋다. 2 윷놀이에서 모를 치거나 활쏘기에서 과녁을 맞혔을 때, 잘한다는 뜻으로 외치는 소리.

지환(指環)〖명〗가락지1.

지황(地皇)〖명〗중국 고대의 전설상의 제왕(帝王). 삼황(三皇)의 하나로 천황씨(天皇氏)를 계승하였다고 함.

지황(地黃)〖명〗1〖식〗현삼과의 여러해살이풀. 원포에 재배하며 높이는 30 cm 정도이고 여름에 연자주색 꽃이 핌. 2〖한의〗지황의 뿌리《보혈 강장제로 씀》.

지회(支會)〖명〗본회의 관리 아래 일정한 지역

안의 일을 맡아보는 조직.

지회 (遲徊)[—하자] **1** 배회(徘徊). **2** 맺고 끊지 못하고 주저함.

지효 (至孝)[명] 지극한 효도.

지효 (知曉)[명][하다] 알아서 깨달음. 또는 환히 앎.

지효 (遲效)[명] 늦게 보는 효험(效驗). 오랜 후에 보는 보람. ↔속효(速效).

지효-성 (遲效性)[—썽][명] 효력이나 효능이 늦게 나타나는 성질.

지효성 비:료 (遲效性肥料)[—썽—] 퇴비(堆肥)·두엄·깻묵 등과 같이 효험이 더디게 나타나는 비료. ↔속효성 비료.

지후 (祗候)[명][하다] **1** 어른을 옆에 모시며 시중을 듦. **2**《역》고려 때, 각문(閣門)에 속한 정칠품 벼슬.

지후-하다 (至厚—)[형어] **1** 두께가 아주 두껍다. **2** 인정 등이 매우 두텁다.

지휘 (指揮·指麾)[명][하다] **1** 목적을 효과적으로 이루기 위하여 단체의 행동을 통솔함. ▣감독의 ~에 따라 행동하다. **2**《악》합창·합주 따위에서 많은 사람의 음성을 지휘자의 손이나 몸의 동작으로 통일시키는 일. ▣합창을 ~하다. **3**《속》손님이 요릿집을 예약할 때, 기생을 불러오도록 지시하는 일. ▣기생이 ~를 받아 요릿집으로 가다.

지휘-관 (指揮官)[명]《군》부대를 지휘하고 통솔하는 직책에 있는 사람.

지휘-권 (指揮權)[—꿘] 상부 기관이 하부 기관을 지휘할 수 있는 권리. ▣군사 ~ / ~을 장악하다.

지휘-대 (指揮臺)[명]《악》지휘자가 올라서서 지휘하도록 마련한 대.

지휘-도 (指揮刀)[명] 군대의 의식 때, 군도 대신에 쓰는 칼.

지휘-명령 (指揮命令)[—녕][명] 상급 관청이 하급 관청에 그 소관 사무에 관general 내리는 명령.

지휘-봉 (指揮棒)[명]《악》지휘자가 합창·합주 등을 지휘하는 데 쓰는 막대기. **2** 지휘관이 손에 드는 가는 막대기. ▣부대장의 손에 ~이 들려 있었다.

지휘-부 (指揮部)[명] 단체의 행동을 지휘·통솔하는 부서나 본부.

지휘-소 (指揮所)[명]《군》부대를 지휘하기 위하여 마련된 장소. 시피(CP).

지휘-자 (指揮者)[명] **1** 단체의 행동을 지휘·통솔하는 사람. **2**《악》합창이나 합주를 지휘하는 사람. 컨덕터(conductor). ▣교향악단 ~.

지휘-탑 (指揮塔)[명] 지휘 구역이 넓거나 지형이 지휘에 부적당하여 지휘응으로 따로 세운 망대(望臺).

지흉-하다 (至凶—)[형어] 극흉(極凶)하다.

직¹『한의』ᄀ명 학질 등의 병이 발작하는 주기적인 차례. ᄂ의명 ▣을 세는 단위. ▣학질을 두 ~째 앓다.

직 (職)[명] '관직·직업·직위·직무'의 준말.

직² [부] 사람·새 등이 물똥·오줌 등을 한 차례 내깔기는 모양. 셴찍.

직³ [부][하다] **1** 줄이나 글씨 따위의 획을 한 번 세게 긋는 소리. **2** 종이나 천 따위를 한 번 세게 찢는 소리. 작직. 셴찍.

직각 (直角)[—깍]《수》두 직선이 만나서 이루는 90°의 각. ▣허리를 ~으로 굽혀 인사하다.

직각 (直覺)[—깍][명][하다] **1** 보거나 듣는 즉시로 바로 깨달음. **2**『철』직관(直觀).

직-각기둥 (直角—)[—깍끼—][명]《수》옆모서리가 밑면에 수직인 각기둥.

━━━

직각-력 (直覺力)[—깽녁][명] 보거나 듣는 즉시 바로 깨닫는 능력.

직각 삼각형 (直角三角形)[—깍쌈가켱]《수》한 각이 직각인 삼각형. ㉤직삼각형.

직각-설 (直覺說)[—깍썰][명]『윤』선악의 구별을 직각적(直覺的)으로 파악된다는 주장. 직각주의. 직관설(直觀說). 직관주의.

직각 쌍곡선 (直角雙曲線)[—깍—썬]《수》두 개의 점근선(漸近線)이 서로 수직인 쌍곡선. 등변(等邊) 쌍곡선.

직각-적 (直覺的)[—깍쩍][관명] 사물에 대하여 직접 깨닫는 (것). ▣~ 반응 / ~으로 깨닫다 / ~으로 알다.

직-각주 (直角柱)[—깍쭈][명]《수》'직각기둥'의 구용어.

직각-주의 (直覺主義)[—깍쭈— / —깍쭈이][명] 직각설.

직각 프리즘 (直角prism)[—깍—]『물』꼭지각이 직각인 이등변 삼각기둥 모양의 프리즘. 전반사 프리즘.

직간 (直諫)[—깐][명][하다] 임금이나 웃어른에게 잘못된 일에 대하여 직접 말함. 또는 그런 일. ▣임금에게 사실을 ~하다. ㉤풍간.

직감 (直感)[—깜][명][하다] 설명이나 증명 등을 거치지 않고 사물의 진상을 곧바로 느껴 앎. 또는 그 감각. ▣~으로 느끼다 / ~이 들어맞았다.

직감-적 (直感的)[—깜쩍][관명] 사물의 진상을 곧바로 느껴 알아차리는 (것). ▣~ 판단 / ~으로 알다.

직-거래 (直去來)[—꺼—][명][하다] 중개인을 거치지 않고 살 사람과 팔 사람이 직접 거래함. 직접 거래. ▣농산물 ~ 판매장 / 어민과 ~ 되는 수산물 / 산지에서 채소를 ~하다.

직격-탄 (直擊彈)[—껵—][명] **1** 곧바로 날아와서 명중한 탄환이나 포탄. ㉤을 맞다. **2** 직접적으로 치명적인 피해를 주거나 타격을 가하는 일. ▣상대방 얼굴에 ~을 날리다 / 지도부에 ~을 날리다.

직결 (直決)[—껼][명][하다] 즉결(卽決).

직결 (直結)[—껼][명][하다] 직접 연결됨. 또는 직접 연결함. ▣생계와 ~되는 문제.

직경 (直徑)[—껑]《수》'지름'의 구용어.

직계 (直系)[—께 / —꼐][명] **1** 사제·단체 따위의 관계에서 직접 계통을 이어받음. 또는 그 사람. ▣~ 제자. **2** 혈연이 친자 관계로 직접 이어져 있는 계통. ㉤~ 혈통. ↔방계.

직계 (職階)[—께][명] 직급(職級).

직계 가족 (直系家族)[—께— / —꼐—] 직계에 속하는 가족(부모·자녀 등). ▣~만으로 치른 환갑잔치.

직계 비:속 (直系卑屬)[—께— / —꼐—] 자기로부터 직계로 내려간 혈족(자녀·손자·증손 등). ↔직계 존속.

직계 인척 (直系姻戚)[—께— / —꼐—] 배우자의 직계 혈족. 또는 자기 직계 혈족의 배우자.

직계-제 (職階制)[—께— / —꼐—][명]『법』직무를 몇 가지 직종으로 나누고 일의 책임과 정도에 따라 직급을 정하는 인사 관리 제도.

직계 존속 (直系尊屬)[—께— / —꼐—] 조상으로부터 직계로 내려와 자기에 이르는 사이의 혈족(부모·조부모 등). ↔직계 비속.

직계-친 (直系親)[—께— / —꼐—][명] 직계 혈족 및 직계 인척의 관계. 또는 그런 관계에 있는 사람.

직계 친족 (直系親族)[—께— / —꼐—] 직계의 친

족. 팔촌 이내의 직계 혈족과 사촌 이내의 직계 인척.

직계 혈족(直系血族)[-계-쪽 / -계-쪽] 직계의 관계가 있는 존속과 비속의 혈족.

직고(直告)[-꼬] 명하타 바른대로 고해 알림.

직공(職工)[-꽁] 명 1 자기 기술로 물건을 만드는 일을 직업으로 하는 사람. 2 공장에서 일하는 사람. 공원(工員). ▢5년째 하는 ~생활.

직공(織工)[-꽁] 명 직물을 짜는 일에 종사하는 사람.

직관(直觀)[-꽌] 명하타 경험·판단·추리 등의 사유(思惟) 작용을 거치지 않고 대상을 직접적으로 파악하는 작용. 직각(直覺).

직관(職官)[-꽌] 명 역 직위와 관등.

직관 교:수(直觀敎授)[-꽌-] 실물(實物) 교수.

직관-력(直觀力)[-꽌녁] 명 추리나 판단 따위의 사고(思考) 작용을 거치지 않고 직접적으로 대상을 파악할 수 있는 능력.

직관-상(直觀像)[-꽌-] 심 전에 본 사물을 나중에 실제로 보고 있는 것처럼 선명(鮮明)하게 머리에 떠오를 때의 상(像)(10~13세 쯤의 어린이에게서 많이 볼 수 있는 현상).

직관-설(直觀說)[-꽌-] 명 윤 직각설.

직관-적(直觀的)[-꽌-] 관명 판단·추리 따위의 사유 작용을 따나 대상을 직접적으로 파악하는 (것). ▢그는 위험을 ~으로 느꼈다.

직관-주의(直觀主義)[-꽌- / -꽌-이] 명 1 철 진리나 실재는 분별적인 사고보다는 지적 직관으로만 인식이 가능하다는 주장. 2 윤 직각설.

직교(直交)[-꾜] 명하자 수 두 직선 또는 두 평면이 직각을 이루며 만나는 일. ▢두 직선이 ~하는 점.

직구(直球)[-꾸] 명 야구에서, 투수가 변화를 주지 않고 직선처럼 곧게 던지는 공. 스트레이트.

직군(職群)[-꾼] 명 직무의 성질이 유사한 직렬(職列)을 한데 묶은 것(공무원의 경우, 토목·건축·지적·측지 네 직렬을 '시설'로 묶은 것 따위).

직권(職權)[-꿘] 명 직무상의 권한. 공무원·법인 등의 기관이 그 지위나 자격으로 행할 수 있는 사무나 그 범위. ▢~을 행사하다 / 의장 ~으로 퇴장시키다.

직권 남:용(職權濫用)[-꿘나뵹] 직무상 자기 권한 이외의 행위를 하여 직무의 공정을 잃음.

직권 등기(職權登記)[-꿘-] 법 등기 공무원이 직권으로써 하는 등기. 경정 등기·말소 등기 따위.

직권 명:령(職權命令)[-꿘-녕] 법률에 의거하여, 행정 기관이 제정하는 부령(部令) 등의 명령.

직권 조정(職權調停)[-꿘-] 법 직권으로 조정에 부치는 일. ▢~으로 노동 쟁의를 해결하다.

직권-주의(職權主義)[-꿘- / -꿘-이] 명 법 1 형사 소송법상 법원에 권한을 집중시키는 주의. 2 민사 소송법상 소송에 관하여 법원이 자발적으로 행동할 수 있는 권능을 가지는 주의.

직권 처:분(職權處分)[-꿘-] 법 직권의 범위 안에서 자유로 행하는 처분.

직근(直根)[-끈] 명 식 곧은뿌리.

직금(織金)[-끔] 명 남빛 바탕에 은실이나 금실로 봉황과 꽃의 무늬를 섞어 짠 직물. 흔히

직급(職級)[-끕] 명 직무의 등급. 직무의 종류·곤란성·책임도 따위가 비슷한 직위를 한데 묶은 최하위의 구분임. 직계(職階). ▢~이 오르다.

직급(職給)[-끕] 명 직무에 대한 급료.

직기(織機)[-끼] 명 피륙을 짜는 기계.

직-날(直-)[-날] 명 한의 학질의 증세가 발작하는 날.

직납(直納)[-납] 명 직접 납입함.

직녀(織女)[징-] 명 1 직부(織婦). 2 천 '직녀성'의 준말.

직녀-성(織女星)[징-] 명 천 거문고자리의 가장 밝은 별인 베가성(Vega星)의 한자 이름 《칠석날 밤에 은하수 건너 견우성과 만난다는 전설이 있음》. 천녀(天女). ⓟ직녀.

직능(職能)[징-] 명 1 직무를 수행하는 능력. ▢~에 따라 보수가 다르다. 2 직업이나 직무에 따른 고유한 기능이나 역할.

직능 국가(職能國家)[징-까] 국가의 직능, 특히 행정 기능이 증대하여 적극적으로 국민에 대한 서비스에 중점을 두게 된 국가.

직능-급(職能給)[징-] 명 종업원의 직무 수행 능력에 따라 지급되는 임금 형태. *직무급.

직능 대:표제(職能代表制)[징-] 직능별 단체에서 대표를 뽑아 의회에 보내는 대의 제도. ↔지역 대표제.

직단-면(直斷面)[-만-] 수 수직 단면.

직달(直達)[-딸] 명하타 남의 손을 거치지 않고 직접 전달함.

직-담판(直談判)[-땀-] 명하타 남에게 의뢰하지 않고 직접 당사자와 만나 담판함.

직답(直答)[-땁] 명하자 1 즉답(卽答). ▢~을 피하다. 2 직접 대답함.

직도(直道)[-또] 명 1 곧은길. 직로(直路). ▢학교로 연결되는 ~가 개설되다. 2 사람이 가야 할 바른 길.

직력(職歷)[징녁] 명 직업상의 경력.

직렬(直列)[징녈] 명 물 직렬연결. ↔병렬(竝列).

직렬(職列)[징녈] 명 직무의 종류가 비슷하고 책임과 어려움의 정도가 다른 직급을 한데 묶은 계열.

직렬-연결(直列連結)[징녈련-] 명 물 전기 기기나 장치를 차례차례 한 줄로 연결하는 일. 직렬.

직령(直領)[징녕] 명 역 조선 때, 무관(武官)이 입던 웃옷의 하나. 깃이 곧고 뻣뻣하며 소매가 넓음.

직례(直隷)[징녜] 명하자 직접 예속함.

직로(直路)[징노] 명 직도(直道)1.

직류(直流)[징뉴] 명 1 곧게 흐름. 2 물 직류 전류. ↔교류.

직류 발전기(直流發電機)[징뉴-쩐-] 물 직류 전류를 발생시키는 발전기.

직류 전:동기(直流電動機)[징뉴-] 물 직류 전원으로 운전되는 전동기.

직류 전:류(直流電流)[징뉴절-] 물 회로 속을 항상 일정한 방향으로 흐르는 전류. 전류의 세기와 방향이 늘 일정한 전류. 직류.

직류 전:류계(直流電流計)[징뉴절- / 징뉴절-계] 직류 전류의 강도를 재는 계기.

직류 전:압계(直流電壓計)[징뉴저냅꼐 / 징뉴저냅꼐] 직류 전압을 측정하는 계기.

직립(直立)[징닙] 명하자 1 똑바로 섬. 2 산 따위가 높이 솟아오름. 또는 그 높이. 3 수직(垂直)1.

직립-경(直立莖)[징닙꼉] 명 식 곧은줄기.

직립-면 (直立面)[징닙-] 圀《수》입화면.
직립 보:행 (直立步行)[징닙뽀-] 사지(四肢)를 가진 동물이 뒷다리만을 사용하여 등을 꼿꼿이 세우고 걷는 일. 주로 인간이 이동하는 형태를 이르는 말임.
직립 원인 (直立猿人)[징니붜닌] 자바 원인.
직-말사 (直末寺)[징-싸] 圀《불》본사(本寺)의 관할 아래에 있는 말사(末寺).
직매 (直賣)[징-] 圀하타 생산자가 중간 상인을 거치지 않고 소비자에게 제품을 직접 파는 일. 직판(直販). □제조원에서 ~하다.
직매-장 (直賣場)[징-] 圀 중간 상인을 거치지 않고 생산자가 소비자에게 제품을 직접 파는 장소. □농수산물 ~.
직맥 (直脈)[징-] 圀《식》평행맥의 하나. 잎줄기가 세로로 나란히 된 잎맥(댓잎·보리 잎 따위).
직면 (直面)[징-] 圀하자타 어떤 일이나 사물을 직접 당하거나 접함. □위험에 ~하다.
직명 (職名)[징-] 圀 직업(職業)이나 직무, 직위·벼슬 따위의 이름. □~이 박힌 명함.
직무 (職務)[징-] 圀 직책이나 직업상 책임을 지고 맡은 사무. □~ 수행 / ~를 대행하다 / ~를 태만히 하다.
직무-급 (職務給)[징-] 圀 직무 평가에 의하여 노동의 양과 질에 따라 지급되는 임금 형태. *직능급(職能給).
직무 대:리 (職務代理)[징-] 《법》해당 관청이 직무를 행사하지 않고 직위·순위에 따라 다른 사람에게 대신 행사하게 하는 일.
직무 명:령 (職務命令)[징-] 상관이 부하 공무원의 직무를 지휘하고자 내리는 명령(헌법이나 법령에 위배되지 않는 한 거부할 수 없음).
직무 범:죄 (職務犯罪)[징-] 《법》공무원이 직권을 남용하거나 일을 태만히 하는 데서 성립하는 죄.
직무 유기죄 (職務遺棄罪)[징-죄] 공무원이 정당한 이유 없이 직무 수행을 거부하거나 유기함으로써 성립하는 죄. □그는 ~로 해직되었다.
직무 질문 (職務質問)[징-] 불심 검문.
직무 평:가 (職務評價)[징-까] 직무의 상대적 가치를 기업의 처지에서 비교하고 판정하는 일. 업무의 난이도와 책임성을 다룸.
직물 (織物)[징-] 圀 씨와 날을 직기(織機)에 걸어 짠 물건(면직물·모직물·견직물 따위).
직박구리 [-빡꾸-] 圀《조》직박구릿과의 새. 봄에는 산지에서, 가을부터는 인가나 들에서 삶. 몸의 길이 20㎝ 정도. 주둥이 부근에 뾰뾰뾰한 털이 있고, 등은 회갈색, 가슴은 회색에 흰 반점이 있고, 배는 흼.
직방 (直放)[-빵] 圀 효과나 결과가 곧바로 나타나는 일. □약효가 ~이다.
직방-체 (直方體)[-빵-] 圀《수》직육면체.
직배 (直配)[-] 圀하타 물품의 생산자가 소비자에게 직접 물품을 배급하거나 배달하는 일. □~ 영화.
직복 (職服)[-] 圀 직무에 따라 입는 독특한 제복. 직업복.
직-복근 (直腹筋)[-복끈] 圀《생》복벽(腹壁)의 정중선(正中線) 양쪽에 세로로 뻗은은 근육.
직봉 (職俸)[-뽕] 圀 1 직분에 따르는 봉록. 2 직무와 봉급.
직부 (織婦)[-뿌] 圀 피륙을 짜는 여자. 직녀(織女).
직분 (職分)[-뿐] 圀 1 직무상의 본분. □맡은 바 ~을 다하다. 2 마땅히 해야 할 본분. □ 지켜야 할 ~.

직불 카드 (直拂card)[-뿔-] 《경》신용 카드 회원이 가맹점에서 카드를 사용하는 즉시 회원의 은행 예금 계좌에서 카드 사용 금액이 인출되게 만든 카드. 일정 기간 후에 대금이 결제되는 신용 카드와 구별됨.
직사 (直死)[-싸] 圀하타 즉사(卽死).
직사 (直射)[-싸] 圀하자타 1 광선이 정면으로 곧게 비침. □햇빛의 ~로 뜨거워진 모래밭. 2 바로 대고 내쏨. 3 탄도가 조준선 위로 목표보다 더 높게 올라가지 않도록 쏨.
직사 (直寫)[-싸] 圀하타 있는 그대로 베껴 씀.
직사 (職事)[-싸] 圀 직무(職務)에 따라 책임지고 맡아 하는 사무.
직사 (職事)[-싸] 圀 직무에 관계되는 일.
직-사각 (直四角)[-싸-] 圀 네 각이 모두 직각으로 된 사각.
직-사각형 (直四角形)[-싸가켱] 圀《수》가로 세로의 길이가 같지 않고 네 각의 크기가 모두 90°인 사각형. 장방형(長方形).
직사-광선 (直射光線)[-싸-] 圀 정면으로 곧게 비치는 광선. 직사광.
직사 도법 (直射圖法)[-싸-뺍] 지도 투영법 중 투시 도법의 하나. 시점(視點)을 무한히 먼 쪽에 두고 지구 중심을 지나는 평면에 지구 표면을 수직으로 투사하는 법.
직사-포 (直射砲)[-싸-] 圀《군》목표물을 직접 조준하여 탄도를 낮추고 직선에 가깝도록 포탄을 발사하는 포. *곡사포(曲射砲)·평사포(平射砲).
직삼 (直蔘)[-쌈] 圀 곧게 말린 백삼. ↔곡삼(曲蔘).
직-삼각형 (直三角形)[-쌈가켱] 圀《수》'직각 삼각형'의 준말.
직상 (直上)[-쌍] 圀하자 1 바로 그 위. 2 직선으로 곧게 올라감.
직서 (直敍)[-써] 圀하타 상상이나 감상 등을 덧붙이지 않고 있는 그대로 서술함. □사실(史實)을 ~하다.
직석 (直席)[-썩] 圀 즉석(卽席)1.
직선 (直線)[-썬] 圀 1 꺾이거나 굽은 데가 없는 곧은 선. □~ 도로. ~선. 2 《수》두 점 사이를 가장 짧게 연결한 선. 곧은금.
직선 (直選)[-썬] 圀하타 '직접 선거(直接選擧)'의 준말. ↔간선(間選).
직선-거리 (直線距離)[-썬-] 圀 두 점을 직선으로 연결하는 거리. 기하학상 최단 거리임.
직선-미 (直線美)[-썬-] 圀 그림·조각·건축 따위에서, 직선적인 구성으로 이루어지는 소박하고 힘찬 아름다움. ↔곡선미.
직선-적 (直線的)[-썬-] 圀 1 직선인 (것). □~인 도로. 2 조금도 감추는 데가 없는 (것). □~(인) 성격 / ~으로 말하다.
직선-제 (直選制)[-썬-] 圀 국민들이 직접 선거를 통하여 선출하는 제도. ↔간선제.
직선 코스 (直線course)[-썬-] 육상 경기·경마 따위에서 직선으로 된 주로. 직주로. 스트레이트 코스.
직선-형 (直線形)[-썬-] 圀《수》삼각형·사각형 따위와 같이 셋 이상의 직선으로 에워싸인 평면 도형(平面圖形).
직설 (直說)[-썰] 圀하타 바른대로 또는 곧이곧대로 말함. 또는 그 말.
직설-법 (直說法)[-썰뻡] 圀《언》영문법 등에서, 서술상 판단의 주체가 사실이라고 인정하는 문법상의 표현법.
직설-적 (直說的)[-썰쩍] 관圀 바른대로 말하

는 (것). ◻~ 화법 / ~으로 비판하다.

직섬-석 (直閃石)[-썸-] 圀 〖광〗 사방 각섬석 (斜方角閃石)의 하나. 성분은 철과 마그네슘의 규산염임(변성암 중에서 산출됨).

직성 (直星)[-썽] 圀 1 음양도에서, 사람의 나이에 따라 그 운명을 맡아본다는 아홉 별(水직성·金직성·土직성·日직성·火직성·計都직성·月직성·木직성·제웅직성 따위). 2 타고난 성질·성미나 운명.

직성(이) 풀리다 ⬚ 소원·욕망 등이 이루어져 마음이 흡족하다. ◻남을 헐뜯어야만 직성이 풀리는 사람.

직세 (直稅)[-쎄] 圀 '직접세(直接稅)'의 준말.

직소 (直所)[-쏘] 圀 번을 드는 곳. 숙직을 하는 곳.

직소 (直訴)[-쏘] 圀하타 일정한 절차를 밟지 않고 윗사람 또는 상급 관청에 직접 호소함. ◻민심을 상감께 ~하다.

직소 (職所)[-쏘] 圀 직무를 맡아보는 곳.

직속 (直屬)[-쏙] 圀하자 직접 속해 있음. ◻대통령 ~ 자문 기관 / 회장실에 ~된 부서.

직속 부대 (直屬部隊)[-쏙뿌-] 〖군〗 직할 부대.

직속-상관 (直屬上官)[-쏙쌍-] 圀 자기가 직접 소속되어 있는 부서의 상관. ◻~의 명령을 받고 출동했다.

직손 (直孫)[-쏜] 圀 직계(直系)의 자손.

직송 (直送)[-쏭] 圀하타 1 곧바로 보냄. ◻산지 ~ 채소 / 살아 있는 생선을 소비자에게 ~하는 판매 방법. 2 직접 보내거나 부침.

직수 (直守)[-쑤] 圀 직접 맡아서 지킴.

직수 (職守)[-쑤] 圀하자타 직무 또는 직장을 지킴.

직수굿-이 [-쑤구시] 뷔 직수굿하게. ◻~ 기다리고 있다.

직수굿-하다 [-쑤구타-] 혱여 저항 또는 거역하지 아니하며 하라는 대로 복종하는 태도를 보이다.

직-수입 (直輸入)[-쑤-] 圀하타 외국 상품을 중개 상인의 손을 거치지 않고 직접 수입함. ◻백화점의 ~ 코너 / 본고장에서 ~된 포도주 / 원료를 ~하여 제조하다. ↔직수출.

직-수출 (直輸出)[-쑤-] 圀하타 국내 상품을 중개 상인의 손을 거치지 않고 직접 수출함. ◻외국으로 ~되는 전자 제품 / 인삼을 일본에 ~하고 있다. ↔직수입.

직시 (直視)[-씨] 圀하타 1 정신을 집중하여 어떤 대상을 똑바로 봄. 2 사물의 진실을 바로 봄. ◻현실을 ~하다 / 정치가는 국민의 여망을 ~해야 한다.

직신 (直臣)[-씬] 圀 육정(六正)의 하나. 강직한 신하.

직신 (稷神)[-씬] 圀 곡식을 맡은 신령.

직신-거리다 [-씬-] 圀재 슬슬 건드리며 자꾸 귀찮게 하다. ⬚작신거리다. ⬚타 1 검질기게 말이나 행동으로 자꾸 남을 귀찮게 하다. 2 지그시 힘을 주어 자꾸 누르다. ⬚작신거리다.

직신-직신 [-씬-씬] 뷔하자타

직신-대다 [-씬-] 圀재 직신거리다.

직실-하다 (直實-)[-씰-] 혱여 정직하고 착실하다. ◻직실한 성격.

직심 (直心)[-씸] 圀 1 정직한 마음. 2 한결같은 마음. 3 〖불〗 진여(眞如)를 헤아려 생각하는 마음.

직심-스럽다 (直心-)[-씸-따][-스러워, -스러우니] 혱ㅂ 마음씨가 한결같은 데가 있다.

직심-스레 [-씸-] 뷔

직언 (直言)圀하자 1 기탄없이 자기가 믿는 바를 말함. ◻을 서슴지 않다 / 사장에게 ~하다. 2 절대적이고 무조건적인 말.

직언적 명:령 (直言的命令)[지건정-녕] 〖철〗 정언적 명령.

직업 (職業)圀 생계를 위하여 자신의 적성과 능력에 따라 일정한 기간 동안 계속 종사하는 일. ◻~에 대한 자부심이 대단하다. ◻~에는 귀천이 없다. ⬚업(業)·직(職).

직업 교:육 (職業教育)[지겁교-] 일정한 직업에 종사하는 데 필요한 지식과 기능을 가르치는 교육.

직업 군인 (職業軍人)[지겁꾸닌] 병역 의무로서가 아니라 직업으로서 군무에 복무하고 있는 군인.

직업 단체 (職業團體)[지겁딴-] 직업의 종별에 따라 조직된 단체(의사회·변호사회·상업조합 따위).

직업-병 (職業病)[지겁뼝] 圀 한 가지 직업에 오래 종사함으로써 그 직업의 특수한 조건 때문에 생기는 병(광원의 규폐병, 유리 직공의 만성 기관지염 등).

직업 보:도 (職業輔導)[지겁뽀-] 1 취직이나 전직을 하려는 사람에게 그 직업에 필요한 지식이나 기능을 가르치는 일. 2 직업상·생활상으로 필요한 보호·지도를 하는 일.

직업 선:수 (職業選手)[지겁썬-] 어떤 운동 경기를 직업으로 삼고 하는 선수.

직업-소개소 (職業紹介所)[지겁쏘-] 圀 직업소개를 영업으로 하는 업소(業所). ⬚소개소.

직업 심리학 (職業心理學)[지겁씸니-] 산업심리학.

직업 안:내 (職業案內) 구직자를 위해 구인 광고를 모아 게시한 안내.

직업-여성 (職業女性)[지겁녀-] 圀 1 일정한 직업에 종사하는 여성. ◻젊은 ~들의 모임. 2 주로, 유흥업에 종사하는 여성을 완곡하게 이르는 말.

직업-윤리 (職業倫理)[지겁뉸-] 圀 어떤 직업에 종사하는 사람들이 지켜야 하는 행동 규범.

직업-의식 (職業意識)[지거비-/지거비-] 圀 각 직업 종사자들의 특유한 태도나 도덕관, 가치관 따위의 총칭. ◻이 투철한 사람.

직업-인 (職業人)圀 어떤 직업에 종사하고 있는 사람. *직장인.

직업-적 (職業的)[지겁쩍] 관圀 직업으로 하는 (것). 직업에 관련되는 (것). ◻~인 이해관계 / 그는 ~으로 글을 쓴다.

직업적 분업 (職業的分業)[지겁쩍부넙] 각 사람이 그 직업에 따라 시행하는 사회적 분업.

직업 적성 검:사 (職業適性檢査)[지겁쩍썽-] 개인이 어떤 직업에 알맞은 소질이나 능력을 지니고 있는지를 조사하는 검사.

직업 전:선 (職業戰線)[지겁쩐-] 직업을 가진 사람은 직장을 잃지 않으려고 애쓰고, 직업이 없는 사람은 직장을 구하려고 온갖 수단을 다 쓰는 사회 현상을 이르는 말. ◻~에 뛰어들다.

직업 지도 (職業指導)[지겁찌-] 올바른 직업생활을 유도하기 위한 모든 지도 활동.

직업-학교 (職業學校)[지거팍꾜] 직업인을 양성하고자 직업에 관한 특수한 지식이나 기술 등에 치중하여 가르치는 학교.

직역 (直譯)圀하타 외국어로 된 말이나 글을 단어 하나하나의 의미에 충실하게 번역함. ◻~에 가까운 번역. ↔의역. *축어역.

직역 (職域)圀 어떤 직업의 영역이나 범위.

직역-체 (直譯體)[-체] 圀 〖문〗 직역한 문체(文體).

직영(直營)圓하타 특정한 기관 따위에서 직접 관리하고 경영함. ▯ ~ 대리점 / 본사에서 하는 판매장.

직오(織烏)圓 '태양'을 달리 일컫는 말.

직왕(直往)圓 서슴지 않고 곧장 감.

직왕-매진(直往邁進)圓하자 주저하거나 겁내지 않고 곧장 힘차게 나아감.

직원(職員)圓 일정한 직무를 담당하는 사람. ▯ ~ 채용 / ~ 단합 체육 대회.

직-원기둥(直圓-)圓《수》축과 밑면이 직각으로 교차하는 원기둥.

직원-록(職員錄)[지권녹]圓 직원의 직명·관등·성명 등을 적은 책.

직-원불(直圓-)[-원-]圓《수》축이 밑면에 수직인 원뿔. 또는 직각 삼각형이 그 직각의 변을 중심으로 하여 한 바퀴 돌 때 생기는 입체.

직원 조합(職員組合) 관공서·학교 등에서, 직원의 권익을 위하여 직원이 만든 조합.

직-원주(直圓柱)圓《수》'직원기둥'의 구용어.

직-원추(直圓錐)圓《수》'직원불'의 구용어.

직원-회(職員會)圓 직원회의.

직원-회의(職員會議)[지권-/지권-이]圓 직원들의 회의. 직원회.

직위(職位)圓 직무상의 계급. ▯ ~가 높다 / ~를 박탈하다.

직유(直喩)圓 '직유법'의 준말.

직유-법(直喩法)[-뻡]圓《언》비슷한 성질이나 모양을 가진 두 사물을 '같이, 처럼, 듯이'와 같은 연결어로 결합하여 직접 비유하는 수사법('그는 여우처럼 교활하다', '쟁반같이 둥근 달' 따위). 웹직유 법.

직-육면체(直六面體)[지늉-]圓《수》각 면이 모두 직사각형이고 마주 보는 세 쌍의 면이 각각 평행한 육면체.

직인(職人)圓 자기의 손재주로 물건을 만드는 것을 업으로 하는 사람. 직공.

직인(職印)圓 직무상 사용하는 도장. ▯ ~을 찍다 / 학교장의 ~이 찍힌 입학 원서.

직일(直日)圓 숙직이나 일직을 하는 날.

직임(職任)圓 직무상 맡은 임무.

직장(直腸)[-짱]圓《생》대장의 끝 부분으로, 위는 'S' 자 모양의 결장에 이어지고, 아래는 항문을 통해 밖으로 열리는 곧은 부분. 곧은창자.

직장(織匠)[-짱]圓 피륙을 짜는 공장(工匠).

직장(職長)[-짱]圓 작업 현장에서 근로자를 직접 지휘·감독하는 사람.

직장(職掌)[-짱]圓 담당하는 직무의 분담.

직장(職場)[-짱]圓 사람들이 근무하며 맡은 일을 하는 일터(공장·회사·관청 따위). 일자리. ▯ ~을 다니다 / ~을 얻다 / 지하철로 ~에 출퇴근하다 / ~에서 돌아오다.

직장-결혼(職場結婚)[-짱-]圓 같은 직장에서 근무하는 남녀가 결혼하는 일.

직장-암(直腸-)[-짱-]圓《의》직장에 발생하는 암종(癌腫).

직장-인(職場人)[-짱-]圓 직장을 가지고 일하는 사람. *직업인.

직장 폐:쇄(職場閉鎖)[-짱-/-짱폐] 노동 쟁의가 발생했을 때, 사용자가 공장이나 사업장의 문을 닫는 일(노동조합의 쟁의 행위에 대한 사용자의 대항 수단이며, 임금을 지급하지 않아도 됨).

직재(直截)圓하타 1 지체 없이 곧 재결(裁決)함. 2 직접 결재함.

직전(直田)[-쩐]圓 기름하고 네모반듯한 밭.

직전(直前)[-쩐]圓 (주로 '직전에'의 꼴로 쓰

여) 바로 앞. 일이 생기기 바로 전. 즉전(卽前). ▯ 출발 ~에 멀미약을 먹었다. ↔직후.

직전(直錢)[-쩐]圓 맞돈.

직전(職田)[-쩐]圓《역》조선 때, 현직 벼슬아치들에게 나누어 주던 토지(원칙적으로 세습하지 못함).

직절(直節)[-쩔]圓 곧은 절개.

직절(直截)[-쩔]圓하타형 1 즉각적으로 헤아려 판단함. 2 거추장스럽지 않고 간략함. ▯ ~한 문장.

직절-구(直截口)[-쩔-]圓《수》수직 단면.

직절-면(直截面)[-쩔-]圓《수》수직 단면.

직접(直接)[-쩝]ㅡ圓 중간에 매개나 거리·간격이 없이 바로 연결되는 관계. ▯ 사고의 ~ 원인. ↔간접. ㅡ튄 중간에 매개나 간격이 없이 바로. ▯ 내가 ~ 만나 보겠다.

직접 거:래(直接去來)[-쩝꺼-]《경》직거래.

직접 경험(直接經驗)[-쩝경-]《철》직접 사물에 접촉하거나 일에 참가함으로써 얻는 경험. ↔간접 경험.

직접 교:수법(直接教授法)[-쩝꾜-뻡] 외국어 교육에서, 배우고자 하는 외국어로 생각하고 말하도록 하는 교수법. 웹직접법.

직접 국세(直接國稅)[-쩝꾹쎄]《법》국가가 징수하는 직접세(법인세·상속세 따위). ↔간접 국세.

직접 군주제(直接君主制)[-쩝꾼-] 군주(君主)가 권능을 직접 행사하는 정치 체제. ↔간접 군주제.

직접 금융(直接金融)[-쩝끔늉-/-쩝끄뮹] 자금의 공급자가 수요자에게 직접 자금을 융통하는 방식. ↔간접 금융.

직접 기관(直接機關)[-쩝끼-] 헌법에 따라 지위·권한이 부여된 국가 기관(대통령·국회·정부·법원 따위). 헌법 기관. ↔간접 기관.

직접 높임말(直接-)[-쩝노핌-]《언》높임의 대상을 직접 높이는 말('아버님'·'잡수시다' 따위). ↔간접 높임말.

직접 민주제(直接民主制)[-쩝-] 국가 의사의 결정과 집행에 국민이 직접 참여하는 정치 제도. ↔간접 민주제.

직접 발생(直接發生)[-쩝빨쌩]《생》동물의 개체가 성체(成體)가 될 때까지 뚜렷한 변태가 없는 발생의 형(型)(조류나 어류에서 볼 수 있음). ↔간접 발생.

직접 발행(直接發行)[-쩝빨-]《경》유가 증권을 발행할 때, 금융 기관을 통하지 아니하고 발행 회사가 직접 투자자에게 판매하는 일. ↔간접 발행.

직접-법(直接法)[-쩝뻡] 1 긍정·부정·의문의 구별이 없이 사실을 있는 그대로 서술하는 수사법. 2 '직접 교수법'의 준말.

직접 보:상(直接補償)[-쩝뽀-] 손해에 대한 직접적인 보상. ↔간접 보상.

직접 분열(直接分裂)[-쩝뿐녈]《생》무사(無絲) 분열. ↔간접 분열.

직접-비(直接費)[-쩝삐]《경》제품을 만드는 데 드는 재료비·노무비 따위의 비용. ↔간접비.

직접 비:료(直接肥料)[-쩝삐-] 직접 흡수되어 농작물에 양분이 되는 비료(과인산석회·황산암모늄·인분 따위). ↔간접 비료.

직접 사격(直接射擊)[-쩝싸-]《군》직접 바라볼 수 있는 목표물에 대고 사격하는 일. ↔간접 사격.

직접 사:인(直接死因)[-쩝싸-]《생》생명의 유지

를 직접적으로 불가능하게 하는 원인(뇌(腦)·심장의 손상이나 기능 정지·질식 따위). ↔간접 사인.

직접 선:거 (直接選擧)[-접썬-] 【법】 선거인이 직접 피선거인을 뽑는 선거. ↔간접 선거. ㉣직선.

직접-세 (直接稅)[-접쎄] 명 【법】 국가가 세금의 부담자에게서 직접 받아들이는 조세《소득세·법인세·재산세 따위》. ↔간접세. ㉣직세(直稅).

직접 심리주의 (直接審理主義)[-접씸니-/-접씸니-이] 【법】 민사 소송에서, 소송을 맡은 법원이 직접 변론을 듣고 증거를 조사하는 주의. ↔간접 심리주의.

직접 염:료 (直接染料)[-접념뇨] 매염(媒染)하지 않고도 옷감에 물을 들일 수 있는 물감.

직접 인용 (直接引用)[-쩌비뇽] 【언】 문장에서, 다른 사람의 말이나 글 따위를 그대로 인용해서 쓰는 일(인용하는 말의 앞뒤에는 따옴표를 하고, 말 뒤에 부사격 조사 '라고'나 '하고'가 옴). ↔간접 인용.

직접-적 (直接的)[-접쩍] 관 【용】 중간에 매개를 통하지 아니하고 바로 연결되는 (것). ▯~의 동기 / ~으로 관련된 문제. ↔간접적.

직접 점유 (直接占有)[-접쩌뮤] 【법】 물건을 직접 지배하거나 점유 보조자를 통하여 점유하는 일. 구용어:자기 점유. ↔간접 점유.

직접 정:범 (直接正犯)[-접쩡-] 【법】 본인 스스로가 실행하는 범죄. 또는 그 범인. ↔간접 정범.

직접 조:명 (直接照明)[-접쪼-] 빛의 전부를 직접 내리비추는 조명. 경제적이고 설비가 쉬움. ▯이번 연극에서는 ~을 쓰기로 함. ↔간접 조명.

직접 조:준 (直接照準)[-접쪼-] 【군】 목표를 직접 볼 수 있는 경우의 조준. 근거리의 적을 사격할 때 함. ▯~ 사격. ↔간접 조준.

직접 증거 (直接證據)[-접쯩-] 【법】 소송에 적용할 법조문의 구성 요건이 되는 사실을 직접적으로 증명하는 증거.

직접 촬영 (直接撮影)[-접촤령] 엑스선(X線) 사진 촬영법의 하나. 피사체를 통과한 엑스선을 피사체와 같은 크기로 직접 필름에 촬영함. ↔간접 촬영.

직접 추리 (直接推理)[-접-] 【논】 하나의 명제에서 다른 명제를 직접 추리하는 일. ↔간접 추리.

직접 침:략 (直接侵略)[-접-냑] 무력으로 다른 나라의 영역에 침입하여 공격하는 일. ↔간접 침략.

직접 투자 (直接投資)[-접-] 【경】 어떤 국가의 기업이 경영 참가나 기술 제휴를 위하여 외국 기업의 주식 따위에 직접 투자하는 일. ↔간접 투자.

직접 행동 (直接行動)[-쩌쌩-] 【심】 규범이나 제도 따위를 무시하고 자기 의사를 직접 이루려고 하는 행동.

직접 화법 (直接話法)[-쩌퐈뻡] 남의 말을 인용할 경우에 그 사람의 말을 그대로 직접 풀이하는 화법. ↔간접 화법.

직접-환 (直接換)[-쩌콴] 명 【경】 제삼국을 거치지 않고 자금의 지불국과 수취국이 직접 결제하는 외국환 어음. ↔간접환.

직접 효:용 (直接效用)[-접쬬-] 【경】 사람의 욕망을 직접 충족시키는 재화(財貨)의 효용. ↔간접 효용.

직정 (直情)[-쩡] 명 자신의 생각을 꾸밈없이 그대로 드러냄.

직정-경행 (直情徑行)[-쩡-] 명하자 생각한 것을 꾸밈없이 그대로 행동으로 드러냄. 직행(直行).

직제 (職制)[-쩨] 명 1 관제(官制). 2 직무나 직위에 관한 제도. ▯~ 개편을 단행하다.

직-제자 (直弟子)[-쩨-] 명 문하에서 직접 배운 제자.

직-제학 (直提學)[-쩨-] 명 【역】 1 고려 때, 예문관(藝文館)·보문각(寶文閣)·우문관(右文館)·진현관(進賢館) 등의 정사품 벼슬. 2 조선 때, 집현전(集賢殿)의 종삼품과 예문관(藝文館)·홍문관(弘文館)의 정삼품 벼슬. 3 조선 때, 규장각(奎章閣)의 한 벼슬. 종이품에서 당상(堂上) 정삼품의 관원으로 임명하였음. *대제학.

직조 (織造)[-쪼] 명하타 기계로 피륙 따위를 짜는 일. ▯~ 공장.

직종 (職種)[-쫑] 명 직업이나 직무의 종류. ▯같은 ~에 종사하는 동료 / ~이 다르다.

직주 (直走)[-쭈] 명하자 곧장 달려감.

직주 (直奏)[-쭈] 명하타 임금에게 직접 아룀.

직-주로 (直走路)[-쭈-] 명 직선 코스.

직-주체 (直柱體)[-쭈-] 명 【수】 '직각기둥'의 구용어.

직증 (直證)[-쯩] 명 명증(明證)2.

직지-인심 (直指人心)[-찌-] 명 【불】 교리를 생각하거나 모든 계행(戒行)을 닦지 않고, 직접 사람의 마음을 지도하여 불과(佛果)를 이루게 하는 일.

직직¹ [-찍] 부하타 1 신 따위를 끌며 걷는 소리나 모양. ▯헐렁한 신을 ~ 끌고 다니다. 2 글씨의 획을 마구 긋거나 종이 등을 함부로 찢는 소리나 모양. ▯광고지를 ~ 찢었다. ㉣작작. ㉔찍찍.

직직² [-찍] 부 오줌이나 묽은 똥을 마구 내깔기는 모양. ㉔찍찍.

직직-거리다 [-찍꺼-] 타 1 신을 자꾸 직직 끌다. 2 글씨의 획을 마구 긋거나 종이 따위를 마구 찢다. ㉔작작거리다.

직직-대다 [-찍때-] 타 직직거리다.

직진 (直進)[-찐] 명하자 곧게 나아감. ▯~ 신호 / 빛은 ~하는 성질이 있다.

직차 (職次) 명 직책의 차례.

직책 (職責) 명 직무상의 책임. ▯맡은 ~을 수행하다.

직척 (直斥) 명하타 당사자가 있는 자리에서 꾸짖어 배척함.

직척 (直戚) 명 내종(內從)과 외종(外從)의 자손 사이의 척분(戚分).

직첩 (職牒) 명 【역】 벼슬아치의 임명 사령서(辭令書).

직초 (直招) 명하타 곧은불림.

직출 (直出) 명하자 지체하지 않고 바로 나감. 곧 나아감.

직토 (直吐) 명하타 실정을 바른대로 말함.

직통 (直通) 명하자 1 전화 따위가 두 지점 사이에 장애가 없이 바로 통함. ▯~ 전화. 2 결과나 효과가 바로 나타남. ▯위장병에는 ~으로 듣는 약. 3 버스·기차 등이 중도에 다른 곳에 들르지 않고 곧장 감. ▯서울에서 부산까지 ~으로 가는 열차.

직파 (直派) 명 직계(直系)로 내려온 겨레의 갈래. ▯~ 자손.

직파 (直播) 명하타 모내기를 하지 않고 직접 논밭에 씨를 뿌림. 곧뿌림. ▯볍씨를 ~하다.

직판 (直販) 명하타 직매. ▯농산물 ~ 시장.

직판-장 (直販場) 〖명〗 생산자가 소비자에게 직접 판매하는 장소. ~산지의 수산물 ~.

직품 (職品) 〖명〗 〖역〗 관직(官職)의 품계. 작품 (爵品). ▢비록 ~은 낮지만 그래도 상당한 벼슬자리이다. ⑪품곕品).

직필 (直筆) 〖명〗〖하타〗 1 무엇에 구애됨이 없이 사실 그대로 적음. 또는 그 글. 2 붓을 꽂꽂이 잡고 글씨를 쓰는 필법.

직핍 (直逼) 〖명〗〖하자〗 바싹 다가옴.

직하 (直下)[지카] 〖명〗〖하자〗 1 바로 그 아래. ▢적도 ~에 있는 나라. 2 곧바로 내려감. 3〖한의〗 이질(痢疾)의 중증(重症).

직-하다 (直-)[지카-] 〖형어〗 1 도리가 바르다. 2 성격이나 행동이 외곬으로 곧다.

직-하다 [지카-] 〖보형〗 용언이나 '이다' 뒤에서 '-음 직하다'의 꼴로 쓰여, 앞말이 뜻하는 내용이 발생할 가능성이 많음을 나타내는 말. ▢있음 ~ / 먹었음 ~ / 믿음 ~.

-직하다 [지카-] 〖미어〗 일부 형용사 어간에 붙어, '좀 또는 꽤 그러하다'는 뜻을 나타내는 말. ▢되~ / 높~ / 굵~.

직할 (直轄)[직칼] 〖명〗〖하타〗 중간에 다른 기구나 조직을 두지 않고 직접 관할함. ▢~ 파출소.

직할 부대 (直轄部隊)[직칼-] 〖군〗 사령부·고위 부대에 직접 예속되어 그 지휘를 받는 독립 부대. 직속 부대. 직할대.

직할-시 (直轄市)[직칼-] 〖명〗 '광역시'의 구칭.

직할 학교 (直轄學校)[직칼-표] 주무 관청이 직접 관할하는 학교.

직함 (職銜)[지감] 〖명〗 1〖역〗 벼슬의 이름. 2 직책이나 직무의 이름. ▢그는 여러 개의 ~을 가지고 있다.

직항 (直航)[지캉] 〖명〗〖하자〗 배나 비행기 따위가 도중에 다른 항구나 공항에 들르지 않고 바로 목적지로 항행함. ▢남북 정상 회담 때 우리 비행기가 평양으로 ~했다.

직항-로 (直航路)[지캉노] 〖명〗 비행기나 배가 도중에 다른 곳에 들르지 않고 목적지까지 바로 갈 수 있는 길.

직해 (直解)[지캐] 〖명〗〖하타〗 문장이나 구절을 글자 뜻대로 해석함.

직행 (直行)[지캥] 〖명〗〖하자〗 1 도중에 다른 데를 들르지 않고 바로 감. ▢~ 버스 / ~으로 가는 항공기. 2 마음대로 꾸밈없이 해냄. 직정 경행. 3 올바른 행동.

직-활강 (直滑降)[지칼-] 〖명〗〖하자〗 스키에서, 산의 경사면을 일직선으로 똑바로 미끄러져 내려옴.

직후 (直後)[지쿠] 〖명〗 어떤 일이 일어난 바로 뒤. 즉후(即後). ▢졸업 ~ 외국 유학을 떠나다. ↔직전.

진 (辰) 〖명〗 1 지지(地支)의 다섯째. 2 '진방(辰方)'의 준말. 3 '진시(辰時)'의 준말.

진: (津) 〖명〗 1 풀이나 나무의 껍질 등에서 분비되는 끈끈한 물질. 2 수증기·연기 또는 눅눅한 기운이 서려서 생기는 끈끈한 물질. ▢담뱃대에 ~이 가득 차다.

　　진(을) 빼다 〖구〗 기진맥진할 정도로 힘이나 정력을 다 써 없애다. ▢그깟 일로 진을 빼지 말고 아예 그만둬라.

　　진(이) 빠지다 〖구〗 실망하거나 싫증이 나서 더 이상 의욕을 상실하다. 또는 힘을 다 써서 기진맥진해지다.

진 (疹) 〖명〗〖한의〗 피부나 점막에 생기는 이상 물질(색택(色澤)이나 융기(隆起)의 상태에 따라 반진(斑疹)·구진(丘疹)·수포진 따위에 나타남).

진 (陣) 〖명〗 1 군사들의 대오(隊伍)를 배치한 것.

또는 그 대오가 있는 곳. ▢~을 벌이다. 2 진영(陣營)1.

진(을) 치다 〖구〗 자리를 차지하다. ▢진을 치고 앉아 불을 쬐고 있다.

진 (眞) 〖명〗 참¹ 1.

진: (晉) 〖명〗 〖민〗 '진괘(晉卦)'의 준말.

진: (參) 〖명〗 '진성(參星)'의 준말.

진: (進) 〖명〗 '진에(瞋恚)'의 준말.

진: (震) 〖명〗 1 '진괘(震卦)'의 준말. 2 '진방(震方)'의 준말.

진: (鎭) 〖명〗 1 지난날, 한 지역을 지키던 군대. 또는 그 군대의 우두머리를 이르던 말. 2 '진영(鎭營)'의 준말.

진 (gin) 〖명〗 증류주의 한 가지. 옥수수·보리·호밀을 원료로 하여, 노간주나무 열매로 향미(香味)를 돋운 양주.

진 (jean) 〖명〗 올이 가늘고 질긴 능직(綾織) 무명. 또는 그것으로 만든 옷.

진 (塵) 〖수관〗 소수(小數)의 단위. '사(沙)'의 십분의 일. '애(埃)'의 열 배. 곧, 10^{-9}.

진- (津) 〖명〗 음식이나 색깔을 나타내는 일부 명사 앞에 붙어, 매우 진함을 나타내는 말. ▢~보라 / ~분홍 / ~국.

진- (眞) 〖대〗 '참된'·'거짓이 아닌'·'진짜'의 뜻. ▢~범인 / ~면목.

-진 (陣) 〖미〗 '사람들의 무리'·'집단'의 뜻. ▢보도~ / 의료~.

진가 (眞假) 〖명〗 진짜와 가짜. ▢~를 가리다.

진가 (眞價)[-까] 〖명〗 참된 값어치. ▢작품의 ~ / ~를 발휘하다.

진-간장 (-醬) 〖명〗 오래 묵어서 진하게 된 간장. 농장(濃醬). ㉓진장.

진-갈이 (-)〖명〗〖하타〗 비 온 뒤 물이 괴어 있을 동안에 논밭을 가는 일. ↔마른갈이.

진:감 (震撼) 〖명〗〖하자타〗 울려 흔들림. 또는 울려 흔듦.

진:갑 (進甲) 〖명〗 환갑의 이듬해. 또는 그해의 생일. ▢~을 맞다 / 환갑 ~ 다 지나다.

진:강 (進講) 〖명〗〖하타〗 임금 앞에 나아가 글을 강론함. 시강(侍講).

진개 (塵芥) 〖명〗 먼지와 쓰레기.

진개-장 (塵芥場) 〖명〗 쓰레기를 버리는 곳.

진객 (珍客) 〖명〗 귀한 손님. ▢~을 환영하다.

진:거 (進去) 〖명〗〖하자〗 앞으로 나아감.

진겁 (塵劫) 〖명〗〖불〗 과거·미래의 티끌처럼 많은 시간.

진:격 (進擊) 〖명〗〖하자타〗 나아가서 적을 공격함. 진공(進攻). ▢~을 명령하다 / ~의 북소리 / 적진으로 ~하다.

진:견 (進見) 〖명〗 ☞진현(進見).

진결 (陳結) 〖명〗〖역〗 묵은 논밭에서 거두던 결세(結稅).

진경 (珍景) 〖명〗 진귀한 경치나 구경거리. ▢뜻밖의 ~을 구경하다.

진경 (眞景) 〖명〗 1 실제의 경치. 실경(實景). 2 실제의 경치 그대로 그린 그림. ▢설악산을 그린 ~ 산수화.

진경 (眞境) 〖명〗 1 본바탕을 가장 잘 나타낸 참다운 경지(境地). ▢예술의 ~에 접어들다. 2 실지 그대로의 경지.

진:경 (進境) 〖명〗 더욱 발전한 경지. ▢놀라운 ~을 보이다.

진경 (塵境) 〖명〗 티끌세상. 진세.

진:경 (鎭痙) 〖명〗〖하자〗 경련을 가라앉힘.

진:계 (陳啓)[-/-계] 〖명〗〖하타〗 〖역〗 임금에게 사리를 가려 아뢰던 일.

진계 (塵界)[-/-계] 圈 티끌세상.

진:고 (晉鼓) 圈 〖악〗 아악기의 하나. 통이 긴 북으로, 나무틀 위에 놓음.

진:고 (陳告) 圈㈜ 윗사람에게 사실을 털어놓고 아룀.

진곡 (陳穀) 圈 묵은 곡식. 구곡(舊穀).

진골 (眞骨) 圈 〖역〗 신라 때 골품(骨品)의 하나. 부모 가운데 어느 한쪽이 왕족의 혈통을 지니고 있는 사람으로, 태종 무열왕에서 혜공왕까지의 임금이 이에 속함. ＊성골.

진공 (眞空) 圈 1〖물〗공기 따위의 물질이 전혀 없는 공간. 실제로는 수은주가 10^{-3} mm 이하의 저압 상태를 이룬 공간을 말함《물질분자가 전연 없는 상태를 완전 진공·절대 진공·이상(理想) 진공이라 함》. 2〖불〗일체의 색상(色相)을 초월한 참으로 공허한 현상.

진·공 (陳供) 圈㈜ 죄를 저지른 사람이 자기의 죄상을 사실대로 말함.

진·공 (進攻) 圈㈜㈐ 진격(進擊).

진·공 (進供) 圈㈜㈐ 〖역〗공상(供上).

진·공 (進供) 圈㈜ 갑을 갖다 바침.

진·공 (震恐) 圈㈜㈐ 떨면서 무서워함.

진공-계 (眞空計)[-/-계] 圈 〖물〗용기 안의 진공 정도를 측정하는 계기.

진공-관 (眞空管) 圈 〖물〗유리나 금속 따위의 용기에 몇 개의 전극을 봉입하고 내부를 높은 진공 상태로 만든 전자관. 증폭·검파(檢波)·정류(整流)·발진(發振) 따위의 작용을 함.

진공관 검:파기 (眞空管檢波器) 〖물〗진공관을 사용하여 고주파의 교류를 저주파의 직류로 바꾸는 장치.

진공-도 (眞空度) 圈 〖물〗진공의 정도《보통 잔류(殘留) 기체가 나타내는 압력으로 표시하며, 그 단위로서는 mmHg, μHg 등을 쓰고 있음》.

진공 방:전 (眞空放電) 〖물〗진공 상태인 유리관의 전극에 높은 전압을 가할 때 엷은 빛을 발하며 전류가 흐르게 되는 방전.

진공 상태 (眞空狀態) 〖물〗진공인 상태.

진공 제:동기 (眞空制動機) 〖물〗제동기의 하나. 진공을 유지하고 있는 실린더 속에 공기를 주입하여 피스톤을 움직이게 함으로써 제동함.

진공 증류 (眞空蒸溜)[-뉴] 〖물〗낮은 압력 상태에서 하는 증류. 감압 증류.

진공-청소기 (眞空淸掃機) 圈 전동기를 이용한 흡인력으로 먼지와 티끌을 빨아들여 청소하는 기구.

진공 펌프 (眞空pump) 〖물〗공기 펌프1.

진공 포장 (眞空包裝) 식품을 포장할 때, 포장 재료의 속을 진공으로 하는 방식.

진과 (珍果) 圈 진귀한 과실.

진과 (珍菓) 圈 진귀한 과자.

진과 (眞瓜) 圈 참외.

진과 (眞果) 圈 〖식〗참열매. ↔가과(假果).

진-과자 (-菓子) 圈 생과자. ↔마른과자.

진:-괘 (震卦) 圈 지상에 광명이 나옴을 상징하는 육십사괘(六十四卦)의 하나. ㉛진(晉).

진:-괘 (震卦) 圈 1 팔괘의 하나. 우레를 상징함. 모양은 '☳'임. 2 육십사괘의 하나. '☳'가 겹쳐진 것으로, 우레가 거듭됨을 상징함. ㉛진(震).

진괴-하다 (珍怪-) 圈㈔ 진귀하고 괴이하다.

진교 (眞敎) 圈 〖가〗참다운 종교라는 뜻으로, 가톨릭에서 자기의 종교를 이르는 말.

진구 (珍句) 圈 1 드물게 진귀한 문구. 2 기이하고 절묘한 문구.

진:-구 (進口) 圈㈜ 배가 항구로 들어가거나 들어옴.

진구 (塵垢) 圈 먼지와 때.

진:구 (賑救) 圈㈜ 진휼(賑恤).

진-구덥 圈 자질구레하고 지저분한 뒷바라지 일.

진-구렁 圈 1 질척거리는 진흙 구렁. ㉠자동차가 ～에 빠지다 / 몹시 어려운 처지의 비유. ㉡딸을 악의 ～ 속에서 구해 내다.

진-구리 圈 허리의 양쪽으로 잘록하게 들어간 부분.

진구-하다 (陳久-) 圈㈔ 묵어서 오래되다.

진-국 (津-) 圈 오랫동안 푹 고아 걸쭉하게 된 국.

진-국 (眞-) 圈 1 참되어 거짓이 없는 사람. ㉠이 사람이야말로 ～이다. 2 전(全)국.

진국 (震國) 圈 〖역〗'발해(渤海)'의 전 이름.

진:군 (進軍) 圈㈐㈔ 적을 치러 군대가 나아감. ㉠～의 북소리 / 적진을 향해 ～하다. ↔퇴군(退軍).

진:군-나팔 (進軍喇叭) 圈 〖군〗진군하라는 신호로 부는 나팔.

진군-죽 (眞君粥) 圈 쌀에다 씨를 뺀 살구를 넣고 끓인 흰죽.

진:-권 (進勸) 圈㈐㈔ 소개하여 추천함.

진귀-하다 (珍貴-) 圈㈔ 보배롭고 귀중하다. 귀진(貴珍)하다. ㉠진귀한 골동품.

진균-류 (眞菌類)[-뉴] 圈 〖식〗진균 식물.

진균 식물 (眞菌植物)[-싱-] 〖식〗하등 식물의 한 문(門). 몸은 대부분 다세포(多細胞)의 균사로 되어 있고, 균사에는 격벽(隔壁)이 있음. 엽록소가 없어 종속 영양(從屬營養)을 함. 진균류.

진금 (眞金) 圈 진짜 금. 순금.

진:-급 (進級) 圈㈐㈔ 등급·계급·학년 따위가 올라감. ㉠～이 빠르다 / 부장으로 ～되다 / 2학년에서 3학년으로 ～하다.

진기 (珍技) 圈 진귀한 기술.

진:-기 (津氣)[-끼] 圈 1 진액의 끈끈한 기운. 2 먹은 것이 잘 삭지 아니하여 오랫동안 유지되는 든든한 기운.

진기(가) 빠지다 ㈜ 몸을 움직일 수 없을 만큼 기운이 없어지다.

진기(를) 쓰다 ㈜ 끈질기게 힘을 쓰거나 부리거나 하다.

진기 (珍器) 圈 진귀한 그릇.

진:기 (振氣) 圈㈜ 기운을 떨쳐 냄.

진:기 (振起) 圈㈐㈜㈔ 정신을 가다듬어 떨쳐 일어남. 또는 일으킴.

진기-하다 (珍奇-) 圈㈔ 보배롭고 기이하다. ㉠진기한 물건 / 진기한 풍경.

진-날 圈 땅이 질척거리게 비나 눈이 오는 날. ↔마른날.

[진날 개 사귄 것 같다] ㉠귀찮고 더러운 일을 당함을 이르는 말. ㉡달갑지 않은 사람이 자꾸 따라다님을 이름. **[진날 개 싸대듯]** 까닭 없이 비를 맞고 다니는 사람을 두고 이르는 말. **[진날 나막신 찾듯]** 평소에는 돌아보지도 않다가 아쉬운 일이 생기면 갑자기 찾는 일의 비유.

진:-납 (進納) 圈㈐㈔ 나아가 바침. 또는 받들어 모심.

진년 (辰年) 圈 태세(太歲)의 지지(地支)가 진(辰)인 해. 용해.

진:념 (軫念) 圈㈐㈔ 1 임금이 마음을 써서 신하나 백성의 사정을 걱정하여 근심함. 2 윗사람이 아랫사람의 사정을 걱정하여 헤아려 줌.

진념 (塵念) 圈 속세의 명예와 이익을 생각하는

마음.

진:노(震怒)**명**하자 존엄한 사람이 몹시 노함. □상감의 ～를 사다.

진-노(瞋怒·嗔怒)**명**하자 성을 내며 노여워함. □～를 사다 / ～를 풀다.

진-노랑(津-)**명** 진한 노랑.

진-눈¹□ 눈병 따위로 눈가가 짓무른 눈.

진-눈²□ '진눈깨비'의 방언.

진-눈깨비□ 비가 섞여 내리는 눈. □매서운 바람과 함께 ～가 내리다. ↔마른눈.

진-늑골(眞肋骨)[-꼴]**명**(생) 좌우 각 열두 개의 늑골 중 위쪽의 명치뼈에 붙은 일곱 쌍의 늑골. ↔가늑골(假肋骨).

진:-단(診斷)**명**하타(의) 의사가 환자의 병 상태를 판단함. □의사의 ～을 받다 / 암으로 ～되다.

진:-단(震檀·震壇)**명** '우리나라'를 예스럽게 이르는 말('震'은 중국의 동쪽, '檀'은 단군을 뜻함).

진:단-서(診斷書)**명**(의) 의사가 병의 진단 결과를 적은 증명서. □～를 떼다.

진:-단 프로그램(診斷program)**명**(컴) 컴퓨터 시스템에서 장치의 고장이나 프로그램의 오류를 찾아내기 위하여 만든 프로그램.

진:-달(進達)**명**하타 **1** 말이나 편지를 받아서 올림. **2** 관하(管下)의 공문 서류 등을 상급 관청으로 올려 보냄.

진달래(식) 진달랫과의 낙엽 활엽 관목. 산간 양지에 나며, 봄에 옅은 분홍색 꽃이 다섯 갈래로 깊이 째진 깔때기 모양으로 3~5개씩 핌. 정원수·관상용임. 두견. 산척촉.

진달래-꽃[-꼳]**명** 진달래의 꽃. 두견화.

진담(珍談)**명** 진귀하고 기이한 이야기.

진담(眞談)**명** 진실된 이야기. 참된 말. □농담을 ～으로 듣다. ↔농담.

진담-누설(陳談屢說)**명** 진부하고 쓸데없는 이야기를 자꾸 되풀이하여 늘어놓는 일.

진답(珍答)**명** 기이하고 영통한 대답.

진답(陳畓)**명** 농사를 짓지 않은 상태로 오래 묵어서 거칠어진 답.

진대(주로 '붙다'·'붙이다'와 함께 쓰여) 남에게 달라붙어 떼를 쓰며 괴롭히는 짓. □마음에 없던 녀석이 ～를 붙는다 / 친구에게 ～를 붙이며 지낸다.

진:-대(賑貸)**명**하타(역) 고구려 때에 빈민 구제책으로 나라의 곡식을 꾸어 주던 일(고려 때에는 의창(義倉), 조선 때에 와서 환곡법으로 부활됨).

진도(津渡)**명** 나루.

진:-도(進度)**명** 일이 진행되는 속도나 정도. □～가 빠르다.

진:-도(震悼)**명**하자 임금이 슬퍼하여 애도함.

진:-도(震度)**명**(지) 지진이 일어났을 때 지면의 진동의 세기.

진돗-개(珍島-)[-도깨 / -돋깨]**명**(동) 전라 남도 진도에서 나는 우리나라 재래종의 개. 몸빛은 황갈색 또는 백색, 귀는 쫑긋하며 꼬리는 짧고 왼쪽으로 말림. 민첩하고 슬기로우며 용맹함. 천연기념물 제 53호. 진도견.

진동(명) 저고리의 어깨선에서 겨드랑이까지의 폭이나 길이.

진:-동(振動)**명**하자타 **1** 흔들려 움직임. □이 차는 ～이 심하다. **2**(물) 하나의 물리적인 양, 곧, 물체의 위치, 전류의 세기, 전기장, 자기장, 기체의 밀도 등이 어떤 일정한 값의 범위에서 주기적으로 변화하는 일. **3** 냄새 따위가 심하게 나는 상태. □악취가 ～하다.

진:-동(震動)**명**하자타 물체가 몹시 울려서 흔

들림. □지하철 공사로 인한 건물의 ～ / 지진으로 인한 ～ / 함성이 천지를 ～시킴.

진:동-계(振動計)[-/-계]**명** 물체의 진동을 측정하는 계기(보통 기계적 진동을 재는 데에 씀).

진:동-수(振動數)(물) 단위(單位) 시간 내에서의 진동 횟수(기호는 Hz).

진:-동음(振動音)(언) 유음(流音)의 하나. 혀끝을 윗잇몸에 닿게 하고 그 안에 세게 공기를 통할 때, 혀끝이 진동되어 나는 소리('ㄹ'이 종성이나 자음 위에서 발음될 때 나는 소리). 설전음(舌顫音).

진:-동 전:류(振動電流)[-쩐-] (물) 진동 회로에 의하여 발생하는, 주파수가 큰 교류 전류.

진:-동체(振動體)**명** 진동하는 물체.

진:-동판(振動板)**명**(물) 음성 전류를 소리로 바꾸어 주는 얇은 철판. 전화기의 송화기와 수화기에 있음.

진동-한동(무)하자 바쁘거나 급해서 몹시 서두르는 모양. ⓐ진동한동.

진동-항아리(-缸-)**명 1** 무당이 자기 집에 모셔 놓는 신위(神位)의 하나. **2** 한집안의 평안을 위해 깨끗한 곳에 모셔 두고 돈과 쌀을 담는 항아리.

진:-동 회로(振動回路)(물) 자기 유도 계수(自己誘導係數)와 용량을 가진 회로.

진두(津頭)**명** 나루.

진두(陣頭)**명 1** 군진(軍陣)의 맨 앞. □～에서 군대를 지휘하다. **2** 일의 맨 앞.

진두-지휘(陣頭指揮)**명**하타 전투나 사업 따위를 직접 진두에 나서서 지휘함. □～에 나서다.

진둥-한둥(무)하자 매우 급하거나 바빠서 몹시 서두르는 모양. □그는 반가운 마음에 ～ 뛰어갔다. ⓐ진동한동.

진뒤(명)(옛) 진드기.

진드근-하다(형)여 매우 진득하다. ⓐ잔드근하다. **진드근-히**(무)

진드기(명)(동) 진드깃과의 곤충. 개·소·말 따위에 붙어살며 피를 빨아 먹음. 몸은 주머니 모양이며, 암컷은 7mm, 수컷은 2.5mm가량으로 머리·가슴·배의 구별이 분명하지 않음. 우슬(牛蝨). ⓐ진디.

진득-거리다[-끄-]**자 1** 자꾸 차지게 들러붙다. **2** 검질게 자꾸 끊으려 해도 끊어지지 않다. ⓐ잔득거리다. ⓔ찐득거리다. **진득-진득**[-쩐-](무)하자

진득-대다[-때-]**자** 진득거리다.

진득-이(무) 진득하게. □조급하게 굴지 말고 ～ 기다려라. ⓐ잔득이.

진득-찰(식) 국화과의 한해살이풀. 들·길가에 남. 높이 약 60cm, 잎은 긴 달걀 모양이고, 여름에 노란색 두상화(頭狀花)가 핌. 과실은 약용함.

진득-하다[-드카-]**형**여 **1** 몸가짐이 의젓하고 참을성이 있다. □그는 진득하게 앉아서 기차를 기다렸다. **2** 눅진하고 차지다. □반죽이 ～. ⓐ잔득하다.

진디(명) **1** 진딧물. **2** '진드기'의 준말.

진디-등에(-)(충) 진디등엣과의 곤충의 총칭. 나무 그늘 따위에 삶. 타원형이며 모기와 비슷하나 매우 작음. 떼를 지어 짐승이나 사람에 붙어 피를 빨아 먹음.

진딧(명)(옛) 짐짓. 참.

진딧-물[-딴-]**명**(충) 진딧물과의 곤충. 몸은 작고 연약한 달걀꼴인데, 긴 부리가 있음.

개미와 공생하며, 가을에 날개가 생김. 오이·배추·과수 등 원예·농작물의 해충임. 진디.
진딧물-내리다 [-딘-래-] [자] 화초·채소 등에 진딧물이 붙다.
진돌의 [명] 〈옛〉 진달래.
진-땀 (津-) [명] 몹시 애쓰거나 힘들 때 흐르는 끈끈한 땀. ❏ 온몸이 ~으로 범벅이 되다. ＊식은땀.
진땀(을) 빼다[흘리다] [구] 어렵거나 난처한 일을 당해서 진땀이 나도록 몹시 애를 쓰다. ❏ 변명을 늘어놓느라고 ~.
진-똥 [명] 물기가 많은 묽은 똥. ↔된똥.
진:략 (進略)[질-] [명][하타] 쳐들어가서 토지를 빼앗음.
진:려 (振旅)[질-] [명][하자] **1** 군대를 거두어 개선함. **2** 사람들을 모아 정돈함.
진:력 (進力)[질-] [명] 〖불〗 오력(五力)의 하나. 선행(善行)을 닦는 데 정진하는 힘.
진:력 (盡力)[질-] [명][하자] 있는 힘을 다함. 사력(肆力). ❏ ~을 다하다 / 경제 살리기에 ~하다.
진:력-나다 (盡力-)[질력-] [자] 오랫동안 또는 여러 번 하여 힘이 다 빠지고 싫증이 나다. ❏ 그는 서울 생활에 진력나서 다시 시골로 내려갔다.
진:력-내다 (盡力-)[질력-] [자] 오랫동안 또는 여러 번 하여 싫증을 내다. ❏ 계속되는 잔소리에 진력내기 시작했다.
진:로 (進路)[질-] [명] 앞으로 나아갈 길. ❏ ~를 상담하다 / 태풍의 ~가 바뀌다. ↔퇴로.
진:로 지도 (進路指導)[질-] 학생들이 졸업 후 나아갈 방향에 대하여 학교에서 담당하는 지도《직업 지도나 진학 지도를 말함》. ❏ ~를 담당하는 교사.
진:료 (診療)[질-] [명][하타] 의사가 환자를 진찰하고 치료함. ❏ 2차 ~ 기관 / ~를 받다.
진:료-부 (診療簿)[질-] [명] 환자의 성명·연령·병명(病名)·증상(症狀)·치료 경과 등을 적어, 일정 기간 보존하는 장부. 카르테. ❏ 의사가 ~를 살펴보다.
진:료-소 (診療所)[질-] [명] 의사가 공중(公衆)·특정 다수인을 위해 개설한, 진찰하고 치료하는 설비를 갖춘 곳.
진루 (陣壘)[질-] [명] 진을 친 보루.
진:루 (進壘)[질-] [명][하자] 야구에서, 다음 누로 나아감.
진루 (塵累)[질-] [명] 속루(俗累).
진리 (眞理)[질-] [명] **1** 참된 이치. 참된 도리. ❏ ~ 탐구에 진력하다. **2** 언제 어디서나 누구든지 인정할 수 있는 보편타당한 인식의 내용. ❏ 영원불변한 ~.
진말 (辰末) [명] 〖민〗 진시(辰時)의 마지막 시각. 곧, 오전 9시 바로 전. ↔진초.
진말 (眞末) [명] 밀가루.
진망 (陣亡) [명][하자] 싸움터에서 죽음. 전사.
진:망-궂다 [-굳따] [형] 경망스럽고 버릇이 없다.
진맥 (眞麥) [명] 〖식〗 밀[1].
진:맥 (診脈) [명][하타] 〖한의〗 손목의 맥을 짚어 보아 병을 진찰함. 검맥(檢脈). 맥진.
진-면모 (眞面貌) [명] 본디부터 지니고 있는 그대로의 모습. ❏ ~를 숨기다.
진-면목 (眞面目) [명] 본디부터 지니고 있는 그대로의 상태. ❏ ~을 드러내다.
진멸 (殄滅) [명][하타] 무찔러 모조리 죽여 없애 버림.
진:멸 (盡滅) [명][하자타] 모두 멸망함. 또는 모두 멸망시킴.
진:명 (盡命) [명][하자] 목숨을 바침.
진명지주 (眞命之主) [명] 하늘의 뜻을 받아 어지러운 세상을 평정하고 통일한 어진 임금.
진목 (珍木) [명] 진귀한 나무.
진목 (眞木) [명] 재목으로 쓰는 참나무.
진몰 (陣沒·陣歿) [명][하자] 싸움터에서 전사 또는 병사함.
진묘-하다 (珍妙-) [형][여] **1** 진귀하고 절묘하다. **2** 유별나게 기묘하다.
진무 (塵務) [명] 진사(塵事).
진무 (塵霧) [명] 짙은 연기와 안개.
진:무[1] (鎭撫) [명][하타] 난리를 일으킨 백성들을 진정시키고 어루만져 달램.
진:무[2] (鎭撫) [명] 〖역〗 조선 초기의 의흥친군위(義興親軍衛)·삼군진무소(三軍鎭撫所)·오위진무소(五衛鎭撫所)·의금부(義禁府) 등에 딸린 벼슬.
진-무르다 [자] ☞짓무르다.
진:무-사 (鎭撫使) [명] 〖역〗 조선 때, 진무영(鎭撫營)의 으뜸 벼슬. 강화 유수(江華留守)가 겸임했음.
진:무-영 (鎭撫營) [명] 〖역〗 조선 때, 바다의 방위를 맡았던 군영(軍營)《강화도에 본영을 두었음》.
진묵 (眞墨) [명] 참먹.
진문 (珍問) [명] 기이하고 색다른 질문. 또는 엉뚱한 질문.
진문 (珍聞) [명] 진귀(珍貴)한 소문이나 이상한 이야기.
진문 (眞文) [명] 〖불〗 부처나 보살(菩薩)이 설교한 문구.
진문 (陣門) [명] 진영(陣營)으로 드나드는 문.
진-문장 (眞文章) [명] 참다운 문장.
진문-진답 (珍問珍答) [명] 기이한 질문에 기이한 대답.
진:-물 (津-) [명] 부스럼이나 상처 따위에서 흐르는 물. ❏ 상처에서 ~이 나다.
진물 (珍物) [명] 진귀한 물건.
진물 (眞物) [명] 진짜 물건.
진물-진물 [부][하형] 눈가나 살가죽이 짓무른 모양. ❏ 상처가 아물기는커녕 ~ 악화되어 갔다. [작]잔물잔물.
진미 (珍味) [명] 음식의 썩 좋은 맛. 또는 그런 음식물. 가미(佳味). ❏ ~를 맛보다.
진미 (眞味) [명] **1** 참된 맛. **2** 참된 맛과 향기.
진미 (陳米) [명] 묵은쌀.
진-반찬 (-飯饌) [명] 바싹 마르지도 않고 국물도 없는 약간 진 듯한 반찬《저냐·지짐이 따위》. ↔마른반찬.
진-발 [명] 진 곳을 디뎌 젖고 더러워진 발.
진:발 (振拔) [명][하타] 가난한 사람을 도와줌.
진:발 (進發) [명][하자] 싸움터 따위를 향하여 나아감. ❏ 군대를 이끌고 ~하다.
진발 (鬒髮) [명] 검고 윤이 나며 숱이 많은 아름다운 머리털.
진-밥 [명] 질게 지은 밥. ↔된밥.
진방 (辰方) [명] 이십사방위의 하나. 정동에서 남쪽으로 15° 되는 방위를 중심으로 한 15° 각도의 안. [준]진(辰).
진:방 (震方) [명] 팔방(八方)의 하나. 정동을 중심으로 하여 45° 의 각도 안. [준]진(震).
진:배 (進拜) [명][하자] 웃어른에게 나아가 절하고 뵙는 일.
진:배 (進排) [명][하타] 물건을 나라에 바침.
진배-없다 [-업따] [형] 그보다 못하거나 다를 것이 없다. ❏ 실물과 진배없는 모조품 / 죽은

거나 ~. 진배-없이 [-업씨] 🖲

진-버짐 (眞-) 《한의》 피부병의 한 가지. 흔히 얼굴에 생기는데 벌레가 기어간 자국 같으며 긁어서 터뜨리면 진물이 흐르는 버짐. 습선(濕癬).

진범 (眞犯) 명 '진범인'의 준말. 🗆 ~을 체포하다.

진범인 (眞犯人) 명 어떤 범죄를 저지른 바로 그 사람. 준진범.

진법 (陣法) [-뻡] 명 《군》 진을 치는 법.

진법 (眞法) 명 《불》 진여의 정법(正法).

진:법 (進法) [-뻡] 명 《수》 수를 표시하는 기수법(記數法)의 하나《십진법·이진법 따위》.

진-변 (陳辯) 명하타 변명함.

진:-병 (進兵) 명하자 싸움터에서 병사를 내보냄.

진보 (珍寶) 명 진귀한 보배.

진:보 (進步) 명 1 정도나 수준이 나아지거나 높아짐. 🗆 과학 기술의 ~ / ~된 사회. ↔퇴보. 2 역사 발전의 합법칙성에 따라 사회의 변화나 발전을 추구함. ↔정당.

진-보라 (津-) 명 진한 보랏빛.

진:보-적 (進步的) 관명 사회의 변화와 발전을 추구하는 (것). 🗆 ~ 사상 / ~인 정당 강령. ↔보수적.

진:보-주의 (進步主義) [- ㅣ -이] 명 사회의 모순을 변화와 개혁을 통하여 점진적으로 해결해 나가려는 사고방식이나 사상. ↔보수주의(保守主義).

진복 (眞福) 명 《가》 진실한 행복.

진:복 (進伏) 명하자 편전(便殿)에서 임금을 모실 때 탑전(榻前)에 엎드림.

진복 (震服) 명 무서워 떨면서 복종함.

진복-팔단 (眞福八端) [-딴] 명 《가》 마태복음 5장 3절 이하에 있는 예수의 산상 설교(山上說敎) 속에서 나오는 여덟 가지의 행복. 신빈(神貧)·양선(良善)·통곡(痛哭)·의갈(義渴)·애긍(哀矜)·청심(淸心)·화목(和睦)·의해(義害)의 여덟 가지를 이름. '여덟 가지 참 행복'의 구용어. *산상 수훈.

진본 (珍本) 명 진서(珍書).

진본 (眞本) 명 저작자가 직접 쓴 책이나 화가가 직접 그린 그림. 또는 처음 박아 낸 판본. 🗆 ~이 공개되다. ↔가본(假本)·안본(贋本)·위본(僞本).

진:-봉 (進封) 명하타 《역》 1 물건을 싸서 임금에게 진상함. 2 세자·세손·후(后)·비(妃)·빈(嬪)의 봉작을 더함.

진부 (眞否) 명 참됨과 거짓됨. 또는 진짜와 가짜. 진위(眞僞). 🗆 ~를 가리다 / 그 소문의 ~는 알 수 없다.

진-부정 (-不淨) 명 사람이 죽어서 생긴다는 부정.

진부정(을) 치다 🛈 초상집에서 무당굿을 할 때, 첫 거리로 부정을 좇아 버리다.

진부정-가심 (-不淨-) 명하자 초상난 집에서 무당을 불러 굿을 하여 부정한 기운을 없애는 일.

진부-하다 (陳腐-) 혬여 사상·표현·행동 따위가 낡아서 새롭지 못하다. 🗆 진부한 사고방식.

진북 (眞北) 명 지리상의 기준에 따른, 지구의 북쪽.

진:-분수 (眞分數) [-쑤] 명 《수》 분자가 분모보다 작은 분수. ↔가분수.

진-분홍 (津粉紅) 명 썩 짙은 분홍 빛깔.

진사 (津事) 명 '애꾸눈이'를 조롱하는 말.

진사 (辰砂·辰沙) 명 《광》 진홍색의 육방 정계(六方晶系)의 광석《수은과 황의 화합물로 수은 제조·적색 채료·약용으로 씀》. 단사(丹

砂). 단주(丹朱). 주사(朱砂).

진사 (珍事) 명 '진사건(珍事件)'의 준말.

진사 (珍事) 명 명주실.

진-사 (陳謝) 명하자 까닭을 밝히며 사과(謝過)의 말을 함.

진:-사 (進士) 명 《역》 조선 때, 소과(小科)·진사과에 급제한 사람.

진사 (塵事) 명 속세의 어지러운 일. 세상의 잡일. 진무(塵務).

진:-사 (震死) 명하자 벼락을 맞아 죽음.

진-사건 (珍事件) [-껀] 명 기이하고 이상야릇한 사건. 준진사.

진-사고 (珍事故) 명 기이하고 이상야릇한 사고.

진사-립 (眞絲笠) 명 명주실로 등사(籐絲)를 놓아 만든 갓.

진사-치 (辰巳-) 명 일진이 '진(辰)'·'사(巳)'인 날은 흔히 날씨가 궂다 하여, 이날에 내리는 비나 눈을 가리키는 말. —-하다 자여 진일(辰日)이나 사일(巳日)에 비나 눈이 오다.

진:산 (晉山) 명 《불》 새 주지가 취임하는 일. 입원(入院).

진:산 (鎭山) 명 《역》 도읍지나 각 고을 뒤에 있는 큰 산을 이르던 말《그곳을 진호(鎭護)하는 주산(主山)이라 하여 제사를 지냄》.

진:-산식 (晉山式) 명 《불》 절의 주지가 취임하여 거행하는 의식.

진상 (眞相) 명 사물이나 현상의 참된 모습이나 내용. 🗆 사건의 ~ / ~을 밝히다.

진:-상 (進上) 명하타 지방의 토산물이나 진귀한 물건 따위를 임금이나 고관에게 바침. *공물(供物).

진:상-치 (進上-) 명 〈속〉 허름한 물건.

진생 (辰生) 명 진년(辰年)에 태어남. 또는 그런 사람.

진서 (珍書) 명 진귀한 책. 진본(珍本). 진적(珍籍).

진서 (眞書) 명 1 예전에, '한문'을 높여 일컫던 말. 2 '해서(楷書)'의 속된 말.

진:-서 (振舒) 명하타 위세나 명예를 떨쳐서 폄.

진선 (津船) 명 나룻배.

진선 (珍膳) 명 진수(珍羞).

진선미 (眞善美) 명 인간이 이상(理想)으로 삼는 '참됨·착함·아름다움'을 아울러 이르는 말. 🗆 ~를 모두 갖춘 여인.

진:-선미 (盡善盡美) 명 착함과 아름다움이 더할 나위 없음. 곧, 완전무결함.

진설 (珍說) 명 진기한 이야기.

진:설 (陳設) 명하타 1 제사나 잔치 때, 상 위에 음식을 법식에 따라 차림. 🗆 제물을 ~하다. 2 배설(排設).

진섬 (殄殲) 명하자타 모두 망함. 또는 무찔러서 모두 없애 버림.

진성 (辰星) 명 《천》 수성(水星).

진성 (眞性) 명 1 인위적이 아닌, 있는 그대로의 성질. 2 순진한 성질. 3 《불》 만물의 본체. 진여(眞如). 4 《의》 의사성·유사성이 아닌, 참된 중세의 병. 🗆 ~뇌염. ↔가성(假性).

진성 (眞誠) 명 거짓 없는 참된 정성.

진:-성 (軫星) 명 《천》 이십팔수(二十八宿)의 스물여덟째 별. 주성(主星)은 까마귀자리의 감마성임. 준진(軫).

진:-성 (盡誠) 명하자 정성을 다함.

진:성 (鎭星·塡星) 명 《천》 토성(土星).

진-성대 (眞聲帶) 명 《생》 목청을 가성대(假聲帶)에 상대하여 일컫는 말.

진세 (陣勢) 명 1 군진(軍陣)의 세력. 2 진영(陣

螢)의 형세. ▢~를 살피다.

진세(塵世)[명] 티끌세상.

진소(眞梳)[명] 참빗.

진:소(陳疏)[명][하타] 상소(上疏).

진-소위(眞所謂)[부] 그야말로. 참말로.

진속(眞俗)[명] 1 출세간(出世間)과 세간. 2 진실 평등의 이치와 세속(世俗) 차별의 이치. 3 불법과 세법(世法). 4 승려와 속인(俗人).

진속(塵俗)[명] 지저분하고 어지러운 속세. ▢ ~을 벗어나다.

진:솔[명] 1 한 번도 빨지 않은 새 옷이나 새 버선. ▢ ~버선/~ 한복을 차려입다. 2 '진솔옷'의 준말.

진:솔-옷[-소론][명] 봄가을에 다듬어 지어서 입는 모시옷. ㉜진솔.

진:솔-집[-찝][명] 진솔을 첫물에 못 쓰게 만드는 사람을 조롱하는 말.

진솔-하다(眞率-)[형] 진실하고 솔직하다. ▢진솔한 대화를 나누다. **진솔-히**[부]

진수(珍羞)[명] 진귀하고 맛이 좋은 음식. 진선(珍膳). 진찬(珍饌).

진수(眞數)[명][수] 로그 $\log x$ 에서 양수 x 를 일컫는 말. 역대수(逆對數). ↔가수(假數).

진수(眞髓)[명] 사물이나 현상의 가장 중요하고 본질적인 부분. ▢문학의 ~를 맛보다.

진:수(進水)[명][하타] 새로 만든 배를 처음으로 물에 띄움. ▢거북선을 ~하다.

진:수(鎭戍)[명][하타] 변두리에 있는 국경(國境)을 지킴.

진:수(鎭守)[명][하타] 군대를 주둔시켜 군사적으로 중요한 곳을 지킴.

진:수-대(進水臺)[명] 새로 만든 배를 조선대에서 미끄러뜨려 물에 띄우는 장치.

진수-성찬(珍羞盛饌)[명] 푸짐하게 잘 차린 맛있는 음식. ▢~을 차리다.

진:수-식(進水式)[명] 새로 만든 배를 처음으로 물에 띄울 때에 하는 의식. ▢새로 건조한 잠수함의 ~이 거행되었다.

진수-하다(珍秀-)[형] 진귀하고 뛰어나다.

진:숙(振肅)[명] 1 무섭거나 두려워서 떨며 삼감. 2 쇠한 것을 북돋우고 느즈러진 것을 바짝 단속함.

진술(眞術)[명] 참된 술법.

진:술(陳述)[명][하타] 1 자세하게 말함. 또는 그 이야기. ▢자신의 의견을 ~하다. 2 [법] 민사 소송에서, 당사자가 법원에 대하여 구체적인 법률 상황이나 사실에 관한 지식을 보고하고 알리는 일. 3 [법] 형사 소송에서, 당사자나 증인·감정인 등이 관계 사항을 구술하거나 서면으로 알리는 일. ▢피의자로부터 ~을 받아내다.

진:술-서(陳述書)[-써][명] 수사 기관이나 법정에서 사건의 당사자나 관련인이 진술한 내용을 적어 놓은 문서.

진승(眞僧)[명][불] 안으로는 마음을 닦고 겉으로는 계행을 잘 지키는 참된 승려. 진실승.

진시(辰時)[명] 1 십이시의 다섯째 시(오전 일곱 시부터 아홉 시까지). 2 이십사시의 아홉째 시(오전 일곱 시 반부터 여덟 시 반까지). ㉜진(辰).

진시(眞是)[부] 진실로. 참으로. 진정으로.

진:시(趁時)[부] ☞진작.

진:식(進食)[명] 병을 치른 뒤에 입맛이 나서 식욕이 더해짐.

진-신[명] 예전에, 물이 배지 않게 들기름에 결어 만든, 진 땅에서 신던 가죽신. 유혜(油

鞋). ↔마른신.

진신(眞身)[명][불] 1 부처의 보신(報身) 또는 법신(法身). 2 부처의 다음가는 지위에 있는 성인(聖人). 보살.

진:신(搢紳·縉紳)[명] 1 '벼슬아치'의 총칭. 2 지위가 높고 행동이 점잖은 사람.

진-신발[명] 1 진창에 젖어 더러워진 신. 2 ☞ 진발.

진:신-장보(搢紳章甫)[명] 모든 벼슬아치와 유생들.

진실(眞實)[명][하형][히부] 거짓이 없고 참됨. ▢ ~을 밝히다/언젠가는 ~이 드러날 것이다/어린이의 마음은 순수하고 ~하다.

진실-감(眞實感)[명] 참되게 여겨지는 느낌. ▢~을 자아내다.

진실-로(眞實-)[부] 참으로. 거짓 없이. 정말로. ▢나는 ~을 믿고 있다.

진실-무위(眞實無僞)[명][하형] 참되어 조금도 거짓이 없음.

진실-성(眞實性)[-썽][명] 참되고 바른 성질이나 품성(品性). 신빙성(信憑性). ▢~이 부족한 약속.

진실-승(眞實僧)[명][불] 진승(眞僧).

진심(眞心)[명] 거짓이 없는 참된 마음. ▢~으로 환영하다/~을 털어놓다.

진심(塵心)[명] 속세의 일에 더럽혀진 마음.

진:심(盡心)[명][하자] 마음을 다함. 정성을 다 기울임.

진심(瞋心·嗔心)[명] 왈칵 성내는 마음.

진:심-갈력(盡心竭力)[명][하자] 마음과 힘을 있는 대로 다함. ㉜진심력.

진:-심력(盡心力)[-녁][명] '진심갈력(盡心竭力)'의 준말.

진안(眞贗)[명] 진짜와 가짜. 진위(眞僞).

진안막변(眞贗莫辨)[지난-뼌][명] 진짜와 가짜를 분별할 수 없음.

진-안주(-按酒)[명] 물기가 있거나 물을 넣어 만든 안주. ▢~를 마련하여 술상을 차리다. ↔마른안주.

진:알(進謁)[명][하타] 높은 사람에게 나아가 뵘.

진:압(鎭壓)[명][하타] 강압적인 힘으로 억눌러 진정시킴. ▢~ 작전/폭동을 ~하다/격렬한 데모가 ~되다.

진:압-책(鎭壓策)[명] 진압하는 방책(方策).

진:앙(震央)[명][지] 지진의 진원(震源) 바로 위에 있는 지점. 곧, 진원과 지심(地心)을 맺는 직선이 지구의 표면과 교차하는 지점.

진애(塵埃)[명] 1 티끌과 먼지. 2 세상의 속된 것을 비유하는 말.

진애 감:염(塵埃感染)[의] 공기 속의 먼지에 묻은 병원체를 들이마시거나 그것이 피부에 닿아서 생기는 감염(두창·결핵·탄저·성홍열·단독 등이 이 방식으로 전염됨).

진액(津液)[명] 1 생물체 내에서 생겨나는 액체. 수액이나 체액 따위. 2 식물·동물 등 약재가 될 만한 것을 물과 알코올 또는 에테르 등으로 유효 성분을 용출해 낸 즙을 증발 농축한 것(유동체와 건조한 것이 있음). 엑스트랙트.

진양조-장단(-調-)[지냥쪼-][명] 민속 음악에서 판소리 및 산조(散調) 장단의 한 가지. 24박 1장단의 가장 느린 속도로, 6박자 넷으로 나눌 수 있고 12박자 둘로 나눌 수도 있음.

진:어(進御)[명] 1 임금이 입고 먹는 일을 높여 이르던 말. 2 임금의 거둥.

진언(眞言)[명] 1 참된 말. 2 [불] 불타의 말. 법신의 말. 3 주문(呪文). 4 '진언종'의 준말.

진언(眞諺)[명] 진서(眞書)와 언문(諺文).

진언(陳言)〔―헌자〕**1** 낡아 빠지고 케케묵은 말. **2** 일정한 사실에 대하여 말을 함.

진:언(進言)〔―헌자타〕 윗사람에게 자기의 의견을 말함. 또는 그런 말. ▣신하의 ～을 듣고 왕은 허락했다.

진언(嗔言·瞋言)圈 성내어 꾸짖는 말.

진언-종(眞言宗)圈『불』불교 종파의 하나. 밀교(密敎)라고도 함〔대일경(大日經)·금강정경(金剛頂經)·소실지경(蘇悉地經) 등에 의거하여 태장(胎藏)·금강의 두 부를 세워, 다라니의 가지(加持)의 힘으로 자기 몸이 곧 부처가 됨을 그 본지로 함〕. ㉺진언.

진에(瞋恚)圈 노여움. 분노. **2**『불』삼독(三毒)의 하나. 자기의 뜻이 어그러짐에 대하여 성내는 일. ㉺진(瞋).

진여(眞如)圈『불』 사물의 있는 그대로의 모습이라는 뜻으로, 우주 만유의 본체인 평등하고 차별이 없는 절대 진리를 이르는 말. ↔가상(假相).

진:역[1](震域)圈 동쪽에 있는 나라라는 뜻으로, 우리나라를 달리 이르는 말.

진:역[2](震域)圈 일정한 진도(震度)를 가지는 지역〔유감 지역·강진 지역 따위〕.

진:연(進宴)圈〔역〕 나라에 경사가 있을 때 궁중에서 베풀던 잔치.

진연(塵煙)圈 연기처럼 일어나는 티끌.

진연(塵緣)圈 이 세상의 번거로운 인연.

진:열(陳列)圈 여러 사람에게 보이기 위하여 물건을 죽 벌여 놓음. ▣상품을 ～하다 / ～이 잘되어 있다.

진:열-대(陳列臺)[―때]圈 물품이나 상품을 진열하는 대.

진:열-장(陳列欌)[―짱]圈 물건이나 상품을 진열하는 데에 쓰는 장. 쇼케이스.

진:열-창(陳列窓)圈 가게 밖에서 안에 진열한 상품을 들여다볼 수 있도록 설치한 유리창. 상품진열창. 쇼윈도. ▣조명을 받은 보석들이 ～ 너머로 반짝이고 있었다.

진영(眞影)圈 주로 얼굴을 그린 화상. 또는 얼굴을 찍은 사진.

진영(陣營)圈 **1** 군대가 진을 치고 있는 곳. 진(陣). **2** 서로 대립하는 세력의 어느 한쪽. ▣자유 ～으로 넘어오다.

진:영(鎭營)圈〔역〕 조선 초부터 각 병영·수영 밑에 두었던 지방대(地方隊)의 직소(職所). ㉺진(鎭).

진:영-장(鎭營將)圈〔역〕 고려·조선 때, 각 진영의 으뜸 장수. ㉺영장(營將).

진:예(進詣)〔명하자〕 궁중에 들어가서 임금을 뵘.

진오(陣伍)圈 군대의 대열.

진오(塵汚)圈 진예(塵穢).

진옥(眞玉)圈 진짜 옥.

진-옴圈『한의』옴에 급성 습진이 함께 나는 피부병. ↔마른옴.

진완(珍玩)〔명하자〕 **1** 진귀한 노리개. **2** 진기하게 여겨서 가지고 놂.

진-외가(陳外家)圈 아버지의 외가.

진-외조모(陳外祖母)圈 아버지의 외조모.

진-외조부(陳外祖父)圈 아버지의 외조부.

진용(珍勇)圈 진귀한 용기.

진용(陣容)圈 **1** 진을 치고 있는 형편이나 상태. ▣～이 흐트러지다. **2** 한 단체를 이루는 구성원의 짜임새. ▣～을 가다듬다 / 새 ～을 갖추다.

진운(陣雲)圈 **1** 진을 친 것처럼 생긴 구름. **2** 싸움터에 뜬 구름.

진:운(進運)圈 진보할 기운이나 기세.

진:운(盡運)〔명하자〕 운이 다함.

진원(眞元)圈 사람 몸의 원기(元氣).

진:원(震源)圈 **1**〔지〕지하에서 일어나는 지진의 기점. 진원지(震源地). **2** 사건이나 소동 따위를 일으킨 근원의 비유. ▣분란의 ～을 파악하다.

진:원-지(震源地)圈 **1**〔지〕진원(震源)1. **2** 사건이나 소동 따위를 일으킨 근원이 되는 곳의 비유. ▣소문의 ～ / 마산은 4·19 혁명의 ～였다.

진월(辰月)圈 월건(月建)이 진(辰)으로 된 달. 곧, 음력 삼월.

진위(眞僞)圈 참과 거짓. 또는 진짜와 가짜. 진안(眞贋). 진부(眞否). ▣～를 가려내다.

진위-법(眞僞法)[지붜뻡]圈 간단한 지식의 유무나 옳고 그름을 객관적으로 조사하기 위하여, 두 가지 선택할 갈래를 주어 참·거짓을 판단하게 하는 방법.

진위-형(眞僞型)圈 제시한 문장의 옳고 그름을 가려내는 필기시험 문제 형식.

진유(眞油)圈 참기름.

진유(眞儒)圈 유학(儒學)에 조예가 깊은 선비.

진유(眞鍮)圈 놋쇠.

진육(珍肉)圈 귀한 고기.

진:율(震慄·振慄)〔명하자〕〔←진률〕무섭고 두려워서 몸을 떪.

진의(眞意)[지늬/지니]圈 참뜻. ▣발언의 ～를 알아보다 / ～가 왜곡되다.

진의(眞義)[지늬/지니]圈 참된 의미나 의의. ▣삶의 ～를 깨닫다.

진이(珍異)〔명하자〕 유별나서 진기함.

진인(津人)圈 나루의 뱃사공.

진인(眞人)圈 **1** 도교의 진리를 깨달은 사람. **2**『불』진리를 깨달은 사람이라는 뜻으로, '아라한'의 비유. ┌원인.

진인(眞因)圈『불』보리의 경지에 이르는 참└─원인.

진-일[―닐]〔명하자〕 **1** 음식을 만들거나 빨래를 하는 따위의 물을 써서 하는 일. ▣～을 시키다. ↔마른일. **2** 궂은일1. ▣그는 ～도 마다하지 않고 기꺼이 도와주었다.

진일(辰日)圈 일진이 진(辰)으로 된 날〔갑진·병진 따위〕.

진:일(盡日)圈튀 '진종일'의 준말.

진:-일보(進一步)〔명하자〕 한 걸음 더 나아간다는 뜻으로, 한 단계 더 높이 발전해 나아감을 이르는 말. ▣～를 내딛다 / 실력이 ～하다.

진:-일지력(盡日之力)[지닐쩌―]圈 하루 종일 맡은 일에 부지런히 쓰는 힘. 진일력(盡日力).

진임(眞荏)圈『식』참깨.

진:입(進入)〔명하자〕 향해 내처 들어감. ▣궤도에 ～하다 / 고속도로에 ～하다 / 선진국 대열에 ～하다.

진:입-로(進入路)[지님노]圈 어떤 곳으로 들어가는 길. ▣고속도로 ～에 접어들다.

진-잎[―닙]圈 날것이나 절인 푸성귀 잎.

진잎-죽(―粥)[―쭉]圈 진잎을 넣고 쑨 죽. 〔진잎죽 먹고 잣죽 트림 한다〕 실상은 보잘것없으면서 겉으로는 아주 훌륭한 것처럼 꾸밈.

진자(仮子)圈〔역〕아이 초라니. ┌민타는 말.

진:자(振子)圈『물』정해진 한 점 또는 한 축└─(軸)의 둘레에서, 일정한 주기로 진동을 계속하는 물체. 흔들이.

진자(榛子)圈 개암1.

진-자리圈 **1** 아이를 갓 낳은 그 자리. **2** 오줌이나 땀 따위로 축축하게 된 자리. ↔마른자리. **3** 사람이 갓 죽은 바로 그 자리. **4** 바로

그 자리. ▣ ~에서 일을 끝내다.

진작 (眞勺) 〖악〗 고려 때 속가(俗歌)에서 가장 빠른 곡조의 이름.

진:작 (振作) 圖하자타 떨쳐 일으킴. 또는 떨쳐 일어남. / 사기 ~을 위해 노력하다 / 기세가 ~하다 / 민족정기를 ~하다.

진:작 (進爵) 圖하자 1 〖역〗 궁중에서 잔치가 열렸을 때 임금에게 술잔을 올리던 일. 2 헌작(獻爵). 3 〖민〗 무당이 굿할 때, 술잔을 올리는 의식의 하나.

진:작 里 바로 그때에. 좀 더 일찍이. 진즉(趁卽). ▣ ~ 갔어야 했는데.

진장 (珍藏) 圖하타 진귀하게 여겨 잘 간직함.

진:장 (振張) 圖하타 1 떨쳐 일어나 일을 벌임. 2 일을 번성하게 함.

진장 (陳醬) 圖 1 검정콩으로 쑨 메주로 담가 빛이 까맣게 된 간장. 2 '진간장'의 준말.

진장 (陳藏) 圖하자 김장.

진:재 (震災) 圖 지진으로 생긴 재해. 「당하다.

진저 (ginger) 圖 〖식〗 생강. 또는 말린 생강 가루. ▣ ~ 비스킷.

진저리 圖 1 차가운 것이 살갗에 닿거나 오줌을 눈 뒤에 으스스 떠는 몸짓. 2 추위에 ~를 치다. 2 몹시 귀찮거나 지긋지긋하여 떠는 몸짓. ▣ 지겨워서 ~를 내다 / 생각만 해도 ~가 난다.

진저-에일 (ginger ale) 圖 사이다 비슷한 청량 음료의 하나(생강에 타르타르산칼륨·수크로오스·효모·물 등을 섞어 만듦).

진적 (珍籍) 圖 진귀한 서적.

진적 (眞迹·眞蹟) 圖 1 실제의 유적(遺蹟). 2 친필(親筆). 2 추사(秋史) 김정희(金正喜) ~.

진적 (陳迹) 圖 지난날의 묵은 자취.

진적-하다 (眞的一) [一저카一] 圖圓 참되고 틀림없다. **진적-히** [一저키] 里

진전 (陳田) 圖 묵정밭.

진:전 (進展) 圖 일이 진행되어 발전함. ▣ 노사 협상이 빠른 ~을 보이다 / 이산가족의 상봉까지 회담은 크게 ~했다 / 남북 관계가 급속도로 ~되다.

진:전 (震顫·振顫) 圖하자 〖의〗무의식적으로 머리·손·몸에 일어나는 근육의 불규칙한 운동(알코올 중독·히스테리·신경 쇠약 따위가 원인임).

진절-머리 圖 〖속〗진저리2. ▣ ~를 치다 / ~가 날 정도이다.

진:점 (鎭占) 圖하타 일정한 지역을 진압하여 차지함.

진정 (辰正) 圖 진시(辰時)의 한가운데. 곧, 오전 8시.

진정 (眞情) 圖 1 참되고 애틋한 정이나 마음. ▣ ~으로 사랑하다. 2 진실한 사정. 실정(實情). ▣ ~을 토로하다.

진:정 (陳情) 圖하자타 실정이나 사정을 진술함. ▣ 주민의 고충을 ~하다 / 수재민들은 정부에 대책을 세워 달라고 ~했다.

진:정 (進呈) 圖하타 물건을 자진하여 드림. ▣ 공로패를 ~하다.

진:정 (鎭定) 圖하타 반대하는 세력이나 기세를 억눌러 안정되게 함. ▣ 반란을 ~하다.

진:정 (鎭靜) 圖하타 1 흥분이나 아픔 따위를 가라앉힘. ▣ 슬픔을 ~하다. 2 소란스럽고 어지러운 일을 가라앉힘. ▣ 사태가 ~되다.

진정 (眞正) 里 거짓이 없이 참으로. ▣ 만나 뵙게 되어 ~ 반갑습니다.

진:정-서 (陳情書) 圖 관청이나 공공 기관 등에 내기 위하여 실정이나 사정을 진술하여 적은 글. ▣ ~를 제출하다.

진:정-제 (鎭靜劑) 圖 신경 작용을 진정시키는 데 쓰는 약제.

진정-하다 (眞正一) 圖 (주로 '진정한'의 꼴로 쓰여) 참되고 올바르다. ▣ 진정한 민주주의 사회 / 진정한 친구.

진제 (眞諦) 圖 [一진체] 〖불〗 1 진실하여 거짓이나 틀림이 없음. 2 평등하고 차별이 없는 이치. 3 공(空)과 평등의 참된 성질. ↔속제(俗諦).

진:졸 (鎭卒) 圖 각 진영의 병졸.

진종 (珍種) 圖 진귀한 품종.

진:종일 (盡終日) 圖里 온종일. ▣ ~ 걸려서 간신히 끝냈다 / ~ 쏘다니다. 춘진일.

진좌 (辰坐) 圖 〖민〗 집터나 묏자리 등의 진방(辰方)을 등진 방향. 또는 그렇게 앉은 자리.

진:좌 (鎭座) 圖하자 1 신령이 그 자리에 임함. 2 사당에 ~하시는 신. 2 자리를 잡아 앉음.

진좌-술향 (辰坐戌向) 圖 〖민〗 묏자리나 집터가 진방(辰方)을 등지고 술방(戌方)을 바라보는 좌향(坐向).

진주 (眞珠·珍珠) 圖 조개류의 체내에서 형성되는 구슬 모양의 분비물 덩어리(주로 탄산칼슘이 주성분이며, 약간의 유기물이 함유되고, 은빛의 우아하고 아름다운 광택이 있어서 장식이나 약제로 씀). 방주(蚌珠). 빈주(蠙珠). ▣ ~ 목걸이 / ~로 장식하다.

진:주 (陳奏) 圖하타 윗사람에게 사정을 밝혀 아룀.

진:주 (進走) 圖하자 앞으로 뛰어 나아감.

진:주 (進駐) 圖하자 군대가 쳐들어가거나 파견되어 주둔함. ▣ 연합군이 일본에 ~하다.

진주-담치 (眞珠淡一) 圖 〖조개〗홍합과의 바닷조개. 내만·강어귀 등에 사는데 껍데기는 길이 10cm가량, 양쪽이 거의 같은 것을 대어 놓은 듯 달라붙음. 식용으로 양식함. 담채. 섭조개.

진주-선 (眞珠扇) 圖 전통 혼례 때 신부의 얼굴을 가리는 데 쓰는, 진주로 장식한 둥근 부채. 진주부채.

진주-암 (眞珠岩) 圖 〖광〗 화산암의 하나(석영조면암(粗面岩)이 유리 모양으로 된 것으로, 붉은 갈색·어두운 녹색·회색 따위를 띠며, 진주 비슷한 광택과 불규칙한 균열이 있음).

진주-조개 (眞珠一) 圖 진주조갯과의 조개. 껍데기의 길이와 높이는 7~10cm, 어두운 자녹색에 운모 모양의 비늘이 겹쳐서 쌓였고, 안쪽은 아름다운 진주 광택이 남. 깊이 5~20m의 잔잔한 바다 밑의 바위에 사는데, 몸 안에서 진주를 만듦. 양식(養殖) 진주의 모패(母貝)로 사용하며, 껍데기는 세공에 씀.

진주혼-식 (眞珠婚式) 圖 결혼 30주년을 기념하는 의식. 부부가 진주 제품을 주고받으며 기념함. *산호혼식(珊瑚婚式).

진-주홍 (津朱紅) 圖 진한 주홍빛.

진흙-버럭 (津一) [一붉一·一뻑一] 圖 〖광〗 모암(母岩)이 풍화되어 생긴 흙과 모래가 물과 혼합되어 곤죽처럼 된 버력.

진중 (陣中) 圖 〖군〗 1 군대의 진영 안. 2 전쟁터.

진중 근무 (陣中勤務) 〖군〗 진중(陣中)에서 하는 장병의 근무.

진중-하다 (珍重一) ㊀타 매우 소중히 여기다. ▣ 옥체를 진중하십시오. ㊁형 진귀하고 소중하다. ▣ 진중한 물건 / 진중하게 자라나다. **진중-히** 里

진:중-하다(鎭重-)[형] 점잖고 무게가 있다.
  ¶진중한 태도. 진:중-히[부]
진:즉(趁卽)[부] 진작.
진:즉-에[부] 진작.
진:지[밥]'의 높임말. ¶아버님 ～ 드세요.
진지(陣地)[명]『군』적과 교전할 목적으로, 설
  비 또는 장비를 갖추고 부대를 배치하여 둔
  곳. ¶～를 구축하다.
진지(眞知)[명] 참된 지식.
진지(眞智)[명]『불』진리를 깨달은 지혜.
진지러-뜨리다[타] 몹시 지지러지게 하다. ֍
  잔지러뜨리다.   [다.
진지러-지다[자] 몹시 지지러지다. ֍잔지러지
진지러-트리다[타] 진지러뜨리다.
진지적견(眞知的見)[-견][명] 확실하게 아는
  견문(見聞).
진지-전(陣地戰)[명]『군』견고한 진지를 구축
  해 놓고 하는 공방전.
진지-하다(眞摯-)[형어] 태도 따위가 참되고
  착실하다. ¶진지한 이야기 / 진지한 태도로
  임하다 / 진지하게 논의하다.
진진-구채(陳陳舊債)[명] 아주 오래 묵은 빚.
진진-상잉(陳陳相仍)[명] 오래된 곡식이 곳
  집 속에 묵어 쌓임.
진진지의(秦晉之誼)[-/-이][명] 혼인을 맺은
  두 집 사이의 가까운 정의. ¶～를 맺다.
진진-하다(津津-)[형어] 1 입에 착 달라붙을
  만큼 맛이 좋다. 2 물건 따위가 풍성하게 많
  다. 3 재미 따위가 매우 있다. ¶연극 구경하
  는 재미가 ～.
진:질(晉秩)[명][하자] 벼슬아치의 품계가 오름.
진:집[명] 1 물건의 가느다랗게 벌어진 틈. ¶
  그릇에 ～이 나다. 2 너무 긁어서 살갗이 벗
  어지고 짓무른 상처. ¶등에 ～이 생기다.
진집(珍什)[명] 진귀한 살림살이 도구.
진:짓-상(-床)[-지쌍/-짇쌍][명]'밥상'의 높
  임말. ¶～을 보다(차리다).
진짜(眞-)[명] 1 거짓이나 위조가 아닌 참된
  것. ¶～ 그림 / 가짜를 ～라고 속여 팔다. ↔
  가짜. 2[부] 진짜로. ¶～ 화가 나다.
진짜-로(眞-)[부] 참으로. 정말로. 진짜. ¶
  재미없다 / ～ 웃기는구나.
진짜-배기(眞-)[명] ⇒[속] 진짜. ¶～로 고르다.
진짬(眞-)[명] 잡것이 섞이지 않은 순수한 것.
진찬(珍饌)[명] 진수(珍羞).
진:찬(進饌)[명][역] 진연(進宴)에 비해 의식
  이 간단한 궁중의 잔치.
진-찬합(-饌盒)[명] 진반찬과 술안주를 담도록
  만든 찬합. →마른찬합.
진:찰(晉察)[명][역] 조선 때, 경상남도 관찰
  사를 이르던 말(처소가 진주에 있었던 데서
  유래함).
진:찰(診察)[명][하타]『의』의사가 병의 원인 규
  명 및 치료를 위하여 환자의 증세나 상태를
  살핌. 진후(診候). ¶～ 결과를 기다리다.
진:찰-권(診察券)[-꿘][명]『의』환자가 그 병
  원에서 진찰을 받을 수 있음을 증명하는 표.
  ¶～을 끊다.
진:찰-비(診察費)[명]『의』진찰받은 환자가
  의사나 병원에 치르는 요금. 진료비. 진찰료.
진:참(進參)[명][하자] 제사·잔치나 성묘 따위에
  참여함.
진-창[명] 땅이 질어서 질퍽질퍽하게 된 곳. 이녕
  (泥濘). ¶～을 밟다 / ～에 빠지다.
진창-길[-낄][명] 땅이 질어서 질퍽질퍽한 길.
  이해(泥海).
진채(珍菜)[명] 진귀하고 맛이 좋은 채소.
진채(眞彩)[명]『미술』진하게 쓰는 불투명한 원

색적인 채색(단청에 씀).
진채-식(陳菜食)[명]『민』정월 대보름날에 고
  사리·버섯·호박고지·가지고지·무시래기 등
  햇볕에 말린 것을 삶아 볶아 먹는 나물(이것
  을 먹으면 그 해 여름에 더위를 먹지 않는다 함).
진책(嗔責)[명][하타] 성을 내어 꾸짖음.
진:척(進陟)[명][하타] 1 일이 목적한 방향대로
  진행되어 감. ¶～ 상태 / ～이 빠르다. 2 벼
  슬이 올라감.
진:천(振天)[명][하자] 1 소리가 하늘에까지 떨쳐
  올림. ¶소리를 천하에 떨침.
진:천(震天)[명][하자] 소리가 하늘을 뒤흔들 듯
  이 울림.
진:천-동지(震天動地)[명][하자] 1 소리 따위가
  천지를 뒤흔듦. 2 위력이나 기세를 천하에 떨
  침의 비유.
진:천-뢰(震天雷)[-철-][명] 옛날 대포의 하나.
진:첩(震疊)[명][하자] 존귀한 사람이 몹시 성을
  내어 그치지 않음.
진:청(陳請)[명][하타] 사정을 말하며 간청함.
진:체(晉體)[명] 중국 진(晉)나라의 명필 왕희
  지(王羲之)의 글씨체. 우군체(右軍體).
진초(辰初)[명]『민』십이시의 진시(辰時)가 시
  작된 처음 무렵. 곧, 오전 일곱 시가 갓 지난
  때. ↔진말.
진초(陳草)[명] 해를 지난 묵은 담배.
진-초록(津草綠)[명] 진한 초록.
진:출(進出)[명][하자] 1 앞으로 나아감. 2 어떤
  방면으로 활동 범위나 세력을 넓혀 나아감.
  ¶정계에 ～하다.
진:충(盡忠)[명][하자] 충성을 다함.
진:충-보국(盡忠報國)[명][하자] 충성을 다하여 나라
  의 은혜를 갚음. 갈충보국. ¶～의 정신.
진:췌(盡瘁)[명][하자] 몸이 여위도록 마음과 힘
  을 다하여 애씀. ¶직무에 ～하다.
진:취(進取)[명][하타] 적극적으로 나아가 일을 이
  룩함. ¶～의 기상이 왕성하다. ↔퇴영(退嬰).
진:취(進就)[명][하자] 일을 차차 이루어 감.
진:취-력(進取力)[명] 적극적으로 나서서 일을
  이룩하는 힘이나 능력. ¶～이 강하다.
진:취-성(進就性)[-씽][명] 일을 차차 이루어
  나갈 만한 성질.
진:취-적(進取的)[관명] 진취의 기상이 있는
  (것). ¶～ 기상.
진:취지계(進取之計)[-/-계][명] 적극적으로
  일을 성취하기 위한 계책.
진-타작(-打作)[명][하자]『농』물타작.
진탁(眞-)[명] 친(親)탁.
진:탕(-宕)[부] 싫증이 날 만큼 아주 많이. ¶～
  먹다 / 술을 ～ 마시다.
진:탕(震盪·振盪)[명][하자] 몹시 흔들려 울림.
진탕-만탕(-宕-宕)[부] 양에 다 차고도 남을
  만큼 매우 많고 만족스럽게. ¶～ 놀고 마시
  다 / 돈을 ～ 쓰다.
진-태양(眞太陽)[명]『천』가상의 평균 태양에
  대해 실제의 태양을 일컫는 말. →평균 태양.
진태양-시(眞太陽時)[명]『천』진태양의 시각
  (時角)에 따라 정한 시각이나 시법(時法).
진태양-일(眞太陽日)[명]『천』진태양이 자오
  선을 통과하고 다시 그것을 통과할 때까지의
  시간.
진토(塵土)[명] 티끌과 흙. ¶황금을 ～같이 여
  기다.
진통(陣痛)[명][하자] 1『의』분만이 임박해서 자
  궁의 수축 때문에 주기적으로 반복되는 복부
  의 통증. 산통(産痛). ¶～이 오다. 2 일이 다

되어 가는 무렵에 겪는 어려움의 비유. ▣예산안 통과에 ~을 겪다.

진:통(鎭痛)명 〖의〗 아픔을 진정시키는 일.

진:통-제(鎭痛劑)명 중추 신경에 작용하여 마취와 진통의 효과를 일으키는 약(모르핀·안티피린 따위).

진:퇴(進退)명하자 1 나아감과 물러섬. ▣~를 거듭하다. 2 직위나 자리에서 머물러 있음과 물러남. ▣~를 결정하다 / ~를 같이하다.

진:퇴-양난(進退兩難)명 이러지도 저러지도 못하는 난처한 처지에 놓여 있음. 진퇴유곡. ▣~에 처하다.

진:퇴-유곡(進退維谷)명 앞으로 나아갈 수도 뒤로 물러날 수도 없이, 꼼짝할 수 없는 궁지에 몰림. 진퇴양난. ▣~에 빠지다.

진투(陳套)명 시대에 뒤진 낡은 투.

진:티명 일이 잘못되어 가는 빌미나 원인.

진펄명 진창으로 된 벌.

진-편포(-片脯)명 쇠고기를 얇게 저며서 기름·간장·소금을 쳐서 간을 맞춘 다음, 말리지 않고 날것으로 먹거나 구워 먹는 편포. ▣마른편포.

진폐(塵肺)[-/-폐]명〖의〗 오랫동안 폐에 먼지가 끼어 호흡 기능에 장애를 일으키는 병《숨이 차고 안색이 흙빛으로 되며 식욕 부진·부기 등이 나타남》. 진폐증. ✱석폐.

진폐-증(塵肺症)[-종/-폐쯩]명〖의〗진폐.

진:-폭(振幅)명 〖물〗진동하는 물체에서, 그 정지한 위치에서 진동의 좌우 극점에 이르기까지의 변위(變位)《길이 또는 각도로 나타냄》. ▣~이 크다.

진:-폭(震幅)명 〖지〗지반(地盤)의 진동이 지진계에 감촉되어 기록되는 그 넓이.

진:-폭 변:조(振幅變調)[-뻔-]명 〖물〗신호파의 진폭에 따라 반송파(搬送波)의 진폭을 변화시키는 변조 방식《라디오 방송 따위에 씀》. 에이엠(AM). ↔주파수 변조.

진-풀명 홑옷을 빨아 마르기 전에 곧 먹이는 풀. ▣베갯잇에 ~을 먹이다.

진품(珍品)명 진귀한 물품. ▣천하의 ~ / ~을 선물로 받다.

진품(眞品)명 진짜 물건. ▣~을 가리다.

진풍(陣風)명 갑자기 불다가 곧 그치는 센 바람《흔히 눈이나 비가 오기 전에 붊》.

진풍(塵風)명 먼지가 섞인 바람.

진-풍경(珍風景)명 구경거리가 될 만한 보기 드문 광경. ▣~이 벌어지다.

진:-풍정(進豊呈)명〖역〗진연(進宴)보다 의식이 엄숙한 궁중의 잔치.

진피명 끈질기게 달라붙는 짓. 또는 그런 성미의 사람.

진피(眞皮)명〖생〗척추동물의 표피(表皮) 아래 있는 섬유성 결합 조직. 표피와 함께 피부를 이루며, 모세 혈관과 신경이 있음《사람의 경우는 탄력(彈力) 섬유가 풍부함》.

진피(陳皮)명 〖한의〗오래 묵은 귤껍질《맛은 쓰고 매운데, 건위·발한(發汗)의 약제로 씀》.

진:피-아들명 지지리 못난 사람을 이르는 말.

진-피즈(gin fizz)명 칵테일의 하나. 진에 설탕·얼음·레몬을 넣고 탄산수를 부은 음료.

진필(眞筆)명 친필. ▣왕희지의 ~.

진:-하(進賀)명하자 나라에 경사가 있을 때, 백관(百官)이 임금에게 축하를 올리던 일.

진:-하다(盡-)자여 다하여 없어지다. ▣기력이 ~ / 운이 ~.

진-하다(津-)형여 1 액체가 되직하다. ▣진

한 커피. 2 빛깔이나 화장이 짙다. ▣진한 초록 / 화장이 ~. ↔연하다. 3 맛이나 냄새가 강하다. ▣진한 향수 냄새. 4 감정의 정도가 보통보다 깊다. ▣진한 감동을 느끼다.

진:-하련(震下連)명〖민〗 팔괘(八卦) 가운데 진괘(震卦)의 상형(象形)인 '☳'의 일컬음.

진:-학(進學)명하자 1 학문의 길에 나아가서 배움. 2 상급 학교에 감. ▣대학에 ~하다.

진-학질모기(眞瘧疾-)[-찔-]명〖충〗모깃과의 곤충. 학질모기의 하나로, 습지에 남. 몸 길이 5mm가량. 몸·더듬이는 암갈색. 애벌레는 '장구벌레'임. 야간 활동성이며 사람의 피를 빨고 특히 학질을 옮김.

진합-태산(塵合泰山)명 작은 물건도 많이 모이면 큰 것이 됨. 티끌 모아 태산.

진:-항(進航)명하자 배가 항해하여 나아감. ↔퇴항(退航).

진:-해(震駭·振駭)명자자 몸을 떨며 놀람.

진:-해(鎭咳)명하자〖의〗기침을 그치게 함.

진:해-제(鎭咳劑)명 기침을 진정시키는 약제《모르핀·인산 코데인 따위》. 기침약.

진핵-생물(眞核生物)[-쌩-]명〖생〗핵막(核膜)으로 둘러싸인 핵을 가지며, 유사(有絲) 분열을 하는 세포로 이루어진 생물. 세균 및 남조류(藍藻類)를 제외한 모든 식물이 이에 속함. ↔원핵(原核)생물.

진:-행(進行)명하자타 1 앞으로 나아감. ▣차량의 ~이 순조롭다. 2 일 따위를 처리해 나감. ▣공사가 ~되다.

진:행-계(進行係)[-/-계]명 모임이나 회의의 진행을 맡아보는 부서. 또는 그 사람.

진:행-상(進行相)명〖언〗움직임이 진행 중임을 나타내는 동사의 동작상(動作相)《현재 진행상·과거 진행상·미래 진행상이 있음》.

진:행-자(進行者)명 의식·방송 등에서, 프로그램을 이끌어 나가는 사람.

진:행주명 물을 묻혀서 쓰는 행주. 물행주. ↔마른행주.

진:행-파(進行波)명 〖물〗공간 안을 일정한 방향으로 진행하는 파동《매질(媒質)에 따라 진행 속도가 결정됨》. ↔정상파.

진:행-형(進行形)명〖언〗움직임이 계속됨을 나타내는 동사 시제의 형태《먹는다·먹는 중이고, 있다 따위》. 나아감꼴.

진:-향(進向)명하자 일정한 곳이나 목표 따위를 향해 나아감.

진-허리명 잔허리의 우묵하게 들어간 부분.

진:-헌(進獻)명하타 임금에게 예물을 바침.

진:-현(進見·進現)명하자 임금에게 나아가 뵘.

진형(陣形)명 진지의 형태. 또는 전투의 대형. ▣~을 갖추다.

진:-호(鎭護)명하타 난리를 평정하여 나라를 지킴. ▣국가를 ~하다.

진:-혼(鎭魂)명하타 죽은 사람의 넋을 달래어 고이 잠들게 함.

진:혼-곡(鎭魂曲)명 위령곡(慰靈曲).

진:혼-제(鎭魂祭)명 위령제(慰靈祭).

진홍(眞紅)명 '진홍색'의 준말.

진홍-가슴(眞紅-)명〖조〗딱샛과의 새. 몸 길이 약 14cm, 등·가슴·옆구리는 감찰 갈색, 목은 짙은 홍색임. 눈 위와 볼에는 흰 줄이 있음. 눈 밑에서 기르기도 함. 대안작(大眼雀).

진-홍두깨명 다듬이질을 할 때 물기가 많은 축축한 다듬잇감을 홍두깨에 올리는 일. ↔마른홍두깨.

진홍-빛(眞紅-)[-삗]명 진홍색.

진홍-색(眞紅色)명 짙은 붉은빛. 진홍빛. 다홍색. ⓒ진홍.

진화(珍貨)명 진귀한 물품.

진:화(進化) 명하자 **1**〖생〗 생물이 외계의 영향과 내부의 발전에 따라 간단한 것에서 복잡한 것으로, 하등에서 고등한 것으로 발전하는 일. ❑인류는 오랜 세월을 두고 ~되어 왔다. **2** 일이나 사물이 점점 발달해 감. ❑~된 언어. ↔퇴화.

진:화(鎭火) 명하타 **1** 불이 난 것을 끔. ❑산불 ~에 어려움을 겪었다 / 화재가 ~되다. **2** 말썽·소문·소동 따위를 해결함. ❑들끓는 여론을 ~하다.

진:화-론(進化論) 명 〖생〗 모든 생물은 극히 원시적인 종류의 생물에서 진화해 왔다는 다윈의 학설.

진:화-설(進化說) 명 만물은 진화한다는 사고방식으로 사물을 설명하려는 입장이나 경향. 진화주의.

진황(眞況) 명 참된 상황.

진황-지(陳荒地) 명 버려 두어서 거칠어진 땅. ❑~를 일구다.

진효(珍肴) 명 진귀하고 맛있는 안주.

진:후(診候) 명하타 진찰(診察).

진:휼(賑恤) 명하타 흉년에 곤궁한 백성을 도와줌. 진구(賑救).

진:휼-청(賑恤廳) 명 〖역〗 조선 때, 흉년에 백성들을 구제하던 관아. 중종 때 두었으며, 인조 때(1648) 상평청(常平廳)으로 개명함.

진-흙[-흑] 명 **1** 빛깔이 붉고 차진 흙. ❑~으로 팩을 하다. **2** 질척질척하게 짓이겨진 흙. 이토(泥土). ❑~을 개다 / ~으로 초벽을 하다.

진흙-탕[-흑-] 명 질척질척하게 된 땅. ❑비만 오면 ~이 된다.

진:흥(振興) 명하자타 떨쳐 일어남. 또는 그렇게 되게 함. ❑산업 ~에 힘쓰다 / 과학 기술이 ~하다.

진흥왕 순수비(眞興王巡狩碑)〖역〗 신라의 진흥왕이 변경을 살피며 돌아다닐 때 세운 기념비《북한산비·황초령비·마운령비·창녕비의 넷이 남아 있음》.

진:흥-책(振興策) 명 진흥시키는 방책. ❑수출 ~을 강구하다.

진:흥-회(振興會) 명 어떤 사업이나 사회 운동 따위를 진흥시키기 위한 모임. ❑~를 구성하다.

진희-하다(珍稀-)[-히-] 형여 진기하고 드물다.

질 명 〖공〗 질그릇을 만드는 흙.

질(帙) ㊀명 **1** 책의 권수의 차례. **2** 아래위가 터진 책갑. ㊁의명 여러 권으로 된 책의 한 벌을 세는 단위. ❑백과사전 한 ~을 사다.

질(秩) 명 〖역〗 관직·녹봉(祿俸)의 등급.

질(質) 명 **1** 사물의 근본을 이루는 성질. ❑양보다 ~. **2** 사람의 됨됨이를 이루는 바탕. ❑~이 나쁜 사람.

질(膣) 명 〖생〗 포유류 암컷의 외부 생식기의 일부. 자궁으로 연결되는 관 모양의 기관《교접(交接)과 분만의 산도(産道) 기능을 함》.

-질[1] 준 -지를. ❑먹~ 않는다.

-질[2] 미 **1** 일부 명사 뒤에 붙어서, 동작이나 행동을 이르는 말. ❑걸레~ / 삽~ / 가위~. **2** 일부 명사 뒤에 붙어서, 직업이나 하는 일을 부정적이고 천하게 일컫는 말. ❑목수~ / 선생~ / 훈장~. **3** 일부 명사 뒤에 붙어서, 옳지 않은 일을 뜻하는 말. ❑계집~ / 서방~ / 도둑~.

질감(質感) 명 **1** 재질(材質)에 따라 달리 느껴지는 독특한 느낌. ❑나무의 ~을 살린 가구. **2**〖미술〗 마티에르.

질겁-하다[-거파-] 자여 뜻밖의 일로 자지러지게 놀라다. ❑질겁하고 달아나다. 작잘겁하다.

질-것[-걷] 명 진흙으로 구워 만든 물건.

질겅-거리다 타 질긴 물건을 계속 씹다. 작잘강거리다. **질겅-질겅** 부하타. ❑껌을 ~ 씹다.

질겅-대다 타 질겅거리다.

질경이 명 〖식〗 질경잇과의 여러해살이풀. 들·길가에 흔함. 잎은 뿌리에서 모여나며 타원형임. 여름에 꽃부리가 깔때기 모양인 흰 꽃이 수상꽃차례로 핌. 종자는 '차전자(車前子)'로 이뇨제에 쓰이고, 어린잎은 식용함.

질고(疾苦) 명 병고(病苦). ❑~에 시달리다.

질고(疾故) 명 병고(病故).

질고-하다(秩高-) 형여 관직·녹봉이 높다. ↔질비(秩卑)하다.

질고-하다(質古-) 형여 꾸밈이 없이 순박하고 예스럽다.

질곡(桎梏) 명 **1** 차꼬와 수갑. **2** 몹시 속박하여 자유를 가질 수 없는 고통의 상태를 비유한 말. ❑~의 세월 / ~에 빠지다 / 독재의 ~에서 벗어나다.

질권(質權)[-꿘] 명 〖법〗 채무자가 돈을 갚을 때까지 채권자가 담보물을 간직할 수 있고, 채무자가 돈을 갚지 아니할 때는 그것으로 우선 변제받을 수 있는 권리.

질권 설정자(質權設定者)[-꿘-쩡-]〖법〗 담보 목적물을 채권자에게 제공하여 질권을 설정하는 사람.

질-그릇[-른] 명 진흙만으로 구워 만들고, 잿물을 입히지 않은 그릇《겉면이 테석테석하고 윤기가 없음》. ❑~을 굽다.

질근-질근 부 **1** 새끼·노 등을 느릿느릿 꼬는 모양. **2** 질겅질겅. ❑쇠고기를 ~ 씹다. 작잘근잘근.

질금 부하자타 액체가 조금 새어 흐르다 그치는 모양. ❑눈물이 ~ 나오다 / 오줌을 ~ 싸다. 작잘금·졸금. 센찔끔.

질금-거리다 자타 계속 질금하다. 또는 잇따라 질금하게 하다. 작잘금거리다·졸금거리다. 센찔끔거리다. **질금-질금** 부하자타. ❑상처에서 피가 ~ 나온다.

질금-대다 자타 질금거리다.

질급(窒急) 명하자 별안간 몹시 놀라거나 겁이 나서 숨이 막힘.

질긋-질긋[-귿찔귿] 부 **1** 끈덕지게 참고 견디는 모양. **2** 계속 누르거나 당기는 모양.

질기(窒氣) 명하자 숨이 통하지 못하여 기운이 막힘. 질색(窒塞).

질기다 형 **1** 쉽게 해지거나 끊어지지 않고 견디는 힘이 세다. ❑냉면 면발이 ~. ↔연하다. **2** 목숨이 끊어지지 않고 끈덕지게 붙어 있다. ❑명이 ~. **3** 행동이나 일의 상태가 오래 끌거나 잘 견디는 성질이 있다. ❑울음이 ~.

질기-둥이 명 **1** 바탕이 질깃질깃한 물건. **2** 성질이 몹시 검질긴 사람.

질-기와 명 잿물을 입혀서 구운 기와. 도와.

질깃-질깃[-긷찔긷] 부하형 **1** 몹시 질긴 모양. **2** 성질이 검질긴 모양. ❑~ 졸라 대다. 작잘깃잘깃. **3** 질기고 튀기는 힘이 센 모양. ❑고기가 ~하여 씹을 수가 없다. 작잘깃잘깃. 센찔깃찔깃.

질깃-하다[-기타-] 형여 **1** 조금 질긴 듯하다. ❑고기가 ~. **2** 성질이 좀 검질기다. 작잘깃하다. 센찔깃하다.

질끈 부 단단히 졸라매거나 바싹 동이는 모양. ❑허리띠를 ~ 매다. 작잘끈.

질-나발[-라-] 圏 〖악〗질흙으로 구워 만든 나발.

질녀(姪女)[-려] 圏 조카딸.

질다〔질어, 지니, 진〕圏 **1** 밥이나 반죽 따위가 되지 않고 물기가 많다. ▣밥이 ~. **2** 땅이 질척질척하다. ▣비가 온 뒤라 땅이 ~.

질대(迭代)[-때] 圏하回 체대(遞代).

질-돌 圏〖광〗장석(長石).

질-동이 圏 질흙으로 빚어서 구워 만든 동이.

질둔-하다(質鈍-)[-뚠-] 圏回 **1** 어리석고 둔하다. **2** 몸이 뚱뚱하여 행동이 굼뜨다.

질-뚝배기[-빼-] 圏 질흙으로 구워 만든 뚝배기. ▣된장찌개가 ~에서 끓다.

질뚝-하다[-뚜카-] 圏回 긴 물건의 한 부분이 깊이 패어 우묵하다. ❀잘똑하다. ❀찔뚝하다. **질뚝-질뚝**[-찔-] 匣하횅

질량(質量) 圏〖물〗물체가 갖는 고유의 역학적인 양(관성 질량과 중력 질량이 있음).

질량 결손(質量缺損)[-쏜] 〖물〗원자핵의 질량수와, 원자핵을 구성하고 있는 양성자와 중성자의 질량의 합과의 차. 원자핵의 결합 에너지에 해당함.

질량 단위(質量單位) 〖물〗원자 질량 단위.

질량 보:존의 법칙(質量保存-法則)[-조니-/ -조녜-] 〖화〗화학 변화가 있기 전과 후의 물질의 모든 질량은 항상 일정하다는 법칙.

질량-수(質量數)[-쑤] 圏〖물〗원자핵을 구성하는 양성자 수와 중성자 수와의 합.

질량 스펙트럼(質量spectrum) 〖물〗물질을 구성 입자(粒子)로 분해해서 질량의 순서로 별렬한 것.

질러-가다囝탄거래 지름길로 가다. ▣골목길로 ~ / 들판을 ~.

질러-먹다[-따] 囝〖따〗덜 익은 음식을 미리 먹다.

질러-오다囝탄너래 지름길로 오다. ▣고갯길로 ~ / 산허리를 ~.

질레(ㄸ gilet) 圏 조끼 또는 블라우스처럼 보이게 상의 속에 입는 여성용 옷.

질려(蒺藜) 圏〖식〗남가새.

질력(疾力) 囝 ☞진력나다.

질력-내다囝 ☞진력내다.

질뢰(疾雷) 圏 몹시 심한 번개.

질료(質料) 圏〖철〗형식을 갖춤으로써 비로소 일정한 것으로 되는 재료(아리스토텔레스는 이를 형상과 함께 존재의 근본 원리라고 생각함). ▣~는 형식을 규정한다. ↔형상(形相)·형식.

질룩-하다[-루카-] 圏回 긴 물건의 한 부분이 얕게 패어 우묵하다. ❀잘록하다. ❀찔룩하다. **질룩-질룩**[-찔-] 匣하횅

질름-거리다[1]囝 가득 찬 액체가 흔들려 자꾸 넘치다. ❀잘름거리다. ❀찔름거리다. **질름-질름**[1] 匣하횅

질름-거리다[2]囝 한목에 주지 않고 여러 차례에 나눠서 조금씩 주다. ❀잘름거리다. ❀찔름-질름[2] 匣하囝

질름-대다[1]囝 질름거리다[1].

질름-대다[2]囝 질름거리다[2].

질리다[1]囝 **1** 놀라거나 두려워서 기가 막히거나 풀이 꺾이다. **2** 어떤 일이나 음식 따위에 싫증이 나다. ▣밀가루 음식이 / 공부하라는 말을 질리도록 듣다. **3** 놀라거나 무서워 얼굴이 변하다. ▣새파랗게 ~. **4** 짙은 빛깔이 한데 물려 고루 미치지 못하다. ▣옷감에 물이 ~. **5** 값이 얼마 먹히다. ▣자동차를 사는 데 1,800만 원이나 질렸다.

질리다[2]囝(‘지르다’의 피동〉내지르거나 걸어처짐을 당하다.

질매(叱罵) 圏하回 몹시 꾸짖어 나무람.

질문(質問) 圏하回자 의문이나 이유를 물음. ▣~ 공세를 펴다 / ~을 받다 / 선생님께 의문점을 ~했다.

질문-서(質問書) 圏 질문할 사항을 적은 서면. ▣~를 제출하다.

질문지-법(質問紙法)[-뻡] 圏〖교〗조사나 연구하려는 사항에 대해 미리 준비한 질문지로 많은 대답을 얻어 분석하여 대체적인 경향을 발견하려는 방법.

질물(質物) 圏〖법〗질권의 대상이 되는 물품. 채무의 담보로 제공되는 물품.

질박-하다(質樸-·質朴-)[-바카-] 圏回 꾸민데가 없이 수수하다. ▣질박한 시골 사람들 / 뚝배기의 질박한 아름다움. **질박-히**[-바키] 匣

질-방구리 圏 질흙으로 만든 방구리.

질벅-거리다[-꺼-] 囝 진흙이나 반죽 따위가 물기가 많아 부드러운 느낌이 자꾸 들다. ▣길이 ~. **질벅-질벅**[-찔-] 匣하횅자형

질벅-대다[-때-] 囝 질벅거리다.

질벅-하다[-버카-] 圏回 진흙이나 반죽 따위가 물기가 많아 부드럽게 질다.

질번질번-하다圏回 겉으로 보기에 살림살이가 넉넉하고 윤택하다.

질변(質辨) 圏하回자 마주 앉아서 변명함.

질-병(-瓶) 圏〖공〗질흙으로 구워 만든 병. [**질병에도 감홍로**] 겉모양은 보잘것없지만 속은 좋고 아름다운 것도 있다는 말.

질병(疾病) 圏 신체의 온갖 기능의 장애. 질환(疾患). ▣~에 걸리다.

질병 보:험(疾病保險)[-]〖경〗병에 걸림으로써 생기는 손해를 보상해 주는 보험.

질보(疾步) 圏 몹시 빠른 걸음.

질부(姪婦) 圏 조카며느리.

질비-하다(秩卑-)[-] 圏回 관직이나 녹봉(祿俸)이 낮다. ↔질고하다.

질빵 圏 짐을 걸어 메는 데 쓰는 줄. ▣~을 걸다.

질사(窒死)[-싸] 圏하回자 질식하여 죽음.

질산(窒酸)[-싼] 圏〖화〗습기를 포함하는 공기 가운데 발연(發煙)하는 무색의 자극적인 액체(질산염·질산에스테르·니트로 화합물 및 폭약 제조에 많이 씀). 구칭: 초산(硝酸).

질산-균(窒酸菌)[-싼-] 圏〖생〗 아질산균(亞窒酸菌)이 암모니아를 산화시킨 뒤를 이어 이 아질산을 질산으로 바꾸는 세균의 총칭. 토양 속에 분포함.

질산-나트륨(窒酸Natrium)[-싼-] 〖Sodium nitrate〗〖화〗나트륨의 질산염. 칠레 초석으로 천연으로도 산출됨. 무색의 삼방정계(三方晶系) 결정. 흡습성(吸濕性)으로 물에 잘 녹으며, 유리 원료·비료로 씀.

질산-섬유소(窒酸纖維素)[-싼서뮤-] 圏〖화〗니트로셀룰로오스.

질산-소다(窒酸soda)[-싼-] 圏〖화〗‘칠레 초석·질산나트륨’의 속칭.

질산-암모늄(窒酸ammonium)[-싼-] 圏〖화〗질산을 암모니아로 중화하여 만드는 백색의 바늘 모양의 결정(비료·폭약 등으로 씀).

질산-염(窒酸鹽)[-싼념] 圏〖화〗금속 또는 그 산화물이나 탄산염을 질산염에 녹여서 만든 화합물의 총칭(산화제·화약·비료 따위로 씀).

질산-은(窒酸銀)[-싸는] 圏〖화〗은을 질산에 녹여 얻는 무색의 사방정계(斜方晶系) 결정《부식제(腐蝕劑)로서의 의약 및 분석 시약·

은도금·사진 감광제(感光劑) 따위로 씀).

질산-칼륨(窒酸Kalium)[-싼-] 圀 〔Potassium nitrate〕《화》 무색의 유리 광택이 있는 투명 내지 반투명의 결정체(흑색 화약의 원료, 유리와 법랑(琺瑯)의 제조 또는 비료로 널리 씀). 은초(銀硝). 초석(硝石).

질산-칼슘(窒酸calcium)[-싼-] 圀 《화》 칼슘의 질산염. 물과 알코올에 잘 녹는 결정 또는 분말(질산염의 제조 등에 씀). 노르웨이 초석(硝石).

질-삿반 (-盤)[-삳빤] 圀 지게에 얹어 놓고 물건을 담아 지는 삿반.

질색 (窒塞)[-쌕] 圀하자 **1** 질기(窒氣). **2** 몹시 싫거나 놀라서 기막힐 지경에 이름. ▢이런 일은 딱 ~이다 / 바퀴벌레를 보고는 ~을 하다 / 아이가 병원아라며 ~하고 운다.

질서 (姪壻)[-써] 圀 조카사위.

질서 (秩序)[-써] 圀 사물의 조리. 또는 그 순서. ▢~를 지키다 / ~가 잡히다.

질서-벌 (秩序罰)[-써-] 圀 《법》 법률상의 의무 위반자에 대하여 국가 또는 공공 단체가 과하는 과태료의 총칭.

질서-범 (秩序犯)[-써-] 圀 《법》 국가나 공공 단체의 행정상의 질서를 침해한 죄. 또는 그런 사람.

질서정연-하다 (秩序整然-)[-써-] 쥉어 사물 따위의 순서가 한결같이 바르고 가지런하다. ▢질서정연하게 줄을 서다.

질소 (窒素)[-쏘] 圀 《화》 공기의 약 5분의 4를 차지하는 기체 원소. 무색·무미·무취임. 다른 원소와 화합하여 동식물체 및 초석·질산 등을 조성하며, 단백질의 중요한 성분임. 암모니아·석회·질산 등 질소 화합물의 원료임. 〔7위:N=14.0067〕

질소 고정 (窒素固定)[-쏘-] 《화》 공기 속의 질소를 원료로 질소 화합물을 만드는 일.

질소 공업 (窒素工業)[-쏘-] 《공》 공기 속의 질소를 화합물로서 고정시키는 공업.

질소 동화 (窒素同化)[-쏘-] 《생》 생물이 외계에서 질소나 무기 질소 화합물을 변화시켜 유기(有機) 질소 화합물을 만드는 과정. 질소 동화 작용.

질소 순환 (窒素循環)[-쏘-] 《화》 자연계의 질소가 생물계와 무생물계 사이에서 변화하고 옮겨지는 순환 과정.

질소족 원소 (窒素族元素)[-쏘조권-] 《화》 주기율표에서, 질소·인·비소·안티몬·비스무트의 다섯 가지 원소의 총칭.

질소질 비:료 (窒素質肥料)[-쏘-] 《화》 질소를 비교적 많이 포함하거나 질소만을 함유한 비료의 총칭(식물체 안에서의 단백질 형성을 도움).

질소 폭탄 (窒素爆彈)[-쏘-] 《군》 수소 폭탄을 질소로 싼 핵폭탄.

질소-하다 (質素-)[-쏘-] 쥉어 꾸밈이 없고 수수하다. 검소하고 질박하다. ▢꾸밈새가 ~.

질소화-물 (窒素化物)[-쏘-] 圀 《화》 질소와 다른 원소와의 질소 화합물.

질-솥 [-솓] 圀 질흙으로 구워 만든 솥. 토정(土鼎).

질수 (疾羞)[-쑤] 圀하타 골치를 앓음.

질시 (疾視)[-씨] 圀하타 밉게 봄. ▢반목(反目)과 ~.

질시 (嫉視)[-씨] 圀하타 시기해 봄. 투시(妬視). ▢선망(羨望)과 ~ / ~의 대상자 / 타인의 행복을 ~하다.

질식 (窒息)[-씩] 圀하자 **1** 숨이 막힘. **2** 생체 또는 그 조직에서 갖가지 이유로 산소의 결

핍, 이산화탄소의 과잉으로 일어나는 상태(호흡 작용이 멎으며, 생물은 경련 후에 죽음에 이름). ▢탄내를 맡고 ~하다 / 악취가 심해 질 것 같다.

질식-사 (窒息死)[-씩싸] 圀하자 숨이 막히거나 산소가 없어서 죽음.

질식성 가스 (窒息性gas)[-씩썽-] 《화》 호흡을 곤란하게 하는 독가스의 총칭(염소 가스·포스겐·디포스겐 따위).

질실-하다 (質實-)[-씰-] 쥉어 꾸밈이 없고 진실하다.

질쑥-이 團 질쑥하게.

질쑥-하다 [-쑤카-] 쥉어 긴 물건의 한 부분이 질룩하다. 쥥잘쑥하다. 쎈찔쑥하다. **질쑥-질쑥** [-찔-] 團하쥉

질아 (姪兒) 圀 조카.

질야-하다 (質野-) 쥉어 순박하고 꾸밈없다.

질언 (疾言) 圀 빠르고 급한 말투.

질언 (質言) 圀하타 참된 사실을 들어 딱 잘라 말함. 또는 그 말.

질역 (疾疫) 圀 유행하는 병.

질염 (膣炎)[-렴] 圀 《의》 질에 생기는 염증.

질오 (嫉惡) 圀하타 시새워 몹시 미워함.

질욕 (叱辱) 圀하타 꾸짖으며 욕함.

질우 (疾雨) 圀 몹시 쏟아지는 비.

질원 (疾怨) 圀하타 미워하고 원망함.

질의 (質疑)[지릐 / 지리] 圀하타 의심나거나 모르는 점을 물어 밝힘. ▢~를 받다 / 의문 나는 점을 ~해 주십시오.

질의 (質議)[지릐 / 지리] 圀하타 사리의 옳고 그름을 물어서 의논함.

질의-응답 (質疑應答)[지릐- / 지리-] 圀 질문과 그것에 대한 대답. ▢다음 순서는 ~ 시간입니다.

질입 (質人) 圀하타 《법》 입질(入質).

질자 (姪子)[-짜] 圀 조카.

질-장구 (-缶)[-짱-] 《악》 '부(缶)'의 속칭.

질-적 (質的)[-쩍] 관圀 본바탕의 (것). 실질에 관계되는 (것). ▢~ 성장 / ~으로 향상되다 / ~인 문제를 일으키다. ↔양적(量的).

질점 (質點)[-쩜] 《물》 역학적으로 크기는 없고 질량만 있다고 가상하는 점. 이 점으로 물체의 위치나 운동을 표시할 수 있으며 역학 원리 및 모든 법칙의 기초가 됨.

질점-계 (質點系)[-쩜- / -쩜계] 圀 《물》 몇 개의 질점으로 이루어지는 역학적 체계.

질정 (叱正)[-쩡] 圀하타 꾸짖어 바로잡음. ▢격려와 ~ / 여러분의 ~을 바랍니다.

질정 (質正)[-쩡] 圀하타 묻거나 따져 바로잡음.

질정 (質定)[-쩡] 圀하타 갈피를 잡고 헤아려 정함. ▢어떻게 할지 ~이 없다.

질종 (疾足)[-쪽] 圀 빠른 걸음.

질주 (疾走)[-쭈] 圀하자타 빨리 달림. ▢밤거리를 ~하다.

질증 (疾憎)[-쯩] 圀하타 몹시 미워함.

질직-하다 (質直-)[-찌카-] 쥉어 질박하고 정직하다. **질직-히** [-찌키] 團

질질 團 **1** 땅에 늘어져 끌리는 모양. ▢옷자락을 ~ 끌다. **2** 기름기나 윤기가 흐르는 모양. ▢개기름이 얼굴에 ~ 흐르다. 쥥잘잘. **3** 무엇을 자꾸 빠뜨리거나 흘리는 모양. 쥥찔찔. **4** 정한 기한을 자꾸 미루는 모양. ▢회의를 ~ 끌다. **5** 저항 없이 순종하거나 굴복하는 모양. ▢질질 끌려다니다. 쎈찔찔. 쥥끌려가다.

질질-거리다 재 **1** 주책없이 자꾸 가볍게 행동하다. 쥥잘잘거리다·절절거리다. **2** 자꾸 울

다. ❏그만 질질거리고 내 말 좀 들어봐. [센]찔찔거리다.
질질-대다 [자] 질질거리다.
질-차관 (-茶罐) [명] 질흙으로 구워 만든 찻주전자.
질책 (叱責) [명][하타] 꾸짖어 나무람. ❏~을 받다 / ~이 쏟아지다.
질책 (帙冊) [명] 여러 권으로 한 벌이 된 책.
질책 (質責) [명][하타] 꾸짖어 바로잡음.
질척-거리다 [-꺼-] [자] 진흙이나 반죽 따위가 물기가 많아 차지고 진 느낌이 자꾸 들다. ❏질척거리는 길. [작]잘착거리다. **질척-질척** [-찔-] [부][하자형]
질척-대다 [-때-] [자] 질척거리다.
질척-하다 [-처카-] [형여] 진흙이나 반죽 따위가 물기가 많아 차지고 질다. ❏질척한 땅에 찍힌 발자국. [작]잘착하다.
질축 (嫉逐) [명][하타] 샘내어 내쫓음.
질커덕-거리다 [-꺼-] [자] 요란스럽게 질컥거리다. [작]잘카닥거리다. **질커덕-질커덕** [-찔-] [부][하자형]
질커덕-대다 [-때-] [자] 질커덕거리다.
질커덕-하다 [-더카-] [형여] 진흙이나 반죽 따위가 매우 질컥하다. [작]잘카닥하다.
질컥-거리다 [-꺼-] [자] 질벅질벅한 것이 계속 진 촉감을 주다. ❏길이 몹시 ~. [작]잘칵거리다. **질컥-질컥** [-찔-] [부][하자형]
질컥-대다 [-때-] [자] 질컥거리다.
질컥-하다 [-커카-] [형여] 진흙이나 반죽 따위가 매우 질다. [작]잘칵하다.
질크러-지다 [자] 질쑥하게 들어가다. [작]잘크라지다.
질타 (叱咤) [명][하타] 큰 소리로 꾸짖음. ❏여론의 ~를 받다.
질탕 (佚宕·佚蕩) [명][하형][히부] 놀음놀이 따위가 지나칠 정도로 흥겨움. ❏~하게 마시고 놀다.
질-탕관 (-湯罐) [명] 질흙으로 구워 만든 탕관《자루가 없음》.
질-통 (-桶) [명] **1** 물통2. ❏~으로 물을 지다. **2**〖광〗광석·버력 등을 갱 밖으로 져 낼 때에 쓰는 멜빵 삼태기 또는 나무통.
질통 (疾痛) [명] 병으로 말미암은 아픔.
질통-꾼 (-桶-) [명] 질통으로 광석·버력 따위를 져 나르는 일꾼.
질투 (嫉妬·嫉妒) [명][하타] **1** 강샘. ❏~가 나다 / ~를 부리다. **2** 다른 사람을 시기하고 깎아내리려고 함. ❏~를 느끼다 / 동료의 승진을 ~하다.
질투-심 (嫉妬心) [명] 질투하는 마음. 투심(妬心). ❏~이 많다 / ~이 일다.
질퍼덕-거리다 [-꺼-] [자] 진흙이나 반죽 따위가 물기가 많아 무르고 진 느낌이 자꾸 들다. ❏땅이 ~. [준]질퍽거리다. **질퍼덕-질퍼덕** [-찔-] [부][하자형]
질퍼덕-대다 [-때-] [자] 질퍼덕거리다.
질퍼덕-하다 [-더카-] [형여] 진흙이나 반죽 따위가 물기가 많아 부드럽게 질다. ❏눈이 녹아서 길이 ~. [작]잘파닥하다. [준]질퍽하다.
질퍽-거리다 [-꺼-] [자] '질퍼덕거리다'의 준말. ❏질퍽거리는 길. [작]잘팍거리다. **질퍽-질퍽** [-찔-] [부][하자형]
질퍽-대다 [-때-] [자] 질퍽거리다.
질퍽-하다 [-퍼카-] [형여] '질퍼덕하다'의 준말. [작]잘팍하다. **질퍽-히** [-퍼키] [부]
질펀-하다 [형여] **1** 땅이 넓고 평평하게 퍼져 있다. ❏질펀한 들판. **2** 주저앉아 하는 일 없이 늘어져 있다. **3** 질거나 젖어 있다. ❏울었는지 두 눈이 ~. **질펀-히** [부]
질품 (質稟) [명][하타] 상관에게 할 일에 대해 질문함.
질풍 (疾風) [명] **1** 몹시 빠르고 거세게 부는 바람. ❏~같이 내달리다. **2**〖기상〗'흔들바람'의 구용어.
질풍-경초 (疾風勁草) [명] 질풍에도 꺾이지 않는 굳센 풀이라는 뜻으로, 아무리 어려운 일을 당해도 뜻이 흔들리지 않는 사람의 비유.
질풍-노도 (疾風怒濤) [명] **1** 몹시 빠르게 부는 바람과 무섭게 소용돌이치는 물결. ❏공격군이 ~처럼 밀려오다. **2**〖문〗슈투름 운트 드랑(Sturm und Drang).
질-풍류 (-風流) [-뉴] [명]〖악〗질흙으로 구워 만든 악기의 총칭.
질풍-신뢰 (疾風迅雷) [-실-] [명] 심한 바람과 번개라는 뜻으로, 빠르고 심하게 변하는 상태의 비유. ❏~와 같이 진격하다.
질-하다 [자여] 질탕하게 놀다.
질항 (姪行) [명] 조카가 되는 항렬. 조카뻘.
질-항아리 (-缸-) [명] 질흙으로 구워 만든 항아리.
질행 (疾行) [명][하자] 빨리 감.
질호 (疾呼) [명][하타] 소리를 질러 급히 부름.
질화-강 (窒化鋼) [명]〖화〗표면에 질화물의 굳은 층을 만들어 경도(硬度)를 높인 특수강《내연 기관의 실린더·게이지 등에 씀》.
질-화로 (-火爐) [명] 질흙으로 구워 만든 화로.
질화-물 (窒化物) [명]〖화〗질소화물(窒素化物).
질환 (疾患) [명] 질병(疾病). ❏호흡기 ~ / 유전성 ~.
질-흙 [-흑] [명] **1** 진흙. **2** 쑥돌·차돌 등이 풍화되어 생긴 흙《차져서 질그릇을 만드는 데 씀》. ❏~을 이기다.
짊다 [짐따] [타] 짐을 뭉뚱그려서 지게 따위에 얹다. ❏짐을 수레에 짊어 옮기다.
짊어-지다 [질머-] [타] **1** 짐 따위를 등에 메다. ❏보따리를 ~ / 배낭을 짊어지고 산에 오르다. **2** 빚을 쓰다. ❏빚을 많이 ~. **3** 책임이나 의무를 지다. ❏내일의 조국을 짊어질 청소년.
짊어-지우다 [질머-] [타]《'짊어지다'의 사동》짊어지게 하다. ❏책임을 남에게 ~ / 동생에게 쌀자루를 ~.
짐[1] [一][명] **1** 들거나 지거나 나르도록 꾸려 놓은 물건. ❏~을 꾸리다. **2** 맡은 임무나 책임. 부담. ❏마음의 ~을 덜다. **3** 수고가 되는 일이나 귀찮은 물건. ❏가족에게 ~이 되고 싶지 않다. [二][의명] 한 번에 져 나를 만한 분량을 세는 말. ❏나무 한 ~을 지다.
짐을 벗다 [구] 걱정·책임 따위에서 벗어나다.
짐을 싸다 [구] ㉠관계하던 일을 그만두다. ㉡다른 데로 이사하다.
짐(이) 기울다 [구] ㉠일의 형세가 글러지다. ㉡수준이 어느 한쪽보다 못하다.
짐[2] [의명]〖역〗조세를 계산하기 위한 토지 면적의 단위. 열 뭇. 곧, 백 줌. 부(負).
짐 (朕) [인대] 임금의 자칭. 과인(寡人). ❏~이 고하겠노라 / ~이 곧 국가다.
짐-꾼 [명] 짐을 져 나르는 사람. ❏~을 사다.
짐-대 [-때] [명] **1** ☞돛대. **2**〖불〗당(幢)을 달아 세우는 대《돌·쇠로 만듦》. 당간(幢竿).
짐:독 (鴆毒) [명] 짐새의 깃에 있는 맹렬한 독. 또는 그 기운.
짐-바 [-빠] [명] 짐을 묶거나 동이는 줄. ❏~를 동여매다.
짐-바리 [-빠-] [명] 마소로 실어 나르는 짐.

짐-받이 [-바지] 圀 자전거 등의 뒤에 있는 짐을 싣는 시렁 같은 것. ⬜자전거 ~에 싣다.

짐-방 [-빵] 圀 곡식을 도매로 파는 큰 싸전 등에서, 곡식 짐의 운반을 업으로 삼는 사람.

짐-배 [-빼] 圀 짐을 실어 나르는 배. ⬜~를 부리다.

짐병-지다 圀 신명지고 푸지다.

짐-삯 [-싻] 圀 짐을 나르는 삯으로 치르는 돈. ⬜~을 받다.

짐-새 (鴆-) 圀 〔조〕 중국 남방 광둥(廣東)에 사는 독이 있는 새. 깃을 술에 담가 마시면 즉사한다고 함. ⬝준짐(鴆).

짐-수레 圀 짐을 싣는 수레.

짐-스럽다 [-따] 〔짐스러워, 짐스러우니〕 圀⬝ 부담이 되는 데가 있다. ⬜과분한 칭찬이 오히려 ~. **짐-스레** 團

짐승 圀 **1** 몸에 털이 나고 네 발을 가진 동물. 네발짐승. **2** 날짐승·길짐승의 총칭. **3** 바다에서 사는 동물 가운데 어류를 제외한 고래·물개 따위 포유동물. **4** 잔인하거나 야만적인 사람의 비유.

짐승-강 (-綱) 圀 〔동〕 척추동물의 한 강(綱). 피부에 털이 나고 조직이 복잡하고 온혈이며 대개 태생(胎生)임. 새끼에게 젖을 먹임. 포유류(哺乳類).

짐승-니 〔충〕 짐승닛과의 이의 총칭(개이·돼지이·말니·소이·쥐이 따위).

짐승발자국-유 (-内) 〔-짜구뉴〕 圀 한자 부수의 하나('禹'·'禽'을 뜻하는 '内'의 이름).

짐승털-니 [-리] 〔충〕 짐승털닛과의 이의 총칭(개털니·고양이털니·쇠털니 따위).

짐-자동차 (-自動車) 圀 짐을 실어 나르는 데에 쓰는 자동차. 짐차.

짐작 (斟酌) 圀⬝ 어림쳐서 헤아림. 참량(斟量). ⬜~이 가다 / ~이 들다 / 이번 건에 대해 ~되는 것이 있나요 / 내가 겪은 일을 그는 ~하는 것 같았다 / ~이 들어맞다.

짐줏 團 〔옛〕 짐짓. 일부러.

짐짐-하다 圀⬝ **1** 음식이 찝찔하기만 하고 아무 맛이 없다. ⬜찌개가 ~. **2** 일이나 생활이 아무런 재미나 흥취가 없다. **3** 마음이 조금 꺼림하다. ⬜기분이 ~.

짐짓 [-진] 團 마음은 그렇지 않으나 일부러 그렇게. 고의로. ⬜~ 모른 체하다.

짐-짝 圀 묶어 놓은 짐의 덩이. ⬜~을 싣다 / ~처럼 가득 채운 버스.

짐-차 (-車) 圀 짐자동차. ⬜~로 이삿짐을 나르다.

짐-칸 圀 짐을 싣는 칸. 화물칸.

집 ⬝圀 **1** 비바람과 추위, 더위 따위를 막고 사람이 살기 위해 지은 건물. ⬜~을 수리하다. **2** 동물이 보금자리를 튼 곳. ⬜참새야 너 뭇가지에 ~을 짓다. **3** 칼·벼루·총 따위를 끼우거나 담아 두는 것. ⬜벼루를 ~에 넣다. **4** 바둑에서, 자기 차지가 된 곳. 호(戶). ⬜~을 만들다 / ~을 내다. **5** 가정을 이루고 생활하는 집안. ⬜~ 없는 아이 / 부유한 ~에서 자라나다. ⬝의圀 **1** 가구의 수를 세는 단위. ⬜두 ~ 살림. **2** 바둑에서, 자기 차지가 된 곳을 세는 단위. ⬜여섯 ~ 이기다.
〔집과 계집은 가꾸기 탓〕 집은 손질하기에 달렸고, 아내는 가르치기에 달렸다는 말. 〔집도 절도 없다〕 가진 집이나 재산도 없이 여기저기 떠돌아다닌다는 말. 〔집에 땔장작를 져 묻었나〕 집에 빨리 가고 싶어 안달하는 사람을 조롱하는 말. 〔집이 타도 빈대 죽으니 좋다〕 비록 큰 손해를 보더라도 미운 놈만 없어지면 시원하다는 뜻.

집(을) 나다 전 집에서 멀리 떠나다.

집(이) 나다 전 ⬝팔고 살 집이 생기다. ⬝바둑에서, 집이 되다.

집 (輯) ⬝의圀 시가나 문장 따위를 엮은 책이나 음악 앨범 따위를 셀 때, 그 발행 차례를 나타내는 단위. ⬜문학 동인지 3 ~을 발행하다 / 5 ~ 음반을 내다.

-집[1] 圀 **1** 자기 집안에서 출가한 손아래 여자를, 시집의 성(姓) 밑에 붙여 그 집 사람임을 나타내는 말. ⬜김~. **2** 남의 작은집이나 기생첩에 대하여, 출신 지명의 아래에 붙이는 말. ⬜평양~. **3** 주점·음식점의 이름을 이루는 말. ⬜진주~. **4** 물건을 파는 가게임을 나타내는 말. ⬜이불~ / 빵~ / 술~.

-집[2] 圀 **1** '크기'·'부피'를 뜻하는 말. ⬜몸~ / 살~. **2** '그것이 생긴 자리' 또는 '그것의 흔적'을 뜻하는 말. ⬜바늘~.

-집 (集) 圀 시가·문장 등을 모은 책을 나타내는 말. ⬜논문~ / 소설~.

집가게-거미 [-까-] 圀 〔동〕 가게거미과의 거미. 주로, 집 구석에 집을 짓고 삶. 몸길이 10~13 mm, 회백색에 검푸른색의 줄무늬가 있음.

집-가시다 [-까-] 団 〔민〕 발인한 뒤에 집 안을 정갈하게 하려고 무당을 시켜 악기(惡氣)를 물리치다. 집가심하다.

집-가심 [-까-] 圀 집가시는 일.

집-가축 [-까-] 圀團 집을 매만져서 잘 거두는 일.

집-값 [-깝] 圀 **1** 소요된 건축비로 매긴 집의 가격. **2** 집의 매매 가격. ⬜~이 오르다.

집-갯지렁이 [-깯찌-] 圀 〔동〕 갯지렁잇과의 하나. 해변의 모래땅에서 집을 짓고 그 속에 삶. 몸길이 40 cm가량에 몸마디 300여 개, 붉은 갈색임. 낚시의 미끼로 씀.

집게 [-께] 圀 물건을 집는 데 쓰는, 끝이 두 가닥으로 갈라진 연장(방울집게·부집게 따위).

집게-발 [-께-] 圀 〔동〕 게나 가재 따위의, 끝이 집게 모양으로 된 발.

집게-벌레 [-께-] 圀 〔충〕 집게벌렛과의 벌레. 부엌 바닥·돌밑 또는 썩은 식물질 밑에 삶. 몸길이 2.4 cm 안팎, 빛은 갈색 또는 흑갈색임. 배 끝에 각질의 집게가 달려 있음. 육식성(肉食性)임.

집게-뼘 [-께-] 圀 엄지손가락과 집게손가락을 벌린 길이. ⬝준집뼘.

집게-손가락 [-께-까-] 圀 엄지손가락과 가운뎃손가락 사이의 손가락. 두지(頭指).

집결 (集結) [-껼] 圀団자団 한군데로 모임. 또는 한군데로 모음. ⬜장소 / 역량을 ~하다 / 사병들을 연병장에 ~시키다.

집계 (集計) [-계 / -께] 圀団団 모아서 계산함. 또는 그 계산. ⬜잠정 ~ / ~를 내다 / 인명 피해가 20명으로 ~되다.

집고 [-꼬] 團 무엇을 미뤄 생각할 때, 꼭 그러할 것이라는 뜻을 나타내는 말. ⬜내일은 ~ 비가 올 것이다.

집광 (集光) [-꽝] 圀団자 렌즈나 거울을 써서 빛을 모으는 일.

집광-경 (集光鏡) [-꽝-] 〔물〕 집광기.

집광-기 (集光器) [-꽝-] 圀 〔물〕 광선을 한곳으로 모으는 데 쓰는 거울. 집광경.

집광 렌즈 (集光lens) [-꽝-] 〔물〕 광선의 방향을 굴절시켜 필요한 곳으로 모으는 렌즈.

집-괭이 [-꽹-] 圀 집에서 기르는 고양이.

집괴 (集塊) [-꾀] 圀 덩어리. 뭉치.

집구(集句)[-꾸] 명하자 옛사람들의 글귀를 모아 새 시를 만듦. 또는 그 시.

집-구석[-꾸-] 명〈속〉 1 집 속. 2 집■5.

집권(執權)[-꿘] 명하자 권세나 정권을 잡음. ☐~ 세력 / ~ 여당 / 장기 ~.

집권(集權)[-꿘] 명하자 권력을 한군데로 모음. ↔분권(分權).

집권-당(執權黨)[-꿘-] 명 권세나 정권을 잡은 정당. ☐~ 내부의 권력 암투. *여당.

집권-자(執權者)[-꿘-] 명 권세나 정권을 장악한 사람.

집권-층(執權層)[-꿘-] 명 권세나 정권을 잡고 있는 계층. ☐~의 독재를 견제하다.

집금(集金)[-끔] 명하자 돈을 거두어 모음. 또는 그 돈. 수금(收金).

집금-원(集金員)[-끄뭔] 명 돌아다니며 수금하는 사람. 수금원(收金員).

집기(什器)[-끼] 명 집물(什物). ☐가구 ~ / 사무용 ~.

집기(集記)[-끼] 명 《역》 논밭의 자호(字號)·결수(結數)·두락(斗落)·작인(作人) 따위를 기록한 장부. *양안(量案).

집기-병(集氣瓶)[-끼-] 명 화학 실험 기구의 하나. 기체를 모으는, 유리로 된 병.

집념(執念)[-짐-] 명하자 한 가지 일에 매달려 정신을 쏟음. 또는 그 마음이나 생각. ☐~이 강하다 / 끈질긴 ~ / 이기겠다는 ~에 불타다.

집-누에[짐-][옛] 가잠(家蠶).

집니르다재〈옛〉 집을 살갛다.

집다[-따] 타 1 손으로 물건을 잡다. ☐연필을 ~. 2 떨어진 것을 줍다. ☐바닥에 떨어진 동전을 ~. 3 기구로 사이에 물건을 끼워서 들다. ☐부집게로 숯을 ~. 4 지적하여 가리키다. ☐여러 용의자 가운데 한 사람을 범인으로 ~.

집단(集團)[-딴] 명 1 모임. 떼. 단체. ☐예술가 ~ / ~으로 사직서를 제출하다. 2 상호 간에 결합되어 생활을 함께 영위하는 생활체의 집합.

집단 검진(集團檢診)[-딴-] 명 《의》 학교·회사·공장 등에서 많은 인원에게 일시에 행하는 건강 진단.

집단 농장(集團農場)[-딴-] 명 《사》 농지의 소유권을 공동으로 가지고 협동하여 조직적으로 경영하는 농장.

집단 방위(集團防衛)[-딴-] 명 《군》 여러 나라가 합동으로 방위 기구를 형성하여 서로의 안전 보장을 도모하는 일(나토 따위).

집단 본능(集團本能)[-딴-] 명 《심》 고립되는 것이 싫어서 집단생활을 하려고 하는 본능.

집단-생활(集團生活)[-딴-] 명 《사》 공통되는 의식이나 목표를 가지고 여럿이 무리를 지어 일정한 기간 함께 지내는 생활.

집단 심리학(集團心理學)[-딴-니-] 명 《심》 집단의 심리를 연구하는 학문(때로는 사회 심리학과 같은 뜻으로 쓰임).

집단 안전 보장(集團安全保障)[-따난-] 명 《사》 국가의 안전을 한 나라의 군비 증강이나 타국과의 동맹으로 해결하지 않고, 다수의 국가가 협력하여 보장하는 제도.

집단-어(集團語)[-따너] 명 《언》 1 국가가 없는 민족 또는 국가를 잃은 민족의 언어. 2 국가를 배경으로 하는 국어에 대하여, 어떤 지

집단 역학(集團力學)[-딴녀칵] 명 《사》 집단 또는 그 구성원의 행동을 규정하고 있는 요인을 연구하는 사회 과학의 한 분야.

집단 요법(集團療法)[-딴뇨뻡] 명 《심》 심리적 부적응 상태에 있는 사람들을 작은 집단 안에 넣고 집단 활동을 시킴으로써 적응에 도움을 주려는 정신 요법.

집단-의식(集團意識)[-따늬- / -따니-] 명 《사》 집단의 각 구성원에 공통하는 정신적 내용《도덕·관습·이데올로기 따위가 있으며, 개인의 생각이나 행동을 근본적으로 규제함》. 사회의식.

집단-적(集團的)[-딴-] 관명 집단을 이루거나 집단으로 하는 (것). ☐~ 행동.

집단적 자위권(集團的自衛權)[-딴-짜-꿘] 명 《법》 어떤 나라가 무력 공격을 받았을 경우, 그 나라와 밀접한 관계에 있는 나라가 공동으로 방위에 나서는 권리.

집단 지도(集團指導)[-딴-] 명 1《교》 집단을 통해서 하는 지도. ↔개별 지도. 2《정》 정당 등에서, 최고 권력자의 독재를 배제하고 간부의 집단적 합의에 따라 행하는 지도.

집단 표상(集團表象)[-딴-] 명 《철》 집합 표상.

집단 학습(集團學習)[-딴-씁] 명 《교》 학습 구성원을 몇 사람씩 그룹으로 나누어 실시하는 학습《협조 정신·사회적 적응 등이 체득됨》.

집단 행동(集團行動)[-딴-] 명 《사》 한 집단이 같은 목표와 의식을 가지고 하는 행동. ☐임금 인상을 요구하는 노조원들의 ~.

집단-혼(集團婚)[-딴-] 명 《사》 군혼(群婚).

집단-화(集團化)[-딴-] 명하자타 집단으로 조직함. ☐~된 행동.

집단 히스테리(集團Hysterie)[-딴-] 명 《심》 집단 속의 많은 사람들이 일시에 정신적 흥분·경련·실신 따위의 히스테리 증세를 일으키는 현상.

집달(執達)[-딸] 명하타 위의 지시를 받아서 일을 집행함.

집달-관(執達官)[-딸-] 명 《법》 '집행관(執行官)'의 구칭.

집달-리(執達吏)[-딸-] 명 《법》 '집달관(執達官)'의 구칭.

집-대성(集大成)[-때-] 명하타 여러 가지를 모아 하나의 체계로 완성함. ☐한 권의 책으로 ~된 실학 사상.

집도(執刀)[-또] 명하자 1 칼을 잡음. 2 수술·해부를 하기 위해 메스를 잡음. ☐과장의 ~로 수술을 끝내다.

집-돼지[-뙈-] 명 멧돼지에 대해, 집에서 기르는 돼지. 가저(家猪).

집-뒤짐[-뒤-] 명 사람이나 물건 따위를 찾기 위하여 남의 집을 뒤지는 일. ☐~을 당하다.

집-들이[-뜨리] 명하자 새집에 이사한 사람이 자축(自祝)과 집 구경을 겸해서 이웃과 친지를 초대하여 대접하는 일. ☐회사 동료들을 불러 ~를 하다. *집알이.

집례(執禮)[짐녜] 명하타 1《역》 제향(祭享) 때에 두던 임시 벼슬《홀기(笏記)를 읽음》. 2 예식을 집행하는 일.

집록(輯錄·集錄)[짐녹] 명하타 여러 책에서 모아 기록함. 또는 그 기록.

집류(執留)[짐뉴] 명하타 공급을 사사로이 쓴 사람의 재산을 압류함.

집-모기[짐-] 명 《충》 집 안에 많이 모여 드는 보통 모기. 사람이나 가축의 피를 빨아 먹으며 뇌염 따위를 전염시킴.

집무 (執務)[짐-] 圓헌坏 사무를 봄. ❑ ~ 시간 / ~를 보다 / ~에 들어가다.

집무-실 (執務室)[짐-] 圓 지위가 높은 사람이 일을 처리하는 방. ❑ 대통령 ~.

집무-편람 (執務便覽)[짐-펼-] 圓 사무 담당자를 위하여 사무 분장의 규정, 분과(分課) 분장의 규정 따위를 정리한 책.

집-문서 (-文書)[짐-] 圓 집의 소유권을 증명하는 문서. 가권. ❑ ~를 잡히고 빚을 내다.

집물 (什物)[짐-] 圓 집 안이나 사무실에서 쓰는 온갖 기구. 집기(什器). ❑ ~을 장만하다.

집-박쥐 [-빡쮜] 圓 《동》 애기박쥣과의 하나. 인가 부근의 흔한 보통 박쥐로 날개 길이는 3.1~3.4 cm, 몸빛은 대체로 등 쪽은 암갈색에 털끝은 담황갈색, 배 쪽은 회갈색임. 나비·파리·모기 따위를 잡아먹음.

집배 (執杯)[-빼] 圓 술을 마시려고 잔을 듦.

집배 (集配)[-빼] 圓헌坏 우편물·철도 화물 등을 모아서 주소지로 배달함.

집배-원 (集配員)[-빼-] 圓 1 여러 가지를 모아서 배달하는 사람. 집배인(集配人). 2 '우편집배원'의 준말.

집백 (執白)[-빽] 圓 바둑에서, 백(白)을 잡고 두는 일. ↔집흑(執黑).

집법 (執法)[-뻡] 圓 법령을 굳게 지킴.

집복 (執卜)[-복] 圓헌坏 《역》 벼슬아치가 농사의 작황(作況)을 답사하여 세금을 매기던 일.

집복 (集福)[-뽁] 圓 복과 덕을 불러 모음.

집부 (集部)[-뿌] 圓 중국 고전을 경(經)·사(史)·자(子)·집(集)의 사부(四部)로 나눌 때 '집'에 속하는 부류(모든 문집·시집 등이 이에 딸림). 정부(丁部).

집비두리 [-] 《옛》 집비둘기.

집-비둘기 [-삐-] 圓 《조》 집에서 기르는 비둘기. 백합. ↔들비둘기.

집-뼘 [-] 圓 '집게뼘'의 준말.

집사 (執事)[-싸] 圓 1 주인 옆에 있으면서 그 집 일을 맡아보는 사람. ❑ 대감 댁 ~. 2 높은 사람에게 보내는 편지 겉봉의 택호(宅號) 밑에 '시하인(侍下人)'의 뜻으로 쓰는 말. 3 《기》 교회의 각 기관의 일을 맡아 봉사하는 교회 직분의 하나. 또는 그 사람. 4 《불》 절에서 사무를 담당하는 승려의 소임.

집사 (執事)[-싸] 圓 귀인에 대한 존칭. 圓 인대 노형(老兄)은 지나고 존장(尊長)은 채 못 되는 사람에 대한 존칭.

집사-관 (執事官)[-싸-] 圓 《역》 나라의 모든 의식 때에, 정한 절차에 따라 식을 진행시키던 임시 벼슬아치.

집-사람 [-싸-] 圓 자기 아내의 겸칭. 쭌집.

집사-성 (執事省)[-싸-] 圓 《역》 신라 때, 국가의 기밀과 서정(庶政)을 맡아보던 최고의 행정 기관. 흥덕왕(興德王) 4년(829)에 집사부(執事部)를 고친 이름.

집사-자 (執事者)[-싸-] 圓 일을 맡아 실제로 처리하는 사람.

집산 (集散)[-싼] 圓헌坏 모여듦과 흩어짐. ❑ 시장이 농산물의 ~으로 붐비다.

집산-주의 (集産主義)[-싼-/-싼-이] 圓 《사》 토지·공장·철도·광산 등 중요 생산 수단을 국유화하여 정부의 관리 아래 집중 통제함을 이상으로 하는 주의.

집산-지 (集散地)[-싼-] 圓 생산지에서 생산물이 모여들었다가 다시 다른 곳으로 흩어져 가는 곳. ❑ 쌀의 ~.

집상 (執喪)[-쌍] 圓헌坏 어버이 상사에 예절을 지킴. 또는 예절에 따라 상제 노릇을 함.

집성 (集成)[-썽] 圓헌坏 모아서 체계 있는 것으로 이룸. ❑ 민요를 ~한 책.

집성-재 (集成材)[-썽-] 圓 《건》 얇은 목재를 합성 접착제로 붙여 가열·압축한 목재(가구의 심재(心材)나 구조재로 씀).

집성-촌 (集姓村)[-썽-] 圓 같은 성(姓)을 가진 사람이 모여 사는 촌락.

집-세 (-貰)[-쎄] 圓 남의 집을 빌려 사는 대가로 내는 돈. 가세(家貰). 가임. ❑ ~를 물다 / ~가 오르다.

집소-성대 (集小成大)[-쏘-] 圓헌坏 작은 것을 모아서 큰 것을 이룸.

집속 (執束)[-쏙] 圓헌坏 《농》 타작 전에 곡식의 묶음 수를 세어서 적는 일.

집수 (執手)[-쑤] 圓헌坏 남의 손을 잡음.

집시 (Gipsy, Gypsy) 圓 1 코카서스 인종의 유랑 민족. 헝가리를 중심으로 유럽 각지에 분포. 쾌활하며 음악에 뛰어난 재능을 지니고 있음. 2 〔gipsy〕 정처 없이 방랑 생활을 하는 사람의 비유.

집시-법 (集示法)[-씨뻡] 圓 '집회 및 시위에 관한 법률'의 준말. ❑ ~ 위반.

집심 (執心)[-씸] 圓헌坏 흔들리지 않게 단단히 먹은 마음.

집-안 圓 가족이나 가까운 일가. ❑ ~ 어른께 인사를 드리다 / ~에 경사가 나다. [집안 귀신이 사람 잡아간다] 가까운 사람에게서 해를 입었을 경우의 비유. [집안이 망하려면 맏며느리가 수염이 난다] 집안의 운수가 나쁘면 별별 탈이 다 생긴다. [집안이 망하면 집터 잡는 사람만 탓한다] 잘못된 일은 남의 탓으로 돌림.

집안-닦달 [지반닥딸] 圓헌坏 집 안을 깨끗이 치우는 일. ❑ ~을 말끔하게 하다.

집안-사람 [지반싸-] 圓 1 한가족이나 가까운 일가. ❑ ~끼리 모이다. 2 자기의 아내를 남 앞에서 이르는 말.

집안-싸움 [지반-] 圓 1 가족끼리의 싸움. 2 한 조직이나 단체의 구성원끼리 하는 싸움. 내분(內紛). ❑ ~이 끊이지 않는다.

집안-일 [지반닐] 圓 1 살림을 꾸려 나가면서 해야 하는 일들(밥하기·청소·빨래 따위). ❑ ~에 무관심한 남편 / ~을 돕다〔돌보다〕. 2 집안의 사사로운 일이나 행사. ❑ ~이 밖으로 새나가지 않게 해라.

집-알이 圓헌坏 남이 이사했을 때 집을 구경할 겸 인사로 찾아보는 일. ❑ ~를 오다. ＊집들이.

집약 (集約)[-] 圓헌坏 한데 모아서 요약함. ❑ 노동 집약 / 토지 생산 체제 / 의견을 ~하다.

집약 경영 (集約經營)[지뱍꼉-] 《경》 많은 자본과 노동력을 써서 효율적으로 행하는 경영. ↔조방(粗放) 경영.

집약-적 (集約的)[지뱍쩍] 관圓 하나로 모아서 뭉뚱그리는 (것). ❑ ~으로 설명하다.

집약적 농업 (集約的農業)[지뱍쩡-] 《농》 많은 자본과 노동력을 들여 일정한 경지에서 생산력을 높이려는 농업 경영 방식. ↔조방적(粗放的) 농업.

집어-내다 坏 1 집어서 밖으로 내놓다. ❑ 상자에서 과자를 ~. 2 지적하여 밝혀 내다. ❑ 잘못을 ~ / 요점을 ~.

집어-넣다 [지버너타] 坏 어떤 공간이나 단체, 범위에 들어가게 하다. ❑ 책을 가방 속에 ~ / 범인을 감방에 ~.

집어-던지다 坏 일 또는 행동을 그만두다. ❑

약속을 헌신짝처럼 집어던지는 사람.

집어-등(集魚燈)[─] 불빛을 보고 모여드는 어류를 잡기 위해 쓰는 등불.

집어-먹다[지버─따] 囲 1 남의 물건을 가로채어 가지다. ◻공금을 ～. 2 겁·두려움 등을 가지게 되다. ◻겁을 ～.

집어-삼키다囲 1 거침없이 삼키다. ◻알약을 ～. 2 남의 것을 가로채어 가지다. ◻남의 돈을 ～.

집어-세다囲 1 체면 없이 마구 먹다. 2 말·행동으로 마구 닦달하다. 3 남의 것을 마음대로 가지다. ◻남의 물품을 홀짝 ～.

집어-쓰다[─써, ─쓰니] 囲 돈 따위를 닥치는 대로 쓰다. ◻집의 재산을 몽땅 ～.

집어-치우다囲 하던 일을 중간에서 그만두다. ◻학업을 ～.

집어-타다囲〈속〉잡아타다. ◻택시를 ～.

집역(執役)[집력] 囹 백성이 공역(公役)을 치름.

집영(集英)[집령] 囹하잠 인재를 모으는 일. 또는 그 모인 인재.

집-오리囹〘조〙집에서 기르는 오릿과의 새. 원산지는 중국. 몸은 물오리보다 좀 비대하고 온몸에 솜 같은 깃털이 빽빽이 남. 고기나 알을 얻으려고 기름. ㉞오리.

집요(輯要)囹하타 요점만을 모음. 또는 그 책.

집요-하다(執拗─)囹 고집스럽고 끈질기다. ◻필요한 노력 / 필요하게 물고 늘어지다 / 집요하게 추적하다.

집음-기(集音機)囹〘전〙약한 음을 녹음·방송할 때, 소리를 모아 크게 하는 장치.

집의(執意)[지븨 / 지비] 囹하자 자기 의견을 굳게 가짐.

집의(執義)[지븨 / 지비] 囹하자 정의(正義)를 굳게 지킴.

집-임자[지님─] 囹 그 집의 소유자. 집주인.

집-장(─醬)[─짱] 囹 여름철에 먹는, 고추장과 비슷한 음식〔여름에 띄운 메주를 볕에 말려 곱게 빻고 고춧가루와 함께 찰밥에 버무린 다음, 장아찌를 박고 간장을 조금 쳐서 봉하여 두엄 속에 8～9일 묻어 둠〕. 즙장.

집장-사령(執杖使令)[─짱─] 囹〘역〙장형(杖刑)을 집행하던 사령.

집재(輯載)[─째] 囹하타 편집하여 기재함.

집적(集積)[─쩍] 囹하타 모아서 쌓음. ◻부를 ～하다.

집적-거리다[─쩍꺼─] 자타 1 경솔하게 이 일 저 일에 자꾸 손을 대거나 참견하다. ◻남의 일에 ～. 2 말이나 행동으로 공연히 남을 건드려서 성가시게 하다. ◻여자를 ～. **집적-집적**[─쩍쩍] 悍하자타

집적-대다[─쩍때─] 집적거리다.

집적-도(集積度)[─쩍또] 囹〘컴〙한 개의 집적 회로에 들어 있는 소자(素子)의 수.

집적 회로(集積回路)[─쩌쾨─] 囹〘컴〙여러 회로 소자(素子)를 하나의 기판(基板) 위나 안에, 분리할 수 없는 상태로 결합하여 놓은 초소형 회로. 아이시(IC).

집전(執典)[─쩐] 囹하타 1 전례(典禮)를 다잡아 집행함. ◻교황의 ～으로 성탄절 미사가 거행되다. 2 '집전자'의 준말.

집전-자(執典者)[─쩐─] 囹 전례(典禮)를 다잡아 집행하는 사람. ㉞집전.

집정(執政)[─쩡] 囹하자 1 정권을 잡음. 또는 그 관직이나 사람. 2〘역〙프랑스 제일 공화정 시대의 최고 정무관.

집정-관(執政官)[─쩡─] 囹 1 국정을 잡은 관

원. 2〘역〙로마 공화정의 최고 정무관〔정원 3명, 임기 1년〕.

집제(集諦)[─쩨] 囹〘불〙사제(四諦)의 하나. 고(苦)의 원인은 끝없는 애집(愛執)에 있다는 진리.

집조(執租)[─쪼] 囹 잡을도조.

집조(執照)[─쪼] 囹 외국인에게 여행의 편의를 위해 내어 주던 통행 허가 증명서.

집주(集注)[─쭈] 囹하자타 1 한군데로 모아 들임. 2 한곳에 힘을 쏟음.

집주(集註·集注)[─쭈] 囹하자 여러 사람이나 서책의 주석을 한데 모음. 또는 그런 책.

집-주릅[─쭈─] 囹 집 흥정 붙이는 일을 업으로 삼는 사람. 가쾌(家儈).

집-주인(─主人)[─쭈─] 囹 1 그 집안의 주장이되는 사람. 2 집임자. ◻～에게 방세를 내다.

집준(執樽)[─쭌] 囹〘역〙제향(祭享) 때 준뢰(樽罍)의 일을 맡아보던 제관(祭官).

집중(執中)[─쭝] 囹하자 과부족이나 치우침이 없이 마땅하고 떳떳한 도리를 취함.

집중(集中)[─쭝] 囹하자타 1 한곳으로 모임. 또는 한곳으로 모음. ◻인구의 대도시 ～ / 음주 운전을 ～ 단속하다 / 시선이 ～되다 / 주의력을 ～시키다.

집중-난방(集中煖房)[─쭝─] 囹 중앙난방.

집중-력(集中力)[─쭝녁] 囹 마음이나 주의를 집중할 수 있는 힘. ◻～이 부족하다 / ～을 기르다.

집중 사격(集中射擊)[─쭝─] 囹〘군〙한 목표물이나 특정 지역에 모든 화력을 집중하여 사격하는 일. ◻～ 끝에 능선을 점령하다.

집중 생산(集中生産)[─쭝─] 囹〘경〙생산 능률을 올리고 제품의 원가를 내리기 위해 능률이 좋은 설비나 기업에 생산을 집중시키는 일.

집중 신경계(集中神經系)[─쭝─ / ─쭝─계]〘생〙신경 세포가 체내의 일정한 곳에 집중하여 신경절이나 뇌척수를 이룬 신경계. ↔산만 신경계.

집중-적(集中的)[─쭝─] 囹관 한곳을 중심으로 모이거나 모으는 (것). ◻～인 연구 / ～으로 질문하다.

집중-포화(集中砲火)[─쭝─] 囹 1〘군〙하나의 대상에 집중하는 포화. ◻～를 퍼붓다. 2 어떤 부정적인 대상이나 사상에 대해 집중적으로 가하는 비판을 비유하는 말. ◻언론의 ～를 받다.

집중 호우(集中豪雨)[─쭝─] 어느 한 지역에 단시간에 집중적으로 내리는 큰 비. ◻～가 쏟아지다.

집-쥐[─쮜] 囹〘동〙1 주로 집에 서식하는 쥐의 총칭. 2 쥐[2].

집증(執症·執證)[─쯩] 囹하자 〘한의〙병의 증세를 살펴 알아냄.

집지(執贄·執質)[─찌] 囹하자 예전에, 제자가 스승을 처음 뵐 때, 예폐(禮幣)를 가지고 가서 정성을 표하던 일.

집지시(執持匙)〈옛〉집짓기.

집진(集塵)[─찐] 囹하자 먼지나 쓰레기 등을 한군데에 모음.

집진-기(集塵機)[─찐─] 囹 공기 중에 떠다니는 분진(粉塵) 등의 미립자를 모아 제거하는 장치.

집-짐승[─찜─] 囹 가축.

집-집[─찝] 囹 각 집. 모든 집. ◻～에 배달하다 / ～을 방문하다 / ～마다 국기를 내달다.

집집-이[─찌비] 悍 집집마다. ◻～ 나누다.

집착(執捉)囹하타 죄인을 붙잡음.

집착(執着)囹하자 어떤 것에 마음이 쏠려 잊지 못하고 매달림. ◻강한 ～ / ～에 빠지다 / 돈

~을 버리다 / 사소한 문제에 ~하다.

집찰(集札) 圓[허짜] 집표(集票).

집-채 圓 집의 한 채. 또는 집의 전체. 凹~ 같은 파도 / ~같이 큰 바위.

집철(輯綴·集綴) 圓[허짜] 모아서 철함.

집체 창:작(集體創作)《문》 여러 작가가 함께 자료를 모으고 토론과 연구를 거쳐 하나의 작품을 만드는 방법. 각 작가가 집필한 뒤에 결집(結集)하거나, 한 사람이 집필하여 다른 작가의 수정과 동의를 구하는 방식으로 이루어짐.

집촌(集村) 圓《지》 집들이 한군데에 모여 이룬 마을. ↔산촌(散村).

집총(執銃) 圓[허짜] 총을 잡음. 凹~을 하고 경계를 펴다.

집-치레圓[허짜] 집을 보기 좋게 잘 꾸밈. 집치장. 凹~를 잘하다.

집-치장(-治粧) 圓[허짜] 집치레.

집-칸圓 1 집을 이루고 있는 칸살. 2 칸수가 얼마 안 되는 변변하지 못한 집. 凹자식에게 ~이라도 마련해 주어야지. 3 자기 집을 겸손하게 이르는 말. 凹~이나마 지니고 있다.

집탈(執頉)圓[허짜] 남의 잘못을 집어내어 트집을 잡음.

집-터 圓 집이 있거나 있었거나, 집을 지을 자리. 택지(宅地). 凹~를 잡다 / ~를 다지다.

집-터서리 圓 집의 바깥 언저리.

집-토끼 圓《동》 야생 토끼를 집에서 길러 낸 변종(순백색이며 귀가 긺).

집-파리 圓《충》 집파릿과의 파리. 몸길이는 7mm 내외, 몸빛은 회흑색, 날개, 날개는 투명함. 각종 전염병을 옮기는 해충임.

집표(集票)圓[허짜] 철도역 등에서, 내린 승객에게서 표를 받아 모으는 일. 집찰(集札).

집필(執筆)圓[허짜] 1 붓을 잡고 시가·작품 등의 글을 씀. 凹~을 의뢰하다 / 소설을 ~하다. 2 땅이나 집 등의 문권(文券)을 쓴 사람.

집하(集荷)[지파]圓 각지에서 여러 가지 산물이 시장 등으로 모임. 또는 그 산물. 집화(集貨).

집합(集合)[지팝]圓[허짜] 1 한군데로 모이거나 모음. 凹~ 장소 / ~을 명하다 / 강당으로 ~하다. 2《수》 어느 특정한 조건에 들어맞는 것을 한 덩어리로 하여 생각한 전체. 凹짝수의 ~.

집합(緝合)[지팝]圓[허타] 주워 모아서 합함.

집합 개:념(集合槪念)[지팝깨-]《논》 같은 종류의 개체가 모여 있는 그 전체를 뜻하는 개념(청중·군대 따위). ↔개별 개념.

집합-과(集合果)[지팝꽈]圓《식》 많은 과실이 밀집하여 한 과실처럼 보이는 것(오디·무화과 따위).

집합-론(集合論)[지팝논]圓《수》 집합의 성질을 연구하는 수학의 한 분야.

집합 명사(集合名詞)[지팝-]《언》 같은 종류의 것이 모인 전체를 나타내는 명사(국민·가족 따위). 모임이름씨.

집합-범(集合犯)[지팝뻠]圓《법》 내란죄·소요죄와 같이 많은 사람이 공동 목적을 향해 협동함을 요하는 공범(共犯).

집합-체(集合體)[지팝-]圓 많은 것이 모여서 이룬 덩어리. 凹사회는 개인들의 ~이다. ↔개체(個體).

집합 표상(集合表象)[지팝-]《철》 개인적 표상(表象)에 대하여 그 집합에서 융합하여 이루어진 사회적 표상의 일컬음. 집단 표상. ↔개인 표상.

집해(集解)[지패]圓 여러 가지 해석을 모은

책.

집행(執行)[지팽]圓[허타] 1 일을 잡아 행함. 실제로 시행함. 凹사업을 ~하다. 2《법》법률·명령·재판·처분 따위의 내용을 실행하는 일. 凹형을 ~하다 / 사형이 ~되다. 3《법》'강제 집행'의 준말.

집행-관(執行官)[지팽-]圓《법》 재판의 집행, 법원이 발하는 문서의 송달 사무를 맡아보는 직원.

집행-권(執行權)[지팽꿘]圓《법》 법률을 집행하는 국가의 권력(행정권과 거의 같음).

집행 기관(執行機關)[지팽-]《법》 1 법인의 의결 또는 의사 결정을 집행하는 기관. 2 민사 소송법에서, 채권자의 신청에 따라 강제 집행을 실시하는 국가 기관. 3 행정법에서, 관청의 명을 받아 실력으로 그 의사를 집행하는 기관(경찰관·세무 공무원 따위). 4 단체의 결의를 집행하는 기관.

집행-력(執行力)[지팽녁]圓《법》 판결에 따라 강제 집행을 할 수 있는 효력.

집행 명:령(執行命令)[지팽-녕]《법》 법률을 집행하기 위해 세칙을 정한 명령(대통령령·부령(部令) 따위).

집행-문(執行文)[지팽-]圓《법》 법원의 서기관이나 공증인이 작성하는 서면으로, 채무 명의(名義)에 집행력이 있음을 증명하는 문서.

집행-벌(執行罰)[지팽-]圓《법》 행정상 강제 집행의 한 방법. 부작위(不作爲) 의무 또는 타인이 대신할 수 없는 작위 의무의 이행을 강제하기 위해 과하는 벌. 강제벌.

집행-부(執行部)[지팽-]圓 정당이나 노동조합 등의 단체에서, 의결된 결정을 집행하는 책임을 맡은 부서(집행 위원회 따위).

집행 위원회(執行委員會)[지팽-]《정》 정당이나 노동조합 등의 결의(決議) 기관인 중앙위원회 또는 대회의 결의 사항을 집행하는 기관.

집행 유예(執行猶豫)[지팽뉴-]《법》 3년 이하의 징역 또는 금고형의 선고 판결을 받았으되 정상을 참작해서 일정한 기간 형의 집행을 유예하는, 그 유예 기간을 무사히 지나면 형의 선고 효력이 없어지는 제도. 凹징역 1년에 ~ 2년. ⓒ유예. *선고 유예.

집행 처:분(執行處分)[지팽-]《법》 강제 집행 중에 행하는 개별적인 집행 행위.

집행 행위(執行行爲)[지팽-]《법》 강제 집행의 목적을 위한 집행 기관이 채무자나 기타 제삼자에게 강제력을 행사하는 행위(압류(押留) 따위).

집현-전(集賢殿)[지편-]圓《역》 조선 초에 경적(經籍)·전고(典故)·진강(進講) 등을 맡아보던 관아.

집형(執刑)[지팽]圓《법》 형을 집행함.

집홀(執笏)[지폴]圓[허짜]《역》 의식 때, 홀을 손으로 잡아서 가슴에 댐.

집화(集貨)[지콰]圓[허타짜] 화물이나 상품이 모이게 하거나 모음. 또는 그 화물이나 상품. 집하.

집회(集會)[지푀]圓[허짜] 특정한 공동 목적을 위해 여러 사람이 일시적인 모임을 가짐. 또는 그 모임. 凹~에 참가하다 / ~를 열다.

집흑(執黑)[지푁]圓 바둑에서, 흑(黑)을 잡고 두는 일. ↔집백(執白).

집히다[지피-]짜《'집다'의 피동》 집음을 당하다. 凹물컹한 것이 손에 ~ / 집히는 대로 꺼내다.

짓':[짇]명 몸을 놀려 움직이는 일(주로 좋지 않은 경우에 씀). ◻못된 ~ / 미운 ~만 골라 하다.

짓(을) 내다 관 ㉠흥겨워 마음껏 멋을 내다. ㉡어떤 버릇을 행동으로 드러내다.

짓(이) 나다 관 ㉠흥겨워서 하는 행동이 절로 멋이 나다. ㉡어떤 버릇을 행동으로 드러나다.

짓²[짇]〈옛〉짓. 집.

짓-[짇]투 일부 동사나 명사 앞에 붙어서, '함부로' · '흠씬' · '마구'의 뜻을 나타내는 말. ◻~찧다 / ~밟다 / ~이기다.

짓-개다[짇깨-]타 짓이기다시피 마구 개다. ◻밀가루를 ~.

짓-거리[짇꺼-]명해자 1 흥겨워 멋으로 하는 짓. 2〈속〉짓. ◻또, 그 ~야.

짓:고-땡[짇꼬-]명〈속〉1 제 뜻에 맞게 일이 잘됨을 이름. 2 투전 · 골패 · 화투 노름의 하나 《다섯 장의 패 가운데 석 장으로 무대를 짓고 남은 두 장으로 땡잡거나 끗수를 맞춰 많은 쪽이 이김》.

짓-궂기다[짇꾿끼-]재 상사(喪事) 따위 불행한 일을 거듭하여 당하다.

짓-궂다[짇꾿따]혐 장난스럽게 남을 귀찮게 하여 곰살갑지 않다. 성미가 심술궂은 데가 있다. ◻짓궂은 질문 / 짓궂게 놀리다.

짓-궂이[짇꾸지]부 짓궂게. ◻~ 놀리다.

짓-글리다재〈옛〉지껄이다.

짓-까불다[짇-]〔짓까불어, 짓까부니, 짓까부는〕타 함부로 까불다. ◻버릇없이 ~.

짓-널다[짇-]〔짓널어, 짓너니, 짓너는〕타 마구 흩어서 널다. ◻마당에 젖은 옷들을 ~.

짓-누르다[짇-]〔짓눌러, 짓누르니〕타타 1 마구 누르다. ◻함부로 누르다. ◻가슴을 ~. 2 심리적으로 심하게 억압하다. ◻마음을 짓누르는 걱정거리.

짓-눌리다[짇-]재〈'짓누르다'의 피동〉마구 누름을 당하다. ◻공포에 ~ / 짐에 어깨가 짓눌려 아프다.

짓:다[짇따]〔지어, 지으니, 짓는〕타자 1 재료를 들여 만들다. ◻옷을 ~ / 약을 지어 오다. 2 표정이나 태도 등을 나타내다. ◻묘한 표정을 ~ / 한숨을 ~. 3 글을 만들다. ◻시를 ~. 4 정해서 확정된 상태로 만들다. ◻결말을 ~ / 타협을 ~. 5 건물 등을 세우는 일을 하다. ◻이층집을 ~. 6 논밭을 다뤄 농사를 하다. ◻벼농사를 ~. 7 ('지어' · '지어서'의 꼴로 쓰여) 꾸며 내어 만들다. ◻지어 낸 이야기 / 억지로 지어서 웃는 웃음. 8 벌받을 일을 하다. ◻죄를 짓고는 살 수 없다. 9 이름 따위를 정하다. ◻이름을 ~. 10 관계를 맺거나 짝을 이루다. ◻짝을 지어 놀러 가다 / 열을 지어 걸어가다 / 관련을 지어 말하다. 11 매듭이나 고리 등을 만들다. ◻매듭을 ~.

짓:다²[짇따]〔지어, 지으니, 짓는〕타자 '지우다'의 예스러운 말. ◻아이를 ~.

짓-두들기다[짇-]타 마구 두들기다.

짓:-둥이[짇뚱-]명 몸을 놀리는 모양새를 낮잡아 이르는 말.

짓-마다[짇-]타 1 짓이기다시피 잘게 부스러뜨리다. 2 흠씬 두들기다.

짓-먹다[짇-따]타 흠씬 먹다.

짓-무르다[짇-]〔짓물러, 짓무르니〕재타 1 거죽이 상하여 문드러지다. ◻피부가 ~. 2 채소 · 과일 등이 썩거나 무르게 되어 물크러지다. ◻날씨가 더워 배추가 ~. 3 눈자위가 상

하여 핏발이 서고 눈물에 젖다. ◻짓무른 눈.

짓-무르다[짇-]〔짓물러, 짓무르니〕타 마구 무르다.

짓-뭉개다[짇-]타 마구 뭉개다.

짓-밟다[짇-]타 1 짓이기다시피 마구 밟다. ◻담배꽁초를 짓밟아 끄다. 2 남의 인격이나 권리 따위를 침해하다. ◻순결을 ~ / 인권을 ~ / 남의 나라를 ~.

짓-밟히다[짇빨피-]재〈'짓밟다'의 피동〉짓밟음을 당하다(타동사적으로도 씀). ◻자존심이 외적에게 ~.

짓-소리[짇쏘-]명〈불〉부처에게 재(齋)를 올릴 때, 불법 · 게송(偈頌)을 길게 읊는 소리.

짓-시늉[짇씨-]명 몸짓이는 짓이나 모양을 시늉내는 일. 의태(擬態). ↔소리시늉.

짓-씹다[짇-따]타 1 짓이기다시피 썩 잘게 씹다. 2 몹시 언짢은 감정을 참고 견디다. ◻분노를 ~.

짓-옷[지돋]명 깃옷1.

짓-이기다[지니-]타 마구 이기다. ◻칡뿌리를 짓이겨 즙을 내다.

짓:-쩍다[짇-따]혐 부끄러워 면목이 없다. 열없다.

짓-찧다[짇찌-]타 아주 세게 찧다. ◻벽에 이마를 ~.

짓-치다[짇-]타 함부로 들이치다.

짓-하다[지타-]재여〈속〉행동하다.

징'명 신창 · 말굽 · 쇠굽 등에 박는, 대가리가 크고 넓으며 길이가 짧은 못. ◻말발굽에 ~을 박다.

징²명〈악〉놋쇠로 만든, 전이 없는 대야 모양의 국악기(울의 한 쪽에 끈을 꿰고 채로 침). 대금(大金). ◻~을 치다.

징거-매다타 옷이 해어지지 않게 천을 대고 대강 꿰매다.

징거미-새우명〈동〉갑각류 징거미새우과의 민물 새우. 몸길이는 10 cm 가량이고, 몸빛은 푸른빛을 띤 갈색임. 냇물의 돌 사이에 삶. 식용함.

징건-하다재여 먹은 것이 잘 삭지 않고 더부룩하고 그득한 느낌이 있다. ◻속이 징건하여 아무것도 먹고 싶지 않다. **징건-히**부

징-걸이명 신창에 징이나 못을 박을 때, 신을 엎어 씌워 놓는 쇠로 만든 기구(바닥이 신창처럼 생겼고 긴 줏대가 있어 나무토막에 박혀 있음).

징검-다리명 1 개천이나 물이 괸 곳에 돌덩이나 흙더미를 드문드문 놓아 만든 다리. ◻~를 놓다〔건너다〕. 2 중간에서 양쪽의 관계를 연결하는 매개체의 비유. ◻~ 휴일 / 자식은 부부의 애정을 되살리는 화해의 ~이다.

징검-돌[-똘]명 1 징검다리로 놓은 돌. ◻~을 밟고 내를 건너다. 2 땅바닥에 띄엄띄엄 깔아 놓아, 진날 디디고 다니게 한 돌.

징검-징검부 1 띄엄띄엄 징거매는 모양. 쎈찡검찡검. 2 발을 멀찍멀찍 떼어 놓으며 걷는 모양.

징경이명〈조〉물수리.

징계(懲戒)[-/-게]명타 1 허물 따위를 뉘우치도록 주의를 주고 나무람. 2 부정이나 부당한 행위에 대해 제재를 가함. ◻~를 받다. 3〈법〉공무원의 복무 의무 위반에 대해 국가나 공공 단체가 관기(官紀) 유지의 목적으로 과하는 제재. ◻정직 2 개월의 ~를 내리다.

징계-벌(懲戒罰)[-/-게-]명〈법〉징계로 내리는 처벌.

징계 사:범(懲戒事犯)[-/-게-]명〈법〉징계를 받아야 할 비행(非行). 또는 그런 사람.

징계 위원회(懲戒委員會)[-/-게-] 〖법〗 징계 사건을 처리하기 위해 두는 위원회.

징계 처:분(懲戒處分)[-/-게-] 〖법〗 공무원의 복무 의무 위반 행위에 대하여 징계를 내리는 행정 처분(파면·해임·정직·감봉·견책 따위).

징고이즘(jingoism) 〖명〗 광신적이고 호전적인 애국주의.

징구(徵求) 〖명〗〖하타〗 돈·곡식 따위를 요구함. 책징(責徵).

징그다[징거, 징그니] 〖타〗 **1** 옷이 해지지 않도록 듬성듬성 꿰매다. ▣소맷부리를 한 겹 더 ~. **2** 큰 옷을 줄이려고 일부분을 접어서 호다. ▣바짓단을 ~.

징그럽다[-따][징그러워, 징그러우니] 〖형타〗 **1** 보기에 불쾌하도록 흉하고 끔찍하다. ▣징그럽게 생긴 벌레. **2** 행동이 유들유들하여 역겹다. ▣징그럽게 굴지 마라. 〈본〉쟁그랍다.

징글-맞다[-맏따] 〖형〗 썩 징글징글하다. ▣징글맞게 생기다.

징글-징글 〖부형〗 몹시 징그러운 모양. ▣말만 들어도 ~하다. 〈본〉쟁글쟁글.

징납(徵納) 〖명〗〖하타〗 〖역〗 고을 원이 세금을 거두어 나라에 바치던 일.

징니-연(澄泥硯) 〖명〗 〖공〗 물에 넣고 휘저어 잡물을 없앤 고운 흙으로 구워서 만든 벼루.

징두리 〖명〗 〖건〗 집채의 안팎 벽의 둘레의 밑동에 빙 둘러 덧쌓은 부분.

징모(徵募) 〖명〗 국가에서 특별한 일에 필요한 사람을 불러 모음. 징집. ▣군에 ~되다.

징발(徵發) 〖명〗〖하타〗 **1** 남에게서 물건을 강제로 거둠. ▣물자를 ~하다. **2** 전시·사변 때에 정부가 군수 물자·시설 등을 징수하는 일. ▣공장에서 ~되다.

징벌(懲罰) 〖명〗〖하타〗 부정 또는 부당한 행위에 대해 벌을 줌. ▣~을 내리다 / ~에 처하다.

징벽(徵辟) 〖명〗〖하타〗 임금이 초야(草野)에 있는 사람을 예를 갖춰 불러서 벼슬을 시킴.

징변(懲辨) 〖명〗〖하타〗 죄를 응징하고 잘못을 따져 밝힘.

징병(徵兵) 〖명〗〖하자〗 〖법〗 국가가 법령으로 병역 의무자를 강제로 징집하여 일정한 기간 병역에 복무시키는 일. ▣~에 끌려 나가다.

징병 검:사(徵兵檢査) 〖군〗 징병 대상자를 소집하여 복무 자격의 유무를 알아보기 위해 신체·신상을 검사하는 일.

징병-관(徵兵官) 〖명〗〖법〗 징병에 관한 사무를 집행하는 공무원(국방부 장관·병무청장·시장·군수 등).

징병 기피죄(徵兵忌避罪)[-쬐] 〖법〗 징집의 병역 의무를 벗어날 목적으로 도망·잠닉(潛匿)·신체 훼손 따위 거짓된 행위를 함으로써 성립되는 죄.

징병 적령(徵兵適齡)[-쩡녕] 〖법〗 병역법에 따라 징병 검사를 받아야 할 연령(만 20세).

징병-제(徵兵制) 〖명〗〖법〗 징병 제도.

징병 제:도(徵兵制度) 〖법〗 국민에게 강제로 병역에 복무할 의무를 지우는 국민 개병 제도. 징병제.

징봉(徵捧) 〖명〗〖하타〗 징수(徵收).

징빙(徵聘) 〖명〗 예를 갖춰 초대함. 초빙.

징빙(徵憑) 〖명〗 **1** 증명하는 재료. 징증(徵證). **2** 〖법〗 증명을 요하는 사실을 증명하는 재료가 되는 간접적 사실(알리바이의 증명 따위).

징상(徵狀) 〖명〗 징후와 상태.

징서(徵瑞) 〖명〗 상서로운 징조.

징세(徵稅) 〖명〗〖하타〗 세금을 거두어들임.

징세-비(徵稅費) 〖명〗 세금을 거두어들이는 데

드는 비용.

징-소집(徵召集) 〖명〗〖하타〗 징집과 소집.

징-수(-手) 〖명〗 〖역〗 군중(軍中)의 취타수 가운데 징을 치던 사람.

징수(澄水) 〖명〗 맑은 물.

징수(徵收) 〖명〗〖하타〗 **1** 〖법〗 국가나 공공 단체에서 행정 목적 달성을 위해 국민들에게서 조세·수수료·현금 따위를 거두어들임. 징봉. ▣양도소득세를 ~하다. **2** 금전 따위를 거둠. 징봉. ▣회비를 ~하다.

징습(懲習) 〖명〗〖하타〗 못된 버릇을 징계함.

징악(懲惡) 〖명〗〖하타〗 악한 일을 징계함.

징얼-거리다 〖자〗 몸이 불편하거나 못마땅해서 짜증을 내며 자꾸 중얼거리거나 보채다. 〈센〉찡얼거리다. 〈거〉칭얼거리다. **징얼-징얼** 〖부하타〗

징얼-대다 〖자〗 징얼거리다.

징역(懲役) 〖명〗 〖법〗 징역형을 기결(旣決) 죄인을 교도소 안에 가둬 일정한 기간 노동을 시키는 형벌. 자유형 가운데 가장 무거운 형벌임(무기와 유기(有期)가 있음). ▣~ 10년을 선고받다 / 사기죄로 ~을 살다.

징역-꾼(懲役-) 〖명〗 징정(懲丁).

징역-살이(懲役-)[-싸리] 〖명〗〖하자〗 징역형을 받고 교도소에서 복역하는 일.

징역-장(懲役場)[-짱] 〖명〗 죄인을 가두어 두고 일정한 노동을 시키는 곳.

징용(徵用) 〖명〗〖하타〗 〖법〗 전시나 사변 등의 비상사태에 국가의 권력으로 국민을 강제로 일정한 업무에 종사시킴.

징일-여백(懲一勵百)[-려-] 〖명〗〖하자〗 한 사람을 징계하여 여러 사람을 격려함.

징입(徵入) 〖명〗 사람을 불러들임.

징-잡이(徵-) 〖명〗 두레패 따위에서 징을 치는 사람.

징-장구 〖명〗 〖악〗 징과 장구.

징정(懲丁) 〖명〗 징역형을 선고받고 복역하는 사람. 징역꾼. 징역수(囚).

징조(徵兆) 〖명〗 미리 보이는 낌새. ▣불길한 ~가 보이다 / 좋은 ~가 나타나다.

징증(徵證) 〖명〗 징빙(徵憑)1. ▣내부 ~.

징지(懲止) 〖명〗〖하타〗 징계하여 그치게 함.

징집(徵集) 〖명〗〖하타〗 **1** 물건을 거둬 모음. **2** 장정을 현역에 복무할 의무를 부과하여 불러 모음. 징모. ▣~ 대상자를 가려내다.

징집 면:제(徵集免除)[-집-] 〖군〗 징병 검사의 결과, 복무에 적합하지 아니하거나 기타의 사정으로 징집이 면제되는 일.

징집 연도(徵集年度)[-집년-] 〖군〗 징병 적령의 연도.

징집-영장(徵集令狀)[-집녕짱] 〖명〗 〖군〗 징병 적령자를 징집하는 명령서. ▣~을 받다 / ~이 나오다.

징징 〖부하타〗 언짢거나 못마땅하여 자꾸 보채거나 짜증을 내는 모양. ▣~ 짜는 목소리 / ~ 울며 떼를 쓰다. 〈센〉찡찡.

징징-거리다 〖자〗 언짢거나 못마땅하여 자꾸 보채거나 짜증을 내다. 〈센〉찡찡거리다.

징징-대다 〖자〗 징징거리다.

징철-하다(澄澈-) 〖형어〗 속이 들여다보이도록 맑다.

징청-하다(澄淸-) 〖형어〗 아주 맑고 깨끗하다.

징출(徵出) 〖명〗〖하타〗 〖역〗 세금이나 빚 따위를 갚지 못할 때에 그 친척이나 관계자에게 물어내게 하던 일.

징치(懲治) 〖명〗〖하타〗 징계하여 다스림. ▣죄상에 따라 ~하다.

징크스(jinks, jinx) 〖명〗 **1** 재수 없는 일. 불길한

일. ◻~를 깨다. **2** 으레 그렇게 되리라고 생각되는 불운. ◻~를 없애다.

징크-판 (zinc版) 圓《인》 아연판(亞鉛版).

징표(徵表) 圓《논》 일정한 사물이 공통적으로 갖는 필연적인 성질로서 하나의 사물을 다른 사물로부터 구별하는 표가 되는 것(속성·성격·빈사(賓辭)·기호 따위의 뜻으로도 씀).

징표(徵標) 圓 표징(標徵). ◻변화의 ~/~가 나타나다.

징험(徵驗) 圓하타 어떤 징조를 경험함. ◻길흉의 ~.

징회(徵會) 圓하타 불러서 모음.

징후(徵候) 圓 어떤 일이 일어날 낌새. ◻병의 ~ / 태풍이 닥칠 ~가 보인다.

짖다 [짇따] 冏쟈 **1** 개가 멍멍 소리를 크게 내다. ◻개 짖는 소리. **2** 까막까치가 시끄럽게 지저귀다. ◻아침 까치가 짖으면 손님이 온단다. 冏쟈타 ‘지껄이다’를 놓으로 하는 말.
[짖는 개는 물지 않는다] 겉으로 떠들어 대는 사람은 오히려 실속이 없다는 말. [짖는 개는 여위고 먹는 개는 살찐다] 늘 울상을 하고 불평을 늘어놓거나 신경질이 많으면 건강에 해롭다는 말.

질다[¹] [질따] 쟈 재물 따위가 넉넉하게 남다.

질다[²] [질따] 冏 **1** 빛깔·화장 등이 진하다. ◻립스틱을 질게 바르다. ↔옅다. **2** 안개·연기·냄새 등이 자욱하다. ◻질은 담배 연기. **3** 풀·나무 등이 빽빽하다. ◻신록이 질어 가다. **4** 액체의 농도가 높다. ◻질은 용액. **5** 털 따위가 많이 나서 빛깔이 강하다. ◻질은 눈썹. **6** 낌새·경향·느낌 등이 뚜렷하다. ◻패색이 ~.

질은-천량 [지른철~] 圓 대대로 전해 내려오는 많은 재물.

질-푸르다 [진~] [질푸르러, 질푸르니] 冏쟈 빛깔이 질게 푸르다. ◻질푸른 바다.

짚 [집] 圓 **1** 벼·보리·밀·조·메밀 등의 이삭을 떨어낸 줄기. **2** ‘볏짚’의 준말. ◻~ 한 단.

짚-가리 [집까~] 圓 짚단을 쌓아 올린 더미.

짚-나라미 [짐~] 圓 새끼 따위에서 떨어지는 너덜너덜한 부스러기. ◻~를 쓸어 내다.

짚다 [집따] 타 **1** 지팡이 따위에 몸을 의지하다. ◻목발을 ~. **2** 맥(脈) 위에 손가락을 대다. ◻맥을 ~. **3** 바닥에 손을 짚다. ◻두 손을 짚고 일어서다. **4** 상황을 헤아려 짐작하다. ◻헛다리를 ~ / 범인을 잘못 ~.

짚고 넘어가다 坪 밝혀 둘 일을 따지고 넘어가다. ◻책임의 소재는 짚고 넘어가자.

짚-단 [집딴] 圓 짚뭇. ◻~을 묶다.

짚-대 [집때] 圓 짚의 줄기.

짚-둥우리 [집뚱~] 圓 **1** 볏짚으로 만든 둥우리. **2**《역》탐학(貪虐)한 고을 수령을 고을 밖으로 몰아내어 태우고 가던 둥우리.

짚둥우리(를) 타다 坪《역》탐학한 고을 원이 백성들에 의해 짚둥우리에 실려 고을 밖으로 쫓겨나다.

짚둥우리(를) 태우다 꿑《역》탐학한 고을 원을 백성들이 짚둥우리에 태워 고을 밖으로 쫓아내다.

짚-뭇 [집뭇] 圓 볏짚의 묶음. 짚단.

짚-북더기 圓 ☞ 짚북데기.

짚-북데기 [집뽁떼~] 圓 아무렇게나 엉클어진 볏짚의 북데기.

짚-북세기 圓 ☞ 짚북데기.

짚-불 [집뿔] 圓 짚을 태운 불.
[짚불 꺼지듯 하다] 권세나 호강을 누리던

사람이 갑자기 몰락함의 비유. [짚불도 쬐다 나면 서운하다] 하찮은 것도 없어지면 아쉽다. [짚불에 무쇠가 녹는다] 약한 것이라도 큰일을 해낼 수 있다는 말.

짚-수세미 [집쑤~] 圓 짚으로 만든 수세미.

짚-신 [집씬] 圓 볏짚으로 삼은 신.
[짚신도 제날이 좋다] 자기와 같은 정도의 사람끼리 짝을 맺음이 좋다는 말. [짚신도 제짝이 있다] 보잘것없는 사람도 배필이 있다. [짚신을 거꾸로 끌다] 반가운 사람을 맞으려고 허둥지둥 뛰어나가는 경우의 비유. [짚신을 뒤집어 신는다] 몹시 인색함을 비유적으로 이르는 말.

짚신-감발 [집씬~] 圓하쟈 짚신을 신고 발감개를 하는 일. 또는 그런 차림새.

짚신-골 [집씬꼴] 圓 짚신의 꼴을 다듬는 데 쓰는 여러 가지의 나무 골.

짚신-나물 [집씬~] 圓《식》장미과의 여러해살이풀. 들에 남. 높이 30~100 cm. 한여름에 노란 다섯잎꽃이 핌. 어린잎은 식용, 뿌리는 ‘아자(牙子)’라 하여 약용함. 낭아초.

짚신-벌레 [집씬~] 圓《동》짚신벌렛과의 원생동물. 못·도랑 등에서 사는데, 몸길이는 0.2-0.3 mm이고 긴 타원형을 이루고 있으며, 무색 또는 암갈색을 띰. 무수한 섬모(纖毛)가 있어 이것으로 헤엄침.

짚신-장이 [집씬~] 圓 짚신을 만드는 일을 업으로 하는 사람.

짚신-할아범 [집씬하라~] 圓 짚신을 삼는 남자 늙은이.

짚신-할아비 [집씬하라~] 圓《속》견우성(牽牛星).

짚-여물 [짐녀~] 圓 **1** 볏짚으로 된 마소의 여물. **2**《건》초벽을 할 진흙을 갤 때 넣는, 잘게 자른 짚.

짚이다 쟈 (주로 ‘짚이는’의 꼴로 쓰여서) 마음에 요량되어 짐작이 가다. ◻짚이는 데가 있다.

짚-자리 [집짜~] 圓 **1** 보릿짚이나 볏짚으로 만든 자리. **2** 볏짚을 깔아 놓아서 앉도록 만든 자리.

짚-재 [집째] 圓 볏짚이 타고 남은 재(잿물을 받거나 비료로 씀).

짚-주저리 [집쭈~] 圓 **1** 볏짚으로 우산처럼 만들어 그릇을 덮어 싸는 물건. **2**《민》터주나 업의항(紅) 따위를 가리어 덮는, 볏짚으로 만든 물건.

짛다 타《옛》짓다(作). 붙이다.

ᅐᅩᆨ흐ᅐᅩᆨ흐다 冏《옛》자늑자늑하다. 조용하다.

ᅐᅩᆨ흐다 冏《옛》조용하다.

ᅐᅩ디 圓《옛》자주(紫朱).

ᅐᅩ르 圓《옛》자루(柄).

ᅐᅩ모 꿑《옛》자못.

ᅐᅩ모디르다 타《옛》담그다.

ᅐᅩᅀᆞ 圓《옛》자위. 씨. 알맹이.

ᅐᅩ애 圓《옛》무자위. 도르래를 단 두레박.

ᅐᅩ역 圓《옛》자갈.

ᅐᅩ올다 冏《옛》졸다.

ᅐᅩ올아비 꿑《옛》친하게.

ᅐᅩ의 圓《옛》복판. 중심.

ᅐᅩ치욤 圓《옛》재채기.

자자리 圓《옛》잠자리.

ᅐᅩᆯ뵈 圓《옛》창포(菖蒲).

ᅐᅩᆷ그다 쟈《옛》잠기다.

ᅐᅩᆷ다 쟈《옛》잠기다.

-ᅐᅩᆸ- [선어미]《옛》-잡-.

-ᅐᅩᆼ- [선어미]《옛》-자오-. 경어법의 선어말(先

語末) 어미.
지벽 圀〈옛〉 자갈. 조약돌.
진나비 圀〈옛〉 원숭이.
쯔 (쌍지읒 [-읃]) 〖언〗 'ㅈ'의 된소리. 숨길을 닫고 혓몸을 입천장에 단단히 붙였다가 입김을 밀면서 터뜨릴 때 나는 맑은소리.
짜개[1] 圀 콩·팥 등의 둘로 쪼갠 것의 한 쪽.
짜개[2] 圀 낚시에서, 들깻묵을 실로 묶어 사용하는 미끼.
짜개-김치 圀 오이를 알맞게 썰어 소를 박지 않고 담근 오이김치.
짜개다 囲 단단한 물건을 연장이나 힘으로 둘로 갈라지게 하다. ▯수박을 ～ / 장작을 ～. ㊤쪼개다. *쪼개다.
짜개-반 (-半) 圀 둘로 짜갠 그 반쪽(전체의 1/4에 해당함).
짜개-지다 囸 나무 따위 단단한 물건이 저절로 또는 연장에 베이거나 찍혀서 갈라지다. ▯널빤지가 ～. ㊤쪼개지다.
짜개-황밤 (-黃-) 圀 말라서 쪽쪽이 짜개진 밤.
짜그라-뜨리다 囲 짓눌러서 몹시 오그라지게 하다. ▯종이컵을 ～. ㊤찌그러뜨리다.
짜그라-지다 囸 1 짓눌러서 오그라지다. ▯짜그라진 상자. 2 여위어 살가죽에 주름이 잡히다. ▯찌그러지다.
짜그라-트리다 囲 짜그라뜨리다.
짜그락-거리다 [-꺼-] 囸 1 하찮은 일로 자꾸 다투다. ▯짜그락거리며 싸우다. 2 듣기 싫도록 자꾸 불평을 뇌다. ㊤찌그럭거리다. 짜그락거리다. **짜그락-짜그락** 圐㊿囸
짜그락-대다 [-때-] 囸 짜그락거리다.
짜그르르 圐㊿ 적은 양의 물이나 기름기가 갑자기 끓어 오르는 소리. ㊤찌그르르. 짜그르르.
짜그리다 囲 1 짓눌러서 짜그라지게 하다. 2 위아래 눈꺼풀을 감듯이 맞붙이다. ▯눈살을 ～. ㊤찌그리다.
짜근-거리다 囸囲 남이 싫어하도록 자꾸 귀찮게 굴다. ㊤찌근거리다. 짜자근거리다. ㊿차근거리다. **짜근-짜근** 圐㊿囲
짜근-대다 [-때-] 囸囲 짜근거리다.
짜근덕-거리다 [-꺼-] 囸囲 몹시 짜근거리다. ㊤찌근덕거리다. 짜자근덕거리다. ㊿차근덕거리다. **짜근덕-짜근덕** 圐㊿囸囲
짜근덕-대다 [-때-] 囸囲 짜근덕거리다.
짜글-거리다 囸 1 적은 양의 액체가 불에 짜글짜글 소리 내며 끓다. ▯찌개가 짜글거리며 끓다. 2 걱정스럽거나 못마땅하여 마음을 졸이다. ㊤찌글거리다. 짜자글거리다. **짜글-짜글** 圐㊿
짜글-대다 囸 짜글거리다.
짜금-거리다 囲 맛있게 먹느라고 짝짝 소리를 계속 내다. ㊤찌금거리다. 짜자금거리다. **짜금-짜금** 圐㊿
짜금-대다 囲 짜금거리다.
짜긋 [-귿] 圐㊿ 1 남에게 눈치를 채게 하려고 눈을 살짝 짜그리는 모양. 2 남에게 주의를 주느라고 남의 옷자락을 슬며시 잡아당기는 모양. ㊤찌긋.
짜긋-거리다 [-귿꺼-] 囲 계속 짜긋하다. ㊤찌긋거리다. **짜긋-짜긋** [-귿-귿] 圐㊿
짜긋-대다 [-귿때-] 囲 짜긋거리다.
짜긋-이 圐 1 눈을 좀 짜그리는 듯하게. ▯눈을 ～ 감다. 2 남의 옷자락을 슬며시 잡아당기는 듯이. ㊤찌긋이.
짜긋-하다 [-귿하-] 囹㊿ 한쪽 눈이 약간 짜그라진 듯하다. ㊤찌긋하다.
짜-깁기 [-끼] 圀囲 짜깁는 일. ▯바지를 ～

하다.
짜-깁다 [-따] [짜기워, 짜기우니] 囲囸 직물의 찢어진 데를 그 감의 올로 본디대로 흠집 없이 짜서 깁다.
짜-내다 囲 1 짜서 나오게 하다. ▯고름을 ～ / 우유를 ～. 2 힘써서 어떤 생각이 나오게 하다. ▯지혜를 ～. 3 어떤 상태를 억지로 만들어 내다. ▯시간을 ～. 4 재물이나 세금을 억지로 내게 하다. ▯세금을 ～.
짜다[1] 囲囸 1 사개를 맞추어 가구나 틀 따위를 만들다. ▯선반을 ～. 2 부분을 맞추어 전체를 꾸며 만들다. ▯판(版)을 ～. 3 사람을 모아 조직을 만들다. ▯편을 ～. 4 비틀거나 눌러 물기나 기름을 내다. ▯빨래를 ～. 5 어떤 생각 등을 억지로 나오게 하다. ▯묘안을 ～. 6 온갖 수단을 써서 남의 재물 따위를 빼앗다. ▯백성의 고혈을 ～. 7 머리털을 틀어 상투를 만들다. ▯상투를 ～. 8 실이나 끈을 결어 천 따위를 만들다. ▯베를 짜는 여인. 9 〈속〉 울다. ▯눈물을 ～. 〖囸〗몇몇이 함께 하여 한통이 되다. ▯둘이서 짜고 한 일이다.
짜다[2] 囹 1 소금의 맛이 있다. ▯음식이 ～. 2 마음에 달게 여겨지지 않다. 3 〈속〉 인색하다. ▯점수가 ～.
짜드라-오다 囸 많은 수량이 한꺼번에 쏟아져 오다.
짜드라-웃다 [-욷따] 囸 여럿이 한꺼번에 야단스럽게 웃다.
짜드락-거리다 [-꺼-] 囸囲 남이 성가실 정도로 자꾸 건드리다. ㊤찌드럭거리다. ㊿자드락거리다. **짜드락-짜드락** 圐㊿囸囲
짜드락-나다 [-랑-] 囸 감추던 일이 드러나다. ㊿자드락나다.
짜드락-대다 [-때-] 囸囲 짜드락거리다.
짜득-짜득 圐㊿ 검질긴 물건이 잘 베어지거나 쪼개지지 않는 모양. ㊤찌득찌득.
짜들다 [짜들어, 짜드니, 짜드는] 囸 1 물건이 오래되어 때나 기름기에 절어 더럽게 되다. 2 갖가지 고난을 겪어 위축되다. ▯세상 풍파에 ～. ㊤찌들다.
짜뜰름-거리다 囲 한목에 주지 않고 여러 차례에 걸쳐 나누어 주다. ㊤찌뜰름거리다. **짜뜰름-짜뜰름** 圐㊿
짜뜰름-대다 囲 짜뜰름거리다.
짜랑 圐㊿囸囲 얇은 쇠붙이나 방울이 부딪쳐서 나는 소리. ㊤쩌렁. ㊿자랑. ㊿차랑.
짜랑-거리다 囸囲 짜랑 소리가 자꾸 나다. 또는 그런 소리를 자꾸 내다. ㊤쩌렁거리다. **짜랑-짜랑** 圐㊿囸囲
짜랑-대다 囸囲 짜랑거리다.
짜랑짜랑-하다 囹㊿ 목소리가 세고 야무져 울림이 크다. ㊤쩌렁쩌렁하다.
짜르랑 圐㊿囸囲 얇은 쇠붙이가 같은 것이 맞부딪치는 소리. ㊤쩌르렁. ㊿자르랑. ㊿차르랑.
짜르랑-거리다 囸囲 짜르랑 소리가 계속 나다. 또는 그런 소리를 계속 내다. ㊤쩌르렁거리다. **짜르랑-짜르랑** 圐㊿囸囲
짜르랑-대다 囸囲 짜르랑거리다.
짜르르 圐㊿㊿囹 1 물기·기름기·윤기 등이 흘러 반지르르한 모양. ▯윤기가 ～ 흐르다. 2 살이나 뼈마디에 저린 느낌이 일어나는 모양. ㊤찌르르. ㊿자르르.
짜르륵 圐㊿㊿囸囲 대롱 따위로 액체가 간신히 빨려 나오는 소리. ㊤찌르륵.
짜르륵-거리다 [-꺼-] 囸囲 짜르륵 소리가 계속 나다. 또는 그런 소리를 계속 내다. ㊤찌

르륵거리다. **짜르륵-짜르륵** 閉하자타
짜르륵-대다 [-때-] 胚타 짜르륵거리다.
짜른-대 몡 곰방대.
짜른-작 몡 ☞ 짧은작.
짜름-하다 혱여 약간 짧은 듯하다. 口바지가
 ~. **짜름-히** 閉
-짜리 回 1 얼마의 값이 되는 물건이나 화폐
 또는 얼마만 한 수나 양으로 된 물건임을 가
 리키는 말. 口오백 원 · 동전 / 한 되 ~ 병. 2
 나이 뒤에 붙여 그 나이의 사람임을 낮추어
 이르는 말(주로 어린이에게 씀). 口다섯 살
 ~ 꼬마. 3 일부 명사 뒤에 붙어, '그런 차림
 을 한 사람'의 뜻을 더하는 말. 口양복 / 장
 옷~ / 창의~.
짜릿-짜릿 [-린-린] 閉하여 1 살이나 뼈마디에
 갑자기 자꾸 저린 느낌이 드는 모양. 2 심리
 적 자극을 받아 순간적으로 흥분되고 떨리는
 듯한 느낌. 口~한 쾌감. 國찌릿찌릿. 여자릿
 자릿.
짜릿-하다 [-리타-] 혱여 1 살이나 뼈마디에
 갑자기 자꾸 저린 느낌이 일어나다. 2 심리적 자극
 을 받아 순간적으로 흥분되고 떨리는 듯하
 다. 國찌릿하다. 여자릿하다.
짜발량이 몡 짜그라져서 못 쓰게 된 사람이나
 물건.
짜부라-뜨리다 타 짜부라지게 하다. 口종이
 상자를 ~. 짜찌부러뜨리다.
짜부라-지다 胚 1 물체가 오목하게 오그라지
 다. 口탁구공이 ~ / 짜부라진 모자. 2 기운이
 나 형세 따위가 꺾여 약해지다. 口집안 형편
 이 ~. 3 망하거나 허물어지다. 國찌부러지다.
짜부라-트리다 타 짜부라뜨리다.
짜이다 胚 1《'짜다'의 피동형》짜임을 당하다.
 口시간표가 ~ / 스케줄이 ~. 2 틀이나 구성
 따위가 조화롭다. 口잘 짜인 구성. 尊째다.
짜임 몡 조직이나 구성. 口글의 ~이 탄탄하다.
짜임-새 몡 짜인 모양새. 口문장의 ~ / ~ 있
 는 글〔영화〕 口~가 엉성하다. 尊째새.
짜장 閉 참. 과연. 口~, 옳은 말이다.
짜장면《준 炸醬麵》몡 볶은 중국 된장에 고기
 와 채소 등을 넣고 비빈 국수. 자장면.
짜증 몡 짜밭치는 역정이나 싫증. 口을 부리
 다 / ~이 나다 / ~을 내다. 國찌증.
짜증-스럽다 [-따] [-스러워, -스러우니] 혱ㅂ
 짜증나는 데가 있다. 口짜증스러운 태도. **짜
 증-스레** 閉
짜:-하다 혱여 소문이 왁자하다. 口소문이 짜
 하게 돌다.
짝¹ 몡 1 둘이 한 벌이나 한 쌍을 이루는 것. 또는 그
 가운데의 하나. 口~을 이루다 / ~을 짓다 /
 여자아이가 ~이 되다. 2《속》배필. 口~이
 될 사람. 3 한시 등에서, 귀글의 한 마디(안
 짝과 바깥짝이 있음). 4 (주로 '-기 짝이 없
 다'의 꼴로 쓰여) 비할 데 없이 대단하거나
 매우 심함을 나타내는 말. 口반갑기 ~이 없
 다 / 불편하기 ~이 없다.
 [짝 잃은 기러기] 몹시 외로운 홀아비나 홀
 어미 같은 사람을 비유하는 말. [짝 잃은 원
 앙] ㉠짝 잃은 기러기. ㉡쓸데없고 보람 없게
 된 처지의 비유.
 짝이 기울다[지다] 团 양편이 차이가 나서,
 서로 어울리지 않다.
짝² 의몡 1 '아무'의 뒤에 쓰여, '곳'의 뜻을
 나타내는 말. 口아무 ~에도 못 쓸 녀석. 2
 '무슨'의 뒤에 쓰여, '꼴'의 뜻을 나타내는
 말. 口그게 무슨 ~이냐.

짝³ 의몡 1 바리나 짐짝을 세는 말. 口사과 두
 ~. 2 소나 돼지 따위의 갈비의 한쪽 전부.
 口소 갈비 한 ~.
짝⁴ 閉 1 틈이 활짝 벌어진 모양. 口입을 ~ 벌
 리다. 2 입맛을 다시는 소리. 口입맛을 ~ 다
 시다. 3 물체가 바싹 달라붙는 모양. 口몸에
 ~ 붙는 옷 / 껌이 바닥에 ~ 달라붙다. 國쩍.
짝⁵ 閉 글자의 획 같은 것을 한 번 긋거나, 종
 이나 천 따위를 찢는 소리. 口편지를 ~ 찢
 다. 여작.
짝⁶ 閉 말 따위가 갑자기 퍼지는 모양. 口소문
 이 ~ 퍼지다
짝- 団 '짝짝이'의 뜻을 나타냄. 口~눈 / ~
 귀 / ~신.
-짝 回 얕잡아 이르는 뜻을 나타냄. 口낯~ /
 볼기~ / 짚신~ / 등~.
짝-갈이 [-까-] 몡하타《농》논을 갈 때, 처음
 갈이와 나중 갈이가 서로 다른 갈이(처음에
 마른갈이를 하면 나중에는 물갈이를, 처음에
 물갈이를 하면 나중에는 마른갈이를 하는 일
 따위).
짝-귀 [-뀌] 몡 짝짝이로 생긴 귀. 또는 그 귀
 를 가진 사람.
짝-꿍 몡 1《속》단짝인 짝을 재미스럽게 일컫
 는 말. 口초등학교 3학년 때 내 ~이었지. 2
 뜻이 맞거나 매우 친한 사람. 口둘도 없는 ~.
짝-눈 [짱-] 몡 1 한쪽이 크거나 작아서 짝짝이
 인 눈. 또는 그런 눈을 가진 사람. 짝눈이.
 2 양쪽 눈의 시력 차이가 심한 눈.
짝-돈 [-똔] 몡 백 냥쯤 되는 돈.
짝-버선 [-뻐-] 몡 서로 제짝이 아닌 버선.
짝-사랑 [-싸-] 몡하타 자기를 마음에 두지 않
 는 이성에 대한 사랑.
 짝사랑 외기러기 团 짝사랑의 보람 없음을
 이르는 말.
짝-사위 [-싸-] 몡 윷놀이에서, 걸을 칠 데에
 도를 치고, 개를 칠 데에 걸을 치는 일.
짝-수 (-數) 몡 2 또는 2의 배수(倍數).
 우수(偶數). ↔홀수.
짝수-날 (-數)[-쑨-] 몡 날짜가 짝수인 날.
짝-신 [-씬] 몡 제짝이 아닌 신.
짝자그르 [-짜-] 閉하자혱 1 소문이 퍼져서 떠
 들썩한 모양. 口소문이 ~ 돌다. 2 여럿이 모
 여 떠들썩하게 웃거나 떠드는 소리. 또는 그
 모양.
짝자래-나무 [-짜-] 몡《식》갈매나무과의 낙
 엽 활엽 관목. 산이나 개울가에 나며 가시가
 있고 늦봄에 황록색 꽃이 핌. 관상용임.
짝진-각 (-角)[-찐-] 몡《수》'대응각(對應角)'
 의 풀어쓴 이름.
짝진-변 (-邊)[-찐-] 몡《수》'대응변(對應邊)'
 의 풀어쓴 이름.
짝진-점 (-點)[-찐-] 몡《수》'대응점(對應點)'
 의 풀어쓴 이름.
짝-짓기 [-찓끼] 몡하자 1 짝을 짓는 일. 2 동
 물이 교미하는 일.
짝-짓다 [-찓따] [짝지어, 짝지으니, 짝짓는]
 胚타ㅅ 1 마음에 드는 상대끼리 짝을 이루다.
 口짝이 이루어지게 하다. 2 동물의 암수가
 짝을 이루다. 또는 짝이 이루어지게 하다.
짝-짜꿍 몡하자 1 젖먹이가 손뼉을 치는 재롱.
 2 마음과 행동에서 서로 잘 맞는 일.
짝짜꿍-이 몡하자 1 남몰래 세우는 계획이나
 일. 口무슨 ~를 놓는 거냐. 2 옥신각신 다투
 는 일.
짝짜꿍이(가) 벌어지다 团 ㉠여러 사람이 왁
 자하게 떠들다. ㉡서로 다투어 왁자지껄하게
 되다.

짝짜꿍-짝짜꿍 ⊟[감] 젖먹이에게 짝짜꿍을 시키는 소리. ⊟[명] 젖먹이가 두 손바닥을 마주 치는 동작.

짝짝[1] ⦇하하⦈ 입맛을 자꾸 다시는 소리. ▣입맛을 ~ 다시다. ㉥쩍적.

짝짝[2] [부] **1** 끈끈하여 몹시 달라붙는 모양. ▣엿이 ~ 달라붙다. **2** 입맛에 잘 맞는 모양. **3** 장작 따위가 잘 짜개지는 소리나 모양. ㉥쩍적. ㉪짝작[1].

짝짝[3] ⦇하하⦈ **1** 걸을 때 신을 끄는 소리. ▣실내화를 ~ 끌며 다니다. **2** 글씨의 획을 함부로 자꾸 긋거나 종이를 함부로 자꾸 찢는 소리. ▣신문지를 ~ 찢다. ㉥쩍쩍. ㉪짝작.

짝짝[4] [부하] 손뼉을 자꾸 치는 소리.

짝짝-거리다[1] [-꺼-] [타] 입맛을 계속 다시다. ㉥쩍쩍거리다.

짝짝-거리다[2] [-꺼-] [타] **1** 신을 계속 짝짝 끌다. **2** 글씨의 획을 함부로 계속 긋거나 종이 따위를 함부로 계속 찢다. ㉥쩍쩍거리다.

짝짝-대다 [-때-] [타] 짝짝거리다[1·2].

짝짝-이[명] 다른 짝끼리 합해 이루어진 한 벌. ▣~ 젓가락 / 신발을 ~로 신다.

짝퉁[명] 〈속〉 가짜 모조품. ▣~ 명품 시계.

짝-패(-牌)[명] 짝을 이룬 패. ▣~로 지내다.

짝-하다[짜카-] [자타여] 둘이 어울려 한 짝이나 쌍을 이루다. ▣우리 둘이 짝하면 강팀이 될 거야.

짝-힘[짜킴][명]〖물〗한 물체에 작용하는, 크기가 같고 방향이 반대인 평행한 두 힘〔물체의 회전 운동만을 일으킴〕. 우력(偶力).

짠-돌이[명] 구두쇠처럼 인색한 사람의 비유.

짠득-거리다[-끄-] [자] **1** 검질기게 계속 달라붙다. **2** 검질기어 계속 끊으려고 해도 잘 끊어지지 않다. ㉥찐득거리다. ㉪잔득거리다.

짠득-짠득 [부하자]

짠득-대다 [-때-] [자] 짠득거리다.

짠땅-로(-鹵)[-노][명] 한자 부수의 하나(‘鹽’·‘鹹’ 등에서 ‘鹵’의 이름). 소금밭로.

짠-맛[-맏][명] 소금과 같은 맛.

짠-물[명] **1** 바닷물. ㉪민물. **2** 짠맛이 있는 물. ↔단물. **3** 바닷가 출신이나 바닷가에 사는 사람을 놀림조로 이르는 말. ▣~ 출신.

짠물-고기[-꼬-][명]〖어〗바닷물고기. 함수어(鹹水魚). ↔민물고기.

짠지[명] 무를 통째로 소금에 짜게 절여서 묵혀 두고 먹는 김치. ▣~를 담그다.

짠지-패(-牌)[명]〖민〗예전에, 여럿이 떼를 지어 소고를 두드리며 속된 노래를 부르고 질탕하게 뛰노는 것을 업으로 삼던 패거리.

짠:-하다[형여] 지난 일이 뉘우쳐져 속이 아프고 언짢다. ▣마음이 ~. ㉥찐하다.

짤가닥 [부하자] **1** 납작한 물건끼리 맞부딪치는 소리. **2** 끈기 있는 물건이 세차게 달라붙거나 떨어지는 소리. 또는 그 모양. **3** 조금 작은 쇠붙이 같은 것이 열리거나 잠기는 소리. **4** 단단하고 작은 물체가 맞부딪치는 소리. 또는 그 모양. ㉥쩔거덕. ㉪짤까닥. ㉰찰가닥.

짤가당 [부하자] 자물쇠가 잠기거나 열릴 때, 단단한 물건끼리 맞부딪치는 소리. ㉥쩔거덩. ㉪짤까당. ㉰찰가당.

짤각 [부하자] ‘짤가닥’의 준말. ㉥쩔걱. ㉪짤까각. ㉰찰각.

짤그랑 [부하] 얇은 쇠붙이끼리 서로 맞닿아서 약간 가볍게 나는 소리. 또는 그 모양. ㉥쩔그렁. ㉪잘그랑.

짤그랑-거리다 [-꺼-] [자타] 계속 짤그

럭거리다. 짤그락-짤그락 [부하자타]

짤그락-대다 [-때-] [자타] 짤그락거리다.

짤그랑 [부하자타] 얇은 쇠붙이끼리 맞닿아 울리는 소리. ㉥쩔그렁. ㉪잘그랑. ㉰찰그랑.

짤그랑-거리다 [자타] 계속 짤그랑 소리가 나다. 또는 계속 그런 소리를 내다. ㉥쩔그렁거리다. 짤그랑-짤그랑 [부하자타]

짤그랑-대다 [자타] 짤그랑거리다.

짤깃-짤깃 [-긷-긷] [부하형] **1** 아주 질긴 모양. **2** 성질이나 행동이 아주 검질긴 모양. ㉥찔깃찔깃. ㉪잘깃잘깃.

짤깃-하다 [-긷-] [형여] 아주 질긴 듯하다. ㉥찔깃하다. ㉪잘깃하다.

짤까닥 [부하자] **1** 끈기 있는 물건이 세차게 들러붙는 소리. 또는 그 모양. **2** 작고 단단한 물체가 맞부딪치는 소리. 또는 그 모양. **3** 납작한 물건끼리 맞부딪치는 소리. **4** 자물쇠나 스위치 같은 것이 잠기거나 열리는 소리. 또는 그 모양. ▣자물쇠를 ~ 잠그다. ㉥쩔꺼덕. ㉪잘가닥·잘까닥. ㉰찰카닥·찰카닥. ㉲짤깍.

짤까닥-거리다 [-꺼-] [자타] 계속 짤까닥 소리가 나다. 또는 계속 그런 소리를 내다. ㉥쩔꺼덕거리다. ㉲짤깍거리다. 짤까닥-짤까닥 [부하자타]

짤까닥-대다 [-때-] [자타] 짤까닥거리다.

짤까당 [부하자타] 자물쇠가 잠기거나 열릴 때, 또는 단단한 물건끼리 맞부딪치는 소리. ▣저금통에 동전을 넣자 ~ 소리가 났다. ㉥쩔꺼덩. ㉪잘가당. ㉰찰카당·찰카당.

짤까당-거리다 [자타] 계속 짤까당 소리가 나다. 또는 계속 그런 소리를 내다. ㉥쩔꺼덩거리다. 짤까당-짤까당 [부하자타]

짤까당-대다 [자타] 짤까당거리다.

짤깍 [부하자] **1** ‘짤까닥’의 준말. ㉥쩔꺽. ㉪잘각·잘깍. ㉰찰칵. **2** 카메라의 셔터 누르는 소리. ㉰찰각.

짤깍-거리다 [-꺼-] [자] ‘짤가닥거리다’의 준말. ㉥쩔꺽거리다. 짤깍-짤깍 [부하자타]

짤깍-눈 [-깡-] [명] 눈가가 늘 짓무른 눈. ㉥찔꺽눈.

짤깍눈-이 [-깡누니] [명] 눈이 늘 짓물러 있는 사람. ㉰찔꺽눈이.

짤깍-대다 [-때-] [자타] 짤깍거리다.

짤끔 [부하자타] 액체가 그릇에서 조금 넘치거나 흐르는 모양. ㉥쫄끔·찔끔. ㉪잘끔.

짤끔-거리다 [자타] **1** 계속 짤끔하여다. ㉥쫄끔거리다·찔끔거리다. **2** 짤뜸거리다. 짤끔-짤끔[1] [부하자타]

짤끔-대다 [자타] 짤끔거리다.

짤끔-짤끔[2] [부] 적은 분량의 것을 한몫에 주지 않고 여러 번에 나누어 주는 모양. ▣용돈을 ~ 타다. ㉥찔끔찔끔.

짤따랗다 [-라타] [짤따라니, 짤따래서] [형ㅎ] 생각보다 매우 짧다.

짤똑-거리다 [-꺼-] [타] 한쪽 다리가 짧거나 탈이 나서 걸을 때 기우뚱거리다. ㉥쩔뚝거리다·찔뚝거리다. ㉪잘똑거리다. 짤똑-짤똑[1] [부하]

짤똑-대다 [-때-] [타] 짤똑거리다.

짤똑-짤똑[2] [부하형] 기다란 물건이 군데군데 깊게 패어서 오목한 모양. ㉥찔뚝찔뚝. ㉪잘똑잘똑.

짤똑-하다 [-또카-] [형여] 기다란 물건의 한군데가 옴쏙하다. ▣짤똑한 허리. ㉥찔뚝하다. ㉪잘똑하다.

짤라-뱅이 몜 짧게 된 물건.

짤랑 튀하자타 얇은 쇠붙이나 작은 방울이 흔들리는 소리. 또는 그 모양. 큰쩔렁. 예잘랑. ㉮찰랑.

짤랑-거리다 재태 짤랑 소리가 계속 나다. 또는 그런 소리를 계속 내다. 큰쩔렁거리다. 짤랑-짤랑 튀자타

짤랑-대다 재태 짤랑거리다.

짤래-짤래 튀하타 고개를 가로로 세게 자꾸 흔드는 모양. ☐고개를 ~ 흔들다. 큰쩔레쩔레. 예잘래잘래. ㉮짤짤.

짤록-거리다 [-꺼-] 재 좀 짤똑거리다. 예왼쪽 다리를 ~. 큰쩔룩거리다. 예잘록거리다. 짤록-짤록 튀하타

짤록-대다 재 좀 짤록거리다.

짤록-이 튀 짤록하게. 큰쩔룩이.

짤록-짤록² 튀하타 기다란 물건의 여러 군데가 패어 오목하게 들어간 모양.

짤록-하다 [-로카-] 혱예 긴 물건의 한 군데가 패어 들어가 오목하다. 예허리가 ~. 큰쩔룩하다. 예잘록하다.

짤름-거리다¹ 재 가득 찬 액체가 짤끔짤끔 넘치다. 큰쩔름거리다. 예잘름거리다. 짤름-짤름¹ 튀자

짤름-거리다² 타 한쪽 다리가 짧거나 탈이 나서 조금 짤록거리다. 큰쩔름거리다. 예잘름거리다. 짤름-짤름² 튀하타

짤름-거리다³ 타 한목에 주지 않고 여러 차례에 나누어 주다. 큰쩔름거리다. 예잘름거리다. 짤름-짤름³ 튀하타

짤름-대다¹ 재 짤름거리다¹.

짤름-대다² 타 짤름거리다².

짤름-대다³ 타 짤름거리다³.

짤름-발이 몜 다리를 짤름짤름 저는 사람. 큰쩔름발이.

짤막-짤막 튀하타 여럿이 다 좀 짧은 듯한 모양. ☐~하게 대답하다.

짤막-하다 [-마카-] 혱예 길이가 좀 짧은 듯하다. 예짤막한 막대 / 짤막한 인사말 / 짤막하게 대답하다.

짤쏙-거리다 [-꺼-] 타 몸피가 작은 것이 재게 잘쏙거리다. 큰쩔쏙거리다. 예잘쏙거리다. 짤쏙-짤쏙¹ 튀하타

짤쏙-대다 [-때-] 타 짤쏙거리다.

짤쏙-이 튀 짤쏙하게. 큰쩔쏙이.

짤쏙-짤쏙² 튀하타 긴 물건의 군데군데가 가늘게 패어 오목한 모양.

짤쏙-하다 [-쏘카-] 혱예 긴 물건의 한 부분이 가로 가늘게 패어 오목하다. 큰쩔쏙하다. 예잘쏙하다.

짤짤¹ 튀 '짤래짤래'의 준말. 큰쩔쩔. 예잘짤.

짤짤² 튀 열이나 온도가 매우 높아 끓듯이 더운 모양. ☐감기로 몸이 ~ 끓다 / 방이 ~ 끓다. 큰쩔쩔. 예잘짤.

짤짤³ 튀 물건을 손에 쥐고서 가볍게 흔드는 모양. 큰쩔쩔.

짤짤⁴ 튀 이리저리 채신없이 바삐 쏘다니는 모양. 예어딜 그렇게 ~ 쏘다니느냐. 큰쩔쩔. 예잘짤.

짤짤⁵ 튀 1 땅에 축 늘어져서 끌리는 모양. 2 기름이나 윤기가 겉에 드러나게 반드르르 흐르는 모양. ☐머리에 윤기가 ~ 흐르다. 큰쩔찔. 예잘짤.

짤짤-거리다 재 이리저리 채신없이 바삐 쏘다니다. 큰쩔쩔거리다·쩔찔거리다.

짤짤-대다 재 짤짤거리다.

짤짤-매다 재 다급한 일이 다닥쳐서 어쩔 줄을 모르고 헤매다. 큰쩔쩔매다.

짤짤-이 튀 1 이리저리 채신없이 쏘다니는 사람. 2 발끝만 꿰어 신게 만든 실내용의 간단한 신.

짤카닥 튀하자타 1 납작한 물건끼리 맞부딪쳐 끈기 있게 나는 소리. 2 끈기 있는 물건이 세차게 달라붙거나 떨어지는 소리. 또는 그 모양. 3 자물쇠 따위가 열리거나 잠기는 소리. 4 단단하고 작은 물체가 맞부딪치는 소리. 또는 그 모양. 큰쩔커덕. 예짤카닥.

짤카닥 튀하자타 자물쇠가 잠기거나 열릴 때, 또는 단단한 물건끼리 맞부딪치는 소리. 큰쩔커덕.

짤칵 튀하자타 '짤카닥'의 준말. 큰쩔컥.

짧다 [짤따] 혱 1 두 끝 사이가 가깝다. ☐짧은 거리 / 짧은 바지. 2 시간의 경과가 오래지 않다. ☐짧은 시간 / 그의 생애는 짧았다. ↔길다. 3 범위·정도에 미치지 못하다. ☐식견이 ~. 4 자본·밑천 등이 부족하다. ☐밑천이 ~. 5 가리는 음식이 많다. ☐입이 ~.

짧아-지다 [짤바-] 재 짧게 되다. ☐밤의 길이가 ~.

짧은-반지름 (-半-) [짤븐-] 몜 《수》 짧은지름의 반지름. 단반경(短半徑). ↔긴반지름.

짧은-소리 [짤븐-] 몜 《언》 짧게 나는 소리. 단음(短音). ↔긴소리.

짧은-작 [짤븐-] 몜 길이가 짧은 화살.

짧은-지름 [짤븐-] 몜 《수》 타원의 중심을 지른 긴지름에 수직된 가장 짧은 금. 단경(短徑). ↔긴지름.

짬¹ 몜하타 '짬질'의 준말.

짬² 몜 1 물건끼리 서로 맞붙은 틈. ☐들어갈 ~이 없다. 2 한 일을 마치고 다른 일에 손대려는 겨를. ☐통 ~이 없다. 3 종이 등을 도련칠 때, 칼이나 붓의 끝으로 조금 찍은 표적.

짬뽕 튀 [일 ちゃんぽん] 1 중국 음식의 하나. 국수에 각종 해물과 야채를 섞어 볶은 것에 돼지 뼈나 쇠뼈, 닭 뼈를 우린 국물을 부은 것. 2 종류가 다른 술을 섞어 마시는 일. 3 서로 다른 것을 뒤섞음.

짬-질 몜하타 물기를 빼려고 꼭 짜는 짓. 준짬.

짬짜미 몜하타 남몰래 짜고 하는 약속. 밀약. ☐친구들과 ~해서 놀러 가다.

짬짬-이 튀 틈틈이. ☐~ 외국어 공부를 하다.

짭조름-하다 [-조-] 혱예 좀 짠 듯하다. ☐짭조름한 생굴. 짭조름-히 [-조-] 튀

짭잘-찮다 혱 ☞짭짤찮다.

짭짤-찮다 [-찬타] 혱 점잖지 못하고 속되다.

짭짤-하다 혱예 1 조금 짠 듯하다. ☐짭짤한 멸치조림. 큰찝찔하다. 2 일이나 행동이 규모 있고 야무지다. ☐짭짤한 살림 솜씨. 3 일이 잘되어 실속이 있다. ☐수박 장사를 해서 짭짤하게 재미를 보다. 4 물건이 실속 있고 값지다. ☐짭짤한 세간. 짭짤-히 튀

짭짭 튀하타 1 못마땅해서 씁쓸한 입맛을 다시는 소리. 2 감칠맛이 있어서 입을 다시는 소리. ☐입맛을 ~ 다시다. 3 음식을 마구 먹는 소리. ☐~ 소리 내며 먹다. 큰쩝쩝.

짭짭-거리다 [-꺼-] 타 짭짭 소리를 계속 내다. 큰쩝쩝거리다.

짭짭-대다 [-때-] 타 짭짭거리다.

짭짭-하다 [-짜파-] 혱예 입맛이 당겨서 무엇이 먹고 싶다.

짯짯-하다 [짣짣타] 혱예 1 성질이 깔깔하고 딱딱하다. 2 나뭇결이나 피륙의 바탕이 깔깔하고 연하다. 3 빛깔이 맑고 깨끗하다. 큰쩟쩟하다.

짱 [부][하자] 얼음장이나 굳은 물체 따위가 갑자기 갈라지는 소리. ❏~하고 컵에 금이 가다. ⓰찡 1.

짱구 이마나 뒤통수가 유달리 크게 튀어나온 머리. 또는 그런 머리통을 가진 사람.

짱아 〈소아〉 잠자리2.

짱알-거리다 [자] 몹시 아프거나 못마땅해서 자꾸 보채다. ❏짱알거리는 아이. ⓰찡얼거리다. ㉯창알거리다. 짱알-짱알 [부][하자]

짱알-대다 [자] 짱알거리다.

짱짱-하다 [형] 생김새가 옹골차고 동작이 매우 굳세다. ❏짱짱한 노인.

–째1 [의] 일부 명사 뒤에 쓰여, '있는 그대로·통째로'의 뜻을 나타내는 말. ❏그릇~ / 뿌리~ / 껍질~.

–째2 [의] 1 일부 관형사나 수사 뒤에 붙어, 서수사(序數詞)를 이루거나 차례·등급을 나타내는 말. ❏첫~ / 넷~ / 세 개. 2 시간을 나타내는 말 뒤에 붙어, '계속되는 동안'의 뜻을 나타내는 말. ❏이틀~.

째깍 [부][하자] 1 단단한 물건이 부러지거나 맞부딪치는 소리. 2 시계 따위의 톱니바퀴가 한 번 움직이는 소리. ❏쩨꺽. ㉯재깍.

째깍-거리다 [–꺼–] [자][타] 째깍 소리가 계속 나다. 또는 그런 소리를 계속 내다. ⓰쩨꺽거리다. 째깍-째깍 [부][하자]

째깍-대다 [–때–] [자][타] 째깍거리다.

째:다1 옷이나 신 등이 몸이나 발에 작은 듯하다. ❏몸에 꽉 째는 옷 / 신이 발에 ~.

째:다2 일손이나 물건이 모자라 일에 쫓기다. ❏살림이 ~ / 손이 ~.

째:다3 '짜이다'의 준말.

째:다4 종이·가죽·피륙 따위를 칼이나 손으로 갈라지게 찢다. ❏곪은 데를 ~ / 옷을 ~.

째:다5 윷놀이에서, 말을 첫밭에 놓다.

째려-보다 [자] 못마땅해서 매서운 눈초리로 흘겨보다.

째:리다 [타] 못마땅해서 매서운 눈초리로 흘기다. ❏눈을 째리지 말고 바로 보아라.

째:마리 사람이나 물건 가운데 가장 처지거나 못한 찌꺼기. ❏~만 남다.

째:못 [–몯] [명] 박힌 나무못이 빠지지 않도록 틈 끝을 쪼고 박는 쐐기.

째:보 1 언청이를 농으로 이르는 말. 2 썩 잗단맛스러운 사람을 이르는 말.

째어-지다 [자] 1 터져서 갈라지다. ❏입이 귀밑까지 ~. 2 (주로 '째어지게'의 꼴로 쓰여) 정도가 심함을 비유하는 말. ❏째어지게 가난했던 시절. ⓰찢어지다.

째:지다 '째어지다'의 준말.

째푸리다 [자] 날씨가 음산하게 흐리다. ❏하늘이 째푸린 걸 보니 곧 눈이 올 것 같다. ㉠[타]얼굴이나 눈살을 몹시 찡그리다. ❏이맛살을 ~. ⓰찌푸리다.

쨱-소리 [–쏘–] [명] 아주 작게나마 남에게 들리게 떠드는 소리나 반항하려는 태도(반드시 부정 또는 금지하는 뜻의 말이 따름). ❏~한 번 못하다. *쨱소리. *쨱소리.

쨱-쨱 [부][하자] 참새 따위가 우는 소리. ⓰찍찍.

쨱쨱-거리다 [–꺼–] [자] 참새 따위가 계속 울다. ⓰찍찍거리다.

쨱쨱-대다 [–때–] [자] 쨱쨱거리다.

쨀-밭 [–빧] [명] 〈민〉 윷판의 앞밭으로부터 꺾여 여섯째 밭.

쨀쨀 [부] 1 몸에 지닌 것을 주책없이 자꾸 빠뜨리거나 흘리는 모양. 2 눈물을 찔끔거리며 우는 모양. ❏눈물을 ~ 짜다. ⓰찔찔. ㉯쨀쨀.

쨈:-빛 [–삗] [명] 〈미술〉 1 진채화(眞彩畵)에서,

얇은 빛깔 위에 덧칠하는 짙은 빛깔. 2 두 빛깔을 조화시키려고 덧칠하는 빛깔.

쨈:-새 [명] '짜임새'의 준말.

쨍1 [부][하자] 1 금속이 맞부딪쳐서 새되게 울리는 소리. ❏~하며 부딪치다. 2 귀가 먹먹할 정도로 강하게 울리는 소리.

쨍2 [부][하] 햇볕이 강하게 내리쬐는 모양. ❏햇볕이 ~ 내리쬐다.

쨍강 [부][하자] 얇은 쇠붙이나 유리 따위가 부딪치는 소리. ㉯쟁강.

쨍강-거리다 [자][타] 얇은 금속이 세게 맞부딪치는 소리가 자꾸 나다. 또는 그런 소리를 자꾸 내다. ❏빈 깡통이 쨍강거리며 구르다. ⓰쩽겅거리다. 쨍강-쨍강 [부][하자]

쨍강-대다 [자][타] 쨍강거리다.

쨍그랑 [부][하자] 얇은 금속이 떨어지는 소리. ⓰쩽그렁. ㉯쟁그랑.

쨍그랑-거리다 [자][타] 쨍그랑 소리가 계속 나다. 또는 그런 소리를 계속 내다. ⓰쩽그렁거리다. 쨍그랑-쨍그랑 [부][하자]

쨍그랑-대다 [자][타] 쨍그랑거리다.

쨍그리다 [타] 얼굴의 근육이나 눈살을 몹시 짜그리다. ❏눈살을 ~. ⓰찡그리다.

쨍쨍 [부][하] 1 볕이 몹시 내리쬐는 모양. ❏뙤약볕이 ~ 내리쬐다. 2 유리나 얼음이 자꾸 부딪치거나 갈라지는 소리.

쨍쨍-거리다 [자] 불평으로 앙상 피우며 자꾸 군소리를 하다. ❏아이가 장난감을 사 달라고 ~. ⓰찡찡거리다.

쨍쨍-대다 [자] 쨍쨍거리다.

쩌개다 [타] 연장으로 나무 따위의 단단한 물건을 세게 쳐서 갈라지게 하다. ⓰쪼개다.

쩌금-거리다 [자] 맛있게 먹느라고 자꾸 쩍쩍 소리를 내다. ❏죽을 한 숟가락 입에 떠 넣고 ~. ⓰짜금거리다. 쩌금-쩌금 [부][하자]

쩌금-대다 [자] 쩌금거리다.

쩌렁 [부][하자] 얇은 금속 등이 서로 맞부딪치면서 은은히 울리는 소리. ㉠짜랑. ⓰저렁. ㉯처렁.

쩌렁-거리다 [자][타] 쩌렁 소리가 자꾸 나다. 또는 그런 소리를 자꾸 내다. ㉠짜랑거리다. 쩌렁-쩌렁 [부][하자]

쩌렁-대다 [자][타] 쩌렁거리다.

쩌렁쩌렁-하다 [형] 목소리가 커서 울림이 크다. ㉠짜랑짜랑하다.

쩌르렁 [부][하자] 1 얇은 금속이 세게 맞부딪쳐 울리는 소리. 2 목소리가 크게 울리는 소리. ㉠짜르랑. ⓰저르렁. ㉯처르렁.

쩌르렁-거리다 [자][타] 계속 쩌르렁 소리가 나다. 또는 그런 소리를 계속 내다. ❏산골이 쩌르렁거리도록 고함치다. ㉠짜르랑거리다. 쩌르렁-쩌르렁 [부][하자]

쩌르렁-대다 [자][타] 쩌르렁거리다.

쩌릿-쩌릿 [–릳–릳] [부][하] 1 매우 또는 자꾸 저린 느낌이 드는 모양. 2 심리적 자극을 받아 연달아서 매우 흥분되고 떨리는 듯한 느낌이나 모양. ㉠짜릿짜릿. ⓰저릿저릿.

쩌릿-하다 [–릳–] [타][형] 매우 저린 듯하다.

쩌:혀 [감] 1 연달아 혀를 차는 소리. 2 소를 왼쪽으로 몰 때 내는 소리.

쩍1 [부] 투전 노름의 하나. 여섯 장 중에 같은 두 셋이가 못 되는 것을 이름.

쩍2 [부] 1 물체가 둘로 훨쩍 갈라져 벌어진 모양. 2 혀를 차면서 입맛을 크게 한 번 다시는 소리. 3 단단한 물건이 바닥에 끈기 있게 들러붙는 모양. 또는 그 소리. ㉠짝.

-쩍다 [-따] 〖미〗 추상 명사에 붙어, 그런 느낌이 있다는 뜻의 형용사를 이루는 말. ¶ 의심~ / 겸연~ / 수상~.

쩍말-없다 [쩡마렵따] 〖형〗 썩 잘되어 더 말할 나위 없다. **쩍말-없이** [-씨] 〖부〗 [쩌마렵씨]

쩍쩌기 〖명〗 골패 또는 투전 등의 노름의 하나.

쩍쩍[1] 〖부〗〖타〗 입맛을 다시는 소리. ¶ 겸을 ~ 씹다. 작짝짝.

쩍쩍[2] 〖부〗 **1** 끈끈하여 잘 들러붙는 모양. **2** 입맛에 잘 맞는 모양. ②척척. **3** 장작이나 마른 논바닥 등이 쪼개지거나 벌어지는 소리나 모양. 작짝작.

쩍쩍-거리다 [-꺼-] 〖자〗〖타〗 계속 쩍쩍 입맛을 다시다. ¶ 볼고기 냄새에 입을 ~. 작짝짝거리다.

쩍쩍-대다 [-때-] 〖타〗 쩍쩍거리다.

쩔그럭 〖부〗〖하〗〖자〗〖타〗 얇은 쇠붙이끼리 서로 맞닿는 소리. 또는 그 모양. 작짤그락.

쩔그럭-거리다 [-꺼-] 〖자〗〖타〗 계속 쩔그럭 소리가 나다. 또는 계속 쩔그럭 소리를 내게 하다. 작짤그락거리다. **쩔그럭-쩔그럭** 〖부〗〖하〗〖자〗〖타〗

쩔그럭-대다 [-때-] 〖자〗〖타〗 쩔그럭거리다.

쩔그렁 〖부〗〖하〗〖자〗〖타〗 얇은 쇠붙이 등이 맞닿아 울리는 소리. 작짤그렁. 여절그렁. 큰찔그렁.

쩔그렁-거리다 〖자〗〖타〗 계속 쩔그렁 소리가 나다. 또는 계속 쩔그렁 소리를 나게 하다. 작짤그랑거리다. **쩔그렁-쩔그렁** 〖부〗〖하〗〖자〗〖타〗

쩔그렁-대다 〖자〗〖타〗 쩔그렁거리다.

쩔꺼덕 〖부〗〖하〗〖자〗〖타〗 **1** 끈기 있는 물건이 세차게 들러붙었다가 떨어지는 소리. 또는 그 모양. **2** 서로 닿으면 걸려 붙게 된 물건끼리 맞부딪치는 소리. **3** 넓적한 물건끼리 맞부딪쳐 끈기 있게 나는 소리. ②절꺼덕·철꺼덕. ⤳쩔꺽. 여절거덕·절꺼덕. 작짤까닥.

쩔꺼덕-거리다 [-꺼-] 〖자〗〖타〗 계속 쩔꺼덕 소리가 나다. 또는 계속 쩔꺼덕 소리를 나게 하다. 작짤까닥거리다. ⤳쩔꺽거리다. **쩔꺼덕-쩔꺼덕** 〖부〗〖하〗〖자〗〖타〗

쩔꺼덕-대다 [-때-] 〖자〗〖타〗 쩔꺼덕거리다.

쩔꺼덩 〖부〗〖하〗〖자〗〖타〗 서로 닿으면 걸려 붙게 된 단단한 물건끼리 맞부딪치는 소리. 작짤까당. 여절거덩·절꺼덩. ⤳쩔꺽덩.

쩔꺼덩-거리다 〖자〗〖타〗 계속 쩔꺼덩 소리가 나다. 또는 계속 쩔꺼덩 소리를 나게 하다. 작짤까당거리다. **쩔꺼덩-쩔꺼덩** 〖부〗〖하〗〖자〗〖타〗

쩔꺼덩-대다 〖자〗〖타〗 쩔꺼덩거리다.

쩔꺽 〖부〗〖하〗〖자〗〖타〗 '쩔꺼덕'의 준말. 작짤깍. 여절거·절꺽. ⤳절꺼덕·철꺽.

쩔꺽-거리다 [-꺼-] 〖자〗〖타〗 '쩔꺼덕거리다'의 준말. 작짤깍거리다. 여절거리다·절꺽거리다. **쩔꺽-쩔꺽** 〖부〗〖하〗〖자〗〖타〗

쩔꺽-대다 [-때-] 〖자〗〖타〗 쩔꺽거리다.

쩔뚝-거리다 [-꺼-] 〖타〗 몹시 쩔뚝거리다. ¶ 다리를 쩔뚝거리며 걷다. 작짤뚝거리다. 여절뚝거리다. **쩔뚝-쩔뚝** 〖부〗〖하〗

쩔뚝-대다 [-때-] 〖타〗 쩔뚝거리다.

쩔뚝발-이 [-빠-] 〖명〗 쩔뚝거리는 사람. 쩔뚝이. 여절뚝발이. * 쩔름발이.

쩔뚝-이 〖명〗 쩔뚝발이.

쩔렁 〖부〗〖하〗〖자〗〖타〗 얇은 쇠붙이나 큰 방울이 흔들리거나 부딪치는 소리. 작짤랑. 여절렁. ②철렁.

쩔렁-거리다 〖자〗〖타〗 쩔렁 소리가 자꾸 나다. 또는 그런 소리를 자꾸 내다. 작짤랑거리다. **쩔렁-쩔렁** 〖부〗〖하〗〖자〗〖타〗

쩔렁-대다 〖자〗〖타〗 쩔렁거리다.

쩔레-쩔레 〖부〗 머리를 가로로 자꾸 흔드는 모양. ¶ 머리를 ~ 흔들다. 작짤래짤래. 여절레

절레. ⤳쩔쩔.

쩔룩-거리다 [-꺼-] 〖타〗 약간 쩔름거리다. 작짤룩거리다. 여절룩거리다. **쩔룩-쩔룩** 〖부〗〖하〗〖타〗

쩔룩-대다 [-때-] 〖타〗 쩔룩거리다.

쩔름-거리다 〖타〗 몹시 쩔름거리다. 작짤름거리다. 여절름거리다. **쩔름-쩔름** 〖부〗〖하〗〖타〗

쩔름-대다 〖타〗 쩔름거리다.

쩔름발-이 〖명〗 쩔름거리는 사람. 작짤름발이. 여절름발이.

쩔쑥-거리다 〖타〗 몹시 쩔쑥거리다. 작짤쑥거리다. 여절쑥거리다. **쩔쑥-쩔쑥** 〖부〗〖하〗〖타〗

쩔쑥-대다 [-때-] 〖타〗 쩔쑥거리다.

쩔쩔[1] 〖부〗 '쩔레쩔레'의 준말. 작짤짤. 여절절.

쩔쩔[2] 〖부〗 열이 높아서 끓듯이 더운 모양. ¶ 방이 ~ 끓는다. 작짤짤. 여절절.

쩔쩔[3] 〖부〗 무엇을 손에 쥐고서 크게 천천히 흔드는 모양. ¶ 말도 말라는 듯이 손을 ~ 내젓다. 작짤짤. 여절절.

쩔쩔[4] 〖부〗 이리저리 치신없이 바삐 쏘다니는 모양. 작짤짤. 여절절.

쩔쩔-거리다 〖자〗 이리저리 몹시 바쁘게 쏘다니다. 작짤찔거리다. 여절절거리다.

쩔쩔-대다 〖자〗 쩔쩔거리다.

쩔쩔-매다 〖자〗 다급한 일이 다다쳐 어찌할 바를 모르고 헤매다. ¶ 바빠서 ~. 작짤짤매다.

쩝쩝 〖부〗〖하〗〖타〗 **1** 입을 다시는 소리. **2** 음식을 마구 먹는 소리. 작짭짭.

쩝쩝-거리다 [-꺼-] 〖자〗〖타〗 **1** 계속 쩝쩝 입맛을 다시다. **2** 음식을 마구 먹는 소리를 자꾸 내다. ¶ 음식을 쩝쩝거리며 먹다. 작짭짭거리다.

쩝쩝-대다 [-때-] 〖자〗〖타〗 쩝쩝거리다.

쩟 [쩓] 〖감〗〖하〗〖자〗 못마땅하여 혀를 차는 소리.

쩟쩟-하다 [쩓쩌타-] 〖형〗〖여〗 **1** 성질이 깔깔하고 딱딱하다. **2** 바탕이나 결이 깔깔하고 거세다. **3** 빛깔이 맑고 깨끗하다. 작짯짯하다.

쩡쩡 〖부〗〖하〗〖자〗 **1** 용수철이나 켕긴 줄을 세게 퉁기는 소리. **2** 얼음장 따위의 굳은 물질이 갈라지는 소리. **3** 대단한 권세를 휘두르며 지내는 모양. ¶ ~ 울리던 가문.

쩡쩡-거리다 〖자〗 쩡쩡 소리가 잇달아 나다.

쩡쩡-대다 〖자〗 쩡쩡거리다.

쩡쩡-하다 〖형〗 **1** 소리의 울림이 높고 세다. **2** 권세가 대단하다.

쩨꺽 〖부〗〖하〗〖자〗〖타〗 **1** 단단한 물건이 부러지는 소리. **2** 시계의 톱니바퀴가 한 번 움직이는 소리. 여제꺽.

쩨꺽-거리다 [-꺼-] 〖자〗〖타〗 계속 쩨꺽 소리가 나다. 또는 계속 그런 소리를 내다. 작째깍거리다. **쩨꺽-쩨꺽** 〖부〗〖하〗〖자〗〖타〗

쩨꺽-대다 [-때-] 〖자〗〖타〗 쩨꺽거리다.

쩨쩨-하다 〖형〗 **1** 시시하고 신통찮다. **2** 잘고 인색하다. ¶ 쩨쩨하게 굴지 마라.

쩽겅-거리다 〖자〗〖타〗 얇고 조금 무거운 쇠붙이가 세게 맞부딪쳐 소리가 계속 나다. 또는 그런 소리를 내다. 작쨍강거리다. 여쨍경거리다. **쩽겅-쩽겅** 〖부〗〖하〗〖자〗〖타〗

쩽겅-대다 〖자〗〖타〗 쩽겅거리다.

쩽그렁 〖부〗〖하〗〖자〗〖타〗 얇은 쇠붙이가 세게 떨어져 부딪쳐 울리는 소리. 작쨍그랑. 여쨍그렁.

쩽그렁-거리다 〖자〗〖타〗 계속 쩽그렁 소리가 나다. 또는 계속 쩽그렁 소리를 나게 하다. 작쨍그랑거리다. **쩽그렁-쩽그렁** 〖부〗〖하〗〖자〗〖타〗

쩽그렁-대다 〖자〗〖타〗 쩽그렁거리다.

쪼가리 〖명〗 작은 조각. ¶ 종이 ~ / 헝겊 ~.

쪼개다 〖타〗 **1** 둘 이상으로 나누다. 조각이 나게 부수거나 가르다. ¶ 사과를 둘로 ~. * 짜개다. **2** 시간·돈 따위를 아끼다. ¶ 잠자는 시간을 쪼개어 책을 읽다 / 용돈을 쪼개어 저축

하다. ⟨二⟩⟨속⟩ 소리 없이 입을 벌리고 웃다.
쪼개-접(一椄)**명** ⟨농⟩ 접붙이기에서 접본(椄
本)을 가르고 접가지를 끼워 넣는 접목 방법.
할접(割椄).
쪼개-지다⟨재⟩ 둘 이상으로 나뉘다. 부서지
거나 갈리다. ▫나무는 결을 따라 쪼개야 잘
쪼개진다 / 내분이 심하면 당이 마침내 둘로
쪼개졌다. *짜개지다.
쪼개짐⟨명⟩⟨광⟩ 벽개(劈開)2.
쪼구미⟨명⟩⟨건⟩ 동자기둥.
쪼그라-들다⟨一들어, 一드니, 一드는⟩⟨재⟩ 쪼그
라져 작게 되어 가다. ⟨큰⟩쭈그러들다.
쪼그라-뜨리다⟨타⟩ 힘주어 쪼그리다. ⟨큰⟩쭈그러
뜨리다. ⟨여⟩조크라뜨리다.
쪼그라-지다⟨재⟩ 1 눌리거나 오그라져서 부피
가 몹시 작아지다. ▫무릎 햇볕에 말리면 쪼
그라진다. 2 살이 빠져서 살갗이 쪼글쪼글해
지다. ▫쪼그라진 얼굴. ⟨큰⟩쭈그러지다.
쪼그라-트리다⟨타⟩ 쪼그라뜨리다.
쪼그랑-박⟨명⟩ 덜 쇠어 쪼그라진 박.
쪼그랑-할멈⟨명⟩ 얼굴이 쪼글쪼글한 늙은 여자
를 낮잡아 이르는 말.
쪼그리다⟨타⟩ 1 누르거나 옥여서 부피를 작게
만들다. ▫얇은 철판을 쪼그려 재활용통에
넣다. 2 팔다리를 오그려 몸을 움츠리다. ▫
쪼그리고 앉다. ⟨큰⟩쭈그리다. ⟨작⟩조크리다.
쪼그마-하다⟨형여⟩ 조금 작거나 적다. ⟨여⟩조그
마하다. ⟨큰⟩쭈그맣다.
쪼그맣다⟨一마타⟩⟨쪼그마니, 쪼그매서⟩⟨형ㅎ⟩ '쪼
그마하다'의 준말. ⟨여⟩조그맣다.
쪼글-쪼글⟨부하형⟩ 쪼그라져서 불규칙하게 많
은 줄이나 주름이 간 모양. ▫바지가 ~ 구겨
지다. ⟨큰⟩쭈글쭈글.
쪼끄마-하다⟨형여⟩ 조금 작거나 적다. ⟨여⟩조그
마하다. ⟨큰⟩쭈끄맣다.
쪼끄맣다⟨一마타⟩⟨쪼끄마니, 쪼끄매서⟩⟨형ㅎ⟩
'쪼끄마하다'의 준말. ⟨여⟩조끄맣다.
쪼끔⟨명⟩⟨부⟩ 아주 조금. ▫~만 다오 / ~ 뒤에 다
시 만나자. ⟨여⟩조금·조끔.
쪼끔-쪼끔⟨부⟩ 여럿이 다 조금. 또는 잇따라 조
금. ⟨여⟩조금조금·조끔조끔.
쪼다⟨명⟩⟨속⟩ 제구실을 못하는 어리석은 사람
을 낮추어 일컫는 말. ▫~ 같은 녀석.
쪼:다²⟨타⟩ 뾰족한 끝으로 찍다. ▫돌을 ~ / 병
아리가 모이를 ~.
쪼들리다⟨재⟩ 1 무슨 일에 부대껴 지내다. ▫살
림에 ~. 2 남에게 몹시 시달림을 받다. ▫빚
쟁이에게 ~.
쪼록⟨부⟩ 가는 물줄기 등이 짧은 동안 빠르게 흐
르다가 그치는 소리. ⟨큰⟩쭈룩. ⟨여⟩조록.
쪼록-쪼록⟨부하자⟩ 1 비가 그치려 하면서 띄엄
띄엄 내리는 소리. 2 가는 물줄기가 흐르다가
그쳐 방울방울 떨어지는 소리. ⟨큰⟩쭈룩쭈룩.
쪼르르¹⟨부하자⟩ 1 짧은 다리를 재게 움직이며
앞만 보고 나아가는 모양. ▫병아리들이 어미
닭을 ~ 따라다닌다. 2 가는 물줄기가 빠르게
흘러내리는 소리나 모양. ▫빗물이 홈통을 타
고 ~ 흘러내렸다. 3 비나 땀에 함빡 젖은 모
양. 4 비탈에서 몸피가 작은 것이 세차게 미
끄러지는 모양. ▫아이들이 미끄럼틀에서 ~
미끄러진다. 5 몸피가 작은 사람이나 짐승이
뒤를 급히 따르는 모양. ⟨큰⟩쭈르르. ⟨여⟩조르르.
쪼르르²⟨부하형⟩ 작은 것들이 한 줄로 고르게
잇따라 있는 모양. ⟨큰⟩쭈르르. ⟨여⟩조르르.
쪼르륵⟨부하자⟩ 1 액체가 빠르게 흐르다가 그치
는 소리. ▫물을 컵에 따르다. ⟨큰⟩쭈르룩.
⟨여⟩조르륵. 2 허기진 배 속에서 나는 소리.

가 나다. 또는 계속 쪼르륵 소리를 나게 하다.
⟨큰⟩쭈르륵거리다. ⟨여⟩조르륵조르륵⟨부⟩하자타⟩
쪼르륵-대다⟨一때~⟩⟨재⟩타⟩ 쪼르륵거리다.
쪼뺏⟨一뺃⟩⟨부하자자⟩ 1 물건의 끝이 삐죽하게 솟
은 모양. 2 놀라거나 무서워서 머리카락이 꼿
꼿이 서는 듯한 느낌. 3 부끄러워서 어줍어서
머뭇거리는 모양. ⟨큰⟩쭈뺏. ⟨여⟩조뺏.
쪼뺏-쪼뺏⟨一뺃一뺃⟩⟨부하형⟩ 어줍거나 부끄러워
서 자꾸 머뭇거리거나 주저주저하는 모양.
⟨큰⟩쭈뺏쭈뺏. ⟨여⟩조뺏조뺏.
쪼뺏-하다⟨一뺃一⟩⟨형여⟩ 1 물건의 끝이 높이
솟아 있다. 2 놀라거나 무서워서 머리카락이
서는 듯한 느낌이 있다. ⟨큰⟩쭈뺏하다. ⟨여⟩조뺏
하다.
쪼이다¹⟨자타⟩ 쬐다¹.
쪼이다²⟨자타⟩ ('조다'의 피동형) 쫌을 당하다.
▫손이 정에 ~ / 닭에게 손등을 ~. ⟨큰⟩쬐다.
쪼크라-뜨리다⟨타⟩ 세게 누르거나 옥여서 부피
가 작아지게 하다. ⟨큰⟩쭈크러뜨리다. ⟨여⟩조크
라뜨리다.
쪼크라-트리다⟨타⟩ 쪼크라뜨리다.
쪼크리다⟨타⟩ 1 누르거나 옥여서 부피를 작게
만들다. 2 팔다리를 오그려 몸을 움츠리다.
▫몸을 쪼크린 채 졸고 있다. ⟨큰⟩쭈크리다. ⟨여⟩
조크리다.
쪽¹⟨명⟩ 부인네의 뒤통수에 땋아서 틀어 올려 비
녀를 꽂는 머리털. 낭자. ▫~을 찐 아낙네.
쪽²⟨一명⟩ 책의 면(面). 페이지. ▫매 ~마다 삽
화가 들어 있다. ⟨一의명⟩ 책의 면을 세는 단
위. ▫이 책은 모두 250~이다.
쪽³⟨一명⟩ 물건의 쪼개진 한 부분. ▫깨진 유리
~. ⟨一의명⟩ 물건의 쪼개진 부분을 세는 단위.
▫사과 두 ~을 먹었다.
쪽⁴⟨一명⟩⟨식⟩ 여뀟과의 한해살이풀. 중국 원산.
줄기 높이 60~70cm이며, 잎은 긴 타원형.
여름에 붉은 꽃이 피고, 잎은 남빛의 물감을
만드는 데에 원료로 씀.
쪽⁵⟨속⟩ 얼굴.
　쪽을 못 쓰다⟨구⟩ ㉠남에게 압도되어 꼼짝도
　못하다. ㉡무엇에 마음을 뺏기어 맥을 못추
　다. ㉢화려한 쪽을 못 쓰는 녀석.
쪽⁶⟨의명⟩ 1 방향을 가리키는 말. 녘. 편. ▫어
느 ~으로 가면 되나. 2 서로 갈라지거나 맞
서는 것 중의 하나를 가리키는 말. ▫찬성하
는 ~ / 나는 경제 ~에 대한 상식이 부족하다.
쪽⁷⟨부⟩ 1 한 줄로 고르게 이어진 모양. ▫~ 뻗
은 신작로. 2 고르게 늘어서거나 벌여 있는
모양. ▫방석을 ~ 깔다. 3 곧게 펴거나 벋은
모양. ▫~ 편 다리. 4 줄이나 금을 곧게 긋
는 모양. ▫글자 획을 ~ 긋다. 5 높낮이가
없이 한결같은 모양. ▫~ 고른 성적. 6 적은
물 따위를 단숨에 들이마시거나 빠는 모양.
▫우유를 ~ 마시다 / 엄마가 어린애 이마에
입을 ~ 맞추다. 7 좁은 공간을 한눈에 훑어
보는 모양. ▫주위를 ~ 훑어보다. 8 한꺼번
에 벗겨지거나 훑거나 갈라지는 모양. ▫벼
를 ~ 훑다. 9 땀이 솟거나 살 따위가 빠지는
모양. ▫살이 ~ 빠지다. 10 종이나 천 따위
를 찢는 모양. ▫편지를 ~ 찢다. ⟨큰⟩쭉. ⟨여⟩쪽.
쪽-⟨토⟩ 1 '작은'의 뜻. ▫~문 / ~박. 2 '조각
조각 맞춘'의 뜻. ▫~걸상 / ~마루. 3 '조각
조각으로 된'의 뜻. ▫~김치 / ~모이. 4 '한
부분으로 된'의 뜻. ▫~밭이 / ~자(字).
쪽-가위⟨一까⟩⟨명⟩ 실 따위를 자르는 데 쓰는,
족집게 모양의 작은 가위.
쪽-김치⟨一낌⟩⟨명⟩ 조각조각 썰어서 담근 김치.

쪽-꼭지 [-찌] 圀 절반씩 빛깔이 다른 꼭지를 붙인 연.

쪽-다리 [-따-] 圀 긴 널조각 하나로 걸쳐 놓은 다리.

쪽-대문 (-大門)[-때-] 圀 바깥채나 사랑채에서 안채로 들어가는 한 쪽으로 된 작은 대문.

쪽-댕기 [-땡-] 圀 부인네가 쪽을 찔 때 드리는 댕기.

쪽-마루 [종-] 圀 《건》 한두 조각의 통널을 가로로 대어 만든 툇마루.

쪽매 [종-] 圀 얇은 나무쪽이나 널조각 따위를 붙여 대는 일. 또는 그 나무쪽이나 널조각.

쪽매-붙임 [종-부침] 圀하타 바탕이 되는 널에 여러 조각으로 된 쪽매를 붙이는 일.

쪽매-질 [종-] 圀하자타 1 쪽매를 만드는 일. 2 잔 조각의 나무를 모아 목기를 만드는 일.

쪽-머리 [종-] 圀 쪽을 찐 머리. 또는 쪽을 찐 여자.

쪽-모이 [종-] 圀하타 여러 조각을 모아 하나의 큰 조각을 만듦. 또는 그렇게 만든 조각.

쪽-문 (-門)[종-] 圀 대문짝의 가운데나 한편에 사람이 드나들도록 만든 작은 문. 🗣~으로 드나들다.

쪽-박 [-빡] 圀 작은 바가지.
[쪽박 쓰고 비 피하기] 눈앞에 닥친 일을 어림도 없는 방법으로 피하려 한다는 말. [쪽박에 밤 담아 놓은 듯] 올망졸망한 모양의 비유.
쪽박(을) 차다 ㉿ 동냥질을 하다. 거지가 되다. 🗣이러다간 쪽박 차기 딱 좋겠다.

쪽-반달 (-半-)[-빤-] 圀 두 가지 빛깔의 종이로 반달 모양의 꼭지를 붙인 연.

쪽-발이 [-빠-] 圀 1 한 발만 달린 물건. 2 발통이 두 조각으로 된 물건. 3 왜나막신을 신는다는 데서, 일본인을 낮잡아 이르는 말.

쪽-밤 [-빰] 圀 쌍동밤. 🗣~든 벼.

쪽-배 [-빼] 圀 통나무를 쪼개어 속을 파서 만든 배.

쪽-봉투 (-封套)[-뽕-] 圀 외겹으로 된 봉투.

쪽-빛 [-삧] 圀 쪽의 빛깔. 감. 남빛.

쪽-소로 (-小櫨)[-쏘-] 圀 《건》 장여의 바깥쪽에만 붙이는 접시받침.

쪽-수 (-數)[-쑤] 圀 책의 면수.

쪽술 [-쑬] 圀 쪽박같이 생긴 숟가락.

쪽술² [-쑬] 圀 《농》 쟁기의 술이 비스듬히 내려가다가 꺾여서 곧게 벋은 부분.

쪽-자 (-字)[-짜] 圀 《인》 둘 이상의 활자에서 일부분씩 따서 붙이어 한 글자로 만들어 쓰는 활자. 🗣~를 만들다. ☞통자(字).

쪽잘-거리다 [-짤-] 타 음식을 께적께적 먹다. 쪽잘-쪽잘 [-짤-짤] 튀하타

쪽잘-대다 [-짤-] 타 쪽잘거리다.

쪽-잠 [-짬] 圀 짧은 틈을 타서 불편하게 자는 잠. 🗣의자에 앉아 ~을 자다.

쪽-접시 [-찝씨] 圀 작은 접시.

쪽지 (-紙)[-찌] 圀 작은 종잇조각. 또는 그런 데 쓴 편지. 🗣~ 시험 / ~를 건네주다 / ~를 남겨놓다.

쪽-지게 [-찌-] 圀 곁갈 장수나 등짐장수가 쓰는 작은 지게.

쪽-지문 (-指紋)[-찌-] 圀 일부만 남은 지문. 「자국.

쪽-쪽 튀 1 여러 줄로 늘어선 모양. 🗣길이 사방으로 ~ 뻗다. 2 동작이 여러 번 거침없이 나아가는 모양. 3 종이·피륙을 잇따라 찢는 소리. 🗣종이를 ~ 찢다. 4 줄·금을 계속 긋는 모양. 5 입으로 계속 빠는 소리. 🗣아이가 젖을 ~ 빨다. 6 작은 줄이나 금을 잇따라 곧게 내긋는 모양. 🗣공책에 줄을 ~ 긋다. 7 잇따라 소름이 끼치거나 땀이 나는 모양. 🗣~이 끼치다 / 식은땀을 ~ 흘리다. 8 입맞춤을 잇따라 하는 소리. 🗣아기 볼에 입을 ~ 맞추다. ㉿족족.

쪽-쪽이 튀 여러 쪽이 되게.

쪽-창 (-窓) 圀 《건》 좁고 기름하게 만든 외짝 창. 척창.

쪽-파 [종-] 圀 《식》 파의 하나. 종파보다 작고, 잎은 속이 차며 비늘줄기는 좁은 달걀 모양임. 특이한 향과 자극이 있어 양념으로 씀.

쪽-팔리다 [자] 《속》 체면이 깎이다. 🗣쪽팔리게 이걸 날더러 가지고 가라고.

쫀득-거리다 [-꺼-] 자 몹시 쫀득거리다. ㉿쫀득거리다. 쫀득-쫀득 튀하자형

쫀득-대다 [-때-] 자 쫀득거리다.

쫀쫀-하다 형여 1 피륙의 짜임새가 곱고도 고르다. 🗣배로 쫀쫀하게 짜다. ㉿쫀쫀하다. 2 마음이 트이지 못하고 인색하며 치사하다. 🗣쫀쫀하게 구는 녀석. 쫀쫀-히 튀

쫄깃-쫄깃 [-긴-긴] 튀하형 차지고 질겨 씹을 때 뛰길 힘이 있는 모양. 🗣~ 씹히는 맛이 좋다. ㉿짤깃짤깃. ㉿졸깃졸깃.

쫄깃-하다 [-기타-] 형여 차지고 질겨 씹을 때 뛰길 힘이 있는 듯하다. ㉿짤깃하다. ㉿졸깃하다.

쫄끔 튀하자타 액체가 조금 흐르다 그치는 모양. ㉿찔끔. ㉿짤끔. ㉿졸끔.

쫄끔-거리다 자타 잇따라 쫄끔하다. 또는 잇따라 쫄끔거리다. ㉿찔끔거리다. ㉿짤끔거리다. 쫄끔-쫄끔 튀하자타

쫄끔-대다 자타 쫄끔거리다.

쫄딱 튀 더할 나위 없이 아주. 남김없이 통틀어. 🗣~ 망하다 / 비를 ~ 맞다.

쫄망-하다 [자] 형여 1 규모가 작고 옹졸하다. 2 한꺼번에 해치우지 못하고 조금씩 여러 차례로 하는 모양. ㉿졸딱졸딱.

쫄랑-거리다 [자] 경망스럽게 자꾸 까불다. ㉿촐랑거리다. 쫄랑-쫄랑 튀하자

쫄랑-대다 [자] 쫄랑거리다.

쫄랑-둥이 圀 경망스럽고 잔약한 어린이.

쫄래-쫄래 튀하자 몸을 흔들며 경망스럽게 행동하는 모양. ㉿촐래촐래. ㉿졸래졸래.

쫄-면 (-麵) 圀 밀가루와 감자녹말을 섞어서 만든 쫄깃한 국수. 또는 여기에 야채와 고추장 양념을 비벼서 먹는 음식.

쫄쫄¹ 튀 1 작은 물줄기가 부드럽게 흐르는 소리. 🗣샘물이 ~ 흐르다. 2 가는 줄 따위가 바닥에 자꾸 끌리는 모양. 3 어린아이나 강아지 따위가 뒤를 계속 따라다니는 모양. 🗣강아지가 내 뒤를 ~ 따라다닌다. ㉿쫄쫄. ㉿졸졸.

쫄쫄² 튀 끼니를 굶어 아무것도 먹지 못한 모양. 🗣종일 ~ 굶다.

쫄쫄-거리다 [자] 가는 물줄기가 잇따라 쫄쫄 소리를 내며 흐르다. ㉿쫄쫄거리다. ㉿졸졸거리다.

쫄쫄-대다 [자] 쫄쫄거리다.

쫄쫄-이 圀 1 채신없이 까불기만 하고 소견이 좁은 사람. 또는 키가 작고 옹졸한 사람. 2 입으면 몸에 꼭 끼고 벗으면 오그라드는, 여자나 어린아이가 입는 나일론 속옷.

쫍치다 [자] 1 너그럽지 못하고 옹졸하게 만들다. 2 깨뜨려 부수다.

쫑그리다 타 귀를 꼿꼿이 세우거나 입술을 뾰족이 내밀다. 🗣토끼가 귀를 ~ / 말은 하지 않고 입술만 ~. ㉿쫑그리다.

쫑긋 [-귿] 閉 1 짐승이 귀를 쫑그리는 모양. 2 말을 하려고 입을 달싹하는 모양. 튀쫑긋.

쫑긋-거리다 [-귿꺼-] 閉 1 짐승이 잇따라 쫑그리다. ᄀ귀를 ~. 2 말을 하려고 입술을 자꾸 달싹이다. 튀쫑긋거리다. 쫑긋-쫑긋 [-귿-귿] 閉하타

쫑긋-대다 [-귿때-] 타 쫑긋거리다.

쫑긋-이 閉 쫑긋하게. 튀쫑긋이.

쫑긋-하다 [-그타-] 1형 짐승의 귀가 빳빳하게 서 있다. ᄀ바둑이의 쫑긋한 귀. 2타 혜 1 짐승이 귀를 한 번 쫑그리다. 2 말을 하려고 입술을 달싹하다. 튀쫑긋하다.

쫑달-거리다 자 불만스러운 태도로 종알거리다. 튀쫑덜거리다. 혜종달거리다. 쫑달-쫑달 閉하자

쫑달-대다 자 쫑달거리다.

쫑알-거리다 자타 몹시 종알거리다. 튀쫑얼거리다. 혜종알거리다. 쫑알-쫑알 閉하자타

쫑잘-거리다 자타 수다스럽게 쫑알거리다. 튀쫑절거리다. 혜종잘거리다. 쫑잘-쫑잘 閉하자타

쫑잘-대다 자타 쫑잘거리다.

쫑쫑-거리다 자 발을 가까이 떼며 급히 걷다. 혜종종거리다. 겐총총거리다.

쫑쫑-대다 자 쫑쫑거리다.

쭁코 명 〈속〉 핀잔. ᄀ~를 먹다 / ~를 주다.

쫒다 [쫃따] 타 상투나 낭자 등을 틀어서 죄어 매다.

쫒겨-나다 [쫃껴-] 자 내쫒음을 당하다. ᄀ대회장에서 ~ / 직장에서 ~.

쫒기다 [쫃끼-] 자 1《'쫒다'의 피동》 쫒음을 당하다. ᄀ경찰에 ~. 2 일에 몹시 몰려 지내다. ᄀ잡무에 ~. 3 두려움으로 마음이 불안한 상태에 놓이다. ᄀ공포감에 ~.

쫒다 [쫃따] 타 1 어떤 자리에서 떠나도록 내몰다. ᄀ파리를 ~ / 새를 ~. 2 급한 걸음으로 뒤를 따르다. ᄀ도둑을 ~. 3 졸음이나 잡념 등을 물리치다. ᄀ잠을 ~ / 허황된 생각을 ~.

쫒아-가다 자타거리 1 만나거나 잡으려고 급히 가다. 2 뒤에 바싹 붙어 따라가다. ᄀ어미를 ~ / 선두를 ~.

쫒아-내다 타 1 어떤 곳에서 밖으로 몰아내다. ᄀ마을에서 깡패를 ~. 2 직장이나 학교에서 그만두게 하다. ᄀ회사에서 부정을 저지른 직원을 ~.

쫒아-다니다 자타 1 뒤에 바싹 붙어 따라다니다. ᄀ동생이 형을 ~ / 여자 꽁무니를 ~. 2 달음박질하며 다니다. ᄀ아이를 잃어 온종일 ~. 3 사귀거나 가까이하려고 찾아다니다. ᄀ노름판을 ~.

쫒아-오다 자타너라 1 뒤에서 바싹 따라오다. 2 급히 달음박질하여 오다. ᄀ병아리들이 어미 닭을 ~. 3 어떤 대상을 잡거나 만나기 위해 급히 따라오다. ᄀ내게 쫒아와서 돈을 내놓으라고 행패를 부렸다.

쫘르르 閉 1 물줄기가 잇따라 세차게 쏟아지는 소리. 또는 그 모양. 2 작은 물건 여러 개가 한꺼번에 떨어지거나 쏟아지는 소리. 또는 그 모양. 3 쌓아 놓았던 상자들이 ~ 무너졌다. 혜좌르르.

쫙 閉하자 1 넓게 퍼지는 모양. 2 곳곳에 경찰이 ~ 깔리다. 2 물 따위가 세게 쏟아지는 소리나 모양. 3 글을 거침없이 내리읽는 모양. 혜좍.

쫙-쫙 閉하자 1 넓게 퍼지는 모양. 2 굵은 빗방울이나 물줄기가 자꾸 쏟아지는 소리나 모양. 3 글을 거침없이 계속 내리읽거나 외우는 모양. ᄀ책을 ~ 읽다. 혜좍좍.

쫠-쫠 閉하자 많은 양의 액체가 힘차게 흐르는 소리. 또는 그 모양. 혜촬촬.

쫠쫠-거리다 자 많은 양의 액체가 계속 쫠쫠소리를 내며 흐르다. 혜촬촬거리다.

쫠쫠-대다 자 쫠쫠거리다.

쬐:다¹ 자 볕이 내리비치다. 타 볕이나 불에 쐬거나 말리다. 조이다. ᄀ모닥불을 ~.

쬐:다² 타 '조이다'의 준말.

쭈그러-들다 [-들어, -드니, -드는] 자 1 쭈그러져 작아지다. ᄀ풍선이 ~. 2 살이 빠져 주름이 쭈글쭈글 잡히다. ᄀ피부가 ~. 3 일의 범위나 규모가 줄어들다. ᄀ살림이 ~. 겐조그라들다.

쭈그러-뜨리다 타 힘주어 쭈그리다. 겐조그라뜨리다. 쭈그러트리다.

쭈그러-지다 자 1 눌리거나 우그러져서 부피가 몹시 작아지다. ᄀ쭈그러진 냄비. 2 살이 빠져서 쭈글쭈글해지다. ᄀ얼굴이 ~. 겐조그라지다.

쭈그러-트리다 타 쭈그러뜨리다.

쭈그렁-밤 명 알이 제대로 들지 않아서 껍질이 쭈글쭈글한 밤.

쭈그렁-밤송이 명 밤톨이 제대로 들지 않아 쭈그러진 밤송이.

[쭈그렁밤송이 삼 년 간다] 약하게 보이는 것이 생각보다 오래 견딤을 비유하는 말.

쭈그렁-이 명 1 쭈그러진 물건. 2 살이 빠져서 쭈글쭈글한 늙은이를 낮잡아 이르는 말. 3 제대로 여물지 않은 낟알.

쭈그리다 타 1 누르거나 욱여서 부피를 작게 하다. ᄀ냄비를 ~. 2 팔다리를 우그려 움츠리다. ᄀ다리를 쭈그리고 있었더니 저리다. 겐조그리다. 혜쭈크리다.

쭈글-쭈글 閉하형 물체가 쭈그러져 고르지 않게 많은 주름이 잡힌 모양. 겐조글조글.

쭈룩 閉 굵은 물줄기가 흐르다가 그치는 소리. 겐조룩. 혜주룩.

쭈룩-쭈룩 閉 1 비가 그치려 하면서도 띄엄띄엄 내리는 소리. 2 가는 물줄기가 흐르다가 그치어 방울방울 떨어지는 소리. 겐조룩조룩. 혜주룩주룩.

쭈르르¹ 閉하자 1 날랜 발걸음으로 앞만 향하여 내처 나아가는 모양. ᄀ아이들이 ~ 따라 나섰다. 2 물줄기가 잇따라 빠르게 흐르는 모양. 3 비탈진 곳에서 물건이 빠르게 미끄러져 내리는 모양. 겐조르르. 혜주르르.

쭈르르² 閉하형 여럿이 한 줄로 고르게 잇따라 있는 모양. 겐조르르. 혜주르르.

쭈르륵 閉하자 1 굵은 물줄기 따위가 빠르게 잠깐 흐르다가 그치는 소리. 또는 그 모양. ᄀ유리창으로 빗물이 ~ 흘러내리다. 2 물건이 비탈진 곳에서 잠깐 미끄러져 내리다가 멎는 모양. 겐조르륵. 혜주르륵.

쭈르륵-거리다 [-끄-] 자타 잇따라 쭈르륵 소리가 나다. 또는 잇따라 쭈르륵 소리를 나게 하다. 겐조르륵거리다. 쭈르륵-쭈르륵 閉하자타

쭈르륵-대다 [-때-] 자타 쭈르륵거리다.

쭈뼛 [-뼏] 閉하자 1 물건의 끝이 삐죽하게 솟은 모양. 2 놀라거나 무서워서 머리카락이 곳곳이 서는 듯한 느낌. 3 부끄럽거나 어줍어 머뭇거리는 모양. 겐조뼛. 혜주뼛.

쭈뼛-이 閉 쭈뼛하게.

쭈뼛-쭈뼛 [-뼏-뼏] 閉하자 부끄럽거나 어줍어서 자꾸 머뭇거리거나 주저하는 모양. 겐조뼛조뼛. 혜주뼛주뼛.

쭈뼛-하다 [-뼈타-] [형][여] **1** 높이 솟아 있다. ❏끝이 ~. **2** 놀라거나 무서워서 머리끝이 서는 듯하다. ❏비명 소리에 머리끝이 쭈뼛해지다. [작]쪼뼛하다. [여]주뼛하다.
쭈크러-뜨리다 [타] 누르거나 욱여서 물체가 쭈그러지게 하다. ❏종이컵을 ~. [작]쪼크라뜨리다. [여]쭈그러뜨리다.
쭈크러-트리다 [타] 쭈크러뜨리다.
쭈크리다 [타] **1** 누르거나 욱여서 부피를 작게 하다. ❏우유 팩을 ~. **2** 팔다리를 우그려 움추리다. ❏쭈크리고 앉다. [작]쪼크리다. [여]쭈그리다.
쭉 [부] **1** 한 줄로 고르게 이어진 모양. ❏~ 뻗은 고속도로. **2** 여럿이 고르게 늘어서거나 벌여 있는 모양. ❏~ 늘어선 학생들. **3** 곧게 펴거나 벌어진 모양. ❏허리를 ~ 펴다. **4** 줄이나 금을 곧게 긋는 모양. ❏밑줄을 ~ 긋다. **5** 종이나 천 따위를 한 가닥으로 찢거나 훑는 모양. ❏김치를 ~ 찢어 먹다. **6** 물 따위를 단숨에 들이마시거나 빠는 소리. 또는 그 모양. ❏막걸리를 ~ 들이켜다. **7** 한눈에 모조리 훑어보는 모양. ❏좌중을 ~ 둘러보다. **8** 거침없이 내리읽거나 외우거나 말하는 모양. ❏~ 다 얘기해 보게. **9** 한번에 벗겨지거나 갈라지는 모양. ❏바나나 껍질을 ~ 벗기다. **10** 땀·물기·살이 한꺼번에 빠지는 모양. ❏땀을 ~ 빼다 / 살이 ~ 빠지다. [작]쪽. **11** 같은 상태로 계속되는 모양. ❏~ 병석에 누워 있다. [여]죽.
쭉-신 [-씬] [명] 해지고 쭈그러진 헌 신.
쭉정-밤 [-쩡-] [명] 쭉정이로 된 밤.
쭉정-이 [-쩡-] [명] 껍질만 있고 속에 알이 들지 않은 곡식 등의 열매. ❏금년 농사는 ~가 반이나 된다.
쭉-쭉 [부] **1** 여러 줄로 늘어선 모양. ❏아름드리나무들이 하늘을 향해 ~ 뻗어 있다. **2** 동작이 여러 번 거침없이 나아가는 모양. **3** 종이·천 따위를 계속 찢는 소리. ❏광고지를 ~ 찢다. **4** 여럿을 자꾸 훑어보는 모양. **5** 계속 줄·금을 긋는 모양. **6** 입으로 잇따라 빠는 소리. **7** 물 따위를 잇따라 단숨에 마시는 모양. ❏맥주를 ~ 들이켜다. **8** 거침없이 내리읽거나 외거나 하는 모양. ❏책을 ~ 읽어 가다. [작]쪽쪽. [여]죽죽.
쭌득-거리다 [-꺼-] [자] 몹시 쭌득거리다. ❏쭌득거리는 떡. [작]쫀득거리다. [여]준득거리다.
쭌득-쭌득 [부][하][자][형]
쭌득-대다 [-때-] [자] 쭌득거리다.
쭐깃-쭐깃 [-긴-긴] [부][하][형] 차지고도 질긴 모양. [작]쫄깃쫄깃. [여]줄깃줄깃.
쭐깃-하다 [-기타-] [형][여] 아주 줄깃하다. [작]쫄깃하다. [여]줄깃하다.
쭐레-쭐레 [부][하][자] 몸을 거불거리면서 주책없이 행동하는 모양. [작]쫄래쫄래. [여]줄레줄레.
쭐룩-쭐룩 [부][하][형] 긴 물건이 드문드문 깊이 패어 들어간 모양. [여]줄룩줄룩.
쭐쭐 [부] **1** 굵은 물줄기가 계속해서 흐르는 소리. ❏눈물이 ~ 흐르다. **2** 굵은 줄 따위가 바닥에 계속 끌리는 모양. **3** 떨어지지 않고 줄곧 따라다니는 모양. ❏형만 ~ 따라다니는 동생. [작]쫄쫄. [여]줄줄.
쭐쭐-거리다 [자] 굵은 물줄기가 잇따라 쭐쭐 소리를 내며 흐르다. [작]쫄쫄거리다. [여]줄줄거리다.
쭐쭐-대다 [자] 쭐쭐거리다.
-쭝(←重) [의] 의존 명사 '냥·돈·푼' 등의 뒤에 붙어, 무게를 일컫는 말. ❏금 닷 냥~.
쭝그리다 [타] 짐승 등이 귀를 꼿꼿이 치켜세우다. [작]쫑그리다.
쭝긋 [-귿] [부] **1** 짐승 등이 귀를 쭝그리는 모양. ❏기린이 귀를 ~ 세우다. **2** 말을 하려고 입을 들썩이는 모양. [작]쫑긋.
쭝긋-거리다 [-귿꺼-] [타] **1** 귀를 잇따라 쭝그리다. **2** 말을 하려고 입술을 들썩거리다. ❏입을 쭝긋거리며 빈정대다. [작]쫑긋거리다. **쭝긋-쭝긋** [-귿-귿] [부][하][타]
쭝긋-대다 [-귿때-] [타] 쭝긋거리다.
쭝긋-이 [부] 쭝긋하게. [작]쫑긋이.
쭝긋-하다 [-그타-] [一][형][여] 짐승의 귀가 빳빳하게 서 있다. ❏진돗개는 귀가 ~. [二][타][여] **1** 짐승이 귀를 한번 쭝그리다. **2** 말을 하려고 입술을 들썩이다. [작]쫑긋하다.
쭝덜-거리다 [자] 불평을 품고 계속 중얼거리다. [작]쫑달거리다. [여]중덜거리다. **쭝덜-쭝덜** [부][하][자]
쭝덜-대다 [자] 쭝덜거리다.
쭝얼-거리다 [자][타] 알아듣지 못할 정도로 계속 혼잣말을 하다. [작]쫑알거리다. [여]중얼거리다. **쭝얼-쭝얼** [부][하][자][타]
쭝얼-대다 [자][타] 쭝얼거리다.
쭝절-거리다 [자] 수다스럽게 중얼거리다. [작]쫑잘거리다. [여]중절거리다. **쭝절-쭝절** [부][하][자]
쭝절-대다 [자] 쭝절거리다.
쭝쭝-거리다 [자] 원망하는 빛을 띠고 쭝얼거리다. [여]중중거리다. **쭝쭝-쭝쭝** [부][하][자]
쭝쭝-대다 [자] 쭝쭝거리다.
-쯤 [미] 명사·대명사 뒤에 붙어, 정도를 나타내는 말. ❏1월 말일~/ 그~ 해 두자.
쯧-쯧 [쯛쯛] [감] 가엾거나 마음에 덜 찰 때 혀를 차는 소리. ❏~, 가엾기도 해라.
쯩 [명] 〔←증(證)〕〈속〉 신분증·주민 등록증·면허증·휴가증·외출증 등의 각종 증명서를 이르는 말. ❏~이 나오다 / ~을 내보이다.
찌¹ [명] **1** 특히 기억할 것을 표하기 위해 그대로 써서 붙이는 좁은 종이쪽. **2** '낚시찌'의 준말. ❏~가 수면 위로 솟아오르다.
찌² [명] 〈소아〉 똥.
찌개¹ [명] 고기나 채소에 고추장·된장 따위를 풀어 바특하게 끓인 반찬. ❏~ 국물.
찌-개² [명] 〔민〕 윷판의 첫 밭에서 앞밭이나 뒷밭으로 꺾이지 않고 열두째 되는 밭.
찌걱 [부] 나무 따위가 서로 맞닿거나 마찰할 때 나는 소리. [센]찌꺽.
찌걱-거리다 [-꺼-] [자][타] 계속 찌걱 소리가 나다. 또는 계속 찌걱 소리를 나게 하다. **찌걱-찌걱** [부][하][자][타]
찌걱-대다 [-때-] [자][타] 찌걱거리다.
찌-걸 [명] 〔민〕 윷판의 첫 밭에서 앞밭이나 뒷밭으로 꺾이지 않고 열셋째 밭.
찌-고무 [명] 낚시찌를 달기 위하여 낚싯줄에 꿴 고무 대롱.
찌그러-뜨리다 [타] 눌러서 몹시 찌그러지게 하다. [작]짜그라뜨리다.
찌그러-지다 [자] **1** 눌려 우그러지다. ❏종이 상자가 ~. **2** 몹시 말라서 쭈글쭈글 작아지다. **3** 형편이 펴이지 못하고 점점 어렵게 되다. [작]짜그라지다.
찌그러-트리다 [타] 찌그러뜨리다.
찌그럭-거리다 [-꺼-] [자] **1** 하찮은 일로 자꾸 티격태격 다투다. **2** 남이 듣기 싫도록 자꾸 불평하다. [작]짜그락거리다. [여]지그럭거리다. **찌그럭-찌그럭** [부][하][자]
찌그럭-대다 [-때-] [자] 찌그럭거리다.
찌그렁-이 [명] **1** 남에게 무리하게 떼를 쓰는

짓. 또는 그런 사람. **2** 제대로 여물지 못하여 찌그러진 열매.

찌그렁이(를) 부리다 명 남에게 무리하게 떼를 쓰다. 찌그렁이(를) 붙다.

찌그렁이(를) 붙다 명 찌그렁이(를) 부리다.

찌그르르 閔巫 물기나 기름기 따위가 잦아져 갑자기 세게 끓어오르거나 졸아드는 소리. 또는 그 모양. 閔찌그르르.

찌그리다 匣 **1** 눌러서 찌그러지게 하다. ▯빈 깡통을 ~. **2** 눈살이나 얼굴의 근육에 힘을 주어 주름이 잡히게 하다. ▯눈살을 찌그리며 혀를 찼다. 환짜그리다.

찌근-거리다 巫匣 성가실 정도로 자꾸 귀찮게 굴다. 환짜근거리다. 冴치근거리다. **찌근-찌근** 閔巫匣.

찌근-대다 巫匣 찌근거리다.

찌근덕-거리다 [-꺼-] 巫匣 끈덕지게 찌근거리다. 환짜근덕거리다. 冴지근덕거리다. 冴치근덕거리다. **찌근덕-찌근덕** 閔巫匣.

찌근덕-대다 [-꺼-] 巫匣 찌근덕거리다.

찌글-거리다 巫 **1** 액체가 걸쭉하게 잦아들며 자꾸 찌그르르 끓다. **2** 걱정스럽거나 못마땅하여 마음을 자꾸 졸이다. 환짜글거리다. 冴지글거리다. **찌글-찌글** 閔巫.

찌글-대다 巫 찌글거리다.

찌긋 [-귿] 閔巫 **1** 남에게 눈치를 채게 하려고 눈을 슬쩍 찌그리는 모양. **2** 남에게 주의를 주느라고 남의 옷자락을 슬며시 잡아당기는 모양. 환짜긋.

찌긋-거리다 [-귿꺼-] 巫匣 **1** 남에게 눈치를 채게 하려고 잇따라 눈을 찌그리다. **2** 남을 주의시키느라고 잇따라 옷을 약간 잡아당기다. 환짜긋거리다. **찌긋-찌긋** [-귿-귿] 閔巫匣.

찌긋-대다 [-귿때-] 巫匣 찌긋거리다.

찌긋-이 閔 눈을 조금 찡그리는 듯하게. 환짜긋이.

찌긋-하다 [-귿타-] 匣 눈이 조금 찌그러진 듯하다. 환짜긋하다.

찌꺼기 閔 **1** 액체가 다 빠진 뒤 밑에 가라앉은 물질. ▯음식 ~/한약 ~를 거름으로 쓰다. **2** 좋은 것을 골라낸 나머지. ▯음식물 ~. ⑧ 찌끼.

찌꺽 閔 나무 따위가 서로 접촉하거나 마찰할 때 나는 소리. 冴찌걱.

찌꺽-거리다 [-꺼-] 巫匣 계속 찌꺽 소리가 나다. 또는 계속 찌꺽 소리를 나게 하다. **찌꺽-찌꺽** 閔巫匣.

찌꺽-대다 [-때-] 巫匣 찌꺽거리다.

찌끼 閔 '찌꺼기'의 준말.

찌끼-술 閔 술독에 지른 용수 안의 맑은술을 뜬 뒤 밑바닥에 남은 술.

찌-낚시 [-낙씨] 閔 낚싯찌를 달아 찌에 오는 입질을 보고 물고기를 낚는 방법. 찌낚. ↔맥 낚시.

찌-날라리 閔 낚시찌를 낚시고에 꽂기 위하여 찌 끝에 날라리줄로 연결해 놓은 메뚜기. 준 날라리.

찌다[1] 巫 살이 올라서 뚱뚱해지다. ▯살이 피둥피둥 ~.

찌다[2] 巫 뜨거운 김을 쐬는 것같이 더워지다. ▯폭폭 찌는 날씨.

찌:다[3] 巫 흙탕물 등이 논이나 밭 따위에 넘칠 만큼 많이 괴다.

찌다[4] □匣 뜨거운 김으로 익히거나 식은 것을 덥히다. ▯시루에 떡을 ~/감자를 쪄 먹다. □巫 기세가 꺾여 형편없이 되다. ▯이렇게 되면 우리가 진다.

찌다[5] 匣 **1** 나무나 풀 따위가 촘촘하게 난 것을

성기게 베어 내다. **2** 《농》 모판에서 모를 한 모숨씩 뽑아내다. ▯모를 ~.

찌다[6] 匣 쪽을 틀어 올리고 비녀를 꽂다.

찌다[7] 巫 **1** 들어온 밀물이 나가다. ▯밀물이 찌면 조개를 캐러 가자. **2** 고인 물이 없어지거나 줄어들다. ▯눈물이 ~.

찌-도 閔 《민》 윷판의 첫 밭에서 앞밭과 뒷밭으로 꺾이지 않고 열한째 밭.

찌드럭-거리다 [-꺼-] 巫匣 남을 귀찮도록 끈덕지게 건드리다. 환짜드락거리다. 冴지드럭거리다. **찌드럭-찌드럭** 閔巫匣.

찌드럭-대다 [-때-] 巫匣 찌드럭거리다.

찌득-찌득 閔匣 물건이 잘 베어지거나 끊어지지 않을 정도로 검질긴 모양. 환짜득짜득.

찌들다 [찌들어, 찌드니, 찌드는] 巫 **1** 물건이 오래되어 때가 끼고 더럽게 되다. ▯땀과 먼지에 찌든 옷. **2** 세상의 여러 고초를 겪고 부대껴 여위다. ▯가난에 ~. 환짜들다.

찌뜨름-거리다 匣 줄 것을 한목에 주지 않고 여러 차례에 걸쳐 나누어 주다. 환짜뜨름거리다. **찌뜨름-찌뜨름** 閔匣.

찌뜨름-대다 匣 찌뜨름거리다.

찌러기 閔 성질이 몹시 사나운 황소. ▯고삐 풀린 ~ 소.

찌르다 [찔러, 찌르니] 匣匣 **1** 끝이 뾰족한 것을 물체의 속으로 들이밀다. ▯주사기를 엉덩이에 ~. **2** 손을 주머니나 고의춤 같은 데에 꽂다. ▯추워서 주머니에 손을 ~. **3** 남의 비밀을 다른 사람에게 알려 주다. ▯친구의 범행을 형사에게 ~. **4** 어떤 일에 밑천을 들이다. ▯노름판에 돈을 ~. **5** 감정 등을 세게 건드리다. ▯가슴을 찌르는 감동 / 정곡을 ~. **6** 냄새가 후각을 자극하다. ▯냄새가 코를 ~. 冴지르다.

[찔러도 피 한 방울 안 나겠다] ㉠도무지 빈틈이 없고 야무지다. ㉡냉혹하기 짝이 없어 인정이라고는 없다.

찔러 피를 내다 巫 공연히 덧붙여서 새삼스 러운 일을 저지르다.

찌르레기 閔 《조》 찌르레깃과의 새. 집 근처의 큰 나무 위에 사는데 날개 길이는 약 13 cm, 등은 회갈색, 머리는 검음.

찌르르 閔匣 **1** 물기나 기름기가 몹시 번드럽게 흐르는 모양. ▯개기름이 ~하다. **2** 뼈마디나 살에 저린 느낌이 세게 일어나는 모양. ▯비보를 들으니 가슴이 ~하다. 환짜르르. 冴지르르.

찌르륵 閔匣巫匣 **1** 가는 빨대로 액체가 순하지 않게 빨려 오르는 소리. **2** 생나무가 타면서 나무진이 빠져나오는 소리. 환짜르륵. **3** 찌르레기가 우는 소리.

찌르륵-거리다 [-꺼-] 巫匣 잇따라 찌르륵하다. 또는 잇따라 찌르륵 소리를 나게 하다. 환짜르륵거리다. **찌르륵-찌르륵** 閔匣巫匣.

찌르륵-대다 [-때-] 巫匣 찌르륵거리다.

찌르릉 閔 벨이 울리는 소리.

찌르릉-찌르릉 閔 벨이 잇따라 울리는 소리.

찌릿-하다 [-리타-] 匣 살이나 뼈마디에 저린 느낌이 갑자기 세게 일어나다. ▯다리에 쥐가 나 ~. 환짜릿하다. **찌릿-찌릿** [-린-린] 閔匣.

찌무룩-하다 [-루카-] 匣 마음이 시무룩하여 유쾌하지 않다.

찌부러-뜨리다 匣 찌부러지게 하다. 환짜부라뜨리다.

찌부러-지다 困 **1** 망하거나 허물어지다. ◻태
풍으로 집이 ~. **2** 짓눌려서 내려앉거나 부서
지다. ◻찌부러진 모자. **3** 기운이 아주 줄어
지탱할 수 없게되다. 웬짜부라지다.

찌부러-뜨리다 国 찌부러뜨리다.

찌부러-거리다 [-으리-] 困 어둡거나 길이 험하여
발이 제대로 놓이지 않아 휘청거리며 걷다.
예지벅거리다·지뻑거리다. **찌뻑-찌뻑**

찌뻑-대다 [-따-] 困 찌뻑거리다.

찌뻑-찌뻑 围困困 찌뻑거리다.

찌뿌둥-하다 困예 찌뿌드드하다.

찌뿌드드-하다 困예 **1** 몸살이나 감기로 몸이
나른하고 오한이 들며 거북하다. ◻삭신이
~. **2** 비나 눈이 올 것같이 날씨가 흐리다.
◻종일 날씨가 ~. **3** 표정이나 기분이 밝지
못하고 언짢다. 웬뿌드드하다.

찌뿌둥-하다 [-드트-] 困예 찌뿌드드하다.

찌우다 国《'찌다'의 사동》 살이 찌게 하다.

찌-웋 [-윹] 圆《民》 옷판의 첫 발에서 앞발이
나 뒷발으로 꺾이지 않고 열넷째 발.

찌증 (-症) 圆 벌컥 일어나는 역정. ◻~을 내
다 / ~이 나다. 웬짜증.

찌-지 (-紙) 圆 표하거나 적어서 붙이는 작은
종이쪽지. 부표(附票).

찌-통 (-桶) 圆 낚시찌를 넣는 통.

찌푸리다 [-푸-] 困 날씨가 몹시 음산하게 흐려지
다. ◻잔뜩 찌푸린 날씨. 国国 얼굴이나 눈살
을 몹시 찡그리다. ◻양미간을 잔뜩 ~. 웬째
푸리다.

찍 围 사람이나 새 같은 것이 물똥·오줌을 한
번 내깔기는 모양. 예직.

찍² 围困 글씨의 획을 한 번 긋거나 종이 등
을 한 번 찢는 소리. ◻신문지를 ~ 찢다. 웬
짝.

찍다 [-따] 国 **1** 날이 있는 연장으로 쳐서 베
다. ◻도끼로 나무를 ~. **2** 뾰족한 것으로 찔
러서 꿰다. **3** 표 따위에 구멍을 뚫다.

찍다² [-따] 国 **1** 물건의 끝에 가루나 액체 따
위를 묻히다. ◻붓 끝에 먹물을 ~/고기를
소금에 찍어 먹다. **2** 인(印)을 눌러 기발이
나타나게 하다. 또는 인쇄하다. ◻도장을 ~ /
신문을 ~. **3** 무엇에 점을 칠하거나 지목해
서 눈여겨 두다. ◻친구의 누이를 신붓감으
로 ~. **4** 사진 따위를 박다. ◻영화를 ~. **5**
투표할 대상을 정하다. 투표하다. ◻누구를
찍을까.

찍-소리 [-쏘-] 圆 아주 작게나마 남에게 들리
게 내는 소리나 반항하려는 태도《반드시 부
정 또는 금지하는 뜻의 말이 따름》. ◻~도 못
하다 / ~ 말고 가만 있어라. 웬쨱소리. *찍
소리.

찍어-매다 国 실이나 노끈 따위로 대강 꿰매
다. ◻옷을 대충 ~.

찍-찍¹ 围困困 **1** 걸을 때에 신을 심하게 끄는
소리. ◻슬리퍼를 ~ 끌다. **2** 글씨의 획을 잇
따라 긋거나 종이 따위를 마구 찢는 소리. ◻
글씨를 ~ 갈겨 쓰다 / 천을 ~ 찢다. 웬짝짝.
예직직.

찍-찍² 围 쥐나 새 같은 것이 똥을 연방 내깔기
는 모양. ◻비둘기가 똥을 ~ 싸며 날아가다.
예직직.

찍-찍³ 围困困 참새나 쥐 따위가 자꾸 우는 소
리. 웬쨱쨱.

찍찍-거리다¹ [-꺼-] 困 참새·쥐 따위가 계속
찍찍 울다. 웬쨱쨱거리다.

찍찍-거리다² [-꺼-] 国 **1** 신을 계속 찍찍 끌
다. **2** 글씨의 획이나 종이 따위를 함부로 긋

거나 마구 찢다. 웬쨱쨱거리다.

찍찍-대다¹ [-때-] 困 찍찍거리다¹.

찍찍-대다² [-때-] 国 찍찍거리다².

찍히다 [찌키-] 困《'찍다'의 피동》 **1** 찍음을
당하다. 박히다. ◻글씨가 잘 ~. **2** 점(點)찍
음을 당하다. ◻문제아로 ~.

찐덥다 [-따] [찐더워, 찐더우니] 困回 남을 대
하기가 흐뭇하고 만족스럽다. ◻그를 찐덥게
여기지 않다.

찐득-거리다 [-꺼-] 困 **1** 계속 검질기게 들러
붙다. **2** 검질겨서 연방 자르려고 해도 끊어지
지 않다. 웬짠득거리다. 예진득거리다. **찐득-
찐득** 围困困

찐득-대다 [-때-] 困 찐득거리다.

찐-쌀 圆 덜 여문 벼를 쪄서 말려 찧은 쌀.

찐-조 圆 덜 여문 조를 쪄서 말려 찧은 좁쌀.

찐:-하다 困예 지난 일이 뉘우쳐져 마음이 언
짢고 아프다. ◻그가 의외로 좋은 친구라는
생각에 가슴이 찐했다. 웬짠하다.

찔깃-찔깃 [-긷-긷] 困예 **1** 매우 질긴 듯한
느낌. **2** 성질이나 행동이 매우 검질긴 모양.
웬짤깃짤깃. 예질깃질깃.

찔깃-하다 [-긷-] 困예 **1** 매우 질긴 듯하다.
2 성질이나 행동이 좀 검질기다. 웬짤깃하다.
예질깃하다.

찔꺽-거리다 [-꺼-] 困 차지고 끈끈한 물질이
밟히거나 들러붙는 소리가 자꾸 나다. ◻찔
꺽거리는 진흙 바닥. **찔꺽-찔꺽** 围困困

찔꺽-눈 [-껑-] 圆 짓물러 늘 진물진물한 눈.

찔꺽눈-이 [-껑누-] 圆 찔꺽눈을 가진 사람.

찔꺽-대다 [-때-] 困 찔꺽거리다.

찔끔¹ 围困困 **1** 액체가 조금 흐르다 그치는
모양. **2** 눈물이 조금 흐르는 모양. 웬짤끔·쫄
끔. 예질끔.

찔끔² 围困 몹시 겁이 나서 몸을 움츠리는
모양. ◻눈을 ~ 감다.

찔끔-거리다 围困国 **1** 계속 찔끔하다. 또는 계속
찔끔하게 하다. 웬짤끔거리다·쫄끔거리다. **2**
찌들뜸거리다. **찔끔-찔끔¹** 围困国

찔끔-대다 [-때-] 困 찔끔거리다.

찔끔-찔끔² 围 적은 분량의 것을 여러 번에 나
누어 내주는 모양. 웬짤끔짤끔.

찔뚝-거리다 [-꺼-] 国 다리를 거북스럽게 몹
시 뒤뚝뒤뚝 절며 걷다. 웬짤뚝거리다·쩔뚝
거리다. **찔뚝-찔뚝** 围困国

찔뚝-대다 [-때-] 困国 찔뚝거리다.

찔뚝-하다 [-뚜카-] 困예 긴 물건의 한 부분이
깊이 패어 들어가 우묵하다. 웬짤뚝하다. 예
질뚝하다. **찔뚝-찔뚝²** 围困国

찔러-보다 国 어떤 자극을 주어서 속마음을
알아보다. ◻녀석의 속셈을 한번 찔러볼까.

찔러-주다 国 남의 환심을 사려고 금품 따위
를 남몰래 건네주다. ◻돈 봉투를 ~.

찔레 圆《植》 **1** '찔레나무'의 준말. **2** 찔레나무
의 순.

찔레-꽃 [-꼳] 圆 찔레나무의 꽃.

찔레-나무 圆《植》 장미과의 낙엽 활엽 관목.
산기슭·개울가에 나고 가시가 있으며, 봄에
흰 꽃이 핌. 관상용·울타리용으로 재배함. 연
한 싹은 먹고 과실은 약용함. 준찔레.

찔룩-이 围 찔룩하게. 웬짤룩이.

찔룩-하다 [-루카-] 困예 긴 물건의 한 부분이
얕게 패어 들어가 우묵하다. 웬짤룩하다. 예질룩하
다. **찔룩-찔룩** 围困国

찔름-거리다¹ 困 가득 찬 물이 흔들려 찔끔찔
끔 넘치다. 웬짤름거리다. 예질름거리다. **찔
름-찔름** 围困国

찔름-거리다² 困 한꺼번에 주지 않고 여러 차

례에 나누어서 조금씩 주다. ❑ 찔름거리지 말고 한목에 다 주게. [작]짤름거리다. [여]질름거리다. **찔름-찔름**² [부][하타]
찔름-대다¹ [자] 찔름거리다¹.
찔름-대다² [타] 찔름거리다².
찔리다 [자타] **1** 《'찌르다1'의 피동》 날카로운 것에 찌름을 당하다. ❑ 발바닥이 못에 ～ / 바늘에 손가락을 찔렸다. **2** 《'찌르다5'의 피동》 양심의 가책을 받다. ❑ 양심에 ～.
찔쑥-이 [부] 찔쑥하게. [작]짤쏙이.
찔쑥-하다 [-쑤카-] [형여] 긴 물건의 여러 군데가 매우 움쑥하다. [작]짤쏙하다. [여]질쑥하다. **찔쑥-찔쑥** [부][하형]
찔찔 [부] **1** 땅에 늘어져 끌리는 모양. **2** 기름기나 윤기가 겉으로 흐르는 모양. [작]짤짤. **3** 주책없이 무엇을 잘 빠뜨리거나 흘리는 모양. [작]쩰쩰. **4** 소리 없이 자꾸 눈물을 흘리며 우는 모양. ❑ ～ 울고 다니다. [작]쩰쩰. **5** 정한 기한을 자꾸 미루는 모양. [여]질질.
찔찔-거리다 [자] **1** 치신없이 자꾸 나돌아다니다. [작]짤짤거리다·쩔쩔거리다. **2** 눈물·콧물을 조금씩 흘리면서 자꾸 울다. [여]질질거리다.
찔찔-대다 [자] 찔찔거리다.
찜 [명][하자] **1** 고기나 채소 따위에 양념을 하여 바특하게 삶아 만든 음식. **2** 찐 음식의 뜻. ❑ 갈비～ / 아구～.
찜 쪄 먹다 [구] ㉠재주·수단·꾀가 다른 것에 견주어 비교가 안 될 만큼 월등함의 비유. ㉡남을 해치거나 꼼짝 못하게 하다.
찜부럭 [명] 몸이나 마음이 괴로운 때에 걸핏하면 짜증을 내는 짓. ❑ ～을 내다 / ～을 부리다. **――하다** [-러카-] [자여] 몸이나 마음이 괴로워 짜증이 나다.
찜뿌 [명] 고무공을 가지고 야구 형식으로 하는 아이들의 장난.
찜-없다 [찌멉따] [형] **1** 맞붙은 틈에 흔적이 전혀 없다. **2** 일이 잘 어울려 틈이 전혀 생기지 않다. **찜-없이** [찌멉씨] [부]
찜-질 [명][하자타] **1** 약물이나 더운물에 적신 형겊이나 얼음을 환부에 대어 병을 고치는 법. **2** 온천이나 뜨거운 모래나 물에 몸을 담가 땀을 흘려 병을 고치는 법.
찜찜-하다 [형여] 꺼림칙한 느낌이 있다. ❑ 찜찜한 생각.
찜-통 (-桶) [명] 뜨거운 김으로 음식을 찌는 조리 기구.
찜통-더위 (-桶-) [명] 뜨거운 김을 쐬는 것같이 무더운 여름철의 기운.
찝쩍-거리다 [-꺼-] [자타] **1** 아무 일에나 함부로 자꾸 손을 대다. **2** 말이나 행동으로 남을 자꾸 건드려 성가시게 하다. [여]집적거리다. **찝쩍-찝쩍** [부][하자타]
찝쩍-대다 [-때-] [자타] 찝쩍거리다.
찝찔-하다 [형여] 맛이 없이 좀 짠 듯하다. [작]짭짤하다.
찝찝-하다 [-찌파-] [형여] 〈속〉 개운하지 않고 무엇인가 걸리는 데가 있다.
찡 [부] **1** 얼음장이나 굳은 물질 따위가 터지는 소리. ❑ 얼음이 ～ 갈라지다. [작]짱. **2** 감회가 벅차게 가슴에 울려 퍼지는 모양. ❑ 가슴에 ～ 와 닿는 감동.
찡그리다 [타] 얼굴의 근육이나 눈살을 매우 찌그리다. ❑ 이맛살을 ～. [작]쨍그리다.
찡긋 [-귿] [부][하타] 눈이나 코를 약간 찡그리는 모양. ❑ ～ 윙크를 보내다 / 한쪽 눈썹을 ～ 추켜올리다.
찡긋-거리다 [-귿꺼-] [타] 눈이나 코를 약간 잇따라 찡그리다. ❑ 콧잔등을 ～. [센]찡끗거리다. **찡긋-찡긋** [-귿-귿] [부][하타]
찡긋-대다 [-귿때-] [타] 찡긋거리다.
찡기다 [자] 팽팽하게 켕기지 못하고 구겨져서 쭈글쭈글하게 되다.
찡얼-거리다 [자] 몸이 불편하거나 못마땅하여 짜증을 내며 자꾸 보채다. [작]짱알거리다. [여]징얼거리다. [거]칭얼거리다. **찡얼-찡얼** [부][하자]
찡얼-대다 [자] 찡얼거리다.
찡찡-거리다 [자] 언짢거나 못마땅하여 계속 보채거나 짜증을 내다. ❑ 애녀석이 ～. [작]쨍쨍거리다. [여]징징거리다.
찡찡-대다 [자] 찡찡거리다.
찡찡-이 [명] '코찡찡이'의 준말.
찡찡-하다 [형여] **1** 마음에 걸리는 일이 있어 겸연쩍고 거북하다. **2** 코가 막혀 숨이 잘 통하지 아니하여 답답하다.
찡-하다 [一][자여] 얼음장이나 유리 따위가 갈라지는 소리가 나다. [二][형여] 가슴이 뭉클할 정도로 감동이나 느낌이 있다.
찢기다 [찓끼-] [一][자] 《'찢다'의 피동》 찢음을 당하다. ❑ 옷이 철조망에 걸려 ～. [二][타] 《'찢다'의 사동》 찢게 하다.
찢다 [찓따] [타] **1** 잡아당겨 둘 이상으로 가르다. ❑ 편지를 발기발기 ～. **2** 아프고 쓰리게 하다. ❑ 가슴을 찢는 듯한 아픔.
찢-뜨리다 [찓-] [타] 종이·헝겊 따위를 무심결에 찢어지게 하다.
찢어-발기다 [타] 갈가리 찢다. ❑ 편지를 ～.
찢어-지다 [자] 찢겨서 갈라지다. 미다. ❑ 찢어진 우산 / 옷이 ～.
찢-트리다 [찓-] [타] 찢뜨리다.
찧다 [찌타] [타] **1** 곡식 등을 쓿거나 빻으려고 절구에 담고 공이로 내리치다. ❑ 보리를 ～ / 방아를 ～. **2** 땅 따위를 다지기 위하여 무거운 물건으로 내리치다. **3** 세게 부딪다. ❑ 엉덩방아를 ～.
찧고 까불다 [구] 되지 않은 소리로 사람을 추어올렸다 깎아내렸다 하며 경망스레 굴다.

ㅊ

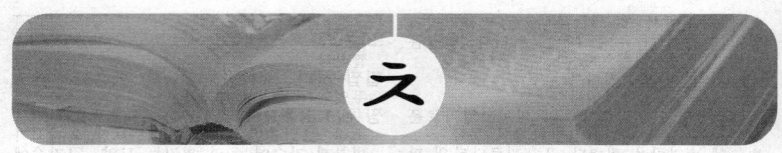

ㅊ (치읓[-읃]) **1** 한글 자모의 열째. **2** 자음의 하나. 목젖으로 콧길을 막고, 혀의 가운데 바닥을 입천장에 붙였다가, 숨을 불어 내면서 혓바닥을 뗄 때 나는 맑은 소리. 받침으로 그칠 때는 윗잇몸에서 혀끝을 떼지 아니하여 'ㄷ'에 가까운 소리가 됨.

차 (車) ㊀명 **1** 바퀴가 굴러서 나아가게 된, 사람이나 짐을 실어 나르는 온갖 교통 기관《자동차·기차·전동차 따위의 총칭》. ❑ ~를 타다 / ~를 몰다 / ~가 다니다 / ~가 고장 나다 / 도로가 ~로 꽉 막혔다. **2** 장기짝의 한 가지. '車' 자를 새겨 표시함《세로나 가로로 일직선으로 다님》. ㊁의명 차에 실은 화물 따위의 분량을 자동차의 수로 이르는 말. ❑ 자갈을 세 ~ 실어 날랐다.

차 치고 포(包) **친다** 구 ㉠빈틈없이 계획적으로 치밀하게 일을 처리하다. ㉡분수에 넘치게 제 마음대로 이리저리 마구 휘두르다.

차 (茶) 명 **1** 〖식〗 '차나무'의 준말. **2** 차나무의 어린잎을 우리거나 달인 물. **3** 식물의 잎·뿌리·열매 따위를 우리거나 달인 음료의 일반적인 말《인삼차·생강차·칡차 따위》. ❑ ~를 끓이다 / ~를 내오다 / ~를 마시다.

차 (差) 명 **1** 둘 이상의 사물을 견주었을 때, 서로 다른 수준이나 정도. ❑ 세대 ~를 느끼다 / 실력 ~가 나다 / 견해의 ~를 좁히다. **2** 어떤 수량에서 다른 수량을 감한 나머지 수량. ❑ 1점 ~로 경기에서 졌다.

차 (次) 의명 **1** (주로 '-던' 뒤에 쓰여) 어떤 일을 하던 기회나 계제를 뜻하는 말. ❑ 막 나가려던 ~에 전화가 걸려 왔다. **2** 〖수〗 차수(次數)를 가리키는 말. ❑ 일~ 방정식.

차 (此) 지대 이. 이것.

차- 투 ('ㅈ'으로 시작되는 일부 명사 앞에 붙어) 찰기가 있음을 나타내는 말. ❑ ~조.

-차 (次) 미 '목적'의 뜻을 나타내는 말. ❑ 인사~ 방문하다 / 연구~ 외유하다 / 사업~ 지방 출장을 가다.

차:가 (借家) 명하자 집을 빌려서 듦. 또는 빌려든 그 집.

차-가다 타 무엇을 날쌔게 빼앗거나 움켜 가지고 가다. ❑ 독수리가 병아리를 ~ / 소매치기가 핸드백을 ~.

차간 거:리 (車間距離) 자동차와 자동차 사이의 거리. 특히, 주행 중인 자동차가 앞의 자동차와 지켜야 하는 간격. ❑ ~를 확보하다.

차감 (差減) 명하타 견주어서 덜어 냄. 또는 견주어 보았을 때 줄어든 차이. ❑ ~ 잔액.

차갑다 [-따] 〔차가워, 차가우니〕 형ㅂ **1** 온도가 낮아 썩 싸늘한 느낌이 있다. ❑ 차가운 날씨 / 바람이 ~. **2** 냉정하다. 매정하다. ❑ 차가운 눈초리 / 차갑게 거절하다.

차:거 (借居) 명하자 남의 집을 빌려서 삶.

차:견 (借見) 명하타 남의 책이나 그림 따위를 빌려서 봄.

차견 (差遣) 명하타 사람을 보냄. 차송(差送).

차:계 (遮戒) [-/-게] 명 〖불〗 불문(佛門)에 있는 사람에게는 금지되어 있지만 일반인에게는 금지되어 있지 않은 계율《불음주계(不飮酒戒) 따위》.

차고 (車庫) 명 자동차·기차 따위의 차량을 넣어 두는 곳. ❑ 지하 ~ / ~ 앞 주차 금지.

차고-앉다 [-안따] 타 무슨 일을 맡아서 자리를 잡다. ❑ 연줄로 부장 자리를 차고앉아 큰소리를 친다.

차-고음 (次高音) 명 〖악〗 '메조소프라노'의 역어(譯語).

차곡-차곡 부하형히부 **1** 물건을 가지런히 잘 쌓거나 포개는 모양. ❑ 쌀가마를 ~ 쌓다. **2** 차근차근. ❑ 사태를 ~ 정리해 가다.

차골 (次骨) 명 원한이 뼈에 사무침.

차관 (次官) 명 장관을 보좌하고 그를 대리할 수 있는 보조 기관. 또는 그 직위에 있는 정무직 공무원.

차:관 (借款) 명하타 정부나 기업·은행 등이 외국 정부나 국제기구에서 자금을 빌려 옴《정부 차관과 민간 차관 따위가 있음》. ❑ ~ 협정 / ~을 도입하다.

차관 (茶罐) 명 찻물을 끓이는 그릇. 다관.

차관-보 (次官補) 명 장관과 차관을 보좌하는 보조 기관. 또는 그 직위에 있는 공무원.

차:광 (遮光) 명하자 햇빛이나 광선을 막아서 가림.

차:광-기 (遮光器) 명 〖군〗 야간에 화기(火器)를 발사할 때 나타나는 화광(火光)을 가리기 위해 포구에 붙이는 장치.

차:광 재:배 (遮光栽培) 〖농〗 단일성(短日性) 작물의 개화기를 앞당기려고, 일조(日照) 시간을 제한하여 작물을 재배하는 일《국화·콩·벼 같은 것에 이용됨》. 차폐(遮蔽) 재배.

차군 (此君) 명 '대나무'를 예스럽게 이르는 말.

차근-거리다 자타 남이 조금 성가시게 생각할 정도로 자꾸 귀찮게 굴다. ❑ 아들놈이 놀아 달라고 차근거린다. ㊔치근거리다. ㊕자근거리다. ㊖짜근거리다.

차근-대다 자타 차근거리다.

차근덕-거리다 [-꺼-] 자타 끈덕지게 차근거리다. ㊔치근덕거리다. ㊖짜근덕거리다. **차근덕-차근덕** 부하자타

차근덕-대다 [-때-] 자타 차근덕거리다.

차근-차근 부하형히부 말이나 행동을 아주 찬찬하게 순서에 따라 조리 있게 하는 모양. 차곡차곡. ❑ ~ 가르쳐 주다.

차근-하다 형여 말이나 행동 따위가 찬찬하고 조리 있다. ❑ 차근한 목소리로 말을 꺼내다. **차근-히** 부. ❑ ~ 대답하다.

차금 (差金) 명 차액(差額).

차:금 (借金) 명하자 돈을 꾸어 옴. 또는 그 돈. 채금(債金).

차금 매매 (差金賣買) 물건의 시가 변동을 내다보고 그 차액을 이득으로 삼기 위한 매매. 차금 거래.

차:급 (借給) 명하타 물건을 빌려 줌. 차여.

차기 (次期) 명 다음 시기. 다음번. ❑ ~ 대통령 / ~ 선거에 대비하다.

차기 (此期) 명 이 시기. 이번. ❑ ~의 이익 배당금은 없음.

차기 (茶器) 명 **1** 차제구(茶諸具). **2** 가루로 된 차를 담는 사기그릇.

차기 (箚記) 명하자 책을 읽으면서 느낀 감상이

차:길(借吉)〖명〗〖하제〗 상제의 몸으로 길례(吉禮) 때에 특별히 길복(吉服)을 입음.

차깔-하다〖타여〗 문을 굳게 닫아 잠가 두다. ⑧ 처깔하다.

차꼬〖명〗 옛 형구의 하나. 기다란 두 개의 토막 나무를 맞대어 거기에 구멍을 파서 죄인의 두 발목을 그 구멍에 넣고 자물쇠를 채우게 되어 있음. 족가(足枷). ✽칼².

차꼬-막이〖명〗〖건〗 1 기와집 용마루의 양쪽으로 끼우는 수키왓장. 2 박공머리에 물리는 네모진 서까래와 기와.

차끈차끈-하다〖형여〗 여럿이 또는 잇따라 매우 차가운 느낌이 있다.

차끈-하다〖형여〗 썩 차가운 느낌이 있다. ❏바람이 ~.

차-나무(茶-)〖명〗〖식〗 차나뭇과의 상록 활엽 관목. 봄철의 어린잎은 녹차·홍차를 만드는 데 씀. 10~11월에 흰 꽃이 피고 열매는 다음 해 11월에 다갈색으로 익음. ⑧차.

차남(次男)〖명〗 둘째 아들. 차자.

차내(車內)〖명〗 열차·버스·자동차 따위의 안. ❏~ 방송 / ~에서는 금연입니다.

차녀(次女)〖명〗 둘째 딸.

차년(此年)〖명〗 올해.

차다¹〖자〗 1 일정한 공간에 사람·사물·냄새 따위가 더 들어갈 수 없이 가득하게 되다. ❏관 중이 장내에 꽉 찼다. 2 이지러진 데가 없이 아주 온전하여지다. ❏달도 차면 기우나니. 3 감정·기운 등이 가득하게 되다. ❏희망에 찬 나날. 4 어떤 높이나 한도에 이르다. ❏무 릎까지 차게 쌓인 눈. 5 정한 수효·나이·기간 따위가 되다. ❏정원에 ~ / 임기가 차서 퇴임 하다. 6 마음에 들다. ❏부모님 마음에 차는 사윗감이다.

차면 넘친다〖구〗 ㉠너무 정도에 지나치면 도리어 불완전하게 된다는 뜻. ㉡한번 흥하거나 성하면 반드시 쇠하거나 망한다는 뜻.

차다²〖타〗 1 발로 내어 지르다. ❏공을 ~. 2 혀 끝을 입천장에 붙였다가 떼어 소리를 내다. ❏혀를 ~. 3〈속〉주로 남녀 관계에서 일방 적으로 관계를 끊다. ❏애인을 ~. 4 날렵하 게 빼앗거나 움켜 가지다. ❏매가 병아리를 차고 가다. 5 발로 힘 있게 밀어젖히다. ❏자 리를 차고 일어나 앉다.

차다³〖타〗 1 물건을 몸의 한 부분에 달아매거나 걸고 늘어뜨리다. ❏기저귀를 ~ / 허리에 칼 을 ~. 2 수갑을 팔목에 끼우거나 차꼬 구멍 에 발목을 끼우고 잠그다. ❏쇠고랑을 ~. 3 사람을 거느리어 데리고 다니다. ❏모임 때 마다 애인을 꼭 차고 다니더라.

차다⁴〖형〗 1 물체나 대기의 온도가 낮다. ❏날씨 가 ~ / 수박을 차게 해서 먹다. →뜨겁다·덥 다. 2 인정이 없고 쌀쌀하다. ❏인상이 차고 매섭다.

차닥-거리다[-꺼-]〖타〗 1 빨랫방망이로 빨래를 자꾸 가볍게 두드려서 소리를 내다. ❏빨래 터에서 빨랫감을 차닥거리는 소리가 들린다. 2 물기가 많거나 차진 물건을 자꾸 힘 있게 두드리다. 3 얇은 종이 같은 것을 자꾸 함부 로 바르거나 덧붙이다. ❏처덕거리다. **차닥-차닥**〖부〗〖하타〗 ❏벽에 전단을 ~ 붙이다.

차닥-대다[-때-]〖타〗 차닥거리다.

차:단(遮斷)〖명〗〖하타〗 막아서 멈추게 함. 가로막 아 사이를 끊음. ❏자외선 ~ / 교통을 ~하 다 / 시야를 ~하다 / 외부와의 접촉이 ~되다 / 특혜 시비를 ~시키려 애쓰다.

차:단-기(遮斷器)〖명〗 개폐기의 하나. 전기 회 로를 개폐하는 장치.

차:단-기(遮斷機)〖명〗 1 기차·전차 따위가 지나 갈 때에 자동차나 사람이 건너다니지 못하도 록 철도 건널목을 막는 장치. 2 초소나 정문· 입구 따위에 설치해서 자동차·사람을 점검하 기 위해 멈추게 하는 장치.

차담(茶啖)〖명〗 다담(茶啖).

차담-상(茶啖床)[-쌍]〖명〗 다담상(茶啖床).

차당(次堂)〖명〗〖역〗 각 관아의 당상(堂上) 다음 자리의 벼슬아치.

차대(次代)〖명〗 다음 대(代).

차대(次對)〖명〗〖역〗 매달 여섯 차례씩 의정(議 政)·대간(臺諫)·옥당(玉堂) 들이 임금 앞에 나아가 중요한 정무(政務)를 아뢰던 일. 빈대 (賓對).

차대(車臺)〖명〗 기차 따위의 차체를 받치며 바 퀴에 연결된, 철로 만들어진 테. 프레임.

차대(差代)〖명〗〖하타〗〖역〗 갈려든 빈자리에 후임 자를 뽑아서 채우던 일.

차:대(借貸)〖명〗〖하타〗 대차(貸借)1.

차도(車道)〖명〗 인도에 대하여, 주로 차가 통행 하도록 규정한 도로 구획. 찻길.

차도(差度·瘥度)〖명〗 병이 조금씩 나아가는 정 도. ❏차차 ~가 있다 / ~를 보이기 시작하다.

차도르(힌 chador)〖명〗 북부 인도·이란 등지의 이슬람교도 여성들이 외출할 때 얼굴을 가리 기 위해 머리에 뒤집어쓰는 네모진 천.

차:도-살인(借刀殺人)〖명〗 남의 칼을 빌려 사 람을 죽인다는 뜻으로, 음험(陰險)한 수단을 씀을 비유한 말.

차-돌〖명〗 1 석영(石英). 2 야무진 사람의 비유. ❏겉은 물러 보이지만 속은 ~같이 단단한 사람.

차돌-모래〖명〗 규사(硅砂).

차돌-박이〖명〗 소의 양지머리뼈 한복판에 붙 은, 희고 단단하고 기름진 고기.

차돌-조리개〖명〗 차돌박이를 고아서 경단처럼 뭉쳐 조린 반찬.

차동 기어 장치(差動gear裝置) 차동 톱니바 퀴. ⑧차동 장치.

차동 장치(差動裝置) '차동 기어 장치'의 준 말.

차동 톱니바퀴(差動-)[-톱-] 한 톱니바퀴가 다른 톱니바퀴 둘레를 회전하도록 하여 동력 을 전달하는 장치. 차동 기어 장치.

차:득(借得)〖명〗〖하타〗 남의 것을 빌려 가짐.

차등(差等)〖명〗 버금가는 등급.

차등(差等)〖명〗 차이가 나는 등급. 또는 등급의 차이. ❏능력에 따라 ~을 두다.

차:등(遮燈)〖명〗〖하자〗 불빛이 밖으로 비치지 않 도록 가림.

차등(此等)〖지대〗 이것들. 또는 이들.

차디-차다〖형〗 ❏차디찬 얼음물.

차-떼기(車-)〖명〗 자동차 한 차에 얼마로 값을 쳐서 모개로 떼어 사는 일. 또는 그렇게 하기 위한 흥정. ❏배추를 ~로 사서 이웃들과 나 누다. ✽밭떼기.

차라리〖부〗 저렇게 하는 것보다 이렇게 하는 것 이 나음을 나타내는 말. 도리어. ❏~ 안 하 느니만 못한 발언.

차란-차란〖부〗〖하형〗 1 액체가 그릇의 가장자리 에서 넘칠 듯 말 듯 하는 모양. ❏잔에 술이 ~ 넘쳐흐른다. 2 물건의 한쪽 끝이 다른 물 건의 바닥에 스칠 듯 말 듯 한 모양. ❏비행 기가 빌딩 위를 ~ 스치듯 낮게 난다. ⑧치런

치런. ㉞자란자란.

차랑 閉団타 쇠붙이가 가볍게 부딪치어 은은히 울리는 소리. ㉰차랑. ㉞짜랑.

차랑-거리다¹ 困 길게 드리운 물건이 부드럽게 자꾸 움직이다. ㉰치렁거리다. **차랑-차랑¹** 閉 団타휑

차랑-거리다² 困타 자꾸 차랑 소리가 나다. 또는 자꾸 그런 소리를 내다. ㉰처렁거리다. 차랑-차랑² 閉団타휑

차랑-대다¹ 困 차랑거리다¹.

차랑-대다² 困타 차랑거리다².

차랑-하다 휑 드리운 물건이 바닥에 닿을 만큼 부드럽게 늘어져 있다. ㉰치렁하다.

차:래 (借來)圀団타 빌려 오거나 꾸어 옴.

차량 (車輛)圀 1 도로나 선로 위를 달리는 여러 가지 차 종류의 총칭. ㉠~ 검사 / ~ 도난 신고 / 귀성 ~의 행렬이 이어지다 / 도심지 진입 ~이 늘어나다 2 열차의 한 칸. ㉠~ 두 칸이 탈선되다.

차량 한:계 (車輛限界)[-/-계] 궤도의 바른 위치에서 차량의 각 부분이 바깥 공간을 침범하지 않도록 규정한 한계.

차려 같圀 '부동 자세를 취하라'는 구령. 또는 그 자세를 취하는 동작. 양팔은 자연스럽게 내려 몸에 붙이고 양다리는 곧게 펴고 무릎을 붙임.

차려-입다 [-따]타 잘 갖추어 입다. ㉠나들이 옷을 곱게 ~ / 한복을 ~.

차:력 (借力)圀団타 약이나 신령의 힘을 빌려 몸과 기운을 굳세게 함.

차:력-꾼 (借力-)圀 약이나 신령의 힘을 빌려 굳세어진 사람.

차:력-술 (借力術)[-쑬]圀 약이나 신령의 힘을 빌려 몸과 기운을 굳세게 하는 기술. ㉠~을 보이며 약을 파는 장수.

차:력-약 (借力藥)[-녕냑]圀《약》몸과 기운을 굳세게 하기 위하여 쓰는 약.

차렴 圀 옷이나 이불 따위에 솜을 얇게 두는 일. 또는 그런 방식.

차렴-것 [-껃]圀 솜을 얇게 두어 지은 옷.

차렴-두루마기 [-뚜-]圀 솜을 얇게 두어 지은 두루마기.

차렴-이불 [-렴니-]圀 솜을 얇게 두어 지은 이불.

차렴-저고리 [-쩌-]圀 솜을 얇게 두어 지은 저고리.

차례 (次例)㊀圀 1 둘 이상의 것이 순서 있게 벌여 나가는 관계나 그 자리. 서차. 서순. ㉠~를 매기다 / ~를 지키다 / ~를 기다리다 / 내 ~가 돌아오다 2 책 따위에서 벌여 적어 놓은 항목. 목차. ㉠책의 ~를 훑어보다. ㊁의圀 일이 일어나는 횟수를 세는 단위. ㉠소나기가 한 ~ 쏟아지다 / 몇 ~ 실패를 거듭했다.

차례 (茶禮)圀 매달 음력 초하룻날과 보름날 또는 명절날이나 조상의 생일날 등의 낮에 지내는 제사. 다례(茶禮). ㉠~를 지내다 / ~를 모시다.

차례-건 (次例件)[-껀]圀 차례대로 으레 되어 가는 일.

차례-차례 (次例次例)閉 차례를 따라 순서 있게. ㉠~ 문제를 풀다 / ~ 자리에 앉다.

차례-탑 (茶禮塔)圀 차례 때, 탑처럼 높이 괴어 올린 제물.

차로 (叉路)圀 두 갈래로 갈라진 길.

차로 (車路)圀 찻길.

차:로 (遮路)圀団타 길을 막음. 차도(遮道).

차:료 (借料)圀 빌려 쓰는 대가로 치르는 값.

차륜 (車輪)圀 수레바퀴.

차르랑 閉団타 얇은 쇠붙이 따위가 맞부딪치거나 떨어져 내릴 때 울려 나는 소리. ㉰처르렁. ㉞자르랑. ㉞짜르랑.

차르랑-거리다 困타 차르랑 소리가 나다. 또는 자꾸 그런 소리를 내다. ㉰처르렁거리다. **차르랑-차르랑** 閉団타

차르랑-대다 困타 차르랑거리다.

차리다 타 1 음식 등을 장만하여 갖추다. ㉠밥상을 / 거창하게 잔칫상을 차려 놓다 2 기운·정신 따위를 가다듬다. ㉠기운을 ~ / 정신을 차려라. 3 격식이나 태도 등을 갖추어 겉으로 드러내다. ㉠예절을 ~. 4 해야 할 일에 준비를 갖추다. ㉠채비를 ~. 5 어떤 조짐을 보고 짐작하여 알다. ㉠무슨 기미를 채리고 저러는지 모르겠다. 6 살림·가게 따위를 벌이다. ㉠살림을 ~. 7 어떤 일에서 제 욕심 따위를 채우려 하다. ㉠제 실속만 ~.

차리즘 (러 tsarizm)圀 제정(帝政) 러시아의 전제적인 정치 체제.

차림 圀 옷이나 몸치장을 차려 갖추는 일. ㉠한복 ~ / 교복 ~으로 등교하다 / 간편한 ~으로 여행을 떠나다.

차림-새 圀 차린 그 모양. ㉠검소한 ~.

차림-차림 圀 이모저모의 차림새. ㉠~이 겸박하고 상스럽다.

차림-표 (-表)圀 식단(食單).

차마 閉 애틋하고 안타까워서 감히 어찌《뒤에 오는 동사를 부정하는 뜻으로 쓰임》. ㉠거절할 수가 없다 / 이 말을 ~ 입 밖에 내지 못했다.

차-멀미 (車-)圀団타 차를 탔을 때 일어나는 구역질이나 어지러운 증세. ㉠~가 나다 / ~가 심하다.

차:면 (遮面)圀団타 1 얼굴을 가리며 감춤. 또는 그런 물건. 2 집 안이 밖에서 들여다보이지 않게 판장(板牆)·휘장 등으로 가림.

차:면-담 (遮面-)圀 집 안이 보이지 않게 하기 위해 집 앞에 쌓은 담.

차:명 (借名)圀団타 남의 이름을 빌려 씀. 또는 그 이름. ㉠~ 거래.

차:명 계:좌 (借名計座)[-/-계-]《經》다른 사람의 이름으로 개설한 계좌. 주로 기업의 비자금(秘資金), 폭력배들의 검은돈, 사채업자의 돈처럼 떳떳하지 못한 돈이 이런 계좌를 이용한다.

차모 (茶母)圀《歷》조선 때, 서울의 각 관아에 딸린 관비의 하나《차를 끓여 대었음》. 다비(茶婢).

차:문 (借文)圀団타 남을 시켜서 시문(詩文)을 대신 짓게 함. 또는 그 글.

차:문 (借問)圀団타 1 남에게 모르는 것을 물음. 2 시험 삼아 물음.

차:문차:답 (且問且荅)圀団타 한편으로 묻고 한편으로 대답함.

차:물 (借物)圀 빌려 쓰는 물건.

차-바퀴 (車-)圀 차의 바퀴. 수레바퀴.

차반¹ 圀 1 맛있게 잘 차린 음식. 2 예물로 가져가거나 들어오는 좋은 음식.

차반² 圀〈옛〉음식. 반찬.

차반 (茶盤)圀 찻그릇을 담는 조그마한 쟁반. 다반(茶盤).

차:벽 (遮壁)圀 외부 자기장(磁氣場)이나 전기장(電氣場)으로부터 장치를 고립시키기 위한 금속 격벽(隔壁)이나 차폐.

차:변 (借邊)圀《經》부기에서, 계정계좌(計定

計座)의 왼쪽을 이르는 말. 자산의 증가, 부채 또는 자본의 감소, 손실의 발생 따위를 기입함. ↔대변(貸邊).

차별(差別) 圀하타 차등이 있게 구별함. □ ~대우를 받다 / 부당한 ~을 두다 / 남녀의 ~없이 채용한다.

차별 관세(差別關稅) 수입 물품에 대하여, 생산한 나라나 그 종류에 따라 일반 세율보다 높은 세율을 부과하는 관세. ↔특혜 관세.

차별 대:우(差別待遇) 정당한 이유 없이 남과 차별을 두고 하는 대우. □여성이라고 해서 ~를 하면 안 된다.

차별-성(差別性)[−썽] 圀 다른 것과 구별될 만한 성질. □남녀를 차별하는 ~에 길들여져 있는 사람들이 아직도 많은 것 같다.

차별-적(差別的)[−쩍] 圀펹 차별이 있거나 차별을 두는 (것). □우리 사회는 남녀를 ~으로 대우하지 못하게 되어 있다.

차별-화(差別化) 圀하타 둘 이상의 대상을 등급이나 수준 등의 차이로 구별되게 함. □능력에 따라 급료를 ~하여 정했다.

차부(車夫) 圀 예전에, 마차(馬車)·달구지 등을 부리던 사람.

차부(車部) 圀 예전에, 자동차의 시발·종착 지점에 마련한 차의 집합소를 이르던 말.

차분(差分) 圀하타 차등을 두어 나눔.

차분-차분 閉하펹히부 한결같이 찬찬하고 차분한 모양. □ ~ 이야기하다 / 서두르지 말고 ~ 생각하며 답을 써라.

차분-하다 톄어 마음이 가라앉아 조용하다. □차분한 성격 / 차분하게 가라앉은 목소리. **차분-히** 閉. □ ~ 생각해 보다.

차붓-소(車夫−)[−부쏘 / −분쏘] 圀 달구지를 끄는 큰 소.

차비(車費) 圀 찻삯.

차비(差備) 圀하타 1 '채비'의 본딧말. 2〔역〕 특별한 사무를 맡기려고 임시로 임명하던 일.

차비-관(差備官) 圀〔역〕 특별한 사무를 맡기기 위해 임시로 임명하던 벼슬.

차비-문(差備門) 圀〔역〕 궁궐 편전(便殿)의 앞문.

차사(差使) 圀〔역〕 1 중요한 임무를 위해 파견하던 임시 벼슬. 또는 그런 벼슬아치. 차사원(員). 2 고을 원(員)이 죄인을 잡으려고 보내던 관아의 하인.

차사-예채(差使例債) 圀〔역〕 차사로 파견된 사람에게 죄인이 뇌물로 주던 돈.

차-산병(−散餅) 圀 찹쌀가루로 만든 산병.

차상(次上) 圀〔역〕 시문(詩文)의 평가하는 등급의 하나(넷째 등급 중의 첫째 급).

차상차하(差上差下) 圀하펹 좀 낫기도 하고 조금 못하기도 함. 막상막하.

차생(此生) 圀 이승.

차서(次序) 圀 차례의 순서. 차례.

차석(次席) 圀 수석의 다음 자리. 또는 그런 사람.

차석(嗟惜) 圀하펹히부 애달프고 아까움.

차선(次善) 圀 최선의 방도. □최선의 방도가 없다면 ~의 방도라도 세워야지.

차선(車線) ㅡ圀 도로에 한 대의 차량이 지나가는 데 필요한 너비로 그어 놓은 선. □ ~을 지키다 / ~을 바꾸다 / ~을 침범하다. ㅡ의圀 도로에 그어진 주행선의 수를 나타내는 데 쓰는 말. □왕복 ~ 도로.

차선차후(差先差後) 圀하자 앞서기도 하고 뒤서기도 함.

차선-책(次善策) 圀 차선의 방책. □실패에 대비해서 ~을 마련해 두다.

차:설(且說) 閉 화제를 돌려 말할 때, 그 첫머리에 쓰는 말. 각설(却說).

차세(此世) 圀 이승.

차세(此歲) 圀 올해.

차-세대(次世代) 圀 지금의 세대가 지난 다음의 세대. □ ~ 인터넷 / ~ 휴대 전화 / ~를 이끌어 나갈 젊은이들.

차-소위(此所謂) 閉 이야말로'.

차손(差損) 圀 매매 결과 또는 가격·환시세 등의 변동·개정 등으로 생긴 손실. 또는 그 액수. ↔차익(差益).

차손-금(差損金) 圀 매매 결산을 할 때 생기는 차액 손실금. ↔차익금.

차-송(借送) 圀하타 꾸어서 보냄.

차수(叉手) 圀하자 두 손을 어긋매껴 마주 잡음. *공수(拱手).

차수(次數) 圀〔수〕 1 단항식에서, 문자 인수(因數)의 수(x^2y^3의 차수는 x에 대해서는 2, y에 대해서는 3, x 및 y에 대해서는 5임). 2 다항식 안에 포함된 단항식 가운데 가장 높은 멱수.

차:수(借手) 圀하자 남의 손을 빌려서 자기 일을 함.

차수(差數) 圀 차가 생긴 수.

차-숟갈(茶−) 圀 ☞ 찻숟갈.

차승(叉乘) 圀 지난날, 산가지를 써서 하던 곱셈 방법.

차승-하다(差勝−) 톄어 이전에 비해 조금 낫다. 치승하다.

차시(此時) 圀 이때. 지금.

차·신차:의(且信且疑)[−/ −이] 圀하타 믿음직하기도 하고 의심스럽기도 함.

차실(茶室) 圀 다방(茶房).

차심(此心) 圀 이 마음.

차아(次兒) 圀 자기의 둘째 아들을 이르는 말.

차아-하다(嵯峨−) 톄어 산이 높고 험하다. 차차(嵯嵯)하다.

차안(此岸) 圀〔불〕 생사(生死)의 고통이 있는 세계. 곧, 이 세상. ↔피안(彼岸).

차압(差押) 圀하타 〔법〕 '압류(押留)'의 구민법상의 용어. □집을 ~하다.

차액(差額) 圀 어떤 액수에서 어떤 액수를 제한 나머지 액수. 차이 나는 액수. 차금(差金). □차용금을 빼고 ~을 받다.

차:액(借額) 圀 남에게서 빌려 온 돈의 액수.

차양(次養) 圀하타 '차양자(次養子)'의 준말.

차양(遮陽) 圀 1〔건〕 볕을 가리기 위해 처마 끝에 덧붙이는 작은 지붕. □ ~을 치다 / ~을 걷다. 2 모자의 앞에 햇볕을 가리도록 내민 부분. □ ~ 넓은 밀짚 모자를 쓰다. 卷쟁.

차양-선(遮陽船) 圀 차양이 있는 배. 흔히, 놀잇배로 많이 씀.

차-양자(次養子) 圀하타 죽은 맏아들의 양자가 될 만한 사람이 없을 경우에, 그 뒤를 잇기 위하여 조카뻘 되는 사람을, 그가 아들을 낳을 때까지 양자로 삼음. 또는 그 양자. 卷차양(次養).

차:여(借與) 圀하타 차급(借給).

차역(差役) 圀하타 노역을 시킴.

차역(此亦) 閉 이것도 또한.

차-역시(此亦是)[−씨] 閉 이것 역시. 이것도 또한.

차-오르기 圀 기계 체조에서, 양발을 가지런히 합쳐서 공중을 차고 상반신을 철봉 위에 올리는 일.

차-오르다 〔차올라, 차오르니〕 자 어떤 한도나 높이에 다다라 오르다. ❑홍수로 냇물이 허리까지 차올랐다.
차-올리다 타 발로 차서 위로 올리다. ❑공을 높이 ~.
차완 (茶碗) 명 찻종의 한 가지. 조금 크고 뚜껑이 있음.
차완-하다 (差緩-) 형여 조금 느슨하다.
차외 (此外) 명 이 밖. 이외(以外).
차:용 (借用) 명하타 돈이나 물건을 빌려 씀. ❑외국에서 자금을 ~해 쓰다.
차:용-금 (借用金) 명 빌려 쓴 돈.
차:용-물 (借用物) 명 빌려 쓴 물건. 차용품.
차:용-어 (借用語) 명 국어로 완전히 동화된 외국어. 외래어.
차:용-인 (借用人) 명 돈이나 물건을 빌려서 쓴 사람.
차:용-증 (借用證)[-쯩] 명 〔경〕 '차용 증서'의 준말.
차:용 증서 (借用證書) 〔경〕 돈이나 물건의 차용을 증명하는 문서. 준차용증.
차운 (次韻) 명하자 〔문〕 한시(漢詩)에서, 남이 지은 시(詩)의 운자(韻字)를 따서 시를 지음. 또는 그런 방법.
차운-시 (次韻詩) 명 〔문〕 차운으로 지은 시.
차원 (次元) 명 **1** 〔수〕 도형·물체·공간 따위가 펼쳐져 있는 정도를 나타내는 수. 직선은 1차원, 평면은 2차원, 입체는 3차원이지만, n차원이나 무한 차원의 공간도 생각할 수 있음. **2** 어떤 사물을 생각하거나 행할 때의 처지. 또는 어떤 생각이나 행위 따위의 수준. ❑인도적(인) ~/수준 높은 ~의 토론이 이어지다.
차:월 (且月) 명 '음력 6월'의 별칭.
차월 (此月) 명 이달.
차:월 (借越) 명하타 〔경〕 대월(貸越)을 예금자 측에서 일컫는 말. 곧, 예금액 이상으로 대부받는 일.
차월-피월 (此月彼月) 부하자 이달 저달 하면서 자꾸 약속이나 기일 따위를 미루는 모양.
차위 (次位) 명 수위에 다음가는 지위나 등위. 또는 그런 사람.
차:위 (借威) 명하자 남의 위력을 빌림.
차유 (-油) 명 밀을 섞어 끓인 들기름. 장지에 칠해 투명하고 질기게 하는 데에 씀. **--하다** 타여 차유를 칠하다. ❑한지를 차유하여 창호지로 쓰다.
차유 (茶油) 명 차나무의 씨로 짠 기름. 동백기름 대신 머릿기름으로 씀.
차음 (遮音) 명하자 소리의 전달을 막음.
차이 (差異) 명 서로 차가 있게 다름. 또는 그런 정도나 상태. ❑세대 ~/현격한 ~를 보이다/견해 ~가 크다.
차이나타운 (Chinatown) 명 중국인들이 외국 도시의 일부분에 만든 중국식의 거리.
차이다 자 《'차다²'의 피동》 **1** 발길로 참을 당하다. ❑발길질에 허리를 ~. **2** 〈속〉 남녀 관계에서, 일방적으로 상대방에게 퇴짜를 맞다. 준채다[5].
차이-법 (差異法)[-뻡] 명 〔논〕 귀납법의 하나. 어떤 현상이 일어날 때와 일어나지 않을 경우와의 차이를 조사하여 인과(因果)를 미루어 아는 방법.
차이 심리학 (差異心理學)[-니-] 〔심〕 개인·성(性)·민족·직업·집단·세대 등의 차이 때문에 생기는 특성이나 집단의 구조를 규명하려는 심리학.
차이-점 (差異點)[-쩜] 명 같지 않고 차이가 나는 점. ❑~이 드러나다/~을 밝히다/내 생각과 자네 생각에는 ~이 많은 것 같다. ↔공통점.
차익 (差益) 명 매매 결과 또는 가격·환시세 등의 변동·개정 등으로 생긴 이익. 또는 그 액수. ❑~을 남기다/~을 노리다/~을 챙기다. ↔차손(差損).
차익-금 (差益金)[-끔] 명 매매 결산을 할 때 생기는 차액 이익금. ↔차손금.
차인 (此人) 명 이 사람.
차인 (差人) 명 '차인꾼'의 준말.
차인-꾼 (差人-) 명 **1** 남의 장사하는 일에 시중드는 사람. **2** 임시 심부름꾼으로 부리는 사람. 준차인.
차일 (遮日) 명 햇볕을 가리기 위해 치는 포장. ❑마당에 넓은 ~을 치다/하객들은 마당의 ~ 아래 넘쳐났다.
차일-석 (遮日石)[-썩] 명 차일을 칠 때, 줄을 매는 돌.
차일시-피일시 (此一時彼一時)[-씨-씨] 명 그때는 그때이고 지금은 지금이라는 뜻으로, 이때한 일과 저때 한 일은 서로 사정이 다름을 일컫는 말.
차일-피일 (此日彼日) 부하자 이날 저날 하고 자꾸 약속이나 기일 등을 미루는 모양. ❑~하면서 약속을 어기다.
차임 (車賃) 명 찻삯.
차임 (差任) 명하타 〔역〕 벼슬아치를 임명하던 일.
차:임 (借賃) 명 물건을 빌려 쓰고 치르는 값.
차임 (chime) 명 **1** 시각을 알리거나 호출하는 데에 쓰는 종. **2** 〔악〕 반음계로 조율된 18개의 금속관(金屬管)을 매단 것을 해머로 쳐서 연주하는 타악기.
차임-벨 (chime bell) 명 차임(chime) 1.
차:입 (借入) 명하타 돈이나 물건을 빌림. ❑외국에서 외화를 ~해 쓰다.
차입 (差入) 명하타 교도소나 구치소에 갇힌 사람에게 옷·음식·돈 따위를 들여보냄. 또는 그 물건. ❑사식(私食)을 ~하다.
차자 (次子) 명 둘째 아들. 차남(次男).
차:자 (借字) 명하타 **1** 남의 나라 글자를 빌려서 자기 나라 말을 적음. 또는 그 글자. **2** 글자의 뜻과는 관계없이, 음이나 훈(訓)만을 빌려다 쓴 글자. 이두(吏頭)·향찰(鄕札)·구결(口訣)에 쓰였음.
차자 (箚子) 명 〔역〕 신하가 임금에게 올리던 간단한 서식의 상소문.
차:작 (借作) 명하타 **1** 남의 손을 빌려 물건을 만듦. 또는 그 물건. **2** 글을 대신 지음. 또는 그 글.
차장 (次長) 명 관공서나 회사 등에서, 어떤 부서의 장(長)에 다음가는 직위. 또는 그 자리나 직위에 있는 사람.
차장 (車掌) 명 열차·버스 등에서, 승객 안내 및 차량 운행에 관계되는 일 따위를 맡아보는 사람.
차장 검:사 (次長檢事) 검찰 총장이나, 고등 검찰청과 지방 검찰청의 검사장을 보좌하고 유고 시에 그 직무를 대행하는 사람.
차-저음 (次低音) 명 〔악〕 '바리톤1'의 역어.
차전-놀이 (車戰-) 명 〔민〕 음력 정월 보름날에 하는 민속놀이의 하나. 영남·영동·경기 지방에 전해 오는 놀이인데, 동서(東西) 두 패로 나누어, 동채에 탄 장수의 지휘 아래 수백 명의 장정이 어깨에 멘 동채로 상대방을

공격하여 상대방 동채를 먼저 땅에 닿게 한 편이 이김. 차전. 동채싸움.

차-전병(-煎餅)몡 **1** 찹쌀가루로 만든 전병. 나전병(糯煎餅). **2** 찰부꾸미.

차전-자(車前子)몡『한의』 질경이의 씨(《이뇨제 또는 눈병·설사에 약으로 씀》).

차:전차(且戰且走)몡하자 한편으로 싸우면서 또 한편으로는 달아남.

차전-초(車前草)몡『식』질경이.

차점(次點)[-쩜]몡 최고점이나 기준점 다음가는 점수. ◻선거에서 ~으로 낙선했다.

차점-자(次點者)[-쩜-]몡 차점을 딴 사람. ◻합격자가 등록하지 않아 ~를 추가로 합격시켰다.

차접(←差帖)몡『역』하급 관리에게 내리던 임명장.

차제(此際)몡 (주로 '차제에'의 꼴로 쓰여) 이때. 이 기회. ◻~에 이것만은 분명히 말해 두겠다.

차제(茶劑)몡 여러 가지 식물성 생약을 혼합하여 말려서 만든 약제.

차-제구(茶諸具)몡 차를 달여 마시는 데 쓰는 여러 가지 기물(《차관(茶罐)·찻종·찻숟가락 따위》). 다구(茶具).

차-조(-租)몡『식』조의 한 가지. 다른 조보다 차진데, 메조보다 빛깔이 훨씬 누르고 약간 파르스름함. ↔메조.

차조기(-)몡『식』꿀풀과의 한해살이풀. 들깨 비슷한데 잎은 자줏빛이며 향기가 있음. 줄기는 모가 졌고 높이는 30~100 cm 정도이며, 가을에 자줏빛 꽃이 피고 수과(瘦果)는 구형임. 잎은 소엽(蘇葉), 씨는 소자(蘇子)라 하여 한방에서 약제로 씀. 자소(紫蘇).

차조기-죽(-粥)몡 볶은 차조기의 씨와 볶은 참깨를 반반씩 섞은 다음 찧어서 멥쌀가루를 넣고 쑨 죽. 간장이나 꿀을 타서 먹음. 소임죽(蘇荏粥). 소자죽(蘇子粥).

차조-밥몡 **1** 차좁쌀로만 지은 밥. **2** 차조와 쌀을 섞어서 지은 밥. 나속반.

차-좁쌀몡 차조의 열매를 찧은 쌀.

차종(次宗)몡 대종(大宗)에서 갈라 나온 종파(宗派).

차종(車種)몡 자동차 등의 종류. ◻새로운 ~으로 바꾸다 / 동급 ~ 가운데 가장 경제적이고 성능도 뛰어나다.

차-종가(次宗家)몡 대종에서 갈린 종가.

차-종손(次宗係)몡 대종에서 갈려 나온 종가의 종손.

차주(次週)몡 다음 주.

차주(車主)몡 차의 주인.

차:주(借主)몡 돈이나 물건을 빌려 쓴 사람. ↔대주(貸主).

차중(次中)몡 시문(詩文)을 평가하는 등급의 하나. 넷째 등급의 둘째 급.

차중(車中)몡 차의 속. 차내(車內). ◻~에서는 흡연을 삼갑니다.

차-중음(次中音)몡 '테너(tenor)'의 역어.

차츰-차츰튀 상태나 정도 따위가 급자스럽지 않게 조금씩 자꾸 변화하는 모양. ㉔차츰차츰. ◻성적이 ~ 오르다.

차즙(茶汁)몡 차나무 잎을 끓여 낸 즙.

차지몡하타 사물·공간·지위 따위를 자기 몫으로 가짐. 또는 그 사물·공간이나 지위 따위. ◻안방은 아이들 ~다 / 경제적으로 우위를 ~하다 / 자리를 많이 ~하다.

차지(次知)몡『역』**1** 각 궁방(宮房)의 일을 맡아보던 사람. **2** 주인을 대신하여 형벌을 받던 하인. 또는 다른 사람을 대신하여 대가를 받

고 형벌을 받던 사람.

차:지(借地)몡하자 남의 땅을 빌려 씀. 또는 그 땅. ◻~ 계약.

차지(charge)몡하타 **1** 차징(charging). **2** 호텔 등에서의 요금.

차:지-권(借地權)[-꿘]몡『법』건물의 소유를 목적으로 남의 토지를 빌려 사용하는 지상권 및 임차권의 총칭.

차지다〔차지어, 차지니〕톙 **1** 끈기가 많다. 또는 끈기가 많은 성질을 지니고 있다. ◻반죽이 ~. ↔메지다. **2** 성질이 야무지고 빈틈없이 알뜰하다. ◻조용하고 차진 사람.

차:지-료(借地料)몡 땅을 빌려 쓰고 내는 돈.

차직(次職)몡 차석의 벼슬. 버금의 직위.

차질(蹉跌)몡하자 **1** 발을 헛디디어 넘어짐. **2** 하던 일이 계획한 대로 되지 않고 어그러짐. ◻~을 빚다 / 일에 ~이 생기다.

차-질다〔차질어, 차지니, 차진〕톙 밥·떡 따위가 끈기가 많으며 질다. ◻인절미가 알맞게 차질구나.

차:집몡 예전에, 부유한 집에서 음식 장만 따위의 잡일을 맡아보던 여자(《보통의 여자 하인보다 신분이 높음》).

차징(charging)몡 축구·농구에서, 공을 몰거나 가지고 있는 상대방을 몸으로 부딪치는 일. 차지(charge).

차차(次次)튀 **1** 어떠한 상태가 조금씩 진행하는 모양. 차츰. 점차. ◻~ 날이 밝아 온다 / 병이 ~ 나아져 간다. **2** 서두르지 않고 천천히. ◻그 일에 대해서는 ~ 듣기로 합시다.

차차-로(次次-)튀 차차. ◻~ 아시게 될 겁니다. ~로 ~는 같아도 됩니다.

차차웅(次次雄)몡『역』신라 때, 임금의 칭호의 하나(《2대 남해왕 때에 쓰였음》).

차차차(cha-cha-cha)몡『악』멕시코 민요의 리듬에서 힌트를 얻어 만든 대중음악 형식의 하나(《두 소절마다 후반부에 '차차차' 하는 후렴이 삽입됨》).

차차-차차(次次次次)튀 '차차'의 힘줌말. ◻경기는 ~ 나아지겠지.

차착(差錯)몡하자 어그러져서 순서가 틀리고 앞뒤가 서로 맞지 않음.

차창(車窓)몡 열차나 자동차 등의 창문. ◻~에 얼굴을 기대다 / ~ 밖의 경치를 물끄러미 바라보다 / 김 서린 ~을 닦다.

차처(此處)때 이곳.

차천-금(釵釧金)몡『민』육십갑자에서, 경술(庚戌)·신해(辛亥)에 붙이는 납음(納音).

차청(次淸)몡『언』훈민정음의 초성(初聲) 체계에서, 'ㅋ·ㅌ·ㅍ·ㅊ·ㅎ' 따위에 공통되는 음성적 특질.

차:청입실(借廳入室)[-닙씰]몡 마루를 빌려 쓰다가 안방까지 들어간다는 뜻으로, 남에게 의지하여다가 차차 그 권리를 침범함의 비유. 차청차규(借廳借閨).

차체(車體)몡 열차나 자동차 등의 몸체. ◻충돌 사고로 ~가 크게 부서졌다.

차축(車軸)몡 바퀴의 굴대.

차축조-식물(車軸藻植物)[-조싱-]몡『식』민물에 사는 조류(藻類)의 한 무리. 몸은 다세포이고 난세포와 정자를 만들어 유성 생식을 함. 줄기는 쇠뜨기처럼 마디로 이어졌으며 마디에서 수레바퀴 모양으로 가지가 뻗음. 마축조류. 윤조류(輪藻類).

차출(差出)몡하자타 **1** 어떤 일을 시키기 위해 사람을 골라 뽑아냄. ◻병력 ~ / 작업할 인

원을 ~하다. **2** 지난날, 관원(官員)을 임명하기 위하여 인재를 뽑던 일.

차츰 團 차차(次次). ▣ 흥분은 ~ 가라앉다.

차츰-차츰 團 상태나 정도 따위가 갑작스럽지 않게 조금씩 나아가는 모양. ▣ ~ 일에 익숙해지고 있다 / 날이 ~ 어두워지고 있다. ⑩차츰차츰.

차:치 (且置) 몜劻 '차치물론'의 준말.

차:치-물론 (且置勿論) 몜劻 내버려 두고 문제 삼지 아니함. ▣ 만사 ~하고 이 일은 해치워야겠다. ⚘차치.

차칭 (嗟稱) 몜劻劻 마음에 깊이 감동하여 칭찬함. 차상(嗟賞).

차타 (蹉跎) 몜劻 **1** 미끄러져 넘어짐. **2** 시기를 잃음. **3** 이룬 일 없이 나이만 많이 먹음.

차탁 (茶托) 몜 찻잔을 받치는 쟁반.

차탁 (茶卓) 몜 차를 마실 때, 찻그릇을 벌여 놓는 탁자. 다탁(茶卓).

차탄 (嗟歎·嗟嘆) 몜劻劻 탄식하고 한탄함.

차탈피탈 (此頉彼頉) 몜劻迣 이리저리 핑계를 댐.

차트 (chart) 몜 **1** 지도·해도 따위의 도면. **2** 각종 자료를 알기 쉽게 정리한 일람표. ▣ 피해 현황을 ~에 기록해라.

차편 (此便) 몜 **1** 이편. **2** 이쪽.

차편 (車便) 몜 차가 오가는 편. ▣ ~을 알려주다 / ~을 마련하다 ▣ ~으로 보내다.

차:폐 (遮蔽) [-/-폐] 몜劻劻 **1** 가리거나 덮음. **2** 『군』 구릉·능선 또는 제방 따위 장애물로 적의 지상 관측 및 사격으로부터 방호하는 일. **3** 『물』 일정한 공간을 다른 전기장(電氣場)·자기장(磁氣場)으로부터 차단하는 일.

차:폐-물 (遮蔽物) [-/-폐-] 몜 **1** 막고 가리는 물건. **2** 적의 사격·관측으로부터 아군을 방호하는 구릉·제방 같은 장애물.

차:폐 재:배 (遮蔽栽培) [-/-폐-] 『농』 차광(遮光) 재배.

차포 (車包) 몜 장기의 차(車)와 포(包). ▣ ~를 떼고 두어도 자네에게는 이길 수 있다.

차폭 (車幅) 몜 차량의 너비.

차표 (車票) 몜 차를 타기 위해 찻삯을 주고 사는 표. 승차권. ▣ ~를 끊다 / ~를 예매하다.

차-풀 (茶-) 몜 『식』 콩과의 한해살이풀. 산지에 나는데, 잔털이 있으며 줄기는 곧고 높이는 30~60 cm 정도임. 여름에 다섯잎꽃이 피고 과실은 협과(莢果)임. 줄기와 잎은 차(茶)로 씀.

차:필 (借筆) 몜劻迣 남에게 글씨를 대신 쓰게 함. 또는 그 글씨.

차하 (次下) 몜 시문을 끊는 등급의 한 가지. 넷째 등급 중의 셋째 급. 곧, 열두 등급 중의 맨 끝.

차하 (差下) 몜劻劻 벼슬을 시킴.

차:-하다 혱에 표준에 비하여 좀 모자라거나 못하다.

차하-지다 (差下-) 迣 견주어 보아 한쪽이 다른 쪽보다 떨어지다.

차한 (此限) 몜 이 한계. 이 한정. ▣ 다만, 비상시에는 ~에 부재(不在)함.

차:함 (借銜·借啣) 몜劻 『역』 실제로 근무하지 않고 벼슬의 이름만을 가지던 일. 또는 그런 벼슬. ↔실직(實職).

차형 (次兄) 몜 둘째 형. 중형(仲兄).

차호 (次號) 몜 **1** 다음의 번호. **2** 정기 간행물의 다음 호. ▣ ~에 계속함.

차호 (嗟乎) 캎 '아 슬프다'의 뜻으로 쓰는 말.

차흡다
차-흡다 (嗟-) [-따] 캎 차호(嗟乎).

차환 (叉鬟) 몜 『역』 주인을 가까이서 모시는, 머리를 얹은 여자 종을 이르던 말.

차:환 (借換) 몜劻劻 **1** 새로 꾸어서 먼저 꾼 것을 반환함. ▣ 거래 은행에 5천만 원을 ~하다. **2** 『경』 새로 증권을 발행하여 그 돈으로 이미 발행한 증권을 상환함. 또는 그런 일.

차회 (次回) 몜 다음번.

차회 (此回) 몜 이번.

차후 (此後) 몜 이 뒤. ▣ 이 문제는 ~에 다시 논의합시다.

착[1] 團 **1** 물건이 잘 달라붙거나 붙어 있는 모양. ▣ ~ 달라붙는 바지. **2** 나슨하게 휘어지거나 늘어진 모양. ▣ 나뭇가지들이 눈을 이고 ~ 늘어져 있다. ⚘척[2].

착[2] 團 **1** 몸가짐이나 태도가 점잖고 태연한 모양. ▣ 의자에 ~ 버티고 앉다. ⚘척[3]. **2** 감정이나 목소리 따위가 가라앉은 모양. ▣ ~ 가라앉은 음성 / 들뜬던 마음이 ~ 가라앉다. **3** 몸에 힘이 빠져 축 늘어진 모양. ▣ 몸이 ~ 까부라지다.

착[3] 團 서슴지 않고 선뜻 행동하는 모양. ▣ 한번 ~ 보고는 그냥 가 버렸다. ⚘척[4].

-착 (着) 젭 지명이나 시간을 나타내는 말 뒤에 쓰여 도착의 뜻을 나타내는 말. ▣ 23일 12시 김포 공항~ 비행기 / 서울역발 부산~ 열차. ↔-발(發).

착가 (着枷) [-까] 몜劻劻 『역』 죄인의 목에 칼을 씌움. 또는 그리 하던 일.

착가-엄수 (着枷嚴囚) [-까-] 몜劻 『역』 죄인에게 칼을 씌워 단단히 가두던 일.

착각 (錯角) [-깍] 몜 『수』 '엇각'의 구용어.

착각 (錯覺) [-깍] 몜劻迣 어떤 사물이나 사실을 실제와 다르게 느끼거나 생각함. 또는 그런 느낌이나 생각. ▣ ~을 일으키다 / ~에 빠지다 / ~하지 말게. 세상일이란 그렇게 단순하지 않다네.

착각 방위 (錯覺防衛) [-깍빵-] 『법』 오상(誤想)

착각-범 (錯覺犯) [-깍뻠] 몜 『법』 환각범(幻覺犯).

착각 피:난 (錯覺避難) [-깍-] 『법』 오상(誤想) 피난.

착간 (錯簡) [-깐] 몜 책장 또는 편(篇)·장(章)의 순서가 잘못됨. 또는 그런 책장이나 편·장.

착거 (捉去) [-꺼] 몜劻迣 사람을 붙잡아 감.

착건-속대 (着巾束帶) [-껀-때] 몜劻迣 건을 쓰고 띠를 두른다는 뜻으로, 관복을 갖추어 입음을 이르는 말.

착검 (着劍) [-껌] 몜劻迣 **1** 검을 몸에 참. **2** 총끝에 대검을 꽂음. 또는 그런 동작.

착공 (着工) [-꽁] 몜劻迣 공사를 시작함. ▣ ~이 늦어지다 / 고속도로를 ~하다.

착공 (鑿孔·鑿空) [-꽁] 몜劻迣 **1** 구멍을 뚫음. **2** 새로 길을 뚫어 냄. **3** 쓸데없이 빈 공론(空論)만을 함.

착과 (着果) [-꽈] 몜劻迣 과일나무에 열매가 열림.

착관 (着冠) [-꽌] 몜劻迣 갓이나 관을 씀.

착굴 (鑿掘) [-꿀] 몜劻迣 구멍이나 굴을 파 들어감.

착근 (着近) [-끈] 몜劻迣 친근하게 착 달라붙음.

착근 (着根) [-끈] 몜劻迣 **1** 옮겨 심은 식물이 뿌리를 내림. **2** 딴 곳으로 옮겨가서 자리를 잡고 삶.

착급-하다 (着急-) [-끄파-] 혱에 매우 급하다.

착념 (着念) [창-] 몜劻迣迣 무엇을 마음에 두고

생각함. ▢종교〔연구〕에 ～하다.

착란(錯亂)〔창난〕 **명하형** 감정이나 생각 따위가 뒤엉켜 혼란스러움. ▢～ 증세를 보이다 / 정신 ～을 일으키다.

착래(捉來)〔창내〕 **명하타** 사람을 붙잡아 옴.

착력(着力)〔창녁〕 **명하자** 어떤 일에 힘을 들임.

착륙(着陸)〔창뉵〕 **명하자** 비행기 따위가 공중에서 활주로나 평평한 땅 위에 내림. ▢공항에 무사히 ～했다. ↔이륙.

착모(着帽)〔창〕 **명하자** 모자를 씀. ↔탈모.

착목(着目)〔창〕 **명하자** 착안(着眼).

착미(着味)〔창〕 **명하자** 맛을 붙임. 또는 취미를 붙임.

착발(着發)〔–빨〕 **명하자** **1** 도착과 출발. 발착. ▢～ 신호 / 여객선의 ～ 시각표를 확인하다. **2** 폭탄 따위가 목표물에 맞아 폭발함.

착발 신:관(着發信管)〔–빨–〕 포탄이 목표물에 맞는 그 충동으로 터지게 된 신관.

착복(着服)〔–뽁〕 **명하타** **1** 옷을 입음. 착의(着衣). ↔탈의. **2** 남의 금품을 부당하게 차지함. ▢기부금 ～ / 공금을 ～하다.

착복-식(着服式)〔–뽁씩〕 **명** **1** 〔가〕 수도회에 입회하기를 바라는 사람이 일정한 청원기를 마치고 수도자의 옷을 입을 때 하는 의식. 착의식(着衣式). **2** 〈속〉 새로 옷을 해 입은 사람이 주위 사람에 한턱내는 일.

착빙(着氷)〔–삥〕 **명하자** 공기 중의 찬 물방울이 얼음이 되어 물체의 겉면에 달라붙음. 또는 그런 현상.

착살-맞다〔–쌀맏따〕 **형** 하는 짓이나 말 따위가 얄밉게 좀스럽고 다랍다. 큰칙살맞다.

착살-부리다〔–쌀–〕 **자** 착살맞은 짓을 하다. 큰칙살부리다.

착살-스럽다〔–쌀–따〕〔–스러워, –스러우니〕 **형타** 착살한 데가 있다. 큰칙살스럽다. **착살-스레**〔–쌀–〕 **부**

착살-하다〔–쌀–〕 **형여** 하는 짓이나 말 따위가 얄밉게 잘고 다랍다. 큰칙살하다.

착상(着床)〔–쌍〕 **명하자** 포유류의 수정란이 자궁벽에 붙어 모체의 영양을 흡수할 수 있는 상태가 됨. 또는 그런 현상.

착상(着想)〔–쌍〕 **명하타** 어떤 일이나 창작의 실마리를 할 만한 생각이나 구상 따위를 잡음. 또는 그 생각이나 구상. ▢기발한 ～ / 멋있는 ～이 떠오르다.

착색(着色)〔–쌕〕 **명하타** 그림이나 그 밖의 물건에 칠하거나 물을 들여 빛깔을 나게 함. 또는 그 빛깔. ▢인공 ～ / 붉게 ～하다.

착색-유리(着色琉璃)〔–쌩뉴–〕 **명** 색유리.

착색-제(着色劑)〔–쌕쩨〕 **명** **1** 식욕을 돋우기 위해서 첨가하는 식용 색소(천연 색소와 합성 색소가 있음). **2** 생물체의 조직·세포 등을 현미경으로 조사하기 위해 염색용으로 쓰는 유기 화합물의 총칭.

착생(着生)〔–쌩〕 **명하자** 생물이 다른 물체에 붙어 생활함.

착생 동:물(着生動物)〔–쌩–〕 **명** 동물을 분류한 한 형태. 어려서 자유 생활을 하다가 성충이 되면서부터 어느 기간만을 다른 물체에 붙어서 사는 동물.

착생 식물(着生植物)〔–쌩싱–〕 〔식〕 기생(氣生) 식물.

착석(着席)〔–쎅〕 **명하자** 자리에 앉음. 착좌(着座). ▢모두들 빨리 ～해 주십시오.

착선(着船)〔–썬〕 **명하자** 배가 닿음. ▢～ 안내. ↔발선(發船).

착설(着雪)〔–썰〕 **명하자** 수분·습기가 많은 눈이 전선 따위에 붙음.

착소-하다(窄小–)〔–쏘–〕 **형여** 좁고 작다. 협소(狹小)하다.

착송(捉送)〔–쏭〕 **명하타** 사람을 잡아서 보냄.

착수(捉囚)〔–쑤〕 **명하타** 죄인을 잡아 가둠.

착수(着水)〔–쑤〕 **명하자** **1** 수면에 닿음. **2** 수상 비행기 등이 수면에 내림. ▢비행정이 호수에 ～하다.

착수(着手)〔–쑤〕 **명하자타** **1** 어떤 일에 손을 대어 시작함. ▢수사에 ～하다 / 곧 공사를 ～하겠다. **2** 〔법〕 형법상 범죄 실행의 개시.

착수-금(着手金)〔–쑤–〕 **명** 어떤 일을 시작할 때에 먼저 내는 돈. ▢변호사에게 ～을 주다.

착수 미:수(着手未遂)〔–쑤–〕 〔법〕 범인이 범죄의 실행에 착수는 했으나, 그 행위를 마치지 못한 일.

착시(錯視)〔–씨〕 **명하타** 〔심〕 착각으로 잘못 봄. ▢～를 일으키는 문양 / ～ 현상을 일으키다.

착신(着信)〔–씬〕 **명하자** 편지나 전보 등의 통신이 도착함. 또는 그 통신. ↔발신.

착실-하다(着實–)〔–씰–〕 **형여** **1** 사람이 허튼 데가 없이 진실하다. ▢착실한 사람 / 착실하게 공부하다. **2** 일정한 기준이나 정도에 모자람이 없이 넉넉하다. ▢이 짐은 착실하게 20kg은 넘는 것 같다. **착실-히**〔–씰–〕 **부**––일하다 / 보아하니, 돈냥깨나 ～ 모은 것 같다.

착심(着心)〔–씸〕 **명하자** 어떤 일에 마음을 붙임. ▢공부에 ～하다.

착안(着岸)〔–싼〕 **명하자** 배가 바다나 강 따위의 기슭에 닿음.

착안(着眼)〔–싼〕 **명하자** 어떤 일을 눈여겨보아 그 일을 성취할 기틀을 잡음. 착목(着目). ▢훌륭한 ～ / 좋은 점에 ～했구나.

착안-점(着眼點)〔차간쩜〕 **명** 착안하는 점. ▢～이 좋다.

착암(鑿岩)〔–쌈〕 **명하자** 바위를 뚫음.

착암-기(鑿岩機)〔쌈–〕 **명** 암석에 구멍을 뚫는 기계.

착어(錯語)〔–썽〕 **명**〔의〕 착어증.

착어-증(錯語症)〔차어쯩〕 **명**〔의〕 실어증(失語症) 따위에 수반하여 일어나는 증상. 음운(音韻)을 틀리거나 어의(語義)에 어긋나는 말을 함. 착어.

착역(着驛)〔–썩〕 **명** 열차 등이 도착하는 역.

착오(錯誤)〔–쏘〕 **명하타** **1** 착각으로 잘못함. 또는 그런 잘못. ▢～를 범하다 / ～ 없이 일을 진행해 나가다. **2** 인식과 사실이 일치하지 않고 어긋남. ▢등기상의 ～.

착용(着用)〔–쑹〕 **명하타** 의복 등을 몸에 입거나, 물건 등을 쓰거나 신거나 함. ▢군복을 ～하다 / 안전모를 ～하다.

착유(搾油)〔–쑤〕 **명하자** 기름을 짬.

착유(搾乳)〔–쑤〕 **명하자** 소나 염소의 젖을 짬.

착의(着衣)〔차긔 / 차기〕 **명하타** 옷을 입음. 착복. ↔탈의.

착의(着意)〔차긔 / 차기〕 **명하자타** **1** 무슨 일에 뜻을 둠. 착심(着心). **2** 궁리를 함. 구상함.

착임(着任)〔–씸〕 **명하자** 부임할 곳에 도착함. 부임.

착잡-하다(錯雜–)〔–짜파–〕 **형여** 갈피를 잡을 수 없게 뒤섞여 마음이 복잡하다. ▢착잡한 마음이 들다 / 이해관계가 착잡하게 얽혀 있다. **착잡-히**〔–짜비〕 **부**

착전(着電)〔–쩐〕 **명하자** 전신·전보가 도착함. 또는 그 전신·전보.

착절(錯節)〔–쩔〕 **명** **1** 엉클어진 마디. **2** 엉클어져서 처리하기 어려운 사건.

착정(鑿井)〔–쩡〕 **명하자** 우물을 팜.

착제-어 (着題語)[-쩨-] 圏 이야기의 내용에 알맞은 말.

착족 (着足)[-쪽] 圏困困 1 발을 붙이고 섬. 2 어떤 곳에 자리 잡고 섬.

착족-무처 (着足無處)[-쪽] 圏困형 발을 붙이고 설 자리가 없다는 뜻으로, 의지할 곳이 없음을 이르는 말.

착종 (錯綜)[-종] 圏困困困 1 여러 가지가 섞여 엉클어짐. 2 여러 가지를 섞어 모음.

착좌 (着座)[-좌] 圏困困 자리에 앉음. 착석. ▷~ 말석에 ~하다.

착좌-식 (着座式)[-좌-] 圏《가》주교가 교구장에 취임하는 의식.

착즙 (搾汁)[-쯥] 圏困困 물기가 있는 물체에서 즙을 짬. 또는 그 즙. 즙내기.

착지 (着地)[-찌] 圏困困 1 공중에서 땅으로 내림. 또는 그곳. 2 도착한 곳. 도착지. 3 기계 제조 등에서, 동작을 마치고 땅바닥에 내려 섬. 또는 그런 동작. ▷~가 불안하여 점수가 깎이다.

착지 (錯紙)[-찌] 圏 1 책 따위를 맬 때, 잘못되어 차례가 뒤바뀐 종이. 2 종이 묶음 속에 섞인 파지(破紙).

착착¹ 囝 1 물체가 자꾸 닿거나 끈기 있게 달라붙는 모양. ▷땀으로 속옷이 ~ 달라붙다. 2 입맛에 아주 잘 맞는 모양. ▷내 입에 ~ 감긴다. 뎬척착¹. 囹짝짝². 3 매우 친근하게 대하거나 고분고분 구는 모양.

착착 부닐다 困 남에게 가까이 달라붙어서 고분고분 굴다.

착착² 囝 가지런히 여러 번 개키거나 접는 모양. ▷말린 수건을 ~ 접다.

착착 (着着) 囝 1 사물이 조리 있게 또는 순서대로 되어 가는 모양. ▷작업은 ~ 이루어지고 있다. 2 망설이지 않고 바로바로 행동하는 모양. 3 질서정연하게 조화를 이루며 행동하는 모양. ▷발을 ~ 맞추다. 뎬척척².

착착-하다 (鑿鑿-)[-차카-] 囹 말이나 일이 조리에 맞아 분명하다.

착처 (着處) 圏 도착하는 곳.

착체 (錯體) 圏《화》하나의 원자 또는 이온을 중심 원자로 하여, 그 둘레의 공간에 입체적으로 배위(配位)가 배위(配位)된 하나의 원자 집단. 착물(錯物).

착취 (搾取) 圏困困 1 자본가나 지주 등이 근로자나 농민이 제공한 노동의 가치만큼 보수를 지급하지 않고 그 이익의 대부분을 차지하는 일. ▷노동력을 ~하다 / 경제적 ~를 당하다. 2 누르거나 비틀어서 즙을 짜냄.

착탄 (着彈) 圏困困 발사한 탄환이 어떤 곳에 이름. 또는 그 탄환.

착탄 거:리 (着彈距離) 발사한 탄환이 도달한 거리. 탄착 거리.

착하 (着荷)[차카-] 圏困困 화물(荷物)이 도착함. 또는 도착한 화물.

착-하다 [차카-] 囹 마음이 곱고 어질다. 선하다. ▷착한 마음씨 / 착하고 예쁜 아가씨.
　착-히 [차키-]

착함 (着艦)[차캄] 圏困困 1 승무원들이 군함에 도착함. 2 비행기가 항공모함 등의 갑판에 내려앉음.

착항 (着港)[차캉] 圏困困 배가 항구에 닿음. 입항(入港). ↔발항(發港).

착화 (着火)[차콰] 圏困困 점화(點火).

착화-점 (着火點)[차콰쩜] 圏 발화점.

착-화합물 (錯化合物)[차콰함-] 圏《화》착체

(錯體)를 함유하는 화합물. 착물(錯物)이 분자이면 착분자(錯分子), 이온(ion)이나 기(基)이면 착(錯)이온 혹은 착기(錯基)라 부르며, 다시 그 염을 착염(錯塩)이라 함. 배위(配位) 화합물.

찬 (贊·讚) 圏 1 아름다운 행적이나 시화 따위를 기리는 문체. 2 서화(書畵)에 글제로 쓰는 시(詩)·가(歌)·문(文) 등의 총칭. 3 관례 때, 빈(賓)을 보좌하는 한 사람(빈의 자제 중에서 주인의 친척되는 사람으로 뽑았음).

찬 (饌) 圏 '반찬(飯饌)'의 준말. ▷~은 없지만 많이 드십시오.

찬:가 (饌價)[-까] 圏 반찬값.

찬:가 (讚歌) 圏 찬양·찬미의 뜻을 표한 노래. ▷조국 ~ / 생〔승리〕의 ~.

찬:간 (饌間) 圏 반빗간.

찬-간자 圏《동》온몸의 털빛이 푸르고 얼굴과 이마만 흰 말. ✲흔이말.

찬:-거리 (饌-)[-꺼-] 圏 반찬거리.

찬:결 (贊決) 圏困困 도와서 결정함.

찬:고 (饌庫)[-꼬] 圏 찬광.

찬:-광 (饌-)[-꽝] 圏 반찬거리를 넣어 두는 광. 찬고.

찬-국 圏 맑은장국을 끓여 차게 식히거나 찬물에 간장과 초를 쳐서 만든 국물. 냉국.

찬:-그릇 (饌-)[-끄릇] 圏 반찬을 담는 그릇.

찬-기 (-氣) 圏 찬 기운. 냉기(冷氣). ▷~가 돌다 / ~가 가시다 / 방바닥에서 ~가 올라오다.

찬-김 圏 식어서 찬 김. ▷유리창에 ~이 서려 있다.

찬:동 (贊同) 圏困困困 행동이나 의견 따위가 좋거나 옳다고 믿어 찬성하여 동의함. ▷의견에 ~하다 / ~의 뜻을 표하다 / ~을 구하다.

찬:란-하다 (燦爛-)[찰-] 囹 1 영롱하고 현란하다. 광채가 번쩍번쩍하고 환하다. ▷찬란한 금관 / 태양이 찬란하게 빛나다. 2 일이나 이상 따위가 훌륭하다. ▷찬란한 신라 시대의 불교 미술. **찬:란-히** [찰-] 囝. ▷~ 빛나는 우리 역사.

찬:록 (撰錄)[찰-] 圏困困 글을 짓거나 골라 모아 기록함.

찬:류 (竄流)[찰-] 圏《가》천당으로 들어가기 전인 현세의 삶을 이르는 말.

찬:립 (簒立)[찰-] 圏困困 왕위를 빼앗고 스스로 그 자리에 섬.

찬:-마루 (饌-) 圏 부엌의 한쪽에 있는, 밥상 을 차리는 마루.

찬:모 (饌母) 圏 남의 집에서 주로 반찬 만드는 일을 맡아 하는 여자.

찬-무대 圏《지》한류(寒流). ↔더운무대.

찬:문 (撰文) 圏困困 글을 지음. 또는 그 글.

찬-물 圏 데우거나 끓이지 않은 차가운 물. 냉수. ▷~로 얼굴을 씻다 / ~을 마시다 / ~에 뛰어들다 / 밥을 ~에 말아서 먹다 / 머리에 ~을 뒤집어쓰다.

찬물에 돌 困 지조가 맑고 굳셈을 이름.

찬물을 끼얹다 困 모처럼 잘되어 가는 일에 공연히 트집을 잡아 방해를 놓다.

찬:물 (饌物) 圏 찬수(饌需).

찬물-때 圏 바다의 밀물이 가장 높은 때. 만조(滿潮). ↔기물때.

찬:미 (讚美) 圏困困 아름답고 훌륭한 것을 기리어 칭송함. 찬송. ▷자연을 ~하다.

찬:미-가 (讚美歌) 圏 찬송가.

찬:-바람 圏 냉랭하고 싸늘한 기운이나 느낌을 비유한 말. ▷그에게서 ~이 돈다.

찬바람(이) 일다 困 마음이나 분위기 따위에 싸늘한 기운이 돌다. 살벌한 분위기가 되다.

찬바람-머리 圏 가을철에 싸늘한 바람이 불기 시작할 무렵. ▢~에 감기 조심해라.

찬:반 (贊反) 圏 찬성과 반대. 찬부(贊否). ▢~토론 / 지역 주민들에게 ~을 묻다.

찬-밥 圏 **1** 지은 지 오래되어 식은 밥. ▢~을 데워 먹다. ↔더운밥. **2** 업신여김을 받거나 푸대접을 받는 것. ▢~ 신세 / ~ 취급을 당하다.

　찬밥 더운밥 가리다 田 어려운 형편에 있으면서 배부른 수작을 함. ▢자녀가 지금 찬밥 더운밥 가리게 되었다.

찬-방 (-房) 圏 냉방1.

찬-방 (饌房)[-빵] 圏 반찬을 만들거나 반찬거리를 두는 방.

찬:부 (贊否) 圏 찬성과 반대. 찬반. ▢의견이 ~ 양론으로 갈리다.

찬-불 (讚佛) 圏困 부처의 공덕을 찬미함. 또는 그런 일.

찬-불가 (讚佛歌) 圏 불가(佛歌).

찬-비 圏 차갑게 느껴지는 비. 차가운 비. 냉우(冷雨). ▢~를 맞고 덜덜 떨고 있다.

찬:비 (饌婢) 圏 반빗아치.

찬:사 (讚辭) 圏 칭찬하거나 찬양하는 말이나 글. ▢~를 보내다 / ~를 받다 / ~를 아끼지 않다.

찬:상 (讚賞) 圏困 훌륭하고 아름답게 여기어 칭찬함. 상찬(賞讚). ▢~을 받다.

찬:성¹ (贊成) 圏困困 견해나 의견·제안 따위가 옳다고 판단하여 동의함. ▢과반수의 ~ / 거수로 ~을 표시하다 / 만장일치의 ~을 얻다. ↔반대·불찬성.

찬:성² (贊成) 圏 〔역〕 조선 때, 의정부의 종일품 벼슬(좌찬성·우찬성이 있음).

찬:성-투표 (贊成投票) 圏 어떤 의안이나 발의에 대해 찬성을 표하는 투표.

찬:성-표 (贊成票) 圏 찬성한다는 뜻으로 나타내는 표. 찬표(贊票). ▢~를 던지다.

찬:송 (贊頌) 圏困 찬성하여 칭송함.

찬:송 (讚頌) 圏困困 **1** 미덕을 기리고 칭찬함. **2** 〔기〕 하나님의 은혜를 기리고 찬양함. 또는 그런 일. ▢주님을 ~하다.

찬:송-가 (讚頌歌) 圏 **1** 신성한 대상을 찬미하는 기도의 노래. **2** 〔기〕 하나님께 감사하며 구세주를 기리는 노래.

찬-수 (撰修) 圏困困 책·문서 따위를 저술하거나 편집함.

찬-수 (纂修) 圏困困 글이나 자료를 모아서 정리함. 또는 그렇게 하여 책으로 만듦.

찬-수 (饌需) 圏 반찬거리. 또는 반찬의 종류.

찬:-술 圏 데우지 않은 차가운 술. 냉주(冷酒).

찬:술 (撰述) 圏困困 책이나 글을 지음. 저술. ▢한국 근대사를 ~하다.

찬:술 (纂述) 圏困困 글의 재료를 모아 저술함.

찬스 (chance) 圏 기회. 호기(好機). ▢절호의 ~을 놓치다.

찬:시 (篡弑) 圏困困 임금을 죽이고 그 자리를 빼앗음.

찬:안 (饌案) 圏 〔역〕 진연(進宴) 때에 임금에게 올리던 음식상.

찬:양 (讚揚) 圏困困 아름답고 훌륭함을 기리고 드러냄. ▢그의 업적을 ~하다 / 모든 사람에게서 ~을 받다.

찬:양-대 (讚揚隊) 圏 〔기〕 성가대.

찬:역 (篡逆) 圏困困 왕위(王位)를 빼앗으려고 반역함.

찬-연 (鑽硏) 圏困困 깊이 연구함. 연찬.

찬:연-스럽다 (燦然-)[-따][-스러워][-스러우니] 働田 찬연한 데가 있다. **찬:연-스레** 閉

찬:연-하다 (粲然-) 働困 산뜻하고 조출하다.

찬:연-히 閉

찬:연-하다 (燦然-) 働困 **1** 빛 따위가 눈부시게 밝다. ▢찬연한 빛을 발하다. **2** 어떤 일이나 사물이 영광스럽고 훌륭하다. ▢찬연한 전통 문화. **찬:연-히** 閉 ▢~ 빛나다.

찬:용 (饌用) 圏 **1** 반찬거리를 사는 비용. **2** 반찬거리로 쓸 것.

찬:위 (篡位) 圏困困 임금의 자리를 빼앗음.

찬:유 (讚釉) 圏困困 〔공〕 도자기를 잿물 그릇에 담가서 잿물을 올림.

찬:육 (饌肉) 圏 반찬거리로 쓰는 쇠고기.

찬:의 (贊意)[찬늬 / 차니] 圏 행동이나 견해 따위가 옳거나 좋다고 여겨 찬성하는 뜻. 찬성하는 마음. ▢~를 표하다.

찬:익 (贊翼) 圏困困 찬성하여 도와줌.

찬:입 (竄入) 圏困困 **1** 도망쳐 들어감. **2** 잘못되어 뒤섞여 들어감.

찬:자 (撰者) 圏 시가·문장·책 등을 지은 사람.

찬:제 (粲帝) 圏 **1** 〔역〕 나라 제사 때에 흥기(笏記)를 맡아보던 임시직.

찬:장 (饌欌)[-짱] 圏 찬그릇이나 음식 등을 넣어 두는 장.

찬:정 (撰定) 圏困困 시문을 지어서 골라 정함.

찬:조 (贊助) 圏困困 어떤 일에 찬성하여 도움. ▢~ 연설 / ~ 출연 / ~을 받다.

찬:조-금 (贊助金) 圏 찬조하는 뜻으로 내는 돈. ▢~으로 낸 돈 / ~을 걷다.

찬:진 (撰進) 圏困困 글을 지어 임금께 올림.

찬:집 (撰集) 圏困困 시가(詩歌)·문장 등을 가려 뽑아 모음. 또는 그 책.

찬:집 (纂集) 圏困困 많은 글을 모아 책을 엮음. 또는 그 책.

찬:집 (纂輯) 圏困困 자료를 모아서 분류하고 책으로 엮음. 또는 그 책.

찬찬 閉 여러 번 꼭꼭 감거나 동여매는 모양. ▢다친 데를 헝겊으로 ~ 동여매다. 寒친친.

찬:-옥식 (粲粲玉食)[-찪녹씩] 圏 곱게 찧은 쌀로 지은 하얀 쌀밥.

찬:찬-의복 (燦燦衣服)[-차늬- / -차니-] 圏 아름답고 번쩍번쩍하는 비단옷.

찬찬-하다 働困 성질이나 솜씨·행동 따위가 경솔하지 않고 꼼꼼하며 침착하다. ▢찬찬하게 서랍 속을 들여다보다. **찬찬-히** 閉 ▢~ 뜯어보다.

찬:찬-하다² 働困 동작이나 태도가 급하지 않고 느리다. ▢찬찬한 걸음으로 다가오다. 寒천천하다. **찬:찬-히** 閉 ▢~ 걷다.

찬:찬-하다 (燦燦-) 働困 눈부시게 빛나고 아름답다. **찬:찬-히** 閉

찬:철 (鑽鐵) 圏 〔광〕 금강사.

찬:출 (竄黜) 圏困困 벼슬을 빼앗고 귀양을 보냄. 찬적(竄謫).

찬:-칼 (饌-) 圏 반찬을 만드는 데 쓰는 작은 칼. ▢~로 과일을 깎다.

찬:탁 (贊託) 圏困困 신탁 통치를 찬성함. ↔반탁(反託).

찬:탄 (讚歎·讚嘆) 圏困困困 칭찬하고 감탄함. ▢~을 아끼지 않다 / ~해 마지않다.

찬:탈 (篡奪) 圏困困 왕위·국가 주권 따위를 빼앗음. ▢국권을 ~하다.

찬:평 (讚評·贊評) 圏困困 칭찬하여 비평함.

찬:포 (饌庖) 圏 **1** 푸주. **2** 옛날에, 지방의 세력가에게 쇠고기를 대던 푸줏간.

찬:표 (贊票) 圏 찬성표. ▢~를 던지다.

찬:품 (饌品) 圏 찬수(饌需).

찬-피 圏 냉혈(冷血). ↔더운피.

찬피 동:물(-動物) 변온 동물.

찬-하다(撰-)〖타〗1 글을 짓거나 책을 저술하다. 2 시가나 문장 중에서 잘된 것을 고르다. 또는 골라내어 편집하다.

찬-하다(讚-)〖타〗칭찬하거나 찬양하다.

찬:합(饌盒)〖명〗1 밥·반찬·술안주 등을 담는 그릇(사기·나무·알루미늄 등으로 둥글거나 네모나게 여러 층으로 만듦). 2 여러 층으로 된 합에 담은 반찬과 술안주(마른찬합과 진찬합이 있음).

찬:합-집(饌盒-)[-찝]〖명〗넓거나 크지는 않아도 구조가 마음에 들면서 쓸모가 있는 집.

찰-〖튀〗1 'ㅈ'으로 시작되지 않는 일부 명사 앞에 붙어, '끈기가 있고 차진'의 뜻을 나타내는 말. 〘~벼 / ~떡 / ~옥수수. ↔메-. 2 부정적인 뜻을 가진 말의 앞에 붙어, '몹시 심한'·'더할 수 없는'의 뜻을 나타내는 말. 〘~거머리 / ~깍쟁이. *차-.

찰-가난〖명〗매우 심한 가난.

찰가닥〖튀하자타〗1 작고 단단한 물건이 가볍게 맞부딪칠 때 나는 소리. 또는 그 모양. 2 끈기 있는 물건이 세차게 달라붙는 소리. 또는 그 모양. 3 작은 자물쇠 따위가 잠기거나 열리는 소리. 또는 그 모양. 4 서로 닿으면 걸리어 붙는 단단한 물건끼리 조금 가볍게 맞부딪치는 소리. 또는 그 모양. 〈웬〉철거덕. 〈여〉잘가닥. 〈준〉찰각.

찰가닥-거리다[-꺼-]〖자타〗찰가닥 소리가 자꾸 나다. 또는 찰가닥 소리를 자꾸 내다. 〈웬〉철거덕거리다. 〈여〉잘가닥거리다. 〈준〉찰각거리다. **찰가닥-찰가닥**〖튀하자타〗.

찰가닥-대다[-때-]〖자타〗찰가닥거리다.

찰가당〖튀하자타〗작고 단단한 쇠붙이가 같은 것이 가볍게 부딪치는 소리. 또는 그 모양. 〈웬〉철거덩. 〈여〉잘가당.

찰가당-거리다〖자타〗찰가당 소리가 자꾸 나다. 또는 찰가당 소리를 자꾸 내다. 〈웬〉철거덩거리다. 〈여〉잘가당거리다. **찰가당-찰가당**〖튀하자타〗.

찰가당-대다〖자타〗찰가당거리다.

찰각〖튀하자타〗'찰가닥'의 준말.

찰각-거리다[-꺼-]〖자타〗'찰가닥거리다'의 준말. **찰각-대다**[-때-]〖자타〗찰각거리다.

찰간(刹竿)〖명〗〖불〗덕이 높은 승려가 있음을 세상에 널리 알리기 위해 큰 절 앞에 세웠던 깃대와 비슷한 물건(나무나 쇠로 만듦).

찰-거머리〖명〗1 몸이 작고 빨판이 잘 발달되어 있어 사물이나 몸에 잘 들러붙어 떨어지지 않는 거머리. 2 남에게 끈질기게 들러붙어 귀찮게 구는 사람의 비유.

찰-것[-걷]〖명〗차진 곡식으로 만든 음식.

찰-곡식(-穀食)[-씩]〖명〗찰벼·차조 따위와 같이 찰기가 있는 곡식.

찰과-상(擦過傷)〖명〗스치거나 문질러서 살갗이 벗겨진 상처. 찰상(擦傷). 〘넘어져서 무릎에 ~을 입었다.

찰-교인(-敎人)〖명〗종교를 착실하게 믿는 사람의 별칭.

찰그랑〖튀하자타〗작고 얇은 쇠붙이가 서로 맞닿아 울려서 나는 소리. 또는 그 모양. 〈웬〉철그렁. 〈여〉잘그랑.

찰그랑-거리다〖자타〗찰그랑 소리가 잇따라 나다. 또는 찰그랑 소리를 잇따라 내다. 〈웬〉철그렁거리다. 〈여〉잘그랑거리다. **찰그랑-찰그랑**〖튀하자타〗

찰그랑-대다〖자타〗찰그랑거리다.

찰-기(-氣)〖명〗차진 기운. 〘~가 돌다 / ~가 있어 쫀득쫀득하다.

찰-기장〖명〗찰기가 있는 기장. ↔메기장.

찰까닥〖튀하자타〗1 작고 단단한 물체가 조금 가볍게 맞부딪치는 소리. 또는 그 모양. 2 끈기 있는 물건이 세차게 달라붙는 소리. 또는 그 모양. 3 자물쇠 따위가 잠기거나 열리는 소리. 또는 그 모양. 4 서로 닿으면 걸리어 붙는 단단한 물건끼리 맞부딪치는 소리. 또는 그 모양. 〈웬〉철꺼덕. 〈여〉짤까닥. 〈준〉찰깍.

찰까닥-거리다[-꺼-]〖자타〗찰까닥 소리가 자꾸 나다. 또는 찰까닥 소리를 자꾸 내다. 〈웬〉철꺼덕거리다. 〈여〉짤까닥거리다. **찰까닥-찰까닥**〖튀하자타〗. 〘~ 카메라의 셔터를 누르는 소리.

찰까닥-대다[-때-]〖자타〗찰까닥거리다.

찰까당〖튀하자타〗작고 단단한 쇠붙이가 같은 것이 좀 세게 부딪치는 소리. 또는 그 모양. 〈웬〉철꺼덩. 〈여〉짤까당.

찰까당-거리다〖자타〗찰까당 소리가 잇따라 나다. 또는 찰까당 소리를 잇따라 내다. 〈웬〉철꺼덩거리다. 〈여〉짤까당거리다. **찰까당-찰까당**〖튀하자타〗

찰까당-대다〖자타〗찰까당거리다.

찰깍〖튀하자타〗'찰까닥'의 준말. 〈웬〉철꺽.

찰깍-거리다[-꺼-]〖자타〗'찰까닥거리다'의 준말. 〈웬〉철꺽거리다. 〈여〉짤깍거리다. **찰깍-찰깍**〖튀하자타〗. 〘카메라 셔터를 ~ 누르다.

찰깍-대다[-때-]〖자타〗찰깍거리다.

찰-깍쟁이[-깍-]〖명〗지독한 깍쟁이.

찰나(刹那)[-라]〖ᄀ명〗1〖불〗지극히 짧은 시간. ↔겁(劫). 2 어떤 일이나 상태가 이루어지는 바로 그때. 순간. 〖ᄂ수관〗소수(小數)의 단위의 하나. 탄지(彈指)의 십분의 일이 되는 수(의). 육묘(六妙)의 십 배. 곧 10^{-18}

찰나-적(刹那的)[-라-]〖명〗매우 짧은 시간에 이루어지는 (것). 〘~인 쾌락을 탐하다.

찰나-주의(刹那主義)[-라-/-라-이]〖명〗과거나 미래를 생각하지 않고 다만 현재의 순간적인 쾌락을 추구하며 살고자 하는 사고방식. 모멘털리즘.

찰딱〖튀하자타〗차지거나 젖은 물건이 세차게 달라붙는 모양. 또는 그 소리. 〘광고지가 벽에 ~ 붙어 떨어지지 않는다. 〈웬〉철떡.

찰딱-거리다[-꺼-]〖자타〗차지거나 젖은 물건이 잇따라 달라붙었다 떨어지는 소리가 나다. 〈웬〉철떡거리다. **찰딱-찰딱**〖튀하자〗

찰딱-대다[-때-]〖자〗찰딱거리다.

찰-떡〖명〗찹쌀로 만든 떡. ↔메떡.

찰떡-같다[-깓따]〖형〗정·믿음·관계 따위가 매우 깊다. 〘부부의 금실이 ~. **찰떡-같이**[-까치]〖튀〗. 〘~ 믿었는데 배반을 당했다.

찰떡-궁합(-宮合)[-꿍-]〖명〗1 아주 잘 맞는 궁합의 비유. 2〈속〉마음이 맞아 아주 친하게 지내는 관계. 〘~이 돼서 덤비다.

찰떡-근원(-根源)[-끈-]〖명〗떨어질 줄 모르는 내외간 애정의 비유.

찰락-거리다[-꺼-]〖자타〗1 가는 물줄기가 쉬엄쉬엄 떨어지는 소리가 자꾸 나다. 또는 그런 소리를 자꾸 내다. 2 작은 쇠붙이 따위가 가볍게 서로 부딪치는 소리가 자꾸 나다. 또는 그런 소리를 자꾸 내다. 〈웬〉철럭거리다. **찰락-찰락**〖튀하자타〗

찰락-대다[-때-]〖자타〗찰락거리다.

찰락-이다〖자타〗1 적은 양의 물 따위가 가장자리에 가볍게 부딪치는 소리가 나다. 또는 그런 소리를 내다. 2 작은 쇠붙이 따위가 서로

부딪치는 소리가 나다. 또는 그런 소리를 내다. ⓔ철럭이다.
찰람-거리다재 적은 물이 움직이는 대로 자꾸 흔들리면서 조금씩 넘쳐흐르다. ⓔ칠럼거리다. **찰람-찰람**뮈현자
찰람-대다재 찰람거리다.
찰랑뮈 **1** 넓고 얕은 곳에 괸 물이 넘칠 듯 흔들리는 소리. 또는 그 모양. **2** 방울이나 쇠붙이 따위가 서로 부딪치는 소리. ⓔ철렁. ⓞ잘랑.
찰랑-거리다뮈현자태 자꾸 찰랑하다. 또는 자꾸 찰랑 소리를 내다. ⓔ철렁거리다. **찰랑-찰랑**[1] 뮈현자태
찰랑-대다재자태 찰랑거리다.
찰랑-찰랑[2] 뮈현 작은 그릇들에 물이 모두 가득가득 괴어 있는 모양. ⓔ칠렁칠렁.
찰랑-하다현 작은 그릇에 담긴 물이 넘칠 듯이 가득하다. ⓔ철렁하다·칠렁하다.
찰바닥뮈현자태 얕은 물 위나 진창을 거칠고 어지럽게 밟거나 치는 모양. 또는 그 소리. ⓔ철버덕. ⓞ잘바닥.
찰바닥-거리다재태 찰바닥 소리가 잇따라 나다. 또는 그런 소리를 잇따라 내다. ▯아이들이 얕은 물에서 찰바닥거리며 뛰어논다. ⓔ철버덕거리다. **찰바닥-찰바닥**뮈현자태
찰바닥-대다재태 [—때—] 찰바닥거리다.
찰바당뮈현자태 깊은 물에 큼직한 물동이가 떨어지는 소리. 또는 그 모양. ⓔ철버덩. ⓞ잘바당.
찰바당-거리다재태 찰바당 소리가 잇따라 나다. 또는 그런 소리를 잇따라 내다. ⓔ철버덩거리다. **찰바당-찰바당**뮈현자태
찰바당-대다재태 찰바당거리다.
찰박뮈현자태 얕은 물 위나 진창을 밟는 소리. 또는 그 모양. ⓔ철벅. ⓞ잘박.
찰박-거리다재태 [—때—] 찰박 소리가 잇따라 나다. 또는 그런 소리를 잇따라 내다. ▯아이가 찰박거리며 내를 건너가다. ⓔ철벅거리다. ⓞ잘박거리다. **찰박-찰박**뮈현자태
찰박-대다재태 [—때—] 찰박거리다.
찰-밥명 **1** 찹쌀로 지은 밥. ↔메밥. **2** 찹쌀에 팥·밤·대추·검은콩 등을 섞어 지은 밥.
찰방(察訪)명[역] 조선 때, 각 도의 역참(驛站) 일을 맡아보던 외직(外職) 문관 벼슬.
찰방뮈현자태 깊숙한 물에 조금 묵직한 물건 등이 떨어져 솟음굴게 울려 나는 소리. 또는 그 모양. ⓔ철벙. ⓞ잘방.
찰방-거리다재태 찰방 소리가 잇따라 나다. 또는 그런 소리를 잇따라 내다. ⓔ철벙거리다. **찰방-찰방**뮈현자태
찰방-대다재태 찰방거리다.
찰-벼명 찹쌀이 나는 벼. ↔메벼.
찰-복숭아[—쑹—]명 복숭아의 하나(살이 씨에 붙어 있고 겉에 털이 없음).
찰-부꾸미명 찹쌀가루로 만든 부꾸미.
찰상(擦傷)[—쌍]명 스치거나 문질려서 살갗이 벗어진 상처. 찰과상.
찰색(察色)[—쌕]명현자태 **1** 얼굴빛을 살펴봄. **2** [한의] 혈색을 보아 병을 진찰함. 또는 그렇게 하는 진찰법.
찰-쇠[—쐬]명 문장부 옆에 박아서 대접쇠와 맞비비게 된 쇳조각.
찰-수수명 찰기가 있는 수수.
찰-시루떡명 찹쌀가루로 찐 시루떡.
찰싸닥뮈현자태 **1** 물이나 녹녹한 물체 따위를 손바닥 같은 넓적한 것으로 때리는 소리. 또는 그 모양. **2** 물결이 부딪치는 소리. 또는

그 모양. ▯강물이 ~하며 뱃전을 두드린다.
찰싸닥-거리다[—꺼—] 재태 찰싸닥 소리가 잇따라 나다. 또는 그런 소리를 잇따라 내다. ▯물결이 갯바위에 부딪혀 찰싸닥거린다. ⓔ철썩거리다. ⓞ잘싸닥거리다. **찰싸닥-찰싸닥**뮈현자태
찰싸닥-대다[—때—]재태 찰싸닥거리다.
찰싹뮈현자태 '찰싸닥'의 준말. ▯파도가 바위를 ~ 때리다. ⓔ철썩. ⓞ잘싹.
찰싹-거리다[—꺼—] 재태 '찰싸닥거리다'의 준말. ⓔ철썩거리다. ⓞ잘싹거리다. **찰싹-찰싹**뮈현자태
찰싹-대다[—때—]재태 찰싹거리다.
찰-쌈지명 허리에 찰 수 있게 만든, 주머니 모양의 담배쌈지.
찰제(擦劑)[—쩨]명 도찰제(塗擦劑).
찰제리(刹帝利)[—쩨—]명[불] '크샤트리아'의 한자 역어.
찰조(察照)[—쪼]명현자태 문서나 편지 따위를 자세히 읽어 대조함.
찰중(察衆)[—쭝]명현자태[불] 대중을 규찰함. 또는 그런 일을 맡은 사람.
찰지(察知)[—찌]명현자태 살펴서 앎.
찰지다[—찌—] '차지다'의 원말. [사람.
찰-짜명현 성질이 수더분하지 않고 몹시 깐깐한
찰찰(察察)명현자태부 지나치게 꼼꼼하고 자세함.
[찰찰이 불찰이다] 살핌이 지나쳐 오히려 살피지 않음만 못하다.
찰찰뮈 액체가 조금씩 넘치는 모양. ▯동이에 물이 ~ 넘치게 붓다. ⓔ철철.
찰카닥뮈현자태 **1** 작고 단단한 물체가 조금 가볍게 맞부딪치는 소리. 또는 그 모양. **2** 끈기가 있는 물건이 세차게 들러붙었다가 떨어지는 소리. 또는 그 모양. **3** 작은 자물쇠 따위가 잠기거나 열리는 소리. 또는 그 모양. **4** 서로 닿으면 걸려 붙게 된 단단한 물건끼리 맞부딪치는 소리. 또는 그 모양. ⓔ철커덕. ⓞ잘가닥. ⓒ짤카닥. ⓕ찰칵.
찰카닥-거리다[—꺼—] 재태 찰카닥 소리가 잇따라 나다. 또는 그런 소리를 잇따라 내다. ⓔ철커덕거리다. ⓒ짤카닥거리다. **찰카닥-찰카닥**뮈현자태
찰카닥-대다[—때—]재태 찰카닥거리다.
찰카당뮈현자태 서로 닿으면 걸려 붙게 된 작고 단단한 쇠붙이 등의 단단한 물건끼리 맞부딪치는 소리. 또는 그 모양. ▯~ 쇠창살문이 닫혔다. ⓔ철커덩. ⓞ잘가당. ⓒ짤카당. ⓕ찰캉.
찰카당-거리다재태 찰카당 소리가 잇따라 나다. 또는 그런 소리를 잇따라 내다. ⓔ철커덩거리다. ⓞ잘가당거리다. ⓒ짤카당거리다. ⓕ찰캉거리다. **찰카당-찰카당**뮈현자태
찰카당-대다재태 찰카당거리다.
찰칵뮈현자태 '찰카닥'의 준말. ⓔ철컥. ⓞ잘각. ⓒ짤칵.
찰칵-거리다[—꺼—] 재태 '찰카닥거리다'의 준말. ⓔ철컥거리다. ⓒ짤칵거리다. ⓕ짤깍거리다. **찰칵-찰칵**뮈현자태
찰칵-대다[—때—]재태 찰칵거리다.
찰캉뮈현자태 '찰카당'의 준말. ⓔ철컹.
찰캉-거리다재태 '찰카당거리다'의 준말. ⓔ철컹거리다. **찰캉-찰캉**뮈현자태
찰캉-대다재태 찰캉거리다.
찰-통명〈속〉고치기 힘든 악성 매독.

찰필(擦筆)몡 압지(押紙)나 얇은 가죽을 말아 붓처럼 만든 물건(그림을 그리는 데 씀).

찰필-화(擦筆畵)몡 찰필로 그린 그림.

찰한(札翰)몡 편지(便紙).

찰현-악기(擦絃樂器)[─혀낙끼]몡[악] 활로 현을 마찰시켜 소리를 내는 악기(아쟁·바이올린·첼로 따위).

찰흙[─흑]몡 차진 흙. ▷ ~을 빚어 인형을 만들다.

참¹몡 1 사실이나 이치에 어긋남이 없음. 진(眞). ▷ ~과 거짓을 분별하다. 2《수·림》어떤 조건에서 그 명제가 옳은 것. ↔거짓. 團 '정말'·'과연'·'참으로' 등의 뜻을 나타내는 말. ▷사정이 ~ 딱하다 / 경치가 ~ 좋다. 三갑 까맣게 잊었던 일이 문득 생각나거나, 감정이 극진할 때 감탄을 품은 '참말로'와 같은 뜻으로 쓰이는 말. ▷아 ~, 깜빡 잊었었네 / 이것 ~, 되게 성가시네.

참²□몡 1 일을 하다가 쉬는 시간에 먹는 음식. ▷~을 먹다. 2 길을 가다가 쉬거나 묵는 곳. ▷충계~. 3 일을 하다가 쉬는 시간이나 동안. ▷저녁~. 주의 '站'으로 씀은 취음. □몡 1 (어미 '─은'·'─던' 뒤에 쓰여) 무엇을 하는 경우나 때. ▷시장하던 ~이라 많이 먹힌다. 2 (어미 '─는'·'─ㄹ'·'─을' 뒤에 쓰여) 무엇을 할 예정이나 의향. ▷추석 때 고향에 다녀올 ~이다.

참³(站)몡[역] 공무로 역로(驛路)를 가다가 쉬던 곳. *舊참(驛站).

참⁴(斬)몡하타 1 '참수(斬首)'의 준말. 2 '참형(斬刑)'의 준말.

참─團 1 일부 명사 앞에 붙어, 거짓이 아닌 '진짜' 또는 '진실하고 올바른'의 뜻을 나타내는 말. ▷~말 / ~사람. 2 '품질이 좋음'을 나타내는 말. ▷~외 / ~숯. 3 흔히 동식물 이름 앞에 붙어, 기본적인 품종임을 나타내는 말. ▷~가자미 / ~깨.

참가(參加)몡하짜 1 어떤 모임이나 단체에 참여함. ▷~ 인원 / 행사에 ~하다 / 올림픽 경기에 ~하다. 2 법률 관계에 당사자 이외의 제삼자가 관여함.

참가-국(參加國)몡 국제적 행사나 모임·경기 따위에 참가한 나라. ▷호텔 앞에 ~의 국기가 걸려 있다.

참-가사리(─沙里)몡[식] 홍조류의 해초. 풀가사리와 비슷한데, 높이 5-15 cm의 잎 모양을 한 원기둥꼴이고, 규칙적으로 가지를 뻗음. 빛깔은 어두운 보랏빛임. 풀·직물·공예품 등의 원료로 쓰이며 식용함.

참가-인(參加人)몡 1 참가한 사람. 2《법》민사 소송에서, 원고와 피고 사이의 소송에 참가하는 제삼자. 참가자.

참가 인수(參加引受)《법》환어음의 만기 전에 소구(遡求) 원인이 발생했을 때, 그 소구권의 행사를 막기 위해 지급인 이외의 사람이 인수인·지급인 또는 발행인을 위해서 그 사람과 동일한 의무를 부담하는 일.

참가-자(參加者)몡 참가인.

참-가자미몡 붕넙칫과의 바닷물고기. 몸길이가 약 40 cm이고 긴 달걀 모양임. 몸의 오른쪽에 두 눈이 있는데, 그 부분의 빛은 회갈색, 반대쪽은 백색임.

참가 지급(參加支給)《법》환어음의 약속 어음의 소구(遡求) 원인이 발생했을 때, 소구를 저지할 목적으로 본래 지급할 사람 이외의 제삼자가 인수인·지급인 또는 발행인을 위해

서 하는 지급.

참개(慙愧)몡하타 몹시 부끄러워서 탄식함.

참-개구리몡[동] 개구리의 하나. 몸길이는 5-9 cm이며, 머리는 약간 삼각형. 몸빛은 보통 녹갈색·암갈색인데 검은 점이 있고, 복부는 백색 또는 담황색임. 봄에 한천질(寒天質)에 싸인 알을 물에 낳음. 무논에서 사는 가장 흔한 개구리임.

참-게몡[동] 바위겟과의 게. 강어귀 및 바닷가에 사는데 딱지의 길이는 약 5 cm, 폭은 6 cm가량, 이마에 네 개의 이가 있음. 폐(肺)디스토마의 중간 숙주임.

참견(參見)몡하짜타 1 자기와 상관없는 일을 에 끼어들어 아는 체하거나 간섭함. ▷남의 일에 ~하다 / 쓸데없는 ~은 마세요. 2 참관.

참경(慘景)몡 끔찍하고 참혹한 광경.

참고(參考)몡하타 1 살펴서 생각함. 2 살펴서 도움이 되는 재료로 삼음. ▷~ 문헌 / ~ 자료 / 논문 작성에 ~하려고 하니 그 책을 좀 빌려 주십시오.

참고(慘苦)몡 참혹한 고통.

참-고둥몡[동] 피뿔고둥.

참-고래몡[동] 참고랫과의 고래. 태평양 특산으로 몸길이는 14-20 m, 몸빛은 흑색인데 배 쪽에 흰 무늬가 불규칙하게 나 있음. 머리가 크고 앞쪽에 각질의 혹 같은 돌기가 있으며, 등지느러미는 없음.

참고-삼다(參考─)[─따]짜 1 도움이 될 만한 재료가 되게 하다. 또는 그렇게 여기다. ▷참고삼을 만한 이야기. 2 (주로 '참고삼아'의 꼴로 쓰여) 도움이 될 만한 것을 덧붙이다. ▷참고삼아 한 말씀 더 드리겠습니다.

참고-서(參考書)몡 조사·연구·학습 따위에 참고로 하는 책. ▷교과서와 학습 ~ / ~에 나오는 수학 문제를 풀어 보다.

참고-인(參考人)몡 1《법》범죄 수사를 위해 수사 기관에서 조사를 받는 사람 가운데 피의자(被疑者) 이외의 사람. 2 의회의 위원회 따위에서, 참고가 될 만한 의견을 진술하는 사람. ▷인사 청문회에 ~으로 출석하다.

참관(參觀)몡하짜타 어떤 곳에 나아가서 봄. 참견(參見). ▷개표 과정을 ~하다 / 장학사들이 수업을 ~하다.

참관-기(參觀記)몡 참관한 내용을 쓴 기록.

참관-인(參觀人)몡 1 참관하는 사람. 2《법》선거 때, 투표와 개표 상황을 현장에서 지켜보는 사람(투표 참관인·개표 참관인 등).

참괴(慙愧)몡하타 매우 부끄럽게 여김. 참수(慙差).

참교(參校)몡[역] 1 조선 때, 승문원(承文院)의 종삼품 벼슬. 2 대한 제국 때, 무관 계급의 하나(하사관의 맨 아래, 부교의 다음).

참구(參究)몡하타 1 참고하여 연구함. 2《불》참선하여 진리를 연구함.

참구(讒口)몡 남을 헐뜯어 없는 죄를 있는 것처럼 꾸며 말하는 못된 입. *참설(讒舌).

참구(讒構)몡하타 남을 모함해 좋지 않은 곳으로 넣음.

참극(慘劇)몡 1 비참한 내용의 연극. 2 슬프고 끔찍한 사건의 비유. ▷동족상잔의 ~.

참급(斬級)몡 예전에, 전쟁에서 사람의 머리를 베어서 엮던 두름.

참-기름몡 참깨로 짠 기름. 진유(眞油).

참-꽃몡[동] 참깻과의 한해살이풀. 줄기는 곧고 높이 약 1 m, 여름에 하나의 잎겨드랑이에서 한 개의 꽃이 핌. 꽃부리는 통 모양으로 백색 또는 담황색을 띰. 삭과(蒴果)는 익어 세로로 넷으로 갈라지며, 안에 잔 씨가 많

음. 씨는 볶아서 식용하거나 기름을 짬.
[참깨가 기니 짧으니 한다] 거의 같은 것들 중에서 굳이 크고 작음을 가리려 한다.
참깨-죽 (─粥)명 깨죽.
참깻-묵 [─깬─]명 참기름을 짜낸 참깨의 찌끼 《비료로 씀》.
참-꽃 [─꼳]명 먹는 꽃이라는 뜻으로, '진달래'를 일컫는 말. ↔개꽃.
참-나리명《식》백합과의 여러해살이풀. 흰 비늘줄기가 있고 높이 약 1 m, 줄기는 검은 보랏빛인데, 잎겨드랑이에 짙은 보랏빛의 주아(珠芽)가 있음. 잎은 넓은 선형이고 여름에 황적색에 암자색 얼룩점이 있는 꽃이 핌. 꽃은 관상용이며, 비늘줄기는 약용·식용함. ③나리.
참-나무명 **1** 참나뭇과의 갈참나무·굴참나무·물참나무·졸참나무 따위의 총칭. **2** 상수리나무.
참-나물명《식》미나릿과의 여러해살이풀. 숲 속에 나는데, 줄기 높이는 1.5 m 가량임. 잎은 세 쪽의 겹잎이며 끝이 뾰족하고 톱니가 있는 달걀꼴임. 여름에 흰 꽃이 피는데 어린잎은 나물로 무쳐서 먹음.
참내 (參內)명하자 대궐에 들어감. 예궐(詣闕). 입궐(入闕).
참녕 (讒佞)명하타 아첨하여 남을 모함함. 또는 그렇게 하는 사람.
참녜 (參─)[─/─녜]명하자 '참여(參與)'의 변한말.
참-느릅나무 [─름─]명《식》느릅나뭇과의 낙엽교목. 잎은 긴 타원형 또는 달걀꼴이고, 꽃은 9월에 잎겨드랑이에 모여 피며, 시과(翅果)는 넓은 타원형으로 10월에 익음. 산기슭이나 개울가에 남. 어린잎은 먹음.
참-다 [─따]타 **1** 충동·감정 따위를 억누르고 견디다. ❏이를 악물고 분을 ～. **2** 웃음·울음 따위를 억누르고 견디다. ❏참을 수 없는 아픔 / 터져 나오는 웃음을 겨우 참았다. **3** 기회나 때를 기다리다. ❏조금만 더 참아 주십시오.
참-다랑어 (─魚)명《어》다랑어.
참-다:못하다 [─따모타─]타어 (주로 '참다못해'·'참다못한'의 꼴로 쓰여) 참을 수 있는 데까지 참다가 더 참을 수가 없다. ❏참다못해 한 마디 했다.
참담 (慘澹·慘憺)명하다형부 **1** 참혹하고 암담함. ❏～한 수용소 생활 / 그들의 삶은 정말 ～하였다. **2** 가슴 아플 정도로 비참함. ❏～한 결말로 끝났다.
참-답다 [─따][참다워, 참다우니]형日 (주로 '참다운'·'참답게'의 꼴로 쓰여) 거짓이나 꾸밈이 없이 진실되고 올바르다. ❏참다운 삶을 살다 / 남들과 참답게 어울리다.
참:-당나귀 (─唐─)[─땅─]명 길을 가다가 가끔 꾀를 부려 멈추어 서거나 하여 사람을 성가시게 하는 당나귀.
참-대명《식》대의 일종. 왕대와 비슷한데 높이 1.5~2 m, 지름 4 cm 가량, 질이 단단하여 기구재·건축재로 쓰며, 죽순은 식용함.
참덕 (慙德)명 **1** 덕화(德化)가 널리 미치지 못함을 부끄러워함. **2** 임금이 저지른 잘못.
참독-하다 (慘毒─)[─도카─]형여 몹시 참혹하고 지독하다. **참독-히** [─도키]부
참:-돈 [─똔]명 상여가 나갈 때, 상여꾼이 쉴 적마다 술값으로 주는 돈.
참-돔명《어》감성돔과의 바닷물고기. 감성돔 비슷하며 길이는 약 90 cm, 몸빛은 적색에 녹색 광택을 띠고 청록색의 작은 얼룩점이

흩어져 있음.
참-되다 [─뙤─]형 거짓이 없으며 진실되고 올바르다. ❏참된 영웅 / 참되게 살다.
참:-두 (斬頭)명하자 참수(斬首).
참-따랗다 [─라타]형 (주로 '참따랗게'의 꼴로 쓰여) 딴생각을 가지지 않고 아주 참되고 올바르다. ③참딸다.
참-딸다 [─딸─]형 '참따랗다'의 준말.
참-뜻 [─뜯]명 거짓이 없는 참된 뜻. 진의(眞意). ❏부모님의 ～을 이제야 깨달았다.
참락 (慘落)[─낙]명하자 파는 사람이 손해날 만큼 물건값이 엄청나게 떨어짐.
참:-람-하다 (僭濫─)[─남─]형여 분수에 넘치게 너무 지나치다. 참월(僭越)하다. **참:-람-히** [─남─]부
참량 (參量)[─냥]명하타 참작(參酌). [─남─]부
참렬 (參列)[─녈]명하자 반열(班列)에 참여함.
참렬-하다 (慘烈─)[─녈]형여 아주 참혹하고 끔찍하다. **참렬-히** [─녈─]부
참령 (參領)[─녕]명 **1**《역》대한 제국 때, 무관 장교 계급의 하나(부령(副領)의 아래로, 지금의 소령에 해당함). **2**《기》구세군 계급의 하나(부정령의 아래, 정위의 위임).
참례 (參禮)[─녜]명하자 예식·제사 등에 참여함. ❏혼례식에 ～하다.
참:-로 (站路)[─노]명 역참이 있는 길. ＊역로 (驛路).
참:-륙 (斬戮)[─뉵]명하타 칼로 베어 죽임.
참-마명《식》맛과의 여러해살이 덩굴풀. 덩이뿌리는 긴 원기둥꼴로 2 m 정도. 줄기는 가늘고 길며, 여름에 흰 꽃이 핌. 덩이뿌리는 약용 또는 식용함.
참-마음명 **1** 거짓이 없는 진실한 마음. **2** 마음 속에 품고 있는 진짜 마음. ③참맘.
참-마자명《어》잉엇과의 민물고기. 길이 10~20 cm, 누치 비슷하나 주둥이가 긺. 지느러미는 두 가닥임. 은색 바탕에 등 쪽은 암갈색, 몸 중앙에 7-9개의 검은 점이 세로로 줄지어 있음.
참-말━명 사실과 틀림이 없는 말. 정말. ❏그 소문은 ～인가. ━부 참말로. 정말로. ❏그는 ～ 훌륭한 사람이다.
참말-로부 사실과 조금도 다름이 없이 과연. 참말. ❏～ 그 사람을 아니.
참-맘명 '참마음'의 준말.
참-매명《조》 **1** 독수릿과의 새. 매와 비슷한데, 날개 길이는 수컷이 약 30 cm, 암컷은 약 35 cm, 몸빛은 등은 암회색, 배는 흼. 토끼·꿩 따위의 작은 동물을 잡아먹음. 천연기념물 제323호. ③매. **2** 보라매·송골매를 새매에 상대하여 일컫는 말.
참-매미명《충》매밋과의 곤충. 몸길이는 3.5 cm 정도이고, 날개 길이는 6 cm 가량이며, 몸빛은 검고 머리와 가슴에 붉은 녹색 무늬가 있음. 밤나무·오동나무의 해충임.
참-먹명 품질이 좋은 먹. 진묵(眞墨).
참-먹이명《민》윷판의 맨 마지막 자리.
참모 (參謀)명하자 **1** 윗사람을 도와 어떤 일을 계획하는 데 참여함. 또는 그런 사람. ❏선거 ～. **2** 고급 지휘관의 막료로서 인사·정보·작전·군수 등의 계획과 지도를 맡은 장교.
참모-부 (參謀部)명 **1**《역》대한 제국 때, 국방과 용병의 사무를 맡아보던 관서. **2**《군》참모에 관한 직무를 맡아보는 부서.
참-모습명 거짓이나 꾸밈이 없는, 또는 과장되지 않은 참된 모습. ❏～이 드러나다. ＊진면목(眞面目)·진상(眞相).

참모-장 (參謀長) 명 〖군〗 사단급 이상 부대에서, 지휘관을 도와서 각 참모부의 업무를 조정하고, 참모들을 지휘·감독하는 참모의 우두머리.
참모 장:교 (參謀將校) 〖군〗 참모의 직에 있는 장교.
참모 총:장 (參謀總長) 〖군〗 육해공군의 각 군을 지휘하고 감독하는 최고 지휘관.
참묘 (參墓) 명하자 성묘(省墓).
참무 (讒誣) 명하타 참소(讒訴)와 무고(誣告).
참문 (慘聞) 명 참혹한 소문. 처참한 풍문.
참문 (讖文) 명 미래를 예언한 문서. 미래기.
참:-물 명 만조 때의 물. *감물[2].
참-밀 명 〖식〗 밀[1].
참-바 명 볏짚이나 삼으로 세 가닥을 지어 굵다랗게 드린 줄. ❑~를 드리다. 준바.
참반 (參班) 명하자 반열(班列)에 참여함.
참-반디 명 〖식〗 미나릿과의 여러해살이풀. 높이 15-100 cm, 잎은 손바닥 모양으로 갈라지고 톱니가 있음. 7월에 흰 색 다섯잎꽃이 겹산형꽃차례로 줄기 끝에 나고, 과실은 둥글고 거친 털이 있음. 산지의 나무 그늘에 나는데, 뿌리는 이뇨제 및 해열제로 씀.
참:-밥 [-빱] 명 일을 하다가 잠깐 쉬는 동안에 먹는 밥.
참방 (參榜) 명하자 〖역〗 과거에 급제하여 방목(榜目)에 이름이 오르던 일.
참-배 명 먹을 수 있는 보통의 배를 돌배나 문배와 구별하여 이르는 말.
참배 (參拜) 명하자타 **1** 신이나 부처에게 절함. ❑부처님께 ~하다. **2** 무덤이나 기념비 따위의 앞에서 경의나 추모의 뜻을 나타냄. ❑국립묘지 ~ / ~를 드리다.
참-벌 명 〖충〗 꿀벌.
참법 (懺法) [-뻡] 명 〖불〗 죄업을 참회하기 위한 법회.
참변 (慘變) 명 뜻밖에 당하는 끔찍하고 비참한 재앙이나 사고. ❑~을 당하다 / 열차의 탈선으로 많은 승객이 숨지는 ~이 일어났다.
참봉 (參奉) 명 〖역〗 조선 때, 능(陵)이나 원(園) 또는 종친부·돈령부·봉상시·사옹원·내의원 등 여러 관아에 속했던 종구품 벼슬.
참불가언 (慘不可言) 명 너무나 참혹하여 차마 말할 수 없음.
참불인견 (慘不忍見) 명 너무나 참혹하여 차마 눈으로 볼 수가 없음.
참-붕어 명 〖어〗 잉엇과의 민물고기. 몸길이 6-8 cm, 잉어와 비슷하나 입이 위로 열렸고 입가에 수염이 없음. 몸빛은 은빛이고, 개울이나 도랑 등에서 삶.
참-비름 명 〖식〗 비름을 '쇠비름'에 대하여 일컫는 말.
참-빗 [-빋] 명 빗살이 가늘고 촘촘한 대빗.
[참빗으로 훑듯] 남김없이 샅샅이 뒤져내는 모양의 비유.
참-빗살나무 [-빋쌀라-] 명 〖식〗 노박덩굴과의 낙엽 활엽 관목. 초여름에 담녹색 꽃이 피고, 삭과는 익으면 터져 빨간 속살이 보임《각종 기구재임》.
참사 (參祀) 명하자 제사에 참례함.
참사 (參事) 명하자 **1** 어떤 일에 참여함. 또는 그 사람. **2** 은행·기업체 등에 있는 직위의 하나. 또는 그 직위에 있는 사람.
참사 (慘史) 명 비참한 역사.
참사 (慘死) 명하자 참혹하게 죽음. ❑사고 ~ 현장 / 폭격으로 ~하다.
참사 (慘事) 명 비참한 일. 참혹한 사건. ❑광산 폭발의 ~.
참사 (慙死) 명하자 치욕을 견디기 어려워 죽으려고 함. 또는 치욕이 부끄러워 죽을 지경임.
참사-관 (參事官) 명 외무직 공무원의 한 대외 직명. 공사의 아래, 1등 서기관의 위임. 대사관과 공사관에 둠.
참-사람 명 마음과 행동이 진실하고 올바른 사람. 참된 사람. ❑마음을 고쳐 ~이 되다.
참-사랑 명 진실하고 순수한 사랑.
참-살 명 건강하게 포동포동 찐 살.
참:살 (斬殺) 명하타 목을 베어 죽임. 참륙(斬戮). ❑~을 당하다.
참살 (慘殺) 명하타 참혹하게 죽임.
참상 (參上) 명 〖역〗 조선 때, 육품 이상 종삼품 이하의 벼슬. *참하(參下).
참상 (慘狀) 명 끔찍하고 비참한 모습이나 상태. ❑눈 뜨고 볼 수 없는 ~.
참상 (慘喪) 명 **1** 젊어서 죽은 사람의 상사(喪事). **2** 부모보다 자손이 먼저 죽은 상사.
참-새 명 〖조〗 참샛과의 새. 날개 길이 약 7 cm, 꽁지 5.5 cm가량, 부리는 거무스름하고 머리는 포도색을 띤 적갈색, 등은 흑갈색, 배는 회백색임. 마을 근처에서 번식하며, 가을에는 농작물을 해치나 여름에는 해충을 잡아먹는 이로운 새임.
[참새가 방앗간을 그저 지나랴] 욕심 많은 사람이 이끗을 보고 가만 있지 못한다. [참새가 작아도 알만 잘 깐다] 몸은 비록 작아도 능히 큰일을 감당한다. [참새가 죽어도 짹 한다] 아무리 약한 것이라도 너무 괴롭히면 대항한다.
참새-구이 명 참새의 털을 뽑고 내장을 제거한 후 간을 해서 구운 음식.
참새-목 (-目) 명 〖조〗 조류에 속하는 한 목(目). 대개 몸이 작고 날기를 잘하며 집을 잘 짓는 특징이 있음. 곡물을 먹거나 곤충을 잡아먹음. 전 세계에 5,500여 종이 분포함. 명금류(鳴禽類). 연작류(燕雀類).
참-새우 명 〖동〗 보리새우
참색 (慙色) 명 부끄러워하는 기색.
참서 (讖書) 명 미래에 일어날 일에 대한 예언을 적은 책.
참서 (參恕) 명하타 여러 상황을 살펴보고 잘못을 용서함.
참-서대 명 〖어〗 참서댓과에 속하는 바닷물고기. 몸길이 30 cm 정도의 혀 모양으로 머리가 크며, 눈은 몹시 작고 몸의 왼쪽에 있음. 몸빛은 오른쪽은 적갈색, 반대쪽은 백색임. 한국·일본 등지에 분포함.
참석 (參席) 명하자 모임이나 회의 따위를 하는 자리에 참여함. ❑회의에 ~한 인원 / 파티에 ~하다. ↔불참(不參). *출석.
참석-자 (參席者) [-짜] 명 모임이나 회의 따위에 참석한 사람. ❑회의〔파티〕 ~.
참선 (參禪) 명하자 〖불〗 좌선(坐禪) 수행을 함. 선(禪)을 참구(參究)함.
참설 (讒舌) 명 참소하는 말을 놀리는 혀. 곧, 참언(讒言).
참섭 (參涉) 명하자타 남의 일에 참견하여 간섭함. ❑이 문제에 ~하지 말게.
참세 (懺洗) 명하타 잘못을 깨달아 고쳐서 마음을 깨끗이 함.
참소 (讒訴·譖訴) 명하타 남을 헐뜯어 없는 죄를 있는 것처럼 꾸며서 고해 바침. ❑간사한 무리들이 또 ~하기 시작했다.
참:-수 (-數) [-쑤] 명 쉬는 번수.
참:수 (斬首) 명하타 목을 벰. 참두(斬頭). 괵수

(鹹首). ㉞참(斬).

참-숯 [-숟] 명 참나무 따위를 구워 만든 숯(백탄·검탄(黔炭) 따위).

참:시 (斬屍) 명 하다자 '부관참시(剖棺斬屍)'의 준말.

참신 (參神) 명 하자 제사 지낼 때, 신주에 절하여 뵘.

참신 (讒臣) 명 육사신의 하나. 참소를 잘하는 신하.

참:신-하다 (斬新-·嶄新-) 형여 새롭고 산뜻하다. ▷참신한 디자인. ↔진부하다.

참심-원 (參審員) 명 참심제에서, 법관과 함께 재판의 합의를 하는 사람. ▲배심원.

참심-제 (參審制) 명 국민 중에서 선출된 참심원이 법관과 함께 합의체를 구성하는 제도. 독일·프랑스 등에서 채택하고 있음.

참-싸리 명 《식》콩과의 낙엽 활엽 관목. 높이 2 m 정도. 산지에 남. 싸리 비슷한데 한 잎자루에 세 개의 작은 잎이 달리며, 여름에 홍자색 꽃이 핌. 줄기는 세공재, 나무껍질은 섬유 원료로 씀.

참-쑥 명 국화과의 여러해살이풀. 땅속뿌리는 옆으로 벋고 줄기 높이는 15-20 cm. 잎은 어긋나게 나며, 뒷면은 흰 솜털로 덮여 있음. 꽃은 8-9월에 원추꽃차례로 피며 수과(瘦果)는 1mm 정도로 작음. 어린순은 식용하고, 자란 잎은 한방에서 산후의 약재로 씀.

참악 (慘愕) 명 하다타 참혹한 형상에 놀람.

참악-하다 (慘惡-)[차마카-] 형여 참혹하고 흉악하다.

참알 (參謁) 명하다타 《역》1 매년 유월과 섣달에 벼슬아치의 성적을 매길 때, 각 관아의 벼슬아치가 자신의 책임 벼슬아치를 뵙던 일. 2 조선 때, 새로 임명된 벼슬아치가 감독 관아를 다니며 인사하던 일.

참어 (讒語) 명 참언(讒言).

참-억새 [차먹쌔] 명 《식》볏과의 여러해살이풀. 억새의 원종으로 줄기 높이 1.5-2 m. 가을에 황갈색 또는 자갈색 꽃이 핌. 줄기와 잎은 지붕을 이는 데 씀. 산야에 남.

참언 (讒言) 명하자타 거짓으로 꾸며서 남을 참소함. 또는 그런 말. ▷~을 일삼는 무리는 어느 시대에도 있다.

참언 (讖言) 명 앞일에 대하여 길흉화복을 예언하는 말. 참어(讒語).

참여 (參與) 명하다 어떤 일에 끼어들어 관계함. 참예(參預). ▷현실 ~ / 행사에 ~하다 / 회사 경영에 ~시키다.

참여-론 (參與論) 명 예술의 현실 참여에 대한 의의·가치·방법 등에 관한 주장·논의. 또는 그런 내용의 논의.

참여 의:식 (參與意識) 명 어떤 일에 뛰어들어 함께 생각하고 함께 행동하고자 하는 적극적인 생각. ▷대학생들은 현실 ~이 강하다.

참:역 (站役) 명 《공》흙으로 만든 도자기가 마르기 전에 고루 잡아서 매만지는 사람.

참연-하다 (慘然-) 형여 슬프고 참혹하다. 참연-히 튀

참연-하다 (嶄然-) 형여 한층 높이 뛰어나다. 참연-히 튀

참-열매 [-녈-] 명 《식》수정(受精) 후 종자의 발육에 따라서 씨방 부분만이 발달하여 생긴 과실(매화·복숭아 열매 따위). 진과(眞果). ↔헛열매.

참예 (參預) 명하자 참여(參與).

참예 (參詣) 명하자 신이나 부처에게 나아가 뵘. 참배(參拜).

참-오동 (-梧桐) 명 '벽오동'에 대해 오동과

(科) 나무를 일컫는 말.

참-외 명 《식》박과의 한해살이 덩굴풀. 인도 원산. 줄기는 털이 있고 덩굴손으로 감고 벋으며, 잎은 각 마디에 어긋나게 나고 둥근 심장형임. 여름에 노란 꽃이 피고 장과(漿果)는 타원형인데 녹·황·백색으로 익음. 맛이 달아 널리 식용함. ▷~를 따다.

참요 (讖謠) 명 《문》시대적 상황이나 정치적 징후를 암시하는 민요(《신라의 멸망과 고려의 건국을 예언했다는 '계림요(鷄林謠)', 후백제의 내분을 예언했다는 '완산요(完山謠)', 조선의 건국을 암시했다는 '목자요(木子謠)' 등).

참:운 (站運) 명 《역》조선 때, 조세로 징수한 쌀이나 베를 강을 통해 배로 실어 나르던 일. ▲조운(漕運).

참:월-하다 (僭越-) 형여 참람(僭濫)하다.

참위 (參尉) 명 《역》대한 제국 때, 장교 계급의 하나(부위의 아래로, 위관의 최하 계급).

참:위 (僭位) 명하자 자기 분에 넘치는 군주(君主)의 자리에 앉는 일. 또는 그 자리.

참위 (讖緯) 명 미래의 길흉화복의 조짐이나 그에 대한 예언. 또는 그런 술수를 적은 책.

참위-서 (讖緯書) 명 참서(讖書).

참위-설 (讖緯說) 명 중국 진대(秦代)에 비롯된 일종의 예언학(《음양오행설에 바탕을 두어, 일식·월식·지진 등의 천이지변(天異地變)이나 인간 사회의 길흉화복을 예언하던 학설》). 참위학.

참-으로 튀 진실로. 정말로. ▷~ 뻔뻔하다 / ~ 재미있는 책이다.

참을-성 (-性)[차를썽] 명 참고 능히 견디어 가는 성질. ▷~을 기르다 / ~이 강하다 / ~이 부족하다.

참의 (參議)[차믜 / 차미] 명 《역》1 조선 때, 육조(六曹)의 정삼품 벼슬. 2 대한 제국 때, 의정부(議政府) 각 아문에 둔 벼슬.

참의-원 (參議院)[차믜- / 차미-] 명 구헌법에 규정했던 양원제 국회 중의 하나(《상원에 해당》). ▲민의원.

참작 (參酌) 명하다타 이리저리 비교해 보고 알맞게 헤아림. 참량(參量). ▷정상을 ~할 여지가 없다.

참장 (參將) 명 《역》대한 제국 때, 무관 장교 계급의 하나(《부장의 다음으로 장관(將官)의 최하 계급》).

참적 (慘迹) 명 참혹한 흔적.

참전 (參戰) 명하다 전쟁에 참가함. ▷~ 용사 / 6·25 전쟁에 ~한 노병들.

참전-국 (參戰國) 명 전쟁에 참가한 나라. ▷한국 전쟁 ~.

참절-비절 (慘絶悲絶) 명하형 참혹하기 짝이 없고, 슬프기 그지없음.

참절-하다 (慘絶-) 형여 매우 참혹하다.

참정 (參政) 명하다 1 정치에 참여함. 2 대한 제국 때, 의정부의 한 벼슬. 또는 그 벼슬아치.

참정-권 (參政權)[-꿘] 명 《법》국민이 국정에 직접 또는 간접으로 참여하는 권리(《선거권·피선거권·공무원이 될 수 있는 권리 따위》).

참정-대신 (參政大臣) 명 대한 제국 때, 의정부에 의정대신의 다음가던 벼슬(《한 명이 있었음》).

참:정절철 (斬釘截鐵) 명하자 못을 부러뜨리고 쇠를 자른다는 뜻으로, 의연하고 과감하게 일을 처리함을 이르는 말.

참:-젖 [-쩓] 명 1 시간을 정해 두고 먹이는 젖. 2 참참이 얻어먹는 남의 젖.

참조(參照)명하타 참고로 비교하고 대조해 봄. ▣자세한 것은 별첨 서류를 ~하시오.

참-조기[어]명 민어과의 바닷물고기. 길이 30 cm 정도이고, 몸빛은 회색을 띤 황금빛으로 입술은 불그스름함. 황석어(黃石魚).

참-죄(斬罪)[−쬐]명[−쬐] 참형을 당할 죄.

참-주(僭主)명 스스로 군주라고 이르는 사람.

참죽명 참죽나무와 참죽순의 통칭.

참죽-나무[−죽−]명《식》멀구슬나뭇과의 낙엽 활엽 교목. 촌락에 심음. 높이 20 m 정도. 여름에 다갈색의 타원형 삭과가 익음. 어린 싹은 식용하며, 줄기와 뿌리의 껍질은 약용함. 나무는 기구·농구의 재료로 씀. ⓒ참죽나무.

참죽-나물[−죽−]명 참죽순을 데쳐 소금과 기름에 무친 나물.

참죽-순(−筍)[−죽−]명 참죽나무의 어린잎. 물에 우린 뒤에 나물·자반·튀김 따위를 만들어 먹음.

참죽-자반[−짜−]명 참죽순으로 만든 자반. 연엽(楝葉)자반.

참-줄(−)《광》여러 가닥으로 갈라진 광맥 가운데 채산이 맞을 만한 좋은 광맥.

참-중고기[어]명 잉엇과에 속하는 민물고기. 몸길이는 10−20 cm, 중고기와 비슷하나 비늘의 뒤쪽 언저리가 흑갈색이고, 등지느러미와 꼬리지느러미에 검은빛의 띠가 둘렸음. 한국 특산으로 낙동강·섬진강에 많음.

참증(參證)명 참고가 될 만한 증거.

참지(參知)명《역》조선 때, 병조(兵曹)의 정삼품 벼슬.

참집(參集)명하자 참가하기 위해 모임. ▣대회에 ~하다.

참착-하다(參錯−)[−차카−]형어 뒤섞이어 고르지 못하다.

참찬(參贊)명《역》조선 때, '좌(左)참찬·우(右)참찬'의 총칭.

참찬(參纂)명하타 참고하여 편찬함.

참-참(−)명 일을 하다가 이따금 쉬는 시간. ▣일하면서 ~으로 공부하다.

참:참(站站)명《역》각 역참.

참:참-이(−−)부 이따금. ▣~ 아프다.

참척(慘慽)명 아들딸이나 손자 손녀가 앞서 죽음. 또는 그 일. ▣~의 아픔을 겪다.

참척을 보다▣ 웃어른으로서 참척인 변상(變喪)을 당하다.

참척-하다[−처카−]형어 한 가지 일에 정신을 골똘하게 쏟아 다른 생각이 없다. 참척-히[−처키]부

참천(參天)명하자 하늘을 찌를 듯이 공중으로 높이 솟아 늘어섬.

참청(參聽)명하타 참여하여 들음.

참최(斬衰)명 거친 베로 짓되 아랫도리를 꿰매지 않고 접어 입는 상복《아버지나 할아버지의 상(喪)에 입음》.

참최-친(斬衰親)명 죽었을 때 삼년상을 치러야 하는 관계에 있는 친족《아버지와 남편·맏아들·시아버지가 이에 속함》.

참취명《식》국화과의 여러해살이풀. 산야에 남. 높이는 1.5 m 정도. 가을에 흰꽃이 피며, 어린잎은 식용하고 다 자란 잎은 약용함. 향소(香蔬). 마제초(馬蹄草).

참측(慘惻)명 몹시 슬퍼함. 또는 그 모양.

참치[어]명 1 '참치방어'의 준말. 2 '다랑어'를 식용으로 일컫는 말.

참치-방어(−魴魚)명[어] 전갱잇과의 바닷물고기. 길이는 30−100 cm로 방추형이며, 주

등이가 뭉뚝함. 몸빛은 청갈색, 머리에서 꼬리 쪽으로 노란색 띠가 두 줄 있음. ⓒ참치.

참치부제(參差不齊)명하형 길고 짧거나 들쭉날쭉하여 가지런하지 않음.

참:칭(僭稱)명 멋대로 분수에 넘치게 스스로 임금이라 이름. 또는 그 칭호. ▣황제를 ~하다.

참:−파토(斬破土)명하자 무덤을 만들려고 풀을 베고 땅을 팜. ⓒ파토.

참판(參判)명《역》조선 때, 육조(六曹)의 종이품 벼슬《판서의 다음가는 자리임》.

참패(慘敗)명하자 싸움이나 경기 따위에서 여지없이 패배함. 또는 그런 패배. ▣하위권 팀에게 ~하다 / 선거에서 ~를 당하다.

참하(參下)명《역》조선 때, 칠품 이하 벼슬의 총칭. *참상(參上).

참:−하다(斬−)타어 칼 따위의 날붙이로 목을 쳐서 베다. 참수(斬首)하다.

참:−하다형어 1 생김새 따위가 나무랄 데 없이 말쑥하다. ▣참하게 생기다. 2 성질이 찬찬하고 얌전하다. ▣참한 색싯감을 얻다.

참학-하다(慘虐−)[−하카−]형어 참독(慘毒)하다.

참한(−限)명하타 기한까지 참음.

참한(慙汗)명 부끄러워서 흘리는 땀.

참함(讒陷)명하타 헐뜯는 말로 남을 죄에 빠뜨림. *모함.

참해(慘害)명 1 참혹하게 입은 손해. 2 남을 참혹하게 해침.

참:−형(斬刑)명하타 목을 베어 죽임. 또는 그런 형벌. ▣~에 처하다.

참형(慘刑)명 참혹한 형벌.

참호(塹壕·塹濠)명《군》1 성 둘레의 구덩이. 2 야전(野戰)에서 몸을 숨기어 적의 공격에 대비하는 방어 시설《구덩이를 파서 그 흙으로 앞을 막아 가림》. ⓒ호(壕). *산병호.

참호-전(塹壕戰)명 참호에 의지하여 벌이는 싸움.

참혹(慘酷)명하형명부 비참하고 끔찍함. 잔인하고 무자비함. ▣역적이라는 누명을 쓰고 ~한 죽음을 당하다 / 눈을 뜨고 볼 수 없을 만큼 ~하다.

참화(慘火)명 비참하고 끔찍한 화재.

참화(慘禍)명 비참하고 끔찍한 재난이나 변고. ▣~를 입다.

참-황새[−−]명 '황새'를 '먹황새'에 대하여 일컫는 말.

참회(參會)명하자 모임에 참여함.

참회(慙悔)명하타 부끄러워서 뉘우침.

참회(懺悔)명하타 1 자기의 잘못을 깨닫고 깊이 뉘우침. ▣~의 눈물을 흘리다. 2《불》과거의 죄를 깨닫고 뉘우치며, 부처나 보살 앞에서 고백하고 용서를 빎. 3《종》신이나 하느님 앞에서 죄를 회개하고 용서를 빎. ▣잘못을 깨닫고 하나님 앞에 ~하다.

참회-록(懺悔錄)명 지난날 저지른 잘못에 대해 깨닫고 깊이 뉘우치는 내용을 적은 기록. 참회의 고백 기록.

참회-멸죄(懺悔滅罪)[−쬐]명《불》참회의 공덕으로 모든 죄업을 없애는 일.

참회-문(懺悔文)명 1 참회한 내용을 적은 글. 2《불》부처·보살에게 예배하거나 독경할 때, 또는 참회할 때 축원하는 글.

참회-사(懺悔師)명《불》참회를 받는 스님.

참회 스님(懺悔−)《불》참회를 받고 선법(禪法)을 주는 승려. 참회사.

참획(參劃)명하자 계획에 참여함.

참훼(讒毀)명하타 거짓으로 꾸며서 남을 헐뜯

어 말함.

참흉(惨凶)[명] 참혹한 흉년.

참-흙[-흑][명] 모래와 찰흙이 알맞게 섞여 농사짓기에 적당한 흙.

찹쌀[명] 찰벼를 찧은 쌀. ↔멥쌀.

찹쌀-가루[-까-][명] 찹쌀을 찧어 만든 가루.

찹쌀-고추장(-醬)[명] 찰밉이나 찹쌀가루를 반대기 지어 삶은 떡으로 담근 고추장.

찹쌀-떡[명] **1** 찹쌀로 만든 떡. **2** 찹쌀로 둥글게 만들어 단팥 소를 넣은 떡.

찹쌀-막걸리[-껄-][명] 찹쌀로 빚은 막걸리.

찹쌀-밥[명] 찹쌀로 지은 밥. 찰밥.

찹찹-하다[-차파-][형여] **1** 많이 쌓인 물건이 차곡차곡 가지런하게 놓여 있다. □김을 찹찹하게 재어 놓다. **2** 마음이 가라앉아 조용하다. □사람이 침착하고 있고 지저분하게 헝클고 다닌다. **찹찹-히**[-차피][부]

찻-간(車間)[차깐 / 찯깐][명] 자동차·열차 따위의 사람이 타게 된 칸.

찻-감(茶-)[차깜 / 찯깜][명] 차를 만드는 재료.

찻-값(茶-)[차깝 / 찯깝][명] 찻집에서 마신 음료의 대금으로 내는 돈. □~을 치르다.

찻-길(車-)[차낄 / 찯낄][명] **1** 열차·전철 따위가 다니는 길. **2** 자동차만 다니는 길. 차도.

찻-물(茶-)[찬-][명] **1** 차를 달이는 데에 쓰는 물. □~을 끓이다 / ~을 올리다. **2** 차를 달인 물.

찻-방(茶房)[차빵 / 찯빵][명] 안방 곁에 달려 있어, 식료품을 두는 방.

찻-삯(車-)[차싹 / 찯싹][명] 차를 타는 데 내는 돈. 차비. □~이 올랐다.

찻-숟가락(茶-)[차쑨까- / 찯쑨까-][명] 차를 마실 때에 쓰는 작은 숟가락. ⓐ찻숟갈.

찻-숟갈(茶-)[차쑨깔 / 찯쑨깔][명] '찻숟가락'의 준말.

찻-잎(茶-)[찬닙][명] 차나무의 잎.

찻-잔(茶盞)[차짠 / 찯짠][명] 차를 담아 마시는 잔. □사기 ~.

찻-장(茶欌)[차짱 / 찯짱][명] 찻그릇이나 과일 등을 넣어 두는 자그마한 장.

찻-종(茶鍾)[차쫑 / 찯쫑][명] 차를 따라 마시는 종지. 찻종지.

찻-주전자(茶酒煎子)[차쭈- / 찯쭈-][명] 차를 끓이는 데 쓰는 주전자.

찻-집(茶-)[차찝 / 찯찝][명] 다방(茶房).

창[명] 피륙·종이 따위의 조각의 물건이 해져서 뚫어진 구멍. □구두에 ~이 났다.

창²[명] **1** 구두·고무신·짚신·미투리 등의 밑바닥 부분. 또는 거기에 덧붙이는 가죽이나 고무의 조각. □~을 갈다 / ~이 닳다. **2** 신발에서, 발이 닿는 바닥에 까는 물건. □구두가 흘렁해서 ~을 깔았다.

창(倉)[명] **1** 곳집1. **2** 예전에, 서울 남대문 시장을 흔히 이르던 말.

창(窓)[명] **1** '창문'의 준말. □~을 열다 / ~을 두드리다 / ~이 밝아 오다. **2**《컴》윈도.

창(唱)[명][하자] **1** 노래를 부름. 가창(歌唱). **2**《악》판소리나 잡가 등을 가락에 맞추어 하는 소리로 노래를 부름. 또는 그 노랫소리(판소리의 경우, '발림'·'아니리'와 함께 3대 요소를 이룸).

창(槍)[명] **1** 옛날 무기의 하나(긴 나무 자루 끝에 양쪽에 칼날이 있는 뾰족한 쇠가 달렸음). **2** 창던지기에 쓰는 기구.

창(瘡)[명]《한의》'창병(瘡病)'의 준말.

-창(廠)[접미] 군대의 '공장'·'창고' 등의 뜻을 나타내는 접미사. □병기~ / 피복~.

창-가(窓-)[-까][명] 창문의 가장자리. 또는 창

문과 가까운 곳. 창변(窓邊). □~에 앉아 뜰에 핀 꽃을 바라보다.

창가(娼家)[명] 창기(娼妓)의 집.

창-가(唱歌)[명][하자] 갑오개혁 이후에 생긴 근대 음악 형식의 간단한 노래.

창가-병(瘡痂病)[-뼝][명]《농》식물의 어린잎이나 줄기·과실에 딱지 모양의 암갈색 얼룩점이 생기는 병(귤이나 차나무 따위에서 볼 수 있음). 더뎅잇병.

창-간(創刊)[명][하자] 신문·잡지 등의 정기 간행물을 처음으로 펴냄. □~ 기념 퀴즈 / 순수 문예지를 ~하다. ↔종간(終刊).

창-간호(創刊號)[명] 정기 간행물의 맨 첫 번째의 것. □이 잡지는 ~부터 빠짐없이 모아 두고 있다.

창-갈이[명][하타] 신창을 새것이나 다른 것으로 갈아 대는 일.

창-건(創建)[명][하타] 건물이나 조직체 따위를 처음으로 세움. □신당의 ~ / 인터넷 관련 회사를 ~하다.

창-건-주(創建主)[명]《불》절을 새로 세운 시주(施主).

창건-하다(蒼健-)[형여] 시문(詩文)이 예스럽고 굳세다.

창검(槍劍)[명] 창과 검. **2** 무기나 무력의 비유. □~으로 백성을 지배하다.

창-견(創見)[명] 처음으로 생각해 낸 의견.

창경(窓鏡)[명] 창문에 단 유리.

창고(倉庫)[명] 물건이나 자재를 저장하거나 보관하는 건물. 곳집. □자재 ~ / ~에 곡식을 쌓아 두다.

창고(蒼古)[명] 아주 먼 옛날 시대. **―하다**[형여] 낡고 오래되어서 예스럽다.

창-고기(槍-)[명]《동》두색류(頭索類)의 원삭동물. 맑은 바닷물의 모랫바닥에 삶. 길이는 5cm가량으로 뱅어 모양인데, 반투명이며 머리와 눈·뼈·비늘이 없음(척삭(脊索)이 있어 척추동물에 가까움). 활유어(活蝓魚).

창-고달(槍-)[-고-][명] 창의 물미.

창고-업(倉庫業)[명] 보관료를 받고 자기의 창고에 남이 부탁한 화물을 보관하고, 맡긴 사람을 위해 창고 증권을 발행하고, 보관물의 매매나 주선 등을 하는 영업. 창고 영업.

창고 증권(倉庫證券)[-꿘]《경》창고 영업자가 화물을 맡긴 사람의 청구에 따라 발행하는 유가 증권. 창하(倉荷) 증권.

창고-지기(倉庫-)[명] 창고를 관리하고 지키는 사람.

창곡(倉穀)[명] 창고에 쌓아 둔 곡식.

창-곡(唱曲)[명] **1** 노래하기 위한 곡조. **2** 곡조에 따라 노래를 부름.

창공(蒼空)[명] 창천(蒼天)1.

창공에 뜬 백구(白鷗)[구] 실속이 없고 소용이 없는 것이라는 말.

창-과(槍戈)[명] 한자 부수(部首)의 하나('成'·'我' 따위에서 '戈'의 이름).

창구(窓口)[명] **1** 창을 내거나 뚫어 놓은 곳. **2** 사무실 따위에서, 창을 통해 손님과 응대하고 돈의 출납 등의 사무를 보는 곳. □접수 ~ / 원서 접수 ~ / ~ 직원. **3** 외부와의 절충이나 교섭을 담당하는 연락 부서. □대외 연락 ~ / 협상 ~.

창구(創口)[명] 칼날 따위에 다친 상처.

창구(瘡口)[명] 부스럼·종기 따위가 터져서 생긴 구멍.

창구(艙口)[명] 선박의 창고에 실은 화물을 내

리고 올리기 위해 상갑판에 설치한 네모진 구멍.

창-구멍 [-꾸-] 圐 이불·솜옷·대님·버선 따위를 지을 때, 안팎을 뒤집어 빼내기 위해 꿰매지 아니한 부분.

창-구멍 (窓-) [-꾸-] 圐 창을 내기 위해 뚫은 구멍.

창군 (創軍) 圐하타 군대를 처음 만듦. 건군(建軍). 〔圐 ~ 50주년 기념 행사.

창군 (槍軍) 圐 예전에, 창을 주무기로 쓰던 군사. 창수(槍手).

창궐 (猖獗) 圐하타 전염병이나 못된 세력 따위가 걷잡을 수 없이 퍼짐. 〔圐 유행성 감기가 ~하다 / 도적들이 ~하다.

창-극 (唱劇) 圐 〖악〗 혼자 연창(演唱)하는 판소리를, 여러 사람이 각각 배역을 맡아 창(唱)을 중심으로 극을 전개하는 연극. 창조가극.

창극-조 (唱劇調) [-조] 圐 〖악〗1 '판소리'의 딴 이름. 2 판소리의 곡조.

창기 (娼妓) 圐 몸을 팔던 천한 기생.

창:기 (脹氣) 圐 창증(脹症).

창:기 (瘡氣) 圐 〖한의〗 매독 증세.

창-기병 (槍騎兵) 圐 창을 가진 기병.

창-꾼 (槍-) 圐 창으로 짐승을 잡는 사람.

창-나무 圐 배에 달린 키의 자루.

창난 圐 명태의 창자. 젓을 담그는 데 씀.

창난-젓 [-전] 圐 명태의 창자에 소금과 고춧가루 따위의 양념을 쳐서 만든 것.

창녀 (娼女) 圐 돈을 받고 몸을 파는 여자. 창부(娼婦).

창:단 (創團) 圐하타 '단(團)'이라는 이름이 붙은 단체를 새로 만듦. 〔圐 가극단을 ~하다 / 이 팀은 ~ 후 한 번도 승리하지 못하였다.

창:달 (暢達) 圐하자타 1 의견·주장 등을 거리낌 없이 자유로이 표현하여 전달함. 〔圐 언론의 ~. 2 거침없이 쭉쭉 벋어 나감. 또는 그렇게 되게 함. 〔圐 지역 문화를 ~하다.

창:당 (創黨) 圐하자타 정당을 새로 만듦. 또는 정당이 새로 만들어짐. 〔圐 신당 ~ 대회.

창-대 (槍-) [-때] 圐 창의 길고 굵은 자루. **창대 같다** 아주 길고 굵다. 〔圐 창대 같은 비가 내린다.

창대-하다 (昌大-) 圐 세력이 아주 크고 왕성하다. **창대-히** 튀

창:덕 (彰德) 圐하타 남의 덕행을 밝혀 드러냄. 또는 그 덕이나 행실.

창-던지기 (槍-) 圐하타 창을 여섯 번 던져서 그중 가장 멀리 던진 거리로 승부를 겨루는 육상 경기. 투창(投槍).

창:도 (唱道·倡道) 圐하타 어떤 일을 앞장서서 외침. 또는 솔선하여 말하거나 주장함.

창:도 (唱導) 圐하타 1 어떤 일을 앞장서서 부르짖어 사람을 앞으로 나감. 2 〖불〗교법(敎法)을 먼저 주창하여 사람들을 불도(佛道)에 인도함.

창독 (瘡毒) 圐 1 부스럼의 독기. 2 창병(瘡病)의 독기.

창:락-하다 (暢樂-) [-나카-] 圐 마음이 온화하고 화락하고 즐겁다.

창랑 (滄浪) [-낭] 圐 창파(滄波).

창랑자취 (滄浪自取) [-낭-] 圐 좋은 말을 듣거나 나쁜 말을 듣는 것은 모두 자기가 하기에 달렸다는 뜻.

창룡 (蒼龍) [-뇽] 圐 청룡(靑龍).

창루 (娼樓) [-누] 圐 기루(妓樓).

창름 (倉廩) [-늠] 圐 곳집.

창:립 (創立) [-닙] 圐하타 기관·학교·회사 등을 처음으로 만들어 세움. 〔圐 학교 ~ 기념식 / 학회를 ~하고 회장이 되다.

창-막이 (艙-) 圐 거룻배나 돛배 따위 목조선의 선창에 칸막이로 가로막은 나무.

창:만 (脹滿) 圐하타 〖의〗 복강(腹腔) 안에 액체가 괴어 배가 몹시 팽팽하게 오르는 증상.

창:만 (漲滿) 圐하타 물이 불어 넘칠 만큼 가득 참. 창일(漲溢).

창:망-하다 (悵惘-) 圐 시름없이 바라봄.

창:망-하다 (悵惘-) 圐 근심과 걱정으로 경황이 없다. **창:망-히** 튀

창망-하다 (滄茫-·蒼茫-) 圐 넓고 멀어서 아득하다. 〔圐 창망한 대해(大海). **창망-히** 튀

창맹 (蒼氓) 圐 창생(蒼生).

창-머리 (窓-) 圐 창문 옆. 〔圐 ~에 놓여 있는 테이블.

창-면 (-麵) 圐 녹말을 끓는 물에 넣어 익힌 다음 채를 쳐서 꿀을 탄 오미자 국물에 넣어 먹는 음식.

창명 (滄溟) 圐 큰 바다. 창해(滄海).

창:명 (彰明) 圐하타형 1 드러내서 밝힘. 2 빛이 환하게 밝음.

창-모 (槍矛) 圐 한자 부수의 하나('矜'·'矟' 따위에서 '矛'의 이름).

창:무-하다 (暢茂-) 圐 풀과 나무가 잘 자라서 무성하다.

창문 (窓門) 圐 공기가 드나들고 빛이 들어올 수 있게, 또는 밖을 내다볼 수 있도록 벽이나 지붕에 만들어 놓은 작은 문. 〔圐 ~을 닦다 / ~을 열어 환기를 하다 / ~ 틈으로 빛이 새어 들어오다. 〔준〗창(窓).

창문-짝 (窓門-) 圐 창문의 문틀에 끼어져 있는 문짝.

창-밑 (槍-) [-믿] 圐 활의 도고지 밑.

창-밖 (窓-) [-박] 圐 창문의 밖. 〔圐 ~을 내다보 / ~에는 눈이 소복이 쌓여 있다.

창-받다 [-따] 团 1 신 바닥에 가죽이나 고무 따위의 조각을 대고 꿰매다. 2 버선 바닥에 딴 헝겊을 대다.

창-받이 [-바지] 圐하타 창받는 일. 또는 그렇게 한 신.

창방 (昌枋) 圐 〖건〗 대청 위의 장여 밑에 다는 넓적한 도리. 오량(五樑) 집에 모양을 내기 위하여 닮. 〔주의 '昌枋'·'昌防'으로 씀은 취함.

창:방 (唱榜) 圐하타 〖역〗 방목(榜目)에 적힌 과거 급제자의 이름을 부름. *방방(放榜).

창백-출 (蒼白朮) 圐 〖식〗 창출과 백출을 아울러 이르는 말.

창백-하다 (蒼白-) [-배카-] 圐 얼굴빛 따위가 핏기 없이 해쓱하다. 〔圐 창백하리만큼 하얀 얼굴. **창백-히** [-배키] 튀

창:법 (唱法) [-뻡] 圐 노래하는 방법. 〔圐 이색적인 ~ / ~이 독특하다.

창법 (槍法) [-뻡] 圐 창을 쓰는 방법. 〔圐 검법과 ~에 뛰어난 무장.

창변 (窓邊) 圐 창가.

창병 (槍兵) 圐 창을 쓰는 병사.

창병 (瘡病) [-뼝] 圐 〖한의〗 매독. 〔준〗창(瘡).

창봉 (槍棒) 圐 창과 곤봉. 〔圐 ~을 잘 다루다.

창:부 (倡夫) 圐 1 남자 광대. 2 무당의 남편. 3 〖민〗무당 굿거리의 한 가지. 창부거리.

창부 (倉部) 圐 〖역〗 1 신라 때, 재정을 맡아보던 관아. 2 고려 초, 향리(鄕吏)의 재무를 맡아보던 직소(職所).

창부 (娼婦) 圐 창녀.

창-부리 (槍-) [-뿌-] 圐 창의 뾰족하고 날카로운 끝 부분. *총(銃)부리.

창:부 타:령 (倡夫−)〖악〗경기 민요의 하나. 본디 무당이 부르던 소리에서 유래하며, 굿거리장단에 맞추어 부름.

창:사 (唱詞)〖명〗〖악〗정재(呈才) 때에 부르던 가사.

창:사 (創社)〖명〗〖하자〗회사를 처음으로 차리어 엶. ▢ ~ 30주년을 맞이하다.

창:살 (窓−)[−쌀]〖명〗1 창짝이나 미닫이 등에 가로세로로 지른 나무오리. ▢ ~ 없는 감옥. 2 비각·종각·사롱(紗籠) 등의 벽 따위에 세로로 죽죽 내리 지른 나무오리.

창살−문 (窓−門)[−쌀−]〖명〗창살을 댄 문.

창상 (創傷)〖명〗칼·창·총검 따위에 다친 상처.

창상 (滄桑)〖명〗창전벽해(桑田碧海).

창상−세계 (滄桑世界)[−/−게]〖명〗급격히 변하는 세상.

창상지변 (滄桑之變)〖명〗상전벽해.

창생 (蒼生)〖명〗세상의 모든 사람. 창맹(蒼氓).

창:서 (暢敍)〖명〗〖하타〗마음을 명랑하고 후련하게 탁 터놓음.

창:선 (彰善)〖명〗〖하자〗남의 착한 행실을 다른 사람이 알도록 드러냄. ↔창악(彰惡).

창:선−징악 (彰善懲惡)〖명〗착한 일을 칭찬하고 악한 일을 징벌함. *권선징악.

창:설 (創設)〖명〗〖하타〗기관이나 단체 따위를 처음으로 세움. ▢ 드디어 우리 학교 야구부를 ~하게 되었다.

창:설−자 (創設者)[−짜]〖명〗기관이나 단체 따위를 처음으로 세운 사람.

창성 (昌盛)〖명〗〖하자〗일이나 기세 따위가 크게 일어나 잘됨. ▢집안의 ~을 빌다.

창:성 (創成)〖명〗〖하자타〗처음으로 이루어짐. 또는 처음으로 이룸.

창:세 (創世)〖명〗〖하자〗처음으로 세계를 만듦. 또는 세계의 시초.

창:세−기 (創世記)〖명〗구약 성서의 제1권. 세상과 인류의 창조, 죄의 기원, 낙원 상실 따위가 기록되어 있음.

창:세−기원 (創世紀元)〖명〗유대력에서, 유대 민족이 천지가 창조되었다고 믿는 기원전 3761년 10월 7일을 일컫는 말.

창속 (倉屬)〖명〗〖역〗조선 때, 군자감(軍資監)·광흥창(廣興倉) 등에 속했던 이속(吏屬).

창송 (蒼松)〖명〗푸른 소나무. 청송.

창송−취죽 (蒼松翠竹)〖명〗푸른 소나무와 푸른 대나무. 창송녹죽(綠竹).

창:수 (唱酬)〖명〗〖하타〗시가나 문장을 지어 서로 주고받고 함.

창:수 (漲水)〖명〗홍수가 나서 넘치는 물.

창수 (槍手)〖명〗창군(槍軍).

창술 (槍術)〖명〗창을 쓰는 기술.

창:시 (創始)〖명〗〖하타〗어떤 사상이나 이론 등을 처음 시작하거나 내세움. 창개(創開). ▢새 유파(流派)를 ~하다.

창:시−자 (創始者)〖명〗어떤 사상이나 이론 따위를 처음 시작하거나 내세운 사람.

창:씨 (創氏)〖명〗〖역〗'일본식 성명 강요'의 전 용어.

창:씨−개명 (創氏改名)〖명〗〖역〗'일본식 성명 강요'의 전 용어.

창씨고씨 (倉氏庫氏)〖명〗창씨(倉氏)와 고씨(庫氏)가 옛 중국에서 대대로 곳집을 맡아봤다는 데서 유래한 말로, 사물이 오래도록 변하지 아니함을 이르는 말.

창:악 (唱樂)〖명〗'판소리'를 음악으로서 일컫는 이름.

창:악 (彰惡)〖명〗〖하자〗남의 악한 일을 다른 사람이 알도록 드러냄. ↔창선(彰善).

창:안 (創案)〖명〗〖하타〗어떤 방안·물건 따위를 처음으로 생각하여 냄. 또는 그 고안. ▢한글을 ~한 세종 대왕.

창안 (蒼顔)〖명〗늙어서 마르고 핏기 없는 얼굴.

창안−백발 (蒼顔白髮)〖명〗늙은이의 여위고 핏기 없는 얼굴빛과 센 머리털.

창알−거리다 〖자〗어린아이가 몸이 불편하거나 마음에 못마땅하여 짜증을 내며 자꾸 종알거리거나 보채다. ⬚칭얼거리다. ⬚짱알거리다. 창알−창알 〖부〗하다.

창알−대다 〖자〗창알거리다.

창애 〖명〗짐승을 꾀어 잡는 덫의 한 가지. [창애에 치인 쥐 눈] 툭 불거져서 보기에 흉한 눈.

창약 (瘡藥)〖명〗부스럼에 쓰는 약.

창언 (昌言)〖명〗착하고 아름다운 말. 사리에 맞고 훌륭한 말. 가언(嘉言).

창언−정론 (昌言正論)[−논]〖명〗사리에 맞고 공명하고 정대한 언론.

창:업 (創業)〖명〗〖하타〗1 나라나 왕조 따위를 처음으로 세움. 건국. ▢ ~ 공신 / 왕조를 ~하다. 2 사업을 시작함. 기업(起業). ▢회사를 ~하다 / 인터넷을 활용한 ~이 늘고 있다.

창:업−자 (創業者)[−짜]〖명〗회사 따위를 처음으로 세워 사업을 시작한 사람.

창:업지주 (創業之主)[−지−]〖명〗나라를 처음으로 세운 임금.

창:업 투자 회:사 (創業投資會社)〖경〗기술과 아이디어는 있지만 자금이 없는 사업자의 사업 계획 자체를 사업 자원으로 간주하여 투자하는 금융 회사.

창역−가 (倉役價)[−까]〖명〗〖역〗조선 말기에, 세미(稅米)를 창고에 넣는 수수료(원세에 덧붙여 받았음).

창연 (蒼鉛)〖명〗〖화〗비스무트.

창연−제 (蒼鉛劑)〖명〗상처가 생긴 곳과 점막에 부분적으로 분비를 제한하고 수렴(收斂)·방부를 하는, 비스무트로 만든 약제(장(腸) 질환·매독 등에 씀).

창:연−하다 (悵然−)〖형어〗몹시 섭섭하고 서운하다. 창:연−히 〖부〗

창연−하다 (蒼然−)〖형어〗1 빛깔이 새파랗다. 2 날이 저물어 어둑어둑하다. 3 오래되어 예스러운 빛이 그윽하다. ▢고색(古色)이 창연한 사당. 창연−히 〖부〗

창−옷 (氅−)[−옫]〖명〗'소창옷'의 준말.

창옷−짜리 (氅−)[−옫−]〖명〗소창옷을 입은 사람을 홀하게 이르는 말.

창:우 (倡優)〖명〗광대.

창운 (昌運)〖명〗앞이 탁 트인 좋은 운.

창원−하다 (蒼遠−)〖형어〗아주 아득하게 멀거나 오래다.

창:월 (暢月)〖명〗'음력 동짓달'을 이르는 말.

창−유리 (窓琉璃)[−뉴−]〖명〗창문에 끼운 유리. ▢먼지로 ~가 더러워졌다.

창:의 (倡義)[−/−이]〖명〗국난을 당했을 때에 나라를 위해 의병을 일으킴.

창:의 (唱衣)[−/−이]〖불〗죽은 사람 앞에 그의 옷을 갖다 놓고 생전의 집착심(執着心)을 떼는 일.

창:의 (創意)[−/−이]〖명〗〖하자〗새로 의견을 생각하여 냄. 또는 그 의견.

창:의 (氅衣)[−/−이]〖역〗벼슬아치가 평상시에 입던 웃옷(소매가 넓고 뒤 솔기가 갈라졌음).

창:의−력 (創意力)[−/−이−]〖명〗새로운 생각을

해내는 능력. ▣~과 상상력을 키워 주는 교육이 필요하다.

창:의-사 (倡義使)[-/-이-] 몜 『역』 조선 때, 나라에 난리가 일어났을 때에 의병을 일으킨 사람에게 주던 임시 벼슬.

창:의-성 (創意性)[-쌍/-이쌍] 몜 새로운 것을 생각해 내는 특성. ▣~이 없다/근면성과 ~을 높이 평가하다.

창:의-적 (創意的)[-/-이-] 관몜 창의성을 띠거나 가진 (것). ▣~인 사고방식.

창:의-짜리 (氅衣-)[-/-이-] 몜 『역』 창의를 입은 사람을 홀하게 이르던 말.

창이 (創痍·瘡痍) 몜 무기에 다친 상처.

창이 (蒼耳) 몜 『식』 도꼬마리.

창이-자 (蒼耳子) 몜 『한의』 도꼬마리의 열매 《피부병·두통·치통 등에 약으로 씀》.

창:일 (漲溢) 몜하자 **1** 물이 불어 넘침. 창만(漲滿). **2** 의욕 따위가 왕성하게 일어남.

창자 몜 '작은창자·큰창자'의 총칭.
　　창자가 끊어지다 [구] 슬픔이나 분노 따위가 참을 수 없을 정도로 크다. 단장(斷腸). ▣창자가 끊어지는 듯한 슬픔.
　　창자가 뒤틀리다 [구] 못마땅하여 기분이 몹시 상하다. ▣그런 말만 들으면 창자가 뒤틀려 못 견디겠다.

창:자 (唱者) 몜 노래나 창을 하는 사람. ▣판소리 ~를 양성하다.

창자-샘 몜 장샘.

창:작 (創作) 몜하타 **1** 새로운 것을 처음으로 만듦. 또는 그렇게 만들어 낸 것. **2** 문예·회화·음악 등의 예술 작품을 독창적으로 표현하는 일. 또는 그 작품. ▣~ 활동/~ 발표회/소설 ~에 몰두하다. ↔모작(模作).

창:작-극 (創作劇)[-끅] 몜 다른 작품을 모방하거나 번역하지 않고 독창적으로 지어 낸 희곡으로 꾸민 연극.

창:작-단 (創作壇)[-딴] 몜 문단에서, 시단(詩壇)·평단(評壇)에 대하여 소설 분야를 일컫는 말. ㉰작단.

창:작-력 (創作力)[-장녁] 몜 예술 작품을 창작해 내는 능력.

창:작-물 (創作物)[-장-] 몜 **1** 창작한 문예 작품. **2**『법』사람의 정신적 노력에 의한 산물의 총칭(저작권법·실용 신안 및 의장에 관한 물건·상표 따위).

창:작-집 (創作集)[-찝] 몜 창작한 문예 작품을 모은 문집.

창:작-품 (創作品) 몜『문』창작한 문예 작품.

창:저 (彰著) 몜하타 어떤 일을 밝혀서 드러냄.

창전 (昌廛) 몜 예전에, 말리지 않은 쇠가죽을 팔던 가게.

창:정 (創定) 몜하타 전에 없던 것을 처음으로 정함.

창:제 (創製·創制) 몜하타 전에 없던 것을 처음으로 만듦. ▣한글을 ~한 지 500년이 훨씬 넘었다.

창:조 (創造) 몜하타 **1** 전에 없던 것을 처음으로 만듦. ▣유행을 ~하다/무에서 유를 ~하다. ↔모방. **2** 신이 우주 만물을 처음으로 만듦. ▣천지 ~/~ 신화. **3** 새로운 업적·가치 따위를 이룩함. ▣새 역사 ~의 기틀을 마련하다.

창:조-가극 (唱調歌劇) 몜 창을 중심으로 한 연극. 곧, 창극.

창:조-력 (創造力) 몜 전에 없던 새로운 것을 만들어 내는 능력. ▣~을 기르다/자신의

~을 발휘해 보아라.

창:조-물 (創造物) 몜 창조된 사물. ▣인간은 신의 ~ 가운데에서 가장 뛰어난, 만물의 영장이다.

창:조-성 (創造性)[-쌍] 몜 창조적인 특성.

창:조-신 (創造神) 몜 인간을 비롯한 우주 만물을 창조한 신.

창:조-적 (創造的) 관몜 새로운 것을 만들어 내는 특성이 있는 (것). ▣~ 활동.

창:조-주 (創造主) 몜『가·기』세상 만물을 창조한 분이라는 뜻으로, '하느님'을 달리 이르는 말.

창:졸 (倉卒) 몜하형히부 미처 어찌할 사이 없이 급작스러움. ▣~히 떠나게 되어 작별 인사도 하지 못했다.

창:졸-간 (倉卒間) 몜 급작스러운 동안. ▣~에 당한 일.

창종 (瘡腫) 몜 피부에 나는 온갖 부스럼.

창:준 (唱準) 몜하타 『역』 조선 때, 교서관(校書館)에서 인쇄 원고를 소리 내어 읽던 잡직. **2** 원고를 소리 내어 읽어 가면서 교정을 봄. 또는 그렇게 보는 교정.

창:증 (脹症)[-쯩] 몜『한의』창만(脹滿)을 일으키는 증세.

창질 (瘡疾) 몜 창병(瘡病).

창-집 (倉-)[-찝] 몜『역』나라에서 곡식을 쌓아 두던 곳집.

창-짝 (窓-) 몜 창호의 한 짝.

창창-소년 (蒼蒼少年) 몜 앞길이 창창한, 희망에 찬 젊은이.

창창울울-하다 (蒼蒼鬱鬱-) 형어 울울창창하다. ㈜창창울울한 침엽수림.

창창-하다 (倀倀-) 형어 갈 길을 잃어 갈팡질팡하고 마음이 막막하다. **창창-히** 부

창창-하다 (蒼蒼-) 형어 **1** 바다·하늘 따위가 새파랗다. **2** 앞길이 멀어서 아득하다. ▣앞길이 창창한 젊은이. **3** 나무나 숲이 짙푸르게 무성하다. ▣창창한 자연림. **4** 빛이 어둑하다. **창창-히** 부

창천 (蒼天) 몜 **1** 맑게 갠 새파란 하늘. 창공. **2** 사천(四天)의 하나로, 봄의 하늘. **3** 구천(九天)의 하나로, 동쪽 하늘.

창:초 (創初) 몜 **1** 사물이 비롯된 맨 처음. **2** 태초(太初).

창:출 (創出) 몜하자타 **1** 처음으로 이루어져 생겨남. **2** 처음으로 만들어 내거나 지어냄. ▣새로운 기술을 ~하다/고용 기회를 ~하다.

창출 (蒼朮) 몜『한의』덩이 지지 않은 '삽주'의 뿌리(소화 불량·설사 따위에 많이 씀).

창취-하다 (蒼翠-) 형어 나무나 풀이 싱싱하게 푸르다.

창-칼 몜 **1** 여러 가지 작은 칼의 총칭. **2** ☞찬칼.

창-칼 (槍-) 몜 창과 칼의 총칭.

창쾌-하다 (暢快-) 형어 마음에 맺힌 것이 없이 탁 트여 시원하다.

창:탄 (唱彈) 몜하자 **1** 노래하는 일과 현악기를 연주하는 일. **2** 노래하면서 가야금 등을 탐.

창-턱 (窓-) 몜 창문의 문지방에 있는 턱. ▣~에 기대다/~에 올라서다.

창-틀 (窓-) 몜 창문을 달거나 여닫기 위하여 마련한 틀.

창-틈 (窓-) 몜 창문과 벽 사이에 나 있는 매우 좁은 공간. 또는 창문을 조금 열었을 때 생기는 틈. ▣~으로 불빛이 새어 나오다/~으로 밖을 내다보다.

창파 (滄波) 몜 넓고 큰 바다의 물결.

창평-하다 (昌平-) 형어 나라가 번창하고 세상

이 태평하다.

창포(菖蒲)圓 1〔植〕천남성과의 여러해살이 풀. 잎은 창검같이 뾰족하고 길며, 초여름에 황록색 꽃이 남. 단옷날에 창포물을 만들어 씀. 못가나 습한 곳에서 자람. 2〔한의〕창포의 뿌리(건망증과 번민증에 약으로 씀).

창포-물(菖蒲-)圓〔民〕창포의 잎과 뿌리를 우려낸 물(단옷날에 머리를 감거나 몸을 씻는 데에 씀).

창피(猖披)圓圖圖 체면이 깎이거나 아니꼬움을 당한 부끄럼. ☐~를 당하다 / ~가 막심하다 / ~를 주다 / ~해서 숨다.

창피-스럽다(猖披-)[-따][-따][-스러워, -스러우니]圖 창피한 느낌이 있다. ☐창피스러워 고개를 못 들겠다. **창피-스레**團

창하 증권(倉荷證券)[-꿘]圓 ☞ 창고 증권.

창해(滄海)圓 넓고 큰 바다. 창명(滄溟).

창해-상전(滄海桑田)圓 상전벽해.

창해-일속(滄海一粟)圓 넓고 큰 바다 가운데 한 알의 좁쌀이라는 뜻으로, 아주 많거나 넓은 것 속의 극히 하찮고 작은 물건을 이르는 말.

창:현(彰顯)圓圖圖 널리 알려 드러냄.

창호(窓戶)圓 창과 문의 총칭. ─ ─하다图团 종이로 창호를 바르다.

창호-지(窓戶紙)圓 1 문을 바르는 얇은 종이. 2 재래식 종이의 하나(대호지(大好紙)와 비슷하나 빛이 좀 누르고 줄진 결이 또렷함).

창:혼(唱魂)圓圖团 무당굿에서, 죽은 사람의 혼을 부름.

창:화(唱和)圓圖团 1 한쪽에서 시나 노래를 부르고 다른 쪽에서 화답함. 2 연주에 맞추어 노래를 부름.

창황(蒼黃・倉皇)圓圖圖團 어찌할 겨를이 없이 매우 급함. 창졸(倉卒). ☐~ 중이라 한자도 여쭈어 보지 못했습니다 / ~히 귀로에 오르다.

창황-망조(蒼黃罔措)圓圖圖 너무 급하여 어찌할 바를 모름.

창:회(暢懷)圓圖团 마음속의 회포를 풀어 시원하게 함.

찾다[찯따]匣 1 가까이에 없는 것을 손에 얻거나 사람을 만나려고 여기저기 뒤지거나 살피다. ☐불이 나가 손으로 더듬으면서 라이터를 ~. 2 잃거나 빼앗기거나 맡긴 것이나 빌려 준 것을 돌려받아 가지게 되다. ☐은행에서 돈을 ~ / 잃었던 지갑을 찾았다. 3 사람을 만나거나 어떤 곳을 보러 이곳저곳 옮기어 가다. ☐선배를 ~ / 명승고적을 ~. 4 어떤 것을 구하다. ☐만날 술만 찾는다 / 셋집을 ~ / 드디어 일자리를 찾았다. 5 모르는 것을 알아내고 밝혀내다. ☐사고 원인을 ~ / 사전 찾는 법을 잘 모른다. 6 어떤 사람이나 기관의 도움을 청하다. ☐환절기라 감기로 병원을 찾는 사람이 늘었다. 7 원상태를 회복하다. ☐마음의 안정을 ~ / 예전의 안정된 생활을 다시 찾고 싶다.

찾아-가다团团(거래) 1 맡긴 것이나 빌린 것을 도로 가져가다. ☐보관함에 맡겼던 짐을 ~. 2 사람을 만나러 가거나 볼일 있는 장소로 가다. 방문하다. ☐친구 집을 ~ / 내주에 찾아가 뵙겠습니다.

찾아-내다匣 찾아서 드러내다. ☐범인의 은신처를 찾아내다 / 문제 해결의 실마리를 ~.

찾아-다니다—(거래)团团 어떤 사람을 만나거나 어떤 곳을 보러 여기저기 옮겨 다니다. ☐이름난 유적지를 찾아다니며 견문을 넓히다 / 외판원들은 집집이 찾아다니면서 자기네 회사

제품을 사 달라고 했다. □(타) 무엇을 얻기 위해 여기저기 찾아 다니다. ☐그녀는 이름난 절이나 산을 찾아다니면서 기도를 드렸다.

찾아-들다(-들어, -드니, -드는)□团团 쉬거나 볼일을 보기 위해 어디로 가다. ☐아픈 배를 움켜쥐고 병원을 찾아든 환자 / 그 맥줏집은 일을 끝내고 찾아든 젊은이들로 만원이었다. □团 어떤 현상이나 상태가 생겨나다. ☐이제 겨우 마음의 안정이 찾아들었다 / 시골 마을에 황혼이 찾아들고 있다.

찾아-보기圓 색인(索引).

찾아-보다匣 1 남을 찾아가 만나 보다. ☐옛 친구를 ~. 2 무엇을 알기 위해 확인하거나 조사하거나. ☐사전을 ~.

찾아-오다团团(나라) 1 남이 나를 만나러 오다. ☐찾아온 사람을 박대하지 마라. 2 잃거나 맡기거나 빌려 준 것을 도로 가져오다. ☐전당포에 맡겼던 시계를 찾아왔다. 3 (비유적으로) 계절 따위가 다시 돌아오다. ☐봄은 다시 ~.

찾을-모圓 필요하여 찾아 쓸 만한 점이나 가치. ☐~ 없는 물건만 쌓이다.

채¹圓 바구니・광주리 등의 그릇을 겯는 데 쓰는. 껍질 벗긴 싸릿개비나 가는 나무오리.

채²圓 1 수레・달구지 따위의 앞쪽에 양옆에 댄 긴 나무. 2 가마・들것 따위의 앞뒤에 양옆으로 댄 긴 나무.

채³圓 1 '채찍'의 준말. 2 손을 휘두르다. 2 벌로 사람을 때리는 데에 쓰는 나뭇가지. 3 북・장구・징 따위의 타악기를 치거나 현악기를 튀겨 소리를 내는 데에 쓰는 기구. ☐~를 잡다. 4 테니스・배드민턴・탁구・골프 따위에서, 공을 치는 기구. 5 팽이를 치는 기구.

채⁴圓 머리카락이나 수염 따위의 가늘고 길게 늘어진 것. ☐머리~를 잡다.

채⁵圓 염색할 때, 고루 염색되지 않고 줄이 죽죽 지게 된 얼룩. **채(가) 지다**団 염색이 고루 들지 못하다.

채:⁶圓 야채를 가늘고 길쭉하게 써는 일. 또는 그 썬 것. ☐~를 썰다. **채(를) 치다**匣 채소나 과실 따위를 잘게 썰어 채를 만들다.

채:(菜)圓 채소・산나물・오이 따위를 양념하여 만든 반찬(온갖 나물을 가리킴).

채⁷[의명] 1 집채를 세는 단위. ☐오막살이 한 ~. 2 큰 기구・기물・가구 따위를 세는 단위. ☐달구지로 한 / 마차 두 ~ / 장롱 한 ~. 3 이불 따위를 세는 단위. ☐이불 다섯 ~. 4 가공하지 않은 인삼 100 근(斤)을 한 단위로 이르는 말. ☐두째 ~의 인삼.

채⁸[의명] '-ㄴ'・'-은' 뒤에 쓰여, '어떤 상태인 대로 계속'의 뜻을 나타내는 말. ☐신을 신은 ~로 마루에 올라오다 / 미해결인 ~로 남아 있다.

채⁹團 일정한 정도에 아직 이르지 못한 상태를 나타내는 말. ☐날이 ~ 밝기도 전에 일어났다 / 1년도 ~ 안 되었다.

-채¹[의명] ☞ -째-1.

-채²[의명] '집의 덩이'를 나타낼 때에 쓰는 말. ☐사랑~ / 행랑~ / 안~ / 몸~.

채:결(採決)圓圖圖 의장이 의안의 채택 여부를 의원들에게 물어 결정함. ☐그 의안을 다수 결로 ~하다.

채:-고추圓 가늘게 채를 친 고추.

채:과(菜果)圓 채소와 과실.

채:광(採光)圓圖圖 광선을 받아들임. ☐~ 시

설 / ~이 잘되는 방.

채:-광(採鑛)圓圓哥타 광석을 캐냄.

채:-광주리(採-)圓 채로 엮어 만든 광주리.

채:-광-창(採光窓)圓 햇빛을 받아들이기 위해 내는 창문.

채-구(彩球)圓〔천〕 채층(彩層).

채-구(彩毬)圓 1〔역〕 용의 알. 2 구(毬).

채:-굴(採掘)圓圓哥타 땅속의 광물을 캐내는 일. ▢ 석탄을 ~하다 / ~된 광석을 가공하다.

채:-굴-권(採掘權)[-꿘]圓〔법〕 일정한 광구 내에서, 어떤 광물을 채굴하여 이를 취득할 수 있는 광업권.

채:-권(債券)[-꿘]圓 국가·지방 자치 단체·은행·회사 등이 필요한 자금을 차입(借入)하는 경우에 발행하는 공채(公債)·국채·사채(社債) 등의 유가 증권.

채:-권(債權)[-꿘]圓〔법〕 재산권의 하나. 한 특정인이 다른 특정인에게 어떤 행위를 청구할 수 있는 권리. ↔채무.

채:-권 시:장(債券市場)[-꿘-]圓〔경〕 공사채의 유통 시장을 이르는 말.

채:-권 양도(債權讓渡)[-꿘냥-]〔법〕채권을 채권자로부터 제삼자인 양수인에게 그 동일성을 보전하면서 옮겨 주는 계약.

채:-권-자(債權者)[-꿘-]圓〔법〕 채무자에게 빚을 받아낼 권리가 있는 사람. ↔채무자.

채:-권자 대:위권(債權者代位權)[-꿘-꿘]〔법〕 채권자가 자기의 채권을 보전(保全)하기 위하여 채무자의 권리를 대신 행사할 수 있는 권리. 간접 소권(間接訴權).

채:-권 증권(債權證券)[-꿘-꿘]圓 채권의 존재를 표시하는 유가(有價) 증권(물품 증권과 금전 증권으로 나뉨). ↔물권 증권.

채:-권-질(債權質)[-꿘-]圓〔법〕 권리질의 하나. 채권을 목적물로 하는 질권(質權).

채:-권 침:해(債權侵害)[-꿘-]圓〔법〕 채권의 실현을 방해하는 행위.

채:-권 행위(債權行爲)[-꿘-]圓〔법〕 당사자 사이에 채권·채무의 관계를 발생시키는 법률 행위(고용·대차·매매·증여 등).

채-귀(債鬼)圓 악착같이 조르는 빚쟁이.

채-그릇[-끄-]圓 껍질을 벗긴 싸릿개비나 가는 버들가지 따위의 오리로 결어 만든 바구니나 그릇.

채:-근(採根)圓哥자타 1 식물의 뿌리를 캠. 2 일의 내용이나 근원 따위를 캐어 알아냄. ▢ 사건의 경위를 ~하다. 3 어떤 일을 따지어 독촉함. ▢ 빚을 빨리 갚으라고 ~하다.

채:-금(採金)圓哥자〔광〕 금을 캠.

채:-금(債金)圓 빌린 돈. 차금(借金).

채:-급(債給)圓哥타 돈을 꾸어 줌.

채-기(彩器)圓 그림을 그릴 때, 여러 가지 색깔의 물감을 풀어서 쓰는 그릇.

채-기(彩旗)圓 채색한 기(旗).

채:-깍두기[-뚜-]圓 무를 채 쳐서 깍두기처럼 담근 김치.

채-꾼圓 소를 모는 아이.

채-끝[-끝]圓 등심 부분의 방아살 아래에 붙은 쇠고기.

채:-납(採納)圓哥타 1 의견을 받아들임. 2 사람을 골라서 들임.

채널(channel)圓 1 텔레비전 방송 등에서, 각 방송국에 할당된 주파수대에 따라 배정된 전파의 전송로. ▢ 영화 ~ / ~을 돌리다. 2 어떤 일을 이루는 방법이나 정보의 전달 경로. ▢ 외교 ~ / 다양한 ~을 통하여 접촉하다.

채-농(菜農)圓〔농〕 채소를 가꾸는 농사.

채-뇨(採尿)圓圓哥타 검사 따위에 쓰기 위하여 오줌을 받음. *채변(採便).

채-니-기(採泥器)圓 바다나 연못 등의 바닥에 쌓인 진흙이나 모래 및 침전물을 긁어내는 장치.

채다[1]조 물건값이 오르다. ▢ 물가가 바짝~.

채다[2]타 1 갑자기 힘 있게 잡아당기다. ▢ 낚싯대를 힘껏 ~. 2 재빠르게 센 힘으로 빼앗거나 훔치다. ▢ 독수리가 토끼를 ~ / 소매치기가 보따리를 ~.

채다[3]타 어떤 사정이나 형편 따위를 재빨리 짐작하다. ▢ 눈치를 ~ / 낌새를 챈 모양이다.

채:-다[4]타 ☞ 채우다[1·2·3].

채:-다[5]조타 '차이다'의 준말. ▢ 발길에 ~ / 그는 결국 변심한 애인한테 채었다.

[챈 발에 곱챈다 ; 챈 발에 되챈다] 곤궁한 형편에 거듭 곤궁함을 당한다.

채-단(采緞)圓 혼인 때, 신랑 집에서 신부 집으로 미리 보내는 청색과 홍색의 비단.

채-단(綵緞)圓 온갖 비단의 총칭.

채-달(菜疸)圓 채독으로 생기는 황달.

채-담(彩毯)圓 여러 가지 빛깔의 털로 무늬를 놓아 짠 담요.

채-도(菜刀)圓 채칼.

채-도(彩度)圓 빛깔의 세 속성(屬性)의 하나. 빛깔의 선명한 정도. *명도·색상.

채-도(彩陶)圓 중국의 채문 토기(彩文土器)를 특별히 일컫는 말.

채-독圓 싸릿개비 따위로 독 모양을 만들어 안팎으로 종이를 바른 채그릇.

채-독(菜毒)圓 1 채소 따위에 섞인 독기. ▢ ~이 들다 / ~이 오르다. 2〔의〕 채독증.

채-독-증(菜毒症)[-쯩]圓〔의〕 채소를 날것으로 먹는 데에서 일어나는 각종 병.

채-동지(蔡同知)圓 말과 행동이 허무맹랑한 사람을 일컫는 말.

채-둥우리圓 싸릿개비 따위로 둥글고 깊게 만든 채그릇.

채:-득(採得)圓圓哥타 몰래 살펴서 사실을 찾아냄. ▢ 증거 ~.

채-뜨리다타 '채다'의 힘줌말.

채-란(採卵)圓 닭이나 물고기 따위가 알을 낳게 하여 사람이 받아 거둠.

채련圓 부드럽게 다루어 만든 당나귀 가죽.

채-련(採鍊)圓圓哥타〔광〕 광물을 캐내어 정련(精鍊)함.

채-록(採錄)圓圓哥타 채집하여 기록하거나 녹음함. ▢ 방언 ~ / 민간 전승 민요를 ~하다.

채-록-자(採錄者)[-짜]圓 채록한 사람.

채-롱(-籠)圓 껍질을 벗긴 싸릿개비나 버들가지 따위의 오리로 결어 만든 채그릇(안팎을 종이로 바르기도 함).

채롱-부채(-籠-)圓 껍질을 벗긴 싸릿개비나 버들가지 따위의 오리를 결어 만든 부채.

채롱-부처(-籠-)圓 껍질을 벗긴 싸릿개비나 버들가지 등을 결어 만든 부처의 상. 농불.

채:-료(彩料)圓 그림을 그리는 데 쓰는 물감.

채:-마(菜麻)圓 남새.

채:-마-밭(菜麻-)[-받]圓 채소를 심어 가꾸는 밭. ▢ ~을 가꾸다.

채:-마-전(菜麻田)圓 채마밭.

채:-무(債務)圓〔법〕 채무자가 채권자에게 어떤 급부를 해야 할 의무. ↔채권.

채:-무 명의(債務名義)[- / -이]〔법〕 일정한 급부를 할 의무가 있음을 증명하고, 또 법률에 따른 강제 집행력이 부여된 공증 문서.

채:-무 불이행(債務不履行)[-리-]〔법〕 채무

자가 채무의 내용대로 이행하지 아니하는 일 《이행 지체(遲滯)·이행 불능·불완전 이행의 세 가지가 있음》.

채:무-자 (債務者)〖법〗 채권자에게 빚을 갚아야 할 의무가 있는 사람. ↔채권자.

채:무 초과 (債務超過)〖법〗 자기의 재산으로 자기의 채무를 완전히 갚지 못하는 상태.

채:묵 (彩墨)〖명〗 그림을 그릴 때, 먹처럼 갈아서 쓰도록 된, 채색감을 뭉친 덩어리.

채:문 (彩紋)〖명〗 1 물결 무늬. 2 물결 무늬·호선(弧線)·원형 따위를 써서 그린 정밀한 기하학적 무늬. 지폐나 증권 등의 위조를 곤란하게 하기 위하여 도안 속에 이용함. *백채문·흑채문.

채:문 토기 (彩紋土器)〖역〗 겉면에 무늬를 채색한 고대 토기의 한 가지. 칠무늬 토기.

채:밀 (採蜜)〖명·하타〗 꿀을 뜸.

채:반 (-盤)〖명〗 1 껍질을 벗긴 싸릿개비 따위로 울이 없이 둥글넓적하게 결어 만든 채그릇. 2 색시가 근친(覲親)할 때나 근친하고 시집에 올 때 해가는 음식.

채반-상 (-盤相)〖명〗 채반같이 둥글고 넓적한 얼굴. 또는 그런 사람을 농으로 일컫는 말.

채-받이 [-바지]〖명〗 소의 등심 끝머리에 있어 채를 늘 맞는 곳의 가죽이나 살.

채-발 볼이 좁고 갸름한 발. *마당발.

채:방 (採訪)〖명·하타〗 모르는 곳을 물어 가며 찾음. 채탐(採探).

채:벌 (採伐)〖명·하타〗 벌채.

채:벽 (採璧)〖명〗 채석장에서 돌을 뜰 때의 채석하는 암벽의 단면.

채:변 〖명·하자〗 1 남이 무엇을 줄 때에 사양하는 일. □~ 말고 받게. ☞주변.

채:변 (採便)〖명·하자〗 기생충 검사나 다른 질병의 검사 따위를 위해 변을 받음. *채뇨(採尿).

채:병 (彩屛)〖명〗 채색한 그림이 그려져 있는 병풍.

채:보 (採譜)〖명·하타〗 곡조를 듣고 악보를 만듦. □전국을 돌며 민요를 ~하다.

채:부 (採否)〖명〗 채용 여부. 또는 채택 여부.

채비 〖명·하자타〗 [←차비(差備)] 갖추어 차림. 또는 그 차림. □외출할 ~를 차리다 / 떠날 ~를 서두르다 / 손님을 맞을 ~가 한창이다.

채:빙 (採氷)〖명·하타〗 얼음을 떠 냄.

채:산 (採山)〖명·하자〗 산나물을 뜯음.

채:산 (採算)〖명〗 1 수입과 지출을 맞추어 계산함. 또는 그 계산 내용. □~이 맞지 않다. 2 원가에 비용·이윤 따위를 더하여 파는 값을 정함. 또는 그렇게 하여 이익이 나도록 하는 계산. □~이 좋아지다.

채:산-성 (採算性)[-썽]〖명〗 수입과 지출을 따져서 이익이 나는 성질. □~이 낮다 / ~이 좋다 / ~이 떨어지다.

채:삼 (採蔘)〖명·하자〗 인삼을 캠.

채:삼-꾼 (採蔘-)〖명〗 1 인삼을 캐는 사람. 2 심마니.

채:색 (采色)〖명〗 풍채와 안색.

채:색 (彩色)〖명〗 1 그림 등에 색을 칠함. □아름답게 ~된 그림 / 지도에 산을 초록빛으로 ~하다. 2 여러 가지 고운 빛깔. □현란한 ~의 불화(佛畵).

채:색 (菜色)〖명〗 1 푸성귀의 빛깔. □밥상이 온통 ~ 일색이다. 2 병들거나 굶주린 사람의 혈색 없는 누르스름한 얼굴빛.

채:색-감 (彩色-)[-깜]〖명〗 채색에 쓰는 물감의 재료. ⓐ채색.

채:색-화 (彩色畵)[-새콰]〖명〗 채화(彩畵).

채:석 (採石)〖명·하자〗 돌산이나 바위에서 석재를

떠 냄.

채:석-장 (採石場)[-짱]〖명〗 석재(石材)를 떠 내는 곳. □~에서 돌을 깨다.

채:선 (彩船)〖명〗〖역〗 궁중에서, 정재(呈才)의 선유락(船遊樂)에 쓰던 배. 화선(畵船).

채:소 (菜蔬)〖명〗 밭에서 가꾸는 온갖 푸성귀《주로 그 잎이나 줄기·열매 따위를 먹음》. 남새. □무공해 ~ / ~를 가꾸다 / ~를 심다 / ~를 다듬다.

채:소-과 (菜蔬菓)〖명〗 밀가루를 꿀물에 반죽하여 가늘게 늘이어 실타래같이 꼬아서 기름에 띄워 지진 유밀과.

채:소-밭 (菜蔬-)[-받]〖명〗 채소를 심은 밭. 남새밭. □~을 가꾸다 (일구다).

채:송-화 (菜松花)〖명〗〖식〗 쇠비름과의 한해살이풀. 높이는 약 20cm, 솔잎 모양의 잎은 두툼하며, 여름부터 가을에 걸쳐 꽃줄기가 없는 다섯잎꽃이 아침에 피었다가 오후에 시듦. 빛깔은 여러 가지이며 보통 홑잎이고, 열매는 둥근 삭과(蒴果)임.

채:수 (採水)〖명·하자〗 수질 검사 등을 위하여 강물·호수·해수 또는 우물물 등을 채취함.

채:수염 (-鬚髥)〖명〗 숱은 적으나 긴 수염.

채:식 (菜食)〖명·하자〗 고기를 피하고 푸성귀·과일 따위의 식물성 식품만으로 음식을 해 먹음. □~ 습관을 들이다 / ~은 건강에 좋다고 한다. ↔육식.

채:식-주의 (菜食主義)[-쭈- / -쭈이]〖명〗 고기를 피하고 식물성 식품만으로 음식을 해 먹는 태도.

채:신 〖명〗 '처신'을 얕잡아 쓰는 말.

채:신-머리 〖명〗〈속〉 채신.

채:신머리-사납다 [-따] 〔-사나워, -사나우니〕〖형〗ⓑ〈속〉 채신사납다.

채:신머리-없다 [-업따]〖형〗〈속〉 채신없다.

채:신머리-없이 [-업씨]〖부〗. □~ 굴다.

채:신-사납다 [-따] 〔-사나워, -사나우니〕〖형〗ⓑ 몸가짐을 잘못하여 꼴이 매우 언짢다. 처신사납다. ⓐ치신사납다.

채:신-없다 [-업따]〖형〗 말이나 행동이 경솔하여 위신이 없다. 처신없다. ⓐ치신없다. **채:신-없이** [-업씨]〖부〗

채:신지우 (採薪之憂)〖명〗 병이 들어 땔나무를 할 수 없다는 뜻으로, '자기의 병'을 겸손하게 일컫는 말.

채:약 (採藥)〖명·하자〗 약초나 약재를 캐거나 뜯어서 거둠.

채:여 (彩轝·彩輿)〖명〗 왕실에 의식이 있을 때에 귀중품을 실어 옮기던, 꽃무늬가 그려져 있는, 교자 모양의 기구《채가 달려 앞뒤로 메게 되었음》.

채:용 (採用)〖명·하타〗 1 인재를 등용함. 사람을 씀. □직원을 ~하다 / 신입 사원 ~ 규모를 늘리다. 2 의견이나 방안 따위를 채택하여 씀. □새로운 마케팅 방식을 ~하다.

채우다¹ 〖타〗〈'차다'의 사동〉 몸에 물건을 달아 차게 하다. 아기에게 기저귀를 ~ / 손목에 시계를 ~. 2 발목·팔목에 형구(刑具)를 차게 하다.

채우다² 〖타〗 음식·과일·물건 따위를 차게 하거나 상하지 않게 하려고 찬물이나 얼음 속에 넣어 두다. □수박과 참외를 얼음물에 채워 두어라.

채우다³ 〖타〗〈'차다'의 사동〉. 1 모자라는 수량을 보태다. □머릿수를 ~. 2 정한 높이나 한도까지 이르게 하다. □목욕탕에 물을 ~. 3

욕망을 충족시키다. ¶야욕을 ~. **4** 정한 기
한까지 미치게 하다. ¶날짜를로.
채우다⁴(타) 자물쇠·단추 따위를 잠그거나 걸어
열리지 않게 하다. ¶점퍼의 지퍼를 ~/단
추를 단단히 채워 주고 나가거라.
채:운(彩雲)(명) 여러 가지 빛깔로 아롱진 고운
구름.
채:원(菜園)(명) 규모가 큰 채소밭.
채:유(採油)(명)(하자) **1** 유전에서 기름을 채취함.
2 식물의 씨에서 기름을 짬.
채:유(菜油)(명) **1** 채소의 씨로 짠 기름. 채종
유. **2** 배추씨로 짠 기름.
채:의(彩衣)[-의/-이](명) 울긋불긋한 빛깔과 무
늬가 있는 옷.
채이다(자) ☞ 차이다.
채:자(採字)(명)(하자)〔인〕 문선(文選).
채:자-공(採字工)(명)〔인〕 문선공.
채:장(債帳)(명) 빚진 돈의 액수를 적는 장부.
채:전(菜田)(명) 남새밭.
채:전(債錢)(명) 빚진 돈.
채:전-에(-前-)(부) 어떻게 되기 훨씬 이전에.
채:점(採點)[-쩜](명)(하타) 시험 답안의 맞고 틀
림을 살펴어 점수를 매김. 또는 점수로 성적
의 우열을 나타냄. ¶시험 답안지를 ~하다.
채:정(採精)(명)(하자) 인공 수정을 하기 위하여
정액을 받아 모음.
채:종(採種)(명)(하타) 좋은 씨앗을 골라서 받음.
채:종(菜種)(명) 채소의 씨앗.
채:종-답(採種畓)[-답](명) 좋은 씨앗을 받기 위하
여 특별히 마련한 논.
채:종-밭(採種-)[-받](명) 좋은 씨앗을 받기 위
하여 특별히 마련한 밭. 채종전.
채:종-유(採種油)[-뉴](명) 채유(菜油)1.
채:종-전(採種田)(명) 채종밭.
채:주(債主)(명) 빚을 준 사람.
채:진-목(采振木)(명)〔식〕 장미과의 작은 낙
엽 활엽 교목. 높이는 5m 정도, 산허리에
남. 흰 다섯잎꽃이 피며 가을에 자홍색 타원
형의 이과(梨果)가 익음《목재는 세공재(細工
材), 과실은 식용함》.
채:-질(하타) 채찍질. ¶장군은 말을 ~해 힘
껏 달렸다.
채:집(採集)(명)(하타) **1** 널리 찾아서 모음. ¶민
요 ~. **2** 식물이나 동물 등의 표본을 채취하
여 모으는 일. ¶곤충을 ~하다.
채찍(명) 말이나 소를 모는 데에 쓰는 물건(나
뭇가지나 댓가지의 끝에 노끈이나 가죽 오리
를 닮). ¶~을 갈기다 /~에 맞다 / 사정없이
~을 휘두르다. 준채.
채찍-질[-찔](명)(자타) **1** 채찍으로 치는 일. 채
질. ¶~을 멈추다 / 달리는 말에 ~을 가하
다. **2** 몹시 재촉하거나 다그쳐 격려하는 일.
¶더욱 노력하라고 ~하며.
채:초(採草)(명)(하자) 가축을 먹이거나 거름으로
쓰기 위해 풀을 벰.
채:초(採樵)(명)(하자) 땔나무를 베어 거둠.
채:초 방:목지(採草放牧地)[-찌] 풀을 베고
가축을 먹이거나 먹이기 위한 토지.
채:취(採取)(명)(하타) **1** 땅에서 풀·나무 등을 베
거나 뜯거나 따거나 캐어 냄. ¶미역을 ~/골
재를 ~하다. **2** 연구·조사를 위하여 필요한
것을 찾아서 받아 둠. ¶지문 ~/혈액을 ~
해 두다.
채:취-권(採取權)[-꿘](명)〔법〕 사광(砂鑛)을
캐어 내거나, 암석을 석재(石材)로 쪼개서 소
유할 수 있는 권리.

채:층(彩層)(명)〔천〕 태양의 광구(光球)와 코
로나 사이에 있는, 분홍빛으로 보이는 층. 개
기 일식(皆旣日蝕) 때 섬광 스펙트럼을 발함.
채구(彩球).
채치다¹(자)'채다'의 힘줌말.
채치다²(타)'채다'의 힘줌말.
채-치다³(타) **1** 채찍 따위로 후려 때리다. **2** 일
따위를 몹시 재촉하거나 다그치다.
채:-칼(명) 무·오이 등을 채 치는 데 쓰는 제구.
채:탄(採炭)(명)(하자) 석탄을 캐냄.
채:탐(採探)(명)(하타) 채방(採訪).
채:택(採擇)(명)(하타) 작품·의견·제도 따위를 골
라서 다루거나 뽑아서 씀. ¶증인 ~/교과
서 ~/ 결의안을 ~하다 / ~된 원고는 돌려
드리지 않습니다.
채-트리다(타) 채트리다.
채티다(타)〔옛〕 채찍을 치다.
채팅(chatting)(명)〔컴〕 컴퓨터의 네트워크를
통해, 다른 장소에 있는 여러 사용자가 모니
터 화면을 통하여 말이나 글로 대화를 나누
는 일.
채:판(彩板)(명) 단청할 때, 채색을 조제하여
여러 화공이 가져다 쓰도록 한 판.
채:-편(-便)(명) 장구에서, 채로 치는 오른쪽의
얇은 가죽면. 채면. →북편.
채:포(採捕)(명)(하타) 해산물 따위를 채취하거나
포획함.
채:포(菜圃)(명) 채원(菜園).
채플(chapel)(명) 기독교계 학교 따위에서 행하
는 예배 모임. 기도회.
채:필(彩筆)(명) 채색하는 데 쓰는 붓.
채:혈(採血)(명)(하자) 병을 진단하거나 수혈 등
을 하기 위해 피를 뽑음.
채:협(彩篋)(명) 대나무를 가늘게 쪼개어 채색
무늬를 놓아 만든 상자.
채:홍(彩虹)(명) 무지개.
채:화(採火)(명)(하타) 오목 거울이나 볼록 렌즈
따위로 태양 광선을 받아서 불을 얻음. ¶성
화를 ~하다.
채:화(菜花)(명) 채소의 꽃.
채:화(彩畫)(명) 색을 칠하여 그린 그림. 채색
화. 착색화.
채:화(綵華)(명) 비단 조각으로 만든 꽃.
채:화-기(彩畫器)(명) 채색 그림을 그려 넣은
사기그릇. 색채 토기. 채색화 토기.
채:화-석(彩畫席)(명) 채색으로 꽃무늬를 놓아
서 짠 돗자리.
책(冊)⊟(명) **1** 어떤 사상·감정·지식 따위를 일
정한 목적·내용·체재에 맞추어 문자·그림으
로 표현하여 적거나 인쇄하여 묶어 놓은 물건
의 총칭. 전적. ¶~을 읽다 /~을 뒤적이다 /
손에서 ~을 놓지 않다. **2** 종이를 여러 장 겹
쳐서 맨 물건. ¶~을 묶다 /~을 엮다.
⊟(의명) 책을 셀 때 쓰는 단위. ¶삼국사기는
50권 10~으로 되어 있다.
책(柵)(명) **1** 쇠나 나무로 만든 말뚝으로 둘러막
은 우리나 울타리. 울짱. **2** 센 물살에 둑이
넘어지지 않게 하기 위하여 둑 앞에 말뚝을
박고 대쪽으로 얽어 놓은 장치.
책(責)(명)(하타) **1**'책임'의 준말. **2**'책망(責望)'
의 준말.
책(策)(명)〔역〕'책문'의 준말.
-책(責)(접미)'책임자'의 뜻. ¶조직~.
-책(策)(접미)'방책'·'대책'의 뜻. ¶개선~/타
개~/수습~/해결~.
책가(冊價)[-까](명) 책값.
책-가방(冊-)[-까-](명) 주로 학생들이 책이나
학용품 등을 넣어 가지고 다니는 가방. ¶~으

을 싸다 / ~을 어깨에 메다.

책-가위(冊-)[-까-]图團하타 책의 겉장이 상하지 않도록 종이·헝겊·비닐 따위로 덧입히는 일. 또는 그런 물건. 책의(冊衣).

책-가의(冊加衣)[-까-/-까-]图 책가위.

책-갈피(冊-)[-깔-]图 1 책장과 책장의 사이. ▣~에 단풍잎을 끼워 놓다. 2 읽은 곳을 표시하기 위해 책 사이에 꽂는 물건.

책-갑(冊匣)[-깝]图 책가위.

책갑(冊匣)[-깝]图 책을 넣어 두거나 겉으로 싸는 갑이나 집.

책-값(冊-)[-깝]图 1 책을 파는 값. ▣~이 오르다 / ~이 싸다. 2 책을 사는 데 드는 돈. ▣~을 대다 / 신학기에는 ~이 많이 든다.

책-거리(冊-)[-꺼-]图 1 서책 또는 문방제구를 그린 그림. 2 책씻이.

책-걸상(冊-床)[-껄쌍]图 책상과 걸상을 아울러 이르는 말.

책고(冊庫)[-꼬]图 책을 간직해 두는 창고. 서고(書庫).

책궁(責躬)[-꿍]图하타 스스로 자기를 나무람.

책권(冊卷)[-꿘]图 1 서책의 권질(卷帙). 2 (주로 '읽다'와 함께 쓰여) 얼마간의 책. ▣~이나 읽었나 보다.

책궤(冊櫃)[-꿰]图 책을 넣어 두는 궤짝.

책-글씨(冊-)[-끌-]图 책장에 쓰는 잘고 깨끗한 글씨. 책서(冊書)1.

책-꽂이(冊-)[-꼬지]图 책을 세워 꽂아 두는 물건이나 장치. ▣~에 꽂힌 책 / ~에서 책을 뽑아 들다.

책동(策動)[-똥]图하타 1 좋지 않은 일을 몰래 꾸미어 행함. ▣불순분자의 ~을 분쇄하다 / 음모를 ~하다. 2 남으로 하여금 어떤 행동을 하도록 부추기거나 선동함. ▣배후의 ~에 놀아나다 / 파업을 ~하다.

책-뚜껑(冊-)图 책의 앞쪽 거죽 장. 표지.

책략(策略)[챙냑]图 어떤 일을 꾸미고 이루어 나가는 꾀와 방법. 책모. ▣~이 비상하다 / 그의 ~에 걸리다.

책려(策勵)[챙녀]图하타 채찍질하듯 격려함.

책력(冊曆)[챙녁]图 천체를 관측하여 해와 달의 운행과 절기 따위를 적은 책. 역서(曆書).

책례(冊禮)[챙녜]图하타 책씻이.

책롱(冊籠)[챙농]图 책을 넣어 두는 농짝.

책립(冊立)[챙닙]图하타 團 황태자·황후를 왕명으로 봉하여 세움.

책망(責望)[챙-]图하타 허물이나 잘못에 대해 꾸짖거나 나무람. ▣~을 받다 / 자신의 경솔을 스스로 ~하다 / 일을 잘못 처리해 ~을 듣다. ⓐ책(責).

책명(冊名)[챙-]图 책의 이름.

책명(策命)[챙-]图 團 왕이 신하에게 내려 명령하던 글발. 책문(策文).

책모(策謀)[챙-]图 책략(策略). ▣~와 지략이 뛰어나다 / ~에 말려들다.

책무(責務)[챙-]图 직무에 따른 책임이나 임무. ▣~를 지다 / 맡은 바 ~를 다하다.

책문(策文)[챙-]图 團 1 책문(策問)에 답하던 글. 2 책명(策命).

책문(責問)[챙-]图하자타 잘못 따위를 꾸짖거나 나무라며 물음. 힐문(詰問).

책문(策問)[챙-]图 團 정치에 관한 계책을 물어서 답하게 하던 과거의 한 과목. 책시(策試). ⓐ책(策).

책문-권(責問權)[챙-꿘]图 團 민사 소송에서, 당사자가 법원 또는 상대방의 소송 절차에 관한 규정에 위반된 소송 행위에 대하여 이의를 진술하고, 그 위법을 주장하는 권리.

책-받침(乏-)[-빧-]图 한자 부수의 하나('近'·'達' 따위에서 'ⁱ'의 이름). *갖은책받침.

책-받침(冊-)[-빧-]图 글씨를 쓸 때 종이 밑에 받치는 물건. ▣~을 받치다 / ~을 대고 글씨를 쓰다.

책방¹(冊房)[-빵]图 서점.

책방²(冊房)[-빵]图 團 1 조선 때, 고을 원의 비서 사무를 맡아보던 사람. 2 조선 때, 궁중에서 편찬과 인쇄를 맡아보던 관아.

책벌(責罰)[-뻘]图하타 저지른 잘못이나 죄과를 꾸짖어 벌함.

책-벌레(冊-)[-뻘-]图 지나치리만큼 책을 읽거나 공부에 열중하는 사람의 별명.

책보(冊褓)[-뽀]图 책을 싸는 보자기(예전에는 책보를 짊어지고 학교에 다녔음).

책보(冊寶)[-뽀]图 옥책(玉冊)과 금보(金寶).

책봉(冊封)[-뽕]图 團 왕세자·왕세손·왕후·비·빈 등을 봉작함. ▣왕비로 ~하다.

책봉-사(冊封使)[-뽕-]图 團 중국에서, 천자의 칙(勅)을 받들어 번국(藩國)에 가서 봉작을 주던 사절.

책비(責備)[-삐]图하타 남에게 모든 일을 완전하게 갖추어 다 잘하기를 요구함.

책사(冊肆)[-싸]图 서점(書店).

책사(策士)[-싸]图 책략을 잘 쓰는 사람. 계책에 능한 사람. 모사(謀士).

책살(磔殺)[-쌀]图하타 기둥에 묶어 세우고 창으로 찔러 죽임.

책상(冊床)[-쌍]图 앉아서 책을 읽거나 글씨를 쓸 때에 받치고 쓰는 상. 서궤(書几). ▣사무용 ~ / ~을 정리하고 퇴근하다.

책상-같이(冊狀-)[-쌍가치]图 올digit이와 같은 모양.

책상-다리(冊床-)[-쌍-]图 1 한쪽 다리를 다른 쪽 다리 위에 포개고 앉는 자세. 2 團 결가부좌(結跏趺坐)·반가부좌의 일컬음.

책상-머리(冊床-)[-쌍-]图 1 책상의 한쪽 가. ▣~에 머리를 대고 졸다. 2 책이나 문서만 다루어서 현실과 동떨어진 모양이나 상태. ▣~에 앉아서 짜낸 계획이라서 실정과 동떨어진 점이 많을 것 같다.

책상 못자리(冊床-)[-쌍모짜-/-쌍몯짜-]图 직사각형으로 된 못자리.

책상-물림(冊床-)[-쌍-]图 글만 읽다가 사회에 처음 나서서 세상 물정에 어두운 사람을 낮잡아 이르는 말. 책상퇴물.

책상-반(冊床盤)[-쌍-]图 책상과 모양이 비슷하게 만든 소반.

책상-보(冊床褓)[-쌍뽀]图 책상을 덮는 보.

책상-양반(冊床兩班)[-쌍냥-]图 평민으로서 학문과 덕행이 있어 양반이 된 사람.

책상 조직(柵狀組織)[-쌍-]图 團 식물의 잎 겉쪽의 표피 세포 밑에 있는 조직(가늘고 길쭉한 세포가 세로로 촘촘히 줄지어 있음). 울타리 조직.

책상-퇴물(冊床退物)[-쌍-]图 책상물림.

책서(冊書)[-써]图하타 1 책글씨. 2 책의 글씨를 베껴어 씀.

책선(責善)[-썬]图하타 친구끼리 옳은 일을 하도록 서로 권함.

책성(責成)[-썽]图하타 1 남에게 맡긴 일이 잘 되도록 다짐을 받음. 2 일의 책임을 지워서 부담시키기도 함.

책세(冊貰)[-쎄]图 책을 빌려서 보는 값으로 내는 돈.

책-송곳(冊-)[-쏭곧]图 책을 꿰어 매는 데에 쓰는 송곳. 끝이 가늘고 둥근 모양임.

책-술(冊-)[-쑬]명 **1** 책의 두께. **2** ☞ 책실.
책-실(冊-)[-씰]명 책을 매는 데 쓰는 실.
책실(冊室)[-씰]명《역》책방²[冊房]2.
책-싸개(冊-)명 책을 보호하기 위하여 싸는 종이. 책가위.
책-씻이(冊-)명하자 글방 따위에서 학생이 책 한 권을 떼거나 베끼는 일이 끝난 뒤에 훈장 과 동료에게 한턱내던 일. 책거리. 책례(冊 禮). ❏천자문을 다 떼었다고 ~를 하다.
책언(責言)명 꾸짖거나 나무라는 말.
책원(策源)명 책원지1.
책원-지(策源地)명 **1** 지난날, 전선의 작전 부 대에 대해, 보급·정비 등의 병참 지원을 행하 던 후방 기지. 책원. **2** 책략의 근원이 되는 곳. ❏음모의 ~.
책응(策應)명하자 우군 사이에 계책 따위를 통 하여 서로 돕는 일.
책의(冊衣)[-/-이]명 **1** 책의 앞과 뒤의 겉장. **2** 책가위.
책인즉명(責人則明)(채긴증-)명 남을 나무라 는 데 밝다는 뜻으로, 자기의 잘못은 덮어놓 고 남만 나무란다는 말.
책임(責任)명 **1** 도맡아 해야 할 임무나 의무. ❏사회적 ~ / ~을 맡다 / 가장에게는 가족을 부양할 ~이 있다. **2** 어떤 일의 결과에 대하 여 지는 의무나 부담. 또는 그 결과로 받는 제재(制裁). ❏연대 ~을 지다 / 경영 실패에 따른 ~을 묻다 / 도의적 ~을 지고 물러나다. **3**《법》불법 행위를 한 사람에게 법률상의 불 이익이나 제재가 가해지는 일(《민사 책임과 형사 책임으로 나뉨》).
책임-감(責任感)명 책임을 중하게 여기는 마 음. ❏~이 강하다 / ~이 무겁다 / ~이 투철 하다.
책임 내:각(責任內閣) 의회의 신임 여하에 따 라 진퇴가 결정되는 내각.
책임 능력(責任能力)[채김-녁]《법》법률상 의 책임을 질 수 있는 능력(《형법상 만 14세 이상으로 규정》).
책임-량(責任量)[채김냥]명 책임지고 해야 할 양. ❏~을 다하다 / 자기 ~을 다하다.
책임-론(責任論)[채김논]명 어떤 일의 결과에 대하여 누구에게 어떤 책임이 있는가에 관한 논의. ❏선거에서 패배하자 고위 당직자에 대한 ~이 대두하였다.
책임 보:험(責任保險)《법》피보험자가 어떤 사람의 손해 배상 책임을 지게 되는 경우, 그 배상으로 생긴 피보험자의 손해를 보상해 주 는 보험.
책임 연령(責任年齡)[채김녈-]《법》형사 책 임을 질 수 있는 나이(《만 14세 이상》).
책임-자(責任者)명 어떤 일을 맡아 책임을 지 는 사람. ❏치안 ~ / 인솔 ~.
책임-제(責任制)명 어떤 일을 맡은 사람이 책 임을 지기로 되어 있는 제도. ❏도(道)에서는 지역별 ~로 농산물 생산 증가를 도모하고
책임 조건(責任條件)[채김-껀]《법》형사 책 임의 조건이 되는 고의나 과실.
책임 준:비금(責任準備金)《법》보험 회사가 앞으로 일어날지도 모르는 위험에 대비하여 그 지급 책임을 이행하기 위해 미리 적립하 는 돈.
책임-지다(責任-)타 어떤 일에 대한 책임을 모두 안다. ❏모든 것은 내가 책임질 터이니 내 말대로 해라.

책자(冊子)[-짜]명 책. 서적(書籍). ❏선전 ~ / 안내 ~.
책-잡다(責-)[-짭따]타 남의 잘못을 들어 말하 다. ❏자기를 빼고 부하들만 잘못했다고 책잡 으려 하지 마시오.
책-잡히다(責-)[-짜피-]자《'책잡다'의 피동》 책잡음을 당하다. ❏남에게 책잡힐 일을 해서 는 안 된다.
책장(冊張)[-짱]명 책의 낱낱의 장. ❏~을 넘기다 / ~을 찢다 / ~을 떨고 일어서다.
책장(冊欌)[-짱]명 책을 넣어 두는 장.
책점(冊店)[-쩜]명 서점.
책정(策定)[-쩡]명하자 계획이나 방책을 세워 결정함. ❏예산을 ~하다 / 정부 수매가 예상 대로 ~되었다.
책-치레(冊-)명하자 **1** 책을 곱게 단장하여 꾸 밈. 또는 그 치레. **2** 집 안이나 방 안에 책을 갖추어 모양 내어 꾸미는 일.
책-탁자(冊卓子)[-짜]명 책을 올려놓는 탁자.
책판(冊板)명 책을 박아 내는 판.
책-하다(責-)[채카-]타여 남의 허물을 들어 꾸짖다. 책망하다. ❏남을 책하기 전에 자신 을 돌아보아라.
책-하다(策-)[채카-]타여 일을 꾸미거나 꾀 하다.
책형(磔刑)[채켱]명《역》기둥에 묶어 세우고 창으로 찔러 죽이던 형벌. *책살(磔殺).
챔피언(champion)명 운동 경기에서의 우승 자. 패자(霸者). 선수권 보유자. ❏~에 오르 다 / ~ 결정전에 나가다.
챗-국(菜-)[챗꾹/챋꾹]명 무·오이 등의 채로 만 든 국. 또는 그렇게 만든 냉국.
챗-날(챈-)[챈-]명 '기름챗날'의 준말.
챗-돌(챈-)[챈-]명 채돌 / 챈돌]명 개상 위에 얹어 놓고 볏 단을 태질하는 돌.
챗-열(챈녈)[챈녈]명 채찍 따위의 끝에 늘어진 끈. 편수(鞭穗).
챙:명 '차양(遮陽)'의 준말. ❏~이 달린 모자 를 쓰다.
챙기다타 **1** 필요한 물건을 빠짐이 없도록 갖 추어 간수하다. ❏이삿짐을 ~ / 준비물을 ~. **2** 거르지 않고 잘 거두다. 갖추어 차리다. ❏ 밥을 챙겨 먹다. **3** 어떤 것을 자기 것으로 취 하다. ❏한몫 ~ / 거액의 사례비를 ~.
처(妻)명 아내.
처:(處)명 **1** 중앙 관서의 하나《법제처·국가 보훈처 따위》. **2** 육군의 사단급 이상 사령부 의 참모 부서의 이름《작전처·인사처 따위》. **3** 대학 따위의 조직에서, 일정한 사무를 보는 부서를 분류하는 단위의 하나《교무처·학생처 따위》.
처-튀 어떤 동사 앞에 붙어, '마구'·'함부로'· '많이' 등의 뜻을 나타내는 말. ❏~먹다 / 분을 ~바르다.
-처(處)의 **1** '곳'·'장소'의 뜻. ❏거래~ / 접 수~. **2** '사무를 맡아보는 부서'의 뜻. ❏총 무~ / 행정~.
처가(妻家)명 아내의 본집. 처갓집.
처:가-댁(妻家宅)[-땍]명 남의 '처가'를 높여 이르는 말.
처가-살이(妻家-)명하자 처가에 들어가 삶.
처가-속(妻家屬)명 아내의 친정 집안 식구들. 처가붙이.
처갓-집(妻家-)[-가찝/-갇찝]명 처가(妻家). ❏한동안 ~ 신세를 지다.
처:결(處決)명하자 결정하여 조처함. ❏사건 의 공정한 ~을 기대하다 / 현안을 ~하다.
처-고모(妻姑母)명 아내의 고모.

처깔-하다 [타][여] 문을 굳게 닫아 잠가 두다. [작]차깔하다.
처남 (妻男·妻娚) [명] 아내의 오빠나 남동생.
처남-댁 (妻男宅)[-땍] [명] 손아래 처남의 아내. 처남의 댁.
처-내다 [자] 아궁이로 연기나 불길이 쏟아져 나오다.
처-넣다 [-너타] [타] 어떠한 곳에 마구 몰아서 넣다. ❑ 죄인을 감옥에 ~.
처:네 [명] **1** 덧덮는 얇고 작은 이불. **2** 어린아이를 업을 때 두르는 작은 이불. **3** '머리처네'의 준말.
처:녀 (處女) [명] **1** 성숙한 미혼의 여성. 낭자(娘子). 처자(處子). ❑ 꽃다운 ~ / 과년한 ~. ↔ 총각. **2** 남자와의 성적 경험이 없는 여자. 숫처녀. **3** '최초의'·'처음으로 하는'·'인적 미답의' 등의 뜻을 나타내는 말. ❑ ~ 등정 / ~ 출전.
[처녀가 아이를 낳아도 할 말이 있다] 큰 잘못을 했어도 구실과 변명의 여지는 있다. [처녀 불알] 매우 얻기 어려운 일.
처:녀-궁 (處女宮) [명] 〔천〕 황도 십이궁의 하나. 사자궁과 천칭궁의 중간에 있음. 쌍녀궁.
처:녀-림 (處女林) [명] 원시림.
처:녀-막 (處女膜) [명] 〔생〕 처녀의 음문 속에 있는 얇은 막.
처:녀-비행 (處女飛行) [명] 새로 만든 비행기나 새로 된 비행사가 처음으로 하는 비행.
처:녀 생식 (處女生殖) 〔생〕 단위(單爲) 생식.
처:녀-성 (處女性)[-썽] [명] 처녀로서 지니고 있는 성질. 특히, 성적(性的) 순결을 말함.
처:녀-수 (處女水) [명] 〔지〕 땅속 깊은 곳의 마그마에서 나와 암석의 틈을 타고 비로소 땅 위로 솟아나온 물《온천물의 일부는 이에 속함》. 초생수(初生水).
처:녀-왕 (處女王) [명] 아직 교미를 하지 아니한 여왕벌.
처:녀-이끼 (處女-) [명] 〔식〕 처녀이낏과의 상록 여러해살이풀. 산지의 암석·수목에 붙어 삶. 뿌리줄기는 실처럼 가늘게 가로 벋고, 잎은 깃모양 겹잎이며 녹갈색을 띰.
처:녀-자리 (處女-) [명] 〔천〕 사자자리·천칭자리에 둘러싸인 별자리. 늦은 봄철에 동쪽 하늘에 보임《알파성은 스피카(Spica)》. 처녀좌.
처:녀-작 (處女作) [명] 처음으로 지었거나 발표한 작품.
처:녀-장가 (處女-) [명] 처녀를 아내로 맞는 장가《주로 재혼하는 남자에 대하여 씀》. ❑ ~를 들다.
처:녀-좌 (處女座) [명] 〔천〕 처녀자리.
처:녀-지 (處女地) [명] **1** 사람이 살거나 개간한 일이 없는 자연 그대로의 땅. **2** 학문·문화·기술 따위에서, 연구되거나 밝혀지지 않은 채로 있는 분야.
처:녀-티 (處女-) [명] 겉으로 드러난 처녀다운 티. ❑ 벌써 ~가 완연한 색시로 자랐구나.
처:녀-항해 (處女航海) [명] 새로 만든 배나 새로 된 항해사가 처음으로 하는 항해.
처녑 [명] 〔생〕 소나 양 등의 반추(反芻) 동물에서의 제3위(胃)《잎 모양의 얇은 판이 있음》. 백엽(百葉). 천엽(千葉).
처녑-집 [-찝] [명] 〔건〕 집의 구조가 알뜰하고 쓸모 있게 된 집.
처녑-회 (-膾)[-녀푀] [명] 소의 처녑을 썰어 만든 회.
처:단 (處斷) [명][하][타] 결단하여 처치하거나 처분함. ❑ 법에 따라 엄중히 ~하다.
처-담다 [-따] [타] 마구 잔뜩 담다. ❑ 욕심 사납게 자기 그릇에만 ~.
처당 (妻黨) [명] 처족(妻族).
처-대다¹ [타] 함부로 불에 넣어서 살라 버리다.
처-대다² [타] 함부로 자꾸 대 주다. ❑ 가망 없는 사업에 돈을 마구 ~.
처덕 (妻德) [명] **1** 아내의 덕행. **2** 아내로 인해 입은 은덕. ❑ ~으로 살아가다.
처덕-거리다 [-꺼-] [타] **1** 빨랫방망이로 빨래를 자꾸 세게 두드려서 소리를 내다. **2** 물기가 많거나 차진 물건을 자꾸 힘 있게 두드리다. **3** 종이 따위를 자꾸 아무렇게나 바르거나 덧붙이다. [작]차닥거리다. **처덕-처덕** [부][하][타]
처덕-대다 [-때-] [타] 처덕거리다.
처-때다 [타] 불을 요량 없이 마구 때다.
처:-뜨리다 [타] 처지게 하다.
처란 [명] 〔←철환(鐵丸)〕 **1** 엽총 등에 재어서 쓰는 잔 탄알. **2** 잔 탄알같이 쇠붙이로 만든 물건의 총칭.
처란-알 [명] 처란의 낱개.
처량-하다 (凄涼-) [형][여] **1** 보기에 거칠고 황폐하여 쓸쓸한 데가 있다. ❑ 처량한 벌판. **2** 초라하고 구슬프다. ❑ 처량한 신세 / 처량하게 울다. **처량-히** [부]
처럼 [조] 체언 뒤에 붙어서, '…과 같이, … 모양으로' 따위의 뜻을 나타내는 부사격 조사. ❑ 눈~ 희다 / 공~ 둥글다 / 나~ 해 보아라.
처렁 [부][하][자][타] 얇은 쇠붙이가 부딪치어 은은히 울리는 소리. [작]차랑. [여]저렁. [센]쩌렁.
처렁-거리다 [자][타] 처렁 소리가 자꾸 나다. 또는 그런 소리를 자꾸 내다. [작]차랑거리다. **처렁-처렁** [부][하][자][타]
처렁-대다 [자][타] 처렁거리다.
처르렁 [부][하][자][타] 넓고 얇은 쇠붙이가 부딪치는 소리. [작]차르랑. [여]저르렁. [센]쩌르렁.
처르렁-거리다 [자][타] 처르렁 소리가 자꾸 나다. 또는 그런 소리를 자꾸 내다. [작]차르랑거리다. **처르렁-처르렁** [부][하][자][타]
처르렁-대다 [자][타] 처르렁거리다.
처:리 (處理) [명][하][타] **1** 사건 또는 사무를 절차에 따라 다루어 결말을 냄. ❑ 사무 ~ / 사건을 공정하게 ~하다 / 일을 신속하게 ~하다. **2** 어떤 결과를 얻기 위해 화학적·물리적 작용을 일으킴. ❑ 방수 ~ / 폐수 ~ 시설 / 음식물을 저온 ~하다.
처:리-법 (處理法)[-뻡] [명] 어떤 것을 처리하는 방법. ❑ 유독성 폐기물 ~.
처:리-장 (處理場) [명] 깨끗하게 처리하는 곳. ❑ 쓰레기 ~ / 하수 ~.
처:리 프로그램 (處理program) 〔컴〕 제어 프로그램의 지시와 감독을 받아 데이터 처리를 실행하고 결과를 출력하는 프로그램《언어 번역 프로그램·서비스 프로그램·적용 업무 프로그램이 있음》.
처마 [명] 〔건〕 지붕의 도리 밖으로 내민 부분. ❑ ~ 밑에서 잠시 비를 피하다.
처마-널 [명] 처마 테두리에 돌려 붙인 판자.
처마 높이 땅바닥에서 처마 끝까지의 높이.
처-마시다 [타] **1** 욕심 사납게 마구 많이 마시다. ❑ 밖에서 술을 처마시고 와서는 주정을 한다. **2** 〈속〉 마시다.
처맛-기슭 [-마끼슥 / -맏끼슥] [명] 〔건〕 지붕의 가장자리.
처-매다 [타] 다친 곳에 약을 바르고 붕대 같은 것으로 친친 감아 매다. ❑ 다리에 붕대를 ~.
처-먹다 [-따] [타] **1** 음식을 욕심껏 마구 먹다. ❑ 너희들만 처먹기냐. **2** 〈속〉 먹다. ❑ 밥을

처먹든지 술을 처마시든지 맘대로 해라 / 나잇살이나 처먹었으면 나잇값을 해야지 / 너 혼자 잘 해 처먹어라.

처-먹이다 〔타〕(‘처먹다’의 사동) **1** 음식을 요량 없이 마구 먹이다. **2** 〈속〉 먹이다.

처모 (妻母) 〔명〕 장모(丈母).

처:무 (處務) 〔명하자〕 사무를 처리함. 또는 처리해야 할 사무.

처-박다 [-따] 〔타〕 **1** 몹시 세게 박다. ▢ 말뚝을 ~. **2** 함부로 쑤셔 넣거나 밀어 넣다. ▢ 농속에 처박아 둔 옷가지. **3** 일정한 곳에만 있게 하고 다른 곳에 나가지 못하게 하다. ▢ 아이들은 집에 처박아 두고 혼자 밖을 돌아다니다.

처-박히다 [-바키-] 〔자〕 **1** (‘처박다’의 피동형) 처박음을 당하다. ▢ 바윗돌에 처박힌 쇠못을 뽑아내다 / 책장 속에 처박힌 헌 책들. **2** 한 곳에서 나가지 않고 한동안 그곳에서만 있다. ▢ 집 안에 처박혀 있다.

처:방 (處方) 〔명〕 **1** 병의 증세에 따라 약재를 배합하는 방법. ▢ 의사의 ~에 따라 조제하다. **2** 일처리의 방법.

처:방-전 (處方箋) 〔명〕 약제의 처방을 적은 종이. ▢ ~을 떼어 약을 짓다.

처:벌 (處罰) 〔명하타〕 형벌에 처함. 위법 행위에 대하여 고통을 줌. 또는 그러한 벌. ▢ ~을 내리다 / ~을 받다 / ~ 규정을 완화하다 / 법규를 어긴 사람을 엄하게 ~하다.

처:벌-법 (處罰法) [-뻡] 〔명〕 형벌을 주는 법률이나 방법. ▢ 경범죄 ~.

처:변 (處變) 〔명하타〕 **1** 실정에 따라 융통성 있게 잘 처리해 감. **2** 갑작스럽게 당한 변을 잘 수습함.

처복 (妻福) 〔명〕 아내를 잘 얻은 복. 또는 아내 덕분에 누리는 복. ▢ ~이 많은 사나이.

처-부모 (妻父母) 〔명〕 아내의 부모. 곧, 장인과 장모.

처:분 (處分) 〔명하타〕 **1** 어떠한 기준에 따라 처리함. ▢ 정학 ~ / ~에 맡기다 / 관대한 ~을 바라다 / 남은 물건을 ~하다 / 주식을 매각 ~하다. **2** 《법》 행정·사법 관청이 특정한 사건에 대해 법규를 적용하는 행위(행정 처분·보호 처분 따위). ▢ 불기소 ~ / 기소 유예 ~을 내리다. **3** 이미 있는 권리나 권리의 객체(客體)에 대해 직접 변동을 일으키는 일(가옥의 매각·저당 따위).　↔관리.

처:분권-주의 (處分權主義) [-꿘-/-꿘-이] 〔명〕 《법》 **1** 민사 소송법에서, 당사자가 스스로 소송을 처분하고 소송의 해결을 도모하는 주의(청구의 포기, 재판상의 화해, 상소권과 책문권(責問權)의 포기 등). ❷처분주의. **2** 형사 소송법에서, 소송 관계가 성립한 뒤에도 당사자로 하여금 임의로 소송 상태를 지배하게 하는 주의.　↔불변경주의.

처:분 명:령 (處分命令) [-녕] 《법》 국가가 국민이나 공공 기관에 대하여 일정한 행위를 할 것을 명하거나 금지하는 명령.

처:사 (處士) 〔명〕 예전에, 벼슬을 하지 않고 초야(草野)에 묻혀 조용히 살던 선비.

처:사 (處事) 〔명하자〕 일을 처리함. 또는 그런 처리. ▢ 부당한 ~ / 국민을 우롱하는 ~ / 당국의 ~에 분통을 터뜨렸다.

처산 (妻山) 〔명〕 아내의 무덤. 또는 아내의 무덤이 있는 산. 처장(妻葬).

처-삼촌 (妻三寸) 〔명〕 아내의 삼촌.
　[처삼촌 뫼에 벌초하듯] 일을 정성 들이지

않고 겉날려 함의 비유.

처상 (妻喪) 〔명〕 아내의 상사(喪事).

처:서 (處暑) 〔명〕 이십사절기의 하나(입추와 백로의 사이로, 양력 8월 23일경. 이 시기부터 더위가 수그러지기 시작한다 함).
　[처서에 비가 오면 독의 곡식도 준다] 처서 날에 비가 오면 흉년이 든다.

처성-자옥 (妻城子獄) 〔명〕 아내는 성(城)이고 자식은 감옥이라는 뜻으로, 처자를 거느린 사람은 집안일에 얽매어 자유로이 활동을 할 수 없음을 가리키는 말.

처:세 (處世) 〔명하자〕 남과 사귀면서 세상을 살아감. 또는 그런 일. ▢ 약삭빠른 ~ / ~를 잘하다 / ~에 능하다.

처:세-술 (處世術) 〔명〕 처세하는 방법과 수단. ▢ ~에 뛰어나다.

처:세-훈 (處世訓) 〔명〕 처세하는 데 도움이 되는 교훈.

처:소 (處所) 〔명〕 **1** 사람이 살거나 임시로 머물러 있는 곳. ▢ ~를 정하다 / ~를 옮기다 / 회사에서 가까운 곳에 ~를 마련한다. **2** 어떤 일이 벌어진 곳이나 어떤 물건이 있는 곳.

처:소격 조:사 (處所格助詞) [-껵조-] 〔언〕 부사격 조사의 한 가지. 동사 또는 다른 용언의 내용이 되는 곳을 여러 가지로 한정하는 조사(‘학교에 가다’에서 ‘에’ 따위).

처:소 부:사 (處所副詞) 〔언〕 의미에 따른 부사의 한 가지. 곳·쪽·거리 등을 나타내는데, ‘여기’·‘저기’·‘이리’·‘저리’·‘멀리’·‘가까이’ 따위가 있음.

처숙 (妻叔) 〔명〕 아내의 숙부. 처삼촌.

처-숙부 (妻叔父) [-뿌] 〔명〕 아내의 숙부. 처삼촌.

처:시하 (妻侍下) 〔명〕 아내에게 눌려 지내는 사람을 조롱하는 말.

처:신 (處身) 〔명하자〕 세상을 살아감에 있어 가져야 할 몸가짐이나 행동. ▢ ~이 바르다 / ~을 잘해야 사랑을 받는다 / 올바르게 ~하다 / 알아서 ~하도록 해요.

처:신-사납다 (處身-) [-따] 〔-사나워, -사나우니〕 〔형타〕 채신사납다.

처:신-없다 (處身-) [-업따] 〔형〕 채신없다.

처-싣다 [-따] 〔처실어, 처실으니, 처싣는〕 〔타〕 ❶ 함부로 잔뜩 싣다. ▢ 수레에 땔나무를 ~.

처실 (妻室) 〔명〕 아내.

처섬 〔명〕 〈옛〉 처음.

처:역 (處役) 〔명하타〕 징역에 처함.

처연-하다 (悽然-) 〔형어〕 기운이 차고 쓸쓸하다. ▢ 들녘에는 처연한 가을바람만 불고 있다. 처연-히 〔부〕

처:연-하다 (悵然-) 〔형어〕 애달프고 구슬프다. ▢ 처연한 내 신세. 처:연-히 〔부〕

처:외가 (妻外家) 〔명〕 아내의 외가. 장모(丈母)의 친정.

처:외편 (妻外便) 〔명〕 아내의 외가 친족.

처:용-가 (處容歌) 〔명〕 향가(鄕歌)의 하나. 신라 헌강왕 때, 처용이 역신을 물리치기 위해 지은 것으로 삼국유사에 전해 옴.

처:용-무 (處容舞) 〔명〕 궁중의 연회 때와 세모(歲暮)에 역귀를 쫓는 의식 뒤에 추던 향악(鄕樂) 무용.

처우 (悽雨) 〔명〕 슬프고 쓸쓸하게 내리는 비.

처:우 (處遇) 〔명하타〕 조처하여 대우함. 또는 그런 대우. ▢ 부당한 ~ / 억류자의 ~ 문제 / ~를 개선한다.

처음 〔명〕 일의 시초. 차례로 맨 첫 번. 시간적으로나 순서상으로 맨 앞. ▢ 생전 ~ 겪는 일 / 비행기를 ~ 타다 / ~이라 일이 서툴다.

처:의 (處義)[-/-이] 명하자 의리를 지킴.
처자 (妻子) 명 아내와 자식. 처자식. ▢~를 거느린 가장(家長).
처-자 (處子) 명 처녀(處女)1.
처-자식 (妻子息) 명 처자. ▢~을 부양하다 / 돌보지다.
처장 (妻葬) 명 1 아내의 장사(葬事). 2 처산.
처:장 (處長) 명 행정 관서나 사무 부서의 하나인 처(處)의 우두머리. ▢사무~ / 교무~.
처재 (妻財) 명 1 아내가 친정에서 가지고 온 재물. 2《민》점괘 가운데 육친(六親)의 하나. 아내와 재물에 관한 명수(命數)를 맡은 점괘.
처-쟁이다 타 잔뜩 눌러서 마구 쌓다. ▢창고에 쌀을 ~.
처절 (悽切) 명하랭희부 몹시 슬프고 쓸쓸함. ▢~한 피리 소리.
처:절 (悽絶) 명하랭희부 몹시 처참함.
처제 (妻弟) 명 아내의 여동생.
처-조모 (妻祖母) 명 아내의 할머니. 장조모(丈祖母).
처-조부 (妻祖父) 명 아내의 할아버지. 장조(丈祖). 장조부(丈祖父).
처-조카 (妻-) 명 아내의 조카. 처질(妻姪). 내질(內姪).
처족 (妻族) 명 아내의 겨레붙이.
처:지 (處地) 명 1 처하여 있는 사정이나 형편. ▢~가 매우 딱하군 / 어려운 ~ 에 놓이다 / ~가 전보다 나아지다 / 비용을 한 푼이라도 아껴야 할 ~다. 2 서로 사귀어 지내는 관계. ▢둘이 서로 너나들이하며 지내는 ~다. 3 지위 또는 신분.
처:-지다 자 1 감정·기분 따위가 착 잠겨 가라앉다. ▢처져 있던 그가 내 말을 듣자 생기를 되찾는 것 같다. 2 팽팽하던 것이 위에서 아래로 늘어지다. ▢빨랫줄이 ~ / 살갗에 주름이 생겨 뱃가죽이 처졌다. 3 한 동아리에서 떨어져 뒤에 남다. ▢모두 가고 나만 ~. 4 다른 것보다 못하다. ▢그쪽보다 이쪽이 처진다. 5 장기에서, 궁이 면줄로 내려가다.
처-지르다 [처질러, 처지르니] 타 1 아궁이 따위에 나무를 한꺼번에 많이 몰아 넣어 불을 때다. ▢군불을 처질러 온돌방이 잘잘 끓는다. 2 처대다.
처질 (妻姪) 명 처조카.
처:참 (處斬) 명 목 베어 죽이는 형벌에 처함. 또는 그 형벌.
처:참-하다 (悽慘-) 형여 몸서리칠 정도로 슬프고 참혹하다. ▢처참한 교통사고 현장.
처:참-히 부 ▢왜경에게 ~ 죽어간 애국지사들.
처:창-하다 (悽愴--悽悵-) 형여 몹시 구슬프다. 처:창-히 부
처:처 (處處) 명 곳곳. ▢~에서 불만의 소리가 들려왔다.
처처-하다 (凄凄-) 형여 찬 기운이 있고 쓸쓸하다. 처처-히 부
처:처-하다 (悽悽-) 형여 마음이 매우 구슬프다. 처:처-히 부
처처-하다 (萋萋-) 형여 초목이 우거지다. 처-히 부
처첩 (妻妾) 명 아내와 첩. ▢~을 거느리다.
처첩-궁 (妻妾宮)[-꿍] 명《민》점술에서, 십이 궁의 하나. 처에 대한 운수를 점치는 별자리. 준처궁(妻宮).
처:치 (處置) 명하타 1 일을 감당하여 처리 감. ▢적절한 ~를 하다. 2 처리하여 없애거나 죽여 버림. ▢쓰레기가 ~ 곤란이다 / 방해자를

~해 버리다. 3 상처나 헌데 따위를 치료함. ▢환자에게 소독약을 바를 뿐 다른 ~는 하지 못했다.
처:판 (處辦) 명하타 사무를 분간하여 처리함.
처편 (妻便) 명 처족(妻族).
처풍 (凄風) 명 쓸쓸하게 부는 바람.
처:-하다 (處-) 자타여 1 어떠한 형편이나 처지를 당하다. ▢어려운 처지에 처한 사람을 도와주다 / 야생 동물이 멸종 위기에 ~. 2 어떠한 형벌을 내리거나 집행하다. ▢살인범을 사형에~.
처형 (妻兄) 명 아내의 언니.
처:형 (處刑) 명하타 1 형벌에 처함. ▢범인을 공개로 ~하다. 2 사형에 처함. ▢살인범을 ~하다 / 법에 따라 ~되다.
척 (戚) 명 성이 다른 겨레붙이 사이의 관계(고종·내종·외종·등의 관계).
척 (chuck) 명《공》공구나 가공물을 끼우게 된, 일종의 회전 바이스.
척 (隻) 의명 자. 6~ 대어(大魚).
척 (隻) 의명 배의 수효를 세는 말. ▢배 5~.
척¹ 의명 제². ▢잘난 ~을 하다 / 내 말을 들은 ~도 안 한다. *척하다.
척² 부 1 빈틈없이 잘 들러붙는 모양. ▢광고 전단을 벽에 ~ 붙인다. 2 느슨하게 늘어지거나 휘어진 모양. ▢늘어진 버들가지. 참착².
척³ 부 몸가짐이나 태도가 점잖고 태연한 모양. ▢의자에 ~ 걸터앉다. 참착².
척⁴ 부 1 전혀 서슴지 않고 선뜻 행동하는 모양. ▢담배를 ~ 꺼내 물다 / 돈을 ~ 내주다. 2 한눈에 얼른 보는 모양. ▢한번 ~ 보고 그가 사기꾼임을 알았다. 참착³.
척각 (尺角)[-깍] 명 굵기가 사방 한 자인 재목.
척감 (脊疳)[-깜] 명《한의》등골뼈가 톱날 모양으로 두드러져 드러나는 어린아이의 감병(疳病).
척강 (陟降)[-깡] 명하자 올라갔다 내려갔다를 되풀이함.
척강 (脊强)[-깡] 명《한의》등골뼈가 뻣뻣하여 몸을 뒤로 돌리지 못하는 병.
척거 (斥拒)[-꺼] 명하타 물리쳐 거절함.
척거 (擲去)[-꺼] 명하타 던져서 내버림.
척결 (剔抉)[-껼] 명하타 1 살을 도려내고 뼈를 발라 냄. 2 목·순·결함 등을 찾아내어 깨끗이 없앰. ▢부정부패를 ~하다.
척골 (尺骨)[-꼴] 명《생》아래팔을 이루는 두 뼈 가운데 안쪽에 있는 뼈(위팔뼈와 요골에 연결됨). 자뼈.
척골 (脊骨)[-꼴] 명《생》등골뼈. 척추골.
척골 (瘠骨)[-꼴] 명 '훼척골립(毁瘠骨立)'의 준말. *피골상접.
척골 (蹠骨)[-꼴] 명《생》발목뼈와 발가락뼈 사이에 있는 발의 뼈.
척관-법 (尺貫法)[-꽌뻡] 명 길이의 단위를 척(尺), 양의 단위를 승(升), 무게의 단위를 관(貫)으로 하는 도량형법.
척당 (倜儻)[-땅] 명하랭 뜻이 크고 기개(氣槪)가 있음.
척당 (戚黨)[-땅] 명 척속(戚屬).
척당불기 (倜儻不羈)[-땅-] 명하자 뜻이 크고 기개가 있어 남에게 매이지 않음.
척도 (尺度)[-또] 명 1 자로 잰 길이. 2 평가·판단하는 기준. ▢우열을 가리는 ~.
척독 (尺牘)[-똑] 명 1《역》길이가 한 자가량 되는, 글을 적은 널빤지. 척소(尺素). 2 예전에, '편지'를 이르던 말.

척동 (尺童)[-똥] 圀 열 살 안팎의 어린아이. 소동(小童).

척량 (尺量)[청냥] 圀[하타] 물건을 자로 잼.

척량 (脊梁)[청냥] 圀『생』 등성마루.

척량-골 (脊梁骨)[청냥-] 등골뼈. 척추골.

척량 산맥 (脊梁山脈)[청냥-] 여러 산맥의 원줄기가 되는 큰 산맥《우리나라의 태백산맥 따위》.

척력 (斥力)[청녁] 圀『물』 같은 종류의 전기나 자기를 가진 두 물체가 서로 밀어내려는 힘. ↔인력(引力).

척릉 (脊稜)[청능] 圀 산줄기의 등성이.

척리 (戚里)[청니] 圀『역』 임금의 내척과 외척을 아울러 이르는 말.

척말 (戚末)[청-] 인데 성이 다른 겨레붙이에 대해 자기를 낮추어 부르는 말. 척하(戚下).

척매 (斥賣)[청-] 圀[하타] 헐값으로 마구 팖.

척박-하다 (瘠薄-)[-빠카-] 현어 땅이 몹시 메마르고 기름지지 못하다. ▯토양이 척박하여 농사를 지을 수가 없다.

척보 (隻步)[-뽀] 圀 반걸음.

척분 (戚分)[-뿐] 圀 척(戚)이 되는 관계. 성이 다르면서 일가가 되는 관계. ▯~이 멀다.

척불 (斥佛)[-뿔] 圀[하자] 불교를 배척함. 배불(排佛). ▯~ 숭유(崇儒).

척사 (斥邪)[-싸] 圀[하자] 간사한 것을 물리침.

척사 (擲柶)[-싸] 圀[하자] 윷놀이.

척사-위정 (斥邪衛正)[-싸-] 圀 위정척사.

척삭 (脊索)[-싹] 圀 척수(脊髓)의 아래로 뻗어 있는, 연골로 된 줄 모양의 물질《척추의 기초가 됨》.

척삭-동물 (脊索動物)[-싹똥-] 圀 척추(脊椎)동물과 원삭(原索)동물을 함께 이르는 말.

척산척수 (尺山尺水)[-싼-쑤] 圀 높은 곳에서 멀리 바라볼 때 산과 강이 작게 보임을 이르는 말. 척산촌수(尺山寸水).

척산촌수 (尺山寸水)[-싼-] 圀 척산척수.

척살 (刺殺)[-쌀] 圀[하타] 칼 따위로 사람을 찔러 죽임.

척살 (擲殺)[-쌀] 圀[하타] 내던져 죽임.

척색 (脊索)[-쌕] ☞척삭(脊索).

척서 (滌暑)[-써] 圀[하자] 여름철에, 찬 것을 먹거나 목욕을 하거나 서늘한 바람을 쐬거나 하여 몸을 시원하게 함.

척설 (尺雪)[-썰] 圀 많이 쌓인 눈. 잣눈.

척소 (尺素)[-쏘] 圀 척독(尺牘).

척속 (戚屬)[-쏙] 圀 척(戚) 관계가 되는 겨레붙이. 성이 다른 일가붙이. 척족(戚族).

척수 (尺數)[-쑤] 圀 자로 잰 수치. 치수.

척수 (隻手)[-쑤] 圀 **1** 한쪽 손. **2** 썩 외로운 처지를 가리키는 말.

척수 (脊髓)[-쑤] 圀『생』 뇌에 연결되는 긴 관상의 신경 중추《위는 연수에, 아래는 척수 원추를 이루어 미골에 이르며, 회백색 신경 세포와 섬유로 되어 있음. 뇌와 말초 신경 사이의 지각 운동, 자극의 전달, 반사 기능 등의 역할을 함》.

척수-막 (脊髓膜)[-쑤-] 圀『생』 척수를 싸고 있는 섬유질의 막.

척수 신경 (脊髓神經)[-쑤-] 『생』 척수에서 뻗어 나와 몸의 각 부분에 퍼져 있는 신경《사람의 몸에는 31쌍이 있음》.

척수-염 (脊髓炎)[-쑤-] 圀『의』 척수에 생기는 염증《몸의 운동과 지각의 마비, 대소변의 배설 장애 등의 증상이 나타남》.

척숙 (戚叔)[-쑥] 圀 성이 다른 일가 가운데 아

저씨뻘이 되는 사람.

척식 (拓殖)[-씩] 圀[하타] 척지(拓地)와 식민의 뜻으로, 국외의 영토나 개발되지 않은 땅을 개척하여 사람이 살게 함. 또는 그 일.

척신 (隻身)[-씬] 圀 홀몸.

척신 (戚臣)[-씬] 圀 임금과 성은 다르나 일가인 신하.

척안 (隻眼)圀 **1** 한쪽 눈. 외눈. 또는 그런 사람. **2** 남다른 식견.

척애 (隻愛)圀[하타] 짝사랑.

척언 (斥言)圀 남을 배척하는 말.

척연-하다 (惕然-)현어 근심스럽고 두렵다.
  척연-히 뮈

척연-하다 (戚然-)현어 근심스럽고 슬프다.
  척연-히 뮈

척영 (隻影)圀 외따로 있는 물건의 그림자.

척의 (戚誼)[처긔 / 처기] 圀 **1** 인척 간의 정의. **2** 척분(戚分).

척일 (隻日)圀 **1** 기일(奇日). **2** 강일(剛日).

척전 (擲錢)[-쩐] 圀[하자] 동전 따위를 던져 드러나는 그 앞뒤에 따라 길흉(吉凶)을 점치는 일. 돈점.

척제 (戚弟)[-쩨] 圀 아우뻘이 되는, 성(姓)이 다른 겨레붙이.

척제 (滌除)[-쩨] 圀[하타] 씻어 없앰.

척족 (戚族)[-쪽] 圀 척속(戚屬).

척종 (戚從)[-쫑] 圀 나이가 아래거나 항렬이 낮은, 성이 다른 겨레붙이에게 자기를 이르는 말.

척주 (脊柱)[-쭈] 圀『생』 척추.

척지 (尺地)[-찌] 圀 **1** 얼마 안 되는 좁은 땅. **2** 아주 가까운 곳.

척지 (尺紙)[-찌] 圀 **1** 작은 종잇조각. **2** 짧게 쓴 편지.

척지 (拓地)[-찌] 圀[하자] **1** 땅을 개척함. 척토(拓土). **2** 영토의 경계선을 넓힘.

척-지다 (隻-)[-찌-] 짜 서로 원한을 품어 미워하게 되다. ▯같은 회사에 근무하면서 서로 척지고 지낼 것까지는 없잖아.

척질 (戚姪)[-찔] 圀 성이 다른 일가 가운데 조카뻘 되는 겨레붙이.

척-짓다 (隻-)[-찓따]〔척지어, 척지으니, 척짓는〕짜 서로 원한을 품을 일을 만들다. ▯주차 문제로 척짓고 사는 이웃도 많다.

척창 (隻窓)圀 쪽창(窓).

척척[1] 圀 **1** 물체가 자꾸 다가붙거나 끈기 있게 달라붙는 모양. ▯젖은 옷이 몸에 ~ 들러붙다. **2** 입맛에 아주 잘 맞는 모양. 짝착착[1]. 쎈쩍쩍[2]. **3** 시험 따위에 어김없이 붙거나 예상이 맞아 떨어진 모양.

척척[2] 圀 **1** 일을 차례대로 능숙하게 하는 모양. ▯일을 ~ 해결해 나가다. **2** 일을 서슴지 않고 선뜻선뜻 하는 모양. ▯묻는 말에 ~ 대답하다 **3** 질서 정연하게 조화를 이루어 행동하는 모양. ▯손발이 ~ 맞는다. 짝착착[2].

척척-박사 (-博士)[-빡싸] 圀 무엇이든지 묻는 대로 척척 대답해 내는 사람.

척척-하다[처카-] 현어 젖은 물건이 살에 닿아서 축축한 느낌이 있다. ▯비를 맞아 옷이 ~. **척척-히**[-처키] 뮈

척촉 (躑躅)圀[-초] 철쭉.

척촉-화 (躑躅花)[-초롸] 圀『식』 철쭉꽃.

척촌 (尺寸)圀 **1** 자와 치. 촌척(寸尺). **2** 한 자한 치의 뜻으로, 얼마 되지 않는 조그마한 것을 일컫는 말.

척촌지공 (尺寸之功)圀 얼마 되지 않는 공로. 작은 공로.

척추 (脊椎)圀『생』 **1** 등골뼈로 이루어진 등마

루. 척주. 2 '척추골'의 준말.
척추-골 (脊椎骨) [명] 〘생〙 척추동물의 척주(脊柱)를 이루는 여러 개의 추골. 등골뼈.
척추-동물 (脊椎動物) [명] 〘동〙 동물계의 한 문(門). 등골뼈로 된 척추를 가진 고등 동물의 총칭. 등뼈동물. ↔무척추동물.
척추-염 (脊椎炎) [명] 〘의〙 척추 카리에스.
척추 장애인 (脊椎障礙人) 〘사〙 척추에 장애가 있어 등이 굽고 혹 같은 것이 불룩 튀어나온 사람.
척추 카리에스 (脊椎caries) 〘의〙 척추에 나타나는 결핵증(結核症). 골결핵(骨結核)·척추 운동 제한·농양 등의 증상을 나타냄.
척축 (斥逐) [명][하타] 물리쳐 쫓음.
척출 (斥黜) [명][하타] 벼슬을 빼앗고 내쫓음.
척출 (剔出) [명][하타] 도려내거나 후벼 냄. ❏ 탄환을 ~하다. 「그 폭탄.
척탄 (擲彈) [명][하자] 적에게 폭탄을 던짐. 또는
척탄-병 (擲彈兵) [명] 척탄통을 가지고 척탄 발사를 임무로 하는 병사.
척탄-통 (擲彈筒) [명] 수류탄보다 약간 큰 소형 폭탄이나 신호탄·조명탄 등을 발사하기 위한 소형의 휴대용 화기.
척토 (尺土) [명] 얼마 되지 않는 좁은 논밭. 척지. 촌지. 촌토(寸土).
척토 (拓土) [명][하자] 척지(拓地)1.
척토 (瘠土) [명] 몹시 메마른 땅. 척지(瘠地).
척퇴 (斥退) [명][하타] 물리쳐 도로 쫓음.
척푼 (隻分) [명] '척푼척리'의 준말.
척푼-척리 (隻分隻厘)[-청니] [명] 극히 적은 액수의 돈. [준]척푼.
척하 (戚下)[처카] [인대] 척말(戚末).
척-하다 [처카-] [보동][여] (동사·형용사 뒤에서 '-은 척하다'·'-는 척하다'의 꼴로 쓰여) 그럴듯하게 거짓으로 꾸미다. 체하다. ❏ 들은 ~/잘 모르면서 아는 ~.
척-하면 [처카-] [부] 구구한 설명 없이 한 마디만 하면. ❏ ~ 알아들어야지.
척하면 삼천리(三千里) [구] 말 한 마디나 작은 낌새에 의해서도 전체 상황을 재빨리 알아차림을 이르는 말.
척행 (隻行)[처캥] [명][하자] 먼 길을 혼자서 떠남.
척형 (戚兄)[처켱] [명] 성이 다른 일가 가운데 형뻘 되는 사람.
척화 (斥和)[처콰] [명][하자] 화친하자는 제의를 물리침.
척화-비 (斥和碑)[처콰-] [명] 〘역〙 조선 말에 대원군(大院君)이 양이(洋夷)를 배척할 것을 결의해 세운 비.
척후 (斥候)[처쿠] [명] 1 적의 형편·지형 등을 정찰·탐색하는 일. 2 '척후병'의 준말.
척후-병 (斥候兵)[처쿠-] [명] 〘군〙 척후를 하는 병사. [준]척후.
척후-전 (斥候戰)[처쿠-] [명] 두 편의 척후병끼리 마주쳐 벌이는 싸움.
천: [명] 옷·이불 등의 감이 되는 피륙. ❏ 구김이 잘 가는 ~/~을 짜다/~을 한 필 끊다.
천 (天) [명] 1 하늘1. 2 〘불〙 미계(迷界)인 오취육도(五趣六道)의 하나. 천왕 및 천인. 또는 그들이 살고 있다는 승묘(勝妙)한 세계.
천: (薦) [명][하타] 사람을 어떤 자리에 천거함.
천 (千) [수][관] 백의 열 배(의). ❏ ~ 원/~에 백을 보태다.
[천 길 물속은 알아도 한 길 사람의 속은 모른다] 사람의 속마음을 알기가 매우 어렵다는 말.
천 갈래 만 갈래 [구] 아주 많은 여러 갈래. ❏ ~로 찢어질 듯한 아픈 마음.
-천 (川) [미] 어떤 말 뒤에 붙어, '내'의 이름을 나타내는 말. ❏ 청계~.
천:가 (賤價)[-까] [명] 아주 싼 값.
천가-시 (千家詩) [명] 수많은 사람들의 시(詩).
천간 (天干) [명] 육십갑자의 위 단위를 이루는 요소《갑(甲)·을(乙)·병(丙)·정(丁)·무(戊)·기(己)·경(庚)·신(辛)·임(壬)·계(癸)의 총칭》. 십간.
천갈-궁 (天蠍宮) [명] 〘천〙 십이궁의 하나. 처녀자리의 동쪽에서 천칭자리의 동쪽에 이름《대략 10월 24일-11월 23일에 태양이 이 별자리에 있음》. 전갈자리.
천개 (天蓋) [명] 관의 뚜껑.
천객 (千客) [명] 많은 손님.
천:객 (遷客) [명] 귀양살이하는 사람. 천인.
천객-만래 (千客萬來)[-갱말-] [명][하자] 썩 많은 손님이 번갈아 계속 찾아옴.
천거 (川渠) [명] 물의 근원에서 가까운 곳에 있는 내.
천:거 (薦擧) [명][하타] 인재를 어떤 자리에 추천하는 일. 거천. ❏ ~를 받다/정당의 공천 후보자로 적임자를 ~하다.
천거-창일 (川渠漲溢) [명][하자] 비가 많이 와서 개천물이 넘쳐흐름.
천겁 (千劫) [명] 〘불〙 아주 오랜 세월. 영겁의 세월. 「(賤骨).
천:격 (賤格)[-껵] [명] 1 낮고 천한 품격. 2 천골
천:격-스럽다(賤格-)[-껵쓰-따]〔-스러워, -스러우니〕[형][ㅂ] 품격이 낮고 천한 느낌이 있다. **천:격-스레** [-껵쓰-] [부]
천:견 (淺見) [명] 1 얕은 견문이나 견해. 천문(淺聞). 2 자기 소견의 겸칭.
천:견-박식 (淺見薄識)[-씩] [명] 얕은 견문과 좁은 지식.
천경-지위 (天經地緯) [명] 하늘이 정하고 땅이 받드는 길이라는 뜻으로, 영원히 변하지 않을 진리나 법칙을 이르는 말.
천계 (天戒)[-/-게] [명] 하늘이 내리는 경계나 가르침. 신명(神明)의 훈계.
천계 (天界)[-/-게] [명] 〘불〙 '천상계(天上界)'의 준말. 「계시.
천계 (天啓)[-/-게] [명] 천지신명(天地神明)의
천고 (千古) [명] 1 아주 먼 옛적. ❏ ~의 수수께끼. 2 ('천고에'의 꼴로 쓰여) 아주 오랜 세월 동안. ❏ ~에 지워지지 않을 오명. 3 ('천고의'의 꼴로 쓰여) 오랜 세월을 통해 드문 일. ❏ ~의 대학자.
천고 (天鼓) [명] 1 천둥. 2 〘불〙 치지 않아도 묘음(妙音)이 나온다는 천인(天人)의 북. 곧, 부처의 설법을 이르는 말.
천고마비 (天高馬肥) [명] 하늘이 높고 말이 살찐다는 뜻으로, 가을이 썩 좋은 절기임을 일컫는 말. ❏ ~의 계절.
천고만난 (千苦萬難) [명] 천 가지의 괴로움과 만 가지의 어려움이라는 뜻으로, 온갖 고난을 이르는 말. 천신만고(千辛萬苦). ❏ ~을 무릅쓰다.
천고-불후 (千古不朽) [명][하자] 언제까지나 썩지 않고 없어지지 않음. ❏ ~의 명작.
천고-절 (千古節) [명] 영원히 변하지 않을 곧은 절개.
천곡 (川谷) [명] 내와 골짜기.
천곡 (天穀) [명] 대종교에서, 신자들이 끼니마다 먹는 쌀.
천:골 (賤骨) [명] 1 낮고 천하게 생긴 골격. ↔부골. 2 천하게 생긴 사람. *귀골(貴骨).

천:골(薦骨)명《생》척추의 하단부, 곧 허리 부근에 있는 이등변 삼각형 모양의 뼈. 엉치뼈. 엉치등뼈.

천공(天工)명 1 하늘의 조화로 자연히 이루어진 묘한 재주. 화공(化工). 2 하늘이 백성을 다스리는 조화.

천공(天公)명 하느님1.

천공(天功)명 자연의 조화.

천공(天空)명 끝없이 열린 하늘. ▷~에 우뚝 솟은 태산.

천:공(穿孔)명하자타 1 구멍을 뚫음. 또는 구멍이 뚫림. 2《의》복막이나 위벽이 상하여 구멍이 생기는 일. 또는 그 구멍.

천:공(賤工)명 천한 일을 하는 장인(匠人).

천:공-기(穿孔機)명 1 암석이나 공작물에 구멍을 뚫는 기계. 2 컴퓨터의 카드·테이프 따위에 구멍을 뚫는 기계.

천:공 카드(穿孔card)《컴》정보의 검색이나 분류·집계 등을 하기 위해 일정한 자리에 몇 개의 구멍을 뚫어 그 짜맞춤으로 숫자·글자·기호를 나타내게 된 카드. 펀치 카드.

천:공-판(穿孔板)명《동》극피(棘皮)동물의 등 쪽에 있는 석회질로 된 작은 기관(가는 구멍이 있어 이곳에 물을 집어 넣었다 내뿜었다 함).

천공-해활(天空海闊)명 하늘과 바다가 한없이 넓다는 뜻으로, 도량이 크고 넓음의 비유.

천곽(天廓)명 눈의 흰자위.

천관(天官)명《역》육조(六曹) 중의 으뜸이라는 뜻으로, '이조(吏曹)'의 별칭.

천관-아문(天官衙門)명 '이조(吏曹)'의 별칭.

천광(天光)명 맑게 갠 하늘의 빛.

천구(天狗)명《천》'천구성(天狗星)'의 준말.

천구(天球)명《천》지구 상의 관측자를 중심으로, 모든 천체가 거기에 투영(投影)된다고 가상한, 무한한 반지름을 가진 큰 구면(球面).

천:구(賤軀)명 천한 몸뚱이라는 뜻으로, '자기 몸'의 겸사말.

천구-성(天狗星)명 옛날 중국에서, 유성(流星)이나 혜성을 일컫던 말. ⓒ천구(天狗).

천구-의(天球儀)[-/-이]명《천》구면 위에, 천구에 보이는 별자리·황도·시권(時圈) 따위를 표시한 모형.

천구 좌:표(天球座標)명《천》천구 위에 있는, 천체의 위치를 나타내는 좌표.

천국(天國)명 1 이 세상에서 올바르게 살다가 죽은 후에 갈 수 있다는, 영혼이 영원히 축복받는 나라. 천상에 있다고 믿는 하느님이 지배하는 나라. 2《기·가》하나님이 지배하는 은총과 축복의 나라. 천당. 하늘나라. 3 어떤 제약도 받지 않는 자유롭고 편안한 곳. 또는 그런 상황. ▷보행자 ~. ↔지옥.

천군(天君)명 1《역》삼한(三韓) 때, 각 나라에서 천신에게 올리던 제사를 맡은 제주(祭主)의 칭호. 2 사람의 마음.

천군-만마(千軍萬馬)명 천 명의 군사와 만 마리의 군마라는 뜻으로, 썩 많은 군사와 말을 이르는 말.

천궁(川芎)명 1《식》천궁이. 2《한의》천궁이·궁궁이의 뿌리(혈액 순환을 도움).

천궁(天弓)명 무지개.

천궁-이(川芎-)명《식》미나릿과의 여러해살이풀. 중국 원산. 뿌리줄기는 굵고 향내가 나며, 줄기 높이는 30~60cm. 가을에 흰 다섯잎꽃이 핌. 뿌리는 두통·울기의 치료약임.

천권(天權)명《천》북두칠성의 넷째 별.

천:권(擅權)명하자 권력을 마음대로 부림.

천극(天極)명 1 지축의 연장선과 천구(天球)의 교차점. 2 북극성.

천극(棘棘)명하자 1 가시 울타리를 친다는 뜻으로, 가난한 사람이 옷이 없어서 밖에 나가 지 못함을 이르는 말. 2《역》가극(加棘).

천:극(踐極)명하자 천조(踐祚).

천근(天根)명 하늘의 맨 끝.

천근(茜根)명《한의》꼭두서니의 뿌리. 성질이 차며 혈증(血症)에 씀. 천초근(茜草根).

천근-만근(千斤萬斤)명 무게가 천 근이나 만 근이 된다는 뜻으로, 아주 무거움을 이르는 말. ▷다리가 ~이다.

천근-역사(千斤力士)[-녁싸]명 천 근을 들어 올릴 만한 장사란 뜻으로, 힘이 썩 센 사람.

천:근-하다(淺近-)형여 지식이나 생각 따위가 깊은 맛이 없이 천박하고 얕다.

천금(千金)명 많은 돈이나 비싼 값의 비유. ▷~을 준다 해도 이 물건을 팔 수 없다.

천금 같다⌷사물이 아주 소중하고 긴요함을 이르는 말. ▷천금 같은 결승 골이 터지다 / 천금 같은 시간을 허비하다.

천금(天衾)명 송장을 관에 넣고 덮는 이불.

천금연낙(千金然諾)명 천금과 같이 귀중한 허락.

천금-준마(千金駿馬)명 값이 천금이나 될 만큼 썩 좋은 말.

천:급(喘急)명《한의》심한 천식(喘息).

천기(天氣)명 1 하늘에 나타난 조짐. 2 하늘의 기상(氣象). 일기(日氣). 날씨.

천기(天機)명 1 모든 조화를 꾸미는 하늘의 기밀. 2 중대한 기밀. ▷~를 누설하다. 3 타고난 성질 또는 기지(機智).

천기(天璣)명《천》북두칠성의 하나. 국자 모양의 뒤쪽 아래의 별. 기(璣).

천:기(賤技)명 천한 재주.

천:기(賤妓)명 천한 기생.

천기-누설(天機漏洩)명 중대한 기밀이 누설됨을 일컫는 말.

천난-만고(千難萬苦)명 천고만난.

천남성(天南星)명《식》천남성과의 여러해살이풀. 높이 30~60cm. 잎은 새발 모양을 함. 봄에 자색·녹색 꽃의 자웅 이가가 육수꽃차례로 가지 끝에 나고 과실은 장과(漿果)이며, 뿌리는 지담·치통의 약재임. ⓒ남성(南星).

천녀(天女)명 1 직녀성. 2《불》비천(飛天). 3 여신. 4 아름답고 상냥한 여자의 비유.

천:녀(賤女)명 신분이 낮은 여자.

천녀-손(天女孫)명 직녀성.

천년(千年)명 썩 오랜 세월. ▷~의 고도(古都) 경주.

천:년(天年)명 천명(天命)1.

천년-만년(千年萬年)명 천만년. ▷~ 살고지고 / ~ 빛날 우리의 조국.

천년-설(千年說)명《기》예수가 재림하는 날에 죽은 의인(義人)이 부활하여 지상에 평화의 왕국이 서서 천 년 동안 예수가 이 왕국에 군림하고, 최후에 심판이 있다는 신앙설. 천년 왕국설.

천년 왕국(千年王國)《기》예수가 재림하여 천 년 동안 다스릴 것이라는 이상의 왕국.

천년-일청(千年一淸)명 황하의 흐린 물이 천 년에 한 번 맑아진다는 뜻으로, 가능하지 않은 일을 바람을 이름.

천념(千念)명《불》일천팔백 개의 구슬을 꿴 염주.

천:노(賤奴)명 비천한 종.

천:단(擅斷)**圈**[하]**타** 제 마음대로 처단함.
천:단-하다(淺短)**圈**[어] 지식이나 생각 따위가 얕고 짧다.
천답(踐踏)**圈**[하]**타** 발로 짓밟음.
천당(天堂)**圈 1** 하늘 위에 있다는 신의 전당. **2**『기』천국 **2**. **3**『불』극락세계인 정토. **천당(에) 가다** 句 ㉠천국에 가다. ㉡'죽다'를 달리 이르는 말.
천대(千代)**圈** 많은 대라는 뜻으로, 영원을 이르는 말. ㅁ~에 옛날 위엄.
천:대(遷代)**圈**[하]**자** 대가 바뀜.
천:대(賤待)**圈**[하]**타 1** 업신여겨 푸대접함. ㅁ~를 받다. **2** 물건 따위를 함부로 다룸.
천-더기(賤-)**圈** 천대를 받는 사람이나 물건. 천덕구니. 천덕꾸러기.
천덕(天德)**圈 1** 하늘의 덕. **2**『민』길일(吉日)과 길한 방위.
천:덕-구니(賤-)[-꾸-]**圈** 천더기.
천:덕-꾸러기(賤-)**圈** 천더기. ㅁ~ 신세로 전락하다.
천덕-사은(天德師恩)[-싸-]**圈** 하느님의 덕과 스승의 은혜.
천:덕-스럽다(賤-)[-쓰-따][-스러워, -스러우니]**圈** 품격이 낮고 야비한 데가 있다. ㅁ천덕스러운 녀석. **천:덕-스레**[-쓰-]**튀**
천덕-왕도(天德王道)**圈** 하느님의 덕과 임금의 도.
천덩-거리다**자** 끈기 있는 액체가 뚝뚝 떨어져 내리다. **천덩-천덩**[튀]**하자**
천덩-대다**자** 천덩거리다.
천:-데기(賤-)**圈** ☞천덕꾸러기.
천도(天桃)**圈** 선가(仙家)에서, 하늘나라에 있다고 하는 복숭아.
천도(天道)**圈 1** 천지 자연의 도리. **2**『불』욕계·색계·무색계의 총칭. **3** 천체가 운행하는 길.
천:도(遷都)**圈**[하]**타** 도읍을 옮김.
천:도(薦度)**圈**[하]**타**『불』죽은 사람의 혼령이 극락세계로 가도록 기원하는 일.
천도-교(天道教)**圈**『종』수운 최제우(崔濟愚)를 교조로 하는 종교(인내천(人乃天), 곧 천인합일(天人合一)의 지경에 이름을 그 종지로 함).
천도-무심(天道無心)**圈**[하]**형** 하늘이 무심함.
천동(天動)**圈** '천둥'의 본딧말.
천동(天童)**圈**『불』불법을 호위하는 신. 또는 천인(天人)이 동자(童子)의 형상으로 세상에 나타난 그것.
천:-동(遷動)**圈**[하]**타** 움직여서 옮김. 천사(遷徙).
천동-대신(天動大神)**圈**『민』무서운 귀신의 하나(천동을 몰아온다고 함).
천동-설(天動說)**圈** 고대의 우주 구조설. 지구가 우주의 중심이고, 모든 천체가 지구를 중심으로 돈다고 믿었던 설. ↔지동설
천둥**圈**[하]**자** 〔←천동(天動)〕벼락이나 번개가 칠 때 하늘이 요란하게 울리는 일. 또는 번개가 치며 일어나는 소리. 우레. ㅁ~이 치다. **[천둥에 개 뛰어들듯]** 놀라 어쩔 줄 모르고 허둥지둥하는 꼴을 이르는 말.
천둥인지 지둥인지 모르겠다 句 무엇이 무엇인지 통 분간할 수 없다는 말.
천둥-벌거숭이**圈** 무서운 줄을 모르고 주책없이 날뛰는 사람.
천둥-소리**圈** 천둥이 칠 때 나는 소리. 뇌성(雷聲). 우렛소리.
천둥-지기**圈** ☞천수답(天水畓).
천라-지망(天羅地網)[철-]**圈** 하늘과 땅에 쳐진 그물이라는 뜻으로, 피하기 어려운 경계망이나 재액(災厄)을 일컫는 말.

천락-수(天落水)[철-쑤]**圈** 하늘에서 떨어지는 물이라는 뜻으로, 빗물을 이름.
천람(天覽)[철-]**圈** 어람(御覽).
천랑-성(天狼星)[철-]**圈**『천』큰개자리의 알파성(星). 시리우스성.
천래(天來)[철-]**圈** 하늘에서 왔다는 뜻으로, 재주가 선천적임을 이르는 말.
천:-량[철-]**圈** 〔←전량(錢糧)〕살림살이에 필요한 재물.
천려(千慮)[철-]**圈** 여러 가지의 생각. 또는 여러 모로 마음을 쓰는 일.
천려(天慮)[철-]**圈** 천자(天子)가 하는 염려.
천:려(淺慮)[철-]**圈**[하]**형** 생각이 얕음. 또는 얕은 생각.
천려-일득(千慮一得)[철-뜩]**圈** 천 번을 생각하여 하나를 얻는다는 뜻으로, 어리석은 사람도 많은 생각 가운데는 한 가지쯤 좋은 생각을 할 수 있다는 말. ↔천려일실.
천려-일실(千慮一失)[철-씰]**圈** 천 번 생각에 한 번 실수라는 뜻으로, 지혜로운 사람도 많은 생각 가운데는 잘못하는 것이 있을 수 있다는 말. ↔천려일득.
천렵(川獵)[철-]**圈**[하]**자** 냇물에서 놀이로 하는 고기잡이.
천례(天禮)[철-]**圈** 하늘에 제사 지내는 예.
천로(天路)[철-]**圈**『기』선을 행하고 공을 세워서 닦는, 천당에 이르는 길.
천록(天祿)[철-]**圈** 하늘이 주는 복록.
천뢰(天籟)[철-]**圈 1** 나무를 스치는 바람 소리 따위의 자연의 소리. **2** 시문(詩文) 따위가 수수하고 절묘함의 비유.
천:-루-하다(賤陋)[철-]**圈**[어] 인품이 낮고 더럽다.
천륜(天倫)[철-]**圈** 부모와 자식, 형제와 자매 사이에서 마땅히 지켜야 할 도리. ㅁ~을 어기다 / ~을 저버리다.
천:-릉(遷陵)[철-]**圈**[하]**자** '천산릉(遷山陵)'의 준말.
천리(天理)[철-]**圈** 천지 자연의 이치. 또는 하늘의 바른 이치. ㅁ~를 거역하다.
천리-건곤(千里乾坤)[철-]**圈** 아주 넓은 하늘과 땅을 이름.
천리-구(千里駒)[철-]**圈 1** 천리마. **2** 뛰어나게 잘난 자손을 칭찬하는 말.
천리-다(千里茶)[철-]**圈**『한의』먼 길을 걸을 때 갈증을 덜기 위해 먹는 약. 백복령·하수오·갈근·오매·박하·감초 따위의 가루를 꿀에 반죽하여 만듦.
천리-동풍(千里同風)[철-]**圈** 천 리까지 같은 바람이 분다는 뜻으로, 태평한 세상을 비유하여 일컫는 말.
천리-마(千里馬)[철-]**圈** 하루에 천 리를 달릴 만한 썩 좋은 말. 천리구.
천리-만리(千里萬里)[철-말-]**圈** 썩 먼 거리. ⓒ천만리.
천리-비린(千里比隣)[철-]**圈** 천 리나 되는 먼 곳도 이웃과 같이 가깝게 느끼는 일.
천리-수(千里水)[철-]**圈** 장류수(長流水).
천리-안(千里眼)[철-]**圈** 먼 데서 일어난 일을 직감적으로 감지하는 능력.
천리-포(千里脯)[철-]**圈** 고기를 술이나 초·소금에 주물러 하루쯤 두었다가 삶아서 말린 반찬. 먼 길 갈 때 가지고 감.
천리-행룡(千里行龍)[철-눙]**圈 1** 풍수설에서, 산맥이 높았다 낮았다 하며 힘차게 뻗는 형세를 이르는 말. **2** 어떤 일을 직접 말하지

않고, 그 유래를 설명하여 차차 그 일에 미치도록 하는 일.

천마(天馬)〖명〗**1** 상제(上帝)가 타고 하늘을 달린다는 말. **2** 아라비아에서 나는 좋은 말.

천마(天麻)〖명〗**1**〖식〗난초과의 여러해살이풀. 깊은 산에 남. 뿌리줄기는 타원형으로 굵고, 꽃이 피면 속이 빔. 줄기는 50~100 cm, 잎은 막질(膜質)이며, 봄에 담황색 꽃이 핌. 적전(赤箭). 수자해좆. **2**〖한의〗수자해좆의 뿌리. 맛은 맵고 성질은 따뜻함〔두통·현훈·풍비 등에 씀〕.

천마(天魔)〖명〗〖불〗사마(四魔)의 하나. 욕계 제6천에 사는 마왕과 그 동아리.

천막(天幕)〖명〗비바람을 막기 위해 한데에 치는 서양식 장막. 텐트. □∼ 교실 / ∼을 치다 / ∼을 걷다.

천만(千萬)⊟〖수〗만의 천 배. ⊟〖명〗비길 데 없음, 또는 이를 셀 없음을 나타내는 말. □위험 ∼이다. ⊟〖관〗**1** 수·양이 썩 많은. □∼ 가지 생각. **2** 만의 천 배인. □∼ 명. ⊟〖부〗아주, 전혀. □그런 일이 ∼ 없도록 해라.

천만의 말씀〔말〕〖구〗남의 칭찬이나 사례에 대하여 겸손하거나 남이 한 말에 대하여 강하게 부정하는 말로서, '공연한 말씀〔말〕', '당찮은 말씀〔말〕'이라는 뜻.

천만-고(千萬古)〖명〗천만 년이나 되는 아주 오랜 옛적.

천만-금(千萬金)〖명〗썩 많은 돈이나 값어치. □∼을 주고도 못 살 보물.

천만-년(千萬年)〖명〗썩 멀고 오랜 세월. 천년만년. 천만세.

천만-다행(千萬多幸)〖명〗〖하형〗매우 다행함. 만만(萬萬)다행. 목숨을 부지한 것만도 ∼으로 여기네.

천만-대(千萬代)〖명〗천만세(千萬世).

천만-뜻밖(千萬一)[-뜻빡]〖명〗아주 생각 밖. 천만의외. □정말 ∼의 일이다.

천만-리(千萬里)[-말-]〖명〗'천리만리'의 준말. □머나먼 길을 마다하지 않고 곧장 달려오다.

천만-몽외(千萬夢外)〖명〗천만뜻밖.

천만-번(千萬番)〖명〗썩 많은 번수.

천만부당(千萬不當)〖명〗〖하형〗'천부당만부당'의 준말.

천만불가(千萬不可)〖명〗〖하형〗전혀 옳지 아니함. 만만불가.

천만-사(千萬事)〖명〗썩 많은 일. 온갖 일.

천만-세(千萬世)〖명〗천만년의 세대. 썩 오랜 세대. 천만대.

천만-세(千萬歲)〖명〗천만년.

천만-에(千萬一)〖감〗뜻밖의 일이나 말에 대하여 그 부당함을 이르거나 또는 겸사할 때 쓰는 말. □∼, 그렇지 않소 / 그까짓 것 가지고 고맙다니요.

천만-의외(千萬意外)[-마늬-/-마니-]〖명〗천만뜻밖.

천만-인(千萬人)〖명〗헤아릴 수 없이 많은 사람. □∼이 다 아는 사실.

천만-층(千萬層)〖명〗'천층만층'의 준말.

천만-파(千萬波)〖명〗'천파만파'의 준말.

천:망(薦望)〖명〗〖하타〗〖역〗벼슬아치를 윗자리로 천거함. 망(望).

천:매(賤買)〖명〗〖하타〗물건 따위를 싸게 삼.

천:매(賤賣)〖명〗〖하타〗물건 따위를 싸게 팖.

천매-암(千枚岩)〖명〗〖광〗변성암의 일종. 녹색이나 회갈색의 명주 같은 광택이 있고 얇은

잎 모양으로 벗겨지는 성질이 있는 암석〔주성분은 석영(石英)·견운모(絹雲母)·흑운모·녹니석(綠泥石) 따위임〕.

천맥(阡陌)〖명〗**1** 밭 사이의 길. 남북으로 난 것을 천(阡), 동서로 난 것을 맥(陌)이라 함. **2** 산기슭이나 밭두둑.

천맥(泉脈)〖명〗땅속에 있는 샘 줄기.

천명(天命)〖명〗**1** 타고난 수명. 천수(天數). 천수(天壽). □∼을 다하다 / ∼을 누리다. **2** 하늘의 명령. □∼을 따르다 / ∼을 받다. **3** 천자의 명령.

천명(天明)〖명〗날이 밝을 무렵. 동틀 무렵.

천:명(賤名)〖명〗**1** 천한 이름이란 뜻으로, 자기 이름을 겸사하는 말. **2**〔민〕명이 길고 복을 받으라는 뜻에서, 일부러 어린아이들에게 지어 주는 천한 이름('개똥이'·'돼지' 등).

천:명(擅名)〖명〗〖하타〗명예를 들날림. 이름을 드날림.

천:명(闡明)〖명〗〖하타〗사실이나 입장 따위를 드러내서 밝힘. □독립의 의지를 세계만방에 ∼하다.

천:목(薦目)〖명〗〖역〗사람을 천거하는 데 필요한 명목·조건(이치(吏治)·문학·재능·효렴(孝廉) 등).

천:묘(遷墓)〖명〗〖하자〗이장(移葬).

천무음우(天無淫雨)〖명〗하늘에서 궂은비가 내리지 않는다는 뜻으로, 화평한 나라나 태평한 시대를 비유하는 말.

천무이일(天無二日)〖명〗하늘에는 해가 둘이 없다는 뜻으로, 나라에 두 임금이 있을 수 없음을 이르는 말.

천문(天文)〖명〗**1** 천체에서 일어나는 온갖 현상. **2** '천문학'의 준말.

천문(天門)〖명〗**1** '대궐문'의 경칭. **2** 천국으로 들어간다는 문. **3** '콧구멍'의 별칭. **4** '양미간'의 별칭.

천:문(淺聞)〖명〗천견(淺見)1.

천문-대(天文臺)〖명〗〖천〗천문을 관측하기 위하여 설치한 시설. 또는 그런 기관〔천체 관측·천문 이론 연구·천체력(曆) 편찬·시보(時報) 작성 등이 주업무임〕.

천문-도(天文圖)〖명〗〖천〗천문을 표시한 그림.

천문동(天門冬)〖명〗〖한의〗백합과의 여러해살이 덩굴풀. 잎은 작으며 잎겨드랑이에 푸른 빛의 작은 가시가 있음. 초여름에 담황색 꽃이 피며 덩이뿌리는 해소·담·객혈·번조 등의 증세에 씀. 호라지좆.

천문동-주(天門冬酒)〖명〗천문동의 즙을 섞어서 빚은 술.

천문-만호(千門萬戶)〖명〗**1** 대궐의 문호가 많음을 일컫는 말. **2** 수많은 백성들의 집.

천문-박사(天文博士)[-싸]〖명〗〖역〗신라 때, 천문의 관측을 맡아보던 벼슬.

천문-시(天文時)〖명〗태양이 남중하는 정오를 출발점으로 재는 시간. ↔원자시.

천문-조(天文潮)〖명〗달이나 태양 등의 인력(引力)에 의해 일어나는 조석(潮汐). 천체조.

천문 지리학(天文地理學)〖지〗수리 지리학.

천문-천정(天文天頂)〖명〗〖천〗천정점(天頂點). ⓐ천정.

천문-학(天文學)〖명〗우주의 구조와 천체의 현상·운행, 다른 천체와의 거리 및 관계 등을 연구하는 학문.

천문학-적(天文學的)[-쩍]〖관〗〖명〗**1** 천문학에서 취급하는 (것). **2** 수가 엄청나게 큰 (것). □∼ 숫자 / ∼인 비용이 들다.

천문 항:법(天文航法)[-뻽]〖명〗천체를 관측하여 항행하는 선박이나 비행기의 위치를 구하는

방법.

천:민 (賤民) 뎽 지체가 낮고 천한 사람.

천:민 문학 (賤民文學) 천한 계급의 생활 상태를 주제로 한 문학.

천·박 (舛駁) 뎽허형 뒤섞여서 바르지 못함. 순수하지 못한 데가 있음.

천(淺薄) 뎽 학문이나 생각이 얕거나 말과 행동이 상스러움. □ ~한 식견 / 인격이 ~하다 / 생각이 ~하다.

천:발 (薦拔) 뎽 인재를 뽑아 추천함.

천방 (千方) 뎽 백방(百方).

천방-백계 (千方百計)[-계 /-꼐] 뎽 온갖 계책이나 꾀.

천방-지방 (天方地方) 뎽 천방지축.

천방-지축 (天方地軸) 뎽 1 못난 사람이 종작없이 덤벙이는 일. 2 너무 급하여 방향을 잡지 못하고 함부로 날뛰는 일.

천백-번 (千百番)[-뻔] 뎽 천만번.

천벌 (天伐) 뎽 벼락을 맞아 죽는 일.

천벌 (天罰) 뎽 하늘이 내린 벌. □ ~이 내리다 / ~을 받아 마땅한 악행.

천변 (川邊) 뎽 냇가.

천변 (千變) 뎽뎽하자 여러 가지로 변함.

천변 (天邊) 뎽 하늘의 가.

천변 (天變) 뎽 하늘에서 생기는 큰 변고와 괴변《일식·월식·폭풍·홍수 따위》.

천변-만화 (千變萬化) 뎽뎽하자 한없이 변화함. 변화가 무궁함. 만화.

천변-지이 (天變地異) 뎽 천지자연의 변고와 괴변. □ ~가 일어나다.

천변-집 (川邊-)[-찝] 뎽 개천가에 있는 집.

천병 (千兵) 뎽 많은 군사.

천병 (天兵) 뎽 천자의 군사《제후의 나라에서 일컫던 말》.

천병-만마 (千兵萬馬) 뎽 천군만마.

천보 (天步) 뎽 한 나라의 운명.

천:-보 (賤-)[-뽀] 뎽 비천하고 누추한 본새나 버릇. 또는 그런 본새나 버릇을 가진 사람.

천보-대 (千步-) 뎽 《역》 조선 때, 박영준(朴永準)이 발명한 총《화살이 작고 가벼우며, 탄알이 천 걸음까지 간다 함》. 천보총.

천보-총 (千步銃) 뎽 《역》 천보대.

천복 (天福) 뎽 하늘에서 내려 준 복.

천봉-만학 (千峰萬壑) 뎽 수많은 산봉우리와 산골짜기.

천부 (天父) 뎽 《기》 하나님 아버지.

천부 (天府) 뎽 1 '천부지토'의 준말. 2 천연적으로 요새를 이룬 땅.

천부 (天賦) 뎽 하늘이 주었다는 뜻으로, 태어날 때부터 지님. □ ~의 권리 / ~의 재능.

천·부 (賤夫) 뎽 신분이 낮은 남자.

천·부 (賤婦) 뎽 신분이 낮은 여자.

천부당-만부당 (千不當萬不當) 뎽허형 천 번 만 번 부당하다는 뜻으로, 조금도 가당치 않음. □ ~한 말씀. 천만부당.

천부-설 (天賦說) 뎽 선천론(先天論).

천부-인 (天符印) 뎽 천자의 위(位), 곧 제위(帝位)의 표지로서 하늘이 내려 전한 세 개의 보인(寶印)《단군이 고조선을 건국하였다는 신화에 나옴》.

천부 인권 (天賦人權)[-꿘] 하늘이 사람에게 평등하게 부여한 권리.

천부 인권설 (天賦人權說)[-꿘-] 모든 인간은 나면서부터 자유·평등의 생활을 누릴 권리를 갖는다는 사상《18세기의 계몽사상가들에 의해 주장됨》.

천부-자연 (天賦自然) 뎽 사람의 힘으로는 어찌할 수 없는 천부의 성질《사람의 마음》.

천부-적 (天賦的) 관뎽 선천적으로 타고난 (것). □ ~(이) 재질 / 어학에 ~인 재능이 있다.

천부지토 (天府之土) 뎽 기름지고 수확이 많이 되는 좋은 땅. ⓒ천부(天府).

천분 (天分) 뎽 1 타고난 재능이나 복. □ 문학에 타고난 ~을 발휘하다.

천분-율 (千分率)[-뉼] 뎽 원금이나 전체 양을 1,000으로 보고 그 천분의 일을 단위로 하여 나타내는 비율. 천분비(千分比).

천불 (千佛) 뎽 《불》 과거·현재·미래의 삼겁(三劫)에 각각 나타난다는 1,000의 부처. 특히 현겁(現劫)의 1,000 부처를 이름.

천불 공:양 (千佛供養) 뎽 《불》 천불에 공양하는 법회. 천불회.

천불-전 (千佛殿)[-쩐] 뎽 《불》 천불을 모신 전(殿)閣).

천붕-지괴 (天崩地壞) 뎽 하늘이 무너지고 땅이 꺼짐.

천붕-지탁 (天崩地坼) 뎽허형 천붕지탑.

천붕-지탑 (天崩地塌) 뎽허형 큰 소리에 천지가 진동함. 천붕지탁.

천붕지통 (天崩之痛) 뎽 하늘이 무너지는 듯한 슬픔이라는 뜻으로, 제왕이나 아버지의 상사를 당한 큰 슬픔을 이르는 말.

천:비 (賤婢) 뎽 신분이 천한 여자 종.

천사 (天使) 뎽 1 천자(天子)의 사자(使者). 2 《기》 천국에서 인간계에 파견되어 신과 인간의 중간에서 중개를 맡고 신의 뜻을 인간에게 전하며, 인간의 기원을 신에게 전한다는 사자(使者). 3 마음씨 곱고 선한 사람을 비유적으로 이르는 말. □ 백의(白衣)의 ~《간호사》 / 집 없는 ~《고아》.

천:사 (遷徙) 뎽허형 천동(遷動).

천사만고 (千思萬考) 뎽허타 여러 가지로 생각함. 또는 그런 생각.

천사만량 (千思萬量)[-말-] 뎽허타 여러 가지로 생각하여 헤아림.

천사만려 (千思萬慮)[-말-] 뎽허형 여러 가지로 생각하고 걱정함. 또는 그런 생각이나 걱정. □ 고향을 떠나는 그의 심중에는 ~가 한꺼번에 떠올랐다.

천사만루 (千絲萬縷)[-말-] 뎽 피륙을 짜는 데 에드는 온갖 실의 수많은 올.

천사-문답 (天師問答) 뎽 천도교에서, 교조 최제우가 한울님과 직접 영감(靈感)으로 문답한 사실을 이르는 말.

천-사슬 (天-) 뎽 잔꾀를 부리지 아니하고 자연히 되어 가는 대로 내맡겨 두는 일.

천사-옥대 (天賜玉帶)[-때] 뎽 《역》 신라 진평왕 때 하늘이 내려 주었다고 하는, 금과 옥으로 만든 띠《신라의 세 가지 보물 중의 하나》. 성대(聖帶). 성제대(聖帝帶).

천산 (天山) 뎽 대종교(大倧敎)에서, '백두산'을 일컫는 말.

천산 (天産) 뎽 1 천연적으로 남. 2 '천산물'의 준말.

천:산갑 (穿山甲) 뎽 1 《동》 천산갑과의 짐승. 아프리카·남아시아에 분포. 몸의 길이는 약 60 cm, 꼬리의 길이는 35 cm 정도. 몸은 암갈색에 비늘로 덮였음. 앞발의 발톱이 단단하며 땅을 파서 긴 혀로 개미 등을 핥아먹는데 이는 없음. 주로 밤에 활동함. 2《한의》천산갑의 껍질《두창이나 마진 등의 약제로 씀》.

천:-산릉 (遷山陵)[-살-] 뎽허자 산릉을 옮겨 모심. ⓒ천릉.

천산-만수 (千山萬水) 뎽 겹겹이 둘러싸인 산

과 여러 갈래로 흐르는 물.

천산-만악 (千山萬嶽) 똉 많고 험한 산과 봉우리.

천산-만학 (千山萬壑) 똉 겹겹이 싸인 산과 골짜기.

천산-물 (天産物) 똉 천연적으로 산출되는 물건(광산물·임산물·해산물 따위). 천물(天物). ㉠천산(天産).

천산-지산 (天山地山) 閉하자 **1** 이 말 저 말 둘러대서 여러 가지 핑계를 늘어놓는 모양. **2** 갖가지로 엇갈리고 뒤섞이어 갈피를 잡을 수 없는 모양.

천살 (天煞) 똉 〖민〗 불길한 별을 이르는 말.

천:살 (擅殺) 똉 사람을 함부로 죽임.

천상 (天上) 똉 **1** 하늘의 위. **2** 〖불〗 '천상계(天上界)'의 준말.

천상 (天常) 똉 하늘이 정한 인륜(人倫)의 길. 오상(五常)의 도(道).

천상 (天象) 똉 천체의 현상. 해·달·별 등의 변화하는 현상. ＊지상(地象)·기상(氣象).

천상-계 (天上界) 〔-/-계〕 똉 〖불〗 하늘 위의 세계. ㉠상계·천계·천상.

천상-만태 (千狀萬態) 똉 천태만상.

천상-바라기 (天上-) 똉 늘 얼굴을 쳐들고 있는 사람.

천상-수 (天上水) 똉 하늘 위의 물이란 뜻으로, '빗물'을 이르는 말. ㉠천수(天水).

천상-천하 (天上天下) 똉 하늘 위와 하늘 아래라는 뜻으로, '온 세상'을 이르는 말.

천상천하 유아독존 (天上天下唯我獨尊)〔-존〕 〖불〗 '우주 가운데 나보다 존귀한 사람은 없다'는 뜻. ㉠유아독존.

천상-화 (天上火) 똉 〖민〗 육십갑자에서, 무오(戊午)·기미(己未)에 붙이는 납음(納音).

천색 (天色) 똉 하늘의 빛깔.

천생 (天生) 〔─똉 하늘로부터 타고남. 또는 그런 바탕. 〔─₩ 얌전한 사람. 〔─閉 **1** 날 때부터. 당초부터. 타고난 것처럼 아주. 〜 여자처럼 생겼다. **2** 이미 정해진 것처럼 어쩔 수 없이. 〔─ 굶게 마련이다 / 차가 없으니 〜 걸어가는 수밖에 없다.

〔천생 버릇은 임을 봐도 못 고친다〕 타고난 버릇은 고치기가 어렵다는 말. 〔천생 팔자가 놀은밥이라〕 고작 좋아하는 것이 놀은밥이니, 가난한 신세는 면하지 못하겠다고 비꼬아 이르는 말.

천:생 (賤生) 〔─똉 천출(賤出). 〔─인때 주로 남자가, '자신(自身)'을 낮추어 이르는 말.

천생-배필 (天生配匹) 똉 하늘에서 미리 정해준 배필. 천정배필.

천생-연분 (天生緣分)〔-년-〕 똉 하늘에서 정해준 연분. 천생인연.

〔천생연분에 보리 개떡〕 보리 개떡을 먹을망정 부부가 의좋게 산다는 말.

천생-인연 (天生因緣) 똉 천생연분.

천생-재주 (天生-) 똉 선천적으로 타고난 뛰어난 재주.

천서 (天瑞) 똉 하늘이 내린 상서로운 징조.

천서-만단 (千緖萬端) 똉 천 가지 만 가지 일의 실마리라는 뜻으로, 수없이 많은 일의 갈피를 이르는 말.

천석 (泉石) 똉 수석(水石)2.

천석-고황 (泉石膏肓)〔-꼬-〕 똉 산수를 사랑하는 것이 너무 정도에 지나쳐 마치 불치의 고질과 같다는 뜻으로, 벼슬길에 나서지 않음을 이르는 말. 연하고질(煙霞痼疾).

천석-꾼 (千石-) 똉 천 석의 추수(秋收)를 거두는 부자.

천선 (天仙) 똉 하늘에 있다는 신선.

천:선 (遷善) 똉 나쁜 짓을 고쳐 착하게 됨.

천선과-나무 (天仙果-) 똉 〖식〗 뽕나뭇과의 상록 활엽 관목. 해변의 산기슭에 나며 높이는 2-4 m, 잎은 마주나며 긴 타원형임. 늦봄에 꽃이 피고 가을에 검은 자주색의 둥근 은화과(隱花果)가 익음(어린잎과 과실은 식용, 나무껍질은 제지 원료로 씀).

천선-자 (天仙子) 〔한의〕 낭탕자(莨菪子).

천선-지전 (天旋地轉) 똉 **1** 천지가 팽팽 돈다는 뜻으로, 세상일이 크게 변함. **2** 정신이 어지러움.

천성 (天性) 똉 선천적으로 타고난 성품. 자성(資性). 〔─이 착하다.

천세 (千歲) 똉 **1** 천 년이나 되는 세월이라는 뜻으로, 오랜 세월을 이르는 말. 천재(千載). **2** '천추만세'의 준말.

천세-나다 (千歲-) 쟈 물건이 잘 쓰여서 매우 귀하여지다. 굉장히 세나다. 〔─ 물건이 만드는 족족 천세나게 팔린다.

천세-력 (千歲曆) 똉 백중력·만세력 따위를 통틀어 일컫는 말.

천세-후 (千歲後) 똉 '천추만세후'의 준말.

천:속 (賤俗) 똉하똉 **1** 비천한 풍속. **2** 천하고 속됨.

천손 (天孫) 똉 직녀성(織女星).

천:솔 (賤率) 똉 **1** 자기 첩을 낮추어 일컫는 말. **2** 자기의 가족을 겸손하게 일컫는 말.

천수 (天手) 똉 〖불〗 '천수관음'의 준말.

천수(를)**치다** 쭈 병 없이 오래 살 것을 빌면서 천수경을 읽다.

천수 (天水) 똉 '천상수(天上水)'의 준말.

천수 (天授) 똉하똉 하늘에서 내려 줌.

천수 (天壽) 똉 천명(天命)1.

천수 (天數) 똉 **1** 천명(天命)1. **2** 천운(天運).

천수 (泉水) 똉 샘물.

천수-경 (千手經) 똉 〖불〗 경문(經文)의 하나. 천수관음의 유래와 발원(發願)·공덕(功德) 등을 말하였음. 천수다라니경.

천수-관음 (千手觀音) 똉 〖불〗 관음보살이 과거세(過去世)에서 모든 중생을 구제하기 위하여, 천 개의 손과 눈을 얻으려고 빌어서 이루어진 몸. 이 몸에 빌면 모든 소원이 이루어진다고 함. ㉠천수.

천수-국 (千壽菊) 똉 〖식〗 국화과의 한해살이 또는 두해살이풀. 줄기는 50 cm 가량. 잎은 깃모양 겹잎이고 가장자리가 밋밋한데 독특한 냄새가 나며, 여름에 황색·적황색·담황색 등의 꽃이 핌. 열매는 가늘고 길며 가시 같은 털이 있음. 멕시코가 원산지이며, 관상용으로 심음.

천수-농경 (天水農耕) 똉 오로지 빗물에만 의존하여 짓는 농사.

천수-다라니 (千手陀羅尼) 똉 〖불〗 천수관음의 공덕을 말한 82구(句)로 된 주문(呪文)으로, '천수경'에 있음. 이 주문을 외면 천수관음의 공력으로 모든 악업(惡業)·중죄(重罪)가 소멸된다고 함.

천수-다라니경 (千手陀羅尼經) 똉 〖불〗 천수경(千手經).

천수-답 (天水畓) 똉 빗물을 이용하여 경작하는 논. 천둥지기.

천수-통 (千手桶) 똉 〖불〗 절에서, 승려가 밥을 먹은 뒤에 식기 씻은 물을 거두는 동이.

천승지국 (千乘之國) 똉 천 대의 병거(兵車)를 갖출 수 있는 나라라는 뜻으로, 큰 제후의 나

라를 일컫는 말.

천:시 (天時)圓 **1** 하늘의 도움이 있는 시기. **2** 밤낮·계절·더위와 추위 등과 같이 때를 따라서 돌아가는 자연의 현상.

천:시 (賤視)圓타동 업신여기거나 천하게 여김. ▣육체노동을 ~하는 잘못된 풍조는 고쳐야 한다.

천:식 (淺識)圓 얕은 지식이나 식견.

천:식 (喘息)圓의 발작적으로 호흡이 곤란한 병《기관지성·심장성·신경성·요독성(尿毒性) 천식 등의 구별이 있음》.

천:식 (賤息)圓 남에게 자기 자식을 낮추어 일컫는 말.

천신 (天神)圓 **1** 하늘의 신령. **2**《가》'천사(天使)'의 구칭.

천:신 (薦新)圓하동 **1** 철 따라 새로 난 과일이나 농산물을 먼저 신위(神位)에 올리는 일. **2** 봄·가을에 신에게 하는 굿.

천:신 (賤臣)인대 임금에게 신하가 자기를 일컫던 말.

천신-만고 (千辛萬苦)圓하동 천 가지 매운 것과 만 가지 쓴 것이라는 뜻으로, 온갖 어려움을 겪으며 심하게 고생함을 이르는 말. ▣~ 끝에 정상을 정복하다.

천신-지기 (天神地祇)圓 천신과 지기. 곧, 하늘의 신령과 땅의 신령. 준신기(神祇).

천심 (千尋)圓 매우 높거나 깊음을 이르는 말.

천심 (天心)圓 **1** 하늘의 한가운데. **2** 하늘의 뜻. 천의(天意). ▣민심은 곧 ~이다.

천:심 (淺深)圓 얕음과 깊음.

천악 (天樂)圓 한물러주.

천안 (天眼)圓 **1** 임금의 눈을 높여 이르는 말. **2**《불》오안(五眼)의 하나. 원근·전후·상하·주야를 환히 볼 수 있는 눈.

천안 (天顔)圓 용안(龍顔).

천암만학 (千巖萬壑)圓 많은 바위와 골짜기라는 뜻으로, 깊은 산속의 경치를 이르는 말.

천앙 (天殃)圓 하늘에서 벌로 내리는 재앙.

천애 (天涯)圓 **1** 하늘 끝. **2** 아득히 멀리 떨어진 낯선 곳. ▣~의 고아(孤兒).

천애-지각 (天涯地角)圓 하늘의 끝과 땅의 귀퉁이라는 뜻으로, 아득하게 멀리 떨어져 있음을 이르는 말.

천야만야 (千耶萬耶)부하형 썩 높거나 깊어서 천 길이나 만 길이 되는 듯한 모양. ▣~ 깎아지른 낭떠러지. ~한 절벽.

천:약 (賤約)圓하동 약속을 지켜 실천함.

천양 (天壤)圓 하늘과 땅. 천지(天地).

천양 (泉壤)圓 저승. 구천(九泉).

천:양 (闡揚)圓하동 드러내어 밝혀서 널리 퍼지게 함.

천양-무궁 (天壤無窮)圓하형 하늘과 땅처럼 끝이 없음.

천양지간 (天壤之間)圓 천지간.

천양지차 (天壤之差)圓 하늘과 땅 사이와 같이 엄청난 차이. 운니지차.

천양지판 (天壤之判)圓 천양지차.

천어 (川魚)圓 냇물에서 사는 물고기.

천어 (天語)圓 임금의 말씀.

천언만어 (千言萬語)圓 수없이 많은 말.

천:업 (賤業)圓 천한 직업 또는 그 영업.

천여 (天與)圓 하늘이 줌. 천수(天授).

천:역 (賤役)圓하동 비천한 일. 또는 그 일을 하는 사람.

천연 (天然)㉠圓 **1** 사람의 힘을 가하지 않은 상태. ▣~의 아름다운 경관. **2** 사람의 힘으로는 어떻게 할 수 없는 상태. ▣~의 힘. ㉡부 아주 비슷하게. 꼭. ▣웃는 것까지 ~ 제 아

비로군. ──하다형 **1** 생긴 그대로 꾸밈이나 거짓이 없이 자연스럽다. ▣천연한 모습 / 천연하게 앉아 있다. **2** 시치미를 떼어 겉으로는 아무렇지도 않은 듯하다. ▣천연한 표정을 짓다. ──히[]부. ~스러이 ~ 웃다 / ~ 대답하다.

천:연 (遷延)圓하타동 시일을 미루어 감. 지체함. ▣계획을 차일피일 ~하다 / 장마로 건축 공사가 ~되다.

천연-가스 (天然gas)圓 땅에서 분출되는 자연성 가스《메탄 가스·에탄 가스 등》.

천연-견사 (天然絹絲)圓 인조 견사에 대한 명주실의 일컬음.

천연-경신 (天然更新)圓 천연 조림(造林).

천연-고무 (天然-)圓 생고무.

천연 과:실 (天然果實)《법》물건의 경제적 용도에 따라 직접 거두거나 얻어지는 수익물《벼나 우유, 광물 따위》. ↔법정 과실.

천연-기념물 (天然紀念物)圓 동식물·광물·지질 및 그 밖의 천연물이 특유하고 진귀하거나 드물어서, 한 나라나 지방의 자연계의 기념물이 되어 법률로 지정하여 보존하는 것의 총칭.

천연덕-스럽다 (天然-)[처년-쓰-따][-스러워, -스러우니]형타동《속》천연스럽다. **천연덕-스레** [처년-쓰-]부

천연-두 (天然痘)圓 여과성 바이러스 때문에 일어나며, 피부에 발진이 나서 나은 뒤에도 마맛자국이 남는 병.

천연-림 (天然林)[처년님]圓 천연으로 이루어진 삼림. ↔시업림·인공림.

천연-물 (天然物)圓 사람의 힘을 가하지 아니한 천연 그대로의 물건.

천연-물감 (天然-)[처년-깜]圓 천연의 동물이나 식물·광물에서 분리된 물감. 천연염료.

천연-미 (天然美)圓 천연의 미.

천연-백색 (天然白色)[처년-쌕]圓 백색에 붉은 기운을 보충한 빛《조명에서 쓰는 말》.

천연 비:료 (天然肥料)圓 사람이나 가축의 똥·오줌·퇴비 등이 거름.

천연-빙 (天然氷)圓 물이 저절로 얼어서 이루어진 얼음.

천연-색 (天然色)圓 만물이 가지고 있는 자연 그대로의 빛깔.

천연색 사진 (天然色寫眞)[처년-싸-]圓 천연색에 가까운 색채를 나타내는 사진. 컬러 사진. ↔흑백 사진.

천연색 영화 (天然色映畵)[처년생녕-]圓 천연색을 그대로 나타내는 영화. ↔흑백 영화.

천연색 필름 (天然色film)圓 컬러 필름.

천연-석 (天然石)圓 천연으로 된 돌. 자연석. ↔인조석.

천연 섬유 (天然纖維)圓 솜·삼 껍질·명주실·털 따위의 천연물의 세포로 된 섬유. 자연 섬유. ↔인조 섬유·합성 섬유.

천:연-세월 (遷延歲月)圓하동 일을 그때그때 끝내지 아니하고 자꾸 미루어 감.

천연-수지 (天然樹脂)圓 식물체에서 생산되는 수지. 소나무의 진 따위로 도료·의약품 등을 만드는 데 씀. ↔합성수지.

천연 숭배 (天然崇拜) 자연 숭배.

천연-스럽다 (天然-)[처년-따][-스러워, -스러우니]형타동 천연한 태가 있다. ▣천연스럽게 거짓말을 하다. **천연-스레**부

천연-염료 (天然染料)[처년념뇨]圓 천연물감.

천연-영양 (天然營養)[처년녕-]圓 천연물에서 그대로 섭취하는 영양. 인공영양에 대해 모

유(母乳)에서 섭취하는 영양의 일컬음.

천연-육 (天然育)[천년뉵]圈 누에를 치는데, 인공으로 온도·습도 등을 조절하지 않고 자연의 기후에 맡기어 기르는 일.

천연 자:석 (天然磁石)〖물〗전자석(電磁石)에 대해 자철광으로 만든 자석의 일컬음.

천연-자원 (天然資源)圈 천연적으로 존재하여 인간 생활이나 생산 활동에 이용할 수 있는 물자나 에너지의 총칭(토지나 물·매장 광물·삼림·수산물·관광 자원으로서의 풍경 따위).

천연 조:림 (天然造林) 부근에 있는 나무로부터 저절로 떨어진 종자에서 자란 어린나무를 보호·육성하여 삼림을 만드는 방법. 천연경신. ↔인공 조림.

천연-주광색 (天然晝光色)圈 주광색에 약간 붉은 기운을 보충한 빛《조명 용어》. *주광색.

천연 향료 (天然香料)[천년-뇨] 장미나 오렌지·장뇌·사향노루·향유고래 따위의 동식물 정유(精油)로부터 추출·정제한 향료. ↔합성 향료.

천:열-하다 (賤劣-)圈어 인품이 낮고 용렬하다. 천:열-히 閈

천엽 (千葉)圈 1 〖식〗겹꽃잎. 복엽(複葉). 2 〖생〗처녑.

천:오 (舛誤)圈하자타 어그러져서 그릇되거나 그르침.

천-오두 (川烏頭)〖한의〗중국 쓰촨 성에서 나는 말린 오두의 덩이뿌리(성질이 따뜻하고 맛은 매움). ㉠오두.

천옥 (天獄)圈 1 산으로 둘러싸인 험악한 지형. 2 〖불〗안락의 세계인 천상계와 고난의 세계인 지옥.

천:와 (舛訛)圈하자 글자나 말이 잘못됨.

천:와 (遷訛)圈하자 변하여 본디의 모양이나 뜻이 바뀜.

천왕 (天王)圈 1 〖불〗욕계·색계 등 온갖 하늘의 임금. 2 〖역〗상고 시대에, 수호신을 이르던 말. 3 〖역〗'환웅'을 높여 이르던 말. [천왕의 지팡이라] 키가 아주 큰 사람을 놀림조로 이르는 말.

천왕-문 (天王門)〖불〗절의 입구에 있는, 사천왕을 모신 문.

천왕-성 (天王星)〖천〗태양계의 일곱 번째 행성(태양에서의 평균 거리는 28억 8,293만 km임).

천외 (天外)圈 하늘의 바깥이라는 뜻으로, 매우 높고 먼 곳.

천요만악 (天妖萬惡)圈 온갖 요망한 짓과 악한 짓.

천우 (天牛)〖충〗하늘소.

천우 (天宇)圈 하늘의 전체.

천우 (天佑)圈 하늘의 도움. 신명의 가호.

천우-신조 (天佑神助)圈하자 하늘과 신령이 도움. ▢~를 바라다 / ~로 살아나다.

천운 (天運)圈 1 하늘이 정한 운수. 천수. ▢~이 다하다. 2 매우 다행스러운 운수. ▢~으로 살아나다. 3 천체(天體)의 운행.

천원 (天元)圈 바둑에서, 바둑판의 중앙. 또는 그곳에 놓은 바둑돌. 배꼽점. *화점(花點).

천원 (泉源)圈 샘의 근원.

천원-점 (天元點)[-쩜]圈 천원(天元).

천원-지방 (天圓地方)圈 하늘은 둥글고 땅은 네모짐(옛날 중국 사람의 우주관이었음).

천위 (天位)圈 1 천자의 자리. 2 하늘이 준 벼슬. 곧, 그 사람에게 가장 알맞은 벼슬.

천위 (天威)圈 제왕의 위엄.

천위 (天爲)圈 하늘이 하는 바. 하늘의 작용. ↔인위(人爲).

천:유 (擅有)圈하타 제멋대로 제 것으로 삼음.

천은 (天恩)圈 1 하늘의 은혜. 2 임금의 은덕. ▢~을 입다 / ~이 망극하다.

천은 (天銀)圈 품질이 가장 좋은 은. 십성은(十成銀). ▢~ 비녀.

천은-망극 (天恩罔極)圈하형 임금의 은혜가 한없이 두터움.

천읍 (天泣)圈 하늘이 운다는 뜻으로, 구름 한 점 없는 맑은 하늘에서 내리는 비나 눈을 이르는 말.

천읍-지애 (天泣地哀)[처늡찌-]圈 하늘이 울고 땅이 슬퍼한다는 뜻으로, 온 세상이 다 슬퍼함을 이르는 말.

천의 (天衣)[천늬 / 처니]圈 1 천자(天子)의 옷. 2 천인(天人)이나 선녀가 입는 옷.

천의 (天意)[천늬 / 처니]圈 1 하늘의 뜻. 2 임금의 마음.

천의-무봉 (天衣無縫)[천늬- / 처니-]圈하형 1 하늘의 직녀가 짜 입은 옷은 솔기가 없다는 뜻으로, 시문(詩文) 등이 매우 자연스러워 조금도 꾸민 데가 없음을 이름. 2 완전무결해 흠이 없음을 이르는 말.

천:이 (賤易)圈 천하게 보고 업신여김.

천:이 (遷移)圈하타 1 옮기어 바뀜. 2 〖생〗생태학에서, 생물의 군집이 시간의 변경에 따라 변천하여 가는 현상. 3 〖물〗양자 역학에서, 어떤 계(系)가 한 정상 상태에서 다른 정상 상태로 어떤 확률을 가지고 옮기는 일. 4 〖의〗전이(轉移).

천:이-궁 (遷移宮)圈 〖민〗점술에서, 십이궁의 하나. 옮겨 다니는 데 대한 운수를 점치는 별자리.

천인 (千仞)圈 천 길이란 뜻으로, 산이나 바다가 몹시 높거나 깊음을 이르는 말.

천인 (天人)圈 1 하늘과 사람. 우주와 인생. 2 선인(仙人)과 같이 도(道)가 있는 사람. 3 재질이나 용모가 몹시 뛰어난 사람. 4 썩 아름다운 여자. 5 천상(天象)과 인사(人事). 6 천리(天理)와 인욕(人慾).

천:인 (賤人)圈 신분이 가장 낮은 사람. 천한 일에 종사하던 사람. 특히, 노비. ↔귀인.

천:인 (遷人)圈 천객(遷客).

천:인 (薦引)圈하타 천진(薦進).

천인-공노 (天人共怒)圈하형 하늘과 사람이 함께 노한다는 뜻으로, 누구나 분노할 만큼 증오스럽거나 도저히 용납될 수 없음의 비유. 신인(神人)공노.

천인-국 (天人菊)圈 〖식〗국화과의 한해살이풀. 전체에 가늘고 짧은 털이 있고, 줄기는 아랫부분에서 가지가 많이 뻗어 높이 50cm 가량 자람. 잎은 긴 타원형이며, 줄기 끝에서 노란 꽃이 핌. 북아메리카 원산이며 관상용으로 널리 재배됨.

천인-단애 (千仞斷崖)圈 천 길이나 되는 높은 낭떠러지.

천일 (天日)圈 1 하늘과 해. 2 하늘에 떠 있는 해. 또는 그 햇볕. 3 천도교의 창건을 기념하는 날. 교조 최제우가 도를 깨달은 날로, 4월 5일을 가리킴.

천일-기도 (千日祈禱)圈하자 어떤 일이 이루어지기를 바라는 마음으로 천 일간 기도하며 수행함. ▢~를 드리다.

천일 야:화 (千一夜話)[처닐랴-] 아라비안나이트.

천일-염 (天日塩)[처닐렴]圈 염전에서 바닷물을 끌어들여 햇볕과 바람으로 수분을 증발시

천일-일수(千日日收)[처닐릴쑤]囘 천 날 동안에 나누어 받는 일수.

천일-조림(天日照臨)[—][하자] 하늘과 해가 환히 내려다본다는 뜻으로, 속일 수가 없음을 이르는 말.

천일-주(千日酒)[처닐쭈]囘 빚어 담근 지 천 일 만에 먹는 술.

천일-초(千日草)囘〖식〗비름과의 한해살이풀. 줄기 높이 80 cm 가량으로, 곧게 서며 거친 털이 있음. 잎은 마주나며 타원형임. 7~10월에 자홍색·홍색 또는 백색의 작은 꽃이 핌. 천일홍.

천일 행자(千日行者)〖불〗천 일 동안을 한정하고 도를 닦는 사람.

천일-홍(千日紅)囘〖식〗천일초.

천:임(遷任)囘[하자] 전임(轉任).

천자(天子)囘 하늘을 대신하여 천하를 다스리는 사람. 곧 황제.

천자(天字)囘 '천자문'의 준말.

천자(天資)囘 천품(天稟).

천-자(穿刺)囘 몸의 일부에 속이 빈 가는 침을 찔러 넣어 체내의 액체를 뽑아내는 일. 〖~술(術).

천:자(淺紫)囘 엷은 보랏빛.

천자-뒤풀이(千字—)囘 천자문에 있는 글자의 뜻을 풀어 운율에 맞추어 풀이한 타령.

천자-만태(千姿萬態)囘 여러 가지 맵시와 온갖 모양.

천자만홍(千紫萬紅)囘 울긋불긋한 여러 가지 꽃의 빛깔. 또는 그런 빛깔의 꽃.

천자-문(千字文)囘 중국 양(梁)나라의 주흥사(周興嗣)가 한자 천 자를 모아 지은 책. 사언 고시(四言古詩) 250구로 되어 있음.
[천자문도 못 읽고 인(印) 위조한다] 어리석고 무식한 주제에 남을 속이려는 경우를 비꼬는 말.

천:자-하다(擅恣—)[형어] 제 마음대로 하여 조금도 거리낌이 없다.

천작(天作)囘 사람의 힘을 가하지 않고 저절로 됨. 또는 그렇게 만들어진 물건. ↔인작(人作).

천작(天爵)囘 하늘에서 받은 벼슬이라는 뜻으로, 존경을 받을 만한 선천적 덕행.

천:작(淺酌)囘[하자] 조용히 알맞게 술을 마심. 또는 술을 조금 마심.

천:작-저창(淺酌低唱)[—쩌—][하자] 알맞게 술을 마시고 작은 소리로 노래함.

천잠(天蠶)囘〖충〗참나무산누에나방의 애벌레. 몸길이 약 5 cm, 빛은 황갈색이며 7 cm 정도의 성긴 털이 있음. 상수리나무·떡갈나무의 잎을 먹는데, 황록색을 띤 타원형의 품질이 좋은 고치를 지음.

천잠-사(天蠶絲)囘 야잠사(野蠶絲).

천:잡-하다(舛雜—)[—자파—][형어] 천박(舛駁)하다.

천장(天障)囘 1 보꾹. 2 반자의 겉면. 〖~에 매달린 전등. 3 주식 거래에서, 일정 기간 중에 시세가 가장 오른 정점(頂點). ↔바닥.

천:장(遷葬)囘[하자] 이장(移葬).

천장-널(天障—)囘 천장에 대는 널빤지.

천:-장부(賤丈夫)囘 말과 행동의 품격이 낮고 야비한 사내.

천장지구(天長地久)[명][하형] 하늘과 땅은 영구히 변함이 없음.

천장-지비(天藏地祕)囘[하자] 하늘과 땅속에 감추어져 있다는 뜻으로, 파묻혀서 세상에 드러나지 않음을 이르는 말.

천장-틀(天障—)囘 천장널을 끼우는 '井'자 모양의 틀.

천장-화(天障畫)囘 천장에 그린 그림.

천재(千載)囘 천세(千歲)1.

천재(天才)囘 선천적으로 타고난 뛰어난 재주. 또는 그런 재능을 가진 사람. 〖~ 시인 / ~ 과학자.

천재(天災)囘 자연의 현상으로 일어나는 재난(태풍·홍수·지진 등). ↔인재(人災).

천:재(淺才)囘 얕은 재주.

천재 교:육(天才教育) 천재아의 재능을 발달시킬 목적으로 하는 특수 교육. 영재 교육.

천재-말(天才—)囘 훈련을 받지 않고도 잘 달리는 말.

천재-일시(千載一時)[—씨—]囘 천재일우.

천재-일우(千載一遇)囘 천 년에 한 번 만난다는 뜻으로, 좀처럼 만나기 어려운 기회를 이르는 말. 〖~의 기회를 놓치다.

천재-적(天才的)[관명] 타고난 뛰어난 재능을 가진 (것). 〖미술에 ~인 소질을 보인다.

천재-지변(天災地變)囘 지진이나 홍수 따위의 자연현상으로 인해 생기는 재앙.

천저(天底)囘〖천〗천정(天頂)과 정반대의 점. 지구 위의 관측점에서 아래쪽으로 연직선을 연장하여 천구와 만나는 점. 천저점.

천저-점(天底點)[—쩜]〖천〗천저(天底).

천적(天敵)囘〖생〗먹이 연쇄에서, 잡아먹히는 동물에 대하여 잡아먹는 동물을 이르는 말. 천적은 생태계의 평형을 유지하는 데 중요한 구실을 하며, 병충해 방제에도 크게 이바지함. 〖뱀은 개구리의 ~이다.

천:전(遷轉)囘[하자] 벼슬자리를 옮김.

천정(天井)囘 ☞ 천장2.

천정(天定)囘[하자] 하늘이 정함.

천정(天庭)囘 관상에서, 두 눈썹의 사이나 이마의 복판을 이르는 말.

천정(天頂)囘 1 하늘. 정상(頂上). 〖물가가 ~을 모르고 치솟다. 2 '천문천정'의 준말. 3 '지심 천정'의 준말.

천정 거:리(天頂距離)〖천〗천정에서 어떤 천체까지의 각(角)거리.

천정-배필(天定配匹)囘 천생배필.

천정부지(天井不知)囘 천정을 모른다는 뜻으로, 물가 따위가 한없이 오르기만 함을 이르는 말. 〖각종 공산품 가격이 ~로 뛴다.

천정-의(天頂儀)[—/—이]囘〖천〗항성의 천정 거리를 측정하고, 그것으로 관측 지점의 위도를 정밀히 재는 데에 쓰는 망원경 장치.

천정-점(天頂點)[—쩜]〖천〗지구 상의 관측점에서 연직선을 위쪽으로 연장하여 천구(天球)와 만나는 점. 천문천정.

천정-천(天井川)囘〖지〗하천의 바닥이 주위의 평지보다 높은 하천.

천제(天帝)囘 하느님1.

천제(天祭)囘 하느님께 지내는 제사. 천제사(天祭祀).

천제(天際)囘 하늘의 끝.

천조(天助)囘[하자] 하늘의 도움.

천조(天造)囘 하늘의 조화라는 뜻으로, 사물이 저절로 잘되었음을 이르는 말.

천조(天朝)囘 천자의 조정(朝廷)을 제후의 나라에서 일컫던 말.

천:조(踐阼·踐阼)囘[하자] 임금의 자리를 이음. 천극(踐極).

천조-경풍(天弔驚風)囘〖한의〗어린이 경풍의 한 가지. 고개를 젖히고 눈을 멀거니 떠서

하늘을 쳐다보는 증세를 보임.

천존지비(天尊地卑)〔명〕하늘을 존중하고 땅을 천시한다는 뜻으로, 윗사람만 받들고 아랫사람은 천하게 여긴다는 뜻.

천종(天縱)〔명〕하늘이 허락하여 무엇이든 마음대로 하게 한다는 뜻으로, 하늘에서 준 덕(德)을 갖춤. 또는 그런 성격. ▫임금의 ~을 어둡게 하다.

천종-만물(千種萬物)〔명〕온갖 물건.

천종지성(天縱之聖)〔명〕**1** 공자의 도덕을 이르는 말. **2** 제왕의 성덕을 칭송하여 이르는 말.

천착(天-)〔명〕〈속〉'천주교'를 낮잡아 뜻으로 이르던 말. '천주학'이 줄어 변한 말.

천착쟁-이(天-)〔-쟁-〕〔명〕〈속〉예전에, '천주교도'를 낮추어 부르던 말.

천주(天主)〔명〕**1**《가》하느님. **2**《불》'대자재천(大自在天)'의 딴 이름. **3**《불》제천(諸天)의 왕.

천주(天柱)〔명〕하늘이 무너지지 않도록 괴고 있다는 상상의 기둥.

천주(天誅)〔명〕하다〕**1** 천벌(天罰). ▫-를 입다. **2** 하늘을 대신하여 죄지은 사람에게 벌을 내림. 천토(天討).

천-주(薦主)〔명〕추천하여 준 사람.

천주-경(天主經)〔명〕《가》'주(主)의 기도'의 구용어.

천주-교(天主教)〔명〕가톨릭교.

천주교-도(天主教徒)〔명〕천주교의 신도. 가톨릭교도.

천주교-회(天主教會)〔명〕천주교를 신봉하는 교회. 가톨릭교회.

천주-당(天主堂)〔명〕성당(聖堂).

천주 삼위(天主三位)《가》성부·성자·성령의 삼위.

천주 성:삼(天主聖三)《가》천주 삼위(天主三位). 성삼위.

천주-학(天主學)〔명〕〈속〉천주교. ──하다[-하카-]〔자여〕가톨릭교를 믿다.

천중(天中)〔명〕**1** 관측자를 중심으로 한 하늘의 한가운데. **2** 관상에서, 이마의 위쪽.

천중-가절(天中佳節)〔명〕단오.

천중-절(天中節)〔명〕단오.

천지(天地)〔명〕**1** 하늘과 땅. ▫온 ~가 하얗게 눈으로 덮였다. **2** 우주. 세상. ▫~를 창조하다 / ~에 이렇게 고마운 일이 있을까. **3** 대단히 많음. ▫무법자 ~ / 아이들 방이 온통 쓰레기 ~다.

천지가 개벽을 할 판〔구〕사물이 싹 판판으로 바뀔 형국(形局).

천지가 진동하다〔구〕천지가 울리듯이, 소리가 굉장히 크다.

천지(天池)〔명〕《지》백두산 정상에 있는 큰 못. 제3기 말의 화산 활동으로 이루어진 칼데라(caldera) 호(湖)로, 가장 깊은 곳은 312.7m, 면적은 약 7km².

천지-각(天地角)〔명〕하나는 위로, 하나는 아래로 벋은 짐승의 뿔.

천지-간(天地間)〔명〕하늘과 땅 사이. 곧, 이 세상. 천양지간. ▫~에 어찌 이런 일이 다 있을 수 있단 말인가.

천지-개벽(天地開闢)〔명〕하다〕**1** 하늘과 땅이 처음으로 열림. **2** 자연계나 사회의 큰 변동을 비유하는 말.

천지만엽(千枝萬葉)〔명〕**1** 무성한 식물의 가지와 잎. **2** 일이 여러 갈래로 나뉘어 어수선함을 비유하는 말.

천지망아(天之亡我)〔명〕하늘이 나를 망친다는 뜻으로, 아무 허물이 없이 저절로 망함을 탄식하여 이르는 말.

천지-신명(天地神明)〔명〕천지의 조화(造化)를 맡은 신령(神靈). ▫비나이다 비나이다. ~께 비나이다.

천지-에(天地-)〔감〕뜻밖의 일을 당하여 놀라거나 한탄하는 뜻으로 쓰는 말. ▫원 ~, 살다 보니 별일이 다 있군. 준천제.

천지인(天地人)〔명〕삼재(三才)를 이루는 하늘과 땅, 그리고 사람을 아울러 일컫는 말.

천지 창:조(天地創造)천지를 창조한 일(세계 창시에 대한 해석으로는 민족과 문화에 따라 다양한 설이 있음).

천지-판(天地板)〔명〕관(棺)의 뚜껑과 밑바닥에 대는 널.

천직(天職)〔명〕타고난 직업이나 직분. ▫교원이 그의 ~이다 / 교직을 ~으로 알다.

천:직(賤職)〔명〕낮고 천한 직업.

천:직(遷職)〔명〕하자〕전직(轉職).

천진(天眞)〔명〕하형〕**1** 꾸밈이나 거짓이 없이 순진하고 자연 그대로의 참됨. **2**《불》불생불멸의 참된 마음.

천-진(薦進)〔명〕하타〕사람을 천거하여 쓰이게 함. 천인(薦引).

천진-난만(天眞爛漫)〔명〕하형〕말이나 행동에 아무런 꾸밈이 없이 순진하고 천진함. ▫~한 어린이.

천진-무구(天眞無垢)〔명〕하형〕아무 흠이 없이 천진함. ▫~한 어린이의 표정.

천진-스럽다(天眞-)〔-따〕〔-스러워, -스러우니〕〔형〕천진한 데가 있다. ▫천진스러운 아기의 얼굴. **천진-스레**〔부〕

천진-전(天眞殿)〔명〕대종교에서, 단군(檀君)의 영정(影幀)을 모신 집.

천진-협사(天眞挾詐)〔-싸〕〔명〕하자〕어리석은 가운데 더러 거짓이 섞임.

천질(天疾)〔명〕선천적으로 타고난 병.

천질(天質)〔명〕타고난 성질.

천:질(賤質)〔명〕자기의 품성을 낮추어 일컫는 말. 천품(賤品).

천-집사(賤執事)〔-싸〕〔명〕아주 낮고 더러운 일. 또는 그런 일을 맡아서 하는 것.

천차만별(千差萬別)〔명〕하형〕여러 가지 사물이 모두 차이가 있고 구별이 있음.

천:착(穿鑿)〔명〕**1** 구멍을 뚫음. **2** 학문을 깊이 연구함. **3** 억지로 이치에 닿지 않는 말을 함.

천:착-스럽다(舛錯-)〔-스-따〕〔-스러워, -스러우니〕〔형〕생김새나 행동이 상스럽고 더러운 데가 있다. **천:착-스레**〔-쓰-〕〔부〕

천:착-하다(舛錯-)〔-차카-〕〔형〕**1** 심정이 뒤틀려서 난잡하다. **2** 생김새나 행동이 상스럽고 더럽다.

천참(天慙)〔명〕천연적으로 된 요해처.

천참만륙(千斬萬戮)〔-말-〕〔명〕하자〕수없이 베어 여러 동강을 내어 참혹하게 죽임.

천창(天窓)〔명〕채광이나 환기를 하기 위하여 지붕에 낸 창.

천천만-의외(千千萬意外)〔-마늬- / -마니-〕〔명〕천만뜻밖.

천:천-하다〔형어〕일이나 동작이 급하거나 거칠지 않고 편안하며 느리다. 참찬찬하다². **천:천-히**〔부〕 ▫~ 걷다.

천:첩(賤妾)〔一명〕종이나 기생으로서 남의 첩이 된 여자. 〔二인대〕지난날, 부인이 남편을 상대하여 자기를 낮추어 일컫던 말.

천첩-옥산(千疊玉山)〔-처복싼〕〔명〕수없이 겹

척 있는 아름다운 산.

천청 (天聽)圏 제왕이 들음.

천청만족 (千請萬囑)圏하타 수없이 거듭거듭 부탁함. 또는 그런 부탁.

천:-청색 (淺靑色)圏 연한 청색. 짙은 옥색.

천체 (天體)圏 우주에 존재하는 물체의 총칭. 항성·행성·혜성·성단(星團)·성운(星雲)·성간 (星間) 물질·인공위성 따위. □~ 망원경 / ~ 사진을 찍다.

천:체 (遷替)圏하타 옮겨 바꿈.

천체 관측 (天體觀測) 천체의 위치·광도(光度)·운동·크기 및 그 밖의 일반적 성질을 관측하는 일.

천체-력 (天體曆) 태양·달·행성·혜성 등의 위치·출몰(出沒)·일식·월식 따위의 현상이 정밀하게 예보되어 있는 역서(曆書). 천체 일표(天體日表).

천체 물리학 (天體物理學)『물』천체의 물리적 성질을 연구하는 천문학의 한 분야.

천체 역학 (天體力學)[-녀칵]『물』천문학의 한 분과. 역학을 응용하여 주로 태양계에 속하는 천체의 운동 상황을 연구함.

천체 일표 (天體日表) 천체력.

천초 (川椒)圏 1『식』초피나무. 2『한의』초피나무 열매의 껍질(위한(胃寒)·심복통(心腹痛)·설사 등에 씀).

천:초 (茜草)圏『식』꼭두서니.

천초-말 (川椒末)圏 조핏가루.

천:-촉 (喘促)圏하자 1 숨을 가쁘게 쉬며 헐떡거림. 2『한의』숨이 차서 가쁘고 힘없는 기침을 자꾸 하는 병증. 천촉증.

천촌만락 (千村萬落)[-말-]圏 수많은 촌락.

천총 (天寵)圏 임금의 총애. □~을 입다.

천추 (千秋)圏 썩 오랜 세월. 먼 미래. □~의 한(恨)을 남기다.

천추 (天樞)圏『천』북두칠성의 첫째 별. 추성(樞星).

천:추 (遷推)圏하타 미적미적 미루어 감.

천추-만세 (千秋萬歲)圏하자 1 천만년. 2 오래 살기를 축수함. 길이 빎. 준천세(千歲).

천추만세-후 (千秋萬歲後)圏 오래오래 명대로 살다가 돌아가신 뒤라는 뜻으로, 어른이 죽은 뒤를 높여 일컫는 말. 준천세후.

천추-사 (千秋使)圏『역』조선 때, 중국의 황제·황후·황태자의 생일을 축하하기 위하여 중국에 보내던 사신.

천추-유한 (千秋遺恨)圏 길이길이 잊지 못할 원한.

천축 (天竺)圏 예전에 중국에서, 인도를 일컫던 말.

천축-계 (天竺桂)[-계 /-꼐]圏『식』코카.

천축-모란 (天竺牡丹)[-총-]圏『식』달리아.

천:-춘 (淺春)圏 이른 봄. 조춘(早春).

천:-출 (賤出)圏 천첩에게서 난 자손.

천측 (天測)圏하자 경위도를 알고자 천체를 관측함.

천측 기계 (天測機械)[-끼-/-끼꼐] 천체의 관측에 쓰는 기계의 총칭(망원경·육분의·경위의·자오의·천정의(天頂儀)·적도의 따위).

천층만층 (千層萬層)圏 1 수없이 많은 사물의 구별되는 층수. 또는 그런 모양. □사람도 ~이라 별의별 사람이 다 있다. 2 수없이 포개어진 켜. 준천만층.

천치 (天癡·天痴)圏 백치(白癡).

천칙 (天則)圏 천연의 법칙. 자연히 정해진 법칙. 대자연의 법칙.

천칭 (天秤)圏 '천평칭'의 준말.

천:칭 (賤稱)圏하타 천하게 일컬음. 또는 그런

천호.

천칭-궁 (天秤宮)『천』황도(黃道) 십이궁의 일곱째. 처녀자리의 위치에 해당하는데, 태양이 이 자리에 들어와서 8~9일 된 뒤에 추분점(秋分點)에 듦.

천칭-자리 (天秤-)圏 황도(黃道) 십이궁의 일곱째 별자리. 처녀자리와 전갈자리 사이에 있음. 7월 초순 저녁 8시경에 남쪽 하늘에 보임. 저울자리.

천:-탄 (淺灘)圏 여울.

천탈기백 (天奪其魄)圏하자 하늘이 넋을 빼앗는다는 뜻으로, 넋을 잃거나 본성을 잃음을 이르는 말.

천태만상 (千態萬象)圏 천 가지 모습과 만 가지 형상이라는 뜻으로, 온갖 사물이 한결같지 아니하고 모양·모습이 각각 다름을 이르는 말.

천태-종 (天台宗)圏『불』지의(智顗)를 개조로 하는 대승 불교의 한 파. 법화경(法華經)을 기본 경전으로 삼음.

천택 (川澤)圏 내와 못.

천:-토 (賤土)圏 천향(賤鄕).

천통 (天統)圏 1 천도(天道)의 강기(綱紀). 2 천자의 혈통. □~을 잇다 /~이 끊어지다.

천:-퇴 (淺堆)圏『지』해양 중의 해저가 높아진 곳. 뱅크.

천-트다 [천터, 천트니]재 1 남의 추천을 받다. 2 아무런 경험이 없는 일에 처음으로 손을 대다.

천파만파 (千波萬波)圏 1 한없이 많은 물결. 준천만파. 2 갈피를 잡을 수 없이 어지러운 사태를 유발시키는 현상을 비유적으로 이르는 말.

천판 (天板)圏 1 관(棺)의 뚜껑이 되는 널. 2 책상이나 장롱 따위의 위 표면이나 천장에 대는 널. 3『광』광 구덩이의 천장.

천편-일률 (千篇一律)圏 1 여러 시문의 격조가 변함 없이 비슷비슷함. 2 사물이 모두 비슷해 변화가 없음. □구성이 ~적이다.

천평 (天平)圏 '천칭(天秤)'의 변한말.

천평-칭 (天平秤)圏 1 저울의 하나. 가운데의 굿대에 걸친 가로장 양쪽 끝에 저울판을 달고, 한쪽에 달 물건을 놓고 다른 쪽에 추를 놓아 평평하게 하여 물건의 질량을 닮. 준천칭.

천폐 (天陛)圏[-/-폐] 제왕(帝王)이 있는 궁전의 섬돌.

천포 (天布)圏 차일(遮日).

천포-창 (天疱瘡)圏『한의』피부에 콩알만 한 크기에서 달걀만 한 크기의 크고 작은 수포(水疱)가 생겼다가 2·3일 후에 물집이 터져서 문드러지는, 천연두와 비슷한 병.

천품 (天稟)圏 타고난 기품. 천자(天資).

천:품 (賤品)圏 천질(賤質).

천풍 (天風)圏 하늘 높이 부는 바람.

천필염지 (天必厭之)[-렴-]圏하타 하늘이 몹쓸 사람을 미워한다는 뜻으로 반드시 응보를 내림.

천하 (天下)圏 1 하늘 아래 온 세상. □~를 통일하다 /~를 다스리다. 2 한 나라 전체. □~를 얻다. 3 온 세상 또는 한 나라가 그 정권 밑에 속하는 일. □정변은 삼일~로 끝났다. 4 '세상에 드문'·'세상에 다시 없는'의 뜻을 나타내는 말. □~ 절경 / ~ 명창 / ~의 몹쓸 병을 앓다.

천하를 얻은 듯 큰 매우 기쁘고 만족스러움의 비유.

천하 (天河)圏 은하(銀河).

천하(泉下)몡 황천의 아래라는 뜻으로, 저승을 이르는 말.

천:-하다(賤-)혬어 1 생긴 모양이나 언행이 품위가 낮다. ▣하는 짓이 ~ / 천해 보이는 얼굴. 2 신분이 낮다. 3 천한 가문에 태어나다. 3 물건이 귀중하지 않고 너무 흔하다.

천하-대세(天下大勢)몡 세상이 돌아가는 추세(趨勢). ▣~을 논하다.

천하-만국(天下萬國)몡 세상에 있는 모든 나라. ▣~을 다스리다.

천하-만사(天下萬事)몡 세상의 모든 일. 㽼 천하사.

천하-명창(天下名唱)몡 세상에 드문 소리꾼.

천하-무적(天下無敵)몡 세상에 대적할 만한 사람이 없음. ▣~의 정예 부대.

천하-사(天下事)몡 1 제왕이 되려고 하는 사업. 2 '천하만사'의 준말.

천하-수(天河水)몡〔민〕육십갑자에서, 병오(丙午)·정미(丁未)에 붙이는 납음(納音).

천하없어도(天下-)[-업써-]튀 세상없어도. ▣~ 이번엔 가야 한다.

천하-에(天下-)[카] 뜻밖의 일을 당하여 너무 놀라거나 한탄할 때 쓰는 말. ▣~, 죽일 놈 같으니.

천하-일색(天下一色)[-쌕]몡 세상에 드문 아주 뛰어난 미인. 천하절색(天下絕色).

천하-일품(天下一品)몡 비교할 수 없을 정도로 뛰어남. 또는 그런 물건. ▣음식 맛이 ~이구먼.

천하-잡년(天下雜-)[-잠-]몡 행실이 몹시 나쁜 여자를 욕하여 이르는 말.

천하-잡놈(天下雜-)[-잠-]몡 행실이 몹시 나쁜 남자를 욕하여 이르는 말.

천하-장사(天下壯士)몡 1 세상에 드문 장사. 2 민속 씨름에서, 천하장사 씨름 대회에서 우승한 선수에게 주는 칭호.

천하-제일(天下第一)몡 세상에서 견줄 만한 것이 없음.

천하-태평(天下泰平)몡 1 온 세상이 평화로움. 2 세상일에 무관심한 상태로 걱정 없이 편안한 태도를 가볍게 놀리는 말. ▣입학시험이 코앞에 닥쳤는데도 ~이다.

천학(天學)몡〔역〕천주교가 우리나라에 들어오기 시작한 무렵, 학문적인 대상으로서의 천주교를 이르는 말.

천:-학(淺學)몡하협 학식이 얕음. 또는 그런 사람.

천:학-비재(淺學菲才)[-뻬-]몡 학식이 얕고 재주가 변변하지 않다는 뜻으로, 자기의 학식을 겸손하게 이르는 말.

천한(天旱)몡 가뭄.

천한(天漢)몡〔천〕은하(銀河).

천:한(賤漢)몡 신분이 낮은 남자.

천한-백옥(天寒白屋)몡 추운 날의 허술한 초가집이란 뜻으로, 가난한 생활을 이르는 말.

천한-하다(天寒-)혬어 날씨가 차다.

천:-한-하다(賤寒-)혬어 살림이 가난하고 신분이 낮다.

천:해(淺海)몡 얕은 바다. ↔심해(深海).

천:해 어업(淺海漁業)〔근해 어업.

천행(天幸)몡 하늘이 준 큰 행운. ▣~으로 살아나다.

천:행(踐行)몡하타 실지로 행함.

천:향(賤鄕)몡 풍속이 지저분한 시골. 천토(賤土).

천향-국색(天香國色)[-쌕]몡 1 천하에서 제

일가는 향기와 빛깔이라는 뜻으로, 모란꽃을 이르는 말. 2 나라에서 제일가는 미인의 비유.

천:허(擅許)몡하타 제 마음대로 허가함.

천험(天險)몡하협 땅 모양이 천연적으로 험함. ▣~의 요새.

천험지지(天險之地)몡 천연적으로 험준한 땅.

천현(天玄)몡 하늘의 정기(正氣).

천현지친(天顯之親)몡 부자·형제 등, 천륜(天倫)의 지친(至親).

천:-협하다(淺狹-)[-혀파-]혬어 1 얕고 좁다. 2 도량이 작고 옹졸하다.

천형(天刑)몡 천벌(天罰).

천혜(天惠)[-/-혜]몡 하늘이 베푼 은혜. 자연의 은혜. ▣~의 보고 / ~의 풍부한 지하자원.

천호-만환(千呼萬喚)몡하타 수없이 여러 번 부름.

천:혼-문(薦魂文)몡〔불〕죽은 사람의 영혼이 극락정토로 가도록 비는 글.

천:-홍색(淺紅色)몡 엷은 붉은빛. 담홍색. 㽼 천홍.

천화(天火)몡 하늘이 내린 불이라는 뜻으로, 저절로 난 화재를 이르는 말. 천불.

천화(天禍)몡 하늘이 내리는 재화.

천화(泉華)몡〔지〕온천에서 생기는 석회질이나 규산질의 침전물.

천:화(遷化)몡하자 1 변하여 바뀜. 2〔불〕이승의 교화를 마치고 다른 세상의 교화로 옮긴다는 뜻으로, 고승의 죽음을 일컬음.

천화-면(天花麵)몡 천화분으로 만든 국수.

천화-분(天花粉)몡〔한의〕하늘타리 뿌리를 말려서 만든 가루(열병이나 담·소갈(消渴) 등에 씀).

천환(天宦)몡 날 때부터의 고자(鼓子).

천황(天皇)몡 1 옥황상제. 2 일본에서, 그 임금을 일컫는 말.

천:-황색(淺黃色)몡 엷은 누른빛. 담황색. 㽼 천황(淺黃).

천황-씨(天皇氏)몡〔역〕중국 태고 시대의 전설적인 임금(삼황의 으뜸).

천회(天灰)몡 광중(壙中)에 관을 내려놓고 방회(傍灰)로 가를 메운 뒤, 관의 위를 다지는 석회.

천:횡(擅橫)몡하타 거리낌 없이 제멋대로 함.

천후(天候)몡 기후(氣候). ▣전(全)~.

천:-흑색(淺黑色)[-쌕]몡 아주 엷은 검은빛. 천흑흑.

철¹몡 1 일 년을 봄·여름·가을·겨울의 넷으로 나눈 그 한 동안. 계절. ▣~이 바뀌다 / ~따라 꽃이 피다. 2 한 해 가운데서 어떤 일을 하기에 좋은 때. ▣모내기 ~. 3 계절. ▣~을 만나다 / 지난 옷 / 개나리가 ~을 만나 활짝 피었다.
　[철 그른 동남풍] ㉠필요한 때에는 없다가 아무 소용도 없게 된 다음에 생겨나는 경우를 이르는 말. ㉡얼토당토않은 흰소리를 할 경우에 이르는 말.

철²몡 사리를 분별할 줄 아는 힘. ▣~이 들 나이 / ~이 나다 / 아직 ~이 없다.

철(鐵)몡 1 금속 원소의 하나. 순수한 것은 백색 광택을 띰. 연성과 전성이 풍부하고, 강자성(强磁性)이며 습기가 있는 곳에서는 녹슬기 쉬움. 염소·황·인과는 적극적으로 작용하나 질소와는 직접 화합하지 않음. 용도가 넓음. [26 번: Fe : 55.84] 2 '철사'의 준말. 3 '번철'의 준말.

-철(綴)回 한데 꿰매어 놓은 물건의 뜻을 나타내는 말. ▣서류~ / 신문~.

철가-도주 (撤家逃走)〖명〗〖하자〗 가족을 모조리 데리고 살림을 챙기어 도망감.

철각 (凸角)〖명〗〖수〗 180° 보다 작은 각. ✽요각(凹角).

철각 (鐵脚)〖명〗 1 쇠같이 튼튼하고 굳센 다리. 2 교량·탑 따위의 아래를 받치는 쇠로 만든 다리.

철갑 (鐵甲)〖명〗 1 쇠로 만든 갑옷. 철의. ▱~을 두르다. 2 어떤 물건 위에 다른 물질을 흠뻑 칠하여 이룬 겉더께. 칠갑 (漆甲).

철갑-둥어 (鐵甲一)[一둥一]〖명〗 철갑둥엇과의 바닷물고기. 몸은 11 cm 정도이고 누른빛의 타원형으로 옆으로 납작함. 크고 단단한 골질의 비늘로 덮여 있어 솔방울 같고, 바다의 밑바닥에 살며 빛을 냄.

철갑-상어 (鐵甲一)[一쌍一]〖어〗 1 철갑상엇과 어류의 총칭. 2 철갑상엇과의 물고기. 길이 1.5 m 가량, 주둥이가 뾰족하게 나왔으며, 등은 푸른 잿빛이고 배는 흼.

철갑-선 (鐵甲船)[一썬一]〖명〗 쇠로 거죽을 싼 병선. 우리나라의 거북선이 세계 최초의 것임.

철갑-탄 (徹甲彈)〖군〗 적함의 장갑부(裝甲部)나 적성(敵城)의 포탑 등을 격파하는 데 쓰는 포탄. 파갑탄 (破甲彈).

철강 (鐵鋼)〖명〗 강철. ▱~ 산업.

철강-업 (鐵鋼業)〖명〗 철광석에서 선철 및 강철을 생산하거나, 그것을 가공하여 제품을 만드는 금속 공업.

철갱 (鐵坑)〖명〗 철광석을 캐내는 구덩이.

철거 (撤去)〖명〗〖하타〗 건물이나 시설 따위를 걷어 치워 버림. ▱건물을 ~하다.

철거덕 〖부〗〖자타〗 1 크고 단단한 물체가 맞부딪치는 소리. 또는 그 모양. 2 끈기 있는 물건이 세차게 달라붙는 소리. 또는 그 모양. 3 큰 자물쇠 따위가 잠기거나 열리는 소리. 또는 그 모양. 4 서로 닿으면 걸리어 붙는 단단한 물건끼리 맞부딪치는 소리. 또는 그 모양. ④찰가닥. ㉠철꺼덕. ㉢철거덕. ⑱철걱.

철거덕-거리다 [一꺼一]〖자타〗 자꾸 철거덕 소리가 나다. 또는 자꾸 그런 소리를 내다. ④찰가닥거리다. ㉠철꺼덕거리다. ⑱철커덕거리다. 철거덕-철거덕 〖부〗〖자타〗

철거덕-대다 [一때一]〖자타〗 철거덕거리다.

철거덩 〖부〗〖자타〗 크고 단단한 쇠붙이가 같은 것이 좀 세게 부딪치면서 울릴 때 나는 소리. 또는 그 모양. ▱~하고 철문이 닫혔다. ④찰가당. ⑱철꺼덩.

철거덩-거리다 〖자타〗 자꾸 철거덩 소리가 나다. 또는 자꾸 그런 소리를 내다. ④찰가당거리다. ⑱철꺼덩거리다. ㉠철커덩거리다. 철거덩-철거덩 〖부〗〖자타〗

철거덩-대다 〖자타〗 철거덩거리다.

철거-령 (撤去令)〖명〗 건물·시설 따위를 헐어 없애거나 걷어치우라는 명령. ▱가건물 ~이 내리다.

철걱 〖부〗〖하타〗 '철거덕'의 준말.

철-겹다 [一따]〖철겨워, 철겨우니〗〖형타〗 제철에 뒤져서 맞지 않다. ▱철겨운 옷차림.

철-경고 (鐵硬膏)〖명〗 쇳가루로 만든 고약.

철골¹ (徹骨)〖명〗 몸이 야위어 뼈만 앙상한 모양.

철골² (徹骨)〖명〗〖하자〗 뼈에 사무침.

철골 (鐵骨)〖명〗 1 굳세게 생긴 골격. 2〖건〗 형강(形鋼)·강판(鋼板)·평판(平板) 등을 접합하여 세운, 건조물의 뼈대.

철골 구조 (鐵骨構造)〖건〗 건축물의 뼈대에 철재를 쓰는 구조.

철골조 건:축 (鐵骨造建築)[一쪼一]〖건〗 철재를 짜 맞추어 뼈대로 하는 건축.

철골 철근 콘크리트 건:축 (鐵骨鐵筋concrete建築)〖건〗 철골조(鐵骨造)를 철근 콘크리트로 짜 맞춘 구조를 가지는 대규모 건축. 내진성(耐震性)·내화성(耐火性)·내구성(耐久性)이 강함.

철골-태 (鐵骨胎)〖공〗 쇳가루를 섞어 칠하여 갈색을 띤 도자기의 몸.

철공 (鐵工)〖명〗 쇠를 다루어 기구를 만드는 일.

철공-소 (鐵工所)〖명〗 쇠로 된 재료로 온갖 기구를 만드는 소규모의 공장.

철-공장 (鐵工場)〖명〗 쇠로 온갖 기구를 만드는 공장. ▱~에서 단조공(鍛造工)으로 일하다.

철관 (鐵棺)〖명〗 쇠로 만든 관(棺).

철관 (鐵管)〖명〗 쇠로 만든 관(管).

철광 (鐵鑛)〖명〗〖광〗 '철광석'의 준말.

철-광석 (鐵鑛石)〖명〗 철을 함유한, 제철의 원료가 되는 광석《자철석·적철석·갈철석 따위》. ㉤철광.

철교 (鐵橋)〖명〗 1 철을 주재료로 하여 건설한 다리. 2 '철도교'의 준말. ▱한강 ~.

철군 (撤軍)〖명〗〖하자〗 주둔한 군대를 철수함. 철병(撤兵).

철궁 (鐵弓)〖명〗 쇠로 만든 활.

철권 (鐵拳)〖명〗 1 쇠뭉치같이 굳센 주먹. 2 타격이나 제재를 가하기 위해 쓰는 폭력을 비유적으로 이르는 말. ▱~ 통치 / 독재자가 ~으로 민중을 압제하다.

철궤 (鐵軌)〖명〗 철도의 궤조. 레일.

철궤 (鐵櫃)〖명〗 철판으로 만든 궤.

철-궤연 (撤几筵)〖명〗〖하자〗 삼년상을 마친 뒤에 신주를 사당에 모시고 영좌를 거두어 치움.

철그렁 〖부〗〖자타〗 얇은 쇠붙이가 맞부딪쳐 나는 소리. ④찰그랑. ㉠철그렁. ⑱찔그렁.

철그렁-거리다 〖자타〗 계속하여 철그렁 소리가 나다. 또는 자꾸 그런 소리를 내다. ④찰그랑거리다. 철그렁-철그렁 〖부〗〖자타〗

철그렁-대다 〖자타〗 철그렁거리다.

철근 (鐵筋)〖명〗 콘크리트 속에 엮어 넣는 가늘고 긴 철봉.

철근 콘크리트 (鐵筋concrete) 철근을 뼈대로, 콘크리트를 살로서 배합하여 압력과 장력을 강하게 한 건축 재료.

철금 (鐵琴)〖명〗〖악〗 관현악에 쓰이는 악기의 하나. 작은 강철의 쇳조각을 음계순으로 늘어놓고 채로 쳐서 소리를 냄. 글로켄슈필.

철기 (鐵器)〖명〗 쇠로 만든 그릇.

철기 (鐵騎)〖명〗 1 용맹한 기병. 2〖역〗 철갑을 입은 기병.

철기 시대 (鐵器時代) 석기 시대·청동기 시대에 뒤이어 철기를 사용한 인류 문화 발전의 제3단계《넓은 뜻으로는 현대까지도 포함》.

철-길 (鐵一)[一낄]〖명〗 철도(鐵道).

철꺼덕 〖부〗〖하타〗 1 크고 단단한 물체가 맞부딪치는 소리. 또는 그 모양. 2 끈기 있는 물건이 세차게 달라붙는 소리. 또는 그 모양. 3 큰 자물쇠 따위가 잠기거나 열리는 소리. 또는 그 모양. 4 서로 닿으면 걸리어 붙는 단단한 물건끼리 맞부딪치는 소리. 또는 그 모양. ④찰까닥. ㉢철컥.

철꺼덕-거리다 [一꺼一]〖자타〗 잇따라 철꺼덕 소리가 나다. 또는 잇따라 그런 소리를 내다. ④찰까닥거리다. 철꺼덕-철꺼덕 〖부〗〖자타〗

철꺼덕-대다 [一때一]〖자타〗 철꺼덕거리다.

철꺼덩 〖부〗〖자타〗 크고 단단한 쇠붙이가 같은 것이 좀 세게 부딪치면서 울릴 때 나는 소리.

또는 그 모양. ⑪찰까당.

철꺼덩-거리다 잇따라 철꺼덩 소리가 나다. 또는 잇따라 그런 소리를 내다. ⑪찰까당거리다. **철꺼덩-철꺼덩** 뷔하자타

철꺼덩-대다 철꺼덩거리다.

철꺽 뷔하자타 '철꺼덕'의 준말. ⑪찰깍.

철꺽-거리다 [-꺼-] 자타 '철꺼덕거리다'의 준말. ⑪찰깍거리다. **철꺽-철꺽** 뷔하자타

철꺽-대다 [-때-] 자타 철꺽거리다.

철-끈(綴-) 명 문서나 서류 따위를 철할 때 쓰는 끈.

철-나다 [-라-] 자 사리를 분별하여 판단할 줄 아는 힘이 생기다.

[철나자 망령 난다] ㉠지각없이 굴던 사람이 정신 차려 일을 할 만하니까 이번에는 망령이 들어 일을 그르치게 되는 경우를 비웃는 말. ㉡무슨 일이든 때를 놓치지 말고 제때에 힘쓰라는 말. ㉢나이 먹은 사람이 몰상식한 짓을 하는 경우를 비웃는 말. 철들자 망령이다.

철농(撤農) [-롱] 명하자 농사일을 걷어치움.

철-다각형(凸多角形) [-가켱] 명 〖수〗 '볼록다각형'의 구용어. ↔요(凹)다각형.

철단(鐵丹) [-딴] 명 〖화〗 쇠에 녹이 슬지 않도록 바르는, 누른빛을 띤 안료(주성분은 산화제이철).

철대 [-때] 명 '갓철대'의 준말.

철도(鐵道) [-또] 명 침목 위에 철제의 궤도를 설치하고, 그 위를 차량으로 사람·물건을 운반하는 육상 운수 기관. 철길. 철로.

철도 경찰(鐵道警察) [-또-] 철도 교통상 발생하는 위해를 방지하고 공안 질서를 유지하던 경찰.

철도-교(鐵道橋) [-또-] 명 철도를 깔기 위해 걸쳐 놓은 교량. ⓐ철교.

철도-망(鐵道網) [-또-] 명 많은 철도가 부설되어 서로 연락되어 있는 체계. ▣이 거미줄처럼 전국에 깔려 있다.

철도 운임(鐵道運賃) [-또우님] 철도로 사람이나 화물을 실어 나르는 데 대한 요금(여객 운임과 화물 운임이 있음).

철도 차량(鐵道車輛) [-또-] 철도 선로 위에서 여객 또는 화물의 운수에 사용되는 차량.

철도-청(鐵道廳) [-또-] 명 전에 건설 교통부 장관의 중앙 행정 기관. 철도에 관한 사무를 맡아봄. 2005년 1월부터 한국 철도 시설 공단과 한국 철도 공사로 분리됨.

철도-편(鐵道便) [-또-] 명 철도를 이용하는 편. ▣화물을 ~으로 부치다.

철독(鐵毒) [-똑] 명 쇳독.

철두-철미(徹頭徹尾) [-뚜-] 뷔하 처음부터 끝까지 철저하다. ▣~한 사람 / ~한 조사 / 사전 준비를 ~하게 하다 / ~ 진상을 밝히다 / ~ 반대 입장을 고수하다.

철-둑(鐵-) [-뚝] 명 '철롯둑'의 준말.

철-들다 [철들어, 철드니, 철드는] 자 사리를 분별하여 판단하는 힘이 생기다. ▣이제 철 들 나이도 됐지.

[철들자 망령이라] 철나자 망령 난다.

철-따구니 [-] 〈속〉 철².

철-딱서니 [-써-] 〈속〉 철². ▣저렇게 ~가 없다니.

철-딱지 [-찌] 〈속〉 철².

철떡 뷔하자 젖었거나 차진 물건이 세차게 달라붙는 모양이나 소리. ▣찰떡이 ~ 달라붙어 떨어지지 아니하다. ⑪찰딱.

철떡-거리다 [-꺼-] 자 젖었거나 차진 물건이 자꾸 들러붙었다 떨어졌다 하다. ⑪찰딱거리다. **철떡-철떡** 뷔하자

철떡-대다 [-때-] 자 철떡거리다.

철럭 뷔하자 [-] 굵은 물줄기가 흘러넘치거나 부딪치는 소리가 자꾸 나다. 또는 그런 소리를 자꾸 내다. **2** 큰 쇠붙이 따위가 가볍게 서로 부딪치는 소리가 자꾸 나다. 또는 그런 소리를 자꾸 내다. ⑪찰락거리다. **철럭-철럭** 뷔하자

철럭-대다 [-때-] 자타 철럭거리다.

철럭-이다 자타 철럭거리다. ⑪찰락이다.

철렁 뷔하자 **1** 그득 찬 물 따위가 한 번 흔들리는 모양. 또는 그 소리. **2** 얇은 쇠붙이 따위가 서로 부딪쳐서 나는 소리. ⑪찰랑. **3** 깜짝 놀라서 가슴이 설레는 모양. ▣가슴이 ~ 내려앉다.

철렁-거리다 자타 **1** 자꾸 철렁하는 소리가 나다. 또는 자꾸 그런 소리를 내다. ⑪찰랑거리다. **2** 놀라서 가슴이 자꾸 설레다. **철렁-철렁** 뷔하자 ▣욕조에 더운물이 ~ 넘친다.

철렁-대다 자타 철렁거리다.

철렁-하다 형 작은 그릇이나 항아리 따위에 담긴 물 따위가 넘칠 듯이 흔들리다. ⑪찰랑하다. ⓔ칠렁하다.

철-렌즈(凸lens) 명 볼록 렌즈.

철렴(撤簾) 명하 어린 임금이 성인이 되어 수렴청정을 폐지함.

철로(鐵路) 명 철도. ▣~가 놓이다 / 전철이 ~ 위를 지나간다.

철로-바탕(鐵路-) 명 철도의 궤조를 시설한 바탕.

철록-어미(鐵-) 명 담배를 쉬지 않고 늘 피우는 사람을 조롱하는 말.

철롯-둑(鐵路-) [-로뚝 / -롣뚝] 명 철로가 놓여 있는 높은 둑. ⓐ철둑.

철롱(鐵籠) 명 쇠로 만든 농·둥우리·바구니 등의 총칭.

철륜(鐵輪) 명 **1** 쇠로 만든 바퀴. **2** 기차.

철륜-대감(鐵輪大監) 명 〖민〗 대추나무에 있다는 귀신(퍽 무섭고 영검이 있다 함).

철리(哲理) 명 **1** 철학상의 이치. **2** 현묘(玄妙)한 이치. ▣우주의 ~를 깨닫다.

철릭(역) 명 무관이 입던 공복(公服)의 하나《직령(直領)으로, 허리에 주름이 잡히고 큰 소매가 달렸음》.

철릭-짜리(역) 명 예전에, 철릭을 입은 사람을 홀하게 일컫던 말.

철마(鐵馬) 명 기차를 말에 비유한 일컬음.

철망(鐵網) 명 **1** 철사로 그물처럼 얽은 물건. **2** '철조망'의 준말. ▣경계에 ~을 둘러치다.

철망간-중석(鐵mangan重石) 명 볼프람철광.

철매 명 연기에 섞여 나오는 검은 가루. 또는 그 가루가 엉겨 붙은 그을음. 매연.

철면(凸面) 명 가장자리는 얇고 가운데 볼록한 면. ↔요면(凹面).

철면(鐵面) 명 **1** 쇠로 만든 탈. **2** 쇠 빛깔과 같이 검붉은 얼굴.

철면-경(凸面鏡) 명 〖물〗 '볼록 거울'의 한자말.

철-면피(鐵面皮) 명 쇠로 만든 낯가죽이라는 뜻으로, 염치없고 뻔뻔스러운 사람을 이르는 말. ▣저런 ~를 다 보았나. —하다 형 (주로 '철면피한'의 꼴로 쓰여) 뻔뻔스럽고 염치가 없다. ▣철면피한 사람.

철면피-한(鐵面皮漢) 명 뻔뻔스럽고 염치가 없는 남자.

철모(鐵帽) 명 전투할 때에 머리를 보호하기 위해 쓰는, 쇠로 만든 모자.

철-모르다〔철몰라, 철모르니〕자르 사리를 분간하지 못하다. ▷철모르고 날뛰다 / 철모르고 무작정 일에 덤벼들다.

철목(綴目)〔─〕명하자타 여러 가지 조목이나 종목을 벌여 놓음. 또는 그 조목이나 종목.

철묘(鐵錨)명 쇠닻.

철문(鐵門)명 쇠문.

철물(鐵物)명 쇠로 만든 온갖 물건.

철물-전(鐵物廛)명 철물점.

철물-점(鐵物店)명 철물을 파는 가게.

철반(鐵盤)명 쇠로 만든 쟁반.

철-반자(鐵─)명 천사를 '井'자 모양으로 얽어매고 종이를 바른 반자.

철-반토(鐵礬土)명 보크사이트.

철발(鐵鉢)명 《불》 쇠로 만든 바리때(승려의 밥그릇으로 씀).

철-방향(鐵方響)명 《악》 악기의 하나. 쇠로 만든 방향. *석(石)방향.

철배(撤排)명하자타 식이 끝나고 식장에 설치된 물건들을 거두어 치움.

철버덕 부하자타 옅은 물 위나 진창을 마구 밟거나 치는 모양. 또는 그 소리. ㉜찰바닥. ㉔절버덕.

철버덕-거리다〔─꺼─〕자타 자꾸 철버덕 소리가 나다. 또는 자꾸 그런 소리를 내다. ㉜찰바닥거리다. 철버덕-철버덕 부하자타. ▷아이들이 ~ 개울을 건너간다.

철버덕-대다〔─때─〕자타 철버덕거리다.

철버덩 부하자타 깊은 물에 무거운 물건이 부딪치는 모양. 또는 그 소리. ㉜찰바당. ㉔절버덩.

철버덩-거리다 자타 자꾸 철버덩 소리가 나다. 또는 자꾸 그런 소리를 내다. ▷개울에서 아이들이 철버덩거리며 논다. ㉜찰바당거리다. 철버덩-철버덩 부하자타.

철버덩-대다 자타 철버덩거리다.

철벅 부하자타 옅은 물 위를 밟는 모양. 또는 그 소리. ㉜찰박. ㉔절벅.

철벅-거리다〔─꺼─〕자타 자꾸 옅은 물 위를 밟는 소리가 나다. 또는 자꾸 그런 소리를 내다. ▷철벅거리며 개울을 건너다. ㉜찰박거리다. 철벅-철벅 부하자타.

철벅-대다 자타〔─때─〕철벅거리다.

철-벌레 명 후충(候蟲).

철벙 부하자타 깊은 물에 크고 무거운 물건이 세게 떨어지는 모양. 또는 그 소리. ㉜찰방. ㉔절벙.

철벙-거리다 자타 자꾸 철벙 소리가 나다. 또는 자꾸 그런 소리를 내다. ㉜찰방거리다. ㉔절벙거리다. 철벙-철벙 부하자타. ▷아이들이 ~ 물장구치며 논다.

철벙-대다 자타 철벙거리다.

철벽(鐵壁)명 쇠로 된 것같이 견고한 벽. 2매우 튼튼한 방비의 비유. ▷금성~/ ~ 수비.

철벽-같다(鐵壁─)〔─갇따〕형 방비가 매우 튼튼하다. ▷철벽같은 수비를 뚫다. 철벽-같이〔─가치〕부. ▷경계 태세를 ~ 하다.

철병(撤兵)명하자타 철군(撤軍).

철-복(─服)명 제철에 알맞은 옷.

철봉(鐵棒)명 1 쇠로 길게 막대기 모양으로 만든 물건의 총칭. 2 기계 체조 기구의 하나. 두 기둥 사이에 쇠 막대기를 수평으로 가로 질러 놓은 기구.

철봉 운-동(鐵棒運動)명 체조 경기의 한 가지. 철봉에 매달려 흔들기, 돌기 등의 동작이 중심이 되어 여러 가지 기술로 구성되는 운동.

철부(哲夫)명 어질고 사리에 밝은 남자.

철부(哲婦)명 어질고 사리에 밝은 부인.

철-부지(不知)명 1 철없는 어린아이. ▷~ 소년. 2 철없어 보이는 어리석은 사람. ▷그는 아직도 어린애 같은 ~이다.

철분(鐵分)명 어떤 물질 속에 섞여 있는 철의 성분. ▷~을 섭취하다 / 그 온천에는 황과 ~이 많이 섞여 있다.

철분(鐵粉)명 1 쇠의 가루. 2《한의》철화분을 정제한 약재(진경(鎭痙)·강장제·수종(水腫)·황달 등에 씀).

철비(鐵扉)명 쇠로 만든 문짝.

철비(鐵碑)명 쇠로 만든 비.

철빈(鐵貧)명 더할 수 없이 가난함.

철사(哲士)〔─싸〕명 어질고 사리가 밝은 선비.

철사(撤祀)〔─싸〕명하타 제사를 마침.

철사(鐵沙·鐵砂)〔─싸〕명《광》사철(砂鐵).

철사(鐵絲)〔─싸〕명 쇠로 만든 가는 줄. 철선.

철사-유(鐵砂釉)〔─싸─〕명《공》도자기에 쓰는 잿물. 철분이 많은 흙으로 만듦.

철삭(鐵索)〔─싹〕명 철사를 꼬아서 만든 줄.

철상(撤床)〔─쌍〕명하자 음식상이나 제사상을 거두어 치움.

철상(鐵像)〔─쌍〕명 쇠로 만든, 동물이나 사람 등의 형상. ▷사자의 ~.

철상-철하(徹上徹下)〔─쌍─〕부하형 1 철두철미. 2 위에서부터 아래까지 꿰뚫듯 횡함.

철-새 (─)〔─쌔〕명 철을 따라서 살 곳을 바꾸는 새. 후조(候鳥). ↔텃새.

철색(鐵色)〔─쌕〕명 검푸르고 약간 흰빛이 도는 빛깔. 쇳빛.

철석(鐵石)〔─썩〕명 1 쇠와 돌. 2 매우 굳고 단단함의 비유.

철석-간장(鐵石肝腸)〔─썩깐─〕명 굳고 단단한 절개나 마음. 철심석장. ㉜석장.

철석-같다(鐵石─)〔─썩깓따〕형 의지나 약속, 믿음 따위가 쇠나 돌같이 매우 굳고 단단하다. ▷철석같은 맹세. 철석-같이〔─썩까치〕부. ▷~ 믿다.

철-석영(鐵石英)〔─써경〕명《광》많은 산화철을 함유하고 적색·황색·흑갈색을 띤 석영.

철선(鐵船)〔─썬〕명 쇠로 만든 배.

철선(鐵線)〔─썬〕명 철사(鐵絲).

철설(鐵屑)〔─썰〕명 1 쇠똥[1]. 2 쇠의 부스러기나 가루.

철성(鐵聲)〔─썽〕명 쇳소리.

철소(徹宵)〔─쏘〕명하자 밤새움.

철쇄(鐵鎖)〔─쐐〕명 1 쇠사슬[1]. 2 쇠로 만든 자물쇠.

철수(撤收)〔─쑤〕명하자타 1 거두어들이거나 걷어치움. 2 진출하였던 곳에서 시설이나 장비를 거두고 물러남. ▷~ 작전 / 부대를 ~시키다 / 사건 현장에서 ~하다.

철수(鐵銹·鐵鏽)〔─쑤〕명 쇠에 스는 녹.

철습(撤拾)〔─씁〕명하타 거두어 주움.

철시(撤市)〔─씨〕명하자타 시장·점포 등이 문을 닫고 영업을 하지 않음. 철전. ▷그 상가는 여름 휴가 동안 일제히 ~한다.

철심(鐵心)〔─씸〕명 1 단단하여 쉽게 변하지 않는 굳은 마음. 철장(鐵腸). 2 쇠로 속을 박은 물건의 심.

철심-석장(鐵心石腸)〔─씸─짱〕명 철석간장.

철써기〔─〕《충》여치과의 곤충. 여치와 비슷하나 날개가 크고 넓음. 몸길이 3~4cm 정도이며, 몸보다 긴 실 모양의 촉각이 있음. 몸빛은 초록 또는 어두운 갈색이며, 초가을에 '철써덕철써덕'하고 요란스레 욺.

철써덕 부하자타 1 많은 양의 액체가 단단한 물

체에 부딪치는 소리. 또는 그 모양. ❑파도가 바위에 ~ 부딪치다. **2** 큰 물체가 부딪치거나 달라붙는 소리. 또는 그 모양. [작]찰싸닥. [여]절써덕. [준]철썩.
철써덕-거리다 [-꺼-] [자][타] 계속하여 철써덕 소리가 나다. 또는 계속해서 그런 소리를 내다. ❑바닷가 모래톱을 철써덕거리며 부딪치는 파도. [작]찰싸닥거리다. [여]절써덕거리다. [준]철썩거리다. **철써덕-철써덕** [부][하][자][타]
철써덕-대다 [-때-] [자][타] 철써덕거리다.
철썩 [부][하][자][타] '철써덕'의 준말. ❑따귀를 ~ 때리다. [작]찰싹. [여]절썩.
철썩-거리다 [-꺼-] [자][타] '철써덕거리다'의 준말. ❑철썩거리는 파도 소리를 들으며 잠이 들다. [작]찰싹거리다. [여]절썩거리다. **철썩-철썩** [부][하][자][타]. ❑~ 파도치는 소리가 들린다.
철썩-대다 [-때-] [자][타] 철썩거리다.
철안 (鐵案) [명] 변하지 않는 단안. 확고한 의견.
철-압인 (鐵壓印) [명] 쇠로 만든 압인.
철액 (鐵液) [명] 〖한의〗 철장(鐵漿).
철액-수 (鐵液水) [-쑤] [명] 〖한의〗 철장(鐵漿).
철야 (徹夜) [명][하][자] 밤새움. ❑~ 기도 / ~ 작업 / ~ 조사.
철-어렁이 (鐵-) [명] 〖광〗 광석·버력 등을 담기 위하여 철사로 엮어 만든 삼태기.
철-없다 [처럽따] [형] 사리를 분별할 만한 지각이 없다. ❑철없는 아이. **철-없이** [처럽씨] [부]. ❑~ 굴다.
철엽 (鐵葉) [명] 대문짝에 붙여 박는 장식의 하나《쇠로 물고기 비늘 모양으로 만듦》.
철옥 (鐵獄) [명] 썩 견고한 감옥.
철옹-산성 (鐵甕山城) [명] 쇠로 만든 독처럼 튼튼히 둘러싸인 성이라는 뜻으로, 방비나 단결 따위가 견고함을 이르는 말. [준]옹성·철옹성.
철옹-성 (鐵甕城) [명] '철옹산성'의 준말. ❑~ 같은 수비 / ~ 같은 저택의 육중한 대문이 굳게 닫혀 있었다.
철완 (鐵腕) [명] 매우 억세고 야무진 팔. 또는 그런 팔을 가진 사람.
철요 (凸凹) [명][하][형] 요철(凹凸).
철-운모 (鐵雲母) [명] 〖광〗 작은 육각판 또는 비늘 조각 모양을 하고 철분을 많이 함유하고 있는 흑색의 운모.
철음 (綴音) [명] 〖언〗 모음과 자음이 합하여 된 소리.
철의 (鐵衣) [처릐 / 처리] [명] **1** 철갑(鐵甲) 1. **2** 철수(鐵銹).
철의 장막 (鐵-帳幕) [처릐- / 처레-] 지난날, 소련과 동유럽 공산주의 국가들이 엄격한 검열과 비밀주의에 의해 서방 세계와의 교류를 가로막던 정책을 비유적으로 이르던 말. 아이언 커튼. *죽의 장막.
철인 (哲人) [명] **1** 학식이 높고 사리에 밝은 사람. **2** 철학가. ❑고대 그리스의 ~ 아리스토텔레스.
철인 (鐵人) [명] 몸이나 힘이 쇠처럼 강한 사람.
철인 (鐵印) [명] 강철이나 놋쇠로 만들어 두꺼운 양장 표지에 금자(金字)를 찍는 데 쓰는 무늬 조각판.
철자 (綴字) [-짜] [명][하][자] 〖언〗 자음과 모음을 맞추어 한 글자를 만듦《'ㅅ'과 'ㅗ'가 모여 '소'가 되는 따위》.
철-자 (鐵-) [명] 쇠로 만든 자. 철척.
철자-법 (綴字法) [-짜뻡] [명] 맞춤법1.
철장 (鐵杖) [-짱] [명] 쇠로 만든 지팡이.
철장 (鐵場) [-짱] [명] 철점(鐵店)에서 쇠를 불리는 곳.
철장 (鐵腸) [-짱] [명] 철심(鐵心) 1.
철장 (鐵漿) [-짱] [명] 〖한의〗 무쇠를 물에 우려낸 물. 철액. 철액수.
철재 (鐵材) [-째] [명] 건축·토목 공사 등에 사용하는 쇠로 만든 재료.
철저 (徹底) [-쩌] [명][하][형][히][부] 속속들이 꿰뚫어 밑바닥까지 투철함. ❑준비 ~ / 감독에 ~를 기하다 / 관리가 ~하다 / 음주 운전을 ~히 단속하다.
철적 (轍迹) [-쩍] [명] 수레바퀴의 자국이라는 뜻으로, 어떤 사물의 지나간 흔적을 일컫는 말.
철적 (鐵笛) [-쩍] [명] 〖악〗 **1** 태평소. **2** 쇠로 만든 저.
철전 (撤廛) [-쩐] [명][하][자] 철시(撤市).
철전 (鐵箭) [-쩐] [명] 육량전(六兩箭)·아량전(亞兩箭)·장전(長箭) 따위의 무쇠로 만든 화살의 총칭.
철전 (鐵錢) [-쩐] [명] 쇠를 녹여 만든 돈.
철점 (鐵店) [-쩜] [명] 예전에, 광석을 캐어 쇠를 불리어 만들던 곳.
철정 (鐵釘) [-쩡] [명] 쇠못.
철정 (鐵鼎) [-쩡] [명] 쇠솥.
철제 (鐵製) [-쩨] [명] 쇠로 만듦. 또는 그런 제품. ❑~ 책상 / ~ 금고.
철제 (鐵蹄) [-쩨] [명] **1** 편자 1. **2** 세차고 걸음을 잘 걷는 말의 비유.
철제 (鐵劑) [-쩨] [명] 쇠를 성분으로 하는 약제.
철조 (凸彫) [-쪼] [명] 부조(浮彫).
철조 (輟朝) [-쪼] [명][하][자] 〖역〗 폐조(廢朝) 1.
철조 (鐵條) [-쪼] [명] 굵은 철사.
철조 (鐵造) [-쪼] [명] 쇠로 만듦. 또는 그렇게 만든 것.
철조-망 (鐵條網) [-쪼-] [명] 출입을 막기 위해 가시 철사를 둘러 놓은 울타리. ❑시설물 주위에 ~을 치다. [준]철망.
철주 (掣肘) [-쭈] [명][하][타] 간섭하여 마음대로 하지 못하게 막음.
철주 (鐵舟) [-쭈] [명] 쇠로 만든 작은 배.
철주 (鐵朱) [-쭈] [명] 〖광〗 대자석(代赭石).
철주 (鐵柱) [-쭈] [명] 쇠로 만든 기둥.
철-주자 (鐵鑄字) [-쭈-] [명] 〖인〗 쇠를 부어 만든 활자.
철-중석 (鐵重石) [명] 단사 정계의 광석. 유리 광택과 금속 광택이 나는 흑색의 물질로, 철과 텅스텐이 주성분임.
철중-쟁쟁 (鐵中錚錚) [-쭝-] [명][하][형] 여러 쇠붙이 중에서도 유난히 맑은 소리를 낸다는 뜻으로, 같은 무리 가운데서도 가장 뛰어난 사람을 이르는 말.
철-질 (鐵-) [명][하][자] 번철(燔鐵)에 부침개를 부치는 일.
철쭉 [명] 〖식〗 진달랫과의 낙엽 활엽 관목. 봄에 진달래꽃과 비슷한 깔때기 모양의 연분홍 꽃이 피는데, 끈끈한 액이 있어 먹지 못함. 정원수로 심는데, 나무는 조각재로 씀. 철쭉나무.
철쭉-꽃 [-꼳] [명] 철쭉의 꽃.
철쭉-나무 [-쭝-] [명] 〖식〗 철쭉.
철창 (鐵窓) [명] **1** 쇠로 창살을 만든 창문. **2** 감옥의 비유.
철창 없는 감옥 [구] 감옥이나 다름없이 꼼짝할 수 없게 통제와 감시를 받는 곳의 비유.
철창-생활 (鐵窓生活) [명] 감옥살이.
철창-신세 (鐵窓身勢) [명] 감옥에 갇히는 신세. ❑~가 되다 / ~를 지다.
철-찾다 [-찯따] [자] 제철에 맞추다.
철책 (鐵柵) [명] 쇠로 만든 울타리. ❑~을 넘다 /

~을 둘러치다.
철척 (鐵尺) [명] 철자.
철천 (徹天) [명] 하늘에 사무친다는 뜻으로, 두고두고 잊을 수 없도록 뼈에 사무침을 이르는 말. ❑ ~의 원한.
철천 (鐵泉) [명] 탄산철과 황산철의 성분을 많이 함유하는 온천이나 약수. 류머티즘·부인병에 효과가 있음.
철천지수 (徹天之讎) [명] 철천지원수.
철천지원 (徹天之冤) [명] 철천지한.
철천지원수 (徹天之怨讎) [명] 하늘에 사무치도록 한이 맺히게 한 원수. 철천지수.
철천지한 (徹天之恨) [명] 하늘에 사무치는 크나큰 원한. 철천지원. ❑ ~을 품다.
철철 [부] **1** 많은 액체 따위가 넘쳐 흐르는 모양. ❑ 장마로 개울물이 ~ 넘친다. **2** 생생한 기운이 가득한 모양. ❑ 인정이 ~ 넘치는 사회. [작]찰찰.
철철-이 [부] 돌아오는 철마다. ❑ ~ 갈아입을 옷을 준비하다.
철-청총이 (鐵青驄-) [명] 푸른색의 털에 흰 털이 조금 섞인 말.
철-체 (鐵-) [명] 철사로 쳇불을 메운 체.
철-총이 (鐵驄-) [명] 몸에 검푸른 무늬가 박힌 말. 철총마(鐵驄馬).
철추 (鐵椎) [명] 〔역〕 철퇴(鐵槌)2.
철칙 (鐵則) [명] 변경하거나 어길 수 없는 굳은 규칙. ❑ 교회 구내에서는 금주·금연이 ~으로 되어 있다.
철커덕 [부][하][자][타] **1** 크고 단단한 물체가 맞부딪치는 소리. 또는 그 모양. **2** 끈기 있는 물체가 세차게 들러붙는 소리. 또는 그 모양. **3** 작은 자물쇠 따위가 잠기거나 열리는 소리. 또는 그 모양. **4** 서로 닿으면 걸리어 붙게 된 단단한 물건끼리 맞부딪치는 소리. 또는 그 모양. [작]찰카닥. [여]절거덕. [센]절꺼덕·쩔꺼덕. [준]철컥.
철커덕-거리다 [-꺼-] [자][타] 계속하여 철커덕 소리가 나다. 또는 계속해서 그런 소리를 내다. [작]찰카닥거리다. [준]철컥거리다. **철커덕-철커덕** [부][하][자][타]
철커덕-대다 [-때-] [자][타] 철커덕거리다.
철커덩 [부][하][자][타] 크고 단단한 쇠붙이끼리 세차게 부딪치는 소리. [작]찰카당. [여]절거덩. [센]철거덩. [준]철컹.
철커덩-거리다 [자][타] 계속하여 철커덩하는 소리가 나다. 또는 계속해서 그런 소리를 내다. [작]찰카당거리다. [여]절거덩거리다. [센]쩔꺼덩거리다. [준]철컹거리다. **철커덩-철커덩** [부][하][자][타]
철커덩-대다 [자][타] 철커덩거리다.
철컥 [부][하][자][타] '철커덕'의 준말.
철컥-거리다 [-꺼-] [자][타] '철커덕거리다'의 준말. [작]찰칵거리다. **철컥-철컥** [부][하][자][타]
철컥-대다 [-때-] [자][타] 철컥거리다.
철컹 [부][하][자][타] '철커덩'의 준말.
철컹-거리다 [자][타] '철커덩거리다'의 준말. [작]찰캉거리다. **철컹-철컹** [부][하][자][타]
철컹-대다 [자][타] 철컹거리다.
철탄 (鐵彈) [명] 처란1.
철탑 (鐵塔) [명] **1** 철재를 써서 만든 탑. **2** 송전선 따위의 무거운 전선을 받치기 위해 세운 탑 모양의 쇠 기둥.
철태 (鐵胎) [명] 검붉은 도자기의 몸.
철태-궁 (鐵胎弓) [명] 몸을 쇠로 만든, 구조가 각궁(角弓)과 비슷한 활《전쟁이나 사냥 따위에 썼음》.
철통 (鐵通) [명] 담뱃대의 마디를 뚫는 송곳.
철통 (鐵桶) [명] 쇠로 만든 통.
철통-같다 (鐵桶-) [-간따] [형] 조금도 허점이 없이 튼튼하고 치밀하게 에워싸고 있다. ❑ 철통같은 방어선 / 수비가 ~. **철통-같이** [-가치] [부]. ❑ ~ 뭉치다.
철퇴 (撤退) [명][하][자] 거두어 가지고 물러남. ❑ 주둔지에서 ~하다.
철퇴 (鐵槌) [명] **1** 쇠몽둥이. **2** 〔역〕 병장기의 하나. 끝이 둥그렇고 울퉁불퉁한, 길이 1.8m가량의 쇠몽둥이. 철추(鐵椎). **3** 해머던지기에 쓰이는 운동 용구.
철퇴를 가하다〔내리다〕 [구] 호되게 처벌하거나 큰 타격을 주다. ❑ 마약 밀수꾼들에게 ~.
철파 (撤罷) [명][하][타] 철폐(撤廢).
철판 (凸版) [명] 볼록판. ↔요판.
철판 (鐵板) [명] 쇠로 된 넓은 판. ❑ 두꺼운 ~ / ~에 고기를 굽다.
철판을 깔다 [구] 체면이나 염치를 돌보지 않다. ❑ 얼굴에 철판을 깔았는지 뻔뻔스럽다.
철편 (鐵片) [명] 쇳조각1.
철편 (鐵鞭) [명] 〔역〕 '고들개철편'의 준말.
철폐 (撤廢) [-/-페] [명][하][타] 어떤 제도나 규정 따위를 폐지함. ❑ 관세 장벽 ~ / 인종 차별을 ~하다.
철폐 (鐵肺) [-/-페] [명] **1** 철분이 침적된 폐. 붉은 갈색을 띠며 호흡기 질환의 증상을 나타냄. **2** 진행성 소아마비로 늑간근·횡경막 따위의 호흡에 필요한 근육이 마비된 환자에게 쓰는 인공호흡 기계《철제의 원통형 기밀실로, 이 기계의 흡인 압력에 의하여 환자의 호흡이 유지됨》.
철포 (鐵砲) [명] 대포·소총의 총칭《특히, 소총을 말함》. ❑ ~를 쏘다.
철필 (鐵筆) [명] **1** 펜. **2** 끝이 뾰족한 등사판용의 쇠붓. **3** 도장을 새기는 새김칼.
철필-대 (鐵筆-) [-때] [명] 펜대.
철필-촉 (鐵筆鏃) [명] 펜촉.
철필-판 (鐵筆板) [명] 줄판.
철필-화 (鐵筆畫) [명] 펜화(畫).
철-하다 (綴-) [타][여] 여러 장의 문서·신문 등을 한데 모아 매다. ❑ 신문을 철하여 보관하다.
철학 (哲學) [명] **1** 인간과 세계에 대한 궁극의 근본 원리를 추구하는 학문. ❑ 서양 ~. **2** 자기 자신의 경험 등에서 얻은 기본적인 생각. ❑ 사람에게는 누구나 각각 자기 나름의 생활 ~이 있다.
철학-가 (哲學家) [-까] [명] 철학에 조예가 깊은 사람. 철인.
철학-사 (哲學史) [-싸] [명] 철학 사상의 변천 추이를 체계적으로 다룬 역사.
철학-자 (哲學者) [-짜] [명] 철학을 전문적으로 연구하는 사람.
철한 (鐵限) [명] 변경할 수 없는 기한이나 한정.
철한 (鐵漢) [명] 의지가 굳센 남자.
철혈 (鐵血) [명] (쇠와 피, 곧 무기와 군대라는 뜻으로 일부 명사 앞에 쓰여) 전쟁에서 쓰는 무기와 흘리는 피를 비유적으로 이르는 말. ❑ ~ 정책.
철혈 재상 (鐵血宰相) 군사력을 배경으로 정책을 강력하게 밀고 나가는 재상《'비스마르크'의 별칭》.
철혈 정략 (鐵血政略) [-냑] 군사력으로 국위를 떨치려는 정략.
철형 (凸形) [명] 가운데가 도도록한 형상.
철화 (鐵火) [명] **1** 빨갛게 단 쇠. **2** 칼과 총. **3** 총화(銃火).
철화-분 (鐵華粉) [명] 〔한의〕 강철을 소금물에

담가서 생긴 녹을 약재로 이르는 말《강장제나 치질약으로 씀》.

철-확(鐵─)명 무쇠로 절구와 비슷하게 만든 그릇《마늘·깨 따위를 찧는 데 씀》.

철환(鐵丸)명 처란1.

철환-제(鐵丸劑)명 철제(鐵劑)로 만든 환약.

철환-천하(轍環天下)명하자 수레를 타고 천하를 돌아다닌다는 뜻으로, 세계 각지를 여행함을 이르는 말.

철회(撤回)명하타 1 이미 제출했던 것을 도로 거두어들임. ▷사표를 ～하다. 2 한 번 말한 것을 취소함. ▷야의 대중 집회 방침을 ～하다. 3 철거.

철획(鐵畵)명 필력이 힘찬 글씨의 획.

첨:명 '처음'의 준말. ▷이런 일은 ～이다 / 나는 ～부터 반대했다.

첨가(添加)명하타 덧붙임. 더 넣음. ▷각종 영양소를 ～하다. ↔삭제.

첨가-물(添加物)명 식품 따위를 만들 때 보태어 넣는 것.

첨가-어(添加語)명《언》교착어(膠着語).

첨감(添減)명하타 첨가와 삭감.

첨감(添感)명하자 감기가 더 심해짐.

첨계(檐階)[─게] 명 댓돌1.

첨계-석(檐階石)[─/─게─] 명 첨곗돌.

첨계-돌(檐階─)[─계돌 / ─겔똘 / ─계똘 / ─겔돌] 명 댓돌을 이룬 납작한 돌.

첨:기(添記)명하자 덧붙여 적음. 추신(追伸).

첨:녕(諂佞)명 매우 아첨함.

첨단(尖端)명 1 뾰족한 끝. 2 시대 사조나 학문·유행 따위의 맨 앞장. ▷～ 과학 / 유행〔시대〕의 ～을 걷다.

첨단(檐端)명 처마 끝.

첨단 방:전(尖端放電)《물》전기장(電氣場) 속에 있는 전기 도체의 표면에 뾰족한 곳이 있고 전기장이 평형 상태일 때, 그 부분에 전기가 집중하여 코로나 방전을 일으키는 현상《피뢰침은 이 현상을 이용한 것임》.

첨-대(籤─)[─때] 명 1 책장이나 포갠 물건 틈에 끼워서 표하는 데 쓰는 얇은 댓조각. 2☞ 점대.

첨례(瞻禮)[─녜] 명하자 1 예배하는 일. 2《가》 '축일(祝日)'의 구용어.

첨리-하다(尖利─)[─니─] 형여 첨예하다1.

첨망(瞻望)명하타 높은 곳을 멀거니 바라다봄. ▷하늘을 ～하다.

첨모-직(添毛織)명 천의 한 면 또는 양면에 부드럽고 고나 보풀을 만들어 놓은 직물. 코르덴·타월·양탄자·벨벳 따위.

첨미(尖尾)명 아래로 뾰족한 물건의 맨 끝.

첨:미(諂媚)명하자 아첨하며 아양을 떪.

첨배(添杯)명하타 첨잔(添盞).

첨배(瞻拜)명하자타 선조·선현의 묘소나 사당에 배례함.

첨벙부하자타 텀벙. ▷바닷물에 ～ 뛰어들다.

첨벙-거리다자타 텀벙거리다.

첨벙-대다자타 첨벙거리다.

첨병(尖兵)명《군》군대가 행군할 때, 대열의 맨 앞에서 경계·수색을 하는 임무를 맡은 병사나 소부대.

첨병(添病)명하자 어떤 병에 다른 병이 겹침.

첨보(添補)명하타 더하여 보충함.

첨봉(尖峰)명 뾰족한 산봉우리.

첨부(添附)명하타 안건이나 문서 따위를 덧붙임. ▷～ 서류 / 한 가지 ～하여 말씀드리겠습니다.

첨사(僉使)명《역》'첨절제사'의 준말.

첨사(籤辭)명《민》점대에 적힌 길흉의 점사(占辭).

첨삭(添削)명하타 시문·답안 등의 일부를 보충하거나 삭제하여 고침. 증산(增刪). ▷기안의 내용을 ～하여 되돌려 주다.

첨산(添算)명하타 정한 것 외에 더 보태서 계산함.

첨상(瞻想)명하타 우러러보며 생각함.

첨서(添書)명하타 원본에 글을 더 써 넣음.

첨서 낙점(添書落點)[─쩜]《역》삼망(三望)에 든 사람이 모두 뜻에 안 맞을 때, 그 이외의 사람을 더 써넣어서 점을 찍어 결정하던 일.

첨선(忝先)명하자 조상의 유업을 지키지 못하여 욕되게 함.

첨설(添設)명하타 이미 설치한 위에 더하여 베풂.

첨성-대(瞻星臺)명《역》신라 선덕 여왕 때에 세운 천문대. 동양에서 가장 오래된 것으로, 경상북도 경주시에 있음. 국보 제31호.

첨:소(諂笑)명하자 아첨하여 웃음.

첨수(尖袖)명 예전에, 여자가 입던 웃옷의 통이 좁은 소매. ↔광수(廣袖).

첨습(沾濕)명하자 물기에 젖음.

첨시(瞻視)명하타 휘둘러봄. 이리저리 둘러봄.

첨앙(瞻仰)명하자 우러러 사모함.

첨예-분자(尖銳分子)명 어떤 단체 안에서 급진주의를 주장하는 사람.

첨예-하다(尖銳─)형여 1 날카롭고 뾰족하다. 첨리하다. 2 첨예한 칼끝. 2 사상이나 행동이 급진적이거나 과격하다. ▷양측의 의견이 첨예하게 대립하다.

첨예-화(尖銳化)명하자타 어떤 사태나 행동 따위가 날카로워지거나 급진적으로 됨. ▷양측의 의견 대립이 ～하다.

첨원(尖圓)명하형 끝이 뾰족하고 둥금.

첨원-체(尖圓體)명 뾰족하고 둥근 형체.

첨위(僉尉)명《역》조선 때, 의빈부(儀賓府)의 당하(堂下) 정·종삼품 벼슬《왕세자의 서녀(庶女)에게 장가든 사람에게 주었음》.

첨위(僉位)명대 여러분. 제위(諸位).

첨:유(諂諛)명하자 알랑거리며 아첨함.

첨유(檐帷)명 가마·수레 따위에 치는 휘장.

첨의(僉意)[처미 / 처믜] 명 여러 사람의 의견.

첨의(僉議)[처미 / 처믜] 명 여러 사람의 의논.

첨입(添入)명하타 더 보태어 넣음.

첨자(添字)[─짜] 명자 소리의 차이나 변수를 나타내기 위하여 글자 옆에 작은 글씨로 덧붙이는 기호《'x_i', 'x^n'에서 i, h 따위》.

첨자(籤子)명 1 장도칼의 집에 박힌 젓가락 모양의 두 개의 쇠《칼이 저절로 빠지지 않도록 함. 젓가락으로 겸해 씀》. 2 첨(占)대.

첨작(添酌)명하자 제사 때, 종헌(終獻) 드린 잔에 다시 술을 가득하게 채우는 일.

첨잔(添盞)명하타 술이 들어 있는 술잔에 술을 더 따름. 첨배(添杯).

첨전-고후(瞻前顧後)명하자 전첨후고(前瞻後顧).

첨-절제사(僉節制使)[─쩨─] 명《역》조선 때, 각 진영(鎭營)에 속했던 종삼품 무관 벼슬. ⓐ첨사(僉使).

첨족(尖足)명《의》관절에 이상이 생겨 발뒤꿈치가 땅에 닿지 않는 발.

첨존(僉尊)명 '여러분'의 존칭. 제위(諸位). 첨위(諸位).

첨좌(僉座)명 주로 편지에 쓰여, '여러분 앞'을 뜻하는 말.

첨죄(添罪)명하자 죄 있는 사람이 거듭하여

죄를 저지름.

첨증(添症)[−짱] 圈回困 첨병(添病).

첨증(添增) 圈困困 더하여 늘리거나 더 늚.

첨지(僉知) 圈 1 '첨지중추부사'의 준말. 2 나이 많은 사람을 낮잡아 일컫는 말. ◻∼박 ∼.

첨지(籤紙)[−찌] 圈 책 같은 데에 어떤 것을 표하느라고 붙이는 쪽지.

첨-지중추부사(僉知中樞府事) 圈《역》조선 때, 중추부의 정삼품 당상관(堂上官)의 벼슬.

첨차(檐遮) 圈《건》삼포(三包) 이상의 집에 있는 꾸밈새. 초제공·이제공 따위의 가운데에 어긋나게 맞추어 짬.

첨찬(添竄) 圈回困 시문 따위를 자꾸 더하거나 빼서 고침.

첨채(甜菜) 圈《식》사탕무.

첨채-당(甜菜糖) 圈 사탕무로 만든 설탕.

첨:가(添加) 图 계속하여 조금씩 보태는 모양. ◻∼ 포개어 쌓다.

첨치(添齒) 圈回困 나이를 한 살 더 먹음.

첨탑(尖塔) 圈 지붕 꼭대기가 뾰족한 탑. 뾰족탑. ◻성당의 ∼.

첨통(籤筒) 圈 첨사(籤辭)가 적힌 점대를 담는 통.

첨하(檐下) 圈 처마의 아래. 처마 밑.

첨함(添函) 圈 무엇을 보낼 때에 첨부하는 편지. 첨장(添狀).

첨형(尖形) 圈 끝이 뾰족한 형상.

첩(妾)○圈 본처 외에 데리고 사는 여자. 별방. 부실. 소실. 측실. ◻∼을 얻다 / ∼을 두다. ○때 예전에, 여자가 자기 몸을 낮추어 일컫던 말.

첩(의) 반상기(飯床器) 한 벌에 갖추어진 쟁첩의 수를 세는 말. *반상(飯床).

첩(의) 약복지(藥袱紙)에 싼 약의 뭉치를 세는 말. ◻약 한 ∼.

-첩(帖)回 무엇을 붙이거나 써넣기 위해 맨 책의 뜻. ◻사진∼ / 그림∼.

첩경(捷徑)[−경]○圈 1 지름길. 2 어떤 일에 이르기 쉬운 방편. ◻실력 향상의 ∼. ○回 아마 틀림없이. ◻∼ 그리 될 게다.

첩-더기(妾−) 圈 ☞첩.

첩-데기(妾−) 圈 ☞첩.

첩로(捷路)[첩노] 圈 지름길.

첩리(捷利)[첨니] 圈回困 날쌔고 민첩함.

첩-며느리(妾−)[첨−] 圈 아들의 첩.

첩모(睫毛)[첨모] 圈 속눈썹.

첩보(捷報)[−뽀] 圈回困 싸움에 이겼다는 소식이나 보고. 승보(勝報).

첩보(牒報)[−뽀] 圈回困字《역》조선 때, 서면으로 상관에게 보고하던 일. 또는 그 보고.

첩보(諜報)[−뽀] 圈回困 적의 정체 등을 몰래 알아내어 보고함. 또는 그 보고. ◻∼ 기관 / ∼ 활동 / ∼를 수집하다.

첩보-망(諜報網)[−뽀−] 圈 첩보 활동을 위한 조직.

첩부(貼付)[−뿌] 圈回困 발라서 달라붙게 함. ◻이력서에 명함판 사진을 ∼하다.

첩-살이(妾−)[−싸리] 圈回困 남의 첩이 되어 사는 생활. ◻∼로 들어가다.

첩서(捷書)[−써] 圈 예전에, 싸움에서 승리한 것을 보고하던 말.

첩서(疊書)[−써] 圈回困 잘못하여 같은 글귀나 글자를 거듭 씀.

첩설(疊設)[−썰] 圈回困 거듭 설치함.

첩섭(帖囁)[−썹] 圈回困 귀에 입을 대고 속삭임.

첩속-하다(捷速−)[−쏘카−] 圈回 민첩하고 빠르다.

첩-수로(捷水路)[−쑤−] 圈 내나 강의 물줄기를 바로잡기 위해 굽은 곳을 곧게 뚫은 물길.

첩실(妾室)[−씰] 圈 '첩▣'을 점잖게 이르는 말. ◻∼을 두다.

첩-아비(妾−) 圈 '첩장인(妾丈人)'을 낮추어 이르는 말.

첩약(貼藥)[첩냑] 圈 약재를 조합하여 약봉지에 싼 약.

첩어(疊語) 圈 같은 음이나 비슷한 음을 가진 단어의 반복적 결합으로 이루어진 복합어 ('누구누구'·'울며불며' 따위).

첩-어미(妾−) 圈 '첩장모'를 낮추어 이르는 말.

첩역(妾役) 圈回困 부역을 거듭 부담함.

첩운(疊雲) 圈 첩첩이 쌓인 구름.

첩운(疊韻) 圈 1 한시(漢詩)에서, 같은 운자(韻字)가 거듭됨. 2 같은 말을 거듭하는 운조(韻調)(면면(綿綿) 따위).

첩음-법(疊音法)[처븜뻡] 圈 시나 노래 등에서 같은 구절을 거듭하는 형식.

첩자(妾子)[−짜] 圈 서자(庶子)1.

첩자(諜者)[−짜] 圈 간첩(間諜).

첩장(疊帳)[−짱] 圈 서적 장정의 한 가지. 길게 이은 종이를 옆으로 적당한 폭으로 병풍처럼 접고, 그 앞과 뒤에 따로 표지를 붙인 오늘날의 법첩(法帖)과 같은 형태의 장정.

첩-장가(妾−)[−짱−] 圈 예를 갖추어 첩을 맞아 혼인하는 일. ◻∼를 들다.

첩-장모(妾丈母)[−짱−] 圈 첩의 친정어머니.

첩-장인(妾丈人)[−짱−] 圈 첩의 친정아버지.

첩재(疊載)[−째] 圈回困 같은 사실을 거듭 기재함.

첩종(疊鐘)[−종] 圈《역》조선 때, 열병(閱兵)할 때 군대를 모으기 위하여 대궐 안에서 치던 큰 종.

첩지(−−)[−찌] 圈 조선 때, 부녀자들이 예장할 때 머리 위에 꾸미던 장식품(금은으로 봉황새나 용 따위의 형상을 만들고, 좌우로 긴 머리털을 달았으며, 가르마 위에 대고 뒤로 잦혀 쪽에 매었음).

첩지(牒紙)[−찌] 圈《역》대한 제국 때, 판임관의 임명서.

첩지-머리[−찌−] 圈 1 첩지를 쓴 머리. 2 여자아이의 귀밑머리를 땋은 아랫가닥으로 귀를 덮어 빗은 머리.

첩첩(喋喋) 回圈困 말을 거침없이 수다스럽게 하는 모양.

첩첩(疊疊) 回圈困 '중중첩첩'의 준말.

첩첩-산중(疊疊山中)[−싼−] 圈 첩첩이 겹친 산속.

첩첩-수심(疊疊愁心)[−쑤−] 圈 겹겹이 쌓인 근심.

첩첩-이(疊疊−) 回 여러 겹으로 거듭 포개어져서. ◻난관이 ∼ 쌓여 있다.

첩첩-이구(喋喋利口)[−첨니−] 圈 거침없이 말을 잘하는 입.

첩출(妾出) 圈 서출(庶出).

첩출(疊出) 圈回困 같은 사물이 거듭 나옴.

첩-치가(妾置家) 圈回困 첩을 얻어 딴살림을 벌임. 준치가(置家).

첩화(貼花)[처롸] 圈 도자기의 몸과 같은 감으로 여러 가지 모양을 만들어 붙인 무늬.

첫[첟] 圈 '처음'의 뜻을 나타내는 말.
　첫 삽을 들다(뜨다) 字 건설 사업이나 그 밖에 어떤 일을 처음으로 시작하다.

첫-가을[첟까−] 圈 가을이 시작되는 첫머리.

첫-개 [천깨] [명] 윷놀이에서, 한 판의 맨 처음에 나오는 개. ❏~를 치다.
첫-걸 [천껄] [명] 윷놀이에서, 한 판의 맨 처음에 나오는 걸.
첫-걸음 [천꺼름] [명] **1** 맨 처음 내디디는 걸음. ❏어린아이가 막 ~을 떼기 시작했다. **2** 어떤 일의 시작. 제일보. ❏성공의 ~ / 사회생활의 ~을 내딛다.
첫-겨울 [천껴-] [명] 겨울이 시작되는 첫머리.
첫-고등 [천꼬-] [명] 맨 처음의 기회.
첫-국 [천꾹] [명] 빚어 담근 술이 익었을 때, 박아 놓은 용수에서 첫 번으로 떠내는 맑은 술.
첫-국밥 [천꾹빱] [명] 해산 후 산모가 처음으로 먹는 미역국과 흰밥.
첫-기제 (-忌祭) [천끼-] [명] 삼년상 뒤에 처음으로 지내는 기제.
첫-길 [천낄] [명] **1** 처음으로 가 보는 길. 초행. **2** 시집가거나 장가들러 가는 길.
첫-나들이 [천-드리] [명][하자] **1** 갓난아이가 처음으로 하는 나들이. **2** 시집온 새색시가 처음으로 하는 나들이.
첫-날 [천-] [명] 어떤 일이 처음으로 시작되는 날. ❏개업 ~ / 출근 ~ / 새해 ~이 밝았다.
첫날-밤 [천-빰] [명] 결혼해서 신랑 신부가 처음으로 함께 자는 밤. 초야. ❏~을 맞다 / ~을 치르다.
첫-낯 [천낟] [명] 초면(初面).
첫-눈[1] [천-] [명] (주로 '첫눈에'의 꼴로 쓰여) 처음으로 보아서 눈에 뜨이는 느낌이나 인상. ❏~에 반하다.
첫눈에 들다 [구] 처음 보고 마음에 들다. ❏그는 그녀가 첫눈에 들어 청혼했다.
첫-눈[2] [천-] [명] 그해 겨울에 처음으로 오는 눈. 초설(初雪).
첫-닭 [천딱] [명] 새벽에 맨 처음으로 홰를 치며 우는 닭. ❏~ 우는 소리가 들리다.
첫대 [천때] [부] 첫째로. 또는 무엇보다 먼저.
첫-대목 [천때-] [명] 시작되는 처음의 부분이나 대목. ❏글의 ~부터 마음에 안 든다.
첫대-바기 [천때-] [명] 맞닥뜨린 맨 처음.
첫-더위 [천떠-] [명] 그해 여름에 처음으로 맞는 더위. ↔첫추위.
첫-도 [천또] [명] 윷놀이에서, 한 판의 맨 처음에 나오는 도.
첫도-왕 (-王) [천또-] [명] 윷놀이에서, 첫도를 치면 왕이 되어 이긴다는 말.
첫도-유복 (-有福) [천또-] [명] 윷놀이에서, 첫도를 치면 복이 있어 이길 수가 있다는 말.
첫-돌 [천똘] [명] 아기가 태어나서 처음 맞는 생일. 또는 어떤 일이 일어난 후 1년이 되는 날. [준]돌.
첫-딸 [천-] [명] 처음으로 낳은 딸.
[첫딸은 세간〔살림〕 밑천이다] 첫딸은 집안의 모든 일에 도움이 되므로 큰 밑천이나 다름없다는 말.
첫-마디 [천-] [명] 맨 처음으로 하는 말의 한 마디. ❏한다는 ~가 왜 그러하냐.
첫-말 [천-] [명] 처음 꺼내는 말.
첫-머리 [천-] [명] 어떤 일 따위가 시작되는 부분. ❏글의 ~ / 신문의 일면 ~를 장식하다. ↔끝머리.
첫-모 [천-] [명] 윷놀이에서, 한 판의 맨 처음에 나오는 모. ❏~를 치다.
[첫모 방정에 새 까먹는다] 윷놀이에서, 맨 처음에 모가 나오면 그 판은 실속이 없다는 뜻으로, 상대편의 첫모쯤은 문제도 아니라고 놓으로 하는 말.
첫-물 [천-] [명] **1** 옷을 새로 지어 입고 빨 때까지의 동안. 단물. **2** ☞만물.
첫물-가다 [천-] [자] 첫물지다.
첫물-지다 [천-] [자] 그해 들어 첫 홍수가 나다. 첫물가다.
첫-밗 [천빡] [명] 어떤 일이나 행동의 맨 처음 국면(局面). ❏~부터 일이 꼬이다.
첫-발 [천빨] [명] **1** 처음 내딛는 발. **2** 어떤 것을 시작하는 맨 처음. 첫발자국.
첫발을 내딛다 [구] 새로이 무엇을 시작하다. 또는 처음으로 어떤 범위 안으로 들어서다. ❏정계에 ~ / 외무 공무원으로 ~.
첫-발자국 [천빨짜-] [명] 첫발.
첫-밥 [천빱] [명] 누에가 잠에서 깬 뒤 처음으로 주는 뽕잎. 향식.
첫-배 [천빼] [명] **1** 맏배. **2** 한 해에 몇 번 새끼 치는 짐승이 그해에 처음으로 새끼를 치는 일. 또는 그 새끼. ↔종배.
첫-봄 [천뽐] [명] 봄이 시작되는 첫머리.
첫-사랑 [천싸-] [명] 처음으로 느끼거나 맺은 사랑. ❏~을 소중히 간직하다.
첫-새벽 [천쌔-] [명] 날이 새기 시작하는 새벽의 첫머리.
첫-서리 [천써-] [명] 그해의 가을에 처음으로 내리는 서리. ❏~가 내리다.
첫-선 [천썬] [명] 처음 세상에 내놓음. ❏~을 보이다.
첫-소리 [천쏘-] [명] 《언》 한 음절에서 처음으로 나는 소리(《'날'에서 'ㄴ' 소리 같은 것》). 초발성(初發聲). 초성(初聲). *가운뎃소리·끝소리.
첫-손 [천쏜] [명] ('꼽다' 따위의 일부 동사와 함께 쓰여) 여럿 중 으뜸으로 뛰어난 대상. 첫손가락. ❏마을에서 ~으로 꼽는 부자.
첫-손가락 [천쏜까-] [명] **1** 엄지손가락. **2** 첫손. ❏~으로 꼽다.
첫-솜씨 [천쏨-] [명] 어떤 일에 경험이 없는 사람이 처음으로 손을 대서 하는 솜씨. ❏~로는 괜찮은 편이다.
첫-수 (-手) [천쑤] [명] 장기·바둑 따위에서, 맨 처음 두는 수.
첫-술 [천쑬] [명] 음식을 먹을 때, 맨 처음으로 뜨는 밥술. ↔막술.
[첫술에 배부르랴] 모든 일이 단번에 만족할 수는 없다.
첫-아기 [처다-] [명] 초산(初産)으로 낳은 아기.
[첫아기에 단산(斷産)] 일생에 한 번밖에 없는 일이어서, 처음이면서 마지막이 됨을 이르는 말.
첫-아들 [처다-] [명] 초산으로 낳은 아들.
첫-아이 [처다-] [명] 초산으로 낳은 아이. [준]첫애.
첫-애 [처대] [명] '첫아이'의 준말.
첫-얼음 [처더름] [명] 그해 겨울에 처음으로 언 얼음. 초빙(初氷).
첫-여름 [천녀-] [명] 막 닥친 여름.
첫-울음 [처두름] [명] 갓난아이가 나서 처음으로 우는 울음.
첫-윷 [천뉻] [명] 윷놀이에서, 한 판의 맨 처음에 나오는 윷.
첫-이레 [천니-] [명] 아이가 태어난 지 이레가 되는 날. 초칠일.
첫-인사 (-人事) [처딘-] [명] 처음 만나서 하는 인사. 초인사(初人事).
첫-인상 (-印象) [처딘-] [명] 첫눈에 느껴지는 인상. ❏~이 좋다.
첫-입 [천닙] [명] **1** 음식을 첫술로 먹거나 첫 번

으로 베어 물어 먹는 일. **2** 여러 사람 가운데서 맨 먼저 입을 뗀다는 뜻으로, 첫 번째의 발언을 이르는 말. □~을 열다.

첫-자리 [천짜-] 圀 첫째가는 자리나 등급.

첫-잠 [천짬] 圀 **1** 누워서 처음으로 곤하게 든 잠. **2** 누에의 첫번째 잠.

첫-정 (-情)[천쩡] 첫 번으로 든 정.

첫-제사 (-祭祀)[첫쩨-] 첫기제.

첫-째 [천-] □□圀 맨 처음의 차례(의). 차례로 맨 처음(의). □~, 셋째 토요일은 쉰다. □圀 **1** 무엇보다도 앞서는 것. □~로 맛이 좋고, 둘째로 값이 싸야 한다. **2** 맏이. □이 아이가 우리 집 ~입니다.

첫째-가다 [천-] 困 여럿 가운데에서 첫째가 되다. 으뜸가다. 제일가다. □이 집은 마을에서 첫째가는 부잣집이다.

첫-차 (-車)[천-] 圀 그날의 제일 먼저 떠나거나 들어오는 차. ↔막차.

첫-추위 [천-] 圀 그해 겨울에 처음으로 닥친 추위. 초한(初寒).

첫-출발 (-出發)[천-] 圀 첫걸음을 내어디딤. 처음으로 출발함. □~이 좋다.

첫-출사 (-出仕)[천-싸] 圀困 처음으로 벼슬길에 나서다.

첫-코 [천-] 圀 뜨개질에서, 처음으로 빼낸 코.

첫-판 [천-] 圀 어떤 일이 시작되는 첫머리의 판. □~을 이기다. ↔막판.

첫-해 [처태] 圀 어떤 일의 맨 처음의 해. [處陰농] 어떤 일을 처음으로 할 때는 서투르다는 말.

첫-행보 (-行步)[처탱-] 圀 **1** 처음으로 길을 가 나오는 길. **2** 행상으로 처음 하는 장사.

첫-혼인 (-婚姻)[처토닌] 圀困 처음으로 하는 혼인. 초혼(初婚).

첫날 [옛] 첫날.

청 (靑) 圀 **1** 어떤 물건에서 얇은 막으로 된 부분(귀청·대청 따위). **2** 목청. 성대. □~이 좋다.

청 (靑) 圀 '청색(靑色)'의 준말.

청 (淸) 圀 〔역〕 중국 최후의 왕조(만주족인 누르하치가 17세기 초에 명(明)나라를 멸하고 세움). 청국.

청 (晴) 圀 '청천(晴天)'의 준말.

청 (請) 圀困자틴 **1** '청탁(請託)'의 준말. □~을 드리다 / ~을 거절하다 / ~을 뿌리치다. **2** '청촉(請囑)'의 준말.
   청을 넣다 困 직접 또는 간접으로 사람을 넣어 특별히 부탁을 하다.

청 (廳) 圀〔건〕 '대청(大廳)'의 준말.

-청 (廳) 回 '관청'의 뜻. □검찰~ / 관세~ / 병무~.

청가 (淸歌) 圀 맑은 목소리로 부르는 노래.

청가 (請暇) 圀困자 휴가를 청함.

청-가뢰 (靑-) 圀 가룃과의 곤충. 몸길이 약 2 cm, 몸빛은 금빛 초록에 약간 남빛을 띠고 촉각과 다리는 어두운 청색임. 맹독이 있으며, 말린 것은 '칸다리스'라 하여 약재로 씀.

청각 (靑角) 圀 '청각채'의 준말.

청각 (聽覺) 圀〔생〕 소리를 느끼는 감각. 귀청이 울려 느끼게 됨.

청각 교:육 (聽覺敎育)[-교-] 책이나 추상적 이론에 의하지 않고, 직접 귀로 들을 수 있는 음악·방송·텔레비전 등을 이용하는 교육.

청각-기 (聽覺器)[-끼] 圀〔생〕 청각 작용을 하는 기관. 청관(聽官). 청기.

청각 장애인 (聽覺障碍人)[-짱-] 〔사〕 청각에 이상이 있어 소리를 듣지 못하는 사람.

청각-채 (靑角菜) 圀〔식〕 청각과의 해초. 몸은 너더댓 번 가량이나 져서 사슴뿔과 비슷한

얇은 바닷속 바위에 붙어 번식함. 김장 때 김치의 고명으로 쓰고 무쳐 먹기도 함. 준청각.

청간 (淸澗) 圀 청계(淸溪).

청간 (請簡) 圀 **1** 청편지. **2** 청첩장(請牒狀).

청감 (聽感) 圀 청각(聽覺).

청강 (淸江) 圀 맑은 물이 흐르는 강. ↔탁강.

청강 (聽講) 圀困타 강의를 들음.

청강-생 (聽講生) 圀 그 학교 학생이 아니면서 특히 청강이 허락된 사람.

청강-석 (靑剛石) 圀 단단하고 빛깔이 푸른 옥돌(짙게 푸른 무늬가 나뭇결처럼 있음).

청강석-나비 (靑剛石-)[-성-] 圀 청강석으로 만든 나비 모양의 노리개.

청강-수 (靑剛水) 圀〈속〉 염산(塩酸).

청-개구리 (靑-) 圀 **1**〔동〕 청개구릿과의 작은 개구리. 등은 회색 또는 초록 바탕에 검은 무늬가 흩어져 있음. 주위 환경에 따라 몸의 색깔이 변함. 발가락 끝에 빨판이 있어 나무에 오름. 산란기나 습도가 높은 날이면 몹시 욺. **2** 매사에 엇나가고 엇먹는 짓을 하는 사람의 별명.

청개구리 타:령 (靑-) 〔악〕 경기 민요의 하나. 흔히, 자진방아 타령 뒤에 이어서 부름.

청객 (請客) 圀困 손님을 청함.

청거 (請去) 圀困타 사람을 청하여 같이 감.

청검-하다 (淸儉-) 휑어 청렴하고 검소하다.

청견 (請見) 圀困타 만나 보기를 청함. 면회를 청함.

청결 (淸潔) 圀휑困甼 맑고 깨끗함. □항상 위생과 ~에 유의하다 / 몸을 ~히 하다.

청경우독 (晴耕雨讀) 圀困타 갠 날은 논밭을 갈고 비 오는 날은 책을 읽는다는 뜻으로, 부지런히 일하며 공부함을 이르는 말.

청계 [-/-게] 圀〔민〕 광대가 죽어서 된 귀신. 사람에게 씌워서 몹시 앓게 한다는 잡귀의 하나.

청계 (淸溪)[-/-게] 圀 맑고 깨끗한 시내. 청간(淸澗).

청계-수 (淸溪水)[-/-게-] 圀 맑고 깨끗한 시냇물.

청-고초 (靑苦椒) 圀〔식〕 풋고추.

청고-하다 (淸高-) 휑어 사람됨이 맑고 높아서 조촐하다. □청고한 인격.

청곡 (淸曲) 圀 맑고 부드러운 곡조.

청골 (聽骨) 圀 중이(中耳) 안에 있는 작은 뼈(고막의 진동을 내이(內耳)에 전달함). 청소골. *모루뼈.

청공 (靑空) 圀 청천(靑天).

청공 (晴空) 圀 청천(晴天).

청과 (靑果) 圀 **1** 신선한 과실과 채소의 총칭. □~ 시장. **2** 감람(橄欖).

청과-류 (靑果類) 圀 신선한 과일류와 채소류.

청과-물 (靑果物) 圀 청과를 하나의 상품으로 칠 때 이르는 말. □~ 시장 / ~ 장사.

청관 (淸官) 圀 조선 때, 문명(文名)과 명망(名望)이 있는 청백리란 뜻으로, 홍문관의 벼슬아치를 이르던 말.

청관 (聽官) 圀〔생〕 청각기(聽覺器).

청광 (淸狂) 圀 심성이 깨끗하여 청아한 멋이 있으면서도 그 언행이 상규에 벗어남. 또는 그런 사람.

청-교도 (淸敎徒) 圀〔기〕 16세기 후반, 영국 교회에 반항하여 일어난 프로테스탄트의 한 종단(宗團). 또는 그 교도. 퓨리턴.

청구 (靑丘·靑邱) 圀 예전에, 중국에서 우리나라를 일컫던 말.

청구 (請求) 명하타 **1** 돈이나 물건을 달라고 요구함. ▢여비를 ~하다. **2**《법》상대편에 대하여 일정한 행위나 급부를 요구하는 일. ▢손해 배상을 ~하다.

청구-권 (請求權)[-꿘] 명 《법》특정인에 대하여 일정한 행위를 청구할 수 있는 권리《채권이나 손해 배상권 등).

청-구멍 (請-)[-꾸-] 〈속〉청(請)을 넣어 부탁할 만한 자리나 길.

청구 보:석 (請求保釋)《법》피고인 또는 변호인의 청구에 따라 허가하는 보석.

청구-서 (請求書) 명 청구하는 내용을 적은 문서. ▢물품 대금 ~.

청구-영언 (靑丘永言) 명 조선 영조 4년(1728)에 김천택(金天澤)이 시조 1,000여 수를 모아 엮은 책.

청국 (淸國) 명《역》청(淸).

청국-장 (淸麴醬)[-짱] 명 **1** 된장의 한 가지. 콩을 푹 삶아 더운 방에서 발효시켜 만듦. 주로 찌개를 끓여 먹음. **2** 담북장2.

청군 (靑軍) 명 운동 경기 등에서, 빛깔에 따라 편을 여럿으로 갈랐을 때, 푸른 빛깔의 편.

청규 (淸閨) 명 여자가 거처하는 깨끗하고 조촐한 방.

청규 (廳規) 명 관청의 내규(內規).

청귤 (靑橘) 명 익지 않은 푸른 귤.

청근 (菁根) 명《식》무2.

청기 (靑氣) 명 푸른 기운.

청기 (靑旗) 명 푸른 빛깔의 기.

청기 (請期) 명 육례의 하나. 혼인할 때에 신랑 집에서 택일을 하여 그 가부(可否)를 묻는 편지를 신부 집으로 보내는 일.

청기 (聽器) 명《생》청각기(聽覺器).

청기-와 (靑-) 명 청색의 연유(鉛釉)로 된 매우 단단한 기와. 청와(靑瓦).
[청기와 장수] 비법이나 기술 따위를 자기만 알고 남에게는 알려 주지 아니하는 사람을 일컫는 말.

청-꼭지 (靑-)[-찌] 푸른 빛깔의 둥근 종이를 머리에 붙인 연.

청-꾼 (請-) 명 남에게서 재물을 받고 권세가의 집을 드나들며 청질을 하는 사람.

청-나라 (淸-) 명《역》중국의 '청'을 나라로 통속히 일컫던 말.

청납 (淸納) 명하타 조세를 깨끗이 바침.

청납 (聽納) 명하타 남의 의견이나 권고 따위를 잘 들어서 받아들임.

청-낭간 (靑琅玕) 명 산호와 비슷하며 빛이 푸른 보석. 청산호.

청-낭자 (靑娘子) 명《충》잠자리2.

청-널 (廳-) 명〈속〉당판(堂板).

청녀 (靑女) 명 **1**《민》서리를 맡아 다스린다는 여신. **2** '서리'의 딴 이름.

청녀 (淸女) 명 청나라 여자. 곧, 중국 여자를 일컬음.

청년 (靑年) 명 신체적·정신적으로 한창 성숙하거나 무르익은 시기에 있는 사람. 특히, 남자를 일컬음. ▢~ 시절 / 체격이 건장한 ~ / 그는 장래가 유망한 ~이다.

청년-기 (靑年期) 명 대체로 스무 살쯤에서 서른 살쯤까지의 시기《신체와 정신이 가장 왕성하게 발달함).

청년-단 (靑年團) 명 어떤 목적을 위해 조직된 청년들의 단체.

청년-자제 (靑年子弟) 명 장래성이 있는 젊은

남자들.

청년-회 (靑年會) 명 어떤 목적을 위해 조직된 청년들의 단체. 또는 그 모임.

청-노새 (靑-) 명 푸른빛을 띤 노새.

청-녹두 (靑綠豆)[-뚜] 명 꼬투리는 검고 씨는 푸른, 팥의 일종(5월경에 파종함).

청니 (靑泥) 명 해저 침적물의 하나. 주로 규산 알루미늄·석영·유공충의 석회질로 됨.

청단 (靑短) 명 화투에서, 모란·국화·단풍의 푸른 띠 석 장을 맞추어서 이루는 단. *홍단·초단.

청단 (聽斷) 명하타 송사(訟事)를 자세히 듣고 판단함.

청담 (淸談) 명 **1** 속되지 않은, 맑고 고상한 이야기. **2** '남의 이야기'의 높임말.

청담 (晴曇) 명 날씨의 맑음과 흐림.

청-하다 (淸淡-)[-따] 형 **1** 빛깔이 맑고 엷다. **2** 맛이 산뜻하고 개운하다. **3** 마음이 깨끗하고 담박하다. ▢청담한 인품. **청담-히** 튀

청답 (靑踏) 명 답청(踏靑)1.

청-대 (靑-) 명《식》대의 한 가지. 마디가 참대보다 짧고 줄기에 하얀 가루가 돋아 있음.

청-대 (靑-) 명 베어 낸 뒤에 마르지 않고 아직 푸른 대. 청죽2.

청대 (靑黛) 명 **1** 쪽으로 만든 검푸른 물감. **2** 《한의》쪽을 가공하여 만든 약재. 어린아이의 경간(驚癎)·감질(疳疾) 따위에 씀.

청대 (請待) 명하타 손님을 청하여 대접함.

청대 (請對) 명《역》신하가 급한 일로 임금께 뵙기를 청하던 일.

청대-콩 (靑-) 명 아직 덜 익어 물기가 있는 콩. 청태(靑太).

청덕 (淸德) 명 맑은 덕행.

청도 (靑陶) 명 청자(靑瓷).

청도 (淸道) 명하타《역》왕의 거둥 때, 잡인의 출입을 막고 길을 정리하던 일.

청-돔 (靑-) 명《어》감성돔과의 바닷물고기. 길이는 30cm가량이며 감성돔과 비슷하나, 몸빛이 푸른 잿빛이고 옆구리에 누른 잿빛의 반점이 있음.

청동 (靑桐) 명《식》벽오동(碧梧桐).

청동 (靑銅) 명《화》구리와 주석의 합금《주조나 공예·암연의 재료로 씀).

청동-기 (靑銅器) 명 청동으로 만든 기구.

청동기 시대 (靑銅器時代)《역》인류 발달의 제2단계《청동기를 만들어 사용한 시대로서, 석기 시대와 철기 시대의 중간 시대).

청동-화 (靑銅貨) 명 청동으로 만든 돈.

청동-화로 (靑銅火爐) 명 청동으로 만든 화로 《넓은 전이 있고, 발이 셋 달렸음).

청동-오리 (靑-)《조》오릿과의 야생의 새. 해만·연못에 사는데, 집오리의 원종으로 크기가 좀 작음. 수컷은 머리와 목이 광택 있는 초록빛인데, 배는 회백색이고 등은 갈색 바탕에 회색 무늬가 있음. 암컷은 온몸이 누런 갈색에 어두운 갈색의 무늬가 있고, 발에는 물갈퀴가 있음. 9-11월에 날아와서 겨울을 지내는 철새임. 물오리.

청동-호박 (靑-) 명 늙어서 겉이 단단하고 씨가 잘 여문 호박.

청득 (請得) 명하타 청촉(請囑)을 하여 허락을 얻음.

청등 (靑燈) 명 푸른빛을 내는 전등.

청-등롱 (靑燈籠)[-농] 명《역》'청사(靑紗)등롱2'의 준말.

청등-홍가 (靑燈紅街) 명 술집과 유곽이 늘어서서 유흥으로 흥청대는 거리. 화류계.

청-딱따구리 (靑-) 명《조》딱따구릿과의 새.

수컷의 머리와 목은 초록빛이며 부리는 갈색에 공지는 흰색이고, 암컷은 전체적으로 갈색임. 나무에 구멍을 파고 사는데, 5·6월에 구멍 속에 6·8개의 알을 낳음. 삼림의 해충을 잡아먹는 익조임. 산탁목.

청띠-제비나비 (靑-) 图 〖충〗 호랑나빗과의 곤충. 편 날개 길이가 약 8cm, 날개 가운데에 청록색 띠가 있음.

청람 (靑嵐)[-남] 图 멀리 보이는 산의 푸르스름한 기운.

청람 (靑藍)[-남] 图 쪽의 잎에 들어 있는 천연색소. 물과 알칼리에 녹아들지 않는 푸른 가루로, 감색의 물감으로 씀. 청색 인디고.

청람 (晴嵐)[-남] 图 화창한 날에 아른거리는 아지랑이.

청람-색 (靑藍色)[-남-] 图 남빛.

청랑 (淸朗)[-낭] 图하형 맑고 명랑함. ☐ ~한 목소리.

청랑-하다 (晴朗-)[-낭-] 형여 날씨가 맑고 화창하다. ☐ 날씨가 청랑하여 멀리까지 잘 보인다.

청래 (請來)[-내] 图하타 손님을 청하여 오게 함.

청량-미 (靑粱米)[-냥-] 图 생동쌀.

청량-사육 (淸涼飼育)[-냥-] 图 자연의 온도로 누에를 기르는 일.

청량-음료 (淸涼飮料)[-냥-뇨] 图 탄산가스가 들어 있어 맛이 산뜻하고 시원한 음료수(사이다·콜라 따위).

청량-제 (淸涼劑)[-냥-] 图 복용하면 기분이 상쾌해지는 약.

청량-하다 (淸亮-)[-냥-] 형여 소리가 맑고 깨끗하다. **청량-히**[-냥-] 뷔

청량-하다 (淸涼-)[-냥-] 형여 맑고 서늘하다. ☐ 청량한 기운. **청량-히**[-냥-] 뷔

청려-장 (靑藜杖)[-녀-] 图 명아줏대로 만든 지팡이.

청려-하다 (淸麗-)[-녀-] 형여 맑고 곱다.

청력 (聽力)[-녁] 图 귀로 소리를 듣는 힘.

청력-계 (聽力計)[-녁꼐-녁꼐] 图 사람의 청력을 측정하는 장치. 오디오미터.

청련-하다 (淸漣-)[-년-] 형여 물이 맑고 잔잔하다.

청령 (蜻蛉)[-녕] 图 〖충〗 귀뚜라미.

청렬-하다 (淸冽-)[-녈-] 형여 1 물이 맑고 차갑다. 2 맛이 산뜻하고 시원하다.

청렴 (淸廉)[-념] 图하형 성품과 행실이 고결하고 탐욕이 없음. 청백(淸白). ☐ ~한 선비.

청렴-결백 (淸廉潔白)[-념-] 图하형 마음이 맑고 깨끗하며 욕심이 없음. ☐ ~을 생활신조로 삼다.

청령 (蜻蛉)[-녕] 图 〖충〗 잠자리².

청령 (聽令)[-녕] 图하자 1 명령을 주의 깊게 들음. 2 심부름.

청록 (靑鹿)[-녹] 图 〖동〗 사슴과의 동물. 사슴과 비슷한데 어깨 높이 약 1.2 m, 뿔길이 1m 가량, 몸빛은 여름에 어두운 갈색, 겨울에 회갈색임. 뿔은 녹용이라 하여 한약재로 씀. 백두산사슴.

청록 (靑綠)[-녹] 图 녹색과 파랑의 중간색. 갈매. 청록색.

청록 산수 (靑綠山水)[-녹싼-] 〖녹싼〗 동양화에서, 삼청(三靑)과 석록(石綠)으로만 그린 산수.

청록-색 (靑綠色)[-녹쌕] 图 청록.

청록-파 (靑鹿派)[-녹-] 图 1946년에 공동 시집인 '청록집(靑鹿集)'을 낸 조지훈·박목월·박두진 세 시인의 일컬음.

청료 (靑蓼)[-뇨] 图 〖식〗 여뀌의 하나. 습지에 저절로 남. 꽃과 씨는 여뀌와 같으나 잎이 조

금 얇음.

청룡 (靑龍)[-뇽] 图 1 동쪽의 일곱 별인 각(角)·항(亢)·저(氐)·방(房)·심(心)·미(尾)·기(箕)의 총칭. 2 동쪽 방위의 목(木) 기운을 맡은 태세신(太歲神)을 상징한 짐승(용 모양으로 무덤 속과 관의 왼쪽에 그렸음). 3 주산(主山)에서 갈려 나간 왼쪽의 산맥(여럿인 경우에는 내청룡과 외청룡으로 나누어 일컬음). ↔백호(白虎).

청룡-날 (靑龍-)[-뇽-] 图 〖민〗 풍수지리에서, 산의 청룡 줄기.

청룡-도 (靑龍刀)[-뇽-] 图 청룡 언월도.

청룡 언월도 (靑龍偃月刀)[-뇽어눨또] 옛 중국에서, 보병·기병들이 육전·수전에 썼던 칼《날은 반달 모양이고, 칼등의 중간에 딴 갈래가 있어 이중의 상모를 달도록 구멍이 있고, 밑은 용의 아가리를 물림》.

청루 (靑樓)[-누] 图 창기의 집. 기생집. 기루(妓樓). 창루(娼樓). 창관(娼館).

청루-주사 (靑樓酒肆)[-누-] 图 주사청루.

청류 (淸流)[-뉴] 图 1 맑게 흐르는 물. 2 명분과 절의를 지키는 깨끗한 사람들의 비유. 3 좋은 집안 또는 그 출신자의 비유.

청리 (靑梨)[-니] 图 〖식〗 청술레.

청리 (淸吏)[-니] 图 청렴한 관리. 청백리. ↔오리(汚吏).

청리 (聽理)[-니] 图하타 송사를 자세히 듣고 심리함.

청마 (靑馬) 图 장기나 쌍륙(雙六) 따위에서, 푸른 빛깔을 칠한 말.

청망 (淸望) 图 맑고 높은 명망.

청매 (靑梅) 图 아직 덜 익은 푸른 매실.

청매 (請賣) 图하타 물건을 받아다 팖.

청매-당 (靑梅糖) 图 청매를 설탕에 조려서 만든 중국 과자의 하나.

청맹 (靑盲) 图 '청맹과니'의 준말.

청맹-과니 (靑盲-) 图 겉보기에는 눈이 멀쩡하나 앞을 보지 못하는 눈. 또는 그런 사람. ㉜ 청맹.

청-마루 (靑-) 图 푸른 빛깔의 머루.

청명 (淸名) 图 청렴하다는 명망.

청명 (淸明) 图 이십사절기의 하나《춘분과 곡우의 사이에 들며, 양력 4월 5·6일경임. 천지가 상쾌하며 맑은 공기로 가득 찬다는 시기》.

청명-절 (淸明節) 图 청명(淸明).

청명-주 (淸明酒) 图 청명(淸明)이 든 때에 담근 술.

청명-하다 (淸明-) 형여 날씨가 맑고 밝다. ☐ 청명한 날씨.

청모-죽 (靑麰粥) 图 쪄서 말린 풋보리를 물에 담갔다가 찧어 멥쌀가루를 섞어 쑨 죽.

청문 (請文) 图 〖불〗 부처·보살을 청하거나 죽은 사람의 영혼을 부를 때. 청사(請詞).

청문 (聽聞) 图하타 1 퍼져 돌아다니는 소문. 2 설교·연설 따위를 들음.

청문-회 (聽聞會) 图 국회 또는 행정 기관 등이 중요한 안건을 심사할 때에 증인·감정인(鑑定人)·참고인으로부터 증언·진술을 청취하거나 증거의 채택을 위하여 여는 모임. ☐ 국회에 ~/~에 증인으로 출석하다. ＊공청회.

청미 (靑米) 图 청치¹.

청미래-덩굴 (靑-) 图 〖식〗 백합과의 낙엽 활엽 덩굴 관목. 줄기 높이는 3 m 정도이며 가시가 있고, 잎은 어긋나고 원형 또는 넓은 타원형으로 덩굴손이 둘 있음. 초여름에 황록색 꽃이 피고, 둥근 장과(漿果)는 붉게 익는데 싹

용함. 뿌리는 약용하고 잔뿌리는 솔을 만드는 데 씀.

청미-하다 (淸美-) [혤어] 매우 맑고 아름답다.

청밀 (淸蜜) [명] 꿀.

청-바지 (靑-) [명] 능직의 질긴 무명으로 만든, 청색의 바지(특히, 블루진의 일컬음). □간편한 ~ 차림으로 나가다 / 스웨터에 ~를 받쳐 입다.

청반 (靑礬) [명] [화] 황산 제일철.

청-반달 (靑半-) [명] 머리에 반달 모양의 푸른 종이를 붙인 연(鳶).

청백-리 (淸白吏) [-뱅니] [명] **1** 청백한 관리. **2** [역] 의정부·육조·경조(京兆)의 정종(正從) 이품 이상의 당상관과 사헌부·사간원의 수직(首職)들이 추천하여 뽑던 청렴한 벼슬아치.

청백-미 (淸白米) [-뱅] [명] 희고 깨끗한 쌀.

청백-색 (靑白色) [-쌕] [명] 푸른빛을 띤 흰 빛깔.

청백-자 (靑白瓷) [-짜] [명] 청자와 백자의 중간이 되는 자기(몸은 백자, 잿물은 청자로 됨).

청백-하다 (淸白-) [-배카-] [혤어] 청렴하고 결백하다. □청백한 선비 / 청백한 공무원. **청백-히** [-배키] [부]

청번 (請番) [명][하자] 당번이 된 사람이 다른 사람에게 자기 대신 번을 들기를 청하는 일. 또는 그 번.

청-벌 (靑-) [명] [충] 청벌과의 벌. 암컷은 길이 약 1.5 cm, 몸빛은 검은 청색의 광택이 나고 머리와 가슴은 초록빛, 등 쪽의 짙은 자색이며 꼬리 끝에 네 개의 돌기가 있음. 암컷은 다른 벌집에 산란하여 애벌레는 그 속에서 자람.

청-베도라치 (靑-) [명] [어] 청베도라칫과의 바닷물고기. 길이 약 60 cm로, 길고 납작함. 주둥이가 짧고 눈 위에 큰 피질 돌기(皮質突起)가 하나 있고, 아감구멍이 큼. 몸빛은 누런 회색인데 배 쪽은 엷음.

청벽 (靑甓) [명] 푸른 빛깔의 벽돌.

청-병 (淸兵) [명] 청나라의 군사.

청병 (請兵) [명][하자] 출병(出兵)하기를 요청함. 구원병을 청함.

청보 (靑褓) [명] 푸른 빛깔의 보자기. [청보에 개똥] 겉으로 보기에는 그럴듯하나 속을 헤치고 보면 흉하다는 뜻.

청-복 (靑-) [명] 참복과의 바닷물고기. 길이 15 cm가량, 뚱뚱하며 주둥이가 깊. 피부에 가시가 거의 없고 몸빛은 어두운 갈색, 배에 푸른 점이 많음.

청복 (淸福) [명] 좋은 복. □늙어서 ~을 누리다.

청부 (請負) [명][하자] **1** 어떤 일을 책임지고 완성하기로 하고 맡음. **2** 토목·건축 공사 등에서, '도급'의 구칭.

청부 (廳夫) [명] 관청의 인부.

청부 계:약 (請負契約) [-/-게-] [법] 도급(都給) 계약.

청부-금 (請負金) [명] 도급금.

청-부루 (靑-) [명] 푸른 털과 흰 털이 섞인 말.

청부-업 (請負業) [명] 도급업.

청부-인 (請負人) [명] 도급인.

청비 (廳費) [명] 관청의 경비.

청빈 (請賓) [명][하자] 잔치 등에 손님을 청함.

청빈 (淸貧) [명][하자] 청백하여 재물에 대한 욕심이 없어 가난함. □청빈한 관리.

청사 (靑史) [명] 역사상의 기록. □~에 길이 이름을 남기다.

청사 (靑絲) [명] 청실.

청사 (廳事) [명] 마루[1].

청사 (廳舍) [명] 관청의 건물. □정부 종합 ~.

청사-등롱 (靑紗燈籠) [-농] [명] [역] **1** 푸른 운문사(雲紋紗)로 몸체를 삼고 붉은 천으로 위아래에 동을 달아서 쓴 궁 등롱(궁중에서 썼음). **2** 조선 때, 푸른 사로 웃을 단 등롱(정삼품에서 정이품까지의 벼슬아치가 밤에 다닐 때에 썼음). 청사초롱. **준**청등롱·청사롱.

청사-롱 (靑紗-) [명] '청사등롱[2]'의 준말.

청-사조 (靑蛇條) [명] [식] 갈매나뭇과의 낙엽 관목. 줄기는 자색을 띠며, 잎은 어긋나고 타원형이며, 표면은 초록, 뒷면은 흰색. 여름에 초록빛이 나는 흰 꽃이 피며, 다음 해 여름에 타원형의 빨간 과실이 검게 익음. 관상용이고 골짜기의 숲 속에서 자람.

청-사진 (靑寫眞) [명] **1** '청색 사진'의 준말. **2** 미래에 대한 희망적인 계획이나 구상. □한국의 미래상에 관하여 ~.

청사-초롱 (靑紗-籠) [명] 청사등롱[2].

청산 (靑山) [명] 풀과 나무가 무성한 푸른 산. □~을 벗 삼아 살다.

청산 (淸算) [명][하자] **1** 서로 간에 채무·채권 관계를 셈하여 깨끗이 처리함. □공장을 팔아 빚을 ~하다. **2** [경] 회사·조합 등의 법인이 해산할 때에 뒤처리로서 재산 관계 일체를 정리하는 일. **3** 과거의 관계나 주의(主義)·사상·과오(過誤) 등을 깨끗이 씻어 버림. □일제 잔재의 ~ / 깡패 생활을 ~하다.

청산-가리 (靑酸加里) [명] 시안화칼륨.

청산 거:래 (淸算去來) [경] 매매를 계약하고 나서 일정한 기한이 지난 후에 물품과 대금을 주고받는 거래.

청산 계:정 (淸算計定) [-/-게-] [경] 상거래를 할 때에 수시로 현금을 주고받지 않고, 일정 기간의 거래를 모아 그 대차(貸借)를 청산하는 방식.

청산-녹수 (靑山綠水) [-쑤] [명] 푸른 산과 푸른 물이라는 뜻으로, 산골짜기에 흐르는 맑은 물의 비유.

청산-유수 (靑山流水) [-뉴-] [명] 푸른 산에 맑은 물이라는 뜻으로, 막힘없이 말을 잘하거나 그렇게 하는 말의 비유. □~ 같은 말솜씨.

청산-인 (淸算人) [명] [법] 해산한 법인의 청산 사무를 관장하기 위해 선임된 사람.

청산-칼리 (靑酸kali) [명] [화] 시안화칼륨.

청-산호 (靑珊瑚) [명] 청낭간(靑琅玕).

청삼 (靑衫) [명] **1** 나라의 제향 때에 입던 남빛의 옷옷. **2** 조복(朝服)의 안에 받쳐 입던 옷(남빛 바탕에 검은빛으로 가를 꾸미고 큰 소매를 달았음). **3** 전악(典樂)이 입던 짙은 유록(柳綠)빛의 공복(公服).

청-삽사리 (靑-) [-싸-] [명] 검고 긴 털이 곱슬곱슬하게 난 개.

청상 (靑裳) [명] **1** 푸른 치마. **2** 푸른 치마를 입은 여자라는 뜻으로, 기생의 비유.

청상 (靑孀) [명] '청상과부'의 준말.

청상-과부 (靑孀寡婦) [명] 젊어서 과부가 된 여자. 청상과수. □~로 수절하다. **준**청상.

청상-배 (廳上拜) [명] 대청 위에 올라가서 하는 절. *하정배(下庭拜).

청상-하다 (淸爽-) [혤어] 맑고 시원하다.

청-새치 (靑-) [명] [어] 돛새칫과의 바닷물고기. 길이 약 3 m로, 길고 납작하며 작은 비늘로 덮였음. 주둥이는 좁고 창 모양으로 내밀었음. 몸빛은 검푸르고 살은 복숭앗빛임.

청색 (靑色) [명] 파란색. **준**청(靑).

청색 (淸色) [명] 유채색 중에서 명도와 채도가 높은 색.

청색 사진 (靑色寫眞) [-싸-] [설계도 따위의

복사에 쓰이는 사진의 한 가지《제이철염이 햇빛에 비치어 제일철염으로 환원되고, 그것이 적혈염(赤血塩)과 반응하여 청색을 띠는 성질을 이용한 것임》. 준청사진.

청서 (靑書)〖명〗 영국 의회나 추밀원의 보고서. 블루 북.

청서 (淸書)〖명〗〖하타〗 정서(淨書)2.

청석 (靑石)〖명〗〖광〗 **1** 푸른빛을 띤 응회암(실내 장식이나 건물의 외부 장식에 씀). **2** 녹니편암(綠泥片岩).

청선 (靑扇)〖명〗 푸른 빛깔의 부채.

청설 (淸雪)〖명〗〖하타〗 깨끗하게 분풀이하거나 치욕을 씻음.

청설-모 (靑-毛)〖명〗 **1** 날다람쥐의 털《붓을 만듦》. **2**〖동〗 다람쥣과의 동물. 몸길이는 꼬리까지 40cm 정도. 겨울에는 등이 회색을 띤 갈색, 배는 백색, 여름에는 누런 갈색, 꼬리는 어두운 갈색임. 나무를 잘 타고 도토리·머루 등을 먹고 삶. 청다람쥐.

청소 (靑素)〖명〗〖화〗 시안(cyan).

청소 (淸宵)〖명〗청야(淸夜).

청소 (淸掃)〖명〗 쓸고 닦아서 깨끗이 함. 소제(掃除). □ ~ 당번 / ~ 도구 / 집 안팎을 깨끗이 ~하다.

청-소골 (聽小骨)〖명〗〖생〗 청골(聽骨).

청-소년 (靑少年)〖명〗 청년과 소년.

청소-부 (淸掃夫)〖명〗 청소하는 일을 직업으로 하는 남자.

청소-부 (淸掃婦)〖명〗 청소하는 일을 직업으로 하는 여자.

청소-차 (淸掃車)〖명〗 쓰레기나 분뇨 따위를 치워 가는 자동차.

청-솔가지 (靑-)[-까-]〖명〗 베어서 아직 마르지 않은 소나무 가지.

청송 (靑松)〖명〗 푸른 소나무.

청송 (請誦)〖명〗〖민〗 판수가 경을 읽으러 가는 데 딸려 가는 판수.

청송 (聽訟)〖명〗〖하타〗 재판을 하기 위하여 송사(訟事)를 들음.

청수 (淸水)〖명〗 맑은 물. ↔탁수.

청수-하다 (淸秀-)〖형어〗 얼굴이 깨끗하고 준수하다.

청순 (淸純)〖명하형〗 깨끗하고 순수함. □ ~한 이미지의 처녀.

청-술레 (靑-)〖명〗〖식〗 일찍 익는 배의 하나. 빛이 푸르고 물기가 많으며 맛이 좋음. 청리(靑梨). *황술레.

청승〖명〗 궁상스럽고 처량하여 언짢은 상태.

청승(을) 떨다 〖동〗 청승맞은 짓을 하다.

청승-궂다 [-굳따]〖형〗 궁상스럽고 처량하여 보기에 언짢다. □ 청승궂은 홀아비 살림.

청승-꾸러기〖명〗 몹시 청승스러운 사람을 낮잡아 이르는 말.

청승-맞다 [-맏따]〖형〗 궁상스럽게 처량하여 보기에 몹시 언짢다. □ 청승맞은 울음소리.

청승-살 [-쌀]〖명〗 팔자 사나운 늙은이의 청승스럽게 찐 살.

청승-스럽다 [-따][-스러워][-스러우니]〖형어〗 청승맞은 데가 있다. □ 가을비가 청승스럽게 추적추적 내린다. **청승-스레**〖부〗. □ ~ 하소연을 늘어놓다.

청시 (淸諡)〖명〗 예전에, 청렴결백하고 마음이 곧은 사람에게 내리던 시호(諡號).

청시 (聽視)〖명〗시청(視聽).

청신 (淸晨)〖명〗 맑은 첫새벽.

청-신경 (聽神經)〖명〗 귀로부터 대뇌에 통하여 청각을 맡은 지각(知覺) 신경.

청-신남 (淸信男)〖명〗〖불〗 우바새1.

청-신녀 (淸信女)〖명〗〖불〗 우바이1.

청-신사 (淸信士)〖명〗〖불〗 우바새1.

청신-하다 (淸新-)〖형어〗 깨끗하고 산뜻하다. □ 청신한 이미지 / 청신한 아침 공기.

청-신호 (靑信號)〖명〗 **1** 교차로나 횡단보도 따위에 푸른 신호나 기를 달아 진행을 표시하는 교통 신호. **2** 앞일에 대한 순조로운 빌미를 뜻함의 비유. □ 관계 개선의 ~가 울리다. ↔ 적신호.

청-실 (靑-)〖명〗 푸른 빛깔의 실. 청사(靑絲).

청실-홍실 (靑-紅-)〖명〗 혼례 때 쓰는, 남빛과 붉은빛의 명주실 테《납채(納采)할 때, 청홍(靑紅)의 두 끝을 따로따로 접고 그 허리에 빛깔을 마주바꾸어 낌》.

청심 (淸心)〖명하자〗 **1** 마음을 깨끗이 함. 또는 그 마음. **2**〖한의〗 심경(心經)의 열을 푸는 일.

청심 강:화 (淸心降火)〖명〗〖한의〗 심경(心經)의 열을 풀어 화기(火氣)를 내림.

청심-과욕 (淸心寡慾)〖명〗 마음을 깨끗하게 하여 욕심을 적게 함.

청심-제 (淸心劑)〖명〗〖한의〗 심경(心經)의 열을 푸는 약제.

청심-환 (淸心丸)〖명〗〖한의〗 심경(心經)의 열을 푸는 환약.

청아 (靑蛾)〖명〗 푸르고 아름다운 눈썹이라는 뜻으로, 미인을 일컫는 말.

청아-하다 (淸雅-)〖형어〗 맑고 아담하다. □ 청아한 노랫소리.

청안 (靑眼)〖명〗 남을 좋은 마음으로 보는 눈. ↔백안(白眼)2.

청안-시 (靑眼視)〖명〗〖하타〗 남을 좋은 마음으로 봄. ↔백안시.

청알 (請謁)〖명〗〖하타〗 만나 뵙기를 청함.

청야 (淸夜)〖명〗 맑게 갠 밤. 청소(淸宵).

청약 (淸-)〖명〗 소리가 귀에 맑아지는 범위.

청약 (請約)〖명〗〖하타〗 유가 증권 등의 공모(公募) 또는 매출에 응모하여 인수 계약을 신청하는 일. □ ~ 증거금 / 신주 인수를 ~하다.

청약-립 (靑篛笠)[-양닙]〖명〗 푸른 갈대로 만든 갓.

청약불문 (聽若不聞)[-뿔-]〖명〗〖하타〗 듣고도 못 들은 체함. 청이불문.

청양 (靑陽)〖명〗〖한의〗 참깨의 잎《강장제(強壯劑)로 씀》.

청양 (淸陽)〖명〗 날씨가 맑고 따뜻하다는 뜻으로, 봄을 일컫는 말. □ ~ 가절(佳節).

청어 (靑魚)〖명〗 청어과의 바닷물고기. 몸길이 약 35cm로, 등은 짙은 청색이고 배는 은백색이며, 가을에서 봄에 걸쳐 잡힘. 생선은 '비웃', 말린 것은 '관묵'이라 함.

청어 (鯖魚)〖어〗 고등어.

청연 (靑鉛)〖명〗〖광〗 구리와 아연이 섞인 황산염(黃酸塩)의 광물.

청염 (靑塩)〖명〗〖화〗 염소와 암모니아의 화합물(化合物).

청염 (淸塩)〖명〗 호렴1.

청영 (淸影)〖명〗 소나무·대나무 등의 그림자를 운치 있게 일컫는 말.

청옥 (靑玉)〖명〗〖광〗 강옥(鋼玉)의 일종《유리 광택을 지니며 파랗고 투명한데, 때로 엷은 녹황색의 것도 있음. 그릇을 만들거나 장식하는 데 씀》. 사파이어.

청울치〖명〗 칡덩굴의 속껍질《노를 만들거나 베 등을 짬》.

청와 (靑瓦)〖명〗 청기와.

청와 (靑蛙)〖명〗〖동〗 **1** 참개구리1. **2** 청개구리1.

청요 (請邀)圏하터 남을 청하여 맞이함. 연청 (延請).

청-요리 (淸料理)[-뇨-]圏 중화요리.

청우 (晴雨)圏 날이 갬과 비가 옴.

청우-계 (晴雨計)[-/-계]圏 기상 관측에 쓰는 기압계.

청우-법 (請雨法)[-뻡]圏『불』 가물 때에 비가 오기를 비는 기도법.

청운 (靑雲)圏 1 푸른 빛깔의 구름. 2 높은 지위나 벼슬을 비유적으로 이르는 말.
　청운의 꿈 구 입신출세하려는 꿈의 비유.
　청운의 뜻 구 입신출세하려는 큰 희망의 비유. ▢ ～을 세우다.

청운-객 (靑雲客)圏 1 높은 벼슬에 오른 사람. 2 청운의 뜻을 품은 사람.

청운지사 (靑雲之士)圏 1 학덕을 겸한 높은 사람. 2 높은 지위나 벼슬에 오른 사람.

청원 (請援)圏하자 구원을 청함.

청원 (請願)圏하자타 1 일이 이루어지도록 청하고 원함. ▢ ～을 받아들이다. 2『법』 국민이 법률에 정한 절차에 따라 손해의 구제, 공무원의 파면, 법률·명령·규칙 등의 제정이나 개폐 따위의 일을 국회·관공서·지방 의회 따위에 청구하는 일.

청원 경:찰 (請願警察) 어떤 기관의 장이나 중요 시설 또는 사업장의 경영자가 그 비용을 부담하고 경찰의 배치를 요청하는 제도. 또는 그 경찰.

청원-권 (請願權)[-꿘]圏『법』 국민이 국가나 지방 자치 단체에 대하여 청원할 수 있는 권리《헌법에 정해짐》.

청원-서 (請願書)圏『법』 청원하는 내용을 적은 문서.

청유 (靑釉)圏 청자(靑瓷)를 만드는 데 쓰는 잿물들.

청유 (淸遊)圏하자 속되지 않고 아담하게 놂. 또는 그런 놀이.

청유 (請由)圏하자 청가(請暇).

청유-문 (請誘文)圏『언』 말하는 사람이 듣는 사람에게 함께 행동하기를 요청하는 문장. 청유형 어미로 문장을 끝맺음《'집에 가자'·'같이 있자' 따위》.

청유-법 (請誘法)[-뻡]圏『언』 종결 어미에 나타나는 서법(敍法)의 하나. 무엇을 함께 하자는 문체《'가자'·'가세'·'갑시다' 따위》.

청유-형 (請誘形)圏『언』 동사 활용형의 하나. 같이 행동할 것을 요청하는 뜻을 나타냄《'하세'·'하자'·'먹읍시다' 따위》.

청음 (淸音)圏 1 맑고 깨끗한 소리. 2『언』 안울림소리. ↔탁음.

청음 (淸陰)圏 소나무·대나무 등의 그늘.

청음-기 (聽音機)圏 비행기·함선 등이 내는 소리를 청취하여 그 방향·위치 등을 탐지하는 기계의 총칭. 음향 탐지기.

청의 (靑衣)[-/-이]圏 1 푸른 옷. 2 예전에, 천한 사람이 푸른 옷을 입었던 데서, 천한 사람의 일컬음.

청의 (淸議)[-/-이]圏 고상하고 공정한 언론.

청의 (請議)[-/-이]圏하자 다수의 의견으로 의결하기를 요구함.

청이불문 (聽而不聞)圏 청약(聽若)불문.

청일 (淸日)圏 청나라와 일본.

청일점 (靑一點)[-쩜]圏 많은 여자 사이에 있는 한 사람의 남자. ↔홍일점2.

청일-하다 (淸逸-)혱여 맑고 속되지 않다. ▢ 청일한 인물.

청자 (靑瓷·靑磁)圏『공』 푸른 빛깔의 자기. 철분을 함유한 청록색 또는 담황색 잿물을 입혀 구운 자기. 청도(靑陶). 청자기. ▢ 고려 ～.

청자 (聽者)圏 이야기를 듣는 사람. ▢ ～의 수준을 고려하여 설명하다. ↔화자(話者).

청자-기 (靑瓷器·靑磁器)圏 청자.

청자-색 (靑瓷色)圏 청자의 빛깔과 같이 푸른 색. 청잣빛.

청자-와 (靑瓷瓦)圏『공』 고려 때 만든 청기와 《청자와 같은 흙으로 만든 것인데, 보통의 청기와와는 다름》.

청작 (靑雀)圏『조』 쇠밀화부리.

청작 (淸酌)圏 1 깨끗한 술. 2 제사에 쓰는 술.

청잠 (聽箴)圏 사물잠(四勿箴)의 하나. 예(禮)가 아니거든 듣지 말라는 규계(規戒).

청장 (淸帳)圏하터 빚 따위를 깨끗이 다 갚아 셈을 밝힘.

청장 (淸醬)圏 진하지 않은 간장.

청장 (淸狀)[-짱]圏 1 '청첩장'의 준말. 2『불』 신도에게 오라고 청하는 글.

청장 (廳長)圏 조달청·국세청 따위와 같이 '청(廳)'자가 붙은 관서의 우두머리.

청-장년 (靑壯年)圏 청년과 장년.

청재 (淸齋)圏하터 몸을 깨끗이 재계함.

청전 (靑田)圏 벼가 푸릇푸릇하게 자란 논.

청전 (靑靛)圏 푸른 빛깔의 전(靛).

청전 (請錢)圏 어떤 일을 부탁할 때 뇌물로 쓰는 돈.

청-전교 (請傳敎)圏하자 왕명을 받듦.

청전-구물 (靑靛舊物)圏 대대로 전해 내려오는 물건을 일컫는 말.

청절 (淸節)圏 맑고 깨끗한 절개.

청절-하다 (淸絶-)혱여 더할 수 없이 맑고 깨끗하다.

청정[1] (淸淨)圏하혱히厢 1 맑고 깨끗함. 더럽거나 속되지 않음. ▢ ～한 마음. 2 맑고 깨끗하게 함. ▢ ～ 작업. 3『불』 허물이나 번뇌의 더러움에서 벗어나 깨끗함. 4 계행(戒行)이 조촐함.

청정[2] (淸淨)쉬관 소수(小數) 단위의 하나. 허공(虛空)의 십분의 일. 곧 10^{-21}.

청정-무구 (淸淨無垢)圏하혱 맑고 깨끗하여 더럽거나 속되지 않음.

청정-미 (淸精米)圏 생동쌀.

청정-수 (淸淨水)圏『불』 다기(茶器)에 담아 불전에 올리는 물.

청정 수:역 (淸淨水域)『지』 해양 자원을 보호하고 연안 양식 지역에서 발생하는 해수 오염을 방지하기 위하여 설정한 지역.

청정-심 (淸淨心)圏『불』 망념과 집착을 없앤 깨끗한 마음.

청정-에너지 (淸淨energy)圏 폐기물에 의한 환경오염이 생기지 않고 공해 정도가 적은 자연 에너지. 전력(電力)·액화 천연가스·태양열·수력·조력(潮力)·수소 에너지 등이 이에 속함.

청정 재:배 (淸淨栽培) 퇴비나 인분을 쓰지 않고 채소를 재배하는 일《화학 비료를 사용하는 방법과 수경(水耕)·사경(砂耕) 등의 방법이 있음》.

청정 채:소 (淸淨菜蔬) 퇴비나 인분뇨를 쓰지 않고 화학 비료로 재배한 채소.

청제 (靑帝)圏『민』 오방신장의 하나. 봄을 맡은 동쪽의 신. 동군(東君). 청황.

청조 (靑鳥)圏 1『조』 쇠밀화부리. 2『조』 파랑새. 3 반가운 사자(使者)나 편지.

청조 (淸朝)圏 1 중국 청나라의 조정. 2 '청조체'의 준말. 3 '청조 활자'의 준말.

청조 (淸操)圀 깨끗한 정조. 결백한 지조.
청조 (請助)圀하타 도와주기를 청함.
청조-체 (淸朝體)圀 해서체(楷書體)의 하나 〔붓으로 쓰기에 알맞은 체로, 명조체(明朝體) 보다 쓰기가 쉬움〕. ㉧청조.
청조 활자 (淸朝活字)[-짜] 청조체의 활자(명함·초대장 따위에 흔히 씀). ㉧청조체.
청족 (淸族)圀 여러 대로 절의(節義)를 숭상해 온 집안.
청종 (聽從)圀하타 이르는 대로 잘 들어 좇음. □부모님 말씀을 ~하다.
청좌 (請坐)圀하타 1 혼인 때, 신부 집에서 신랑에게 사람을 보내어 초례청에 나와 행례하기를 청하던 일. 2〔역〕조선 때, 이속(吏屬)을 보내서 으뜸 벼슬아치의 출석을 청하던 일.
청죄 (請罪)圀하타 저지른 죄에 대하여 벌을 줄 것을 청함. 죄가 있어 자수함.
청주 (淸酒)圀 1 맑은술. 2 정종²(正宗).
청죽 (靑竹)圀 1 취죽(翠竹). 2 청대(靑).
청중 (聽衆)圀 강연·설교 등을 듣는 군중. □을 열광시키다 / ~의 환호에 답하다 / 열변을 토해 ~을 사로잡다.
청중-석 (聽衆席)圀 청중이 앉는 자리. 또는 청중이 앉아 있는 자리나 그쪽. □~을 가득 메운 군중.
청-지기 (聽-)圀〔역〕양반집 수청방(守廳房)에 있으면서 잡일을 맡아보던 하인. 수청.
청직-하다 (淸直-)[-지카-]형어 성품이 청렴하고 강직하다. □청직한 관리.
청진 (聽診)圀하타〔의〕환자의 몸 안에서 일어나는 심장·호흡·흉막·동맥·정맥 등의 소리를 들어서 진단함.
청진-기 (聽診器)圀〔의〕청진하는 데 쓰는 기구. □~로 심장 뛰는 소리를 듣다 / ~를 가슴에 대다.
청-질 (請-)圀하타 어떤 일을 하는 데, 세력이 있는 사람한테 부탁하여 그 힘을 빌리는 일.
청징-하다 (淸澄-)형어 맑고 깨끗하다. □산장의 청징한 아침 공기.
청-쫍다 (請-)[-따] 〔청조워, 청조우니〕타타 1 극히 높은 사람을 청하다. 2 극히 높은 사람에게 청하다.
청찰 (請札)圀 1 청첩장(請牒狀). 2 청편지.
청-참외 (靑-)圀 빛깔이 푸른 참외.
청채 (靑菜)圀 1 통배추의 푸르고 연한 잎을 데쳐 간장·초·겨자를 쳐서 무친 나물 반찬. 2 풋나물.
청채 (淸債)圀하자 빚을 깨끗이 갚음.
청처짐-하다 형어 1 아래쪽으로 좀 처진 듯하다. □한쪽 어깨가 청처짐하게 비뚤어지다. 2 동작이나 어떤 상태가 좀 느슨하다.
청천 (靑天)圀 푸른 하늘. 청공(靑空).
  청천에 구름 모이듯 ㄦ 여기저기서 한곳으로 많이 모여드는 모양.
  청천 하늘에 날벼락 ㄦ 뜻밖에 일어나는 돌발적인 사변.
청천 (淸泉)圀 맑고 깨끗한 샘.
청천 (晴天)圀 맑게 갠 하늘. 청공(靑空). 청허(晴虛).
청천-백일 (靑天白日)圀 1 맑게 갠 대낮. □~에 아무 무슨 고얀 짓이냐. 2 원죄(冤罪)가 판명되어 무죄가 되는 일. □~의 몸이 되다.
청천-벽력 (靑天霹靂)[-병녁]圀 맑게 갠 하늘에서 치는 날벼락이란 뜻으로, 뜻밖에 일어난 큰 변고나 갑자기 생긴 큰 사건의 비유. □~의 소식 / 이게 무슨 ~ 같은 말이냐.
청철 (靑鐵)圀 놋쇠와 비슷하며 품질이 좀 낮은 합금(合金).

청철-땜 (靑鐵-)圀하타 청철로 붙이는 땜.
청첩 (請牒)圀 '청첩장'의 준말.
청첩-인 (請牒人)圀 청첩장을 보내는 사람.
청첩-장 (請牒狀)圀 결혼 따위의 경사가 있을 때, 남을 초청하는 글발. □~을 받다 / 회사 직원들에게 ~을 돌리다. ㉧청장·청첩.
청청백백-하다 (淸淸白白-)[-빼카-]형어 매우 청렴하고 결백하다.
청청-하다 (靑靑-)형어 싱싱하게 푸르다. □청청하게 우거진 수풀. 청청-히圀
청청-하다 (淸淸-)형어 소리가 맑고 깨끗하다. □청청한 방울 소리. 청청-히圀
청초 (靑-)圀 꼭지만 빼놓고 몸통 전체가 푸른 연(鳶).
청초 (靑草)圀 1 푸른 풀. 2 풋담배1.
청초-절 (靑草節)圀 목장에서, 음력 5~9월의 푸른 풀이 한창인 시절을 이르는 말.
청초-체 (淸楚體)圀〔문〕문체의 하나. 청초하고 온화하며 겸허한 아취(雅趣)를 가진 문체. 우아체(優雅體).
청초-하다 (淸楚-)형어 깨끗하고 곱다. □가냘프고 청초한 여인의 모습. 청초-히圀
청촉 (請囑)圀하자타 청을 넣어 부탁함. ㉧청(請). *청탁(請託).
청총 (靑葱)圀 청파.
청총-마 (靑驄馬)圀 총이말. 〔별칭〕
청추 (淸秋)圀 1 맑게 갠 가을. 2 '음력 8월'의 별칭.
청춘 (靑春)圀 새싹이 돋는 봄철이라는 뜻으로, 스무 살 앞뒤의 젊은 나이 또는 그런 시절을 이르는 말. □~ 남녀 / ~을 구가하다.
청춘-가 (靑春歌)圀〔악〕청춘을 노래한 경기 민요의 하나.
청춘-기 (靑春期)圀 젊어 한창인 때.
청춘-소년 (靑春少年)圀 스무 살 안팎의 젊은 사람.
청출어람 (靑出於藍)圀 쪽에서 나온 물감이 쪽보다도 더 푸르다는 뜻으로, 제자가 스승보다 더 뛰어나다는 말. ㉧출람(出藍).
청취 (聽取)圀하타 의견·음악·방송 따위를 들음. □라디오 ~ / 의견을 ~하다.
청취-서 (聽取書)圀 '조서(調書)'의 구용어.
청취-율 (聽取率)圀 라디오 등의 방송을 청취하는 비율. □~이 높다 / 방송사 사이에 ~ 경쟁이 치열하다. *시청률.
청취-자 (聽取者)圀 라디오 방송을 듣는 사람.
청-치 (靑-)圀 1 현미(玄米)에 섞인, 덜 익어 푸른 쌀알. 청미(靑米). 2 푸른 털이 얼룩얼룩한 소.
청-치마 (靑-)圀 위로 반은 희고 아래로 반은 푸른 연(鳶).
청칠 (靑漆)圀 푸른 빛깔의 칠.
청탁 (淸濁)圀 1 맑음과 흐림. 2 선인(善人)과 악인(惡人). 현인(賢人)과 우인(愚人). □대인(大人)은 ~을 가리지 않는다. 3〔언〕청음(淸音)과 탁음(濁音). 4 청주와 탁주.
청탁 (請託)圀하자타 청하여 부탁함. 또는 그 부탁. □알고 ~ / 인사 ~ / ~을 넣다 / ~을 받다. *청촉.
청탁-병탄 (淸濁倂呑)圀 도량이 커서 선인·악인을 가리지 않고 널리 포용함.
청태 (靑太)圀〔식〕1 푸르대콩. 2 청대콩.
청태 (靑苔)圀〔식〕1 푸른빛의 이끼. 2 갈파래. 3 김².
청태-장 (靑太醬)圀 청대콩으로 메주를 쑤어 담근 간장.
청-파 (靑-)圀 가을에 난 것을 겨울 동안 덮어

두었다가 이른 봄에 캔 파. 청총.

청파(聽罷)몝 (주로 '청파에'의 꼴로 쓰여) 끝까지 들음. 듣기를 마침. 또는 그런 때.

청판(廳板)몝[건] 마루청.

청판-돌(廳板-)[-돌]몝 돌다리 바닥에 깐 넓은 돌.

청-편지(請片紙)몝하재 청질로 하는 편지. 또는 청질을 맡아서 대신 내는 편지. 청찰.

청평-세계(清平世界)[- / -게]몝 맑고 평안한 세상.

청평-하다(清平-)휑예 1 세상이 평화롭게 다스려져 태평(太平)하다. 2 청렴(清廉)하고 공평하다.

청포(青布)몝 푸른 빛깔의 베.

청포(青袍)몝 [역] 빛깔이 푸른 도포《조선 때, 사품·오품·육품(六品)의 관원이 공복(公服)으로 입었음》.

청포(清泡)몝 1 녹두묵. 2 녹말묵.

청-포도(青葡萄)몝 1 설익은 푸른 포도. 2 다 익어도 열매의 빛깔이 푸른 포도의 한 품종.

청포-탕(清泡湯)몝 반듯반듯하게 썬 녹말묵을, 곱게 다져 달걀을 씌운 쇠고기나 닭고기와 함께 끓인 장국. 묵국.

청풍(清風)몝 부드럽고 맑게 부는 바람.

청풍-명월(清風明月)몝 맑은 바람과 밝은 달. 풍월.

청피(青皮)몝 푸른 귤 껍질.

청하(廳下)몝 마루의 아래.

청-하다(請-)타여 1 원하다. 바라다. 요청하다. ☐도움을 ~ / 면회를 ~. 2 남을 초대하다. ☐손님을 ~. 3 잠이 들도록 노력하다. 잠을 부르다. ☐잠을 ~. 4 요리를 주문하다. 음식을 요구하다. ☐냉면을 ~.

청학(青鶴)몝 사람의 얼굴에 새의 부리를 하고 날개는 여덟이며 다리는 하나이고, 잘 운다는 상상의 새《이 새가 울 때는 천하가 태평하다고 함》.

청한-하다(清閑-)휑예 맑고 깨끗하며 한가하다. ☐마음의 청한함을 누리다.

청향(清香)몝 맑고 깨끗한 향기.

청허(聽許)몝하타 제의 따위를 듣고 허락함.

청허-하다(清虛-)휑예 마음이 맑고 잡된 생각이 없어 깨끗하다.

청현(清顯)몝 청환(清宦)과 현직(顯職).

청혈(清血)몝 맑은 피.

청혈-제(清血劑)[-쩨]몝[의] 피를 맑게 하는 약제.

청-호반새(青湖畔-)몝[조] 물총샛과의 새. 호반새와 비슷한데 몸길이 25cm 정도, 머리는 검고 등과 꼬리는 자색, 목과 가슴의 중앙은 흼. 물가에 삶. 자주호반새.

청혼(請婚)몝하재 결혼하기를 청함. ☐~을 받다 / ~을 거절하다.

청혼(請魂)몝하재[불] 죽은 사람의 넋을 청하는 일.

청홍(青紅)몝 '청홍색'의 준말.

청홍-기(青紅旗)몝 청기와 홍기.

청홍-마(青紅馬)몝 장기·쌍륙 등에서, 파란 말과 붉은 말.

청홍-사(青紅絲)몝 청실홍실.

청홍-색(青紅色)몝 청색과 홍색. ⓒ청홍.

청화(清化)몝[광] 광택을 삭히는 일.

청화(青華·青花)몝 중국에서 나는 푸른 물감의 한 가지. 복숭아꽃 빛깔과 섞어 나뭇잎·풀 같은 것을 그리는 데 씀.

청화-가리(青化加里)몝[화] 시안화칼륨.

청화 공장(青化工場)[광] 복대깃간.

청화-금(青化金)몝[광] 복대기금.

청화 백자(青華白瓷)[-짜] 청화 자기.

청화-법(青化法)[-뻡]몝[공] 시안화법(cyan化法).

청화-액(青化液)몝 금과 은의 제련에 쓰이는 시안화칼륨의 용액.

청화-은(青化銀)몝[화] 시안화은(cyan化銀).

청화 자기(青華瓷器)[공] 흰 바탕에 푸른 빛깔로 그림을 그린 자기. 청화 백자. 백자 청화(白瓷青華).

청화 제·련법(青化製鍊法)[-뻡]몝[공] 시안화법(cyan化法).

청화-하다(晴和-)휑예 하늘이 개고 날씨가 화창하다.

청화-홍(青化汞)몝[화] 시안화수은.

청환(清宦)몝[역] 학식·문벌이 높은 사람에게 시키던 규장각(奎章閣)·홍문관(弘文館)·선전 관청(宣傳官廳) 등의 벼슬《지위·봉록은 낮으나 뒷날에 높이 될 자리였음》.

청황(青皇)몝 청제(青帝).

청황 색맹(青黃色盲)[-생][-생]몝[의] 청색과 황색에 대한 감각이 나빠 회색으로 느끼고, 청록에서 자줏빛까지를 한 빛깔로 보는 후천적 색맹.

청훈(請訓)몝하재 외국에 주재하는 대사·공사·사절 등이 본국 정부에 훈령(訓令)을 청함.

청휘(晴暉)몝 맑은 날의 햇빛.

청흥(清興)몝 맑은 흥치(興致).

체[1] 가루를 치거나 액체를 받거나 거르는 데 쓰는 기구《얇은 나무로 쳇바퀴를 만들고 쳇불을 메었음》. ☐~로 가루를 치다 / 술을 ~에 받다.

체[2]몝하재 '체증'의 준말.

체[1](體)몝 문장·글씨·그림 등의 본보기와 방식. ☐글씨의 ~가 예쁘다.

체[2](體)[수] 사칙 연산(四則演算)이 가능한 집합. 더하기·빼기·곱하기·나누기를 모두 자유롭게 할 수 있는 영역의 모든 원소 집합을 셈 바탕이 되는 몸으로 일컫는 말.

체[2](體) (어미 '-은'·'-는' 뒤에 쓰여) 그럴듯하게 꾸미는 거짓 태도. 척[1]. ☐아는 ~를 한다 / 알면서도 모르는 ~를 하며 고개를 돌린다. *체하다.

체[3](體) 못마땅해 아니꼬울 때나 원통하여 탄식할 때 내는 소리. ☐~, 제가 뭔데.

-체(體)[미] 1 입체의 뜻을 나타냄. ☐육면~. 2 (상태를 나타내는 말과 함께 쓰여) 몸의 뜻을 나타냄. ☐건강~ / 허약~. 3 일정한 체계를 가진 조직이나 기관의 뜻을 나타냄. ☐기업~ / 조직~. 4 글의 형식·체재의 뜻을 나타냄. ☐서간~ / 구어~ / 간결~.

체가(遞加)몝하재 등수를 따라 차례로 더하여 감. ↔체감(遞減).

체간(體幹)몝[동] 척추동물에서, 몸의 중축(中軸)을 이루는 부분《머리·목·가슴·배·꼬리로 나뉨》. ↔체지(體肢).

체감(遞減)몝하재 등수를 따라 차례로 덜어 감. ↔체가(遞加)·체증(遞增).

체감(體感)몝하타 1 몸으로 어떤 감각을 느낌. ☐온도차를 ~하다. 2 내장의 여러 기관이 자극을 받아 어떤 감각을 느낌《배고픔·목마름 따위》.

체감 온도(體感溫度) 온도·습도·풍속·복사 따위에 따라 인체가 느끼는 더위·추위를 수량적으로 나타낸 것. ☐바람이 불어 실제 온도보다 ~가 더 낮다.

체감-증(體感症)[-쯩]몝[의] 내장 감각의 이

상을 주된 징후로 하는 정신병(장이 꼬인다, 발이 비틀린다, 심장이 거꾸로 되어 있다 하는 등의 환각과 망상에 사로잡힘).

체강 (體腔)〖생〗 동물 몸속의 빈 곳(여러 가지 기관을 포함하고 있음. 흉강(胸腔)·복강(腹腔) 따위).

체개 (遞改)〖명〗〖하타〗 사람을 갈아 들임.

체격 (體格)〖명〗 1 몸의 골격. 2 근육·골격·영양 상태로 나타나는 몸의 외관적 형상의 전체. ▣건장한 ~ / ~이 큰 사람 / ~이 좋다.

체결 (締結)〖명〗〖하타〗 1 얽어서 맴. 2 계약·조약 등을 맺음. ▣협정 ~ / 상호 방위 조약을 ~ 하다.

체경 (滯京)〖명〗〖하자〗 서울에 머물름.

체경 (體鏡)〖명〗 온몸이 비치는 큰 거울. 몸거울.

체계 (逮繫)[-/-계]〖명〗〖하타〗 붙잡아서 옥(獄)에 가둠.

체계 (遞計)[-/-계]〖명〗 '장체계(場遞計)'의 준말.

체계 (體系)[-/-계]〖명〗 낱낱이 다른 것을 통일한 조직. 또는 그것을 구성하는 각 부분을 계통적으로 통일한 전체. ▣이론 ~ / 지휘 ~ / ~가 잡히다 / ~를 세우다 / ~를 갖추다.

체곗−돈 (遞計−)[−곗돈/−겟똔 / −계똔 / −겟 똔]〖명〗 돈놀이로 쓰는 돈.

체곗−집 (遞計−)[−곗찝/−겟찝 / −계찝 / −겟 찝]〖명〗 돈놀이를 하는 집.

체고 (體高)〖명〗 몸의 높이. 키.

체공 (滯空)〖명〗〖하자〗 비행기 따위가 공중에 머물러 있음. ▣~ 시간 / ~ 기록을 세우다.

체공 비행 (滯空飛行) 공기가 무착륙 비행 능력을 시험하기 위해 장시간 비행하는 일.

체−관 (−管)〖명〗〖식〗 식물체(植物體)의 관다발에 있는, 체 모양의 관. 양분의 이동 통로가 됨. 사관(篩管).

체관 (諦觀)〖명〗〖하타〗 1 사물의 본질을 살펴 앎. 체시(諦視). 2 단념.

체관−부 (−管部)〖명〗〖식〗체관(管)·반세포(伴細胞)·체관부 섬유 등으로 이루어진 조직. 물질의 이동 통로가 됨. 사부(篩部). 인피부.

체구 (體軀)〖명〗 몸집. ▣~가 왜소하다.

체국 (體局)〖명〗〖민〗형국(形局).

체귀 (遞歸)〖명〗〖하자〗 벼슬을 내어 놓고 돌아옴. 체래(遞來).

체급 (體級)〖명〗 권투·레슬링·역도·유도 등의 운동에서, 경기자의 몸무게에 따라 매긴 등급(等級).

체기 〖명〗 활쏘기에서, 허리에 차는 기구.

체기 (滯氣)〖명〗〖한의〗먹은 것이 잘 삭지 않아 생기는 가벼운 체증. ▣~가 있다.

체기 (體技)〖명〗 레슬링·권투·유도·씨름 등 몸 전체를 쓰는 경기.

체−꽃 [−꼳]〖명〗〖식〗 산토끼꽃과의 여러해살이 풀. 산에 남. 높이는 60−90 cm로, 잎은 마주 나고 깃꼴 겹잎임. 가을에 연한 자줏빛의 꽃이 줄기 끝에 피고 긴 타원형의 수과(瘦果)가 익음.

체납 (滯納)〖명〗〖하타〗 세금 따위를 정한 기한까지 내지 못하고 밀림. ▣전화 요금을 ~하다.

체납−금 (滯納金)[−끔]〖명〗 기한까지 내지 못하고 밀린 돈. 체불 임금.

체납 처:분 (滯納處分)〖법〗 국가·지방 자치 단체가 조세 등의 체납자에 대해 재산을 압류하고 공매에 부쳐 그 세금 등을 강제로 징수(徵收)하는 행정 처분.

체내 (體內)〖명〗 몸의 안. ▣~ 기생(寄生) / ~ 수분 조절. ↔체외.

체내 수정 (體內受精)〖동〗 모체(母體) 안에서

이루어지는 수정(육서(陸棲) 동물에 많은 수 정법으로, 흔히 교미(交尾)로 이루어짐). ↔ 체외 수정.

체념 (諦念)〖명〗〖하타〗 1 도리를 깨닫는 마음. 2 단념(斷念). ▣~에 빠지다 / ~하기에는 아직 이르다.

체념 (體念)〖명〗〖하타〗 깊이 생각함.

체능 (體能)〖명〗 어떤 일을 감당할 만한 몸의 능력. ▣~ 검사 / ~을 측정하다.

체당 (替當)〖명〗〖하타〗 1〖법〗뒤에 상환받기로 하고 금전·재물을 대신 지급하는 일. 입체(入替). 2 남의 일을 대신하여 담당함.

체대 (替代·遞代)〖명〗〖하타〗 어떤 일을 서로 번갈아 가며 대신함. 교대(交代).

체대 (體大)〖명〗 1〖불〗삼대(三大)의 하나(중생 심(衆生心)이 진여평등(眞如平等)하여 생·멸·증·감(增減)이 없는 것). 2 '체육 대학'의 준말.

체대−식 (遞代式)〖명〗 경종(耕種) 방식의 하나(체대전(遞代田)의 조직에 의하여 경영하는 원시적인 농업).

체대−전 (遞代田)〖명〗 조림(造林)과 밭농사를 번갈아 하는 밭.

체대−하다 (體大−)〖형〗〖여〗 몸이 크다. ↔체소(體小)하다.

체도 (剃刀)〖명〗 1 머리털을 깎는 데 쓰는 칼. 2 면도칼.

체도 (體道)〖명〗〖하자〗 도의를 본뜸.

체두 (剃頭)〖명〗〖하자〗 1 머리카락을 바싹 깎음. 2 체발한 머리.

체득 (體得)〖명〗〖하타〗 1 몸소 체험하여 알게 됨. ▣경험을 통해 ~하다. 2 뜻을 받아서 본뜸. ▣옛 성현의 말씀을 ~하다.

체등 (替等)〖명〗〖하타〗 신구(新舊) 관리(官吏)가 갈마듦.

체량 (體諒)〖명〗〖하타〗 이해하고 헤아림.

체력 (體力)〖명〗 육체적 활동을 할 수 있는 몸의 힘이나 작업 능력. 또는 질병이나 추위 따위에 대한 몸의 저항 능력. ▣강인한 ~ / ~을 단련하다 / ~이 달리다 / ~의 우열이 승패를 갈랐다.

체력 검:사 (體力檢查)[−껌−] 정상적인 활동에 필요한 몸의 기초적 작업 능력과 기능 장애의 유무를 확인하는 검사. 체능 검사.

체력−장 (體力章)[−짱]〖명〗 중·고등학교에서 학생의 기초 체력을 향상시키기 위하여, 학교 신체검사 규정에 따라 실시하는 체력 측정. 또는 그 제도.

체련 (體練)〖명〗〖하자〗 신체를 단련함.

체례 (體禮)〖명〗 관리들 사이에 지키는 예절.

체로 (體勞)〖명〗〖하자〗 몸으로 수고함.

체루 (涕淚)〖명〗 감동하거나 슬피 울어서 흐르는 눈물.

체류 (滯留)〖명〗〖하자〗 딴 곳에 가 머물러 있음. 체재. 두류(逗留). ▣장기 ~ / 일정 / 사업 관계로 오랫동안 해외에 ~하였다.

체르노젬 (chernozem)〖지〗 냉온대(冷溫帶)의 스텝(steppe)에 발달하는 토양형(土壤型). 땅이 걸고 기름져 유럽의 곡창 지대를 형성하는 흙.

체리 (滯痢)〖명〗〖한의〗체증으로 생기는 이질.

체맹 (締盟)〖명〗〖하자〗 동맹을 맺음.

체맹−국 (締盟國)〖명〗 동맹을 맺은 나라.

체−머리 〖명〗 병적(病的)으로 저절로 흔들리는 머리. 풍두선(風頭旋).

체머리(를) 흔들다 〖구〗 ㉠병적으로 머리가 저절로 흔들리다. ㉡어떤 일에 몰려서 머리가

흔들리도록 싫증이 나다. ▣ 그 사람이라면 모두가 체머리를 흔든다.

체메(體-)圓 체면을 모르는 사람.

체면(體面)圓 남을 대하기에 떳떳한 도리나 면목. 체모. ▣ ~이 서다 / ~을 차리다 / ~이 말이 아니다. 窗메.

[체면이 사람 죽인다] 지나치게 체면만 차리다가 결국 할 일도 못하고 먹을 것도 못 먹고 손해만 보게 되는 경우의 비유.

체면에 몰리다 圀 체면을 차리느라고 하잘 것 없는 사람에게 졸립을 당하다.

체면(이) 사납다 圀 체면이 서지 않아 부끄럽고도 분하다. ▣ 낙선한 일을 생각하면 ~.

체면-치레(體面-)圓하困 체면이 서도록 꾸미는 일. 면치레. ▣ ~로 하는 말 / 그에게 인사한 것은 ~에 불과하다.

체모(體毛)圓 몸에 난 털. 몸털. 㽃의 보통, 머리털은 포함하지 아니하.

체모(體貌)圓 1 체면. ▣ 늙은이 ~가 말이 아니네 / ~에 벗어나다. 2 몸차림이나 몸가짐. ▣ ~를 갖추다 / ~가 단정하다.

체목(體木)圓 1 가지와 뿌리를 잘라낸 등걸. 2 집을 짓는 기둥·도리 따위의 재목.

체문(帖文)圓〔歷〕고을 수령이 향교(鄕校) 유생(儒生)에게 유시(諭示)하던 서면.

체물(滯物)圓 소화가 잘되지 않아 위(胃)에 그대로 남아 있는 음식물.

체발(剃髮)圓하困 머리털을 바싹 깎음. 낙발. 삭발.

체백(體魄)圓 죽은 지 오래된 송장. 또는 땅속에 묻은 송장.

체번(替番)圓하困 순번의 차례로 갈마듦. 교번(交番). 체직(替直).

체벌(體罰)圓하타 몸에 고통을 주어 벌함. 또는 그런 벌. ▣ ~을 가하다 / ~을 받다.

체법(體法)圓 글씨의 체와 붓을 놀리는 법.

체벽(體壁)圓 체강의 안쪽 벽.

체병(滯病)[-뼝]圓〔한의〕먹은 음식이 잘 삭지 않아 생기는 병. *체증(滯症).

체부(遞夫)圓 우편집배원.

체불(滯拂)圓하타 마땅히 지급해야 할 것을 지급하지 못하고 미룸. ▣ ~ 노임 / 상습적으로 임금을 ~하다.

체불-금(滯拂金)圓 마땅히 지급하여야 할 것을 지급하지 못하고 미룬 돈. ↔체납금.

체비-지(替費地)圓 토지 구획 정리 사업의 시행자가 그 사업에 필요한 경비에 충당하기 위하여 환지(換地) 계획에서 제외하여 유보한 땅. ▣ ~에 학교 등 공공시설을 짓는다.

체사(涕泗)圓 울어서 흐르는 눈물이나 콧물.

체색(體色)圓 몸의 빛깔. 몸빛.

체설(滯泄)圓 먹은 음식이 소화가 안되어 일어나는 설사.

체세(體勢)圓 몸을 가지는 자세.

체-세포(體細胞)圓〔生〕생물체를 구성하고 생활 작용을 영위하는 모든 세포.

체소(體素)圓〔法〕어떤 법률 사실의 구성 요소로서 필요한 외형적 요소. 주소에 대한 거주(居住)의 사실, 점유(占有)에 대한 소지(所持) 따위.

체소-하다(體小-)톙어 몸이 작다. ↔체대(體大)하다.

체송(替送)圓하타 대송(代送).

체송-비(遞送費)圓 우편이나 화물 따위를 보내는 데 드는 비용.

체수(滯水)圓 흐르지 않고 괴어 있는 물.

체수(滯囚)圓 죄가 결정되지 않아 오래 가두어 둠. 또는 그렇게 갇혀 있는 죄수.

체수(滯祟)圓〔한의〕먹은 음식이 잘 삭지 않아 생기는 병의 빌미.

체수(體-)圓 몸의 크기. ▣ ~에 맞는 옷 / 그는 ~가 작고 깡마른 편이다.

체-수면(體睡眠)圓 잠이 깊이 든 상태《의식하지 않는 불수의(不隨意) 운동도 억제됨》. ↔뇌수면(腦睡眠).

체수-없다(體-)[-업따]困 매우 경망하고 좀스럽다.

체-순환(體循環)圓〔生〕대순환(大循環).

체스(chess)圓 서양식 장기.

체스보드(chessboard)圓 체스를 두는 판. 검은 칸과 흰 칸이 엇갈려 가로와 세로로 8칸씩 모두 64칸이 그려져 있음.

체습(體習)圓하困 남의 행동을 본떠 배움.

체시(諦視)圓하타 체관(諦觀)1.

체식(體式)圓 체재와 방식.

체신(遞信)圓 1 우편이나 전신 따위의 통신. 2 순차적으로 여러 곳을 거쳐서 소식이나 편지 따위를 전하는 일.

체액(體液)圓〔生〕체내의 혈관(血管) 또는 조직의 사이를 채우고 있는 액체《혈액·림프·뇌척수액 따위》.

체약(締約)圓하타 조약이나 계약·약속 따위를 맺음.

체약-국(締約國)[-꾹]圓 서로 조약을 맺은 나라.

체양(體樣)圓 몸의 생긴 모양. 체형(體形).

체어-리프트(chair lift)圓 리프트1.

체언(體言)圓〔言〕명사·대명사·수사를 총칭하는 문법상 분류의 하나. 조사의 도움을 받아 문장의 주어로 쓰이며, 활용을 하지 않음. 임자씨. *용언(用言).

체언-절(體言節)圓〔言〕주어절.

체옥(滯獄)圓 감옥에 오랫동안 갇혀 있음.

체온(體溫)圓 생물체가 가지고 있는 온도. ▣ ~ 유지 / ~ 조절 / ~을 재다 / ~이 높다.

체온-계(體溫計)[-/-게]圓 체온을 재는 데 쓰는 온도계. 검온기.

체온 조절(體溫調節)圓 정온(定溫) 동물, 곧 포유동물·조류(鳥類) 등이 그 체온을 거의 일정하게 유지하는 작용.

체외(體外)圓 몸의 밖. ↔체내.

체외 수정(體外受精)〔動〕모체 밖에서 행해지는 수정《수생(水生) 동물에 흔히 있음》. ↔체내(體內) 수정.

체요(體要)圓 사물의 요점.

체용(體用)圓 1 사물의 본체와 작용. 실체와 응용. 2 체언과 용언.

체우(滯雨)圓하타 비에 막혀 그대로 머묾.

체위(體位)圓 1 어떤 일을 할 때의 몸 위치나 자세. 2 몸의 튼튼하고 약한 정도. ▣ 국민 ~ 향상.

체위 반:사(體位反射)〔生〕정향(正向) 반사.

체육(體育)圓 1 신체의 발달을 촉진하여 운동 능력을 높임과 동시에 건강한 생활을 영위하는 태도를 함양할 것을 목적으로 하는 교육. ▣ ~ 시설. 2 학과목의 하나. 운동·경기의 실기와 체육 이론을 가르침. *지육(知育)·덕육(德育).

체육-계(體育界)[-계/-께]圓 체육에 관계된 사회적 영역. ▣ ~ 인사.

체육-공원(體育公園)[-꽁-]圓 시민의 체육 활동을 위하여 여러 가지 체육 시설을 갖추어 놓은 공원.

체육-관(體育館)[-꽌]圓 실내에서 체조나 경

기 등을 할 수 있도록 시설을 갖춘 건물. ▣ 교내에 ~이 세워졌다.

체육 대:학 (體育大學)[-때-] 체육의 전문 학술에 관한 이론과 실제 방법을 교수하고 연구하는 대학. ㉰체대(體大).

체육-복 (體育服)[-뽁] 圓 체육을 할 때 입는 간편한 옷. 운동복(運動服).

체육-부 (體育部)[-뿌] 1 〔교〕 학교에서, 체육을 주로 하는 특별 활동부. 2 신문사에서, 스포츠에 대한 보도나 취재, 편집 따위를 다루는 부서.

체육-상 (體育賞)[-쌍] 圓 체육 지도자 및 우수 선수의 보호와 육성하여 나라에서 주는 상. 연구상·지도상·경기상·공로상 등이 있음.

체육-회 (體育會)[-유꾀] 圓 1 각종 운동을 통하여 건강의 증진·유지를 꾀하려는 단체. 또는 그 모임. 2 운동회.

체육 훈장 (體育勳章)[-유쿤-] 체육 발전에 공을 세워 국민 체위 향상과 국가 발전에 공적이 뚜렷한 사람에게 수여하는 훈장(청룡장·맹호장·거상장(巨象章)·백마장·기린장(麒麟章)의 5등급이 있음.

체읍 (涕泣) 圓하자 눈물을 흘리며 슬피 욺. 읍체(泣涕).

체이-증 (滯頤症)[-쯩] 圓 〔한의〕 어린아이가 침을 많이 흘리는 병.

체인 (體認) 圓하타 마음속으로 깊이 인정함.

체인 (chain) 圓 1 쇠사슬. 2 측량에 쓰이는 쇠사슬(보통, 100 마디. 66 피트의 건터(Gunter) 측쇄가 쓰이고 있음). 3 자전거의 앞뒤 기어를 연결하는 쇠줄. 4 경영·자본 등의 상점·식당·영화관 따위의 계열. ▣ ~ 사업 / ~ 가맹점. 5 눈이 많이 올 때 미끄러지지 않게 자동차 타이어에 감는 쇠사슬. ▣ 갑작기 내린 폭설로 ~을 감지 않은 차량의 통행을 금한다.

체인 블록 (chain block) 도르래·톱니바퀴·쇠사슬 등을 조합시켜서 무거운 물건을 달아 올리는 기계.

체인-점 (chain店) 圓 연쇄점(連鎖店).

체인지업 (change-up) 圓 야구에서, 투수가 타자의 타이밍을 뺏기 위해 투구 속도나 방법 따위를 여러 가지로 변화시키는 일. 체인지 오브 페이스.

체인지오버 (changeover) 圓하타 〔경〕 환거래에서, 현물환을 매매함과 동시에 같은 액수만큼 선물환(先物換)을 매매하는 일. 스와프 거래.

체인지 오브 페이스 (change of pace) 1 체인지업. 2 럭비 경기 등에서, 공격 페이스 등을 변화시키는 일.

체인지 코트 (change court) 배구·테니스·탁구 등에서, 각 세트가 끝난 후 또는 일정한 득점(得點) 후에 서로 코트를 바꾸는 일.

체임 (滯賃) 圓 마땅히 지급해야 할 노임 등을 지급하지 않고 질고 묵은 미름. 또는 그 노임.

체임 (遞任) 圓하타 벼슬을 갈아 냄. 체직(遞職).

체장 (體長) 圓 동물 따위의 몸의 길이.

체재 (滯在) 圓하자 체류(滯留). ▣ ~비(費) / 장기간 외국에 ~하다.

체재 (體裁) 圓 생기거나 이루어진 형식 또는 됨됨이. 체제(體制). 스타일. ▣ 작품의 구성과 ~ / ~를 갖추다.

체-쟁이 (滯-) 圓 체증을 내리게 하는 일을 업으로 하는 사람(대바 등으로 목구멍을 쑤시거나 손으로 배를 문지름).

체적 (滯積) 圓 〔한의〕 식적(食積).

체적 (體積) 圓 〔수〕 부피.

체적 팽창 (體積膨脹) 〔물〕 물체의 부피가 온

도의 변화에 따라 늘어나는 현상. 부피 팽창. 체팽창.

체적 팽창 계:수 (體積膨脹係數)[-/-계-] 〔물〕 온도 1℃를 높이는 데 따라 생기는 물체의 팽창량과 그 물체의 0℃에서의 체적과의 비(比). 체팽창 계수. 부피 팽창 계수.

체전 (遞傳) 圓하타 차례로 여러 곳을 거쳐서 전하여 보냄. 체송(遞送).

체전 (體典) 圓 ‘전국 체육 대회’를 달리 이르는 말.

체전-부 (遞傳夫) 圓 우편집배원.

체전-원 (遞傳員) 圓 우편집배원.

체절 (體節) 圓 체후(體候).

체절 (體節) 〔동〕 환형(環形)동물 등의 몸을 이루고 있는 낱낱의 마디. 몸마디.

체제 (體制) 圓 1 체재(體裁). 2 〔생〕 생물체 기관(器官)의 배치 양식, 몸체 각 부분의 분화 상태 및 그것들의 상호 관계. 3 사회적인 제도나 조직의 양식. ▣ 지도 ~ / 중앙 집권 ~ / ~ 전복을 꾀하다.

체조 (體操) 圓하자 신체 각부의 고른 발육, 건강 증진, 체력 단련을 목적으로 하는 일정한 규칙에 따른 운동(맨손 체조와 기계 체조로 크게 나눔).

체조 경:기 (體操競技) 일정한 기구를 이용하거나 맨손으로 신체의 각 부분을 놀리어, 동작의 정확함과 민첩함 및 아름다움을 겨루는 경기.

체중 (體重) 圓 몸무게. ▣ ~을 재다 / ~을 조절하다 / 보기보다 ~이 많이 나간다 / ~ 감량에 실패하다.

체중-하다 (體重-) 톙여 지위가 높고 점잖다.

체증 (滯症)[-쯩] 圓 1 먹은 음식이 소화가 잘 안되는 증세. ▣ ~기(氣)가 있다. ㉰체(滯). 2 차들이 많이 몰려 교통이 원활하지 않은 상태. ▣ 극심한 교통 ~을 빚다.

체증 (遞增) 圓하자 수량(數量)이 차례로 점차 늘. ↔체감.

체지 (帖紙) 圓 〔역〕 1 관아(官衙)에서 구실아치와 노비를 고용할 때 쓰던 서면. 곧, 사령장(辭令狀). 2 금품을 받은 표. 곧, 영수증. ㉰체(帖).

체지 (體肢) 圓 〔동〕 척추동물의 몸통에서 뻗어 나온 두 쌍의 가지 부분으로 전지(前肢)와 후지(後肢)(사람에서는 상지(上肢)와 하지(下肢)로 나뉨). ↔체간(體幹).

체-지방 (體脂肪) 圓 분해되지 않고 그 대로 쌓인 지방.

체지방-률 (體脂肪率)[-뉼] 圓 사람의 몸 가운데 지방이 차지하는 율.

체직 (替直) 圓하자 체번(替番).

체직 (遞職) 圓하타 체임(遞任).

체진 (體陣) 圓 진중(陣中)에 머무름. 또 한곳에 오래도록 진을 치고 머무름.

체-질 圓하자 체로 가루를 치거나 액체를 거르거나 받는 일.

체질 (體質) 圓 1 몸의 성질이나 특질. 몸바탕. ▣ 허약 ~ / 감기 걸리기 쉬운 ~ / 알레르기성 ~을 개선하다. 2 단체나 조직 따위의 성질이나 특징. ▣ 조직의 ~을 강화하다.

체차 (遞差) 圓하타 예전에, 관리의 임기가 다 되거나 부적당하여 다른 사람으로 바꾸던 일.

체찰-사 (體察使)[-싸] 圓 〔역〕 조선 때, 지방에 군란이 있을 때 왕 대신 그곳에 가서 일반 군무를 총찰하던 임시 벼슬(보통 재상이 겸임하였음).

체천 (遞遷) **명**[허](타) 봉사손(奉祀孫)의 대(代)가 끊긴 신주를 최장방(最長房)의 집으로 옮기는 일(그 최장방이 죽었을 때엔 또 그 다음의 최장방의 집으로 옮기는데, 전체로 대가 끊긴 뒤에는 무덤 앞에 묻는 일이 보통임).

체첩 (體帖) **명** 글씨를 쓸 때 본보기가 될 만한, 잘 쓴 글씨의 장첩(裝帖).

체청 (諦聽) **명**[허](타) 주의하여 자세히 들음.

체체-파리 (tsetse-) **명** 〔충〕 집파릿과의 흡혈성 파리의 하나. 몸은 집파리보다 조금 크고 검으며, 사람이나 짐승의 피를 빨며 물가에서 번식하여 멀리 날아가지 않음. 수면병(睡眠病)의 병원체인 트리파노소마(Trypanosoma)를 옮기는 중간 숙주(中間宿主)임. 아프리카 등지에 분포됨.

체취 (體臭) **명 1** 몸에서 나는 냄새. 몸내. □남자의 ～. **2** 사람이나 작품 등에서 풍기는 특유한 느낌. □권위주의적인 ～가 강한 지도자.

체측 (體側) **명** 몸의 옆면.

체크 (check) **명**[하](타) **1** 수표(手票). **2** 검사·대조 또는 그 표적으로 찍는 표(∨). **3** 물품을 맡기고 그 표적으로 받는 쪽지. **4** 직물의 바둑판 모양의 무늬. 또는 그 직물. □～무늬의 밤색 원피스.

체크 리스트 (check list) 대조표.

체크아웃 (check-out) **명** 호텔 따위에서, 숙박료를 계산하고 방을 비워 주는 일. ↔체크인.

체크인 (check-in) **명 1** 호텔 따위에서, 성명 등을 장부에 적고 투숙하는 일. ↔체크아웃. **2** 공항의 접수 창구에서 여객이 탑승 절차를 밟는 일.

체크 카드 (check card) 가계 수표를 발행할 수 있는 사람에게 은행이 교부하는 지급 보증 카드.

체탈 (褫奪) **명** ☞ 치탈(褫奪).

체통 (體統) **명** 지체나 신분에 알맞은 체면. □～을 잃다 / 양반의 ～을 지키다.

체-팽창 (體膨脹) **명**[하] 체적 팽창.

체팽창 계:수 (體膨脹係數)[-/-게-] 〔물〕 체적 팽창 계수.

체팽창-률 (體膨脹率)[-뉼] 〔물〕 체적 팽창 계수.

체포 (逮捕) **명**[하](타) **1** 죄인을 좇아가서 잡음. □소매치기를 현장에서 ～하다. **2** 검사·사법 경찰관 등이 법관이 발부하는 영장에 따라 피의자를 잡아서 일정 기간 억류하기 위한 강제 수단. □～ 영장.

체포 감금죄 (逮捕監禁罪)[-쬐] 〔법〕 불법으로 사람을 체포 또는 감금하여 신체적 자유를 침해함으로써 성립되는 죄.

체표 (體表) **명** 몸의 표면.

체표 면:적 (體表面積) 〔생〕 몸의 겉넓이.

체하 (帖下) **명**[하](타) 〔역〕 조선 때, 관아(官衙)에서 일꾼이나 상인들에게 금품을 줄 때, 서면으로 내주던 일.

체-하다 (滯-) **자**[어] 먹은 음식이 잘 삭지 아니하고 위 속에 답답하게 처져 있다. □체했는지 명치 끝이 답답하다.

체-하다 [보통]**어** 그럴듯하게 꾸미는 거짓 태도를 나타내다(어미 '-ㄴ'·'-은'·'-는' 뒤에 쓰임). □있는 체하는 꼴이라니 / 못 본 ～ / 자는 체하고 있다.

체해 (體解) **명**[하](타) 〔역〕 죄인을 죽인 뒤에 팔다리를 찢던 형벌의 하나.

체향 (滯鄕) **명**[하](자) 고향에 머무름.

체험 (體驗) **명**[하](타) **1** 직접 경험함. 또는 그 경험. □～을 쌓다 / 힘든 농사일을 ～하다. **2**

〔심〕 특정한 인격이 직접 경험한 심적 과정.

체험-담 (體驗談) **명** 직접 겪은 것에 대한 이야기. □～을 들려주다.

체현 (涕泫) **명**[하](타) 눈물이 줄줄 흐름.

체현 (體現) **명**[하](타) 정신적인 것을 구체적인 형태나 행동으로 나타내거나 몸으로 실현함.

체형 (體刑) **명**[하](타) 〔법〕 **1** 직접 신체에 형벌을 가함. 또는 그 형벌(사형·징역·태형 따위). □～을 가하다 / ～을 받다. **2** 신체의 자유를 속박하는 형벌(징역·금고 따위). ↔벌금형(刑).

체형 (體形) **명** 체양(體樣).

체형 (體型) **명** 체격의 형(비만형·척신형(瘠身型) 따위). □키가 크고 마른 ～.

체-호흡 (體呼吸) **명** 온몸의 바깥쪽으로 하는 호흡.

체화 (滯貨) **명**[하](자) **1** 상품 등이 팔리지 않고, 창고 따위에 차 있음. 또는 그런 짐. **2** 수송이 부진하여 밀려 있음. 또는 그런 짐.

체-화석 (體化石) **명** 동물체의 전부 또는 일부분을 보전하고 있는 화석.

체환 (替換) **명**[하] 대신하여 갈아서 바꿈.

체후 (體候) **명** 남에게 안부를 물을 때, 그의 건강 상태를 높이어 일컫는 말. 체절.

첼레스타 (이 celesta) **명** 〔악〕 피아노와 비슷하게 생긴, 건반이 있는 작은 타악기(강철로 만든 음판(音板)을 해머로 쳐서 소리를 내는데, 음색(音色)이 맑고 깨끗하며 고움).

첼로 (cello) **명** 〔악〕 바이올린 모양으로 생긴 대형의 저음 현악기(의자에 앉아 동체(胴體)를 무릎 사이에 끼고 활로 연주함. 현이 넷이며 독주(獨奏) 또는 합주(合奏) 악기로 널리 씀). 셀로.

첼리스트 (cellist) **명** 첼로 연주자.

쳇 [쳄]**갑** 제³. □～, 좀 안다고 잘난 척하기는.

쳇-눈 [쳄-]**명** 쳇불에 나 있는 하나하나의 구멍. □～이 배다.

쳇-다리 [체따/쳄따]**명** 물건을 거를 때 체를 올려놓는 기구('Y' 자형 또는 사다리꼴 나무를 씀).

쳇-바퀴 [체빠/쳄빠-]**명** 얇은 나무로 둥글게 쳇불을 메우게 된 테. 곧, 체의 몸이 되는 부분.

쳇-발 [체빨/쳄빨]**명** 베틀 기구의 하나(피륙이 구김살이 지거나 너비가 틀락날락하지 않게 양쪽으로 팽팽히 버티게 함).

쳇-불 [체뿔/쳄뿔]**명** 쳇바퀴에 메워 액체나 가루 등을 거르는 그물 모양의 물건(말총·명주실·철사 등으로 만들었으나, 지금은 나일론사·합성 섬유사로 만듦).

쳇불-관 (-冠)[체뿔-/쳄뿔-]**명** 지난날, 선비가 쓰던 관의 하나(말총으로 쳇불같이 거칠게 짜서 만듦).

쳇-줄 (體-)[체쭐/쳄쭐]**명** 습자(習字)의 본보기가 되는 한 줄의 글씨(습자하는 종이 등의 왼편 가에 스승이나 선배가 써 줌).

쳐-가다 [처-]**타**[거라] 더러운 것들을 쳐서 가져가다. □쓰레기를 ～.

쳐-내다 [처-]**타** 더러운 것들을 쓸어 모아서 일정한 곳으로 옮기다. □외양간의 거름을 말끔히 ～.

쳐:다-보다 [처-]**타** '치어다보다'의 준말. □맑은 가을 하늘을 ～.

쳐:-들다 [처-][쳐들어, 쳐드니, 쳐드는]**타 1** 위로 들어 올리다. □고개를 쳐들어 하늘을 보다 / 두 팔을 번쩍 ～. **2** 들다. □남의 흠을 ～.

처:들-리다 [처-] 困 《'처들다'의 피동》 처듦을 당하다. □높이 처들린 지붕 위로 햇빛이 비치다.

처-들어가다 [처드러-] 囲거러 무찔러 들어가다. □적진으로 / 건물 안으로 ~.

처-들어오다 [처드러-] 囲너러 무찔러 들어오다. □적군이 시내로 ~.

처-부수다 [처-] 囲 **1** 무찔러 부수다. □적을 ~. **2** 세차게 부수다. □도끼로 문을 ~.

처-올리다 [처-] 囲 위로 세게 들어 올리다.

처-주다 [처-] 囲 **1** 셈을 맞추어 주다. □한 개에 300원씩 ~. **2** 인정하여 주다. □동네에서는 그분을 일꾼으로 처준다.

천 명 〈옛〉재물.

천량 명 〈옛〉천량. 재물.

초 명 불을 밝히는 데 쓰는 물건의 하나. 밀랍·백랍(白蠟)·쇠기름 등을 원료로 굳혀서 여러 모양으로 굳혀, 실 따위로 그 가운데에 심지를 박고 ~. □한 자루 / ~를 켜다 / 성냥불로 ~에 불을 붙이다.

초(抄) 명하타 '초록(抄錄)'의 준말.

초(炒) 명하타 **1** 노릇노릇하게 불에 볶음. *초(炒)하다. **2** 볶음.

초¹(草) 명하타 **1** '기초(起草)'의 준말. □~를 잡다. **2** '초서(草書)'의 준말.

초²(草) 명 **1** '건초(乾草)'의 준말. **2** '갈초'의 준말.

초(哨) 명 〈역〉예전의 군대 편제의 하나《약 백 명으로 한 초를 이름》.

초(楚) 명 〈역〉중국 춘추 오패(春秋五霸)의 하나《뒤에 전국 칠웅(戰國七雄)의 하나가 됨. 양쯔 강 중류의 땅을 차지했던 나라로 진(秦)나라에 망함》. [?-223 B.C.]

초(綃) 명 생사로 짠 얇은 비단의 총칭.

초(醋) 명 조미료의 하나《3-5％의 초산을 함유하여, 시고 약간 단맛이 있는 액체》. 식초. □마늘을 ~에 절이다.

　초(를) 치다 굼 한창 잘되어 가는 일에 방해를 놓아 일이 잘못되거나 시들해지게 만들다. □남 하는 일에 괜히 초 치지 마라.

초(初) 의명 '초기'·'처음'의 뜻. □내년 ~ / 개국 ~ / 사건 발생 ~ / 학년 ~ / 고려 ~.

초(秒) 의명 각도·위경도(緯經度)에서 1분의 1/60. □1분 5 ~를 다투다.

초-(初) 튀 '초기의'·'첫'·'처음'의 뜻. □~여름 / ~하루 / ~나흘 / ~대면(對面).

초-(超) 튀 '훨씬 뛰어난'·'동떨어져 관계가 없는'·'초월한'의 뜻. □~당파 / ~특급 / ~음속.

초가(草家) 명 볏짚·밀짚·갈대 등으로 이엉을 엮어 지붕을 인 집. 초가집. 초려. 초옥. □농촌 지붕 개량 사업으로 ~가 사라졌다.

초가(樵歌) 명 나무꾼들이 부르는 노래.

초-가량(初假量) 명하타 셈 따위를 처음으로 대강 짐작하여 봄. 또는 그런 일. □유학 경비를 ~해 보다.

초가-삼간(草家三間) 명 삼간초가.

초-가을(初-) 명 가을의 첫 무렵. 초추(初秋). 맹추(孟秋). □~의 시원한 날씨.

초가-지붕(草家-) 명 짚이나 억새·갈대 따위를 엮어서 이은 지붕.

초가-집(草家-) 명 초가(草家).

초각(初刻) 명 한 시간의 맨 처음 되는 시각.

초각(峭刻) 명 峭刻한 듯 깎아 세움.

초각-하다(峭刻-)[-까카-] 혐여 성질이 까다로워 너그러운 데가 없다.

초간(初刊) 명 원간(原刊).

초간-본(初刊本) 명 원간본.

초-간장(醋-醬) 명 초를 친 간장. □군만두를 ~에 찍어 먹다.

초-간택(初揀擇) 명하타 맨 첫 번째의 간택.

초간-하다(稍間-) 혐여 **1** 시간적으로 동안이 좀 뜨다. **2** 거리가 좀 멀다. 초간-히 튀

초-감염(初感染) 명 《의》병원체가 처음으로 침입하여 일으킨 감염.

초-갑(草匣) 명 **1** 담배쌈지. **2** 궐련갑.

초강초강-하다 혐여 얼굴 생김이 갸름하고 살이 적다. □초강초강한 얼굴에 목이 길어 가냘파 보였다.

초개(草芥) 명 지푸라기라는 뜻으로, 보잘것없고 하찮은 것의 비유. □~ 같은 목숨.

초-개탁(初開坼) 명하자 처음으로 어떤 일을 시작함.

초거(招去) 명하타 사람을 불러 데려감.

초-거성(超巨星) 명 《천》반지름이 태양의 수백 배나 되는 큰 항성(恒星). 절대 광도(絕對光度)는 태양의 수만 배에 이름. 붉은빛을 나타내는 북극성·안타레스·베텔게우스 따위.

초건(草件)[-껀] 명 시문(詩文)의 초를 잡은 원고. 초본(草本).

초-겨울(初-) 명 겨울의 첫 무렵. 초동(初冬). 초동삼(初冬三). □~의 쌀쌀한 날씨.

초견(初見) 명하타 처음으로 봄.

초-견본(初見本) 명 처음으로 만든 본보기.

초-결명(草決明) 명 《식》결명차(決明茶).

초경(初更) 명 하룻밤을 다섯으로 나눈 맨 첫째의 부분《저녁 7시에서 9시 사이》. 갑야(甲夜). 초야(初夜).

초경(初耕) 명하타 애벌갈이.

초경(初經) 명 첫 월경. 초조(初潮).

초경(草徑) 명 풀이 무성한 좁은 길.

초경(樵逕) 명 나뭇길.

초-경합금(超硬合金)[-끔] 명 탄화텅스텐에 코발트를 합쳐 만든 소결(燒結) 합금《주철·철강 제품의 절단 공구의 재료로 씀》.

초계(哨戒) 명하타 적의 습격에 대비해 엄중히 경계함. □~ 비행 / 고속정으로 연안을 ~하다.

초계-정(哨戒艇)[-/-게-] 명 《군》초계하는 함정. 초정.

초고(草稿) 명 시문의 초벌 원고.

초고(礎稿) 명 퇴고(推敲)의 바탕이 된 원고.

초고리 명 작은 매.

초고밀도 집적 회로(超高密度集積回路)[-또-써리] 명 초엘에스아이(超LSI).

초-고속도(超高速度)[-또] 명 고속도보다 더 빠른 속도. □~로 회전하는 놀이 기구.

초고속 촬영(超高速度撮影)[-도촤령] 매초 수백 화면 이상을 촬영하는 일. 이것을 매초 24화면의 표준 속도로 영사하면 육안으로 분별할 수 없는 빠른 현상이나 물체의 변화를 관찰할 수 있음.

초-고압 송:전(超高壓送電)[-쏭-] 《전》 송전 전압이 200kV 급 이상인 송전《장거리 송전에서는 고압 송전이 경제적이므로 현재는 400-500kV 급의 송전이 각국에서 실시되고 있음》.

초-고온(超高溫) 명 고온 이상의 극히 높은 온도. 원자핵 융합 반응이 행하여질 때의 온도를 이름.

초-고주파(超高周波) 명 《전》3-300 GHz 까지의 주파수대를 이름. 주위의 잡음 및 전파의 방해를 받지 않으므로 화상(畵像)과 음(音)을 선명하게 수신(受信)할 수 있음《레이

더·위성 통신 등에 이용함). 약칭 : 에스에이치에프(SHF).

초-고진공 (超高眞空) 圏 고진공보다 진공도가 더 높은 진공 상태(보통 10^{-9} mmHg 이하의 압력을 가리킴).

초-고추장 (醋-醬) 圏 초를 쳐서 갠 고추장. 초장.

초-고층 (超高層) 圏 구름이 생기는 대류권(對流圈)의 밖. 즉, 적도 부근 약 18 km, 극지방 8-450 km 까지임.

초-공 (梢工) 圏 뱃사공.

초과 (草果) 圏 〖식〗 초두구(草豆蔲)의 하나. 열매의 크기가 가지만 하고, 껍질이 검고 두꺼우며, 씨는 굵고 맛이 심. 약재로 씀.

초과 (超過) 圏圄재타 일정한 수나 정도를 지나침. ☐예산 ~ / 정원을 ~하다.

초교 (初校) 圏 인쇄물의 첫 교정. 초준(初準). ☐~를 보다.

초교 (草轎) 圏 삿갓가마.

초교-지 (初校紙) 圏 〖인〗 인쇄의 초교를 보는 교정지.

초교-탕 (-湯) 圏 여름 음식의 하나(영계를 삶아 뜯어 깻국에 넣고, 해삼과 전복을 썰어 넣은 뒤에, 오이를 채쳐 볶은 것과 표고를 잘게 썬 것과 알고명을 한데 섞어서 얹고 실백(實柏)을 띄움).

초구 (貂裘) 圏 담비의 모피로 만든 갖옷.

초군 (樵軍) 圏 나무꾼.

초군 (超群) 圏圄 여럿 속에서 뛰어남.

초군-초군 (위헝) 圏 몹시 꼼꼼하고 느럭느럭한 모양. ☐~ 따지다.

초균형 예:산 (超均衡豫算) [-녜-] 〖경〗 세입이 세출보다 많아져 흑자(黑字)가 나는 예산. *흑자 예산.

초균형 재정 (超均衡財政) 〖경〗 세입이 세출을 초과하는 재정.

초극 (超克) 圏圄타 어려움 따위를 극복함.

초근 (草根) 圏 풀의 뿌리.

초근-목피 (草根木皮) 圏 1 풀뿌리와 나무껍질이라는 뜻으로, 맛이나 영양이 없는 거친 음식의 비유. ☐~로 연명하다. 2 한약의 재료가 되는 물건.

초근-초근 (위헝) 착 달라붙어서 남을 깐깐하게 조르는 모양. ☐~ 졸라 대다. ⓔ추근추근.

초금 (草琴) 圏 풀잎피리.

초급 (初級) 圏 맨 처음의 등급이나 단계. ☐~ 과정 / ~반에서 공부하다.

초급 (初給) 圏 '초임급(初任給)'의 준말.

초급 (樵汲) 圏 나무하는 일과 물 긷는 일.

초급-하다 (峭急-) [-그파-] 혱여 성품이 날카롭고 몹시 급하다.

초기 (抄記) 圏圄타 뽑아 적음(抄錄).

초기 (初忌) 圏 1 사람이 죽은 지 1년이 되는 날. 2 첫기제(忌祭).

초기 (初期) 圏 맨 처음으로 비롯되는 시기. 또는 그 동안. ☐~ 단계 / ~ 작품 / ~ 증세 / 조선 ~ / 암도 ~에 발견하면 고칠 수 있다. ↔말기(末期).

초기 (礎器) 圏 도자기를 구워 만들 때, 그 그릇을 올려 앉히는 굽 높은 받침.

초-기일 (初期日) 圏 맨 첫 번의 기일.

초길 (初吉) 圏 음력 매달 초하룻날의 일컬음.

초-김치 (醋-) 圏 초를 쳐서 담근 얼갈이김치 붓 조김치.

　초김치가 되다 함 풀이 죽다.

초-꼬슴 (初-) 圏 일을 하는 데서 맨 처음.

초-꽂지 圏 말린 작은 전복.

초-꽂이 圏 촛대나 등(燈) 따위에서, 초를 꽂게 된 물건.

초-나물 (醋-) 圏 봄에 먹는 나물의 하나. 숙주·미나리·물쑥 등을 약간 데쳐 양념을 하여 초를 쳐서 무침.

초-나흘날 (初-) [-혼-] 圏 그달의 넷째 날. 초사일(初四日). ⓟ초나흘·나흗날.

초-나흘 (初-) 圏 '초나흘날'의 준말.

초-남태 (初男胎) 圏 1 첫 번째로 낳은 사내아이의 태(胎). 2 아주 어리석은 사람을 조롱하는 말.

초년 (初年) 圏 1 일생의 초기. ☐~에 많은 고생을 했다. 2 여러 해 걸리는 어떤 일의 첫 시절. ☐대학 ~ 시절.

초년-고생 (初年苦生) [-꼬-] 圏 젊어서 하는 고생.
　[초년고생은 은을 주고 산다] 젊어서 겪는 고생은 달게 여겨야 한다. 초년고생은 사서라도 한다.

초년-병 (初年兵) 圏 입대한 지 얼마 되지 않은 사병. 신병(新兵).

초년-생 (初年生) 圏 어떤 일에 종사한 지 얼마 되지 않은 사람. ☐사회 ~.

초념 (初念) 圏 처음에 먹은 생각.

초노 (樵奴) 圏 땔나무를 해 오는 종.

초-눈 圏 초파리의 애벌레.

초-능력 (超能力) [-녁] 圏 현대 과학으로는 설명할 수 없는 초자연적인 능력(예언·투시·텔레파시 따위).

초-다짐 (初-) 圏圄타 끼니나 좋은 음식을 먹기 전에, 우선 배고픈 것을 면하려고 간단히 먹음. 또는 그 음식. ☐~으로 떡을 먹다.

초단 (初段) 圏 1 첫 번째 계단. 2 유도·검도·태권도·바둑·장기 등의 첫째의 단. ☐유도 ~ / ~을 따다.

초단 (草短) 圏 화투 놀이에서, 홍싸리·흑싸리·난초의 띠 석 장을 맞춰 이루는 단. *청단(靑短)·홍단(紅短).

초단 (礎段) 圏 지반이 건조물의 무게를 골고루 받게 하기 위하여, 벽·기둥·교각 따위 밑을 넓게 만든 부분.

초-단파 (超短波) 圏〖물〗주파수 30-300 MHz, 파장 1-10 m 의 전자기파(電磁氣波)(넓은 지역에 보내는 텔레비전 방송·에프엠(FM) 방송·레이더 등에 씀).

초단파 방:송 (超短波放送) 초단파를 이용하여 행하는 텔레비전 및 에프엠(FM) 라디오 방송. ☐~ 수신기.

초-닷새 (初-) [-닫째] 圏 '초닷샛날'의 준말.

초-닷샛 날 (初-) [-닫쌘-] 圏 그달의 다섯째 날. ⓟ초닷새.

초당 (草堂) 圏 집의 원채 밖에 억새·짚 등으로 지붕을 인 조그마한 집채.

초당 (超黨) 圏 '초당파'의 준말.

초-당파 (超黨派) 圏 일당 일파의 이해타산을 초월하고, 관계자 전원이 일치하여 어떤 일에 임하는 일. ☐~ 외교 / ~ 내각. ⓟ초당.

초대 (初-) 圏 어떤 일에 경험이 없이 처음으로 나선 사람.

초대 (初代) 圏 어떤 계통의 첫 번째 차례. 또는 그 사람. ☐~ 대통령 / ~ 총장을 지내다.

초대 (初對) 圏圄타 1 초대면(初對面). 2 일을 처음 당해 서투름을 이르는 말.

초대 (招待) 圏圄타 1 어떤 모임에 와 줄 것을 청함. ☐~를 받다. 2 사람을 불러서 대접함. ☐~ 손님 / 친구를 집에 ~하다. 3〖역〗임금의 명으로 불러오게 함.

초대 교:회(初代敎會) 원시 기독교 시대, 곧 33~150년경에 성립된 교회.

초대-권(招待券)[-꿘] 圓 어떤 모임에 오기를 청하는 표. □전람회 ~ / ~을 돌리다.

초-대면(初對面) 圓 처음으로 대면함. □ ~ 인사 / ~부터 친해지다.

초대-연(招待宴) 圓 손님을 초대하여 베푸는 잔치. □광복절 기념 외국 사절 ~.

초대 외:교(招待外交) 圓 초청 외교.

초대-장(招待狀)[-짱] 圓 초대하는 뜻을 적은 편지. □시사회 ~ / ~을 보내다.

초대-전(招待展) 圓 흔히, 미술·공예 등의 유명 작가를 초대하는 형식으로 그들의 작품들을 모아 베푸는 전시회. □원로 화가들의 ~.

초-대형(超大型) 圓 아주 큰 것. 극히 대형인 것. ↔냉장고 / ~ 스크린 / ~ 유조선.

초도(初度) 圓 1 맨 처음의 차례. 곧, 첫 번. 초차. 초회. 2 '초도일(初度日)'의 준말.

초-도목(草都目) 圓〖역〗도목정사(都目政事) 때에, 벼슬할 사람의 관직·성명을 적어서 임금에게 올리던 초본(草本).

초-도서(初圖書) 圓 쇠붙이나 돌 따위에 새기는 글자의 초본(草本).

초도-순시(初度巡視)[-씨] 圓 한 기관의 책임자 등이 부임하여 처음으로 그의 관할 지역이나 기관을 돌아보는 일.

초도 습의(初度習儀)[-스븨 / -스비]〖역〗나라 의식의 예행 연습 과정에서 처음으로 하는 연습.

초도-식(初渡式) 圓 시도식(始渡式).

초도-일(初度日) 圓 '환갑날'의 예스러운 일컬음. ⊜초도.

초동(初冬) 圓 초겨울.

초동(初動) 圓 1 최초의 행동. 최초의 동작. 2〖지〗지진에서, 큰 진동에 앞서 일어나는 미세한 진동.

초동(樵童) 圓 땔나무를 하는 아이.

초동-급부(樵童汲婦)[-뿌] 圓 땔나무를 하는 아이와 물을 긷는 아낙네라는 뜻으로, 평범한 사람을 이르는 말.

초동-목수(樵童牧豎)[-쑤] 圓 땔나무를 하는 아이와 짐승을 치는 아이. ⊜초목.

초동 수사(初動搜査) 범죄 사건이 일어났을 때 최초로 행해지는, 현장을 중심으로 한 긴급 수사 활동. 범죄 현장을 관찰하고 증거 자료를 발견·확보하며 참고인의 증언을 들음. □철저한 ~가 사건 해결의 관건이다.

초두(初頭) 圓 1 처음 무렵. 일의 첫머리. □21세기 ~. 2 애초.

초두(梢頭) 圓 나무의 잔가지 끝.

초두(鐎斗) 圓 다리가 셋이고 자루가 있는 쟁개비.

초-두구(草豆蔻) 圓〖식〗생강과의 열대 식물. 중국 원산. 잎은 피침형으로 크며, 꽃은 남빛, 열매는 좀 갸름하며 맛이 시고 향기가 있으며, 껍질은 얇고 황백색임. 한약재로 씀.

초두-난액(焦頭爛額) 圓 머리를 그슬리고 이마를 태워 가며 불을 끈다는 뜻으로, 어려운 일을 당하여 몹시 애를 씀을 이르는 말.

초두-머리(草頭-) 圓 한자 부수(部首)의 하나. 《'菊·茂' 등에서 '艹'나 '艸'의 이름》.

초둔(草芚) 圓 뜸1.

초-들다[초들어, 초드니, 초드는] 国 특히 어떤 사실을 입에 올려서 말하다. □초들어 말할 거리가 못 된다.

초등(初等) 圓 차례가 있는 데서 맨 처음 등급.

초등 교:육(初等敎育) 초보적(初步的)이며 기본적인 보통 교육을 내용으로 하는 초등학교

교육.

초등-학교(初等學校)[-꾜] 圓 공부할 나이에 이른 아동에게 초등 교육을 가르치는 학교 《수업 연한은 6년. 구칭: 국민학교》. □ ~ 교사 / ~에 다니다.

초등-학생(初等學生)[-쌩] 圓 초등학교에 다니는 학생.

초라니 圓 1 하회 별신굿 탈놀이에 나오는 인물의 하나. 양반의 하인으로 성격이 가볍고 방정맞음. 2 나자(儺者)의 하나《기괴한 계집 형상의 탈을 쓰고, 붉은 저고리에 푸른 치마를 입고, 긴 대의 깃발을 가졌음》.
[초라니 대상 물리듯] 언제건 해야 할 일을 미루고 또 미루는 모양을 이르는 말.

초라-떼다 国 격에 맞지 않는 짓이나 차림새로 창피를 당하다.

초라-하다[혱] 圓 1 겉모양이 허술해 보잘것없다. □초라한 옷차림 / 행색이 ~. 2 보잘것없고 변변하지 못하다. ⊜추레하다. 초라-히[뮈]

초래(招來) 圓[하타] 1 어떤 결과를 가져오게 함. □불행을 ~하다 / 만성적인 자금난을 ~하다 / 불필요한 추측이나 오해를 ~하다. 2 불러옴.

초략(抄掠) 圓[하타] 노략질로 빼앗음.

초략(抄略) 圓[하타] 글의 내용을 간추리고 생략함.

초략-하다(草略-)[-랴카-] 圓 몹시 거칠고 간략하다.

초량(初涼) 圓 첫가을.

초려(初慮) 圓 1 초가. 2 □삼고(三顧) ~. 2 '자기 집'을 낮추어 일컫는 말.

초려(焦慮) 圓[하타] 초사(焦思).

초련(初-) 圓 일찍 여문 곡식이나 여물지 않은 곡식으로 가을걷이 때까지 대어 먹는 일.

초련(初鍊) 圓[하타] 1 재목을 베어 대강 다듬는 일. 껍질을 벗기고 옹이를 깎아 버리는 일 따위. 2 무슨 일을 한 번에 완전히 하지 않고 애벌로 대강만 매만지는 일.

초련(初戀) 圓 첫사랑.

초련-질(初鍊-) 圓[하타] 1 대패로 나무의 면(面)을 대강 깎아 내는 일. 2 어떤 일을 초벌로 대강 매만짐.

초례(醮禮) 圓[하자] 전통적으로 지내는 혼인 예식. □~를 올리다 / ~를 지내다.

초례-청(醮禮廳) 圓 초례를 치르는 곳.

초로(初老) 圓 초로기(初老期). □ ~의 신사.

초로(草露) 圓 풀잎에 맺힌 이슬.
초로(와) 같다 圓 덧없다. 허무하다.

초로(樵路) 圓 나뭇길.

초로-기(初老期) 圓 노년기의 초기《늙는 과정이 시작되는 45~50세의 시기》. 초로(初老). □ ~에 접어들다.

초로-인생(草露人生) 圓 풀잎에 맺힌 이슬이라는 뜻으로, 인생의 덧없음을 이르는 말.

초록(抄錄) 圓[하타] 필요한 것만 뽑아서 적음. 또는 그러한 기록. 초기. □6·25전쟁 ~. ⊜초(抄).

초록(草綠) 圓 '초록빛'의 준말.
[초록은 동색(同色) ; 초록은 한 빛] ㉠동류끼리 어울린다는 뜻. ㉡이름은 다르나 따지고 보면 한가지라는 말.

초록-빛(草綠-)[-삗] 圓 파랑과 노랑의 사잇빛. 초록색. ⊜초록.

초록-색(草綠色)[-쌕] 圓 초록빛.

초롱 圓 석유나 물 따위를 담는 양철통. □물 ~ / 석유 ~.

초롱(-籠) 圓 등롱(燈籠).

초롱-꽃 (-籠-)[-꼳]**명**《식》초롱꽃과의 여러해살이풀. 산과 들에 저절로 나며 높이는 60 cm가량이고 전체에 털이 있음. 잎은 긴 달걀꼴로 어긋나게 나며, 여름에 희거나 연한 자주색 바탕에 붉은 점이 있는 종 모양의 꽃이 늘어져 핌.

초롱-불 (-籠-)[-뿔]**명** 초롱에 켜 놓은 불. □～이 가물거리다.

초롱초롱-하다 **형여** **1** 눈이 정기가 있고 맑다. □눈망울이 ～. **2** 별빛이나 불빛 따위가 밝고 또렷하다. □별빛이 초롱초롱하게 빛나다. **3** 정신이 맑고 또렷하다. □머릿속이 초롱초롱하게 맑아오다. **초롱초롱-히** **부**

초륜-하다 (超倫-)**형여** 초범(超凡)하다.

초름-하다 **형여** **1** 넉넉하지 못하여 좀 모자라다. **2** 마음에 차지 아니하여 내키지 않다. 초름-히 **부**

초리 **명** 〈옛〉꼬리.

초리 (草履) **명** 짚신.

초립 (草笠) **명** 예전에, 어린 나이에 관례(冠禮)를 한 남자가 쓰던, 매우 가는 풀이나 말총으로 결어 만든 누른 빛깔의 갓. 풀갓. □～을 쓰다.

초립-동 (草笠童)[-똥] 초립동이.

초립-둥이 (草笠-)[-뚱-] 초립을 쓴 나이 어린 남자. 초립동.

초마-면 (炒碼麵) **명** 짬뽕3.

초막 (草幕) **명** **1** 풀이나 짚으로 지붕을 이어 조그마하게 지은 막집. **2**《불》절 근방에 있는 승려의 집.

초-막이 (初-) **명**《건》서까래에 걸친 평고대 (平高臺).

초-만원 (超滿員) **명** 정원을 넘어 더할 수 없이 꽉 찬 상태. □～을 이룬 대성황.

초맛-살 [-맏쌀] **명** 쇠고기의 대접에 붙은 살코기.

초망 (草莽) **명**하**어** **1** 풀의 떨기. 또는 풀숲. **2** 촌스럽고 뒤떨어져서 세상일에 서투름. **3** 초야(草野).

초망지신 (草莽之臣) **명** 벼슬을 하지 않고 초야에 묻혀 사는 사람.

초망착호 (草網着虎)[-차코] **명** 썩은 새끼로 엮은 망으로 범을 잡는다는 뜻으로, 되지도 않을 일을 허황되게 꾀함을 이르는 말.

초매 (草昧) **명** **1** 천지개벽의 처음. 곧, 거칠고 어두운 세상. □～의 태고(太古) 시절. **2** 거칠고 어두워서 사물이 잘 정돈되지 않은 상태의 비유.

초매-하다 (超邁-)**형여** 보통보다 훨씬 뛰어나다. □초매한 재주.

초면 (初面) **명** 처음으로 대하는 얼굴. 처음 대하는 처지. 첫낯. □～ 친구 / 그와는 ～이다. ↔구면(舊面).

초면 (炒麵) **명** 기름에 볶은 밀국수.

초면-강산 (初面江山) **명** 처음 보는 타향.

초면부지 (初面不知) **명** 처음으로 얼굴을 대하여 아는 바가 없음. □～의 손님.

초멸 (剿滅) **명**하**타** 외적이나 도적 떼를 무찔러 없앰.

초모 (招募) **명**하**타** **1** 사람을 불러서 모음. **2** 의병이나 지원병을 모집함. □군사를 ～하다.

초모 (草茅) **명**《식》잔디.

초모 (醋母) **명**《식》아세트산균.

초모필 (貂毛筆) **명** 담비의 털로 맨 붓.

초목 (草木) **명** 풀과 나무. □～이 무성하다 / 척박한 땅에도 ～은 자란다.

초목 (椒目) **명**《한의》초피나무의 씨《성질은 냉하고 맛이 쓴데, 이뇨(利尿)·해독·살충제로 씀》.

초목 (樵牧) **명** **1** 땔나무를 하는 일과 짐승을 치는 일. **2** '초동목수(樵童牧豎)'의 준말.

초목-구부 (草木俱朽)[-꾸-] **명**하**자** 초목동부 (草木同腐).

초목-동부 (草木同腐)[-뽕-] **명** 초목과 함께 썩어 없어진다는 뜻으로, 할 일을 못하거나 이름을 남기지 못하고 세상을 떠남을 이르는 말. 초목구부.

초목-회 (草木灰)[-모쾨] **명** 초목을 태운 재《비료로 씀》.

초무 (招撫) **명**하**타** 불러다가 어루만져 위로함. 불러서 따르게 함.

초-무침 (醋-) **명** 초를 넣고 무치는 일. 또는 그렇게 무친 음식.

초문 (初聞) **명** 어떤 것에 대해 처음으로 들음. 또는 그런 말. □금시～ / 그 얘기는 나도 ～이다. ↔구문(舊聞).

초-문자 (草文字)[-짜] **명** 초체(草體)의 문자. 초자(草字).

초-물 (初-) **명** 염전(塩田) 등에서, 처음으로 모래를 걸러 낸 물《졸이면 소금이 됨》.

초물-전 (草物廛) **명** 예전에, 나막신·광주리·돗자리·바구니·빨랫방망이·초방석 등의 잡살뱅이를 팔던 가게.

초미 (初味) **명** 첫입에 느끼는 맛. 첫맛. [초미에 가오리탕] 첫맛에 가오릿국.

초미 (焦眉) **명** (주로 '초미의'의 꼴로 쓰여) 눈썹에 불이 붙은 것같이 매우 위급함의 비유. 초미지급. □～의 관심사.

초-미립자 (超微粒子)[-짜] **명** 지름 100만분의 1 mm에서 1 mm 정도의 극히 미세한 입자《단위 무게당 표면적이 매우 커져서 화학 반응이 일어나기 쉽고, 뛰어난 자기 특성이나 촉매 작용을 갖게 됨》.

초미지급 (焦眉之急) **명** 초미.

초민 (焦悶) **명**하**자** **1** 애처롭고 민망하게 여김. **2** 속이 타도록 몹시 고민함. 또는 그런 고민.

초반 (初盤) **명** **1** 바둑이나 운동 경기 등에서, 승부의 처음 단계. □～에 무너지다 / 경기 ～부터 앞서 나가다. **2** 어떤 일이나 일정한 기간의 첫 단계. □2000년대 ～ / 30 대 ～의 선생님. ＊중반·종반.

초반 (礎盤) **명** 주춧돌.

초반-각 (礎盤刻) **명**《건》기둥을 받치기 위해 주춧돌의 윗부분에 새긴, 소반 모양을 한 돌기(突起).

초반-전 (初盤戰) **명** 운동 경기나 바둑, 장기 따위에서 시작한 지 얼마 되지 않은 무렵의 싸움. ＊종반전·중반전.

초발 (初發) **명** 처음으로 생겨남.

초발-성 (初發聲)[-썽] **명**《언》첫소리.

초발-심 (初發心)[-씸] **명**《불》**1** 처음으로 불문(佛門)에 들어가려고 발원하는 마음. 또는 그 사람. **2** 발심하여 불문에 갓 들어가 아직 수행이 미숙함. 또는 그런 사람.

초-밥 (醋-) **명** 초와 소금을 친 흰밥을 갸름하게 뭉쳐서 유부·김으로 싸거나 겨자와 조개·새우·생선 쪽 따위를 얹은 일본 음식의 하나《생선 초밥·유부 초밥 따위가 있음》.

초방 (初枋) **명**《건》기둥을 세운 뒤에 처음으로 박아 끼우는 légère방.

초-방목 (草榜目) **명**《역》과거에 급제한 사람의 성명을 초서로 쓴 명단.

초-방석 (草方席) **명** 풀로 결어 만든 방석.

초배 (初配) **명** 원배(元配).

초배 (初褙) 명 하타 정식으로 도배하기 전에 허름한 종이로 먼저 하는 도배. ▷신문지로 ~를 하다.

초배 (超拜) 명 하타 정한 등급을 뛰어넘어서 벼슬을 시킴.

초배-지 (初褙紙) 명 초배하는 데 쓰는 종이.

초백-주 (椒柏酒)[-쭈] 명 술의 한 가지. 후추 일곱 개와 동향(東向)한 측백(側柏)의 일곱 개를 함께 술에 담가서 우린 술《섣달 그믐날 밤에 담가서 정초(正初)에 마시면 괴질을 물리친다고 함》.

초번 (初番) 명 1 순번의 처음. 2 최초의 당번. 3 최초. 시초.

초-벌 (初-) 명 애벌. ▷~같이.

초벌-구이 (初-) 명 설구이.

초범 (初犯) 명 처음으로 저지른 범죄. 또는 그 범인. ▷~임을 감안한 훈계 방면하다.

초범-하다 (超凡-) 형여 범상한 것보다 뛰어나다. 초륜하다.

초벽 (初壁) 명 하자 [건] 벽 따위에 종이나 흙을 애벌로 바름. 또는 그렇게 바른 벽. ▷~을 바르다.

초벽 (峭壁) 명 매우 가파른 낭떠러지.

초병 (哨兵) 명 파수 보는 군사. 보초병.

초병 (醋瓶)[-뼝] 명 초를 담는 병.

초병-마개 (醋瓶-)[-뼝-] 명 초병을 막는 마개라는 뜻으로, 몹시 시큰둥한 체하는 사람의 비유.

초보 (初步) 명 1 보행의 첫 걸음. 2 학문·기술 따위의 처음 단계나 수준. ▷~ 단계 / ~ 운전자.

초보-적 (初步的) 관명 초보의 단계에 있는 (것). ▷~(인) 지식 / ~인 수준에 머물다.

초복 (初伏) 명 삼복(三伏)의 첫째《하지(夏至) 후의 셋째 경일(庚日)》. *중복·말복.

초본 (抄本) 명 원본의 일부를 베끼거나 발췌한 문서. ▷호적 ~. *등본.

초본¹ (草本) 명 초건(草件).

초본² (草本) 명 [식] 땅 위로 나온 줄기의 목질부가 발달하지 못하고 연하고 물기 많은 줄기로 된 식물. ↔목본.

초본-경 (草本莖) 명 [식] 초본의 줄기. 풀줄기. ↔목본경(木本莖).

초본-대 (草本帶) 명 고산의 꼭대기 부근이나 한지(寒地) 등, 목본은 자라지 못하고 초본만 자랄 수 있는 지대.

초본 식물 (草本植物)[-싱-] 명 초본에 속하는 식물《국화·벼·제비꽃 따위》. ↔목본 식물.

초-봄 (初-) 명 봄에 들어서는 첫 무렵.

초봉 (初俸) 명 첫 봉급. 초급(初給). ▷~이 높게 책정되다.

초부 (樵夫) 명 나무꾼.

초부 (樵婦) 명 나무하는 아낙네.

초-부유 (草蜉蝣) 명 [충] 풀잠자리.

초분 (初分) 명 사람의 평생을 셋으로 나눈 것의 처음 부분. 가장 나이가 젊을 때의 운수나 처지. *중분2·후분.

초비 (草肥) 명 풋거름.

초-비상 (超非常) 명 어떤 일이나 상태가 아주 긴박함을 나타내는 말. ▷~이 걸리다.

초빈 (招賓) 명 하자 귀한 손님을 청함.

초빈 (草殯) 명 어떤 사정으로 장사를 못 지내고 송장을 방 안에 둘 수 없을 때, 한데나 의지간에 관을 놓고 이엉 등으로 그 위를 이어 눈·비를 가리게 하는 일.

초빙 (初氷) 명 첫얼음.

초빙 (招聘) 명 하타 예를 갖춰 불러 맞아들임. 징빙(徵聘). ▷~ 연사 / 석좌 교수로 ~하다 /

전문가를 ~하여 자문을 얻다.

초빙 교:수 (招聘敎授) 정원 외의 사람으로서 초빙된 교수.

초-빛 (初-)[-삗] 명 단청(丹靑)을 칠할 때 애벌로 바르는 불그레한 채색.

초사 (初仕) 명 [역] 처음으로 벼슬길에 오름. 초입사(初入仕).

초사 (招辭) 명 공사(供辭).

초사 (哨舍) 명 초병(哨兵)의 막사.

초사 (焦思) 명 하타 애를 태우며 생각함. 또는 그런 생각. 초려(焦慮). ▷노심(勞心)~.

초-사리 (初-) 명 그해 처음으로 시장에 들어오는 첫 조기. 첫사리.

초-사날 (初四-) 명 초나흗날.

초-사흗날 (初-)[-흔-] 명 그달의 셋째 날. 초삼일. 준초사흘.

초-사흘 (初-) 명 '초사흗날'의 준말.

초산 (初産) 명 하자 처음으로 아이를 낳음. 첫해산. ▷~인 산모(産母).

초산 (硝酸) 명 [화] '질산(窒酸)'의 구칭.

초산 (醋酸) 명 [화] '아세트산'의 구칭.

초산 견사 (醋酸絹絲) '아세테이트 견사'의 구칭.

초산-균 (醋酸菌) 명 '아세트산균'의 구칭.

초산-동 (醋酸銅) 명 [화] '아세트산구리'의 구칭.

초산 발효 (醋酸醱酵) [화] '아세트산 발효'의 구칭.

초산-부 (初産婦) 명 아이를 처음 낳는 여자. *경산부(經産婦).

초산 비닐 (醋酸vinyl) [화] '아세트산 비닐'의 구칭.

초산-석회 (醋酸石灰)[-서쾨] 명 [화] '아세트산칼슘'의 구칭.

초산 섬유소 (醋酸纖維素) [화] '아세틸셀룰로오스'의 구칭.

초산-알루미늄 (醋酸aluminium) 명 [화] '아세트산알루미늄'의 구칭.

초산-암모늄 (硝酸ammonium) 명 [화] '질산암모늄'의 구칭. *초안(硝安).

초산에스테르 (醋酸ester) 명 [화] '아세트산에스테르'의 구칭.

초산-연 (醋酸鉛) 명 [화] '아세트산납'의 구칭.

초산-염 (硝酸塩)[-념] 명 [화] '질산염'의 구칭.

초산-염 (醋酸塩)[-념] 명 [화] '아세트산염'의 구칭.

초산-은 (硝酸銀) 명 [화] '질산은(窒酸銀)'의 구칭.

초산-칼슘 (醋酸calcium) 명 [화] '아세트산칼슘'의 구칭.

초-삼일 (初三日) 명 초사흘날.

초상 (初喪) 명 사람이 죽어서 장사 지낼 때까지의 일. ▷~을 치르다.

초상 (肖像) 명 사람의 얼굴이나 모습을 나타낸 그림이나 사진. ▷~을 그리다.

초상 (初霜) 명 첫서리.

초상 (初床) 명 [악] 아쟁(牙箏)을 받쳐 놓는, 나무로 만든 기구.

초상 (鞘狀) 명 칼집 모양으로 생긴 형상.

초상-계 (初喪契)[-께] 명 [-계] 계원 가운데 초상을 당한 사람에게 돈이나 곡식을 태워 주는 계. 상포계(喪布契).

초상-권 (肖像權)[-꿘] 명 [법] 인격권(人格權)의 하나로 자기의 초상을 사용하는 데 관한

독점권((승낙 없이 자기의 초상이 사용되었을 경우에는, 손해 배상을 청구할 수 있음). ⬚ ~ 침해로 고소하다.

초상-나다(初喪-)짜 집안에 사람이 죽는 일이 생기다.

초상난 집 같다句 걱정과 비애 속에 잠겨 매우 스산하고 서글픈 분위기다.

초상-록(初喪錄)[-녹]명 초상을 치르는 일과 관계된 모든 일을 적어 두는 기록. 초종록.

초상-상제(初喪喪制)명 초상 중에 있는 상제(喪制).

초상-집(初喪-)[-찝]명 초상난 집.
[초상집 개 같다] 의지할 데가 없이 굶주려 이리저리 헤매어 초라하다.

초상-화(肖像畫)명 사람의 얼굴이나 모습을 그린 그림.

초색(草色)명 1 풀빛. 2 곡식을 못 먹고 풀 따위만 먹어 누렇게 뜬 얼굴빛의 비유.

초생(初生)명 갓 생겨남.

초생-달(初生-)명 ☞초승달.

초생-아(初生兒)명 배꼽이 아직 떨어지지 않은 갓난아이. 신생아(新生兒).

초생-지(草生地)명 풀이 난 물가의 땅.

초서(招壻)명하자 1 사위를 맞음. 2 데릴사위.

초서(草書)명 서체(書體)의 하나. 전서와 예서를 간략하게 한 것으로, 흔히 행서(行書)를 더 풀어 점획을 줄여 흘려 쓴 글씨.

초서(貂鼠)명동 노랑가슴담비.

초서-피(貂鼠皮)명 노랑가슴담비의 모피(털의 밑동이 푸른빛을 띤 것으로 초피(貂皮) 중의 중길임).

초석(草席)명 짚·왕골 따위로 엮어 만든 자리.

초석(硝石)명[화] 질산칼륨.

초석(礁石)명 물속에 들어 있어 표면에 안 나타나는 돌. 암초.

초석(礎石)명 1 주춧돌. 2 어떤 사물의 기초를 비유적으로 이르는 말. ⬚나라의 ~ / 건국의 ~이 되다.

초선(初選)명하자타 처음으로 뽑음. 또는 처음으로 뽑힘. ⬚~ 의원(議員).

초선(哨船)명 적의 습격을 경계하려고 순찰하는 배.

초설(初雪)명 첫눈².

초성(初聲)명[언] 첫소리.

초성(草聖)명 초서(草書)를 잘 쓰기로 이름난 사람.

초세(超世)명하자 1 한세상에서 뛰어남. 2 세속에 구속되지 않고 초연함. 초속.

초소(哨所)명 보초를 서는 곳. ⬚경비 ~ / 방범 ~.

초속(初速)명 '초속도(初速度)'의 준말.

초속(秒速)명 1초 동안의 속도. ⬚~ 20미터의 바람.

초속(超俗)명하자 초세(超世)2.

초-속도(初速度)[-또]명[물] 어떤 물체가 움직이기 시작할 때의 속도. ⬚탄환(彈丸)의 ~. ㉘초속(初速).

초속도 윤전기(超速度輪轉機)[-또-] 매우 빠른 속도로 인쇄하는 윤전기.

초쇄-본(初刷本)명[인] 초인본.

초수(初手)명 첫솜씨.

초순(初旬)명 상순(上旬). ⬚9월 ~.

초순(初巡)명 활을 쏠 때의 첫 번째 돌림.

초순(焦脣)명하자 입술을 태운다는 뜻으로, 애태움을 이르는 말.

초-스피드(超speed)명 매우 빠른 속력(速力).

⬚경주차가 ~로 달려간다.

초습(剿襲)명하타 1 남의 것을 덮쳐서 빼앗거나 하여 제 것으로 함. 2 남의 말이나 글을 따다가 씀.

초승(初-)명 음력으로 그달 첫머리의 며칠 동안의 일컬음. ⬚훗달 ~께.

초승-달(初-)[-딸]명 초승에 뜨는 달. 신월(新月). 초월(初月). ⬚~ 모양의 눈썹. ↔그믐달.

초승-하다(稍勝-)형여 수준이나 역량 따위가 조금 낫다.

초시(初試)명[역] 과거의 맨 처음 시험. 또는 그 시험에 급제한 사람. 지방과 서울에서 식년(式年)의 전해 가을에 보았음.

초식(草食)명하자 푸성귀로만 만든 음식. 또는 그런 음식만 먹음. ↔육식.

초식 동물(草食動物)[-똥-][동] 풀을 주식물로 하는 포유동물(소·말·양·사슴 따위). *육식(肉食) 동물·잡식(雜食) 동물.

초식-성(草食性)[-썽]명 초식 동물처럼 풀을 먹이로 하는 성질.

초식-어(草食魚)명[어] 수초(水草)나 조류(藻類)를 주로 먹고 사는 어류. 은어(銀魚)·멸치 등으로 극히 드묾.

초식-장(草食場)[-짱]명 시장 안에 푸성귀 장수들이 벌여 있는 곳.

초-신성(超新星)명[천] 별의 진화의 최종 단계에서 대폭발을 일으켜, 밝기가 태양의 수억 내지 백억(百億) 배에 달하는 신성. 가장 최근의 것은 1993년 큰곰자리 M81에 나타난 것으로 절대 등급 -17.5.

초실(草室)명 1 새 재목으로 지은 집. 2 초취(初娶).

초실-하다(稍實-)형여 1 살림이 펴서 조금 넉넉하다. 초요(稍饒)하다. 2 열매가 약간 여물다.

초심(初心)명 1 처음에 품은 마음. ⬚~으로 돌아가다. 2 처음으로 배우는 사람. 초심자.

초심(初審)명[법] 제일심(第一審). ⬚~에서 무죄 판결을 받다.

초심(焦心)명하타 마음을 졸여 태움.

초심-고려(焦心苦慮)명하자 마음을 태우며 괴롭게 염려함.

초심-자(初心者)명 1 어떤 일을 처음 배우는 사람. 초심. ⬚~를 위한 입문서. 2 어떤 일에 아직 익숙하지 않은 사람.

초싹-거리다짜 ☞촐싹거리다.

초싹-거리다²[-꺼-]타 1 어깨나 입은 옷 따위를 가볍게 자꾸 치켰다 내렸다 하다. 2 일부러 남을 자꾸 부추기다. ㉘추썩거리다. 초싹-싹²부하타

초싹-대다[-때-]타 초싹거리다².

초싹-이다짜타 1 어깨나 입은 옷 따위를 가볍게 치켰다 내렸다 하다. 2 일부러 남을 살살 부추기다.

초아(草芽)명 풀의 싹.

초-아흐레(初-)명 '초아흐렛날'의 준말.

초-아흐렛-날(初-)[-렌-]명 그달의 아홉째 날. ㉘아흐렛날·초아흐레.

초안(草案)명하타 초를 잡음. 또는 그 글발. 원안. ⬚법률 ~ / 연설문의 ~을 잡다 / 계약서 ~을 검토하다.

초안(硝安)명[화] '초산암모늄'의 준말. 질산암모늄.

초암(草庵)명 갈대나 짚·풀 따위로 지붕을 인 암자.

초야(初夜)명 1 예전에, 전날 밤중부터 이튿날 아침까지의 일컬음. 지금은 초저녁. 2 첫

경(初更). 3 첫날밤. ▢신혼 ~.
초야(草野)圏 시골의 궁벽한 땅. ▢~에 묻혀 살다.
초약(草約)圏 화투 놀이에서, 난초 넉 장을 갖춰 이루는 약.
초약(草藥)圏 초재(草材)1.
초-약장(炒藥欌)[-짱]圏 법제(法製)한 약제만을 따로 넣어 두는 약장.
초어(梢魚·鮹魚)圏《동》낙지.
초어(樵漁)圏 어초(漁樵).
초업(礎業)圏 기초가 되는 사업.
초-엘에스아이(超LSI)圏《컴》LSI를 더욱 소형화한 집적 회로. 가로와 세로가 각각 수 밀리미터인 실리콘 기판(基板) 위에 10만-100만 개의 트랜지스터·저항기 따위를 집적하였음. 초고밀도 집적 회로. *엘에스아이(LSI).
초-여드레(初-)圏 '초여드렛날'의 준말.
초-여드렛날(初-)[-렌-]圏 그달의 여덟 번째 날. 준초여드레.
초-여름(初-)圏 여름철이 시작되는 첫 무렵.
초역(抄譯)圏하타 원문의 어느 부분만을 뽑아서 번역함. 또 그 번역. ▢어린이용으로 작품을 ~하다. *완역(完譯).
초연(初演)圏하타 연극이나 음악 등의 첫 번째 공연. ▢그 작가의 작품이 예술의 전당에서 ~되었다.
초연(炒硏)圏하타《한의》약재를 불에 볶아, 약연(藥碾)에 넣고 가는 일.
초연(招宴)圏하타 연회에 초대함. 또는 초대해서 베푸는 연회.
초연(硝煙)圏 화약의 연기. ▢~이 자욱한 싸움터.
초연-내각(超然內閣)圏 정당·정파를 배경으로 하지 않은 내각. 거국 내각.
초연-주의(超然主義)[-/-이]圏 어떠한 일에 직접으로 관계하지 아니하고 자기의 생각·입장에서 독자적으로 그 일을 하는 주의.
초연-탄우(硝煙彈雨)圏 화약 연기가 자욱하고 탄알이 비오듯 한다는 뜻으로, 격렬한 전투를 비유한 말.
초연-하다(悄然-)혱여 의기(意氣)를 잃은 기운이 없다. **초연-히**톰. ▢고개를 떨구고 ~ 걸어간다.
초연-하다(超然-)혱여 1 어떤 수준보다 훨씬 뛰어나다. ▢초연한 덕성. 2 세속(世俗)에서 벗어나 있어 현실에 구애되지 않다. ▢돈 문제에 ~. **초연-히**톰. ▢~ 살아가다.
초열(焦熱)圏 1 타는 듯한 더위. 2 '초열지옥'의 준말.
초열-지옥(焦熱地獄)圏《불》팔대(八大) 지옥의 하나. 살생(殺生)·절도·음행(淫行)·음주(飮酒)·망어(妄語)의 죄를 지은 사람이 간다는 지옥. 준초열.
초-열흘(初-)圏 '초열흘날'의 준말.
초-열흘날(初-)[-랄]圏 그달의 열 번째 날. 준초열흘.
초엽(初葉)圏 한 시대를 셋으로 구분할 때 그 처음 시기. ▢20세기 ~. *중엽·말엽.
초엽(草葉)圏 풀잎.
초엽(蕉葉·草葉)圏《건》기둥이나 벽에 박아서 단예(短欄)·선반 등을 받치게 된 길쭉한 삼각형의 널조각(흔히 운각(雲刻)을 베품).
초-엿새(初-)圏 '초엿샛날'의 준말.
초-엿샛날(初-)[-엳쌘-]圏 그달의 여섯째 날. 준초엿새.
초오(草烏)圏《식》바꽃.
초오두(草烏頭)圏《한의》바꽃의 덩이뿌리《외과약(外科藥)·적취(積聚)·심복통(心腹

痛)·치통 따위에 약재로 씀》. 독공(毒公). 준오두(烏頭).
초옥(招獄)圏하자 예전에, 죄상을 밝히려고 범죄 사실을 문초하던 일.
초옥(草屋)圏 초가(草家).
초-요기(初療飢)圏 허기를 면하기 위해 끼니를 먹기 전에 우선 음식을 조금 먹는 일.
초요-기(招搖旗)圏《역》싸움터에서 대장이 부하 장수를 부르거나 지휘하며 호령할 때 사용하던 기.
초우(初虞)圏 장사 지낸 뒤 처음으로 지내는 제사《혼령을 위안하기 위해 당일을 넘기지 않음》. *재우·삼우.
초우라늄 원소(超uranium元素)《물》우라늄보다 원자 번호가 큰 인공 방사성 원소. 플루토늄·아메리슘·퀴륨 따위. 초우란 원소.
초-우인(草偶人)圏 제웅1.
초원(草垣)圏 풀로 엮어 만든 담.
초원(草原)圏 풀이 난 들. ▢푸른 ~ / ~에 말을 놓아기르다.
초원-하다(悄遠-)혱여 거리가 조금 멀다.
초월(初月)圏 초승달.
초월(超越)圏하자 1 어떤 한계나 표준을 뛰어넘음. 초일. ▢시대를 ~하다 / 상상을 ~한 기록을 세우다 / 생사를 ~하다 / 세속을 ~한 도인다운 풍모. 2《철》인식·경험의 범위 밖에 존재함. 가능적 경험의 영역 밖에 있음. 의식 내용의 범위에 속하지 않는 일. 초절.
초월(楚越)圏 1 중국 전국 시대의 초나라와 월나라의 사이라는 뜻으로, 서로 원수처럼 여기는 사이를 이르는 말. 2 서로 떨어져서 상관이 없는 사이.
초월-론(超越論)圏《철》인식을 성립시키기 위하여 주관 쪽의 경험에서 독립한 선천적 여러 조건을 분명히 하고, 그것들의 선천적 조건을 근거로 하여 일체의 현상을 설명하려는 관념론적 인식론. 선험론(先驗論).
초월-수(超越數)[-쑤]圏《수》대수적(代數的) 수가 아닌 수《원주율(圓周率)·자연로그의 밑 따위》.
초월-적(超越的)[-쩍]관圏 어떤 한계나 표준을 뛰어넘어 있는 (것). ▢~ 존재 / ~ 가치.
초월-주의(超越主義)[-/-이]圏 1 선험(先驗)주의. 2 19세기 전반 미국에서 일어난 철학·종교 운동. 유한(有限)한 존재 안에 신적(神的) 존재를 인정하는 신비적 신론(汎神論)의 입장이며, 윤리적으로는 이상주의·개인주의를 취하고 사회 개량에 힘씀.
초월 함:수(超越函數)[-쑤]圏《수》대수(代數) 함수가 아닌 함수《삼각 함수·지수 함수·로그 함수 따위》.
초위(招慰)圏하타 1 불러서 위로함. 2 달래어 귀순시킴.
초유(初有)圏하형 처음으로 있음. ▢사상 ~의 국가적 경사.
초유(初乳)圏《생》임신 말기부터 분만 2-3일 사이에 분비되는 물같이 말간 모유(母乳). ▢아기에게 ~를 먹이다.
초유(招誘)圏하타 불러서 권유함.
초유(招諭)圏하타 불러서 타이름.
초유-사(招諭使)[-역]圏 난리가 났을 때, 백성을 타일러 경계하는 일을 맡던 임시 벼슬.
초은(樵隱)圏 세상과 멀리 떨어져 산속 깊이 숨어서 땔나무나 하며 사는 숨은 선비.
초-은하단(超銀河團)圏《천》둘 이상의 은하단이나 은하군이 연속하여 1억 광년 이상의

큰 구조를 이룰 때의 이름. 우리 은하계는 처녀자리 초은하단에 속함. *은하단.

초음 (草陰) 圈 무성한 풀숲의 그늘.

초-음속 (超音速) 圈 《물》 소리의 속도보다 빠른 속도 《마하수(Mach數)로 나타냄》. □ ~ 제트기.

초음속-기 (超音速機)[-끼] 圈 초음속으로 비행하는 항공기.

초-음파 (超音波) 圈 《물》 진동수가 매초 2만 헤르츠 이상이고 소리로는 들리지 않는 음파 《어군 탐지(魚群探知)·금속 탐상(探傷)·의학 진단 등에 널리 이용됨》. □ ~ 탐지기 / ~ 영상 진단기. ⍲초음(超音).

초음파 검:사 (超音波檢查) 《의》 초음파를 이용하여 태아의 상태나 체내 조직 등의 이상을 검사하는 방법 《뇌종양·갑상선 종양·유방암·간장암 등의 진단에 이용함》.

초-이레 (初-) 圈 '초이렛날'의 준말.

초-이렛날 (初-)[-렌-] 圈 그달의 일곱 번째 날. 초칠일. ⍲초이레.

초-이튿날 (初-)[-튿-] 圈 그달의 두 번째 날. ⍲초이틀·이튿날.

초-이틀 (初-) 圈 '초이튿날'의 준말. ⍲초이틀'.

초인 (招引) 圈匝匝 1 죄인이 진술할 때 남을 끌어넣음. 2 사건에 관계된 사람을 불러냄.

초인 (超人) 圈 1 보통 사람보다 훨씬 뛰어난 능력을 가진 사람. 2 《철》 도덕을 무시하고 민중을 지배하는 권력을 행사하면서 인간적 가능성을 극한까지 실현한 이상적 인간형. 초인간.

초-인간 (超人間) 圈 초인(超人).

초-인격 (超人格)[-껵] 圈匝 인류의 성격을 완전히 초월함. 또는 그러한 존재 《신이나 절대자 등을 가리킴》.

초인격-적 (超人格的)[-껵쩍] 冠圈 인간성을 초월하여 그 위에 있는 (것). □ ~ 존재(存在).

초인-본 (初印本) 《인》 조판하여 첫 번째로 인쇄하여 낸 책. 초쇄본(初刷本).

초-인사 (初人事) 圈 첫인사.

초인-적 (超人的) 冠圈 보통 사람보다도 훨씬 뛰어난 능력을 가진 (것). 초인간적. □ ~인 활약.

초인-종 (招人鍾) 圈 사람을 부르는 신호로 울리는 종. □ ~을 누르다.

초인-주의 (超人主義)[-/-이] 圈 《철》 초인(超人)을 궁극 목적으로 하는 니체의 철학 사상.

초일 (初日) 圈 1 어떤 일의 처음이 되는 날. 첫날. □ 흥행 ~부터 만원이다. 2 처음 떠오르는 해.

초일 (超逸) 圈匝匝匝 초월(超越)1.

초-일념 (初一念)[-렴] 圈 초지(初志).

초-읽기 (秒-)[-일끼] 圈 1 바둑에서, 계시원이 둘 차례가 된 기사의 제한 시간이 5분이나 10분 남았을 때부터 시간이 되는 것을 초 단위로 알려 주는 일. □ ~를 시작하다. 2 시간을 초 단위로 세는 일. □ 우주선 발사는 ~ 단계에 들어갔다. 3 시간적으로 급박한 상태에 있는 일의 비유. □ ~에 몰리다.

초임 (初任) 圈匝匝 처음으로 어떤 직(職)에 임명되거나 취임함. □ ~ 인사 / ~ 장교.

초임 (初賃) 圈 새로 취직하여 처음 받는 급료.

초임-급 (初任給) 圈 초임되어 받는 급료. □ ~으로는 비교적 고액이다. ⍲초급.

초입 (初入) 圈匝匝 1 골목 등으로 들어가는 어귀. □ 마을의 ~ / 골목 ~에 있는 집. 2 어떤

일 따위가 시작되는 첫머리. □ 여름의 ~에 들어서다. 3 처음으로 들어감.

초입 (招入) 圈匝匝 불러들임.

초-입경 (初入京)[-경] 圈匝匝 시골 사람이 서울에 처음 옴.

초-입사 (初入仕)[-싸] 圈匝匝 《역》 초사(初仕).

초자 (草字) 圈 초문자(草文字).

초자 (硝子) 圈 유리(琉璃).

초자 (樵子) 圈 나무꾼.

초자-막 (硝子膜) 圈 《동》 유리막.

초-자아 (超自我) 圈 《심》 이드(id)·자아(自我)와 함께 정신을 구성하는 한 요소. 도덕·양심 따위와 같이 본능이나 자아의 욕구를 억제하는 높은 정신 현상. 슈퍼에고(superego).

초-자연 (超自然) 圈 자연의 이치를 넘어서 이론적으로 설명할 수 없는 신비적인 것. □ ~ 현상.

초자연-적 (超自然的) 冠圈 자연을 초월한 그어떤 존재나 힘에 의거하는 (것). □ ~ 존재 〔섭리〕 / ~인 힘에 의지하다.

초자-체 (硝子體) 圈 《생》 유리체.

초삼식지 (稍蠶食之)[-찌] 圈匝匝 차츰차츰 침노하여 먹어 들어감. ⍲잠식(蠶食).

초장 (初章) 圈 삼장(三章)으로 되어 있는 시가의 첫째 시구(詩句).

초장 (初場) 圈 1 장사를 시작한 처음의 동안. □ 재수 없게 ~부터 외상이라니. 2 일을 시작한 첫머리 무렵. □ ~부터 일이 꼬인다. 3 예전에, 과거를 볼 때 첫날의 시험장.

초장 (炒醬) 圈 볶은장.

초장 (醋醬) 圈 1 초를 치고 양념을 한 간장. 2 초고추장.

초재 (草材) 圈 《한의》 1 풀 종류로 된 약재. 초약(草藥). 2 우리나라에서 나는 한약재. ↔당재(唐材).

초재 (礎材) 圈 기초가 되는 재료.

초재진용 (楚材晉用) 圈 초나라 인재를 진나라에서 쓴다는 뜻으로, 자기 나라의 인재(人材)를 알아주지 않아 다른 나라에서 이용함을 이르는 말.

초-저녁 (初-) 圈 1 이른 저녁. □ ~부터 잠자리에 들다. 2 〈속〉 일의 시초. □ 일이 제대로 되긴 ~부터 글렀군.

초저녁-잠 (初-)[-짬] 圈 초저녁에 일찍이 드는 잠. □ ~이 많다.

초-저온 (超低溫) 圈 지극히 낮은 온도 《절대 영도에 무한히 가까운 저온을 가리킴》.

초적 (草笛) 圈 풀잎피리.

초적 (草賊) 圈 1 좀도둑. 2 남이 수확한 농작물을 훔치는 도둑.

초적 (樵笛) 圈 나무꾼이 부는 피리.

초천 (招薦) 圈 사람을 부르거나 초대하는 전보나 전화.

초-전기 (焦電氣) 圈 《물》 전기석(電氣石) 같은 어떤 결정체의 일부를 가열할 때 표면에 나타나는 전기. 피로(pyro) 전기.

초-전도 (超電導) 圈 금속·합금 및 어떤 종류의 유기 화합물을 일정 온도 이하로 낮추면 전기 저항이 제로가 되는 현상.

초전도-체 (超電導體) 圈 초전도 현상을 일으키는 물질. 초전도 물질.

초절 (超絶) 圈匝匝匝 1 다른 것에 비하여 특별히 뛰어남. 2 《철》 절대로 넘지 못하는 한계를 사이에 두고 존재하는 일 《특히, 신과 사람의 한계에서 세계에 대한 신의 초월적 존재의 뜻》. 초월.

초-절임 (醋-) 圈匝匝 채소나 나물 따위를 식초에 절이는 일. 또는 그렇게 절인 음식.

초절-하다(峭絶-)**형여** 산봉우리가 몹시 높고 가파르다.

초점(焦點)[-쩜] **명 1** 관심이나 흥미가 집중되는 사물의 중심 부분. ▢화제의 ~ / 문제의 ~을 흐리다. **2** 사진을 찍을 때, 대상의 영상이 가장 선명하게 나타나는 상태. **3**『물』구면 거울·볼록 렌즈 등에서 입사 평행 광선이 반사 또는 굴절하여 한곳으로 모이는 점. **4**『수』 타원·쌍곡선·포물선의 위치 및 모양을 정하는 요소가 되는 점. **5** 원근에 따라 눈이 대상을 가장 똑똑하게 볼 수 있도록 맞추는 점. ▢~ 없는 눈길 / ~이 흐려지다 / 눈의 ~을 맞추다.

초점 거:리(焦點距離)[-쩜-]『물』구면 거울·볼록 렌즈 따위의 중심에서 초점까지의 거리.

초-젓국(醋-)[-전꾹] **명** 새우젓국에 초를 치고 고춧가루를 뿌려서 만든 젓국. 초해즙(醋醢汁).

초정(峭艇) **명** 초계정.

초제(招提) **명**『불』관부(官府)에서 사액(賜額)한 절.

초제(醮祭) **명**『민』무속 신앙이나 도교에서, 별을 향하여 지내는 제사(祭祀).

초-제공(初提栱) **명**『건』주삼포(柱三包)의 집에는 기둥 위에 초방(初枋)과 교차하여 짜고, 삼포(三包) 이상의 집에는 기둥머리 위에 장화반(長花盤)과 교차하여 짜는 물건.

초조(初潮) **명** 월경이 처음으로 나오는 일. 또는 그 월경. 초경.

초조(焦燥) **명하형히부** 애를 태워서 마음을 졸임. ▢~한 마음 / 당황한 나머지 ~한 빛을 감추지 못했다 / 자기 차례를 ~히 기다리다.

초-조금(初潮-) **명** 매달 초승에 드는 조금.

초-조반(初早飯) **명**『궁』조반(早飯).

초종(初終) **명** '초종장사(初終葬事)'의 준말. ▢~을 치르다.

초종-록(初終錄)[-녹] **명** 초상록(初喪錄).

초종-범절(初終凡節) **명** 초상 치르는 데 관한 모든 절차.

초종-장사(初終葬事) **명** 초상난 뒤부터 졸곡(卒哭)까지 모든 절차의 일컬음. ⓒ초종.

초-주검(初-) **명** 피곤에 지치거나 두들겨 맞아 거의 다 죽게 된 상태. ▢~을 면하다 / 감사를 받느라고 지쳐서 ~이 되었다.

초준(初準) **명** 초교(初校).

초중종(初中終) **명 1**『문』시조의 삼장. 곧, 초장·중장·종장의 총칭. **2**『문』옛날 글방에서 아이들이 시구를 암기하여 글을 익히는 방법의 한 가지(초장은 그 글자가 첫 자이고 중장은 오언(五言)이면 셋째 자, 칠언(七言)이면 넷째 자이고, 종장은 끝 자가 됨). **3**『언』초성(初聲)·중성(中聲)·종성(終聲)의 총칭.

초지(初志) **명** 처음에 품은 뜻이나 의지. ▢~를 관철하다.

초지(抄紙) **명하자** 종이를 뜸. 종이뜨기.

초지(草地) **명** 풀이 나 있는 땅. 가축의 방목 또는 목초의 재배에 이용함. ▢~ 조성 / 황폐한 땅을 ~로 일구다.

초지(草紙) **명** 글을 초 잡아 적는 데 쓰는 종이.

초-지니(初-) **명**『조』두 살 된 매나 새매(수지니는 사냥에 적당함). 초진.

초-지대(草地帶)『지』온대 지방의 여름에 비가 적은 곳에서, 키 작은 풀이 우거진 지대.

초지-일관(初志一貫) **명하자** 처음에 먹은 마음을 끝까지 밀고 나감.

초직(初職) **명** 처음으로 하는 벼슬.

초직-하다(峭直-)[-지카-] **형여** 성품이 굳고 곧다.

초진(初陳) **명**『조』초지니.

초진(初診) **명하타** 처음으로 진찰함. 또는 그 진찰. ▢~ 환자 / ~을 받다.

초-진자(秒振子) **명** 한 번 갔다 오는 주기가 2초인 진자.

초질-근(草質根) **명** 무 따위와 같이 목질(木質)이 조금 들어 있어서 조직이 연한 뿌리.

초집(抄集·抄輯) **명하타** 어떤 글에서 필요한 부분을 간략하게 뽑아서 모음. 또는 그 글.

초집(招集) **명하타** 사람을 불러서 모음. 소집.

초집(草集) **명** 시문(詩文)의 초 잡은 원고. 또는 그것을 모은 책.

초-집게(草-)[-께] **명** 풋나무나 짚 따위의 부피를 헤아리는 데 쓰는 기구.

초짜(初-) **명** 어떤 분야에서, 처음으로 하여 능숙하지 못한 사람을 낮잡아 이르는 말.

초차(初次) **명** 초도(初度)1.

초창(草創) **명하타** 어떤 사업을 일으켜 처음으로 시작함. 또는 그 시초.

초창-기(草創期) **명** 어떤 사업을 일으켜 처음으로 시작하는 시기. ▢사업 ~라 어려움이 많다.

초창-하다(招悵-) **형여** 마음에 섭섭하다.

초창-하다(悄愴-) **형여** 근심스럽고 슬프다. 초창-히 **부**

초책(抄冊) **명** 요점만 뽑아 기록한 책.

초책(草冊) **명** 초벌로 거칠게 기록한 문서.

초책(誚責) **명하타** 잘못을 꾸짖어 나무람.

초천(超遷) **명하자** 등급(等級)을 뛰어넘어 올라감.

초청(招請) **명하타** 사람을 청하여 부름. ▢~ 강연 / ~ 연사 / ~을 받다.

초청 외:교(招請外交) **명** 우호·협조를 촉진하기 위하여 대상국의 요직에 있는 인물을 초청하여 환대하는 방식의 외교. 초대 외교.

초체(草體) **명** 초서의 서체(書體).

초초(稍稍) **부** 점점.

초초(醋炒) **명하타**『한의』약재를 초에 담갔다 불에 볶아 그 성질과 맛을 부드럽게 함. 또는 그런 방법.

초초-하다(草草-) **형여 1** 매우 간략하다. ▢장례식을 초초하게 모시다. **2** 갖추지 못하여 초라하다. ▢초초한 행색. **3** 바쁘고 급하다. 초초-히 **부**

초초-하다(悄悄-) **형여** 근심이 되어 시름없다. 초초-히 **부**

초추(初秋) **명** 초가을.

초춘(初春) **명** 초봄.

초출(初出) **명하자** 과일·채소·생선 따위가 그 해 처음으로 나옴.

초출(抄出) **명하타** 골라서 뽑아냄.

초-출사(初出仕)[-싸] **명하자 1** 예전에, 벼슬을 한 뒤 처음으로 관청에 출근하던 일. **2** 일을 처음 시작하여 손을 댐의 비유.

초출-하다(超出-) **형여** 매우 뛰어나다.

초충(草蟲) **명 1** 풀밭에 사는 벌레. **2**『미술』동양화에서, 풀과 풀벌레를 그린 그림.

초췌-하다(憔悴-·顦顇-) **형여** 고생이나 병 따위로 몸이 여위고 파리하다. ▢초췌한 몰골 / 철야로 초췌해진 얼굴. 초췌-히 **부**

초취(初娶) **명하자 1** 처음 장가감. **2** 첫 번 혼인으로 맞아들인 아내. 초실(初室).

초치(招致) **명하타** 불러서 오게 함. 초빙. ▢외국인 코치를 ~하다.

초친-놈(醋-) **명** 무싯귀에 초를 치면 생생한 기운이 없어지듯, 난봉이나 부려서 사람답게

살기 어려운 사람을 비난조로 이르는 말.

초천-맛(醋−)[−맏]圓 싱겁고 멋없는 취미.

초-칠일(初七日)圓 **1** 초이렛날. **2** 첫이레.

초침(秒針)圓 시계의 초(秒)를 가리키는 바늘. 초바늘. ▢~이 시각을 표시한다.

초콜릿(chocolate)圓 코코아 가루에 향료·버터·설탕 등을 넣고 굳혀서 만든 과자.

초크(chalk)圓 **1** 분필(粉筆). **2** 양재(洋裁)에서, 옷감의 재단선을 표시하는 데 쓰는 분필. **3** 당구에서, 미끄럼을 막기 위해 큐 끝에 문질러 바르는 것《화산재를 굳혀서 만듦》.

초탈(超脫)圓[하자타] 세속적인 것이나 일반적인 한계를 벗어남. ▢체념과 ~의 경지 / 세속을 ~하다.

초토(草土)圓 거적자리와 흙 베개라는 뜻으로, 상중(喪中)임을 이르는 말.

초토(焦土)圓 **1** 불에 타서 검게 된 땅. ▢산불로 온 산이 ~가 되었다. **2** 불에 탄 것처럼 황폐해지고 못 쓰게 된 상태의 비유.

초토(剿討)圓 도둑의 무리를 쳐서 물리침.

초토 작전(焦土作戰)[−쩐]〖군〗 초토 전술.

초토 전:술(焦土戰術)〖군〗 적지에서 철수하면서, 적군이 이용하지 못하도록 모든 시설·자재 등을 불사르거나 파괴하는 전술. 초토 작전.

초토-화(焦土化)圓[하자타] 초토가 됨. 또는 초토로 만듦. ▢적의 보급 기지가 ~되다.

초-특급(超特急)[−끕]圓 **1** '초특급 열차'의 준말. **2** 특급보다도 더 빠름. ▢~으로 마무리 짓다.

초-특급(超特級)[−끕]圓 특급보다 더 높은 등급. ▢~호텔.

초특급 열차(超特急列車)[−끕녈−]圓 특급보다 더 빠른 열차. ⓒ초특급.

초-파리(醋−)圓〖동〗 초파릿과의 곤충. 길이 2−3mm로 작고 겹눈은 크고 붉으며, 몸빛은 어두운 갈색 또는 누런 갈색의 2종이 있음. 대개 초·간장·술 따위의 발효물에 모임. 세계 각지에 분포함.

초-파일(初八日)圓〔←초팔일〕〖불〗 파일(八日). ▢~을 앞두고 연등 행사를 준비하다.

초판(初−)圓 일이나 운동 경기 따위에서 처음의 시기나 국면(局面). 첫판. ▢경기는 ~부터 가열되기 시작했다.

초판(初版)圓 서적의 첫 출판. 처음 판. ▢~발행 / ~은 일주일 만에 매진되었다.

초평(草坪)圓 초가의 펑고대로 쓰는 나무오리.

초평(草坪)圓 풀이 무성한 넓은 벌판.

초표(礁標)圓 바닷길의 경계(警戒)표지《암초가 있는 곳에 세움》.

초풍(−風)圓[하자] 까무라칠 정도로 깜짝 놀람. ▢천둥 소리에 ~하도록 놀랐다.

초피(貂皮)圓 돈피(獤皮).

초피-나무圓〖식〗 운향과의 낙엽 활엽 관목. 우리나라 중부 이남에 나는데, 높이 약 3m, 갈라진 가지에 광쌕 가시가 남. 늦봄에 녹란색을 띤 초록빛 꽃이 피고, 열매는 붉은 갈색인데 검은 씨앗이 들어 있음. 어린잎은 식용하며, 열매는 약용 또는 향신료로 씀. 조피나무.

초필(抄筆)圓 잔글씨를 쓰는 가느다란 붓.

초하(初夏)圓 첫여름.

초-하루(初−)圓 '초하룻날'의 준말.

초-하룻날(初−)[−룬−]圓 그달의 첫째 날. ▢정월 ~. ⓒ초하루.

초학(初學)圓[하타] **1** 학문을 처음으로 배움. **2** 익숙하지 못한 학문.

초학-자(初學者)[−짜]圓 **1** 학문을 처음 배우기 시작한 사람. ▢~를 위한 입문서. **2** 학문이 얕은 사람.

초한(初寒)圓 첫추위.

초한(峭寒)圓 살을 찌르는 듯한 추위.

초-합금(超合金)[−끔]圓 코발트나 니켈을 주성분으로 한 내열성이 높은 합금《항공기 엔진·가스 터빈 등 700℃ 이상의 고온에 씀》.

초항(初項)圓〖수〗 수열(數列)·급수(級數)의 최초의 항. 제1항. **2** 첫째 조항.

초항(招降)圓[하타] 적(敵)을 타일러서 항복하도록 함.

초해(稍解)圓[하타] 겨우 조금 앎.

초해-문자(稍解文字)[−짜]圓[하자] 겨우 글자나 알아볼 정도의 이름.

초행(初行)圓[하자] 처음 감. 또는 그 길. ▢~이라 길이 설다.

초행-길(初行−)[−낄]圓 초행하는 길. ▢~이라 지리에 어둡다.

초행-노숙(草行露宿)圓 푸서리로 다니며 노숙한다는 뜻으로, 산이나 들에서 자며 여행하는 것의 비유.

초헌(初獻)圓[하타] 제사 때에, 첫 번으로 술을 신위에 올리는 일. 또는 그 잔. ▢~을 올리다. ＊아헌·종헌.

초헌(軺軒)圓〖역〗 종이품 이상의 벼슬아치가 타던 외바퀴 수레. 명거(命車). 목마(木馬). 초거(軺車). 헌초(軒軺).

초헌-관(初獻官)圓〖역〗 나라 제향(祭享) 때에 초헌을 맡던 임시 벼슬.

초현(初弦)圓 상현(上弦).

초-현대적(超現代的)圓 현대보다 수준이 더 앞선 (것). ▢~ 건축.

초-현실적(超現實的)[−쩍]圓 현실을 넘어서는 (것). ▢~ 세계.

초-현실주의(超現實主義)[−/−이]圓 1924년경 프랑스에서 일어난 예술 운동《초현실적이고 비합리적인 자유로운 상상을 표현》. 쉬르레알리슴.

초-현실파(超現實派)圓 미술에서, 서양화파(西洋畵派)의 하나. 초현실적인 몽환(夢幻)의 세계를 상상으로 표현하는 화파.

초혜(草鞋)[−/−혜]圓 짚신.

초호(初號)圓 **1** 계속해서 출간되는 신문·잡지 등의 첫 번째 호. 제1호. ▢잡지의 ~. **2** '초호 활자'의 준말.

초호 활자(初號活字)[−짜]〖인〗 호수(號數) 활자 중 가장 큰 활자《42포인트 되는 활자로 한 변의 길이가 9.7mm임》. ⓒ초호.

초혼(初昏)圓 해가 지고 어두워지기 시작할 무렵. 초어스름.

초혼(初婚)圓[하자] **1** 처음으로 하는 혼인. 첫 혼인. ▢~에 실패하다. ↔재혼(再婚). **2** 개혼(開婚).

초혼(招魂)圓[하자] **1** 혼을 부름. **2**〖민〗사람이 죽었을 때, 발상하기 전에 죽은 사람의 혼을 부르는 일《그 사람이 생시에 입던 웃옷의 옷깃을 왼손에 잡고 오른손으로는 그 허리께를 잡아 들고, 지붕에 올라서거나 마당에서 북쪽을 향해 '아무 동네 아무개 복(復)'이라고 세 번 부름》.

초혼-제(招魂祭)圓 전사 또는 순직한 사람의 혼령을 위로하는 제사.

초화(招禍)圓[하자] 화를 불러들임.

초화(草花)圓 풀에 핀 꽃. 또는 꽃이 피는 종류의 풀.

초환(招還)圓[하타] 불러서 돌아오게 함.

초황 (炒黃)〖명〗〖하타〗《한의》약재를 불에 볶아서 빛을 누렇게 만듦.

초회 (初回)〖명〗초도(初度).

초휴 (初虧)〖명〗《천》일식이나 월식으로 해나 달이 이지러지기 시작하는 일.

초흑 (炒黑)〖명〗〖하타〗《한의》약재를 불에 볶아 빛을 꺼멓게 만듦.

촉 (鏃)〖명〗긴 물건의 끝에 박힌 뾰족한 물건의 총칭. ◘화살~ / 연필 ~.

촉 (燭)〖의명〗'촉광(燭光)'의 준말. ◘100~짜리 전구.

촉 :〖부〗작은 물건이 아래로 늘어지거나 처진 모양. 鲁축.

촉가 (燭架)[-까]〖명〗촛대.

촉각 (觸角)[-깍]〖명〗《동》절지동물 머리에 있는 감각기. 많은 관절로 이루어지며, 후각·촉각 등을 맡고, 먹이를 찾으며 적을 막는 역할을 함《갑각류에는 두 쌍 또는 네 쌍, 곤충은 한 쌍이 있음》. 더듬이.

촉각을 곤두세우다〖관〗정신을 집중시키고 신경을 곤두세워 즉각 대응할 태세를 취하다. ◘촉각을 곤두세우고 일이 돌아가는 형세를 바라보다.

촉각 (觸覺)[-깍]〖명〗《생》물체가 피부에 닿아서 느껴지는 감각. 촉감. ◘~이 발달하다.

촉각-기 (觸覺器)[-깍끼]〖명〗촉각을 느끼는 감각 기관《동물의 피부·촉모, 곤충의 촉각 따위》. 촉각 기관. 촉관. 촉감기.

촉각-선 (觸角腺)[-깍썬]〖명〗《동》갑각류(甲殼類)의 둘째 촉각의 밑 부분에 있는 배설기의 한 가지.

촉감 (觸感)[-깜]〖명〗〖하자타〗1 무엇에 닿았을 때의 느낌. 감촉. ◘~이 부드럽다. 2《생》촉각(觸覺). 3《한의》촉상(觸傷).

촉경 (觸境)[-껑]〖명〗《불》오진(五塵)의 하나. 몸에 닿아서 식별되는 대상.

촉고 (數罟)[-꼬]〖명〗코를 촘촘하게 떠서 만든 그물.

촉관 (觸官)[-꽌]〖명〗《생》촉각기(觸覺器).

촉광 (燭光)[-꽝]〖명〗《물》1 칸델라(candela). 2 예전에 쓰던 빛의 세기를 나타내는 단위. 현재는 칸델라(candela)를 사용하며, 1 촉광은 약 1 칸델라임. 춘촉(燭).

촉구 (促求)[-꾸]〖명〗〖하타〗재촉하여 요구함. ◘임금 인상을 ~하다.

촉규 (蜀葵)[-뀨]〖명〗접시꽃.

촉규-화 (蜀葵花)[-뀨-]〖명〗접시꽃.

촉금 (觸禁)[-끔]〖명〗〖하자〗금지 규정에 저촉됨.

촉급 (促急)[-끕]〖명〗〖하형〗〖부〗촉박하여 매우 급함. ◘~한 상황 / 시간으로 ~하다.

촉기 [-끼]〖명〗〔←초기(峭氣)〕생기와 재치 있는 기상(氣像). ◘~가 빠르다.

촉-꽂이 (鏃-)〖명〗구멍에 꽂게 된 뾰족한 장부.

촉-끝 (鏃-)[-끋]〖명〗활의 먼오금의 다음 부분.

촉노 (觸怒)[-노]〖명〗웃어른의 마음을 거슬러서 성을 벌컥 내게 함.

촉대 (燭臺)[-때]〖명〗촛대.

촉-더데 (鏃-)[-떠-]〖명〗《민》화살촉의 마디《촉의 아래쪽 끝과 살대 속에 박히는 위쪽 부분 사이에 두두룩하게 된 부분》.

촉-돌이 (鏃-)[-또리]〖명〗화살의 촉을 박거나 뽑는 데 쓰는 기구.

촉랭 (觸冷)[-냉]〖명〗〖하자〗차가운 기운이 몸에 닿음.

촉루 (燭淚)[-누]〖명〗촛농.

촉루 (髑髏)[-누]〖명〗해골(骸骨).

촉륜 (觸輪)[-뉸]〖명〗트롤리(trolley).

촉망 (觸網)[-망]〖명〗〖하자〗1 그물에 걸림. 2 법망

(法網)에 걸림.

촉망 (囑望·屬望)[-망]〖명〗〖하자타〗잘되기를 바라고 기대함. 또는 그런 대상. ◘~받는 젊은 이 / 장래가 ~되다.

촉매 (觸媒)[-매]〖명〗《화》화학 반응 때, 그 자체는 아무런 반응이 일어나지 않으나 다른 물질의 반응 속도를 촉진 또는 지체시키는 물질. ◘~ 반응 / ~ 작용.

촉모 (觸毛)[-모]〖명〗《동》1 고양이·쥐 등의 수염처럼 대부분의 포유동물의 뺨·턱·사지 등에 나는 뻣뻣한 털《신경이 분포하여 촉각을 감수하는 기능을 맡음》. 2 절지동물의 촉각을 맡은 감각모.

촉목 (囑目)[-목]〖명〗〖하자〗눈여겨봄. 주목함.

촉목-상심 (觸目傷心)[-쌍-]〖명-쌍-〗〖하자〗사물이 눈에 보이는 대로 슬픔을 자아내어 마음을 아프게 함.

촉박 (促迫)[-빡]〖명〗〖하형〗기한이 바싹 다가와 있음. ◘시간이 ~하다.

촉발 (觸發)[-빨]〖명〗〖하자타〗1 일을 당하여 충동·감정 따위가 일어남. ◘친구의 유학에 ~되어 외국어를 배우다. 2 접촉하여 폭발함. ◘~ 장치 / 기뢰가 ~하다.

촉백 (蜀魄)[-빽]〖명〗《조》두견이.

촉범 (觸犯)[-뺌]〖명〗〖하타〗꺼리고 피해야 할 일을 저지름.

촉비 (觸鼻)[-삐]〖명〗〖하자〗냄새가 코를 찌름.

촉산 (促産)[-싼]〖명〗《한의》1 서둘러 해산을 하게 함. 또는 그 해산. 2《한의》날짜가 차기 전에 해산함. 또는 그런 해산.

촉상 (觸傷)[-쌍]〖명〗〖하자〗찬 기운이 몸에 닿아서 병이 일어남. 촉감.

촉-새 [-쌔]〖명〗《조》1 참샛과의 새. 야산의 숲에 삶. 크기는 참새와 비슷하나 부리가 더 길고, 등은 갈색을 띤 황록색, 배는 황색. 곤충과 잡초의 씨를 먹음. 2 언행이 가볍거나 방정맞은 사람의 비유.

촉새같이 나서다〖관〗제가 나설 자리가 아닌데 경망하게 촐랑거리고 참견하여 나서다.

촉새-부리 [-쌔-]〖명〗끝이 뾰족한 물건을 비유적으로 이르는 말.

촉서 (蜀黍)[-써]〖명〗《식》수수.

촉선 (觸線)[-썬]〖명〗《수》접선(接線).

촉성 (促成)[-썽]〖명〗〖하타〗1 재촉하여 빨리 이루어지게 함. 2 인공적인 조건을 가하여 빨리 자라게 함.

촉성 재:배 (促成栽培)[-쌩-]〖명-쌩-〗자연의 상태에서는 자라지 않는 시기에 빨리 자라게 하는 재배 방법《온실 재배 따위》.

촉수 (促壽)[-쑤]〖명〗〖하자〗죽기를 재촉하다시피하여 수명이 짧아짐.

촉수 (燭數)[-쑤]〖명〗촉광의 정도를 나타내는 수. ◘~ 높은 전구로 갈아 끼우다.

촉수 (觸手)[-쑤]〖명〗〖하타〗1《동》하등 동물의 촉감기(觸感器)《가늘고 길쭉하며 활발하게 운동하는 돌기로서 끝에 감각 세포가 많은데, 촉각을 맡고 먹이를 잡는 역할을 겸함》. 2 사물에 손을 댐.

촉수를 뻗치다〖관〗야심을 가지고 대상물에 서서히 작용을 미치다. ◘침략의 ~.

촉수 (觸鬚)[-쑤]〖명〗《동》귀뚜라미·새우 따위 하등 동물의 입 주위에 있는, 촉각·후각을 맡은 수염 모양의 감각 기관.

촉슬 (促膝)[-쓸]〖명〗〖하자〗무릎을 대고 마주 앉음.

촉심 (燭心)[-씸]〖명〗초의 심지. 춘심(心).

촉언 (囑言) 명하자 뒷일을 부탁해 말함. 또는 그런 말.
촉염-제 (促染劑) 명 염색할 때, 천에 물이 잘 들게 하기 위해 첨가하는 약제. 황산나트륨·아세트산 따위.
촉조 (蜀鳥)[-쪼] 명〖조〗 두견이.
촉진 (促進)[-찐] 명하타 재촉하여 빨리 나아가게 함. ❏ 다양한 정책을 세워 수출을 ~하다.
촉진 (觸診)[-찐] 명하타 환자의 몸을 손으로 만져서 진단하는 진찰법의 하나《주로 복부 내장 질환의 진단에 씀》.
촉진-제 (促進劑)[-찐-] 명 **1** 화학 반응을 촉진시키는 물질. **2** 어떤 일이 빨리 이루어지도록 도움을 비유적으로 이르는 말.
촉찰 (燭察) 명하타 밝게 비추어 살핌.
촉처-봉패 (觸處逢敗) 명하자 가서 닥치는 곳마다 낭패를 당함.
촉촉-이 부 촉촉하게. ❏ 대지를 ~ 적셔 주는 봄비 / 진땀으로 내의가 ~ 젖었다.
촉촉-하다 [-초카-] 형여 물기가 있어서 조금 젖은 듯하다. ❏ 이슬이 내려 땅이 ~. 큰축축하다.
촉탁 (囑託) 명하타 **1** 일을 부탁하여 맡김. 또는 부탁을 받은 사람. **2** 정부 기관이나 공공 단체에서 임시로 어떤 일을 맡아보는 공무원 또는 직원. ❏ ~의(醫).
촉하 (燭下)[초카] 명 촛불의 아래.
촉한 (觸寒)[초칸] 명하자 추운 기운에 부딪침.
촉혼 (蜀魂)[초콘] 명〖조〗 두견이의 이칭《촉(蜀)나라 망제(望帝)의 혼백이 이 새가 되었다는 전설에서 유래됨》.
촉화 (燭火)[초콰] 명 촛불.
촉휘 (觸諱)[초퀴] 명하자 공경하거나 꺼려야 할 이름을 함부로 부름.
촌: (村) 명 도시에서 떨어진 마을. 부락. 시골. ❏ ~에서 살다 / ~에서 올라오다.
촌: (寸) 의명 **1** 친족 관계의 멀고 가까움을 나타내어 세는 말. ❏ 자네와는 몇 ~ 사이인가. 주의 직계 혈족에 관해서는 촌수로 대칭(代稱)하지 않는 것이 관습임. **2** 치⁴.
촌:가 (寸暇) 명 촌극(寸隙).
촌:가 (村家) 명 시골 마을에 있는 집. 시골집.
촌:각 (寸刻) 명 촌음(寸陰). ❏ ~을 다투다.
촌:간 (村間) 명 **1** 시골 마을 집들의 사이. 촌락의 사회. ❏ ~에 퍼진 소문 / ~의 인심. **2** 마을과 마을의 사이.
촌:거 (村居) 명하자 시골에서 삶.
촌:공 (寸功) 명 아주 조그마한 공로.
촌:-구석 (村-)[-꾸-] 명 **1** 도시에서 멀리 떨어져 있는 시골의 구석진 곳. ❏ 궁벽한 ~에 묻혀 지내다. **2** '촌(村)'의 낮춤말. ❏ ~에서 썩다.
촌:극 (寸隙) 명 얼마 안 되는 겨를. 촌가.
촌:극 (寸劇) 명 **1** 아주 짧은 단편적인 연극. 토막극. **2** 짧은 시간 동안에 일어나는 우스꽝스러운 일이나 사건. ❏ 웃지 못할 ~을 빚다.
촌:-길 (村-)[-낄] 명 시골길. 촌로(村路). ❏ 울퉁불퉁한 ~.
촌:내 (寸內) 명 십 촌 안쪽의 겨레붙이. ↔촌외(寸外).
촌:-놈 (村-) 명 '촌사람'의 낮춤말.
촌:단 (寸斷) 명하자타 짤막짤막하게 여러 토막으로 끊어짐. 또는 그렇게 끊음.
촌:-닭 (村-)[-딱] 명 **1** 시골의 닭. **2** 촌스럽고 어릿어릿하는 사람을 속되게 이르는 말. [촌닭 관청에 잡아다 놓은 것 같다] 번화한 곳에 가거나 경험이 없는 일을 당하여 당황하고 어리둥절해하는 모양의 비유.
촌:동 (村童) 명 시골에 사는 아이. 촌아이.
촌:-뜨기 (村-) 명 '촌사람'의 낮춤말. 시골뜨기. ❏ 어수룩한 ~.
촌:락 (村落)[촐-] 명 시골의 작은 마을. ❏ 민가가 십여 호 모여 ~을 이루다.
촌:락 공:동체 (村落共同體)[촐-꽁-]〖사〗 토지 공유제에 기초한 자급자족의 공동체.
촌:려 (村閭)[촐-] 명 시골 마을.
촌:로 (村老)[촐-] 명 촌옹(村翁).
촌:로 (村路)[촐-] 명 촌길.
촌:록 (寸祿)[촐-] 명 아주 적은 녹봉(祿俸).
촌:리 (村里)[촐-] 명 촌락(村落).
촌:맹 (村氓) 명 촌민(村民).
촌:맹-이 (村氓-) 명 촌민(村民).
촌:명 (村名) 명 마을 이름.
촌:목 (寸-) 명 소목(小木) 일에서, 나무에 구멍을 파거나 장부를 만들 때에 금을 긋는 연장《치수에 맞춰 바늘이 박혀 있음》.
촌:묘 (寸描) 명 짧은 묘사. 스케치. ❏ 인물 ~.
촌:민 (村民) 명 시골에 사는 사람. 촌맹(村氓).
촌:-백성 (村百姓)[-썽] 명 촌민(村民).
촌:백-충 (寸白蟲) 명 촌충(寸蟲).
촌:벽 (寸碧) 명 약간의 푸른빛이라는 뜻으로, 구름 사이로 보이는 푸른 하늘을 이르는 말.
촌:보 (寸步) 명 몇 발짝 안 되는 걸음. 짧은 거리. ❏ 쇠약해서 ~도 옮기지 못한다.
촌:부 (村夫) 명 시골에 사는 남자.
촌:부 (村婦) 명 시골에 사는 부녀.
촌:-부자 (村夫子) 명 촌학구(村學究)1. ❏ ~인 체하다.
촌:-사람 (村-)[-싸-] 명 **1** 시골에 사는 사람. 촌인. **2** 견문이 좁고 어수룩한 사람의 비유.
촌:-색시 (村-)[-쌕씨] 명 **1** 시골에 사는 색시. **2** 촌스러운 색시.
촌:-샌님 (村-)[-쌘-] 명 **1** 시골에 살며 벼슬을 지내지 못한 늙은 양반. **2** 촌스럽고 융통성이 없는 사람의 비유. 촌생원.
촌:-생원 (村生員) 명 촌샌님.
촌:선 (寸善) 명 얼마 안 되는 착한 일. 또는 약간의 좋은 일.
촌:선-척마 (寸善尺魔)[-청-] 명 좋은 일은 얼마 안 되고 언짢은 일이 많다는 말.
촌:성 (寸誠) 명 조그마한 성의. 촌충(寸衷).
촌:속 (村俗) 명 시골의 풍속. ❏ ~을 따르다.
촌:수 (寸數)[-쑤] 명 친족 사이의 멀고 가까운 정도를 나타내는 수. 또는 그런 관계. ❏ ~가 가깝다 / ~가 멀다 / ~를 따지다.
촌:-스럽다 (村-)[-쓰-따]〔촌스러워, 촌스러우니〕 형ㅂ 세련되지 못하고 어수룩한 데가 있다. ❏ 옷차림이 어쩐지 ~. **촌:-스레** [-쓰-] 부
촌:시 (寸時) 명 촌음(寸陰).
촌:시 (村市) 명 시골의 시장.
촌:심 (寸心) 명 속으로 품은 작은 뜻. 촌지(寸志). 촌충(寸衷).
촌:야 (村野) 명 시골의 마을과 들.
촌:양 (寸壤) 명 척토(尺土).
촌:열 (寸裂) 명하자타 갈가리 찢거나 찢어짐.
촌:옹 (村翁) 명 시골에서 사는 늙은이. 촌로(村老). 전옹(田翁).
촌:외 (寸外) 명 십 촌이 넘어 촌수를 따지지 않는 먼 겨레붙이. ↔촌내.
촌:유 (村儒) 명 시골에서 사는 선비.
촌:음 (寸陰) 명 얼마 안 되는 시간. 매우 짧은 시간. 촌각. 촌시. ❏ ~을 아껴 쓰다.

촌:인 (村人)명 촌사람1.
촌:장 (村長)명 대수롭지 않은 기능. 곧, 작은
　장점.
촌:장 (村庄)명 살림집 외에 시골에 따로 장만
　해 두는 집.
촌:장 (村長)명 한 마을의 우두머리.
촌:장 (村莊)명 시골에 있는 별장.
촌:저 (寸楮)명 1 썩 짧은 편지. 2 자기 편지의
　겸칭. 촌지(寸紙). 촌찰(寸札).
촌:전 (寸田)명 얼마 안 되는 밭.
촌:전-척토 (寸田尺土)명 한 치의 논과 한 자
　의 밭이라는 뜻으로, 얼마 안 되는 논밭을 이
　르는 말.
촌:주 (村酒)명 시골에서 만든 술. 토주(土酒).
촌:중 (村中)명 1 마을의 안. 또는 그 가운데.
　2 온 마을. ▷~이 온통 잔치 분위기이다.
촌:지 (寸地)명 척토(尺土).
촌:지 (寸志)명 1 촌심(寸心). 2 마음이 담긴
　작은 선물.
촌:지 (寸紙)명 촌저(寸楮).
촌:진척퇴 (寸進尺退)명하자 1 한 치를 나아갔
　다가 한 자를 물러선다는 뜻으로, 조금 나아
　가고 많이 물러섬을 이르는 말. 2 얻은 것은
　적고 잃은 것이 많음의 비유.
촌:찰 (寸札)명 촌저(寸楮).
촌:척 (寸尺)명 척촌. ▷~을 다투다.
촌:철 (寸鐵)명 작고 날카로운 쇠붙이나 무기.
촌:철-살인 (寸鐵殺人)명 한 치의 쇠붙이로도
　살인한다는 뜻으로, 간단한 말로도 남을 감
　동시키거나 남의 약점을 찌를 수 있음을 이
　르는 말.
촌:초 (寸秒)명 극히 짧은 시간. ▷~를 다투
　는 단거리 경주.
촌:-걸식 (村村乞食)[-씩]명하자 마을마다
　다니며 빌어먹음.
촌:촌-이 (寸寸-)부 1 한 치 한 치마다. 마디
　마다. 2 조각조각. 갈기갈기.
촌:촌-이 (村村-)부 마을마다.
촌:충 (寸衷)명 1 촌성(寸誠). 2 촌심(寸心).
촌:충 (寸蟲)명《동》'조충'의 구용어.
촌:탁 (忖度)명하타 남의 마음을 미루어 헤아
　림. 요탁(料度).
촌:탁 (村濁)명 시골에서 만든 막걸리.
촌:토 (寸土)명 척토(尺土).
촌:-티 (村-)명 촌사람의 티. 촌스러운 모양이
　나 태도. 시골티. ▷~나는 사람.
촌:평 (寸評)명하타 매우 짧게 비평함. 또는
　그 비평. ▷관극(觀劇) / 선발 위원 ~.
촌:-학구 (村學究)명 1 시골 글방의 스승. 촌
　부자. 2 학식이 좁고 고루한 사람의 비유.
촌:한 (寸閑)명 촌극(寸隙).
촌:한 (寸漢)명 촌놈.
촌:항 (村巷)명 먼 시골의 궁벽한 길거리.
출랑-거리다자 1 깊고 좁은 곳에 담긴 물이
　계속 흔들리어 물결이 일다. ⑥출렁거리다.
　2 방정맞게 자꾸 까불다. ▷점잖지 못하게
　~. ⑩졸랑거리다. 출랑-출랑부하자 ▷~
　까불다.
출랑-대다자 출랑거리다.
출랑-이명 방정맞게 자꾸 까부는 사람.
　출랑이 수염 같다 관 매우 경망스럽게 까불
　고 수다를 떨다.
출싹-거리다 [-꺼-]자타 1 주책없이 경망을
　부리며 자꾸 들다. ▷출싹거리지 말고
　가만히 앉아 있거라. 2 충동하여 들뜨거리게
　하다. ⑩출썩거리다. 출싹-출싹부하자타
출싹-대다 [-때-]자타 출싹거리다.
출출부 물 따위가 조금씩 넘치는 모양. ▷양

동이의 물이 ~ 넘치다. ⑪출출.
출출-하다형 배고픈 느낌이 약간 있다. ▷
　배 속이 ~. ⑪출출하다. 출출-히부
촘촘-하다형 틈이나 간격·구멍이 매우 좁
　거나 잦다. ▷올이 ~ / 세로무늬가 촘촘한
　이불. 촘촘-히부. ▷~ 박음질하다.
춉 (chop)명 1 테니스·탁구에서, 공을 깎아 치
　는 일. 2 프로 레슬링에서, 상대를 베듯이 세
　게 갈겨 치는 일.
촛-가지 [초까- / 촏가-]명《건》한옥에서, 초
　제비(初提枇)·이제공에 쑥쑥 내민 쇠서받침.
촛-국 (醋)[초꾹 / 촏꾹]명 초를 끓인 국처럼
　지나치게 신 음식을 일컫는 말. ▷김치가 ~
　이다.
촛-농 (-膿)[촌-]명 초가 탈 때 녹아 흐르는
　것. 또는 흘러서 엉긴 것. 촉루(燭淚). ▷~
　이 흘러내린다.
촛-대 (-臺)[초때 / 촏때]명 1 초를 꽂아 놓는
　기구(놋쇠·함석·백통 등으로 만듦). 촉가(燭
　架). 촉대(燭臺). 2 활기가 없이 한구석에 덤
　덤히 앉았기만 하는 사람을 가리키는 말.
촛-밑 (醋-)[촌밑]명 지에밥과 누룩가루를 섞
　어서 삭힌 것(식초의 밑바탕이 됨).
촛-불 [초뿔 / 촏뿔]명 초에 켠 불. ▷~을 밝
　히다 / ~을 켜다 / ~을 불어 끄다 / 불꽃을 너
　울거리며 ~이 타오른다.
촛불-놀이 [초뿔로리 / 촏뿔로리]명 밤에 음식
　과 악기를 갖추어 사랑방에서 노는 놀이.
총1 말의 갈기와 꼬리의 털.
총2 짚신·미투리 등의 앞쪽의 두 편짝으로
　둘러 박은 낱낱의 올.
총 (銃)명 화약의 힘으로 탄환을 발사하는 무
　기(권총·소총·기관총·사냥총 따위). ▷~을
　들다 / ~을 잡다 / 어깨에 ~을 메다 / 적을 향
　해 ~을 겨누다 / ~을 마구 쏘다 / ~에 맞아
　부상하다.
총 (寵)명하타 '총애(寵愛)'의 준말. ▷임금의
　~을 입다.
총1 (總)의명《역》조선 때, 토지 구실을 매기
　던 단위의 하나. 10짐이 한 총, 10총이 한
　뭇임.
총:2 (總)관 '어떤 수량을 합계하여 모두'의
　뜻. ▷~ 200명의 합격자.
총:- (總)두 '온통·통틀어'의 뜻. ▷~감독 /
　~결산 / ~공격 / ~선거 / ~사령관.
총가 (銃架)명 총을 걸어 놓는 받침. 총받침.
총:-각 (總角)[-깍]명 1 결혼하지 않은 성인 남자. ↔
　처녀. 2 숫총각.
총:-각-김치 (總角-)[-낌-]명 손가락 굵기만
　한 총각무를 무청째로 양념에 버무려 담근
　김치.
총:-각-무 (總角-)[-깡-]명 무청째로 총각김치
　를 담그는, 애가 잔 무의 한 가지.
총-감기명 '총갱기'의 본딧말.
총:-감독 (總監督)명하타 어떤 일을 총괄적으
　로 감독함. 또는 그 사람.
총-감투명 말총으로 피륙처럼 짜서 조각을 지
　어 만든 감투.
총-개머리 (銃-)명 개머리2.
총-갱기명 짚신·미투리의 당감잇줄에 꿴 총
　의 고를 낱낱이 감아 돌아가는 끈나풀.
총-걸다 (銃-)자 총걸어, 총거니, 총거는〕자 총
　을 삼발이 모양으로 걸어 세우다. 차총(叉銃)
　하다.
총검 (銃劍)명 1 총과 검. 곧, 무력을 뜻함. 총
　칼. ▷~으로 억누르다. 2《군》대검(帶劍)《총

끝에 꽂아 적을 찌를 때 씀). □~으로 단숨에 찌르다.

총검-술 (銃劍術)**명**《군》총에 대검을 꽂고 적을 치거나 막는 기술. 또는 그 훈련.

총격 (銃擊)**명하타** 총으로 사격함. □~ 사건 / ~을 가하다 / ~을 받다.

총-겯다 (銃-)**자** ☞ 총걸다.

총-결 (總結)**명하타** 전체를 통틀어서 매듭지음. □이번 주내로 모든 일을 ~하겠다.

총-결산 (總決算)[-싼]**명하타** 1 총체적인 결산. □한 해의 수입·지출을 ~하다. 2 일의 끝매듭을 짓는 일. □15 대 국회를 ~하다.

총-경 (總警)**명** 경찰 공무원 계급의 하나《경무관의 아래, 경정의 위》.

총-계 (總計)[-/-게]**명하타** 한데 통틀어서 계산함. 또는 그 계산. 총화(總和)1. □~를 내다. ↔소계.

총-계정 (總計定)[-/-게-]**명** 계정 전체. 총체적인 계정. □~ 원장(元帳).

총계-탕 (葱鷄湯)[-/-게-]**명** 파를 넣고 끓인 닭국.

총-공격 (總攻擊)**명하자타** 전군(全軍) 또는 전원이 총체적으로 공격함. 또는 그 공격. □~ 명령 / ~을 감행하다.

총-공세 (總攻勢)**명** 힘과 능력을 모두 동원하여 취하는 공세. □~를 취하다.

총-관 (摠管)**명**《역》 1 신라 때, 각 주(州)의 군대를 통솔하던 벼슬. 2 조선 때, 오위도총부(五衛都摠府)의 도총관(都摠管)과 부총관(副摠管). 3 대한 제국 때, 경위원(警衛院)·호위대(扈衛隊)·승녕부(承寧府)의 으뜸 벼슬.

총-관 (總管)**명하타** 전체를 통틀어 관리함. □그 일은 총무과에서 ~한다.

총-관 (總觀)**명하타** 전체를 대충 살펴봄.

총-괄 (總括)**명하타** 1 개별적인 여러 가지를 한데 모아서 뭉침. □의견을 ~하다. 2 총람(總攬). 3《논》어떤 개념의 외연(外延)을 늘여 많은 개념을 포괄함.

총-괄-적 (總括的)[-쩍]**관명** 개별적인 여러 가지를 한데 모아서 묶은 (것). □~ 관리 / ~ 평가를 내리다.

총-광 (寵光)**명** 은총을 입은 영광.

총구 (銃口)**명** 1 총구멍. 2 총안.

총-구멍 (銃-)[-꾸-]**명** 1 총에서 총알이 나가는 앞쪽 끝 부분. □~을 겨누다 / ~을 들이대다. 2 총알에 맞아 생긴 자리.

총-국 (總局)**명** 어떤 구역 내의 모든 지국(支局)을 통할하여 본사와 사무적·사업적 연락을 하는 곳.

총극-하다 (悤劇-)[-그카-]**형여** 매우 바쁘다. 총망(悤忙)하다.

총급-하다 (悤急-)[-그파-]**형여** 매우 급하다.
  총급-히 [-그피]**부**

총기 (銃器)**명** 소총·권총·엽총·기관총 따위 무기의 총칭. □불법 ~ 소지 / ~를 난사하다.

총기 (聰氣)**명** 총명한 기운. □눈에 ~가 있다. 2 좋은 기억력. □~가 좋다 / ~가 없어지다 / ~가 오락가락하다.

총-기 (總記)**명** 1 전체를 총괄하는 기술(記述). 2 십진분류법에 의한 도서 분류의 하나《백과사전·신문·잡지·총서(叢書) 따위》.

총기 (叢記)**명하타** 여러 가지를 모아서 기록함. 또는 그 서적.

총낭이 **명** 여우나 이리 따위와 같이 눈이 툭불거지고 입이 뾰족하며 얼굴이 마른 사람의 비유.

총달-하다 (聰達-)**형여** 슬기롭고 사리에 밝다.

총-담요 (-毯-)[-뇨]**명** 말총으로 두껍게 짜서 만든 요.

총-대 (銃-)[-때]**명** 소총의 몸. 곧, 총열을 장치한 전체의 나무.

총대(를) **메다** **구**《속》사람들이 나서서 말기를 꺼리는 공동의 일에 앞장을 서다.

총-대 (銃隊)**명**《군》총을 지닌 사람들로 조직한 군대.

총:대 (總代)**명** 전체의 대표.

총:-대리점 (總代理店)**명** 한 나라의 전체 또는 넓은 구역에 걸쳐 물품 매매나 상업적 업무를 대리하는 권한이 위임된 대리점.

총-대우 **명** 말총이나 쇠꼬리의 털로 짜서 옻을 칠한 갓양태.

총:-대장 (總大將)**명** 전군(全軍)을 지휘하는 우두머리.

총-독 (總督)**명** 1 식민지 등에서 정무·군무를 통할하는 벼슬. 2《역》중국 명청(明淸) 시대의 성(省)의 장관《성내(省內)의 정무·군무를 다스렸음》.

총:독-부 (總督府)[-뿌]**명** 식민지를 다스리기 위해 설치하는 최고 행정 기관.

총-동맹 파:업 (總同盟罷業) 통일된 지도·지령하의 전국적으로 또는 어떤 산업 전반에 걸쳐 행해지는 대규모의 파업. 총파업.

총-동원 (總動員)**명하타** 사람·물자 등 모든 역량을 동원하는 일. □조합원이 ~되었다 / 경찰력을 ~하여 범죄와의 전쟁에 나서다.

총:-람 (總覽)[-남]**명하타** 1 전체를 두루 살펴봄. 2 어떤 사물에 관한 것을 하나로 종합한 서적. □중소 기업체 ~.

총:-람 (總攬)[-남]**명하타** 한데 묶어 관할함. 총괄. 총집. 총할(總轄). □국무를 ~하다.

총:-량 (總量)[-냥]**명** 전체의 분량 또는 중량(重量). □~ 100 kg.

총:-력 (總力)[-녁]**명** 전체의 모든 힘. □수출에 ~을 기울이다.

총:력-외교 (總力外交)[-녁-]**명** 국가의 총력을 기울여 행하는 외교.

총:력-전 (總力戰)[-녁쩐]**명** 모든 힘을 기울여서 하는 전쟁이나 경쟁. □~을 펼치다.

총렵 (銃獵)[-녑]**명하자** 총사냥.

총:령 (總領)[-녕]**명하타** 모든 것을 통틀어 거느림.

총:-록 (總錄)[-녹]**명** 통틀어 적은 기록.

총:론 (總論)[-논]**명** 1 어떤 부문의 일반적 이론을 통틀어서 적은 해설이나 저작. 2 논문이나 저서의 첫머리에 싣는 내용의 대강. **＊**각론·개론.

총론 (叢論)[-논]**명** 여러 가지 논문·문장 따위를 모은 글. □문학 ~.

총:-리 (總理)[-니]**명하타** 1 전체를 모두 관리함. 2 '국무총리'의 준말.

총:리-대신 (總理大臣)[-니-]**명**《역》 1 조선 정조 때 화성(華城)의 축성을 총관하던 대신. 2 조선 말 통리기무아문(統理機務衙門)·의정부(議政府)의 장관.

총림 (叢林)[-님]**명** 1 잡목이 우거진 숲. 2《불》강원(講院)·선원(禪院)·율원(律院)을 갖춘 종합 도량. 가장 높은 어른을 방장(方丈)이라 함.

총:-망라 (總網羅)[-나]**명하타** 전체를 모두 포함시킴. □전기 관련 제품을 ~한 전시회.

총망-하다 (悤忙-)**형여** 매우 급하고 바쁘다.
  총망-히 **부**. □~ 자리에서 일어났다.

총:-명 (總名)**명** 전체를 몰아서 부르는 이름.

총칭(總稱).

총명(聰明)[혱혱] 1 보거나 들은 것을 오래 기억하는 힘이 있음. 2 썩 영리하고 재주가 있음. ▣그는 남달리 어릴 적부터 ~했다.

총명-기(聰明記) 명 1 비망록. 2 남에게 주는 물건의 이름을 적은 목록.

총명-성(聰明性)[-썽] 명 1 보고 들은 것을 오래 기억하는 성질. 2 영리하고 재주가 있는 성질.

총명-예지(聰明叡智)[혱혱] 총명하고 지혜가 뛰어나다는 뜻으로, 주로 임금의 슬기를 칭송하던 말. ≗총예.

총명-호학(聰明好學)[명][하자] 총명하고 학문을 좋아함.

총-목(總目) 명 총목록.

총-목록(總目錄)[-몽녹] 명 서적 전체의 목록. 총목(總目).

총묘(塚墓) 명 무덤.

총-무(總務) 명 1 어떤 기관이나 단체의 전체적이며 일반적인 사무. 또는 그런 일을 맡은 사람. 2 '원내(院內) 총무'의 준말.

총민-하다(聰敏-)[혱여] 총명하고 민첩하다.

총-반격(總反擊)[명][하타] 상대의 공격에 맞서 모든 힘을 기울여 하는 반격. ▣전열을 정비해 ~에 나서다.

총-받이[-바지] 명 짚신·미투리의 총을 박은 데까지의 앞바닥.

총-받이[-바지] 명 〈속〉 싸움터에서 전선의 맨 앞줄 또는 제일선(第一線)에 서는 사람을 가리키는 말. 총알받이2. ▣~로 세우다.

총백(蔥白)[한의] 파의 밑동《성질이 온화여 상한(傷寒)에 흔히 씀》.

총-보(總譜) 명 1 [악] 관현악이나 관악 합주 등과 같이 여러 가지 악기로 연주하는 악곡에 전체의 곡을 볼 수 있게 적은 악보. 스코어(score). 모음 악보. 2 바둑에서, 승부의 첫 수부터 끝 수까지를 한눈에 알 수 있도록 숫자로 표시한 기보(棋譜).

총-본부(總本部) 명 전체를 통할(統轄)하는 본부.

총-본사(總本司) 명 대종교의 모든 기관을 거느리는 최고 기관.

총-본산(總本山) 명 1 [불] 총본산1.

총-본산(總本山) 명 1 [불] 1941-45년에 말사(末寺)·본사(本寺)를 총괄하던 우리나라 불교의 최고 종정(宗政) 기관. 총본사. 2 사물의 전체를 통괄하는 일. 또는 사물의 근원이 되는 곳.

총-본영(總本營) 명 여러 기관을 거느려서 사무를 총람하는 곳.

총-부리(銃-)[-뿌-] 명 총에서 총구멍이 있는 부분. ▣~를 들이대다 / ~를 겨누다.

총-사(祀祀) 명 종묘(宗廟) 또는 가묘(家廟)에서 지내는 제사.

총사(叢祠) 명 [민] 여러 신을 모신 사당.

총-사냥(銃-)[명][하자] 총으로 하는 사냥. 총렵(銃獵).

총-사령관(總司令官) 명 [군] 전군을 통할·지휘하는 최고 사령관.

총-사령부(總司令部) 명 [군] 총사령관이 주관하여 일을 맡아보는 기관.

총-사직(總辭職)[명][하자타] 기관이나 조직체 구성원 전원이 한꺼번에 일을 그만둠.

총살(銃殺)[명][하자타] 총으로 쏘아 죽임. ▣~을 당하다 / ~에 처하다.

총살-형(銃殺刑) 명 [법] 총살하는 형벌. ▣~에 처하다. ≗총형.

총상(銃床) 명 총대.

총상(銃傷) 명 총에 맞아 생긴 상처. ▣~을 입히다 / ~으로 입원하다.

총-상(總狀) 명 '총상꽃차례'의 준말.

총-상-꽃차례(總狀-)[-꼳-] 명 [식] 무한(無限)꽃차례의 하나. 긴 꽃대에 꽃자루가 있는 여러 개의 꽃이 어긋나게 붙어서 밑에서부터 피기 시작하여 끝까지 핌《꼬리풀·투구꽃·싸리나무의 꽃 따위》. 총상. 총상 화서.

총-상-화(總狀花) 명 [식] 총상꽃차례의 꽃.

총-상 화서(總狀花序) 명 [식] 총상꽃차례.

총생(叢生)[명][하자] 뭉쳐나기.

총서(叢書) 명 1 일정한 제목이나 형식으로 계속해서 간행되는 출판물. 시리즈. ▣경제학 ~ / 문학 ~. 2 갖가지 책을 통일 없이 많이 모음. 또는 그 책.

총-선(總選) 명 국회 의원 전체를 한꺼번에 선출하는 선거. 총선거. ▣~을 실시하다.

총-선거(總選擧)[명][하타] 총선.

총-설(總說)[명][하타] 전체의 내용을 요약해서 논술하는 일. 또는 그 글.

총설(叢說) 명 여러 학설이나 논설을 모아 놓은 것. 또는 그 학설이나 논설.

총성(銃聲) 명 총소리. ▣~이 울리다.

총-소득(總所得) 명 들어간 경비 등을 공제하지 않은, 소득의 총액(總額). 총수입.

총-소리(銃-)[-쏘-] 명 총을 쏠 때에 나는 소리. 총성(銃聲). ▣~가 나다 / ~에 놀라다.

총수(銃手) 명 총을 쏘는 사람.

총-수(總帥) 명 1 전군(全軍)을 지휘하는 사람. ▣삼군의 ~. 2 대기업 등 큰 조직체나 집단의 우두머리. ▣재벌의 ~.

총-수(總數) 명 전체의 수효. ▣인구 ~.

총-수량(總數量) 명 전체의 수량.

총-수입(總收入) 명 총소득. ↔총지출.

총신(銃身) 명 총열.

총-신(寵臣) 명 임금의 총애를 받는 신하. 행신(幸臣).

총-아(寵兒) 명 1 많은 사람에게 특별한 사랑을 받는 사람. ▣대중음악의 ~ / 시대의 ~. 2 시운(時運)을 타고 입신출세한 사람.

총안(銃眼) 명 [군] 몸을 숨긴 채로 적을 향하여 총을 내쏠 수 있게 보루(堡壘)·성벽 등에 뚫어 놓은 구멍. *포안.

총-알(銃-) 명 총에 넣어 쏠 때 날아가 목표물을 맞히는 작은 쇳덩이. 총탄(銃彈). 총환(銃丸). ▣~이 비오듯 날아오다.

총알-받이(銃-)[-바지] 명 1 적이 쏘는 총알에 맞게 되는 상태. 2 날아오는 총알을 막으려고 앞에 내세우는 사람이나 군대. 총받이.

총-애(寵愛)[명][하타] 남달리 귀엽게 여겨 사랑함. 괌'. ▣~를 받다. ≗총(寵).

총-액(總額) 명 전체의 액수. 총계.

총약(銃藥) 명 탄알을 재어서 발사하는 화약.

총-역량(總力量)[-녕냥] 명 모든 역량. 전체의 역량. ▣~을 기울이다.

총-열(銃-)[-녈] 명 소총에 탄알을 재어서 내쏘게 된 강철로 만든 원통 부분. 총신(銃身). ≗총열.

총-영사(總領事)[-녕-] 명 최상급의 영사. 주재국 영토 안의 자국민을 보호 감독하고, 통상과 관련한 사항을 맡아봄.

총예(聰叡)[명][하형] '총명예지'의 준말.

총-예산(總豫算)[-네-] 명 한 회계 연도의 세출과 세입 전체를 포함하는 예산.

총오(聰悟)[명][하형] 사물에 대한 이해가 빠르고

영리함.
총요-하다 (悤擾―) 형여 바쁘고 부산하다.
총:욕 (寵辱) 명 사랑을 받음과 모욕을 당함.
총:우 (寵遇) 명하타 남달리 귀여워하고 사랑하여 특별히 대우함.
총:원 (總員) 명 전체의 인원. ❑ ~이 모두 출석했다.
총:원 (總願) 명 〖불〗 모든 불보살에 공통으로 있는 네 가지 서원(誓願). 모든 중생을 제도하며, 모든 번뇌를 끊으며, 모든 가르침을 배우며, 불도의 이치를 깨닫고자 하는 원. ↔별원(別願).
총:유 (總有) 명 개인주의적 공동 소유의 한 형태. 재산의 관리·처분의 권능은 공동체에 속하고 그 사용·수익(收益)의 권능은 공동체의 각 구성원에 속하는 소유 형태.
총-유탄 (銃榴彈)[―뉴―] 명 유탄의 하나. 수류탄보다 멀리 나가게 하기 위해 소총으로 내쏘게 만든 것.
총:의 (總意)[―/―이] 명 구성원 전체의 공통된 의견. ❑국민의 ~ / 회원의 ~로 회장에 추대되다.
총이-말 (驄―) 명 갈기와 꼬리가 파르스름한 흰말. 청총마.
총이-주 (聰耳酒) 명 귀밝이술.
총:인 (寵人) 명 특별히 귀여움과 사랑을 받는 사람.
총:-인구 (總人口) 명 어떤 나라나 지역에 사는 사람들의 전체 수효.
총:자 (冢子) 명 태자나 세자 또는 적장자(嫡長子) 등을 통틀어 이르던 말.
총-잡이 (銃―) 명 총, 특히 권총을 잘 쏘는 사람. ❑ ~로 유명한 사나이.
총:장 (總長) 명 **1** 전체의 사무를 관리하는 최고 행정 책임 직위. 또는 그 직위에 있는 사람. ❑사무 ~. **2** 각 대학교의 최고 책임자.
총:재 (總裁) 명 정당이나 기관·단체의 전체를 총괄하는 직책. 또는 그 일을 맡은 사람. ❑ 적십자사 ~.
총적 (葱笛) 명 파피리.
총:-적량 (總積量)[―정냥] 명 **1** 선박의 내부 용적의 총합. **2** 배·자동차 등의 짐을 실을 수 있는 총량.
총:점 (總點)[―쩜] 명 전체 점수의 합계. 득점의 총계. ❑ ~ 400점 만점을 얻다.
총좌 (銃座) 명 사격할 때, 기관총 따위를 얹어 놓는 대(臺).
총주 (塚主) 명 무덤을 지키는 임자.
총죽 (叢竹) 명 떨기로 난 대.
총죽지교 (葱竹之交)[―찌―] 명 파피리를 불고 대말을 타며 어려서부터 같이 놀면서 자란 친구와의 교분.
총준 (聰俊) 명하형 총명하고 준수함.
총중 (叢中) 명 떼를 지은 뭇사람 가운데. ❑만록(萬綠) ~의 홍일점.
총중-고골 (塚中枯骨) 명 무덤 속의 마른 뼈라는 뜻으로, 핏기가 없이 뼈만 남을 정도로 여윈 사람의 비유.
총:-지배인 (總支配人) 명 경영체가 여러 영업부서로 구성될 때, 그 전체의 업무를 관리하는 직위. 또는 그 직위에 있는 사람. ❑백화점의 ~.
총:-지출 (總支出) 명 전체의 지출. 지출의 총액. ↔총수입.
총:-지휘 (總指揮) 명하타 전체를 총괄하여 지휘함. 또는 그 지휘. ❑행사의 ~를 맡다 / 감독의 ~ 아래 업무를 분담하다.
총-질 (銃―) 명하자 총을 쏘는 일. ❑마구 ~을 하다.
총-집 (銃―)[―찝] 명 총을 넣어 두고 보호하기 위한 주머니나 곽.
총집 (叢集) 명하자 떼를 지어 모임.
총:집 (總集) 명 중국에서, 몇 사람의 작품을 모은 시문집(詩文集)《'문원(文苑)·전당시(全唐詩)·송문감(宋文鑑)' 등이 유명함》. *별집(別集).
총:찰 (總察) 명하타 모든 일을 총괄하여 살핌.
총창 (銃創) 명 총상(銃傷).
총창 (銃槍) 명 **1** 총과 창. **2** 총에 꽂는 창.
총-채 명 말총 따위로 만든 먼지떨이.
총채-질 명하자 총채로 먼지를 떨어내는 일.
총:책 (總責) 명 '총책임자'의 준말. ❑밀수 ~이 경찰에 잡히다.
총:책임-자 (總責任者) 명 총괄적인 책임을 맡은 사람. ㊟총책.
총:-천연색 (總天然色) 명 완전히 자연 그대로의 색이라는 뜻으로, 천연색을 강조하는 말. ❑ ~ 영화 / ~으로 사진을 찍다.
총:첩 (寵妾) 명 극진한 사랑을 받는 첩.
총:체 (總體) 명 사물을 구성하는 전체. ❑업무의 ~를 파악하다.
총:체-적 (總體的) 관명 관련된 모든 것을 하나로 통합한 (것). ❑ ~ 결론 / ~ 난국에 처하다.
총총 부하형히부 별들이 많고 또렷또렷한 모양. ❑하늘에 별이 ~하다.
총총 (悤悤) 부하형히부 **1** 급하고 바쁜 모양. ❑ ~히 떠나다. **2** 편지의 맺음말로 난필(亂筆)이 되어 죄송하다는 뜻을 나타내는 말. ❑이만 ~.
총총-거리다 자 바쁜 모양으로 발을 구르는 듯이 걷다. ㊔충충거리다. ㊍종종거리다. ㊌쫑쫑거리다.
총총-걸음 명 발걸음을 자주 떼어 놓으며 급히 걷는 걸음. ❑ ~으로 사라졌다 / ~을 치다. ㊍종종걸음.
총총-대다 자 총총거리다.
총총-들이 (葱葱―) 부 틈이 없을 만큼 겹겹이 들어선 모양. ❑나무가 ~ 늘어선 숲.
총총-하다 (葱葱―) 형여 나무 따위가 배게 들어서서 무성하다. ❑모를 총총하게 심다. **총총-히** 부
총총-하다 (叢叢―) 형여 많은 물건이 들어선 모양이 빽빽하다. **총총-히** 부
총:-출동 (總出動)[―똥] 명하자 전원이 출동함. ❑공무원들이 산불 현장에 ~하다.
총:-출연 (總出演) 명하자 전원이 출연함. ❑인기 가수들이 ~하다.
총:칙 (總則) 명 전체를 총괄하는 규칙이나 법칙. ❑민법(民法) ~. *각칙·세칙.
총:칭 (總稱) 명하타 전부를 총괄하여 일컬음. 또는 그 명칭. ❑총통(銃筒)이란 화전·화통·화포 등의 ~이다.
총-칼 (銃―) 명 총검. ❑ ~을 휘두르다 / 눈앞에 ~을 겨누다.
총탄 (銃彈) 명 총알. ❑ ~에 맞아 쓰러지다.
총탕 (葱湯) 명 파를 넣고 끓인 장국. 파장국.
총통 (銃筒) 명 〖역〗 화기의 총칭. 화전(火箭)·화통(火筒)·화포(火砲) 따위를 말함.
총:통 (總統) 명하타 **1** 총괄하여 다스림. 또는 그 관직. **2** 대만 정부의 최고 관직. **3** 지난날, 나치스의 최고 관직.
총:-통화 (總通貨) 명 은행권·보조 화폐 등 현금 통화에다 은행의 예금 통화를 합친 모든

총:-파업(總罷業)몡하자 총동맹 파업. ▢~에 들어가다.

총:-판(總販)몡하타 1 '총판매'의 준말. 2 '총판장'의 준말.

총:-판매(總販賣)몡하타 어떤 상품을 한데 합쳐서 도맡아 팖. 춘총판.

총:판-장(總販場)몡 어떤 상품을 도맡아 파는 곳. 춘총판.

총:-평(總評)몡 총체적인 비평이나 평가. ▢심사 위원의 ~.

총포(銃砲)몡 1 총. ▢허가 없는 ~ 소지는 불법이다. 2 총과 포의 총칭.

총:-학생회(總學生會)[-쌩-]몡 한 학교 안의 학생 단체들을 통틀어서 지휘하는 학생들의 자치 단체.

총:할(總轄)몡하타 총람(總攬). ▢관리와 사무를 ~하다.

총:-합(總合)몡하타 전부를 합함. 또는 합한 것. ▢판매량을 ~하다.

총:-행(寵幸)몡하타 특별히 총애함. 또는 그런 총애.

총형(銃刑)몡 '총살형'의 준말.

총혜(聰慧)[-/-혜]몡하형 총명하고 슬기로움. ▢~한 성품.

총화(銃火)몡 총을 쏠 때 총구멍에서 번쩍이는 불. 철화(鐵火).

총:-화(總和)몡 1 전체를 합하여 모은 수. 총계. 2 전체의 화합. ▢국민 ~ 단결.

총화(叢話)몡 이야기를 모은 것. 또는 그런 책.

총환(銃丸)몡 총알.

총:회(總會)몡 1 구성원 전체가 모여서 어떤 일에 관하여 의논함. 또는 그런 모임. ▢의원 ~를 열다. 2 사단 법인의 전체 구성원에 의해 조직되며, 종합적 의사를 결정하는 최고 의결 기관. ▢주주 ~.

총:-회-꾼(總會-)몡 소수의 주식을 갖고 주주 총회에 출석하여 말썽을 부리거나, 금품 등을 받고 의사 진행에 협력하거나 방해하는 사람.

총:-획(總畫)몡 한자(漢字) 한 글자의 모든 획수(畫數). ▢~색인에서 한자를 찾다.

총:희(寵姬)[-히]몡 특별히 귀여움과 사랑을 받는 여자.

총:-히(總-)틘 온통 한데 몰아서. 또는 전부 하여.

촬상-관(撮像管)[-쌍-]몡 〖물〗 텔레비전 송상(送像) 신호를 전기적 화상(畫像) 신호로 바꾸는 전자관(電子管)의 총칭.

촬영(撮影)몡하타 형상을 사진이나 영화로 찍음. ▢야외 ~ / 기념 ~ / 영화를 ~하다.

촬영-기(撮影機)몡 영화나 사진을 찍는 기계. ▢35 mm ~.

촬영 대본(撮影臺本) 콘티뉴이티(continuity).

촬영-소(撮影所)몡 영화를 촬영·제작하는 데에 필요한 설비를 갖춘 곳. 스튜디오.

촬토(撮土)몡 한 줌의 흙.

최멸(最蔑)몡 베틀 짤 때, 최활의 양쪽 끝에 박는 끝을 뾰족하게 만든 쇠 대롱.

최:-(最)틘 '가장·제일'의 뜻. ▢~첨단 / ~우수 / ~고급 / ~신식.

최:강(最强)몡 가장 셈. 또는 그런 것. ▢국내 ~의 실력 / ~을 가리다.

최고(最古)몡 가장 오래됨. ▢세계 ~의 금속 활자. ↔최신(最新).

최:고(最高)몡 가장 높음. 제일임. ▢~ 기온 / ~의 품질 / ~ 기록을 내다 / 아빠가 ~야. ↔최저.

최고(催告)몡하타 1 재촉하는 뜻으로 내는 통지. ▢ 대금(貸金) 반제의 ~를 받다. 2 〖법〗 상대방에게 일정한 행위를 하도록 요구하는 통지를 내는 일. ▢공시 ~.

최:-고가(最高價)[-까]몡 가장 비싼 값. ▢~ 상품. ↔최저가.

최:-고권(最高權)[-꿘]몡 〖법〗 주권·통치권과 같은 가장 높은 권리.

최:-고급(最高級)몡 가장 높은 등급. ▢~ 제품 / ~ 호텔.

최:-고도(最高度)몡 가장 높은 정도 또는 단계. ▢기술이 ~에 이르다.

최:고 법원(最高法院) 행정권과 입법권에 대립하는 사법권의 최고 기관《우리나라에서는 대법원이 이에 해당함》.

최:고-봉(最高峰)몡 1 가장 높은 봉우리. 주봉(主峰). ▢히말라야 산맥 중의 ~. 2 어떤 분야에서 가장 뛰어난 것. ▢문단의 ~.

최:고-선(最高善)몡 〖윤〗 인간 생활의 최고 이상이며 선악을 판단하기 위한 궁극 표준으로서의 최고 목적.

최:고-신(最高神)몡 지상신(至上神).

최:고 온도계(最高溫度計)[-/-계] 일정 시간 내의 최고 온도를 재는 온도계.

최:고-점(最高點)[-쩜]몡 1 가장 높은 점수. ▢~을 받아 합격하다. 2 가장 높은 지점. ▢정상의 ~에 도달하다.

최:-고조(最高潮)몡 어떤 분위기나 감정 따위가 가장 높은 정도에 이른 상태. 절정. 클라이맥스. ▢연주의 열기가 ~에 이르다.

최:고-품(最古品)몡 가장 오래된 물품.

최:고-품(最高品)몡 최상품.

최:고 학부(最高學府)[-뿌] 가장 단계가 높은 학교. 대학이나 대학원의 일컬음.

최:고-형(最高刑)몡 법으로 정한 가장 중한 형벌. ▢살인죄를 저지른 죄인에게 법정 ~인 사형을 선고하다.

최:구-하다(最久-)형여 가장 오래다.

최:귀-하다(最貴-)형여 가장 귀하다.

최:근(最近)몡 1 얼마 되지 않은 지나간 날. ▢~에 일어났던 일 / ~ 경제 동향을 살피다. 2 장소나 위치가 가장 가까움. ▢~ 거리.

최:-근세(最近世)몡 역사상 시대 구분의 하나. 가장 가까운 지나간 시대.

최:-급(最急)몡하형 가장 급하거나 빠름.

최:-급무(最急務)[-금-]몡 가장 급한 일.

최:-긴(最緊)몡하형 가장 중요하고 요긴함.

최:-다(最多)몡하형 가장 많음. ▢~ 득점. ↔최소(最少).

최:-단(最短)몡하형 가장 짧음. ▢~ 거리 / 시일 내에 일을 끝내라. ↔최장(最長).

최:대(最大)몡하형히부 가장 큼. ▢~ 다수의 ~ 행복 / 사상 ~의 규모 / 기량을 ~로 발휘하다 / 볼륨을 ~로 하다. ↔최소(最小).

최:대 공약수(最大公約數)[-쑤] 〖수〗 공약수 중 가장 큰 수. *최소 공배수(最小公倍數).

최:대 사거리(最大射距離)〖군〗 총기의 탄환 따위가 도달할 수 있는 가장 먼 거리.

최:대 사정(最大射程) 최대 사거리.

최:대 속력(最大速力)[-쏭녁] 가장 빠른 속력. ▢그 비행기의 ~은 마하 2이다.

최:대 압력(最大壓力)[-냑] 1 가장 큰 압력. 2 〖물〗 포화 증기압(飽和蒸氣壓).

최:대-치(最大値)몡 1 가장 큰 값. 2 〖수〗 최댓값. ↔최소치.

최:대-한(最大限)몡 최대한도. ▢좁은 공간

을 ~ 활용하다 / 감정을 ~ 억누르다 / ~ 능력을 발휘하다. ←최소한.

최:대-한도 (最大限度)〖명〗 더 이상 늘릴 수 없는 가장 큰 한도. 최대한. ▣~를 넘기다. ↔최소한도.

최:댓-값 (最大-)[-대깝 / -댄깝]〖명〗《수》실숫값을 취하는 함수가 그 정의역 안에서 취하는 가장 큰 값. 최대치. ↔최솟값.

최:량 (最良)〖명〗〖하형〗 가장 좋음. ▣~의 방법.

최:량-품 (最良品)〖명〗 가장 좋은 물품.

최루 (催淚)〖명〗〖하타〗 눈물이 나오게 함.

최루 가스 (催淚gas) 독가스의 하나. 눈물샘을 자극해서 눈물이 나오도록 함.

최루-성 (催淚性)[-썽]〖명〗 눈물샘을 자극하여 눈물을 흘리게 하는 성질.

최루-탄 (催淚彈)〖명〗 최루 가스를 넣은 탄환《권총탄·폭탄 등이 있음》. ▣~ 사용을 자제하다.

최마 (衰麻)〖명〗 상복으로 입는 베옷.

최:만 (最晚)〖명〗 가장 늦음.

최:말 (最末)〖명〗 맨 끝. 최미(最尾).

최면 (催眠)〖명〗 **1** 잠이 오게 함. 잠을 재촉함. **2** 인위적으로 사람을 잠이 든 것처럼 만든 상태. ▣~에 빠지다 / ~을 걸다.

최면-술 (催眠術)〖명〗 최면 상태로 빠지게 하는 술법.

최면 요법 (催眠療法)[-뇨뻡]《의》최면으로 환자의 병을 고치는 일종의 정신 요법.

최면-제 (催眠劑)〖명〗 잠이 들게 하는 약제《베로날·칼모틴 따위》. 수면제.

최:미 (最尾)〖명〗 최말(最末). ▣행렬의 ~에서 따라간다.

최복 (衰服)〖명〗 부모·증조부모·고조부모의 상중에 입는 상복.

최빈-국 (最貧國)〖명〗 일 인당 국민 소득이 적고 대외 부채 잔액이 많은 가난한 나라.

최사 (摧謝)〖명〗〖하타〗 굴복하여 사죄함.

최산 (催産)〖명〗 해산할 무렵에 임부에게 약물 따위를 써서 해산을 쉽고 빠르게 함. 또는 그 일.

최산-제 (催産劑)〖명〗 최산하는 데에 쓰는 약제.

최:상 (最上)〖명〗 **1** 수준이나 등급 따위의 맨 위. 정상. **2** 가장 훌륭함. 최상급. ▣~의 품질 / ~의 행복. ↔최하.

최:-상급 (最上級)〖명〗 **1** 가장 높은 정도나 등급. ▣~의 품질 / 제품은 모두 ~이다. ↔최하급. **2** 서양말의 부사·형용사에서 그 상태나 정도가 가장 세거나 큼을 나타내는 문법 형태.

최:-상등 (最上等)〖명〗 가장 높은 등급이나 등위. ↔최하등.

최:상-선 (最上善)〖명〗《윤》의무감 때문에 도덕법을 만들고 지키려는 마음가짐에서 나오는 선.

최:상-지 (最上地)〖명〗 **1** 최상급의 땅. **2**《불》가장 높은 지위.

최:-상층 (最上層)〖명〗 맨 위층. ▣호텔의 ~에 스카이라운지가 있다. ↔최하층.

최:상-품 (最上品)〖명〗 가장 좋은 물품. 상상품. 최고품. ↔최하품.

최:선 (最先)〖명〗 '최선등'의 준말.

최:선 (最善)〖명〗 **1** 가장 좋음. ▣~의 선택 / ~의 결정. 최악. **2** 온 정성과 힘. 전력(全力). ▣나름대로 ~을 다했다.

최:-선두 (最先頭)〖명〗 가장 선두. 맨 앞. ▣~에서 대열을 선도하다.

최:-선등 (最先等)〖명〗〖하자〗 여럿 가운데 가장 앞섬. ⓑ최선.

최:-선봉 (最先鋒)〖명〗 맨 앞장. ▣공격의 ~에 서다.

최:-선책 (最善策)〖명〗 최선의 방책. 더할 나위 없는 대책. ▣공격만이 ~이다.

최:성-기 (最盛期)〖명〗 가장 왕성하고 한창인 시기. 전성기.

최:소 (最小)〖명〗〖하형〗 수나 정도 따위가 가장 작음. ▣~ 범위 / ~ 단위. ↔최대(最大).

최:소 (最少)〖명〗〖하형〗 **1** 수나 양 따위가 가장 적음. ▣~ 비용 / ~ 인원 / 피해를 ~로 줄이다. ↔최다(最多). **2** 가장 젊음.

최:소 공배수 (最小公倍數)《수》공배수 중 0을 제외한 가장 작은 정수(整數). ＊최대 공약수.

최:소 공분모 (最小公分母)《수》공분모 중 가장 작은 분모.

최:소-치 (最小値)〖명〗 **1** 가장 작은 값. **2**《수》최솟값. ↔최대치.

최:소-한 (最小限)〖명〗 최소한도. ▣피해를 ~으로 줄이다. ↔최대한.

최:소-한도 (最小限度)〖명〗 더 이상 줄이기 어려운 가장 작은 한도. 최소한. ↔최대한도.

최:솟-값 (最小-)[-소깝 / -손깝]《수》실숫값을 취하는 함수가 그 정의역 안에서 취하는 가장 작은 값. ↔최댓값.

최:승 (最勝)〖명〗〖하형〗 가장 나음. 가장 뛰어남.

최:신 (最新)〖명〗 가장 새로움. ▣~ 정보 / ~ 유행 / ~의 설비를 갖추다. ↔최고(最古).

최:신-식 (最新式)〖명〗 가장 새로운 방식이나 격식. ▣~ 건물 / ~ 설비.

최:신-형 (最新型)〖명〗 가장 새로운 모양. 또는 그런 모양의 것. ▣~ 자동차〔항공기〕.

최:심 (最甚)〖명〗〖하형〗 가장 심함.

최:심 (最深)〖명〗〖하형〗 가장 깊음.

최:심-부 (最深部)〖명〗 가장 깊은 곳이나 부분. ▣대양(大洋)의 ~ / 호수의 ~는 깊이가 5 m나 된다.

최:악 (最惡)〖명〗 가장 나쁨. ▣~의 경우 / ~의 상태에 빠지다 / ~의 결과를 초래하다. ↔최선(最善).

최:-우선 (最優先)〖명〗 어떤 일을 하는 데 가장 먼저이거나 중요한 것. ▣~ 과제 / ~ 순위 / 그는 효(孝)를 ~으로 생각한다.

최:-우수 (最優秀)〖명〗 가장 뛰어남. ▣~ 선수 / ~ 작품으로 선정되다.

최유-제 (催乳劑)〖명〗 젖이 잘 나오도록 촉진하는 약제.

최음-제 (催淫劑)〖명〗 성욕을 촉진시키는 약제의 총칭.

최:장 (最長)〖명〗〖하형〗 가장 깊. ▣~ 거리 / ~ 시간. ↔최단(最短).

최:-장방 (最長房)〖명〗 4대 이내의 자손 가운데 항렬이 가장 높은 사람.

최:저 (最低)〖명〗 가장 낮음. ▣~ 온도 / ~ 가격 / 주식 시세가 연중 ~로 떨어지다. ↔최고(最高).

최:저-가 (最低價)[-까]〖명〗 가장 싼 값. ▣~로 팔다. ↔최고가.

최:저 생계비 (最低生計費)[-/-께-] 임금 산출의 기초로서 이론적으로 계산해 낸, 생활에 필요한 최소 비용.

최:저 생활비 (最低生活費) 인간이 인간답게 생존하는 데 필요한 최소한도의 생활비.

최:저 생활선 (最低生活線)[-썬] 최저 생활을 유지할 수 있는 한계선.

최:저 온도계 (最低溫度計)[-/-께-] 일정 시

간 내의 최저 온도를 재는 데 쓰는 온도계.

최:저 임:금(最低賃金制) 국가가 법으로써 임금의 최저액을 정하여 노동자의 생활을 보장하는 제도.

최:저-한(最低限) 圈 최저한도. ❏~의 생계비를 보장하다.

최:저-한도(最低限度) 圈 가장 낮은 한도. 최저한. ❏~의 인상으로 억제하다.

최:적(最適) 圈하圈 가장 알맞음. ❏~ 온도 / 그 일을 맡을 ~의 인물 / ~의 입지 조건을 갖추다.

최:적 밀도(最適密度)[-쩍-또] 〖생〗 생물이 생존하는 데 가장 적합한 밀도.

최:전(最前) 圈 1 훨씬 이전. 2 맨 앞.

최:-전방(最前方) 圈 최전선1. ❏~에서 공격하다.

최:-전선(最前線) 圈 1〖군〗 적과 맞서는 맨 앞의 전선. 최전방. ❏~의 장병들 / 사단 병력이 ~에 투입되었다. 2 격심한 경쟁이 벌어지고 있는 상황. ❏새로운 상품 개발의 ~.

최:-전열(最前列)[-녈] 圈 맨 앞줄.

최절(摧折) 圈하圈타 1 좌절(挫折). 2 억눌러 제어함.

최조(催租) 圈하圈 납세를 재촉함.

최:-존칭(最尊稱) 圈〖언〗 인칭 대명사에서 가장 높여 일컫는 말《짐·각하·폐하·어르신 따위》.

최:종(最終) 圈 맨 나중. ❏~ 단계 / ~ 변론 / ~ 목표에 다다르다. ↔최초.

최:종 생산물(最終生産物) 〖경〗어떤 재화의 생산에 쓰이지 않고 생활에 직접 쓰이는 생산물. *중간 생산물.

최:종-심(最終審) 〖법〗 대법원에서 하는 마지막 심리.

최:종-적(最終的) 관圈 맨 마지막으로 하는 (것). ❏~(인) 판단 / ~(인) 결론을 내리다.

최:종-회(最終回) 圈 어떤 일을 계속 반복할 경우의 마지막 회.

최:중(最重) 圈하圈 가장 귀하고 중요함.

최:-첨단(最尖端) 圈 1 가늘고 긴 물건이나 돌출한 곳의 가장 끝 부분. 2 시대나 유행 등의 가장 선두. ❏유행의 ~ / 시대의 ~을 걷다.

최청(催靑) 圈하圈타 부화(孵化) 전에 누에알을 적당한 온도·습기·공기가 있는 곳에 두어 충실한 누에가 나오게 조절하는 일. 누에깨기.

최:초(最初) 圈 맨 처음. ❏세계 ~ / ~의 여성 장관 / 우리나라 ~의 신문. ↔최종.

최촉(催促) 圈하圈타 재촉.

최촉-장(催促狀)[-짱] 圈 재촉하는 서장(書狀).

최:친-하다(最親-) 혱여 가장 친하고 가깝다. ❏최친한 사람들의 모임.

최-판관(崔判官) 圈〖불〗죽은 사람에 대해 살았을 때의 선악을 판단한다고 하는 저승의 벼슬아치.

최:하(最下) 圈 수준이나 단계 따위의 맨 아래. ❏~ 등급 / ~ 점수 / ~ 수준에 머물다 / 투표율이 사상 ~를 기록하다. ↔최상.

최:-하급(最下級) 圈 가장 낮은 정도나 등급. ❏~ 판정을 받다. ↔최상급.

최:-하등(最下等) 圈 가장 낮은 등위나 등급. ↔최상등.

최:-하층(最下層) 圈 1 맨 아래층. ❏아파트 ~. 2 가장 낮은 계층. ❏~ 생활. ↔최상층.

최:-하품(最下品) 圈 품질이 가장 낮은 물품. ↔최상품.

최:혜-국(最惠國)[-/-혜-] 圈 통상·항해 조약을 체결한 나라 가운데 가장 유리한 대우를 받는 나라.

최:혜국 대:우(最惠國待遇)[-때-/-혜-때-] 통상·항해 조약을 체결한 나라가 상대국에 대해서, 가장 유리한 혜택을 받는 나라와 동등한 대우를 하는 일.

최:혜국 약관(最惠國約款)[-궁냑꽌/-혜궁냑꽌] 최혜국 조항.

최:혜국 조관(最惠國條款)[-꼬-/-혜-꼬-] 최혜국 조항.

최:혜국 조항(最惠國條項)[-꼬-/-혜-꼬-] 통상·항해 조약에서, 상대국에 최혜국 대우를 부여할 것을 규정한 조항.

최:호(最好) 圈하圈타圈 가장 좋아함. 가장 좋음.

최:활 圈 베를 짤 때 폭이 좁아지지 않게 가로 나비를 버티는 가는 나무오리《활처럼 등이 휘고, 양 끝에 최를 박았음》.

최:후(最後) 圈 1 맨 마지막. ❏~의 심판 / ~ 수단을 쓰다. 2 삶의 마지막 순간. ❏장렬한 ~ / 쓸쓸한 ~를 맞다.

최:-후미(最後尾) 圈 길게 계속되거나 연결된 것의 맨 뒤끝.

최:후-일각(最後一刻) 圈 마지막 순간. ❏~까지 전선을 사수하다.

최:후-진:술(最後陳述) 〖법〗 형사 소송에서, 증거 조사 및 검사의 의견 진술을 들은 다음 피고인이나 그 변호인이 마지막으로 행하는 진술. ❏피고의 ~.

최:후-통첩(最後通牒) 圈 1〖법〗분쟁의 평화적 처리를 위한 교섭을 중단하고 최종적인 요구를 상대국에 제시해서, 그것이 수락되지 않으면 자유행동이나 실력 행사를 취한다는 뜻을 밝힌 외교 문서. 2 교섭 중인 상대방에게 보내는 마지막 요구나 통고의 비유. ❏~을 보내다.

추(錘) 圈 1 '저울추'의 준말. 2 끈에 매달려 늘어진 물건의 총칭. ❏벽시계의 ~.

-추- 圈 일부 용언의 어간에 붙어, 타동사가 되게 하는 어간 형성 접미사. ❏들~다 / 맞~다 / 곳~다 / 늦~다. *-우-·-구-·-기-·-리-·-치-.

추가(追加) 圈하圈타 나중에 더 보탬. ❏~ 비용 / ~ 모집 / 새로운 것이나 ~ 되다 / 예산을 ~ 하다 / 대회 신기록 두 개를 ~ 하다.

추가 경정 예:산(追加更正豫算)[-녜-] 〖법〗예산이 성립된 뒤에 생긴 사유로 말미암아 이미 정한 예산에 추가한 예산. ⓒ추경 예산.

추가-분(追加分) 圈 나중에 더 보탠 부분. 또는 그 분량.

추가 시험(追加試驗) 〖교〗정기 시험을 치르지 못한 학생 또는 수험생에게 나중에 특별히 치르게 하는 시험. ⓒ추시.

추가-점(追加點)[-쩜] 圈 나중에 더하여 올리는 점수. ❏~을 주다.

추가 판결(追加判決) 〖법〗 민사 소송에서, 법원이 당사자의 신청으로, 재판에서 빠뜨린 부분을 보충하기 위해 행하는 판결. 보충 판결.

추간 연:골(椎間軟骨)[-년-] 〖생〗서로 이웃하는 척추골의 추체(椎體) 사이에 있는 편평한 널빤지 모양의 연골《척추 운동은 이 연골의 탄력성에 따르는 것임》. 추간판.

추간 연:골 헤르니아(椎間軟骨hernia)[-년-] 〖의〗추간 연골 속의 수핵(髓核)이 섬유륜(纖維輪)을 뚫고 돌출해서 신경의 근부(根部)를 압박 또는 자극해 일어나는 질환. 속칭은 디스크(disk).

추간-판(椎間板) 圈 추간 연골.

추거(推去) 圈하圈타 찾아서 가져감.

추거 (推擧) 圓혀타 1 추천. 2 추상(推上).
추격 (追擊) 圓혀자타 뒤좇아 가며 공격함. ❑도주 차량을 ~하다 / ~의 고삐를 당기다 / 범인은 경찰의 ~을 뿌리치고 도망쳤다.
추격(을) 붙이다 ꓽ 이간질하여 서로 싸우게 하다.
추경 (秋耕) 圓혀타〖농〗가을갈이.
추경 (秋景) 圓 가을의 경치.
추경 예:산 (追更豫算)[-네-] '추가 경정 예산'의 준말.
추경-치다 (秋耕-) 타 가을에 논을 갈다.
추계 (秋季)[-/-계] 圓 가을철. 추기(秋期). ❑~ 운동회.
추계 (追啓)[-/-계] 圓혀타 추신(追伸).
추계 (推計)[-/-계] 圓혀타 추정해서 계산함. ❑소득을 ~하다.
추계 인구 (推計人口)[-/-게-] 어떤 시기를 전후한 인구의 자연 동태 및 사회 동태와 이출(移出)을 가해서 계산한 인구.
추계-학 (推計學)[-/-게-] 모집단에서 임의로 가려 뽑은 표본에 따라 모집단의 상태를 추측하는 통계 이론. 추측 통계학.
추고 推考 ☞ 퇴고(推敲).
추고 (追考) 圓혀타 지난 일을 돌이켜 생각함.
추고 (追告) 圓혀타 주로 편지나 보고하는 글 따위에서, '뒤붙여 아룁니다'의 뜻으로, 덧붙이는 글 앞에 적는 말.
추고 (推考) 圓혀타 1 미루어 생각함. 2 벼슬아치의 허물을 추문(推問)해서 고찰함.
추고 (推故) 圓혀타 거짓으로 핑계를 댐.
추고-마비 (秋高馬肥) 圓 천고마비(天高馬肥).
추곡 (秋穀) 圓 가을에 거두는 곡식. ❑~ 수매(收買).
추곡-가 (秋穀價)[-까] 圓 가을에 수확한 벼를 정부가 사들일 때의 공시(公示) 가격.
추골 (椎骨) 圓 척추골(脊椎骨).
추골 (槌骨) 圓〖생〗망치뼈.
추공 (秋空) 圓 높고 맑게 갠 가을 하늘.
추광 (秋光) 圓 추색(秋色).
추광-성 (趨光性)[-씽] 圓〖생〗주광성.
추괴-하다 (醜怪-) 혀어 추하고 괴상하다. ❑용모가 ~.
추교 (醜交) 圓 남녀 간의 추잡한 교제.
추구 (追求) 圓혀타 목적을 이룰 때까지 뒤좇아 구함. ❑이윤 / 이상을 ~하다.
추구 (追究) 圓혀타 근본을 캐어 들어가 연구함. ❑진리의 ~.
추구 (追咎) 圓혀타 지나간 뒤에 전날의 허물을 나무람.
추구 (推究) 圓혀타 이치로 미루어 생각해 밝힘. ❑사리를 ~하다.
추국 (秋菊) 圓 가을에 피는 국화.
추국 (推鞫·推鞠) 圓혀타〖역〗조선 때, 의금부(義禁府)에서 임금의 특명에 따라 중죄인을 신문하던 일.
추궁 (秋窮) 圓 하곡(夏穀)은 떨어지고 햅쌀 따위 추곡(秋穀)이 나오지 않아 살기 어려운 초가을.
추궁 (追窮) 圓혀타 잘못된 일에 대해 엄하게 따져 밝힘. ❑심한 ~을 당하다 / 책임을 ~하다.
추근-거리다 자타 치근거리다.
추근-대다 자타 치근거리다.
추근-추근 튀어혀어 성질이나 태도가 검질기고 끈덕진 모양. ❑~ 따라다니다. ꚬ초근초근.
추근추근-하다 혀어 몹시 축축하다. ❑비에

젖은 옷이 ~. 추근추근-히 튀

추급 (追及) 圓혀자타 뒤좇아서 따라붙음.
추급 (追給) 圓혀타 추가로 더 줌.
추급 (追及) 圓혀타 미루어 생각이 미침.
추급 (推給) 圓혀타 찾아서 내어 줌.
추기 圓 '추깃물'의 준말.
추기 (秋氣) 圓 가을의 기운.
추기 (秋期) 圓 가을의 시기. 계절이 가을인 때. 가을철. 추계(秋季).
추기 (追記) 圓혀타 본문에 덧붙여 기입함. 또는 그 글.
추기 (樞機) 圓 1 사물의 중요한 대목. 요처. 2 중추(中樞)가 되는 기관. 3 중요한 사무나 정무(政務).
추기-경 (樞機卿) 圓〖가〗교황 다음가는 성직. 교황의 최고 고문으로 교회 행정과 교황 선출에 관여함. 홍의(紅衣) 주교.
추기다 타 다른 사람을 꾀어 무엇을 하도록 하다. 부추기다. ❑달콤한 말로 ~.
추기-성 (趨氣性)[-썽] 圓〖생〗주기성.
추길 (諏吉) 圓혀타 길일(吉日)을 택함.
추깃-물 [-긴-] 圓 송장이 썩어서 흐르는 물. 시수(屍水). 시즙(屍汁). ꚬ추기.
추나-요법 (推拏療法) [-뻡]〖한의〗뼈를 밀고 당겨서 비뚤어진 뼈를 바로 맞추는 방법.
추남 (醜男) 圓 얼굴이 못생긴 남자. ↔미남. ＊추녀.
추납 (追納) 圓혀타 부족한 것을 나중에 채워서 바침. ❑상속세를 ~하다.
추납 (推納) 圓혀타 찾아서 바침.
추녀 (錐囊) 圓 송곳이 주머니라는 뜻으로, 재능이 뛰어난 사람의 비유. 낭중지추.
추녀 圓〖건〗네모지고 끝이 번쩍 들린, 처마의 네 귀에 있는 큰 서까래. 또는 그 부분의 처마. ꚬ끝에 고드름이 달리다.
추녀 (醜女) 圓 얼굴이 못생긴 여자. ↔미녀. ＊추남.
추녀-마루 圓〖건〗당마루에 이어 추녀를 기와로 덮은 부분. 활개장마루.
추녀-허리 圓〖건〗번쩍 들린 추녀의 위로 휘어진 부분.
추념 (追念) 圓혀타 1 지나간 일을 돌이켜 생각함. 2 죽은 사람을 생각함. ❑~ 행사. ＊추도.
추념-사 (追念辭) 圓 추념의 뜻으로 하는 말. ❑~를 낭독하다.
추다¹ 타 1 물건을 찾으려고 뒤지다. ❑여기저기 다 추어도 찾지 못했다. 2 어깨를 위로 올리다. ❑어깨를 으쓱 ~. 3 쇠약해진 몸을 똑바로 가누다. ❑맥을 못 ~. 4 남을 칭찬해 주다.
추다² 타 춤 동작을 보이다. ❑음악에 맞춰 춤을 ~.
추다³ 타 ☞ 추리다.
추단 (推斷) 圓혀타 1 어떤 일을 근거로 미루어 판단함. 또는 그런 판단. ❑범인으로 ~하다. 2 죄상을 심문하여 처단함.
추담 (推談) 圓 핑계로 하는 말.
추담 (醜談) 圓 더럽고 고약한 말. 추설(醜說).
추대 (推戴) 圓혀타 윗사람으로 떠받듦. ❑~를 받다.
추대 (錐臺) 圓〖수〗'원뿔대'의 구용어.
추도 (追悼) 圓혀타 죽은 사람을 생각해 슬퍼함. ❑~ 모임 / 고인을 ~하다. ＊추념.
추도-식 (追悼式) 圓 추도의 뜻을 표하기 위한 의식. ❑~을 거행하다.
추돌 (追突) 圓혀자타 기차·자동차 따위가 뒤에서 들이받음. ❑~ 사고 / 여러 대의 차량이 ~하다.

추등 (秋等)	**명** **1** 등급을 춘(春)·추(秋)의 둘로 나눈 것의 둘째. 또는 춘·하·추·동의 넷으로 나눈 것의 셋째. **2**[역] 봄과 가을 두 번에 나누어 내게 된 제도에서 가을에 내던 세금. →춘등(春等).

추라치 **명**《어》굵고 큰 송사리.

추락 (墜落) **명** **하자** **1** 높은 곳에서 떨어짐. ▢ ~ 지점 / 비행기가 ~하다. **2** 위신이나 가치 따위가 떨어짐. ▢ 권위가 ~되다. **3** 할아버지나 아버지의 공덕에 미치지 못하고 떨어짐.

추락-사 (墜落死) **명** **하자** 높은 곳에서 떨어져 죽음. ▢ 등반 중 실족해 ~하다.

추랭 (秋冷) **명** 가을의 찬 기운.

추량 (秋涼) **명** 가을의 서늘한 기운.

추량 (推量) **명** **하타** 추측.

추레-하다 **형어** **1** 깨끗하지 못하고 생기가 없다. ▢ 옷차림이 ~. **2** 태도 따위가 너절하고 고상하지 못하다. ▢ 추레한 꼴. **참**초라하다.

추력 (推力) **명**《물》물체를 운동 방향으로 미는 힘. ▢ ~ 5만 파운드의 로켓.

추렴 **명** **하타** 〔←출렴(出斂)〕 모임이나 놀이 따위의 비용 등으로 각자가 금품을 얼마씩 내어 거둠. ▢ ~을 내다 / ~을 거두다 / 비용을 ~하다 / 막걸리 ~을 벌이다.

추렴-새 추렴하는 돈이나 물건. 또는 추렴하는 일.

추로 (秋露) **명** 가을 이슬.

추로 (鄒魯) **명** 공자는 노(魯)나라 사람이고, 맹자는 추(鄒)나라 사람이라는 뜻으로, 공자와 맹자를 일컫는 말.

추로-수 (秋露水) **명**《한의》가을 이슬을 받은 물〔달여서 약으로 씀〕.

추로지향 (鄒魯之鄕) **명** 공자와 맹자의 고향이란 뜻으로, 예절을 알고 학문이 왕성한 곳을 일컫는 말.

추로-학 (鄒魯學) **명** 공자와 맹자의 학문. 곧, 유학(儒學)을 일컬음.

추록 (追錄) **명** **하타** 추가해서 기록함. 또는 그 기록.

추론 (追論) **명** **하타** 추구(追求)해서 논의함.

추론 (推論) **명** **하타** **1** 생각해서 논함. ▢ ~에 불과하다 / 사실에 비추어 ~하다. **2**《논》추리(推理)2.

추론-식 (推論式) **명**《논》삼단 논법.

추루-하다 (醜陋) **형어** 누추(陋醜)하다. 추루-히 **부**

추류-성 (趨流性) [―썽] **명**《생》주류성.

추리 **명** 양지머리의 배꼽 아래에 붙은 쇠고기.

추리 (抽利) **명** **하타** 남은 이익을 뽑아서 셈함.

추리 (推理) **명** **하타** **1** 아는 것을 바탕으로 알지 못하는 것을 미루어 생각함. ▢ ~ 과정 / ~ 문학 / ~가 들어맞다 / ~가 빗나가다 / 증거와 정황에 따라 ~2.《논》어떤 판단을 근거로 다른 판단을 이끌어 냄. 추론.

추리닝 (←training) **명** 운동복.

추리다 **타** 섞여 있는 것에서 여럿을 가려 뽑다. ▢ 요점을 ~ / 쓸 만한 것을 ~.

추리-력 (推理力) **명** 추리하는 힘. ▢ 뛰어난 ~.

추리 소·설 (推理小說) 《문》범죄 사건에 대한 수사를 주된 내용으로 한, 그 사건을 추리해서 해결하는 과정에 흥미의 중점을 두는 소설. 탐정 소설. ▢ ~을 탐독하다.

추림 (秋霖) **명** 가을장마.

추마 (雕馬) **명** 흰 바탕에 흑색·짙은 갈색·짙은 적색 등의 털이 섞여 난 말.

추맥 (秋麥) **명** 가을보리.

추면 (皺面) **명** 주름살이 잡힌 얼굴.

추면 (錐面) **명**《수》'뿔면'의 구용어.

추명 (醜名) **명** 깨끗하지 못한 일로 더럽힌 이름. ▢ 비굴한 삶으로 ~을 남길 수는 없다.

추모 (追慕) **명** **하타** 죽은 사람을 그리며 생각함. ▢ ~의 정 / ~ 행사.

추모 (醜貌) **명** 보기 흉한 용모.

추-모란 (秋牡丹) **명**《식》과꽃.

추-문 (推問) **명** **하타** 어떤 사실을 자세히 캐며 꾸짖어 물음.

추문 (皺紋) **명** 주름살 같은 무늬.

추문 (醜聞) **명** 추잡하고 좋지 못한 소문. 스캔들. ▢ ~이 떠돌다 / ~에 시달리다.

추물 (醜物) **명** **1** 더럽고 지저분한 물건. **2** 행실이나 됨됨이가 추잡한 사람을 낮잡은 말.

추미 (追尾) **명** **하타** 뒤를 따라감.

추밀 (樞密) **명** **1** 군정(軍政)에 관한 중요한 사항. **2** 중요한 기밀.

추밀다 **자타** 〈옛〉치밀다.

추밀-원 (樞密院) **명**《역》고려 때, 왕명의 출납·숙위(宿衛)·군기(軍機) 등에 관한 일을 맡아보던 관아.

추방 (追放) **명** **하타** **1** 일정한 지역이나 조직 밖으로 쫓아냄. ▢ 국외 / ~ 명령 / ~을 당하다 / 부정부패를 ~하다. **2**[법] 자기 나라에 머무르는 것이 위험하다고 생각되는 사람에게 외국으로 나갈 것을 명하는 일.

추백 (追白) **명** 추신(追伸).

추병 (追兵) **명** 적군을 추격하는 군사.

추보 (推步) **명** 예전에, 천체의 운행을 관측하던 일.

추복 (追服) **명** **하타** 상(喪)을 당한 때 사정이 있어 입지 못한 상복을 뒷날에 가서 입음. 또는 그 일.

추복 (追復) **명** **하타** '추복위'의 준말.

추-복위 (追復位) **명** **하타** 빼앗긴 위호(位號)를 그 사람이 죽은 뒤 다시 회복해 줌. **준**추복.

추본 (推本) **명** **하자** 근본을 따져 연구함.

추봉 (秋捧) **명** **하타** 가을에 결세(結稅)와 잡세를 거두어들임.

추봉 (追捧) **명** **하타** 돈이나 곡식을 물려서 거두어들임.

추부 (醜夫) **명** 추남.

추부 (醜婦) **명** 추녀.

추부 (趨附) **명** **하타** 남을 붙좇아 따름.

추부-의뢰 (趨附依賴) [― / ―이―] **명** **하타** 세력 있는 사람에게 붙좇아 의지해 지냄.

추분 (秋分) **명** 이십사절기의 열여섯째. 백로(白露)와 한로(寒露) 사이의 절기로, 양력 9월 23일경[해가 추분점에 이르러 낮과 밤의 길이가 같아짐]. *춘분(春分).

추분-점 (秋分點) [―쩜] **명**[천] 태양이 황도(黃道)를 따라 북쪽에서 남쪽으로 지나가면서 하늘의 적도와 만나는 점[춘분점의 정반대에 위치함].

추비 (追肥) **명** **하자** 웃거름. 덧거름.

추사 (秋思) **명** 가을철에 느껴 일어나는 갖가지 생각.

추사 (醜事) **명** 보기 흉한 일. 더러운 일.

추사-체 (秋史體) **명** 조선 후기의 명필인 추사 김정희(金正喜)의 글씨체. ▢ ~ 천자문.

추삭 (追削) **명** **하타**《역》죽은 사람의 죄를 논해서 살았을 때의 벼슬 이름을 깎아 없앰. 추탈(追奪).

추산 (秋山) **명** 가을철의 산.

추산 (推算) **명** **하자타** 짐작으로 미루어 셈함. ▢ 수천억 원으로 ~되다 / 수백 명에 달할 것으로 ~하다.

추산-서 (推算書) 명 추산한 것을 적은 서류.

추-삼삭 (秋三朔) 명 음력 7·8·9월의 가을철 석 달.

추상 (抽象) 명 〖심〗 여러 가지 사물이나 개념에서 공통되는 특성이나 속성 따위를 추출해서 파악하는 작용. ↔구상(具象).

추상 (秋霜) 명 가을의 찬 서리.

추상 (追想) 명하타 추억. ▢ ~에 잠기다.

추상 (追償) 명 정해진 기일에 일부를 갚으나머지를 뒷날에 갚음.

추상 (推上) 명하타 역도에서, 바벨(barbell)을 어깨까지 올렸다가 반동을 이용하지 않고 머리 위로 천천히 들어 올리는 종목. 1973년 이후 경기 종목에서 제외됨.

추상 (推想) 명하타 앞으로 올 일을 미루어 생각함. 또는 그런 생각.

추상 (醜相) 명 추한 상(相). 추한 모양.

추상-같다 (秋霜-) [-갇따] 형 위엄이 있고 서슬이 퍼렇다. ▢ 추상같은 검사의 논고 / 호령이 ~. **추상-같이** [-가치] 튀

추상 개:념 (抽象概念) 〖논〗 추상적 개념3.

추상-론 (抽象論) [-논] 명 실제에 바탕을 두지 않아 구체성이 없고 내용이 빈곤하고 뜻이 분명치 않은 생각.

추상 명사 (抽象名詞) 〖언〗 실질 명사 가운데 추상적 개념을 나타내는 명사(기쁨·정의 따위). ↔구체 명사. *물질 명사.

추상-미 (抽象美) 명 추상적으로 유별(類別)한 미. 곧, 그 종류에 공통되는 특유의 미.

추상-성 (抽象性) [-썽] 명 실제로나 구체적으로 경험할 수 없는 성질. 또는 그런 경향. ↔구상성(具象性).

추상-열일 (秋霜烈日) [-녀릴] 명 가을의 찬 서리와 여름의 뜨거운 해라는 뜻으로, 형벌이 엄하고 권위가 있다는 말.

추상 예:술 (抽象藝術) [-녜-] 1910년경부터 일어난 미술 사조의 한 가지. 구체적인 대상의 재현에 따르지 않고 추상적인 순수한 선이나 빛깔·면 따위로 작품을 구성하려고 한 미술. 추상 미술. ↔구상 예술.

추상-적 (抽象的) 관뒙 1 직접 지각하거나 경험할 수 없는 (것). ▢ ~ 이론 / ~인 방안. 2 말이나 생각 따위가 현실과 동떨어져 막연한 (것). ↔언급 / ~인 표현. ↔구체적.

추상적 개:념 (抽象的概念) [-깨-] 1 사물의 성질이나 상태·관계 따위를 나타내는 개념. 2 전체와의 관계에서 떼어 내어 파악한 사물이나 성질의 개념. 3 직접 지각하거나 경험하거나 할 수 없는 사물의 개념. 추상 개념. ↔구체적 개념.

추상-존호 (追上尊號) 명 〖역〗 선왕(先王)·선비(先妣)께 존호를 나중에 올림.

추상-화 (抽象化) 명하타 추상적인 것으로만 들거나 되거나 함.

추상-화 (抽象畫) 명 〖미술〗 사물의 사실적(寫實的) 재현이 아니고 순수한 점·선·면·색채에 따른 표현을 목표로 한 그림.

추상 화:산 (錐狀火山) 〖지〗 화산의 한 형태. 용암·쇄설물(碎屑物)이 오랫동안 같은 지점에서 여러 번 분출해서, 그 분출구의 주위에 퇴적한 원추형의 화산.

추색 (秋色) 명 가을을 느끼게 하는 경치나 분위기. 가을빛. ▢ ~이 완연하다.

추서 (追敍) 명하타 죽은 뒤에 관작을 내리거나 품계를 높여 줌. ▢ 훈장을 ~하다.

추서다 재 병을 앓거나 몹시 지쳐서 허약해진 몸이 차차 회복되다.

추석 (秋夕) 명 우리나라 명절의 하나(음력 8월 보름). 중추절. 한가위. ▢ ~ 귀성열차 / ~ 차례 / ~을 맞다 / ~을 쇠러 고향에 가다.

추석-빔 (秋夕-) [-뻼] 명 추석날에 입는 새 옷이나 신 따위. ▢ ~이 곱기도 하다.

추선 (秋扇) 명 '추풍선(秋風扇)'의 준말.

추선 (秋蟬) 명 가을의 매미.

추선 (追善) 명하타 1 죽은 사람의 명복을 빌기 위해 착한 일을 함. 2 [불]죽은 사람의 명복을 빌고 그 기일(忌日) 같은 때 불사(佛事)를 행하는 일. ▢ ~ 공양.

추선 (推選) 명하타 추천에 따라 선발함.

추설 (追設) 명하타 잔치 따위를 제날짜에 하지 못하고 날짜가 지난 뒤에 베풂.

추설 (醜說) 명 추담(醜談).

추성 (秋成) 명하재 가을철에 온갖 곡식이 익음. ▢ ~을 자랑하듯 황금빛으로 여문 벼.

추성 (秋聲) 명 가을철의 바람 소리.

추성 (箒星) 명 〖천〗 혜성(彗星)1.

추성 (趨性) 명 〖생〗 주성(走性).

추성 (醜聲) 명 남녀 사이의 추잡한 소문.

추세 (抽稅) 명하재 세액(稅額)을 계산함.

추세 (秋稅) 명 〖역〗 한 해 치의 세금을 둘로 나눈 한 부분으로, 그해 섣달에 내던 세금. ↔춘세(春稅).

추세 (趨勢) 명 세상 일이 되어 가는 형편. ▢ 증가 ~ / 일반적인 ~ / ~에 따르다 / 시대적 ~에 발맞추다 / 부동산 가격이 하락 ~를 보이다.

추소 (秋宵) 명 가을밤. 추야.

추소 (追訴) 명하타 〖법〗 이미 기소되어 재판을 받고 있는 피고인의 다른 범죄를 법원에 추가로 기소하는 일.

추소 (追溯) 명하타 근본으로 거슬러 올라가서 살핌.

추속 (醜俗) 명 더럽고 지저분한 풍속. 추풍.

추송 (追送) 명하타 1 물건 따위를 나중에 보냄. 2 떠나는 뒤를 배웅함.

추송 (追頌) 명하타 죽은 뒤에 그 사람의 공적이나 선행 등을 칭송함.

추쇄 (推刷) 명하타 1 빚을 모두 받아들임. 2 〖역〗 부역이나 병역을 기피한 사람 또는 도망친 노비 등을 찾아내어 본고장이나 본디의 주인에게 돌려보내던 일.

추수 (秋水) 명 1 가을철의 맑은 물. 2 번쩍거리는 칼 빛의 비유. 3 맑고 깨끗한 사람의 얼굴빛의 비유. 4 '거울'의 비유. 5 명랑하고 쾌활한 맑은 눈매의 비유.

추수 (秋收) 명하재타 가을에 익은 곡식을 거둬들이는 일. 가을걷이. 추확. ▢ ~의 계절 / ~한 쌀로 송편을 빚다.

추수 (追水) 명 모를 내고 논에 대는 물.

추수 (追隨) 명하타 1 남을 뒤쫓아 따름. 2 추축(追逐)1.

추수 (推數) 명하재 앞으로 닥쳐올 운수를 미리 헤아려 앎.

추수 감:사절 (秋收感謝節) 〖기〗 기독교 신도들이 한 해에 한 번씩 가을 곡식을 거둔 뒤에 하나님께 감사제(祭)를 올리는 날(미국에서는 11월 넷째 목요일을 지정함). 감사일. 준 감사절.

추수 식물 (抽水植物) [-싱-] 〖식〗 뿌리 또는 줄기의 밑 부분이 수면 밑에 있는 수생 식물.

추수-주의 (追隨主義) [- / -이] 명 맹목적으로 남이 하는 대로 따르는 태도나 경향.

추숙 (秋熟) 명하타 〖농〗 수확기에 농작물이 저절로 떨어지는 것을 막기 위해 일찍 거두어

들인 다음 완전히 익히는 일.

추숭(追崇)圐타『역』왕위에 오르지 못하고 죽은 사람에게 임금의 칭호를 주던 일. 추존(追尊).

추스르다[추슬러, 추스르니, 추스르는]타르 1 치켜 올려 잘 다루다. ◻바지춤을 ~. 2 몸을 가누어 움직이다. ◻생활에 지친 몸과 마음을 ~. 3 수습해서 다스리다.

추습(醜習)圐 더럽고 지저분한 버릇.

추시(追施)圐타 나중에 실시함.

추시(追試)圐타 1 남이 실험한 결과를 그대로 해 보고 확인함. 2 '추가 시험'의 준말.

추시(追諡)圐타 죽은 뒤에 시호(諡號)를 내림.

추시(趨時)圐자 시속(時俗)을 따름.

추신(抽身)圐타자 바쁘거나 어려운 처지에서 몸을 뺌.

추신(追伸·追申)圐타 편지 등에서 글을 덧붙일 때 그 글머리에 쓰는 말. 추계(追啓). 재계(再啓). ◻편지 말미에 ~을 덧붙였다.

추심(推尋)圐타 1 찾아내서 가지거나 받아냄. 2『경』은행이 소지인의 의뢰를 받아 수표나 어음을 지급인에게 제시해서 지급하게 함. 또는 그런 일.

추심 어음(推尋─)『경』채권을 추심하기 위해 발행하는 어음. 채권자가 채무자를 지급인으로 하고 자기 또는 자기의 채권자인 제삼자를 수취인으로 해서 환어음을 발행하고 은행에 그 추심을 위탁함.

추썩-거리다[─꺼─]타 1 입거나 업거나 진 물건을 자꾸 추격슬리거나 흔들다. 2 남을 자꾸 부추기다. ㉵초싹거리다. **추썩-추썩**튀타

추썩-대다[─때─]타 추썩거리다.

추썩-이다타 1 입거나 업거나 진 물건을 가볍게 추켜올리거나 흔들다. 2 남을 부추기다. ㉵초싹이다.

추악-하다(醜惡─)[─아카─]웹웨 더럽고 흉악하다. ◻추악한 행위. **추악-히**[─아키]튀

추악-하다(麤惡─)[─아카─]웹웨 품질이 거칠고 나쁘다.

추앙(推仰)圐타 높이 받들어 우러러봄. ◻~을 받다.

추야(秋夜)圐 가을밤. 추소(秋宵)

추야-장(秋夜長)圐 기나긴 가을밤. ◻긴긴 밤에 홀로 외로움을 달래다.

추양(秋陽)圐 가을볕.

추양(推讓)圐타 남을 추천하고 자기 자신은 사양함.

추어(鰍魚·鰌魚)『어』미꾸라지.

추어-내다 '들추어내다'의 준말.

추어-올리다타 1 위로 끌어 올리다. ◻바지를 ~. 2 추어주다. ◻옆에서 추어올려 우쭐대게 하다.

추어-주다타 실제보다 높여 칭찬하다. 추어올리다. ◻추어주니 신이 나 한다.

추어-탕(鰍魚湯)圐 미꾸라지를 넣고 끓인 국. ㉵추탕.

추억(追憶)圐타 지난 일을 돌이켜 생각함. 또는 그런 생각. 추상(追想). ◻~에 잠기다 / ~을 불러일으키다 / 옛일을 ~하다.

추언(醜言)圐 추한 말. 유언(蕘言).

추업(醜業)圐 매음 따위의 더러운 직업.

추열(推閱)圐타 죄인을 심문함.

추열-성(秋熱性)[─썽]圐『생』주열성.

추예-하다(醜穢─)웹웨 지저분하고 더럽다.

추옥(醜屋)圐 작고 누추한 집.

추온-성(趨溫性)[─썽]圐『생』주열성.

추완(追完)圐『법』필요한 요건을 갖추지 못

해서 효력이 발생하지 못한 법률상의 행위가 뒤에 그것을 보완함으로써 유효하게 되는 일.

추요-하다(樞要─)웹웨 가장 긴요하고 중요하다. ◻인간에게 사랑은 추요한 것이다.

추욕(醜辱)圐 더럽고 잡스러운 욕.

추우(秋雨)圐 가을비.

추운(秋雲)圐 가을 하늘의 구름.

추위-타다자웨 추위를 느끼다. 추위를 타다. ◻초가을 바람에도 추위한다.

추원(追遠)圐타 1 지나간 옛일을 생각함. 2 조상의 덕을 추모해서 제사에 정성을 다함.

추원-보본(追遠報本)圐 조상의 덕을 추모해서 제사에 정성을 다하고 자기가 태어난 근본을 잊지 않고 은혜를 갚음.

추월(秋月)圐 가을철의 달.

추월(追越)圐타 뒤에서 따라잡아 앞의 것을 앞지름. ◻~ 금지 / 앞차를 ~하다.

추월(陬月)圐 '정월'의 딴 이름.

추위圐 추운 기운. 또는 그 정도. ◻혹독한 ~ / ~를 타다 / ~가 풀리다. ↔더위.

추위(推委·推諉)圐타 스스로 책임을 지지 않고 남에게 미룸.

추위(鰍鮒)圐『동』주름살.

추의(秋意)[─/─이]圐 가을다운 기분이나 멋.

추이(推移)圐타자 일이나 형편이 시간이 지남에 따라 변해 감. ◻사태의 ~를 지켜보다 / 협상의 ~를 보고 결정하다.

추인(追認)圐타 1 과거로 소급해서 그 사실을 인정함. ◻사후 ~ / 노조 결성을 ~하다. 2『법』일단 행해진 불완전한 법률 행위를 뒤에 가서 보완하여 완전한 것으로 함. ◻무권(無權) 대리 행위의 ~.

추일(秋日)圐 가을날.

추일사가지(推一事可知)[─싸─]圐 한 가지 일로 미루어 다른 일을 모두 앎을 이름.

추임-새圐 판소리에서, 고수(鼓手)가 창의 중간중간에 흥을 돋우기 위해 삽입하는 탄성('좋다'·'으이'·'얼씨구' 따위).

추잠(秋蠶)圐 가을에 치는 누에. 가을누에.

추잡-스럽다(醜雜─)[─쓰─따][─스러워, ─스러우니]웹타 추잡한 데가 있다. ◻추잡스러운 말 / 하는 짓이 ~. **추잡-스레**[─쓰─]튀

추잡-스럽다(麤雜─)[─쓰─따][─스러워, ─스러우니]웹타 거칠고 막된 데가 있다. **추잡-스레**[─쓰─]튀

추잡-하다(醜雜─)[─자파─]웹웨 말이나 행동이 지저분하고 잡스럽다. ◻추잡한 행위. **추잡-히**[─자피]튀

추잡-하다(麤雜─)[─자파─]웹웨 거칠고 막되어서 조촐한 맛이 없다.

추장(抽獎)圐타 여럿 속에서 뽑아 올려 씀.

추장(酋長)圐 원시 사회에서 생활 공동체를 통솔하고 대표하던 우두머리.

추장(推獎)圐타 좋은 점을 들어 추천함.

추재(秋材)圐『식』늦여름부터 늦가을까지 형성되는 목질의 부분(나이테의 둘레 부분으로 재질(材質)이 치밀함). ↔춘재(春材).

추저분-하다(醜─)웹웨 더럽고 지저분하다. 추접하다. ◻추저분한 홀아비 살림. **추저분-히**튀

추적(追跡)圐타 1 도망하는 사람의 뒤를 밟아 쫓음. ◻뒤를 따돌리다 / 범인을 ~하다. 2 사물의 자취를 더듬어 감. ◻~ 조사 / 전화 발신지 ~.

추적-거리다[─꺼─]자 1 비나 진눈깨비가 축축하게 자꾸 내리다. ◻안개비가 ~. 2 물기

가 축축하게 자꾸 젖어들다. **추적-추적** 튀재자

추적-대다[-때-] 困 추적거리다.

추전-성 (趨電性)[-썽] 冏《생》 주전성.

추절 (秋節) 冏 가을철.

추접-스럽다 (醜-)[-쓰-따][-스러워, -스러우 니] 혱 추접지근한 데가 있다. **추접-스레** [-쓰-] 튀

추접지근-하다 (醜-)[-찌-] 혱여 깨끗하지 않 고 좀 더럽고 지저분한 듯하다. **추접지근-히** [-찌-] 튀

추접-하다 (醜-)[-저파-] 혱여 추저분하다.

추-젓 (秋-)[-젇] 冏 가을철에 담근 새우젓.

추정 (秋情) 冏 가을철에 느끼는 생각이나 분위 기. 추사(秋思).

추정 (推定) 冏하타 1 추측해서 판정함. □~ 보 도 / 붕괴 원인을 ~하다. 2《법》확실하지 않 은 사실을 그 반대 증거가 제시될 때까지 진 실한 것으로 인정해서 법적 효과를 발생시키 는 일.

추존 (追尊) 冏하타 추숭(追崇).

추존 (推尊) 冏하타 높이 받들어 존경함.

추졸-하다 (醜拙-) 혱여 지저분하고도 졸렬하 다.

추종 (追從) 冏하자타 1 남의 뒤를 따라서 좇 음. □타의 ~을 불허하다. 2 권력·권세 또는 남의 의견·학설 따위를 판단 없이 무조건 믿 고 따름. □~ 세력 / 민족주의에 ~하다 / 권 력에 ~하다.

추종 (錘鐘) 冏 추가 달린 괘종(掛鐘).

추종 (騶從) 冏 상전을 따라다니는 종.

추주 (趨走) 冏하자 윗사람의 앞을 지날 때 허 리를 굽히고 빨리 걸음.

추중 (推重) 冏하타 높이 받들어 귀하게 여김.

추증 (追贈) 冏하타《역》1 종이품 이상의 벼슬 아치의 죽은 부·조부·증조부에게 벼슬을 줌. 이증(貤贈). 2 나라에 공로가 있는 벼슬아치 가 죽은 뒤 그 품계를 높여 줌.

추지 (推知) 冏하타 미루어 생각해 앎.

추지다 혱 물기가 배어 눅눅하다. □빨래가 덜 말라 ~.

추지-성 (趨地性)[-썽] 冏《생》생물이 중력에 따라 반응하는 성질. 주지성(走地性).

추진 (推進) 冏하타 1 물체를 밀어 앞으로 내보 냄. □로켓 ~ 장치 / 스크루로 선체를 ~한 다. 2 목표를 향해 밀고 나아감. □~ 방향 / 계획을 ~하다.

추진-기 (推進機) 冏 프로펠러.

추진-력 (推進力)[-녁] 冏 추진하는 힘. □100 마력의 ~ / 강력한 ~을 가진 지도자.

추진-제 (推進劑) 冏 로켓 따위를 추진하는 데 쓰는 약제 또는 연료《고체 추진제·액체 추진 제 따위》.

추징 (追徵) 冏하타 1 부족한 것을 뒤에 추가해 징수함. 2《법》형법상 몰수해야 할 물건을 몰수할 수 없게 되었을 때, 그 몰수할 수 없 는 부분에 해당하는 값의 금전을 징수하는 일. □탈루된 세금을 ~하다.

추차-가지 (推此可知) 冏 이 일로 미루어 다른 일을 알 수 있음. 추일사가지.

추착 (推捉) 冏하타 범죄자를 수색해 잡아 옴.

추찰 (推察) 冏하타 미루어 살핌.

추천 (秋天) 冏 가을 하늘. 추공(秋空).

추천 (追薦) 冏하타《불》죽은 사람을 위해 공 덕을 베풀고 그 명복을 빎.

추천 (推薦) 冏하타 어떤 조건에 적합한 대상을 책임지고 소개함. 추거(推擧). □~ 의뢰서 /

~을 받다 / 교수의 ~으로 취직하다 / 장학생 으로 ~되다.

추천 (鞦韆) 冏 그네¹. □단오놀이 ~ 대회.

추천-서 (推薦書) 冏 추천하는 서장. 추천장.

추천 작가 (推薦作家)[-까] 권위 있는 기관을 통해서 기성 작가가 작품을 심사한 뒤 그의 천거를 받아 등단한 작가.

추천-장 (推薦狀)[-짱] 冏 추천서.

추천-절 (鞦韆節) 冏 그네 뛰는 명절이라는 뜻 으로, 단오절을 이르는 말.

추첨 (抽籤) 冏하타 제비를 뽑음. □~ 번호 / 당첨자를 ~으로 뽑다.

추청 (秋晴) 冏 맑게 갠 가을 날씨.

추체 (椎體) 冏《의》척추뼈의 몸체가 되는, 둥 글납작한 부분. 상하 양면은 연골(軟骨)과 접 한 면이 됨.

추체 (錐體) 冏《수》'뿔체'의 구용어.

추-체험 (追體驗) 冏 다른 사람의 체험을 자기 의 체험처럼 느끼는 일.

추초 (秋草) 冏 가을철의 풀.

추초 (箠楚) 冏《역》태형(笞刑)·장형(杖刑) 등 에 쓰던 형구.

추축 (追逐) 冏하자타 1 쫓아 버림. 2 각축(角 逐). 3 친구처럼 서로 오가며 사귐.

추축 (樞軸) 冏 1 사물의 가장 긴요한 부분. 2 정치나 권력의 중심.

추축-국 (樞軸國)[-국] 冏《역》제2차 세계 대 전 때 독일·이탈리아·일본의 세 동맹국이 스 스로를 이르던 말.

추출 (抽出) 冏하타 1 전체 속에서 어떤 물건· 생각·요소 따위를 뽑아냄. □핵심을 추림. 2《수》모(母)집단에서 표본을 뽑아내는 일. 3《화》용매(溶媒)를 써서 고체·액체에서 어 떤 물질을 뽑아내는 일. □꽃에서 향수를 ~ 하다.

추측 (推測) 冏하타 미루어 헤아림. 추량. □~ 기사 / ~이 어긋나다.

추칭 (追稱) 冏하타 죽은 뒤에 공덕을 칭송함.

추칭 (醜稱) 冏 더럽고 불명예스러운 이름.

추켜-들다 (-들어, -드니, -드는] 타 치올려 들 다. □정상에서 태극기를 ~.

추켜-세우다 타 위로 치올려 세우다. □까만 눈썹을 ~.

추켜-올리다 타 위로 솟구어 올리다. □흘러 내리는 치맛자락을 ~.

추켜-잡다 [-따] 타 치올려 잡다. □멱살을 ~.

추키다 타 1 위로 가든하게 치올리다. □허리 춤을 ~. 2 힘 있게 위로 끌어 올리거나 채어 올리다. 3 값을 크게 올려 매기다.

추탁 (推託) 冏하타 1 다른 일을 핑계로 거절 함. 2 추천해서 일을 맡김.

추탈 (追奪) 冏하타《법》추삭(追削).

추탕 (鰍湯) 冏 '추어탕(鰍魚湯)'의 준말.

추태 (醜態) 冏 추한 태도. □~를 부리다 / 이 게 무슨 ~람.

추택 (推擇) 冏하타 인재를 등용하기 위해 가려 뽑음.

추토 (追討) 冏하타 도둑의 무리를 뒤쫓아가 침.

추파 (秋波) 冏 1 가을철의 잔잔하고 아름다운 물결. 2 은근한 정을 나타내는 여자의 아름다 운 눈짓. 3 이성의 관심을 끌기 위해 은근히 보내는 눈길. 윙크. □~를 던지다.

추파 (秋播) 冏하타 가을에 씨를 뿌리는 일. 가 을 파종.

추판 (楸板) 冏 가래나무로 켠 널.

추포 (追捕) 冏하타 뒤쫓아 가서 잡음.

추포 (麤布) 冏 발이 굵고 거칠게 짠 베.

추포-탕 (-湯) 冏 깻국이나 콩국에 곰거리와 오

이 절인 것을 썰어 넣고 고명을 친 국.

추풍(秋風)몡 가을바람.

추풍(醜風)몡 추속(醜俗).

추풍-낙엽(秋風落葉)몡 **1** 가을바람에 떨어지는 낙엽. **2** 세력이나 형세가 갑자기 기울어지거나 시듦을 비유한 말.

추풍-삭막(秋風索莫)[-상-]몡 옛날 권세는 간 곳이 없고 초라해진 모양.

추풍-선(秋風扇)몡 **1** 가을철의 부채라는 뜻으로, 철이 지나서 쓸모없이 된 물건의 비유. **2** 이성의 사랑을 잃은 사람의 비유.

추피(楸皮)몡 가래나무의 껍질《구충제로 씀》.

추하(楸下)몡 조상의 무덤이 있는 곳.

추하(墜下)몡몡재 높은 곳에서 떨어짐.

추-하다(醜-)휑여 **1** 옷차림이나 말·행동 따위가 지저분하고 더럽다. 亡황색이 ~. **2** 외모 따위가 못생겨서 흉하게 보인다. 亡얼굴은 추하지만 마음은 더없이 곱다.

추한(追恨)몡몡타 일이 지나간 뒤에 뉘우쳐 한탄함.

추한(醜漢)몡 **1** 용모가 보기 싫게 생긴 사내. **2** 부끄러운 행위를 서슴없이 하는 사내.

추행(追行)몡몡타 뒤를 좇아 따라감.

추행(楸行)몡몡재 조상의 산소에 성묘하러 감.

추행(醜行)몡 더럽고 지저분한 행실. 음란한 짓. 亡~을 당하다 / 미성년자를 ~하다.

추향(趨向)몡몡재 **1** 대세를 좇아감. **2** 대세가 좇아가는 방향. **3** 마음에 좇아 따라감.

추향-대제(秋享大祭)몡 초가을에 종묘(宗廟)와 사직(社稷)에 지내는 큰 제사.

추향-성(趨向性)[-썽]몡 生 주향성.

추형(追刑)몡 추방하는 형벌.

추호(秋毫)몡 가을철에 가늘어진 짐승의 털이란 뜻으로, 몹시 적음의 비유. 亡~의 거짓도 없다 / 의심한 적이 ~도 없다.

추호불범(秋毫不犯)몡 매우 청렴해서 남의 것을 조금도 건드리지 않음.

추화(秋花)몡 가을에 피는 꽃.

추화(錐花)몡 도자기의 몸에 송곳 끝으로 파서 새긴 것처럼 된 무늬.

추화-성(趨化性)[-썽]몡 生 주화성.

추확(秋穫)몡몡타 가을철에 수확하는 일.

추환(追喚)몡몡타 보내 놓고 도로 불러옴.

추환(追還)몡몡타 뒷날에 돌려보냄.

추회(追悔)몡몡타 지난 일을 뉘우침.

추회(追懷)몡몡타 지난 일이나 사람을 생각해 그리워함.

추회-막급(追悔莫及)[-끕]몡 지난 일을 뉘우쳐도 소용이 없음. 후회막급.

추후(追後)몡몡甲 일이 지나간 얼마 뒤. 나중. 亡~에 통지하겠다. 준후(後). ──하다재여 《주로 '추후하여'의 꼴로 쓰여》 일이 지나가고 얼마간의 시간이 되다. 亡자세한 내용은 추후하여 말씀드리겠습니다.

추흥(秋興)몡 가을의 흥취.

축(丑)몡 **1** 지지(地支)의 둘째. **2** '축방(丑方)'의 준말. **3** '축시(丑時)'의 준말.

축(柷)몡 樂 나무로 만든 타악기의 한 가지. 위가 아래보다 넓은 상자 모양으로 짜고, 그 윗면 가운데 뚫린 구멍에 막대를 넣고 좌우 옆면을 두드려 소리를 내는데, 풍류를 시작할 때 침.

축(祝)몡 '축문(祝文)'의 준말.

축(築)몡 바둑에서, 끝까지 단수에 몰려 잡히게 된 경우. 또는 그 수. 亡~에 걸리다 / ~으로 몰다.

축(軸)一몡 **1** 굴대. 차축(車軸). 亡바퀴의 ~. **2** 둘둘 말게 된 물건의 가운데 끼는 막대. **3**

활동이나 회전의 중심. 亡왼발을 ~으로 해서 중심을 이동한다. **4** 물체가 회전 운동을 할 때, 그 물체의 중심에서 회전 운동의 중심이 된다고 가정하는 직선. **5** 수 대칭 도형의 기준이 되는 선. **6** 수 어떤 직선의 둘레를 평면 도형이 회전해서 입체 도형을 만들 때, 그 기준이 되는 직선. **7** 공 회전체의 동력을 전달하는 둥근 막대기《회전축(回軸)·선축(線軸)·중간축(中間軸)의 셋》. 一몡몡 **1** 책력 20권을 한 단위로 세는 말. **2** 지물(紙物)의 단위《한(韓)례는 열 권. 두루마리는 하나를 이름》. **3** 歷 과거(科擧)의 답안지(글장)를 열 장씩 묶은 것을 한 단위로 세던 말.

축(縮)몡 '흠축(欠縮)'의 준말.

축[1]몡몡 俗 같은 무리나 또래로 구분한 사람의 동아리. 亡젊은 ~에 끼다.

축[2]몡몡 말린 오징어 스무 마리의 단위. 亡~으로 팔다.

축[3]몡 물건 따위가 아래로 늘어지거나 처진 모양. 亡~ 처진 어깨 / ~ 늘어지다.

축가(祝歌)[-까]몡 축하의 뜻을 담은 노래. 亡결혼 ~ / ~를 부르다.

축-가다(縮-)[-까-]재 축나다. 亡살림이 ~.

축감(縮減)[-깜]몡몡자타 **1** 축나서 줄어짐. **2** 감축. 亡~된 예산.

축객(祝客)[-깩]몡 축하하는 손님. 하객. 亡~이 몰리다.

축객(逐客)[-깩]몡몡자 **1** 손을 푸대접해서 쫓아냄. 亡문전 ~. **2** 축신(逐臣).

축거(軸距)[-꺼]몡 자동차의 앞 차축과 뒤 차축 거리.

축견(畜犬)[-껸]몡 가축으로 기르는 개.

축경(竺經)[-꼉]몡 佛 불경(佛經).

축관(祝官)[-꽌]몡 **1** 제사 때, 축문을 읽는 사람. **2** 歷 종묘·사직·문묘의 제사 때, 축문을 맡아 읽던 임시 벼슬.

축구(蹴球)[-꾸]몡 11명이 한 팀이 되어 공을 차서 상대편의 골에 공을 많이 넣는 것으로 승부를 겨루는 경기.

축국(蹴鞠)[-꾹]몡 **1** 옛날 장정들이 공을 땅에 떨어뜨리지 않고 차던 놀이. **2** 축국에 쓰던, 꿩의 깃이 꽂혔던 공.

축귀(逐鬼)[-뀌]몡 잡귀를 쫓음.

축기(蓄氣)[-끼]몡 生 호흡할 때 최대 한도로 내쉴 수 있는 공기의 양《1,000-1,500 cc》.

축기(縮氣)[-끼]몡 기운이 움츠러짐.

축-나다(縮-)[-충-]재 **1** 일정한 수나 양에서 모자람이 생기다. 亡살림이 ~. **2** 몸이 약해져서 살이 빠지다. 축지다. 亡며칠 앓더니 얼굴이 많이 축났다.

축-내다(縮-)[-충-]타 **1** 일정한 수나 양에서 모자람이 생기게 하다. 亡곡식을 ~. **2** 몸이나 얼굴에 살이 빠지게 하다.

축년(丑年)[축-]몡 태세의 지지(地支)가 축(丑)으로 되는 해《을축(乙丑)·정축(丁丑) 따위》. 소해.

축년(逐年)[축-]몡 해마다. 매년(每年).

축농-증(蓄膿症)[축-쯩]몡 醫 늑막강(肋膜腔)·부비강(副鼻腔)·관절·뇌강(腦腔) 따위의 체강(體腔) 속에 고름이 괴는 질환《부비강에 고름이 괴는 병》.

축다[-따]재 물기에 젖어 축축해지다.

축답(築畓)[-땁]몡 둑[2](1).

축대(築臺)[-때]몡 높이 쌓아 올린 대나 터. 亡~를 쌓다 / ~가 무너지다.

축도 (祝禱)[-또-][명]〖기〗'축복 기도'의 준말.

축도 (縮圖)[-또-][명] 원형보다 작게 그림. 또는 그런 그림(비유적으로도 씀). ▢백분의 일 ~ / 인생의 ~.

축도-기 (縮圖器)[-또-][명] 축도를 그리는 데 쓰는 기구.

축동 (築垌)[-똥][명][하자] 물을 막기 위해 둑을 크게 쌓음. 또는 그 둑.

축동 (縮瞳)[-똥][명]〖생〗밝은 빛을 받을 때 눈동자가 작아지는 현상. ↔산동(散瞳).

축두 (軸頭)[-뚜][명] 시를 적은 두루마리나 족자 따위의 첫머리에 있는 시·글씨·그림 따위.

축력 (畜力)[충녁][명] 가축의 노동력.

축로 (軸艪)[충노][명] 배의 고물과 이물.

축로-상함 (軸艪相銜)[충노-][명] 고물과 이물이 서로 맞닿아 있다는 뜻으로, 많은 배가 잇닿아 있는 모양을 이르는 말.

축록 (逐鹿)[충녹][명] 사냥꾼이 사슴을 쫓는다는 뜻으로, 제위(帝位) 또는 정권·지위 등을 얻으려고 다투는 일. 각축(角逐).

축류 (畜類)[충뉴][명] 가축. 짐승.

축률 (縮慄)[충뉼][명][하자] 몸을 옹송그리고 벌벌 떪.

축마 (畜馬)[충-][명] 가축으로 기르는 말.

축말 (丑末)[충-][명] 축시(丑時)의 끝 무렵. 곧, 오전 세 시경.

축망 (祝望)[명][하타] 소망대로 되기를 빌고 바람.

축모 (縮毛)[충-][명] 1 오그라든 머리털. 2 면양의 털.

축목 (畜牧)[충-][명][하자] 목축(牧畜).

축문 (祝文)[충-][명] 제사 때 신명(神明)께 읽어 고하는 글. 축제문. ▢~을 쓰다. ◉축.

축문-판 (祝文板)[충-][명] 축문을 얹어 놓는 널 조각. ◉축판.

축미 (縮米)[충-][명] 일정한 양에서 모자라는 쌀의 양.

축-받이 (軸-)[-빠지][명] 베어링.

축발 (蓄髮)[-빨][명][하자] 바싹 깎은 머리털을 다시 기름.

축방 (丑方)[-빵][명] 이십사방위의 하나. 정북(正北)에서 동으로 30도의 방위를 중심으로 15도 각도 안의 방위. ◉축(丑).

축배 (祝杯)[명] 축하하는 뜻으로 드는 술. 또는 그런 술잔. ▢~를 들다.

축복 (祝福)[-뽁][명][하타] 1 행복을 빎. 또는 그런 행복. ▢신랑·신부의 앞날을 ~하다. 2 〖기〗하나님이 복을 내림. ▢~을 빌다.

축복 기도 (祝福祈禱)[-뽁끼-]〖기〗예배를 마칠 때 목사가 하나님에게 복을 비는 기도. ◉축도.

축본 (縮本)[-뽄][명] 책·그림·글씨 등의 원형을 줄여 작게 만든 본채. 또는 그리 만든 책.

축사 (畜舍)[-싸][명] 가축을 기르는 건물. ▢돼지 ~ / ~를 짓다.

축사 (祝辭)[-싸][명] 축하하는 뜻의 글이나 말. 하사(賀詞). ▢~를 읽다.

축사 (逐邪)[-싸][명][하자] 귀신이나 요사스러운 기운을 물리쳐 내쫓음.

축사 (縮寫)[-싸][명][하타] 1 원형보다 작게 줄여 베껴 쓰거나 그림. 2 사진을 줄여 다시 찍음.

축사-밀 (縮砂蜜)[-싸-][명]〖식〗생강과의 풀. 높이는 1 m 정도이며, 잎은 가늘고 길. 꽃은 봄·여름 사이에 피며, 열매는 황적색, 껍질 속에 수십 개의 씨가 있음. 씨는 '사인(砂仁)'이라 해서 한약재로 씀.

축삭 (逐朔)[-싹][명][부] 한 달도 거르지 않음. 달마다. 축월(逐月).

축삭 돌기 (軸索突起)[-싹-]〖생〗신경 세포의 두 가지 돌기 가운데, 흥분을 원심성(遠心的)으로 전도하는 구실을 하는 것. 신경 돌기. ↔수상 돌기.

축산 (畜産)[-싼][명] 가축을 길러 생활에 유용한 물질을 생산하는 일. ▢~ 농가 / ~ 시범 단지를 조성하다.

축산-물 (畜産物)[-싼-][명] 축산업으로 얻는 생산물.

축산-업 (畜産業)[-싸넙][명] 가축·가금·벌 등을 치고 그 생산물을 가공하는 산업. ▢네덜란드는 ~이 발달한 나라이다.

축산-학 (畜産學)[-싼-][명]〖농〗축산업의 각 분야인 낙농업·양돈업·양계업·유육 가공업 따위에 관한 기초적 지식을 익히는 학문.

축생 (丑生)[-쌩][명] 축년(丑年)에 태어난 사람을 이르는 말.

축생 (畜生)[-쌩][명] 1 사람이 기르는 온갖 짐승. 2 사람답지 못한 짓을 하는 사람의 비유. 축구(畜狗). 3 〖불〗'축생도'의 준말.

축생-계 (畜生界)[-쌩- / -쌩게][명]〖불〗십계(十界)의 하나. 동물의 세계.

축생-도 (畜生道)[-쌩-][명]〖불〗삼악도(三惡道)의 하나. 죄업(罪業) 때문에 죽은 뒤 짐승이 되어 괴로움을 받는 길. ◉축생.

축성 (祝聖)[-썽][명][하타]〖가〗성직자가 성례(聖禮)에 쓰이는 물건이나 건물 등을 정해진 의식을 통해 성스럽게 하는 일.

축성 (築城)[-썽][명] 1 성을 쌓음. 2 요새·보루(堡壘)·포대(砲臺)·참호 등의 구조물의 총칭《영구 축성과 야전 축성이 있음》.

축소 (縮小)[-쏘][명][하타] 모양이나 규모 따위를 줄여 작아짐. 또는 작게 함. ▢군비 ~ /100분의 1로 ~한 겨냥도 / 규모가 ~되다. ↔확대.

축소 균형 (縮小均衡)[-쏘-]〖경〗경제의 규모를 줄여 수입과 지출의 균형을 잡는 일.

축소-도 (縮小圖)[-쏘-][명] 원형을 일정한 비율로 줄여서 그린 그림. 축도(縮圖).

축소-비 (縮小比)[-쏘-][명] 축소비율.

축소-비율 (縮小比率)[-쏘-][명] 1 축소하거나 축소된 비율. 축소율. ▢~을 조정하다. 2 지도 따위의 축도 상의 길이와 실제 길이와의 비율. 축척(縮尺).

축소-율 (縮小率)[-쏘-][명] 축소비율1.

축소 재:생산 (縮小再生産)[-쏘-]〖경〗전보다 줄여서 행하는 재생산. ＊단순 재생산·확대 재생산.

축소-판 (縮小版)[-쏘-][명] 1 〖인〗축쇄판. 2 무엇을 축소한 것과 같은 사물의 비유. ▢인간 사회의 ~ / 바둑은 인생의 ~이다.

축소 해:석 (縮小解釋)[-쏘-]〖법〗법규의 자구나 문장의 뜻을 엄격히 제한하고 법문(法文)의 의미를 좁혀서 해석하는 일. ＊확장 해석.

축송 (逐送)[-쏭][명][하타] 쫓아 보냄.

축쇄 (縮刷)[-쐐][명][하타]〖인〗책·그림의 원형을 그 크기만 줄여 인쇄함. 또는 그 인쇄.

축쇄-판 (縮刷版)[-쐐-][명]〖인〗크기를 작게 하여 인쇄한 출판물. 축소판. ▢신문 ~. ◉축판(縮版).

축수 (祝手)[-쑤][명][하자] 두 손을 모아 빎. ▢~를 드리다 / 죽은 이의 명복을 ~하다.

축수 (祝壽)[-쑤][명][하자] 오래 살기를 빎. ▢부모님께 술잔을 올리며 ~하다.

축수 (縮首)[-쑤][명][하자] 무섭고 두려워 고개를 움츠림.

축수 (縮綬)[명]〖악〗조이개.

축승 (祝勝)[-씅] [명][하자] 승리를 축하함. 또는 그런 축하. 축첩(祝捷).
축승 (縮繩) [명] 〔악〕 조임줄.
축시 (丑時)[-씨] [명] **1** 십이시의 둘째 시《오전 1-3 시》. **2** 이십사시의 셋째 시《오전 1시 반부터 2시 반까지》. [준]축(丑).
축시 (祝詩)[-씨] [명] 축하의 뜻을 담은 시. ❑ ~를 낭송하다.
축신 (逐臣)[-씬] [명] 쫓겨 귀양 간 신하.
축야 (逐夜) [一][명][부] 하룻밤도 거르지 않음. ❑ ~로 찾아들다. [二][부] 밤마다. ❑ ~ 숙의하다.
축약 (縮約) [명][하타] **1** 줄여서 간략하게 함. ❑ 반으로 ~하다. **2** 〔언〕 두 형태소가 이어질 때 앞뒤 형태소의 두 음소나 음절이 하나의 음소나 음절로 되는 음운 현상《좋고→조코, 보아→봐 따위》.
축양 (畜養) [명][하타] 가축을 기름.
축어-역 (逐語譯) [명][하타] 외국어 원문의 한 구절 한 구절을 본디 뜻에 충실하게 번역함. 축자역. 직역(直譯). ❑ ~으로 번역된 책.
축연 (祝宴) [명] '축하연'의 준말. ❑ ~을 베풀다 / ~이 벌어지다.
축연 (祝筵) [명] 축하하는 자리.
축우 (畜牛) [명] 집에서 기르는 소.
축원 (祝願) [명][하자타] **1** 신이나 부처에게 자기의 소원이 이루어지게 해 주기를 빎. **2** '축원문'의 준말.
축원-문 (祝願文) [명] 축원하는 뜻을 적은 글. [준]축원.
축원-방 (祝願旁) [명] 〔불〕 축원문을 모아서 만든 책.
축월 (丑月) [명] 월건(月建)이 축(丑)으로 되는 달《음력 섣달》.
축월 (祝月) [명] 〔불〕 음력 정월·오월·구월의 딴 이름.
축월 (逐月) [명][부] 축삭(逐朔).
축융 (祝融) [명] **1** 불을 맡은 신. **2** 여름을 맡은 신. **3** 남쪽 바다를 맡은 신.
축융-성 (縮絨性)[추귱썽] [명] 〔공〕 털섬유가 습기·열·압력 따위에 의해서 서로 엉키고 줄어드는 성질.
축음-기 (蓄音機) [명] 음파를 기록한 레코드를 회전시켜 재생하는 장치. 유성기(留聲機).
축음기-판 (蓄音機板) [명] 음반.
축의 (祝意)[추긔 / 추기] [명] 축복·축하하는 마음. 하의. ❑ ~를 표하다.
축의 (祝儀)[추긔 / 추기] [명] 축하하는 의식.
축의-금 (祝儀金)[추긔- / 추기-] [명] 축하하는 뜻으로 내는 돈. ❑ 결혼 ~.
축이다 [타] 물 따위에 적시어 축축하게 하다. ❑ 목을 ~ / 수건을 ~.
축일 (丑日) [명] 일진(日辰)의 지지(地支)가 축(丑)인 날.
축일 (祝日) [명] **1** 경사를 축하하는 날. ❑ ~을 맞다. **2** 〔가〕 하느님·구세주·성모 마리아·성인 등에 특별한 공경을 드리기 위해 교회에서 제정한 날. ❑ 예수 부활 대~ / 성모 승천 대~. **3** 〔불〕 기도하는 날.
축일 (逐一) [一][명][하자] 하나하나 좇음. [二][부] 빠지지 않고 하나씩 하나씩. 차례대로.
축일 (逐日) [一][명][하자] 하루하루를 좇음. [二][부] 하루도 거르지 않고 날마다.
축일-상종 (逐日相從) [명][하자] 날마다 서로 사귀어 어울림.
축일-학 (逐日瘧) [명] 〔한의〕 며느리고금.
축자-역 (逐字譯)[-짜-] [명][하타] 축어역(逐語譯).
축장 (蓄藏)[-짱] [명][하타] 모아서 갈무리해 둠. 거두어 둠.
축장 (築牆)[-짱] [명][하자] 담을 쌓음.
축재 (蓄財)[-째] [명][하자] 재물을 모아 쌓음. ❑ 부정 ~ / ~에 뛰어나다.
축적 (蓄積)[-쩍] [명][하자타] 많이 모으는 일. 많이 모이는 일. 또는 그것. ❑ 자본 ~ / 노하우를 ~하다 / 기술이 ~되다.
축전 (祝典)[-쩐] [명] 축하하는 의식이나 행사. ❑ ~에 참석하다.
축전 (祝電)[-쩐] [명] 축하의 전보. ❑ ~을 치다〔부치다〕.
축전 (蓄電)[-쩐] [명][하자] 축전기나 축전지에 전기를 모아 둠.
축전 (蓄錢)[-쩐] [명][하자] 돈을 저축함. 또는 그 돈.
축전-기 (蓄電器)[-쩐-] [명] 〔물〕 전기의 도체(導體)에 많은 양의 전기를 모으는 장치《라이덴병(甁)·가변 축전기 등》. 콘덴서.
축전-지 (蓄電池)[-쩐-] [명] 〔물〕 전기 에너지를 화학 에너지로 바꾸어 모아 두었다가, 필요한 때 전기로 재생하는 장치. 배터리.
축절 (祝節)[-쩔] [명] 〔종〕 즐거운 일을 기념해서 축하하는 날《기독교의 부활절·성탄절 등》.
축정 (丑正)[-쩡] [명] 축시(丑時)의 한가운데. 곧, 오전 두 시.
축정 (築庭)[-쩡] [명][하자] 정원을 쌓아 꾸밈.
축제 (祝祭)[-쩨] [명] **1** 축하해서 벌이는 큰 규모의 행사. ❑ 기념 ~ / ~를 벌이다. **2** 축하와 제사의 총칭.
축제 (築堤)[-쩨] [명][하자] 둑을 쌓음.
축-제문 (祝祭文)[-쩨-] [명] **1** 축문(祝文)과 제문(祭文). **2** 축문.
축-제일 (祝祭日)[-쩨-] [명] **1** 축일과 제일의 총칭. **2** 축일과 제일이 겹친 날. **3** 축제를 벌이는 날.
축조 (逐條)[-쪼] [명][하타] 한 조목 한 조목씩 차례로 좇음.
축조 (築造)[-쪼] [명][하타] 쌓아서 만듦. ❑ ~ 기술 / 댐을 ~하다.
축조-발명 (逐條發明)[-쪼-] [명][하타] 조목조목 따져 가며 무죄임을 변명함.
축조-본 (縮照本)[-쪼-] [명] 비석의 문자 따위를 사진으로 찍어 원형보다 작게 해서 제판한 것.
축조-심의 (逐條審議)[-쪼시믜 / -쪼시미] [명][하타] 한 조목씩 차례로 모두 심의함.
축조-해석 (逐條解釋)[-쪼-] [명] 법률 등에서, 낱낱의 조문을 차례대로 좇아 하는 해석.
축좌 (丑坐)[-쫘] [명] 〔민〕 묏자리나 집터 등의 축방(丑方)을 등진 좌향. 또는 그런 자리.
축좌-미향 (丑坐未向)[-쫘-] [명] 〔민〕 축방(丑方)을 등지고 미방(未方)을 향한 좌향.
축주 (祝酒)[-쭈] [명] 축하의 술.
축주 (縮酒)[-쭈] [명] 제사 때, 처음으로 신위에 올리는 잔의 술을 모사(茅沙)에 조금 따르는 일. 또는 그 술.
축지 (縮地)[-찌] [명][하자] 도술로 지맥(地脈)을 축소해서 먼 거리를 가깝게 하는 일.
축-지다 (縮-)[-찌-] [자] **1** 사람의 가치가 떨어지다. **2** 축나다. ❑ 앓더니 얼굴이 축졌다.
축-지법 (縮地法)[-찌뻡] [명] 도술로 먼 거리를 가깝게 하는 술법. ❑ ~을 쓰다.
축-짓다 (軸-)[-짇따]〔축지어, 축지으니, 축짓는〕 [타][ㅅ] 종이 열 권씩으로 한 묶음을 만들다.
축차 (逐次) [一][명] 차례를 따라 함. ❑ ~ 반응. [二][부] 차례차례로. ❑ ~ 감소하다.
축차-적 (逐次的) [관][명] 차례를 따라 하는 (것).

□안건을 ~으로 심의하다.

축척 (逐斥)[명][하타] 쫓아서 물리침.

축척 (縮尺)[명] 1 지도나 설계도 따위를 실물보다 축소해서 그릴 때, 그 축소한 비. 줄인자. □ ~ 오만분의 일 지도. ↔현척(現尺). 2 피륙이 일정한 자수에 차지 않음.

축천 (祝天)[명][하자타] 하늘을 향해 빎.

축첩 (祝捷)[명][하자] 축승(祝勝).

축첩 (蓄妾)[명][하자] 첩을 둠.

축초 (丑初)[명] 축시의 첫 무렵《오전 1시경》.

축-축[부] 물건 따위가 아래로 잇따라 늘어지거나 처지는 모양. □열매가 많이 달려 가지가 ~ 늘어지다 / 비에 젖어 깃발이 ~ 늘어지다.

축축-이[부] 축축하게. □봄비로 ~ 젖은 땅 / 땀으로 셔츠가 ~ 젖다.

축축-하다[-추카-][형여] 물기가 있어 젖은 듯하다. □등이 땀에 젖어 ~. ㉥축촉하다.

축출 (逐出)[명][하자타] 쫓아내거나 몰아냄. □강제 ~ / 부정으로 관직에서 ~되다.

축태 (縮胎)[명][한의] 태아가 너무 크면 난산할 수 있으므로 제달에 쉽게 해산할 수 있도록 미리 약을 먹는 일.

축토 (築土)[명][건] 집터나 둑 등을 만들기 위해 흙을 쌓아 올림.

축판 (祝板)[명] '축문판(祝文板)'의 준말.

축판 (築板)[명][건] 담틀.

축판 (縮版)[명][인] '축쇄판'의 준말.

축포 (祝砲)[명] 축하의 뜻으로 쏘는 공포. □ ~가 터지다.

축하 (祝賀)[추카][명][하타] 남의 경사를 기뻐하고 즐거워한다는 뜻으로 인사함. 또는 그런 인사. □ ~ 인사 / 합격을 ~하다.

축-하다 (縮-)[추카-][형여] 1 생기가 없다. 2 조금 상해서 싱싱하지 않다.

축하-연 (祝賀宴)[추카-][명] 축하하기 위해 베푸는 잔치. 하연. □결혼 ~ / ~을 베풀다. ㉥축연(祝宴).

축하-주 (祝賀酒)[추카-][명] 축하하는 뜻으로 보내거나 마시는 술. ㉥축주(祝酒).

축합 (縮合)[추캅][명][화] 두 개 이상의 화합물이 공유(共有) 결합으로 새로운 화합물을 만드는 일.

축항 (逐項)[추캉][명][하타] 항목을 하나씩 차례로 쫓음. □법조문을 ~하다.

축항 (築港)[추캉][명][하타] 항구를 축조함. □ ~ 공사.

축호 (逐戶)[추코] 한 집도 거르지 않음.

축혼 (祝婚)[추콘][명] 결혼을 축하함.

축화 (祝花)[추콰][명] 축하의 뜻을 나타내기 위해 쓰는 꽃.

축회 (築灰)[추쾨][명][하자] 장사(葬事) 지낼 때 구덩이의 주위를 석회로 다짐.

춘경 (春耕)[명] 봄갈이.

춘경 (春景)[명] 봄철의 경치. □ ~을 즐기다.

춘계 (春季)[-/-게][명] 춘기(春期). □ ~ 대청소 / ~ 야유회.

춘곤 (春困)[명] 봄날에 느끼는 나른한 기운.

춘광 (春光)[명] 봄철의 볕이나 경치. 소광(韶光).

춘교 (春郊)[명] 봄철의 경치가 좋은 들판.

춘궁 (春宮)[명][역] 1 '황태자·왕세자'의 별칭. 2 '태자궁(太子宮)·세자궁'의 별칭.

춘궁 (春窮)[명] 묵은 곡식은 다 떨어지고 햇곡식은 아직 익지 않아 겪는 봄철의 궁핍. 또는 그런 시기. □ ~이 들다.

춘궁-기 (春窮期)[명] 춘궁을 겪는 시기. 보릿고개. □ ~에는 초근목피로 끼니를 때운 적도

있었다.

춘기 (春氣)[명] 봄날의 화창한 기운.

춘기 (春期)[명] 봄의 시기. 춘계(春季). □ ~ 방학 / ~ 훈련.

춘기 (春機)[명] 1 남녀 사이의 정욕. 이성이 그리워지는 마음. 춘심. 춘정. 2 춘의(春意)1.

춘기 발동기 (春機發動期)[-똥-][심] 이성을 그리는 마음을 느끼기 시작하는 시기《보통 14~19세 때》. *사춘기.

춘난 (春暖)[명] 봄철의 따뜻한 기운.

춘당 (春堂·椿堂)[명] 춘부장(春府丈).

춘등 (春等)[명] 1 등급을 춘추(春秋)의 둘, 또는 춘하추동의 넷으로 나눈 것의 첫째. 2 [역] 봄·가을 두 번에 나누어 내게 된 제도에서 봄에 내던 세금. ↔추등(秋等).

춘란 (春蘭)[출-][명][식] 봄에 꽃이 피는 난초라는 뜻으로, '보춘화(報春花)'를 달리 이르는 말.

춘뢰 (春雷)[출-][명] 봄날의 우레.

춘림 (春霖)[출-][명] 봄철의 장마.

춘만-하다 (春滿-)[형여] 1 봄기운이 가득하다. 2 평화스럽다.

춘매 (春梅)[명] 봄철에 피는 매실나무.

춘맥 (春麥)[명] 봄보리.

춘면 (春眠)[명] 봄철의 노곤한 졸음.

춘모 (春麰)[명] 봄보리.

춘몽 (春夢)[명] 봄날에 꾸는 꿈이라는 뜻으로, 인생의 덧없음을 비유하는 말.

춘복 (春服)[명] 봄철에 입는 옷. 춘의(春衣).

춘부 (椿府·春府)[명] 춘부장.

춘부-장 (椿府丈·春府丈)[명] 남의 아버지에 대한 존칭. 춘부. 춘정(春庭). □ ~께서는 안녕하십니까. ㉥춘장.

춘분 (春分)[명] 이십사절기의 넷째. 경칩(驚蟄)과 청명(淸明)의 사이로 양력 3월 21일 무렵《밤낮의 길이가 같음》. *추분.

춘분-점 (春分點)[-쩜][명][천] 태양이 황도를 따라 남쪽에서 북쪽으로 지나가면서 하늘의 적도와 만나는 점.

춘사 (春思)[명] 1 봄을 느끼는 싱숭생숭한 생각. 2 색정.

춘사 (椿事)[명] 뜻밖에 일어나는 불행한 일.

춘산 (春山)[명] 봄철의 산.

춘삼 (春衫)[명] 봄철에 입는 홑옷.

춘-삼삭 (春三朔)[명] 음력 1월·2월·3월의 봄철 석 달.

춘-삼월 (春三月)[명] 봄 경치가 한창 무르익는 음력 삼월. □ ~ 호시절.

춘색 (春色)[명] 봄의 아름다운 빛. 봄빛.

춘설 (春雪)[명] 봄눈.

춘세 (春稅)[명][역] 한 해의 조세를 둘로 나누어, 그 한 몫을 그해 6월에 내던 조세. ↔추세(秋稅).

춘소 (春宵)[명] 봄밤. 춘야(春夜).

춘소 (春蔬)[명] 봄철의 채소.

춘수 (春水)[명] 봄철에 흐르는 물.

춘수 (春愁)[명] 봄철에 공연히 일어나는 싱숭생숭한 마음.

춘수 (春樹)[명] 봄철의 나무.

춘수-모운 (春樹暮雲)[명] 봄철의 나무와 저녁 무렵의 구름《먼 곳의 벗에 대한 그리움이 일어남의 비유》.

춘신 (春信)[명] 봄의 소식. 얼었던 것이 풀리고 꽃이 피고 새가 울기 시작함을 가리키는 말.

춘심 (春心)[명] 춘정(春情)1.

춘앵-전 (春鶯囀)[명][악] 조선 순조 때, 효명세자가 새롭게 고친 궁중 춤의 하나. 진연(進宴) 때, 한 사람의 무기(舞妓)가 화문석(花紋

席) 위에서 주악에 맞추어 춤.

춘야 (春夜)명 봄철의 밤. 봄밤. 춘소(春宵).
춘약 (春藥)명 춘정(春情)을 돋우는 약제.
춘양 (春陽)명 **1** 봄볕. **2** 봄철.
춘우 (春雨)명 봄비.
춘우-수 (春雨水)명 음력 정월에 처음으로 내린 빗물.
춘운 (春雲)명 봄 하늘의 구름.
춘월 (春月)명 봄날 밤의 달.
춘유 (春遊)명하자 봄철의 정취를 즐기며 놂. 또는 그런 놀이.
춘음 (春陰)명 봄철의 흐린 날.
춘의 (春衣)[추니 / 추니]명 봄옷. 춘복(春服).
춘의 (春意)[추니 / 추니]명 **1** 이른 봄에 만물이 피어나는 기분. **2** 춘정(春情)1.
춘일 (春日)명 봄날.
춘잠 (春蠶)명 봄에 치는 누에. 봄누에.
춘장 (春丈)명 '춘부장(春府丈)'의 준말.
춘재 (春材)명《식》봄에서 여름에 걸쳐 형성되는 목질(木質) 부분(한 나이테의 안쪽을 차지하며, 추재(秋材)보다 재질(材質)이 거칢). ↔추재(秋材).
춘절 (春節)명 봄철.
춘정 (春庭)명 춘부장(春府丈).
춘정 (春情)명 **1** 남녀 간의 정욕. 춘심(春心). 춘의(春意). ▢ ~이 발동하다. **2** 봄의 정취.
춘-첩자 (春帖子)[-짜-]명《역》입춘 날에 대궐 안 기둥에 써 붙이던 주련(柱聯)(《연잎과 연꽃의 무늬를 그린 종이에 씀).
춘청 (春晴)명 봄의 맑게 갠 날씨.
춘초 (春初)명 봄철의 초기. 초춘.
춘초 (春草)명 **1** 봄철에 새로 돋는 부드러운 풀. 봄풀. **2**《식》백미꽃.
춘추¹ (春秋)명 **1** 오경(五經)의 하나. 중국 노(魯)나라의 은공(隱公)에서 애공(哀公)까지의 12대 242년간의 사적(事蹟)을 편년체로 기록한 책. **2**《역》'춘추 시대'의 준말.
춘추² (春秋)명 **1** 봄과 가을. **2** 어른의 나이에 대한 존칭. ▢ ~가 어떻게 되십니까.
춘추-관 (春秋館)명 고려·조선 때, 시정(時政)의 기록을 맡아보던 관아.
춘추-복 (春秋服)명 봄·가을에 입는 옷.
춘추-삼전 (春秋三傳)명 공자(孔子)가 쓴 '춘추'의 본뜻을 밝히기 위한 세 해석서. 곧, 좌씨전(左氏傳)·곡량전(穀梁傳)·공양전(公羊傳)을 이름.
춘추 시대 (春秋時代)《역》중국 주(周)나라의 동천(東遷)에서 진(晉)나라의 대부(大夫) 한(韓)·위(魏)·조(趙) 삼씨(三氏)의 독립까지 약 320년간의 시대. 준춘추¹2.
춘추 전:국 시대 (春秋戰國時代)[-씨-]《역》중국의 춘추 시대와 그 다음의 전국 시대를 아울러 일컫는 말. 춘추 전국.
춘추-정성 (春秋鼎盛)명하형 임금의 나이가 한창 젊음.
춘추-필법 (春秋筆法)[-뻡]명 대의명분을 밝혀 세우는 사필(史筆)의 논법.
춘치-자명 (春雉自鳴)명 봄철의 꿩이 스스로 운다는 뜻으로, 시키거나 요구하지 않아도 때가 되면 제 스스로 함을 이르는 말.
춘태 (春太)명 봄에 잡은 명태.
춘파 (春播)명하타 봄에 씨를 뿌림. ▢ 새 품종을 ~하다.
춘풍 (春風)명 봄바람.
춘풍-추우 (春風秋雨)명 봄바람과 가을비라는 뜻으로, 지나간 세월을 가리키는 말.
춘풍-화기 (春風和氣)명 봄날의 화창한 기운.
춘하 (春霞)명 봄철의 아지랑이.

춘하추동 (春夏秋冬)명 봄·여름·가을·겨울의 네 철.
춘한 (春旱)명 봄철의 가뭄. 봄가물.
춘한 (春恨)명 봄날의 경치에 끌려 일어나는 정한(情恨).
춘한 (春寒)명 봄추위.
춘한-노건 (春寒老健)명 봄추위와 늙은이의 건강이라는 뜻으로, 사물이 오래가지 못함의 비유.
춘향-가 (春香歌)명《악》판소리 열두 마당의 하나. '춘향전'을 창극조로 엮은 판소리. 춘향이 타령.
춘향-대제 (春享大祭)명 이른 봄에 종묘·사직에 지내는 큰 제사.
춘향-전 (春香傳)명《문》조선 시대의 판소리계 소설. 주인공 성춘향과 이몽룡의 사랑 이야기를 중심으로, 당시 사회적 특권 계급의 횡포와 천민의 항거 의식, 춘향의 정절 등을 그리고 있음. 작자 및 시대는 미상. 열녀춘향수절가.
춘화 (春花)명 봄철에 피는 꽃.
춘화 (春華)명 봄 경치의 아름답고 화려한 모양이나 볼품.
춘화 (春畵)명 춘화도.
춘화-도 (春畵圖)명 남녀 간의 성희 장면을 나타낸 그림이나 사진. 춘화(春畵).
춘화 처:리 (春化處理)《농》야로비(yarovi) 농법(農法).
춘화-추월 (春花秋月)명 봄철의 꽃과 가을철의 달이라는 뜻으로, 자연의 아름다움을 이르는 말.
춘효 (春曉)명 봄철의 새벽.
춘훤 (椿萱)명 춘당(椿堂)과 훤당(萱堂). 남의 부모를 높여 이르는 말.
춘흥 (春興)명 봄철에 일어나는 흥과 운치.
출가 (出家)명하자 **1** 집을 떠나감. 출문(出門). **2**, **2**《불》세속의 집을 떠나 불문(佛門)에 듦. 출세(出世) **4**. ▢ ~해서 승려가 되다.
출가 (出嫁)명하자 처녀가 시집을 감. ▢ ~한 큰딸 / 딸 셋을 모두 ~시켰다.
출가 (出稼)명하자 일정한 기간 타향에서 돈벌이를 함.
출가-계 (出家戒)[-/-계]명《불》삼계(三戒)의 하나(출가한 사람이 지켜야 하는 구족계(具足戒)). *재가계.
출가-구계 (出家具戒)[-/-계]명《불》승려가 되어 계행(戒行)의 공덕을 두루 갖춤.
출가-득도 (出家得度)[-또]명《불》출가해서 도첩(度牒)을 받고 승려가 됨.
출가-외인 (出嫁外人)명 시집간 딸은 친정과는 남이나 마찬가지라는 뜻.
출가-위승 (出家爲僧)명하자《불》속세의 집을 떠나 절로 들어가 승려가 됨.
출각 (出却)명하자 벼슬자리에서 물러났다가 다시 벼슬길에 나아감.
출간 (出刊)명하타 출판(出版). ▢ 자서전을 ~하다 / ~ 일주일만에 매진되었다.
출감 (出監)명하자 구치소·교도소 등에서 석방되어 나옴. 출소(出所).
출강 (出講)명하자 강의를 하러 감. ▢ 대학에 ~ 나가다.
출강 (出疆)명하자 왕명을 받아 외국에 사신으로 감.
출거 (出去)명하자 안에서 밖으로 나감.
출격 (出擊)명하자타 주로 항공기가 적을 공격하러 나감. 또는 나가서 공격함. ▢ ~ 명령 /

~했던 전투기가 무사히 귀환했다.

출결 (出缺)〖명〗1 '출결석'의 준말. 2 '출결근'의 준말.

출-결근 (出缺勤)〖명〗출근과 결근.

출-결석 (出缺席)[-썩]〖명〗출석과 결석.

출경 (出京)〖명〗〖자〗1 서울을 떠나 시골로 감. 2 상경(上京).

출경 (出境)〖명〗〖하자〗어떤 지방의 경계를 넘어 다른 지방으로 감.
  출경을 당하다〖구〗악정(惡政)을 한 관원이 백성에게 쫓겨 그 지방에서 나가다.

출계 (出系)[-/-계]〖명〗〖하자〗양자로 가서 그 집의 대를 이음. ⇨삼촌댁에 ~하다.

출고 (出庫)〖명〗〖하타〗1 창고에서 물품을 꺼냄. ⇨~ 전표 / ~ 지시. ↔입고. 2 생산자가 생산품을 시장에 냄. ⇨~ 가격 / 주문해서 ~까지 한 달이 걸리다.

출고-량 (出庫量)〖명〗1 창고에서 꺼낸 물품의 양. ⇨을 헤아리다. 2 생산자가 생산품을 시장에 낸 양. ⇨~을 조절하다.

출관 (出棺)〖명〗〖하자〗출상(出喪)하기 위해 관을 집 밖으로 내어 모심. 출구(出柩).

출광 (出鑛)〖명〗〖하타〗〖광〗캐낸 광석을 갱(坑) 밖으로 내옴.

출교 (出校)〖명〗〖하자〗1 학교에 나감. 2 인쇄된 교정쇄를 교정을 위해 보냄.

출교 (黜敎)〖명〗〖하타〗〖종〗신자의 자격을 박탈해서 교인을 교적(敎籍)에서 내쫓음.

출구 (出口)〖명〗1 나가는 어귀. ⇨비상 ~ / ~가 좁다. ↔입구(入口). 2 상품을 항구 밖으로 내감.

출구 (出柩)〖명〗〖하자〗1 출관(出棺). 2 이장(移葬) 때, 무덤에서 관을 들어냄.

출구 조사 (出口調査)〖정〗선거 여론 조사 방법의 하나. 투표를 마치고 나오는 유권자를 직접 만나 투표 성향을 조사하는 것으로 당선을 예측할 수 있음.

출국 (出國)〖명〗〖하자〗그 나라를 떠나 외국으로 감. ⇨~ 신고 / 미국으로 ~하다.

출국 사증 (出國査證)[-쯩]〖법〗국가에서 나라의 국경 밖으로 나가는 것을 인정하는 증명서.

출군-하다 (出群-)〖형어〗출중(出衆)하다.

출궁 (出宮)〖명〗〖하자〗임금이 대궐 밖으로 나감.

출근 (出勤)〖명〗〖하자〗근무하는 곳에 나가거나 나옴. ⇨~ 시간 / 아침 9시까지 ~하다. ↔퇴근.

출근-길 (出勤-)[-낄]〖명〗출근하는 길. 또는 출근하는 도중. ↔퇴근길.

출근-부 (出勤簿)〖명〗출결근·지각·조퇴 따위 출장 따위의 출근 상태를 표시하는 장부. ⇨~에 도장을 찍다.

출금 (出金)〖명〗〖하자타〗돈을 내서 쓰거나 내어줌. 또는 그 돈. ⇨~ 전표. ↔입금.

출급 (出給)〖명〗〖하타〗물건 따위를 내어 줌.

출납 (出納)[-랍]〖명〗〖하타〗1 내어 줌과 받아들임. 2 돈이나 물품을 내어 주거나 받아들임. ⇨~을 맡아보다.

출납 검:사 (出納檢査)[-랍껌-]〖명〗회계 검사 기관, 특히 감사원에서 현금 출납을 맡은 기관에 대해 행하는 회계 검사.

출납-부 (出納簿)[-랍뿌]〖명〗출납을 기입하는 장부.

출당 (黜黨)[-땅]〖명〗〖하타〗당원 명부에서 제명하고 당원의 자격을 빼앗는 일. ⇨~ 처분 / 해당(害黨) 행위자로 ~당하다.

출동 (出動)[-똥]〖명〗〖하자〗군대·경찰·소방대 따

위가 일정한 목적을 실행하기 위해 떠남. ⇨~ 태세 / 경찰 기동대가 ~하다.

출두 (出痘)[-뚜]〖명〗〖하자〗천연두의 반점이 내돋음.

출두 (出頭)[-뚜]〖명〗〖하자〗1 어떤 곳에 직접 나감. ⇨자진(自進) ~ / 검찰에 ~하다. 2〖역〗'어사출두(御史出頭)'의 준말.

출또 (出-)〖명〗어사출또.

출람 (出藍)〖명〗'청출어람(靑出於藍)'의 준말.

출렁-거리다〖자〗물 따위가 큰 물결을 이루며 자꾸 흔들리다. ⇨파도가 일어 배가 출렁거린다 / 줄다리가 바람에 출렁거린다. ㉔출랑거리다. 출렁-출렁〖부〗

출렁-다리〖명〗교각(橋脚) 없이 골짜기나 강 위에 건너질러 놓은 다리(건널 때 출렁출렁 흔들림). 현수교(懸垂橋).

출렁-대다〖자〗출렁거리다.

출렁-이다〖자〗물 따위가 큰 물결을 이루며 흔들리다.

출력 (出力)〖명〗〖하타〗1〖기〗엔진·전동기·발전기 따위가 공급하는 기계적·전기적인 힘. 2〖물〗원동기·펌프 따위 기계나 장치가 입력을 받아 처리할 수 있는 일의 양. 3〖컴〗기기(機器)나 장치가 입력을 받아 일을 하고 결과를 내는 일. 또는 그 결과. 4 어떤 일에 돈이나 물자 따위를 내놓음.

출력 장치 (出力裝置)[-짱-]〖컴〗주기억 장치에서 데이터를 처리한 결과를 알아볼 수 있는 형태로 표시하는 모니터·프린터 따위의 장치. ↔입력 장치.

출렴 (出斂)〖명〗'추렴'의 본딧말.

출렵 (出獵)〖명〗〖하자〗사냥하러 나감.

출령 (出令)〖명〗〖하자〗명령을 내림.

출로 (出路)〖명〗빠져나가거나 탈출할 길. ⇨~를 개척하다 / ~가 막히다.

출루 (出壘)〖명〗〖하자〗야구에서, 안타나 포볼·타격 방해 등으로 누에 나감. ⇨1루타를 치고 ~하다.

출류 (出類)〖명〗〖하형〗같은 무리 가운데에서 뛰어남. 출중(出衆).

출류-발췌 (出類拔萃)〖명〗〖하형〗같은 무리 가운데에서 특별히 뛰어남. ㉔출췌(出萃).

출마 (出馬)〖명〗〖하자〗선거 등에 입후보함. ⇨무소속 ~ / 정당 공천을 받아 ~하다.

출막 (出幕)〖명〗전염병에 걸린 사람을 격리해서 수용하기 위해 따로 막을 치고 옮김.

출말 (出末)〖명〗일이 끝남. 출초(出梢).

출-말:다 (出末-)[出末-][-라-]〖자〗일이 끝나다.

출면〖명〗('못하다'와 함께 쓰여) 몸이 몹시 쇠약해져서 몸을 가누지 못함.

출모 (出母·黜母)〖명〗아버지에게 쫓겨 나간 어머니.

출몰 (出沒)〖명〗〖하자〗어떤 현상이나 대상이 나타났다 사라졌다 함. ⇨~이 잦다 / 해안선을 따라 간첩이 ~했다.

출몰-귀관 (出沒鬼關)〖명〗1 저승문을 드나든다는 뜻으로, 죽었다 살았다 함을 이르는 말. 2 죽을 지경을 당함을 이르는 말.

출몰-무쌍 (出沒無雙)〖명〗〖하형〗나타났다 없어졌다 하는 것이 비길 데 없을 만큼 심함.

출무성-하다〖형어〗1 위아래가 굵거나 가늘지 않고 비스름하다. 2 물건의 대가리가 가지런하다.

출문 (出文)〖명〗장부에 기입된 액수에서 지급한 금액.

출문 (出門)〖명〗〖하자〗1 문밖으로 나감. 2 집을 떠남. 출가(出家)1.

출물 (出物)〖명〗1 어떤 일을 하는 데 내놓는 금

품. ▯여러 사람의 ~로 뜻을 이루다. **2** 강제
로 당한 물적 손실.

출물-꾼 (出物-) 圀 회비·잡비 등을 혼자서 모
두 부담하는 사람.

출반 (出班) 圀困 '출반주'의 준말.

출반-주 (出班奏) 圀困困 **1** 여러 사람이 모인
자리에서 어떤 일에 대하여 맨 먼저 말을 꺼
냄. **2** 여러 신하 가운데 특별히 혼자 나아가
임금께 아룀. 준출반.

출발 (出發) 圀困困 **1** 목적지를 향해 나아감. ▯
~ 지점 / ~ 준비 / 정상을 향해 ~하다. ↔도
착. **2** 어떤 일을 시작함. 또는 그런 시작. ▯
인생의 새로운 ~.

출발-선 (出發線)[-썬] 圀 경주할 때, 출발점으
로 그어 놓은 선. ▯~에 늘어서다.

출발 신:호 (出發信號) 출발한다는 신호.

출발-점 (出發點)[-쩜] 圀 **1** 출발하는 지점. **2**
어떤 일을 시작하는 기점(基點).

출번 (出番) 圀困困 **1** 일직 또는 당직 따위의
당번이 되어 나가는 차례. ▯~을 기다리다.
2 당직 따위의 근무를 마치고 나옴.

출범 (出帆) 圀困困 **1** 배가 돛을 달고 항구를
떠남. 개범(開帆). **2** 단체가 새로 조직되어
일을 시작함. ▯새 정부가 ~하다.

출병 (出兵) 圀困困 군대를 싸움터로 내보냄. 출
사(出師). 파병.

출분 (出奔) 圀困困 도망쳐 달아남.

출비 (出費) 圀困困 비용을 냄. 또는 그 비용. ▯
~가 늘어나다.

출빈 (出殯) 圀困困 장례 지내기 전에 집 밖의
빈소(殯所)에 시신을 내어 놓음.

출사 (出仕)[-싸] 圀困困 벼슬을 해서 관아에 나
감. ▯궁중에 ~하다.

출사 (出使)[-싸] 圀困困 『역』 **1** 벼슬아치가 지
방에 출장을 가던 일. **2** 포교(捕校)가 도둑을
잡으라는 명령을 받고 멀리 출장을 가던 일.

출사 (出師)[-싸] 圀困困 출병(出兵).

출사 (出寫)[-싸] 圀困困 사진사가 출장 가서 사
진을 찍음. 또는 그런 일.

출사-표 (出師表)[-싸-] 圀 『역』 **1** 중국 삼국
시대 때, 촉나라의 재상 제갈량이 출병하면
서 후왕에게 적어 올린 글. **2** 출병할 때 그
뜻을 적어 임금에게 올리던 글.

출산 (出山)[-싼] 圀困困 산이나 절에서 나옴.
↔입산.

출산 (出産)[-싼] 圀困困 아기를 낳음. 생산(生
産). ▯~ 예정일 / 초산이라 ~이 힘들다.

출산 휴가 (出産休暇)[-싼-] 근로 여성이 아
이를 낳기 위해 얻는 법정 휴가. 준산휴.

출상 (出喪)[-쌍] 圀困 상가(喪家)에서 상여
가 떠남. ▯상여의 ~ 준비가 끝났다.

출생 (出生)[-쌩] 圀困困 태아가 모체에서 태어
남. ▯~ 연월일 / 시골에서 ~했다. ↔사망.

출생-률 (出生率)[-쌩뉼] 圀 일정한 기간에 태
어난 사람의 수가 전체 인구에 대해 차지하
는 비율. ▯~이 낮아지다.

출생 신고 (出生申告)[-쌩-] 『법』 사람이 출
생했음을 관청에 소정의 서류를 제출해서 알
림. ▯~를 마치다.

출생-증명서 (出生證明書)[-쌩-] 圀 사람의 출
생을 증명하는 문서.

출생-지 (出生地)[-쌩-] 圀 태어난 곳. ▯~는
시골이지만 서울에서 자랐다.

출생지-주의 (出生地主義)[-쌩- / -쌩-이] 圀
『법』 속지(屬地)주의.

출석 (出席)[-썩] 圀困困 어떤 자리에 나아가
참석함. ▯~ 인원 / ~을 부르다. ↔결석. **＊
참석.

2339 출어

출석 명:령 (出席命令)[-썽-녕] 『법』 법원이
피고인에게 지정한 장소에 출석하도록 명하
는 일.

출석-부 (出席簿)[-썩뿌] 圀 출석하고 하지 않
음을 적는 장부.

출석 요구 (出席要求)[-썽뇨-] 『법』 검사나
경찰관이 필요에 따라 피의자 또는 피의자가
아닌 제삼자에게 출석할 것을 요구하는 일.

출선 (出船)[-썬] 圀困困 배가 항구를 떠남.

출성 (出城)[-썽] 圀困困 성(城) 밖으로 나감.
↔입성.

출세 (出世)[-쎄] 圀困困 **1** 사회적으로 높은
위에 오르거나 유명해짐. ▯~가 빠르다. **2** 숨
어 살던 사람이 세상에 나옴. **3** 『불』 불보살이
중생을 제도하기 위해 중생의 세계에 나타
남. **4** 『불』 출가(出家)**2**.

출세 (出稅)[-쎄] 圀困困 세금을 냄.

출세-간 (出世間)[-쎄-] 圀 『불』 **1** 속계(俗
界)를 세간(世間)이라 하는 데 대해, 법계(法
界)를 이름. **2** 속세의 생사 번뇌에서 벗어나
깨달음의 세계로 들어감.

출세간-도 (出世間道)[-쎄-] 圀 『불』 속세를
버리는 보리(菩提).

출세-욕 (出世慾)[-쎄-] 圀 출세하려는 욕망.
▯~에 불타다.

출세-작 (出世作)[-쎄-] 圀 예술계에서 인정받
는 지위를 얻게 한 작품. ▯그 소설이 그의 ～.

출세-주의 (出世主義)[-쎄- / -쎄-이] 圀 자기
개인의 출세만을 목적으로 하는 이기주의적
인 사상이나 태도. ▯~에 사로잡히다.

출셋-길 (出世-)[-쎄낄 / -쎗낄] 圀 사회적으로
높은 지위에 오르거나 유명하게 되는 방면.
▯~이 열리다.

출소 (出所)[-쏘] 圀困困 출감(出監). ▯만기
~ / ~ 사흘만에 다시 구속되다.

출소 (出訴)[-쏘] 圀困困 소송을 제기함. 송사
(訟事)를 일으킴.

출송 (出送)[-쏭] 圀困困 내어 보냄.

출수 (出穗)[-쑤] 圀困困 벼·보리 따위의 이삭
이 팸. 발수(發穗).

출시 (出市)[-씨] 圀困困 상품이 시중에 나옴.
또는 시중에 내보냄. ▯~ 시기 / 이 영화는
아직 비디오로 ~되지 않았다.

출신 (出身)[-씬] 圀 **1** 출생 당시 가정이 속해
있던 사회적 신분. ▯양반 ~ / 부농 ~. **2** 어
떤 지방이나 파벌·학교·직업 따위에서 규정
되는 사회적인 신분이나 이력 관계. ▯서울
~ / 학자 ~. **3** 『역』 조선 때, 과거의 무과에
급제하고 아직 벼슬에 나서지 못한 사람

출썩-거리다[-꺼-] 困困 **1** 주책없이 덜렁거리
며 자꾸 돌아다니다. ▯출썩거리지 말고 진
득이 좀 있어라. **2** 부추겨 마음이 들썽거리게
하다. 곁출싹거리다. **출썩-출썩** 閉困困

출썩-대다[-때-] 困困 출썩거리다.

출아 (出芽) 圀困困困 **1** 식물의 싹이 터 나옴.
또는 그 싹. ▯~가 늦다. **2** 출아법으로 번식
시킴.

출아-법 (出芽法)[추아뻡] 圀 『식』 세포의 일부
분이 떨어져 나가 하나의 세포가 되는 번식
방법(효모균·원생동물·해면동물 등에 흔히
보임). 발아법. 아생법.

출애-굽 (-出埃及) 圀困 『성』 이집트에서 노예
로 살던 이스라엘 민족이 모세에게 인솔되어
그곳을 떠나는 일.

출어 (出御) 圀困困 『역』 임금이 내전(內殿)에

서 외전(外殿)으로 나오거나 대궐 밖으로 행차함.

출어 (出漁)〔명〕〔하자〕 고기를 잡으러 배를 타고 나감. ▣ ~ 일수 / 적적(摘籍) 지역에 ~를 금하다.

출연 (出捐)〔명〕〔하타〕 금품을 내어 도와줌. ▣ ~ 기관 / 정부 ~으로 기금을 조성하다.

출연 (出演)〔명〕〔하자〕 무대·영화·방송 따위에 나와 연기함. ▣ 찬조 ~ / 겹치기 ~ / 영화에 ~하다.

출연 재산 (出捐財産) **1** 출연 행위에 따라 제공된 재산. **2**〔법〕재단 법인을 설립할 목적으로 제공된 재산. 기부 재산.

출영 (出迎)〔명〕〔하타〕 마중 나감. 나가서 맞음. ▣ ~ 행렬 / ~을 나가다.

출옥 (出獄)〔명〕〔하자〕 형기를 마치고 교도소에서 나옴. 출소. ↔입옥(入獄).

출원 (出願)〔명〕〔자타〕 청원이나 원서를 제출함. ▣ 특허 ~ / ~을 내다.

출유 (出遊)〔명〕 다른 곳으로 나가서 놂.

출입 (出入)〔명〕〔자타〕 **1** 나감과 들어옴. 드나듦. ▣ ~ 금지 / ~이 자유롭다 / ~을 제한하다. **2** 잠깐 다녀올 셈으로 집 밖으로 나감.

출입-구 (出入口)〔추립꾸〕〔명〕 출입하는 어귀나 문. ▣ ~를 폐쇄하다.

출입국 관리 (出入國管理)〔추립꿍꽐리─〕 내국인과 외국인의 출국 및 입국에 대하여 관리하는 일.

출자 (出資)〔─짜〕〔명〕〔하타〕 자금을 냄. 특히 회사나 조합 따위 공공사업을 수행하기 위해 구성원이 내는 일. 투자. ▣ 거액을 ~하다.

출장 (出張)〔─짱〕〔명〕 용무를 위해 임시로 다른 곳으로 나감. ▣ ~ 명령 / ~을 가다.

출장 (出場)〔─짱〕〔명〕〔하자〕 **1** 어떤 장소에 나감. **2** 경기를 하러 경기장에 나감. ▣ ~ 정지 처분 / 결승전에 ~.

출장-소 (出張所)〔─짱─〕〔명〕 공공 기관이나 회사 등에서, 일정 지역의 업무를 처리하기 위해 따로 차린 작은 규모의 사무소.

출장입상 (出將入相)〔─짱─쌍〕〔명〕〔하자〕 나가서는 장수가 되고 들어와서는 재상(宰相)이 됨. 곧, 문무(文武)를 다 갖추어 장상(將相)의 벼슬을 모두 지낸다는 뜻.

출전 (出典)〔명〕〔하자〕 고사(故事)·성어(成語)·인용 문구 등의 출처가 되는 서적. ▣ ~을 밝히다 / ~이 분명하지 않다.

출전 (出戰)〔─쩐〕〔명〕〔하자〕 **1** 싸우러 나감. 또는 나가서 싸움. ▣ ~ 용사 / ~ 태세. **2** 시합·경기 등에 나감. ▣ 경기에 ~하다.

출전-피 (出箭皮)〔─쩐─〕〔명〕 화살이 닿는, 활동의 한가운데 부분에 붙인 가죽 조각.

출정 (出廷)〔─쩡〕〔명〕〔하자〕〔법〕법정에 나감. ▣ ~해서 증언하다. ↔퇴정.

출정 (出征)〔─쩡〕〔명〕〔하자〕 **1** 군에 들어가 싸움터에 나감. ▣ ~ 군인 / ~을 나가다. **2** 군사를 보내어 정벌함. ▣ ~해서 대승을 거두다.

출제 (出題)〔─쩨〕〔명〕〔하타〕 문제나 제목을 냄. ▣ ~ 경향 / ~ 방식 / 교과서 밖에서 ~되다 / 논술식으로 ~하다.

출조 (出釣)〔─쪼〕〔명〕 낚시질하러 떠남.

출주 (出主)〔─쭈〕〔명〕〔하자〕 제사 때, 신주(神主)를 사당에서 모셔 냄.

출주 (出走)〔─쭈〕〔명〕〔하자〕 **1** 있던 곳을 떠나 달아남. **2** 경주에 나아감.

출주 (出駐)〔─쭈〕〔명〕〔하자〕 군대가 일정한 지역에 주둔함.

출주-마 (出走馬)〔─쭈─〕〔명〕 경마에서, 레이스에 출장하는 말. ▣ 우승이 예상되는 ~.

출주-축 (出主祝)〔─쭈─〕〔명〕 출주(出主)할 때 읽는 축문.

출중-나다 (出衆─)〔─쭝─〕〔명〕 남달리 뛰어나고 유별나다. ▣ 출중나게 공부를 잘했다.

출중-하다 (出衆─)〔─쭝─〕〔형어〕 여러 사람 가운데서 특별히 두드러지다. ▣ 출중한 인물. 출중-히 〔─쭝─〕〔부〕

출진 (出陣)〔─찐〕〔명〕〔하자〕 싸움터로 나아감. ▣ ~ 명령.

출진 (出塵)〔─찐〕〔명〕〔하자〕〔불〕마음을 어지럽히는 번뇌에서 벗어남.

출차 (出差)〔명〕〔천〕태양의 영향으로 달의 궤도가 주기적으로 변하는 현상의 하나.

출채 (出債)〔명〕〔하자〕 빚을 냄.

출처 (出妻·黜妻)〔명〕〔하자〕 **1** 인연을 끊고 헤어진 아내. **2** 아내를 내쫓음.

출처 (出處)〔명〕〔하자〕 **1** 사물이나 말 따위가 나오거나 생긴 근거. ▣ ~를 캐다 / ~가 모호하다. **2** 사람이 다니거나 가는 곳. ▣ ~을 밝히다.

출척 (黜陟)〔명〕〔하타〕 못된 사람을 내쫓고 착한 사람을 올려 씀.

출천지효 (出天之孝)〔명〕 하늘이 낸 효자라는 뜻으로, 지극한 효자나 효성을 이르는 말.

출초 (出草)〔명〕〔하자〕 **1** 기초(起草). **2**〔건〕건물의 각 부재에 단청 무늬의 초안을 그리는 일.

출초 (出梢)〔명〕〔하자〕 출말(出末).

출초 (出超)〔명〕〔하자〕〔경〕'수출 초과'의 준말. ▣ ~ 현상을 보이다. ↔입초(入超).

출출 〔부〕〔하자〕 물 따위가 많이 넘치는 모양. ㉮ 촐촐.

출출-하다 〔형어〕 배가 고픈 느낌이 있다. ▣ 속이 ~. 출출-히 〔부〕

출췌 (出萃)〔명〕〔형〕 '출류발췌(出類拔萃)'의 준말.

출타 (出他)〔명〕〔하자〕 집에 있지 않고 다른 곳에 감. ▣ ~를 서두르다 / ~하고 집에 없다.

출토 (出土)〔명〕〔하자〕 유물 등이 땅속에서 나옴. 또는 그것을 파냄. ▣ ~ 유물 / 토기가 ~되다.

출토-품 (出土品)〔명〕 땅속에서 발굴되어 나온 고대의 유품(遺品). ▣ ~이 원형을 유지하고 있다.

출통 (出筒)〔명〕〔하자〕 산통계(算筒契)를 흔들어 계알을 뽑음.

출-퇴근 (出退勤)〔명〕〔하자〕 출근과 퇴근. ▣ 버스 / ~ 시간 / 전철로 ~하다.

출판 (出判)〔명〕〔하자〕 재산이 탕진되어 결딴남.

출판 (出版)〔명〕〔하타〕 서적이나 그림 등을 인쇄해서 세상에 내놓음. 출간(出刊). ▣ ~ 도서 ~ / ~ 기념회 / 자서전을 ~하다.

출판-계 (出版界)〔─/─게〕〔명〕 출판 사업에 관계하는 업계. ▣ ~가 불황을 겪고 있다.

출판-권 (出版權)〔─꿘〕〔명〕 **1** 저작물을 인쇄하고 간행해서 발매·반포(頒布)할 수 있는 권리. **2** 저작권자가 출판자에게 설정하는 권리로서, 저작물을 문서나 그림 등으로 복제해서, 이를 반포할 수 있는 배타적·독점적인 권리. 판권(版權).

출판-물 (出版物)〔명〕 판매·반포할 목적으로 인쇄한 서적 및 그림. ▣ 저질 ~ / 불법 ~.

출판-사 (出版社)〔명〕 출판을 업으로 하는 회사. ▣ 사서 전문 ~.

출포 (出捕)〔명〕〔하타〕 예전에, 죄인을 관할 구역 밖으로 쫓아가서 잡던 일.

출포 (出浦) 圓하타 화물을 배편으로 실어 나르려고 포구(浦口)로 냄.

출품 (出品) 圓하자타 전람회·전시회·품평회 따위에 물건을 내어 놓음. 또는 그 물품. ▷국전 ~ 작품 / 영화제에 ~했던 화제작.

출하 (出荷) 圓하자타 1 짐이나 상품 따위를 내어 보냄. 2 생산자가 생산품을 시장으로 내어 보냄. ▷~ 가격 / ~ 시기. ↔입하(入荷).

출학 (黜學) 圓하타 학칙을 어긴 학생을 학교에서 내쫓음. 방교(放校). ▷~을 당하다.

출한 (出汗) 圓하자 땀이 남.

출항 (出航) 圓하자 선박이나 항공기가 출발함. ▷~ 채비 / ~이 늦어지다.

출항 (出港) 圓하자타 배가 항구를 떠남. ▷~을 금지하다 / ~를 기다리다.

출행 (出行) 圓하자 1 나가서 다님. ▷~이 잦다. 2 먼 길을 떠남. ▷~에 참가하다.

출향 (出鄕) 圓하자 고향을 떠남.

출현 (出現) 圓하자 1 나타나거나 나타나서 보임. ▷간첩 ~ / 구세주의 ~을 고대하다 / 미확인 비행 물체가 ~하다. 2 『천』 행성이나 위성에 가려졌던 천체가 다시 나타남.

출혈 (出血) 圓하자 1 피가 혈관 밖으로 나옴. ▷~ 과다 / ~이 멎지 않는다. 2 희생이나 손실을 비유한 말. ▷~ 판매 / ~이 크다 / 적에게 ~을 입히다.

출혈 경:쟁 (出血競爭) 손해를 무릅쓰고 벌이는 경쟁. ▷~이 불가피하다.

출혈 보:상 링크제 (出血補償link制) 『경』 수출입 링크제의 하나. 어느 정도의 손실이 따르는 상품의 수출자에 대해, 그 손실을 메우려고 특수 물자의 수입권을 주는 제도.

출혈-성 (出血性)[-썽] 圓 출혈하기 쉬운 성질.

출혈 수주 (出血受注) 『경』 채산이 맞지 않는 주문을 받는 일.

출화 (出火) 圓하자 불이 남.

출화 (出貨) 圓하자 화물을 내보냄.

출회 (出廻) 圓하자 물품이 시장에 나와 돎. ▷청과물의 ~가 저조하다.

출회 (黜會) 圓하타 단체나 회합에서 내쫓음.

춤¹ 圓 장단에 맞추거나 흥에 겨워 팔다리와 몸을 율동적으로 움직여 어떤 감정을 나타내는 동작.

춤² 圓 물건의 운두나 높이. ▷~이 높은 망건 / 항아리의 ~이 너무 낮다.

춤³ 圓 '허리춤'의 준말.

춤⁴ 圓 〔옛〕 침.

춤⁵ 圓回 여러 오리로 된 물건을 한 손으로 쥘 만한 분량. ▷짚 한 ~ / 모 두 ~.

춤-곡 (-曲) 圓 춤을 출 때에 맞추어 추도록 연주하는 악곡을 통틀어 이르는 말. 무곡(舞曲). 무도곡(舞蹈曲).

춤-사위 圓 민속 무용에서, 춤의 기본이 되는 낱낱의 일정한 동작. ▷신명나는 ~ 한 판.

춤-자이 圓〔역〕 신라 때, 춤을 추던 악공(樂工). 무(舞)자이.

춤-추다 囚 1 춤을 동작으로 나타내다. ▷춤추고 노래하다 / 덩실덩실 ~. 2 (비유적으로) 기뻐 날뛰다. ▷승리의 소식에 좋아라고 ~. 3 남의 말을 좇아 줏대 없이 설치다. ▷남의 ~.

춤-판 圓 춤이 벌어진 자리. ▷~을 벌이다.

춥다 [-따]〔추워, 추우니〕圓臣 날씨가 차다. 찬 기운이 있다. ▷추운 한겨울 날씨 / 올해는 예년보다 ~. ▷-디웁다.

〔춥지 않은 소한 없고 추운 대한 없다〕 글자 뜻으로는 대한이 소한보다 춥겠으나, 사실은 소한 무렵이 더 추움을 이르는 말.

충 圓 '충항아리'의 준말.

충 (衝) 圓 『천』 행성(行星)이 지구에 대해 태양과 정반대의 위치에 오는 시각. 또는 그 상태 《행성과 태양의 적경(赤經)의 차가 180°로 되는 때임》.

충 (蟲) 圓 1 벌레. 2 '회충'의 준말.

충간 (忠肝) 圓 충성스러운 마음.

충간 (忠諫) 圓하타 충성스러운 마음으로 간함. ▷~을 듣다 / 죽음을 각오하고 ~했다.

충간 (衷懇) 圓하자타 충심으로 간청함.

충간-의담 (忠肝義膽)[-가늬-/-가니-] 圓 충성스러운 마음과 의로운 용기.

충격 (衝激) 圓하자 서로 세차게 부딪침.

충격 (衝擊) 圓 1 『의』 사람의 마음에 심한 자극으로 흥분을 일으키는 일. 2 마음에 받은 심한 자극이나 영향. ▷정신적인 ~ / 사회에 큰 ~을 주다. 3 물체에 대해 급격히 가해지는 힘. ▷~이 크다 / ~을 흡수하다.

충격-량 (衝擊量)[-꼉냥] 圓 『물』 힘의 크기와 그 힘이 작용한 시간과의 곱.

충격-력 (衝擊力)[-꼉녁] 圓 『물』 타격·충돌의 경우에 물체 간에 생기는 접촉의 세기.

충격 시험 (衝擊試驗)[-씨-] 『물』 재료의 충격에 대한 저항력을 재는 시험. ▷~에 견디다.

충격 요법 (衝擊療法)[-꼉뇨뻡] 『의』 환자에게 급격한 자극을 주어서 병을 치료하는 방법. 쇼크 요법.

충격-적 (衝擊的)[-쩍] 圓冠 충격을 받고 느끼는 (것). ▷~ 뉴스 / 그의 죽음은 ~이었다.

충격-파 (衝擊波) 圓 『물』 음속보다 빠르게 전파되는, 공기 중에 생긴 급속한 압축파《화약이 폭발하거나 물체가 초음속으로 날아갈 때 생김》.

충견 (忠犬) 圓 1 주인에게 충성스러운 개. 2 상전에게 충실한 앞잡이 노릇을 하는 사람을 비유함.

충경 (忠敬) 圓하타 충성스럽게 받들어 섬김.

충고 (忠告) 圓하자타 남의 결함이나 잘못을 고치도록 타이르거나 일러 줌. 또는 그런 말. 충언. ▷~에 따르다 / ~를 받아들이다.

충곡 (衷曲) 圓 심곡(心曲).

충군 (忠君) 圓하자 임금에게 충성을 다함.

충군-애국 (忠君愛國) 圓 임금에게 충성을 다하고 나라를 사랑함. ▷~ 정신.

충근-하다 (忠勤-) 圓仝 충성스럽고 부지런하다.

충년 (沖年) 圓 열 살 안팎의 어린 나이.

충노 (忠奴) 圓 충복(忠僕).

충담 (忠膽) 圓 윗사람이나 임금을 섬기는 참된 마음. 충간(忠肝).

충당 (充當) 圓하타 모자라는 것을 채워 메움. ▷인력 ~ / 학비에 ~하다.

충돌 (衝突) 圓하자 1 서로 맞부딪침. ▷~ 사고 / 열차가 ~하다. 2 의견이나 이해가 맞지 않아 서로 맞섬. ▷의견 ~ / 시위대와 경찰이 ~했다.

충동 (衝動) 圓하타 1 어떤 일을 하도록 남을 부추김. ▷싸우도록 사람들을 ~하다. 2 『심』 뚜렷한 목적이나 의사가 없는 본능적이고 반사적인 마음의 작용. ▷성적(性的) ~ / ~을 억제하다 / 호기심을 ~하다.

충동-거리다 (衝動-) 圓하자 자꾸 충동이다. ▷충동거리는 바람에 꼭 필요하지 않은 물건을 샀다.

충동-구매 (衝動購買) 圓 물건을 살 필요나 의사가 없이, 물건을 구경하거나 광고를 보다

가 갑자기 사고 싶어져 구입하는 행위. ❏∼으로 옷을 사다.

충동-대다 (衝動-)[퇴] 충동거리다.

충동-이다 (衝動-)[퇴] **1** 흥분할 만큼 강한 자극을 주다. **2** 다른 사람을 부추기다. ❏일마다 비뚜로 ∼.

충동-질 (衝動-)[하타] 충동이는 짓. ❏∼을 받다 / 잠자코 있는 사람을 ∼하다.

충량-하다 (忠良-)[-냥-][형여] 충성스럽고 선량하다.

충렬-사 (忠烈祠)[-녈싸] [명] 충신열사를 기리고 추모하기 위해 세운 사당.

충렬-하다 (忠烈-)[-녈-][형여] 충성스럽고 절의(節義)가 있다.

충령 (忠靈)[-녕] [명] 나라에 대한 충의를 위해 목숨을 바친 넋.

충류 (蟲類)[-뉴] [명] 벌레류 종류.

충만 (充滿)[명][하자형][히부] 가득하게 차 있음. ❏열기가 ∼하다 / 마음에 기쁨이 ∼하다 / 건강과 행복이 ∼하기를.

충매-화 (蟲媒花) [명] 〖식〗 곤충의 매개로 다른 꽃의 꽃가루를 받아서 번식하는 꽃(백합·벚꽃·장미 등).

충맥 (衝脈) [명] 〖한의〗 기경팔맥(奇經八脈)의 하나. 자궁에서 시작해서 척추를 따라 올라가는 맥.

충모 (忠謀) [명] 충성스러운 꾀.

충모 (衝冒)[명][하타] 어려운 고비를 무릅쓰고 달려듦.

충목지장 (衝目之杖)[-찌-] 눈을 찌를 막대기라는 뜻으로, 남을 해칠 악한 마음을 이르는 말.

충복 (充腹)[명][하자] 음식의 좋고 나쁨을 가리지 않고 고픈 배를 채움.

충복 (忠僕) [명] **1** 주인을 충심으로 섬기는 사내종. 충노. ❏끝까지 ∼ 노릇을 하다. **2** 어떤 사람을 충직하게 받드는 사람.

충-복통 (蟲腹痛) [명] 〖한의〗 거위배.

충분 (忠憤) [명] 충의로 생기는 분한 마음.

충분 (忠奮) [명][하자] 충의를 위해 떨치고 일어남.

충분-조건 (充分條件)[-껀] [명] 〖논〗 어떤 명제가 성립하는 데 충분한 조건('A이면 B이다'에서 A는 B가 성립하는 데에 충분조건임).

충분-하다 (充分-) [형여] 분량이나 요구 조건이 모자람이 없이 넉넉하다. ❏증거는 ∼ / 그만하면 ∼. **충분-히** [부]. ❏∼ 보상하다 / 이젠 ∼ 웃을 수 있다.

충비 (充備)[명][하타] 넉넉히 준비함.

충비 (忠婢) [명] 주인을 충실하게 섬기는 계집종.

충-빠지다 [자] 화살이 떨며 나가다.

충사 (忠死) [명] 충의를 위해 죽음.

충사 (忠邪) [명] 충직함과 간사(奸邪)함.

충색 (充塞)[명][하자타] 가득 차서 막힘. 또는 가득 채워 막음.

충서 (忠恕) [명] 충직하고 동정심이 많음.

충서 (蟲書) [명] '조충서(鳥蟲書)'의 준말.

충성 (忠誠) [명] 진정에서 우러나오는 정성. 특히 국가나 임금에게 바치는 지극한 마음. ❏∼을 다하다 / ∼을 바치다.

충성-스럽다 (忠誠-)[-따] [-스러워, -스러우니] [형벼] 충성의 태도가 있다. ❏충성스러운 신하. **충성-스레** [부] ∼ 섬겼다.

충수 (充數)[명][하타] 일정한 수효를 채움. 또는 그 수효.

충수 (蟲垂) [명] 〖생〗 충양돌기(蟲樣突起).

충수-꾼 (充數-) [명] 아무런 역할을 하지 못하고 수효만 채우는 쓸모없는 사람.

충수-염 (蟲垂炎) [명] 〖의〗 충양돌기에 생기는 염증. 오른쪽 하복부의 통증·발열·메스꺼움·구토 등의 증상이 나타남. 맹장염(盲腸炎). 충양돌기염.

충순-하다 (忠純-) [형여] 충직하고 참되다. **충순-히** [부]

충순-하다 (忠順-) [형여] 충직하고 양순하다. **충순-히** [부]

충신 (忠臣) [명] 나라와 임금을 위해 충성을 다하는 신하. 충성스러운 신하. ❏∼은 불사이군(不事二君). ↔역신(逆臣).

충신 (忠信) [명] 충성과 신의.

충실 (充實)[명][하형][히부] **1** 내용이 알차고 단단함. ❏∼을 기하다 / 내용이 ∼한 사전. **2** 주로 아이들의 몸이 건강해서 튼튼함. ❏모유를 먹어 몸이 ∼하다.

충실 (忠實)[명][하형][히부] 충직하고 성실함. ❏임무에 ∼하다 / 명령을 ∼히 이행하다.

충실 (蟲室) [명] 〖동〗 촉수동물의 개체를 보호하는 집 모양의 기관.

충심 (忠心) [명] 충성스러운 마음. ❏∼으로 받들다.

충심 (衷心) [명] 마음에서 우러나오는 참된 마음. ❏∼으로 환영하다.

충애 (忠愛)[명][하자타] **1** 충성과 사랑. **2** '충군애국'의 준말. **3** 정성을 다해 사랑함.

충액 (充額) [명] 일정한 액수를 채움.

충양-돌기 (蟲樣突起) [명] 〖생〗 맹장의 아래 끝에 붙어 있는 가느다란 관 모양의 작은 돌기(속은 비고 구부러졌으며 작은 구멍이 있어 맹장과 연락됨). 충수.

충양돌기-염 (蟲樣突起炎) [명] 〖의〗 충수염.

충어 (蟲魚) [명] 벌레와 물고기.

충언 (忠言)[명][하자타] **1** 충고의 말을 함. 또는 그런 말. ❏∼을 아끼지 않다. **2** 충직하고 바른 말을 함. 또는 그런 말. ❏임금에게 ∼을 드리다.

충언-역이 (忠言逆耳)[-녀기] [명] 충직한 말은 귀에 거슬린다는 뜻으로, 바르게 충고하는 말일수록 듣기 싫어한다는 말.

충역 (忠逆) [명] 충의와 반역. 또는 충신과 역적.

충연-하다 (衝然-) [형여] 높이 솟아 우뚝하다. **충연-히** [부]

충영 (蟲癭) [명] 〖식〗 식물체에 곤충이 알을 낳거나 기생해서 이상 발육한 혹처럼 생긴 부분(오배자 따위). 벌레혹.

충용 (充慾)[명][하자] 욕심을 채움.

충용 (充用)[명][하자] 보충해 씀.

충용 (忠勇)[명][하형] 충성과 용맹. ❏∼ 무쌍한 용사들이 여기 잠들다.

충원 (充員)[명][하자] 인원을 채움. 또는 그 인원. ❏인력을 ∼ / 결원을 ∼하다.

충원 소집 (充員召集) 〖군〗 전시나 사변 따위의 비상 사태에, 예비역 또는 보충역을 불러 모으는 일.

충의 (忠義)[-/-이] [명] 충성과 절의. ❏∼로 뭉치다.

충이 (充耳)[명][하자] 염습(殮襲)할 때, 죽은 사람의 귀를 솜으로 메움. 또는 그 일.

충이다 [타] 곡식 가루를 많이 담기 위해 자루나 섬을 상하좌우로 흔들거나 위아래로 까불다. ❏쌀 자루를 ∼.

충일 (充溢)[명][하자] 가득 차서 넘침.

충장-하다 (充壯-) [형여] 기세가 충만하고 씩씩하다.

충적 (充積)[명][하타] 가득 차게 쌓음.

충적 (沖積)[명][하타] 흙이나 모래가 흐르는 물에

실려 와서 쌓임.

충적(蟲積)〔명〕『한의』먹은 음식이 위 속에서 잘 삭지 않아, 마치 벌레가 뭉친 것같이 느껴지는 병.

충적 광:상(沖積鑛床)[-꽝-]『광』암석 가운데 유용한 광물이 흐르는 물에 실려 와 바다나 호수의 바닥에 쌓여 이루어진 광상.

충적-기(沖積期)[-끼]〔명〕『지』충적세(沖積世).

충적-물(沖積物)[-쩡-]〔명〕흐르는 물에 운반되어 쌓인 진흙·모래·조약돌 등의 퇴적물.

충적-세(沖積世)[-쎄]〔명〕『지』지질 시대의 신생대 제4기 최후의 시대(후(後)빙하 시대를 말하며, 신석기 시대 이후 현대까지가 이에 해당함). 충적기.

충적-층(沖積層)〔명〕『지』충적세에 생성된 지층(지질학상 가장 새로운 지층으로 자갈·진흙·모래·토탄(土炭) 등으로 이루어짐).

충적-토(沖積土)〔명〕『지』충적층에 속하는 흙《물에 흘러 내려와 흙·모래가 쌓여 생긴 것으로, 농사 짓기에 알맞음》. *풍적토(風積土).

충적 평야(沖積平野)『지』퇴적 평야.

충적-하다(沖寂-)[-저카-]〔형여〕마음이 공허하고 고요하다.

충전(充電)〔명〕〔하자타〕1『물』축전지나 축전기에 전기 에너지를 축적하는 일. ⟷방전(放電). 2 휴식을 하면서 활력을 되찾거나 실력을 기르는 일을 비유한 말.

충전(充塡)〔명〕〔하자타〕빠진 곳이나 빈 곳을 메워서 채움. ⟳아말감 ~.

충전 가:상(充塡假像)『광』광물이 있던 자리의 빈 공간에 다른 광물이 채워져서 생긴 가상(假像).

충전 광:상(充塡鑛床)『광』암석 속의 빈 곳에 광물이 채워져 이루어진 광상.

충전-기(充電器)〔명〕축전지의 충전에 쓰이는 기구.

충전-물(充塡物)〔명〕1 빈 곳에 채워 넣는 물질. 2〔군〕탄환이나 폭탄 따위에 채우는 폭약이나 그 밖의 재료.

충전 전:류(充電電流)[-쩐절-]『물』1 축전지에 충전할 때 외부 전원에서 들어가는 전류. 2 축전기에 직류 전압을 걸어서 같은 전압이 될 때까지 흐르는 전류.

충절(忠節)〔명〕충성스러운 절개. ⟳~의 고장 / ~를 기리다.

충정(忠情)〔명〕충성스럽고 참된 정. ⟳애국 애족의 ~.

충정(衷情)〔명〕마음에서 우러나오는 참된 정(情). ⟳애국 ~ / ~으로 권고하다.

충정(衝程)〔명〕행정(行程)2.

충정-하다(沖靜-)〔형여〕마음이 편안하고 고요하다.

충정-하다(忠貞-)〔형여〕충성스럽고 절개가 곧다.

충족(充足)〔명〕〔하타형〕〔하부〕1 넉넉해서 모자람이 없음. ⟳~을 느끼다. 2 일정한 분량을 채워 모자람이 없게 함. ⟳욕구 ~.

충족-률(充足律)[-쭉-]〔명〕충족 이유율.

충족 이:유율(充足理由律)[-쭝니-]『철』사유 법칙의 하나. 모든 사물의 존재 또는 진리에는 그에 상응하는 충분한 이유가 있어야 한다는 원리. 충족률.

충지(忠志)〔명〕충성스러운 뜻.

충직(忠直)〔명〕〔하여형〕충성스럽고 정직함. ⟳~한 신하 / 자기 직책에 ~하다.

충천(衝天)〔명〕〔하자〕1 하늘을 찌를 듯이 공중으로 높이 솟아오름. ⟳화염이 ~하다. 2 분하거나 의로운 기세 따위가 북받쳐 오름. ⟳사

기가 ~하다 / 노기가 ~하다.

충충-거리다〔자〕발걸음을 크고 재게 떼며 땅을 구르듯이 바쁘게 걷다. ⟳충충거리다.

충충-대다〔자〕충충거리다.

충충-하다〔형여〕물이나 빛깔이 흐리고 침침하다. ⟳충충한 회색 의상. **충충-히**〔부〕

충치(蟲齒)〔명〕벌레 먹은 이. 삭은니. 우치(齲齒). ⟳~를 앓다.

충택-하다(充澤-)[-태카-]〔형여〕몸집이 크고 살결에 윤기가 돌다.

충-항아리(-缸-)〔명〕청룡을 그린 긴 타원형의 사기병. ⟳충.

충해(蟲害)〔명〕벌레로 말미암은 농작물의 손해. ⟳~를 입다.

충혈(充血)〔명〕『의』어떤 부분의 혈관에 흐르는 혈액의 양이 많아진 상태. ⟳눈이 ~되다.

충혼(忠魂)〔명〕1 충의를 위해 죽은 사람의 넋. ⟳~을 기리다. 2 '충혼의백'의 준말.

충혼-비(忠魂碑)〔명〕충혼을 기리기 위한 기념비. ⟳~를 세우다.

충혼-의백(忠魂義魄)[-의/-혼니]〔명〕충의를 위한 정신. ⟳충혼.

충혼-탑(忠魂塔)〔명〕충의를 위하여 죽은 사람의 넋을 기리기 위하여 세운 탑. ⟳~에 헌화하다.

충화(衝火)〔명〕〔하자〕일부러 불을 지름.

충회(衷懷)〔명〕마음속에서 우러나오는 회포.

충효(忠孝)〔명〕충성과 효도. ⟳~의 정신을 높이 섬상하다.

충효-겸전(忠孝兼全)〔명〕충성과 효도를 모두 갖추고 있음.

충효-쌍전(忠孝雙全)〔명〕충효겸전.

충효-양전(忠孝兩全)〔명〕충효겸전.

충효열(忠孝烈)〔명〕충신과 효자와 열녀.

충후-하다(忠厚-)〔형여〕충직하고 온순하며 인정이 두텁다. ⟳충후한 풍모.

충훈(忠勳)〔명〕충의를 다해 세운 훈공(勳功). ⟳충공(忠功).

췌:(萃)〔명〕'췌괘'의 준말.

췌:객(贅客)〔명〕처가의 입장에서 사위를 일컫는 말.

췌:거(贅居)〔명〕〔하자〕처가살이.

췌:관(膵管)〔명〕『생』이자관(胰子管).

췌:괘(萃卦)〔명〕『민』육십사괘의 하나. 태괘(兌卦)와 곤괘(坤卦)가 거듭된 것《못이 땅 위에 있음을 상징함》. ⟳췌(萃).

췌:담(贅談)〔명〕〔하자〕췌언(贅言).

췌:론(贅論)〔명〕쓸데없이 너저분한 이론.

췌:사(贅辭)〔명〕〔하자〕췌언.

췌:서(贅壻)〔명〕데릴사위.

췌:석(膵石)〔명〕『의』'췌장 결석'의 준말.

췌안(悴顔)〔명〕파리한 얼굴.

췌:암(膵癌)〔명〕『의』췌장암.

췌:언(贅言)〔명〕〔하자〕쓸데없는 군더더기 말. 췌담. 췌사.

췌:육(贅肉)〔명〕굳은살.

췌:장(膵臟)〔명〕『생』이자.

췌:장 결석(膵臟結石)[-썩]『의』췌장의 배설관 속에 생기는 돌 같은 덩어리. ⟳췌석.

췌:장-암(膵臟癌)〔명〕『의』췌장에 생기는 악성 종양《노인에 많고, 췌장의 오른쪽에 잘 생김》. 췌암(膵癌).

췌:장-액(膵臟液)〔명〕『생』이자액.

췌:장-염(膵臟炎)[-념]〔명〕『의』췌장의 염증. 갑자기 발병하여 심한 복통을 일으키며, 통증은 왼쪽 어깨·가슴·허리로 확산함.

취 《식》 곰취·단풍취·수리취·참취 등 '취'가 붙는 산나물의 총칭.

취:(嘴) 명《악》 생(笙) 따위의 악기를 부는, 대나무로 만든 부리((이 부리에 입김을 불어 넣어 소리를 냄).

취:가(娶嫁) 명하자 가취(嫁娶).

취:객(醉客) 명 술에 취한 사람. 취인. ▷ ~의 호주머니를 노린다.

취:거(取去) 명하타 가지고 감.

취:결(取結) 명하타 운송 중인 상품을 담보로 은행에서 대출을 받기 위해 하송인(荷送人)이 은행을 수취인으로, 하수인(荷受人)을 지급인으로 하는 어음을 발행하여 은행에서 할인을 받는 일.

취:골(聚骨) 명하자 한 가족의 무덤을 한 군데의 산에 모아 장사함. 또는 그 장사.

취:관(吹管) 명《화》 취관염(吹管焰)을 만드는 데 쓰는, 놋쇠로 만든 엘(L) 자 모양의 기구.

취:관 분석(吹管分析) 《화》 숯의 겉면에 만든 작은 구멍 속에 시료 가루를 넣어, 취관으로 겉불꽃 또는 속불꽃을 뿜어 그 변화에 따라 화학 성분을 추정하는 일.

취:관-염(吹管焰)[-념] 명《화》 타오르는 불꽃에 대롱을 대고 불어서 산화력이나 환원력을 지니게 만든 원뿔꼴의 불꽃.

취:광(醉狂) 명 술에 취해 제정신을 차리지 못함. 또는 그 사람.

취:구(吹口) 명 나팔·피리·취관 등의 입김을 불어 넣는 구멍.

취:국(翠菊) 명《식》 과꽃.

취:군(聚軍) 명하자 군사나 인부(人夫) 등을 불러 모음.

취:급(取扱) 명하타 1 물건을 사용하거나 소재나 대상으로 삼음. ▷ ~ 방법 / ~ 주의. 2 사람이나 사건을 어떤 태도로 대하거나 처리함. ▷ 늙은이 ~을 받다.

취:기(臭氣) 명 좋지 않은 냄새.

취:기(醉氣) 명 술에 취해 얼근해진 기운. ▷ ~가 돌다 / ~를 느끼다.

취-나물 명 어린 참취 또는 그 잎을 삶아 쇠고기·파·기름·깨소금 따위의 양념을 쳐서 볶은 나물.

취:담(醉談) 명하자 술에 취해 함부로 하는 말. 취언. ▷ ~이니 신경 쓸 것 없다.
[취담 중에 진담 있다] 술에 취해 하는 말 속에 솔직하고 진실한 뜻이 있다.

취:당(聚黨) 명하자 목적·의견·행동 따위를 같이 하는 무리를 불러 모음.

취:대(取貸) 명하타 돈을 빌려 쓰기도 하고 빌려 주기도 함.

취:대(翠黛) 명 1 눈썹을 그리는 푸른 먹. 2 미인의 눈썹. 3 푸른 아지랑이가 어른거리는 산의 모양을 비유한 말.

취:득(取得) 명하타 자기의 것으로 만들어 가짐. ▷ 면허증을 ~하다.

취:득-세(取得稅)[-쎄] 명 지방세의 하나. 부동산·차량·중기(重機)·입목(立木)·선박 등의 취득자에게 부과함.

취:락(聚落) 명 인간이 집단적으로 생활하는 장소. 인가가 모여 있는 곳. ▷ ~ 지구.

취:람(翠嵐) 명 멀리 푸르스름한 이내.

취:랑(吹浪) 명 물고기가 물 위에 떠서 숨 쉬느라고 입을 벌렸다 오므렸다 함.

취:량(驟涼) 명 가을철에 갑자기 찾아드는 서늘한 기운.

취:렴(翠簾) 명 푸른 대오리로 엮어 만든 발.

취:로(取露) 명하타 액체를 증류해서 김이 서려 맺힌 이슬을 받음.

취:로(就勞) 명하자 일에 착수하거나 종사함. 노동을 함.

취:로 사:업(就勞事業) 《사》 실업자나 영세민의 생계를 돕기 위해 정부에서 실시하는 공공사업. 주로 제방·하천·도로 등의 사업장에서 일을 함. 생계 지원 사업.

취:리(取利) 명하자 돈·곡식을 빌려 주고 그 변리(邊利)를 받음. ▷ ~에 밝다.

취:립(聚立) 명하자 여럿이 한곳에 모여 섬.

취:매(醉罵) 명하타 술에 취해서 남에게 욕을 하며 꾸짖음.

취:면(就眠) 명하자 잠이 들기 시작함. 또는 잠을 잠.

취:면(醉眠) 명하자 술에 취해 잠이 듦.

취:면 운:동(就眠運動) 《식》 수면 운동.

취:면-의식(就眠儀式)[-껴늬/-껴니-] 명 강박 관념의 하나. 잠자려 할 때, 일정한 순서로 일정한 동작을 되풀이하는 일.

취:명(吹鳴) 명하타 사이렌 등을 울림.

취:목(吹木) '휘문이'의 한자말.

취:몽(醉夢) 명 술에 취해 자는 동안의 꿈.

취:무(醉舞) 명하자 술에 취해 춤을 춤. 또는 그 춤.

취:묵(醉墨) 명 술에 취해서 쓴 글씨.

취:미(翠微) 명 1 산의 중턱. 2 먼 산에 엷게 낀 푸른 기운. 또는 산기(山氣)가 푸르러 아롱아롱한 빛.

취:미(趣味) 명 1 전문적으로 하는 것이 아니라 즐기기 위해 하는 일. 잠자려 할 / 등산이 ~다. 2 감흥을 느껴 마음이 당기는 멋. ▷ 독서에 ~를 붙이다. 3 아름다운 대상을 감상하고 이해하는 힘. ▷ ~를 기르다.

취:바리 명《민》 산대놀음에 쓰이는, 기괴한 모양을 한 사내의 탈.

취:반(炊飯) 명하자 밥을 지음.

취:백(就白) 명하자 취복백(就伏白).

취:병(翠屛) 명 꽃나무의 가지를 이리저리 틀어서 문·병풍 모양으로 만든 것.
취병(을) 틀다 구 취병을 만들다.

취:보(醉步) 명 술에 취해서 비틀거리는 걸음걸이.

취:-복백(就伏白)[-빽] 명 손윗사람에게 편지할 때, 인사말을 끝내고, 여쭙고자 하는 말을 쓸 때에 쓰는 말. 취백.

취:사(炊事) 명하자 음식을 장만하는 일. ▷ ~를 담당하다.

취:사(取捨) 명하타 취할 것은 취하고 버릴 것은 버림.

취:사-선택(取捨選擇) 명하타 취할 것과 버릴 것을 가림. ▷ 임의로 ~하다 / 유용한 정보를 ~하다.

취:산(聚散) 명하자 모임과 흩어짐.

취:산-꽃차례(聚繖─例)[─꼳─] 명《식》 유한꽃차례의 하나. 먼저 꽃대 끝에 한 개의 꽃이 피고 그 주위의 가지 끝에 다시 꽃이 피고 거기서 다시 가지가 갈라져 끝에 꽃이 핌((미나리아재비·자양화 따위). 취산 화서.

취:산 화서(聚繖花序) 《식》 취산꽃차례.

취:색(取色) 명하타 낡은 세간 등을 닦고 손질해서 윤을 냄.

취:색(翠色) 명 남색과 파란색의 중간 빛.

취:생-몽사(醉生夢死) 명 술에 취해 자는 동안에 꾸는 꿈 속에서 살고 죽는다는 뜻으로, 한평생을 아무 하는 일도 없이 흐리멍덩하게 살아감의 비유. ▷ ~로 세월을 보내다.

취:선(醉仙) 명 술에 취해서 세상사에 구애됨

이 없는 사람을 멋스럽게 이르는 말.

취:소(取消)〖명〗〖하타〗 **1** 발표한 의사를 거두어 이거나 예정된 일을 없애 버림. ▢강연 ~ / 예약을 ~하다. **2**〖법〗일단 유효하게 성립한 법률 행위의 효력을 소급해서 소멸하는 의사 표시.

취:소(取笑)〖명〗〖하자〗 남의 웃음거리가 됨.

취:소(臭素)〖명〗〖화〗'브롬'의 구용어.

취:소(就巢)〖명〗〖하자〗 암새가 알을 까기 위해 보금자리에 들어가 알을 품음.

취:송(翠松)〖명〗짙푸른 소나무.

취:수(取水)〖명〗〖하자〗 강이나 저수지에서 물을 끌어 옴.

취:수-탑(取水塔)〖명〗 강·저수지 등에서, 물을 끌어 들이기 위해 관(管)이나 수문이 설치되어 있는 탑 모양의 구조물.

취:식(取食)〖명〗〖하자〗 **1** 음식을 먹음. **2** 남의 밥을 염치없이 먹는 일.

취:식(取息)〖명〗〖하자〗 변리(邊利)를 늘려서 받음.

취:식지계(取食之計)[-찌-/-찌계]〖명〗 겨우 밥이나 얻어먹고 살아갈 만한 꾀.

취:안(醉眼)〖명〗 술에 취한 눈.

취:안(醉顔)〖명〗 술에 취한 얼굴.

취:약(脆弱)〖명〗〖하형〗 무르고 약함. ▢~ 지점.

취:약-성(脆弱性)[-썽]〖명〗 **1** 취약한 성질이나 특성. ▢구조적 ~. **2**〖군〗보복 전략 무기 따위가 적의 제일격에 파괴되기 쉬운 상태《지상에 노출된 폭격기나 군사 기지 등》.

취:약-점(脆弱點)[-쩜]〖명〗 무르고 약한 점. 약점. ▢~을 보완하다 / ~이 드러나다.

취:언(醉言)〖명〗 취담(醉談).

취:업(就業)〖명〗〖하자〗 **1** 직장에 나아가 일함. 또는 일을 보기 시작함. ▢~ 전선에 뛰어들다. **2** 취직. ▢벤처 기업에 ~하다.

취:업 인구(就業人口) 현재 취업해서 소득을 올리고 있는 인구《잠재 실업자도 포함함》.

취:역(就役)〖명〗〖하자〗 **1** 노동 일에 종사함. **2** 새로 건조된 군함이 임무에 종사하게 됨.

취:연(炊煙)〖명〗 밥 짓는 연기.

취:연(翠煙)〖명〗 **1** 푸른 연기. **2** 멀리 푸른 숲에 낀 안개.

취:옥(翠玉)〖명〗 **1** 에메랄드. **2** '비취옥(翡翠玉)'의 준말.

취:옹(醉翁)〖명〗 술에 취한 남자 노인.

취:와(醉臥)〖명〗〖하자〗 술에 취해 누움.

취:욕(醉褥)〖명〗〖하자〗 **1** 잠자리에 듦. 취침. **2** 병으로 자리에 누움.

취:용(取用)〖명〗〖하타〗 가져다 씀.

취:용-취:대(取用取貸)〖명〗〖하타〗 금품을 서로 융통해 씀.

취:우(翠雨)〖명〗 푸른 나뭇잎에 매달린 빗방울.

취:우(驟雨)〖명〗 소나기.

취:음(取音)〖명〗〖하자〗 본디 한자어가 아닌 낱말에 그 음만 비슷하게 나는 한자로 적는 일《'생각'을 '生覺'으로, '대접'을 '大椄'으로 적는 따위》.

취:음(醉吟)〖명〗〖하자〗 술에 취하여 시나 노래를 읊음.

취:음(翠陰)〖명〗 녹음(綠陰).

취:의(趣意)[-/-이]〖명〗 취지(趣旨).

취:인(取人)〖명〗〖하자〗 인재를 골라 씀.

취:인(醉人)〖명〗 취객.

취:임(就任)〖명〗〖하자〗 맡은 자리에 처음으로 일하러 나아감. ▢교장으로 ~하다. ↔이임.

취:임-사(就任辭)〖명〗 취임할 때 인사로 하는 말. ▢~를 듣다.

취:입(吹入)〖명〗〖하타〗 **1** 공기 따위를 불어 넣음. **2** 음반이나 녹음기의 녹음판에 소리나 목소

리를 녹음함. ▢신곡을 ~하다.

취:재(取才)〖명〗〖하타〗 재주를 시험해 뽑음.

취:재(取材)〖명〗〖하자〗 작품이나 기사의 재료 또는 제재(題材)를 얻음. ▢~ 기자 / 현장 ~ / ~ 경쟁을 벌이다.

취:재-원(取材源)〖명〗 작품이나 기사 재료의 출처. ▢~을 공개하지 않는다.

취:적(就籍)〖명〗〖하자〗 **1** 호적에 빠진 사람이 호적에 오름. **2** 토지 대장에 빠진 토지가 토지 대장에 오름.

취:정회신(聚精會神)〖명〗 정신을 가다듬어 한 군데에 모음.

취:조(取調)〖명〗〖하타〗 '문초(問招)'의 구용어.

취:조(翠鳥)〖명〗〖조〗물총새.

취:종(取種)〖명〗〖하자〗 생물의 씨를 받음.

취:주(吹奏)〖명〗〖하타〗 저·피리·나팔 등 관악기를 불어서 연주함.

취:주-악(吹奏樂)〖명〗〖악〗목관 악기·금관 악기를 주체로 하고 타악기를 곁들여 편성해서 연주하는 음악.

취:주 악기(吹奏樂器)[-끼]〖악〗관악기(管樂器).

취:주 악대(吹奏樂隊)[-때]〖악〗관악기를 주로 해서 편성한 악대.

취:죽(翠竹)〖명〗 푸른 대나무. 청죽(靑竹).

취:중(醉中)〖명〗 술에 취한 동안. ▢~에 진담이 나온다.

취:중(就中)〖부〗 그 가운데에서도 특히.

취:지(趣旨)〖명〗 어떤 일의 근본이 되는 목적이나 긴요한 뜻. 취의(趣意). ▢~를 설명하다 / 그런 ~의 발언을 한 적이 없다.

취:직(就職)〖명〗〖하자〗 일정한 직업을 잡아 직장에 나감. 취업. ▢~을 알선하다 / ~이 어렵다. ↔실직.

취:직-난(就職難)[-징-]〖명〗 취직 희망자는 많고 일자리는 적어 취직하기가 심히 어려운 일. ▢~으로 실업자가 늘고 있다.

취:진(驟進)〖명〗〖하자〗 계급이나 벼슬이 갑자기 뛰어오름.

취:집(聚集)〖명〗〖하타〗 모아들임.

취:착(聚捉)〖명〗〖하자〗 죄를 짓고 잡힘.

취:처(娶妻)〖명〗〖하자〗 아내를 얻음. 장가를 듦.

취:체(取締)〖명〗〖하타〗 규칙·법령·명령 따위를 지키도록 통제함. 단속.

취:체-역(取締役)〖명〗 주식회사의 '이사(理事)'의 구칭.

취:침(就寢)〖명〗〖하자〗 잠을 잠. 잠자리에 듦. ▢~ 시간 / 일찍 ~하고 일찍 기상한다.

취:타(吹打)〖명〗〖하자〗〖역〗군대에서, 나발·소라·대각·태평소 등을 불고, 징·북·나(鑼)·바라를 치던 군악.

취:타-수(吹打手)〖명〗〖역〗취타하던 군사.

취:태(醉態)〖명〗 술에 취한 모양이나 태도. ▢~를 보이다.

취:택(取擇)〖명〗〖하타〗 가려서 골라 뽑음. 선택.

취:토(取土)〖명〗 **1** 장사 지낼 때, 광중(壙中) 네 귀에 길(吉)한 방(方)에서 떠 온 흙을 조금씩 놓는 일. 또는 그 흙. **2** 장사를 지낼 때, 상제들이 봉분(封墳)하기에 앞서 흙 한 줌씩을 관 위에 뿌리는 일.

취:토(聚土)〖명〗〖하자〗〖건〗흙일을 할 때 흙을 거두어 모음.

취:파(取播)〖명〗〖하타〗 씨앗을 받아서 곧 뿌림.

취:패(臭敗)〖명〗〖하자〗 고약한 냄새가 나도록 썩어 문드러짐.

취:편(取便)〖명〗〖하타〗 편리한 쪽을 취함.

취:품(取品)圀하타 여럿 가운데 품질이 좋은 것을 가려 뽑음.

취:필(取筆)圀하타 잘 쓴 글씨를 뽑음. 또는 글씨 잘 쓰는 사람을 뽑음.

취:하(取下)圀하타 신청했던 일이나 서류 등을 취소함. 그소를 ~하다.

취:-하다(醉-)짜여 1 술이나 약 기운이 온몸에 퍼지다. 그거나하게 ~/약 기운에 ~. 2 사람이나 물건에 시달려 정신이 흐려지다. 그회장의 열기에 ~. 3 무엇에 열중하여 황홀해지다. 도취하다. 그음악에 ~/묘기에 ~.

취:-하다(取-)타여 1 자기 것으로 만들어 가지다. 그이득을 ~/값을 버리고 을을 ~. 2 어떤 행동을 하거나 태도를 보이다. 그분명한 태도를 ~/강제 수단을 ~. 3 남에게서 금품, 주로 돈을 꾸다. 그돈을 ~.

취:-하다(娶-)타여 아내를 맞아들이다.

취:학(就學)圀하짜 교육을 받기 위해 학교에 들어감. 그~ 적령기/초등학교에 ~하다.

취:학-률(就學率)[-뉼] 圀 학령 아동수에 대한 취학 아동수의 백분율. 그~이 높아지다.

취:학 아동(就學兒童) 초등학교에 들어가는 아동.

취:학 연령(就學年齡)[-녕녈-] 圀 학령(學齡)1. 그~이 낮아지고 있다.

취:한(取汗)圀하짜 『한의』병을 다스리려고 몸의 땀을 내는 일.

취:한(醉漢)圀 술에 취한 사람.

취:한-제(取汗劑)圀 『한의』땀의 분비를 촉진하는 약제. 발한제.

취:한-증(臭汗症)[-쯩] 『의』겨드랑이·음부(陰部) 등에서 냄새가 고약한 땀이 나는 증상(해당 부위를 절제해서 치료함).

취:합(聚合)圀하타 1 모여서 합침. 또는 한데 모아서 합침. 그의견을 ~하다. 2《화》분자나 원자가 모여 갖가지의 상태를 나타내는 일. 3《광》여러 가지 결정형이 결합해서 덩어리를 이루는 것.

취:항(就航)圀하짜 배나 비행기가 항로에 오름. 또는 그 항로를 다님. 그국제선에 ~하다.

취:향(趣向)圀 하고 싶은 마음이 생기는 방향. 또는 그런 경향. 그~이 다르다/~에 맞추다.

취:흥(醉興)圀 술이 거나하게 취해 느끼는 즐거운 경지.

취:허(吹噓)圀하타 남이 잘 한 것을 과장되게 칭찬해서 천거함.

취:화-물(臭化物)圀《화》'브롬화물'의 구용어.

취:화지본(取禍之本)圀 재앙을 부르는 근본.

취:후(醉後)圀 술에 취한 뒤. 주후(酒後).

취:흥(醉興)圀 술에 취해서 일어나는 흥취. 그~이 도도하다/~을 돋우다.

츄마圀〈옛〉치마.

츄마불圀〈옛〉갯빛말.

츠다타〈옛〉치우다. 치다.

측(側)의 어느 한쪽. 그우리 ~/찬성이 많은 ~으로 결정하다.

측각-기(測角器)[-깍끼] 圀 각도계.

측간(測杆)[-깐] 圀 측량대.

측간(厠間)[-깐] 圀 변소.

측거-기(測距器)[-꺼-] 圀 목표물까지의 거리를 빠르게 재는 기계. 측거의. 측원기.

측거-의(測距儀)[-꺼-/-꺼이] 圀《물》측거기.

측경-기(測徑器)[-경-] 圀 캘리퍼스(callipers).

측광(測光)[-꽝] 圀하짜 《물》빛의 세기를 잼

《광도·휘도·조도 따위를 잼》.

측귀(厠鬼)[-뀌] 圀 뒷간에 있다는 귀신.

측근(側近)[-끈] 圀 1 곁의 가까운 곳. 그~에 있는 사람들이/~에서 모시다. 2 '측근자(者)'의 준말. 그고위층의 ~.

측근(側根)[-끈] 圀《식》곁뿌리.

측근-자(側近者)[-끈-] 圀 1 곁에서 가까이 모시는 사람. 2 어떤 사람과 가까운 관계인 사람. 준측근.

측달(惻怛)[-딸] 圀하타하부 가엾게 여겨 슬퍼함. 측창(惻愴).

측도(測度)[-또] 圀하타 1 도수를 잼. 2 어떤 단위로 어떤 양을 잴 수치. 3《수》길이·넓이·부피 개념을 일반적인 집합으로 확장한 것.

측량(測量)[측냥] 圀하타 1 기계를 써서 물건의 깊이·높이·길이·넓이·거리 등을 잼. 그~수심을 ~하다. 2 땅 위의 각 지점의 위치를 구하고, 그에 따라 방향·각도·거리·높낮이를 재어서, 지도나 도면을 작성하는 일. 그항공 사진 ~. 3 생각해 헤아림. 그속뜻을 ~하다.

측량-기(測量器)[측냥-] 圀 측량 기계.

측량 기계(測量器械)[측냥-/측냥-계] 측량에 쓰이는 기계《측쇄(測鎖)·나침반·전경의(轉鏡儀)·수준의·육분의 따위》. 측량기.

측량 기술자(測量技術者)[측냥-짜] 측량법의 규정에 따라, 면허를 받아서 측량에 종사하는 기술자. 측량사.

측량-대(測量-)[측냥때] 圀《건》토지를 측량할 때 쓰는 긴 막대기《눈에 잘 띄도록 붉고 희게 칠함》. 측간.

측량-도(測量圖)[측냥-] 圀 측량해서 제작한 지도.

측량-사(測量士)[측냥-] 圀 측량 기술자.

측량-선(測量船)[측냥-] 圀 해도(海圖) 및 수로지(水路誌)를 만들기 위해 해양·항만 등의 수심·조류·해저 또는 해안선의 지형 등을 측량하는 배.

측량-술(測量術)[측냥-] 圀 토지의 위치·모양·면적 등을 측량하는 기술. 또는 그 기술로 지도를 만드는 일.

측로(側路)[측노] 圀 옆길.

측릉(側稜)[측능] 圀《수》'옆모서리'의 구칭.

측면(側面)[-면] 圀 1 정면(正面)이 아닌 면. 그~을 공격하다. 2 물체의 상하·전후 이외의 좌우의 면. 옆면. 그건물의 ~. 3 사물이나 현상의 한쪽 면. 또는 한 부분. 그긍정적 ~/교육적인 ~. 4《수》각기둥이나 각뿔의 밑면 이외의 면.

측면-관(側面觀)[-층-] 圀 사물의 한쪽 측면에서 하는 관찰.

측면-도(側面圖)[-층-] 圀 기계나 구조물의 옆면에서 바라본 상태를 평면적으로 나타낸 도면(圖面).

측면 묘:사(側面描寫)[측층-] 《문》사물의 특징을 묘사하는 문학 작품의 표현 형식.

측목(側目)[측-] 圀하타 1 결눈질을 함. 2 무섭고 두려워 바로 보지 못함.

측문(仄聞)[측-] 圀하타 풍문으로 얼핏 들음. 그~한 바로는 사실이 아닌 것 같다.

측문(側門)[측-] 圀 측면으로 낸 문. 옆문. 그~을 사용하다. ↔정문.

측문(側聞)[측-] 圀하타 옆에서 얻어들음.

측방(側方)[-빵] 圀 옆쪽.

측방 침:식(側方浸蝕)[-빵-] 《지》하천이 골짜기의 벽을 깎아 그 바닥을 넓히는 작용.

측백(側柏)[-빽] 圀《식》측백나무.

측백-나무(側柏-)[-빽-] 圀《식》측백나뭇과의 상록 교목. 전체의 모양은 원뿔꼴인데, 가

지가 많으며 잎은 작은 비늘 모양으로 밀집해 있음. 가을철에 둥근 달걀꼴의 구과(毬果)가 익고, 잎과 열매는 강장제로 씀. 중국 원산. 측백.

측백-엽 (側柏葉)[-뻐겹] 圏 《한의》 측백나무의 잎(보혈·지혈·수렴제(收斂劑)로 씀).

측백-인 (側柏仁)[-빼긴] 圏 《한의》 백자인(柏子仁).

측백-자 (側柏子)[-빼짜] 圏 《한의》 백자인(柏子仁).

측벽 (側壁)[-뼉] 圏 구조물의 옆에 있는 벽이나 담.

측보-기 (測步器)[-뽀-] 圏 계보기(計步器). ▷만보기는 일종의 ~이다.

측사 (側射)[-싸] 圏하타 측면에서 사격함.

측사-기 (測斜器)[-싸-] 圏 《물》 지층의 경사를 재는 기구. 클리노미터(clinometer).

측산 (測算)[-싼] 圏하타 헤아려 셈함.

측서 (廁鼠)[-써] 圏 뒷간의 쥐란 뜻으로, 지위를 얻지 못한 사람의 비유.

측선 (側線)[-썬] 圏 1 열차의 운행에 늘 쓰는 선로 이외의 조차용(操車用) 선로(공장으로 가는 인도선(引導線) 따위). 2 옆줄. 3 《동》 주로 어류·양서류의 몸 양 옆에 한 줄로 나란히 뻗은 선(수류(水流)·수압 등을 아는 감각 기관임).

측성 (仄聲)[-썽] 圏 《언》 한자의 사성(四聲) 가운데 상성·거성·입성의 총칭. *평성(平聲).

측쇄 (測鎖)[-쐐] 圏 거리를 재는 데 쓰는 쇠사슬. 체인. 사슬자.

측수 (測水)[-쑤] 圏하타 물의 깊이를 잼.

측시 (側視)[-씨] 圏하타 모로 보거나 옆으로 봄.

측신 (廁神)[-씬] 圏 뒷간을 지킨다는 귀신.

측실 (側室)[-씰] 圏 1 곁방2. 2 첩(妾)■.

측실 (廁室)[-씰] 圏 뒷간.

측심 (測深)[-씸] 圏하타 깊이를 잼.

측심-연 (測深鉛)[-씨면] 圏 바다의 깊이 따위를 재는 데 쓰는, 굵은 줄 끝에 납덩이를 매단 기구. 측연.

측심-의 (測深儀)[-씨미 / -씨미] 圏 바다나 강의 깊이를 재는 기계.

측아 (側芽)[-] 圏 《식》 곁눈2.

측압 (側壓)[-] 圏 유체(流體)가 용기나 물체 내부의 측면에 작용하는 압력. 측압력.

측압-기 (測壓器)[-짜기] 圏 그릇 안의 유체(流體)의 압력을 재는 계기.

측언 (側言)[-] 圏 치우친 말. 공평하지 못한 말.

측연 (測鉛)[-] 圏 측심연(測深鉛).

측연-하다 (惻然-)[-] 혱여 보기에 가엾고 불쌍하다. 측연-히 🖳

측와 (側臥)[-] 圏하타 1 모로 누움. ▷~ 자세. 2 곁으로 누움.

측우-기 (測雨器) 圏 1 비가 온 양을 재는 데 쓰는 기구. 2 《역》 조선 세종 24년(1442)에 세계 최초로 만들어낸 우량계.

측운 (仄韻)[-] 圏 《언》 한자의 사성(四聲) 가운데 상성·거성·입성의 운. ↔평운(平韻).

측운-기 (測雲器) 圏 구름의 진행 방향과 속도를 재는 장치.

측원-기 (測遠機) 圏 측거의(測距儀).

측은 (惻隱)[-] 圏하형하튀 가엾고 불쌍함. ▷부모 잃은 애를 보니 ~한 생각이 들었다 / ~히 여기다 / ~히 바라보다.

측은지심 (惻隱之心) 圏 사단(四端)의 하나, 가엾고 불쌍히 여기는 마음.

측이 (側耳)[-] 圏하타 자세히 듣기 위해서 귀를 기울임.

측자 (仄字)[-짜] 圏 사성(四聲) 가운데 상성·

─────────────────

거성·입성의 한자. 곧, 측운의 한자. *평자(平字).

측점 (測點)[-쩜] 圏 측량하는 데 기준이 되는 점. 기준점.

측정 (測定)[-쩡] 圏하타 1 헤아려 정함. 2 일정한 양을 기준으로 해서 같은 종류의 다른 양의 크기를 잼(기계나 장치를 사용함). ▷음주~ / 거리를 ~하다.

측정-값 (測定-)[-쩡갑] 圏 측정해서 얻은 수치. 측정치.

측정-기 (測定器)[-쩡-] 圏 측정하는 데 쓰는 기계나 기구.

측정-기 (測程器)[-쩡-] 圏 배의 속력 및 항해 거리를 재는 기계.

측지 (測地)[-찌] 圏하타 토지를 측량함. 양지(量地). 탁지(度地).

측지-선 (測地線)[-찌-] 圏 《수》 곡면상의 임의의 두 점을 맺는 최단 거리의 곡선.

측지 위성 (測地衛星)[-찌-] 圏 측지학적인 관측을 위해 쏘아 올린 인공위성. 지구의 모양, 크기의 결정, 대륙 사이의 거리 따위를 잼.

측지-학 (測地學)[-찌-] 圏 지구의 면적·용적·형태·중력장(重力場) 따위를 측량해서 연구하는 학문.

측차 (側車) 圏 자전거나 오토바이의 옆에 단 수레(사람을 태우거나 짐을 실음).

측천 (測天) 圏 《천》 천체를 관측함.

측천-법 (測天法)[-뻡] 圏 천문 항법.

측청 (廁廳) 圏 크게 잘 꾸민 뒷간.

측판 (測板) 圏 측량기의 조준의(照準儀)를 올려놓거나 도면을 붙일 때 쓰는 판.

측편 (側扁) 圏 물고기나 곤충 따위의 몸이 두께가 얇고 폭이 넓음.

측해 (測海)[츠캐] 圏하타 바다의 넓이나 깊이의 한계선을 측량함.

측행 (仄行·側行)[츠캥] 圏하타 모로 또는 비뚜로 걸음.

측-화면 (側畵面)[츠콰-] 圏 《수》 투영도에서, 물체를 옆면으로 보았을 때의 모양을 그리는 화면. *평(平)화면·입(立)화면.

측-화산 (側火山)[츠콰-] 圏 《지》 기생 화산.

측후 (測候)[츠쿠] 圏하타 기상의 상태를 알기 위해 천문의 이동이나 천기의 변화를 관측함.

측후-소 (測候所)[츠쿠-] 圏 '기상대'의 구칭.

측ㅎ다 〈옛〉 측은하다. 언짢다.

츩 圏 〈옛〉 칡.

츱츱-하다 [-츠파-] 혱여 너절하고 염치가 없다. ▷돈에 ~.

츳듣다 재타 〈옛〉 물방울이 똑똑 떨어지다.

층 (層) 圏 1 물체가 거듭 포개져 생긴 켜. 2 사물이 같지 않거나 수평을 이루지 못해서 나는 차이. ▷머리를 ~이 지게 자르다. 3 위로 높이 포개어 지은 건물에서, 같은 높이를 이루는 부분. ▷꼭대기 ~ / 그와도 같은 ~에 산다. 4 위로 포개어 지은 건물에서, 같은 높이의 켜를 세는 말(의존 명사적으로 씀). ▷지상 5~ 건물 / 63~ 빌딩 / 지하 2~ 주차장에 차를 세운다.

-층 (層) 圐 1 어떤 능력이나 수준 등이 비슷한 무리. ▷지식~ / 노년~. 2 '지층'의 뜻. ▷석탄~. 3 켜켜이 쌓인 상태 또는 그 가운데 한 겹. ▷구름~ / 이온~ / 오존~.

층격 (層隔) 圏하타 겹겹이 가려 막힘.

층계 (層階)[-/-게] 圏 층층으로 된 데를 오르내릴 수 있도록 여러 턱으로 만들어 놓은 설비. 계단. ▷~를 오르다.

층계-참(層階站)[-/-계-] 圀 층계의 중간에 있는 좀 넓은 곳. 계단참.

층-구름(層-) 圀 층운(層雲).

층-나다(層-) 困 서로 구별되는 층과 등급이 생기다. ▫실력이 ~.

층-널(層-) 圀 나무 서랍의 밑에 대는 널조각.

층대(層臺) 圀 '층층대(層層臺)'의 준말.

층-돌(層-)[-똘] 圀〖광〗'층샛돌'의 준말.

층뒤-판(層-板) 圀 층계단의 디딤판 뒤를 막아 낀 널판.

층등(層等) 圀 서로 같지 않은 층과 등급.

층디딤-판(層-板) 圀 계단을 오르내릴 때 디디는 널.

층란(層欄)[-난] 圀〖건〗여러 층으로 된 난간.

층루(層樓)[-누] 圀〖건〗여러 층으로 높게 지은 누각. 층각(層閣).

층류(層流)[-뉴] 圀〖물〗층흐름.

층리(層理)[-니] 圀 퇴적(堆積)을 이루는 암석의 겹친 상태.

층리-면(層理面)[-니-] 圀〖지〗성질이 다른, 상하로 겹친 지층이 서로 접하는 면. 층면.

층만(層巒) 圀 여러 층으로 겹친 산.

층면(層面) 圀 1 겹겹이 쌓인 물건의 겉. 2〖지〗층리면.

층상(層狀) 圀 겹치거나 층을 이룬 모양.

층상 화:산(層狀火山)〖지〗성층 화산.

층-새(層-) 圀 1 황금의 품질 또는 함유 성분. 2 황금을 층샛돌에 대고 문질러 그 색수(色數)를 헤아리는 표준 제구.

층샛-돌(層-)[-새똘/-샏똘] 圀〖광〗귀금속의 순도를 판정하는 데 쓰는 검은색의 현무암이나 규질의 암석(층새와 금을 나란히 문질러 빛깔을 비교함). 시금석. 층석(層石). ㉦층돌.

층생-첩출(層生疊出) 圀 일이 겹쳐서 자꾸 생겨남.

층석(層石) 圀 층샛돌.

층수(層數)[-쑤] 圀 층의 수. ▫건물 ~를 제한하다.

층쌘-구름(層-) 圀 층적운(層積雲).

층암(層岩) 圀 층을 이루어 험하게 쌓인 바위.

층암-절벽(層岩絶壁) 圀 험한 바위가 겹겹으로 쌓인 낭떠러지. ▫~이 앞을 가리다.

층애(層崖) 圀 바위가 겹겹이 쌓인 언덕.

층애 지형(層崖地形)〖지〗단단한 지층은 비대칭적인 구릉(丘陵)이 되고, 무른 지층은 낮게 나란히 발달한 지형.

층옥(層屋) 圀 층집.

층운(層雲) 圀 지평선과 나란히 층을 이루고 땅에 가장 가깝게 끼는 구름. 층구름.

층운형 구름(層雲形-)〖지〗층을 이룬 모양으로 옆으로 퍼진 구름(상승 기류가 약할 때 생김).

층적-운(層積雲) 圀 하층운의 하나. 어두운 회색의 커다란 구름 덩어리(비가 오기 전후에 많음). 층쌘구름.

층절(層節) 圀 일의 많은 가닥·곡절 또는 변화. ▫~이 많다.

층제(層梯) 圀 여러 층으로 된 사다리.

층중(層重) 圀하자타 충첩(層疊).

층-지다(層-) 困 층이 나 있다. 층나다. ▫층진 머리.

층-집(層-)[-찝] 圀 여러 층으로 지은 집. 층옥(層屋).

층첩(層疊) 圀하자타 여러 층으로 겹겹이 쌓이거나 쌓임. 층중(層重).

층층(層層) 圀 1 여러 층으로 겹겹이 쌓인 층. ▫상자를 ~으로 쌓다. 2 거듭된 낱낱의 층. ▫아파트 ~마다 전단을 뿌리다.

층층-나무(層層-) 圀〖식〗층층나뭇과의 낙엽 활엽 교목. 산야에 남. 높이 10~20 m. 늦봄에 작은 흰 꽃이 피고, 늦가을에 자흑색 구형의 핵과(核果)가 맺힘. 정원수로 심으며 줄기는 지팡이나 파워를 만드는 데 씀.

층층-다리(層層-) 圀 높은 곳에 층층이 딛고 오르내릴 수 있도록 돌·나무 등으로 만든 시설. 층층대. ▫~를 오르다.

층층-대(層層臺) 圀 층층다리. 계단. ▫~를 이용하다. ㉦층대.

층층-시하(層層侍下) 圀 부모·조부모를 모시고 사는 처지. ▫~의 힘든 시집살이.

층층-이(層層-) 閔 1 층마다. ▫화분을 ~ 놓다. 2 여러 층으로 겹겹이. ▫~ 개켜 놓은 이부자리.

층하(層下) 圀하자타 다른 것보다 낮게 보아 소홀히 대함. ▫~를 두다/~가 지다.

층향(層向) 圀〖지〗기울어진 지층면과 수평면이 만나서 이루는 직선의 방향. 주향(走向).

층-흐름(層-) 圀〖물〗속도가 시간적으로 변하지 않는 유체(流體)가 층을 이루어서 흐르는 관(管)의 안 또는 경계층 안의 흐름. 층류(層流).

최다 困〈옛〉치우치다.

최이다(←) 困타 1 치우치다. 2 치우다.

치¹ 圀〖궁〗1 상투. 2 신발.

치를 틀다 团〈궁〉상투를 틀다.

치² 圀〈옛〉배의 '키³'.

치(値) 圀〖수〗재거나 셈하여 얻은 수. 값.

치(齒) 圀 이¹.

치(가) 떨리다 团 몹시 분하거나 지긋지긋해 이가 떨리다.

치(를) 떨다 团 ㉠매우 인색해서 내놓기를 꺼리다. ▫한 푼에 ~. ㉡몹시 분하거나 지긋지긋해서 이를 떨다. ▫배신감에 ~.

치(徵) 圀 동양 음악에서, 오음(五音) 음계의 넷째 음.

치³(의명) 1 '이"의 낮춤말. ▫그 ~ 아니냐/저 ~가 누구냐. 2 물건 또는 대상. ▫이놈은 어제 ~보다 낫다. 3 일정한 몫이나 양. ▫한 달 ~의 임금.

치⁴(의명) 길이의 단위. 한 자의 십분의 일(약 3.03㎝). 촌(寸). ▫두 ~ 닷 푼.

치⁵(갑) 1 절구질·도끼질 따위 힘드는 동작을 잇따라 할 때 내는 소리. 2 못마땅하거나 아니 꼽거나 화날 때 내는 소리. ▫~, 제까짓 게 뭔데.

치- 閔 위로 올라가는 뜻을 나타내는 말. ▫~솟다/~뜨다.

-치- 圀 어떤 동사의 어간에 붙어 힘줌을 나타내는 어간 형성 접미사. ▫받~다/넘~다. *~구-·~리-·~이-·~으.

-치 圀 '물건'의 뜻을 나타내는 말. ▫중간~/하~/날림~.

-치(値) 圀 '값'의 뜻을 나타내는 말. ▫기대~/평균~/최소~.

치가(治家) 圀하자 집안일을 보살펴 다스림.

치:가(致家) 圀하자 가업(家業)을 이룸.

치:가(置家) 圀하자 '첩치가(妾置家)'의 준말.

치감(齒疳) 圀〖한의〗잇몸이 곪고 썩는 병.

치-감다 타 위로 올라가 감다.

치감고 내리감다 团 비단으로 온몸을 감다시피 한다는 뜻으로, 여자의 옷이 사치함을 이르는 말.

치강(齒腔) 圀〖생〗이의 속에 있는 빈 구멍

부분《치근(齒根)의 끝에 구멍이 뚫리고 속에 치수(齒髓)가 가득 차 있음).

치건 (侈件)[-껀] 명 사치스러운 물건.
치경 (齒莖) 명 잇몸.
치고 조 1 체언에 붙어, '그 전체가 예외 없이' 등의 뜻을 나타내는 보조사. ▣ 네 물건~ 쓸 만한 것 없더라. 2 치고는2.
치고-는 조 1 '치고'를 강조하는 말. ▣ 사람~ 못할 일이오. 2 체언에 붙어 '그중에서는 예외적으로' 등의 뜻을 나타내는 보조사. ▣ 치고. ▣ 서양 사람~ 키가 작다 / 값싼 물건~ 쓸 만하다.
치고-받다 [-따] 자 서로 말로 다투거나, 실제로 때리면서 싸우다. ▣ 두 녀석이 치고받고 싸운다.
치고-서 조 '치고'를 강조하는 말. ▣ 요새 사람~ 그 일을 할 수 있을까.
치골 (恥骨) 명 《생》 궁둥이뼈의 앞쪽 아래 부위에 있는 뼈. 두덩뼈. 불두덩뼈.
치골 (齒骨) 명 《생》 이를 이루는 뼈.
치골 (癡骨) 명 남이 비웃는 줄도 모르고 요량 없이 제멋대로 행동하는 어리석은 사람.
치과 (齒科)[-꽈] 명 《의》 의학의 한 분과《이와 이의 지지 조직의 치료·교정·가공 등을 함).
치관 (治棺) 명 하자 관을 짬.
치관 (齒冠) 명 《생》 이의 잇몸 밖으로 드러난 부분. 치아머리.
치교-하다 (緻巧-) 형여 치밀하고 교묘하다.
치국 (治國) 명 하자 나라를 다스림. 이국(理國).
치국-안민 (治國安民) 명 하자 나라를 다스리고 백성을 편안하게 함.
치국-평천하 (治國平天下) 명 하자 나라를 잘 다스리고 온 세상을 편안하게 함.
치관 (齒槽) 명 《생》 이의 치조(齒槽) 속에 있는, 시멘트질로 덮인 상아질 부분. 이촉.
치근-거리다 자타 몹시 싫어하도록 은근히 자꾸 귀찮게 굴다. ▣ 결혼하자며 ~. 참차근거리다. 여지근거리다. 센찌근거리다. **치근-치근** 부자타
치근-대다 자타 치근거리다.
치근덕-거리다 [-꺼-] 자타 끈덕지게 치근거리다. 참차근덕거리다. 여지근덕거리다. 센찌근덕거리다. **치근덕-대다** 자타치근덕거리다.
치근덕-대다 [-때-] 자타치근덕거리다.
치근치근-하다 형여 끈기 있는 물건이 맞닿아 볼쾌한 느낌이 있다. 치근치근한 사람. **치근치근-히** 부
치-굿다 [-귿-] [치그어, 치그으니, 치긋는] 타자 위쪽으로 올려 긋다. ▣ 선을 위로 ~.
치기 (稚氣) 명 어리고 유치한 기분이나 감정. ▣ ~ 어린 행동 / ~가 동하다.
치기-배 (-輩) 명 날치기·들치기 등의 행동이 날쌘 좀도둑이나 그 무리. ▣ ~에게 핸드백을 빼앗기다.
치-꽂다 [-꼳따] 타 아래에서 위로 향해 꽂다.
치뉵 (齒衄) 명 《한의》 잇몸이 붓고 아프며 입에서 냄새가 나는 병.
치다¹ 자 1 바람·비·눈 따위가 세차게 불거나 뿌리다. ▣ 눈보라가 ~. 2 천둥이나 번개 따위가 일어나다. ▣ 벼락이 ~. 3 된서리가 많이 내리다. ▣ 물결이나 파도 따위가 일다. ▣ 파도가 세차게 치는 해안.
치다² 타 ☞ 치이다⁴.
치다³ 타 1 손·물건으로 목적물을 부딪게 하다. ▣ 뺨을 ~ / 못을 ~. 2 소리 나게 두드리거나 악기를 연주하다. ▣ 북을 ~ / 피아노를 ~ / 시계가 두 시를 쳤다. 3 쇠붙이를 달구어 연장을 만들다. ▣ 칼을 ~. 4 떡 반죽을 떡메

로 두드려 차지게 하다. ▣ 떡을 ~. 5 카드나 화투 등의 패를 고루 섞다. 또는 카드·화투를 즐기다. ▣ 화투를 ~ / 트럼프를 ~. 6 공격하다. ▣ 적을 ~ / 치고 들어가다. 7 남의 실수에 대해 탁박을 주다. ▣ 남을 치기 전에 자기를 반성하라. 8 몸이나 손·발·날개·꼬리 등을 심하게 움직이다. ▣ 몸부림을 ~ / 활개를 ~ / 꼬리를 ~. 9 손이나 물건으로 놀이나 운동을 하다. ▣ 당구를 ~ / 테니스를 ~. 10 얼마큼을 골라 깎거나 베다. ▣ 가지를 ~. 11 잘고 길게 썰어 채를 만들다. ▣ 오이채를 ~. 12 칼을 날려 베다. ▣ 목을 ~.
치다⁴ 타 1 붓·연필로 점·줄을 나타내거나 그림이 되게 하다. ▣ 밑줄을 ~ / 동그라미를 ~ / 묵화를 ~. 2 전신기(電信機)를 놀려 송신하다. ▣ 전보를 ~. 3 판단해서 평가하다. ▣ 점을 ~ / 시험을 ~. 4 우선 셈을 잡아 놓다. 또는 어떤 양으로 여겨 두다. ▣ 그건 그렇다 치고 / 노는 셈 ~ / 이자까지 친 돈이다.
치다⁵ 타 1 적은 분량의 액체를 따르거나 가루 등을 뿌리다. ▣ 초를 ~ / 소금을 ~. 2 체질해서 가루를 곱게 빻아내다. ▣ 쌀가루를 체에 ~.
치다⁶ 타 1 휘장·그물·발·줄 등을 펴서 벌여 놓거나 늘어뜨리다. ▣ 장막을 ~ / 밧줄을 ~ / 비상선을 ~. 2 칸막이·벽 등을 둘러서 세우다. ▣ 병풍을 ~ / 담을 ~. 3 신김치를 감기거나 대님을 두르거나 휘갑을 하여 마무르다. ▣ 감발을 ~ / 휘갑을 ~. 4 기세 있게 내다. 기세를 부리다. ▣ 큰소리를 ~ / 소리를 쳐 부르다 / 허풍을 ~ / 응갈을 ~. 5 좋지 않은 짓을 저지르다. ▣ 사고를 ~ / 뺑소니를 ~ / 사기를 ~. 6 몸을 흔들어 진저리를 내다. ▣ 진저리를 ~.
치다⁷ 타 1 돗자리·가마니·멱서리·덕석 등을 틀거나 엮어 만들다. ▣ 돗자리를 ~. 2 끈목을 엮어서 모으다.
치다⁸ 타 1 가축·가금을 기르다. ▣ 돼지를 ~. 2 식물이 가지를 내돋게 하다. 3 벌이 꿀을 빚다. ▣ 꿀을 ~. 4 동물이 새끼를 낳다. ▣ 새끼를 ~. 5 주로 영업을 목적으로 나그네를 두다. ▣ 손님을 ~ / 하숙생을 ~.
치다⁹ 타 1 불필요하게 쌓인 물건을 파내거나 옮겨 깨끗이 하다. ▣ 눈을 ~ / 변소를 ~. 2 논이나 물길 따위를 만들기 위해 땅을 파내거나 고르다. ▣ 도랑을 ~.
치다¹⁰ 타 차나 수레 등이 사람을 강한 힘으로 부딪고 지나가다. ▣ 사람을 치고 도망친 자동차.
치다¹¹ 타 ☞ 치우다.
치:다¹² 자 '치이다³'의 준말.
치다꺼리 명 하자 1 일을 치러 내는 일. ▣ 손님 ~에 지칠 지경이다. 2 남을 도와 거드는 일. ▣ 사건의 ~를 맡다.
치-닫다 [-따] [치달아, 치달으니, 치닫는] 자타 위쪽으로 달리다. 달려 올라가다. ▣ 상황이 최악의 국면으로 ~.
치담 (治痰) 명 하자 《한의》 담으로 인해 생긴 병을 다스림.
치대다¹ 타 빨래·반죽 등을 무엇에 대고 자꾸 문지르다. ▣ 빨래를 ~.
치-대다² 타 위쪽으로 대다. ▣ 판자를 ~.
치덕 (齒德) 명 나이가 많고 덕이 있음.
치도 (治道) 명 하자 1 길닦이. 2 다스리는 도리나 방법.

치도(馳到)〖명〗〖하자〗달음질해서 이름.

치도-곤(治盜棍)〖명〗〖역〗조선 때, 곤장의 하나(길이 다섯 자 일곱 치, 너비 다섯 치 서 푼, 두께 한 치임). ¶ ~을 맞다. 2 몹시 혼 남. 또는 기른 세상을 다스림.
   치도곤을 안기다〔먹이다〕㋐ ㉠심한 벌을 주다. ㉡화를 입게 하다.

치독(治毒)〖명〗〖하자〗 1 독기를 다스려 없앰. 2 중독을 고침.

치:독(置毒)〖명〗〖하자〗 음식에 독약을 넣음.

치둔-하다(癡鈍―)〖형〗어 어리석고 하는 짓이 굼뜨고 흐리터분하다.

치떠-보다〔타〕☞ 칩떠보다.

치-뜨다〔치떠, 치뜨니〕〖타〗눈을 위쪽으로 뜨 다. ¶눈을 치뜨고 올려다보다. ↔내리뜨다.

치-뜨리다〖타〗위로 던져 올리다. 치치다.

치뜰다〔치뜰어, 치뜨니, 치뜨는〕〖형〗행실이나 성질 따위가 나쁘고 더럽다. ¶치뜨게 굴다.

치란(治亂)〖명〗〖하자〗 1 잘 다스려진 세상과 어지 러운 세상. 2 혼란에 빠진 세상을 다스림.

치람-하다(侈濫―)〖형〗어 지나치게 사치해서 분 수에 넘치다.

치략(治略)〖명〗세상을 다스리는 방책.

치량〖명〗〖건〗'칠량(七樑)'의 변한말.

치런-치런〖부〗하자 1 액체가 가장자리의 전 위 에서 넘칠 듯 말 듯 한 모양. ¶물이 ~ 괴 다. 2 물건의 한끝이 바닥에 좀 스칠 듯 말 듯 한 모양. ¶치맛자락을 ~ 늘어뜨리고 건 다. ⓐ차란차란. ⓑ지런지런.

치렁-거리다〔자〕 1 길게 드리운 것이 가볍게 자 꾸 흔들리다. ¶별목가지가 ~. ⓐ차랑거리 다. 2 일을 할 날짜가 자꾸 느러지다. 치 렁-치렁〖부〗하자 ¶머리를 ~ 풀어 헤치다.

치렁-대다〔자〕치렁거리다.

치렁-하다〔형〕어 드리운 것이 바닥에 닿을 만큼 부드럽게 늘어져 있다. ⓐ차랑하다.

치레〖명〗하타 1 잘 매만져 모양을 냄. ¶~에 공 을 들이다. 2 어느 일을 실속보다 낫게 꾸며 드러냄. ¶실속 없이 ~에만 흘렀다.

-치레〖미〗 1 '치르거나 겪어 내는 일'의 뜻을 나타냄. ¶병~ / 손님~. 2 '겉으로만 꾸미는 일'의 뜻을 나타냄. ¶말~ / 겉~.

치레기-고치〖명〗추리고 남은 누에고치. 설견 (屑繭).

치련(治鍊)〖명〗하타 쇠·돌·나무 따위를 불리고 다듬음.

치렵(馳獵)〖명〗하자 말을 타고 달리면서 사냥함.

치롱(癡聾)〖명〗어리석고 귀먹은 사람.

치료(治療)〖명〗하타 병이나 상처를 다스려 낫게 함. ¶~를 받다.

치료 감호(治療監護)〖법〗 사회 보호법에 따 라, 죄를 지은 정신 장애인이나 마약·알코올 중독자 등을 실형 복역(實刑服役)에 앞서 치 료 감호소에 수용해서 치료를 실시하는 일.

치료 감호소(治療監護所) 사회 보호법에 따 라, 정신 장애인이나 마약·알코올 중독자를 수용해서 치료하는 시설.

치루(痔漏·痔瘻)〖명〗〖의〗치질의 하나. 항문 가에 작은 구멍이 생기고 고름 또는 묽은 푸 물이 새어 나오는 병. 누치(瘻痔).

치룽〖명〗싸리로 채롱 비슷하게 결어 만든 그릇 (무껑이 없음). ¶~을 메다.

치룽-구니〖명〗어리석어서 쓸모가 없는 사람.

치룽-장수〖명〗치룽에 물건을 넣고 팔러 다니 는 장수.

치륜(齒輪)〖명〗톱니바퀴.

치르다〔치러, 치르니〕〖타〗 1 줘야 할 돈을 내주 다. ¶값을 ~. 2 무슨 일을 겪어 내다. ¶시 험을 ~ / 잔치를 ~. 3 아침·점심 등을 먹다. ¶저녁을 일찍 치르고 자다.

치리〖명〗〖어〗잉엇과의 민물고기. 길이 15~25cm, 빛은 은백색이고 등 쪽은 청갈색임. 하천의 흐름이 완만한 구역에 삶.

치립(峙立)〖명〗하자 높이 솟아 우뚝 섬.

치마〖명〗 1 여자의 아랫도리 겉옷. ¶~를 입다. 2 조복·제복 따위의 아래에 덧두르는 옷. 3 위 절반은 흰 종이고, 아래 절반은 빛깔이 다 른 종이로 만든 연의 그 아래쪽.

치마(馳馬)〖명〗하자 말을 타고 달림.

치마-끈〖명〗치마의 말기에 달아 가슴에 둘러 매는 끈. ¶~이 풀리다.

치마-널〖명〗난간 밑 가장자리에 돌려 붙이는 널 빤지. 상판(裳板).

치마-머리〖명〗머리털이 적은 사나이가 상투를 짤 때, 본머리에 덧둘러 감는 말머리.

치마-분(齒磨粉)〖명〗가루 치약. ⓐ지분.

치마-상투〖명〗치마머리를 넣어 짠 상투.

치마-양반(―兩班)〖명〗 지체가 낮으면서 지체가 높은 집과 혼인해서 행세하게 된 양반.

치마-연(―鳶)〖명〗 윗부분은 희고 아랫부분은 빛깔이 다양한 연.

치마-폭(―幅)〖명〗 피륙을 잇대어 만든 치마의 너비.
   치마폭이 넓다㋐ 남의 일에 쓸데없이 참견 하고 간섭하다.

치맛-바람〔―마빠―/―맏빠―〕〖명〗 1 치맛자락이 야단스럽게 움직이는 서술. 2 여자의 극성스 러운 활동. ¶학부형들의 ~ / ~이 드세다. 3 성복(盛服)을 갖추지 않은 여자의 차림새. 4 새색시를 놀으로 일컫는 말.

치맛-자락〔―짜락―/―짣짜―〕〖명〗 치마폭의 늘 어진 부분. ¶~을 끌며 걷다.

치매(嗤罵)〖명〗하타 비웃으며 꾸짖음.

치매(癡呆)〖명〗하형 사회생활을 하는 데 필요한 지능·의지·기억 따위 정신적인 능력이 상실 되는 것. ¶~ 환자 / ~에 걸리다.

치-매기다〖타〗 번호나 순서 따위를 아래에서 위로 세어 가면서 매기다. ¶번지를 ~. ↔내 리매기다.

치매-증(癡呆症)〔―쯩〕〖명〗〖의〗 치매의 증세.

치-먹다〔―따〕〖자〗 1 번호나 순서 따위가 아래에 서 위로 치올라 가면서 정해지다. 2 시골 물 건이 서울로 와서 팔리다. ↔내리먹다.

치-먹이다〖타〗《'치먹다2'의 사동》 치먹게 하 다. ¶시골 물건을 서울로 ~.

치-먹히다〔―머키―〕〖자〗《'치먹다'의 피동》 치 먹음을 당하다. ¶시골 물건이 서울로 ~.

치면-하다〔형〕어 그릇 속의 내용물이 거의 가장 자리까지 차 있다.

치명(治命)〖명〗 죽을 무렵에 맑은 정신으로 하 는 유언. ↔난명(亂命).

치:명(致命)〖명〗하자 1 죽을 지경에 이름. 2 〖가〗'순교'를 전에 이르던 말.

치:명-상(致命傷)〖명〗 1 목숨이 위험할 정도의 큰 상처. ¶~을 입다. 2 회복할 수 없을 정 도의 결정적인 타격이나 상태. ¶정치 생명 에 ~을 입다.

치:명-적(致命的)〖관〗〖명〗 치명상이 될 만한 (것). ¶~ 병 / ~(인) 타격.

치:명-타(致命打)〖명〗 치명적인 타격. ¶~를 맞다 / ~를 입히다.

치목(治木)〖명〗하자 재목을 다듬고 손질함.

치목(齒木)〖명〗〖불〗이를 닦고 혀를 긁는 데 쓰는 나뭇조각(한 쪽은 뾰족하고 다른 쪽은

남작하게 버드나무로 만듦).

치목(稚木)圏 어린나무. 치수(稚樹).

치문(緇門)圏『불』1 불경의 이름. 여러 학자의 명구(銘句)·권선문(勸善文)을 모은 것. 2 승도(僧徒).

치미(侈靡)圏形자 분수에 지나친 사치.

치미(鴟尾)圏『건』망새1.

치민(治民)圏形자 백성을 다스림.

치-밀다[치밀어, 치미니, 치미는]⊟자 1 아래에서 위로 힘차게 솟아오르다. 2 욕심·화기·불길·연기 등이 세차게 복받쳐 오르다. ▯분노가 ~. 3 적기(積氣)가 솟아오르다. ⊟타 위로 힘차게 밀어 올리다. ▯짐을 짐칸으로 치밀어 올리다. ↔내리밀다.

치밀-성(緻密性)[-썽]圏 자세하고 꼼꼼한 성질. ▯~이 부족하다.

치밀-하다(緻密-)形 1 자세하고 꼼꼼하다. ▯치밀한 계획 / 성격이 ~. 2 피륙 등이 결이 곱고 촘촘하다. ▯올이 가늘고 ~. **치밀-히**團

치-받다[-따]⊟자 욕심·분노 따위가 세차게 복받쳐 오르다. ▯치받는 화를 참다. ⊟타 1 위를 향해 떠받치 오르다. 2 죽순이 흙을 치받고 돋다. 1 위를 향해 맞받아 밀어 내다. ▯송아지가 자꾸 어미 배를 치받는다. 3〈속〉윗사람에게 맞서 대들다. ↔내리받다.

치-받이[-바지]圏 1 비탈진 곳의 오르게 된 방향. ↔내리받이. 2『건』집의 천장 산자 안쪽에 바르는 흙. 앙벽(仰壁). ――하다자어 천장 산자에 흙을 바르다.

치-받치다圏 1 불길·연기 등이 세차게 솟아오르다. ▯불길이 ~. 2 감정 따위가 세차게 복받쳐 오르다. ▯치받치는 울분. ⊟타 밑을 버티어 위로 치밀다. ▯장비를 막대로 ~.

치발부장(齒髮不長)圏 젖니를 다 갈지 못하고, 머리는 다박머리라는 뜻으로, 아직 나이가 어림을 이름. 치발불급.

치발불급(齒髮不及)圏 치발부장.

치-벋다[-따]자 나뭇가지·덩굴 따위가 위쪽으로 향해 벋다. ▯우듬지가 하늘을 향해 ~.

치병(治兵)圏形자 군대를 관리하고 훈련함.

치병(治病)圏形자 병을 다스림.

치보(馳報)圏形타 급히 달려가 알림.

치본(治本)圏 병의 근원을 치료함. 또는 그런 치료.

치:부(致富)圏形자 재물을 모아 부자가 됨. ▯벤처 사업으로 ~하다.

치부(恥部)圏 1 음부(陰部). 2 남에게 알리고 싶지 않은 부끄러운 부분. ▯~를 드러내다.

치:부(置簿)圏形타 1 금전·물품의 출납을 기록함. ▯오늘 벌이를 ~하다. 2 마음속으로 그렇다고 여김. ▯그를 점잖은 신사로 ~하고 있었다. 3 '치부책'의 준말.

치:부-꾼(致富-)圏 부지런하고 검소해서 부자가 될 만한 사람.

치:부-장(置簿帳)[-짱]圏 치부책.

치:부-책(置簿冊)圏 금전·물품의 출납을 적는 책. 치부장. ▯외상값을 ~에 기재하다. ㊀치부.

치분(齒粉)圏 '치마분'의 준말.

치-불다[치불어, 치부니, 치부는]자 바람이 아래에서 위를 향하여 약간 세차 불다. ▯바람이 허리 위로 ~.

치-붙다[-붇따]자 위로 치켜 올라가 붙다. ↔내리붙다.

치빙(馳騁)圏形자 1 말을 타고 돌아다님. 2 부산하게 돌아다님.

치:사(致仕)圏形자 나이가 많아 벼슬을 사양

하고 물러남.

치:사(致死)圏形자타 죽음에 이름. 또는 죽게 함. 치폐(致斃). ▯과실 ~.

치:사(致詞·致辭)圏 1『역』경사가 있을 때 임금에게 올리던 송덕(頌德)의 글. 2『악』악인(樂人)을 풍류에 맞춰 올리던 찬양의 말. 3 다른 사람을 칭찬함. 또는 그런 말. 치어(致語).

치:사(致謝)圏形타 고맙다는 뜻을 나타냄. ▯~의 말을 하다.

치-사랑圏 손윗사람에 대한 사랑. ▯내리사랑은 있어도 ~은 없다. ↔내리사랑.

치:사-량(致死量)圏 생체를 죽음에 이르게 할 정도로 많은 약물의 양.

치사-스럽다(恥事-)[-따][-스러워, -스러우니]形 보기에 쩨쩨하고 남부끄러운 데가 있다. ▯치사스럽게 굴다. **치사-스레**團. ▯돈 때문에 ~ 싸우다.

치사-하다(恥事-)形어 행동이나 말 따위가 쩨쩨하고 남부끄럽다. ▯더럽게 치사한 놈 / 치사하게 애걸하고 싶지 않네.

치산(治山)圏形자 1 산소를 매만져 다듬음. 2 산을 가꾸고 보호함.

치산(治産)圏形자 1 집안 살림살이를 돌보고 다스림. 2『법』재산을 관리하고 처분함.

치산-치수(治山治水)圏形자 산과 내를 관리하고 돌봐서 가뭄이나 홍수 따위 재해를 입지 않도록 예방함. ▯~에 힘쓰다.

치-살리다타 지나치게 추어 주다.

치상(治喪)圏形자 초상을 치름.

치:상(致傷)圏 상해를 입히는 일. ▯과실 ~ / 강간 ~.

치생(治生)圏形자 살아갈 방도를 마련함.

치서(齒序)圏 나이의 차례. 치차(齒次).

치석(治石)圏形자 돌을 반드럽게 다듬음.

치석(齒石)圏 이의 표면에 침에서 분비된 석회분이 엉겨 붙어 굳어진 물질. 치구(齒垢). ▯~을 제거하다.

치:성(致誠)圏形자 1 있는 정성을 다함. 2 신이나 부처에게 지성으로 빎. ▯~을 드리다.

치성(熾盛)圏形자 불길같이 성하게 일어남.

치세(治世)圏形타 1 잘 다스려져 태평한 세상. ▯~를 누리다. ↔난세(亂世). 2 세상을 잘 다스림. ▯~의 근본.

치소(嗤笑)圏形타 빈정거리며 웃음.

치소(癡笑)圏 어리석은 웃음.

치손(稚孫)圏 어린 손자.

치-솟다[-솓따]자 위쪽으로 힘차게 솟다. ▯불길이 ~ / 기온이 섭씨 35도까지 ~. 2 감정·생각·힘 따위가 세차게 복받쳐 오르다. ▯치솟는 감정.

치송(治送)圏形타 짐을 챙겨 길을 떠나보냄.

치송(稚松)圏 잔솔.

치수(-數)圏 물건의 길이나 크기. ▯양복 ~를 재다.
　　치수(를) 내다⦗관⦘ 물건 따위의 길이의 치수를 정하다.
　　치수(를) 대다⦗관⦘ 치수를 재어 정하다.

치수(治水)圏形자 하천·호수 등의 범람을 막고, 관개용 물의 편리를 꾀함.

치수(齒髓)圏『생』치강 속에 가득 차 있는 연하고 부드러운 조직(혈관·신경이 많이 분포되어 있어 감각이 예민함). 이골.

치수(錙銖)圏 썩 가벼운 무게(백 개의 기장의 낱알을 1수(銖), 24수를 1냥(兩), 8냥을 1치(錙)라고 하였음).

치수(稚樹)圏 어린나무. 치목(稚木).

치수-금 (-數-) [명] 치수를 재어 그은 금.
치수-염 (齒髓炎) [명] 〔의〕 치수에 생기는 염증《충치 때문에 생기며 몹시 쑤시고 아픔》.
치술 (治術) [명] 나라나 병을 다스리는 방법.
치-쉬다 [타] 숨을 크게 들이마시다. ↔내리쉬다.
치습 (治濕) [명][하자] 〔한의〕 병의 원인이 되는 습기를 다스림.
치승-하다 (差勝-) [형여] 다른 것에 견주어 조금 낫다. 차승하다.
치:신 [명] '처신(處身)'의 낮춤말.
치:신 (置身) [명][하자] 어디에다 몸을 둠.
치:신-머리 [명] 〈속〉 치신.
치:신머리-사납다 [-따] 〔-사나워, -사나우니〕 [형ㅂ] '치신사납다'의 낮춤말.
치:신머리-없다 [-업따] [형] '치신없다'의 낮춤말. ❑ 말하는 투가 ~.
치:신무지-하다 (置身無地-) [형여] 두렵거나 부끄러워 몸둘 바를 모르고 있다.
치:신-사납다 [-따] 〔-사나워, -사나우니〕 [형ㅂ] 〔←처신사납다〕 몸가짐이 가벼워 꼴이 사납다. ❑ 치신사납게 굴다. [작]채신사납다.
치:신-없다 [-시넙따] [형] 〔←처신없다〕 몸가짐이 가벼워 위신이 없다. [작]채신없다. **치:신-없이** [-시넙씨] [부]. ❑ ~ 그게 무슨 짓인가.
치심 (侈心) [명] 사치를 좋아하는 마음.
치심 (稚心) [명] **1** 어릴 때의 마음. **2** 어린이 같은 마음.
치심-상존 (稚心尙存) [명] 어릴 때의 마음이 아직까지 남아 있음.
치-쏘다 [타] 활이나 총 따위를 위로 향해 쏘다. ❑ 산 위의 적에게 총을 ~. ↔내리쏘다.
치-쓸다 〔치쓸어, 치쓰니, 치쓰는〕 [타] 아래에서 위로 향해 쓸다.
치아 (齒牙) [명] '이[2]1'를 점잖게 이르는 말. ❑ ~가 가지런하다.
치아 (稚兒) [명] 치자(稚子)1.
치아-열 (齒牙熱) [명] 〔의〕 유아의 이가 나기 시작할 시기에 생기는 열.
치아-탑 (齒牙塔) [명] 〔불〕 학덕(學德)이 높은 승려의 이를 넣고 쌓은 탑.
치아-통 (齒牙筒) [명] 이쑤시개와 귀이개를 넣어서 차는 작은 통.
치안 (治安) [명][하자타] **1** 나라를 편안하게 다스림. 또는 그런 상태. **2** 국가 사회의 안녕과 질서를 유지하고 보전함.
치안-감 (治安監) [명] 경찰 공무원 계급의 하나《치안 정감(正監)의 아래, 경무관의 위》.
치안 경:찰 (治安警察) 보안 경찰.
치안 본부 (治安本部) '경찰청'의 전신(前身).
치안 재판 (治安裁判) '즉결 재판'의 속칭.
치안-정감 (治安正監) [명] 경찰 공무원 계급의 하나《치안총감의 아래, 치안감의 위》.
치안-총감 (治安總監) [명] 경찰 공무원의 최고 계급《치안정감의 위》.
치약 (齒藥) [명] 이를 닦는 데 쓰는 약.
치어 (稚魚) [명] 알에서 깬 지 얼마 안 되는 어린 물고기《유어(幼魚)보다 작은 것》. ❑ ~를 방류하다. ↔성어(成魚).
치:어 (致語) [명] 치사(致詞).
치어다-보다 [-/-여-] [타] 얼굴을 들고 올려다보다. [준]쳐다보다.
치어-리더 (cheerleader) [명] 운동 경기장에서, 흥겨운 음악에 맞추어 춤을 추면서 관중의 흥을 돋우는 여자 응원단원.
치언 (癡言) [명] 바보 같은 말. 어리석은 말.
치열 (治熱) [명][하자] 병의 근원이 되는 열기를 다스림. ❑ 이열(以熱)~.
치열 (齒列) [명] 잇바디. ❑ 가지런한 ~ / ~ 교정 / ~이 고르다.
치열 (熾烈) [명][하형][히부] 기세나 세력이 불길같이 맹렬함. ❑ ~한 전투 / 생존 경쟁이 ~하다.
치예 (馳詣) [명][하자] 어른 앞으로 빨리 달려 나감. 치진(馳進).
치-오르다 〔치올라, 치오르니〕 [一][자르] 아래에서 위로 향해 오르다. ❑ 불길이 ~. [二][타르] 경사진 길이나 산 따위를 오르거나 북쪽 지방으로 올라가다.
치-올리다 [타] 《'치오르다'의 사동》 위로 밀어 올리다. ❑ 머리를 치올려 깍다.
치옹 (齒癰) [명] 〔한의〕 잇몸이 부어 곪는 병.
치와와 (Chihuahua) [명] 개의 한 품종. 키 약 18-23 cm, 몸무게 0.8-2 kg. 개 품종 가운데 가장 작음. 털이 짧고 귀가 크며, 몸빛은 흑색·갈색 등임. 애완용이며 멕시코가 원산지임.
치외 법권 (治外法權) [-꿘] **1** 〔법〕 다른 나라의 영토 안에 있으면서 그 나라 국내법의 지배를 받지 않는 국제법상의 권리. ❑ 외교 사절에게는 ~이 인정된다. **2** 남이 함부로 건드리거나 간섭할 수 없는 영역을 비유한 말. ❑ 대학이라고 ~ 지대인가.
치욕 (恥辱) [명] 수치와 모욕. ❑ 나라를 잃은 ~의 역사 / ~을 참고 견디다.
치욕-스럽다 (恥辱-) [-쓰-따] 〔-스러워, -스러우니〕 [형ㅂ] 욕되고 수치스러운 데가 있다. **치욕-스레** [-쓰-] [부]
치우다 [타] **1** 물건을 다른 데로 옮기다. ❑ 쓰레기를 ~. **2** 쓸거나 닦거나 정리하다. ❑ 방을 ~ / 서랍을 ~. **3** '시집보내다'의 뜻. ❑ 막내딸마저 ~. **4** 동사의 활용형 '-아'·'-어'·'-여'의 꼴 뒤에 쓰여 '그 동작을 다해 마치다'의 뜻. ❑ 갈아 ~ / 읽어 ~ / 먹어 ~.
치우-치다 [자] 균형을 잃고 한쪽으로 쏠리다. ❑ 감정에 ~.
치우-하다 (癡愚-) [형여] 못생기고 어리석다.
치위 [명] 〈옛〉 추위.
치:위 (致慰) [명][하타] 상중(喪中)이나 복중(服中)에 있는 사람을 위로함.
치유 (治癒) [명][하타] 병을 치료해 낫게 함. ❑ 난치병을 ~하다.
치은 (齒齦) [명] 〔의〕 잇몸.
치은 궤:양 (齒齦潰瘍) 〔의〕 잇몸이 허는 병.
치은 농양 (齒齦膿瘍) 〔의〕 잇몸이 헐어서 고름이 생기는 병.
치은-염 (齒齦炎) [-념] [명] 〔의〕 잇몸에 생기는 염증.
치은-종 (齒齦腫) [명] 잇몸이 붓고 아픈 증상.
치음 (齒音) [명] 〔언〕 잇소리.
치읓 [-읃] [명] 한글 자모 'ㅊ'의 이름.
치:의 (致意) [-/-이] [명][하자] 자기의 뜻을 남에게 알림.
치:의 (致疑) [-/-이] [명][하자타] 의심을 둠.
치의 (緇衣) [-/-이] [명] 〔불〕 **1** 검은 물을 들인 승려의 옷. **2** 승려.
치이다[1] [자] 피륙의 올이나 이불의 솜 따위가 한쪽으로 쏠리거나 뭉치다.
치이다[2] [자] **1** 덫이나 무거운 물건에 걸리거나 깔리다. ❑ 덫에 ~ / 차가 낙석(落石)에 ~. **2** 다른 힘에 억눌리거나 이아침을 당하다. ❑ 잡무에 치여서 예습할 시간이 없다.
치이다[3] [자] 값이 얼마씩 먹히다. [준]치다.
치이다[4] [자] 《'치다[10]'의 피동》 수레바퀴 등에 깔리다. ❑ 트럭에 ~.
치이다[5] [타] 《'치우다'의 사동》 치우게 하다.
치이다[6] [타] 《'치다[3]3'의 사동》 대장장이에게 칼이나 낫 따위를 만들게 하다.
치이다[7] [타] 《'치다[9]'의 사동》 불결한 물건을 쳐

내게 시키다. ▢ 아이에게 쓰레기를 ~.

치인(癡人)[명] 어리석고 못난 사람. 치자(癡者). 치한(癡漢).

치인-설몽(癡人說夢)[명] 어리석은 사람이 꿈 이야기를 한다는 뜻으로, 허황된 말을 종작 없이 지껄임을 이르는 말.

치자(治者)[명] **1** 한 나라를 다스리는 사람. 치인(治人). **2** 권력을 쥔 사람.

치:자(梔子)[명]『한의』 치자나무 열매《성질은 차고, 이뇨제와 눈병·황달 등의 해열에 쓰며, 물감 원료로도 씀》.

치자(稚子)[명] **1** 여남은 살 안팎의 어린아이. 치아(稚兒). **2** 어린 아들.

치자(癡者)[명] 치인(癡人).

치:자-나무(梔子-)[명]『식』 꼭두서닛과의 상록 활엽 관목. 높이 2-3m. 여름에 백색 여섯잎꽃이 피며, 과실은 긴 타원형으로 꽃받침에 싸여 가을에 황홍색으로 익으며, 약재 또는 염료로 씀. 관상용으로도 심음.

치자-다소(癡者多笑)[명] 어리석고 못난 사람이 잘 웃는다는 뜻으로, 실없이 잘 웃는 사람을 놀림조로 이르는 말.

치:자-색(梔子色)[명] 치자로 물들인 빛깔. 붉은빛을 띤 짙은 누른빛.

치-잡다[-따] 추켜올려 잡다.

치장(治粧)[명][하타] 매만져 꾸밈. 곱게 모양을 냄. ▢ 새롭게 ~한 집 / 얼굴을 ~하다.

치장(治裝)[명][하자] 여행하는 데 필요한 물건을 챙김. 치행.

치:재(致齋)[명][하자] 제관(祭官)이 된 사람이 사흘 동안 몸을 깨끗이 가짐. 또는 그런 일.

치적(治績)[명] 잘 다스린 공적. 정치상의 업적. ▢ ~을 기리다.

치:전(致奠)[명][하자] 사람이 죽었을 때, 친척이나 벗이 슬퍼하는 뜻을 나타냄. 또는 그런 제식(祭式).

치정(治定)[명][하타] 잘 다스려서 안정시킴.

치정(癡情)[명] 남녀 간의 사랑으로 생기는 온갖 어지러운 정. ▢ ~ 관계 / ~에 얽힌 사건.

치:제(致祭)[명][역] 임금이 제물과 제문을 보내어 죽은 신하를 제사 지내던 일. 또는 그 제사.

치조(齒槽)[명]『생』 치근(齒根)이 박혀 있는 위아래 턱뼈의 구멍. 이틀².

치조-골(齒槽骨)[명]『생』 치근의 주위에 있는 턱뼈《턱뼈의 일부임》.

치조골-염(齒槽骨炎)[-렴][명]『의』 치조골의 염증. 충치가 계속 악화하면 이 염증이 생기는데 아프고 열이 남. 치조골 골막염. 치조골 수염.

치조 농루(齒槽膿漏)[-누][명]『의』 이가 흔들리거나 치조에서 고름·피가 나는 병.

치조 농양(齒槽膿瘍)[명]『의』 이촉에 세균이 옮아 치조 속에 고름이 생기는 병.

치조-염(齒槽炎)[명]『의』 이촉에 박혀 있는 구멍에 생기는 염증.

치조-음(齒槽音)[명]『언』 혀끝소리.

치졸(稚拙)[명][하여] 유치하고 졸렬함. ▢ ~한 수준의 논리를 펼치다.

치죄(治罪)[명][하타] 허물을 가려내어 벌을 줌. ▢ 공범으로 보아 ~하다.

치주(馳走)[명][하자] 달려서 감.

치:주(置酒)[명][하자] 술자리를 벌임.

치주-염(齒周炎)[명]『의』 치주 조직의 염증. 잇몸이 붓고 딱딱해지며 나중에는 이가 빠지는데, 주위 조직을 침식하는 치구(齒垢)가 잇몸 밑의 이에 침착해 생김. 한의학의 풍치(風齒)에 상당함.

치:중(置中)[명][하자] 바둑에서, 바둑판의 복판이나 에워싸인 자리의 중앙에 한 점을 놓는 일. 또는 그 수.

치:중(置重)[명][하자] 어떤 것에 특히 중점을 둠. ▢ 영어 공부에 ~하다.

치중(輜重)[명] **1** 말이나 수레에 실은 짐. **2** 군대의 여러 가지 물품. 군수품.

치즈(cheese)[명] 우유 속의 카세인을 응고 발효시킨 식품《요리·제과 따위에 씀》.

치:지(致知)[명][하자] 사물의 도리를 깨닫는 경지에 이름.

치:지도외(置之度外)[명][하타] 내버려 두고 문제로 삼지 않음.

치지-하다(差池-)[형여] 들쭉날쭉해서 가지런하지 않다. 고르지 않다.

치진(馳進)[명][하자] **1** 치례(馳詣). **2**『역』 고을의 원이 감영(監營)에 급히 달려가던 일.

치질(痔疾)[명]『한의』 항문 안팎에 생기는 질병《치루(痔瘻)·치핵(痔核)·치열(痔裂) 따위》.

치차(齒次)[명] 치서(齒序).

치차(齒車)[명] 톱니바퀴.

치:총(置塚)[명] 묏자리를 미리 잡아 표적을 묻고 무덤처럼 만들어 두었다가 쓰는 무덤.

치축(馳逐)[명][하자] 달려서 쫓음.

치-치다[타] **1** 획을 위로 올려 긋다. **2** 치뜨리다.

치켜-들다[-들어, -드니, -드는][타] 위로 올려 들다. ▢ 손을 번쩍 ~.

치켜-뜨다[-떠, -뜨니][타] 눈을 아래에서 위로 올려 뜨다. ▢ 눈을 치켜뜨고 덤비다.

치켜-세우다[타] **1** 옷깃이나 눈썹 등을 위쪽으로 올리다. ▢ 눈초리를 ~. **2** 정도 이상으로 칭찬하다. ▢ 신동이라고 ~.

치키다[타] 위로 끌어 올리다. ▢ 바지를 ~.

치킨(chicken)[명] '프라이드치킨'의 준말. ▢ ~을 배달시키다.

치킨-라이스(chicken+rice)[명] 밥에 닭고기와 양념을 넣고 볶은 서양 요리.

치킨-커틀릿(chicken+cutlet)[명] 닭고기에 빵가루를 입혀 기름에 튀긴 음식.

치타(cheetah)[명]『동』 고양잇과의 표범의 일종. 몸길이 1.4m 정도로, 사지는 가늘고 길며 귀는 짧음. 몸빛은 황갈색 바탕에 검은색 둥근 점무늬가 있음. 포유류 가운데 가장 빨리 달림《시속 112km 정도이나, 긴 거리를 계속 뛰지는 못함》.

치탈(褫奪)[명][하타] 무엇을 벗겨 빼앗아 들임.

치탈-도첩(褫奪度牒)[명]『불』 승려가 삼보(三寶)에 대해서 불경죄를 지었을 때 그의 도첩을 빼앗는 일.

치태(齒苔)[명] 이에 끼는 세균·침·점액물 등의 젤라틴 모양의 퇴적(堆積). 플라크.

치태(癡態)[명] 어리석고 못생긴 모양이나 태도. ▢ ~를 부리다.

치토(埴土)[명]『농』 진흙이 반 이상 섞여 있는 흙. 점착력이 강하고 공기 유통과 배수가 잘 안되어 경토(耕土)로는 좋지 않으나 모래를 섞어 양토로 이용함. 식토(埴土).

치통(齒痛)[명] 이가 쑤시거나 아픈 증세. 이앓이. ▢ ~을 앓다 / ~으로 고생하다.

치-트리다[타] 치뜨리다.

치:패(致敗)[명][하자] 살림이 결딴남.

치평-하다(治平-)[형여] 세상이 잘 다스려져서 평안하다.

치:폐(致斃)[-/-폐][명][하자타] 치사(致死).

치포(治圃)[명][하자] 채소밭을 가꿈.

치포-관 (緇布冠) 몡 지난날, 유생(儒生)이 평시에 쓰던, 검은색로 만든 관.

치표 (治表) 몡 《한의》 병의 근원을 다스리지 않고 겉으로 나타난 증세만을 그때그때 치료함. 또는 그런 방법.

치-표 (置標) 몡하타 묏자리를 미리 잡고 표적을 묻어 무덤 비슷하게 만들어 두는 일.

치품 (致稟) 몡 사치스러운 품속.

치풍 (治風) 몡하자 《한의》 병의 근원인 풍기(風氣)를 다스림. 또는 그런 치료법.

치풍-주 (治風酒) 몡 《한의》 풍을 다스리는 술 《찹쌀지에와 꿀과 물을 끓여 식힌 것에 누룩을 버무려 담금》.

치하 (治下) 몡 1 지배 또는 통치의 아래. □공산 ～에서 고생하다 / 나치 ～를 벗어나다. 2 관할하거나 통치하는 구역의 안.

치-하 (致賀) 몡하타 남이 한 일에 대해 고마움이나 칭찬의 뜻을 표시함《주로 윗사람이 아랫사람에게 함》. □～의 말을 듣다 / 공로를 ～하다.

치한 (癡漢) 몡 1 치인(癡人). 2 여자를 괴롭히거나 희롱하는 남자. 색한(色漢). □～에게 봉변을 당하다.

치핵 (痔核) 몡 《한의》 직장의 정맥이 울혈로 말미암아 늘어져서 항문 주위에 혹과 같이 된 치질.

치행 (治行) 몡하자 길 떠날 여장을 차림.

치행 (癡行) 몡 아주 못나고 어리석은 행동.

치혈 (治血) 몡하자 《한의》 피가 잘못되어 생긴 병을 다스리는 일.

치혈 (痔血) 몡 《한의》 치질로 나오는 피.

치화 (治化) 몡하타 어진 정치로 백성을 다스려 이끎.

치화 (癡話) 몡 1 치정을 내용으로 하는 이야기. 2 정사(情事).

치-환 (置換) 몡하타 1 바꾸어 놓음. 2 《수》 n개의 숫자를 하나의 순열(順列)에서 다른 순열로 바꾸어 펼침. 3 《화》 어떤 화합물의 원자나 원자단을 다른 원자나 원자단으로 바꾸어 놓음. 4 《심》 어떤 대상으로 향하던 태도나 감정이 다른 대상으로 돌려지는 일.

치효 (鴟梟) 몡 1 《조》 올빼미. 2 포악하게 빼앗는 성질이 있는 사람의 비유.

치-훑다 [-훑따] 타 위쪽을 향해 훑다. ↔내리훑다.

치희 (稚戲) [-히] 몡 1 어리석은 짓. 2 어린아이의 장난.

치혀다 타 〈옛〉 치키다.

칙교 (勅敎) [-꾜] 몡하타 칙유(勅諭). □～를 내리다.

칙단 (勅斷) [-딴] 몡하타 칙재(勅裁).

칙령 (勅令) [칭녕] 몡 칙명. □～을 공포하다.

칙명 (勅命) [칭-] 몡 임금의 명령. 칙령. 칙지. □～을 받들다.

칙사 (勅使) [-싸] 몡 칙명을 전달하는 특사.

　　칙사 대접 긴 극진하고 융숭한 대접.

칙살-맞다 [-쌀맏따] 혱 하는 짓이나 말 따위가 얄밉고 더럽다. 솬착살맞다.

칙살-부리다 [-쌀-] 자 칙살맞은 짓을 하다. 솬착살부리다.

칙살-스럽다 [-쌀-따] [-스러워, -스러우니] 혱 칙살한 데가 있다. 솬착살스럽다. **칙살-스레** [-쌀-] 된

칙살-하다 [-쌀-] 혱여 하는 짓이나 말 따위가 잘고 다랍다. 솬착살하다.

칙서 (勅書) [-써] 몡 임금이 특정인에게 훈계하거나 알릴 일을 적은 글.

칙선 (勅選) [-썬] 몡하타 임금이 몸소 뽑음. 또는 칙명으로 뽑음.

칙액 (勅額) 몡 임금이 손수 글자를 쓴 편액(扁額). □～을 걸다.

칙어 (勅語) 몡하타 칙유(勅諭).

칙유 (勅諭) 몡하타 임금이 몸소 이름. 또는 그런 말씀이나 그것을 적은 포고문. 칙교(勅敎). 칙어.

칙임 (勅任) 몡하타 칙명으로 벼슬을 시킴. 또는 그 벼슬.

칙재 (勅裁) [-째] 몡 임금이 옳고 그름을 가림. 칙단(勅斷).

칙지 (勅旨) [-찌] 몡 칙명(勅命). □～를 받들다 / ～를 내리다.

칙칙-폭폭 된 증기 기관차가 연기를 뿜으면서 달리는 소리.

칙칙-하다 [-치카-] 혱여 1 빛깔이나 분위기 따위가 산뜻하거나 맑지 않고 컴컴하고 어둡다. □칙칙한 빛깔. 2 머리털이나 숲 따위가 배어서 짙다.

칙필 (勅筆) 몡 임금의 친필.

칙행 (勅行) [치캥] 몡 칙사의 행차(行次).

칙허 (勅許) [치커] 몡하타 임금이 허가함. 또는 그런 허가. □～를 받다.

친- (親) 된 1 친족 관계를 나타내는 명사 앞에 붙어, '혈연관계로 맺어진'의 뜻을 나타내는 말. □～아버지 / ～동생. 2 어떤 명사 앞에 붙어, '그것에 찬성하는' 또는 '그것을 돕는'의 뜻을 나타내는 말. □～정부파.

친가 (親家) 몡 1 《법》 호적법에서, 결혼을 하거나 양자가 되어 다른 집의 호적에 들어갔을 때 이전의 본집을 이르던 말. 친정(親庭). 본집. 실가(實家). 2 《불》 출가한 승려가 자기의 부모가 있는 집을 이르는 말.

친감 (親鑑) 몡하타 임금이 몸소 봄.

친견 (親見) 몡하타 몸소 봄.

친고 (親告) 몡하타 1 직접 알려 바침. 2 《법》 피해자가 직접 고소함. 또는 그 고소.

친고 (親故) 몡 1 친척과 오래 사귄 벗. 2 친구1.

친고-죄 (親告罪) [-쬐] 몡 《법》 피해자 및 그밖의 법률이 정한 사람의 고소를 필요로 하는 범죄(모욕죄 따위).

친-공신 (親功臣) 몡 《역》 조상으로부터 물려받은 것이 아니고 스스로 공을 세워 녹훈(錄勳)된 공신.

친교 (親交) 몡 친밀한 사귐. □～가 있는 사이.

친교 (親敎) 몡 부모의 가르침.

친구 (親口) 몡 《가》 숭경(崇敬)의 대상에 대해서 경의와 사랑을 나타내려고 입을 맞춤. 또는 그런 행동.

친구 (親舊) 몡 1 가깝게 오래 사귄 사람. 벗. 친고. 친우. □～를 사귀다. 2 나이 비슷한 사람이나 별로 달갑지 않은 상대방을 낮추거나 친근하게 이르는 말. □자넨 나쁜 ～야 / 저 ～ 누군가.

　　[친구 따라 강남 간다] 동무 따라 강남 간다.

친국 (親鞠·親鞫) 몡하자타 임금이 중죄인을 친히 신문하던 일.

친군-영 (親軍營) 몡 《역》 조선 고종(高宗) 때, 서양의 군제(軍制)를 본떠서 서울과 지방에 베푼 여러 군영(軍營)을 통할하던 관아.

친권 (親眷) 몡 아주 가까운 권속.

친권 (親權) [-꿘] 몡 《법》 부모가 미성년인 자식에 대해 가지는, 신분상·재산상의 권리·의무의 총칭. □～을 행사하다.

친권-자 (親權者) [-꿘-] 몡 《법》 친권을 행사하는 사람. 친권 행사가 인정된 사람.

친근-감 (親近感) 圓 친근한 느낌. ❏누구에게나 ~을 준다 / ~이 들다.
친근-하다 (親近-) 혱옝 사귀어 지내는 사이가 매우 가깝다. ❏형제처럼 친근한 사이 / 이웃과 친근하게 지내다. 친근-히 튐
친기 (親忌) 圓 부모의 제사.
친-남매 (親男妹) 圓 같은 부모에게서 난 남매. ❏우리는 ~ 사이.
친-누이 (親-) 圓 같은 부모에게서 난 누이.
친-딸 (親-) 圓 자기가 낳은 딸.
친람 (親覽)[―] 圓匭 임금이나 귀인이 몸소 관람함.
친림 (親臨)[―] 圓匭 임금이 몸소 나옴.
친막 (親幕) 圓 장수 밑에서 계책을 세우는 데 참여하는 사람.
친막친-하다 (親莫親-) 혱옝 더할 수 없이 친막하다.
친명 (親命) 圓 부모의 명령.
친모 (親母) 圓 친어머니. 실모(實母).
친목 (親睦) 圓匭혱 서로 친해 화목함. ❏~ 단체 / ~을 꾀하다.
친목-계 (親睦契)[―계 /―께] 圓 친목을 도모하기 위한 계. ❏~ 회원들이 모이다.
친목-회 (親睦會)[―모쾨] 圓 친목을 목적으로 하는 모임. 간친회. ❏~에 가입하다.
친문 (親聞) 圓匭 임금이 몸소 들음.
친밀 (親密) 圓匭혱튐 지내는 사이가 아주 가깝고 친함. ❏~하게 지내다.
친밀-감 (親密感) 圓 친밀한 느낌. ❏~이 든다.
친병 (親兵) 圓 임금이 몸소 거느리는 군사.
친봉 (親捧) 圓匭 몸소 거두어 받음.
친부 (親父) 圓 친아버지. 실부(實父).
친-부모 (親父母) 圓 친아버지와 친어머니. 실(實)부모. ❏~처럼 따르다.
친분 (親分) 圓 친밀한 정분. ❏~이 두텁다.
친불친 (親不親) 圓 친함과 친하지 않음. ❏~을 막론하고 엄정하게 대하다.
친사 (親査) 圓 '친사돈'의 준말.
친사-간 (親査間) 圓 친사돈 사이.
친-사돈 (親査頓) 圓 남편과 아내의 양(兩)부모 사이의 호칭. 준친사. ＊곁사돈.
친-사촌 (親四寸) 圓 친삼촌의 아들딸.
친산 (親山) 圓 부모의 산소. ❏~에 성묘하다.
친-삼촌 (親三寸) 圓 친아버지의 형제. ❏하나밖에 없는 ~.
친상 (親喪) 圓 부모의 상사. 대우(大憂). 부모상. ❏~을 당하다.
친생-자 (親生子) 圓 《法》 부모와 혈연관계가 있는 자식. 부모의 혼인 중의 출생자와 혼인 외의 출생자가 있음.
친서 (親書) 圓匭 1 몸소 글씨를 씀. 2 몸소 쓴 편지. 3 《法》 한 나라의 원수가 다른 나라의 원수에게 보내는 공식적인 서한. ❏대통령의 ~를 전달하다.
친서 (親署) 圓匭 임금이 몸소 서명함.
친선 (親善) 圓匭혱 서로 친해서 사이가 좋음. ❏~ 사절 / ~을 도모하다.
친소 (親疏) 圓 친함과 친하지 않음.
친소-간 (親疏間) 圓 (주로 '친소간에'의 꼴로 쓰여) 친하든 친하지 않든 상관하지 않음. ❏~에 시비가 있다.
친속 (親屬) 圓 친족(親族)1.
친-손녀 (親孫女) 圓 자기 아들의 딸.
친-손자 (親孫子) 圓 자기 아들의 아들.
친솔 (親率) 圓匭 1 한집 안에서 생활을 같이 하는 식구. 2 몸소 인솔함.
친수 교질 (親水膠質) 《化》 친수 콜로이드.
친수-성 (親水性)[―씽] 圓 물과 친화력(親和力)

2355 친정

이 있는 성질. ↔소수성(疏水性).
친수 콜로이드 (親水colloid) 《化》 콜로이드 입자와 물의 친화성이 강한 콜로이드 용액. 친수 교질. ↔소수(疏水) 콜로이드.
친숙 (親熟) 圓匭혱 친해서 익숙하고 허물이 없음. ❏~한 사이.
친시 (親試) 圓匭匭 《歷》 임금이 몸소 과거장에 나와 성적을 살피고 급제자를 정하던 일. 또는 그 시험.
친신 (親臣) 圓 임금을 아주 가까이에서 모시는 신하. 근신.
친신 (親信) 圓匭匭 가까이 여겨 신임함.
친심 (親審) 圓匭匭 몸소 심사하거나 심리함.
친-아들 (親-) 圓 자기가 낳은 아들. 친자(親子). 실자(實子). ❏~같이 사랑하다.
친-아버지 (親-) 圓 자기를 낳은 아버지. 친부.
친-아우 (親-) 圓 같은 부모에게서 난 아우. 친제(親弟).
친압-하다 (親狎-)[치나파―] 혱옝 흉허물이 없이 너무 지나치게 친하다.
친애 (親愛) 圓匭匭 친밀히 사랑함. 또는 그런 사랑. ❏~하는 국민 여러분.
친-어머니 (親-) 圓 자기를 낳은 어머니. 친모.
친-언니 (親-) 圓 같은 부모에게서 난 언니.
친연 (親緣) 圓 친척으로 맺어진 인연.
친영 (親迎) 圓匭 1 친히 나아가 맞이함. 2 《歷》 육례(六禮)의 하나. 신랑이 신부의 집에 가서 신부를 직접 맞이함.
친왕 (親王) 圓 황제의 아들이나 형제.
친왕 (親往) 圓匭匭 몸소 감.
친구 (親舊) 圓 친한 벗. 친우. ❏절친한다.
친위 (親衛) 圓 임금·국가 원수 등의 신변을 호위하는 일. 또는 그 사람. ❏~ 군사.
친위-대 (親衛隊) 圓 1 임금·국가 원수 등의 신변을 경호하는 부대. 2 《歷》 대한 제국 때, 서울의 수비를 맡은 중앙 군대.
친의 (親誼)[치늬 / 치니] 圓 친밀한 정의.
친일-파 (親日派) 圓 일본과 친한 무리.
친자 (親子) 圓 1 친아들. 2 친자식. 3 법률상의 자식. 혈연관계에 따른 친생자와, 법률상 친생자에 준하는 법정(法定) 친자가 있음. ❏~ 확인.
친자 (親炙) 圓匭匭 스승에게 가까이해서 가르침을 직접 받음.
친자 소송 (親子訴訟) 부모 되는 사람이나 자식 되는 사람이 법률상 친자 관계임을 주장해서 내는 민사 소송.
친-자식 (親子息) 圓 자기가 낳은 자식. 친자(親子). ❏~처럼 여기다.
친잠 (親蠶) 圓匭匭 《歷》 잠업을 장려하기 위해 왕비가 몸소 누에를 치던 일.
친재 (親裁) 圓匭 임금이 몸소 재결함.
친전 (親展) 圓匭匭 1 직접 펴서 봄. 2 편지를 받을 사람이 직접 펴 보라고 편지 겉봉에 적는 말. ❏홍길동 ~
친전 (親傳) 圓匭匭 몸소 전해 줌.
친절 (親切) 圓匭혱튐 대하는 태도가 매우 정답고 고분고분함. 또는 그런 태도. ❏~을 베풀다 / ~하게 가르쳐 주다 / ~로써 대하다 / ~히 안내하다.
친정 (親征) 圓匭 임금이 몸소 정벌함.
친정 (親政) 圓匭匭 임금이 몸소 정사를 돌봄. ❏~ 체제를 확립하다.
친정 (親庭) 圓 시집간 여자의 본집. 친가(親家). 친정집. ❏~ 부모 / ~ 나들이.
친정 일가 같다 관 남이지만 흉허물이 없다.

친정-댁(親庭宅)[-때]圓 '친정'의 존칭.
친정-불이(親庭-)[-부치]圓 친정 식구.
친정-살이(親庭-)圓하자 시집간 여자가 친정에서 사는 일. ↔시집살이. 「지.
친정-아버지(親庭-)圓 결혼한 여자의 아버
친정-어머니(親庭-)圓 결혼한 여자의 어머
친정-집(親庭-)[-찝]圓 친정(親庭). 니.
친제(親弟)圓 친아우.
친제(親祭)圓하자 임금이 몸소 제사를 지냄. 친향(親享). □~를 올리다.
친-조카(親-)圓 친형제의 아들.
친족(親族)圓 1 촌수가 가까운 일가(흔히, 사종(四從) 이내를 말함). 친속. 2《법》민법상 8촌 이내의 혈족(血族), 4촌 이내의 인척(姻戚) 및 배우자를 일컬음.
친족 결혼(親族結婚)[-껼-] 친족끼리의 결혼.
친족-권(親族權)[-꿘]圓《법》친족상의 신분 관계에 따르는 권리(친권(親權) 및 후견(後見)에 관한 권리 따위).
친족-법(親族法)[-뻡]圓《법》부부·부모와 자녀·후견·친족회 그 밖의 일반 친족 관계를 규정한 사법(私法).
친족-회(親族會)[-조쾨]圓《법》특정인 또는 집안의 중요한 사항을 의결하는 친족적 합의 기관(본인·호주·후견인·친족·검사(檢事)·이해관계인 등의 청구에 따라 법원이 소집함). □~를 소집하다.
친지(親知)圓 서로 잘 알고 가깝게 지내는 사람. □~의 도움을 받다.
친진(親盡)圓하자 대진(代盡). 「행함.
친집(親執)圓하타 남에게 시키지 않고 직접
친찬(親撰)圓하타 임금이 시문을 몸소 지음. 또는 그 시문. 「을 쓰다.
친찰(親札)圓 직접 쓴 편지. 친서(親書).
친척(親戚)圓 1 친족과 외척. □~ 사이에 정의(情誼)가 두텁다. 2 성이 다른 일가(고종·외종·이종 따위).
친친(親親)圓 마땅히 친해야 할 사람과 친함. □~의 도리에 어긋나다.
친친튀 든든하게 자꾸 감거나 동여매는 모양. 칭칭. □붕대를 ~ 감다. 찬찬.
친친-하다휑 축축하고 끈끈해 불쾌한 느낌이 있다. □땀이 친친하게 배다.
친-탁(親-)圓하자 생김새나 체질·성질 따위가 아버지 쪽을 닮음. 진탁. □생김새가 ~을 하다. ↔외(外)탁.
친피(親避)圓《역》과거 시험에서, 근친 사이에는 서로 시관(試官)과 과생(科生)이 되기를 피함. 또는 그런 제도.
친필(親筆)圓 직접 쓴 글씨. 진필(眞筆). □~서한 / ~로 서명하다.
친-하다(親-)휑冠 가까이 사귀어 정의가 두텁다. □친한 친구. 冠자타冠 1 남을 가깝게 사귀다. □친하게 지냅시다. 2 가까이하다.
친-할머니(親-)圓 아버지의 친어머니.
친-할아버지(親-)圓 아버지의 친아버지.
친행(親行)圓하타 일을 직접 함. 궁행(躬行).
친향(親享)圓하자 친제(親祭).
친형(親兄)圓 같은 부모에게서 난 형. 실형.
친-형제(親兄弟)圓 같은 부모에게서 난 형제.
친화(親和)圓하자 1 서로 가까워 사이가 좋음. 2《화》종류가 다른 물질이 서로 화합함.
친화-력(親和力)圓 1 다른 사람들과 친하게 잘 어울리는 능력. □~이 있어 남과 잘 어울린다. 2《화》원자 사이에 서로 결합해서 어떤 화합물로 되려는 힘. 화학(化學) 친화력.

친환(親患)圓 부모의 병환.
친후-하다(親厚-)휑冠 서로 친해서 정의(情誼)가 두텁다.
친-히(親-)튀 1 친하게. □~ 지내다. 2 몸소. 손수. □~ 서명하다.
칠(漆)圓하타 1 '옻칠'의 준말. 2 겉에 발라 썩는 것을 막거나 광택이나 색깔을 내는 데 쓰는 물질. 또는 그것을 바르는 일. □~이 벗겨지다 / 크레용을 ~하다.
칠(七)쉬冠 일곱. □~ 퍼센트.
칠각-형(七角形)[-가켱]圓《수》일곱 개의 직선으로 둘러싸인 평면 도형.
칠-감(漆-)[-깜]圓 칠을 하는 데 쓰는 재료. 도료(塗料).
칠갑(漆甲)圓 철갑(鐵甲).
칠거지악(七去之惡)圓 예전에, 아내를 내쫓는 이유가 되었던 일곱 가지 허물. 곧, 시부모에게 불순한 것, 아이를 낳지 못하는 것, 음탕한 것, 질투하는 것, 나쁜 병이 있는 것, 말이 많은 것, 도둑질하는 것. *삼불거(三不去).
칠-게(漆-)圓《동》달랑겟과의 게. 등딱지의 길이 약 1.7 cm, 폭 3.6 cm 내외. 두흉갑(頭胸甲)과 다리의 등 쪽에 털이 적고, 머리와 가슴부는 털이 없이 매끈하다.
칠경(七經)圓 일곱 가지 경서(經書). 곧, 시경(詩經)·서경(書經)·예기(禮記)·악기(樂記)·역경(易經)·춘추(春秋)·논어(論語).
칠공(漆工)圓 칠장이.
칠교-도(七巧圖)圓 장난감의 하나(직각 삼각형큰 것, 중간 것 하나, 작은 것 둘과 정사각형과 평행 사변형 각 하나를 마음대로 맞춰 갖가지 모양을 만들게 되었음). 칠교판.
칠궁(七窮)圓 음력 칠월의 궁핍(농가에서 묵은 곡식은 떨어지고 햇곡식은 나지 않아 가장 곤궁한 때임).
칠규(七竅)圓 사람 얼굴에 있는 일곱 개의 구멍. 곧, 귀·눈·코의 각 두 구멍과 입 한 구멍이 있음.
칠-그릇(漆-)[-른]圓 칠기(漆器).
칠기(七氣)圓 사람의 일곱 가지 심기(心氣). 곧, 기쁨·노여움·슬픔·은혜·사랑·놀람·두려움. *칠정(七情).
칠기(漆器)圓 1 '칠목기(漆木器)'의 준말. 2 옻칠같이 검은 잿물을 입힌 도자기. 칠그릇.
칠난(七難)[-란]圓《불》이승에 일어나는 일곱 가지 재앙. 곧, 수난(水難)·화난(火難)·나찰난(羅刹難)·왕난(王難)·귀난(鬼難)·가쇄난(枷鎖難)·원적난(怨賊難).
칠난-팔고(七難八苦)[-란-]圓 '칠난'과 '팔고'. 곧, 온갖 고난.
칠년-대한(七年大旱)[-련-]圓 칠 년 동안이나 내리 계속되는 큰 가뭄. 중국 은(殷)나라 탕왕(湯王) 때의 큰 가뭄.
[칠년대한에 비 바라듯] 매우 간절하게 기다리는 모양. [칠년대한에 비 안 오는 날이 없었고, 구 년 장마에 볕 안 드는 날이 없었다] 큰 가뭄에도 더러는 비가 오고, 오랜 장마에도 볕 드는 날이 있듯이, 세상만사는 궂은일만 계속되는 것이 아니라는 말.
칠당(七堂)[-땅]圓《불》절에 있는 온갖 건물(불전·법전·승당(僧堂) 따위).
칠대(七大)[-때]圓《불》만유 생성의 일곱 요소. 곧, 지대(地大)·수대(水大)·화대(火大)·풍대(風大)·공대(空大)·견대(見大)·식대(識大).
칠-대양(七大洋)[-때-]圓《지》일곱 군데의 큰 바다. 곧, 북태평양·남태평양·북대서양·

남대서양·인도양·북극해·남극해.

칠독 (漆毒)[-똑]圈 옻의 독기.

칠떡-거리다[-꺼-]困 물건이 늘어져 자꾸 바닥에 닿았다 들렸다 하며 끌리다. □바짓가랑이를 ~. **칠떡-칠떡** 團하자

칠떡-대다[-때-]困 칠떡거리다.

칠-뜨기 (七-)[칠-] 圈 칠삭둥이.

칠-띠 (七-) 圈 화투놀이에서, 청단이나 홍단이 섞인 다섯 끗짜리 일곱 개를 이름.

칠락팔락 (七落八落) 團하자 칠령팔락.

칠량 (七樑) 圈 〖건〗 크고 너른 집을 지을 때, 지붕 상연(上樑)의 경사를 더 급하게 하기 위해 오량(五樑)보다 도리를 두 개 늘인 지붕틀의 꾸밈새.

칠량-각 (七樑閣) 圈 〖건〗 칠량집.

칠량-보 (七樑-)[-뽀] 圈 〖건〗 칠량집에서 도리 일곱 개를 받치고 있는 보.

칠량-집 (七樑-)[-찝] 圈 〖건〗 일곱 개의 도리를 걸어 지은 집. 칠량각.

칠량-쪼구미 (七樑-) 圈 〖건〗 칠량보를 받치도록 들보 위에 세우는 동자기둥.

칠럼-거리다 困 큰 그릇 따위에 그득 찬 액체가 넘칠 듯이 자꾸 흔들리다. 또는 자꾸 흔들리면서 넘쳐흐르다. 困찰람거리다. **칠럼-칠럼** 團하자

칠럼-대다 困 칠럼거리다.

칠렁-칠렁 團형 많이 괸 물 따위가 물결을 이루며 자꾸 흔들릴 듯 자꾸 흔들리는 소리. 또는 그 모양. 困찰랑찰랑.

칠렁-하다 형 물 따위가 넘칠 듯 괴어 있다. 困찰랑하다. **칠렁-히** 團

칠레 초석 (Chile硝石) 圈 〖광〗 질산나트륨으로 된 질산염 광물. 방해석(方解石) 비슷함. 흰색·붉은 갈색을 띠며 유리 광택이 나고 열에 잘 녹는 성질이 있는 점에서 초석과 구별됨. 비료·화약·초산 따위의 원료로 씀. 지리 초석.

칠령팔락 (七零八落) 圈 1 사물이 가지런하게 고르지 못함. 2 제각각 뿔뿔이 흩어지거나 이리저리 없어짐. 칠락팔락.

칠률 (七律) 圈 '칠언 율시(七言律詩)'의 준말.

칠립 (漆笠) 圈 옻칠을 한 갓.

칠망 (七望) 圈 음력 열이렛날에 달의 반구(半球)가 햇빛으로 돌아온 부분. 집에서 식용됨.

칠면-조 (七面鳥) 圈 1 〖조〗 칠면조과의 새. 야생종은 미국 원산으로 머리와 목에는 털이 없고 그 살이 여러 가지로 변함. 집에서 사육되고 고기는 식용됨. 2 변덕스러운 사람의 비유.

칠목 (漆木) 圈 〖식〗 옻나무.

칠-목기 (漆木器)[-끼] 圈 옻칠을 한 나무 그릇. 困칠기.

칠무늬 토기 (漆-土器)[-늬-] 채문 토기.

칠물 (漆物) 圈 옻칠을 한 기물(器物)의 총칭.

칠-박 (漆-) 圈 옻칠한 함지박.

칠배 (七排) 圈 '칠언 배율(七言排律)'의 준말.

칠보 (七寶) 圈 1 금·은이나 구리 따위의 바탕에 갖가지 빛의 에나멜을 녹여 붙여서 꽃·새·인물 따위 무늬를 나타낸 세공. □~ 공예가 발달하다. 2 〖불〗 일곱 가지의 보배. 무량수경(無量壽經)에는 금·은·유리·파리(玻璃)·마노(瑪瑙)·거거(硨磲)·산호, 법화경에는 금·은·마노·유리·거거·진주·매괴(玫瑰). 3 〖불〗 전륜성왕(轉輪聖王)이 가지고 있는 일곱 가지 보배. 곧, 윤보(輪寶)·상보(象寶)·마보(馬寶)·여의주보(如意珠寶)·여보(女寶)·장보(將寶)·주장신보(主藏臣寶).

칠보-단장 (七寶丹粧) 圈하자 여러 가지 패물로 몸을 꾸밈.

칠보-재 (七步才) 圈 아주 뛰어난 재주《특히,

시재(詩才)·문재(文才)를 이름》.

칠보-족두리 (七寶-)[-뚜-] 圈 새색시가 쓰는 족두리《금박을 박고 갖가지 패물로 꽃 모양을 만들어 꾸밈》.

칠복 (七福) 圈 〖불〗 칠난(七難)을 벗어난 행복.

칠분-도 (七分搗) 圈 현미를 찧어 쌀겨의 7할을 깎아 내는 일.

칠분도-미 (七分搗米) 圈 칠분도로 찧은 쌀.

칠불 (七佛) 圈 〖불〗 과거에 나타난 일곱 부처. 곧, 비바시불(毗婆尸佛)·시기불(尸棄佛)·비사부불(毗舍浮佛)·구류손불(拘留孫佛)·구나함모니불(俱那含牟尼佛)·가섭불(迦葉佛)·석가모니불.

칠-붓 (漆-)[-붇] 圈 칠을 하는 데 쓰는 붓.

칠삭-둥이 (七朔-)[-싹똥-] 圈 1 밴 지 일곱 달 만에 태어난 아이. 2 어리석어 바보 같은 사람을 조롱하는 말.

칠색 (七色)[-쌕] 圈 1 적·청·황·녹·자·남·주황의 일곱 가지 빛깔. 2 〖물〗 태양광을 스펙트럼으로 나눌 때 나타나는 일곱 가지 빛깔. 곧, 빨강·주황·노랑·초록·파랑·남빛·보라.

칠색 팔색을 하다 句 얼굴빛이 변할 만큼 질색을 하다.

칠색 (漆色)[-쌕] 圈 옻칠의 광택.

칠생 (七生)[-쌩] 圈 〖불〗 일곱 번 이승에 다시 태어나는 일.

칠서 (七書)[-써] 圈 1 삼경(三經)과 사서(四書). 곧, 주역·서경·시경·논어·맹자·중용·대학. 2 중국의 병법에 관한 일곱 가지 책. 곧, 손자(孫子)·오자(吳子)·사마법(司馬法)·울요자(尉繚子)·육도(六韜)·삼략(三略)·이위공문대(李衛公問對).

칠서 (漆書)[-써] 圈 종이가 없던 옛날에 대쪽에 새기고 옻칠한 글자.

칠석 (七夕)[-썩] 圈 1 음력 칠월 초이렛날의 밤《이날은 은하 동쪽의 견우와 서쪽의 직녀가 오작교에서 일 년 만에 만난다고 함》. 2 '칠석날'의 준말.

칠석-날 (七夕-)[-썽-] 圈 칠석이 되는 날. 困칠석.

칠석-물 (七夕-)[-썽-] 圈 칠석날에 오는 비.

칠석물(이) 지다 句 칠석날에 비가 와서 큰물이 지다.

칠선 (漆扇)[-썬] 圈 옻칠을 한 부채.

칠성 (七成)[-썽] 圈 황금의 품질을 10등급으로 나누었을 때의 넷째 등급.

칠성 (七星)[-썽] 圈 1 '북두칠성'의 준말. 2 〖불〗 '칠원성군(七元星君)'의 준말. 3 〖불〗 '칠성각'의 준말. 4 〖불〗 '칠성당'의 준말. 5 '칠성판'의 준말.

칠성-각 (七星閣)[-썽-] 圈 〖불〗 칠원성군을 모신 집. 칠성전. 困칠성.

칠성-님 (七星-)[-썽-] 圈 〖불〗 '칠원성군'의 존칭.

칠성-단 (七星壇)[-썽-] 圈 〖불〗 칠원성군을 모신 단.

칠성-당 (七星堂)[-썽-] 圈 〖불〗 칠원성군을 주신으로 모신 당. 困칠성.

칠-성사 (七聖事)[-썽-] 圈 〖가〗 일곱 성사.

칠성-상어 (七星-)[-썽-] 圈 〖동〗 신락상엇과의 바닷물고기. 몸길이가 2.5 m가량으로 머리는 폭이 넓고, 등지느러미는 하나임. 몸빛은 다갈색으로 암갈색의 무늬가 있음.

칠성-은 (七成銀)[-썽-] 圈 정은(丁銀).

칠성-장어 (七星長魚)[-썽-] 圈 〖어〗 다목장어과의 민물고기. 길이 60 cm 정도. 뱀장어 비슷하나 머리가 뾰족하고, 몸빛은 흑청색이며

배 쪽은 흼. 여름철에 하천으로 거슬러 올라가 상류에서 산란함. 눈이 어두운 데 약이 됨.

칠성-전 (七星殿)[-썽-]圓『불』칠성각.

칠성-판 (七星板)[-썽-]圓 관(棺) 속 바닥에 까는 얇은 널조각《북두칠성을 본떠서 일곱 구멍을 뚫음》. □ ~을 지다. 圈칠성.

칠-소반 (漆小盤)[-쏘-]圓 옻칠을 한 작은 상.

칠순 (七旬)[-쑨]圓 1 일흔 날. 2 일흔 살. 칠질(七耋). □ ~ 잔치를 치르다 / ~이 넘어서도 정정하다.

칠실 (漆室)[-씰]圓 매우 어두운 방.

칠실지우 (漆室之憂)[-씰-]圓 자기 분수에 넘치는 일을 근심함.

칠십 (七十)[-씹]㘤 일흔. □ ~ 명 / ~ 세.

칠십이-후 (七十二候)[-씨비-]圓 음력에서, 1년을 72기후로 나눈 것《닷새가 1후》.

칠야 (漆夜)圓 아주 캄캄한 밤. 흑야.

칠언 (七言)圓『문』한시(漢詩)에서, 한 구가 일곱 자로 된 형식. 칠언시.

칠언 고:시 (七言古詩)『문』한시(漢詩)에서, 한 구(句)가 칠언으로 된 고시(古詩)《초사(楚辭) 및 항우(項羽)의 해하가(垓下歌), 한(漢)나라 고조(高祖)의 대풍가(大風歌) 따위》. 圈칠고(七古).

칠언 배율 (七言排律)『문』한시(漢詩)에서, 한 구(句)가 칠언으로 된 배율. 圈칠배(七排).

칠언-시 (七言詩)圓 한시(漢詩)에서, 한 구가 일곱 자씩으로 된 시를 통틀어 이르는 말. 칠언(七言).

칠언 율시 (七言律詩)[치련뉼씨]『문』한시(漢詩)에서, 한 구(句)가 칠언으로 된 율시. 圈칠률(七律).

칠언 절구 (七言絶句)『문』한시(漢詩)에서, 한 구(句)가 칠언으로 된 절구. 圈칠절(七絶).

칠엽-수 (七葉樹)[치렵쑤]圓『식』칠엽수과의 낙엽 교목(喬木). 높이는 30 m 정도이고, 5~6월경 적색 무늬의 꽃이 원추꽃차례로 피는데, 암·수꽃의 구별이 있음. 나뭇결이 아름다워 가구류·세공물로 씀.

칠오-조 (七五調)[치로쪼]圓『문』신시(新詩)의 한 체. 일곱 자·다섯 자를 섞바꿔 음조를 맞춰 지은 시.

칠요 (七曜)圓 '칠요일(七曜日)'의 준말.

칠-요일 (七曜日)圓 칠주일을 일곱으로 나눈 요일《곧, 일요일·월요일·화요일·수요일·목요일·금요일·토요일》. 칠치(七値). 圈칠요.

칠원-성군 (七元星君)圓『불』북두(北斗)의 탐랑(貪狼)·거문(巨文)·녹존(祿存)·문곡(文曲)·염정(廉貞)·무곡(武曲)·파군(破軍)의 일곱 성군. 圈칠성.

칠월 (七月)圓 한 해의 일곱째 달.

칠음 (七音)圓 1『악』음악의 음계를 이루는 일곱 가지 소리. 동양 음악에서는 궁(宮)·상(商)·각(角)·변치(變徵)·치(徵)·우(羽)·변궁(變宮), 서양 음악에서는 도·레·미·파·솔·라·시를 일컬음. 2『언』음운(音韻)에서, 순음(脣音)·설음(舌音)·아음(牙音)·치음(齒音)·후음(喉音)·반설음(半舌音)·반치음(半齒音)의 일곱 가지 성음(聲音).

칠-일 (七日)圓 1 이레. 2 이렛날.

칠-일 (漆-)[-릴]圓㘤 칠을 바르는 일.

칠일-장 (七日葬)圓 죽은 지 이레 만에 지내는 장사. □ ~을 치르다.

칠일-주 (七日酒)[치릴쭈]圓 담근 후 이레 만에 마시는 술.

칠-장 (漆欌)圓 1 옻칠을 한 옷장. 2 옻칠을 한

물건을 넣어 굳히는 장《갓방에서 갓에 칠을 해 두는 데에 씀》.

칠-장이 (漆-)圓 칠하는 일을 업으로 삼는 사람. 칠공.

칠재 (七齋)[-째]圓 1『불』'칠칠재'의 준말. 2『역』고려 때 국학(國學)에 설치한 여택(麗澤)·대빙(待聘)·경덕(經德)·구인(求仁)·복응(服膺)·양정(養正)·강예(講藝)의 일곱 개 분과. 칠관(七館).

칠적 (七赤)[-쩍]圓『민』음양가에서 이르는 금성(金星). 구궁(九宮)에서의 그 근본 자리는 서쪽, 곧 태방(兌方)임.

칠전 (漆田)[-쩐]圓 옻나무를 심는 밭.

칠전팔기 (七顚八起)[-쩐-]圓㘤 일곱 번 넘어지고 여덟 번 일어난다는 뜻으로, 여러 번 실패해도 굴하지 않고 노력함을 이르는 말. □ ~의 정신 / ~해서 성공했다.

칠전팔도 (七顚八倒)[-쩐-또]圓㘤 일곱 번 구르고 여덟 번 거꾸러진다는 뜻으로, 수없이 실패를 거듭하거나 몹시 고생함을 이르는 말. 십전구도.

칠절 (七絶)[-쩔]圓 '칠언 절구'의 준말.

칠정 (七井)[-쩡]圓 상여를 꾸미는 방식의 하나. 장강(長杠)를 밑에 가로 방망이 여덟 개를 끼르고, 좌우에 넓은 줄을 걸어서 일곱 칸을 만들어 한 칸에 한 명씩 모두 14명이 메도 되었음.

칠정 (七情)[-쩡]圓 1 사람의 일곱 가지 감정. 기쁨(喜)·노여움(怒)·슬픔(哀)·즐거움(樂)·사랑(愛)·미움(惡)·욕심(欲). 또는 기쁨·노여움·근심(憂)·생각(思)·슬픔(悲)·놀람(驚)·두려움(恐). 2『불』기쁨·성냄·근심·두려움(懼)·사랑·미움(憎)·욕심. *칠기(七氣).

칠정-겹줄 (七井-)[-쩡-쭐]圓 칠정에 세로줄 하나를 더한 상여의 줄《한 칸에 두 사람씩 모두 28명이 멤》.

칠정-력 (七政曆)[-쩡녁]圓 조선 세종 때 펴낸 책력의 한 가지.

칠-조각 (漆彫刻)圓 옻칠을 두껍게 입힌 위에 다 하는 조각.

칠족 (七族)[-쪽]圓 1 증조·조부·부·자기·자·손·증손의 직계친을 중심으로 하고, 방계친으로 증조의 삼대손 되는 형제·종형제·재종형제를 포함하는 동종 친족의 일컬음. 2 고모의 자녀, 자매의 자녀, 딸의 자녀, 외족, 이종, 장인·장모 및 자기 자녀.

칠종 (七宗)[-종]圓『불』고려 때, 불교의 일곱 파별(派別). 자은종(慈恩宗)·화엄종(華嚴宗)·시흥종(始興宗)·중도종(中道宗)·남산종(南山宗)의 오교(五敎)와 조계종(曹溪宗)·천태종(天台宗)의 양종(兩宗).

칠종칠금 (七縱七擒)[-종-]圓㘤 일곱 번 놓아주고 일곱 번 사로잡는다는 뜻으로, 마음대로 잡았다 놓아주었다 함을 이르는 말.

칠-죄종 (七罪宗)[-쬐-]『가』본죄(本罪)의 일곱 가지 근원. 곧, 교만·인색·음욕·분노·탐욕·질투·나태. 죄종.

칠중 (七衆)[-쭝]圓『불』불타의 일곱 제자. 곧, 비구·비구니·식차마나(式叉摩那)·사미(沙彌)·사미니·우바새·우바이.

칠중-주 (七重奏)[-쭝-]圓『악』일곱 사람의 연주자가 일곱 개의 악기로 하는 연주. 흔히, 현악과 관악으로 합주함. 셉텟(septet).

칠즙 (漆汁)[-쯥]圓 1 옻나무의 진액. 2 액체 상태의 옻.

칠지 (漆紙)[-찌]圓 옻칠을 한 종이.

칠지-단장 (漆紙丹粧)[-찌-]圓 활의 양냥고자 밑에 칠지로 가로 꾸민 단장.

칠진-만보 (七珍萬寶)[-찐-] [명] 온갖 진귀한 보물.
칠질 (七耋)[-찔] [명] 70세《한 질은 10년》. 칠순.
칠창 (漆瘡) [명] 〖한의〗 칠독이 올라 생기는 급성 피부병.
칠첩-반상 (七-飯床)[-빤-] [명] 밥·탕·김치·간장(초간장·초고추장)·조치(찌개 1, 찜 1)의 기본 음식에 숙채·생채·구이·조림·전·마른반찬·회의 일곱 가지 반찬을 갖춘 밥상. *반상.
칠첩-반상기 (七-飯床器)[-빤-] [명] 칠첩반상을 차리는 데 필요한 반상기. 곧, 기본 음식을 담는 그릇에, 반찬 접시 일곱 개를 더한 한 벌.
칠촌 (七寸) [명] **1** 일곱 치. **2** 아버지의 육촌. 또는 자기 육촌의 자녀.
칠치 (七値) [명] 칠요일(七曜日).
칠칠 (七七) [명] 일곱이레. 칠칠일.
칠칠-맞다 [-맏따] [형] (주로 부정문으로 쓰여) 성질이나 일 처리가 반듯하고 야무지다. ❏ 칠칠맞지 못한 녀석.
칠칠-일 (七七日) [명] **1** 칠칠. **2** 〖불〗 사십구일(四十九日)2.
칠칠-재 (七七齋)[-째] [명] 〖불〗 사십구일재. [준] 칠재.
칠칠-하다 [형][여] **1** 나무·풀·머리털 따위가 잘 자라서 알차고 길다. ❏ 검고 칠칠한 머리. **2** 주접이 들지 않고 깨끗하고 단정하다. **3** 성질이나 일 처리가 반듯하고 야무지다. ❏ 사람이 칠칠치 못하다. **칠칠-히** [부]
칠판 (漆板) [명] 검정이나 초록색 등으로 칠해서 그 위에 분필로 글씨를 쓰게 만든 널판. 흑판.
칠팔 (七八) [관] 단위를 나타내는 명사 앞에 쓰여, 수량이 일곱이나 여덟임을 나타내는 말. ❏ ~ 명 / ~ 세.
칠팔-월 (七八月) [명] 칠월과 팔월. 또는 칠월이나 팔월. ❏ ~ 무더위.
[칠팔월 수숫잎] 마음이 약해서 번복하기를 잘하는 사람의 비유.
칠포 (漆布) [명] **1** 칠을 한 헝겊. **2** 관 위에 붙이는 헝겊《옻칠을 해서 관을 싸고, 그 위에 옻칠을 다시 함》.
칠피 (漆皮) [명] 옻칠을 한 가죽. ❏ ~ 구두.
칠함 (漆函) [명] 옻칠을 한 함.
칠현 (七賢) [명] '죽림칠현'의 준말.
칠현-금 (七絃琴) [명] 〖악〗 일곱 줄로 된 거문고 비슷한 '금(琴)'의 딴 이름.
칠-호병 (漆胡甁) [명] 병 모양의 서양식 칠기《술 담는 데 씀》.
칠화 (漆畵) [명] 옻칠로 그린 그림.
칠흑 (漆黑) [명] 옻칠처럼 검고 광택이 있음. 또는 그 빛깔. ❏ ~ 같은 밤.
칡 [칙] [명] 〖식〗 콩과의 낙엽 활엽 덩굴 식물. 길이 10 m 정도, 초가을에 자색 꽃이 핌. 산기슭에 나며, 뿌리는 '갈근(葛根)'이라 하여 녹말이 많아 식용함. 덩굴의 속껍질은 '청올치'라 해서 끈의 대용이 되고 갈포를 짬.
칡-넝쿨 [칭-] [명] 칡덩굴.
칡-덤불 [칙떰-] [명] 칡·덩굴풀·가시나무 따위가 서로 엉클어져 우거진 덤불.
칡-덩굴 [칙떵-] [명] 칡의 벋은 덩굴. 칡넝쿨. ❏ ~을 걷다.
칡-범 [칙뻠] [명] 〖동〗 몸에 칡덩굴 같은 어룽어룽한 줄무늬가 있는 범.
칡-소 [칙쏘] [명] 몸에 칡덩굴 같은 어룽어룽한 무늬가 있는 소.
침 [명] 〖생〗 입안의 침샘에서 분비되는 끈기 있는 소화액. 구액. 타액. ❏ ~을 뱉다.
[침 먹은 지네] 기운을 못 쓰고 있는 사람의 비유.
침(을) 삼키다 [구] ㉠음식 따위를 몹시 먹고 싶어 하다. ㉡자기 손에 넣고 싶어 몹시 탐내다. 침(을) 흘리다.
침(을) 흘리다 [구] 침(을) 삼키다.
침 (針) [명] **1** 바늘. **2** 시계 바늘. ❏ 시계 ~. **3** 〖식〗 가시'1.
침 (鍼) [명] 사람·마소 등의 혈(穴)을 찔러 병을 다스리는 데 쓰는 바늘. ❏ ~을 맞다.
침-감 (沈-) [명] 소금물에 담가 우려서 떫은맛을 없앤 감. 우린감.
침강 (沈降) [명][하자] **1** 밑으로 가라앉음. ❏ 적혈구의 ~ 속도. **2** 지각의 일부가 아래쪽으로 움직이거나 내려앉음.
침강 운:동 (沈降運動) 〖지〗 해면보다 육지가 낮아지는 등의 지각 운동.
침강 해:안 (沈降海岸) 〖지〗 육지의 침강으로 생긴 해안《굴곡이 매우 불규칙하고 해안 가까이에 작은 섬들이 흩어져 있음》.
침:격 (侵擊) [명][하타] 침입해 공격함.
침:경 (侵耕) [명][하자] 국유지나 다른 사람의 땅을 불법으로 개간하거나 경작함.
침:경 (侵境) [명][하자] 국경을 침범함.
침:골 (枕骨) [명] 〖생〗 두개(頭蓋)의 뒤쪽 하부를 이룬 뼈.
침:공 (侵攻) [명][하타] 다른 나라에 침범해 쳐들어감. ❏ 무력 ~ / ~을 저지하다.
침:공 (針工) [명] **1** 바느질 기술. **2** 바느질삯.
침:공 (針孔) [명] **1** 바늘귀. **2** 바늘이 드나드는 구멍.
침공 (鍼孔) [명] 침을 맞은 자리. 침구멍.
침:구 (侵寇) [명][하자] 침입해 노략질함.
침:구 (寢具) [명] 잠자는 데 쓰는 이부자리·베개 따위. 금침(衾枕). ❏ ~를 정돈하다.
침구 (鍼灸) [명] 〖한의〗 침과 뜸.
침구-술 (鍼灸術) [명] 〖한의〗 침과 뜸으로 병을 다스리는 의술.
침:낭 (寢囊) [명] 겹으로 된 천 사이에 솜이나 깃털 따위를 넣고 자루처럼 만든 침구. 슬리핑 백. ❏ ~에 들어가 자다.
침:노 (侵擄) [명][하타] **1** 남의 나라에 불법으로 쳐들어감. ❏ ~하는 왜적의 무리. **2** 성가시게 달라붙어 손해를 끼치거나 해침.
침-놓다 (鍼-)[-노타] [자] **1** 병을 다스리려고 침을 몸의 혈(穴)에 찌르다. 침주다. **2** 따끔한 말을 해서 상대편에게 자극을 주다.
침니 (chimney) [명] **1** 굴뚝. **2** 등산에서, 세로로 깊이 갈라진 암벽 사이의 틈.
침닉 (沈溺) [명][하자] **1** 침몰1. **2** 술·계집·노름 등에 빠짐.
침-담그다 (沈-) [침담가, 침담그니] [타] 떫은맛을 빼기 위해 감을 소금물에 담그다.
침:대 (寢臺) [명] 사람이 누워 자게 된 가구. 베드. 침상(寢牀). ❏ ~ 생활 / ~에 눕다.
침:대-권 (寢臺券)[-꿘] [명] 열차나 여객선 따위에 설치한 침대를 쓰는 것을 허락하는 표. 침대표.
침:대-차 (寢臺車) [명] 침대를 설치해 놓은 열차. ❏ 이 열차에는 ~가 없다.
침독 (鍼毒)[-똑] [명] 〖한의〗 침을 잘못 맞아 생기는 독기.
침:두 (枕頭) [명] 베갯머리.
침:략 (侵掠)[-냑] [명][하타] 침노해서 약탈함.
침:략 (侵略)[-냑] [명][하타] 남의 나라를 침노해서 땅을 빼앗음. ❏ ~에 대비하다 / ~을 감행하다.

침:략-주의 (侵略主義)[-냑쭈- / -냑쭈이]〔명〕 남의 나라를 침범해서 그 영토와 주권을 빼앗는 것을 주요 정책으로 삼는 주의.

침량 (斟量)[-냥]〔하타〕짐작.

침:례 (浸禮)[-네]〔명〕〖기〗침례교에서 행하는 세례의 한 형식(온몸을 물에 적심).

침:례-교 (浸禮敎)[-네-]〔명〕〖기〗기독교의 한 교파(유아 세례를 배대하며, 침례에 특별한 의의를 인정하고 중시함).

침로 (針路)[-노]〔명〕〔나침반이 가리키는 방향의 뜻〕배나 비행기가 나아갈 방향. □～를 동남으로 잡다.

침륜 (沈淪)[-뉸]〔명〕〔하자〕1 침몰1. 2 재산이나 권세 따위가 보잘것없이 됨. □재벌의 ～을 교훈으로 삼다.

침맥 (沈脈)〔명〕〖한의〗손끝으로 세게 눌러 짚어야 느껴지는 맥. *부맥(浮脈).

침면 (沈眠)〔명〕〔하자〕피곤해서 깊이 잠이 듦.

침면 (沈湎)〔명〕〔하자〕술에 절어서 헤어나지 못함.

침:모 (針母)〔명〕남의 집에 매여 바느질을 맡아하고 품삯을 받는 여자《든침모와 난침모가 있음》. □남의 집에서 ～를 살다.

침:목 (枕木)〔명〕1 길고 큰 물건을 괴는 데 쓰는 나무토막. 2〖건〗선로 밑에 까는 나무나 콘크리트로 된 토막. □～을 갈다.

침몰 (沈沒)〔명〕1 물에 빠져 잠김. 물속에 가라앉음. 침닉. 침륜(沈淪). □～ 위기 / 합체가 ～하다. 2 세력이나 기운 따위가 쇠함을 비유한 말.

침몰-선 (沈沒船)[-썬]〔명〕물속에 가라앉은 배. □～을 인양하다.

침묵 (沈默)〔명〕말없이 잠잠히 있음. 또는 그런 상태. □～이 흐르다 / ～을 깨고 새 소설을 발표하다.

침묵-시위 (沈默示威)[-씨-]〔명〕침묵으로 자신의 의사를 강하게 표시하는 방법. □～를 벌이다.

침반 (針盤)〔명〕'나침반'의 준말.

침:방 (針房)〔명〕〖역〗궁중에서, 침모들이 바느질하던 곳.

침:방 (寢房)〔명〕침실. □～에 들다.

침:벌 (侵伐)〔명〕〔하타〕남의 나라를 침범해서 침.

침:범 (侵犯)〔명〕〔하타〕남의 영토나 권리, 재산, 신분 따위의 침노해서 범하거나 해를 끼침. □영공을 ～하다 / 사생활을 ～당하다.

침:변 (枕邊)〔명〕베갯머리.

침:병 (枕屛)〔명〕머릿병풍.

침봉 (針峰)〔명〕꽃꽂이에서, 굵은 바늘이 촘촘히 꽂혀 있어, 나뭇가지나 꽃의 줄기 등을 꽂아 고정시키는 도구.

침:불안석 (寢不安席)〔명〕〔하자〕걱정이 많아 편히 자지 못함.

침:불안-식불안 (寢不安食不安)[-부란-뿌란]〔명〕잠자리도 편하지 않고, 음식 먹는 것도 편하지 않다는 뜻으로, 자나깨나 걱정이라는 말. 침식불안.

침사 (沈思)〔명〕〔하타〕조용히 정신을 모아서 깊이 생각함.

침사 (鍼砂·鍼沙)〔명〕〖한의〗침을 만들 때의 독을 제거한 쇠의 고운 가루. 보약으로 씀.

침사-지 (沈沙池·沈砂池)〔명〕〖건〗1 급히 흐르는 물을 가두어 모래나 흙 따위를 가라앉히는 못. 2 하수 처리장에서, 모래와 흙 따위를 가라앉히는 못.

침:삭 (侵削)〔명〕〔하타〕침노해서 개먹어 들어감.

침:상 (枕上)〔명〕1 베개의 위. 2 잠을 자거나 누워 있을 때.

침상 (針狀)〔명〕바늘처럼 가늘고 끝이 뾰족한 모양. 바늘 모양.

침:상 (寢牀)〔명〕누워서 잘 수 있는 평상. 와상(臥牀). 침대. □～에 눕다.

침상-엽 (針狀葉)[-넙]〔명〕〖식〗침엽(針葉).

침-샘 (針샘)〔명〕〖생〗침을 내보내는 샘. 타액선.

침:석 (枕席)〔명〕1 베개와 자리. 2 잠자리'1.

침:석 (砧石)〔명〕다듬잇돌.

침:석 (寢席)〔명〕1 잠자리. 2 잠자리에 까는 돗자리.

침:선 (針線)〔명〕〔하자〕1 바늘과 실. 2 바느질. □～을 잘하다.

침설 (沈設)〔명〕〔하타〕수뢰(水雷)나 해저 전신 따위를 물속에 설치함.

침:성 (砧聲)〔명〕다듬이질 소리.

침:소 (寢所)〔명〕사람이 자는 곳. □～에 들다.

침:소봉대 (針小棒大)〔명〕〔하타〕바늘만 한 것을 몽둥이만 하다고 한다는 뜻으로, 작은 일을 크게 불려 떠벌림의 비유.

침:손 (侵損)〔명〕〔하타〕침해(侵害).

침수 (沈水)〔명〕〔하자〕물속에 잠김. □～를 예방하다.

침:수 (浸水)〔명〕〔하자〕물에 젖거나 잠김. □～가옥 / 농경지가 ～되다.

침:수 (寢睡)〔명〕〔하자〕'잠·수면'을 높여 이르는 말. □～에 들다.

침수 식물 (沈水植物)[-싱-]〖식〗몸 전체가 물속에 잠겨 있는 수생 식물(통발·붕어마름 따위).

침수-지 (浸水地)〔명〕장마나 해일 등으로 한동안 물에 잠긴 땅.

침수 해:안 (沈水海岸)〖지〗육지가 해면보다 상대적으로 낮아져 생긴 해안(리아스식 해안·피오르드식 해안 따위).

침술 (鍼術)〔명〕〖한의〗침을 놓아 병을 다스리는 의술. □～로 마취시키다.

침:습 (浸濕)〔명〕물이 스며들어 젖음.

침:식 (侵蝕)〔명〕〔하타〕외부의 영향으로 세력이나 범위 따위가 점점 줄어듦. □전통문화가 외래문화에 ～당하고 있다.

침:식 (浸蝕)〔명〕〔하타〕〖지〗지표가 비·하천·빙하·바람 따위의 자연현상으로 깎이는 일. □～작용 / 파도에 ～된 암반 / 지표가 빙하에 ～되고 있다.

침:식 (寢食)〔명〕〔하자〕잠자는 일과 먹는 일. □～을 잊고 일하다.

침:식 (寢息)〔명〕〔하자〕떠들썩하던 일이 가라앉아 그침.

침:식-곡 (浸蝕谷)[-꼭]〔명〕〖지〗침식 작용으로 생긴 골짜기.

침:식 분지 (浸蝕盆地)[-뿐-]〖지〗단단한 암석 사이에 있던 약한 암석이 침식되어 생긴 분지.

침:식불안 (寢食不安)[-뿌란]〔명〕자도 걱정, 먹어도 걱정이라는 뜻으로, 걱정이 매우 많음을 이르는 말. 침불안식불안.

침:식-산 (浸蝕山)[-싼]〔명〕〖지〗암석의 약한 둘레는 물에 침식되고 단단한 부분만 남아서 생긴 산. 수식산(水蝕山).

침:식 윤회 (浸蝕輪廻)[-싱뉴-]〖지〗지형이 침식되어 일정한 과정을 거쳐 변화해 가는 일. 즉, 유년기·장년기·노년기를 거쳐 준평원(準平原)에 이르기까지의 일련의 과정. 지리학적 윤회. 지형 윤회.

침:식 평야 (浸蝕平野)〖지〗침식 작용으로 생긴 평야.

침:실 (寢室)〔명〕잠을 자는 방. 베드룸. 동방(洞

房). 와방. 침방. ❏거실 하나에 ~ 두 개.

침심-하다 (沈深-)〔형여〕 한 가지 생각에 골몰해 있다.

침:염 (浸染)〔명하자〕 **1** 좋은 영향을 받아 마음이 점점 변화함. **2**〔화〕섬유를 염색 용액에 담가 무늬 없이 전체를 같은 빛깔로 염색함. 또는 그런 방법.

침엽 (針葉)〔명〕〔식〕바늘처럼 가늘고 길며 끝이 뾰족한 잎. 바늘잎. 침상엽. ＊활엽.

침엽-수 (針葉樹)[치멉쑤]〔명〕〔식〕잎이 침엽으로 된 겉씨식물(상록 교목으로 구과(毬果)를 맺음). 바늘잎나무. ＊활엽수.

침:와 (寢臥)〔명하자〕 **1** 편하게 또는 아파서 누움. **2** 누워 잠.

침:완 (枕腕)〔명〕'침완법'의 준말.

침:완-법 (枕腕法)[치뫈뻡]〔명〕서예에서, 왼손을 오른팔의 팔꿈치에 받치고 글씨를 쓰는 방법. ㉣침완.

침:요 (侵擾)〔명하자〕 침노해서 소요를 일으킴.

침용-하다 (沈勇-)〔형여〕 침착하고 용기가 있다. ❏사람 됨됨이가 ~.

침우 (沈憂)〔명〕 마음에 쌓여 있는 깊은 근심.

침울-하다 (沈鬱-)〔형여〕 **1** 걱정·근심 따위로 우울하다. ❏침울한 분위기 / 표정이 침울해 보인다. **2** 날씨나 분위기 등이 을씨년스럽고 음산하다. ❏침울한 심정. **침울-히**〔부〕

침:월 (侵越)〔명하타〕 경계를 넘어서 침노해 들어감.

침:윤 (浸潤)〔명하자타〕 **1** 수분이 스며들어 젖음. ❏벽에 빗물이 ~해서 얼룩졌다. **2** 사상이나 분위기 따위가 번져 나감. ❏외래 풍조의 ~. **3**〔의〕염증이나 악성 종양 따위가 번져 인접한 조직이나 세포에 침입하는 일. ❏폐에 결핵균이 ~하다.

침음 (沈吟)〔명하자타〕 **1** 속으로 깊이 생각함. **2** 근심에 잠겨 신음함. 또는 그런 소리.

침:음 (浸淫)〔명하자〕 **1** 물속에 점점 젖어 들어감. **2** 홍수에 잠겨 황폐해짐.

침:음-창 (浸淫瘡)〔명〕〔한의〕급성 피부염과 급성 습진의 일컬음.

침:의 (寢衣)[치믜 / 치미]〔명〕 잠옷.

침의 (鍼醫)[치믜 / 치미]〔명〕 침술로 병을 다스리는 의원.

침:입 (侵入)〔명하자타〕 침범해 들어오거나 들어감. ❏~을 격퇴하다 / 빈집에 ~해 물건을 훔치다 / 병균이 ~한 경로를 조사하다.

침자 (針子)〔명〕 바늘.

침작 (斟酌)〔명하타〕 '짐작'의 본딧말.

침잠 (沈潛)〔명하자동〕 **1** 물속에 가라앉거나 숨음. **2** 마음을 가라앉혀서 깊이 생각하거나 몰입함. ❏자기 ~의 세계. **3** 성정(性情)이 깊고 차분해서 겉으로 드러나지 아니함.

침장 (沈藏)〔명〕 김장.

침재 (沈滓)〔명하자〕 침전(沈澱)1.

침:재 (針才)〔명〕 바느질하는 재주나 솜씨.

침:쟁이 (鍼-)〔속〕 **1** '침의(鍼醫)'를 흘하게 일컫는 말. **2** 아편 중독자.

침:저 (砧杵)〔명〕 다듬이방망이.

침적 (沈積)〔명하자〕 물 밑에 가라앉아 쌓임.

침적-암 (沈積岩)〔명〕〔광〕퇴적암(堆積岩).

침전 (沈澱)〔명하자〕 **1** 액체 속의 물질이 밑바닥에 가라앉음. 또는 그 물질. 침재(沈滓). ❏강바닥에 오니(汚泥)가 ~하다. **2**〔화〕용액 속의 화학 변화로 생긴 반응 생성물, 또는 농축이나 냉각 따위로 용질의 일부가 고체로 용액 속에 나타나는 현상.

침:전 (寢殿)〔명〕 **1** 임금의 침방이 있는 집. **2** 정자각(丁字閣).

침전 광:물 (沈澱鑛物)〔광〕물에 녹아 있던 물질이 가라앉아 생성된 광물(방해석·석고 따위).

침전-물 (沈澱物)〔명〕 침전된 물질. 앙금. 전물(澱物). ❏~이 쌓이다.

침전-암 (沈澱岩)〔명〕〔광〕수성암(水成岩).

침전-제 (沈澱劑)〔명〕 액체 속에 섞여 있는 특정 물질을 침전시키는 약품.

침전-지 (沈澱池)〔명〕 물속에 섞인 흙과 모래를 가라앉혀 물을 맑게 만들기 위해 만든 못. 침징지(沈澄池).

침:점 (-占)〔명〕 방향을 정할 때 점을 치듯이 하는 놀이(침을 손바닥에 뱉어 놓고 손가락으로 쳐서 많이 튀어 가는 쪽을 택함).

침:점 (侵占)〔명하타〕 침노해서 빼앗아 차지함.

침정 (沈靜)〔명하형동부〕 마음이 가라앉아 조용함. ❏~을 깨뜨리는 노크 소리.

침정-하다 (沈正-)〔형여〕 침착하고 정직하다. **침정-히**〔부〕

침:제 (浸劑)〔명〕 규정된 방법으로, 생약(生藥)의 약용 성분을 정제수 따위로 침출한 약.

침:종 (浸種)〔명하자〕 씨담그기.

침:주다 (鍼-)〔자〕 침놓다 1.

침중-하다 (沈重-)〔형여〕 **1** 성격·마음·목소리 따위가 가라앉고 무게가 있다. ❏침중한 태도. **2** 병세가 위중하다. ❏병세가 ~.

침:지 (浸漬·沈漬)〔명하타〕 물속에 담가 적심.

침:질 (鍼-)〔명하자〕 병을 다스리려고 침을 놓는 일.

침징-지 (沈澄池)〔명〕 침전지(沈澱池).

침착 (沈着)〔명하형동부〕 행동이 들뜨지 않고 차분함. ❏~을 잃다 / ~하게 처신하다.

침착-성 (沈着性)[-썽]〔명〕 침착한 성질. ❏~을 잃지 않다.

침:책 (侵責)〔명하타〕 간접적으로 관계되는 사람에게 책임을 추궁함.

침:척 (針尺)〔명〕 바느질자.

침청 (沈青)〔명〕 영청(影青).

침체 (沈滯)〔명하형동〕 **1** 어떤 현상이나 사물이 진전하지 못하고 제자리에 머무름. ❏~ 국면 / 경기 ~ / ~의 늪에 빠지다. **2** 벼슬이나 지위가 오르지 않음.

침체-성 (沈滯性)[-썽]〔명〕 침체해 있는 경향이나 성질. ❏~을 띠다.

침:출-수 (浸出水)[-쑤]〔명〕 땅속에 묻은 쓰레기가 썩으면서 생기는 더러운 물(토양 오염의 한 원인). ❏~가 식수원을 오염시키다.

침취 (沈醉)〔명〕 술에 몹시 취함. 만취.

침:칠 (-漆)〔명하자〕 침을 바르는 일. ❏창호지에 ~해서 구멍을 뚫다.

침:침 (沈沈)〔명하자〕 스며 젖어서 번져 들어감.

침침-하다 (沈沈-)〔형여〕 **1** 빛이 약해 어두컴컴하다. ❏방 안이 ~. **2** 눈이 어두워 잘 보이지 않고 흐릿하다. ❏눈이 ~. **침침-히**〔부〕

침침-하다 (駸駸-)〔형여〕 속력이 매우 빠르다. **침침-히**〔부〕

침:탈 (侵奪)〔명하타〕 침범하여 빼앗음.

침통 (鍼筒)〔명〕 침을 넣어 두는 작은 통.

침통 (沈痛)〔명하형동〕 슬픔이나 걱정 등으로 마음이 몹시 괴롭거나 슬픔. ❏~한 얼굴 / ~한 분위기에 싸이다.

침:투 (浸透)〔명하자〕 **1** 액체 따위가 스며들어 뱀. ❏~ 작용. **2** 몰래 숨어 들어감. ❏야간 ~ 작전. **3** 세균·병균 따위가 몸속에 들어옴. ❏세균의 ~로 상처가 곪다. **4** 어떤 사상이나 정책 따위가 깊이 스며들어 퍼짐.

침:-투-압(浸透壓) 몡 《물》 삼투압.

침파(鍼破) 몡[하타] 《한의》 침으로 종기를 짼.

침팬지(chimpanzee) 몡 《동》 유인원과의 원숭이. 키는 1.5 m 가량이고, 털은 흑갈색이며, 주로 과실을 먹음. 유인원 가운데 지능이 가장 높고 사람에 길들이어 곡예도 잘함. 서아프리카산(産).

침:포(侵暴) 몡[하타] 침학(侵虐).

침:핍(侵逼) 몡[하자] 침범해서 핍박함.

침하(沈下) 몡[하자] 1 가라앉아 내림. 2 《광》 갱도의 바닥이나 천장의 구조물이 지압이나 다른 힘을 받아 내려앉음.

침:학(侵虐) 몡[하타] 침범해서 포학하게 행동함. 능학(凌虐). 침포(侵暴).

침:해(侵害) 몡[하타] 침범해서 해를 끼침. 침손. ☐ 사생활 ~를 당하다 / 인격을 ~하다.

침향(沈香) 몡 1 《식》 팥꽃나뭇과의 상록 교목. 높이 20 m 가량이며 꽃은 흼. 재목은 향료용. 열대 지방산. 2 침향에서 채취한 향료(《침향 나무를 땅속에 묻어 썩혀 만듦》).

침혹(沈惑) 몡[하자] 무엇을 몹시 좋아해 정신을 잃고 빠짐.

침후-하다(沈厚-) 혱어 침착하고 중후하다. ☐ 성품이 ~.

침-흘리개 몡 늘 침을 흘리는 사람을 얕잡아 이르는 말.

칩(chip) 몡 1 룰렛이나 포커 따위 노름판에서, 계산을 편하게 하기 위해 돈 대신 쓰는 상아나 플라스틱 따위로 만든 패. 2 목재를 가늘고 길게 자른 것(《펄프의 원료》). 3 잘게 썰어서 기름에 튀긴 요리. ☐ 포테이토~. 4 집적회로를 부착한 반도체의 작은 조각. ☐ 반도체 ~.

칩거(蟄居)[-꺼] 몡[하자] 나가서 활동하지 않고 집 안에만 죽치고 있음. 칩복(蟄伏). ☐ ~ 생활을 하다.

칩다 혱 〈옛〉 춥다.

칩떠-보다 타 눈을 치뜨고 노려보다. ↔내립떠보다.

칩떠-오르다 〔-올라, -오르니〕 자타 아래에서 위로 힘있게 오르다.

칩떠-치다 타 아래에서 위로 힘껏 치다.

칩뜨다 〔칩떠, 칩뜨니〕 자 몸을 힘차게 솟구쳐 높이 떠오르다.

칩룡(蟄龍)[칩뇽] 몡 숨어 있는 용이라는 뜻으로, 숨어 지내는 영웅의 비유.

칩복(蟄伏)[-뽁] 몡[하자] 칩거(蟄居).

칩수(蟄獸)[-쑤] 몡 겨울철에 활동하지 않고 가만히 엎드려 있는 짐승.

칩충(蟄蟲) 몡 겨울철에 활동하지 않고 땅속에 가만히 엎드려 있는 벌레.

칫-솔(齒-)[치쏠 / 친쏠] 몡 이를 닦는 솔.

칫솔-질(齒-)[치쏠- / 친쏠-] 몡[하자] 칫솔로 이를 닦는 짓. ☐ 식후에는 꼭 ~을 한다.

칭(秤) 의명 무게 백 근(斤)의 일컬음.

칭경(稱慶) 몡[하자] 경축의 뜻을 말함. 또는 경사를 치름.

칭념(稱念) 몡[하타] 어떤 일을 잊지 말고 잘 생각해 달라고 부탁함.

칭당-하다(稱當) 혱어 무엇에 꼭 알맞다.

칭대(稱貸) 몡[하타] 이자를 받고 돈이나 물건을 꾸어 주거나 빌려 줌.

칭덕(稱德) 몡[하타] 덕을 일컬어 기림.

칭도(稱道) 몡[하타] 늘 칭찬해 말함.

칭량(秤量·稱量)[-냥] 혱[하타] 1 저울로 닮. 2 사정이나 형편을 헤아림.

칭량-병(秤量瓶)[-냥-] 몡 《화》 고체나 액체 시료(試料)의 무게를 정확히 달기 위해 쓰는, 작은 그릇.

칭량 화:폐(稱量貨幣)[-냥- / -냥-폐] 예전에, 중량을 재어 그 교환 가치를 헤아려 쓰던 화폐(《중국의 마제은(馬蹄銀) 따위》). ↔계수(計數) 화폐.

칭명(稱名) 몡[하자타] 1 이름을 속임. 2 이름을 부름.

칭병(稱病) 몡[하자타] 병이 있다고 핑계함. 칭질. ☐ ~하고 두문불출하다.

칭사(稱辭) 몡 칭찬하는 말.

칭상(稱觴) 몡[하자] 헌수(獻壽).

칭선(稱善) 몡[하타] 착한 것을 칭찬함.

칭송(稱頌) 몡[하타] 공덕을 일컬어 기림. 또는 그런 말. 송찬. ☐ ~이 자자하다.

칭수(稱首) 몡[하타] 1 그 이름을 첫째로 일컬음. 2 뛰어난 사람을 일컫는 말.

칭술(稱述) 몡[하타] 칭찬해서 말함.

칭양(稱揚) 몡[하타] 칭찬.

칭얼-거리다 자 어린아이가 몸이 불편하거나 못마땅해서 자꾸 짜증을 내며 보채다. ☐ 젖도 마다며 징얼거린다. 혱 창알거리다. 여 징얼거리다. 쎈 찡얼거리다. 칭얼-칭얼 위 칭얼.

칭얼-대다 자 칭얼거리다.

칭원(稱冤) 몡[하자] 원통함을 들어서 말함.

칭자-장(稱子匠) 몡 《역》 조선 때, 저울을 만들던 장인.

칭정(稱情) 몡[하자] 뜻에 맞음.

칭질(稱疾) 몡[하자] 칭병(稱病).

칭찬(稱讚) 몡[하타] 잘한다고 추어주거나 좋은 점을 들어 높이 평가함. 또는 그런 말. 칭양. ☐ ~을 듣다 / ~을 받다 / ~이 자자하다.

칭칭 위 친친. ☐ 붕대를 ~ 감다 / 새끼줄로 ~ 동여매다 / 밧줄로 ~.

칭탁(稱託) 몡[하자] 어떠하다고 핑계를 댐. ☐ 병을 ~하다.

칭탄(稱歎·稱嘆) 몡[하타] 칭찬하고 감탄함.

칭탈(稱頉) 몡[하자] 무엇 때문이라고 핑계를 댐. ☐ ~이 많다.

칭퉁이 몡 큰 벌의 총칭.

칭판(秤板) 몡 저울판.

칭-하다(稱-) 타여 일컫다. 부르다. ☐ 자칭 천재라고 ~.

칭호(稱號) 몡 어떤 뜻으로 일컫는 이름. 팔방미인이라는 ~를 얻다.

추다[1] 〈옛〉 한도에 차다.

추다[2] 〈옛〉 발로 차다.

추다[3] 〈옛〉 차다. 몸에 지니다.

추다[4] 혱 〈옛〉 온도가 차다.

추레 몡 〈옛〉 차례.

추리다 타 〈옛〉 차리다.

추마 위 〈옛〉 차마.

출기장 몡 〈옛〉 찰기장.

출콩 몡 〈옛〉 강낭콩.

출하리 위 〈옛〉 차라리.

춤 몡 〈옛〉 참[1].

춤다 자타 〈옛〉 참다.

춤빗 몡 〈옛〉 참빗.

춤깨 몡 〈옛〉 참깨.

춪다 타 〈옛〉 찾다.

춰 몡 〈옛〉 냥념.

치식ㄱ숌 몡 〈옛〉 채색감. 물감.

칙칙ㅎ다 혱 〈옛〉 빽빽하다.

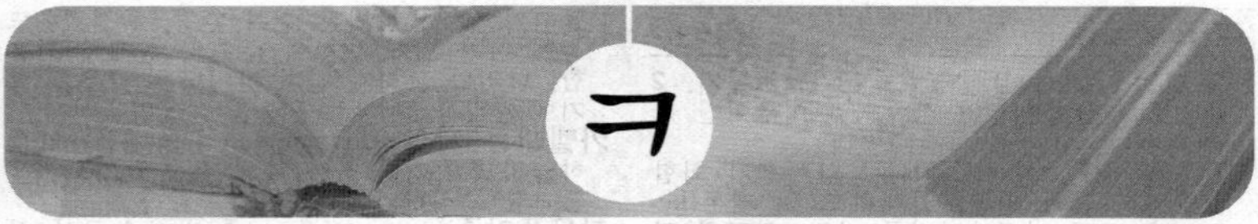

ㅋ (키읔[-윽]) [명] **1** 한글 자모의 열한째. **2** 자음의 하나. 목젖으로 콧길을 막고 혀뿌리를 높여 연구개(軟口蓋) 뒤쪽에 붙여 입길을 막았다 뗄 때 거세게 나는 무성음(無聲音)《받침으로 그칠 때는 혀뿌리를 떼지 않아 'ㄱ'과 같게 됨》.

카: [부][감] **1** 몹시 맵거나 독특한 냄새가 코를 찌를 때, 또는 독한 술 따위를 마실 때 내는 소리. ❑~, 되게 맵다. **2** 곤하게 잠잘 때에 내쉬는 숨소리. [큰]커.

카나리아 (canaria) [명] 〖조〗 되샛과의 새. 종달새 비슷한데 날개 길이 7 cm 정도, 등은 연한 황갈색에 흑색 반문(斑紋), 배와 허리는 황색, 겨드랑이 부분에 흑색 반문이 있음. 우는 소리가 아름다워 관상용으로 많이 기름.

카나마이신 (kanamycin) [명] 항생 물질의 하나. 널리 세균성 질환에 쓰이며, 결핵 치료에 특히 효험이 있음.

카나페 (프 canapé) [명] 서양 요리의 하나. 구운 식빵을 작고 얇게 썰어 그 위에 생선이나 고기 따위를 얹어서 만듦.

카네이션 (carnation) [명] 〖식〗 석죽과의 여러해살이풀. 남유럽 원산인데, 높이 30-90 cm, 잎은 선상(線狀), 여름에 향기 있는 홍색·백색의 고운 겹꽃이 핌. 관상용으로 재배함《어버이날에 가슴에 닮》.

카노타이트 (carnotite) [명] 〖광〗 우라늄 및 라듐의 원광(原鑛)의 하나. 사방 정계에 속하는 흙 모양의 결정으로 누런색을 띰.

카논 (canon) [명] **1** 〖악〗 둘 이상의 성부(聲部)가 같은 선율을 일정한 간격을 두고 모방하는, 가장 엄격한 형식의 대위법적(對位法的) 악곡. **2** 〖미술〗 이상적인 인체의 비례.

카논-법 (canon法) [명] 〖기〗 종교 회의나 기타의 권위에 의하여 공인된 교회를 규율하는 법. 종규(宗規).

카농-포 (canon砲) [명] 〖군〗 길고 큰 포신을 가진, 원거리 사격용 대포. 캐넌포.

카누 (canoe) [명] **1** 나무껍질·짐승 가죽·갈대·통나무 등으로 만든, 좁고 긴 작은 배《최초의 선박임》. **2** '카누 경기'의 준말.

카누 경:기 (canoe競技) 수상(水上) 경기의 한 가지. 근대 스포츠로 보급되어, 1936년의 제11회 베를린 올림픽 대회 때부터 올림픽 정식 종목으로 채택되었음《캐나디안 카누(canadian canoe)와 카약(kayak)의 두 종류가 있음》. [준]카누.

카니발 (carnival) [명] 사육제(謝肉祭).

카-덤퍼 (car dumper) [명] 화물 자동차 등에서 화물을 내릴 때 화물이 미끄러져 떨어지도록 적재함이 기울어지게 하는 장치.

카덴차 (이 cadenza) [명] 〖악〗 독주자나 독창자의 기교를 과시하기 위하여 악곡이 끝나기 직전에 연주하는 화려하고 장식적인 부분.

카드 (card) [명] **1** 간단한 내용을 적어 인사나 연락의 목적으로 쓰는, 그림이나 글자, 장식이 인쇄된 우편물의 일종. ❑크리스마스~ / 생일 축하 ~를 보내다. **2** 플라스틱 조각 따위를 일정한 크기로 조그맣게 만들어 어떤 내용을 증명하는 데 쓰는 표. ❑신용 ~ / 출입증 ~ / ~ 가맹점 / ~로 결재하다. **3** 어떤 사항을 기입하여 자료의 정리·집계 등에 쓰는 표. ❑병적 ~ / 신상 기록 ~ / 자료 ~를 정리하다. **4** 카드놀이에 쓰는 패. ❑트럼프 ~ / ~를 돌리다. **5** 방법이나 수단. ❑비장의 ~를 내놓다 / 마지막 ~를 꺼내다. **6** 〖컴〗 특정한 기능을 갖추어 컴퓨터의 확장 슬롯에 꽂도록 설계된 전자 회로 기판(基板). ❑사운드 ~.

카드-놀이 (card-) [명] 서양식의 실내 게임의 하나. 보통 53매의 카드를 사용하는데, 여러 가지의 놀이 방법이 있음.

카드뮴 (cadmium) [명] 〖화〗 아연과 비슷한 청백색을 띤 금속 원소. 아연과 함께 산출되며 성질도 비슷함《합금, 반도체의 제조, 도금 등에 쓰임》. [48번 : Cd : 112.41]

카드뮴 옐로 (cadmium yellow) 〖미술〗 황화카드뮴으로 만든 황색 안료(顔料)《회화용·래커(lacquer)용임》. 카드뮴황.

카드뮴 중독 (cadmium中毒) 〖의〗 산화 카드뮴의 흡입에 따른 중독《직업성 중독으로 구토·설사·경련 따위의 증상이 나타남》.

카드 섹션 (card section) 늘어앉은 여러 사람이 각자 손에 든 카드를 일정한 방식으로 배열하여 글자나 인물, 꽃 등의 무늬를 나타내어 보이는 방법.

카디건 (cardigan) [명] 앞자락을 단추로 채우게 된, 털로 짠 스웨터. ❑~을 걸치다.

카라반 (프 caravane) [명] 대상(隊商).

카라비너 (독 Karabiner) [명] 암벽 등반에서, 전연 잡을 곳이 없는 암벽을 오를 때, 암벽에 박은 하켄과 자일을 연결하는 데 쓰는 강철로 만든 고리.

카랑-카랑[1] [부][하형] **1** 액체가 그득하게 괴어 윗전까지 거의 찰 듯한 모양. **2** 건더기는 적고 국물만 많은 모양. **3** 물을 지나치게 마셔 배 속이 가득 찬 듯한 느낌. [큰]크렁크렁. [여]가랑가랑.

카랑-카랑[2] [부][하형] **1** 날씨가 맑으면서 몹시 찬 모양. **2** 목소리가 쇳소리처럼 맑고 높은 모양. ❑목소리가 ~하다.

카레 (←curry) [명] **1** 강황(薑黃)·후추·생강·마늘 등으로 만든 노랗고 매운 조미료《카레라이스 따위를 만들 때 씀》. **2** '카레라이스'의 준말.

카레-라이스 (←curried rice) [명] 인도 요리의 하나《고기·야채 등을 익힌 국물에 카레 가루·밀가루를 섞어서 되직하게 끓여 쌀밥에 끼얹어 먹는 요리》. [준]카레.

카로틴 (carotin) [명] 당근 뿌리나 고추 따위에 많이 들어 있는 황적색의 색소 물질. 동물의 몸 안에서 비타민 A로 바뀜.

카르 (독 Kar) [명] 〖지〗 빙하의 침식으로 솥의 밑바닥처럼 된 지형. 권곡(圈谷).

카르노 사이클 (Carnot cycle) 〖물〗 카르노 순환.

카르노 순환 (Carnot循環) 〖물〗 1824년에 프랑스의 물리학자 카르노가 생각한, 열기관의 효율이 최대가 되도록 하는 이상적인 사이클. 카르노 사이클.

카르보닐 (carbonyl) 뗑 《화》 **1** 카르보닐기. **2** 금속과 일산화탄소의 결합으로 이루어진 착염(錯鹽).

카르보닐-기 (carbonyl基) 뗑 《화》 유기 화합물의 원자단의 일종. 알데히드 및 케톤(ketone)은 모두 카르보닐기를 가짐. 불포화 결합을 갖는 기(基)로 반응성이 풍부하고, 이 화합물은 합성 화학상 용도가 많음.

카르복시-기 (carboxy基) 뗑 《화》 **1** 가(價)의 유기 원자단으로 카르복시산(酸)의 작용기(作用基). 카르복실기(carboxyl基).

카르복시-산 (carboxy酸) 뗑 《화》 분자 속에 카르복시기(基)를 가지는 유기 화합물의 총칭. 대표적인 유기산으로 약한 산성을 나타냄. 아세트산·벤조산 따위.

카르본 (carvone) 뗑 《화》 액체 케톤(ketone)의 하나. 물과 알코올에 녹으며 향신료, 향료 따위로 씀.

카르스트 지형 (Karst地形) 뗑 《지》 석회암 대지에서 발달한 침식 지형. 석회암의 표면이 용해 침식을 받거나 갈라진 틈으로 스며든 빗물이 주위의 암석을 용해시켜, 돌리네(doline)·석회굴 따위의 특수 지형을 형성함.

카르텔 (독 Kartell) 뗑 《경》 동일 산업 부문의 기업이 자유 경쟁을 피하고 시장을 독점하여 이윤의 증대를 꾀할 목적으로 상품의 가격, 생산량 등에 대하여 협정을 맺는 것. 또는 그런 독점 형태. 기업 연합.

카르토그람 (프 cartogramme) 뗑 여러 지방을 서로 비교하여 얻은 통계 자료를 넣은 지도.

카르-호 (Kar湖) 뗑 《지》 카르에 형성된 호수(알프스 지방에 많음). 권곡호(圈谷湖).

카리스마 (charisma) 뗑 **1** 《기》 기적이나 예언을 행하는 초능력. **2** 많은 사람들을 휘어잡는 능력이나 자질.

카리스마-적 (charisma的) 관뗑 대중을 심복시켜 따르게 하는 뛰어난 능력이나 자질이 있는 (것). ▣ ~(인) 존재.

카리에스 (라 caries) 뗑 《의》 만성 골염(骨炎)으로 뼈가 썩어서 파괴되는 질환(결핵균이 원인이며 연소자에게 많음).

카리용 (프 carillon) 뗑 《악》 크기가 다른 많은 종을 음계의 순으로 달아 놓고 치는 타악기. 주명종(奏鳴鐘).

카메라 (camera) 뗑 **1** 사진을 찍는 기계. 렌즈를 통하여 광선을 들어오게 하여 감광판에 영상(映像)을 맺게 함. 사진기. **2** '텔레비전 카메라'의 준말. ▣ ~를 의식하다.

카메라 렌즈 (camera lens) 카메라에 달려 있어 촬영하는 데 쓰는 렌즈(광각 렌즈·망원 렌즈·줌 렌즈 따위가 있음). 사진 렌즈.

카메라맨 (cameraman) 뗑 **1** 신문사나 잡지사 등의 사진 기자. **2** 텔레비전이나 영화의 촬영 기사.

카메라 앵글 (camera angle) 피사체(被寫體)에 대한 카메라의 위치나 렌즈의 각도.

카메라 워크 (camera work) 촬영을 위한 카메라의 위치 선정, 앵글 조작이나 이동 따위의 조작. 또는 그런 기술.

카메오 (라 cameo) 뗑 **1** 돋을새김을 한 보석·패각 등의 작은 장신구. **2** 유명 인사나 인기 배우가 극중에서 예기치 않은 순간에 등장하여 아주 짧은 동안만 하는 연기나 역할.

카멜레온 (chameleon) 뗑 《동》 카멜레온과의 파충류. 밀림 속에 사는데 도마뱀과 비슷하며 길이 30 cm 정도임. 표면에 좁쌀 모양의 돌기가 있고, 몸빛은 주위 환경, 광선, 온도 등에 따라 쉽게 변하여 주위의 상태에 적응함. 다리와 꼬리가 길며 발가락은 나무를 잡기에 알맞고 긴 혀로 곤충을 잡아먹음.

카멜레온-자리 (Chamaeleon−) 뗑 《천》 남쪽 하늘의 별자리의 하나. 4월 하순에 자오선을 통과한다(우리나라에서는 볼 수 없음).

카무플라주 (프 camouflage) 뗑하타 **1** 군사 시설 등을 알아차리지 못하게 위장하는 일. **2** 참모습이나 참마음을 알아차리지 못하게 거짓으로 꾸미는 일. ▣ 결점을 ~하다.

카민 (carmine) 뗑 연지벌레의 암컷에서 뽑아낸 붉은 색소(동양화의 물감, 적색 잉크의 제조, 음식물의 착색, 염직(染織) 원료 등으로 씀). 양홍(洋紅).

카밀레 (네 kamille) 뗑 《식》 국화과의 한해살이풀. 네덜란드 원산. 높이 50 cm가량. 여름에 둘레가 희고 속이 누른 꽃이 두상꽃차례로 핌. 꽃은 향기가 강하며, 말려서 진통제·발한제로 씀. 관상용임.

카바 뗑 ☞ 커버(cover).

카바레 (프 cabaret) 뗑 무대·댄스홀 등을 갖춘 서양식 고급 술집.

카바이드 (carbide) 뗑 《화》 **1** 탄화물. **2** 탄화칼슘의 상품명(물을 부으면 아세틸렌 가스를 발생함).

카바티나 (이 cavatina) 뗑 《악》 **1** 오페라에서, 서정적인 독창곡(아리아보다 단순하며 선율적임). 풍창곡. **2** 속도가 느린 짧은 기악곡.

카보나이트 (carbonite) 뗑 《광》 화성암 주변부의 열이나 지열 등에 의하여 이루어진 암석.

카보런덤 (Carborundum) 뗑 《화》 탄화규소의 상품명. 흑색 바탕이 있는 아름다운 결정으로, 굳기가 금강석에 가깝고 연마력이 강하며 높은 온도·약품에 견딤(모래·코크스·소금을 섞어 가열한 후 정제(精製), 분쇄하여 연마재·내화재·저항기 등으로 씀).

카보이 (carboy) 뗑 주로 산(酸)과 같은 부식성(腐蝕性) 액체를 운반하기 편리하게 상자나 채롱에 넣은 커다란 병.

카본 (carbon) 뗑 **1** 《화》 탄소. **2** 《물》 아크등(燈)이나 전극(電極)에 쓰는 탄소봉(棒) 또는 탄소선(線).

카본 블랙 (carbon black) 천연가스·기름·아세틸렌·타르·목재 등이 불완전 연소할 때 생기는 검정 가루(먹·잉크·페인트 등의 원료, 고무·시멘트 등의 착색료임).

카본-지 (carbon紙) 뗑 탄산지(炭酸紙).

카뷰레터 (carburetor) 뗑 기화기(氣化器).

카비네-판 (프 cabinet判) 사진 감광 재료를 규격화한 크기의 하나(필름에서는 세로 163 mm, 가로 118 mm, 인화지에서는 세로 164 mm, 가로 119 mm 임).

카비아 (산 kavya) 뗑 산스크리트 어로 된 문학 작품의 총칭. 복잡한 수사법에 따라서 일정한 특징을 갖춘 어법과 문체로 되어 있음.

카빈-총 (carbine銃) 뗑 미국 육군이 사용하던 소총의 일종.

카세인 (casein) 뗑 우유 속에 있는 단백질(알칼리나 석회와 섞어 접착제로 쓰며, 인조 섬유·플라스틱·수성 페인트 따위의 원료로도 씀). 건락소(乾酪素). 낙소(酪素).

카세인 각질물 (casein角質物) [−질−] 카세인과 포름알데히드를 섞어 만든 플라스틱(단추, 양산의 손잡이, 산호나 진주의 모조품 등을 만드는 데 씀).

카세트 (cassette) 뗑 **1** '카세트테이프'의 준말. **2** '카세트테이프리코더'의 준말.

카세트-테이프 (cassette tape) 圏 소리를 기록할 수 있는 자기(磁氣) 테이프를 장치한 작은 플라스틱 갑.

카세트-테이프-리코더 (cassette tape recorder) 圏 카세트테이프를 사용하여 소리를 녹음하거나 재생할 수 있게 만든 장치.

카-센터 (car+center) 圏 자동차를 수리하거나 정비하는 업소. □ ~에서 타이어를 갈다.

카-스테레오 (car+stereo) 圏 자동차에 부착된, 입체 음향 재생 장치.

카스텔라 (ㅍ castella) 圏 밀가루에 거품을 낸 달걀과 설탕 등을 넣고 눅게 반죽하여 오븐에 구운 과자. 설고빵.

카스트 (caste) 圏 인도의 세습적 신분 제도. 곧, 승려 계급인 브라만(Brahman), 귀족이나 무사 계급인 크샤트리아(Ksatriya), 평민인 바이샤(Vaisya), 노예 계급인 수드라(Sudra)의 넷임. 사성(四姓).

카시오페이아-자리 (Cassiopeia-) 圏 〖천〗 북쪽 하늘의 한 별자리. 북극성을 중심으로 북두칠성과 대칭적 위치에 있음(늦가을 저녁에 천정(天頂) 가까이 'W' 자 모양으로 보임).

카약 (kayak) 圏 1 에스키모가 사용하는 가죽배. 가벼워서 속도와 기동성이 우수함. 2 카누 경기의 하나. 빨리 저어 가기를 겨루는 경기로, 500 m의 싱글과 1인조, 1000 m의 싱글·2인조·4인조의 경기가 있음.

카오스 (chaos) 圏 우주가 발생하기 이전의 원초적인 혼돈과 무질서의 상태.

카올린 (kaolin) 圏 고령토(高嶺土).

카우보이 (cowboy) 圏 주로, 미국 서부의 평원이나 목장에서 말을 타고 일하는 남자.

카운슬러 (counselor) 圏 카운슬링 전문가. 상담원. □ ~와 상담하다.

카운슬링 (counseling) 圏 일신상의 문제를 해결하기 위해 이야기를 듣고 조언을 해 주는 일. 상담 지도. 신상 상담.

카운터 (counter) 圏 식당이나 상점 등의 계산대(臺). 또는 계산하는 일을 맡아보는 사람. □ ~에서 계산하다.

카운터블로 (counterblow) 圏 권투에서, 상대편의 공격을 피하면서 되받아치는 강력한 펀치. 카운터펀치.

카운터 샤프트 (counter shaft) 〖공〗 주축(主軸)에서 받은 동력을 기계로 전달하는 중간에 있는 축.

카운터펀치 (counterpunch) 圏 카운터블로. □ ~를 날리다.

카운터포인트 (counterpoint) 圏 〖악〗 대위법(對位法).

카운트 (count) 圏ㅎ타 1 수를 세는 일. 계산. 셈. 2 운동 경기에서의 득점 계산. □ 볼 ~를 하다. 3 권투에서, 녹다운의 경우 주심이 10초의 시간을 재는 일. □ 녹다운된 선수에게 ~를 하다.

카운트다운 (countdown) 圏 1 로켓이나 유도탄 따위의 발사에서, 발사 순간을 0으로 하고 수를 거꾸로 세어 가는 일. 2 마지막 점검. □ ~에 들어가다.

카운트아웃 (countout) 圏 권투에서, 주심이 10초를 세는 동안 녹다운된 선수가 일어서지 못하는 일.

카이모그래프 (kymograph) 圏 〖물〗 음파의 진동 상태를 곡선으로 나타내는 장치가 있는 기계(심장 박동·호흡 운동·근육 수축 등을 기록함). 파동(波動) 기록기.

카이저-수염 (Kaiser鬚髥) 圏 양쪽 끝이 위로 치켜 올라간 코밑수염.

카인 (Cain) 〖성〗 구약 성서 '창세기'에 나오는 아담과 하와의 큰아들. 하나님 여호와가 동생 아벨의 제물은 받고 자기의 제물은 거절하자 분히 여겨 동생을 돌로 쳐서 죽임.

카인의 후예 (後裔) ㉿ 저주받은 무리 또는 죄인을 일컫는 말.

카지노 (이 casino) 圏 1 춤·음악 등의 오락 설비가 있는 일종의 도박장(룰렛이나 카드놀이 따위를 함). □ ~에서 도박을 하다. 2 카드놀이의 일종.

카카오 (에 cacao) 圏 1 카카오나무. 2 카카오나무의 열매. 오이 모양으로 생겼는데, 두꺼운 껍질 속에 많은 씨가 들어 있음(이 씨를 말려 만든 가루가 코코아임).

카카오-나무 (cacao-) 圏 〖식〗 벽오동과의 상록 교목. 중남미 원산이며, 높이 5~10 m, 잎은 긴 타원형임. 꽃은 담홍색의 다섯잎꽃이고 열매는 오이 모양의 다육질(多肉質)임.

카키-색 (khaki色) 圏 누른빛에 엷은 갈색이 섞인 빛깔(군복에 많이 씀). □ ~ 정복을 입고 식전에 참석했다.

카타르 (catarrh) 圏 〖의〗 조직은 파괴되지 않고 점막이 헐면서 부어오르는 염증. 점액 분비가 심한 염증의 한 형.

카타르성-염 (catarrh性炎)[-념] 圏 〖의〗 삼출성염의 하나(위(胃) 카타르·기관지 카타르 등처럼 점액의 분비가 많아지고, 점막의 꺼풀이 벗겨져 떨어지는 따위).

카타르시스 (ㄱ catharsis) 圏 1 〖문〗 비극을 감상함으로써 마음속에 억압되어 있던 감정이 해소되고 마음이 정화되는 일. 2 〖심〗 자기가 직면한 고뇌 따위를 외부로 표출시켜 정신의 안정이나 균형을 찾는 일(정신 요법으로 많이 이용됨).

카타스트로프 (ㅍ catastrophe) 圏 1 돌연한 대변동. 2 희곡의 최후의 장면. 3 비극적 결말. 파국(破局).

카타콤 (←catacomb) 〖가〗 초기 기독교 시대의 비밀 지하 묘지(로마 황제의 박해를 피하여 그곳에 시체를 매장하고 예배를 보기도 하였음).

카탈로그 (catalogue) 圏 작은 책자로 된 상품 안내서. □ ~를 보고 주문을 하다.

카턴 (carton) 圏 1 판지(板紙). 2 은행이나 상점 등에서, 돈을 담아 손님에게 내어 주는 데 쓰는 접시.

카테고리 (독 Kategorie) 圏 〖철〗 범주(範疇).

카톨릭 ☞ 가톨릭(Catholic).

카투사 (KATUSA) 圏 〔Korean Augmentation Troops to United States Army〕 주한 미 육군에 배속된 한국 군인.

카툰 (cartoon) 圏 시사 풍자 만화(주로 정치적·사회적 문제를 다룬 한 컷짜리임).

카트 (cart) 圏 1 물건을 실어 나르는 데 쓰는, 작은 손수레. 2 골프에서, 캐디가 들고 다니는 가방을 운반하는 차.

카-퍼레이드 (car parade) 圏 자동차가 대열을 이루며 하는 행진. □ 우승한 선수들을 태우고 ~를 벌이다.

카페 (ㅍ café) 圏 커피나 차, 술 또는 간단한 서양 음식을 파는 집. □ ~에서 커피를 마시다.

카-페리 (car ferry) 圏 승객과 함께 자동차를 운반하는 배. □ ~ 항도.

카페오레 (ㅍ café au lait) 圏 진한 커피와 따뜻한 우유를 비슷한 양으로 섞어 만든 차.

카페인 (caffeine) 圏 〖화〗 커피의 열매나 잎,

카카오와 차의 잎 따위에 함유되어 있는 식물성 알칼로이드의 일종. 무색무취의 쓴 결정 결정(針狀結晶)임. 흥분제·이뇨제·강심제 따위에 씀. 많이 사용하면 중독 증상을 일으킴. 다소(茶素).

카페테리아 (에 cafeteria) 圈 손님 자신이 좋아하는 음식을 직접 날라다가 먹는 간이식당.

카펫 (carpet) 圈 양탄자. 융단.

카-폰 (car phone) 圈 자동차 안에 설치하여 일반 가입 전화와 직접 통화할 수 있는 전화. 차(車) 전화.

카-풀 (car pool) 圈 출퇴근 등의 경우에 방향이나 목적지가 같은 사람끼리 자가용차를 합승하여 통행하는 일. 승용차 함께 타기.

카풀-제 (car pool制) 圈 차를 가진 몇 사람이 모여 그중 한 사람의 차로 목적지까지 왕래하는 제도. ▢ ~ 실시로 교통난의 완화를 꾀하다.

카프 (KAPF) 圈 〔Korea Artista Proleta Federatio〕〔문〕 조선 프롤레타리아 예술가 동맹. 1925년, 김기진(金基鎭)·박영희(朴英熙) 등에 의해 결성된 동맹.

카프로락탐 (caprolactam) 圈 〔화〕 페놀·시클로헥산·톨루엔을 원료로 하는 고리식(式) 아미드의 하나(조해성(潮解性)의 흰 결정체로 나일론의 중간 원료 및 가소제(可塑劑) 원료).

카프리치오 (이 capriccio) 圈 〔악〕 일정한 형식 없이 변화가 많은 수법으로 작곡된 기악곡. 광상곡(狂想曲).

카프리치오소 (이 capriccioso) 圈 〔악〕 '자유롭게', '기분이 들뜨게 환상적으로'의 뜻.

카피 (copy) 圈〔하타〕 1 문서의 복사(複寫). ▢ 계약서를 ~하다. 2 미술품 등의 복제(複製). 3 광고의 문안. ▢ ~를 쓰다 / 눈에 확 띄는 ~가 없다.

카피라이터 (copywriter) 圈 광고 따위의, 문안 작성자. 광고 문안가.

칵 튀 목구멍에 걸린 것을 뱉으려고 목청에 힘을 주어 내뱉는 소리. ▢ ~ 하고 가래침을 뱉다. ▣칵. *캑.

칵-칵 튀 계속 칵 하고 내는 소리. ▣킥킥.

칵칵-거리다 [-꺼-] 쟌 잇따라 칵칵 소리를 내다. ▢목에 가시가 걸려 ~. ▣킥킥거리다.

칵칵-대다 [-꺼-] 쟌 칵칵거리다.

칵테일 (cocktail) 圈 몇 종의 양주를 적당히 섞은 후, 가미료·방향료(芳香料)·고미제(苦味劑)와 얼음을 넣고 혼합한 술. 혼합주. ▢ ~을 만들어 마시다.

칵테일-글라스 (cocktail glass) 圈 칵테일을 마시는 데 쓰는 유리잔.

칵테일-파티 (cocktail party) 圈 칵테일을 주로 하여, 서서 먹는 형식의 소규모의 연회.

칸 曰圈 1 건물·기차·책장 등에서 일정한 크기나 모양으로 둘러막아 생긴 공간. ▢앞 ~/책장 맨 위 ~. 2 사방을 둘러막은 그 선의 안. ▢ ~을 다 채우시오. 曰의圈 1 집의 칸살을 세는 말. ▢아흔아홉 ~ / 방 한 ~. 2 길이의 단위(1칸은 여섯 자로, 약 1.82 m 임).

칸 (khan) 圈 1 중세기의 몽골·투르크·타타르 종족의 원수(元首)의 칭호. 한(汗). 2 이전의, 페르시아·아프가니스탄 등의 고관의 칭호.

칸나 (canna) 圈 〔식〕 칸나과의 여러해살이풀. 뿌리줄기가 있고, 줄기는 넓죽하며 높이는 2 m 정도, 잎은 파초와 비슷한데, 여름·가을에 붉은 타원형의 큰 수술을 가진 꽃이 핌. 관상용임. 난초(蘭蕉). 담화(曇華).

칸델라 (네 kandelaar) 圈 가지고 다닐 수 있는, 석유로 불을 켜서 밝히는 등.

칸델라 (candela) 圈의 〔물〕 광도(光度)의 단위. 약 1촉광과 같음. 기호 : cd.

칸디다-증 (candida症) 圈 〔의〕 사상균(絲狀菌)과 효모의 중간의 성질을 나타내는 일종의 곰팡이인 칸디다의 기생에 의해서, 입안·피부·질·기관지·폐 등에 생기는 병. 모닐리아증.

칸-막이 圈〔하타〕 방 따위의 공간을 가로질러 사이를 막음. 또는 그 막은 물건. ▢ ~를 치다.

칸-살 圈 1 〔건〕 일정한 규격으로 둘러막은 건물의 공간. ▢ ~을 막다 / ~이 널찍하다. 2 사이를 띄운 거리. 춈칸.

칸살(을) 지르다 쟌 큰 칸살을 둘 또는 여럿으로 나누기 위하여 칸막이를 건너지르다.

칸-수 (-數) [-쑤] 圈 집의 칸살의 수효.

칸초네 (이 canzone) 圈 〔악〕 이탈리아의 대중 가곡. 멜로디가 비교적 쉽고 경쾌함.

칸초네타 (이 canzonetta) 圈 〔악〕 '작은 칸초네'란 뜻으로, 소곡이나 기악곡을 이르는 말.

칸칸-이 튀 각 칸마다. ▢여관에 손님이 ~ 차 있다.

칸타빌레 (이 cantabile) 圈 〔악〕 '노래하듯이'의 뜻.

칸타타 (이 cantata) 圈 〔악〕 독창·중창·합창과 기악 반주로 이루어지는, 짧은 오라토리오 형식의 성악곡.

칸토 (이 canto) 圈 〔악〕 1 가곡이나 선율. 2 합창곡의 가장 높은 성부(聲部).

칼¹ 圈 물건을 베거나 썰거나 깎는 데 쓰는 연장(날카로운 날에 자루가 달렸음). ▢ ~ 한 자루 / ~을 갈다 / ~이 잘 들다.
 [칼로 물 베기] 다투었다가도 다시 곧잘 화합함. [칼 물고 [짚고] 뜀뛰기] 위태로운 일을 모험적으로 행함.

칼² 圈 〔역〕 중죄인에게 씌우던 형구(刑具)(기름한 널빤지의 한끝을 목이 들어갈 만하게 도려내어 죄인의 목에 끼우고 양쪽에서 나무 비녀장을 지르게 되었음). 항쇄. *차꼬.

칼(을) 쓰다 쟌 죄인이 칼의 구멍에 목을 넣다. ▢목에 칼을 쓰고 옥에 갇히다.

칼-가래질 圈〔하쟌〕 가래를 모로 세워서 흙을 깎는 일.

칼-감 [-깜] 圈 성질이 표독한 사람.

칼-국수 [-쑤] 圈 밀가루를 반죽하여 밀방망이로 얇게 민 다음, 칼로 가늘게 채썰어 만든 국수. 또는 그것을 익힌 음식. *틀국수.

칼-금 [-끔] 圈 칼날에 스쳐 생긴 가는 금. ▢ ~이 가다 / ~이 생기다.

칼-깃 [-낏] 圈 새 죽지의 주요 부분을 이루는 빳빳하고 긴 깃.

칼-끝 [-끋] 圈 칼날의 맨 끝. ▢ ~으로 이름을 새기다.

칼-나물 [-라-] 圈 절에서 '생선(生鮮)'을 일컫는 변말.

칼-날 [-랄] 圈 칼에서, 물건을 베는 날카로운 쪽. ▢ ~이 서다.

칼-눈 [-룬] 圈 칼을 칼집에 꽂았을 때 잘 빠지지 않도록 칼 손잡이에 만든 장치.

칼데라 (에 caldera) 圈 〔지〕 강력한 폭발로 인하여 화산의 중심부에 생긴, 분화구 모양의 우묵한 곳.

칼데라 호 (caldera湖) 圈 〔지〕 칼데라에 물이 고여 된 호수(백두산의 천지 같은 것).

칼-도 (-刀) 圈 한자 부수(部首)의 하나('分'의 '刀'나 '刑'의 'リ'의 이름).

칼-등 [-등] 圈 칼날 반대쪽의 두꺼운 부분.

칼라 (collar) 圈 양복이나 와이셔츠 따위의 깃.

또는 깃에 안으로 덧대는 일종의 장식품. 옷깃. ▢~를 곳곳이 세우다.

칼락 [부하자] 병으로 쇠약하여 힘없이 내는 기침 소리. ☞컬럭. *콜록.

칼락-거리다 [-꺼-] [자] 칼락 소리를 잇따라 내다. ☞컬럭거리다. **칼락-칼락** [부하자]

칼락-대다 [-때-] [자] 칼락거리다.

칼란도 (이 calando) [명] 〔악〕 '차차 약하고 느리게'의 뜻.

칼럼 (column) [명] 신문·잡지 등에서, 시사 문제·사회 풍속 등을 짧게 평하는 특별 기고. 또는 그 기고란. ▢권두 ~ / 신문에 매주 ~을 기고하다.

칼럼니스트 (columnist) [명] 신문·잡지 따위에 칼럼을 쓰는 사람.

칼로리 (calorie) [명] 〔물〕 1 열량의 단위. 순수한 물 1g의 온도를 1기압에서 1℃ 높이는 데 필요한 열량(기호: cal). 2 '킬로칼로리'를 줄여 이르는 말(식품의 영양가·연료의 열량을 산정할 때 씀. 기호: Cal 또는 kcal). ▢~가 낮은〔높은〕 음식.

칼로리미터 (calorimeter) [명] 〔물〕 열량계.

칼로멜 전극 (calomel電極) 〔물〕 표준 전극의 하나. 유리 그릇의 밑에 수은을 넣고 그 위에 물처럼 끈적한 감홍과 포화시킨 염화칼륨을 차례로 채움. 감홍(甘汞) 전극.

칼륨 (독 Kalium) [명] 은백색의 연한 금속 원소. 금속 원소 중에서 이온화(ion化) 경향이 가장 크며, 산화하기 쉬우므로 석유나 휘발유 속에 보존함. 물과 작용하여 수소를 발생시키면서 수산화칼륨으로 됨. 포타슘. 칼리(kali). [19번: K : 39.102]

칼륨-명반 (Kalium明礬) [명] 황산알루미늄의 수용액에 황산칼륨을 가하여 만든 팔면체의 결정. 염색이나 물을 맑게 하는 데, 또는 의약 등에 씀. 칼륨백반.

칼륨-염 (Kalium鹽) [명] 〔화〕 여러 가지 산기(酸基)와 칼륨과의 화합으로 생기는 염의 총칭. 황산칼륨·염화칼륨·질산칼륨·탄산칼륨 따위가 있으며 비료로 씀.

칼륨 유리 (Kalium琉璃) 〔화〕 탄산칼륨을 원료로 해서 만든 유리. 물이나 산(酸)에 침범되지 않으므로 화학 실험 기구에 쓰고, 윤이 나므로 장식용으로 씀. 보헤미아 유리.

칼리 (라 kali) [명] 〔화〕 1 칼륨. 2 칼륨염류의 총칭. 가리(加里).

칼리 비누 (kali-) 액상(液狀) 지방산의 칼륨염이 주성분인 비누. 연고상(軟膏狀)으로 흡습성이 강하고, 물에 녹기 쉬움. 화장품·직물·약용으로 씀.

칼리 비료 (kali肥料) 칼륨이 많이 들어 있는 비료(황산칼륨·재 따위).

칼리프 (caliph) [명] 〔상속자의 뜻인 아라비아 말 khalifah에서〕 정치와 종교의 권력을 아울러 가진 이슬람 세계의 지배자에 대한 칭호.

칼립소 (에 calypso) [명] 〔악〕 서인도 제도의 트리니다드 섬에서 시작된, 4분의2 박자의 경쾌한 민속 음악.

칼막이-끌 [명] 날이 창과 같이 뾰족하고, 칼코 등이를 자루의 목에 메운 끌.

칼-바람 [명] 1 몹시 차고 매서운 바람. 2 아주 혹독한 박해의 비유.

칼-바위 [명] 칼날처럼 날카롭고 뾰족하게 생긴 큰 바위.

칼뱅-교 (Calvin敎) [명] 〔기〕 칼뱅주의를 신봉하는 기독교의 한 파.

칼뱅-주의 (Calvin主義) [-/-이] [명] 〔기〕 16세기 프랑스의 개혁자 칼뱅(Calvin)의 종교 개

혁 운동에 의한 기독교의 교의(敎義). 신의 절대적 권위와 예정적(豫定的) 은총, 깨끗한 신앙생활 등을 주요 내용으로 함.

칼-부림 [명][하자] 칼을 함부로 내저어 상대편을 해치려는 짓.

칼-산 (-山) [명] 〔불〕 지옥에 있다고 하는, 칼이 뾰죽뾰죽 솟은 산. 도산(刀山).

칼산-지옥 (-山地獄) [명] 〔불〕 칼산으로 이루어진 지옥.

칼-상어 [명] 〔동〕 칼철갑상어.

칼-새 [명] 〔조〕 칼샛과의 새. 몸길이가 18cm 정도. 해안·고산에 살며, 제비와 비슷한데, 등과 하면(下面)은 흑갈색, 목은 백색. 허리에는 백색 띠가 있고 깃털의 가장자리도 흼. 곤충을 잡아먹는 익조임. 명매기, 호연(胡燕).

칼슘 (calcium) [명] 〔화〕 알칼리 토금속에 속하는 은백색의 무른 경금속 원소. 화합물로서, 대리석·방해석(方解石)·석회석·석고 등에 많이 있음. 동물 골격의 주성분을 이룸. [20번: Ca : 40.08]

칼슘 비누 (calcium-) 석회염류와 보통 비누가 화합하여 생기는. 백색의 녹지 않는 비누. 석회질을 함유한 물로 비누를 사용할 때 생기는데, 표백·염색·세탁 등을 할 때 이것이 생기면 비누의 효능이 떨어짐.

칼-싸움 [명][하자] 칼이나 칼 모양의 것으로 하는 싸움. 준칼쌈.

칼-싸두기 [-뚜-] [명] 밀가루 반죽을 방망이로 밀고 굵직굵직하게 조각 지게 썰어서 물에 끓인 음식.

칼-쌈 [명][하자] '칼싸움'의 준말.

칼-자 [-짜-] [명] 〔역〕 지방 관아(官衙)에서 음식 만드는 일을 맡아보던 하인.

칼-자국 [-짜-] [명] 칼에 찔리거나 베인 자국. ▢얼굴에 ~이 있는 사람.

칼-자루 [-짜-] [명] 칼의 손잡이 부분.

칼자루를 잡다〔쥐다〕 [관] 상대방보다 유리한 입장에 있다.

칼-잠 [명] 좁은 곳에서 여럿이 잘 때, 몸의 옆부분을 바닥에 대고 불편하게 자는 잠.

칼-잡이 [명] 1 소나 돼지 따위를 잡는 것을 업으로 하는 사람. *백장. 2 칼을 잘 쓰는 사람을 낮잡아 이르는 말. ▢~를 고용하다.

칼-장단 [-짱-] [명] 도마질할 때, 율동적으로 내는 칼 소리.

칼-전대 (-纏帶) [-쩐-] [명] 칼집에 꽂은 칼을 넣어 두는 길쭉한 주머니.

칼-제비 [명] 칼싸두기나 칼국수를 수제비에 상대하여 일컫는 말.

칼-질 [명][하자] [자] 1 칼로 물건을 깎거나 썰거나 베는 짓. ▢~이 서투르다. 2 글이나 영화 따위의 일부 내용을 삭제하는 일. ▢내용을 일부 ~한 것 같다.

칼-집¹ [-찝] [명] 칼날을 보호하기 위해 칼의 몸을 꽂아 넣어 두는 물건. ▢~에 칼을 꽂다.

칼-집² [-찝] [명] 요리를 만들 재료에 칼로 에어서 낸 진집. ▢생선에 ~을 내다.

칼-철갑상어 (-鐵甲-) [-쌍-] [명] 〔어〕 철갑상엇과의 바닷물고기. 철갑상어 비슷한데 길이는 1m 정도이며, 입과 꼬리가 길고 뾰족함. 칼상어.

칼-첨자 (-籤子) [명] 칼날이 쉬 빠지지 못하게 누르기 위하여 칼집에 끼우는, 젓가락 모양의 쇠붙이.

칼-춤 [명] 칼을 들고 추는 춤. 검무(劍舞).

칼-침 (-鍼) [명] 칼로 찌르거나 칼에 찔림의 일

컬음. ▯～을 맞다 / ～을 놓다.

칼칼-하다〖형어〗**1** 목이 말라서 무엇을 마시고 싶은 느낌이 있다. ▯목이 칼칼하여 차를 마시다. **2** 목소리가 조금 쉰 듯하고 거친 느낌이 있다. **3** 맵게 자극하는 맛이 있다. 〖큰〗컬컬하다.

칼-코등이〖명〗칼자루의 슴베 박은 쪽의 목에 감은 쇠테. 검비(劍鼻). 〖준〗코등이.

칼크 (calc) 〖명〗**1** 석회. **2** '클로르칼크'의 속칭.

칼-판 (-板) 〖명〗칼질할 때 밑에 받치는 널조각.

칼피스 (Calpis) 〖명〗유산성(乳酸性) 음료의 상표명. 우유를 가열·살균하여 냉각·발효시킨 후 당액(糖液)·칼슘을 넣어 만듦.

캄보 (combo) 〖명〗〖악〗보통 3명에서 7~8명으로 편성된 재즈 악단.

캄브리아-계 (Cambria系)[-/-계]〖명〗〖지〗캄브리아기(紀)에 속하는 지층.

캄브리아-기 (Cambria紀) 〖명〗〖지〗고생대 중에서 맨 처음의 시대《약 5억 7000만년 전부터 5억 1000만년 전까지의 시기》.

캄캄-절벽 (-絶壁) 〖명〗아무것도 모르고 있음을 비유한 말. ▯그 일에 대해선 ～이다.

캄캄-하다〖형어〗**1** 몹시 어둡다. ▯캄캄한 밤길을 혼자 걷다. 〖큰〗컴컴하다. **2** 희망이 없어 앞길이 까마득하다. ▯그 말을 들으니 앞이 ～. **3** 어떤 사실에 대해 전혀 모르거나 지식이 없다. 〖센〗깜깜하다.

캄파 (←러 kampaniya) 〖명〗캄파니아.

캄파니야 (러 kampaniya) 〖명〗**1** 대중에게 호소하여 어떤 목적을 이루고자 하는 정치 운동. **2** 대중으로부터 정치 운동의 자금을 모으는 일. *캠페인.

캄플라지〖명〗〖하타〗☞ 카무플라주.

캉캉 (프 cancan) 〖명〗〖무〗1830~1840년경에 파리에서 유행한 춤《긴 치마를 입은 여자들이 줄을 지어 서서 음악에 맞추어 다리를 번쩍번쩍 들어 올리며 추는 춤. 오리걸음을 흉내 낸 스텝이 특징임》. 프렌치 캉캉.

캉캉〖부〗〖하자〗작은 개가 짖는 소리. 〖큰〗컹컹.

캉캉-거리다〖자〗캉캉 소리를 잇따라 내다. 〖큰〗컹컹거리다.

캉캉-대다〖자〗캉캉거리다.

캐나디안 카누 (Canadian canoe) 카누 경기에서, 용골(龍骨) 위에 한쪽 무릎을 대고, 한쪽만 물갈퀴가 붙은 노로 한쪽만을 저어서 빠르기를 겨루는 경기. *카누 경기.

캐:-내다〖타〗**1** 파내다. ▯감자를 ～. **2** 캐어물어서 속 내용을 알아내다. ▯비밀을 ～.

캐넌-포 (cannon砲) 〖명〗카농포.

캐:다〖타〗**1** 땅에 묻힌 것을 파내다. ▯약초를 ～. **2** 비밀을 자꾸 찾아 밝혀내다. ▯뒤를 캐러 다니다.

캐드 (CAD) 〖computer-aided design〗모니터 화면을 통하여 컴퓨터와 대화식으로 제품을 설계하는 방식. 컴퓨터 이용 설계.

캐디 (caddie) 골프 치는 사람을 따라다니며 조언을 하거나 시중을 드는 사람.

캐러멜 (caramel) 〖명〗수크로오스에 우유·초콜릿·커피 등을 넣고 고아서 굳힌 과자.

캐럴 (carol) 〖명〗크리스마스에 부르는 성탄 축하곡. ▯성탄절을 앞두고 거리에서 흥겨운 ～이 흘러나오고 있다.

캐럿 (carat) 〖의양〗**1** 보석의 무게의 단위. 1캐럿은 약 205 mg 에 해당함《기호 : K, ct》. **2** 합금 속에 들어 있는 순금의 함유도를 나타내는 단위. 순금은 24 캐럿임《기호 : K, kt》.

캐리어〖명〗☞ 커리어(career).

캐리커처 (caricature) 〖명〗어떤 사람이나 사물의 특징을 과장하여 우스꽝스럽게 풍자한 글이나 그림. 또는 그런 표현법. ▯정치인들의 ～를 그리다.

캐릭터 (character) 〖명〗**1** 성격. 인격. **2** 작품에 등장하는 인물. **3** 소설·만화·극 따위에 등장하는 인물이나 동물 등의 모습을 디자인한 것. 장난감·문구·아동용 의류 따위에 많이 씀. ▯독자적인 ～ 상품을 개발하다. **4** 문자(文字) 3.

캐:-묻다 [-따]〖캐물어, 캐물으니, 캐묻는〗〖타ㄷ〗'캐어묻다'의 준말. ▯지각한 이유를 꼬치꼬치 ～.

캐미솔 (camisole) 〖명〗여자용 속옷의 하나《소매가 없고 길이는 허리 아래까지이고, 끈으로 어깨에 걸침》.

캐비닛 (cabinet) 〖명〗사무용품 등을 넣어 보관하는, 철제로 만든 장. ▯에 서류를 넣어 두다.

캐비아 (caviar) 〖명〗철갑상어의 알젓.

캐비지 (cabbage) 〖명〗양배추.

캐소드 (cathode) 〖명〗〖물〗음극. 특히, 진공관의 음극.

캐스터 (caster) 텔레비전 뉴스 따위의 진행을 맡는 사람. ▯뉴스 ～ / 기상 ～.

캐스터네츠 (castanets) 〖명〗〖악〗나무나 상아로 만든, 두 짝의 조가비 모양의 타악기. 손가락에 끼워 맞부딪쳐서 소리를 냄.

캐스트 (cast) 〖명〗〖연〗연극이나 영화, 텔레비전 드라마의 배역.

캐스팅 (casting) 〖명〗〖하타〗배역을 정하는 일. 또는 그 배역. ▯주인공으로 ～되다 / 신인 배우를 대거 ～하다.

캐스팅 보트 (casting vote) 〖정〗**1** 가부(可否)가 동수인 경우에 의장이 가부를 결정하는 투표. **2** 의회에서 두 정당의 세력이 비슷할 때, 제3당의 결정권. ▯소수 의석의 제3당이 ～를 쥐다.

캐시 기억 장치 (cache記憶裝置)[-짱-]〖컴〗중앙 처리 장치와 주기억 장치 사이에 두는 반도체의 고속 기억 장치. 프로그램의 실행 속도를 높이는 데 씀.

캐시미어 (cashmere) 〖명〗인도 카슈미르 지방에서 나는 양털로 짠 부드러운 능직물. 윤기가 있고 보온성이 좋아 고급 양복감으로 씀.

캐시밀론 (Cashmilon) 〖명〗아크릴로니트릴계(系) 합성 섬유의 상표명. 캐시미어와 비슷한 촉감으로, 가볍고 보온성(保溫性)이 있어 양복지 등으로 씀.

캐시토미터 (cathetometer) 〖명〗두 점 사이의 높이의 차를 측정하는 기구.

캐어-묻다 [-따]〖캐어-물어, -물으니, -묻는〗〖타ㄷ〗깊이 파고들어 묻다. ▯죄상을 ～ / 어제 일을 꼬치꼬치 ～ / 그간의 행적을 다그치듯이 캐어 물었다. 〖준〗캐묻다.

캐주얼 (casual) 〖명〗〖하동〗옷차림이 간편함. 또는 그렇게 차려입은 옷. ▯나는 평소에 ～한 차림을 즐겨 입는다.

캐주얼-슈즈 (casual shoes) 〖명〗평상시에 신는 간편한 구두의 총칭.

캐주얼-웨어 (casual wear) 〖명〗간편한 평상복.

캐처 (catcher) 〖명〗야구에서, 포수(捕手).

캐치-볼 (catch+ball) 〖명〗〖하자〗야구에서, 공을 던지고 받는 연습.

캐치프레이즈 (catchphrase) 〖명〗광고·선전 등에서, 남의 주의를 끌기 위한 인상적인 문구나 표어.

캐터펄트 (catapult) 圈 함선 위나 좁은 지면에서 화약·압축 공기 등의 힘으로 비행기를 이륙시키는 장치. 비행기 사출기.

캐터필러 (caterpillar) 圈 무한궤도.

캐터필러 트랙터 (caterpillar tractor) 바퀴 대신에 무한궤도를 장치한 트랙터(토목 공사에 많이 씀).

캑 㗊 목구멍에 걸린 것을 뱉어 내려고 힘껏 기침하는 소리. *칵.

캑-캑 㗊 여러 번 잇따라 캑 하는 소리.

캑캑-거리다 [-꺼-] 㘘 캑캑 소리를 자꾸 내다. ▫︎숨이 막혀 ~.

캑캑-대다 [-때-] 㘘 캑캑거리다.

캔 (can) 圈 1 음식물을 넣고 밀봉한 원통 모양의 금속 용기. 깡통. ▫︎~ 커피. 2 (의존적으로 쓰여) 1을 세는 단위. 깡통. ▫︎맥주 세 ~.

캔디 (candy) 圈 봉봉·드롭스·캐러멜·초콜릿·누가 등의 사탕 과자의 총칭.

캔버스 (canvas) 圈 유화(油畵)를 그릴 때 쓰는 천. 삼베 같은 천에 아교나 카세인을 바르고 그 위에 아마유(亞麻油)·아연화·밀타승(密陀僧) 등을 섞어 바름. 화포(畵布).

캘리코 (calico) 圈 평직(平織)으로 짠, 나비가 넓은 흰 무명의 총칭. 옥양목.

캘리퍼스 (calipers) 圈 자로 재기 힘든 물건의 바깥지름·안지름·두께·폭 따위를 재는 기구. 용수철로 연결된 구붓한 두 다리를 목적물에 댄 다음 그 간격을 자로 잼. 측경기(測徑器).

캘리포늄 (californium) 圈『化』1950년 캘리포니아 대학에서 사이클로트론을 사용하여 퀴륨에 알파선을 비추는 핵(核)반응에 의해 만든 인공 방사성 원소. 알파 방사능을 가짐. [98번; Cf: 251]

캘린더 (calendar) 圈 달력·일력의 총칭.

캘캘 㗊㘘 터져 나오려는 웃음을 참으면서 웃는 소리. ⓐ킬킬. ⓔ깰깰.

캘캘-거리다 㘘 캘캘 소리를 자꾸 내다. ⓔ깰깰거리다.

캘캘-대다 㘘 캘캘거리다.

캠 (cam) 圈『工』기계에서, 회전 운동을 왕복 또는 요동 운동으로 바꾸는 장치.

캠 (CAM) 圈〔computer-aided manufacturing〕『컴』컴퓨터를 이용하여 제품을 제조·생산하는 일. 수치 제어 공작 기계나 로봇을 움직여 제품 생산 과정의 자동화를 꾀함. 컴퓨터 이용 제조.

캠-코더 (camcorder) 圈 비디오 카메라와 비디오카세트 녹화 재생 장치를 일체화(一體化)한 제품《camera와 recorder의 합성어》.

캠퍼 (camphor) 圈 정제(精製)한 장뇌(樟腦). 장뇌의 액(液).

캠퍼스 (campus) 圈 학교, 특히 대학의 구내나 교정(校庭).

캠퍼 주:사 (camphor注射)『醫』중환자의 혈행(血行)을 촉진시키며, 심장 마비를 막기 위한 강심제 주사.

캠퍼-팅크 (←camphor tincture) 圈 정제한 장뇌 10%를 알코올 70%에 용해한 뒤에 증류수 20%를 가하여 만든 무색투명한 액체《강심제로 씀》. 장뇌정(樟腦精).

캠페인 (campaign) 圈 사회적·정치적 목적을 위해 조직적·지속적으로 행하는 운동. ▫︎자연보호 ~ / 가두 ~을 벌이다.

캠프 (camp) 圈 1 산이나 들에 지은 임시 막사. 또는 거기서 지내는 생활. ▫︎~를 설치하다. 2 군대가 야영하는 곳. 주둔지의 막사.

캠프-장 (camp場) 圈 많은 사람이 야영(野營)할 수 있도록 설비해 놓은 곳.

캠프-촌 (camp村) 圈 캠프가 많이 모여 있는 것을 마을에 비유하여 이르는 말.

캠프파이어 (campfire) 圈 야영지에서 밤에 피우는 모닥불. 또는 그것을 둘러싸고 갖는 간담회나 놀이. ▫︎야영 마지막날 ~를 하다.

캠핑 (camping) 圈㘘 캠프에서 지내는 생활. 야영. ▫︎동해안으로 ~을 가다.

캠핑-카 (camping car) 圈 장기간의 여행을 하면서 조리와 숙박이 가능하도록 만든 자동차.

캡 (cap) 圈 1 전이 없고 앞부분에 차양이 달린 납작한 모자. 2 연필이나 만년필 등의 뚜껑. 3 전등갓.

캡-램프 (cap lamp) 圈『鑛』갱내에서 쓰는 헬멧에 장치를 비추는 조명용 전등을 단 갓.

캡션 (caption) 圈 삽화나 사진 따위에 붙는 짧은 설명문.

캡슐 (capsule) 圈 1 갖풀로 얇게 만든 작은 갑. 가루약 등을 넣어 먹는 데 씀. 교갑. 2 우주 비행체의 기밀 용기(氣密容器).

캡스턴 (capstan) 圈 1 수직으로 된 원뿔꼴의 동체(胴體)에 밧줄이나 체인을 감아 그것을 회전시켜 무거운 물건을 끌어 올리거나 당기는 기계《주로 선박의 정박용 밧줄을 감는 데 씀》. 2 녹음·재생 장치에서, 테이프의 속도를 일정하게 하는 회전축.

캥 㗊 1 강아지 따위가 놀라거나 아파서 짖는 소리. 2 여우 따위가 사납게 우는 소리.

캥거루 (kangaroo) 圈『動』캥거루과의 초식성 동물. 오스트레일리아 특산종이며, 큰 것은 2m가량, 작은 것은 토끼만 함. 앞다리는 짧고, 뒷다리는 길고 튼튼하여 잘 뜀. 몸빛은 광택 있는 회색이며, 암컷은 배에 육아낭(育兒囊)이 있음. 가죽은 여러 가지 공예품에 씀.

캥-캥 㗊㘘 여러 번 캥 하고 우는 소리.

캥캥-거리다 㘘 자꾸 캥캥 소리를 내다.

캥캥-대다 㘘 캥캥거리다.

카라멜 ☞ 캐러멜(caramel).

칵 㗊 목구멍에 걸린 것을 뱉으려고 힘을 주어 내는 소리. *캑·캑.

칵-칵 㗊㘘 여러 번 칵 하는 소리.

칵칵-거리다 [-꺼-] 㘘 칵칵 소리를 자꾸 내다.

칵칵-대다 [-때-] 㘘 칵칵거리다.

캉 㗊 여우가 요사스럽게 우는 소리.

캉캉-거리다 㘘 여우가 자꾸 캉캉 소리를 내다.

캉캉-대다 㘘 캉캉거리다.

캉캉-하다 ㉦㉨ 얼굴이 몹시 여위어 파리하다. ▫︎캉캉해진 얼굴.

커 㗊㉣ 1 맛이 맵거나 냄새가 몹시 독할 때, 또는 독한 술 등을 마시고 내는 소리. ▫︎~, 취하다. 2 곤하게 잠잘 때 목젖에 붙은 허파리를 터뜨리며 내는 숨소리. ⓐ카.

커녕 㐼 그것은 고사하고 도리어 못한 것도 될 수 없다는 뜻의 보조사. ▫︎밥~ 죽도 못 먹소 / 만나도 악수는~ 눈인사도 없다.

커니와 㐼 조건을 나타내는 어미 뒤에 붙어, '하거니와'·'모르거니와'의 뜻으로 쓰는 말. ▫︎빌면 ~, 그렇지 않으면 용서 없다.

커닝 (cunning) 圈㘘 수험생에서의 부정 행위. ▫︎~ 페이퍼 / ~을 하다 틀키다.

커:-다랗다 [-라타] 〔커다라니, 커다래서〕㉦㉨ 매우 크다. 아주 큼직하다. ▫︎눈을 커다랗게 뜨다. ⓐ커닿다.

커:-닿다 [-다타] 〔커다니, 커다래서〕㉦㉨ '커다랗다'의 준말.

커런덤 (corundum) 圈『鑛』강옥석(鋼玉石).

커리어 (career) 圐 경력(經歷).

커리큘럼 (curriculum) 圐 《교》 교과 과정(課程). 囗∼을 새로 짜다.

커뮤니케이션 (communication) 圐 말이나 글 또는 몸짓 따위를 이용한 의사소통. 囗그와는 ∼이 잘 이루어진다.

커뮤니티 (community) 圐 **1** 지역성과 공동성이라는 두 개의 요건을 중심으로 이루어진 사회. 특히, 지연(地緣)에 의하여 자연 발생적으로 성립한 기초 사회를 말함. 지역 사회. 지역권. **2** 생물의 군집. 식물의 군락.

커미셔너 (commissioner) 圐 프로 야구·프로 권투 등에서, 전권이 위임된 최고 책임자.

커미션 (commission) 圐 **1** 수수료. 구문(口文). 중개료. 囗직업을 알선해 주고 ∼을 받다. **2** 뇌물. 囗군납 허가 조로 ∼을 요구하다.

커밍-아웃 (coming-out) 圐 자신이 동성애자라는 사실을 공개적으로 밝히는 일.

커버 (cover) 圐하타 **1** 무엇을 덮거나 싸는 물건. 囗침대 ∼를 바꾸다. **2** 경기에서, 다른 선수의 행동·수비 동작을 엄호하는 일. **3** 손실·부족을 보전(補塡)하는 일.

커버 글라스 (cover glass) 현미경의 슬라이드 유리 위에 놓은 표본을 덮는 얇은 유리 조각. 덮개 유리. ↔슬라이드 글라스.

커버링 (covering) 圐 권투 따위에서, 상대의 공격을 팔과 손으로 가리며 막는 기술.

커버-스토리 (cover story) 圐 잡지 따위의 표지 그림이나 사진과 관련된 기사.

커브 (curve) 圐 **1** 길·선로 따위의 굽은 곳. 곡선. 굴곡. 囗차가 급하게 ∼를 틀었다. **2** 야구에서, 투수가 던진 공이 타자 가까이에와서 갑자기 휘는 일. 또는 그런 공. 囗∼를 던지다 / ∼를 구사하다.

커서 (cursor) 圐 **1**《컴》컴퓨터의 모니터 화면에서 다음에 글자가 입력되거나 출력될 위치를 나타내는 표시. **2**《수》계산자에 끼워 눈금을 맞추거나 읽는 데 사용하는 투명한 판.

커스터드 (custard) 圐 우유·달걀·설탕 따위로만든, 크림 비슷한 반고체 과자.

-커시니 回〈옛〉-하시니.

-커시놀 回〈옛〉-하시거늘.

-커신마른 回〈옛〉-하시건마는.

커-지다 쟤 크게 되다. 囗일이 ∼ / 세력이 ∼.

커터 (cutter) 圐 **1** 자르거나 깎는 데 쓰는 기계. 재단기(裁斷機). **2** 군함이나 기선에 딸린, 노를 갖춘 작은 배. **3** 돛대가 하나인 소형 돛단배.

커텐 圐 ☞ 커튼(curtain).

커트 (cut) 圐하타 **1** 머리카락을 자르는 일. 또는 그 머리 모양. 囗∼머리를 하다. **2** 탁구·테니스·골프 등에서, 공을 비스듬히 아래로 깎아 치는 일. 커팅. ↔드라이브.

커트-라인 (cut+line) 圐 합격권의 최저 점수. 囗∼이 높아졌다. *데드라인.

커튼 (curtain) 圐 **1** 창·문 따위에 치는 휘장. 문장(門帳). 囗∼을 치다 / ∼을 달다 / ∼을 걷다. **2** 극장 등의 무대에 치는 막. 囗∼이 올라가다.

커튼-콜 (curtain call) 圐 연극이나 음악회의 공연이 끝나고 막이 내린 뒤, 관객이 박수를 치거나 소리를 보내거나 하여 출연자를 무대 앞으로 다시 불러내는 일.

커틀릿 (cutlet) 圐 얇게 썬 소·양·돼지 등의 고기에 빵가루를 묻혀 기름에 튀긴 요리.

커프스 (cuffs) 圐 와이셔츠나 블라우스의 소맷부리.

커프스-단추 (cuffs-) 圐 커프스에 채우는 장식용 단추.

커플 (couple) 圐 짝이 되는 남녀 한 쌍《흔히, 부부나 연인 사이를 이름》. 囗캠퍼스 ∼ / 환상의 복식 ∼.

커플링 (coupling) 圐 한 축(軸)에서 다른 축으로 동력을 전달하는 장치《클러치와 달라서 동력의 전달을 마음대로 절단하지는 못함》. 축이음.

커피 (coffee) 圐 **1** 커피나무 열매의 씨를 볶아 갈아서 만든 가루《카페인이 들어 있음》. **2** 커피로 만든 차. 囗∼의 향기를 맡다 / ∼를 진하게 타다 / ∼를 한 잔 마시다.

커피-나무 (coffee-) 圐 《식》꼭두서닛과의 상록 관목. 아프리카 원산으로 열대 작물인데, 높이 8∼9m. 나무껍질과 꽃은 백색임. 핵과(核果)는 짙은 홍자색으로 익는데, 두 개의 씨가 있으며 커피의 원료가 됨.

커피-세트 (coffee set) 圐 커피 마시는 도구의 한 벌. 囗∼를 선물하다.

커피-숍 (coffee shop) 圐 주로 커피차를 팔면서, 이야기하거나 쉴 수 있게 꾸며 놓은 가게. 囗∼에서 만나기로 약속하다.

커피-차 (coffee茶) 圐 커피2.

커피-콩 (coffee-) 圐 커피나무 열매의 씨.

커피포트 (coffeepot) 圐 커피를 끓이는 데 쓰는 주전자.

컥 튀 **1** 목구멍에 걸린 것을 힘 있게 내뱉는 소리. 꺙각. **2** 숨이 답답하게 막히는 모양.

컥-컥 튀 **1** 잇따라 컥 하는 소리. 꺙칵칵. **2** 숨이 막히는 모양.

컥컥-거리다 [-꺼-] 쟤 **1** 컥컥 소리를 자꾸 내다. 꺙칵칵거리다. **2** 숨이 답답하게 자꾸 막히다.

컥컥-대다 [-때-] 쟤 컥컥거리다.

-컨대 죤 -하건대. -ㄹ진대.

-컨댄 죤 '-컨대'에 조사 '는'이 겹쳐 준 말.

컨디션 (condition) 圐 **1** 몸의 건강이나 기분 따위의 상태. 囗∼이 좋다 / ∼이 난조를 보이다 / ∼을 조절하다. **2** 주위의 상황. 사정. 囗그라운드 ∼이 나쁘다.

컨버터블 (convertible) 圐 지붕을 따로 떼어 내거나 접을 수 있게 만든 자동차.

컨베이어 (conveyor) 圐 물건을 연속적으로 수평 또는 비탈지게 이동시키는 띠 모양의 운반 장치. 전송대(傳送帶). 반송대(搬送帶).

컨베이어 시스템 (conveyor system) 《공》컨베이어를 사용하는 작업 방식《컨베이어 옆의 일정한 위치에 근로자들이 배치되어 자기 앞을 지나는 완성 과정에 있는 물건에 자기에게 할당된 부분만의 작업을 하는 방식》.

컨설턴트 (consultant) 圐 《경》기업 경영에 관한 상담·진단·조언·지도를 하는 전문가.

컨설턴트 엔지니어 (consultant engineer) 《경》 각종 산업에서, 과학 기술의 전문 분야에 관하여 그 계획·설계·분석 등을 지도하는 사람.

컨설턴트 회:사 (consultant會社) 《경》 설계를 맡거나 기술자를 제공하는 회사《기술을 파는 새로운 산업임》.

컨설팅 (consulting) 圐 전문 지식을 가진 사람이 상담·자문에 응하는 일.

컨셉 圐 ☞ 콘셉트(concept).

컨셉트 圐 ☞ 콘셉트(concept).

컨소시엄 (consortium) 圐 《경》 대규모 개발 사업의 추진이나 대량의 자금 수요에 대응하기 위해 국제적으로 은행이나 기업이 공동으로

참가하여 형성하는 차관단 또는 융자단.

컨테이너 (container) 명 화물 운송에 쓰는, 쇠로 만든 상자 모양의 큰 용기《짐을 꾸리지 않고 넣어 그대로 화차·선박에 실음》. ▢ ~를 운반하다.

컨테이너-선 (container船) 명 컨테이너만을 전문으로 운반하도록 만든 운반선.

컨트롤 (control) 명하타 1 통제하고 조절하는 일. ▢ 감정을 ~하다. 2 야구에서, 투수가 투구를 조절하는 일. ▢ 볼 ~이 절묘하다.

컨트리-클럽 (country club) 명 전원생활을 즐기려는 도시인들을 위해 골프·테니스·수영 등을 즐길 수 있는 설비가 있는, 교외의 오락 휴양 시설.

컬 (curl) 명하타 머리털을 곱슬곱슬하게 지지는 일. 또는 그런 머리털.

컬러 (color) 명 1 색. 색채. ▢ 화려한 ~. 2 개성. 작품의 맛. 기분. ▢ 팀 ~를 바꾸다.

컬러-복사기 (color複寫機)[—싸—] 명 그림·글·도면·사진 따위를 본디의 색대로 복사하는 기계.

컬러 사진 (color寫眞) 〖연〗 천연색에 가까운 색채를 나타내는 사진. 천연색 사진.

컬러 스캐너 (color scanner) 〖컴〗 컬러 사진이나 원고 따위를 컴퓨터에 입력하는 기계. 정밀도가 높은 색의 수정이나 보정(補正) 작업을 손쉽게 할 수 있음.

컬러-텔레비전 (color television) 명 피사체(被寫體)의 원색을 그대로 전송(電送)·재현하는 텔레비전.

컬러 필름 (color film) 천연색에 가깝게 감광(感光)하여 그 색채를 나타내는 사진 필름. 천연색 필름.

컬럭 튀하자 병으로 쇠약하여 힘없이 내는 기침 소리. 쎈칼락.

컬럭-거리다 [—꺼—] 자 컬럭 소리를 잇따라 내다. 튀칼락거리다 튀하자

컬럭-대다 [—때—] 자 컬럭거리다.

컬렉션 (collection) 명 1 미술품·우표·골동품 등을 모으는 일. 또는 그 모은 물건들. 수집. 수집품. 2 새로운 복식(服飾) 작품의 수집·전시. 또는 그 발표회.

컬컬-하다 형여 1 목이 몹시 말라서 물·술 따위를 마시고 싶은 생각이 간절하다. ▢ 컬컬한 목을 축이다. 2 목소리가 쉰 듯하고 거친 느낌이 있다. 3 맵고 얼큰한 맛이 있다. 쎈칼칼하다.

컴-맹 (←computer盲) 명 〈속〉 컴퓨터를 전혀 다룰 줄 모르는 사람을 문맹(文盲)에 비유하여 이르는 말. ▢ ~에서 겨우 벗어나다.

컴백 (comeback) 명하자 예전의 활동 무대에 다시 돌아옴. ▢ 가요계에 ~하다.

컴컴-하다 형여 1 침침하게 아주 어둡다. ▢ 컴컴한 지하실. 쎈캄캄하다. 2 마음이 음흉하고 욕심이 많다. ▢ 그는 속이 컴컴한 사람이다. 센껌껌하다.

컴파일러 (compiler) 명 〖컴〗 번역기《일상 언어에 가까운 문장으로 작성한 프로그램을 기계어로 번역하는 언어 처리 프로그램》.

컴퍼스 (compass) 명 1 제도용의 기구. 양 다리를 자유로이 폈다 오므렸다 하여 선의 길이를 재거나 원이나 호를 그리는 데 씀. ▢ ~로 원을 그리다. 2 나침반. 3 보폭(步幅). ▢ ~가 길다〔짧다〕.

컴퓨터 (computer) 명 〖컴〗 전자 회로를 이용하여 고속·자동으로 계산을 하는 장치의 총칭. 수치 계산 이외에 자동 제어, 데이터 처리, 사무 관리에서 언어와 화상의 정보 처리

에 이르기까지 광범위하게 이용됨. 전자계산기. ▢ ~를 켜다〔끄다〕.

컴퓨터 게임 (computer game) 〖컴〗 컴퓨터의 그래픽 기능을 이용하여 즐길 수 있는 전자오락 게임의 총칭.

컴퓨터 그래픽스 (computer graphics) 〖컴〗 컴퓨터를 이용하여 도형·화상(畫像) 따위를 표시하는 기술.

컴퓨터 네트워크 (computer network) 〖컴〗 멀리 떨어져 있는 여러 대의 컴퓨터를 통신 회선으로 연결하여 이용하는 형태. 다른 컴퓨터의 하드웨어·소프트웨어·데이터베이스 등의 각종 정보를 공유할 수 있음.

컴퓨터 단:층 촬영 (computer斷層撮影) 〖의〗 시티 스캐너를 이용한 컴퓨터 단층 촬영법. 엑스선이나 초음파를 여러 각도로 인체에 투영하고 이를 컴퓨터로 재구성하여 인체 내부 단면의 모습을 화상(畫像)으로 처리함《종양 따위 질병의 진단법으로 널리 이용됨》. 시티(CT) 촬영.

컴퓨터 바이러스 (computer virus) 〖컴〗 컴퓨터 통신 등을 통해 다른 컴퓨터에 침입하여 저장된 데이터나 프로그램을 파괴하는 프로그램.

컴퓨터 범:죄 (computer犯罪) 〖컴〗 이득이나 호기심의 충족을 위해, 컴퓨터를 수단이나 목적으로 이용하는 범죄 행위《프로그램을 개작(改作)하여 횡령을 하거나 자기 회사의 소프트웨어나 데이터를 경쟁 회사에 파는 일 따위》. *해킹.

컴퓨터 아트 (computer art) 컴퓨터를 이용하여 창조하는 예술.

컴퓨터 이:용 설계 (computer利用設計) [—/—게] 〖공〗 캐드(CAD).

컴퓨터 이:용 제:조 (computer利用製造) 〖공〗 캠(CAM).

컴퓨터 조판 (computer組版) 〖인〗 컴퓨터를 이용한 조판. 문자나 그림 모양을 입력하여 글자 수, 행간(行間), 레이아웃 따위의 처리나 인화지 출력을 프로그램에 따라 자동적으로 행함. 전산 식식(?).

컴프레서 (compressor) 명 공기 압축기.

컴프리 (comfrey) 명 〖식〗 지칫과의 여러해살이풀. 유럽 원산의 재배 식물로, 줄기 높이는 60~90cm. 잎과 뿌리는 약으로 쓰며, 잎은 영양이 풍부하여 야채로 식용함.

컵 (cup) 명 1 물이나 음료 따위를 따라 마시는, 사기나 유리로 만든 잔. ▢ 일회용 ~ / 우유를 ~에 따라 마시다. 2 우승배. ▢ 챔피언 ~. 3 음료가 든 컵을 세는 단위. ▢ 맥주 한 ~을 마시다. 4 브래지어에서, 젖가슴이 닿는 부분에 대는 반구형의 물건.

컵-자리 (Cup—) 명 〖천〗 별자리의 하나. 처녀자리의 서쪽에 있는 작은 별자리로, 늦은 봄의 저녁에 남쪽 하늘에 보임.

컷 (cut) 명 1 작은 삽화. ▢ 책에 들어갈 ~을 그리다. 2 영화의 편집·검열 등을 할 때, 촬영한 필름에서 불필요한 부분을 삭제하는 일. 두 필름. 3 영화 촬영에서, 한 번의 연속 촬영으로 찍은 장면.

컷백 (cut back) 명 연속된 화면의 도중에 갑자기 다른 화면이 나타났다가 다시 먼저의 화면으로 돌아가는 영화 편집상의 기교.

컷오프 (cutoff) 명 방송 중인 음악이나 이야기 따위를 급히 중단하는 일. 시청자의 주의력을 모으고 화면 변화에 대한 기대를 높이기

위한 기교.
컷워크 (cutwork) [명] 서양 자수의 하나. 도안의 윤곽을 따라 수를 놓은 다음, 그 모양의 주위를 적당히 잘라 내어 무늬를 만드는 수법.
컷인 (cut-in) [명] **1** 영화 장면의 사이사이에 대화의 일부분 등을 영사(映寫)하여 내는 삽입 자막. 소자막(小字幕). **2** 농구에서, 수비선을 재빨리 돌파하여 공격하는 일.
컷 필름 (cut film) 한 장 한 장 틀에 넣어 사용하도록 자른 두꺼운 필름.
컹컹 [부][하자] 개가 크게 짖는 소리. [작]캉캉.
컹컹-거리다 [자] 컹컹 소리를 잇따라 내다. [작] 캉캉거리다.
컹컹-대다 [자] 컹컹거리다.
-케 [준] -하게. ❏성공~ 하다 / 좀 더 편~ 해 드리죠.
케노트론 (kenotron) [명] 〔전〕 고전압·저전류가 필요한 장치에서, 정류기(整流器)로 쓰기 위해 설계된 고진공 이극관(高眞空二極管).
케라틴 (keratin) [명] 〔화〕 동물체의 표피·모발·손발톱·뿔 따위의 주성분인 경질(硬質) 단백질의 총칭. 각소(角素). 각질(角質).
케레스 (Ceres) [명] 로마 신화에 나오는 대지(大地)의 여신. 그리스 신화의 데메테르(Demeter)에 해당함.
케미컬-슈즈 (chemical shoes) [명] 합성 피혁으로 만든 신. [준]케미슈즈.
케이¹ (K, k) [명] 영어 자모의 열한째.
케이² (K, k) [의명] 합금 속에 들어 있는 순금의 비율을 나타내는 기호. ❏18 ~ 금반지.
케이블 (cable) [명] **1** 식물의 섬유나 철사를 꼬아 만든 굵은 줄. **2** 닻줄로 쓰는 쇠사슬. **3** 전기 절연물로 겉을 싼 전화선이나 전력선. **4** '케이블카'의 준말.
케이블-카 (cable car) [명] 공중에 가설한 레일에 차량을 매달아 사람이나 짐을 나르는 장치. 강삭 철도. [준]케이블.
케이블 티브이 (cable TV) 동축(同軸) 케이블이나 광섬유 케이블을 사용하여 텔레비전 신호를 각 수상기로 전송하는 방송 시스템. 유선 텔레비전.
케이스 (case) [명] **1** 경우. 예(例). 실례. 사건. ❏시범 ~ / ~ 바이 ~. **2** 상자. 갑(匣). ❏화장품 ~ / 담배 ~.
케이슨 (caisson) [명] 잠함(潛函).
케이슨-병 (caisson病) [명] 〔의〕 잠수부가 물속의 기압이 높은 곳에 장시간 있다가 갑자기 기압이 낮은 곳으로 나왔을 때 생기는 병《근육·관절의 동통, 현기증, 사지의 마비 등을 일으킴》. 잠수병.
케이에스 (KS) [명] 〔Korean Industrial Standards〕 한국 산업 규격. 또는 그 표시. ❏~ 표시품.
케이에스 마크 (KS mark) 공업 표준화법에 따라 표준이라고 인정하는 제품에 표시하게 하는 [KS]의 표.
케이에스 자:석강 (KS磁石鋼)[-깡] 특수강의 하나. 매우 강한 자력을 가진 영구 자석강.
케이오 (KO) [명][하자] 〔knockout〕 녹아웃.
케이오 승 (KO勝) 권투에서, 상대 선수를 녹아웃시켜 이기는 일.
케이오시 (KOC) [명] 〔Korean Olympic Committee〕 한국 올림픽 위원회.
케이오 패 (KO敗) 권투에서, 상대 선수에게 녹아웃당하여 지는 일.
케이 입자 (K粒子)[-짜] 〔물〕 케이 중간자.
케이 중간자 (K中間子) 〔물〕 전자 질량의 약 970배 되는 중중간자(重中間子)의 하나.
케이지 (cage) [명] **1** 새장. 우리. **2** 엘리베이터에서, 사람이 타거나 짐을 싣는 칸.
케이크 (cake) [명] 밀가루·달걀·버터·우유·설탕 등을 주재료로 하여 구워 만든 스펀지 케이크 등의 빵. ❏생일 축하 ~를 자르다.
케이폭 (kapok) [명] 케이폭나무 열매의 껍질 내벽에 있는 털. 목화보다 가볍고 보온성이 풍부하며, 물을 빨아들이지 않아 부력이 큼《구명구(救命具)·이불·베개·방석 등에 씀》.
케이폭-나무 (kapok-) [명] 〔식〕 봄바카과의 낙엽 교목. 높이는 17-30 m. 가지는 가로 퍼지고 날카로운 가시가 있음. 길고 둥근 열매가 열리는데, 열매 껍질의 솜털은 구명대 따위를 만드는 데 쓰고, 씨는 기름을 짬.
케이프 (cape) [명] 망토의 한 가지《어깨·등·팔이 덮이고 소매가 없음》.
케익 [명] ☞ 케이크(cake).
케일 (kale) [명] 〔식〕 양배추의 한 가지. 비타민·미네랄이 많아 주스 만드는 데 씀.
케첩 (ketchup) [명] 토마토 등의 주스에 향료·감미료·식초 등을 섞어 만든 소스.
케케-묵다 [-따] [형] 일이나 물건, 생각 등이 썩 오래 묵어서 그리 쓸모가 없다. ❏케케묵은 사고방식 / 케케묵은 장롱을 버리다.
케톤 (ketone) [명] 〔화〕 카르보닐기가 두 개의 탄화수소기와 결합하고 있는 유기 화합물의 총칭. 아세톤 따위.
케틀 (kettle) [명] 〔의〕 수술에 쓰는 의류·거즈 등을 넣어 삶아 소독하는 기구.
케틀드럼 (kettledrum) [명] 〔악〕 팀파니.
케플러 망:원경 (Kepler望遠鏡) 〔물〕 대물(對物)렌즈·대안(對眼)렌즈가 모두 볼록 렌즈로 된 망원경《천체 망원경의 대부분이 이런 식으로 되어 있음》.
케플러의 법칙 (Kepler-法則)[-/-에-] 독일 천문학자 케플러가 발견한, 행성(行星)의 운동에 관한 세 가지 법칙. 제1법칙은 모든 행성은 태양을 초점으로 하는 타원 궤도를 그리며 돈다는 것이고, 제2법칙은 태양과 행성을 연결하는 직선이 같은 시간 동안에 그리는 면적은 항상 일정하다는 것이며, 제3법칙은 행성의 공전 주기의 제곱은 태양과 행성의 평균 거리의 세제곱에 비례한다는 것임.
켄트-지 (Kent紙) [명] 화학 펄프를 원료로 한, 그림·제도·인쇄 따위에 쓰는, 빳빳한 백색 종이《영국 켄트 주에서 처음 만들었음》.
켈로이드 (keloid) [명] 〔의〕 피부의 상처가 아물면서 단단하게 부어오르는 붉은빛의 종양《외상·화상·부식 따위가 원인임》.
켈빈 (kelvin) [의명] **1** 절대 온도의 단위. 기호: K. **2** 〔전〕 전력의 단위《1켈빈은 1천 볼트암페어시에 해당함》. 기호: K.
켈빈 온도 (Kelvin溫度) 〔물〕 절대 온도.
켈트 인 (Kelt人) 유럽 인종의 하나《스위스·스코틀랜드·아일랜드 등지에 사는데, 키가 크고, 머리털은 금발 또는 밤색임. 골(Gaul) 인·브리튼 인(人)도 이에 속함》.
켈프 (kelp) [명] 해조(海藻)를 낮은 온도로 태운 재《재료는 주로 다시마를 사용하며, 요오드 및 칼륨의 원료로 씀》.
켕기다 [一][자] **1** 팽팽하게 되다. **2** 탈이 날까 보아 마음이 불안하다. ❏뒤가 ~ / 뭔가 속으로 켕기는 것이 있는 모양이다. **3** 마주 버티다. [二][타] 잡아당겨 팽팽하게 하다. ❏빨랫줄을 팽팽하게 ~.
켜 [명] 포개어진 물건의 하나하나의 층. ❏먼지가 ~로 쌓여 있었다 / 쌀가루를 ~를 지어 안

치다 / 옷감을 여러 ~로 쌓다.

켜-내다 国 고치에서 실을 뽑아내다.

켜다¹ 国 **1** 성냥·라이터 등으로 불을 일으키다. 또는 촛불·등불 따위에 불을 붙이다. **2** 전기 제품 따위를 작동하게 만들다. 口텔레비전을 ~ / 컴퓨터를 ~.

켜다² 国 **1** 톱으로 나무를 세로로 썰어서 쪼개다. 口재목을 얇게 ~. **2** 누에고치에서 실을 뽑다. 口고치를 ~. **3** 현을 활로 쓸어서 소리를 내다. 口바이올린을 ~.

켜다³ 国 물·술 등을 한꺼번에 많이 마시다. 口냉수를 한 사발 ~.

켜다⁴ (기지개와 함께 쓰여) 팔다리를 뻗으며 몸을 펴다. 口기지개를 한 번 크게 ~.

켜다⁵ 国 수컷이 암컷 부르는 소리를 내다. 또는 사람이 짐승을 부를 목적으로 그와 같은 소리를 내다. 口우레를 ~.

켜이다 囯 《'켜다'의 피동》 켬을 당하다. 口짠 것을 먹은 탓인지 물이 켜인다. ㉠키다.

켜켜-로 團 여러 켜를 이루어서. 口책장에 먼지가 ~ 앉아 있다.

켜켜-이 團 여러 켜마다.

켤레¹ 圀 《수》 두 개의 점·선·수가 서로 특수한 관계를 가지고 있어 서로 바꾸어 놓아도 그 관계에 변화가 없을 경우에, 그 둘의 관계를 일컫는 말. 공액(共軛).

켤레² 의 신·버선·장갑·방망이 등의 한 벌을 세는 말. 口여러 ~ / 구두 한 ~.

켤레-각 (—角) 圀 《수》 꼭짓점과 두 변이 공통이고 그 합(合)이 360°인 두 개의 각에서 서로 반대쪽에 있는 각. 공액각.

켤레-면 (—面) 圀 《수》 어떤 2차 곡선에 관하여 두 개의 평면의 각 극(極)이 서로 다른 평면 위에 있을 때의 그 두 평면. 공액면.

켤레-선 (—線) 圀 《수》 어떤 원뿔 곡선에 관하여 두 직선이 각각 다른 직선의 극(極)을 지날 때의 그 두 직선. 공액선.

켤레 초점 (—焦點)[—쩜] 《물》 구면 거울이나 렌즈의 광점(光點)과 실상(實像)의 초점이 서로 위치를 바꿀 수 있는 두 점. 공액 초점. ㉠켤렛점.

켤레-호 (—弧) 圀 《수》 합이 한 원둘레와 똑같은 두 개의 호의 서로의 명칭. 공액호.

켤렛-점 (—點)[—레쩜 / —렏쩜] 圀 **1** 《수》 하나의 선분에 관하여, 그 선분을 포함하는 직선 위의 두 점이 처음의 선분을 같이 비로 각각 외분 및 내분할 경우의 두 점. 공액점. **2** 《수》 한 원뿔 곡선에서, 한 점의 원뿔 곡선에 대한 극선(極線)이 딴 점을 지날 때의 그 두 점. 공액점(共軛點). **3** 《물》 '켤레 초점'의 준말.

켯-속 [켜쏙 / 켣쏙] 圀 일이 되어 가는 속사정. 口~을 따지다 / 어찌된 ~인지 도무지 알 수가 없다 / ~이 벌써 틀렸다.

켸켸-묵다 휑 ☞ 케케묵다.

코¹ 圀 **1** 오관기(五官器)의 하나. 포유류의 얼굴 복판에 우뚝 나와 숨쉬기와 냄새 맡는 역할을 하며 발성을 도움. 口~를 골다 / ~가 납작하다 / ~를 벌름거리다 / ~로 냄새를 맡다. **2** 코에서 나오는 진득진득한 점액. 콧물. 口~를 닦다 / ~를 풀다 / ~를 훌쩍거리다. **3** 버선이나 신 따위의 앞 끝이 비죽이 내민 부분. 口고무신 ~ / 구두 앞 ~가 뾰족하다.

[코 아래 진상(進上)이 제일이다] 남의 환심을 사려면 뇌물이나 먹을 것을 바치는 것이 가장 효과적이다. [코에서 단내가 난다] 일에 시달리고 힘이 들어 심신이 몹시 피로하다.

코가 꿰이다 田 약점이 잡히다. 口그는 마누라에게 코가 꿰어 꼼짝도 못한다.

코가 납작해지다 田 몹시 무안을 당하거나 기가 죽다. 口그는 자기 생각이 틀린 줄 알자 코가 납작해졌다.

코가 높다 田 잘난 체하고 뽐내는 기세가 있다. 口그녀는 코가 높아 아직도 결혼을 못하고 있다.

코가 땅에 닿다 田 머리를 깊이 숙이다. 口코가 땅에 닿도록 절을 하다.

코가 비뚤어지게 田 잔뜩 취할 정도로 술을 많이 마시는 모양. 口~ 술을 마시다.

코가 빠지다 田 근심이 쌓여 맥이 빠지다.

코가 우뚝하다 田 ㉠의기양양하다. ㉡잘난 체하며 거만하게 굴다.

코를 맞대다 田 아주 가까이 마주 대하다. 口코를 맞대고 밤새 의논하다.

코를 찌르다 田 나쁜 냄새가 심하게 나다. 口악취가 코를 찌른다.

코 묻은 돈 어린아이들이 가진 적은 돈. 口~을 알겨먹다.

코에 걸다 田 무엇을 자랑삼아 내세우다.

코² 圀 그물이나 뜨개옷 따위의 몸을 이룬 낱낱의 고. 또는 그 고를 세는 단위. 口한 ~ 한 ~ 떠 나가다.

-코 回 일부 한자어에 붙어, 부사를 만드는 접미사. 口기어~ / 한사~ / 결단~ / 맹세~.

코-감기 (—感氣) 圀 코가 메고 콧물이 나오는 가벼운 증상의 감기.

코-걸이 圀 **1** 코에 거는 물건. 또는 코에 다는 장식. 口귀에 걸면 귀걸이 코에 걸면 ~. **2** 싸움할 때나 씨름에서, 손가락을 상대방의 콧구멍에 박아서 뒤로 밀어 넘기는 짓.

코-끝 [—끋] 圀 콧등의 끝. 口~이 찡하다 / ~에 땀방울이 맺히다 / 향긋한 냄새가 ~에 감돌다.

코끝도 볼 수 없다 田 도무지 나타나지 않아 얼굴도 볼 수 없다. 口어찌된 일인지 ~.

코끝도 안 보인다 田 사람이 도무지 모습을 나타내지 않다.

코끝이 맵다 田 콧날이 시큰하다.

코끼리 圀 《동》 코끼릿과의 동물. 육지에 사는 동물 중 가장 크며, 코는 원통형으로 길게 늘어졌음. 키는 크고, 눈은 작으며, 털은 거의 없음. 윗잇몸에 있는 앞니 두 개가 특별히 길고 큰데, '상아'라고 함(인도코끼리와 아프리카코끼리의 두 종류가 있음).

코끼리 비스킷 田 양에 차지 않을 소량의 먹을 것. 口그 체격에 빵조각이 ~.

코-납작이 [—짜기] 圀 **1** 코가 유달리 납작한 사람. **2** 핀잔을 맞아 기가 꺾인 사람.

코냑 (←프 cognac) 圀 프랑스 코냐크 지방 명산인 고급 브랜디(포도주로 만들며, 알코올 농도가 40~70 % 임).

코너 (corner) 圀 **1** 모퉁이. 구석. 口청 ~ / ~를 돌다. **2** 야구에서, 인코너와 아웃코너의 총칭. **3** 백화점 등의 특설 매장(賣場). 口아동복 ~ / 스낵 ~. **4** 헤쳐 나가기 어렵고 곤란하게 된 상태. 口막다른 ~에 몰리다. **5** 육상 경기장에서, 경주로의 굽이진 곳. 口~에 접어들다.

코너 아웃 (corner out) 축구에서, 자기편에 의해 자기편 골라인 뒤로 공이 나간 경우(상대편에게 코너킥이 허용됨).

코너 워크 (corner work) **1** 야구에서, 투수가 능란하게 홈베이스의 외각·내각(內角)으로 번갈아 공을 던져 타자를 잡는 기술. **2** 권투에서, 선수가 링에 몰리거나 몰아붙였을 때

의 경기 운영. **3** 육상 경기에서, 주로의 코너 부분을 달리는 방법. **4** 스케이트에서, 코너를 재치 있게 도는 일. 또는 그런 기술.

코너-킥 (corner kick) 몡 축구에서, 코너 아웃이 된 공을 상대방의 코너에 놓고 필드(field) 안으로 차는 일. 구석차기. □ ~에 이은 헤딩으로 득점하다.

코너 플래그 (corner flag) 축구·럭비·하키 등에서, 경기장의 네 귀퉁이에 세우는 깃발.

코넷 (cornet) 몡 《악》 트럼펫 비슷한 금관 악기(모양새가 트럼펫과 비슷하고 음색(音色)이 좀 부드러움).

코니데 (독 Konide) 몡 《지》 자주 활동하는 화산의 일정한 분출구로부터 나온 용암과 많은 방출물이 주위에 퇴적하여 생긴 원뿔형의 화산. 원추 화산.

코다 (이 coda) 몡 《악》 악장·악곡의 최후를 끝맺는 부분. 결미구(結尾句). 종결구.

코-담배 몡 콧구멍에 갖다 대어 향기를 맡는 가루담배.

코-대답 (-對答) 몡하자 탐탁하지 않게 여기어 콧소리로 건성으로 하는 대답. □ 관심이 없는 듯 건성으로 ~만 한다.

코데인 (codeine) 몡 《화》 아편에 들어 있는 알칼로이드의 일종인 마약. 무색 사방 정계(斜方晶系) 결정으로 아편에 1.2~1.8 % 쯤 들어 있음(진해제(鎭咳劑)·진통제로 씀).

코도반 (cordovan) 몡 말 궁둥이의 가죽(치밀하고 탄력성이 좋아서 고급 구두나 혁대 따위를 만드는 데 씀).

코드 (chord) 몡 《악》 **1** 악기의 현(絃). **2** 화음 (和音). **3** 기타 따위의 현악기 연주에서, 손가락으로 짚는 화음.

코드 (code) 몡 **1** 전통적인 사회 규약. 관례. **2** 국제 전보를 사용하는 상사(商社)가 전문(電文)을 간단히 하기 위해 정한 기호. 전신 약호. 암호. **3** 《컴》 정보를 나타내기 위한 기호의 체계(데이터 코드·기능 코드·검사코드 따위가 있음).

코드 (cord) 몡 가느다란 여러 개의 구리줄을 절연물로 싸고 그 위를 무명실·명주실 등으로 씌운 전깃줄. □ ~를 뽑는다.

코등이 몡 '칼코등이'의 준말.

코디네이터 (coordinator) 몡 의상·화장·장신구·구두 등을 전체적으로 조화롭게 꾸미는 일을 전문적으로 하는 사람.

코-딱지 [-찌] 몡 **1** 콧구멍에 코의 진액과 먼지가 섞여 말라붙은 딱지. □ ~를 후빈다. **2** 아주 작고 보잘것없는 것의 비유. □ ~만 한 방.

코-뚜레 몡 '쇠코뚜레'의 준말.

코란 (Koran) 몡 《종》 이슬람교의 경전(經典). 교조 마호메트가 천사 가브리엘을 통하여 계시 받은 알라의 말을 30 편 114 장에 수록한 것. 이슬람 교도의 신앙·일상생활·도덕률·법률의 규범이며, 아랍 문학의 원천이기도 함. 코란경.

코란-경 (Koran經) 몡 《종》 코란.

코랄 (chorale) 몡 《악》 **1** 성가(聖歌). 성가의 합창곡. **2** 기독교 신교의 예배용 찬송가. 중찬가(衆讚歌).

코랑-코랑 튀하형 자루나 봉지 속의 물건이 꽉 차지 않아 들썩거리는 모양. ④쿠렁쿠렁.

코러스 (chorus) 몡 **1** 합창. 합창곡. 합창단. **2** 포크 송이나 대중가요에서 반복되는 부분.

코로나 (corona) 몡 《천》 태양 대기(大氣)의 가장 바깥 층에 있는 엷은 가스층(개기 일식

때, 태양 주위에서 볼 수 있음). 백광(白光).

코르덴 몡 [←corded velveteen] 누빈 것처럼 골이 지게 짠, 우단(羽緞) 비슷한 직물. □ ~바지 / ~양복.

코르셋 (corset) 몡 **1** 여자용 속옷의 하나. 배와 허리 둘레의 모양을 내기 위해 몸을 졸라매는 데 씀. **2** 《의》 정형외과에서, 환부(患部)의 고정·안정·변형 교정(矯正) 등을 위해 사용하는 의료 기구.

코르크 (cork) 몡 **1** 코르크나무 표피 밑의 두껍고 탄력 있는 부분. 열의 부도체로 가볍고 탄성이 풍부하며, 액체·기체가 통하지 않아 보온재, 방음재, 밀폐 장치 등 여러 곳에 씀. **2** 코르크로 만든 병마개.

코르크-나무 (cork-) 몡 《식》 참나뭇과의 상록 교목. 지중해 연안에 나며, 높이는 15~20 m 임. 줄기의 튼튼한 해면질(海綿質)층에서 코르크를 채취함.

코르크-질 (cork質) 몡 《식》 코르크를 이루는 물질. 목전질(木栓質).

코르크-층 (cork層) 몡 《식》 나무의 겉껍질 안쪽의 부분(코르크질을 갖춘 여러 층의 세포로 되어 식물체에 물이 드나듦을 막아 내부를 보호함). 목전층(木栓層).

코르티 기관 (Corti器官) 몡 《생》 내이(內耳)의 달팽이관 기저막(基底膜) 위에 놓인, 소리의 감수(感受) 기관. 나선형으로 되어 있으며 소리를 감수하는 유모(有毛) 세포와 지지(支持) 세포로 되어 있음.

코르티손 (cortisone) 몡 《생》 부신(副腎) 피질에서 나오는 호르몬의 일종(류머티즘성 관절염의 특효약).

코리다 형 **1** 썩은 풀이나 썩은 달걀 냄새 같다. **2** 마음 쓰는 것이나 하는 짓이 다랍고 잘다. ④고리다.

코리아 (Korea) 몡 한국.

코리안 (Korean) 몡 한국인. 한국어.

코리타분-하다 형 **1** 냄새가 역겹고 코리다. **2** 마음 씀씀이나 하는 짓이 새롭지 못하고 따분하다. □ 하는 짓이 ~. ④고리타분하다.

코린-내 몡 코린 냄새. ④고린내.

코린트-식 (Corinth式) 몡 《건》 그리스 고전 건축 양식의 하나(화려하고 섬세하며, 아칸서스(acanthus) 잎을 새긴 기둥머리가 특징임).

코-맹녕이 몡 ☞ 코맹맹이.

코-맹맹이 몡 코가 막혀 소리를 제대로 내지 못하는 사람. 또는 그런 소리. □ 감기에 걸려서 ~ 소리를 하다.

코-머거리 몡 코가 막히는 증세가 있는 사람.

코-머리 몡 《역》 고을 관아에 속했던 우두머리 기생. 현수(絃首). *행수(行首) 기생.

코멘-소리 몡 코가 막힌 사람이 하는 말소리.

코멘트 (comment) 몡 논평. 설명. 의견. 비평. □ 보도 내용에 대해 ~를 하다.

코뮈니케 (ㅍ communiqué) 몡 외교상의 공문서. 정부의 공식 성명서.

코뮤니스트 (communist) 몡 공산주의자. 공산당원.

코뮤니즘 (communism) 몡 공산주의.

코미디 (comedy) 몡 희극(喜劇).

코미디언 (comedian) 몡 희극 배우.

코믹 (comic) 몡하형 **1** 희극적. □ ~한 연기가 돋보이는. **2** '코믹 오페라'의 준말.

코믹 오페라 (comic opera) 가곡 외에 대사와 경쾌한 음악이 수반되고 해피 엔드로 끝나는 가극. 희가극(喜歌劇). 뮤지컬 코미디. *그랜드 오페라.

코-밑 [-믿] 몡 **1** 코의 바로 밑의 부분. **2** 아주

가까운 곳이나 곧 닥칠 미래. ☐원서 접수 마
감이 ~으로 다가왔다.

코밀-수염 [─鬚髯][─밑쑤─] 圀 콧수염.

코-바늘 圀 한쪽 또는 양쪽 끝에 미늘이 달린 짧은 뜨개바늘의 하나. *대바늘.

코발트 (cobalt) 圀 1 『화』 붉은빛을 띤 은백색 광택이 나는 금속 원소. 쇠보다 무겁고 단단함《합금·전기 도금에 쓰며, 산화물은 유리·도자기의 착색(着色) 염료, 페인트·니스의 건조제로 씀》. [27번 : Co : 58.93] 2 '코발트색'의 준말.

코발트-그린 (cobalt green) 圀 1 아연과 코발트와의 산화아연으로 되는 아름다운 녹색의 안료(顔料). 또는 그 빛. 2 밝은 녹색.

코발트-블루 (cobalt blue) 圀 산화코발트와 산화알루미늄으로 되는 청색 도료. 또는 그 빛. 코발트청.

코발트-색 (cobalt色) 圀 하늘빛 같은 맑은 남빛. 엷은 군청색. ⑨코발트.

코발트-옐로 (cobalt yellow) 圀 코발트염(鹽)에 아질산칼륨을 작용시킬 때 생기는 황색 안료. 또는 그 빛.

코발트 유리 (cobalt琉璃) 『화』 착색제로 코발트를 사용한 푸른색 유리. 장식품·광학 필터(filter)·고온 작업용의 보호 안경 등에 씀.

코발트 폭탄 (cobalt爆彈) 원자 폭탄·수소 폭탄의 겉을 코발트로 싼 폭탄. 폭발에 의해서 코발트가 중성자를 흡수, 강력한 방사능이 오랫동안 남음.

코-방아 圀 엎어져서 코를 땅바닥에 부딪치는 일. ☐돌부리에 걸려 ~를 찧다.

코-배기 圀 〈속〉 코가 유난히 큰 사람을 가리키는 말. ☐양(洋)~.

코-보 圀 ☞코주부.

코볼 (COBOL) 圀 〔Common Business Oriented Language〕 『컴』 사무용 응용 프로그램을 위해 개발한 고급 프로그래밍 언어.

코브라 (cobra) 圀 『동』 코브라과(科)에 속하는 독사의 하나. 몸길이 1.6~2m. 몸빛은 회색·갈색·흑색 등 변화가 많음. 야행성으로 밤에 개구리·뱀·새·쥐 등을 잡아먹음. 인도·대만 등지에 분포함.

코-비 (─鼻) 圀 한자 부수(部首)의 하나《'鼾'·'齁' 등에서 '鼻'의 이름》.

코-빼기 圀 '코풍배기'의 준말.

코빼기도 나타나지 [내밀지] **않다** 句 코빼기도 안 보인다. *코끝.

코빼기도 못 보다 句 도무지 나타나지 않아 얼굴도 못 보다.

코빼기도 볼 수 없다 句 코끝도 볼 수 없다. *코끝.

코빼기도 안 보이다 句 전혀 나타나지 않다.

코-뼈 圀 『생』 비골(鼻骨).

코뿔-소 [─쏘] 圀 『동』 코뿔소과에 속하는 짐승의 총칭. 몸의 길이는 4m 정도, 높이는 1.2~2m. 보통 잿빛 갈색에 다리가 짧고, 살갗은 두꺼우며 털이 적음. 코 위에 한두 개의 뿔이 있음. 남아시아에 3종, 아프리카에 2종이 있음. 무소.

코사인 (cosine) 圀 『수』 삼각 함수의 하나. 직각 삼각형의 한 예각을 낀 빗변과 밑변의 비(比)를 그 각(角)에 대해 코사인이라 함. 기호는 cos. 여현. ↔사인트.

코섹크 (cosec) 圀 『수』 코시컨트.

코-쇠 圀 『광』 산기슭의 끝에 있는 사금층(砂金層).

코-숭이 圀 1 산줄기의 끝. 산코숭이. 2 물체의 뾰족하게 내민 앞의 끝 부분. ☐버선 ~.

코스 (course) 圀 1 진행. 진로. 방향. 행정(行程). ☐산책 ~ / 드라이브 ~. 2 육상·수영·경마 등에서, 달리거나 나아가는 길. 경주로. 경영 수로(競泳水路). 경조(競漕) 수로. ☐마라톤 ~. 3 고급 요리의 정찬에서, 차례차례 나오는 한 접시 한 접시의 요리. ☐~ 요리 / 만찬 ~. 4 과정. 강좌. ☐학사 과정의 정규 ~ / 박사 ~를 밟다.

코스닥 (KOSDAQ) 圀 〔Korea Securities Dealers Automated Quotations〕 『경』 증권 거래소에서 운영하는 장외 주식 거래 시장. 주로 중소 벤처 기업의 자금 조달을 위해 마련한 주식 시장으로 증권 거래소에 상장하는 것보다 쉽게 등록할 수 있음《1996년 7월에 개장됨》. ☐~ 종목 / ~ 지수.

코스 라인 (course line) 육상·수영 등의 경기에서, 경주로·경영장(競泳場)에 그어진 각 선수들의 경계선《이 선을 넘어서 출발하면 반칙임》.

코스 로프 (course+rope) 수영 경기에서, 각 코스를 구별하기 위하여 수영장 수면에 띄워 놓은 줄.

코스모스¹ (cosmos) 圀 『식』 국화과의 한해살이풀. 멕시코 원산이며, 키는 1~2m. 가을에 여러 가지 색의 꽃이 피는데, 청초하고 아름다워 관상용으로 재배함.

코스모스² (그 cosmos) 圀 질서와 조화를 이룬 우주. 또는 그 세계. ↔카오스(chaos).

코스튬 (costume) 圀 1 어떤 국민·계급·시대·지방의 특수한 복장. 2 연극에 쓰는, 시대를 나타내는 의상. 3 옷을 입은 인물화.

코스트 (cost) 圀 1 값. 비용. 경비. 2 생산비. 원가(原價). ☐~를 다운시키다.

코스트 인플레이션 (cost inflation) 『경』 임금이나 원자재 가격 등의 상승으로 인해 일어나는 물가 상승.

코시컨트 (cosecant) 圀 『수』 삼각 함수의 하나. 직각 삼각형의 빗변과 한 예각의 대변과의 비(比)를 일컬음. 기호는 cosec. 여할(餘割). 코세크. ↔사인.

코-신 圀 앞쪽이 코처럼 뾰족하게 나온 여자용 고무신. 코고무신.

코-싸등이 圀 〈속〉 콧등.

코아세르베이트 (coacervate) 圀 『화』 용액 중에서 친수(親水) 콜로이드 입자가 모여, 용매과의 사이에 일정한 평형을 유지하는 작은 콜로이드액이 된 것《생명 발생의 한 단계로 추정됨》.

코-안경 (─眼鏡) 圀 안경다리가 없이 콧대에 끼어 쓰는 안경. ☐~을 걸치다.

코알라 (koala) 圀 『동』 쿠스쿠스과의 포유동물. 몸길이 약 60cm. 오스트레일리아 특산의 작은 동물로 꼬리가 길고 배에 새끼를 넣어 기르는 주머니가 있으며, 머리는 곰과 비슷함. 나무 위에서 지내며 유칼리의 잎만 먹고 삶. 주머니곰.

코-앞 [─압] 圀 1 아주 가까운 곳. ☐안개가 짙어 ~도 분간하기 어렵다. 2 바로 앞에 닥친 미래. ☐시험 날짜가 ~에 다가왔다.

코앞에 닥치다 句 바로 눈앞에 닥쳐 일이 급박해지다. ☐원고 마감이 ~.

코-약 (─藥) 圀 코 아픈 데 쓰는 약. 비약.

코어 (core) 圀 1 『지』 핵(核)6. 2 『컴』 1비트의 정보를 기억하기 위하여 사용하는 기억 소자(素子). 주로 자기(磁氣) 코어를 말하며, 철·산화철·페라이트 따위로 만듦.

코어 커리큘럼 (㊀ core curriculum) 핵심 교육 과정.

코-언저리 몡 코와 그 주위 부분. ▢~가 부어 올랐네.

코오퍼러티브 시스템 (cooperative system) 직업 교육을 위해 학교의 학습과 현장의 실습을 적절하게 연결시키는 교육법.

코요테 (coyote) 몡 〖동〗 갯과의 동물. 몸길이 1m 정도, 잿빛 갈색 또는 누런 갈색. 이리와 비슷하나 몸집이 작고 귀가 크며 주둥이가 김. 알래스카에서 중앙아메리카까지의 초원 지대에서 삶.

코-웃음 몡 대수롭지 않게 여겨 '흥'하며 가볍게 비웃는 웃음. 비소(鼻笑).
  코웃음(을) 짓다 쿈 코웃음 치는 표정을 하다. ▢판매원이 하는 말에 ~.
  코웃음(을) 치다 쿈 ㉠코웃음을 웃다. ㉡남을 깔보고 비웃다.

코인 (coin) 몡 화폐. 경화(硬貨). 동전.

코일 (coil) 몡 1 나사 모양이나 원형으로 여러 번 감은 물건. 2 〖물〗 절연성 재료를 나사 모양으로 여러 번 감은 도선(導線)((이것에 전류를 통하여 전자기장을 만드는 데 씀)).

코-쟁이 몡 코가 크다는 뜻에서, 서양 사람을 놀림조로 이르는 말.

코-주부 몡 코가 큰 사람을 놀리는 말.

코즈메틱 (cosmetic) 몡 1 분·향수·크림·포마드 같은 화장품의 총칭. 2 백랍·쇠기름·파라핀 등에 향료를 넣어 굳혀서 만든 화장품((주로 머리에 바름)).

코즈모폴리터니즘 (cosmopolitanism) 몡 세계주의.

코즈모폴리턴 (cosmopolitan) 몡 세계주의자.

코-지 (-紙) 몡 코를 풀거나 닦는 데 쓰는 종이.

코-쭝배기 몡 〈속〉 코의 낮춤말. ㊤코빼기.

코-찡찡이 몡 콧병 같은 것으로 말소리가 찡찡한 사람을 놀리는 말. ㊤찡찡이.

코-청 몡 두 콧구멍 사이를 막고 있는 얇은 막. ▢소의 ~을 뚫어 코뚜레를 달다.

코치 (coach) 몡하타 1 지도하여 가르침. ▢~를 받고 운동하다. 2 운동의 기술을 지도하고 훈련시키는 일. 또는 그런 일을 하는 사람. ▢축구 ~ / ~ 겸 선수.

코친 (cochin) 몡 〖조〗 중국 북방 원산의 닭의 품종. 코친종(種).

코-침 몡 콧구멍에 심지를 넣어 간질이는 짓.
  코침(을) 주다 쿈 ㉠콧구멍에 심지를 넣어 간질럽게 하다. ㉡사람을 성나게 하다.

코칭-스태프 (coaching staff) 몡 코치의 진용. 코치진(coach陣). ▢~를 개편하다.

코카 (coca) 몡 〖식〗 코카과의 관목. 높이 2 m 가량, 7월에 황록색의 다섯잎꽃이 피며, 핵과(核果)를 맺음((잎에서 코카인을 뽑아냄)).

코카인 (cocaine) 몡 〖화〗 코카의 잎에 들어 있는 알칼로이드((무색무취의 주상(柱狀) 결정으로 국소 마취약으로 씀)).

코카-콜라 (Coca-Cola) 몡 코카 잎과 콜라 열매의 두 즙 추출액을 원료로 하여 만든 미국 청량음료의 상표명.

코-카타르 (-catarrh) 몡 〖의〗 코의 점막에 생기는 염증. 비염(鼻炎).

코코넛 (coconut) 몡 야자나무의 열매((배젖에서 야자유(油)를 짜내며, 이것을 말려 코프라(copra)를 만듦)).

코코아 (cocoa) 몡 1 카카오나무의 열매를 건조하여 가루로 만든 것((음료·과자·약재(藥材)로 씀)). 2 코코아를 타서 만든 차.

코코아-나무 (cocoa-) 몡 〖식〗 카카오나무.

코코-야자 (coco椰子) 몡 야자나무.

코크스 (cokes) 몡 석탄을 건류(乾溜)하여 휘발성분을 없앤, 회흑색의 금속성 광택이 있는 다공질(多孔質)의 고체 탄소 연료((불을 붙이기는 어려우나 화력이 세고 연기가 나지 않아 야금용(冶金用) 연료로 씀)).

코큰-박쥐 [-쮜] 몡 〖동〗 박쥣과의 짐승. 입은 좁고 길며 코가 대롱 모양으로 쑥 나온 것이 특징임. 북방뿔박쥐.

코키유 (㊀ coquille) 몡 서양 요리의 하나. 고기·굴·야채 등에 소스를 친 다음 조개껍데기나 조가비 모양의 접시에 담아 가루 치즈를 쳐서 오븐에 구운 요리.

코-타령 몡 콧소리로 흥얼거리며 부르는 타령.

코탄젠트 (cotangent) 몡 〖수〗 삼각 함수의 하나. 직각 삼각형의 한 예각(銳角)을 낀 밑변과 그 각의 대변과의 비를 그 각에 대해 이르는 말. 기호: cot. ↔탄젠트.

코터 (cotter) 몡 쐐기의 한 가지((축과 축 또는 축과 축머리를 잇는 데 씀)).

코-털 몡 콧구멍 안에 난 털. ▢~을 뽑다.
  코털이 세다 쿈 일이 뜻대로 되지 않아 몹시 애가 타다.

코트 (coat) 몡 추위를 막기 위해 겉옷 위에 입는 옷. 외투. ▢~를 걸치다.

코트 (court) 몡 테니스·농구·배구 등의 경기장. ▢테니스 ~ / ~를 떠나다.

코트라 (KOTRA) 〖Korea Trade-Investment Promotion Agency〗 대한 무역 투자 진흥 공사.

코튼 (cotton) 몡 무명이나 목화솜 따위를 원료로 해서 짠 실. 또는 그 실로 짠 천.

코튼-지 (cotton紙) 몡 목면 섬유를 원료로 한, 두껍고 부드러우며 가벼운 종이((흔히, 인쇄용으로 씀)).

코팅 (coating) 몡하타 〖화〗 물체의 표면을 수지(樹脂) 따위의 얇은 막으로 씌우는 일. 렌즈의 표면 반사를 제거할 때나, 피륙에 방수(防水) 또는 내열 가공을 할 때 이용함.

코펄 (copal) 몡 〖화〗 호박(琥珀) 비슷한 수지(樹脂)의 총칭((무색투명 또는 황갈색의 광택이 있음. 도료의 중요 원료가 됨)).

코페이카 (㊁ kopeika) 의몡 러시아의 화폐 단위((루블의 100분의 1)).

코펠 몡 〔←독 Kocher〕 등산용 취사도구. ▢~에 국을 끓이다.

코-푸렁이 몡 〈속〉 줏대 없이 흐리멍덩하고 어리석은 사람.

코퓰러 (copula) 몡 〖논·언〗 계사(繫辭)2.

코프라 (copra) 몡 야자 씨의 배젖을 말린 것((야자유의 원료가 됨)).

코-피 몡 코에서 나오는 피. 육혈(衄血). ▢~를 쏟다 / ~가 터지다.

코피 ☞ 커피(coffee).

코:-하다 재어 〈소아〉 자다.

코-허리 몡 콧등의 잘록한 부분.
  코허리가 저리고 시다 쿈 심히 비통하다.

코-훌쩍이 몡 코를 자꾸 훌쩍거리는 사람을 놀리는 말.

코-흘리개 몡 1 콧물을 늘 흘리는 아이를 놀리는 말. 2 철없는 어린아이. ▢이제는 철없는 ~가 아니다.

콕 (cock) 몡 수도·가스 및 기타의 기체나 액체의 유량(流量)을 조절하는 꼭지.

콕 뮈 뾰족하고 작은 물건으로 한 번 세게 찌르거나 찍거나 박는 모양. ▢바늘로 ~ 찌르다 /

부리로 ~ 쪼다. ⓔ콕.

콕스웨인 (coxswain) 圏 조정 경기에서, 경조
용 배의 키잡이. ⓕ콕스.

콕-콕 뷔ⓗ지 여러 번 쪼하는 모양. ⓛ모이를
~ 쪼아 먹다 / 다리를 ~ 쑤신다. ⓔ쿡쿡.

콕콕-거리다 [-꺼-] 匜 잇따라 콕콕하다. ⓛ닭
들이 모이를 콕콕거리며 쪼아 먹고 있다. ⓔ
쿡국거리다.

콕콕-대다 [-때-] 匜 콕콕거리다.

콘 (⑩ con) 圏《악》'…을 가지고'·'…와 함께'
의 뜻.

콘 (cone) 圏 1 확성기의 진동판으로 쓰는, 원
뿔 모양의 두꺼운 종이. 2 아이스크림을 담
는, 원뿔 모양의 과자(먹을 수 있음).

콘덴서 (condenser) 圏 1 축전기. 응축기. 2 집
광경(集光鏡).

콘도 (condo) 圏 객실 단위로 분양하여 구입자
가 사용하지 않는 동안은 다른 제삼자에게
빌려 줄 수 있는, 가구가 달린 분양 주택. 콘
도미니엄(condominium). ⓛ ~ 회원권 / ~에
서 지내다 / ~를 예약하다.

콘도르 (⑩ condor) 圏《조》 매목(目) 콘도르과
의 큰 새. 몸길이 1m 정도, 편 날개 길이는
3m가량, 몸과 다리는 흑색, 날개에는 흰 줄
이 있고, 머리와 목에는 털이 없음. 보통 죽
은 짐승의 고기를 먹으며 안데스 산맥 둥지
에 분포함.

콘도미니엄 (condominium) 圏 '콘도'의 정식
이름.

콘돔 (condom) 圏 성교할 때, 피임이나 성병
예방의 목적으로 음경에 씌우는, 얇은 고무
로 만든 주머니.

콘드-비프 (corned beef) 圏 소금·질산칼륨·향
미료를 섞어 절여서 열기로 살균한 쇠고기
《약간 매움》. 콘비프.

콘 브리오 (⑩ con brio) 圏《악》'싱싱하게'·'생
생하게'·'쾌활하게'의 뜻.

콘-비프 (corn beef) 圏 콘드비프.

콘사이스 (concise) 圏 휴대용 사전. 또는 소형
사전.

콘서트 (concert) 圏 음악회. 연주회.

콘서트-마스터 (concertmaster) 圏《악》 관현
악단에서, 제일 바이올린의 수석 주자(奏者)
《보통, 지휘자의 차석(次席)임》.

콘서트-홀 (concert hall) 圏《악》 음악당. 연주
회장. ⓛ ~에서 피아노 독주회를 가질 계획.

콘서티나 (concertina) 圏《악》 육각형의 초롱
모양을 한 아코디언.

콘센트 圏〔concentic+plug의 약칭〕 전기 배선
과 코드의 접속에 쓰는 기구《플러그를 끼워
전기가 통하게 함》.

콘셉트 (concept) 圏 광고나 디자인 등에서, 그
속에 담아내고자 하는 핵심 내용 또는 기본
적인 생각.

콘솔 (console) 圏 1 텔레비전 따위를 넣는 호화
로운 캐비닛식 상자. 2 스위치·계량기가 한
데 붙은 조정용 장치. 3 전기·통신 등을 한군
데에서 제어하기 위한 장치. 4《컴》 시스템
의 상태를 알아보거나 각종 업무를 처리하기
위하여 사용하는 단말 장치.

콘솔형 전:축 (console型電蓄) 레코드플레이어·
앰프·튜너·카세트덱·스피커의 다섯 기능이
한 캐비닛에 합쳐져 있는 오디오 시스템.

콘스타치 (cornstarch) 圏 옥수수를 갈아서 만
든 녹말가루《푸딩·아이스크림 등의 요리용
또는 세탁용의 풀로 사용함》.

콘스탄탄 (constantan) 圏 니켈 45%, 구리 55%
의 비율로 된 니켈 합금《전기 저항률이 높고

산·부식에도 강해서 전기 계기·열전기쌍(熱
電氣雙) 등에 씀》.

콘스턴트 (constant) 圏《수》 상수(常數).

콘 스피리토 (⑩ con spirito) 圏《악》'정신을 넣
어서'·'활기 있게'의 뜻.

콘체르타토 (⑩ concertato) 圏《악》 혼성의 대
합창 또는 합주.

콘체르토 (⑩ concerto) 圏《악》 협주곡.

콘체르트 (⑩ Konzert) 圏《악》 1 콘체르토. 2
콘서트.

콘체른 (⑩ Konzern) 圏《경》 법률상으로는 독
립되어 있으나, 경영상 실질적으로 결합되어
있는 기업 결합 형태《거대 기업이 여러 산업
의 다수 기업을 지배할 목적으로 형성함》. 재
벌(財閥). *카르텔·트러스트.

콘크리트 (concrete) 圏 시멘트에 모래와 자갈
을 섞고 물을 가해 반죽한 것. 또는 그것을
굳힌 것《압축의 세기가 크고, 물·불·지진에
잘 견디는 성질이 있어서 토목·건축의 중요
재료로 씀》. ⓛ ~ 벽 / ~ 바닥에 넘어지다.

콘크리트 믹서 (concrete mixer) 시멘트·모
래·자갈·물 등을 섞어 콘크리트를 만들어 내
는 기계.

콘크리트 믹서차 (concrete mixer車) 콘크리
트 수송용의, 콘크리트 믹서를 장치한 차. 믹
서차(車).

콘크리트 포장 (concrete鋪裝) 노반(路盤) 위
에 시멘트 콘크리트를 고르게 까는 일.

콘택트 (contact) 圏 '콘택트렌즈'의 준말.

콘택트-렌즈 (contact lens) 눈의 각막에 밀
착시켜 안경처럼 쓰는 소형 렌즈. ⓛ ~를 맞
추다. ⓕ콘택트.

콘테스트 (contest) 圏 용모·실력·기능 따위의
우열을 겨루는 대회. 선발 대회. ⓛ미인 ~에
서 입상하다.

콘텐츠 (contents) 圏《컴》 인터넷이나 컴퓨터
통신 등을 통하여 제공되는 각종 정보. 또는
그 내용물.

콘트라베이스 (contrabass) 圏《악》 바이올린
류의 현악기 중 최저음의 악기《보통 4~5
현(絃)으로 되었으며 음색이 중후하고 여운
이 깊》. 더블베이스.

콘트라스트 (contrast) 圏 대조. 대비(對比). 배
합(配合).

콘트라파고토 (⑩ contrafagotto) 圏《악》 목관
(木管) 악기의 한 가지《음색에 무거운 감이
있어 관현악의 가장 낮은 음부를 담당함》. 더
블 바순.

콘트라-프로펠러 (contra-propeller) 圏 한 축
(軸) 위에 서로 반대 방향으로 회전하는 프로
펠러를 조합한 프로펠러《회전에 의한 반력
(反力)의 영향을 없앤 것임》.

콘트랄토 (⑩ contralto) 圏《악》 1 알토(alto).
2 대형 비올라(1885년 비욤이 제작).

콘티 (←continuity) 圏《연》'콘티뉴이티'의 준
말. ⓛ ~를 짜고 리허설을 하다.

콘티뉴이티 (continuity) 圏 영화나 텔레비전
등에서, 촬영이나 연출을 위해 각본을 기초로
하여 각 장면의 구분·내용·대사 등을 상세히
기술한 것. 촬영 대본. ⓕ콘티.

콘 푸오코 (⑩ con fuoco) 圏《악》 열정적으로 연
주하라는 뜻.

콘-플레이크 (cornflakes) 圏 옥수숫가루에 소
금·설탕·꿀 따위를 넣어 얇게 만든 가공 식
품. 우유에 타거나 크림을 발라 간단한 아침
식사나 간식 또는 유아식으로 먹음. ⓛ ~를

우유에 타서 먹다.

콜 (call) [명] **1** 전화에서, 호출. **2** 〖경〗 금융 기관 상호 간의 초단기의 자금 대차. 주로 은행의 어음, 기말 결산의 결제 등 단기 자금 조달에 이용됨. 단자(短資).

콜-걸 (call girl) [명] 전화 호출에 따라 매춘을 하는 여자. ❏ ~을 부르다.

콜 금리 (call金利)[-니] 〖경〗 단자 시장에서 거래되는 단기 자금의 금리. 콜 레이트.

콜드 게임 (called game) 야구에서, 5회 이상의 경기를 마치고, 일몰·강우 등의 사정으로 심판이 경기 중지를 선언한 경기《승패는 그 때까지의 득점으로 따짐》.

콜드-크림 (cold cream) [명] 얼굴을 닦거나 마사지 하는 데 쓰는 기초 화장품. 유성(有性) 크림.

콜라 (cola) [명] **1** 〖식〗 벽오동과의 상록 교목. 높이 8-15 m, 잎은 혁질(革質)의 달걀꼴, 꽃은 황색 무판화임. 과실은 15 cm가량의 긴 타원형으로 속에 4-10 개의 씨가 있음. 씨는 카페인과 콜라닌(colanine)을 함유하며, 콜라 음료의 원료임. 콜라나무. **2** 콜라의 씨와 코카의 잎을 주원료로 하여 만든 청량음료.

콜라겐 (collagen) [명] 〖화〗 경(硬)단백질의 하나《결합 조직의 주성분으로 뼈·피부 등에 있음》. 교원질.

콜라주 (프 collage) [명] 근대 미술에서, 화면에 종이·인쇄물·사진 등을 오려 붙이고 일부에 가필하여 구성하는, 초현실주의의 한 수법《광고·포스터 등에 많이 이용됨》.

콜랑 [부][하자] **1** 물이 좁은 통 속에 꼭 차지 아니하여 위아래로 흔들릴 때 나는 소리. **2** 무엇이 착 달라붙지 않고 들떠서 부푼 모양. [큰]쿨렁. [센]꼴랑.

콜랑-거리다 [자] **1** 콜랑 소리를 자꾸 내다. **2** 무엇이 착 달라붙지 않고 부풀어서 들썩들썩하다. [큰]쿨렁거리다. [센]꼴랑거리다. **콜랑-콜랑** [부][하자]

콜랑-대다 [자] 콜랑거리다.

콜레라 (cholera) [명] 〖의〗 콜레라균이 소장의 상피(上皮)를 침범해서 일어나는 격렬한 급성 법정 전염병《열이 몹시 나며 구토와 설사가 심함. 사망률이 높음》. 호열자(虎列刺).

콜레라-균 (cholera菌) [명] 〖의〗 콜레라의 병원균. 호균(虎菌).

콜레스테롤 (cholesterol) [명] 〖생〗 동물의 뇌·신경 조직·장기(臟器)·혈액 등에 함유되어 있는 지방 비슷한 물질《혈액 중에 이 양이 부족하면 빈혈이 되고, 너무 많으면 고혈압이나 심장 질환을 일으킴》. 콜레스테린(cholesterin).

콜 레이트 (call rate) 〖경〗 콜 금리.

콜로니 (colony) [명] **1** 식민지. **2** 취락. **3** 〖생〗 군서(群棲). 군락. **4** 일정한 목적 아래 모인 생활 공동체.

콜로라투라 (이 coloratura) [명] 〖악〗 '콜로라투라 소프라노'의 준말.

콜로라투라 소프라노 (이 coloratura soprano) 〖악〗 구슬을 굴리는 듯한 화려한 소리로 노래하는 선율. 또는 그 가수《장식적이고 기교적인 노래를 부르는 데에 적당함》. [준]콜로라투라.

콜로세움 (Colosseum) [명] 〖건〗 고대 로마 시대에 세워진 거대한 원형 극장《중앙에 투기장이 있음》.

콜로이드 (colloid) [명] 〖화〗 용액 중에 매우 작게 분산되어 있으나, 분자보다는 크고 확산 속도가 느리며, 반투막(半透膜)을 통과할 수 없을 정도의 물질. 또는 그렇게 분산되어 있는 상태《젤라틴·비누·한천 등의 수용액 중의 입자 등》. 교질(膠質).

콜로이드 용액 (colloid溶液) 〖화〗 콜로이드 입자가 액체 속에 고르게 풀려 있는 용액. 대표적인 예로 난백·우유 등이 있음. 졸. 교질액. 교질 용액.

콜로이드 화:학 (colloid化學) 〖화〗 콜로이드 상태에 있는 물질의 물리적·화학적 성질을 연구하는 물리 화학의 한 분야. 교질 화학.

콜로타이프 (collotype) [명] 사진을 이용한 제판 인쇄 방법의 하나《사진 또는 원화를 정밀하게 복제하거나 인쇄하는 데 씀》.

콜록 [부][하타] 오랜 기침병으로 입을 오므리고 가슴이 울리게 내는 기침 소리. [큰]쿨룩.

콜록-거리다 [-꺼-] [타] 콜록 소리를 자꾸 내다. [큰]쿨룩거리다. **콜록-콜록** [부][하타]. ❏ 밤새껏 ~ 기침을 한다.

콜록-대다 [-때-] [타] 콜록거리다.

콜록-쟁이 [-쨍-] [명] 오랫동안 기침병을 앓는 사람.

콜-론 (call loan) [명] 〖경〗 '콜(call)2'을 빌려 주는 쪽에서 일컫는 말.

콜론 (colon) [명] 쌍점 2.

콜롬보 (colombo) [명] 〖식〗 방기과의 여러해살이 덩굴풀. 동아프리카 원산으로 잎은 어긋나고 손바닥 모양이며, 꽃은 작고 연한 녹색임. 뿌리는 약용함.

콜리 (collie) [명] 영국 스코틀랜드 원산의 개. 얼굴이 길고 코끝은 가늘고 구부러졌으며, 길고 아름다운 털과 북슬북슬한 꼬리를 가짐《목양용(牧羊用)이나 애완용으로 기름》.

콜리플라워 (cauliflower) [명] 〖식〗 겨잣과에 속하는 두해살이풀. 양배추 중 가장 진화된 것임. 꽃양배추.

콜-머니 (call money) [명] 〖경〗 '콜(call)2'을 빌리는 쪽에서 이르는 말.

콜 사인 (call sign) 방송국이나 무선국(無線局)의 전파 호출 부호《KBS의 HLKA 따위》.

콜 시:장 (call市場) 〖경〗 단자(短資) 시장.

콜 자금 (call資金) 〖경〗 금융 기관들 사이에 융통되는 거액의 단기 자금.

콜콜[1] [부][하자] 좁은 구멍으로 물이 쏟아져 흐르는 소리. [큰]쿨쿨[1].

콜콜[2] [부][하자] 어린아이가 곤하게 잠잘 때에 코를 고는 소리. 또는 그 모양. [큰]쿨쿨[2].

콜콜-거리다[1] [자] 작은 구멍으로 물이 쏟아져 흐르며 콜콜 소리를 자꾸 내다. [큰]쿨쿨거리다[1].

콜콜-거리다[2] [자] 곤하게 자면서 콜콜 소리를 내다. [큰]쿨쿨거리다[2].

콜콜-대다 [자] 콜콜거리다[1·2].

콜콜-히 [부] 매우 슬퍼하는 모양. ❏ 왜 그리 ~ 앉아 있나.

콜타르 (coal-tar) [명] 〖화〗 석탄을 건류할 때 생기는 흑색의 끈끈한 액체《방부 도료(防腐塗料)로 쓰이며, 염료·폭약·의약 등 유기 화학 공업상 중요 원료임》.

콜-택시 (call taxi) [명] 전화로 호출하여 이용하는 택시. ❏ ~를 부르다.

콜트 (Colt) [명] 미국인 콜트(Colt, Samuel)가 발명한 회전식 연발 권총의 상표명.

콜호스 (러 Kolkhoz) [명] 옛 소련의 농업 생산 협동조합. 집단 농장. 공영(共營) 농장.

콜히친 (colchicine) [명] 〖화〗 백합과의 여러해살이풀인 콜키쿰(colchicum)의 씨와 땅속줄기에서 채취하는 알칼로이드의 일종. 황색의

결정으로 통풍(痛風)에 특효약임《식물의 생장 호르몬 따위로 씀》.
-콤 回〈옛〉=씀.
콤마(comma) 圓 1 문장 부호의 하나. 가로쓰기에서 쉼표로 쓰는 반점(,)《수를 표기할 때는 보통 세 자리마다 찍기도 함》. 2《數》'소수점'의 이름.
콤바인(combine) 圓 수확기와 탈곡기를 함께 장치한 농업 기계. 복식 수확기. 합성식 수확기. □～으로 벼를 수확한다.
콤비(←combination) 圓 1 어떤 일을 하기 위해 두 사람이 짝을 이루는 일. 또는 그 두 사람. 단짝. □두 사람이 ～를 이루어 공격한다. 2 '콤비네이션4 5 6'의 준말.
콤비나트(러 kombinat) 圓《經》상호 보완적인 관계의 기업들이 서로 기술적 견지에서 생산을 높이기 위해 일정한 지역에 집중한 기업 집단의 한 형태. □석유 화학 ～.
콤비네이션(combination) 圓 1 서로 맞춤. 결합. 합동. 2 공연(共演). 3《數》조합3. 4 아래위가 붙은 속옷. 5 가죽과 즈크 또는 빛깔이 서로 다른 가죽 등을 섞어 지은 구두. 6 위아래가 다른 양복 한 벌. 준콤비.
콤비 블로(←combination blow) 권투에서, 갖가지 타격을 섞어서 연타하는 일. □～가 터지다.
콤파스 ☞ 컴퍼스(compass).
콤팩트(compact) 圓 분·연지 등을 넣는, 거울이 붙은 휴대용 화장 도구. 분갑(粉匣). □～를 꺼내 얼굴 화장을 고치다.
콤팩트-디스크(compact disk) 圓 광신호로 기록된 음악이나 영상 따위의 정보를 레이저 광선을 조사(照射)하여 그 반사광을 전기 신호로 되돌려 재생하는 방식의 재생 기기《지름 12 cm》. 시디(CD). □～는 카세트테이프보다 음질이 더 깨끗하다.
콤플렉스(complex) 圓 1《心》억압된 의식 속에 잠재해 있는 강박 관념. 2 열등감.
콧-구멍[코꾸―／콛꾸―]圓 1 코에 뚫린 두 구멍. 비공(鼻孔). □～을 후비다 / ～을 벌름거리다. 2 공간 따위가 아주 좁은 것을 이르는 말. □방이 ～만 하다.
[콧구멍 둘 마련하기가 다행이라] 몹시 답답하거나 기가 찰 때에 하는 말. 콧구멍이 둘이니 숨을 쉬지. [콧구멍이 둘이니 숨을 쉬지] 콧구멍 둘 마련하기가 다행이라.
콧-기름[코끼―／콛끼―]圓 콧등에서 나오는 기름기. □～을 닦다.
콧-김[코낌／콛낌]圓 1 콧구멍에서 나오는 더운 김. 2 영향력. □～이 작용하다.
콧김이 세다 句 관계가 가까워서 영향력이 세다. 영향력이 크다.
콧-날[코날―／콛날―]圓 콧등의 날이 선 부분. □오똑하게 솟은 ～ / ～이 시큰하다.
콧-노래[코―／콛―]圓 입을 놀리지 않고 코로 소리를 내어 부르는 노래. □신이 나서 ～를 흥얼거리다.
콧-노리[코―／콛―]圓 '콧등노리'의 준말.
콧-대[코때／콛때]圓 콧등의 우뚝한 줄기.
콧대(가) 높다 句 잘난 체하고 뽐내는 태도가 있다. □콧대가 높아 말도 붙이기 어렵다.
콧대가 세다 句 고집이 세고 자존심이 강하다. □콧대가 센 여자.
콧대를 꺾다 句 잘난 체하는 사람의 기를 죽이다. □이번에는 꼭 이겨서 녀석의 콧대를 꺾어 놓아야다.
콧대를 세우다 句 우쭐해서 거만하게 굴다.
콧-등[코뜽／콛뜽]圓 코의 등성이. 비척(鼻

脊). □～에 땀이 맺히다 / ～이 찡하다.
콧등-노리[코뜽―／콛뜽―]圓 갈퀴의 가운데치마를 맨 자리. 준콧노리.
콧-마루[콘―]圓 콧등의 마루가 진 부분. 비량(鼻梁). □～에 땀방울이 송골송골 솟았다.
콧-물[콘―]圓 콧구멍에서 흘러나오는 액체. 비수(鼻水). 비액(鼻液). 비체(鼻涕). □～을 훌쩍이다 / ～을 흘리다 / 눈물 ～이 범벅이 되다.
콧물-감기(―感氣)[콘―]圓 코감기.
콧-바람[코빠―／콛빠―]圓 코로 내보내는 바람기운. 또는 그 소리.
콧방(―放)[코빵／콛빵]圓〈속〉상대방의 코끝을 손가락으로 튀기는 짓.
콧방(을) 맞다 句〈속〉핀잔을 먹다.
콧-방귀[코빵―／콛빵―]圓 코로 나오는 숨을 막았다가 터뜨리면서 '흥' 하고 내는 소리.
콧방귀를 뀌다 句 남의 말을 대수롭지 않게 여기거나 무시하여 들은 체만 체하다.
콧-방울[코빵―／콛빵―]圓 코끝의 좌우 양쪽에 불쑥이 내민 부분. □～을 벌름거리다.
콧-벽쟁이(―壁―)[코벽쨍―／콛뼉쨍―]圓 콧구멍이 너무 좁아서 숨을 제대로 쉬지 못하는 사람을 놀림조로 이르는 말.
콧-병(―病)[코뼝／콛뼝]圓 코의 병.
콧-부리[코뿌―／콛뿌―]圓 콧날 위에 약간 두드러진 부분.
콧-사배기[코싸―／콛싸―]圓〈속〉코¹.
콧-살[코쌀／콛쌀]圓 코를 찡그리어 생긴 주름. □～을 찡그리다.
콧-소리[코쏘―／콛쏘―]圓 1 콧구멍으로 나오는 소리. 비성(鼻聲). 2《言》비음(鼻音).
콧-속[코쏙／콛쏙]圓 콧구멍의 속. 비강(鼻腔). □～이 헐다.
콧-수염(―鬚髥)[코쑤―／콛쑤―]圓 코 아래에 난 수염. 코밑수염.
콧-숨[코쑴／콛쑴]圓 코로 쉬는 숨. 비식(鼻息). □감기로 코가 막혀 ～을 못 쉰다.
콧-잔등[코짠―／콛짠―]圓 '콧잔등이'의 준말. □～에 땀방울이 송송 맺히다.
콧-잔등이[코짠―／콛짠―]圓 '코허리'의 낮춤말. 준콧잔등.
콧-장단[코짱―／콛짱―]圓 콧소리로 맞추는 장단. □～을 맞추다.
콩¹ 圓《植》콩과의 한해살이 재배 식물. 줄기 높이 60~90 cm, 꽃은 백색 또는 자색의 나비 모양이고 협과(莢果)는 길고 둥근데, 속에 두세 개의 씨가 있음. 씨는 누른빛·푸른빛·검은빛의 것이 있고, 단백질·지방을 함유함. 원산지는 중국. 대두(大豆).
[콩 볶아 먹다가 가마솥 깨뜨린다] 작은 일을 실없이 하다가 큰 탈이 난다. [콩 심은 데 콩 나고 팥 심은 데 팥 난다] 원인에 따라서 결과가 생긴다. [콩으로 메주를 쑨다 하여도 곧이듣지 않는다] 거짓말을 하도 잘하여 신용할 수 없다.
콩 볶듯 句 ㉠총소리가 요란한 모양. □총소리가 ～ 요란하다. ㉡사람을 달달 볶아 괴롭히는 모양.
콩(을) 심다 句 콩을 심을 때 한 발로 흙을 덮고 다지며 나아가는 모양에서, 절룩거림을 비유한 말.
콩 튀듯 句 몹시 화가 나서 펄펄 뛰는 모양.
콩 튀듯 팥 튀듯 句 콩 튀듯. □성질을 못 참아 ～ 길길이 다 친다.
콩² 圓 널빤지 같은 단단한 바닥 위에 작고 단

단한 물건이 떨어져 울리는 소리. ⓔ쿵.

콩가(에 conga) **圏 1** 쿠바의 민속 음악으로서 사용하는 타악기. **2** 쿠바의 민속 무곡의 한 형식. 4분의2 박자의 명랑한 리듬으로, 행진하면서 춤을 춤.

콩-가루 [-까-] **圏** 콩을 빻아서 만든 가루. 두황(豆黃). ▣인절미에 ~를 묻히다.

콩가루가 되다 ⨀ 산산이 부서지다. 망하다.

콩가루 집안 ⨀ 분쟁이 일어나서 엉망진창이 된 집안.

콩-강정 圏 볶은 콩을 엿으로 뭉친 강정.

콩고 레드(Congo red) 『화』붉은색의 아조(azo) 물감. 세탁이나 알칼리에는 강하나, 햇볕과 산에 약함. 종이의 염색, 지시약(指示藥) 등에 씀. ▣~ 시험.

콩-고물 [-꼬-] **圏** 콩가루로 만든 고물. ▣인절미에 ~을 묻히다.

콩-국 [-꾹] **圏** 흰콩을 살짝 삶아서 맷돌에 갈아 짠 물(여름에 국수 따위를 말아 먹음).

콩-국수 [-쑤] **圏** 콩국에 만 국수(여름에 얼음을 띄워서 먹음).

콩-기 [-끼] **圏 1** 말이 콩을 많이 먹어서 세차고 사납게 된 기운. **2** 사람이 반지빠르고 세참의 비유.

콩-기름 圏 콩에서 짜낸 기름. 두유(豆油). 태유(太油).

콩-깍지 [-찌] **圏** 콩을 털어 낸 껍질. ▣콩을 삶으려고 ~를 태우다.

콩-깻묵 [-깬-] **圏** 콩에서 기름을 짜내고 남은 찌꺼기(거름으로 씀). 두박(豆粕). 대두박(大豆粕).

콩-꼬투리 圏 콩알이 들어 있는 콩의 꼬투리.

콩-나물 圏 콩을 시루 따위의 구멍 있는 그릇에 담아 그늘에 두고 물을 주어 뿌리를 내리게 한 것. 또는 그것으로 만든 나물. ▣~을 무치다 / ~을 시루에 앉히다.

콩나물-국 [-꾹] **圏** 콩나물을 넣고 끓인 국.

콩나물-밥 圏 콩나물을 넣고 지은 밥.

콩나물-순(-筍) **圏** 채 자라지 아니한 콩나물.

콩나물-시루 圏 1 콩나물을 키우는 둥근 질그릇. **2** 사람이 몹시 많아서 빽빽한 모양. ▣~같은 만원 버스.

콩나물-죽(-粥) **圏** 콩나물을 섞어서 쑨 죽.

콩-노굿 [-굳] **圏** 콩의 꽃.

콩-다식(-茶食) **圏** 콩가루로 만든 다식.

콩-다콩 ⨂하⨂타 방아확에 공이를 가볍게 한 번 내리칠 때 나는 소리. ⓔ쿵더콩.

콩다콩-거리다 재타 콩다콩 소리가 자꾸 나다. 또는 그런 소리를 자꾸 내다. 콩다콩대다. ⓔ쿵더쿵거리다.

콩다콩-대다 재타 콩다콩거리다.

콩다콩-콩다콩 ⨂하⨂타 여러 번 콩다콩하는 소리. ▣~ 방아를 찧다. ⓔ쿵더쿵쿵더쿵.

콩닥 ⨂하⨂타 작은 방아를 찧을 때 나는 소리. ⓔ쿵덕.

콩닥-거리다 재타 콩닥 소리가 잇따라 나다. 또는 그런 소리를 잇따라 내다. ⓔ쿵덕거리다. **콩닥-콩닥 ⨂하⨂타**

콩닥-닥 [-딱] **圏** 북 같은 것으로 장단을 맞추어 치는 소리. ⓔ쿵덕덕.

콩닥닥-거리다 [-딱꺼-] **재타** 콩닥닥 소리가 잇따라 나다. 또는 그런 소리를 잇따라 내다. ⓔ쿵덕덕거리다. **콩닥닥-콩닥닥** [-딱딱-딱] **⨂하⨂타**

콩닥닥-대다 [-딱때-] **재타** 콩닥닥거리다.

콩닥-대다 [-때-] **재타** 콩닥거리다.

콩-대 [-때] **圏** 콩을 떨어낸 대. 불이 잘 붙어 땔감으로 씀.

콩-대우 圏 이른 봄에, 밀이나 보리 따위를 심은 밭이랑에 드문드문 호미로 파서 콩을 심는 일. 또는 그 콩. ▣~를 파다.

콩-댐 圏하타 물에 불린 콩을 갈아서 유지(油脂) 장판에 바르는 일(장판이 오래가고 빛과 윤이 남).

콩-두(-豆) **圏** 한자 부수의 하나(‘豈’・‘豌’ 등에서 ‘豆’의 이름).

콩-떡 圏 쌀가루에 콩을 섞어 찐 떡.

콩-마당 圏 콩을 털려고 널어놓는 마당.

콩-멍석 圏 1 콩을 널어놓은 멍석. **2** 몹시 맞거나 물것에 많이 뜯겨서 살가죽이 부르터 두 툴두툴한 것을 비유적으로 이르는 말. **3** 얼굴이 몹시 얽은 모양. ▣~ 같은 얼굴. 「콩멍석.

콩-몽둥이 圏 둥글게 비비어서 길쭉하게 자른

콩-무리 圏 ‘콩버무리’의 준말.

콩-바구미 圏 『충』 콩바구밋과의 곤충. 길이 4~5mm의 타원형이며 빛이 검음. 딱지날개는 짧고 갈색의 짧은 털이 덮었음. 콩이나 완두를 파먹는 해충임.

콩-바심 圏 거두어들인 콩을 두드려 콩알을 털어 내는 일.

콩-밥 圏 1 쌀에 콩을 섞어서 지은 밥. **2** 〈속〉죄수의 밥.

콩밥(을) 먹다 ⨀ 〈속〉감옥살이하다.

콩밥(을) 먹이다 ⨀ 〈속〉감옥살이를 하게 하다. ▣콩밥을 먹이려다 용서했다.

콩-밭 [-밭] **圏** 콩을 심어 가꾸는 밭.

콩밭에 가서 두부 찾는다 몹시 성급한 사람을 두고 하는 말.

콩-배나무 圏 『식』 장미과의 낙엽 활엽 관목. 잎은 달걀꼴 또는 넓은꼴로 끝이 뾰족 하고 둥긂. 4~5월에 흰 꽃이 피고, 이과(梨果)는 10월에 익음. 산이나 들에 남. 똘배나무.

콩-버무리 圏 멥쌀가루에 콩을 섞어서 켜를 짓지 아니하고 찐 떡. ⓔ콩무리.

콩-볶은이 圏 볶은 콩.

콩-비지 圏 되비지.

콩-새 圏 『조』 참샛과의 새. 몸길이가 18cm 정도. 등은 갈색, 배는 담갈색, 목은 회색, 날개는 청흑색, 부리・눈의 주위는 검음. 산록의 숲 속에 삶. 상호(桑扈).

콩-설기 圏 쌀가루에 콩을 섞어서 켜를 지어 찐 떡. ▣~ 한 접시를 다 먹다.

콩-소 圏 떡에 넣는, 콩이나 콩가루로 만든 소.

콩소메(프 consommé) **圏** 두 종류 이상의 육류, 주로 닭고기・쇠고기를 삶아 낸 물에 간을 한 맑간 수프.

콩-알 圏 1 콩의 낱낱의 알. **2** 매우 작은 물건을 가리키는 말. ▣간이 ~만 해졌다.

콩-엿 [-녇] **圏** 볶은 콩을 섞어 만든 엿.

콩-잎 [-닙] **圏** 콩의 잎.

콩잎-장(-醬) [-닙짱] **圏** 콩잎으로 장아찌를 박아 담근 간장. 「찬. 콩장.

콩-자반 圏 콩을 간장에 끓여서 바싹 조린 반찬.

콩-장(-醬) **圏 1** 볶은 콩을 장에 넣고 기름・깨소금・고춧가루 및 다진 파 등을 넣어 버무린 반찬. 두장(豆醬). **2** 콩자반.

콩-죽(-粥) **圏** 불린 콩을 갈아서 쌀과 함께 쑨 죽. 두죽(豆粥).

콩-중이 圏 『충』 메뚜깃과의 곤충. 몸길이는 날개 길이가 5cm 정도로, 몸빛은 녹색 또는 흑 갈색임. 뒷날개를 펴면 수레바퀴와 비슷함.

콩-짚 [-집] **圏** 깍지가 달린 콩대.

콩-짜개 圏 두 쪽으로 갈라진 콩의 한 쪽.

콩-찰떡 圏 찹쌀가루에 검은콩을 섞어서 켜를

지어진 떡.
콩켸-팥켸 [-께/-케팥케] 圀 사물이 마구 뒤섞여 뒤죽박죽이 된 것을 가리키는 말.
콩코드 (Concord) 圀 영국·프랑스 양국이 공동으로 개발한 초음속 여객기. 1971년부터 취항(순항 속도 마하 2.05).
콩-콩 閉呀困 1 작고 단단한 물건이 잇따라 바닥에 떨어지거나 부딪쳐 나는 소리. 2 가슴이 자꾸 조금 세게 뛰는 모양. 倒쿵쿵.
콩콩-거리다 困困 콩콩 소리가 자꾸 나다. 또는 그런 소리를 자꾸 내다. 倒쿵쿵거리다.
콩콩-대다 困困 콩콩거리다.
콩쿠르 (프 concours) 圀 음악·미술·영화 등의 실력을 겨루기 위해 여는 경연 대회. ▢피아노 ~ / 무용 ~에서 입상하다.
콩쿨 圀 ☞콩쿠르(concours).
콩-탕 (-湯) 圀 찬물에 고운 날콩가루를 풀어서 순두부처럼 엉길 때까지 끓였다가 진일을 갖게 썰어 넣고 다시 끓여 내어 양념한 국.
콩테 (프 conté) 圀 크레용의 일종. 목탄보다 단단하고 연필보다 연하며 막대기가 연필 모양인데 데생에 씀(상표명임).
콩트 (프 conte) 圀 1 짧고 재치 있게 쓴 단편. 유미·풍자·기지로 인생을 비판한 것이 많음. 장편(掌篇) 소설. 2 1과 같은 취향으로 웃음을 자아내는 촌극(寸劇).
콩팔-칠팔 閉困 갈피를 잡을 수 없이 함부로 지껄이는 모양. ▢~ 떠들어 대다.
콩-팥[-팥] 圀 콩과 팥.
콩팥² [-판] 圀 〈生〉 신장(腎臟).
콩-풀 圀 종이나 헝겊을 풀칠하여 붙일 때, 그 사이에 공기가 들어가서 콩알처럼 겉으로 들뜬 자리. ▢~이 나다.
콩팥 圀〈옛〉콩팥².
콰 조〈옛〉과. 와(명사의 말음 'ㅎ'과 조사 '과'의 결합형).
-콰려 困〈옛〉-하고자.
콰르르 閉困 많은 양의 액체가 목이나 좁은 구멍에서 급하고 세차게 쏟아지는 소리. 또는 그 모양. 倒콰르르.
콰르릉 閉困 천둥이 치거나 폭약 따위가 터지면서 요란하게 울리는 소리. 倒콰르릉.
콰르릉-거리다 困 콰르릉 소리가 계속 나다.
콰르릉-콰르릉 閉困
콰르릉-대다 困 콰르릉거리다.
콰르텟 (quartette) 圀〈樂〉 1 사중창. 사중주. 2 사성부(四聲部) 또는 네 악기의 합주용으로 된 소나타 형식의 악곡.
콰이어 (choir) 圀 교회의 성가대(聖歌隊). 또는 그 성가대석(席).
콱 閉 1 힘껏 박거나 찌르거나 부딪치는 모양. ▢주먹으로 머리를 ~ 쥐어박다 / 팔에 주삿바늘을 ~ 찌르다. 2 단단히 막거나 막히는 모양. ▢숨이 ~ 막히다 / 말문이 ~ 막히다 / 목이 ~ 메다.
콱-콱 閉困 계속해서 콱 하는 모양. ▢날이 더워 숨이 ~ 막힌다 / 사방이 ~ 막혀 있다.
콱콱-거리다 困 계속 콱콱하다.
콱콱-대다 [-때-] 困 콱콱거리다.
콴툼 (라 quantum) 圀〈物〉 양자(量子).
콸콸 閉困 많은 양의 액체가 좁은 구멍으로 세차게 흐르는 소리. ▢수도관에서 물이 ~ 쏟아지다. 倒퀄퀄.
콸콸-거리다 困 콸콸 소리가 계속해서 나다. ▢계곡 물이 콸콸거리며 흐른다. 倒퀄퀄거리다. 倒꽐꽐거리다.
콸콸-대다 困 콸콸거리다.
쾅 閉 1 총이나 대포를 쏘거나 폭발물이 터지는

소리. ▢~ 하고 포성이 울렸다. 2 무겁고 단단한 물건이 바닥에 떨어지거나 세게 부딪치는 소리. ▢벽에 ~ 부딪치다. 倒펑. 倒꽝.
쾅-쾅 閉 계속해서 쾅 하고 울리는 소리. 倒펑펑.
쾅쾅-거리다 困困 쾅쾅 소리가 계속 나다. 또는 그런 소리를 계속 내다. ▢마루 위를 쾅쾅거리며 뛰어다니다. 倒펑펑거리다. 倒꽝꽝거리다.
쾅쾅-대다 困困 쾅쾅거리다. └리다.
쾌 (快) 圀 '쾌재'의 준말.
쾌 (快) 圀 '쾌감(快感)'의 준말.
쾌 의圀 1 북어 스무 마리를 한 단위로 세는 말. ▢북어 한 ~를 가져오다. 2〔옛〕엽전 열 꾸러미. 곧, 열 냥을 한 단위로 세던 말. 관(貫). ▢엽전 한 ~.
쾌감 (快感) 圀 상쾌하고 즐거운 느낌. 倒쾌. 倒쾌.
쾌감 원칙 (快感原則) 〔心〕 불쾌감과 고통을 피하고 쾌락을 추구하려는 인간의 무의식적 경향.
쾌거 (快擧) 圀 통쾌하고 장한 일. ▢처녀 출전에 우승이라는 ~를 이루었다.
쾌과 (快果) 圀 시원한 과일이란 뜻으로, '배'를 달리 이르는 말.
쾌쾌 (夬卦) 圀〔민〕육십사괘(卦)의 하나. 태괘(兌卦)와 건괘(乾卦)가 거듭된 것. 못이 하늘 위에 있음을 상징함. 倒쾌(夬).
쾌기 (快氣) 圀 1 쾌활한 기상. 또는 상쾌한 기분. 2 쾌차(快差).
쾌-남아 (快男兒) 圀 성격이나 행동이 시원하고 쾌활한 사내. 쾌남자.
쾌-남자 (快男子) 圀 쾌남아(快男兒).
쾌담 (快談) 圀 쾌론(快論).
쾌도 (快刀) 圀 썩 잘 드는 칼.
쾌도-난마 (快刀亂麻) 圀 잘 드는 칼로 어지럽게 뒤엉킨 삼 가닥을 자른다는 뜻으로, 어지럽게 뒤얽힌 일을 재빠르고 명쾌하게 처리함의 비유. ▢산적한 문제들을 ~로 처리하다.
쾌락 (快樂) 圀困 1 기분이 좋고 즐거운 느낌. ▢~을 느끼다. 2〔心〕감성(感性)의 만족, 욕망의 충족에서 오는 유쾌하고 즐거운 감정. ▢정신적 ~을 추구하다.
쾌락 (快諾) 圀困困 부탁이나 요청 따위를 기꺼이 들어줌.
쾌락-설 (快樂說) [-썰] 圀〔倫〕쾌락의 추구를 가장 가치 있는 인생의 목적으로 생각하여 쾌(快)를 추구하고 고(苦)를 피함을 행동의 원리로 하는 윤리설. 쾌락주의.
쾌락-주의 (快樂主義) [-주-/-쭈이] 圀〔倫〕쾌락설. ↔금욕주의.
쾌로 (快路) 圀 가는 곳마다 즐거운 일이 생기는 유쾌한 여행길.
쾌론 (快論) 圀 시원스레 거리낌 없이 하는 이야기. 또는 그런 토론. 쾌담(快談).
쾌마 (快馬) 圀 시원스레 잘 달리는 말.
쾌면 (快眠) 圀困 몸이 개운할 정도로 달게 잠. 또는 그렇게 자는 잠.
쾌몽 (快夢) 圀 기분이 상쾌한 꿈.
쾌문 (快聞) 圀 듣기에 유쾌하고 시원스러운 내용의 소문.
쾌미 (快味) 圀 기분 좋은 느낌. 상쾌한 맛.
쾌미 (快美) 圀 마음이 시원스럽고 아름다움.
쾌변 (快便) 圀 시원하게 대변을 보는 일.
쾌변 (快辯) 圀 거침없이 시원스럽게 잘하는 말. ▢연사의 ~에 매료된 청중들.
쾌보 (快報) 圀 기쁘고 시원스러운 소식. ▢승리의 ~를 전하다.

쾌복 (快復)〖명〗〖하자〗건강이 완전히 회복됨. 쾌차. 쾌유(快癒).

쾌분 (快奔)〖명〗〖하자〗빨리 달아남.

쾌사 (快事)〖명〗매우 기쁜 일. 통쾌한 일.

쾌삭-강 (快削鋼)[-깡]〖명〗망간·황·납·셀렌(Selen) 등을 첨가한 특수한 강《잘 깎이므로 나사의 대량 생산에 이용됨》.

쾌상 (-箱)〖명〗네모반듯하고 위 뚜껑이 좌우 두 짝, 서랍은 한 개이며 밑이 빈, 방 세간의 하나《주로 문방구를 넣어 둠》.

쾌설 (快雪)〖명〗〖하타〗욕되고 부끄러운 일을 시원스레 다 씻어 버림. *설욕(雪辱).

쾌소 (快笑)〖명〗〖하자〗시원스럽고 유쾌하게 웃음. 또는 그런 웃음.

쾌속 (快速)〖명〗〖하형〗속도가 매우 빠름. 또는 빠른 속도. ❏ ~ 항진 / ~으로 질주하다.

쾌속-도 (快速度)[-또]〖명〗매우 빠른 속도.

쾌속-선 (快速船)[-썬]〖명〗속도가 대단히 빠른 배. ❏ 인터넷이란 ~이 정보의 바다에 등장했다.

쾌속-정 (快速艇)[-쩡]〖명〗속도가 매우 빠른 작은 배. ❏ ~의 등장으로 섬과의 거리가 단축된 셈이다. ⓟ쾌정(快艇).

쾌승 (快勝)〖명〗〖하자〗통쾌한 승리. 시원스럽게 이김. ❏ ~를 거두다. *참패(慘敗).

쾌식 (快食)〖명〗〖하타〗1 좋은 음식. 2 즐겁고 맛있게 음식을 먹음.

쾌심 (快心)〖명〗만족하게 여기는 마음. 또는 마음이 유쾌함.

쾌심-사 (快心事)〖명〗매우 유쾌하고 대견한 일.

쾌심-작 (快心作)〖명〗예술 작품 따위에서, 마음에 썩 들게 제작된 작품. 회심작(會心作). 쾌작(快作).

쾌연-하다 (快然-)〖형어〗성격이나 행동 따위가 씩씩하고 시원스럽다. **쾌연-히**〖부〗

쾌우 (快雨)〖명〗소나기처럼 시원스럽게 내리는 비.

쾌유 (快遊)〖명〗〖하자〗즐겁고 유쾌하게 놂.

쾌유 (快癒)〖명〗〖하자〗병이나 상처가 깨끗이 나음. 쾌차(快差). ❏ 환자의 ~를 빌다.

쾌음 (快飮)〖명〗〖하자〗술을 유쾌하게 마심.

쾌의 (快意)[-/-이]〖명〗시원스러운 마음. 유쾌한 기분.

쾌인 (快人)〖명〗쾌활한 사람.

쾌인-쾌사 (快人快事)〖명〗쾌활한 사람의 시원스러운 행동.

쾌자 (快子)〖명〗〖역〗옛 군복의 일종. 등솔기가 허리까지 트였고 소매는 없음《근래는 명절·돌날에 복건(幞巾)과 함께 아이들이 입음》.

쾌작 (快作)〖명〗쾌심작(快心作).

쾌재 (快哉)〖명〗마음먹은 대로 일이 잘되어 만족스럽게 여김. 또는 그럴 때에 내는 소리. ❏ ~로다 / ~를 부르다.

쾌저 (快著)〖명〗마음에 아주 흡족할 만큼 내용이 재미있는 저서.

쾌적-하다 (快適-)[-쩌카-]〖형어〗심신(心身)에 적합하여 기분이 썩 좋다. ❏ 쾌적한 날씨 / 쾌적한 환경 / 쾌적한 휴양 시설을 갖추다.

쾌전 (快戰)〖명〗통쾌하게 승리한 싸움.

쾌정 (快艇)〖명〗'쾌속정(快速艇)'의 준말.

쾌조 (快調)〖명〗일 따위가 아주 잘되어 가는 상태. 호조(好調). ❏ ~의 컨디션 / ~의 출발을 보이다.

쾌주 (快走)〖명〗〖하타〗매우 빨리 달림.

쾌차 (快差)〖명〗병이 완전히 나음. 쾌유. 쾌복(快復). ❏ 속히 ~하시기를 빕니다.

쾌척 (快擲)〖명〗〖하타〗금품을 마땅히 쓸 자리에 시원스레 내어 줌. ❏ 거금을 서슴없이 장학 재단에 ~하다.

쾌첩-하다 (快捷-)[-처파-]〖형어〗행동 따위가 매우 빠르고 민첩하다.

쾌청-하다 (快晴-)〖형어〗하늘이 구름 한 점 없이 맑게 개다. ❏ 쾌청한 가을 하늘.

쾌쾌-하다 (快快-)〖형어〗성격이나 행동이 굳세고 씩씩하여 아주 시원스럽다. **쾌쾌-히**〖부〗

쾌투 (快投)〖명〗〖하타〗야구에서, 투수가 공을 잘 던지는 일. ❏ 7 회까지 무실점으로 ~하다.

쾌-하다 (快-)〖형어〗1 마음이 유쾌하다. 2 병이 나아 몸이 가뿐하다. 3 하는 짓이 시원스럽다. **쾌-히**〖부〗. ❏ 그 자리에서 ~ 승낙하다.

쾌한 (快漢)〖명〗씩씩하고 시원시원한 사나이. 쾌남자.

쾌활-하다 (快活-)〖형어〗성격이 명랑하고 활발하다. ❏ 쾌활한 성격. **쾌 활-히**〖부〗

쾌활-하다 (快闊-)〖형어〗성격이 시원스럽고 마음이 넓다. **쾌활-히**〖부〗

쾨쾨-하다〖형어〗상하고 찌들어 비위가 상할 정도로 냄새가 고리다. ⓒ퀴퀴하다.

쾨헬 (독 Köchel)〖명〗〖악〗'쾨헬 번호'의 준말.

쾨헬 번호 (Köchel番號)〖악〗오스트리아의 음악 연구가 쾨헬이 모차르트의 곡들에 연대순으로 붙인 정리 번호(기호 K). ❏ ~ 551 번《교향곡 주피터》. ⓒ쾨헬.

쿠데타 (프 coup d'État)〖명〗무력으로 정권을 빼앗는 일. 지배 계급 내부의 권력 이동으로서, 체제의 변혁을 목적으로 하는 혁명과는 구별됨. ❏ 군사 ~ / ~를 일으키다.

쿠렁-쿠렁〖부〗〖하형〗자루나 봉지 따위에 물건이 꽉 차지 아니하여 많이 들썩거리는 모양. ⓐ코랑코랑.

쿠로시오 해-류 (Kuroshio海流)〖지〗해류의 하나. 타이완의 남쪽에서 시작하여 일본 열도의 태평양 연안을 따라 북동쪽으로 흐르는 난류《멕시코 만류(灣流)와 함께 세계적인 난류임》.

쿠리다〖형어〗1 냄새가 몹시 구리다. 2 하는 짓이 치사하고 지저분하다. 3 하는 짓이 수상쩍고 의심스럽다. ⓐ코리다. ⓒ구리다.

쿠린-내〖명〗쿠린 냄새. ⓒ구린내.

쿠미스 (러 kumys)〖명〗몽골·동부 러시아에서, 말·낙타의 젖으로 만든 술.

쿠션 (cushion)〖명〗1 의자·소파·탈것의 좌석 따위에, 편히 앉도록 탄력이 생기게 만든 부분. 2 속신폭신한 등 받침. 3 당구대 안쪽의 공이 부딪치는 가장자리의 면(面).

쿠키 (cookie)〖명〗밀가루를 주재료로 하여 구운 일종의 비스킷.

쿠페 (프 coupé)〖명〗자동차의 한 형(型). 보통 세단보다 작고 두 짝의 문이 있음. 대형에는 네 개, 소형에는 두 개의 좌석이 있고 뒤쪽에 짐을 넣는 공간이 있음.

쿠폰 (coupon)〖명〗1 한 장씩 떼어 쓰게 되어 있는 표. ❏ ~을 내고 점심 식사를 하다. 2 판매 광고에 첨부되, 떼어 내서 쓰게 되어 있는 이용권이나 할인권. ❏ 사은 ~ / 각종 할인 ~을 알뜰 구매에 이용하다. 3 채권·공채 증서 따위의 이자권(利子券).

쿡〖부〗1 갑자기 한 번 세게 찌르거나 박는 모양. ❏ 손가락으로 옆구리를 ~ 찌르다. ⓐ콕. 2 참던 웃음이 갑자기 짧게 터져 나오는 소리.

쿡-쿡〖부〗〖하자〗1 잇따라 세게 찌르거나 박는 모양. ⓐ콕콕. 2 참던 웃음을 자꾸 터뜨리는 소리.

쿡쿡-거리다[-꺼-]〖자타〗계속해서 쿡쿡하다.

ⓢ콕콕거리다.

국국-대다 [-때-] 巫邑 국국거리다.

쿨렁 貝頁困 **1** 그릇에 담긴 액체가 크게 흔들리어 나는 소리. **2** 무엇이 착 달라붙지 아니하고 들떠서 부푼 모양. ⓢ콜랑.

쿨렁-거리다 困 **1** 쿨렁 소리가 자꾸 나다. **2** 평평한 것이 착 달라붙지 않고 자꾸 부풀어서 들썩들썩하다. ☐이불이 부풀어 ~. ⓢ콜랑거리다. **쿨렁-쿨렁** 貝頁困.

쿨렁-대다 困 쿨렁거리다.

쿨롬 (coulomb) 㦯 『물』 전기량의 실용 단위 《1암페어의 전류가 1초 동안에 운반하는 전기량이 1쿨롬임. 기호: C》.

쿨룩 貝頁困 병으로 쇠약하여 입을 오므리고 울리게 내는 기침 소리. ⓢ콜록.

쿨룩-거리다 [-꺼-] 困邑 쿨룩거리는 소리를 계속 내다. ⓢ콜록거리다. **쿨룩-쿨룩** 貝頁困. ☐ ~ 기침을 하다.

쿨룩-대다 [-때-] 邑 쿨룩거리다.

쿨리지-관 (Coolidge管) 㦯 『물』 엑스선(X線)을 발생시키기 위한 진공관.

쿨링 다운 (cooling down) 경기가 끝난 뒤의 정리 운동. ↔워밍업.

쿨쿨[1] 貝頁困 큰 구멍으로 물이 쏟아져 흐르는 소리. ⓢ콜콜[1].

쿨쿨[2] 貝頁困 곤히 잠들었을 때 숨을 크게 쉬는 소리. 또는 그 모양. ☐ ~ 코를 골며 자다. ⓢ콜콜[2].

쿨쿨-거리다[1] 困 큰 구멍으로 물이 쏟아지며 쿨쿨하는 소리를 계속 내다. ⓢ콜콜거리다[1]. ☐통에서 쿨쿨거리며 기름이 흘렀다.

쿨쿨-거리다[2] 困 곤히 자면서 쿨쿨 소리를 계속하여 내다. ⓢ콜콜거리다[2].

쿨쿨-대다[1] 困 쿨쿨거리다[1].

쿨쿨-대다[2] 困 쿨쿨거리다[2].

쿵 貝 **1** 무거운 물건이 단단한 바닥에 떨어질 때 울리는 소리. ⓢ콩. **2** 큰북 따위가 울리는 소리. **3** 멀리서 울려 오는 대포 소리. ☐멀리서 ~ 하고 포성이 울렸다. ⓢ꿍.

쿵더쿵 貝頁困 **1** 방아확에 공이를 한 번 내리칠 때 나는 소리. **2** 춤을 출 때, 북으로 느리게 장단을 맞추어 치는 소리. ⓢ콩더쿵.

쿵더쿵-쿵더쿵 貝頁困 여러 번 쿵더쿵하는 소리. ☐방아를 ~ 찧다. ⓢ콩더쿵콩더쿵.

쿵덕 貝頁困 방아를 찧을 때, 방아확 속에 공이를 한 번 내리칠 때 나는 소리. ⓢ콩덕.

쿵덕-거리다 [-꺼-] 困邑 쿵덕 소리가 계속 나다. 또는 그런 소리를 계속 내다. ⓢ콩덕거리다. **쿵덕-쿵덕** 貝頁困邑. ☐북장단에 맞추어 춤을 추다.

쿵덕-대다 [-때-] 困邑 쿵덕거리다.

쿵덕덕 [-떡] 貝頁困邑 북이나 장구 따위로 장단을 맞추는 소리. ⓢ콩덕닥.

쿵덕덕-거리다 [-떡꺼-] 困邑 쿵덕덕 소리가 계속 나다. 또는 그런 소리를 계속 내다. ⓢ콩덕닥거리다. **쿵덕덕-쿵덕덕** [-덕떡-떡] 貝頁困邑.

쿵덕덕-대다 [-떡때-] 困邑 쿵덕덕거리다.

쿵덕쿵 貝頁困 ☞쿵더쿵.

쿵쾅 貝頁困 **1** 총·대포 등의 소리가 크고 작게 섞이어 요란하게 나는 소리. **2** 마룻바닥 따위를 급히 시끄럽게 구르는 소리. ☐위층의 ~ 소리에 잠을 잘 수가 없다. **3** 속이 비거나 단단하며 큰 물건이 서로 요란하게 부딪는 소리. ⓢ꿍꽝.

쿵쾅-거리다 困邑 쿵쾅 소리가 계속 나다. 또는 그런 소리를 계속 내다. ☐심장이 ~/아이들이 쿵쾅거리며 뛰어다닌다. ⓢ꿍꽝거리

다. **쿵쾅-쿵쾅** 貝頁困邑.

쿵쾅-대다 困邑 쿵쾅거리다.

쿵-쿵 貝頁困邑 **1** 무거운 물건이 잇따라 땅에 떨어지는 소리. ⓢ콩콩. **2** 큰북을 잇따라 쳐서 멀리서 잇따라 우렁차게 울리는 총포 소리. ⓢ꿍꿍.

쿵쿵-거리다 困邑 쿵쿵 소리가 계속 나다. 또는 그런 소리를 계속 내다. ⓢ콩콩거리다. ⓢ꿍꿍거리다.

쿵쿵-대다 困邑 쿵쿵거리다.

쿵후 貝頁困 ☞쿵후.

쿵후 (중 功夫) 㦯 손과 발을 이용하는 중국식 권법(拳法)의 하나.

쿼츠 (quartz) 㦯 **1** 얇은 수정 조각을 이용한 발진기(發振器)나 그것을 사용한 장치의 총칭 《정밀도가 높음》. **2** 수정 시계.

쿼크 (quark) 㦯 『물』 양성자, 중성자와 같은 소립자를 구성하는 기본 입자. 스핀은 1/2, 분수 전하(分數電荷)를 가진 입자로, 2종씩 쌍을 이루고 있으며 현재 다운(down) 쿼크 (d), 업(up) 쿼크(u), 스트레인지(strange) 쿼크(s), 참(charm) 쿼크(c), 보텀(bottom) 쿼크 (b), 톱(top) 쿼크(t)의 6종이 발견됨.

쿼터 (quota) 㦯 인원이나 분량에 일정한 수나 양을 정해 주는 것. ⓟ스크린 ~제.

쿼터백 (quarterback) 㦯 미식축구에서, 전위 (前衛)와 하프백의 중간 위치 또는 그 위치에 있는 선수.

쿼트 (quart) 㦯 야드파운드법에서, 부피의 단위《1갤런의 1/4 또는 2파인트》.

퀀셋 (Quonset) 㦯 길쭉한 반원형의 간이 건물 《상품명에 온 말》. ☐ ~ 막사.

퀄퀄 貝頁困 많은 물이 급히 세차게 쏟아지는 소리. ⓢ콸콸. ⓢ꿜꿜.

퀄퀄-거리다 困邑 퀄퀄하는 소리가 계속 나다. ⓢ콸콸거리다. ⓢ꿜꿜거리다.

퀄퀄-대다 困邑 퀄퀄거리다.

쾅 貝 **1** 폭발물이 터질 때 크게 울리는 소리. **2** 무거운 물건이 떨어져 크게 울리는 소리. ⓢ꽝.

쾅-쾅 貝 여러 번 쾅 하는 소리. ⓢ꽝꽝.

쾅쾅-거리다 困邑 쾅쾅 하는 소리가 잇따라 나다. 또는 그런 소리를 잇따라 내다. ⓢ꽝꽝거리다.

쾅쾅-대다 困邑 쾅쾅거리다.

퀘이커-파 (Quaker派) 㦯 『기』 17세기 영국에서 일어난 기독교의 한 파《세례·찬송 등의 의식을 배격함》.

퀭-하다 圀邑 눈이 속이 크고 정기가 없다. ☐며칠 앓더니 눈이 ~.

퀴놀린 (quinoline) 㦯 『화』 특이한 냄새가 나는 흑색의 액체. 콜타르를 증류하여 얻으며, 염료 합성 원료·방부제·용제(溶劑)로 쓰임.

퀴닌 (quinine) 㦯 키니네.

퀴륨 (curium) 㦯 『화』 초(超)우라늄 원소의 하나. 1944년에 플루토늄(plutonium)에 헬륨 원자핵(核)을 쏘아서 만든 인공 방사성 원소. [96번: Cm : 247]

퀴리 (ㅍ curie) 㦯 『물』 방사성 물질의 양을 나타내는 단위. 1초에 3.7×10^{10} 개의 원자 붕괴를 하는 물질의 양이 1퀴리《기호: Ci》.

퀴리누스 (Quirinus) 㦯 『신』 로마 신화에 나오는 군신(軍神).

퀴리 온도 (Curie溫度) 㦯 『물』 온도 상승으로 강자성체(強磁性體)나 강유전체(強誘電體)가 그 성질을 잃게 되는 임계 온도.

퀴즈 (quiz)명 어떤 질문에 대한 답을 알아맞히는 놀이 또는 그 질문의 총칭. ▣ ~를 풀다 / ~ 대회에 참가하다.

퀴즈 쇼 (quiz show) 질문에 답하는 형식으로 그 내용을 흥미 있는 쇼 형식에 맞게 연출하는 방송 프로.

퀴퀴-하다형여 상하고 찌들어 비위가 상할 정도로 냄새가 고리다. ▣ 퀴퀴한 곰팡내. 〔작〕쾨쾨하다.

퀸 (queen)명 **1** 여왕. 왕비. **2** 여왕이 그려진 카드의 패.

퀸텟 (quintet)명 〔악〕 **1** 오중창. 오중주. 오중창자(五重唱者). 오중주단(團). **2** 오성부(五聲部) 또는 다섯 악기의 합주용으로 된 소나타 형식의 악곡.

퀸틀 (quintal)의명 영국과 미국에서 쓰는 무게의 단위. 미국에서는 100 파운드, 영국에서는 112 파운드, 미터법에서는 100 kg(주로 곡물의 무게를 잴 때 씀).

퀼로트 (ㅍ culotte)명 **1** (승마용의) 짧은 바지. **2** 짧은 치마 바지. 퀼로트 스커트.

퀼팅 (quilting)명 수예(手藝) 기법의 하나. 이불·쿠션 따위에 누비질을 하여 두드러지게 무늬를 나타내는 방법.

큐 (cue)명 **1** 당구에서, 공을 치는 막대기. 당구봉. ▣ ~를 잡다. **2** 방송에서 대사·동작·음악 등의 시작을 지시하는 신호. ▣ ~ 하고 손가락 신호를 보냈다.

큐 (Q. q)명 영어 자모의 열일곱째.

큐 (queue)명 〔컴〕 기억 장치에서, 처리를 기다리느라고 대기 중인 행렬. 삭제·추가·갱신 따위의 액세스 작업을 할 때 먼저 입력된 정보부터 처리되는 형태임.

큐 값 (Q―)[―깝]명 〔물〕 **1** 핵반응 또는 방사성 붕괴 과정에서 방출 또는 흡수되는 에너지. **2** 공명의 날카로움을 나타내는 양(공명 에너지와 에너지 손실의 비(比)로 표시됨).

큐라소 (네 curaçao)명 리큐어(liqueur)의 일종. 알코올에 쓴맛이 나는 오렌지의 껍질을 넣은 단맛이 나는 양주.

큐레이터 (curator)명 박물관이나 미술관 등에서, 자료의 수집·연구·보존·전시 및 작품의 설명이나 안내 따위에 관한 일을 맡아보는 사람.

큐-마크 (Q mark)명 원사(原絲)·의류·전기·화학·생활 용품·유화(乳化) 제품의 품질을 보증하는 마크(알파벳 대문자 'Q'로 표시함).

큐-볼 (cue ball)명 당구에서, 자기 차례의 공을 일컫는 말.

큐비즘 (cubism)명 〔미술〕 입체파.

큐시 (QC) 〔quality control〕 품질 관리(보다 좋고 싼 제품을 만들어 내기 위한 경영 관리의 한 수법). ▣ ~ 서를 조직하다.

큐티쿨라-층 (cuticula層)명 〔생〕 동물의 상피(上皮) 세포나 식물의 표피에서 분비된 여러 가지 물질이 굳어 그 표면에서 이룬 딱딱한 층. 몸을 보호하고 수분의 증발을 방지하는 구실을 함. 각피(角皮).

큐틴 (cutin)명 식물의 큐티쿨라층의 주성분으로 지방산(脂肪酸)과 그 화합물과의 혼합물. 물에 녹지 않으며 산(酸)에도 잘 견딤. 각피소(角皮素).

큐폴라 (cupola)명 주물 공장에서 무쇠를 녹이는 노(爐). 용선로(鎔銑爐).

큐피드 (Cupid) 로마 신화에 나오는 사랑의 신. 비너스의 아들로 등에 작은 날개가 달리고, 가슴에 맞으면 사랑의 열병을 앓게 된다는 활과 화살을 가진 아기로 그려짐(그리스 신화의 에로스에 해당함).

크기명 큰 정도. ▣ ~가 너만 하다 / 그 짐은 크기만 컸지 가벼웠다.

크나-크다 [―커, ―크니]형 크기가 보통 정도보다 퍽 크다. ▣ 크나큰 사건.

크낙-새 [―쌔]명 〔조〕 딱따구릿과의 새. 날개길이가 약 25 cm, 부리는 6.5 cm 정도. 몸빛은 주로 흑색이고 가슴 아래는 백색, 수컷의 머리 꼭대기는 선홍색임. 우는 소리가 크고 부리로 나무를 쪼는 소리가 요란함. 한국 특산종(천연기념물 제197호). 골락새.

크-넓다 [―널따]형 매우 크고 넓다. ▣ 크넓은 바다 / 부모님의 크넓은 사랑.

크놉-액 (Knop液)명 〔생〕 식물 배양액의 하나. 식물이 자라는 데 필요한 질산칼슘·인산칼륨 따위의 영양 성분을 넣어 만듦.

크다 [커, 크니]혱꼬 **1** 부피나 길이·넓이·높이 따위가 보통 정도를 넘다. ▣ 키가 ~ / 짐이 ~. **2** 수나 양이 많다. ▣ 큰 수. **3** 소리가 강하다. ▣ 큰 소리로 떠들다. **4** 일의 규모·범위·정도 따위가 보통의 정도를 지나다. 대단하다. ▣ 일이 크게 벌어졌다. **5** 사람의 됨됨이가 뛰어나고 훌륭하다. ▣ 큰 인물. **6** 옷·신발 따위가 알맞은 치수 이상으로 되어 있다. ▣ 구두가 너무 ~. **7** 마음이나 몸에 느끼는 어떤 일의 영향·충격 따위가 보통 정도를 넘다. ▣ 실망이 ~ / 큰 충격을 받다. ▣⸩작다. 〔조〕자 자라다. 커지다. ▣ 커서 과학자가 되다 / 키가 몰라보게 컸네. [커도 한 그릇 작아도 한 그릇] 잘하나 못하나 그 소용에 있어서는 같다. [크고 단 참외] 제일 좋은 것. 모든 조건을 다 갖춘 것. [큰 방죽도 개미구멍으로 무너진다] ㉠작은 사물이라고 엄신여기다가는 큰 화를 입는다. ㉡작은 힘으로 큰일을 이룬다.

크-다랗다혱꼬 ☞ 커다랗다.

크디-크다 [―커, ―크니]형 크고도 크다. 몹시 크다. ▣ 크디큰 실망을 맛보다. ↔작디작다.

크라우칭 스타트 (crouching start) 단거리 경주에서, 양손을 어깨 너비로 벌려 땅에 대고 몸을 구부린 자세로 있다가 뛰어나가는 출발법. ↔스탠딩 스타트.

크라운 (crown)명 **1** 왕관(冠). **2** 왕관의 모양을 박은 5실링짜리 영국 화폐. **3** 가로 167 mm, 세로 236 mm 인 인쇄물의 규격.

크라운 기어 (crown gear) 〔공〕 직각으로 동력을 전달할 때에 쓰는 톱니바퀴. 관치차(冠齒車).

크라프트-지 (kraft紙)명 표백되지 않은 크라프트 펄프로 만든 튼튼한 갈색 종이(포장지·시멘트 부대 따위에 씀).

크라프트 펄프 (kraft pulp) 〔화〕 목재·대나무·짚 따위로 만든 화학 펄프의 일종(표백하지 않은 것은 포장 용지·판지(板紙)·골판지로 사용함). 황산염 펄프.

크래버빗 (Cravenette)명 특수한 방수(防水) 가공을 한 모직물(개버딘과 비슷한 능직물로 양복감·비옷용으로 씀. 상표명에서 유래).

크래커 (cracker)명 **1** 얇고 딱딱하게 구운 짭짤한 비스킷의 하나. **2** 결혼식이나 축제 따위에서 사용하는 장난감(종이로 만든 긴 통으로, 끈을 잡아당기면 폭음을 내면서 테이프 따위가 튀어나옴).

크래킹 (cracking)명 〔화〕 석유 따위의 탄화수소를 다시 가열·가압 증류하여, 끓는점이 낮은 간단한 물질로 분해하는 방법. 분해 증류.

ㅁ나프타 ~.

크랭크 (crank) 명 1 왕복 운동을 회전 운동으로 바꾸거나 그 반대의 일을 하는 기계 장치. 2 영화 촬영기의 핸들. 또는 그것을 회전하여 영화를 촬영하는 일.

크랭크샤프트 (crankshaft) 명 크랭크축(軸).

크랭크 업 (crank up) 한 편의 영화 촬영을 끝냄. 촬영 완료. ↔크랭크 인.

크랭크 인 (crank in) 한 편의 영화 촬영을 시작함. 촬영 개시. ㅁ내주부터 ~에 들어간다. ↔크랭크 업.

크랭크-축 (crank軸) 명 크랭크에 의하여 회전되는 회전축. 크랭크샤프트.

크러셔 (crusher) 명 분쇄기(粉碎機).

크러스트 (crust) 명 1 태양열·기온·바람의 작용 및 사람이 디딤으로써 형성된 눈의 딱딱한 표층. 2 빵의 겉껍질.

크러치 (crutch) 명 1 노받이《보트의 노를 거는 두 갈래로 갈라진 쇠붙이》. 2《건》목발 모양의 지주.

크렁-크렁 (부형) 1 그릇에 액체가 많이 괴어 가장자리까지 넘칠 듯한 모양. 2 눈에는 물이 그득 괸 모양. ㅁ눈에 눈물이 ~ 괴다. 3 건더기는 적고 국물이 많은 모양. 4 물을 많이 마셔서 배 속이 그득 찬 느낌. ㈜카랑카랑. ㈐그렁그렁.

크레디트 (credit) 명 1 신용. 차관. 2 신용 거래. 3 신용 판매. 4 '크레디트 카드'의 준말.

크레디트 설정 (credit設定)[-쩡]《경》차관에 필요한 금액·기간·용도 등을 정하여 계약을 맺는 일.

크레디트 카드 (credit card)《경》신용 카드. ㈜크레디트.

크레바스 (crevasse) 명 빙하(氷河)나 눈 덮인 골짜기의 갈라진 틈.

크레센도 (이 crescendo) 명《악》악보에서, '점점 세게'의 뜻. 기호는 '<'.

크레오소트 (creosote) 명 너도밤나무를 건류(乾溜)하여 만든, 무색 내지 담황색의 유액(油液)《방부제·마취·진통제로 씀》.

크레오소트-유 (creosote油) 명《화》콜타르를 증류하여 얻는 기름《어망(漁網) 염료·연료·도료 따위로 사용함》.

크레용 (프 crayon) 명《미술》1 서양화의 데생에 쓰이는 막대기 모양의 화구. 2 그림용의 채색 재료《비누·납·지방(脂肪)에 안료를 섞어 만듦》.

크레인 (crane) 명 기중기(起重機).

크레졸 (cresol) 명《화》콜타르 및 목(木)타르 중에 함유된 방향족(芳香族) 화합물《소독약·방부제로 씀》.

크레졸 비눗물 (cresol-)[-눈-] 비눗물 1 % 와 크레졸 1 % 를 섞어 만든 투명한 황갈색의 액체《외과용 소독액·살균액으로 씀》.

크레졸-수 (cresol水) 명 크레졸 비눗물 3 % 와 물 97 % 를 섞은 액체《소독약임》.

크레파스 (craypas) 명 〔crayon+pastel〕크레용과 파스텔의 특색을 따서 만든 막대기 모양의 화구(畫具).

크레파스-화 (craypas畫) 명 크레파스로 그린 그림.

크레펠린 검:사 (Kraepelin檢查)《심》독일의 정신 의학자 크레펠린이 고안한 성격 검사의 하나《수의 계산 작업을 연속적으로 하게 하여 그 결과에 따라 성격을 판단함》.

크렘린 (Kremlin) 명 1 14 세기에 이반 삼세가 건설한 모스크바에 있는 궁전. 2 전에 소련 정부와 공산당의 별칭.

크로노그래프 (chronograph) 명 극히 짧은 시간을 정밀히 측정·기록하는 장치(0.01 초까지 측정할 수 있음). 측시기(測時機).

크로노스 (Cronos) 명 그리스 신화에 나오는 농경(農耕)과 계절의 신《제우스의 아버지》.

크로노스코프 (chronoscope) 명《물》0.001 초 단위까지 잴 수 있는 시계.

크로마뇽-인 (Cro-Magnon人) 명 1868 년 프랑스 도르도뉴(Dordogne) 지방에 있는 크로마뇽 동굴에서 발견된 구석기 시대 후기의 화석 인류(현대 인류의 동종임).

크로마토그래피 (chromatography) 명《화》미량의 색소 물질의 혼합물 분석법의 하나. 흡착제를 채운 수직으로 된 유리관을 통하여 혼합물을 이동하게 하여, 혼합물의 각 성분의 흡착성이나 이동 속도의 차를 이용하여 각각 분리함. ＊분리(分離)2.

크로매틱 (chromatic) 명《악》반음계.

크로뮴 (chromium) 명《화》은백색의 광택이 나는 단단한 금속 원소. 공기 중에서 녹이 슬지 않고 약품에 잘 견디어 도금이나 합금 재료로 널리 씀. [24 번: Cr : 51.996]

크로스 (cross) 명 1 십자가. 십자형(形). 십자. 2 교차. 교차점. 3 이종 교배(異種交配). 혼혈아. 잡종. 4 '크로스레이트'의 준말.

크로스레이트 (cross-rate) 명《경》어떤 나라에서 본, 다른 두 나라 사이의 환시세.

크로스바 (crossbar) 명 1 축구·럭비 등의 골포스트를 가로지른 대. ㅁ공이 ~를 맞고 튀어 나오다. 2 높이뛰기에 쓰이는 가로대.

크로스 벨트 (cross belt) 두 개의 바퀴가 서로 반대 방향으로 돌도록 엇갈리게 맨 벨트.

크로스-스티치 (cross-stitch) 명 십자수(十字繡).

크로스워드 (crossword) 명 크로스워드 퍼즐.

크로스워드 퍼즐 (crossword puzzle) 바둑판 무늬처럼 선을 그은 칸 안에 힌트에 따라 빈칸을 메워서 가로세로 말이 되게 하는 놀이. 십자말풀이.

크로스-컨트리 (cross-country) 명 근대 5종 경기의 하나. 육상·사이클·경마·스키 따위에서, 들·언덕·숲 따위를 횡단하여 그 승부를 겨룸.

크로스 킥 (cross kick) 1 축구에서, 공을 옆으로 비스듬히 차는 일. 2 럭비에서, 이제까지의 공격 방향과는 반대쪽으로 차는 킥.

크로스헤드 (crosshead) 명 왕복 기관에서, 피스톤 로드와 커넥팅 로드를 연결하는 장치. 피스톤 로드의 운동을 실린더의 중심선에 일치시키는 역할을 함.

크로켓 (프 croquette) 명 서양 요리의 하나. 다져서 기름에 볶은 고기와 쪄서 으깬 감자를 섞어서 둥글게 만들어 빵가루를 묻혀서 기름에 튀겨 만듦.

크로키 (프 croquis) 명 스케치. 밑그림. 또는 빠르게 그린 그림.

크롤 (crawl) 명 크롤 스트로크.

크롤 스트로크 (crawl stroke) 수영에서, 몸을 거의 물에 잠그고 두 손으로 차례로 물을 끌어당기며 발장구를 치면서 나아가는 수영법. 크롤. 자유형.

크롬 (chrome) 명《화》크로뮴.

크롬-강 (chrome鋼) 명 크롬이 들어 있는 강철. 크롬 합량 12 % 이상인 것은 스테인리스 스틸이라 하여 구별함.

크롬니켈-강 (chrome nickel鋼) 명 내산성(耐

酸性)이 큰 합금. 주로 화학 기계에 쓰이는데, 성분은 크롬 16~20％, 니켈 7~12％, 탄소(炭素) 0.1~0.4％ 임. ＊니켈크롬강.

크롬망간-강 (chrome mangan鋼) 명 니켈크롬강을 대신하여 쓰는 강. 충격에 강하여 차량의 용수철 따위에 씀.

크롬 명반 (chrome明礬) 〖화〗 황산 제이크롬과 황산칼륨과의 복염(複鹽). 보통 암자색 정팔면체의 결정《제지(製紙)·잉크 제조·제혁·사진 정착(定着)의 젤라틴 고정액 등에 씀》.

크롬산-납 (chrome酸-) 명 〖화〗 크롬산나트륨과 질산염(窒酸鹽)의 복분해(複分解)로써 얻어지는 단사 정계(單斜晶系)의 황색 결정《황색 안료로 씀》. 황연(黃鉛). 크롬황(黃). 크롬산연(鉛).

크롬 옐로 (chrome yellow) 1 〖화〗 크롬산납을 주성분으로 하는 황색 염료《도료·인쇄 잉크·크레용 등에 씀》. 2 등색(橙色).

크롬철-석 (chrome鐵石) [-썩] 명 〖광〗 철과 크롬과의 산화물. 갈색 또는 흑색을 띠고 있음. 크롬의 가장 중요한 원광(原鑛)임.

크루즈 미사일 (cruise missile) 순항 미사일.

크루프 (croup) 명 〖의〗 후두의 가장자리에 섬유소성(纖維素性)의 위막(僞膜)이 생겨 목소리가 쉬고 호흡 곤란을 일으키는 급성 염증《그 위막이 쉽게 벗겨지는 점이 디프테리아와 다름》.

크루프성 폐:렴 (croup性肺炎) [-／-폐-] 〖의〗 폐렴 쌍구균(雙球菌)으로 인하여 생기는 폐렴《오한·구토·경련으로 시작하여, 고열·호흡 곤란·기침 등의 증상이 나타남》.

크룩스-관 (Crookes管) 명 〖물〗 진공도(眞空度)가 수은주(水銀柱) 압력 0.1 mm 정도 이하인 방전관(放電管). 진공 방전의 시험에 씀《영국 물리학자 크룩스가 발명함》.

크리슈나 (Kṛṣṇa) 힌두교 신화에 나오는 영웅신《훗날 비슈누(Viṣṇu)의 화신이 됨》.

크리스마스 (Christmas) 명 〖기〗 예수의 탄생을 기념하는 날《12월 25일》. 성탄일. 성탄절.

크리스마스-실 (Christmas seal) 명 결핵 퇴치 기금을 모으기 위해 크리스마스 전후에 발행하는 증표.

크리스마스-이브 (Christmas Eve) 명 크리스마스의 전야(前夜)《12월 24일 밤》.

크리스마스-카드 (Christmas card) 명 크리스마스를 축하하기 위해 서로 주고받는 카드.

크리스마스-캐럴 (Christmas carol) 명 크리스마스를 축복하는 찬송가.

크리스마스-트리 (Christmas tree) 명 〖기〗 크리스마스에 장식으로 세우는 나무. 소나무·전나무 따위의 상록수에 촛불·종·별·꼬마전등 따위를 달아서 아름답게 꾸밈. 성탄목(聖誕木).

크리스천 (Christian) 명 기독교 신자.

크리스털 (crystal) 명 1 〖광〗 수정(水晶). 2 〖공〗 '크리스털 글라스'의 준말. 3 〖화〗 결정(結晶). 결정체.

크리스털 검:파기 (crystal檢波器) 〖전〗 광석(鑛石) 검파기.

크리스털 글라스 (crystal glass) 〖공〗 고급 식기·장식품·공예품 등에 쓰이는 고급 유리. 수정 유리. 크리스털 유리. ⊕크리스털.

크리스털 유리 (crystal琉璃) 〖공〗 크리스털 글라스.

크리스트-교 (Christ教) 명 기독교.

크리켓 (cricket) 명 영국의 국기(國技). 약 100

m의 사방을 필드(field)로 하여 두 개의 위킷(wicket)을 20 m 거리로 세워 놓고, 11 명으로 이루어진 두 팀이 공격과 수비를 번갈아 하면서 득점을 겨루는 경기. 나무 공을 배트로 쳐 위킷을 쓰러뜨리면 득점하게 됨.

크릴 (krill) 명 〖동〗 갑각류(甲殼類)에 속하는 플랑크톤. 크기는 새우와 비슷한데 남극해에서 많이 나며, 본디 고래의 주요 먹이이나 미래의 식량 자원으로 주목되고 있음.

크림 (cream) 명 1 우유의 지방으로 만드는 식품. 과자나 요리의 재료로 씀. 유지(乳脂). 2 피부를 부드럽게 하고 표면에 얇은 층을 만들어 일광 등의 영향을 방지하는 기초화장품. 3 '아이스크림'의 준말.

크림-소다 (cream soda) 명 소다수에 아이스크림을 넣어 만든 음료.

크림-수프 (cream soup) 명 크림을 넣어 걸쭉하게 만든 수프.

크립톤 (krypton) 명 〖화〗 비활성(非活性) 기체 원소의 하나. 공기 중에 매우 적게 들어 있는 무색무취의 기체. 백열전구에 넣어 방사 효율을 높이는 데 씀. [36 번: Kr: 83.80]

크샤트리아 (산 Ksatriya) 명 〖역〗 고대 인도 카스트 제도에서 두 번째 지위인 왕족과 무사의 계급. 찰제리(刹帝利).

크세논 (독 Xenon) 명 〖화〗 비활성 기체 원소의 하나. 공기 중에 가장 적게 존재하는 원소로, 무색무취이고 다른 어떤 원소와도 화합하지 않음. 제논. [54 번: Xe: 131.30]

큰 변 친족 관계를 나타내는 명사 앞에 붙어, '맏이'의 뜻을 나타내는 말. ▢→형／→아버지. ↔작은.

큰-가래 명 세 사람이나 네 사람이 두 줄을 당기어 흙을 퍼내는 데에 쓰는, 썩 큰 가래.

큰개-자리 명 〖천〗 봄 하늘의 은하수 옆에 있는 별자리의 하나. 오리온자리의 동쪽에 있으며 수성(首星)은 시리우스성임. ⊕큰개.

큰-계집 [-／-계-] 명 지난날, 본처(本妻)를 낮잡아 이르던 말. 큰마누라. ↔작은계집.

큰-골 명 〖생〗 대뇌(大腦).

큰-곰 명 1 〖동〗 곰과의 포유동물. 몸의 길이 2~2.8 m로 보통의 곰보다 크며, 털빛은 갈색 또는 흑적갈색. 앞발들이 매우 길고, 야행성이며 단독 생활을 함. 2 〖천〗 '큰곰자리'의 준말.

큰곰-자리 명 〖천〗 북두칠성을 중심으로 하는 별자리의 하나. 북극성 주위에서 가장 크고 밝게 빛나는 별자리임. 대웅좌(大熊座). ⊕큰곰. ＊작은곰자리.

큰-굿 [-굳] 명 크게 차리고 하는 굿.

큰-글씨 명 글자를 크게 쓰는 글씨. ↔잔글씨.

큰-기침 〖하〗 남에게 위엄을 보이거나, 인기척을 내거나, 마음을 가다듬느라고 소리를 크게 내어 하는 기침. ▢~으로 기척을 알리다. ↔잔기침.

큰-길 명 넓은 길. 대로(大路).

큰길-가 [-까] 명 큰길의 양쪽 옆.

큰-꾸리 명 쇠고기 꾸리의 한 가지. 앞다리 바깥쪽에 붙은 살덩이. ↔작은꾸리.

큰-놈 명 〈속〉 큰아들. ↔작은놈.

큰-누이 명 맏누이. ↔작은누이.

큰-단나 (-檀那) 명 〖불〗 절에 보시(布施)를 많이 한 시주(施主). 대단나(大檀那).

큰-달 명 한 달의 날수가 양력으로는 31일, 음력으로는 30일이 되는 달. 대월(大月). ↔작은달.

큰-대 (-大) 명 한자 부수(部首)의 하나《'天'·

'夬' 등에서 '大'의 이름).

큰-대삿갓 [-삳간] 圐 비가 올 때 쓰는, 크게 만든 삿갓.

큰-댁 (-宅) 圐 '큰집'의 높임말. ↔작은댁.

큰-독 圐 높이가 대여섯 자가량이 되는 커다란 오지독.

큰-돈 圐 액수가 많은 돈. 거금. ▢~을 모으다 / 그렇게 ~이 어디 있겠는가.

큰-동서 (-同壻) 圐 맏동서를 작은동서에 상대하여 일컫는 말.

큰-되 圐 열 홉들이 되를 오 홉들이 되에 상대하여 이르는 말.

큰-두더지 圐 〖동〗 두더짓과의 짐승. 몸길이 18cm 정도로, 보통의 두더지보다 훨씬 큼. 몸빛은 적갈색이며 꼬리에는 털이 났음. 만주 특산종으로, 모피로는 목도리 등을 만듦. 전서(田鼠).

큰-따님 圐 남의 큰딸의 높임말. ↔작은따님.

큰-따옴표 (-標) 圐 〖언〗 가로쓰기에 쓰는 따옴표("")의 이름(대화, 인용, 특별한 어구 따위를 나타낼 때 씀). ↔작은따옴표.

큰-딸 圐 맨 위의 딸을 작은딸에 상대하여 이르는 말. 맏딸. 장녀. ↔작은딸.

큰-마누라 圐 작은마누라에 대한 본마누라의 일컬음. 정실.

큰-마음 圐 1 힘들게 하는 결심. 2 넓게 생각하는 마음씨. 歙큰맘.
  큰마음 먹다 句 모처럼 어려운 결심을 하다.

큰-만두 (-饅頭) 圐 잘게 빚은 만두 여러 개를 큰 껍질로 싸서 사발덩이만 하게 빚은 만두의 일종(예전에, 중국의 사신을 대접할 때 썼음). 왕만두.

큰-말 圐 〖언〗 단어의 뜻은 작은말과 같으나 표현상의 어감이 크고 어둡고 무겁게 느껴지는 말. '펑펑'·'둥둥'·'퍼렇다'·'그득하다'·'뗑뗑' 등과 같이 주된 음절의 모음이 'ㅓ·ㅜ·ㅣ·ㅡ·ㅐ'와 같은 음성 모음끼리 어우러진 말. ↔작은말.

큰-맘 圐 '큰마음'의 준말.

큰-매부 (-妹夫) 圐 큰누이의 남편. ↔작은매부. *큰처남.

큰-머리 圐하자 〖역〗 예식 때, 부녀의 머리에 크게 틀어 올리던 가발(假髮)(어여머리 위에 나무로 만든 큰 머리틀을 얹음).

큰-며느리 圐 큰아들의 아내. 맏며느리. ↔작은며느리.

큰-못 [-몯] 圐 연목(椽木) 걸이·부연(附椽) 걸이·대문짝 등에 쓰이는 굵고 긴 못. 대못. ↔잔못.

큰-문 (-門) 圐 지난날, 대궐이나 관아의 삼문(三門) 중에서 가운데 있는 제일 으뜸가는 문. 정문2.
  큰문(을) 잡다 句 존귀한 사람이 드나들 때에 큰문을 열다.

큰-물 圐 1 장마가 져서 내나 강에 크게 불은 물. 홍수. ▢지난 여름 ~에 집들이 떠내려 갔다. *시위2. 2 사람이 활동하는 무대가 크고 넓은 경우를 비유하는 말. ▢사람은 모름지기 ~에서 놀아야 하느니라.
  큰물(이) 가다 句 비가 내려 농토를 휩쓸고 지나가다.
  큰물(이) 지다 句 큰물이 흐르다. 홍수가 나다. ▢30년 만에 ~.

큰-물 圐 〖옛〗 동. 대변.

큰-바늘 圐 '분침(分針)'을 달리 이르는 말. ▢~이 3을 가리키고 있다.

큰-바람 圐 〖기상〗 풍력(風力) 계급 8의 바람. 초속 17.2-20.7 m의 바람. 가는 나뭇가지가

부러지고, 걷기가 힘듦. 대풍(大風).

큰-방 (-房) 圐 1 넓고 큰 방. 대방(大房). 2 집 안의 가장 어른이 되는 부인이 거처하는 방. 3 〖불〗 절에서 여러 승려가 항상 함께 거처하며 식사하는 방.

큰-부처 圐 크게 만든 불상. 대불(大佛).

큰-북 圐 〖악〗 땅에 놓거나 받쳐 놓고 치는, 크고 무겁게 만든 북.

큰-불 圐 1 큰 화재. 대화(大火). ▢~로 건물이 잿더미가 되었다. 2 큰 짐승을 잡는 데 쓰는 총알. ↔잔불.
  큰불(을) 놓다 句 큰 짐승을 잡으려고 총을 쏘다.

큰-비 圐 오래도록 많이 오는 비. 대우(大雨). ▢~로 많은 수재민이 발생했다.

큰-비녀 圐 큰머리를 얹을 때나 낭자할 때 꽂는, 크고 긴 비녀.

큰-사람 圐 위대하고 이름난 사람. 큰일을 할 수 있는 사람. ▢하는 꼴을 보니 ~이 되기는 글렀다. *대인(大人).

큰-사랑 (-舍廊) 圐 집안의 웃어른이 거처하는 사랑. ▢~에서 손님을 맞다. ↔작은사랑.

큰-사귀 圐 〖충〗 왕사마귀.

큰-사위 圐 작은사위에 대하여 맏사위를 일컫는 말. ↔작은사위.

큰-사위 圐 윷놀이에서의 모나 윷. 歙사위.

큰-산소 (-山所) 圐 한 산에 여러 조상의 산소가 있는 경우, 가장 어른 되는 분의 묘.

큰-살림 圐 규모를 크게 차리고 잘 사는 가정의 살림살이. ▢~을 혼자 도맡아 하다.

큰-상 (-床) 圐 잔치 때, 음식을 많이 차려 주인공을 대접하는 상.
  큰상(을) 받다 句 잔치 때, 특별히 크게 차린 음식상을 주인공이 받다.

큰-상(-賞) 圐 대상(大賞).

큰상-물림 (-床-) 圐 혼인 잔치 때, 받은 큰상을 물린 뒤에 상을 받았던 사람의 본집으로 그 음식을 싸서 보내는 일. 퇴상(退床). 歙상물림.

큰-선비 圐 학식과 덕망이 뛰어난 선비.

큰-센바람 圐 〖기상〗 풍력(風力) 계급 9의 바람. 초속 20.8-24.4 m의 바람. 굵은 가지가 부러지고 슬레이트가 날아갈 정도의 세기임. 대강풍(大强風).

큰-소리 圐하자 1 목청을 크게 하여 야단치는 소리. ▢~를 내야 말을 듣겠는가. 2 일의 성패(成敗)는 가리지 않고 장담하거나 뽐냄을 장담을 하는 말. ▢실속 없는 자가 ~만 떵떵 친다. 3 가만히 있다가 일이 이루어진 뒤에 뽐내는 듯이 하는 말.

큰소리-치다 困 1 목청을 크게 하여 야단을 치다. 2 덮어놓고 뱃심 좋게 장담하다. ▢큰소리치는 사람치고 장담하는 사람 못 봤다.

큰-소매 圐 볼이 축 처지게 지은 넓은 소매.

큰-손 (-經) 圐 증권 시장이나 부동산 시장 등에서, 대규모의 거래를 하여 시황(市況)에 영향을 미치는 개인이나 기관. ▢증시가 활황세로 돌아서자 ~들도 가세하기 시작하였다. *개미군단.

큰-손 圐 큰손님.

큰-손녀 (-孫女) 圐 작은손녀에 대하여 맏손녀를 일컫는 말.

큰-손님 圐 1 특별히 잘 모셔야 할 귀한 손님. 2 많은 손님.

큰-손자 (-孫子) 圐 작은손자에 대하여 맏손자를 일컫는 말. ↔작은손자.

큰-솥 [-솓] 圈 전통 가옥에서, 부뚜막에 거는 가장 큰 솥.

큰-수파련 (-水波蓮) 圈 큰 잔치 때에 장식으로 쓰는, 종이로 만든 연꽃. 세 층으로 만듦. *수파련.

큰-스님 圈〔불〕'덕이 썩 높은 승려'의 경칭.

큰-아가씨 圈 1 큰아씨. 2 올케가 큰시누이를 부르는 경칭. ↔작은아가씨.

큰-아기 圈 1 다 큰 계집아이. 또는 다 큰 처녀. 2 맏딸이나 맏며느리를 다정하게 일컫는 말. ↔작은아기.

큰-아들 圈 작은아들에 대하여 맏아들을 일컫는 말. 장자(長子). ↔작은아들

큰-아버지 圈 아버지의 맏형. 백부(伯父). ↔작은아버지.

큰-아씨 圈 지난날, 주인집의 결혼한 맏딸이나 맏며느리를 하인들이 일컫던 말. 큰아가씨. ↔작은아씨.

큰-아이 圈 큰아들이나 큰딸을 다정하게 일컫는 말. ㉺큰애. ↔작은아이.

큰-악절 (-樂節)[크낙쩔] 圈〔악〕두 개의 작은 악절이 합친 악절. 보통, 8마디 또는 12마디로 이루어짐. 대악절(大樂節). ↔작은악절.

큰-애 圈 '큰아이'의 준말.

큰-어머니 圈 1 큰아버지의 아내. 백모. ↔작은어머니. 2 서자(庶子)가 아버지의 본처를 일컫는 말. 적모(嫡母).

큰-어미 圈 '큰어머니'의 낮춤말(아랫사람의 큰어머니를 múti 말).

큰-언니 圈 가장 손위 되는 언니. 맏언니. ↔작은언니.

큰-오빠 圈 가장 손위 되는 오빠. ↔작은오빠.

큰-옷 [크녿] 圈 예식 때에 입는 웃옷.

큰-이 圈 1 남의 형제 가운데 맏이가 되는 사람. 2 남의 본부인을 그의 첩에 상대하여 이르는 말.

큰-일¹ 圈 다루는 데 힘이 많이 들고 범위가 넓은 일. 또는 중대한 일. ↔잔일.
　큰일(을) 내다 亘 큰 사고를 저지르다.
　큰일(이) 나다 亘 감당하기 어려운 일이나 큰 탈이 생기다. 圄큰일 날 소리 하지 마라.

큰-일² [-닐] 圈 큰 예식이나 잔치를 치르는 일. 대사(大事). 圄~을 치르다.

큰입구-몸 (-口-)[-닙꾸-] 圈 한자 부수의 하나('國'·'因' 등에서 '口'의 이름).

큰-자귀 圈 두 손으로 들고 서서 재목을 깎거나 다듬는 연장(모양은 자귀와 같으나, 규모가 크고 긴 자루가 붙어있음).

큰-절¹ 圈〔하자〕1 무릎을 꿇고 앉으면서 두 손을 바닥에 대고 허리를 굽혀 머리를 숙이고 하는 절. 2 여자가 초례(醮禮) 때나 시부모를 뵐 때와 같은 가장 예를 갖추어야 할 때에 하는 절(두 손을 이마에 마주 대고 앉아서 허리를 굽힘). 圄시부모님께 ~을 올리다.

큰-절² 圈〔불〕딸린 절에 대하여 주장되는 절을 일컫는 말.

큰-제사 (-祭祀) 圈 아랫대의 제사에 대하여 고조(高祖)나 고조모의 제사.

큰-조카 圈 큰형의 큰아들. 맏조카. 장(長)조카. 장질(長姪).

큰-종다리 圈〔조〕종다릿과의 새. 몸은 종다리보다 좀 크고, 등빛이 거무충충함.

큰-집 圈 1 아우나 그 자손이 맏형이나 그 자손의 집을 일컫는 말. 2 분가하여 나간 집에서 그 원집을 일컫는 말. 종가(宗家). 3 작은 부인이나 그 자손이 본부인이나 그 자손의

집을 일컫는 말. ↔작은집. 4 '교도소'의 은어. 圄그는 ~에서 8년 동안 콩밥을 먹었다.

큰집 드나들듯 亘 어떤 곳에 매우 익숙하게 자주 드나드는 모양.

큰-창자 圈 대장(大腸). ↔작은창자.

큰-처남 (-妻男) 圈 맨 맏이가 되는 처남. ↔작은처남. *큰매부.

큰-춤 圈 옷을 잘 차려입고 정식으로 추는 춤.
　큰춤(을) 보다 亘 자기를 위하여 큰춤이 베풀어지는 의식의 영광을 누리다.

큰-치마 圈 발등을 덮어 땅에 질질 끌리도록 만든, 여자들이 주로 예식 때에 입는 치마.

큰-칼 圈〔역〕중죄인의 목에 씌우던 형틀(길이 135cm가량임). ↔작은칼.

큰코-다치다 困 큰 봉변이나 무안을 당하다. 圄하수라고 얕보다가 큰코다쳤다.

큰키-나무 교목(喬木).

큰-톱 圈 두 사람이 마주 잡고 켜는 큰 내릴톱. 대톱.

큰톱-장이 [-짱-] 圈 큰톱으로 큰 재목을 써는 일을 업으로 하는 사람(둘이 한 짝이 됨). 인거장(引鋸匠).

큰-판 圈 흔히 노름 따위에서 크게 벌어진 판. 圄~이 벌어지다.

큰-표범나비 (-豹-) 圈〔충〕네발나빗과의 곤충. 몸길이 2cm 정도, 편 날개 길이 6cm가량, 몸빛은 등갈색(橙褐色)으로 표범과 비슷한 황색에 무늬가 있으며, 날개를 곧추세우고 앉음. 표범나비.

큰-할머니 圈 큰할아버지의 아내.

큰-할아버지 圈 할아버지의 맏형. 백종조(伯從祖). ↔작은할아버지.

큰-형 (-兄) 圈 작은형에 대하여 맏형을 일컫는 말. 장형(長兄). ↔작은형.

큰-형수 (-兄嫂) 圈 큰형의 아내. ↔작은형수.

큰-활 圈 쇠로 만든 화살인 정량(正兩)대를 메어서 쏠 수 있는 큰 활. 육go 센 활.

클라드니 도형 (Chladni圖形) 〔물〕수평으로 고정된 평판 위에 뿌려진 모래나 가루가 판의 진동에 따라서 진동하지 않는 부분에 모여들어 이루는 도형.

클라리넷 (clarinet) 圈〔악〕목관 악기의 하나. 마우스피스에 한 장의 서가 있으며, 관(管)은 아래로 내려갈수록 차차 퍼지게 됨. 아름다운 음색과 넓은 음역으로 각종 합주에서 많이 씀. 클라리오넷.

클라리오넷 (clarionet) 圈〔악〕클라리넷.

클라리온 (clarion) 圈〔악〕명쾌한 음색을 갖는, 나팔 종류의 관악기.

클라비코드 (clavichord) 圈〔악〕피아노가 발명되기까지 하프시코드와 함께 사용하던 건반 현악기(피아노의 원리와 같음).

클라이맥스 (climax) 圈 1 흥분·긴장 등이 최고조에 이른 상태. 또는 그 장면. 圄~에 이르다. 2 극(劇)·사건 따위의 절정. 최고조.

클라이밍 (climbing) 圈 1 기어오름. 등반(登攀). 2 '록클라이밍'의 준말.

클라이밍 크레인 (climbing crane) 고층 구조물용 크레인. 작업 진도에 따라 구조물과 같이 높이면서 작업함.

클라이스트론 (klystron) 圈 극초단파의 발진(發振)·증폭 따위에 쓰는 진공관의 하나.

클라이언트 (client) 圈〔컴〕컴퓨터 통신망에서, 서버 컴퓨터에 연결하여 서비스를 제공받는 쪽의 컴퓨터.

클래식 (classic) 圈 서양의 고전 음악.

클래식 음악 (classic音樂) 클래식.

클랙슨 (klaxon) 圈 자동차 경적의 상표명. 변

하여, 경적의 통칭이 됨. 혼(horn). ❏ ~을 빵빵 울리다.

클램프 (clamp) 🅜 **1** 공작물을 공작 기계의 테이블 위에 고정시키는 장치. **2** 바이스(vice)의 한 가지《손으로 다듬을 때, 작은 물건을 고정하는 데 쓰는 기구》. 조임틀. 죔틀.

클러치 (clutch) 🅜 **1** 일직선상에 있는 두 축의 한쪽으로부터 다른 축으로 동력의 전달을 끊었다 이었다 하는 장치. 연축기(連軸器). **2** 클러치 페달. ❏ ~를 밟고 변속하다.

클러치-판 (clutch板) 🅜 클러치 끝에 달려 동력의 전달을 끊었다 이었다 하는 원판 모양의 장치.

클러치 페달 (clutch pedal) 자동차에서, 기어 변속을 할 때에 클러치를 조작하는 발판.

클럽 (club) 🅜 **1** 공통된 목적으로 결합한 단체. 또는 그 모이는 장소. **2** 골프채. **3** 카드놀이에서, 클로버 잎 모양이 그려져 있는 카드.

클럽 활동 (club活動)[-러활똥]〖教〗특별 활동의 하나. 공통의 흥미·관심을 갖는 학생들이 자주적으로 학예·운동·직업·기술·사회봉사 따위의 영역에서 하는 활동. ❏ ~에 열심이다.

클레이 사격 (clay射擊) 클레이 피전을 공중에 날리고, 산탄총으로 쏘아 맞히는 스포츠.

클레이 코트 (clay court) 모래와 자갈을 깐 토대 위에 찰흙을 다진 테니스 코트.

클레이 피전 (clay pigeon) 클레이 사격에 쓰이는, 점토를 뭉쳐 만든 접시 모양의 표적.

클레임 (claim) 🅜 무역 거래에서, 상품의 수량·품질·포장 등에 위약(違約)이 있을 경우, 매주(賣主)에게 손해 배상의 청구나 이의를 제기하는 일. 구상(求償). ❏ ~이 걸리다 / ~을 제기하다.

클렌징-크림 (cleansing cream) 🅜 얼굴을 깨끗이 닦아 내는 데 쓰는 화장용 크림.

클로랄 (chloral) 🅜〖化〗에틸알코올에 염소(塩素)를 작용시켜 이를 산화한 다음 다시 염소화하여 만드는, 자극성 냄새가 있는 무색의 유상(油狀) 액체《물과 화합시켜 최면 진정제를 만듦》.

클로렐라 (chlorella) 🅜〖植〗담수에서 나는 단세포 녹조(綠藻). 단백질이 풍부하고 광합성 능력이 높으며, 번식력이 매우 강함《식량·사료의 자원으로 주목되고 있음》.

클로로포름 (chloroform) 🅜〖化〗무색의 맑은 휘발성 액체《마취제 등의 의약품 및 분석 시약·용제(溶劑)로 씀》.

클로로프렌 (chloroprene) 🅜〖化〗부타디엔의 염소화물. 무색의 휘발성 액체. 내유성(耐油性)의 합성 고무 제조 원료로 씀.

클로로필 (chlorophyll) 🅜〖植〗엽록소.

클로르칼크 (독 Chlorkalk) 🅜 표백분.

클로버 (clover) 🅜〖植〗토끼풀.

클로스 (cloth) 🅜 **1** 직물. 양복감. 모직물. **2** 테이블보와 같은 덮는 천의 총칭. **3**〖印〗책의 장정에 쓰는 헝겊.

클로즈업 (close-up) 🅜🅗🅣 **1** 사진이나 영화에서, 대상의 일부를 두드러지게 강조하기 위해 크게 찍거나 화면에 크게 나타냄. 대사(大寫). **2** 어떤 일을 일반의 주의를 끌기 위해 문제삼아 크게 다룸. ❏ 공해 문제의 중요성이 ~되다. ↔롱 숏.

클리노미터 (clinometer) 🅜〖化〗지층의 주향(走向)이나 경사각 따위를 측정하는 데 쓰는 측량용·지질용·항공용 기구. 경사계(傾斜計). 경사의(傾斜儀).

클리닉 (clinic) 🅜 진료소. 진료실. ❏ 붙임 ~ /

비만 ~.

클리닝 (cleaning) 🅜🅗🅣 세탁소에서 하는 세탁《주로 드라이클리닝을 이름》.

클리크 (cleek) 🅜 골프에서, 공을 때리는 면이 쇠로 되어 있으며 폭이 좁고 긴 골프채. 공을 멀리 보낼 때 사용함.

클리토리스 (clitoris) 🅜〖生〗음핵(陰核).

클릭 (click) 🅜🅗🅣〖컴〗마우스의 단추를 누름. ❏ 마우스를 ~하다 / 아이콘을 ~하면 명령이나 프로그램이 실행된다.

클린 룸 (clean room) 미세한 먼지까지 제거한 작업실. 청정실(淸淨室).

클린 산:업 (clean産業) 공기·물 따위를 정화(淨化)하는 장치 및 이에 관련된 장치를 만드는 산업.

클린싱 크림 ☞ 클렌징크림(cleansing cream).

클린업 트리오 (cleanup trio) 야구에서, 장타를 쳐서 주자를 모두 불러들이는 일이 많은 3·4·5번의 중심 타자.

클린치 (clinch) 🅜🅗🅣 권투에서, 상대편의 공격을 피하기 위해 껴안는 일.

클린 히트 (clean hit) **1** 야구에서, 깨끗한 안타. 깨끗한 안타. **2** 때려서 효과가 큰 편치.

클립 (clip) 🅜 **1** 종이나 서류 따위를 끼워 두는 사무용품. **2** 만년필 따위에 달려 주머니에 끼우는 쇠. **3** 여자들이 머리에 웨이브를 만들기 위해 머리털에 감는 기구.

클립아트 (clipart) 🅜〖컴〗문서를 작성할 때, 삽화로 자주 쓰는 그림들을 미리 만들어 저장해 놓은 디스크.

큼지막-이 🅟 큼지막하게.

큼지막-하다 [-마카-] 🅗🅒 꽤 큼직하다. ❏ 이름을 큼지막하게 쓰다.

큼직-이 🅟 큼직하게.

큼직-큼직 🅗🅗 여럿이 모두 큼직한 모양. ❏ ~한 돌덩이들 / 무를 ~하게 썰다.

큼직-하다 [-지카-] 🅗🅒 꽤 크다. ❏ 신문에 큼직하게 광고를 내다 / 큼직한 항아리.

킁킁 🅟🅗 **1** 병이나 버릇으로 숨을 콧구멍으로 힘을 주어 띄엄띄엄 계속해서 내쉬는 소리. **2** 코로 냄새를 맡는 소리나 모양.

킁킁-거리다 🅣 계속하여 킁킁하다. ❏ 코를 킁킁거리며 냄새를 맡다.

킁킁-대다 🅣 킁킁거리다.

킁킁-이 킁킁하는 소리를 섞어서 말을 하는 사람의 별명.

킈 〖옛〗키. 신장(身長).

키[1] 🅜 **1** 사람이나 동물의 선 몸의 길이. 신장. 체고(體高). ❏ ~를 재다 / 몇 달 사이에 ~가 부쩍 자랐다. **2** 식물이나 물건의 높이. ❏ ~ 작은 소나무.

[**키는 작아도 담은 크다**] 키는 작아도 용감한 사람을 추기거나 칭찬하는 말. [**키 크고 싱겁지 않은 사람 없다**] 키 큰 사람의 행동은 야무지지 못하고 싱겁다는 말.

키[2] 🅜 곡식 따위를 까불러 쭉정이나 티끌을 골라내는 기구. 앞은 넓고 평평하게, 뒤는 좁고 우긋하게 고리버들 같은 것을 걸어 만듦. ❏ ~로 쌀을 까불다.

키[3] 🅜 배의 방향을 조종하는 장치. ❏ ~를 잡다. ＊방향타(方向舵).

키 (key) 🅜 **1** 열쇠. **2** 어떤 문제를 해결할 수 있는 중요한 실마리. 관건(關鍵). ❏ 문제 해결의 ~는 그가 쥐고 있다. **3** 피아노·오르간의 건(鍵). **4** 타자기나 컴퓨터의 자판에서, 손가락으로 치는 글자판. 글쇠.

키⁴ 튄〈옛〉 크게.

키-꺽다리 [一따一] 명 키다리. ⑪꺽다리.

키-꼴 명〈속〉키가 큰 체격.

키-내림 명하타 곡식에 섞인 티끌 따위를 바람에 날려 고르려고, 곡식을 키에 담아 높이 들고 천천히 흔들어 쏟아 내리는 일.

키노트 (keynote) 명 《악》 어떤 조(調)의 중심이 되는 으뜸음(音). 주조음(主調音).

키니네 (네 kinine) 명 기나나무의 껍질에서 얻는, 알칼리성의 쓴맛이 있는 알칼로이드 《해열제·건위제·강장제로 쓰며, 말라리아 치료의 특효약임》. 퀴닌.

키니코스-학파 (Kynikos學派) 명 안티스테네스(Antisthenes)가 창시한 고대 그리스 철학의 한 파. 개인적 정신의 자유를 확보하기 위해 무욕(無慾)한 자연생활을 영위하는 것을 이상으로 함. 견유(犬儒)학파.

키:다¹ 재 '켜다'의 준말.

키다² 타 ☞ 키우다.

키-다리 명 키가 큰 사람의 별명. 꺽다리. 키꺽다리. ↔난쟁이·작다리.

키득 튄하자 참다못하여 입 속에서 새어 나오는 웃음소리. 또는 그렇게 웃는 모양.

키득-거리다 [一꺼一] 재 키득 소리를 자꾸 내다. 🞏만화책을 보며 ~. **키득-키득** 튄하자

키득-대다 [一때一] 재 키득거리다.

키들-거리다 재 참다못하여 웃음을 입 밖으로 내어 자꾸 새되게 웃다. **키들-키들** 튄하자

키들-대다 [一때一] 재 키들거리다.

키레네-학파 (Kyrene學派) 명 고대 그리스 철학의 한 학파. 시조는 아리스티포스이며 쾌락주의를 주장하였음.

키마이라 (Chimaera) 명 그리스 신화에 나오는 괴수(怪獸). 머리는 사자, 몸통은 양, 꼬리는 용 모양을 하고 있음.

키보드 (keyboard) 명 1 《악》 건반(鍵盤). 2 호텔 등에서, 열쇠를 걸어서 놓아 두는 판(板). 3《컴》 자판(字板).

키부츠 (히 Kibbutz) 명 이스라엘의 농업 및 생활 공동체. 또는 이를 관리하는 집단 농장의 한 형태.

키-순 (一順) 명 키 큰 차례. 신장순.

키스 (kiss) 명하자 1 입을 맞춤. 입맞춤. 2 사랑하거나 존경하는 뜻으로, 인사할 때에 손등이나 뺨에 입을 대는 일.

키 스테이션 (key station) 여러 방송국을 연결하여 동시에 같은 프로그램을 방송할 때에, 중심이 되는 방송국.

키우다 타 1 크게 하다. 🞏집 [재산]을 ~. 2 자라게 하다. 🞏병아리를 ~ / 인재를 ~.

키 워드 (key word) 1 어떤 문제를 해결할 수 있는 열쇠가 되는 말. 2《컴》자료를 검색할 때에, 찾으려는 내용의 중심이 되는 단어.

키위 (kiwi) 명 1《조》키위과의 원시적인 새. 몸은 둥글고 닭만한데, 날개와 꼬리는 없고 털 같은 깃털이 온몸에 덮임. 부리는 길고 끝에 콧구멍이 있으며 밤에 나와 활동함. 뉴질랜드의 삼림 지대에 분포하며 '키위 키위' 하고 욺. 2《식》 다랫과의 덩굴성 과수. 중국 원산의 다래나무를 개량한 것으로, 따뜻한 곳에서 재배함. 과실의 표면은 녹갈색으로 갈색 털이 나 있으며, 약간 신맛과 단맛이 남. 뉴질랜드가 주산지임.

키읔 [一윽] 명 《언》 한글 자모 'ㅋ'의 이름.

키-잡이 명 배의 키를 조종하는 사람. 조타수.

키-장다리 명 ☞ 키다리.

키-조개 명 키조갯과의 조개. 껍데기는 키 또는 부채 모양이며 길이 29cm 정도, 폭 15cm 내외임. 암녹색을 띠고 있으며, 얕은 바닥의 진흙 또는 모랫바닥에서 삶.

키-질 명하자 키로 곡식 따위를 까부르는 일. 🞏~로 곡식의 쭉정이를 다 날려 보냈다.

키친-타월 (kitchen towel) 명 주방 도구를 닦는 데에 쓰는 휴지.

키킹 (kicking) 명 축구에서, 반칙의 하나. 고의로 상대편을 차거나 차려고 하는 행위.

키톤 (그 kiton) 명 아래위가 잇달린 고대 그리스의 옷 《재단하지 않은 것이 특징임》.

키트 (kit) 명 모형의 조립 재료의 한 벌.

키틴 (chitin) 명 《생》 갑각류나 곤충의 단단한 표피를 이루는 주성분. 갑각소.

키틴-질 (chitin質) 명 《생》 곤충이나 갑각류의 외골격을 이루는 물질. 갑각질(甲殼質).

키퍼 (keeper) 명 '골키퍼'의 준말.

키-펀처 (key puncher) 명 《컴》 컴퓨터의 기록 카드에 천공기(穿孔機)로 구멍 뚫는 일을 하는 사람.

키-펀치 (key punch) 명 컴퓨터의 카드 천공기(穿孔機).

키-포인트 (key+point) 명 주안점(主眼點). 사물의 요점.

키-홀더 (key holder) 명 여러 개의 열쇠를 꿰어 모아 두는 작은 기구. 열쇠 고리.

킥 (kick) 명하자 축구에서, 발로 공을 차는 일.

킥 튄 참을 수 없어 절로 한 번 나오는 웃음소리. 🞏~ 하고 웃다.

킥복싱 (kickboxing) 명 발로 차기도 하고, 팔꿈치·무릎을 쓰기도 하는 타이 특유의 권투.

킥-아웃 (kickout) 명하자 미식축구에서, 시합을 다시 시작할 경우, 25 야드 선에서 상대편 골을 향하여 공을 차 내는 일.

킥 앤드 러시 (kick and rush) 럭비·축구의 공격법의 하나. 상대편 쪽에 공을 세게 차서 띄우고 동시에 여럿이 돌진함.

킥오프 (kickoff) 명하자 축구에서, 경기가 시작될 때나 어느 한 팀이 득점하여 경기를 다시 시작할 때, 공을 중앙선의 한가운데 놓고 차는 일.

킥-킥 튄하자 나오려는 웃음을 참을 수 없어 잇따라 터져 나오는 웃음소리.

킥킥-거리다 [一꺼一] 재 킥킥 소리를 계속 내다. 🞏뒤에서 킥킥거리며 웃어 대는 소리가 들렸다.

킥킥-대다 [一때一] 재 킥킥거리다.

킥 턴 (kick turn) 스키에서, 한쪽 발을 들며 반대 방향으로 도는 방향 전환 기술.

킨키나-나무 (quinquina-) 명 《식》 꼭두서닛과의 상록 교목 또는 관목. 동인도에서 재배됨. 잎은 긴 타원형이며, 꽃은 끝이 다섯 쪽으로 갈라졌으며, 나무에 따라 적·황·갈색으로 다름. 나무껍질로 키니네를 만듦. 기나나무.

킬 (keel) 명 용골(龍骨)2.

킬러 (killer) 명 1 살인자. 2 배구에서, 스파이크하는 사람. 3 야구에서, 특정한 팀에 대하여 승률이 높은 투수.

킬러 위성 (killer衛星) 《군》 적의 군사 위성을 파괴할 목적으로 만든 인공위성.

킬로 (그 kilo) 의명 킬로그램·킬로와트·킬로미터 등의 약칭.

킬로그램 (kilogram) 의명 미터법의 질량의 기본 단위. 1그램의 천 배 《기호는 kg》.

킬로그램미터 (kilogrammeter) 의명 일의 단위. 질량 1kg의 물체를 1m 높이로 끌어 올리는 데 필요한 일의 양.

킬로그램-원기 (kilogram原器) 몡 미터법 조약에 의하여 1 kg 의 질량을 갖는다고 정의한 원기. 백금과 이리듐의 합금으로 높이와 직경이 39 mm 인 원통체(圓筒體).

킬로그램칼로리 (kilogramcalorie) 의몡 킬로칼로리.

킬로리터 (kiloliter) 의몡 미터법에서, 부피의 단위. 액체·기체·곡물 따위의 부피를 잴 때 씀. 1 리터의 천 배《기호는 *kl*》.

킬로미터 (kilometer) 의몡 미터법에서, 길이의 단위. 1 미터의 천 배《기호는 km》.

킬로바이트 (kilobyte) 의몡 《컴》 데이터의 양을 나타내는 단위. 1 킬로바이트는 1,024 바이트《기호는 KB》.

킬로볼트 (kilovolt) 의몡 전압의 단위. 곧, 1,000 볼트《기호는 kV》.

킬로사이클 (kilocycle) 의몡 주파수의 단위. 곧, 1,000 사이클《기호는 kc》.

킬로암페어 (kiloampere) 의몡 전류의 단위. 1 암페어의 천 배《기호는 kA》.

킬로암페어-시 (kiloampere時) 의몡 전기량의 단위. 1 킬로암페어의 전류가 한 시간 동안 흘렀을 때의 전기량《기호는 kAh》.

킬로옴 (kilohm) 의몡 전기 저항의 단위. 1 옴의 천 배《기호는 kΩ》.

킬로와트 (kilowatt) 의몡 전력의 단위. 1 와트의 천 배《기호는 kW》.

킬로와트-시 (kilowatt時) 의몡 일·전력량의 단위. 1 와트시의 천 배《기호는 kWh》.

킬로-전자볼트 (kilo電子volt) 의몡 에너지의 단위. 1,000 전자볼트《기호는 keV》.

킬로줄 (kilojoule) 의몡 일 또는 에너지의 양을 나타내는 단위. 1 줄의 1,000 배《기호는 kJ》.

킬로칼로리 (kilocalorie) 의몡 열량의 단위. 1 칼로리의 1,000 배《기호는 kcal》. 킬로그램칼로리.

킬로퀴리 (kilocurie) 의몡 방사능의 단위. 1 퀴리의 1,000 배《기호는 kCi》.

킬로톤 (kiloton) 의몡 **1** 질량의 단위. 1톤의

1000 배《기호는 kt》. **2** 핵분열·핵융합 폭탄의 위력을 나타내는 데 쓰이는 단위《티엔티(TNT) 화약 1,000톤의 파괴력과 같음. 기호는 kt》.

킬로파섹 (kiloparsec) 의몡 천체 사이 거리의 단위. 3,260 광년에 해당《기호는 kpc》.

킬로헤르츠 (kilohertz) 의몡 진동수의 단위. 1,000 헤르츠와 같음《기호는 kHz》.

킬킬 뷔하잗 나오는 웃음을 억지로 참으면서 내는 소리. 또는 그 모양. ▢관중 속에서 ~ 웃는 소리가 들리다. 쬰켈켈. 쎈낄낄.

킬킬-거리다 잗 킬킬 소리를 계속 내다. ▢자기들끼리 이상한 눈짓을 하며 킬킬거리고 있었다. 쬰켈켈거리다.

킬킬-대다 잗 킬킬거리다.

킬트 (kilt) 몡 스코틀랜드의 전통 의상으로, 스커트 모양의 체크무늬 남자용 스커트《허리에서 무릎까지 닿음》.

킷-값 [키깝 / 낀깝] 몡 키가 큰 만큼 철이 든 행동을 함을 일컫는 말《자기 자식이나 손아랫사람에게 씀》. ▢ ~도 못하는 놈.

킹-사이즈 (king-size) 몡 치수가 표준보다 큰 것. 특대(特大).

킹-코브라 (king cobra) 몡 《동》 뱀과의 가장 큰 독사. 길이 약 4-6 m. 머리는 작고 좁으며, 몸빛은 엷은 올리브색으로 어두운 가로무늬가 있음. 다른 뱀보다 영리하며 독성이 강함.

킹-킹 뷔하잗 **1** 몹시 아프거나 힘에 겨워 매우 괴롭게 자꾸 내는 소리. **2** 어린애가 울음 섞인 소리로 응석을 피우거나 무엇을 조르는 소리.

킹킹-거리다 잗 킹킹 소리를 계속 내다. ▢아이가 어디가 아픈지 킹킹거린다.

킹킹-대다 잗 킹킹거리다.

쿠니와 조 〈옛〉 커녕.

키다 타 〈옛〉 캐다.

ㅌ

ㅌ (티읕[―읃]) **1** 한글 자모의 열두째 글자. **2** 자음의 하나. 목젖으로 콧길을 막고 혀끝을 윗잇몸에 대어 입길을 막았다가 숨을 불어 내면서 혀끝을 힘 있게 파열시켜 내는 무성음〔받침으로 그치는 경우는 혀끝을 떼지 아니하여 'ㄷ'과 같게 됨〕.

타 (他) 一圈 다른 사람. □ ~의 추종을 불허하다. 二캔 '다른'·'딴'의 뜻을 나타내는 말. □~ 회사 / ~ 지역.

타 (打) 의졩 **1** 물건 12개를 한 단위로 세는 말. 다스. □ 연필 5 ~. **2** 골프 따위에서, 공을 친 횟수를 세는 말. □ 한 ~ 차이로 우승을 놓치다. **3** 글자판으로 글자를 찍는 횟수를 세는 말. □ 1분에 150 ~를 치다.

타가 (他家) 졩 다른 집. 남의 집.

타가 수분 (他家受粉) 〖식〗 배꽃·벚꽃같이 벌레나 바람 등의 매개로 한 나무의 다른 꽃에서 꽃가루를 받아 열매나 씨를 맺는 일. 타화수분. 딴꽃가루받이. ↔자가(自家) 수분.

타가 수정 (他家受精) 〖생〗 서로 다른 계통 간의 수정. 동물에서는 일반적인 방법임. 식물에서도 널리 행해지며 '타가 수분(他家受粉)'이라고도 함. ↔자가(自家) 수정.

타:각-부 (他角夫)[―뿌] 졩 〖역〗 조선 때, 중국에 보내는 사신 일행의 모든 행장을 감수(監守)하던 사람.

타:개 (打開) 명하타 어렵거나 막힌 일을 처리하여 해결의 길을 엶. □난국을 ~하다.

타:개-책 (打開策) 졩 타개할 만한 방도나 대책. □~이 없다 / ~을 강구하다.

타겟 졩 ☞ 타깃(target).

타:격 (打擊) 명하타 **1** 때려 침. □ ~을 가하다. **2** 어떤 영향을 받아 기운이 크게 꺾이거나 손해·손실을 봄. □ 정신적인 ~ / 심적으로 큰 ~을 받다. **3** 야구에서, 투수가 던지는 공을 배트로 침. 타봉(打棒). 배팅(batting). □ ~ 코치 / ~ 감각이 좋다.

타:격-력 (打擊力)[―경녁] 졩 때려 치는 힘. □ 가공할 ~. ⇨타력(打力).

타:격-률 (打擊率)[―경뉼] 졩 야구에서, 안타수를 타격수로 나눈 백분율. □ 1위. ⇨타율(打率).

타:격-수 (打擊數)[―쑤] 졩 야구에서, 타자로 나선 횟수에서, 사구(四球)·사구(死球)·희생타 및 타격 방해에 의한 출루수의 횟수를 뺀 수. ⇨타수.

타:격-순 (打擊順)[―쑨] 졩 야구에서, 공을 치러 나갈 선수의 차례. 배팅오더. ⇨타순.

타견 (他見) 졩 **1** 다른 사람이 보는 바. **2** 남의 의견. □ ~을 존중하다.

타:결 (妥結) 명하타 서로 좋도록 협의하거나 절충하여 일을 마무름. □ ~을 짓다 / 교섭이 ~되다 / ~의 낌새가 보이다.

타:경 (打驚) 졩 정신이 번쩍 들도록 일깨움.

타계 (他系)[―/―게] 졩 다른 계통.

타계 (他界)[―/―게] 졩 **1** 다른 세계. **2** 사람의 죽음(귀인(貴人)의 죽음). □숙환으로 ~하다. **3** 〖불〗 십계(十界) 중에서 인간계 이외의 세계(천인(天人)·지옥·아귀(餓鬼)·수라(修羅) 따위).

타계-관 (他界觀)[―/―게-] 졩 현실 세계를 떠난 다른 세계에 관한 관념.

타고 (他故) 졩 다른 까닭. 다른 사고.

타:고 (打鼓) 명하타 북을 침.

타고-나다 타 능력·복·운명 따위를 선천적으로 지니고 태어나다. □타고난 재능 / 타고난 성격.

타-고을 (他-) 졩 다른 고을. ⇨타골.

타-고장 (他-) 졩 다른 고장.

타-골 (他-) 졩 '타고을'의 준말.

타-곳 (他-)[―곧] 졩 다른 곳.

타과 (拖過) 명하타 이 핑계 저 핑계로 기한을 끌어 나감. 타거(拖去).

타관 (他官) 졩 다른 벼슬. ⇨ ~ 사람.

타관(을) 타다 굄 타관에서 어울리지 못해 기를 펴지 못하거나 설움을 받는다.

타교 (他校) 졩 다른 학교. 남의 학교. □ ~로 전학 가다. ↔본교(本校).

타:구 (打毬) 명하타 옛날 운동의 하나. 두 패로 갈라서 말을 타고 구장(毬場)의 한복판에 놓인 자기편의 공을 구장(毬杖)으로 자기편 구문(毬門)에 먼저 집어 넘기어 승부를 겨룸. 격구(擊毬).

타:구 (打球) 명하타 야구 따위에서, 공을 치는 일. 또는 그 공. □잘 맞은 ~ / 홈런성 ~.

타구 (唾具·唾口) 졩 가래나 침을 뱉는 그릇.

타:구 (楕球) 졩 타원형으로 된 구(球).

타국 (他國) 졩 다른 나라. 남의 나라. 이경(異境). 타방(他邦). ↔아국(我國).

타국-인 (他國人) 졩 외국인.

타군 (他郡) 졩 다른 고을이나 군.

타:기 (唾棄) 명하타 업신여기거나 더럽게 생각하여 돌아보지 않고 버림. □ ~할 만행.

타:기 (舵機) 졩 **1** 배의 키. **2** 조타기(操舵機).

타:기 (惰氣) 졩 게으른 마음이나 기분. □ ~가 나다.

타:기만만-하다 (惰氣滿滿―) 혱 게으름이 가득하다.

타:기-술중 (墮其術中)[―쭝] 명하타 남의 간악한 꾀에 넘어감.

타깃 (target) 졩 **1** 사격·궁도 등의 과녁이나 표적. **2** 어떤 일의 목표. 또는 공격이나 비난의 대상. □ ~으로 삼다. **3** 〖물〗 전자류·이온류 등의 고속 입자를 쬐는 전극. **4** 〖컴〗 장치를 보조하거나 수정하기 위해 사용되는 지표(指標) 카드나 테스트용 인자(印字) 기록.

타끈-스럽다 [―따][―스러워, ―스러우니] 혱됩 타끈한 태도가 있다. **타끈-스레** 쀼

타끈-하다 혱여 치사하고 인색하며 욕심이 많다. **타끈-히** 쀼

타날빈 (독 Tannalbin) 졩 지사제(止瀉劑)의 한 가지. 알부민(Albumin)과 타닌산과의 결합물〔황색 가루로 거의 냄새가 없음〕.

타내다 타 남의 잘못이나 결함을 드러내어 탓하다. □속는 줄 알면서도 누구 하나 타내는 사람이 없다.

타년 (他年) 졩 다른 해.

타념 (他念) 졩 다른 생각. □ ~에 빠지다.

타:농 (惰農) 졩 게으른 농사꾼. ↔정농(精農).

타 누르기 씨름에서, 상대자를 몸뚱이로 눌러

넘어뜨리는 기술.

타닌 (tannin) 명 〖화〗타닌산.

타닌-산 (tannin酸) 명 〖화〗 오배자·몰식자 등의 식물에서 얻은 액체를 증발해 만든 황색 가루. 물에 잘 풀리고 떫은맛이 남(매염제·유피제(鞣皮劑)·의약 등으로 씀). 타닌.

타닌산-키니네 (tannin酸kinine) 명 맛이 쓰고 떫은 황백색의 가루약(해열제·머릿기름을 만드는 데 씀).

타다¹ 재 1 불이 붙어 불길이 오르다. 연소하다. ◻종이가 ~ / 장작이 ~. 2 뜨거운 열로 눋거나 검어지다. ◻밥이 ~. 3 햇볕에 살갗이 그을다. ◻뙤약볕에 얼굴이 까맣게 ~. 4 마음이 몹시 달다. ◻애가 ~ / 타는 가슴 / 입술이 ~. 5 바짝 말라붙다. ◻논바닥이 ~ / 목이 ~. 6 붉은빛을 띠다. ◻타는 듯한 저녁놀.

타다² ⎯재타 탈것이나 짐승의 등 따위에 몸을 얹다. ◻버스에 탄 승객 / 비행기를 ~. ⎯타 1 산·나무·줄·바위 따위를 밟고 오르거나 따라 지나다. ◻바위를 ~. 2 기회나 때를 이용하다. ◻혼란한 틈을 ~. 3 얼음 위를 걷거나 미끄러져 닫다. ◻썰매를 ~. 4 물결·기세 따위에 몸을 맡기다. ◻순풍을 ~ / 전파를 ~ / 리듬을 ~. 5 그네·시소 따위에 몸을 싣고 앞뒤나 위아래 또는 원을 그리며 움직이다. ◻그네를 ~ / 미끄럼을 ~. 6 언론·방송 따위에 자주 등장하다. ◻매스컴을 ~.

타다³ 타 많은 액체에 적은 액체나 가루 등을 섞다. ◻막걸리에 설탕을 ~ / 물에 꿀을 ~.

타다⁴ 타 1 몫이나 상으로 주는 돈이나 물건을 받다. ◻우등상을 ~ / 월급을 ~. 2 복·재주 등을 선천적으로 지니다. ◻음악적 소질을 타고 태어났다 / 사람은 때를 잘 타야 한다.

타다⁵ 타 1 둘로 갈라서 골이나 금을 내다. ◻가르마를 ~ / 고랑을 ~. 2 박 따위를 두 쪽으로 가르다. ◻박을 ~. 3 콩·팥 등을 맷돌에 갈아 알알이 쪼개다. ◻녹두를 ~.

타다⁶ 타 악기의 줄을 퉁기거나 건반을 눌러 소리를 내다. ◻풍금을 ~ / 가야금을 ~.

타다⁷ ⎯재타 먼지나 때 따위가 쉽게 달라붙는 성질을 가지다. ◻먼지가 ~ / 때를 잘 타는 옷. ⎯타 1 독한 기운을 몸에 유난히 잘 받다. ◻옻을 ~. 2 부끄럼·노염·간지럼 따위를 쉽게 느끼다. ◻부끄럼을 잘 타는 소녀 / 간지럼을 ~. 3 계절이나 기후의 영향을 쉽게 받다. ◻여름을 ~ / 추위를 몹시 ~.

타다⁸ 타 목화(木花)를 씨아로 틀어서 씨를 빼낸 뒤에 활줄로 튀기어 퍼지게 하다. ◻이불솜을 ~.

타다⁹ 타 ('손¹'과 함께 쓰여) 1 여러 사람의 손길이 미처 약해지거나 나빠지다. ◻사람의 손을 타서 간잡이에 때가 묻다. 2 물건 따위가 자주 없어지다. ◻텃밭의 채소가 손을 ~.

타닥-거리다 [-꺼-] 재타 1 먼지만 날 정도로 살살 여러 번 두드리다. 2 몹시 지치거나 나른하여 힘없이 발을 떼어 놓으며 걷다. 3 가난하여 어렵게 살아가다. 4 일이 힘에 겨워 애처롭게 겨우 몸을 움직이다. ⑧터덕거리다. **타닥-타닥** 뿌허자타

타닥-대다 [-때-] 재타 타닥거리다.

타달-거리다 재타 1 지치거나 나른해서 무거운 발걸음으로 힘없이 계속 걷다. 2 깨어진 질그릇 따위가 둔탁하게 부딪치는 소리가 자꾸 나다. 또는 그런 소리를 자꾸 내다. 3 빈 수레 따위가 험한 길을 잇따라 요란한 소리를 내며 지나가다. ⑧터덜거리다. **타달-타달** 뿌허자타. ◻힘없이 ~ 산길을 오르다.

타달-대다 재타 타달거리다.

타:당-성 (妥當性) [-썽] 명 1 타당한 성질. ◻~ 있는 주장 / ~ 여부를 심의하다. 2 〖철〗어떤 판단이 가치가 있다고 인식되는 일.

타:당-하다 (妥當-) 형여 형편이나 이치에 마땅하다. ◻타당한 방법 / 논리가 ~.

타:도 (打倒) 명하타 어떤 대상이나 세력을 쳐서 거꾸러뜨리거나 부수어 버림. ◻적을 ~하다 / 외세를 ~하다 / 독재 정권을 ~하다.

타도 (他道) 명 행정 구역상의 다른 도(道).

타도-타관 (他道他官) 명 다른 도와 다른 고을. ⑤ ~ 태생.

타동 (他洞) 명 다른 동네. 타동네.

타동 (他動) 명 1 동작이 다른 데에 미침. 곧, 목적이나 처분하는 대상을 필요로 하는 동작. ↔자동(自動). 2 〖언〗 '타동사'의 준말.

타동 면:역 (他動免疫) 〖의〗 다른 생물체 속에서 이미 만들어진 면역체를 자기 몸 속에 획득한 면역 상태. 수동(受動) 면역. ↔자동(自動) 면역.

타-동사 (他動詞) 명 〖언〗 동사의 작용이 주어에만 그치지 않고 다른 사물에 영향을 미치도록 하거나, 대상이 되는 목적어가 있어야 비로소 움직임을 나타낼 수 있는 말. 남움직씨. ↔자동사(自動詞). ⑤타동.

타드랑 뿌하자타 깨어진 쇠 그릇 따위가 부딪치거나 떨어지는 소리. ⑧터드렁. ⑧타랑.

타드랑-거리다 재타 타드랑 소리가 자꾸 나다. 또는 그런 소리를 자꾸 내다. ⑧터드렁거리다. ⑧타랑거리다. **타드랑-타드랑** 뿌하자타

타드랑-대다 재타 타드랑거리다.

타들다 [타들어, 타드니, 타드는] 재 1 안이나 속으로 타 들어가다. ◻불씨가 타들어 가다 / 가뭄으로 농작물이 타들어 가다. 2 입술이나 목구멍 따위가 바짝 말라 들다. ◻갈증으로 입 안이 ~.

타:락 (駝酪) 명 우유.

타:락 (墮落) 명하자 1 올바른 길에서 벗어나 잘못된 길로 빠짐. ◻~ 선거 / ~의 길을 걷다 / 도의가 ~하다. 2 〖불〗 도심(道心)을 잃고 속심(俗心)으로 떨어짐. 3 〖기〗 죄를 범하여 불신(不信)의 생활에 빠짐.

타:락-병 (駝酪餅) [-뼝] 명 우유·꿀·밀가루를 한데 반죽하여 둥글납작하게 반대기를 지어 꽃 모양으로 만들어 인(印)을 찍고, 화로 위에 얹어 익힌 떡.

타:락-죽 (駝酪粥) [-쭉] 명 쌀을 불려 맷돌에 갈아서 절반쯤 끓이다가 우유를 섞어 쑨 죽.

타락-줄 [-쭐] 명 ⎯터럭줄 사람의 머리털로 꼬아 만든, 매우 질긴 줄.

타란텔라 (이 tarantella) 명 〖악〗 3 박자 또는 6 박자 계통의 아주 빠른 이탈리아 춤곡. 또는 그 곡에 맞추어 추는 춤.

타랑 뿌하자타 '타드랑'의 준말. ⑧터랑.

타랑-거리다 재타 '타드랑거리다'의 준말. ⑧터렁거리다. **타랑-타랑** 뿌하자타

타랑-대다 재타 타랑거리다.

타래 명 사리어 뭉쳐 놓은 실이나 노끈 따위의 뭉치. ◻얽힌 무명실 ~를 풀다. ⎯의명 실이나 노끈 따위를 감아 놓은 뭉치를 세는 단위. ◻실 한 ~ / 새끼를 여러 ~ 준비하다.

타래-과 (-菓) 명 밀가루를 꿀물에 반죽하여 기름에 지진 유밀과(油蜜菓).

타래-난초 (-蘭草) 명 〖식〗 난초과의 여러해살이풀. 뿌리는 방추형(紡錘形)으로 3-4 개이며, 줄기는 높이가 60 cm가량임. 6-7월에 분

홍색 꽃이 수상(穗狀)꽃차례로 줄기 끝에 피고 삭과(蒴果)는 타원형이며 잔털이 남.

타래-박 圏 물을 푸는 기구《나무나 대로 긴 자루를 만들고 그 한쪽 끝에 큰 바가지를 달아 물을 퍼냄》.

타래-버선 圏 돌 전후의 어린아이가 신는 누비버선의 한 가지《양 볼에 수를 놓고 코에 색실로 술을 닮》.

타래-송곳 [-곧] 圏 1 나무에 둥근 구멍을 뚫는 데 쓰는 송곳《끝대가 용수철처럼 꼬여 있고 끝이 날카로움》. 2 코르크 마개를 따는 데 쓰는 용수철 모양의 송곳. *도래송곳.

타래-쇠 圏 태엽같이 둥글게 서린 가는 쇠고리《작은 문고리 따위를 벗겨지지 않게 꿰어 줆》. □문고리를 걸고 ~까지 꽂다.

타래-실 圏 타래로 되어 있는 실. □~을 실패에 감다.

타래-엿 [-엳] 圏 타래처럼 꼬아 놓은 엿. *가래엿.

타래-타래 튀형 노끈이나 실 따위가 둥글게 뱅뱅 틀어진 모양. □새끼를 ~ 사리다. 웹 트레트레.

타려 (他慮) 圏 딴 근심. 다른 염려.

타:력 (打力) 圏 '타격력'의 준말. □~을 강화하다.

타력 (他力) 圏 1 다른 힘. 남의 힘. □~에 의지하다. ↔자력(自力). 2 《불》 아미타여래의 본원(本願)의 힘. 또는 그것을 자기의 성불(成佛)의 힘으로 삼는 일.

타:력 (惰力) 圏 1 버릇이나 습관의 힘. 2 《물》 관성을 일으키는 힘.

타력-교 (他力敎) 圏 《불》 타력에 의하여 극락왕생을 구하는 교문(敎門). 타력종.

타력-종 (他力宗)[-쫑] 圏 《불》 타력교.

타:령 圏하타 1 《악》 조선 때, 음악 곡조의 한 가지. 2 《악》 광대의 판소리나 잡가(雜歌)의 총칭. 3 어떤 사물에 대해 자꾸 이야기하거나 뇌까리는 일. □옷 ~ / 먹는 ~ / 돈을 달라고 ~하듯 조르다. 4 변함없이 똑같은 상태임을 나타내는 말. □사는 게 늘 그 ~이다.

타령 (他領) 圏 다른 영토 또는 영역.

타:령 장단 [악] 영산회상(靈山會相) 등에 쓰는 음악 장단의 하나. 느린 것을 늦타령, 빠른 것은 자진타령이라 함.

타:루 (墮淚) 圏하자 낙루(落淚).

타류 (他流) 圏 1 다른 방식. 2 다른 유파.

타륜 (舵輪) 圏 배의 키를 조종하는 손잡이가 달린 바퀴 모양의 장치. 조타륜(操舵輪).

타르 (tar) 圏 《화》 목재나 석탄 등을 건류 또는 증류할 때 생기는 갈색·흑색의 끈적한 액체《목(木)타르·석탄 타르 따위》.

타르타로스 (Tartaros) 圏 그리스의 종교 신화에 나오는, 땅 밑에 있다는 암흑계를 말함.

타르타르-산 (←tartaric酸) 圏 《화》 무색투명한 단사 정계(單斜晶系)의 주상(柱狀) 결정. 식물의 과실 따위에 포함되어 널리 존재함《시고 상쾌한 맛이 있으며 청량음료·약제·물감 등의 제조에 씀》. 주석산(酒石酸).

타르타르산-칼륨 (←tartaric酸Kalium) 圏 《화》 신맛이 있는 백색의 결정체《물감 및 약용으로 쓰고, 전기 통신 기재로도 씀》. 주석산(酒石酸)칼륨. 주석산칼리(酒石英).

타르 페이스트 (tar paste) 타르의 환원성(還元性)을 이용하여 만든 고약《습진이나 옴 따위의 피부 질환에 씀》.

타마-유 (-油) 圏 《화》〈속〉콜타르.

타:말-성 (唾沫星) 圏 잿물에 잔 물거품이 있어 구슬이 부스러진 것과 같은 무늬가 있는 자기(瓷器).

타:매 (唾罵) 圏하타 아주 더럽게 생각하고 경멸히 여겨 욕함.

타:맥 (打麥) 圏하자 《농》 보리타작.

타면 (他面) 圏 1 다른 방면. 다른 쪽. 2 다른 관점이나 측면.

타:면 (打綿) 圏하자 탄면(彈綿).

타:면 (唾面) 圏 못된 사람의 얼굴에다 침을 뱉어 욕을 보임.

타:면 (惰眠) 圏하자 1 게으름을 피우며 잠만 잠(懶眠). 2 빈둥거리며 일을 아니함.

타:면-기 (打綿機) 圏 솜틀.

타:목 圏 쉬어서 탁한 목소리.

타문 (他門) 圏 남의 문중(門中)이나 집안.

타:문 (他聞) 圏 남이 들음. 남의 귀에 들림.

타물 (他物) 圏 다른 물건. 남의 물건.

타물-권 (他物權) 圏 《법》 남의 소유물 위에 성립하는 물권(지상권·지역권(地役權)·전세권 따위).

타-민족 (他民族) 圏 다른 민족. 외민족.

타:박 圏하타 허물이나 결함 따위를 나무라거나 탓함. □~을 주다 / ~을 놓다 / 반찬이 ~이 심하다.

타:박 (打撲) 圏하타 사람이나 동물 따위를 때리고 침.

타박-거리다 [-꺼-] 자 힘없는 걸음으로 느릿느릿 걸어가다. 웹터벅거리다. **타박-타박** 튀하자

타박-대다 [-때-] 자 타박거리다.

타:박-상 (打撲傷)[-쌍] 圏 맞거나 부딪쳐서 생긴 상처. □~을 입다. 웹타상.

타박타박-하다 [-빠카-] 형이 가루음식 따위가 물기가 없어 씹기에 좀 팍팍하다. 웹터벅터벅하다.

타방 (他方) 圏 1 '타방면'의 준말. 2 '타지방'의 준말. □~ 사람.

타방 (他邦) 圏 타국(他國).

타-방면 (他方面) 圏 다른 방면. 웹타방(他方).

타:배 (駝背) 圏 1 낙타의 등. 2 곱사등이.

타:법 (打法)[-뻡] 圏 일정한 도구나 손을 사용하여 다른 물체를 치는 방법.

타:보 (打報) 圏하타 타전(打電).

타:봉 (打棒) 圏 야구에서, 배트로 공을 치는 일. 또는 그 배트. 타격. □~에 불이 붙다.

타부 (他部) 圏 다른 부서. □~ 소속 / ~로 차출되다.

타분-하다 형이 1 음식의 맛이나 냄새가 신선하지 못하다. 2 날씨나 기분 따위가 시원하지 못하고 답답하다. □날씨가 ~. 웹터분하다.

타불라 라사 (라 tabula rasa) [철] 백지(白紙)라는 뜻으로, 일체의 경험 이전의 인간의 정신 상태를 이르는 말《라이프니츠가 로크의 경험론을 비판하면서 사용한 말임》.

타블로이드 (tabloid) 圏 '타블로이드판(判)'의 준말.

타블로이드-판 (tabloid判) 圏 신문·잡지 따위에서, 보통 신문지의 절반 크기의 판. □~으로 발간하다. 웹타블로이드.

타사 (他社) 圏 다른 회사. 남의 회사. □~ 제품과 비교하다.

타사 (他事) 圏 다른 일. 남의 일.

타:산 (他山) 圏 다른 산. 다른 사람 소유의 산.

타:산 (打算) 圏하타 자기에게 도움이 되는지 따져 헤아림. □~에 밝다 / ~이 빠르다 / 수지~이 맞지 않는다.

타:산-적 (打算的) 관圏 타산에 밝은 (것).

~(인) 사람 / 매사에 ~이다.

타산지석 (他山之石)〔명〕 다른 산의 나쁜 돌이라도 자기의 구슬을 가는 데 소용이 된다는 뜻으로, 다른 사람의 하찮은 언행일지라도 자기의 지덕(知德)을 연마하는 데 도움이 된다는 말. ▣ ~으로 삼다.

타살 (打殺)〔명〕〔하타〕 1 남에게 목숨을 빼앗김. ▣ ~ 시체 / ~의 의혹이 짙다 / 괴한에게 ~ 당하다. 2 남을 죽임. ↔자살.

타:살 (打殺)〔명〕〔하타〕 때려 죽임. 구살(毆殺). 박살(撲殺). ▣ ~된 흔적.

타:상 (打傷)〔명〕 '타박상'의 준말.

타:상 (妥商)〔명〕〔하타〕 타의(妥議).

타상하설 (他尙何說)〔명〕 한 가지를 보면 다른 것은 보지 않아도 헤아릴 수 있다는 말.

타색 (他色)〔명〕 1 다른 빛. 다른 색. 2〔역〕 사색당파 가운데 '자기가 속해 있지 않은 다른 색목(色目)'을 이르던 말.

타생 (他生)〔명〕〔자〕〔불〕 1 금생(今生) 이외의 전세(前世)나 후세(後世)에 누리는 생. 2 자체의 원인이 아니라 다른 원인으로 생겨 남.

타서 (他書)〔명〕 다른 책. 남의 책.

타석 (他席)〔명〕 다른 자리. 남의 자리. 타좌.

타:석 (打席)〔명〕 1 야구에서, 타자가 공을 치려고 서 있는 자리. 타자가 공을 고르는 자리. 2 '타석수'의 준말. ▣ 4~ 3타수 2안타.

타:석 (唾石)〔명〕〔의〕 침샘 또는 그 타액관 속에 생긴 결석(턱밑샘에서 많이 생김).

타:석기 (打石器)〔-끼〕〔명〕 '타제 석기'의 준말.

타:석-수 (打席數)〔-쑤〕〔명〕 야구에서, 타자가 타석에 선 횟수. ☞타석수.

타:선 (打線)〔명〕 야구에서, 타력(打力)의 면에서 본 타자의 진용. ▣ ~이 약하다 / ~의 도움으로 투수가 1승을 챙기다.

타:선 (唾腺)〔명〕〔생〕 '타액선(唾液腺)'의 준말. 침샘.

타성 (他姓)〔명〕 다른 성. 이성(異姓).

타:성 (惰性)〔명〕 1 오래되어 굳어진 좋지 않은 버릇. ▣ ~에 빠지다 / ~에 젖다 / ~에서 벗어나다. 2〔물〕관성(慣性).

타성-바지 (他姓-)〔명〕 자기와 다른 성을 가진 사람. ▣ ~를 양자로 삼다.

타:성-적 (惰性的)〔관명〕 타성과 같은 (것). ▣ 그동안의 생활에 안주하려는 ~ 태도.

타세 (他世)〔명〕〔불〕 내세를 현세에 상대하여 이르는 말.

타소 (他所)〔명〕 타처(他處).

타:쇄 (打碎)〔명〕〔하타〕 때려 부수거나 깨뜨림.

타:수 (打手)〔명〕 타자(打者).

타:수 (打數)〔명〕 '타격수'의 준말. ▣ 4~ 2안타 1득점.

타:수 (唾手)〔명〕〔하자〕 손에 침을 바른다는 뜻으로, 기운을 내어 일을 다시 시작함의 비유.

타수 (舵手)〔명〕 선박에서, 키를 맡아보는 선원.

타:수-가득 (唾手可得)〔명〕 일이 어렵지 않게 잘될 것을 기약할 수 있음.

타:순 (打順)〔명〕 '타격순'의 준말. ▣ ~을 정하다 / ~이 바뀌다.

타시 (他市)〔명〕 다른 시(市).

타시 (他時)〔명〕 다른 때.

타실 (他室)〔명〕 다른 방. 남의 방.

타심 (他心)〔명〕 다른 마음. 또는 음험한 마음. *이심(二心).

타아 (他我)〔명〕〔철〕 스스로 자기를 고찰할 때에, 고찰하는 자아의 대상이 되는 나. ↔자아(自我).

타:-악기 (打樂器)〔-끼〕〔명〕〔악〕 나무·가죽·금속 등을 두드려서 소리를 내는 악기(북·징

따위). ↔관악기.

타:안-하다 (妥安-)〔형여〕 순조롭게 해결되어 평온하다.

타애 (他愛)〔명〕〔불〕 이타(利他)2.

타:액 (唾液)〔명〕〔생〕침.

타:액-선 (唾液腺)〔-썬〕〔명〕〔생〕침샘. ☞타선(唾腺).

타약 (惰弱)〔명〕〔하여〕 나약(懦弱).

타언 (他言)〔명〕〔하타〕 1 쓸데없는 다른 말. 2 남에게 하는 말.

타-오르다 〔타올라, 타오르니〕〔자〕 1 불이 일어 타기 시작하다. ▣ 벌겋게 ~. 2 마음이 달아오르다. ▣ 타오르는 정열.

타:옥 (墮獄)〔명〕〔하자〕〔불〕 현세의 악업(惡業)으로 인하여 죽어서 지옥에 떨어짐.

타용 (他用)〔명〕〔하타〕 다른 곳에 씀.

타울-거리다 〔자〕 어떤 일을 이루기 위하여 애를 바득바득 쓰다. ☞터울거리다. 타울-타울 〔부하자〕

타울-대다 〔자〕 타울거리다.

타워 (tower)〔명〕 탑처럼 높게 만든 구조물.

타:원 (楕圓)〔명〕〔수〕 평면 위의 두 정점(定點)에서의 거리의 합이 언제나 일정한 점의 자취(이 두 점을 타원의 초점이라 함).

타:원-구 (楕圓球)〔명〕〔수〕 중심을 지나는 평면에 의하여 절단된 평면이 타원이 되는 입체.

타:원-면 (楕圓面)〔명〕〔수〕타원체가 만드는 이차 곡면. 타원체면.

타:원 운:동 (楕圓運動)〔물〕 타원형의 궤도를 따라 움직이는 운동.

타:원-율 (楕圓率)〔-뉼〕〔명〕〔수〕타원의 긴반지름과 짧은반지름의 차에 대한 짧은반지름의 비. ☞타율(楕率).

타:원 은하 (楕圓銀河)〔천〕 외부 은하 가운데 가장 많으며, 겉모양은 대부분 타원형임. 질량은 우리 은하의 100배가량 되는 것도 있으나, 지름은 작아서 큰 것이 우리 은하 정도임. *나선(螺旋) 은하.

타:원-체 (楕圓體)〔명〕〔수〕 타원이 그 긴지름 또는 짧은지름을 축으로 회전할 때 생기는 곡면으로 둘러싸인 입체.

타:원체-면 (楕圓體面)〔명〕〔수〕타원면.

타:원-형 (楕圓形)〔명〕〔수〕 길쭉하게 둥근 타원으로 된 평면 도형. 또는 그 모양. 긴둥근꼴.

타월 (towel)〔명〕 1 피륙 바닥에 줄이나 무늬 따위를 넣어 보풀보풀하게 짠 천. 2 수건. **타월을 던지다** 〔관〕권투에서, 경기를 계속하기 힘든 선수의 매니저가 티케이오(TKO)를 신청한다. ▣싸울 뜻을 잃다.

타율 (他律)〔명〕 1 다른 규율. 2〔윤〕자기의 의지와 상관없이 정해진 원칙이나 규율에 따라 행동하는 일. ↔자율(自律).

타:율 (打率)〔명〕 '타격률'의 준말. ▣3할 2푼의 ~ / ~이 높다.

타:율 (楕率)〔명〕〔수〕 '타원율(楕圓率)'의 준말.

타율-적 (他律的)〔-쩍〕〔관명〕 타율에 따라 움직이는 (것). ▣ ~으로 이루어지다. ↔자율적.

타읍 (他邑)〔명〕 다른 고장의 읍. 타고을.

타의 (他意)〔-/-이〕〔명〕 1 다른 생각. 딴마음. ▣잘못을 지적했을 뿐 ~는 없다. 2 다른 사람의 뜻. ▣나의 반 ~ 반 / ~에 의해 시작하다. ↔자의(自意).

타:의 (妥議)〔-/-이〕〔명〕〔하타〕 온당하게 타협으로 의논함. 타상(妥商).

타이 (tie)〔명〕 1 '넥타이'의 준말. ▣ ~를 매다.

2《악》붙임줄. 3 '타이스코어'의 준말. ▢~를 이루다.

타이가 (taiga) 圀《지》북부 유럽이나 시베리아 중부, 캐나다 등지의 아한대(亞寒帶) 지역에 분포하는 침엽수로 이루어진 삼림 지대. 세계의 중요 삼림 자원을 형성함.

타이 게임 (tie game) 야구에서, 서로 비겨 있을 때 날씨 또는 그 밖의 이유로 중지한 게임.

타이곤 (tigon) 圀〔tiger+lion〕호랑이 수컷과 사자 암컷과의 교배 잡종. 어미보다 크며 호랑이와 비슷한 무늬가 있고, 수컷은 사자와 같은 갈기가 있음. *라이거(liger).

타이-기록 (tie記錄) 圀 운동 경기에서, 이전에 기록한 것과 동등한 기록.

타이드 론 (tied loan) 《경》돈을 빌려 주는 나라가 미리 쓸 데를 지정하여 내주는 빚《주로 빌려 주는 나라의 물품을 사 가게 함》.

타-이르다 〔타일러, 타이르니〕타른 일의 이치를 밝혀 알아듣도록 말해 주다. ▢ 말썽을 부리지 않도록 ~ / 아무리 타일러도 헛소고다.

타이머 (timer) 圀 1 경기 등에서, 시간을 재는 사람. 또는 그런 기계. 2 타임스위치. 3 셀프 타이머.

타이밍 (timing) 圀 1 동작의 효과가 가장 크게 나타나는 순간. 2 시기를 보아 좋은 때를 맞추는 일. 또는 그 시기. ▢ ~을 맞추다 / ~을 놓치다.

타이-스코어 (tie score) 圀 운동 경기에서, 동점. 무승부. ㉵타이.

타이어 (tire) 圀 자동차·자전거·비행기 따위 바퀴의 바깥 둘레에 끼우는, 고무로 만든 테. ▢ ~를 갈다.

타이츠 (tights) 圀 몸에 착 달라붙는 스타킹 모양의 긴 바지《발레·체조·서커스 등을 할 때나 방한용으로 여성이나 어린이가 입음》.

타이탄 (Titan) 圀 그리스 신화에 나오는 거인족 티탄(Titan)의 영어 이름.

타이트-스커트 (tight skirt) 圀 주름이 없이 몸에 꼭 맞게 만든 스커트.

타이트-하다 (tight–) 혭옏 1 몸에 꼭 끼다. 팽팽하다. ▢ 타이트한 스커트. 2 시간적 여유가 없다. 빠듯하다. ▢ 시간이 ~. 3 내용이 자세하고 충실하다.

타이틀 (title) 圀 1 제목. 표제. 2 선수권. ▢ ~을 차지하다 / ~에 도전하다 / ~을 되찾다. 3 영화의 자막(字幕).

타이틀 매치 (title match) 선수권을 걸고 하는 시합. 타이틀전. ↔논타이틀 매치.

타이틀 뮤직 (title music) 《연》영화나 텔레비전 등에서, 타이틀백과 함께 나오는 음악.

타이틀-백 (title+back) 《연》영화나 텔레비전 등의 첫머리에서, 제목·배역·스태프(staff)에 관한 자막의 배경이 되는 화면.

타이틀-전 (title戰) 타이틀 매치.

타이포그래피 (typography) 圀 1 활판 인쇄술. 2 활자의 서체나 글자 배치를 이용한 그래픽 디자인.

타이프 (type) 圀 1 활자. 2 '타이프라이터'의 준말. ▢ ~를 치다.

타이프라이터 (typewriter) 圀 타자기(打字機).

타이피스트 (typist) 圀 타자수(打字手).

타이핑 (typing) 圀혭타 타자기가 문서 작성 도구로 글자를 침.

타익 신:탁 (他益信託)〔–씬–〕《경》신탁 재산에서 생기는 이익이 위탁자 이외의 사람에게 돌아가는 신탁. ↔자익(自益) 신탁.

타인 (他人) 圀 다른 사람. 남. ▢ ~ 출입 금지.

타:인 (打印) 圀혭타 답인(踏印).

타인-소시 (他人所視) 圀 남이 보는 바.

타인 자본 (他人資本) 《경》기업이 출자자 이외의 제삼자로부터 끌어들인 자본《차입금·사채(社債) 따위》. ↔자기 자본.

타일 (他日) 圀 다른 날. 이일(異日).

타일 (tile) 圀《건》점토(粘土)를 구워서 만든 얇은 판. 여러 가지 모양과 빛깔이 있는데, 벽·바닥 따위에 붙여 장식하는 데 씀.

타임 (time) 圀 1 운동 경기의 소요 시간. 2 '타임아웃'의 준말. 3 '타임업'의 준말. 4《악》박자·속도·음표의 장단.

타임-리코더 (time recorder) 圀 시간기록계.

타임-머신 (time machine) 圀 과거나 미래로 시간 여행을 가능하게 한다는 공상의 기계. ▢ ~을 타다.

타임-스위치 (time switch) 圀 정한 시간에 자동적으로 전류가 흐르거나 끊어지게 하는 장치《전기 제품에 많이 사용함》. 타이머.

타임-스탬프 (time stamp) 圀 문서나 전표 따위에 자동적으로 시간을 찍는 장치. 또는 그런 기계.

타임아웃 (time-out) 圀 농구·배구 경기 따위에서, 선수의 교체·휴식·작전 지시 따위를 위하여 심판의 허락을 얻어 경기 진행을 잠시 멈추는 일《경기 시간에 포함되지 않음》. ㉵타임.

타임업 (time+up) 圀 경기 따위에서, 규정한 시간이 다 됨. ㉵타임.

타임-엔드 (time-end) 圀 운동 경기 중 중간 휴식 시간 등의 규정한 시간이 끝남.

타임-캡슐 (time capsule) 圀 후세에 전하기 위하여, 그 시대를 대표하는 기록이나 물건을 넣어서 땅속에 묻는 용기(容器).

타입 (type) 圀 형(型). 전형(典型). 유형. ▢ 그는 양수~이다.

타:자 (打字) 圀혭타 타자기로 종이 위에 글자를 찍는 일. ▢ ~를 치다 / 한글로 ~된 서류.

타:자 (打者) 圀 야구에서, 배트로 공을 치는 공격진(陣)의 선수. 타수. ▢ 4번 / ~ 일순하는 맹타를 펼치다.

타자 (他者) 圀 자기 이외의 다른 사람. 또는 다른 것. *타인(他人).

타:자-기 (打字機) 圀 손가락으로 글자판을 눌러 종이 위에 글자를 찍는 기계. 인자기(印字機). 타이프라이터. ▢ 한글 ~ / ~의 자판을 두드리다 / ~에 종이를 끼우다.

타:자-수 (打字手) 圀 타자하는 일을 직업으로 하는 사람. 타자원. 타이피스트.

타:자-원 (打字員) 圀 타자수(打字手).

타:작 (打作) 圀혭타《농》1 곡식의 이삭을 떨어서 낟알을 거두는 일. 마당질. 바심². ▢ 보리 ~. 2 배메기. 3 지주와 소작인이 거둔 곡물을 어떤 비율로 갈라 가지는 소작 제도.

타:작-꾼 (打作–) 圀 타작하는 일꾼.

타:작-마당 (打作–)〔–장–〕圀 타작하는 마당.

타:전 (打電) 圀혭타 전보나 무전을 침. 타보(打報). ▢ 구조 요청을 ~하다.

타점 (他店) 圀 1 다른 가게. 남의 가게. 2《경》일정한 계약 아래 환(換)거래를 하는 동업자로서의 다른 은행. ▾ 발행 수표〔어음〕.

타:점¹ (打點) 圀혭자타 1 붓이나 펜 따위로 점을 찍음. 2 마음속으로 점을 찍어 둠.

타:점² (打點)〔–쩜〕야구에서, 타자가 안타 등으로 자기편에 득점하게 한 점수. ▢ ~왕 / ~이 높다 / 3 ~을 올리다.

타:정 (妥定) 圀혭타 온당하게 작정함.

타제 (他製)〔명〕'타제품(他製品)1'의 준말.

타·제 (打製)〔명〕〔하타〕두드려 치거나 깨뜨려서 만듦.

타·제 석기 (打製石器)〔─끼〕뗀석기. ⦿타석기(打石器).

타·제품 (他製品)〔명〕**1** 종류가 다른 제품. ⦿타제. **2** 같은 종류이지만 제작한 회사나 공장이 다른 제품.

타·조 (駝鳥)〔명〕〖조〗타조과의 새. 사막·황무지에 사는데, 키는 2~2.5m, 몸무게 136kg가량으로 현생(現生)의 새 중 가장 큼. 다리·목이 길고 발가락이 두 개임. 날개는 작아 날지 못하나 매우 빨리 달림(시속 90km).

타·졸 (惰卒)〔명〕게으른 군사.

타종 (他宗)〔명〕다른 종파.

타종 (他種)〔명〕다른 종류.

타·종 (打鐘)〔명〕〔자〕종을 침.

타·종─신호 (打鐘信號)〔명〕종을 쳐서 하는 신호. 〔─하다〕─로 경기를 진행시키다.

타좌 (他座)〔명〕타석(他席).

타죄 (墮罪)〔명〕〔하자〕죄에 빠짐. 죄인이 됨.

타·주 (惰走)〔명〕〔하자〕습관이나 버릇으로 달림.

타주 점유 (他主占有)〖법〗지상권자(地上權者)·저당권자·임차인(賃借人)·운송인·창고업자 따위와 같이, 소유의 의사가 없이 특정한 관계에서 물건을 지배하는 일. ↔자주(自主)점유.

타지 (他地)〔명〕다른 지방이나 지역. 타지방.

타지 (他紙)〔명〕다른 신문.

타지 (他誌)〔명〕**1** 다른 잡지. **2** 다른 사기(史記).

타지다 〔자〕옷 따위의 꿰맨 자리가 뜯어져 갈라지다. 〔매짓가랑이가 ～.

타·지방 (他地方)〔명〕다른 지방. 딴 곳. 타지. 〔～ 출신. ⦿타방(他方).

타·진 (打陣)〔명〕야구에서, 타자의 진용.

타·진 (打診)〔명〕〔하타〕**1**〖의〗손가락 끝이나 타진기(打診器)로 가슴·등·관절 따위를 두드려서 그 소리나 반응으로 증세를 살피는 일. 〔의사가 가슴을 ～하다. **2** 남의 마음이나 사정을 미리 살펴봄. 〔의향을 ～하다 / 의사가 ～되다.

타·진 (打盡)〔명〕〔하타〕모조리 잡음. 〔마약 밀수단이 ～되다.

타·진─기 (打診器)〔명〕〖의〗타진하는 데 쓰는 의료 기구(타진판·타진추 따위).

타·진─추 (打診槌)〔명〕〖의〗타진기의 한 가지. 끝에 단단한 고무를 단, 작은 쇠마치.

타·진─판 (打診板)〔명〕〖의〗타진기의 한 가지. 쇠붙이나 상아(象牙)로 만든 작고 납작한 판.

타·짜 〔명〕'타짜꾼'의 준말.

타·짜─꾼 〔명〕**1** 노름판에서, 속임수를 잘 부리는 사람. ⦿타짜. **2** 남의 일에 공연히 훼방을 놓는 사람을 낮잡아 이르는 말.

타책 (他策)〔명〕다른 계책이나 수단.

타처 (他處)〔명〕다른 곳. 딴 데. 타소(他所). 〔～에서 온 사람 / ～로 이사하다.

타·척 (打擲)〔명〕후려치거나 때림.

타천 (他薦)〔명〕〔하타〕남이 자기를 추천함. 〔자천 ～의 후보. ↔자천(自薦).

타·첩 (妥帖·妥貼)〔명〕일을 탈 없이 순조롭게 끝냄. 〔바라던 일이 ～되다.

타촌 (他村)〔명〕다른 마을.

타·출 (打出)〔명〕〔하타〕철판 밑에 모형을 대고 두드려서 그 모형과 같은 모양이 겉으로 나오게 함.

타·태 (墮胎)〔명〕〔하타〕'낙태(落胎)2'의 구형법상

의 용어.

타·태─하다 (惰怠─)〔형〕게으르고 느리다.

타토 (他土)〔명〕**1** 다른 토지. **2** 다른 흙. **3**〖불〗이 세상 이외의 땅. 곧, 정토(淨土).

타파 (他派)〔명〕다른 파. 다른 당파.

타·파 (打破)〔명〕〔하타〕비합리적인 규정이나 관습, 제도 따위를 깨뜨려 버림. 〔미신 ～ / 악습을 ～하다 / 암울한 현실을 ～하다 / 신분 제도는 이미 ～되었다.

타·판 (妥辦)〔명〕〔하타〕사리에 맞게 판별하여 밝힘. 또는 그 판별.

타·포─기 (打布機)〔명〕다 짠 무명이나 삼베 따위의 바탕을 부드럽게 하며 눈을 고르게 하고 광택을 내는 데 쓰는 직물 기계.

타표 (他票)〔명〕다른 표. 남의 표.

타·합 (打合)〔명〕〔하타〕서로 좋도록 합의함. 타협. 〔원만히 ～되다.

타향 (他鄕)〔명〕자기 고향이 아닌 고장. 객향(客鄕). 타관(他官). 〔～에서 병들다.

타향─살이 (他鄕─)〔명〕〔하자〕타향에서 사는 일. 〔～에 지치다.

타·혈 (唾血)〔명〕〔하자〕〖의〗**1** 피를 뱉음. 또는 침이나 가래에 섞여 나오는 피. **2** 토혈(吐血).

타·협 (妥協)〔명〕〔하타자타〕두 편이 서로 좋도록 조정하여 협의함. 〔～을 보다 / 현실과 ～하다 / ～의 여지가 없다 / 아직 ～되지 않다.

타·협─안 (妥協案)〔명〕서로 다른 이해관계나 견해의 차이를 조정하여 내놓는 방안. 〔～을 내놓다.

타·협─적 (妥協的)〔─쩍〕〔관명〕타협하려는 태도가 있는 (것). 〔～(인) 태도.

타·협─점 (妥協點)〔─쩜〕〔명〕어떤 일을 서로 조정하여 협의할 수 있는 점. 〔～을 모색하다.

타·협 정치 (妥協政治)〔─쩡─〕〖정〗정당의 배경이 없거나 약한 행정부가 유력한 어느 정당과 적당한 조건으로 타협하여 행하는 정치.

타·홍─증 (唾紅症)〔─쯩〕〖의〗침에 피가 섞여 나오는 병.

타화 (他化)〔명〕〔하타〕〖불〗남을 교화(敎化)하여 지도함.

타화 수분 (他花受粉)〖식〗타가(他家) 수분. ↔자화(自花) 수분.

타화─자재천 (他化自在天)〔명〕〖불〗육욕천(六欲天)의 하나. 욕계(欲界)에서 가장 높은 하늘로 마왕(魔王)이 살며, 여기에 태어난 사람은 다른 사람의 즐거움을 자기의 즐거움으로 만들어 즐길 수가 있다고 함.

타·훼 (打毁)〔명〕〔하타〕때려 부숨.

탁 〔부〕**1** 단단한 물건이 세게 부딪거나 터지는 소리. 또는 그 모양. 〔화살이 ～ 하고 명중하다. **2** 세게 치거나 차는 소리. 또는 그 모양. 〔무릎을 ～ 치다 / 조여 있던 것이나 긴장 따위가 갑자기 풀리거나 끊어지는 소리. 또는 그 모양. 〔맥이 ～ 풀리다. **4** 막힌 데 없이 시원스러운 모양. 〔～ 트인 시야 / ～ 털어놓고 이야기하다. **5** 침을 세게 뱉는 소리. 또는 그 모양. 〔가래침을 ～ 뱉다. **6** 갑자기 막히는 모양. 〔숨이 ～ 막히다 / 앞을 ～ 가로막다.

탁갑 (坼甲)〔─깝〕〔명〕〔하자〕씨의 껍질이 터져서 싹이 트는 일.

탁강 (濁江)〔─깡〕〔명〕물이 맑지 아니한 강. ↔청강(淸江).

탁객 (濁客)〔─깩〕〔명〕탁보(濁甫)3.

탁견 (卓見)〔─껸〕〔명〕뛰어난 의견이나 견해. 탁

식(卓識). ▣∼을 가지고 있다.

탁고 (託孤)[-꼬] 고아의 장래를 믿을 만한 사람에게 부탁함.

탁고 (託故)[-꼬][명][하타] 어떤 일을 내세워 핑계를 댐.

탁구 (卓球)[-꾸][명] 나무 대(臺)의 가운데에 네트를 치고 마주 서서 셀룰로이드 공을 라켓으로 쳐 넘겨 승부를 겨루는 경기. 핑퐁.

탁구-공 (卓球-)[-꾸-][명] 탁구 경기에 쓰는, 셀룰로이드로 만든 공.

탁구-대 (卓球臺)[-꾸-][명] 탁구 경기에 쓰는 직사각형의 탁자.

탁근-스럽다 [형] ☞ 타끈스럽다.

탁근-하다 [형어] ☞ 타끈하다.

탁기 (琢器)[-끼][명] 〖공〗틀에 박아 내어, 쪼아서 고르게 만든 그릇.

탁덕양력 (度德量力)[-량녁][명][하자] 자신의 덕행과 능력을 헤아려 살핌.

탁-동 [-똥][명] 〖광〗광맥에서 직각으로 장벽을 향할 때 그 모양(母岩)을 일컫는 말.

탁락-하다 (卓犖-)[탕나카-][형어] 탁월하다. ▣ 재주가 ∼.

탁란-하다 (濁亂-)[-난-][형어] 사회나 정치의 분위기가 흐리고 어지럽다. **탁란-히** [탕난-][부]

탁랑 (濁浪)[탕낭][명] 흐린 물결.

탁렬 (坼裂)[탕녈][명][하자] 터져 갈라짐.

탁론 (卓論)[탕논][명] 뛰어난 이론이나 논지(論旨). ▣ 고정관념을 깨는 ∼.

탁류 (濁流)[탕뉴][명] 흘러가는 흐린 물줄기. ▣∼가 도도히 흐르다.

탁립 (卓立)[탕닙][명] 1 여럿 가운데 우뚝 섬. 2 특별히 뛰어난 것.

탁마 (琢磨)[탕-][명][하타] 1 옥석(玉石)을 쪼고 갊. 2 학문이나 덕행을 닦음. ▣ 절차(切磋)∼.

탁명 (坼名)[탕-][명][하타] 〖역〗과거에 급제한 사람의 봉미(封彌)를 임금 앞에서 뜯던 일.

탁목 (啄木)[탕-][명] 〖조〗'탁목조'의 준말.

탁목-조 (啄木鳥)[탕-조][명] 〖조〗딱따구리. 준 탁목.

탁반 (托盤)[-빤][명] 잔대(盞臺).

탁발 (托鉢)[-빨][명][하자] 〖불〗1 승려가 경문을 외면서 집집이 다니며 동냥하는 일. 2 절에서, 식사 때 승려들이 바리때를 들고 식당에 가는 일.

탁발 (擢拔)[-빨][명][하타] 발탁(拔擢).

탁발-승 (托鉢僧)[-빨-][명] 〖불〗탁발하러 다니는 승려.

탁발-하다 (卓拔-)[-빨-][형어] 여럿 가운데 특별히 뛰어나다. 탁월하다.

탁방 (坼榜)[-빵][명] 1 〖역〗과거에 급제한 사람의 성명을 게시하던 일. 2 일의 결말을 비유하는 말. ▣∼을 짓다.

탁방-나다 (坼榜-)[-빵-][자] 방(榜)나다.

탁보 (濁甫)[-뽀][명] 1 성격이 흐리터분한 사람. 2 분수를 전혀 모르는 사람. 3 막걸리를 몹시 좋아하는 사람. 탁객(濁客). 탁주꾼. 탁춘추(濁春秋).

탁본 (拓本)[-뽄][명][하타] 비석 따위에 새겨진 글씨나 그림을 종이에 그대로 떠냄. 또는 그렇게 떠낸 종이. 탑본(榻本).

탁봉 (坼封)[-뽕][명][하타] 편지 등의 봉한 데를 뜯음.

탁사 (託辭)[-싸][명] 핑계로 꾸며 대는 말.

탁상 (卓上)[-쌍][명] 책상이나 식탁 따위의 위. ▣∼에 서류를 늘어놓다.

탁상 (擢賞)[-쌍][명][하타] 여럿 가운데서 뽑아내어 칭찬함.

탁상-공론 (卓上空論)[-쌍-논][명] 현실성이 없는 허황한 이론. ▣∼으로 끝나다.

탁상-시계 (卓上時計)[-쌍- / -쌍-게][명] 책상이나 선반 따위에 놓고 보는 시계.

탁상-연설 (卓上演說)[-쌍년-][명] 연회석상 따위에서, 식사 도중에 각자의 자리에서 자유롭게 하는 짧은 연설. 테이블 스피치.

탁상-일기 (卓上日記)[-쌍-][명] 책상 따위의 위에 놓고 그날그날의 일을 기록하는 작은 일기.

탁색 (濁色)[-쌕][명] 〖미술〗순색(純色)에 회색을 섞어서 만드는 흐린 색.

탁생 (托生·託生)[-쌩][명][하자] 1 세상에 태어나서 살아감. 2 남에게 의탁하여 살아감. 3 〖불〗영혼이 다른 것의 몸에 깃들어 이 세상에 다시 태어나는 일을 이르는 말.

탁선 (託宣)[-썬][명] 신탁(神託).

탁설 (卓說)[-썰][명] 탁월한 논설. 뛰어난 의견. ▣∼을 펴다.

탁성 (濁聲)[-썽][명] 쉬거나 흐린 목소리.

탁세 (濁世)[-쎄][명] 1 도덕이나 풍속 따위가 어지럽고 더러운 세상. 2 〖불〗이 세상. 속세. 오탁악세(汚濁惡世). ▣∼ 진토(塵土).

탁송 (託送)[-쏭][명] 남에게 부탁하여 물건을 보냄. ▣∼ 화물.

탁송 전:보 (託送電報)[-쏭-][명] 전화 가입자가 전화로 받거나 보내는 전보.

탁수 (濁水)[-쑤][명] 흐린 물. ↔청수(淸水).

탁수 (擢秀)[-쑤][명][하타] 여럿 가운데 빼어남. 또는 그런 사람.

탁식 (卓識)[-씩][명] 탁견(卓見).

탁신 (託身)[-씬][명] 남에게 몸을 의탁함.

탁아-소 (託兒所)[명] 부모가 일을 나간 동안 어린아이를 맡아 돌보는 사회 시설.

탁언 (託言)[명] 1 핑계 대는 말. 구실(口實). 2 남에게 부탁하여 전하는 말. 전언(傳言).

탁연-하다 (卓然-)[형어] 빼어나게 뛰어나 의젓하다. **탁연-히** [부]

탁엽 (托葉)[명] 〖식〗턱잎.

탁오 (濁汚)[명][하형] 오탁(汚濁). ▣ 도덕의 ∼를 초래하다.

탁용 (擢用)[명][하타] 많은 사람 가운데에서 뽑아 서 씀.

탁원-하다 (邈遠-)[형어] 아득하게 멀다.

탁월-풍 (卓越風)[명] 〖지〗항풍(恒風).

탁월-하다 (卓越-)[형어] 남보다 월등하게 뛰어나다. 탁락(卓犖)하다. 탁발(卓拔)하다. 탁출(卓出)하다. ▣ 탁월한 선택 / 재능이 ∼.

탁음 (濁音)[명] 〖언〗울림소리. ↔청음(淸音).

탁의 (託意)[타긔 / 타기][명][하자] 자기의 의사를 다른 일에 비기어 나타냄.

탁의 (濁意)[타긔 / 타기][명] 1 깨끗하지 못한 뜻. 2 더러워진 마음.

탁이-하다 (卓異-)[형어] 남보다 뛰어나게 다르다. ▣ 탁이한 재능.

탁자 (卓子)[-짜][명] 1 물건을 올려놓기 위하여 책상 모양으로 만든 가구의 총칭. 테이블. 2 〖불〗부처 앞에 붙박이로 만들어 두고, 제물이나 다기(茶器) 등을 차려 놓는 상.

탁자 (託子)[-짜][명][하자] 자식을 남에게 맡김.

탁자-장 (卓子欌)[-짜-][명] 위아래 층은 터지고 가운데 층만 사면을 막아 문짝을 단 찬장.

탁잣-밥 (卓子-)[-짜빱 / -짠빱][명] 〖불〗부처 앞의 탁자에 차려 놓은 밥.

탁잣-손 (卓子-)[-짜쏜 / -짠쏜][명] 선반이나 탁자를 얹어 놓게 만든 까치발.

탁재 (卓才)[-째] 뛰어난 재주나 재능. 또는
그 재주나 재능을 가진 사람.
탁적 (託迹)[-쩍] 몡하타 종교 또는 어떤 일에
몸을 맡김.
탁절 (卓節)[-쩔] 몡 더할 나위 없이 높은 지조
와 절개.
탁절-하다 (卓絶-)[-쩔-] 쪵예 더할 나위 없이
뛰어나다. ㅁ고금에 탁절한 작품.
탁정 (濁井)[-쩡] 몡 물이 맑지 아니한 우물.
탁조 (濁操)[-쪼] 몡 깨끗하지 못한 지조(志操).
탁족 (濯足)[-쪽] 몡하자 1 세족(洗足). 2 '탁족
회'의 준말.
탁족-회 (濯足會)[-쪼쾨] 몡 여름철에 산수가
좋은 곳을 찾아 발을 씻으며 노는 모임. 준
탁족.
탁주 (濁酒)[-쭈] 몡 막걸리.
탁주-꾼 (濁酒-)[-쭈-] 몡 탁보(濁甫)3.
탁지 (度支)[-찌] 몡 〖역〗 1 호조(戶曹). 2 '탁
지부'의 준말.
탁지 (度地)[-찌] 몡하타 토지를 측량함. 측지
(測地).
탁지-대신 (度支大臣)[-찌-] 몡 〖역〗 대한 제
국 때, 탁지부의 으뜸 벼슬.
탁지-부 (度支部)[-찌-] 몡 〖역〗 대한 제국 때,
정부의 재무(財務)를 맡아보던 중앙 관아. 준
탁지.
탁지-아문 (度支衙門)[-찌-] 몡 〖역〗 조선 말
기의 '탁지부'의 전신.
탁지-우 (濯枝雨)[-찌-] 몡 음력 유월경에 내
리는 큰비.
탁-처자 (託妻子) 몡하자 처자를 남에게 맡김.
탁-춘추 (濁春秋) 몡 탁보(濁甫)3.
탁출-하다 (卓出-) 쪵예 훨씬 뛰어나다. 탁월
하다. ㅁ기량이 ~.
탁치 (託治) 몡하자 '신탁 통치'의 준말.
탁-탁 뷔하자타 1 일을 결단성 있게 처리하는
모양. ㅁ맡은 일을 ~ 해내다. 2 물건이나 사
람이 잇따라 쓰러지는 모양. 3 물건을 자꾸
두드리거나 먼지 따위를 떠는 소리. 또는 그
모양. ㅁ먼지를 ~ 떨다. 4 침을 자주 뱉는
소리. 또는 그 모양. ㅁ침을 ~ 뱉다. 5 숨 따
위가 자꾸 막히는 모양. ㅁ숨이 ~ 막히다. 6
단단한 물건이 잇따라 튀거나 터지는 소리.
ㅁ불꽃이 ~ 튀다. 좬턱턱.
탁탁-거리다 [-꺼-] 자타 탁탁 소리가 잇따라
나다. 또는 그런 소리를 잇따라 내다. 좬턱턱
거리다.
탁탁-대다 [-때-] 자타 탁탁거리다.
탁탁-하다 [-타카-] 쪵예 1 옷감 따위의 바탕
이 촘촘하고 두껍다. ㅁ탁탁하게 짠 광목. 2
살림 따위가 넉넉하고 윤택하다. ㅁ세간살이
가 ~. 3 실속 있고 오붓하다. ㅁ살림을 탁탁
하게 꾸리다.
탁필 (卓筆) 몡 뛰어난 필적 또는 문장.
탁-하다 (濁-)[타카-] 쪵예 1 액체나 공기가 뿌
옇게 흐리다. ㅁ탁한 공기 / 강물이 ~. 2 얼
굴이 훤히 트이지 못하고 어둡다. 3 성질이
흐리터분하고 바르지 못하다. 4 소리가 거칠
고 굵다. ㅁ탁한 음색.
탁행 (卓行)[타캥] 몡 높고 뛰어난 행실.
탁행 (遠行)[타캥] 몡하자 아주 먼 곳에 감. 원
행(遠行).
탁-향로 (卓香爐)[타캥노] 몡 책상 따위의 위에
장식으로 놓는 향로.
탁효 (卓效)[타쾨] 몡 뛰어난 효험. ㅁ~가 우
수한 약. ㅡㅡ하다 쪵예 뛰어나게 좋은 효과
나 효험이 있다.
탄: (炭) 몡 1 '석탄'의 준말. ㅁ~을 캐다. 2

'연탄'의 준말. ㅁ~을 피우다.
탄: (彈) 몡 탄알·포탄·폭탄 등의 총칭.
탄:-가 (炭價)[-까] 몡 탄값. ㅁ~를 인상하다.
탄:-가루 (炭-)[-까-] 몡 석탄이나 연탄 등의
가루. ㅁ~가 날리다.
탄:-갈 (殫竭) 몡하타 마음이나 힘을 남김없이
다 쏨.
탄:-갈-심력 (殫竭心力)[-녁] 몡하자 마음과 힘
을 다 쏨.
탄:-값 (炭-)[-깝] 몡 석탄이나 연탄 따위의
값. 탄가(炭價).
탄:-강 (誕降) 몡하자 임금이나 성인(聖人)이 태
어남.
탄:-갱 (炭坑) 몡 〖광〗 석탄을 캐내는 구덩이.
석탄갱.
탄:갱 도시 (炭坑都市) 〖지〗 탄광에 직접·간
접으로 종사하는 사람들이 중심이 되어 이룬
탄광 근처의 도시.
탄:-결 (炭-)[-껼] 몡 탄층(炭層)을 이루는 석
탄의 결.
탄:-계 (炭契)[-계 / -게] 몡 〖역〗 숯을 공물(貢
物)로 바치던 계.
탄:-고 (炭庫) 몡 숯이나 석탄을 저장해 두는 창
고. 석탄고.
탄:-곡 (歎哭·嘆哭) 몡하자 탄식하며 욺.
탄:-광 (炭鑛) 몡 〖광〗 석탄을 캐내는 광산. 석
탄광(炭鑛). 탄산(炭山). ㅁ~ 노동자.
탄:-광-촌 (炭鑛村) 몡 〖지〗 탄광에서 일하는
노동자들이 모여 사는 마을.
탄:-금 (彈琴) 몡하자 거문고나 가야금 등을 탐.
탄:-내 몡 무엇이 탈 때에 나는 냄새. ㅁ~가
진동하다.
탄:-내 (炭-) 몡 연탄이나 숯이 탈 때에 나는
독한 냄새. ㅁ~를 맡다.
탄:-대 (彈帶) 몡 〖군〗 탄띠1.
탄:-도 (坦途·坦道) 몡 평탄한 길.
탄:-도 (彈道) 몡 〖군〗 발사된 탄환이 포물선을
그리면서 목표에 이르는 길. 또는 그것이 그
리는 곡선.
탄:도 미사일 (彈道missile) 〖군〗 일정한 궤도
와 방향을 잡아 로켓의 추진력으로 날아가다
가 추진제가 다 연소되면 중력(重力)에 의해
포탄처럼 탄도를 그리며 비행하는 미사일.
탄도 유도탄. 준대륙 간 ~.
탄:도 비행 (彈道飛行) 〖군〗 연료가 다한 로켓
이 지구의 인력만을 받아 일정한 궤도를 날
아가는 비행.
탄:도 유도탄 (彈道誘導彈) 〖군〗 탄도 미사
일. 준탄도탄.
탄:도-탄 (彈道彈) 몡 〖군〗 1 '탄도 유도탄'의
준말. 2 유도 장치가 없이 포물선의 탄도를
나는 초음속의 장거리 포탄.
탄:도탄 요격 미사일 (彈道彈邀擊missile)[-
뇨-] 〖군〗 레이더에 포착된 대륙 간 탄도 유
도탄을 따라가서 격추하는 미사일. 요격 미
사일. 에이비엠(ABM).
탄:도-학 (彈道學) 몡 〖물〗 탄도와 그에 관련
된 물리적·화학적 이론을 연구하는 학문.
탄:-두 (彈頭) 몡 포탄이나 미사일의 머리 부분.
탄:-띠 (彈-) 몡 〖군〗 1 탄알을 끼워서 몸에 지
니게 만든 띠(허리나 어깨에 두름). 탄대(彈
帶). 2 기관총의 탄알을 끼운 띠.
탄:-력 (彈力)[탈-] 몡 1 튀기나 팽팽하게 버티
는 힘. ㅁ~ 있는 피부. 2 〖물〗 탄성체가 외
부의 힘에 대항하여 본디의 형태로 돌아가려
는 힘. 3 반응이 빠르고 힘이 넘치는 것의

비유. ▢~이 있는 목소리.

탄:력 섬유 (彈力纖維)[탈-써뮤]〖생〗 탄력이
풍부한 섬유. 척추동물의 진피(眞皮)·피하(皮
下)·기관(氣管)·혈관 등을 구성하는 조직에
포함되어 있음.

탄:력-성 (彈力性)[탈-썽]몡 **1**〖물〗 튀기는 힘
이 있는 성질. ▢~이 뛰어난 타이어. **2** 상황
에 따라 알맞게 대처하는 성질. ▢~ 있는
사고방식.

탄:력-적 (彈力的)[탈-쩍]관몡 **1** 튀거나 팽팽
하게 버티는 힘이 있는 (것). ▢피부가 ~으
로 느껴지다. **2** 상황에 따라 알맞게 대처하는
(것). ▢~으로 운영하다.

탄:력 조직 (彈力組織)[탈-쪼-]〖생〗 결합(結
合) 조직 가운데 탄력 섬유가 많은 조직.

탄:로 (坦路)[탈-]몡 '탄탄대로'의 준말.

탄:로 (綻露)[탈-]몡하타 비밀 따위를 드러냄.
▢본색이 ~ 나다 / 범행이 ~ 나다.

탄:막 (彈幕)몡〖군〗 적의 침투 공격에 대비하
여 구성하는 각종 포화의 방벽(防壁). ▢~
사격 / ~을 치다.

탄:말 (炭末)몡 炭·연탄·석탄 등의 부스러진
가루.

탄:망-하다 (誕妄-)형여 말이나 행동이 터무
니없고 망령되다.

탄:맥 (炭脈)〖광〗 땅속에 묻혀 있는 석탄
줄기. ▢~을 찾다.

탄:면 (彈綿)몡하타 솜을 탐. 타면(打綿).

탄:명-스럽다 [-따]〖-스러우·-스러우니〗형
똑똑하지 못하고 흐리멍덩한 데가 있다.
　탄:명-스레 부

탄:미 (歎美·嘆美)몡하타 감탄하여 크게 칭찬
함.

탄:박 (彈駁)몡하타 탄핵(彈劾)1.

탄:백 (坦白)몡 있는 그대로 솔직히 말함.

탄:복 (歎服·嘆服)몡하자타 깊이 감탄하여 마
음으로 따름. ▢선행에 ~하다 / ~을 금치
못하다.

탄:-불 (炭-)[-뿔]몡 연탄이 탈 때 이는 불.
또는 연탄으로 피우는 불. ▢~을 갈다 /~
을 피우다.

탄:사 (彈射)몡하자 총탄이나 포탄을 발사함.

탄:사 (彈絲)몡 **1** 가야금이나 거문고 등의 줄
을 탐. **2**〖식〗포자낭(胞子囊)에서 포자를 튀
어나오게 하는 실 모양의 기관.

탄:사 (歎辭·嘆辭)몡 **1** 감탄해 하는 말. ▢~
를 아끼지 않다. **2** 탄식해 하는 말. ▢~가 절
로 흘러나오다.

탄:산 (炭山)몡〖광〗 탄광.

탄:산 (炭酸)몡〖화〗이산화탄소가 물에 녹아
서 생기는 약한 산(성질이 매우 불안정하여
분리가 불가능함).

탄:-산가스 (炭酸gas)몡〖화〗이산화탄소. ▢
~ 검지기(檢知器).

탄:산가스 중독 (炭酸gas中毒)〖의〗이산화탄
소 중독.

탄:산-공 (炭酸孔)몡〖지〗화산 지대 따위에
서, 주로 이산화탄소를 뿜어내는 분기공(噴
氣孔).

탄:산-나트륨 (炭酸Natrium)몡〖화〗나트륨
의 탄산염(무색의 결정으로, 유리·비누·도기
(陶器)·종이·염색·세탁 등과 위산(胃酸)의 중
화제로도 씀). 탄산소다.

탄:산 동화 작용 (炭酸同化作用)〖식〗탄소
동화 작용.

탄:산-마그네슘 (炭酸magnesium)몡〖화〗마

그네슘을 녹인 수용에 탄산나트륨을 넣어서
만든 흰 결정체(완하제(緩下劑) 또는 치약의
재료 등으로 씀).

탄:산 무수물 (炭酸無水物)〖화〗이산화탄소.

탄:산-석회 (炭酸石灰)[-서쾨]〖화〗 탄산
칼슘.

탄:산-소다 (炭酸soda)몡〖화〗탄산나트륨.

탄:산-수 (炭酸水)몡〖화〗이산화탄소의 포화
수용액(청량음료나 약용, 화학 실험용으로
씀). 소다수(soda水).

탄:산수소-나트륨 (炭酸水素Natrium)몡〖화〗
무색의 결정성 가루. 물에 녹고 알코올에는
녹지 않음. 수용액은 65℃에서 이산화탄소를
발생함(청량음료·의약·세척제 등으로 씀).
산성 탄산나트륨. 중탄산소다. 중조(重曹).

탄:산-암모늄 (炭酸ammonium)몡〖화〗탄산
칼슘과 황산암모늄을 가열하여 얻은 무색의
결정(물에 쉽게 녹고, 분석 시약(試藥)·고무
제품·물감 제조 등에 씀).

탄:산-염 (炭酸塩)[-념]몡〖화〗탄산의 수소
원자가 금속 원자와 바뀌어 이루어진 화합물
(탄산칼륨·탄산나트륨 따위).

탄:산-음료 (炭酸飮料)[-뇨]몡 이산화탄소를
물에 녹여 만든, 맛이 산뜻하고 시원한 음료.

탄:산 중독 (炭酸中毒)〖의〗이산화탄소 중독.

탄:산-증 (呑酸症)[-쯩]〖한의〗'위산 과다
증'의 딴 이름.

탄:산-지 (炭酸紙)몡 얇은 종이에 기름·납
(蠟)·안료(=청색·적색·자주 따위)의 혼합물
을 칠한 종이(복사지로 씀). 탄산소지. 카본지.

탄:산-천 (炭酸泉)몡〖광〗탄산칼슘이 들어 있
는 광천(鑛泉)(흔히들 이산화탄소가 발생함).

탄:산철 (炭酸鐵石)[-썩]몡〖광〗능철석.

탄:산-칼륨 (炭酸Kalium)몡〖화〗탄산의 칼륨
염. 물에 잘 녹는 흰 가루로 수용액은 알칼리
성임(의약품·칼륨 비누·유리의 원료로 씀).
탄산칼리.

탄:산-칼리 (炭酸Kali)몡〖화〗탄산칼륨.

탄:산-칼슘 (炭酸calcium)몡〖화〗칼슘의 탄
산염(대리석·석회석·방해석·조개껍데기 등의
주성분임). 탄산석회.

탄:상 (炭床)몡〖광〗탄층(炭層).

탄:상 (歎傷·嘆傷)몡하타 탄식하며 서러워함.

탄:상 (歎賞·嘆賞)몡하타 **1** 탄복하여 크게 칭
찬함. **2** 매우 감탄하면서 구경함.

탄:생 (誕生)몡하자 **1** 사람이 태어남(성인
(聖人)·귀인에 대하여 쓰는 말). ▢~ 설화 /
옥동자가 ~하다. **2** 조직·제도·사업체 따위
가 새로 생김. ▢문명의 ~ / 새로운 정권이
~하다 / 혁신적인 체제가 ~되다 / 스타를 ~
시키다.

탄:생-석 (誕生石)몡 태어난 달을 상징하는
보석(1월의 석류석(石榴石), 2월의 자수정
(紫水晶) 따위).

탄:생-일 (誕生日)몡 탄생한 날. 탄신. 탄일.

탄:생-지 (誕生地)몡 탄생한 곳.

탄:성 (彈性)몡〖물〗물체에 외부에서 힘을 가
하면 부피와 모양이 변하였다가, 그 힘이 없
어지면 본디대로 되돌아가려고 하는 성질.

탄:성 (歎聲·嘆聲)몡 **1** 탄식하는 소리. **2** 감탄
하는 소리. ▢~이 터지다 / ~을 지르다.

탄:성 (殫誠)몡하자 진성(盡誠).

탄:성 (灘聲)몡 여울물이 흐르는 소리.

탄:성 고무 (彈性-)〖화〗고무 원료에 황산을
섞어 탄성을 보강한 고무.

탄:성-력 (彈性力)[-녁]몡〖물〗 탄성이 있는
물질이 본디대로 되돌아가려고 하는 힘.

탄:성-률 (彈性率)[-뉼]몡〖물〗탄성체가 탄성

한계 내에서 갖는 응력(應力)과 변형의 비율.

탄:성 진:동 (彈性振動)〖물〗탄성체의 탄력 때문에 생기는 진동.

탄:성-체 (彈性體)〖물〗탄성을 가지는 물체(특히 고무같이 탄성의 한계가 큰 것).

탄:성-파 (彈性波)〖물〗탄성 매질(媒質) 속을 퍼져 나가는 파동《지진파·음파 따위》.

탄:성 한:계 (彈性限界)[−/−계]〖물〗탄성을 유지할 수 있는 힘의 한계. 탄성 한도(限度).

탄:소 (炭素)〖화〗비금속 원소의 하나. 유기 화합물의 주요 구성 원소로, 숯·석탄·금강석 따위로 산출됨. 천연으로는 탄산염으로서 수성암에, 이산화탄소로서 대기·해양 속에 존재함《산화물의 환원, 금속 정련 등에 씀》. [6번 《 C : 12.011》

탄:소 (歎訴·嘆訴)명-하타 한탄하며 하소연함.

탄:소-강 (炭素鋼)탄소 함유량이 2 % 이하인 강(鋼). 탄소량이 많을수록 강(鋼)은 단단해짐.

탄:소 동화 작용 (炭素同化作用)〖식〗식물이 공기 중에서 섭취한 이산화탄소와 뿌리에서 흡수한 물로 엽록체에서 탄수화물을 만드는 작용. 녹색 식물의 광합성(光合成)과 세균의 화학 합성 등이 있음. 탄산 동화 작용. ⓒ 동화 작용.

탄:소-립 (炭素粒)탄소 가루.

탄:소 막대 (炭素−)[−때]〖화〗탄소봉.

탄:소-묵 (炭素墨)탄소 가루로 만든 먹.

탄:소-봉 (炭素棒)〖화〗아크등(燈)에 사용하는 막대 모양의 탄소 전극. 탄소 막대.

탄:소-선 (炭素線)순수한 무명실이나 대나무의 껍질을 밀폐한 용기 속에서 태워 만든 가느다란 선.

탄:소 섬유 (炭素纖維)〖화〗유기 섬유를 태워 거의 탄소만 남긴 섬유의 총칭. 내열성(耐熱性)·탄성률(彈性率)이 높아, 항공기 부품 구조재(構造材), 고온 단열재, 패킹 재료, 골프채·낚싯대 따위에 씀.

탄:소 전:구 (炭素電球)〖전〗탄소를 필라멘트로 사용한 전구(지금은 잘 쓰이지 않음).

탄:소-지 (炭素紙)탄산지.

탄:소-판 (炭素板)탄소 가루를 압착하여 만든 널조각.

탄:소 피:뢰기 (炭素避雷器)〖물〗전신·전화 기계의 안전 보전 장치로서 사용하는 피뢰기. 두 개의 탄소판 사이에 얇은 운모판(雲母板)을 끼워 만들고 한 개는 전선에, 한 개는 땅에 접속시킴.

탄:솔-하다 (坦率−)형여 성품이 너그럽고 대범하며 솔직하다.

탄:수 (炭水)명 1 탄소와 수소. 2 석탄과 물.

탄:수-차 (炭水車)명 증기 기관차 뒤에 달아 보급용의 석탄과 물을 싣는 차량.

탄:수화-물 (炭水化物)명〖식〗탄소·수소·산소의 세 원소로 이루어진 화합물로, 주로 식물의 안에서 만들어지는 물질《당류(糖類)·녹말·셀룰로오스로 존재함》. 함수 탄소.

탄:식 (歎息·嘆息)명-하자타 한숨을 쉬며 한탄함. 또는 그 한숨. ▣〜을 자아내다 /〜이 나오다 /〜하는 소리가 들려오다.

탄:신 (誕辰)명 임금이나 성인(聖人)이 태어난 날. 탄생일. ▣ 석가 〜.

탄:-알 (彈−)명〖군〗총이나 포에 재어서 화약의 폭발하는 힘으로 쏘아 내보내는 쇳덩이. 알탄. 탄자(彈子). 탄환.

탄:압 (彈壓)명-하타 무력이나 권력 따위로 억눌러 꼼짝 못하게 함. ▣ 언론 〜 / 인권 〜 / 권력의 〜에 맞서 싸우다 / 민주화 운동을 〜

하다.

탄:앙 (歎仰·嘆仰)명-하타 감탄하여 우러러봄.

탄:약 (彈藥)명 탄알과 화약의 총칭. ▣〜을 장전하다.

탄:약-고 (彈藥庫)[탄냑꼬]명〖군〗탄약이나 포탄을 저장하여 두는 창고.

탄:약 상자 (彈藥箱子)[탄냑쌍−]〖군〗탄약을 넣어서 보관하는 데 쓰는 상자.

탄:약-차 (彈藥車)명〖군〗탄약을 운반하는 데 쓰는 차량.

탄:약-통 (彈藥筒)명〖군〗대포에 쓰는 탄환·장약·약협(藥莢)·점화제 따위를 완전히 갖춘 통.

탄:언 (誕言)명 과장되게 허풍 치는 말.

탄:연-하다 (坦然−)형여 마음이 안정되어 아무 걱정 없이 평온하다.

탄:우 (彈雨)명 빗발같이 쏟아지는 총알.

탄:우지기 (吞牛之氣)명 소를 삼킬 만한 장대한 기상(氣像).

탄:원 (歎願·嘆願)명-하자타 사정을 호소하고 도와주기를 간절히 바람. ▣ 석방을 〜하다.

탄:원-서 (歎願書)명 탄원하는 글이나 문서. ▣〜을 올리다.

탄:일 (誕日)명 탄생일(誕生日).

탄:일-종 (誕日鐘)[타닐쫑]명〖기〗성탄절에 교회에서 치는 종.

탄:자 (彈子)명 1 처칸1. 2〖군〗탄알.

탄:장 (彈章)명 탄핵하는 상소.

탄:재 (炭−)[−째]명 탄이 타고 남은 재.

탄:저 (炭疽)명〖의〗탄저병(炭疽病)1.

탄:저-균 (炭疽菌)명〖생〗탄저병의 병원균. 가축의 질병으로 사람에게 감염되면 패혈증(敗血症)을 일으켜 대개 사망함.

탄:저-병 (炭疽病)[−뼝]명 1〖의〗탄저균의 감염으로 가축에 발생하는 전염병《심한 패혈증(敗血症)을 일으켜 이삼 일 내에 죽게 됨. 사람도 걸리는데, 이 경우에는 비탈저(脾脫疽)라 함》. 탄저. 탄저열(熱). 2〖식〗토마토·고구마·사과·복숭아 등 육질이 많은 과실에 생기는 병. 암갈색이나 황갈색의 반점이 생김《보르도액(液)을 살포하여 예방함》.

탄:저-옹 (炭疽癰)명〖의〗탄저병에 걸린 가축이나 사람의 피부에 생기는 큰 종기.

탄:전 (炭田)명〖광〗석탄이 묻혀 있는 땅. 매전(煤田).

탄젠트 (tangent)명〖수〗삼각 함수의 하나. 직각 삼각형의 예각의 대변과 그 각을 낀 밑변의 비를 그 각에 대해 이르는 말. 기호는 tan. ↔코탄젠트.

탄:좌 (炭座)명〖광〗연간 30만 톤 이상의 석탄을 생산할 수 있다고 인정하여 설정한 어떤 지역 내의 석탄 광구(鑛區)의 집합체.

탄:주 (炭柱)명〖광〗탄갱에서 바닥이나 천장이 가라앉거나 무너져 내리는 것을 막기 위하여 채굴하지 않고 남겨 둔 석탄층.

탄:주 (彈奏)명-하타 1 남의 죄상을 밝혀 아룀. 2〖악〗가야금이나 바이올린 따위의 현악기를 연주함.

탄:주 악기 (彈奏樂器)[−끼]〖악〗현악기.

탄지 담뱃대에 덜 타고 남아 있는 담배.

탄:지 (彈指)⊟명-하자 손톱이나 손가락 따위를 튕김. ⊒불 순식(瞬息)의 십분의 일. 찰나(剎那)의 십 배, 곧 10^{-17}을 이름.

탄:지지간 (彈指之間)명 손가락을 튕길 사이라는 뜻으로, 아주 짧은 동안을 이르는 말.

탄:진 (炭塵)명〖광〗탄갱 안의 공기 속에 떠

다니는 아주 작은 석탄 가루《때로 불이 붙어 폭발하기도 함》.

탄:질(炭質)圀 숯이나 석탄, 무연탄 등의 품질이나 성질. ▯∼이 낮아 불이 잘 꺼진다.

탄:차(炭車)圀 석탄을 나르는 차.

탄:착 거:리(彈着距離)[−꺼−]『군』**1** 탄알의 발사 지점에서 도착 지점까지의 거리. **2** 착탄 거리.

탄:착-점(彈着點)[−쩜]圀『군』 발사된 탄알이 최초로 맞는 점.

탄:창(彈倉)圀『군』 자동 소총·카빈총·권총 따위의 보충용 탄알을 재어 두는 통. ▯∼을 갈아 끼우다.

탄:층(炭層)圀『광』 땅속에 석탄이 묻혀 있는 층. 탄상(炭床).

탄:칭(歎稱·嘆稱)圀하타 매우 감탄하여 칭찬함. 탄상(歎賞).

탄:탄(癱瘓)圀『한의』 졸중(卒中)이나 중풍으로 몸의 일부에 마비가 일어나는 병증. 편고(偏枯).

탄:탄-대로(坦坦大路)圀 **1** 평평하고 넓은 큰 길. ▯∼가 펼쳐지다. **2** 장래가 아무 어려움이나 괴로움 없이 순탄함을 이르는 말. ▯∼의 출셋길을 달리다. 준탄로(坦路).

탄탄-하다휑어 **1** 됨됨이나 생김새가 굳고 실하다. ▯탄탄한 체격. **2** 조직이나 기반 등이 빈틈없이 짜여져 있다. ▯탄탄한 기초 / 선거 기반이 ∼. 관튼튼하다. **탄탄-히**휜

탄:탄-하다(坦坦−)휑어 **1** 길이 험하거나 가파른 곳이 없이 평평하고 넓다. ▯탄탄한 평야. **2** 장래가 아무 어려움 없이 순탄하다. ▯탄탄한 미래 / 앞길이 ∼. **탄:탄-히**휜

탄탈(독 Tantal)圀『화』 바나듐족(族)에 속하는 전이(轉移) 원소의 하나. 연성(延性)·전성(展性)이 풍부하며 기계적 성질이 좋으며 산·알칼리에 침식되지 않음《의료 기구·백금 대용으로 씀》. 탄탈룸. [73 번 : Ta : 180.88]

탄탈룸(라 tantalum)圀『화』 탄탈.

탄:토(呑吐)圀하타 삼킴과 뱉음.

탄:통(歎痛·嘆痛)圀하자 몹시 탄식하며 마음 아파함.

탄:평-하다(坦平−)휑어 **1** 땅이 넓고 평평하다. **2** 근심·걱정이 없이 마음이 편하다. **탄:평-히**휜

탄:폐(炭肺)[− / −폐]圀『의』 탄갱에서 일하는 갱부 등 탄소 가루를 흡입하는 사람에게 생기는 병. ∗진폐.

탄:피(彈皮)圀『군』 탄환이나 포탄의 껍데기.

탄:하(呑下)圀하타 알약이나 가루약 따위를 삼켜서 넘김.

탄:−하다타어 **1** 남의 일에 참견하다. **2** 남의 말에 대꾸하여 시비조로 나서다.

탄:핵(彈劾)圀하타 **1** 죄상을 들어서 책망함. 탄박(彈駁). **2**『법』 대통령·국무총리·국무 위원·법관 등의 위법에 대하여 국회의 소추에 따라 헌법 재판소의 심판으로 해임하거나 처벌하는 일. ▯∼을 당하다 / ∼을 받다.

탄:핵-권(彈劾權)[−꿘]圀『법』 탄핵 소추권(彈劾訴追權).

탄:핵 소추권(彈劾訴追權)[−꿘]『법』 고급 공무원의 위법이나 비행 따위를 탄핵 소추할 수 있는 국회의 권리. 탄핵권.

탄:핵-주의(彈劾主義)[−주− / −의]圀『법』 범죄가 있을 경우, 국가가 형사(刑事) 절차를 개시하지 않고, 원고인 피해자나 일반 사인(私人)의 제소(提訴)에 따라 절차가 개시되는

주의. ↔규문(糾問)주의.

탄:혈(彈穴)圀 포탄이나 폭탄 등의 폭발로 생긴 구덩이.

탄:화(炭火)圀 숯불.

탄:화(炭化)圀하자『화』 유기 화합물이 열분해 또는 화학적 변화에 따라 탄소로 변화하는 일. ▯유적에서 ∼된 쌀이 출토되다.

탄:화(彈火)圀 발사한 탄알에서 일어나는 불.

탄:화(彈花)圀 활로 탄 솜.

탄:화-규소(炭化硅素)圀『화』 카보런덤.

탄:화-도(炭化度)圀『화』 석탄에서 수분과 회분을 뺀 나머지 성분 가운데 탄소가 차지하는 비율을 중량 백분율로 나타낸 것.

탄:화-모(炭化毛)圀 탄화법으로 모와 면의 혼방 직물에 있는 불순물에서 회수한 재생모. ∗탄화양모.

탄:화-물(炭化物)圀『화』 탄소와 알칼리 금속, 알칼리 토금속, 할로겐 따위의 양성인 원소와의 화합물. 카바이드.

탄:화-법(炭化法)[−뻡]圀『공』 방모사(紡毛絲) 제조 공정에서 양모 섬유에 섞이어 있는 식물성 섬유를 제거하는 공정《원료에 황산·염산 등의 산류(酸類)를 씀》.

탄:화-수소(炭化水素)圀『화』 탄소와 수소와의 화합물의 총칭.

탄:화-양모(炭化羊毛)圀 탄화법으로 식물성 섬유 따위의 불순물을 없앤 양모.

탄:화-철(炭化鐵)圀『화』 탄소와 철의 화합물《시멘타이트·펄라이트 따위》.

탄:화-칼슘(炭化calcium)圀『화』 산화칼슘과 탄소를 전기로에 넣고 가열하여 만든 회색의 고체《물을 가하면 아세틸렌 가스를 냄》. 칼슘카바이드.

탄:환(彈丸)圀『군』 **1** 탄알. **2** 총포에 재어서 쏘면 폭발하여 그 힘으로 탄알이 튀어 나가게 된 쇳덩이《총탄·포탄 따위》. ▯탄창에 ∼을 장전하다.

탄:환지지(彈丸之地)圀 적국에 포위되어 공격의 대상이 되는 아주 좁은 땅.

탄:회(坦懷)圀 거리낌이 없는 마음.

탄:흔(彈痕)圀 탄환을 맞은 자국. ▯전쟁 때의 ∼이 그대로 남아 있다.

탈: 圀 **1** 종이·나무·흙 따위로 여러 가지 얼굴 모양을 본떠 만든 물건. 가면(假面). 마스크. ▯도깨비 ∼. **2** 속뜻을 감추고 겉으로 거짓을 꾸미는 의뭉스러운 얼굴. 또는 그런 태도나 모습.

탈(을) 벗다 곾 거짓으로 꾸민 모습을 버리고 본디의 모습을 드러내다.

탈: 쓰다 곾 ㉠본색이 드러나지 않게 가장하다. ▯천사의 탈을 쓴 악마. ㉡생김새나 하는 짓이 누구를 꼭 닮다.

탈:(頉)圀 **1** 변고나 사고. ▯∼ 없이 지내다. **2** 몸에 생긴 병. ▯몸에 ∼이 생기다 / ∼이 나서 누워 있다 / 아이가 ∼ 없이 무럭무럭 자라다. **3** 트집이나 핑계. ▯∼을 잡으려고 안달이 났다 / ∼ 잡힐 일일랑 하지 마라. **4** 결함이나 허물. ▯그는 말이 많은 게 ∼이다.

탈−(脫)곾 '벗어남'·'자유로워짐' 등의 뜻을 나타내는 말. ▯∼냉전 / ∼공업화.

탈각(脫却)圀하자타 **1** 잘못된 생각이나 좋지 못한 상황에서 벗어남. **2** 벗어서 버림.

탈각(脫殼)圀하자 **1** 벌레나 파충류가 껍질을 벗음. **2** 식물이나 씨앗 등이 꼬투리나 껍질에서 나옴.

탈감(脫監)圀하자 탈옥(脫獄).

탈거(脫去)圀하자타 **1** 껍데기나 껍질 따위를 벗기거나 벗음. **2** 몸을 빼어 달아남. 탈출.

탈거 (奪去) 명하타 물건을 빼앗아 감.

탈건 (脫巾) 명하자 머리에 쓴 두건 등을 벗음.

탈겁 (脫劫) 명하자 언짢고 우중충한 기운이 없어짐.

탈-것 [-껏] 명 자동차·자전거·비행기·말 따위의 사람이 타고 다니는 것의 총칭.

탈격 (奪格) [-껵] 명 [언] 1 동작이나 행동이 비롯하는 곳을 나타내는 격. 2 '탈격 조사'의 준말.

탈격 조:사 (奪格助詞) [-껵쪼-] 명 [언] '에서'·'에게서'·'한테서'와 같이 동작이나 행동이 비롯하는 곳을 나타내는 부사격 조사. 준탈격.

탈고 (脫稿) 명하타 원고 쓰기를 마침. ▣ 집필 3년 만에 ~했다. ↔기고(起稿)

탈-고신 (奪告身) 명하자 《역》 죄를 지은 벼슬아치의 직첩(職帖)을 빼앗아 들이던 일.

탈곡 (脫穀) 명하타 1 곡식의 낟알을 이삭에서 떨어냄. ▣ 콤바인은 수확과 ~을 함께 한다. 2 곡식의 낟알에서 걸겨를 벗겨 냄.

탈곡-기 (脫穀機) [-끼] 명 탈곡하는 데 쓰는 농기계.

탈골 (脫骨) 명하자 《의》 탈구(脫臼).

탈공 (脫空) 명하자 뜬소문이나 억울한 죄명에서 벗어남.

탈공업화 사회 (脫工業化社會) [-어퐈-] 명 《사》 공업화 사회의 다음에 올 미래 사회《지식·정보 산업 따위가 급속히 발전한 사회》. 탈공업 사회.

탈-공해 (脫公害) 명 공해에서 벗어남. 또는 공해의 요인을 없앰.

탈관 (脫冠) 명하자 머리에 썼던 관이나 갓을 벗음.

탈교 (脫敎) 명하자 1 교회를 떠남. 2 믿던 종교를 버림. ▣ 믿음에 회의를 느껴 ~하다.

탈구 (脫句) [-꾸] 명 빠진 글귀.

탈구 (脫臼) 명하자 《의》 뼈마디가 삐어 어긋남. 탈골. ▣ 관절이 ~되다.

탈:급 (頉給) 명하타 특별한 사정을 헤아려 책임을 면제하여 줌.

탈기 (脫氣) 명 물에 녹아 있는 기체(氣體)를 없애는 일.

탈기 (奪氣) 명하자 1 놀라거나 겁에 질려 기운이 다 빠짐. ▣ 언짢은 소식을 듣고 ~되다. 2 몹시 지쳐 기운이 빠짐. ▣ 과로하여 ~되다.

탈-꾼 명 탈춤 추는 일을 업으로 삼는 사람.

탈-놀음 [-로름] 명하자 《민》 꼭두각시놀음·산대놀음 등과 같이 탈을 쓰고 하는 연극. 가면극. 탈놀이.

탈-놀이 [-로리] 명하자 《민》 탈놀음.

탈당 (脫黨) [-땅] 명하자타 당원이 소속해 있던 당에서 떠남. ▣ 이념 분쟁으로 ~하다. ↔입당(入黨).

탈락 (脫落) 명하자 1 범위나 무리에 들지 못하고 떨어지거나 빠짐. ▣ 예선 ~ / 명부에서 ~되다 / 면접에서 ~시키다. 2 [언] 둘 이상의 음절이 이어질 때, 한쪽의 모음이나 자음 또는 음절이 없어지는 현상《'어제저녁'이 '엊저녁', '사다리'가 '사다리', '솔나무'가 '소나무'로 되는 것 따위》.

탈락 부하자 매달리거나 한쪽이 늘어진 물건이 한 번 흔들리는 소리. 큰털럭.

탈락-거리다 [-꺼-] 자 매달리거나 늘어진 물건이 자꾸 흔들리다. 큰털럭거리다. 탈락-탈락 부하자

탈락-대다 [-때-] 자 탈락거리다.

탈래-탈래 부하자 간편한 복장으로 간들거리며 걷거나 행동하는 모양. 큰털레털레.

탈략 (奪掠·奪略) 명하타 함부로 빼앗음. 약탈

(掠奪).

탈력 (脫力) 명하자 몸의 힘이 빠짐.

탈로 (脫路) 명 벗어나거나 도망하는 길.

탈루 (脫漏) 명하타 밖으로 빼내 새게 함. ▣ 세금을 ~하다.

탈류 (脫硫) 명하자 《화》 '탈황'의 구용어.

탈륨 (thallium) 명 《화》 납과 비슷한 청백색의 희유 금속 원소. 독이 있고 습기 있는 공기 속에서는 산화하기 쉬움. 인공 보석을 만드는 데 씀. [81 번; Tl: 204.37]

탈리 (脫離) 명하자타 벗어나 따로 떨어짐. 이탈(離脫). ▣ 대열에서 ~되다.

탈리도마이드 (Thalidomide) 명 수면제의 일종 《임신 초기의 임부가 복용하면 기형아를 낳게 되어 현재는 사용이 금지됨. 상품명》.

탈립-기 (脫粒機) [-끼] 명 《농》 옥수수의 낟알을 속대에서 떨어내는 기계.

탈립-성 (脫粒性) [-썽] 명 이삭에서 벼가 떨어지는 성질.

탈망 (脫網) 명하자 탈망건.

탈-망건 (脫網巾) 명하자 머리에 쓴 망건을 벗음. 탈망(脫網).

탈망-바람 (脫網-) [-빠-] 명 망건을 쓰지 않은 허술한 차림새. 또는 황급한 차림새.

탈:면 (頉免) 명하타 특별한 사정이나 사고가 생겨 책임을 면제받음.

탈모 (脫毛) 명하자 털이 빠짐. 또는 그 털. ▣ ~ 증세로 고민하다. ↔발모(發毛).

탈모 (脫帽) 명하자 모자를 벗음. ↔착모.

탈모-제 (脫毛劑) 명 필요 없는 털을 없애는 데 바르는 약.

탈모-증 (脫毛症) [-쯩] 명 《의》 주로 머리카락이 빠지는 병.

탈무드 (히 Talmud) 명 《종》 유대 인 율법학자의 구전(口傳)과 해설을 집대성한 책.

탈문 (脫文) 명 글귀나 자구가 빠짐. 또는 그 글귀나 자구.

탈:-바가지 [-빠-] 명 1 바가지로 만든 탈. 준탈박. 2 〈속〉탈. ▣ ~를 뒤집어쓰다. 3 〈속〉철모.

탈:-바꿈 명하자타 1 본디의 모양이나 형태를 바꿈. ▣ 세련된 모습으로 ~시키다. 2 〈동〉변태(變態)2.

탈바닥 부하자타 1 납작한 물건으로 얕은 물을 가볍게 치는 소리. 2 아무렇게나 바닥에 주저 앉는 모양. 또는 그 소리. 큰털버덕.

탈바닥-거리다 [-꺼-] 자타 자꾸 탈바닥 소리가 나다. 또는 자꾸 그런 소리를 내다. 큰털버덕거리다. 탈바닥-탈바닥 부하자타. ▣ 피로에 지쳐 ~ 모두 길바닥에 주저앉다.

탈바닥-대다 [-때-] 자타 탈바닥거리다.

탈:-박¹ [-빡] 명 '탈바가지'의 준말.

탈박² 부하자타 납작한 물건으로 얕은 물을 쳐서 나는 소리. 큰털벅.

탈박-거리다 [-꺼-] 자타 잇따라 탈박 소리가 나다. 또는 잇따라 그런 소리를 내다. 큰털벅거리다. 탈박-탈박 부하자타

탈박-대다 [-때-] 자타 탈박거리다.

탈방 부하자타 납작한 물건 따위가 물에 떨어지는 소리. 큰털벙.

탈방-거리다 [-꺼-] 자타 잇따라 탈방 소리가 나다. 또는 잇따라 그런 소리를 내다. 큰털벙거리다. 탈방-탈방 부하자타

탈방-대다 자타 탈방거리다.

탈법 (脫法) 명하자 법이나 법규를 지키지

않고 교묘히 빠져나감. ▣〜을 일삼다.

탈법 행위(脫法行爲)[―뻐팽―]《법》강제 법 규의 작용을 회피·잠탈(潛脫)하여 법의 명령· 금지를 범하는 일.

탈ː보(頉報)圓 상사에게 특별한 사정이 있음을 말하여 책임의 면제를 청함.

탈복(脫服)圓困困 제복(除服).

탈산(脫酸)圓困《화》화합물 속의 산소를 화학 변화로 제거함.

탈삽(脫澁)―쌉圓困困 감의 떫은맛이 빠짐. 또는 떫은맛을 우려냄.

탈상(脫喪)―쌍圓困 해상(解喪).

탈색(脫色)―쌕圓困困 1 천에 들인 색깔을 뺌. 옷이 〜되다 / 청바지를 〜해서 입다. ↔염색(染色). 2 빛이 바램. ▣허옇게 ―된 커튼.

탈색(奪色)―쌕圓困 빛을 빼앗는다는 뜻으로, 같은 종류의 물건 가운데서 어떤 물건이 특히 뛰어나서 다른 물건을 압도함.

탈색-제(脫色劑)―쌕쩨圓《화》빛깔을 빼기 위해 쓰는 약품.

탈-석유(脫石油)圓 에너지 자원으로 석유를 이용하는 방식에서 벗어나는 일. ▣〜 정책.

탈선(脫船)―썬圓困 선원이 선장의 허가 없이 배에서 이탈함.

탈선(脫線)―썬圓困困 1 열차·전차 따위의 바퀴가 선로를 벗어남. ▣〜 사고 / 열차가 〜되다. 2 말이나 행동 따위가 나쁜 방향으로 빗나감. ▣〜을 막다 / 〜을 방지하다 / 청소년의 〜을 조장하다. 3 목적 이외의 딴 길로 빠짐. ▣주제에서 ―빠지다.

탈선-행위(脫線行爲)―썬―圓 1 일반적인 규칙이나 상식을 벗어난 행위. ▣비행(非行) 소년의 〜. 2 목적을 빗나간 행위.

탈세(脫稅)―쎄圓困困《법》납세자가 납세액의 전부 또는 일부를 내지 않음. ▣거액을 〜하다.

탈세-자(脫稅者)―쎄―圓 내야 할 납세액의 전부 또는 일부를 내지 않은 사람.

탈속(脫俗)―쏙圓困 부나 명예 따위 현실적인 이익을 추구하는 생활이나 생각에서 벗어남. 탈진(脫塵). ▣한 풍채.

탈쇄-하다(脫灑―)―쐐―혱 속된 것에서 벗어나서 깨끗하다.

탈수(脫水)―쑤圓困困 1 몸이나 물체 속의 물기를 뺌. 또는 물기가 빠짐. ▣빨래를 〜하여 널다. 2《화》결정수(結晶水)를 제거하는 일. 또는 유기 화합물의 분자 안이나 분자 사이의 수소와 산소를 물의 형태로 제거하는 일. ▣칼슘의 〜 작용.

탈수-기(脫水機)―쑤―圓《공》세탁·염직(染織)·제약(製藥) 등에서, 물질 속의 수분을 빼내는 데 쓰는 기계.

탈수-제(脫水劑)―쑤―圓《화》물질 속의 수분을 없애거나 화합물에서 산소와 수소를 없애는 약제《황산·금속 나트륨·염화칼슘 따위》.

탈수-증(脫水症)―쑤쯩圓《의》몸 속의 수분이 모자라 일어나는 증상. 탈수 증상. ▣〜으로 쓰러지다.

탈수 증상(脫水症狀)―쑤―圓《의》탈수증.

탈습(脫習)―씁圓困 탈투(脫套).

탈신(脫身)―씬圓困困 1 관계하던 일에서 몸을 뺌. 2 위험에서 벗어남.

탈신-도주(脫身逃走)―씬―圓困困 몸을 빼쳐 달아남. ㉝탈주(脫走).

탈실(脫失)―씰圓困困 이탈하거나 빠져서 없어짐.

탈싹閄혱困 1 작은 사람이 갑자기 주저앉거나 쓰러지는 모양. 또는 그 소리. ▣〜 주저앉다. 2 작고 도톰한 물건이 갑자기 떨어지는 소리. 또는 그 모양. ㉘털썩.

탈싹-거리다[―꺼―]困 잇따라 탈싹하다. ㉘털썩거리다. 탈싹-탈싹閄혱困

탈싹-대다[―때―]困 탈싹거리다.

탈양-증(脫陽症)[타량쯩]《한의》토하고 설사한 뒤에 원기를 잃어 손발이 차고 땀이 많이 나서 의식을 잃는 병.

탈어(脫語)圓困 글이나 말에서 빠진 말.

탈염(脫塩)圓困困 1 자반 따위에서 소금기를 뺌냄. 2《화》바닷물·지하수·원유 등에서 각종 염류를 제거함. ▣된 지하수.

탈영(脫營)圓困困困《군》군인이 병영을 무단으로 빠져나와 도망함. ▣실탄과 총기를 휴대하고 〜하다.

탈영-병(脫營兵)圓《군》탈영한 병사.

탈오(脫誤)圓困 빠진 글자와 틀린 글자. 오탈(誤脫). ▣교정쇄에 〜가 많다.

탈옥(脫獄)圓困困困 죄수가 감옥을 빠져나와 도망함. 탈감(脫監). ▣사상범을 〜시키다.

탈옥-수(脫獄囚)[타록쑤]圓 감옥에서 몰래 빠져나와 도망한 죄수. 탈옥자(者).

탈위(脫危)圓困困 1 위험한 지경에서 벗어남. 2 병의 위독한 고비를 벗어남.

탈음(脫陰)圓《한의》자궁탈(子宮脫).

탈음-증(脫陰症)[타름쯩]圓《한의》자궁탈.

탈의(脫衣)[타릐 / 타리]圓困困 옷을 벗음. ↔착복·착의(着衣).

탈의-실(脫衣室)[타릐― / 타리―]圓 온천이나 목욕탕 등에서, 옷을 벗거나 갈아입는 방.

탈의-장(脫衣場)[타릐― / 타리―]圓 해수욕장이나 운동장 따위에서, 옷을 벗거나 갈아입도록 마련한 장소.

탈의-파(脫衣婆·奪衣婆)[타릐― / 타리―]圓《불》저승으로 가는 도중 삼도(三途)의 냇가에 있다는 귀신 할미. 사자(死者)가 여기에 이르면 옷을 벗겨 그 무게로 생전의 죄의 경중을 묻는다고 함.

탈자(脫字)[―짜]圓 글이나 인쇄물 등에서 빠진 글자. 낙자(落字). ▣〜와 오자(誤字).

탈장(脫腸)―짱圓困《의》복벽(腹壁)의 찢어진 틈을 통하여, 소장·대장 또는 다른 내장이 복막(腹膜)에 싸인 채 빠져나오는 일. 헤르니아. ▣〜을 치료하다.

탈장-대(脫腸帶)―짱―圓《의》탈장된 부분을 제자리에 넣고 밖에서 눌러 두르는 띠《탈장을 얼마간 저지하여 자연 치유를 촉진함》.

탈장-증(脫腸症)―짱쯩圓《의》탈장이 일어나는 병.

탈저(脫疽)[―쩌]圓 1《의》괴저(壞疽). 2《한의》'탈저정'의 준말.

탈저-정(脫疽疔)[―쩌―]圓《한의》발가락이나 손가락이 썩어서 떨어지는 병. 주로 혈관 질환이나 당뇨병 따위로 해당 부위에 혈액 순환이 잘되지 않아서 생김. ㉝탈저(脫疽).

탈적(脫籍)[―쩍]圓困困 호적·병적·당적(黨籍) 등의 적(籍)에서 빠지거나 뺌.

탈적(奪嫡)[―쩍]圓困困 종손(宗孫)이 끊어지거나 아주 미약해진 때에 유력한 지손(支孫)이 종손을 누르고 종손 행세를 함. 탈종(奪宗).

탈정(奪情)[―쩡]圓困困 1 남의 정을 억지로 빼앗음. 2 복(服)을 입는 효심을 빼앗는다는 뜻으로, 부모의 상중(喪中)에 출사(出仕)를 명하던 일.

탈정-종공(奪情從公)[―쩡―]圓 기복출사(起復出仕).

탈종 (奪宗)[-종] 명하자 탈적(奪嫡).
탈죄 (脫罪)[-죄] 명하자 죄에서 벗어남.
탈주 (脫走)[-주] 명하자 '탈신도주(脫身逃走)'의 준말. ▢집단 ~ / 국외로 ~하다.
탈지 (脫脂)[-찌] 명하타 기름기를 뺌. ▢~된 식품.
탈지 (奪志)[-찌] 명하타 정절(貞節)을 지키는 과부를 다시 시집가게 함.
탈지-면 (脫脂綿)[-찌-] 명《의》지방분과 불순물을 제거하고 소독한 솜《외과 치료에 씀》. 소독면. 약솜. 정제면.
탈지-분유 (脫脂粉乳)[-찌부뉴] 명 탈지우유를 농축해서 건조한 가루우유《단백질·젖당·칼슘·비타민 B₁ 등이 많음》.
탈지 요법 (脫脂療法)[-찌-뻡]《의》지방 과다증 환자의 몸에서 지방을 빼는 요법.
탈지-유 (脫脂乳)[-찌-] 명 지방분을 뺀 우유《탈지분유·아이스크림 제조에 씀》.
탈진 (脫盡)[-찐] 명하자 기운이 다 빠져 없어짐. ▢~ 상태 / 단식으로 ~하다.
탈진 (脫塵)[-찐] 명하자 탈속(脫俗).
탈질 작용 (脫窒作用)[-찔자룡]《화》질소가 들어 있는 화합물에서 질산 이온이 세균의 작용으로 환원되어 질소로 변하여 떨어지는 작용.
탈착 (脫着) 명하자 붙였다 떼었다 함. ▢~이 용이하다.
탈채 (脫債) 명하자 빚을 다 갚아서 빚에서 벗어남.
탈-처 (頉處) 명 탈이 난 곳.
탈출 (脫出) 명하자타 제한된 환경이나 구속 등에서 빠져나옴. 탈거(脫去). ▢국외로 ~하다 / ~을 시도하다.
탈출-구 (脫出口) 명 1 제한된 환경이나 구속 따위에서 빠져나갈 수 있는 곳. 2 문젯거리가 생겼을 때, 그 해결책의 비유. ▢~를 찾다.
탈출 속도 (脫出速度)[-또]《천》로켓이나 인공위성이 지구 등 천체의 인력(引力)을 벗어나서 우주 공간으로 날아오르는 데 필요한 한계 속도(흔히, 천체의 표면에서부터 치며, 지구의 경우에는 초속 11.19 km, 달에서는 2.37 km 임). 이탈 속도.
탈-춤 명 얼굴에 탈을 쓰고 추는 춤. 가면무(假面舞). 가장무도. ▢~ 사위.
탈취 (脫臭) 명하자타 냄새를 빼어 없앰.
탈취 (奪取) 명하자타 빼앗아 가짐. ▢진지가 적에게 ~되다 / 금품을 ~하다.
탈취-제 (脫臭劑) 명《화》냄새를 없애는 데 쓰는 약제《주로 냉장고나 화장실의 악취를 없애는 데 씀》.
탈타리 명 '빈탈타리'의 준말. ≒털터리.
탈탈 부 1 먼지 따위를 털기 위해 잇따라 가볍게 두드리는 모양. 또는 그 소리. ▢먼지를 ~ 털다. 2 아무것도 남지 않게 죄다 털어 내는 모양. ▢주머니를 ~ 털다.
탈탈 부하자타 1 나른한 걸음걸이로 걷는 모양. 2 금이 간 질그릇 따위를 자꾸 두드리는 소리. 3 낡은 자동차 따위가 흔들리면서 느리게 달리는 소리. 또는 그 모양. ≒털털.
탈탈-거리다 자타 1 나른한 걸음으로 자꾸 걷다. ▢지쳐서 탈탈거리며 걷다. 2 깨어지거나 금이 간 질그릇 따위를 자꾸 두드리는 소리가 나다. 또는 자꾸 그런 소리를 내다. 3 낡은 자동차 따위가 흔들거리며 느리게 가다. ≒털털거리다.
탈탈-대다 자타 탈탈거리다.
탈탈-이 명 몹시 낡고 헐어서 탈탈거리는 자동차·수레 따위를 일컫는 말. ≒털털이2.

탈태 (脫胎) 명 질이 매우 얇아서 잿물만 가지고 만든 것처럼 보이는 투명하고 정교한 자기(瓷器)의 몸체.
탈태 (脫態) 명하타 형태나 형식을 바꿈.
탈태 (奪胎) 명하자 '환골탈태'의 준말.
탈토 (脫兔) 명 달아나는 토끼라는 뜻으로, 동작이 매우 빠름을 비유하여 이르는 말.
탈토지세 (脫兔之勢) 우리를 벗어 도망하는 토끼의 기세라는 뜻으로, 신속하고 민첩한 기세의 비유.
탈퇴 (脫退) 명하자 정당이나 단체 따위에서 관계를 끊고 물러남. ▢동아리에서 ~하다. ↔가입.
탈투 (脫套) 명하자 옛 관례나 습성에서 벗어남. 탈습(脫習).
탈-품 (頉稟) 명하타 어떤 사정에 의하여 임시로 책임을 면제해 달라고 상사에게 청함.
탈피 (脫皮) 명하자타 1《동》파충류·곤충류 등이 성장함에 따라 낡은 허물을 벗음. 2 낡은 사고방식에서 벗어나 새로워짐의 비유. ▢구습에서 ~하다 / 침체와 부진의 늪을 ~하여 새로운 희망을 찾다.
탈-하다 (頉-) 자여 핑계나 트집 따위를 잡다. ▢몸이 아픈 것을 탈하고 오지 않다.
탈함 (脫艦) 명하자 《군》군함에서 근무하는 병사가 군함을 무단으로 이탈하거나 상륙한 후 도망함.
탈함-병 (脫艦兵)《군》탈함한 병사.
탈항 (脫肛) 명《의》치질의 한 가지《직장(直腸)의 점막(粘膜)이 항문 밖으로 빠져서 처짐》. 장치(腸痔). ▢~ 환자.
탈항-증 (脫肛症)[-쯩]《의》탈항이 되는 병.
탈혈 (脫血) 명하자 실혈(失血).
탈화 (脫化) 명하자 1 곤충 등이 허물을 벗고 모양을 바꿈. ▢~된 나방. 2 낡은 형식에서 벗어나 새로운 형식으로 변함.
탈화 (脫靴) 명하자 신을 벗음.
탈환 (奪還) 명하자 빼앗겼던 것을 도로 빼앗음. 회회(奪回). ▢서울 ~ / 고지(高地)를 ~하다.
탈황 (脫黃) 명하자 《화》석유·천연가스·금속 제련 등의 생산 공정에서, 황 성분을 제거함. ▢~ 장치.
탈회 (脫會) 명하자 어떤 모임에서 관계를 끊고 빠져나옴. ▢조직에서 ~하다/모임을 ~하다. ↔입회(入會).
탈회 (奪回) 명하타 탈환(奪還).
탐 (貪) 명 '탐욕(貪慾)1'의 준말. ▢~이 많다 / ~을 내다.
탐검 (探檢) 명하타 탐색하고 두루 살핌.
탐관 (貪官) 명 백성의 재물을 탐내어 빼앗는 관리. 탐리(貪吏).
탐관-오리 (貪官汚吏) 명 탐욕이 많고 행실이 깨끗하지 못한 관리.
탐광 (探鑛) 명하자 광맥·광상(鑛床)이나 유전 따위를 찾음.
탐구 (探究) 명하타 진리나 법칙 등을 파고들어 깊이 연구함. ▢진리 ~ / 새 이론을 ~하다.
탐구 (探求) 명하타 조사하여 찾아내거나 얻어 냄. 탐색(探索). ▢대안을 ~하다.
탐구 (貪求) 명하타 탐내어 가지려고 함.
탐구-심 (探究心) 명 진리·법칙 따위를 깊이 파고들어 연구하려는 마음. ▢~이 강하다.
탐구-욕 (探究慾) 명 진리·법칙 따위를 깊이 파고들어 연구하려는 의욕.
탐구-자 (探究者) 명 진리·법칙 따위를 깊이 파고들어 연구하는 사람. ▢진리의 ~.

탐권-낙세 (貪權樂勢)[-꿘-쎄] **명**〖하자〗 권세를 탐내고 세도 부리기를 즐김.

탐기 (貪嗜) **명**〖하타〗 탐내어 즐김.

탐-나다 (貪-) **재** 가지거나 차지하고 싶은 욕심이 나다. □탐나는 신붓감.

탐낭-취물 (探囊取物) **명**〖하자〗 낭중(囊中)취물.

탐-내다 (貪-) **타** 가지거나 차지하고 싶은 욕심을 내다. □남의 물건을 ~.

탐닉 (耽溺) **명**〖하자〗 어떤 일을 몹시 즐겨서 거기에 빠짐. □주색에 ~하다.

탐다-무득 (貪多務得) **명**〖하타〗 욕심이 많아 많은 것을 얻으려고 애씀.

탐도 (貪饕) **명**〖하타〗 재물이나 음식을 탐냄. 탐람(貪婪).

탐독 (耽讀) **명**〖하타〗 **1** 다른 일을 잊어버릴 정도로 어떤 글이나 책을 열중하여 읽음. □추리 소설을 ~하다. **2** 어떤 글이나 책을 특별히 즐겨 읽음.

탐라 (耽羅)[-나] **명** '제주도'의 옛 이름.

탐락 (耽樂)[-낙] **명**〖하타〗 정신이 빠질 정도로 즐김.

탐람 (貪婪)[-남] **명**〖하타〗 탐도(貪饕).

탐랑-성 (貪狼星)[-낭-] 〖민〗 북두칠성 또는 구성(九星)의 첫째 별.

탐련 (耽戀)[-년] **명**〖하타〗 **1** 연애에 마음이 쏠려 온 정신이 빠짐. 그런 마음을 생각함.

탐렴 (貪廉)[-념] **명** 탐욕과 청렴(淸廉).

탐리 (貪吏)[-니] **명** 탐관(貪官).

탐리 (貪利)[-니] **명**〖하자〗 지나치게 이익을 탐냄. □장사에는 ~가 금물이다.

탐리 (探吏)[-니] **명** 〖역〗 봉명 사신(奉命使臣)의 앞길을 탐문(探問)하던 아전(衙前).

탐린-하다 (貪吝-·貪悋-)[-닌-] **형어** 욕심이 많고 인색하다.

탐망 (探望) **명**〖하타〗 **1** 살펴서 바라봄. □정세를 ~하다. **2** 넌지시 바람. □기회를 ~하다.

탐매 (探梅) **명**〖하자〗 매화가 핀 경치를 찾아가 구경함.

탐묵 (貪墨) **명**〖하형〗 탐오(貪汚).

탐문 (探問) **명**〖하타〗 알려지지 않은 사실이나 소식을 더듬어 찾아 물음. □~ 수사 / 범인의 행방을 ~하다.

탐문 (探聞) **명**〖하타〗 더듬어 찾아가서 들음.

탐미 (耽味) **명**〖하타〗 깊은 맛을 충분히 즐김.

탐미 (耽美) **명**〖하자〗 아름다움을 추구하여 깊이 빠지거나 즐김.

탐미-적 (耽美的) **관**〖명〗 탐미의 경향이 있는 (것). □~ 표현.

탐미-주의 (耽美主義)[-/-이] **명** 〖문〗 아름다움을 최고의 가치와 목적으로 여겨 이를 추구하는 문예 사조. 유미(唯美)주의.

탐미-파 (耽美派) **명** 탐미주의를 신봉하는 예술상의 한 파. 유미파(唯美派).

탐방 (探訪) **명**〖하타〗 **1** 어떤 사실이나 소식 따위를 알아내기 위하여 사람이나 장소를 찾아감. □~ 기사 / 사건 현장을 ~하다. **2** 명승고적 따위를 구경하기 위하여 찾아감. □~객 / 경주를 ~하다.

탐방 **뭐**〖하자타〗 작고 가벼운 물건이 깊은 물에 떨어지는 소리. **큰**텀벙.

탐방-거리다 **재타** 잇따라 탐방 소리가 나다. 또는 그런 소리를 내다. **큰**텀벙거리다. **여**담방거리다. **탐방-탐방** 〖뭐재타〗

탐방-기 (探訪記) **명** 찾아간 사람이나 장소에 대해 쓴 글. □금강산 ~.

탐방-대다 **재타** 탐방거리다.

탐보 (探報) **명**〖하타〗 알려지지 않은 사실 따위를 찾아내어 알림.

탐부 (貪夫) **명** 욕심이 많은 사나이.

탐비 (貪鄙) **명**〖하형〗 욕심이 많고 야비함.

탐사 (探査) **명**〖하타〗 샅샅이 더듬어서 조사함. □지질 ~ / 아직 ~되지 않은 밀림 / 바닷속을 ~하다.

탐상 (探賞) **명**〖하타〗 경치 좋은 곳을 찾아다니며 구경하고 즐김.

탐색 (貪色·耽色) **명**〖하자〗 호색(好色).

탐색 (探索) **명**〖하타〗 **1** 감추어진 사실을 알아내기 위해 살펴 찾음. □상대의 의중을 ~하다. **2** 죄인의 행방이나 죄상을 샅샅이 찾음. □범인을 ~하다.

탐색-전 (探索戰)[-쩐] **명** 상대에 대해 알기 위해 여러모로 시험하고 살피는 일. □치열한 ~을 벌이다.

탐석 (探石) **명**〖하자〗 수석(壽石)을 찾는 일.

탐-스럽다 (貪-)[-따]〖탐스러워, 탐스러우니〗 **형** 보기에 마음이 끌리도록 소담스러운 데가 있다. □함박눈이 탐스럽게 내리다 / 가지에 달린 감이 ~. **탐-스레** 〖뭐〗

탐승 (探勝) **명**〖하타〗 경치 좋은 곳을 찾아다님. □~에 나서다.

탐승-객 (探勝客) **명** 경치 좋은 곳을 찾아다니는 사람.

탐식 (貪食) **명**〖하타〗 음식을 탐냄. 또는 탐내어 먹음. □~가(家).

탐심 (貪心) **명** **1** 탐내는 마음. □~이 많다. **2** 탐욕스러운 마음.

탐악 (貪惡) **명**〖하형〗 욕심이 많고 마음이 악함.

탐애 (貪愛) **명**〖하자타〗 **1** 남의 것은 탐내고 제 것은 퍽 아낌. **2**〖불〗 사랑에 집착함.

탐오 (貪汚) **명** 욕심이 많고 하는 짓이 더러움. 탐묵(貪墨).

탐욕 (貪慾) **명** **1** 지나치게 탐하는 욕심. □~이 생기다 / ~을 부리다 / ~에 눈이 어두워지다. **준**탐(貪). **2**〖불〗 삼독(三毒)의 하나. 자기 뜻에 맞는 사물에 애착하여 만족할 줄 모르는 일.

탐욕-가 (貪慾家)[타뭑까] **명** 욕심이 남달리 많은 사람.

탐욕-스럽다 (貪慾-)[타뭑쓰-따]〖-스러워, -스러우니〗 **형타** 탐욕이 있어 보이다. □탐욕스러운 생각. **탐욕-스레** [타뭑쓰-] 〖뭐〗

탐욕-적 (貪慾的)[타뭑쩍] **관**〖명〗 지나치게 탐하는 눈길이 있는 (것). □~인 눈길을 보내다.

탐음 (貪淫) **명**〖하자〗 지나치게 여색을 탐함.

탐장 (貪贓) **명**〖하타〗 관리(官吏)가 나쁜 짓을 하여 재물을 탐함. 또는 그렇게 하여 얻은 재물. 범장.

탐장-질 (貪贓-) **명**〖하자〗 관리(官吏)가 탐장하는 짓을 이르는 말.

탐재 (貪財) **명**〖하자〗 재물을 탐함.

탐재-호색 (貪財好色) **명**〖하자〗 재물을 탐하고 여색을 즐김.

탐정 (貪政) **명**〖하자〗 탐욕을 부려 포악한 정치를 함. 또는 그런 정치.

탐정 (探情) **명**〖하타〗 남의 뜻을 넌지시 살핌.

탐정 (探偵) **명**〖하타〗 몰래 남의 깊은 사정을 살펴 알아냄. 또는 그런 일을 하는 사람. 정탐(偵探). □~에게 사건을 의뢰하다.

탐정-가 (探偵家) **명** 탐정하는 사람.

탐정-꾼 (探偵-) **명** 탐정하는 사람을 낮잡아 이르는 말.

탐정 소:설 (探偵小說) 〖문〗 주로 범죄 사건을 제재(題材)로 하여 흥미 있게 추리하여 풀어 나가는 데 중점을 둔 소설. 추리 소설. □밤

을 새워 ~을 읽다.
탐조(探鳥)圓 조류(鳥類)의 생태·서식지 따위를 관찰하고 조명함.
탐조(探照)圓㉠㉡ 더듬어 찾으려고 빛을 멀리 비춤.
탐조-등(探照燈)圓 밤에 어떤 것을 밝히려거나 찾아내기 위해 빛을 멀리 비추는 조명 장치《반사경으로 평행 광선을 한 방향으로 멀리 비춤》. 서치라이트.
탐지(探知)圓㉠㉡ 더듬어 찾아 알아냄. ▯지뢰 ~ / 비밀을 ~하다 / 정체가 ~되다.
탐지-기(探知機)圓 어떤 사물의 소재나 진부(眞否)를 알아내는 기계의 총칭《지뢰 탐지기·전파 탐지기·거짓말 탐지기 따위》.
탐지-꾼(探知-)圓 탐지하는 사람.
탐착(貪着)圓㉠㉣《불》만족할 줄 모르고 더욱 사물에 집착함.
탐찰(探察)圓㉠㉡ 샅샅이 찾아 살핌.
탐춘(探春)圓㉠㉣ 봄의 경치를 찾아다니며 구경함.
탐춘-객(探春客)圓 탐춘하는 사람.
탐측(探測)圓 적의 정세나 기상 등을 탐색하여 헤아림. ▯ ~ 기구.
탐탁-스럽다[-스-따][-스러워, -스러우니]圓㉫ 탐탁하게 보이다. ▯그의 행동이 탐탁스럽지 않다. **탐탁-스레**[-스-]㉤
탐탁-하다[-타카-]㉢㉠ (주로 부정의 말과 함께 쓰여) 모양이나 태도 따위가 마음에 들어 흡족하다. ▯녀석이 별로 탐탁하지 않다. **탐탁-히**[-타키-]㉤
탐탐(tam-tam)圓《악》징과 비슷한 타악기의 하나《청동(靑銅)으로 만들었는데, 채로 쳐 소리를 내며 관현악에도 씀》.
탐탐(眈眈)㉤㉠㉣ 야심을 품고 잔뜩 노리는 모양.
탐탐-하다(眈眈-)圓㉠ 마음에 들어 즐겁다. **탐탐-히**[㉤]
탐폰(독 Tampon)圓《의》소독한 솜·탈지면에 약을 적신 것《국부(局部)에 넣어서 피를 멈추게 하거나 분비액을 흡수하는 데 씀》.
탐-하다(貪-)㉢㉠ 지나치게 욕심을 부리다. ▯폭리를 ~.
탐학(貪虐)圓㉠㉣ 탐욕이 많고 포학함. ▯~한 관리.
탐해-등(探海燈)圓《군》적을 경계하기 위하여 바다를 비추는 등.
탐험(探險)圓㉠㉣ 위험을 무릅쓰고 어떤 곳을 찾아가서 살펴보고 조사함. ▯북극 ~ / 미지의 세계를 ~하다.
탐험-가(探險家)圓 전문적으로 탐험에 종사하는 사람.
탐험-대(探險隊)圓 탐험을 목적으로 조직된 무리. ▯북극 ~ / ~가 눈사태를 만나다.
탐험 소:설(探險小說)《문》탐험을 내용으로 하는 소설.
탐호(貪好)圓㉠㉣ 매우 즐기며 좋아함.
탐혹(耽惑)圓㉠㉣ 어떤 사물에 마음이 빠져 정신이 흐려짐. ▯부귀영화에 ~되다.
탐화-랑(探花郞)圓《역》조선 때, 갑과(甲科)에서 셋째로 급제한 사람을 이르던 말.
탐화-봉접(探花蜂蝶)圓 꽃을 찾아다니는 벌과 나비라는 뜻으로, 사랑하는 여자를 그리워하여 찾아가는 남자의 비유.
탐횡(貪橫)圓㉠㉣ 탐욕이 많고 행동이 횡포함. ▯아전들의 ~이 날로 더해 가다.
탐후(探候)圓㉠㉣ 남의 안부를 물음.
탑(塔)圓 **1**《불》사리(舍利)를 모시거나 공양·보은을 하거나, 또는 영지(靈地)임을 나타내

기 위하여 세운 건축물. 탑파(塔婆). **2** 여러 층으로 높고 뾰족하게 세운 건축물의 총칭.
탑(榻)圓 좁고 기다란 평상(平床).
탑객(搭客)圓㉠객] 탑승객(搭乘客).
탑골-치(塔-)[-꼴-]圓 잘 삼은, 썩 튼튼한 미투리《예전에, 동대문 밖 탑골에서 삼은 데서 유래함》.
탑교(榻敎)[-꾜]圓《역》임금이 의정(議政)을 불러 친히 내리던 명령.
탑-기단(塔基壇)[-끼-]圓《건》탑신(塔身) 맨 아래의 기단.
탑-돌이(塔-)[-또리]圓《민》초파일에 절에서 밤새도록 탑을 돌며 부처의 공덕을 기리고 저마다의 소원을 비는 행사.
탑 망원경(塔望遠鏡)[탑-]《천》태양을 관측하는 데에 쓰는 탑 모양의 망원경.
탑문(搨文)[탑-]圓 탑본한 글이나 글자.
탑본(搨本)[-뽄]圓㉠㉡ 탁본(拓本). ▯비문을 ~을 뜨다.
탑비(塔碑)[-삐]圓 탑과 비석.
탑삭[-싹]㉤ 갑자기 덮쳐 물거나 움켜잡는 모양. ㉫텁석. ㉩답삭.
탑삭-거리다[-싹-]㉡ 잇따라 덮쳐 물거나 움켜잡다. ㉫텁석거리다. ㉩답삭거리다. **탑삭-탑삭**[-싹-싹]㉤㉢㉡
탑삭-나룻[-싹-룯]圓 짧고 다보록하게 많이 난 수염. ㉫텁석나룻.
탑삭-대다[-싹때-]㉡ 탑삭거리다.
탑삭-부리[-싹뿌-]圓 탑삭나룻이 난 사람을 놀리는 말. ㉫텁석부리.
탑삭-이다[-싸기-]㉡ 왈칵 달려들어 덥석 물거나 움켜잡다. ㉫텁석이다.
탑상(榻牀)[-쌍]圓 걸상과 평상(平床)의 총칭.
탑상-운(塔狀雲)[-쌍-]圓《지》탑 모양으로 머리 부분이 썩 높이 올라간 구름《뇌우(雷雨)가 일어나기 쉬움》.
탑새기-주다[-쌔-]㉣㉢ 남의 일을 방해하여 망치다.
탑선(搭船)[-썬]圓㉠㉣ 승선(乘船).
탑소록-이[-쏘로기]㉤ 탑소록하게.
탑소록-하다[-쏘로카-]圓㉠ 배게 난 머리털이나 수염이 어수선하거나 다보록하다. ▯수염이 ~. ㉫텁수룩하다.
탑-손[-쏜]圓 보습을 쥐는 손잡이.
탑승(搭乘)[-씅]圓㉠㉣ 배나 비행기, 열차 등에 올라탐. ▯~ 안내 / ~ 절차를 밟다.
탑승-객(搭乘客)[-씅-]圓 배·비행기 따위에 탄 손님. 탑객(搭客). ▯조난한 ~들의 구조에 나서다.
탑승-구(搭乘口)[-씅-]圓 탑승을 할 수 있도록 만들어 놓은 출입문.
탑승-원(搭乘員)[-씅-]圓 배·비행기 따위에 탑승하여 일정한 일을 맡아보는 사람.
탑-시계(塔時計)[-씨- / -씨게]圓 시계탑에 장치하여 놓은 시계.
탑신(塔身)[-씬]圓 탑기단(塔基壇)과 상륜(相輪) 사이의 탑의 몸.
탑신-석(塔身石)[-씬-]圓《건》석탑의 탑신을 이루는 돌.
탑연(嗒然)㉤㉢㉠㉤㉫ 아무 생각 없이 멍하니 있는 모양.
탑영(塔影)圓 탑의 그림자.
탑영(搨影)圓㉠㉡ 본디의 형상을 본떠서 그림. 또는 그 그림.
탑인(搨印)圓㉠㉡ 본떠서 박음.
탑재(搭載)[-째]圓㉠㉣ 배·비행기·차 등에 물

건을 실음. ▯ ~ 화물 / 인공위성에 적외선 망원경을 ~하다.

탑재량(搭載量)[─째─]囤 탑재할 수 있는 짐의 분량.

탑전(榻前)[─쩐]囤 임금의 자리 앞. ▯ ~에 부복(俯伏)하다.

탑전-정탈(榻前定奪)[─쩐─]囤하타 신하가 아뢴 의견에 대해 임금이 즉석에서 결정함.

탑전-하교(榻前下敎)[─쩐─]囤하자 임금이 즉석에서 명령을 내림.

탑첨(塔尖)囤 탑 꼭대기의 뾰족한 부분.

탑파(塔婆)囤 1〔불〕탑(塔)1. 2 묘4.

탓[탇]囤하타 1 일이 잘못된 까닭이나 이유. ▯자신의 잘못을 남의 ~으로 돌리다. 2 일이 잘못된 것을 원망하거나 핑계나 구실로 삼는 일. ▯운명을 ~하다 / 안되면 조상 ~만 한다 / 이제 와서 누굴 ~하랴.

탕:¹囤 1 '국'의 높임말. 2 제사에 쓰는, 건더기가 많고 국물이 적은 국. 탕국.

탕:²(湯)囤 1 목욕탕이나 온천 등의 목욕하는 곳. ▯ ~에 들어가다. 2 목욕탕 안에 물을 채워 놓은 곳. ▯에 몸을 담그다. 3 목욕.

탕¹의명 1 무엇을 실어 나르거나 일정한 곳을 다녀오는 횟수를 세는 단위. ▯하루 세 ~ 뛰다. 2 일을 하는 횟수를 나타내는 단위. ▯아르바이트를 두 ~ 뛰다.

탕²튀 속이 비어서 아무것도 없는 모양. ⓒ텅¹.

탕³튀하자 총을 쏘는 소리. ▯총을 ~ 쏘다. ⓒ텅².

탕⁴튀 쇠붙이로 된, 속이 빈 통을 두드리는 소리. ⓒ텅³. *땅.

─탕(湯)囝 1 달여 먹는 약의 뜻. ▯쌍화~. 2 '국'의 뜻. ▯대구~ / 설렁~.

탕:갈(蕩竭)囤하자타 재물이 다 없어짐. 또는 재물을 다 없앰.

탕:감(蕩減)囤하타 빚이나 세금, 요금 따위를 온통 삭쳐 줌. ▯조세 ~ / 농가 부채 ~ / 소작료가 ~되다.

탕개囤 물건의 동인 줄을 죄는 물건《동인 줄의 중간에 비녀장을 질러 틀어 넘기면 줄이 죄어짐》.

　　탕개(를) 치다 쿠 동인 것을 탕개로 팽팽하게 하다.

　　탕개(를) 틀다 쿠 탕갯줄을 틀어 동인 것을 죄다.

탕개-목(─木)囤 탕갯줄을 비비 틀어서 풀리지 않도록 질러 놓는 나무.

탕개-붙임[─부침]囤 탕갯줄을 틀어서 나무쪽을 붙임.

탕:객(蕩客)囤 방탕한 사람.

탕개-줄[─개줄 / ─갣쭐]囤 탕개를 친 줄.

탕:-거리(湯─)[─꺼─]囤 탕을 끓일 재료.

탕:건(宕巾)囤 예전에, 벼슬아치가 갓 아래에 받쳐 쓰던 관(冠)《말총으로 뜨는데, 앞은 낮고 뒤는 높아 턱이 졌음》.

탕:건-집(宕巾─)[─찝]囤 탕건을 넣어 두는 상자.

탕:관(湯灌)囤하타〔불〕장례(葬禮)에서, 납관(納棺)하기 전에 시체를 목욕시키는 일.

탕:관(湯罐)囤 약을 끓이거나 약을 달이는 작은 그릇《쇠붙이·오지 따위로 만들며 손잡이가 달려 있음》.

탕:-국(湯─)[─꾹]囤 탕(湯)¹2.

탕:-국물(湯─)[─꿍─]囤 탕의 국물.

탕:기(湯器)[─끼]囤 국이나 찌개 등을 담는 자그마한 그릇《주발 비슷함》.

탕:론(蕩論)[─논]囤 '탕평론'의 준말.

탕:-메(湯─)囤 제사에 쓰는 국과 밥.

탕:면(湯麵)囤 국에 만 국수.

탕:반(湯飯)囤 장국밥.

탕:방(─房)囤 장대석으로 방고래를 이루고, 넓고 큰 구들장을 놓아 만든 방.

탕:부(蕩婦)囤 방탕한 계집.

탕:산(蕩產)囤하자 '탕진가산(蕩盡家產)'의 준말.

탕:산(蕩散)囤하자 망하여 뿔뿔이 흩어짐.

탕:상(湯傷)囤 끓는 물에 덴 상처.

탕:-솥(湯─)[─솓]囤 탕을 끓이는 솥.

탕:수(湯水)囤 끓는 물.

탕:수-색(湯水色)囤〔역〕조선 때, 대궐 안의 각 전(殿)에 있던 액정서(掖庭署)의 사역(使役). 탕수빗.

탕수-육(─糖水肉)囤 쇠고기나 돼지고기에 녹말가루를 묻혀 튀긴 것에 초·간장·설탕·야채 따위를 넣고 끓인 녹말 국물을 끼얹은 중화요리.

탕:심(蕩心)囤 방탕한 마음. 탕정(蕩情). 탕지. ▯ ~이 나다.

탕:아(蕩兒)囤 방탕한 사내. 탕자(蕩子). 방탕아. 유탕아.

탕:액(湯液)囤〔한의〕한약을 달여 짠 물.

탕:약(湯藥)囤하타 달여서 마시는 한약. 탕제(湯劑). ▯ ~을 짓다. *산약(散藥)·환약(丸藥).

탕:양-하다(蕩漾─)혱 물결이 출렁거리며 움직이다. 탕:양-히튀

탕:요(湯搖)囤하자타 흔들리거나 흔듦.

탕:-원미(湯元味)囤 예전에, 초상집에 쑤어 보내던 죽.

탕:일-하다(蕩逸─)혱 방탕하여 절제(節制)가 없다.

탕:자(蕩子)囤 탕아(蕩兒).

탕:장(帑藏)囤 예전에, 내탕고(內帑庫)에 보관되어 있던 재물.

탕:전(帑錢)囤〔역〕내탕금(內帑金).

탕:정(湯井)囤 더운물이 솟는 우물.

탕:정(湯定)囤하타 난을 평정함. 탕평(蕩平).

탕:정(蕩情)囤 탕심(蕩心).

탕:제(湯劑)囤〔한의〕탕약(湯藥).

탕:지(蕩志)囤 1 크고 넓은 뜻. 2 탕심(蕩心).

탕:-지기(湯─)囤〔역〕대궐 안에서 국을 맡아 끓이던 사람.

탕:진(蕩盡)囤하타 1 재물 따위를 다 써서 없앰. 탕패. ▯가산을 ~해 가세가 기울다. 2 시간·힘·정열 등을 헛되이 다 써 버림. ▯기력이 ~되다.

탕:진-가산(蕩盡家產)囤하자 집안의 재산을 다 써서 없앰. 탕패가산. ⓒ탕산(蕩產).

탕:창(宕氅)囤〔역〕탕건(宕巾)과 창의(氅衣).

탕:창-짜리(宕氅─)囤 탕건을 쓰고 창의를 입은 사람을 낮잡아 이르는 말.

탕:창-하다(宕氅─)자여〔역〕당하(堂下)의 벼슬을 하다.

탕:척(蕩滌)囤하타 죄명이나 전과(前科) 등을 깨끗이 씻어 줌.

탕:척-서용(蕩滌敍用)[─써─]囤〔역〕죄명을 씻어 주고 다시 벼슬에 올려 쓰던 일.

탕:천(湯泉)囤〔지〕온천(溫泉)1.

탕:치(湯治)囤하타 온천에서 목욕하여 병을 고침. 1 요법.

탕:-치다(蕩─)타 1 재산을 모두 없애다. ▯가산을 ~. 2 빚을 면제해 주다. ▯빚을 탕쳐 주다.

탕-탕¹튀 작은 것 여럿이 다 속이 비어 있는

모양. ㈜텅텅¹.

탕-탕²[위]⟨자타⟩ 총을 잇따라 쏘거나 마룻바닥 따위를 자꾸 치는 것과 같은 소리. ❏대문을 ~ 두드리다⟨자⟩ / 총소리가 ~ 나다⟨자⟩ / 총소리가 요란하게 나 다다. ㈜텅텅². ⟨센⟩땅땅¹.

탕탕³[위] 실속 없는 장담을 함부로 하는 모양. ❏큰소리만 ~ 치다. ㈜텅텅³. ⟨센⟩땅땅².

탕탕-거리다⟨자타⟩ 잇따라 탕탕 소리가 나다. 또는 잇따라 그런 소리를 내다. ❏총을 탕탕 거리며 적진으로 뛰어들다. ㈜텅텅거리다.

탕탕-대다⟨자타⟩ 탕탕거리다.

탕:탕-평평(蕩蕩平平)[명][하다] 싸움·시비·논쟁 따위에서 어느 쪽에도 치우치지 않고 공평 함. ㈜탕평(蕩平).

탕:탕-하다(蕩蕩-)[형]① 썩 넓고 크다. ❏탕 탕한 바다. 2 다가올 일 등이 순조롭다. 3 물 의 흐름 따위가 거세다. ❏탕탕한 물결. **탕: 탕-히**[위]

탕:파(湯婆)[명] 뜨거운 물을 넣어 몸을 덥게 하는, 쇠나 자기로 만든 그릇. 각파(脚婆).

탕:패(蕩敗)[명][하다] 탕진(蕩盡)1.

탕:패-가산(蕩敗家産)[명][하다] 탕진(蕩盡)가산.

탕:평¹(蕩平)[명] 탕정(蕩定).

탕:평²(蕩平)[명][하다][히위] 1 '탕탕평평'의 준 말. 2⟨역⟩ '탕평책'의 준말.

탕:평-론(蕩平論)[-논][명]⟨역⟩ 조선 영조 때, 노론과 소론의 인재를 고루 등용하여 당파 경쟁을 없애자고 한 논의. ㈜탕평론(蕩論).

탕:평-채(蕩平菜)[명] 묵청포(조선 영조 때, 탕 평책을 논하는 자리의 음식상에 처음 올려졌 다함).

탕:평-책(蕩平策)[명]⟨역⟩ 조선 영조 때, 인재 를 고르게 등용시킴으로써 당쟁의 폐단을 없 애려던 정책. ㈜탕평(蕩平).

탕:포(蕩逋)[명][하다] 예전에, 국고에 바칠 돈이 나 곡식을 써 버린 사람에 대하여 그 변상을 탕감하던 일.

탕:-하다(湯-)[자타] 목욕을 하다.

탕:화(湯火)[명] 끓는 물과 뜨거운 불.

탕:화(湯花)[명] 온천 밑바닥에 침전하여 생긴 황의 김이 식어서 엉긴 가루.

탕:화-창(湯火瘡)[명]⟨한의⟩ 끓는 물이나 뜨 거운 불에 데어서 생긴 상처. 화화상(傷).

태¹[명]⟨농⟩ 농작물에 해를 끼치는 새를 쫓는 기구(짚이나 삼, 실 따위로 머리는 굵고 꼬리 는 가늘고 부드럽게 꼬아, 머리를 잡고 꼬리 를 휘휘 두르다가 거꾸로 잡아채면 '딱' 소 리가 나서 새를 쫓음).

태²[명] 질그릇이나 놋그릇의 깨진 금.
태(를) 먹다[귀] 물건이 깨져서 금이 가다.

태(兌)[명]⟨민⟩ 1 '태괘(兌卦)'의 준말. 2 '태 방(兌方)'의 준말.

태(胎)[명] 1⟨생⟩ 태아를 둘러싸고 있는 난막 (卵膜)·태반(胎盤) 및 탯줄의 총칭. 삼. 2 '태 지(胎紙)1'의 준말.
태를 길렀다[어리석고 못난 사람의 비유.

태(泰)[명] 1 '태괘(泰卦)'의 준말. 2⟨지⟩ '태 국(泰國)'의 준말.

태(態)[명] 1 맵시. ❏~가 잘 나지 않는다. 2 겉 에 나타난 모양새. ❏고상한 ~가 나는 노신 사. 3 일부러 꾸미는 태도. ❏멋 부린 ~가 없다 / 늙은 ~를 내다.

태-가(駄價)[-까][명] 짐을 실어다 준 삯. ❏~ 가 비싸게 치이다.

태-가다[자] 질그릇이나 놋그릇에 깨진 금이 생 기다.

태가-하다(太佳-)[형여] 매우 아름답다.

태갈(苔碣)[명] 이끼가 낀 빗돌.

태감(台監)[명] 편지 따위에서 대감(大監)을 이 르는 말.

태감(台鑑)[명][하타]⟨역⟩ 종이품 이상의 벼슬 아치에게 내는 편지나 보고서 따위의 겉봉에 '살펴보소서'라는 뜻으로 높여 쓰던 말.

태강즉절(太剛則折)[-절][명][하다] 너무 굳거나 빳빳하면 꺾어지기가 쉬움.

태거(汰去)[명][하타] 지난날, 죄과가 있거나 필 요하지 않은 벼슬아치를 내쫓던 일.

태경(苔徑)[명] 이끼가 낀 좁은 길.

태경-간풍(胎驚癎風)[명]⟨한의⟩ 아이 밴 여자 가 극히 심한 충격을 받은 까닭으로, 낳은 아 이에게 일어나는 경간(驚癎).

태계(苔階)[-/-게][명] 이끼가 낀 섬돌.

태고(太古)[명] 아주 오랜 옛날. 반고(盤古). 숭 석(崇昔). ❏~의 신비를 간직하다.

태-고(太高)[명][하다] 매우 높음.

태고-사(太古史)[명] 아득한 옛날의 역사.

태고-순민(太古順民)[명] 아득한 옛날의 순하 고 선량한 백성.

태고연-하다(太古然-)[형여] 아득한 옛 모습 그대로인 듯하다. **태고연-히**[위]

태고지민(太古之民)[명] 오랜 옛적의 순박한 백성.

태곳-적(太古-)[-고쩍 / -곧쩍][명] 아득한 옛 적. ❏~ 신화 / ~ 전설.

태공(太公)[명] '국태공(國太公)'의 준말.

태공(太空)[명] 아득히 높고 먼 하늘.

태공-망(太公望)[명] 〈속〉 강태공(姜太公)《낚 시꾼의 딴 이름》.

태과(太過)[명][하다][히위] 아주 심함. 너무 지나 침. ❏수세(水稅)가 ~하다.

태관(兌管)[명] 색대.

태괘(兌卦)[명]⟨민⟩ 1 팔괘의 하나(상형(象形)은 '☱'로, 못을 상징함). 2 육십사괘의 하나 ('☱' 둘이 겹친 것). ㈜태(兌).

태괘(泰卦)[명]⟨민⟩ 육십사괘의 하나(곤괘(坤 卦)와 건괘(乾卦)가 거듭된 것인데, 하늘과 땅이 사귐을 상징함). ㈜태(泰).

태교(胎敎)[명][하타] 아이를 밴 여자가 태아에게 좋은 영향을 주기 위해 마음과 행동을 삼가 는 일. 태화(胎化).

태국(泰國)[명]⟨지⟩ '타이'의 한자(漢字) 이름. ㈜태(泰).

태권(跆拳)[-꿘][명] 태권도.

태권-도(跆拳道)[-꿘-][명] 우리나라 고유의 전 통 무예를 바탕으로 한 운동. 또는 그 경기. 손과 발, 또는 몸의 각 부분을 사용하여 차기· 지르기·막기 따위로 공격과 방어를 함. 태권. ㈜권.

태그(tag)[명] 1 가격 따위를 표시한 꼬리표. 2 야수에게, 야수가 러너를 터치아웃하는 일. 3 프로 레슬링 등에서, 두 선수가 번갈아 상 대와 겨루는 일. ❏~ 팀.

태그 매치(tag match)[명] 프로 레슬링에서, 두 사람씩 편을 짜서 하는 시합 형식의 하나.

태극(太極)[명]⟨철⟩ 역학(易學)에서 말하는 우 주 만물의 근원이 되는 본체(하늘과 땅이 아 직 나뉘기 전의 세상 만물의 원시 상태).

태극-기(太極旗)[-끼][명] 우리나라의 국기(흰 바탕의 한가운데 진홍빛 양(陽)과 푸른빛 음 (陰)의 태극을 두고, 건(乾)·곤(坤)·감(坎)·이 (離) 네 괘를 네 귀에 검은빛으로 벌임).

태극-나방(太極-)[-궁-][명]⟨충⟩ 밤나방과의 곤충. 편 날개의 길이는 약 5cm, 몸과 날개 는 잿빛을 띤 암갈색, 앞날개에 태극 무늬가 있음. 애벌레는 자귀나무의 잎을 먹음.

태극-선 (太極扇)[-썬] 명 태극 모양을 그린 둥근 부채.

태금 (汰金) 명 하자 〖광〗 감흙에 섞여 있는 금을 물에 읾.

태급 (太急) 명 하형 히부 아주 급함.

태기 (胎氣) 명 아이를 밴 낌새. □~가 있다 / ~를 느끼다.

태 (態-)[-] 명 **1** 모양과 빛깔. □~이 곱다. **2** 교만한 태도. □~을 부리다.
　태깔(이) **나다** 굉 맵시 있는 태도가 보이다.

태-깔스럽다 (態-)[-따][-스러워, -스러우니] 형 교만한 데가 있다. **태:깔-스레** 부

태견 명 우리나라 고유의 전통 무예의 하나. 유연한 동작으로 움직이다가 순간적으로 손질과 발질로 상대방을 제압하는 호신술. 중요 무형 문화재 제76호임.

태:-나다 자 '태어나다'의 준말.

태납 (忿納) 명 하타 조세(租稅) 바치는 일을 게을리 함.

태낭 (胎囊) 명 〖동〗 포유류의 태아가 쓰고 있는 주머니 모양의 것. 또는 조류·파충류의 알 껍데기 안에 있는 배(胚)의 거죽.

태내 (胎內) 명 어머니의 배 속.

태-다 타 ☞ 태우다[1-3]

태다 (太多) 명 하형 썩 많음.

태다-수 (太多數) 명 썩 많은 수효.

태-대각간 (太大角干)[-깐] 명 〖역〗 신라 때, 대각간의 최고의 위계(나라에 공로가 큰 사람을 예우하기 위한 것).

태-대사자 (太大使者) 명 〖역〗 고구려 후기 직제의 삼품쯤 되는 벼슬. 직책은 태대형(太大兄)과 같음. 알사(謁奢), 우태수사자(優台水使者). 대부사자(大夫使者).

태-대형 (太大兄) 명 〖역〗 고구려 후기 직제의 이품쯤 되는 벼슬. 대대로(大對盧)의 다음. 국가의 기밀과 개법(改法)·징발·관작(官爵) 수여 등을 맡아봄. 막하라라지(莫何何羅支).

태:도 (態度) 명 **1** 몸의 동작이나 몸을 거두는 모양새. □절도 있는 ~ / ~가 의젓하다. **2** 사물이나 사태에 대처하는 자세. □진지한 ~ / 모호한 ~를 취하다 / ~를 분명히 하다 / 일하는 ~가 성실하다.

태독 (胎毒) 명 〖한의〗 젖먹이의 몸이나 얼굴에 진물이 흐르며 허는 증상.

태동 (胎動) 명 하자 **1** 〖생〗 모태 안에서 태아가 움직임(주로 손발을 움직임. 임신 5개월경부터 느끼게 됨). □배 속에서 아기의 ~을 느끼다. **2** 〖한의〗 동태(動胎). **3** 어떤 일이 생기려는 기운이 싹틈. □~ 단계 / 근대 소설의 ~.

태두 (太豆) 명 식용으로 하는 소의 콩팥을 달리 일컫는 말.

태두 (泰斗) 명 **1** '태산북두'의 준말. **2** 어떤 분야에서 가장 권위 있는 사람의 비유. □물리학의 ~.

태란 (胎卵) 명 〖생〗 태생(胎生)과 난생(卵生).

태람 (太濫) 명 하타 한도에 너무 지나침.

태람 (台覽) 명 하타 지난날, 종이품 이상의 벼슬아치나 높은 사람에게 글이나 그림 등을 보낼 때 '살펴보소서'라는 뜻으로 겉봉에 높여 쓰던 말.

태령 (太嶺·泰嶺) 명 험하고 높은 고개.

태루 (胎漏) 명 〖한의〗 임신 중에 자궁에서 피가 나는 병.

태류 (苔類) 명 〖식〗 선태식물의 한 강(綱). 몸은 편평하며, 잎과 줄기의 구별이 없고, 아래쪽에 가는 털 같은 헛뿌리가 있음(뜰·우물 근

처 등 축축한 곳에 남). ↔선류(蘚類).

태림 (台臨) 명 하자 지체가 높은 어른의 출타(出他)를 높이어 이르는 말.

태-마노 (苔瑪瑙) 명 〖광〗 이끼와 같은 무늬가 있는 마노.

태막 (胎膜) 명 〖생〗 태아를 보호하며 호흡과 영양 작용을 맡은 막(膜).

태만 (怠慢) 명 하형 게으르고 느림. 과태(過怠). □직무 ~ / 학업에 ~하다.

태맥 (胎脈) 명 아이를 밴 여자의 맥.

태명 (台命) 명 지난날, 삼정승의 명령이나 지체 높은 사람의 명령을 이르던 말.

태모 (胎母) 명 태아를 가진 어머니라는 뜻으로, 임부를 이르는 말.

태몽 (胎夢) 명 아이를 밴 징조의 꿈. □~을 꾸다 / ~을 얻다.

태묘 (太廟) 명 〖역〗 종묘(宗廟).

태무 (殆無) 명 하형 거의 없음.

태-무심 (殆無心) 명 하형 마음을 거의 쓰지 아니함.

태묵 (台墨) 명 남의 편지를 높여 이르는 말.

태문 (苔紋) 명 이끼 모양으로 된 무늬.

태반 (太半) 명 절반이 지남. 반수 이상. 대반(大半). □일의 ~이 끝나다 / 한 달 중 ~은 쉰다 / 주민의 ~은 노인이다.

태반 (殆半) 명 거의 절반.

태반 (胎盤) 명 〖생〗 임신 중에 모체의 자궁 내벽(內壁)과 태아 사이에서, 영양 공급·호흡·배설 등의 작용을 하는 원반 모양의 기관.

태발 (胎髮) 명 배냇머리.

태방 (兌方) 명 〖민〗 팔방(八方)의 하나. 정서(正西)를 중심으로 한 45° 각도 안의 방향. 준태(兌).

태배 (胎背) 명 늙은이를 가리키는 말(노인은 등의 살가죽이 여위고 거칠어서 복어의 껍질과 같다는 뜻으로 이르는 말).

태백 (太白) 명 〖천〗 '태백성'의 준말.

태백-성 (太白星)[-쎵] 명 〖천〗 저녁때 서쪽 하늘에 보이는 금성(金星). 개밥바라기. 장경성. 준태백(太白).

태벌 (笞罰) 명 하타 〖역〗 태형(笞刑).

태변 (胎便) 명 〖생〗 배내똥1.

태병 (苔餠) 명 떠서 말린 파래.

태보 (太保·大保) 명 〖역〗 **1** 고려 삼사(三師)의 하나. 정일품. **2** 고려 때, 동궁에 속하여 왕의 교육을 맡은 종일품 벼슬.

태복-감 (太卜監·大卜監)[-깜] 명 〖역〗 고려 초기에, 천문을 맡아보던 관아.

태복-사 (太僕司)[-싸] 명 〖역〗 대한 제국 때, 임금이 타는 말과 수레를 관리하는 일을 맡아보던 관아.

태복-시 (太僕寺·大僕寺)[-씨] 명 〖역〗 고려·조선 때, 궁중의 수레와 말을 관리하는 일을 맡아보던 관아.

태봉 (胎封) 명 하자 〖역〗 왕실의 태(胎)를 묻음. 또는 그곳.

태부 (太傅·大傅) 명 〖역〗 **1** 고려 때 삼사(三師)의 하나. 정일품. **2** 고려 때, 동궁에 속하여 왕세자의 교육을 맡아보던 종일품 벼슬.

태-부족 (太不足) 명 하형 많이 모자람. □일자리가 ~인 상태이다.

태비 (苔碑) 명 이끼가 낀 비석.

태사 (太師·大師) 명 〖역〗 **1** 고려 때, 삼사(三師)의 하나. 정일품. **2** 고려 때, 동궁에 속해서 왕세자의 교육을 맡던 종일품 벼슬.

태사 (太社·大社) 명 〖역〗 조선 때, 임금이 백성을 위하여 토지신에게 제사 지내던 곳.

태사 (汰沙) 명 하타 물에 일어서 좋고 나쁜 것을

갈라 놓음.

태사-국 (太史局)〔명〕〔역〕 고려 때, 천문·역수 (曆數)·측후·각루(刻漏) 등의 일을 맡아보던 관아.

태사-신 (太史~)〔명〕〔역〕 남자가 신던 마른신 《울을 비단이나 가죽으로 하고, 코와 뒤축 부분에는 흰 줄무늬를 새겼음》. 태사혜(鞋).

태산 (泰山)〔명〕 1 높고 큰 산. 〔~〕이 높다 하되 하늘 아래 뫼이로다. 2 크고 많음을 비유하는 말. 〔~할 때로 ~ 같다 / 갈수록 ~이다. 〔태산 명동(鳴動)에 서일필(鼠一匹)〕 크게 떠벌리기만 하고 실제의 결과는 작은 것을 비유한 말.

태산-북두 (泰山北斗)〔-뚜〕〔명〕 1 태산과 북두 칠성. 2 세상 사람들에게서 존경을 받는 사람의 비유. 〔준산두(山斗)·태두(泰斗).

태산-압란 (泰山壓卵)〔-사남난〕〔명〕 큰 산이 알을 누른다는 뜻으로, 큰 위엄으로 여지없이 누르는 것의 비유.

태산-준령 (泰山峻嶺)〔-줄~〕〔명〕 큰 산과 험한 고개. 〔~을 넘다.

태상 (太上)〔명〕 1 가장 뛰어난 것. 극상(極上). 2 천자(天子).

태상 (胎上)〔명〕 태중(胎中).

태상-경 (太常卿)〔명〕〔역〕 고려 때, 태상부의 으뜸 벼슬.

태상-부 (太常府·大常府)〔명〕〔역〕 고려 때, 제사나 증시(贈諡)를 맡아보던 관아.

태-상왕 (太上王)〔명〕〔역〕 왕의 자리를 물려준, 생존하는 전 왕을 높여 이르던 말. 태왕(太上王). 〔준상왕(上王).

태-상절 (兌上絶)〔명〕〔민〕 태괘(兌卦)의 상형(象形)인 '☱'의 이름.

태-상황 (太上皇)〔명〕〔역〕 황제의 자리를 물려준, 생존하는 전 황제를 높여 이르던 말. 태황제(太皇帝). 〔준상황(上皇).

태생 (胎生)〔명〕〔하자〕 1 태어나 태어남. 〔서울 ~ / 미국 ~의 한국 문학가. 2 〔생〕 어미의 배 속에서 어느 정도의 발육을 한 후에 태어나는 일《대부분의 포유동물과 몰고기 가운데 일부가 이에 속함》. ↔난생(卵生).

태생 과:실 (胎生果實)〔식〕 배(胚)가 발육하여 긴 뿌리를 드리운 후에 모체에서 떨어지는 열매.

태생 동:물 (胎生動物)〔동〕 태 안에서 어느 정도 자라서 나오는 동물. ↔난생(卵生) 동물.

태생-어 (胎生魚)〔어〕 수란관(輸卵管)에서 어느 정도 자라서 나오는 몰고기의 총칭《노랑가오리·망성어 따위》.

태생-지 (胎生地)〔명〕 태어난 땅.

태생-학 (胎生學)〔명〕〔생〕 '발생학'을 의학으로 일컫는 말.

태서 (泰西)〔명〕 '서양'을 예스럽게 일컫는 말. 〔~ 각국.

태석 (苔石)〔명〕 이끼가 낀 돌.

태선 (苔蘚)〔명〕〔식〕 이끼'.

태선 (苔癬)〔명〕〔의〕 여러 곳에 작은 구진(丘疹)이 수없이 빽빽하게 돋아나 오랫동안 같은 상태가 계속되는 피부병.

태성〔명〕 이마가 흰 말.

태세 (太歲)〔명〕 1 〔민〕 그해의 간지(干支). 2 〔천〕 '목성(木星)'의 딴 이름.

태세 (胎勢)〔명〕〔생〕 자궁 안에서의 태아의 자세《정상 태세와 반굴(反屈) 태세가 있음》.

태:세 (態勢)〔명〕 어떤 일이나 상황에 대처하는 태도나 자세. 〔경계 ~ / 만반의 ~를 갖추다 / 싸울 ~를 취하다.

태속 (笞贖)〔명〕〔역〕 볼기를 맞는 형벌 대신으

로 관가에 바치던 돈.

태손 (太孫)〔명〕〔역〕 '황태손(皇太孫)'의 준말.

태손-궁 (太孫宮)〔명〕 1 '황태손'을 높여 이르는 말. 2 황태손의 궁전.

태수 (太守)〔명〕〔역〕 1 신라 때, 각 고을의 으뜸 벼슬. 2 지방관(地方官).

태시 (太始)〔명〕 1 태초. 2 만물의 근본.

태심 (太甚)〔명〕〔하자〕 한숨 3.

태식 (胎息)〔명〕〔하자〕 '태식법'의 준말.

태식-법 (胎息法)〔-뻡〕〔명〕〔하자〕 예전에, 도가(道家)에서 행하던 호흡법의 한 가지. 잠념을 없애고 숨을 가만가만 쉬어서 기운이 배꼽 아래에 미치게 함《이것을 되풀이하면 오래 산다고 함》. 〔준태식(胎息).

태실 (胎室)〔명〕〔역〕 왕실에서 태(胎)를 묻던 석실(石室).

태심 (太甚)〔명〕〔하자〕 너무 심함.

태아 (胎兒)〔명〕〔생〕 모체 안에서 자라고 있는 어린 생명체.

태아 (胎芽)〔명〕 1 〔식〕 변태한 곁눈의 하나. 양분을 저장하며 모체에서 떨어져 나가 다시 하나의 식물이 됨. 넓은 뜻의 주아(珠芽)와 같음. 알눈. 2 〔동〕 척추동물의 임신 후 2 개월까지의 수정란(受精卵). *태아(胎兒).

태아 심음 (胎兒心音)〔의〕 보통 임신 5 개월부터 청진기로 들을 수 있는 태아의 심장이 뛰는 소리.

태안 (泰安)〔명〕〔하자〕〔허부〕 태평하여 안락함.

태안-젓 (太眼-)〔-전〕〔명〕 명태의 눈으로 담근 젓. 태안해(醢).

태양¹ (太陽)〔명〕 1 〔천〕 태양계의 중심에 있으며, 지구의 행성을 거느린 항성. 고온의 가스 덩어리로, 표면 온도는 약 5,800℃, 반지름은 지구의 109 배이고, 지구에서의 평균 거리는 1 억 5 천만 km임. 양 25 일의 주기로 자전하고 있음. 해. 〔~ 광선 / ~이 떠오르다. 2 매우 소중하거나 희망을 주는 존재의 비유. 〔민족의 떠오르는 ~.

태양² (太陽)〔명〕〔한의〕 사상(四象)의 하나. 양기만 있고 음기는 없는 상태. *태음(太陰)².

태:양 (態樣)〔명〕 모양이나 형태.

태양-경 (太陽鏡)〔명〕〔물〕 태양을 관측할 때 쓰는 접안렌즈. 눈에 들어오는 빛의 세기와 열을 약하게 하기 위하여 반투명이나 검은색으로 되어 있음. 헬리오스코프(helioscope).

태양-계 (太陽系)〔-/-게〕〔명〕〔천〕 태양과 그것을 중심으로 공전하는 천체의 집합《수성·금성·지구·화성·목성·토성·천왕성·해왕성 등의 여덟 행성, 50 개 이상의 위성, 소행성, 혜성 등을 포함함》.

태양-년 (太陽年)〔명〕〔천〕 태양이 춘분점을 지나 다시 춘분점으로 돌아오는 동안《365.2422 일에 해당함》. 회귀년(回歸年).

태양-등 (太陽燈)〔명〕〔물〕 태양 광선에 가까운 빛을 내도록 만든 전등《식물 재배나 병의 치료에 씀》.

태양-력 (太陽曆)〔-녁〕〔명〕 지구가 태양의 둘레를 한 바퀴 도는 데 걸리는 시간을 1 년으로 하는 달력《1 년을 365 일로 하되 4 년마다 366 일로 함》. 신력(新曆). 〔준양력. *태음력.

태양 상수 (太陽常數)〔천〕 태양과 지구 사이의 평균 거리에서, 태양 광선에 수직을 1 cm²의 면적에 1 분 동안 쏟아지는 태양 에너지를 칼로리로 나타낸 수《약 1.946 cal/min·cm²》.

태양-석 (太陽石)〔명〕〔광〕 묘안석(猫眼石).

태양 숭배 (太陽崇拜)〔종〕 자연 숭배의 하나

《태양을 신격화하여 숭배함》.

태양-시 (太陽時) 〔명〕 〖천〗 태양을 기준으로 정한 시법(時法). 1태양일을 24시간으로 하고, 자오선에서 태양 중심까지의 각거리에 따라 시각을 나타냄《진태양시·평균 태양시 따위가 있음》.

태양-신 (太陽神) 〔명〕 고대 민족이 신앙의 대상으로 신격화한 태양.

태양-열 (太陽熱)[-녈] 〖물〗 태양에서 방사되어 지구에 도달하는 열.

태양열 발전 (太陽熱發電)[-녈-쩐] 〖전〗 태양에너지를 모아 열로 변환하고, 열기관에 의하여 전력으로 변환하는 발전 방식.

태양열 주:택 (太陽熱住宅)[-녈-] 〖건〗 태양열을 이용하여 난방을 하거나 온수를 공급하는 주택.

태양-인 (太陽人) 〔명〕 〖한의〗 사상 의학에서 넷으로 나눈 사람의 체질 가운데 하나. 폐가 크고 간이 작으며, 상체가 튼튼하고 하체가 약함. 성질은 활달하고 적극적인데 조급하고 독선적이며 노여움을 잘 탐. *소양인·소음인·태음인.

태양-일 (太陽日) 〔명〕 〖천〗 태양이 한 자오선을 통과한 후, 다시 그 자오선에 돌아오기까지의 동안《진(眞)태양일·평균 태양일 따위가 있음》.

태양 전:지 (太陽電池) 〖물〗 반도체의 광기전력(光起電力) 효과를 이용하여 태양 에너지를 전기 에너지로 바꾸는 전지《수명이 길고 전원(電源)이 필요 없어 인공위성 등에 씀》.

태양 전:파 (太陽電波) 〖물〗 태양이 복사(輻射)하는 전파《지구 표면에서 1 mm~30 m에 이르는 파장의 것이 수신됨》.

태양-증 (太陽症)[-쫑] 〔명〕 〖한의〗 상한양증(傷寒陽症).

태양-초 (太陽草) 〔명〕 햇볕에 말린 고추.

태양-충 (太陽蟲) 〔명〕 〖동〗 태양충류에 속하는 원생동물. 몸은 지름 0.05 mm 가량의 공 모양이며, 많은 위족(僞足)이 햇살 모양으로 나와 있음. 민물에 떠서 살며 세균이나 편모충을 잡아먹음.

태양-풍 (太陽風) 〔명〕 〖천〗 태양에서 방출되는 초고속 플라스마(plasma)의 흐름《지구 궤도 부근에서 약 450 km/s, 입자 밀도는 1 cm³당 5~30개 정도》.

태양 향:점 (太陽向點)[-쩜] 〖천〗 태양계 전체가 향하고 있는 운동 방향을 천구(天球) 위에 나타낸 점.

태양-혈 (太陽穴) 〔명〕 〖한의〗 침을 놓는 자리의 하나로 귀의 위, 눈의 옆쪽으로 무엇을 씹으면 움직이는 곳. 섭유(顳顬).

태양 흑점 (太陽黑點)[-쩜] 〖천〗 태양 표면에 보이는 검은 반점. 지름은 10²~10⁵ km, 중앙부의 온도는 약 1,500 K, 그 주위는 300 K에 달하며 강한 자기장(磁氣場)을 가짐《지구의 기온과 날씨에 영향을 미치며, 전파 장애에도 일으킴》. ⓤ흑점.

태어-나다 〔자〕 사람이나 동물이 어미의 태(胎)에서 세상에 나오다. ▢갓 태어난 아기. ⓤ태나다.

태업 (怠業) 〔명〕〔하자〕 **1** 〖사〗 노동 쟁의 수단의 하나. 노동자들이 일을 하면서도 노동 능률을 낮추게 하여 사용자에게 손해를 끼치는 방법. 사보타주. ▢~에 들어가다. **2** 일이나 공부를 게을리 함.

태:-없다 (態-)[-업따] 〔형〕 **1** 뽐내거나 잘난 체

하는 빛이 없다. ▢겸손하고 ~. **2** 맵시가 없다. ▢태없는 옷차림. 태:-없-이 [-업씨] 〔부〕

태연 (泰然) 〔명〕〔하〕〔형〕〔히〕〔부〕 태도나 기색이 아무렇지도 않은 듯이 예사로움. ▢~한 얼굴 / 위기에 처해서도 ~하고 침착하다 / ~히 범행을 자백하다.

태연-스럽다 (泰然-)[-따] 〔-스러워, -스러우니〕 〔형〕 태도나 기색이 아무렇지도 않은 듯 예사로운 데가 있다. ▢태연스럽게 시치미를 떼다. 태연-스레 〔부〕

태연-자약 (泰然自若) 〔명〕〔하〕〔형〕 마음에 어떠한 충동을 받아도 움직임이 없이 천연스러움. ▢~을 가장하다 / 심한 욕설에도 ~하다.

태열 (胎熱) 〔명〕 〖한의〗 어린애가 태 안에서 받은 열이 출생 후에도 있는 병증《얼굴이 붉어지고 변비가 생기며 젖을 먹지 않음》.

태엽 (胎葉) 〔명〕 얇고 긴 강철 띠를 돌돌 말아 그 풀리는 힘으로 시계 따위를 움직이게 하는 장치. ▢~을 감다.

  태엽이 풀리다 〔구〕〈속〉 긴장 따위가 풀려 몸과 마음이 느슨해지다.

태오-하다 (怠傲-) 〔형〕〔여〕 거만하고 무례하다.

태완-하다 (太緩-) 〔형〕〔여〕 몹시 느슨하다.

태왕 (太王) 〔명〕 〖역〗 태상왕(太上王).

태우다¹ 〔타〕 '타다¹'의 사동〕 **1** 불에 타게 하다. ▢낙엽을 ~ / 옷을 ~. **2** 지나치게 뜨거워 검어지게 하다. ▢밥을 ~. **3** 햇볕 따위에 그을게 하다. ▢햇볕에 피부를 ~. **4** 마음을 몹시 달게 하다. ▢속을 ~ / 애를 ~. **5** 농작물 따위를 바싹 마르게 하다. ▢볏모를 ~.

태우다² 〔타〕 '타다²'의 사동〕 **1** 탈것에 몸을 얹게 하다. ▢손님을 ~. **2** 몸을 붙이기 어려운 자리에 위태롭게 가게 하다. ▢줄을 ~. **3** 얼음·눈 따위를 미끄러지게 하다.

태우다³ 〔타〕 '타다⁴¹'의 사동〕 **1** 재산·월급·상 따위를 받게 하다. ▢곗돈을 ~. **2** 의무적으로나 동정적으로 나누어 주다. ▢재산을 ~. **3** 노름이나 내기에서 돈이나 물건을 걸다.

태우다⁴ 〔타〕《'타다⁵'의 사동》 **1** 갈라 붙이게 하다. ▢가르마를 ~ / 밭골을 ~. **2** 콩이나 팥을 맷돌에 갈아 쪼개다.

태우다⁵ 〔타〕《'타다⁵'의 사동》 무엇을 켕기었다 놓게 하게 하다. ▢그네를 ~.

태우다⁶ 〔타〕《'타다⁷²'의 사동》 간지럼 등을 타게 하거나 부끄럼 등을 느끼게 하다. ▢간지럼을 ~.

태운 (泰運) 〔명〕 태평한 운수. ↔비운(否運)1.

태위 (太尉·大尉) 〔명〕 〖역〗 고려 때, 삼공(三公)의 하나.

태위 (台位) 〔명〕 〖역〗 삼공(三公)의 자리《재상(宰相)의 일컬음》.

태위 (胎位) 〔명〕 〖생〗 태아의 위치.

태유 (太油) 〔명〕 콩기름1.

태을 (太乙) 〔명〕 **1** 〖철〗 태일. **2** 〖민〗 '태을성'의 준말.

태을-성 (太乙星)[-썽] 〔명〕 〖민〗 음양가에서, 북쪽 하늘에 있으면서 병란·재화(災禍)·생사를 맡아 다스린다고 하는 신령한 별. 태일성. ⓤ태을(太乙).

태을-점 (太乙占)[-쩜] 〔명〕 〖민〗 음양가에서, 태을성이 among방에 따라서 길흉을 알아보는 점. 태일점(太一占).

태음¹ (太陰) 〔명〕 〖천〗 '달'을 태양에 상대하여 일컫는 말.

태음² (太陰) 〔명〕 〖한의〗 사상(四象)에서, 음기만 있고 양기는 없는 상태. *태양(太陽)².

태음-년 (太陰年) 〔명〕 〖천〗 태음력에서의 일 년. 평년에는 태음월을 열두 번, 윤달이 있을 때

는 열세 번 합한 동안(평균 태양일로 나타내면 평균하여 354.367058 일에 해당함).

태음년-차 (太陰年差)[-][천] 약 1년을 주기로 일어나는 달 운행의 변화.

태음-력 (太陰曆)[-녁][천] 달의 한 삭망을 기초로 하여 만든 책력(한 달을 29일 또는 30일로 하고, 1년을 열두 달로 하여 19년에 일곱 번 윤달을 둠). 구력(舊曆). ⓒ음력. *태양력.

태음-월 (太陰月)[천] 달이 초승달에서 다시 초승달이 되기까지의 동안(29일 12시간 44분 2초 남짓함). 삭망월(朔望月).

태음-인 (太陰人)[사상 의학에서 네 가지 유눈 사람의 체질 가운데 하나. 폐가 작고 간이 크며, 상체가 약하고 하체가 튼튼하며 체격이 큰 편임. 성질은 꾸준하고 참을성이 있는데 욕심이 많음. *소양인·소음인·태양인.

태음-일 (太陰日)[천] 달이 자오선을 지나서 다시 그 자오선에 돌아오는 동안(평균 24시간 50분 28초).

태음 태양력 (太陰太陽曆)[-녁][천] 태음력과 태양력을 절충한 책력(冊曆)(19년에 일곱 번의 윤달을 두어 만든 것으로, 우리나라의 음력·중국력·그리스력·유대력 등이 있음). 태양음력.

태의 (胎衣)[-/-이][생] 태(胎)의 껍질. *포의(胞衣).

태일 (太一·泰一)[철] 중국 철학에서, 천지 만물이 나고 이루어진 근원 또는 우주의 본체를 이르는 말. 태을(太乙). 2 '태일성'의 준말.

태일-성 (太一星·泰一星)[-썽][민] 태을성(太乙星). ⓒ태일.

태일-점 (太一占·泰一占)[-쩜][민] 태을점(太乙占).

태잉 (胎孕)[명][하자] 임신.

태자 (太子)[역] '황태자'의 준말. ꘏~로 책봉되다.

태자-궁 (太子宮)[역] 1 '황태자'의 높임말. 2 황태자의 궁전. 동궁.

태자-비 (太子妃)[역] 황태자의 아내.

태작 (駄作)[명] 졸작(拙作)1.

태장 (笞杖)[명] 태형(笞刑)과 장형(杖刑).

태장-계 (胎藏界)[-/-계][불] 밀교(密敎)의 이대 법문(二大法門)의 하나. 대일여래(大日如來)의 자비의 지혜를 이성적 방면에서 설명한 부문(그 표상(表象)은 연화(蓮華)임).

태장계 만다라 (胎藏界曼陀羅)[-/-계-][불] 부처의 보리심과 대비심(大悲心)을 태아롭게 키우는 모태에 비유하여 나타낸 그림(태장계 여러 부처의 덕(德)을 상징함).

태재 (殆哉)[명] 몹시 위태로움. 또는 그런 일.

태전 (苔田)[명] 바닷가에 김을 양식(養殖)하기 위하여 마련한 곳.

태점 (胎占)[민] 배 속에 든 아기가 아들인지 딸인지를 알려고 치는 점.

태정 (台鼎)[역] 삼정승(三政丞).

태정 (苔井)[명] 이끼가 낀 우물.

태조 (太祖)[역] 한 왕조의 첫째 임금에게 붙이던 묘호(廟號). ꘏~ 왕건 / ~ 이성계.

태종 (太宗)[역] 한 왕조에서 공과 덕이 태조에 버금가는 임금에게 올리던 묘호(廟號).

태좌 (胎座)[명][식] 암술의 한 부분. 밑씨가 씨방 안에 붙어 있는 자리.

태죄 (笞罪)[역] 태형(笞刑)에 해당하던 죄.

태주 [명][민] 마마를 앓다가 죽은 어린 계집아이의 귀신(다른 여자에게 신이 내려서 길흉화복(吉凶禍福)을 말하고, 온갖 것을 잘 알아

맞힌다 함). 명도(明圖).

태주 (太簇·太蔟)[명] 1[악] 동양 음악에서 십이율(十二律)의 셋째 음. 2 '음력 정월'을 달리 이르는 말.

태주-할미 [명][민] 태주를 부리는 무당.

태중 (胎中)[명] 아이를 밴 동안. 태상(胎上).

태지 (苔紙)[명] 가는 털과 같은 이끼를 섞어서 뜬 종이(아주 질김).

태지 (胎紙)[명] 1 주련(柱聯)·병풍 등을 배접할 때 모자라는 종이를 채워서 넣는 종이. ⓒ태(胎). 2 협지(夾紙).

태직 (太稷)[역] 임금이 백성을 위하여 후직(后稷)에게 제사 지내던 곳. 대직(大稷).

태-질 [명] 1 세게 메어치거나 내던지는 짓. ꘏책가방을 ~하다. 2[농] 개상(床)질. ꘏개상에 ~하다.

태질-치다 [타] 세게 메어치거나 내던지다. ⓒ태치다.

태-짐 (駄-)[명] 싣거나 짊어져서 먼 곳으로 옮기는 짐.

태짐-꾼 (駄-)[명] 태짐을 싣거나 지고 가는 일꾼. ꘏~이 짐을 나르다.

태차 (胎借)[명][하자] 임신한 여자가 약을 먹어 태아에게 힘을 얻게 하는 일.

태천 (苔泉)[명] 이끼가 덮인 샘.

태초 (太初)[명] 천지가 처음 시작되던 때. ꘏~ 이래/~의 인류.

태촉 (太促)[명][하다] 몹시 급하게 재촉함.

태-치다 [타] '태질치다'의 준말.

태클 (tackle)[명][하자타] 1 축구에서, 상대방이 공격하고 있을 때 틈을 노려 공을 빼앗는 일(스탠딩 태클과 슬라이딩 태클의 두 종류가 있음). 2 레슬링에서, 상대편의 아랫도리를 잡아 쓰러뜨리는 일. 3 럭비에서, 공을 가지고 달리는 사람의 아랫도리를 붙잡아서 쓰러뜨리거나 공을 빼앗는 일.

태타 (怠惰)[명][하형] 몹시 게으름.

태탕-하다 (駘蕩-)[형] 1 넓고 크다. 2 봄날의 날씨 따위가 화창하다. ꘏춘풍이 ~.

태토 (胎土)[명][미술] 질그릇이나 도자기의 밑감이 되는 흙. 바탕흙.

태평 (太平·泰平)[명][하형][부우] 1 세상이 안정되어 아무런 걱정이 없고 평안함. ꘏나라가 두루 ~하다 / 온 백성이 ~을 누리다. 2 아무 근심 걱정이 없음. ꘏끼니가 떨어졌는데도 ~이다 / 일을 놔두고 ~하게 잠만 잔다.

태평-가 (太平歌)[명] 1 태평함을 기뻐하여 부르는 노래. 2[악] 국악의 가곡 24곡 가운데 맨 끝 곡(曲).

태평-과 (太平科)[명][역] 조선 때, 시절이 태평하거나 나라에 경사가 있을 때 임시로 보이던 과거의 한 가지.

태평-관 (太平館)[명][역] 조선 때, 중국 사신이 와서 머물던 객관(客館).

태평-꾼 (太平-)[명] 1 아무 걱정이 없이 마음이 편안한 사람. 2 세상사에 관심이 없고 물정에 어두운 사람을 놀림조로 이르는 말.

태평-성대 (太平聖代)[명] 어진 임금이 다스리는 태평한 세상이나 시대. ꘏~를 누리다/~를 구가하다.

태평-성사 (太平盛事)[명] 태평한 시대의 훌륭하고 좋은 일.

태평-세계 (太平世界)[-/-계][명] 잘 다스려져 평화스러운 세상.

태평-세월 (太平歲月)[명] 근심이나 걱정이 없는 시절. ꘏~을 구가하다.

태평-소 (太平簫) 몝 〖악〗 국악의 관악기의 하나. 나무로 만든 관(管)에 여덟 개의 구멍을 뚫었는데, 그중 둘째 구멍은 뒷면에 있으며, 아래 끝에는 깔때기 모양의 놋쇠를 달고, 부리에는 갈대로 만든 겹혀를 끼웠음. 새납. 철적(鐵笛).

태평-스럽다 (太平-)[-따][-스러워, -스러우니] 혭 근심 걱정이 없고 평안한 데가 있다. **태평-스레** 튄

태평양 고기압 (太平洋高氣壓) 〖지〗 북태평양에 발달하는 아열대 고기압.

태평양 전:쟁 (太平洋戰爭) 〖역〗 1941-1945년까지 연합국과 일본과의 전쟁(제2차 세계 대전의 일부를 이룸).

태평-연월 (太平煙月)[-년-] 몝 태평하고 안락한 세월. ☐ 어즈버 ~이 꿈이런가 하노라.

태평-천하 (太平天下) 몝 태평스럽고 편안한 세상.

태풍 (颱風) 몝 〖지〗 북태평양 남서부에서 발생하여 많은 비를 뿌리는 세찬 바람. 열대성 저기압 가운데 중심 최대 풍속이 초속 17 m 이상인 것을 이름. ☐ ~ 주의보. *쌉쓸바람.

태풍 경:보 (颱風警報) 기상 경보의 하나. 태풍으로 인하여 풍속이 매초 17 m 이상, 또는 강우량이 100 mm 이상이 예상될 때에 기상청에서 발표함.

태풍-안 (颱風眼) 몝 〖지〗 태풍의 눈1.

태풍의 눈 (颱風-)[-/-에-] **1** 〖지〗 태풍이 불 때, 중심에 가까울수록 원심력이 세어지는 까닭에 비교적 잠잠한 기상 현상이 나타나는 부분(태풍 중심부의 10여 km 이내의 권내임). 태풍안. **2** 예상되는 위기나 대단한 변화의 핵심적인 빌미의 비유. ☐ 그의 입후보 여부가 이번 선거에서 ~이 될 것이다.

태풍 주:의보 (颱風注意報)[-/-이-] 기상 주의보의 하나. 태풍의 영향으로 강풍, 풍랑, 호우 현상 등이 주의보 기준에 도달할 것으로 예상될 때에 기상청에서 발표함.

태피스트리 (tapestry) 몝 색실로 풍경 따위를 짠 주단(綢緞). 벽걸이나 가리개 따위의 실내 장식품으로 씀.

태학 (太學) 몝 〖역〗 **1** 고구려 때, 국립 교육 기관. **2** 고려 때, 국자감의 한 분과. **3** 조선 때, '성균관(成均館)'을 달리 일컫던 말.

태학-사 (太學士) [-싸] 몝 〖역〗 **1** 조선 때, 홍문관 대제학을 달리 일컫던 말. **2** 갑오개혁 이후의 홍문관의 으뜸 벼슬.

태학-생 (太學生) [-쌩] 몝 〖역〗 조선 때, 성균관에서 기거하며 공부하던 유생. 주로 장의(掌議) 이하 생원(生員)·진사(進士)의 총칭.

태항 (胎缸) 몝 〖역〗 왕실에서 태를 담아 묻는 데 쓰던 항아리.

태허 (太虛) 몝 **1** 하늘. **2** 〖철〗 중국 철학에서, 음양을 낳는 기(氣)의 본체를 이르는 말.

태형 (笞刑) 몝 〖역〗 오형(五刑)의 하나. 태장으로 볼기를 치던 형벌. 태벌(笞罰). ――하다 囼 태형으로 다스리다.

태홀 (怠忽) 몝하몝 혭튄 태만(怠慢).

태화 (胎化) 몝하邓 태교(胎敎).

태화-탕 (太和湯) 몝 **1** 끓는 물. **2** 언제나 마음이 무사태평한 상태를 비유하는 말. ☐ 저 사람은 언제나 ~이야. **3** 싱겁고 줏대 없이 좋은 사람을 놀리는 말. 되는 대로 둔 사람을 놀리는 말.

태환 (兌換) 몝하邓 〖경〗 지폐를 정화(正貨)와 바꿈.

태환 (胎患) 몝 〖한의〗 갓 태어났을 적에 눈알이 몹시 흔들려서, 너덧 살 되면 눈동자가 희게 변하고 잘 보지 못하는 병.

태환-권 (兌換券) [-꿘] 몝 〖경〗 태환 지폐.

태환 은행 (兌換銀行) 〖경〗 태환권을 발행하는 은행.

태환 제:도 (兌換制度) 〖경〗 태환 지폐를 발행하여 그 지폐와 정화(正貨)를 교환할 수 있는 제도.

태환 지폐 (兌換紙幣) [-/-폐] 〖경〗 본위 화폐와 교환할 수 있도록 규정된 은행권이나 정부 지폐. 태환권. ↔불환(不換) 지폐.

태황 (太皇) 몝 〖역〗 '태황제(太皇帝)'의 준말.

태-황제 (太皇帝) 몝 〖역〗 태상황(太上皇). 준 태황(太皇).

태-황태후 (太皇太后) 몝 〖역〗 황제의 살아 있는 할머니.

태후 (太后) 몝 〖역〗 '황태후(皇太后)'의 준말.

택거 (宅居) [-꺼] 몝하邓 집에 거처함.

택견 [-껸] 몝 태견.

택곽 (澤廓) [-꽉] 아래 눈꺼풀의 코에 가까운 곳.

택교 (擇交) [-꾜] 몝하邓 벗을 가려서 사귐. 또는 사귈 친구를 고름.

택급-만세 (澤及萬世) [-끔-] 몝하邓 혜택이 오래오래 미침.

택길 (擇吉) [-낄] 몝하邓 〖민〗 택일(擇日).

택란 (澤蘭) [땡난] 몝 **1** 〖식〗 쉽싸리. **2** 〖한의〗 말린 쉽싸리의 잎과 줄기. 어혈·수종(水腫)·월경 불순 등에 씀.

택량 (擇良) [땡냥] 몝하邓 보다 좋은 것을 가려 뽑음.

택량 (澤梁) [땡냥] 몝 어량(魚梁)을 쳐 놓은 못.

택료 (宅療) [땡뇨] 몝하邓 환자가 자기 집에서 요양함. 또는 그 요양.

택반 (澤畔) [-빤] 몝 못의 가장자리에 있는 편평한 땅.

택발 (擇拔) [-빨] 몝하邓 많은 가운데서 뽑아냄.

택배 (宅配) [-빼] 몝하邓 짐·서류 따위를 요구하는 지점까지 직접 배달함. 문 앞 배달. 집 배달. ☐ ~ 편(便)으로 원고를 보내다.

택벌 (擇伐) [-뻘] 몝하邓 나무를 골라 벌채함. 또는 그런 일.

택사 (宅舍) [-싸] 몝 사람이 사는 집.

택사 (澤瀉) [-싸] 몝 **1** 〖식〗 택사과의 여러해살이풀. 꽃대는 높이 40-130 cm, 잎은 뿌리에서 뭉쳐나며, 7월에 꽃이 핌. 무논·못·습지에 남. **2** 〖한의〗 택사의 덩이뿌리《이뇨(利尿)·임질·습진·부종 따위에 약용함》.

택상 (宅相) [-쌍] 몝 장래에 크게 될 외손.

택서 (擇壻) [-써] 몝하邓 사윗감을 고름.

택선 (擇善) [-썬] 몝하邓 선(善)을 택함.

택시 (taxi) 몝 요금을 받고 손님을 목적지까지 태워다 주는 영업용 승용차. ☐ ~ 요금 / ~를 잡아타다 / ~를 몰다.

택시미터 (taximeter) 몝 택시에 장치한 요금 자동 표시기(운행 거리와 시간에 따라 요금액이 표시됨). 미터기.

택심 (宅心) [-씸] 몝하邓 존심(存心).

택언 (擇言) 몝하邓 말을 가려 씀. 또는 그 말.

택용 (擇用) 몝하邓 골라서 씀.

택우 (澤雨) 몝 자우(滋雨)1.

택우 (擇偶) 몝하邓 배우자를 고름.

택인 (擇人) 몝하邓 사람을 고름.

택일 (擇一) 몝하邓 여럿 가운데 하나를 고름. ☐ 둘 중 ~해라.

택일 (擇日) 몝하邓 〖민〗 어떤 일을 치르거나 길을 떠날 때 좋은 날짜를 고름. 택길(擇吉).

택정 (擇定) [-쩡] 몝하邓 선정(選定).

택조 (宅兆)[-쪼] 명 1 무덤의 구덩이 속과 벽 안의 총칭. 2 묘지(墓誌).
택지 (宅地)[-찌] 명 집을 지을 땅. 집터. ▣~ 조성 / ~를 개발하다.
택지 (擇地)[-찌] 명하자 좋은 땅을 고름.
택진 (宅診)[-찐] 명하자 의사가 자기 집에서 환자의 병을 진찰함. ↔왕진(往診).
택차 (擇差) 명하타 인재를 골라 벼슬을 시킴.
택처 (擇處) 명하자 살 곳이나 머물 곳을 고름.
택출 (擇出) 명하타 골라냄.
택품 (擇品) 명하타 좋은 물품을 고름.
택피창생 (澤被蒼生) 명하자 덕과 혜택이 모든 백성에게 고루 미침.
택-하다 (擇-)[태카-] 타여 고르다. 선택하다. ▣실리보다 명예를 ~ / 철학을 전공으로 ~.
택현 (擇賢)[태현] 명하자 어진 사람을 고름.
택호 (宅號)[태코] 명 집주인의 벼슬 이름이나 처가(妻家)나 본인의 고향 이름 따위를 붙여 그 집을 부르는 이름(이 진사댁·김 장관댁·신 촌댁·안성댁 따위). ▣~를 붙이다.
택혼 (擇婚)[태콘] 명하자 혼인할 자리를 고름.
탠덤 (tandem) 명 1 좌석이 앞뒤에 있는 2인용 자전거. 2 두 필의 말이 앞뒤로 늘어서서 끄는 마차.
탤런트 (talent) 명 방송에 출연하는 연예인(흔히 텔레비전 드라마에 출연하는 연기자).
탤컴 (talcum) 명 《광》 활석(滑石).
탤컴-파우더 (talcum powder) 명 활석(滑石) 가루에 붕산·향료 등을 혼합한 가루분. 피부를 매끈매끈하게 하고 땀을 억제하는 작용이 있어 땀띠약으로 씀.
탤크 (talc) 명 《광》 활석(滑石).
탬버린 (tambourine) 명 《악》 금속 또는 목제의 테 한쪽 면에 가죽을 메고 둘레에 작은 방울을 단 타악기의 하나. 손에 들고 가죽을 치거나 흔들어 방울을 울림.
탭 댄스 (tap dance) 밑바닥에 쇠붙이를 댄 구두를 신고, 율동적으로 마룻바닥을 치며 추는 춤. 준탭(tap).
탯-거리 (態-)[태꺼-/탣꺼-] 명 《속》 맵시.
탯-덩이 (胎-)[태떵-/탣떵-] 명 아주 못생긴 사람을 얕잡아 일컫는 말.
탯-돌 (태돌/탣똘] 명 《농》 타작할 때 개상질에 쓰는 돌.
탯-자리개 [태짜-/탣짜-] 명 《농》 타작할 때 벼·보리 따위의 단을 둘러 묶는 데 쓰는 굵은 새끼.
탯-줄 (胎-)[태쭐/탣쭐] 명 《생》 태아가 산소와 영양을 공급받는, 어미니 몸속에서 아기집과 태아를 잇는 줄. 제대(臍帶)·제서(臍緒). [탯줄 잡듯 한다] 무엇을 잔뜩 붙잡는다.
탱 (幀) 명 《불》 '탱화(幀畵)'의 준말.
탱고 (tango) 명 《악》 4분의2 박자 또는 8분의 4 박자의 경쾌한 춤곡. 또는 그에 맞춰 추는 사교춤.
탱글-탱글 부하형 탱탱하고 둥글둥글한 모양. ▣~한 얼굴 / 포도가 ~ 익어 있다.
탱알 명 《식》 개미취.
탱자 명 탱자나무의 열매(향기가 좋고 약으로도 씀).
탱자-나무 명 《식》 운향과의 작은 낙엽 활엽 관목. 높이 약 2 m, 나무껍질은 녹색이며 가시가 많음. 5월에 흰 다섯잎꽃이 피며, 가을에 열매인 탱자가 노랗게 익음.
탱주 (撐柱) 명 넘어지지 않게 버티는 기둥.
탱중-하다 (撐中-) 형여 화나 욕심 따위가 가슴속에 가득하다. ▣분기가 ~.
탱천 (撐天) 명하자 충천(衝天).

탱커 (tanker) 명 유조선(油槽船).
탱크 (tank) 명 1 물·가스·기름 따위를 넣어 두는 큰 통. 2 《군》 전차(戰車)2.
탱크-로리 (tank lorry) 명 가솔린·프로판 가스·화학 약품 등의 액체나 기체를 대량으로 운반하는 탱크를 갖춘 화물 자동차.
탱크-차 (tank車) 명 액체나 기체를 대량으로 수송하기 위하여 차체를 탱크로 만든 화차.
탱탱 부하형 1 살이 몹시 찌거나 붓거나 하여 팽팽한 모양. 2 누를 수 없을 정도로 굳고 단단한 모양. 준팅팅. 쎄탱탱2.
탱화 (幀畵) 명 《불》 부처·보살·성현 등을 그려서 벽에 거는 그림. 준탱(幀).
탱화 불사 (幀畵佛事)[-싸] 《불》 불상(佛像)을 그리는 일. 또는 탱화를 봉안하는 불사.
터1 명 1 건축·토목 공사를 할 자리. 또는 했던 자리. ▣~가 넓다 / ~를 닦다 / ~를 다지다 / ~를 잡다. 2 활동의 토대나 일이 이루어지는 밑바탕. ▣대화를 나눌 ~가 잡혔다. 3 명사 뒤에 붙어, '자리·장소'의 뜻을 나타내는 말. ▣놀이 / ~빨래 / 일~.
터(가) 세다 관 터가 좋지 않아 좋지 않은 일만 자꾸 일어나는 경향이 있다.
터2 의존 1 (어미 '-을'의 뒤에 쓰여) '예정·추측' 등의 뜻을 나타내는 말. ▣내가 갈 ~이다. 2 (어미 '-을'·'-는'·'-던'의 뒤에 쓰여) '처지·형편'의 뜻을 나타내는 말. 터수 ▣. ▣서로 잘 아는 ~이다 / 막 떠나려던 ~.
터거리 명 《속》 턱1.
터-과녁 명 국궁에서, 120 보(步) 거리를 두고 활을 쏠 때 쓰는 소과(小布)나 과녁.
터널 (tunnel) 명 1 산이나 바다·강 따위의 밑을 뚫어 만든 철도나 도로 따위의 통로. 굴(窟). 수도(隧道). ▣~을 뚫다. 2 야구에서, 야수가 두 다리 사이로 공을 놓치는 일.
터-놓다 [-노타] 타 1 막은 물건을 치워 통하게 하다. ▣방을 ~ / 둑을 ~. 2 금하던 것을 풀어 주다. ▣직거래의 길을 ~. 3 마음을 숨김없이 드러내다. ▣터놓고 지내는 사이 / 마음을 터놓고 이야기하다.
터닝-슛 (turning shoot) 명하자타 농구·축구 등에서, 몸을 돌리면서 하는 슛.
터-다지기 자 지반을 단단하게 하려고 지정(地釘)을 박아 다지다. 지정다지다. 준터닺다.
터-닺다 [-닫따] 자 '터다지다'의 준말.
터덕-거리다 [-꺼-] 자타 1 몹시 지치거나 느른하여 겨우 몸을 가누면서 힘없이 걷다. 2 가난하여 어렵게 겨우 살아가다. 3 일이 힘에 겨워 애처롭게 겨우 몸을 놀리다. 4 먼지가 날 정도로 가만히 여러 번 두드리다. 5 나뭇가지 따위가 타면서 가볍게 튀는 소리가 자꾸 나다. 준타닥거리다. 터덕-터덕 부하자타.
터덕-대다 [-때-] 자타 터덕거리다.
터덜-거리다 자타 1 몹시 지치거나 느른하여 무거운 발걸음으로 힘없이 계속 걷다. 2 깨어진 질그릇 따위가 부딪치는 소리가 자꾸 나다. 3 빈 수레 따위가 험한 길 위를 요란한 소리를 계속 내며 지나가다. 준타달거리다. 터덜-터덜 부하자타.
터덜-대다 자타 터덜거리다.
터덕 [-덕] 부하자타 깨어진 쇠 그릇 따위가 부딪치거나 떨어지는 소리. 쎄타드랑. 준터렁.
터드렁-거리다 자타 터드렁 소리가 자꾸 나다. 또는 그런 소리를 자꾸 내다. 쎄타드랑거리다. 준터렁거리다. 터드렁-터드렁 부하자타.

터드렁-대다 자타 터드렁거리다.

터:-득(攄得)명하타 깊이 생각하여 이치를 깨달아 알아냄. 하자 요령을 ~하다.

터:-뜨리다 타 터지게 하다. 울음을 ~ / 풍선을 ~.

터럭 명 1 사람이나 길짐승의 몸에 난 길고 굵은 털. 2 (주로 '터럭만큼·터럭만 하다'의 꼴로 쓰여) 아주 작거나 사소한 것을 비유하는 말. ~만 한 희망도 없다 / 속일 생각은 ~만큼도 없다.

터럭-모(-毛)[-령]명 한자 부수(部首)의 하나(*毫*·*毬* 등에서 '*毛*'의 이름).

터럭-발(-髮)[-빨]명 한자 부수의 하나(*髮*·*鬢* 등에서 '*髟*'의 이름).

터럭-삼(-彡)[-쌈]명 한자 부수의 하나(*形*·*影* 등에서 '*彡*'의 이름). 삐친석삼.

터럭-손[-쏜] 명 터럭이 많이 난 손.

터럭-줄[-쭐] 명 '타락줄'의 본딧말.

터렁 부하자타 '터드렁'의 준말. 하타랑.

터렁-거리다 자타 '터드렁거리다'의 준말. 하타랑거리다. 터렁-터렁 부하자타

터렁-대다 자타 터렁거리다.

터리 명 '옛' 털.

터릿 선반(turret旋盤)〔공〕여러 가지 공구를 장착한 탑 모양의 대(臺)가 왕복하여 가공하게 된 공작용 선반.

터무니 명 1 터를 잡은 자취. 2 정당한 이유나 근거.

터무니-없다[-업따] 형 허황해서 근거가 없다. 터무니없는 거짓말. 터무니-없이[-업씨] 부. 값이 ~ 비싸다.

터미널(terminal) 명 1 철도·버스 따위 노선의 종점. 또는 많은 교통 노선이 모여 있는 역. 고속버스 ~. 2〔물〕단자(端子). 3〔컴〕단말기.

터벅-거리다[-꺼-] 자 힘없는 걸음으로 자꾸 느릿느릿 걸어가다. 하타박거리다. 터벅-터벅[-꺽]부하자. ~ 걷다.

터벅-대다[-때-] 자 터벅거리다.

터벅터벅-하다[-버카-] 형여 가루음식 따위가 물기가 없어 씹기에 조금 퍽퍽하다. 하타박타박하다.

터번(turban) 명 인도인이나 이슬람교도가 머리에 둘물 감는 수건.

터보건(toboggan) 명 바닥이 편평하고 긴 썰매《비탈진 눈 위나 얼음 위에서 운반용·경기용 등으로 씀》.

터보제트 엔진(turbojet engine)〔공〕제트 엔진의 일종. 공기를 흡입하여 압축한 다음 연소한 뒤 고온 가스를 분출시켜 일부는 터빈을 회전하여 압축기를 돌리고 대부분은 밖으로 분출하여 추진력을 얻음《고속 항공기 발동기로 씀》.

터보프롭 엔진(turboprop engine)〔공〕제트 엔진의 일종. 터빈으로 프로펠러축까지 돌리는데, 여기서 남은 고속 가스를 분사하여 추진력을 증가시킴《연료 소비가 터보제트 엔진보다 적으면서 가솔린 엔진보다 큰 마력을 얻을 수 있음》.

터부(taboo) 명 1 신성하다고 인정된 사물·장소·행위·인격·말 등에 관해 접촉·사용을 억제하는 종교적 금기. 2 어떤 말이나 행동을 금하거나 꺼리는 것. ~로 되어 있는 사항.

터부룩-이 부 터부룩하게.

터부룩-하다[-루카-] 형여 머리털·풀·나무 등이 우거져서 매우 수북하다. 하더부룩하다.

터분-하다 형여 1 음식의 맛이나 냄새가 신선하지 못하다. 2 날씨나 기분 따위가 시원하지 못하고 답답하다. 하타분하다.

터븀(terbium) 명〔화〕테르븀.

터빈(turbine) 명〔공〕고압의 물·증기·가스 따위의 유체(流體)를 노즐로 분출시켜 회전 동력을 얻는 원동기《수력 터빈·증기 터빈·가스 터빈 따위》.

터수 영명 1 살림살이의 형편이나 정도. ~가 좋아지다. 2 서로 사귀는 사이. 친한 ~에 그럴 것 있느냐. 三의명 터². 점잖은 ~에 막말은 할 수 없다.

터-알[-알] 명 집의 울안에 있는 작은 밭.

터울 명 한 어머니가 낳은 자녀의 나이 차이. ~이 지다 / ~이 잦다 / 두 살 ~로 낳다.

터울-거리다 자 목적을 이루려고 애를 몹시 쓰다. 하타울거리다. 터울-터울 부하자

터울-대다 자 터울거리다.

터전 명 1 자리를 잡은 곳. 기지(基地). 경주는 신라의 옛 ~이었다. 2 집터가 되는 땅. ~을 잡다. 3 생활 근거지가 되는 곳. ~을 닦다 / ~을 잡다 / 삶의 ~을 마련하다. 4 일의 토대. 문학의 ~.

터-주(-主) 명〔민〕집터를 지키는 지신(地神). 또는 그 자리《오쟁이 안에 베 석 자와 짚신 등을 넣어서 달아 두고 위함》.

터주-항아리(-主缸)명〔민〕터주에게 바치는 곡식을 담은 항아리.

터줏-고기(-主-)[-주꼬- / -줃꼬-]명 일정한 장소에 늘 머물러 사는 물고기.

터줏-대감(-主大監)[-주땜- / -줃땜-]명〔속〕한 동네나 단체 따위에서 그 구성원 가운데 가장 오래된 사람을 농으로 일컫는 말. 우리 회사의 ~.

터줏-상(-主床)[-주쌍- / -줃쌍-]명〔민〕굿할 때 터주에게 차려 놓는 상.

터줏-자리(-主-)[-주짜- / -줃짜-]명〔민〕터주를 모신 신단(神壇).

터:지다 자三 1 싸움이나 사건 따위가 갑자기 벌어지거나 일어나다. 사건이 ~ / 전쟁이 ~. 2 둘러싸여 막혔던 것이 갈라지거나 찢어지다. 둑이 ~ / 타이어가 ~. 3 화약 따위가 폭발하다. 지뢰가 ~. 4 숨기던 일이 드러나다. 독직 사건이 ~. 5〈속〉얻어맞다. 매맞다. 한 대 터져야 정신을 차리겠니. 6 박수·웃음 따위가 한꺼번에 나오다. 터져 나오는 환성 / 참던 웃음이 ~. 7 코피 따위가 갑자기 쏟아지다. 코피가 ~. 8 거죽이나 겉이 벌어져 갈라지다. 입술이 ~. 9 쌓였던 감정 따위가 북받쳐 나오다. 분통이 ~. 10 운수 따위가 한꺼번에 닥치다. 일복이 ~. 11 막히지 아니하여 가려진 것이 없이 탁 트이다. 확 터진 넓은 도로. 12 꿰맨 자리가 갈라지거나 뜯어지다. 솔기가 ~. 三보동[보형] 용언의 어미 '-어'·'-아' 따위의 뒤에 붙어, 사물의 정도가 한도까지 다다랐다는 뜻을 나타내는 말. 빠지다². 물러 터진 사람 / 불어 터진 국수 / 느려 ~ / 게을러 터진 녀석.

터:진-가로왈(-曰) 틈가로왈.

터:진-에운담 명 감출혜몸.

터:진-입구(-口)[-납꾸] 틈입구몸.

터:짐 명〔건〕재제(製材) 후 건조로 인해 터져서 생긴 홈.

터치(touch) 명하자타 1 손을 대거나 건드림. 2 피아노·타자기 등의 건반이나 키를 누르거나 두드림. 3 어떤 사물에 관하여 논하거나 언급함. 4 그림에서, 필촉(筆觸)·필치. 기법. 대담한 ~. 5 사진이나 그림을 수정함. 6

배구에서, 전위(前衛)가 상대편 코트를 향하여 공을 재빨리 쳐 넣음. 또는 그런 공격법. **7** 야구에서, 공을 주자에게 갖다 댐. **8** 당구에서, 공과 공이 맞닿는 일. 또는 그런 상태. **9** 럭비에서, 골라인에 닿거나, 골라인을 가로질러 골 안에 공을 댐. 또는 그런 동작.

터치다운 (touchdown)**명 1** 럭비에서, 수비수가 자기편 인골에서 공을 지면에 대는 일. **2** 미식축구에서, 공을 가진 선수가 상대편의 골라인을 넘어서는 일《여섯 점을 얻음》.

터치라인 (touchline)**명** 축구·럭비·미식축구 경기장에서 좌우의 한계선.

터치아웃 (touch+out)**명 1** 야구에서, 수비수가 주자의 몸에 공을 대어 아웃시키는 일. **2** 배구에서, 공이 수비수에 맞고 경기장 밖으로 나가는 일. **3** 축구에서, 공이 터치라인 밖으로 나가는 일.

터키-탕 (Turkey湯)**명** 증기탕.

터:-트리다탄 터뜨리다.

터틀-넥 (turtleneck)**명** 목이 긴 스웨터의 깃. 접어서 입음.

터:-파 (攄破)**명하자** 자기의 속마음을 밝혀서 남의 의혹을 풀어 줌.

터-편사 (-便射)**명하자** 국궁에서, 각각 15명씩 두 패로 편을 나누어 활을 쏘아 승부를 겨룸. 또는 그 경기. 사정(射亭)편사.

터:-포 (攄抱)**명하자** 터회(攄懷).

터:-회 (攄懷)**명하자** 마음속에 품은 생각을 터놓고 이야기함. 또는 그 생각. 터포(攄抱).

턱¹명 1 사람이나 동물의 입의 위아래에 있는, 발성하거나 씹는 일을 하는 기관. □~이 빠지다. **2** 아래턱의 바깥 부분. □~을 괴다 / ~에 수염이 나다.
  턱을 까불다구 사람이 죽을 때 숨을 모으려고 턱을 떨다.
  턱을 대다구 어떤 사람을 믿고 의지로 삼다.

턱²명 평평한 곳에 갑자기 조금 높이 된 자리. □~이 지다 / ~에 걸리다.

턱³명 좋은 일이 있을 때 남에게 베푸는 음식 대접. □~을 쓰다 / 승진 ~을 내다.

턱⁴명 1 (주로 어미 '-을'의 뒤에서) '없다·있다'와 함께 쓰이어) 그렇게 되어야 할 까닭. □그럴 ~이 있나 / 알 게 없지. **2** 그만한 정도나 형편. □만날 그 ~이고 나아지는 게 없다.

턱 (tuck)**명** 양재에서, 일정한 간격으로 천을 호아 접은 주름. 접박기. 접박기 주름.

턱⁵부 1 무슨 동작을 의젓한 태도로 하는 모양. □~ 앉아서 한마디 하다. **2** 긴장이 풀리는 모양. □마음을 ~ 놓다. **3** 어깨나 손 따위를 갑자기 꽉 붙잡거나 짚는 모양. □덜미를 ~ 잡다. **4** 갑자기 맥없이 쓰러지는 모양. □~ 쓰러지다. **5** 숨 따위가 몹시 막히는 모양. □숨이 ~ 막히다. **6** 움직이던 것이 갑자기 멈추거나 걸리는 모양. □엔진이 ~ 멎다. **7** 좀 둔하고 세게 부딪치거나 터지는 소리. 또는 그 모양.

턱-거리 [-꺼-]**명 1** '언턱거리'의 준말. **2**『한의』풍열(風熱)로 말미암아 턱 아래에 나는 병증.

턱-걸이 [-꺼리]**명하자 1** 철봉을 손으로 잡고 몸을 달아 올려 턱이 철봉 위까지 올라가게 하는 운동. □철봉에 매달려 ~를 하다. **2** 씨름에서, 손으로 상대편 턱을 걸어 밀어 넘어뜨리는 기술. **3** 남에게 의지하여 지냄의 비유. □의지 지내다. **4** 가까스로 어떤 기준에 미침의 비유. □~로 대학에 들어가다.

턱-관절 (-關節)[-관-]**명**『생』아래턱뼈를 두

개골에 연결시키는 관절. 악관절(顎關節).

턱-밀이 [텅미리]**명하자** 씨름에서, 배지기를 들렸을 때나 안걸이를 걸고 쳴 때, 상대편의 기술을 막는 수단으로 턱을 손으로 밂. 또는 그 기술.

턱-밑 [텅믿]**명** 아주 가까운 곳을 비유하는 말. □안경을 ~에 두고 딴 데서 찾는다.

턱밑-샘 [텅믿쌤]**명**『생』침을 분비하는 내분비선의 하나. 아래턱의 삼각부에 있으며, 귀밑샘·혀밑샘과 함께 3대 침샘을 이룸. 악하선(顎下腺).

턱-받기명 ☞ 턱받이.

턱-받이 [-빠지]**명** 어린아이의 턱 아래에 대어 음식물이나 침이 옷에 묻지 않게 하는, 헝겊으로 만든 물건.

턱-받침명 손으로 턱을 괴는 행동.

턱-뼈명『생』동물의 턱을 이루는 뼈《사람은 두 개의 하악골과 한 개의 상악골로 됨》. 악골(顎骨).

턱-살 [-쌀]**명 1**〈속〉턱¹. **2** 아래턱에 붙은 살. □~이 처지다.

턱살-밑 [-쌀믿]**명**〈속〉턱밑.

턱-솔 [-쏠]**명**『건』나무나 돌을 이을 때, 그 이을 자리를 각각 두께의 반씩 깎아 서로 합한 자리.

턱-수염 (-鬚髯)[-쑤-]**명** 아래턱에 난 수염.

턱시도 (tuxedo)**명** 연미복 대용의 남자의 야간용 약식(略式) 예복《모양은 거의 양복과 같으나 윗깃을 비단으로 덮고 바지 솔기에 장식이 달렸음》.

턱-없다 [터검따]**형 1** 이치에 닿지 않거나 근거가 전혀 없다. □턱없는 소리. **2** 수준이나 분수에 맞지 않다. □우승에는 턱없는 실력.
  턱-없이 [터검씨]**부**. □~ 비싼 물건 / ~ 높은 값을 부른다.

턱인-블라우스 (tuck-in blouse)**명** 자락을 스커트 속으로 집어넣어 입는 블라우스.

턱-잎 [텅닙]**명**『식』잎자루의 밑동에 나는 한 쌍의 작은 잎《완두 따위 쌍떡잎식물에서 흔히 볼 수 있음》. 엽탁(葉托). 탁엽(托葉).

턱-자가미 [-짜-]**명** 아래턱과 위턱이 서로 맞물린 곳.

턱-장부촉 (-鏃)[-짱-]**명**『건』턱이 져서 이단(二段)으로 된 장부촉.

턱-주가리 [-쭈-]**명**〈속〉아래턱.

턱-지다¹ [-찌-]**자** 평평한 곳에 좀 두두룩한 자리가 생기다. 또는 언덕이 생기다. □턱진 곳에 걸려 넘어지다.

턱-지다² [-찌-]**자** 한턱 내야 할 부담이 있다.

턱-짓 [-찓]**명하자** 턱을 움직여 자기의 뜻을 나타내는 동작. □~으로 신호를 보내다.

턱-찌꺼기명 먹고 남은 음식. 준턱찌끼.

턱-찌끼명 '턱찌꺼기'의 준말.

턱-촌목명『건』재목의 한 변에 평행한 선을 긋는 연장.

턱-턱부명자타 **1** 일을 결단성 있게 잘 처리하는 모양. □일을 ~ 해내다. **2** 잇따라 쓰러지는 모양. □뭇들이 ~ 쓰러지다. **3** 숨 따위가 잇따라 막히는 모양. □더위로 숨이 ~ 막히다. **4** 물건을 자꾸 두드리거나 먼지 등을 떠는 소리. 또는 그 모양. **5** 입을 잇따라 세게 벌리는 소리. 또는 그 모양. **6** 단단한 물건이 잇따라 세게 튀거나 터지는 모양. 황탁탁.

턱턱-거리다 [-꺼-]**자타** 턱턱 소리가 잇따라 나다. 또는 그런 소리를 잇따라 내다. 황탁탁거리다.

턱턱-대다 [-때-] [자타] 턱턱거리다.
턱-하다 [터카-] [자여] 턱을 내다.
턴 (turn) [명][하자] **1** 진로나 방향을 바꿈. **2** 수영에서, 되짚어 돌아옴.
턴버클 (turnbuckle) [명] 줄을 당겨 죄는 기구《양편에 서로 반대 방향의 수나사가 있어 회전시켜 양편 줄을 당겨 죔》.
턴키 방식 수출 (turnkey方式輸出) 〖경〗 플랜트 수출 등에서, 조사·설계에서 기자재 공급 및 시공·조업 지도까지 일체를 도맡아 완성시켜서 인도하는 방식.
턴테이블 (turntable) [명] **1** 레코드플레이어 따위에서 음반을 돌리는 회전반(盤). **2** 전차대(轉車臺).
털 [명] **1** 사람이나 동물의 피부에 나는 가느다란 실 모양의 것. ❑ ~을 갈다 / ~을 깎다 / 가슴에 ~이 나다. **2** 물건의 거죽에 부풀어 일어난 가느다란 섬유. **3** 새의 깃털. **4** '털실'의 준말. **5** 〖식〗 융털.
[털도 아니 난 것이 날기부터 하려 한다] 어리석은 사람이 격에 맞지 않는 일을 하려 한다는 말. **[털 벗은 솔개]** 앙상하고 볼품없음의 비유.
털-가죽 [명] 털이 그대로 붙어 있는 짐승의 가죽. 모피. ❑ ~ 장갑.
털-갈이 [명][하자] 짐승이나 조류(鳥類)가 털이나 깃을 갊. 또는 그런 일. 환우(換羽).
털-게 [명] 〖동〗 **1** 몸 전체에 털이 많이 난 게. **2** 털겟과의 게. 추운 바다에 사는데, 등딱지의 길이는 12 cm 가량, 다리의 등 쪽에 긴 털이 줄을 지어 났음. 식용함.
털-곰팡이 [명] 〖생〗 자낭균류(子囊菌類).
털-구름 [명] 〖지〗 권운(卷雲).
털-구멍 [-꾸-] [명] 털이 나는 작은 구멍. 모공(毛孔).
털-끝 [-끋] [명] **1** 털의 끝. **2** 아주 적거나 사소한 것의 비유. ❑ 그럴 마음은 ~만큼도 없다.
[털끝도 못 건드리게 하다] 조금도 손을 대지 못하게 하다.
털-내의 (-內衣) [-래-/-래이] [명] 털실로 짠 내의. 털내복.
털-너널 [-러-] [명] 털가죽 따위로 크게 만든 버선《추울 때나 먼 길을 갈 때에 덧신음》. 털버선.
털:다 〔털어, 터니, 터는〕 [타] **1** 치거나 흔들어 붙은 것이 흩어지거나 떨어지게 하다. ❑ 먼지를 ~. [센]떨다. **2** 있는 것을 모조리 내다. ❑ 밑천을 ~. **3** 도둑이나 소매치기 따위가 몽땅 훔쳐 가다. ❑ 빈집을 ~ / 은행을 ~. **4** 감정·일·병 따위를 극복하거나 정리하다. ❑ 자리를 털고 일어나다 / 과거를 털어 버리다.
털럭 [부][하자] 매달리거나 한쪽이 늘어진 물건이 흔들리는 소리. 또는 그 모양. [작]탈락.
털럭-거리다 [-꺼-] [자] 매달리거나 늘어진 물건이 자꾸 흔들리다. [작]탈락거리다. **털럭-털럭** [부][하자]
털럭-대다 [-때-] [자] 털럭거리다.
털레-털레 [부][하자] 홀가분한 차림으로 건들건들 걷거나 행동하는 모양. ❑ 빈손으로 ~ 돌아오다. [작]탈래탈래.
털-리다[1] [자타] 《'털다'의 피동》 **1** 털어지다. 턺을 당하다. **2** 노름판에서 돈을 모조리 잃다. **3** 도둑이나 소매치기에게 재물을 모조리 잃어버리다. ❑ 돈을 몽땅 ~.
털-리다[2] [타] 《'털다'의 사동》 털게 하다.
털-메기 [명] 굵고 거칠게 삼은 짚신.
털-모자 (-帽子) [명] 짐승의 털가죽이나 털실로 만든 모자.
털-목 (-木) [명] 굵고 거칠게 짠 무명.
털-목도리 [-또-] [명] 짐승의 털가죽이나 털실로 만든 목도리.
털-바늘 [명] 계류(溪流) 낚시 등에서 쓰이는, 작은 벌레 모양의 미끼를 달아 놓은 속임 바늘《오징어 따위를 잡는 데 씀》.
털-방석 (-方席) [명] **1** 짐승의 털가죽으로 만든 방석. **2** 털실로 짜서 만든 방석. **3** 속에 깃이나 털을 두어 만든 방석.
털-배자 (-褙子) [명] 안에 털을 대고 만든 배자.
털버덕 [부][하자타] **1** 넓적한 면으로 얕은 물 따위를 거칠게 치는 소리. **2** 아무렇게나 주저앉는 모양. 또는 그 소리. ❑ 길가에 ~ 주저앉다. [작]탈바닥. [준]털벅.
털버덕-거리다 [-꺼-] [자타] 자꾸 털버덕 소리가 나다. 또는 자꾸 그런 소리를 내다. [작]탈바닥거리다. [준]털벅거리다. **털버덕-털버덕** [부][하자타]
털버덕-대다 [-때-] [자타] 털버덕거리다.
털-버선 [명] 털너널.
털벅 [부][하자타] '털버덕'의 준말. [작]탈박.
털벅-거리다 [-꺼-] [자타] '털버덕거리다'의 준말. [작]탈박거리다. **털벅-털벅** [부][하자타]
털벅-대다 [-때-] [자타] 털벅거리다.
털벙 [부][하자타] 묵직한 돌멩이 따위가 물에 떨어지는 소리. [작]탈방.
털벙-거리다 [자타] 잇따라 털벙 소리가 나다. 또는 잇따라 그런 소리를 내다. [작]탈방거리다. **털벙-털벙** [부][하자타]
털-벙거지 [명] 털로 만든 벙거지.
털벙-대다 [자타] 털벙거리다.
털-보 [명] 수염이나 몸에 털이 많이 난 사람을 놀리는 말.
털-복사 [-싸] [명] '털복숭아'의 준말.
털-복숭아 [-쑹-] [명] '유월도(六月桃)'를 겉에 털이 많아서 이르는 말. [준]털복사.
털-북숭이 [-쑹-] [명] 털이 많이 난 사람. 또는 그런 물건. [준]북숭이.
털-붓 [-붇] [명] '붓'1'을 연필·철필에 대하여 이르는 말. 모영(毛穎). 모추(毛錐). 모필(毛筆).
털-붙이 [-부치] [명] **1** 털이 있는 짐승의 가죽. 털가죽. **2** 털로 짠 물건.
털-빛 [-삗] [명] 털이나 깃의 빛깔과 같은 빛. 모색(毛色).
털-뿌리 [명] 〖생〗 모근(毛根).
털-수건 (-手巾) [명] 타월을 달리 이르는 말.
털-수세 [명] 털이 많이 나서 험상궂게 보이는 수염.
털-신 [명] 털이나 모피(毛皮) 따위로 만든 방한화(防寒靴).
털-실 [명] 짐승 털로 만든 실. 모사(毛絲). [준]털.
털-쌘구름 [명] 〖지〗 권적운(卷積雲).
털썩 [부][하자] **1** 갑자기 주저앉거나 쓰러지는 소리나 모양. ❑ 땅바닥에 ~ 주저앉다. **2** 크고 두툼한 물건이 갑자기 떨어지는 소리나 모양. ❑ 짐을 ~ 내려놓다. [작]탈싹.
털썩-거리다 [-꺼-] [자] 잇따라 털썩하다. [작]탈싹거리다. **털썩-털썩** [부][하자]
털썩-대다 [-때-] [자] 털썩거리다.
털썩이-잡다 [-써기-따] [타] 일을 망치다. ❑ 시세가 떨어져 털썩이잡았다.
털어-놓다 [터러노타] [타] **1** 비밀·고민 등을 숨김없이 이야기하다. ❑ 속마음을 ~ / 불만을 ~. **2** 속에 든 물건을 모두 내놓다. ❑ 지갑을 ~.

털어-먹다 [터러-따] 囮 재산이나 돈을 함부로 써서 없애다. ▢재산을 다 ~.

털-여뀌 [-려-] 圀 《植》 여뀟과의 한해살이풀. 줄기 높이는 2m가량임. 잎은 어긋나고 넓은 달걀 모양을 이루며 7~8월에 붉은 자주색 꽃이 수상(穗狀)꽃차례로 줄기 끝과 가지 끝에 나고, 수과(瘦果)를 맺음. 어린잎은 식용함.

털-여물 圀 미장 재료로, 회반죽 따위에 섞어 쓰는 짐승의 털.

털-올실 圀 짐승의 털로 만든 올실.

털-옷 [터롣] 圀 털이나 털가죽으로 만든 옷.

털-옷감 [터롣깜] 圀 털로 짠 피륙.

털-외투 (-外套) 圀 털이나 털가죽으로 지은 외투.

털-요 [-료] 圀 털을 넣어서 만든 요.

털-이슬 [-리-] 圀 《植》 바늘꽃과의 여러해살이풀. 잎은 마주나고 긴 타원형이며 톱니가 있음. 8월에 흰 꽃이 총상(總狀)꽃차례로 줄기 끝과 가지 끝에 핌. 거꿀달걀꼴의 둥근 과실을 맺으며 갈고리 같은 잔털이 있음.

털-장갑 (-掌匣) 圀 1 털실로 짠 장갑. 2 털을 넣어 만든 장갑.

털-조장나무 (-釣樟-) 圀 《植》 녹나뭇과의 낙엽 활엽 관목. 잎은 긴 타원형인데 잎 뒤에 털이 있음. 자웅 이가(雌雄異家)로, 4월에 황색 꽃이 산형(繖形)꽃차례로 잎겨드랑이에서 나고, 둥근 핵과(核果)가 까맣게 익음. 이쑤시개·산울타리용임.

털-주머니 圀 《植》 '모낭(毛囊)'의 풀어쓴 말.

털-진드기 圀 《動》 털진드깃과의 진드기. 길이 1mm가량, 빛은 담홍색, 거미와 비슷한 데 털이 빽빽이 남. 흔히, 들쥐에 기생하며, 사람의 피도 빨아먹음. 모낭충(毛囊蟲).

털-질경이 圀 《植》 질경잇과의 여러해살이풀. 잎은 뿌리에서 뭉쳐나고 긴 타원형임. 수상(穗狀)꽃차례로 가는 네잎꽃이 깔때기 모양으로 핌. 들이나 길가에서 자람. 잎과 씨는 약용하며, 어린잎은 식용함.

털-쩝 圀 돈을 주책없이 함부로 쓰는 방탕한 사람을 그 돈을 쓰는 편에서 일컫는 말.

털-총이 (-驄-) 圀 《動》 푸르고 검은 무늬가 장기판처럼 줄진 말.

털층-구름 (-層-) 圀 《地》 권층운(卷層雲).

털터리 圀 '빈털터리'의 준말. ⑪탈타리.

털털 囝[하자타] 1 몸이 느른하여 겨우 걷는 모양. 2 금이 간 질그릇 따위를 계속 부딪치는 소리. 3 낡은 자동차 따위가 흔들거리며 겨우 달리는 소리. 또는 그 모양. ⑪탈탈².

털털-거리다 囝[타] 1 느른한 걸음으로 겨우 계속 걷다. 2 깨어지거나 금이 간 질그릇 따위를 자꾸 부딪치는 소리가 나다. 또는 자꾸 그런 소리를 내다. 3 낡은 자동차 따위가 흔들거리며 겨우 가다. ⑪탈탈거리다.

털털-대다 囝[타] 털털거리다.

털털-이 圀 1 차림새나 행동이 까다롭지 않고 털털한 사람. 2 몹시 낡아서 털털거리는 자동차·수레 따위를 일컫는 말. ⑪탈탈이.

털털-하다 웽[어] 1 사람의 성격이 까다롭지 않고 소탈하다. ▢털털한 성미. 2 품질이 수수하다. 털털-히 囝

털-토시 圀 털을 안에 댄 토시.

텀벙 囝[하자타] 묵직하고 큰 물건이 깊은 물에 떨어질 때 나는 소리. ⑪탐방. ◎덤벙.

텀벙-거리다 囝[하자타] 잇따라 텀벙 소리가 나다. 또는 잇따라 그런 소리를 내다. 첨벙거리다. ⑪탐방거리다. 텀벙-텀벙 囝[하자타]

텀벙-대다 囝[타] 텀벙거리다.

텀블러-스위치 (tumbler switch) 圀 아래위로

잦히게 된 스위치. 토글스위치.

텀블링 (tumbling) 圀[하자] 1 공중제비1. 2 여러 사람이 손을 맞잡거나 어깨에 올라타 앉는 것과 같은 동작으로 여러 가지 모양을 만듦. 또는 그런 체조.

텁석 [-썩] 囝 갑자기 덮쳐 물거나 움켜잡는 모양. ▢손을 ~ 잡다. ⑪탑삭.

텁석-거리다 [-썩꺼-] 잇따라 덮쳐 물거나 움켜잡다. ⑪탑삭거리다. 텁석-텁석 [-썩-썩] 囝[하타]

텁석-나룻 [-썽-룯] 圀 짧고 더부룩하게 많이 난 수염. ⑪탑삭나룻.

텁석-대다 [-썩때-] 囮 텁석거리다.

텁석-부리 [-썩뿌-] 圀 텁석나룻이 난 사람을 놀리는 말. ⑪탑삭부리.

텁수룩-이 [-쑤루기] 囝 텁수룩하게. ▢수염이 ~ 나다.

텁수룩-하다 [-쑤루카-] 웽[어] 배게 난 머리털이나 수염이 어수선하거나 더부룩하다. ▢텁수룩한 머리털. ⑪탑소록하다.

텁지근-하다 [-찌-] 웽[어] 입맛이나 음식 맛이 텁텁하고 개운치 못하다. 텁터름하다.

텁터름-하다 웽[어] 텁지근하다.

텁텁-이 圀 까다롭지 않고 소탈한 사람.

텁텁-하다 [-터파-] 웽[어] 1 입맛이나 음식 맛이 시원하거나 깨끗하지 못하다. ▢텁텁한 막걸리 / 입 안이 ~. 2 눈이 흐릿하고 깨끗하지 못하다. 3 성미가 까다롭지 않고 소탈하다. ▢사람이 텁텁하고 수더분하다. 4 날씨나 공기가 후텁지근하다. ▢텁텁한 공기 / 날씨가 ~.

텃-고사 (-告祀)[터꼬- / 턴꼬-] 圀 《民》 터주에게 지내는 고사.

텃-구실 [터꾸- / 턴꾸-] 圀 집터를 쓰는 사람이 내는 온갖 세금.

텃-논 [턴-] 圀 집터에 딸리거나 마을 가까이 있는 논.

텃-도지 (-賭地)[터또- / 턴또-] 圀 집터를 빌려 쓰는 값으로 내는 세.

텃-마당 [턴-] 圀 타작할 때에 공동으로 쓰려고 닦아 놓은 마당.

텃-물 [턴-] 圀 집의 울안에서 흘러나오는 온갖 배수(排水).

텃-밭 [터빧 / 턴빧] 圀 집터에 딸리거나 집 가까이 있는 밭. ▢~을 가꾸다. *터알.

텃-새 [터쌔 / 턴쌔] 圀[鳥] 철을 따라 옮겨 다니지 않고 한 지방에서 내내 사는 새(참새·까치·까마귀·꿩 따위). 유조(留鳥). ↔철새.

텃-세 (-貰)[터쎄 / 턴쎄] 圀 터를 빌려 쓰고 내는 세. ▢~를 내다.

텃-세 (-勢)[터쎄 / 턴쎄] 圀[하자] 먼저 자리를 잡은 사람이 뒤에 들어오는 사람을 업신여기는 짓. ▢~가 심하다 / ~를 부리다.

텅¹ 囝 속이 비어 아무것도 없는 모양. ▢~ 빈 교실. ⑪탕².

텅² 圀[하자] 총포(銃砲)가 터져서 나는 것과 같은 소리. ⑪탕³.

텅³ 囝 쇠붙이로 된 속이 빈 큰 통을 세게 두드리는 소리. ⑪탕⁴.

텅스텐 (tungsten) 圀 《化》 회백색의 아주 굳고 강인한 금속 원소의 하나. 철망간 중석·회(灰) 중석 등의 광석에 들어 있음. 텅스텐강·고속도강(高速度鋼) 등의 합금 제조, 백열전구, 전자관(電子管)의 필라멘트 등으로 씀. 중석. 볼프람. [74 번 : W : 183.85]

텅스텐-강 (tungsten鋼) 圀 《工》 텅스텐을 섞

은 강철. 굳기가 크므로 다른 철물의 절단(切斷) 등에 사용함. 볼프람강(Wolfram鋼).

텅스텐 전ː구 (tungsten電球) 〖전〗 필라멘트를 텅스텐으로 만든 진공 백열전구《오늘날 가장 능률이 높은 전구로 많이 씀》.

텅-텅 〔부〕 큰 것 여럿이 다 비어 아무것도 없는 모양. ▣ ～ 비어 있는 버스. 〈작〉탕탕¹.

텅-텅² 〔부〕〔하자타〕 총포가 잇따라 터지거나 마룻바닥 따위를 계속 치는 것과 같은 소리. 〈작〉탕탕². 〈센〉떵떵.

텅텅 〔부〕 헛된 장담만 하는 모양. ▣ 큰소리를 ～ 치다. 〈작〉탕탕³. 〈센〉떵떵².

텅텅-거리다 〔자타〕 텅텅 소리가 계속 나다. 또는 그런 소리를 계속 내다. 〈작〉탕탕거리다.

텅텅-대다 〔자타〕 텅텅거리다.

테¹ 〔명〕 1 그릇의 조각이 깨지거나 어그러지지 않게 둘러맨 줄. ▣ ～를 두르다 / ～를 매우다. 2 둘레를 두른 물건. ▣ 모자에 흰 ～를 두르다. 3 '테두리'의 준말.

테² 〔의명〕 서려 놓은 실의 묶음을 세는 말. ▣ 실 ～.

테너 (tenor) 〔명〕〔악〕 1 남성의 가장 높은 음역. 또는 그 가수. 2 남성의 가장 높은 음역에 해당하는 악기.

테너 바리톤 (tenor baritone) 〔악〕 테너에 가까운 음색의 바리톤. 또는 그 가수.

테너-색스 (tenor sax) 〔명〕〔악〕 알토보다 낮고 바리톤보다 높은 음역을 가진 색소폰.

테누토 (이 tenuto) 〔명〕〔악〕 연주 지시(指示) 용어의 하나. '음을 충분히 지속하여'라는 뜻《기호 : ten.》.

테니스 (tennis) 〔명〕 중앙에 네트를 치고 양쪽에서 라켓으로 공을 쳐서 넘기는 경기《남·녀 단식과 복식, 혼합 복식 등의 방식이 있음》.

테니스-장 (tennis場) 〔명〕 테니스를 하는 운동장. 흰 줄로 구획하고, 중앙에 네트를 침.

테두리 〔명〕 1 가장자리를 따라가며 두르거나 치는 줄·금 또는 장식. ▣ ～를 치다 / ～를 두르다. 2 둘레의 가장자리. ▣ 연못의 둥근 ～. 3 일정한 범위나 한계. ▣ 예산의 ～ 안에서 / 법의 ～를 벗어나다. 〈준〉테.

테라리엄 (terrarium) 〔명〕〔농〕 1 원예에서, 밀폐된 유리그릇이나 아가리가 작은 유리병 등의 안에 넣어 작은 식물을 재배하는 방법. 또는 그 유리그릇《식물은 실내의 빛으로 광합성을 함》. 2 육지에 사는 작은 동물의 사육용 용기(容器).

테라마이신 (Terramycin) 〔명〕〔약〕 항생 물질인 '옥시테트라사이클린'의 상표명.

테라-바이트 (Terabyte) 〔의명〕〔컴〕 컴퓨터 칩에 저장할 수 있는 정보량의 단위. 1테라바이트는 1바이트의 10^{12}배.

테라스 (terrace) 〔명〕〔건〕 실내에서 직접 밖으로 나갈 수 있도록 꾸며, 길이나 정원 쪽으로 뻗쳐 나온 곳《휴식 등의 생활공간으로 씀》.

테라초 (이 terrazzo) 〔명〕〔건〕 대리석 부스러기와 착색 시멘트를 섞어 굳힌 뒤에 표면을 닦아 대리석과 같이 만든 돌.

테라 코타 (이 terra cotta) 〔원어는 '구운 점토'라는 뜻〕 1〔건〕 장식용의 단단하고 설구운 도기《주로 아치·난간·벽·천장 따위 장식으로 석재(石材) 대신 씀》. 2〔미술〕 양질의 점토를 설구워 만든 소상(塑像)과 그릇.

테러 (terror) 〔명〕 1 폭력을 써서 적이나 상대방을 위협하거나 공포에 빠뜨리게 하는 행위. ▣ ～를 당하다 / ～를 가하다. 2〔정〕 '테러리즘'의 준말.

테러리스트 (terrorist) 〔명〕 정치적인 목적을 위해서 계획적으로 폭력을 사용하는 사람.

테러리즘 (terrorism) 〔명〕〔정〕 폭력을 써서 정치적인 목적을 이루려는 사상이나 주의. 폭력주의. 〈준〉테러.

테레비 〔명〕 ☞ 텔레비전(television).

테레빈-유 (terebene油) 〔명〕〔화〕 송진을 수증기로 증류하여 얻는 휘발성의 정유(精油). 특이한 향기가 있으며 무색 또는 담황색이고 끈끈함《각종 용제(溶劑) 및 니스·페인트의 제조에 씀》. 송지유(松脂油).

테르뮴 (terbium) 〔명〕〔화〕 희토류(稀土類) 원소의 하나. 고체 금속으로, 용도는 별로 알려져 있지 않음. 터븀. [65 번 : Tb : 158.924]

테르체토 (이 terzetto) 〔명〕〔악〕 삼중창.

테르펜 (독 Thermit) 〔명〕〔화〕 가연성(可燃性)의 불포화 탄화수소로, 미독성(微毒性)의 액체《향료·의약품 제조용임》.

테르펜-류 (terpene類) 〔명〕〔화〕 탄화수소 및 그 유도체(誘導體)《피넨·멘톨·장뇌 따위》.

테르펜틴 (독 Terpentin) 〔명〕〔화〕 소나무 따위 식물의 줄기에서 흘러나오는 끈끈한 진《송진 따위》.

테리어 (terrier) 〔명〕〔동〕 영국 원산의 개 품종의 하나. 민첩하고 작아서 사냥에 씀《굴속의 작은 짐승을 잘 잡음》.

테릴렌 (Terylene) 〔명〕〔공〕 양털과 비슷한 합성섬유인 '데이크론(Dacron)'의 미국 상표명. 잘 구겨지지 않고 마찰과 물에 강해 옷감·호스·어망 따위의 제조에 이용함.

테마 (독 Thema) 〔명〕 예술 작품, 학술적인 논문이나 회의 따위에서 중심이 되는 내용이나 주제. ▣ ～로 잡다.

테마 공원 (Thema公園) 넓은 지역에, 야생 동물·화생 생물·동화의 나라 등처럼 특정 주제를 정해 놓고 이에 맞는 시설을 설치해 놓은 위락(慰樂) 단지. 한 구역 안에서 여가 활동을 할 수 있게 조성함《미국의 디즈니랜드 따위》. 테마 파크.

테마 뮤직 (Thema+music) 〔악〕 어떤 작품의 주제를 노래하는 음악. 주제 음악.

테마 소ː설 (Thema小說) 〔문〕 주제 소설.

테마-송 (Thema+song) 〔악〕 주제가(歌).

테마 파크 (Thema+park) 테마 공원.

테-메다 〔타〕 ☞ 테우다.

테-메우다 〔타〕 틈이 벌어진 질그릇·나무 그릇 따위의 둘레를 대오리·편철(片鐵)·철사 따위로 돌려서 감다.

테-밀이 〔명하타〕 문살의 모서리를 조금 테가 있게 만드는 일. 또는 그 문살.

테-받다 〔-따〕〔타〕 어떤 대상과 같은 모양을 이루다.

테석-테석 〔부하동〕 거죽이나 면이 거칠게 일어나 반질랍지 못한 모양.

테스터 (tester) 〔명〕〔전〕 하나의 지시침(指示針)을 사용하여, 저항치(抵抗値)·직류 전류·직류 전압·교류 전압 등을 전환시켜 측정할 수 있도록 한 장치.

테스토스테론 (testosterone) 〔명〕〔생〕 고환에서 추출되는 남성 호르몬. 생식기의 발육을 촉진하고 제이 차 성징이 나타나게 함.

테스트 (test) 〔명〕〔하타〕 사람의 학력·지능·능력이

나 제품의 성능 따위를 알아보기 위해 검사하거나 시험함. 또는 그런 검사나 시험. ▣~를 받다 / 성능을 ~하다.

테스트 케이스 (test case) **1**『법』판례가 될 소송 사건. **2** 시험적으로 해보는 실례(實例).

테스트 파일럿 (test pilot) 항공기의 성능 시험을 하기 위해 비행하는 조종사.

테스트 패턴 (test pattern) 텔레비전의 영상을 조정할 수 있도록 정규 방송 전에 내보내는 화상(畫像).

테-실 사려서 테를 지은 실.

테이블 (table) 명 서양식의 탁자나 식탁. ▣~에 앉다.

테이블 매너 (table manner) 양식을 먹을 때의 예법.

테이블-센터 (table center) 명 테이블 중앙에 놓는 장식용의 헝겊 또는 레이스.

테이블스푼 (tablespoon) 명 수프를 떠먹는 데 쓰는 큰 숟가락. 또는 음식을 덜어 내는 데 쓰는 큰 숟가락.

테이블-클로스 (tablecloth) 명 테이블 위를 덮는 보(褓)나 편물의 총칭. 식탁보.

테이프 (tape) 명 **1** 가늘고 길게 만든 종이·헝겊의 오라기. ▣ 개관식 ~를 끊다. **2** 전선에 감아서 절연(絶緣)하는 데 쓰는 좁고 긴 종이나 헝겊. **3** 녹음·녹화 등에 쓰는, 자성(磁性) 물질을 바른 긴 필름. ▣~에 녹화하다.

테이프 리코더 (tape recorder) 명 자기(磁氣) 녹음기의 하나. 소리를 자성체(磁性體)의 미세한 가루를 바른 테이프에 기록하여 두었다가 이것을 재생시켜 소리를 내게 하는 장치(녹음·재생을 겸할 수 있음).

테이핑 (taping) 명 운동선수의 관절·근육·인대 등에 테이프를 감는 일(경기 중의 부상 예방과 치료에 씀).

테일-라이트 (taillight) 명『공』열차나 자동차 따위의 뒤에 있는, 미등(尾燈).

테제 (독 These) 명 **1**『철』정립(定立) 4. ↔ 안티테제. **2**『정』정치적·사회적 운동에서, 기본 방침을 규정한 강령(綱領). 운동 방침.

테크네튬 (technetium) 명『화』인공 방사능 금속 원소의 하나. 화학적 성질은 레늄과 비슷하며, 최근에는 원자로에서 다량으로 추출됨. [43 번 : Tc : 99]

테크노크라시 (technocracy) 명『사』**1** 1932 년경에 미국에서 유행한, 전문 기술자에게 한 나라의 산업·자원의 지배와 통제를 맡기자는 정치 사상. **2** 기술자가 관리하는 사회 경제 체제.

테크노폴리스 (technopolis) 명『지』고급 기술 산업과 연구 시설이 집중된 작은 도시(미국의 실리콘 밸리 따위).

테크놀로지 (technology) 명 **1** 과학 기술. **2** 공예학. 응용과학.

테크니컬러 (technicolor) 명『연』컬러 영화의 한 방식. 색 분리 필터를 이용하여 촬영 대상의 빛을 삼원색으로 나누어 촬영한 후, 각각의 필름에 삼색을 착색하여 그것을 다시 하나로 합쳐 컬러를 만들어 냄.

테크니컬 파울 (technical foul) 농구에서, 신체 접촉 이외의 방법으로 범하는 반칙. 고의적인 경기 지연, 허가 없는 선수 교체, 번호의 임의 변경 따위. *퍼스널 파울.

테크닉 (technic) 명 악기 연주·노래·운동 따위를 훌륭하게 해내는 기술이나 능력. ▣ 고도의 ~을 구사하다.

테타니 (tetany) 명『의』부갑상선(副甲狀腺)의 기능 장애로 말미암은 말초 신경 흥분성 항진

의 결과로 팔다리에 일어나는 강직성 경련.

테트라젠 (tetrazene) 명『화』폭발성의 무색 또는 황색을 띤 고체(폭약 기폭제(起爆劑)·뇌관(雷管) 따위에 씀).

테트로도톡신 (tetrodotoxin) 명『화』복어의 난소(卵巢)에 있는 맹독소(猛毒素). 말초 신경과 중추 신경에 작용하며, 생명에 위험함(진경(鎭痙)·진정제로 이용함).

테플론 (Teflon) 명『화』미국 뒤퐁 회사에서 만든 폴리 플루오로(poly fluoro) 에틸렌 계열의 수지 및 섬유의 상표명(전기 절연 테이프·텔레비전이나 레이더의 특수 부속품 따위에 씀).

텍사스 히트 (Texas hit) 야구에서, 타자가 친 공이 빗맞아 내야수와 외야수 사이에 떨어져 안타가 되는 타구(打球).

텍스 (←texture) 명『건』섬유판(纖維板). ▣ 방음(防音)~.

텍스트 (text) 명 **1** 주석·번역·서문 및 부록 따위에 대한 본문 또는 원문. 원전(原典). **2** 문장이 모여서 이루어진 한 덩어리의 글. **3** 교과서.

텍타이트 (tektite) 명『지』공이나 단추 모양의 천연 유리질. 흑요석과 비슷하며 오스트레일리아·인도네시아·체코 등지에서 산출됨.

텐더로인 (tenderloin) 소·돼지의 허리 부분의 연한 살(고급 스테이크용).

텐스 (tense) 명『언』시제(時制).

텐트 (tent) 명 천막. ▣ ~를 치다.

텔넷 (TELNET) 명 『tele network』『컴』통신망을 통하여 이쪽 컴퓨터를 원격지의 컴퓨터의 터미널처럼 만들어 주는 인터넷의 표준 프로토콜.

텔레라이터 (telewriter) 명 전류의 작용에 따라 자동적으로 문자를 찍어 내는 장치. 전기 사자기(寫字機).

텔레마케팅 (telemarketing) 명『경』전화나 컴퓨터 등을 이용한 마케팅 활동. 상품 소개 및 판매·서비스 제공·시장 조사·고객 관리 등을 행함.

텔레미터 (telemeter) 명 먼 곳의 상태를 자동으로 측정하여 그 정보를 전기 신호로 바꾸어 송신하는 전기 계기와 송수신기(장치 산업·의료 기술·우주 개발 등에 씀).

텔레뱅킹 (telebanking) 명『경』폰뱅킹.

텔레비 명 ☞ 텔레비전.

텔레비전 (television) 명 영상과 소리를 전파를 통해 받아서 수신 장치에 재현하는 장치. 또는 그 수상기(약칭 : 티브이(TV)). ▣ ~ 네트워크 / ~로 중계하다.

텔레비전 전:화 (television電話) 텔레비전과 송수화기를 결합해서, 서로 상대편의 모습을 보면서 말을 주고받을 수 있게 끔 한 장치.

텔레비전 카메라 (television camera) 명『물』광학 렌즈를 통하여 얻은 상을 전기 신호로 송신하는 장치.

텔레타이프 (teletype) 명 텔레타이프라이터.

텔레타이프라이터 (teletypewriter) 명 무전 장치로, 송신자가 타이프라이터를 치면 동시에 먼 곳에 있는 수신측의 타이프라이터가 자동적으로 같은 문자를 찍어 내게 된 장치. 전신 인자기(印字機). 텔레타이프. 텔레프린터.

텔레텍스 (teletex) 명『컴』워드 프로세서에 고도의 통신 기능을 첨가시키고, 전기 통신망을 이용하여 작성한 문서를 다른 곳으로 전송하는 장치.

텔레텍스트 (teletext) 몡 〖언〗문자 다중 방송.

텔레파시 (telepathy) 몡 〖심〗한 사람의 사고·말·행동 따위가 멀리 있는 다른 사람에게 전이되는 심령 현상. ▢ ~가 통하다.

텔레팩스 (telefax) 몡 모사 전송(模寫電送).

텔레프린터 (teleprinter) 몡 텔레타이프라이터.

텔렉스 (telex) 몡 전화 회선으로 연결된 상대방을 불러내어, 텔레타이프로 통신하는 전신 장치(신문사·무역 회사 등에서 해외 통신에 이용함 ; 상표명). 가입 전신.

텔롭 (telop) 몡 텔레비전 화면에 영사(映寫)하는 문자·사진. 또는 그 방영(放映) 기술(카메라를 쓰지 않고 송신함).

텔루르 (독 Tellur) 몡 〖화〗원소의 하나. 은백색의 금속 광택이 있는 결정. 반도체의 특성을 가지고 있음. 화학적 성질은 황·셀렌(Selen)과 비슷함. [52 번 : Te : 127.60]

템 〖의〗생각보다 많은 정도를 나타내는 말(수량을 나타내는 명사 뒤에서 조사 '이나'를 붙여 씀). ▢ 두 달 ~이나 걸렸다.

템페라 (tempera) 몡 〖미술〗서양화의 한 가지. 안료(顏料)를 아교나 달걀노른자에 섞어 만든 채료로 그린 그림. 또는 그 그림물감.

템포 (이 tempo) 몡 1 〖악〗악곡을 연주하는 속도·박자. ▢ 이 곡은 ~가 빠르다. 2 문학 작품·연극·영화 등의 줄거리나 내용의 진전 속도. 3 일이 진행되는 빠르기. ▢ 공사의 ~가 느리다.

템포 디 (이 tempo di) 〖악〗'…의 빠르기로'의 뜻.

템포 루바토 (이 tempo rubato) 〖악〗'음의 길이를 임의로 바꾸어 느리거나 빠르게, 그러나 전체 연주 시간은 같게'의 뜻.

템포슈붕 (독 Temposchwung) 몡 스키에서, 회전법의 한 가지. 제동(制動)하지 않고 빠른 속도로 회전하는 기술.

템포 주스토 (이 tempo giusto) 〖악〗'정확한 템포로'의 뜻.

템포 코모도 (이 tempo comodo) 〖악〗'템포를 마음대로 또는 적당한 박자로'의 뜻.

템포 프리모 (이 tempo primo) 〖악〗'처음의 빠르기로'의 뜻.

텡-쇠 몡 겉으로는 튼튼한 듯이 보이나 속은 허약한 사람을 낮잡아 이르는 말.

털릭 몡 〈옛〉 철릭.

토[1] 몡 윷놀이에서, '도'를 다른 말 뒤에 붙여서 를 때에 이르는 말. ▢ 복~를 쳤다 / 승부는 걸 ~ 간에 달렸다.

토[2] 몡 〖언〗1 한문을 읽을 때 한문의 구절 끝에 붙여 읽는 우리말 부분. ▢ ~를 붙이다. 2 '토씨'의 준말. 주의 '吐'로 씀은 취음.
  토(를) 달다 쿼 어떤 말 끝에 덧붙여 말하다. ▢ 토를 달고 나서다 / 말끝마다 ~.

토[3] 몡 1 간장을 졸일 때 윗면에 떠오르는 찌꺼기. 2 간장을 담은 그릇의 밑바닥에 가라앉는 된장의 부스러기.

토 (土) 몡 1 〖민〗오행(五行)의 하나(방위로는 중앙, 색(色)으로는 황색을 가리킴). 2 '토요일'의 준말.

토- (土) 쿼 어떤 명사 앞에 붙어, '흙'의 뜻을 나타내는 말. ▢ ~마루 / ~벽.

-토 (土) 쿼 어떤 명사 뒤에 붙어, '흙'의 뜻을 나타내는 말. ▢ 부식~.

토가 (土價) [-까] 몡 땅값.

토:-가 (討價) [-까] 몡하타 물건값을 부르거나 청구함.

토각-귀모 (兔角龜毛) [-뀌-] 몡 토끼의 뿔과 거북의 털이란 뜻으로, 세상에 없는 것을 비유하는 말.

토감 (土坎) 몡하자 1 흙구덩이. 2 묏자리를 정할 때까지 시체를 임시로 흙으로 덮어 둠.

토건 (土建) 몡 '토목건축'의 준말. ▢ ~ 회사 / ~업에 종사하다.

토고 (土鼓) 몡 〖악〗중국 주(周)나라 때에 쓰던 타악기. 흙을 구워 만든 틀에 가죽을 메워, 풀을 묶어 만든 북채로 침.

토공 (土工) 몡 1 흙을 쌓거나 파는 따위의, 흙을 다루는 공사. 흙일. 2 미장공.

토공 (土公) 몡 〖민〗'토공신(土公神)'의 준말.

토공-신 (土公神) 몡 〖민〗음양가(陰陽家)에서 말하는 땅의 신. 봄에는 부엌에, 여름에는 문에, 가을에는 우물에, 겨울에는 마당에 있다고 하는데, 그 계절에 그 장소를 옮기면 신의 노여움을 사서 재앙이 따른다고 함. 토신(土神). 쮸토공(土公).

토관 (土官) 몡 〖역〗'토관직(土官職)'의 준말.

토관 (土管) 몡 시멘트나 흙을 구워 만든 둥근 관(굴뚝이나 배수로(排水路) 등에 씀).

토관-직 (土官職) 몡 〖역〗고려·조선 때, 평안도·함경도의 부(府)·목(牧)·도호부에 따로 두었던 벼슬(그 도(道) 사람만 임명함). 쮸토관(土官).

토-광 (土-) 몡 널빤지를 깔지 않고 흙바닥을 그대로 둔 광.

토광 (土鑛) 몡 〖광〗흑광(黑鑛)의 산화대(酸化帶)가 흙 같은 엷은 빛의 광석으로 변하여, 금과 은의 가루가 풍부한 광석.

토광-묘 (土壙墓) 몡 〖역〗널무덤.

토광-인희 (土廣人稀) [-히] 몡하형 지광인희(地廣人稀).

토괴 (土塊) 몡 흙덩이.

토교 (土橋) 몡 흙다리.

토구 (土寇) 몡 지방에서 일어나는 도둑의 떼. 토비(土匪). 토적(土賊).

토-구 (吐具) 몡 토기(吐器).

토:-구 (討究) 몡하타 사물의 이치를 따져 가며 연구함.

토-굴 (土-) 몡 〖조개〗1 땅에서 나는 굴조개의 총칭. 2 굴과의 조개. 암초 따위에 붙어삶. 껍데기는 길이 15 cm 가량의 원형이거나 네모지고 표면에는 잔비늘이 포개져 있음. 유생(幼生)은 어미 조개 안에서 성장함. 맛은 좋으나 양식(養殖)이 곤란함.

토굴 (土窟) 몡 땅굴.

토굴-집 (土窟-) [-찜] 몡 움집.

토극수 (土克水) [-쑤] 몡 〖민〗흙[土]이 물[水]을 이긴다는 오행(五行)의 운행.

토:-근 (吐根) 몡 1 〖식〗꼭두서닛과의 상록 관목. 높이 40 cm 가량, 흰빛의 잔 통꽃이 10~12개씩 덩이로 피고, 완두만 한 자줏빛 장과(漿果)가 익음. 2〖한의〗토근의 뿌리를 말린 것. 맛은 쓰고 냄새가 나며, 토하게 하거나 가래를 없애는 데 씀.

토:-근정 (吐根錠) 몡 〖한의〗토근의 뿌리에 유당(乳糖)을 섞어 만든 정제(가래를 없애는 데 씀).

토금 (土金) 몡 1 금빛이 나는 흙. 2 흙이나 모래 속에 섞여 있는 금.

토-금속 (土金屬) 몡 〖화〗'토류(土類) 금속'의 준말.

토금속 원소 (土金屬元素) 〖화〗'토류 금속 원소'의 준말.

토기 (土氣) 몡 1 지기(地氣)3. 2〖한의〗위(胃)의 작용.

토기 (土器) 몡 1 진흙으로 만들어 잿물을 올리

지 않고 구운 그릇. **2**《역》원시 시대에 쓰던, 흙으로 만든 그릇.
토-기 (吐氣)圓 욕지기. ☐ ~를 느끼다.
토-기 (吐器)圓 음식을 먹을 때 씹어 삼키지 못할 것을 뱉어 담는 작은 그릇. 토구(吐具). *타구(唾具).
토기-장 (土器匠)圓 토기장이.
토기-장이 (土器匠-)圓 토기를 만드는 일을 업으로 하는 사람. 토기장.
토기-점 (土器店)圓 토기를 구워 파는 가게.
토-끝 [-끝]圓 **1** 피륙의 끄트머리. **2** 피륙의 필(疋) 끝에 글씨나 그림이 박힌 부분. *화도끝.
토끼圓《동》토낏과의 짐승의 총칭. 귀는 대체로 길고 크며, 뒷다리는 앞다리보다 훨씬 발달하였음. 초원·숲 속에서 사는데 초식성으로 번식력이 강함. ☐ 놀란 ~ 같다.
[**토끼 둘을 잡으려다가 하나도 못 잡는다**] 욕심을 부리면 여러 가지 일 가운데서 하나도 뜻을 이루지 못한다는 말.
토끼-날圓《민》**1** 음력 정월의 첫 묘일(卯日)(이날 여자는 남의 집 출입을 꺼림). **2** 묘일(卯日).
토끼-뜀圓 양손으로 각각의 귀를 잡고 쪼그리고 앉은 자세로 토끼처럼 뛰어가거나 제자리에서 뜀. 또는 그런 동작.
토끼-띠圓《민》토끼해에 태어난 사람의 띠.
토끼-잠圓 깊이 잠들지 못하고 아무 데서나 잠깐 눈을 붙이는 잠. ☐ ~ 자듯 금방 깨다.
토끼-장 (-欌)圓 토끼를 넣어 기르는 장. 토끼우리. 토사(兔舍). 토끼집.
토끼-집圓 토끼를 가두어 기르는 통. 토끼장.
토끼-털圓 토끼의 털. ☐ ~ 목도리.
토끼-풀圓《식》콩과의 여러해살이풀. 길이 30~60 cm의 잎자루 끝에 작은 잎이 보통 3개가 심장 모양으로 붙음. 여름에 흰 꽃이 나비 모양의 꽃(목초·거름으로 씀). 클로버. 화란자운영.
토끼-해圓《민》'묘년(卯年)'의 속칭.
토나카이 (tonakai)圓《동》순록(馴鹿).
토-납 (吐納)圓하자 입으로 묵은 기운을 내뿜고 코로 새 기운을 들이마심. 또는 그 요법.
토너 (toner)圓《컴》복사기나 레이저 프린터에서 잉크 대신 사용하는 검은색 탄소 가루.
토너먼트 (tournament)圓 여러 편이 겨루면서 경기를 할 때마다 진 편은 떨어져 나가고 마지막으로 남은 두 편이 우승을 다투는 경기 방식. 승자 진출전.
토네이도 (tornado)圓《지》미국 중남부 지역에서 일어나는 강렬한 회오리바람(봄·여름에 많으며, 집이나 나무를 쓰러뜨리기도 함).
토노미터 (tonometer)圓《물》음의 진동수, 곧 높낮이를 재는 계기.
토농 (土農)圓 토농이.
토농-이 (土農-)圓 한곳에 붙박이로 살며 농사짓는 사람. 토농.
토닉 (tonic)圓 **1** 진(gin) 따위의 양주에 섞어 마시는 탄산음료. **2** 강장제(强壯劑).
토닉-솔파 (tonic sol-fa)圓《음》계이름부르기.
토닥-거리다 [-꺼-]타 잘 울리지 않는 물건을 가볍게 두드려 소리를 자꾸 내다. ☐ 보채는 아이의 등을 ~. 冱투덕거리다. 옌또닥거리다. **토닥-토닥**圓하자.
토닥-대다 [-때-]타 토닥거리다.
토닥-이다타 잘 울리지 않는 물건을 가볍게 두드리는 소리를 내다.
토단 (土壇)圓 흙으로 쌓은 단.

토-담 (土-)圓 흙으로 쌓아 친 담. 토원(土垣). 토장(土墻).
토담-장이 (土-)圓 토담을 쌓는 일을 직업으로 하는 사람. 冱담장이.
토담-집 (土-)圓《건》재목을 쓰지 않고 토담만 쌓아 그 위에 지붕을 덮어 지은 집. 토실(土室). 토옥(土屋).
토담-틀 (土-)圓 토담을 쌓는 데 쓰는 틀.
토-당귀 (土當歸)圓 **1**《식》땃두릅나무. **2**《한의》멧두릅의 뿌리.
토대 (土臺)圓 **1** 흙으로 쌓아 올린 높은 대. **2**《건》목조 건축물의 맨 밑에 있어, 상부(上部)를 지탱하는 가로로 댄 나무. **3**《건》모든 건조물의 가장 아랫도리가 되는 밑바탕. 지반(地盤). **4** 사물이나 사업의 밑바탕이 되는 기초와 밑천의 비유. ☐ 이론을 ~로 하여 경험을 쌓다. ──하다자예 기초하거나 근거하다. ☐ 영화가 실제 사건에 토대해서 구성되다.
토 댄스 (toe dance) 발레에서, 발끝으로 서서 추는 춤.
토도사 (土桃蛇)圓《동》굿뱀.
토둔 (土屯)圓 자그마한 언덕.
토라 (土螺)圓《동》우렁이.
토라지다자 **1** 먹은 음식이 체하여 제대로 소화되지 않고 신트림이 나다. **2** 마음에 들지 않고 뒤틀려서 싹 돌아서다. ☐ 조그마한 일에 샐쭉 ~.
토란 (土卵)圓《식》천남성과의 여러해살이풀. 높이 80~120 cm. 땅속에 살이 많은 덩이줄기가 있음. 잎은 두껍고 방패 모양이며 열매를 맺지 않음. 열대·온대에서 재배함. 뿌리줄기는 식용함. 우자(芋子). 토련.
토란-국 (土卵-)圓-[국]圓 맑은장국이나 토장국에 토란을 넣어 끓인 국.
토란-대 (土卵-)圓 고운대.
토력 (土力)圓 지력(地力).
토련 (土蓮)圓《식》토란.
토-렴圓하자 [←퇴염(退染)] 밥이나 국수에 뜨거운 국물을 여러 차례 부었다 따랐다 하여 덥게 함. ☐ 국수를 ~하다.
토-로 (吐露)圓하자 속마음을 죄다 드러내어 말함. 토파(吐破). ☐ 흉금을 ~하다 / 불만을 ~하다.
토록[1] (土-)圓《광》광맥의 본디 줄기에서 떨어져 다른 잡석과 함께 광맥의 겉으로 드러나 있는 광석.
토록[2]조 어느 정도 또는 어느 수량에 미치기까지의 뜻을 나타내는 부사격 조사. ☐ 이~ 풍부한 어휘 / 그~ 어려운 줄은 몰랐다.
토-론 (討論)圓하자 어떤 문제에 대해 여러 사람이 각기 의견을 말하며 논의함. ☐ 찬반 ~ / ~을 벌이다 / 환경 문제에 ~되다.
토롱 (土壟)圓 흙을 모아 쌓아서 임시로 만든 무덤. 토분(土墳).
토룡 (土龍)圓《동》지렁이.
토류 (土類)圓《화》물과 불에 잘 녹지 않고 환원하기도 어려운 금속 산화물(반토(礬土)·알루미늄의 산화물 따위).
토류 (土堉)圓 중국 당우(唐虞) 때에 흙으로 만들었다고 하는 날그릇.
토류 금속 (土類金屬)《화》원소 주기율표 제3족에 딸린 금속 원소(알루미늄·갈륨·인듐·탈륨·스칸듐 따위). 토류 금속 원소. 冱토금속.
토류 금속 원소 (土類金屬元素)《화》토류 금

속. ㉻토금속 원소.

토륨 (라 thorium) 圀 『화』 방사성 금속 원소의 하나. 회색의 무거운 결정. α선을 방사하며 메소토륨(Mesothorium)이 됨. 우라늄 다음가는 원자력 원료임. [90 번 : Th : 232.12]

토르소 (이 torso) 圀 『미술』 머리와 팔다리가 없이 몸통만으로 된 조각상.

토리¹ 圀 실을 둥글게 감은 뭉치. ㉺圀圀 실뭉치를 세는 말. ㅁ무명실 세 ~.

토리² 圀 화살대 끝에 씌운 쇠고리.

토리 (土理) 圀 **1** 메마르고 기름진 흙의 성질. **2** 『농』 어떤 식물에 맞고 안 맞는 땅의 성질. 지미(地味).

토리-실 圀 테를 짓지 않고 그냥 둥글게 감은 실. ㅁ~을 선반에 얹다.

토-마루 (土-) 圀 흙으로 쌓아 만든 마루.

토마토 (tomato) 圀 『식』 가짓과의 한해살이풀. 남아메리카 열대 원산으로 밭에서 재배하는데 높이는 1–1.5 m 정도임. 여름에 노란 꽃이 잎겨드랑이에 피고, 열매는 장과(漿果)로 붉게 익으며 식용함. 일년감.

토마토-소스 (tomato sauce) 圀 토마토를 썰어 익히고 소금·버터·후추 등을 넣어서 맛을 낸 소스(서양 요리의 조미료로 씀).

토마토-케첩 (tomato ketchup) 圀 토마토를 갈아서 농축한 것에 향료·식초 따위를 가미한 소스.

토막 ㉺圀 **1** 크고 덩어리가 진 도막. ㅁ생선을 ~ 치다 / 나무를 ~ 내다. **2** 말·글·노래 등의 짤막한 한 부분. ㅁ한 ~의 이야기. ㉺圀圀 덩어리가 진 도막을 세는 말. ㅁ생선 한 ~/ 영화 (역사) 의 한 ~.

토막 (土幕) 圀 움막집.

토막-고기 [-꼬-] 圀 굵게 썰어 토막을 낸 쇠고기나 돼지고기.

토막-극 (-劇) [-끅] 圀 촌극(寸劇).

토막-나무 [-망-] 圀 짤막짤막하게 토막을 낸 나무.

토막-말 [-망-] 圀 **1** 긴 내용을 간추려 한마디로 표현하는 말. **2** 토막토막 동안을 두어 가며 하는 말.

토막-민 (土幕民) [-망-] 圀 움집에 사는 사람.

토막-반찬 (-飯饌) [-빤-] 圀 생선이나 자반을 토막 쳐서 요리한 반찬.

토막-토막 ㉺圀 토막마다 모두. 또는 여러 개의 토막. ㅁ동강을 낸 ~을 한데 모으다. ㉺圀 여러 토막으로 잘린 모양. ㅁ~ 자르다.

토-매 (土-) 圀 『농』 벼를 찧어서 현미를 만드는 기구(맷돌 모양으로 아래위 두 짝이 있고, 위짝에 자루가 달려 있음).

토매-인 (土昧人) 圀 야만인.

토매-하다 (土昧-) 圀圀 어리석다.

토맥 (土脈) 圀 지맥(地脈).

토-머름 (土-) 圀 『건』 널조각 대신에 흙으로 막은 머름.

토멸 (討滅) 圀圀圀 쳐서 없애 버림. ㅁ변경의 도적이 ~되다.

토명 (土名) 圀 그 지방에서 쓰고 있는 이름.

토목 (土木) 圀 『건』 '토목 공사'의 준말.

토목-건축 (土木建築) [-껀-] 圀 토목과 건축. ㉻토건(土建).

토목 공사 (土木工事) [-꽁-] 『건』 목재·철재(鐵材)·토석(土石) 등을 사용하여 도로·교량·항만·철도·상수도 등의 건설이나 그것을 유지하기 위한 공사. ㉻토목.

토목-공이 (土木-) [-꽁-] 圀 어리석고 미련한

사람을 놀림조로 이르는 말.

토목 공학 (土木工學) [-꽁-] 『건』 도로·하천·도시 계획 등 토목에 관한 이론과 실제를 연구하는 공학의 한 부문. 토목학.

토목 기계 (土木機械) [-끼-/-끼계] 토목 공사에 쓰는 기계의 총칭.

토미즘 (Thomism) 圀 『철』 중세 최대의 스콜라 철학자인 이탈리아의 토마스 아퀴나스의 철학·신학설. 또는 그의 교의(敎義)를 신봉하는 철학·신학 체계와 그 해석.

토민 (土民) 圀 토착민.

토-바닥 (土-) 圀 『광』 사금(砂金)을 캐내는 곳의, 흙과 모래로 된 밑바닥.

토-박이 (土-) 圀 '본토박이'의 준말. ㅁ서울 ~ / 그는 이 고장 ~가 아니다.

토박이-말 (土-) 圀圀 고유어 1.

토박-하다 (土薄-) [-바카-] 圀圀 땅이 기름지지 못하고 메마르다.

토반 (土班) 圀 여러 대를 그 지방에서 붙박이로 살고 있는 양반.

토반-유 (兎斑釉) 圀 『미술』 짚이나 겨를 태운 재를 장석(長石)이나 토회(土灰)와 섞어 만든 탁한 백색 잿물.

토-반자 (土-) 圀 『건』 천장에 반자틀을 들인 뒤에 욋가지를 엮고 흙을 바른 반자.

토방 (土房) 圀 마루를 놓을 수 있는 처마 밑의, 좀 높이 편평하게 다진 흙바닥.

토번 (土蕃) 圀 미개한 지방에 붙박이로 사는 토착민.

토번 (吐蕃) 圀 『역』 중국 당송(唐宋) 시대에 티베트 족을 일컫던 말.

토벌 (討伐) 圀圀圀 병력을 동원하여 반란의 무리를 쳐서 없앰. ㅁ공비 ~ / 왜구를 ~하다 / 반란군이 ~되다.

토벽 (土壁) 圀 흙벽.

토병 (土兵) 圀 일정한 지역의 토민(土民)으로 편성한 그 지방의 군사.

토분 (土粉) 圀 분토(粉土).

토분 (土墳) 圀 토롱(土壟).

토분 (兎糞) 圀 『한의』 토끼의 똥(해열제로 사용함).

토불 (土佛) 圀 『불』 흙부처.

토붕 (土崩) 圀 흙이 무너진다는 뜻으로, 사물이 점차 잘못되어 손을 댈 여지가 없게 됨을 일컫는 말.

토붕-와해 (土崩瓦解) 圀圀圀 흙이 무너지고 기와가 깨어진다는 뜻으로, 사물이 여지없이 무너져 손댈 수 없이 됨.

토브랄코 (tobralco) 圀 무명으로 짠 천의 한 가지(여성과 어린이의 옷감으로 씀).

토비 (土匪) 圀 토구(土寇). ㅁ~를 소탕하다.

토비 (討匪) 圀圀圀 도둑의 무리를 침.

토빈 (土殯) 圀圀圀 장사를 지내기 전에 관(棺)을 임시로 묻음.

토사 (土沙·土砂) 圀 흙과 모래. 흙모래. ㅁ~가 강가에 쌓이다.

토-사 (吐絲) 圀圀圀 『농』 누에가 고치를 만들 때 입을 토해 냄.

토-사 (吐瀉) 圀圀圀 '상토하사(上吐下瀉)'의 준말. ㅁ~가 나다.

토사 (兎舍) 圀 토끼장.

토-사-곽란 (吐瀉癨亂) [-꽝난] 圀 『한의』 위로는 토하고 아래로는 설사하면서 배가 뒤틀리듯이 몹시 아픈 병증.

토사구팽 (兎死狗烹) 圀 토끼가 잡혀 죽으면 사냥개는 쓸모없게 되어 삶아 먹힌다는 뜻으로, 필요할 때는 쓰고 필요하지 않을 때는 야박하게 버리는 경우를 이르는 말.

토사-도 (土砂道) [명] 〖건〗 흙과 모래만을 깐 채 포장(鋪裝)하지 않은 길. 토사 도로.
토사-문 (兎絲紋) [명] 〖공〗 토호화(兎毫花).
토사-자 (兎絲子) [명] 〖한의〗 말린 새삼의 씨. 소갈(消渴)·몽설(夢泄)·유정(遺精)·소변 불금(不禁) 등의 병에 약재로 씀.
토산 (土山) [명] 흙으로만 이루어진 산. 흙메.
토산 (土產) [명] '토산물'의 준말.
토산-마 (土產馬) [명] 그 지방에서 특유하게 나는 말. ❑조랑말은 제주도의 ~이다.
토산-물 (土產物) [명] 그 지방에서 특유하게 나는 물건. 토지소산. ❑대구의 ~로는 사과가 유명하다. [준]토산.
토산-불알 [명] 〔←퇴산(癀疝)불알〕 〖한의〗 산증(疝症)으로 한쪽이 특히 커진 불알.
토산불-이 [명] 〔←퇴산(癀疝)불이〕 토산불알을 가진 사람.
토산-종 (土產種) [명] 그 지방에서 특유하게 나는 종자 또는 종류. 토종(土種).
토산-품 (土產品) [명] 그 지방 특유의 물품.
토색 (土色) [명] 흙빛.
토색 (討索) [명][하타] 금품을 억지로 달라고 함. ❑~을 일삼다.
토색-질 (討索-)[-찔] [명][하타] 토색을 하는 짓. ❑민가의 재물을 ~하다.
토-생금 (土生金) [명] 〖민〗 오행(五行)의 운행에서, 흙[土]에서 쇠[金]가 생긴다는 말.
토석 (土石) [명] 흙과 돌. ❑~을 나르다.
토석-류 (土石流)[-성뉴] [명] 〖지〗 산사태가 나서 진흙과 돌이 섞여 흐르는 물. 또는 그런 흐름.
토선 (土船) [명] 〖건〗 토운선(土運船).
토:설 (吐說) [명][하타] 숨겼던 사실을 비로소 밝혀 말함. 설토(說吐). ❑진정(眞情)을 ~하다.
토성 (土性) [명] 흙의 성질이나 성분.
토성 (土姓) [명] 〖민〗 오행(五行)의 토(土)에 붙은 성. 성자(姓字)를 궁·상·각·치·우의 오음(五音)에 나누어 오행(五行)에 갈라붙였음. *화성(火姓).
토성 (土星) [명] 〖천〗 태양계의 안쪽에서 여섯 번째의 행성《공전(公轉) 주기는 29년 167일이고 체적은 지구의 755배임. 적도 둘레에 얇은 판 모양의 테를 가짐. 위성은 18개》. 오황(五黃). 진성(鎭星).
토성 (土城) [명] **1** 흙으로 쌓아 올린 성루(城壘). ❑~을 쌓다. **2** '사성(莎城)'의 낮춤말. **3** 개자리 뒤에 흙을 쌓아서 화살을 막던 둑.
토-세공 (土細工) [명] 흙을 재료로 하는 세공.
토속 (土俗) [명] 그 지방의 특유한 풍속. ❑~음식 / ~ 신앙.
토속-적 (土俗的)[-쩍] [관][명] 그 지방에만 특유한 풍속에 관한 (것). ❑~ 종교 / ~인 정취.
토속-주 (土俗酒)[-쭈] [명] 그 지방의 독특한 양조법으로 빚은 전통적인 술.
토속-학 (土俗學)[-소칵] [명] 각 민족이나 지방에 전래되는 고유의 풍속을 조사하고 연구하는 학문《민속학과 민족학으로 분화되기 이전에 일컫던 말임》.
토수 (土手) [명] 미장이.
토:수 (吐首) [명] 〖건〗 지붕 네 귀의 추녀 끝에 끼는 용머리나 귀신 머리 모양의 장식 기와.
토수-화 (土鏽花) [명] 〖미술〗 흙 속에 오래 묻힌 연유(軟釉)의 도자기가 변해서 만들어진 일종의 무늬.
토순 (兎脣) [명] 〖생〗 윗입술이 토끼의 입술처럼 세로로 갈라져 있는 언청이의 입술.
토슈즈 (toeshoes) [명] 발레에서, 여성 무용수가 토 댄스를 출 때 신는 신발.
토스 (toss) [명][하자타] **1** 가볍게 던져 올림. **2** 동전·라켓 등을 던져 떨어진 때의 안팎으로 일을 정함. **3** 배구에서, 공격수가 상대편에 공을 쳐 넣기 좋도록 공을 가볍게 띄우는 일. **4** 야구·농구 등에서, 바로 옆의 자기편에게 가볍게 밑으로 공을 던져 보냄. **5** '토스 배팅'의 준말.
토스 배팅 (toss batting) 야구에서, 가까이에서 느리게 던지는 공을 타자가 치는 연습. [준]토스.
토스터 (toaster) [명] 토스트를 굽는 기계.
토스트 (toast) [명] 식빵을 얇게 잘라 살짝 구워 버터나 잼 따위를 바른 것.
토시 [명] 〔←투수(套袖)〕 **1** 한복을 입을 때, 팔뚝에 끼는 방한(防寒) 제구. **2** 일할 때 옷소매가 해지거나 더러워지는 것을 막기 위해 소매 위에 덧끼는 물건. ❑~를 끼다.
토시-살 [명] 소의 만화에 붙은 고기.
토식 (討食) [명][하타] 음식을 억지로 달라고 하여 먹음.
토신 (土神) [명] 〖민〗 음양가(陰陽家)에서 말하는, 흙을 맡아 다스린다는 신.
토실 (土室) [명] 〖건〗 토담집.
토:실 (吐實) [명][하타] 일의 실상을 말함.
토실-토실 [부][하형] 살이 보기 좋을 정도로 통통하게 찐 모양. ❑~ 살이 찌다. [큰]투실투실.
토심 (土深) [명] 〖지〗 흙의 깊이.
토:심 (吐心) [명] 남이 좋지 않은 낯빛이나 말투로 대할 때 느끼는 불쾌한 마음.
토:심-스럽다 (吐心-)[-따] 〔-스러워, -스러우니〕 [형][ㅂ] 남이 좋지 않은 태도로 대하여 불쾌하고 아니꼬운 느낌이 있다. **토:심-스레** [부]
토-씨 [명] 〖언〗 조사(助詞). [준]토.
토:악-질 (吐-)[-찔] [명][하타] **1** 먹은 것을 게워 냄. **2** 남의 재물을 부당하게 빼앗거나 받았다가 도로 내어 놓음.
토압 (土壓) [명] 〖건〗 쌓인 흙이 누르는 압력.
토양 (土壤) [명] **1** 흙. **2** 농작물 등에 영양을 공급하여 자라게 할 수 있는 흙. ❑비옥한 ~. **3** 활동이나 현상 등이 생성해서 발전할 수 있는 기반의 비유. ❑민족 문화가 발전할 수 있는 ~.
토양 미생물 (土壤微生物) 〖생〗 흙 속에 있는 미생물《방선균·균류 따위》.
토양 반:응 (土壤反應) 〖농〗 흙의 산성·중성 또는 염기성 따위의 성질을 나타내는 반응《중성일 때가 농작물 재배에 가장 알맞음》.
토양 소독 (土壤消毒) 〖생〗 열이나 약품을 써서 흙 속의 병원(病原) 미생물을 죽이는 일.
토양 침:식 (土壤浸蝕) 〖지〗 비바람으로 농경지의 표토(表土)가 유실되는 현상.
토양-학 (土壤學) [명] 〖농〗 토양의 생성과 성질·변화·분류·분포 등을 연구하는 학문.
토어 (土語) [명] **1** 한 지방의 본토박이가 쓰는 말. **2** 〖언〗 사투리.
토-언제 (土堰堤) [명] 〖건〗 흙으로만 쌓아 올려서 만든 둑.
토역 (土役) [명][하자] 흙일.
토:역 (吐逆) [명][하자] 욕지기.
토역 (討逆) [명][하자] 역적을 토벌함.
토역-꾼 (土役-) [명] 흙일을 하는 일꾼.
토역-일 (土役-)[-영닐] [명][하자] 흙일.
토-역청 (土瀝靑) [명] 〖화〗 아스팔트.
토연 (土煙) [명] 흙과 모래 따위가 날려 연기처럼 뽀얗게 보이는 것.
토영삼굴 (兎營三窟) [명] 토끼가 위기를 피하려고 세 개의 굴을 파 놓아둔다는 뜻으로, 자신

의 안전을 위해 미리 몇 가지의 대비책을 짜 놓음을 이르는 말.

토옥 (土屋)圓〖건〗토담집.

토옥-하다 (土沃)[-오카-]혱여 땅이 기름지다. ▣토옥한 밭.

토왕 (土旺)圓〖민〗 '토왕지절'의 준말.

토왕-용사 (土旺用事)[-농-]圓〖민〗토왕지절의 첫째 되는 날에는 흙일을 금한다는 말.

토왕지절 (土旺之節)圓〖민〗오행(五行)에서, 땅의 기운이 왕성하다는 절기(〖일 년에 네 번으로, 입춘·입하·입추·입동 전 각 18일 동안임〗). ⑤토왕(土旺).

토요 (土曜)圓 '토요일'의 준말. ▣~ 격주 휴무제 / ~ 명화.

토-요일 (土曜日)圓 일주일 가운데 일요일로부터 일곱째 날. ⑤토(土)·토요.

토욕 (土浴)圓하자 1 닭이나 새가 흙을 파헤치고 들어앉아 버르적거림. 2 소나 말이 땅에 뒹굴면서 몸을 비빔.

토욕-질 (土浴-)[-찔]圓하자 토욕하는 짓.

토용 (土俑)圓흙으로 만든 허수아비(〖예전에, 순장(殉葬)할 때 사람 대신으로 무덤 속에 묻었음〗).

토우 (土雨)圓흙비.

토우 (土偶)圓흙으로 만든 사람이나 동물의 상(〖종교적·주술적 대상물, 부장품·완구 따위로 사용하였음〗).

토우-인 (土偶人)圓흙으로 만든 사람.

토운-선 (土運船)圓〖건〗흙을 실어 나르는 배. 토선(土船). 흙배.

토운-차 (土運車)圓〖건〗토목 공사장에서, 흙을 실어 나르는 차. 흙차.

토원 (土垣)圓토담.

토원후불평 (兔怨猴不平)圓〖민〗궁합에서, 토끼띠는 원숭이띠를 꺼린다는 말(〖원진살(元嗔煞)의 한 가지〗).

토월-회 (土月會)圓〖연〗우리나라 신극(新劇)의 극단. 1922년에 곳 일본 도쿄 유학생인 박승희(朴勝喜)·김을한(金乙漢)·김기진(金基鎭) 등이 중심이 되어 조직함. 전후 80여 회에 달하는 공연으로 우리나라 연극 발전에 크게 공헌했음.

토:유 (吐乳)圓하자 젖먹이가 먹은 젖을 토함.

토:유-병 (吐乳病)[-뼝]圓〖한의〗젖먹이가 젖을 토하는 병.

토육 (兔肉)圓 토끼의 고기. ▣~ 만두.

토음 (土音)圓〖언〗사투리.

토:의 (討議)[-/-이]圓하타 어떤 문제에 대해 검토하고 협의함. ▣회의에서 ~된 문제점.

토이 (討夷)圓하자 오랑캐를 토벌함.

토이기 (土耳其)圓 '터키'의 음역.

토-이질 (土痢疾)〖한의〗아메바성 이질을 한의학에서 일컫는 말.

토익 (TOEIC)圓 〖Test of English for International Communication〗영어를 국어로 사용하지 않는 나라에서 국제적인 의사소통을 위하여 실시되는 영어 능력 시험(〖상표명〗).

토인圓〖역〗통인(通引).

토인 (土人)圓 1 어떤 지방에 대대로 붙박이로 사는 사람. 2 원시적인 생활을 하는 미개인.

토장 (土葬)圓하타 시체를 땅속에 파묻는 일. 또는 그런 장사 방법.

토장 (土牆)圓토담.

토장 (土醬)圓된장1.

토장-국 (土醬-)[-꾹]圓된장국.

토장-찌개 (土醬-)圓된장찌개.

토재-관 (土在官)圓〖역〗자기의 소유지가 있는 곳의 관아를 이르던 말.

토적 (土賊)圓토구(土寇).

토적 (討賊)圓하자 도둑을 침. 또는 역적을 토벌함.

토전 (土田)圓논밭.

토점 (土店)圓〖광〗사금(砂金)이나 토금(土金)이 나는 광산.

토점-꾼 (土店-)圓 토점에서 일하는 사람.

토정 (土鼎)圓질솥.

토:정 (吐情)圓하자 사정이나 심정을 솔직하게 말함.

토:정 (吐精)圓하자 〖생〗사정(射精).

토제 (土製)圓하타 흙으로 만듦. 또는 그렇게 만든 물건.

토:제 (吐劑)圓먹은 음식을 토하게 하는 약. 최토제(催吐劑).

토족 (土足)圓 1 흙이 묻은 발. 2 신을 신은 대로의 발. ▣~ 엄금.

토족 (土族)圓토반(土班)의 겨레.

토종 (土種)圓 그 땅에서 나는 종자. 본토정. 토산종(土産種). ▣~ 농산물.

토종-벌 (土種-)圓 양봉(洋蜂)에 대하여, 재래종의 꿀벌.

토죄 (討罪)圓하타 저지른 죄목을 들어 엄하게 나무람.

토주 (土主)圓 1 땅 주인. 지주(地主). 2〖역〗'토주관(土主官)'의 준말.

토주 (土朱)圓 1〖광〗대자석(代赭石). 2 석간주(石間硃).

토주 (土柱)圓〖지〗오랜 빗물의 침식으로 생긴 흙기둥(〖대개 꼭대기에 바윗돌이 있음〗).

토:주 (吐紬)圓 바탕이 두껍고 빛이 누르스름한 명주.

토주 (討酒)圓하자 술을 억지로 달라고 하여 마심.

토주-관 (土主官)圓〖역〗백성이 그 고을의 수령(守令)을 일컫던 말. ⑤토주.

토:주-석 (吐酒石)圓〖화〗산성 타르타르산칼륨과 산화안티몬의 화합물(〖토제(吐劑)·발한제·거담제로 내복(內服)하며 연고 또는 매염제(媒染劑) 등으로도 씀〗).

토-주자 (土鑄字)圓〖인〗흙으로 만든 활자.

토지 (土地)圓 경지나 주거지 따위의 사람의 생활과 활동에 이용하는 땅. ▣비옥한 ~ / ~에 대한 집착.

토지 개:량 (土地改良)토지의 불합리한 자연 조건을 극복하고 그 이용 가치를 향상시키는 일(〖개간·농토 정리·관개·배수(排水)·객토 넣기·비료 주기 따위〗).

토지 개:혁 (土地改革)〖사〗토지의 소유 형태에 관한 개혁.

토지 공개념 (土地公概念)〖사〗토지는 확대 재생산이 불가능한 한정된 자산이므로 토지의 소유와 처분은 공공의 이익을 위하여 적절히 제한할 수 있다는 개념.

토지 공영제 (土地公營制)〖법〗신개발 지역의 땅값 상승과 토지의 투기를 막기 위하여 정부나 그 대행 기관이 개발 지역을 사들여 개발한 다음 실수요자에게 파는 제도.

토지 관할 (土地管轄)〖법〗직무나 사무에 관한 관할을 같이하는 여러 법원의 재판권을 지역적 표준에 따라 분배하여 규정한 관할 구역.

토지 구획 정:리 사:업 (土地區劃整理事業)[-찡니-]〖법〗도로·공원·광장·하천 및 초·중등학교 용지 등의 공공시설의 정비 개선 및 대지(垈地)로서의 이용 증진을 꾀하기 위

하여 행하여지는 토지의 형질(形質) 변경과
공공시설의 설치·변경에 관한 사업.

토지 국유화 (土地國有化) 〖경〗 개인 소유의
토지를 국가의 소유로 전환하는 시책.

토지 대장 (土地臺帳) 〖법〗 토지의 소재지·번
호·지목(地目)·등급·면적·소유자의 주소·성
명을 적어 군·시 등에 비치하여 두는 지적 공부
(地籍公簿)의 하나. 지적 대장.

토지 등기 (土地登記) 〖법〗 특정한 토지에 관
련된 권리관계와 상황을 공적인 장부에 기재
하는 일.

토지-법 (土地法)[-뻡] 〖법〗 토지의 소유·이
용·개량 등에 관해 규정한 법률의 총칭(일반
적으로 헌법·민법에서 규정함).

토지 사:용권 (土地使用權)[-꿘] 〖법〗 공공 사
업의 기업자나 그 밖에 필요한 타인의 토
지 사용을 인정받는 공법상의 권리.

토지-소산 (土地所産) 〖명〗 토산물(土産物).

토지 소:유권 (土地所有權)[-꿘] 〖법〗 토지를
자유로 사용·수익(收益)·처분할 수 있는 물
권(物權).

토지 수용 (土地收用) 〖법〗 공공 이익이 되는
일에 필요한 땅의 권리를 소유자에게서 강제
로 징수하는 국가의 행정 처분(피징수자에게
상당한 보상을 지급함).

토지 수용법 (土地收用法)[-뻡] 〖법〗 공익사
업에 필요한 토지의 수용과 사용에 관한 사
항을 규정한 법.

토지 이:용률 (土地利用率)[-뉼] 〖농〗 경지 면
적에 대한 실지 경작 면적을 백분비로 나타낸
비율.

토지 조사 (土地調査) 〖사〗 근대적인 토지 소
유권을 확립하기 위하여 토지에 관한 사항을
조사하는 일.

토지지신 (土地之神) 〖명〗 〖민〗 땅을 맡은 신령.
땅귀신.

토지 착오 (土地錯誤) 〖법〗 어떤 나라에 적용
되는 법률이나 정책을 사정과 조건이 매우
다른 나라에 그대로 적용시키려는 착오.

토지 측량 (土地測量)[-냥] 〖건〗 토지의 경
계와 면적을 측정하고 지물(地物)의 위치를
밝히기 위해 행하는 측량.

토-직성 (土直星)[-썽] 〖명〗 〖민〗 길하지도 흉하
지도 않다는 직성으로 아홉 직성의 하나. 아
홉 해에 한 번씩 돌아오는데, 남자는 열한
살, 여자는 열두 살에 처음으로 든다 함.

토:진-간담 (吐盡肝膽) 〖명〗〖하자〗 간과 쓸개를 다
토한다는 뜻으로, 실정(實情)을 숨김없이 털
어놓고 말함을 일컫는 말.

토질 (土疾) 〖명〗 〖한의〗 어떤 지방의 수질과 토
질이 맞지 않아 생기는 병(디스토마 따위).
토질병. 풍토병.

토질 (土質) 〖명〗 흙의 성질. 흙바탕. □~을 개
량하다.

토-찌끼 〖명〗 간장 속에 가라앉은 된장 찌끼.

토착 (土着) 〖명〗〖하자〗 1 대대로 그 땅에서 살고 있
음. □~ 문화 / ~ 신앙. 2 〖생〗 생물이 어떤
곳에 침입하여 거기에 머무르는 일.

토착-민 (土着民)[-창-] 〖명〗 대대로 그 땅에서
살고 있는 백성. 토민(土民). *본토박이.

토착-어 (土着語) 〖명〗 〖언〗 고유어.

토착-화 (土着化)[-차콰] 〖명〗〖하자타〗 어떤 제도나
풍습, 문물 따위가 그 지방의 성질에 동화되
어 뿌리를 박음. 또는 그렇게 함. □민주주의
의 ~ / ~된 외래문화.

토척-하다 (土瘠-)[-처카-] 〖형여〗 땅 따위가 메
마르다. □토척한 황무지.

토청 (土青) 〖명〗 〖미술〗 청화 자기(青華瓷器)에

쓰는, 우리나라에서만 나는 푸른 물감(산화
코발트광(鑛)의 한 가지임).

토체 (土體) 〖명〗 〖민〗 골상학에서, 사람의 체격
을 오행(五行)으로 나눌 때 토(土)에 속하는
체격.

토초 (土炒) 〖명〗〖하다〗 〖한의〗 약재를 황토물에 적
시어 불에 볶는 일. 토제(土製).

토총 (土塚·土冢) 〖명〗 돌을 쌓아 만든 매장 시설
의 위를 흙으로 쌓은 무덤. 봉토(封土) 무덤.

토:출 (吐出) 〖명〗〖하다〗 1 먹은 것을 토해 냄. 2 속
뜻을 털어놓는 일.

토치카 (러 tochka) 〖명〗 1 〖군〗 요지를 콘크리트
로 견고히 구축하고 안에 총화기 등을 갖춘
방어 진지. 2 사람이 좋은 사람.

토카타 (이 toccata) 〖명〗 〖악〗 화려하고 기교적인
연주를 필요로 하는, 피아노·오르간 등을 위
해 만든 전주곡.

토크 (toque) 〖명〗 테 없는 여성용 모자.

토크 쇼 (talk show) 〖연〗 유명인이나 화제의
인물과의 인터뷰, 또는 대담·좌담으로 구성
되는 방송 프로그램.

토큰 (token) 〖명〗 버스 요금을 낼 때 돈을 대신
하는 동전 모양의 주조물. □버스 ~.

토키 (talkie) 〖명〗 발성(發聲) 영화.

토 킥 (toe kick) 축구에서, 발끝으로 공을 차
는 일.

토탄 (土炭) 〖명〗 〖광〗 땅속에 묻힌 시간이 오래
되지 않아 탄화 작용이 충분히 이루어지지
못한 석탄의 일종(발열량이 적으며, 비료나
연탄의 원료로 씀). 이탄(泥炭).

토테미즘 (totemism) 〖명〗 〖사〗 토템을 숭배하는
사회 체계 및 종교 형태.

토템 (totem) 〖명〗 〖사〗 미개 사회에서, 부족 또
는 씨족과 특별한 혈연관계가 있다고 믿어
신성시하는 동식물 또는 자연물.

토템 폴 (totem pole) 토템의 상(像)을 그리거
나 조각한 기둥.

토:파 (吐破) 〖명〗〖하다타〗 토로(吐露). □담당 검사에
게 사실을 ~하다.

토파 (討破) 〖명〗〖하다타〗 남의 말이나 글을 반박하여
깨뜨림.

토파즈 (topaz) 〖명〗 〖광〗 황옥(黄玉).

토판 (土版) 〖명〗 〖인〗 흙으로 만든 책판(冊版).

토-판장 (土板牆) 〖명〗 〖건〗 나무로 짜서 집에 붙
여 세운 담(안팎을 반화방(半火防)같이 하여
기둥·도리·서까래·중깃·윗가지를 다 갖추고
흙과 돌로 쌓아 올림).

토퍼 (topper) 〖명〗 짧고 좀 헐렁한 여자용 춘추
반(半)코트.

토평 (討平) 〖명〗〖하다타〗 무력으로 쳐서 평정함.

토포 (討捕) 〖명〗〖하다타〗 무력으로 쳐서 잡음.

토포-사 (討捕使) 〖명〗 〖역〗 각 진영에서 도둑을
잡는 일을 맡아보던 벼슬(진영장(鎭營將)이
겸직했음). 토포관(官).

토폴로지 (topology) 〖명〗〖수〗 위상 수학.

토폴로지 심리학 (topology心理學)[-니-] 위
상(位相) 심리학.

토표 (土豹) 〖명〗 〖동〗 '스라소니'의 딴 이름.

토품 (土品) 〖명〗 논밭의 품질.

토풍 (土風) 〖명〗 그 지방의 풍속이나 습관.

토플 (TOEFL) 〔Test of English as a Foreign
Language〕 미국 등 영어를 공용어로 사용하
고 있는 나라에 유학하려는 사람을 위한 영
어 시험(상표명). *토익.

토플리스 (topless) 〖명〗 여성의 수영복 따위에
서, 젖가슴을 가리는 부분이 없는 옷.

토피 (土皮) 몡 나무나 풀로 덮인 땅의 거죽.
토피 (兔皮) 몡 토끼 가죽.
토피카 (라 topica) 몡〖논〗논점. 관점《장소를 뜻하는 topos 에서 나온 말》.
토픽 (topic) 몡 1 제목. 논제. ◻~을 정하다. 2 화제. ◻해외 ~.
토필 (土筆) 몡 1 분필(粉筆). 2〖식〗뱀밥.
토하 (土蝦) 몡〖동〗생이.
토:-하다 (吐~) 타에 1 게우다. ◻음식을 ~. 2 밖으로 내뿜다. ◻불을 토하는 기관총. 3 생각하는 바를 힘있게 말하다. ◻열변을 ~.
토:하-젓 (土蝦~)[-젇] 몡 생이젓.
토:하-제 (吐下劑) 몡 음식물을 토하게 하거나 설사가 나게 하는 약제.
토-현삼 (土玄蔘) 몡〖식〗현삼과의 여러해살이풀. 높이는 1.5 m 정도이며, 잎은 마주나고 긴 달걀 모양인데 톱니가 있음. 산지에서 자라는데, 뿌리는 약재로 씀.
토:혈 (吐血) 몡하자〖의〗위·식도(食道) 따위의 질환으로 피를 토함. 상혈(上血). 타혈(唾血). ◻~이 심하다.
토형 (土型) 몡 흙으로 된 거푸집.
토호 (土豪) 몡 1 어떤 지방에서 양반을 떠세할 만큼 세력이 있는 사람. 2 어떤 지방에 웅거하여 세력을 떨치던 호족(豪族).
토호-반 (兔毫斑) 몡〖미술〗검은 잿물 위에 있는 토끼털 같은 가느다란 무늬.
토호-열신 (土豪劣紳)[-씬] 몡〖역〗중국 국민 혁명 때, 관료나 군벌과 결탁해 농민을 착취하던 대지주나 자본가를 일컫던 말.
토호-질 (土豪~) 몡하자 예전에, 지방의 양반이 세력을 믿고 무고(無辜)한 백성에게 가혹한 행동을 일삼던 짓.
토호-화 (兔毫花) 몡〖공〗도자기 잿물의 토끼털 같은 무늬. 토사문(兔絲紋).
토화 (土花) 몡 1 습기 때문에 생기는 곰팡이. 2〖조개〗미네굴. 3〖조개〗가리맛조개.
토화-색 (土花色) 몡 토화의 빛깔《누르무레한 흙색》.
토후 (土侯) 몡〖역〗영국의 보호 아래 토후국을 지배하던 세습제의 전제 군주. 번왕(藩王).
토후-국 (土侯國) 몡〖역〗1 토후가 군림했던 인도(印度) 내의 작은 전제 왕국. 번왕국(藩王國). 2 아시아, 특히 아랍 여러 나라에서 중앙 집권적 국가 행정에서 독립하여 부족장이나 실력자가 지배하던 봉건적 국가《오만·바레인·카타르 따위》.
토후-하다 (土厚~) 혱에 땅이 기름지다.
톡¹ 몡 호패(胡牌).
톡² 뮈 1 어느 한 부분이 불거진 모양. ◻벌레에 물린 자리가 ~ 불거지다. 2 살짝 치는 모양이나 그 소리. ◻어깨를 ~ 치다. 3 갑자기 터지는 모양이나 그 소리. ◻만지면 ~ 터질 것 같은 포도알. 4 갑자기 발에 걸리거나 차이는 모양이나 그 소리. ◻돌부리에 ~ 걸리다. 5 별안간 튀는 모양이나 그 소리. ◻공이 ~ 튀다. 6 말을 야멸치게 쏘아붙이는 모양. ◻한마디 ~ 쏘다. 7 작은 것이 갑자기 부러지거나 끊어지는 모양이나 소리. ◻연필심이 ~ 부러지다. ⑤툭. 8 갑자기 혀끝이나 코 따위에 자극을 받는 느낌. ◻~ 쏘는 탄산음료.
톡-배다 [-빼-] 혱 피륙 따위의 짜임새가 톡톡하고 배다.
톡소이드 (toxoid) 몡 병원체가 만드는 독소를 처리하여 독성을 없애고 면역성을 만드는 힘만을 남긴 것《디프테리아·파상풍의 예방 백신에 씀》.

톡탁 뮈하자타 단단한 물건을 가볍게 두드리는 소리. ⑤툭탁.
톡탁-거리다 [-꺼-] 자타 잇따라 톡탁 소리가 나다. 또는 잇따라 그런 소리를 내다. ⑤툭탁거리다. **톡탁-톡탁** 뮈하자타
톡탁-대다 [-때-] 자타 톡탁거리다.
톡탁-치다 타 옳고 그름을 가리지 않고 다 쓸어 없애다. ⑤툭탁치다.
톡토기목 (-目)〖충〗톡토기목(目)의 원시적인 하등 곤충의 총칭. 해안·습지에 삶. 몸은 납작한 원통형에 황갈색을 띠고, 날개가 없는 대신 잘 뜀《가시톡토기 따위》.
톡-톡 뮈 1 잇따라 살짝살짝 치는 모양이나 그 소리. ◻막대기로 ~ 건드리다. 2 잇따라 터지는 모양이나 그 소리. 3 잇따라 튀는 모양이나 그 소리. ◻벼룩이 ~ 튀다. 4 여기저기 볼가져 나온 모양. 5 말을 야멸치게 자꾸 쏘아붙이는 모양. 6 갑자기 자꾸 가볍게 부러지거나 끊어지는 모양이나 소리. ⑤툭툭.
톡톡-하다 [-토카-] 혱에 1 국물이 바특하여 묽지 않다. 2 피륙이 고르고 단단한 올로 배게 짜여 도톰하다. ⑤툭툭하다. 3 살림 따위가 실속 있고 넉넉하다. 4 꾸중이나 망신 등의 정도가 심하다. ◻톡톡하게 망신을 당하다. 5 구실이나 역할 따위가 제대로 되어 충분하다. ◻역할을 톡톡하게 해내다. **톡톡-히** [-토키] 뮈. ◻돈을 ~ 벌다 / 친구 덕을 ~ 보다.
톤 (tone) 몡 1 어조나 억양. ◻~을 낮추다 / 강한 ~으로 말하다. 2〖악〗일정한 높이의 악음(樂音). 3〖색〗색조(色調).
톤 (ton) 의몡 1 무게의 단위. 영국에서는 2,240 파운드(=1,016.1 kg), 미국에서는 2,000 파운드(=907 kg), 프랑스에서는 1,000 kg(단위: t). 2 용적의 단위. 선박의 용적은 100 입방 피트를 1톤으로 하고, 군함의 톤수는 영국식에 의한 중량톤임.
톤-세 (ton稅) 몡〖법〗외국 무역선이 입항할 때 과하는 세금.
톤-수 (ton數) 몡 함선의 용량《군함은 배수량, 상선은 적재량으로 잼》.
톨 의몡 밤이나 곡식의 낱알을 세는 단위. ◻밤 ~ / 쌀이 한 ~도 없다.
톨게이트 (tollgate) 몡 고속도로나 유료 도로에서 통행료를 받는 곳.
톨로이데 (독 Tholoide) 몡〖지〗종상 화산.
톨루엔 (toluene) 몡〖화〗방향족(芳香族) 화합물의 하나. 벤젠 중의 수소 하나를 메틸기와 치환(置換)한 무색의 휘발성 액체《물감·향료 및 폭약 제조에 씀》.
톨루이딘 (toluidine) 몡〖화〗벤젠의 수소를 각각 한 개씩 메틸기(基) 및 아미노기(基)로 치환한 화합물《물감 제조에 씀》.
톰방 뮈하자타 작고 갸름한 물건이 깊은 물에 떨어지다. 또는 그 모양. ⑤툼벙.
톰방-거리다 자타 자꾸 톰방 소리가 나다. 또는 자꾸 그런 소리를 내다. ⑤툼벙거리다. **톰방-톰방** 뮈하자타
톰방-대다 자타 톰방거리다.
톱¹ 몡 나무나 쇠붙이 따위를 자르거나 켜는 데 쓰는 연장《강철로 된 얇은 톱양에 날카로운 이가 여럿 있음》.
톱² 몡 모시나 삼을 삼을 때 그 끝을 긁어 훑는 데 쓰는 도구.
톱 (top) 몡 1 꼭대기. 우두머리. 맨 앞. 2 수위(首位). 수석. ◻~타자 / ~으로 합격하다. 3 신문이나 잡지 지면에서 가장 눈에 잘 띄는 곳. ◻일면 ~에 실리다.

톱-기사 (top記事)〔명〕 신문·잡지 등에서 첫머리에 싣는 중요한 기사. 머리기사. ❏사회면을 장식한 ~.

톱-날 [톱-]〔명〕 톱니의 날이 선 부분. ❏~을 세우다.

톱-뉴스 (top+news)〔명〕 신문 지면의 맨 윗부분에 실리는 그날의 가장 중요한 기사. ❏~에 오르다.

톱-니 [톱-]〔명〕 **1** 톱의 날을 이룬 뾰족뾰족한 이. 거치(鋸齒). **2**〔식〕잎의 가장자리가 톱날과 같이 된 부분.

톱니-바퀴 [톱-]〔명〕 기계 장치의 하나로 둘레에 톱니가 박혀 있는 바퀴(이가 서로 맞물려 돌아가서 동력을 전달함). 기어. 아륜(牙輪).

톱니-잎 [톱-입]〔명〕〔식〕 가장자리가 톱니 모양으로 생긴 잎(민들레·엉겅퀴 따위의 잎). 거치상엽(鋸齒狀葉).

톱니-파 (-波)[톱-]〔명〕〔물〕 주기 파형(周期波形)의 한 가지. 시간에 따라 톱니 모양을 이루는 전파로서, 전자관(電子管) 회로에서 많이 취급됨. 거치상파(鋸齒狀波).

톱 라이트 (top light) 〔군〕 **1** 함(艦)의 돛대 뒤에 달린 신호등. **2**〔연〕무대의 천장에서 마주비추는 조명.

톱 매니지먼트 (top management) 〔경〕 **1** 기업의 최고 경영진이 하는 과학적인 경영 관리 방식. **2** 기업체의 최고 경영진(사장·중역 따위).

톱-밥 [-빱]〔명〕 톱질할 때 쓸려 나오는 가루.

톱-상어 [-쌍-]〔명〕〔어〕 톱상엇과의 바닷물고기. 길이 1.5m 정도, 가늘고 긴데 길쭉한 주둥이 양쪽에 뾰족한 이를 한 줄씩 갖춰 톱 모양을 이룸. 개펄 속에 사는 작은 동물을 주둥이로 파내어 잡아먹음.

톱-손 [-쏜]〔명〕 틀톱의 양쪽 가에 있는 손잡이 나무.

톱-스타 (top+star)〔명〕 가장 인기 있는 연예인.

톱-양 [톱냥]〔명〕 톱의 이를 이루고 있는 길고 얇은 쇳조각.

톱-자루 [-짜-]〔명〕 톱의 손잡이.

톱-장이 [-짱-]〔명〕 톱질하는 일을 업으로 삼는 사람.

톱-질 [-찔]〔명〕[하다] 톱으로 나무나 쇠붙이 따위를 자르거나 켜는 일.

톱-칼〔명〕 거도(鋸刀).

톱코트 (topcoat) 〔명〕 춘추용의 가벼운 반코트.

톱톱-하다 [-토파-]〔형여〕 국물이 묽지 않고 바특하다. 〈툽툽하다. **톱톱-히** [-토피]〔부〕

톱-풀〔명〕〔식〕 국화과의 여러해살이풀. 산·들·길가에 나는데, 높이는 60~90cm, 잎은 어긋나고 톱 모양임. 여름·가을에 담홍색·백색의 꽃이 핌. 잎과 줄기는 식용·약용으로 씀. 가새풀.

톳¹ [톧]〔명〕〔식〕 갈조류(褐藻類)의 해조. 뿌리가 나뭇가지 모양, 줄기는 원주형, 잎은 베짜는 북 또는 방망이 모양임. 부드러운 잎은 식용함. 녹미채.

톳² [톧]〔명〕[의명] 김의 묶음을 세는 말(한 톳은 김 100장을 이름). ❏김 세 ~을 사다.

톳-나무 [톤-]〔명〕 큰 나무.

톳날-구기 (免-拘忌)[톤-]〔명〕〔민〕음력 정월 첫 토끼날에 남의 여자가 자기 집에 와서 오줌을 누면 언짢다 하여, 여자의 출입을 꺼리는 일.

톳-실 (免-)[토씰 / 톤씰]〔명〕〔민〕음력 정월 첫 토끼날에 만든 실(이 실을 주머니 끈 따위에 차면 그 해에 재액이 물러가고 경사가 있다고 함). 토사(免絲).

통¹〔명〕 화투에서, 석 장을 뽑아 끗수가 열 또는 스물이 되는 수효. 망통.

통²〔명〕 **1** 바짓가랑이나 소매 따위의 속의 넓이. ❏~이 넓은 바지. **2** 허리나 다리 등의 굵기나 둘레. ❏~이 굵은 허리. **3** 사람의 도량이나 씀씀이. ❏~이 큰 사람. **4**〔광〕광맥의 넓이.

통³ (筒)〔명〕 속이 차게 자란 배추나 박 따위의 몸피. ❏~이 실한 배추. [의명] 배추나 박 등을 세는 말. ❏배추 백 ~.

통이 들다〔닸다〕〔구〕 배추 따위가 속으로 통이 생기다.

통⁴〔명〕 여럿이 뜻이 맞아 하나로 묶여진 무리.

통⁵ (桶)〔명〕 물이나 물건 따위를 담는 그릇의 총칭. ❏~에 물을 붓다. [의명] 통에 담긴 것을 세는 말. ❏물 한 ~을 길어 오다.

통⁶ (通)〔명〕 과거(科擧) 강서과(講書科)의 성적을 매기던 다섯 등급의 둘째(〈순(純)·통(通)·약(略)·조(組)·불(不)〕.

통: (統)〔명〕 **1**〔역〕조선 때, 민호(民戶) 편제의 한 단위(다섯 집을 한 통, 다섯 통을 한 리(里)로 함). **2**〔정〕시(市) 행정의 말단 조직의 하나(동(洞)의 아래, 반(班)의 위). **3**〔지〕지층 구분의 한 단위로, 시대 구분의 '세(世)'에 대응하는 것.

통⁵[의명] (명사나 어미 '-은·-는' 뒤에서 '통에'의 꼴로 쓰여) 어떤 일이 벌어진 환경이나 판국. ❏장마 ~에 물난리를 겪다.

통⁶[의명] 옥양목·당목·광목 등에 '필(疋)'의 뜻으로 쓰는 말. ❏당목 한 ~.

통² (通)〔의명〕 편지나 전화, 서류 따위를 세는 단위. ❏편지 세 ~ / 이력서 한 ~ / 전화 한 ~ 걸다.

통⁷ [부] **1** '온통'의 준말. **2** (주로 '않다'·'못하다'·'없다'·'모르다' 따위의 부정하는 말과 함께 쓰여) 전혀. 도무지. ❏술은 ~ 못한다 / ~ 못 알아듣겠다.

통⁸ [부] **1** 속이 빈 나무통 따위를 치는 소리. **2** 작은북 따위를 치는 소리. 〈퉁.

통- [두] **1** '통째'를 뜻하는 말. ❏~닭 / ~김치 / ~감자. **2** '온통'·'평균'을 나타내는 말. ❏~거리 / ~밀다.

-통 (通) [미] **1** 그 방면에 대하여 아주 자세히 안다는 뜻을 나타내는 말. ❏소식~ / 연극~. **2** '거리'의 뜻을 나타내는 말. ❏광화문~.

통가 (通加)〔명〕[하다] 여러 수에 똑같이 더함.

통가 (通家)〔명〕 **1** 대대로 서로 친하게 사귀어 오는 집안. **2** 인척(姻戚).

통-가리 (通-)〔명〕〔광〕광석을 캐는 도중에 갑자기 광맥이 끊어진 모양(母巖).

통-가리 (桶-)〔명〕 쑴 따위를 엮어 마당에 둘러치고 그 안에 곡식을 채워 쌓은 더미.

통-가죽〔명〕 통째로 벗겨 낸 짐승의 가죽. ❏~으로 만든 가방.

통가지의 (通家之誼)[-/-이]〔명〕 절친한 친구 사이에 친척처럼 내외를 트고 지내는 정의.

통-각 (洞角)〔명〕 소·물소의 뿔처럼 가지가 없고 속이 빈 뿔.

통-각 (統覺)〔명〕〔철〕경험이나 인식을 자기의 의식 속에서 종합하고 통일하는 작용.

통-각 (痛覺)〔명〕〔심〕피부 및 신체 내부에 아픔을 느끼는 감각. ＊촉각(觸覺).

통-각 결여 (痛覺缺如)[-껴려]〔의〕 의식은 있는데 아픔을 느끼지 못하는 상태.

통간 (通姦)〔명〕[하자] 간통.

통간(通間)圓 집 안의 칸이 서로 통하여 하나로 된 것.

통ː간(痛諫)圓하타 통렬히 간(諫)함. 또는 매섭게 충고함.

통ː감(痛感)圓하타 마음에 사무치게 느낌. ▣한계를 ~하다.

통ː감(統監)圓하타 1 정치나 군사(軍事)를 통할하여 감독함. 또는 그 사람. ▣전군(全軍)을 ~하다. 2〔역〕통감부(府)의 장관.

통ː감-부(統監府)圓〔역〕을사조약이 체결된 후 한일 병합 때까지 일제(日帝)가 한국 침략을 목적으로 서울에 두었던 기관.

통-감자(通-)쪼개지 않은 통째 그대로의 감자.

통ː개(洞開)圓하타 문짝 따위를 활짝 열어젖뜨림.

통ː개-옥문(洞開獄門)〔-옹-〕圓하자 은사(恩赦)로 죄인을 모두 풀어 주던 일.

통ː개-중문(洞開重門)圓하타 겹겹이 닫혀 있는 문을 활짝 열어 놓는다는 뜻으로, 출입이 금지된 곳을 개방함의 비유.

통-거리圓 어떤 물건이나 일을 가리지 않은 채 모두. ▣~로 사들이다. ＊도거리·통짜.

통-견〔-껸〕圓 통으로 된 것.

통겨-주다자타 남이 모르는 비밀을 몰래 알려 주다. ▣내막을 ~ / 기름값이 오를 거라고 ~.

통겨-지다자 1 숨겨졌던 일이나 물건이 뜻하지 않게 쑥 비어져 나오다. 2 짜인 물건이 어긋나서 틀어지다. 3 노리던 기회가 뜻밖에 어그러지다. 4 뼈의 관절이 어긋나다. ⊜통겨지다.

통ː격(痛擊)圓하타 1 적군을 통렬하게 공격함. ▣~을 가하다. 2 몹시 꾸짖어 나무람.

통ː견(洞見)圓하타 앞일을 환히 내다봄. 또는 속까지 꿰뚫어 봄.

통견(通絹)圓 썩 설피고 얇은 비단.

통경¹(通經)圓하자 1 처음으로 월경이 시작됨. 2 월경이 원활하도록 함.

통경²(通經)圓〔가〕두 사람 이상이 기도문을 번갈아 소리 내어 읽음. 또는 그 기도문.

통경-제(通經劑)圓 월경이 원활하도록 하는 약제.

통계(筒契)〔-꼐 / -꼐〕圓〔역〕'산통계'의 준말.

통계(通計)〔-/-게〕圓하타 통산(通算).

통ː계(統計)〔-/-게〕圓 1 한데 몰아서 셈함. 2 어떤 현상을 종합적으로 한눈에 알아보기 쉽게 체계에 따라 숫자로 나타냄. 또는 그런 것. ▣~ 자료 / ~ 조사 / 지난 5년간의 ~를 내다.

통ː계 도표(統計圖表)〔-/-게-〕〔수〕통계 숫자의 내용을 이해하기 쉽도록 그림으로 나타낸 표. 통계도.

통ː계 숫ː자(統計數字)〔-수짜 / -숟자 / -게수짜 / -게숟자〕통계에 나타난 숫자.

통ː계-연감(統計年鑑)〔-/-게-〕圓 매년 국가의 정치·경제·사회·문화 따위의 통계 가운데, 중요한 것을 뽑아 실어 국세(國勢)를 이해하기 쉽도록 한 간행물.

통ː계-적(統計的)〔-/-게-〕관 통계에 따른 (것). ▣~ 방법.

통계-전사(通計前仕)〔-/-게-〕圓하자〔역〕조선 때, 벼슬아치의 근무한 햇수를 계산할 때에 전직(前職)의 햇수도 더하던 일.

통ː계 집단(統計集團)〔-딴 / -게-딴〕〔수〕통계학상 일정한 공통 성질을 가지고 있는 같은 종류의 개체의 집단.

통ː계-청(統計廳)〔-/-게-〕圓〔법〕기획 재정부 장관 소속의 중앙 행정 기관. 통계 기준의 설정과 인구 조사 및 각종 통계 따위에 관한 사무를 맡아봄.

통ː계-표(統計表)〔-/-게-〕圓 여러 가지 사물의 종별·대소·다과(多寡)를 비교하거나, 한 가지 사물의 시간적으로 일어나는 숫자적 변동을 비교해 볼 수 있도록 나타낸 표.

통ː계-학(統計學)〔-/-게-〕圓〔수〕수량적 비교를 기초로, 많은 사실을 통계적으로 관찰하고 처리하는 방법을 연구하는 학문.

통고(通告)圓하자타 서면이나 말로 통지하여 알림. ▣~문(文) / ~서(書) / 법원에 출두하라고 ~하다.

통ː고(痛苦)圓 아프고 괴로운 것. 고통(苦痛).

통-고금(通古今)圓하자 1 예나 이제나 모두 통함. 2 과거와 현재를 꿰뚫어 환히 앎.

통고 처ː분(通告處分)〔법〕간접 국세·관세·돈세(暾稅)·전매(專賣) 등에 관한 범칙 사건에 대하여 벌금·과료·몰수 또는 추징금에 상당하는 금액을 납부하도록 세무 관청이 행하는 행정 처분.

통-고추圓 썰지 않은 통째 그대로의 고추.

통-곡(痛哭·慟哭)圓하자 소리를 높여 슬피 욺. ▣~ 소리 / ~하며 울부짖다.

통-곬〔-골〕圓 여러 갈래의 물이 한 곳으로 모이는 곳.

통공(通功)圓하자 분업으로 어떤 일을 이룸.

통과(通過)圓하자타 1 어떤 곳이나 때를 거쳐서 지나감. ▣유리는 빛을 ~시킨다. 2 관청에 제출한 신청서나 원서가 허가됨. 3 회의에 제출된 의안(議案)이나 청원이 가결되거나 승인됨. ▣원안대로 ~되다 / 절대 다수로 ~시키다. 4 검사·실험·심의 따위에서 인정되거나 합격함. 심사에 ~되다.

통과 무ː역(通過貿易)〔경〕1 중계 무역. 2 상품이 제삼국을 거쳐서 거래되는 경우에 제삼국의 입장에서 일컫는 말.

통과-보(通過報)圓〔해〕특별히 지정된 등대에서 연안을 통과하는 배의 이름과 통과 시간을 청구자에게 알리는 선박 통보.

통과-세(通過稅)〔-쎄〕圓〔법〕예전에, 통과 화물에 대해 부과하던 조세.

통과 의례(通過儀禮)〔사〕사람이 일생을 살아가는 과정에서 새로운 상황·지위·신분·연령 등을 거치면서 치르는 갖가지 의례나 의식의 총칭(출생·성년·결혼·사망 따위의 경우).

통과 화ː물(通過貨物)〔경〕한 나라의 관세 지역을 경유하여 다른 나라로 나가는 화물.

통ː관(洞觀)圓하타 1 꿰뚫어 봄. 2 추리나 사고(思考)에 따르지 않고 직각적으로 진리를 깨닫는 일.

통관(通貫)圓하타 꿰뚫음. 관통(貫通).

통관(通款)圓하타 자기편의 내부 사정을 몰래 적에게 알려 줌.

통관(通關)圓하타〔법〕관세법의 규정에 따른 절차를 이행하여 물건을 수출·수입 또는 반송하는 일. ▣~ 절차를 밟다.

통관(通觀)圓하타 전체를 통하여 내다봄. 전체에 걸쳐서 한 번 둘러봄.

통ː관(統管)圓하타 여러 부문을 통일하여 관할함.

통관-업(通關業)圓 상품의 세관 통과를 보조·중개 및 대리하는 영업.

통-괄(通括)圓하타 낱낱의 일을 한데 몰아서 잡음. ▣사무를 ~하다.

통교(通交)圓하자 국가 또는 개인이 서로 사이

좋게 지냄.

통교 조약(通交條約)〖정〗국가 간 또는 국적을 달리하는 국민 사이에 경제·교통·통상 따위의 권한 교류를 트는 데 관한 조약.

통구(通衢)명 1 통행하는 길. 2 사방으로 통하여 왕래가 잦은 거리.

통-구덩이[-꾸-]명〖건〗기초 공사를 위해서 건축물의 밑바닥 전반에 걸쳐 판 구덩이.

통-구멍[-꾸-]명〖건〗통끼움을 하기 위하여 뚫은 구멍.

통-구이명 돼지·닭 따위를 통째로 불에 굽는 일. 또는 그렇게 구운 것.

통권(通卷)명 잡지나 책 등의 전체에 걸친 권수. □~ 호수(號數).

통규(通規)명 일반에게 다 같이 통하여 적용되는 규정. 통칙.

통-그물(桶-)명 한쪽만 터놓고 다 둘러막은 통 모양의 그물.

통:극-하다(痛劇-)[-그카-]형에 몹시 극렬하다. **통:극-히**[-그키]부

통근(通勤)명하자 집에서 직장에 근무하러 다님. □~ 버스로 출퇴근한다.

통근-권(通勤圈)[-꿘]명 한 도시로 통근하는 사람들이 거주하는 범위.

통근-차(通勤車)명 통근하는 사람을 위해 운행되는 자동차나 기차.

통-금[-끔]명 1 이것저것 한데 몰아친 값. 2 물건을 통거리로 파는 값.

통금(通禁)명 '통행금지'의 준말. □~ 시간 / ~에 걸리다.

통기(通氣)명하자 통풍(通風).

통기(通寄·通奇)명하자타 통지(通知). □~를 넣다 / 빨리 가 보라고 ~해 주었다.

통기다타 1 버티어 놓은 물건이나 짜인 물건을 빠져나오게 건드리다. 2 뼈의 관절을 어긋나게 하다. 3 일의 기회를 어긋나게 하다. 튄퉁기다.

통-기둥명〖건〗한 재목으로 이음매 없이 된 긴 기둥.

통기-성(通氣性)[-썽]명 공기가 통할 수 있는 성질이나 정도. □~이 좋은 옷감.

통기타(筒guitar)명 공명통이 있는 보통 기타의 속칭. □~ 가수 / ~를 치다.

통-김치명 통째로 담근 배추김치.

통-깨명 볶아서 빻지 않은 통째로의 깨.

통-꽃(桶-)[-찌]명 통꽃.

통-꽃[-꼳]명〖식〗꽃잎이 서로 붙어서 한 개의 꽃판을 이루는 꽃(진달래·벚꽃 따위). 합판꽃(合瓣花). ↔갈래꽃.

통꽃-받침[-꼳빧-]명〖식〗꽃받침이 서로 붙어 있는 꽃받침. 합판화악(合瓣花萼). ↔갈래꽃받침.

통-꽃부리[-꼳뿌-]명〖식〗꽃잎의 일부나 전부가 서로 붙어 있는 꽃부리(나팔꽃·도라지꽃 등). 합판 화관(合瓣花冠). ↔갈래꽃부리.

통-끼움(筒-)명〖건〗한 목재(木材)의 옆면에 구멍을 파서 다른 목재의 머리를 끼우는 일. 통넣기.

통-나무명 켜거나 짜개지 않은 통째의 나무. □~를 켜다.

통나무-집명 통나무로 지은 집.

통-내외(通內外)명하자 두 집 사이에 남녀 내외 없이 지냄.

통념(通念)명 일반 사회에 널리 통하는 개념. □사회 ~ / 사회적 ~을 깨다.

통:념(痛念)명하타 몹시 아프게 생각함.

통뇨(通尿)명하자 소변이 잘 통하여 나오게 함.

통-단명 크게 묶은 곡식의 단.

통달(通達)명하자타 1 막힘없이 환히 통함. □그 방면에 ~한 사람. 2 도(道)에 깊이 통함. □불경과 한문에 ~하다. 3 고(告)하여 알림. 통지. □~을 보내다.

통-닭[-닥]명 털과 내장을 제거한 뒤 통거리로 익힌 닭고기.

통닭-구이[-닥꾸-]명 구운 통닭(흔히, 전기구이 통닭을 이름).

통닭-집[-닥찝]명 통닭을 전문으로 만들어 파는 가게.

통-대구(-大口)명 내장을 빼고 말린 대구.

통-대자(通帶子)명 전대 모양으로 속이 비게 짠 띠.

통도(通道)명 1 통로1. 2 사람이 마땅히 행해야 할 도의.

통:도-하다(痛悼-)자여 마음이 몹시 아프도록 슬퍼하다.

통독(通讀)명하타 1 처음부터 끝까지 내리읽음. *정독(精讀). 2〖역〗조선 때, 성균관 대사성(大司成)이 매년 서울과 지방의 유생에게 제술(製述)·강서(講書)를 시험하던 일.

통독(統督)명하타 통할하여 감독함.

통-돌다[통돌아, 통도니, 통도는]자 여러 사람의 의견이 합치되어 그렇게 하기로 서로 알려지다.

통동(通洞)명〖광〗광산의 중요 갱도(坑道).

통동(通同)부 사물 전체의 수효나 양을 모두 한목 쳐서. *온통.

통람(通覽)명하타 책이나 글을 처음부터 끝까지 죄다 훑어봄.

통래(通來)[-내]명하자타 왕래(往來).

통:-량(統涼)[-냥]명 경상남도 통영(統營)에서 만든 갓의 양태.

통력(通力)[-녁]명〖불〗만사에 통하지 않는 것이 없는 자유자재의 신묘(神妙)한 힘.

통력(通歷)[-녁]명하자 연대(年代)를 통하여 셈함.

통:렬-하다(痛烈-)[-녈-]형여 몹시 매섭고 날카롭다. □통렬한 풍자. **통:렬-히**[-녈-]부. □~을 비판하다.

통령(通靈)[-녕]명하자 정신이 신령(神靈)과 서로 통함. 통신(通神).

통:-령(統領)[-녕]명하타 일체를 통할하여 거느림. 또는 그런 사람. 통리(統理). 통수.

통례(通例)[-네]명 일반적으로 통하여 쓰는 전례. 상례(常例).

통례(通禮)[-네]명〖역〗조선 때, 통례원의 정삼품 벼슬.

통례-원(通禮院)[-네-]명〖역〗조선 때, 조회(朝會)·제사에 관한 의식을 맡아보던 관아.

통례-적(通例的)[-네-]관명 통례에 관한 (것). □~ 행사.

통로(通路)[-노]명 1 통행하는 길. 통도. □좁은 ~. 2 의사소통이나 거래가 이루어지는 길. □대화를 통하여 합의의 ~를 열어 놓다.

통론(通論)[-논]명 1 사리에 통달한 이론. 2 전체를 통한 일반적이고 공통된 이론. □경제 ~.

통:-론(痛論)[-논]명하타 통절(痛切)한 언론. 또는 통절하게 논함.

통률(通律)[-뉼]명 일반에서 통용되는 규율.

통리(通利)[-니]명하자 대소변이 통함.

통리(通理)[-니]명하자 1 사리에 밝음. 2 사물의 이치에 통달함. 3 일반에 공통되는 도리. 투리(透理).

통:리 (統理)[-니-] 명하타 **1** 통령(統領). **2** 통치(統治).

통:리교섭통상사무-아문 (統理交涉通商事務衙門)[-니-] 명 〔역〕 조선 고종 19년(1882)에 통리아문을 고친 이름. 외아문.

통:리군국사무-아문 (統理軍國事務衙門)[-니-싸-] 명 〔역〕 조선 고종 19년(1882)에 통리내무아문을 고쳐 일컫던 이름. 내아문.

통리-군자 (通理君子)[-니-] 명 사리에 통달한 학자.

통:리기무-아문 (統理機務衙門)[-니-] 명 〔역〕 조선 고종 17년(1880)에 설치하여 군국기무(軍國機務)를 총괄하던 관아.

통:리내무-아문 (統理內務衙門)[-니-] 명 〔역〕 조선 고종 19년(1882)에 통리기무아문을 폐하고 설치한 관아. 그해에 다시 통리군국사무아문으로 고쳤음('내무를 총괄함). 내아문.

통:리-아문 (統理衙門)[-니-] 명 〔역〕 조선 고종 19년(1882)에 통리기무아문을 폐하고 설치하였던 관아('외교 사무를 맡아보았음). 외아문.

통리-제 (通利劑)[-니-] 명 〔한의〕 대소변이 잘 통하게 하는 약제. ＊이뇨제.

통-마늘 명 쪼개지 않은 통째로의 마늘.

통-마루 명 〔건〕 툇마루를 제외한 안방과 건넌방 사이에 놓인 큰 마루.

통-말 (桶-) 명 둥근 통처럼 만든 말〔斗〕.

통:매 (痛罵) 명하타 몹시 꾸짖음. 또는 그런 꾸지람. ㅁ무능한 공무원을 ~하다.

통-머름 명 〔건〕 여러 조각으로 짜지 않고 긴 널을 통째로 가로 댄 머름. 합중방(合中枋).

통-메다 (桶-) 타 ☞ 통메우다.

통-메우다 (桶-) 자 **1** 나무쪽을 맞추어 테를 끼우다. **2** 좁은 자리에 많은 사람이 몰려 들어감을 이르는 말.

통메-장이 (桶-) 명 통을 메우거나 고치는 일을 업으로 삼는 사람.

통명 (通名) 명 일반에 통하는 이름.

통명-하다 (通明-) 형여 모든 것에 통달하고 지혜가 밝다.

통모 (通謀) 명하자 **1** 비밀히 서로 통하여 공모함. **2** 〔법〕 민법상 상대방과 공모하여 허위 의사 표시를 하는 일.

통-모자 (-帽子) 명 운두와 위 뚜껑을 따로 만들어 붙이지 않고 애초에 같은 살로 만든 갓모자의 한 가지.

통빙 (桶-) 명 예전에, 광산에서 광석을 나르는 일을 하던 사람.

통-목¹ 명 통이 넓은 바지.

통-목² (-木) 명 통나무.

통-무 명 자르지 않은 통째로의 무.

통문 (通文) 명 여러 사람의 성명을 적어 돌려보는 통지문. ㅁ~을 돌리다.

통문-관 (通文館) 명 〔역〕 고려 때, 번역하는 일을 맡아보던 관아.

통-밀다 〔통밀어, 통미니, 통미는〕 타 이것저것 가릴 것 없이 똑같이 치다.

통-밀어 부 이것저것 가릴 것 없이 전부 평균으로 쳐서. ㅁ~ 얼마요. 준밀어.

통-바지 명 통이 넓은 바지.

통:박 (痛駁) 명하타 통렬하게 공박함. ㅁ일부 관리의 무능을 ~하다.

통:박-하다 (痛迫-)[-바카-] 형여 마음이 몹시 절박하다.

통-반석 (-盤石) 명 한 덩어리로 된 넓고 평평한 바위.

통:-반장 (統班長) 명 통장과 반장.

통발 명 〔식〕 통발과의 여러해살이 수초(水草). 줄기는 가늘고 길며 가로 뻗고, 잎의 일부가 변해 포충낭(捕蟲囊)이 되어 벌레를 잡아먹음. 8~9월에 노란색 꽃이 피고, 열매는 맺지 못하는 현상.

통-발 (筒-) 명 가는 댓조각이나 싸리를 엮어서 통 같이 만든 고기잡이 도구의 하나.

통발-류 (通發流) 〔식〕 식물이 뿌리로 빨아올린 물이 줄기와 가지를 지나서 잎에 이르는 현상.

통방¹ (通房) 명하자 감옥에서, 이웃 감방의 수감자끼리 암호로 서로 통함.

통방² (通房) 명 〔역〕 시골 관아의 통인(通引)이 있던 방.

통방이 명 쥐덫의 한 가지.

통-배추 명 자르거나 썰지 않은 통째 그대로의 배추.

통법¹ (通法)[-뻡] 명 일반에게 공통적으로 적용되는 법칙. 통칙.

통법² (通法)[-뻡] 명 〔수〕 여러 가지로 나타낸 도량형(度量衡)이나 기타의 단위를 고쳐서 한 단위로 만드는 일.

통변 (通辯) 명하타 통역.

통변-꾼 (通辯-) 명 **1** '통역'을 낮게 이르는 말. **2** 〔속〕 말전주를 하고 다니는 사람.

통보 (通報) 명하자 통지하여 보고함. 또는 그 보고. ㅁ기상(氣象) ~ / 검사 결과가 ~되다.

통보 (通寶) 명 옛날에, 엽전 따위의 화폐에 새겨 '통화(通貨)'라는 뜻을 나타내던 말. ㅁ해동(海東)~.

통-보리 명 타거나 누르지 않은 통째 그대로의 보리쌀.

통:봉 (痛棒) 명 〔불〕 좌선(坐禪)할 때, 스승이 마음의 안정을 잡지 못하는 사람을 징벌하는 데 쓰는 방망이.

통부 (通訃) 명하자타 사람의 죽음을 알림. 고부(告訃). 부고.

통부 (通符) 명 〔역〕 조선 때, 의금부·병조·형조·한성부(漢城府)의 입직관(入直官)이나 포도청의 종사관(從事官)과 군관(軍官)이 범인을 잡는 증표로 차던 부찰(符札).

통분 (通分) 명하타 〔수〕 분모가 다른 분수나 분수식의 각 분모를 그 최소 공배수로 만들어 공통의 분모로 만드는 일.

통:분 (痛憤·痛忿) 명하여분히부 원통하고 분함. ㅁ끓어오르는 ~을 금치 못하다.

통:비 (痛痺) 명 〔한의〕 사지의 뼈마디가 저리고 아픈 병.

통빙 (通聘) 명하자 서로 교제함.

통-뼈 명 **1** 두 가닥의 뼈로 이루어져 있지 않고, 붙어서 한 가닥으로 통처럼 되어 있는 아래팔뼈를 이르는 말. **2** 힘이나 대가 센 사람의 비유. ㅁ자기가 무슨 ~라고 끝까지 버티는지 모르겠네.

통사 (通士) 명 사리에 정통한 사람.

통사 (通史) 명 역사 기술법의 한 양식. 전 시대·전 지역에 걸쳐 통관한 종합적인 역사.

통사 (通事) 명 〔역〕 조선 때, 통역을 맡아보던 벼슬아치.

통:사 (痛史) 명 비통한 역사. 또는 통분할 사실(史實).

통:사-론 (統辭論) 명 〔언〕 문장의 구조나 그 구성 요소들 사이의 관계 및 기능·배열 따위를 연구하는 언어학의 한 분야. 구문론(構文論). 문장론.

통-사정 (通事情) 명하자 자기 사정을 남에게 알리거나 남의 사정을 잘 알아줌. ㅁ주인에게 제발 도와 달라고 ~했다. 준통정.

통산 (通算) 圐ê타 통틀어 계산함. 통계. □~ 일곱 번째 우승.
통상 (通常) □–圕 특별하지 않고 예사임. 보통. □~의 값. □부 보통으로. 보통의 경우는. □ 우리는 ~ 그렇게 불러 왔다.
통상 (通商) 圐ê자 외국과 교통하여 서로 상업을 영위함.
통:상 (痛傷) 圐ê타 몹시 슬퍼함.
통상 (筒狀) 圐 통처럼 생긴 모양.
통상 대:표부 (通商代表部) 정식으로 국교를 맺지 않은 나라 등에 상주(常駐)하여, 통상에 관한 외교 업무를 전담하는 재외 공관(在外公館)의 하나.
통상-복 (通常服) 圐 평상시에 입는 옷. 평복.
통상 엽서 (通常葉書) [-넙써] 그림·봉함(封緘)·왕복 등 특수한 내용이나 외형을 갖지 않는 일반 우편엽서.
통상-예복 (通常禮服) [-녜-] 圐 보통으로 입는 예복(연미복(燕尾服)이나).
통상 우편 (通常郵便) 1 소포 우편에 대한 보통 우편. 2 '통상 우편물'의 준말.
통상 우편물 (通常郵便物) 소포(小包) 우편물에 대하여 보통으로 다루는 우편물(빠른 우편물과 보통 우편물이 있음). ➔통상 우편.
통상-적 (通常的) 圑圐 특별하지 않고 늘 있는 (것). □~인 모임에 불과하다.
통상 전:보 (通常電報) 특수 취급을 하지 않는 보통의 전보.
통상 조약 (通商條約) 圕정圖 두 나라 사이에 통상·항해에 관한 사항 및 이에 부수되는 입국·거주·영사(領事) 교환 등에 관한 사항을 협의 규정한 조약. 통상 항해 조약.
통상-주 (通常株) 圐圕경圖 보통주(普通株).
통상 주주 (通常株主) 圕경圖 통상주를 가진 일반적인 주주.
통상 협정 (通商協定) [-쩡] 圕경圖 규정 사항이 특수하거나 임시 잠정적인 통상 조약.
통상-화 (筒狀花) 圕식圖 관상화(管狀花).
통상-환 (通常換) 圐 전신(電信) 기타의 특수 취급을 하지 않는 보통의 환.
통상-회 (通常會) 圐 정기회(定期會)1.
통색 (通塞) 圐 1 통함과 막힘. 2 운수가 잘 풀려 트임과 트이지 않음.
통:서 (統緖) 圐 한 갈래로 이어 온 계통.
통석 (通釋) 圐ê타 통해(通解).
통:석-하다 (痛惜)[-서카-] 圓어 몹시 애석하고 아깝다.
통선 (通船) 圐 강이나 바다를 오가는 배. □~료(料)를 내다.
통:설 (洞泄) 圐ê자 설사를 심하게 함. 또는 그런 설사.
통설 (通說) 圐ê타 1 도리에 통달하고 조예가 깊은 논설. 2 세상에 널리 알려진 가장 일반적인 학설. 3 전반에 걸쳐 해설함. 또는 그런 해설.
통섭 (通涉) 圐ê자 1 사물에 널리 통함. 2 서로 내왕함.
통성 (通性) 圐 '통유성'의 준말.
통성 (通姓) 圐ê자 '통성명(通姓名)'의 준말.
통:성 (痛聲) 圐 1 병으로 앓는 소리. 2 아픔을 못 견디어 지르는 소리.
통성 기도 (通聲祈禱) 다 같이 소리를 내어 각자가 하는 기도.
통-성명 (通姓名) 圐ê자 처음으로 인사할 때 서로 성과 이름을 알려 줌. □~도 없는 사이. ➔통성(通姓).
통:세 (痛勢) 圐 병이나 상처의 아픈 형세.
통-세계 (通世界) [-/-계] 圐ê자 1 전 세계. 2

널리 세계에 통함.
통소 (洞簫) 圕악圖 '퉁소'의 본딧말.
통소 (通宵) 圐ê타 철야(徹夜).
통-소로 (通小欐) 圕건圖 첨차(檐遮)와 첨차 사이에 끼우는 접시받침.
통소불매 (通宵不寐) 圐ê자 밤새도록 잠을 이루지 못함.
통-속 [-쏙] 圐 1 비밀한 단체. 통. □저 녀석도 한 ~이다. 2 비밀한 약속이나 뜻. □그 행동이 무슨 ~인지 모르겠다.
통속 (通俗) 圐 1 세상에 널리 통하는 일반적인 풍속. 2 전문적이 아니고 일반적으로 알기 쉬운 일. □~ 작가.
통속-극 (通俗劇) [-극] 圐 통속적인 내용의 연극이나 드라마.
통속 문학 (通俗文學) [-송-] 圕문圖 문학적 교양이 비교적 낮은 독자를 위해 흥미 있는 소재와 쉬운 내용을 다룬 문학. *대중 문학.
통속-미 (通俗味) 圐 학술·예술 등에서 풍기는 통속적인 맛이나 느낌.
통속 소:설 (通俗小說) [-쏘-] 圕문圖 연애 소설·가정 소설 등 흥미 본위의 통속적인 소재를 다루는 소설.
통속-적 (通俗的) [-쩍] 圑圐 일반에게 널리 통하는 (것). □~인 연애 소설.
통속-화 (通俗化) [-소콰] 圐ê자타 통속적으로 됨. 또는 그렇게 되게 함. □~되어 가는 문학 작품.
통-솔 圐 두 겹을 겹쳐 먼저 겉쪽에서 얕게 박은 다음 뒤집어 안쪽에서 다시 박는 바느질 방법. 또는 그 방법으로 박은 솔기.
통:솔 (統率) 圐ê타 무리를 거느려 다스림.
통:솔-력 (統率力) 圐 통솔하는 힘. □~이 부족하다.
통-송곳 [-곧] 圐 반달 모양의 날에 긴 자루가 박혀, 송곳과 칼의 두 가지 구실을 하는 연모. *도래송곳.
통수 (通水) 圐ê자타 1 물이 통하여 흐름. 또는 그렇게 되게 함. 2 수도가 없는 지역에 물을 댐.
통:수 (統首) 圕역圖 조선 때, 민호(民戶)의 편제(編制)에서 통의 우두머리.
통:수 (統帥) 圐 통솔하는 장수(統帥). 통솔.
통:수-권 (統帥權) [-꿘] 圕법圖 한 나라의 병력을 지휘하고 통솔하는 권한. 병마지권.
통-수수 圐 쌀을 내지 않는 그대로의 수수.
통-술 (桶-) 圐 통에 넣어 빚은 술. 또는 한 통되는 술.
통:시 (通視) 圐ê타 꿰뚫어 봄.
통시 언어학 (通時言語學) 圕언圖 언어 현상에서, 시간적으로 하나의 상태에서 다음 상태로 이행(移行)·전개하는 양상(樣相)에 관하여 연구하는 언어학. 역사 언어학. ↔공시(共時) 언어학.
통식 (通式) 圐 일반에 통하는 방식.
통신 (通信) 圐ê타 1 소식을 전함. 2 우편·전신·전화·개인용 컴퓨터 등으로 의사나 정보를 전함. □이 두절되다. 3 지사(支社) 및 특파원 등이 취재한 것을 본사에 알리는 일.
통신 (通神) 圐ê자 통령(通靈).
통신 교:수 (通信教授) 강의 내용을 인쇄물이나 방송을 통하여 전달하는 교수법.
통신 교:육 (通信教育) 통신 교수의 수단을 이용하여 실시하는 교육.
통신-기 (通信機) 圐 전화기·무선 전화기 및 기타 통신에 관한 일을 처리하는 여러 기계.

통신 기기.

통신-대 (通信隊)〖명〗〖군〗통신에 관한 임무를 수행하는 특수한 부대.

통신-망 (通信網)〖명〗1 통신사·신문사·방송국 등에서 내외 각지에 통신원을 파견해 본사와 연락하는 조직이나 설비. 2 유·무선 전화 또는 컴퓨터 등을 이용하여 정보나 의사를 주고받을 수 있는 연락 체계.

통신 무:기 (通信武器)〖군〗군사적인 정보·신호·경보를 전달하는 통신용 기재(器材)의 총칭. 통신 병기.

통신-병 (通信兵)〖명〗〖군〗통신대에 소속하여 통신 임무를 수행하는 사병.

통신-부 (通信簿)〖명〗'생활 통지표'의 구칭.

통신-비 (通信費)〖명〗통신에 드는 비용.

통신-사 (通信士)〖명〗통신 기관 및 선박·비행기 등에서, 통신에 관한 일을 맡아보는 기술 요원. 통신수(通信手).

통신-사 (通信社)〖명〗신문사·잡지사·방송 사업체 따위에 뉴스를 제공하는 언론 기관.

통신-사 (通信使)〖명〗〖역〗조선 때, 우리나라에서 일본으로 보내던 사신(고종 13년(1876)에 수신사(修信使)로 고침).

통신 사:업 (通信事業) 1 신문사·잡지사 및 방송업자에게 뉴스를 통신해 주는 사업. 2 신문사·잡지사·방송업자가 지면이나 전파로 온갖 일을 통신해 주는 사업. 3 의사 전달의 매개를 목적으로 하는 사업(전신·전화·우편에 관한 사업 따위). 통신업.

통신-소 (通信所)〖명〗통신기를 이용하여 여러 가지 정보를 교환하는 곳.

통신-수 (通信手)〖명〗통신사(通信士).

통신 수단 (通信手段) 각종 형태의 통신을 전하는 데 이용하는 물질적·기술적 수단(전화·전신·우편 따위).

통신-원 (通信員)〖명〗어느 지방이나 외국에 파견되어 그곳의 뉴스를 취재하여 신문사·방송사 등에 통신하는 사람.

통신 위성 (通信衛星) 원거리 사이의 전파 통신을 중계하는 데 쓰는 인공위성.

통신의 자유 (通信自由)[-시뉴-/-시네-] 통신의 비밀을 보장하는 자유. 헌법에 의하여 보장됨.

통신 장:교 (通信將校)〖군〗통신 병과(兵科)의 장교.

통신 판매 (通信販賣)〖경〗소비자로부터 우편으로 주문을 받아 상품을 파는 일. ⓔ통판.

통신-회의 (通信會議)[-/-이]〖명〗서로 다른 지점을 통신 시스템으로 연결하여 하는 회의.

통-심 (痛心)〖명〗〖하자〗몹시 마음이 상함.

통-심정 (通心情)〖명〗〖하자〗서로 정의(情誼)를 주고받음. ⓔ통정(通情).

통약 (通約)〖명〗〖하타〗〖수〗약분(約分).

통-양 (痛痒)〖명〗1 아프고 가려움. 양통. 2 자신에게 직접 관계되는 이해관계를 비유한 말.

통:양-상관 (痛痒相關)〖명〗서로 썩 가까이 지내는 사이.

통어 (通語)〖명〗〖하자타〗1 통역. 2 외국인과 서로 말이 통함. 3 일반에서 널리 쓰는 말.

통:어 (統御)〖명〗〖하타〗거느리어 제어함. 통제.

통:-어사 (統禦使)〖명〗〖역〗1 '삼도 통어사(三道統禦使)'의 준말. 2 '삼도 육군(陸軍)통어사'의 준말.

통:언 (痛言)〖명〗1 호되게 책망함. 또는 그 말. 극언(極言). 2 따끔한 직언(直言).

통:업 (統業)〖명〗나라를 다스리는 일.

통역 (通譯)〖명〗〖하자타〗언어가 통하지 않는 사람 사이에서, 양쪽의 언어를 번역하여 그 뜻을 전하여 줌. 또는 그런 일을 하는 사람. 통변(通辯). 통어(通語). ◻～을 맡다 /～으로 근무하다.

통역-관 (通譯官)[-꽌]〖명〗통역하는 일을 맡은 관리.

통:연-하다 (洞然-)〖형어〗밝고 환하다. 통:연-히〖부〗

통:영 (統營)〖명〗〖하타〗1 통제하고 경영함. 2〖역〗'통제영(統制營)'의 준말.

통용 (通用)〖명〗〖하자타〗1 일반에 두루 쓰임. 또는 두루 씀. ◻～ 화폐 / 널리 ～되는 언어. 2 넘나들어 쓰임. 넘나들며 씀. ◻상품권이 화폐와 함께 통용되다.

통용-구 (通用口)〖명〗늘 이용하는 출입구.

통용-금 (通用金)〖명〗세상에 널리 통용되는 금화(金貨).

통용 기간 (通用期間) 차표·입장권 등의 유효 기간.

통용-문 (通用門)〖명〗대문 이외에 언제나 자유롭게 드나들도록 따로 낸 문.

통용-어 (通用語)〖명〗일반적으로 널리 통용되는 말. ◻영어는 국제 ～이다.

통용-음 (通用音)〖명〗속음(俗音).

통운¹ (通運)〖명〗〖하타〗물건을 실어서 운반함.

통운² (通運)〖명〗〖하자〗운수(運數)가 트임. 또는 운수.

통운 (通韻)〖명〗1 음운이 서로 통함. 2 한시(漢詩)에서 발음이 비슷하여 여럿이 서로 쓸 수 있는 운(동(東)·동(冬)·강(江)의 종성(終聲)과 같은 것).

통운 기관 (通運機關) 선박·자동차·기차·비행기 등 통운에 쓰이는 기관의 총칭.

통운 회:사 (通運會社) 화물을 실어 나르고 운임을 받는 영리 회사.

통원 (通院)〖명〗병원 등에 치료를 받으러 다님. ◻～ 치료.

통:-위사 (統衛使)〖명〗〖역〗조선 후기에, 통위영(統衛營)의 으뜸 장수.

통:-위영 (統衛營)〖명〗〖역〗조선 고종 때(1888)에 후영(後營)·우영(右營)·해방영(海防營)을 합쳐서 설치하였던 군영(軍營).

통유 (通有)〖명〗공통으로 다 같이 갖추고 있음. ↔특유(特有).

통유 (通儒)〖명〗세상일에 통달하고 실행력이 있는 유학자(儒學者).

통-유리 (-琉璃)[-뉴-]〖명〗잇거나 자르지 않은 통째로 된 유리.

통유-성 (通有性)[-썽]〖명〗여럿에 공통되는 성질. ↔특유성(特有性). ⓔ통성(通性).

통융 (通融)〖명〗〖하타〗융통(融通).

통-으로〖부〗온통으로.

통:-음 (痛飮)〖명〗〖하타〗술을 썩 많이 마심. ◻밤을 새워 ～하다.

통읍 (慟泣)〖명〗〖하자〗슬피 욺.

통의 (通義)[-/-이]〖명〗세간에 널리 통하는 도리와 정의.

통의 (通誼)[-/-이]〖명〗세상 일반이 이행해야 할 도의.

통:-이계지 (統而計之)[-/-게-]〖명〗〖하타〗모두 합쳐서 계산함.

통-이불 (筒-)[-니-]〖명〗자루처럼 만든 이불.

통-인 (通人)〖명〗사물에 통달한 사람.

통인 (通引)〖명〗〖역〗1 고려 때, 중추원(中樞院)의 이속(吏屬). 2 조선 때, 관아의 관장 밑에 딸려 잔심부름을 하던 이속.

통-인정 (通人情)〖명〗〖하자〗통심정(通心情).

통일 (通日)[명] 그해 1월 1일부터 통틀어 계산한 일수.

통:일 (統一)[명][하타] **1** 나누어진 것들을 합쳐서 하나로 만듦. ¶삼국 ~ / 남북이 ~되기를 기원하다. **2** [철] 다양한 여러 요소가 어떤 점에서 합치하여 하나의 전체에 같이 소속하는 관계. **3** 서로 다른 것을 같거나 일치되게 맞춤. ¶의견의 ~.

통:일 국가 (統一國家)[-까][명][정] 중앙 집권적인 근대 민족 국가의 일컬음.

통:일-미 (統一美)[명] 조각·공예품, 특히 건축물에서 전체의 구성이 잘 통일되어 균형 있는 아름다움을 표출한 예술적인 미.

통:일-벼 (統一─)[명][농] 벼 품종의 한 가지《새로 개량된 벼로, 단위당 수확량이 많음》.

통:일-부 (統一部)[명] 중앙 행정 기관의 하나. 통일 및 남북 대화·교류·협력에 관한 정책의 수립 및 이에 관한 사무를 맡아봄.

통:일-성 (統一性)[-썽][명] 다양한 요소들이 있으면서도 전체가 하나로서 파악되는 성질.

통:일-안 (統一案)[명] **1** 통일을 위한 의안(議案)이나 법안. **2** 여럿을 통일하여 하나로 만든 안. ¶맞춤법 ~.

통:일 전:선 (統一戰線)[사] 정치·사회 운동 등에서, 공동 목표를 달성하기 위하여 여러 당파·단체의 협동에 의하여 이루어지는 행동 통일의 투쟁 형태.

통:일-천하 (統一天下)[명] 천하를 통일함. 또는 통일된 천하. ☞통천하.

통:일-체 (統一體)[명] 일정한 조직 계통 아래 통일된 단체 또는 형체(形體).

통:입-골수 (痛入骨髓)[-쑤][명][하자] 원통한 일이 골수에 깊이 사무침.

통-자 (─字)[-짜][명][인] 글자가 완전히 한 덩이에 다 새겨진 활자. ↔쪽자.

통-잠 [명] 한 번도 깨지 않고 잇따라 푹 자는 잠. ¶~과 쪽잠.

통-잣 [-잗][명] 송이에서 낱알을 빼내지 않은 통짜의 잣.

통장 (通帳)[명] **1** 금융 기관에서, 예금한 사람에게 출납(出納) 상태를 기록해 주는 장부. **2** [경] 물건을 주고받을 때, 품명·금액·날짜 따위를 기록하는 장부.

통:장 (統長)[명] 통(統)을 대표하여 일을 맡아보는 사람.

통:장 (統將)[명][역] 조선 때, 무예별감(武藝別監)의 으뜸 장수.

통-장수 (桶─)[명] **1** 통을 파는 사람. **2** 젓갈을 통에 넣어 가지고 다니며 파는 사람.

통-장이 (桶─)[명] 통을 메우는 장인(匠人).

통-장작 (─長斫)[명] 쪼개지 않은 통째의 장작.

통장-질 (通帳─)[명][하자] 장부에 올리고 외상으로 물건을 사는 짓.

통재 (通才)[명] 온갖 사물에 능통한 재주. 또는 그런 재주를 가진 사람.

통:재 (統裁·統宰)[명][하타] **1** 통솔하여 재결함. **2** 통솔하여 다스림.

통전 (通典)[명] 일반적으로 적용되는 규칙.

통전 (通電)[명][하자] **1** 각지에 널리 알리는 전보. **2** 전류를 통함.

통:-절 (痛切─)[어] **1** 뼈에 사무치게 절실하다. **2** 몹시 간절하다. 통:절-히[부]

통-점 (痛點)[-쩜][명][의] 아픔을 느끼는 감각점(피부 전면에 걸쳐 많이 분포하고 있으며 내장에도 있음).

통정 (通情)[명][하자] **1** '통심정'의 준말. **2** '통사정'의 준말. **3** 세상 일반의 인정이나 사정. **4** 남녀가 정을 통함. ¶유부녀와 ~하다.

통정 (通睛)[명][한의] 어린아이가 경풍(驚風) 등으로 경련을 일으켜 눈을 치뜨는 병.

통정-대부 (通政大夫)[명][역] 조선 때, 문관(文官)의 정삼품 당상관(堂上官)의 품계.

통-꼭지 (桶─)[-찝][전] 통 바깥쪽에 달린 손잡이. 통꼭지.

통:제 (統制)[명][하타] 일정한 방침이나 목적에 따라 행위를 제한하거나 제약함. 통어(統御). ¶교통 ~ / 외부인의 출입이 ~되다.

통:제 가격 (統制價格)[-까][경] 공정(公定) 가격.

통:제 경제 (統制經濟)[경] 국가가 경제 활동의 자유를 제한·간섭하여 통제를 가하는 경제 형태.

통:제-권 (統制權)[-꿘][명] 통제할 수 있는 권한. ¶~을 발동하다.

통:제-력 (統制力)[명] 통제할 수 있는 힘.

통:제-부 (統制府)[명][군] 해군의 한 기관《군항(軍港) 구역의 방어·경비 및 출동 준비에 관한 사항을 관장함》.

통:제-사 (統制使)[명][역] '삼도 수군(三道水軍)통제사'의 준말.

통:제-영 (統制營)[명][역] 삼도 수군통제사(三道水軍統制使)의 군영. ☞통영(統營).

통:제-품 (統制品)[명] 전쟁이나 기타의 경제 사정 때문에 생산·배급·소비 등에서 국가의 통제를 받는 물품.

통-조각 [명] 여러 조각으로 되지 않고 하나로 이루어진 조각.

통-조림 (桶─)[명] 고기·과일 따위의 식료품을 양철통에 넣고 가열·살균한 뒤 밀봉해서 오래 저장할 수 있도록 만든 식품.

통조림-통 (桶─桶)[명] 통조림한 식품이 들어 있는 양철통.

통:주 (統主)[명][역] 통수(統首)의 전 이름.

통-줄 [명] **1** 연을 날릴 때, 연 쪽으로 얼레 머리를 내밀어 갑자기 많이 풀려 나가게 한 줄. **2** 따로 목줄을 매지 않고, 원줄에 직접 바늘을 매단 낚싯줄.

통줄(을) 주다 [관] 얼레 머리를 연 쪽으로 내밀어 통줄이 나가게 하다.

통-줄 (筒─)[명] 둥글게 생긴 줄《둥근 구멍의 안쪽을 쓸어 내는 데에 씀》. 둥근줄.

통-증 (痛症)[-쯩][명] 아픈 증세. ¶~이 가시다 / ~을 참다.

통지 (通知)[명][하자타] 기별하여 알림. 통기(通奇). 통달. ¶성적을 ~하다.

통지기 [명] 서방질을 잘하는 계집종.

통지기-년 [명] **1** 〈속〉통지기. **2** 음탕한 여자를 욕으로 이르는 말.

통지-서 (通知書)[명] 어떤 사실을 알리는 문서. ¶입영 / 합격 ~를 받다.

통지 예:금 (通知預金)[경] 거치(据置) 기간이 지나면 예금 인출 며칠 전에 은행에 통지를 해야 할 것을 조건으로 하는 예금.

통지-표 (通知表)[명] '생활 통지표'의 준말.

통:징 (痛懲)[명][하타] 엄정(嚴懲).

통-짜 [명] 《주로 '통짜로'의 꼴로 쓰여》 온통의 덩어리. ¶~로 끼워 맞추다. ＊통짜리.

통-짜다 [자] 여럿이 한동아리가 되기를 약속하다. 〔타〕부분을 모아 하나가 되게 맞추다.

통-짜 [부] 《주로 '통짜로'의 꼴로 쓰여》 나누지 않고 덩어리로 있는 그대로. ¶~로 먹다 / ~로 삶다.

통-차지 (通─)[명][하타] 통째로 다 차지하는 일.

통:-찰 (洞察)[명][하타] 전체를 환하게 내다봄. 예

리하게 꿰뚫어 봄.

통:찰-력 (洞察力) 사물을 통찰하는 능력. ▢~이 뛰어난 사람.

통창-하다 (通暢-) 휑여 넓고 밝아 시원하고 환하다.

통창-하다 (通暢-) 휑여 조리(條理)가 밝아 환하다.

통-채 튄 ☞통째.

통:책 (痛責) 몡하타 엄책(嚴責).

통:처 (痛處) 몡 병이나 상처로 아픈 곳.

통천-건 (通天巾) 몡 성복(成服)하기 전에 상제가 쓰는, 위가 터지게 베로 만든 건(巾).

통천-관 (通天冠) 몡 《역》 임금이 조칙(詔勅)을 내리거나 정무(政務)를 볼 때 쓰던 관.

통천지수 (通天之數) 몡 하늘에 통하는 수라는 뜻으로, 썩 좋은 운수를 일컫는 말.

통-천판 (通天板) 몡 《광》 천판을 뚫었을 때에 위의 광혈(鑛穴)과 서로 통한 천판.

통-천하 (通天下) 몡하타 천하에 두루 통함. 보천지하(普天之下).

통:-천하 (統天下) 몡 1 온 천하. 2 '통일천하'의 준말.

통:철 (洞徹) 몡하타 깊이 살펴서 환하게 깨달음.

통철 (通徹) 몡하자 막힘없이 통함.

통첩 (通牒) 몡 1 관청이나 단체 따위에서 문서로 통지함. 또는 그 문서. 2 《법》 국제법에서, 국가의 일방적 의사 표시를 내용으로 하는 문서《국가의 태도나 정책을 표시하거나 사실을 통지하는 데 씀》. ▢적군에게 최후 ~를 보내다.

통청 (通淸) 몡 《역》 조선 때, 청관(淸官)이 될 자격을 얻던 일.

통:초-하다 (痛楚-) 휑여 몹시 아프고 괴롭다.

통촉 (洞燭) 몡하타 '양찰(亮察)'을 높여 이르는 말. ▢깊이 ~하시기를 바랍니다.

통치 (通治) 몡하타 한 가지 약으로 여러 가지 병을 고침.

통:치 (統治) 몡하타 나라나 지역을 도맡아 다스림. 통리(統理). ▢~자(者) / 나라를 ~하다.

통:치-권 (統治權) 몡 《법》 국민과 국토를 다스리는 국가의 절대적인 최고 지배권.

통:치 기관 (統治機關) 《정》 통치자가 국가를 다스리기 위하여 설치한 기관《의회·행정부·법원 따위》.

통:치다 타 ☞ 한통치다.

통:치-마 몡 양쪽 선단이 없이 통으로 지은 치마. 월남치마. ↔ 쌍치마.

통:치-지 (統治地) 몡 통치권이 미치는 지역. 통치하는 곳.

통칙 (通則) 몡 통규(通規).

통칭 (通稱) 몡하타 1 공통으로 쓰는 이름. 2 일반에 통용되는 이름. ▢또는 그렇게 부른다.

통:칭 (統稱) 몡하타 통틀어 가리키는 이름.

통:쾌 (痛快) 몡하휑히뛰 아주 유쾌하고 시원함. ▢~한 승리를 맛보다.

통:쾌-감 (痛快感) 몡 통쾌한 느낌.

통:타 (痛打) 몡하타 1 통쾌하게 때림. 2 강타(强打). ▢4번 타자의 ~로 경기를 이겼다.

통:탄 (痛歎·痛嘆) 몡하타 몹시 탄식함. 또는 그런 탄식. ▢그 사건은 참으로 ~할 일이다.

통-탕 튄하자타 1 널빤지 따위를 함부로 요란하게 두드리는 소리. 2 총을 마구 쏘는 소리. 㣡통탕.

통탕-거리다 자타 통탕 소리가 자꾸 나다. 또는 그런 소리를 자꾸 내다. 㣡통탕거리다. 통

탕-통탕 튄하자타

통탕-대다 자타 통탕거리다.

통-터지다 자 여럿이 한꺼번에 쏟아져 나오다.

통-통¹ 튄하자타 1 단단한 곳을 발로 잇따라 구르는 소리. ▢마루를 ~ 구르다. 㣡통통. 2 작은 발동기 따위가 울리는 소리. ▢작은 배 ~ 소리를 내며 떠난다.

통통² 튄하휑히뛰 몸피가 붓거나 살이 쪄 볼록한 모양. ▢발이 ~ 붓다. 㣡퉁퉁.

통통-거리다 자타 1 통통 소리가 자꾸 나다. 또는 그런 소리를 자꾸 내다. ▢통통거리는 똑딱선. 㣡퉁퉁거리다.

통통-걸음 몡 발을 통통 구르며 빨리 걷는 걸음. 㣡퉁퉁걸음.

통통-대다 자타 통통거리다.

통통-배 몡 발동기로 움직이는, 통통 소리가 나는 작은 배. 통통선.

통투-하다 (通透-) 휑여 사리를 꿰뚫어 환히 알다. 통투-히 튄

통-틀다 〔통틀어, 통트니, 통트는〕 타 있는 대로 모두 한데 묶다.

통-틀어 있는 대로 모두 합하여. ▢~ 얼마요 / 우리를 ~ 욕하지 마라.

통판 (通判) 몡하타 1 모든 일을 판정함. 2 중국 송나라 때 비롯한 지방관(地方官). 3 고려 때, 대도호부(大都護府)의 판관.

통판 (通版) 몡하타 《인》 신문의 양면을 한 텟줄 안에 몰아 넣고 짬. 또는 그 판.

통판 (通販) 몡하타 '통신 판매'의 준말.

통-팔도 (通八道)〔-또〕 몡하자 팔도, 곧 우리나라의 도처에 널리 통함. 통팔로.

통-팔로 (通八路) 몡하자 통팔도.

통-팥〔-팥〕 몡 맷돌에 갈지 않은 통째의 팥.

통폐 (通弊)〔-/-페〕 몡 일반에 두루 있는 폐단. ▢입시 지옥은 교육의 ~이다.

통:-폐합 (統廢合)〔-/-폐-〕 몡하타 같거나 비슷한 계통의 여러 기업이나 기구 따위를 없애거나 합쳐서 하나로 만듦. ▢난립한 협회가 하나로 ~되다.

통:폭 (痛爆) 몡 심한 폭격. 맹폭(猛爆).

통풍 (通風) 몡하자 바람을 통하게 함. 공기를 잘 드나들 수 있게 함. 통기(通氣). ▢~ 장치 / ~이 잘 되는 실내.

통:풍 (痛風) 몡 《의》 관절이 붓고 아픈 요산성(尿酸性)의 관절염.

통풍-구 (通風口) 몡 공기를 통하도록 낸 구멍. 공기구멍.

통풍-권 (通風權)〔-꿘〕 몡 《법》 자기 집에 통풍이 잘되도록 요구할 수 있는 권리.

통풍-기 (通風機) 몡 통풍이 잘되도록 하기 위해 설치해 놓은 기계. 벤틸레이터.

통풍-창 (通風窓) 몡 공기가 잘 통하도록 만든 작은 창. 통기창. 풍창(風窓).

통-하다 (通-) 자타여 1 막힘이 없이 트이다. ▢사방으로 ~. 2 말이나 문장이 잘 이어져 나가다. ▢문맥이 ~/ 뜻이 ~. 3 말을 주고받아 서로의 뜻을 알다. ▢잘 통하는 사이 / 그런 말은 여기서 통하지 않는다. 4 어떤 분야의 일을 잘 알다. ▢고금(古今)에 ~ / 내부 사정에 ~. 5 길 따위가 어떤 곳으로 이어지다. ▢로마로 통하는 길. 6 비밀히 연락이나 관계를 맺다. ▢적에게 ~《내통하다》/ 하녀와 ~《간음하다》. 7 전체에 미치다. ▢일년을 통하여, 8 사이에 세워 중개하거나 매개하다. ▢라디오나 텔레비전을 통하여 알리다 / 사람을 통하여 교섭하다. 9 어떤 경로를 따라 움직여 가다. ▢대변이 ~ / 전류가 ~. 10 어떤 행위가 받아들여지다. ▢그런 수는 통하지 않는다.

통-하정 (通下情)[명][하자] 아랫사람의 사정을 잘 알아줌.

통학 (通學)[명][하자] 자기 집에서 학교에 다니며 수학(修學)하는 일. □ 자전거로 ~하다.

통학 구역 (通學區域)[─꾸─] 통학을 허락하는 구역(원거리 통학의 억제 또는 취학 학생 수의 균등을 위하여 구분을 제한한them).

통학-생 (通學生)[─쌩] 명 통학하는 학생. ↔기숙생(寄宿生).

통 (痛)[명][하자] 가슴 아프게 몹시 한탄함. □ ~의 세월을 보내다.

통-한 (痛恨)[명][하자] 몹시 원통한 일.

통-할 (統轄)[명][하타] 모두 거느려서 다스림.

통-합 (統合)[명][하타] 모두 합쳐 하나로 만듦. □ 기업 ~ / 유사한 기관이 ~되다 / 관련된 부서를 주무 부서로 ~시키다.

통-합군 (統合軍)[─꾼] 명 [군] 1 육해공군의 부대를 분리하지 않고, 단일 사령부에 혼합해서 편성한 군대. 2 여러 나라의 군대를 한 사령부 아래 통합한 군대.

통항 (通航)[명][하타] 배가 통하여 다님.

통항-권 (通航權)[─낀] 명 [법] 국제 조약에 의하여 외국 영해를 통항할 수 있는 권리.

통해 (通解)[명][하타] 글이나 책의 전체를 통하여 해석함. 또는 그런 해석. 통석(通釋).

통-해-하다 (痛駭─)[형][여] 몹시 놀랍다.

통행 (通行)[명][하자타] 1 길로 통하여 다님. 왕래. □ 차량 ~ / 우측~ / 공사로 ~이 불편하다. 2 일반으로 통하여 행해지는 일.

통행 규정 (通行規定) 도로 따위의 통행에 관한 규정.

통행-금지 (通行禁止)[명] 특정 지역이나 시간에 사람이나 차량의 통행을 일체 금하는 일. □ ~ 지역 / ~가 해제되었다. ⑤통금(通禁).

통행-료 (通行料)[─뇨][명] 유료 도로를 통행하는 값에 대하여 받는 요금.

통행-본 (通行本)[명] 널리 일반에게 통하는 책.

통행-세 (通行稅)[─쎄][명] 전차·기차·기선 등의 승객에 대하여 거리와 등급에 따라 부과되는 교통세의 일종(1977년 폐지됨).

통행-인 (通行人)[명] 통행하는 사람. 통행자.

통-행전 (筒行纏)[명] 아래에 귀가 달리지 않은 보통 행전.

통행-증 (通行證)[─쯩][명] 어떤 지역이나 특정 시간에 통행을 허가하는 증서.

통헌-대부 (通憲大夫)[명] 1 고려 때, 종이 문관(文官)의 품계. 2 조선 때, 정이품 의빈(儀賓)의 품계.

통현 (通玄)[명][하타] 사물의 깊고 미묘한 이치를 깨달음.

통혈 (通穴)[명][하자] 1 공기가 통하게 구멍을 뚫음. 또는 그 구멍. 2 [광] 갱도와 갱도를 서로 통하도록 뚫음. 또는 그 구멍.

통호 (通好)[명][하자] 교의(交誼)를 맺음. 우정을 통함.

통-호 (統戶)[명] 통(統)과 호(戶).

통혼 (通婚)[명][하자] 1 혼인할 뜻을 전함. □ ~을 넣다. 2 두 집안 사이에 서로 혼인 관계를 맺음.

통화 (通化)[명][하자] [불] 부처의 가르침을 널리 펴서 중생을 교화함.

통화 (通貨)[명] [경] 한 나라 안에서 통용되고 있는 화폐. □ ~를 줄이다.

통화 (通話)□[명][하자] 전화로써 말을 주고받음. □ ~는 짧게 해라. □[의명] 일정한 시간 내의 통화를 단위로 일컫는 말. □ 1 ~ 3분 이내.

통화-개혁 (通貨改革) [경] 주로 인플레이션의 수습을 위해 행하여지는 통화 조치(평가

절하·디노미네이션, 신구(新舊) 통화 교환에 즈음하여서의 보유 현금·예금량 삭감 조치 따위의 총칭).

통화-고 (通貨高)[명] '통화 발행고'의 준말.

통화 관리 (通貨管理)[─괄─] [경] 지폐 발행을 금준비의 제약에서 해방하여 그 발행액을 인위적으로 관리·조절하는 일. 통화 통제. *관리 통화.

통화-량 (通貨量)[명] 나라 안에서 실제로 유통되고 있는 돈의 양.

통화 발행고 (通貨發行高) 통화의 발행 액수. ⑧통화고.

통화 수축 (通貨收縮) [경] 디플레이션. ↔통화 팽창.

통화 위조죄 (通貨僞造罪)[─쬐] [법] 유통시킬 목적으로 통화를 위조 또는 변조함으로써 성립되는 죄.

통화 인플레이션 (通貨inflation) [경] 불환 지폐를 증발(增發)하거나 정화(正貨)의 금 함유량을 줄여서 통화를 증발함으로써 일어나는 인플레이션.

통화 정책 (通貨政策) [경] 통화의 수량을 적당히 늘이거나 줄여서 한 나라 안의 금융·경기·물가·생산 등을 적절히 통제·조절하려는 정책.

통화 조절 (通貨調節) [경] 통화량을 조절하여 물가를 적당한 수준에서 안정시키는 일.

통화-주의 (通貨主義)[─/─이] [경] 중앙은행의 태환권 발행액을 그 금준비에 일치시키면 물가 수준이 안정된다는 설.

통화 통제 (通貨統制) [경] 통화의 가치를 유지·안정시키기 위해 국가가 통화를 관리·통제하는 일.

통화 팽창 (通貨膨脹) [경] 인플레이션. ↔통화 수축.

통환 (通患)[명] 1 일반에 공통되는 걱정. 2 어느 곳이든 어느 사람이나 두루 가지고 있는 폐해(弊害).

통-회 (痛悔)[명][하타] 1 몹시 뉘우침. 가슴 아프게 후회함. □ 지은 죄를 ~하다. 2 [가] 고해 성사의 다섯 가지 요소 중의 하나. 자기가 지은 죄를 진심으로 뉘우치는 일.

통효 (通曉)[명][하자] 환하게 깨달아서 앎. 효달.

통-후추 (通─)[명] 빻지 않은, 알 그대로의 후추.

통훈-대부 (通訓大夫)[명] [역] 조선 때, 문관(文官)의 정삼품 당하하계(堂下官)의 품계.

톺다¹ [톱따][타] 샅샅이 더듬어 뒤지면서 찾다.

톺다² [톱따][타] 삼을 삼을 때 쨀 삼의 끝을 가늘고 부드럽게 하려고 톱으로 눌러 훑다.

톺아-보다[타] 샅샅이 톺아 나가면서 살피다.

퇴:¹ (退)[명] 1 물림질. 2 '툇마루'의 준말. 3 '툇간'의 준말.

퇴:² (退)[명] 1 퇴짜. 2 어떤 사물에 대하여 싫증이 나거나 물리는 느낌.
　퇴(를) 놓다 [관] 퇴짜(를) 놓다.

퇴 (堆)[지] 대륙붕에서 특히 얕은 부분(고기 떼가 많이 모임).

퇴:각 (退却)[명][하자] 1 뒤로 물러감. 패하여 후퇴함. □ 적군이 ~하기 시작하였다. 2 가져온 금품을 물리침.

퇴:거 (退去)[명][하자] 1 물러감. □ ~ 조치. 2 거주를 옮김. □ ~ 명령에 불응하다.

퇴:거 불응죄 (退去不應罪)[─뿌릉죄] [법] 남의 주택·건물이나 선박 따위에서 나가라는 요구에 응하지 않음으로써 성립하는 죄. 불(不)퇴거죄.

퇴격 (槌擊)〖명〗〖하타〗 방망이나 쇠뭉치로 침.

퇴:경 (退京)〖명〗〖하자〗 서울에서 머물다가 시골로 내려감. ⟶입경(入京).

퇴:경 (退耕)〖명〗〖하자〗 벼슬을 내놓고 시골에 가서 농사를 지음.

퇴:경 (退境)〖명〗〖하자〗 어떠한 경계 안에서 그 밖으로 물러남.

퇴고 (推敲)〖명〗〖하타〗 시문을 지을 때 자구를 여러 번 생각하여 고침.

퇴:골 (腿骨)〖명〗〖생〗 다리뼈.

퇴:공 (退供)〖명〗〖불〗 부처 앞에 공양하였던 물건을 물림. 또는 그런 일.

퇴:관 (退官)〖명〗〖하자〗 벼슬을 내놓고 물러감. 퇴임(退任).

퇴:관 (退棺)〖명〗〖하자〗 나장(裸葬)하기 위하여 하관(下棺)할 때 관을 벗겨 물려 냄.

퇴:교 (退校)〖명〗〖하자〗 퇴학. ⟹사소한 과실을 가지고 ~ 처분을 한 것은 지나쳐.

퇴:군 (退軍)〖명〗〖하자〗 싸움터에서 군사를 물림. ⟶진군(進軍).

퇴:궐 (退闕)〖명〗〖하자〗 대궐에서 물러 나옴. ⟶입궐(入闕).

퇴:근 (退勤)〖명〗〖하자〗 직장에서 근무 시간을 마치고 나옴. ⟶출근.

퇴:근-길 (退勤-)〔-낄〕〖명〗 퇴근하여 집으로 돌아가는 길. 퇴근하는 도중. ⟹~에 한잔하다.

퇴:기 (退妓)〖명〗〖역〗 기안(妓案)에서 물러난 기생. 기생퇴물.

퇴:기 (退期)〖명〗〖하자〗 기한을 물림. 퇴한(退限).

퇴기다 〖타〗 1 힘을 모았다가 갑자기 탁 놓아 내뻗치다. 2 도둑·짐승 따위를 건드려서 달아나게 하다. ⟹튀기다¹.

퇴김 〖명〗〖하타〗 연을 날릴 때, 상대편의 연을 억누르기 위하여 얼레 자루를 잦히며 통줄을 주어서 연 머리를 그루박게 하는 일. ⟹튀김². **퇴김(을) 주다** 〖구〗 연을 날릴 때, 퇴김하는 재간을 부리다.

퇴:-내다 (退-)〖자〗 1 실컷 먹거나 가지거나 누려서 물리게 되다. 2 일을 지나치게 하여 싫증이 나게 되다.

퇴:단 (退團)〖명〗〖하자〗 소속한 단체에서 물러남. ⟶입단(入團).

퇴:대 (退待)〖명〗〖하자〗 물러가서 기다림.

퇴:-도지 (退賭地)〔-또-〕〖명〗〖역〗 조선 후기에, 10년을 작정하고 소작권을 팔아넘기던 계약 (10년이 차면 무상(無償)으로, 5년이면 대금의 반액, 1년이면 전액으로 반환을 받을 수가 있음).

퇴락 (頹落)〖명〗〖하자〗 무너지고 떨어짐.

퇴:량 (退樑)〖명〗〖건〗 툇보.

퇴령 (頹齡)〖명〗 노쇠한 연령. 고령(高齡).

퇴:로 (退老)〖명〗〖하자〗 늙어서 벼슬에서 물러남.

퇴:로 (退路)〖명〗 후퇴하는 길. ⟹적의 ~를 차단하다. ⟶진로.

퇴:리 (退吏)〖명〗 은퇴한 관리. 퇴직한 관리.

퇴-마냥 〖명〗 아주 늦게 심은 모.

퇴:-맞다 (退-)〖자〗 ☞퇴박맞다.

퇴:물 (退物)〖명〗 1 윗사람이 쓰다가 물려준 물건. 퇴물림. 2 퇴박맞은 물건. 퇴물림. 3 어떤 직업에서 물러난 사람을 낮잡아 이르는 말. ⟹ ~ 기생.

퇴:-물림 (退-)〖명〗 1 큰상물림. 2 퇴물 1·2.

퇴:박 (退-)〖명〗〖하타〗 마음에 들지 않아 물리치거나 거절함. **퇴박(을) 놓다** 〖구〗 마음에 들지 않아 물리치거나 거절하다.

퇴:박-맞다 (退-)〔-빵맏따〕〖자〗 마음에 들지 않아 물리침을 받다.

퇴벽 (頹壁)〖명〗 허물어져 내린 벽.

퇴:보 (退步)〖명〗〖하자〗 1 뒤로 물러감. 2 수준이나 정도가 전보다 뒤떨어짐. ⟹전쟁으로 경제가 10년은 ~하였다. ⟶진보.

퇴:분 (退盆)〖명〗〖하자〗 화분에 심은 화초를 뽑아 버림. ⟶등분(登盆).

퇴비 (堆肥)〖명〗 두엄. ⟹~를 증산하다. ──하다 〖타〗 퇴비를 만들다.

퇴:비 (頹記)〖명〗〖하자〗 퇴패(頹敗).

퇴:사 (退仕)〖명〗〖하자〗 1〖역〗 낮은 벼슬아치가 직위를 내놓고 물러나던 일. 2 사퇴(仕退).

퇴:사 (退舍)〖명〗〖자타〗 기숙사·관사 등에서 나감. ⟶입사(入舍).

퇴:사 (退社)〖명〗〖하자〗 1 회사에서 퇴근함. 2 회사를 그만두고 물러남. ⟶입사(入社).

퇴:사 (退思)〖명〗〖하자〗 물러나서 생각함.

퇴:산 (退散)〖명〗〖하자〗 1 모였던 것이 흩어져 감. 2 흩어져 도망함.

퇴산 (癀疝·㿗疝)〖명〗〖한의〗 불알이 붓는 병의 총칭. ＊토산불알.

퇴:상 (退床)〖명〗〖하자〗 1 음식상을 물림. 2 큰상물림. ⟹잔치가 끝나 ~하다.

퇴:상 (退霜)〖명〗〖하자〗 첫서리가 늦게 내림. 상강(霜降)이 지나서야 내린 늦서리.

퇴:색 (退色·褪色)〖명〗〖하자〗 1 빛이 바램. 투색(渝色). ⟹~한 모자 / ~된 옷. 2 존재가 희미해지거나 볼품없이 됨의 비유. ⟹관심이 차츰 ~되어 가다.

퇴:서 (退暑)〖명〗 물러가는 더위.

퇴:석 (退席)〖명〗〖하자〗 1 자리에서 물러남. 퇴좌. 2 퇴장(退場)2.

퇴석 (堆石)〖명〗〖지〗 1〖지〗 빙퇴석(氷堆石). 2 돌을 높이 쌓음. 또는 그 돌.

퇴석-층 (堆石層)〖명〗〖지〗 빙퇴석이 모여 이룬 지층.

퇴:선 (退膳)〖명〗 1 '제퇴선(祭退膳)'의 준말. 2 임금의 어상(御床)에서 물려 낸 음식.

퇴:섭 (退攝)〖명〗〖하자〗 뒤로 두려워서 물러남.

퇴세 (頹勢)〖명〗 쇠퇴하여 가는 형세.

퇴:속 (退俗)〖명〗〖하자〗〖불〗 승려가 다시 속인이 됨. 환속.

퇴속 (頹俗)〖명〗 쇠퇴하여 문란해진 풍속. 퇴풍(頹風). ⟹~은 점점 없어져 간다.

퇴:송 (退送)〖명〗〖하타〗 보내온 물품 등을 물리쳐 도로 보냄.

퇴:송 (退訟)〖명〗〖하타〗 소송을 받지 않고 물리침.

퇴:수 (退水)〖명〗〖하자〗 1 수구(水球) 경기에서, 반칙한 선수가 잠시 동안 물 밖으로 물러나게 되는 일. 2 물이 빠지거나 밀려 나감. 또는 그 물.

퇴:수 (退守)〖명〗〖하자〗 후퇴하여 지킴.

퇴:식 (退食)〖명〗〖하자〗 1 관청에서 물러나와 집에서 밥을 먹음. 2 공직에서 물러남.

퇴:식 (退息)〖명〗〖하자〗 물러나서 쉼.

퇴:식-밥 (退食-)〔-빱〕〖명〗〖불〗 부처 앞에 바쳤다가 물린 밥. 불공밥.

퇴:신 (退身)〖명〗〖하자〗 관계하는 일에서 물러남.

퇴:실 (退室)〖명〗〖자타〗 방이나 교실, 병실 따위에서 나감. ⟹입원실을 ~하다.

퇴:암 (退闇)〖명〗〖하자〗 어두운 것을 물리친다는 뜻으로, 사리에 어두운 사람을 물리침.

퇴:양 (退讓)〖명〗〖하자〗 뒤로 물러서서 사양하고 물러남.

퇴:역 (退役)〖명〗〖하자〗 현역이나 종사하던 일에서 물러남. ⟹~ 군인들이 모인 회합.

퇴:열 (退熱)〖명〗〖하자〗 열이 내림.

퇴:염 (退染)〖명〗〖하타〗 1 '토렴'의 본딧말. 2 물

든 물건의 빛깔을 다시 빨아냄.

퇴:영(退嬰)〔명〕〔하자〕 **1** 뒤로 물러나서 움직이지 않음. **2** 활기나 진취적 기상이 없게 됨. ↔진취(進取).

퇴:영-적(退嬰的)〔관〕〔명〕 퇴영의 상태에 있는 (것). □~ 자세.

퇴옥(頹屋)〔명〕 낡아서 허물어진 가옥.

퇴운(頹運)〔명〕 쇠퇴하는 기운.

퇴:원(退院)〔명〕〔하자타〕 입원했던 환자가 병원에서 나옴. □~ 수속을 밟다. ↔입원.

퇴:위(退位)〔명〕〔하자〕 **1** 임금의 자리에서 물러남. ↔즉위(即位). **2** 위치를 뒤로 물림.

퇴:-일보(退一步)〔명〕〔하자〕 한 걸음 물러남.

퇴:임(退任)〔명〕〔하자〕 임무에서 물러남.

퇴:잠(退潛)〔명〕〔하자〕 물러나 가만히 있음.

퇴:장(退場)〔명〕〔하자〕 **1** 어떤 장소에서 물러남. □관객이 ~하다. **2** 입장. 회의장 등에서 회의를 마치기 전에 먼저 물러남. 퇴석(退席). **3** 경기 중에 반칙 등으로 물러남.

퇴:장(退藏)〔명〕〔하자〕 **1** 물러나서 자취를 감춤. **2** 물건이나 화폐 따위를 쓰지 않고 묵혀 둠. □자본 / ~ 화폐.

퇴적(堆積)〔명〕〔하자타〕 **1** 많이 덮쳐 쌓임. 또는 많이 덮쳐 쌓음. □하천에 토사가 ~되다. **2** ⇨'퇴적 작용'의 준말.

퇴적-도(堆積島)〔-또〕〔지〕 화산의 분출물이나 생물의 유해(遺骸) 따위가 퇴적하여 이루어진 섬.

퇴적-물(堆積物)〔-쩡-〕〔지〕 **1** 덮쳐 쌓인 물건. **2**〔지〕물·바람·중력·빙하 등에 의하여 지표에 쌓인 물질. 이것이 굳어서 퇴적암이 됨.

퇴적-심(堆積心)〔-씸〕〔지〕 퇴적물의 중심. 퇴적물이 가장 두터운 곳.

퇴적-암(堆積岩)〔-빵〕 암석의 작은 덩이나 생물의 유해 등이 수중·육상에서 침전·퇴적하여 생긴 암석(사암(砂岩)·혈암(頁岩)·석회암(石灰岩). 수성암. 침적암(沈積岩).

퇴적-열(堆積熱)〔-쩡녈〕 퇴적물 사이에서 물리적·화학적으로 생기는 열.

퇴적 작용(堆積作用)〔-짜꽁〕〔지〕 지각(地殼)을 이루는 암석 붕괴 물질이 물·빙하·바람 등에 의해 운반되어 어떤 곳에 쌓이는 현상.

퇴적-층(堆積層)〔지〕 퇴적 작용으로 이루어진 지층.

퇴적 평야(堆積平野)〔지〕 모래와 자갈 등이 퇴적하여 생긴 평야. 충적(沖積) 평야.

퇴:전(退轉)〔명〕〔하자〕 **1**〔불〕불교를 믿는 마음을 다른 데로 옮겨 본디의 하위(下位)로 전락함. **2** 파산하여 살림이 다른 사람에게로 넘어감. **3** 일이 바뀌어 나쁘게 됨.

퇴:절(腿節)〔명〕 곤충의 허벅다리 부분의 마디.

퇴:정(退廷)〔명〕〔하자〕 법정에서 물러남. ↔재판이 끝나자 곧 ~했다. ↔입정(入廷)·출정.

퇴:정(退定)〔명〕〔하타〕 기한을 물리어서 정함.

퇴:조(退朝)〔명〕〔하자〕 조정(朝廷)이나 조회에서 물러남. ↔입조(入朝).

퇴:조(退潮)〔명〕〔하자〕 **1** 썰물. **2** 왕성하던 세력이 쇠퇴함. □자주정신이 ~되다.

퇴:좌(退座)〔명〕〔하자〕 퇴석(退席)1.

퇴:주(退柱)〔명〕〔건〕 뒷기둥.

퇴:주(退酒)〔명〕〔하자〕 제사 때, 초헌(初獻)과 아헌(亞獻)으로 올린 술을 물림. 또는 그 술.

퇴주(堆朱)〔명〕 붉은 옻칠을 백 번 정도까지 하고, 그 위에 무늬를 새긴 공예품.

퇴:주-잔(退酒盞)〔-짠〕〔명〕 **1** 제사 때, 퇴주한 술잔. **2** 권하거나 드리다가 퇴박맞은 술잔.

퇴:주-그릇(退酒-)〔-주끄를 / -준끄를〕〔명〕 퇴주를 담는 그릇. 퇴주기(退酒器).

퇴:직(退職)〔명〕〔하자타〕 현직에서 물러남. □아버지는 30년 정든 직장을 ~하셨다.

퇴:직-금(退職金)〔명〕〔하자〕 퇴직하는 사람에게 근무처 따위에서 지급하는 돈. □~을 지급하다 / ~을 한 푼도 받지 못했다.

퇴:직 급여(退職給與)〔-끄벼〕〔경〕 퇴직자에게 지급하는 급여(퇴직 연금·퇴직 연금 일시금·퇴직 수당 따위).

퇴:직 소:득(退職所得)〔-쏘-〕〔경〕 퇴직 급여에 따른 소득.

퇴:직 수당(退職手當)〔-쑤-〕〔경〕 퇴직하는 사람에게 근무 연수에 비례하여 지급하는 수당.

퇴직 연금(退職年金)〔-쩡년-〕 공무원이 20년 이상 근무하고 퇴직하였을 때 그달부터 죽을 때까지 주는 연금.

퇴직 연금 일시금(退職年金一時金)〔-쩡년년일씨-〕〔경〕 퇴직 연금으로 한꺼번에 지급하는 돈.

퇴:진(退陣)〔명〕〔하자〕 **1** 군대의 진지를 뒤로 물림. **2** 공공의 지위나 사회적 지위에서 물러남. □임원진이 ~하다.

퇴짓-돌(退-)〔-지똘 / -짇똘〕〔건〕 처마 밑에 돌려 놓은 장대석(長臺石).

퇴:-짜(退-)〔←퇴자(退字)〕 **1**〔역〕상납하는 포목(布木)의 품질이 낮아 '退'자가 찍혀 도로 돌려 나온 물건. **2** 퇴박맞은 물건.

퇴짜(를) 놓다⇨ ㉠바치는 물건 따위를 물리치다. ㉡거절하다. 퇴(를) 놓다. □남의 부탁을 ~.

퇴짜(를) 맞다⇨ ㉠바치는 물건 따위가 퇴함을 받다. ㉡거절당하다. □여자한테 ~.

퇴:창(退窓)〔명〕 바람벽 밖으로 쑥 내밀도록 물려서 낸 창(窓).

퇴창(推窓)〔명〕〔하자〕 창문을 밀어서 엶. 또는 그렇게 여는 창문.

퇴:척(退斥)〔명〕〔하타〕 물리침. 퇴하여 배척함. 척퇴(斥退).

퇴첩(堆疊)〔명〕〔하타〕 우뚝하게 겹쳐 쌓음.

퇴:청(退廳)〔명〕〔하자〕 관청에서 근무 시간을 마치고 나옴. ↔등청(登廳).

퇴:촉(退鏃)〔명〕〔하자〕 화살이 과녁에 닿았다가 튀어서 뒤로 떨어짐. 또는 그 화살.

퇴:촌(退村)〔명〕〔하자〕 **1** 촌으로 물러나서 삶. **2** 선수촌 등에서 물러남. ↔입촌.

퇴:축(退逐)〔명〕〔하타〕 보낸 사람이나 물건을 받지 않고 물리침.

퇴:축(退縮)〔명〕〔하자〕 움츠리고 물러남.

퇴:출(退出)〔명〕〔하자〕 **1** 물러나서 나감. □어전에서 ~하다. **2**〔경〕기업이 경쟁력을 상실해 시장에서 물러남을 특별히 일컫는 말. □부실 은행을 ~하다.

퇴출 기업(退出企業)〔경〕 청산이나 파산 등으로 주거래 은행들이 신규 여신(與信)을 중단하여 실질적으로 활동하지 못하는 기업.

퇴:치(退治)〔명〕〔하타〕 물리쳐 아주 없애 버림. □문맹 ~ / 부정부패 ~.

퇴:침(退枕)〔명〕 서랍이 있는 목침.

퇴토(堆土)〔명〕 쌓아서 모은 흙.

퇴:-판(退-)〔명〕 물리도록 흡족하여 음식상을 물리는 판.

퇴:패(退敗)〔명〕〔하자〕 패퇴(敗退).

퇴패(頹敗)〔명〕〔하자〕 풍속·도덕·문화 따위가 쇠퇴하여 문란해짐. 퇴비(頹圮).

퇴폐(頹廢)〔명〕〔-/-폐〕〔명〕〔하자〕 **1** 쇠퇴하여 결딴남. 퇴당(頹唐). **2** 도의·풍속 등이 쇠퇴하여 문란

해짐. ▫ ~ 영업.

퇴폐 문학 (頹廢文學)[-／-페-]『문』19세기 말의 유럽의 회의(懷疑) 사상을 기초로 한 문학(기성의 사회 도덕을 무시하며 예술의 목적은 일시적·육체적 향락을 추구하는 데 있다고 본 부패한 문학). 데카당 문학.

퇴폐-적 (頹廢的)[-／-페-]〔관〕도덕·기풍 등이 문란해서 불건전한 (것). ▫ ~인 음악.

퇴폐-주의 (頹廢主義)[-／-페-이]〔명〕 1 사회나 문화의 말기적 현상으로 일어나는 병적인 경향. 2 19세기 말 프랑스 및 영국에서 유행한 세기말적 문예 사조(우리나라는 3·1 운동 뒤에 나타남).

퇴폐-파 (頹廢派)[-／-페-]〔명〕『문』데카당스.

퇴풍 (頹風)〔명〕퇴폐한 풍속. 퇴속.

퇴:피 (退避)〔명〕〔하자〕 1 벼슬이나 직책에서 물러나와 피함. 2 위험을 피하여 물러남.

퇴:필 (退筆)〔명〕못 쓰게 된 붓.

퇴:-하다 (退-)〔타여〕 1 주는 물품을 거절하거나 물리치다. 2 다시 무르다. 3 더한 것을 덜어내다.

퇴:학 (退學)〔명〕〔하자〕 1 학생이 졸업 전에, 다니던 학교를 그만둠. 2 교칙을 어긴 학생에게 다니던 학교를 그만두게 함. 퇴교(退校). ▫ ~ 처분／~을 맞다／불량 학생을 ~시키다.

퇴:학-생 (退學生)[-쌩]〔명〕퇴학한 학생.

퇴:한 (退限)〔명〕퇴기(退期).

퇴:행 (退行)〔명〕〔하자〕 1 뒤로 물러감. 2 다른 날로 물려서 행함. 3 퇴화(退化)1. 4 행성(行星)이 천구(天球) 위를 동쪽에서 서쪽으로 운행하는 일. 5『심』정신적인 장애로 인해 현재의 발달 단계보다 이전의 미숙한 행동을 보이는 일.

퇴:행-기 (退行期)〔명〕『의』병세가 차츰 회복되는 시기.

퇴:행성 변:화 (退行性變化)[-썽-]『의』조직이나 세포의 기능 감퇴·정지나 신진대사 장애로 인한 위축·변성(變性)·괴사(壞死) 따위변화의 총칭.

퇴호 (推戶)〔명〕〔하자〕지게문이나 사립문을 밀어 엶.

퇴:혼 (退婚)〔명〕〔하자〕언약한 혼인을 어느 한편에서 물림.

퇴:화 (退化)〔명〕〔하자〕 1 진보 이전의 상태로 되돌아감. 퇴행(退行). ▫ 본디의 기능이 ~되다. 2『생』생물체의 어떤 기관이나 조직이 진화나 계통 발생·개체 발생 도중에 차츰 쇠퇴되거나 축소되어 그 작용을 잃는 일. ↔진화(進化).

퇴:화 기관 (退化器官)『생』흔적 기관.

퇴:환 (退換)〔명〕〔하타〕『역』환표(換標)의 지급을 거절함.

퇴:회 (退會)〔명〕〔하자〕회원이 그 회에서 탈퇴함. ↔입회(入會).

퇴:휴 (退休)〔명〕〔하자〕벼슬을 내놓고 물러나서 쉼. 퇴식(退息).

툇:-간 (退間)[퇴깐／뒛깐]〔명〕집채의 원칸살 밖에 딴 기둥을 세워 만든 칸살. ⊚퇴(退).

툇:-기둥 (退-)[퇴끼-／뒛끼-]〔명〕툇간에 딸린 기둥. 퇴주(退柱).

툇:-도리 (退-)[퇴또-／뒛또-]〔명〕물림간에 얹히는 짧은 도리.

툇:-돌 [퇴똘／뒛똘]〔명〕댓돌 1.

툇:-마루 (退-)[뷘-]〔명〕원칸살 밖에 달아 낸 마루. ▫ ~에 걸터앉다. ⊚퇴.

툇:-보 (退-)[퇴뽀／뒛뽀]〔명〕툇기둥과 안기둥

에 얹힌 짧은 보. 퇴량(退樑).

투 (套)〔의명〕 1 버릇이나 된 일. ▫ 말하는 ~가 좋지 않다. 2 일의 법식. ▫ 편지 ~로 쓴 글. 3 무슨 일을 하는 품이나 솜씨. ▫ 하는 ~가 많이 해 본 사람이다.

투각 (透刻)〔명〕〔하타〕조각 방법의 하나. 나무 따위의 재료를 파서 구멍을 뚫어 모양을 나타냄. 뚫새김.

투강 (投江)〔명〕〔하타〕강물에 던짐.

투겁〔명〕'두겁'의 변한말.

투견 (鬪犬)〔명〕〔하자〕개끼리 싸움을 붙임. 또는 거기에 쓰는 개. 투구(鬪狗). ▫ ~ 대회.

투계 (鬪鷄)[-／-계]〔명〕〔하자〕 1 닭끼리 싸움을 붙임. 2 싸움닭.

투고 (投稿)〔명〕〔하타〕요청을 받지 않은 사람이 신문사·잡지사 등에 원고를 보냄. 또는 그 원고. 기고(寄稿). ▫ ~자／독자 ~ 환영／신문에 소설을 ~하다.

투고-란 (投稿欄)〔명〕투고한 글을 싣는 잡지·신문의 난. ▫ 독자 ~.

투과 (透過)〔명〕〔하자〕 1 꿰뚫고 지나감. 투명하게 비쳐 보임. 2『물』광선·방사선 등이 물질의 내부를 통과함.

투과-성 (透過性)[-쌩]〔명〕『생』원형질막(原形質膜)이나 유기성 및 무기성 피막(皮膜)이 물과 용질(溶質)을 통과시키는 성질.

투과-율 (透過率)〔명〕『물』복사선이나 방사선이 물체를 투과하는 능력을 나타내는 비율.

투관 (套管)〔명〕『전』높은 전압의 도체가 건축물이나 전기 기기(機器)의 벽을 뚫고 지나가는 곳에, 절연(絶緣)의 목적으로 사용하는 통 모양의 유리 또는 사기로 된 절연체.

투관-침 (套管針)〔명〕『의』복막염·늑막염 등을 치료할 때 복막강이나 늑막강에 괸 액체를 뽑아내는 데 쓰는 의료 기계.

투광 (投光)〔명〕〔하타〕빛을 일정 방향으로 모아 비춤. ▫ ~ 조명.

투광-기 (投光器)〔명〕『물』광선을 한 가닥으로 모아 전방(前方)을 비추는 장치. 반사경과 렌즈를 꾸며 맞추어서 특히 한 부분만을 밝히어 비추는 조명 기구임(헤드라이트·스포트라이트 따위).

투구〔명〕예전에, 군인이 전투할 때에 갑옷과 함께 머리에 쓰던 쇠로 만든 모자.

투구 (投球)〔명〕〔하자〕공을 던짐. ▫ ~ 변화.

투구 (鬪狗)〔명〕〔하자〕투견(鬪犬).

투구 (鬪毆)〔명〕〔하타〕서로 싸우며 때림.

투구-벌레〔명〕『충』장수풍뎅이.

투구-법 (投球法)[-뻡]〔명〕야구·볼링에서, 공을 던지는 방법.

투그리다〔자〕짐승끼리 서로 싸우려고 소리를 지르며 잔뜩 벼르다.

투기 (投寄)〔명〕〔하타〕남에게 물건이나 편지 따위를 부쳐 줌.

투기 (投棄)〔명〕〔하타〕내던져 버림. ▫ 쓰레기를 불법으로 ~하다.

투기 (投機)〔명〕〔하자〕 1 기회를 엿보아 큰 이익을 보려는 짓. ▫ ~ 성향. 2『경』시가(時價)의 변동을 예상하고 그 차액을 얻기 위해 하는 매매 거래. ▫ 부동산 ~.

투기 (妬忌)〔명〕〔하타〕강샘. 투기를 부리다.

투기 (鬪技)〔명〕〔하자〕 1 곡예·운동 등의 재주를 서로 다툼. 2 유도와 레슬링 따위의 맞붙어 싸우는 경기.

투기 거:래 (投機去來)『경』실물을 거래하지 않고 시가(時價)의 변동에 의해 생기는 차액의 이득만을 목적으로 하는 매매 거래. 투기 매매.

투기 공:황(投機恐慌)〔경〕투기 활동으로 인해 발생하는 공황.

투기 구매(投機購買)〔경〕뒷날에 비싸게 팔 목적으로 미리 싸게 사들여 놓는 행위.

투기-꾼(投機-)명 **1** 기회를 틈타 요행으로 돈 벌기를 꾀하는 사람. **2** 투기 거래를 일삼는 사람.

투기 매매(投機賣買)〔경〕투기 거래.

투기-사업(投機事業)명〔경〕**1** 불확실한 이익을 노리고 하는 사업. **2** 시세 차익을 노리고 매매 거래를 하는 사업.

투기-상(投機商)명 시세 변동에 따른 큰 차익을 노리고 하는 장사. 또는 그런 장수. 들보기장사.

투기-성(投機性)[-썽]명 시세 차익을 노리고 매매하는 성질. 口~이 강한 사업.

투기 시:장(投機市場)〔경〕투기 거래를 위한 매매가 이루어지는 시장.

투기-심(投機心)명 기회를 틈타 한 번에 큰 이익을 얻으려는 마음.

투기-심(妬忌心)명 강샘하는 마음.

투기업-자(投機業者)[-짜]명 투기사업을 업으로 삼는 사람.

투기-열(投機熱)명 투기사업에 대한 열성.

투깔-스럽다[-따][-스러워, -스러우니]형 일이나 물건의 모양새가 투박스럽고 거친 데가 있다. **투깔-스레**甲

투덕-거리다[-꺼-]타 잘 울리지 아니하는 물건을 세차게 잇따라 두드려서 소리를 내다. ㉰토닥거리다. ㉱뚜덕거리다. **투덕-투덕**[甲(하타)

투덕-대다[-때-]타 투덕거리다.

투덕-투덕[甲(하형) 얼굴이 살지고 두툼하여 복스러운 모양.

투덜-거리다자 혼자 불평하는 말을 자꾸 중얼거리다. 口월급이 적다고 ~. ㉰두덜거리다. ㉱뚜덜거리다. **투덜-투덜**甲(하자)

투덜-대다자 투덜거리다.

투도(偸盜)명(하타) 남의 물건을 몰래 훔침. 또는 그렇게 한 사람.

투도-계(偸盜戒)[-/-게]명〔불〕오계(五戒) 및 십계(十戒)의 하나(남의 물건을 훔치는 것을 금하는 계율).

투득(透得)명(하타) 환하게 깨달음.

투레-질명(하자) 젖먹이가 두 입술을 떨며 '투루루' 소리를 내는 것.

투료(投了)명(하자) 바둑·장기에서, 대국 도중에 한쪽이 진 것을 인정하고 끝내는 일.

투루루甲 젖먹이가 투레질하는 소리.

투리(透理)명 통리(通理)3.

투망(投網)명(하자) **1** 물고기를 잡으려고 물속에 그물을 던짐. **2** 쾅이.

투망-질(投網-)명(하자) 투망을 물속에 던져 고기를 잡는 일.

투매(投賣)명(하타) 손해를 무릅쓰고 상품을 싸게 팔아 버림. 덤핑. 口팔다 남은 상품을 반값에 ~하다.

투매(偸賣)명(하타) 도매(盜賣).

투명(投命)명(하자) 목숨을 버림.

투명(透明)명(하형) **1** 흐리지 않고 속까지 환히 트여 맑음. 口날이 밝아까지 ~하다. **2**〔물〕물체가 광선을 통과시킴. 口~ 유리. **3** 태도나 일 처리 등이 깨끗하고 분명함. 口재산 증식 과정이 ~하지 않다.

투명-도(透明度)명 **1**〔해〕호수나 바닷물의 투명한 정도를 나타내는 값. **2**〔광〕광물이 빛을 통과시키는 정도를 비율로 나타낸 값.

투명 수지(透明樹脂)'요소(尿素) 수지'의 판

이름.

투명-체(透明體)명〔물〕광선을 잘 투과시키는 물체(유리·물·공기 따위).

투묘(投錨)명(하자) 배를 정박시키기 위하여 닻을 내림. ↔발묘(拔錨).

투미-하다형여 어리석고 둔하다.

투박-스럽다[-쓰-따][-스러워, -스러우니]형(하) 투박한 데가 있다. 口투박스러운 양복. **투박-스레**[-쓰-]甲

투박-하다[-바카-]형여 **1** 모양 없이 튼튼하기만 하다. 口투박한 외투. **2** 말이나 행동 따위가 다소곳하지 못하고 거칠다. 口투박한 말씨.

투베르쿨린(독 Tuberkulin)명〔의〕결핵균을 배양한 갈색 투명의 주사액(液)(초기 결핵의 치료나 진단에 씀).

투베르쿨린 반:응(Tuberkulin反應)〔의〕피부나 점막의 일부에 투베르쿨린을 조금 흡수시켜서, 발적(發赤)·종창(腫脹)·부종(浮腫) 따위의 반응을 보고 결핵 감염의 유무를 판정하는 검사법.

투병(鬪病)명(하자) 병을 고치려고 적극적으로 질병과 싸움. 口~ 생활.

투병-식과(投兵息戈)[-꽈]명(하자) 병기를 던지고 창(槍)을 멈춤(싸움을 그침을 말함).

투부(妬婦)명 질투심이 많은 여자.

투비(投畀)명(하타)〔역〕왕명(王命)으로 죄인을 지정한 곳으로 귀양 보내던 일.

투사(投射)명(하타) **1**〔물〕입사(入射). 口광선이 수면에 ~하다. **2**〔심〕인정하고 싶지 않은 자신의 감정이나 욕망 등을 남에게 돌려 버림으로써 자신을 정당화하는 무의식적인 마음의 작용.

투사(投梭)명(하타) 베를 짜는 북을 던진다는 뜻으로, 음탕한 마음을 내는 남자를 여자가 거절함을 이르는 말.

투사(透寫)명(하타) 그림이나 글씨를 얇은 종이 밑에 받쳐 놓고 그대로 그리어 베낌.

투사(鬪士)명 **1** 싸움터나 경기장에서, 싸우려고 나선 사람. **2** 사회 운동 등에서, 앞장서서 투쟁하는 사람. 口독립 · 자유의 ~. **3** 투지에 불타는 사람.

투사-각(投射角)명〔물〕입사각.

투사 광선(投射光線)〔물〕입사 광선.

투사-선(投射線)명〔물〕입사 광선.

투사-영(投射影)명 투영(投影)1.

투사-율(投射率)명 **1** 투사하는 비율. **2** 농구에서, 슛(shoot)하여 성공시키는 비율.

투사-점(投射點)[-쩜]명〔물〕입사점(入射點).

투사-지(透寫紙)명 도면을 투사하는 데 쓰는 얇은 반투명의 종이. 트레이싱 페이퍼.

투사-형(鬪士型)명 **1** 체격형(體格型)의 하나로, 장대하고 강한 체형. 근골형. **2** 투지가 강하고 사회 운동에 활발히 참여하는 성격.

투상-스럽다[-따][-스러워, -스러우니]형(하) '툽상스럽다'의 준말. **투상-스레**甲

투색(渝色)명(하자) 퇴색(退色)1.

투생(偸生)명(하자) 죽어야 옳을 때에 죽지 않고 욕되이 살기를 꾀함.

투서(投書)명(하타) 드러나지 않은 사실이나 잘못을 적어서 몰래 관계 기관에 보냄. 口비리에 관련된 ~가 빗발치다.

투서-함(投書函)명 투서를 넣는 함. 口~을 설치하다.

투석(投石)명(하자) 돌을 던짐. 또는 그 돌. 口~ 사건이 일어나다.

투석 (透析) 圓[하]타] 《화》 반투막(半透膜)을 사용하여 콜로이드(colloid)나 고분자(高分子) 용액을 정제(精製)하는 일.

투-석고 (透石膏)[-꼬] 圓 흰색 또는 무색투명한 결정질 석고(광학 기계를 만드는 데 씀).

투석-구 (投石具)[-꾸] 圓 옛 무기의 하나. 길이 2 m 정도의 끈 또는 가죽끈의 중간을 넓게 하고, 거기에 돌을 싸서 끈의 양 끝을 모아 잡고 돌리다가 한끝을 놓아 돌을 날림.

투석-전 (投石戰)[-쩐] 圓 돌을 던지며 하는 싸움.

-투성이 圓 명사 뒤에 붙어, 그 명사가 뜻하는 것이 매우 많은 모양 또는 그 명사가 뜻하는 것이 묻어 더러워진 모양 등을 나타내는 말. ☐빛~ / 먼지~ / 피~ / 상처~.

투수 (投手) 圓 내야의 중앙에서 상대편 타자가 칠 공을 포수를 향하여 던지는 야구 선수. 피처. ↔포수(捕手).

투수 (透水) 圓[하]자] 물이 스며듦.

투수-층 (透水層) 圓《지》 모래와 자갈로 이루어져 물이 잘 스며드는 지층. 사력층(砂礫層). 사암층(砂岩層).

투수-판 (投手板) 圓 마운드 1.

투숙 (投宿) 圓[하]자] 여관·호텔 따위에 들어서 묵음. 투지(止止). ☐호텔에 ~.

투스텝 (two-step) 圓 4분의 2 박자의 사교댄스 《원무(圓舞)의 한 가지로, 폭스트롯의 기초를 이루는 스텝임).

투습 (套習) 圓[하]타] 본을 떠서 함.

투시 (妬視) 圓[하]타] 질시(嫉視).

투시 (透視) 圓[하]타] 1 막힌 물체를 환히 꿰뚫어 봄. 2《심》 어떤 장벽을 통하여 내부에 있는 일을 특수한 감각에 의하여 감지(感知)하는 현상. 또는 그 능력. 천리안(千里眼). ☐~력. 3《의》 신체 내부를 통한 엑스선을 형광판에 대고, 눈으로 볼 수 있도록 하여 신체 내부를 검사하는 방법. ☐~위 ~.

투시-도 (透視圖) 圓《미술》 투시 도법에 의해 그린 그림. 투시화(透視畵).

투시 도법 (透視圖法)[-뻡] 1《미술》 물체를 원근법에 따라 눈에 비친 그대로 그리는 법. 투시 화법. ↔투영(投影) 도법. ⓒ투시법. 2《지》 지도 투영법의 한 가지. 무한대의 거리 또는 지구 위의 한 점이나 지구의 중심에서 시점(視點)을 두고 시선에 대해 직각으로 놓인 평면상에 경선(經線)을 투영하는 방법. 투사 도법.

투시-법 (透視法)[-뻡] 圓《미술》 '투시 도법'의 준말.

투시-화 (透視畵) 圓《미술》 투시도.

투시 화:법 (透視畵法)[-뻡] 圓《미술》 투시 도법 1.

투식 (套式) 圓 굳어진 틀로 된 법식.

투식 (偸食) 圓[하]타] 공금이나 공곡(公穀) 따위를 도둑질하여 먹음.

투신 (投身) 圓[하]자] 1 어떤 일에 몸을 던져 관계함. ☐정계에 ~하다. 2 높은 곳에서 밑으로 또는 달려오는 차량에 몸을 던짐. ☐강물에 ~하다.

투신 (投信) 圓 '투자 신탁'의 준말.

투신-자살 (投身自殺) 圓[하]자] 높은 곳이나 물속으로 몸을 던져 스스로 죽음.

투실-투실 圓[하] 살이 보기 좋을 정도로 찐 모양. ㉠토실토실.

투심 (妬心) 圓 미워하고 시기하는 마음. 질투심. ☐~을 품다.

투심 (偸心) 圓《불》 도둑질하려는 마음.

투아 (偸兒) 圓 도둑.

투안 (偸安) 圓[하]자] 눈앞의 안일(安逸)을 탐함.

투약 (投藥) 圓[하]타] 병에 알맞은 약을 지어 주거나 씀. ☐환자에게 ~하다 / 진정제가 ~되다.

투약-구 (投藥口)[-꾸] 圓 병원 같은 데서, 약을 지어 내주는 조그마한 창구.

투어 (套語) 圓 버릇이 된 예사로운 말. 신통하지 않은 예사로운 말. 상투어.

투어 (鬪魚) 圓《어》 버들붕어.

투여 (投與) 圓[하]타] 약 따위를 남에게 줌. ☐진통제를 ~하다.

투영 (投映) 圓[하]타] 슬라이드 따위에 빛을 비춤. ☐슬라이드를 ~하다.

투영 (投影) 圓 1 물체의 그림자를 비춤. 또는 그 그림자. 투사영(投射影). 2《수》 사영(射影). 3. 어떤 일을 다른 일에 반영하여 나타냄의 비유. ☐저자의 심정이 ~된 작품.

투영 (透映) 圓[하]타] 1 광선을 통과시켜 비침. 2 환히 속까지 비치어 보임.

투영-도 (投影圖) 圓《미술》 투영 도법으로 평면에 그린 그림.

투영 도법 (投影圖法)[-뻡] 圓《미술》 공간에 있는 물체의 위치·형상을 한 점에서 보아서 한 평면상에 나타내는 도법. ↔투시(透視) 도법.

투영 렌즈 (投影lens) 圓《물》 확대한 영상(映像)을 명확하게 하기 위하여 쓰는 렌즈.

투영-면 (投影面) 圓《수》 물체를 한 표면 위에 투영하는 경우의 그 표면.

투영-법 (投影法)[-뻡] 圓《미술》 '투영 도법'의 준말.

투영-선 (投影線) 圓《미술》 투영 도법에서, 직선을 투영하여 나타내는 선.

투옥 (投獄) 圓[하]타] 옥에 가둠. 감옥에 넣음. 교도소에 수감함. ☐죄인을 ~하다.

투우 (鬪牛) 圓[하]자] 1 소를 싸움 붙임. 2 싸움 잘하는 소. 3 투우사와 소가 싸움. 또는 그 경기. ⓒ투우경기.

투우-사 (鬪牛士) 圓 투우 경기에서 소와 싸우는 사람.

투우-장 (鬪牛場) 圓 투우를 하는 곳.

투-원반 (投圓盤) 圓 원반던지기.

투-융자 (投融資) 圓 투자와 융자.

투입 (投入) 圓[하]타] 1 던져 넣음. ☐자동판매기에 동전을 ~하다. 2 사람이나 자본 따위를 들여 넣음. ☐자본을 ~하다 / 병력을 계속 ~하다 / 막대한 제작비가 ~된 작품이다.

투입-구 (投入口)[-꾸] 圓 물건 따위를 넣는 구멍.

투자 (投資) 圓[하]자] 사업에 필요한 돈이나 물자를 댐. 출자(出資). ☐해외 ~를 늘리다 / ~를 유치하다 / 거액의 연구비가 ~된 사업.

투자 (骰子) 圓 주사위.

투자 경기 (投資景氣) 圓《경》 공장 확장이나 새로운 기계 설비 등에 대한 투자로 말미암아 조성되는 경기.

투자 승수 (投資乘數)[-쑤] 圓《경》 투자의 증가분에 대한 소득의 증가 비율.

투자 시:장 (投資市場) 圓《경》 자본 시장을 투자한 사람 편에서 이르는 말.

투자 신:탁 (投資信託) 圓《경》 증권 회사가 투자자로부터 자금을 신탁받아 유가 증권에 투자하여 그 수익을 투자자에게 분배하는 제도 《주식형과 공사채형이 있음). ⓒ투신.

투자-율 (透磁率) 圓《물》 자기장(磁氣場) 안의 물질이 자기화(磁氣化)하는 정도를 나타내는 상수(常數).

투자 은행 (投資銀行) 圓《경》 증권 투자를 전문

으로 하는 은행.

투자 자산 (投資資産)〖經〗투자의 목적으로 보유하는 자산 및 현금화하는 데 장기간이 필요한 자산.

투자 회:사 (投資會社)〖經〗투자의 목적으로 다른 회사의 주식을 보유하여 그 회사의 사업 활동을 지배하는 회사. 지주(持株) 회사.

투장 (鬪將) 圀 싸우는 장수.

투쟁 (鬪爭) 圀하짜 1 어떤 대상을 이기려고 싸움. ▢자연과 ∼을 벌이다. 2 사회 운동이나 노동 운동 따위에서 목적을 이루기 위하여 다툼. ▢임금 ∼ / 준법 ∼.

투쟁 문학 (鬪爭文學)〖文〗사회주의적 계급 투쟁을 다룬 문학.

투쟁-심 (鬪爭心) 圀 싸워서 상대방을 쓰러뜨리려는 마음. 대항하여 상대편에게 이기려는 의욕. ▢∼이 강렬하다.

투쟁-욕 (鬪爭慾)[-뇩] 圀 투쟁하려는 의욕.

투쟁-적 (鬪爭的) 관圀 투쟁하는 성격을 띤 (것). ▢∼ 정신.

투전 (投錢) 圀하짜 돈치기.

투전 (鬪牋) 圀 두꺼운 종이로 작은 손가락 너비만 하고 길이는 다섯 치쯤 되게 만들어 그 위에 인물·조수(鳥獸)·충어(蟲魚)·문자·시구(詩句) 등을 그림으로 그려 끗수를 표시한 노름 도구의 하나.

투전-꾼 (鬪牋-) 圀 투전을 일삼는 사람.

투전-판 (鬪牋-) 圀 투전을 벌인 자리. ▢∼을 벌이다.

투정 圀하짜타 못마땅하거나 모자라서 떼를 쓰며 조르는 짓. ▢음식 ∼ / ∼을 부리다 / 옷을 사 달라고 ∼하다.

투조 (透彫) 圀하타〖미술〗조각재(材)의 면을 도려내어 도안을 나타내는 조각법. 누공.

투족 (投足) 圀하짜 직장·사회 등에 발을 들여 놓음.

투지 (投止) 圀하짜 1 발을 붙이고 섬. 2 투숙(投宿).

투지 (鬪志) 圀 싸우고자 하는 의지. ▢불굴의 ∼ / ∼를 다지다.

투찰 (透察) 圀하타 꿰뚫어 짐작함.

투창 (投槍) 圀하짜 창던지기.

투채 (鬪彩) 圀하짜 도자기 위에 그린 그림의 흐드러진 채색(彩色).

투처 (妬妻) 圀 강샘이 심한 아내.

투척 (投擲) 圀하타 어떤 물건을 목표 지점을 향해 던짐. ▢수류탄 ∼ 훈련.

투척 경:기 (投擲競技)[-경-] 던지기².

투철-하다 (透徹-) 혱 1 사리가 밝고 확실하다. ▢투철한 비판 정신. 2 속속들이 뚜렷하고 철저하다. ▢투철한 신념. **투철-히** 囝

투초 (鬪草) 圀하짜 풀싸움.

투타 (投打) 圀 야구에서, 투구력과 타격력. 피칭과 배팅.

투탁 (投託) 圀하짜 1 남의 세력에 기댐. 2 조상이 확실하지 않은 사람이 유명한 남의 조상을 자기 조상이라 함.

투탄 (投炭) 圀하짜 보일러 등의 화구에 석탄을 퍼 넣음.

투탄 (投彈) 圀하짜 수류탄 따위를 던짐. 폭탄을 떨어뜨림.

투티 (이 tutti)〖樂〗1 다 같이 부름. 다 같이 합주를. 2 전부라는 뜻으로, 관현악이나 합창 등에서 단일 악기나 가수의 솔로부(部)에 대하여, 전(全) 악기 또는 전 가수가 협주(協奏)하는 부분. 총주부(總奏部).

투-포환 (投砲丸) 圀 포환던지기.

투표 (投票) 圀하짜 선거 또는 결정을 내릴 때,

각 사람의 의사를 투표용지에 표시하여 투표함에 넣는 일. ▢국민 ∼ / 찬반 ∼ / 찬성에 ∼된 표수가 많다.

투표 관리자 (投票管理者)[-괄-]〖法〗선거 사무에 관한 모든 것을 관리하기 위한 각종 선거 위원회 따위.

투표-구 (投票區) 圀〖法〗선거에서, 투표를 위하여 나눈 단위가 되는 구역. 한 선거구에 여러 개의 투표구를 둠.

투표-권 (投票權)[-꿘] 圀 투표할 수 있는 권리. ▢∼을 행사하다.

투표-소 (投票所) 圀 투표하는 곳. 투표장.

투표-용지 (投票用紙) 圀 투표에 사용하는 일정한 양식의 종이. 준投票紙.

투표-율 (投票率) 圀 유권자 전체에 대한 실(實)투표자 수의 비율.

투표-인 (投票人) 圀 투표자.

투표-자 (投票者) 圀 투표하는 사람. 투표인.

투표-장 (投票場) 圀 투표소.

투표-지 (投票紙) 圀 '투표용지'의 준말.

투표 참관인 (投票參觀人)〖法〗선거할 때, 투표 관리자 밑에서 투표하는 데 입회하여 감시하는 사람. 투표소 참관인.

투표-함 (投票函) 圀 투표자가 기입한 투표용지를 넣는 상자.

투피스 (two-piece) 圀 여성복에서, 윗도리와 스커트가 따로 되어 한 벌이 되는 옷.

투피크 (tupik) 圀 에스키모의 여름 집(바다표범의 가죽으로 지은 천막임).

투필 (投筆) 圀하짜 1 붓을 던져 버림. 2 문필을 떠나 다른 일에 종사함.

투필-성자 (投筆成字) 圀하짜 글씨에 능한 사람은 정성을 들이지 아니하고 붓을 아무렇게나 던져도 글씨가 잘된다는 말.

투하 (投下) 圀하짜타 1 던져서 아래로 떨어뜨림. ▢폭탄 ∼. 2 어떤 일에 물자·자금·노력 등을 들임. ▢신규 사업에 자금을 ∼하다.

투하 (投荷) 圀하짜타 제하(除荷).

투하-탄 (投下彈) 圀〖軍〗비행기에서 지상 목표물에 떨어뜨리는 폭탄.

투한 (偸閒·偸閑) 圀하짜 바쁜 중에 틈을 찾음.

투한-하다 (妒悍-) 혱 질투심이 강하고 사납다.

투함 (投函) 圀하짜 우체통·투서함·투표함 따위에 편지·투서(投書)·투표용지 따위를 넣음. ▢편지를 ∼하다.

투합 (投合) 圀하짜 마음 따위가 서로 잘 맞음. ▢의기(意氣)가 ∼하다.

투항 (投降) 圀하짜 적에게 항복함. ▢∼을 권고하다.

투-해머 (投hammer) 圀 해머던지기.

투향 (投鄕) 圀하짜 시골 선비가 지방 관청의 관원이 됨.

투헌 (投獻) 圀하타 물건을 바침.

투현-질능 (妬賢嫉能)[-릉] 圀 어질고 유능한 사람을 시기하여 미워함.

투호 (投壺) 圀하짜 화살을 던져 병 속에 많이 넣는 수효로 승부를 가리는 놀이.

투호-살 (投壺-) 圀 투호에 쓰는 화살.

투혼 (鬪魂) 圀 끝까지 투쟁하려는 기백. ▢불굴의 ∼을 발휘하다.

투화 (透化) 圀 결정성(結晶性) 물질을 녹여서 결정이 석출(析出)되지 않도록 과(過)냉각 상태로 만드는 일(유리나 에나멜을 제조할 때에 이용됨).

투휘 (投揮) 圀하타 물건을 휘두름.

툭[뭐] **1** 어느 한 부분이 쑥 불거져 오른 모양. ▢이마가 ~ 불거지다. **2** 슬쩍 치는 소리나 모양. ▢팔꿈치로 ~ 치다. **3** 무엇이 갑자기 터지는 소리나 모양. ▢주머니가 ~ 터지다. **4** 갑자기 걸리거나 차이는 소리. 또는 그 모양. ▢문턱에 ~ 걸려 넘어지다. **5** 갑자기 버는 소리. 또는 그 모양. **6** 말을 퉁명스럽게 쏘아붙이는 모양. ▢~ 내쏘고 나가다. **7** 갑자기 부러지거나 끊어지는 소리. 또는 그 모양. ▢빨랫줄이 ~ 끊어졌다. ⧈톡.

툭박-지다[-빡찌-]〔형〕 툭툭하고 질박하다.

툭-탁[뭐하자타] 단단한 물건을 조금 가볍게 두드리는 소리. ⧈톡탁.

툭탁-거리다[-꺼-]〔자타〕 툭탁 소리가 잇따라 나다. 또는 그런 소리를 잇따라 내다. 툭탁-툭탁[뭐하자타]

툭탁-대다[-때-]〔자타〕 툭탁거리다.

툭탁-치다[타] 옳고 그름을 가리지 않고 모두 쓸어 없애다. ⧈톡탁치다.

툭-툭[뭐] **1** 여기저기 불거진 모양. **2** 여러 번 슬쩍 치는 소리. 또는 그 모양. **3** 여러 번 터지거나 부러지는 소리. 또는 그 모양. **4** 여러 번 가볍게 걸리거나 차이는 소리. 또는 그 모양. **5** 여러 번 튀는 소리. 또는 그 모양. **6** 말을 아무렇게나 내뱉는 모양. ▢생각없이 말을 ~ 던지다. ⧈톡톡.

툭툭-하다[-투카-]〔형〕 **1** 피륙 따위가 단단한 올로 고르고 배게 짜여 꽤 두껍다. **2** 국물이 바특하여 묽지 않다. ⧈톡톡하다. **3** 목소리가 투박하고 거세다. ▢툭툭한 목소리. **툭-히**[-투키]〔뭐〕

툭-하다[-투카-]〔형〕 **1** 끝이 조금 뭉툭하다. ▢툭한 펜 끝. **2** 좀 거칠고 투박하다. ▢툭한 겨울옷. **3** 말소리 따위가 좀 굵다. ▢툭한 목소리. **4** 성질이 상냥하지 못하고 꽤 무뚝뚝하다. ▢툭한 성미.

툭-하면[-투카-]〔뭐〕 조금이라도 일이 있으면 버릇처럼 곧. 걸핏하면. ▢~ 시비를 걸다.

툰드라[리 tundra]〔지〕 북극해 연안에 분포하는 넓은 벌판. 여름에도 땅거죽의 일부분만 녹아서 습지가 될 뿐, 대부분은 얼음으로 덮임. 동야. 동토대(凍土帶). 동원(凍原).

툰드라 기후(tundra氣候)〔기상〕 한대(寒帶) 기후의 하나. 가장 따뜻한 달의 평균 기온이 0°–10℃이며, 땅은 영구히 얼어 있으나 여름에는 표면만 녹아 습원(濕原)을 이룸.

툴륨(thulium)〔화〕 희토류(稀土類) 원소의 하나. 희토류 중에서 가장 적게 산출됨. [69번 : Tm : 168,934]

툴툴[뭐하자타] **1** 마음에 못마땅하여 투덜거리는 모양. ▢~ 불평을 늘어놓다. **2** 무엇을 힘있게 터는 모양. ▢담요를 ~ 털다. **3** 마음에 품은 생각 따위를 펼쳐 버리는 모양. ▢지난 기억을 ~ 털어 버리다.

툴툴-거리다[자] 마음에 못마땅하여 잇따라 투덜하다.

툴툴-대다[자] 툴툴거리다.

툼벙[뭐하자타] 크고 묵직한 물건이 깊은 물에 떨어지는 소리. 또는 그 모양. ▢물에 ~ 빠지다. ⧈톰방.

툼벙-거리다[자타] 툼벙 소리가 자꾸 나다. 또는 그런 소리를 자꾸 내다. ⧈톰방거리다. 툼벙-툼벙[뭐하자타]

툼벙-대다[자타] 툼벙거리다.

툽상-스럽다[-쌍-따][-스러워, -스러우니]〔형〕〔H〕 투박하고 상스러운 데가 있다. ⧈툽상

스럽다. 툽상-스레[-쌍-]〔뭐〕

툽툽-하다[-투파-]〔형〕〔어〕 국물이 바특하여 묽지 아니하다. ▢제 맛이 나는 툽툽한 곡물. ⧈톱톱하다. 툽툽-히[-투피]〔뭐〕

퉁[1]〔명〕 퉁명스러운 핀잔. 퉁바리. ▢~을 놓다.

퉁[2]〔명〕 **1** 품질이 낮은 놋쇠(주로 합성어로 씀). ▢~부처 ~·주발. **2** 품질이 낮은 놋쇠로 만든 엽전. 또는 돈의 딴 이름.

퉁[3]〔뭐〕 **1** 속이 빈 나무통을 치는 소리. **2** 북을 치는 소리. **3** 대포를 쏘는 소리. ⧈통.

퉁가리〔명〕〔어〕 퉁가릿과의 민물고기. 길이 5–13cm, 자가사리 비슷하나 입가에 네 쌍의 수염이 뚜렷하고 머리가 메기처럼 납작함. 빛은 황적갈색이며 맑은 시냇물의 자갈 밑에 여럿이 모여 삶. 비념(緋鮎).

퉁겨-지다[자] **1** 붙었던 물건이 어긋나서 들어나다. **2** 숨겨졌던 일이나 물건이 뜻밖에 쑥 나오다. **3** 노리던 기회가 뜻밖에 어그러지다. **4** 뼈의 관절이 어긋나다. ⧈통겨지다.

퉁구스 족(Tungus族) 동부 시베리아·중국 등지에 분포한 몽골계의 한 종족. 광대뼈가 나오고, 코가 솟고, 눈과 머리털은 흑색, 피부는 황백색임. 대부분 수렵을 주로 하고 유목과 농경에 종사하고 있음.

퉁기다[자타] **1** 버티어 있는 물건을 빠지게 건드리다. **2** 뼈의 관절을 어긋나게 하다. **3** 기회가 어그러지게 하다. ⧈통기다. **4** 현악기의 줄을 당겨 소리가 나게 하다. 튕기다. ▢기타 줄을 ~.

퉁-노구〔명〕 품질이 낮은 놋쇠로 만든 작은 솥 (바닥이 평평하고 위아래가 비슷함).

퉁-딴〔명〕〔역〕 절도 죄인이 출옥한 뒤 포도청의 딴꾼이 된 사람.

퉁-때〔명〕 엽전에 묻은 때.

퉁-맞다[-맏따]〔자〕 '퉁바리맞다'의 준말.

퉁명〔명〕〔하〕 못마땅하거나 시답지 않아서 말과 행동이 무뚝뚝함. ▢~을 떨다.

퉁명-부리다[자] 괜히 불쾌한 말을 하거나 태도를 취하다. ▢하루 종일 퉁명부리는 아내.

퉁명-스럽다[-따][-스러워, -스러우니]〔형〕〔H〕 불쑥 하는 말이나 태도에 무뚝뚝한 데가 있다. ▢퉁명스럽게 대답하다. 퉁명-스레[뭐〕

퉁-바리[1]〔명〕·퉁[1]. ▢~을 떨다.

퉁-바리[2]〔명〕 품질이 낮은 놋쇠로 만든 바리.

퉁바리-맞다[-맏따]〔자〕 무엇을 말하다가 매몰스럽게 거절을 당하다. ⧈통맞다.

퉁-방울〔명〕 질이 낮은 놋쇠로 만든 방울. ▢눈이 ~처럼 휘둥그레지다.

퉁방울-눈[-눈]〔명〕 퉁방울처럼 불거진 눈.

퉁방울-이〔명〕 눈이 퉁방울처럼 불거진 사람.

퉁-부처〔명〕 품질이 낮은 놋쇠로 만든 부처.

퉁소〔명〕〔←퉁소(洞簫)〕〔악〕 부는 악기의 한 가지(가는 대로 만들며, 여섯 구멍이 있는데 한 구멍은 뒤에 있음. 저와 모양이 비슷하나 세로로 부는 것이 다름).

퉁어리-적다[-따]〔형〕 옳은지 그른지도 모르고 아무 생각 없이 행동하는 데가 있다.

-퉁이[미] **1** 사람의 신체 부위를 나타내는 일부 명사 뒤에 붙어, '비하(卑下)'의 뜻을 나타냄. ▢눈~ / 젖~. **2** 사람의 태도·성질을 나타내는 일부 명사 뒤에 붙어, 그런 태도나 성질을 가진 사람의 뜻을 나타냄. ▢꾀~ / 미련~ / 심술~.

퉁-주발(-周鉢)〔명〕 품질이 낮은 놋쇠로 만든 주발. ▢~에 담긴 물.

퉁-탕[뭐하자타] **1** 널빤지를 함부로 요란스럽게 두드리거나 발로 구르는 소리. **2** 총을 함부로 쏘는 소리. ⧈통탕.

퉁탕-거리다 困固 퉁탕 소리가 자꾸 나다. 또는 그런 소리를 자꾸 내다. 困퉁탕거리다. **퉁탕-퉁탕** 뮈因困.

퉁탕-대다 困固 퉁탕거리다.

퉁퉁[1] 뮈因困 잇따라 나는 퉁 소리. 困퉁퉁.

퉁퉁[2] 뮈因困因 붓거나 살찌거나 불어서 몸피가 굵은 모양. 및 ~ 부은 얼굴. 困퉁퉁.

퉁퉁-거리다 固固 퉁퉁 소리가 자꾸 나다. 또는 그런 소리를 자꾸 내다. 및 갑자기 퉁퉁거리는 발소리가 들려오다. 困퉁퉁거리다.

퉁퉁-걸음 固 발을 퉁퉁 구르며 빨리 걷는 걸음. 困퉁퉁걸음.

퉁퉁-대다 固固 퉁퉁거리다.

퉁퉁-증 (-症)[-쯩] 固 1 일이 뜻대로 되지 않아 갑갑하며 골을 내는 증세. 2 마음속으로만 분하고 원통한 생각을 하고 겉으로는 나타내지 않는 증세.

퉤 뮈固固 침이나 입 안에 든 것을 함부로 뱉는 소리. 또는 그 모양. 및 침을 ~ 뱉다.

퉤-퉤 뮈固固 침이나 입 안에 든 것을 함부로 잇따라 뱉는 소리. 또는 그 모양.

튀 固固固 잡은 닭이나 짐승의 털을 뽑기 위해 끓는 물에 잠깐 넣었다가 꺼내는 일. 및 닭을 ~하다.

튀각 固 다시마나 죽순 등을 잘라 끓는 기름에 튀긴 반찬.

튀각-산자 (-饊子)[-싼-] 固 다시마에 찹쌀ალა 한쪽에만 얇게 발라 말린 뒤에, 썰어서 끓는 기름에 튀긴 반찬.

튀기 固 1 〈비〉혈통이 다른 종족 사이에서 태어난 사람. 혼혈아. 잡종아. 2 종이 다른 두 동물 사이에서 난 새끼. 잡종. 3 수탕나귀와 암소 사이에서 난 짐승.

튀기다[1] 固 1 힘을 모았다가 갑자기 탁 놓아 내뻗치다. 및 물방울을 ~. 2 건드려서 갑자기 튀어 달아나게 하다. 및 토끼를 ~ / 도둑을 ~. 困퇴기다. 3 수판알을 손가락 끝으로 올렸다 내렸다 하다. 튕기다. 및 수판알을 ~. 4 〈'뛰다'의 사동〉튀게 하다. 및 바닥에 공을 ~ / 침을 튀기며 말하다.

튀기다[2] 固 1 끓는 기름에 넣어 익히다. 및 감자를 기름에 ~. 2 마른 낟알 따위를 열을 가하여 부풀어 오르게 하다. 및 옥수수를 ~.

튀김[1] 固 채소·어육 등에 밀가루를 묻혀 끓는 기름에 튀긴 음식. 및 야채 ~.

튀김[2] 固 연 날릴 때, 연 머리를 숙였다가 얼레자루를 채치며 통줄을 주어서 상대편의 연 머리를 그루박는 일. 困퇴김.
  튀김을 주다 固 연 날릴 때, 튀김의 기술을 부리다.

튀김-옷 [-긴옫] 固 튀길 때 재료의 거죽에 입히는, 묽게 반죽한 녹말가루·밀가루·빵가루 따위. 및 ~을 입히다.

튀다 固 1 갑자기 터지는 힘으로 흩어져 퍼지다. 및 불똥이 ~. 2 공 등이 어떤 물체에 부딪쳐서 뛰어오르다. 3 〈속〉달아나다. 및 도둑이 ~. 4 차림새나 행동·말 따위가 유난스러워 다른 사람의 시선을 끌다. 및 튀는 옷을 입다.

튀-밥 固 1 찰벼를 볶아 튀긴 것〈유과(油菓)에 붙임〉. 2 쌀을 튀긴 것〈주전부리로 먹음〉.
  튀밥 튀기다 固 〈속〉과장하다.

튀어-나오다 [-/-여-] 固 1 뛰어서 나오다. 및 숯이 골대를 맞고 ~. 2 불거지다 3.

튀튀 (프 tutu) 固 발레용 스커트〈모슬린 등을 여러 겹으로 접쳐서 만듦〉.

튕기다 固困 1 힘을 받아 뛰어나오다. 및 못이 박히지 않고 ~. 2 엄지손가락 끝

으로 다른 손가락 끝을 안쪽으로 굽혀서 눌렀다가 힘주어 펴다. 및 구슬을 ~. 3 튀기다 3. 4 튕기다 4.

튜너 (tuner) 固 텔레비전 수상기나 라디오 수신기 따위에서 고주파 증폭과 주파수 변화를 위한 장치. 동조기(同調器).

튜니클 (tunicle) 固 《가》부제(副祭)가 입는 제의(祭衣). 또는 부제나 차부제(次副祭)가 제의 속에 받쳐 입는 얇은 명주옷.

튜닉 (tunic) 固 허리 밑까지 내려와 벨트(belt)를 두르게 된, 여성용의 낙낙한 블라우스 또는 코트.

튜닝 (tuning) 固 1 라디오·텔레비전 방송 따위에서 수신기나 수상기의 다이얼을 돌려 주파수를 조절하여 특정한 방송국을 선택하는 일. 2 《악》조율(調律). 3 성능을 높이거나 겉모양을 꾸미기 위해 자동차 따위의 일부분을 개조하는 일.

튜바 (tuba) 固 《악》셋 내지 다섯 개의 밸브를 갖는 큰 나팔〈금관 악기의 저음부를 맡아 장중하고 낮은 음을 냄〉.

튜브 (tube) 固 1 관(管). 통(筒). 2 연고·치약·채료(彩料) 등을 넣고 짜내어 쓰게 된 용기(容器). 및 ~에 든 치약. 3 자동차·자전거 등의 고무 타이어에 바람을 채우는 고무관(管). 및 자전거 ~. 4 헤엄이 서투른 사람이 안전을 위해 쓰는, 자동차 튜브 모양의 부대(浮袋). 및 ~에 몸을 의지하고 헤엄을 치다.

튜턴-인 (Teuton人) 固 게르만 민족의 하나〈주로 독일·스칸디나비아·네덜란드 및 영국 남부에 분포하고 있음〉.

튤립 (tulip) 固 《식》백합과의 여러해살이풀. 높이는 20~60 cm이고, 잎은 넓은 피침형에 백색을 띠고, 땅속에는 비늘줄기가 있음. 늦봄에 황·적·백색 등의 아름다운 종 모양의 여섯잎꽃이 핌. 울금향.

튱나모 固 〈옛〉참죽나무.

트기 固 ☞ 튀기.

트다[1] [터, 트니] 固 1 풀·나무의 싹이나 꽃봉오리가 벌어지다. 및 움〔싹〕이 ~. 2 새벽에 동쪽이 훤해지다. 및 동이 틀 무렵. 3 춥거나 말라 틈이 생겨 갈라지다. 및 손발이 ~ / 입술이 ~ / 논바닥이 ~.

트다[2] [터, 트니] 固 1 막혔던 것을 통하게 하다. 및 길을 ~. 2 서로 거래하는 관계를 맺다. 및 거래를 ~ / 계좌를 ~. 3 서로 격식을 버리고 스스럼없이 사귀다. 허교(許交)하다. 및 서로 트고 지내다.

트라우마 (trauma) 固 외상 후 스트레스로 인한 정신적 심리적 장애.

트라이 (try) 固固固 럭비에서, 공격측의 경기자가 상대측의 인골(ingoal) 안에 공을 찍는 일〈4점을 득점하고, 플레이스킥(placekick)의 권리를 얻게 됨〉.

트라이아스-계 (Trias系)[-/-게] 固 《지》트라이아스기의 지층. 삼첩계(三疊系).

트라이아스-기 (Trias紀) 固 《지》지질 시대에서 중생대의 첫 시대. 약 2억 년 전의 시대〈암모나이트·수치류(獸齒類)·경골어(硬骨魚) 등이 출현함〉. 삼첩기(三疊紀).

트라이앵글 (triangle) 固 《악》타악기의 하나. 강철 막대를 정삼각형으로 구부려 한쪽 끝을 실로 매달고 금속봉으로 두들김〈소리가 맑고 높음〉.

트라코마 (trachoma) 固 《의》전염성 만성 결막염〈결막 분비물에 따라 전염함〉.

트란퀼로 (이 tranquillo) 〔명〕《악》 '조용하게'·'가만히'의 뜻.

트랄리움 (독 Tralium) 〔명〕《악》 독일의 전기 악기(피아노와 비슷한데, 키(key)에 전기를 통하면 음계 등이 자유로이 연주됨).

트래버스 (traverse) 〔명〕 등산이나 스키에서, 산허리나 암벽을 따라 가는 일. 또는 산줄을 횡단하는 일(등산 용어).

트래버스 측량 (traverse測量)[─충낭]《토》 다각 측량.

트래지코미디 (tragicomedy) 〔명〕《연》 희비극.

트래킹 (tracking) 〔명〕 1 인공위성 등의 비행체를 추적·관측하여 그 궤도나 위치를 정하는 일. 2 영화·텔레비전 방송에서 카메라를 앞뒤로 이동시키는 촬영 방법.

트래핑 (trapping) 〔명〕 축구나 하키에서, 패스되어 온 볼을 효과적으로 멈추는 일.

트랙 (track) 〔명〕 1 육상 경기장이나 경마장의 경주로. 2 트랙 경기. 3《컴》 자기(磁氣) 테이프나 자기 디스크 등에, 헤드가 데이터를 물리적으로 기록하거나 판독하는 부분.

트랙 경:기 (track競技) 육상 경기장의 트랙에서 행하는 경기의 총칭(각종 경주가 여기 속함). ↔필드 경기.

트랙 백 (track back) 《연》 카메라를 대상물에서 점점 뒤로 물러가면서 하는 이동 촬영. ↔트랙 업.

트랙 볼 (track ball) 《컴》 커서를 이동시키는 데 쓰는 볼 모양의 입력 장치. 주로 그래픽 정보를 입력하는 데 씀.

트랙 업 (track up) 대상물을 향해 카메라를 전진시키면서 하는 이동 촬영. ↔트랙 백.

트랙터 (tractor) 〔명〕 강력한 원동기를 갖춘 특수한 자동차. 트레일러(trailer)나 농업 기계를 끌며, 농사일이나 토목 건설에 사용됨(차륜식(車輪式)과 캐터필러식이 있음).

트랜스 (←transformer) 〔명〕 변압기.

트랜스미션 (transmission) 〔명〕 엔진의 회전력·속도·회전 방향을 바꾸는 장치. 변속기.

트랜스미터 (transmitter) 〔명〕《물》 전신기의 송신기, 전화의 송화기, 무선 전신·라디오의 송파기(送波機) 등의 총칭.

트랜스젠더 (transgender) 〔명〕 성(性)을 전환한 사람.

트랜싯 (transit) 〔명〕 높이나 각을 재는 측량 기계의 하나. 전경의(轉景儀).

트랜지스터 (transistor) 〔명〕《물》 반도체 결정 내의 전도 전자(傳導電子)나 정공(正孔)에 의한 전기 전도를 이용해 증폭을 하는 전자 소자(電子素子). 규소(硅素)·게르마늄 등을 사용하며, 세 개 이상의 전극이 있음(진공관을 대신해서 라디오 수신기·통신기 등에 널리 씀). 2 '트랜지스터라디오'의 준말.

트랜지스터-라디오 (transistor radio) 〔명〕 트랜지스터를 사용한 라디오 수신기. ㉿트랜지스터.

트랜지스터-텔레비전 (transistor television) 〔명〕 회로의 증폭 또는 발진(發振) 등에 트랜지스터를 사용한 텔레비전 수상기.

트램펄린 (trampoline) 〔명〕 탄력 있는 매트를 고정시키고 그 위에서 도약·공중제비 따위를 하는 운동. 또는 그 기구.

트랩 (trap) 〔명〕 1 일정량의 물을 괴게 하여 하수구 등에서 역류하는 부패 가스를 막는 'S' 자나 'U' 자 모양의 장치. 2 증기의 배출을 막았다가 압력이 많아지면 물을 뿜도록 만든

장치. 3 선박이나 비행기에 오르내릴 때 사용하는 사닥다리. 램프. 현제(舷梯). □비행기의 ~을 오르다. 4 사격의 표적으로서 점토로 만든 비둘기를 발사하는 장치.

트러블 (trouble) 〔명〕 1 말썽. 충돌. 고장. 2 말썽거리. 분쟁. □~을 일으키다 / ~ 메이커(말썽을 일으키는 사람). 3 문제점.

트러스 (truss) 〔명〕《건》 여러 개의 부재(部材)로 짜 맞추어 지붕이나 교량 등에 도리로 쓰는, 특수한 모양의 구조물.

트러스트 (trust) 〔명〕《경》 같은 종류를 생산하는 기업이 자유 경쟁을 피하고, 시장 및 이윤의 독점을 목적으로 자본의 결합을 하는 일(카르텔보다 결합의 정도가 높으며 가입한 기업체의 독립성은 거의 없음). 독점적 기업 합동.

트럭 (truck) 〔명〕 1 화물 자동차. □~을 운전하다 / 이삿짐을 실은 ~이 출발했다. 2 토공용(土工用)의 수레. 궤도 위를 손으로 밀어 자갈이나 석탄 따위를 운반함.

트럭-믹서 (truck mixer) 〔명〕 배합된 콘크리트를 굳지 않도록 개면서 필요한 장소로 운반하는, 콘크리트 믹서를 장치한 트럭. 레미콘.

트럼펫 (trumpet) 〔명〕《악》 금관 악기의 하나. 세 개의 밸브나 피스톤이 있으며, 이를 조정해서 음의 높낮이를 조절함(음색은 높고 날카로우며 명쾌함).

트럼프 (trump) 〔명〕 서양식 놀이 딱지의 하나. 또는 그 놀이. 하트·다이아몬드·클로버·스페이드의 각 13매 씩의 네 벌로 나뉘고 이 밖에 조커(joker) 한 장이 더 있음.

트렁크 (trunk) 〔명〕 1 여행용의 큰 가방. 2 자동차 뒤쪽의 짐 넣는 곳. 3《컴》 통신 정보가 컴퓨터에 전송되는 통로.

트렁크스 (trunks) 〔명〕 남자용 운동 팬츠(수영·복싱 등에서 착용함).

트레-머리 〔명〕〔하다〕 가르마를 타지 않고 뒤통수의 한복판에 틀어 붙인 여자의 머리.

트레몰로 (이 tremolo) 〔명〕《악》 한 음이나 몇 개의 음을 될 수 있는 대로 빠르게 반복하는 주법(奏法).

트레-바리 〔명〕 이유 없이 남의 말에 반대하기를 좋아하는 성격. 또는 그런 사람.

트레-방석 (─方席) 〔명〕 나선 모양으로 틀어서 만든 방석. 주로 짚으로 만들어 김칫독 따위를 덮을 때 씀.

트레이너 (trainer) 〔명〕 1 운동선수를 훈련·지도하는 사람. 2 말이나 개 따위의 조련사.

트레이닝 (training) 〔명〕 체력 향상을 위하여 하는 운동. 훈련. 단련. 연습. □~복(服) / ~셔츠.

트레이닝-캠프 (training camp) 〔명〕 운동선수의 합숙 훈련. 또는 그 합숙소.

트레이드 (trade) 〔명〕〔하다〕 프로 야구 등에서, 구단(球團)이 선수를 이적(移籍)·교환하는 일. 선수 교환.

트레이싱 페이퍼 (tracing paper) 투사지(透寫紙). □~에 그린 지도.

트레일러 (trailer) 〔명〕 견인차에 연결하여 여객·화물을 실어 나르는, 원동기가 없는 차량.

트레일러-트럭 (trailer truck) 〔명〕 트레일러를 끄는 자동차.

트레-트레 〔부〕〔하다〕 빙빙 틀어진 모양. □긴 머리를 ~ 감아서 얹다. 틀라래타래.

트렌치-코트 (trench coat) 〔명〕 외투의 일종(모양은 더블이며, 옷깃을 젖힌 곳에 단추구멍을 내어 앞을 가릴 수 있게 되어 있음. 본디 참호용이었음).

트로이카 (러 troika) 명 1 러시아 특유의, 말 세 필이 끄는 썰매나 마차. 2 삼두제(三頭制)《한 기관에 장(長)을 세 사람 두어 서로 견제하게 하려는 제도》.

트로키 (troche) 명 설탕과 약을 섞어서 만든 알약《단번에 삼키지 않고 입 안에서 빨아 먹도록 되어 있음》.

트로트 (trot) 명 우리나라 대중가요의 하나. 정형화된 선율에 일본 엔카(演歌)에서 들어온 음계를 써서 애상적인 느낌을 줌.

트로피 (trophy) 명 우승배.

트로피컬 (tropical) 명 모직물의 한 가지로 얇은 바탕의 평직 하복지(夏服地)《화학 섬유와 섞어 짠 것이 많음》.

트롤 (trawl) 명 '트롤망'의 준말.

트롤리 (trolley) 명 1 전차의 폴(pole) 꼭대기에 있는 작은 쇠 바퀴(가공선(架空線)에 접하여 전기를 통하게 함》. 촉륜(觸輪). 2 '트롤리버스'의 준말.

트롤리-버스 (trolley bus) 명 가공선(架空線)에서 폴을 통하여 전력을 공급받아 궤도 없이 달리는 전차. 무궤도 전차. ☞트롤리.

트롤리-선 (trolley線) 명 전차나 전기 기관차의 전동기(電動機)에 전력을 공급하는 전선《카드뮴 선이나 규동선(硅銅線)을 씀》.

트롤리-폴 (trolley pole) 명 전차 등의 지붕 위에서 전기를 통하게 하는 쇠막대기.

트롤-망 (trawl網) 명 저인망. ☞트롤.

트롤-선 (trawl船) 명 저인망 어선.

트롤 어업 (trawl漁業) 저인망 어업.

트롬본 (trombone) 명 금관 악기의 하나. 긴 'U' 자 모양의 관(管)을 이중(二重)으로 조립한 나팔로, 바깥쪽의 관을 밀었다 당겼다 함으로써 음의 높이를 변화시킴.

트롬빈 (thrombin) 명 《화》 혈액이 응고할 때에 피브리노겐(fibrinogen)을 불용성(不溶性)의 피브린(fibrin)으로 변화시키는 효소.

트롯 (trot) 명 1 마술(馬術)에서, 말의 속보(速步). 2 '폭스트롯'의 준말.

트리니트로톨루엔 (trinitrotoluene) 명 《화》 티엔티(TNT).

-트리다 미 -뜨리다. ☐ 떨어~ / 망가~.

트리밍 (trimming) 명 1 사진에서, 화면의 불필요한 부분을 제거하고 구도(構圖)를 조정하는 일. 2 양재에서, 양복 가장자리의 선을 두르는 장식품.

트리비얼리즘 (trivialism) 명 문학에서 사상(事象)의 본질보다는 사소한 일을 세밀히 묘사하려는 태도. 쇄말(瑣末)주의.

트리엔날레 (이 triennale) 명 3년마다 열리는 국제적 미술 전람회. *비엔날레.

트리오 (trio) 명 《악》 1 삼중주(三重奏). 삼중창(三重唱). ☐피아노 ~. 2 삼인조(三人組). ☐클린업 ~가 나올 차례이다.

트리오 소나타 (trio sonata) 《악》 삼중주에 따른 소나타. 삼중 주명곡.

트리코 (프 tricot) 명 1 손으로 짠 털옷. 2 손으로 짠 것처럼 이랑 무늬를 넣어 기계로 짠, 일종의 메리야스 직물《부드럽고 잘 늘어나므로, 장갑·머플러·속옷 등에 씀》. 트리콧.

트리코마이신 (trichomycin) 명 《약》 흙의 방선균(放線菌)에서 발견된 항생 물질《아메바성 이질(痢疾)을 치료할 때 씀》.

트리코-직 (tricot織) 명 겉모양과 조직을 메리야스와 비슷하게 짠 직물. 또는 그러한 직조 방법.

트리톤 (triton) 명 《물》 수소의 동위 원소인 트리튬의 원자핵. 한 개의 양성자와 두 개의 중

성자(中性子)가 결합한 것으로 결합 에너지는 8,482 MeV. 삼중(三重) 양성자.

트리튬 (tritium) 명 《화》 삼중(三重) 수소.

트리파노소마 (trypanosoma) 명 《동》 트리파노소마과의 편모충류(鞭毛蟲類)의 총칭. 몸은 방추형, 한 개의 편모가 있음. 척추동물의 혈액 속에 기생함. 수면병·악성 질환의 병원(病原)이 되는 것이 많음.

트리플렛 (triplet) 명 《악》 셋잇단음표.

트리플 플레이 (triple play) 야구에서, 한꺼번에 세 명이 아웃되는 일. 삼중살(三重殺).

트리핑 (tripping) 명 축구·농구·아이스하키 등에서, 상대 팀 선수를 넘어지게 하는 경우에 범하는 반칙.

트릴 (trill) 명 《악》 '떤음'의 영어 명칭.

트:림 명하자 먹은 음식이 잘 삭지 않고 괴어서 생긴 가스가 입으로 복받쳐 오름. 또는 그 가스. ☐~이 나오다.

트립신 (trypsin) 명 《생》 췌장에서 분비되는 일종의 소화 효소《단백질을 가수 분해 하여 아미노산(酸)을 만듦》.

트릿-하다 [-리타-] 형여 1 먹은 음식이 잘 삭지 않아 가슴이 거북하다. 2 〈수〉 끊고 맺는 데가 없이 똑똑하지 않다. ☐트릿한 녀석.

트위스트 (twist) 명 허리를 중심으로 상체와 하체를 좌우로 비틀면서 추는 춤《4분의 4박자의 리듬이 뚜렷하고 빠른 음악에 맞춰 춤》.

트이다 자 1《'트다2'의 피동》막혔던 것이 뚫리거나 열리다. ☐시야가 ~ / 물꼬가 ~. 2 마음이나 가슴이 답답한 상태에서 벗어나게 되다. ☐심호흡을 하니까 마음이 트이는 것 같다. 3 막혔던 길 따위가 열려 좋은 상태가 되다. ☐운이 ~. 4 생각이 환히 열리다. ☐생각이 트인 사람. 5 막혔던 목소리가 제대로 나오다. ☐쉬었던 목이 ~. ☞트이다.

트적지근-하다 [-찌-] 형여 속이 조금 트릿하여 불쾌하다.

트집 명 1 한 덩이가 되어야 할 물건이나 한데 뭉쳐야 할 일이 벌어진 틈. ☐담뱃대에 ~이 갔다. 2 공연히 조그마한 흠을 들추어 괴롭게 함. ☐~을 부리다 / ~이 나다.

트집(을) 잡다 관 공연히 조그만 흠집을 들추어내거나 없는 흠집을 만들어 남을 괴롭히다. ☐트집을 잡아 내쫓다.

트집-쟁이 [-쨍-] 명 트집을 잘 부리는 사람.

특가 (特價) [-까] 명 특별히 싸게 매긴 값. ☐~ 판매 / ~품을 생산하다.

특감 (特減) [-깜] 명하타 특별히 감함.

특강 (特講) [-깡] 명하자 특별히 베푸는 강의. ☐국문학 ~ 시간.

특경 (特磬) [-껑] 명 《악》 경쇠의 한 가지《편경(編磬)보다 크고, 한 가자(架子)에 하나만 달고 장류를 그칠 때에 침》.

특경-대 (特警隊) [-껑-] 명 특별한 경비·경호 등의 임무를 맡은 부대.

특공 (特功) [-꽁] 명 특별히 뛰어난 공로. ☐~을 세우다.

특공-대 (特攻隊) [-꽁-] 명 기습 공격을 하기 위해 특별히 훈련된 부대. ☐~를 조직하여 적진을 기습하다.

특과 (特科) [-꽈] 명 1 특수한 과목. 2《군》 보병·포병·기갑·통신·공병 등 전투 병과를 제외한 병과. 특수 병과.

특교 (特敎) [-꾜] 명 특지(特旨).

특권 (特權) [-꿘] 명 특정한 또는 특정의 신분이나 계급에 속하는 사람에게 특별히 주어지

는 우월한 지위나 권리. ▣ ~ 의식.

특권 계급 (特權階級)[-꿘-/-꿘게-] 일반 사회나 특정 사회에서 우월권이나 지배권을 가지는 사람들. 또는 그 신분·계급. 특권층.

특권-층 (特權層)[-꿘-] 圀 특권 계급.

특근 (特勤)[-끈][<u>하자</u>] 근무 시간 외에 특별히 더 근무함. 또는 그 근무.

특근 수당 (特勤手當)[-끈-] 특근에 대한 보수로 주는 수당.

특급 (特急)[-끕] 圀 '특별 급행'의 준말.

특급 (特級)[-끕] 圀 특별히 매긴 계급이나 등급. ▣ ~ 청주(淸酒) / ~ 호텔에서 묵다.

특급 (特給)[-끕][<u>하타</u>] 특별히 줌.

특급 열차 (特急列車)[-끔녈-] 圀 '특별 급행열차'의 준말.

특기 (特技)[-끼] 圀 특별한 기술이나 기능. ▣ ~를 살리다 / ~를 발휘하다.

특기 (特記)[-끼][<u>하자</u>] 특별히 기록함. 또는 그런 기록. ▣ ~ 사항 / ~할 만한 업적을 남기다.

특기-병 (特技兵)[-끼-] 圀 《軍》 1 민간인으로 있을 때에 습득한 기술이나 지식을 가지고 입대한 사병. 2 특기가 있는 사병.

특념 (特念)[-뜸-] 圀 특별히 염려하거나 생각함.

특단 (特段)[-딴] 圀 ('특단의' 꼴로 쓰여) 특별. ▣ ~의 조치를 취하다.

특달-하다 (特達-)[-딸-][<u>형어</u>] 특별히 재주가 뛰어나다.

특대 (特大)[-때] 圀 특별히 큼. 또는 그런 물건. ▣ ~의 양복을 입다.

특대 (特待)[-때][<u>하타</u>] 특별한 대우. 특우(特遇). ▣ ~를 받다.

특대-생 (特待生)[-때-] 圀 학업과 품행이 우수하여 수업료 면제 등의 특전을 받는 학생.

특동-대 (特動隊)[-똥-] 圀 특별한 경우에 동원하기 위하여 마련한 부대.

특등 (特等)[-뜽] 圀 특별히 뛰어난 등급. 일등보다 더 나은 것. ▣ ~ 사수 / ~품을 골랐다.

특등-실 (特等室)[-뜽-] 圀 열차·여객선·호텔 등에 마련한 가장 좋은 방. 특실.

특례 (特例)[-뜽녜] 圀 1 특별한 예. ▣ ~는 인정하지 않는다. 2 특별한 전례(前例).

특례-법 (特例法)[-뜽녜뻡] 圀 《法》 특별법.

특립 (特立)[-띱] 圀 1 여럿 중에서 특히 뛰어나 우뚝 섬. 2 남에게 의지하지 않고 자립함.

특립-독행 (特立獨行)[-띱또캥][<u>하자</u>] 남에게 굽히거나 세속을 따르지 않고 소신대로 행동함.

특매 (特賣)[-뜸][<u>하타</u>] 1 특별히 싸게 팖. ▣ ~ 가격. 2 경쟁 입찰을 거치지 않고 수의 계약으로 특정인에게 팖. 3 보통 때는 팔지 않는 물건을 특별히 팖.

특매-장 (特賣場)[-뜸-] 圀 상점을 따로 정하여 물건을 특가로 파는 곳.

특면 (特免)[-뜸-][<u>하타</u>] 특별히 용서하거나 면하여 줌.

특명 (特命)[-뜸-][<u>하타</u>] 1 특지(特旨). 2 특별한 명령. ▣ 대통령의 ~. 3 특별히 임명함. 4 《軍》 '특별 명령'의 준말. ▣ 제대 ~ / 전출 ~을 받다.

특명 전권 공사 (特命全權公使)[-뜸-꿘-] 외교 사절의 제이 계급(特命全權大使의 다음. 직무·대우는 특명 전권 대사와 같음).

특명 전권 대사 (特命全權大使)[-뜸-꿘-] 외

교 사절의 제일 계급(국가 원수로부터 다른 나라의 원수에게 파견되어 주재국(駐在國)에 대해 국가의 의사를 표시하는 임무를 가지며, 국가 원수와 국가 기관을 대표함). ㉰대사.

특무 (特務)[등-] 圀 1 특별한 임무. 2 구세군에서, 전도사를 일컫는 계급. *사관(士官)·병사(兵士).

특무 기관 (特務機關)[등-] 《軍》 지난날, 군인의 사상·동태 및 정보와 첩보 등에 관한 일을 맡아보던 군사 특무 기관.

특무-정 (特務艇)[등-] 圀 《軍》 해군 함선의 하나(부설정(敷設艇)·초계정·잠수 모함 등).

특무-정교 (特務正校)[등-] 圀 《역》 대한 제국 때, 무관 계급의 하나(제일 높은 하사(下士) 계급으로, 참위(參尉)의 아래, 정교(正校)의 위임).

특무-함 (特務艦)[등-] 圀 《軍》 함정 활동에 필요한 도움을 주는 해군 함정(공작함·운송함·쇄빙(碎氷)함·급유함·측량함 따위).

특발 (特發)[-빨] 圀 남에게서 전염된 것이 아니고 원인 불명의 병이 저절로 발생함.

특발-성 (特發性)[-빨썽] 圀 《의》 남에게서 전염된 것이 아니라 병이 명확한 원인이 없이 저절로 발생하는 성질. 고혈압·혈뇨(血尿) 따위에 흔히 쓰임. ▣ ~ 탈모증.

특발성 질환 (特發性疾患)[-빨썽-] 《의》 원인 불명으로 일어나는 병(특발성 심근증(心筋症)·특발성 간질(癎疾) 따위).

특배 (特配)[-빼][<u>하타</u>] 1 특별히 배급함. 2 '특별 배당'의 준말.

특별 (特別)[-뻘][<u>하자</u>][<u>히부</u>] 보통과 아주 다름. 특단(特段). ▣ ~ 수사반 / ~ 대우. ↔보통.

특별 가중 (特別加重)[-뻘-] 圀 형벌 가중의 한 가지. 곧, 재범 가중 이외에 여러 사람이 함께 꾀한 범죄나 부모에게 폭행·협박을 가한 범죄 등에 대한 가중.

특별 감:경 (特別減輕)[-뻘-] 圀 특별한 경우에 형벌을 덜어서 가볍게 함(자수 감경·작량 감경·미수범 감경·종범 감경 이외의 감경).

특별 검:사제 (特別檢事制)[-뻘-] 圀 《법》 정치적 중립이 요구되는 사건에 대해 변호사 등을 독립적인 권한을 갖는 특별 검사로 지명하여 수사 및 공소 유지를 담당하게 하는 제도.

특별 고등계 (特別高等係)[-뻘-/-뻘-게-] 일제 강점기에, 우리나라 독립 운동가들의 동태 조사를 맡아보던 경찰서의 한 부서.

특별 교:서 (特別敎書)[-뻘-] 圀 미국에서, 대통령이 필요할 때 수시로 의회에 보내는 교서. ↔일반 교서.

특별 교:실 (特別敎室)[-뻘-] 圀 실험·실습 따위에 필요한 특별한 설비를 해 놓은 교실(과학·미술·공작·음악 등의 교실).

특별 규정 (特別規定)[-뻘-] 圀 어떤 특정한 사항에만 적용하는 법규.

특별 급행 (特別急行)[-뻘그팽] 圀 특별 급행열차. ㉰특급.

특별 급행열차 (特別急行列車)[-뻘그팽녈-] 圀 보통의 급행열차보다 빠르고 지정 역에만 정차하는 열차. 특별 급행. ㉰특급 열차.

특별 담보 (特別擔保)[-뻘-] 《法》 특정 채권을 위한 저당(抵當)이 되는 특정 재산. ↔일반 담보.

특별 대:리인 (特別代理人)[-뻘-] 《法》 1 민사 소송의 규정에 따라 법원에서 선임하는, 미성년자·금치산자와 같은 소송 무능력자에 대한 법률상의 대리인. 2 민법상의 대리인과 본인 사이에 이익이 상반되는 경우에 법원이 선임해 주는 대리인.

특별 명:령(特別命令)[-뼐-녕]『군』한 부대의 개인 또는 소집단(小集團)에 대해 내리는 명령 형식의 지시(보직·전속·진급 등의 사항을 말라받).

특별 방:송(特別放送)[-뼐-] 정규 프로그램이 아닌 특별한 내용을 가진 방송.

특별 배:당(特別配當)[-뼐-]『경』회사가 일정한 기간 안에 예기했던 수준 이상의 이익을 본 경우, 보통 배당 이외에 그 잉여의 이익을 일정한 비율로 주주에게 주는 배당. 倒 특배(特配).

특별 배:임죄(特別背任罪)[-뼐-죄]『법』형법에 규정되어 있는 배임죄 외에 상법이나 그 밖의 법으로 규정되어 있는 배임죄.

특별-법(特別法)[-뼐] 명『법』특정한 지역·사람·사항에 한하여 적용되는 법. 특례법(特例法). ↔일반법·보통법.

특별 법원(特別法院)[-뼐버붠] 1『역』대한제국 때, 황족(皇族)의 범죄를 심리하던 재판소. 2『법』특수한 사람이나 사건에 관하여 재판권을 행하는 법원.

특별 변:호인(特別辯護人)[-뼐-]『법』대법원 이외의 법원의 사건에 대하여 변호사가 아닌 사람이 특별히 법원의 허가를 얻어 변호인으로 선임된 사람.

특별 보:좌관(特別補佐官)[-뼐-] 전문적인 문제나 중요한 사안에 대하여 조언하거나 답변하는 대통령의 직속 자문 기관. 또는 그 사람. 倒특보(特補).

특별-비(特別費)[-뼐-] 명 특별한 곳에 쓰기 위해 별도로 계상한 비용.

특별 사:면(特別赦免)[-뼐-]『법』사면의 한 가지. 형의 선고를 받은 특정 범인에 대해 형의 집행을 면제하거나 유죄 선고의 효력이 상실되게 하는 조치. *특사(特赦). *일반 사면.

특별-상(特別賞)[-뼐-] 정식으로 지정된 상 외에 특별히 주는 상.

특별-석(特別席)[-뼐-] 명 특별히 따로 마련한 좌석. 특석(特席). ↔일반석.

특별-세(特別稅)[-뼐쎄] 특별한 목적을 위하여 부과하는 세금. *일반세.

특별-시(特別市)[-뼐-] 지방 자치 단체의 하나. 도(道)나 광역시와 같은 상급 지방 자치 단체로, 직접 중앙의 감독을 받음(현재 서울특별시뿐임). *광역시.

특별 예:금(特別預金)[-뼐례-]『경』정기 예금·당좌 예금 외의 특약에 의한 예금.

특별 위원회(特別委員會)[-뼐뷔-] 국회에서, 특별히 필요하다고 인정한 안건을 심사하기 위하여 구성하는 위원회. 倒특위.

특별 위임(特別委任)[-뼐뮈-] 특별 사항에 관한 위임.

특별 은행(特別銀行)[-뼐른-] 특수 은행.

특별 참모(特別參謀)[-뼐-]『군』기술이나 보급 및 행정 등의 분야에서, 부대 운영에 관하여 부대장을 보좌하는 특과(特科)의 참모 장교. ↔일반 참모.

특별 형법(特別刑法)[-뼐-]『법』형법 이외의 형벌 법규. 특별한 범죄에 적용되는 형벌(경범죄 처벌법 따위).

특별 활동(特別活動)[-뼐-똥] 학교 교육 과정에서 교과 학습 이외의 특별 교육 활동. 倒특활.

특별 회:계(特別會計)[-뼐-/-뼐-계]『법』국가의 특별한 사정이나 필요에 따라 일반 회계에서 분리하여 그 수입과 지출을 경리하는 회계. ↔일반 회계.

특보(特報)[-뽀] 명하타 특별히 알림. 또는 그 보도. □뉴스 ~ / 선거 ~.

특보(特補)[-뽀] 명 '특별 보좌관'의 준말.

특사(特使)[-싸] 명 특별 임무를 띤 사절(使節). □대통령 ~ /를 파견하다.

특사(特赦)[-싸] 명 '특별 사면'의 준말. □광복절 ~.

특사(特賜)[-싸] 명하타 임금이 신하에게 특별히 내려 줌.

특산(特産)[-싼] 명 그 지방의 특별한 산출. 또는 그 산물. □~ 작물 / ~ 어종.

특산-물(特産物)[-싼-] 명 그 지방의 특별한 산물.

특상(特上)[-쌍] 명 특별하게 고급임. 또는 그런 물건. □~품을 선물로 보내다.

특상(特賞)[-쌍] 명 특별한 상. □뛰어난 기술로 ~을 받다.

특색(特色)[-쌕] 명 다른 것과 견주어 다른 점. □~ 있는 문장 / ~을 살리다.

특생(特牲)[-쌩] 명 제사 지낼 때, 제물로 바치는 소.

특석(特席)[-썩] 명 특별석.

특선(特選)[-썬] 명하타 1 특별히 골라 뽑음. □~된 상품. 2 미술 전람회 따위에서, 특히 우수하다고 인정된 작품. □국전에서 ~을 차지한 작품.

특설(特設)[-썰] 명하타 특별히 설치함. □~ 매장을 설치하다.

특설 함:선(特設艦船)[-썰-]『군』전시나 사변 때에 상선이나 어선을 징발해 군용으로 쓰는 배.

특성(特性)[-썽] 명 일정한 사물에만 있는 특수한 성질. 특이성. 특질. □~이 없는 상품 / ~을 살리다.

특세(特勢)[-쎄] 명 특별히 다른 형세.

특수(特殊)[-쑤] 명하타 특별히 다름. □~ 장비를 갖춘 소방차. ↔보편.

특수(特需)[-쑤] 명 특별한 상황에서 발생하는 수요(需要). □추석 ~.

특수-강(特殊鋼)[-쑤-] 명『화』탄소강(炭素鋼)에 니켈·크롬·텅스텐·규소·망간·몰리브덴·코발트·바나듐·알루미늄·티타늄 등을 더한 강(공구(工具)·건조물·자석·화학 기계 따위에 씀). 합금강.

특수 강:도죄(特殊强盜罪)[-쑤-죄]『법』주택·건조물·선박 따위에 침입하여 강도 행위를 하거나, 흉기를 휴대하고 강도 행위를 하거나, 두 사람 이상이 합동하여 강도 행위를 함으로써 성립하는 죄.

특수 경력직 공무원(特殊經歷職公務員)[-쑤-녁찍꽁-] 공무원의 구분의 하나. 경력직 공무원 이외의 공무원으로, 정무직·별정직·전문직·고용직으로 나뉨.

특수 교:육(特殊教育)[-쑤-] 1 신체적·정신적으로 이상이 있는 사람이나 불량한 경향이 있는 사람들에게 특별히 행하는 교육. 2 천재 교육. 3 특수한 교과나 학과만을 중심으로 실시하는 교육.

특수 근:무 수당(特殊勤務手當)[-쑤-] 업무 수행상 생명의 위험을 받거나, 특수하고 같든 근무 조건에서 일하는 사람에게 지급되는 수당.

특수 목적 컴퓨터(特殊目的computer)[-쑤-쩍-]『컴』전용 컴퓨터.

특수 문자(特殊文字)[-쑤-짜] 숫자나 로마자 따위 이외에 컴퓨터에 사용되는 문자와 같은 특수한 문자(«'+'·'-'·'( )'·'='·'₩' 따위»).

특수 법인 (特殊法人)[-쑤버빈] 특별법에 의하여 설립된 법인. 국가 정책 또는 공공의 이익을 위해 설립함(한국은행·한국 전력 따위가 있음).

특수 비행 (特殊飛行)[-쑤-] 특수한 전술적 임무를 수행하는 군사 비행(공중 촬영·부대 공수 따위).

특수 사회 (特殊社會)[-쑤-] 특별한 계층의 사람들로 구성되어 있는 사회.

특수 상대성 이:론 (特殊相對性理論)[-쑤-썽-]〖物〗1905년 아인슈타인이 절대 정지(靜止)의 좌표계(座標系)를 부정하고 서로 등속(等速) 운동을 하고 있는 좌표계의 상대성을 수립한 이론. *일반 상대성 이론.

특수-성 (特殊性)[-쑤썽]〖名〗사물의 특별히 다른 성질. 특이성. ▱그 지방 ~을 감안하다.

특수-아 (特殊兒)[-쑤-]〖名〗심신의 발달·행동이 어떤 점에서 일반 어린이와 다른 어린이.

특수 우편 (特殊郵便)[-쑤-] 특수 취급 우편. ↔보통 우편.

특수 유전 (特殊遺傳)[-쑤-]〖生〗양친 가운데 한쪽이 가진 특히 뛰어난 성질의 유전.

특수 은행 (特殊銀行)[-쑤-]〖法〗은행법 이외의 특별 법령에 의해 세운, 특별한 업무를 행하는 은행(한국은행·한국 산업 은행 따위). 특별 은행. ↔일반 은행.

특수 인쇄 (特殊印刷)[-쑤-]〖印〗종이 이외의 유리·금속·나무·천·플라스틱 등의 소재(素材)에 인쇄하는 일. 또는 보통 사용되지 않는 방식으로 하는 인쇄.

특수 조:사 (特殊助詞)[-쑤-]〖言〗보조사(補助詞).

특수 조약 (特殊條約)[-쑤-]〖政〗특정 국가 간에 체결되어 제삼국의 가입을 허락하지 않는 조약. *일반 조약.

특수 창:조설 (特殊創造說)[-쑤-]〖宗〗우주의 만물은 하느님이 처음으로 낱낱이 만들었다는 학설(구약의 창세기(創世紀) 같은 곳에 나타나 있음).

특수 채:권 (特殊債券)[-쑤-꿘]〖法〗특별한 법령에 따라 설립된 법인이 발행하는 채권.

특수 취:급 우편 (特殊取扱郵便)[-쑤-그부-] 특수한 취급을 하는 우편(등기·배달 증명·내용 증명·대금 교환·민원 우편 따위). 특수 우편.

특수 특장차 (特殊特裝車)[-쑤-짱-] 특수 장비를 갖추고 특수한 용도의 자동차(소방차·제설차(除雪車)·믹서 트럭·탱크로리 따위). ⓒ특장차(特裝車).

특수-하다 (特秀-)[-쑤-]〖形여〗특별히 빼어나다. 특히 우수하다.

특수-학교 (特殊學校)[-쑤-꾜]〖名〗1 특수 교육을 하는 학교(맹아 학교·농아 학교 따위). 2 특수한 과목을 가르치는 학교(과학 고등학교·예술 고등학교·체육 고등학교 따위).

특수 혼인율 (特殊婚姻率)[-쑤호닌뉼]〖社〗1년 동안에 신고된 법률상의 혼인 수와 그해의 미혼(未婚) 인구와의 비율.

특수-화 (特殊化)[-쑤-]〖名하타〗일반적이고 보편적인 것과 다르게 됨. 또는 그렇게 되게 함. ▱~된 직업 교육.

특수 회:사 (特殊會社)[-쑤-] 특별법에 의해 설립된 회사(대한 주택 공사·한국 도로 공사 따위).

특실 (特室)[-씰]〖名〗특등실. ▱병원 ~ / 호텔 ~에 투숙하다.

특악-하다 (慝惡-)[트가카-]〖形여〗간사하고 매우 악하다.

특애 (特愛)〖名하타〗특별히 사랑함. 또는 그런 사랑.

특약 (特約)〖名하타〗1 특별한 조건을 붙인 약속. ▱~을 맺다. 2 특별한 편의나 이익이 있는 계약. ▱~판매.

특약-점 (特約店)[트갹쩜]〖名〗제조나 판매원의 본점과 특별한 계약을 맺고 거래하는 상점.

특용 (特用)〖名하타〗특별히 씀. 또는 그런 용도.

특용-림 (特用林)[트굥님]〖名〗수액(樹液)·과실·수피(樹皮) 등의 채취를 목적으로 하는 특수한 종류의 나무숲.

특용 작물 (特用作物)[트굥장-] 식용 이외의 특별한 용도에 쓰는 농작물(담배·차·삼·목화 따위). 공예(工藝) 작물. *보통 작물.

특우 (特遇)〖名하타〗특대(特待).

특위 (特委) '특별 위원회'의 준말.

특유 (特有)〖名〗(주로 '특유의'의 꼴로 쓰여) 그것만이 특별히 가지고 있음. 특별히 소유함. ▱마늘 ~의 냄새 / 민족의 ~한 전통을 살리다. ↔통유(通有).

특유-성 (特有性)[트규썽]〖名〗그 사물에 한해서 갖는 성질. 특성. ↔통유성.

특유 재산 (特有財産)〖法〗부부의 한쪽이 혼인하기 전부터 가진 고유 재산과 혼인 중에 자기 명의로 취득한 재산.

특융 (特融)〖名하타〗금전 등을 특별히 융통함.

특은 (特恩)〖名〗특별한 은혜. ▱~을 베풀다.

특이 (特異)〖名하타〗1 보통 것에 비하여 특별히 다름. ▱~한 체질 / ~사항. 2 보통보다 훨씬 뛰어남. ▱~한 재능.

특이-성 (特異性)[트기썽]〖名〗1 사물에 갖추어져 있는 특별한 성질. 특수성. 2 특성.

특이 아동 (特異兒童) 정신적·신체적으로 장애가 있는 아이.

특이-점 (特異點)[트기쩜]〖名〗특별히 다른 점.

특이-질 (特異質)〖名의〗어떤 물질이 피부에 접촉하거나 소화기·호흡기 안에 들어갈 때 특별한 반응을 일으키는 체질. 특이 체질.

특임 (特任)〖名하타〗특별한 관직에 임명함. 또는 그런 임무.

특임 공관장 (特任公館長) 대통령이 필요한 경우에 특별히 임명하는 비(非)직업적인 외교관 출신의 공관장.

특자 (慝者)[-짜]〖名〗간사하고 악한 사람.

특작 (特作)[-짝]〖名〗특별히 우수한 작품.

특장 (特長)[-짱]〖名〗특별히 뛰어난 장점.

특장-차 (特裝車)[-짱-]〖名〗'특수 특장차'의 준말.

특저 (特著)[-쩌]〖名〗특별한 저술. 또는 그 책.

특저-하다 (特著-)[-쩌-]〖形여〗특별히 두드러지다.

특전 (特典)[-쩐]〖名〗1 특별한 은전. ▱~을 입다. 2 특별한 규칙. ▱회원의 ~. 3 특별한 의식.

특전 (特電)[-쩐]〖名〗신문사의 특별한 전보 통신(주로 해외나 지방 특파원의 보도에 따른 것). ▱로이터 ~.

특전-대 (特戰隊)[-쩐-]〖名〗특수한 임무를 맡고 특별히 조직된 전투 부대. ▱공수 ~.

특점 (特點)[-쩜]〖名〗다른 것과 특별히 다른 점.

특정 (特定)[-쩡]〖名하타〗특별히 정하여져 있음. ▱~ 인물 / ~ 종목 / ~된 사람.

특정 가격 (特定價格)[-쩡까-]〖法〗물건의 성격상 정상 가격으로 감정하는 것이 부적당할 경우나 감정에서 특수한 조건이 수반될 경우에 물건의 성격·조건에 알맞게 매긴 가격.

특정-물 (特定物)[-쩡-] 〖법〗 거래할 때에 당사자의 의사로써 구체적으로 지정한 물건. ↔불특정물.

특정 승계 (特定承繼)[-쩡-/-쩡-계] 〖법〗 다른 사람의 권리를 취득하는 일. 매매 따위에 의한 가장 일반적인 승계.

특정 유증 (特定遺贈)[-쩡-] 〖법〗 포괄(包括) 유증 이외의 유증(특정한 물건이나 권리, 또는 일정액의 금전을 주는 유증 따위). *포괄(包括) 유증.

특정-인 (特定人)[-쩡-] 특별히 지정한 사람. ↔일반인.

특정 자본 (特定資本)[-쩡-] 〖경〗 일정한 목적에만 쓰기로 한 자본.

특정 재산 (特定財産)[-쩡-] 〖법〗 총재산 중 특별히 지정한 일부의 재산.

특정직 공무원 (特定職公務員)[-쩡-공-] 〖법〗 경력직 공무원의 한 갈래. 일반직·기능직 이외의 경력직 공무원(법관·검사·군인·외무·경찰·소방·교육 공무원 등이 이에 속함).

특정 횡선 수표 (特定橫線手票)[-쩡-] 〖경〗 횡선(橫線) 안에 은행의 이름을 기재한 횡선 수표. 특별 횡선 수표.

특제 (特除)[-쩨] 명하타 임금의 특지(特旨)로 벼슬을 시킴.

특제 (特製)[-쩨] 명하타 특별히 만듦. 또는 그 제품. 별제(別製). ▢~ 가구. ↔병제(竝製).

특종 (特種)[-쫑] 1 특별한 종류. 2 '특종 기사'의 준말. ▢~을 잡다.

특종 (特鐘)[-쫑] 명 〖악〗 아악기의 일종. 풍류를 시작할 때 치는 종(한 가자(架子)에 큰 종한 개를 닮).

특종 기사 (特種記事)[-쫑-] 신문사·잡지사 따위에서, 그 사(社)에서만 얻은 중대한 기사. ⍟특종.

특주 (特酒)[-쭈] 명 1 특별한 방법으로 특별히 좋게 만든 술. 2 특별히 빚은 술.

특중-하다 (特重-)[-쭝-] 형여 특별히 중대하다. ▢특중한 사안.

특지 (特旨)[-찌] 명 임금의 특별한 명령. 특교(特敎). 특명.

특지 (特志)[-찌] 명 1 좋은 일을 위한 특별한 뜻. 2 '특지가(家)'의 준말.

특지-가 (特志家)[-찌-] 좋은 일을 하려는 뜻이 있는 사람. ⍟특지.

특진 (特進)[-찐] 명하타 뛰어난 공로를 세워 특별히 진급함. ▢2 계급 ~.

특진 (特診)[-찐] 명하자 종합 병원에서 환자의 요청에 따라 특정 의사가 진찰·진료를 담당하는 일. ▢~을 받다.

특진-관 (特進官)[-찐-] 명 〖역〗 1 조선 때, 경연(經筵)에 참진(參進)하던 벼슬. 2 대한 제국 때, 궁내부의 칙임(勅任) 벼슬(왕실에 관한 일을 자순(諮詢)함).

특질 (特質)[-찔] 명 1 특별한 기질이나 성질. 특성. ▢고려 문화의 ~ / 영국인의 ~. 2 특별한 품질.

특집 (特輯)[-찝] 명 신문·잡지·방송 등에서 특정한 문제를 중심으로 하여 편집함. 또는 그 편집물. ▢~ 방송 / 광복절 ~.

특징 (特徵)[-찡] 명 1 다른 것에 비하여 특별히 눈에 띄는 점. *특색. 2 〖역〗 벼슬을 시키려고 임금이 특별히 부르던 일.

특징-적 (特徵的)[-쩡-] 관명 특징이 있는 (것). ▢~ 기능을 보유하다.

특징-짓다 (特徵-)[-찡짇따] [-지어, -지으니, -짓는] 타ㅅ 어떤 사물이 가지는 특징을 규정짓다. ▢한 민족을 특징짓는 언어.

특차 (特次) 명 순차적 차례를 넘어 특별히 앞세워 다루는 차례. ▢~ 모집.

특차 (特差) 명하타 특별히 임금이 사신(使臣)을 보냄.

특채 (特採) 명하타 특별히 채용함. ▢경호원으로 ~되다.

특천 (特薦) 명하타 특별히 추천함.

특청 (特請) 명하타 특별히 청함. 또는 그런 청.

특출-나다 (特出-)[-라-] 형 여럿 가운데서 특히 뛰어나다. ▢노래 실력이 ~.

특출-하다 (特出-) 형여 특별히 뛰어나다. ▢여러 사람 중에서 ~.

특칭 (特稱) 명 1 전체 가운데서 특별히 어떤 것만을 가리켜서 이름. 또는 그 일컬음. 2 〖논〗 주사(主辭)가 나타내는 사물의 한 부분에 대해 한정하는 일컬음(‘어떤’·‘이’·‘그’·‘한’·‘두’ 따위의 말이 쓰임).

특칭 긍:정 판단 (特稱肯定判斷) 〖논〗 정언적(定言的) 판단에서 ‘어떤 A는 B다’라는 형식으로 표시되는 특칭 판단의 하나.

특칭 명:제 (特稱命題) 〖논〗 주사(主辭)의 일부분에 관한 판단을 표시하는 명제(특칭 긍정과 특칭 부정의 두 가지로 나뉨. ‘어떤 사람은 선량하다’, ‘어떤 새는 날지 못한다’와 같은 것).

특칭 부:정 판단 (特稱否定判斷) 〖논〗 정언적(定言的) 판단에서 ‘어떤 A는 B가 아니다’라는 형식으로 표시되는 특칭 판단의 하나.

특칭 전제의 허위 (特稱前提-虛僞)[-/-에-] 〖논〗 추론의 형식적 허위의 하나. 정언적 삼단 논법의 규칙에 따르면 두 개의 특칭 전제에서는 결론을 얻을 수 없는데, 이 규칙에 반(反)하기 때문에 생기는 오류(‘어떤 부자는 악인이다’, ‘어떤 선인은 부자다’에서 ‘어떤 선인은 악인이다’로 되는 것).

특칭 판단 (特稱判斷) 〖논〗 정언적(定言的) 판단의 한 가지. 주개념(主概念)의 일부분에 관해서 주장되는 판단. *전칭(全稱) 판단·단칭(單稱) 판단.

특특-하다 [-트카-] 형여 피륙 따위의 바탕이 촘촘하고 조금 두껍다. ⍟탁탁하다.

특특ㅎ다 (特特-) 〈옛〉 칙칙하다. 빽빽하다. ▢~된 기자.

특파 (特派) 명하타 특별히 파견함. ▢미국에 ~.

특파-원 (特派員) 명 1 특파된 사람. 2 신문사·잡지사·방송국 등에서 외국에 특파되어 보도 및 특파임무를 수행하는 기자.

특파 전권 공사 (特派全權公使)[-꿘-] 어떤 특정 사건에 관해 특파되는 전권 공사.

특파 전권 대:사 (特派全權大使)[-꿘-] 어떤 특정 사건에 관해 특파되는 전권 대사.

특판 (特販) 명 상품의 홍보나 보급 등을 위하여 특별히 판매하는 일.

특품 (特品) 명 특별히 좋은 물품.

특필 (特筆) 명하타 두드러진 일을 특별히 크게 적음. 또는 그런 글. ▢~할 가치가 있다.

특필-대서 (特筆大書) 명하타 대서특필.

특허 (特許)[-커] 명하타 1 특별히 허락함. 2 〖법〗 어떤 사람의 고안으로 이루어진 공업적 발명의 전용권(專用權)을 그 사람 또는 승계자에게 부여하는 행정 행위.

특허-권 (特許權)[-커꿘] 명 산업 재산권의 하나. 특허를 받은 발명품을 독점적으로 이용할 수 있는 권리.

특허 기업 (特許企業)[-커-] 특허된 공기업(조폐 공사·대한 주택 공사의 사업, 수도 사

업, 농지 개량 사업 따위).

특허 대·리업 (特許代理業)[트커-] 특허·실용
신안(實用新案)·의장(意匠)·상표 등에 관한
대리업.

특허 발명 (特許發明)[트커-] 특허권이 있는
발명.

특허-법 (特許法)[트커뻡] 몡 《법》 새롭고 유익
한 발명을 보호·육성하기 위하여 특허에 관
한 사항을 규정한 법률.

특허 변:리사 (特許辨理士) [트커별-] '변리
사'를 흔히 이르는 말.

특허 심:판 (特許審判)[트커-] 《법》 특허권에
관한 쟁송에 대하여 특허청에서 하는 법의
적용 선언 (適用宣言)《심판과 그 불복에 대한
항고의 심판이 있음).

특허-증 (特許證)[트커쯩] 몡 특허권을 인정하
여 주는 증서의 한 가지.

특허-청 (特許廳)[트커-] 몡 미래 창조 과학부
소속하의 중앙 행정 기관. 특허·실용신안·
의장(意匠) 및 상표에 관한 사무와 이에 대한
심사·심판 및 항고 심판 사무를 맡아봄.

특허 출원 (特許出願) [트커추뤈] 새로운 공업
적 발명을 한 사람이 국가에 대해 그 특허를
요구하는 행위.

특허-품 (特許品)[트커-] 몡 특허권이 있는 발
명품. 특허를 얻은 상품.

특혜 (特惠)[트케 / 트케] 몡 특별한 은혜나 혜
택. □~를 주다 / ~를 받다.

특혜 관세 (特惠關稅)[트케- / 트케-] 특정한
나라의 수입품에 대해 다른 나라보다 낮은
세율로 부과하는 관세.

특혜 무:역 (特惠貿易)[트케- / 트케-] 《경》 특
혜 관세를 적용시켜서 하는 무역.

특혜 세:율 (特惠稅率)[트케- / 트케-] 특혜 관
세의 세율.

특화 (特化)[트콰] 몡하엣 **1** 한 나라의 산업 구
조나 수출 구성에서, 특정 산업이나 상품이
상대적으로 큰 비중을 차지하고 있는 상태.
□~ 산업. **2** 어떤 한 부분을 전문화하는 것.

특·화점 (特火點)[트콰쩜] 몡 《군》 특별히 공고
하게 구축한 진지 (陣地). 토치카.

특활 (特活)[트콸] 몡 '특별 활동'의 준말.

특효 (特效)[트쿄] 몡 특별한 효험.

특효-약 (特效藥)[트쿄-] 몡 특별한 효험이 있
는 약. □암의 ~은 아직 없는 것 같다.

특-히 (特-)[트키] 閉 보통과 다르게. 특별히.
□~ 마음 끌리는 사람 / ~ 눈의 하기.

튼-가로왈 (-曰) 한자 부수(部首)의 하나
《'彐'의 이름, '彗'나 '彙' 등에서 '彐'·'彑'
들도 '彐'와 같이 취급함). 터진가로왈.

튼실-하다 (-實-) 톙앳 튼튼하고 실하다.

튼입구-몸 (-口-)[-닙꾸-] 한자 부수의 하
나《'匠'이나 '匣' 따위에서 '匚'의 이름). 터
진입구.

튼튼-하다 톙앳 **1** 생김새나 됨됨이가 굳고 실
하다. □튼튼하게 지은 건물 / 인적(人的)의 배
경이 ~. **2** 조직이나 기반 따위가 무너지거나
흔들리지 않는 상태에 있다. ⵙ탄탄하다. **튼
튼-히** 閉.

틀 몡 **1** 물건을 만드는 데 '골'이나 '판'이 되
는 물건. □~로 찍다 / ~에 넣어 찍어 내다.
2 물건을 받치거나 버티거나 팽팽히 켕기게
하기 위해서 테두리만으로 된 물건. □수(繡)
~ / 사진~ / ~을 짜다. **3** 〈속〉 기계. □새끼
~ / 가마니~. **4** '재봉틀'의 준말. **5** 틀거지.
□~이 진 인물. **6** 일정한 격식이나 형식 따

위. □~에 박힌 말. **7** 사람이 갖추고 있는
생김새나 균형. □~이 좋다.

틀에 맞추다 囝 융통성 없이 격식에 기계적
으로 맞추다.

틀(이) 잡히다 囝 격에 어울리게 틀이 갖추
어지다.

틀-가락 [-까-] 몡 무거운 물건을 메는 데 쓰
는 긴 나무.

틀거지 몡 튼실하고 위엄이 있는 겉모양. 틀.
□그의 ~가 만만치 않다.

틀-국수 [-쑤] 몡 틀에 넣어 눌러서 뺀 국수.
＊칼국수.

틀-누비 [-루-] 몡 재봉틀로 누빈 누비.

틀-니 [-리] 몡 잇몸에 끼웠다 뺐다 할 수도 있
록 만들어서 박은 이. □~를 해 박다.

틀다 [틀어, 트니, 트는] 臣 **1** 한 물건의 양 끝
을 서로 반대쪽으로 돌리다. □주리를 ~. **2**
일이 어그러지도록 꾀이게 하다. □일을 틀
어 놓다. **3** 솜솜을 타다. □솜을 ~. **4**
라디오·수도 따위의 기계나 장치를 작동하게
하다. □전축을 ~ / 수도꼭지를 ~. **5** 상투나
쪽 따위로 머리털을 뭉쳐 올려붙이다. □상
투를 ~ / 머리를 틀어 쪽을 찌다. **6** 엮거나
짜서 둥지나 멍석 따위를 만들다. □둥지를
~. **7** 뱀 따위가 몸을 둥글게 말아 똬리처럼
만들다. 도사리다. □뱀이 똬리를 ~. **8** 몸을
움직여 모양이나 자세를 만들다. □가부좌를
~.

틀리다 짜臣 셈이나 사실·이치 따위가 맞지
않다. □계산이 ~ / 답이 ~.

틀리다 짜 **1** 〈'틀다'의 피동〉 한 물건의 양쪽
끝이 서로 반대쪽으로 돌려지다. □병마개가
~. **2** 사이가 나빠지다. □사소한 일로 동생
과 ~. **3** 마음이나 행동이 올바르지 않고 비
뚤어지다. □심사가 ~ / 네 생각은 틀렸어.

틀림-없다 [-림엡따] 톙 어긋남이 없다. 확실
하다. 꼭 같다. □틀림없는 사람. **틀림-없이**
[-리멉씨] 閉. □이번에는 ~ 우승할 것이다.

틀-바느질 몡하엣 재봉틀로 하는 바느질.

틀수-하다 톙앳 성질이 너그럽고 깊다.

틀-스럽다 [-따][틀스러워, 틀스러우니] 톙臣
겉모양이 튼실하고 위엄이 있다. □틀스러운
몸집. **틀-스레** 閉.

틀어-넣다 [트러너타] 臣 비좁은 자리에 억지
로 돌리면서 들이밀어 넣다.

틀어-막다 [트러-따] 臣 **1** 억지로 틀어넣어 못
통하게 하다. □쥐구멍을 ~. **2** 말이나 행동
을 제멋대로 하지 못하게 억제하다. □입을
~. **3** 잘못이 드러나지 않게 억지로 막다.

틀어-박다 [트러-따] 臣 **1** 비좁은 구멍에 돌리
면서 억지로 들어가게 박다. **2** 무엇을 어떤
곳에 아무렇게나 오래 넣어 두다.

틀어-박히다 [트러바키-] 짜 **1** 집 안에만 죽치
고 있다. □집구석에 ~ / 시골에 ~. **2** 〈'틀
어막다'의 피동〉 틀어박음을 당하다. □창고
에 틀어박혀 있던 상자 / 승용차가 굴러 논바
닥에 ~.

틀어-잡다 [트러-따] 臣 **1** 단단히 움켜잡다.
□멱살을 ~. **2** 상대방을 자기 뜻대로 움직이
도록 만들다. □사람의 마음을 ~.

틀어-쥐다 [트러-] 臣 **1** 단단히 꽉 쥐다. □목덜미를
~. **2** 완전히 자기 마음대로 하다. □사람들을
손아귀에 ~.

틀어-지다 [트러-] 짜 **1** 제 갈 자리에서 옆으로 굽어
나가다. □줄이 ~. **2** 새김 모양으로 꾀어 틀
리다. **3** 사귀는 사이가 서로 벌어지다. □두
사람 사이가 ~. **4** 꾀하는 일이 어그러지다.
□계획이 ~. **5** 마음이 언짢아서 토라지다.

□심사가 틀어진 것 같다.
틀-지다[—] 휑 틀거지가 있다. □틀진 걸음걸이.
톨-톱 휑 톱에 틀이 붙어 두 사람이 양쪽에서 밀고 당기며 켜게 된 옛날식 톱.
틈 휑 **1** 벌어져 사이가 난 자리. □~ 사이로 바람이 들어온다 / 물샐 ~도 없다 / 발 디딜 ~조차 없다. **2** 기회. 기회. □책 볼 ~이 없다 / 혼잡하는 ~을 타다. **3** 사람들 사이가 벌어진 것. 불화. □둘 사이에 ~이 생기다.
틈-나다 짜 겨를이 생기다. □틈나는 대로 찾아가겠.
틈-내다 짜 무슨 일을 위해 겨를을 내다. □틈 내어 한번 찾아보겠다.
틈-바구니 휑 〈속〉 틈. □두 사람의 ~에 끼어서 부대끼다. ⊕틈바귀.
틈-바귀 휑 '틈바구니'의 준말.
틈-새 휑 벌어져 난 틈의 사이. □창문의 ~를 막다.
틈-새기 틈의 극히 좁은 부분. □상자의 ~ / 간질이듯 불어오는 ~ 바람.
틈새-시장(—市場) 휑 〖경〗 유사한 기존 상품은 많으나 수요자가 찾는 바로 그 상품이 없어 수요가 틈새처럼 비어 있는 상태. □~을 노리고 창업한 기업.
틈-서리 휑 틈의 가장자리.
틈입(闖入) 휑하짜타 갑자기 뛰어듦. □남의 집에 ~하다.
틈-타다 타 때나 기회를 얻다. □감시가 소홀한 때를 틈타 도망가다.
틈틈-이 閏 **1** 틈이 난 구멍마다. **2** 겨를이 있을 때마다. □일하면서 ~ 공부하다.
틱:다[티—] 짜 '트이다'의 준말. □앞이 탁 ~ / 운수가 ~ / 거래가 틱자 주문이 쇄도했다.
틔우다[티—] 타 《'틔다'의 사동》 트이게 하다. □벽을 ~.
티[1] 휑 **1** 온갖 물건의 잔 부스러기나 찌꺼기. □눈에 ~가 들어가다. **2** 조그마한 흠. □옥에 ~ / ~ 없이 밝은 어린이.
    티(를) 뜯다 句 공연히 흠을 찾아내어 시비를 걸다.
    티(를) 보다 句 흠집을 찾아 살피다.
티[2] 휑 어떤 태도나 기색(접미사적으로도 씀). □촌~ / 소녀~ / 궁색한 ~가 나다 / 부자라고 ~를 내다.
티 (T, t) 휑 영어의 스무째 자모.
티 (tea) 휑 차(茶). 특히, 홍차.
티 (tee) 휑 골프에서, 제1타를 칠 때 공을 올려놓는 대(臺).
티격-나다[—格—] 짜 서로 뜻이 맞지 않아 사이가 벌어지다. □티격난 사이.
티격-태격(—格—) 閏하짜 서로 뜻이 맞지 않아 이러니 저러니 시비를 따지는 모양. □의견이 맞지 않아 ~하다.
티 그라운드 (←teeing ground) 골프에서, 각 홀의 공을 치기 시작하는 구역.
티끌 **1** 티와 먼지. 분진. 진애(塵埃). □~ 하나 없이 깨끗하다. **2** ('만큼'·'만 하다'와 함께 쓰여) 몹시 작거나 적음을 나타냄. □욕심은 ~만큼도 없다.
    [티끌 모아 태산] 조금씩 모은 것이 나중에 큰 덩어리가 됨. 진합태산(塵合泰山).
티끌-세상(—世上) 휑 이 세상. 진경(塵境). 진계(塵界). 진세(塵世).
티눈 휑 손이나 발에 생기는 사마귀 비슷한 굳은살. 계안창(鷄眼瘡). 유자(肉刺).
티다[1] 타 〈옛〉 (그물 따위를) 치다.
티다[2] 타 〈옛〉 치다[3].
티록신 (thyroxine) 휑 〖생〗 갑상선(甲狀腺)에

서 분비되는 호르몬의 일종. 요오드를 함유하며, 신진대사를 왕성하게 함《너무 많으면 바제도병을 일으킴》. 다이록신.
티몰 (thymol) 휑 〖화〗 산들깨의 성분으로 특이한 향기가 있는 흰빛의 결정(結晶)《십이지장충·회충·요충의 구충제 및 방부제로 씀》.
티-밀이 〖건〗 창살의 등을 둥글게 밀어 만드는 일. 퇴밀이.
티-백 (tea bag) 차(茶)를 싸서 넣은 종이 주머니. 뜨거운 물에 담그면 차가 우러남.
티브이 (TV) 휑 '텔레비전'의 약칭. □~ 방송국.
티샤츠 (←T-shirts) 휑 티셔츠.
티 샷 (tee shot) 골프에서, 티 그라운드에서 시작하는 제 1 타.
티석-티석 閏하휑 환히 트이지 못하거나 반지랍지 못한 모양.
티셔츠 (T-shirts) 휑 '티(T)' 자 모양으로 생긴 반소매 셔츠《보통, 메리야스로 만듦》.
티슈 (tissue) 휑 주로 화장용으로 쓰는, 얇고 부드러운 질 좋은 종이.
티스푼 (teaspoon) 휑 찻숟가락.
티아민 (thiamine) 휑 〖화〗 '비타민 B,'의 학명.
티엔티 (TNT) 휑 톨루엔(toluene)을 강하게 니트로화(化)하여 얻는 고성능의 폭약.
티오 (TO) 휑 정원(定員). □~가 없다.
티오황산-나트륨 (thio黃酸Natrium) 휑 〖화〗 아황산나트륨의 용액에 황을 더하고 끓여서 만드는 무색의 결정《분석 시약(試藥)·매염제·사진의 정착제 따위로 씀》.
티을[—을] 한글의 자모 'ㅌ'의 이름.
티-자 (T—) 휑 '티(T)' 자 모양으로 생긴 제도용의 자. 정자자. 정자 정자.
티적-거리다[—꺼—] 타 남의 흠이나 트집을 잡으면서 거슬리는 말로 자꾸 성가시게 굴다.
티적-티적 閏하휑
티적-대다[—때—] 타 티적거리다.
티칭 머신 (teaching machine) 프로그램 학습 기계《교사의 힘을 빌리지 않고 일정한 과목의 학습을 지도하고 시험 및 채점까지도 자동으로 할 수 있게 고안된 기계》.
티커 (ticker) 휑 증권 거래소에서, 시세와 수량을 끊임없이 테이프에 기록하는 유선 인자식 전신기(有線印字式電信機).
티케 (Tyche) 휑 그리스 신화에 나오는 행복과 운명의 여신.
티케이오 (TKO) 휑 〖technical knockout〗 권투에서, 선수 간의 실력 차가 크거나 부상이 심할 때, 심판이 시합 도중에 승패를 결정짓는 일. *아르에스시(RSC).
티켓 (ticket) 휑 **1** 차표. 승차권. 입장권. □~을 끊다 / 콘서트 ~을 겨우 구했다. **2** 특정한 것을 할 수 있는 자격. 또는 그 증명서. □올림픽 본선 진출 ~을 따다.
티큐시 (TQC) 휑 〖total quality control〗 〖경〗 종합적 품질 관리.
티크 (teak) 휑 〖식〗 마편초과의 낙엽 교목. 높이 30 m 정도, 나무껍질은 회백색, 꽃은 흰 원추꽃차례로 피고 향기가 있음. 재목은 가볍고 단단해서 조선(造船)·차량·가구의 재료로 씀. 미얀마·타이 등지에 남.
티타늄 (titanium) 휑 〖화〗 은백색의 단단한 금속 원소. 광석이나 암석 속에 널리 분포함. 가열하면 강한 빛을 내면서 타며, 거의 모든 비금속 원소와 화합함. 철·알루미늄의 대용으로 중시됨. 티탄. [22 번 : Ti : 47.90]
티타임 (teatime) 휑 차 마시는 시간. 특히, 영

국 등에서 오후에 홍차와 간단한 식사를 즐기는 시간. 휴식 시간.

티탄 (독 Titan) 圏 《화》 티타늄.

티티-새 圏 《조》 **1** 지빠귀. **2** 개똥지빠귀.

티푸스 (typhus) 圏 《의》 티푸스균이나 리케차에 의해 발생하는 질환의 총칭《장티푸스·파라티푸스·발진 티푸스 따위》.

티푸스-균 (typhus菌) 圏 《의》 장(腸)티푸스의 병원균.

티형 강 (T型鋼) 자른 면이 '티(T)'자 모양을 한 기다란 강재(鋼材).

틸트다운 (tiltdown) 圏 영화 촬영 기법의 한 가지. 카메라를 수직으로 밑을 향해 움직이면서 하는 촬영. ↔틸트업.

틸트업 (tiltup) 圏 영화 촬영 기법의 한 가지. 카메라를 수직으로 위를 향해 움직이면서 하는 촬영. ↔틸트다운.

팀 (team) 圏 **1** 한동아리에 속한 사람. □ ~을 이루다. **2** 운동 경기의 단체. 곧, 두 편으로 나누어서 행하는 경기의 한 편짝. 조(組). 단(團). □ ~플레이.

팀워크 (teamwork) 圏 팀이 협동하여 행하는 동작. 또는 그들 상호 간의 연대(連帶). 공동 작업. 단체 행동. □ ~가 잘 짜여 있다.

팀치 圏 《옛》 김치.

팀파눔 (tympanum) 圏 《건》 그리스식 건축의 지붕에 의해서 구획된 맞배지붕 윗부분의 벽. 팀판.

팀파니 (이 timpani) 圏 《악》 타악기의 하나. 구리로 만든 반구형(半球型)에 쇠가죽을 댄 북. 케틀드럼.

팀 파울 (team foul) 농구에서, 한 팀의 선수가 전·후반 각 경기에서 범한 파울이 각각 7회가 되는 경우를 이름《8회째의 파울부터 상대 팀에게 자유투를 주게 됨》.

팁 (tip) 음식점·호텔 등에서 일하는 종업원 등에게 손님이 요금 이외에 더 주는 돈. 봉사료. □ ~을 주다.

팃-검불 [티껌- / 틷껌-] 圏 짚이나 풀 따위의 부스러기.

팅크 (←tincture) 圏 어떤 약품을 알코올로 삼출한 액체. 정기(丁幾).

팅팅 團《團》 **1** 살이 몹시 찌거나 부어 매우 팽팽한 모양. □ ~ 부은 눈두덩. **2** 누를 수 없을 정도로 몹시 굳고 단단한 모양. **3** 가늘고 팽팽한 줄 따위를 퉁겨서 울리는 소리. ㉑탱탱. ㉑띵띵.

투 다 ㉠ 《옛》 타다[1].

투 다² 囝 《옛》 타다[4]. 받다.

투 다³ 囝 《옛》 타다[3]. 섞다.

투 다⁴ 囝 《옛》 타다. (더위 따위를) 느끼다.

툭 圏 《옛》 턱[1].

틔오다 囝 《옛》 태우다.

팅주 圏 《옛》 탱자.

ㅍ (피읖[-읍]) **1** 한글 자모의 열셋째 글자. **2** 《언》 자음의 하나. 목청으로 콧길을 막고 두 입술을 다물어 입길을 막았다가 뗄 때, 목청을 갈고 숨을 불어 내면서 파열되어 나오는 맑은 소리. 받침으로 그칠 때는 입술을 떼지 않아 ㅂ과 같게 됨.

파 몡 《식》 백합과의 여러해살이풀. 밭에 재배하며 잎은 원기둥 모양으로 속이 비었고, 여름에 흰 꽃이 핌. 독특한 냄새와 맛이 있어 약·요리에 씀.

파 (派) 몡 **1** 학문·주의·사상·행동 등의 차이에 따라 갈라진 사람의 집단. ▢~가 갈리다 / ~를 이루다. **2** '파계(派系)'의 준말.

파: (破) 몡 **1** 깨어지거나 상한 물건. ▢~가 나다. **2** 사람의 결점. ▢~를 잡다. **3**《민》 풍수지리에서, 혈(穴) 안의 물이 흘러간 곳.

파 (이 fa) 몡 《악》 **1** 장음계의 제 4 째 음. 단음계의 제 6 째 음. **2** 'F' 음의 이탈리아 음이름. 우리나라 음이름 '바'와 같음.

파 (par) 몡 골프에서, 홀(hole)마다 정해 놓은 기본 타수.

파 (프 pas) 몡 발레에서, 몸의 중심이 한쪽 다리로서 다른 쪽에 옮기기까지의 동작.

파 (把) 의몡 《역》 줌 **2**.

-파 (波) 回 '파동·물결'의 뜻. ▢ 전자기(電磁氣)~ / 충격~.

-파 (派) 回 **1** 어떤 생각이나 행동의 특성을 가진 사람의 뜻. ▢ 신중~ / 정의~ / 장고(長考)~. **2** 학문·주의·사상·예술 등에서 어떤 경향이나 갈래에 속한 사람들의 집단의 뜻. ▢ 낭만~ / 온건~ / 비둘기~.

파:가 (破家) 몡하자 **1** 파호(破戶). **2** 집을 헒.

파:가 (罷家) 몡하자 살림살이를 집어치움.

파:가-저택 (破家瀦宅) 몡 《역》 중죄인의 집을 헐어 버리고, 그 터를 파서 물을 대어 못을 만들던 형벌.

파:각 (破却) 몡하자 깨트림.

파:갑-탄 (破甲彈) 몡 《군》 철갑탄(徹甲彈).

파개 몡 배에서 쓰는 두레박.

파:겁 (破怯) 몡하자 익숙해져서 두려움이나 부끄러움이 없어짐.

파:격 (破格) 몡하자 격식을 깨뜨리거나 벗어남. 또는 그런 격식. ▢~ 세일 / ~을 보이다.

파:격-적 (破格的)[-쩍] 관몡 일정한 격식을 벗어나는 (것). ▢~(인) 대우 / ~인 제의.

파견 (派遣) 몡하타 임무를 맡겨 사람을 보냄. 파송. ▢~ 근무 / 대사로 ~하다 / 지사로 ~되다.

파견-군 (派遣軍) 몡 《군》 일정한 임무를 맡아 파견하는 군대.

파견-대 (派遣隊) 몡 《군》 파견 부대.

파견 부대 (派遣部隊) 《군》 경비상 또는 전략상의 요구 등에 따라 파견하는 부대. 파견대.

파:경 (破鏡) 몡 **1** 깨어진 거울. **2** 부부의 금실이 좋지 않아 헤어지는 일. ▢~에 이르다 / ~을 맞다.

파계 (派系)[-/-계] 몡 같은 갈래에서 갈려 나온 계통. ⬇파(派).

파:계 (破戒)[-/-계] 몡하자 《종》 계율을 어기고 지키지 않음. ▢ 속세의 정에 이끌려 ~하

다. ↔지계(持戒).

파:계 (破契)[-/-게] 몡하자 계(契)를 깨트림. ↔설계(設契).

파:계 (罷繼)[-/-게] 몡하타 파양(罷養).

파:계-승 (破戒僧)[-/-게-] 몡 《불》 계율을 깨트린 승려.

파고 (波高) 몡 **1** 물결의 높이. **2** 어떤 관계에서 긴장의 정도를 비유한 말. ▢ 충격의 ~가 높아지다.

파고-계 (波高計)[-/-게] 몡 《지》 파도의 높이를 재는 계기의 총칭.

파고다 (pagoda) 몡 미얀마 지방에서의 탑파(塔婆)《서양에서는 동양의 불탑을 일컬음》.

파고-들다 (-들어, -드니, -드는)자타 **1** 깊숙이 안으로 들어가다. ▢ 군중 속으로 ~. **2** 깊이 스며들다. ▢ 마음속에 ~. **3** 집고 들어가 발을 붙이다. ▢ 외국 시장에 ~. **4** 깊이 캐어 알아내다. ▢ 진상을 ~. **5** 품·가슴 등 안에 안기다. ▢ 엄마 품을 ~.

파:고-지 (破古紙) 몡 **1** 《식》 콩과의 한해살이풀. 높이 1 m 내외. 여름·가을에 작은 나비 모양의 자줏빛 꽃이 산형꽃차례로 핌. **2** 《한의》 파고지의 씨《허리 아픈 데 약용함》. 보골지(補骨脂).

파곡 (波谷) 몡 물결이나 음파 따위의 가장 낮은 부분. 물결이나 음파의 골. ↔파구(波丘).

파:골 (破骨) 몡하타 뼈를 으스러트리거나 부러트림. 또는 그렇게 된 뼈.

파곳 (독 Fagott) 몡 《악》 오보에보다 두 옥타브 낮은 저음의 목관(木管) 악기. 바순(bassoon).

파:공 (罷工) 몡하자 《가》 주일(主日)과 지정된 대축일(大祝日)에 육체노동을 금함.

파:과 (破瓜) 몡 '파과지년'의 준말.

파:과-기 (破瓜期) 몡 여자가 월경을 처음 시작하는 시기.

파:과지년 (破瓜之年) 몡 여자의 16세 또는 남자의 64세《'瓜' 자를 파자(破字)하면 八八이 되는 데에 연유함》. ⬇파과.

파광 (波光) 몡 물결이 번쩍이는 빛.

파:광 (破壙) 몡 **1** 무덤을 파 옮긴 그 전 자리. **2** 무덤을 옮기기 위해 구덩이를 파헤침.

파:광-터 (破壙-) 몡 파광한 자리.

파:괴 (破壞) 몡하타 **1** 때려 부수거나 깨트려 헐어 버림. ▢ 행위 / 건물이 ~되다. ↔건설. **2** 조직·질서·관계 따위를 와해시키거나 무너트림. ▢ 생태계의 ~ / 가정 ~를 노린 범죄.

파:괴 강도 (破壞强度) 《건》 물체가 어떤 힘을 받았을 때 파괴되지 않고 견디는 강도.

파:괴-력 (破壞力) 몡 파괴하는 힘. ▢ 강력한 ~을 지닌 고성능 폭탄.

파:괴 시험 (破壞試驗) 《공》 재료 시험의 일종. 재료에 충격을 주거나 파괴해서, 재료의 인성(靭性)·강도(强度)·기계적 성질 등을 검사하는 일.

파:괴-자 (破壞者) 몡 파괴하는 사람.

파:괴-적 (破壞的) 관몡 파괴하려고 하는 (것). 또는 그런 성질을 가지는 (것). ▢~인 성격 / ~으로 이용하다. ↔건설적.

파:괴-주의 (破壞主義)[-/-이] 몡 **1** 남의 입론(立論)·계획·조직 등을 부인하고 파괴하는

태도. 또는 그런 경향. **2**『철』뚜렷한 진리 또는 선악(善惡)의 표준 등의 존재를 부정(否定)하는 주의.

파구(波丘)명『물』물결이나 음파 따위의 가장 높은 부분. 물결이나 음파의 마루. ↔파곡(波谷).

파:-구분(破舊墳)명하자 옮기거나 고쳐 묻기 위해 무덤을 파냄. 파묘.

파:국(破局)명하자 일이나 사태가 결딴이 남. 또는 그런 판국. ▷~에 직면하다 / ~을 맞다.

파:국-적(破局的)[-쩍] -관 -명 파국으로 되는 (것). ▷~인 사태를 맞다.

파:군(罷君)명하자 『역』왕가에서, 5대 이후에는 종친의 봉군(封君)을 폐하던 일.

파:군(罷軍)명 군대의 진영을 풀어 흩어지게 함.

파:군-성(破軍星)명 『천』북두칠성의 제7성인 요광성(搖光星)의 이름《칼 모양이고, 그 칼끝이 가리키는 방향에 일을 하면 불길하다고 함》.

파:귀(罷歸)명하자 일을 끝내고 돌아가거나 돌아옴.

파극-천(巴戟天)명 『한의』부조초(不凋草)의 말린 뿌리《정혈·강장제로 씀》.

파근파근-하다형여 **1** 가루나 음식 따위가 보드랍고 팍팍하다. **2** 다리가 걸을 때마다 맥이 없고 내딛는 것이 무겁다.

파근-하다형여 다리 힘이 없어 내딛는 것이 무겁다. 파근-히 분

파급(波及)명하자 어떤 일의 여파나 영향이 차차 다른 데로 미침. ▷영향이 전국적으로 ~되다.

파급 효:과(波及效果)[-꽈-] -그푸- 파급됨으로써 얻게 되는 성공적인 결과. ▷~를 거두다.

파기(疤記)명 어떤 인물의 생김새나 신체상의 특징을 적은 기록. ▷인물 ~.

파:기(破棄)명하자 **1** 깨뜨리거나 찢어서 내버림. ▷묵은 서류를 ~하다. **2** 계약·조약·약속 따위를 취소하여 무효로 함. ▷조약을 ~하다. **3** 『법』소송법에서, 상소 법원에서 상소이유가 있다고 인정해서 원심 판결을 취소함. ▷원심을 ~하다.

파:기(破器)명 깨어진 그릇.

파:-기록(破記錄)명하자 종전 기록을 깨뜨림.

파:기-상접(破器相接)명 깨어진 그릇 조각을 다시 맞춘다는 뜻으로, 이미 그릇된 일을 바로잡으려고 쓸데없이 애씀을 이르는 말. 파기상종. ▷그 짓은 이미 ~이다.

파:기-상종(破器相從)명 파기상접.

파:기 이:송(破棄移送)『법』상고 법원이 원심 판결을 파기하는 경우에, 사건을 환송하는 것보다 원심 법원과 동등한 다른 법원에 이송(移送)하는 일.

파:기 자판(破棄自判)『법』상고 법원에서 원심 판결을 파기한 경우, 환송(還送) 또는 이송(移送)하지 않고 피고 사건에 대해 직접 판결하는 재판.

파:기 환송(破棄還送)『법』상고 법원이 종국(終局) 판결에서 원심 판결을 파기한 경우에, 사건을 다시 심판하도록 원심 법원으로 돌려보내는 일. 파훼(破毁) 환송.

파:-김치(破-)명 파로 담근 김치. 총저(蔥菹).

파김치(가) 되:다 구 몹시 지쳐서 기운이 느른하게 되었음을 비유하는 말.

파나마(panama)명 **1**『식』'파나마풀'의 준말. **2** '파나마모자'의 준말.

파나마-모자(panama帽子)명 파나마풀의 잎을 잘게 쪼개어 볕에 바랜 다음 짜서 만든 여름 모자. 준파나마.

파나마-풀(panama--)명 『식』파나마풀과의 여러해살이풀. 잎자루의 길이 2~4m. 줄기는 짧고 잎은 뿌리에서 뭉쳐나며 네 개의 수꽃과 한 개의 암꽃이 내 조각의 포(苞)에 싸여 핌. 잎으로 파나마모자를 짬. 브라질·중앙아메리카에 분포함. 준파나마.

파-나물명 데친 파에다가 간장·참기름·깨소금·후춧가루 등을 양념해 무친 나물. 총채(蔥菜).

파-내:다타 묻히거나 박힌 것을 파서 꺼내다. ▷귀치를 ~ / 석탄을 ~.

파노라마(panorama)명 **1** 어떤 곳의 전경을 사생적(寫生的)으로 나타낸 그림 장치. **2** 영화·소설 따위에서, 변화와 굴곡이 많고 규모가 큰 이야기를 비유한 말. ▷감동의 ~.

파노라마-대(panorama臺)명 사방의 경치를 멀리까지 볼 수 있는 높은 장소.

파노라마 사진기(panorama寫眞機) 어둠상자의 위치를 움직이지 않고, 렌즈만 옆으로 이동해서 전경(全景)을 찍는 사진기.

파노라마 촬영(panorama撮影) 촬영기를 한쪽에서 다른 한쪽으로 또는 위아래로 움직여 넓은 범위의 장면을 촬영하는 방법.

파:니명 아무 하는 일 없이 노는 모양. ▷종일 ~ 놀다. 큰퍼니.

파니에(프 panier)명 드레스나 스커트가 부풀어 보이도록 허리에 넣는 틀 또는 페티코트.

파다타 **1** 구멍이나 구덩이를 만들다. ▷땅을 ~. **2** 어떤 것을 알아내거나 밝히기 위해 노력하다. ▷사건의 진상을 ~. **3** 새기다'1. ▷도장을 ~. **4** 전력을 기울이다. ▷공부를 ~. **5** 턱이나 종이 따위의 한 부분을 도려내다. ▷목둘레선을 깊이 ~. **6** 아이가 젖을 몹시 빨다. ▷아기가 젖을 ~. **7** 문서나 서류 따위에서 어떤 부분을 삭제하다. ▷호적을 ~.

파다-하다(頗多-)형여 아주 많다. ▷그런 예가 ~. 파다-히 분

파다-하다(播多-)형여 소문 등이 널리 퍼져 있다. ▷소문이 ~. 파다-히 분

파닥분하자타 **1** 작은 새가 가볍고 빠르게 날개를 치는 소리. 또는 그 모양. **2** 작은 물고기가 가볍고 빠르게 꼬리를 치는 소리. 또는 그 모양. **3** 작은 깃발이나 빨래 따위가 바람에 거칠게 날리는 소리. 또는 그 모양. 큰퍼덕. 센파딱.

파닥-거리다[-꺼-] 자타 자꾸 파닥이다. 큰퍼덕거리다. 센파딱거리다. 파닥-파닥 분하자타

파닥-대:다[-때-] 자타 파닥거리다.

파닥-이다 자타 **1** 작은 새가 날개를 가볍고 빠르게 치다. ▷날개를 ~. **2** 물고기가 가볍고 빠르게 꼬리를 치다. ▷물고기가 ~. **3** 작은 깃발이나 빨래 따위가 바람에 거칠게 날리다. 큰퍼덕이다. 센파딱이다.

파:-단면(破斷面)명 금속 재료가 부러졌을 때 나타나는 면.

파:-담(破談)명하자 의논·흔담·약속 따위가 깨짐.

파당(派黨)명 **1** 당파. **2** 여러 갈래로 된 단체. ▷여러 ~으로 갈려서.

파-대가리명 『식』사초과의 여러해살이풀. 높이 30cm 정도. 들의 양지 바른 습지에 나며 잎은 밑 부분에 남. 여름에 갈색·녹색 꽃이 줄기 끝에 공 모양으로 핌.

파도(波濤)명 **1** 바다에 이는 물결. ▷~가 높다 / ~가 자다. **2** 맹렬한 기세로 일어나는 어떤 사회적 운동이나 현상을 비유한 말. ▷개

혁의 ~가 거세게 일다.
파도-치다 (波濤-) [자] **1** 바다에 물결이 일어나다. ❏ 파도치는 소리. **2** (비유적으로) 사회적 운동이나 현상이 일어나다. ❏ 파도치는 감동의 물결.
파도-타기 (波濤-) [명] 밀려오는 파도를 이용하여 타원형의 널빤지를 타고 몸의 균형을 잡아 가며 즐기는 놀이. 서핑.
파:독 (破毒) [명][하자] 독기를 없앰. 해독(解毒).
파동 (波動) [명] **1** 물결의 움직임. ❏ ~이 일다. **2** 사회적으로 어떤 현상이 퍼져 커다란 영향을 미침. ❏ 석유 ~ / 정치 ~. **3** 〖물〗 물질의 한쪽을 진동시킬 때 그 울림이 다른 쪽으로 퍼지는 현상. **4** 주기적인 변화. ❏ 경기의 장기(長期) ~.
파동-설 (波動說) [명] **1** 〖물〗 빛의 본질은 파동이라고 보는 학설. **2** 〖언〗 언어 환경에서 언어 혁신이 일어나면 점차 세력이 물결처럼 퍼지면서 다른 언어에 영향을 미친다는 설.
파동 역학 (波動力學)[-녀칵] 〖물〗 물질 입자의 운동을 기술하는 양자 역학의 한 분야.
파두 (巴豆) [명] 〖식〗 대극과의 상록 활엽 관목. 높이는 6-10 m 이며 위에 수꽃이 다섯잎꽃으로, 아래에 암꽃이 무판화로 달려 핌. 씨는 독성이 있으며 한약재로 씀. 열대 지방에 남.
파두 (波頭) [명] **1** 물마루. **2** 바다 위.
파두-상 (巴豆霜) [명] 〖한의〗 껍질을 벗기고 기름을 빼낸 파두 씨의 가루《설사약으로 씀》.
파두-유 (巴豆油) [명] 〖한의〗 파두 씨의 기름《설사약·피부 자극제로 씀》.
파드닥 [부][하타] 새나 물고기 따위가 세차게 날개나 꼬리를 치는 소리. 또는 그 모양. [큰]퍼드덕.
파드닥-거리다 [-꺼-] [타] 새나 물고기 따위가 잇따라 날개나 꼬리를 치다. ❏ 비둘기들이 파드닥거리며 날아오르다. [큰]퍼드덕거리다.
파드닥-파드닥 [부][하타]
파드닥-대다 [-때-] [타] 파드닥거리다.
파드득 [부][하자타] **1** 단단하고 질기거나 반드러운 물건을 세게 문지르는 소리. **2** 무른 똥을 힘들여 누는 소리. [큰]포드득·푸드득. [여]바드득. [센]빠드득.
파드득-거리다 [-꺼-] [자타] 파드득 소리가 잇따라 나다. 또는 그런 소리를 잇따라 내다. [큰]포드득거리다·푸드득거리다. [여]바드득거리다. [센]빠드득거리다. **파드득-파드득** [부][하자타]
파드득-나물 [-등-] [명] 〖식〗 미나릿과의 여러해살이풀. 산림의 음습한 곳에 나며 줄기 높이는 60 cm 내외, 여름에 흰 다섯잎꽃이 피고 타원형의 열매를 맺음. 향기가 있고 어린잎은 식용함. 반디나물.
파드득-대다 [-때-] [자타] 파드득거리다.
파들-거리다 [자타] 몸이 자꾸 파르르 떨리다. 또는 그렇게 자꾸 떨다. [여]바들거리다. **파들-파들** [부][하자타]
파들-대다 [자타] 파들거리다.
파딱 [부][하자타] 작은 새나 작은 물고기가 가볍고 빠르게 날개나 꼬리를 치는 소리. 또는 그 모양.
파딱-거리다 [-꺼-] [자타] 자꾸 파딱이다. [큰]퍼떡거리다. [여]파닥거리다. **파딱-파딱** [부][하자타]
파딱-대다 [-때-] [자타] 파딱거리다.
파딱-이다 [자타] 작은 새나 작은 물고기가 가볍고 빠르게 날개나 꼬리를 치다. [큰]퍼떡이다. [여]파닥이다.
파뜩 [부][하형] **1** 어떤 생각이 갑자기 순간적으로 떠오르는 모양. ❏ ~ 생각이 나다. **2** 어떤 물체나 빛 따위가 갑자기 순간적으로 나타나는 모양. ❏ 나무 뒤에 무엇인가 ~ 나타났다가 사라졌다. **3** 갑자기 정신이 드는 모양. ❏ 졸다가 ~ 정신을 차리다. [큰]퍼뜩.
파뜩-파뜩 [부][하형] 어떤 생각을 잇따라 빨리 깨닫는 모양. [큰]퍼뜩퍼뜩.
파라-고무 (Pará-) [명] **1** 파라고무나무에서 채취한 생고무. **2** 〖식〗 '파라고무나무'의 준말.
파라고무-나무 (Pará-) [명] 〖식〗 대극과의 상록 교목. 높이 약 30 m 이며, 여름에 흰 단성화(單性花)가 핌. 줄기에 진집을 내면 젖 같은 액체가 흐르는데 이것으로 탄성 고무를 만듦. 브라질 원산. [준]파라고무.
파라다이스 (paradise) [명] 근심이나 걱정 없이 행복을 누릴 수 있는 곳. 이상향. 낙원.
파라디클로로벤젠 (paradichlorobenzene) [명] 〖화〗 철을 촉매로 해서 클로로벤젠의 염소화(塩素化)로 만드는 무색의 판상 결정《방충제·물감 합성의 중간체로 씀》.
파라메트론 (parametron) [명] 〖물〗 기억·논리 연산(演算)의 기능을 하는 회로 소자(素子) 장치《컴퓨터·전화 교환기·공업용 제어기 따위에 씀》.
파라볼라 안테나 (parabola antenna) 〖물〗 전파의 반사면에 포물면을 사용한 지향성 안테나. 전파를 일정한 방향으로 집중시켜서 송수신하는 안테나로, 텔레비전 중계나 위성 방송 수신 따위에 씀.
파라솔 (프 parasol) [명] **1** 양산(陽傘). **2** 해변·강변 등에서, 햇빛을 가리거나 탁자 위를 가릴 수 있도록 쳐 놓는 큰 양산. ❏ ~을 치다.
파라-척결 (爬羅剔抉)[-껼] [명][하타] **1** 손톱으로 긁거나 후벼 파냄. **2** 숨은 인재를 찾아냄. **3** 남의 흠을 들추어냄.
파라티온 (독 Parathion) [명] 〖약〗 유기인(有機燐)이 들어 있는 살충용 농약《갈색이고 사람과 가축에 해로움》.
파라티푸스 (독 Paratyphus) [명] 〖의〗 파라티푸스균으로 생기는 급성 소화기 전염병《증세가 가벼워 대개 2-3 주면 회복됨》.
파라티푸스-균 (Paratyphus菌) [명] 〖의〗 파라티푸스를 일으키는 간상균(桿狀菌)의 한 가지. 편모(鞭毛)를 가지고 운동하며, 그람 반응에서 음성을 나타냄.
파라핀 (paraffin) [명] 〖화〗 원유를 정제할 때 생기는 흰빛의 투명 결정체《냄새가 없고, 파라핀지(紙)·양초·성냥·크레용·전기 절연 등에 이용함》. 파라핀납(蠟).
파라핀-유 (paraffin油)[-뉴] [명] 〖화〗 파라핀계(系) 탄화수소가 많이 들어 있는 기름. 중유(重油)를 증류해 만들며 윤활유로 씀.
파라핀-지 (paraffin紙) [명] 파라핀을 먹인 종이《모조지·방수성의 종이 따위》.
파라호르몬 (parahormone) [명] 〖생〗 혈관 운동 중추(中樞)·호흡 중추 따위에 영향을 주고 전신의 기능을 조정하는 이산화탄소·젖산 따위와 같은 대사물(代謝物)의 일컬음. 부(副)호르몬.
파:락-호 (破落戶)[-라코] [명] 재산이나 세력 있는 집안의 자손으로 집안의 재산을 털어먹는 난봉꾼. ❏ ~로 전락하다.
파:란 [명] 법랑(琺瑯).
파란 (波瀾) [명] **1** 파랑(波浪). **2** 순탄하지 않고 어수선하게 계속되는 갖가지 어려움이나 시련. ❏ ~ 많은 생애 / ~을 일으키다. **3** 문장의 기복이나 변화. 또는 두드러지게 뛰어난

부분.

파란(波蘭) 圀《지》 '폴란드'의 음역.

파란-곡절(波瀾曲折)[-쩔] 圀《절》 생활이나 일의 진행에서 일어나는 갖가지 시련과 어려움. 또는 그런 변화. ▢~을 겪다.

파란-만장(波瀾萬丈) 圀《한》 생활이나 일의 진행이 갖가지 곡절과 시련이 많고 변화가 심함. ▢~한 일생을 살다.

파란-빛[-빋] 圀 밝고 선명하게 파란 빛깔.

파란-색(-色) 圀 밝고 선명하게 파란 색깔.

파란-중첩(波瀾重疊) 圀《한》 생활이나 일의 진행에 갖가지 곤란이나 시련이 많음.

파랄림픽 (Paralympics) 圀 국제 신체 장애인 체육 대회(1960년 로마 올림픽 대회부터 시작되어 4년마다 올림픽 개최 도시에서 열림).

파랑(波浪) 圀 파란 빛깔이나 물감. ⓑ퍼렁.

파랑(波浪) 圀 작은 물결과 큰 물결. 파란(波瀾).

파랑-강충이 圀《충》 몸빛이 푸른 강충이의 총칭.

파랑 경:보(波浪警報) '풍랑 경보'의 구칭.

파랑-돔 圀《어》 점자돔과의 바닷물고기. 몸길이 30cm 정도. 몸빛은 아름다운 하늘빛인데, 꼬리 쪽과 배 쪽은 노란빛이며 가슴지느러미 밑에 검은 띠가 둘렸음.

파랑-무지기 圀 끝에 파랑 물을 들인 무지기.

파랑-비늘돔 圀《어》 파랑비늘돔과의 바닷물고기. 몸길이 90cm가량. 몸 옆은 청색을 띤 진한 갈색이며, 비늘의 가장자리는 폭이 넓고 연한 녹색으로 둘러싸여 있음.

파랑-새 圀 1 털빛이 푸른 빛깔을 띤 새(길조를 상징함). 2《조》파랑샛과의 새. 몸길이 28cm 정도. 몸빛은 선명한 청록색에 머리는 검은색, 부리와 다리는 붉은색임. 여름 철새로 큰 나무의 높은 곳에 집을 짓고 삶. 청조(靑鳥).

파랑-쐐기나방 圀《충》 쐐기나방과의 곤충. 편 날개 길이 4cm 정도. 몸은 녹색이고 애벌레는 황록색임. 감나무·사과나무·버드나무 등의 잎을 갉아 먹는 해충으로, 한국·중국·일본 등지에 분포함.

파랑-이 圀 파란 빛깔의 물건. ⓑ퍼렁이.

파랑 주:의보(波浪注意報)[-/-이-] '풍랑 주의보'의 구칭.

파랑줄-돔 圀 점자돔과의 바닷물고기. 몸길이 11cm 정도. 몸빛은 진한 갈색이며 꼬리지느러미는 황색임. 주둥이에서 눈 위쪽으로 하늘색 줄이 세로로 그어져 있는 것도 있음.

파랑-쥐치 圀《어》 쥐치복과의 바닷물고기. 몸길이는 30cm 정도이고 몸빛은 청흑색인데, 주둥이 끝이 노랗고 몸 옆 중앙부에 둥근 백색 반점이 서너 줄 배열되어 있음.

파랑-콩 圀 파란 빛깔의 콩.

파:랗다[-라타][-라타][파라나, 파래서] 협回 1 밝고 선명하게 푸르다. ▢파란 하늘 / 파랗게 물들이다. 2 추위나 겁에 질려 얼굴이나 입술 따위가 푸르께하다. ▢파랗게 질린 얼굴. 3 (비유적으로) 언짢거나 성이 나서 냉랭하거나 사나운 기색이 있다. ▢얼굴이 파래서 따지다. ⓑ퍼렇다.

파래 圀《식》 파랫과의 해초. 길이 18cm 정도. 민물 섞인 바다에 나며 김처럼 넓고 얇은 것. 머리털같이 가늘고 긴 것 따위가 있음. 빛은 모두 푸르며 향기와 맛이 좋아 식용함.

파래-박 圀 배 안에 들어온 물을 퍼내는 데 쓰는 바가지.

파:래-지다 찌 파랗게 되다. ▢들판이 ~ / 얼굴이 ~. ⓑ퍼레지다.

파려(玻璃) 圀《불》 파리(玻璃)3.

파력(波力) 圀 파도의 압력.

파력 발전(波力發電)[-빨쩐] 파도의 움직임을 이용해 캠(cam)을 상하로 작동하거나 공기 터빈을 회전해 전기를 일으키는 발전 방식.

파:-렴치(破廉恥) 圀하형 염치를 모르고 뻔뻔스러움. ▢~한 행위 / ~한 인간 / ~한 범죄를 저지르다.

파:렴치-범(破廉恥犯) 圀《법》 도덕에 어긋나는 동기나 원인으로 말미암아 성립하는 범죄. 또는 그 범인(살인죄·강간죄 따위).

파:렴치-한(破廉恥漢) 圀 체면이나 부끄러움을 모르는 뻔뻔스러운 사람.

파로틴(parotin) 圀 동물의 귀밑샘과 턱밑샘에서 분비되는 호르몬(뼈나 치아의 칼슘 침착을 촉진시킴).

파롤(ㅍ parole) 圀 실제로 발음하는 언어의 개인적인 측면. ✱랑그.

파:뢰(破牢) 圀하자 죄수가 감옥을 부수고 달아남.

파:루(罷漏) 圀《역》 조선 때, 서울에서 야간 통행금지를 해제하기 위해 오경 삼점(五更三點)에 종각의 종을 서른세 번 치던 일.

파:륜(破倫) 圀하형 패륜(悖倫).

파:-륜-자(破倫者) 圀 인륜(人倫)을 깨뜨리는 짓을 하는 사람.

파르께-하다 협回 옅지도 짙지도 않게 파랗다. ⓑ푸르께하다.

파르나시앵 (ㅍ parnassiens) 圀《문》 고답파(高踏派).

파르대대-하다 협回 천해 보이게 파르스름하다. ⓑ푸르데데하다.

파르댕댕-하다 협回 고르지 않게 파르스름하다. ⓑ푸르뎅뎅하다.

파르르 뷔하자 1 적은 액체가 가볍게 끓어오르는 소리. 또는 그 모양. ▢주전자의 물이 ~ 끓다. 2 대수롭지 않은 일에 성을 발칵 내는 모양. ▢성을 ~ 내다. 3 심한 충격으로 경련을 일으키는 모양. ▢참새가 ~ 몸을 떤다. 4 얇은 종이나 마른 나무 따위에 불이 붙어 가볍게 타오르는 모양. ▢마른 나뭇가지에 불이 ~ 타오르다. 5 가볍게 조금 떠는 모양. ▢형광등이 ~ 떨리면서 불이 켜졌다. ⓑ퍼르르. ⑧바르르. ✱파르르.

파르무레-하다 협回 옅게 파르스름하다. ⓑ푸르무레하다.

파르스레-하다 협回 파르스름하다.

파르스름-하다 협回 조금 파랗다. ▢파르스름하게 돋아난 새싹 / 동자승의 깎은 머리가 ~. ⓑ푸르스름하다.

파르족족-하다[-쪼카-] 협回 칙칙하고 고르지 않게 파르스름하다. ⓑ푸르죽죽하다.

파르테논 신전(Parthenon神殿) 그리스 아테네의 아크로폴리스(Akropolis) 언덕에 있는 신전. 고대 아테네의 주신(主神) 아테나이 파르테노스(Athenai Parthenos)를 모심(기원전 400년경에 도리스식으로 건축됨).

파르티잔(← ㅍ partisan) 圀 정규군이 아닌, 민간인으로 조직된 유격대. 빨치산.

파릇-이 뷔 파릇하게. ▢풀이 ~ 돋다.

파릇-파릇[-른-] 뷔하형 군데군데 파르스름한 모양. ▢싹이 ~ 돋다. ⓑ푸릇푸릇.

파릇-하다[-르타-] 협回 빛깔이 좀 파란 듯하다. 파르스름하다. ▢파릇한 풀포기.

파릉-채(菠薐菜) 圀《식》 시금치.

파:리 圀《충》 1 파리목(目)의 곤충. 한 쌍의

날개와 관 모양의 주둥이가 있음. 완전 변태를 하며, 여름에 많이 발생하는데 콜레라·장티푸스 따위의 나쁜 병원균을 옮김. **2** 집파리.
파리 경주인(京主人) 구 짓무른 눈에 파리가 꾀다는 뜻으로, 시골 아전이 서울에 오면 그 고을 경주인의 집으로 모여든다는 말.
파리(를) 날리다 구 한가로이 파리나 쫓고 있다는 뜻으로, 사업이나 영업 따위가 번성하지 못하다는 말.
파리 목숨 구 남에게 쉽게 죽음을 당할 만큼 보잘것없는 목숨의 비유. ❏ 전시에는 사람 목숨이 ~만도 못할 때가 있다.
파리 발 드리다 구 파리가 발을 비비듯이, 손을 싹싹 비비며 애걸하다.
파리 잡듯 구 힘들이지 않고 죽여 없애는 모양의 비유.
파리(玻璃) 명 **1** 유리(琉璃). **2** 수정(水晶). **3** 〖불〗 일곱 가지 보석의 하나. 수정(水晶)을 이름. 파려.
파리(笆籬) 명 **1** 울타리. **2** '파리변물'의 준말.
파:리-똥 명 파리의 잘고 까만 똥.
파:리똥-새 명 〖광〗 파리똥같이 새까맣고 자잘한, 금분(金粉)이 섞여 있는 알갱이.
파:리-매 명 〖충〗 파리맷과의 곤충. 몸길이 약 2.8cm. 벌과 비슷한데 빛은 검고 가슴 중앙에 갈색 세로줄이 두 줄 있음. 발이 발달해서 다른 곤충류를 발로 움켜서 잡아먹고 삶.
파:리-머리 명 〖역〗 '평정건(平頂巾)'의 속칭.
파리-모(玻璃母) 명 유리가 녹아 엉긴 덩어리. 파려괴(塊).
파:리-목(-目) 명 〖충〗 곤충강의 한 목(目). 한 쌍의 날개와 큰 겹눈이 있고 보통 세 개의 홑눈이 있음. 대개 난생인데 완전 변태함《파리·모기 따위》. 쌍시류(雙翅類).
파:리목-동곳[-똥곧] 명 꼭지가 둥글고 목이 잘록하게 생긴 동곳.
파리-변물(笆籬邊物) 명 울타리 가에 있는 물건이라는 뜻으로, 쓸데없는 물건을 이르는 말. 준파리.
파:리지옥-풀(-地獄-) 명 〖식〗 끈끈이귀갯과의 여러해살이풀. 높이 10-13cm. 잎자루에 넓은 날개가 있고 잎몸 위에 가시 모양의 긴 털이 났음. 여름에 흰 다섯잎꽃이 핌. 개미·파리 따위를 잡아먹는 식충(食蟲) 식물임. 북아메리카 원산.
파:리-채 명 파리를 잡는 채.
파:리-통(-筒) 명 파리를 잡는 유리통.
파:리-풀 명 〖식〗 파리풀과의 여러해살이풀. 줄기 높이는 30-70cm, 여름에 담자색 순형화(脣形花)가 핌. 유독(有毒) 식물이며, 뿌리는 이겨 파리를 잡는 데 씀.
파리-하다 형여 몸이 마르고 낯빛이나 살색이 핏기가 없다. ❏ 얼굴이 ~.
파:립(破笠) 명 해어지거나 찢어진 갓. 폐립(敝笠).
파:마(←permanent) 명하타 머리를 구불구불하게 하거나 곧게 펴는 일. 또는 그 머리.
파:망(破網) 명 해어지거나 찢어진 망건.
파-먹다[-따] 타 **1** 흙이나 땅 따위를 파서 얻는 것으로 먹고살다. ❏ 땅 파먹는 재주밖에 없다. **2** 겉에서부터 안쪽으로 움푹하게 먹어 들어가다. ❏ 벌레가 파먹은 사과. **3** 벌지 않고 있는 것만 가지고 살다. ❏ 물려받은 재산만 파먹고 있다.
파면(波面) 명 **1** 물결의 겉면. **2** 〖물〗 어떤 시각에 위상(位相)이 같은 파동이 잇따라 일어나는 연속적인 면.
파:면(罷免) 명하타 **1** 잘못을 저지른 사람에게 직무나 작업을 그만두게 함. 파출(罷黜). ❏ 부정으로 ~되다. **2** 〖법〗 공무원 관계를 소멸시키거나 관직을 박탈하는 행정 처분.
파:-면자(破綿子) 명 헌솜.
파:멸(破滅) 명하자 파괴되어 없어짐. ❏ 술은 몸의 ~을 초래할 수 있다.
파:-명당(破明堂) 명하자 명당의 무덤을 딴 곳으로 옮김.
파:묘(破墓) 명하자 파구분(破舊墳).
파:묘-축(破墓祝) 명 파묘할 때 읽는 축문.
파문(波紋) 명 **1** 물 위에 이는 물결. ❏ ~이 일다 / ~이 번지다. **2** 물결 모양의 무늬. 파상문. **3** 어떤 일의 영향. ❏ ~을 일으키다 / ~을 몰고 오다.
파:문[1](破門) 명하타 **1** 사제의 의리를 끊고 문하(門下)에서 내쫓음. ❏ ~을 당하다. **2** 〖종〗 신도의 자격을 빼앗고 종문(宗門)에서 내쫓음.
파:문[2](破門) 명 〖민〗 풍수지리에서, 파수(破水)의 끝으로 보이는 지점. *파수(破水).
파-묻다[1][-따] 타 **1** 파서 그 속에 묻다. ❏ 김장독을 ~. **2** 남몰래 숨겨 감추다. ❏ 비밀을 가슴속에 ~. **3** 깊숙이 대거나 기대다. ❏ 안락의자에 몸을 ~.
파-묻다[2][-따] (파물어, 파물으니, 파묻는) 타 ㄷ 모르는 것을 밝히거나 알아내기 위해 따지면서 자세하게 묻다. ❏ 그렇게 너무 파묻지 마라.
파-묻히다[-무치-] 자 《'파묻다¹'의 피동》 파묻음을 당하다. ❏ 파묻힌 성터.
파:물(破物) 명 깨어지거나 흠이 나서 못 쓰게 된 물건.
파:민(罷民) 명하자 **1** 일정한 주소나 직업이 없이 떠도는 사람. **2** 백성을 피폐하게 함.
파반(把盤) 명 손잡이가 달린 목판《음식을 담아 나르는 데 씀》.
파발(擺撥) 명 〖역〗 **1** 조선 후기에, 공문을 급히 보내기 위해 설치했던 역참. **2** 파발꾼. ❏ ~을 띄우다.
파발-꾼(擺撥-) 명 〖역〗 조선 후기에, 각 역참에 딸려 공문을 가지고 역참 사이를 나르던 사람《각 역참에 다섯 명씩 있었음》. 파발.
파발-마(擺撥馬) 명 〖역〗 조선 후기에, 공무로 급히 가는 사람이 타던 말.
파방(派房) 명하타 〖역〗 조선 때, 해마다 한 번씩 각 지방 고을에서 육방(六房)의 구실아치들을 교체하던 일. 환방(換房).
파:방(罷榜) 명하타 〖역〗 과거에 급제한 사람의 발표를 취소하던 일.
[**파방에 수수엿 장수**] 기회를 놓쳐서 이제는 별 볼일 없게 된 사람이나 그런 경우.
파방(을) 치다 구 살던 살림을 그만 집어치우다.
파:방-판(罷榜-) 명 일이 다 끝난 판.
파-밭[-받] 명 파를 심은 밭.
파밭 밟듯 하다 구 조심스럽게 발을 옮기다.
파배(把杯) 명 손잡이가 달린 술잔.
파벌(派閥) 명 출신지·학력 등 개인적인 이해관계에 따라 뭉친 배타적 분파. ❏ ~ 싸움 / ~을 짓다.
파벌-적(派閥的)[-쩍] 관명 이해관계에 따라 집단을 이루는 (것). ❏ ~인 대립.
파:벽(破僻) 명하자 드문 성씨 또는 양반이 없는 시골에서 인재가 나와 본디의 미천한 상태를 벗어남. 파천황(破天荒).
파:벽(破壁) 명 무너진 벽.
파:벽(破甓) 명 깨어지거나 부서진 벽돌. 헌

벽돌.

파벽-토(破壁土)명 무너진 벽의 흙.

파별(派別)명하다 갈래를 나누어 가르는 일. 또는 그런 갈래.

파병(派兵)명하타 군대를 파견함. ❏이라크 ～에 ～ 요청.

파보(派譜)명 같은 종파 속의 한 파의 족보.

파복(波腹)명『물』정상파(定常波)에서 진동이 가장 심한 곳.

파-복(罷伏)명하자『역』조선 때, 파루(罷漏)를 친 뒤에 순라가 집으로 돌아가던 일.

파:-본(破本)명 제본(製本)이나 인쇄가 잘못되었거나 파손된 책. ❏～은 바꾸어 드립니다.

파부-초(婆婦草)명『식』백부과의 여러해살이풀. 높이는 60 cm 이상이며, 위쪽은 덩굴져서 딴 물건에 감기고, 여름에 담녹색 네잎꽃이 핌. 덩이뿌리는 약재로 씀. 야천문동.

파-부침선(破釜沈船)병사들이 솥을 깨뜨리고 배를 침몰시킨다는 뜻에서, 죽을 각오로 싸움에 임함을 비유한 말.

파:빈(破殯)명하자 계빈(啓殯).

파빌리온(pavilion)명 1 야유회·운동회 따위에 쓰는 큰 천막. 2 박람회장 등에 세우는 하나하나의 임시 건물의 일컬음.

파-뿌리명 백발의 비유. ❏검은 머리가 ～가 되도록 해로하다.

파사(波斯)명 '페르시아'의 음역어.

파-사(破寺)명 허물어진 절.

파:사(破事)명 일어나나 실패한 일.

파-사(罷仕)명하자 1 그날의 일을 끝냄. 2 『역』사퇴(仕退).

파-사(罷祀)명 '파제사(罷祭祀)'의 준말.

파사-기(破沙器)명 깨지거나 금이 간 사기.

파사-하다(婆娑-)형여 1 춤추는 소매의 나부낌이 가볍다. 2 몸이 가냘프다. 3 초목의 잎이 떨어지고 가지가 성기다. 4 세력이나 형세 따위가 쇠해서 약하다. 5 거문고 따위의 소리가 꺾임이 많다. 6 걸음이 힘없고 늘쩡늘쩡하다. 7 앉아 있는 자세가 편안하다.

파-사-현정(破邪顯正)명하자『불』사견(邪見)·사도(邪道)를 파괴해서 정법(正法)을 드러냄.

파삭부하자타 1 마른 가랑잎이나 검불 따위를 밟는 소리, 또는 그 모양. 2 보송보송한 물건이 바스러지거나 깨지는 소리, 또는 그 모양. ❏대나무가 ～ 깨지다. 3 단단하고 부스러지기 쉬운 물건을 깨무는 소리, 또는 그 모양. 큰퍼석.

파삭-거리다[-꺼-]자타 자꾸 파삭파삭하다. 파삭거리다. 파삭-파삭¹부하자타

파삭-대다[-때-]자타 파삭거리다.

파삭-파삭²부하형 매우 파삭한 모양. ❏～한 과자. 큰퍼석퍼석.

파삭-하다[-사카-]형여 메마르고 연해서 부스러지기 쉽다. 큰퍼석하다.

파:산(破産)명하자 1 재산을 모두 잃고 망함. 도산. ❏～ 직전에 몰리다. 2『법』채무자가 채무를 완전히 갚을 수 없는 상태일 때, 채무자의 전 재산을 모든 채권자에게 공평히 갚도록 할 것을 목적으로 하는 재판 절차.

파:산(破算)명하자 주판에 계산되어 있는 셈을 헝클어 버림.

파:산 관재인(破産管財人)『법』파산 재단에 속하는 재산을 관리하며 파산 절차 업무를 수행하는 사람.

파:산 법원(破産法院)『법』파산 사건을 관할

해서 파산 절차의 진행에 대해 책임을 지는 법원.

파:산 선고(破産宣告)『법』파산 법원의 신청에 따라, 직권으로 채무자에게 파산의 결정을 내리는 선고.

파:산-자(破産者)명『법』파산 선고를 받은 사람. 파산 채무자.

파:산 재단(破産財團)『법』파산 절차에 따라 파산 채권자에게 배당되어야 할 파산자의 총 재산.

파-산적(-散炙)명 데친 파와 기름하게 썬 쇠고기에 간장·참기름·깨소금·후춧가루 등을 넣어 양념한 후 꼬챙이에 꿰어 재었다가 구운 음식. 총(葱)산적.

파:산 절차(破産節次)『법』파산 재단을 모든 채권자에게 평등하게 변제(辨濟)함을 목적으로 하는 특별한 민사(民事) 소송의 절차.

파:산-하다(罷散-)명여 1 벼슬을 그만두어 한산하다. 2 피곤하고 지쳐서 쓸모가 없다.

파상(波狀)명 1 물결의 모양. 2 어떤 일이 일정한 간격을 두고 되풀이되는 모양.

파:상(破傷)명하자타 몸이 다쳐서 상함. 또는 그 상처.

파상 공격(波狀攻擊)『군』하나의 공격 목표에 대해 일정한 시간 간격을 두고 되풀이해서 벌이는 공격.

파상-문(波狀紋)명 파문(波紋)2. 물결무늬.

파상-운(波狀雲)명 고적운(高積雲)이나 층적운(層積雲)의 하나. 구름이 물결 모양같이 위아래로 겹쳐 이어졌음.

파상 운동(波狀運動)『생』거머리가 헤엄치거나 뱀이 길 때처럼 몸이 물결 모양으로 움직이는 운동.

파상-적(波狀的)관에 어떤 일이 일정한 시간 간격을 두고 물결 모양으로 되풀이되는 (것). ❏～ 공세.

파상 파:업(波狀罷業)『사』동맹 파업 형태의 하나. 동일 산업의 여러 조합이나 동일 기업의 지역적 조합 조직이 잇따라 파업을 벌여 효과를 극대화하는 파업.

파상 평원(波狀平原)『지』준(準)평원.

파:상-풍(破傷風)명『의』외상(外傷)에서 체내에 들어간 파상풍균의 독소로 일어나는 전염병(사망률이 높음).

파:상풍-균(破傷風菌)명『의』파상풍의 병원균(그람 양성(Gram陽性)의 간균(桿菌)으로 혐기성(嫌氣性)이고 땅속에 삶).

파:상풍 혈청(破傷風血淸)파상풍균의 독소(毒素)를 말에 주사해서, 면역시켜 만든 항독소 혈청(파상풍의 치료·예방에 씀).

파:-색(破色)명 원색에 흰색이나 회색을 조금 섞은 색.

파생(派生)명하자 사물이 어떤 근원에서 갈려나와 생김. ❏～ 과정 / 정치적 문제에서 ～된 경제 현안.

파생-법(派生法)[-뻡]명『언』실질 형태소에 형식 형태소를 붙여 파생어를 만드는 단어 형성 방법. ↔합성법(合成法).

파생 사회(派生社會)『사』사회의 분화 과정에서 원형을 이루는 기초 사회에서 파생된 사회.

파생 수요(派生需要)『경』어떤 물건을 생산할 때 생기는 간접적인 수요.

파생-어(派生語)명『언』복합어의 한 가지. 실질 형태소에 접사가 붙어 이루어진 단어(가난뱅이·덧나·슬기롭다 따위). *합성어.

파생-적(派生的)관에 사물이 어떤 근원에서 갈려 나와 생기는 (것). ❏～인 문제.

파생적 소:득 (派生的所得)[-쏘-] 생산에 종사하지 않고 본원적 소득에서 얻는 소득《연금·공채·이자·증여 따위》.

파생-체 (派生體) 圐 근원이 되는 주체에서 갈라져 나온 개체.

파·석 (破石) 圐진困 암석·광석을 잘게 부숨.

파선 (波線) 圐 1 물결 모양의 곡선. 2 드러냄표의 한 가지. 가로쓰기에서, 주의를 끌거나 중요한 부분을 드러내기 위해 글귀 아래에 긋는 물결 모양의 줄. 물결선.

파·선 (破船) 圐困 풍파를 만나거나 암초 따위의 장애물에 부딪쳐 배가 파괴됨. 또는 그 배. ➡배가 ~을 당하다.

파·선 (破線) 圐 짧은 선을 일정한 간격을 두고 벌려 놓은 선《제도(製圖)에서 보이지 않는 부분의 형태를 나타낼 때 사용함》.

파설 (播說) 圐困 말을 퍼트림.

파:성-기 (破成器) 圐 파쇠로 만든 그릇.

파섹 (parsec) 圐 圐 圀 천문학상의 거리의 단위. 연주 시차(年周視差) 1초에 상당하는 거리《1 파섹은 약 30조 8,400억 km 또는 3.259 광년. 기호는 pc》.

파속 (把束) 圐 圀 삼국 시대 때, 논밭에 매기던 결세(結稅)의 단위인 줌[把]과 못[束]《10 줌은 1 못》.

파속 (波速) 圐 『물』 파동이 전파되는 속도. 곧, 단위 시간 동안에 물결의 마루가 옮겨 가는 거리.

파·손 (破損) 圐困자 깨어져 못 쓰게 됨. 또는 깨뜨려 못 쓰게 함. ➡~을 입다 / 기물을 ~하다 / 유리창이 ~되다.

파송 (派送) 圐困 어떤 목적으로 사람을 일정한 곳에 보냄. 파견. ➡~ 결정 / 무의촌으로 ~된 공중 보건의(公衆保健醫).

파·쇄 (破碎) 圐困자 깨어져 부스러짐. 또는 깨뜨려 부숨.

파:-쇠 (破-) 圐 1 쇠붙이 그릇의 깨어진 조각. 파철. 2 헌쇠.

파쇼 (이 fascio) 圐 1 이탈리아의 파시스트당. 2 파시즘적인 운동·경향·지배 체제 따위를 가리키는 말.

파수 (把守) 圐困 경계해 지킴. 또는 그 사람. ➡~를 보다 / ~를 서다.

파수 (派收) 圐 1 닷새마다 팔고 산 물건값을 치르는 일. 2 장날에서 다음 장날까지의 사이.

파·수 (破水) 圐 1 분만(分娩) 때 양막(羊膜)이 터져 양수(羊水)가 나오는 일. 또는 그 양수. 2 『민』 풍수지리에서, 묏자리나 마을터에서 산 직이나 흘러나는 물줄기의 파문(破門)으로 빠져나가는 물.

파수-꾼 (把守-) 圐 파수 보는 사람. ➡~을 세우다.

파수-막 (把守幕) 圐 파수 보기 위해 만든 막. ➡~을 짓다.

파수-병 (把守兵) 圐 파수 보는 병정. 보초병.

파순 (波旬) 圐 [산 Pâpîyas] 『불』 불도에 정진하는 사람의 수행(修行)을 방해하는 마왕. 천마(天魔).

파스 (farce) 圐 『연』 소극(笑劇).

파스 (PAS) 圐 [para-amino-salicylic acid] 『약』백색의 쓴맛이 나는 가루 모양의 결핵 치료제. 파라아미노살리실산.

파스 (←독 Pasta) 圐 다량의 분말제를 포함한 유성 연고제. 파스타. ➡~를 붙이다 / ~를 바르다.

파스너 (fastener) 圐 1 분리되어 있는 것을 잠그는 데 쓰는 기구. 2 지퍼.

파스칼 (PASCAL) 圐 『컴』 프로그래밍 언어의

한 가지. 데이터 처리와 알고리즘을 자연스럽고 체계적인 구조로 표현하는 고급 언어임. 기호는 Pa.

파스칼 (pascal) 圐 圀 압력의 단위. 1 파스칼은 1 m² 당 1 뉴턴의 힘에 해당하는 압력임. 기호는 Pa.

파스칼의 원리 (Pascal-原理)[-월-/-에윌-] 『물』밀폐된 유체의 일부에 압력을 가하여 그 압력이 유체의 모든 곳에 같은 크기로 전달된다는 원리《유압기·에어 브레이크 등은 이 원리를 응용한 것임》.

파스텔 (pastel) 圐 빛깔이 있는 가루 원료를 길쭉하게 굳힌 크레용의 일종.

파스텔-화 (pastel畫) 圐 파스텔로 그린 그림.

파스토랄 (pastoral) 圐 1 목가적인 기악곡 또는 성악곡. 2 전원생활이나 목가적인 정서 따위를 주제로 한 시문학. 3 로코코 시대에 즐겨 그린 목가적인 풍경화.

파스투렐 (프 pastourelle) 圐 프랑스 중세기의 전원시(田園詩). *파스토랄.

파스파 문자 ('Phags-pa文字)[-짜] 『역』중국 원(元)나라 쿠빌라이 황제 때, 티베트의 승려로 황제의 스승이 된 파스파가 왕명으로 만든 몽골의 글자.

파스피에 (프 passe-pied) 圐 『악』 예전에, 프랑스의 선원들 사이에서 발생한 3 박자의 춤《미뉴에트와 비슷하나 더 경쾌함》.

파슬리 (parsley) 圐 『식』 미나릿과의 두해살이 풀. 골이 있고 높이는 30-60 cm, 줄기에서 많은 가지를 내며 잎은 짙은 녹색, 꽃은 황록색이며 향기가 있어 식용함.

파슬-파슬 튀困형 덩어리진 가루 따위가 물기가 많이 쉽게 바스러지는 모양. ㉭퍼슬퍼슬. ㉪바슬바슬.

파시 (波市) 圐 물고기가 한창 잡힐 때, 바다 위에서 열리는 생선 시장.

파:시 (罷市) 圐困 중국에서, 도시의 상인이 일제히 가게를 닫고 매매를 중지하는 일.

파시스트 (fascist) 圐 1 파시즘을 신봉하거나 주장하는 사람. 2 이탈리아의 파시스트당원.

파시스트-당 (Fascist黨) 圐 1919 년 무솔리니가 조직한 이탈리아의 파시스트당.

파시즘 (fascism) 圐 독재적인 전체주의《제 1 차 세계 대전 후 이탈리아의 무솔리니 정권에서 비롯됨》.

파시-풍 (波市風) 圐 파시의 풍경.

파식 (波蝕) 圐困 『지』 물결이 육지를 침식함.

파식 (播植) 圐困 씨앗을 뿌려 심음.

파식 대지 (波蝕臺地)[-때-] 『지』 파식과 풍화 작용으로 해안 근처의 해저에 생긴 평탄한 면.

파심 (波心) 圐 물결의 중심. 또는 그 한가운데.

파악 (把握) 圐困 1 손으로 잡아 쥠. 2 어떤 대상의 내용이나 본질을 확실히 이해함. ➡정세(情勢) ~ / 신원 ~에 나서다.

파·안 (破顔) 圐困자 즐거운 표정을 지어 활짝 웃음.

파·안-대소 (破顔大笑) 圐困 즐거운 표정으로 크게 웃음. ➡한바탕 ~하다.

파압 (波壓) 圐 밀려와 부딪치는 파도의 압력.

파·약 (破約) 圐困 약속이나 계약을 깨뜨림. 해약. ➡계약을 ~하다.

파·양 (罷養) 圐困 양자의 관계를 끊음. 파계.

파·업 (罷業) 圐困자 1 하던 일을 중지함. 2 '동맹 파업'의 준말. ➡~ 찬반 투표 / ~ 농성을 벌이다.

파:업-권 (罷業權)[-꿘] 圐 『사』 사용자와 근로

자 사이에 노동 조건에 관해 의견의 차이가 있을 때, 그 요구를 관철시키기 위해서 근로자가 파업을 행할 수 있는 권리.

파:업 기금(罷業基金)[－끼－]【社】동맹 파업 때 사용하기 위해 노동자가 평상시에 미리 준비해 두는 기금.

파에톤(Phaëton)명 그리스 신화에 나오는 태양신 헬리오스의 아들(아버지의 일륜차(日輪車)를 타고 대지에 접근하다가, 인류의 소실을 겁낸 제우스(Zeus)에 의해 벼락을 맞아 죽었음).

파:연(罷宴)명하타 잔치를 끝냄.

파:연-곡(罷宴曲)명【악】잔치를 끝낼 때 부르는 노래나 연주하는 음악.

파:열(破裂)명하자 깨어지거나 갈라져 터짐. □수도관 ~ / 보일러가 ~하다.

파:열-시(破裂矢)명 고래를 잡는 데 쓰는 작살의 하나(발사하면 고래의 살 속에 들어가서 파열함).

파:열-음(破裂音)명【언】폐에서 나오는 공기를 일단 막았다가 그 막은 자리를 터뜨리면서 내는 소리(ㅂ·ㅃ·ㅍ·ㄷ·ㄸ·ㅌ·ㄱ·ㄲ·ㅋ 등의 소리). 폐쇄음. 터짐소리.

파오(蒙 包)명 몽골 인들의 이동식 천막 모양의 집(골조는 주로 나무로 만듦).

파:옥(破屋)명 무너지거나 허물어진 집. □~을 수리하다.

파:옥(破獄)명하타 죄수가 옥을 부숨.

파:옥-도주(破獄逃走)[－또－]명하자 죄수가 감옥을 부수고 도망함.

파:와(破瓦)명 깨어진 기와.

파우더(powder)명 1 미세한 가루. 분말. 2 화장용의 분. □~를 바르다.

파운데이션(foundation)명 1 기초화장에 쓰는 화장품의 하나. 2 몸의 선을 고르게 하기 위한, 여성용 속옷(거들·코르셋 따위).

파운드(pound)의명 1 야드파운드법의 무게 단위(1 파운드는 0.4536 kg. 기호는 lb, 복수는 lbs). 2 영국의 화폐 단위(1 파운드는 100 펜스. 기호 : £, L). 방(磅).

파운드 지역(pound地域)【경】스털링 지역.

파울(foul)명 1 규칙을 위반하는 일. 반칙. □~을 범하다. 2 '파울 볼'의 준말. 3 '파울히트'의 준말.

파울 그라운드(foul ground) 야구에서, 파울라인의 바깥 부분.

파울 라인(foul line) 야구에서, 본루와 1루 및 본루와 3루를 연결한 직선과 그 연장선.

파울 볼(foul ball) 야구에서, 타구(打球)가 파울 라인 밖으로 나간 공. □~이 관중석으로 날아가다. ⓩ파울.

파울 팁(foul tip) 야구에서, 타자의 배트를 스쳐 포수의 미트 속에 들어간 파울 볼.

파울 플라이(foul fly) 야구에서, 타자가 친 공이 파울 그라운드에 떠오르는 일.

파울 히트(foul hit) 야구에서, 타자가 파울 볼이 되게 공을 치는 일. ⓩ파울.

파워(power)명 남을 복종시키거나 지배할 수 있는 권리와 힘. 능력. 권력. 힘. □엄청난 ~ / ~를 가지다 / ~가 부족하다.

파원(派員)명 파견된 사람.

파월(派越)명하자 베트남, 즉 월남에 파견함. □~ 장병.

파:의(罷意)[－/－이]명하타 하려고 품었던 뜻을 버림.

파:의(罷議)[－/－이]명하자 의논을 그만둠.

파이(pie)명 밀가루와 버터를 개어 과일·고기 따위를 넣고 구워 만드는 양과자. □레몬 ~.

파이(Π, π)명 그리스 문자의 열여섯째 자모(수학에서 Π는 총승(總乘) 기호, π는 원주율에 씀).

파이널 세트(final set) 배구·테니스·탁구 따위에서, 승패를 가름하는 최종 세트.

파이다자(‘파다’의 피동) 팜을 당하다. □목선이 깊이 파인 옷 / 비에 땅이 ~. ⓩ패다.

파이버(fiber)명 1 섬유. 섬유질. 2 철모 밑에 받쳐 쓰는 모자. 3 '스테이플 파이버'의 준말. 4 '벌커나이즈드 파이버'의 준말.

파이버보드(fiberboard)명 펄프 섬유·석면(石綿)·유리 섬유 등의 섬유질 재료를 압축해서 성형한 널빤지의 총칭.

파이트-머니(fight money)명 프로 권투·레슬링의 시합에서 선수가 받는 보수. 대전료.

파이팅(fighting)감 운동 경기에서, 선수들끼리 잘 싸우자는 뜻으로 외치는 소리. 또는 응원하는 사람이 선수에게 잘 싸우라는 뜻으로 외치는 소리. □~을 외치다.

파이프(pipe)명 1 물·가스·증기 따위를 수송하는 데 쓰는 관(管). □~가 막히다 / ~를 묻다. 2 살담배를 피우는 서양식 담뱃대. □~를 빨다. 3 궐련을 끼워 무는 물부리. □담배를 ~에 끼워 물다.

파이프라인(pipeline)명 가스·석유 등을 수송하는 도관(導管). 송유관(送油管).

파이프 렌치(pipe wrench)【공】관을 설치할 때 관의 나사를 돌리는 공구.

파이프 오르간(pipe organ)【악】길이가 다른 여러 개의 관을 음계에 따라 배열하고, 이것에 바람을 보내어 연주하는 건반 악기(장엄하고 신비로운 음률(音律)을 낼 수 있음).

파인(巴人)명 시골 사람. 촌뜨기.

파인더(finder)명 1 사진기에서, 촬영 범위나 구도, 초점 조정의 상태 따위를 보기 위해 들여다보는 부분. 2 큰 망원경에 딸린 작은 망원경. 큰 망원경으로 살필 목표물을 찾아 지시하는 데쓴.

파인 세라믹스(fine ceramics)【공】고순도의 무기 화합물을 원료로 해서 만든 요업 제품. 내열성(耐熱性)·내약품성·절연성 따위가 뛰어나, 정밀 기계·반도체·의료용 등의 재료로 개발하고 있음. 뉴 세라믹스.

파인애플(pineapple)명 파인애플과(科)의 상록 여러해살이풀. 높이 50~120 cm. 잎은 칼 모양이며 열매는 20 cm 정도로 뭉쳐 열리며 등황색으로 익음. 과육은 생식(生食)하는 외에 통조림을 만듦. 열대 지방에서 많이 재배함. 열대 아메리카 원산. 봉리.

파인-주스(pine juice)명 파인애플의 과즙에 감미료를 탄 음료.

파인트(pint)의명 야드파운드법에 따른 부피의 단위(1파인트는 1갤런의 8분의 1임).

파인 플레이(fine play) 1 경기에서, 선수가 보여 주는 멋지고 훌륭한 기술. 묘기(妙技). 미기(美技). 2 경기에서, 정정당당한 싸움.

파:일(八日)명【불】음력 4월 8일의 석가 탄생일. 초파일.

파:일(破日)명【민】음력으로 매월 초닷샛날, 열나흗날, 스무사흗날의 총칭(불길한 날임). 삼패일.

파일(file)명 1 서류철(綴). □~을 정리하다. 2【컴】하나의 단위로 처리되는 서로 연관된 레코드의 집합. □~을 복사하다.

파일(pile)명 1【물】원자로. 2 직물의 표면을 덮고 있는 부드러운 고나 보풀. 또는 그 고나

보풀이 있는 직물(벨벳·타월·융단 따위). **3** 건축·토목의 기초 공사 때 박는 말뚝.

파ː일-등 (八日燈) 圀 석가 탄신일에 다는 등.

파일럿 (pilot) 圀 **1** 항공기 조종사. **2** 항만이나 강의 물길을 안내하는 사람. 도선사(導船士).

파일럿-램프 (pilot lamp) 圀『전』장치나 배전반 따위에 전기가 통하고 있음을 알리는 꼬마 전구. 표시등(燈).

파일럿 플랜트 (pilot plant) 『공』실험실 안의 설계·제조·연구 성과의 공업화에 대해서, 예비 실험을 행하는 소규모 설비. 실험 공장.

파일-북 (file book) 圀 자유로이 끼우고 뺄 수 있게 만든 문구(노트·장부·서류).

파일 직물 (pile織物)[-줄-] 한쪽 또는 양쪽에 파일이 있는 직물의 총칭(우단(羽緞)·코르덴·벨벳 따위).

파ː임 圀 오른쪽으로 비스듬하게 내려쓰는 한 자. 'ㅅ' 자 등에서의 'ㅅ'의 이름. ✽삐침.

파ː임-내다 目 일치된 의논에 대해 나중에 딴소리를 해서 그르치게 하다.

파자 (笆子·把子) 圀 바자.

파ː자 (破字) 圀 한자의 자획을 풀어 나눠 맞추는 놀이('姜' 자를 분해해서 '八王女'라고 하는 따위). 해자(解字).

파자마 (pajamas) 圀 **1** 헐렁한 윗옷과 바지로 된 잠옷. **2** 인도·페르시아 사람이 입는 통 넓은 바지.

파ː자-쟁이 (破字-) 圀 해자(解字)쟁이.

파ː자-점 (破字占) 圀目 한자를 파자해서 길흉을 점침. 또는 그런 점.

파ː-잡다 [-따] 目 결점을 들추어내다. ▷파잡아 말하다.

파장 (把掌) 圀目『역』조선 때, 결세액(結稅額)과 납세자를 양안(量案)에서 뽑아 다른 장부에 적던 일.

파장 (波長) 圀 **1**『물』파동의 마루와 다음 마루까지의, 또는 골과 다음 골까지의 거리. **2** 충격적인 일이 끼치는 영향. 또는 그 영향이 미치는 정도나 동안을 비유한 말. ▷~을 몰고 오다.

파ː-장 (罷場) 圀目 **1** 과장(科場)·백일장·시장 따위가 끝남. 또는 그런 판. ▷~ 무렵. **2** 여러 사람이 모여 벌이던 판이 거의 끝남. 또는 그 무렵. ▷술판이 ~될 무렵 도착하다.

파장-계 (波長計)[-/-게]圀『물』교류 전류·전자파 따위의 파장이나 주파수를 재는 계기.

파장-기 (把掌記)[-끼]圀『역』조선 때, 결세액(結稅額)과 납세자를 양안(量案)에서 뽑아 적던 장부.

파ː장-머리 (罷場-) 圀 파장이 될 무렵. ▷~의 시장에 들르다.

파ː재 (罷齋) 圀目『불』법회(法會)나 재회(齋會)를 마침.

파ː-재목 (破材木) 圀 파손된 재목.

파쟁 (派爭) 圀 파벌끼리의 다툼. ▷~을 일삼다.

파저 (波底) 圀 물밑가.

파ː적 (破寂) 圀 심심풀이. ▷~으로 난(蘭)을 치다.

파ː적 (破積) 圀目 오래된 체증을 고침.

파-전 (-煎) 圀 밀가루 반죽에 길쭉길쭉하게 썬 파를 주로, 고기·조갯살·굴 등을 얹어 번철에 넓적하게 지진 전. 파부침.

파ː전 (破錢) 圀 깨어지거나 찢어진 돈.

파ː전 (罷戰) 圀目 싸움을 그만두거나 그침.

파절 (波節) 圀『물』정상파(定常波)에서 진동하지 않는 부분.

파ː접 (罷接) 圀目 지난날, 글을 짓거나 독서

의 모임을 마치고 헤어지던 일.

파ː-례 (罷接禮)[-점녜]圀目 파접할 때 베푸는 잔치.

파ː정 (破精) 圀目 사정(射精).

파ː제 (破堤) 圀 홍수로 둑이 무너짐.

파ː제 (破題) 圀目『역』**1** 과거를 볼 때 시의 첫머리에 제목의 뜻을 밝히던 일. **2** 시부(詩賦)의 첫머리.

파ː제 (罷祭) 圀目 '파제사(罷祭祀)'의 준말.

파ː제-만사 (破除萬事) 圀 제백사(除百事).

파ː-제사 (罷祭祀) 圀目 제사를 마침. ⓒ파사(罷祀)·파제(罷祭).

파ː제삿-날 (罷祭祀-)[-산-] 圀 제사를 마치는 날. ⓒ파젯날.

파ː젯-날 (罷祭-)[-젠-] 圀 '파제삿날'의 준말.

파족 (派族) 圀 나뉘어 갈라진 종족.

파ː종 (破腫) 圀目『한의』종기를 터뜨림.

파종 (播種) 圀目 논밭에 곡식의 씨앗을 뿌리는 일. 부종(付種). 씨뿌리기. 종파(種播). ▷보리를 ~하다.

파-죽음 圀 심하게 맞거나 지쳐서 녹초가 된 상태. 초죽음. ▷사흘 밤새움~이 되었다.

파ː죽지세 (破竹之勢)[-찌-] 圀 적을 거침없이 물리치고 쳐들어가는 당당한 기세. ▷~로 진격하다.

파지 (把持) 圀目 꽉 움켜쥐고 있음. ▷권력을 ~한 세도가들의 횡포.

파ː지 (破紙) 圀 **1** 찢어진 종이. **2** 인쇄·제본 등의 공정(工程)에서 손상해서 못 쓰게 된 종이. ▷~를 모아 팔다. **3** 글을 잘못 써서 못 쓰게 된 종이.

파ː직 (罷職) 圀目 관직에서 물러나게 함. ▷억울하게 ~을 당하다.

파ː진 (破陣) 圀目 적진을 쳐부숨.

파진-찬 (波珍湌) 圀『역』**1** 신라 십칠 관등(官等)의 넷째 위계(位階). 진골(眞骨)이 하는 벼슬. 해간(海干). **2** 고려 태조 때 다섯째 관계(官階).

파착 (把捉) 圀目 **1** 포착. **2** 마음을 단단히 다잡아 늦추지 않음.

파ː천 (播遷) 圀目『역』임금이 도성을 떠나 다른 곳으로 피란하던 일. ▷아관(俄館) ~.

파ː-천황 (破天荒) 圀 **1** 이전에 아무도 하지 못한 일을 해냄. 미증유(未曾有). 전대미문(前代未聞). **2** 파벽(破僻).

파ː철 (破鐵) 圀 파쇠1.

파ː체 (破砌) 圀 **1** 깨어진 섬돌. **2** 망가져 못 쓰게 된 문지방.

파ː체 (破涕) 圀目 눈물을 거둔다는 뜻으로, 슬픔을 기쁨으로 돌려 생각함을 이르는 말.

파초 (芭椒) 圀『한의』천초(川椒).

파초 (芭蕉) 圀『식』**1** 파초과의 여러해살이풀. 높이는 3 m 정도이며, 잎은 긴 타원형. 여름에 황갈색 단성화(單性花)가 피고 열매는 육질(肉質)로 원기둥 모양임. 관상용. **2**『한의』파초의 줄기·잎·뿌리(소갈(消渴)·황달(黃疸) 또는 외과의 약재로 씀).

파초-선 (芭蕉扇) 圀『역』파초의 잎 모양으로 만든 부채. 또는 파초 잎을 드리운 것(정승이 외출할 때 머리 위를 가리기 위해 썼음).

파총 (把摠) 圀『역』조선 선조 때의 각 군영(軍營)의 종사품 무관 벼슬.

파출 (派出) 몡하타 임무를 주어 사람을 파견함. ❏가정부를 ~하다.

파:출 (罷黜) 몡하타 '파면(罷免)'의 별칭.

파출-부 (派出婦) 몡 보수를 받고 가사 따위를 돌보아 주는 여자. ❏~를 고용하다.

파출-소 (派出所)[-쏘] 몡 **1** 파견된 사람이 사무를 보는 곳. **2** 경찰서 관할 지역 안에 경찰관을 파견해서 일차적으로 경찰 업무를 맡아 보게 하는 곳.

파충 (爬蟲) 몡동 '파충류'의 총칭.

파충-강 (爬蟲綱) 몡 척추동물의 한 강(綱). 몸은 머리·목·몸뚱이·꼬리의 네 부분으로 나뉘는데, 대개 꼬리는 길며 네 발은 짧음. 폐호흡을 하고 변온 동물이며 난생(卵生) 또는 난태생(卵胎生)임. 거북·뱀·악어 따위가 있음. 뱀강(綱).

파충-류 (爬蟲類)[-뉴] 몡동 '파충강'을 일반적으로 이르는 말.

파:-치 (破-) 몡 깨지거나 흠이 가서 못 쓰게 된 물건. ❏~가 나다.

파카 (parka) 몡 **1** 후드가 달린, 약간 긴 방한용 재킷. ❏~를 입다. **2** 에스키모가 입는, 후드가 달린 모피 웃옷.

파커라이징 (parkerizing) 몡화 철판 겉면에 인산 망간 및 인산철의 막을 입혀 녹스는 것을 막는 방법.

파킨슨-병 (Parkinson病) 몡의 대뇌의 탈로 생기는 중추 신경계의 퇴행성 질환. 허리가 굽어지며 손발과 몸이 굳어지고 떨리는 증상이 나타남.

파킹-미터 (parking meter) 몡 유료 주차장에 설치되어 주차 시간과 주차 요금을 자동적으로 표시하는 기기.

파타 (PATA) 몡 〔Pacific Area Travel Association〕 태평양 지역 관광 협회《1951년 창설》.

파:탄 (破綻) 몡하자 **1** 찢어져 터짐. **2** 계획 따위가 원만히 해결되지 않고 중도에서 그릇됨. ❏가정 ~ / ~에 이르다. **3**〔경〕회사 따위의 재정이 지급 정지 상태라 함.

파:탈 (擺脫) 몡하타 어떤 예절이나 구속에서 벗어남.

파:토 (破土) 몡하자 '참파토(斬破土)'의 준말.

파토스 (그 pathos) 몡철 일시적인 격정이나 열정. 특히 예술에 있어서의 주관적·감정적 요소. 페이소스. ↔에토스.

파:투 (破鬪) 몡하자타 **1** 화투 놀이에서, 그 판이 무효가 됨. 또는 그리 되게 함. ❏~를 놓다 / 패를 잘못 돌려 ~가 났다. **2** 일이 잘못되어 흐지부지됨.

파트 (part) 몡 **1** 전체를 이루는 한 부분. **2** 일을 맡은 역할이나 부서. ❏구매 ~. **3**〔악〕성부(聲部). **4**〔악〕악장(樂章).

파트너 (partner) 몡 **1** 춤·경기·놀이 등에서 둘이 짝이 되는 경우의 상대편. 짝패. 동반자. ❏파티에 함께 갈 ~를 구하다. **2** 상거래·사업 따위를 같이 하는 사람. **3** 배우자.

파트로네 (독 Patrone) 몡 밝은 데서도 카메라에 넣을 수 있게 만든 사진 필름용 차광 용기《35 mm 필름에 씀》.

파트-타임 (part time) 몡 정규 취업 시간보다 짧은 시간을 정해서 몇 시간 동안만 일하는 방식. 또는 그런 일. 시간제 근무. ❏~으로 일하다 / ~을 얻다.

파티 (party) 몡 친목을 꾀하거나 무엇을 기념하기 위한 잔치나 모임. ❏생일 ~ / ~를 열다 / ~에 초대하다.

파파 (派派) 몡 갈려 나온 여러 갈래. 또는 여러 파.

파파-노인 (皤皤老人) 몡 백발이 된 늙은이. ❏몇 년 사이에 ~이 되었다.

파파라치 (이 paparazzi) 몡 연예인·정치인·스포츠 스타·종교인 중 유명인의 뒤를 좇아 사생활의 숨겨진 모습을 사진에 담는 자유 계약 사진사.

파파야 (papaya) 몡〔식〕파파야과의 상록 활엽 교목. 높이 6 m 정도. 잎은 어긋나며 손바닥 모양으로 줄기 끝에서 갈라짐. 다섯잎꽃이 피며 과실은 길이 20-30 cm 의 타원형으로 맛과 향이 좋아 식용·약용함. 열대 아메리카 원산.

파파-이 (派派-) 뮈 파마다 모두. ❏주장이 ~ 다르다.

파파인 (papain) 몡 파파야의 과즙에 들어 있는 단백질 분해 효소. 소화제로 씀.

파:편 (破片) 몡 깨어지거나 부서진 조각. ❏유리 ~ / ~에 찔리다.

파프리카 (형 paprika) 몡 고추의 일종. 또는 그것으로 만든 향료.

파피루스 (papyrus) 몡 **1**〔식〕사초과의 여러해살이풀. 높이는 2 m 정도이며, 잎은 퇴화해서 비늘처럼 됨. 뿌리와 줄기는 식용하며, 8-9 세기에는 이집트 등지에서 제지용으로 이용되었음. **2** 옛 이집트에서 파피루스 줄기의 섬유로 만든 종이. **3** 파피루스로 만든 종이에 적은 고대 문서의 총칭. 파피루스 문서.

파-피리 몡 파의 잎으로 만든 장난감 피리. 총적(葱笛). ❏~를 불다.

파필 (把筆) 몡하자 붓대를 잡음.

파:하 (破夏) 몡하자〔불〕비구승이 하안거(夏安居)의 규칙을 지키지 못하고 중도에 하산(下山)하는 일.

파:-하다 (破-) 타여 **1** 적을 쳐부수어 이기다. ❏강적을 ~. **2** 약속을 깨다. ❏혼담을 ~.

파:-하다 (罷-) 자타여 어떤 일을 마치거나 그만두다. ❏학교가 ~ / 모임을 ~.

파:한 (破閑) 몡하자 심심풀이.

파행 (爬行) 몡하자 벌레·짐승 등이 기어다님.

파행 (跛行) 몡하자 **1** 절룩거리며 걸음. **2** 일이나 계획 따위가 순조롭게 진행되지 않음. ❏~을 보이다 / ~ 상태가 계속되다.

파행-성 (跛行性)[-썽] 몡 일이나 계획 따위가 비정상적으로 진행되는 성질. ❏정책의 ~이 드러나다.

파행-적 (跛行的) 관몡 일이나 계획이 순조롭게 진행되지 않는 (것). ❏~(인) 성장.

파-헤치다 타 **1** 속에 든 물건이 드러나도록 파서 젖히다. ❏땅을 ~. **2** 겉으로 드러나지 않게 감추어진 것을 드러내어 밝히다. ❏사건의 이면을 ~.

파:혈 (破穴) 몡하자〔민〕좋지 않은 자리에 썼던 무덤을 파헤치는 일.

파:혈 (破血) 몡하자〔한의〕몸 안에 뭉친 나쁜 피를 약이나 침으로 없어지게 함.

파:혈-제 (破血劑)[-쩨] 몡〔한의〕몸 안의 나쁜 피를 없애는 약제.

파형 (波形) 몡 **1** 물결의 모양. **2** 물결처럼 기복이 있는 전파나 음파 따위의 모양.

파:호 (破戶) 몡하자 바둑에서, 상대의 말을 잡기 위해 상대의 집의 급소에 말을 놓아 두 집이 나지 못하게 함. 파가(破家).

파:혹 (破惑) 몡하자 의혹을 풀어 버림. 해혹(解惑).

파:혼 (破婚) 몡하자타 약혼을 깨뜨림. ❏~을 당하다.

파:회(罷會) 몡하자 《불》 법회를 마침.

파:훼(破毀) 몡하타 1 깨뜨려 헐어 버림. 2《법》 '파기(破棄)'의 구용어.

파:흥(破興) 몡하자타 흥이 깨어짐. 또는 흥을 깨뜨림, 패흥(敗興). ❏~을 놓다.

팍 묌 1 갑자기 힘차게 내지르는 모양. 또는 그 소리. ❏~ 내던지다. 2 갑자기 힘없이 거꾸러지는 모양. 또는 그 소리. ❏기가 ~ 질리다 / 맥없이 ~ 주저앉다. 셈퍽.

팍삭[-싹] 묌 1 맥없이 가볍게 주저앉는 모양. 또는 그 소리. ❏~ 주저앉다. 2 메마르고 푸석한 물건이 부드럽게 가라앉거나 쉽게 바스러지는 모양. 또는 그 소리. ❏천장이 ~ 내려앉다. 셈퍽석.

팍삭-팍삭[-싹-싹] 묌하형 자꾸 팍삭 소리를 내며 주저앉거나 바스러지는 모양이나 소리. 셈퍽석퍽석.

팍신-하다[-씬-씬] 묌하형 매우 팍신한 모양. 셈퍽신퍽신.

팍신-하다 형여 보드랍고 탄력이 있으며 포근하다. ❏팍신한 솜을 넣은 새 이불을 덮고 자다. 셈퍽신하다.

팍팍 묌 1 자꾸 힘 있게 내지르는 모양. 또는 그 소리. 2 힘없이 자꾸 거꾸러지는 모양. 또는 그 소리. 3 진흙 따위를 밟을 때 발이 몹시 또는 자꾸 빠지는 모양. 셈퍽퍽.

팍팍-하다[-파카-] 형여 1 몹시 지쳐서 걸음을 내디디기 어렵도록 다리가 무겁고 힘이 없다. 2 음식이 끈기나 물기가 적어 목이 멜 정도로 메마르고 부드럽지 않다. 셈퍽퍽하다.

판 몡 1 일이 벌어진 자리. 또는 그 장면. ❏~이 깨지다 / ~에 끼어들다 / ~을 벌이다. ꤳ의명 1 '처지'·'판국'·'형편'의 뜻을 나타내는 말. ❏네가 나설 ~이 아니다 / 이 어려운 ~에 여행이 다 뭐냐. 2 승부를 겨루는 일을 세는 단위. ❏장기 한 ~ 두세.

판(板)ꤳ몡 1 널빤지. 2 반반한 표면을 사용하는 기구(장기판·바둑판 따위). 3《인》판(版)1. 4 음반. ꤳ의명 달걀 30개를 오목오목하게 반(半)달걀꼴로 파인 종이 또는 플라스틱 판에 세워 담은 것을 세는 말. ❏달걀 한 ~.

판(版)ꤳ몡《인》1 그림이나 글씨 등을 새겨 인쇄에 사용하는 나무나 쇠붙이의 조각. 판(板). 2 '활판'의 준말. ❏~을 짜다. 3 판의 면(面). 또는 그 크기. ❏잡지의 ~이 크다. 4 인쇄해서 책을 만드는 일. ꤳ의명 책을 개정하거나 증보해서 출간한 횟수를 세는 단위(흔히 1판을 초판, 2판은 재판 또는 중판이라고도 함). ❏3~ 3쇄.

판에 박은 것 같다 ꤸ 사물의 모양이 같거나 같은 일이 되풀이되다. 판에 박은 듯하다.

판을 거듭하다 ꤸ 한 번 출판한 책을 같은 판을 이용해서 다시 찍어 내다. 책이 잘 나가서 여러 번 찍다.

판(瓣) 몡 1 꽃잎. 2《공》기계의 일부로, 어떤 구멍 옆에 붙어 그 구멍을 막았다 튀었다하는 기구(기체·액체의 운동을 지배함). 밸브. 3《생》판막(瓣膜).

-판(判·版) 책이나 종이의 길이 및 너비의 규격을 나타내는 말. ❏국(菊)~ / 명함~ / 사륙~.

-판(版) 책이나 신문 따위를 인쇄해서 펴낸 것이라는 뜻을 나타내는 말. ❏개정~ / 증보~.

판가(販價)[-까] 몡 '판매가'의 준말.

판-가름 몡하타 시비나 우열을 판단해서 가름. ❏~이 나다 / ~을 짓다.

판각(板刻) 몡하타 《인》 그림이나 글씨를 나뭇조각에 새김. 또는 그 새긴 것. 등재(登梓).

판각(板閣·版閣) 몡 《불》 경판(經板)을 쌓아 두는 전각(殿閣). 판전(版殿). 판전각.

판각-본(板刻本)[-뽄] 몡 《인》 목판으로 인쇄한 책. 각판본. ꥩ판본(板本).

판-값[-갑] 몡 물건을 팔고 받은 값.

판-검사(判檢事) 몡 판사와 검사.

판게아(pangaea) 몡 《지》 대륙 이동설에서, 현재의 대륙이 분열해서 이동하기 이전의 단일 대륙에 대한 이름. 초(超)대륙.

판결(判決) 몡하자타 1 시비나 선악을 판단해 결정함. ❏공평한 ~을 내리다. 2《법》 법원이 변론을 거쳐 소송 사건에 대해 판단하고 결정하는 재판. ❏무죄 ~ / ~에 불복하다.

판결-례(判決例) 몡 《법》 법원에서 같거나 비슷한 소송 사건을 판결한 전례. ꥩ판례(判例).

판결-문(判決文) 몡 《법》 법원이 판결을 내린 사실·이유 및 판결 주문 따위를 적은 문서. 판결서.

판결-사(判決事)[-싸] 몡 1 시비·선악을 판단해서 결정하는 일. 2《역》 조선 때, 장례원(掌隷院)의 으뜸 벼슬. 품계는 정삼품.

판결 주문(判決主文) 《법》 판결의 결론 부분. ꥩ주문(主文).

판겸(判歉) 몡하타 흉년이 들 것이라고 미리 판단함.

판공(辦公) 몡하자 공무(公務)를 처리함.

판-공론(-公論)[-꽁논] 몡 여러 사람 사이에 공동으로 떠도는 의논.

판공-비(辦公費)[-꽁삐] 몡 공무(公務)를 처리하는 데 드는 비용. 또는 그런 명목으로 주는 돈. ❏~를 개인 용도로 쓰다.

판공-성사(判功聖事) 몡 《가》 신자가 1년에 두 번 의무적으로 받아야 하는 고해 성사(告解聖事). ❏~를 주다 / ~를 받다.

판관(判官) 몡 1 심판관. 재판관. 2《역》 조선 때, 돈령부·한성부·상서원(尙瑞院)·봉상시(奉常寺) 기타 여러 관아의 종오품 벼슬. 3《역》 고려·조선 때, 감영(監營)·유수영(留守營) 및 큰 고을에 둔 벼슬. 종오품. 4《역》 역귀(疫鬼)를 쫓는 의식인 구나(驅儺)를 할 때 나자(儺者)의 하나. 녹의(綠衣)를 입고 탈과 화립(畵笠)을 씀.

판관-사령(判官使令) 몡 아내가 시키는 대로 잘 따르는 사람을 농으로 이르는 말.

판교(判校) 몡 《역》 조선 때, 승문원(承文院)·교서관(校書館)에 둔 당하(堂下) 정삼품 벼슬.

판교(板橋) 몡 널다리.

판 구조론(板構造論) 《지》 지구의 겉 부분은 여러 개의 판으로 이루어지며, 이들의 상대적인 움직임에 따라 갖가지 지질 현상이 일어난다고 여기는 학설.

판국(-局) 몡 1 사건이 벌어진 사태의 형편이나 국면. ❏새로운 ~으로 접어들다. 2《민》 집터 또는 묏자리 등의 위치와 생김새.

판권(版權)[-꿘] 몡 1 저작권법에 따라 인정된, 도서 출판에 관한 이익을 독점하는 권리. 출판권. ❏~을 소유하다. 2 판권장. *저작권.

판권-장(版權張)[-꿘짱] 몡 《인》 책의 맨 끝장에 인쇄 및 발행 일자·저작자·발행자의 주소·성명 등이 밝혀져 있는 책장. 판권.

판금(販金) 몡 넓고 얇게 조각낸 쇠붙이.

판금(販禁) 몡하타 어떤 상품의 판매를 법으로 금지하는 일. ❏~ 도서 / ~ 조치.

판-꽂이 〖명〗〖식〗 나뭇가지를 묘포(苗圃)에 꽂아 모를 길렀다가 다른 곳으로 옮겨 심는 식목법(植木法).

판-나다 〖자〗 **1** 끝장이 나다. ▫ 시합이 ~. **2** 재산이나 물건이 다 없어지다. ▫ 그렇게 낭비하다가는 금방 판나겠다.

판납 (辦納) 〖명〗〖하타〗 금전이나 물품을 이리저리 변통해 바침.

판다 (panda) 〖명〗〖동〗 아메리카너구릿과의 '레서판다'와 '자이언트 판다'의 총칭. 몸길이 1.2~1.5m로, 몸빛은 흰색이고 어깨·목·가슴 및 귀와 네 다리는 검은색임. 버섯·죽순·댓잎 따위를 주식으로 함. 중국 북서부·티베트 등지의 고지대에 삶.

판-다르다 〖판달라, 판다르니〗 〖형르〗 아주 다르다. 판이(判異)하다. ▫ 두 사람은 성격이 아주 ~.

판단 (判斷) 〖명〗〖하타〗 사물을 인식해서 논리나 기준 등에 따라 판정을 내림. ▫ 정확한 ~ / 개인적인 ~에 맡기다.

판단-력 (判斷力)〖-녁〗 〖명〗 판단할 수 있는 능력. ▫ ~을 키우다 / ~이 흐려지다.

판단 중지 (判斷中止) 〖철〗 고대 그리스에서, 회의파(懷疑派)가 독단론자에 대해서 주장한 이론. 어떤 것에 대해서도 확실한 판단을 내리는 것은 불가능하므로 판단은 모두 중지해야 한다는 주장.

판당고 (에 fandango) 〖명〗〖악〗 3박자나 6박자의 활발하고 야성적인 에스파냐의 춤. 또는 그런 춤곡.

판도 (版圖) 〖명〗 **1** 한 나라의 영토. ▫ ~를 넓히다. **2** 어떤 세력이 미치는 영역이나 범위. ▫ ~ 변화 / ~가 달라지다.

판도라 (Pandora) 〖명〗 그리스 신화에서, 인류 최초의 여자(《프로메테우스(Prometheus)가 천계의 불을 훔쳐 낸 것에 노한 제우스(Zeus)가 인간을 벌하기 위해 화신(火神) 헤파이스토스(Hephaistos)를 시켜 흙으로 판도라를 만들게 함).

판도라의 상자 (Pandora-箱子)〖-/-에-〗 제우스가 모든 죄악·재앙을 넣고 봉해서 판도라를 시켜 인간 세상으로 내려보냈다는 상자(《판도라가 호기심에서 이것을 열었기 때문에 모든 불행이 쏟아져 나왔으며, 희망만은 상자 속에 남아 있다고 함). 판도라의 궤.

판도-방 (判道房) 〖명〗〖불〗 **1** 고승이 거처하는 큰방. 또는 그 둘레의 작은방. **2** 승려가 공부하는 절에서 가장 넓은 방.

판독 (判讀) 〖명〗〖하타〗 어려운 문장이나 암호·고문서 따위의 뜻을 헤아려 읽음. ▫ 비문~ / 설형 문자를 ~하다.

판-돈 〖-돈〗 〖명〗 노름판에 태워 놓은 돈. 또는 노름판에 내어 놓은 모든 돈. ▫ ~을 걸다.

판돈(을) **떼다** 〖구〗 노름판에서 돈을 딴 사람에게서 얼마씩 떼어 가지다.

판둥-거리다 〖자〗 아무 하는 일 없이 빤빤스럽게 놀기만 하다. 흰편둥거리다. 엔반둥거리다. 쎈빤둥거리다. **판둥-판둥** 〖부〗〖하자〗

판둥-대다 〖자〗 판둥거리다.

판득 (辦得) 〖명〗〖하타〗 이리저리 변통해 얻음.

판들-거리다 〖자〗 별로 하는 일 없이 얄미운 태도로 게으르게 놀기만 하다. 흰펀들거리다. 쎈빤들거리다. **판들-판들** 〖부〗〖하자〗

판-들다 〖판들어, 판드니, 판드는〗 〖타〗 가진 재산을 모두 써 없애다.

판들-대다 〖자〗 판들거리다.

판-때기 (板-) 〖명〗 〈속〉 널빤지. ▫ ~를 대다.

판-때리다 〖타〗 시비·선악을 가려 판단하다.

판례 (判例)〖팔-〗 〖명〗 '판결례(判決例)'의 준말. ▫ ~를 남기다 / ~가 뒤집히다.

판례-법 (判例法)〖팔-뻡〗 〖명〗 〖법〗 판례의 누적(累積)에 따라 성립한, 법규범(法規範)으로 성문화되지 않은 법.

판로 (販路)〖팔-〗 〖명〗 상품이 팔리는 방면이나 길. ▫ ~를 개척하다.

판로 협정 (販路協定)〖팔-쩡〗 〖경〗 기업 사이의 경쟁을 피하기 위해 판매 지역을 협의해서 나누는 협정. ▫ 동업자 간에 ~을 맺다.

판리 (辦理)〖팔-〗 〖명〗〖하타〗 일을 판별해 처리함.

판막 (瓣膜) 〖명〗 〖생〗 혈관이나 림프관 속에 있어, 피나 림프액이 거꾸로 흐르는 것을 막는 막(膜).

판-막다 〖-따〗 〖타〗 마지막 승부에 이겨 그 판을 끝내다. 판막음하다.

판-막음 〖명〗〖하타〗 그 판에서의 마지막 승리. 또는 마지막 승부를 가리는 일. ▫ 헤딩슛으로 ~을 장식하다.

판매 (販賣) 〖명〗〖하타〗 상품 따위를 팖. ▫ ~ 금지 / 할인 ~ / 할부로 ~하다.

판매-가 (販賣價)〖-까〗 〖명〗 상품 따위를 파는 값. ▫ ~를 내리다. 준판가(販價).

판매-고 (販賣高) 〖명〗 매상고(賣上高). ▫ ~가 늘다.

판매-량 (販賣量) 〖명〗 일정한 기간에 상품 따위를 판매한 양. ▫ ~의 증가.

판매-망 (販賣網) 〖명〗 상품 따위를 팔기 위한 조직이나 체계. ▫ ~이 넓어지다.

판매-소 (販賣所) 〖명〗 **1** 상품 따위를 파는 곳. ▫ 중고차 ~. **2** 입장권·승차권 따위를 파는 곳. ▫ 입장권 ~.

판매-액 (販賣額) 〖명〗 일정한 기간 상품 따위를 판 금액. 또는 그 총액.

판매업-자 (販賣業者)〖-짜〗 〖명〗 상품 따위를 파는 일을 업으로 삼는 사람. ▫ 유류(油類) ~.

판매-원 (販賣元) 〖명〗 상품 따위를 파는 근원이 되는 곳. ▫ 이 제품은 제조원과 ~이 다르다.

판매-원 (販賣員) 〖명〗 상품 따위를 파는 일을 맡은 사람. ▫ 백화점 ~.

판매-자 (販賣者) 〖명〗 물건 따위를 파는 사람. 또는 그 업체. ↔구매자(購買者).

판매-점 (販賣店) 〖명〗 상품 따위를 파는 가게. ▫ 대리점 ~ / ~에서 구입하다.

판매 조합 (販賣組合) 조합원의 생산품을 협동해서 유리하게 판매하는 것을 목적으로 하는 협동조합.

판매 카르텔 (販賣Kartell) 〖경〗 동업자끼리의 판매 경쟁을 피하고 이윤을 높이기 위한 판매 협정.

판매 회:사 (販賣會社) 생산된 상품의 판매 업무를 주로 하는 회사.

판면 (板面) 〖명〗 널빤지의 겉면.

판면 (版面) 〖명〗 인쇄판의 글씨나 그림이 드러난 면. ▫ ~을 새롭게 꾸미다.

판명 (判明) 〖명〗〖하타〗 어떤 사실을 명백히 밝힘. ▫ 뺑소니 사건의 범인이 ~되다 / 사실인지 아닌지 ~이 나다.

판목 (板木) 〖명〗 두께가 6cm 이상, 폭이 두께의 3배 이상 되는 재목.

판목 (版木) 〖명〗 인쇄하기 위해 글자나 그림을 새긴 나무.

판-몰이 〖명〗〖하자〗 노름판에서, 한 사람이 판돈을 모두 몰아 가짐.

판무 (辦務) 〖명〗〖하타〗 맡은 사무를 처리함.

판무-관 (辦務官) 〖명〗 보호국·식민지에 파견되

어 정치·외교 따위의 사무를 처리하는 관리.

판-무식 (判無識) 圓히閉 아주 무식함. 일자무
식. 전(全)무식.

판무-하다 (判無-) 圓어 전혀 없다.

판문 (板門) 圓 판자로 만든 문. 널문.

판-박이 (版-) 圓 1 판으로 박는 일. 또는 판으
로 박아 낸 책. 2 판에 박은 듯이 똑같아 변
화가 없는 것. 3 판에 박은 듯이 매우 비슷하
게 닮은 사람. ▷말의 얼굴이 엄마와 ~이다.
4 바탕 종이에 어떤 형상을 인쇄해서, 그 종
이를 물에 적셔 판자나 유리에 붙여 문질렀
다가 떼어 내면 인쇄된 부분만 남는 종이(《금
속·유리·도자기 등의 인쇄 및 아이들 놀잇감
으로 씀).

판-밖 [-박] 圓 일이 벌어진 자리 밖.

판법 (判法)[-뻡] 圓 판단하는 방법.

판벽 (板壁) 圓 판자로 만든 벽. 널벽.

판별 (判別) 圓히閉 시비·선악을 판단해서 구별
함. 또는 그런 구별. ▷~을 짓다 / 진위를 ~
하다.

판별-식 (判別式) 圓 『수』 이차 방정식의 근의
종류를 알아내기 위한 식. 이차 방정식 ax^2+bx
$+c=0(a\div0)$에 대해서, b^2-4ac를 일컬음. 기
호 'D'로 표시함.

판본 (板本·版本) 圓 『인』 '판각본(板刻本)'의
준말.

판부 (判付) 圓히閉 『역』 상주(上奏)한 안(案)을
임금이 허가하던 일. 판하(判下).

판불 (板佛) 圓 『불』 널빤지나 구리판에 새기고
채색한 불상.

판비 (辨備) 圓히閉 변통(變通)해 준비함.

판사¹ (判事) 圓 대법원을 제외한 각급 법원에
서 재판을 행하고 판결을 내리는 법관.

판사² (判事) 圓 1 고려 때, 삼사가 겸임하
던 삼사(三司)와 상서육부(尙書六部)의 으뜸
벼슬. 2 고려 때, 사헌부(司憲府)·통례문(通
禮門) 따위의 상급 벼슬. 3 조선 때, 돈령부
(敦寧府)·중추부(中樞府)·의금부(義禁府) 따
위의 종일품 벼슬.

판-상 (-上) 圓 그 판에 있는 모든 것 가운데
가장 나은 것.

판상 (板狀) 圓 널조각처럼 생긴 모양.

판상 (辨償) 圓히閉 1 빚을 갚음. 판제. 2 남에
게 끼친 손해를 물어 줌. 변제. *배상(賠償).
3 재물을 내어 지은 죄과를 갚음. 변상.

판-상놈 (-常-) 圓 아주 못된 상놈이라는 뜻으
로, 남을 욕하는 말. ▷알고 보니 ~이더군.

판상 절리 (板狀節理) 『지』 화성암(火成岩)에
발달하는, 판 모양으로 갈라진 틈.

판서 (判書) 圓 『역』 고려 말과 조선 때의 육조
(六曹)의 으뜸 벼슬.

판서 (板書) 圓히閉 칠판에 분필로 글을 씀. 또
는 그 글. ▷수업이 ~와 설명으로 진행되다.

판-설다 [판설어, 판서니, 판선] 閉 어떤 일의
사정에 아주 서투르다. ▷일이 몹시 ~. ↔판
수익다.

판-세 (-勢)[-쎄] 圓 판의 형세. ▷~가 기울다 /
~를 살피다.

판-셈 [-쎔] 圓히閉 빚진 사람이 빚을 준 모든
사람에게 자신의 전 재산을 나누어 갖게 함.
또는 그런 일.

판-소리 [-쏘-] 圓 『악』 광대 한 사람이 고수
(鼓手)의 북장단에 맞추어 서사적인 사설(辭
說)을 노래와 말과 몸짓을 섞어 창극조(唱劇
調)로 부르는 민속 예술의 한 갈래. 조선 말
기 이후 남도를 중심으로 발달함.

판-쇠 [-쐬] 圓 『광』 한쪽에 몰려 있지 않고 널
리 퍼져 있는 사금층(沙金層).

판수 圓 1 점치는 일을 업으로 삼는 맹인. ▷~
를 찾아가 점을 치다. 2 맹인.

판수 (辦壽) 圓히閉 생일을 축하함.

판수-익다 [-쑤-따] 閉 어떤 일의 사정에 익숙
하다. ▷일 처리가 ~. ↔판설다.

판시 (判示) 圓히閉 『법』 어떤 사항에 대해 판
결해 보임. ▷판사는 원심대로 복직시키라고
~하였다.

판-시세 (-時勢)[-씨-] 圓 어떤 판국의 형세.

판식 (版式) 圓 인쇄판의 양식.

판심 (版心) 圓 옛 책에서, 책장의 가운데를 접
어서 양면으로 나눌 때 그 접힌 가운데 부분.

판-쓸이 圓히자閉 1 화투 놀이에서, 한 사람이
판돈을 몰아 차지하는 일. ▷막판에 ~를 하
다. 2 고스톱에서, 한 사람이 바닥에 깔려 있
는 패를 모두 가져오는 일.

판야 (포 panja) 圓 케이폭(kapok).

판연 (判然) 圓히閉히閉 확실하게 드러나 있는
모양. ▷성질이 ~하게 다르다.

판열 (瓣裂) 圓히閉 『식』 꽃씨를 날리기 위해
꽃가루 주머니가 터지는 일.

판옥-선 (板屋船)[파녹썬] 圓 『역』 조선 때, 갑
판 위의 한 층을 더 올려 1칸집지로 지붕을 덮
은 전투용 배(《임진왜란 때 활약이 컸음).

판-유리 (板琉璃)[-뉴-] 圓 널빤지 모양의 넓
적하고 반듯한 유리. 판초자(板硝子). ▷~로
앞면을 대다.

판윤 (判尹) 圓 『역』 조선 때, 한성부(漢城府)
의 으뜸 벼슬.

판이-하다 (判異-) 圓어 아주 다르다. ▷성질
이 ~ / 생김이 판이하게 다르다.

판자 圓 널게 만든 밭이랑.

판자 (板子) 圓 1 나무로 만든 널조각. 널빤지.
▷~를 대다. 2 송판(松板).

판자-때기 (板子-) 圓 '널빤지'의 낮춤말. ▷
~를 덧붙이다.

판자-벽 (板子壁) 圓 판자로 된 벽. 널벽. ▷~
을 치다.

판자-촌 (板子村) 圓 판잣집들이 모여 있는 가
난한 동네. ▷~을 철거하다.

판잣-집 (板子-)[-자찝 / -잗찝] 圓 판자로 허
술하게 지은 집. ▷무허가 ~.

판장 (板牆) 圓 '널판장'의 준말. ▷~을 둘러
치다.

판-장원 (-壯元)[-짱-] 圓 그 판에서 재주가
가장 뛰어난 사람.

판재 (板材) 圓 1 널빤지로 된 재목. 2 관(棺)으
로 쓸 재목. 관재(棺材). 널감.

판적 (版籍) 圓 1 『역』 일제 강점기에, 호구(戶
口)를 적던 책. 2 서책(書冊). 책.

판적-사 (版籍司)[-싸] 圓 『역』 조선 때, 호구·
토지·조세 등에 관한 일을 맡아보던 호조(戶
曹)의 한 관아.

판전 (版殿) 圓 『불』 판각(板閣).

판-전각 (版殿閣) 圓 『불』 판각(板閣).

판정 (判定) 圓히閉 판별해 결정함. ▷~으로
이기다 / ~에 따르다.

판정-승 (判定勝) 圓히자閉 권투·레슬링 따위에
서, 심판의 판정으로 이김. ↔판정패.

판정-패 (判定敗) 圓히자閉 권투·레슬링 따위에
서, 심판의 판정으로 짐. ↔판정승.

판제 (辦濟) 圓히閉 판상(辦償)1.

판-조사 (-曹司) 圓 그 판에서 재주가 가장 뒤
떨어진 사람.

판주 (辦主) 圓 『역』 음식물을 제공하던 사람.

판-주다 閉 그 판에서 가장 뛰어난 사람으로

인정해 내세우다.

판-중 (-中) 圐 판을 이룬 여러 사람 가운데. ▯~에서 으뜸이다.

판지 (板紙) 圐 두껍고 단단하게 널빤지처럼 만든 종이. 마분지. 보드지.

판-짜기 (版-) 圐〔인〕조판(組版).

판책 (版冊) 圐 판으로 박아 낸 책.

판첸 라마 (Pan-chen Lama) 〔종〕티베트에서, 정치와 종교의 두 권리를 장악한 라마교의 우두머리《달라이 라마의 다음가는 정치·종교상의 권력자》.

판초 (poncho) 圐 **1** 남아메리카 원주민이 입는, 한 장의 천으로 된 옷. 또는 그와 비슷한 우비. 중앙에 구멍이 있고 그곳으로 머리를 내어 입음. **2** 짐을 진 채 머리서부터 쓸 수 있는 우비.

판-초자 (板硝子) 圐 판유리.

판촉 (販促) 圐 여러 가지 방법을 써서 수요를 불러일으키고 자극함으로써 판매가 늘도록 유도하는 일. ▯~ 행사 / ~ 경쟁에 열을 올리다.

판출 (辦出) 圐하타 돈이나 물건 따위를 변통해 갖추어 냄. ▯사업 자금을 ~하다.

판-치다 자 **1** 그 판에서 가장 잘하다. **2** 마음대로 세력을 부리다. ▯주먹이 ~. **3** 경향·풍조 따위가 널리 퍼지다. ▯황금만능주의가 판치는 요즈음 세태.

판타지 (fantasy) 圐〔악〕환상곡(幻想曲).

판타지아 (이 fantasia) 圐〔악〕환상곡.

판탈롱 (ㅍ pantalon) 圐 아랫부분이 나팔 모양으로 벌어진 여성용 바지.

판탕 (板蕩) 圐 **1** 나라의 형편이 정치를 잘못해서 어지러워짐. **2** 탕진.

판테온 (Pantheon) 圐 **1** 로마에 있는 로마 시대의 신전《현재는 사원(寺院)이나 능묘(陵墓)로 씀》. **2** 파리에 있는 성당《위고·루소·볼테르·졸라 등 프랑스의 국가적인 공로자나 위인의 묘가 있음》.

판판 圐 전혀. 아주. ▯전과는 ~ 다르다.

판판-이 圐 **1** 판마다. 번번이. ▯~ 이기다. **2** 언제나 항상. ▯~ 놀고먹다.

판판-하다 혬 물건의 표면이 높낮이가 없이 고르고 넓다. ▯판판한 바위 위에 앉다. ❀편편하다. **판판-히** 圐

판:-하다 혬여 끝없이 판판하고 너르다. ▯판한 벌판을 바라보다. ❀편하다. **판:-히** 圐

판행 (版行) 圐하타 출판해서 발행함.

판형 (判型·版型) 圐〔인〕책의 크기《A4판·B5판 따위》. ▯~을 확대하다.

판화 (版畵) 圐 나무·금속·돌로 된 판에 그림을 새기고 색을 칠해서, 종이나 천을 대고 찍어 만든 그림. ▯~를 제작하다.

판-히 (判-) 圐 '판연(判然)히'의 준말.

팔 〔생〕사람의 어깨와 손목 사이의 부분. 【팔이 들이굽지 내굽나】자기와 가까운 사람에게 정이 쏠림은 인지상정이라는 말. **팔을 걷고 나서다** 宿 어떤 일에 적극적으로 나서다. 팔을 걷어붙이다. **팔을 걷어붙이다** 宿 팔을 걷고 나서다.

팔 (八) 쭈관 여덟. ▯~ 권 / ~ 미터.

팔-가락지 [-찌] 圐 팔찌1.

팔각 (八角) 圐 팔모. ▯~으로 지은 정자.

팔각-기둥 (八角-)[-끼-] 圐 밑면이 팔각형으로 된 각기둥.

팔각-당 (八角堂)[-땅] 圐 팔각형으로 세운 불당(佛堂).

팔각-도 (八角壔)[-또] 圐 '팔각기둥'의 구용어.

팔각-뿔 (八角-) 圐 밑면이 팔각형인 각뿔.

팔각-시 (八角詩) 圐〔문〕시회(詩會) 따위에서, 글자 여덟 개를 뽑아 그 가운데의 한 글자씩을 머리글자로 해서 사자구(四字句)와 삼자구(三字句)를 만드는 일. 각기 지은 것을 모아 칠언 절구(七言絶句)로 만드는 시작(詩作) 놀이《오언(五言) 절구로 할 때는 삼자구(三字句)와 이자구를 짓게 됨》.

팔각-정 (八角亭)[-쩡] 圐〔건〕지붕이 여덟 모가 지게 지은 정자(亭子). 팔모정.

팔각-주 (八角柱)[-쭈] 圐〔수〕'팔각기둥'의 구용어.

팔각-집 (八角-)[-찝] 圐〔건〕지붕이 여덟 모로 된 집.

팔각-추 (八角錐) 圐〔수〕'팔각뿔'의 구용어.

팔각-형 (八角形)[-가켱] 圐〔수〕여덟 개의 선분으로 둘러싸인 평면 도형.

팔-걸이 圐 **1** 의자 따위의, 팔을 걸치는 부분. **2** 씨름에서, 한 손으로 상대방 다리를 걸어서 고개와 몸으로 밀어 넘어뜨리는 기술. **3** 수영에서, 발로 몸을 뜨게 하고 두 팔로 번갈아 물을 헤쳐서 나가는 수영법.

팔걸이-의자 (-椅子)[-거리-/ -거리이-] 圐 팔걸이가 있는 의자.

팔결 圐圐 '팔팔결'의 준말.

팔경 (八景) 圐 어떤 지역에서, 여덟 곳의 아름다운 경치《관동 팔경·단양 팔경 따위》.

팔계 (八戒)[-/ -게] 圐〔불〕우바새(優婆塞) 및 우바이(優婆夷)가 육재일(六齋日)에 지켜야 할 여덟 가지 계행(戒行).

팔고 (八苦) 圐〔불〕사람이 겪는 여덟 가지 괴로움《생고(生苦)·노고(老苦)·병고(病苦)·사고(死苦)·애별리고(愛別離苦)·원증회고(怨憎會苦)·구부득고(求不得苦)·오음성고(五陰盛苦)》.

팔고조-도 (八高祖圖) 圐 사대(四代)까지의 한 아버지와 할머니 및 외할아버지와 외할머니를 계통적으로 배열한 도표.

팔곡 (八穀) 圐 여덟 가지의 곡식《벼·보리·기장·조·밀·콩·팥·깨, 또는 벼·보리·기장·피·수수·조·깨·콩》.

팔관-회 (八關會) 圐〔역〕통일 신라·고려 때, 중경(中京)과 서경(西京)에서 토속신에게 제사 지내던 의식.

팔괘 (八卦) 圐 중국 상고 시대에 복희씨(伏羲氏)가 지었다는 여덟 가지의 괘《☰(건(乾))·☱(태(兌))·☲(이(離))·☳(진(震))·☴(손(巽))·☵(감(坎))·☶(간(艮))·☷(곤(坤))》.

팔괘-장 (八卦章) 圐〔역〕갑오개혁 이후에 문무관 가운데 훈공이 있는 사람에게 주던 훈장《일등에서 팔등까지 있었음》.

팔굉 (八紘) 圐 여덟 방위의 멀고 너른 범위. 곧, 온 세상. 팔극. 팔황(八荒).

팔구 (八區) 圐 여덟 방위의 구역. 곧, 온 천하.

팔구 (八九) 쭈 여덟이나 아홉. ▯~ 개월.

팔구-분 (八九分) 圐 열로 나눈 것 가운데 여덟이나 아홉쯤 되는 정도.

팔구-월 (八九月) 圐 팔월과 구월. 또는 팔월이나 구월.

팔 굽혀 펴기 [-구펴-] 엎드려뻗친 자세로 팔을 굽혔다 폈다 하는 운동.

팔극 (八極) 圐 팔굉.

팔기 (八旗) 圐〔역〕중국 청나라 태조(太祖)가 제정한 병제(兵制). 전군을 기(旗)의 빛깔에 따라 8 기(旗)로 나누고, 각 기의 병수(兵數)는 7,500 명으로 하였음.

팔-꿈치 뗑 〔생〕 팔의 아래위 관절이 이어진 곳의 바깥쪽. ▢~로 찌르다.

팔난(八難)[-란] 뗑 **1** 여덟 가지의 어려움이나 괴로움(배고픔·목마름·추위·더위·물·불·칼·병란). **2** 〔불〕 부처를 보지 못하고 불법을 들을 수 없는 여덟 가지의 장애와 어려움.

팔-난봉[-란-] 뗑 온갖 난봉을 부리는 사람.

팔년-병화(八年兵火)[-련-] 뗑 승부가 오랫동안 결정되지 않음의 비유(중국에서, 항우(項羽)와 유방(劉邦)의 싸움이 8년 걸린 데서 나온 말).

팔년-풍진(八年風塵)[-련-] 뗑 여러 해 동안 고생을 겪음의 비유(항우(項羽)와 유방(劉邦)이 여덟 해를 고생한 끝에 항우(項羽)를 멸(滅)한 데서 나온 말).

팔-놀림[-롤-] 뗑 팔의 움직임. 또는 그런 모양. ▢~이 부자연스럽다.

팔다[팔아, 파니, 파는] 타 **1** 값을 받고 물건·권리 따위를 넘기거나 노력 따위를 제공하다. ▢팔 물건 / 재주를 ~ / 믿지고 ~. ↔사다. **2** 자기의 이익을 위해 이름 따위를 빙자하다. ▢친구의 이름을 ~. **3** ('눈·정신' 따위와 함께 쓰여) 정신이나 눈을 딴 곳으로 돌리다. ▢한눈을 팔지 마라. **4** 돈을 주고 곡식을 사다. ▢쌀을 팔러 가다. ↔사다. **5** 여자가 돈을 받고 육체관계를 맺다. ▢몸을 ~. **6** 옳지 않은 이득을 얻으려고 양심·지조 따위를 저버리다. ▢나라를 ~ / 양심을 ~.

팔-다리 뗑 팔과 다리. ▢~가 쑤시다.

팔다리-뼈 뗑 팔과 다리의 뼈.

팔달(八達)[-딸] 뗑 **1** 길이 팔방으로 통함. **2** 모든 일에 정통함.

팔-대가(八大家)[-때-] 뗑 **1** '당송 팔대가'의 준말. **2** 수투전(數鬪牋).

팔대 명왕(八大明王)[-때-] 〔불〕 여덟 방위를 지키는 여덟 명왕(부동명왕(不動明王)·항삼세(降三世)명왕·군다리(軍茶利)명왕·대위덕(大威德)명왕·대륜(大輪)명왕·보척(步擲)명왕·무능승(無能勝)명왕·마두관음(馬頭觀音)).

팔대 야:차(八大夜叉)[-때-] 〔불〕 여덟 야차신(神)(보현(寶賢)·만현(滿賢)·산지(散支)·중덕(衆德)·응념(應念)·대만(大滿)·무비력(無比力)·밀엄(密嚴)).

팔대 용왕(八大龍王)[-때-] 〔불〕 여덟 용왕. 곧, 난타(難陀)·발난타(跋難陀)·사갈라(娑竭羅)·화수길(和修吉)·덕차가(德叉迦)·아나바달다(阿那婆達多)·마나사(摩那斯)·우발라(優鉢羅). 팔대 용신(龍神).

팔대 지옥(八大地獄)[-때-] 〔불〕 팔한(八寒)과 팔열(八熱) 지옥.

팔대 행성(八大行星)[-때-] 〔천〕 여덟 개의 큰 행성. 곧, 수성·금성·지구·화성·목성·토성·천왕성·해왕성.

팔덕(八德)[-떡] 뗑 인(仁)·의(義)·예(禮)·지(智)·충(忠)·신(信)·효(孝)·제(悌)의 여덟 가지 덕(德).

팔도(八道)[-또] 뗑 **1** 우리나라 전체를 이르는 말. **2** 〔역〕 조선 때의 행정 구역. 곧, 경기도·충청도·경상도·전라도·강원도·황해도·평안도·함경도의 8도. 팔로.

[팔도를 무른 메주 밟듯] 팔도강산을 두루 돌아다녔다는 말.

팔도-강산(八道江山)[-또-] 뗑 우리나라 전체의 강산. ▢~을 누비다.

팔도 음정(八度音程)[-또-] 옥타브(octave).

팔-두신(八頭身)[-뚜-] 뗑 팔등신(八等身).

팔두-작미(八斗作米)[-뚜장-] 뗑 벼 한 섬을

찧는 데 쌀 여덟 말을 받고 그 나머지는 방앗삯으로 주는 일.

팔-등신(八等身)[-뜽-] 뗑 키가 얼굴 길이의 8배 되는 몸. 또는 그 사람(균형이 잡힌 아름다운 몸의 표준). 팔두신. ▢~의 미녀.

팔딱 閉재태 **1** 작고 탄력 있게 뛰는 모양. ▢메뚜기가 ~ 뛰다. **2** 심장이나 맥이 작게 뛰는 모양. ③펄떡.

팔딱-거리다 [-꺼-] 재태 **1** 작고 탄력 있게 자꾸 뛰다. **2** 심장이나 맥이 자꾸 뛰다. 또는 그리 되게 하다. ▢가슴을 팔딱거리며 뛰어오다. **3** 성이 나서 자꾸 팔짝 뛰다. **4** 작은 사람이 문을 여닫으며 자꾸 드나들다. ③펄떡거리다. 팔딱-팔딱 閉재태 ▢맥이 ~ 뛰다.

팔딱-대다 [-때-] 재태 팔딱거리다.

팔딱-이다 재태 작고 탄력 있게 뛰다. ③펄떡이다.

팔-때기 뗑 '팔'의 낮춤말.

팔뚝 뗑 팔꿈치로부터 손목까지의 부분. 하박. ▢~이 굵다.

팔뚝-시계 (-時計) 뗑 ☞ 손목시계.

팔라듐 (palladium) 뗑 백금족 원소의 하나. 질산과 진한 황산에 녹고, 수소를 흡수하는 성질이 있음. 값이 싸고 굳기가 높고 잘 썩지 않아 전기용·치과용·장식용 따위로 씀. [46 번 : Pd : 106.4]

팔락 閉째태 바람에 가볍고 빠르게 나부끼는 소리. 또는 그 모양. ▢바람에 종잇장이 ~ 날다. ③펄럭.

팔락-거리다 [-꺼-] 재태 바람에 가볍고 빠르게 잇따라 나부끼다. ▢팔락거리는 오색 깃발. 팔락-팔락 閉째태

팔락-대다 [-때-] 재태 팔락거리다.

팔락-이다 재태 바람에 가볍고 빠르게 나부끼다. ③펄럭이다.

팔랑 閉째태 **1** 바람에 가볍게 나부끼는 모양. ▢깃발이 ~ 나부끼다. **2** 나비나 나뭇잎 따위가 가볍게 나는 모양. ▢나비가 ~ 날다. ③펄렁.

팔랑-개비 뗑 **1** 어린이 장난감의 하나(빳빳한 색종이를 여러 갈래로 자르고 그 귀를 구부려 한데 모아 철사 따위를 꿰어 자루에 붙여서 바람에 돌도록 만든 것). 바람개비. 풍차(風車). **2** 몸을 가볍게 놀리며 돌아다니는 사람의 비유.

팔랑-거리다 재태 바람에 가볍고 힘차게 계속 나부끼다. 또는 그렇게 되게 하다. ▢옷고름이 바람에 ~. ③펄렁거리다. 팔랑-팔랑 閉째태 ▢꽃잎이 ~ 날리다.

팔랑-대다 재태 팔랑거리다.

팔레오-세(←Paleocene世)〔지〕 신생대(新生代) 제삼기(第三紀)의 첫 시대. 약 6,500만 년 전부터 약 5,500만 년 전까지임.

팔레트 (ㅍ palette) 뗑 수채화나 유화를 그릴 때, 그림물감을 짜내어 섞어 풀어서 필요한 색을 만드는 도구. 조색판(調色板).

팔레트 나이프 (palette knife) 그림물감을 섞어 개거나 찌꺼기를 긁어내는 데 쓰는 칼.

팔로(八路) 뗑 〔역〕 팔도(八道)2.

팔리다 재 ('팔다'의 피동) **1** 물건이나 권리·노력 따위를 다른 사람이 사 가져가다. ▢에 어컨이 불티나게 ~. **2** 정신이 한쪽으로 쏠리다. ▢노는 데만 정신이 ~. **3** 얼굴이나 이름이 널리 알려지다. ▢언론에 이름이 팔리기 시작하다.

팔림-새 뗑 상품이 팔리는 정도나 상태. ▢~

가 좋다.

팔만-나락 (八萬奈落)圓〖불〗 팔만지옥.

팔만-대장경 (八萬大藏經)圓〖불〗 **1** 고려 고종 때 완성한 대장경. 부처의 힘으로 외적을 물리치기 위해 만들었음. 경남 합천 해인사에 보관하고 있는데, 경판(經板)의 수는 8만 1,258판임. 국보 제 32 호. **2** 팔만사천대장경.

팔만사천-대장경 (八萬四千大藏經)圓〖불〗 8만 4천 번뇌의 법문(法門)을 수록한 '대장경'을 일컫는 말. 팔만대장경.

팔만-지옥 (八萬地獄)圓〖불〗 중생이 번뇌 때문에 당하는 많은 괴로움을 지옥에 비유한 말. 팔만나락(奈落).

팔매圓ᄒᆞ타 작고 단단한 돌 따위를 손에 쥐고 팔을 흔들어 멀리 던지는 짓. ▷ ~를 치다.

팔매-질圓ᄒᆞ타 팔매 치는 짓. ▷ ~을 하다가 남의 집 유리창을 깨다.

팔매-치기圓ᄒᆞ자 작고 단단한 돌 따위를 손에 쥐고 팔을 흔들어 멀리 보내거나 높이 올리기를 겨루는 장난.

팔맷-돌 [-매돌 / -맫돌]圓 **1** 팔매질할 때 쓰는 돌. **2** 사냥에 쓰는 돌. 주먹만 한 돌 2~5개를 짐승의 힘줄이나 끈으로 묶어 씀.

팔면 (八面)圓 **1** 여러 방면. 여러 측면. **2**〖수〗여덟 개의 평면.

팔면-고 (八面鼓)圓〖악〗영고(靈鼓)처럼 여덟 면을 가진, 틀에 매어 놓고 치는 북.

팔면부지 (八面不知)圓 어느 모로 보나 전혀 모르는 사람. ▷ ~의 사람이 나를 찾다.

팔면-영롱 (八面玲瓏)[-녕농]圓 **1** 어느 면으로 보아도 아름답게 빛나고 맑음. **2** 마음에 아무런 거리낌이나 우울함이 없음.

팔면-육비 (八面六臂)[-뉵삐]圓 여덟 개의 얼굴과 여섯 개의 팔이라는 뜻으로, 어떤 일을 당해도 능히 처리하는 수완과 역량.

팔면-체 (八面體)圓〖수〗여덟 개의 평면으로 둘러싸인 입체.

팔-모 (八-)圓 여덟 개의 모. 팔각(八角).

팔모 (八母)圓〖역〗복제(服制)에서 친어머니 이외에 따로 구별해 일컫는 여덟 어머니. 곧, 적모(嫡母)·계모(繼母)·양모(養母)·자모(慈母)·가모(嫁母)·출모(黜母)·서모·유모.

팔-모가지 (八-)〈비〉팔목.

팔모-귀 (八-)圓 네모진 것을 여덟모로 만들고 남은 네 쪽의 삼각형.

팔모-기둥 (八-)圓〖건〗여덟모가 진 기둥. 팔각주(八角柱).

팔모-살 (八-)圓〖건〗여덟모가 진 문살.

팔모-정 (八-亭)圓 팔각정(八角亭).

팔모-지다 (八-)혤 여덟모의 모가 있다. ▷ 팔모지게 다듬다.

팔목圓〖생〗손에 잇닿은 팔의 끝 부분.

팔목 (八目)圓 수투전(數鬪牋).

팔문 (八門)圓〖민〗음양가·점술가가 구궁(九宮)에 맞추어 길흉을 점치는 여덟 문(門){휴문(休門)·생문(生門)·상문(傷門)·두문(杜門)·경문(景門)·사문(死門)·경문(驚門)·개문(開門)}.

팔문-둔갑 (八門遁甲)圓〖민〗음양가·점술가가 귀신을 부리는 술법.

팔물-탕 (八物湯)圓〖한의〗사물탕(四物湯)과 사군자탕(四君子湯)을 배합한 탕약{기혈(氣血)을 보함}. 팔진탕(八珍湯).

팔-밀이圓ᄒᆞ자타 예전에, 혼인날 신랑이 신부 집에 이를 때, 신부 집 사람이 읍(揖)하고 맞이해서 행례청(行禮廳)까지 팔을 밀어 인

도하던 일. 또는 그 일을 맡던 사람. **2** 마땅히 자기가 할 일을 남에게 미룸.

팔방 (八方)圓 **1** 사방과 사우(四隅). 곧, 동·서·남·북·북동·남동·남서·북서의 여덟 방위. **2**〖민〗건(乾)·감(坎)·간(艮)·진(震)·손(巽)·이(離)·곤(坤)·태(兌)의 여덟 방향. **3** 여러 방향. 모든 방면. 이곳저곳. ▷ ~에서 모여들다.

팔-방망이 (八-)圓 방망이 여덟 개를 앞뒤로 대어, 열여섯 사람이 메게 된 상여.

팔방-미인 (八方美人)圓 **1** 어느 모로 보나 아름다운 여인. **2** 여러 방면에 능한 사람. ▷ 못하는 게 없는 ~이다. **3** 누구에게나 잘 보이려고 처세하는 사람을 낮잡아 이르는 말. **4** 아무 일에나 조금씩 손대는 사람을 조롱해 이르는 말.

팔방-천 (八方天)圓〖불〗하늘을 여덟 방위로 나누어 일컫는 말.

팔-배태圓 한복 저고리의 소매 밑의 솔기를 따라 겨드랑이 끝까지 두 편으로 따로 좁게 댄 헝겊.

팔백 (八白)圓〖민〗음양가(陰陽家)에서, '토성(土星)'을 일컫는 말.

팔-베개圓ᄒᆞ자 팔을 베개 삼아 벰. 또는 베개 삼아 벤 팔. ▷ ~하고 눕다.

팔보-채 (八寶菜)圓 중국 요리의 하나. 마른 해삼·새우·닭고기·죽순·목이버섯·느타리버섯·양파·완두콩 따위를 기름에 볶아서 육수와 양념을 넣고 끓이다가 물에 푼 녹말을 부어 걸쭉하게 익힌 것.

팔-복전 (八福田)[-쩐]圓〖불〗 **1** 복을 얻게 된다는 여덟 가지 일을 밭에 비유한 말. 곧, 불전(佛田)·성인전(聖人田)·승전(僧田)·화상전(和尙田)·아사리전(阿闍梨田)·부전(父田)·모전(母田)·병전(病田). **2** 복 받을 원인이 되는 여덟 가지 좋은 일. 곧, 길가에 샘 파는 일, 물가에 다리를 놓는 일, 험한 길을 닦는 일, 부모에게 효도하는 일, 삼보(三寶)를 공경하는 일, 병든 사람을 간호하는 일, 가난한 사람에게 밥 주는 일, 무차(無遮) 대회를 베푸는 일.

팔부-중 (八部衆)圓〖불〗불법을 지키는 여덟 신장(神將){천(天)·용(龍)·야차(夜叉)·건달바(乾闥婆)·아수라(阿修羅)·가루라(迦樓羅)·긴나라(緊那羅)·마후라가(摩睺羅迦)}.

팔분 (八分)圓 예서(隷書) 이분(二分)과 전서(篆書) 팔분을 섞어 만든 한자의 서체.

팔분-쉼표 (八分-標)圓〖악〗온쉼표의 8분의 1 길이를 나타내는 쉼표('ᄂ'로 나타냄).

팔분-음표 (八分音標)圓〖악〗온음표의 8분의 1 길이를 나타내는 음표('♪'로 나타냄). 팔분음부.

팔분-의 (八分儀)[-부늬 / -부니]圓 옥탄트(octant).

팔-불용 (八不用)圓 팔불출(八不出).

팔-불출 (八不出)圓 몹시 어리석은 사람. 팔불용. 팔불취.

팔-불취 (八不取)圓 팔불출(八不出).

팔-뼈圓 팔의 뼈.

팔사 (八絲)[-싸]圓 여덟 가닥으로 곤 노끈.

팔삭 (八朔)[-싹]圓 음력 팔월 초하룻날{이날 농가에서 햇곡식을 처음 냄}.

팔삭-둥이 (八朔-)[-싹둥-]圓 **1** 밴 지 8개월 만에 낳은 아이. ▷ ~를 낳다. **2** 똑똑하지 못한 사람을 조롱하는 말. *여덟달반.

팔상 (八相)[-쌍]圓 **1** 사람 얼굴 생김새의 여덟 가지 모양{위(威)·후(厚)·청(淸)·고(古)·고(孤)·박(薄)·자(慈)·속(俗)}. **2**〖불〗부처가 중생을 제도(濟度)하려고 이 세상에 나타내

보인 여덟 가지의 상(相)《대승(大乘) 불교에서의 종도솔천퇴(從兜率天退)·입태(入胎)·주태(住胎)·출태(出胎)·출가(出家)·성도(成道)·전법륜(轉法輪)·입열반(入涅槃), 소승(小乘) 불교에서의 종도솔천하(從兜率天下)·탁태(託胎)·출생(出生)·출가·항마(降魔)·성도·전법륜·입열반을 이름》.

팔상-성도 (八相成道)[-쌍-] [명] 〘불〙 부처의 일생에서의 8가지 중요한 사항. 이 가운데 성도가 으뜸이므로 팔상성도라고 함. 팔상작불(作佛).

팔상-작불 (八相作佛)[-쌍-뿔] [명] 〘불〙 팔상성도(成道).

팔색-조 (八色鳥)[-쌕쪼] [명] 〘조〙 팔색조과의 새. 몸길이 18 cm 가량. 깊은 숲에 살며, 개똥지빠귀와 비슷함. 여러 빛깔이 조화된 아름다운 철새임.

팔서 (八書)[-써] [명] '팔체서(八體書)'의 준말.

팔선-교자 (八仙交子)[-썬-] [명] 팔선상.

팔선-상 (八仙床)[-썬-] [명] 네모반듯하게 생긴 큰 상《8인이 둘러앉을 만한 크기임》. 팔선교자(交子).

팔성 (八成)[-썽] [명] 황금의 품질을 10등급으로 나눈 셋째 등급.

팔-성도 (八聖道)[-썽-] [명] 〘불〙 불교 수행의 기본이 되는 여덟 가지 실천 덕목《정견(正見)·정어(正語)·정업(正業)·정명(正命)·정념(正念)·정정(正定)·정사유(正思惟)·정정진(正精進)》. 팔정도(八正道).

팔세-보 (八世譜)[-쎄-] [명] 〘역〙 문관(文官)·무관(武官)·음관(蔭官)의 팔대조(八代祖)까지 기록한 족보.

팔-소매 [-쏘-] [명] 소매.

팔손이-나무 (八-)[-쏘니-] [명] 〘식〙 두릅나뭇과의 상록 활엽 관목. 높이 2-3 m. 해안의 산골짜기에 나며, 잎은 손바닥 모양인데 8-9 갈래로 갈라짐. 겨울에 흰 꽃이 피고 다음 해 봄에 장과가 익음.

팔순 (八旬)[-쑨] [명] 여든 살. 팔질. ❑~ 노모.

팔 시간 노동제 (八時間勞動制)[-씨-] 〘사〙 노동 시간을 하루 평균 8시간, 일주일 48시간으로 하는 국제 표준 노동 시간 제도《1989년에 일주일 44시간 노동제로 개정함》.

팔식 (八識)[-씩] [명] 〘불〙 오관(五官)과 몸을 통해 외계의 사물을 인식할 수 있는 여덟 가지 심적 작용《안식(眼識)·이식(耳識)·비식(鼻識)·설식(舌識)·신식(身識)·의식(意識)·말나식(末那識)·아라야식(阿羅耶識)》.

팔-심 [-씸] [명] 팔뚝의 힘. ❑~이 세다.

팔십 (八十)[-씹] [수][관] 여든. ❑~ 세 / ~ 개월.

팔싹 [부][하자] **1** 연기나 먼지 따위가 뭉쳐 한 번 가볍게 일어나는 모양. **2** 맥없이 가볍게 내려앉거나 주저앉는 모양. [큰]펄썩.

팔싹-거리다 [-꺼-] [자] **1** 연기나 먼지 따위가 뭉쳐 잇따라 가볍게 일어나다. **2** 여럿이 모두 맥없이 가볍게 주저앉거나 내려앉다. [큰]펄썩거리다. **팔싹-팔싹** [부][하자]

팔싹-대다 [-때-] [자] 팔싹거리다.

팔-씨름 [명][하자] 팔심을 겨루는 내기. ❑~을 벌이다.

팔아-넘기다 [타] **1** 값을 받고 소유권 따위를 다른 사람에게 넘겨주다. ❑땅을 ~. **2** 주로 여성을 대상으로 해서, 돈을 받고 물건처럼 거래하다. ❑가출 소녀를 ~. **3** 어떤 이득을 얻으려고 지조·양심 따위를 내버리다. ❑양심을 ~.

팔아-먹다 [파라-따] [타] **1** 값을 받고 소유권 따위를 남에게 넘겨 버리다. ❑가산을 모두 ~. **2** 돈을 받고 노력 또는 노동력을 제공하다. ❑품을 팔아먹고 살다. **3** 부당한 이득을 얻으려고 지조·양심 따위를 내버리거나 남을 속이거나 배반하다. ❑나라를 ~. **4** 자신의 이익을 위해 남의 힘에 의지하다. ❑국회의원인 형의 이름을 ~. **5** 여자가 돈을 받고 몸을 남자에게 맡기다. **6** 곡식을 사 먹다. **7** 정신을 다른 대상으로 돌리다. ❑정신을 어디다 팔아먹은 거냐.

팔열 지옥 (八熱地獄) 〘불〙 뜨거운 불길로 고통을 받는 여덟 지옥《등활(等活)·흑승(黑繩)·중합(衆合)·규환(叫喚)·대규환(大叫喚)·초열(焦熱)·대초열(大焦熱)·무간(無間)》. *팔한(八寒) 지옥.

팔-오금 [명] 팔꿈치를 오그린 안쪽. ❑~이 저리다. [준]오금.

팔 운:동 (-運動) 팔의 근육이나 팔의 기능 향상을 위해 팔을 전후좌우·상하로 움직이는 운동.

팔월 (八月) [명] 일 년 중 여덟 번째의 달.

팔월-대보름 (八月大-) [명] 추석(秋夕).

팔월-선 (八月仙)[파뤌썬] [명] 팔월에 농사일을 끝내고 추수를 시작할 때까지의 한가한 농부《신선 같다는 뜻》.

팔음 (八音) [명] 〘악〙 아악에 쓰는 금(金)·석(石)·사(絲)·죽(竹)·포(匏)·토(土)·혁(革)·목(木)의 여덟 가지 악기. 또는 그 각각의 소리.

팔인-교 (八人轎) [명] 여덟 사람이 메는 교자.

팔일-무 (八佾舞) [명] 나라의 큰 제사 때 악생(樂生) 64명이 8열로 정렬해 추는, 규모가 큰 문무(文舞)나 무무(武舞).

팔자[1] (八字)[-짜] [명] 사람의 한평생의 운수. ❑~가 좋다 / ~로 돌리다 / ~가 기구하다.

팔자(가) 늘어지다 [구] 근심·걱정 따위가 없고 사는 것이 편안하다.

팔자(가) 세다 [구] 험악한 운명을 타고나다.

팔자(를) 고치다 [구] ㉠개가(改嫁)하다. ㉡갑작스레 부자가 되거나 높은 지위를 얻어 딴 사람처럼 됨의 비유.

팔자에 없다 [구] 분수에 넘쳐 어울리지 않다.

팔자[2] (八字)[-짜] [명] 한자의 '팔(八)'이라는 글자의 모양. ❑수염을 ~로 기르다.

팔자-걸음 (八字-)[-짜거름] [명] 여덟팔자걸음. ❑~을 걷다.

팔자-땜 (八字-)[-짜-] [명][하자] 사나운 팔자를 어떤 어려운 일로 대신 때움. ❑도난 사건을 ~으로 여기다.

팔자-소관 (八字所關)[-짜-] [명] 타고난 운수로 말미암아 어쩔 수 없이 당하는 일. ❑모든 일을 ~으로 돌리다.

팔자-수염 (八字鬚髥)[-짜-] [명] 코 밑에 '八' 자 모양으로 난 수염. ❑~을 기르다.

팔자-춘산 (八字春山)[-짜-] [명] 미인의 고운 눈썹의 비유. 팔자청산(青山).

팔자-타령 (八字-)[-짜-] [명] 불행한 자신의 운명을 한탄하거나 원망하는 일.

팔작-집 (八作-)[-짝찝] [명] 〘건〙 네 귀에 추녀를 모두 단 집. 팔작가(家).

팔-장신 (八將神)[-짱-] [명] 음양가(陰陽家)에서, 길흉의 방위를 맡은 여덟 신《태세(太歲)·대장군·태음(太陰)·세형(歲刑)·세파(歲破)·세살(歲煞)·황번(黃幡)·표미(豹尾)》.

팔재 (八災)[-째] [명] 〘불〙 선정(禪定)을 방해하는 여덟 가지 재환(災患)《희(喜)·우(憂)·고(苦)·낙(樂)·심(尋)·사(伺)·출식(出息)·입식(入息)》.

팔-재간 (-才幹)[-째-] 씨름에서, 팔을 쓰는 재간. □ ~에 능하다.

팔전 (八專)[-쩐] 임자(壬子)에서 계해(癸亥)까지의 12일 중 축(丑)·진(辰)·오(午)·술(戌)의 나흘을 뺀 나머지 8일 동안의 일컬음《임(壬)·계(癸)는 모두 물이라는 뜻으로, 그 동안에 비가 많이 온다고 하며, 일 년 중 여섯 차례 있음》.

팔절 (八節)[-쩔] 여덟 절기(節氣). 곧, 입춘·춘분·입하·하지·입추·추분·입동·동지.

팔절-일 (八節日)[-쩌릴] 팔절(八節)에 해당하는 날.

팔절-판 (八切判)[-쩔-] 가로 22 cm, 세로 16.5 cm인 사진판의 크기.

팔-정도 (八正道)[-쩡-] 《불》 팔성도(八聖道).

팔조지교 (八條之教)[-쪼-] 《역》 고조선 때 시행한 여덟 가지의 금법(禁法)《살인·상해(傷害)·투도(偸盜)의 세 조항만이 전해짐》. 팔조지금법.

팔조지금법 (八條之禁法)[-쪼-뻡] 《역》 팔조지교(八條之教).

팔족-시 (八足詩)[-쪽씨] 팔각시(八角詩)에서 머리글자로 쓰는 것을 끝 글자로 쓰는, 팔각시와 비슷한 놀이.

팔종성-가족용법 (八終聲可足用法)[-쫑-종뇽뻡]《언》 훈민정음 해례(解例)에서, 받침으로 쓰는 글자는 'ㄱ·ㄴ·ㄷ·ㄹ·ㅁ·ㅂ·ㅅ·ㅇ'의 여덟으로 충분하다는 원칙.

팔-주비전 (八注比廛)[-쭈-] 《역》 조선 때, 서울에 있던 백각전(百各廛) 가운데 선전(縇廛)·면포전(綿布廛)·면주전(綿紬廛)·지전(紙廛)·저포전(苧布廛)·포전(布廛)·내어물전(內魚物廛)·외어물전(外魚物廛)의 여덟 시전(市廛). *육주비전.

팔-죽지 [-쭉찌] 팔꿈치에서 어깻죽지 사이의 부분. □ ~를 잡고 늘어지다.

팔중-주 (八重奏)[-쭝-] 《악》 실내악의 하나《여덟 개의 독주 악기가 어울리는 연주. 현악 팔중주·관악 팔중주·관현(管絃) 팔중주 등이 있음》. 옥텟(octet).

팔진 (八鎭)[-찐] 사방(四方)과 사우(四隅). 팔방(八方).

팔진-도 (八陣圖)[-찐-] 《역》 중군(中軍)을 가운데 두고 전후좌우에 각각 여덟 가지 모양으로 진을 친 진법(陣法)의 그림《천(天)·지(地)·풍(風)·운(雲)·용(龍)·호(虎)·조(鳥)·사(蛇)》.

팔질 (八耋)[-찔] 여든 살. 팔순(八旬). 장조(杖朝).

팔-짓 [-찓] 명하자 팔을 이리저리 놀리는 짓. □ 손짓과 ~을 하면서 연설하다.

팔짝 부하자타 1 갑자기 가볍게 뛰어오르거나 날아오르는 모양. □ 합격 소식에 ~ 뛰며 기뻐하다. 2 문이나 뚜껑 따위를 갑작스럽게 여는 모양. □ 문을 ~ 열다. 큰펄쩍.

팔짝 뛰다 🔁 억울한 일을 당했을 때 강하게 부인하다. 큰펄쩍 뛰다.

팔짝-거리다 [-꺼-] 자타 1 갑자기 가볍게 자꾸 뛰어오르거나 날아오른다. 2 문이나 뚜껑 따위가 갑작스럽게 자꾸 열리다. 또는 그리 되게 하다. 큰펄쩍거리다. **팔짝-팔짝** 부하자타

팔짝-대다 [-때-] 자타 팔짝거리다.

팔짱 명 1 두 손을 각각 다른 쪽 소매 속에 마주 넣거나, 두 팔을 마주 끼어 손을 두 겨드랑이 밑으로 두는 일. □ ~을 끼다. 2 나란히

있는 두 사람 가운데 한 사람이 옆 사람의 팔에 자신의 팔을 끼는 일. □ 남녀가 ~을 끼고 걷다.

팔짱(을) 끼고 보다 🔁 수수방관(袖手傍觀)하다.

팔짱(을) 지르다 🔁 두 팔을 양쪽 소매 속에 마주 넣다.

팔찌 명 1 여자의 팔목에 끼는, 금·은 따위로 만든 고리 모양의 장식품. 팔가락지. □ ~를 끼다. 2 활을 쏠 때, 활을 쥐는 쪽의 소매를 걷어 매는 띠. 3 범죄자들의 은어로, '수갑'을 이르는 말.

팔재-동 (八-) 활을 쏠 때 사대(射臺)에서의 위치·순(巡)·화살 대수 등에 대한 예법.

팔척-장신 (八尺長身)[-짱-] 명 키가 매우 큰 사람의 몸을 과장하여 이르는 말. □ ~의 건장한 사나이.

팔천 (八賤) 명 《역》 조선 때, 노비이거나 신분은 양인이지만 천역(賤役)에 종사하였던 여덟 천민《사노비(私奴婢)·승려·백정·무당·광대·상여꾼·기생·공장(工匠)》.

팔체 (八體) 명 '팔체서(八體書)'의 준말.

팔체-서 (八體書) 명 중국 진(秦)나라 때 쓰던 여덟 가지의 글씨체《대전(大篆)·소전(小篆)·각부(刻符)·충서(蟲書)·모인(摹印)·서서(署書)·수서(殳書)·예서(隸書)》. 준팔서(八書)·팔체.

팔초-하다 형여 얼굴이 좁고 턱이 뾰족하다.

팔촌 (八寸) 명 아버지 육촌의 자녀와의 촌수.

팔팔 부 1 적은 물이 용솟음치며 끓는 모양. □ 물이 ~ 끓다. 2 몸이나 온돌방이 높은 열로 뜨거운 모양. □ 방이 ~ 끓다. 3 작은 것이 힘차게 날거나 뛰는 모양. □ 눈이 ~ 날리다. 큰펄펄.

팔팔 뛰다 🔁 억울하거나 뜻밖의 일을 당하여, 깜짝 놀라거나 강하게 부인하다. 큰펄펄 뛰다.

팔팔-결 명부 다른 정도가 엄청남. 준팔결.

팔팔-하다 형여 1 성질이 거세고 급하다. □ 팔팔한 성깔. 2 날 듯이 활발하고 생기가 있다. □ 팔팔한 젊은이. 큰펄펄하다.

팔포-대상 (八包大商) 명 1 생활에 걱정이 없는 사람. 2 《역》 조선 후기에, 중국 청(淸)나라에 가는 사신을 따라가 홍삼을 팔도록 허가를 받았던 의주 상인.

팔표 (八表) 명 팔방(八方)의 구석.

팔푼-이 (八-) 명 생각이 어리석고 하는 짓이 야무지지 못한 사람을 낮잡아 이르는 말.

팔풍 (八風)[-풍] 사방에서 불어오는 바람《동북 염풍(炎風)·동방 조풍(條風)·동남 혜풍(惠風)·남방 거풍(巨風)·서남 양풍(涼風)·서방 유풍(飂風)·서북 여풍(麗風)·북방 한풍(寒風)》.

팔풍-받이 (八風-)[-바지] 팔방(八方)에서 불어오는 바람을 모두 받는 곳.

팔-학사 (八學士)[-싸] 명 《역》 조선 때, 예문관(藝文館)의 봉교(奉教)·대교(待教) 각 두 사람과 검열(檢閱) 네 사람을 합해 이르던 말.

팔한 지옥 (八寒地獄)《불》 몹시 추운 여덟 지옥《알부타(頞部陀)·이라부타(尼剌部陀)·알찰타(頞晣吒)·확화라(臛臛婆)·호호라(虎虎婆)·올발라(嗢鉢羅)·발특마(鉢特摩)·마하발특마(摩訶鉢特摩)》. *팔열(八熱) 지옥.

팔행-시 (八行詩)[-씽-] 명 여덟 줄로 된 시.

팔황 (八荒) 명 팔굉(八紘).

팔-회목 명 손회목.

팜 볼 (palm ball) 야구에서, 손바닥에 공을 붙이고 엄지손가락과 새끼손가락으로 공을 누

르면서 던지는 공.
팜-유 (palm油) 명 종려유(棕櫚油).
팜플렛 명 ☞ 팸플릿(pamphlet).
팝 뮤직 (pop music) 《악》 재즈·샹송·영화 음악 따위의 오락적 성격을 띤 경쾌한 음악을 이름.
팝송 (pop song) 《악》 통속적인 가요곡. 특히 영미(英美)의 유행가를 이름.
팝업 메뉴 (pop-up menu) 《컴》 하위 메뉴를 상위 메뉴 앞에 배치하는 구성 방식. 해당 메뉴를 선택한 후에 화면에 나타남. *풀다운 메뉴.
팝콘 (popcorn) 명 옥수수에 소금으로 간을 해서 튀긴 식품.
팟-종 [파쫑 / 팓쫑] 명 다 자란 파의 꽃줄기.
팡 명 **1** 풍선이나 폭탄 따위가 갑자기 터지는 소리. ▭풍선이 ~ 터지다. **2** 작은 구멍이 뚫리는 소리. 또는 그 모양. ▭양말에 구멍이 ~ 뚫리다. 〔세〕펑'. 〔센〕빵.
팡개 명 돌멩이나 흙덩어리를 찍어 던져 새를 쫓는 데 쓰는, 한끝이 네 갈래로 짜개진 대나무 토막.
팡개-질 명하자 팡개로 돌멩이나 흙덩이를 찍어 던지는 일. ▭~해서 새를 쫓다.
팡개-치다 타 ☞ 팽개치다.
팡당 부하자타 작고 무거운 물건이 얕은 물에 떨어지는 소리. ▭돌이 ~ 떨어지다. 〔큰〕펑덩.
팡당-거리다 자타 팡당 소리가 잇따라 나다. 또는 그런 소리를 잇따라 내다. 〔큰〕펑덩거리다. 팡당-팡당 부하자타
팡당-대다 자타 팡당거리다.
팡파르 [ㅍ fanfare] 명 《악》 **1** 북과 금관(金管) 악기를 쓰는 짧고 씩씩한 악곡. **2** 삼화음(三和音)을 사용한 트럼펫의 신호(축하 의식이나 축제 때 씀). ▭~가 울리다.
팡파지다 형 옆으로 퍼진 모양이 둥그스름하게 널찍하다. 〔큰〕펑퍼지다.
팡파짐-하다 형여 옆으로 퍼진 모양이 둥그스름하고 판판하게 널찍하다. ▭엉덩이가 ~. 〔큰〕펑퍼짐하다.
팡-팡 부하자타 **1** 눈이나 물 따위가 세차게 쏟아지거나 솟는 모양. ▭흙탕물이 ~ 쏟아지다. **2** 잇따라 세차게 터지거나 터지는 소리. ▭~ 쏘아 대는 폭죽 소리. 〔큰〕펑펑.
팡팡-거리다 자타 **1** 팡팡하는 소리가 자꾸 나다. 또는 그 소리를 자꾸 내다. **2** 팡팡하고 쏟아지다. 〔큰〕펑펑거리다.
팡팡-대다 자타 팡팡거리다.
팥 [팓] 《식》 콩과의 한해살이풀. 여름에 노란 꽃이 피고, 긴 원통형 꼬투리에 4~15개의 적갈색·흑색·회백색·담황색 등의 씨가 들어 있음. 소두(小豆). 인도 원산.
〔팥으로 메주를 쑨대도 곧이듣는다〕지나치게 남의 말을 무조건 믿는다.
팥-가루 [팓까-] 명 팥을 삶아서 찧거나 갈아서 만든 가루.
팥-고물 [팓꼬-] 명 팥을 삶아 으깨어 만든 고물(떡에 묻힘). 〔준〕붉은 떡.
팥-고추장 (-醬) [팓꼬-] 명 콩과 팥을 함께 삶아서 찧은 뒤 흰무리를 섞어 버무려 만든 메주로 담근 고추장.
팥-꼬투리 [팓-] 명 알맹이가 든 팥의 열매.
팥-꽃 [팓꼳] 명 팥의 꽃(약으로 씀). 팥노곶.
팥-노곶 [팓-] 명 팥꽃.
팥노곶 일다 귀 팥꽃이 피다.
팥-눈 [팓-] 명 팥알의 겉에 하얀 점이 박힌 자리(배아(胚芽)).
팥-대우 [팓때-] 명 《농》 팥을 심은 대우.

팥대우(를) 파다 귀 이른 봄에, 보리나 밀을 심은 밭이랑에 호미로 파서 드문드문 팥을 심다.
팥-떡 [팓-] 명 팥고물을 묻힌 떡.
팥-매 [팓-] 명 팥을 타는 맷돌.
팥-물 [팓-] 명 팥을 삶아 짜서 체에 거른 물(팥죽 쑤는 데 씀).
팥물-밥 [팓-] 명 팥을 삶은 물로 지은 밥.
팥-밥 [팓빱] 명 팥을 놓아 지은 밥.
팥-배 [팓빼] 명 팥배나무의 열매. 당리(棠梨).
팥배-나무 [팓빼-] 《식》 장미과의 낙엽 활엽 교목. 산에 남. 높이는 15m가량. 봄에 흰 꽃이 피고 열매는 가을에 익음. 목재는 기구재, 과실은 식용함.
팥-비누 [팓삐-] 명 예전에, 비누 대신 쓰던 팥 가루(팥의 껍질을 벗기고 알맹이를 곱게 갈아 만듦).
팥-빵 [팓-] 명 소로 팥을 넣어 만든 빵.
팥-소 [팓쏘] 명 팥을 삶아 으깨거나 갈아서 떡이나 빵 따위의 속에 넣는 소.
팥-수라 (-水剌) [팓쑤-] 명 《궁》 팥밥.
팥-장 (-醬) [팓짱] 명 팥과 밀가루로 메주를 만들어 담근 장. ▭~을 담그다.
팥-죽 (-粥) [팓쭉] 명 팥을 푹 삶아 체에 으깨어 밭인 물에 쌀을 넣고 쑨 죽. ▭~을 쑤다.
팥죽-동옷 (-粥-) [팓쭉똥옫] 명 예전에, 어린 아이들이 동지 빔으로 입는 자줏빛 또는 보랏빛의 저고리.
팥죽-할멈 (-粥-) [팓쭉칼-] 명 《속》 팥죽 같은 묽은 음식이나 먹을, 이가 다 빠진 노파를 익살스럽게 일컫는 말.
팥-편 (-便) [팓-] 명 팥물을 밀가루에 섞어 꿀을 치고 익힌 음식.
패 (敗) 〔-튼〕 명 어떤 일을 실패함 승부를 가리는 경기 등에서 짐. 〔일방적인 ~ / 몇 차례의 ~를 겪다. 〔-의〕 명 운동 경기에서, 진 횟수를 세는 단위. ▭1승 2~. ↔승(勝).
패[1] (牌) 명 **1** 특징·이름·성분 등을 알리기 위해, 그림이나 글씨를 그리거나 쓰거나 새긴 자그마한 종이나 나뭇조각. ▭~를 달다 / ~를 붙이다. **2** 화투나 투전에서, 각 장. 또는 그것이 나타내는 끗수 따위의 내용. ▭~가 나쁘다 / ~를 돌리다.
패를 떼다 귀 골패·투전·화투 따위를 가지고 패를 맞추어 나누다.
패를 잡다 귀 노름판에서 물주가 되다.
패[2] (牌) 〔-튼〕 명 같이 어울릴 동아리. ▭~를 짓다 / ~를 가르다 / 그런 ~들과는 어울리지 마라. 〔-의〕 명 무리를 세는 단위. ▭세 ~로 나누다.
패: (霸) 명 **1** 남을 교묘하게 속이는 꾀. **2** 바둑에서, 서로 한 수씩 걸러 가며 잡으려고 하는 한 집. 또는 그렇게 된 판국. ▭~가 나다 / ~를 쓰다. *패싸움·팻감.
패:**가** (敗家) 명하자 재산을 모두 써 버려 집안을 망침.
패:**가-망신** (敗家亡身) 명하자 집안의 재산을 다 써 없애고 몸을 망침. ▭노름으로 ~하다.
패-각 (貝殼) 명 조가비.
패:**각-충** (貝殼蟲) 명 깍지벌레.
패-갑 (貝甲) 명 조가비.
패-거리 (牌-) 명 '패'[2](牌)'를 낮잡아 이르는 말. ▭그런 ~들과 몰려다니지 마라.
패:**검** (佩劍) 명하자 **1** 차는 칼. ▭~을 빼어 들다. **2** 칼을 참. 패도(佩刀).
패:**관** (稗官) 명 **1** 《역》 임금이 민간의 풍속이

나 정사를 살피기 위해 항간에 떠도는 이야기를 모아 기록시키던 벼슬아치. 2 '패관 소설'의 준말.

패:관 문학(稗官文學)〔文〕패관이 민간에서 수집한 이야기에 창의성과 윤색을 더한 산문 문학.

패:관 소:설(稗官小說)〔文〕민간에서 떠도는 이야기를 주제로 한 소설. ⓒ패관·패설.

패:국(敗局)몡 형세나 세력이 약해진 정국이나 국면. □ ～을 전환하다.

패:군(敗軍)몡 싸움에 진 군대.

패:군지장(敗軍之將)몡 싸움에 진 장수(將帥). ⓒ패장.

패:권(霸權)〔─꿘〕몡 패자의 권력. 어떤 분야에서 우두머리나 으뜸의 자리를 차지해서 누리는 권리와 힘. □ ～을 다투다 / ～을 쥐다.

패:권-주의(霸權主義)〔─꿘─ / ─꿘─이〕몡 강대한 군사력으로 세계를 지배하려는 제국주의 정치.

패:기(霸氣)몡 어떤 어려운 일이라도 해내려는 굳센 기상이나 정신. □ ～가 넘치다 / ～에 차다.

패:기만만-하다(霸氣滿滿─)혱예 패기가 넘칠 정도로 가득하다. □패기만만한 젊은이.

패─나다(霸─)짜 바둑에서, 패가 생기다.

패널(panel)몡 1〔건〕벽널 따위의 건축용 널빤지. 2 그림을 그리는 화판(畫板). 또는 화판에 그린 그림. 3 콘크리트를 붓는 형틀. 거푸집. 4〔법〕배심원. 배심원 명부.

패널리스트(panelist)몡 공개 토론에 참석한 토론자.

패널 토:론(panel討論)몡 토론 형식의 하나. 토론 주제와 토론자가 미리 정해진 공개 토론회. 어떤 문제에 대해 풍부한 지식·경험·흥미를 가진 4～6명의 토론자가 청중 앞에서 자유롭게 토론한 후, 청중들이 참여해서 질문을 하거나 의견을 말함.

패다〔타〕몡 곡식의 이삭이 나오다. □보리가 ～.

패다〔타〕타 사정없이 마구 때리다. □멍이 시퍼렇게 들도록 ～.

패:다[3]타 도끼로 장작 따위를 쪼개다. □장작을 ～.

패:다[4]〔─짜〕'파이다'의 준말. □땅이 움푹 ～ / 주름살이 ～. 〔─타〕('파다'의 사동) 패게 하다. □인부에게 우물을 ～.

패:담(悖談)몡하짜 사리에 어그러지게 말함. 또는 그런 말. 패설(悖說).

패대기-치다타 불만스럽거나 못마땅해서 어떤 물건을 거칠게 내던지다. □보따리를 ～.

패:덕(悖德)몡 도덕과 의리에 어긋나거나 정도(正道)에서 벗어남. 또는 그런 행위.

패:덕(敗德)몡하짜 도덕·의리나 올바른 도리를 그르침. 또는 그런 행동.

패:도(佩刀)몡 1 패검(佩劍). 2 노리개에 차는 장도(粧刀). □～를 차다. ＊낭도(囊刀).

패:도(悖道)몡 정도(正道)에서 벗어남. 도리에 어긋남.

패:도(霸道)몡 인의(仁義)를 무시하고 무력이나 권모로 다스리거나 공리(功利)에 기운다는 일. □～ 정치. ↔왕도(王道).

패:독-산(敗毒散)〔─싼〕몡〔한의〕감기와 몸살을 푸는 약.

패:─동개(佩─)몡하짜 허리에 동개를 참.

패두(牌頭)몡 1 패의 우두머리. 2〔역〕조선 때, 죄인의 볼기를 치던 형조(刑曹)의 사령.

패드(pad)몡 1 양복의 모양을 조정하기 위해

어깨 따위에 넣는 심. 2 주로 여성용 옷에서, 몸의 곡선미를 돋보이게 하기 위해 옷에 넣어 신체 일부에 대는 물건. 3 흡수성이 강한, 여성의 생리 용구. 4 의자나 침대 따위에 까는 천. □침대 ～.

패랭이몡 1〔역〕댓개비로 엮어 만든 갓의 일종(역졸·보부상 같은 신분이 낮은 사람이나 상제가 썼음). 평량립. 평량자. 2〔식〕'패랭이꽃'의 준말.

패랭이-꽃〔─꼳〕몡〔식〕석죽과의 여러해살이풀. 들에 나며, 높이는 30 cm 정도이고 줄기는 뭉뚱남. 여름에 진분홍색 꽃이 가지 끝에 한 개씩 피고 과실은 삭과임. 꽃은 약재로 씀. 석죽(石竹). 핑크. ⓒ패랭이.

패러글라이딩(paragliding)몡 직사각형의 낙하산을 메고 높은 산의 절벽 등에서 뛰어내려 활공하는 스포츠.

패러다임(paradigm)몡 어떤 한 시대 사람들의 사고나 인식을 근본적으로 규정하는 이론적인 틀이나 체계.

패러독스(paradox)몡〔논〕1 역설. 2 기론(奇論). 반대설. 3 자가당착(自家撞着)의 설.

패러디(parody)몡하타〔文〕특정 작품의 소재나 작가의 문체를 흉내 내어 익살스럽게 표현하는 수법. 또는 그 작품. □춘향전을 현대적으로 ～하다.

패러프레이즈(paraphrase)몡 1 글 속의 어구를 다른 말로 바꾸어 알기 쉽게 풀이하는 것. 해설. 2 어떤 악곡에 새로운 기교를 더하거나 악곡을 고쳐 지음. 또는 그런 곡.

패럴렐리즘(parallelism)몡〔연〕하나의 희곡에서 줄거리의 구성·인물·대사 따위를 서로 조응(照應)시켜 항상 평행적으로 전개하는 방법.

패럴렐 액션(parallel action)〔연〕영화에서, 같은 시간에 다른 장소에서 일어나는, 서로 관련된 사건을 번갈아 보여 주는 기법.

패럿(farad)의몡〔물〕전기 용량의 단위. 1 쿨롬의 전기량으로 대극(對極) 사이에 1 볼트의 전위차로 전기가 되는 양(기호: F).

패:려-궂다(悖戾─)〔─굳따〕혱 말과 행동이 거칠고 비꼬여 있다.

패:려-하다(悖戾─)혱예 말·행동이나 성질이 도리에 어긋나고 사납다.

패:례(悖禮)몡하짜 예의에 어그러짐. 또는 그런 예절.

패:류(貝類)몡〔동〕조개의 종류(쌍패류와 권패류로 대별됨). 조개류(類).

패:류(悖類)몡 말이나 행동이 도리에 어긋나고 거칠며 염치없는 무리.

패:륜(悖倫)몡하혱 인간으로서 마땅히 지켜야 할 도리에 어그러짐. 또는 그런 현상. 파륜(破倫). □～을 저지르다.

패:륜-아(悖倫兒)몡 인간으로서 마땅히 지켜야 할 도리에 어그러지는 행동을 하는 사람. □버림받은 ～.

패:리(悖理)몡하짜혱 도리나 이치에 어그러짐. ＊배리(背理).

패리티 가격(parity價格)〔경〕정부가 다른 물가와 균형을 이루게 결정하는 농산물 가격.

패리티 계:산(parity計算)〔─ / ─게─〕〔경〕농산물 가격을 생산비가 아니라 관련된 물가 변동에 균형을 맞추어 결정하는 계산 방법.

패리티 지수(parity指數)〔경〕기준 연도의 가격을 100으로 하고 그 이후의 물가 상승률을 지표로 나타낸 수치.

패:만(悖慢)몡하혱 사람됨이 온화하지 못하고 거칠며 거만함.

패:망 (敗亡) 명하자 싸움에 져서 망함. 패상(敗喪). ▷일제의 ~을 예견하다.
패:멸 (敗滅) 명하자 싸움에 져서 멸망함.
패:모 (貝母) 명 1 『식』 백합과의 여러해살이풀. 높이는 30~60cm. 봄에 맨 꼭대기의 잎겨드랑이에서 한 개씩의 꽃이 종(鐘) 모양을 이룸. 관상용임. 중국 원산. 2 『한의』 패모의 비늘줄기(기침과 담(痰)의 약재로 씀).
패목 (牌木) 명 팻말.
패:물 (貝物) 명 산호·호박(琥珀)·수정(水晶)·대모(玳瑁) 등으로 만든 물건.
패:물 (佩物) 명 1 사람이 몸치장으로 차는 귀금속 따위의 장식물(가락지·팔찌·귀고리·목걸이 따위). ▷~로 치장하다. 2 노리개1.
패:물-삼건 (佩物三件)[-껀] 명 산호·호박(琥珀)·밀화(蜜花) 등으로 장식한 여자의 패물. 패물삼작(三作).
패밀리 사이즈 (family size) 『사』 인구 통계에서, 한 쌍의 부부가 낳은 자녀의 수(아내의 연령이 50세 이상으로, 부부가 함께 건재한 완전 부부가 그동안 출산한 자녀의 수).
패:배 (敗北) 명하자 1 싸움에서 겨루기에서 짐. ▷참담한 ~ / ~를 인정하다 / ~를 당하다. ↔승리. 2 싸움에 져서 도망감. 패주(敗走).
패:배-감 (敗北感) 명 경쟁이나 싸움에서 자신이 없어 무력해지는 느낌. 또는 경쟁이나 싸움에서 진 뒤에 느끼는 절망감이나 치욕스러운 감정. ▷~에 사로잡히다 / ~을 맛보다.
패:배-자 (敗北者) 명 경쟁이나 싸움에 진 사람. ▷한 번 패하였다고 영원한 ~가 된 것은 아니다.
패:배-주의 (敗北主義)[-/-이] 명 경쟁이나 싸움에서 자신감이 없이, 소극적이며 일을 해 보기도 전에 포기하는 태도나 사고방식. ▷~에 빠지다.
패:병 (敗兵) 명 싸움에 진 병정.
패:보 (敗報) 명 싸움에 진 소식. ▷~를 접하다. ↔승보.
패:부 (佩符) 명하자 병부(兵符)를 찬다는 뜻으로, 고을 원의 지위에 있음을 이르던 말.
패-부진 (牌不進) 명하자 『역』 임금의 부름을 알리는 패를 받고도 병이나 사고로 나아가지 못하던 일.
패:분 (貝粉) 명 조가비를 빻은 가루(사료로 씀). 패각분(貝殻粉).
패:사 (敗死) 명하자 싸움에 져서 죽음. ▷전투에서 ~하다.
패:사 (敗事) 명 실패한 일.
패:사 (稗史) 명 『역』 패관(稗官)이 이야기 형식으로 꾸며 쓴 역사 이야기.
패:산 (敗散) 명하자 싸움에 져서 뿔뿔이 흩어짐.
패:상 (敗喪) 명하자 패망(敗亡). ┌짐.
패:색 (敗色) 명 싸움에 질 낌새. ▷~이 짙다 / ~이 완연하다.
패:석 (貝石) 명 1 조개의 화석. 2 조가비가 많이 붙은 돌.
패:석회 (貝石灰)[-서쾨] 명 조가비를 불에 태워 만든 석회.
패:설 (稗說·詩說) 명하자 패담(稗談). ▷~을 늘어놓다.
패:설 (稗說) 명 1 민간에 떠도는 전설적·교훈적·세속적인 내용의 기이하고 짤막한 이야기. 2 '패관 소설'의 준말.
패:세 (敗勢) 명 경쟁이나 싸움에서 질 형세. ▷~에 몰리다 / ~를 만회하다.
패션 (fashion) 명 1 특정한 시기에 유행하는 옷·옷차림·머리 모양 따위의 일정한 형식. ▷~에 민감하다 / ~ 감각이 뛰어나다. 2 새

로운 양식(樣式).
패션-모델 (fashion model) 명 새로운 양식 또는 최신 유행의 옷을 입고 그 옷의 맵시 따위를 관객에게 보이는 것을 업으로 삼는 사람. ⓒ모델.
패션-쇼 (fashion show) 명 모델들이 새로운 양식이나 최신 유행의 갖가지 옷을 입고 나와 관객에게 선보이는 일. ▷수영복 ~ / ~를 열다.
패:소 (敗訴) 명하자 『법』 소송(訴訟)에서 짐. 낙과(落科). ▷~ 판결을 받다. ↔승소.
패:속 (敗俗) 명 쇠퇴해 버린 풍속.
패:쇠 (敗衰) 명하자 싸움에 져서 세력이 미약해짐.
패:수 (敗數) 명 패운(敗運). ▷~가 닥치다.
패:수-살 (敗數煞)[-쌀] 명 패운살(敗運煞).
패스 (pass) 명하자타 1 시험이나 검사 따위에 합격함. 통과. ▷입학시험에 ~하다. 2 탈것에 오를 수 있는 증표(무임 승차권·무료 입장권·정기권 따위). 3 '패스포트'의 준말. 4 축구·농구 등에서, 같은 편끼리 공을 주고받음. ▷정확한 ~. 5 카드놀이에서, 자기 차례를 거르고 다음 차례로 돌림.
패스워드 (password) 명 『컴』 특정한 시스템에 로그인(login)을 할 때, 사용자의 신원을 확인하기 위해 입력하는 문자열. 암호. ＊비밀번호.
패스트 볼 (passed ball) 야구에서, 투수가 던진 공을 포수가 잡지 못하고 뒤로 빠뜨리는 일. 또는 그 공.
패스트-푸드 (fast food) 명 주문하면 즉시 완성되어 나오는 식품(햄버거·치킨·도넛·피자 따위). ▷~로 끼니를 때우다.
패스포트 (passport) 명 1 여권(旅券). 2 통행증. 통행권. ⓒ패스.
패:습 (悖習) 명 좋지 않은 버릇이나 풍습.
패시미터 (passimeter) 명 기계 공작에서, 구멍의 안지름을 재는 데 쓰는 기구.
패-싸움 (牌-) 명 패를 지어서 싸우는 일. ▷~을 벌이다 / ~이 붙다. ⓒ패쌈.
패:싸움 (霸-) 명 바둑에서, 패가 났을 때 서로 양보하지 않고 패를 쓰는 일. ▷~에 지다.
패-쌈 (牌-) 명 '패싸움'의 준말.
패:-쓰다 (霸-)[-써, -써서, 패쓰니] 자 1 바둑에서, 패를 만들어 이용하다. 2 교묘한 수단으로 위기를 벗어나다.
패:악 (悖惡) 명하형 도리에 어긋나고 흉악함. ▷~을 떨다 / ~을 부리다.
패:악-스럽다 (悖惡-)[-쓰-따][-스러워, -스러우니] 형ㅂ 도리에 어긋나고 흉악한 데가 있다.
패암 명 곡식의 이삭이 패어 나옴. 또는 그 이삭. ▷벼의 ~이 고르다.
패:업 (敗業) 명하자 사업에 실패함.
패:업 (霸業) 명 1 무력이나 권모술수로 천하를 다스리는 사업. 2 제후(諸侯)의 으뜸이 되는 사업.
패:역 (悖逆) 명하형 도리에 어긋나고 순리(順理)를 거스름.
패:역-무도 (悖逆無道)[-영-] 명하형 도리에 어긋나고 순리(順理)를 거슬러 사람다운 데가 없음. ▷~한 인간.
패:연-하다 (沛然-) 형여 비나 물이 쏟아지는 모양이 매우 세차다. 패:연-히 부
패:영 (貝纓) 명 산호·호박(琥珀)·밀화(密花)·대모(玳瑁)·수정 등을 꿰어 만든 갓끈.

패:옥 (佩玉)圀《역》조선 때, 왕·왕비의 법복이나 문무백관의 조복(朝服)과 제복의 좌우에 늘여 차던 옥.

패:옥 (敗屋)圀 낡아서 허물어진 집.

패:왕 (霸王)圀 1 패자(霸者)와 왕자. 2 패도(霸道)와 왕도(王道). 3 중국 춘추 전국 시대에, 제후를 거느리고 천하를 다스리던 사람.

패:왕-수 (霸王樹)圀《식》선인장.

패:용 (佩用)圀하타 훈장이나 명패 등을 몸에 달거나 참. ▫️명찰을 ~하다.

패:운 (敗運)圀 기울어져 가는 운수. 패수(敗數).

패:운-살 (敗運煞)[-쌀]圀《민》점술에서, 운수가 기울어질 독하고 모진 기운. 패수살(敗數煞).

패:은 (佩恩)圀하자 은혜를 입음.

패:의 (敗衣)[-/-의]圀 낡아서 다 떨어진 옷.

패:인 (敗因)圀 싸움에 지거나 일에 실패한 원인. ▫️~을 분석하다 / 연습 부족이 ~이었다.

패:자 (悖子)圀 사람으로서 마땅히 지켜야 할 도리에 어긋나게 행동하는 자식.

패:자 (敗者)圀 경기나 싸움에 진 사람. ▫️~끼리 다시 겨루다. →승자.

패자 (牌子)圀《역》패지(牌旨).

패:자 (霸者)圀 1 제후(諸侯)의 우두머리. 전국 시대의 ~. 2 패도(霸道)로 천하를 다스리는 사람. 3 운동 경기나 어느 분야에서 으뜸이 되는 사람.

패:자-역손 (悖子逆孫)[-쏜]圀 도리에 어긋나고 순리를 거역하는 자손.

패:자-전 (敗者戰)圀 운동 경기나 바둑 등에서, 패자끼리 겨루는 시합.

패:잔 (敗殘)圀하자 싸움에 져서 몸만 살아남음. ▫️~부대.

패:잔-병 (敗殘兵)圀 싸움에 진 군대에서 살아남은 병사. 잔병. ▫️~을 소탕하다.

패:장 (敗將)圀 '패군지장(敗軍之將)'의 준말.

패장 (牌將)圀 1 지난날, 관아나 일터에서 일꾼을 거느리던 사람. 2《역》전례(典禮) 때, 여령(女伶)을 거느리던 사람. 3《역》공사(公事)에서 장인바치를 거느리던 사람.

패장 (牌張)[-짱]圀 화투패나 투전패 따위에서, 패의 짝이 되는 낱장.

패:적 (敗敵)圀 싸움에 진 적.

패:적 (敗績)圀 자기 나라가 패전(敗戰)함을 일컫는 말.

패:전 (敗戰)圀하자 싸움에 짐. 전패(戰敗). ▫️적을 깔보면 ~하기 쉽다. ↔승전.

패:전-국 (敗戰國)圀 싸움에 진 나라. ↔전승국(戰勝國).

패:전 투수 (敗戰投手) 야구에서, 패배의 빌미가 된 점수를 내준 투수. ↔승리 투수.

패전트 (pageant)圀 야외극(野外劇).

패:정 (悖政)圀 도리에 벗어난 포악한 정치. ▫️~에 시달리다 / ~을 개혁하다.

패:조 (敗兆)圀 싸움이나 전쟁에 질 징조. ▫️~를 보이다.

패:주 (貝柱)圀 조개관자.

패:주 (敗走)圀자 전쟁에 져서 달아남. 패배. ▫️~하는 적군.

패:지 (敗紙)圀 1 못 쓰게 된 종이. 2 휴지.

패지 (牌旨)圀《역》지난날, 지위가 높은 사람이 낮은 사람에게 권한을 위임하던 공식 글발. 패자(牌子).

패-쪽 (牌-)圀 화투나 투전 등에서 패의 낱장.

패-차다 (牌-)자 좋지 못한 일로 별명이 붙게

되다.

패:착 (敗着)圀 바둑에서, 그곳에 돌을 놓았기 때문에 결과적으로 그 판에서 지게 된 나쁜 수. ▫️~을 두다.

패찰 (牌札)圀 일반에게 자기 소속을 알리려고, 소속 부서·성명 등을 써서 가슴에 달거나 목에 거는 조그만 딱지.

패-채우다 (牌-)타 ('패차다'의 사동) 좋지 못한 일로 남에게 별명을 붙이다.

패:철 (佩鐵)圀 1 지관(地官)이 몸에 지남철을 지님. 또는 그 지남철. 2《건》찰쇠. ▫️~을 박다.

패초 (牌招)圀하타《역》조선 때, 임금이 승지(承旨)를 시켜 신하를 부르던 일.

패:촌 (敗村)圀 황폐해진 마을.

패:총 (貝塚)圀 조개더미.

패:출-패입 (悖出悖入) 도리에 어그러지는 일을 하면 그와 같은 일을 받음.

패치 (patch)圀 깁는 천이나 대신 대는 가죽.

패치워크 (patchwork)圀 수예에서, 크고 작은 형겊 조각을 쪽모이하는 기법. 또는 그 작품.

패키지 (package)圀 1 소포 우편물. 2 물건을 보호하거나 수송하기 위한 포장 용기.

패키지-여행 (package旅行)圀 여행사가 주관하여 여정(旅程)이나 교통편·숙박 시설·편의 시설 이용과 그 비용을 정해 놓고 관광객을 모집해 떠나는 단체 여행.

패키지 프로그램 (package program)《컴》특정한 업무나 업종의 처리 내용을 예상해서 그에 맞도록 미리 만들어 놓은 상용 프로그램. 또는 그런 프로그램의 묶음.

패킹 (packing)圀하타 1 짐을 꾸림. 포장. 2 화물이 깨지거나 망가지지 않게 두 물건 사이에 끼움. 또는 그 물건. 3 관(管)의 이음매 등에 물이나 공기가 새지 않도록 끼워 넣음. 또는 그 물건. ▫️~을 하다.

패:택 (沛澤)圀 1 우택(雨澤). 2 죄수를 대사(大赦)하는 은전의 비유.

패턴 (pattern)圀 정해진 양식이나 형태. 또는 유형. ▫️소비 ~가 바뀌다.

패-통 (牌-) 교도소에서, 재소자가 용무가 있을 때 담당 교도관을 부를 수 있도록 벽에 마련한 장치.

패:퇴 (敗退)圀하자 싸움에 지고 물러감. 퇴패(退敗). ▫️~하는 적.

패:퇴 (敗頹)圀 힘이나 세력 따위가 차차 줄어들고 약해져서 몰락함.

패패 (牌牌)圀 각각의 패. 또는 여러 패. ▫️~로 몰려다니다.

패패-이 (牌牌-)图 여러 패가 다 각각. ▫️~모이다.

패:-하다 (敗-)자여 1 싸움에 지다. ▫️2 대 1로 ~. 2 살림이 거덜나거나 망하다. 3 몸이나 얼굴이 여위고 안되게 되다.

패:행 (悖行)圀 도리에 어그러진 행위.

패:향 (佩香)圀 몸에 지니고 다니는 향.

패:향 (悖鄕)圀 인륜에 어그러지는 일이 많이 일어나는, 풍기가 문란한 고을.

패:혈-증 (敗血症)[-쯩]圀《의》화농균이 혈관으로 들어가 심한 중독 증상이나 급성 염증을 일으키는 병.

패호 (牌號)圀 남들이 붙여 부르는 좋지 못한 별명. ▫️사기꾼이라는 ~를 받다.

패:화 (貝貨)圀 원시인이나 미개한 종족이 사용하던, 조가비로 만든 화폐.

팩 (pack)圀 1 밀가루·달걀·벌꿀 등에 약제나 영양제를 반죽해서 얼굴에 바르거나 붙이는 미용법. 또는 그런 화장품. 2 비닐 또는 종이

로 만든 작은 용기. ▫우유 ~. **3**〖컴〗데이터를 기억 매체에 부호화하여 압축된 형태로 저장하는 것.

팩²〔부〕**1** 지쳐서 맥없이 쓰러지는 모양. 또는 그 소리. **2** 썩은 새끼나 줄·끈 등이 힘없이 끊어지는 모양. 또는 그 소리. ⓔ픽.

팩²〔부〕〔하자〕**1** 작은 몸집으로 지지 않으려고 강팍하게 대드는 모양. **2** 갑자기 성을 내는 모양. ▫~ 하는 성미.

팩스 (fax)〔명〕'팩시밀리'의 준말.

팩시밀리 (facsimile)〔명〕문자·도표·사진 따위의 화상을 전기 신호로 바꾸어 전송하면 수신 신호를 본디 상태로 나타내고 기록하는 통신 방식. 또는 그 기계 장치. ⓒ팩스(fax).

팩터링 (factoring)〔명〕기업의 외상 매출 채권이나 어음을 사들여 그것을 관리하고 대금을 회수하는 일. 또는 그런 사업.

팩-팩¹〔부〕〔하자〕**1** 지쳐서 맥없이 자꾸 쓰러지는 모양. 또는 그 소리. ▫모두 힘없이 ~ 쓰러지다. **2** 썩은 새끼나 실 따위가 힘없이 자꾸 끊어지는 모양. 또는 그 소리. ⓔ픽픽.

팩-팩²〔부〕〔하자〕작은 몸집으로 지지 않으려고 강팍하게 자꾸 덤벼드는 모양. ▫~ 우기다.

팬 (fan)〔명〕**1** 날개가 빙글빙글 돌면서 환기를 하거나 열을 식히는 기계 장치. **2** 운동 경기나 선수 또는 가수·배우 등을 열광적으로 좋아하는 사람. ▫~ 사인회가 열리다.

팬 (pan)〔명〕**1** 자루가 달린, 운두가 낮은 냄비. **2** 영화·텔레비전 등에서, 카메라를 좌우로 돌려 전경(全景)을 찍는 방법. 이동 촬영.

팬더〔명〕☞ 판다(panda).

팬둥-거리다〔자〕아무 하는 일도 없이 게으름을 피우며 놀다. ⓨ핀둥거리다. ⓐ밴둥거리다. ⓢ뺀둥거리다. **팬둥-팬둥**〔부〕〔자〕

팬둥-대다〔자〕팬둥거리다.

팬들-거리다〔자〕부끄러운 줄 모르고 게으름을 피우며 뻔뻔스럽게 놀기만 하다. ⓨ핀들거리다. **팬들-팬들**〔부〕〔자〕

팬들-대다〔자〕팬들거리다.

팬-레터 (fan letter)〔명〕팬이 영화배우·운동 선수 등의 인기인에게 보내는 편지. ▫~를 보내다/~를 받다.

팬시-상품 (fancy商品)〔명〕실용성보다는 장식성을 위주로 한 일용품《잡화나 문구, 복식용(服飾用)의 자질구레한 물건 따위》.

팬시-점 (fancy店)〔명〕팬시상품을 전문적으로 취급하는 가게. 선물 가게.

팬잔-례 (-禮)〔-네〕〔명〕〔하자〕첫말을 낳은 사람이 친구들에게 졸려 한턱냄. 또는 그런 일. →생남례(生男禮).

팬지 (pansy)〔명〕〖식〗제비꽃과의 한해살이풀 또는 두해살이풀. 높이 약 20 cm 정도이고, 봄에 자색·백색·황색의 다섯잎꽃이 줄기 끝에 핌. 관상용임.

팬츠 (pants)〔명〕**1** 다리 부분이 짧은 속바지. **2** 운동 경기용의 짧은 바지.

팬케이크 (pancake)〔명〕**1** 밀가루에 달걀·우유·설탕을 한데 반죽해서 프라이팬에 구운, 빈대떡 모양의 케이크《주로 아침 식사용임》. 핫케이크. **2** 갑자로 납작한 고형분(固形粉)으로 된 화장품《땀이나 지방을 흡수함》.

팬크로매틱 건판 (panchromatic乾板) 브롬화은 건판보다 색채가 잘 감광하도록 만든 사진 건판《빨강에서 보라까지의 가시광선을 모두 감광함》. 범색건판.

팬-클럽 (fan club)〔명〕특정 연예인이나 운동선수를 열렬히 지지하고 후원하기 위하여 결성된 모임.

팬터그래프 (pantagraph)〔명〕**1** 전차·전기 기관차 등의 지붕에 달아 전선(電線)에서 전기를 끌어들이는 장치. 집전기(集電器). **2** 도형을 임의의 크기로 확대 또는 축소하여 그릴 수 있는 제도기. 축도기.

팬터마임 (pantomime)〔명〕〖연〗무언극(無言劇). 마임.

팬티 (←panties)〔명〕다리 부분은 거의 없는, 엉덩이에 꼭 붙는 짧은 속옷.

팬티-스타킹 (←panty＋stocking)〔명〕발끝에서 허리까지 오는 스타킹.

팬-히터 (fan heater)〔명〕송풍 장치가 달린 난방기.

팸플릿 (pamphlet)〔명〕**1** 설명이나 광고, 선전 따위를 위해 얄팍하게 맨 작은 책자. ▫~을 돌리다. **2** 시사 문제에 대한 소논문.

팻-감 (霸-)〔패깜/팯깜〕〔명〕바둑에서, 패를 쓸 수 있는 자리. ▫~ 부족/~이 많다.

팻-돈 (牌-)〔패돈/팯똔〕〔명〕노름판에서 걸어 놓은 돈. 패전(牌錢).

팻-말 (牌-)〔-말〕〔명〕패로 쓰는 말뚝이나 나뭇조각. 팻말을 붙였거나 그 자체에 패를 새김. 패목(牌木). ▫~을 세우다.

팻-술 (牌-)〔패쑬/팯쑬〕〔명〕〖역〗벼슬아치가 호패(號牌)를 차던, 큰 술이 달린 긴 끈《당상관(堂上官)은 자줏빛, 당하관(堂下官)은 남빛을 썼음》.

팽¹〔명〕팽나무의 열매《맛이 달콤함》.

팽²〔부〕**1** 작은 것이 재빨리 한 바퀴 도는 모양. ▫몸을 ~ 돌리다. **2** 갑자기 정신이 아찔한 모양. ▫머리가 ~ 돌다. **3** 갑자기 눈물이 글썽해지는 모양. ▫눈가에 눈물이 ~ 돌다. ⓔ핑.

팽³〔부〕코를 힘 있게 푸는 소리. 또는 그 모양.

팽개-질〔명〕〔하자〕팽개치는 짓.

팽개-치다〔타〕**1** 짜증이 나거나 못마땅하여 물건 따위를 내던지거나 내버리다. ▫서류를 책상 위에 ~. **2** 하던 일 따위를 중도에서 그만두거나 내버려 두다. ▫하던 작업을 ~/가족들을 팽개치고 집을 상경하다.

팽그르르〔부〕〔하자〕**1** 미끄러지듯 빨리 한 바퀴 도는 모양. ⓐ뱅그르르. **2** 갑자기 정신이 아찔해지는 모양. **3** 갑자기 눈가에 눈물이 맺히는 모양. ⓔ핑그르르.

팽글-팽글〔부〕작은 것이 잇따라 미끄럽게 도는 모양. ▫팽이가 ~ 돌다. ⓔ핑글핑글. ⓐ뱅글뱅글.

팽-나무〔명〕〖식〗느릅나뭇과의 낙엽 활엽 교목. 높이는 20 m 정도이고 핵과는 가을에 홍갈색으로 익음. 건축·기구재(器具材)로 씀.

팽다 (烹茶)〔명〕〔하자〕전다(煎茶).

팽대 (膨大)〔명〕〔하자〕세력이나 기운 따위가 크게 늘어나거나 커짐.

팽두이숙 (烹頭耳熟)〔명〕머리를 삶으면 귀까지 익는다는 뜻으로, 한 가지 일이 잘되면 다른 일도 저절로 이루어짐의 비유.

팽만-하다 (膨滿-)〔형〕〔여〕**1** 몸의 한 부분이 부풀어 터질 듯하다. **2** 기세·기운·감정 따위가 부풀어 터질 듯하다.

팽배 (澎湃·彭湃)〔명〕〔하자〕**1** 물결이 맞부딪쳐 솟구침. **2** 어떤 기세나 사조(思潮)가 맹렬한 기세로 일어남. ▫위기감 ~.

팽압 (膨壓)〔명〕〖식〗식물 세포를 물 또는 삼투압이 세포액보다 낮은 용액 속에 넣었을 때, 막압(膜壓)과 평형(平衡)을 유지하기 위하여 세포의 내부에서 밖을 향해 작용하는 막압과

같은 크기의 압력.

팽윤(膨潤)**명** 〔화〕 고분자(高分子) 화합물이 용매(溶媒)를 흡수하여 부피가 늘어나는 일.

팽이 **명** 둥글고 짧은 나무의 한쪽 끝을 뾰족하게 깎아서 쇠구슬 따위의 심을 박아 만든 아이들의 장난감《채로 쳐서 돌림》. □~를 돌리다 / ~를 치다.

팽이-채 **명** 팽이를 돌리는 채.

팽이-치기 **명하자** 팽이를 채로 쳐서 돌리는 놀이. □얼음판에서 ~를 하다.

팽창(膨脹)**명하자** **1** 부풀어 부피가 커짐. □부피가 ~하다. **2** 수량이 늘어나거나 규모·세력이 커지거나 크게 발전함. □도시 인구의 ~ / 통화의 ~하다. **3**〔물〕물질의 온도의 오름에 따라 길이나 부피가 느는 현상. □열로 인한 기체의 ~.

팽창 계：수(膨脹係數)[-/-게-]〔물〕물체가 온도 1℃ 올라갈 때마다 증가하는 길이·부피와 본디의 길이·부피의 비. 팽창률.

팽창-률(膨脹率)[-뉼]**명** 팽창 계수.

팽-총(-銃)**명** 팽나무 열매를 탄알로 쓰는 아이들의 장난감 총.

팽패-롭다[-따][-로워,-로우니]**형ㅂ** 성질이 까다롭고 별나다. 팽패-로이**부**

팽패리 **명** 팽패로운 성질을 놓으로 이르는 말.

팽팽[**부**] **1** 잇따라 빨리 도는 모양. □팽이가 ~ 돌다. **2** 정신이 자꾸 아찔해지는 모양. □눈앞이 ~ 돌다. **새**핑핑. **3** 두뇌 회전이 잘 돌아가는 모양. □머리가 ~ 돌아가다. **4** 총알따위가 공기를 가르며 잇따라 지나가는 소리. 또는 그 모양. **큰**핑핑.

팽팽-이 **명**〔어〕열목어의 어린 새끼.

팽팽-하다 **형여** **1** 줄 따위가 잔뜩 켕기어 뛰길 힘이 있다. **2** 줄을 팽팽하게 당기다. **2** 양쪽의 힘이 서로 엇비슷하다. □팽팽한 승부. **센**핑핑하다. **3** 성질이 까다롭다. □팽팽한 성미. **4** 정세·정황·분위기 따위가 경직되어 있다. □팽팽한 긴장감 / 분위기가 ~. 팽팽-히 **부**. □찬반 양론이 ~ 맞서다.

팽팽-하다(膨膨-)**형여** 한껏 부풀어 땡땡하다. □잔주름 하나 없는 팽팽한 얼굴. 팽팽-히**부**

팽-하다(烹-)**타여**〔역〕죄인을 끓는 물에 삶아 죽이는 형벌에 처하다.

팽：-하다 **형여** 지나치거나 부족하지 않고 꼭 알맞다.

팽화(膨化)**명하자**〔화〕겔(Gel)이 액체를 흡수해서 부피가 늘어나는 현상.

퍅 가냘픈 몸이 갑자기 힘없이 쓰러지는 모양. **큰**픽.

퍅성(愎性)[-썽]**명** 걸핏하면 화를 내는 성질.

퍅-퍅 **부** **1** 가냘픈 몸이 잇따라 힘없이 쓰러지는 모양. **2** 가냘픈 몸으로 지지 않으려고 강퍅하게 자꾸 대드는 모양. □~ 대들다.

퍅-하다(愎-)[파카-]**형여** 성질이 좁고 비꼬여 걸핏하면 화를 내고 뽀로통하다. □퍅하는 성질.

퍼걸러(pergola)**명**〔건〕뜰이나 평평한 지붕 위에 나무를 가로세로 얽어 놓고 등나무 따위의 덩굴성 식물을 올려 만든 서양식 정자나 길.

퍼-내다 **타** 담겨 있거나 고여 있는 것을 길어 내거나 떠내다. □웅덩이의 물을 ~.

퍼：니 **부** 아무 하는 일 없이. □~ 세월만 보내다. **작**파니.

퍼더-버리다 **자** 팔다리를 아무렇게나 편하게

뻗다. □길가에 퍼더버리고 앉다.

퍼덕 [**부**[하][자][타] **1** 큰 새가 날개를, 또는 큰 물고기가 꼬리를 가볍고 크게 치는 소리. 또는 그 모양. **2** 큰 깃발이나 빨래 따위가 바람에 거칠게 날리는 소리. 또는 그 모양. **작**파닥. **센**퍼떡.

퍼덕-거리다[-꺼-]**자타** 잇따라 퍼덕이다. **작**파닥거리다. **센**퍼떡거리다. 퍼덕-퍼덕 **부**[하][자][타]

퍼덕-대다[-때-]**자타** 퍼덕거리다.

퍼덕-이다[자타] **1** 큰 새가 날개를, 또는 큰 물고기가 꼬리를 가볍고 크게 치다. **2** 큰 깃발이나 빨래 따위가 바람에 거칠게 날리다. **작**파닥이다. **센**퍼떡이다.

퍼드덕 [**부**[하][타] 새가 날개를, 또는 물고기가 꼬리를 힘차게 치는 소리. 또는 그 모양. **작**파드득.

퍼드덕-거리다[-꺼-]**타** 새가 날개를, 또는 물고기가 꼬리를 잇따라 힘차게 치다. **작**파드득거리다. 퍼드덕-퍼드덕 **부**[하][타]

퍼드덕-대다[-때-]**타** 퍼드덕거리다.

퍼떡-거리다[-꺼-]**자타** 퍼떡이다. **작**파딱거리다. **여**퍼덕거리다. 퍼떡-퍼떡 **부**[하][자][타]

퍼떡-대다[-때-]**자타** 퍼떡거리다.

퍼떡-이다[자타] 큰 새가 날개를, 또는 큰 물고기가 꼬리를 가볍고 크게 치다. □새가 날개를 ~. **작**파딱이다. **여**퍼덕이다.

퍼：-뜨리다 **타** 널리 퍼지게 하다. □소문을 ~ / 유언비어를 ~.

퍼뜩 [**부**[하][형] **1** 어떤 생각이 갑자기 순간적으로 떠오르는 모양. **2** 어떤 물체나 빛 따위가 갑자기 순간적으로 나타나는 모양. **3** 갑자기 정신이 드는 모양. □정신을 ~ 차리다. **작**파득.

퍼뜩-퍼뜩 [**부**[하][형] 어떤 생각이 갑자기 순간적으로 잇따라 떠오르는 모양. **작**파득파득.

퍼러흐다 **형**〈옛〉퍼렇다.

퍼렁 **명** 퍼런 빛깔이나 물감. **작**파랑.

퍼렁-이 **명** 퍼런빛이 나는 물건. **작**파랑이.

퍼：렇다[-러타][퍼러니, 퍼레서]**형ㅎ** **1** 탁하고 어둡게 푸르다. □퍼렇게 녹이 슬다. **2** 춥거나 겁에 질려 얼굴이나 입술 따위가 푸르께하다. □퍼렇게 언 입술. **3** 비유적으로, 기세가 등등하고 무서운 기운이 서려 있다. □서슬이 ~. **작**파랗다.

퍼레이드(parade)**명** 축제·축하 행사 따위로 많은 사람이 화려하게 거리를 행진하는 일. 또는 그 행렬. □우승한 선수단의 개선 ~.

퍼：레-지다 **자** 퍼렇게 되다. **작**파래지다.

퍼르르[하][형] **1** 많은 물이 넓게 퍼져 끓어오르는 소리. 또는 그 모양. **2** 대수롭지 않은 일에 벌컥 성을 내는 모양. **3** 몸을 떠는 모양. **4** 얇은 종이나 마른 나뭇잎 따위에 불이 붙어 타오르는 모양. **작**파르르. **여**버르르.

퍼리 **명**〈옛〉풀. 벌.

퍼-마시다 **타** 욕심 사납게 마구 마시다. □밤새도록 술을 ~.

퍼머넌트 프레스 가공(permanent press加工) 와이셔츠·스커트 등의 봉제품에 대한 가공의 하나. 천에 수지(樹脂)를 먹이고 봉제한 후 고온으로 다려서 주름·형태를 고정시킴. **준**피피 가공(PP加工).

퍼-먹다 [-따][**타**] 욕심 사납게 마구 먹다. □정신 없이 ~.

퍼밀(permill)**의명** '천분율(千分率)'을 나타내는 말《기호：‰》. 프로밀.

퍼멀-하다 **자여** 겉모양을 꾸미지 않다.

퍼-붓다[-붇따][퍼부어, 퍼부으니, 퍼붓는]

□[자][A] **1** 비·눈 따위가 억세게 쏟아지다. □
비가 억수같이 ~. **2** 잠이나 졸음 따위가 심
하게 밀려오다. □잠이 ~. □[타][A] **1** 저주·욕
설·비난 따위를 마구 하다. □비난을 ~. **2**
찬사·애정·열의나 열정 따위를 아낌없이 보
내거나 바치다. □자식에게 애정을 ~. **3** 총·
포 따위를 한곳에 집중적으로 쏘다. □적진
에 포탄을 ~.

퍼석 [부][하][자][타] **1** 마른 가랑잎·검불 따위를 밟
는 소리. 또는 그 모양. **2** 부숭부숭한 물건이
바스러지거나 깨지는 소리. 또는 그 모양. ④
파삭.

퍼석-거리다 [-꺼-] [자][타] 자꾸 퍼석하다. ④파
삭거리다. **퍼석-퍼석**[1][부][하][자][타]

퍼석-대다 [-때-] [자][타] 퍼석거리다.

퍼석-퍼석[2][부][하] 부숭한 모양. □묵은
과자가 ~하다. ④파삭파삭[2].

퍼석-하다 [-서카-] [형][어] 메마르고 연해 부숭
부숭하고 부스러지기 쉽다. ④파삭하다.

퍼센트 (percent) [의][명] '백분율'을 나타내는 말
《기호: %》. 프로.

퍼센티지 (percentage) [명] 백분비. 백분율.

퍼스널 컴퓨터 (personal computer) 개인용
컴퓨터. 피시(PC).

퍼스널 파울 (personal foul) 농구에서, 상대편
선수와의 신체 접촉으로 일어난 반칙.

퍼스-컴 [명] 개인용 컴퓨터.

퍼스트-레이디 (first lady) [명] 사회 각계에서
지도적 지위에 있는 여성. 특히, 대통령 부인
이나 수상 부인.

퍼슬-퍼슬 [부][하] 덩이가 된 가루 따위가 말
라서 쉽게 부스러지는 모양. ④파슬파슬. ④
버슬버슬.

퍼즐 (puzzle) [명] 낱말·숫자·도형 따위를 이용
하여 지적(知的) 만족을 얻도록 만든 놀이.

퍼:지다 [자] **1** 끝 부분이 넓적하게 또는 굵게
벌어지다. □밑이 퍼진 스커트. **2** 넓은 범위
에 미치다. □전염병이 ~ / 소문이 ~. **3** 많
이 생겨나 번성하다. □자손이 ~. **4** 초목이
무성하다. □가지가 ~. **5** 물기나 습기 같은 것
이 불어 커지거나 익다. □퍼진 죽 / 국수가
~. **6** 몸의 어떤 부분이 살이 쪄서 가로로 벌
어지다. □엉덩이가 ~. **7** 고루 미치다. □약
기운이 ~.

퍼-지르다 (퍼질러, 퍼지르니) [자][타] **1** (주로
'퍼질러 앉다(눕다)'의 꼴로 쓰여) 퍼더버리
다. □바닥에 퍼질러 앉다. **2** 말이나 욕설 따
위를 마구 하다. □욕설을 ~. **3** 함부로 마구
먹어 대다. □빈둥거리며 술이나 퍼지르는
녀석. **4** ⟨속⟩ (주로 '퍼질러 낳다(싸다)'의
꼴로 쓰여) 아이나 배설물 따위를 마구 낳거
나 싸다.

퍼지 이:론 (fuzzy理論) 사물을 흑이나 백, 또
는 1과 0, 참과 거짓으로 나누는 것이 아니
고, 그 사이의 연속적인 값을 파악하려는 수
학 이론《시스템 제어나 컴퓨터 따위 분야에
응용함》.

퍼터 (putter) [명] 골프에서, 그린(green)에 있는
공을 홀에 넣을 때 사용하는 채.

퍼텐셜 에너지 (potential energy) 《물》 위치
에너지.

퍼트 (putt) [명][하][타] 골프에서, 그린 위에서 홀
(hole)을 향해 공을 침. 또는 그런 동작. 퍼팅.

피:-트리다 [타] 퍼뜨리다.

퍼티 (putty) [명] 《화》 산화주석(朱錫) 또는 탄산
칼슘을 아마인유 따위 건성유로 반죽한 연한
물질《창유리의 정착, 철관의 연결 등에 사용
함》. 떡밥.

퍼팅 (putting) [명][하][타] 퍼트.

퍼펙트-게임 (perfect game) [명] 야구에서, 한
사람의 투수가 상대편에게 한 사람의 주자도
누(壘)에 내보내지 않고 이긴 시합. 완전 시
합. 퍼펙트.

퍼포먼스 (performance) [명] 예술 행위로서, 육
체의 행위를 공연(公演)하거나 영상·사진 따
위로 표현하는 일.

퍽 (puck) [명] 아이스하키에서 사용하는 공. 고
무로 만든 납작한 원반임.

퍽[1][부] **1** 갑자기 힘차게 내지르는 소리. 또는
그 모양. □얼굴을 ~ 내지르다. **2** 갑자기 힘
없이 거꾸러지는 소리. 또는 그 모양. □소파
에 ~ 쓰러지다. **3** 진흙 따위에 깊이 빠지는
소리. 또는 그 모양. 폭팍.

퍽[2][부] 썩 많이. 아주 지나치게. □~ 강하다 /
~ 궁금하다.

퍽석 [-썩] [부][하][형] **1** 맥없이 가볍게 주저앉는
소리. 또는 그 모양. □~ 주저앉다. **2** 메마
르고 엉성한 물건이 가볍게 가라앉거나 깨질
이 부서지는 소리. 또는 그 모양. □흙담이
~ 무너지다. ④팍삭.

퍽석-퍽석 [-썩-썩] [부][하][형] 잇따라 퍽석하는
소리. 또는 그 모양. ④팍삭팍삭.

퍽신-퍽신 [-씬-씬] [부][하][형] 매우 퍽신한 모양.
④팍신팍신.

퍽신-하다 [-씬-] [형][어] 부드럽고 튀기는 힘이
있어 포근하다. ④팍신하다.

퍽-퍽 [부] **1** 힘차게 내지르는 소리. 또는
그 모양. □~ 걷어차다. **2** 힘없이 잇따라 거
꾸러지는 소리. 또는 그 모양. □~ 쓰러지
다. **3** 진흙 따위에 몹시 차게 자꾸 깊이 빠지
는 모양. □갯벌에 발이 ~ 빠지다. ④팍팍.

퍽퍽-하다 [-퍼카-] [형][어] **1** 음식이 물기가 적
어 혀로 씹을 정도로 부드럽지 않다.
□떡이 너무 ~. **2** 몹시 지쳐서 다리가 매우
무겁고 힘이 없다. ④팍팍하다.

펀더기 [명] 넓은 들.

펀둥-거리다 [자] 아무 일도 하지 않고 뻔뻔스
럽게 놀기만 하다. ④판둥거리다. ④번둥거
리다. ④뻔둥거리다. **펀둥-펀둥** [부][하][자]. □~
놀다.

펀둥-대다 [자] 펀둥거리다.

펀드 (fund) [명] **1** 기금. **2** 《경》 투자 신탁의 신
탁 재산.

펀드 매니저 (fund manager) 《경》 투자 신탁
회사 등에서 자산 운용을 전문적으로 맡아
하는 사람.

펀들-거리다 [자] 별로 하는 일 없이 밉살스럽
게 게으름을 피우고 놀기만 하다. ④판들거
리다. ④번들거리다[2]. ④뻔들거리다[2]. **펀들-
펀들** [부][하][자]

펀들-대다 [자] 펀들거리다.

펀뜻 [부] ☞ 언뜻.

펀치 (punch) [명] **1** 권투에서, 주먹으로 상대편
을 세게 치는 일. 또는 그 주먹. □~ 를 날리
다. **2** 차표 등에 구멍을 뚫는 기구. **3** 과일즙
에 설탕·양주 따위를 섞은 음료. **4** 럭비에서,
발끝으로 공을 튀겨 차는 일.

펀치-기 (punch器) [명] 서류나 팸플릿 등을 철
할 때에 작은 구멍을 뚫는 기계.

펀치 카드 (punch card) 천공 카드.

펀칭 (punching) [명][하][타] 축구에서, 골키퍼가 공
을 주먹으로 쳐 내는 일.

펀칭 백 (punching bag) 권투에서, 주먹으로
치는 연습을 하는 데 사용하는 자루.

펀칭 볼 (punching ball) 권투에서, 펀치를 빠르게 하는 연습에 쓰는 가죽 공.

펀트-킥 (punt kick)명 럭비에서, 공을 손에서 떨어뜨려 공이 땅에 닿기 전에 차는 일.

편편무 아무 일도 하지 않고 빈둥거리며 노는 모양. 편편히².ㄴ~ 놀기만 하다.

편편-하다형여 물건의 겉면이 높낮이가 없이 너르다. 상판판하다. **편편-히¹**

편편-히²무 편편. ㄴ집에서 ~ 먹고 놀다.

편:-하다형여 아득하게 너르다. ㄴ편한 벌판. 판판하다. **편:-히¹**

펄명 1 '개펄'의 준말. 2 아주 넓고 평평한 땅. 예벌.

펄-꾼명 겉치레를 하지 않아 모양새가 사나운 사람.

펄떡무하자타 1 크고 탄력 있게 뛰는 모양. ㄴ물고기가 ~ 뛰다. 2 심장이나 맥이 크게 뛰는 모양. 상팔딱.

펄떡-거리다[-꺼-]자타 1 크고 탄력 있게 자꾸 뛰다. 2 문을 여닫으며 자꾸 드나들다. 3 심장이나 맥이 세게 자꾸 뛰다. 또는 그리 되게 하다. 4 성이 나서 참지 못하고 자꾸 펄펄 뛰다. 상팔딱거리다. **펄떡-펄떡**무하자타. ㄴ잉어가 ~ 솟구쳐 뛰다 / 가슴이 ~ 뛰다.

펄떡-대다[-때-]자타 펄떡거리다.

펄떡-이다자타 1 크고 탄력 있게 뛰다. ㄴ펄떡이는 생선. 2 매우 성이 나서 참지 못하고 펄펄 뛰다. 3 문을 여닫으며 드나들다. 상팔딱이다.

펄럭무하자타 바람에 빠르고 힘차게 나부끼는 소리. 또는 그 모양. 상팔락.

펄럭-거리다[-꺼-]자타 바람에 빠르고 힘차게 잇따라 나부끼다. ㄴ빨래가 바람에 ~. 상팔락거리다. **펄럭-펄럭**무하자타

펄럭-대다[-때-]자타 펄럭거리다.

펄럭-이다자타 바람에 빠르고 힘차게 나부끼다. ㄴ펄럭이는 깃발. 상팔락이다.

펄렁무하자타 바람에 크고 힘차게 나부끼는 모양. ㄴ빨래가 ~ 날리다. 상팔랑.

펄렁-거리다자타 바람에 크고 힘차게 계속 나부끼다. 또는 그리 되게 하다. 상팔랑거리다. **펄렁-펄렁**무하자타

펄렁-대다자타 펄렁거리다.

펄스 (pulse)명〔컴〕매우 짧은 지속 시간을 가진 전기의 흐름. 펄스의 유무를 두 값에 대응하여 사용함《무선 통신·컴퓨터 따위》.

펄썩무하자 1 연기나 먼지 등이 뭉쳐 일어나는 모양. ㄴ먼지가 ~ 일다. 2 맥없이 내려앉거나 주저앉는 모양. ㄴ땅바닥에 ~ 주저앉다. 상팔싹.

펄썩-거리다[-꺼-]자 1 연기나 먼지 따위가 뭉쳐 잇따라 일어나다. 2 여럿이 모두 맥없이 내려앉거나 주저앉다. 상팔싹거리다. **펄썩-펄썩**무하자

펄썩-대다[-때-]자 펄썩거리다.

펄-조개명〔조개〕석패과의 민물조개. 못이나 늪 따위의 진흙 속에 삶. 표면은 황갈색 광택이 나고 내면은 흰데, 껍데기의 윤맥은 가늘게 새겨졌음. 식용함. 쏩조개.

펄쩍무하자타 1 문이나 뚜껑 등을 갑자기 여는 모양. ㄴ문을 ~ 열다. 2 갑자기 힘 있게 뛰어오르거나 날아오르는 모양. ㄴ~ 물러서다. 3 갑자기 정신이 들거나 놀라는 모양. ㄴ겁이 ~ 나다. 상팔짝.

펄쩍 뛰다귀 억울한 일을 당했을 때 강하게 부인하다. ㄴ놀라 ~. 상팔짝 뛰다.

펄쩍-거리다[-꺼-]자타 1 문이나 뚜껑 따위가 자꾸 열리다. 또는 그리 되게 하다. 2 갑자기 가볍고 힘 있게 자꾸 뛰어오르거나 날아오르다. 상팔짝거리다.

펄쩍-대다[-때-]자타 펄쩍거리다.

펄펄무 1 많은 물이 계속해서 끓는 모양. ㄴ물을 ~ 끓이다. 2 날짐승이나 물고기 따위가 힘차게 날거나 뛰는 모양. ㄴ~ 뛰는 잉어 / 새가 ~ 날다. 3 높은 열로 뜨거운 모양. ㄴ온몸이 ~ 끓다. 4 눈이나 깃발 따위가 바람에 세차게 날리거나 나부끼는 모양. ㄴ흰눈이 ~ 날리다 / 깃발이 ~ 나부끼다. 상팔팔.

펄펄 뛰다귀 억울한 일을 당했을 때 매우 강하게 부인하다. ㄴ그럴 리가 없다고 ~. 상팔팔 뛰다.

펄펄-하다형여 1 성질이 거세고 급하다. 2 날듯이 활발하고 생기가 있다. ㄴ기운이 펄펄한 청년. 상팔팔하다.

펄프 (pulp)명 기계적·화학적 처리로 식물체의 섬유를 뽑아낸 것《섬유·종이 등의 원료임》.

펄프-재 (pulp材)명 펄프 제조에 쓰는 목재.

펌블 (fumble)명하타 야구나 미식축구에서, 공을 놓치는 일.

펌웨어 (firmware)명〔컴〕데이터나 정보를 변경할 필요가 없는 핵심적인 소프트웨어를 롬 (ROM) 따위에 기입해서 하드웨어처럼 사용하는 것.

펌프 (pump)명〔물〕압력으로 액체·기체를 빨아올리거나 이동시키는 기계.

펑¹무 1 갑자기 요란스럽게 터지거나 튀는 소리. ㄴ폭죽이 ~ 터지다. 2 큰 구멍이 뚫리는 소리. 또는 그 모양. ㄴ포격으로 구멍이 ~ 뚫린 담벼락. 상팡. 예뻥.

펑²감 마작에서, 패가 모두 맞았다는 뜻으로 쓰는 말.

펑덩무하자타 크고 무거운 물건이 깊은 물에 떨어지는 소리. ㄴ돌 ~ 뛰어들다. 상팡당.

펑덩-거리다자타 펑덩 소리가 자꾸 나다. 또는 그런 소리를 자꾸 내다. 상팡당거리다. **펑덩-펑덩**무하자타

펑덩-대다자타 펑덩거리다.

펑크 (←puncture)명 1 고무 튜브나 타이어 따위에 구멍이 나서 터지는 일. 또는 그 구멍. ㄴ~ 날 때우다. 2 양말 따위가 해져서 구멍이 뚫리는 일. 또는 그 구멍. ㄴ양말에 ~가 나다. 3 일이 도중에 틀어지거나 잘못됨. ㄴ방송에 ~를 내다. 4 비밀 따위가 새거나 드러나는 일.

펑퍼짐-하다형 옆으로 퍼진 모양이 둥그스름하게 널찍하다. 상팡파지다.

펑퍼짐-하다형여 둥그스름하고 편편하게 옆으로 퍼져 있다. 상팡파짐하다.

펑펑무하자타 1 많은 양의 액체가 세차게 쏟아져 나오는 소리. 또는 그 모양. 2 눈이 매우 많이 내리는 모양. ㄴ함박눈이 ~ 쏟아지다. 3 돈이나 물건 따위를 마구 쓰는 모양. ㄴ돈을 ~ 쓰다. 상팡팡. 예뻥뻥.

펑펑-거리다자타 1 잇따라 펑펑하는 소리가 나거나 나게 하다. 2 펑펑하고 쏟아지다. 3 큰 물건이 깊은 물에 계속 떨어지다. 4 재산을 마구 헤프게 쓰다. 상팡팡거리다.

펑펑-대다자타 펑펑거리다.

페가수스 (Pegasus)명 그리스 신화에 나오는 날개 돋친 천마(天馬).

페가수스-자리 (Pegasus-)명〔천〕북쪽 하늘에 있는 별자리. 안드로메다자리의 남서쪽, 백조자리의 남동쪽에 있음. 10월 하순에 남중함.

페그마타이트 (pegmatite) 똉 『광』 석영·장석·운모의 거대한 결정으로 이루어진 광석. 거정 화강암.

페그마타이트 광:상 (pegmatite鑛床) 『지』 페그마타이트로 이루어진 광상《석영·우라늄·니오브·리튬 따위 유용 광물이 들어 있음》.

페넌트 (pennant) 똉 1 가늘고 긴 삼각기(旗). 2 배의 활대 끝이나 아래 돛대 머리에서 밑으로 늘어뜨린 짧은 밧줄.

페넌트 레이스 (pennant race) 프로 야구의 리그전(戰) 따위에서, 장기간에 걸쳐 우승을 겨루는 일. 또는 그 공식 경기.

페널티 (penalty) 똉 운동 경기에서, 경기자의 규칙 위반 행위에 대한 벌.

페널티 골 (penalty goal) 축구·럭비풋볼에서, 페널티 킥으로 들어간 골.

페널티 에어리어 (penalty area) 축구에서, 반칙이 일어나면 페널티 킥이 허용되는 구역. 벌칙 구역.

페널티 킥 (penalty kick) 1 축구에서, 페널티 에어리어 안에서 수비 측이 반칙했을 때에 공격 측이 얻는 킥. 벌칙차기. 2 럭비에서, 경기자가 반칙한 경우, 상대편이 그 자리에 공을 놓고 차게 하는 일.

페노바르비탈 (phenobarbital) 똉 무색무취(無色無臭)의 분말로 된 약. 최면·진정·구토·항경련제(抗痙攣劑)로 씀.

페놀 (phenol) 똉 1 특이한 냄새가 나는 무색 또는 흰색의 결정《방부제·소독 살균제·합성수지 따위를 만드는 데 씀》. 석탄산(酸). 2 페놀류(類).

페놀-류 (phenol類) 똉 『화』 방향족(芳香族) 탄화수소의 수소 원자를 히드록시기(基)와 치환한 화합물의 총칭《공해 물질임》. 페놀.

페놀 수지 (phenol樹脂) 페놀류와 포름알데히드를 축합 중합하여 얻는 수지《기계적 강도·전기 절연성·내열성·내산성이 뛰어나 전기 부품·접착제 따위를 만드는 데 씀》.

페놀프탈레인 (phenolphthalein) 똉 『화』 물에는 극히 소량이 녹아 산성과 중성에는 무색, 알칼리성에는 붉은색을 나타내는 무색의 결정《산·알칼리성의 지시약(指示藥) 및 의약 따위에 씀》.

페니 (penny) 의똉 영국의 화폐 단위《파운드의 100분의 1》.

페니실린 (penicillin) 똉 푸른곰팡이를 배양해 얻은 항생 물질의 일종《폐렴·임질·단독·패혈증·매독 따위의 치료에 씀》.

페니실린 쇼크 (penicillin shock) 『의』 페니실린 주사로 말미암은 심한 이상 반응《이명(耳鳴)·발한·호흡 곤란 등의 증상이 계속되어 의식을 잃으며 죽기도 함》.

페니실린 알레르기 (penicillin allergie) 『의』 페니실린에 대한 과민증.

페니웨이트 (pennyweight) 의똉 영국의 무게 단위《온스의 20분의 1》.

페니히 (독 Pfennig) 의똉 독일의 화폐 단위《100분의 1마르크》.

페닐-기 (phenyl基) 똉 『화』 벤젠 분자에서 수소 원자 하나가 빠져나간 구조의 원자단.

페닐알라닌 (phenylalanine) 똉 『화』 필수 아미노산의 하나. 물에 잘 녹지 않고 약간 쓴맛이 있음. 각종 단백질 중에 2~5% 들어 있음.

페달 (pedal) 똉 발로 밟거나 눌러서 기계류를 작동시키는 부품《악기·재봉틀 등의 발판이나 자전거의 발걸이 따위》. □자전거 ~을 밟다.

페더-급 (feather級) 똉 중량별 경기의 체중 등급의 하나. 아마추어 권투에서는 55~57 kg,

프로 권투에서는 55.4~57.1 kg의 체급.

페디오나이트 (독 Pedionite) 똉 『지』 지각(地殼)의 틈새나 많은 분화구에서 분출한 용암류가 거의 수평으로 겹쳐서 이룬 대지(臺地) 모양의 화산《우리나라의 개마고원, 인도의 데칸고원 따위》.

페디큐어 (pedicure) 똉 발과 발톱을 곱게 다듬는 미용술. 미족술(美足術). *매니큐어.

페로몬 (pheromone) 똉 『생』 동물, 특히 곤충이 체외로 분비하여 동류(同類)에게 어떤 행동을 일으키게 하는 물질《위험을 알리거나 이성을 꾀는 것 등이 있음》.

페로타이프 (ferrotype) 똉 사진에서, 인화지를 크롬을 도금한 금속판에 밀착하고 전기의 열로 건조하여 광택 있는 사진을 얻는 방법. 철판 사진.

페르뮴 (fermium) 똉 『화』 악티늄(actinium) 계열에 속하는 인공 방사성 원소의 하나. 플루토늄 따위에 중성자를 조사(照射)해서 만듦. [100 번 : Fm : 257]

페르미-상 (Fermi賞) 이탈리아 태생의 미국 물리학자 페르미를 기념해서 원자 과학의 공로자에게 주는 상.

페르소나 (라 persona) 똉 1 사람의 몸을 조각한 작품. 인체상(像). 2 『기』 지혜와 자유의 사를 갖는 독립된 인격적 실체. 삼위일체(三位一體)의 신(神).

페름-계 (←Permian系) 똉 『지』 페름기의 지층. 이첩계(二疊系).

페름-기 (←Permian紀) 똉 『지』 고생대 최후의 시대. 약 2억 9천만 년 전부터 2억 4천 5백만 년 전까지의 시대로 큰 산맥이 형성되고 두족류·산호류가 번성했음. 이첩기(二疊紀).

페리보트 (ferryboat) 똉 여객·화물·차량 등을 나르는 대형 연락선.

페미나-상 (Fémina賞) 똉 『문』 프랑스의 문학상. 그해에 발표된 우수 작품에 수여함.

페미니니티 테스트 (femininity test) 올림픽이나 세계 선수권 대회 등에서, 여자 선수의 성(性)을 검사하는 일. 흔히, 구강 점막의 염색체를 조사함.

페미니스트 (feminist) 똉 1 여권 신장 또는 남녀평등을 주장하는 사람. 2 여성 숭배자. 여자에게 친절한 남자.

페미니즘 (feminism) 똉 여성의 사회적·정치적·법률적인 권리의 확장을 주장하는 주의.

페미컨 (pemmican) 똉 쇠고기를 말린 후 과실·지방을 섞어 빵처럼 굳힌 휴대 식량.

페서리 (pessary) 똉 『의』 자궁의 위치 이상을 바로잡거나 임신 조절에 쓰는 고무제의 기구. 자궁전(子宮栓).

페소 (에 peso) ⊟똉 에스파냐의 옛 금은화(金銀貨). ⊟의똉 아르헨티나·쿠바·멕시코·필리핀 등의 화폐 단위.

페스트 (pest) 똉 『의』 페스트균이 일으키는 급성 전염병《고열·두통·권태·현기증이 나며 피부가 흑자색으로 변함》. 흑사병(黑死病).

페스티벌 (festival) 똉 축하하여 벌이는 큰 규모의 행사. 축제. 제전(祭典).

페시미즘 (pessimism) 똉 염세주의. 비관론. ↔옵티미즘(optimism).

페어 스케이팅 (pair skating) 남녀가 한 쌍을 이루어 벌이는 피겨 스케이팅.

페어웨이 (fairway) 똉 골프에서, 티 그라운드에서 그린 사이의 잔디 구역.

페어-플레이 (fair play) 똉 1 경기에서, 정정당

당한 승부. ◻ ~ 정신을 발휘하다 / 승부를 떠난 ~에 박수갈채를 보내다. 2 경기 중 펼치는 멋진 묘기를 이르는 말.

페이드아웃 (fade-out) 圏 1 영화나 텔레비전에서, 화면이 처음에 밝았다가 차차 어두워지는 일. 용암(溶暗). 2 라디오에서, 음악이나 효과음이 점차 작아지는 일. 또는 그런 기법. 에프오(FO). ↔페이드인.

페이드인 (fade-in) 圏 1 영화나 텔레비전에서, 화면이 처음에 어둡다가 차차 밝아지는 일. 용명(溶明). 2 라디오에서, 음악이나 효과음이 점차 커지는 일. 또는 그런 기법. 에프아이(FI). ↔페이드아웃.

페이스 (pace) 圏 1 장거리 경주나 마라톤 등에서 달리기의 속도. ◻ ~를 유지하다 / 상대방의 ~에 말려들다. 2 일의 진척 상황이나 생활의 리듬. 3 야구에서, 투수가 던진 공의 속도. ◻ 체인지 오브 ~.

페이지 (page) 🔄圏 1 책이나 장부 등의 한 면(面). 쪽. 2 ~를 넘기는 일. 🔄圏 책이나 장부 등의 면을 세는 단위. ◻ 2800~가 넘는 국어사전.

페이퍼백 (paper-back) 圏 표지를 종이 한 장으로 장정한, 싸고 간편한 책(문고판이나 신서판(新書版) 따위).

페인텍스 (paintex) 圏 기름 성분이 강한 그림물감으로 헝겊·종이·가죽 따위에 그림·무늬를 그리는 일. 또는 그 그림물감.

페인트 (feint) 圏 운동 경기에서, 상대편을 속이기 위한 동작. ◻ 모션.

페인트 (paint) 圏 안료를 전색제(展色劑)와 혼합하여 만든 도료(塗料)의 총칭(유성(油性) 페인트·수성(水性) 페인트·에나멜 페인트·에멀션 페인트로 구분됨).

페인트-칠 (paint漆) 🔄자타 페인트를 바르는 일. 또는 그런 칠. 🔄하자타 🔄벽을 ~하다 / ~이 벗겨지다.

페인팅 나이프 (painting knife) 유화(油畵)를 그릴 때 쓰는 쇠칼(잘못된 곳을 긁어 내기도 하고 붓 대신 사용하기도 함).

페치카 (러 pechka) 圏 러시아를 비롯한 극한(極寒) 지방에서 쓰는 난방 장치(벽을 가열해 여 방 안을 따뜻하게 함). 벽난로.

페트-병 (PET甁) 圏 (polyethylene terephthalate) 음료를 담는 일회용 플라스틱병. 가볍고 깨지지 않는 특성이 있음.

페티시즘 (fetishism) 圏 1 『종』 물신(物神) 숭배. 2 『심』 이성(異性)의 몸의 일부나 옷가지, 소지품 따위에서 성적 만족을 얻는 이상 성욕의 하나.

페티코트 (petticoat) 圏 여자의 속옷(스커트 밑에 받쳐 입는 속치마).

페팅 (petting) 圏 남녀 간의 성적인 애무.

페퍼민트 (peppermint) 圏 1 『식』 박하(薄荷). 2 박하유(油)에 정향유(丁香油) 등을 가미한 달콤한 청록색 알코올 음료.

페하 (독 PH·pH) 圏 『화』 피에이치.

펙틴 (pectin) 圏 『화』 과실 중에 포함된 산성 다당류(과실이 익을 때 젤리화(jelly化)를 촉진함. 잼(jam)·젤리 등을 만들 때 씀).

펜 (pen) 圏 1 펜촉을 펜대에 끼운 것. 철필. ◻ ~으로 쓰고 쓰는 일. 문필 활동. ◻ ~을 놓다 / ~을 들다.

펜-글씨 (pen-) 圏 펜으로 쓰는 글씨.

펜-나이프 (pen knife) 圏 작은 주머니칼.

펜-네임 (pen name) 圏 작가 등이 문필 활동을 할 때 쓰는 본명 이외의 이름. 필명(筆名).

펜-대 (pen-) 圏 펜을 끼어 쓰는 자루. 철필대.

펜더 (fender) 圏 자동차·자전거의 흙받이(바퀴에서 튀는 흙탕물을 막기 위해 둥글게 씌운 철판).

펜던트 (pendant) 圏 1 가운데에 보석으로 된 장식을 달아 가슴에 늘어뜨리게 된 목걸이. 2 샹들리에.

펜스 (fence) 圏 야구장에서, 필드를 둘러싼 울타리. ◻ 좌초 ~.

펜스 (pence) 🔄圏 영국 화폐의 단위(페니의 복수형임).

펜싱 (fencing) 圏 올림픽 경기 종목으로, 철망 마스크를 쓰고 긴 검으로 서로 찌르거나 베는 방식으로 승부를 겨루는 경기.

펜-촉 (pen鏃) 圏 펜의 끝에 촉의 끝. 철필촉.

펜치 (←pinchers) 철사를 끊거나 구부리는 데 쓰는, 집게와 비슷한 연장.

펜-컴퓨터 (pen computer) 圏 『컴』 키보드 대신 스크린에 펜으로 입력할 수 있는 노트북형 컴퓨터.

펜-클럽 (PEN club) 圏 [PEN은 Poets, Playwrights, Editors, Essayists and Novelists] 국제 펜클럽.

펜타곤 (Pentagon) 圏 청사(廳舍)가 오각형이란 뜻에서, '미국 국방부'의 통칭.

펜탄 (pentane) 圏 『화』 탄소 다섯 개로 된, 꽃향기가 나는 무색의 휘발성 액체로 메탄계(methane系) 탄화수소의 한 가지(마취제나 저온 온도계 따위에 씀. 세 가지의 이성질체(異性質體)가 있음).

펜탄 온도계 (pentane溫度計) [-/-계] 『물』 펜탄을 사용한 액체 온도계(-200℃의 저온(低溫)까지 측정할 수 있음).

펜토오스 (pentose) 圏 『화』 탄소 원자 5개를 가진 단당류(單糖類)의 일종(식물의 목질화된 부분에 있는 펜토산(pentosan)을 가수 분해해서 얻음. 오탄당(五炭糖).

펜-팔 (pen pal) 圏 편지를 주고받으며 사귀는 벗. ◻ ~로 외국 친구와 사귀다.

펜홀더 그립 (penholder grip) 탁구에서, 펜을 쥐듯이 라켓을 잡는 방식. *셰이크핸드 그립 (shakehand grip).

펜-화 (pen畵) 圏 『미술』 갈대·깃·강철 따위의 뾰족한 펜으로 그린 그림.

펠리컨 (pelican) 圏 『조』 사다새.

펠턴 수차 (pelton水車) 충동식 수력 터빈. 관(管) 끝의 노즐에서 물을 고속으로 내뿜게 해 그 힘으로 수차를 돌려 전력을 얻음.

펠트 (felt) 圏 양털이나 다른 짐승의 털에 습기·열·압력을 가해 만든 천(모자·양탄자 따위를 만드는 데 씀). ◻ ~ 모자.

펠트-펜 (felt pen) 圏 매직펜.

펠티에 효과 (Peltier效果) 『물』 두 개의 다른 금속을 접속시켜 전류를 통하면 그 접속점에 열이 발생하거나 냉각되는 현상.

펩신 (pepsin) 圏 『화』 척추동물의 위액 속에 있는 단백질 분해 효소(염산과 함께 단백질을 펩톤(peptone)으로 분해해서 장벽(腸壁)에서 흡수할 수 있는 물질로 만드는 작용을 함(약재로도 씀).

펩톤 (peptone) 圏 『화』 단백질이 펩신에 의해 분해된 물질(단백질보다 소화하기 쉬워 환자의 인공영양제로 씀.

펩티다아제 (독 Peptidase) 圏 『화』 단백질의 펩티드 결합을 가수 분해 하는 효소를 통틀어 이르는 말(펩신·트립신 따위).

펭귄 (penguin) 圏 『조』 펭귄과의 바닷새. 키는

40~120 cm이며 날개는 짧고 지느러미 모양인데 날지 못하고, 곧추서서 걸음. 헤엄을 잘 치며 고기·낙지·새우 따위를 잡아먹음. 남극 지방에서 떼 지어 삶.

펴-내다[타] 1 개킨 것을 넓게 해 내놓다. 2 잡지나 책 등을 발행하다. ▢자료집을 ~.
펴낸-이[명] 발행인.
펴널[명] 상투 짤 때 맺는, 맨 아래 돌림.
펴-놓다[-노타][타] 마음속을 숨김없이 드러내다. 흉금을 펴놓고 이야기하다.
펴다[타] 1 개킨 것을 젖히다. ▢이부자리를 ~. 2 구김이나 주름 따위를 반반하게 하다. ▢주름살을 ~. 3 굽은 것을 곧게 하다. 또는 움츠리거나 구부리거나 오므라든 것을 벌리다. ▢가슴을 ~ / 허리를 ~ / 구부러진 철사를 ~. 4 넓게 늘어놓거나 골고루 헤쳐 놓다. ▢마당에 돗자리를 ~. 5 생각·감정·기세 따위를 자유롭게 표현하거나 주장하다. ▢기(氣)를 ~ / 꿈을 펴다. 6 세력이나 작전, 정책 따위를 벌이거나 범위를 넓히다. ▢세력을 ~ / 수사망을 ~. 7 접은 것을 벌리다. ▢책을 ~ / 우산을 ~. 8 세상에 널리 알리거나 베풀다. ▢선정을 ~.
펴디다[자]〈옛〉퍼지다.
펴락-쥐락[부][하다] ☞쥐락펴락.
펴아나다[자]〈옛〉피어나다.
펴이다[자] 1 ('펴다'의 피동)폄을 당하다. ▢구김살이 ~. 2 윤색함이 없어지다. ▢형편이 ~. 3 순조롭지 못한 일이 잘되어 가다. ▢사업이 ~. ⓐ폐다.
펴-지다[자] 1 퍼이게 되다. ▢주름이 ~ / 철사가 ~ / 우산이 ~. 2 순조롭지 못한 일이 나아지다. ▢형편이 ~.
편[명] '떡'을 점잖게 이르는 말.
편(片)⨀[명] 작은 조각의 물건. 또는 저울에 달아 파는 인삼의 낱개. ▢~이 작다. ⨁[의명] 인삼의 낱개를 세는 단위. ▢인삼 다섯 ~.
편¹(便)⨀[명] 여러 패로 나누었을 때 그 하나하나의 쪽. ▢우리 ~ / ~을 가르다. ⨁[의명] 사람이 오거나 가거나 물건을 보내는 데 이용하는 기회나 수단. ▢자동차 ~ / 아저씨 ~에 보내다. 2 사물을 몇 가지로 나누어 생각했을 때의 한쪽. ▢가려면 일찍 가는 ~이 낫지. 3 어떤 쪽, 어떤 방향. ▢바람이 부는 ~. 4 (주로 '-은 [-는]편이다'의 꼴로 쓰여) 그와 같은 부류에 속해 있음을 나타내는 말. ▢오늘은 아주 조용한 ~이다.
편(編)[명] 1 《악》국악의 노래 곡조의 하나. 2 인명·단체명 따위에 붙어 편찬의 뜻을 나타내는 말. ▢교육부 ~ 중등 국어 교과서.
편²(便·偏)[의명] '편짝'의 준말. ▢이 ~이 훨씬 낫다.
편(篇)[의명] 1 형식이나 내용·성질 등이 다른 글을 구별해 나타내는 말. ▢동양 ~. 2 책이나 시문을 세는 단위. ▢한 ~의 시. 3 책 속에서 큰 대목의 수효를 가리키는 말. ▢제1 ~ 제3장.
편각(片刻)[명] 짧은 시간. 삽시간.
편각(偏角)[명] 1 《지》자침(磁針)의 방향과 지리학적 자오선 사이의 각도. 2 일정한 기준에 대해서 기울기나 경사를 나타내는 각. 경각(傾角). 3《물》프리즘에서, 굴절해서 입사한 광선과 투과한 광선이 이루는 각.
편각-계(偏角計)[-깨 / -께][명] 편각을 재는 기계. 지리학적 자오선을 정하기 위한 망원경과 자침이 장치되어 있음.
편간(編刊)[명][하타] 책을 편찬해서 발간함.
편갑(片甲)[명] 1 갑옷의 조각. 2 싸움에 지고

난 군사를 비유한 말.
편강(片薑)[명] 얇게 저민 생강을 설탕에 조려 말린 것.
편-거리(片-)[의명] 인삼을 한 근씩 골라 맞출 때 그 편 수를 세는 말.
편견(偏見)[명] 공정하지 못하고 한쪽으로 치우친 생각. ▢~이 심하다 / ~에서 벗어나다.
편경(編磬)[명] 《악》아악기(雅樂器)의 하나. 두 층의 걸이가 있는 틀에 한 층마다 여덟 개씩의 경쇠를 매어 달았음.
편-계피(片桂皮)[- / -게-][명] 얇게 조각을 낸 계피.
편고(片孤)[명] 어버이의 한쪽을 잃은 아이.
편고지역(偏苦之役)[명] 남보다 괴로움을 더 받으면서 하는 일.
편곡(編曲)[명][하타] 《악》어떤 악곡을 다른 형식으로 바꾸어 꾸미거나 다른 악기를 주로 해서 연주 효과를 달리 하는 일. 또는 그 곡. ▢대중가요를 가곡으로 ~하다.
편곡-하다(偏曲-)[-고카-][형어] 성질이 한쪽으로 치우치고 바르지 않다.
편곤(鞭棍)[명] 쇠도리깨와 곤(棍). 또는 이들을 써서 행하는 무예.
편관(偏罐)[명] 배가 불룩한 주전자.
편광(偏光)[명] 《물》일정한 방향으로만 진동하는 빛의 파동.
편광-경(偏光鏡)[명] 《물》니콜 프리즘을 사용하지 않고 두 개의 평면 유리 거울을 써서 편광을 검출하는 장치.
편광-계(偏光計)[- / -게][명] 《물》물질의 선광도(旋光度)를 재는 기계. 선광계(旋光計).
편광-기(偏光器)[명] 《물》자연광을 이용해 편광을 바꾸는 장치(전기석(電氣石)·니콜 프리즘 따위). 편광자(偏光子).
편광-자(偏光子)[명] 편광기(偏光器).
편광 프리즘(偏光prism)[명] 《물》편광을 발생시키거나 검출하는 프리즘(니콜 프리즘 따위).
편광 현:미경(偏光顯微鏡)[명] 편광을 이용해 광물을 광학적으로 관찰하는 특수 현미경. 광물 현미경.
편굴-하다(偏屈-)[형어] 성질이 한쪽으로 치우치고 비굴하다.
편근-하다(便近-)[형어] 가깝고 편리하다.
편급-하다(褊急-)[-그파-][형어] 소견이 좁고 성질이 급하다. **편급-히**[-그피][부]
편기(偏嗜)[명][하타] 1 치우쳐 즐김. 편벽한 기호. 2 어떤 음식을 유난히 즐김. 혹기(惑嗜).
편기(偏忌)[명][하타] 좁은 소견으로 남을 시기함.
편년(編年)[명] 연대순으로 역사를 편찬함. 연대기(年代記).
편년-사(編年史)[명] 편년체로 엮은 역사. 연대기(年代記).
편년-체(編年體)[명] 연대순으로 기술한 역사 편찬의 한 체재. 기년체(紀年體).
편녕-하다(便佞-)[형어] 말로는 모든 일을 잘할 것 같으나 실속이 없다.
편-놈[명] 《민》산대놀음을 하는 사람을 낮추어 이르는 말.
편:뇌(片腦)[명] 《한의》용뇌향(龍腦香).
편:뇌-유(片腦油)[명] 장뇌유(樟腦油)를 정류하여 얻는 무색 휘발성의 기름(방충제·향료·도료의 용제(溶劑)로 씀).
편단(偏斷)[명][하타] 한쪽으로 치우치게 결정함.
편달(鞭撻)[명][하타] 1 채찍으로 때림. 2 종아리나 볼기를 침. 편복(鞭扑). 3 타이르고 격려함. ▢지도와 ~을 바라다.

편답(遍踏)〔명〕〔하타〕 편력1. ❏팔도강산을 두루 ~하다.

편당(偏黨)〔명〕〔하자〕 한 당파에 치우침. 또는 한 편의 당파. ❏~을 짓다.

편대(編隊)〔명〕〔하자타〕 **1** 대오(隊伍)를 편성함. 또는 그 대오. **2** 비행기 따위가 짝을 지어 대형을 갖추는 일. 또는 그 대형. ❏3기 ~.

편대 비행(編隊飛行)〔군〕 비행기가 편대를 지어 비행함.

편대-장(編隊長)〔명〕〔군〕 **1** 편대의 지휘관. **2** 편대 비행을 지휘하고 통솔하는 책임자.

편도(片道)〔명〕 **1** 가고 오는 길 가운데 어느 한 쪽. 또는 그 길. ❏~ 승차권/~ 일차선. **2** 일방적으로만 함. *왕복.

편도(扁桃)〔명〕〔식〕 장미과의 낙엽 교목. 열매는 복숭아 비슷한데 높이는 6 m가량. 봄에 담홍색 다섯잎꽃이 피는데, 열매의 살은 먹고 씨는 약으로 씀. 아몬드.

편도(便道)〔명〕 편로(便路)1.

편도 무:역(片道貿易) 편무역.

편도-선(扁桃腺)〔명〕〔생〕 사람의 입속 양쪽 구석에 하나씩 있는, 편평한 타원형의 림프 조직. ❏~이 붓다.

편도선-염(扁桃腺炎)[-념]〔명〕〔의〕 편도선에 생기는 염증(편도선이 벌겋게 부어서 음식물을 넘기기가 어렵게 됨). 편도염.

편도-유(扁桃油)〔명〕 편도의 씨에서 짜낸 담황색의 지방유(약·비누 제조 따위에 씀).

편독(偏讀)〔명〕〔하타〕 한 방면에만 치우치게 책을 읽음.

편동-풍(偏東風)〔명〕 지구 자전의 영향을 받아 동쪽에서 서쪽으로 부는 바람.

편두-통(偏頭痛)〔명〕〔의〕 발작성 두통으로 머리의 한쪽 부분이 아픈 병. 변두통.

편-들다(便-)〔편들어, 편드니, 편드는〕〔타〕 어떤 편을 돕거나 두둔하다. ❏어머니는 늘 형만 편들어 주신다.

편람(便覽)[펼-]〔명〕 보기에 편리하도록 간추린 책. 핸드북.

편력(遍歷)[펼-]〔명〕〔하타〕 **1** 이곳저곳을 널리 돌아다님. 편답(遍踏). ❏~의 길/여러 고장을 ~하다. **2** 여러 가지 경험을 함. ❏여성 ~.

편로(便路)[펼-]〔명〕 **1** 편리한 길. 편도(便道). **2** 편리한 방법.

편론(偏論)[펼-]〔명〕〔하타〕 남이나 다른 당을 논해 비난함.

편류(偏流)[펼-]〔명〕〔하자〕 비행기가 비행 중에 바람 때문에 수평으로 밀려 항로에서 벗어나는 일.

편리(便利)[펼-]〔명〕〔하형〕 편하고 이로우며 이용하기 쉬움. ❏~를 보아주다/~한 지하철. ↔불편(不便).

편리 공:생(片利共生)[펼-]〔생〕 한쪽은 이익을 받으나 다른 쪽은 이익도 해도 없는 공생의 한 양식.

편린(片鱗)[펼-]〔명〕 한 조각의 비늘이라는 뜻으로, 사물의 극히 작은 한 부분을 이르는 말. ❏기억의 ~이 떠오르다/재능의 ~을 엿보다.

편마-암(片麻岩)〔명〕〔광〕 장석·석영·운모·각섬석 따위로 이루어진 변성암의 하나(엽편상(葉片狀) 또는 줄무늬의 결정으로 되었음).

편만-하다(遍滿-)〔형어〕 널리 그득 차다.

편-먹다(便-)[-따]〔자〕〈속〉편을 짜서 한편이 되다. ❏우리가 편먹으면 우승할 거다/엄마

와 편먹고 아버지를 이겼다.

편면(片面)〔명〕 한쪽 면.

편모(片貌)〔명〕 어느 한 면의 모습. ❏~를 엿보다.

편모(偏母)〔명〕 아버지가 죽거나 이혼해서 홀로 된 어머니.

편모(鞭毛)〔명〕〔생〕 세균·원생동물의 편모충류, 정자(精子) 등에서 볼 수 있는 긴 채찍 모양의 세포 소기관(小器官)(영양 섭취·편모 운동을 함). *섬모(纖毛).

편모-균(鞭毛菌)〔명〕〔동〕 균체에 편모가 있어 고유한 운동성을 가지는 세균(단모균 따위).

편모-류(鞭毛類)〔명〕〔동〕 편모충류.

편모-슬하(偏母膝下)〔명〕 편모시하.

편모-시하(偏母侍下)〔명〕 편모를 모시고 있는 처지. 편모슬하.

편모 운:동(鞭毛運動)〔생〕 편모류나 정자 따위가 편모를 물결 모양 또는 나선 모양으로 움직여 먹이의 섭취·소화·배출 따위를 하는 운동.

편모-충(鞭毛蟲)〔명〕〔동〕 편모충류에 속하는 생물의 총칭. 주로 바닷물이나 민물에서 편모 운동을 하며 삶(야광충(夜光蟲)·트리파노소마(Trypanosoma)·유글레나(Euglena)·뿔말·볼복스(Volvox) 따위).

편모충-류(鞭毛蟲類)[-뉴]〔명〕〔동〕 원생동물의 한 강(綱). 단세포 진핵(真核)생물이며 동물과 식물의 중간 성질을 가짐. 하나 내지 다수의 편모로 운동하고 대개 분열로 증식함. 편모류(類). 유편류(有鞭類). *섬모충류.

편무(片務)〔명〕 어느 한쪽에서만 지는 의무. ↔쌍무(雙務).

편무 계:약(片務契約)[-/-게-/-게-]〔법〕 당사자의 한쪽만이 채무를 지는 계약(증여·현상 광고 따위가 있음). ↔쌍무 계약.

편-무역(片貿易)〔명〕〔경〕 외국과의 상거래에서, 일방적으로 수출만 하거나 수입만 하는 거래. 편도 무역. ↔쌍무 무역.

편문(片聞)〔명〕〔하자〕 한쪽의 말만 들음.

편물(編物)〔명〕 **1** 뜨개질. ~ 기계. **2** 뜨개질로 만든 옷이나 소품.

편발(辮髮·編髮)〔명〕 **1** 예전에, 관례(冠禮)하기 전에 머리를 길게 땋아 늘이던 것. 또는 그 머리. **2** 변발(辮髮).

편방(偏旁)〔명〕 한자의 구성상 왼쪽인 '편(偏)'과 오른쪽인 '방(旁)'의 일컬음.

편배(編配)〔명〕〔하타〕〔역〕 귀양 보낼 사람의 이름을 도류안(徒流案)에 적어 넣던 일.

편백(扁柏)〔명〕〔식〕 노송나무.

편범(片帆)〔명〕 돛을 한쪽으로 기울여 바람을 받게 하는 일.

편법(便法)[-뻡]〔명〕 간편하고 손쉬운 방법. ❏~ 운영/~을 쓰다/~을 동원하다.

편법(篇法)[-뻡]〔명〕 시문(詩文) 등을 편을 지어 만드는 방법.

편벽(便僻)〔명〕〔하자〕 남의 비위를 잘 맞추어 아첨함. 또는 그런 사람.

편벽-되다(偏僻-)[-뙤-]〔형〕 한쪽으로 치우쳐 공평하지 못하다. ❏편벽된 처사. **편벽-되이**[-되이]

편벽-하다(偏僻-)[-벼카-]〔형여〕 **1** 생각 따위가 한쪽으로 치우치다. ❏편벽한 성품. **2** 중심에서 떨어져 구석지다. ❏편벽한 촌락.

편복(便服)〔명〕 평상시에 간편하게 입는 옷. 편의(便衣).

편복(蝙蝠)〔명〕〔동〕 박쥐.

편복(鞭扑)〔명〕〔하타〕 편달(鞭撻)2.

편비내〔명〕 둑이 무너지지 않도록 대나 갈대를

엮어 둘러치는 일.

편사(便私) 〔명〕〔자〕 자기 개인만의 편함을 꾀함.

편사(便射) 〔명〕〔자〕 〖역〗 사원(射員)끼리 편을 갈라 활쏘기를 겨루던 일.

편사(偏私) 〔명〕〔자〕 특정인에게만 호의를 보임.

편사(編絲) 〔명〕 수를 놓거나 여러 가지 무늬를 걸는 실.

편사-국(編史局) 〔명〕 〖역〗 갑오개혁 이후 역사 편찬을 맡아보던 의정부의 한 관청.

편산(偏產) 〔명〕〔자〕 어린아이가 태어날 때 이마부터 나오는 일.

편산(遍散) 〔명〕〔자〕〔형〕 곳곳에 널리 흩어짐. 또는 흩어져 있음.

편삼(偏衫·褊衫) 〔명〕 〖불〗 승복의 일종(왼쪽 어깨에서 오른쪽 옆구리에 걸치는 법의).

편상-화(編上靴) 〔명〕 목이 단화보다는 길고 장화보다는 짧은 구두의 하나.

편서(便書) 〔명〕 인편(人便)에 부치는 편지.

편서-풍(偏西風) 〔명〕 〖지〗 위도 30~65°의 중위도 지방에서 일 년 내내 서쪽에서 동쪽으로 치우쳐 부는 바람.

편선(便船) 〔명〕 가볍고 사용하기에 편리한 배.

편성(偏性) 〔명〕 한쪽으로 치우친 성질. 편벽된 성질.

편성(編成) 〔명〕〔타〕 **1** 엮어서 만듦. ❑ 10량 ~의 열차. **2** 엮어 모아서 책·신문·영화 따위를 만듦. ❑ 프로그램의 ~. **3** 예산·조직·대오 따위를 짜서 이룸. ❑ 예산 ~ / 학급 ~.

편성-표(編成表) 〔명〕 군이나 단체 등의 편성을 계통적으로 나타낸 표. ❑ 예비군 ~.

편소-하다(編小-) 〔형〕〔어〕 땅이나 장소 등이 작고 좁다.

편수[1] 〔명〕 얇게 밀어 낸 밀가루 반죽에 채소로 만든 소를 넣고 네 귀를 붙여, 끓는 물에 익혀 장국에 넣어 먹는 여름 음식. 변씨만두.

편수[2] 〔명〕 공장(工匠)의 두목. 〔주의〕 '邊首·編首'로 씀은 취음.

편수(片手) 〔명〕 한 팔. 외팔.

편수(篇首) 〔명〕 책 편(篇)의 첫머리.

편수(編修) 〔명〕〔타〕 책을 편집하고 수정(修正)함. ❑ ~ 자료.

편수(鞭穗) 〔명〕 챗열.

편수-관(編修官) 〔명〕 **1** 교육부에서, 교재 편수를 맡아보는 공무원. **2** 〖역〗 춘추관(春秋館)의 정삼품에서 종사품까지의 당하관(堂下官) 벼슬.

편술(編述) 〔명〕〔타〕 책 따위를 엮어서 지음.

편승(便乘) 〔명〕〔자〕 **1** 남이 타고 가는 차편을 얻어 탐. ❑ 친구 차에 ~하다. **2** 편선(便船)을 탐. **3** 세태나 남의 세력을 이용해서 자신의 이익을 거둠. ❑ 시대의 흐름에 ~하다.

편시(片時) 〔명〕 잠시(暫時).

편시-간(片時間) 〔명〕 잠시간(暫時間).

편식(偏食) 〔명〕〔타〕 특정한 음식만을 가려서 즐겨 먹음. ❑ ~하는 버릇 / ~은 건강을 해칠 수 있다.

편신(偏信) 〔명〕〔타〕 한쪽으로 치우쳐 믿음. 또는 그런 믿음.

편신(遍身) 〔명〕 무엇이 온몸에 두루 퍼짐. 또는 그런 몸.

편심(偏心) 〔명〕 **1** 좁은 마음. **2** 일방적으로 치우친 마음.

편심(偏心) 〔명〕 **1** 한쪽으로 치우치거나 편벽된 마음. **2** 〖물〗 어떤 물체의 중심이 한쪽으로 치우쳐 중심이 맞지 않은 상태.

편-싸움(便-) 〔명〕〔자〕 **1** 편을 갈라서 벌이는 싸움. ❑ ~을 벌이다. 〈준〉 편쌈. **2** 〖민〗 음력 정월에 동네끼리 편을 갈라서 돌과 방망이로

싸우던 놀이.

편싸움-꾼(便-) 〔명〕 편싸움에 한몫 끼어 싸우는 사람.

편싸움-질(便-) 〔명〕〔자〕 걸핏하면 편싸움을 벌이는 짓.

편-쌈(便-) 〔명〕〔자〕 '편싸움1'의 준말.

편쑤기 〔명〕 음력 정월 초하룻날 차례(茶禮)에 쓰는 떡국.

편-씨름(便-) 〔명〕〔자〕 편을 갈라 승부(勝負)를 겨루는 씨름.

편안(便安) 〔명〕〔하〕〔형〕〔부〕 몸과 마음이 편하고 좋음. ❑ ~한 생활 / 노후를 ~히 지내다.

편암(片岩) 〔명〕 〖광〗 석영(石英)·운모 등이 얇은 층을 이룬 변성암의 하나(나뭇잎 모양으로, 엷은 회색이나 엷은 갈색을 띰).

편애(偏愛) 〔명〕〔하〕 어느 한 사람이나 한쪽만을 치우치게 사랑함. ❑ ~가 심하다 / 장남을 ~하다.

편애-하다(偏隘-) 〔형〕〔어〕 성미가 한쪽에 치우치고 좁다.

편액(扁額) 〔명〕 종이·비단 또는 널빤지에 그림을 그리거나 글씨를 써서 방 안이나 문 위에 걸어 놓는 액자. 편제. ❑ ~을 걸다. 〈준〉액(額).

편언(片言) 〔명〕 **1** 한쪽 사람의 말. **2** 한마디의 말. 곤언. 편언.

편언-절옥(片言折獄) 〔명〕〔자〕 한마디 말로 송사(訟事)의 시비를 가림.

편언-척자(片言隻字) [펴넌-짜] 〔명〕 한 마디 말과 몇 자의 글이란 뜻으로, 짧은 말과 글. 편언척구(隻句). ＊일언반구.

편역-들다 [-뜰-] 〔타〕 ☞ 역성들다.

편-연지(片臙脂) 〔명〕 예전에, 중국에서 나던 연지의 한 가지. 붉은 물을 솜에 먹여 말려 끓는 물에 담갔다가 그 물을 짜서 썼음.

편영(片影) 〔명〕 조그마한 그림자.

편운(片雲) 〔명〕 조각구름.

편월(片月) 〔명〕 조각달.

편육(片肉) 〔명〕 얇게 저민 수육. ❑ ~을 뜨다.

편의(便衣) [펴늬 / 펴니] 〔명〕 편복.

편의(便宜) [펴늬 / 펴니] 〔명〕 형편이나 조건 따위가 편하고 좋음. ❑ ~를 제공하다 / ~를 봐주다.

편의(偏倚) [펴늬 / 펴니] 〔명〕〔하〕〔형〕 **1** 치우침. 기울어져 있음. **2** 〖수〗 편차(偏差)1.

편의-대(便衣隊) [펴늬- / 펴니-] 〔명〕 예전에 중국에서, 평복으로 적지에 들어가 후방을 교란하고 적정을 살피던 부대.

편의-성(便宜性) [펴늬썽 / 펴니썽] 〔명〕 쉽고 편한 특성.

편의 재량(便宜裁量) [펴늬- / 펴니-] 〖법〗 행정 관청이 무엇이 가장 행정 목적에 적합한가를 판단해서 행하는 재량.

편의-적(便宜的) [펴늬- / 펴니-] 〔관〕 그때그때의 사정에 따라 임시로 채택된 (것). ❑ ~태도 / ~인 발상.

편의-점(便宜店) [펴늬- / 펴니-] 〔명〕 일용 잡화나 식료품 따위를 팔면서 24시간 영업을 하는 상점.

편의-종사(便宜從事) [펴늬- / 펴니-] 〔명〕 〖역〗 임금이 사절을 보낼 때, 어떤 일을 정하지 않고 가서 형편에 따라 일을 보게 하던 일.

편의-주의(便宜主義) [펴늬- / 펴니-이] 〔명〕 근본적으로 처리하지 않고 임시로 대강 둘러맞추는 방법.

편-이(便-) 〔명〕 발행인.

편이-하다(便易-) 〔형〕〔어〕 편리하고 쉽다.

편익 (便益) 명하형 편리하고 유익함. ❏ ~을 주다 / ~을 제공하다.
편인 (偏人) 명 **1** 성질이 편벽된 사람. **2** 별난 짓을 잘하는 사람.
편일 (片日) 명 **1** 육십갑자의 십간(十干)이 갑(甲)·병(丙)·무(戊)·경(庚)·임(壬)인 날. **2** 짝이 맞지 않는 날. 곧, 홀수의 날. ↔쌍일.
편입 (編入) 명하자타 **1** 엮거나 짜 넣음. **2** 한 동아리·반·단체 등에 끼어 들어감. ❏ 고등학교 ~ 시험 / 3학년에 ~하다 / 일부 지역이 시(市)에 ~되다.
편입-생 (編入生)[펴닙쌩] 명 첫 학년에 입학하지 않고 어떤 학년에 끼어 들어가는 학생. ❏ 약간 명의 ~을 받아들이다.
편자 명 **1** 말굽에 대어 붙이는 'U' 자 모양의 쇳조각. 제철(蹄鐵). **2** '망건편자'의 준말.
편자 (編者) 명 책을 엮은 사람. 엮은이.
편자-고래 명 편자 모양으로 만든 방고래.
편작 (編作) 명하타 죽세공(竹細工)이나 자리 등을 겯거나 짜서 만듦.
편장 (偏長) 명 당파의 어른. 각 편의 우두머리.
편재 (偏在) 명하자 한곳에 치우쳐 있음. ❏ 부(富)의 ~ / 교육·문화 시설의 대부분이 대도시에 ~해 있다.
편재 (遍在) 명하자 두루 퍼져 있음.
편재 (騙財) 명하타 남의 재물을 속여 빼앗음.
편저 (編著) 명하타 편집해서 저술함. 또는 그 책. ❏ 사전을 ~하다.
편-적운 (片積雲) 명 구름 모양의 일종. 조각조각으로 된 뭉게구름.
편전 (片箭) 명 **1** 아기살. **2** 총통(銃筒)에 넣어서 쏘는, 하나로 된 화전(火箭).
편전 (便殿) 명 예전에, 임금이 평상시에 거처하던 궁전.
편전-지 (便箋紙) 명 편지지.
편정 (偏情) 명하자 감정이나 정에 치우침.
편제 (扁題) 명 편액(扁額).
편제 (編制) 명하타 어떤 조직이나 기구를 편성해서 체제를 조직함. 또는 그 기구나 체제. ❏ 전시(戰時) ~ / ~를 정비하다.
편제-표 (編制表) 명 부대·행정 단위·운영 기관 등의 편제를 나타낸 도표.
편조 (扁爪) 명 〖동〗 포유동물의 손톱·발톱의 한 형식. 바다만이 발달하고 편평(扁平)함.
편조 (遍照) 명하타 두루 비춤.
편조 (編造) 명하타 엮어서 만듦.
편조-식 (偏條植) 명 가로나 세로 어느 한쪽으로만 줄이 서도록 심는 모. *정조식(正條植).
편족 (片足) 명 **1** 한쪽 다리. **2** 한쪽 다리가 없는 불구자.
편종 (編鐘) 명 〖악〗 아악기의 하나. 두 층의 걸이가 있는 틀에 12율의 순서로 조율된 종을 한단에 여덟 개씩 달아 망치로 치는 타악기.
편좌 (便坐) 명하자 **1** 편히 앉음. **2** 쉬는 방. 휴게실.
편주 (片舟·扁舟) 명 작은 배. 조각배.
편죽 (片竹) 명 조각으로 된 대.
편죽 (扁竹) 명 〖식〗 마디풀.
편중 (偏重) 명하자타 한쪽으로 치우침. ❏ 부의 ~ / 자금 흐름의 ~이 심각하다.
편증 (偏憎) 명하타 한쪽만을 지나치게 미워함.
편지 (片志) 명 자그마한 뜻. 촌지(寸志).
편:지 (便紙·片紙) 명 소식을 서로 알리거나 용무를 적어 보내는 글. 서간(書簡). 서신. 서찰. 서척. 서한(書翰). 서함(書函). 신서(信書). 찰한. ❏ 안부 ~ / ~를 부치다 / ~ 왕래가 끊기다. ――**하다** 자여 편지를 보내다. ❏ 고향의 부모님께 매달 ~.
[편지에 문안(問安)] 편지에는 으레 문안하는 말이 있다는 뜻으로, 항상 빠지지 않고 따라다니게 마련인 것을 비유한 말.
편:지-지 (便紙紙) 명 편지를 쓰는 종이. 서간지. 편전지(便箋紙).
편:지-질 (便紙–) 명하자 **1** 편지를 주고받는 일. **2** 편지를 자꾸 써서 보내는 짓.
편:지-투 (便紙套) 명 **1** 편지에서 쓰는 글투. ❏ 한문식의 옛 ~. **2** 편지틀.
편:지-틀 (便紙–) 명 편지 글의 격식이나 본보기. 또는 그것을 적은 책. 편지투. 간독(簡牘).
편직 (編織) 명 **1** 실로 뜨개질한 것처럼 짜는 일. **2** 편직물.
편직-물 (編織物)[-징-] 명 실로 뜨개질한 것처럼 짠 피륙. 편직.
편질 (篇帙) 명 책의 편과 질.
편집 (偏執) 명하타 편견(偏見)을 고집하고 남의 말을 듣지 않음.
편집 (編輯) 명하타 〔←편즙〕 책·신문이나 영화 필름·녹음 테이프 따위를 펴내거나 만들기 위해 일정한 기획 아래 기사나 글을 수집·정리하고 구성함. 또는 그런 작업이나 기술. ❏ 잡지 ~.
편집-광 (偏執狂)[-꽝] 명 〖의〗 어떤 사물에 집착하여 몰상식한 행동을 예사로 하는 정신병자. 모노마니아.
편집-국 (編輯局)[-꾹] 명 편집에 관한 일을 맡아보는 국. ❏ 신문사 ~.
편집-권 (編輯權)[-꿘] 명 신문·잡지·서적 등의 편집에 대한 모든 일을 간섭받지 않고 할 수 있는 권리.
편집-기 (編輯機)[-끼] 명 〖컴〗 보고서·편지 등의 문서를 만들거나 고치기 위한 프로그램. 문안(文案)의 입력·수정·삭제 및 파일의 생성과 문안의 저장·생성 등의 기능을 가짐.
편집-병 (偏執病)[-뼝] 명 〖의〗 편집증.
편집-부 (編輯部)[-뿌] 명 편집에 관한 일을 맡아보는 부서. ❏ 출판사 ~.
편집 위원 (編輯委員) 신문·잡지 및 전집, 기타의 간행물에 대한 편집 경향·편집 계획 등을 맡은 위원.
편집-인 (編輯人) 명 **1** 편집에 관한 일을 맡아 법적 책임을 지는 사람. **2** 편집을 하는 사람. 편집자.
편집-증 (偏執症)[-쯩] 명 〖의〗 체계가 서 있는 어떤 망상을 계속 고집하는 정신병. 파라노이아. 편집병.
편집-질 (偏執質)[-찔] 명 〖의〗 자기를 지나치게 높이 평가하는 기질.
편집 회:의 (編輯會議)[-지푀-/-지퓌이] 편집 위원·편집원 들이 모여 간행물 편집에 대해 토의하는 회의.
편집 후:기 (編輯後記)[-지푸-] 편집을 끝내고, 편집의 과정·감상·계획·비평 따위를 단편적으로 간단히 적은 글.
편-짓다 (片–)[-짇따]〔편지어, 편지으니, 편짓는〕 타ㅅ **1** 목재의 감을 용도에 따라 여러 몫으로 나누어 두다. **2** 인삼을 한 근씩 달아 묶을 때 편(片)을 일정한 수효로 골라 놓다.
편-짜다 (便–) 자 승부를 겨루기 위해 편을 갈라 조직하다. ❏ 두 편으로 편짜서 장기 자랑을 벌이다.
편-짝 (便–) 의명 상대하는 두 편 가운데, 어느 한 편을 가리키는 말. ❏ 이 ~ / 저 ~. 준편.
편차 (便車) 명 짐을 운반하는 손수레.
편차 (偏差) 명 **1** 〖수〗 수치·위치·방향 등이 일

정한 기준에서 벗어난 정도나 크기. 편의(偏倚). ▷~가 심하다. 2 정확하게 조준해 쏜 탄환의 탄착점과 표적 사이의 거리. ▷~ 수정(修正).

편차(編次)[명][타] 순서를 따라 편집하는 일. 또는 그런 순서.

편찬(編纂)[명][하타] 여러 가지 자료를 모아 체계적으로 정리해서 책을 만듦. ▷사전 ~ / 문집을 ~하다 / 교과서를 ~할 예정이다.

편-찮다(便-)[-찬타][형] 1 편하지 아니하다. ▷마음이 ~ / 잠자리가 ~. 2 병을 앓고 있다. ▷몸이 ~.

편책(鞭策)[명] 말채찍.

편철(片鐵)[명] 1 쇳조각1. 2 가락지2.

편철(編綴)[명][하타] 1 신문 따위를 정리해 짜서 철하거나 걸음. 2 편집해서 철함.

편-청(-淸)[명] 떡을 찍어 먹는 꿀.

편충(鞭蟲)[명][동] 선충류(線蟲類) 편충과의 선형(線形)동물의 하나. 몸의 앞쪽은 실같이 가늘고 뒤쪽은 넓어 그 속에 생식기가 있음. 주로 사람의 맹장에 기생하며, 빈혈·신경중·설사를 일으킴.

편취(騙取)[명][하타] 남을 속여 재물이나 이익 등을 빼앗음. ▷금품을 ~하다.

편측(片側)[명] 한쪽.

편측 마비(片側痲痺)[-증-][의] 반신불수.

편-층운(片層雲)[명] 층운이 조각조각으로 되어 떠 있는 구름.

편친(偏親)[명] 홀어버이.

편친-시하(偏親侍下)[명] 편친을 모시고 있는 처지.

편태(鞭笞)[명] 채찍이나 몽둥이.

편토(片土)[명] 작은 토지.

편-틀[명] 떡을 괴는, 굽이 높은 나무 그릇.

편파(偏頗)[명][하형] 한쪽으로 치우쳐 공평하지 못함. ▷~ 보도를 일삼다.

편파-성(偏頗性)[-썽][명] 어느 한쪽으로 치우쳐 공평하지 못한 성질. ▷언론의 ~.

편파-적(偏頗的)[관][명] 공평하지 못하고 한쪽으로 치우치는 경향이 있는 (것). ▷~(인) 생각 / ~으로 한쪽을 편들다.

편편-금(片片金)[명] 조각조각이 모두 금이라는 뜻으로, 물건이나 시문의 글귀가 모두 보배롭고 아름다움.

편편-옥토(片片沃土)[명] 어느 논밭이나 모두 비옥함.

편편-이(片片-)[부] 조각조각으로, 낱낱의 조각마다. ▷~ 흩어지다.

편편-이(便便-)[부] 인편(人便)이 있을 때마다.

편편-찮다(便便-)[-찬타][형] 불편하고 거북살스럽다. ▷잠자리가 ~.

편편-하다(便便-)[형][여] 1 아무 일 없이 편안하다. ▷편편하게 지내다. 2 물건의 배가 부르지 않고 번듯하다. **편편-히**[부]

편편-하다(翩翩-)[형][여] 1 나는 모양이 가볍고 날쌔다. 2 풍채가 멋지고 좋다. **편편-히**[부]

편평-족(扁平足)[명][의] 발바닥이 오목하게 들어간 데가 없이 편평하게 된 발. 평발.

편평-체(扁平體)[명][식] 전엽체(前葉體).

편평-하다(扁平-)[형][여] 넓고 평평하다. ▷편평한 들판. **편평-히**[부]

편폐(偏嬖)[-/-폐][명][하타] 한쪽만 특별히 사랑함.

편포(片脯)[명] 칼로 잘게 다지고 반대기를 지어 말린 고기. *포육(脯肉).

편-하다(便-)[형][여] 1 마음이나 몸이 거북하거나 괴롭지 않다. ▷편하게 앉아라. 2 근심·걱정이 없다. ▷마음이 편하지 못하다. 3 어떤

일을 하는 데 힘이 들거나 거추장스럽지 않고 수월하다. ▷쓰기 편한 도구. **편-히**[부]. ▷~ 주무십시오.

편향(偏向)[명][하자] 1 한쪽으로 치우침. ▷입시에 ~된 교육 / ~되지 않은 공정한 보도. 2 [물] 하전(荷電) 입자의 비행 방향을 전기장(電氣場)이나 자기장을 가해 변화시킴.

편협(偏狹·褊狹)[명][하타] 한쪽으로 치우쳐 도량이 좁고 너그럽지 못함. ▷~한 생각 / ~에 빠지다.

편협-심(偏狹心)[-씸][명] 편협한 마음.

편형(扁形)[명] 넓고 편평한 모양.

편형(鞭刑)[명] 매로 치는 형벌. *태형(笞刑).

편형-동물(扁形動物)[명][동] 동물 분류상의 한 문(門). 몸이 편평하고 환절이 없으며 소화관이 발달하지 못하고, 대체로 항문이 없음. 암수한몸이며 독립생활을 하거나 기생함(촌충류 따위).

편호(編戶)[명][하자] 호적에 편입하거나 호적을 편성함. 또는 그 집.

편혹(偏惑)[명][하자] 편애(偏愛)에 빠져 정신을 잃음.

펼치다[타] 1 펴서 드러내다. ▷지도를 ~ / 책을 펼쳐 보이다. 2 어떤 행위를 하다. ▷수사를 ~ / 육상 경기를 ~. 3 생각이나 꿈, 계획 따위를 실현하다. ▷꿈을 ~.

펼친-그림[명] 전개도(展開圖).

펼침-화음(-和音)[명][악] 화음을 이루는 각 음을 동시에 소리 내지 않고 낮은 음에서 높은 음으로, 또는 높은 음에서 낮은 음으로 내도록 한 화음.

폄:(貶)[명][하타] 남을 나쁘게 말함. ▷~을 당하다 / 남을 함부로 ~하지 마라.

폄:**강**(貶降)[명][하타] 벼슬의 등급을 떨어뜨림.

폄:**론**(貶論)[-논][명][하타] 남을 헐뜯어 말함. 또는 그런 말.

폄:**류**(貶流)[-뉴][명][하타] 폄적(貶謫).

폄:**박**(貶薄)[명][하타] 남을 헐뜯고 얕잡음.

폄:**사**(貶辭)[명] 남을 헐뜯는 말.

폄:**적**(貶謫)[명][하타] 벼슬자리에서 내치고 귀양을 보냄. 폄류(貶流).

폄:**직**(貶職)[명][하타] 벼슬이 떨어지거나 면직(免職)을 당함.

폄:**척**(貶斥)[명][하타] 1 벼슬을 깎아 내리고 물리침. 2 인망을 깎아내려 배척함. 폄출(貶黜).

폄:**천**(貶遷)[명][하타] 벼슬을 깎아 내리고 좌천(左遷)시킴.

폄:**출**(貶黜)[명][하타] 폄척(貶斥).

폄:**하**(貶下)[명][하타] 1 가치를 깎아내림. 2 치적(治績)이 나쁜 원의 벼슬을 떨어뜨림.

폄:**훼**(貶毀)[명][하타] 남을 깎아내리고 헐뜯음.

평:(評)[명][하타] 옳고 그름, 좋고 나쁨, 잘되고 못됨 등을 들어 평가함. 또는 그런 말. 비평(批評). ▷좋은 ~이 나다 / 세인의 ~이 좋다 / 나쁘게 ~하다. 2 '평론'의 준말. ▷문학 작품을 ~하다.

평(坪)[의명] 1 제곱의 단위(여섯 자 제곱). 2 부피의 단위. 여섯 자 세제곱. 3 헝겊·유리·벽 따위의 한 자 제곱. 4 조각·동판 따위의 한 치 제곱.

평가(平家)[명][건] 평집.

평가(平價)[명][-까][명] 1 싸지도 비싸지도 않은 보통의 값. 2 [경] 두 나라 사이의 본위 화폐에 들어 있는 금속 함유량을 기준으로 산출되는 비교 가격. 3 유가 증권의 시장 가격이 액면 금액과 같은 것.

평:가(評價)[-까] 圓閉因 **1** 물건값을 헤아려 매김. 圓골동품을 ~하다 / 땅값이 높게 ~되다. **2** 사물의 가치나 수준 따위를 평함. 또는 그 가치나 수준. 圓인물 ~ / ~를 내리다 / ~를 받다.

평-가락지(平-)[-찌] 圓 밋밋하게 곧은 소반(小盤)의 가락지.

평가 발행(平價發行)[-까-] 《經》 국채나 채권 등을 그 액면 금액과 같은 가격으로 하는 발행. 액면 발행.

평:가-전(評價戰)[-까-] 圓 선수나 팀의 기량을 평가하기 위해 치르는 경기.

평가 절상(平價切上)[-까-쌍] 《經》 본위 화폐에 들어 있는 순금의 양을 늘려 통화의 대외 가치를 높이는 일. ↔평가 절하.

평가 절하(平價切下)[-까-] **1**《經》 본위 화폐에 들어 있는 순금의 양을 줄여 통화의 대외 가치를 내리는 일. ↔평가 절상. **2** 어떤 것을 실제의 능력보다 낮게 평가하는 일. 圓주부의 능력에 대한 사회의 ~ 경향.

평각(平角)圓《數》 두 변이 꼭짓점을 중심으로 양쪽으로 벌어져 일직선을 이룰 때의 각 (2직각, 곧 180°와 같음).

평강(平康)圓閉因 평안(平安). 圓~을 빌다.

평견(平絹)圓 평직(平織)의 비단.

평:결(評決)圓閉하因 평론하거나 평가해서 결정함. 또는 그런 내용. 圓~을 내리다 / ~은 유죄이다.

평경(平鏡)圓 맞보기.

평:고(評估)圓閉因《法》 재판 때, 장물(贓物)의 값을 평가해서 정함.

평고-대(平高臺)圓《建》 처마 끝에 가로로 놓는 오리목.

평-골(平-)圓 앞이 약간 들리고 창이 평평한 가죽신의 생김새.

평과(苹果)圓 사과(沙果).

평관(平關)圓《歷》 동등한 관아 사이에 오가던 공문서. 관문.

평교(平交)圓 나이가 비슷한 벗.

평교(平郊)圓 들 밖. 또는 성문 밖의 넓고 평평한 들.

평교-간(平交間)圓 나이가 비슷한 벗 사이.

평교-배(平交輩)圓 나이가 비슷한 벗들.

평-교사(平敎師)圓 특수한 직무나 직책을 맡고 있지 않은 보통의 교사. 圓~로 교직 생활을 마치다.

평-교자(平轎子)圓《歷》 조선 때, 종일품 이상 및 기로소(耆老所)의 당상관이 타던 가마. 죤교자.

평균(平均)圓閉하因 **1** 여러 사물의 질이나 양 따위를 통일적으로 고르게 한 것. 圓~ 신장 / ~을 내다 / ~에 미치지 못하다. **2**《數》 여러 수나 같은 종류의 양의 중간 값을 갖는 수. 圓학급 성적의 ~을 내다.

평균-값(平均-)[-깝]圓《數》 평균해서 얻어지는 값. 평균수. 평균치.

평균-곤(平均棍)圓《蟲》 파리·모기 등의 쌍시류(雙翅類)에서, 끝이 주머니 모양으로 불룩하게 변화한 뒷날개(날 때 몸의 평형을 유지하는 역할을 함).

평균 기온(平均氣溫) 일정한 기간 관측한 기온의 평균값. 상온(常溫). 평균 온도.

평균-대(平均臺)圓 **1** 체조 경기의 여자 종목에 쓰이는 기구(높이 1.2 m, 길이 5 m, 폭 10 cm, 두께 16 cm의 나무로 만든 대(臺)). 평형대. **2** 평균대를 이용한 여자 체조 경기.

평균 물가 지수(平均物價指數)[-까-]《經》 한 나라의 중요 물품 몇 가지를 가려 일정 기간의 각 품목의 평균 가격을 100으로 해서, 같은 기간의 각각의 가격 변동을 100에 대한 비례로 나타낸 숫자.

평균 속력(平均速力)[-송력]《物》 물체가 움직인 거리를 경과한 시간으로 나눈 값.

평균-수(平均數)[-쑤]《數》 평균한 수치(數値). 평균값. 중수(中數).

평균 수면(平均水面)《地》 평균 해수면.

평균 수명(平均壽命) 일정한 지역 주민들의 수명을 평균한 것. 1년 동안에 죽은 사람의 나이를 합쳐 죽은 사람의 수로 나누어 계산함. 圓~이 늘어나다.

평균-시(平均時)圓 '평균 태양시'의 준말.

평균 연교차(平均年較差)[-년-] 월 평균 기온이 일 년 중 가장 높은 달과 가장 낮은 달의 평균.

평균 연령(平均年齡)[-녈-] 어떤 사회나 조직을 구성하는 사람들의 나이의 평균값.

평균 온도(平均溫度) 평균 기온. 죤평온.

평균-율(平均率)[-뉼]圓 평균한 비율.

평균 이:윤율(平均利潤率)[-니-뉼]《經》 여러 생산 부문의 이윤을 평균화한 이윤율.

평균-인(平均人)圓 사회에서 보통의 판단 능력과 행위 능력을 가진 사람. 보통 사람.

평균 자유 행로(平均自由行路)[-노]《物》 기체에서, 직선적으로 움직이는 분자가 서로 충돌하기까지의 이동 거리의 평균값.

평균-적(平均的)圓 수량이나 정도 따위가 중간이 되는 (것). 圓~ 신장.

평균-점(平均點)[-쩜]圓 각 학과의 점수 총계를 과목의 수로 나눈 수.

평균 정:오(平均正午)《天》 평균 태양시(太陽時)의 낮 12시의 일컬음.

평균-치(平均値)圓《數》 '평균값'의 구용어.

평균 태양(平均太陽)《天》 천구의 적도를 1년을 주기로 하여 서에서 동으로 같은 속도로 돈다고 가상한 태양. ↔진태양.

평균 태양시(平均太陽時)《天》 평균 태양의 시각(時角)에 따라 계산하는 시간. 곧, 평균 태양일의 24분의 1. 죤평균시.

평균 태양일(平均太陽日)《天》 평균 태양이 한 번 남중하였다가 그 다음에 또 남중할 때까지의 동안.

평균 풍속(平均風速) 10분 동안의 풍속을 평균하여 나타낸 풍속. ↔순간 풍속.

평균 해:수면(平均海水面)《地》 해면의 높이를 일정 기간 측정하여 평균한 해면 높이. 평균 수면. 평균 해면.

평균 해:면(平均海面) 평균 해수면.

평균-화(平均化)圓閉하因 평균하게 함.

평길-하다(平吉-)圓여 별다른 걱정이나 근심 없이 편안하다.

평-나막신(平-)[-씬]圓 올이 없는 평바닥의 나막신(뒤에 들메끈이 있어 발에 동여매고 신음).

평년(平年)圓 **1** 윤년(閏年)이 아닌, 1년이 365일인 해. ↔윤년. **2** 농사가 보통 정도로 된 해.

평년-작(平年作)圓 풍작도 흉작도 아닌 보통 수확의 농사(지난 5년의 수확량 가운데 최고와 최저의 해를 뺀 나머지 3년간의 평균 수확). 圓~을 훨씬 넘는 풍작. 죤평작(平作).

평년-치(平年値)圓《地》 과거 30년간의 기온이나 강수량 따위의 기상 요소를 평균한 값.

평다리-치다(平-)困 편하게 앉아 다리를 마음대로 펴다.

평:단 (評壇) 圓 비평가의 사회. 평론계. ▢∼의 호평을 받다.

평담-하다 (平澹-·平淡-) 톙어 고요하고 깨끗해서 산뜻하다.

평-대문 (平大門) 圓 행랑채나 좌우 건물과 높이가 같은 대문.

평-대패 (平-) 圓 『공』 목재의 면을 평면으로 깎는 데 쓰는 대패.

평-두량 (平斗量) 圓 평말.

평등 (平等) 圓톙하 권리·의무·자격 등이 차별 없이 고르고 한결같음. ▢∼한 대우 / 만인은 법 앞에 ∼하다.

평등-관 (平等觀) 圓 1 『불』 모든 법의 진상은 평등하기가 한결같다는 견해. 2 일체의 것에 구별·차별을 두지 않는 견해.

평등-권 (平等權)[-꿘] 圓 1 국제법에서, 국가가 차별 없이 평등한 권리·의무를 가지는 일. 2 헌법에서, 모든 국민이 법 앞에서 평등한 권리를 가지는 일.

평등-사상 (平等思想) 圓 모든 사람은 법 앞에 평등하다고 주장하는 사상.

평등 선:거제 (平等選擧制) 『정』 모든 선거권의 가치가 평등하게 취급되는 선거 제도. ↔불평등 선거제.

평등-심 (平等心) 圓 모든 것을 차별하지 않고 한결같이 사랑하는 마음.

평등-주의 (平等主義)[-/-이] 圓 모든 것에 차별을 두지 않는 태도. ▢∼에 입각하다 / 보편주의와 ∼를 지향하다.

평-뜨기 (坪-) 圓 『농』 한 평의 곡식을 거두어 보고 전체의 수확량을 산출하는 일.

평란 (平亂)[-난] 圓톙하 난리를 평정함.

평량-립 (平涼笠)[-냥닙] 圓 『역』 패랭이1.

평량-자 (平涼子)[-냥-] 圓 『역』 패랭이1.

평로 (平爐)[-노] 圓 『공』 제강(製鋼)에 가장 널리 쓰는 반사로(反射爐)의 하나(내화 벽돌로 만들며 축열실이 있고 가스 연료로 가열함).

평로-강 (平爐鋼)[-노-] 圓 평로에서 만들어낸 강철.

평:론 (評論)[-논] 圓톙하 사물의 가치·선악 등을 비평해서 논함. 또는 그런 글. ▢문학 ∼ / 시사 ∼을 쓰다. ⓟ평.

평:론-가 (評論家)[-논-] 圓 평론을 전문으로 하는 사람. ▢문학 ∼ / 연극 ∼.

평:론-계 (評論界)[-논-·-논계] 圓 평론가의 사회. 평단.

평:론-집 (評論集)[-논-] 圓 여러 평론을 한데 모은 책. ▢문학 ∼ / ∼을 내다.

평리-원 (平理院)[-니-] 圓 『역』 대한 제국 때, 재판을 맡아보던 관아. '고등 재판소'를 광무(光武) 때(1899) 고친 이름임.

평:림 (評林)[-님] 圓 평론집을 달리 일컫는 말.

평-말 (平-) 圓 곡식을 될 때 평미레로 고르게 밀어 된 말. 평두량(平斗量).

평맥 (平脈) 圓 『의』 병상시 또는 건강할 때의 맥박(1분간에 60∼75 번 뜀).

평면 (平面) 圓 1 평평한 표면. 2 『수』 한 표면 위의 임의의 두 점을 지나는 직선이 항상 그 표면 위에 놓이는 면. 평면형. ↔곡면.

평면-각 (平面角) 圓 한 평면 위에 있는 각.

평면-거울 (平面-) 圓 반사면이 평면을 이룬 거울. 평면경.

평면 곡선 (平面曲線)[-썬] 圓 『수』 한 평면 위에 있는 곡선.

평면 기하학 (平面幾何學) 『수』 평면상의 도형을 연구하는 기하학.

평면 대:칭 (平面對稱) 『수』 면대칭.

평면-도 (平面圖) 圓 투영 도법에서, 입체를 수

평면 상에 투영하여 그린 그림.

평면 도형 (平面圖形) 圓 평면에 그려진 도형.

평면 묘:사 (平面描寫) 『문』 주관을 가하지 않고 사건의 표면만을 있는 그대로 그리는 서술 기법.

평면-미 (平面美) 圓 『미술』 그림의 외형에 나타난 미(美).

평면 삼각법 (平面三角法)[-뻡] 『수』 삼각 함수를 써서 평면 위의 삼각형을 기하학적으로 연구하는 학문. ↔구면(球面) 삼각법.

평면-적 (平面的) 圓관 1 평면으로 되어 있는 (것). ▢∼ 구조. 2 겉으로 나타난 일반적인 사실만을 논의하거나 표현하는 (것). ▢∼인 묘사 / ∼으로만 관찰하다.

평면 지도 (平面地圖) 평면에 그린 지도.

평면 측량 (平面測量)[-충냥] 『지』 지표면(地表面)을 평면으로 취급하는 측량.

평면-형 (平面形) 圓 1 평면과 같이 넓고 평평한 형상. 2 『수』 평면.

평명 (平明) 圓 해가 뜨는 시각.

평명-체 (平明體) 圓 꾸미는 말이 적고 이해하기 쉬운 실용적인 문체(학술문·기사문·규칙 따위).

평명-하다 (平明-) 톙어 알기 쉽고 분명하다. ▢평명한 해석.

평목 (平木) 圓 평미레.

평문 (平文) 圓 보통의 글. 산문(散文).

평문 (平問) 圓톙타 『역』 조선 때, 형구를 쓰지 않고 죄인을 신문하던 일(벼슬아치나 양반 사족을 조사할 때 사용했음).

평-미레 (平-) 圓 되나 되에 곡식을 담고 그 위를 고르게 미는 방망이. 평목(平木).

평미레-질 (平-) 圓톙타 곡식을 될 때 평미레를 쓰는 일.

평미리-치다 (平-) 타 고르게 또는 평등하게 하다.

평민 (平民) 圓 1 벼슬이 없는 일반인. 서민. 2 상사람. ▢∼ 계급 / ∼ 출신. ↔귀족.

평민-어 (平民語) 圓 일반 사람들이 쓰는 말. ↔귀족어.

평민-적 (平民的) 圓관 지위나 신분에 구애되지 않고 격식을 차리지 않는 (것). ▢∼ 사고 / 처신이 퍽 ∼이다.

평민-주의 (平民主義)[-/-이] 圓 지위나 신분의 차별을 두지 않고 평등하게 여기며, 평민적으로 처리하는 태도.

평민-회 (平民會) 圓 『역』 고대 로마에서, 평민으로 구성된 의회.

평-바닥 (平-) 圓톙타 『광』 1 갱을 수평으로 파들어가는 일. 또는 그 바닥. 2 감흙 바닥이 판판하게 된 바닥.

평반 (平盤) 圓 다리가 달리지 않은 둥근 예반. [평반에 물 담은 듯] 안정되고 고요함.

평-반자 (平-) 圓 『건』 가는 오리목을 가로세로로 드문드문 질러 '井' 자 모양을 만들어 종이로 평평하게 바른 반자.

평-발 (平-) 圓 편평족.

평방 (平方) 圓 『수』 '제곱'의 구용어.

평방 (平枋) 圓 『건』 기둥 위에 초방(初枋)을 짜고, 그 위에 수평으로 올려 놓은 나무.

평방-근 (平方根) 圓 『수』 '제곱근'의 구용어.

평방-형 (平方形) 圓 『수』 정사각형.

평범-하다 (平凡-) 톙어 뛰어나거나 색다른 점이 없이 보통이다. ▢평범한 논리 / 생을 평범하게 마치다. ↔비범(非凡)하다. 평범-히 톙. ▢∼ 꾸미다.

평보 (平步) 圓 보통 걸음.

평복 (平服) 圓 평상시에 입는 옷. 평상복. 통상복(通常服). ▣~ 차림 / ~으로 갈아입다. ━━하다 [-보카-] 재여 평상복을 입다. ▣평복한 경찰관.

평복 (平復) 圓하자 병이 나아 건강이 회복됨. 평유(平癒). ▣~을 기원하다.

평분 (平分) 圓 평균적으로 분배함.

평분-시 (平分時) 圓 진태양(眞太陽)의 남중을 기준 시각으로 하여 진태양일을 24등분하는 시법(時法).

평사 (平沙) 圓 모래펄.

평사 (平射) 圓하자 1 평면에 투영함. 2 [군] 탄환이 수평으로 날아가도록 발사함. *곡사(曲射)·직사(直射).

평사-낙안 (平沙落雁) 圓 1 모래펄에 날아와 앉은 기러기. 2 샤오샹 팔경(瀟湘八景)의 하나. 흔히, 동양화의 화제(畵題)가 됨. 3 글씨나 문장이 매끈하게 잘되었음을 비유하는 말.

평사 도법 (平射圖法) [-뻡] [지] 투시(透視) 도법의 하나. 지구를 투명체로 가정하여 지구 지름의 한 점에 시점(視點)을 두고 그 반대측의 반구(半球)를 평면 상에 나타내어 경위선(經緯線)을 투사하는 방법.

평-사량 (平四樑) 圓 [건] 보 네 개를 써서 용마루가 그리 높지 않게 지은 집.

평-사원 (平社員) 圓 지위가 높지 않고 특수한 직책을 맡지 않은 보통의 사원. ▣~에서 최고 경영자까지 오르다.

평사-포 (平射砲) 圓 [군] 포신(砲身)이 긴 평사용 대포. *곡사포·직사포.

평삭 (平朔) 圓 한 달의 평균 날수를 달의 크기에 맞추어 큰 달과 작은 달을 안배하는 역법(曆法).

평삭-반 (平削盤) [-빤] 圓 [공] 플레이너.

평-삼치 (平-) 圓 [어] 동갈삼칫과의 바닷물고기. 몸길이는 1.5 m가량. 삼치 비슷하나 몸높이가 높고 주둥이가 짧음. 몸빛은 등 쪽은 회청색, 배 쪽은 은백색임. 식용함.

평상 (平床·平牀) 圓 나무로 만든 침상의 하나(살평상과 널평상의 두 가지가 있음).

평상 (平常) 圓旁 '평상시'의 준말.

평상-복 (平常服) 圓 평복. ▣~ 차림.

평상-시 (平常時) 圓 보통 때. 평시(平時). 평일. ▣일요일에도 ~처럼 일찍 일어난다. ↔비상시(非常時). ⊟旁 평상시에. ▣~는 별로 없다. ㉰평상-때(平常-). ㉱평시(平時).

평상-일 (平常日) 圓 일요일이나 명절·경축일이 아닌 보통 날. 평일.

평생 (平生) ⊟圓 일생. ▣~의 업 / ~을 같이 할 반려자. ⊟旁 평생을. 평생토록. ▣~ 잊을 수 없는 일.
　　평생을 맡기다 ㉯ 여자가 결혼을 하다. 여자를 시집보내다. ▣평생을 맡길 수 있는 상대.

평생 교:육 (平生敎育) 인간의 교육은 가정·학교·사회에서 전 생애에 걸쳐 이루어져야 한다는 교육관.

평생-도 (平生圖) 圓 [미술] 사람이 평생 겪는 여러 가지 일을 그린 그림.

평생-소원 (平生所願) 圓 일생에 걸쳐 이루고자 하는 소원. ▣남북통일이 ~이다.
　　평생소원이 누룽지 ㉯ 기껏 요구하는 것이 너무 하찮은 것임을 비유한 말.

평생지계 (平生之計) [-/-게] 圓 일생의 생활 계획.

평생-토록 (平生-) 旁 목숨이 다할 때까지. 신토록. 일생토록. ▣~ 잊을 수 없는 일 / ~일만 하다 죽다.

평서 (平書) 圓 평신(平信)2.

평서 (平敍) 圓 [역] 임기가 끝나 벼슬이 갈릴 때, 등급이 오르지 않고 같은 등급의 다른 벼슬에 머물러 있던 일.

평서-문 (平敍文) 圓 [언] 문장 종류의 하나. 화자가 문장의 내용을 객관적으로 진술하는 문장(평서형 어미로 문장을 끝맺음).

평서-법 (平敍法) [-뻡] [언] 문법에서, 종결 어미로 나타내는 서법의 한 가지로, 어떤 사실을 그대로 베풀어 말하는 일. 설명법.

평서-형 (平敍形) 圓 [언] 용언 및 서술격 조사 '이다'의 활용형의 하나. '-다'·'-오' 따위의 종결 어미가 붙어, 있는 사실을 그대로 진술하는 문장 형태.

평:석 (評釋) 圓하자 문장이나 시가를 비평하고 주석함.

평:설 (評說) 圓하자 1 평판2. 2 비평해서 설명함. 또는 그런 설명. 평론.

평성 (平聲) 圓 [언] 1 사성(四聲)의 하나. 가장 낮은 소리임. 2 한자음의 사성의 하나. 상평성(上平聲)과 하평성의 구별이 있는데, 모두 낮고 순평(順平)한 소리임. *측성(仄聲).

평소 (平素) ⊟圓 평상시. ▣~에는 말이 없는 사람. 2 지나간 적의 날. ▣~의 소망. ⊟旁 평소에. ▣~ 가깝게 사귀는 친구.

평수 (坪數) [-쑤] 圓 평으로 따진 넓이. ▣큰 ~ / ~로 따지다.

평-수량 (平水量) 圓 [지] 하천의 유량(流量)이 일 년 중 185일을 유지할 수 있는 양.

평-수위 (平水位) 圓 평상시의 강물의 높이.

평순 모:음 (平脣母音) 圓 [언] 발음할 때 입술을 둥글게 오므리지 않는 모음. 원순(圓脣) 모음이 아닌 모음('ㅣ·ㅡ·ㅓ' 따위).

평순-하다 (平順-) 혱여 1 성질이 온순하다. 2 몸에 병이 없다.

평승 (平僧) 圓 [불] 지위가 없는 보통의 승려.

평시 (平時) 圓旁 '평상시'의 준말. ↔전시.

평시 공법 (平時公法) [-뻡] 평시 국제법.

평시 국제 공법 (平時國際公法) [-쩨-뻡] 평시 국제법.

평시 국제법 (平時國際法) [-쩨뻡] [법] 평화 시에 행해지는 국제법(전쟁 때라도 중립국 사이 및 중립국과 교전국 사이에서는 평시 국제법이 행하여짐). 평시 공법. 평시 국제 공법. ↔전시 국제법.

평시 봉쇄 (平時封鎖) [법] 평상시에 한 나라가 보복 등의 수단으로 그 해군력을 이용해서 다른 나라의 해안을 봉쇄하는 일.

평시-서 (平市署) 圓 [역] 조선 때, 시전(市廛)에서 쓰는 자·말·저울 등과 물건값을 검사하던 관아.

평-시조 (平時調) 圓 1 [악] 시조 창법에서, 목소리를 순평하게 내어 부름. 2 [문] 시조에서, 초장·중장·종장의 글자가 45자 안팎인, 가장 기본적이고 대표적인 형식. 단(短)시조. *사설(辭說)시조·엇시조·연시조.

평시 징발 (平時徵發) [군] 평상시의 훈련을 위해 실시하는 징발.

평시 편제 (平時編制) [군] 평상시의 군대 편제. ↔전시 편제.

평신 (平身) 圓하자 엎드려 절한 뒤에 몸을 본디대로 폄.

평신 (平信) 圓 1 평상시의 소식. 2 무사하다는 소식. 평서(平書).

평-신도 (平信徒) 圓 교직(敎職)에 있지 않은 일반 신도.

평심 (平心) 명하자 '평심서기'의 준말.
평심-서기 (平心舒氣) 명하자 마음을 평온하고 순화롭게 함. 또는 그런 마음. ⊗평심.
평안 (平安) 명하형하부 무사히 잘 있음. 걱정이나 탈이 없음. 평강. □마음의 ~을 잃다 / 내내 ~하시기를 빕니다 / ~히 지내다.
평야 (平野) 명 넓게 펼쳐진 들. □광활한.
평:어 (評語) 명 1 평하는 말. 평언(評言). 2 수(秀)·우(優)·미(美)·양(良)·가(可) 등 학과 성적을 나타내는 짧은 말.
평:언 (評言) 명 평어(評語)1.
평연 (平椽) 명 《건》 들연.
평연-하다 (平然一) 형어 평범하고 자연스럽다.
  평연-히 부
평열 (平熱) [-녈] 명 건강한 때의 사람의 체온(36-37℃).
평영 (平泳) 명 개구리처럼 두 발을 함께 오므렸다 뻗치는 헤엄. 개구리헤엄.
평-오량 (平五樑) 명 《건》 도리 다섯 개를 얹어서 지은 집.
평온 (平溫) 명 1 평상시의 온도나 체온. □직사광선을 피하고 ~에 보관한다. 2 '평균 온도'의 준말.
평온 (平穩) 명하형하부 조용하고 평안함. □한 평정 / ~을 되찾다 / 마음을 ~히 가지다.
평요-렌즈 (平凹lens) 명 《물》 한쪽 면은 평평하고 다른 쪽 면은 오목한 렌즈.
평요-판 (平凹版) 명 《인》 획선(劃線) 부분을 약간 오목하게 한 인쇄판.
평운 (平韻) 명 《언》 한자의 사성(四聲) 중 평성(平聲)에 따른 상하의 30개의 운.
평원 (平原) 명 넓고 평평한 들판. □드넓은 ~.
평원-하다 (平遠一) 형어 시야가 넓고 아득하다.
평유 (平癒) 명하자 병이 다 나음. 평복(平復).
평음 (平音) 명 《언》 예사소리.
평:의 (評議) [-/-이] 명하타 의견을 서로 교환해서 평가하거나 의논하거나 의논함. 또는 그런 결과. □송사(訟事)를 ~하다.
평-의걸이 (平衣一) [-거리 /-이거리] 명 앞면을 널빤지로 댄 의걸이. *살의걸이.
평:의-원 (評議員) [-/-이-] 명 어떤 일을 평의하는 데 참여하는 사람. 평의회의 의원.
평:의-회 (評議會) [-/-이-] 명 어떤 일을 평의하기 위한 모임.
평이-성 (平易性) [-씽] 명 쉬운 성질이나 특성.
평-이음 (平一) 명 《건》 건축용 목재를 편평하게 깎아 그대로 잇는 방법.
평이-하다 (平易一) 형어 까다롭지 않고 쉽다.
  □평이한 표현 / 시험 문제가 ~.
평인 (平人) 명 1 평민. 2 병이 없는 사람. 3 죄나 탈이 없는 사람. 4 상제에 대해 상제가 아닌 사람을 이르는 말.
평일 (平日) 명 1 평상시. 2 토요일·일요일·공휴일이 아닌 보통 날. 평상일. □인사는 ~에 어쭙자 / ~에는 휴일보다 바빠.
평-입자 (平笠子) [-닙짜] 명 보통 갓이란 뜻으로, 검은 옻칠을 한 갓을 일컫는 말.
평-자 (平字) 명 한자 사성(四聲)의 평성에 딸린 글자(한시의 염(簾)을 보는 데 씀).
평:-자 (評者) 명 비평하는 사람.
평-작 (平灼) 명 길지도 짧지도 않은 화살.
평작 (平作) 명 1 '평년작'의 준말. 2 고랑을 치지 않고 작물을 재배하는 법.
평장 (平章) 명하타 1 공평하게 구별함. 2 공정한 정치를 함.
평장 (平葬) 명하타 '평토장(平土葬)'의 준말.
평저 (平底) 명 평평한 밑바닥.
평전 (平田) 명 1 높은 곳에 있는 평지(平地). 2

평야에 있는 좋은 밭.
평:전 (評傳) 명 비평을 곁들인 전기(傳記). □김구 ~.
평:점 (評點) [-쩜] 명 1 시문(詩文)의 중요한 곳에 찍는 점. 2 학력을 평가하여 매긴 점수. □높은 ~ / ~을 매기다. 3 가치를 평하여 매긴 점수.
평정 (平正) 명하형하부 공평하고 올바름.
평정 (平定) 명하타 난리를 평온하게 진정시킴. □반란을 ~하다 / 신라는 고구려와 백제를 ~했다.
평정 (平靜) 명하형하부 평안하고 고요함. 또는 그런 상태. □마음의 ~ / ~을 되찾다.
평:정 (評定) 명하타 평가해서 결정함. □근무 성적을 ~하다.
평정-건 (平頂巾) 명 《역》 조선 때, 각 사(司)의 서리가 쓰던 건.
평:정 기준 (評定基準) 《교》 학습 결과·성격·태도 등을 평가할 때 사용하는 기준(숫자로 나타내는 경우와 A·B·C·D 또는 수(秀)·우(優)·미(美)·양(良)·가(可) 등 문자를 사용하는 경우가 있음).
평:정-법 (評定法) [-뻡] 명 《심》 객관적으로 측정할 수 없는 주관적인 여러 가지 특성들을 알아보기 위해서 사상(事象)이나 대상에 대해 순위를 정하거나 정도를 평가하는 방법(평어(評語)·도시적(圖示的) 방법·품등법(品等法) 따위).
평조 (平調) 명 《악》 국악에서, 속악의 음계. 중국 음악의 치조(徵調)와 양악의 장조(長調)에 가까운 낮은 음조(청황종궁(淸黃鐘宮)과 임종궁(林鐘宮)의 두 가지가 있음).
평좌 (平坐) 명하자 격식을 차리지 않고 편하게 앉음.
평준 (平準) 명하타 1 수준기를 써서 재목·위치 따위를 수평으로 하는 일. 2 사물을 균일하게 조정하는 일.
평준-법 (平準法) [-뻡] 명 1 수준기를 써서 재목·위치 따위를 수평으로 만드는 방법. 2 《역》 중국 한(漢)나라 때, 풍년에 물자를 저장했다가 흉년에 내놓아 물가를 조정하고, 그 이윤을 세입으로 삼던 정책.
평준-점 (平準點) [-쩜] 명 사물이 균일하고 안정하게 되는 점.
평준-화 (平準化) 명하자타 수준이 차이 나지 않게 됨. 또는 그렇게 함. □고교 ~ 지역 / 학력이 ~되다.
평지 명 《식》 십자화과의 두해살이풀. 봄에 노란 세잎꽃이 피고, 꽃이 진 뒤에 장각(長角)의 열매가 익음. 잎과 줄기는 식용하고 씨로는 기름을 짬. 대개(薹芥). 운대(蕓薹). 유채(油菜). 한채(寒菜).
평지 (平地) 명 바닥이 편편한 땅.
평지-낙상 (平地落傷) [-쌍] 명하자 평지에서 넘어져 다친다는 뜻으로, 뜻밖에 당하는 불행의 비유.
평지-돌출 (平地突出) 명하자 평지에 산이 우뚝 솟는다는 뜻으로, 보잘것없는 집안에서 인물이 남의 비유.
평지-림 (平地林) 명 평지에 이루어진 수풀. ↔산악림(山岳林).
평지-목 (平地木) 명 《민》 육십갑자에서, 무술(戊戌)·기해(己亥)에 붙이는 납음(納音).
평-지붕 (平一) 명 물매가 매우 떠서 수평에 가까운 지붕.
평지-풍파 (平地風波) 명 평온한 자리에서 일

어나는 풍파라는 뜻으로, 뜻밖에 분쟁이 일어남의 비유. □ ~를 일으키다.

평-직 (平織) 圐 **1** 날실과 씨실을 한 가닥씩 엇바꾸어 짜는 방법. 또는 그렇게 짠 천. **2** 한 가지 색으로 짜는 방법.

평-집 (平─)[─찝] 圐 〖건〗 도리를 셋이나 넷을 얹어서 지은 집. 평가(平家).

평찌 (平─) 圐 나지막하고 평평하게 날아가는 화살.

평천-관 (平天冠) 圐 〖역〗 임금이 쓰던, 위가 판판한 관.

평-천하 (平天下) 圐圐짜 천하를 평정함. □ ~수신제가 치국~.

평철-렌즈 (平凸lens) 圐 〖물〗 한쪽 면은 평평하고 다른 쪽 면은 볼록한 렌즈.

평-측 (平仄) 圐 평(平)과 측(仄)《한시(漢詩)에서 음운의 높낮이》.

평측-식 (平仄式)[─씩] 圐 한시(漢詩)의 평측에 관한 법식.

평측-자 (平仄字)[─짜] 圐 한자에서, 평성(平聲)에 딸린 글자와 측성(仄聲)에 딸린 글자. 고저자(高低字), 고하자(高下字).

평치 (平治) 圐짜타 나라를 태평하게 다스림.

평탄 (平坦) 圐하형하무 **1** 바닥이 평평함. □ ~한 길〔지면〕. **2** 마음이 편하고 고요함. **3** 일이 순조로움.

평토 (平土) 圐짜짜 관을 묻은 뒤 흙을 쳐서 평지같이 평평하게 함.

평토-깍두기 (平土─)[─뚜─] 圐 짜게 담가 땅에 묻었다가 이듬해 여름에 먹는 깍두기.

평토-장 (平土葬) 圐하타 봉분을 만들지 않고 평평하게 매장함. 또는 그 장사《흔히, 암장(暗葬)할 때 함》. ⑨평장.

평토-제 (平土祭) 圐 봉분제(封墳祭).

평판 (平板) 圐 **1** 평평한 판. 편편한 널조각. **2** 씨를 뿌릴 때 땅을 고르는 농기구. **3** 위에서 바르게 본 땅의 모양을 직접 재어 종이에 그리는 측량 기계. **4** 시문(詩文)에 변화가 없고 아취가 적음.

평판 (平版) 圐 〖인〗 판면에 요철(凹凸)이 거의 없고 잉크의 지방(脂肪)과 물의 반발성에 따라 인쇄되는 인쇄판.

평-판 (評判) 圐하타 **1** 비평해서 시비를 판정함. **2** 세상 사람들의 비평. 평설. □ ~이 좋다 / ~이 나쁘다.

평판 인쇄 (平版印刷) 〖인〗 평판을 써서 하는 인쇄《오프셋 인쇄·석판 인쇄 따위》.

평판 측량 (平板測量)[─층냥] 〖건〗 삼각가(三脚架) 위에 제도판을 얹어 수평을 유지하고 평판을 써서 땅 위의 모양을 평면 위에 나타내어 그리는 측량.

평편-하다 (平便─) 형어 바닥이 고르고 편편하다. □ 바닥이 ~ / 땅을 평편하여 다지다.

평평-하다 (平平─) 형어 **1** 바닥이 고르고 판판하다. □ 평평한 땅바닥. **2** 예사롭고 평범하다. **평평-히** 囝

평포 (平鋪) 圐하타 편평하게 펴 놓음.

평풍 圐 '병풍(屛風)'의 변한말. □ ~을 둘러치다.

평행 (平行) 圐짜짜 **1** 〖수〗 두 직선이나 평면이 나란해서 아무리 연장해도 서로 만나지 않음. □ ~하는 두 선로 / 선을 ~으로 굿다. **2** 병행(竝行). **3** 각 줄의 머리글자가 똑같은 높이가 되도록 글씨를 씀.

평행-력 (平行力)[─녁] 圐 〖물〗 힘의 방향이 직선과 평행하는 힘.

평행-맥 (平行脈) 圐 〖식〗 나란히맥.

평행-면 (平行面) 圐 〖수〗 한 직선이나 평면에 평행한 평면. 평행 평면.

평행-봉 (平行棒) 圐 **1** 기계 체조 기구의 하나. 두 개의 평행하는 가로대를 160 cm 정도의 높이로 버티어 놓은 것. 수봉운. **2** 평행봉을 이용한 남자 체조 경기 종목.

평행 사:변형 (平行四邊形) 〖수〗 서로 마주 대하는 두 쌍의 변이 각각 평행인 사변형. 나란히꼴.

평행-선 (平行線) 圐 **1** 〖수〗 같은 평면 위에 있는 둘 이상의 평행하는 직선. 평행 직선. □ ~을 굿다. **2** 양측의 주장 따위가 대립 상태를 계속 유지하는 것을 비유한 말. □ 노사의 주장이 ~을 달리다.

평행 육면체 (平行六面體)[─늉─] 〖수〗 세 쌍의 마주 대하는 면이 각각 평행한 육면체.

평행 이동 (平行移動) 〖수〗 물체·도형의 각 점을 같은 방향으로 같은 거리만큼 옮기는 일.

평행-자 (平行─) 圐 평행선을 긋는 데 쓰는 자《두 개의 자가 평행하게 움직이도록 구성되어 있음》.

평행 직선 (平行直線)[─썬] 〖수〗 평행선1.

평행 평면 (平行平面) 〖수〗 평행면.

평허-하다 (平虛─) 형어 걱정이 없고 마음이 편하다.

평형 (平衡) 圐하형 **1** 사물이 한쪽으로 기울지 않고 안정됨. □ ~을 유지하다 / ~이 깨지다. **2** 저울대가 수평을 이룸. **3** 〖물〗 어떤 물체에 두 힘이 동시에 작용해서, 그 효과가 서로 상쇄되어 있는 상태. □역학적.

평형-감각 (平衡感覺) 〖심〗 눈으로 보지 않고도 운동이나 신체 균형을 느낄 수 있는 감각. 평형각.

평형 교부금 (平衡交付金) 〖경〗 국가가 재정 기반이 약한 지방 공공 단체에 특별히 교부하는 재정 자금.

평형 기관 (平衡器官) 〖생〗 동물의 체위와 운동 방향을 감수(感受)하여 평형을 유지하게 하는 기관.

평형 기능 (平衡機能) 평형 기관이 체위와 운동 방향을 정상으로 유지하는 능력.

평형-대 (平衡臺) 圐 평균대(平均臺).

평형-세 (平衡稅)[─쎄] 圐 조세 부담의 균형을 위해 부과하는 조세.

평형 하천 (平衡河川) 〖지〗 침식 작용과 퇴적 작용이 평형을 유지하고 있는 하천.

평화 (平和) 圐하형 **1** 평온하고 화목함. □ 가정의 ~를 깨뜨리다. **2** 전쟁이나 분쟁 따위가 없이 평온함. 또는 그런 상태. □ 세계 ~ / 남북한의 ~ 통일.

평화 공:세 (平和攻勢) 〖정〗 냉전 체제 때의 국제 관계에서, 한쪽 진영이 갑작스럽게 평화적 태도를 취하여 상대편 국민을 교란하거나 국제 여론을 자신에게 유리하게 이끄는 정책.

평화 공:존 (平和共存) 〖정〗 체제와 이념을 달리하는 적대적인 두 나라가 서로 침범하지 않고 공존하는 일.

평화-롭다 (平和─)[─따] [─로워, ─로우니] 형ㅂ 평온하고 화목한 듯하다. 평화스럽다. □ 평화로운 시골 마을 / 서로 도와 가며 평화롭게 살다. **평화-로이** 囝. □ 들판에 잠자리가 ~ 날아다닌다.

평화-리 (平和裏) 圐 평화로운 가운데. □ 분쟁이 ~에 수습되다.

평-화면 (平畵面) 圐 〖수〗 정투영(正投影)에서, 직각으로 교차하는 두 화면 가운데 수평의

위치에 있는 화면. *입화면·측화면.

평화 산:업(平和産業) 군사적 목적과 상관없
는 물건을 생산하는 산업.

평화-스럽다(平和-)[-따][-스러워, -스러우
니] 형어 평화롭다. ◻평화스러운 농촌 풍경.
평화-스레 부

평화 운:동(平和運動) 《사》 전쟁을 막고 세계
평화를 지키기 위한 운동.

평화 의정서(平和議定書) 《정》 국제 분쟁 처
리에 관한 의정서.

평화-적(平和的) 관명 전쟁·분쟁 등이 없이 평
온한 (것). ◻~ 정권 교체가 이루어지다 / 분
쟁을 ~으로 해결하다.

평화 조약(平和條約) 서로 싸우던 나라끼리
전쟁을 중지하고 평화를 회복하기 위해 맺은
조약. 강화 조약.

평화-주의(平和主義)[-/-이] 명 평화를 적극
적으로 주장하는 태도.

평화 통:일(平和統一) 전쟁에 의하지 않고 평
화적인 방법으로 이루는 통일.

평화 혁명(平和革命)[-형-] 《정》 무력을 행
사하지 않고 평화적 수단으로 이룩하는 혁명.

평화 회:의(平和會議)[-/-의] '만국 평화 회
의'의 준말.

평-활(주) 명 연습할 때 쓰는 활.

평활-근(平滑筋) 명 《생》 민무늬근(筋). ↔횡
문근(橫紋筋).

평활-하다(平滑) 형어 평평하고 미끄럽다.

평활-하다(平闊) 형어 평평하고 넓다.

폐:(肺)[-/폐] 《생》 고등 척추동물의 호흡
기관. 혈관·폐포의 벽을 통하여 혈액 중의 이
산화탄소와 들이마신 산소를 교환한다. 허파.
폐부. 폐장(肺臟).

폐:(弊)[-/폐] 명 1 '폐단(弊端)'의 준말. 2 남
에게 끼치는 신세나 괴로움. ◻를 끼치다 /
~가 되다 / '그동안 ~가 많았습니다' 하고
사례의 말을 하다.

폐:-가(弊家)[-/폐-] 명 자기 집을 겸손하게
이르는 말.

폐:-가(廢家)[-/폐-] 명하자 1 버려두어 낡아
빠진 집. 폐옥. 2 호주가 죽고 상속인이 없어
서 그 집의 대가 끊어지는 일. 또는 그런 집.
3 《법》 호적법에서, 호주가 타가(他家)에 입
적하기 위해 스스로 그 일가를 폐하고 이를
소멸시키던 일. 또는 그 소멸한 일가를 이르
던 말.

폐:-가-제(閉架制)[-/폐-] 명 도서관에서, 서
가(書架)를 열람자에게 자유롭게 공개하지
않고 일정한 절차에 따라 책을 빌려주는 제
도. ↔개가제(開架制).

폐:-각(閉殻)[-/폐-] 명 《물》 파울리(Pauli)의
배타(排他) 원리에서 허용되는 최대 수의 전
자(電子)를 수용한 전자 껍데기.

폐:-각-근(閉殻筋)[-끈/폐-끈] 명 조개껍데기
에 조갯살이 붙어 있게 하는 단단한 근육. 조
개관자(貫子).

폐:간(肺肝)[-/폐-] 명 《의》 폐와 간.

폐:간(廢刊)[-/폐-] 명하타 신문·잡지 등의
간행을 폐지함. ◻재정난으로 많은 잡지가
~되었다. *정간(停刊).

폐:감(肺疳)[-/폐-] 명 《한의》 어린아이의 폐
경(肺經)에 생기는 감병(疳病).

폐:-강(閉講)[-/폐-] 명하타 있던 강좌나 강의
를 폐지함. ◻수강생이 없어 ~하다.

폐:객(弊客)[-/폐-] 명 1 남에게 늘 폐를 끼
치는 사람. 2 귀찮게 구는 사람. 폐군.

폐:-갱(廢坑)[-/폐-] 명하타 광산이나 탄광의
갱을 폐쇄함. 또는 그 갱.

폐:-거(閉居)[-/-폐-] 명하자 집에 틀어박혀 지
냄. 칩거(蟄居).

폐:-건(廢件)[-건/-폐건] 명 낡고 더러워져 못
쓰게 된 옷·그릇 따위 물건.

폐:-결핵(肺結核)[-/폐-] 명 폐에 결핵균이
침입해서 생기는 전염병.

폐:경(肺經)[-/폐-] 명 《한의》 폐에 딸린 경
락(經絡).

폐:-경-기(閉經期)[-/-폐-] 명 여성의 월경이
없어지는 갱년기. 월경 폐색기.

폐:-곡선(閉曲線)[-썬/폐-썬] 명 《수》 곡선
위에서 한 점이 한 방향으로 움직여 다시 출
발점으로 되돌아오는 곡선(圓 따위).

폐:공(幣貢)[-/폐-] 명 공물(貢物).

폐:-공(廢工)[-/폐-] 명하타 하던 공부나 일을
도중에 그만둠. 「림.

폐:-공(蔽空)[-/폐-] 명 하늘을 뒤덮어 가

폐:-공동(肺空洞)[-/폐-] 명 《의》 폐에 생긴
결핵성의 결절(結節)이 고름이 되어 가래와
함께 객출(喀出)된 자리에 생긴 공동.

폐:과(閉果)[-/폐-] 명 《식》 건조과의 하나.
익어도 껍질이 터지지 않는 열매(밤·벼 따
위). 건조폐과. ↔열과(裂果).

폐:-과(廢科)[-/폐-] 명하자 《역》 과거를 보러
다니던 일을 그만둠.

폐:-관(閉管)[-/폐-] 명 한쪽 끝이 닫히고 다
른 쪽 끝이 열린 관.

폐:-관(閉館)[-/폐-] 명하타 시간이 되어 도서
관·박물관 따위의 문을 닫음. ◻~ 시간 /
도서관을 ~하다. ↔개관(開館).

폐:-관(閉關·廢關)[-/폐-] 명하타 외국과의 조
약을 폐함.

폐:-관(弊館·敝館)[-/폐-] 명 자기와 관련된
건물·기관 따위를 겸손하게 이르는 말.

폐:-관(廢館)[-/폐-] 명하타 1 낡고 못 쓰게 된
건물. 2 영화관·도서관 따위 시설을 폐쇄함.
↔개관.

폐:-광(廢鑛)[-/폐-] 명하타 광산에서 광물을
캐내는 일을 중지함. 또는 그 광산.

폐:-교(弊校·敝校)[-/폐-] 명 자기 학교를 겸
손하게 이르는 말. ↔귀교(貴校).

폐:-교(廢校)[-/폐-] 명하타 학교의 운영을 폐
지함. 또는 그 학교. ↔개교.

폐:-구(閉口)[-/폐-] 명하자 입을 다묾. ◻~
무언.

폐:-구-음(閉口音)[-/폐-] 명 《언》 입을 다문
것처럼 아주 조금만 벌리고 내는 소리(한글
의 'ㅇ' 따위).

폐:-국(弊局)[-/폐-] 명 폐해가 많아 결딴나게
된 판국.

폐:-국(弊國·敝國)[-/폐-] 명 자기 나라를 겸
손하게 이르는 말. 폐방. ↔귀국(貴國).

폐:-군(廢君)[-/폐-] 명하타 임금을 몰아냄. 또
는 그 임금. 폐주(廢主).

폐:-군(廢郡)[-/폐-] 명하타 군이나 고을을 폐
지함. 또는 그 군이나 고을.

폐:-궁(廢宮)[-/폐-] 명하타 궁전을 폐함. 또
는 그 궁전. ◻~ 복원.

폐:-기(廢棄)[-/폐-] 명하타 1 못 쓰게 된 것을
버림. ◻~ 처분 / 시설의 ~. 2 조약·법률·약
속 등을 무효로 함.

폐:-기-량(肺氣量)[-/폐-] 명 폐활량.

폐:-기-물(廢棄物)[-/폐-] 명 못 쓰게 되어 버
리는 물건. ◻~의 재활용.

폐:-기종(肺氣腫)[-/폐-] 명 《의》 폐포(肺胞)
가 확대하여 폐가 지속적으로 확장되는 상태

《만성 기관지염·천식 등에 따라 나타나는데 호흡이 곤란해짐》.

폐:-꾼 (弊-)[-/ 페-] 몡 폐객.

폐:농 (廢農)[-/ 페-] 몡하자 농사를 그만둠.

폐:다 [-/ 페-] 자 '폐이다'의 준말.

폐:단 (弊端)[-/ 페-] 몡 어떤 일이나 행동에서 나타나는 좋지 않은 경향이나 해로운 현상. ⬚~이 생기다 / ~을 없애다. ⓒ폐(弊).

폐:답 (廢畓)[-/ 페-] 몡하자 농사를 짓지 않고 버려둠. 또는 그 논.

폐:동 (廢洞)[-/ 페-] 몡하타 동(洞)을 폐하여 없앰. 또는 그 동.

폐:-동맥 (肺動脈)[-/ 페-] 몡 심장에서 폐로 정맥혈(靜脈血)을 보내는 혈관. ↔폐정맥.

폐:등 (廢燈)[-/ 페-] 몡하자 전등을 떼어 없앰. 또는 그 등.

폐:-디스토마 (肺distoma)[-/ 페-] 몡 《동》 포흡충과(住胞吸蟲科)의 디스토마. 몸길이 7~12 mm, 폭 4~8 mm 이고 달걀 모양이며 붉은 갈색임. 두 개의 빨판을 가지고 소(小)기 관지벽에 기생함. 폐장디스토마.

폐:-디스토마-증 (肺distoma症)[-쯩 / 페-종] 몡 《의》 폐디스토마의 폐 침입으로 생기는 병. 폐장디스토마증.

폐:렴 (肺炎)[-/ 페-] 몡 [←폐염(肺炎)] 《의》 폐에 생기는 염증. 폐렴균의 침입으로 살충이 나고 발열해서 가슴을 찌르는 아픔과 심한 기침 및 호흡 곤란을 일으킴. ⬚급성 ~에 걸리다.

폐:렴-균 (肺炎菌)[-/ 페-] 몡 《생》 폐렴 병원균의 총칭.

폐:로 (肺勞)[-/ 페-] 몡 《한의》 노점.

폐:로 (閉路)[-/ 페-] 몡 닫힌회로.

폐:론 (廢論)[-/ 페-] 몡하자 논의를 그만둠.

폐:-롭다 (弊-)[-따 / 페-따 [페로워, 페로우니] 휑탑 1 성가시고 귀찮다. 2 성미가 까다롭다. ⬚성미가 ~/ 폐롭게 굴다. 폐:-로이 [-/ 페-]

폐:륜 (廢倫)[-/ 페-] 몡하자 혼인하지 않거나 혼인을 하지 못함.

폐:리 (敝履)[-/ 페-] 몡 헌 신발.

폐:립 (敝笠)[-/ 페-] 몡 파립(破笠).

폐:립 (廢立)[-/ 페-] 몡하타 1 임금을 폐하고 새로 임금을 맞아 세움. 2 존폐(存廢).

폐:막 (閉幕)[-/ 페-] 몡하자타 1 연극을 마치고 막을 내림. ⬚갈채 속에 ~되다. 2 어떤 행사 따위가 끝남. ⬚박람회 ~. ↔개막.

폐:막 (弊瘼)[-/ 페-] 몡 1 고치기 어려운 폐단. 2 못된 병통.

폐:맹 (廢盲)[-/ 페-] 몡하자 눈이 멀어 소경이 됨.

폐:멸 (廢滅)[-/ 페-] 몡하자 폐하여 없어짐.

폐:-모음 (閉母音)[-/ 페-] 몡 고모음.

폐:목 (閉目)[-/ 페-] 몡 눈을 감음.

폐:목 (廢目)[-/ 페-] 몡 시력이 몹시 나쁜 눈. 페안(廢眼).

폐:무 (廢務)[-/ 페-] 몡하자타 사무(事務)를 보지 않음.

폐:문 (肺門)[-/ 페-] 몡 《생》 폐의 출입구(폐 동맥·폐정맥·기관지가 출입하는 폐 내부의 부분).

폐:문 (閉門)[-/ 페-] 몡하타 문을 닫음. 엄문. 폐호(閉戶). ⬚~ 시간 / 정문은 오후 8시에 ~된다. ↔개문(開門).

폐:문 림프샘 (肺門lymph-)[-/ 페-] 몡 폐에 분포된 림프관이 모여 폐문부의 기관지

림프샘에 합쳐지는 부위.

폐:-물 (幣物)[-/ 페-] 몡 선사하는 물건.

폐:-물 (廢物)[-/ 페-] 몡 못 쓰게 된 물건. ⬚~이용 / ~ 처리.

폐:방 (閉房)[-/ 페-] 몡하자 남녀가 더 이상 성 관계를 가지지 않음.

폐:방 (幣帛·敝邦)[-/ 페-] 몡 폐국(弊國).

폐:방 (廢房)[-/ 페-] 몡하타 방을 쓰지 않고 버려둠. 또는 그 방.

폐:백 (幣帛)[-/ 페-] 몡 1 신부가 처음 시부모를 뵙고 큰절을 하고 올리는 물건(대추·포 따위). ⬚~을 드리다. 2 혼인 때 신랑이 신부 집에 보내는 예물. 3 윗사람이나 점잖은 사람에게 주는 예물.

폐:백-닭 (幣帛-)[-딱/ 페-딱] 몡 신부가 시부모에게 폐백으로 올리는 닭.

폐:백-대추 (幣帛-)[-때- / 페-때-] 몡 신부가 폐백으로 시부모에게 올리는 대추. 폐조.

폐:백-반 (幣帛盤)[-빤/ 페-빤] 몡 폐백을 담는 예반.

폐:병 (肺病)[-뼝/ 페뼝] 몡 《의》 1 폐의 질병의 총칭. 폐환(肺患). 2 〈속〉 폐결핵. ⬚~을 앓다 / ~에 걸리다.

폐:병 (廢兵)[-/ 페-] 몡 전쟁 중에 다쳐 불구가 된 병사.

폐:부 (肺腑)[-/ 페-] 몡 1 《생》 폐(肺). 2 마음의 깊은 속. ⬚~를 꿰뚫다. 3 일의 요긴한 점. 또는 급소.

폐부를 찌르다 쿤 ㉠깊은 감명을 주다. ㉡급소를 찌르다. ⬚폐부를 찌르는 말.

폐부에 새기다 쿤 깊이 명심하여 잊지 않다.

폐:-부지언 (肺腑之言)[-/ 페-] 몡 마음속에서 우러나오는 참된 말.

폐:-부지친 (肺腑之親)[-/ 페-] 몡 왕실의 가까운 친족.

폐:비 (廢妃)[-/ 페-] 몡하타 왕비의 자리에서 물러나게 함. 또는 그 왕비.

폐:빙 (幣聘)[-/ 페-] 몡하타 예물을 갖추어 손님을 초빙함.

폐:사 (吠舍)[-/ 페-] 몡 '바이샤'의 음역.

폐:사 (弊社·敝社)[-/ 페-] 몡 자기 회사를 낮추어 이르는 말.

폐:사 (廢寺)[-/ 페-] 몡 폐하여져 승려가 없는 절.

폐:사 (斃死)[-/ 페-] 몡하자 쓰러져 죽음. 폐 부(斃仆). ⬚~하여류.

폐:-사자립 (廢師自立)[-/ 페-] 몡 스승의 설(說)을 버리고 자신의 설을 세우는 일.

폐:색 (閉塞)[-/ 페-] 몡하자타 1 닫아서 막음. 또는 닫혀서 막힘. 2 겨울에 천지가 얼어붙어 생기가 막힘. 3 운수가 막힘. 4 '폐색기(閉塞 器)'의 준말.

폐:색-기 (閉塞器)[-끼/ 페-끼] 몡 폐색 장치. ⓒ폐색.

폐:색-선 (閉塞船)[-썬/ 페-썬] 몡 《군》 적의 항구를 폐쇄하거나 적 함대의 침입을 막기 위해 적이나 아군의 항구 입구에 가라앉히는 배.

폐:색 장치 (閉塞裝置)[-짱-/ 페-짱-] 몡 철도에서 한 열차만 운행하게 하여 그 열차가 있을 때는 다른 열차가 그 구간에 들어가지 못하게 하는 장치. 폐색기.

폐:색 전선 (閉塞前線)[-쩐-/ 페-쩐-] 몡 온대 저기압이 발달하여 한랭 전선이 온난 전선의 따뜻한 기운을 지표에서 밀어 올려 이루어지는 전선.

폐:색-호 (閉塞湖)[-쌔코/ 페쌔코] 몡 《지》 큰 산이나 토사의 붕괴, 또는 화산의 폭발로 냇물이 막혀서 된 호수. 언색호(堰塞湖).

폐:석 (廢石)[-써-/폐-]〖명〗 1 광산에서, 파낸 것 가운데 무가치한 돌. 2 바둑에서, 활용할 가 치가 없어진 돌. ⫽~이 요석이 되다.

폐:선 (廢船)[-써-/폐-]〖명〗 1 못 쓰게 된 배. 2 뱃 전에 구멍이 나 ~이 되다. 2 선적(船籍)에서 없애 버린 배. ⫽~을 처분하다.

폐:성-심 (肺性心)[-써-/폐-]〖명〗〖의〗 폐순환계 의 저항이 커져서 우심실(右心室)에 부담이 가해진 상태.

폐:쇄 (閉鎖)[-써-/폐-]〖명〗〖하타〗 1 문 따위를 닫아 걸거나 막아 버림. ⫽출입구 ~. 2 단체·시설 등을 없애거나 기능을 정지시킴. ⫽공장 ~. 3 외부와의 교류를 끊거나 막음. ⫽~된 사 회. ↔개방.

폐:쇄-기 (閉鎖機)[-써-/폐-]〖명〗〖군〗 탄약을 장 전하기 위하여 포신의 약실(藥室) 뒤쪽을 여 닫는 장치.

폐:쇄-성 (閉鎖性)[-써-/폐-써]〖명〗 외부와 교 류를 끊고 통하지 않는 성질.

폐:쇄성 결핵 (閉鎖性結核)[-써-/폐-써-] 폐 쇄성 폐결핵.

폐:쇄성 폐:결핵 (閉鎖性肺結核)[-써-/폐- 써폐-]〖의〗 가래 속에 결핵균이 섞여 나오 지 않는 폐결핵(전염의 위험이 없음).

폐:쇄-음 (閉鎖音)[-써-/폐-]〖언〗 파열음.

폐:쇄-적 (閉鎖的)[-써-/폐-]〖관〗〖명〗 외부와 통하 거나 교류하지 않는 (것). ⫽~ 사회 / ~인 성격.

폐:쇄 혈관계 (閉鎖血管系)[-써-/폐-게-]〖동〗 환형동물·척추동물에 발달되어 있는 혈관계 《심장·동맥·모세 혈관·정맥의 네 부분으로 구성됨》.

폐:수 (廢水)[-써-/폐-]〖명〗 공장 따위에서 쓰고 난 뒤에 버리는 물. ⫽~로 강이 크게 오염되 다 / ~를 마구 버리다.

폐:수-종 (肺水腫)[-써-/폐-]〖명〗〖의〗 폐포(肺胞) 속에 물이 고여 붓는 병.

폐:수 처:리 (廢水處理)[-써-/폐-] 공장 등에서 내버린 물을 한곳에 모아 약품 따위로 독성 을 제거하는 일.

폐:순환 (肺循環)[-써-/폐-]〖명〗〖생〗 심장에 모 인 피가 우심방(右心房)에서 우심실로 가서 폐동맥에 의해 모세 혈관으로 흘러 폐정맥을 통해 좌심방으로 들어가는 혈액 순환. 소(小) 순환.

폐:-스럽다 (弊-)[-따/폐-따][페스러워, 폐 스러우니]〖형ㅂ〗 폐가 되는 일이 있다. ⫽남의 집에 너무 오래 앉아 있는 것은 폐스러운 일 이다. 폐:-스레[-/폐-]〖부〗

폐:슬 (蔽膝)[-써-/폐-]〖역〗 조복(朝服)이나 제복(祭服)을 입을 때 앞에 늘이던 헝겊.

폐:습 (弊習)[-써-/폐-]〖명〗 1 나쁜 버릇. ⫽~을 버리다 / ~을 고치다. 2 폐풍(弊風). ⫽~을 타파하다.

폐:시 (閉市)[-써-/폐-]〖명〗〖하자〗 시장의 거래를 끝 냄. ↔개시.

폐:식 (閉式)[-써-/폐-]〖명〗〖하자〗 의식이 끝남. ↔ 개식(開式).

폐:식 (廢食)[-써-/폐-]〖명〗〖하자〗 음식 먹기를 그 만둠.

폐:식-사 (閉式辭)[-싸-/폐-싸]〖명〗 의식이 끝 날 때 하는 인사말. ↔개식사(開式辭).

폐:신 (嬖臣)[-써-/폐-]〖명〗 임금에게 아부해서 신 임을 받는 신하.

폐:안 (廢案)[-써-/폐-]〖명〗 토의하지 않고 버려 둔 의안이나 안건.

폐:안 (廢眼)[-써-/폐-]〖명〗 폐목(廢目).

폐:암 (肺癌)[-써-/폐-]〖명〗 폐에 생기는 암종. 폐

장암(肺臟癌).

폐:애 (嬖愛)[-써-/폐-]〖명〗 남에게 아첨해서 사랑 을 받음. 폐행(嬖幸).

폐:액 (廢液)[-써-/폐-]〖명〗 어떤 목적에 쓰고 난 액체.

폐:어 (廢語)[-써-/폐-]〖명〗 현재 쓰이지 않는 말. 사어(死語).

폐:어-류 (肺魚類)[-써-/폐-]〖어〗 열대 지방 의 민물에서 사는 폐어목의 총칭. 고대형의 어류로, 화석으로 발견되나 현존하는 것도 있음. 우기에는 물속에서 아가미로 숨쉬고 건기에는 모래펄에 기어들어 부레로 숨을 쉼.

폐:업 (閉業)[-써-/폐-]〖명〗〖하자〗 1 영업을 하지 않음. 2 폐점(閉店). ↔개업(開業).

폐:업 (廢業)[-써-/폐-]〖명〗〖자타〗 직업이나 영업 을 그만둠. ⫽~ 신고.

폐:열 (廢熱)[-써-/폐-]〖의〗 폐의 열기.

폐:열 (廢熱)[-써-/폐-]〖명〗 쓰고 난 뒤에 버려지 는 열. ⫽~을 이용한 난방.

폐:염 (肺炎)〖명〗〖의〗 폐렴(肺炎).

폐:엽 (肺葉)[-써-/폐-]〖생〗 포유류의 폐를 이루는 부분.

폐:옥 (弊屋·敝屋)[-써-/폐-]〖명〗 비제(鄙第).

폐:옥 (廢屋)[-써-/폐-]〖명〗 낡고 허물어져 버려 둔 집. 폐가(廢家).

폐:옹 (肺癰)[-써-/폐-]〖명〗 폐의 농양(膿瘍)《고름 이 섞인 가래가 나옴》.

폐:왕 (廢王)[-써-/폐-]〖명〗 폐위된 왕.

폐:원 (閉院)[-써-/폐-]〖명〗〖하자〗 1 학원·병원 따 위가 더 이상 운영되지 않음. 2 국회에서 회 기가 끝나 문을 닫음. ⫽~식. ↔개원(開院).

폐:원 (廢源)[-써-/폐-]〖명〗 폐해의 근원.

폐:원 (廢園·廢苑)[-써-/폐-]〖명〗 황폐한 정원.

폐:위 (廢位)[-써-/폐-]〖명〗〖하타〗 왕이나 왕비의 자 리를 폐함. ⫽국모의 ~.

폐:유 (廢油)[-써-/폐-]〖명〗 못 쓰게 된 기름. ⫽ 비밀 배수구를 통해 ~를 버리다.

폐:-음절 (閉音節)[-써-/폐-]〖언〗 자음으로 끝나는 음절《'책'·'갑'·'앞' 따위》. 닫힌음 절. ↔개음절(開音節).

폐:읍 (弊邑·敝邑)[-써-/폐-]〖명〗 1 나쁜 풍습이 많아 어지러운 고장. 2 자기 고장을 겸손하게 이르는 말.

폐:읍 (廢邑)[-써-/폐-]〖명〗〖하타〗 읍을 없앰. 또는 그 읍.

폐:의 (弊衣)[-써-/폐이-]〖명〗 낡아 해진 옷. ⫽~ 봉발(蓬髮).

폐:의-파관 (弊衣破冠)[-써-/폐이-]〖명〗 폐포파립 (弊袍破笠).

폐:의-파립 (弊衣破笠)[-써-/폐이-]〖명〗 폐포파립. ⫽흥선(興宣)은 한때 ~의 파락호로 지냈다.

폐:인 (廢人)[-써-/폐-]〖명〗 1 병이나 마약 등으로 몸을 망친 사람. 2 쓸모없이 된 사람. 기인 (棄人).

폐:인 (嬖人)[-써-/폐-]〖명〗 남의 비위를 잘 맞추 어 귀염을 받는 사람.

폐:일언-하다 (蔽一言-)[-이런-/폐이런-]〖자 여〗 (주로 '폐일언하고'의 꼴로 쓰여) 이러니 저러니 할 것 없이 한 마디로 휩싸서 말하다. ⫽폐일언하고 당장 가 보자.

폐:잔 (廢殘)[-써-/폐-]〖명〗〖하자〗 못 쓰게 된 채 남 아 있음.

폐:장 (肺腸)[-써-/폐-]〖명〗 1 폐와 창자. 2 마음. 마음속.

폐:장 (肺臟)[-써-/폐-]〖명〗〖생〗 폐(肺).

폐:장 (閉場)[-써-/폐-]〖명〗〖하자타〗 1 극장이나 시

장·해수욕장 따위의 영업이 끝남. □ ～ 시간. **2**『증권』1년 중 마지막으로 증권 거래를 마감함. ↔개장(開場).

폐：장(閉藏)[-/ 페-] 몡하타 **1** 닫아 감춤. **2** 물건을 감추어 둠.

폐：장(廢庄)[-/ 페-] 몡 버려둔 논밭.

폐：장-디스토마 (肺臟distoma)[-/ 페-] 몡 『동』 폐디스토마.

폐：장-디스토마증 (肺臟distoma症)[-쯩-/ 페-쯩] 몡 『의』 폐디스토마증.

폐：장-암(肺臟癌)[-/ 페-] 몡 『의』 폐암.

폐：적(廢嫡)[-/ 페-] 몡하타 적자의 신분·상속권 등을 폐함.

폐：전(廢典)[-/ 페-] 몡 **1** 폐지된 법. **2** 의식을 없앰. 또는 그런 의식.

폐：절(廢絶)[-/ 페-] 몡하타 폐하여 없앰. □ 낡은 법 규정의 ～.

폐：절-가(廢絶家)[-/ 페-] 몡 『법』 상속인이 없어 대(代)가 끊어진 집.

폐：점(閉店)[-/ 페-] 몡하자타 **1** 폐업이나 도산 등으로 가게가 더 이상 운영되지 않음. **2** 하루의 영업을 마치고 가게 문을 닫음. ↔개점(開店).

폐：점(弊店·敝店)[-/ 페-] 몡 자기 상점을 겸손하게 이르는 말.

폐：정(閉廷)[-/ 페-] 몡하자 『법』 재판·심리 등을 마침. 또는 그 일. □ ～을 선언하다. ↔개정(開廷).

폐：정(弊政)[-/ 페-] 몡 폐단이 많은 정치.

폐：정(廢井)[-/ 페-] 몡 우물을 쓰지 않고 버려 둠. 또는 그 우물.

폐：-정맥(肺靜脈)[-/ 페-] 몡 『생』 폐에서 산소를 받아들이고 이산화탄소를 내보낸 동맥혈을 심장으로 보내는 좌우 두 개의 혈관. ↔폐동맥(肺動脈).

폐：제(幣制)[-/ 페-] 몡 '화폐 제도'의 준말.

폐：제(廢帝)[-/ 페-] 몡 폐위된 황제.

폐：제(廢除)[-/ 페-] 몡하타 **1** 폐지해 없애 버림. **2** 『법』 일정한 법정 원인이 있는 때, 피(被)상속인의 요구에 따라 상속인의 자격을 박탈하는 제도.

폐：조(幣帛)[-/ 페-] 몡 폐백대추.

폐：조(廢朝)[-/ 페-] 몡하자 『역』 **1** 임금이 조회(朝會)를 폐함. 철조(輟朝). **2** 폐군(廢君)의 시대.

폐：족(廢族)[-/ 페-] 몡 조상이 형(刑)을 받고 죽어서 그 자손이 벼슬을 할 수 없게 됨. 또는 그런 족속.

폐：지(閉止)[-/ 페-] 몡하자 어떤 작용·기능이 그침. □ 월경 ～.

폐：지(廢止)[-/ 페-] 몡하타 실시해 오던 제도나 법규·일 등을 없애거나 그만둠. □ 야간 통행금지 제도의 ～/ 구법을 ～하다.

폐：지(廢地)[-/ 페-] 몡 쓸모없는 토지.

폐：지(廢址)[-/ 페-] 몡 건물이 헐린 뒤 버려둔 빈 터.

폐：지(廢紙)[-/ 페-] 몡 **1** 못 쓰게 된 종이. □ ～의 재활용. **2** 허드레 종이. 휴지(休紙).

폐：지-안(廢止案)[-/ 페-] 몡 실시해 오던 제도·법규·일 등을 폐지하자는 의안. □ 호주 제도의 ～.

폐：직(廢職)[-/ 페-] 몡하자 관직이 폐지됨. 또는 그런 관직.

폐：-진애증(肺塵埃症)[-지내쯩/ 페지내쯩] 몡 『의』 진폐(塵肺).

폐：질(廢疾)[-/ 페-] 몡 고칠 수 없는 병. □

～로 고생하다.

폐：차(廢車)[-/ 페-] 몡하타 낡거나 못 쓰게 된 차를 없앰. 또는 그 차.

폐：차(蔽遮)[-/ 페-] 몡하타 보이지 않도록 가려서 막음.

폐：차-처：분(廢車處分)[-/ 페-] **1** 폐차를 팔거나 차체를 분해해 처분함. **2** 『법』 차량 등록을 취소하고 폐차로 취급함.

폐：창(廢娼)[-/ 페-] 몡하자 창녀를 없앰. 공창(公娼) 제도를 철폐함. □ ～ 운동.

폐：첨(肺尖)[-/ 페-] 몡 『생』 폐의 위쪽에 둥그스름히 솟은 부분.

폐：첩(嬖妾)[-/ 페-] 몡 아양을 떨어 귀염을 받는 첩.

폐：출(廢黜)[-/ 페-] 몡하타 작위나 관직을 떼고 내쫓음. □ 인현 왕후 ～.

폐：-출혈(肺出血)[-/ 페-] 몡 『의』 **1** 폐 조직이 손상되거나 그 밖의 증상으로 폐혈관에서 출혈하는 증상. **2** 객혈(喀血).

폐：충(肺蟲)[-/ 페-] 몡 『동』 폐에 기생하는 흡충의 총칭.

폐：치(廢置)[-/ 페-] 몡하타 **1** 폐한 채 내버려 둠. **2** 폐함과 설치.

폐：치 분합(廢置分合)[-/ 페-] 『법』 지방 자치 단체의 폐지나 신설에 따르는 구역의 변경(분할·분립·신설 합병·편입의 네 가지).

폐：침(廢寢)[-/ 페-] 몡하자 잠을 자지 않음.

폐：침-망찬(廢寢忘餐)[-/ 페-] 몡하자 침식(寢食)을 잊고 일에 몰두함.

폐：칩(廢蟄)[-/ 페-] 몡하자 외출을 하지 않고 집 안에만 박혀 있음.

폐：퇴(廢頹)[-/ 페-] 몡하자 기강이나 도의 따위가 황폐하여 무너짐. □ 윤리의 ～.

폐：파(廢罷)[-/ 페-] 몡 폐파 행위.

폐：파 행위(廢罷行爲)[-/ 페-] 『법』 행정 행위를 취소하는 행위. 폐파.

폐：-페스트(肺pest)[-/ 페-] 몡 『의』 페스트균이 폐에 침입해서 생기는 병. 출혈성 기관지 폐렴을 일으키며, 살 빛깔이 흑자색으로 변함. 사망률이 높음.

폐：포(肺胞)[-/ 페-] 몡 『생』 폐로 들어간 기관지가 갈라져 그 끝에서 주머니 모양으로 된 부분(포도송이처럼 되어 기체 교환의 작용을 함). 허파 꽈리.

폐：포-음(肺胞音)[-/ 페-] 몡 청진기를 통해서 건강한 폐에서 들리는 호흡음.

폐：포-파립(弊袍破笠)[-/ 페-] 몡 해진 옷과 부서진 갓이라는 뜻으로, 초라한 차림새의 비유. 폐의파관. 폐의파립.

폐：품(廢品)[-/ 페-] 몡 쓸 수 없게 된 물품. 폐물. □ ～ 수집/ ～ 재활용.

폐：풍(弊風)[-/ 페-] 몡 폐해가 되는 풍습. 폐습(弊習). □ ～ 타파/ ～을 고치다.

폐：-풍우(蔽風雨)[-/ 페-] 몡하자 비바람을 가려 막음.

폐：하(陛下)[-/ 페-] 몡 황제나 황후에 대한 공대말. □ 황후 ～.

폐：-하다(廢-)[-/ 페-] 타여 **1** 있던 제도나 법규, 기관 따위를 없애다. □ 성차별을 ～. **2** 중도에서 그만두다. □ 학업을 ～. **3** 쓰지 않고 버려 두다. □ 방을 ～. **4** 어떤 지위에서 내치다. □ 왕을 ～.

폐：학(廢學)[-/ 페-] 몡하자 학업을 중도에서 그만둠.

폐：학지경(廢學之境)[-찌-/ 페-찌-] 몡 학업을 중도에서 그만두어야 할 형편.

폐：함(廢艦)[-/ 페-] 몡 『군』 못 쓰게 된 군함을 없앰. 또는 그 군함.

폐:-합 (廢合)[-/페-]图[하타] 1 어떤 것을 폐지해서 다른 것에 병합함. ☐ 행정 구역의 ~. 2 폐지와 합병.

폐:해 (弊害)[-/페-]图 폐단으로 생기는 해. ☐ 사이비 종교의 ~.

폐:행 (嬖幸)[-/페-]图 남에게 아첨하여 사랑을 받음. 폐애(嬖愛).

폐:허 (肺虛)[-/페-]图《한의》폐결핵.

폐:허 (廢墟)[-/페-]图 건물·시가·성곽 등의 황폐하게 된 터. ☐ ~에서 다시 시작하다.

폐:현 (陛見)[-/페-]图[하자] 황제나 황후를 만나 뵘.

폐혈 (肺血)[-/페-]图 각혈(咯血)한 피.

폐:-혈관 (肺血管)[-/페-]图《생》폐동맥과 폐정맥 및 폐포에 얽혀 있는 많은 모세 혈관.

폐:형 (閉形)[-/페-]图《광》정팔면체와 같이 몇 개의 결정면(結晶面)으로 공간을 둘러싸는 결정형(形).

폐:호 (閉戶)[-/페-]图[하자] 폐문(閉門).

폐:호-선생 (閉戶先生)[-/페-]图 집 안에 틀어박혀 독서만 하는 사람.

폐:-호흡 (肺呼吸)[-/페-]图 고등 척추동물이 폐로 하는 외(外)호흡.

폐:화 (廢貨)[-/페-]图 통용되지 않는 화폐.

폐환 (肺患)[-/페-]图《의》폐병(肺病)1.

폐:-활량 (肺活量)[-/페-]图 폐 속에 최대한도로 공기를 빨아들여, 다시 배출하는 공기의 양. 폐기량(肺氣量). ☐ ~이 크다.

폐:-활량-계 (肺活量計)[-/페-계]图 폐활량을 재는 장치.

폐:회 (閉會)[-/페-]图[하자타] 집회 또는 회의를 마침. ☐ ~를 선언하다. ↔개회.

폐:회로 텔레비전 (閉回路television)[-/페-]图《전》특정 수신소를 대상으로 해서 화상을 전송하는 텔레비전 방식《교육·교통·공장 따위에서 사용됨》. 시시티브이(CCTV).

폐:-회-사 (閉會辭)[-/페-]图 폐회를 선언하는 인사말. ↔개회사(開會辭).

폐:회-식 (閉會式)[-/페-]图 폐회하는 의식.

폐:후 (廢后)[-/페-]图 폐위된 황후.

폐:-흡충 (肺吸蟲)[-/페-]图 폐디스토마.

포¹ (包)图 1 장기짝의 하나. 2《건》촛가지. 3《역》동학(東學)의 교구 또는 집회소. 접(接).

포 (苞)图《식》꽃턱잎.

포 (炮)图[하타]《한의》부자(附子) 따위의 독한 약재를 끓는 물에 담가서 독기를 빼는 법.

포 (砲)图 1 '대포'의 준말. ☐ ~를 쏘다. 2 돌멩이를 튀겨 쏘는 옛 무기.

포 (袍)图 1 바지저고리 위에 입던 겉옷. 고려 때의 평상복인데 장유(長襦: 긴 저고리)가 길어진 것으로 두루마기와 비슷했을 것으로 여겨짐.

포 (脯)图 '포육(脯肉)'의 준말. ☐ ~를 뜨다.

포 (鮑)图《조개》전복(全鰒).

포² (包)[의图] 포대에 담은 것의 수를 세는 단위. ☐ 사료 한 ~.

포 (의图)《인》'포인트(point)'의 준말. ☐ 9 ~ 활자를 쓰다.

포가 (砲架)图《군》포신(砲身)을 얹는 받침틀《포구를 임의의 목표에 맞추어 돌리는 지점(支點)이 됨》.

포:-간 (飽看)图[하타] 싫증이 나도록 실컷 봄.

포강 (砲腔)图 포신(砲身) 내부의 빈 부분.

포개다图[타] 1 놓인 것 위에 또 놓다. ☐ 접시를 포개어 놓다 / 방석을 포개 놓다. 2 여러 겹으로 접다. ☐ 담요를 규모 있게 ~.

포개-지다[재] 포갠 상태로 되다.

포갤-꽁짓점 (-點)图 ☞ 쌍반점.

2497   포구

포갤-점 (-點)[-쩜]图 쌍점2.

포갬-포갬[뷔] 여러 번 거듭 포개거나 포개져 있는 모양. ☐ 신문을 ~ 쌓아 놓다.

포건 (布巾)图 베로 만든 건.

포격 (砲擊)图[하타] 대포에 의한 공격.

포:경 (包莖)图《의》성인의, 귀두가 껍질에 싸인 자지. 우멍거지. ☐ ~ 수술.

포경 (砲徑)图 포의 구경(口徑).

포:경 (捕鯨)图[하자] 고래를 잡음. 고래잡이.

포:경-모선 (捕鯨母船)图 포경선에 연료·식량을 보급하고 잡은 고래를 가공·처리·저장하는 대형의 배.

포:경-선 (捕鯨船)图 고래를 잡기 위해 포경포를 장비한 배.

포:경-포 (捕鯨砲)图 포경선에 설치한, 작살을 내쏘는 포.

포:계 (捕繫)[-/-계]图[하타] 잡아서 묶어 두거나 옥 속에 가둠.

포계 (襃啓)[-/-계]图[하타]《역》각 도의 관찰사나 어사가 고을 원의 선정(善政)을 임금에게 아뢰던 일.

포:고 (布告·佈告)图[하타] 1 일반에게 널리 알림. 2 국가의 결정 의사를 공식적으로 일반에게 발표하는 일. ☐ 계엄령 ~.

포:고-령 (布告令)图 어떤 내용을 포고하는 법령이나 명령. ☐ ~ 위반.

포곡-조 (布穀鳥)[-조]图《조》뻐꾸기.

포공-영 (蒲公英)图 1《식》민들레. 2《한의》말린 민들레《유종(乳腫)·결핵·나력(瘰癧) 등에 약으로 씀》.

포:과 (包裹)图[하타] 물건을 꾸려 쌈.

포과 (胞果)图《식》삭과(蒴果)의 한 가지. 얇은 과피(果皮)에 싸인 씨가 하나인 과실. 성숙 후 불규칙적으로 개열(開裂)함.

포-과:지 (包裹紙)图 물건을 꾸려 싸는 종이.

포관 (布棺)图 베를 여러 겹 포개어 붙여 만든 관.

포:괄 (包括)图[하타] 일정한 대상이나 현상 따위를 어떤 범위나 한계 안에 모두 끌어 넣음. ☐ 몇 가지 안(案)을 ~한 새로운 안.

포:괄 수유자 (包括受遺者)《법》포괄 유증을 받은 사람《상속인과 동일한 권리와 의무를 가짐》.

포:괄 승계 (包括承繼)[-/-계]《법》상속이나 회사 합병 따위에 의한 권리·의무의 일괄적인 승계.

포:괄 유증 (包括遺贈)[-류-]《법》유언에 따라 유산의 전부나 일정한 비율의 유산을 주는 일. *특정(特定) 유증.

포:괄 이전 (包括移轉)《법》보험 회사가 보험계약의 전부 또는 일부를 포괄해서 다른 보험 회사에 이전하는 일.

포:괄 재산 (包括財産)《법》권리·의무를 포괄해서 하나로 간주하는 재산.

포:괄-적 (包括的)[-쩍]관图 포괄하는 상태이거나 그런 성질이 있는 (것). ☐ ~ 의미 / ~인 개념 / ~으로 다루다.

포:괄 증자 (包括增資)《경》유상 증자와 무상 증자를 동시에 실시하는 증자.

포:교 (布敎)图[하타] 종교를 널리 폄. ☐ ~ 활동 / ~에 힘쓰다.

포교 (捕校)图《역》'포도부장'의 별칭.

포:교-사 (布敎師)图《불》불교의 교리를 펴는 승려나 신도.

포구 (浦口)图 배가 드나드는 개의 어귀.

포구 (砲口)图 포문(砲門). ☐ ~를 적 후방으

로 돌리다. ↔포미(砲尾).

포:구(捕球)圓하짜 공을 잡음.

포구-장전(砲口裝塡)圓하타 포구로부터 탄약을 장전함. *포미(砲尾)장전.

포:국(布局)圓 1 전체의 배치. 2 바둑돌을 국면에 벌여 놓음.

포군(砲軍)圓《군》 포를 장비한 군사.

포-권척(布卷尺)圓 너비 2cm, 길이 50m가량의 천으로 만든 줄자. 둥근 가죽 갑 속에 넣어 풀었다 감았다 하게 됨.

포근-포근甼하함(히우) 탄력있고 보드라워 매우 따뜻하고 편안한 느낌. ▢~한 솜이불/담요의 질감이 ~하다. ꟼ푸근푸근.

포근-하다형여 1 탄력있고 보드라워 약간 따뜻하고 편안한 느낌이 있다. ▢포근한 이불. 2 감정·분위기 따위가 보드랍고 따뜻해서 편안하다. ▢어머니의 품이 ~. 3 겨울 날씨가 바람이 없고 따뜻하다. ▢봄 날씨처럼 ~. ꟼ푸근하다. 포근-히甼. ▢아내를 ~ 대하다.

포기圓 1 초목의 뿌리를 단위로 한 낱개. ▢벼 ~/배추 ~. 2 (수량을 나타내는 말 뒤에 쓰여) 초목의 낱개를 세는 단위. ▢풀 한 ~/배추 열 ~.

포:기(抛棄)圓하타 1 하던 일을 도중에 그만두어 버림. ▢학업을 ~하다. 2 자기의 권리·자격이나 물건 따위를 내던져 버림. ▢출전(出戰) ~.

포기(泡起)圓하짜 물거품처럼 부풀어 오름.

포:기(暴棄)圓 '자포자기(自暴自棄)'의 준말.

포기-가름圓 포기 나누기.

포기 나누기《농》 한 포기의 식물에서, 밑동에 나 있는 여러 개의 줄기나 싹의 일부를 뿌리와 함께 갈라 내어 따로 옮겨 심는 일. 포기가름. 분주(分株).

포:난(飽暖)圓 '포식난의(飽食暖衣)'의 준말.

포노스코프(phonoscope)圓 소리의 진동을 전기적 진동으로 바꾸어, 브라운관에 상(像)으로 나타나게 하는 기계.

포니테일(ponytail)圓 뒤로 땋아 늘인, 조랑말 꼬리 같은 여자 머리.

포닥甼하짜타 작은 새나 물고기가 날개나 꼬리를 가볍고 재빨리 치는 소리. 또는 그 모양. ꟼ푸덕.

포닥-거리다[-꺼-]짜타 자꾸 포닥하다. 또는 그런 소리를 자꾸 내다. ꟼ푸덕거리다. 포닥-포닥甼하짜타.

포닥-대다[-때-]짜타 포닥거리다.

포단(蒲團)圓 1 부들로 둥글게 틀어 만든 방석. 부들방석. 2 이불.

포달圓 암상이 나서 악을 쓰고 함부로 욕을 하며 대드는 일. ▢~을 부리다.

포:달(布達)圓하타《역》 조선 때, 궁내부(宮內府)에서 백성에게 널리 알리던 통지. 또는 그런 일.

포달-스럽다[-따][-스러워, -스러우니]형ㅂ 포달을 부리는 태도가 있다. 포달-스레甼.

포달-지다형 악을 쓰며 함부로 대드는 모양이 매우 사납다.

포대(布袋)圓 베로 만든 자루. 베자루.

포대(布帶)圓 베로 만든 띠.

포대(包袋)圓 부대(負袋). ▢~ 자루/시멘트 스무 ~.

포대(袍帶)圓 도포와 띠.

포대(砲隊)圓《군》 포병으로 이루어진 부대.

포대(砲臺)圓 적탄을 막고, 아군의 대포 사격을 쉽게 하려고 견고하게 쌓아 만든 축

조물. 포루(砲樓).

포대-경(砲臺鏡)圓《군》 적정을 살피고 공격 목표나 탄착점을 관측하는 데 쓰는 망원경.

포대기圓 어린아이의 이불. 강보(襁褓). ▢아기를 ~에 싸서 업다.

포:덕(布德)圓하짜 천도교에서, 한울님의 덕을 세상에 편다는 뜻으로, 전도(傳道)를 일컬음.

포:도(捕盜)圓하짜 도둑을 잡음.

포:도(逋逃)圓하짜 죄를 짓고 도망감.

포도(葡萄)圓 1《식》 포도과의 낙엽 활엽 덩굴성 나무. 덩굴은 길게 뻗고 퍼져 나가 덩굴손으로 다른 것에 감아 붙는데, 첫여름에 담녹색의 다섯잎꽃이 핌. 포도나무. 2 1의 열매. 맛이 새콤달콤하며 날로 먹거나 건포도·포도주를 만듦.

포도(鋪道)圓 포장한 길.

포:도-군관(捕盜軍官)圓《역》 '포도부장'의 별칭.

포:도-군사(捕盜軍士)圓《역》 조선 때, 포도청의 군졸. 포졸(捕卒).

포도-당(葡萄糖)圓《화》 포도·무화과·감 같은 열매나 벌꿀 등에 들어 있는 단당류(單糖類)의 하나. 생물 에너지의 원료가 됨. 글루코오스. ▢~ 주사를 맞다.

포:도-대장(捕盜大將)圓《역》 조선 때, 포도청의 으뜸 벼슬. ꟼ포장.

포도동甼하짜 작은 새 따위가 갑자기 날개를 치며 나는 소리. 또는 그 모양. ꟼ푸두둥.

포도동-거리다짜 자꾸 포도동 소리를 내다. ꟼ푸두둥거리다. 포도동-포도동甼하짜.

포도동-대다짜 포도동거리다.

포도-밭(葡萄-)圓 포도원.

포:도-부장(捕盜部將)圓《역》 조선 때, 포도청의 벼슬. 포교(捕校).

포도상 구균(葡萄狀球菌)圓《생》 공 모양의 세 포가 불규칙하게 모여 포도송이같이 된 세균 《화농성(化膿性) 질환이나 폐렴·식중독의 원인이 됨》.

포도-색(葡萄色)圓 포도처럼 붉은빛이 나는 자줏빛. 포도빛.

포도-석(葡萄石)圓《광》 사방 정계(斜方晶系)의 광물《판상(板狀)·주상(柱狀)이며 때로는 포도상을 이룸》.

포도-송이(葡萄-)圓 한 꼭지에 모여 달린 포도알의 덩어리.

포도-원(葡萄園)圓 포도를 재배하는 과수원. 포도밭.

포도-주(葡萄酒)圓 포도즙(汁)에 정제당(精製糖)을 섞어 발효시킨 술.

포도-즙(葡萄汁)圓 포도를 짜서 만든 즙액.

포:도-청(捕盜廳)圓《역》 조선 때, 범죄자를 잡거나 다스리는 일을 맡던 관청. 포청(捕廳).

포동-포동甼하함 통통하게 살이 찌고 보드라운 모양. ▢~한 볼/~ 살이 찌다. ꟼ푸둥푸둥. 예보동보동.

포두(鋪頭)圓《역》 1 과시(科詩)의 넷째 구(句). 2 과시의 부(賦)의 다섯째 구.

포:-두서난(抱頭鼠竄)圓하짜 무서워서 머리를 싸쥐고 재빨리 숨음.

포드닥甼하짜타 작은 새나 물고기가 날개나 꼬리를 가볍고 빠르게 치는 소리. 또는 그 모양. ꟼ푸드덕.

포드닥-거리다[-꺼-]짜타 포드닥 소리가 자꾸 나다. 또는 그런 소리를 자꾸 내다. ꟼ푸드덕거리다. 포드닥-포드닥甼하짜타.

포드닥-대다[-때-]짜타 포드닥거리다.

포드득甼하짜타 1 탄탄하고 질기거나 반드러운 물건이 마찰하는 소리. 2 무른 똥을 힘들

여 누는 소리. ⓑ푸드득. ⓒ파드득. ⓓ보드
득. ⓔ뿌드득.

포드득-거리다 [-꺼-] 재타 포드득 소리가 자
꾸 나다. 또는 그런 소리를 자꾸 내다. ⓑ푸
드득거리다. ⓒ파드득거리다. **포드득-포드득**
[부]하자타

포드득-대다 [-때-] 재타 포드득거리다.

포락 (炮烙) 명하타 1 불에 달구어 지짐. 2 '포
락지형'의 준말.

포락 (浦落) 명하자 논밭이 강물이나 냇물에 개
먹어 무너져 떨어짐.

포락지형 (炮烙之刑) [-찌-] 명 1 뜨겁게 달군
쇠로 살을 지지는 형벌. 2 ②역 중국 은(殷)
나라 주왕(紂王) 때, 기름칠한 구리 기둥을
숯불 위에 걸쳐 놓고, 죄인에게 그 위를 건너
가 하던 형벌. ②포락.

포:란 (抱卵) 명 암새가 부화하기 위해 알
을 품어 따스하게 하는 일.

포럴 (poral) 명 바탕에 기공(氣孔)이 많은 모직
물(여름 옷감으로 씀).

포럼 (forum) 명 1 ②역 고대 로마 시대의 공공
집회 광장. 2 포럼디스커션.

포럼-디스커션 (forum discussion) 명 사회자
의 사회로 한 사람 또는 여러 사람이 발표를
하고, 그에 대해서 청중이 질문하면서 토론
하는 형식. 포럼. 공개 토론회.

포렴 (布簾) 명 복덕방이나 술집 등의 문에 간
판처럼 늘인 베 조각.

포:로 (捕虜) 명 1 전투에서 적에게 사로잡힌
병사. 부로(俘虜). ▢ ~로 잡히다 / ~를 석방
하다. 2 어떤 사람·사물에 매여 꼼짝 못하는
상태. ▢ 끝없는 욕망의 ~ / 사랑의 ~가 되다.

포로 (匏蘆) 명 ③식 박'1.

포:로-감 (哺露疳) 명 ②한의 선병질(腺病質)의
어린아이에게 생기는 병. 두개골의 뼈가 잘
달라붙지 않음.

포:로-병 (捕虜兵) 명 포로로 잡힌 적병.

포:로-수용소 (捕虜收容所) 명 포로를 유치(留
置)해서 거주시키는 시설.

포:룡-환 (抱龍丸) 명 ②한의 열로 인한 경풍
(驚風)에 쓰는 환약.

포류 (蒲柳) 명 ③식 갯버들1.

포류지질 (蒲柳之質) 명 몸이 잔약(孱弱)해서
병에 걸리기 쉬운 체질.

포르노 명 '포르노그래피'의 준말. ▢ ~ 사진 /
~ 영화관.

포르노그래피 (pornography) 명 성적 행위를
묘사한 문학·회화·사진·영화 따위의 총칭.
외설. 외설물. 도색물(桃色物). ②포르노.

포르르 부하자 1 적은 물이 가볍게 끓어오르는
소리. 또는 그 모양. 2 종이나 나뭇잎 따위에
불이 가볍게 타오르는 모양. 3 잎사귀 따위가
갑자기 가볍게 떠는 모양. ⓓ보르르. 4 작은
새 등이 갑자기 날아가는 소리. 또는 그 모양.
▢ 비둘기가 ~ 날다. 5 갑자기 가볍게 성을 내
는 모양. ⓑ푸르르.

포르말린 (formalin) 명 ②약 포름알데히드의
40 % 수용액(사진·화학용 약품 및 살균제·소
독제·방부제로 씀).

포르타멘토 (이 portamento) 명 ②악 한 음에서
다른 음으로 옮겨 갈 때, 매끄럽게 부르거나
연주하는 일.

포르테 (이 forte) 명 ②악 '강하게'의 뜻(기호
는 f). ↔피아노²(piano).

포르테나 음악 (에 porteña音樂) 명 ②악 아르헨
티나의 수도 부에노스아이레스를 중심으로
발달한 음악의 총칭《탱고·밀롱가(milonga)
및 왈츠(waltz) 등을 포함함》.

포르테-피아노 (이 forte piano) 명 ②악 '강하
게 한 후 곧 약하게'의 뜻《기호는 fp》.

포르티시모 (이 fortissimo) 명 ②악 '아주 세게'
의 뜻《기호는 ff》. ↔피아니시모(pianissimo)

포르티시시모 (이 fortississimo) 명 ②악 '가장
강하게'의 뜻《포르티시모보다 더욱 강함. 기
호는 fff》. ↔피아니시시모.

포름-산 (←formic酸) 명 ②화 개미나 벌 등의
체내에 있는 일종의 지방산《신맛과 쏘는 듯
한 냄새가 있으며 피부에 닿으면 몹시 아픔》.
개미산(酸). 의산(蟻酸).

포름알데히드 (formaldehyde) 명 ②화 메탄올
을 산화해 만듦. 자극적인 냄새가 나는 무색
의 기체. 수용액은 포르말린(formalin)이라는
살균 방부제로 씀《합성수지 원료로 쓰는데,
발암성(發癌性)이 지적되고 있음》. 메탄알
(methanal).

포:리 (捕吏) 명 ②역 포도청·지방 관아에 딸려
죄인을 잡던 구실아치.

포:리 (逋吏) 명 관물(官物)을 착복·포탈한 구
실아치나 그 무리.

포:리 (暴吏) 명 포악한 관리.

포립 (布笠) 명 베·모시 따위로 싸개를 한 갓.

포마드 (pomade) 명 머리털에 바르는 반고체
의 진득거리는 기름《주로 남자용임》.

포마이카 (Formica) 명 가구나 벽의 널빤지 따
위에 칠하는, 내(耐)약품성·내열성(耐熱性)의
합성수지 도료(塗料)의 상표명.

포마토 (pomato) 명 ③식 감자와 토마토의 잡
종. 가지에는 토마토가 열리고 뿌리에는 감
자가 달림.

포막 (鋪幕) 명 조선 때, 병정·순검(巡檢)
이 파수를 보던 막.

포:만 (飽滿) 명하형 넘치도록 가득함. ▢ ~을
느끼다.

포:만 (暴慢) 명하형 사납고 거만함. 포횡.

포:만-감 (飽滿感) 명 음식을 충분히 먹어 배가
부른 느낌. ▢ ~에 젖다/~을 느끼다.

포:만-무례 (暴慢無禮) 명하형 하는 짓이 사납
고 거만하며 무례함.

포말 (布襪) 명 사토(莎土)장이가 광중(壙中)을
다듬을 때에 신는 베 버선.

포말 (泡沫) 명 물거품. ▢ 푸른 파도와 흰 ~.

포말 소화기 (泡沫消火器) 명 약제가 화합해서
생기는 거품으로 불을 끄는 소화기. 기포 소
화기.

포말 현:상 (泡沫現象) 명 버블 현상.

포말-회사 (泡沫會社) 명 갑자기 생겼다가 없
어지는 회사.

포망 (布網) 명 상제가 쓰는 베 망건.

포:망 (捕亡) 명하타 도망친 사람을 잡음.

포맷 (format) 명 1 형식. 체재. 판형(判型). 2
라디오·텔레비전 프로 따위에서, 전체적인
구성. 체재. 3 ②컴 새 디스크를 자료 기록이
가능한 상태로 형식을 지정하는 일.

포:맨 (逋氓) 명 공금을 사사로이 쓴 사람.

포면 (布面) 명 피륙의 표면.

포:명 (布明) 명하타 널리 펴서 두루 밝힘.

포목 (布木) 명 베와 무명. 목포(木布).

포목-상 (布木商) 명[-쌍] 베와 무명 등을 파는
장사. 또는 그 장수. ▢ ~을 차리다.

포목-점 (布木店) 명[-쩜] 베나 무명 따위의 옷
감을 파는 상점. 포목전. ▢ ~을 내다.

포문 (胞門) 명 ③생 산문(産門).

포문 (砲門) 명 대포의 탄알이 나가는 구멍.
포문을 열다 판 ㉠대포를 쏘다. ㉡상대편을

공격하는 발언을 시작하다.

포:문 (砲門) 圀하타 싫도록 많이 들음.

포:물면 거울 (抛物面-) 『물』 회전 포물선면으로 된 거울 주축에 근축(近軸) 광선을 수차 없이 초점에 모을 수 있는 오목 거울(탐조등·헤드라이트 등에 씀).

포:물-선 (抛物線)[-썬] 圀 『수』 원뿔 곡선의 하나. 평면 위의 한 정점(定點)과 한 정직선(定直線)과의 거리가 같은 점의 자취. ▢공이 ～을 그리며 날아가다.

포:물선 운-동 (抛物線運動)[-써눈-] 『물』 포물선의 궤도 위를 움직이는 운동.

포:물-체 (抛物體) 圀 『물』 지상의 대기 가운데 던져진 물체.

포미 (砲尾) 圀 화포(火砲)의 꼬리 부분. ↔포구(砲口).

포미-장전 (砲尾裝塡) 圀하타 포미로부터 탄약을 장전함. *포구(砲口)장전.

포민 (浦民) 圀 갯가에 사는 백성.

포:박 (捕縛) 圀하타 잡아서 묶음. ▢～을 당하다 / ～을 풀다.

포방 (砲放) 圀하타 총포를 발사함.

포-배기 圀하자 한 것을 두 번 되풀이함.

포배-장 (包背裝) 圀 서적 장정(裝幀)의 한 가지. 판면이 겉이 되게 반으로 접은 책장을 겹겹이 포개어 등 쪽을 꿰매고, 한 장의 표지로 책의 앞면·등·뒷면을 풀로 붙임.

포백 (布帛) 圀 베와 비단.

포백 (曝白) 圀 마전.

포백-척 (布帛尺) 圀 바느질자.

포범 (布帆) 圀 베돛.

포변 (浦邊) 圀 갯가1.

포:병 (抱病) 圀하자 몸에 늘 병을 지님. 또는 그 병.

포병 (砲兵) 圀 육군에서, 포 사격을 맡아 하는 군대나 군인.

포:병-객 (抱病客) 圀 몸에 늘 병을 지니고 있는 사람. ⊜병객(病客).

포병-대 (砲兵隊) 圀 **1** 포병으로 조직된 부대. **2** 『역』 대한 제국 때, 산포(山砲)·야포(野砲)로 편제했던 군대.

포복 (怖伏) 圀하타 무서워 엎드림.

포:복 (抱腹) 圀하자 **1** 배를 그러안음. **2** '포복절도'의 준말.

포복 (匍匐) 圀하자 배를 땅에 대고 김. ▢～으로 가다 / 철조망을 ～으로 통과하다.

포복 (飽腹) 圀 포식(飽食).

포복-경 (匍匐莖)[-경] 圀 『식』 기는줄기.

포:복-절도 (抱腹絶倒)[-쩔또] 圀하자 배를 그러안고 넘어질 정도로 웃음. ▢～할 극회 / 배꼽을 쥐고 ～하다. ⊜절도·포복(抱腹).

포-볼 (four+ball) 圀 야구에서, 투수가 타자에게 스트라이크가 아닌 볼을 네 번 던지는 일. 볼넷. 사구(四球). 참고 미국에서는 '베이스 온 볼스(base on balls)'라 일컬음.

포:부 (抱負) 圀 마음속에 지닌 앞날에 대한 계획이나 희망. ▢～가 크다 / ～를 품다.

포비 (胞痺) 圀 『의』 방광(膀胱)에 나는 급성 또는 만성의 염증(오한·두통이 남).

포비슴 (ㅍ fauvisme) 圀 『미술』 야수파(派).

포사 (布絲) 圀 베실.

포사 (炮肆) 圀 푸주.

포삭-포삭 閉하자 매우 포삭한 모양. 또는 그 소리. ⊜푸석푸석.

포삭-하다 [-사카-] 閶어 부피만 있고 메말라서 바스러지기 쉽다. ⊜푸석하다.

포살 (砲殺) 圀하타 총포로 쏘아 죽임.

포-살미 (包-) 圀하타 『건』 촛가지를 꾸밈.

포삼 (包參) 圀 포장한 홍삼(조선 때, 사신·역관(譯官) 등에게 여비로 지급하였음).

포삼 (圃蔘) 圀 삼포(蔘圃)에서 재배한 인삼. ↔산삼(山蔘).

포삼-장뇌 (圃蔘長腦) 圀 인삼밭에서 인공적으로 재배한 산삼(山蔘).

포상 (布商) 圀 베 장수.

포상 (褒賞) 圀하타 칭찬하고 장려하여 상을 줌. ▢～ 휴가 / 나라에서 ～을 받다.

포색 (蒲色) 圀 부들 이삭과 같이 붉은색에 누른빛을 띤 빛깔.

포:석 (布石) 圀하자 **1** 바둑에서, 처음에 바둑돌을 벌여 놓는 일. ▢～ 단계. **2** 앞날을 위해 미리 대비함. ▢정치적 ～ / ～을 깔다.

포석 (蒲席) 圀 부들자리.

포석 (鋪石) 圀 도로포장에 쓰이는 돌. ▢～을 깔다.

포선 (布扇) 圀 지난날, 상제가 외출할 때에 얼굴을 가리기 위해 지니고 다니던 물건(베 조각 양쪽에 두 개의 대로 된 자루를 붙였음).

포설 (鉋屑) 圀 대팻밥.

포설 (鋪設) 圀하타 펴서 베풂.

포:섭 (包攝) 圀하타 **1** 상대를 자기편으로 끌어들임. ▢동조자 ～ / 간첩에게 ～ 되다. **2** 『논』 어떤 개념이 보다 일반적인 개념에 포괄되는 종속 관계(포유류가 척추동물에 종속되는 관계 따위).

포성 (布城) 圀 포장(布帳)을 둘러친 곳.

포성 (砲聲) 圀 대포를 쏠 때 나는 소리. 뽓소리. 포음(砲音). ▢먼 데서 들려오는 은은한 ～ / ～이 울리다.

포:세 (逋稅) 圀하자 세금을 불법적으로 내지 않음.

포속 (布屬) 圀 베붙이.

포:손 (抱孫) 圀하자 손자를 봄. 손자가 생김.

포:손-례 (抱孫禮)[-녜] 圀하자 손자를 보았을 때 한턱내는 일.

포쇄 (曝曬) 圀하타 젖거나 축축한 것을 바람을 쐬고 볕에 바램.

포수 (泡水) 圀하자 혀겊·종이 등에 어떤 액체를 바르는 일. ▢아교～ 하다.

포:수 (砲手) 圀 **1** 총으로 짐승을 잡는 사냥꾼. **2** 『군』 포병에서, 대포를 직접 발사하는 병사. **3** 총을 가진 군사. 총군(銃軍).

포:수 (捕手) 圀 야구에서, 본루를 지키며 투수가 던지는 공을 받는 선수. 캐처. ↔투수.

포:수-막 (捕手幕) 圀 사냥꾼이 쉬기 위해 지은 산막(山幕).

포술 (砲術) 圀 대포를 다루는 기술.

포스 아웃 (force out) 圀 야구에서, 다음 베이스로 가야 할 주자가 미처 베이스에 닿기 전에 수비측에서 공을 베이스에 던져 아웃시키는 일(태그할 필요가 없음). 봉살(封殺).

포스터 (poster) 圀 광고나 선전을 위해 상징적인 내용과 간단한 글귀로 나타낸 전단이나 도안. ▢선거 ～ / 벽에 ～를 붙이다.

포스터-컬러 (poster color) 圀 포스터용의 그림물감.

포슬-포슬 閉하자 가루 따위가 물기가 적어 엉기지 못하고 바스러지기 쉬운 모양. ⊜푸슬푸슬. 閊보슬보슬.

포:승 (捕繩) 圀 죄인을 잡아 묶는 노끈. 박승(縛繩). ▢～으로 묶다 / ～을 지우다 / ～을 받다.

포:시 (布施) 圀하타 『불』 '보시(布施)'의 본딧말.

포:식 (捕食) 명하타 생물이 다른 생물을 잡아먹음. ❏~ 동물.

포:식 (飽食) 명하타 배부르게 먹음. 포끽(飽喫). ❏음식을 ~하고 배탈이 나다.

포:식-난의 (飽食暖衣)[-싱나늬/-싱나니] 명 배불리 먹고 따뜻하게 입는다는 뜻으로, 의식(衣食)이 넉넉하게 지냄을 이르는 말. 준포난(飽暖).

포:식-완 (捕食腕) 명 〖동〗 포완(捕腕).

포:식-자 (捕食者)[-짜] 명 〖생〗 먹이 연쇄에서, 잡아먹는 쪽의 동물.

포신 (砲身) 명 포의 몸통. ❏~의 길이.

포실-하다 형여 살림이나 물건 따위가 넉넉하고 오붓하다.

포아-풀 (그 poa-) 명 〖식〗 볏과의 풀의 총칭. 줄기는 둥그나 속이 비고 마디가 있으며, 잎은 어긋나게 남. 벼·보리 등이 이에 속함.

포:악 (暴惡) 명하형 사납고 악함. ❏~한 행동/~이 심하다/~을 부리다.

포:악-무도 (暴惡無道)[-앙-] 명하형 말할 수 없이 사납고 악독함.

포:악-스럽다 (暴惡-)[-쓰-따][-스러워, -스러우니] 형ㅂ 포악한 데가 있다. **포:악-스레** [-쓰-] 부

포:악-질 (暴惡-)[-찔] 명 사납고 악한 짓. ❏~을 자행(恣行)하다.

포안 (砲眼) 명 〖군〗 보루(堡壘)·함선·장벽 등에서, 포를 쏘기 위해 낸 구멍. *총안(銃眼).

포양 (褒揚) 명하타 포장(褒奬).

포에지 (프 poésie) 명 시(詩).

포연 (砲煙) 명 총포를 쏠 때 나는 연기. ❏~이 자욱하다.

포연-탄우 (砲煙彈雨) 명 총포의 연기와 비 오듯하는 탄환이라는 뜻으로, 치열한 전투를 이르는 말.

포열 (砲列) 명하타 〖군〗 포병 진지에서, 화포를 사격할 수 있게 나란히 정렬하는 일. 또는 그 대형. 방렬(放列).

포엽 (苞葉) 명 〖식〗 잎의 변태로, 봉오리를 싸서 보호하는 잎.

포영 (泡影) 명 물거품과 그림자라는 뜻으로, 사물의 덧없음의 비유.

포:옹 (抱擁) 명하타 사람을 또는 사람끼리 품에 껴안음. ❏남북의 양 정상이 ~하는 감격적인 장면/~을 풀다.

포:완 (捕腕) 명 〖동〗 연체동물 두족류(頭足類) 오징어 무리의 다섯 쌍의 발 가운데 긴 한 쌍의 발《포식과 감각을 맡고 있음》. 포식완(捕食腕).

포외 (怖畏) 명하형 〖불〗 두렵고 무서움.

포:용 (包容) 명하타 남을 너그럽게 감싸거나 받아들임. ❏~의 폭/너그럽게 ~하다.

포:용-력 (包容力)[-녁] 명 포용할 줄 아는 힘. ❏~이 크다/~을 지니다.

포:용-성 (包容性)[-썽] 명 포용할 줄 아는 성질. ❏어머니 같은 ~.

포워드 (forward) 명 농구·축구 따위에서, 전위.

포:원 (抱冤) 명하자 원한을 품음. ❏~을 풀다.

포월 (蒲月) 명 음력 5월의 딴 이름.

포:위 (包圍) 명하타 주위를 에워쌈. ❏~ 작전/~를 뚫다/~를 당하다/겹겹이 ~하다.

포:위-망 (包圍網) 명 빈틈없이 싸인 포위의 비유. ❏~에 갇히다/~을 뚫다.

포:위-선 (包圍線) 명 포위망을 연결한 선.

포:유 (包有) 명하타 싸서 가지고 있음.

포:유 (布諭) 명하타 나라에서 행할 일을 백성들에게 널리 알림.

포:유 (哺乳) 명하타 어미가 제 젖으로 새끼를 먹여 기름.

포:유-기 (哺乳期) 명 어미가 새끼에게 젖을 먹이는 기간.

포:유-동물 (哺乳動物) 명 〖동〗 포유류에 속하는 동물. 젖먹이동물.

포:유-류 (哺乳類) 명 〖동〗 '짐승강(綱)'의 관용어.

포:유-문 (抱有文) 명 〖언〗 안은문장.

포:유-병 (哺乳甁) 명 젖병.

포:육 (哺育) 명하타 동물이 새끼를 먹여 기름.

포육 (脯肉) 명 얇게 저며 양념해 말린 고기 조각. 준포(脯). *편포.

포의 (布衣)[-/-이] 명 **1** 베로 지은 옷. ❏~를 입다. **2** 벼슬이 없는 선비. 백의(白衣).

포의 (胞衣)[-/-이] 명 〖생〗 태아를 싸고 있는 막(膜)과 태반(胎盤). 혼돈피(混沌皮).

포의-불하증 (胞衣不下症)[-쯩/-이-쯩] 명 〖한의〗 해산한 뒤에 태(胎)가 나오지 않는 병. 포의불하.

포의-수 (胞衣水)[-/-이-] 명 〖생〗 양수.

포의지교 (布衣之交)[-/-이-] 명 벼슬을 하기 전 선비 시절에 사귐. 또는 그 벗.

포의-한사 (布衣寒士)[-/-이-] 명 벼슬이 없는 가난한 선비.

포인세티아 (poinsettia) 명 〖식〗 대극과(大戟科)에 속하는 낙엽 활엽 관목. 가지나 원줄기 끝의 잎은 돌려난 것처럼 보이고 짙은 주홍색으로 꽃처럼 아름다움. 관상용·크리스마스 장식에 씀. 성성목(猩猩木).

포인터 (pointer) 명 〖동〗 개의 한 품종. 온순·용감·활발하며, 후각이 예민하고 털은 짧음. 사냥에 적합하며, 집도 잘 지킴.

포인트 (point) 一명 **1** 중요한 사항이나 핵심. ❏연설의 ~. **2** 농구·탁구에서, 득점. **3** 〖인〗 '포인트 활자'의 준말. **4** 전철기(轉轍機). 二의명 **1** 득점이나 지수를 나타내는 단위. ❏주가 지수가 10.5~ 떨어지다. **2** 포인트 활자의 사이즈 단위. 1인치의 약 1/72. ❏9~/12~ 활자.

포인트 활자 (point活字)[-짜] 〖인〗 한 변이 1포인트를 단위로 해서 그 정수배(整數倍)의 길이를 갖는 활자의 한 계열. 준포인트.

포자 (胞子) 명 〖식〗 균류(菌類)나 식물이 무성생식(無性生殖)을 위해 형성하는 생식 세포. 발아(發芽)에 의해 한 개체가 되는데, 특정 세포에서 감수 분열하는 것, 몸체 일부가 분열하여 생기는 것, 크기가 다른 것, 균사(菌絲)의 끝에 생기는 것 등 종류가 많음. 홀씨.

포자 (炮煮) 명하타 굽고 끓이는 일.

포자-낭 (胞子囊) 명 〖생〗 내부에 포자를 형성하는 세포 또는 조직. 홀씨주머니.

포-자반 (脯-) 명 얇게 저민 고기를 소금에 절여 말린 반찬.

포자 생식 (胞子生殖) 〖생〗 포자로 이루어지는 무성(無性) 생식《균류·선태류·양치류·원생동물의 포자충 따위에서 볼 수 있음》. *영양 생식.

포자-식물 (胞子植物)[-싱-] 명 포자로 번식하는 식물《양치류(羊齒類)·선태류(蘚苔類)·조류(藻類)·균류(菌類)의 총칭》. *종자(種子) 식물.

포자-엽 (胞子葉) 명 〖식〗 양치(羊齒)식물의 포자가 생기는 잎. 실엽(實葉). 홀씨잎.

포자우네 (독 Posaune) 명 〖악〗 트롬본(trombone).

포자-체 (胞子體) 명 〖생〗 포자로 생식하는 무

성(無性) 세대의 식물체. 아포체(芽胞體). 조포체(造胞體).

포자-충(胞子蟲)[명] 포자충류 원생동물의 총칭. 포자로 번식하는데, 원생동물 가운데 최소형임. 다른 동물에 기생함.

포자충-류(胞子蟲類)[-뉴][명]《동》 원생동물의 한 강(綱). 다른 동물에 기생하는 미생물. 주로 사람이나 가축의 병원체(病原體)로 말라리아 병원충 등이 유명함. 포자류.

포장(布帳)[명] 베·무명 등으로 만든 휘장.

포장(包裝)[명][하타] 1 물건을 싸거나 꾸림. ▷과대 ∼/∼을 뜯다. 2 겉으로만 그럴듯하게 꾸밈. ▷부정을 그럴듯하게 ∼하다.

포장(包藏)[명][하타] 물건을 드러나지 않게 싸서 간직함.

포:장(捕將)[명]《역》 '포도대장'의 준말.

포장(圃場)[명] 논밭과 채소밭. 농포(農圃).

포장(襃奬)[명] 국가와 사회에 공헌한 사람에게 칭찬하는 뜻으로 주는 휘장《훈장 다음가는 훈격(勳格)으로, 건국·국민·무공·수교 등이 있음》.

포장(鋪裝)[명][하타] 길바닥에 돌 따위를 깔고 콘크리트·아스팔트 등을 덮어 단단하게 다져 꾸미는 일. ▷도로 ∼ 공사/∼된 도로.

포장(襃奬)[명][하타] 칭찬하고 장려함. 포양.

포장-도로(鋪裝道路)[명] 포장한 도로.

포장-마차(布帳馬車)[명] 1 햇빛을 가리고 비바람 등을 막기 위해 포장을 씌운 마차. 2 《속》주로 밤에 길가나 공터 등에서, 리어카 등에 포장을 씌우고 간단한 음식이나 술 등을 파는 이동식 주점.

포장 수력(包藏水力) 발전용 수자원으로 이용할 수 있는 강 따위의 수량(水量). ⋆포장.

포장-시험(圃場試驗)[명]《농》 논·밭과 같은 조건에서 하는 농작물 재배 등에 관한 시험.

포장-지(包裝紙)[명] 포장에 쓰이는 종이. 포지(包紙). ▷∼로 싸다/∼를 풀다.

포장-화심(包藏禍心)[명][하자] 남을 해칠 마음을 품음.

포:재(抱才)[명] 가진 재주.

포저(苞苴)[명] 뇌물로 보내는 물건.

포전(布廛)[명]《역》 조선 때, 서울에서 베를 팔던 가게《육주비전(六注比廛)의 하나로, 후에 저포전(苧布廛)과 합쳤음》.

포전(圃田)[명] 남새밭. ▷∼을 가꾸다.

포전(浦田)[명] 갯가에 있는 밭.

포전(砲戰)[명] 화포를 쏘며 벌이는 전투.

포정(庖丁)[명] 백장1.

포:정-사(布政司)[명]《역》 조선 때, 감사(監司)가 집무하던 관청.

포:족-하다(飽足-)[-조카-][형어] 1 배부르고 만족하다. 2 풍족하다. ▷물자가 ∼.

포:졸(捕卒)[명] 포도청(捕盜廳)의 군사.

포좌(砲座)[명]《군》 대포를 올려놓는 장치.

포주(包主)[명]《역》 동학(東學)의 교구 및 집회소 책임자.

포:주(抱主)[명] 1 기둥서방. 2 창녀를 두고 영업하는 사람.

포:주(庖廚)[명] '푸주'의 본딧말.

포즈(pose)[명] 1 그림이나 사진 등에 나타나 있는 인물 등의 자세. ▷매혹적인 ∼/∼를 취하다[잡다]. 2 의식적으로 취한 행동.

포지(包紙)[명] 포장지(包裝紙).

포지션(position)[명] 1 축구·배구·농구 따위에서, 각 선수의 위치. 지위. 2《악》화음의 위치. 3《악》현악기의 지판(指板) 위에 놓는 손가락의 위치.

포지트론(positron)[명]《물》 양전자(陽電子).

포지티브(positive)[명] 1 긍정적·적극적인 것. 2 사진의 양화(陽畵). 3 반응 검사 등에서, 양성(陽性)임을 나타내는 말. 양성 반응. ↔네거티브.

포:진¹(布陣)[명][하자] 전쟁·경기 따위를 치르기 위해 진을 침. ▷적 가까이 ∼한 아군.

포:진²(鋪陳)[명] 품평회나 상점 진열대에 물건을 늘어놓음.

포진(鋪陳)[명][하타] 1 바닥에 깔아 놓는 방석·요·돗자리 등의 총칭. 2 잔치 따위를 벌이면서 앉을 자리를 마련해 깖.

포진-장병(鋪陳障屏)[명] 요·방석·병풍 등의 통칭.

포-진지(砲陣地)[명]《군》 대포를 설치해 놓은 진지.

포:진-천물(暴殄天物)[명] 물건을 아까운 줄 모르고 마구 써 버리거나 함부로 버림.

포-집다[-따][타] 1 거듭 집다. 2 그릇을 포개어 놓다.

포:차(砲車)[명] 옛날, 군대에서 투석용(投石用)으로 쓰던 차.

포차(砲車)[명]《군》 화포를 끌고 다니는 차량.

포:착(捕捉)[명][하타] 1 꼭 붙잡음. ▷∼된 목표물. 2 기회나 정세를 알아차림. ▷증거를 ∼하다. 3 문제·의미·단서 따위를 발견하다. ▷사건의 단서(端緒)를 ∼하다.

포체(麄茶)[명] 박나물.

포척(布尺)[명] 측량에 쓰는, 베로 만든 띠 모양의 자.

포:척(抛擲)[명][하타] 물건을 내던짐.

포척(鮑尺)[명] 물속에 들어가서 전복을 따는 사람. ⋆보자기.

포:철(抛撤)[명][하타] 물건을 여러 군데로 내던져 헤뜨림.

포:청(捕廳)[명]《역》 '포도청'의 준말.

포촉(脯燭)[명] 1 제사에 쓰는 포육과 초. 2 예전에, 지방의 관리가 세밑에 중앙의 벼슬아치나 친지에게 세찬으로 보내던 포육과 초.

포촌(浦村)[명] 갯가에 있는 마을.

포:충 식물(捕蟲植物)[-싱-] 벌레잡이 식물.

포:충-망(捕蟲網)[명] 벌레를 잡는 데 쓰는 오구 모양의 그물. 곤충망(昆蟲網).

포:충-엽(捕蟲葉)[-녑][명]《식》식충 식물에서, 날아 붙는 벌레를 잡아 소화시키는 잎《파리지옥풀·파리풀 따위에 있음》.

포:치(布置·鋪置)[명][하타] 넓게 늘어놓음. 배치(排置).

포:치(抛置)[명][하타] 내던져 버려둠.

포:치(捕治)[명][하타] 죄인을 잡아다가 다스림.

포치(porch)[명]《건》건물의 입구에 지붕을 갖추어 차를 대게 만든 구조물.

포커(poker)[명] 트럼프 놀이의 하나.

포켓(pocket)[명] 1 양복에 달린 호주머니. 2 포켓볼 경기에서, 공을 집어넣는 구멍.

포켓볼(pocketball)[명] 공을 큐로 쳐서 포켓에 굴려 넣어 승부를 가리는 당구 경기의 하나.

포켓-북(pocket book)[명] 호주머니에 들어갈 만한 작은 책이나 수첩.

포켓 컴퓨터(pocket computer) 휴대용의 소형 컴퓨터《BASIC을 사용할 수 있고, 기억 장치로는 램(RAM)을 갖춤》.

포켓-판(pocket版)[명] 가지고 다니기 쉽고 호주머니에 들어갈 만한 정도의 책. 또는 그 판형《문고본·신서판(新書版)·삼오판(三五版) 따위》.

포켓-형(pocket型)[명] 가지고 다니기 쉽고 호

주머니에 들어갈 정도의 크기나 모양의 것. ◻~ 사전.

포코 (이 poco) 圀〔악〕 '조금·약간'의 뜻. ◻ ~ 피우 알레그로(piu allegro)(조금 빠르게, 약간 쾌활하게)/~ 라르고(largo)(조금 느리게, 약간 천천히).

포크 (fork) 圀 양식(洋食)에서, 고기·생선·과일을 찍어 먹는 식탁 용구.

포크 댄스 (folk dance) **1** 전통적인 민속 무용. 향토 무용. **2** 학교나 직장 따위에서, 레크리에이션으로 즐기는 경쾌한 춤.

포크리프트 (forklift) 圀 앞부분에 포크형(fork型)의 두 개의 긴 철판이 나와 있어 짐을 싣고 상하로 움직여 짐을 나르는 차. 지게차.

포크 볼 (fork ball) 야구에서, 타자 앞에서 갑자기 떨어지는 변화구의 하나(투수가 둘째와 셋째 손가락 사이에 공을 끼워 던짐).

포크 송 (folk song) 〔악〕 미국에서 발생한 민요풍의 대중가요.

포크-커틀릿 (pork cutlet) 圀 빵가루를 묻힌 돼지고기를 기름에 튀긴 서양 요리. 돈가스.

포클레인 (Poclain) 圀 만능 굴착기 엑스커베이터(excavator)의 통칭(본디, 프랑스의 중기 (重機) 제조 회사 이름임). 삽차. ◻ ~을 조종하다.

포타슘 (potassium) 圀 〔화〕 '칼륨(kalium)'의 영어명.

포타주 (ㅍ potage) 圀 수프의 하나.

포탄 (砲彈) 圀 〔군〕 대포의 탄환. 대포알. ◻ ~ 파편 / ~이 터지다.

포:탈 (逋脫) 圀하타 **1** 도망해 피함. **2** 조세를 피해 면함. ◻ 세금 ~ / 조세 ~ 혐의로 구속되다.

포탑 (砲塔) 圀 〔군〕 군함·전차·요새 따위에서 대포·포가(砲架)·전투원을 방호하기 위해 두른 두꺼운 강철 장치.

포태 (胞胎) 圀하타 아이를 뱀. 잉태.

포털 사이트 (portal site) 〔컴〕 인터넷에서, 분야별·주제별 사이트 목록이나 정보를 나열하거나 검색 기능을 두어, 사용자가 원하는 정보나 사이트를 쉽게 찾을 수 있게 하는 사이트.

포테이토-칩 (potato chip) 圀 얇게 썬 감자를 바삭바삭하게 기름에 튀긴 식품.

포토-몽타주 (ㅍ photomontage) 圀 몽타주 사진. 합성 사진.

포토타이프 (phototype) 圀 '콜로타이프'의 딴이름.

포트란 (FORTRAN) 圀 〔formula translation〕 〔컴〕 프로그래밍 언어의 하나. 수학적 수식을 명령문으로 나타내어 사무용이나 과학용으로 쓰이는 고급 언어임.

포트와인 (port wine) 圀 포르투갈 원산의 암홍색(暗紅色)·암자색(暗紫色)의 포도주(특이한 향내와 단맛이 있음).

포트폴리오 (portfolio) 圀 〔경〕 **1** 개개의 금융 기관이나 개인이 가지고 있는 갖가지 금융 자산의 명세표. **2** 투자 대상을 다양하게 분산해서 자금을 투입해 운용하는 일.

포틀랜드 시멘트 (Portland cement) 〔건〕 시멘트의 정식 명칭. 1824년에 최초로 발명된 시멘트가 영국의 포틀랜드 섬에서 나는 석재(石材)와 비슷한 데서 생긴 말.

포판 (砲板) 圀 〔군〕 박격포 따위에서, 사격의 충격을 줄이려고 포신 밑에 받치는 넓은 판.

포폄 (褒貶) 圀하타 칭찬과 나무람. 시비선악을 판단해 결정함.

포:풍착영 (捕風捉影) 圀하자 바람을 잡고 그

림자를 붙든다는 뜻으로, 허황한 말이나 행동을 이르는 말.

포플러 (poplar) 圀 〔식〕 미루나무.

포플린 (poplin) 圀 직물의 하나. 날에 가는 생사(生絲)를 쓰고 씨에 굵은 소모사(梳毛絲)를 쓴, 부드럽고 광택이 나는 평직(平織)(양복감·셔츠감·커튼감·장식용 등으로 씀).

포피 (包皮) 圀 **1** 표면을 싼 가죽. **2** 남성 성기의 귀두(龜頭) 부위를 싼 가죽.

포피-염 (包皮炎) 圀 〔의〕 남성 성기의 귀두(龜頭) 포피에 나는 염증.

포필 (布疋) 圀 무명의 필.

포:학 (暴虐) 圀하형 잔인하고 난폭함. ◻ ~한 군주 / ~을 부리다.

포:학-무도 (暴虐無道) 〔-항-〕 圀하형 포학하고 도리에 어긋남. ◻ ~한 무리.

포:한 (抱恨) 圀 한(恨)을 품음.

포한 (疱漢) 圀 백장1.

포함 圀하자 〔민〕 무당이 귀신의 말을 받아 호령하는 일.

포함(을) 주다 〔군〕 무당이 귀신의 말을 받아 호령하다. 포함하다.

포함 (包含) 圀하타 함께 들어 있거나 함께 넣음. ◻ 여러 가지 뜻이 ~된 말 / 출국 금지 대상에 ~시키다 / 포장까지 ~해 무게를 달다 / 발표문에 ~할 내용을 검토하다.

포함 (砲艦) 圀 〔군〕 포를 갖추고 강기슭, 해안의 정찰과 경비를 맡는 빠르고 작은 군함.

포:합 (抱合) 圀하타 **1** 서로 껴안음. **2** 〔의〕 생체 내에서, 약물·독물 따위가 다른 물질과 결합해서 해독 작용을 일으키는 일.

포:합-어 (抱合語) 圀 〔언〕 형태상으로 본 언어 분류의 하나. 동사를 중심으로 그 전후에 인칭이나 목적을 나타내는 말이 결합되어, 한 단어로서 한 문장과 같은 형태를 갖는 말(아메리카 토인·아이누의 말 따위).

포항 (浦港) 圀 포구와 항구.

포핸드 (forehand) 圀 테니스·탁구 등에서, 손바닥을 상대방 쪽으로 향하게 해서 공을 치는, 정상적인 타구법(打球法). ↔백핸드.

포:향 (砲響) 圀 대포를 쏠 때 울리는 음향.

포:향 (飽享) 圀하타 흡족하게 누림.

포혈 (砲穴) 圀 포를 쏠 수 있게, 참호나 성벽에 뚫은 구멍. ◻ ~을 내다.

포혜 (脯醯) 〔-/-혜〕 圀 포육(脯肉)과 식혜(食醢). ◻ ~를 내오다.

포:호빙하 (暴虎馮河) 圀 맨손으로 범을 때려 잡고 걸어서 황허(黃河) 강을 건넌다는 뜻으로, 용기는 있으나 무모함을 이르는 말.

포호함포 (咆虎陷浦) 圀 으르렁대는 호랑이가 개벌에 빠진다는 뜻으로, 떠들기만 하고 일을 이루지 못함을 이르는 말.

포화 (布靴) 圀 헝겊신.

포화 (泡花) 圀 물거품.

포화 (砲火) 圀 **1** 총포를 쏠 때 일어나는 불. 또는 포격(砲擊). ◻ 집중 ~ / ~를 퍼붓다. **2** 총포를 쏨. ◻ ~가 멈추다.

포:화 (飽和) 圀 **1** 최대한도로 가득 찬 상태. **2** 〔물〕 어떤 상태량을 늘게 하는 요인이 생겨도 그 상태량이 그 이상 늘지 않는 상태. ◻ ~ 상태. ↔불포화.

포:화 압력 (飽和壓力) 〔-암녁〕 〔물〕 포화 증기 압(飽和蒸氣壓).

포:화 용액 (飽和溶液) 〔화〕 어떤 온도에서 용매에 녹을 수 있는 용질의 양이 극한에 달했을 때의 용액.

포:화 인구(飽和人口)〖社〗어떤 지역에서 인구가 증가해 수용할 수 있는 능력이 한계에 이르렀을 때의 인구.

포:화 증기(飽和蒸氣)〖物〗액체가 일정한 온도에서 증발하다가 어느 한도에서 그치게 된 때의 증기. 포화 수증기. ↔불포화 증기.

포:화 증기압(飽和蒸氣壓)〖物〗포화 증기 상태에서의 압력. 최대 증기압. 최대 압력. 포화 압력.

포:화 지방산(飽和脂肪酸)탄소 원자가 이중 결합이 없는 지방산. 버터나 돼지기름 등의 동물성 지방에 함유되어 있으며, 상온에서는 고체임. ↔불포화 지방산.

포:화 화:합물(飽和化合物)〖化〗분자 안의 탄소 원자가 이중 결합이나 삼중 결합을 하지 않는 유기 화합물. ↔불포화 화합물.

포환(砲丸)1 대포의 탄알. 2 포환던지기에 쓰이는 쇠로 만든 공.

포환-던지기(砲丸-)〖名〗지름 2.13m의 원 안에서, 한 손으로 7.25kg(여자는 4kg)의 포환을 던져, 그 거리를 겨루는 육상의 필드 경기. 투포환.

포황(蒲黃)〖한의〗부들의 꽃가루. 지혈제(止血劑)로 씀.

포:획(捕獲)〖名〗〖하타〗1 적병을 사로잡음. 2 짐승이나 물고기를 잡음. 〖名〗무분별한 ~. 3〖法〗전시에 적의 선박이나 범법(犯法)한 중립국의 선박을 잡음.

포효(咆哮)〖名〗〖자〗1 사나운 짐승이 울부짖음. 또는 그 울부짖는 소리. 〖名〗사자의 ~ / 맹수가 ~하는 소리. 2 사람·자연물 따위가 세고 거칠게 내는 소리를 비유한 말.

포:흠(逋欠)〖名〗〖하타〗관물(官物)을 사사로이 써 버림. 〖名〗아전들의 ~을 막다.

포흠을 지다〖구〗관청의 물건을 사사로이 써 버리다.

포:흠-질(逋欠-)〖名〗〖하타〗관청의 물건을 사사로이 써 버리는 일.

폭(幅)〖명의〗〖의〗1 너비'. 〖名〗~이 넓은 강. 2 하나로 이으려고 같은 길이로 자른 종이·피륙·널 따위의 조각. 〖名〗치마의 ~을 마르다. 3 도량·포용성·지식 따위의 정도. 〖名〗~이 넓은 사람. 4 사회에서의 인망·세력·위세 따위의 범위. 〖名〗~이 넓은 교제. 〖의명〗종이·피륙·널 같은 조각 또는 그림·족자를 세는 단위. 〖名〗열두 ~ 병풍 / 한 ~의 그림 같다.

폭'〖의명〗1 어떤 일에 대한 노력이나 손해와 바꿀 수 있게 생각되는 셈. 〖名〗이 일을 하는 데 사흘은 걸린 ~이다. 2 '정도'의 뜻을 나타내는 말. 〖名〗우리 쪽은 저쪽에 비하면 절반 ~이다.

폭²〖부〗1 아주 깊고 흡족하게. 〖名〗잠이 ~ 들다. 2 힘 있게 깊이 찌르는 모양. 〖名〗송곳을 ~ 박다. 3 빈틈없이 덮거나 싸는 모양. 〖名〗아이를 ~ 싸다. 4 함빡 익은 모양. 〖名〗국이 ~ 끓다. 5 남김없이 죄다. 〖名〗통째로 ~ 쏟다. 6 얕고 또렷이 팬 모양. 〖名〗땅이 ~ 패다. 7 깊이 빠지거나 잠기는 모양. 〖名〗도랑에 ~ 빠지다. 8 힘없이 단번에 쓰러지는 모양. 〖名〗기가 ~ 죽다. 9 '폭삭'의 준말. 10 고개를 깊이 숙이는 모양. 〖名〗고개를 ~ 숙이다. 〖큰〗푹.

폭객(暴客)〖名〗폭한(暴漢).

폭거(暴擧)〖名〗난폭한 행동. 〖名〗~를 자행하다.

폭격(爆擊)〖名〗〖하타〗비행기에서 폭탄 등을 투하해 적의 부대·시설이나 국토를 파괴함.

폭격-기(爆擊機)〖名〗적의 시설이나 진지를 폭격하는 것을 임무로 하는 비행기.

폭광(幅廣)〖名〗한 폭의 너비.

폭군(暴君)〖名〗1 포악한 군주. 난군(亂君). 〖名〗~을 폐위시키다. 2 다른 사람을 힘 따위로 억누르고 사납게 구는 사람을 비유한 말. 〖名〗가정의 ~으로 군림하다.

폭-넓다(幅-)〖형널다〗1 어떤 사항의 범위나 영역이 크고 넓다. 〖名〗폭넓은 지식 / 폭넓은 교제. 2 문제를 고찰하는 방법이 다각적이다. 〖名〗문제를 폭넓게 다루다. 3 아량을 베푸는 마음이 크다. 〖名〗폭넓게 대하다.

폭도(暴徒)〖名〗폭동을 일으켜 치안을 어지럽히는 무리.

폭동(暴動)〖名〗집단적인 폭력 행위를 해서 사회의 안녕과 질서를 어지럽히는 일. 〖名〗~을 일으키다 / ~을 진압하다.

폭등(暴騰)〖名〗〖하자〗물가·주가 등이 갑자기 크게 오름. 〖名〗유가 ~ / 쌀값이 ~하다. ↔폭락1.

폭락(暴落)〖名〗〖하자〗1 물가·주가 등이 갑자기 크게 떨어짐. 〖名〗주가의 ~ / 금값이 ~을 거듭하다. ↔폭등. 2 인기나 위신 따위가 갑자기 심하게 떨어짐. 〖名〗인기 ~.

폭려-하다(暴戾-)〖형〗도리에 벗어나게 모질고 사납다.

폭력(暴力)〖名〗신체적인 손상을 가져오고, 정신적·심리적인 압박을 가하는 물리적인 강제력. 〖名〗~ 사태 / ~을 휘두르다.

폭력-단(暴力團)〖名〗폭력을 써서 사사로운 목적을 달성하려는 반사회적 단체나 무리. 〖名〗~을 조직하다.

폭력-배(暴力輩)〖名〗걸핏하면 폭력을 행사하는 불량배. 〖名〗~를 검거하다.

폭력-범(暴力犯)〖名〗강력범.

폭력-적(暴力的)〖관名〗폭력을 사용하거나 폭력의 방법으로 행하는 (것). 〖名〗~ 방식 / ~으로 대응하다.

폭력-주의(暴力主義)〖名〗테러리즘.

폭력 혁명(暴力革命)〖名〗국가 권력을 무력으로 넘어뜨려 권력을 장악하려는 혁명.

폭렬(爆裂)〖名〗〖자〗폭발해서 파열함.

폭로(暴露)〖名〗〖자타〗1 비·바람을 맞아 바램. 2 나쁜 일·음모·비밀 등이 드러남. 또는 그것을 드러내 놓음.

폭로 문학(暴露文學)〖文〗사실의 진상을 폭로하는 데 중점을 두는 문학.

폭로 소:설(暴露小說)〖文〗정치나 사회 현실의 어두운 면을 폭로하는 데 중점을 두는 소설.

폭로 전:술(暴露戰術)〖名〗반대파 또는 반대자의 숨겨진 결합·부정 등을 사회에 폭로해서 상대편을 궁지에 빠뜨리려는 전술(노동쟁의·정쟁(政爭) 등에 씀).

폭론(暴論)〖名〗난폭한 언론.

폭뢰(爆雷)〖名〗〖군〗잠수함 공격용 수중 폭탄(일정한 깊이에 이르면 자동으로 폭발함).

폭리(暴吏)〖名〗도리에 어긋나는 일을 하는 관리.

폭리(暴利)〖名〗부당한 이익. 한도를 넘는 이익. 〖名〗~를 취하다. ↔박리(薄利).

폭리 행위(暴利行爲)〖法〗상대자의 어려움·경솔·무경험 등 약점을 이용해 부당한 이익을 꾀하는 행위.

폭명(爆鳴)〖名〗〖하자〗폭발할 때 소리가 남. 또는 그런 소리.

폭명 가스(爆鳴gas)〖化〗산소 1, 수소

2의 혼합 기체(점화하면 요란한 소리를 내며 폭발해서 물이 생김). 폭명기(氣).

폭명-기(爆鳴氣)[-풍-]圓 폭명 가스.

폭명 유성(爆鳴流星)[풍-뉴-]《천》지구의 대기로 오는 도중 파열해서 폭발음을 내는 유성.

폭민(暴民)圓 폭동을 일으킨 민중.

폭발(暴發)[-빨-]圓하짜 1 감정 등이 일시에 세차게 터짐. ▢분노의 ~ / 울분이 ~하다. 2 갑자기 벌어짐.

폭발(爆發)[-빨-]圓하짜 1 불이 일어나며 갑작스럽게 터짐. ▢~ 사고. 2《화》급격한 화학 변화·물리 변화 따위를 일으켜 부피가 매우 커져 폭발음이나 파괴 작용이 일어남. 또는 그런 현상. ▢가스 ~ / 항공기 ~ 사고 / 화산이 ~하다.

폭발 가스(爆發gas)[-빨-]《화》공기·산소와 혼합하여 일정한 비율에 이르면 폭발하는 가연성 가스(광산의 갱내에 발생하는 메탄가스 따위).

폭발-물(爆發物)[-빨-]圓 폭발성 물질의 통칭(화약 따위). ▢~이 터지다.

폭발-약(爆發藥)[-빨약]《화》폭약.

폭발-적(爆發的)[-빨적]판圓 갑자기 엄청난 기세로 터지는 (것). ▢~(인) 인기 / 수요가 ~으로 늘어나다.

폭발-탄(爆發彈)[-빨-]圓《군》폭탄.

폭배(暴杯·暴盃)[-빼-]圓하짜 술잔을 돌리지 않고 한 사람에게만 거듭 따라 줌. ▢~로 들이켜다.

폭백(暴白)[-빽]圓하타 1 성을 내며 변명함. 2 발명(發明)3.

폭부(暴富)[-뿌]圓 벼락부자. 졸부.

폭사(暴死)[-싸]圓하짜 갑자기 참혹하게 죽음. 폭졸(暴卒).

폭사(爆死)[-싸]圓하짜 폭발로 말미암아 죽음. ▢공습으로 ~하다 / 수류탄에 ~하다.

폭삭[-싹]圓 1 온통 곯아서 썩은 모양. ▢달걀이 ~ 곯았다. ▣폭석. 2 부피만 있고 엉성한 물건이 보드랍게 가라앉거나 쉽게 부서지는 모양. ▢불에 타 ~ 내려앉다. 3 맥없이 주저앉는 모양. ▢의자에 ~ 주저앉다. 4 늙어서 기력이 쇠한 모양. ▢늙어 주름진 얼굴. 5 쌓인 먼지 따위가 갑자기 가볍게 이는 모양. ▢먼지가 ~ 일다. ▣폭석. 6 담겼던 물건이 모두 엎질러지는 모양. ▢국을 ~ 엎다. 7 집 안 따위가 완전히 망한 모양. ▢회사가〔집안이〕 ~ 망하다.

폭삭-폭삭[-싹-싹]圓하형 1 자꾸 폭삭 가라앉거나 부서지는 모양. 2 맥없이 자꾸 주저앉는 모양. 3 먼지 따위가 자꾸 폭삭 이는 모양. ▣폭석폭석.

폭살(爆殺)[-쌀]圓하타 폭탄이나 폭약 등을 터뜨려 죽임.

폭서(暴暑)[-써]圓 매우 심한 더위. 폭염. 불볕더위. ▢살인적인 ~.

폭서(曝書)[-써]圓하짜 책을 볕에 쬐고 바람 쐼.

폭설(暴泄)[-썰]圓하짜《한의》갑자기 몹시 설사함. 또는 그런 설사. 폭주(暴注).

폭설(暴雪)[-썰]圓 갑자기 많이 내리는 눈. ▢~을 만나다 / ~이 쏟아지다 / ~로 교통이 두절되다.

폭설(暴說)[-썰]圓 난폭한 언설. ▢~을 퍼붓다 / ~이 난무하다.

폭성(爆聲)[-썽]圓 폭발하는 소리. ▢~이 들려오다.

폭소(爆笑)[-쏘]圓하짜 갑자기 터져 나오는 웃

음. ▢~가 터지다 / ~를 터뜨리다.

폭쇠(暴衰)[-쐬]圓하짜 정력이나 세력이 갑작스레 약해짐.

폭스-테리어(fox terrier)圓《동》테리어종의 개(영국 원산으로 본디 여우 사냥개였음).

폭스트롯(foxtrot)圓 사교 춤곡. 또는 그 춤 (2/2박자나 4/4박자로, 비교적 빠름).

폭스폴-인(Foxfall人)圓 영국의 폭스폴에서 발견된, 약 5~10만 년 전의 화석 인류.

폭식(暴食)[-씩]圓하짜타 1 음식을 한꺼번에 많이 먹음. ▢폭음과 ~을 삼가다. 2 가리지 않고 아무것이나 마구 먹음.

폭신-폭신[-씬-씬]圓하형 매우 폭신한 모양. ▢~한 이불. ▣폭신폭신.

폭신-하다[-씬-]형여 포근하게 보드랍고 탄력이 있다. ▢폭신한 방석. ▣푹신하다. **폭신-히**[-씬-]圓

폭심(爆心)[-씸]圓 폭발이나 폭격 따위의 중심.

폭암(暴暗)圓《한의》1 갑자기 정신이 아득하여지는 어질증. 2 눈이 갑자기 잘 보이지 않는 병.

폭압(暴壓)圓하타 폭력으로 억압함. 또는 그런 억압. ▢~ 정치 / ~에 견디다 못해 봉기한 민중.

폭약(爆藥)《화》센 압력이나 열을 받으면 폭발하는 물질. 폭발약.

폭양(曝陽)圓 1 뜨겁게 내리쬐는 볕. 뙤약볕. 2 뜨거운 볕에 쬠.

폭언(暴言)圓하짜 난폭하게 말함. 또는 그런 말. ▢~을 서슴지 않다.

폭염(暴炎)圓 폭서(暴暑). 불볕더위. ▢~이 기승을 부리다.

폭우(暴雨)圓 갑자기 세차게 쏟아지는 비. ▢여행 중 ~를 만나다.

폭원(幅員·幅圓)圓 땅이나 지역의 넓이.

폭위(暴威)圓 거칠고 사나운 위세. ▢~를 부리다.

폭음(暴淫)圓하짜 방사(房事)를 지나치게 함.

폭음(暴飮)圓하짜타 1 술을 한꺼번에 많이 마심. ▢~을 일삼다. 2 가리지 않고 아무것이나 많이 마심.

폭음(暴瘖)圓《한의》갑자기 목이 쉬거나 말을 하지 못하는 증상.

폭음(爆音)圓 1 화약·화산 등이 폭발하는 소리. 폭발음. ▢~을 내며 비행기가 추락하다. 2 비행기·오토바이 등의 엔진 소리. 〔리다.

폭정(暴政)[-쩡]圓 포악한 정치. ▢~에 시달

폭주(暴走)[-쭈]圓하짜 1 함부로 난폭하게 달림. ▢~족 / 오토바이의 ~. 2 야구에서, 아웃이 될 무모한 주루(走壘)를 하는 짓. 3《컴》기계어 프로그램이 제어할 수 없는 실행 상태가 되는 일.

폭주(暴注)[-쭈]圓하짜《한의》1 비가 갑작스레 많이 쏟아짐. 2《한의》폭설(暴泄).

폭주(暴酒)[-쭈]圓 한꺼번에 많이 마시는 술.

폭주(輻輳·輻湊)[-쭈]圓하짜 1 '폭주병진'의 준말. ▢기사(記事)가 ~하다. 2《생》두 눈의 주시선(注視線)이 눈앞의 한 점으로 집중하는 일.

폭주 반:응(輻輳反應)[-쭈바능]《생》극히 가까운 점을 주시할 때 눈의 폭주에 따라 동공(瞳孔)이 축소되는 현상.

폭주-병진(輻輳幷臻)[-쭈-]圓하짜 한곳으로 많이 몰려듦을 이르는 말. ▣폭주.

폭주-족(暴走族)[-쭈-]圓 자동차나 오토바이 따위를 타고 난폭하게 달리는 사람들.

폭죽(爆竹)[-쭉] 圕 가는 대통에 불을 지르거나 화약을 재어 터뜨려서 소리가 나게 하는 물건. 口을 터뜨리다.

폭증(暴增)[-쯩] 圕冏不 갑자기 크게 늘어남. 口매출액이 ~하다.

폭질(暴疾)[-찔] 圕 갑자기 앓는 급한 병.

폭취(暴醉) 圕冏不 술이 갑자기 몹시 취함.

폭침(爆沈) 圕冏不 폭발시켜 가라앉힘.

폭탄(爆彈) 圕〈군〉인명을 살상하거나 구조물을 파괴하기 위해 금속 용기에 폭약을 채워서 던지거나 쏘거나 떨어뜨려서 터뜨리는 폭발물. 폭렬탄. 폭발탄. 口~을 투하하다.

폭탄-선언(爆彈宣言) 圕 어떤 국면이나 상태에 큰 반향이나 작용을 불러일으키는 중대 선언.

폭탄-주(爆彈酒) 圕〈속〉맥주가 담긴 잔에 양주를 따른 잔을 넣어 마시는 술.

폭투(暴投) 圕冏不 야구에서, 투수가 포수가 잡을 수 없을 정도로 나쁜 공을 던짐. 악투. *악송구(惡送球).

폭파(爆破) 圕冏不 폭발시켜 파괴함. 口~ 작업 / ~를 당하다.

폭포(瀑布) 圕 '폭포수'의 준말.

폭포-선(瀑布線) 圕〈지〉산지의 경사를 따라 나란히 흘러내리는 하천들이 이루는, 각 폭포의 위치를 연결한 가상의 선.

폭포선 도시(瀑布線都市) 〈지〉폭포선을 따라 발달된 수력 발전 공사나 그 수력을 이용하기 위해 발달한 공업 도시.

폭포-수(瀑布水) 圕 낭떠러지에서 곧장 흘러 떨어지는 물. 비천(飛泉). 현천(懸泉). ⓒ폭포.

폭-폭(暴-) 閊 1 자꾸 세게 찌르거나 쑤시는 모양. 口자꾸 폭 빠져 들어가는 모양. 口발이 ~ 빠지다. 3 자꾸 심하게 썩거나 삭는 모양. 口속을 ~ 썩이다. 4 속속들이 익도록 삶는 모양. 口감자를 ~ 삶다. 5 자꾸 많이 쏟거나 담는 모양. 口쌀을 ~ 퍼 담다. 6 앞뒤를 가리지 않는 말씨로 치침없이 따지는 모양. 7 눈 따위가 소복소복 내려 쌓이는 모양. ⓒ푹푹.

폭풍(暴風) 圕 1 몹시 세차게 부는 바람. 口비구름을 동반한 ~ / ~이 불어닥치다. 2〈기상〉왕바람. 3 큰 사건이나 소란의 비유.

폭풍 전의 고요 句 무슨 변(變)이 터지기 전에 잠깐 동안의 불안스러운 정적.

폭풍(爆風) 圕 폭발물 등이 폭발할 때 발생하는 강한 바람. 口~으로 유리창이 깨지다.

폭풍 경ː보(暴風警報) 1 '강풍 경보'의 구칭. 2 '풍랑 경보'의 구칭.

폭풍-설(暴風雪) 圕 폭풍과 폭설. 사나운 눈보라.

폭풍-우(暴風雨) 圕 폭풍과 폭우. 口~가 휘몰아치다 / ~를 무릅쓰고 출발하다.

폭풍 주ː의보(暴風注意報)[-/-이-] 1 '강풍 주의보'의 구칭. 2 '풍랑 주의보'의 구칭.

폭-하다(曝-)[포카-] 囲冏 1 햇볕에 쬐다. 2 한데에 두어 비바람을 맞게 하다.

폭한(暴寒)[포칸] 圕 갑자기 닥치는 심한 추위. 口~이 밀어닥치다.

폭한(暴漢)[포칸] 圕 함부로 난폭한 짓을 하는 사람. 口~에게 습격당하다.

폭행(暴行)[포캥] 圕冏不 1 난폭한 행동. 口~을 휘두르다 / ~을 당하다. 2[법] 타인에게 폭력을 가하는 일. 口집단 ~. 3〈속〉'강간(強姦)'을 완곡하게 이르는 말. 口~ 치상죄로 구속되다.

폭행 외ː설죄(暴行猥褻罪)[포캥-쬐]〔법〕남

에게 폭행 또는 협박을 해서 외설 행위를 하거나 시킨 죄.

폭행-죄(暴行罪)[포캥쬐]〔법〕남에게 폭행을 가하여 성립하는 죄.

폰(phon) 圕冏 소리의 크기를 나타내는 단위《사람의 말소리는 40폰이며, 80폰 이상의 소음은 사람의 신경에 자극을 줌》.

폰-미터(phone meter) 圕 전화의 통화 도수계(度數計).

폰-뱅킹(phone banking) 圕〔경〕전화로 각종 조회·대금 결제·공과금 납부·자금 이체 등의 은행 업무를 처리하는 서비스.

폰트(font) 圕 1〔컴〕화면이나 프린터로 출력되는 글자의 모양. 2〔인〕같은 서체와 크기를 갖는 한 벌의 활자.

폴(fall) 圕 레슬링에서, 선수의 양어깨가 매트에 1초 동안 닿는 일. 口~로 이기다.

폴(pole) 圕 1 장대높이뛰기에 쓰는 장대. 2〔물〕전극(電極). 3 측량에 쓰는 긴 막대.

폴더(folder) 圕〔컴〕윈도에서, 서로 관련 있는 소프트웨어를 묶어서 하나의 아이콘으로 나타낸 것.

폴딱 閊冏不 힘을 모아 가볍게 한 번 뛰는 모양. ⓒ풀떡². *팔딱.

폴딱-거리다[-꺼-] 冏 힘을 모아 가볍게 자꾸 뛰다. ⓒ풀떡거리다. **폴딱-폴딱** 閊冏不

폴딱-대다[-때-] 冏 폴딱거리다.

폴라로그래피(polarography) 圕〔화〕미소 전극(微小電極)에서의 전해 현상을 연구하는 전기 화학적 장치《분해가 곤란한 비소(砒素)의 검출에 사용됨》.

폴라로이드(Polaroid) 圕〔물〕인조 편광판(偏光板)의 상표명.

폴라로이드 랜드 카메라(Polaroid Land Camera) 촬영에서 현상·인화까지 1분 동안에 자동적으로 조작되는 카메라《상표명》. ⓒ폴라로이드 카메라.

폴라로이드 카메라(Polaroid camera) '폴라로이드 랜드 카메라'의 준말.

폴라리스(라 Polaris) 圕 1〔천〕북극성. 2〔군〕미국 해군의 중거리 탄도 미사일.

폴락-거리다[-꺼-] 囲冏 바람에 날려 빠르게 자꾸 나부끼다. 또는 그리 되게 하다. ⓒ풀럭거리다. **폴락-폴락** 閊冏不

폴락-대다[-때-] 冏囲 폴락거리다.

폴랑 閊冏不 바람에 날려 한 번 가볍게 나부끼는 모양. ⓒ풀렁.

폴랑-거리다 冏囲 바람에 날리어 가볍게 자꾸 나부끼다. 또는 그리 되게 하다. ⓒ풀렁거리다. **폴랑-폴랑** 閊冏不

폴랑-대다 冏囲 폴랑거리다.

폴로(polo) 圕 경기자가 말을 타고 나무 공을 스틱으로 쳐서 상대편의 골에 넣어 승부를 겨루는 경기. 한 팀 네 명임.

폴로네즈(polonaise) 圕〔악〕폴란드 특유의 가곡 및 무용(3/4 박자의 느린 템포).

폴로늄(polonium) 圕〔화〕강력한 방사성 원소의 하나. 우라늄 따위의 광물 속에 포함됨. [84 번ː Po : 210]

폴로-셔츠(polo shirts) 圕 폴로 경기를 할 때 입는 반소매 셔츠.

폴로 신(follow scene) 영화에서, 대상물의 움직임에 따라 이동하면서 촬영한 장면.

폴리돌(독 Folidol) 圕 인(燐)이 들어 있는 파라티온계의 살충용 농약. 사람과 가축에게 해를 줌《상표명》.

폴리머(polymer) 圕〔화〕중합체(重合體).

폴리비닐 알코올(polyvinyl alcohol)〔화〕폴

리아세트산 비닐의 가수 분해로 얻어지는 무색의 가루. 수용성 필름·도료(塗料)·접착제 등에 쓰며, 비닐론의 원료가 됨.

폴리스 (polis) 圀 고대 그리스의 도시 국가.

폴리스티렌 (polystyrene) 圀 『화』 스티렌 수지.

폴리스티롤 (독 Polystyrol) 圀 『화』 폴리스티렌. 스티렌 수지.

폴리에스테르 (polyester) 圀 『화』 다가(多價) 알코올과 다(多)염기산의 에스테르화(ester化) 반응으로 얻는 고분자 화합물의 총칭. 내약품성·내열성이 뛰어나 가구·건재 등에 이용됨.

폴리에틸렌 (polyethylene) 圀 『화』 에틸렌을 중합해서 얻는 열가소성 수지(내약품성·내수성(耐水性)·전기 절연성·가공성 등이 뛰어나 절연 재료·그릇·포장·잡화·도료 따위에 씀).

폴리엔 (polyene) 圀 『화』 이중 결합을 여러 개 갖고 있는 유기 화합물의 총칭(탄성 고무 따위에 씀).

폴리오바이러스 (poliovirus) 圀 『의』 소아마비의 병원체(病原體)가 되는 바이러스.

폴리포니 (polyphony) 圀 『악』 다성부(多聲部) 음악.

폴립 (polyp) 圀 1 『동』 히드라충류(hydra蟲類)의 한 형체(몸은 원통형에 그 주위에는 촉수가 수십 개 있고 위강(胃腔)이 있는데, 항문은 없음. 바위 따위에 부착함). 2 『의』 피부나 점막의 표면에 가는 줄기로 늘어져 있는 버섯 모양·타원형·난원형 등의 종류(腫瘤)의 총칭. 코·위·자궁·방광 등에 생김.

폴-산 (←folic酸) 圀 『화』 비타민 B 복합체의 하나(시금치 등의 푸른 잎 채소, 동물의 간 등에 들어 있음. 부족하면 빈혈을 일으킴). 엽산(葉酸).

폴싹 見하자 1 연기나 먼지가 뭉쳐 갑자기 한꺼번에 일어나는 모양. 2 작은 것이 힘없이 주저앉거나 내려앉는 모양. ⑤폴썩.

폴싹-거리다 [-꺼-] 风 잇따라 폴싹하다. ⑤풀썩거리다. **폴싹-폴싹** 見하자

폴싹-대다 [-때-] 风 →폴싹거리다.

폴짝 見하자타 1 문을 갑작스럽게 열거나 닫는 모양. 2 작은 것이 가볍고 힘 있게 뛰어오르는 모양. ⑤폴짝.

폴짝-거리다 [-꺼-] 风타 자꾸 폴짝하다. ❑논가에서 메뚜기가 ~. ⑤풀쩍거리다. **폴짝-폴짝** 見하자타

폴짝-대다 [-때-] 风타 폴짝거리다.

폴카 (polka) 圀 『악』 2/4 박자의 경쾌한 춤곡. 또는 그런 춤.

폴트 (fault) 圀 테니스·탁구·배구 등에서, 서브의 실패.

폴폴 見 1 열쩨게 자꾸 뛰거나 나는 모양. 2 적은 물이 자꾸 끓어오르는 모양. ❑주전자 물이 ~ 끓다. 3 새나 눈·먼지 따위가 날거나 흩날리는 모양. ❑참새들이 ~ 날다. ⑤풀풀.

폼 (form) 圀 1 어떤 동작을 취할 때의 몸의 형태. 2 겉으로 드러내는 멋나는 형태.

폼(을) 잡다 风 〈속〉①무엇을 시작하려는 자세나 태세를 취하다. ⑥폼(을) 재다.

폼(을) 재다 风 〈속〉뽐내는 티를 드러내다.

폼포소 (이 pomposo) 圀 『악』'장려(壯麗)하게·호탕하게'의 뜻.

폿-소리 (砲-) [포쏘-/폿쏘-] 圀 포성(砲聲). ❑~가 울리다.

폿-집 (늑-) [포찝/폿찜] 圀 『건』 전각(殿閣)·궁궐 등과 같이 포살미해서 지은 집.

퐁 見 1 막혔던 공기나 가스가 좁은 구멍으로 터져 나오는 소리. ⑩뽕. 2 작은 구멍이 갑자

기 뚫어지는 소리. 3 작고 무거운 물건이 얕은 물에 떨어지는 소리. ❑연못에 잔돌이 ~ 떨어졌다. ⑤풍.

퐁당 見 작고 단단한 물건이 물에 떨어지거나 빠질 때 가볍게 한 번 나는 소리. ❑~ 물에 빠지다. ⑤풍덩.

퐁당-거리다 风타 퐁당 소리가 잇따라 나다. 또는 그런 소리를 잇따라 내다. ❑아이들이 물에서 퐁당거리며 놀다. ⑤풍덩거리다. **퐁당-퐁당** 見하자타. ❑개구리들이 연못에 ~ 뛰어들다.

퐁당-대다 风타 퐁당거리다.

퐁-퐁 見하자타 1 막혔던 공기나 가스가 좁은 곳으로 잇따라 터져 나오는 소리. ⑩뽕뽕. 2 좁은 구멍으로 물이 잇따라 쏟아지는 소리. 3 작은 구멍이 잇따라 뚫어지는 소리. ⑤풍풍.

퐁퐁-거리다 风타 퐁퐁 소리가 잇따라 나다. 또는 그런 소리가 잇따라 나게 하다. ⑤풍풍거리다.

퐁퐁-대다 风타 퐁퐁거리다.

푄 (독 Föhn) 圀 『지』 산을 넘어 불어 내리는 돌풍적인 건조한 열풍. 풍염(風炎). ❑~ 현상.

표 圀 1 위. 겉. 바깥쪽. 2 표지(標識). 3 마음속의 생각을 적어 임금에게 올리던 글. ❑출사(出師)~. 4 요항(要項)을 순서에 따라 열거한 것. ❑~를 작성하다 / ~로 나타내다. 5 '표적(表迹)'의 준말. ❑일한 ~가 나지 않는다.

표 圀 [-圀] 1 증거가 될 만한 쪽지(차표·입장권 따위). ❑~가 매진되다 / ~를 끊다. 2 선거·의결 따위에서, 자기 의사를 적은 쪽지. ❑~를 몰아주다 / ~를 얻다. 回의圀 투표 수를 나타내는 단위. ❑100~ 차로 당선되다.

표 (標) 圀하타 1 증거가 될 만한 필적. 2 준거가 되는 형적(形迹). 3 읽다가 만 곳에 연필로 ~를 하다. 4 두드러지게 보이는 특징. ❑거짓이라는 ~가 나타나다 / 행색이야 어떻든 귀인의 ~가 난다. 4 특징이나 무엇을 하게 하는 어떤 지점(指點). 5 '표지(標紙)'의 준말.

표가 (表價) [-까] 圀 화폐의 표면에 기록되어 있는 가격.

표가라 (驃-) 圀 『동』 몸은 검고 갈기가 흰 말. 표가라말.

표견 대:리 (表見代理) 『법』 표현 대리.

표결 (表決) 圀하타 『법』 의안(議案)에 대해 가부(可否)의 의사를 표시해 결정함. ❑거수(擧手)로 ~하다.

표결 (票決) 圀하타 투표로 결정함. ❑~에 부치다 / ~로 들어가다.

표결-권 (表決權) [-꿘] 圀 회의에 참석해서 표결할 수 있는 권리.

표고 圀 『식』 송이과의 버섯. 밤나무·떡갈나무 등의 고목에 나는데, 줄기는 굽고 짧으며, 삿갓은 흑갈색으로 원형 또는 심장형임. 육질이며 식용함. 표고버섯.

표고 (標高) 圀 바다의 수준면에서 지표의 어느 지점에 이르는 수직 거리. ❑~가 높다.

표고-버섯 [-섣] 圀 『식』'표고'를 분명히 일컫는 말.

표고-점 (標高點) [-쩜] 圀 『지』 표고를 숫자로 나타낸 지점.

표구 (表具) 圀하타 그림의 뒷면·테두리에 종이나 천을 발라 꾸미는 일. 장황(粧潢).

표구-사 (表具師) 圀 표구를 업(業)으로 삼는 사람.

표구-점 (表具店) 圀 표구를 업으로 하는 가게.

표기 (表記) 명하타 **1** 겉에 표시해 기록함. 또는 그 기록. ▷~의 주소. **2** 문자 및 음성 기호로 언어를 표시하는 일. ▷~를 바로잡다 / ~가 맞춤법에 어긋나다 / 한글을 로마자로 ~하다.

표기 (標記) 명하타 어떤 표로 기록함. 또는 그 부호.

표기 (標旗) 명 **1** 목표로 세우는 기. **2** 〖역〗조선 때, 병조(兵曹)를 나타내던 깃발.

표기-법 (表記法) [-뻡] 명 문자나 부호로 언어를 나타내는 규칙의 총칭. ▷외래어 ~ / 한글의 로마자 ~.

표녀 (漂女) 명 빨래하는 여자.

표단 (瓢簞) 명 표주박.

표대 (標對) [-때] 〖문〗글을 짓는 데 썩 잘 맞게 된 대구(對句).

표도 (剽盜) 명하타 표략(剽掠).

표독 (慓毒) 명하형 사납고 독살스러움. ▷~한 눈초리 / ~을 부리다 / ~하게 굴다.

표독-스럽다 (慓毒-) [-쓰-따] [-스러워, -스러우니] 형 표독한 데가 있다. ▷표독스러운 표정 / 표독스럽게 굴다. **표독-스레** [-쓰-] 부

표등 (標燈) 명 **1** 목표로 삼는 등불. **2** 무엇을 표시하는 등불.

표랑 (漂浪) 명하자 **1** 이리저리 떠돌아다님. ▷정처 없는 ~의 신세. **2** 떠도는 큰 물결.

표략 (剽掠) 명하타 협박해 빼앗음. 표도(剽盜). 표탈(剽奪).

표력-토 (漂礫土) 명 빙하에 의해 운반되었다가 빙하가 녹으면서 남은 쇄설물(碎屑物). 표석 점토.

표령 (飄零) 명하자 **1** 나뭇잎 등이 나부껴 흩날림. **2** 신세가 딱하게 되어 떠돌아다님.

표로 (表露) 명하자타 겉에 나타나거나 나타냄.

표류 (漂流) 명 물에 떠서 흘러감. ▷난파선의 ~. **2** 정처 없이 돌아다님. ▷이국 땅에서 ~하다. **3** 목적이나 방향을 잃고 헤맴. 또는 원칙이나 주관이 없이 흔들림. ▷정책의 ~ / 감정의 ~.

표류-선 (漂流船) 명 제 방향으로 가지 못하고 정처 없이 떠도는 배. 표선.

표리 (表裏) 명 **1** 속과 겉. 안팎. ▷~ 관계. **2** 겉으로 나타나는 말이나 행동과 속의 생각. ▷~가 같다. **3** 〖역〗임금이 신하에게 내리거나 신하가 임금에게 올리던 옷의 걸감과 안찝.

표리부동 (表裏不同) 명하형 마음이 음충맞아 겉과 속이 다름. ▷~한 사람.

표리-상응 (表裏相應) 명하자 안팎에서 손이 서로 맞음.

표리-일체 (表裏一體) 명 두 사물의 관계가 밀접하게 됨.

표마 (驃馬) 명 표절따.

표막 (表膜) 명 물건을 싸고 있는 막. 겉막.

표면 (表面) 명 거죽으로 드러난 면. 겉쪽. ▷지구의 ~ / ~에 드러나다. ↔이면(裏面).

표면 금리 (表面金利) [-니] 금융 기관이 대출하거나 어음을 할인할 때에 공표하는 금리. ↔실질 금리.

표면 마찰 (表面摩擦) 〖물〗유체가 고체에 접해 흐를 때, 상호 간섭으로 일어나는 마찰력.

표면 장력 (表面張力) [-녁] 〖물〗액체의 표면이 스스로 수축해서 가능한 한 작은 면적을 취하려는 힘. 계면(界面) 장력.

표면-적 (表面的) 관명 겉으로 나타나거나 눈에 띄는 (것). ▷~인 이유 / ~인 변화.

표면-파 (表面波) 명 〖물〗매질(媒質)의 표면 또는 두 매질의 경계면에 따라 조금씩 움직여 생기는 파동(波動).

표면-화 (表面化) 명하자타 겉으로 나타나거나 눈에 띔. 또는 그렇게 함. ▷불만이 ~하다 / 사건이 ~되다.

표명 (表明) 명하타 의사·태도 따위를 분명하게 드러냄. ▷입장 ~ / 사의(辭意)를 ~하다.

표모 (漂母) 명 빨래하는 늙은 여자.

표목 (標木) 명 푯말. ▷~을 세우다.

표몰 (漂沒) 명하자 물 위에 떠돌다 가라앉음.

표묘-하다 (縹緲-) 형예 아득히 멀어서 어렴풋하다. 표묘-히 부

표문 (表文) 명 임금에게 표를 올리던 글.

표문 (豹紋) 명 표범의 가죽에 있는 무늬. 또는 그와 비슷한 얼룩무늬.

표몰 〈옛〉표절따.

표박 (漂泊) 명하자 **1** 흘러 떠돎. 표류. **2** 일정한 주거(住居)나 생업이 없이 떠돌아다님. 표우(漂寓).

표방 (標榜) 명하타 **1** 어떠한 명목을 붙여 주의·주장을 내세움. ▷자유 민주주의의 ~. **2** 남의 선행을 기록해서 여러 사람에게 보임.

표-밭 (票-) [-빹] 명 선거 투표에서, 특정 출마자가 그 지역에서 차지하는 인기가 특히 높거나 선거 지반이 튼튼해서 득표를 특히 많이 올릴 수 있는 구역. ▷~을 다지다 / 이 지역이 그의 ~.

표백 (表白) 명하타 생각이나 태도를 드러내어 밝힘.

표백 (漂白) 명하타 바래거나 약품으로 희게 함. ▷옷감을 ~하다.

표백-분 (漂白粉) [-뿐] 명 〖화〗소석회에 염소를 흡수시켜 만든 흰 가루(무명 따위의 표백이나 소독제로 씀). ⊕백분(白粉).

표백 작용 (漂白作用) [-짜-] 색소를 탈색해서 희게 하는 작용.

표백-제 (漂白劑) [-쩨] 명 섬유 또는 염색 재료 속의 색소를 표백하는 약제.

표-범 (豹-) 명 〖동〗고양잇과의 맹수. 숲 속이나 사바나에 사는데, 몸은 1.5m, 꼬리는 1m 정도임. 등은 담황색, 배는 순백색. 온몸에 원형·달걀꼴의 흑색 무늬가 있음. 나무에 잘 오르고 사슴·영양 따위를 잡아먹음.

표범-나비 (豹-) 명 〖충〗큰표범나비.

표범-장지뱀 (豹-) 명 〖동〗장지뱀과의 도마뱀. 몸은 12cm 정도, 등 쪽은 청갈색이며 검은 띠가 있는 황색 원형 무늬가 각 다리에 있고 배는 흼.

표변 (豹變) 명하자타 **1** 표범의 무늬가 가을이 되면 아름다워진다는 뜻으로, 허물을 고쳐 말과 행동이 뚜렷이 달라짐을 이르는 말. ▷군자(君子)는 ~한다. **2** 마음과 행동이 갑작스럽게 돌변함. ▷태도가 ~하다.

표보 (標譜) 명 오선의 악보가 아니고, 문자나 부호로 악기를 연주하는 자리를 나타낸 악보. 타블라튀르.

표본 (標本) 명 **1** 본보기가 되는 물건. 표품(標品). ▷광물 ~ / 벤처 기업의 ~이 되다. **2** 〖수〗다수의 통계 자료를 포함하는 집단 속에서 그 일부를 뽑아내어 조사한 결과로, 본디의 집단의 성질을 추측하는 통계 자료. **3** 〖생〗생물의 몸을 처리해서 보전될 수 있게 한 것. ▷곤충 ~ / 화초 ~을 진열하다.

표본-벌레 (標本-) 명 〖충〗표본벌렛과의 곤충. 몸은 미소하고 달걀꼴 또는 원통상, 황갈색 내지 흑갈색에 황갈색 털이 빽빽이 나며, 곤충 및 동물 표본 또는 모피의 큰 해충임.

표본-실(標本室)명 표본을 간수하거나 진열해 놓은 방. ▣곤충 ~ / 식물 ~.

표본 조사(標本調査) 통계에서, 모집단의 일부를 골라내어 조사한 결과로 전체를 추측하는 방법. 임의(任意) 표본 조사. ↔전수(全數) 조사.

표본-지(標本紙)명 식물의 표본을 붙이는 데 쓰는 종이.

표본 추출(標本抽出) 통계의 목적으로, 모집단(母集團)에서 표본을 골라내는 일. 샘플링(sampling).

표사(漂砂)명 1 유사(流砂). 2 해변이나 강가에서 유동하는 토사(土砂).

표사 광:상(漂砂鑛床)[광] 유수(流水)나 파도로 부서진 암석에 포함되었던 금속이 모래와 섞여 이루어진 광상.

표사유피(豹死留皮)명 표범은 죽어서 모피를 남긴다는 뜻으로, 사람은 죽어서 명예를 남겨야 함을 이르는 말. *인사유명(人死留名).

표상(表象)명 1 대표적인 상징. 2[심] 외부 세계의 대상을 마음속에 나타내는 것. 3[철] 지각(知覺)에 따라서 의식에 나타나는 외계 대상의 상(像).

표상-주의(表象主義)[-/-이]명 상징주의.

표상-형(表象型)명[심] 표상의 작용에 따라 나눈 인간의 유형(시각형·청각형·운동형 및 혼합형의 네 가지로 나눔).

표서(表書)명하타 거죽에 글씨를 씀. 또는 그 글씨.

표석(表石)명 무덤 앞에 세우는 푯돌(품계·관직·성명 등을 새김). 묘표(墓表).

표석(漂石)명 1[지] 빙하의 작용으로 운반되었다가 빙하가 녹은 뒤에 그대로 남은 바윗돌. 2[광] 지표(地表)에 드러나 있다가 풍화 작용으로 떨어져 나가 빙하에 의해 하류까지 운반된 광석의 파편.

표석(標石)명 푯돌. ▣~을 세우다.

표선(漂船)명 표류선.

표설(漂說)명 부설(浮說).

표송(標松)명 나무를 가꾸는 나뭇갓에서 베지 않고 표나게 남겨 둔 몇 그루의 큰 소나무.

표숙(表叔)명 외삼촌. 외숙(外叔).

표시(表示)명하타 겉으로 나타내 보임. ▣성의 ~ / 감사의 ~ / ~가 나다.

표시(標示)명 표를 해서 외부에 드러내어 보임. ▣원산지 ~를 달다 / 진행 사항을 그래프로 ~하다.

표시-기(標示器)명 교통정리·방향 지시 등을 위해 글자나 그림 따위를 쓰거나 그려서 세운 푯대.

표시-등(表示燈)명 1 기계의 작동 상태·위치·방향 등을 나타내 보이는 작은 등. 2 수로(水路) 안내 선박에 다는 등불.

표시-주의(表示主義)[-/-이]명[법] 의사 표시에서 외부에 나타난 행위를 중요하게 여기는 태도. *의사주의.

표식(表式)명 표시하는 일정한 방식.

표식(式式)명[역] 하나의 형식을 정확하게 나타내는 전형적인 유적이나 유물.

표식(標識)명 ☞표지(標識).

표신(標信)명[역] 궁중에 급변을 전할 때나 궁궐에 드나들 때 쓰던 문표(門標).

표실(漂失)명하타 물에 흘러가 없어짐. ▣홍수에 집이 ~되다.

표양(表樣)명 겉으로 드러난 표정·모양.

표어(標語)명 주의·주장·강령(綱領) 등을 간결하게 나타낸 짧은 어구. 슬로건. ▣현수막에 쓰인 ~ / ~로 삼다 / ~를 내걸다.

표연-하다(飄然-)형여 1 바람에 나부끼는 모양이 가볍다. 2 홀쩍 나타나거나 떠나는 모양이 거침없다. 표연-히 부. ▣~ 떠나다 / ~ 자취를[종적을] 감추다.

표요-하다(飄搖-)형여 표표하다1.

표우(漂寓)명하자 표박(漂泊)2.

표월명[옛] 표범.

표음(表音)명[언] 소리를 문자나 부호로 나타내는 일.

표음 기호(表音記號) 언어의 발음을 나타내는 기호. 음성 기호.

표음 문자(表音文字)[-짜]명[언] 말소리를 기호로 나타낸 글자(한글·로마 문자 등). 기음(記音) 문자. 음표(音表) 문자. ⓐ표음자(音字).

표음-주의(表音主義)[-/-이]명[언] 맞춤법에서, 같은 낱말일지라도 다르게 발음되면 소리나는 대로 적어야 한다는 주장.

표의(表衣)[-/-이]명 겉옷.

표의(表意)[-/-이]명하자 문자나 부호로 뜻을 나타내는 일.

표의 문자(表意文字)[-짜/-이-짜]명[언] 글자가 음에 상관없이 일정한 뜻을 나타내는 문자(한자(漢字) 등). 뜻글자. ↔표음 문자. ⓐ의자(意字).

표이출지(表而出之)[-찌]명하자타 겉으로 두드러지게 드러남.

표일-하다(飄逸-)형여 1 세상일을 마음에 두지 않고 태평하다. 2 성품이나 기상 따위가 뛰어나게 훌륭하다. ▣표일한 자태.

표자(瓢子)명 표주박.

표장(表裝)명하타 장황(粧潢).

표장(表章)명 어떤 표로 보이는 부호나 그림(휘장(徽章) 따위).

표재(俵災)명하타 흉년이 든 때 조세를 줄임.

표재-사(表才士)명 사륙문(四六文)을 빨리 잘 짓는 사람. 대구(對句)를 잘 맞추는 재주가 있는 사람.

표저(瘭疽)명 손톱이나 발톱 밑에 생기는, 매우 아픈 화농성(化膿性) 염증.

표저-하다(表著-)형여 현저하[顯著]하다.

표적(表迹)명 겉으로 드러난 흔적. ▣~을 남기다 / ~이 나지 않다 / ~을 찾다. ⓐ표(表).

표적(標的)명 목표가 되는 물건. 표점(標點). ▣~을 맞히다 / ~이 빗나가다.

표적-선(標的船)[-썬]명[군] 표적함.

표적-함(標的艦)[-쩌감]명[군] 사격·폭격 등의 훈련에서 표적으로 쓰는 배.

표전(表箋)명 표문(表文)과 전문(箋文).

표전(飄轉)명하자 정처 없이 떠돌아다님.

표절(剽竊)명하타 남의 시가·문장 등의 글귀를 몰래 따다 자기 것인 것처럼 발표함. ▣~ 작품 / 남의 작품을 ~하다.

표-절따(驃-)명[동] 몸은 누른 바탕에 흰 털이 섞이고 갈기와 꼬리가 흰 말. 표마(驃馬). 표절따말.

표점(標點)명 표적(標的).

표정(表情)명 마음속의 감정·정서 따위의 심리 상태가 얼굴에 나타난 모양. ▣밝은 ~ / 심각한 ~을 짓다 / ~이 없다 / ~을 살피다.

표정(表旌)명하타 예전에, 충신·효자·열부(烈婦)를 표창해서 정문(旌門)을 세우던 일.

표정-근(表情筋)명[생] 안면 신경에 의해 지배되는 얼굴의 근육.

표정-술(表情術)명 얼굴·동작·자태 등에 감정이나 정서를 표현하는 기술(무대에서의 연

기의 요소가 됨).

표정 예:술(表情藝術)[-녜-] 무용·연극·영화 등 표정을 나타내는 예술.

표-제(表題)[-쩨] 圀 신하가 임금에게 올리는 글의 제목.

표제(標題·表題) 圀 **1** 서책의 겉에 쓰인 그 책의 이름. **2** 연설·담화 등의 제목. **3** 연극 등의 제목. **4** 서적·장부 가운데 항목을 찾기 편리하게 베푼 제목. ▢ ~를 붙이다. **5** 신문·잡지의 기사 제목. ▢ 대문짝만 한 신문 ~.

표제-어(標題語·表題語) 圀 **1** 표제가 되는 말. **2** 사전 따위에 올려 풀이를 단 말. 올림말.

표제 음악(標題音樂)〖악〗 일정한 관념이나 사물을 묘사·서술하기 위해 곡명으로 표제를 붙인 음악. 표제악.

표조(漂鳥) 圀〖조〗 철새.

표종(表從) 圀 외종.

표주(標主) 圀 남에게 빚을 쓰고 수표를 써낸 사람.

표주(標柱) 圀 푯대.

표주(標註) 圀 책의 난외(欄外)에 기록하는 주해(註解).

표주-박(瓢-) 圀 조롱박이나 둥근 박을 반으로 쪼개어 만든 작은 바가지. 표자(瓢子). 표자박. ▢ ~으로 약수를 뜨다 / ~을 허리춤에 차다.

표주박면-대패(瓢-面-)[-빵-] 圀 표주박처럼 오목하게 팬 면을 밀어내는 대패.

표준(標準) 圀 **1** 사물의 정도를 정하는 기준이나 목표. ▢ ~ 가격 / ~ 치수 / ~으로 삼다. **2** 일반적이거나 평균적인 것. ▢ 에 못 미치다 / 그 정도면 ~은 된다.

표준 궤:간(標準軌間) 1,435 mm 되는 철도 선로의 궤간.

표준 규격(標準規格) 공업 통제상, 물품의 모양·크기·성능·검사 방법 따위에 대한 기술적인 규정을 기준에 따라 통일한 것.

표준 기압(標準氣壓)〖물〗 1기압, 곧 0℃의 표준 중력(重力)일 때 760 mm 의 수은주가 그 밑면에 미치는 압력. 1,013.25 헥토파스칼. 표준 압력.

표준-량(標準量)[-냥] 圀 다른 것의 기준이 되는 분량. ▢ ~에 대응하다.

표준-말(標準-) 圀〖언〗 표준어. ↔사투리.

표준 상태(標準狀態)〖물〗 0℃, 1기압의 조건 아래에 있는 물질의 상태.

표준 생계비(標準生計費)[-/-계-]〖경〗 표준적인 생활을 유지해 가는 데 필요한 비용.

표준-시(標準時)〖천〗 일정한 범위 안에서 각 지방이 공통으로 사용하는 표준 시각.

표준-식(標準食) 圀 건강을 유지하는 데 필요한 각 영양소의 표준량을 함유한 식사. 보건식(保健食).

표준 압력(標準壓力)[-주남녁]〖물〗 표준 기압(標準氣壓).

표준-액(標準液) 圀〖화〗 노르말액(液).

표준-어(標準語) 圀〖언〗 교육적·문화적으로 한 나라의 표준이 되는 말《우리나라에서는 교양 있는 사람들이 두루 쓰는 현대 서울말로 정함》. 표준말. ↔방언(方言).

표준 예:산(標準豫算)[-녜-]〖경〗 예산 편성의 기준으로 삼기 위해 전년도 예산을 기준으로 계산한 액수. 기준 예산.

표준-음(標準音)〖악〗 합주나 악기를 조율할 때의 기준으로 제정된 음의 높이《국제 표준음은 A음을 440 Hz로 함》.

표준 임:금(標準賃金) 실제로 지급되고 있는 임금을 통계적으로 조사해서 산출한 평균 임금《산업·학력·남녀·연령별 등으로 나뉨》.

표준 체온(標準體溫)〖생〗 동물의 소화 기관이나 근육 등이 활동을 정지하고 휴식하고 있을 때의 체온.

표준 편차(標準偏差)〖수〗 측정의 처리에 사용되는 통계학 용어. 측정값과 평균값의 편차를 제곱하고 그것을 산술 평균한 값의 제곱근으로 구함. 표준 오차.

표준 항성(標準恒星)〖천〗 천체를 관측할 때 표준이 되는 항성.

표준-화(標準化)[-쩍] 관리의 능률 증진을 꾀하기 위해 자재·제품 등의 종류·규격을 표준에 따라 통일하는 일. ▢ 공산품의 ~.

표준 화:석(標準化石)〖지〗 지층의 지질 연대를 결정하는 등의 지표가 되는 화석. 시준(示準) 화석.

표증(表症) 圀 겉으로 드러나는 병의 증세.

표증(表證) 圀 증거로 삼을 만한 자취. ▢ 사랑의 ~.

표지(表紙) 圀 **1** 책의 겉장. ▢ ~를 붙이다 / 화제의 인물로 ~를 장식하다. **2** 서표(書標).

표지(標紙) 圀 증거의 표로 글을 적은 종이. ⦿표(標).

표지(標識) 圀 다른 것과 구별해서 알게 해 주는 표시나 특징. 표치(標幟). ▢ 교통 ~ / 화장실 위치 ~.

표지-등(標識燈) 圀 야간에 항해 중이거나 계류(繫留) 중인 선박, 비행 중인 비행기 등이 그 위치를 표시하는 등화(燈火).

표지-색(標識色) 圀〖동〗 특히 눈에 잘 띄는 동물체의 색채《경계색·인식색(認識色)·위협색(威脅色) 등》.

표지 어음(表紙-)〖경〗 금융 기관이 어음을 받고 돈을 빌려 준 뒤 이 어음을 근거로 발행하는 별도의 어음.

표지-판(標識板) 圀 어떤 사실을 알리기 위해 그 내용을 적거나 그려 놓은 판. ▢ 도로 ~.

표직(豹直) 圀 예전에, 여러 날 계속해서 들던 번(番).

표징(表徵) 圀 겉으로 드러나는 상징이나 특징.

표징(標徵) 圀 어떤 것과 다른 것을 드러내 보이는 뚜렷한 점. 지표(徵標).

표차-롭다(表-)[-차롭-][-로워, -로우니] 혬ㅂ 드러내 놓기에 겉보기가 번듯하다. **표차-로이** ㉤

표착(漂着) 圀ㅎㅈ 표류(漂流)하다가 어떤 곳에 닿음. ▢ 무인도에 ~하다.

표찰(標札) 圀 이름이나 짤막한 글을 쓴, 종이·나무·플라스틱 따위로 만든 표. ▢ ~을 붙이다 / ~을 달다.

표창(表彰) 圀ㅎㅌ 남의 훌륭한 일을 세상에 드러내어 밝힘. ▢ ~식 / ~을 받다 / 선행을 ~하다.

표창(鏢槍) 圀 던져서 적을 공격하는 무기《창대같이는 쇠로 만들고 끝은 호리병 비슷함》. ▢ ~을 날리다.

표창-장(表彰狀)[-짱] 圀 표창하는 내용을 적은 종이. ▢ ~을 받다.

표척(標尺) 圀 수준(水準) 측량에서 쓰는 자.

표출(表出) 圀ㅎㅌ **1** 겉으로 나타냄. ▢ 감정의 ~ / 불만을 ~하다 / 갈등이 ~되다. **2** 표현2.

표충(瓢蟲) 圀〖충〗 무당벌레.

표층(表層) 圀 여러 층으로 된 것의 표면의 층. 겉켜. ▢ 도로의 ~.

표층 눈:사태(表層-沙汰) 적설(積雪)의 상층부만 미끄러져 내리는 눈사태.

표치 (標致) [명] **1** 취지를 드러내 보임. **2** 얼굴이 매우 아름다움.

표치 (標幟) [명][하타] 표지(標識).

표탈 (剽奪) [명][하타] 표략(剽掠).

표탑 (標塔) [명] 표지로 삼기 위해 세운 탑.

표탕 (飄蕩) [명][하자] **1** 홍수로 재산을 떠내려 보냄. **2** 정처 없이 헤매어 떠돎.

표토 (表土) [명] **1**〔농〕작물 재배에서, 갈아 일으킨 흙의 윗부분. 겉흙. 경토(耕土). **2** 암반의 겉면을 덮고 있는, 미숙고 퇴적물의 총칭. **3**〔역〕유적(遺跡)에 퇴적한 토층(土層)의 가장 윗부분.

표토 (漂土) [명]〔지〕빙하 때문에 이동한 작은 돌·모래가 부서져서 된 흙. 또는 빙하가 땅바닥을 갈아서 된 흙.

표폭 (表幅) [명] 변폭(邊幅)2.

표표-하다 (表表-) [형여] 생김새·풍채나 옷차림 따위가 눈에 띄게 두드러지다. ▱표표한 걸음걸이/인물이 ~. 표표-히 [부]

표표-하다 (漂漂-) [형여] **1** 높이 떠 있다. **2** 물에 둥둥 떠 있다. 표표-히 [부]

표표-하다 (飄飄-) [형여] **1** 나부끼거나 날아오르는 모양이 가볍다. 표요(飄颻)하다. **2** 떠도는 정처 없다. 표표-히 [부]

표품 (標品) [명] 표본(標本)1.

표풍 (漂風) [명][하자] 바람결에 떠 흘러감.

표풍 (飄風) [명][하자] **1** 회오리바람. **2** 바람에 나부낌.

표피 (表皮) [명] **1**〔식〕식물체의 표면을 덮은 조직. **2**〔동〕동물체의 표면을 덮은 세포층. 겉가죽.

표피 (豹皮) [명] 표범의 모피.

표피 섬유 (表皮纖維) 〔식〕씨나 과일의 겉껍질에 있는 섬유의 하나.

표피 세:포 (表皮細胞) 〔생〕겉껍질을 이루는 세포. 겉껍질 세포.

표-하다 (表-) [하타] 감정이나 태도를 나타내다. ▱감사의 뜻을 ~/조의(弔意)를 ~/사의(辭意)를 ~.

표-하다 (標-) [타여] 표지(標識)로 삼으려고 표를 하다. 안표(眼標)하다. ▱잃던 곳을 표해 두다.

표한-하다 (剽悍-·慓悍-) [형여] 빠르고 사나우며 억세다.

표현 (表現) [명][하타] **1** 의사나 감정 등을 드러내어 나타냄. ▱이 서투르다/의사를 분명히 ~하다. **2** 정신적·주체적인 대상을 예술로 형상화함. 또는 그 형상화된 것.

표현 대:리 (表現代理) 〔법〕대리권이 없는 사람이 대리인 행위를 한 경우, 합법적으로 보이고 행위의 책임이 있을 때 그 책임을 귀속시키는 제도. 표견 대리.

표현-력 (表現力) [-녁] [명] 표현하는 능력. ▱~이 풍부하다/~을 기르다.

표현-미 (表現美) [명] 표현의 아름다움.

표현-주의 (表現主義) [-/-이] [명] 작가 개인의 강력한 주관을 통해 사상의 내부 생명을 나타내려는 예술상의 한 주의(《제1차 세계 대전 후 독일을 중심으로 성하였음).

표현-파 (表現派) [명] 표현주의를 주장하는 예술가의 한 파.

표현 한:계 (表現限界) [-/-게] 〔심〕일정한 말로 의사·감정 등을 나타낼 수 있는 범위.

표현-형 (表現型) [명] 〔생〕유전질을 무시하고 외형상으로만 본 형질(유전학상의 용어). 현상형(現象型). 표현(表型). ↔유전자형.

표현 형식 (表現形式) 〔문〕대상을 그려 내는 문예상의 형식.

표홀-하다 (飄忽-) [형여] 홀연히 나타났다 사라지는 모양이 빠르다. 표홀-히 [부]

표훈 (表勳) [명] 훈장(勳章).

표훈-원 (表勳院) 〔역〕대한 제국 때, 훈장(勳章)·기장(紀章)·상여(賞與) 등의 일을 맡아보던 관아.

푯-대 (標-) [표때/푣때] [명] 목표로 삼아 세우는 대. 표주(標柱). ▱도로에 ~를 세우다.

푯-돌 (標-) [표돌/푣똘] [명] 목표로 삼아 세우는 돌. 표석(標石).

푯-말 (標-) [푠-/푣-] [명] 목표로 삼아 세우는 말뚝. 표말(標抹). 표목(標木). ▱~을 박다.

푸 [부] **1** 입술을 조금 벌리고 입김을 내뿜는 소리. ▱숨을 ~ 내쉬다. **2** 힘없이 뀌는 방귀소리.

푸가 (이 fuga) 〔악〕악곡 형식의 하나(하나의 성부(聲部)가 주제를 나타내면 다른 성부가 그것을 모방하면서 대위법(對位法)에 따라 전개하는 악곡). 둔주곡(遁走曲).

푸가토 (이 fugato) [명]〔악〕푸가의 제1부만으로 되어 다른 형식에 삽입되는 악곡.

푸근-푸근 [부][하형] 탄력성이 있고 보드라워서 솜이 살에 닿을 때와 같이 약간 따뜻하고 편안한 모양. ▱두껍고 ~한 양탄자를 깔다. 〈참〉포근포근.

푸근-하다 [형여] **1** 탄력이 있고 부드러워 따뜻하다. ▱푸근한 이불. **2** 감정이나 분위기 따위가 부드럽고 따뜻해서 편안하다. ▱푸근한 마음/푸근한 사람. **3** 겨울 날씨가 바람이 없고 따뜻하다. ▱푸근한 겨울 날씨. 〈참〉포근하다. **4** 넉넉해서 마음에 느긋하다. ▱푸근한 인정미. 푸근-히 [부]

푸-나무 [명] **1** 풀과 나무. **2**☞ 풋나무.

푸네기 [명] ‘가까운 제살붙이’를 낮잡아 이르는 말. ▱제 ~만 아는 사람.

푸념 [명][하타] **1** 마음에 품은 불평을 늘어놓음. ▱~ 섞인 말/~을 늘어놓다. **2**〔민〕무당이 귀신의 뜻을 받아 옮겨 정성 들이는 사람을 꾸지람함.

푸다 (퍼, 푸니) [타여] **1** 물·분뇨 등을 떠내다. **2** 그릇 속에 든 곡식·밥 등을 떠내다.

푸다 [자]〈옛〉피다.

푸닥-거리 [-꺼-] [명][하자] 〔민〕무당이 간단한 음식을 차려 놓고 부정·살 따위를 푸는 일.

푸닥-지다 [-찌-] [형] 비꼬는 뜻으로, 꽤 많다.

푸대 (包-) [명] ☞포대(包袋).

푸-대접 (-待接) [명][하타] 아무렇게나 하는 대접. 냉대. 냉우(冷遇). 박대. 부(不)대접. ▱~을 받다.

푸덕 [부][하자] 새나 물고기가 날개나 꼬리를 세차게 치는 소리. 또는 그 모양. 〈참〉포닥.

푸덕-거리다 [-꺼-] [자타] 푸덕 소리가 자꾸 나다. 또는 그런 소리를 자꾸 내다. ▱닭이 날개를 ~. 〈참〉포닥거리다. 푸덕-푸덕 [부][하자]. ▱물고기가 ~ 꼬리를 친다.

푸덕-대다 [-때-] [자타] 푸덕거리다.

푸덕-이다 [자타] 새나 물고기가 날개나 꼬리를 세차게 치다.

푸두둥 [부][하자] 큰 새가 갑자기 날개를 치며 나는 소리. 또는 그 모양. 〈참〉포도동.

푸두둥-거리다 [자] 푸두둥 소리가 자꾸 나다. 〈참〉포도동거리다. 푸두둥-푸두둥 [부][하자]

푸두둥-대다 [자] 푸두둥거리다.

푸둥-푸둥 [부][하형] 퉁퉁하게 살이 찌고 부드러운 모양. ▱~ 살이 찌다. 〈참〉포동포동. 〈여〉부둥부둥.

푸드덕 [부][하][자][타] 큰 새나 큰 물고기가 날개나 꼬리를 힘 있게 치는 소리. 또는 그 모양. [참]포드닥.

푸드덕-거리다 [-꺼-][자][타] 푸드덕 소리가 자꾸 나다. 또는 그런 소리를 자꾸 내다. ▯닭이 날갯죽지를 ~. [참]포드닥거리다. 푸드덕-푸드덕 [부][하][자][타]

푸드덕-대다 [-때-][자][타] 푸드덕거리다.

푸드득 [부][하][자][타] 무른 똥을 힘들여 누는 소리. [참]파드득·포드득. [여]부드득. [센]뿌드득.

푸드득-거리다 [-꺼-][자][타] 푸드득 소리가 자꾸 나다. 또는 그런 소리를 자꾸 내다. [참]파드득거리다·포드득거리다. 푸드득-푸드득 [부]

푸드득-대다 [-때-][자][타] 푸드득거리다.

푸들 (poodle) [명][동] 유럽 원산의 개(털이 길며 양털 모양임. 영리하고 성질이 온순하여 애완용으로 기름).

푸딩 (pudding) [명] 서양식의 연한 생과자(곡식 가루에 달걀·우유·크림·설탕·향료 등을 섞고 과실·야채 등을 넣어 구운 것).

푸뜩-푸뜩 [부][하] ☞ 퍼뜩퍼뜩.

푸렁 [명] 푸른 빛깔이나 물.

푸렁-이 [명] 푸른 빛깔의 물건.

푸르게-하다 [형][여] 곱지도 짙지도 않게 푸르다. [참]파르게하다.

푸르다 [푸르러, 푸르니] [형][러] 1 맑은 가을 하늘이나 싱싱한 풀의 빛깔과 같이 밝고 선명한 빛이다. ▯푸른 하늘. 2 세력이 당당하다('서슬이'와 함께 씀). ▯서슬이 ~. ▯푸른 양반 [구] 세력이 당당한 양반.

푸르대-콩 [식] 콩의 하나. 열매의 껍질과 속살이 다 푸름. 청대두(靑大豆). 청대콩. 청태(靑太).

푸르데데-하다 [형][여] 천박스럽게 푸르스름하다. [참]파르대대하다.

푸르뎅뎅-하다 [형][여] 고르지 않게 푸르스름하다. ▯낯빛이 ~. [참]파르댕댕하다.

푸르디-푸르다 [-푸르러, -푸르니] [형][러] 몹시 푸르다. ▯푸르디푸른 가을 하늘.

푸르락-누르락 [-랑-] [부][하][자] 흥분해서 얼굴빛이 푸르렀다 누레졌다 하는 모양.

푸르락-붉으락 [부][하][자] ☞ 붉으락푸르락.

푸르르 [부][하][자] 1 많은 물이 끓는 소리. 또는 그 모양. 2 종이나 털 따위에 불이 타오르는 모양. 3 잎사귀 등이 가볍게 떠는 모양. [여]부르르. 4 새 등이 갑자기 나는 소리. 또는 그 모양. [참]포르르.

푸르르다 [푸르러, 푸르르니] [형] '푸르다'를 강조하는 말. ▯눈이 부시게 푸르른 하늘.

푸르무레-하다 [형][여] 엷게 푸르스름하다. [참]파르무레하다.

푸르스레-하다 [형][여] 푸르스름하다. 「하다.

푸르스름-하다 [형][여] 약간 푸르다. [참]파르스름

푸르죽죽-하다 [-주카-] [형][여] 고르지 않게 칙칙하게 푸르스름하다. ▯푸르죽죽한 입술. [참]파르족족하다.

푸르퉁퉁-하다 [형][여] 산뜻하지 않게 푸르다. ▯푸르퉁퉁한 얼굴.

푸른-거북 [명][동] 바다거북.

푸른-곰팡이 [명][식] 페니실륨속의 곰팡이의 총칭. 몸은 실 모양의 균사로 되어 있고 포자는 구형이며 청록색 또는 회갈색임. 빵·떡·귤 등의 표면에 기생한다. 부패 작용을 하거나 독성이 있는 것이 있으나 용균(溶菌) 작용으로 하는 것으로는 페니실린을 만듦.

푸른-도요 [명][조] 댕기물떼새.

푸른-똥 [명] 녹변(綠便).

푸른-백로 [-白鷺][-뱅노] [조] 해오라기2.

푸른-콩 [명] ☞ 푸르대콩.

푸른-청 (-靑) [명] 한자 부수의 하나('靖'·'靜' 등에서 '靑'의 이름).

푸릇-푸릇 [-름-] [명][하] 군데군데 푸르스름한 모양. ▯새싹이 ~ 돋다 / 온몸이 ~ 멍이 들다. [참]파릇파릇.

푸리오소 (이 furioso) [명][악] 악보에서, '열렬하게'의 뜻.

푸만-하다 [형] 배 속이 그득해서 조금 거북하고 편하지 못한 느낌이 있다.

푸새1 [명][하] 옷 따위에 풀을 먹이는 일.

푸새2 [명] 산과 들에 저절로 나서 자라는 풀.

푸서 [명] 피륙을 베어 낸 자리에서 풀어지는 올.

푸서기 ☞ 푸석이.

푸서리 [명] 잡초가 무성하고 거친 땅.

푸석-돌 [-똘] [명][광] 화강암·화강 편마암 따위가 풍화 작용으로 푸석푸석해진 돌. [준]석돌.

푸석-살 [-쌀] [명] 무르고 푸석푸석한 살.

푸석-이 [명] 1 거칠고 단단하지 못해 부스러지기 쉬운 물건. 2 옹골차지 못하고 아주 무르게 생긴 사람.

푸석-푸석 [명][하] 매우 푸석한 모양. ▯먼지가 ~ 날리다. [참]포삭포삭.

푸석-하다 [-서카-] [명][여] 1 메마르고 부피가 커서 부스러지기가 쉽다. 2 핏기가 없이 약간 부은 듯하고 꺼칠하다. ▯얼굴이 좀 푸석해 보인다. [참]포삭하다.

푸성귀 [명] 사람이 가꾸어 기르거나 또는 저절로 난 온갖 나물들의 일컬음. ▯~를 다듬다 / 뒤뜰에 ~를 심다. [푸성귀는 떡잎부터 알고 사람은 어렸을 때부터 안다] 장래 희망이 있는 사람은 어렸을 적부터 알아본다는 말.

푸-솜 [명] 타지 않은 날솜.

푸수수 [부][하] '에푸수수'의 준말.

푸슬-푸슬 [부][하] 가루 같은 것이 물기가 적어 잘 엉기지 못하는 모양. ▯시루떡이 말라서 ~하다. [참]포슬포슬. [여]부슬부슬.

푸시시 [부][하][자] 1 불기가 있는 숯·재 등에 물을 부을 때 나는 소리. 2 부스스.

푸싱 (pushing) [명] 축구·농구 등에서, 상대자를 미는 반칙 행동.

푸쟁 [명] 모시·베 등으로 호아서 지은 옷을 뜯어 빨아서 풀을 먹여 밟거나 홍두깨에 올리어 손질을 한 뒤 다리미로 다리는 일.

푸접 [명] 남에게 인정미나 붙임성 따위를 가지고 대하는 일. ▯~이 좋다.

푸접-스럽다 [-쓰-따] [-스러워, -스러우니] [형][비] 보기에 붙임성이 없이 쌀쌀한 데가 있다. 푸접-스레 [-쓰-] [부]

푸-조기 [명] 조기의 하나. 보통 조기보다 머리가 작고 빛이 희며 살이 연하고 단단함.

푸조-나무 [명][식] 느릅나뭇과의 낙엽 활엽 교목. 촌락 부근에 나며, 높이 20 m가량. 봄에 연둣빛 꽃이 피고 가을에 핵과가 검게 익음. 과실은 식용, 목재는 기구재로 씀.

푸주 [명] [←포주(庖廚)] 소나 돼지 따위의 고기를 파는 가게. 고깃간. 푸줏간. [푸주에 들어가는 소 걸음] 벌벌 떨며 무서워하거나 가지 않으려고 애를 써도 억지로 끌려가게 됨을 이르는 말.

푸주-한 (-漢) [명] [←포주한(庖廚漢)] 푸주를 생업으로 하는 사람.

푸줄리나 (fusulina) [명][동] 석탄기와 페름기에 번영하였다가 고생대가 끝남과 함께 절멸

한 유공충의 하나. 해서(海棲) 동물인데, 표준 화석으로서 중요함. 모양은 방추형의 것이 많고, 원기둥이나 둥근 모양의 것도 있음. 방추충(紡錘蟲).

푸줏-간 (-間)[-주깐 / -준깐] 몡 〔←포주간(庖廚間)〕 고깃간. 푸주.

푸지다 톙 매우 많아서 넉넉하다. ¶음식을 푸지게 장만하다.

푸-지위 (-知委) 몡하타 〔역〕 명령했던 것을 뒤로 도로 중지시킴.

푸짐-하다 톙예 마음이 흐뭇하도록 넉넉하다. ¶푸짐한 상품을 제공하다 / 상을 푸짐하게 차리다. **푸짐-히** 튀

푸집개 [-깨] 몡 병기(兵器)를 덮는 물건.

푸짓-잇 [-진닏] 몡 〈궁〉 이불잇.

푸코 전:류 (Foucault電流)[-절-] 〖물〗 맴돌이 전류.

푸코 진:자 (Foucault振子) 〖물〗 지구의 자전 관측에 쓰는 단진자(오래 진동시키면 지구 자전의 영향으로 진동면이 회전함).

푸푸 튀 입김을 잇달아 내뿜는 소리.

푸푸-거리다 타 푸푸 소리를 자꾸 내다. ¶푸푸거리며 낯을 씻다.

푸푸-대다 타 푸푸거리다.

푸-하다 톙예 속이 꽉 들어차지 못하여 불룩하게 부풀어 있다. ¶옷이 ～ /푸한 머리를 매만지다.

푹 튀 1 아주 깊이 잠이 들거나 느긋하게 쉬는 모양. ¶잠이 ～ 들다 / ～ 쉬었더니 몸이 개운하다. 2 힘 있게 깊이 찌르는 모양. ¶주머니에 손을 ～ 찌르다. 3 빈틈없이 덮거나 싸는 모양. ¶이불을 ～ 덮어쓰다. 4 흠뻑 익는 모양. ¶감자를 ～ 삶다. 5 남김없이 죄다. 6 깊게 뚜렷이 팬 모양. ¶구덩이가 ～ 패었다. 7 수렁 따위에 갑자기 빠지는 모양. ¶수렁에 ～ 빠지다. 8 힘없이 단번에 쓰러지는 모양. ¶빈혈로 ～ 쓰러졌다. 9 '푹석'의 준말. 10 고개를 아주 깊이 숙이는 모양. 적폭.

폭석 [-썩] 튀 1 온통 삭거나 썩은 모양. 적폭. 2 부피가 엉성하고 단단하지 아니한 물건이 잘 부스러지거나 가라앉는 모양. 3 맥없이 주저앉는 모양. ¶바닥에 ～ 주저앉다. 4 쌓인 먼지 따위가 갑자기 심하게 일어나는 모양. ¶적폭석.

폭석-폭석 [-썩-썩] 튀하톙 1 자꾸 폭석 가라앉거나 부서지는 모양. 2 힘없이 자꾸 주저앉는 모양. 3 먼지 따위가 자꾸 폭석 일어나는 모양. ¶먼지가 ～ 한 헛간. 적폭석폭석.

폭신-폭신 [-씬-씬] 튀하톙 매우 폭신한 느낌이 있는 모양. ¶적당히고 ～한 이불 / 침대가 ～하다. 적폭신폭신.

폭신-하다 [-씬-] 톙예 부드러운 탄력성이 있고 따스한 느낌이 있다. ¶폭신한 양탄자. 적폭신하다. **폭신-히** [-씬-] 튀

폭-폭 튀 1 자꾸 깊이 찌르거나 쑤시는 모양. ¶칼로 호박을 ～ 찌르다 / 곪은 손이 ～ 쑤시다. 2 자꾸 빠지거나 들어가는 모양. ¶발이 늪 속으로 ～ 빠져 들어가다. 3 남김없이 죄다 썩거나 삭는 모양. ¶고구마가 ～ 썩다. 4 속속들이 익도록 찌거나 삶는 모양. ¶콩을 ～ 삶다. 5 자꾸 쏟거나 담는 모양. ¶쌀을 ～ 퍼 담다. 6 흠뻑 익거나 더운 모양. ¶～ 찌는 삼복더위. 7 돈 따위를 아낌없이 쓰는 모양. ¶돈을 ～ 쓰다. 8 힘없이 자꾸 쓰러지거나 엎어지는 모양. ¶병사들이 행군 도중에 ～ 쓰러지다. 9 눈 따위가 소복소복 쌓이는 모양. ¶함박눈이 ～ 쌓이다. 적폭폭.

폭폭-하다 [-푸카-] 톙예 종이·피륙 등이 두툼하고 혜식어서 여리다.

폭-하다 [푸카-] 톙예 겨울 날씨가 춥지 않고 퍽 따뜻하다. ¶날씨가 ～.

푼: 의몡 1 옛날 엽전의 단위. 한 돈의 1/10(돈 한 닢의 일컬음). ¶닷 냥 서 ～ / 한 ～도 없다. 2 돈을 세는 단위(적은 액수라고 여길 때 씀). ¶돈 몇 ～ 때문에 기분이 상했다. 3 무게의 단위. 한 돈의 1/10. ¶한 돈 오 ～. 4 길이의 단위. 한 치의 1/10. 분(分). ¶두 치 오 ～. 5 백에 대한 비율로, 1 할(割)의 1/10. ¶연 1 할 2～의 이율.

푼 몡 땔나무나 물건 따위를 몇 푼어치씩 사고파는 일. 푼내기.

푼:거리-나무 몡 푼거리로 사고파는 땔나무. 죤푼나무.

푼:거리-질 몡하자 1 푼거리나무를 사서 때는 일. 2 물품을 조금씩 조금씩 감질나게 사서 쓰는 일.

푼:-끌 몡 작은 끌(날의 너비가 한 푼 또는 두 푼쯤 됨).

푼:-나무 몡 '푼거리나무'의 준말.

푼:-내기 몡 1 몇 푼의 돈으로 하는 조그마한 노름. 2 푼거리.

푼:-흥정 몡하자 푼돈을 가지고 셈하는 잔 흥정.

푼더분-하다 톙예 1 얼굴이 두툼하고 탐스럽다. 2 여유가 있다. **푼더분-히** 튀

푼:-돈 [-똔] 몡 많지 아니한 몇 푼의 돈. ¶～을 모으다〔아끼다〕/ 이런 ～을 가지고 무슨 장사를 할 수 있겠나. 죤뗀돈·모갯돈.

푼:-리 (-厘)[-풀-] 몡 〔←분리(分厘)〕 돈·저울·자의 단위인 푼과 이(厘).

푼:-물 몡 대어 놓고 사지 않고 때때로 한 지게씩 사는 물.

푼:-빵 몡 흙 파는 일 등을 도급으로 주지 아니하고 한 짐씩에 대하여서 삯을 주는 일.

푼사 (-絲) 몡 명주실의 하나. 고치를 켠 그대로 드리지 아니한 실(수 놓는 데 씀). 푼사실.

푼:사 (-絲) 몡 돈 몇 돈이라고 셀 때에 남는 몇 푼. ¶닷 돈 ～.

푼사-실 (-絲-) 몡 푼사.

푼:수 (-數) 몡 〔←분수(分數)〕 1 얼마에 상당한 정도. ¶혼자서 세 사람 ～의 일을 한다. 2 어떠한 꼴이나 셈판. ¶100만 원쯤 빚이 있는 ～다. 3 분수를 모르고 남병대는 짓. 또는 그런 짓을 예사로 하는 사람을 놀림조로 이르는 말. ¶～를 떨다 / 이 ～야, 그런 말을 하고 다니면 어떡하나.

푼수에 맞다 구 어떤 정도에 알맞다.

푼:-어치 몡 푼돈으로 계산할 만한 물건.

푼:-장수 몡 푼거리하는 사람. 푼거리 장수.

푼:-전 (-錢) 몡 ☞ 푼돈.

푼:전-입미 (-錢粒米)[-저님-] 몡 '분전입미'의 변한말.

푼:-주 몡 너부죽한 사기그릇(아래는 좁고 위는 짝 바라졌음).

푼지-나무 몡 〖식〗 노박덩굴과의 낙엽 활엽 덩굴나무. 산기슭이나 개울가의 숲 속에 나며, 초여름에 초록빛을 띤 노란색 꽃이 피고 가을에 삭과가 누렇게 익음. 어린잎은 식용함.

푼:-치 몡 길이의 푼과 치라는 뜻으로, 얼마 안 되는 차이를 이르는 말. ¶～를 다투다.

푼침 몡 ☞ 분침(分針).

푼칭 몡 ☞ 분칭(分秤).

푼:푼-이 튀 한 푼씩 한 푼씩. ¶～ 모은 돈.

푼푼-하다 톙예 1 모자람이 없이 넉넉하다. ¶여행 경비가 ～. 2 옹졸하지 않고 활달하며

너그럽다. ❑그녀의 성격은 ~. 푼푼-히 부
푼-소 [-쏘] 명 여름에 생풀만 먹고 사는 소《힘을 잘 쓰지 못해 부리기에 부적당함》.
푼소-가죽 [-쏘-] 명 푼소의 가죽《가죽이 질기지 아니함》.
푼소-고기 [-쏘-] 명 푼소의 고기《맛이 덜함》.
푼-솜 명 ☞ 풀솜.
풀[1] 명하자 쌀·밀가루 등의 녹말질에서 빼낸 접합제《피륙에 먹여 빳빳하게 하고, 물건을 붙이는 데 씀》. ❑~을 쑤다 / ~이 묽다.
[풀 먹은 개 나무라듯 한다] 혹독하게 나무라고 탓함의 비유. [풀 방구리에 쥐 드나들듯 한다] 자주 들락날락하는 모양의 비유.
풀(을) 먹이다 구 천이나 종이 따위에 풀기가 배어들게 하다.
풀(이) 서다 구 풀을 먹여 피륙이 빳빳해지다. ❑풀이 선 와이셔츠.
풀(이) 죽다 구 풀기가 빠져서 빳빳하지 않게 되다.
풀[2] 명 1 초본 식물의 속칭. ❑~이 나다 / ~을 베다 / 소가 ~을 뜯어 먹다. 2 '갈풀'의 준말.
[풀 끝에 앉은 새 몸이라] 안정된 처지가 아님을 이르는 말. [풀 베기 싫어하는 놈이 단수만 센다] 일하기는 싫어하면서 그 성과만을 바람을 비꼬는 말.
풀 끝의 이슬 구 사람의 생애란 풀 끝에 맺힌 이슬처럼 덧없고 허무하다는 말.
풀[3] 명 세찬 기세나 활발한 기운. 풀기2. ❑~이 꺾이다.
풀이 죽다 구 성하던 기세가 꺾여 약해지다. ❑풀이 죽은 목소리.
풀 (pool) 명 1 수영장. 2 자동차 등이 모이는 곳. ❑모터 ~. 3 기자들의 공동 대표 취재. 4《경》 둘 이상의 기업체가 공동 판매·공동 구입·이윤 분배를 협정하고 수지 계산을 공동으로 행하는 일. ❑~제(制).
풀-가동 (full稼動) 명하타 사람이나 기계·설비 따위를 있는 대로 모두 움직여 일을 하게 함. 또는 하루 종일 사용함. ❑주문이 밀려 공장을 ~하다.
풀-가사리 [-까-] 명《식》 홍조류(紅藻類)의 하나. 썰물의 경계선에 있는 바윗돌에 붙어 번식하며, 길이는 6 cm 정도이고 빛깔은 누르스름한데, 거죽은 미끄럽고 끈끈하며 광택이 남. 삶은 물로 명주·비단 따위의 옷감에 풀을 먹임. ㊜풀가시.
풀-가시 [-까-] 명《식》 '풀가사리'의 준말.
풀-갓[1] [-갇] 명 초립(草笠).
풀-갓[2] [-깓] 명 풀·갈풀 등을 가꾸는 말림갓.
풀 계:산 (pool計算)[-/-게-]《경》 여러 회사나 공장에서 각기 생산하는 같은 종류의 물품 값을 한데 통틀어 그 물품의 단가를 정하는 계산.
풀-고사리 명《식》 풀고사릿과의 여러해살이 양치류. 따뜻한 산지에 나며, 뿌리줄기는 거칠고 큰 바늘 모양으로 길게 옆으로 벋음. 잎은 어긋맞게 나는데, 긴 잎꼭지가 있음. 어린 잎은 식용함.
풀-기 (-氣)[-끼] 명 1 풀을 먹여 빳빳하게 된 기운. ❑~가 있어 옷이 빳빳하다. 2 사람의 씩씩한 활기. ❑~가 없는 얼굴. ㊜풀.
풀-꺾다 [-꺽따] 자 모낼 논에 거름으로 쓰기 위하여 갈풀을 베다.
풀-꺾이 명하자 모낼 논에 거름할 갈풀을 베는 일. 갈꺾이.
풀-꽃 [-꼳] 명 풀에 피는 꽃. 초화(草花).
풀-끝 [-끋] 명 아주 적은 풀의 분량.
풀-노린재 [-로-] 명《충》 노린잿과의 곤충. 몸길이 약 1.3 cm, 몸빛은 초록색이고 앞가슴과 등 쪽에 잿빛을 띤 흰색의 무늬가 있음. 벼·야채·과일 따위의 해충임.
풀다 〔풀어, 푸니, 푸는〕 타 1 묶은 것이나 뭉킨 것을 끄르거나 풀어지게 하다. ❑옷고름을 ~ / 보따리를 ~ / 실타래를 ~. 2 감정·분노 따위를 누그러지게 하거나 가라앉게 하다. ❑원한을 ~ / 오해를 ~. 3 액체에 다른 것을 섞다. ❑물감을 ~ / 끓는 물에 된장을 ~. 4 생땅이나 밭을 논으로 만들다. ❑개펄에 논을 ~. 5 꿈·점괘 따위의 길흉을 판단해 내다. ❑점괘를 ~. 6 금지·제한되었던 것 따위를 터놓다. ❑통제를 ~ / 포위를 ~. 7 마음에 품은 것을 이루다. ❑소원을 ~ / 서운했던 마음을 ~. 8 피로·독기 같은 것을 없어지게 하다. ❑고단한 몸을 ~. 9 깊은 이치, 난문제 등을 궁구해 밝히다. ❑쉬운 문제부터 풀어 나가다 / 암호문을 ~. 10 사람을 동원하다. ❑형사들을 곳곳에 ~. 11 코를 밖으로 나오게 하다. ❑코를 세게 ~. 12 돈 따위를 방출하다. ❑선거 자금을 ~.
풀다운 메뉴 (pulldown menu)《컴》 메뉴를 선택하였을 때 하위 메뉴가 아래쪽으로 펼쳐지는 메뉴 구성 방식. *팝업 메뉴.
풀-대님 [-때-] 명하자 바지나 고의를 입고서 대님을 매지 않고 그대로 터놓는 일.
풀-덤불 명 풀이 많이 우거진 덤불.
풀-독 (-毒)[-똑] 명 풀의 독기. 초독(草毒).
풀등 명 강물 속에 모래가 모여 쌓이고 그 위에 풀이 우북하게 난 곳. 초서(草嶼).
풀-떡[1] 명 '풀떼기'의 준말.
풀떡[2] 부하자 힘을 모아 가볍게 한 번 뛰는 모양. ㊅폴딱.
풀떡-거리다 [-꺼-] 자 힘을 모아 가볍게 자꾸 뛰다. ㊅폴딱거리다. **풀떡-풀떡** 부하자
풀떡-대다 [-때-] 자 풀떡거리다.
풀-떨기 명 풀이 우거져 이룬 떨기.
풀떼기 명 1 잡곡 가루로 풀처럼 쑨 죽. 2 잡곡의 날것을 매에 갈아 물을 짜내어 다른 잡곡의 날것을 넣어 쑨 죽. ㊜풀떡.
풀또기 명《식》 장미과의 낙엽 활엽 관목. 산기슭 양지에 나는데, 앵두나무 비슷함. 봄에 엷은 붉은색 꽃이 잎겨드랑이에 피고 핵과(核果)는 가을에 붉게 익음.
풀럭 부하자타 크고 두꺼운 천 따위가 바람에 날리어 거볍고 빠르게 한 번 나부끼는 모양. ❑바람에 깃발이 ~ 움직인다. ㊅폴락.
풀럭-거리다 [-꺼-] 자타 천 따위가 바람에 날려 거볍고 빠르게 자꾸 나부끼다. ❑깃발이 ~ / 태극기가 ~. ㊅폴락거리다. **풀럭-풀럭** 부하자타
풀럭-대다 [-때-] 자타 풀럭거리다.
풀렁 부하자타 바람에 날려 세차게 한 번 나부끼는 모양. ㊅폴랑.
풀렁-거리다 자타 바람에 날려 무겁고 세차게 자꾸 나부끼다. ㊅폴랑거리다. **풀렁-풀렁** 부하자타
풀렁-대다 자타 풀렁거리다.
풀려-나다 자 갇히거나 억압받던 상태에서 벗어나 자유로운 상태가 되다. 풀려나오다. ❑강도에게 인질로 잡혔다가 무사히 풀려났다.
풀려-나오다 자 풀려나다.
풀리다 자 1《'풀다'의 피동》풂을 당하다. ❑매듭이 ~ / 멍이 ~ / 한이 ~ / 피로가 ~ / 자금이 ~ / 수수께끼가 ~. 2 춥던 날씨가 누그러지다. ❑날씨가 ~. 3 얼었던 것이 녹다.

□우수 경칩에 대동강 물이 ~. 4 눈의 정기
가 흐려지다. □과음으로 눈이 게슴츠레 ~.
풀-막 (-幕)〔명〕물가나 산기슭에 뜸집처럼 지
붕을 풀로 잇고 임시로 지은 막.
풀매〔명〕풀쌀을 가는 작은 맷돌.
풀-매기〔명〕〔하자〕잡초를 뽑아 없애는 일.
풀-매듭〔명〕풀기 쉽거나 저절로 풀릴 수 있게
맨 매듭. ↔옭매듭.
풀-매미〔명〕《충》매밋과의 곤충. 몸길이는
2cm, 날개 끝까지는 3cm 정도임. 빛은 엷
이며, 여름에 나와 가을까지 얕은 나무나 풀
숲에 앉아 '찍찍찍' 하고 욺.
풀-머리〔명〕〔하자〕머리털을 걷어 올리지 않고 풀
어 헤침. 또는 그런 머리 모양.
풀-멸구〔명〕《충》멸굿과의 곤충. 크기가 작은
멸구로 생김새가 매미와 비슷하며, 빛은 엷
은 초록색인데 몸 아랫면은 수컷은 검고, 암
컷은 엷은 누런색임. 벼의 큰 해충임.
풀-모〔명〕모풀로 거름한 못자리.
풀무〔명〕불을 피울 때 바람을 일으키는 기구.
풍구. □~로 불을 피우다.
풀무-질〔명〕〔하자〕풀무로 바람을 일으키는 일.
풍구질. □~로 숯불을 피우다.
풀-무치〔명〕《충》메뚜깃과의 곤충. 양지바른
풀밭에 홀로 살며, 몸은 약 6cm, 몸빛은 누
런 갈색 또는 초록색이며, 앞날개에 불규칙
한 검은 갈색 무늬가 있음. 볏과 식물의 큰
해충임. 잡초를 먹고 삶.
풀-미역치〔명〕〔어〕풀미역칫과의 물고기. 몸
은 약 12cm로 가늘고 길며, 누런 잿빛을 띤
갈색으로 배면의 어두운 갈색의 무늬가 있
음. 몸에는 비늘이 없으며, 먹지 못함.
풀-밭[-받]〔명〕잡풀이 많이 난 땅. □~에서
뒹굴다.
풀-백 (fullback)〔명〕축구에서, 골키퍼 앞에서
수비를 맡은 선수. 또는 그 위치.
풀-벌〔명〕풀이 많이 난 벌판.
풀-벌레〔명〕풀숲에 사는 벌레들의 일컬음.
풀-베기〔명〕〔하자〕풀을 베는 일.
풀-보기〔명〕〔하자〕새색시가 혼인한 며칠 뒤에 시
부모를 뵈러 가는 예식. 또는 그 일. □~날.
풀-비[-삐]〔명〕귀얄 대신 쓰려고 짚 이삭으로
만든 작은 비.
풀-빛[-삔]〔명〕풀색.
풀-뿌리〔명〕풀의 뿌리. 초근(草根). □~로 연
명하다.
풀-색 (-色)[-쌕]〔명〕초록색에 노란빛이 연하게
섞인 빛깔. 풀빛.
풀색-먼지벌레(-色-)[-쌕-]〔명〕《충》딱정벌
렛과의 곤충. 밭·강기슭의 돌 밑에 살며, 몸
은 약 1.4cm로 윗면은 초록색, 아랫면은 검
은색인데, 온몸에 금빛의 짧은 털이 빽빽이
나 있음. 야간 활동성이며, 적을 만나면 악취
를 풍김.
풀 세트 (full set) 테니스·탁구·배구·배드민턴
따위에서, 승부가 마지막 세트까지 가는 일.
풀-소〔명〕☞풂소.
풀-솜[-쏨]〔명〕실을 켤 수 없는 허드레 고치를
삶아서 늘여 만든 솜. 빛깔이 하얗고 윤기가
나며, 질기고 가벼움. 설면자(雪綿子). □~
이불.
풀솜-할머니[-쏨-]〔명〕외손에 대한 정이 따뜻
하고 두텁다는 뜻으로, '외할머니'를 친근하
게 이르는 말.
풀-숲[-숩]〔명〕풀이 무성한 수풀.
풀-스위치 (pull switch)〔명〕달린 끈이나 손잡
이를 당겨서 회로를 여닫는 스위치.
풀 스윙 (full swing) 야구·골프 따위에서, 공

을 멀리 보내기 위하여 배트나 골프채를 길
게 잡고 있는 힘을 다하여 힘껏 휘두르는 일.
풀-시렁〔명〕건초나 여물 따위를 얹는 시렁.
풀-싸움〔명〕〔하자〕1 풀을 뜯어다가 비교하여 많
이 튼 쪽이 이기는 장난. 2 다른 동네
풀밭의 풀을 베어서 영역 침범으로 일어나는
싸움. ⓐ풀쌈.
풀-쌀〔명〕1 무리풀을 갈기 위해 물에 불린 멥
쌀. 2 풀을 만들 멥쌀.
풀-쌈〔명〕'풀싸움'의 준말.
풀썩〔부어〕연기나 먼지 따위가 뭉키어서 갑
자기 일어나는 모양. □먼지가 ~ 나다[일어
나다]. ⓐ폴싹.
풀썩-거리다[-꺼-]〔자〕연기나 먼지 따위가 뭉
키어 자꾸 일어나다. □시끄면 연기가 ~. ⓐ
폴싹거리다. **풀썩-풀썩**〔부어자〕
풀썩-대다[-때-]〔자〕풀썩거리다.
풀-쐐기〔명〕《충》불나방의 애벌레. 작은 누에
처럼 생겼고, 빛은 검푸르며, 거친 털이 온몸
에 빽빽이 나 있음. 잡초의 잎을 갉아 먹음.
ⓐ쐐기.
풀쑥〔부〕1 갑자기 나오거나 내미는 모양. □손
을 ~ 내밀다. 2 느닷없이 말하는 모양. □~
끼어들어 딴소리를 하다. ⓐ볼쑥.
풀-씨〔명〕풀의 씨.
풀어-내다〔타〕1 얽힌 것, 얼크러진 것을 골러
내다. □엉킨 실을 ~. 2 어떤 이치나 어려운
문제를 파고들어 밝혀내다. □힘든 문제를
~. 2풀어먹이다.
풀어-놓다[푸러노타]〔타〕1 맨 것을 골러 주다.
□사나운 개를 ~. 2 무엇을 탐지하기 위하여
사람을 널리 배치하를. □형사들을 풀어
놓고 사건 현장을 수색했다.
풀어-먹다[푸러-따]〔타〕써먹다.
풀어-먹이다〔타〕1 음식·재물 등을 여러 사람
에게 나누어 주다. 2 귀책(鬼責)이 있는 병에
죽을 쑤어 버리거나 무당·판수를 시켜 무당
거리를 하여 풀다.
풀어-쓰기〔명〕〔언〕한글의 현행 자형(字形)을
풀어 헤쳐, 초·중·종성을 그 차례대로 쓰는
방식('한글'을 'ㅎㅏㄴㄱㅡㄹ'로 쓰는 따위).
풀어-쓰다(-써, -쓰니)〔타〕한글의 현행 자형
을 풀어서, 초성·중성·종성의 차례대로 늘어
놓아 쓰다.
풀어-지다〔자〕1 묶거나 얽힌 것이 풀리게 되
다. □옷솔기가 ~. 2 뭉친 것, 단단한 것이
엉길 힘이 없고 풀리다. □근육이 / 국수가
풀어져 맛이 없다. 3 맺힌 감정이나 오해
따위가 없어지다. □원한이 ~. 4 추위가 누
그러지다. □날씨가 ~. 5 이치나 문제가 해
명이 되다. □수수께끼가 ~. 6 액체에 다른
것이 잘 타지다. □물에 풀쌀이 ~. 7 금지
또는 제한 따위가 트놓아지다. □그린벨트에
대한 규제가 어느 정도 풀어졌다. 8 눈동자가
초점이 없이 흐려지다. □술에 취해 눈이 ~.
풀어-헤치다〔타〕속마음 따위를 거침없이 털어
놓다. □가슴을 풀어헤치고 허심탄회하게 이
야기하자.
풀오버 (pull-over)〔명〕머리로부터 입는 소매
달린 스웨터.
풀이〔명〕〔하자〕1 알기 쉽게 밝혀 말함. □낱말을
~하다. 2 어떤 문제가 요구하는 결과를 얻어
냄. 또는 그 결과. □입시 문제를 ~하다.
풀이-마디〔명〕〔언〕술어절(述語節).
풀이-말〔명〕〔언〕술어(述語).
풀이-씨〔명〕〔언〕용언(用言).

풀이-자리 명 〖언〗 서술격(敍述格).
풀-잎 [-립] 명 풀의 잎.
풀잎-피리 [-립-] 명 두 입술 사이에 풀잎을 대거나 물고 부는 것. 준풀피리.
풀-잠자리 명 〖충〗 **1** 풀잠자릿과의 곤충의 총칭. **2** 풀잠자릿과의 곤충의 하나. 몸길이는 약 1cm, 편 날개 길이는 3cm가량, 빛은 초록색임. 여름밤에 등불을 찾아 모여들며, 냄새가 고약함. 진딧물 따위를 잡아먹는 이로운 벌레임.
풀-장 (pool場) 명 수영장.
풀-젓개 [-젇깨] 명 풀을 쑬 때에 휘젓는 막대.
풀-줄기 [-쭐-] 명 〖식〗 풀의 줄기.
풀-질 명하자 무엇을 붙일 자리에 풀을 칠함. ❏ 귀얄로 ~을 하다.
풀-집 [-찝] 명 지난날, 쌀풀을 쑤어 덩이로 팔던 집.
풀쩍 부하자타 **1** 문 따위를 갑작스럽게 한 번 열거나 닫는 모양. **2** 약간 크고 무거운 것이 둔하고 힘 있게 뛰어오르는 모양. ❏ 담을 ~ 뛰어넘다. 작폴짝.
풀쩍-거리다 [-꺼-] 자타 **1** 문을 자꾸 갑작스레 여닫으며 드나들다. **2** 둔하고 힘 있게 자꾸 뛰어오르다. 작폴짝거리다. **풀쩍-풀쩍** 부하자타
풀쩍-대다 [-때-] 자타 풀쩍거리다.
풀-초 (-草) 명 초두머리.
풀치 명 갈치의 새끼.
풀-치다 타 맺혔던 생각을 돌려 너그럽게 용서하다. ❏ 생각을 ~.
풀-치마 명 좌우 양쪽으로 선단이 있어 둘러 입게 된 치마. ↔통치마.
풀-칠 (-漆) 명하자 **1** 무엇에 붙이려고 종이 따위에 풀을 바름. ❏ 도배지에 골고루 ~을 하다. **2** 겨우 끼니를 이어 감. ❏ 입에 ~하는 게 고작이다.
풀 카운트 (full count) **1** 권투에서, 녹다운 하였을 때 열까지 세는 일. **2** 야구에서, 스트라이크가 둘이고 볼이 셋인 상태.
풀-칼 명 대오리나 얇은 나무오리로 칼같이 만든 물건《된풀을 붙일 때 씀》.
풀-코스 (full course) 명 **1** 주로 서양 요리에서, 일정한 순서로 짜여진 식단. **2** 마라톤에서, 전체의 거리. 곧, 42.195km.
풀-판 (-板) 명 **1** 풀을 개어 놓은 널조각. **2** 풀칠할 때 밑에 까는 판.
풀-포수 (-泡水) 명하자 갈모·쌈지·유삼(油衫) 등을 만드는 데 기름으로 결기 전에 묽은 풀을 먼저 바르는 일.
풀풀 부 **1** 날쌔고 기운차게 자꾸 뛰거나 나는 모양. ❏ 몸이 ~ 날다. **2** 물이 자꾸 끓어오르는 모양. ❏ 물이 ~ 끓다. **3** 눈·먼지 따위가 흩날리는 모양. ❏ 자동차가 지나갈 때마다 먼지가 ~ 난다. 작폴폴.
풀풀-하다 형여 참을성이 적고 괄괄하다.
풀-피리 명 '풀잎피리'의 준말.
풀-하다¹ 자여 풀을 먹이다.
풀-하다² 자여 '갈풀하다'의 준말.
풀-해마 (-海馬) 명 〖어〗 실고깃과의 바닷물고기. 내만의 해조(海藻) 사이에 사는데, 머리에 두 개의 촉수가 있는 것이 특징임.
풀-협죽도 (-夾竹桃) [-쭉또] 명 〖식〗 꽃고빗과의 여러해살이풀. 북아메리카 원산의 관상용 식물. 줄기는 높이 1m가량으로 무더기로 곧추 나며, 잎은 마주나거나 돌려남. 여름에 자주색·붉은색·백색 따위의 꽃이 줄기 끝에 핌.

품¹ 명 **1** 윗옷의 양쪽 겨드랑이 밑의 가슴과 등을 두르는 부분의 넓이. ❏ ~이 잘 맞는다 / 살이 쪄서 ~을 늘려야겠다. **2** 윗옷을 입었을 때 가슴과 옷과의 틈. ❏ ~이 넉넉하다 / ~에 단도를 품다. **3** 두 팔을 벌려서 안는 것으로서의 가슴. ❏ 어머님의 ~에 안기다. **4** 비유적으로, 따뜻이 맞아들이거나 감싸 주는 곳. ❏ 조국의 ~에 안기다.
[품 안에 있어야 자식이라] 품 안의 자식.
[품 안의 자식] 자식이 어렸을 때에는 부모의 뜻을 따르지만, 자라서는 제 뜻대로 행동하려 함을 비유적으로 이르는 말. 품 안에 있어야 자식이라.
품² 명 무슨 일에 드는 힘 또는 수고. ❏ ~이 많이 드는 일 / 사흘 ~이 들었다.
품(을) 갚다 구 남에게 받은 품을 돌려주기 위하여 상대방에게 품을 제공하다.
품(을) 앗다 구 자기가 품을 제공한 갚음으로 상대의 품을 받다.
품(을) 팔다 구 품삯을 받고 일하다.
품:¹ (品) 명 **1** '품질'의 준말. ❏ ~이 낫다. **2** 품격(品格). 품위(品位). **3** 〖역〗 '직품(職品)'의 준말.
품³ 의명 용언의 어미 '-ㄴ'·'-는' 뒤에 쓰여 그 동작이나 됨됨이를 나타내는 말. 품새. ❏ 생긴 ~이 사나워 보인다 / 말하는 ~이 보통이 아니겠더라 / 그 아이는 제 동생 돌보는 ~이 어른 같다.
품² (品) 의명 〖역〗 품계의 순위를 나타내던 말. ❏ 정일(正一)~ / 종이(從二)~.
-품 (品) 미 '물품'의 뜻을 나타내는 말. ❏ 화장~ / 생활필수~ / 골동~.
품-값 [-깝] 명 노력의 대가(代價). 품삯. ❏ ~이 비싸다 / ~을 받지 못하다.
품-갚음 명하자 남에게 도움을 받은 것을 그대로 갚음.
품:건 (品件) [-껀] 명 상품(上品)의 물건.
품:격 (品格) [-껵] 명 **1** 물건의 좋고 나쁨의 정도. ❏ ~이 떨어지다. **2** 사람 된 바탕과 타고난 성품. 품위(品位). 기품(氣品). ❏ ~이 있는 여성 / ~을 떨어뜨리는 행동 / ~을 높이다.
품:결 (稟決) 명하타 웃어른이나 상사에게 묻고 처결함.
품:계 (品階) [-/-게] 명 〖역〗 옛 벼슬아치의 등급. 제일 위인 정일품(正一品)에서 가장 아래인 종구품(從九品)의 18 단계임. 준계(階).
품:고 (稟告) 명하타 웃어른·상사에게 여쭘. 품달. 품신.
품:관 (品官) 명 〖역〗 고려·조선 때, 품계(品階)를 가진 벼슬아치의 총칭.
품:관 (品冠) 명 〖역〗 벼슬 품계에 따라 쓰던 관. 위관(位冠).
품:귀 (品貴) 명하형 물건이 귀(貴)함. ❏ 에어컨의 수요가 급증하여 ~ 현상을 빚다.
품:급 (品級) 명 벼슬의 등급.
품-꾼 명 '품팔이꾼'의 준말.
품:다¹ [-따] 타 **1** 품속에 넣거나 가슴에 대어 안거나 몸에 지니다. ❏ 비수를 ~ / 엄마가 아기를 가슴에 꼭 ~ / 암탉이 알을 품고 있다. **2** 원한·슬픔·기쁨·생각 등을 마음속에 가지다. ❏ 의심을 ~ / 원한을 ~ / 앞집 남자에게 연정을 ~. **3** 기운 등을 지니다. ❏ 물기를 품고 있는 바다.
품다² [-따] 타 괴어 있는 물을 계속해서 많이 푸다. ❏ 양수기로 연못의 물을 ~.
품다³ [-따] 타 모시풀의 껍질을 품칼로 벗기다.
품:달 (稟達) 명하타 품고(稟告).
품:대 (品帶) 명 〖역〗 벼슬아치의 공복(公服)에

갖추던 띠. 공복의 종류와 품계에 따라 다름.
품:돈[─돈] 명 품삯으로 받는 돈.
품:등(品等) 명 품질과 등급. ▢~에 따라 값을 매기다.
품:등(品燈)[─뜽] 명 《역》 조선 때, 벼슬아치가 밤에 나들이할 때 하인에게 들렸던 사등롱(紗燈籠)(벼슬의 등급에 따라 그 빛깔이 달랐음).
품:렬-하다(品劣─)[─녈─] 형[여] 성품·품질이 낮다.
품:령(稟令)[─녕] 명 《역》 왕세자가 임금을 대신하여 나라를 통치할 때 내리던 영지(令旨).
품:류(品類)[─뉴] 명 물건의 갖가지 종류.
품:명(品名) 명 1 물품의 이름. 2 품종의 이름.
품:목(品目) 명 1 물품의 이름을 쓴 목록. ▢수출품의 ~. 2 물품 종류의 이름. ▢~별로 나누다.
품:목(稟目) 명 상관에게 올리는 글. [=누다.]
품:물(品物) 명 형체를 갖춘 온갖 물건.
품:반(品班) 명 《역》 대궐 안 정전(正殿) 앞뜰에 백관이 늘어서던 차례.
품-밥[─빱] 명 품을 사서 쓰고 먹이는 밥.
품:별(品別) 명[하타] 품종이나 품질에 따라 구별함. 또는 그런 품종의 구별.
품:부(稟賦) 명[하타] 선천적으로 타고남. 품수(稟受). ▢~의 재능을 받다.
품:사(品詞) 명 단어를 문법상 의미·형태·기능으로 분류한 갈래. 학교 문법에서는 명사·대명사·동사·형용사·조사·감탄사·관형사·부사·수사의 9품사임.
품:사-론(品詞論) 명 《언》 문장에 쓰인 단어의 성질에 따라서 그 의미·형태·기능 등을 연구하는 문법의 한 분야.
품:사 전:성(品詞轉成) 《언》 한 품사로부터 다른 품사로 변하는 일. 동사 '웃다'가 명사 '웃음'으로 바뀌는 따위. ☞전성(轉成).
품:삯[─싹] 명 품팔이에 대한 삯. 품값. 노임. ▢~을 주다 / ~을 떼어먹다.
품새[1] 명 품새료.
품새[2] 의명 품[3].
품:석(品石) 명 《역》 조선 때, 대궐 안 정전(政殿) 앞뜰에 관계(官階) 품계(品階)를 새겨 세운 돌(두 줄로 동서(東西) 양반(兩班)이 차례로 정렬하게 되었음). 품계석(品階石).
품:석(品席) 명 벼슬아치가 깔던 방석(품위에 따라 종류가 다름).
품:성(品性) 명 품격(品格)과 성질. ▢고귀한 ~ / ~이 비열하다.
품:성(稟性) 명 선천적으로 타고난 성품. 부성(賦性). ▢~이 온화하다 / ~이 후덕한 사람.
품세(品勢) 명 태권도 수련 방법의 한 가지. 겨루는 상대가 없이 공격과 방어의 기술을 익힐 수 있도록 구성한 연속 동작.
품-셈[─쎔] 명 인력 또는 기계로 무엇을 만드는 데 드는 수효와 값을 계산하는 일.
품-속[─쏙] 명 품의 속이나 품고 있는 그 속. ▢~에 간직하다 / 어머니의 ~에 안기다.
품:수(品數)[─쑤] 명 품계의 차례.
품:신(稟申) 명[하타] 웃어른이나 상사에게 아룀. 품:달.
품:안(品案) 명 《역》 품계를 가진 사람의 성명을 그 직품의 차례대로 기록한 책.
품-앗이[─아시] 명[하자] 힘드는 일을 거들어 주어서 서로 품을 지고 갚고 함. ▢~로 김을 매다.
품:위(品位) 명 1 직품(職品)과 지위. ▢~를 높이다. 2 사람이 갖추어야 할 기품이나 위엄. 품격2. ▢~ 있는 사람 / ~를 지키다. 3 금은화가 함유된 금과 은의 비례. 4 광석 안에 포함된 금속의 정도. ▢~가 낮은 철광석.
품:의(稟議)[푸믜 / 푸미] 명[하타] 웃어른·상사

(上司)에게 글이나 말로 여쭈어 의논함.
품:의-서(稟議書)[푸믜─ / 푸미─] 명 품의 사항을 적은 문서. ▢~를 올리다.
품:자(品字)[─짜] 명 삼각(三角)으로 벌려 놓은 형상.
품:재(品才) 명 성품과 재질.
품:재(稟才) 명 타고난 재주.
품:절(品切) 명 상품이 다 팔리고 없음. 절품(切品). ▢인기 상품이라 오전에 ~되었습니다.
품:정(稟定) 명[하타] 여쭈어 의논해 결정함.
품:종(品種) 명 1 물품의 종류. ▢좁은 가게라 ~이 많다. 2 농학상의 분류 단위로서 농작물·가축의 여러 종류를 그 유전 형질에 따라 다시 세분한 단위의 명칭. 3《생》생물 분류학상 종(種)의 하위 단위로서 아종(亞種)·변종(變種) 또는 식물체의 유전적 개량의 새로운 개체군(個體群)의 명칭. ▢~을 개량하다.
품:주(稟奏) 명[하타] 임금께 말씀을 올림.
품:지(稟旨) 명 임금께 아뢰어서 받던 교지(教旨). ▢~를 받다.
품직(品職) 명 《역》 직품. ▢~을 주다.
품질(品質) 명 바다낚시에서, 밑밥을 주는 일.
품:질(品質) 명 물품의 성질. 물건이 된 바탕. ▢~이 좋다 / ~ 향상을 꾀하다. ⓒ품(品).
품:질 관리(品質管理) 명[경] 일정한 조건 아래 최저 비용으로 최량(最良) 품질의 제품을 생산할 수 있도록 관리·통제하는 경영 관리 방식의 하나. 큐시(QC).
품:질 표시(品質表示) 명[경] 제조업자 및 수입업자가 자사 상품의 성질에 대한 정보를 라벨이나 상표에 표시하는 일. 또는 그 표시.
품:처(稟處) 명[하타] 웃어른께 아뢰어 처리함.
품-칼 명 모시풀의 껍질을 벗기는 데 쓰는 칼.
품-팔이 명[하자] 품삯을 받고 남의 일을 해 주는 일. ▢~로 끼니를 잇다.
품팔이-꾼 명 품팔이를 하여 살아가는 사람. ⓒ품꾼.
품:평(品評) 명[하타] 품질에 대하여 평가함.
품:평-회(品評會) 명 산물·제품 따위의 좋고 나쁨을 평가하는 모임. ▢농산물 ~를 열다.
품:-하다(稟─) 명[하타] 웃어른·상사(上司)에게 어떤 일의 가부를 얻기 위해 말씀을 여쭙다.
품:행(品行) 명 품성(品性)과 행실(行實). ▢~이 방정(方正)한 사람.
풋[푿] 튀 참았던 웃음을 짧게 갑자기 터뜨리는 소리.
풋-[푿] 튀 1 '새로운 것'·'덜 익은 것'의 뜻. ▢~감 / ~과일 / ~고추 / ~담배. 2 '미숙한'·'깊지 않은'의 뜻. ▢~내기 / ~사랑.
풋-가지[푿까─] 명 1 풋나무의 가지. 2 새로 난 말랑 가지.
풋-감[푿깜] 명 빛이 퍼렇고 덜 익은 감.
풋-거름[푿꺼─] 명 1 생풀이나 생나무 잎으로 하는 거름. 녹비(綠肥). 2 충분히 썩지 않은 거름.
풋거름 작물(─作物)[푿꺼─장─] 명[농] 풋거름으로 쓰려고 재배하는 비료 작물(헤어리베치·자운영 따위). 녹비 작물(綠肥作物).
풋-것[푿껃] 명 1 그해에 새로 익은 과실·곡식·나물붙이 등의 총칭. 2 아직 덜 익은 곡식·과일·나물 따위의 총칭.
풋-게[푿께] 명 초가을에 아직 장이 잘 들지 않은 게.
풋-고추[푿꼬─] 명 아직 익지 않은 푸른 고추. ▢고추장에 찍어 먹는 ~의 맛.

[풋고추 절이김치] 절이김치에 풋고추를 넣음이 당연하듯, 매우 친하여 잘 어울려 다니는 사람을 이르는 말.

풋-곡 (-穀)[푿꼭] 圀 '풋곡식'의 준말.

풋-곡식 (-穀食)[푿꼭씩] 圀 덜 익은 곡식. ⓑ 풋곡.

풋-과실 (-果實)[푿꽈-] 圀 풋과일.

풋-과일 [푿꽈-] 圀 아직 덜 익은 과일. 풋과실. ▢ ~을 먹어 배탈이 났다.

풋-굿 圀 ☞ 호미씻이.

풋-김치 [푿낌-] 圀 봄·가을에 새로 나온 열무나 어린 배추로 담근 김치. 청저(靑菹).

풋-나기 圀 ☞ 풋내기.

풋-나무 [푿-] 圀 새나무·갈잎나무·풋장을 통틀어 일컫는 말.

풋-나물 [푿-] 圀 봄철에 새로 난 나무나 풀의 연한 싹으로 만든 나물.

풋나물 먹듯 㕦 아까운 줄 모르고 엄청나게 먹는 모양.

풋-내 [푿-] 圀 1 새로 나온 푸성귀나 풋나물 따위로 만든 음식에서 나는 풀 냄새. ▢ 향긋한 ~. 2 미숙하고 유치한 티를 비유적으로 이르는 말. ▢ ~ 나는 의견 / 아직 ~ 나는 애송이다.

풋-내기 [푿-] 圀 1 젊고 경험이 없어 일에 서투른 사람. 2 진중하지 못하고 툭하면 객기(客氣)를 잘 부리는 사람.

풋-담배 [푿땀-] 圀 1 퍼런 잎을 썰어 말린 담배. 청초(靑草). 2 배운 지 얼마 되지 않아 맛도 모르고 담배를 피우는 짓.

풋-대추 [푿때-] 圀 1 말리지 않은 대추. 2 빛이 퍼렇고 아직 익지 않은 대추.

풋-돈냥 (-兩)[푿돈-] 圀 한때 갑자기 생긴 약간의 돈.

풋-되다 [푿되-] 阛 어리고 경험이나 분별이 적다. ▢ 나이만 먹었을 뿐 풋되고 철이 없다.

풋-마늘 [푿-] 圀 여물지 않아서 뿌리와 잎을 다 먹을 수 있는 어린 마늘.

풋-머리 [푿-] 圀 맏물이나 햇것이 나오는 무렵. 또는 겨우 익어서 무르녹지 않을 무렵. ▢ ~에 나온 과일.

풋-바둑 [푿빠-] 圀 배운 지 얼마 안 되는 서투른 바둑 솜씨.

풋-바심 [푿빠-] 圀ㅎ터 채 익기 전의 벼나 보리를 미리 베어 떨거나 훑는 일. ⓑ바심.

풋-밤 [푿빰] 圀 아직 덜 익은 밤.

풋-밭 [푿빧] 圀 윷판에서, 도밭으로부터 윷밭까지의 밭.

풋-배 [푿빼] 圀 아직 덜 익은 배.

풋-벼 [푿뼈] 圀 아직 여물지 아니한 벼.

풋벼-바심 [푿뼈-] 圀ㅎ자 풋벼를 베어서 곧 타작하는 일.

풋-보리 [푿뽀-] 圀 아직 여물지 않은 보리.

풋볼 (football) 圀 1 축구. 2 축구에 쓰는 공.

풋-사과 (-沙果)[푿싸-] 圀 대체로 퍼런, 아직 덜 익은 사과.

풋-사랑 [푿싸-] 圀 1 정이 덜 들고 안정성이 없는 들뜬 사랑. ▢ 하룻밤의 ~. 2 어려서 깊이를 모르는 사랑.

풋-사위 [푿싸-] 圀 윷놀이에서, 풋윷으로 나오는 큰사위.

풋-솜씨 [푿쏨-] 圀 익숙하지 않은 솜씨.

풋-술 [푿쑬] 圀 맛도 모르고 마시는 술.

풋워크 (footwork) 圀 구기·권투 등에서, 발의 놀림. 또는 발을 쓰는 기술.

풋-윷 [푿늋] 圀 익숙하지 못한 윷 솜씨.

풋-잠 [푿짬] 圀 갓 들어 깊이 들지 못한 잠. ▢ ~이 들다.

풋-장 [푿짱] 圀 가을에 억새·참나무·진달래나 그 밖의 잡목 가지를 베어 말린 땔나무.

풋-장기 (-將棋)[푿짱-] 圀 배운 지 얼마 안 되는 서투른 장기 솜씨.

풋-콩 [푿-] 圀 깍지 속에 들어 채 다 익지 아니한 콩.

풋풋-하다 [푿푸타-] 阛여 풋것처럼 푸르고 싱싱하다. ▢ 풋풋한 봄나물.

풍¹ (風) 圀 '허풍'의 준말. ▢ 그놈은 밤낮 ~만 떨고 다닌다 / 워낙 ~이 센 사람이라 통 믿을 수가 없다.

풍² (風) 圀 『한의』 1 정신 작용·근육 신축·감각 등에 탈이 생긴 병. ▢ ~에 걸리다 / ~이 들다. 2 원인 불명의 살갗의 질환.

풍 (楓) 圀 단풍잎이 그려져 있는 화투짝. 시월이나 열 끗을 나타냄.

풍 (豊) 圀 '풍괘(豊卦)'의 준말.

풍 圓 1 막혔던 공기나 가스가 작은 구멍으로 터져 나오는 소리. ⓐ붕. ⓢ뿡. 2 조금 큰 구멍이 뚫어지는 소리. 3 깊은 물에 크고 무거운 것이 떨어지는 소리. ⓢ퐁.

-풍 (風) 尾 '풍속'·'양식'의 뜻. ▢ 서양~ / 복고~ / 가요~.

풍각 (風角) 圀 사방과 네 모퉁이의 바람을 궁(宮)·상(商)·각(角)·치(徵)·우(羽)의 오음(五音)으로 감별해서 길흉을 점치는 방법과 그것.

풍각-쟁이 (風角-)[-쟁-] 圀 시장이나 집집으로 돌아다니면서 문 앞에 서서 풍류를 하며 돈을 구걸하는 사람.

풍간 (諷諫) 圀ㅎ터 완곡한 표현으로 잘못을 고치도록 말함. ↔직간.

풍감 (風鑑) 圀 사람의 용모와 풍채로써 그 사람의 성질을 판단하는 일.

풍개-나무 (風-) 『식』 느릅나뭇과의 낙엽 활엽 교목. 산기슭에 나며, 초여름에 연한 붉은색의 잔꽃이 피고 가을에 핵과(核果)가 검게 익음. 기구재 등으로 쓰며, 과실은 식용함.

풍객 (風客) 圀 바람둥이.

풍건 (風乾) 圀ㅎ터 바람에 쐬어 말림.

풍걸 (豊乞) 圀 풍년거지.

풍격 (風格)[-껵-] 圀 풍채(風采)와 품격(品格). ▢ 선비다운 ~.

풍경 (風景) 圀 1 경치. ▢ 한가로운 전원 ~ / ~이 아름답다. 2 어떤 정경이나 상황. ▢ 캐릭터 이 울리는 거리의 ~. 3 '풍경화'의 준말.

풍경 (風聲) 圀 처마 끝에 매달아 바람이 부는 대로 흔들리어 소리가 나게 한 경쇠(작은 종 모양임). 풍령(風鈴). ▢ 그윽한 ~ 소리.

풍경 (諷經) 圀ㅎ자 『불』 1 소리를 내어 경문을 읽는 일. 2 선종(禪宗)에서, 부처 앞에 소리 내어 경을 읽고 외우거나 예배하는 일.

풍경-치다 (風聲-) 阛 풍경을 울리듯이 자꾸 흔나들다.

풍경-화 (風景畵) 圀 자연의 경치를 그린 그림. ▢ ~를 출품하다. ⓑ풍경.

풍계 (風系) 圀 넓은 지역에 걸쳐서 부는, 풍향이 거의 같은 바람의 계통(무역풍·편서풍·계절풍·해륙풍 따위).

풍계-묻이 [-무지 / -게무지] 圀ㅎ자 어떤 물건을 감춰 두고 서로 찾아내는 아이들의 놀이.

풍고풍하 (風高風下) 圀 봄·여름은 바람이 낮고, 가을·겨울은 바람이 높다는 뜻으로, 한 해 동안의 기후의 일컬음.

풍골 (風骨) 圀 풍채(風采)와 골격(骨格). ▢ 선인(仙人)의 ~을 지니다.

풍공 (豊功) 圀 매우 큰 공훈(功勳).

풍광 (風光) 명 경치.
풍광-명미 (風光明媚) 명[하문] 산수의 경치가 맑고 아름다움.
풍-괘 (豊卦) 명 육십사괘의 하나. 진괘(震卦)와 이괘(離卦)가 거듭된 것《우레와 번개를 상징함》. ㉰풍(豊).
풍교 (風敎) 명 풍화(風化).
풍-구 (風-) 명 1 곡물에 섞인 쭉정이·겨·먼지 등을 날려 없애는 농구(農具). 2 풀무.
풍구-질 (風-) 명[하문] 1 풍구로 곡식에 섞인 쭉정이·겨·먼지 등을 제거하는 일. 2 풀무질.
풍-국 (楓菊) 명 단풍과 국화.
풍금 (風琴) 명[악] 건반 악기의 하나. 페달을 밟아서 바람을 넣어 소리를 냄. 오르간. ㉠~을 치다.
풍급 (風級) 명 '풍력 계급(風力階級)'의 준말.
풍기 (風紀) 명 풍속·풍습(風習)에 대한 기율(紀律). 특히 남녀 간의 교제에서의 절도(節度)를 이름. ㉠~가 문란하다 / ~를 바로잡다.
풍기 (風氣) 명 1 풍속(風俗). 2[한의] 풍병(風病)[1]. 3 풍도(風度)와 기상(氣象).
풍기 (風期) 명 임금과 신하 사이의 뜻이 서로 통합을 이르는 말.
풍기다 [자타] 1 냄새·분위기 따위가 나다. 또는 퍼뜨리다. ㉠악취가 ~ / 기름 냄새를 ~ / 험악한 인상을 ~. 2 모여 있던 사람이나 짐승이 놀라서 흩어지다. 또는 놀라 흩어지게 하다. ㉠강아지가 병아리를 ~. 3 곡식에 섞인 겨나 검불 들을 까불러서 날리다. ㉠키로 까불러서 겨를 ~.
풍난 (風難) 명 폭풍에 의한 재해(災害).
풍년 (豊年) 명 농사가 잘된 해. ㉠~이 들다 / ~을 만나다. ↔흉년.
[풍년 개 팔자] 걱정 없고 편한 처지의 비유.
풍년-거지 (豊年-) 명 모든 사람이 다 이익을 볼 때 자기 혼자만 빠져서 이익을 보지 못한 사람을 가리키는 말.
[풍년거지 더 섧다] 남들은 다 잘사는데 유독 자기만 어렵게 살아 억울하고 서럽다는 말.
풍년-기근 (豊年飢饉) 명 풍년은 들었으나 곡물의 가격이 너무 싸서 농민에게 타격이 심한 현상. 풍작기근.
풍년-풀덩이 (豊年-)[-뎅-] 명 풍년에 많이 쓴 풀덩이라는 뜻으로, 탐스러운 물건을 비유적으로 이르는 말.
풍담 (風痰) 명[한의] 풍증을 일으키는 담병. 또는 풍증으로 생기는 담병.
풍담 (風談) 명 풍류(風流)에 관한 이야기.
풍대 (風大) 명[불] 사대(四大)의 하나. 움직임을 그 본질로 하고, 만물을 증장(增長)함을 그 작용으로 함.
풍덩 [부] 크고 무거운 물건이 깊은 물에 떨어질 때 한 번 나는 소리. ㉠~ 물에 빠지다 / 물속에 ~ 뛰어들다. ㉰풍당.
풍덩-거리다 [자] 자꾸 풍덩 소리가 나다. 또는 자꾸 그런 소리를 내다. ㉰풍당거리다. 풍덩-풍덩 [부][하문자] 풍덩거리다.
풍덩-대다 [자타] 풍덩거리다.
풍뎅이[1] 명 모양이 남바위와 비슷한, 머리에 쓰는 방한구의 하나.
풍뎅이[2] 명[충] 풍뎅잇과에 속하는 풍뎅이의 총칭. 2 풍뎅잇과의 곤충의 하나. 몸은 약 2cm의 넓은 달걀꼴인데, 위쪽은 광택이 나는 짙은 초록색이고 아래쪽은 검은 갈색임. 엄지벌레는 각종 활엽수의 잎을 먹고 애벌레인 '근절충(根節蟲)'은 농작물·나무 뿌리를 갉아먹음.
풍뎅이-붙이 [-부치] 명[충] 풍뎅이붙잇과의

곤충. 풍뎅이 비슷한데, 빛은 광택 있는 흑색임. 파리 따위의 애벌레를 잡아먹는 익충임.
풍도 (風度) 명 풍채와 태도. ㉠군자의 ~.
풍도 (風濤) 명 바람과 큰 물결. 풍랑(風浪).
풍독 (風毒) 명[한의] 바람에 의하여 생기는 병.
풍독 (諷讀) 명[하타] 책을 외어 읽음. 암송.
풍동 (風洞) 명[물] 인공적으로 바람을 일으켜 공기의 흐름이 물체에 미치는 작용이나 영향을 실험하기 위한 터널형 장치.
풍동 (風動) 명[자] 1 바람이 붊. 2 바람이 무엇을 움직인다는 뜻으로, 스스로 좇아서 감화(感化)됨.
풍등 (豊登) 명[자] 농사 지은 것이 썩 잘됨.
풍락-목 (風落木)[-낭-] 명 저절로 죽거나 바람에 꺾인 나무. 풍절목(風切木).
풍락-초 (風落-)[-낙-] 명 〔←風落棗〕바람에 떨어진 대추.
풍란 (風蘭)[-난] 명 1[식] 난초과의 여러해살이풀. 산속의 나무 위에 붙어살며, 줄기는 짧고, 뿌리줄기는 굵은데, 여름에 흰 갈래꽃이 피고 뒤에 노랗게 변함. 관상용임. 2[미술] 바람에 흩날리는 난초. 또는 그 그림.
풍랑 (風浪) 명 1 바람과 물결. 2 바다에서 바람이 강하게 불어 일어나는 물결. ㉠거센 ~이 일다.
풍랑 경:보 (風浪警報)[-낭-] 기상 경보의 하나. 해상에서 풍속이 매초 21m 이상으로 3시간 이상 지속되거나 파도가 5m 이상 예상될 때에 발표함.
풍랑-몽 (風浪夢)[-낭-] 명 1 고생스러운 꿈. 2 갈팡질팡하는 꿈.
풍랑 주:의보 (風浪注意報)[-낭- / -낭-이-] 기상 주의보의 하나. 해상에서 풍속이 매초 14m 이상으로 3시간 이상 지속되거나, 파도가 3m 이상 예상될 때에 발표함.
풍랭-통 (風冷痛)[-냉-] 명[한의] 충치가 생기거나 잇몸이 붓지도 않았는데 이가 아프며 흔들리는 병.
풍려 (風勵)[-녀] 명[하자] 1 바람이 세차게 붊. 2 면려(勉勵)2.
풍력 (風力) 명 1 바람의 세기. 풍세(風勢). 2 동력으로서의 바람의 힘. 3 사람을 변화시키는 힘.
풍력-계 (風力計)[-녁계 / -녁께] 명 바람의 세기를 측정하는 기계. 풍속계.
풍력 계급 (風力階級)[-녁께- / -녁께-] 바람의 강약을 알 수 있도록 풍속과 수목(樹木), 파도의 상태를 눈어림으로 구별하여 정한 등급《보통 0-12의 13 계급으로 나눔》. ㉰풍급.
풍력 발전 (風力發電)[-녁빨쩐] 바람의 힘으로 풍차를 돌려 전기를 일으키는 방법.
풍령 (風鈴)[-녕] 명 풍경(風磬).
풍로 (風爐)[-노] 명 1 화로의 하나. 흙 또는 쇠붙이로 만드는데, 아래에 바람구멍이 있어 불이 잘 붙게 함. 2 전기나 석유 따위를 이용한 취사 도구.
풍로 (風露)[-노] 명 1 바람과 이슬. 2 바람결에 빛나는 이슬.
풍뢰 (風籟)[-뇌] 명 바람이 숲에 부딪쳐 나는 소리.
풍루 (風淚)[-누] 명 1 바람을 받을 때에 흐르는 눈물. 2 촛불.
풍류 (風流)[-뉴] 명 1 속된 일을 떠나 풍치가 있고 멋스럽게 노는 일. 화조풍월(花鳥風月). ㉠~를 즐기다 / ~를 일삼다. 2 음악을 예스럽게 일컫는 말.

풍류-객 (風流客)[-뉴-] 명 풍류를 즐기는 사람. 풍류인.
풍류-남자 (風流男子)[-뉴-] 명 풍치가 있고 멋들어진 남자.
풍류-랑 (風流郞)[-뉴-] 명 풍치가 있고 멋스러운 젊은 남자.
풍류-장 (風流場)[-뉴-] 명 풍류를 즐기고자 남녀가 모이는 장소.
풍륜 (風輪)[-는] 명 **1**〔불〕 수미산을 버티고 있다는 삼륜의 하나. **2** 바람을 맡은 신.
풍림 (風林)[-님] 명 **1** 바람을 막기 위해 만든 숲. **2** 경치가 좋은 숲.
풍림 (風霖)[-님] 명 바람과 비. 풍우(風雨).
풍림 (楓林)[-님] 명 단풍 든 숲. 또는 단풍나무가 많은 숲.
풍마 (風磨) 명하자 바람에 닳고 갈림.
풍마우세 (風磨雨洗) 명하자 비와 바람에 갈리고 씻김.
풍만-하다 (豊滿-) 형여 **1** 풍족하여 그득하다. **2** 몸에 살이 보기 좋게 많다. ❑ 풍만한 육체.
풍매-화 (風媒花) 명〔식〕 바람에 의해 수분(受粉)하는 꽃《벼·소나무 등의 꽃》.
풍모 (風貌) 명 풍채와 용모. 풍재(風裁). ❑ 위엄 있는 ~.
풍문 (風紋) 명 바람 때문에 모래 표면에 생기는 물결 모양의 무늬.
풍문 (風聞) 명 바람결에 들리는 소문. 풍설(風說). 풍평(風評). ❑ ~으로 듣다 / 이상한 ~이 나돌다.
풍물 (風物) 명 **1** 경치. ❑ 산천 ~을 구경하다. **2** 한 지방이나 계절 특유의 구경거리나 산물. ❑ 이국적인 ~. **3**〔악〕 농악에 쓰는 꽹과리·태평소·소고·북·장구·징 따위의 일컬음. ❑ ~을 울리다.
　풍물(을) 치다 구 농악을 연주하다.
풍물-장이 (風物-) 명 풍물(風物)을 만드는 공인(工人).
풍물-재비 (風物-) 명 농악 따위에서, 풍물의 연주자. 풍물꾼.
풍물-패 (風物-) 명 농악에서, 풍물을 치거나 불거나 하는 사람들의 무리.
풍미 (風味) 명 **1** 음식의 고상한 맛. ❑ ~가 뛰어나다. **2** 멋스럽고 아름다운 사람 됨됨이. ❑ ~가 넘치다.
풍미 (風靡) 명하타 바람에 몰려 초목이 쓰러지듯이, 어떤 현상이나 사조 따위가 널리 사회에 퍼짐. ❑ 황금만능주의가 일세(一世)를 ~하다.
풍미 (豊味) 명 푸짐한 맛. 풍요한 느낌.
풍미-하다 (豊美-) 형여 풍만하고 아름답다. 풍염(豊艶)하다. ❑ 풍미한 몸매.
풍배 (風杯) 명〔기상〕 로빈슨 풍속계에서, 직립축에 달려서 바람을 받아 회전하는 세 개 또는 네 개의 반구(半球)형으로 된 물체.
풍백 (風伯) 명 풍신(風神)1.
풍범-선 (風帆船) 명 바람을 받아서 가는 큰 돛단배.
풍-병 (風病)[-뼝] 명〔한의〕 **1** 신경의 탈로 생기는 온갖 병의 총칭. 풍기(風氣). 풍증. **2** 한센병.
풍부-하다 (豊富-) 형여 양이 넉넉하고 많다. ❑ 풍부한 자원 / 경험이 ~. **풍부-히** 부
풍비 (風飛) 명하자 바람을 타고 흩날림.
풍비 (風痱) 명〔한의〕 몸의 한쪽을 잘 쓰지 못하는 병.
풍비 (風痹) 명〔한의〕 뇌척수의 탈로 인해 몸과 팔다리가 마비되고 감각과 동작에 장애가 생기는 병. 주비(周痹).
풍비 (豊備) 명하타 풍부하게 갖춤.
풍비-박산 (風飛雹散)[-싼] 명하자 사방으로 날아 흩어짐. ❑ 사업의 실패로 집안이 ~이 되다. 준풍산.
풍사 (風邪) 명 한방에서, 바람이 병의 원인으로 작용한 것을 이르는 말.
풍사 (風師) 명 '풍신(風神)1'의 별칭.
풍산 (風散) 명하자 '풍비박산'의 준말.
풍산 (豊産) 명하자 풍부하게 남. 또는 그 산물.
풍상 (風霜) 명 **1** 바람과 서리. **2** 많이 겪은 세상의 고난. ❑ 온갖 ~을 다 겪다 / 모진 ~을 견뎌 내다.
풍상-우로 (風霜雨露) 명 바람과 서리와 비와 이슬.
풍상지임 (風霜之任) 명 매우 엄하고 기세가 대단한 임무《어사·사법관 등의 임무를 일컬음》.
풍색 (風色) 명 남보기에 좋지 못한 기색.
풍생-암 (風生岩) 명〔지〕 풍성암(風成岩).
풍서 (風絮) 명 바람에 날리는 버들개지.
풍-서란 (風-欄) 명〔건〕 문지방의 아래위나 양옆의 선단에 바람막이로 대는 좁은 나무오리.
풍석 (風席) 명 **1** 돛을 만드는 돗자리. **2** 부뚜. **3** 펴 놓고 무엇을 널어 말리는 데 쓰는 거적·멍석·맷방석 등의 총칭.
풍석-질 (風席-)[-찔] 명하타 부뚜질.
풍선 (風扇) 명 **1** 빙빙 돌리거나 훌훌 부쳐 바람을 일으키는 제구. **2** 바람을 내어 검불·티끌을 날리는 농기구.
풍선 (風船) 명 **1** 기구(氣球). **2** '고무풍선·종이풍선'의 준말.
풍선 (風選) 명하타 풍력을 이용하여 가볍고 불량한 종자는 날려 버리고 무거운 종자만 채취하는 일. 날려고르기.
풍선 (風癬) 명〔한의〕 마른버짐.
풍설 (風泄) 명〔한의〕 감기에 걸려 급하게 설사가 나는 병.
풍설 (風屑) 명 비듬.
풍설 (風雪) 명 눈바람.
풍설 (風說) 명 풍문(風聞). ❑ 항간에 떠돌던 ~도 잠잠해졌다.
풍성 (風成) 명 바람의 작용으로 되는 일.
풍성 (風聲) 명 **1** 바람 소리. **2** 들리는 명성. **3** 풍화[1](風化).
풍성-암 (風成岩) 명〔지〕 바람의 유동으로 말미암아 쌓인 흙과 모래로 이루어진 바위. 풍생암(風生岩).
풍성-층 (風成層) 명〔지〕 바람의 작용으로 밀리어 모인 모래나 흙이 쌓여서 이루어진 지층. 풍생층(風生層).
풍성-토 (風成土) 명〔지〕 풍적토(風積土).
풍성-풍성 (豊盛豊盛) 부하형히부 매우 풍족하고 많은 모양.
풍성-하다 (豊盛-) 형여 넉넉하고 많다. ❑ 가을은 풍성한 결실의 계절이다. **풍성-히** 부
풍성-학려 (風聲鶴唳)[-항녀] 명 겁에 질린 사람이 하찮은 일에도 놀람을 가리키는 말.
풍세 (風勢) 명 바람의 세력. 곧, 바람의 강약(强弱). 풍력(風力).
풍세 (豊歲) 명 농사가 잘된 해.
풍세대작 (風勢大作) 명하자 바람이 세차게 붊.
풍속 (風俗) 명 **1** 예로부터 그 사회에 전해 오는 의·식·주 및 그 밖의 모든 생활에 관한 습관. ❑ ~을 따르다 / ~은 나라마다 다르다. **2** 그 시대의 유행과 풍습. ❑ ~이 문란하다.
풍속 (風速) 명 바람이 부는 속도.

풍속 경:찰 (風俗警察)[-경-] 〖법〗 사회 공중(公衆)의 선량한 풍속을 어지럽히는 행위의 단속·방지를 목적으로 하는 경찰.
풍속-계 (風速計)[-꼐 / -께] 명 〖지〗 풍력계(風力計).
풍속-도 (風俗圖)[-또] 명 그 시대의 생활상과 풍습을 그린 그림. 풍속화.
풍속-범 (風俗犯)[-뻠] 명 〖법〗 풍속 사범.
풍속 사:범 (風俗事犯)[-싸-] 〖법〗 미풍양속이나 성도덕에 위배되는 범죄. 또는 그 범인.
풍속 소:설 (風俗小說)[-쏘-] 세태·인정·풍속의 묘사를 주로 하는 소설.
풍속-영업 (風俗營業)[-송녕-] 명 유흥업(遊興業).
풍속-화 (風俗畵)[-소콰] 명 풍속도.
풍손 (風損) 명 바람에 의한 손해.
풍송 (諷誦) 명하타 글을 읽고 시를 읊음.
풍수 (風水) 명 〖민〗 **1** 집이나 무덤 따위의 방위와 지형에 따라 사람의 화복(禍福)이 크게 영향을 받는다는 설. **2** 지관(地官)1.
풍수 (風嗽) 명 〖한의〗 코가 막히고 목이 쉬며, 목이 마르고 목구멍이 가렵고 기침이 자주 나는 병.
풍수 (豐水) 명 시기적으로 수량(水量)이 풍부함. ↔갈수.
풍수-기 (豐水期) 명 시기적으로 수량이 풍부한 때. ↔갈수기(渴水期).
풍수-도 (風水圖) 명 지세(地勢)를 풍수설에 따라서 설명한 그림이나 지도.
풍수-량 (豐水量) 명 〖지〗 한 해 가운데 강물 따위의 흐르는 물이 가장 많을 때의 그 분량.
풍수력 기계 (風水力機械)[-끼-/-끼게] 기체·액체 따위의 상태를 변경시키는 데 사용하는 기계의 총칭《송풍기·압축기·펌프 따위》.
풍수-설 (風水說) 명 〖민〗 **1** 풍수에 관한 학설. **2** 풍수지리.
풍수-쟁이 (風水-) 명 '지관(地官)1'을 속되게 이르는 말.
풍수-증 (風水症)[-쯩] 명 〖한의〗 심장병·신장병(腎臟病) 등으로 사지에 부증(浮症)이 생기는 병《갈증이 나고 온몸이 부음》.
풍수지감 (風樹之感) 명 풍수지탄.
풍수-지리 (風水地理) 명 지형·방위의 길흉을 판단해 죽은 사람을 매장하거나 집을 짓는 데 적당한 장소를 점쳐서 구하는 이론. 풍수설. 풍수지리설.
풍수-지리설 (風水地理說) 명 풍수지리.
풍수지탄 (風樹之歎·風樹之嘆) 명 효도하고자 할 때에 이미 부모를 여의고 효행(孝行)을 다하지 못하는 자식의 슬픔을 이르는 말.
풍수-학 (風水學) 명 풍수지리에 관한 학문.
풍-수해 (風水害) 명 폭풍우와 홍수로 인한 재해. ❑ ~ 대책을 세우다.
풍습 (風習) 명 풍속(風俗)과 습관(習慣). 기습(氣習). ❑ 아름다운 ~ / 고쳐야 할 ~ / 오랜 ~에 젖다.
풍습 (風濕) 명 〖한의〗 습기로 인하여 뼈마디가 저리고 아픈 병.
풍식 (風蝕) 명 〖지〗 풍식 작용.
풍식 작용 (風蝕作用)[-짜굥] 〖지〗 바람이 흙과 모래를 일으켜 지표의 암석을 차차 깎아 파괴시키는 과정. 또는 그런 작용. 풍식.
풍신 (風信) 명 **1** 바람이 불어오는 방향. **2** 소식(消息)2.
풍신 (風神) 명 **1** 바람을 맡은 신. 풍백(風伯). **2** 풍채(風采). ❑ ~이 좋다.
풍신-기 (風信旗) 명 바람의 종류와 세기를 표시하는 기.
풍신-하다 형여 옷의 크기가 몸에 비해 넉넉하다. ❑ 옷을 풍신하게 짓다 / 옷이 풍신해서 입기가 편하다.
풍아 (風雅) 명 **1** 시전(詩傳)의 풍(風)과 아(雅). 곧, 시. **2** 풍류와 문아(文雅).
풍아-롭다 (風雅-)[-따] 〔-로워, -로우니〕 형ㅂ 보기에 풍치가 있고 조촐하다. **풍아-로이** 부
풍아-스럽다 (風雅-)[-따] 〔-스러워, -스러우니〕 형ㅂ 풍아로운 데가 있다. **풍아-스레** 부
풍아-하다 (風雅-) 형여 풍치가 있고 조촐하다. ❑ 풍아한 산천.
풍악 (風樂) 명 우리나라 고유의 옛 음악. 주로 기악을 이름. ❑ ~을 울리다 / ~을 즐기다.
풍악(을) 잡히다 구 풍악을 아뢰거나 연주하게 하다.
풍악 (楓嶽) 명 풍악산.
풍악-산 (楓嶽山)[-싼] 명 가을의 금강산(金剛山)을 이르는 말. 풍악.
풍안[1] (風眼) 명 바람과 티끌을 막기 위해 쓰는 안경. 풍안경.
풍안[2] (風眼) 명 〖한의〗 눈시울과 결막이 빨갛게 붓고 고름이 나는 병.
풍-안경 (風眼鏡) 명 풍안[1].
풍압 (風壓) 명 〖물〗 물체에 미치는 바람의 압력(壓力).
풍압-계 (風壓計)[-꼐 / -께] 명 〖물〗 풍압을 재는 계기.
풍약 (楓約) 명 화투 놀이에서, 단풍 넉 장을 모아서 이루는 약.
풍양 (風陽) 명 바람과 볕. 곧, 날씨.
풍어 (豐漁) 명 물고기가 많이 잡힘. 대어(大漁). ❑ ~를 빌다. ↔흉어(凶漁).
풍어-제 (豐漁祭) 명 〖민〗 어촌에서, 수신(水神)·해신(海神)을 위안하고 어민의 안전과 풍어를 비는 제사. ❑ ~를 지내다.
풍연 (風煙) 명 멀리 보이는, 공중에 서린 흐릿한 기운.
풍열-통 (風熱痛) 명 〖한의〗 잇몸이 붓고 몹시 아프며 고름이 나는 이앓이. 풍열치통.
풍염 (風炎) 명 푄(Föhn).
풍염-하다 (豐艶-) 형여 탐스럽게 살지고 아름답다. ❑ 풍염한 육체. **풍염-히** 부
풍영 (諷詠) 명하타 시가(詩歌) 등을 읊조림.
풍옥-하다 (豐沃-)[-오카-] 형여 땅이 기름지다. 비옥(肥沃)하다. ❑ 풍옥한 토지. **풍옥-히** [-오키] 부
풍요 (風謠) 명 한 지방의 풍속을 읊은 노래.
풍요 (豐饒) 명하형 매우 많아서 넉넉함. 풍유(豐裕). ❑ ~ 속의 빈곤 / ~를 누리다 / ~한 사회를 이룩하다.
풍요-롭다 (豐饒-)[-따] 〔-로워, -로우니〕 형ㅂ 풍요한 느낌이 있다. ❑ 가을의 풍요로운 들판 / 그의 노후의 삶은 풍요로웠다.
풍-요통 (風腰痛) 명 〖한의〗 감기로 인하여 허리가 아픈 병.
풍우 (風雨) 명 바람과 비. 비바람. 풍림(風霖).
풍우-계 (風雨計)[- / -게] 명 청우계.
풍우대작 (風雨大作) 명하자 바람이 몹시 불고 비가 많이 옴.
풍우-장중 (風雨場中) 명 **1** 몹시 바쁜 판. **2** 〖역〗 풍우 중에 치르던 과장(科場)의 안.
풍운 (風雲) 명 **1** 바람과 구름. ❑ ~의 조화. **2** 영웅호걸들이 세상에 두각을 나타내는 좋은 기운(機運). ❑ ~을 타다. **3** 세상이 크게 변하려는 기운(氣運). ❑ ~이 감돌다.
풍운의 뜻 구 풍운을 타고 큰일을 이룩하려

는 뜻. ▣~을 품고 상경하다.

풍운(風韻)圐 풍류와 운치.

풍운-아(風雲兒)圐 좋은 기운을 타고 세상에 두각을 나타낸 사람. ▣정계의 ~.

풍운-조화(風雲造化)圐 비바람이나 구름의 예측하기 어려운 변화.

풍운지회(風雲之會)圐 **1** 영명(英明)한 군주와 어진 신하가 서로 만나는 일. **2** 영웅호걸이 시기(時機)를 타서 뜻을 이룰 좋은 기회.

풍월(風月)圐圐𝘩𝘫 **1** 청풍명월(淸風明月). ▣~을 읊다 / ~을 벗하며 살다. **2** '음풍농월(吟風弄月)'의 준말. **3** 얻어들은 짧은 지식. ▣오다가다 얻어들은 ~.

풍월-객(風月客)圐 음풍농월을 일삼는 사람.

풍월-주인(風月主人)圐 맑은 바람과 밝은 달 따위의 자연을 즐기는 사람.

풍위(風位)圐 바람이 불어오는 방위.

풍위(風威)圐 세게 부는 바람의 위력.

풍유(諷諭·諷喩)圐𝘩𝘵 슬며시 나무라며 가르쳐 타이름.

풍유(豐裕)圐𝘩𝘩 풍요(豐饒).

풍유-법(諷諭法)[-뻡]圐 비유법 중에서 차원이 높은 것으로, 무엇을 무엇에 비유한다는 것을 드러내지 않고 비유하는 말만을 들어 그 뜻을 알게 하는 방법('빈 수레가 더 요란하다'와 같은 속담·격언이 이에 속함).

풍의(風儀)[-/-이]圐 풍채(風采).

풍의(風懿)[-/-이]圐𝘩의 중풍의 하나. 갑자기 쓰러지며 혀와 목구멍이 마비되고 말하는 데 탈이 생김.

풍이圐𝘵 꽃무짓과의 곤충. 한여름에 나와 나무진·과실 등에 모이며, 몸은 약 2.5cm로 편평한 직사각형이고 광택이 나는 붉은빛을 띤 갈색임.

풍이(風異)圐 나무가 꺾어지고 집이 무너질 만큼 힘이 센 바람의 현상.

풍인(風人)圐 **1** 나환자. **2** 시부(詩賦)에 능한 사람.

풍자(諷刺)圐𝘩𝘵 남의 결점을 무엇에 빗대어서 재치 있게 경계하거나 비판함. ▣세태를 ~한 만화 / 양반들을 ~하는 가면극.

풍자-극(諷刺劇)圐〖연〗사회나 인간의 비리(非理) 또는 결점을 들어 비판하는 내용의 연극이나 희곡.

풍자 문학(諷刺文學)〖문〗사회·인물·시대의 모순이나 죄악 등을 풍자하는 내용의 문학.

풍자-소설(諷刺小說)〖문〗사회나 인생의 결함·죄악·모순 등을 풍자하는 소설.

풍자-시(諷刺詩)〖문〗사회의 죄악상이나 불미스러운 점을 풍자하는 시.

풍자-적(諷刺的)圐 풍자의 성질을 띤 (것). ▣~ 묘사.

풍자-화(諷刺畫)圐 기지·냉소 등을 섞어 사회 또는 남의 실수·결함·죄악 등을 풍자함을 목적으로 한 그림.

풍작(豐作)圐 풍년이 든 농작(農作). ▣올해는 ~이 예상된다. ↔흉작(凶作).

풍잠(風簪)圐 갓모자가 바람이 불어도 뒤로 넘어가지 않게 망건의 당 앞에 꾸미는 장식품(쇠뿔·대모·금패(錦貝) 등으로 만듦). 원산(遠山).

풍장圐〖악〗농악에 쓰는 풍물(風物)을 민속적으로 일컫는 말(명절·경사 때 치고 놂).

풍장(風葬)圐𝘩𝘵 시체를 한데에 버려두어 비바람에 쐬어서 자연히 없어지게 하는 원시적인 장법(葬法).

풍재(風災)圐 폭풍으로 당하는 재해.

풍재(風裁)圐 **1** 풍모(風貌). **2** 풍치(風致).

풍적-토(風積土)圐〖지〗암석의 자질구레한 가루 따위가 바람에 의하여 운반되어 쌓여서 생긴 흙. 풍성토(風成土). *충적토(沖積土).

풍전(風前)圐 불어오는 바람의 앞.

풍전(瘋癲)圐〖한의〗후천적 정신병 중, 언행 착란·의식 혼탁·감정 격발이 현저한 것.

풍전-등촉(風前燈燭)圐 풍전등화(風前燈火). ❀준풍촉(風燭).

풍전-등화(風前燈火)圐 **1** 바람 앞에 놓인 등불이라는 뜻으로, 매우 위급한 처지에 놓여 있음을 가리키는 말. ▣~와 같은 나라의 운명. **2** 사물이 덧없음을 가리키는 말.

풍전-세류(風前細柳)圐 바람 앞에 나부끼는 세버들이라는 뜻으로, 부드럽고 영리한 사람의 성격을 비유한 말.

풍전지진(風前之塵)圐 바람 앞의 먼지라는 뜻으로, 사물의 변화가 덧없음을 가리키는 말.

풍절(風節)圐 거룩한 몸체와 절개(節介).

풍정(風情)圐 풍치가 있는 정회(情懷).

풍정낙식(風定浪息)圐𝘩𝘫 바람이 자고 파도가 잔잔해진다는 뜻으로, 들떠서 어수선하던 것이 가라앉음의 비유.

풍조(風鳥)圐〖조〗극락조.

풍조(風潮)圐 **1** 바람에 따라 흐르는 조수(潮水). **2** 시대에 따라 변하는 세태. ▣과소비 ~가 다시 고개를 들다.

풍족-하다(豐足-)[-조카-]𝘩 매우 넉넉하여 모자람이 없다. ▣풍족한 생활을 누리다. **풍족-히**[-조키]𝘵

풍증(風症)[-쯩]圐〖한의〗풍병1.

풍지(風紙)圐 '문풍지(門風紙)'의 준말.

풍지-박산(風-)☞ 풍비박산(風飛雹散).

풍진(風疹)圐 바이러스에 의한 발진성(發疹性)의 급성 피부 전염병의 하나. 흔히 어린이들에게 많음.

풍진(風塵)圐 **1** 비바람에 날리는 티끌. **2** 세상에서 일어나는 힘겨운 일. ▣세상 ~을 겪다. **3** 병진(兵塵).

풍진-세계(風塵世界)[-/-게]圐 편안하지 못하고 어지러운 세상.

풍차(風車)圐 **1** 바람의 힘을 동력으로 이용해 쓰는 장치(정미·제분·제재 등에 씀). **2** ☞ 풍구1. **3** 팔랑개비1.

풍차(風遮)圐 **1** 주로 짐승의 털가죽으로 만든 방한용 두건(頭巾)의 하나. **2** 어린아이의 바지나 고의의 마루폭에 좌우로 길게 대는 형겊 조각.

풍차-바지(風遮-)圐 마루폭의 뒤쪽에 좌우로 길게 헝겊 조각을 댄 어린아이의 바지. 개구멍바지와 비슷함.

풍찬-노숙(風餐露宿)圐 바람과 이슬을 맞으며 한데에서 먹고 잔다는 뜻으로, 객지에서 겪는 모진 고생을 이르는 말.

풍창(風窓)圐 **1** 통풍창. **2** 뚫어진 창.

풍창-곡(諷唱曲)圐〖악〗카바티나1.

풍창-파벽(風窓破壁)圐 뚫어진 창과 헌 담벼락이란 뜻으로, 허술하고 가난한 집을 이르는 말.

풍채(風采)圐 겉으로 드러나 보이는 인상. 사람의 겉모양. 풍신(風神). 풍의(風儀). ▣~가 좋다 / ~가 당당하다.

풍촉(風燭)圐 '풍전등촉'의 준말.

풍취(風趣)圐 풍경의 아취. 아담한 정취가 있는 풍경. ▣이국적인 ~가 감도는 푸르고 울창한 공원. **2** 풍치(風致).

풍치(風致)圐 시원스럽게 격에 맞는 멋. 풍재

(風裁). 풍취. ▯~를 해치다 / 호반의 ~를 즐기다.

풍치 (風齒) 圀 『한의』 풍병으로 일어나는 치통 (齒痛). ▯~로 고생하다.

풍치-림 (風致林) 圀 산수의 정취(情趣)를 유지·조성하기 위해 가꾸는 나무숲.

풍치 지구 (風致地區) 도시 안팎의 풍치 유지를 목적으로 도시 계획 구역 내에서 토지의 상황에 따라 지정·보호하는 지구.

풍침 (風枕) 圀 공기를 불어 넣어서 베는 베개.

풍타낭타 (風打浪打) 圀 바람이 치고 물결이 친다는 뜻으로, 일정한 주의·주장 없이 그저 대세에 따라 행동함의 비유.

풍토 (風土) 圀 1 기후와 토지의 상태. ▯~에 순화(馴化)되다 / 지역 ~에 맞게 농사를 짓다. 2 어떤 일의 바탕이 되는 제도나 조건의 비유. ▯낙후된 정치 ~ / 화합을 위한 새로운 ~를 조성하다.

풍토-기 (風土記) 圀 지방별로 풍토·문화 따위를 적은 기록. 풍토지.

풍토-병 (風土病)[─뼝] 圀 기후·지질로 인해 생기는 그 지역 특유의 병. 지방병.

풍토-색 (風土色) 圀 풍토의 차이에서 생기는 각각의 특색. ▯~이 짙은 민요.

풍파 (風波) 圀 1 세찬 바람과 험한 물결. 3 사나운 ~가 일다. 2 살아가는 데서 생기는 곤란이나 고통 따위. 파란(波瀾). ▯~를 많이 겪은 사람 / 같은 ~를 다 겪다 / 공연히 집안에 ~를 일으키다.

풍판 (風板) 圀 『건』 뱃집으로 지은 전각·신당의 두 쪽 박공 밑에 비바람을 막기 위해 길이로 잇대는 널빤지.

풍편 (風便) 圀 바람결.

풍평 (風評) 圀 풍문(風聞).

풍-풍 圀㉘囜 1 막혔던 기체 따위가 거푸 세게 뿜어 나오는 소리. ㉑뻥뻥. 2 좁은 구멍으로 물이 쏟아지는 소리. 3 조금 큰 구멍이 잇따라 뚫어지는 소리. ▯문풍지를 ~ 뚫다. ㉑풍풍.

풍풍-거리다 囜囜 자꾸 풍풍 소리가 나다. 또는 자꾸 그런 소리를 내다. ㉑풍풍거리다.

풍풍-대다 囜囜 풍풍거리다.

풍학 (風瘧) 圀 『한의』 감기에 걸려 신열(身熱)이 나다가 얼마 안 되어 오슬오슬 추운 증상이 생기는 병.

풍한서습 (風寒暑濕) 圀 바람과 추위와 더위와 습기.

풍한-열 (風寒熱)[─녈] 圀 『한의』 어린아이가 감기에 걸려 열이 몹시 나는 병.

풍한-천 (風寒喘) 圀 『한의』 감기로 숨이 차고 호흡이 곤란한 병.

풍해 (風害) 圀 바람으로 인한 재해. 풍재(風災). ▯농작물이 ~를 입다.

풍해 (風解) 圀 『화』 물이 들어 있는 결정체가 공기 속에서 수분을 잃고 부서져서 가루 모양으로 변하는 현상. 풍화(風化).

풍향 (風向) 圀 바람이 불어오는 방향.

풍향-계 (風向計)[─/─계] 圀 풍향을 관측하는 기계. 깃의 끝에 추를 달아서 수평으로 자유로이 회전시켜, 그 지주(支柱)의 회전을 자기 장치로 인도하여 풍향의 변화를 알 수 있게 됨. 바람개비. 풍신기(風信器).

풍헌 (風憲) 圀 1 풍화(風化)와 헌장(憲章). 2 『역』 조선 때, 유향소에서 면(面)이나 이(里)의 일을 맡아보던 사람.

풍혈 (風穴) 圀 1 『지』 높은 산등성이·산기슭에 있어 늘 시원한 바람이 불어 나오는 구멍이나 바위틈. 2 나무 그릇 같은 데 가장자리로

돌아가며 잘게 새겨 붙이는 꾸밈새.

풍협 (豊頰) 圀 두툼하게 살찐 탐스러운 뺨.

풍-혹 (楓─) 圀 단풍나무의 옹두리가 뭉쳐 커진 혹.

풍화 (風火) 圀 『한의』 병의 원인이 되는 풍기(風氣)와 화기(火氣).

풍화¹ (風化) 圀 교육이나 정치의 힘으로 풍습을 잘 교화시키는 일. 풍교(風敎).

풍화² (風化) 圀㉮囜 1 [지] 풍화 작용. ▯~된 암석. 2 [화] 풍해(風解).

풍화 (風和) 圀㉮囜 바람이 멎고 파도가 잔잔함.

풍화-물 (風化物) 圀 풍화된 물질.

풍화-석회 (風化石灰)[─서뢰] 圀 공기 중에 오랫동안 노출된 생석회가 공기 중의 수분을 흡수하여 부스러진 흰 가루.

풍화 작용 (風化作用) 『지』 지표의 암석이 공기·물 등의 작용으로 차차 부서져 흙으로 변하는 과정. 또는 그러한 작용. 풍화(風化).

풍회 (風懷) 圀 풍정(風情).

풍후-하다 (豊厚─)[─하─] 囵엿 1 얼굴이 살쪄 너그러워 보이다. 2 아주 넉넉하도록 많다.

풍훈 (風暈) 圀 『한의』 감기에 걸려 어지럽고 오슬오슬 추우며 땀이 몹시 흐르는 병.

풍흉 (豊凶) 圀 풍년과 흉년. 또는 풍작과 흉작. ▯~의 상황을 조사하다.

퓌레 (프 purée) 圀 서양 요리에서, 고기나 채소를 삶거나 데쳐서 으깨어 체로 걸러 걸쭉하게 만든 식품. 매시(mash). ▯토마토~.

퓌우다 囜 〈옛〉 피우다.

퓨마 (puma) 圀 『동』 고양잇과의 짐승. 미국 원산. 몸길이가 약 1.4m 정도, 머리는 작고 귀는 둥글며, 뒷다리가 길고 등은 붉은 갈색 또는 잿빛을 띤 갈색임. 나무에 잘 오르고 사슴·토끼 따위를 잡아먹음.

퓨젤-유 (fusel油)[─뉴] 圀 『화』 알코올 발효 때 생기는 아밀알코올을 주성분으로 하는, 끓는점이 높은, 여러 가지 고급 알코올의 혼합물(揮발성이며 유독성이어서 술 마신 뒤 두통의 원인이 됨).

퓨즈 (fuse) 圀 전기 회로에 강한 전류가 흐르면 곧 녹아 회로를 닫아 주어 위험을 방지하는 데 쓰이는 금속물. ▯~가 끊어지다.

퓰리처-상 (Pulitzer賞) 圀 미국의 언론·문학상 (미국의 언론인 퓰리처의 유산으로 매년 신문·잡지·문학 부문의 우수한 사람에게 수여함. 1917년에 제정됨).

프라세오디뮴 (praseodymium) 圀 『화』 희토류 원소의 하나. 은백색의 금속으로 공기 중에서 누렇게 변하며, 연성(延性)·전성(展性)이 풍부하고 아연보다 단단함. 뜨거운 물과 반응하면 수소를 발생함. [59번 : Pr : 140.92]

프라운호퍼-선 (Fraunhofer線) 圀 『물』 태양 광선을 분광기로 분해한 스펙트럼 가운데에 나타나는 무수한 암선(暗線). 1814년 독일의 물리학자 프라운호퍼가 발견함.

프라이 (fry) 圀㉮囜 고기·생선·채소 따위에 밀가루를 묻혀 기름에 튀기거나 지지는 일. 또는 그 음식. ▯계란 ~ / 새우 ~.

프라이드 (pride) 圀 자신의 품위나 소유물 따위를 지키려는 마음. 자존심. 긍지(矜持). ▯~가 높다 / 남다른 ~를 가지다.

프라이드-치킨 (fried chicken) 圀 기름에 튀긴 닭고기. 닭튀김. ㉑치킨.

프라이버시 (privacy) 圀 개인의 사생활이나 사적인 일. 또는 그것을 남에게 간섭받지 않을 권리. ▯~의 침해 / ~를 존중하다.

프라이팬 (frypan) 몡 프라이하는 데 쓰는, 운 두가 얕고 손잡이가 있는 넓적한 냄비.

프라임 레이트 (prime rate) 은행이 신용도가 높은 기업에 대한 대출에 적용하는 금리. 우 대(優待) 금리.

프락치 (←러 fraktsiya) 몡 특수한 사명을 띠고 어떤 조직체에 몰래 들어가서 신분을 숨기고 활동하는 사람. 또는 그 조직.

프랑 (프 franc) 몡 프랑스·스위스·벨기에의 화폐 단위(기호는 Fr).

프랑슘 (francium) 몡《화》악티늄 227이 알파 (α) 붕괴할 때 생성하는 알칼리 금속 원소. [87번: Fr : 223]

프랑스 대:혁명 (France大革命)[-형-]《역》 프랑스 혁명.

프랑스-빵 (France-) 몡 짠맛이 나고 껍질이 단단한 빵. 주먹이나 굵은 막대 모양임.

프랑스-어 (France語)《언》인도·유럽 어족 의 이탤릭 어파에 속한 언어. 라틴어에서 에 스파냐어, 포르투갈어, 이탈리아어 따위와 함께 분화된 로맨스어의 한 갈래로 프랑스, 벨기에, 스위스, 북아프리카 등지에서 씀.

프랑스 자:수 (France刺繡) 프랑스를 중심으 로 유럽 여러 나라에서 발달한 서양풍 자수 의 통속적인 일컬음. 흰 형겊에 흰 실로 수를 놓아 보기에 레이스와 비슷함.

프랑스 혁명 (France革命)[-형-]《역》1789년 프랑스에서 부르봉 왕조의 절대주의적인 구 제도를 타파하여 근대 시민 사회를 이룩한 시민 혁명. 프랑스 대혁명.

프랑크-족 (Frank族) 몡 게르만 민족의 한 부 족(라인강 하류 지방에서 일어나 486년에 프 랑크 왕국을 세웠음).

프래그머티즘 (pragmatism) 몡《철》실용주의 (實用主義).

프랜차이즈 체인 (franchise chain) 체인 본부 가 가맹점에 지역 독점 판매권·영업권을 주 고 경영 지도를 하여 사업 확장을 꾀하는 방 식(햄버거 체인·슈퍼마켓 체인 따위).

프러-디다 제 〈옛〉풀어지다.

프러시안-블루 (Prussian blue) 몡 청색의 물 감. 또는 그 색(페로시안칼륨 용액에 제이 철염 용액을 가해서 만듦). 감청(紺青).

프러포즈 (propose) 몡 1 청혼. 2 제의.

프런트 (front) 몡 호텔 현관의 계산대. □~에 가서 숙박료를 계산하다.

프런트 코트 (front court) 농구 경기장에서, 중앙에 그은 선에서 상대편 바스켓이 있는 쪽의 코트.

프레스 (press) 몡 1 인쇄. 출판. 신문. □~ 클 럽. 2《공》금속이나 합성수지를 가열하면서 강한 압력으로 눌러 일정한 모양을 찍어 내 는 일. 또는 그 각종 기계.

프레스 센터 (press center) 1 신문사가 많이 모여 있는 지역. 2 어떤 기획이나 사건 따위 의 취재나 보도에 편리하도록 설치된 기자 전용의 시설이나 방.

프레스코 (이 fresco) 몡 벽화를 그릴 때 새로 석회를 바르고 채 마르기 전에 수채로 그리 는 화법.

프레스토 (이 presto) 몡《악》악보에서, ‘매우 빠르게’의 뜻.

프레스티시모 (이 prestissimo) 몡《악》‘가능 한 한 빠르게’의 뜻.

프레싱 (pressing) 몡하자 의복·옷감 위에 젖은 헝겊을 대고 다림질하여 주름을 펴는 일.

프레온 (Freon) 몡 플루오르와 탄소와 염소(塩 素)의 화합물인 클로로플루오르카본(chloro-fluorocarbon : CFC)의 듀폰 회사 상표명. 무 색무취의 기체 또는 끓는점이 낮은 액체로 냉장고·에어컨의 냉매(冷媒), 반도체 제품이 나 정밀 기기의 세척제, 스프레이의 분무제 등으로 쓰임. 성층권에서 오존층을 파괴하는 원인이 되는 물질임.

프레온 가스 (Freon gas) 기체 상태의 프레 온. 스프레이의 분무, 냉방·냉장고 등의 냉매용(冷 媒用)으로 씀《상표명》.

프레-올림픽 (Pre-Olympic) 몡 올림픽이 개최 되는 1년 전에, 경기 시설이나 운영 따위를 시험하기 위하여 그 개최 예정지에서 거행되 는 국제적인 경기 대회의 총칭.

프레이즈-반 (fraise盤) 몡 밀링 머신.

프레임 (frame) 몡─ 자동차·자전거 등의 뼈 대. 틀. 2─의몡 볼링에서, 한 경기를 열로 나 누었을 때의 하나를 세는 단위.

프레젠테이션 (presentation) 몡 광고 대리업자 가 예상 광고주를 대상으로 광고 계획서 따 위를 제출하는 활동.

프레파라트 (독 Präparat) 몡《생》현미경용의 생물 및 광물의 표본.

프렌치-드레싱 (French dressing) 몡 식초·샐 러드 기름·후추·소금 등으로 만든 샐러드 소스.

프렌치-토스트 (French toast) 몡 달걀·우유 등을 섞은 것에 식빵을 담갔다가 프라이팬에 지진 서양 음식.

프렐류드 (prelude) 몡《악》전주곡.

프로 [1] 1 ‘프로그램’의 준말. □방송 ~. 2 ‘프로덕션’의 준말. 3 ‘프로파간다’의 준말. 4 ‘프롤레타리아’의 준말. □~ 문학. 5 ‘프 로페셔널’의 준말. □~ 야구 / ~ 권투 / ~ 기사(棋士). ↔아마.

프로 (←네 procent) 몡 퍼센트. □ 지하철 요 금이 20~나 인상되었다 / 오늘 비가 올 확률 은 70 ~다.

프로게스테론 (progesterone) 몡《화》난소 황 체(卵巢黃體)로부터 얻는 황체 호르몬의 일 종. 임신 중 자궁의 발육 성장을 지배함. 무 월경(無月經), 절박성(切迫性) 및 습관성 유 산 등의 치료에 씀. 황체(黃體) 호르몬.

프로그래머 (programmer) 몡 1 영화나 텔레비 전 프로그램을 작성하거나 기획하는 사람. 2 컴퓨터 프로그램을 작성하는 사람. 또는 프 로그래밍을 직업으로 하는 사람.

프로그래밍 (programming) 몡 컴퓨터의 프로 그램을 작성하는 일. 또는 그 작성 과정.

프로그래밍 언어 (programming言語)《컴》프 로그램을 작성할 때 사용되는 언어. 기계어 와 어셈블러에 의해 번역되는 어셈블리 언 어, 컴파일러에 의해 번역되는 포트란·파스 칼, 인터프리터에 의해 번역되는 베이식 (BASIC) 등이 있음.

프로그램 (program) 몡 1 진행 계획이나 순서. 계획표. □~을 짜다. 2《연》연극·영화·음악 등의 진행 순서나 목록. □공연 ~ / 방송국의 ~ 개편. 윤프로. 3《컴》어떤 절차로 정보를 처리할 것인가를, 기계가 해독할 수 있는 특 별한 언어 따위로 지시하는 것. 또는 그것을 작성하는 일.

프로덕션 (production) 몡 1 생산. 작품. 2 영화 의 제작 또는 제작소. 3 연예인 등을 모아 흥 행이나 사업을 하는 조직. 윤프로.

프로듀서 (producer) 몡 1 연극·영화·방송 관 계의 제작자. 기획에서 완성까지의 모든 책

임을 짐. **2** 무대 감독. 연출가.

프로메륨 (promethium) 〖화〗 희토류 원소의 하나. 1947년에 우라늄의 핵분열 반응에 의해서 발견됨. [61번 : Pm : 145]

프로모터 (promoter) 〖명〗 **1** 지지자. 후원자. 장려자. **2** 흥행을 주관하는 사람. **3** 〖의〗그 자신은 발암성(發癌性)이 없으나 발암성을 자키는 물질. 발암 촉진 인자. **4** 〖생〗오페론 (operon)의 한 끝에 있는, 전사(轉寫)를 촉진시키는 인자(因子).

프로 문학 (←prolétariat 文學) '프롤레타리아 문학'의 준말.

프로미넌스 (prominence) 〖명〗〖천〗홍염(紅焰).

프로세서 (processor) 〖명〗〖컴〗 **1** 자체의 명령어를 해독하여 프로그램을 수용하고 외부의 각종 장치를 처리할 능력이 있는 전자 회로. **2** 데이터를 처리할 수 있는 능력이 있는 시스템이나 장치.

프로세스 (process) 〖명〗 **1** 일이 처리되는 경로나 공정. 과정. 절차. **2** 프로세스 평판.

프로세스 인쇄 (process 印刷) 다색(多色) 인쇄 기법의 하나. 컬러 원고를 황색·적색·감색·흑색의 4색으로 분해하고, 각 색을 평판(平版)으로 제판하여 오프셋 인쇄 방식으로 인쇄하는 기법.

프로세스 평판 (process 平版) 〖인〗 사진 제판법에 의한 다색(多色) 평판(컬러 원고를 색분해하는 공정을 거쳐 제판함). 프로세스.

프로스타글란딘 (prostaglandin) 〖약〗 전립선·정낭(精囊) 등에서 만들어지는 호르몬과 같은 불포화 지방산. 또는 그것으로 만든 약제(위액 분비 억제·혈압 강하 등에 씀).

프로젝트 (project) 〖명〗 **1** 학습자가 자기 활동을 스스로 선택·계획·방행을 실행 문제 해결의 학습. **2** 연구·사업 등의 계획. □자원 개발 ~ / 대형 ~를 수주하다.

프로타민 (protamine) 〖화〗 단순 단백질에 속하는 단백질의 총칭. 동물에만 있으며 핵단백질의 성분을 이루는 염기성 단백질로, 단백질 중 가장 간단함. 물과 암모니아수에 잘 녹으며 열을 받아도 엉기지 않음.

프로테스탄트 (Protestant) 〖명〗〖기〗 **1** 종교 개혁의 결과로 일어난 기독교의 여러 교파와 그 후에 일어난 같은 계통의 분파의 총칭. 개신교. 신교(新敎). **2** 신교도.

프로테스탄티즘 (Protestantism) 〖명〗〖기〗16세기 종교 개혁 운동에서 발단한 기독교의 여러 교의(敎義)·교회의 총체. 신교(新敎).

프로테아제 (protease) 〖명〗〖생〗단백질의 펩티드(peptide) 결합을 가수 분해하는 효소의 총칭. 생체 안의 음식물이나 불필요한 단백질을 분해하는 데 관여함. 단백질 분해 효소.

프로텍터 (protector) 〖명〗 **1** 야구에서, 포수나 심판이 가슴에 대는 보호구. **2** 아마 권투에서, 선수가 몸을 보호하기 위해 착용하는 기구.

프로토콜 (protocol) 〖명〗〖컴〗데이터를 원활히 주고받기 위하여 약속한 여러 가지 규약. 정보 포맷(format)·교신 절차·에러 검출법 등을 정함. 통신 규약.

프로톤 (proton) 〖명〗〖물〗양성자(陽性子).

프로트악티늄 (protactinium) 〖명〗〖화〗악티노이드 원소의 하나. 우라늄광 중에 미량(微量)이 존재함. [91번 : Pa : 231]

프로파간다 (propaganda) 〖명〗 **1** 선전. 확장 운동. **2** 〖종〗전도(傳道). ㉰프로.

프로판 (propane) 〖명〗〖화〗알칸의 하나. 무색의 냄새가 없는 가연성(可燃性) 기체. 가압 액화하여 가정용 또는 자동차 연료. 에어로졸

(aerosol) 등에 사용함. 프로판 가스.

프로판 가스 (propane gas) **1** 프로판. **2** '엘피지(LPG)'의 속칭.

프로페셔널 (professional) 〖명〗 전문가. 직업 선수. ↔아마추어. ㉰프로.

프로펠러 (propeller) 〖명〗 비행기·선박을 앞으로 나아가게 하는 회전 날개. 추진기. □~ 비행기 / 헬리콥터의 요란한 ~ 소리.

프로포즈 ☞ 프러포즈(propose).

프로필 (profile) 〖명〗 **1** 옆얼굴. **2** 인물의 약력. 인물평. □작가의 ~을 소개하다.

프록-코트 (frock coat) 〖명〗 남자용 예복. 보통 검은색이며 저고리 길이는 무릎까지 이름.

프론토질 (도 Prontosil) 〖명〗 화농균 질환에 대한 최초의 화학 요법제(이것을 개량하여 술파제가 생겼음).

프롤레타리아 (도 prolétariat) 〖명〗 **1** 자본주의 사회에서 자기 노동력을 자본가에 팔아 생활하는 노동자. 임금 노동자. ↔부르주아. ㉰프로. **2** 프롤레타리아트.

프롤레타리아 독재 (prolétariat 獨裁) 프롤레타리아트의 혁명으로 얻은 권력의 유지·강화를 위해 강제로 부르주아지를 지배하는 일.

프롤레타리아 문학 (prolétariat 文學) 〖문〗 프롤레타리아트의 생활에 근거를 두고, 그 계급적 자각하에, 현실을 사회주의 리얼리즘의 입장에서 묘사해 내는 문학. 사회주의 문학. ㉰프로 문학.

프롤레타리아 예:술 (prolétariat 藝術) 프롤레타리아트의 사상을 표방하는 예술.

프롤레타리아트 (도 Proletariat) 〖명〗 프롤레타리아의 계급. 무산(無産) 계급. ↔부르주아지.

프롤레타리아 혁명 (prolétariat 革命)[─형─] 〖사〗 모든 자본주의적 관계를 타도하고 사회주의 사회를 실현하기 위하여 일으킨 혁명.

프롤로그 (PROLOG) 〖명〗 〔Programming in Logic〕 〖컴〗 프랑스·영국에서 개발·설계한 논리형 프로그래밍 언어. 지식 정보 처리의 기술(記述)에 적합함.

프롤로그 (prologue) 〖명〗 **1** 〖연〗서막(序幕). **2** 시가(詩歌)·소설·오페라·음악 등에서, 그 주제를 암시하기 위한 서두(序頭) 부분. 서시(序詩)·서언(序言)·서곡(序曲)·전주곡 등. ↔에필로그.

프롬프터 (prompter) 〖명〗 연극에서, 관객의 눈에 뜨이지 않는 곳에서 배우에게 동작이나 대사 따위를 일러 주는 사람.

프롬프터 박스 (prompter box) 프롬프터가 들어가기 위하여 특별히 무대 끝 부분에 만들어 놓은 상자 모양의 조그마한 방.

프루트-펀치 (fruit punch) 여러 가지 과일을 잘게 썰어 과즙·양주·얼음 따위와 섞은 음료.

프르다 〖형〗 〖옛〗 푸르다.

프리깃 (frigate) 〖명〗 **1** 상하의 갑판에 28~60문의 대포를 장비한 중세기의 목조 쾌속 범선. **2** 〖군〗 '프리깃함'의 준말.

프리깃-함 (frigate 艦) 〖명〗 미국 해군에서, 구축함보다 크고 순양함보다는 작은, 배수량 4천~9천 톤급의 군함. 주로 공격형 항공모함의 호위를 맡음.

프리랜서 (freelancer) 〖명〗 일정한 소속이 없이 자유 계약으로 일하는 사람. 자유 기고가. □~ 사진 기자 / 그 아나운서는 ~이어서 겹치기 출연이 많다.

프리리코딩 (prerecording) 〖명〗 텔레비전이나

영화에서 화면을 촬영하기 전에 음악이나 대사(臺詞)를 녹음하는 일. 프리스코어링. 프리레코. ↔애프터 리코딩.

프리마 돈나 (이 prima donna) 오페라에서, 주역을 맡은 여가수.

프리마 발레리나 (이 prima ballerina) 발레에서, 주역을 맡은 발레리나.

프리미엄 (premium) 몜 **1** 입장권 등의 할증금(割增金). 웃돈. ▣～이 붙다. **2** 수수료. 보수. **3** 〖경〗주식·공사채 등의 매매 가격이 액면 가격을 초과하였을 때의 그 초과액. ▣신주를 공모할 때 ～을 붙여 발행하다.

프리 배팅 (free+batting) 야구에서, 자유로이 타격을 연습하는 일.

프리뷰 (preview) 몜 영화를 개봉하기 전에 관계자만이 시사(試寫)하는 일.

프리―섹스 (free sex) 몜 자유롭게 즐기는 성애(性愛).

프리 스로 (free throw) 자유투(自由投).

프리스코어링 (prescoring) 몜 프리리코딩.

프리웨어 (freeware) 몜 〖컴〗 저작자가 무료로 배포하는 공개(公開) 소프트웨어.

프리즘 (prism) 몜 〖물〗 광선의 굴절·분산 등을 일으키게 하는 유리 또는 수정의 삼각기둥 등의 광학(光學) 부품《직각 프리즘·편각(偏角) 프리즘 따위 종류가 많음》.

프리즘 분광기 (prism分光器) 〖물〗 프리즘을 사용한 분광기.

프리즘 스펙트럼 (prism spectrum) 〖물〗 프리즘 분광기로 관측한 스펙트럼.

프리즘 쌍안경 (prism雙眼鏡) 〖물〗 대물렌즈와 대안렌즈 사이에 두 개의 직각 프리즘을 끼워 넣어 네 번 전반사(全反射)시켜서 영상을 바로 서게 한 쌍안경.

프리지어 (freesia) 몜 〖식〗 붓꽃과의 여러해살이풀. 남아메리카 원산. 줄기는 달걀꼴 또는 원통형이고 섬유질의 거친 피막에 덮여 있음. 잎이 날 무렵에 노란색·흰색 따위의 여섯 잎꽃이 깔때기 모양으로 핌《꽃꽂이용·분재용으로 재배함》.

프리 킥 (free kick) 축구나 럭비에서, 상대편이 반칙을 범했을 때, 그 지점에서 자유로이 공을 차는 일.

프리 히트 (free hit) 필드하키에서, 반칙이 일어났을 때 반칙이 행해진 지점에서 상대편 선수의 방해를 받지 않고 공을 치는 일.

프린스―멜론 (prince+melon) 〖식〗 뉴멜론과 참외를 교배시킨 멜론의 한 품종《작고 둥글며, 겉은 회색빛이 도는 녹색, 살은 청색이며 맛은 닮》.

프린터 (printer) 몜 **1** 〖인〗 인쇄 기계. **2** 〖컴〗 정보를 출력 용지에 인쇄하는 장치. 도트(dot) 프린터·잉크젯 프린터·레이저 프린터가 있음. 인쇄 장치. 인자기(印字機).

프린트 (print) 몜타 **1** 인쇄하거나 등사하는 일. 또는 그 인쇄물. ▣～된 교재. **2** 영화·사진 따위에서, 음화에서 양화를 박아 냄. 또는 그 필름. **3** 날염(捺染). 또는 날염한 천. ▣화려한 무늬가 ～된 천.

프린트 합판 (print合板) 자연목과 흡사한 나뭇결을 인쇄한 종이를 발라 수지(樹脂) 가공한 베니어판.

프릴 (frill) 몜 주름을 잡아 물결 모양으로 한 가장자리 장식《여성복이나 아동복의 소매나 깃에 붙임》. ▣～이 달린 원피스.

프림 (Frim) 몜 커피에 타서 우유 맛을 내는 하

야스름한 가루《상표명》.

프시케 (Psyche) 〖신〗 그리스 신화 중의 사랑의 신(神) 에로스(Eros)의 아내. 생명의 원리로서의 마음·영혼을 신격화(神格化)한 것임. 사이키(Psyche).

프탈―산 (←phthalic酸) 〖화〗 나프탈렌을 황산·과망간산염으로 산화하여 만든, 기둥 모양의 무색 결정체. 가열하면 녹아 프탈산 무수물이 됨《분석용 시약·물감·합성수지 등의 원료로 씀》.

프토마인 (ptomaine) 몜 〖생〗 동물의 시체 또는 부패 단백질의 분해로 생기는 독성(毒性) 물질의 총칭. ▣～ 중독.

프티 부르주아 (프 petit bourgeois) 소시민. 중산 계급.

프티알린 (ptyalin) 몜 〖생〗 동물성 아밀라아제(amylase)의 하나. 고등 동물의 침 속에 들어 있으며, 녹말을 분해하여 덱스트린(dextrine)·말토오스(maltose)를 만듦.

플[1] 몜 〈옛〉 풀〔草〕.

플[2] 몜 〈옛〉 풀〔糊〕.

플다 (解) 옛 풀다〔解〕.

플라나리아 (planaria) 몜 〖동〗 편형(扁形)동물의 하나. 몸은 편평하고 머리는 삼각형이며 몸길이 20~35 mm, 항문이 없고, 암수한몸으로 무성 및 유성 생식을 함. 스스로 먹이를 섭취하며 재생력이 강하므로 여러 가지 실험에 쓰임.

플라네타륨 (planetarium) 몜 〖천〗 반구형의 천장에 설치된 천체를 투영하는 장치. 천구(天球)에서 천체 운동을 설명하기 위한 장치. 천상의(天象儀).

플라멩코 (에 flamenco) 몜 〖악〗 에스파냐 남부, 안달루시아 지방의 집시의 노래와 춤. 손뼉을 치며 발을 구르는 격렬한 리듬과 동작이 특색임.

플라밍고 (flamingo) 몜 〖조〗 홍학과의 새. 다리와 목이 매우 길고 부리는 중간에서 급히 아래로 꼬부라졌고 발에 물갈퀴가 있음. 몸빛은 백색에서 진한 분홍색까지 변화가 있으며 날개 끝은 검고 부리와 다리는 붉음. 홍학(紅鶴).

플라스마 (plasma) 몜 **1** 〖생〗 혈장(血漿). 원형질. **2** 〖의〗 건강한 사람에게서 뽑아 건조시킨 혈장. **3** 〖물〗 고도로 이온화된 기체 상태로 전기적 중성을 띤 입자 집단. 태양의 코로나, 방전(放電) 중인 방전관에서 볼 수 있음.

플라스마 세:포 (plasma細胞) 〖생〗 온몸의 결합 조직에 분포하는 항체 생산 세포의 하나. 세포질 안에 골지체(Golgi體)·소포체(小胞體)가 발달되어 있어 항체인 면역 글로불린(globulin)을 생산함. 형질 세포.

플라스미드 (plasmid) 몜 〖생〗 세균 세포 안에 있는, 스스로 복제할 수 있는 기능을 갖고 있는 작은 DNA고리. 유전자 재조합에서 중요한 역할을 하며, 항생 물질에 대한 저항 인자 등을 가짐. 세포질 유전자.

플라스크 (flask) 몜 목이 길고 몸은 둥근 화학 실험용 병. 플라스코.

플라스터 (plaster) 몜 **1** 석고(石膏). 벽토. **2** 경고(硬膏).

플라스틱 (plastic) 몜 〖화〗 **1** 압력 또는 열에 의해 변형된 채 원형으로 돌아가지 않는 성질의 물질. **2** 천연 또는 인공으로 열가공이 쉬운 유기 고분자 물질《합성수지·셀룰로이드 따위》. **3** 특히, 합성수지의 일컬음.

플라스틱 반:도체 (plastic半導體) 유기(有機) 반도체의 하나. 전기 전도율이 양도체와 절

연체의 중간값으로 나타나는 플라스틱.

플라이 (fly) 몡 뜬공. 비구(飛球). ❏라이트 ~를 날리다.

플라이-급 (fly級) 몡 아마추어 권투에서 48-51 kg, 프로 권투에서 48-50.8 kg 의 체중을 가진 체급.

플라이스토-세 (←Pleistocene世) 몡 《지》 홍적세(洪積世).

플라이오-세 (←Pliocene世) 몡 《지》 지질 시대 구분의 하나. 500 만 년 전부터 200 만 년 전까지의 시기로 신생대 제 3 기 최후의 시대. 바닷속에는 유공충(有孔蟲)·부족류(斧足類)가 번영하고 육상에는 말·코끼리·코뿔소 등의 포유류가 진화했음. 구칭: 선신세(鮮新世).

플라이트 (flight) 몡하자 1 항공기의 정기편. 정기 비행. 2 스키에서, 비약대(飛躍臺)를 뛰어내리는 일. 3 육상 경기의 장애물 경주에서, 장애물을 뛰어넘는 일.

플라이-휠 (flywheel) 몡 《공》 크랭크축에 달린 무거운 바퀴. 크랭크축에 생긴 힘의 증감을 완화하여 회전을 부드럽게 하는 역할을 함. 관성(慣性) 바퀴.

플라잉 스타트 (flying + start) 경주(競走)·경영(競泳)에서, 출발 신호가 나기 전에 스타트하는 일(반칙임).

플라잉 폴 (flying fall) 레슬링에서, 상대편을 메어쳐 던진 순간에 상대의 두 어깨가 매트(mat)에 닿는 일.

플라지올레토 (이 flagioletto) 몡 《악》 관악기의 하나. 6 개의 구멍과 부리 모양의 주둥이가 있는 고음의 은피리. 은적(銀笛).

플라타너스 (platanus) 몡 《식》 버즘나뭇과에 속하는 버즘나무, 양버즘나무, 단풍버즘나무의 총칭. 북아메리카가 원산으로 높이는 30 m가량임. 봄철에 엷은 연두색 꽃이 피고 3-4 개의 동그란 열매가 긴 꼭지에 달려 가을에 익음. 가로수 또는 관상용으로 심음.

플라토닉 러브 (platonic love) 플라토닉인 사랑으로, 관능적·육체적이 아닌 정신적 사랑.

플라톤-주의 (Palton 主-) [-이] 몡 《철》 플라톤의 이데아(idea) 사상 및 그것을 계승하는 학설.

플란넬 (flannel) 몡 평직으로 짠, 털이 보풀보풀 일어나는 부드러운 모직물.

플랑크톤 (plankton) 몡 《생》 물속에 떠다니는 미생물의 총칭(어류의 먹이).

플래스틱 (←) ☞ 플라스틱.

플래시 (flash) 몡 1 섬광(閃光). 2 손전등. ❏~를 비추다 / ~를 켜다. 3 사진용 섬광 전구. ❏~를 터뜨리다. 4 주시(注視). 주목. ❏~를 받다.

플래시백 (flashback) 몡 영화나 텔레비전 등에서, 장면의 순간적인 전환을 반복하는 수법. 긴장된 분위기나 과거의 회상 장면으로의 전환에 씀.

플래카드 (placard) 몡 가로로 긴 천 등에 구호 따위를 적고 양끝을 장대에 매어 달거나 길 위에 단 선전물(공중에 매어 달기도 함). 현수막. ❏~를 들고 행진하다.

플래티나 (platina) 몡 백금(白金).

플랜 (plan) 몡 1 계획(計劃). 설계. ❏~을 짜다. 2 설계도.

플랜테이션 (plantation) 몡 《농》 열대 또는 아열대에서 원주민의 노동력을 이용하여 넓은 경지에 같은 농작물을 대규모로 재배하는 농업. 생산물은 솜·사탕수수·담배 등임. 재식(栽植) 농업.

플랜트 (plant) 몡 제조 공업의 설비 시스템의

총칭. 공장 설비. 생산 설비.

플랜트 수출 (plant輸出) 산업 설비 일체를 수출하는 방식(산업 설비만의 수출과 산업 설비와 함께 기술 용역과 시공을 포괄하는 수출이 있음). 설비 수출.

플랫 (flat) 몡 1 《악》 내림표. ↔샤프. 2 경기의 기록에서, 시간이 초(秒) 이하의 우수리가 붙지 않는 일. ❏100 m 를 11 초 ~에 뛰다.

플랫식 아파트 (←flat式apartment) 《건》 집단 주택의 한 형태. 각 층에 한 세대가 살게 지은 아파트.

플랫폼 (platform) 몡 1 역이나 정거장의 승강장. 2 역도에서, 바벨을 드는 곳(넓이 4 m 사방, 두께 10 cm 의 대).

플러그 (plug) 몡 1 전기 회로로 붙은 코드 끝의 접속 기구. 콘센트에 꽂음. ❏~를 꽂다 / ~를 뽑다. 2 점화 플러그(點火plug).

플러스 (plus) 몡하자 1《수》 더하기. 또는 그 기호인 '+'의 이름. 덧셈표. 2 양수(陽數)·양전기(陽電氣)·양극(陽極) 등을 나타내는 말. 또는 그 기호 '+'의 이름. 3 반응 검사 등에서 양성(陽性)임을 나타내는 말. 포지티브. ❏~ 반응. 4 잉여·흑자(黑字)·유익(有益) 등을 나타내는 말. ❏이번 일은 너에게 ~가 될 것이다. ↔마이너스.

플러스-극 (plus極) 몡 양극(陽極).

플러스-마이너스 (plus + minus) 몡하자 1《수》 더하기와 빼기. 또는 그 결과인 제로를 이르는 말. 2 이득과 손실. 3《수》 어떤 수치에 대한 허용 범위나 오차의 범위를 나타내는 데 쓰는 말. 기호는 '±'.

플러스-알파 (plus + alpha) 몡 기준량이나 이미 알려진 양에다 얼마를 더하기. 또는 그 더한 것. ❏이번 일이 잘만 되면 보너스 외에 ~가 있다.

플런저 (plunger) 몡 유체(流體)를 압축하거나 내보내기 위해 왕복 운동을 하는 기계 부분의 총칭(피스톤 따위).

플레밍의 오른손 법칙 (Fleming-法則) [- / -에-] 《물》 오른손의 엄지손가락·집게손가락·가운뎃손가락을 각각 직각이 되게 뻗어 집게손가락을 자기장(磁氣場) 방향으로 향하게 하고, 이 자기장 내에서 엄지손가락의 방향으로 도선을 움직이면 도선에는 가운뎃손가락의 방향으로 전류가 흐른다는 법칙.

플레밍의 왼손 법칙 (Fleming-法則) [- / -에-] 《물》 왼손의 엄지손가락·집게손가락·가운뎃손가락을 서로 직각이 되게 뻗어 집게손가락을 자기장(磁氣場)의 방향으로 향하게 하고, 그 자기장 내에서 가운뎃손가락의 방향으로 전류를 흐르게 하면 그 도선은 엄지손가락의 방향으로 힘을 받게 된다는 법칙.

플레어 (flare) 몡 1 '플레어스커트'의 준말. 2 스커트 따위에 장식으로 된 물결 모양의 주름.

플레어-스커트 (←flared skirt) 자연적으로 주름이 잡히게 된, 밑이 확 퍼진 스커트. 준 플레어.

플레이 (play) 몡 1 운동 경기에서, 선수가 보이는 내용이나 기량. 경기. ❏파인 ~. 2 연극. 희곡. 연주. 3 (어떤 명사와 함께 복합사로 쓰여) 정치적인 목적의 특수한 행동이나 활동 양식을 나타내는 말. ❏정치권의 여론 ~. 4 '플레이 볼'의 준말. 몡꿈 운동 경기에서 선수를 격려하기 위해 외치는 소리. ❏~, ~, 청팀 이겨라.

플레이너 (planer) 圓《기》 넓은 평면을 깎아 내는 데 쓰는 공작(工作) 기계의 하나. 평삭 반(平削盤).

플레이보이 (playboy) 圓 1 쾌활한 사나이·젊은이. 2 돈 잘 쓰고 놀기만 하는 사나이. 한량(閑良).

플레이 볼 (play ball) 야구·테니스·탁구 등의 구기(球技)에서, 심판이 시합 개시를 명령하는 말. ㉿플레이.

플레이스킥 (placekick) 圓하자 축구·럭비·미식 축구 따위에서, 공을 땅에 놓고 차는 일.

플레이스 히트 (place hit) 야구에서, 야수가 없는 곳을 노리고 쳐서 된 안타.

플레이오프 (play-off) 圓 1 운동 경기에서, 동점 또는 무승부일 때의 결승 경기. 또는 연장전. 2 야구·농구·미식 축구 등에서, 정규 리그를 끝낸 다음 우승 팀을 가리기 위해서 별도로 가지는 경기.

플레이트 (plate) 圓 1 (금속)판. 2 진공관의 양극(陽極). 3 사진의 감광판(感光板). 4 야구에서, 홈 플레이트(=본루)나 피처 플레이트(=투수판). ▫ ~를 밟다.

플레인 콘크리트 (plain concrete) 속에 철근을 넣지 않은 콘크리트.

플로 시트 (flow sheet) 《경》 생산 공정(工程) 일람표.

플로어 (floor) 圓 클럽이나 무도장 등에서, 쇼를 하거나 손님이 춤을 출 수 있도록 만들어 놓은 마루.

플로어링 (flooring) 圓 마루를 까는 널빤지.

플로 차트 (flow chart) 《경》 생산 공정(工程) 일람표.

플로터 (plotter) 圓《컴》 직교 좌표로 제어되는 펜으로 설계 도면이나 그래프를 그려 내는 출력 장치. 종이 또는 펜이 x−y축 방향으로 움직임.

플로트 (float) 圓 1 자동차 기화기(氣化器)의 연료량 조절용 부구(浮具). 2 수상 비행기에서, 물 위에서의 무게를 덜어 주고 안전하게 뜨고 내릴 수 있도록 해 주는 장치.

플로피 디스크 (floppy disk)《컴》 표면에 자성(磁性) 재료를 바른 얇은 플라스틱 기록 매체《퍼스널 컴퓨터의 보조 기억 장치로서 3.5인치 크기가 가장 널리 쓰임. 컴퓨터의 드라이브 장치에 삽입하여 데이터를 판독·기록함》. 에프디(FD). 디스켓(diskette).

플롯 (plot) 圓 1 구상(構想). 2 소설·희곡·각본 따위의 스토리를 형성하는 줄거리. 구성(構成). ▫ ~을 짜다.

플뢰레 (프 fleuret) 圓 1 펜싱 종목의 하나《몸통을 목표로 하고, 공격권이 있을 때 남자는 6분에 5번, 여자는 5분에 4번 먼저 찌르는 사람이 이김》. 2 플뢰레 종목에 쓰는 검.

플루오르 (독 Fluor) 圓《화》 할로겐족 원소의 하나. 화합력이 세고 연한 누런빛을 띤 초록빛이 나는 기체. 불소(弗素). [9번 : F : 18.99]

플루오르 수지 (Fluor樹脂)《화》 탄화수소 사슬에 플루오르가 치환한 중합(重合)으로 생기는 합성수지의 총칭.

플루오르-화 (Fluor化) 圓《화》 어떤 물질이 플루오르와 화합하는 일. 불소화(化).

플루오르화-물 (Fluor化物) 圓《화》 플루오르와 다른 원소와의 화합물.

플루오르화-수소 (Fluor化水素) 圓《화》 플루오르와 수소의 화합물. 상온에서 무색이며 발연성(發煙性)이 큰 무색의 자극성 기체.

플루오르화-칼슘 (Fluor化calcium) 圓《화》 플루오르와 칼슘의 화합물. 천연으로는 형석(螢石)으로 산출되며, 적외선·자외선을 잘 투과시킴. 광학 장치·융제 등으로 씀.

플루토 (Pluto) 圓 1 그리스 신화의, 저승의 왕. 2《천》 명왕성(冥王星).

플루토늄 (plutonium) 圓《화》 우라늄으로부터 핵변환에 따라 만들어지는 초우라늄 원소의 하나《인체에 가장 유해한 알파선(α線)을 가졌음》. [94 : Pu : 244]

플루토늄 폭탄 (plutonium爆彈) 플루토늄의 핵분열을 이용한 원자 폭탄《1945년 일본에 투하됨》.

플루트 (flute) 圓《악》 관악기의 하나. 금속으로 된 가느다란 통에 여러 개의 구멍과 건(鍵)이 있으며, 옆으로 쥐고 붊. 저음이 부드럽고 청신한 음색을 지님.

플리머스-록 (Plymouth Rock)《조》 미국에서 개량한 난육(卵肉) 겸용의 닭의 한 품종《체질이 강하고 알도 많이 낳음》.

플리츠 (pleats) 圓 아코디언의 주름상자 모양으로 잘게 모를 내어 스커트에 잡는 주름.

플린트 유리 (flint琉璃) 납·칼륨의 규산염으로 된 유리《굴절률이 커서 광학 유리나 크리스털 유리·모조 보석 등에 씀》. 납유리.

피[1] 圓 1《생》 사람·동물의 몸 안에서 혈관을 따라 돌며 산소와 영양을 나르는 붉은빛의 액체. 혈액. ▫ ~를 흘리다 / ~가 나다 / ~가 맺다. 2 '혈통·혈연'의 뜻을 비유적으로 이르는 말. ▫ ~는 못 속인다. 3 '혈기'의 뜻으로 이르는 말. ▫ 청춘의 ~가 솟는솟는다. 4 희생이나 노력을 비유로 쓰는 말. ▫ ~와 땀의 결실.

피가 거꾸로 솟다 ㉿ 화가 치밀거나 흥분하여 피가 머리로 모이다.

피(가) 끓다 ㉿ ㉠흥분하여 기분이나 감정 따위가 북받쳐 오르다. ㉡젊고 혈기가 왕성하다.

피가 마르다 ㉿ 몹시 괴롭거나 애가 타다.

피가 켕기다 ㉿ 핏줄이 이어진 골육 사이에는 자기도 모르게 서로 당기는 친화력(親和力)이 있다.

피가 통하다 ㉿ ㉠피가 흐르고 있다. 살아 있다. ㉡사무적·공식적이 아니고, 인간적인 감정이나 인정 등으로 연결되다.

피는 물보다 진하다 ㉿ 혈연으로 맺어진 관계가 정이 깊다.

피도 눈물도 없다 ㉿ 조금도 인정머리가 없다. 냉혹하고 비정하다.

피도 안 마르다 ㉿ 아직 어리다.

피로 피를 씻다 ㉿ ㉠혈족끼리 서로 죽이고 다투다. ㉡악을 악으로 갚다. ㉢살상에 대하여 살상으로 보복하다.

피를 나누다 ㉿ 혈연관계가 있다. 부모와 자식 또는 형제 사이이다. ▫ 피를 나눈 형제끼리 서로 싸우다.

피를 마시다 ㉿ 〔옛날 중국에서, 맹세할 때 희생의 생혈(生血)을 마셨던 데서〕 서로 굳게 맹세하다.

피를 말리다 ㉿ 몹시 괴롭히다. 애가 타게 만들다.

피를 받다 ㉿ 조상·부모 등의 성격적·신체적 특질을 이어받다. 피를 계승하다.

피를 보다 ㉿ ㉠싸움 따위로 피를 흘리는 사태가 빚어져 사상자를 내다. ㉡크게 봉변을 당하거나 곤욕을 치르다. ㉢크게 손해를 보다.

피(를) 빨다 ㉿ 피땀 흘려 모은 재산이나 노

동력을 착취하다.

피(를) 토하다 匣 격렬한 의분을 터뜨리다. ▢피를 토하며 절규하다.

피(를) 흘리다 匣 ㉠싸움으로 사상자를 내다. ㉡희생하거나 몹시 고되게 일하다.

피에 울다 匣 ㉠피를 토하며 울다. ㉡몹시 슬퍼하다.

피에 주리다 匣 죽이거나 다치게 하려는 악한 마음이 생기다.

피와 살이 되다 匣 지식이나 영양분 등이 완전히 소화되어 자기 것이 되다.

피² 圀《식》볏과의 한해살이풀. '돌피'의 개량종으로 밭이나 습한 곳에 재배하며, 높이 약 1 m. 여름에 연한 초록빛 또는 자갈색 꽃이 거칠고 크게 핌. 열매는 식용·사료로 씀.

피 (P, p) 圀 영어의 16째 자모(字母).

피³ 圀 **1** 남을 비웃을 때 내는 소리. 또는 그 모양. ▢∼, 그런 말이 어디 있어. **2** 고무공 따위의 안에 들었던 공기가 힘없이 나오는 소리. 또는 그 모양.

피─(被) 토 피동의 뜻을 나타내는 말. ▢∼상속인 / ∼선거권.

피─가수(被加數)[─쑤] 圀《수》덧셈에서, 보태어지는 수(5+2=7에서의 5). ↔가수.

피각(皮角) 圀 피부에 생기는 각질(角質)의 돌기물(突起物).

피 각(P殼) 圀《물》원자핵을 둘러싼 전자의 여섯 번째 층. 주양자수(主量子數)가 6인 전자를 가짐. 피 껍질.

피─감수(被減數)[─쑤] 圀《수》뺄셈에서, 덜리는 수(10−6=4에서의 10). ↔감수.

피갑(皮甲) 圀《역》돼지가죽으로 만든 갑옷.

피─검(被檢) 圀한자 **1** 수사 기관에 잡혀감. ▢비밀경찰에 ∼되다. **2** 검사를 받음.

피─검사(─檢査) 圀한자 의 혈액 검사.

피겨(figure) 圀 **1** 도표의 번호를 나타내는 데에 쓰는 말(Fig., fig.로 표기함). **2** '피겨 스케이팅'의 준말.

피겨 스케이팅 (figure skating) 스케이트로 얼음판에 여러 가지 도형을 그리는 기교적인 스케이팅. 준피겨.

피─격(被擊) 圀한자 습격이나 사격을 받음. ▢저명인사가 괴한에게 ∼을 받았다.

피견(披見) 圀한자 편지나 책 따위를 헤쳐 보거나 열어 봄.

피:고(被告) 圀《법》민사 소송에서, 소송을 당한 사람. ▢∼가 손해액을 배상하다. ↔원고(原告).

피─고개 圀 추수하기 전, 피도 아직 패지 않을 무렵에 농가의 식량 사정이 궁핍한 고비.

피─고름 圀 피가 섞인 고름. 농혈.

피:고 사:건(被告事件)[─껀] 검사의 공소권 행사로 범죄로서 기소된 사건.

피:─고용인(被雇傭人) 고용당한 사람.

피:고─인(被告人) 圀《법》형사 소송에서, 죄를 범했다고 검사로부터 공소의 제기를 당한 사람. ▢∼의 진술.

피곡(皮穀) 圀 겉곡식.

피곤(疲困) 圀한자 몸이나 마음이 지쳐 고달픔. ▢∼을 풀다 / ∼한 기색이 역력하다.

피골(皮骨) 圀 가죽과 뼈.

피골─상련(皮骨相連)[─년] 圀한자 피골상접.

피골─상접(皮骨相接) 圀한자 살가죽과 뼈가 맞붙을 정도로 썩 마름.

피공(皮工) 圀 가죽으로 물건을 만드는 사람.

피공(皮孔) 圀《식》피목(皮目).

피:─교육자(被敎育者)[─짜] 圀 교육을 받는 사람.

피:구(避球) 圀 일정한 구획 안에서, 두 편으로 갈라져 마주 보고 한 개의 공을 던지고 받고 하면서 상대방을 많이 맞히면 이기는 공놀이. 도지 볼(dodge ball).

피그(pig) 圀 방사성 물질을 운반하거나 저장하는 데 쓰는 차폐 용기.

피근─피근 튀하형 너무 고지식하여 남의 말을 잘 듣지 않는 모양.

피금(皮金) 圀 금을 입힌 얇은 양가죽(복식(服飾)에 씀).

피기(皮─)《옛》딸꾹질.

피─나다 재 (주로 '피나게·피나는'의 꼴로 쓰여) 몹시 고생하거나 힘들여서 함을 이르는 말. ▢피나게 번 돈 / 피나는 노력.

피─나무 圀《식》피나뭇과의 낙엽 활엽 교목. 산허리 골짜기에 남. 여름에 엷은 누런색의 다섯잎꽃이 피고, 가을에 둥근 과실이 익음. 재목은 도구재, 나무껍질로는 섬유용·선박의 방수 및 망·끈 등을 만듦.

피:난(避難) 圀한자 재난을 피해 멀리 옮겨 감. ▢∼을 가다 / 물난리가 나자 주민들은 모두 인근 야산으로 ∼하였다. ＊피란(避亂).

피:난─길(避難─)[─낄] 圀 재난을 피하여 가는 길. 또는 그런 도중. ▢∼에 나서다 / ∼을 떠나다.

피:난─민(避難民) 圀 재난이나 전쟁 등으로 이동하는 사람. ▢∼의 행렬이 끊이지 않고 이어지다.

피:난─살이(避難─) 圀재자 피난해 사는 살림살이. ▢6·25 때의 고달팠던 ∼.

피:난─지(避難地) 圀 재난을 피하여 가 있는 지역. ▢∼에서 삶의 뿌리를 내리다.

피:난─처(避難處) 圀 **1** 재난을 피해 갈 곳. 또는 재난을 피해 사는 곳. **2** 근심·고통·위험 따위로부터 피할 수 있는 대상이나 곳. ▢한때 간도(間島)는 우리 백성이 모여든 ∼ 같은 곳이었다.

피날레(이 finale) 圀 **1** 최종. 마지막. ▢마라톤은 올림픽의 ∼를 장식하는 빅 이벤트이다. **2** 《악》한 악곡의 마지막 악장. 종곡(終曲). ▢교향곡의 ∼. **3** 《연》연극의 마지막 막(幕).

피날─하다(疲苶─) 형여 몸이 고달프고 나른하다.

피내 주:사(皮內注射) 圀《의》백신·혈청 또는 약액 등을 진피의 안에 주사하는 일(치료가 아니고 예방 조치임).

피네(이 fine) 圀《악》악곡의 끝. 마침.

피넨(pinene) 圀《화》테레빈유의 주성분을 이루는 물질로서 꽃향기가 나는 무색의 액체(합성 장뇌(樟腦)·인공 향료의 원료 등에 씀).

피─눈물 圀 몹시 슬프고 분하여 나는 눈물. 혈루(血淚). ▢∼ 나는 고생 / ∼을 흘리다.

피:-닉(被溺) 圀 피하여 숨음.

피닉스(phoenix) 圀 이집트 신화의 신조(神鳥). 500∼600년마다 스스로 향나무를 쌓아 불을 질러 타 죽고, 그 재 속에서 다시 어린 새가 되어 나타난다고 함. 불사조(不死鳥).

피다 재 **1** 꽃봉오리·잎 따위가 벌어지다. ▢꽃이 ∼. **2** 사람이 살이 오르고 혈색이 좋아지다. ▢한창 핀 처녀. **3** 불이 차츰 일어나다. ▢불이 ∼. **4** 곰팡이·버짐·검버섯 등이 생겨서 나타나다. ▢얼굴에 검버섯이 ∼. **5** 수입이 늘어 가정 형편이 나아지다. ▢살림이 ∼. **6** 웃음 따위가 겉으로 나타나다. ▢얼굴에 웃음꽃이 ∼.

피다² 타 ☞ 피우다.

피대 (皮帒)圈 짐승의 가죽으로 만든 손가방.

피대 (皮帒)圈 벨트(belt)2.

피대-지기 (皮帒-)圈〖역〗문서가 든 피대를 가지고 집리(執吏)를 따라다니던 관가의 하인. 피대직(皮帒直).

피댓-줄 (皮帶)圈[-대줄/-맫쭐]圈 벨트(belt)2. □~을 걸다.

피:동(被動)圈 1 남의 힘에 의해 움직이는 일. 2〖언〗주체가 다른 힘에 의해 움직이는 동사의 성질《안기다·먹히다 따위》. ↔능동.

피:동-문 (被動文)圈〖언〗문장의 서술어가 피동사로 된 문장. '도둑이 순경에게 잡히었다'·'문이 닫혔다' 따위. ↔능동문.

피:동-사 (被動詞)圈〖언〗남의 행동을 입어서 움직여지는 동작을 나타내는 동사《보이다·잡히다 따위》. 수동사(受動詞).

피:동-적 (被動的)圈 남의 힘에 의해 움직이는 (것). □~인 생활 태도 / 무조건 지시에 ~으로 따르기만 하면 발전할 수 없다.

피:동-형 (被動形)圈〖언〗피동을 나타내는 낱말의 형태. 수동형(受動形).

피둥-피둥튀하자 1 볼썽사나울 만큼 퉁퉁하게 살찐 모양. □볼에 ~ 살이 오르다. 2 남의 말을 잘 듣지 않고 엇나가는 모양. □젊은 놈이 ~ 놀기만 한다.

피드백 (feedback)圈 1〖물〗전기 회로에서, 출력의 일부를 입력 쪽으로 돌리고 출력을 증대 또는 감소시키는 일. 되먹임. 2 어떤 행위나 동작 등에 대한 결과나 반응을 보고 조정을 가하는 일.

피디 (PD)圈 1〔producer〕방송계에서, 프로듀서. 2〔program director〕방송계에서, 프로그램의 연출 담당자.

피디에이 (PDA)圈〔personal digital assistant〕휴대 정보 단말기(携帶情報端末機).

피-딱지 [-찌]圈 피가 굳어서 된 딱지.

피-딱지 (皮-)[-찌]圈 닥나무 껍질의 찌끼로 뜬, 품질이 낮은 종이. 피지(皮紙).

피-땀圈 1 피와 땀. 혈한(血汗). 2 무엇을 이루기 위해 온갖 힘과 정성을 쏟아 애쓰는 노력과 수고의 비유. □~의 결정.

피땀(을) 흘리다판 온갖 힘과 정성을 쏟아서 노력하다. □피땀 흘려 모은 재산.

피-똥圈 피가 섞여 나오는 똥. 혈변.

피똥을 싸다판《속》매우 어려운 처지에 빠져 혼이 나다. □오늘 안으로 이 일을 마치려면 피똥을 싸겠다.

피뜩튀하자 1 어떤 모습이나 생각이 갑자기 나타나거나 보였다가 곧 사라지는 모양. □~ 그녀의 모습이 뇌리에 떠올랐다. 2 눈길을 갑자기 돌리어 잠깐 바라보는 모양.

피뜩-피뜩튀하자 어떤 모습이나 생각이 자꾸 나타나거나 보였다가 금세 사라지는 모양.

피라미圈 1〖어〗잉엇과의 민물고기. 맑은 냇물에 사는데, 몸길이 10~16cm로, 등 쪽이 푸른 갈색, 옆과 배는 은색이며 뒷지느러미가 매우 큼. 산란기가 되면 수컷은 뚜렷한 혼인색(婚姻色)을 띰. 2 '하찮은 존재'를 비유적으로 이르는 말. □~들만 잡아들이다 / 작년만 해도 그는 ~에 불과했었는데.

피라미돈 (독 Pyramidon)圈〖화〗디메틸아미노 안티피린의 상품명《무색·백색의 결정성 분말로 열성병(熱性病)·진정(鎭靜)·진통 등에 씀》.

피라미드 (pyramid)圈 이집트 지방에 있는, 돌이나 벽돌을 쌓아 만든 사각뿔 모양의 탑의 유적《기원전 2,700~2,500년대에 왕·왕족 등의 묘로서 만들어졌으며, 현재 75기(基)가량 남아 있음》. 금자탑.

피라칸타 (pyracantha)圈〖식〗장미과에 속하는 상록 관목(灌木). 가지는 가늘고 길며 잘 뻗음. 잎은 긴 타원형으로 어긋나고, 5~6월에 희고 작은 다섯잎꽃이 피며, 주황색의 과실이 콩 모양으로 모여 맺음. 가지에 가시가 있어 주로 산울타리로 심음.

피:-란 (避亂)圈 난리를 피해 있는 곳을 옮김. □~을 가다. *피난.

피:란-길 (避亂-)[-낄]圈 난리를 피하여 가는 길. 또는 그 도중. □~을 떠나다 / 마을 사람이 모두 ~에 올랐다.

피:란-민 (避亂民)圈 난리를 피하여 가는 사람. □~이 이어지는 ~의 행렬.

피:란-살이 (避亂-)圈하자 피란해 사는 살림살이. □고달팠던 ~.

피:란-지 (避亂地)圈 1 난리를 피해 간 지역. 2 피란하던 땅.

피:란-처 (避亂處)圈 난리를 피해 거처를 옮긴 곳. □~에서 가족과 헤어지다.

피람 (披覽)圈하타 책 따위를 펴서 봄. 피견(披見).

피:-랍 (被拉)圈 납치를 당함. □~ 어선 / ~된 지 열흘 만에 풀려났다.

피력 (披瀝)圈하타 속마음을 털어놓고 말함. □견해를 ~하다 / 수상 소감을 ~하다 / 편지에 그의 소신이 자세히 ~되어 있다.

피로 (披露)圈하타 1 문서 등을 펴 보임. 2 일반에게 널리 알림.

피로 (疲勞)圈하자 몸이나 정신이 지친 상태. □~ 회복 / ~가 쌓이다 / 하루의 ~를 풀다 / 잦은 야근으로 ~하다.

피로-갈롤 (pyrogallol)圈〖화〗3가(價) 페놀의 하나. 무색의 판상(板狀) 결정으로, 강한 환원제·사진의 현상액·방부제·분석용 시약 등으로 사용함. 초성 몰식자산.

피로-감 (疲勞感)圈 피곤하고 고단한 느낌. □일시에 ~이 밀려오다.

피로-곤비 (疲勞困憊)圈하형 피로에 지쳐 나른하고 괴로움.

피로-연 (披露宴)圈 결혼·출생 등을 널리 알리는 뜻으로 베푸는 연회. □결혼 ~ / ~을 성대하게 베풀다.

피로 전:기 (pyro電氣)〖물〗어떤 종류의 결정체 일부를 가열하면 표면에 전기가 나타나는 현상. 초(焦)전기.

피로-회 (披露會)圈 결혼·출생 등을 널리 알리기 위한 모임.

피롱 (皮籠)圈 짐승의 가죽으로 만든 큰 함.

피:-뢰 (避雷)圈하자 벼락을 피함.

피:-뢰-기 (避雷器)圈 전기 회로에 일어나는 이상 고전압을 안전하게 방전(放電)시켜 회로 중의 기계 따위의 파손을 예방하는 여러 가지 장치.

피:-뢰-주 (避雷柱)圈 피뢰침.

피:-뢰-침 (避雷針)圈〖물〗벼락의 피해를 막기 위해 가옥·굴뚝 따위의 건조물에 세우는, 끝이 뾰족한 금속제의 막대기《도선으로 땅속의 금속판과 연결하여 전류를 흘려 보내어 벼락을 피함》. 피뢰주.

피륙圈 필로 된 베·무명·비단 등의 총칭.

피륭 (疲癃)圈〖한의〗기운이 쇠약하여 생긴 노인의 병.

피:-리圈〖악〗1 구멍이 8개 있고 피리혀를 꽂아서 부는 관악기의 하나. 2 속이 빈 대에 구멍을 뚫고 불어서 소리를 내는 것의 총칭.

피리독신 (pyridoxine)圓 비타민 B_6의 기능을 가진 물질. 쌀겨·효모 등에 함유되며 미생물의 생장 인자로서 독자적인 활성을 지님. 아데르믹.

피리딘 (pyridine)圓『화』벤젠의 수소·탄소 원자 1개씩과 질소가 치환한 구조의 화합물. 콜타르 또는 골유(骨油)에서 얻는 자극성의 냄새가 있는 무색의 휘발성 액체. 용제·세제·의약품 따위를 만드는 데 씀.

피:리-새『조』참샛과의 새. 부리는 짧고 크며 털빛이 아름답고 피리를 부는 듯이 곱게 욺. 농조(籠鳥)로 기름.

피:리-약 (-龠) 한자 부수(部首)의 하나 ('龡'나 '龢' 등에서 '龠'의 이름).

피리어드 (period)―圓『언』말의 끝을 표시하는 부호(。). 마침표. 온점. 三의圓 아이스하키에서, 경기 시간의 단위(1피리어드는 20분임).

피리춘추 (皮裏春秋)圓 사람마다 마음속에 셈속과 분별이 있음을 이름.

피린계 약제 (pyrine系藥劑)[―제 / ―게―제]『약』감기약의 주성분인 아미노피린·설피린 따위 계열의 약제.

피립 (跛立)圓하자 한 다리는 들고 한 다리로 한 섬.

피마 (-馬)圓 성장한 암말. 빈마(牝馬). ↔상마.

피마-자 (萆麻子)圓『식』1 대극과의 한해살이풀. 높이 2m 정도, 잎은 손바닥 모양으로 크고, 초가을에 엷은 붉은색 꽃이 피며 열매는 삭과임. 어린잎은 식용함. 아주까리. 2 피마자 열매의 알맹이. 아주까리씨.

피마자-유 (萆麻子油)圓 아주까리씨로 짠 기름(완하제나 관장제(灌腸劑), 또는 머릿기름 따위에 씀). 아주까리기름.

피막 (皮膜)圓 1 겉껍질과 속껍질. 2 껍질같이 얇은 막. 껍질막. 3 피부와 점막.

피:막 (被膜)圓 덮어 싸고 있는 막.

피:막 (避幕)圓 예전에, 사람이 죽기 직전에 잠시 안치(安置)해 두던 외판집.

피막이-풀圓『식』미나릿과의 여러해살이풀. 들·길가에 나는데, 줄기는 땅 위로 뻗을 마디에서 수염뿌리가 나며, 여름에 백색·자색의 다섯잎꽃이 핌. 잎은 으깨어 지혈제로 씀. 아불식초.

피―막-지기 (避幕―)[―찌―]圓 피막을 지키던 사람.

피망 (ㅍ piment)圓『식』가짓과의 한해살이 초목. 높이는 60cm 정도, 열매는 짧은 타원형으로 꽈리와 비슷한데 매운맛이 없음. 푸른 것은 요리에 쓰고 붉은 것은 주로 향신료로 사용함.

피맥 (皮麥)圓 겉보리1.

피―맺히다[―매치―]쩌 1 살가죽 안쪽에 출혈이 되어 피가 피부에 모이다. 2 (주로 '피맺힌'의 꼴로 쓰여) 가슴에 피가 맺힐 정도로 한이 사무치다. ▣ 피맺힌 사연.

피―멍圓 1 부딪히거나 맞아서 살갗 아래 피가 맺힌 것. ▣ 온몸에 ~이 들다. 2 마음의 깊은 상처의 비유. ▣ 너무 억울해서 가슴에 ~이 들었다.

피:명 (被命)圓하자 명령을 받음.

피:모 (被毛)圓 몸을 덮은 털.

피목 (皮目)圓『식』식물 줄기의 단단한 부분이나 사과의 껍질 따위에 있는 작은 구멍. 피공(皮孔). 껍질눈.

피물 (皮物)圓 짐승의 가죽. 또는 그것으로 만든 물건.

피물-전 (皮物廛)圓 짐승의 가죽이나 그것으로 만든 물건을 사고파는 가게.

피미 (披靡)圓하자 1 무성한 나무나 풀이 바람에 쓰러지거나 쏠림. 2 남의 위력이나 권세에 눌려 여러 사람이 굴복함.

피―바다圓 사방에 온통 피가 흘러 퍼진 모양. ▣ 온통 ~를 이루고 있다.

피―바람圓 수많은 사람을 죽이는 참극을 비유하여 이르는 말. ▣ ~을 일으키다.

피:발 (被髮)圓하자 1 머리를 풀어 헤침. 2 부모가 사망하여 머리를 풂.

피:발-도선 (被髮徒跣)[『역』부모가 돌아갔을 때 여자가 머리를 풀고 버선을 벗던 일.

피:발-좌임 (被髮左袵)圓 머리를 풀고 옷깃을 왼쪽으로 여민다는 뜻으로, 미개한 나라의 풍속을 이르는 말.

피―밥圓 피로 지은 밥. 패반(稗飯).

피―범벅圓 여러 군데에 피가 묻어 뒤범벅이 됨. ▣ 얼굴이 ~이 되도록 얻어맞다.

피벗 (pivot)圓 1 마찰을 적게 하기 위해, 회전하는 축의 끝을 원뿔 모양으로 한 것. 2 농구·핸드볼·배드민턴 등의 구기(球技)나 댄스 등에서, 발을 축으로 하여 발끝으로 회전하는 일.

피:변 (彼邊)圓 저쪽.

피:병 (避病)圓하자 병을 피해 거처를 옮기는 일. * 비접.

피:-병원 (避病院)圓 전염병 환자를 격리하여 수용하는 병원.

피:-보상자 (被補償者)圓『법』재산권·영업권 등에 대해 입은 손해에 따른 보상을 받을 수 있는 권리자.

피:-보험 (被保險)圓 보험의 대상이 됨.

피:-보험물 (被保險物)圓 손해 보험 계약의 목적물.

피:-보험자 (被保險者)圓『법』1 손해 보험에서, 계약에 따라 손해의 보상을 받을 수 있는 사람. 2 생명 보험에서, 보험의 대상이 되는 사람. 보험 계약자.

피:-보호국 (被保護國)圓『법』보호 국가와 맺은 보호 조약에 의해 내정을 비롯해 특히 외교 관계에 있어 제한을 받는 국가.

피:복 (被服)圓 1 옷. 의복. 2 공공 기관의 단체 제복(制服)을 이르는 말. ▣ ~을 지급하다.

피:복 (被覆)圓하타 거죽을 덮어씌움. ▣ ~된 전선(電線).

피:복-선 (被覆線)[―썬]圓 해초·조가비 등이 붙어 배 밑을 더럽히거나 썩는 것을 막기 위하여 동판을 입힌 배.

피:복-선 (被覆線)[―썬]圓 절연물로 거죽을 덮어씌운 도선(導線). 절연선(絶緣線).

피:복-창 (被服廠)圓 공공 기관의 단체 제복 등을 만들거나 수선해 보관하는 곳.

피봉 (皮封)圓 겉봉1.

피부 (皮膚)圓『생』동물 몸의 겉을 싸고 있는 외피. 살갗. ▣ ~ 이식 / ~가 거칠어지다.

피부 감:각 (皮膚感覺)『생』피부 또는 그 밑에 있는 층에 수용기(受容器)를 갖는 감각의 총칭(촉감·압박감·통감·온감·냉감 따위).

피부 결석 (皮膚結石)[―썩]『의』피부의 일부에 석회가 침착하여 된 굳은 결절(結節).

피부-과 (皮膚科)[―꽈]『의』피부에 관한 모든 병을 연구·치료하는 의학의 한 부문.

피부-병 (皮膚病)[―뼝]圓 피부에 생기는 병의 총칭(습진·옴·백선 따위).

피부-색 (皮膚色)圓 살빛. ▣ ~이 희다 / 그는 ~이 우리와 다르다.

피부-샘 (皮膚-) 몡 〖생〗 동물의 피부에 분포한 외분비샘(피지샘·땀샘 따위). 살갗샘. 피선(皮腺).

피부샘-병 (皮膚-病)[-뼝] 몡 결핵균에 의해 피부에 통증 없는 결절이나 궤양이 생기는 병.

피부 성형술 (皮膚成形術) 〖의〗 피부 형성술.

피부 소양증 (皮膚搔痒症)[-쯩] 〖의〗 피부가 발작적으로 몹시 가렵기만 하고 발진이 없는 상태.

피부-암 (皮膚癌) 몡 〖의〗 피부에 생기는 암의 총칭. 주로 햇볕을 많이 받는 부위에 생기기 쉬움.

피부-염 (皮膚炎) 몡 외부·내부의 자극에 의해 발생하는 피부의 염증.

피부 혈관 (皮膚血管) 〖생〗 피하 조직과 진피 사이의 혈관. 살갗 핏줄.

피부 형성술 (皮膚形成術) 〖의〗 피부를 째어 결손부를 메우거나 피부를 이식하는 수술. 피부 성형술.

피부 호흡 (皮膚呼吸) 〖동〗 동물의 피부를 통하여 하는 호흡.

피-붙이[-부치] 몡 같은 핏줄인 겨레붙이. 살붙이. 口~는 어쩔 수 없는 외로운 몸.

피브로인 (fibroin) 몡 곤충이나 거미의 실샘에서 분비되는 섬유성의 단백질(견사의 주성분이 됨).

피브리노겐 (fibrinogen) 몡 〖화〗 혈장·림프 중에 있는 글로불린(globulin)의 하나. 간(肝)세포에서 만들어지며, 혈액을 응고시켜 피브린이 됨.

피브린 (fibrin) 몡 〖생·화〗 혈액 속의 피브리노겐이 트롬빈의 작용으로 된 불용성(不溶性) 단백질(무색·황색을 띤 섬유상(狀)으로, 혈구(血球)를 싸서 피를 응고시킴).

피브이시 (PVC) 몡 [polyvinyl chloride] 폴리염화 비닐(비닐론의 중합체로, 시트·용기(容器)·파이프 등에 널리 씀).   「증세.

피비 (皮療) 몡 피부의 감각이 마비되는

피비린-내 몡 1 선지피에서 풍기는 비린 냄새. 2 살상(殺傷) 등으로 몹시 잔인하고 살벌한 상태. 口~ 나는 사건(싸움).

피-비저 (皮鼻疽) 몡 마비저(馬鼻疽).

피-빨강이 몡 〖생〗 헤모글로빈.

피뿌리-꽃 [-꼳] 몡 〖식〗 팥꽃나뭇과의 여러해살이풀. 산지에 나는데, 높이 30-40 cm로 잎은 어긋나고 뿌리줄기는 굵으며, 여름에 빨간 꽃이 핌. 잎줄기는 약재로 씀. 피뿌리풀.

피-뿔고동 몡 〖동〗 고동의 하나. 난해의 모래땅에 삶. 주먹 모양의 권패로 껍데기는 높이 15 cm, 지름 12 cm 정도, 속은 살색이고 표면은 엷은 갈색이며 석 줄의 크고 작은 돌기의 줄이 있음. 껍데기는 세공 재료로 쓰며 살은 식용함. 참고도.   「뽑아 내는 일.

피-사리 몡하자 농작물 가운데 섞여 난 피를

피-사체 (被寫體) 몡 사진에 찍히는 물체.

피-사초 (-莎草) 몡 〖식〗 사초과의 여러해살이풀. 산·들에 저절로 나며, 높이 약 15cm, 잎은 어긋나고 선형임. 초여름에 두세 개의 작은 이삭이 핌.

피-살 (被殺) 몡 살해를 당함. 口괴한에게 ~되다 / 은행 간부의 ~ 소식을 듣다.

피-살-자 (被殺者)[-짜] 몡 죽임을 당한 사람.

피상 (皮相) 몡 어떤 일이나 현상이 겉으로 나타나 보이는 모양. 또는 그런 현상.

피상 (皮箱) 몡 짐승 가죽으로 만든 상자.

피-상속인 (被相續人) 몡 〖법〗 상속될 재산이

나 권리의 전(前) 소유자. ↔상속인.

피상-적 (皮相的) 관몡 겉으로 나타난 현상에만 관계하는 (것). 口~ 관찰 / ~인 견해에 불과하다.

피새 몡 급하고 예민해 화를 잘 내는 성질. 口~를 부리다 / ~를 내다.

피새(가) 여물다 丹 피새를 잘 부리는 성질이 있다.

피새-나다 자 은밀한 내용이 발각되다.

피새-놓다[-노타] 자 매우 중요하고 긴한 체하며 방해를 놓다.

피색-장 (皮色匠)[-짱] 몡 〖역〗 짐승의 가죽을 다루어 생활 용품을 만드는 사람. ⓒ피장(皮匠).

피색-전 (皮色廛)[-쩐] 몡 조선 후기에, 짐승의 가죽을 팔던 가게.

피-서 (避暑) 몡하자 시원한 곳으로 옮겨 더위를 피함. 口수영장은 ~ 인파로 북새통을 이뤘다 / 계곡으로 ~를 가다. ↔피한.

피-서-객 (避暑客) 몡 피서를 즐기는 사람.

피-서-지 (避暑地) 몡 피서하기에 적당한 장소.

피-석 (避席) 몡하자 1 앉았던 자리에서 물러남. 2 웃어른에게 공경을 표하기 위해 모시던 자리에서 일어남. 피좌(避座).

피선 (皮腺) 몡 〖생〗 피부샘.

피-선 (被選) 몡 선거에서 뽑힘. 口그녀가 시의원으로 ~되었다.

피-선거권 (被選擧權)[-꿘] 몡 〖법〗 선거에 출마해 당선될 수 있는 권리.

피-소 (被訴) 몡하자 〖법〗 제소(提訴)를 당함. 口조세법 위반 혐의로 ~되다.

피-수 (被囚) 몡 옥에 갇힘. 또는 그 죄수.

피-수식어 (被修飾語) 몡 〖언〗 글의 성문(成文)의 하나로, 수식어에 의하여 의미상의 한정이 주어지는 말.

피스톤 (piston) 몡 1 〖공〗 실린더 안에서 왕복 운동을 하는, 원판형이나 원통형의 장치. 활색(活塞). 2 〖악〗 밸브3.

피스톤-간 (piston桿) 몡 피스톤에 고정되어, 피스톤의 운동을 실린더 밖으로 전하는 작용을 하는 금속 막대. 피스톤 로드(rod).

피스톤 수송 (piston輸送) 차량이나 선박 따위가 두 지점을 왕복하면서 사람이나 물건을 계속 수송하는 일.

피스톨 (pistol) 몡 권총(拳銃).

피-습 (被襲) 몡하타 습격을 당함. 口폭력배에게 ~을 당하다.

피-승수 (被乘數)[-쑤] 몡 곱셈에서, 곱함을 당하는 수(5×2=10 에서의 5). 곱함이수. ↔승수. *피제수(被除數).

피-시 (被弑) 몡하자 임금이 신하에게 죽임을.

피시 (PC) 몡 [personal computer] 개인용 컴퓨터. 口전국의 ~ 보급률.

피시-방 (PC房) 몡 게임이나 인터넷을 이용할 수 있도록 개인용 컴퓨터를 갖추어 놓고 영업을 하는 곳.

피시에스 (PCS) 몡 [Personal Communication Service] 개인 휴대 통신 서비스.

피시 통신 (PC通信) 〖정〗 개인용 컴퓨터를 전화 회선 등의 공중 통신망이나 전용 회선 및 모뎀에 접속하여 원격지의 컴퓨터와 정보를

피식 몜하자 입술을 힘없이 터뜨리며 싱겁게 한 번 웃을 때 나는 소리. 또는 그 모양. 口어이가 없어서 ~ 웃어 버렸다.

피식-거리다 [-꺼-] 자 입술을 힘없이 터뜨리며 싱겁게 자꾸 웃다. **피식-피식** 뭄하자

피식-대다 [-때-] 자 피식거리다.

피-신 (避身) 몡하자 몸을 숨겨 위험을 피해 도망가는 일.

□안전한 곳으로 ~하다.
피:신-처 (避身處) 똉 몸을 숨겨 위험을 피하는 곳. □~를 물색하다.
피:아 (彼我) 똉 그와 나. 상대편과 우리 편. 저편과 이면. □~의 이해관계.
피:아-간 (彼我間) 똉 그와 나의 사이. 상대방과 우리 편 사이. □~의 이해 관계.
피아노¹ (piano) 똉 〖악〗 건반 악기의 하나. 큰 공명 상자 속에 있는 철골(鐵骨)에 85줄 이상의 금속현을 치고, 타현(打絃) 장치를 하여, 건반을 손가락 끝으로 쳐서 소리를 내며 강약을 마음대로 할 수 있음. 양금(洋琴).
피아노² (이 piano) 똉 〖악〗 '여리게'의 뜻《기호는 p》. ↔포르테.
피아놀라 (Pianola) 똉 〖악〗 자동(自動) 피아노《상표명》.
피아니스트 (pianist) 똉 〖악〗 피아노 연주자(演奏者).
피아니시모 (이 pianissimo) 똉 〖악〗 '매우 여리게'의 뜻《기호는 pp》. ↔포르티시모(fortissimo).
피아니시시모 (이 pianississimo) 똉 〖악〗 '아주 여리게'의 뜻《기호는 ppp》. ↔포르티시시모.
피아르 (PR) 똉하타 〔public relation〕 관청이나 기업체 등이 추진하는 사업 내용의 취지를 널리 대중에게 알리는 선전. □~ 활동을 벌이다.
피아르 영화 (PR映畵) 기업이나 공공 기관이 선전용으로 만든 영화.
피:안 (彼岸) 똉 〖불〗 이승의 번뇌를 해탈하여 열반의 세계에 도달하는 일. 또는 그 경지. ↔차안(此岸).
피안다미-조개 똉 돌조갯과의 조개. 깊이 10-40m의 바다 진흙 속에 사는데, 몸은 달걀 모양이며 표면에 42-43개의 부챗살맥이 있고, 진한 갈색의 비늘 모양의 각피로 덮여 있음. 살은 붉은색이며 단맛이 있음. 피조개.
피:압박 계급 (被壓迫階級)〔-빡-께-/-빡께-〕 지배 계급으로부터 압박을 받는 계급.
피:압박 민족 (被壓迫民族)〔-빡-〕 다른 민족으로부터 압박을 받는 민족.
피앙세 (ㅍ fiancé) 똉 약혼자. 남성 약혼자《여성 약혼자는 'fiancée'로 적음》.
피어-나다〔-/-여-〕 짜 1 꺼져 가던 불이나 연기 등이 다시 일어나다. □연기가 모락모락 ~. 2 곤란한 형편이 차츰 풀리게 되다. □살림이 ~. 3 거의 죽게 된 사람이 다시 깨어나다. 4 꽃 따위가 피게 되다. □진달래가 피어나는 봄 동산.
피-어리다 혱 (주로 '피어린'의 꼴로 쓰여) 피 흘려 싸우거나 피가 맺히도록 고생한 자취가 깃들어 있다. □피어린 항일 투쟁 / 피어린 원한을 풀 길이 없다.
피어-오르다〔-/-여-〕〔-올라,-오르니〕짜 1 김이나 연기·구름 따위가 계속 위로 올라가다. □김이 모락모락 ~. 2 불길 따위가 밑에서부터 솟아오르다. □장작불이 ~. 3 꽃봉오리 등이 맺혀 벌어지려고 하다. □보리 이삭이 한창 피어오르고 있다.
피에로 (ㅍ pierrot) 똉 무언극의 어릿광대.
피에스 (PS) 〔postscript〕 추신(追伸).
피에스 판 (PS版) 〔presensitized plate〕 〖인〗 감광액(感光液)이 미리 발라져 있는 판재(版材)《네거티브 또는 포지티브로부터 구워 내면 즉시 인쇄판이 됨》.
피에이치 (pH, PH) 〖화〗 수소 이온 지수(指數)를 표시하는 기호. 페하.
피에조 전-기 (piezo電氣)〖물〗 압전기(壓電

2533 피재

氣).
피에조 전:기계 (piezo電氣計)〔-/-계〕〖물〗 압전기계(壓電氣計).
피엑스 (PX) 똉 〔Post Exchange〕 군매점.
피엘오 (PLO) 〔Palestine Liberation Organization〕 팔레스타인 해방 기구.
피엠 (PM, pm) 똉 〔라 post meridiem〕 오후(午後). □~ 2시 출발. ↔에이엠²(AM).
피:연 (被鉛) 똉하타 전력 케이블·통신 케이블 등의 케이블을 기계적으로 보호하고 수분 등의 영향을 막기 위해 납이나 납의 합금으로 케이블을 싸는 일. 또는 그런 납.
피연-하다 (疲軟-) 혱여 기운이 없고 나른하다. □ 피연한 표정을 짓고 있다.
피오더블유 (POW) 〔Prisoner of War〕 전쟁 포로.
피오르 (ㄴ fjord) 똉 〖지〗 협만(峽灣).
피오에스 (POS) 〔point of sales〕 〖컴〗 상점의 전자식 금전 등록기·정찰(正札) 판독 장치 등을 컴퓨터에 연결하여 상품 데이터를 관리하는 시스템. 판매장의 매출 정보를 바로 파악할 수 있으므로 재고 관리 등을 효율적으로 할 수 있음. *바코드.
피우다 타 1 ('피다'의 사동) 피게 하다. □모깃불을 ~. 2 수단·재주·재교·난봉 따위를 나타내다. □재주를 ~ / 소란을 ~ / 어리광을 ~. 3 담배에 불을 붙여 연기를 빨아 입이나 코로 내보내다. □끊었던 담배를 다시 ~. 4 냄새나 먼지 따위를 퍼뜨리거나 일으키다. □향내를 ~.
피육 (皮肉) 똉 가죽과 살.
피육불관 (皮肉不關)〔-꽌-〕〖볼-〗하자 가죽과 살은 관계하지 않는다는 뜻으로, 아무런 관계가 없음을 이르는 말.
피율 (皮率) 똉 겉밤.
피:윱〔-읍〕똉 〖언〗 한글 자음 'ㅍ'의 이름.
피:의 (被疑)〔-/-이〕똉 의심이나 혐의를 받음. □~ 사실을 부인하다.
피의 (跛倚)〔-/-이〕똉하자 한쪽 다리만으로 서서 몸을 다른 것에 기댐.
피:의-자 (被疑者)〔-/-이-〕똉 〖법〗 범죄의 혐의는 받았으나 아직 기소되지 않은 사람. 용의자(容疑者). □~로 조사를 받다.
피:인 (彼人)〔똉〕 1 저 사람. 2 외국 사람.
피:일시-차일시 (彼一時此一時)〔-씨-씨〕똉 차일시피일시(此一時彼一時).
피:임 (被任) 똉 어떤 자리에 임명되거나 임용됨. □교장에 ~ 되다.
피:임 (避妊) 똉하자 인위적으로 임신하지 않도록 하는 일. □가족계획을 위해서 ~을 하다. *불임.
피:임-법 (避妊法)〔-뻡〕똉 피임하는 방법. *불임법(不妊法).
피:임-약 (避妊藥)〔-냑〕똉 〖의〗 피임을 목적으로 쓰는 약.
피자 (pizza) 똉 밀가루 반죽 위에 토마토·치즈·고기·피망·향료 따위를 얹어 둥글고 납작하게 구운 파이《이탈리아 남부 나폴리 지방에서 유래한 음식임》.
피:자-식물 (被子植物)〔-싱-〕똉 속씨식물.
피장 (皮匠) 똉 〖역〗 '피색장(皮色匠)'의 준말.
피장-파장 (皮匠-) 똉 서로 낫고 못함이 없이 상대편의 행동에 따라 그와 같은 행동으로 맞서는 일을 일컫는 말. □억울하기는 서로 ~이다. *피차일반.
피:재 (避災) 똉하자 재해(災害)를 피함.

피:-점령국 (被占領國)[-녕-]몡 남의 나라에 점령당하여 자기 나라의 영토를 점령당한 나라.

피:접 (避接)몡하자 '비접'의 본딧말.

피:정 (避靜)몡하자《가》일상생활에서 벗어나, 성당이나 수도원 같은 곳에 가서 묵상이나 기도를 통하여 조용히 자신을 살피는 일.

피:-제수 (被除數)[-쑤]몡《수》나누기에서, 나뉘는 수《10÷2=5에서의 10》. 나뉨수. ↔제수(除數). *피승수(被乘數).

피-조개 몡 피안다미조개.

피:-조물 (被造物)몡 조물주에 의해 만들어진 모든 물건.

피:좌 (避座)몡하자 피석(避席)2.

피:죄 (被罪)몡하자 죄를 입음.

피-죽 몡 ☞죽데기.

피-죽 (-粥)몡 피로 쑨 죽. □~도 못 얻어먹은 것같이 살이 빠졌다.

피죽 (皮竹)몡 대의 겉껍질.

피죽-바람 (-粥-)[-빠-]몡 모낼 무렵 오랫동안 하는 아침 동풍과 저녁 북서풍《이 바람이 불면 흉년이 들어 피죽도 먹기 어렵다 함》.

피죽-상자 (皮竹箱子)[-쌍-]몡 대의 겉껍질로 결어 만든 상자.

피죽-새 [-쌔]몡《조》지빠귓과의 밤꾀꼬리의 하나.

피지 (皮紙)몡 피(皮)닥치.

피지 (皮脂)몡 피지샘의 분비물. 피부 표면에 지방막을 형성하고, 피부를 보호함.

피지-루 (皮脂漏)몡《의》피지샘의 분비 과다 증상. 지루(脂漏).

피:-지배 (被支配)몡 지배를 당함. □~ 민족.

피지-샘 (皮脂-)몡《생》진피 가운데의 작은 분비샘. 지방을 분비하여 표피·모발에 광택·유연성·탄력성을 줌. 굳기름샘. 기름샘.

피진 (皮疹)몡 피부에 나타나는 붉은 발진.

피질 (皮質)몡《생》조직의 외층부(外層部). 그 조직명을 앞에 붙여 부신(副腎) 피질·대뇌(大腦) 피질 등으로 부름.

피:차 (彼此)몡 1 저것과 이것. 2 이쪽과 저쪽의 양쪽. □~의 이해가 갈리다 / 곤란한 것은 ~ 마찬가지다.

피:차-간 (彼此間)몡 저편과 이편의 사이. □~에 반목이 깊어진 상태.

피:차-없:다 (彼此-)[-업따]혭 두 편이 서로 낫고 못함이 없다. 피:차-없이 [-업씨]튀

피:차-일반 (彼此一般)몡 두 편이 서로 같음. □사정이 어렵기는 ~입니다. *피장파장.

피:처 (彼處)몡 저기.

피처 (pitcher)몡 야구에서, 투수. ↔캐처.

피:척 (被隻)몡 소송 당사자가 서로 상대편을 이르는 말.

피천 몡 아주 적은 액수의 돈. 노린동전. [피천 한 닢 없다] 수중에 돈이 한 푼도 없다. 피천 샐 닢 없다.

피:천 (被薦)몡하자 추천을 받음.

피:체 (被逮)몡하자 남에게 잡힘. 피착(被捉). □~되어 감옥에 갇히다.

피층 (皮層)몡 식물의 조직계의 하나. 표피와 중심주 사이를 채우는 세포층.

피치 (pitch)몡 1 보트의 노를 저을 때, 1분 동안 젓는 노의 횟수. 2 작업 능률. □~를 올리다. 3 피칭1. 4 아스팔트. 역청(瀝靑). 5《악》음의 고도. 음높이. 6 톱니바퀴의 톱니와 톱니 사이의 거리. 7 프로펠러를 한 바퀴 돌렸을 때에 나아가는 거리. 8 나사를 한 바퀴 돌렸을 때에 나아가는 거리.

피치 게이지 (pitch gauge) 나사의 산과 산 사이의 거리를 측정하는 계기.

피치블렌드 (pitchblende)몡《광》섬우라늄석의 하나로, 라듐과 우라늄의 중요 광석. 역청우라늄석.

피치카토 (이 pizzicato)몡《악》현악기의 현(絃)을 손끝으로 퉁겨 연주하는 방법. 또는 그 곡(曲). 지판주(指彈奏). 기호 : pizz.

피치-코크스 (pitch cokes)몡《공》석탄을 500-600℃로 건류하여 만든 반성(半成) 코크스《연료나 전극 재료로 씀》.

피침 (披針·鈹鍼)몡《한의》바소.

피:침 (被侵)몡하자 침략·침해를 당함. □적국에 ~되다.

피침-형 (披針形·鈹鍼形)몡 1 바소와 같은 형상. 2《식》바소와 같은 잎의 모양. 피침 모양.

피칭 (pitching)몡하자 1 야구에서, 투수가 타자를 향하여 공을 던지는 일. 피치. 2 선박이나 비행기의 앞뒤가 위아래로 흔들리는 일. *롤링(rolling)1.

피카레스크 소:설 (picaresque小說) 악한(惡漢)을 주제로 하는 소설《17세기 초 에스파냐에서 유행했던 소설의 한 장르》.

피컬 (picul)의몡 중국·타이 등지에서 쓰는 중량(重量)의 단위. 보통 60kg을 1피컬이라 함.

피케 (프 piqué)몡 가로로 고랑이 지거나 무늬가 두드러지게 짠 면직물의 하나.

피케팅 (picketing)몡 노동 쟁의 때, 노조원들이 공장이나 사업장 출입구에 늘어서거나 스크럼을 짜서 파업 방해자를 막고 변절자를 감시하는 일.

피켈 (pickel)몡 등산 용구의 하나. 목제 자루에 금속제 곡괭이 모양의 날이 달린 것. 빙설(氷雪)로 된 비탈을 오를 때 발판 등을 만드는 데 씀.

피켓 (picket)몡 1 노동 쟁의 때, 파업 배반자를 막기 위해 늘어선 감시인(監視人). 2 슬로건이나 광고 등을 써 붙인 자루 달린 널빤지《데모 때에 손에 듦》.

피켓 라인 (picket line) 노동 쟁의 때, 파업 배반자를 감시하기 위한 감시선(監視線). □~을 치다.

피코 (프 picot)몡 레이스 따위의 단을 장식하고자 둥근 무늬를 도드라지게 뜨는 것. 또는 그렇게 뜨는 뜨개질.

피콜로 (piccolo)몡《악》관악기의 하나. 플루트와 비슷하게 생겼으며 플루트보다 한 옥타브 음정이 높아, 관현악·취주악의 가장 높은 음을 담당함.

피콜로-플루트 (piccolo-flute)몡《악》플루트 중에서 가장 높은 음역을 맡는 가장 작은 악기.

피크 (peak)몡 어떤 상태가 가장 고조될 때. 정점. 절정. 절정기. □~를 이루다.

피크르-산 (-picric酸)몡《화》페놀에 황산을 작용시킨 다음 다시 진한 질산으로 니트로화하여 얻는 황색 결정《분석용 시약·의약 따위로 씀》.

피클 (pickle)몡 오이·양배추 따위의 채소나 과일을 식초·설탕·소금·향신료를 섞어 만든 액체에 담아 절여서 만든 식품.

피:타 (被打)몡하자 매를 맞음. 얻어맞음.

피타고라스의 정:리 (Pythagoras-定理)[-니 /-에-니]《수》평면 기하의 정리의 하나. 직각 삼각형의 빗변을 한 변으로 하는 정사각형의 면적은 다른 두 변을 각각 한 변으로 하는 두 개의 정사각형의 면적의 합과 같다는 정리.

피:탈(被奪)〖명〗〖하자〗 강제로 빼앗김. 〖□〗~ 물품.
피:탈(避脫)〖명〗 피하여 벗어남.
피테칸트로푸스 에렉투스(Pithecanthropus erectus)〖인류〗 자바 원인.
피톤치드(㉕ fitontsid)〖명〗 나무에서 나오는, 주로 미생물을 죽이는 작용을 하는 물질. 나무의 향기 성분인 테르펜류가 이의 일종이라고 봄. 산림욕의 효용 근원임.
피-투성이〖명〗 피가 여러 군데에 묻은 모양. 〖□〗~가 된 셔츠 / 얼굴이 ~가 되다.
피튜니아(petunia)〖식〗 가짓과의 한해살이풀 또는 여러해살이풀. 높이 50 cm가량, 잎은 마주나고 달걀 모양이고, 청자색·담홍색·백색 등 여러 가지 꽃이 핌. 관상용임.
피트(feet)〖의명〗 길이의 단위. 1 피트는 12 인치, 30.48 cm임.
피파(FIFA)〖ㄹ Fédération Internationale de Football Association〗 국제 축구 연맹.
피-파(P波)〖명〗〖지〗 지진파(地震波)의 하나. 지각(地殼) 안의 고체·액체·기체 속을 통과하여 전파되는 종파(縱波). S파보다 빨라서 가장 먼저 지진계에 나타남. 소밀파. *에스파(S波).
피-파랑이〖명〗〖생〗 헤모시아닌.
피펫(pipette)〖명〗〖화〗 분석용 실험 기구의 하나. 일정한 액체의 부피를 정확히 재는 데에 쓰이는 흡액(吸液) 유리관.
피페(疲弊)[-/-페]〖명〗〖하자〗 지치고 쇠약해짐. 〖□〗~해진 농촌 경제 / ~할 대로 ~하다.
피페(疲斃)[-/-페]〖명〗〖하자〗 기운이 지쳐 죽음.
피페-상(疲弊相)[-/-페-]〖명〗 낡고 쇠약해진 모습.
피:폭(被爆)〖명〗〖하자〗 1 폭격을 받음. 2 원자탄이나 수소탄의 폭격을 받음. 또는 그 방사능으로 피해를 입음. 〖□〗~된 희생자.
피:폭(被曝)〖명〗〖하자〗 인체가 방사능에 노출됨〖쐬임〗.
피:폭 열량(被曝熱量)[-별~]〖풍별~〗 핵폭발이 진행되는 동안에 일정한 표면에 맞는 열방사량(熱放射量)의 수직 성분(垂直成分)의 총량.
피풍(皮風)〖명〗〖한의〗 피부에 오돌토돌한 것이 일어나는 피부병(가려운 증세가 따름).
피피 가공(PP加工)〖명〗 '퍼머넌트 프레스 가공'의 준말.
피피엠(ppm)〖의명〗〖parts per million〗 농도나 미소한 함유량 등을 나타내는 단위의 하나〖100만분의 몇인가를 나타냄〗. 1 ppm은 10⁻⁶.
피하(皮下)〖명〗〖생〗 살가죽의 밑.
피하 결체 조직(皮下結締組織)〖생〗 포유류·조류의 진피(眞皮) 밑에 있으며, 근조직과 골조직 사이에 있는 조직.
피하 기종(皮下氣腫)〖의〗 살가죽 밑에 공기 등의 기체가 들어가서 종기같이 된 상태.
피:-하다(避)〖타여〗 1 몸을 피하거나 숨겨 다른 곳으로 옮기다. 〖□〗탄환을 ~. 2 어떤 자리나 경우에 처하지 않도록 하다. 〖□〗시선을 ~. 3 행사에 불길한 날을 택하지 않다. 〖□〗손 있는 날을 ~. 4 비나 눈 따위를 맞지 않을 곳으로 몸을 옮기다. 〖□〗처마 밑에서 비를 ~.
피하 일혈(皮下溢血)〖의〗 피하의 혈관이 터져 살가죽 밑에 피가 나오는 일. 심한 타박 등으로 일어남. 혈관 외 유출.
피하 조직(皮下組織)〖생〗 척추동물의 피하의 진피(眞皮) 밑에 있는 조직.
피하 주:사(皮下注射)〖의〗 피하 조직 속에 놓는 주사. *근육 주사.
피하 지방(皮下脂肪)〖생〗 포유류의 피하 조직에 많이 포함된 지방 조직.

피하 출혈(皮下出血)〖의〗 내출혈.
피:학대 성:욕 도착증(被虐待性慾倒錯症)[-때-또~증]〖의〗 마조히즘.
피:학대 음란증(被虐待淫亂症)[-때-난쯩]〖의〗 마조히즘.
피한(皮漢)〖명〗〈속〉 피색장(皮色匠).
피:한(避寒)〖명〗〖하자〗 추위를 피해 따뜻한 곳으로 옮김. ⟷피서.
피-한지(避寒地)〖명〗 피한하에 알맞은 곳.
피:해(被害)〖명〗〖하자〗 재산·명예·신체 따위의 손해를 입음. 〖□〗~를 당하다 / 방심하다가 큰 ~를 보게 되다. ⟷가해.
피:해(避害)〖명〗〖하자〗 재해(災害)를 피함.
피:해-망상(被害妄想)〖명〗〖의〗 남이 자기에게 해를 입힌다고 생각하는 일〖조울병의 억울 상태에 있는 환자에게 자주 보임〗.
피:해-자(被害者)〖명〗 1 해를 입은 사람. 2 〖법〗 불법 행위 또는 범죄에 의하여 생명이나 재산, 명예 따위에 침해나 손해를 본 사람. ⟷가해자(加害者).
피:핵(被劾)〖명〗〖하자〗 탄핵을 당함.
피:험-자(被驗者)〖명〗 1 시험이나 실험 따위의 대상이 되는 사람. 2 심리학상 실험자에게 하나의 연구 대상으로서 시험을 당하는 사람〖s. 또는 vp로 약기〗.
피혁(皮革)〖명〗 날가죽과 무두질한 가죽의 총칭. 가죽.
피혁-상(皮革商)[-쌍]〖명〗 가죽 또는 가죽 제품을 파는 장사. 또는 그 사람.
피-혈(-血)〖명〗 한자 부수(部首)의 하나('衄'이나 '衃' 등에서 '血'의 이름).
피:혐(被嫌)〖명〗〖하자〗 혐의를 피함.
피:화(被禍)〖명〗〖하자〗 화를 당함. 화를 입음.
피:화(避禍)〖명〗〖하자〗 재화(災禍)를 피함.
피:회(避廻)〖명〗〖하타〗 피하여 돌아다님.
피:흉추길(避凶趨吉)〖명〗〖하자〗 흉한 일을 피하고 길한 일에 나아감.
픽〖부〗 1 힘없이 가볍게 쓰러지는 모양. 또는 그 소리. 〖□〗한 걸음도 떼지 못하고 ~ 쓰러지다. 2 다물었던 입술을 터뜨리면서 싱겁게 한 번 웃는 모양. 또는 그 소리. 〖□〗~ 웃음을 터뜨렸다. 3 막혔던 공기가 힘없이 한 번 터져 나오는 소리. 또는 그 모양. 4 새끼나 줄 따위가 힘없이 쉽게 끊어질 때 나는 소리. 또는 그 모양. 〖작〗삑.
픽(pick)〖명〗〖악〗 기타·만돌린 따위를 켤 때에 쓰는 것〖셀룰로이드 따위를 작은 삼각형이나 사각형으로 오려 내어 만듦〗.
픽션(fiction)〖명〗 1 허구(虛構)2. 2 실제의 이야기가 아니고 작자의 상상력을 동원하여 창조한 가공적인 이야기〖소설 따위〗. 〖□〗이 작품은 어디까지나 ~인 것이다. ⟷논픽션.
픽업¹(pickup)〖명〗 1 '픽업트럭'의 준말. 2 방송실 밖에서 제작한 프로그램을 방송국에 연결시키는 장치. 3 전축에서, 바늘의 진동을 전류의 진동으로 변환시키는 장치.
픽업²(pick up)〖명〗〖하타〗 많은 사람들 중에서 특히 가려 뽑음. 〖□〗주연으로 ~되다.
픽업-트럭(pickup truck)〖명〗 바퀴가 네 개 있고 짐 싣는 부분이 짧은 소형 트럭. 〖준〗픽업.
픽-픽〖부〗〖하자〗 1 여럿이 계속 힘없이 쓰러지는 모양. 또는 그 소리. 2 다물었던 입술을 터뜨리면서 싱겁게 자꾸 웃는 모양. 또는 그 소리. 〖□〗~ 웃어대며 비아냥거리다. 3 썩은 줄 따위가 계속하여 힘없이 끊어지는 모양. 또는 그 소리. 〖작〗삑삑¹.

핀 (pin)圓 1 쇠붙이 따위로 못·바늘처럼 만든 물건의 총칭. 2 기계의 굴대에 꿰는 가는 막대. 3 '머리핀'의 준말. 4 볼링에서, 공을 던져 쓰러뜨리는 병 모양의 표적.

핀둥-거리다쟈 하는 일 없이 뻔뻔스럽게 놀기만 하다. 綠펀둥거리다. 여빈둥거리다. 쎈뻔둥거리다. **핀둥-핀둥**튀하쟈 ▭ ~ 놀기만 하다.

핀둥-대다쟈 핀둥거리다.

핀들-거리다쟈 하는 일 없이 건들건들 놀기만 하다. 綠펀들거리다. 여빈들거리다. 쎈뻔들거리다. **핀들-핀들**튀하쟈

핀들-대다쟈 핀들거리다.

핀셋 (ㅍ pincette)圓 손으로 집기 어려운 작은 물건을 집는 데 쓰는, 쇠붙이로 만든 기구.

핀잔圓하타 맞대 놓고 언짢게 꾸짖는 일. ▭ ~을 듣다 / ~을 주다.

핀잔-맞다 [-맏따]쟈 핀잔을 당하거나 듣다. 핀잔먹다.

핀잔-먹다 [-따]쟈 핀잔을 당하다. 핀잔맞다.

핀잔-주다타 핀잔을 하다.

핀-컬 (pin curl)圓 머리에 웨이브를 내려고 머리를 조금씩 클립에 말아 핀으로 꽂는 머리 손질법.

핀트 (←일 ピント)圓 〔네 brandpunt〕 1 사진기·안경 등 렌즈의 초점. ▭~를 맞추다. 2 사물의 중심점. 겨냥. 요점. ▭~가 어긋나다 / ~가 맞지 않는 대답을 하다.

핀홀 카메라 (pinhole camera)『물』렌즈를 쓰지 않고 빛의 직진성(直進性)을 이용하여 작은 구멍으로 피사체의 영상을 받아들여 촬영하게 된 카메라.

필 (匹)의圓 마소를 세는 단위. ▭말 두 ~.

필 (疋)의圓 일정한 길이로 짠 피륙을 셀 때 쓰는 단위《30자가 1필임. 광목·옥양목은 특히 '통'이라 부름》. ▭명주 한 ~.

필 (筆)의圓 논·밭·임야 등의 구획을 셀 때 쓰는 단위. 필지(筆地). ▭밭 한 ~.

필 (pill)圓 먹는 피임약《원래는 경구용 피임약의 상품명임》.

-필메 '이미 마침'의 뜻으로 쓰이는 말. ▭지급~ / 납세~ / 대조~.

필가 (筆架)圓 붓을 걸어 놓는 기구. 붓걸이.

필가 (筆家)圓 글씨를 잘 쓰는 사람. 또는 글씨 쓰는 일을 업으로 삼는 사람.

필간 (筆諫)圓하타 글로 써서 간(諫)함.

필갑 (筆匣)圓 1 붓을 넣어 두는 갑. 2 필통2.

필격 (筆格)圓 필가(筆架).

필경 (筆耕)圓하쟈 1 직업으로 글이나 글씨를 쓰는 일. 2 등사 원지(原紙)에 철필로 글씨를 쓰는 일.

필경 (畢竟)튀 마침내. 결국에는. ▭~ 면직이 되고 말았다.

필경-생 (筆耕生)圓 글씨 쓰는 일을 직업으로 하는 사람. 필경사(筆耕士).

필계 (筆契)[-계 / -게]圓『역』조선 후기에, 관아에 붓을 공물로 바치던 계.

필공 (筆工)圓 붓을 만드는 일을 업으로 삼는 사람.

필관 (筆管)圓 붓대.

필광 (弼匡)圓하타 도와서 바로잡음.

필기 (筆記)圓하타 1 글자로 써서 기록함. 2 강의·연설 따위의 내용을 받아 쓰는 일. 노트. ▭강의 내용을 꼼꼼히 ~하다.

필기-구 (筆記具)圓 필기도구.

필기-도구 (筆記道具)圓 글씨를 쓰는 데 사용하는 여러 물건《종이·먹·붓·펜·볼펜 따위》. 필기구.

필기-시험 (筆記試驗)圓 시험 문제의 답안을 글로 써서 치르는 시험. 필답시험.

필기-장 (筆記帳)[-짱]圓 필기하는 데에 쓰는 공책.

필기-첩 (筆記帖)圓 여러 가지 일을 적어 두는 수첩.

필기-체 (筆記體)圓 활자가 아닌 손으로 쓴 글씨체.

필납 (必納)[-랍]圓하타 반드시 납부함. 또는 납부해야 함.

필납 (畢納)[-랍]圓하타 납세나 납품 등을 끝냄. ▭~된 물량.

필낭 (筆囊)[-랑]圓 붓을 넣어서 차는 주머니.

필녕 (弼寧)[-령]圓하타 보필(輔弼)하여 편하게 함.

필-누비 (疋-)[-루-]圓 누비 모양으로 짠 피륙. ✽손누비.

필단 (疋緞)[-딴]圓 필로 된 비단.

필단 (筆端)[-딴]圓 붓끝1.

필담 (筆談)[-땀]圓하쟈 말이 통하지 않거나 말을 할 수 없을 때, 글로 써서 서로 묻고 대답하는 일. 또는 그 문답.

필답 (筆答)[-땁]圓하타 글로 써서 대답함.

필답-시험 (筆答試驗)[-땁씨-]圓 필기시험(筆記試驗).

필대 (匹對)[-때]圓하타 필적(匹敵).

필도 (筆道)[-또]圓 서도(書道).

필도 (弼導)[-또]圓하타 돌보아 인도함.

필독 (必讀)[-똑]圓하타 반드시 읽어야 함. 또는 반드시 읽음.

필독 (畢讀)[-똑]圓하타 책 읽기를 끝냄.

필독-서 (必讀書)[-똑써]圓 반드시 읽어야 할 책. ▭청년 학도의 ~.

필두 (筆頭)[-뚜]圓 1 붓의 끝. 2 (주로 '…을 필두로'의 꼴로 쓰여) ㉠나열하여 이름을 적을 때 맨 처음의 사람이나 단체. ㉡어떤 단체나 동아리의 주장이 되는 사람. ▭부장을 ~로 하여 전 직원이 경기에 출전했다.

필드 (field)圓 1 육상 경기장의 트랙 안쪽에만 들어진 넓은 경기장. 2 야구에서, 내야·외야의 총칭《때로는 외야만 가리킴》. 3 〔연구실이 아닌〕현장. 4 『컴』레코드를 구성하는 단위《필드가 모여 레코드가 됨》.

필드 경:기 (field競技)圓 필드에서 하는 경기《높이뛰기·멀리뛰기·원반던지기·창던지기·포환던지기 따위가 있음》. ↔트랙 경기.

필드-하키 (field hockey)圓 구기의 하나. 11명씩의 두 팀이 스틱으로 공을 상대방의 골에 많이 넣는 것을 겨룸. 하키.

필득 (必得)[-득]圓하타 반드시 무엇을 얻음. 꼭 자기의 물건이 됨.

필라리아 (filaria)圓『동』사상충과(絲狀蟲科)의 기생충의 총칭《사람이나 동물의 혈관에 기생함》.

필라멘트 (filament)圓『물』전구·진공관의 내부에서 전류를 통하게 하며 열전자를 방출하는 가는 선. ▭~가 끊어지다.

필래프 (pilaf)圓 밥에 고기·새우 따위를 넣고 버터로 볶은 밥. 필라프.

필러 (peeler)圓 감자 따위의 껍질을 벗기는 데 쓰는 기계.

필력 (筆力)圓 1 글씨의 획에 드러난 힘이나 기운. 필세(筆勢). ▭웅장한 ~이 돋보인다. 2 글을 쓰는 능력. ▭~이 많이 늘었구나.

필로 (筆勞)圓 1 글씨를 쓰고 난 뒤에 오는 피로. 2 글씨를 쓰는 데 드는 노력.

필로(筆路)[명] 1 글을 지을 때 나오는 사상. 2 붓의 운용(運用).

필로(蹕路)[명]〖역〗거둥 때, 사람들의 통행을 막고 임금의 수레가 지나가던 길.

필로폰(Philopon)〖명〗중추 신경의 흥분제의 하나. 무색무취의 결정 또는 흰 결정성 가루(물·알코올에 잘 녹음. 메스암페타민의 상품명으로 일본에서 유명해졌음). 히로뽕. □~을 맞다 / ~ 상습 투약 혐의로 구속되다.

필로폰 중독(Philopon中毒)〖의〗필로폰 남용에 따른 만성 중독《신경 쇠약·불면증·식욕 부진 따위의 증상이 나타남》.

필률(觱篥)[명]〖악〗피리1.

필름(film)[명] 1 사진 감광판의 하나. 투명 물질인 셀룰로이드나 폴리에스테르 위에 감광제를 칠한 물건. 또는 이것을 노출 현상한 음화(陰畫). 2 영화용의 음화·양화의 총칭. □16 밀리짜리 ~. 3 셀로판과 같은 엷은 막.

필마(匹馬)[명] 한 필의 말.

필마-단기(匹馬單騎)[명] 혼자 한 필의 말을 타고 감. 또는 그 말을 탄 사람.

필마-단창(匹馬單槍)[명] 한 필의 말과 한 자루의 창이란 뜻으로, 혼자 간단한 무장을 하고 한 필의 말을 타고 감을 이르는 말.

필멸(必滅)[명] 반드시 멸망함. 반드시 죽음. □~의 운명.

필명(畢命)[명] 필생(畢生)1.

필명(筆名)[명] 1 글씨를 잘 써서 떨치는 명예. □언론인으로 ~을 날리다. 2 글을 발표할 때의 본명 이외의 이름. 펜네임. □~으로 작품을 발표하다.

필목(疋木)[명] 필로 된 무명·광목 따위의 총칭.

필묵(筆墨)[명] 붓과 먹.

필묵지연(筆墨紙硯)[-찌-][명] 붓·먹·종이와 벼루.

필문-필답(筆問筆答)[-땁][명]〖하자〗글로 묻고 글로 대답함.

필-반자(匹-)[명] '필반자지'의 준말.

필-반자지(匹-紙)[명] 필로 된 반자지.

필발(蓽茇)[명]〖식〗후춧과의 풀. 높이 1m 내외로, 봄에 흰 꽃이 피며, 늦여름에 열매가 열림. 2〖한의〗1의 열매(빛은 진한 갈색이며, 후추 냄새 비슷하고 맛은 씀. 독이 있음. 온중(溫中)·하기(下氣)의 약재로 씀).

필발-머리(-發-)[명] 한자 부수(部首)의 하나('發'이나 '癶'들에서 '癶'의 이름).

필발-밑(-發-)[-믿][명] 필발머리.

필방(筆房)[명] 붓을 만들어 파는 가게.

필배(筆杯)[명] 종배(終杯).

필백(疋帛)[명] 명주(明紬).

필벌(必罰)[명]〖하타〗죄를 지은 자에게 반드시 벌을 줌. 반드시 처벌함.

필법(筆法)[-뻡][명] 글씨나 문장을 쓰는 법. □춘추의 ~ / ~을 배우다.

필봉(筆鋒)[명] 1 붓끝. 2 붓의 위세. 문장 또는 서화의 위세. □날카로운 ~ / 예리한 ~을 휘두르다.

필부(匹夫)[명] 1 한 사람의 남자. 2 신분이 낮은 사내. □~를 출세시키다.

필부(匹婦)[명] 1 한 사람의 여자. 2 신분이 낮은 여자.

필부지용(匹夫之勇)[명] 깊은 생각 없이 혈기만 믿고 함부로 부리는 소인의 용기.

필부-필부(匹夫匹婦)[명] 평범한 남녀. □~로 만나 백년가약을 맺다.

필사(必死)[-싸][명]〖하자〗1 반드시 죽음. 2 죽도록 힘을 씀. 죽음을 걸고 행함. □~의 전법 / ~의 도망자 / ~의 각오로 임하다.

필사(筆寫)[-싸][명]〖하타〗베껴 씀. □~된 책자 / 책 한 권을 다 ~하다.

필사-본(筆寫本)[-싸-][명] 붓·펜 등의 필기구로 깁 또는 종이에 옮겨 쓴 책.

필사-적(必死的)[-싸-][관명] 죽을 각오로 열심히 하는 (것). □~인 투쟁을 벌이다 / ~으로 항거하다.

필사-체(筆寫體)[-싸-][명] 로마자를 펜으로 쓸 때의 자체(字體)의 하나. 필기체(筆記體)와 달리 붙여 쓰지 않고 한 자씩 따로 씀.

필삭(筆削)[-싹][명]〖하타〗써 놓은 글에서 더 쓸 것은 쓰고 지울 것은 지워 버림.

필산(筆山)[-싼][명] '山'자 모양으로 만든 필가(筆架).

필산(筆算)[-싼][명]〖하타〗숫자를 써서 계산함. 또는 그렇게 하는 계산. 붓셈. ↔암산(暗算).

필살(必殺)[-쌀][명]〖하타〗반드시 죽임. 또는 그런 마음가짐. □~의 일격.

필상(筆商)[-쌍][명] 붓 장수.

필생(畢生)[-쌩][명]《주로 '필생의' 꼴로 쓰여》1 일생. 평생. 한평생. 필명(畢命). □~의 대사업 / ~의 숙원을 이루다. 2 생명의 마지막까지 다함. □~의 노력.

필생(筆生)[-쌩][명] 사자생(寫字生).

필석(筆石)[-썩][명]〖광〗고생대에서 번성했던 풀잎 모양의 부유(浮遊) 동물의 화석(化石). 흰빛의 광택 있는 돌인데, 무르지는 않으나 잘 부서지므로 분필처럼 쓸 수도 있음.

필설(筆舌)[-썰][명] 붓과 혀라는 뜻으로, 글과 말의 일컬음. □그동안의 고통은 ~로는 다 표현할 수 없다.

필성(筆星)[-썽][명]〖천〗이십팔수(二十八宿)의 열두째 별.

필성(弼成)[-썽][명]〖하타〗도와서 이루게 함.

필세(筆洗)[-쎄][명] 먹이나 물감이 묻은 붓을 빠는 그릇.

필세(筆勢)[-쎄][명] 글씨의 획에 드러난 붓놀림의 기세. 필력(筆力). □웅장한 ~.

필수(必修)[-쑤][명] 반드시 학습해야 함.

필수(必須)[-쑤][명] 꼭 필요로 함. □~ 조건 / ~의 지식.

필수(必需)[-쑤][명] 반드시 있어야 함. 또는 반드시 쓰임. □~ 품목.

필수 과목(必修科目)[-쑤-] 반드시 배워야 하는 과목. ↔선택 과목.

필수 아미노산(必須amino酸)[-쑤-] 생체 내에서 합성되지 않거나 합성하기 곤란하여, 음식물로 섭취하지 않으면 안 되는 필수 아미노산(성인의 경우는 류신·이소류신·발린·트레오닌·리신·메티오닌·페닐알라닌·트립토판의 8종이며, 어린이의 경우는 아르기닌·히스티딘이 추가됨).

필수-적(必須的)[-쑤-][관명] 꼭 필요로 하는 (것). □~인 조건 / ~(인) 요소.

필수-품(必需品)[-쑤-][명] 일상생활에 꼭 필요한 물품. □가정용 ~.

필순(筆順)[-쑨][명] 글씨를 쓸 때에 획을 긋는 순서.

필승(必勝)[-씅][명]〖하자〗반드시 이김. □~의 신념 / ~을 다짐하다.

필시(必是)[-씨][부] 반드시. 어김없이. 필연(必然). □그도 ~ 모를 것이다 / 그녀에게 ~ 무슨 일이 생긴 모양이다.

필업(畢業)[명]〖하타〗학업·사업을 마침.

필역(畢役)[명]〖하타〗역사(役事)를 마침.

필연(必然)[명]〖하형〗그리 되는 수밖에 다른 도

리가 없음. ▢사회의 민주화는 역사의 ~이다. ↔必然(필연). ▤[튄] 반드시. 틀림없이. 곧. ▢남달리 성실한 그는 ~ 성공할 것이다.

필연 (筆硯)[명] 붓과 벼루.

필연-론 (必然論)[피련논][〖철〗] 결정론.

필연-성 (必然性)[피련씽][명] 어떤 사물이 그렇게 될 수밖에 없는 요소나 성질. ▢사건의 ~. ↔우연성.

필연-적 (必然的)[관][명] 사물의 관련이나 일이 그리 될 수밖에 없는 (것). ▢그것은 ~(인) 사실이다 / 자연의 ~ 법칙.

필연적 판단 (必然的判斷)[〖철〗] 주개념(主概念)과 빈개념(賓概念)의 결합(結合) 또는 분리(分離)의 관계가 필연적인 판단. 곧, 'S는 P가 아닐 수 없다'와 같은 것.

필연-코 (必然-)[튄] '필연'의 힘줌말. ▢목표는 ~ 달성해야 한다.

필요 (必要)[명][하형] 꼭 소용이 있음. ▢학습에 ~한 물품 / ~ 불가결하다 / ~는 발명의 어머니 / 사업을 하는 데는 자금이 ~하다.

필요 경비 (必要經費)[〖법〗] 소득세법에서, 소득을 얻는 데 필요한 경비(세금이 공제됨).

필요-량 (必要量)[명] 반드시 요구되거나 소용되는 양.

필요-비 (必要費)[명] 물건 또는 권리를 보존·관리하는 데에 필요한 비용.

필요-성 (必要性)[피료씽][명] 반드시 요구되는 성질. ▢대화의 ~을 느끼다 / 제도 개선의 ~이 절실하다.

필요-시 (必要時)[명] 반드시 요구될 때. ▢~에는 도움을 청하겠소.

필요-악 (必要惡)[명] 없는 것이 바람직하지만 사회적인 여건에서 어쩔 수 없이 필요한 것으로 여겨지는 악.

필요적 공범 (必要的共犯)[피료-꽁-][〖법〗] 범죄가 성립함에는 반드시 두 사람 이상의 공동 행위를 필요로 하는 공범.

필요적 변·호 (必要的辯護)[피료-뼌-][〖법〗] 변호인이 없이는 공판을 개정할 수 없는 경우에 법원이 직권으로 변호인을 선임하는 일. 강제 변호.

필요-조건 (必要條件)[피료-껀][명] 어떤 명제가 성립하는 데 필요한 조건.

필요충분-조건 (必要充分條件)[피료-껀][명] 〖수〗어떤 관계가 성립하는 데 필요하고 충분한 조건. 즉, 조건 P, Q에 대하여 두 개의 명제(命題) 'P이면 Q이다'와 'Q이면 P이다'가 모두 참일 때, P, Q가 서로 같다는 뜻.

필욕감심 (必欲甘心)[피룩깜][명][하자] 품은 원한을 기어코 풀고자 애씀.

필용-하다 (必用-)[형][타] 반드시 소용되는 바가 있다.

필원 (筆苑)[명] 1 문필가들의 사회. 2 예전에, 명필들의 이름을 모아서 적은 책.

필유곡절 (必有曲折)[피류-쩔][명] 반드시 무슨 까닭이 있음. 필유사단. ▢불참한 데에는 ~이 있을 겁니다.

필유사단 (必有事端)[명] 필유곡절.

필자 (筆者)[명] 글 또는 글씨를 쓴 사람. 또는 쓰고 있거나 쓸 사람. ▢~ 미상(未詳).

필재 (筆才)[-째][명] 글을 쓰는 재능. 글재주. ▢~가 뛰어나다.

필적 (匹敵)[-쩍][명][하자] 능력·세력 등이 엇비슷하여 서로 견줄 만함. ▢그에 ~할 만한 사람이 없다.

필적 (筆跡)[-쩍][명] 글씨 솜씨나 모양. ▢~이

같다 / ~이 뛰어나다.

필적 감정 (筆跡鑑定)[-쩍깜-] 필적을 조사하여 관련된 판단이나 의견을 진술하는 일(주로 범죄 감식에 씀).

필적-학 (筆跡學)[-쩌칵][명] 쓰여진 글씨를 보고 쓴 사람의 성격·심리를 연구하는 학문.

필전 (必傳)[-쩐][명] 후세에 반드시 전하여야 할 일.

필전 (筆戰)[-쩐][명][하자] 글로써 서로 옳고 그름을 겨룸. 글로써 다툼.

필점 (筆占)[-쩜][명][하타] 글씨 쓴 사람의 필력·필세로써 길흉을 점침.

필정 (必定)[-쩡][명] 반드시 그리 됨.

필주 (筆誅)[-쭈][명][하타] 남의 죄악·과실 따위를 글로 써서 책망함. ▢~를 가하다.

필중 (必中)[-쭝][명][하자타] 반드시 명중하거나 명중시킴. ▢일발~.

필지 (必至)[-찌][명][하자] 장차 반드시 그렇게 됨. ▢~의 사실.

필지 (必知)[-찌][명][하타] 반드시 알아야 함. ▢등산의 ~ 사항.

필지 (筆紙)[-찌][명] 붓과 종이.

필지 (筆地)[-찌][의명] 필(筆). ▢대지 한 ~.

필지어서 (筆之於書)[-찌-][명][하타] 다짐을 하거나 잊지 않기 위하여 글로 써 둠.

필진 (筆陣)[-찐][명] 1 글로써 논전(論戰)할 때, 상대편에 대응하는 논리의 전개 등에 관한 계획·방법·태도 따위의 포진. 2 정기 간행물에 기고하는 집필자의 진용. ▢우수한 ~을 갖춘 언론 기관.

필집 (筆執)[-찝][명] 증인(證人)으로서 증서를 쓴 사람.

필착 (必着)[명][하자] 우편물 등이 정해진 기일까지 틀림없이 도착함. ▢~ 여부를 확인하다.

필채 예전에, 종이로 만든 긴 노를 네 오리 이상 길게 드리고 한끝을 매듭을 지어 돈을 꿰도록 만든 꿰미.

필채 (筆債)[〖역〗] 구실아치가 백성에게 청원하는 문서를 베껴 주고 대가로 받던 삯.

필첩 (筆帖)[-쩝][명] 1 옛 사람의 필적을 모아서 엮은 책. 2 수첩.

필체 (筆體)[명] 글씨체(體). ▢~가 좋다 / ~를 본뜨다.

필촉 (筆觸)[명] 그림에서, 붓놀림에서 오는 느낌. ▢~이 좋다 / ~이 부드럽다.

필축 (筆軸)[명] 붓대.

필치 (筆致)[명] 1 필세(筆勢)의 운치. ▢힘찬 ~. 2 글솜씨의 됨됨이. 글에 나타나는 맛이나 멋. ▢예리한 ~.

필터 (filter)[명] 1 액체나 기체 속의 이물질을 걸러 내는 얇은 막. 여과지. ▢정수기 ~. 2 사진 촬영·광학 실험 등에 쓰이는 빛을 파장에 따라 선택적으로 투과시키는 작용을 하는 유리. 3 전기 통신 기계에서, 특정 주파수의 진동 전류를 통과시키기 위한 장치. 4 담배의 진을 거르기 위해 궐련 끝에 붙여 입에 물게 된 부분. 솜이나 종이로 만듦. 5 박피(薄皮).

필통 (筆筒)[명] 1 붓이나 필기구 따위를 꽂아 두는 통. 2 연필·볼펜·지우개 등을 넣어 가지고 다니는 작은 상자 모양의 기구.

필필-이 (正正-)[튄] 1 필마다. 2 여러 필로 연이어. ▢~ 쌓인 비단.

필하 (筆下)[명] 1 붓끝. 2 붓으로 씀.

필-하다 (畢-)[타][여] 일정한 의무나 과정을 마치다. 끝내다. ▢등기를 ~ / 병역을 필하고 귀향하다.

필하모니 (독 Philharmonie) 음악을 애호한다는 뜻으로, 교향악단의 명칭에 쓰는 말.

필혼 (畢婚)**명**[하자] 여러 자녀 중 맨 마지막으로 혼인을 치름. 또는 그 혼인. ↔개혼(開婚).
필화 (筆花)**명** 붓끝에 피는 꽃이라는 뜻으로, 매우 잘 지은 글을 이르는 말.
필화 (筆華)**명** 시가·문장의 문채(文彩).
필화 (筆禍)**명** 발표한 글이 법적으로나 사회적으로 문제를 일으켜 받는 화. ▣ ~ 사건 / ~를 당하다.
필획 (筆畫)**명** 자획(字畫).
필휴 (必携)**명**[타] 반드시 가지고 있어야 함. 또는 그러한 물건. ▣ ~의 서(書).
필흔 (筆痕)**명** 글씨의 흔적. 필적(筆跡).
필흥 (筆興)**명** 글씨를 쓰거나 그림을 그릴 때에 나는 흥취.
필-히 (必-)**부** 무슨 일이 있어도 꼭. 반드시. ▣ 필기구를 ~ 지참할 것.
핍근 (逼近)[-끈]**명**[하] 매우 가깝게 닥침.
핍박 (逼迫)[-빡]**명**[하]타**명** 1 형세가 매우 절박하도록 바싹 닥치음. 2 경제적으로 여유가 없는 상태로 됨. ▣ 재정적인 ~ 의 사정에 몰리다. 3 심히 억압하여 괴롭게 함. ▣ 수모와 ~을 당하다.
핍색 (逼塞)[-쌕]**명**[하자] 형세가 꽉 막힘. 또는 그리하여 몹시 군색함.
핍소-하다 (乏小-)[-쏘-]**형어** 식량 따위가 충분하지 못하다.
핍-쌀 (-)**명** 겉씨를 찧어 겉겨를 벗긴 쌀.
핍억-하다 (愊憶-)[피벅카-]**형어** 가슴이 답답하거나 마음이 우울하다.
핍월 (乏月)**명** 보릿고개라는 뜻으로, 음력 4월을 일컫는 말.
핍인 (乏人)**명**[하자] 핍재(乏材).
핍재 (乏材)[-째]**명**[하자] 인재가 모자라고 달림. 핍인(乏人).
핍재 (乏財)[-째]**명**[하자] 재산이 모자라고 달림.
핍전 (乏錢)[-쩐]**명**[하자] 돈이 모자라고 달림.
핍절 (乏絶)[-쩔]**명**[하자] 절핍(絶乏).
핍절-하다 (逼切-)[-쩔-]**형어** 진실하여 거짓이 없고 절실하다.
핍진 (乏盡)[-찐]**명** 죄다 없어짐.
핍진-하다 (逼眞-)[-찐-]**형어** 1 실물과 아주 비슷하다. 2 표현이 진실하여 거짓이 없다.
핍축 (逼逐)**명**[하]타 1 핍박하여 쫓음. 2 바싹 가까이 쫓음.
핍탈 (逼奪)**명**[하자] 1 협박하여 빼앗음. 2 임금을 침범하여 그 지위를 빼앗음.
핍-하다 (乏-)[피파-]**형어** 1 수량 따위가 모자라다. 2 다하여 없다.
핍혈 (乏血)[피펼]**명**[의] 혈액 전체량은 줄어도 단위 부피 내의 헤모글로빈의 양이 줄지 않은 상태.
핏-겨 (피껴 / 핀껴)**명** 피의 껍질.
  [핏겨 죽에 탕구(湯口)] 핏겨 죽에 열구자탕(悅口子湯)을 한다는 뜻으로, 격에 맞지 아니함을 이르는 말.
핏골-집 [피꼴찝 / 핀꼴찝]**명** 돼지의 창자 속에 피를 섞어서 삶아 만든 음식.
핏-기 (-氣)[피끼 / 핀끼]**명** 사람의 피부에 드러난 불그스름한 피의 빛깔. 혈색. ▣ 얼굴에 ~가 돌다 / ~가 싹 가시다 / ~를 잃다 / ~없는 해쓱한 얼굴.
핏-대¹ [피때 / 핀때]**명** 1 큰 혈관. ▣ 관자놀이에 ~가 튀어나다. 2 '성¹'의 낮춤말. ▣ ~를 내며 소리를 지르다.
  핏대(가) 서다 **부** 매우 화가 나서 목의 핏대에 피가 몰리고 얼굴이 붉어지다.
  핏대(를) 세우다 **부** 핏대(를) 올리다.

  핏대(를) 올리다 **부** 목의 핏대에 피가 몰려 얼굴이 붉어지도록 성을 내다. ▣ 핏대를 올리며 고함치다.
핏-대² [피때 / 핀때]**명** 피나 돌피의 줄기.
핏-덩어리 [피떵- / 핀떵-]**명** 1 피가 엉긴 덩어리. 혈괴(血塊). 2 '갓난아이'의 비유. **준** 핏덩이.
핏-덩이 [피떵- / 핀떵-]**명** '핏덩어리'의 준말. ▣ 붉은 ~를 토하고 쓰러지다.
핏-물 [핀-]**명** '피'를 액체로 강조하여 일컫는 말.
핏-발 [피빨 / 핀빨]**명** 생리적인 이상으로 몸의 어느 부분에 피가 몰려 붉게 된 결. ▣ 눈에 ~이 서다 / ~이 삭다.
핏-방울 [피빵- / 핀빵-]**명** 피가 떨어져 나와 방울진 것. ▣ ~이 맺히다 / ~이 뚝뚝 떨어지다.
핏-빛 [피삗 / 핀삗]**명** 피의 빛깔과 같은 새빨간 빛. ▣ ~으로 물든 석양.
핏-자국 [피짜- / 핀짜-]**명** 어떤 물건이나 장소에 피가 묻어서 생긴 자리. ▣ 셔츠에 ~이 있다 / ~을 따라 범인의 뒤를 쫓다.
핏-줄 [피쭐 / 핀쭐]**명** 1 혈관. 2 혈통으로 이어진 겨레붙이의 계통. ▣ ~이 끊기다 / ~은 못 속인다 / ~을 이어 가다.
  핏줄(이) 쓰이다 **부** 혈연의 친밀감을 느끼다.
핏-줄기 [피쭐- / 핀쭐-]**명** 1 피가 흐를 때 내뻗치는 줄기. 2 혈통. ▣ 한겨레의 ~.
핑¹ **부** 1 한 바퀴 힘차게 도는 모양. **여** 빙. **센** 삥. 2 갑자기 정신이 어찔한 모양. ▣ 정신이 ~ 돌며 어지럽다. **센** 팽. 3 별안간 눈물이 글썽해지는 모양. ▣ 눈물이 ~ 돌다. **센** 팽.
핑² **부** 총알 따위가 매우 빠르게 공기를 가르며 지나가는 소리. 또는 그 모양. ▣ 총알이 ~ 스쳐 지나가다.
핑거링 (fingering)**명**[악] 운지법(運指法).
핑거-볼 (finger bowl)**명** 양식에서, 음식을 먹은 후에 손과 입을 씻도록 물을 담아 내놓는 작은 그릇.
핑거 페인팅 (finger painting) 《미술》 풀에 물감을 섞어 손가락으로 문질러 그리는 그림.
핑계 [-/-게]**명**[하자]타 1 다른 일을 방패막이로 내세움. ▣ ~가 좋다 / ~를 삼다 / 경제 불황을 ~로 감원하다. 2 잘못된 일에 대해 다른 일의 탓으로 둘러대는 변명. ▣ 괜한 ~만 대지 말고 똑바로 말해라.
  [핑계가 좋아서 사돈네 집에 간다] 마음속으로는 어떤 일을 좋아하면서도 겉으로는 다른 것이 좋은 듯이 둘러댄다는 말. [핑계 없는 무덤이 없다] 무슨 일에라도 반드시 둘러댈 핑계는 있다는 말. [핑계 핑계 도라지 캐러 간다] 적당히 핑계를 붙여 제 볼일을 보러 가거나 또는 놀러 간다는 말.
핑구 **명** 위에 꼭지가 달린 팽이.
핑그르르 **부** 1 매우 빠르고 미끄럽게 한 바퀴 도는 모양. 2 갑자기 정신이 아찔한 모양. ▣ 일어서는데 갑자기 머리가 ~ 돌았다. **여** 빙그르르. **센** 삥그르르. 3 갑자기 눈물이 어리는 모양. ▣ 그 이야기를 듣고 나니까 눈물이 ~ 돌았다. **센** 팽그르르.
핑글-핑글 **부** 큰 것이 계속하여 미끄럽게 도는 모양. **센** 팽글팽글. **센** 삥글삥글.
핑잔 ☞ 핀잔.
핑크 (pink)**명** 1[식] 패랭이꽃. 2 분홍색. 3 색정적(色情的)의 뜻. ▣ ~ 무드 / ~ 영화《도색 영화》.

핑크-빛 (pink-)[-삗] 圏 1 핑크2. 2 핑크3.

핑크-색 (pink色) 圏 핑크2. ☐ ~의 스웨터.

핑킹 (pinking) 圏 지그재그 모양으로 자르는 일.

핑킹-가위 (pinking-) 圏 지그재그 모양으로 자를 수 있는 날이 있는 가위.

핑퐁 (ping-pong) 圏 탁구(卓球).

핑-핑 圏 1 계속하여 힘 있게 도는 모양. ☐ 눈이 ~ 돌 정도의 속력. 囲빙빙. 껜뼁뼁. 2 총알 따위가 계속하여 빠르게 지나는 소리. 또는 그 모양. ☐ 총알이 머리 위를 ~ 날아갔다. 图팽팽.

핑핑-하다 휑어 1 줄 따위가 잔뜩 켕겨 있다. 2 서로 어슷비슷하다. ☐ 두 사람의 힘이 서로 ~. 3 한껏 팽창해 있다. ☐ 너무 먹어 배가 ~. 图팽팽하다. 핑핑-히 團

푸다¹ 国 〈옛〉 파다.

푸다² 国 〈옛〉 1 포개다. 2 거듭하다.

푸라놀 国 〈옛〉 팔거늘. '풀다'의 활용형.

푸라ᄒ다 휑 〈옛〉 파랗다.

푸람 圏 〈옛〉 휘파람.

푸리 圏 〈옛〉 파리 [蠅].

푸리채 圏 〈옛〉 파리채.

푸륵다 휑 〈옛〉 파랗다.

푸롤다 휑 〈옛〉 파랗다.

푸이다 困 〈옛〉 패다⁴.

폴¹ 圏 〈옛〉 파리 [蠅].

폴² 圏 〈옛〉 팔.

폴구미 圏 〈옛〉 팔꿈치.

폴구브렁 圏 〈옛〉 팔꿈치.

폴구비 圏 〈옛〉 팔꿈치.

폴매질 圏 〈옛〉 팔매질.

폴목 圏 〈옛〉 팔목.

폴완 圏 〈옛〉 화전(火田).

폴이다 困 〈옛〉 팔리다.

폴지 圏 〈옛〉 팔찌.

폿ᄀ로 圏 〈옛〉 팥가루.

폿바리 團 〈옛〉 많이. 흔히.

폿ᄉᆞᆾ 圏 〈옛〉 팥.

ᄑᆞᆾ 圏 〈옛〉 팥.

픠다 国 〈옛〉 패다.

픙 (경피읖[-읍]) 〈옛〉 'ㅍ' 소리를 내면서 입술을 조금 덜 닫고 내는 소리.

ㅎ

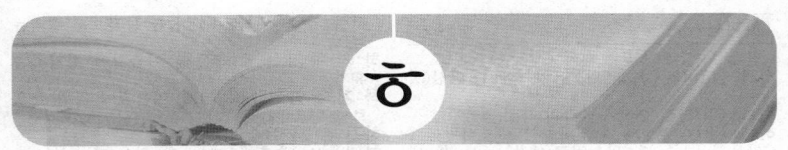

ㅎ (히읗[-읃]) **1** 한글 자모의 열넷째. **2** 자음의 하나. 목청을 좁혀 숨을 내쉴 때 그 가장자리를 마찰해 나오는 무성 마찰음. 받침으로 끝날 때는 입천장을 막고 떼지 않으므로 'ㄷ' 받침의 경우와 같으며, 'ㄱ·ㄷ·ㅂ·ㅈ'과 만나면 앞뒤를 가리지 아니하고 'ㅋ·ㅌ·ㅍ·ㅊ'의 소리로 바뀜.

ㅎ 불규칙 용:언 (-不規則用言)[-칭뇽-] ㅎ 불규칙 활용을 하는 용언《까맣다·빨갛다·노랗다 따위》.

ㅎ 불규칙 활용 (-不規則活用)[-치콰룡] 형용사 어간의 끝 'ㅎ'이 어미 '-ㄴ'이나 '-ㅁ' 위에서 줄어서 활용되는 형식《'노랗다'가 '노라니'·'노라면' 등으로 되는 따위》.

하: (下) 명 **1** 아래. 밑. **2** 품질이나 등급을 나눌 때, 아래 또는 맨 끝. ❑성적이 ~에서 맴돌다. ↔상.

하:[1] (夏) 명 〖역〗 **1** 중국 전설상의 최고(最古)의 왕조. 우(禹)가 순제(舜帝)로부터 양위를 받아 세운 나라. **2** 오호 십육국(五胡十六國)의 하나.

하:[2] (夏) 의명 〖불〗 승려가 된 뒤로부터의 나이를 세는 말. ❑법랍(法臘) 30~.

하[1] 부 '많이·크게·매우·대단히'와 같은 뜻으로 쓰는 말. ❑~ 많아서 걱정이오.

하[2] 부 입을 크게 벌리고 입김을 내어 부는 소리. 또는 그 모양. 큰허[1]. *호·후[1].

하[3] 감 기쁨·슬픔·놀라움·안타까움·걱정·염려 따위의 감정을 나타내는 소리. ❑~, 참 잘 되었다 / ~, 세상에 별일이 다 있군. 큰허[2].

하[4] 조 〈옛〉 시여. 이시여.

-하 (下) 미 (일부 명사 뒤에 붙어) '그것과 관련된 조건이나 환경'의 뜻을 나타내는 말. ❑원칙~ / 지배~ / 통제~에 놓이다.

하:가 (下嫁) 명하자 〖역〗 지난날, 공주·옹주(翁主)가 귀족이나 신하(臣下)의 집안으로 시집감. 하강(下降).

하가 (何暇) 명 (주로 '하가에'의 꼴로 쓰여) 어느 겨를. ❑어느 ~에 그 책을 다 읽나.

하간 (何間) 명 어느 때.

하:간 (夏間) 명 여름 동안.

하:갈동구 (夏葛冬裘) 명 여름의 서늘한 베옷과 겨울의 따뜻한 갖옷이라는 뜻으로, 격(格)이나 철에 맞음을 이르는 말.

하:감 (下疳) 명 〖한의〗 음식창(陰蝕瘡).

하:감 (下瞰) 명하타 위에서 내려다봄.

하:감 (下鑑) 명하타 아랫사람이 올린 글을 윗사람이 봄.

하:강 (下降) 명하자 **1** 높은 데서 아래로 내려옴. 강하(降下). ❑~ 비행. **2** 하가(下嫁). **3** 신이나 선녀가 하늘에서 내려옴. ❑드레스를 입은 그녀의 모습은 선녀가 ~한 듯했다.

하:강 기류 (下降氣流) 〖기상〗 상공에서 지표면을 향하여 흐르는 기류.

하:강-선 (下降線) 명 아래로 내려가는 선. 특히 그래프에서 감소·하락을 나타내는 선을 이름.

하:객 (賀客) 명 축하하는 손님. ❑식장이 ~들로 몹시 붐볐다 / ~을 맞이하다.

하:거 (下去) 명하자 **1** 위에서 아래로 내려감. **2** 서울에서 시골로 내려감.

하:거 (下車) 명하자 〖역〗 지난날, 고을 원(員)이 부임함.

하거 (河渠) 명 강과 개천.

하게-체 (-體) 명 〖언〗 높임법에 딸린 종결 어미의 한 체(體). 아랫사람을 보통으로 낮추면서 조금 대접해 주는 뜻을 나타냄. '앉게·보세·있게나' 따위의 말이 이에 속함.

하게-하다 자여 벗 또는 아랫사람에게 쓰는 보통 낮춤의 말씨를 쓰다《'하오하다'와 '해라하다'의 중간 말투》.

하:견 (夏繭) 명 여름누에의 고치.

하:경 (下京) 명하자 서울에서 지방으로 내려가거나 내려옴. ↔상경(上京).

하:경 (夏耕) 명하자 농토(農土)를 여름에 갊.

하:경 (夏景) 명 여름의 경치. 여름 풍경.

하:계 (下計)[-/-게] 명 일을 해결하는 가장 낮은 계책. 하책(下策). ↔상계(上計).

하:계 (下界)[-/-게] 명 **1** 천상계에 상대하여 사람이 사는 이 세상을 이르는 말. ↔상계(上界). **2** 높은 곳에서 낮은 곳을 일컫는 말.

하계 (河系)[-/-게] 명 강의 본류(本流)와 지류(支流)의 총칭. ❑낙동강 ~의 금호강.

하:계 (夏季)[-/-게] 명 하기(夏期). ❑~ 수련회 / ~ 올림픽.

하고 (何故) 명 무슨 까닭.

하고 (河鼓) 명 〖천〗 하고성(河鼓星).

하고 조 **1** '와' 또는 '과'와 같은 뜻으로, 둘 이상의 체언을 대등하게 이어 주는 접속 조사. ❑너~ 나~ 함께 먹자. **2** 비교를 나타내는 부사격 조사. ❑동생은 형~ 많이 닮았다. **3** 어떤 일을 함께 함을 나타내는 부사격 조사. ❑너~ 같이 갈래.

하고-많다 [-만타] 형 (주로 '하고많은'의 꼴로 쓰여) 많고 많다. 하고하다. ❑하고많은 물건 가운데 하필 그걸 골랐느냐.

하고-성 (河鼓星) 명 〖천〗 독수리자리에서 가장 밝은 별. 실시 등급 1등급의 별로 은하수 위에 떠 있음《견우성보다 밝아서 민간에서는 이 별을 견우로 부르기도 함》. 하고(河鼓).

하:고-초 (夏枯草) 명 〖한의〗 제비꿀의 줄기와 잎《피부병·부인병·황달 등에 약재로 씀》.

하고-하다 형여 하고많다.

하:곡 (夏穀) 명 여름철에 익어서 거두는 곡식《보리·밀 따위》.

하공 (河工) 명 하천(河川)에 관련된 공사.

하:관 (下官) 명 **1** 직위가 낮은 벼슬아치. ↔상관(上官). **2** 직위가 낮은 벼슬아치가 상관에 대하여 자신을 낮추어 일컫는 말.

하:관 (下棺) 명하자 시체를 묻을 때 관을 무덤의 구덩이 안에 내림.

하:관 (下觀) 명 얼굴의 아래쪽 턱 부분.

하관이 빨다 구 얼굴 전체에 비해 턱 부분이 뾰족하고 좁다.

하관 (何關) 명 무슨 관계.

하관-대사 (何關大事) 명 깊은 관계가 없음.

하:관-포 (下棺布) 명 관의 네 귀에 걸어 관을 무덤의 구덩이 안에 내리는 데 쓰는 베.

하:괘 (下卦) 명 **1** 주역(周易)에서 육효(六爻)의 두 괘 중 아래에 있는 괘. **2** 길하지 아니한

점괘. ↔상괘(上卦).

하괴-성(河魁星)명『민』음양가에서, 천선(天璇)을 일컫는 말.

하:교(下交)명 아랫사람과의 사귐.

하:교(下敎)명하다 **1** 윗사람이 아랫사람에게 가르침을 줌. **2**『역』전교(傳敎). ▢~를 내리다.

하:교(下校)명하자 공부를 끝내고 학교에서 집으로 돌아옴. 하학. ▢~ 시간.

하:교-길(下校~)[-교낄 /-꾤낄]명 하교하는 길. ▢~에 책방에 들르다.

하:구(下矩)명『천』외(外)행성이 태양의 서쪽에 있어 황경(黃經)의 차가 90°로 되는 일. ↔상구(上矩).

하구(河口)명 강물이 바다로 흘러드는 어귀. 강어귀. ▢금강 ~ / 배가 ~에 도착하다.

하구-언(河口堰)명 강어귀의 넓이와 수심을 일정하게 유지하기 위하여, 또는 바닷물이 흘러드는 것을 막기 위하여 강어귀 부근에 쌓은 댐. 하굿둑.

하:국(夏菊)명『식』금불초(金佛草).

하:권(下卷)명 두 권 또는 세 권으로 된 책의 맨 끝 권. ＊상권(上卷)·중권.

하:극상(下剋上)[-쌍]명[하자] 계급이나 신분이 낮은 사람이 예의나 규율을 무시하고 윗사람을 깔고 오름. ▢~을 일으키다.

하:근(下根)명『불』도(道)를 닦을 자격과 능력이 부족한 사람. ↔상근(上根).

하:급(下級)명 낮은 계급이나 등급. ▢~ 관리. ↔상급.

하:급-반(下級班)[-빤]명 아랫반.

하:급 법원(下級法院)[-뻐뀐] **1** 대법원의 하위(下位)에 설치된 법원. 고등 법원·지방 법원·가정 법원의 세 가지가 있음. **2** 법원 사이에서, 상급심 법원에 대한 하급심의 법원. ↔상급 법원.

하:급-생(下級生)[-쌩]명 학년이 낮은 학생. ▢~을 놀리지 마라. ↔상급생.

하:급-심(下級審)[-씸]명『법』하급 법원의 심리(審理). ↔상급심.

하:급-자(下級者)명 낮은 등급이나 계급에 있는 사람. ↔상급자.

하:기(下技)명 서투른 기술. 말기(末技).

하:기(下記)명하다 **1** 돈 치른 내용을 적은 장부. **2** 어떤 글의 아래나 다음에 적음. 또는 그 기록. ▢~ 사항 참조 / 상세한 것은 ~와 같습니다. ↔상기(上記).

하:기(下氣)명하자타『한의』**1** 기운을 내리게 함. **2** 흥분을 가라앉힘.

하:기(下旗)명하다 깃발을 내림.

하:기(夏期)명 여름의 시기. ▢~ 강습.

하기-는뷔 '사실을 말하자면'의 뜻으로, 결정된 일을 긍정할 때 쓰는 접속 부사. ▢~ 그렇기도 하다. ㉤하기.

하:기 대:학(夏期大學) 여름 방학이나 휴가 때 임시로 여는, 사회인을 대상으로 하는 특수한 전문 학술 강습의 모임.

하:기 방학(夏期放學) 여름 방학.

하:기 시간(夏期時間) 서머 타임.

하:기-식(下旗式)명 군대나 공공 기관·단체에서 국기를 내릴 때에 행하는 의식.

하기-야뷔 '실상 이치대로 말하자면야'의 뜻으로, 이미 있었던 일을 긍정하면서 아래에 어떤 조건을 붙일 때 쓰는 접속 부사. ▢~ 열심히 하면 될 수 있지.

하:기 학교(夏期學校)[-꾜] 여름 방학을 이용

하여 일정한 학과나 실습을 목적으로 열리는 학교.

하:기-휴가(夏期休暇)명 여름철에 실시하는 휴가.

하:기-휴업(夏期休業)명 여름철에 더위 등으로 영업을 쉼.

하긴뷔 '하기는'의 준말.

하나명 **1** 수효를 세는 맨 처음 수. 일(一). □준 **1** 오직 그것뿐. 유일(唯一). ▢자식 식 믿고 살았다. **2** 일체(一體). ▢마음을 ~로 해서. **3** 여럿 중의 한 예. ▢나도 그 의견에 찬성하는 사람 중의 ~다. **4** ('하나도'의 꼴로 쓰여) 전혀. 조금도(뒤에 부정어가 따름). ▢~도 모르겠다 / ~도 즐겁지 않다.

[하나를 보고 열을 안다] 일부만 보고 전체를 미루어 안다. [하나만 알고 둘은 모른다] 생각이 밝지 못하여 도무지 융통성이 없고 미련하다는 말.

하나 가득뮤 분량이나 수량이 정해진 한도에 가득하게. ▢바구니에 배를 ~ 담아오다.

하나부터 열까지뮤 어떤 것이나 다. ▢~ 다 말해야 안단 말이냐.

하나-같다[-갇따]형 여럿이 모두 똑같다. 예외 없이 모두 같다. ▢부모 마음은 모두 ~.

하나-같이[-가치]뷔. ▢형제들이 모두 ~ 인물들이 좋다.

하나-님명『기』개신교에서 '하느님'을 일컫는 말.

하나비명〈옛〉할아버지.

하나-하나명[뷔] **1** 각각의 낱개. ▢물건이 ~가 튼실하며 잘 만들어진 우량품이다. **2** 하나씩. ▢물건을 ~ 세다. **3** 빠짐없이 모두. ▢~ 열거하다.

하:납(下納)명하다타『역』세곡 따위를 나라에 바치지 아니하고 지방 관아에 바치던 일.

하냥-다짐명하자 일이 잘되지 아니할 때에는 목을 베어도 좋다는 다짐.

하:녀(下女)명 여자 하인.

하년(何年)명 어느 해.

하:념(下念)명 윗사람이 아랫사람을 염려함. 또는 그런 염려를 높이어 일컫는 말(주로 편지에서 많이 씀).

하눌-타리(~-)명『식』박과의 여러해살이 덩굴풀. 산이나 밭둑에 나는데, 덩이뿌리는 굵으며 줄기는 가늘고 잎은 손바닥 모양임. 여름에 자색꽃이 피며. 과실은 타원형에 등황색임. 덩이뿌리와 씨는 약용함.

하늄(hahnium)명『화』원자 번호 105인 더브늄(Dubnium)의 구칭.

하느-님명『종』**1** 종교적 신앙의 대상. 인간을 초월한 절대자로서 우주를 창조하고 주재하며, 불가사의한 능력으로써 선악을 판단하고 화복(禍福)을 내린다고 하는 신(神). 상제(上帝). 상천(上天). 천제(天帝). **2** 가톨릭에서 믿는 유일신(唯一神). 천지를 만든 창조주로서 전지전능(全知全能)하고 영원하며, 우주와 만물을 섭리로써 다스림. 성부(聖父). 신(神). 천주(天主). 하나님. 여호와. ↔마귀·사탄.

하느님 맙소사뮤 기막힌 일을 당하거나 보았을 때에 몹시 탄식하여 내는 말.

하느작-거리다[-꺼-]자 가늘고 길고 부드러운 나뭇가지 같은 것이 계속하여 가볍고 멋있게 흔들리다. ㉤하늑거리다. 하느작-하느작[-자카-]뮤하자

하느작-대다[-때-]자 하느작거리다.

하늑-거리다[-꺼-]자 '하느작거리다'의 준말. 하늑-하늑[-느카-]뮤하자

하늘-대다 [-때-] 짜 하늘거리다.

하늘 명 1 지평선이나 수평선 위에 아득히 넓고 높은 공간. 回 맑게 갠 푸른 ~ / 새들이 ~을 날다 / ~에 별이 총총히 박혀 있다. 2 (고대의 사상으로) 천지 만물의 주재자. 回 ~도 참 무심하다. 3 [종] 신·천사가 살며 청정무구(淸淨無垢)하다는 세계. 천국. 천당. 하늘나라. 回 ~로 떠나다 / ~에서 내려온 선녀 같다.

[하늘 무서운 말] 천벌을 받을 만한 못된 말. [하늘에 침 뱉기] 남을 해치려다가 되레 자기가 당함의 비유. [하늘의 별 따기] 성취하기 매우 어려운 일. [하늘이 무너져도 솟아날 구멍이 있다] 아무리 어려운 경우에 처하더라도 살아날 길은 생긴다.

하늘 같다 구 높이 우러러볼 만큼 크고 고귀하다. 回 하늘 같은 스승의 은혜 / 하늘 같이 믿는 남편.

하늘과 땅 구 두 사물 사이에 큰 차이나 큰 거리가 있음을 비유적으로 일컫는 말.

하늘 높은 줄 모른다 구 ⊙잘난 체하고 뽐낸다. ⓒ물세 가도를 치닫는다는 말. ⓒ물가가 매우 높게 올라간다는 말.

하늘에 두 해가 없다 구 태양이 하나이듯이, 한 나라에 임금이 둘 있을 수 없다.

하늘에 맡기다 구 운명에 맡기다.

하늘에 도리질 치다 구 기세가 등등하여 두려울 것이 없는 듯이 행세하다.

하늘을 쓰고 도리질하다 구 하늘을 도리질 치다.

하늘을 지붕 삼다 구 ⊙한데서 기거하다. 노숙하다. ⓒ정처 없이 떠돌아다니다.

하늘을 찌르다 구 ⊙매우 높이 솟다. ⓒ기세가 대단하다.

하늘이 노랗다 구 ⊙지나친 과로나 상심(傷心)으로 기력이 몹시 쇠하다. ⓒ사태가 절망 상태에 빠져 있음의 비유.

하늘이 두 쪽(이) 나도 구 아무리 큰 어려움이 있더라도. 무슨 일이 있어도. 回 ~ 해치우고 말겠다.

하늘이 캄캄하다 구 ⊙큰 충격을 받아 정신이 아찔하다. ⓒ절망 상태에 있다.

하늘-가 [-까] 명 하늘의 끝.

하늘-가재 명[동] 사슴벌레.

하늘-거리다 짜타 1 얇고 가벼운 것이 자꾸 가볍게 흔들리며 움직이다. 또는 그렇게 되게 하다. 2 어디에 매인 데 없이 멋대로 한가하게 놀고 지내다. 3 단단하지 못하여 자꾸 뭉크러지거나 흔들리다. 흔흐늘거리다. 하늘-거리다 부 짜타

하늘 궁전 (-宮殿)[불] 하늘에 있다는 궁전. 천궁(天宮).

하늘-나라 [-라-] 명[기] 천국(天國). 천당(天堂). 回 ~로 가다 / ~에서 날아온 천사 같은 아이.

하늘-나리 [-라-] 명[식] 백합과에 속하는 여러해살이풀. 비늘줄기는 넓은 타원형이며, 줄기 높이는 약 70cm, 잎은 어긋맞게 나며, 짙은 녹색을 띠고 길쭉하다. 6~7월에 붉은 꽃이 1~5개의 꽃잎을 이루고 핌. 관상용임. 산단(山丹).

하늘-눈 [-룬] 명[불] 육안으로는 볼 수 없는 것을 환하게 보는 신통한 마음의 눈.

하늘-다람쥐 명[동] 날다람쥐과에 속하는 동물. 다람쥐 비슷하나 몸이 훨씬 큼. 몸길이 15~20cm, 꼬리 9.5~14cm이며, 눈이 몹시 큼. 앞다리와 뒷다리 사이의 피부가 늘어져서 된 막이 있어 높은 나무에서 낮은 나무로

날아다님. 나무 열매·곤충·새순·새알 등을 먹고 삶.

하늘-대다 짜타 하늘거리다.

하늘-땅 명 하늘과 땅.

하늘-마음 명[불] 하늘처럼 맑고 밝고 넓고 고요한 마음. 천심(天心).

하늘-밥도둑 명[충] ☞ 땅강아지.

하늘-빛 [-삗] 명 1 하늘의 빛깔. 2 맑은 하늘의 빛으로, 엷게 푸른 빛.

하늘-색 (-色)[-쌕] 명 맑은 하늘의 빛깔과 같이 엷게 푸른 색.

하늘-소 [-쏘] 명[충] 하늘솟과의 갑충(甲蟲)의 총칭. 몸은 가늘고 기름하며, 날개는 딱딱하고 더듬이는 매우 긺. 꽃·수액(樹液)·썩은 나무 등을 먹음. 유충을 '나무굼벵이'라 하는데, 나무 속을 파먹음.

하늘소-붙이 [-쏘부치] 명[충] 하늘소붙잇과에 속하는 곤충의 총칭. 어리하늘소.

하늘-지기 명[식] 사초과의 한해살이풀. 물가·길가에 남. 뿌리는 수염뿌리인데 뭉쳐나며, 꽃줄기도 뭉쳐나는데 높이 30cm가량. 잎은 선 모양이며, 늦여름에 다갈색 꽃이 핌.

하늘-타리 명[식] 하눌타리.

하늘타리-하다 형 1 힘없이 늘어져 가볍게 자꾸 흔들릴 정도로 가볍고 보드랍다. 2 너무 무르거나 성겨서 뭉크러질 듯하다. 흔흐늘흐늘하다.

하늬 [-니] 명 '하늬바람'의 준말.

하늬-바람 [-니-] 명 농촌이나 어촌에서 '서풍'을 이르는 말. 흔갈바람.

하늬-쪽 [-니-] 명 '서쪽'을 뱃사람들이 이르는 말.

하님 명[역] 여자 종을 대접하여 부르거나 여자 종들이 서로 존대하여 부르던 말.

하님-여령 (-女伶)[-녀-] 명[역] 정재(呈才) 때, 의장(儀仗)을 들던 여자 종.

하늘 명〈옛〉하늘.

하늘도래 명〈옛〉[식] 하눌타리.

하다¹ 国 타여 1 의식적 또는 무의식적으로 무슨 목적을 위하여 움직이다. 回 산책을 ~ / 독서를 ~. 2 음식물 따위를 먹거나 마시거나 담배 따위를 피우다. 回 한 잔 ~ / 점심은 냉면으로 한다. 3 어떤 상태나 표정을 지어 나타내다. 回 무서운 얼굴을 ~. 4 (조사 '로'·'으로' 등의 뒤에 쓰여, '어떤 상태·지위가 되게 하다'의 뜻을 나타내는 말.) 回 양자로 ~ / 합격을 목표로 ~. 5 어떤 상태가 되도록 결정을 짓다. 回 이번에 유학을 떠나기로 하였다. 6 어떤 지위나 역할을 맡고 있다. 回 형이 회장을 하고 아우가 사장을 한다. 7 처리하다. 처분하다. 回 남은 돈은 어떻게 할까. 8 회사나 사업체를 꾸려 나가다. 回 서점을 ~. 9 어떤 직업이나 분야의 학문을 전공으로 삼다. 回 예술을 하는 청년 / 학교를 졸업한 다음 무엇을 하겠는가. 10 ('-라고 하다'의 꼴로 쓰여) '-라고 부르다'의 뜻을 나타내는 말. 回 그와 같은 사람을 천재라 한다. 国 짜여 1 어떤 동작이나 행위를 실천하다. 回 남자가 하는데 여자가 못할까. 2 (어미 '-고' 뒤에 쓰여) '그러한 상태이다'의 뜻을 나타내는 말. 回 기력도 빠지고 해서 기권했다. 3 ('경'·'쯤' 등의 뒤에 쓰여) '시간이 지나다, 시간이 경과하다'의 뜻을 나타내는 말. 回 한 일주일쯤 하니 다 완쾌되었다. 4 (금액 등을 나타내는 말 뒤에 쓰여) '얼마의 금액이다'의 뜻을 나타내는 말. 回 천 원 하는 책. 5 (인용

하는 말 뒤에 쓰여) '말하다'의 뜻을 나타내는 말. ❏가난이라 하는 것은 죄가 아니다. **6** 윗말을 받아, '생각하다'의 뜻을 나타내는 말. ❏아직 자나 하여 깨우러 왔다. **7** 앞뒤 글을 연결하는 말. ❏고양이 목에 누가 방울을 달 것인가 하는 문제. 三[보통어] **1** (동사의 어미 '-기도'의 뒤에 쓰여) 동작을 힘주어 나타내는 말. ❏많이 먹기도 한다. **2** (동사의 어미 '-려'·'-으려'·'-고자' 등의 뒤에 쓰여) 위의 동작을 실현시키려는 욕망을 나타내는 말. ❏그 학교에 들어가고자 한다. **3** (용언의 어미 '-게'의 뒤에 쓰여) '시킴'을 나타내는 말. ❏그리로 가게 ~. **4** (용언의 어미 '-면'·'-으면' 등의 뒤에 쓰여) 생각·소원을 나타내는 말. ❏너를 만났으면 한다. **5** (동사의 어미 '-어야'·'-아야'·'-여야' 등의 뒤에 쓰여) 꼭 그렇게 해야 하는 당위성(當爲性)을 나타내는 말. ❏가야 한다 / 몸은 늘 깨끗해야 한다. **6** (동사의 어미 '-기'에 '만·조차·까지'의 조사가 어울린 말 뒤에 쓰여) 서술을 돕고 강조하는 말. ❏먹기만 한다 / 읽기는 했으나 뜻은 잘 모른다. 四[보형어] **1** (같은 형용사가 거듭하여 쓰일 경우에 그 아래에 거듭된 형용사 대신으로 쓰여) '매우'·'몹시' 등의 뜻을 나타내는 말. ❏물이 맑기도 ~. **2** (형용사의 어미 '-어야'·'-아야'·'-여야' 등의 뒤에 쓰여) 꼭 그러하여야 함을 나타내는 말. ❏씩씩해야 한다. **3** (형용사의 어미 '-기'에 '만·조차·까지·는' 등의 조사가 어울린 말 뒤에 쓰여) 서술을 돕고 강조하는 말. ❏슬프기만 ~.
[하던 지랄도 멍석 펴 놓으면 안 한다] 자기가 하던 일도 남이 하기를 권하면, 비째면서 하지 않는다.

하다² [옛] 〈옛〉 많다.

-하다 [접어] **1** 명사 뒤에 붙어 동사를 만드는 말. ❏공부~ / 운동~ / 씨름~. **2** 명사 뒤에 붙어 형용사를 만드는 말. ❏정직~ / 순수~ / 건강~ / 행복~. **3** 형용사의 어근에 붙는 말. ❏까마득~ / 착~ / 훌륭~. **4** 부사에 붙어 동사·형용사를 만드는 말. ❏번쩍번쩍~ / 산들산들~. **5** 부사형 어미 'ㅏ'·'ㅓ'·'ㅑ'·'ㅕ'에 붙어, 동사를 만드는 말. ❏귀여워~ / 기뻐~ / 아파~. **6** 일부 종속 부사 '체'·'듯'의 뒤에 붙어, 보조 동사 또는 보조 형용사를 만드는 말. ❏체~ / 듯~ / 양~.

하다-못해 [-모태] [부] 정 할 수 없다면. 가장 나쁜 경우라 하더라도. ❏ ~ 지게라도 져서 빚을 갚겠다 / ~ 전화라도 한 통 걸었어야 격정하지 않지.

하:단 (下段) [명] **1** 글의 아래쪽 부분. **2** 여러 단으로 된 것의 아래의 단. ❏책꽂이의 ~. ↔상단(上段).

하:단 (下端) [명] 아래쪽의 끝. ❏바지를 ~을 접어 올리다. ↔상단(上端).

하:단 (下壇) [명] [자] 단에서 내려옴. 강단(降壇). ↔등단(登壇).

하:-단전 (下丹田) [명] 도가(道家)에서 말하는 삼단전(三丹田)의 하나. 배꼽 아래 한 치쯤 되는 곳으로 심신의 정기가 모이는 곳이라 함.

하:-달 (下達) [명] [하] [자] [타] 윗사람의 명령·지시·결정이나 의사 따위가 아랫사람에게 미치어 이르거나 이르게 함. ❏상의(上意) ~ / 작전 명령을 ~하다 / 공문이 ~되다. ↔상달(上達).

하:-달-지리 (下達地理) [명] [하] [자] 풍수지리에 밝음. ↔상통천문(上通天文).

하:담 (荷擔) [명] [하] [자] 짐을 어깨에 걸어 등에 짐.

하:답 (下畓) [명] 땅이나 관개 시설 따위가 나빠서 벼농사가 잘되지 않는 질이 낮은 논.

하:답 (下答) [명] [하] [자] 윗사람이 아랫사람에게 대답하거나 회답함. ↔상답(上答).

하:당-영지 (下堂迎之) [-녕-] [명] [하] [타] 윗사람이나 반가운 사람이 올 때에 마당으로 내려와서 맞음.

하:당지우 (下堂之憂) [명] 낙상(落傷)하여 앓음.

하:대 (下待) [명] [하] [타] **1** 상대방을 업신여겨 소홀히 대우함. **2** 상대방에게 낮춤말을 씀. ↔공대(恭待).

하:대 (下隊) [명] [하] 하대1.

하대-명년 (何待明年) [명] '기다리기가 매우 지루함'을 일컫는 말.

하:-대석 (下臺石) [명] 석등(石燈)의 밑에 받친 대석.

하데스 (Hades) [명] **1** 그리스 신화에 나오는 명부(冥府)의 왕. **2** 하데스가 지배하는 죽음의 세계.

하:도 (下道) [명] 서울에서 떨어져 있는 '충청도·경상도·전라도'의 총칭.

하도 (河道) [명] 하천이 흐르는 길.

하도 (河圖) [명] 옛날 중국 복희씨(伏羲氏) 때, 황허(黃河) 강에서 용마(龍馬)가 지고 나왔다는 쉰다섯 점으로 이루어진 그림(낙서(洛書)와 함께 주역(周易)의 기본 이치가 됨).

하:도 (夏道) [명] 등산에서, 눈이 쌓이는 시기가 아닌 때의 등산로.

하도 [부] '하'를 강조하여 하는 말. ❏~ 기가 막혀서 말문이 막히다.

하:-도급 (下都給) [명] 도급 맡은 일의 전부나 일부를 다시 다른 사람에게 도급 맡기는 일.

하:도급-자 (下都給者) [-짜] [명] 하도급을 맡은 사람.

하도롱-지 (-紙) [명] [독 Patronenpapier] 화학펄프로 만든 다갈색(茶褐色)의 질긴 종이(포장지·봉투 등에 씀).

하돈 (河豚) [명] [어] 복1.

하:-동 (夏冬) [명] 여름과 겨울. ↔춘추(春秋)2.

하동-거리다 [자] 어쩔 줄을 몰라서 갈팡질팡하며 다급하게 서두르다. ❀허둥거리다. 하동-하동 [부] [하]

하동-대다 [자] 하동거리다.

하동-지동 [부] [하] [자] 다급하여 정신을 못 차리고 몹시 서두르는 모양. ❀허둥지둥.

하드 디스크 (hard disk) [컴] 자성 물질을 입힌 알루미늄 등의 딱딱한 원판으로, 기록 매체로 사용하는 자기 디스크 장치. 보조 기억장치의 하나로 디스켓에 비해 기억 용량이 크고 데이터를 읽고 쓰는 속도가 빠름. ✻플로피 디스크.

하드론 (hadron) [명] [물] 강입자(强粒子).

하드보드 (hardboard) [명] 펄프에 접착제를 섞어 굳힌 널빤지.

하드보일드 (hard-boiled) [명] [문] 문학 작품에서, 감상에 빠지지 아니하고 냉혹한 태도와 문체로 사실을 묘사하는 수법.

하드웨어 (hardware) [명] 컴퓨터의 기계 장치의 총칭. 크게 본체와 주변 장치로 나눔. ↔소프트웨어(software).

하드커버 (hard-cover) [명] 책의 표지가 두꺼운 것(표지의 심에 두꺼운 판지를 씀).

하드 트레이닝 (hard training) 맹훈련(猛訓鍊). 혹독한 훈련.

하:-등 (下等) [명] **1** 낮은 등급. 아래 등급. **2** 정도나 수준이 낮은 것.

하등 (何等) [명] ('하등의'의 꼴로 주로 부정하

는 말과 함께 쓰여) '아무런'의 뜻을 나타냄. ¶그는 ~의 과오도 없었다.

하:등 (夏等)圓 **1** 예전에, 춘(春)·하(夏)·추(秋)·동(冬)의 네 등급으로 나눈 것의 둘째 등급의 일컬음. **2**〖역〗춘·하·추·동의 네 반에 걸쳐 내게 된 조세 제도에서 여름에 내는 조세.

하:등 감:각 (下等感覺)〖심〗분화되어 있지 아니한 감각. 시각·청각을 제외한 후각(嗅覺)·미각(味覺)·피부 감각·운동 감각·평형 감각 따위.

하:등 동:물 (下等動物)〖동〗진화의 정도가 낮아서 몸의 구조가 단순한 원시적 동물.

하:등-맞다 [-等-]=만:마[자]〖역〗벼슬아치가 도목정사(都目政事)에 하등의 성적을 맞다《하등맞으면 벼슬에서 쫓겨남》.

하:등 식물 (下等植物)[-싱-]〖식〗구조가 간단하고 진화의 정도가 낮은 균류(菌類)·조류(藻類)·세균류 식물의 총칭.

하:-띠 (下-)圓 **1** 연전(揀箭)내기 할 때에, 활을 쏘아 가장 적게 맞히거나 화살을 나중에 던져 짠 띠. ↔상띠. **2** 화투 놀이에서, 제일 끗수가 적은 띠.
하띠 맞다 [구] 연전(揀箭)내기에서 활을 쏘아 가장 적게 맞히다.

하라-체 (-體)圓〖언〗높임법에 딸린 종결 어미의 한 체(體). 상대방이 특정 개인이 아닐 때, 높이지도 낮추지도 않은 느낌을 주는 말씨임. '보라·있는다' 등이 이에 속함. 신문이나 잡지, 광고문·연설문 등에 주로 씀.

하:락 (下落)圓 값이나 등급 따위가 떨어짐. ¶주가 ~을 부채질하다. ↔상등(上騰).

하:락-세 (下落勢)[-쎄]圓 내림세. ¶주가가 ~로 돌아섰다. ↔상승세(上昇勢).

하:란 (下欄)圓 아래의 난. ↔상란(上欄).

하:란 (夏卵)圓〖생〗물벼룩 등이 여름철 전후에 낳는 알《단위 생식으로, 보통은 암컷을 낳으나 가을철 직전에는 모양이 작은 수컷을 낳음》.

하란 (蝦卵)圓 새우의 알.

하:래 (下來)圓 **1** 높은 곳에서 낮은 곳으로 내려옴. **2** 서울에서 시골로 내려옴.

하:략 (下略)圓 글을 쓰거나 무엇을 적을 때에, 중요하지 아니한 아랫부분을 줄임. *상략(上略)·중략(中略).

하:량 (下諒)圓 윗사람이 아랫사람의 심정을 살펴 알아줌을 높여 이르는 말《주로 편지글에서 씀》.

하량 (河梁)圓 하천에 놓은 조그마한 다리.

하:량 (荷量)圓 짐의 분량.

하렘 (harem)圓 이슬람 국가에서, 부인들이 거처하는 방.

하:려 (下慮)圓〖하타〗하념(下念).

하:련 (下輦)圓〖하자〗〖역〗임금이 가마에서 내리던 일.

하:렴 (下簾)圓〖하자〗발을 내림.

하:령 (下令)圓〖하자〗 **1** 명령을 내림. **2** 왕세자가 영지(令旨)를 내리던 일.

하령 (遐齡)圓 하수(遐壽).

하:례 (下隷)圓 하인(下人).

하:례 (賀禮)圓〖하자타〗축하하여 예를 차림. 하의(賀儀). ¶신년 ~.

하:로-교 (下路橋)圓 다리의 들보 아래에 통로를 만들어 놓은 다리.

하:로-동선 (夏爐冬扇)圓 여름의 화로와 겨울의 부채라는 뜻으로, 격이나 철에 맞지 않는 물건을 일컫는 말.

하롱-거리다 [자] 말과 행동을 진중하지 하지 아

니하고 실없이 자꾸 가볍게 들뜨게 하다. 〔큰〕 허룽거리다. 하롱-하롱 [무하자]

하롱-대다 [자] 하롱거리다.

하:료 (下僚)圓 **1** 아랫자리에 있는 동료. **2** 지위가 낮은 관리.

하루 圓 **1** 한 날. 일일(一日). ¶~가 지나가다 / 시골 외갓집에서 ~를 보내다. **2** 해가 있는 동안. ¶~의 일과를 시작하다 / ~ 종일 전화통에 매달리다. **3** 막연히 지칭할 때의 어느 날. ¶~는 이런 일이 있었다 / 언제 ~ 날을 잡아 할아버지 산소에 다녀와야겠다. **4** '하룻날'의 준말.
하루가 다르게 [무] 빠른 속도로.
하루가 멀다고 [무] 거의 매일같이 자주.

하루 (瑕累)圓 흠. 하자(瑕疵).

하루-갈이 圓 소가 하룻낮 동안에 갈 수 있는 논밭의 넓이.

하루-거리 圓〖의〗하루씩 걸러서 앓는 학질. 간일학(間日瘧).

하루-건너 [무] 하루걸러.

하루-걸러 [무] 하루씩 건너서. 하루건너. ¶~ 한 번씩 장 보러 가다.

하루-바삐 [무] 하루라도 빨리.

하루-빨리 [무] 하루바삐.

하루-살이 圓 **1**〖충〗하루살잇과의 곤충의 총칭. 엄지벌레는 여름 저녁에 떼 지어 날아다니는데, 길이 5mm 이하, 몸은 황백색임. 애벌레는 물속에서 수년간 생활하며 불완전 변태를 함. **2** 하루하루 겨우 살아가는 사람. 또는 그런 생활. **3** 뜨내기 ~ 신세. **3** 생활이나 목숨의 덧없음의 비유. ¶~ 인생.

하루-속히 (-速-)[-소키] [무] 하루빨리. ¶돌아오기를 소원하다.

하루-아침 圓 짧은 시간. ¶~에 없어지다 / ~에 이루어진 일이 아니다.

하루-치 圓 하루의 몫이나 분량. ¶~ 식량밖에 없다 / ~의 품삯을 받는다.

하루-하루 圓 날마다 매일. 그날그날. ¶~ 달라지다 / 하는 일 없이 ~를 보내고 있다.

하루-해 圓 해가 떠서 질 때까지의 동안. ¶벌써 ~가 다 지나간다.

하룻-강아지 [-루깡-/-룻깡-]圓 **1** 태어난 지 얼마 안 되는 어린 강아지. **2** 초보자. 신출내기.
〔하룻강아지 범 무서운 줄 모른다〕멋모르고 겁 없이 함부로 덤빈다.

하룻-길 [-루낄/-룻낄]圓 하루에 걸어서 갈 수 있는 거리.

하룻-날 [-룬-]圓 초하룻날. 첫째 날. 일일(一日). 하루.

하룻-낮 [-룬낟]圓 하루의 낮 동안.

하룻-망아지 [-룬-]圓 난 지 얼마 안 된 어린 망아지.
〔하룻망아지 서울 다녀오듯〕아무것도 모르면서 무엇을 보거나 무슨 일을 하거나 함을 비유하는 말.

하룻-밤 [-루빰/-룻빰]圓 **1** 하루의 밤 시간 동안. ¶~ 여관에서 묵다 / ~을 꼬박 새우다. **2** 어떤 날 밤. ¶~은 남편이 집에 돌아오지 않아서 잠을 못 이루었다. **3** 잠깐. 아주 짧은 동안.
〔하룻밤을 자도 만리성을 쌓는다〕잠깐 사귀어도 깊은 정을 맺을 수 있다.

하:류 (下流)圓 **1** 하천의 아래쪽. ¶한강 ~ / ~ 지역 / 강의 ~가 범람하다. **2** 사회적 신분이나 생활 수준이 상대적으로 낮은 계층. ¶

~ 계층 / ~ 생활. *상류·중류.

하류(河流)몡 강의 흐름.

하:류 사회(下流社會) 신분·생활 수준이 낮은 사람의 사회. 하층 사회.

하:륙(下陸)몡하자타 1 배·비행기 등에 실어 옮긴 짐을 땅에 내림. 2 배에서 육지로 내림.

하르르튀형 종이나 피륙 같은 것이 얇고 매우 보드라운 모양. ⓑ흐르르.

하름몡 소·말·개 등의 한 살 된 것. 「아지.

하릅-송아지[-쏭-]몡 나이가 한 살이 된 송 아지.

하리몡 남을 헐뜯어 윗사람에게 일러바치는 일. 헐뜯음. 참조(讒訴).

하:리(下吏)몡《역》 이서(吏胥).

하:리(下里)몡 위아래로 나눈 동리의 아랫마 을. ↔상리(上里).

하리-놀다[-놀아, -노니, -노는]타 윗사람 에게 남을 헐뜯어 일러바치다.

하리다[자] 마음껏 사치하다.

하리다[2]형 기억력이나 사리(事理) 판단 또는 하는 일이 똑똑하지 아니하다. 매우 아둔하 다. ⓑ흐리다[2].

하리-들다[-들어, -드니, -드는]자 되어 가 는 일의 중간에 방해가 생기다.

하리망당-하다형여 1 오래되어서 기억이 또 렷하지 않다. 2 옳고 그름의 구별이나 하는 일이 흐릿하여 분명하지 아니하다. 3 정신이 몽롱하다. 4 귀에 들리는 것이 희미하다. ⓑ 흐리멍덩하다. **하리망당-히**튀

하리아드랫-날[-랜-]몡 농가에서, 음력 이월 초하룻날을 이르는 말. 이날 주인은 머슴 들에게 술과 음식을 대접하고, 머슴들은 풍 물을 치고 노래와 춤으로 하루를 즐김.

하리-쟁이몡 윗사람에게 남을 헐뜯기를 일삼 는 사람.

하리타분-하다형여 1 사물이 똑똑하지 못하 고 조금 흐리다. 2 성질이나 행동이 분명하지 못하다. ⓑ흐리터분하다. **하리타분-히**튀

하:릴-없다[-릴립따]형 1 어떻게 할 도리가 없다. 2 조금도 틀림이 없다. ▣꼴골이 하릴 없는 거지꼴이었다. **하:릴-없이**[-려법씨]튀. ▣ ~ 기다릴 수밖에 없다.

하:림(下臨)몡하자 강림(降臨).

하:마(下馬)몡하자 말에서 내림. ↔상마[2].

하마(河馬)몡《동》하마과의 짐승. 열대 아프 리카의 강·호수에 삶. 몸길이 4 m가량, 어깨 높이 1.5m, 무게 3톤 정도에 달함. 낮에는 물속에 있다가 밤에 나와 나무뿌리·과실·풀 등을 먹음.

하:마-비(下馬碑)몡 조선 때, 누구든지 그 앞 을 지날 때에는 말에서 내리라는 뜻을 새겨, 대궐·종묘·문묘 따위의 앞에 세웠던 돌비 석(大小人員皆下馬 또는 下馬碑라 새겨 세움).

하:마-석(下馬石)몡 노둣돌.

하마터면튀 '자칫 잘못하였더라면'의 뜻. ▣ ~ 부딪칠 뻔하였다.

하:마-평(下馬評)몡 어떤 관직에 임명될 후 보자에 관한 세상의 풍설. ▣내각 개편을 앞 두고 ~이 무성하다.

하마-하마튀 1 어떤 기회가 자꾸 닥쳐오는 모 양. ▣ ~ 고기가 걸릴 듯하다. 2 어떤 기회를 자꾸 기다리는 모양.

하며조 하고1. ▣ 떡 ~ 고기 ~, 그 밖의 별의 별 음식이 다 있다.

하:면(下面)몡 아래쪽의 면. ↔상면(上面).

하:면(夏眠)몡하자《동》동물이 여름철의 덥

거나 건조한 날씨를 피해 일정 기간 아무것 도 먹지 않고 잠을 자는 일(도롱뇽 따위에서 볼 수 있음). 여름잠. ↔동면(冬眠).

하-면목(何面目)몡 무슨 면목. 곧, 볼 낯이 없음을 뜻하는 말.

하:명(下命)몡하자 1 '명령'의 경칭. ▣ ~ 을 받다 / ~을 기다리다. 2 명령을 내림.

하모(何某)때 아무.

하:모(夏毛)몡《동》여름털. ↔동모(冬毛).

하모늄(harmonium)몡《악》오르간 비슷한 건반 악기(음색·표현력(表現力)이 오르간보 다 명쾌함).

하모니(harmony)몡 1《악》화성(和聲). 2 조 화. 일치. 원만.

하모니카(harmonica)몡《악》입에 대고 불거 나 빨아들여서 소리를 내는 악기의 하나. 직 사각형의 틀에 여러 개의 조그만 칸을 만들 고 칸마다 금속제의 서가 있어 입에 대고 붊.

하모닉스(harmonics)몡 1《물》배음(倍音). 2 《악》현악기에서, 특수한 주법으로 내는 피 리와 같은 음색을 가지는 배음.

하:묘(下錨)몡하자 닻을 내림. 또는 배를 항 구에 댐.

하무몡《역》 조선 때, 군중(軍中)에서 군사들 이 떠드는 것을 막기 위해 입에 물리던 가는 나무 막대기.

하무뭇-하다[-무타-]형여 매우 하뭇하다. ⓑ 흐무뭇하다.

하:문(下文)몡 아래의 글. 다음의 문장.

하:문(下門)몡 여성의 외부 생식기.

하:문(下問)몡하자 윗사람이 아랫사람에게 물음. 또는 윗사람의 물음.

하:문불치(下問不恥)몡 아랫사람에게 묻는 것이 수치가 아니라는 뜻으로. 모르는 것은 누구에게나 물어서 식견을 넓히라는 뜻.

하물(何物)몡 무슨 물건. 어떠한 것.

하물(荷物)몡 짐.

하물며튀 '더군다나'의 뜻으로 쓰이는 접속 부사. 황차. ▣개도 은혜를 아는데 ~ 인간에 있어서랴.

하물-하물튀형 푹 익어서 무르게 된 모양. ⓑ흐물흐물.

하뭇-이[-묻-]튀 하뭇하게. ⓑ흐뭇이.

하뭇-하다[-무타-]형여 마음에 흡족하여 만 족스럽다. ⓑ흐뭇하다.

하:미(下米)몡 품질이 낮은 쌀.

하:민(下民)몡 서민(庶民).

하바네라(habanera)몡《악》쿠바에서 생겨 에스파냐에서 유행한 민속 무곡. 또는 그 무 용(2/4박자로, 탱고와 비슷함).

하:박(下膊)몡《생》팔꿈치에서 손목까지의 부분. 팔뚝. 전완(前腕). *상박(上膊).

하:박(下薄)몡하형 아랫사람에게 야박함. ↔ 상후(上厚)~.

하:박-골(下膊骨)[-꼴]몡《생》팔뚝을 구성 하는 뼈. 척골(尺骨)과 요골(橈骨)의 총칭. 전완골(前腕骨).

하:박-근(下膊筋)[-끈]몡 하박골을 싸고 있는 근육. 전완근(前腕筋).

하:-박석(下薄石)[-썩]몡 비·탑 등의 맨 아래 에 까는 넓적하고 얇은 돌.

하박-하박[-바카-]튀형 익어서 오래된 과 실 같은 것이 씹으면 푸슬푸슬 헤어지도록 물기가 적고 메진 모양. ⓑ허벅허벅.

하:반(下半)몡 둘로 나눈 아래쪽. ↔상반.

하:반(下盤)몡《지》 광맥·광층 따위의 아래쪽 암반(岩盤). ↔상반(上盤).

하반(河畔)몡 강가. 강 언덕. 강변(江邊).

하:반 (夏半) [명] '음력 7월'의 별칭.
하:-반기 (下半期) [명] 1년이나 어떤 일정한 기간을 둘로 나눈 것의 나중 되는 기간. ❑~ 결산. ↔상반기.
하:-반부 (下半部) [명] 전체의 중간에서 아래쪽이 되는 부분.
하:-반신 (下半身) [명] 몸에서 허리 아래의 부분. 하반체. ❑~이 마비되다 / 사고로 ~을 못 쓰게 되었다. ↔상(上)반신.
하:방 (下方) [명] 아래쪽의 방향. ↔상방.
하:방 (下枋) [명] 〖건〗 '하인방(下引枋)'의 준말.
하방 (遐方) [명] 서울에서 멀리 떨어진 지방.
하:방 침:식 (下方浸蝕) 〖지〗 강물이 하천 바닥을 깊게 깎는 작용.
하:배 (下輩) [명] '하인배'의 준말.
하백 (河伯) [명] 〖민〗 물을 맡아 다스린다는 신.
하:번 (下番) [명] **1** 순번이 아래인 사람. **2** 번이 갈려 교대 근무를 마치고 나오는 사람. ↔상번(上番). **3** 〖역〗 군영에서 돌림 차례를 마치고 나오던 번.
하:변 (下邊) [명] 〖수〗 밑변.
하변 (河邊) [명] 하천 가.
하:복 (下腹) [명] 아랫배.
하:복 (夏服) [명] 여름철에 입는 옷. 여름옷.
하:복-부 (下腹部)[-뿌] [명] 〖생〗 사람이나 척추동물의 아랫배 부분.
하:부 (下付) [명][하타] **1** 예전에, 관청에서 백성에게 증명·허가·인가·면허 따위를 내주던 일. ❑서류를 ~하다. **2** 하송(下送).
하:부 (下府) [명][하타] 하사(下司).
하:부 (下部) [명] **1** 아래쪽의 부분. **2** 하급 기관이나 부서. 또는 그곳의 사람. ❑상부의 지시를 ~에 전달하다. ↔상부.
하:부 구조 (下部構造) **1** 건축물이나 사물의 아랫부분의 조직. **2** 〖철〗 사회 형성의 토대가 되는 경제적 구조《마르크스주의의 용어》. ↔상부 구조.
하분-하분 [부][하형] 물기가 있고 매우 무른 모양. [큰]허분허분.
하:불실 (下不失)[-씰] [명] 아무리 적어도 적은 만큼의 희망은 있다는 말.
하:불하 (下不下) [부] 소불하(少不下).
하비다 [타] **1** 손톱이나 날카로운 물건으로 조금 긁어 파다. **2** 남의 결점이나 아픈 마음을 헐뜯거나 자극하다. [큰]허비다.
하비작-거리다 [-꺼-] [타] 자꾸 하비어 헤치다. [큰]허비적거리다. **하비작-하비작** [-자카-] [부][하타]
하비작-대다 [-때-] [타] 하비작거리다.
하뿔싸 [감] 무슨 일이 잘못되어 실망할 때나 또는 깜빡 잊어서 일을 그르칠 때에 놀라서 내는 소리. [큰]허뿔싸. [여]아뿔싸.
하:사 (下士) [명] 〖군〗 부사관 계급의 하나《병장의 위, 중사의 아래》.
하:사 (下司) [명] 하급의 관청. ↔상사(上司).
하:사 (下賜) [명][하타] 왕이나 국가 원수와 같은 높은 사람이 아랫사람에게 금품이나 물건 따위를 줌.
하사 (何事) [명] 무슨 일. 어떠한 일.
하:사 (賀詞) [명][하자] 축하의 말. 축사(祝辭).
하:사-관 (下士官) [명] 〖군〗 '부사관'의 구칭.
하:사-금 (下賜金) [명] 임금이나 지위가 높은 사람이 준 돈.
하:사-품 (下賜品) [명] 임금이나 윗사람이 아랫사람에게 주는 물품. ❑대통령 ~.
하:산 (下山) [명][하자] **1** 산에서 내려옴. ↔등산. **2** 산에서 불도를 닦거나 수련 따위를 하다가 그곳 생활을 그만두고 보통 세상으로 내려감.
하:-삼도 (下三道) [명] '충청·전라·경상'의 3도를 이르는 말. 삼남(三南).
하:-삼삭 (夏三朔) [명] 여름 석 달. 곧, 음력 4월과 5월과 6월.
하:상 (下殤) [명][하자] 8-13세의 나이에 일찍 죽음. 또는 그런 사람.
하:상 (下霜) [명][하자] 첫서리가 내림.
하상 (河上) [명] 하천의 위쪽.
하상 (河床) [명] 하천의 바닥.
하상 (何嘗) [부] '따지고 보면·도대체'의 뜻으로 의문문이나 부정의 말 앞에 쓰는 말. ❑네가 ~ 무엇이기에 큰소리냐.
하:-상갑 (夏上甲) [명] 〖민〗 입하(立夏) 뒤에 처음으로 드는 갑자일(甲子日). 이날 비가 오면 큰 장마가 진다고 함.
하:생 (下生) [인대] **1** 어른을 상대하여 자기를 낮추어 이르는 말. **2** 지난날, 정일품관끼리 서로 자기를 이르던 일인칭 대명사.
하:서 (下書) [명] 웃어른이 주신 글월을 높여 이르는 말.
하:석상대 (下石上臺)[-쌍-] [명] 아랫돌을 빼서 윗돌을 괴고 윗돌을 빼서 아랫돌을 괸다는 뜻으로, 임시변통으로 이리저리 둘러맞춤을 이르는 말.
하:선 (下船) [명][하자] 배에서 내림.
하선 (荷船) [명] 짐을 싣는 배.
하:선동력 (夏扇冬曆)[-녁] [명] 여름의 부채와 겨울의 새해 책력(冊曆)이라는 뜻으로, 철에 맞는 선물을 이르는 말.
하:성 (下誠) [명] 웃어른에 대해 자기의 정성을 낮추어 일컫는 말.
하성 단구 (河成段丘) 〖지〗 하안(河岸) 단구.
하성-층 (河成層) [명] 〖지〗 하류(河流)가 운반하여 온 모래·자갈 등이 퇴적(堆積)하여 이루어진 층.
하:세 (下世) [명][하자] 기세(棄世).
하소 [명][하타] '하소연'의 준말.
하소 (煆燒) [명][하타] 물질을 공기 중에서 태워 휘발성 성분을 없애고 재로 만드는 일.
하소서-체 (-體) [명] 〖언〗 높임법에 딸린 종결 어미의 한 체(體). 상대방을 아주 높이는 뜻을 나타냄. 문어(文語)로 씀. '읽나이다·읽으소서·가사이다' 따위가 이에 속함.
하소연 [명][하타] 억울한 일, 딱한 사정 등을 간곡히 호소함. ❑~을 늘어놓다 / 자신의 괴로운 심정을 ~하다. [준]하소.
하:속 (下屬) [명] 하인배(下人輩).
하:솔 (下率) [명] 하인배(下人輩).
하:송 (下送) [명][하타] **1** 내려 보냄. **2** 윗사람이 아랫사람에게 물건을 보냄. 하부(下付).
하송-인 (荷送人) [명] 짐을 보내는 사람.
하:수 (下水) [명] 집이나 공장 등에서 쓰고 버리는 더러운 물. ↔상수(上水).
하:수[1] (下手) [명] 바둑이나 장기 따위에서 수가 아래임. 또는 그 사람. ❑~를 상대로 바둑을 두다. ↔상수(上手).
하:수[2] (下手) [명][하타] **1** 착수(着手). **2** 손을 대어 사람을 죽임.
하:수 (下壽) [명] 나이 예순 살. 또는 그 나이가 된 노인.
하수 (河水) [명] 냇물. 강물.
하수 (遐壽) [명][하자] 보통 이상으로 오래 삶. 하령(遐齡).
하:수 (賀壽) [명][하자] 장수(長壽)를 축하함.
하:수-관 (下水管) [명] 수채통.

하:수-구(下水溝)圓 하수가 흘러내려 가도록 만든 도랑. ▢~가 막히다.

하:수-도(下水道)圓 하수가 흘러내려 가도록 만든 도랑이나 그 설비. ▢~ 공사.

하수오(何首烏)圓 **1**〔한의〕새박뿌리. **2**〔식〕마디풀과에 속하는 여러해살이 덩굴성(性) 약용 식물. 중국 원산으로 뿌리는 옆으로 뻗어 때때로 둥근 덩이뿌리를 이룸. 8~9월에 백색 꽃이 가지 끝에서 핌. 덩이뿌리는 한방에서 강정(强精)·강장제 등으로 씀.

하:수-인(下手人)圓 **1**손을 대어 직접 사람을 죽인 사람. 하수자(下手者). **2**살인 사건의 ~. **2**남의 밑에서 부하 노릇을 하는 사람.

하:수-자(下手者)圓 하수인.

하:수 처:리(下水處理) 하수를 인공적으로 정화(淨化)하는 일. 또는 그 조작.

하:수 처:리장(下水處理場) 화학적인 침전·여과 및 세균 작용 등의 방법을 써서 하수 처리를 하는 곳.

하:수-통(下水筒)圓 수채통.

하:숙(下宿)圓하짜 **1** 방값과 식비(食費)를 내고 남의 집에 머물면서 먹고 잠. 또는 그런 집. 사관(舍館). ▢~을 치다 / ~을 구하다 / 학교 근처로 ~을 옮기다. **2** 값싼 여관.

하:숙-료(下宿料)[-뇨]圓 하숙비.

하:숙-방(下宿房)[-빵]圓 하숙하고 있는 방. 하숙을 시키는 방.

하:숙-비(下宿費)[-삐]圓 하숙하는 대가로 내는 돈. 하숙료(下宿料). ▢~가 두 달이나 밀려 있다.

하:숙-생(下宿生)[-쌩]圓 하숙하고 있는 학생. ▢~을 들이다.

하:숙-인(下宿人)圓 하숙하는 사람.

하:숙-집(下宿-)[-찝]圓 **1** 하숙하고 있는 집. ▢~을 정하다. **2**하숙을 업으로 하는 집.

하:순(下旬)圓 한 달 가운데 21 일부터 그믐날까지의 동안. ▢5월 ~.

하:순(下脣)圓 아랫입술. ↔상순(上脣).

하:순(下詢)圓 임금이 신하나 백성에게 물음.

하숫그리다팀〈옛〉참소하다. 하소연하다.

하슘(Hassium)圓〔화〕8 족(族)에 속하는 인공 방사성 원소의 하나. 1984 년 독일 헤센(Hessen) 주의 중이온(重ion) 연구소에서 성함. 연구소 소재지인 헤센의 뜻인 라틴 어 Hassias 에서 유래함. [108 번 : Hs : 269]

하스-돔(has-)圓〔어〕하스돔과의 바닷물고기. 길이 45cm가량, 납작하고 갸름한 모양이며, 입은 아래를 향함. 몸빛은 등 쪽이 담회색, 배 쪽은 더 닮음.

하:습(下習)圓 **1** 하인들의 풍습. **2**하급 사회의 풍습.

하:습(下濕)하형 땅이 낮고 습기가 많음.

하:시(下視)圓하타 **1**남을 얕잡아 낮추봄. 멸시함. ▢사람을 ~하다. **2**아래를 봄.

하시(何時)圓 어느 때. 언제. ▢~라도 좋으니 연락을 주세요.

하시-경(何時頃)圓閅 어느 때쯤. 몇 시(時)쯤. 언제쯤.

하식(河蝕)圓〔지〕강물이 땅을 침식(浸蝕)하는 현상(現象).

하식-애(河蝕崖)圓〔지〕강물의 침식 작용으로 생긴 언덕.

하신(河身)圓 강줄기의 물이 흐르는 부분.

하심(河心)圓 강심(江心).

하:아(夏芽)圓〔식〕여름눈. ↔동아(冬芽).

하:악(下顎)圓〔생〕아래턱. ↔상악(上顎).

하:악-골(下顎骨)[-꼴]圓〔생〕아래턱을 이루는 뼈《말굽 모양으로 구부러지고, 다른 뼈와 떨어져 있으며 위에 이틀이 있음》. 아래턱뼈.

하안(河岸)圓 하천 양쪽의 둔덕. 강기슭. 강안(江岸).

하:-안거(夏安居)圓하짜〔불〕승려가 여름 장마 때 90 일 동안 한곳에 모여 수도하는 일.

하안 단구(河岸段丘)〔지〕하천의 흐름을 따라 생기는 계단 모양의 지형. 지반 운동이나 기후 변화로 생김. 하성(河成) 단구.

하:야(下野)圓하짜 대통령 등의 권력자가 직위에서 물러남. ↔성재.

하야로비圓〈옛〉〔조〕해오라기.

하야-말갛다[-가타]〔-말가니, -말개서〕형 ⑮ 빛깔이 탐스럽도록 매우 맑고 희다. ⓔ허여멀겋다.

하야-말쑥하다[-쑤카-]형⑥ 살빛이 하얗고 맑게 깨끗하다. ⓔ허여멀쑥하다. **하야말쑥-히**[-쑤키]閅

하야스레-하다형⑥ 하야스름하다.

하야스름-하다형⑥ 조금 하얗다.

하얀-빛[-삗]圓 밝고 선명하게 흰 빛.

하얀-색(-色)圓 밝고 선명하게 흰 색.

하양圓 하얀 빛. 또는 하얀 물감.

하:얗다[-야타]〔하얘니, 하얘서〕형⑤ **1** 매우 희다. 아주 희다. **2**슬거나 겁이 나서 얼굴에 핏기가 없다. ▢겁에 질려 얼굴이 ~. **3**('하얗게'의 꼴로 쓰여) 뜬눈으로 지내다. ▢하얗게 밤을 새우다. ⓔ허옇다.

하:얘-지다짜 하얗게 되다. ⓔ허예지다.

하여-가(何如歌)圓〔문〕고려 말에 이방원(李芳遠)이 지은 시조. 정몽주(鄭夢周)의 마음을 떠보고 회유하기 위하여 지은 것이라고 함. *단심가(丹心歌).

하여-간(何如間)閅 어찌하든지 간에. 여하간. 어쨌든지. 하여튼. ~는 틀림은 없다 / 내 생각은 이러하니, 그리 알게.

하여간-에(何如間-)閅 하여간.

하여-금 조사 '로·으로'의 뒤에 쓰여, '시키어·하게 하여'의 뜻을 나타냄. ▢그로 ~ 가게 하라 / 나로 ~ 말하게 한다면.

하여-튼(何如-)閅 어쨌든. 하여간. ▢~ 해 보자 / ~ 겉보기는 좋네그려.

하여튼지(何如-)閅 어쨌든지. ▢~ 가 보죠.

하역(荷役)圓하타 짐을 싣고 내리는 일. ▢~ 작업.

하역(遐域)圓 먼 경계. 또는 먼 나라.

하역-부(荷役夫)[-뿌]圓 하역에 종사하는 인부. ▢~로 일하다.

하:연(下椽)圓〔건〕들연.

하:연(賀宴)圓 축하하는 잔치. 축하연.

하:열-하다(下劣-)형⑥ 성품이나 행동이 천하고 비열하다.

하염-없다[-업따]형 **1** 시름에 싸여 이렇다고 할 만한 아무 생각이 없이 그저 멍하다. **2** 끝맺는 데가 없다. 그침이 없다. ▢하염없는 나날. **하염-없이**[-여법씨]閅 ▢~ 눈물을 흘리다 / ~ 먼 산만 바라보고 있다.

하염직-하다[-지카-]형⑥ 할 만하다. 할 가치가 있다.

하엽(荷葉)圓 연잎.

하:오(下午)圓 오후(午後).

하오-체(-體)圓〔언〕높임법에 딸린 종결 어미의 한 체(體). 상대방을 예사로 높이는 뜻을 나타냄. '나오시오·있소·읽읍시다' 등이 이에 속함.

하오-하다짜⑥ 상대자를 예사로 높이는 하오

체로 말하다(('합쇼하다'보다는 낮게, '하게 하다'보다는 높게 씀)).

하:옥 (下獄)몡하타 죄인(罪人)을 옥에 가둠. 입옥(入獄).

하와 (一 Hawwāh)몡기 구약 성서에 나오는 인류 최초의 여자(('아담의 아내)). 이브(Eve).

하와이안 기타 (Hawaiian guitar) 〔악〕 스틸 기타의 하나((하와이 음악의 중심 악기(樂器) 임)). *우쿨렐레.

하:완 (下浣)몡 하순(下旬).

하:우 (下愚)몡 아주 어리석고 못남. 또는 그 런 사람.

하:우 (夏雨)몡 여름철에 내리는 비.

하우스 재:배 (house栽培) 〔농〕 비닐 또는 폴리에틸렌 필름을 이용한 간이 온실에서 채소나 화초 등을 재배하는 일. *노지 재배.

하우징 (housing)몡 1 기계의 부품이나 기구를 싸서 보호하는 일. 2 토지·가옥·가구·실내 장식 등을 종합적으로 다루는 주택 산업의 총칭.

하:운 (夏雲)몡 여름철의 구름.

하:원 (下元)몡 음력 시월 보름날. *상원(上元)·중원(中元).

하:원 (下院)몡 양원제(兩院制) 의회에서, 민선(民選) 의원만으로 구성된 의회((상원(上院)에 앞서 법률안·예산안 등을 심의하는 권한을 가짐)).

하원 (河源)몡 하천의 물이 흘러나오는 근원.

하위 몡하자 〈속〉 화해(和解).

하:위 (下位)몡 낮은 지위나 순위. ▢성적이 ~로 처지다 ↔상위(上位).

하:위 개:념 (下位概念) 〔논〕 한 개념이 다른 개념보다 적고 좁은 외연(外延)을 가진 개념. 저급 개념. ▢인간은 동물의 ~이다. ↔상위 개념.

하:위-권 (下位圈)[一꿘]몡 낮은 순위나 지위에 속하는 범위. ▢팀 성적이 ~을 맴돌다.

하:위-문화 (下位文化)몡 사회의 지배적 문화에 대하여, 어떤 특정한 집단만이 가지는 문화적 가치나 행동 양식((대중문화, 여성 문화 따위)).

하윗-술 [一위쑬/一윋쑬]몡 〈속〉 화햇술.

하:유 (下諭)몡 〔역〕 지방 관원에게 서울로 올라올 것을 명하는 왕명(王命).

하:육-처자 (下育妻子)몡하자 아래로 아내와 자식을 먹여 살림. *앙사부모(仰事父母).

하:의 (下衣)[一이]몡 몸의 아랫도리에 입는 옷. ↔상의(上衣).

하:의 (下意)[一/一이]몡 아랫사람의 뜻이나 의사. ↔상의(上意).

하:의 (夏衣)[一/一이]몡 하복(夏服). 여름옷. ↔동의(冬衣).

하:의 (賀意)[一/一이]몡 축하하는 뜻.

하:의 (賀儀)[一/一이]몡하자 하례(賀禮).

하:의-상달 (下意上達)[一/一이]몡 아랫사람의 뜻을 윗사람에게 전달함. ↔상의하달(上意下達).

하이 (遐邇)몡 원근(遠近).

하이 다이빙 (high diving) 수영에서, 다이빙 경기의 하나. 수면에서 5 m 및 10 m 높이의 다이빙대에서 뛰어내려 수면에 도달하기까지의 공간에서 연기를 함.

하이델베르크-인 (Heidelberg人)몡 1907년 독일의 하이델베르크 부근에서 발견된 화석 인류로, 35만 년 전 구석기 전기의 원인(原人) 단계의 인류.

하이드로미터 (hydrometer)몡 액체 비중계.

하이라이스 (←hashed rice)몡 기름에 볶은 양

파와 쇠고기 따위를 묽은 브라운소스에 넣어 함께 끓여서 밥에 끼얹은 요리.

하이라이트 (highlight)몡 1 그림이나 사진 따위에서, 빛을 많이 받아 가장 밝게 보이는 부분. 2 스포츠·연극 등에서, 가장 흥미로운 장면이나 부분.

하이볼 (highball)몡 위스키에 소다수나 물을 탄 음료((대개 얼음을 띄워 마심)).

하이브리드 카 (hybrid car) 전기 모터와 내연 기관(內燃機關)을 장착한 저공해(低公害) 자동차. 배기가스를 줄이고, 장거리 주행이 곤란한 전기 자동차의 기술적 단점을 해결하고자 한 자동차임.

하이브리드 컴퓨터 (hybrid computer) 〔컴〕 디지털 컴퓨터와 아날로그 컴퓨터를 서로 결합시킨 컴퓨터 시스템. 아날로그 데이터를 입력하여 디지털 처리를 하는 데 유용함.

하이얗다 휑 '하얗다'의 잘못.

하이에나 (hyena)몡 〔동〕 식육목(目) 하이에나과(科)의 짐승. 개와 비슷하나 앞다리가 길고 등에 갈기가 있음. 아프리카·인도에 삶. 성질은 사납고 죽은 짐승의 고기를 먹음.

하이웨이 (highway)몡 간선 도로. 주요 도로. 고속 도로.

하이지닉-크림 (hygienic cream)몡 지방분이 적은 중성(中性)의 화장용 크림.

하이-칼라 (high+collar)몡 1 서양식 유행을 따르는 일. 또는 그런 사람. 멋쟁이. 2 머리털을 밀만 깎고 윗부분은 남겨서 기르는, 남자의 서양식 머리 모양. 3 보통보다 운두가 높은 깃.

하이킹 (hiking)몡하자 산이나 들, 바닷가 같은 곳을 걸어서 여행하는 일. ▢~코스.

하이테크 (high+tech)몡 첨단적인 과학 기술 ((마이크로 일렉트로닉스·바이오테크놀로지 따위의 민간 산업에 응용되고 있는 것을 가리킴)).

하이-틴 (high+teen)몡 10대 후반(後半). 곧, 17~19세의 나이. 또는 그 나이의 사람.

하이파이 (hi-fi) 〔high fidelity〕 라디오의 수신기나 녹음의 재생 장치에서 나오는 음이 본래의 음에 거의 가까운 일. 또는 그 장치.

하이-패션 (high fashion)몡 최첨단의 유행((고급 물건이나 세련된 의상 따위))를 이름.

하이퍼론 (hyperon) 〔물〕 질량이 핵자(核子)보다 큰 소립자(素粒子)((람다(Λ)·시그마(Σ)·크사이(Ξ)·오메가(Ω) 입자의 4종류와 각각의 반입자가 알려짐)). 중핵자(重核子).

하이퍼 링크 (hyper link) 〔컴〕 월드 와이드 웹에서, 클릭함으로써 다른 웹사이트로 옮길 수 있는 텍스트나 영상(映像).

하이포 (hypo)몡 〔화〕 '티오황산나트륨'을 흔히 이르는 말.

하이포아- (hypo亞)무 〔화〕 산소산(酸素酸)의 기준 산과 비교하여 산화 상태가 두 번째로 낮은 산 이름 앞에 붙이는 말. 구칭: 차아(次亞)-. ▢~염소산.

하이포아-인산 (hypo亞燐酸) 〔화〕 산소산의 한 가지. 백색의 엽상(葉狀) 결정으로 물에 녹고 강한 환원 작용이 있음((신경계의 의약품으로 씀)).

하이픈 (hyphen)몡 붙임표(-).

하이 허들 (high hurdles) 고장애물 경주(高障礙物競走).

하이-힐 〔←high heeled shoes〕몡 굽 높은 여자 구두. ↔로힐.

하:인(下人)圀 남의 집에 매여 살며 일을 하는 사람. 囗 ~을 두다 / 부리듯 하다.

하인(何人)圀 어떠한 사람. 누구.

하:-인방(下引枋)圀〔건〕벽의 아래쪽 기둥 사이에 가로지르는 인방. 아랫중방. ㉠하방.

하:인-배(下人輩)圀 하인의 무리. ㉠하배.

하:인-청(下人廳)圀〔역〕양반 집에서 남자 하인들이 거처하던 행랑방.

하:일(下日)圀 근무하지 않는 날.

하일(何日)圀 어느 날. 무슨 날.

하:일(夏日)圀 여름날.

하:일-반(夏日斑)圀 주근깨.

하임-움직씨(下任─)圀〔언〕'사동사(使動詞)'의 다 어 큰 이름.

하자(何者)圀 어떤 사람. 어떤 것.

하자(瑕疵)圀 1 흠. 결점. 囗 ~가 있다 / 아무런 ~도 없는 물건. 2〔법〕법률 또는 당사자가 예상한 상태나 성질이 결여되어 있는 일.

하자 담보(瑕疵擔保)〔법〕매매와 같은 유상 계약에서, 판매자가 목적물 자체의 숨은 하자로 인하여 지는 담보 책임.

하작-거리다[─꺼─]囝 자꾸 하작이다. ㉠허적 거리다. 하작-하작[─자꾸─]囝㉠하作]

하작-대다[─때─]囝 하작거리다.

하작-이다囝 1 쌓인 물건의 속을 들추어 헤치다. ㉠허적이다. 2 계속하기가 싫증이 나서 자꾸 헤치기만 하다.

하잘것-없다[─꺼덥따]囶 시시하여 할 만한 일이 없다. 대수롭지 아니하다. 囗 하잘것없 는 일이라서 금방 끝내다. 하잘것-없이[─꺼 덥씨]囝

하:잠(夏蠶)圀 여름에 치는 누에. 여름누에.

하:장(下章)圀 책 따위의 내용에서 아랫장(章). 또는 다음 장.

하:장(下狀)圀 가마나 상여 등의 아랫부분.

하:장(賀狀)圀 경사(慶事)를 축하하는 편지.

하:장(賀章)圀 경사를 축하하는 시문(詩文).

하:저(下箸)圀㉱젓가락을 댄다는 뜻으로, 음식을 먹음을 이르는 말.

하저(河底)圀 하천의 밑바닥.

하적-호(河跡湖)[─저괴]圀〔지〕침식 작용으로 하천이 흐르던 자리에 생긴 호수(보통 좁고 길며 꾸부러진 모양임).

하:전(下田)圀 수확이 좋지 않은 밭.

하:전(下典)圀 1 하님. 2 아전(衙前).

하:전(荷電)圀〔물〕1 물체가 전기를 띠는 일. 대전(帶電). 2 전하(電荷).

하:전(廈氈)圀 양탄자를 깐 큰 집이라는 뜻으로, 임금이 거처하는 곳을 이르던 말.

하전 입자(荷電粒子)[─닙짜]〔물〕전하(電荷)를 띠고 있는 입자(전자·이온·양성자 따위).

하전-하다囶㉮1 둘레에 막혀 있던 것이 없어져서 짝인 맛이 없는 느낌이 있다. 2 무엇을 잃거나 의지할 곳이 없어진 듯한 서운한 느낌이 있다. ㉠허전하다.

하전-하전囝㉮1 다리에 힘이 없어 쓰러질 듯한 느낌. 2 계속해서 하전한 느낌.

하:절(夏節)圀 여름철.

하:정(下丁)圀〔민〕음력 매달 하순(下旬)에 드는 정일(丁日). 흔히 이날을 피하여 연제(練祭)·담제(禫祭) 같은 제사를 지냄. *상정(上丁)·중정(中丁).

하:정(下情)圀 1 '자기의 심정'의 겸칭. 2 아랫사람들의 사정. 하회(下懷).

하:정(賀正)圀 새해를 축하함.

하:정-배(下庭拜)圀㉮㉭〔역〕예전에, 신분이

낮은 사람이 양반을 뵐 때 뜰 아래에서 절하 던 일. 또는 그 절.

하:제(下第)圀㉮㉱〔역〕과거에 떨어짐. 낙방. ㉠급제(及第).

하:제(下劑)圀 설사가 나게 하는 약. 囗 변비에 ~를 쓰다.

하제(河堤)圀 하천에 만든 제방.

하:졸(下卒)圀 예전에, 군대의 가장 낮은 직위의 병사를 이르던 말.

하:종(下從)圀㉮㉱ 아내가 죽은 남편의 뒤를 따라 스스로 목숨을 끊음.

하:-종가(下終價)[─까]圀〔경〕하한가(下限價). ㉠상종가.

하:좌(下座)圀 아래쪽에 있는 자리. 또는 지위 따위가 낮은 자리. 아랫자리. 말좌(末座). ㉠상좌(上座).

하주(河舟)圀 강을 오고 가는 배.

하주(荷主)圀 화주(貨主).

하:중(夏中)圀〔불〕하안거(夏安居)를 행하는 동안.

하중(荷重)圀 1 짐의 무게. 2〔물〕물체에 작용하는 외부의 힘 또는 무게. 囗 ~ 시험 / ~을 가하다 / ~을 받다 / ~을 견디지 못하여 무너지다.

하:지(下肢)圀 사람의 다리나 네발 가진 동물의 뒷다리. ㉠상지(上肢).

하:지(夏至)圀 이십사절기의 하나. 태양이 하지점을 통과할 때(양력 6월 21일경. 북반구에서는 낮이 가장 길고 밤이 가장 짧음]. ㉠동지(冬至).

하:지-근(下肢筋)圀〔생〕하지를 이루는 근육의 총칭〔관부근(臗部筋)·대퇴근(大腿筋)·하퇴근(下腿筋)·족근(足筋)으로 구분].

하:지-대(下肢帶)圀〔생〕몸통과 다리를 연결하는 뼈〔좌우 한 쌍으로 된 치골(恥骨)과 좌골(坐骨)·장골(腸骨)로 되어 있음].

하지만 囝 '그러나·그렇지만'의 뜻의 접속 부사. 囗 고맙다. ~ 사양하겠다.

하:지-목(下地木)圀 품질이 가장 낮은 무명.

하:지-상(下之上)圀 품질에 따라 상·중·하로 등급을 매길 때에, 하등(下等) 가운데서의 윗길인 것.

하:지-선(夏至線)圀〔지〕북회귀선(北回歸線).

하:지-점(夏至點)[─쩜]圀〔천〕황도(黃道)의 적도에서 가장 북쪽의 점. 춘분점부터 황경(黃經) 90°에 해당함[태양이 이 점에 이르면 하지가 됨].

하:지-중(下之中)圀 품질에 따라 상·중·하로 등급을 매길 때에, 하등(下等) 가운데서의 중길인 것.

하:지-하(下之下)圀 품질에 따라 상·중·하로 등급을 매길 때에, 하등(下等) 가운데서의 아랫길인 것.

하:직(下直)圀㉮㉭㉱1 먼 길을 떠날 때 웃어른께 작별을 고함. 囗 ~ 인사차(次) 찾아뵙다. 2〔역〕서울을 떠나는 관원이 임금께 작별을 아룀. 숙배(肅拜). 3 죽음을 이르는 말. 囗 세상을 ~하다.

하:질(下秩)圀 하등의 품질이나 물건. 핫길.

하:질(下質)圀 품질이 썩 나쁜 것.

하:짓-날(夏至─)[─진─]圀 하지가 드는 날.

하:차(下車)圀㉮㉭1 사람이 타고 있던 차에서 내림. 강차(降車). 2 차에서 짐을 내림. ㉠승차(乘車).

하차묵-지-않다[─찌안타]囶 1 품질이 약간 좋다. 2 성질이 조금 착하다.

하찮다[─찬타]囶 1 그다지 훌륭하지 않다. 囗

하찮은 물건 / 하찮은 솜씨. **2** 대수롭지 않다. 중요하지 않다. ⬚생명을 하찮게 여기다 / 하찮은 일로 소란을 피우다.

하:책 (下策) 圄 하계(下計).

하:처 (下處) 圄 ☞ 사처.

하처 (何處) 団 어디. 어느 곳.

하:천 (下賤) 圄 '하천인(下賤人)'의 준말.

하천 (河川) 圄 시내와 강. ⬚～이 범람하다 / ～이 오염되다.

하천 공학 (河川工學) 하천 및 하천의 유수(流水)를 연구 대상으로 하는 토목 공학의 한 분야.

하:천-배 (下賤輩) 圄 신분이 낮고 천한 사람의 무리. 하천지배.

하천-법 (河川法)[-뻡] 圄 〖법〗 하천의 지정·관리(管理)·사용·보전(保全)·비용 등을 규정한 법률.

하:천 부지 (河川敷地) 하천이 차지하는 땅.

하:천-인 (下賤人) 圄 사회적 신분이 낮고 천한 사람. ㉣하천(下賤).

하:천지배 (下賤之輩) 圄 하천배.

하:첨 (下籤) 圄 〖민〗 신묘(神廟) 같은 곳에서 산가지로 길흉을 점칠 때 뽑혀 나온, 가장 낮은 점대.

하:첩 (下帖) 圄하자 〖역〗 하체(下帖).

하:청 (下請) 圄하타 어떤 사람이 도급 맡은 일의 전부나 일부를 다시 다른 사람에 도급 맡을 일. ⬚～을 맡다 / ～을 주다.

하청 (河清) 圄 중국 황허 강의 탁류가 맑아진다는 뜻으로, 아무리 바라고 기다려도 실현될 가망이 없음의 비유.

하:-청부 (下請負) 圄 '하도급'의 구용어.

하:청-인 (下請人) 圄 '하도급자'의 구용어.

하청-치다 困 〖불〗 절에서 재(齋)가 끝난 다음에 여흥을 벌이다.

하:체 (下帖) 圄하자 〖역〗 조선 때, 고을의 원이 향교의 유생들에게 체문(帖文)을 내리던 일. 하첩(下帖).

하:체 (下體) 圄 **1** 몸의 아랫부분. ↔상체(上體). **2** 사람의 음부.

하:초 (下焦) 圄 〖한의〗 삼초(三焦)의 하나. 배꼽 아랫부분.

하:초-열 (下焦熱) 圄 〖한의〗 배꼽 아랫부분에 열이 나서 생기는 병증(오줌이 막히거나 피가 섞여 나옴).

하:추-간 (夏秋間) 圄 여름과 가을 사이.

하:측 (下側) 圄 아래쪽. ↔상측(上側).

하:층 (下層) 圄 **1** 탑이나 건물의 아래층. **2** 사회적 지위나 경제적 생활 수준이 낮은 계층. ↔상층(上層).

하:층 계급 (下層階級)[-/-계-] 사회적 신분이나 생활 수준이 낮은 사회 계급. 또는 그런 계급의 사람들.

하:층-민 (下層民) 圄 사회적 신분이나 생활 수준이 낮은 계층의 사람들.

하:층 사회 (下層社會) 하류 사회.

하:층-운 (下層雲) 圄 높이에 따른 구름 분류의 하나. 지상 2 km 이내의 공중에 있는 구름. 층적운(層積雲)·층운(層雲)이 있음. *상층운·중층운.

하:-치 (下-) 圄 같은 종류의 물건 중 가장 품질이 낮은 것.

하치 (荷置) 圄하타 짐을 부리거나 둠.

하치-않다[-안타] 團 '하찮다'의 본딧말.

하:-치은 (下齒齦) 圄 아랫잇몸. ↔상치은.

하치-장 (荷置場) 圄 짐이나 쓰레기 따위를 부리거나 두는 곳.

하:침 (下沈) 圄하자 밑으로 가라앉음.

하:침 (下鍼) 圄하자 침을 놓음.

하켄 (독 Haken) 圄 등산 용구의 하나. 암벽(岩壁)이나 빙벽(氷壁)에 박는 금속제의 못. 자일을 걸거나 손잡이·발판 따위로 씀. 마우어하켄.

하키 (hockey) 圄 **1** 필드하키. **2** 아이스하키.

하:탁 (下託) 圄하타 윗사람이 아랫사람에게 하는 부탁을 아랫사람이 높여 이르는 말.

하:탑 (下榻) 圄하타 걸상을 내린다는 뜻으로, 손님을 극진히 대접함을 이르는 말.

하:탕 (下湯) 圄 온천 가운데 탕물의 온도가 가장 낮은 탕. *중탕·상탕.

하:토 (下土) 圄 〖농〗 농사짓기에 아주 나쁜 땅. *상토(上土)·중토(中土).

하토 (遐土) 圄 하방(遐方).

하:퇴 (下腿) 圄 〖생〗 종아리.

하:퇴-골 (下腿骨) 圄 〖생〗 정강이뼈와 종아리뼈의 총칭.

하트 (heart) 圄 카드놀이 패의 하나. 붉은색으로 심장 모양이 그려져 있음.

하특 (何特) 閅 어찌 특히.

하:-판¹ (下-) 圄 마지막 판. ↔상판¹.

하:-판² (下-) 圄 널 절의 큰방의 아랫목. 항두(桁頭). ↔상판².

하:판 (下版) 圄하자 〖인〗 교정이 끝난 조판을 인쇄하거나 지형을 뜨기 위하여 다음 공정(工程)으로 옮김.

하:편 (下篇) 圄 상·하 또는 상·중·하 편으로 된 책의 맨 끝 편. *상편(上篇)·중편(中篇).

하:평 (下平) 圄 '하평성(下平聲)'의 준말.

하:-평성 (下平聲) 圄 한자의 운(韻) 사성(四聲) 중의 평성(平聲)에 속하는 서른 운을 상하로 양분한 그 아래의 반(半). 처음이 낮고 이윽고 높아져서 지속되며, 음의 길이가 상평성(上平聲)보다도 긴 것. ↔상평성(上平聲). ㉣하평(下平).

하폭 (河幅) 圄 하천의 너비.

하:표 (賀表) 圄 지난날, 나라나 조정에 경사가 있을 때나 새해에 신하가 임금에게 바치던 축하하는 글.

하품 圄 고단하거나 심심하거나 졸리거나 할 때 절로 입이 벌어지면서 나오는 깊은 호흡. ⬚～이 나오다 / 늘어지게 ～을 하다.

하품만 하고 있다 珇 경기(景氣)가 없거나 할 일이 없음을 이르는 말.

하:품 (下品) 圄 **1** 하치. **2** 낮은 품격. **3** 〖불〗 구품 정토(九品淨土)의 하위에 있는 세 품. *상품(上品).

하품-흠 (-欠) 圄 한자 부수(部首)의 하나. '欲'·'歌' 등에서 쓰는 '欠'의 이름.

하:풍 (下風) 圄 사람이나 사물(事物)의 질(質)이 낮음.

하프 (half) 圄 '하프백(halfback)'의 준말.

하프 (harp) 圄 〖악〗 현악기의 하나. 위쪽이 굽은 세모꼴의 틀에 47개의 현을 세로로 평행하게 걸어 두 손으로 줄을 뜯어서 연주함. 수금.

하프늄 (hafnium) 圄 〖화〗 지르코늄과 비슷하며, 4족(族)에 속하는 금속 원소. 원자로의 제어용으로 씀. [72번: Hf: 178.49]

하프 라인 (half line) 구기(球技)에서, 경기장의 중앙에 그어 놓은 선.

하프백 (halfback) 圄 축구·하키 등에서, 전위(前衛)의 뒤쪽 위치. 또는 그 위치에 있는 경기자. ㉣하프.

하프 센터 (half center) 축구 등에서, 중위의 가운데 위치. 또는 그 위치를 담당하는 선수.

하프시코드 (harpsichord) 圏 《악》 건반 악기의 한 가지(지금의 피아노의 전신).

하프 타임 (half time) **1** 축구·농구 등의 경기에서, 경기 시간을 둘로 나누어 그 사이에 쉬는 시간. **2** 제한된 시간의 반.

하:필 (下筆) 圏圉困 붓을 대어 쓴다는 뜻으로, 시나 글을 짓는 것을 이르는 말.

하필 (何必) 圉 어찌하여 꼭 그렇게. 다른 방도도 있는데 왜. 해필(奚必). ◻〜 오늘 비가 올게 뭐람.

하하[1] 圉困 기뻐서 입을 크게 벌려 웃는 모양. 또는 그 소리. ⊜허허[1].

하하[2] 囝 **1** 기가 막혀 탄식하여 내는 소리. ◻〜, 이거 큰일 났군. **2** 무엇을 하다가 깨달았을 때 내는 소리. ◻〜, 그렇구나. ⊜허허[2].

하하-거리다 困 자꾸 하하 소리를 내며 크게 웃다. ◻아내는 기쁨을 참지 못하고 하하거렸다. ⊜허허거리다.

하하-대다 困 하하거리다.

하:학 (下學) 圏 학교에서 그날의 수업을 마침. ◻〜 시간. ↔상학(上學).

하:학상달 (下學上達)[-쌍-] 圏困 낮고 쉬운 것을 배워 깊고 어려운 이치를 깨달음.

하:학-종 (下學鐘)[-종] 圏 하학 시간을 알리는 종. ↔상학종.

하:한 (下限) 圏 일정한 범위가 있을 때, 아래쪽의 한계. ↔상한(上限).

하:한 (下澣) 圏 하순(下旬).

하한 (河漢) 圏 **1** 《천》 은하(銀河). **2** 중국의 황허 강(黃河)과 한수이 강(漢水).

하:한-가 (下限價)[-까] 圏 증권 시장에서, 하루에 내릴 수 있는 최저 한도까지 내려간 주가(株價). 하종가(下終價).

하:한-선 (下限線) 圏 더 이상 내려갈 수 없는 한계선. ◻시세는 〜까지 내려갔다. ↔상한선(上限線).

하:합 (下合) 圏 《천》 내합(內合). ↔상합.

하합 (呀呷) 圏圉困 입을 벌림. 또는 입을 벌려 꾸짖음.

하항 (河港) 圏 강기슭에 있는 항구. ◻낙동강 〜으로 변모하다. *해항(海港).

하해 (河海) 圏 큰 강과 바다.

하해지택 (河海之澤) 圏 큰 강과 바다와 같이 크고 넓은 은혜.

하:행 (下行) 圏困困 **1** 아래쪽으로 내려감. **2** 서울에서 지방으로 내려감. 또는 그런 교통수단. ◻〜 열차. ↔상행.

하:행-선 (下行線) 圏 중앙에서 지방으로 내려가는 철도나 고속도로. ◻〜은 정체가 심해 가다 서다를 되풀이하고 있다. ↔상행선.

하:향 (下向) 圏困困 **1** 아래로 향함. ◻그래프가 〜 곡선을 그리다 / 임금 인상률을 당초에 계획했던 8%에서 6%로 〜 조정하다. **2** 쇠퇴하여 감. ◻경기(景氣)가 〜 국면에 접어들다. **3** 물가가 떨어짐.

하:향 (下鄕) 圏 **1** 시골로 내려감. **2** 고향으로 내려감. ◻관직을 그만두고 〜하다.

하향 (遐鄕) 圏 하방(遐方).

하:세 (下向勢) 圏 일의 진행이나 상태가 약해지거나 처지는 형세. ◻〜로 돌아서다.

하허-인 (何許人) 圏 어떠한 사람. 그 누구.

하:현 (下弦) 圏 음력으로 매달 22~23 일경의 달. 보름달과 그믐달의 중간쯤 되며 활의 현을 엎어 놓은 모양의 달의 형태. 또는 그 달. ↔상현(上弦).

하:-현궁 (下玄宮) 圏困困 《역》 왕의 주검을 장사 지낼 때 그 관(棺)을 광중(壙中)에 내림.

하:현-달 (下弦-)[-딸] 圏 하현 때, 반원 모양의 달. ↔상현달.

하:혈 (下血) 圏 항문 또는 하문(下門)으로 피가 나옴. ↔상혈(上血).

하협 (河峽) 圏 강의 양쪽이 높은 벼랑을 이루고 강폭이 좁은 부분.

하:화-중생 (下化衆生) 圏 《불》 아래로 중생을 교화하고 제도함. ↔상구보리(上求菩提).

하:-활 (下-) 圏 돛의 맨 밑에 댄 활죽.

하황 (何況) 圉 하물며.

하:회 (下回) 圏 **1** 다음 차례. 차회(次回). **2** 윗사람이 아랫사람에게 내리는 회답. ◻〜를 기다리다. **3** 어떤 일의 결과나 상황.

하:회 (下廻) 圏困困 어떤 기준보다 밑돎. ◻평년작을 〜하다. ↔상회(上廻).

하:회 (下懷) 圏 하정(下情).

하회 별신굿 탈놀이 (河回別神-)[-씬꾿-로리] 圏 《민》 가면극의 일종. 경상북도 안동시 하회(河回) 마을에서, 음력 섣달 보름날부터 정월 보름까지, 동민들의 무병(無病)과 안녕을 위해 서낭신(神)을 위안하는 별신굿을 끝낸 후 행하던 가면극. 특별한 경우를 제외하면 10년마다 행해지며, 열두 마당으로 이루어짐. 중요 무형 문화재 제69호로 지정됨.

하회-탈 (河回-) 圏 《민》 하회 별신굿 탈놀이에서 쓰던, 나무로 만든 탈. 고려 말기에 만듦. 국보 제121호로 지정됨.

하:후상박 (下厚上薄) 圏困困 아랫사람에게 후하고 윗사람에게는 박함. ↔상후하박(上厚下薄).

하후하박 (何厚何薄) 圏困困 누구에게는 후하고 누구에게는 박하다는 뜻으로, 차별하여 대우함을 이르는 말.

하:휼 (下恤) 圏困困 아랫사람의 어려운 형편을 딱하게 여겨 도와줌.

학 (學) 圏 지식의 체계. 학문.

학 (鶴) 圏 《조》 두루미.

학 圉困困 급하게 토하거나 뱉는 모양. 또는 그 소리.

-학 (學) 圎 일부 명사 뒤에 붙어서, 학문의 한 부문을 일컫는 말. ◻천문〜 / 경제〜 / 정치〜 / 물리〜.

학가 (鶴駕)[-까] 圏 왕세자가 대궐 밖에 나가던 일. 또는 그때 타던 수레.

학감 (學監) 圏 지난날, 학교장의 지휘 아래 학무(學務) 및 학생을 감독하던 직책.

학계 (學界)[-꼐 / -께] 圏 학문의 세계. 또는 학자의 사회. ◻〜의 동정 / 〜 소식 / 〜의 주목을 받다.

학계 (學契)[-꼐 / -께] 圏 교육이나 학비 조달을 목적으로 하는 계.

학계 (學階)[-꼐 / -께] 圏 《불》 승려에게 그 학식에 따라 주는 강사(講師)·학사(學師)·법사(法師) 등의 위계.

학과 (學科)[-꽈] 圏 교수 및 연구의 편의상 구분한 학술의 분과. ◻〜를 신중히 선택하다.

학과 (學課)[-꽈] 圏 학문이나 학교의 과정.

학과 과정 (學科課程)[-꽈-] 圏 교육 과정.

학과-목 (學科目)[-꽈-] 圏 학문의 과목.

학과 배:당표 (學科配當表)[-꽈-] 圏 《교》 학과목과 시간 수를 배당하여 짠 도표. 과정표(課程表).

학관 (學館)[-꽌] 圏 학교의 명칭을 붙일 조건을 못 갖춘 사립 교육 기관.

학교 (學校)[-꾜] 圏 일정한 목적·설비·제도 및 규칙에 의거하여, 교사가 계속적으로 학생에게 교육을 실시하는 기관. ◻〜를 세우다 /

~를 졸업하다 / ~에 다니다.

학교 관리 (學校管理)[-꾜꽐-] 학교의 교육 활동을 위하여 시설·인사·재정 등을 효과적으로 운영하는 일.

학교 교:육 (學校敎育)[-꾜-] 가정 교육·사회 교육에 대하여, 학교에서 받는 교육.

학교군 제:도 (學校群制度)[-꾜-] 중·고등학교의 통학구(通學區)를 지정, 학교 격차를 완화하기 위해 채택한 제도. ⓢ학군 제도.

학교 급식 (學校給食)[-꾜-씩] 학교에서 집단으로 학생들에게 식사를 제공하는 일. ㅁ ~에 학부모들이 자원봉사 하고 있다.

학교-림 (學校林)[-꾜-] 학교에서 실험·실습·연구용으로 소유하는 임야. 또는 학교의 재단 등기물인 임야.

학교 문법 (學校文法)[-꾜-뻡] 《언》 중·고등학교에서 학생을 교육시키기 위해 체계화한 문법. 규범 문법.

학교 법인 (學校法人)[-꾜버빈] 비영리 법인의 한 가지. 사립 학교의 설치·운영을 목적으로 설립한 법인.

학교-병 (學校病)[-꾜뼝] 圀 《의》 주로 학생들 사이에 많이 발생하거나 전염하는 병(근시안·뇌신경 쇠약·척추 만곡(彎曲)·폐결핵·유행성 감기·트라코마 등).

학교-생활 (學校生活)[-꾜-] 圀 학생이 학교에 적을 두고 지내는 생활.

학-교수 (學敎授)[-꾜-] 圀 《역》 조선 때, 사학(四學)의 교수.

학교 신문 (學校新聞)[-꾜-] 학생들이 교내에서 교사의 지도·협력을 받아 편집·인쇄·배포하는 신문.

학교-원 (學校園)[-꾜-] 학교 안에 만들어 놓은 정원이나 논밭(환경 미화·자연 과학 연구·정서 교육·근로 체득 등을 할 목적으로 만듦). ⓢ학원.

학교 위생 (學校衛生)[-꾜-] 학교의 학생·교사에 대한 보건 위생.

학교-의 (學校醫)[-꾜- / -꾜이] 圀 위탁을 받고 그 학교의 위생 사무와 학생의 신체검사를 맡아보는 의사. ⓢ교의(校醫).

학교-장 (學校長)[-꾜-] 학교의 교육과 행정을 책임지는 학교의 대표자. ⓢ교장.

학구 (學究)[-꾸] 圀 1 학문을 깊이 연구하는 것. 2 학문에 열중하는 사람. 3 예전에, 글방의 선생. 학궁(學窮).

학구 (學區)[-꾸] 의무 교육 행정상의 필요로, 아동이 취학할 학교를 지정하여 갈라놓은 구역. 통학 구역.

학구-열 (學究熱)[-꾸-] 圀 학문 연구에 대한 정열. ㅁ ~이 높다 / ~이 대단하다.

학구-적 (學究的)[-꾸-] 圀圀 학문 연구에 몰두하는 (것). ㅁ ~ 태도.

학구-제 (學區制)[-꾸-] 圀 학구를 설정하여 그 학구 내의 아동을 일정한 학교에 취학시키는 제도. ㅁ ~ 위반.

학군 (學群)[-꾼] 입시 제도의 개편에 따라 지역별로 나누어 설정한 몇 개의 중학교 또는 고등학교의 무리.

학군-단 (學軍團)[-꾼-] '학생 군사 교육단'의 준말.

학군 제:도 (學群制度)[-꾼-] '학교군 제도'의 준말.

학궁 (學宮)[-꿍] 圀 《역》 '성균관(成均館)'의 별칭.

학궁 (學窮)[-꿍] 圀 1 학구(學究)3. 2 학자가 당하는 곤궁. 3 어리석은 학자. 4 학자가 자신을 낮추어 일컫는 말.

학규 (學規)[-뀨] 圀 1 학과의 규칙. 2 학칙.

학금 (鶴禁)[-끔] 圀 《역》 왕세자가 사는 궁전.

학급 (學級)[-끕] 圀 학교에서 공부하는 아동 및 학생의 집단. 반(班). ㅁ 한 ~이 40명 정도로 이루어진다.

학급 경영 (學級經營)[-끕꼉-] 학급의 교육 활동을 유효 적절히 실시하기 위하여, 학급 내의 여러 가지 일을 운영하는 일.

학급 담임 (學級擔任)[-끕따밈] 학급의 관리와 그 학급에 딸린 학생의 생활 지도를 맡고 있는 교사.

학급 문고 (學級文庫)[-끔-] 각 학급에 비치하여 둔 도서. 또는 그 도서를 모아 둔 곳.

학기 (瘧氣)[-끼] 圀 학질(瘧疾) 기운.

학기 (學期)[-끼] 圀 한 학년 동안을 구분한 기간(보통 두 학기로 나눔). ㅁ 1학기 2~ / 새 ~가 시작되다 / ~를 마치다.

학기-말 (學期末)[-끼-] 圀 한 학기의 끝 무렵. ㅁ ~ 고사 / ~ 시험을 치르다.

학기-초 (學期初)[-끼-] 圀 학기의 시작 무렵.

학-꽁치 (鶴-)[-끼] 《어》 학꽁칫과에 속하는 바닷물고기. 몸은 가늘고 긴데 40 cm 내외이며, 아래턱이 길게 바늘처럼 뾰족하게 나와 있고 등 쪽은 청록색, 배 쪽은 은백색임. 물 위를 나는 듯이 뛰어오르는 습성이 있음. 맛이 좋아 식용함. 공미리.

학내 (學內)[항-] 圀 학교 안. ㅁ ~ 사정.

학년 (學年)[항-] 圀 1 1년간의 학습 과정의 단위. ㅁ 한 ~에 학생 수가 600 명이 넘는다. 2 1년간의 수업하는 학과의 정도에 따라 구분한 학교의 단계. ㅁ 일 ~ / 삼 ~ 담임을 맡다.

학년-도 (學年度)[항-] 圀 한 학년의 과정을 배우는 기간. 우리나라에서는 보통 3월 초부터 이듬해 2월 말까지를 한 학년도로 함.

학년-말 (學年末)[항-] 圀 한 학년의 끝 무렵. ㅁ ~ 고사[시험].

학년-제 (學年制)[항-] 圀 한 학년을 단위로 한 교육 제도.

학당 (學堂)[-땅] 圀 1 글방. 2 예전에, 학교를 이르던 말. ㅁ 배재 ~.

학대 (虐待)[-때] 圀 몹시 괴롭히거나 가혹하게 대우함. ㅁ동물을 ~하다.

학대 (鶴帶)[-때] 圀 《역》 조선 때에, 문관이 띠던, 학을 수놓은 허리띠.

학대 성:욕 도착증 (虐待性慾倒錯症)[-때-또-쯩] 《심》 사디즘(Sadism).

학대 음란증 (虐待淫亂症)[-때-난쯩] 《심》 사디즘.

학덕 (學德)[-떡] 圀 학문과 덕행. ㅁ ~을 기리다 / ~이 높다 / ~을 겸비하다.

학도 (學徒)[-또] 圀 1 학생. ㅁ청년 ~. 2 학문을 닦는 사람. ㅁ 공(工)~ / 문(文)~.

학도 (學都)[-또] 圀 학문의 중심이 되는 도시.

학도-대 (學徒隊)[-또-] 圀 《역》 대한 제국 때에, 무관(武官) 학교와 연성(硏成) 학교의 생도로 조직한 군대.

학도-병 (學徒兵)[-또-] 圀 학생 신분으로 군대에 들어간 병사. 또는 그 군대. ㅁ ~에 지원하다. ⓢ학병(學兵).

학-도요 (鶴-)[-또-] 圀 《조》 도욧과의 나그네새. 머리·목·배는 검은색이고 등은 흑갈색인데 털갈이하면서 색이 변함. 날개 길이가 16 cm. 북부 아시아·유럽에서 번식하고 온대지방 및 아프리카 등지에서 겨울을 보냄.

학도-의용대 (學徒義勇隊)[-또- / -또이-] 圀 학도의용병으로 조직된 군대.

학도-의용병 (學徒義勇兵)[-또-/-또이-]명 학생의 신분으로 자원하여 군대에 복무하는 병사.

학동 (學童)[-똥]명 **1** 예전에, 글방에 다니는 아이. 서동(書童). **2** 초등학교에 다닐 정도의 아동.

학려 (學侶)[항녀]명 **1**《불》학문에만 전념하는 승려. **2**《불》학료(學寮)의 승려. **3** 학우(學友).

학력 (學力)[항녁]명 학문의 실력. 학문을 쌓은 정도. ▣～ 검사 / 기초 ～ / ～을 쌓다.

학력 (學歷)[항녁]명 학교를 다닌 경력. ▣ 대졸(大卒) ～ / ～이 높다 / ～을 제한하다.

학력-고사 (學力考査)[항녁꼬-]명 학생들의 학력을 평가해 보기 위한 시험.

학령 (學齡)[항녕]명 **1** 초등학교에 들어갈 의무가 발생하는 연령(만 6세). 취학 연령. **2** 학령기(곧, 만 6-12세).

학령-기 (學齡期)[항녕-]명 초등학교에서 의무 교육을 받아야 할 나이의 시기.

학령-부 (學齡簿)[항녕-]명 시·읍·면의 장(長)이 작성하는 학령 아동에 관한 장부.

학령 아동 (學齡兒童)[항녕-]명 의무 교육을 받아야 할 나이의 아이.

학로 (學勞)[항노]명 학문과 근로.

학록 (學錄)[항녹]명《역》**1** 고려 때, 국자감(國子監)의 정구품(正九品) 벼슬. **2** 조선 때, 성균관의 정구품 벼슬. ＊학정(學正).

학료 (學寮)[항뇨]명 학교의 기숙사.

학류 (學流)[항뉴]명 학파(學派).

학리 (學理)[항니]명 학문상의 원리나 이론.

학림 (鶴林)[항님]명《불》석가가 입멸(入滅)한 '사라쌍수(沙羅雙樹)의 숲'을 달리 이르는 말. ＊사라쌍수.

학망 (鶴望)[항-]명하타 고개를 길게 빼고 발돋움하여 바라본다는 뜻으로, 어떠한 것을 간절히 바라는 것을 이르는 말.

학맥 (學脈)[항-]명 **1** 학문상의 관계로 얽힌 인간관계. **2** 학연(學緣).

학명 (學名)[항-]명 **1** 학술상의 편의를 위하여, 라틴 어로 표기하는 동식물의 세계 공통적인 이름(흔히 이명법(二名法)이 쓰임). **2** 학자로서의 명성·평판. ▣～을 크게 떨치다.

학모 (瘧母)[항-]명《한의》어린아이가 학질에 걸려, 비장(脾臟)이 커지고, 배 속에 덩어리가 생기는 병.

학모 (學帽)[항-]명 학생모.

학무 (學務)[항-]명 학사·교육에 관한 사무.

학무 (鶴舞)[항-]명 학춤.

학무-아문 (學務衙門)[항-]명《역》조선 말에 교육에 관한 일을 맡아보던 관청(학부(學部)의 전 이름).

학문 (學文)[항-]명 주역을 비롯해 서경·시경·춘추·예·악 따위의 시서 육예(詩書六藝)를 배우는 일.

학문 (學問)[항-]명하자 어떤 분야를 체계적으로 배워서 익힘. 또는 그런 지식. ▣～이 있는 사람 / ～이 깊다 / ～에 뜻을 두다 / ～에 힘쓰다 / ～을 닦다.

학문의 자유 (學問-自由)[항무늬-/항무네-] 정치·종교 기타 모든 권력의 지배로부터 학문을 독립시켜 자유로운 연구와 발표 등을 할 수 있는 일.

학문-적 (學問的)[항-]관명 학문에 관련된 (것). ▣～ 업적을 남기다 / ～ 근거는 없다.

학민 (虐民)[항-]명하자 백성을 가혹(苛酷)하게 다룸.

학반 (學班)[-빤]명 학급.

학반 (鶴班)[-빤]명《역》'동반(東班)'의 딴 이름.→호반(虎班).

학발 (鶴髮)[-빨]명 두루미의 깃처럼 희다는 뜻으로, 하얗게 센 머리. 또는 그런 사람을 이르는 말. ▣～ 양친을 모시고 있다.

학방 (學房)[-빵]명 글방.

학배기 [-빼-]명《충》잠자리의 애벌레.

학-버섯 [-썯]명《식》삿갓버섯과의 식용 버섯. 숲 속에 나는데, 내피막(內皮膜)이 없고 줄기가 깊. 삿갓버섯.

학번 (學番)[-뻔]명 **1** 주로 대학교나 대학원에서, 입학 연도와 학과에 따라 학생들에게 부여한 고유 번호. **2** 같은 해에 입학한 학생들 전체를 그 입학 연도를 고유 번호 삼아서 붙인 번호. ▣ 그는 99-이다.

학벌 (學閥)[-뻘]명 **1** 학교 교육을 받은 정도. 또는 출신 학교의 수준이나 등급. ▣～이 좋다 / ～을 따지다. **2** 출신 학교나 학파에 따라 만들어지는 파벌. ▣～의 폐해를 제거하다.

학병 (學兵)[-뼝]명 '학도병'의 준말.

학보 (學報)[-뽀]명 **1** 대학에서 교내 소식이나 학술 논문·연구·보고 등을 싣는 잡지나 신문. ▣～를 발행하다 / ～에 논문을 싣다. **2** 전문적인 학문 분야의 기관이나 학회에서 정기적으로 발행하는 학술 잡지. ▣ 역사 ～.

학부 (學府)[-뿌]명 학문의 중심이 되는 곳(흔히 대학을 가리키는 말). ▣ 최고 ～. **2** 학문에 해박함을 비유하는 말.

학부 (學部)[-뿌]명 **1**《역》'학무아문(學務衙門)'의 고친 이름. **2** 예전에, 대학의 본과를 이르던 말. **3** 대학원에 대하여 '대학'을 이르는 말. ▣ 삼년.

학부-대신 (學部大臣)[-뿌-]명 대한 제국 때, 학부에 속한 으뜸 벼슬.

학부득 (學不得)[-뿌-]명하타 배워도 따라 미치지 못함.

학-부모 (學父母)[-뿌-]명 학생의 아버지·어머니.

학부모-회 (學父母會)[-뿌-]명 학교와 가정의 유기적인 관계를 강화하기 위하여, 학부모들로 조직하는 회. 또는 그 회의.

학-부형 (學父兄)[-뿌-]명 학생의 보호자.

학부형-회 (學父兄會)[-뿌-]명 '학부모회'의 구용어.

학비 (學費)[-삐]명 학업을 닦는 데 쓰이는 비용. 학자(學資). ▣～ 조달 / ～에 쪼들리다 / ～를 대 주다.

학비-금 (學費金)[-삐-]명 학비로 쓰는 돈. 학자금.

학사 (虐使)[-싸]명하타 사람을 혹독하게 부림.

학사 (學士)[-싸]명 **1** 4년제 대학이나 사관 학교를 졸업한 사람에게 주는 학위의 칭호. 또는 그 학위를 받은 사람. **2**《역》고려 때, 한림원(翰林院) 등의 정사품, 사림원(詞林院)의 정삼품, 보문각(普文閣)의 종삼품 벼슬. **3**《역》조선 초기의 중추원(中樞院)의 종이품 벼슬. **4**《역》갑오개혁 이후 경연청(經筵廳)·규장각(奎章閣)·홍문관(弘文館)의 칙임(勅任) 벼슬. ＊박사(博士)·석사(碩士).

학사 (學舍)[-싸]명 학문을 닦는 곳. 또는 그 건물.

학사 (學事)[-싸]명 **1** 학문에 관계되는 일. **2** 학교의 교육·경영 등에 관한 모든 일. ▣～ 행정.

학사 보:고 (學事報告)[-싸-]《교》학교의 교육·운영 등에 관한 사항을 보고하는 일.

학사-승지 (學士承旨)[-싸-][역] 《역》 고려 때, 한림원(翰林院) 등의 정삼품 및 사림원(詞林院)의 종이품 벼슬.

학사 시:찰 (學事視察)[-싸-] 《교》 상부 감독 관청에서 각급 학교의 교육 행정이나 운영 상황 등을 살펴보는 일.

학살 (虐殺)[-쌀] 명하타 사람을 참혹하게 마구 죽임. □ 전장에서 양민을 무차별 ~하다.

학생 (學生)[-쌩] 명 1 학교에서 공부하는 사람. □ ~ 시절 / 고등학교 ~ / ~들에게 수학을 가르치다. 2 학예를 배우는 사람. 3 생전에 벼슬하지 못하고 죽은 사람의 명정(銘旌) 등에 쓰는 존칭. 卽조 ~ 부군 신위.

학생 군사 교:육단 (學生軍事教育團)[-쌩-딴] 아르오티시(ROTC). 준학군단.

학생-란 (學生欄)[-쌩난] 신문이나 잡지 등의 간행물에서, 학생의 글을 싣기 위하여 특별히 마련한 지면.

학생-모 (學生帽)[-쌩-] 명 학생들이 쓰는 모자. 학모(學帽). 교모(校帽).

학생 문예 (學生文藝)[-쌩무몌] 학생이 썼거나 학생을 위한 문예 작품. □복.교훈.

학생-복 (學生服)[-쌩-] 명 학생들이 입는 제

학생 운:동 (學生運動)[-쌩-] 학생들이 교내 문제 및 정치·사회·문화·민족 문제에 관여하여 일으키는 활동이나 투쟁.

학생-증 (學生證)[-쌩쯩] 명 학생의 신분 증명서. □ ~을 발급하다. □ 사회 계층.

학생-층 (學生層)[-쌩-] 명 학생으로 이루어진

학생-회 (學生會)[-쌩-] 명 학교에서, 학생들의 자치 활동을 위한 조직.

학설 (學說)[-썰] 명 학문상의 주장이나 이론 체계. □ 새로운 ~을 내놓다.

학세 (學稅)[-쎄] 《역》 강미(講米).

학수 (鶴壽)[-쑤] 명 학이 오래 산다는 데서, '장수(長壽)'의 뜻.

학수-고대 (鶴首苦待)[-쑤-] 명하타 몹시 애타게 기다림. □ 편지 오기를 ~하다.

학술 (學術)[-쑬] 명 1 학문의 방법이나 이론. 2 학문과 기술. □ ~ 강연회 / ~ 조사 / ~ 단체 / ~ 용어.

학술-어 (學術語)[-쑤러] 명 학술 분야에서 한정된 뜻으로 쓰이는 전문적인 용어.

학술-원 (學術院)[-쑤린] 명 학문의 연구와 발전을 촉진하고, 과학자를 우대하기 위하여 권위 있는 학자들로 구성된 우리나라 최고의 학술 기관.

학술-적 (學術的)[-쑬쩍] 관명 학문과 예술에 관한 (것). □ ~ 업적 / ~으로 연구하다.

학술-지 (學術誌)[-쑬-] 명 학문·예술·기술 등에 관한 전문적인 글을 싣는 잡지.

학술-회의 (學術會議)[-쑬-/-쑬-이] 명 학술에 관한 일을 토의하는 모임.

학슬 (鶴膝)[-쓸] 명 1《문》 한시 평측법(平仄法)의 한 가지. 칠언(七言)에서 다섯째 자, 오언(五言)에서 셋째 자에 측성(仄聲)을 쓰는 일. 2《문》 한시를 지을 때, 운율상 피해야 할 여덟 가지 중의 하나. 오언시(五言詩)의 제1구의 제5자와, 제3구의 제5자를 동성(同聲)의 글자로 쓰는 일. 3 가운데를 접었다 폈다 할 수 있는 안경다리. 4《악》 거문고의 여섯 줄 중에서 유현(遊絃)·대현(大絃)·괘상청(掛上淸)의 세 줄이 부들과 접한 부분. 학의 다리 모양과 비슷한

학슬-안경 (鶴膝眼鏡)[-쓰란-] 명 다리의 가운데를 접었다 폈다 할 수 있는 안경.

학습 (學習)[-씁] 명하타 지식이나 기술 등을 배워서 익힘. □ ~ 과제 / ~ 능력 / 외국어 ~ /

자율 ~ 시간 / 교과목을 ~하다.

학습 곡선 (學習曲線)[-씁꼭썬] 학습의 진행 과정이나 행동의 발달 상황을 도표로 나타낸 곡선.

학습 단원 (學習單元)[-씁따눤] 학습 지도에서, 계획되거나 예정되어 있는 일정한 학습 활동의 총칭. 합리적으로 학습 활동의 분야를 한정한 교육 과정 구성의 단위.

학습 발표회 (學習發表會)[-씁빨-] 학생들의 예능 발표 및 학예품 전시를 주로 하는 특별 교육 활동의 하나. 학예회.

학습-서 (學習書)[-씁써] 명 아동이나 학생의 학습 활동을 돕는 참고 서적.

학습-장 (學習帳)[-씁짱] 명 1 학습에 도움이 되도록 만들어 교과서와 함께 또는 그 대신으로 쓸 수 있게 한 책(방학 책·수련장 등). 2 학습에 필요한 사항을 적는 공책. □ ~을 정리하다.

학습-지 (學習紙)[-씁찌] 명 정기적으로 가정으로 배달되는 학습 문제지.

학습 지도 (學習指導)[-씁찌-] 생활 지도에 대하여, 아동이나 학생의 학습 활동을 지도하는 일. 교과(教科) 지도.

학습 지도안 (學習指導案)[-씁찌-] 교과 지도를 위한 계획을 교사가 미리 짜 놓은 안(案). 교안(教案).

학습 지도 요령 (學習指導要領)[-씁찌-][교] 교육 과정·교과 내용 및 그 다루는 기준 또는 학습 활동 전개의 기준에 대해 세밀히 지시한 것.

학습 참고서 (學習參考書)[-씁] 교과서 외에 학습에 참고가 되는 책.

학습 활동 (學習活動)[-씁활똥] 학습의 목적을 달성하기 위한, 아동이나 학생의 활동.

학승 (學僧)[-씅] 명《불》 1 불학(佛學)이나 속학(俗學) 등에 조예가 깊은 승려. 2 배우는 과정에 있는 승려.

학식 (學識)[-씩] 명 1 학문으로 얻은 지식. □ 문학에 해박한 ~과 조예를 갖고 있다. 2 학문과 식견. □ ~이 풍부한 사람 / ~과 인품을 갖추다.

학업 (學業) 명 학교의 공부. □ ~ 성적 / ~을 마치다 / ~에 전념하다 / ~에 지장을 주다.

학연 (學緣) 명 출신 학교에 따른 연고 관계. * 지연(地緣)·혈연(血緣).

학예 (學藝) 명 학문과 예술 또는 기예.

학예-란 (學藝欄) 명 신문·잡지·잡지에서, 학예에 관한 기사 및 작품을 싣는 지면.

학예-품 (學藝品) 명 아동이나 학생들의 그림·글씨·작문·공작·가사 등의 작품의 총칭.

학예-회 (學藝會) 명 학습 발표회.

학용-품 (學用品) 명 필기도구·공책 따위 학습에 필요한 온갖 물품.

학우 (學友) 명 1 한 학교에서 같이 공부하는 벗. 2 같은 학문을 하는 벗.

학우-회 (學友會) 명 같은 학교나 같은 고장의 학우들로 조직한 모임.

학원 (學院) 명 1 학교. □ ~ 자율화 / ~ 비리. 2 학교 설치 기준의 여러 조건을 구비하지 못한 사립 교육 기관. □ 대입 ~ / 요리 ~ / 서예 ~.

학원 (學園) 명 1 학교 및 기타 교육 기관의 총칭. 2 '학교원(學校園)'의 준말.

학원-가 (學園街) 명 학원, 특히 대학을 중심으로 이루어진 사회.

학위 (學位) 명 일정한 학업 과정을 마치거나 어떤 부문의 학술을 전문적으로 연구하여 일

정한 자격 기준에 이른 사람에게 주는 칭호 《박사·석사·학사 등》. ▣박사 ~ / ~ 수여식 / ~를 따다 / ~를 마치다.

학위 논문 (學位論文) 학위를 받기 위하여 제출하는 학술 논문.

학익-진 (鶴翼陣)[하긱찐] 〔명〕〔군〕 학이 날개를 편 모양으로 벌인 진법. *어린진.

학인 (學人) 〔명〕 1 〔불〕 도를 배우는 사람. 2 배우는 사람이라는 뜻으로, 학자나 문필가가 아호(雅號)로 흔히 쓰는 말.

학자 (學者)[-짜] 〔명〕 학문을 연구하는 사람. ▣~의 양식 / 그는 그 분야의 저명한 ~이다.

학자 (學資)[-짜] 〔명〕 학비.

학자-금 (學資金)[-짜-] 〔명〕 학비. ▣~을 마련하다 / ~을 대 주다.

학자연-하다 (學者然-)[-짜-] 〔자여〕 학자인 체하다.

학장 (學長)[-짱] 〔명〕 단과 대학의 장. *총장.

학재 (學才)[-째] 〔명〕 학문에 대한 재능.

학-적 (學的)[-쩍] 〔관형명〕 학문적.

학적 (學籍)[-쩍] 〔명〕 1 학교에 두고 관리하는 학생의 성명·생년월일·성별·본적·주소·성적·보호자 따위에 관한 기록. 2 학생으로서의 적(籍).

학적-부 (學籍簿)[-쩍뿌] 〔명〕 학교에서 학적을 기록한 장부. 생활 기록부.

학점 (學點)[-쩜] 〔명〕 대학이나 대학원 학생들의 학과 이수(履修)를 계산하는 단위. 또는 학과의 성적을 평가한 등급의 단위. ▣~을 따다 / A ~을 받다 / 졸업에 필요한 ~을 이수하다.

학점-제 (學點制)[-쩜-] 〔명〕 학점을 단위로 계산하여 졸업하게 되는 제도. *단위제.

학정 (虐政)[-쩡] 〔명〕 포학한 정치. ▣폭군의 ~에 시달리다.

학정 (學正)[-쩡] 〔명〕〔역〕 1 고려 때, 국자감(國子監)의 정구품 벼슬. 2 조선 때, 성균관의 정팔품 벼슬. *학록(學錄).

학정 (鶴頂)[-쩡] 〔명〕 탕건(宕巾)의 이마 윗부분.

학제 (學制)[-쩨] 〔명〕 학교 또는 교육에 관한 제도. ▣~ 개편.

학지 (學地)[-찌] 〔명〕〔불〕 불경의 교리를 배우는 곳.

학질 (瘧疾)[-찔] 〔명〕〔의〕 말라리아.
　학질(을) 떼다 ㉠학질을 고치다. ㉡간신히 괴롭거나 귀찮은 일에서 벗어나다.

학질-모기 (瘧疾-)[-찔-] 〔명〕〔충〕 모깃과 아노펠레스속(屬)의 모기의 총칭. 학질의 병원충으로, 날개에 흑백의 얼룩무늬가 있고 유충은 호흡관이 없음. 물위에 평행하게 떠다니며 앉을 때는 머리를 숙이고 몸의 뒤를 올림.

학창 (學窓) 〔명〕 공부하는 교실이나 학교의 일컬음. ▣~ 생활 / ~ 시절.

학-창의 (鶴氅衣)[-/-이] 〔명〕〔역〕 지난날, 지체 높은 사람이 입던 웃옷의 한 가지. 소매가 넓고 뒤 솔기가 갈라진 흰 창의의 가를 돌아가며 검은 헝겊으로 넓게 꾸밈.

학채 (學債) 〔명〕 강미(講米).

학철-부어 (涸轍鮒魚) 수레바퀴 자국에 괸 물에 있는 붕어라는 뜻으로, 매우 위급한 처지에 있거나 몹시 고단하고 옹색한 사람을 일컫는 말.

학-춤 (鶴-) 〔명〕〔역〕 정재(呈才) 때나 구나(驅儺)의 뒤에 향악에 맞추어 학처럼 차리고 추던 궁중 무용.

학치 〔명〕〈속〉정강이.

학치-뼈 〔명〕〈속〉정강이뼈.

학칙 (學則) 〔명〕 학교의 운영과 학생 교육에 관하여 학교에서 정한 규칙. 교칙. ▣~ 개정 / ~을 위반하다.

학통 (學統) 〔명〕 학문의 계통·계보. ▣퇴계의 ~을 이어받다.

학파 (學派) 〔명〕 학문의 유파(流派).

학풍 (學風) 〔명〕 1 학문상의 경향이나 태도. ▣진보적 ~ / 실증적 ~을 확립하다. 2 학교의 기풍. ▣~을 이어가다 / 두 대학교의 ~은 판이하게 다르다.

학항-초 (鶴項草)[하캉-] 〔명〕〔식〕 명아주.

학해 (學海)[하캐] 〔명〕 1 학문의 길이 바다와 같이 넓다는 뜻으로, 학문의 세계를 이르는 말. 2 꾸준히 학문에 힘써서 끝내 성취함을 이르는 말.

학행 (學行)[하캥] 〔명〕 1 학문과 덕행. 학문과 실행. 2 학문 및 불도(佛道)의 수행.

학형 (學兄)[하켱] 〔명〕 학우나 학문상의 선후배끼리 서로 높여 일컫는 말.

학회 (學會)[하쾨] 〔명〕 같은 분야를 연구하는 사람들이 학문 연구를 목적으로 만든 단체.

학-흉배 (鶴胸背)[하큥-] 〔명〕〔역〕 조선 때, 문관 관복의 가슴과 등에 달던, 학을 수놓은 형겊 조각. 당상관(堂上官)은 두 마리, 당하관(堂下官)은 한 마리의 학을 수놓았음. ↔호흉배(虎胸背). *학반(鶴班).

한 〔옛〕 '환'.

한 (干) 〔명〕〔역〕 간(干).

한 (干·汗·翰·韓) 〔역〕 고조선 때의 군장(軍長)의 칭호.

한: (汗) 〔명〕 칸(khan).

한: (限) 〔명〕〔하자〕 1 넘지 못하게 정하거나 이미 정해진 정도의 범위. 한도(限度). ▣사람의 욕망은 ~이 없다 / 기쁘기 ~이 없다. 2 '제한'의 준말. ▣참가자는 여성에 ~한다. 3 '-ㄴ·-은·-는' 따위에 쓰여, 조건이나 상황, 경우의 뜻을 나타냄. ▣힘이 닿는 ~ 그를 돕겠다 / 맞아 죽는 ~이 있어도 할 말은 해야겠다. 4 '계한(界限)'의 준말. 5 기한(期限).

한: (恨) 〔명〕〔하다〕 1 억울하고 원통한 일이 풀리지 못하고 응어리져 맺힌 마음. 원한(怨恨). ▣천추의 ~ / ~을 품다 / ~이 맺히다 / ~을 달래다 / 당장 죽어도 ~이 없다. 2 '한탄(恨歎)'의 준말.

한 (漢) 〔명〕〔역〕 중국의 옛 왕조. 전한·후한·북한·남한·촉한(蜀漢)·성한(成漢)이 있었으나, 보통 전한과 후한을 이름. 2 장기의 궁의 하나.

한: (韓) 〔명〕 '대한민국·한국·대한 제국' 등의 준말.

한 [1] 1 '하나'의 뜻. ▣~ 그릇 / ~ 대 / ~ 가지. 2 '대략'의 뜻. ▣~ 천 명 / ~ 오십만 원. 3 '어떤·어느'의 뜻. ▣~ 고위 관리의……
　[한 귀로 듣고 한 귀로 흘린다] 남의 말을 귀담아듣지 않는다. [한 입으로 두 말 하기] 말을 이랬다저랬다 한다는 말.
　한 다리 걸치다 ㉠한몫 끼다. ㉡한편으로 관계를 가지다.
　한 치 앞을 못 보다 ㉠가까이 있는 것도 못 본다. ㉡식견이 얕다.
　한 수렁에 두 바퀴 끼듯 하나밖에는 들어가지 못할 자리에 둘이 들어가서 서로 밀치고 다투는 모양.

한 [2] 〔관〕〔옛〕 '하다'의 관형사형. 큰. 많은.

한- [3] 〔접두〕 1 '크다'는 뜻. ▣~길 / ~시름. 2 '바로 또는 한창'의 뜻. ▣~여름 / ~낮 / ~복……

판 / ~가운데. **3** '가득하다'는 뜻. ☐ ~아름 / ~사발. **4** '같다'는 뜻. ☐ ~마음 / ~집안.
한:가 (恨−) 〔명〕〔하타〕 원통하게 생각함. 또는 그런 생각. ☐ 제 팔자를 누굴 ~하랴.
한−가득 〔부〕〔형〕 꽉 차도록 가득. ☐ 잔에 ~ 맥주를 따르다 / 차에 짐을 ~ 싣다.
한−가득히 〔−드키〕 〔부〕 한가득.
한−가락 〔명〕 **1** 노래나 소리의 한 곡조. **2** 어떤 방면에서 썩 뛰어난 재주나 솜씨.
　한가락 뽑다 〔구〕 노래나 소리 또는 춤·재주·솜씨 따위를 한바탕 멋들어지게 해 보이다.
　한가락 하다 〔구〕 어떤 방면에서 뛰어난 재주와 솜씨로 왕성한 활동을 하거나 이름을 날리다. ☐ 그 사람 이 방면에서는 한가락 하는 사람이다.
한가−롭다 (閑暇−)〔−따〕〔−로워, −로우니〕〔형〕 한가한 느낌이 있다. ☐ 소들이 한가롭게 풀을 뜯고 있다. **한가−로이** 〔부〕 ☐ 겨울 철새들이 ~ 겨울나기를 하고 있다.
한가−스럽다 (閑暇−)〔−따〕〔−스러워, −스러우니〕〔형〕〔비〕 보기에 한가한 데가 있다. **한가스레** 〔부〕
한−가운데 〔명〕 공간이나 시간, 상황 따위의 바로 중심인 가운데. ☐ 방 ~ / 바다 ~ / 겨울의 ~로 들어서다 / 스포트라이트가 무대의 ~를 비추다.
한−가위 〔명〕 한가윗날.
한−가윗날 〔−윈−〕 〔명〕 음력 8월 보름날. 추석.
한−가을 〔명〕 농사일이 한창 바쁜 가을철. ☐ 추수에 바쁜 ~.
한−가지 〔명〕 형태·성질·동작 등이 서로 같음. ☐ 그거나 이거나 ~다. 뭘 그리 고르냐.
한가−하다 (閑暇−)〔형〕〔어〕 **1** 별로 할 일이 없어 바쁘지 않고 여유가 있다. ☐ 한가한 사람 / 시골에서 한가하게 지내다. **2** 사람들이 별로 없어 복잡하지 않고 조용하다. ☐ 휴가철이라 그런지 시내가 비교적 ~. **한가−히** 〔부〕 ☐ 지금 이렇게 ~ 누워 있을 때가 아니다.
한각 (閑却)〔명〕〔하타〕 무심히 내버려 둠.
한감 (寒感)〔명〕 추위를 무릅써서 든 감기.
한:갓 〔−갇〕 〔부〕 단지. 오직. 그것만으로. ☐ ~ 공상에 불과하다.
한갓−되다 〔−갇뙤−〕〔형〕 **1** 겨우 하찮은 것밖에 안 되다. **2** 아무 보람이나 실속이 없다. 헛되다. **한갓됫−이** 〔−갇뙤−〕 〔부〕
한갓−지다 〔−갇찌−〕 〔형〕 한가하고 조용하다. 아늑하고 고요하다. ☐ 도시에서 멀리 떨어진 한갓진 곳.
한:−강 (漢江)〔명〕 **1** 한국의 중부에 있으며 황해로 들어가는 강(남한강과 북한강의 두 물줄기가 있음). **2** 어떤 곳에 물이 많이 괴어 물바다가 됨의 뜻. ☐ 수도관이 터져서 거리는 ~이 되어 버렸다.
　〔한강에 돌 던지기〕 지나치게 미미하여 전혀 효과가 없음. 한강투석.
한:−강−투석 (漢江投石)〔명〕 한강에 돌 던지기. ＊한강(漢江).
한객 (閑客)〔명〕 한가로이 놀러 다니는 사람.
한거 (閑居)〔명〕〔하자〕 일없이 집에 한가히 있음.
한−걱정 〔−쩡〕 〔명〕 큰 걱정. ☐ ~ 덜다. **−−하다** 〔타어〕 큰 걱정을 하다.
한:−건−하다 (旱乾−·暵乾−)〔형〕〔어〕 **1** 땅이 물기 없이 바짝 마르다. **2** 논밭이 가뭄을 잘 타는 성질이 있다. ☐ 한건(乾)하다.
한−걸음 〔명〕 (주로 '한걸음에'의 꼴로 쓰여) 쉬지 아니하고 한숨에 내처 걷는 걸음이나 움직임. ☐ ~에 달려가다.
한−것기 〔−걷끼〕 〔명〕 무수기를 헤아릴 때, 음력

닷새와 스무날을 일컫는 말.
한−겨레 〔명〕 큰 겨레라는 뜻으로, 우리 겨레를 이르는 말.
한−겨울 〔명〕 추위가 한창인 겨울. 엄동(嚴冬). ☐ ~의 추위.
한:−격 (限隔)〔명〕〔하자〕 한계나 경계가 막힘.
한결 〔부〕 전에 비하여 한층 더. 훨씬. ☐ ~ 돋보이다 / 이쪽 것이 ~ 낫다.
한결−같다 〔−갇따〕〔형〕 **1** 처음부터 끝까지 변함 없이 꼭 같다. ☐ 마음이 ~. **2** 여럿이 모두 꼭 같다. ☐ 상자 안에 든 사과는 크기가 모두 한결같았다. **한결−같이** 〔−가치〕 〔부〕 ☐ 만인이 ~ 우러러보다 / ~ 반대론을 펴다.
한−겻 〔−견〕 〔명〕 하루 낮의 4분의 1쯤 되는 동안. 반나절.
한:−계 (限界)〔−/−계〕 〔명〕 사물의 정하여 놓은 범위나 경계. 계한(界限). ☐ ~를 드러내다 / 능력의 ~를 느끼다 / ~를 정하다.
한:계−각 (限界角)〔−/−계−〕 〔명〕〔물〕 임계각(臨界角).
한:계−량 (限界量)〔−/−계−〕 〔명〕 한계가 되는 분량.
한:계 비용 (限界費用)〔−/−계−〕 한계 생산비.
한:계 상황 (限界狀況)〔−/−계−〕 〔철〕 죽음과 같이 사람의 힘으로는 더 이상 어찌할 수 없는 막다른 절대적 상황. 극한 상황. ☐ ~에 이르다.
한:계 생산비 (限界生産費)〔−/−계−〕 〔경〕 일정한 생산량을 새로 한 단위 추가하여 생산하려고 할 때에 필요한 생산비의 증가분. 한계 비용.
한:계−선 (限界線)〔−/−계−〕 〔명〕 능력·책임 따위가 작용하는 한계가 되는 선.
한:계−성 (限界性)〔−썽 / −게썽〕 〔명〕 어떤 범위나 한계를 넘지 못하는 성질이나 특성.
한:계 소비 성:향 (限界消費性向)〔−/−계−〕 〔경〕 소득 증가분에 대한 소비 증가분의 비율(저소득층일수록 높음).
한:계 속도 (限界速度)〔−또 /−계−또〕 〔물〕 어떤 구조물을 회전시킬 경우, 그 회전 속도를 초과하면 재료가 파괴되는 극한의 속도.
한:계−인 (限界人)〔−/−계−〕 〔심〕 문화 양식, 특히 언어나 가치 기준을 달리하는 두 개의 집단에 동시에 귀속되는 사람. 경계인(境界人). 주변인.
한:계 저:축 성:향 (限界貯蓄性向)〔−썽 /−계−썽−〕 〔경〕 소득 증가분에 대한 저축 증가분의 비율(고소득층일수록 높음).
한:계−점 (限界點)〔−쩜 /−게쩜〕 〔명〕 한계가 되는 점. ☐ 체력이 ~에 이르다.
한:계 효:용 (限界效用)〔−/−계−〕 〔경〕 재화가 잇따라 소비될 때 최후의 한 단위의 재화에서 얻는 심리적 만족의 정도(욕망의 정도에 정비례하고 재화의 존재량에 반비례하여 증감함). 최종 효용.
한:계 효:용 체감의 법칙 (限界效用遞減−法則)〔−가믜 /−게−가메〕 〔경〕 일정한 기간에 소비되는 재화의 수량이 증가함에 따라 그 추가분에서 얻을 수 있는 한계 효용은 점차 감소한다는 법칙.
한:−고 (罕古)〔명〕〔하형〕 옛날부터 드묾.
한고 (寒苦)〔명〕 심한 추위로 말미암은 괴로움.
한−고비 〔명〕 어떤 과정에서 가장 중요하거나 어려울 때. 바로 최고조에 다다른 판. ☐ ~ 지나다 / ~를 넘기다.
한고−조 (寒苦鳥)〔명〕〔불〕 인도 대설산(大雪山)

에 산다는 상상의 새. 밤이 깊으면 추위에 떨며 '날이 새면 집을 짓겠다'고 울다가도 날이 밝으면 모두 다 잊고서 '무상한 이 몸에 집은 지어 무엇하리' 하고 그대로 지냈다고 함(불경에서 이 새를 중생이 게을러 성도(成道)를 구하지 아니함에 비유함).

한-골 (-骨) 명 썩 좋고 귀한 지체나 문벌.

한골 나가다 团 썩 좋은 지체를 드러내다.

한-곳 [-곧] 명 한군데. 같은 장소. ▫어린이들이 ~에 모여 있다 / 흩어지지 말고 그대로 ~에 있어라.

한공 (寒空) 명 겨울철의 맑고 차가운 하늘.

한-공중 (-空中) 명 하늘의 한복판.

한과 (閑窠) 명 한가한 벼슬자리.

한:과 (韓菓) 명 밀가루를 꿀이나 설탕에 반죽하여 납작하고 네모지게 만들어 기름에 튀겨 물들인 유밀과의 하나.

한관 (閑官) 명 한가한 벼슬. 또는 그 자리에 있는 사람.

한-괘 (-棵) 명 거문고의 제일 큰 첫째 괘.

한:교 (韓僑) 명 해외에 거주하는 한국 교포.

한-구석 명 한쪽에 치우친 구석. 한쪽 구석. ▫마음~이 텅 비다 / ~에 몰아 놓다.

한구-자 (韓構字) [-짜] 명 『인』조선 때, 활자체의 하나. 한구(韓構)의 필체를 본보기로 하여 주조한 구리 활자.

한:국 (汗國) 명 『역』칸(Khan)이 통치한 나라 《칸은 터키·위구르·몽골 민족의 임금을 일컫던 말》. ▫오고타이 ~ / 킵차크 ~.

한국 (寒國) 명 매우 추운 나라.

한국 (寒菊) 명 『식』국화과의 재배 식물. 잎은 잘고 깃꼴로 갈라졌는데, 늦가을에 노란 꽃이 피고, 줄기 밑은 땅에 깔림. 동국(冬菊).

한:국 (韓國) 명 1 '대한민국'의 준말. 2 『역』 '대한 제국'의 준말.

한국-말 (韓國-) [-꿍-] 명 한국어.

한:국-사 (韓國史) [-싸] 명 한국의 역사.

한:국-산 (韓國産) [-싼] 명 한국에서 생산된 것.

한:국 산:업 규격 (韓國産業規格) [-싸넙뀨-] 산업 표준화법에 따라 제정된 광공업품의 종류·형상·치수·안전도·내구도 등과 그 생산·설계·제도·운용 방법과 광공업의 기술에 관련되는 용어·기호·표준수 또는 단위 등에 관한 규격(공업 표준 심의회에서 심사하며, 합격된 제품에는 케이에스(KS) 표시를 함).

한:국-어 (韓國語) 명 『언』한국인이 쓰는 언어(형태학상 교착어이며, 알타이 어족에 속함). ⑥한어(韓語).

한:국-은행 (韓國銀行) 명 한국의 중앙은행.

한:국-인 (韓國人) 명 대한민국의 국적을 가진 사람. 또는 한민족의 혈통을 가진 사람.

한:국-적 (韓國的) [-쩍] 관명 한국에 관한 (것). 한국다운 (것). ▫~ 생활 관습.

한:국 조:폐 공사 (韓國造幣公社) [-쪼-/-조페-] 『경』화폐·은행권·국채 및 수입 인지 따위의 제조를 목적으로 하는 특수 법인. ⑥ 조폐 공사.

한:국-화 (韓國畵) [-꽈] 명 한국에서 독특하게 발달한 전통 수묵화. ✽동양화.

한-군데 명 1 어떤 일정한 곳. ▫책을 ~에 쌓다. 2 같은 곳. ▫형제가 ~에 산다.

한-그루 명 한 해에 그 땅에서 농사를 한 번 짓는 일.

한극 (寒極) 명 가장 추운 곳.

한극 (閑隙) 명 한가한 틈. 겨를.

한-근심 명하타 큰 근심이나 걱정. ▫~ 놓다.

한글 명 우리나라 고유 글자의 이름. 조선 시대 제4대 세종(世宗) 28년(1446)에 '훈민정음'이란 이름으로 국자(國字)로서 반포된 것으로, 처음에는 자모가 28자였으나, ㆆ·ㅎ·ㅿ·ㆍ의 넉 자는 쓰지 않고, 현재 24자모로 씀. ▫~의 창제 / ~을 깨치다 / ~을 익히다.

한글-날 [-끌-] 명 국경일의 하나. 세종 대왕이 창제한 훈민정음의 반포를 기념하기 위하여 정한 날(10월 9일).

한글 맞춤법 (-法) [-맏-뻡] 『언』한글을 어법의 규정에 맞도록 적는 규칙의 모음. 현재의 맞춤법은 1988년 1월 문교부에서 확정·고시한 것임.

한글 문학 (-文學) 『문』한글로 발표되는 문학을 다른 글자로 발표된 문학과 구별하여 이르는 말.

한금 (寒禽) 명 겨울새.

한:금정 (限金井) 명 구덩이에 관(棺)을 넣고 금정틀까지 흙을 덮는 일.

한금-줍다 (-金-) [-따] [-따위, -주우니] 재타 『광』큰 금덩이를 캐내다.

한:기 (旱氣) 명 가뭄.

한:기 (限期) 명 한정한 시기. 기한(期限).

한기 (寒氣) 명 1 추운 기운. 추위. ▫새벽 ~에 몸이 떨렸다. 2 병적으로 느끼는 으스스한 기분. ▫~가 들다.

한-길¹ 명 사람이나 차가 많이 다니는 넓은 길. ▫애야, ~에서 놀면 안 돼.

한-길² 명 하나의 길. 같은 길. ▫오직 ~로 매진하다.

한거번-에 閉 몰아서 한 차례에. 죄다 한 번에. 단숨에. ▫일을 ~ 처리하다 / 수당을 ~ 받다 / ~ 500명을 수용할 수 있는 넓은 연회장이었다. ⑥한꺼번에.

한껍-에 閉 '한거번에'의 준말.

한:-껏 (限-) [-껃] 閉 할 수 있는 데까지. 한도에 미치는 데까지. ▫~ 멋을 부리다 / ~ 값을 깎다 / 낚싯줄을 ~ 멀리 던지다.

한-꽃 [-꼳] 명 『불』한 송이의 꽃. 일화(一華).

한-끝 [-끋] 명 한쪽의 맨 끝.

한-나절 명 하루 낮의 반. 반일(半日).

한-날 명 같은 날.

한날-한시 (-時) 명 같은 날 같은 시각. ▫~에 태어난 사람.

한:남 (漢南) 명 한강 남쪽 유역의 땅. ↔한북.

한-낮 [-낟] 명 낮의 한가운데. 곧, 낮 열두 시쯤 되는 때. ⑥낮.

한낱 [-낟] 관 1 오직. 단지 하나의. 2 하찮을것없는. ▫조약은 ~ 종잇조각에 불과하였다.

한:눈¹ 명 1 한 번 봄. 또는 잠깐 봄. ▫~에 반하다 / ~에 알아보다 / ~에 사랑에 빠지다. 2 한꺼번에 전부 둘러보는 일. ▫전망대에 오르니 서울 시내가 ~에 들어온다.

한눈² 명 잠을 자려고 잠깐 붙이는 눈.

한눈 붙이다 团 잠깐 자다.

한:눈³ 명 마땅히 보아야 할 데를 안 보고 딴 데를 보는 눈.

한:눈-팔다 [-팔아, -파니, -파는] 재 마땅히 볼 데를 안 보고 딴 데를 보다. ▫~가 웅덩이에 빠지다.

한-뉘 명 한생전. 한평생. ▫아까운 나이를 ~를 버렸다.

한다-는 관 '한다하는'의 준말.

한다-하는 관 훌륭하여 남이 우러러볼 만한. 지체나 범절이 그럴듯한. 다 알아줄 만한. ▫~ 선비 / ~ 집안.

한닥-거리다 [-꺼-] 재타 자꾸 한닥이다. ⑧흔

덕거리다. **한닥-한닥** [-다칸-] **부**하자타

한닥-대다 [-때-] **자타** 한닥거리다.

한닥-이다 **자타** 박혀 있거나 끼인 물건이 이리저리 흔들리다. 또는 흔들리게 하다. **준**흔덕이다.

한:-단 (漢緞) **명** 중국에서 나는 비단의 한 가지. 대단(大緞).

한단몽 (邯鄲夢) **명** 한단지몽.

한단지몽 (邯鄲之夢) **명** 당나라의 노생(盧生)이 한단(邯鄲)에서 여옹(呂翁)의 베개를 빌려서 잠을 잤는데, 꿈속에서 80년 동안 부귀영화를 다 누렸으나, 깨어 보니 메조로 밥을 짓는 동안이었다는 고사에서, 인생과 영화의 덧없음을 비유한 말. 황량몽(黃粱夢).

한단지보 (邯鄲之步) **명** 장자(莊子)의 '추수(秋水)'에, 연(燕)나라의 한 청년이 한단에 가서 걷는 방법을 배우려다가 본래의 걸음걸이까지도 잊어버리고 기어 돌아왔다는 고사에서, 자기의 본분을 잊고 함부로 남의 흉내를 내면 두 가지 다 잃는다는 말.

한-달음 **명** (주로 '한달음에'·'한달음으로'의 꼴로 쓰여) 중도에 쉬지 아니하고 한 번에 달려감. **□**~에 달려가다.

한담 (閑談) **명**하자 한가하게 서로 주고받는 이야기. 또는 중요하지 않은 이야기. **□**~을 나누다 / 그런 ~할 시간 없다.

한담-설화 (閑談屑話) **명** 심심풀이로 하는 실없는 잡담.

한당 (汗黨) **명** '불한당(不汗黨)'의 준말.

한대 **명** 『건』 팔작집에서 네 모퉁이의 촛가지에 모로 나온 나무토막.

한대 (寒帶) **명** 『지』 지구의 남북 위선(緯線)이 각각 66.5도인 곳에서 남북 양극에 이르기까지의 지대(이 지대는 기후가 몹시 한랭하고 태양이 전혀 비치지 아니하는 계절과 지평선 아래로 떨어지지 아니하는 계절의 구별이 있을 뿐임). ↔열대·온대.

한대 기후 (寒帶氣候) 『기상』 가장 따뜻한 달의 평균 기온이 10℃ 미만인 한랭한 기후. 강수량이 극히 적어 수목이 자라지 못함. 툰드라 기후와 빙설 기후로 나뉨.

한대-림 (寒帶林) **명** 한대에 있는 삼림(일상적으로 아(亞)한대림을 말하며, 주로 침엽수로 이루어진 삼림).

한:-대사 (限大赦) **명**하자 『가』 잠벌(暫罰)의 일부만을 면제해 주는 대사.

한대 식물 (寒帶植物) [-싱-] 『식』 한대 지방에서 자라는 식물(지의류(地衣類)·선태류(蘚苔類) 따위).

한대 전선 (寒帶前線) 『기상』 한대의 찬 기단(氣團)과 중위도(中緯度)의 따뜻한 기단의 경계면이 지표(地表)와 만나는 선. 보통 60° 부근에서 만남. 극전선(極前線).

한-대중 **명** 전과 다름없는 같은 정도.

한대-호 (寒帶湖) **명** 『지』 1년 내내 표면 수온이 4℃ 이하인 호수.

한-댁 (-宅) **명** 살림살이의 규모가 매우 큰 집.

한댕-거리다 **자타** 위태롭게 매달린 물건이 자꾸 가볍게 이리저리 흔들리다. 또는 흔들리게 하다. **준**흔뎅거리다. **한댕-한댕** **부**하자타

한댕-대다 **자타** 한댕거리다.

한댕-이다 **자타** 작은 것이 가볍게 한들한들 움직이다. 또는 움직이게 하다.

한-더위 **명** 한창 심한 더위. 최고조에 달한 더위. 성염(盛炎).

한-데¹ **명** 한곳. 한군데. **□**~ 모여 있다 / ~ 합치다 / ~ 어울리다 / 시선이 ~로 쏠리다.

한:-데² **명** 상하·사방을 덮거나 가리지 아니

한 곳. 곧. 집채의 바깥. 노천(露天). **□**~서 잠을 자다 / 살던 집에서 쫓겨나 ~에 나앉다.

한데³ **부** '그러한데'의 뜻의 접속 부사.

한:데-아궁이 **명** 한뎃솥의 아궁이.

한:데-우물 **명** 집의 울타리 밖에 있는 우물.

한:뎃-금점 (-金店) [-뎃끔- / -뎃껌-] **명** 『광』 땅거죽의 모래흙에 섞여 있는 사금(砂金)을 캐는 금광.

한:뎃-뒷간 (-間) [-데뛰깐 / -뎃뒫깐] **명** 집의 울타리 밖에 있는 뒷간.

한:뎃-부엌 [-데뿌억 / -뎃뿌억] **명** 방고래와 상관없는 한데에 따로 솥을 걸고 쓰는 부엌.

한:뎃-솥 [-데쏟 / -뎃쏟] **명** 한뎃부엌에 걸어 놓은 솥.

한:뎃-잠 [-데짬 / -뎃짬] **명** 한데에서 자는 잠. 노숙(露宿). **□**길에서 ~을 자다.

한:도 (早稻) **명** 밭벼.

한:도 (限度) **명** 일정하게 정한 정도. 그 이상 넘을 수 없는 범위. **□**~를 넘다 / ~에 이르다 / 참는 데도 ~가 있다.

한:도-액 (限度額) **명** 일정하게 정한 금액. 그 이상 넘을 수 없는 정해진 액수.

한:독 (旱毒) **명** 심한 가뭄으로 생기는 모든 병독(病毒).

한:독 (悍毒·狠毒) **명**하엉 성질이 매우 사납고 독살스러움.

한:독 (韓獨) **명** 1 한국과 독일. **□**~ 경제 협력. 2 한국어와 독일어.

한-돌림 **명** 1 차례로 돌아가는 한 번. **□**술이 ~ 돌다. 2 한 바퀴.

한-동갑 (-同甲) **명** 동갑(同甲).

한-동기 (-同氣) **명** 부모가 같은 형제자매. 한동생.

한동기-간 (-同氣間) **명** 한동기의 사이. **□**~가 우애 좋다.

한동-넘기다 **자** 『광』 끊어진 광맥을 파 들어가서 다시 광맥을 찾아내다.

한-동네 (-洞) **명** 같은 동네. **□**~에 살다 / ~에서 자라 죽마고우.

한동-먹다 [-따] **자** 『광』 광맥이 오랫동안 끊어져서 광물을 캘 수 없게 되다.

한-동생 (-同生) **명** 한동기.

한-동아리 **명** 떼를 지어 행동하는 무리. *동아리.

한-동안 **명** 꽤 오랫동안. 한참. **□**~ 소식이 뜸하다 / ~ 망설이다가 드디어 입을 열었다 / ~ 멍하니 서 있었다.

한:-동자 **명** 식사 후 다시 새로 밥을 짓는 일. **□**뜻밖의 손님으로 새로 ~를 해야 했다.

한-두 **관** 하나나 둘의. 일이(一二). **□**~ 가지 / ~ 마디 인사를 나누다 / ~ 번으로 끝내다 / ~ 번 속는 게 아니다.

한두-째 **쥐관** 첫째나 둘째(의).

한:-둔 **명**하자 한데에서 밤을 지샘. 노숙(露宿).

한-둘 **쥐** 하나나 둘. 일이(一二). **□**보기를 ~ 들다 / 희망자가 ~이 아니다.

한드랑-거리다 **자타** 힘없이 매달린 물건이 좁은 폭으로 자꾸 이리저리 가볍게 흔들리다. 또는 그렇게 자꾸 흔들리게 하다. **준**흔드렁거리다. **한드랑-한드랑** **부**하자타

한드랑-대다 **자타** 한드랑거리다.

한드작-거리다 [-꺼-] **자타** 매달려 있는 작은 물건이 찬찬히 자꾸 이리저리 움직이다. 또는 그렇게 되게 하다. **준**흔드적거리다. **한드작-한드작** [-자칵-] **부**하자타

한드작-대다 [-때-] **자타** 한드작거리다.

한들-거리다[자타] 가볍게 이리저리 자꾸 흔들리거나 흔들다. ¶길가의 코스모스가 바람에 ~. ㉿흔들거리다. **한들-한들** [부][자타]

한들-대다[자타] 한들거리다.

한등(寒燈)[명] 1 추운 밤에 비치는 등불. 2 쓸쓸히 비치는 등불.

한등-누르다〔-눌러, -누르니〕[자르]《역》 벼슬의 임기가 끝난 뒤에도 갈리지 아니하고 다시 눌러 있게 되다.

한-때 [명] 1 어느 한 시기. ¶~ 유행한 노래 / 나도 ~를 미인 소리 들었다 / 즐거운 휴일 ~를 가족과 함께 보내다. 2 같은 때. ¶손님이 ~에 들이닥치다.

한대-심기[-끼, -심끼][명][하타]《농》가식(假植).

한-뜻 [뜯][명] 같은 뜻.

한란(寒卵)[할-][명] 추운 겨울에 낳는 달걀.

한란(寒暖)[할-][명] 추움과 따뜻함.

한란(寒蘭)[할-][명]《식》난초과의 여러해살이풀. 잎은 짙은 녹색으로 가늘고 칼 모양임. 12월부터 이듬해 1월에 녹색 또는 홍자색(紅紫色)의 꽃이 대여섯 송이 핌. 뿌리는 약용함.

한란-계(寒暖計)[할- / 할-계][명] 기온의 높낮이를 재는 온도계(보통, 명도계라고 함).

한랭(寒冷)[할-][명][하형] 날씨 따위가 춥고 참. ¶~ 기후.

한랭 고기압(寒冷高氣壓)[할-]《기상》같은 고도에서 중심부의 기온이 주위보다 낮은 고기압. ↔온난 고기압.

한랭-대(寒冷帶)[할-][명] 1 춥고 싸늘한 지대. 또는 그 언저리. 2 한랭 전선의 부근(소나기·뇌우(雷雨)·급한 바람 등이 잃).

한랭-사(寒冷紗)[할-][명] 가는 실을 평직(平織)으로 짜서 풀을 세게 먹인 직물(얇고 풀기가 세기 때문에 장식·커튼·모기장 등에 씀). 론(lawn).

한랭 전선(寒冷前線)[할-]《기상》 따뜻하고 가벼운 기단(氣團) 밑에 차고 무거운 기단이 깔린 불연속선.

한랭지 농업(寒冷地農業)[할-] 한랭 지대에서 행하여지고 있는 농업. *고랭지 농업.

한량(寒涼)[할-][명][하형][히부] 원기가 없고 얼굴이 파리함.

한:량(限量)[할-][명] 일정하게 한정된 분량.

한량(閑良)[할-][명] 1《역》조선 때, 아직 무과(武科)에 급제하지 못한 호반(虎班). 2 돈 잘 쓰고 잘 노는 사람.

한:량-없다(限量-)[할-업따][형] 끝이나 한이 없다. 그지없다. ¶기쁘기 ~. **한:량-없이**[할-업씨][부]. ¶기쁘다.

한량-음식(閑良飮食)[할-][명] 출출한 판에 음식을 마구 먹어대는 짓.

한-련(旱蓮)[할-][명]《식》한련과의 한해살이풀. 줄기는 덩굴 모양이고 땅 위로 벋으며, 길이 1.5 m 가량임. 여름에서 가을에 걸쳐 다섯잎꽃이 피고, 과실은 둥글납작하며 매운맛이 남. 어린잎과 씨는 향미료로 쓰고 관상용으로 재배함.

한:련-초(旱蓮草)[할-][명]《식》국화과의 한해살이풀. 길가에 나며, 줄기 높이는 15-30 cm, 8-9월에 흰 두상화가 가지 끝에 두세 개씩 핌. 한약재로서 지혈제(止血劑)·이질(痢疾)의 약으로 씀.

한:례(罕例)[할-][명] 드문 예.

한:로(旱路)[할-][명] 육로(陸路).

한로(寒露)[할-][명] 이십사절기의 열일곱째(추분의 다음으로 양력 10월 8일경. 이 시기부터 찬 이슬이 내리기 시작한다고 함).

한:뢰(旱雷)[할-][명] 마른천둥.

한뢰(寒雷)[할-][명] 겨울에 한랭 전선이 지나갈 때 발생하는 우레.

한료-하다(閑寥-)[할-][형][여] 한가롭고 고요하다. **한료-히**[할-][부]

한류(寒流)[할-][명]《지》온도가 비교적 낮아 차가운 해류(海流)의 하나. 대개 극지(極地)의 해양에서 나와 대륙을 따라서 적도(赤道) 쪽으로 흐름. ↔난류(暖流).

한:류(韓流)[할-][명] 일본, 중국을 비롯해 해외에서 일고 있는 한국 대중문화 유행 현상.

한:리(悍吏)[할-][명] 성질이 사나운 벼슬아치.

한림(寒林)[할-][명] 겨울의, 잎 떨어진 숲.

한:림(翰林)[할-][명]《역》조선 때, '예문관(藝文館) 검열'의 별칭.

한:림-뚜에(翰林-)[할-][명] 가마뚜껑의 하나《모양이 지붕과 비슷하며 가운데는 기와를 엎어 놓은 것과 같음》.

한:림-별곡(翰林別曲)[할-][명] 고려 고종 때, 한림의 학자들이 지은 경기체가의 하나. 향락적인 풍류 생활을 읊은 내용.

한:림-원(翰林院)[할리뭔][명]《역》고려 때, 임금의 명령을 받아 문서를 작성하는 일을 맡아보던 관아.

한:림-탕건(翰林宕巾)[할-][명] 탕건의 하나. 위는 그물 모양, 아래는 빗살 모양으로 떴음.

한:마(悍馬)[할-][명] 성질이 사나운 말.

한-마디[명] 짧은 말. 또는 간단한 말. ¶~ 말도 없다 / 옆에서 ~ 거들다 / 내 요구를 ~로 거절하다 / 따뜻한 말 ~가 큰 힘이 되다.

한-마루[명] 쟁기의 성에와 술을 꿰뚫어 곧게 선 긴 나무.

한마루-공사(-公事)[명] 일의 처리를 전례와 다름없이 해 나가는 일.

한-마을[명] 같은 마을.

한-마음 [명] 1 하나로 합친 마음. ¶~으로 뭉치다 / ~이 되다 / ~ 한뜻으로 힘을 합치다. 2 변함없는 마음. 3〔불〕모든 사물은 마음이 모인 덩어리라 할 말. ⓥ한맘.
　한마음 한뜻 [구] 모든 사람이 꼭 같은 생각을 함. ¶모두 ~이 되다.

한:마지로(汗馬之勞)[명] 싸움터에서 힘을 다하여 싸워 이긴 공로.　　　　「고 등한함.

한:만(汗漫)[명][하형] 되는대로 내버려 두

한만(閑漫)[명][하형][히부] 아주 한가하고 느긋함. ¶~히 놀릴 다니다.

한:만(韓滿)[명] 한국과 만주. ¶~ 국경.

한만-스럽다(閑漫-)[-따][스러워, -스러우니][형][ㅂ] 아주 한가하고 느긋한 데가 있다. **한만-스레**[부]

한:말(韓末)[명] 대한 제국 말기.

한-맘[명] '한마음'의 준말.

한-맛[-맏][명]《불》부처의 설법은 근기(根機)에 따라 각각 다르나 그 본뜻은 같다는 말.

한맛-비[-맏삐][명]《불》부처의 설법이 모든 중생에게 고루 끼쳐 주는 것이 마치 비가 온갖 초목을 골고루 윤택하게 하는 것과 같다는 뜻.

한망(閑忙)[명] 한가함과 바쁨.

한:명(限命)[명] 하늘이 정한 목숨.

한:명(漢名)[명] 한자로 된 이름.

한:모(翰毛)[명] 붓의 털.

한-목[명] 한꺼번에 다, 한차례에 죄다. ¶~에 넘겨 주다 / 빚을 ~에 갚다.

한-목소리[-쏘-][명] 1 여럿이 함께 내는 하나의 목소리. 2 같은 견해나 사상의 표현. ¶모두가 ~로 반대하다.

한-목숨 [-쑴] 명 '목숨'을 더 힘주어 이르는 말. ▢이 ~ 다 바칠 각오가 되어 있다.

한-몫 [-목] 명 한 사람 앞에 돌아가는 분량이나 역할. ▢~ 끼다 / ~ 떼어 주다 / ~ 챙기다 / ~ 거들다 / 장정 ~의 일을 거뜬히 해내다. ──하다[-모카다] 자여 맡은 역할을 충분히 하다. ▢팀 승리에 단단히 ~하다.
한몫 보다[잡다] 단 단단히 이득을 보다. ▢한몫 잡으려고 도박판에 뛰어들다.

한-무날 명 무수기를 헤아릴 때, 음력 열흘과 스무닷새를 일컫는 말.

한-무릎-공부 (-工夫)[-릅꽁-] 명 한동안 착실히 하는 공부.

한:-묵 (翰墨) 명 문한(文翰)과 필묵(筆墨)이라는 뜻으로, 글을 짓거나 쓰는 것.

한:-묵-장 (翰墨場)[-짱] 명 한묵을 가지고 노는 자리라는 뜻으로, 여러 사람이 모여 시문(詩文)을 짓는 곳을 이르는 말.

한문 (寒門) 명 가난하고 문벌이 없는 집안. 한족(寒族).

한:-문 (漢文) 명 한자로 쓴 글. ▢~ 공부 / ~을 배우다.

한-문자 (閑文字)[-짜] 명 필요 없는 문자.

한:-문-체 (漢文體) 명 한문의 문체.

한:-문-학 (漢文學) 명 1 한문으로 된 문학. 2 한문을 연구하는 학문.

한물¹ 명 과일·채소·어물 따위가 한창 수확되거나 쏟아져 나올 때. ▢요즘 수박이 ~이라 값이 싸다.

한물² 명 큰물.
한물(이) 지다 단 비가 많이 와서 강이나 개울에 갑자기 물이 많이 분다.

한물-가다 자 1 채소·과일·어물 따위의 한창 나오는 때가 지나다. 2 한창때가 지나 기세가 꺾이다. ▢한물간 가수 / 기승을 부리던 불볕더위도 이제 한물갔다.

한물-지다 자 채소·과일·어물 따위가 한창 나오는 때가 되다.

한물 명 〈옛〉홍수. 큰물.

한미 (寒微) 명하다형[하타]형 가난하고 지체가 변변하지 못함. ▢~한 집안에서 태어났다.

한:-미 (韓美) 명 한국과 미국. ▢~ 행정 협정.

한:-민족 (漢民族) 명 한족(漢族).

한:-민족 (韓民族) 명 한족(韓族).

한-밑천 [-믿-] 명 일을 이루는 데 큰 힘이 될 만한 많은 돈이나 물건. ▢~ 잡다 / ~ 쥐다 / ~ 생기다.

한-바다 명 매우 깊고 넓은 바다.

한-바닥 명 번화한 곳의 복판이 되는 땅. ▢종로 ~에서 떠들다.

한-바탕 명부 한 번 일이 크게 벌어진 판. ▢싸움을 ~ 벌이다. ──하다 자타여 1 크게 한 번 싸우다. ▢아침에 동생과 한바탕했다. 2 어떤 일을 크게 한 번 벌이다.

한:-반도 (韓半島) 명 한국의 지형이 반도이므로 '우리나라'를 일컫는 말. ▢~ 문제.

한-발 부 어떤 동작이나 행동이 약간의 간격을 두고. ▢~ 앞서다 / ~ 늦었다.

한:-발 (旱魃) 명 1 가뭄. ▢~이 계속되다 / ~이 심하다. 2 가뭄을 맡은 귀신.

한-밤 명 한밤중.

한-밤중 (-中)[-쭝] 명 밤 열두 시쯤 되는 때. 야밤중. 오밤중. ▢~부터 비가 내리다.

한-밥¹ 명 1 누에의 마지막 잠된 밥. 2 한껏 배부르게 먹는 밥이나 음식.

한:-밥² 명 끼니때가 지난 뒤에 차리는 밥.

한-방 (-房) 명 1 같은 방. ▢~에 모여 앉다 / 친구와 ~을 쓰다. 2 온 방. ▢사람이 ~ 가

2561 한사리

득하다.

한:-방 (韓方) 명 〖한의〗 1 중국에서 전래되어 우리나라에서 발달한 의술. 2 한의(韓醫)의 처방.

한:-방-약 (韓方藥)[-냑] 명 〖한의〗 한방(韓方)에서 쓰는 의약(주로 풀뿌리·열매·나무껍질 따위를 씀). 준한약(韓藥).

한:-방-의 (韓方醫)[- / -이] 명 〖한의〗 1 한의사. 2 한방의 의술.

한-배¹ 명 1 한 태(胎)에서 나거나, 한때에 여러 알에서 깬 새끼. 2 〈속〉 동복(同腹).

한:-배² 명 1 〖악〗 국악에서, 곡조의 장단. 2 쏜 화살이 미치는 한도.

한배-검 (-검) 명 〖종〗 대종교(大倧敎)에서, 단군(檀君)의 일컬음.

한:-백미 (韓白米)[-뱅-] 명 1 모래와 잡것을 고르지 아니한 보통의 좋은 쌀. 2 한국에서 나는 백미.

한-번 (-番) ㉠명 1 어떤 일을 시험 삼아 시도함. ▢~ 시험해 보다. 2 지난 어느 때. ▢~은 이런 일이 있었다. 3 기회 있는 어떤 때. ▢언제 ~ 놀러 오세요. ㉡부 어떤 행동이나 상태를 강조하는 뜻을 나타내는 말. ▢너, 말 ~ 잘했다 / 인심 ~ 고약하구나.
[한번 엎지른 물은 다시 주워 담지 못한다] 일단 저지른 일은 다시 회복하지 못한다.
한번 쥐면 펼 줄 모르다 단 아주 인색하거나 융통성이 없고 완고하다.

한벽-처 (閑僻處) 명 조용하고 외진 곳.

한보 (閑步) 명하다 자 한가롭게 걸음. 또는 그렇게 걷는 걸음.

한-보름 명 큰보름이라는 뜻으로, 음력 정월 대보름을 명절로 이르는 말.

한-복 (韓服) 명 한국의 고유한 의복. 조선옷. ▢~ 차림.

한-복판 명 복판 중에서도 가장 중심이 되는 가운데. ▢길 ~ / 도심 ~.

한-부 (悍婦) 명 사나운 여자.

한:-북 (漢北) 명 한강을 경계로 한 그 이북의 땅. ↔한남(漢南).

한:-불 (韓佛) 명 1 한국과 프랑스. ▢~ 문화 교류. 2 한국어와 프랑스 어.

한:-불조도 (恨不早圖) 명하타 시기를 놓친 것을 뉘우침.

한:-불조지 (恨不早知) 명하타 일의 기틀을 일찍 알지 못한 것을 뉘우침.

한붓-그리기 [-붇끄-] 명 주어진 도형을 그릴 때, 같은 선 위를 다시 지나지 않도록 하면서 선을 떼지 않고 한 번에 그리는 일.

한비 명 〈옛〉장마. 큰비.

한비 (寒肥) 명 겨울에 주는 비료.

한빈-하다 (寒貧-) 형여 춥고 가난하다. 매우 가난하다.

한:-사 (限死) 명하다 자 죽음을 각오함.

한:-사 (恨死) 명하다 자 억울하게 죽음. 원통하게 죽음.

한:-사 (恨事) 명 한스럽고 원통한 일.

한사 (寒士) 명 가난한 선비. 권력 없는 선비.

한:-사-결단 (限死決斷)[-딴] 명하자 죽기를 각오하고 결단함.

한:-사군 (漢四郡) 명 〖역〗 한무제(漢武帝)가 기원전 108년에 위만 조선을 없애고 그 땅에 설치한 낙랑군(樂浪郡)·진번군(眞蕃郡)·임둔군(臨屯郡)·현도군(玄菟郡)의 네 군.

한-사람 명 같은 사람.

한-사리 명 음력 매달 보름과 그믐날, 조수가

가장 높이 들어오는 때. 대조(大潮). ㉰사리.

한사-만직(閑司漫職)**명** 일이 많지 아니하고 한가한 벼슬자리.

한:사-코(限死-)**부** 기어코. 고집하여 몹시 심하게. ▯잡아도 ~ 떠나가다 / ~ 우기다 / ~ 말리다.

한:산(寒疝)**명** 『한의』 불알이 차고 부어, 몹시 아픈 산증(疝症)의 하나.

한산(寒酸)**명하형** 몹시 가난하여 고통스러움.

한산 모시(韓山-) 한산저(韓山紵).

한산 세:모시(韓山細-) 충남 한산에서 나는 가는 모시. 한산 세저.

한산 세:저(韓山細紵) 한산 세모시.

한산-저(韓山紵)**명** 한산 지방에서 나는, 품질이 썩 좋은 모시. 한산 모시.

한산-하다(閑散-)**형여** 1 조용하고 쓸쓸하다. ▯한산한 거리. 2 일이 없어 한가하다. ▯거래가 ~. **한산-히부**

한:살(恨殺)**명하타** 원한을 품고 죽임.

한살-되다전 1 두 물건이 한데 붙어 한 물건처럼 되다. 2 남녀가 결합해 부부가 되다.

한-살이명 1 일생. 2 『충』 곤충 따위가 알·애벌레·번데기·엄지벌레로 바뀌면서 자라는 변태 과정의 한 차례의 생애.

한:삼명 『식』 '한삼덩굴'의 준말.

한:삼(汗衫)명 1 손을 감추기 위하여 두루마기나 여자의 저고리 소매 끝에 흰 헝겊으로 길게 덧대는 소매. 2〈궁〉속적삼.

한:삼-덩굴명 『식』 삼과의 한해살이 덩굴풀. 들에 나며, 줄기에는 아래를 향해 난 잔가시가 빽빽이 남. 자웅 이주로 가을에 잔 꽃이 피며 과실은 건위제(健胃劑)로 씀. ㉰한삼.

한-삼매(-三昧)명 『불』 한 가지 일에 마음을 집중시켜 수행(修行)하는 일.

한-상량(閑商量)[-냥]**명하타** 천천히 생각함.

한새명〈옛〉황새.

한색(寒色)명 찬 느낌을 주는 파란색 계통의 색. 찬색. ↔난색(暖色).

한:-생전(限生前)**부** 한평생(限平生).

한서(寒暑)명 1 추위와 더위. ▯~의 차가 심하다. 2 겨울과 여름.

한:서(漢書)명 1 한문으로 기록된 서적. 2 『역』이십사사(史)의 하나. 전한(前漢)의 역사를 기록한 기전체(紀傳體)의 책.

한:선(汗腺)명 『생』 땀샘.

한선(寒蟬)명 1 『충』 쓰르라미. 2 가을 매미. 3 울지 않는 매미.

한설(寒雪)명 차가운 눈.

한:성(漢城)명 1 『역』 '한성부(漢城府)'의 준말. 2 『지』'서울'의 구칭.

한-성바지(-姓-)명 같은 성을 가진 사람.

한:성-부(漢城府)명 『역』 조선 때, 서울의 행정·사법을 맡은 관아. ㉰한성.

한:성부 판윤(漢城府判尹) 『역』 조선 때, 서울을 다스리던 한성부의 으뜸가는 정이품 벼슬. 경조윤(京兆尹).

한성 유전(限性遺傳) 『생』 어떤 형질이 암수의 어느 한쪽 성에만 나타나는 유전.

한-세상(-世上)명 1 한평생 사는 동안. 2 잘 사는 한때. ▯언제나 ~ 만날까.

한-세월(閑歲月)명 한가롭게 보내는 세월.

한:-세전(限歲前)**명하타** 섣달 그믐까지 한정(限定)함.

한센-병(Hansen病)명 나균(癩菌)에 의해 생기는 만성 전염병〔발견자 한센의 이름에서 연유함〕. 나병. 문둥병.

한:소(旱騷)명 가뭄으로 인한 소동.

한-소끔부 한 번 끓어오르는 모양.

한-소리명 동음(同音).

한소-하다(寒素-)**형여** 가난하지만 검소하다. 청빈(淸貧)하다.

한-속명 1 같은 뜻. 2 같은 셈속. ▯둘이 ~이라 어느 놈도 믿을 수 없다.

한속(寒粟)명 추울 때 몸에 돋는 소름.

한손-잡이명 외손잡이.

한솔-밥[-쏠-]명 같은 솥에서 푼 밥. [한솥밥 먹고 송사한다] 가까운 사람끼리 다투다.

한솔엣-밥[-소텐빱 / -소텐빱]명 한솥밥.

한쇼명〈옛〉황소. 큰 소.

한수(寒羞)명 변변하지 못한 음식.

한수(寒嗽)명 감기로 폐가 상하여 기침이 자주 나는 병.

한:-수(漢水)명 1 큰 강. 2 『지』 한강.

한수-석(寒水石)명 1 『광』 대리석의 일종. 검푸른색을 띤 흰색이고 광택이 있으며 단단함〔장식·조각에 씀〕. 2 『한의』 소금의 간수를 굳혀 만든 수정처럼 투명한 물질〔성질이 차며, 갈증·이뇨·눈병 따위의 치료에 씀〕.

한-순간(-瞬間)명 매우 짧은 동안.

한-술명 숟가락으로 한 번 뜬 음식이라는 뜻으로 적은 음식을 이르는 말. [한술 밥에 배 부르랴] 힘을 조금 들이고 효과를 빨리 바랄 수는 없다. **한술 더 뜨다**㉰ ㉠하지 못하게 말리니까 엉뚱하게 더 심한 짓을 하며 비뚜로 나가다. ㉡더 심하다.

한-숨명 1 한 번의 호흡이나 그동안. 2 잠깐 동안의 휴식이나 잠. ▯밤새 ~도 자지 못하고 뒤척였다. 3 근심이나 서러움이 있을 때, 또는 마음이 놓일 때 길게 몰아서 쉬는 숨. ▯~ 소리 / ~이 흘러나오다 / 안도의 ~을 내쉬다. **한숨(을) 돌리다**㉰ 힘겨운 고비를 넘기고 좀 여유를 갖다. **한숨(을) 쉬다**㉰ 한숨을 내뿜다.

한숨-에부 숨 한 번 쉴 만큼 짧은 시간에. 단숨에. 단결에. ▯~ 달려가다.

한숨-짓다[-짇-]〔-지어, -지으니, -짓는〕**전**ⓢ 근심이나 설움으로 한숨을 쉬다.

한:-스럽다(恨-)〔-따〕〔한스러워, 한스러우니〕**형**ⓑ 한이 되는 느낌이 있다. ▯한스러운 세상. **한:-스레**부

한습명 마소의 한 살. 하릅.

한습(寒濕)명 『한의』 습랭(濕冷).

한-시(-時)명 1 같은 시각. ▯~에 태어나다. 2 잠깐 동안. ▯~가 급하다 / ~도 늦출 수 없다.

한:시(漢詩)명 한문으로 된 시.

한-시름명 큰 시름. 큰 걱정. ▯~ 놓다 / ~ 덜다.

한시-바삐(-時-)**부** 조금이라도 빨리.

한:시-적(限時的)**관명** 일정한 기간에 한정되어 있는〔것〕. ▯~으로 시행되는 제도.

한식(寒食)명 동지로부터 105 일째 되는 날. 4 월 5~6 일쯤임. 이날 자손들은 조상의 묘를 찾아 제사를 지내고 사초(莎草)를 함. [한식에 죽으나 청명(淸明)에 죽으나] 한식과 청명은 하루 사이이니 하루 먼저 죽으나 뒤에 죽으나 같다는 말.

한:-식(韓式)명 한국식. 한국의 양식. ▯~ 기와집〔가옥〕 / ~ 요리.

한:-식(韓食)명 한국식의 음식·식사. 한국 요리. ▯~ 식당.

한식-면 (寒食麵)[-싱-] 몡 한식 날에 먹는 메밀국수.

한식-사리 (寒食-)[-싸-] 몡 한식 무렵에 잡는 조기.

한:식-집 (韓食-)[-찝] 몡 우리나라 고유의 음식을 만들어 파는 음식점.

한심-스럽다 (寒心-)[-따][-스러워, -스러우니] 혱ㅂ 한심한 데가 있다. **한심-스레** 뮈

한심-하다 (寒心-) 혱여 정도에 지나치거나 모자라서 가엾고 딱하거나 기막히다. ⬜한심하기 짝이 없다.

한숨 몡〈옛〉한숨. 탄식.

한아 (寒鴉) 몡〖조〗까마귀.

한아비 몡〈옛〉할아버지.

한아-스럽다 (閑雅-)[-따][-스러워, -스러우니] 혱ㅂ 보기에 한아한 데가 있다. **한아-스레** 뮈

한아-하다 (閑雅-) 혱여 **1** 한가롭고 아담하다. **2** 성품 등이 조용하고 품위가 있다.

한:악-스럽다 (悍惡-)[-따][-스러워, -스러우니] 혱ㅂ 보기에 사납고 악한 데가 있다. **한:악-스레** [하낙쓰-] 뮈

한:악-하다 (悍惡-)[하나카-] 혱여 성질이 사납고 악하다.

한야 (寒夜) 몡 추운 밤. 겨울 밤.

한:약 (韓藥) 몡 '한방약(韓方藥)'의 준말.

한:약-국 (韓藥局)[하냑꾹] 몡 한약을 지어 파는 곳. 한약방.

한:약-방 (韓藥房)[하냑빵] 몡 한약국.

한:약-사 (韓藥師)[하냑싸] 몡 한약을 다루는 약사.

한:약업-사 (韓藥業士)[하냐겁싸] 몡 한약서(韓藥書)에 적힌 처방 또는 한의사의 처방전에 의하여 한약을 지어 판매하는 사람.

한:약-재 (韓藥材)[하냑째] 몡〖한의〗한약(韓藥)의 재료.

한:약종-상 (韓藥種商)[하냑쫑-] 몡 '한약업사'의 구칭.

한양 (寒羊) 몡〖동〗양의 한 품종. 중국 황허강 유역에서 많이 기름. 양과 비슷한데 암수 모두 뿔이 없음. 겨울을 나기 위하여 꼬리에 지방을 저장하는 것이 특징임.

한양 (閑養) 몡하자 한가로이 몸과 마음을 안정하여 휴양함.

한:양 (漢陽) 몡〖역〗'서울'의 구칭.

한:어 (漢語) 몡 중국인이 쓰는 말.

한:어 (韓語) 몡 '한국어'의 준말.

한:언-하다 (罕言-) 혱여 말수가 적다.

한-얼 몡 대종교에서, 우주를 이르는 말.

한얼-님 [하널림] 몡 대종교에서의 하느님. 곧, 단군.

한:-없다 (限-)[하넙따] 혱 끝이 없다. ⬜욕심은 ~. **한:-없이** [하넙씨] 뮈. ⬜눈물이 ~ 흐르다 / 그가 ~ 그립다.

한-여름 [-녀-] 몡 **1** 여름의 한창 더운 때. 성하(盛夏). **2** 여름 한철.

한:역 (漢譯) 몡하타 한문으로 번역함. 또는 그런 글이나 책.

한:역 (韓譯) 몡하타 한국어로 번역함. 국역(國譯). ⬜영문 ~.

한:열 (旱熱) 몡 가물 때의 심한 더위.

한열 (寒熱) 몡〖한의〗오한(惡寒)과 신열(身熱). ⬜~이 번갈아 일어나다.

한열-상박 (寒熱相搏) 몡〖한의〗오한과 신열이 함께 일어나는 증세.

한:염 (旱炎) 몡 가물 때의 불 같은 더위.

한:영 (韓英) 몡 **1** 한국과 영국. **2** 한국어와 영어. ⬜~사전.

한-옆 [-녑] 몡 한쪽 옆. 한구석. 한갓진 곳. ⬜~으로 비켜서다 / ~으로 치우다.

한-오금 몡 활의 밭은오금과 먼오금의 사이. ⓑ오금.

한:옥 (韓屋) 몡 우리나라 고유의 재래식 집. 조선집. 한식집. ↔양옥(洋屋).

한온 (寒溫) 몡 **1** 날씨의 차고 따뜻함. **2** 주인과 손님이 만나서 인사로 서로 주고받는 말.

한:와 (韓瓦) 몡 조선 기와.

한:외 (限外) 몡 한정한 범위의 바깥. ⬜~마약 / ~현미경.

한:외 발행 (限外發行)〖경〗지폐 발행 은행에서, 정화(正貨) 준비나 보장(保障) 준비의 한도 이상으로 지폐를 발행하는 일.

한:용-스럽다 (悍勇-)[하뇽-따][-스러워, -스러우니] 혱ㅂ 보기에 사납고 용맹한 데가 있다. **한:용-스레** 뮈

한:용-하다 (悍勇-) 혱여 사납고 용맹하다.

한우 (寒雨) 몡 **1** 찬비. 겨울에 오는 비.

한:우 (韓牛) 몡 소의 한 품종. 성질이 온순하고 고기 맛이 좋은 한국 재래종의 소. 한국소.

한:우충동 (汗牛充棟) 몡 짐으로 실으면 소가 땀을 흘리고, 쌓으면 들보에까지 가득 찰 만큼 많다는 뜻으로, 썩 많은 책을 가지고 있음을 가리키는 말.

한:운 (旱雲) 몡 가물 때의 구름.

한운 (閑雲) 몡 하늘에 한가로이 떠도는 구름.

한:운 (寒雲) 몡 겨울 하늘의 구름.

한운-야학 (閑雲野鶴)[하눈냐-] 몡 하늘에 한가히 떠도는 구름과 들에 노니는 학이라는 뜻으로, 아무 구속도 없는 한가로운 생활로 유유자적하는 경지를 이르는 말.

한울 몡 천도교에서의 우주의 본체.

한울-님 [하울림] 몡 천도교에서의 하느님.

한월 (寒月) 몡 겨울의 달. 차가워 보이는 달.

한위 (寒威) 몡 추위의 위세(威勢). 위세를 떨치는 대단한 추위.

한유 (閑遊) 몡하자 한가히 노닒.

한유-하다 (閑裕-) 혱여 한가하고 여유가 있다. ⬜한유한 전원생활.

한:-은 (韓銀) 몡 '한국은행'의 준말.

한음 (閑吟) 몡하타 한가로이 시가를 읊음.

한:음 (漢音) 몡 한자의 중국 음(音).

한:-음식 (-飮食) 몡 끼니때 외에 차린 음식.

한:의 (汗衣)[하늬 / 하니] 몡 **1** 땀이 밴 옷. **2** 땀받이.

한:의 (韓醫)[하늬 / 하니] 몡 **1** 한방(韓方)의 의술. **2** 한방 의사. *양의(洋醫).

한:의사 (韓醫師)[하늬- / 하니-] 몡 한방(韓方)의 의학을 전공한 의사. 한방의(韓方醫).

한:-의서 (韓醫書)[하늬- / 하니-] 몡 한방(韓方)의 의서(醫書).

한:-의술 (韓醫術)[하늬- / 하니-] 몡 한방(韓方)의 의술(醫術).

한:-의약 (韓醫藥)[하늬- / 하니-] 몡 한방(韓方)에서 쓰는 한약(韓藥).

한:-의원 (韓醫院)[하늬- / 하니-] 몡〖한의〗한의사가 환자를 진료하는 병원이나 의원.

한:의-학 (韓醫學)[하늬- / 하니-] 몡 한국에서 고대로부터 발달해 내려 온 전통 의학.

한-이레 [-니-] 몡 '첫이레'의 딴 이름.

한인 (閑人) 몡 한가하고 할 일이 없는 사람.

한:인 (漢人) 몡 한족(漢族)에 속하는 사람. 중국인.

한:인 (韓人) 몡 한국 사람(특히 외국에 나가 살고 있는 사람). ⬜~ 사회.

한인-물입(閑人勿入)〖명〗일 없는 사람은 들어
오지 말라는 말.

한-일(一)〖명〗한자 부수의 하나(‘不·上’ 등
에서 ‘一’의 이름).

한:일(限日)〖명〗기한이 되는 날. 기일(期日).

한일(閑日)〖명〗한가한 날.

한:일(韓日)〖명〗1 한국과 일본. ▣~ 회담. 2
한국어와 일본어.

한:-일모(限日暮)〖명〗〖부〗〖한자〗한종일(限終日).

한:일 병합(韓日倂合)〖역〗1910년 8월 29
일 일제가 우리나라의 통치권을 빼앗고 식민
지로 삼은 일. 경술국치(庚戌國恥)·국권 피탈
(國權被奪)·일제 강점·일제 병탄(倂呑) 등으
로 불림.

한-일월(閑日月)〖명〗1 한가한 세월. 2 여유 있
는 마음.

한일-자(一字)[하늘짜]〖명〗(주로 ‘한일자로’
의 꼴로 쓰여) 한자(漢字)의 ‘일(一)’자와 같
은 모양. ▣~로 굳게 다문 입.

한-입[-닙]〖명〗1 입에 음식물이 가득 찬 상태.
2 한 번 벌린 입. ▣~에 우겨넣다.

한:입-골수(恨入骨髓)[하닙꼴쑤]〖명〗〖하자〗원한
이 뼈에 사무침.

한:자(漢字)[-짜]〖명〗중국의 글자.

한-자리〖명〗1 같은 자리. ▣~에 머물다. 2 중
요한 직위, 또는 어느 한 직위. ▣~를 차지
하다. --하다〖자여〗중요하거나 책임 있는
자리에 오르다. ▣선거 운동을 하더니 한자
리한단다.

한자릿-수(-數)[-리쑤 / -릳쑤]〖명〗자릿수가
하나인 수(1에서 9까지). ▣올해의 물가 상
승률은 ~에 그쳤다.

한:자-말(漢字-)[-짜-]〖명〗한자어.

한:자-어(漢字語)[-짜-]〖명〗한자로 된 낱말.

한-잔(-盞)〖명〗〖하자〗간단히 먹는 술. ▣대낮
부터 ~한 모양이구나.

한잔 걸치다〖구〗간단하게 술을 마시다.

한잔 내다〖구〗한 차례 술자리를 베풀어 대접
하다.

한-잠〖명〗1 깊이 든 잠. ▣~을 푹 자고 일어나
다. 2 잠시 자는 잠. ▣낮잠을 ~ 자고 일을
계속하자 / 밤새 ~도 못 자다.

한장-치(-치)〖명〗누에알을 받아 붙인 종이 한 장분
이라는 말(누에알 한 장을 치면 고치가 대개
10~13말이 나옴).

한:-재(旱災)〖명〗가뭄으로 생기는 재난과 피해.

한:-저녁〖명〗끼니때가 지난 뒤에 간단히 차린
저녁. *한점심.

한:적(漢籍)〖명〗한문 서적. 한서(漢書).

한적-하다(閑寂-)[-저카-]〖형여〗한가하고 고
요하다. ▣한적한 산골. 한적-히[-저키]〖부〗

한적-하다(閑適-)[-저카-]〖형여〗한가하여 마
음에 맞다. 한적-히[-저키]〖부〗

한-전(旱田)〖명〗밭. ↔수전(水田).

한:-전(限前)〖명〗기한이 되기 이전.

한전(閑田)〖명〗농사를 짓지 않고 놀리는 땅.

한전(寒戰·寒顫)〖명〗〖하자〗〖한의〗오한이 심하여
몸이 떨림. 또는 그런 증세.

한전 나다〖구〗한전이 생기다.

한절(寒節)〖명〗추운 겨울철. 한천(寒天).

한:-점(限點)[-쩜]〖명〗제한하는 점. 한정하는
기준점.

한:-점심(-點心)〖명〗끼니때가 지난 뒤에 간단
히 먹는 점심. *한저녁.

한:정(限定)〖명〗〖하자〗수량이나 범위 따위를 제
한하여 정함. 또는 그 한도. ▣인원수를 ~하

다 / 지원 자격이 ~되다.

한:정 능력(限定能力)[-녁]〖법〗일정한 법률
행위를 할 수 없도록 법률에 의하여 한정된
사람의 행위 능력(민법에서 미성년자·금치산
자 따위의 행위 능력은 모두 이에 속함).

한:정 승인(限定承認)〖법〗상속인이 피상속
인의 채무 및 유증(遺贈)에 관하여, 상속 받
은 재산의 한도 안에서 변제할 책임을 지는
상속의 승인. ↔단순(單純) 승인.

한:정-적(限定的)〖관〗〖명〗일정하게 제한되거나
정해지는 (것).

한:정 전:쟁(限定戰爭)〖명〗제한 전쟁.

한:정 치산(限定治産)〖법〗심신 박약자(心神
薄弱者)·낭비자 등 의사 능력이 불충분한 사
람에게 법률상 재산의 처분이나 관리를 제한
하는 처분.

한:정 치산자(限定治産者)〖법〗한정 치산의
선고를 받은 사람.

한:정-판(限定版)〖명〗발행 부수를 제한하여
발간하는 출판물이나 음반.

한정-하다(閑靜-)〖형여〗한적하고 고요하다.
한정-히〖부〗

한제(寒劑)〖명〗〖물〗두 종류 이상의 물질을 혼
합한 냉각제.

한:제(韓製)〖명〗한국제. 한국산.

한조(寒鳥)〖명〗겨울철의 새.

한족(寒族)〖명〗한문(寒門).

한:족(漢族)〖명〗중국 본토에서 예로부터 살아
온 종족. 중국인의 약 90%를 차지하는 황색
인종으로 황허 문명을 꽃피우고 동아시아의
중심 국가를 이룩하여 수천 년간 독자적인
문화를 이룩함. 한(漢) 민족.

한:족(韓族)〖명〗한반도 전역에 사는 민족(퉁구
스계의 몽골 족으로 중국 북부를 거쳐 동으
로 이동하여 온 것으로 추정함). 한민족. 배
달민족.

한:-종신(限終身)〖명〗〖하자〗죽을 때까지로 한
정함. 〖명〗죽을 때까지. 한기신(限己身).

한:-종일(限終日)〖명〗날이 저물 때까지로
한정함. 〖명〗해가 질 때까지. 한일모(限
日暮).

한:주국종-체(漢主國從體)[-종-]〖명〗한문이
주가 되고 국문이 보조적으로 쓰여진 문체.

한-주먹〖명〗한 번 때리는 주먹. ▣상대를 ~에
때려눕히다.

한죽(寒竹)〖명〗〖식〗자죽(紫竹).

한준(寒俊·寒畯)〖명〗가난하나 재주와 지혜가
뛰어난 사람.

한-줄기〖명〗1 같은 계통. 2 한 가닥. ▣~의 희
망. 3 한 번 세게 쏟아지는 소나기의 빗줄기.
▣바람과 함께 ~ 소나기가 쏟아지다.

한중(閑中)〖명〗한가한 동안. 한가한 사이.

한중(寒中)〖명〗1 소한(小寒)부터 대한(大寒)까
지의 사이. 2 가장 추운 계절. 3〖한의〗배 속
에 한기가 서려 여름에도 설사를 하는 병.

한:-중(韓中)〖명〗1 한국과 중국. 2 한국어와 중
국어.

한-중간(-中間)〖명〗한가운데. 한복판.

한중-망(閑中忙)〖명〗한가한 중에도 바쁨.

한즉〖부〗그렇게 하니까.

한:증(汗蒸)〖명〗〖하자〗불을 때서 뜨겁게 단 한증
막에 들어앉아 땀을 내는 일.

한:증-막(汗蒸幕)〖명〗한증하는 곳.

한:증-탕(汗蒸湯)〖명〗한증을 하기 위해 목욕
탕같이 만든 설비.

한:지(限地)〖명〗〖하자〗지역을 한정함. 또는 그
지역.

한지(寒地)〖명〗추운 지방. 한랭한 고장.

한:지(韓紙)몡 닥나무 껍질 따위의 섬유를 원료로 하여 한국 고유의 제법으로 뜬 종이《창호지 따위》.

한지 의사(限地醫師) 일정한 지역 안에서만 개업하도록 허가된 의사.

한지-제(扞止堤)몡 광산에서 금속 성분을 추출한 찌끼를 처리하기 위하여 마련한 둑.

한직(閑職)몡 일이 없는 한가한 직위나 직무. 또는 중요하지 아니한 직위나 직무. ▢~으로 좌천되다 / 지방의 ~으로만 돌아다니다.

한:진(汗疹)몡 땀띠.

한-집몡 1 같은 집. ▢출가한 딸과 ~에 살다. 2 한집안. ▢~ 식구.

한-집안몡 1 같은 집에서 사는 가족. ▢~ 식구. 2 일가 친척. ▢그도 ~이지만 촌수가 좀 멀다.

한-징(旱徵)몡 가뭄의 징조.

한-쪽몡 어느 하나의 편이나 방향. ▢~ 말만 듣고는 모른다 / ~ 눈이 멀다 / ~으로 치우치다 / 표가 ~으로 몰리다.

한-차(車)몡 같은 차.

한-차례(-次例)몡 어떤 일이 한바탕 일어남을 나타내는 말. 한축. ▢소나기가 ~ 퍼붓다.

한-참몡 1 시간이 상당히 지나는 동안. 오랜 동안. 한동안. ▢동안 기다리다 / ~ 만에 나타나다. 2 지난날, 두 역참(驛站) 사이의 거리를 일컫던 말.

한창몡몡 가장 성할 때. ▢꽃이 ~이다. 三뭐 가장 활기 있고 왕성하게. ▢~ 일할 나이.

한창(寒窓)몡 객지(客地).

한창(寒脹)몡 〔한의〕 배가 붓고 토사가 심하며 팔다리가 차지는 병.

한창-나이몡 기운이 한창 성할 때의 젊은 나이. ▢~에 죽다니 / ~의 여자.

한창-때몡 원기가 가장 왕성할 때. ▢~의 젊은이 / ~는 나도 씨름깨나 했다.

한:천(旱天)몡 가문 날씨. 또는 가문 여름 하늘. ▢~의 감우(甘雨).

한천¹(寒天)몡 우뭇가사리를 끓인 다음 식혀서 만든 끈끈한 물질《식용 또는 공업용으로 씀》. 우무.

한천²(寒天)몡 1 겨울의 차가운 하늘. 2 한절(寒節).

한천(寒泉)몡 찬물이 솟는 샘.

한:-천명(限天明)一몡하꽈 날이 밝을 때까지로 한정함. 三뭐 날이 밝을 때까지.

한천-지(寒天紙)몡 한천을 얇게 펴서 종이처럼 만든 것《직물을 윤이 나게 할 때나 여자의 머리 장식에 씀》.

한-철몡 한창 성할 때. ▢~을 만나다 / 꽃게가 ~이다.

한:초(旱草)몡 가뭄을 잘 견디는 풀.

한촌(寒村)몡 가난하고 쓸쓸한 마을. ▢그는 궁벽한 ~에서 자랐다.

한-추위몡 한창 심한 추위.

한-축몡 한차례.

한-축(寒縮)몡하꽈 추워서 기운을 펴지 못하고 움츠림.

한:-출첨배(汗出沾背)몡하꽈 부끄럽거나 무서워서 나는 땀이 등을 적심.

한:-충향(漢沖香)몡 예전에, 여자들이 노리개로 차던 향.

한-층(-層)뭐 한 단계 더. 한결. 더욱. ▢~ 더 높은 산 / 명절이면 고향 생각이 ~ 더 간절해진다.

한치몡〔동〕 오징어의 일종. 갸름한 원추형으로 끝이 뾰족하며, 몸통은 40cm가량, 다리는 짧음. 봄, 초여름에 산란(産卵)하려 해안

에 몰려듦. 주로 날로 먹고, 말려서 포(脯)로도 만듦.

한칩(寒蟄)몡하꽈 추위를 타서 밖에 나가지 아니하고 집 안에만 틀어박혀 있음.

한-카래몡 한카래질.

한카래-꾼 가래질할 때, 한 가래에 붙는 세 사람의 한 패. 한카래.

한-칼 1 한 번 휘둘러서 베는 칼질. ▢~에 쓰러지다. 2 한 번 베어 낸 고깃덩이.

한:탄(恨歎)몡하꽈 원망을 하거나 뉘우침이 있을 때에 한숨을 쉬며 탄식함. 또는 그 탄식. ▢신세를 ~하다 / 이제 와서 ~해도 소용없다.

한:탄-스럽다(恨歎-)[-따]〔-스러워, -스러우니〕혱바 한탄할 만하다. 한:탄-스레뭐

한-탕몡몡 일을 한 번에 크게 벌이는 일. 한차례의 큰일. ▢~을 잡다.
   한탕 치다⑦ 〈속〉 부정행위나 범죄 행위 같은 못된 짓을 한바탕 저지르다.

한탕-주의(-主義)[-/-이]몡 〈속〉 한 번의 시도로 큰 재물을 얻거나 크게 성공하려는 태도.

한:태(-胎)몡 쟁기·극젱이 등의 봇줄을 잡아매는 줄《왼편 봇줄에 매어 소의 등을 넘겨 오른쪽 봇줄에 맴》.

한택(閑宅)몡 조용하고 한가한 주택.

한-터몡 넓은 빈터.

한-턱몡 크게 음식이나 술을 대접하는 일.

한턱-내다[-텅-]짜 남에게 한바탕 음식을 대접하다.

한턱-먹다[-텅-따]짜 남에게 한바탕 음식 대접을 받다.

한테조 '에게'의 뜻으로 쓰이는 부사격 조사《'에게'보다 구어적 표현임》. ▢형~ 보낼 물건 / 친구~ 부탁하다.

한테-로조 '에게로'의 뜻으로 쓰이는 부사격 조사《'에게로'보다 구어적 표현임》. ▢돈은 누나~ 보내졌다.

한테-서조 '에게서'의 뜻으로 쓰이는 부사격 조사《'에게서'보다 구어적 표현임》. ▢그 말을 누구~ 들었나.

한토(寒土)몡 쓸쓸하고 외진 곳. 추운 곳.

한:토(韓土)몡 한국 땅.

한:토하(汗吐下)몡하꽈 〔한의〕 병을 고치기 위하여 땀이 나게 하거나, 토하게 하거나, 설사를 하게 함.

한통¹몡 활의 한가운데.

한통²몡 '한통속'의 준말.

한통-속몡 서로 마음이 맞아 같이 모이는 한 동아리. 한패. ▢모두 ~이다. 춘한통.

한통-치다타 나누지 아니하고 한데 합치다. ▢한통쳐서 셈하다.

한퇴(寒退)몡하꽈 한기(寒氣)가 물러남.

한파(寒波)몡 겨울철에 한랭 전선의 급속한 이동으로 기온이 급격히 내려가는 현상. ▢~가 몰아닥치다. ↔난파(暖波).

한파 경:보(寒波警報) 기상 경보의 하나. 10월~4월에, 아침 최저 기온이 전날보다 15℃ 이상 떨어졌을 때에 평년 기온을 고려하여 발표함.

한파 주:의보(寒波注意報)[-/-이-] 기상 주의보의 하나. 10월~4월에, 아침 최저 기온이 전날보다 10℃ 이상 떨어졌을 때에 평년 기온을 고려하여 발표함.

한-판몡 1 한 번 벌이는 내기나 경기. ▢바둑이나 ~ 두자 / ~ 승부를 벌이다. 2 유도에

서, 상대를 메쳐 등이 완전히 매트에 닿게 했을 때나 누르기를 30초 이상 성공시켰을 때 내리는 판정. ▢～으로 이기다.

한팔-접이 한 팔을 쓰지 아니하여도 능히 이길 수 있다는 뜻으로, 힘이나 기술이 부족한 사람을 가리키는 말.

한-패(-牌) 같은 동아리. 또는 같은 패. ▢ ～가 되어 맞서다.

한-편(-便) ▣ **1** 한쪽. 일방(一方). **2** 같은 편. ▢ ～이 되다. **3** 어떤 일의 한 측면. ▣ 부 한쪽으로는. ▢～ 놀랍고 ～ 기쁘다.

한-평생(-平生) 살아 있는 동안. 일평생.

한:-평생(限平生) 살아 있는 동안까지.

한:-포(-布) 파초(芭蕉)의 섬유로 짠, 날이 굵은 베.

한:-포국-하다[-구카-] 타여 넉넉하게 가지다. 흐뭇하게 가지다.

한-풀 부 기운·의기(意氣)·끈기·투지 등이 많이 줄어든 모양.

한풀 꺾이다[죽다] 구 한창이던 기세가 수그러지다. ▢기가 ～ / 더위가 ～.

한:-(恨-) 원한을 풀어 버림.

한:-품(限品) 명하타 《역》 지난날, 신분에 따라 일정한 벼슬 이상으로 올라가지 못하게 제한하던 일. 한직(限職).

한풍(寒風) 겨울에 부는 차가운 바람. 찬바람. ▢～이 몰아치다.

한-풍류(-風流)[-뉴] 대종교에서, 단군의 공덕을 기리는 노래.

한필(閑筆) 한가한 마음으로 여유 있게 쓴 글씨나 글.

한:-하다(限-) 자여 어떤 조건이나 범위로 제한되거나 국한되다. ▢성인에 한하여 관람이 허용된 영화.

한:-하다(恨-) 타여 **1** 원통히 여기다. **2** 불평을 품다.

한:학(漢學) **1** 한문을 연구하는 학문. 한문학. **2** 중국 한나라 시대의 경학(經學).

한:학-자(漢學者)[-짜] 한학에 조예가 깊은 사람. ▢신진 ～.

한:해(旱害) 가뭄으로 말미암아 입은 재해(災害).

한해(寒害) 추위로 농작물이 입은 피해. ▢～를 입다.

한해-살이 《식》 식물이 1년 동안에 발아(發芽)·성장·개화·결실의 과정을 거친 후 죽는 일. 일년생. ＊여러해살이.

한해살이-풀 《식》 봄에 싹이 터서 가을에 열매를 맺고 말라죽는 한해살이 식물의 통칭. 일년생 식물. 일년초. ＊여러해살이풀.

한행(寒行) 《불》 30일 동안 추위 속에서 하는 고행(苦行).

한-허리 길이의 한가운데. ▢～를 꺾다.

한:-혈(汗血) **1** 피와 땀. **2** 피와 같은 땀. 귀중한 땀.

한호(寒戶) 가난한 집. 한문(寒門).

한호-충(寒號蟲) 《동》 산박쥐.

한-홍매(寒紅梅) 《식》 매실나무의 원예 변종(園藝變種). 꽃은 겹꽃잎으로 붉고 한겨울에 핌.

한화(寒花) **1** 늦가을이나 겨울에 피는 꽃. **2** 나뭇가지에 쌓인 눈을 꽃에 비유하여 이르는 말.

한화(閑話·閒話) 명하자 한담(閑談).

한:-화(韓貨) 한국의 화폐. ▢기내(機內)에서는 ～로 물품을 살 수 있다.

한화휴제(閑話休題) 명하자 쓸데없는 이야기는 그만둔다는 뜻.

한훤(寒暄) **1** 날씨의 추움과 더움을 말하는 인사. **2** '한훤문'의 준말.

한훤-문(寒暄問) 추움과 더움을 물음. 곧, 편지의 처음에 쓰는 날씨에 관한 문안. ⓦ한훤.

할(喝·喝) 《불》 **1** 선승(禪僧)들이 말이나 글로 나타낼 수 없는 도리를 나타내 보일 때에 내는 소리. **2** 사견(邪見)·망상을 꾸짖어 반성하게 하는 소리.

할(割) 의 비율을 나타내는 단위. 전체를 열로 등분하여 그 몇을 나타내는 말. ▢3～대의 타자／3～ 할인.

할갑다[-따][할가워, 할가우니] 형타 끼울 물건보다 끼울 자리가 조금 크다. ⓦ헐겁다.

할거(割去) 명하타 베거나 찢어 버림.

할거(割據) 명하자 땅을 나누어 차지하고 지배함. ▢군웅(群雄)이 ～하다.

할경(割耕) 명하타 **1** 상대에게 말로써 경멸의 뜻을 나타냄. **2** 남의 떳떳하지 못한 신분을 폭로하는 말.

할경(割耕) 명하타 이웃한 남의 논밭을 침범하여 경작함.

할구(割球) 《생》 다세포 동물의 발생 초기에 수정(受精)에 연이어서 일어나는, 일련의 세포 분열에 의하여 생기는 세포.

할근-거리다 숨이 가빠서 몹시 할딱거리며 가르랑거리다. ▢안색이 창백해지며 ～. ⓦ헐근거리다. **할근-할근** 부하타

할근-대다 자 할근거리다.

할금 부하타 곁눈으로 살짝 할겨 보는 모양.

할금-거리다 타 남의 눈치를 살피려고 자꾸 곁눈질을 하다. ⓦ흘금거리다. ⓧ할끔거리다. **할금-할금** 부하타

할금-대다 타 할금거리다.

할긋[-근] 부하자타 **1** 눈에 얼씬 보이는 모양. **2** 곁눈질로 한 번 보는 모양. ⓦ흘긋. ⓧ할끗.

할긋-거리다[-근꺼-] 타 곁눈으로 살짝 자꾸 할겨 보다. ⓦ흘긋거리다. **할긋-할긋**[-그뜯근] 부하자타

할긋-대다[-근때-] 타 할긋거리다.

할기다 타 눈을 옆으로 돌려 못마땅하게 노려보다. ▢시큰 듯 한 번 할겨 보고 나서 고개를 떨구었다. ⓦ흘기다.

할기시 부 눈을 바로 뜨고 노려보는 모양.

할기-죽죽[-쭉] 부하형 할겨 보는 눈에 못마땅하거나 성난 빛이 드러나는 모양. ⓦ흘기죽죽.

할깃[-긴] 부하타 가볍게 한 번 할겨 보는 모양. ⓦ흘깃. ⓔ친구를 ～ 노려보다.

할깃-거리다[-긴꺼-] 타 가볍게 자꾸 할겨 보다. ⓦ흘깃거리다. ⓧ할낏거리다. **할깃-할깃**[-기뜯긴] 부하타

할깃-대다[-긴때-] 타 할깃거리다.

할끔-거리다 타 남의 눈치를 살피려고 자꾸 곁눈질을 하여 보다. ⓦ흘끔거리다. ⓐ할금거리다. **할끔-할끔** 부하타

할끔-대다 타 할끔거리다.

할끔-하다 형 몸이 매우 고단하거나 불편해서 눈이 쑥 들어가 생기가 없다. ⓦ흘끔하다.

할끗[-끋] 부하자타 **1** 눈에 얼씬 보이는 모양. **2** 한 번 눈동자를 빨리 옆으로 돌려 보는 모양. ⓦ흘끗. ⓐ할긋.

할끗-거리다[-끋꺼-] 타 자꾸 눈동자를 옆으로 돌려 보다. ⓦ흘끗거리다. **할끗-할끗**[-끄뜯끋] 부하자타

할끗-대다[-끋때-] 타 할끗거리다.

할낏-거리다[-낃꺼-]囤 눈을 계속해서 흘기
다. ⑧흘낏거리다. ⑩할낏거리다. 할낏-할낏
[-낃낃]昗囤

할낏-대다[-낃때-]囤 할낏거리다.
할-날[-랄]멩 하루의 날.
할단(割斷)[-딴]멩㉮囤 베어서 끊음.
할당(割當)멩㉮囤 몫을 갈라 나눔. 또는
그 나눈 몫. ⬝일을 ~하다.
할당-량(割當量)[-땅냥]멩 할당된 양.
할당-제(割當制)[-땅-]멩 몫을 갈라 나누어
주거나 책임을 지우는 제도.
할딱-거리다[-꺼-]囚囤 1 계속해서 숨을 가
쁘게 몰아쉬다. 2 신 따위가 할거워서 자꾸
벗겨지다. ⬝슬리퍼가 자꾸 할딱거린다. ⬝
헐떡거리다. 할딱-할딱[-따깍-]昗囚囤
할딱-대다[-때-]囚囤 할딱거리다.
할딱-이다[-띠-]囚囤 1 가쁘게 숨을 쉬다. ⬝숨을
~. 2 신이 할가워서 벗겨지다. ⬝헐떡이다.
할쑥-하다[-따꾸-]휑 심한 고생이나 병으
로 얼굴이 야위고 핏기가 없다. 또는 몹시 지
쳐서 눈이 쏙 들어가 있다. ⬝헐쑥하다.
할랑-거리다[-꺼-]囚囤 1 몹시 할가워서 이리저리 자
꾸 움직이다. 2 삼가지 아니하고 경망한 행
동을 자꾸 하다. ⬝헐렁거리다. 할랑-할랑昗
⬝베어쑥
할랑-대다囚 할랑거리다.
할랑-하다휑 1 따로따로 놀 정도로 약간
할갑다. ⬝옷이 ~. 2 하는 짓이 경박하다.
⬝헐렁하다.
할랑할랑-하다휑囸 1 매우 할가운 듯한 느낌
이 있다. 2 하는 짓이 들뜨고 실답지 않은 느
낌이 있다. ⬝할랑할랑한 사람. ⬝헐렁헐렁
하다.
할래발딱-거리다[-꺼-]囤 가쁜 숨을 잇따라
거칠게 자꾸 몰아쉬다. ⬝헐레벌떡거리다.
할래발딱-할래발딱[-따깍-]昗囸
할래발딱-대다[-때-]囤 할래발딱거리다.
할렐루야(히 Hallelujah)멩〖기〗하나님을 찬
양한다는 뜻으로, 기쁨 또는 감사를 나타내
는 말.
할려-금(割戾金)멩 일단 받았던 금액 중에서
얼마간 되돌려 주는 돈.
할례(割禮)멩㉮멩〖종〗남자의 성기 끝 살가죽을
조금 베어 내는 풍습(고래로 여러 종족을 사
이에 널리 행하여졌으며, 유대교에서는 지금
도 생후 8일째에 남아에게 종교적 의례로
서 이것을 행하고 있음). 할손례.
할로겐(독 Halogen)멩〖화〗'할로겐족 원소'
의 준말.
할로겐족 원소(Halogen族元素)〖화〗염을 생
성하는 물질의 총칭(염소·브롬·요오드·플루
오르·아스타틴의 다섯 원소).
할로겐화-물(Halogen化物)멩〖화〗금속·비
금속 원소 또는 탄화수소와 할로겐 원소와의
화합물(할로겐의 각 원소에 따라 염화물·플
루오르화물·브롬화물·요오드화물·아스타틴
화물이라 함).
할률-석(割栗石)[-썩]멩 밤자갈.
할맘구멩 늙은 여자를 낮잡아 일컫는 말.
할맥(割麥)멩 보리를 세로로 이등분한 뒤 쌀
처럼 다듬어 정제한 보리쌀.
할머니멩 1 아버지의 어머니. 조모(祖母). 2
늙은 여자를 친근하게 일컫는 말. 3 부모의
어머니와 같은 항렬에 있는 여자의 총칭.
[할머니 뱃가죽 같다] 시들시들하고 쭈글쭈
글한 것의 비유.
할머니-님멩 '할머니'의 높임말.
할멈멩 1 지체가 낮은 늙은 여자를 낮추어 이

르는 말. 2 늙은 아내를 친근하게 부르거나
일컫는 말.
할명(割名)멩㉮囤 제명(除名).
할미멩 1 '할머니'의 낮춤말. 2 할머니가 손
자·손녀에게 자기를 이르는 말.
할미-꽃[-꼳]멩〖식〗미나리아재빗과의 여러
해살이풀. 산과 들에 나는데, 온몸에 짧은 털
이 빽빽이 나고, 줄기 높이는 40cm가량, 봄
에 자주색 꽃이 줄기 끝에서 밑을 향하여 핌.
노고초(老姑草).
할미-새멩〖조〗할미샛과의 작은 조류의 총
칭. 깃은 흑백·감갈·황색 등이며, 긴 꼬리를
아래위로 흔드는 습성이 있음. 대개 물가에
삶. 척령(鶺鴒).
할미새-사촌(四寸)멩〖조〗할미새사촌과의
새. 날개 길이는 약 10cm, 꽁지 길이는
10cm 정도이며 깃은 곤충을 잡아먹음. 나뭇
가지나 전선(電線)에 앉아 꼬리를 흔들며 욺.
할박(割剝)멩㉮囤 1 가죽을 벗기고 살을 베어
냄. 2 탐관오리가 백성의 재물을 강제로 빼
앗음. 박할.
할반(割半)멩㉮囤 반으로 나누어서 벰. 반을
나눔.
할반지통(割半之痛)멩 몸의 반쪽을 베어 내
는 고통이란 뜻으로, 형제자매가 죽은 슬픔
을 비유적으로 이르는 말.
할보(割譜)멩㉮囤 족보에서 이름을 지워 친족
의 관계를 끊음.
할복(割腹)멩㉮囸 배를 가름.
할복-자살(割腹自殺)[-짜-]멩㉮囸 칼로 자기
배를 갈라 스스로 목숨을 끊음.
할부(割賦)멩㉮囤 내야 할 돈을 여러 번에 나
누어 냄.
할부-금(割賦金)멩 여러 번에 나누어 내는
돈. ⬝달달이 ~을 내다.
할부 상환(割賦償還)〖경〗빚을 여러 번에 나
누어 갚는 일.
할부 판매(割賦販賣)〖경〗물건 값을 여러 번
에 나누어 갚게 하는 판매 방식.
할선(割線)[-썬]멩〖수〗원과 직선이 두 개의
점을 공유할 때의 직선. 가름선.
할손-례(割損禮)[-손녜]멩〖종〗할례(割禮).
할쑥-하다[-쑤카-]휑囸 얼굴에 핏기가 없고
파리하다. ⬝헐쑥하다.
할아다囤〈옛〉참소하다. 헐뜯다.
할아버지멩 1 아버지의 아버지. 2 부모의 아
버지와 같은 항렬에 있는 남자의 총칭. 3 나
이 많은 남자를 친근하게 일컫는 말.
할아범멩 지체가 낮은 늙은 남자를 낮추어 이
르는 말.
할아비멩 1 '할아버지'의 낮춤말. 2 할아버지
가 손자·손녀에게 자기 자신을 이르는 말.
⬝~ 손잡고 가자.
할애(割愛)멩㉮囤 소중한 시간·돈 따위를 아
까워하지 아니하고 선뜻 내어 줌. ⬝바쁜 시
간을 ~하다.
할양(割讓)멩㉮囤 1 물건의 일부를 떼어서 남
에게 줌. 2 자기 나라 영토의 일부분을 다른
나라에 넘겨줌. ⬝영토를 ~하다.
할여(割與)멩㉮囤 물건의 일부를 베어 주거나
떼어 줌.
할육-충복(割肉充腹)멩㉮囸 자기 살을 베어
배를 채운다는 뜻으로, 혈족의 재물을 빼앗
는 것을 비유적으로 일컫는 말.
할은-단정(割恩斷情)멩㉮囤 애틋한 사랑을

끊음. 할은단애(割恩斷愛).

할인(割引)[―린] 명하타 **1** 일정한 값에서 얼마를 깎아 줌. □～ 판매. ↔할증(割增). **2** '어음 할인'의 준말.

할인(割印)[―린] 명 서로 관련된 것임을 증명하기 위하여 하나의 도장을 두 장의 서류에 걸쳐서 찍음. 또는 그 도장.

할인-권(割引券)[하린꿘] 명 할인을 나타내는 표. 또는 할인된 표.

할인-료(割引料)[하린뇨] 명 《경》 어음의 액면과 사는 값의 차.

할인 모집법(割引募集法)[하린-뻡] 《경》 공채나 주식 등을 모집할 때에 액면 가격보다 싼 할인 가격으로 모집하는 방법.

할인 발행(割引發行)《경》 공채·사채 및 주식 따위의 증권을 그 액면 가격보다 싼값으로 발행하는 일. ↔할증(割增) 발행.

할인 시:장(割引市場)《경》 어음의 할인으로 단기 융자가 행하여지는 금융 시장.

할인 어음(割引―)《경》 은행이 어음의 액면 가격에서 만기일까지의 이자를 뺀 가격으로 사들이는 어음.

할인-율(割引率)[하린뉼] 명 어음을 할인할 때 빼는 이율.

할인-은행(割引銀行) 명 《경》 어음 할인 업무를 주 업무로 하는 은행(보통 은행은 모두 이에 속함).

할인-점(割引店) 명 상품을 정가보다 싼 가격으로 파는 점포.

할인-채(割引債) 명 《경》 할인하여 발행하는 금융채(金融債). 액면 금액에서 이자를 뺀 가격으로 발행함.

할일-없:다[형] ☞ 하릴없다.

할접(割接)[―쩝] [농] 쪼개접.

할주(割註)[―쭈] 명 본문 바로 뒤에 두 줄로 잘게 단 주(註).

할증(割增)[―쯩] 명하타 일정한 액수에 얼마를 더 얹음. □～ 요금. ↔할인(割引).

할증-금(割增金)[―쯩―] 명 《경》 **1** 일정한 가격·급료 등에 여분을 더하여 주는 금액. **2** 채권 등의 상환에서 추첨 등의 방법에 의하여 여분으로 주는 금액. 프리미엄(premium).

할증-료(割增料)[―쯩뇨] 명 정한 요금 외에 얼마를 더 받는 요금. □심야의 택시 요금에는 ～가 붙는다.

할증 발행(割增發行)[―쯩―]《경》 공채·사채 및 주식 등의 증권을 그 액면 가격 이상으로 발행하는 일. ↔할인(割引) 발행.

할짝-거리다[―꺼―] [타] 혀끝으로 잇따라 가볍게 핥다. □빈 숟갈을 ～. ⑧할쪽거리다. 할짝-할짝[―짝칼―] 부하타

할짝-대다[―때―] [타] 할짝거리다.

할쪽-거리다[―꺼―] [타] 혀끝으로 잇따라 부드럽고 가볍게 핥다. ⑨할짝거리다. 할쪽-할쪽[―쭉칼―] 부하타

할쪽-대다[―때―] [타] 할쪽거리다.

할쪽-하다[―쭈카―] [형여] 살이 빠져서 몹시 야위다. 할쭉하다.

할취(割取) 명하타 남이 가진 것에서 일부를 빼앗아 가짐.

할퀴다[타] **1** 손톱이나 날카로운 물건으로 긁어 생채기를 내다. □얼굴을 ～. **2** 휩쓸거나 스쳐 지나다. □태풍이 할퀴고 지나간 자국. **3** '훔치다'의 변말.

할팽(割烹) 명하타 고기를 썰어서 삶는다는 뜻으로, 음식을 요리함. 또는 요리한 음식을 이

르는 말.

할할 부하자 숨이 차서 고르지 못하게 쉬는 모양. ⑧헐헐.

핥다[할따] [타] **1** 혓바닥으로 물건 겉을 쓸어들이다. □고양이가 그릇의 밥을 ～. **2** (비유적으로) 물·불·빛·시선 따위가 물체의 겉면을 부드럽게 스쳐 지나다.

핥아-먹다[할타―따] [타] 옳지 못한 수단으로 남의 것을 요리조리 빼앗다.

핥아-세다[할타―] [타] 교묘한 수단을 써서 남의 것을 단번에 빼앗아 가지다.

핥이다[할치―] □[자]('핥다'의 피동) 핥음을 당하다. □[타]('핥다'의 사동) 핥게 하다.

함(鹹) 명 '함개(鹹芥)'의 준말.

함(函) 명 **1** 혼인 때, 신랑 집에서 채단(采緞)과 혼서지(婚書紙)를 넣어서 신부 집에 보내는 나무 궤짝. □～을 받다 / 친구들이 ～을 팔러 신부 집에 가다. **2** 옷이나 물건 따위를 넣을 수 있도록 네모지게 만든 상자. □패물을 넣어 두는 ～.

함(銜) 명 자기의 이름자를 달리 써서 만든 수결(手決).
함을 두다 ⇨ 문서의 자기 이름자 밑에 수결을 쓰다.

함(緘) 봉한다는 뜻으로, 편지 겉봉 뒤쪽 봉한 자리에 쓰는 글자.

함(艦) 명 '군함'의 준말.

함:감(含憾) 명하타 원망의 뜻을 품음.

함:거(轞車·檻車) 명 예전에, 죄인을 실어 나르던 수레.

함:고(咸告) 명하타 빠짐없이 다 일러바침.

함괘(咸卦) 명 [민] 육십사괘의 하나. 태괘(兌卦)와 간괘(艮卦)가 거듭된 것(산 위에 못이 있음을 상징함). ⑧함(咸).

함:교(艦橋) 명 군함의 두 현(舷)에 높게 건너질러 만든 갑판(장교가 올라서며 지휘대임). □함장이 ～에서 서서 지휘하다.

함구(含垢) 명하타 욕된 일을 참고 견딤.

함구(緘口) 명하자 입을 다물고 말을 하지 않음. ⑨개구(開口).

함구-령(緘口令) 명 어떤 일의 내용을 말하지 말라는 명령. □～을 내리다.

함구-무언(緘口無言) 명하자 입을 다물고 말이 없음.

함구-물설(緘口勿說)[―썰] 명하타 겸구물설.

함구-불언(緘口不言) 명하자 입을 다물고 말을 아니함. □아무리 다그쳐도 ～하다.

함께 부 서로 더불어. 한꺼번에 같이. □친구와 ～ 산책을 하다 / 책과 ～ 도시락도 가지고 가다.

함께-하다 [타여] 어떤 일을 더불어서 하다. 같이 하다. □생사고락을 ～ / 기쁨과 슬픔을 함께한 지 10년이 넘었다 / 영광된 자리를 ～.

함:닉(陷溺) 명하자 **1** 물속으로 빠져 들어감. **2** 주색 등의 못된 일에 빠짐.

함:담(菡萏) 명 연꽃의 봉오리.

함당-률(含糖率)[―뉼] 명 어떤 물질에 들어 있는 당분의 비율.

함:대(艦隊) 명 군함 두 척 이상으로 편성된 해군 부대.

함:대-공(艦對空) 명 군함에 설치하여 공중에 있는 것을 상대함. □～ 미사일을 발사하다.

함:대 사:령관(艦隊司令官) 한 함대의 최고 지휘권을 가진 사람.

함도(鹹度) 명 바닷물 1,000g에 포함되어 있는 소금의 양을 g으로 표시한 정도(보통의 바닷물은 약 35g임).

함:독(含毒) 명하타 독기(毒氣)를 품음. 독한 마

음을 먹음.

함:락(陷落)[-낙]**명자타** 1 땅이 무너져 내려앉음. 함몰(陷沒). ⬚지반의 ～. 2 적의 요새·진지 따위를 쳐들어가서 빼앗음. ⬚성이 ～되다 / 적의 요새를 ～하다.

함:락 지진(陷落地震)[-낙찌-] 〖지〗지층(地層)이 꺼져 내리면서 생기는 지진(지하수에 침식되기 쉬운 암석으로 이루어진 지층의 내부에 빈 공간이 생겨 상부의 지층이 무너져 내려 생김). 함몰(陷沒) 지진.

함:락-호(陷落湖)[-나코] 〖지〗함몰호.

함량(含量)[-냥] '함유량(含有量)'의 준말. ⬚～이 미달 / 중금속 ～이 기준치를 넘다.

함:련(頷聯)[-년] 〖문〗한시 율시의 앞의 연구(聯句)로서, 셋째 구와 넷째 구를 이르는 말. 전련(前聯). *경련(頸聯)·미련(尾聯).

함:령(艦齡)[-녕] 1 군함을 만든 후의 햇수. 2 어떤 군함의 사용 가능한 연수.

함:롱(函籠)[-농] 〖물〗 1 옷을 넣는, 큰 함처럼 된 농. 2 함과 농.

함루(含淚)[-누] **명자타** 눈물을 머금음.

함:루(陷壘)[-누] **명자타** 진루(陣壘)가 함락됨. 또는 진루를 함락함.

함매(銜枚) **명자** 지난날, 행진(行進)할 때에 떠들지 못하도록 군사의 입에 나무 막대기를 물리던 일.

함:몰(陷沒) **명자** 1 물속이나 땅속 따위의 표면이 꺼져 들어가는 일. ⬚도로의 ～. 2 재난을 당하여 멸망함.

함:몰-만(陷沒灣) 〖지〗지층의 함몰로 생긴 만. *계단만.

함:몰 지진(陷沒地震) 〖지〗함락 지진.

함:몰-호(陷沒湖) 〖지〗땅이 꺼져서 우묵하게 된 곳에 이루어진 호수. 함락호.

함묵(緘默) **명자** 입을 다물고 잠잠히 있음.

함묵(緘默) **명자** 함구(緘口).

함미(鹹味) **명** 짠맛.

함:미(艦尾) **명** 군함의 뒤 끝.

함:미-포(艦尾砲) **명** 〖군〗군함의 뒤 끝에 장치한 대포. *함수포(艦首砲).

함바기 **명** 〖식〗새모래덩굴과의 낙엽 활엽 덩굴 식물. 해변 산기슭에 남. 여름에 잘고 열은 녹색 꽃이 피고, 가을에 붉은 핵과(核果)를 맺음. 줄기로 광주리 등을 만듦.

함박 **명** 1 '함지박'의 준말. 2 '함박꽃'의 준말.

함박-꽃[-꼳] **명** 〖식〗 1 함박꽃나무의 꽃. 2 작약의 꽃. ㉰함박.

함박꽃-나무[-꼳-] **명** 〖식〗목련과의 낙엽 활엽 교목. 산골짜기에 나는데, 봄에 향기로운 큰 꽃이 아래 또는 옆을 향해 핌. 꽃잎은 보통 6~9개임. 관상용으로 재배함.

함박-눈[-방-] **명** 함박꽃 송이처럼 굵고 탐스럽게 내리는 눈. *가루눈.

함박-삭모[-槊毛][-쌍-] **명** 말의 머리를 꾸미는 삭모(붉게 물들인 털로 함박꽃처럼 탐스럽게 만듦).

함박-송이[-쏭-] **명** 1 함박꽃의 송이. 2 더부룩한 삭모를 비유적으로 이르는 말.

함박-웃음 **명** 환하게 활짝 웃는 웃음.

함박-조개 **명** 〖조-〗개량조갯과의 바닷조개. 수심 10 m 정도의 강어귀 모래땅에 삶. 껍데기의 길이는 9.5 cm, 폭은 5.3 cm 정도이며 쌍패류(雙貝類)의 하나로 함지박 모양임. 맛이 좋아 통조림 따위를 만듦.

함:보(函褓)[-뽀] **명** 함을 싸는 보자기.

함봉(緘封) **명자타** 편지의 겉봉을 봉함.

함부로 **명** 1 마음 내키는 대로 마구. 사리를 분

별하지 아니하고, 되는대로. ⬚～ 말하다. 2 버릇없이. ⬚～ 까불다 / 입을 ～ 놀리다.

함부로-덤부로 **명** '함부로'를 강조하는 말.

함분(含憤) **명자** 분한 마음을 품음.

함분-축원(含憤蓄怨) **명자** 분한 마음을 품고 원한을 쌓음.

함빡 **명** 1 남을 정도로 아주 넉넉하게. 꽉 차고도 남도록 흡족하게. ⬚웃음을 ～ 머금다. 2 물 따위에 흠뿍 젖은 모양. ⬚비를 ～ 맞다 / 옷이 ～ 젖다. ㉰흠뻑.

함:상(艦上) **명** 군함의 위.

함:상-기(艦上機) **명** 〖군〗함재기(艦載機).

함석 **명** 겉에 아연을 입힌 철판(지붕을 이거나 양동이·대야 등을 만드는 데 씀).

함석-꽃[-꼳] **명** 놋쇠를 녹일 때에 도가니에서 나온 연기가 굴뚝 따위에 서려 붙은 것(약으로 씀).

함석-지붕[-찌-] **명** 함석으로 인 지붕.

함석-집[-찝] **명** 함석으로 지붕을 인 집.

함석-철(-鐵) **명** 함석으로 된 철판.

함석-판(-板) **명** 함석으로 된 판.

함:선(艦船) **명** 군함·선박 따위의 총칭.

함:성(陷城) **명자타** 성을 쳐서 함락함. 또는 성이 함락됨.

함:성(喊聲) **명** 여럿이 크게 지르는 고함 소리. ⬚～을 지르다.

함셈 어:족(Ham-Sem語族) 〖언〗아라비아 반도에서 북아프리카에 걸친 지역에서 사용하는 함 어족과 셈 어족을 아울러 이르는 말.

함소(含笑) **명자** 1 웃음을 머금음. 웃는 빛을 띰. 2 꽃이 피기 시작함.

함수(含水) **명** 물을 함유하고 있음.

함수(含羞) **명자** 수줍은 빛을 띰.

함수(含漱) **명자** 양치질을 함.

함:수(函數)[-쑤] **명** 두 변수(變數) *x*·*y* 사이에 *x*의 값이 정해질 때 *y*의 값이 따라서 정해지는 관계에서, *x*에 대하여 *y*를 이르는 말($y=f(x)$로 표시함).

함수(鹹水)[-쑤] **명** 1 짠물. 2 바닷물. ↔담수(淡水).

함수(艦首) **명** 군함의 앞머리 부분.

함수 결정(含水結晶)[-쩡] 〖화〗물을 함유하고 있는 결정.

함:수 관계(函數關係)[-쑤-/-쑤-게] 〖수〗두 개 이상의 양(量) 사이의 관계의 하나. 한 쪽 양이 다른 쪽 양의 함수가 되어 있을 때 이 양들 사이의 관계를 말함.

함:수-론(函數論)[-쑤-] 〖수〗수학의 한 분야. 변수와 함숫값이 복소수인 함수에 대하여 연구하는 학문.

함:수 방정식(函數方程式)[-쑤-] 〖수〗미지(未知) 함수를 포함하는 방정식.

함수-어(鹹水魚) **명** 바닷물고기. ↔담수어(淡水魚).

함수-제(含漱劑) **명** 입 안이나 목구멍에 병이 있을 때에 입에 머금었다 뱉어 내는 물약.

함수-초(含羞草) **명** 〖식〗미모사(mimosa).

함수 탄:소(含水炭素) 〖화〗탄수화물.

함:수-포(艦首砲) 〖군〗군함의 뱃머리에 장치한 대포. *함미포(艦尾砲).

함:수-표(函數表)[-쑤-] **명** 〖수〗한 가지 또는 몇 가지 함수에 관하여 그 독립 변수의 여러 가지 값에 대한 함수의 값을 적어 놓아 실제 계산에 쓰도록 만든 표(로그표·삼각 함수표 따위).

함수-호(鹹水湖) **명** 〖지〗소금기가 많아 물맛이 짠 호수. ↔담수호(淡水湖). ㉰함호(鹹湖).

함수 화:합물 (含水化合物)[-합-] 〖화〗 수화물(水化物).

함:숫-값 (函數-)[-쑤깝 / -쑫깝] 뎽 〖수〗 독립 변수의 값에 대응하는 종속 변수의 값.

함:실 뎽 부넘기가 없이 불길이 그냥 곧게 고래로 들어가게 된 아궁이의 구조.

함:실-구들 뎽 함실로 된 구들.

함:실-방 (-房)[-빵] 뎽 함실구들을 놓은 방.

함:실-아궁이 뎽 함실로 된 아궁이.

함:실-코 뎽 푹 빠져 입천장과 맞물린 코. 또는 그런 코를 가진 사람.

함실-함실 튀형뎽 삶은 물건이 너무 익어서 물크러질 정도로 된 모양. ☞흠실흠실.

함씨 (咸氏) 뎽 남의 조카의 경칭.

함씬 튀 1 꽉 차고도 남을 만큼 넉넉하게. 2 물에 푹 젖은 모양. ☞흠씬.

함양 (涵養) 뎽하타 능력이나 성품을 기르고 닦음. 함육(涵育). ◉도덕심을 ~하다.

함양-훈도 (涵養薰陶) 뎽하타 사람을 가르치고 지도하여 재주와 덕을 갖추게 함.

함 어:족 (Ham語族) 〖언〗 고대 이집트 어 및 콥트 어, 북아프리카의 베르베르 어 및 리비아 어, 에티오피아 어를 중심으로 하여 그 주변에 분포하는 쿠시 제어(諸語) 등을 통틀어 일컫는 말.

함영 (涵泳) 뎽하자 무자맥질.

함:영 (艦影) 뎽 군함의 모습.

함원 (含怨) 뎽하자 원한을 품음.

함유 (含有) 뎽 어떤 물질이 어떤 성분을 포함하고 있음. ◉카페인이 ~된 음료 / 미네랄을 ~한 물 / 단백질을 ~하다.

함유 (含油) 뎽 석유를 함유함.

함유-량 (含有量) 뎽 함유하고 있는 분량. ◉수분 ~이 높다. ☞함량(含量).

함유 셰일 (含油shale)〖광〗탄소·수소·질소·황 등의 복잡한 고분자 유기 화합물을 함유하는 흑갈색의 퇴적암(堆積岩). 부수어서 건류(乾溜)하면 석유를 얻을 수 있음. 석유 혈암(石油頁岩). 유모 혈암(油母頁岩). 함유 혈암. 오일 셰일.

함유-층 (含油層) 뎽 〖광〗 석유를 함유하고 있는 지층.

함육 (涵育) 뎽하타 함양(涵養).

함의 (含意)[하의 / 하미] 뎽하타 말이나 글에서 겉으로 드러난 것 외에 속으로 어떤 의미를 담고 있음. 또는 그 의미.

함인 (含忍) 뎽하타 마음속에 넣어 두어 참고 견딤.

함:입 (陷入) 뎽하자 빠져 들어감. ◉악의 구렁텅이에 ~하다.

함자 (銜字)[-짜] 뎽 남의 이름을 높여 일컫는 말. ◉어른의 ~를 말씀해 주십시오.

함:장 (函丈) 뎽 스승.

함:장 (艦長) 뎽 군함의 우두머리(승무원을 지휘하고 통솔함).

함:재 (艦載) 뎽 군함에 실음.

함:재-기 (艦載機) 뎽 〖군〗 군함이나 항공모함에 실은 비행기. 함상기.

함적 (陷籍) 뎽 호적에 소속된 적(籍).

함:정 (陷穽) 뎽 1 짐승 따위를 잡기 위하여 파놓은 구덩이. 허방다리. ◉~을 만들다. 2 남을 어려움에 빠뜨리려는 계략의 비유. ◉~에 빠지다.

[함정에 든 범] 빠져나올 수 없어 마지막 운명만 기다리는 처지의 비유. [함정에서 뛰어난 범] 매우 위급한 궁지에서 빠져나와 다시

살게 되어 좋아서 날뛰는 모습의 비유.

함:정 (艦艇) 뎽 전함·잠수함·어뢰정·소해정(掃海艇) 등 군함의 총칭.

함:정 수사 (陷穽搜査) 범죄 수사 당국이 함정을 만들어 놓고 범죄를 저지르게 유도한 후에 범인을 검거하는 수사 방법(마약 단속 등에서 이를 허용함).

함정 뎽 〈옛〉 함정.

함 족 (Ham族) 노아(Noah)의 아들인, 함의 자손이라 전하는 민족(셈 족·아리안 족과 더불어 유럽 3대 인종의 하나로, 이집트 인·에티오피아 인 등이 있음).

함종-률 (咸從栗)[-뉼] 뎽 평안남도 함종 지방에서 나는 밤(껍데기와 보늬가 얇고 맛이 아주 닮).

함:중 (陷中) 죽은 사람의 성명·별호·관직 등을 적는, 신주나 위패 속을 직사각형으로 우묵히 파낸 부분.

함지 뎽 1 나무로 네모지게 혹은 둥그스름하게 짜서 만든 그릇(운두가 좀 깊으며 밑은 좁고 위가 넓음). ◉~를 머리에 이다. 2 '함지박'의 준말. 3 〖광〗 복대기나 감흙을 물에 넣어서 금을 잡는 그릇(모양이 함지박과 비슷함).

함지 (咸池) 뎽 1 해가 진다고 하는 서쪽의 큰 못. 2 중국 요(堯) 임금 때에 연주되던 음악의 이름. 3 오곡(五穀)을 주관하는 별 이름. 4 천신(天神).

함:지 (陷地) 뎽 평지보다 움푹 꺼진 땅.

함지-박 뎽 통나무의 속을 파서, 전이 없이 큰 바가지같이 만든 그릇. ☞함박·함지.

함:지사지 (陷之死地) 뎽하자 아주 위험한 처지에 빠짐.

함지-질 뎽하자 〖광〗 함지로 복대기나 감흙을 일어서 금을 잡는 일.

함지-탕 뎽 〖광〗 방아로 쇳돌을 빻아 함지로 인 복대기.

함:-진아비 (函-) 뎽 혼인 때에, 신랑 집에서 신부 집에 보내는 함을 지고 가는 사람.

함채 (鹹菜) 뎽 소금에 절인 채소.

함:척 (函尺) 뎽 수준 측량(水準測量)을 할 때, 높낮이를 재는 자(얇은 나무나 쇠붙이로 만들며, 길이는 2~5 m 임).

함철 (含鐵) 뎽하자 쇠가 들어 있음.

함초롬-하다 형여 가지런하고 곱다. 차분하고 고르다. ◉털이 함초롬한 말. **함초롬-히** 튀. ◉꽃이 ~ 이슬을 머금다.

함축 (含蓄) 뎽하타 1 속에 지니어 드러나지 아니함. 2 말이나 글에 풍부한 내용이나 깊은 뜻이 들어 있음. ◉그의 시에는 여러 가지 의미가 ~되어 있다.

함축-미 (含蓄美)[-충-] 뎽 겉에 드러내지 아니하고 속에 지니고 있는 아름다움.

함축-성 (含蓄性)[-썽] 뎽 말이나 글 속에 어떤 뜻이 함축되어 있는 성질. ◉~ 있는 말.

함축-적 (含蓄的)[-쩍] 뎽쩍 1 속에 간직하여 드러나지 않는 (것). 2 뜻이 깊은 (것).

함치르르 튀하형 깨끗하고 윤이 반들반들 나는 모양. ☞흠치르르.

함탄 (含炭) 뎽 석탄이 들어 있음.

함:포 (艦砲) 뎽 군함에 장비한 대포. ◉적의 해안 포대에 ~ 사격을 가하다.

함포-고복 (含哺鼓腹) 뎽하자 잔뜩 먹고 배를 두드린다는 뜻으로, 먹을 것이 풍족하여 배불리 먹고 즐겁게 지냄을 이르는 말.

함:-하다 (陷-) 형여 1 땅바닥이 꺼져 우묵하다. 2 아주 기운이 풀어져 축 늘어져 있다.

함하-물 (頷下物) 뎽 남이 먹고 남은 찌꺼기. 턱찌끼.

함함-하다〔형〕 1 털이 보드랍고 윤기가 있다. 2 소담하고 탐스럽다. 함함-히〔부〕

함함-하다(頷頷-)〔형〕 몹시 굶주려 살이 붓고 핏기가 없이 누르다.

함:해(陷害)〔명하타〕 남을 재해(災害)에 빠지게 함. 남을 모함하여 해를 입힘.

함협(含嫌)〔명하타〕 싫어하거나 미워하는 마음을 품음. 또 그 마음.

함:형(艦型)〔명〕 군함의 형태.

함호(含糊)〔명하자〕 1 말을 입 속에서 우물우물하며 분명하지 않게 함. 2 우물우물하며 결단을 내리지 못함.

함호(鹹湖)〔명〕 '함수호(鹹水湖)'의 준말.

함흥-차사(咸興差使)〔명〕 심부름을 가서 깜깜무소식이거나 또는 회답이 더딜 때의 비유.

합(合)〔一명〕 1〔수〕 여럿을 한데 모은 수. 둘 이상의 수를 합하여 얻은 수치. 2 헤겔의 변증법에서 논리 전개의 세 단계의 하나. 종합. 3〔천〕 행성(行星)과 태양이 황경(黃經)을 같이하게 됨. 또는 그런 상태. 〔三의명〕 칼이나 창으로 싸울 때, 칼이나 창이 서로 마주치는 횟수를 세는 단위.

합(盒)〔명〕 음식을 담는 놋그릇의 하나((운두가 그리 높지 않고 둥글넓적하며 뚜껑이 있음)).

합가(合家)〔-까〕〔명하자〕 살림을 합침. 또는 그런 집.

합가(闔家)〔-까〕〔명〕 한집안. 온 가족.

합각(合刻)〔-깍〕〔명하타〕 두 권 이상의 책을 한 권의 책으로 합하여 간행하는 일.

합각(閤閣)〔-깍〕〔건〕 지붕 위쪽 양옆에 박공으로 '人' 자 모양을 이룬 각.

합각(蛤殼)〔-깍〕〔명〕 1 조가비. 2 자개.

합각-마루(合閣-)〔-깡-〕〔건〕 박공 위에 있는 마루.

합각-머리(合閤-)〔-깡-〕〔명〕〔건〕 합각이 있는 지붕의 옆면((이 부분을 여러 가지 장식으로 꾸밈)).

합격(合格)〔-격〕〔명하자〕 1 어떤 조건·격식에 적합함. 〔사랑감으로 ~이다. 2 시험이나 검사 등에 붙음. 〔시험에 ~하다. ↔불합격.

합격-률(合格率)〔-경뉼〕〔명〕 지원자 수에 대한 합격자 수의 비율.

합격-자(合格者)〔-격짜〕〔명〕 시험·검사·심사 등을 통과한 사람.

합격-품(合格品)〔-격-〕〔명〕 검사에 통과한 물품. 곧, 조건·격식·규격 등에 어긋나지 아니한 물품.

합경(合慶)〔-겡〕〔명하자〕 경사스러운 일이 거듭생김.

합계(合計)〔-계/-께〕〔명하타〕 수나 양을 합하여 셈함. 또는 그 수효. 합산(合算). 〔~를 내다 / 물건값을 ~하다.

합계(合啓)〔-계/-께〕〔명하타〕〔역〕 조선 때, 사간원(司諫院)·사헌부(司憲府)·홍문관(弘文館) 중의 두세 군데서 연명(連名)하여 계사(啓辭)를 올리던 일. 또는 그 계사.

합곡(合谷)〔-꼭〕〔한의〕 침 놓는 자리의 하나. 엄지손가락과 집게손가락 사이.

합공(合攻)〔-꽁〕〔명하타〕 힘을 합하여 함께 공격함.

합국(合局)〔-꾹〕〔명〕〔민〕 풍수지리에서, 혈(穴)과 사(砂)가 합하여 이루어진 썩 좋은 묏자리나 집터.

합군(合郡)〔-꾼〕〔명하타〕 여러 군(郡)을 합쳐 하나의 군을 만듦.

합궁(合宮)〔-꿍〕〔명하자〕 부부간의 방사(房事). 남녀 간의 성교. 합금(合衾).

합근(合巹)〔-끈〕〔명하자〕 1 전통 혼례식 절차의

한 가지. 신랑 신부가 잔을 주고받는 일. 2 혼례식을 치름. 또는 그런 일.

합금(合金)〔-끔〕〔공〕 두 가지 이상의 금속을 물리적으로 혼합하여 만든 금속((원래의 금속과는 다른 특성을 가짐. 놋쇠·양은 따위)). 합성금. 〔구리와 주석의 ~.

합금(合衾)〔-끔〕〔명하자〕 1 남녀가 한 이불 속에서 자는 일. 2 합궁(合宮).

합금-강(合金鋼)〔-끔-〕〔명〕 철과 탄소 이외의 원소를 첨가한 강. 특수강(特殊鋼).

합기-도(合氣道)〔-끼-〕〔명〕 무술의 하나. 맨손 또는 단도·검·창·몽둥이 따위를 쓰며, 관절 지르기와 급소 지르기를 특기로 하는 호신술.

합내(閤內)〔합-〕〔명〕 남의 가족을 높여 이르는 말. 〔~ 제절은 평안하지요.

합다리-나무〔-따-〕〔명〕〔식〕 나도밤나뭇과의 낙엽 활엽의 작은 교목. 산기슭의 양지에 남. 7월에 잘고 많은 흰색 꽃이 피고, 핵과(核果)는 9월에 붉게 익음.

합당(合黨)〔-땅〕〔명하자〕 당을 합침.

합-당하다(合當-)〔-땅-〕〔형하자〕 어떤 기준이나 조건 따위에 꼭 알맞다. 〔합당한 처사.

합독(合櫝)〔-똑〕〔명하타〕 부부의 신주(神主)를 한 독(櫝) 안에 넣음. 또는 그런 일. ↔외독.

합동(合同)〔-똥〕〔명하자〕 1 둘 이상의 조직이나 개인이 모여 행동이나 일을 함께함. 〔~ 군사 훈련 / ~ 선거 연설에 много 청중이 모이다. 2〔수〕 두 도형이 모양과 크기가 같아서 서로 포개었을 때에 꼭 맞는 일.

합동(合洞)〔-똥〕〔명하타〕 여러 동(洞)을 합쳐서 하나의 동을 만드는 일.

합동-결혼식(合同結婚式)〔-똥-〕〔명〕 한자리에서 여러 쌍의 신랑·신부가 함께 치르는 결혼식. 공동결혼식.

합동 법률 사:무소(合同法律事務所)〔-똥법뉼-〕〔명〕 법무부 장관의 인가를 얻어 법원 소재지에서 3인 이상의 변호사가 합동하여 설립한 법률 사무소((공증 업무를 볼 수 있음)).

합동 작전(合同作戰)〔-똥-쩐〕〔명〕 여러 부대가 함께 행하는 작전. 〔한미 ~ / 육해공 작전 ~.

합동 참모 본부(合同參謀本部)〔-똥-〕〔군〕 군령(軍令)에 관한 사항에 대해 국방부 장관을 보좌하는 국방부의 한 기관. ⓐ합참.

합-뜨리다(合-)〔-〕〔타〕 아주 합치다.

합력(合力)〔합녁〕〔명하자〕 1 흩어진 힘을 한데 모음. 또는 그 힘. 2〔물〕 동시에 작용하는 둘 이상의 힘과 효력이 같은 하나의 힘. 합성력(合成力). ↔분력(分力).

합례(合禮)〔합녜〕〔명하자〕 1 신랑·신부가 첫날 밤을 치르는 일. 정례(正禮). 2 예절에 맞음.

합로(合路)〔합노〕〔명하자〕 둘 이상의 길이 한데 합침. 또는 그렇게 합한 길.

합류(合流)〔합뉴〕〔명하자〕 1 둘 이상의 강물이 합하여 흐르는 일. 또는 그 흐름. 합수(合水). 〔두 강이 ~하다. 2 일정한 목적을 위하여, 다른 단체·당파와 같은 방향으로 행동을 취하는 일. 〔본대(本隊)에 ~하다 / 8강에 ~하다.

합류식 하:수도(合流式下水道)〔합뉴시카-〕〔명〕 빗물이나 하수(下水)를 모두 같은 하수관으로 흘려보내는 하수도.

합류-점(合流點)〔합뉴쩜〕〔명〕 1 둘 이상의 물길이 합쳐지는 곳. 합수머리. 2 어떤 단체나 당파가 다른 단체나 당파와 합류하게 되는 경위나 계기. 〔~에 도달하다.

합리 (合理)[합니] 명 하형 논리나 이치에 합당함. ↔불합리.

합리-론 (合理論)[합니-] 명 [철] 합리주의.

합리-성 (合理性)[합니썽] 명 논리나 이치에 맞는 성질. ¶~이 결여되다. ↔불합리성.

합리-적 (合理的)[합니쩍] 관 명 1 이치에 맞는 (것). 인습 따위에 매이지 않는 (것). ¶~(인) 생각. 2 목적에 맞고 무리가 없는 (것). ¶~(인) 작업 절차. ↔비합리적.

합리-주의 (合理主義)[합니- / 합니-이] 명 [철] 비합리와 우연적인 것을 배척하고, 도리·이성·논리가 일체를 지배한다고 보는 주의. 이성(理性)주의. ↔비합리주의.

합리-화 (合理化)[합니-] 명 하타 1 [철] 일체의 우연을 배척하고 논리적 필연에 의하여 대상을 구성하는 일. 2 낭비적 요소나 비능률적 요소를 없애 목적 달성에 유리하도록 합리적으로 체제를 개선하는 일. ¶산업 ~ 운동. 3 어떤 잘못을 그럴듯한 이유를 붙여 옳은 것인 양 꾸미는 일. ¶침략을 ~하는 그릇된 논리를 펴다.

합명 (合名)[합-] 명 하타 1 이름을 모아서 나열해 씀. 2 공동 책임을 지기 위하여 이름을 같이 씀. 연명.

합명 회:사 (合名會社)[합-] [경] 연대 무한(連帶無限)의 책임을 지는 사원만으로 구성되는 회사(회사의 채무에 대해서 연대의 책임을 지며, 원칙적으로 사원 모두가 회사의 업무를 집행·대표함).

합목 (合木)[합-] 명 세공물(細工物) 등의 나뭇조각을 마주 붙이는 일.

합-목적 (合目的)[합-쩍] 명 목적에 적합함.

합목적-성 (合目的性)[합-쩍썽] 명 [철] 어떤 목적을 실현하기에 가장 적합한 성질.

합목적-적 (合目的的)[합-쩍쩍] 관 명 목적에 맞는 (것). ¶~ 방법 / ~으로 행동하다.

합문 (閤門)[합-] 명 편전(便殿)의 앞문.

합문 (闔門)[합-] 명 하자 1 온 집안. 거가(擧家). 2 제사 때, 차려진 음식을 물리기 전에 문을 닫거나 병풍으로 가려 막는 일.

합반 (合班)[합-] 명 하자 두 학급 이상을 합함. 또는 그 합친 반.

합방 (合邦)[합-] 명 하자타 둘 이상의 나라를 하나로 합침.

합방 (合房)[합-] 명 하자 성인 남녀가 함께 잠을 자기 위하여 한 방에 듦. 또는 그 일.

합-배뚜리 [합-뻐-] 명 덮개가 딸린 바탱이.

합번 (合番)[합-] 명 [역] 지난날, 큰일이 있을 때에 관원(官員)이 모여서 함께 숙직하던 일. 합직(合直).

합법 (合法)[합-] 명 하형 법령이나 규범에 맞음. 적법. 합법직. ¶~이냐 아니냐의 논란 / ~을 가장한 불법. ↔비합법.

합법-성 (合法性)[합-뻡썽] 명 1 [법] 법령이나 규범에 들어 맞는 성질. 2 [철] 자연·역사·사회의 현상이 일정한 법칙에 따라 일어나는 일.

합법 운:동 (合法運動)[합-뻐분-] 법률에 저촉되지 않는 범위 안에서 합법적으로 하는 사회 운동.

합법-적 (合法的)[합-뻡쩍] 관 명 법령이나 규범에 맞는 (것). ¶~ 단체 / ~ 절차. ↔비(非)합법적.

합법-화 (合法化)[합-뻐콰] 명 하타 법령이나 규범에 맞도록 함. ¶교원 노조를 ~하다.

합벽 (合璧)[합-] 명 맞벽.

합병 (合兵)[-뼝] 명 하타 두 부대 이상의 병력 집단을 합쳐서 한 부대를 편성함.

합병 (合併)[-뼝] 명 하타자타 둘 이상의 단체나 조직, 국가 등을 하나로 합침. 또는 그렇게 만듦. 병합(併合). ¶두 기업의 ~.

합병-증 (合併症)[-뼝쯩] 명 [의] 어떤 질환에 관련하여 일어나는 다른 질환. 객증(客症). 여병(餘病). ¶~을 예방하다.

합보 (合褓)[-뽀] 명 한쪽 면에 기름종이를 대고 시친, 밥상을 덮는 겹보자기.

합-보시기 (盒-)[-뽀-] 명 뚜껑이 달린 작은 사발. 주로 김치·깍두기 따위의 반찬을 담는 데에 씀. 합보아(盒甫兒).

합본 (合本)[-뽄] 명 하타 1 여러 권의 책을 함께 매어 한 권으로 제본함. 또는 그렇게 제본한 책. 2 합자(合資).

합부 (合祔)[-뿌] 명 하타 합장(合葬).

합-부인 (閤夫人)[-뿌-] 명 남의 아내에 대한 공대말.

합비의 이: (合比-理)[-뻬- / -뻬에-] [수] 가비(加比)의 이(理).

합빙 (合氷)[-뼝] 명 하자 강물이 양쪽 기슭까지 얼어붙음. 또는 그 얼음.

합사 (合沙·合砂)[-싸] 명 하자 인삼을 재배하는 밭에서 어린 삼을 기르는 약토(藥土)와 황토(黃土)를 섞는 일.

합사 (合祀)[-싸] 명 하타 둘 이상의 혼령을 한곳에 모아 제사를 지냄.

합사 (合絲)[-싸] 명 하자 여러 가닥의 실을 합쳐서 드림. 또는 그 실.

합사-묘 (合祀廟)[-싸-] 명 1 합사하는 묘당(廟堂). 2 문묘(文廟).

합-사발 (盒沙鉢)[-싸-] 명 뚜껑이 있는 사발. 주로 밥이나 국 따위를 담는 데에 씀.

합-사주 (合四柱)[-싸-] 명 하자 혼인하기 전에, 남녀의 사주를 맞추어 봄.

합사-주 (合絲紬)[-싸-] 명 명주실과 무명실을 겹쳐 꼬아서 짠 비단.

합삭 (合朔)[-싹] 명 하자 태양과 지구 사이에 달이 들어가 일직선을 이루는 때(달이 빛을 반사하지 않으므로 보이지 않으며, 흔히 일식 현상이 일어남). (준삭(朔).

합산 (合算)[-싼] 명 하타 합하여 계산함. 합계. ¶월급에 상여금을 ~하다.

합-산적 (合散炙)[-싼-] 명 쇠고기·꿩고기·쇠고기 등을 잘게 썰어 양념을 치고 주물러서 반대기를 지어 구운 산적.

합살-머리 [-쌀-] 명 소의 양(胖)의 벌집위(胃)에 붙은, 횟감으로 쓰는 고기.

합생-웅예 (合生雄蕊)[-쌩-] 명 [식] 여러 개가 붙어서 한 덩이를 이룬 수술. 덩이수술.

합석 (合席)[-썩] 명 하자 한자리에 같이 앉음.

합선 (合線)[-썬] 명 [전] 음양의 두 전기선(電氣線)이 한데 붙음. ¶전기 ~으로 불이 났다.

합설 (合設)[-썰] 명 하타 한곳에 합쳐 설치함.

합섬 (合纖)[-썸] 명 '합성 섬유'의 준말.

합성 (合成)[-썽] 명 하자타 1 두 가지 이상이 합하여 한 가지 상태를 이룸. ¶~ 품(品). 2 [화] 둘 이상의 원소를 화합하여 화합물을 만들거나, 간단한 화합물에서 복잡한 화합물을 만들어 내는 일. 3 [물] 두 개 이상의 벡터(vector) 등을 합쳐서, 합친 성분의 합을 성분으로 하는 벡터를 구하는 일. 또는 벡터 등으로 나타낼 수 있는 물리량(物理量)을, 그런 규칙에 따라 합치는 일. 4 [생] 생물이 무기물의 산화(酸化)에 의하여 얻은 에너지를 이용하여, 이산화탄소에서 유기 화합

물을 만드는 작용. ↔분석(分析).

합성 고무 (合成-)[-썽-] 〘화〙 물리적·화학적 성질이 천연고무와 닮은 합성 고분자 화합물《천연고무보다 내유성(耐油性)·내열성(耐熱性) 등이 우수한 부타디엔·우레탄 등이 생산되고 있음》. 인조 고무.

합성 고분자 화:합물 (合成高分子化合物)[-썽-함-] 〘화〙 인공적인 화학 합성으로 만들어진 고분자 화합물《합성 섬유·합성 고무·합성수지 따위》.

합성 국가 (合成國家)[-썽-까] 〘법〙 두 개 이상의 국가 또는 자치 정부를 가지고 있는 주(州) 등이 합쳐서 성립된 국가《연방이나 합중국 따위》.

합성-금 (合成金)[-썽-] [명] 〘공〙 합금.

합성 담:배 (合成-)[-썽-] 셀룰로오스 유도체·칼슘·마그네슘염·점토(粘土) 등을 담뱃잎에 섞어 만든 담배《니코틴이 없고 질소 화합물·일산화탄소 등의 발생량이 적음》.

합성 대:명사 (合成代名詞)[-썽-] 〘언〙 둘 이상의 말이 모여서 하나로 된 대명사《'이이·저이' 따위》. 복합 대명사.

합성 동:사 (合成動詞)[-썽-] 〘언〙 둘 이상의 말이 결합하여 이루어진 동사《'겁나다·돌아가다·본받다·얕보다' 따위》. 복합 동사.

합성-력 (合成力)[-썽녁] [명] 〘물〙 **1** 둘 이상의 힘이 합한 힘. **2** 합력(合力)2.

합성 명사 (合成名詞)[-썽-] 〘언〙 두 개 이상의 말이 모여 하나로 된 명사《소나무·날짐승 따위》. 복합 명사.

합성-물감 (合成-)[-썽-깜] [명] 인조물감.

합성-법 (合成法)[-썽뻡] [명] 〘언〙 실질 형태소를 서로 결합하여 합성어를 만드는 단어 형성법. ↔파생법(派生法).

합성 부:사 (合成副詞)[-썽-] 〘언〙 두 개 이상의 말이 모여서 하나로 된 부사《'밤낮·때때로·곧잘' 따위》. 복합 부사.

합성 사진 (合成寫眞)[-썽-] 몽타주 사진.

합성 석유 (合成石油)[-썽서규] 〘화〙 천연가스에 포함되어 있는 아세틸렌·메탄 등 석유 원유 이외의 원료를 합성하여 얻어지는 액체 연료. 인조 석유. 합성 액체 연료.

합성 섬유 (合成纖維)[-썽서뮤] 〘화〙 화학적으로 합성하여 만든 섬유. 석탄·석유·카바이드 따위를 원료로 함《나일론·비닐론·아크릴 따위》. 화학 섬유. [준]합섬.

합성 세:제 (合成洗劑)[-썽-] 화학적으로 합성한 세제《흔히 비누 이외의 세제를 이름》.

합성-수 (合成數)[-썽-] [명] 〘수〙 1 이외의 소수가 아닌 자연수. 비소수(非素數).

합성-수지 (合成樹脂)[-썽-] [명] 화학적인 합성에 의하여 인공적으로 만들어진, 수지와 유사한 고분자 화합물《폴리에틸렌 등의 열가소성(熱可塑性) 수지와 페놀 수지 등의 열경화성(熱硬化性) 수지가 있음》. ↔천연(天然)수지.

합성-어 (合成語)[-썽-] [명] 〘언〙 둘 이상의 실질 형태소가 결합하여 하나의 단어가 된 말《'작은형·늦더위·본받다' 따위》. ＊복합어·파생어.

합성-염료 (合成染料)[-썽-뇨] [명] 인조물감.

합성-음 (合成音)[-썽-] [명] 〘언〙 두 낱자가 어울려 된 소리.

합성-주 (合成酒)[-썽-] [명] 〘화〙 일반적인 양조 과정을 거치지 아니하고, 알코올에 포도당, 유기산, 아미노산 따위를 섞어 만든 술. 화학주(化學酒). ↔곡주(穀酒).

합성-지 (合成紙)[-썽-] [명] 합성수지를 가공하여 일반 종이처럼 인쇄할 수 있도록 처리한 것《천연 펄프로 만든 종이에 비해 물과 열에 잘 견딤》.

합성 진:자 (合成振子)[-썽-] 〘물〙 복진자.

합성 품:종 (合成品種)[-썽-] 〘식〙 잡종 강세(雜種强勢)를 이용하여 육성한 농작물의 품종. 복성종(複成種).

합성 피혁 (合成皮革)[-썽-] 천 위에 화학적으로 합성한 고분자(高分子) 물질을 발라서 만든, 천연 피혁과 비슷한 합성품《질기며 손질하기가 간단해서 구두·가방·주머니·의자 따위를 만드는 데 씀》.

합성 향료 (合成香料)[-썽-뇨] 동식물 정유(精油)나 타르 제품을 화학적으로 합성하여 만든 향료. ↔천연 향료.

합성 형용사 (合成形容詞)[-썽-] 〘언〙 둘 이상의 말이 모여서 하나로 된 형용사《'맛있다·검붉다' 따위》. 복합 형용사.

합세 (合勢)[-쎄] [명][하자] 세력을 한데 모음. 힘을 합침. ❑ ~하여 적을 물리치다.

합-속도 (合速度)[-쏙또] [명] 〘물〙 두 물체가 동시에 두 가지의 속도에 의하여 운동할 때의 속도.

합솔 (合率)[-쏠] [명][하자] 흩어져 살던 집안 식구나 친척이 한집에서 같이 삶.

합쇼-체 (-體)[-쑈-] [명] 〘언〙 상대 높임법에 딸린 종결 어미의 한 가지 체로, 상대편을 아주 높이는 뜻을 나타냄《'앉으십쇼·오십쇼' 따위》.

합쇼-하다 [-쑈-] [자][여] 〘언〙 '합쇼체'의 말씨를 쓰다. 존경하는 말씨를 쓰다. ❑ 합쇼할 때 말을 들어라.

합수 (合水)[-쑤] [명][하자] 몇 갈래의 물이 한데 모여 흐름. 또는 그 물. ❑ 이곳은 두 물줄기가 ~하는 곳이다.

합수-머리 (合水-)[-쑤-] [명] 합수되는 지점.

합수-치다 (合水-)[-쑤-] [자] 여러 갈래의 물이 한데 합쳐 흐르다.

합숙 (合宿)[-쑥] [명][하자] 여럿이 한곳에 묵음. ❑ ~하면서 훈련을 받다.

합숙-소 (合宿所)[-쑥쏘] [명] 여러 사람이 한데 집단적으로 묵는 곳.

합승 (合乘)[-씅] [명][하자타] **1** 자동차 따위에 여럿이 함께 탐. 승합. **2** 다른 승객이 있는 택시를 함께 탐.

합시오-하다 [-씨-] [자][여] 〘언〙 '합쇼하다'의 본딧말.

합심 (合心)[-씸] [명][하자] 여러 사람이 마음을 한데 합함. ❑ ~하여 난국을 타개하다.

합안 (闔眼) [명][하타] 남의 허물을 보고도 모르는 체함. 눈감아 줌.

합연 (合演) [명][하타] 합동하여 연기나 연주를 함. ❑ 연주회에서 창작곡을 ~하다.

합연 (合緣) [명][하자] 인연이 잘 맞음. 또는 그 인연.

합연-하다 (溘然-) [형][여] 죽음이 뜻하지 않게 갑작스럽다. **합연-히** [부]

합용 병:서 (合用竝書) 〘언〙 서로 다른 자음(子音) 둘이나 셋을 나란히 붙여 쓰는 일. 곧, 'ㅲ·ㅳ·ㅄ·ㅶ·ㅷ·ㅺ·ㅼ·ㅽ·ㅾ'·'ㅴ·ㅵ' 따위.

합위 (合圍) [명][하타] 빙 둘러 에워쌈.

합유 (合有) [명] 공동 소유의 한 형태. 각 공동 소유자는 소유물에 대한 권리를 가지나, 공동 목적을 위한 통제에 복종하며 단독으로 또는 자유로이 처분할 수 없음.

합의 (合意)[하븨/하비] [명][하자] 서로 의견이 일

치합. 또는 그 의견. 口~ 사항 / ~를 이끌어 내다 / 고소를 취하하기로 ~했다.

합의 (合議)[하븨 / 하비] 图[하타] 1 어떤 문제에 대해 두 사람 이상이 한자리에 모여서 의논함. 口~하여 결정하다. 2『법』합의 기관·합의제 법원에서 어떤 사실을 토의하여 의견을 종합하는 일.

합의 관할 (合意管轄)[하븨- / 하비-] 图『법』민사 소송법에서, 소송 당사자의 합의에 의하여 설정된, 소송 사건에 대한 법원의 관할.

합의 기관 (合議機關)[하븨- / 하비-] 图『법』둘 이상의 구성원의 합의에 따라 기관의 의사가 결정되는 기관. ↔단독 기관.

합의 재판 (合議裁判)[하븨- / 하비-] 图『법』세 사람 이상의 법관으로 되는 합의제의 재판. ↔단독 재판.

합의-점 (合意點)[하븨쩜 / 하비쩜] 图 서로의 의견이 일치하는 점. 口~을 찾다.

합의-제 (合議制)[하븨- / 하비-] 图 1 합의에 의해 결정하는 제도. 2『법』행정 기관의 의사가 여러 구성원의 합의에 의하여 결정되는 제도. 3『법』재판 사건 심리의 신중·적정을 기하기 위하여 합의체에 의하여 재판하는 제도. ↔단독제.

합의제 관청 (合議制官廳)[하븨- / 하비-] 합의제에 의한 관청(우리나라에서는 국무 회의·감사원 및 각종 행정 위원회가 이에 해당됨).

합의제 법원 (合議制法院)[하븨-버뷘 / 하비-버뷘] 图『법』세 사람 이상의 법관으로 구성되는 합의 재판을 실시하는 법원. ↔단독 법원.

합의-체 (合議體)[하븨- / 하비-] 图『법』세 사람 이상의 법관으로 구성하는 재판 기관.

합일 (合一) 图[하타] 여럿이 합하여 하나가 됨. 하나로 합침.

합일 문자 (合一文字)[하빌-짜] 모노그램.

합자 (合字)[-짜] 图[하타] 둘 이상의 글자를 합하여 한 글자를 만듦. 또는 그 글자.

합자 (合資)[-짜] 图[하타] 두 사람 이상이 자본을 한데 합침. 또는 그런 기업 형태. 口형제가 ~하여 기업을 일으키다.

합자 (蛤子)[-짜] 图 홍합이나 섭조개를 말린 어물.

합자-산 (合資算)[-짜-] 图『경』합자하여 경영한 사업에서 생기는 이익의 배당·손실 분담의 액수를 계산하는 일.

합자-해 (合字解)[-짜-] 图『언』'해례본(解例本) 훈민정음'에서 보인 해례의 하나로, 첫소리·가운뎃소리·끝소리가 합쳐 음절 단위의 글자가 되는 것에 대한 규정.

합자 회:사 (合資會社)[-짜-] 图『경』두 사람 이상이 자본을 대어 만든 회사. 무한 책임 사원과 유한 책임 사원으로 조직됨.

합작 (合作)[-짝] 图[하타] 1 여럿이 힘을 합하여 만듦. 口한중 ~으로 영화를 만들다. 2 공동 목적을 위하여 한데 뭉쳐 협력하는 일. 口남북이 ~하여 금강산을 개발하다. 3『경』둘 이상의 기업이 공동으로 출자하여 기업을 경영함. 또는 그런 기업 형태. 口~ 법인.

합작 영화 (合作映畵)[-짝-] 图『연』둘 이상의 제작자·제작 회사가 함께 계획하고 자금을 대어 제작하는 영화.

합작-품 (合作品)[-짝-] 图[하타] 여럿이 협력하여 만든 작품. 또는 공동으로 협력하여 이룬 일.

합장 (合掌)[-짱] 图[하타] 1 두 손바닥을 마주 대고 붙임. 2『불』두 손바닥을 마주 합쳐 하는 인사.

합장 (合葬)[-짱] 图[하타] 둘 이상의 시체를 한 무덤에 묻음(흔히 부부의 경우를 이름). 부장(附葬). ↔각장(各葬).

합-장단 (合-)[-짱-] 图『악』장구의 북편(왼편)과 채편(오른편)을 한꺼번에 치는 일.

합장-매듭 (合掌-)[-짱-] 图 두 개의 가닥이 아래위로 엇물린 모양의 매듭.

합장 배:례 (合掌拜禮)[-짱-] 图『불』두 손바닥을 마주 대고 절하는 일.

합장-심 (合掌心)[-짱-] 图『불』남을 공경하는 마음. 자비스러운 마음.

합-재떨이 (盒-)[-째떠리] 图 합같이 만들어, 뚜껑이 합 속으로 들어가게 만든 재떨이.

합저 (合著)[-쩌] 图[하타] 두 사람 이상이 함께 책을 지음. 또는 그 책.

합점 (合點)[-쩜] 图[하자] 1『식』밑씨가 배병(胚柄)에 붙는 자리. 2 점수를 합함. 또는 합한 점수. 口세 과목의 ~이 모두 250점이다.

합제 (合劑)[-쩨] 图 두 가지 이상의 약을 섞어서 만든 약제.

합조 (合調)[-쪼] 图[하자] 라디오 수신기를 조정하여 방송국의 파장과 맞춤.

합졸 (合卒)[-쫄] 图 장기에서, 졸을 가로 쓸어 한데 모음.

합종 (合從)[-쫑] 图[하자] 1『역』'합종설'의 준말. 2 굳게 맹세하여 서로 응함.

합종-설 (合縱說)[-쫑-] 图『역』중국 전국 시대에 소진(蘇秦)이 주장한 외교 정책. 강대한 진(秦)나라에 대항하려면 한(韓)·위(魏)·조(趙)·연(燕)·초(楚)·제(齊)의 6국이 동맹하여야 한다는 주장. 일종의 공수(攻守) 동맹임. ⓑ합종1.

합종-연횡 (合縱連衡)[-쫑년-] 图『역』중국 전국 시대 때, 소진(蘇秦)의 합종설과 장의(張儀)의 연횡설.

합좌 (合坐)[-쫘] 图『역』조선 때, 당상관들이 모여 중요한 일을 의논하던 일.

합주 (合奏)[-쭈] 图[하자]『악』두 개 이상의 악기로 동시에 연주하는 일. 또는 그 연주. 협주(協奏). 口관현악을 ~하다. ↔독주(獨奏).

합주 (合酒)[-쭈] 图 찹쌀로 빚어서 여름에 먹는 막걸리의 하나.

합주-곡 (合奏曲)[-쭈-] 图『악』합주를 할 수 있도록 작곡한 곡.

합주-단 (合奏團)[-쭈-] 图『악』두 사람 이상으로 조직한 합주 단체.

합죽 (合竹)[-쭉] 图[하자] 얇은 댓조각을 서로 맞붙임.

합죽-거리다 [-쭉꺼-] 囘 이가 빠져 입술과 볼이 우므러진 사람이 계속해서 입을 움직이다. **합죽-합죽** [-쭈깝쭉] 囘[하타].

합죽-대다 [-쭉때-] 囘 합죽거리다.

합죽-선 (合竹扇)[-쭉썬] 图 얇게 깎은 겉대를 맞붙여서 살을 만든, 접었다 폈다 할 수 있는 부채.

합죽-이 [-쭈끼] 图 이가 빠져 입과 볼이 우므러진 사람을 낮잡아 이르는 말.

합죽-하다 [-쭈카-] 囵囲 이가 빠져서 입과 볼이 우므러져 있다.

합죽-할미 [-쭈칼-] 图 이가 빠져 입과 볼이 우므러진 할머니.

합준 (合蹲)[-쭌] 图 껍질을 까서 말린 감을 여러 개 모아 붙여서 크게 만든 것.

합중-국 (合衆國)[-쭝-] 图 1 둘 이상의 국가나 주(州)가 독립된 법 체계와 제도를 유지하면서 동일 주권(同一主權) 아래 연합하여 형성한 단일 국가. 2 '아메리카 합중국'의 준말.

합중-력 (合衆力)[-쭝녁] 图[하자] 여러 사람의 힘

을 한데 합침. 또는 그렇게 합친 힘.

합-중방 (合中枋)[-쭝-] 명 〖건〗 문머름.

합중 왕국 (合衆王國)[-쭝-] 명 〖정〗 〖United Kingdom : 국왕의 통치하에 있는 연합국의 뜻〗 합성 국가의 통치권이 왕에게 있는 국가. 영국이 그 대표적 예임.

합지-증 (合指症)[-찌쯩] 명 〖생〗 손가락이나 발가락의 일부 또는 전부가 서로 붙어 있는 기형(畸形).

합직 (合直)[-찍] 명하자 합번(合番).

합집 (合集)[-찝] 명하자타 합쳐서 모임. 또는 합쳐서 모음. ▢ 월간지 20호와 21호를 ~으로 펴내다.

합-집합 (合集合)[-찌팝] 명 〖수〗 두 집합 A 와 B 가 있을 때, A와 B의 원소 전체로 이루어진 집합(『 'A∪B'로 나타냄).

합착 (合着) 명하자타 한데 합쳐서 붙음.

합참 (合參) 명 '합동 참모 본부'의 준말. ▢ ~의장.

합창 (合唱) 명하타 1 〖악〗 많은 사람의 소리가 서로 화성을 이루면서 2부·3부·4부 등으로 나뉘어 각각 다른 선율로 노래하는 일. 또는 그 노래. 코러스(chorus). ▢ 이부(二部) ~. 2 여러 사람이 목소리를 맞추어 노래함. 또는 그 노래. ▢ 교가를 ~하다.

합창 (合瘡) 명하자 종기나 상처에 새살이 돋아나서 아무는 일.

합창-곡 (合唱曲) 명 〖악〗 합창을 할 수 있도록 작곡한 곡.

합창-단 (合唱團) 명 〖악〗 합창을 하는 음악 단체. 코러스(chorus).

합창-대 (合唱隊) 명 〖악〗 학교·종교 단체 따위의 기관 단체에서 합창을 하기 위하여 조직한 부서.

합책 (合冊) 명하타 합본1.

합체 (合體) 명하자타 1 둘 이상의 것이 합쳐서 하나가 됨. 또는 그렇게 만듦. 2 두 사람 이상이 마음을 합쳐 하나가 됨.

합취 (合聚) 명하타 한데 모아서 합침.

합치 (合致) 명하자 의견·주장 등이 서로 일치함. ▢ 국민의 뜻과 ~되는 정부의 결정.

합-치다 (合-) 자타 '합하다'의 힘줌말. ▢ 힘을 ~ / 냇물을 합치다.

합치-점 (合致點)[-쩜] 명 둘 이상의 의견이나 주장 따위가 서로 일치하는 점. 일치점.

합-트리다 (合-) 타 합트리다.

합판 (合板) 명 얇은 나무 판 여러 장을 붙여 만든 널빤지. 베니어합판.

합판 (合版) 명하타 두 명 이상이 함께 책을 출판함.

합판 (合辦) 명하타 1 사업을 공동으로 경영함. 2 〖경〗 '합작3'의 구용어.

합판 (合瓣) 명 〖식〗 꽃잎이 서로 붙음.

합판 유리 (合板琉璃)[-뉴-] 명 두 장의 판유리를 맞붙여서 만든 유리(『깨져도 조각이 튀지 않음』).

합판-화 (合瓣花) 명 〖식〗 통꽃. ↔이판화.

합판 화관 (合瓣花冠) 명 〖식〗 통꽃부리. ↔이판화관(離瓣花冠).

합판화-악 (合瓣花萼) 명 〖식〗 통꽃받침. ↔이판화악(離瓣花萼).

합편 (合編) 명 두 편 이상의 글·책 따위를 합쳐서 엮음. 또는 그 책.

합평 (合評) 명 어떤 문제·작품에 대해 여러 사람이 모여서 비평하는 일.

합평-회 (合評會) 명 합평하는 모임.

합필 (合筆) 명하타 두 필 이상의 토지를 합쳐 한 필로 함. ↔분필(分筆).

합하 (閤下)[하파] 대대 〖역〗 정일품 벼슬아치에 대한 경칭.

합-하다 (合-)[하파] ─타자어 1 여럿이 하나가 되다. ▢ 두 반(班)이 ~. 2 자격·조건·뜻 따위에 들어맞다. ▢ 시대의 조류에 합하는 정치 사상. □타어 1 여럿을 하나로 만들다. 한데 모으다. ▢ 마음을 ~. 2 뒤섞다. 3 더하거나 보태다. ▢ 은행 예금에 퇴직금을 합하면 노후 생활 자금은 되겠다.

합헌 (合憲)[하펀] 명 헌법에 위배되지 아니함. ↔위헌(違憲).

합헌-성 (合憲性)[하펀썽] 명 어떤 법적 행위가 헌법의 조항이나 정신에 일치하는 성질. ↔위헌성.

합혈 (合血)[하펼] 명하자타 피가 서로 합함(『옛날에 아버지의 피와 아들의 피를 물에 떨어뜨리면 반드시 서로 섞인다고 하여 재판에서 부자간(父子間)을 확인할 때 썼음).

합화 (合和)[하꽈] 명하자 한데 섞어 잘 어울림. 화동(和同).

합환 (合歡)[하롼] 명하자 1 기쁨을 같이 함. 2 남녀가 함께 자며 즐김.

합환 (閤患)[하롼] 명 남의 아내의 병을 높여 이르는 말.

합환-목 (合歡木)[하콴-] 명 〖식〗 자귀나무.

합환-주 (合歡酒)[하콴-] 명 1 전통 혼례식에서 신랑 신부가 서로 잔을 바꿔 마시는 술. 2 남녀가 함께 자기 전에 마시는 술.

핫- [한] 〖투〗 1 옷·이불 등의 말 앞에 붙어 솜을 둔 것이라는 뜻. ▢ ~바지 / ~이불. 2 배우자가 있음을 나타내는 말. ▢ ~어미 / ~아비.

핫-것 [한낃] 명 솜을 두어 만든 옷·이불 등의 총칭.

핫:-길 (下-)[하낄 / 할낄] 명 하등(下等)의 품질. 또는 그 물건. ↔상길.

핫-뉴스 (hot news) 명 현장에서 보내온 아주 새로운 뉴스. 최신의 소식.

핫도그 (hot dog) 명 1 겨자 소스나 버터를 바른 길쭉한 빵 속에 뜨거운 소시지를 넣은 음식. 2 막대기를 꽂은 기다란 소시지에 밀가루 반죽을 덧입혀 기름에 튀긴 음식.

핫-두루마기 [한뚜-] 명 솜을 두어서 지은 두루마기.

핫라인 (hot line) 명 긴급 비상용으로 쓰는 직통 전화를 흔히 이르는 말.

핫 머니 (hot money) 〖경〗 국제 금융 시장에 나도는 투기적 단기 자금. 한 나라에 정치·경제상의 불안이 발생하면 그곳에 있던 자금이 안정된 국가로 급격히 유출됨.

핫-바지 [한빠-] 명 1 솜을 두어 지은 바지. 2 시골 사람 또는 무식하고 어리석은 사람을 낮잡아 이르는 말. ▢ ~로 여기며 무시하다.

핫-반 [한빤] 명 두 겹으로 된 솜반.

핫-아비 [하다-] 명 아내 있는 남자. ↔홀아비.

핫-어미 [하더-] 명 남편 있는 여자. ↔홀어미.

핫-옷 [하돋] 명 솜을 두어 지은 옷. 솜옷.

핫-이불 [한니-] 명 솜을 두어서 만든 이불. 솜이불.

핫-저고리 [한쩌-] 명 솜을 두어 지은 저고리.

핫-케이크 (hot cake) 명 밀가루에 설탕·달걀·버터 등을 넣고 반죽하여 구운 둥근 과자.

핫 코너 (hot-corner) 명 야구에서, 강한 타구(打球)가 많이 날아가는 삼루 근처를 이르는 말.

핫-퉁이 [한-] 명 1 솜을 많이 두어 지은 두툼한 옷. 또는 그런 옷을 입은 사람. 2 철 지난 뒤에 입은 솜옷.

핫-팬츠 (hot pants) 몜 가랑이가 아주 짧은 바지《주로 여성과 아동이 입음》.

항: (項) 몜 **1** 법률·문장 등에서 내용을 구분하는 단위의 하나. ¶공동 선언은 5개 ~으로 되어 있다. **2** 예산 편제상의 분류의 하나《관(款)의 아래, 목(目)의 위》. ¶~목(目)을 검토하다. **3** 사항. **4**『수』다항식(多項式)에서 각각의 단(單)항식. **5** 분수에서 분모나 분자. **6**『수』비례식의 각 부분. **7**『수』급수(級數)를 이루는 각 수.

항:- (抗)듄 일부 명사 앞에 붙어, '저항'의 뜻을 나타내는 말. ¶~암제 / ~균 / ~히스타민제.

-항 (港)딥 일부 명사 뒤에 붙어, '항구'의 뜻을 나타내는 말. ¶부산~ / 무역~.

항:가 (巷歌) 몜 거리에서 노래를 부름. 또는 그 노래.

항:간 (巷間) 몜 일반 사람들 사이. 여항간(閭巷間). ¶~에 떠도는 소문.

항:강 (項強) 몜『한의』'항강증'의 준말.

항:강-증 (項強症)[-쯩]『한의』목 뒤의 힘줄이 뻣뻣해지고 아파서 목을 잘 움직일 수 없는 병증. ㉜항강.

항:거 (抗拒) 몜ㅎ자 순종하지 않고 맞서서 대항함. ¶~ 운동 / 독재에 ~하다.

항:계 (港界)[-/-께]몜 항만의 경계.

항:고 (抗告) 몜ㅎ타 『법』법원의 결정·명령에 따를 수 없어 당사자 또는 제삼자가 상급 법원에 상소(上訴)하는 일.

항:고-심 (抗告審) 몜『법』항고에 대한 상급 법원의 심리.

항:공 (航空) 몜ㅎ자 항공기 따위로 공중을 날아다님. ¶~ 산업.

항:공 계:기 (航空計器)[-/-계-]『공』항공기의 조종(操縱)을 위해 장치한 여러 가지 계기. 경사계·속도계·기압계·압력계·승강계 따위의 총칭.

항:공-관제 (航空管制) 몜 '항공 교통관제'의 준말.

항:공관제-탑 (航空管制塔) 몜 관제탑.

항:공 교통관제 (航空交通管制) 항공기를 안전하고 능률적으로 운행하기 위하여 항공 교통을 관리·규제하는 일. ㉜항공관제.

항:공-권 (航空券)[-꿘] 몜 항공기를 탈 수 있는 증표.

항:공-기 (航空機) 몜 사람이나 물건을 싣고 공중을 비행할 수 있는 탈것의 총칭《글라이더·비행기·헬리콥터 따위》.

항:공 기상학 (航空氣象學) 항공기의 안전한 비행이나 경제적인 운항에 관계되는 기상 상태를 연구하는 학문.

항:공-대 (航空隊) 몜 **1** 공군 이외의 군에 속하는 항공기 부대. **2** 단위 부대에 소속되어 있는 항공기의 부대.

항:공-도 (航空圖) 몜 항공 지도.

항:공 등대 (航空燈臺) 야간이나 안개 속을 비행하는 항공기의 항공 안전 및 지점 인식의 편의를 위하여, 비행장·항공로 상의 중요 지점에 설치하는 등대.

항:공-력 (航空力)[-녁] 몜 **1** 항공의 능력이나 역량. **2** 공군의 병력.

항:공-로 (航空路)[-노] 몜 공중에 지정되어 있는, 항공기가 정기적으로 다니는 길. ㉜공로(空路).

항:공-모함 (航空母艦) 몜 항공기를 싣고 다니면서 뜨고 내리게 할 수 있는 넓은 갑판과 격납고 및 수리 설비를 고루 갖춘 큰 군함. ㉜모함·항모.

항:공 무선 (航空無線) 항공기의 운항에 필요한 무선 통신 설비의 총칭.

항:공 문학 (航空文學) 『문』비행기를 타고 하늘을 날면서 얻은 경험이나 소재를 바탕으로 하여 이루어진 문학. ＊해양 문학.

항:공-법 (航空法)[-뻡] 『법』국제 민간항공 조약에 따라 제정된 법률《항공기의 등록·항공 종사자·항공로·비행장·항공 보안 시설·항공 운송 사업·항공기의 운항(運航)·외국 항공기 등의 사항을 규정함》.

항:공-병 (航空兵) 『군』항공기에 탑승하여 정찰·전투·폭격 기타의 임무를 수행하는 병사.

항:공-병 (航空病)[-뼝] 『의』항공기에 탑승함으로써 일어나는 갖가지 신체 이상(異常) 《현기증·구토증·호흡 곤란·난청·이명(耳鳴) 따위》. 에어식(airsick).

항:공 보:험 (航空保險) 『경』항공 사고로 인해 생기는 손해를 보상할 것을 목적으로 하는 보험.

항:공-사 (航空士) 몜 **1** 조종사. **2** 항법사.

항:공-사 (航空社) 몜 항공기로 사람이나 짐을 나르는 운송 사업을 하는 회사.

항:공 사:고 (航空事故) 항공기의 납치·충돌·추락·고장 따위의 항공기와 관련된 사고.

항:공-사진 (航空寫眞) 몜 비행 중인 항공기에서 고성능 사진기로 지상을 찍은 사진. 공중(空中)사진.

항:공-선 (航空船) 몜 비행선.

항:공 세:관 (航空稅關) 공항에 설치한 세관이나 세관 출장소.

항:공 수송 (航空輸送) 항공기를 이용하여 여객·우편물·화물 등을 옮기는 일. 공중(空中)수송. ㉜공수(空輸).

항:공-술 (航空術) 몜 비행술.

항:공 역학 (航空力學)[-녀칵] 『물』항공기가 비행 중 공기로부터 받는 힘 및 기체 각부의 기류 상황 등을 연구하는 유체(流體) 역학의 한 분야.

항:공 연료 (航空燃料)[-녈-] 『공』항공기에 사용하는 연료《옥탄가가 높은 항공 가솔린·등유를 주성분으로 하는 제트 연료를 씀》.

항:공 우편 (航空郵便) 특수 취급 우편물의 하나. 항공기로 우편물을 실어 나르는 제도. 또는 그 우편물. 에어 메일. ㉜항공편.

항:공 의학 (航空醫學) 『의』항공기 탑승자의 보건·위생·능률의 유지와 향상 등을 연구하는 의학.

항:공 장애등 (航空障礙燈) 항공기의 야간 운행에 장애가 될 만한 높은 건조물이나 위험물의 꼭대기에 설치하여 그 존재와 위치 따위를 알리기 위한 등. 붉은빛의 등을 켬.

항:공-전 (航空戰) 『군』공중전.

항:공 정찰 (航空偵察) 『군』공중 정찰.

항:공 지도 (航空地圖) 항공기가 비행하는 데 필요로 하는 지도. 항공로·비행 금지 구역·비행장·무선 항행 원조 시설 등이 기재되어 있음. 항공도.

항:공-편 (航空便) 몜 **1** '항공 우편'의 준말. **2** 항공기가 오고 가는 그 편. ¶주말에 출발하는 ~을 알아보고 싶다.

항:공 표지 (航空標識) **1** 항공기가 운항하거나 이착륙을 할 때 안전을 위하여 비행장·항공로에 설치하는 표지《이착륙 표지·항공 등대 따위》. **2** 비행기의 날개와 동체 따위에 표시하는 국적 기호 및 등록 기호.

항:공-학 (航空學) [명] 항공에 관한 사항을 연구하는 학문.
항:공-항 (航空港) [명] 공항(空港).
항괘 (恒卦) [명] 〖민〗 육십사괘의 하나. 진괘(震卦)와 손괘(巽卦)가 거듭된 것《우레와 바람을 상징함》. [준]항(恒).
항구 [명] 염전(塩田)에서 판에 댈 바닷물을 받는 웅덩이.
항:구 (港口) [명] 바닷가에 배가 안전하게 드나들도록 부두 따위를 설비한 곳《기능에 따라 상항(商港)·군항(軍港)·어항(漁港)·공업항 따위로 나눔》. ❑~에 정박하다.
항:구 도시 (港口都市) 항구를 끼고 발달한 도시. 항구로서 발전한 도시. [준]항도(港都)·항시(港市).
항구여일 (恒久如一) [명] 오래도록 변함 없음.
항구-적 (恒久的) [관][명] 변하지 않고 오래가는 (것). ❑~(인) 평화.
항구-하다 (恒久-) [형][여] 변하지 않고 오래가는 성질이 있다.
항:균 (抗菌) [명] 균에 저항함. ❑~ 작용.
항:균-성 (抗菌性)[-썽] [명] 항생 물질 등이 세균의 발육을 저지하는 성질.
항:균성 물질 (抗菌性物質)[-썽-찔] 〖의〗 항생 물질.
항기 (降旗) [명] 항복의 뜻을 나타내는 흰 기. 백기(白旗).
항:내 (港內) [명] 항구의 안.
항-다반 (恒茶飯) [명] 항상 있는 차와 밥이라는 뜻으로, 늘 있어 이상하거나 신통할 것이 없음을 이르는 말. 일상. [준]다반.
항다반-사 (恒茶飯事) [명] 예사로운 일. 일상 있는 일. [준]다반사.
항:담 (巷談) [명] 항설(巷說).
항덕 (恒德) [명] 한결같고 변함없는 덕.
항도 (恒道) [명] 영구히 변하지 않는 바른 도리.
항:도 (港都) [명] '항구 도시'의 준말.
항:도 (港圖) [명] 〖해〗 항구와 그 주변의 지리를 자세히 그려, 선박의 출입 및 정박(碇泊)에 이용하는 항해용 지도.
항-독 [명] 항아리와 독.
항:-독소 (抗毒素)[-쏘] [명] 생체 안에 침입한 독소와 결합하여 독소의 작용을 억제하는 물질《혈청(血清) 기타의 체액(體液)에 생김》. 안티톡신.
항:등 (港燈) [명] 선박 출입의 편의를 위하여 항구에 설치한 등.
항-등식 (恒等式) [명] 〖수〗 식(式)에 포함된 문자에 어떤 값을 넣어도 항상 성립하는 등식《$a+b=b+a$, $(x+2)(x-2)=x^2-4$ 따위》.
항:라 (亢羅)[-나] [명] 명주·모시·무명실 따위로 짠 피륙의 하나로 구멍이 송송 뚫어진 여름 옷감. ❑~ 적삼.
항:려 (伉儷)[-녀] [명] 남편과 아내로 이루어진 짝. 배우(配偶).
항:력 (抗力)[-녁] [명] 〖물〗 **1** 어떤 물체가 유체(流體) 속을 운동할 때에 운동 방향과 반대 방향으로 물체에 미치는 유체의 저항력. **2** 물체가 면(面) 위에 있을 때에 면이 그 물체에 작용하는 힘. 수직으로 작용하는 것을 수직 항력이라 하고, 평행으로 작용하는 것을 마찰력이라 함.
항렬 (行列)[-녈] [명] 혈족의 방계(傍系)에 대한 대수(代數) 관계를 표시하는 말《형제 관계는 같은 항렬임》. ❑~이 높다 / ~을 따지다.
항렬-자 (行列字)[-녈짜] [명] 항렬을 표시하기 위하여 이름자 속에 넣어서 쓰는 글자. 돌림자. ❑~를 보니 할아버지뻘이다.

항:례 (抗禮)[-녜] [명][하자] 한편으로 기울지 않은 대등한 예로 대함. 또는 그 예.
항례 (恒例)[-녜] [명] 상례(常例).
항:로 (航路)[-노] [명] **1** 선박이 지나다니는 해로(海路). 뱃길. **2** 항공기가 날아다니는 공로(空路). ❑동남아 ~.
항:로 신:호 (航路信號)[-노-] 항해 중의 선박이 딴 배와의 충돌을 피하기 위하여 침로(針路)를 변경하는 방향을 알리는 음향 신호.
항:로 표지 (航路標識)[-노-] 주로 연안을 항행하는 선박을 보호하기 위하여 연안 및 항로에 설치한 표지의 총칭.
항:론 (抗論)[-논] [명][하타] 어떤 주장이나 이론에 대항하여 논함.
항:룡 (亢龍)[-뇽] [명] 하늘에 오른 용이란 뜻으로, 썩 높은 지위를 이르는 말.
항마 (降魔) [명][하자] 〖불〗 악마를 항복시킴. 수행을 방해하는 것을 물리침.
항마-검 (降魔劍) [명] 〖불〗 마귀를 항복시키는 칼. 곧, 부동명왕(不動明王)의 손에 쥐어져 있는 칼.
항마-인 (降魔印) [명] 〖불〗 악마를 항복하게 하는 인상(印相). 왼손을 무릎 위에 두고 오른손은 내리어 땅을 가리킴.
항:만 (港灣) [명] 해안선이 육지 쪽으로 굽은 곳에 방파제·부두·잔교(棧橋)·창고·기중기 등의 시설을 한 수역. ❑~ 운송 사업.
항:명 (抗命) [명][하자] 명령·제지(制止)에 따르지 아니하고 반항함. 또는 그런 태도.
항:명-죄 (抗命罪)[-쬐] [명] 〖군〗 상관의 명령에 반항하거나 제지에 복종하지 아니함으로써 성립하는 죄.
항:모 (航母) [명] '항공모함'의 준말.
항:목 (項目) [명] 조목(條目).
항:무 (港務) [명] 항만의 유지·관리에 관한 행정 사무《관세 감시·검역·선박 사무·해상 보안·수상 경찰 따위》.
항문 (肛門) [명] 〖생〗 고등 포유동물의 소화기의 말단, 곧 직장(直腸)이 끝나는 곳에 있어, 체내의 똥을 배설하는 구멍. 똥구멍.
항문 괄약근 (肛門括約筋)[-과략끈] 〖생〗 항문을 오므리고 펴는 작용을 하는 근육《안팎의 두 종류가 있음》.
항:배-상망 (項背相望) [명] **1** 뒤를 이을 사람이 많음의 비유. **2** 목과 등이 마주 바라본다는 뜻으로, 왕래가 빈번함을 이르는 말.
항:법 (航法)[-뻡] [명] 선박·항공기가 두 지점 사이를 정확하게 항행하는 기술. 배나 항공기를 조종하는 기술. ❑계기(計器) ~.
항:법-사 (航法士)[-뻡싸] [명] 항공기에 탑승하여 그 위치 및 침로(針路)의 측정과 항공상의 자료를 산출하는 사람.
항:변 (抗卞) [명][하타] 항의(抗議)1.
항:변 (抗辯) [명][하자] **1** 대항하여 자신을 변호함. **2** 〖법〗 민사 소송법상, 상대방의 신청 또는 주장의 배척을 구하기 위해 대립하는 별개의 사항을 주장하는 일.
항병 (降兵) [명] 항복한 병사. 항졸.
항복 (降伏·降服) [명][하자] **1** 싸움에서 자신이 진 것을 상대에게 인정하고 굴복함. ❑무조건 ~. **2** 〖불〗 자아를 굽혀 복종함.
항복-기 (降伏旗)[-끼] [명] 항기(降旗).
항:비 (亢鼻) [명] 높은 코.
항사 (恒事) [명] 항상 있는 일. 보통 있는 일.
항산 (恒産) [명] 생활할 수 있는 일정한 재산 또는 생업. *항업.

항:산성-균 (抗酸性菌)〖명〗〖생〗 산(酸)에 강한 균《결핵균·나병균 따위》.

항상 (恒常)〖부〗 언제나 변함없이. 늘. 灵~ 즐거운 얼굴이다 / ~ 바쁘다.

항상 가:정 (恒常假定)〖심〗 어떤 감각 기관에, 일정한 크기의 자극(刺戟)을 연속적으로 가하면 어떤 경우라도 반드시 일정한 감각이 일어난다고 하는 가정.

항상-성 (恒常性)[-썽]〖명〗 늘 같은 상태를 유지하는 성질.

항:생 물질 (抗生物質)[-찔] 생물, 특히 곰팡이나 세균 등의 미생물에 의해서 생성되어, 다른 미생물이나 생물 세포의 기능을 저해하는 물질《페니실린·스트렙토마이신 따위》.

항:생-제 (抗生劑)〖명〗 항생 물질로 된 약제.

항서 (降書)〖명〗 항복의 뜻을 적어 상대에게 보내는 글. 항복서.

항설 (巷說)〖명〗 사람들 사이에서 떠도는 말.

항설-선 (恒雪線)[-썬]〖명〗〖지〗 설선(雪線).

항:성 (亢星)〖천〗 이십팔수(二十八宿)의 둘째 별자리. 처녀자리에 있음. 준항(亢).

항성 (恒性)〖명〗 **1** 언제나 변하지 않는 성질. **2** 누구에게나 다 있는 공통적인 성품.

항성 (恒星)〖천〗 천구 상에서 서로의 위치를 거의 바꾸지 아니하고 별자리를 구성하는 천체. 태양과 같이 스스로 빛을 내며, 공의 운동을 함《북극성·북두칠성·견우성·직녀성 따위》. ↔행성.

항성 광:도 (恒星光度)〖천〗 지구의 표면에 수직으로 비치는 항성의 밝기.

항성-기 (恒星期)〖천〗 '항성 주기(恒星週期)'의 준말.

항성-년 (恒星年)〖천〗 태양이 어떤 항성과 동일한 황경(黃經)에서 출발하여 다시 그 자리로 되돌아오는 데 걸리는 시간《지구의 공전 주기(公轉週期)와 같음. 곧, 365일 6시간 9분 9.5초》.

항성-도 (恒星圖)〖명〗〖천〗 천구(天球)를 평면 위에 투영하여 항성의 위치와 밝기에 따라 그린 그림. 성도(星圖).

항성-시 (恒星時)〖명〗〖천〗 1항성일을 24로 나눈 시간《1항성시는 태양시의 59분 50초 17에 해당함》.

항성-월 (恒星月)〖천〗 항성을 기준으로 하여 달이 천구(天球)를 한 바퀴 도는 데 걸리는 평균 시간《27일 7시간 43분 11초》.

항성-일 (恒星日)〖천〗 춘분점 또는 한 항성이 자오선을 통과하고 다시 그것을 통과하기까지의 시간《지구의 자전 주기(自轉週期)와 같음. 곧, 23시간 56분 4초 1》.

항성 주기 (恒星週期)〖천〗 행성·위성의 항성에 대한 공전 주기. 준항성기(期).

항성-표 (恒星表)〖천〗 천구 위에서 항성의 위치·운동·등급·스펙트럼형·거리·변광(變光) 주기 등을 나타낸 표. 항성 목록. 준성표.

항:소 (抗訴)〖명〗〖하자〗〖법〗 상소(上訴) 방법의 하나. 하급 법원에서 받은 제일심(第一審)의 판결에 불복할 때, 직접 상급 법원에 그 판결의 취소·변경을 위하여 법률상 또는 사실상의 복심(覆審)을 청구하는 일. 灵~를 기각하다 / 고등 법원에 ~하다.

항:소-권 (抗訴權)[-꿘]〖명〗〖법〗 상소권의 한 가지. 항소를 할 수 있는 권리.

항:소-극론 (抗疏極論)[-극논]〖명〗〖하타〗 임금에게 상소문을 올려 잘못을 다해 논함.

항:소 기각 (抗訴棄却)〖법〗 법원이 이미 받은 판결이 마땅하다고 여겨 항소를 물리칠 때에 하는 재판.

항:소 법원 (抗訴法院)〖법〗 항소 사건을 심리하는 제일심 법원의 상급 법원.

항:소-심 (抗訴審)〖명〗〖법〗 항소한 사건에 대한 항소 법원의 심리. 제이심(第二審).

항:소-인 (抗訴人)〖명〗〖법〗 항소한 사람.

항:소-장 (抗訴狀)[-짱]〖명〗〖법〗 항소 제기의 의사 표시를 명백히 하여 항소 기간 안에 원심 법원에 내는 서면.

항속 (恒速)〖명〗 변동이 없는 일정한 속도.

항:속 (航速)〖명〗 배나 비행기의 속도.

항:속 (航續)〖명〗〖하자〗 항공·항해를 계속함. 灵~거리.

항:속-력 (航續力)[-쏭녁]〖명〗 배·항공기가 한번 실은 연료만으로 항해·항공을 계속할 수 있는 힘.

항:송 (航送)〖명〗〖하타〗 선박·항공기로 실어 나름.

항:쇄 (項鎖)〖명〗〖역〗 칼².

항:쇄-족쇄 (項鎖足鎖)[-쐐]〖명〗〖역〗 죄인의 목에 씌우던 칼과 발에 채우던 차꼬를 아울러 이르는 말.

항수 (恒數)[-쑤]〖명〗〖수〗 상수(常數)3.

항습 (恒習)〖명〗 언제나 하는 버릇.

항시 (恒時)〖명〗 상시(常時). 😊〖부〗 늘. 언제나. 灵그는 ~ 표정이 밝다.

항시-권 (恒視圈)[-꿘]〖명〗〖천〗 항현권.

항신-풍 (恒信風)〖명〗〖지〗 무역풍(貿易風).

항:심 (抗心)〖명〗 대항하려는 마음.

항심 (恒心)〖명〗 늘 지니고 있어 변함이 없는 떳떳한 마음.

항아 (姮娥)〖명〗 **1** 상아(嫦娥). **2** 궁중에서, 상궁이 되기 전의 어린 궁녀를 이르던 말.

항아-님 (姮娥-)〖명〗 궁중에서, 상궁이 되기 전의 어린 궁녀를 높여 이르던 말.

항아리 (缸-)〖명〗 아래위가 좁고 배가 부른 질그릇의 하나. 灵독 ~ / 고추장 ~.

항아리-손님 (缸-)〖명〗 '유행성 이하선염(耳下腺炎)'의 통속적인 일컬음. 볼거리.

항:암 (抗癌)〖명〗 암세포의 증식을 억제하거나 암세포를 죽임. 灵~ 물질 / ~ 치료를 받다.

항:암-제 (抗癌劑)〖명〗 암세포의 분열, 증식을 억제하고 암세포를 죽여 없애는 작용을 하는 약제. 제암제(制癌劑).

항:양 (航洋)〖명〗〖하자〗 배를 타고 바다를 항해함.

항:어 (抗禦)〖명〗〖하타〗 대항하여 막음.

항:어 (巷語)〖명〗 항설.

항:언 (抗言)〖명〗〖하타〗 대항하여 말함. 또는 맞서 버티는 말.

항언 (恒言)〖명〗〖하타〗 늘 말함. 또는 항상 하는 말.

항업 (恒業)〖명〗 늘 일정하게 가지고 있는 직업. *항산.

항:역 (抗逆)〖명〗〖하자타〗 대항하여 거역함.

항:연 (項軟)〖명〗〖한의〗 병을 오래 앓은 어린아이가 목에 힘이 없어 머리를 제대로 가누지 못하는 증상.

항오 (行伍)〖명〗 군대를 편성한 행렬.

항오-발천 (行伍發薦)〖명〗 병졸로 시작해서 장관(將官)에 오름. **2** 낮은 벼슬에서 점차로 높은 벼슬에 오름.

항오-출신 (行伍出身)[-씬]〖명〗〖하자〗 병졸로 출세하여 벼슬에 오름.

항온 (恒溫)〖명〗 상온(常溫).

항온-기 (恒溫器)〖명〗 내부의 온도를 자동적으로 일정하게 유지하도록 장치한 기구. 정온기(定溫器). 항온조(恒溫槽).

항온-대 (恒溫帶)〖명〗〖지〗 상온층(常溫層).

항온 동:물 (恒溫動物)〖동〗 정온(定溫) 동물.

항온 장치 (恒溫裝置) 실험 장치·공업 생산 공정·주거 등의 특정한 곳의 온도를 일정하게 유지하도록 하는 장치. 서모스탯.

항온-조 (恒溫槽) 명 항온기.

항온-층 (恒溫層) 명 [지] 상온층(常溫層).

항:요 (巷謠) 명 사람들 사이에서 불리는 세속적인 노래. 속요(俗謠).

항용 (恒用) 뿐 늘. 흔히. ▢ ~ 있는 일.

항:우-장사 (項羽壯士) 명 항우 같은 장사라는 뜻으로, 힘이 아주 센 사람 또는 웬만한 일에는 끄떡도 아니하는 꿋꿋한 사람을 이르는 말. 항장사. ▢ 그 사람 고집은 ~다.

항:운 (航運) 명하타 배로 물건을 실어 나름.

항:원 (抗元·抗原) 명 [생] 체내에 침입하여 항체(抗體)를 형성하게 하는 단백성 물질(여러 세균·독소 따위가 이에 해당함). 면역원. 항체원. ▢ ~ 물질 / ~ 분석(分析).

항은-권 (恒隱圈)[-꿘] [천] 지구 위의 일정한 지점에서 어느 때고 전연 볼 수 없는 천구(天球)의 부분. ↔항현권(恒顯圈).

항:의 (抗議)[-이] 명하타 1 반대의 뜻을 주장함. 항변(抗卞). ▢ ~ 데모 / ~ 전화가 빗발치다. 2 어떤 나라가 다른 나라의 처사에 반대하는 뜻을 상대국에 정식으로 통고함. ▢ ~ 각서를 보내다.

항의 (恒儀)[-/-이] 명 상례(常例)로 행하는 의식.

항의 (鄕醫)[-/-이] 명 보통의 의원(醫員).

항:의 (巷議)[-/-이] 명 세상에 떠도는 평판이나 소문.

항의 (降意)[-/-이] 명 항복할 뜻.

항인 (降人) 명 항복한 사람.

항:일 (抗日) 명하타 일본 제국주의에 맞서 싸움. ▢ ~ 투쟁 / ~ 투사 / ~ 운동.

항자 (降者) 명 항복한 사람.

항자불살 (降者不殺)[-쌀] 명하타 항복하는 사람은 죽이지 아니한.

항장 (降將) 명 항복한 장수(將帥).

항:장-력 (抗張力)[-녁] 명 [물] 물체가 잡아당기는 힘에 대항하여 견디어 낼 수 있는 한계의 장력.

항:-장사 (項壯士) 명 항우장사.

항:재 (抗材) 명 1 토목 건축에서 기초 공사의 버팀목으로 쓰는 재목. 2 광산 갱도의 버팀목으로 쓰는 나무.

항:쟁 (抗爭) 명하타 대항하여 싸움.

항:적 (抗敵) 명하타 적과 맞섬.

항:적 (航跡) 명 배나 항공기가 지나간 자취. ▢ 다른 배의 ~을 쫓다.

항:적-운 (航跡雲) 명 비행기구름.

항:적-필사 (抗敵必死)[-싸] 명 죽기를 각오하고 적과 맞서 싸움.

항:전 (抗戰) 명하타 적에 대항하여 싸움. ▢ ~ 의지를 굽히지 않다.

항:정 명 1 개나 돼지 같은 짐승의 목덜미. 2 쇠고기의 양지머리 위에 붙은 고기(편육에 씀).

항:정 (航程) 명 배가 항행하는 거리.

항:정-선 (航程線) 명 1 항공기의 항로가 각 자오선과 동일한 각도로 교차하는 선. 2 [천] 지구 표면을 구면(球面)으로 나타내었을 때, 각 자오선과 일정한 각으로 만나는 곡선.

항:조-하다 (亢燥-) 형여 지대(地帶)가 높아 땅이 메마르다.

항졸 (降卒) 명 항병(降兵).

항:종 (項腫) 명 [한의] 목에 나는 큰 종기.

항:주-력 (航走力) 명 배가 물 위를 달리는 힘.

항:직-하다 (亢直-)[-지카-] 형여 곧고도 굳세

다. 강직하다.

항:진 (亢進) 명하타 1 기세나 기능 따위가 자꾸 높아짐. 더함. ▢ 심계 ~. 2 병세 따위가 심하여짐.

항:진 (航進) 명 배나 비행기가 앞으로 나아감. ▢ 배가 전속력으로 ~하다.

항:차 (航差) 명 1 항행 중인 선박이 풍파에 밀려서 생기는 용골선(龍骨線)과 침로(針路)와의 차. 2 고유의 속력과 실제의 항속력(航速力)과의 차.

항:철-목 (項鐵木) 명 물방아 굴대를 떠받치는 나무.

항:체 (抗體) [생] 항원(抗原)의 침입에 대항하여 혈청 안에 형성되는 물질(응집소(凝集素)·침강소(沈降素)·항독소의 작용을 가지며 생체에 그 항원에 대한 면역성을 줌). 면역체. 항독소. ▢ ~ 혈청(血淸) / ~가 생기다.

항:체-원 (抗體原) [생] 항원(抗原).

항:타-기 (杭打機) 명 무거운 쇠달구를 말뚝머리에 떨어뜨려 그 힘으로 말뚝을 땅에 때려 박는 토목 기계.

항:타기초 (杭打基礎) 명 땅에 박은 말뚝 위에 다른 물건을 올릴 수 있도록 한 기초.

항태 (缸胎) 명 1 오지그릇의 한 가지(질이 토기(土器)와 같으나 거칠고 두꺼우며 무거움). 2 태4.

항:통 (缿筒·缿筩) 명 1 지난날, 관아에서 백성의 투서를 받던 통. 2 벙어리저금통.

항:포구 (港浦口) 명 항구와 포구.

항풍 (恒風) 명 [지] 항상 일정한 방향으로 부는 바람(무역풍 따위). 탁월풍(卓越風).

항하 (恒河) 명 '갠지스 강'의 한자 이름.

항하-사 (恒河沙) ▭뿐 항하의 무수한 모래라는 뜻으로, 무한히 많은 수량을 이르는 말. ▭수관 극(極)의 만 배. 아승기(阿僧祇)의 1만분의 1.

항:한 (亢旱) 명 극심한 가뭄.

항:해 (航海) 명하타 배를 타고 바다 위를 항행함. ▢ ~ 구역.

항:해-도 (航海圖) 명 [해] 1 항해를 하는 데 쓰는 지도의 총칭. 2 연안(沿岸) 항해에 필요한 해도.

항:해-등 (航海燈) 명 [해] 항해 중의 배가 밤중에 그의 진행 방향을 나타내고자 켜는 등(현등(舷燈)·선미등(船尾燈) 따위).

항:해-력 (航海曆) 명 항해에 필요한 천문 사항을 기재한 책력(태양·달·별들의 날마다의 위치가 표로 적혀 있음).

항:해 보:험 (航海保險) [경] 한 항해를 보험 기간으로 하는 해상 보험.

항:해-사 (航海士) 명 선박 방위(方位)의 측정, 승무원의 지휘, 하역(荷役)의 감독 등을 담당하는 선박 직원의 하나. 면허의 종류는 1급에서 6급으로 구분됨.

항:해 속력 (航海速力)[-송녁] [해] 항해 때에 일정하게 달리는 빠르기.

항:해-술 (航海術) 명 [해] 선박이 항행 중에 그 배의 경위도를 확인하고, 또 항해해야 할 지름길의 침로(針路)·항정(航程) 따위를 측정하는 일 등 항해에 필요한 기술.

항:해 용선 (航海傭船) 특별히 정한 항해를 위하여 배를 빌리는 계약.

항:해 위성 (航海衛星) 항행·항공용의 인공위성. 일정 주파수의 전파를 내면서 비행하고, 선박·항공기는 그 전파를 받아 자기 위치를 정확히 알 수 있음. 항행 위성.

항:해 일지(航海日誌)[—찌]〖해〗선장이 배의 운항 상황과 항해 중에 일어난 매일매일의 일 따위를 적는 중요 서류의 하나.

항:해-장(航海長)〖명〗함장의 명을 받아 항로·수로·기상에 관한 일과 그 밖에 물품의 관리 등을 담당·감독하는 사람.

항:해 증서(航海證書)〖법〗선박의 항해를 허가하는 증명서.

항:해 천문학(航海天文學)〖천〗항해 중 천체의 관측에 의하여 배의 위치와 방향 등을 알아내는 천문학.

항:해-표(航海表)〖명〗〖해〗천체를 관측하고, 선박의 해상 위치를 알아내며, 또는 나침반의 오차 측정(誤差測定) 등을 하기 위해 여러 가지 수치를 적은 표.

항:행(航行)〖명〗〖하타〗배나 항공기가 항로를 다님. ▣서해 연안을 ~하는 배.

항:행 구역(航行區域)〖해〗선박의 각 등급에 따라 항해할 수 있는 수역.

항:행-도(航行圖)〖명〗선박 또는 비행기를 조종할 때 쓰는 지도.

항:행 서:열(航行序列)〖군〗여러 함대(艦隊)로 구성된 대함대가 항행할 때 각 함대의 위치와 차례.

항:행 위성(航行衛星)항해 위성.

항:행 차:단(航行遮斷)〖군〗해군력으로 상대국의 함정이 항해·연안의 항행을 못하도록 차단하는 일.

항현-권(恒顯圈)[—꿘]〖명〗〖천〗지구 상의 일정한 지점에서 어느 때고 항상 볼 수 있는 천구(天球)의 영역. 항시권(恒視圈). ↔항은권(恒隱圈).

항:-혈청(抗血淸)〖명〗항원(抗原)을 동물에 주사하여 얻은, 항체를 함유하는 혈청(실험·치료에 씀).

항:형(抗衡)〖명〗〖하자〗서로 지지 않고 맞섬.

항:-효소(抗酵素)〖명〗〖생〗효소 작용을 선택적으로 막는 물질.

항:히스타민-제(抗histamine劑)〖명〗〖약〗기관지 천식·두드러기·건초열 등의 알레르기성 질환에서 히스타민의 작용을 억제하는 약제.

해[1]〖명〗1 태양. ▣~가 뜨다. 2 지구가 태양을 한 바퀴 도는 동안. 연(年). ▣~가 바뀌다. 3 해가 떠서 질 때까지의 동안. ▣오뉴월 긴~. 4 햇빛이나 햇볕. ▣집이 남향이라 ~가 잘 든다. 〓〖의명〗1월부터 12월까지 열두 달을 한 단위로 세는 말. ▣두 ~ / 몇 ~ 동안.

해가 길다〖구〗해가 비치는 동안, 곧 낮이 길다. ▣여름날은 ~.

해가 서쪽에서 뜨다〖구〗절대로 있을 수 없는 일. 또는 사물이 뒤바뀜의 비유.

해가 지다〖구〗해가 서쪽으로 넘어가다.

해가 짧다〖구〗해가 떠 있는 동안이 짧다. 곧, 낮이 짧다. ▣해가 짧은 겨울날.

해[2]〖명〗〖민〗1 십이지(十二支)의 열두째(돼지를 상징함). 2 '해방(亥方)'의 준말. 3 '해시(亥時)'의 준말.

해[3](害)〖명〗〖하타〗이롭지 못하거나 손상시킴. 또는 그런 것. ▣~를 입다 / 건강에 ~가 된다 / 돌이킬 수 없는 ~를 끼치다.

해[4](解)〖명〗1〖수〗방정식이나 부등식을 성립시키는 미지수의 값. 또는 미분 방정식을 만족시키는 함수(函數). 2 주어진 문제의 답. 3 한문 문체의 하나. 의혹이나 비난에 답하을 목적으로 한 것.

해[5](劾)〖의명〗사람을 나타내는 명사·대명사의 뒤에 쓰이어 '그의 소유의 것'이라는 뜻을 나타내는 말. 것. ▣내 ~ / 뉘 ~냐 / 이건 네 ~다.

해(垓)〖수〗〖관〗십진급수(十進級數)의 단위의 하나. 경(京)의 만(萬) 배가 되는 수. 곧, 10^{20}.

해[3]〖부〗〖옛〗많이. 흔히.

해[4]〖부〗1 입을 조금 벌리고 힘없이 멋쩍게 웃는 모양. 또는 그 소리. 2 입을 조금 벌리고 경망스럽게 웃는 모양. 또는 그 소리. 〓헤[1].

해[5]〖감〗일이 순조롭게 되지 아니하거나 곤란할 때 가볍게 내는 소리. 〓헤[2].

해[6]〖조〗〖옛〗에.

해[7]〖준〗하여. ▣그렇게 ~도 된다.

해-[두]'그 해에 새로 난 것'의 뜻. ▣~콩.

-해(海)[미]'바다'의 뜻. ▣다도~ / 지중~.

해가(奚暇)〖명〗'해가에'의 꼴로 쓰여 어느 겨를. 하가(何暇). ▣~에 일을 다 하나.

해:각(海角)〖명〗1〖지〗육지가 바다 쪽으로 뿔처럼 돌출(突出)한 부분. 2 썩 멀리 떨어져 있는 곳.

해:각(解角)〖명〗〖하자〗노루·사슴 등에서 새 뿔이 나려고 묵은 뿔이 빠짐.

해:갈(解渴)〖명〗〖하자〗1 갈증을 풂. 2 비가 내려 가뭄에서 벗어남. ▣이 될 만큼 충분히 비가 왔다 / 비는 내렸지만 ~은 안 되었다.

해:감(海—)〖명〗1 물속에서 흙과 유기물이 썩어 생기는 냄새나는 찌꺼기. 2〖식〗해감.

해:감-내(海—)〖명〗해감의 냄새.

해:갑(蟹甲)〖명〗게의 껍데기.

해거(駭擧)〖명〗괴상하고 엉뚱한 행동. ▣~를 당하다 / ~를 부리다.

해-거름(海—)〖명〗해가 서쪽으로 기울어질 무렵. 또는 그런 때. ▣~ 안에는 돌아와야 한다. 〓해름.

해-거리(海—)〖명〗하타〗1 한 해를 거름. 격년(隔年). 2〖농〗과수(果樹)가 한 해에 열매가 많이 열리면 나무가 약해져서 그다음 해에는 거의 열매가 열리지 않는 일. 격년결과.

해:결(解決)〖명〗〖하타〗얽힌 일을 풀어내어 잘 처리함. 문제를 풀어서 결말을 지음. ▣문제를 ~하다 / ~이 나다 / 완전히 ~되다.

해:결-사(解決士)[—싸]〖명〗1〈속〉까다로운 채권·채무 등에 관련된 일을 전문적으로 부탁받아 폭력으로 해결해 주고 돈을 받는 폭력배. 2 문제나 일 따위를 능숙하게 잘 처리하는 사람.

해:결-책(解決策)〖명〗어떤 일이나 문제를 푸는 방책. ▣원만한 ~을 찾다.

해:경(海警)〖명〗1 바다의 수비. 해변의 방비. 2 '해양 경찰청'의 준말.

해:고(解雇)〖명〗〖하타〗고용주(雇用主)가 피고용자를 그만두게 함. 면직. ▣~를 당하다.

해:고 수당(解雇手當)고용주가 피고용자를 해고할 때 주는 급여 이외의 보수.

해골(骸骨)〖명〗1 몸을 이루고 있는 뼈. 2 죽은 사람의 살이 썩고 남은 뼈. 또는 그 머리뼈. 촉루(髑髏).

해골-바가지(骸骨—)[—빠—]〖명〗〈속〉해골로서의 머리뼈.

해골-박(骸骨—)[—빡]〖명〗〈속〉해골바가지.

해골-산(骸骨山)[—싼]〖명〗〖성〗그리스도가 죽고드디어 언덕을 이르는 말.

해골-지킴(骸骨—)〖명〗〈속〉묘지기.

해:-공(害工)〖명〗〖하자〗힘써 일하는 데 방해함.

해:-공(海工)〖명〗항만이나 해안에서 하는 모든 공사의 총칭.

해:공 (海空)[명] **1** 바다와 하늘. **2** 해군과 공군.

해:관 (海關)[명] **1** 항구에 설치한 관문. **2**[역] 중국 청나라 때, 개항장에 설치했던 세관.

해:관 (解官)[명하타] 벼슬을 내놓게 함.

해:괘 (解卦)[명] 육십사괘의 하나. 진괘(震卦)와 감괘(坎卦)가 거듭된 것. 우레와 비를 상징함. ⓜ해(解).

해괴망측-하다 (駭怪罔測-)[-츠카-][형여] 말할 수 없이 괴이하다. ▷해괴망측한 이야기.

해괴-하다 (駭怪-)[형여] 매우 괴이하다. 놀랄 만큼 괴상하다. ▷해괴한 소문이 나돌다. **해괴-히**[부]

해:교 (解膠)[명하자][화] 엉겨 뭉친 콜로이드(colloid)의 침전(沈澱) 또는 고체에 약품을 가하여 콜로이드 용액(溶液) 상태가 되게 하는 것. ▷~제(劑).

해:구 (海口)[명] 바다의 후미진 곳, 또는 항만으로 들어간 어귀.

해:구 (海丘)[명][지] 바다 밑에 솟아 있는 언덕(높이 1,000 m 이하의 것).

해:구 (海狗)[동] 물개.

해:구 (海區)[명] 바다 위에 설정한 구역.

해:구 (海寇)[명] 바다를 통해 침입하여 들어오는 도둑 떼.

해:구 (海溝)[명][지] 대양(大洋) 밑바닥에 좁고 길게 움푹 들어간 깊은 협곡. *해연(海淵).

해:구 (海鷗)[명] 바다의 갈매기.

해:구-신 (海狗腎)[명][한의] 물개 수컷의 생식기(보신 강정제로 씀).

해:국 (海國)[명] 섬나라. 해양국.

해:국 (海菊)[명][식] 국화과의 여러해살이풀. 해변에 나는데, 높이 30-60 cm, 줄기는 목질(木質)임. 잎은 어긋나고 두꺼우며 거꿀달걀꼴임. 여름에 연분홍 꽃이 두상(頭狀)꽃차례로 피고 열매는 수과(瘦果)로 11월에 익음.

해:군 (海軍)[명] 바다에서 전투 임무를 수행하는 군대.

해:군 (解軍)[명하자] 군대를 해산함.

해:군 공창 (海軍工廠)[군] 해군의 함선·병기 등의 제조·수리 등을 맡아보는 기관.

해:군-기 (海軍機)[명] 해군에 속하는 항공기.

해:군 기장 (海軍旗章)[군] 해군 함정의 돛대 끝 또는 깃대에 다는 해군의 깃발.

해:군 기지 (海軍基地)[군] **1** 군항과 그 경비 지역. **2** 함선의 수리·보급·출동·귀항 등의 중심이 되는 곳.

해:군-력 (海軍力)[-녁][명][군] 해군의 군사력. ▷막강한 ~으로 바다를 지키다.

해:군 본부 (海軍本部)[군] 국방부에 속하여 해군에 관한 사항을 맡아보는 최고 지휘 기관. ⓜ해본.

해:군 사:관 학교 (海軍士官學校)[-교][군] 해군의 정규 사관을 양성하는 학교(수업 연한은 4 년이며, 졸업과 동시에 학사(學士) 학위를 수여받고 해군 또는 해병 소위로 임관됨. ⓜ해사(海士).

해:군 신:호 (海軍信號)[군] 해군에서 통신 연락 때 사용하는 여러 가지 신호(신호등·수기(手旗) 신호·전화·무선 전신·기적·호포(號砲) 따위).

해:군-포 (海軍砲)[명][군] 해군에서 사용하는 대포의 총칭.

해:군 함:선 (海軍艦船)[군] 해군에 소속된 군함과 선박의 총칭(군함·운송선·병원선·공작선·잡역선(雜役船) 등이 있음).

해굽-성 (-性)[-썽][명][식] 굴일성(屈日性).

해:권 (海權)[-꿘][명] '해상권(海上權)'의 준말.

해:권-국 (海權國)[-꿘-][명] 해상권을 쥐고 있는 나라.

해:귀-당신 (海鬼-)[명] 얼굴이 어울리지 않게 넓적하고 복스럽게 생긴 사람의 비유.

해:근 (解斤)[명하타] 근풀이.

해금 (奚琴)[명][악] 향악기의 하나. 둥근 나무 통에 가는 자루를 박고 두 줄의 명주실을 매어, 오죽(烏竹)에 말총을 얹은 활로 비벼 켬. 깡깡이.

해:금 (海禁)[명하자] 자기 나라 해안에 외국 선박이 들어오거나 그곳에서 고기잡이하는 것을 금지시킴.

해:금 (解禁)[명하타] 금지하던 것을 풂. ▷~작가 / ~ 가요 / 월북 작가들의 작품이 ~되었다.

해:-금사 (海金砂)[명] **1**[식] 실고사리. **2**[한의] 실고사리의 포자(胞子)(임질·습열(濕熱)의 약으로 씀).

해금-수 (奚琴手)[명][역] 해금을 켜던 세악수(細樂手)의 하나.

해기 (咳氣)[명] 기침 기운.

해:기 (海技)[명] 선원이 갖추어야 할 기술.

해:기 (海氣)[명] 바다 위에 어린 기운.

해:기-사 (海技士)[명] 해기사 면허 시험에 합격한 사람(선장·항해사·기관사 따위가 될 수 있음). 해기원.

해:기-욕 (海氣浴)[명] 해변에서 신선한 공기를 호흡하고 해기를 쐬는 일종의 기후 요양법.

해:기-원 (海技員)[명] 해기사(海技士).

해-깍두기 [-뚜-][명] 봄에 새로 담근 깍두기.

해-껏 [-껃][부] 해가 질 때까지.

해꼬지 ☞ 해코지.

해끄무레-하다 [형여] 반반하게 생기고 빛이 조금 흰 듯하다. ⓜ희끄무레하다.

해끔-하다 [형여] 빛깔이 조금 희고 깨끗하다. ⓜ희끔하다.

해끔-해끔 [부하형] 여기저기가 조금 희고 깨끗한 모양. ⓜ희끔희끔.

해끗-해끗 [-끄끋][부하형] 흰 빛깔이 여기저기 나타난 모양. ⓜ희끗희끗.

해낙낙-하다 [-낭나카-][형여] 마음이 흐뭇해 만족스런 느낌이 있다.

해:난 (海難)[명] 항해하다가 만나는 재난. ▷~사고를 당하다.

해:난 구:조 (海難救助)[명] 해난을 당한 선박의 선원·화물 등을 구조하는 일. 샐비지.

해:난 증명서 (海難證明書)[명] 해난 사실을 증명하는 문서.

해납작-하다 [-짜카-][형여] 얼굴이 하얗고 납작하다. ⓜ희넓적하다.

해낭 (奚囊)[명] 여행하면서 읊은 시나 문장의 초고를 넣는 주머니.

해:내 (海內)[명] **1** 사면이 바다로 둘러싸인 육지. **2** 나라 안. ↔해외.

해:-내다[타] **1** 상대방을 여지없이 이겨 내다. **2** 맡은 일이나 닥친 일을 능히 처리하다. ▷제 몫을 다 ~ / 어려운 일을 거뜬히 ~.

해-넘이 [명] 해가 막 넘어가는 때. ↔해돋이.

해:녀 (海女)[명] 바닷속에 잠수해 들어가 해삼·전복·미역 등을 따는 것을 업으로 하는 여자. *보자기.

해:년 (亥年)[명] 지지(地支)가 해(亥)로 된 해. 돼지해.

해:님 [명] 해를 인격화하여 높여 이르는 말. ↔달님.

해:단 (解團)[명하타] 단체를 해산함. ▷선수단 ~식. ↔결단(結團).

해:달 (海獺) [명] 〔동〕 족제빗과의 바다짐승. 수달과 비슷하며 길이 1m가량, 빛은 다갈색으로 길고 빳빳한 털이 섞여 났음. 꼬리가 굵으며 뒷다리는 길고 발가락이 물갈퀴로 이어져 있음. 알래스카 반도 남쪽에 떼를 지어 살고 있으며, 그 모피를 최고급으로 침.
해담 (咳痰) [명] 기침할 때 나오는 가래.
해:답 (解答) [명][하자타] 질문이나 문제에 대하여 답하거나 어려운 일을 풀어서 밝힘. 또는 그 답(答). [준]답.
해:답-란 (解答欄)[-담난] [명] 해답을 보인 난. 또는 해답을 써넣을 수 있도록 마련된 난.
해:답-지 (解答紙)[-찌] [명] 해답을 적은 종이.
해:답-집 (解答集)[-찝] [명] 문제에 대한 해답을 모아서 엮은 책.
해:당 (害黨) [명][하자] 당을 해롭게 함. ❏ ~ 행위로 규정하다.
해:당 (解黨) [명][하자] 당을 해산함.
해당 (該當) [명][하자] **1** 어떤 범위나 조건 따위에 바로 들어맞음. **2** 무엇과 관련 있는 바로 그 것. ❏ ~ 부서.
해당-란 (該當欄)[-난] [명] 어떤 사항에 바로 들어맞는 난.
해:당-분자 (害黨分子) [명] 당에 해로운 행동을 하는 사람. ❏ ~로 낙인찍히다.
해당-자 (該當者) [명] 무엇에 관계되는 사람. 어떤 일에 꼭 들어맞는 사람.
해:당 작용 (解糖作用) 〔생〕 동물의 조직 속에서 글리코겐이 산소 없이 분해되어 젖산과 이산화탄소가 되는 일련의 작용.
해:당-화 (海棠花) [명] 〔식〕 장미과의 낙엽 활엽 관목. 해변에 나는데, 가시가 많으며 잎은 작은 잎으로 된 깃꼴 겹잎이며 어긋남. 늦봄에 붉은 다섯잎꽃이 아름답게 핌. 꽃은 향수 원료로, 열매는 약용하거나 식용함. 때찔레.
해:대 (海臺) [명] 〔지〕 윗부분이 약간 평평하고 옆면은 급경사를 이룬 바다 밑의 도도록한 부분. ＊해팽(海膨).
해:대 (解隊) [명][하자] 명칭에 '대(隊)' 자가 붙은 단체를 해산함.
해:-대다 [타] 화풀이로 마구 대들다.
해:도 (海島) [명] 바다 가운데 있는 섬.
해:도 (海圖) [명] 〔지〕 바다의 상태를 자세히 적어 넣은 항해용 지도.
해:도 (海濤) [명] 바다의 큰 파도.
해:독 (害毒) [명] 해치고 망가뜨리는 일. 선량한 성질이나 상태를 해치는 일. ❏ 사회에 ~을 끼치다.
해:독 (解毒) [명][하자] 독기를 풀어 없앰. ❏ ~ 작용을 하는 약.
해:독 (解讀) [명][하타] **1** 뜻을 풀어 읽음. **2** 읽어서 뜻을 알아냄. ❏ 암호를 ~하다.
해:독-기 (解讀器)[-끼] [명] 〔컴〕 데이터를, 하나의 코드화된 형태로부터 다른 코드 형식으로 바꾸는 장치. 디코더(decoder).
해:독-약 (解毒藥)[-동냑] [명] 해독제.
해:독-제 (解毒劑)[-쩨] [명] 〔약〕 몸 안의 독기를 풀어 없애는 약. 해독약.
해-돋이 [-도지] [명] 해가 막 솟아오르는 때. 또는 그런 현상. 해뜨기. ↔해넘이.
해동 (孩童) [명] 어린아이. 젖먹이.
해:동 (海東) [명] 발해(渤海)의 동쪽에 있는 나라. 곧, 예전에 우리나라를 일컫던 말.
해:동 (海桐) [명] 〔식〕 엄나무.
해:동 (解凍) [명][하자] 얼었던 것이 녹아서 풀림.
해-동갑 (-同甲) [명][하자] 해가 질 때까지의 동안. 어떤 일을 해가 질 때까지 계속한다는 뜻. ❏ ~ 일을 하다.
해:동-연 (海東硯) [명] 우리나라의 돌이나 흙으로 만든 한국식 벼루.
해:동-종 (海東宗) [명] 〔불〕 법성종(法性宗).
해:동-중보 (海東重寶) [명] 〔역〕 고려 성종 이후 통용되던 주전(鑄錢).
해:동-청 (海東青) [명] 〔조〕 매⁶.
해:동-통보 (海東通寶) [명] 〔역〕 고려 숙종(肅宗) 때 통용되던 엽전.
해:동-피 (海桐皮) [명] 〔한의〕 엄나무 껍질《맛은 쓰며, 허리와 다리가 저리고 바람이 이는 데 약으로 씀》.
해:득 (解得) [명][하타] 뜻을 깨쳐 앎. ❏ 영문 ~이 가능한 자.
해-뜨기 [명] 해돋이.
해:-뜨리다 [타] '해어뜨리다'의 준말.
해뜩-발긋 [-빨귿] [부][하형] 빛이 해끔하고 발그스름한 모양.
해뜩-해뜩 [-뜨캐-] [부][하형] 흰 빛깔이 여기저기 뒤섞여 얼비치는 모양. [큰]희뜩희뜩².
해:라-체 (-體) [명] 〔언〕 상대 높임법에 딸린 종결 어미의 한 체(體). 아랫사람에게 아주 낮추는 뜻을 나타냄. '앉아라·읽자' 등의 말이 이에 속함.
해:라-하다 [자][여] 해라체의 말씨를 쓰다. ❏ 우리, 앞으로 말을 놓아 해라하자.
해락 (偕樂) [명][하자] 여럿이 함께 즐김.
해:란 (蟹卵) [명] 게의 알.
해:람 (解纜) [명][하자타] 출항. 출범(出帆).
해래 (偕來) [명][하자] 여럿이 함께 옴.
해:량 (海量) [명][하자] 바다처럼 넓은 도량《상대방에게 용서를 구할 때 씀》. 또는 그런 마음으로 잘 헤아려 줌.
해:량 (海諒) [명][하타] 바다처럼 넓은 마음으로 양해함《편지 따위에서 상대방에게 용서를 구할 때 씀》.
해:려 (海驢) [명] 〔동〕 강치.
해:령 (海嶺) [명] 〔지〕 바다 밑에 산맥 모양으로 솟은 지형. 해저 산맥.
해:례 (解例) [명][하타] 보기를 들어서 풀이함.
해:로 (海路) [명] 배가 다니는 바다 위의 길. 바닷길. ↔육로(陸路).
해로 (偕老) [명][하자] 부부가 한평생 같이 살며 함께 늙음. ❏ 백년~ / 평생을 ~하기로 맹세하다.
해:로 (解顱) [명] 〔한의〕 어린아이의 숫구멍이 나이에 비해 닫혀지지 않는 병.
해로 (harrow) [명] 쟁기로 간 뒤에, 흙덩이를 잘게 쳐서 깨는 서양 농기구.
해로-가 (薤露歌) [명] 상여가 나갈 때 부르는 노래《사람의 목숨이 부추 위의 이슬같이 덧없다는 뜻으로 구슬픈 가사와 곡조로 됨》.
해로-동혈 (偕老同穴) [명] **1** 살아서는 함께 늙고 죽어서는 한 무덤에 묻힌다는 뜻으로, 생사를 같이하자는 부부의 사랑의 맹세. **2** 〔동〕 바다수세밋과의 해면동물. 수세미와 비슷한 원통형으로 길이 36cm가량이며, 모래·진흙 등에 부착함. 그 강장(腔腸) 안에는 새우 한 쌍이 들어 있으므로 이 이름이 있음.
해:록 (海鹿) [명] 섬에 사는 사슴.
해:록-석 (海綠石)[-썩] [명] 〔광〕 운모 비슷한 구조를 가진 철·칼륨 등의 함수 규산염 광물.
해:-롭다 (害-)[-따]〔해로워, 해로우니〕 [형][ㅂ] 해가 있을 만하다. 해가 되는 점이 있다. ❏ 약물 남용은 인체에 ~. **해:-로이** [부]
해롱-거리다 [자] 버릇없이 자꾸 까불다. ❏ 술에 취해 해롱거리는 꼴이 가관이다. [큰]희롱

거리다. **해롱-해롱** 부하자
해롱-대다 자 해롱거리다.
해:룡 (海龍) 명 〖동〗 강치.
해:룡-피 (海龍皮) 명 강치의 가죽《방수(防水) 용구를 만드는 데 씀》.
해:류 (海柳) 명 〖동〗 갯버들2.
해:류 (海流) 명 〖지〗 일정한 방향과 속도로 이동하는 바닷물의 흐름.
해:류-도 (海流圖) 명 〖지〗 해류의 종류·방향·속도 등을 나타낸 지도.
해:류-병 (海流甁) 명 해류의 방향과 속도를 알기 위해 바다 위에 띄워 보내는 병《바다에 띄운 날짜와 그 지점의 경도와 위도를 적은 종이쪽을 넣고 밀폐시켜, 그것을 주운 사람의 보고를 기다림》.
해:륙 (海陸) 명 바다와 육지.
해:륙-군 (海陸軍)[-꾼] 명 해군과 육군.
해:륙-풍 (海陸風) 명 〖지〗 해안 지방에서 밤낮의 기온차 때문에, 낮에는 바다에서 육지로, 밤에는 육지에서 바다로 방향을 바꾸어 부는 바람.
해:름 명 '해거름'의 준말.
해:리 (海狸) 명 〖동〗 비버(beaver).
해리 (該吏) 명 해당하는 바로 그 벼슬아치.
해:리 (解離) 명하자타 **1** 풀려서 떨어짐. 또는 떨어지게 함. **2** 〖화〗 화합물이 가열·용해 등의 작용에 의하여 이온·원자·분자 따위로 분해되는 현상. ❑ 열(熱)~ / 전기(電氣) ~.
해:리 (海里) 의명 해상의 거리를 나타내는 단위. 위도(緯度) 1°의 1/60의 길이《1해리는 1,852 m이나 나라마다 다름》. 리(浬).
해:리-도 (解離度) 명 〖화〗 해리된 분자의 수와 해리 전의 분자 총수와의 비.
해:리-열 (解離熱) 명 〖화〗 해리를 일으키는 데에 필요한 열량《보통, 1몰 분자에 대한 열량으로 표시함》.
해:마 (海馬) 명 **1** 〖어〗 실고깃과의 바닷물고기. 길이 5-15 cm, 딱딱한 비늘로 덮이고 머리는 말의 머리와 비슷하며, 주둥이는 관상(管狀), 몸빛은 갈색임. **2** 〖동〗 식육목(目) 해마과의 바다짐승. 북극 연안의 얼음 위에 사는데 길이 3 m가량, 바다코끼리 비슷하며 귓바퀴가 없고 사지는 지느러미 모양, 송곳니는 코끼리 엄니 같음. 조개류를 먹음.
해-마다 부 그해 그해. 매년.
해:마-아 (海馬牙) 명 해마의 엄니《상아의 대용으로 많이 씀》.
해:만 (海灣) 명 **1** 바다와 만. **2** 〖지〗 만(灣).
해:만 (解娩) 명하타 〖의〗 해산(解産).
해:만-하다 (懈慢-) 형여 게으르고 거만하다.
해:-말 (亥末) 명 해시(亥時)의 끝 무렵. 곧, 오후 11시가 되기 바로 전 시각.
해-말갛다 [-가타] 〔해말가니, 해말개서〕 형ㅎ 얼굴빛 따위가 희고 맑다. 큰희멀겋다.
해말끔-하다 형여 얼굴빛 따위가 희고 말끔하다. 큰희멀끔하다.
해말쑥-하다 [-쑤카-] 형여 얼굴빛 따위가 희고 말쑥하다. ❑ 해말쑥하고 가냘픈 몸집의 소녀. 큰희멀쑥하다.
해-맑다 [-막따] 형 매우 희고 맑다. ❑ 해맑은 미소〔얼굴〕. 큰희맑다.
해망 (駭妄) 명하형히부 행동이 해괴하고 요망함. ❑ ~을 부리다.
해:망-구실 (蟹網俱失) 명 게와 그물을 모두 잃었다는 뜻으로, 이익을 보려다가 도리어 밑천까지 잃음을 가리키는 말.
해망-쩍다 [-따] 형 총명하지 못하고 아둔하다.
해-맞이 명하자 **1** 새해를 맞음. 영년(迎年). **2** 해가 뜨는 것을 구경하는 일.
해매 명 요사하고 간악한 기운.
해:매 (海霾) 명 해미.
해머 (hammer) 명 **1** 물건을 두드리기 위한 큰 망치. **2** 〖악〗 피아노 따위의 현(絃)이나 다른 발성체(發聲體)를 치는 작은 망치. **3** 해머던지기 경기에서 사용하는 기구.
해머-던지기 (hammer-) 명 지름 2.135 m 인 원 안에서 해머를 던져, 그 거리로써 승부를 겨루는 경기. 투(投)해머.
해먹 (hammock) 명 기둥 사이나 그늘 등에 달아매게 된, 침상으로 쓰는 그물 모양의 물건.
해먼드 오르간 (Hammond organ) 〖악〗 건반을 눌러서 진공관에 전기 진동을 일으켜 파이프 오르간과 비슷한 음을 내는 전기 오르간《상표명》.
해:면 (海面) 명 바다 표면. 해수면. ❑ ~ 위로 뛰어오르는 물고기의 모습.
해:면 (海綿) 명 **1** 〖동〗 해면동물. **2** 해면동물의 골격《솜처럼 부드러워 물을 잘 빨아들임. 사무용·의료용 등에 씀》.
해:면 (解免) 명하타 **1** 책임을 벗어서 면하게 함. **2** 관직·직책 등에서 물러나게 함.
해:면-동물 (海綿動物) 명 〖동〗 무척추동물의 한 문(門). 대부분 바다에 사는데 몸은 대체로 원통 모양임. 가장 원시적인 다세포 동물로 바위나 다른 물건에 붙어 삶.
해:면-상 (海綿狀) 명 잔구멍이 송송 배게 뚫리어 해면처럼 된 모양.
해:면상 조직 (海綿狀組織) 〖식〗 해면 조직.
해:면 조직 (海綿組織) 〖식〗 식물 잎의 잎살을 이루고 있는 조직의 하나. 불규칙한 세포가 서로 성기게 벌어져 물질 이동의 통로가 됨. 갯솜 조직. 해면상 조직.
해:면-질 (海綿質) 명 〖생〗 해면동물의 섬유상 골격을 이루는 유기(有機) 물질.
해:면-체 (海綿體) 명 〖생〗 포유류의 음경(陰莖)이나 음핵(陰核)의 주체를 이루는 해면상 구조의 발기(勃起) 조직.
해:면-치레 (海綿-) 명 〖동〗 해면치렛과의 게. 난해(暖海)의 바다 밑에 서식. 등딱지의 길이는 7 cm, 폭은 8 cm 정도이며, 등과 발에 긴 털이 덮임. 집게발은 희고, 광택이 남.
해:명 (海鳴) 명 파도가 해안에 부딪쳐서 나는 소리가 지면을 통해 들리는 메아리《폭풍의 전조로 여겨짐》.
해:명 (解明) 명하타 까닭이나 내용을 풀어서 밝힘. ❑ 납득할 만한 ~이 없었다 / ~에 나서다 / 사고 원인을 ~하다 / 보도 내용이 사실과 다르다고 ~했다.
해:명 신화 (解明神話) 주로 자연적 또는 문화적 사물이나 현상의 기원(起源)·유래·성립 과정 등을 설명하는 신화.
해:몽 (解蒙) 명하타 어리석음을 일깨워 줌.
해:몽 (解夢) 명하타 꿈을 풀어 길흉(吉凶)을 판단함. ❑ 꿈보다 ~이 좋다.
해:무 (海霧) 명 바다에 끼는 안개.
해-무늬 [-니] 명 해가 비쳐서 얼룩얼룩하게 진 무늬.
해:묵 (海墨) 명 황해도 해주에서 나는 먹.
해-묵다 [-따] 자 **1** 물건이 한 해를 지나다. **2** 해 오던 일이나 하려던 일을 다 마치지 못하고 한 해를 지나다. **3** 여러 해가 지나 오래되다. ❑ 해묵은 논쟁을 다시 시작하다.
해-묵히다 [-무키-] 타 《'해묵다'의 사동》 해묵게 하다.

해:물(海物)圏 '해산물(海産物)'의 준말.
해:미圏 바다 위에 낀 아주 짙은 안개. 해매(海霾). 분기(氛氣).
해:미(海味)圏 해산물(海産物)로 만든 맛이 좋은 반찬.
해-바라기'圏《식》국화과의 한해살이풀. 북아메리카 원산. 높이는 2 m 정도이며 잎은 대형의 넓은 달걀꼴인데, 여름에 선황색의 큰 꽃이 핌. 과실은 수과(瘦果), 기름을 짬. 줄기 속은 약재로 씀. 규화(葵花).
해-바라기²圏阅 추울 때 양지바른 곳에 나와 햇볕을 쬐는 일.
해바라기-성(-性)[-씽]圏《식》향일성(向日性).
해-바라지다困 어울리지 아니하게 넓게 벌어지다. 冠阅 어울리지 아니하게 조금 넓다. 困헤벌어지다.
해-바르다阅 ☞양지바르다.
해박-하다(該博-)[-바카-]阅阅 여러 방면으로 아는 것이 많다. 口해박한 지식을 자랑하다. 해박-히 [-바키] 閉
해:-반구(海半球)圏《지》수반구(水半球).
해반닥-거리다[-꺼-]困阅 1 눈의 흰자위를 굴려 반짝거리다. 2 물고기 따위가 몸을 찾히며 자꾸 반득이다. 困희번덕거리다. 해반닥-해반닥[-다캐-]閉阅困阅
해반닥-대다[-때-]困阅 해반닥거리다.
해반드르르-하다阅阅 1 겉모양이 해말쑥하고 반드르르하다. 2 잘 꾸며 대어 그럴싸하다. 困희번드르르하다. 困해반들하다.
해반들-하다阅阅 '해반드르르하다'의 준말.
해반주그레-하다阅阅 얼굴이 해말쑥하고 반주그레하다. 困희번주그레하다.
해반지르르-하다阅阅 얼굴이 해말쑥하고 반지르르하다. 困희번지르르하다.
해:발(海拔)圏 해면으로부터 계산한 육지나 산의 높이.
해:발 고도(海拔高度)《지》평균 해면을 기준으로 하여 측정한 어떤 지점의 높이.
해-발리다困 어울리지 않게 사이를 벌리다. 口입을 해발리고 서 있는 모습.
해발쪽圉阅 입이나 구멍 따위가 조금 넓게 바라진 모양. 困헤벌쭉.
해발쪽-이圉 해발쪽하게.
해발쪽圉 ☞해발쪽.
해:방(亥方)圏 이십사방위의 하나(정서쪽에서 북쪽으로 15°의 방위를 중심으로 한 15°의 각도 안). 困亥坐.
해:방(海防)圏阅 바다를 방비함.
해:방(解放)圏阅阅 구속이나 억압, 속박을 풀어 자유롭게 함. 口~ 전쟁 / 여성 ~ 운동 / 감옥 생활에서 ~되다 / 시험지옥에서 ~되다 / 노예를 ~하다.
해:방-감(解放感)圏 구속이나 억압, 부담 따위에서 벗어난 느낌. 口도시를 벗어난 ~ / 군복무를 마친 ~을 만끽하다.
해:방-구(解放區)圏 혁명 세력이 중앙 권력의 지배를 배제하고 그 세력을 확립한 지구.
해:방-둥이(解放-)圏 우리나라가 일제 강점으로부터 해방되던 1945년에 태어난 사람을 일컫는 말. 口~ 세대.
해:방 문학(解放文學)《문》피압박 계급 또는 민족이 그 압박에서 해방되기 위한 목적으로 지은 문예 작품.
해:방-사(海防使)圏《역》조선 후기에 둔 해

방영(海防營)의 우두머리 장수.
해:방-영(海防營)圏《역》조선 고종 때 설치한, 경기·황해·충청 삼도의 수병(水兵)을 통할하던 군영.
해:방 운:동(解放運動)피압박 상태 또는 속박 상태로부터 벗어나고자 하는 운동.
해:백-하다(楷白-)[-배카-]阅阅 정확하고 분명하다.
해:벌(解罰)圏阅阅 형벌을 풀어 줌.
해:법(海法)[-뻡]圏 '해상법'의 준말.
해:법(解法)[-뻡]圏 문제나 곤란한 일을 푸는 방법. 口대화를 통해 ~을 찾다.
해:변(海邊)圏 바닷가. 口~의 여인 / ~을 거닐다.
해:변 식물(海邊植物)[-씽-]《식》해변의 모래밭이나 해안의 벼랑에 나는 식물(대체로 잎은 살이 많고 두꺼우며 물기가 많고 햇볕과 바람에 잘 견딤).
해:변 학교(海邊學校)[-꾜] 여름 방학 동안, 바닷가에 설치하여 공동생활과 간단한 학습을 포는 임시 학교.
해:병(海兵)圏《군》해병대의 병사.
해:병-대(海兵隊)圏《군》해군으로서 상륙작전과 육전 보조 부대로서 수륙 양용 작전을 하기 위하여 편성된 부대.
해:보(海堡)圏《군》바닷가에 설치한 보루(堡壘)나 포대(砲臺).
해:-보다困 끝까지 맞겨루거나 싸우다. 口어디 한번 해보자.
해:복(解腹)圏阅阅 해산(解産).
해:본(海本)圏 '해군 본부'의 준말.
해:부(解剖)圏阅阅 1《생》생물체의 일부 또는 전체를 절개하여 그 구조나 각 부분 사이의 관련을 연구하는 일. 해체. 口생체(生體) ~. 2 사물의 조리를 자세하게 분석하여 연구함. 口사건을 ~하다.
해:부-도(解剖刀)圏《생》해부할 때에 쓰는 작은 칼. 해부칼. 메스.
해:부-도(解剖圖)圏《생》생물체의 내부 구조를 나타낸 그림. 口인체 ~.
해:부-제(解剖祭)圏《의》해부에 쓰는 시체의 영혼을 위로하기 위하여 지내는 제사.
해:부 표본(解剖標本)《의》생물의 근육·장기·골격 등의 위치·모양 및 그 상호 관계를 보기 쉽게 만든 표본.
해:부-학(解剖學)圏《생》생물체 내부의 구조·기구를 연구하는 학문.
해:분(海盆)圏《지》해심 3,000-6,000 m의 깊이에서 약간 둥글게 오목 들어간 곳.
해:분(海粉)圏《한의》'해합분(海蛤粉)'의 준말.
해:분(解紛)圏阅阅 분쟁을 해결함.
해비-하다(晐備-·該備-)阅阅 갖추어진 것이 넉넉하다.
해:빈(海濱)圏 해변. 바닷가.
해:빙(海水)圏 바닷물이 얼어서 생긴 얼음.
해:빙(解氷)圏阅阅 1 얼음이 녹아 풀림. ↔결빙(結氷). 2 국제간의 긴장이 완화됨을 비유적으로 이르는 말. 口남북 간의 ~ 분위기가 조성되다.
해:사(海士)圏 '해군 사관 학교'의 준말.
해:사(海沙·海砂)圏 바닷모래.
해:사(海事)圏 선박의 안전한 운항에 관한 사항이나 여러 가지 관리 사무.
해:사(海蛇)圏《동》바다뱀.
해:사(解事)圏阅阅 사리를 밝게 깨달음.
해:사 공법(海事公法)[-뻡]해사에 관한 공법

의 총칭.

해:사 금융(海事金融)[-늉 /-늉] 선박을 담
보로 하는 장기 금융.

해사-하다(형)[*]**1** 얼굴이 희고 곱다. ➀해사한
얼굴. **2** 표정·웃음소리 따위가 맑고 깨끗하
다. ➀해사하게 웃다. **3** 옷차림·맵시 따위가
말끔하고 깨끗하다. ➀해사한 맵시.

해:산(海山)〖지〗바다 밑에 우뚝 솟은 바
닷속의 산(1,000 m 이상의 것을 말함).

해:산(海産)(명) '해산물'의 준말.

해:산(解産)(명)(하타) 아이를 낳음. ➀ ~이 임박
하다 / 옥동자를 ~하다.

해:산(解散)(명)(하자타)**1** 모인 사람이 흩어짐.
또는 흩어지게 함. ➀시위대를 ~시키다 / 야
유회는 6시에 ~하였다. **2** 어떤 단체나 조직
등을 해체하여 없앰. 〔교〕국회 ~.

해:산-구완(解産-)(명)(하자) 해산을 돕는 일.
해산바라지.

해:산-달(解産-)[-딸] 아이를 낳을 달.

해:산-등(解散燈)(명) 문을 안 내고 밑바닥에
구멍을 내어 초가 드나들도록 만든 작은 등.

해:산 명:령(解散命令)[-녕]〔법〕법인의 법
령 위반 또는 그 밖의 사유로 법인의 존속을
허용할 수 없다고 인정될 때, 감독 기관이 해
산하라고 내리는 명령.

해:산-물(海産物)(명) 바다에서 나는 동식물의
총칭. ⬥해물·해산.

해:산-미역(解産-)(명) 아이를 낳은 여자가 먹
을 미역. 산곽. ➀ ~을 준비해 두다.
[해산미역 같다] 허리가 굽은 사람을 조롱하
는 말.

해:산-바라지(解産-)[-빠-] (명)(하자) 해산을 돕
는 일. 해산구완.

해:산 비:료(海産肥料) 해산물을 원료로 한
비료.

해:산-쌀(解産-)(명) 아이를 낳은 여자가 먹을
밥을 지을 쌀.

해:산-어미(解産-)(명) 해산한 지 얼마 되지
않은 부인. 산모.
[해산어미 같다] 몸이 부석부석 부은 사람을
가리키는 말.

해:삼(海蔘)(명)〖동〗해삼강의 극피동물의 총
칭. 바다 깊이 약 20 m의 곳에 삶. 길이는
40 cm 가량. 몸은 밤색·갈색으로 오이 모양이
며 배에 세로로 세 줄의 관족(管足)이 있음.
온몸에 오돌토돌한 돌기가 나 있고 맛이 좋
음. 사손(沙噀).

해:삼-초(海蔘炒)(명) 마른 해삼을 물에 불려
간장과 기름·설탕을 넣어 볶아서 후춧가루와
잣가루를 친 음식.

해:삼-탕(海蔘湯)(명)**1** 마른 해삼과 쇠고기를
넣고 끓인 음식. **2** 중화요리의 하나. 마른 해
삼을 삶아 죽순·송이버섯·풋고추 등을 잘게
썰어 넣고 기름에 볶은 다음, 녹말을 묽게 풀
어 끼얹음.

해:삼-회(海蔘膾)(명) 내장을 뺀 날해삼을 썰
어서 초고추장이나 초간장에 찍어 먹는 회.

해:상(海上)(명) 바다 위. ➀ ~ 교통 / ~에 높
은 파도가 일고 있다.

해:상(海床)(명)〖지〗바다의 밑바닥.

해:상(海商)(명) 배에 물건을 싣고 다니면서 파
는 장사. 또는 그 장수.

해:상[1](海象)(명) 해양에서의 자연 과학적 현상
의 총칭. *기상(氣象).

해:상[2](海象)(명)〖동〗바다코끼리.

해:상(解喪)(명)(하자) 어버이의 삼년상을 마침.
탈상(脫喪).

해:상 경:찰(海上警察) 수상 경찰.

해:상-권(海上權)[-꿘] (명)〔법〕제해권(制海
權). ⬥해권.

해:상 급유(海上給油) 항해 중인 배에 연료를
공급하는 일. 양상(洋上) 급유.

해:상-도(解像度)(명) 텔레비전 화면이나 컴퓨
터의 디스플레이 따위에 나타나는 물체의 선
명도(鮮明度). ➀ ~가 높다.

해:상-력(解像力)[-녁] (명)〖물〗촬영된 피사체
에서 상(像)의 세부(細部)가 얼마만큼 정확히
재현되어 있는가를 재는 단위. 촬영용 렌즈
와 감광제가 계측(計測)의 대상이 됨.

해:상 무:역(海上貿易)〔경〕선박에 의하여
행하여지는 무역.

해:상-법(海上法)[-뻡] (명)〔법〕항해에 관한
사항을 규정한 법규의 총칭. ⬥해법(海法).

해:상-법(海商法)[-뻡] (명)〔법〕상법 가운데
해상 운송, 해상 보험과 같은 해상 기업 활동
에 관한 법규의 총칭. 해사 상법.

해:상 보:험(海上保險)〔경〕항해 중에 사고
로 생기는 선박이나 화물의 피해를 보상하는
손해 보험.

해:상 봉쇄(海上封鎖) 적의 함선·밀수선 등
이 출입하지 못하도록 항만을 막는 일.

해:상 예식(海上禮式)[-녜-] 한 나라의 해군
이 타국의 해안 포대에 이르거나 외국 함선
을 만났을 때 예포나 깃발로 행하는 예식.

해:상-용왕(海上龍王)[-농-] (명)〖불〗관세음
보살의 오른쪽에 있는 보처존(補處尊).

해:상 운:송(海上運送) 배로 사람이나 화물
을 실어 나르는 일. ⬥해운.

해:상 트럭(海上truck) 한 사람의 선원이 운
전하도록 된 소형 화물선.

해:상 포:획(海上捕獲) 교전국의 한쪽이 공해·
영해 안에서 적국의 함선이나 화물 또는 중
립을 위반한 혐의가 있는 제삼국의 선박을
잡아가는 일.

해:색(海色)(명) 바다의 경치.

해:생(亥生)(명) 태세(太歲)가 해(亥)로 된 해에
난 사람.

해:-생물(海生物)(명) 바닷속에 사는 동식물.

해:서(海西)(명) '황해도'의 딴이름.

해:서(海恕)(명)(하타) 바다처럼 넓은 마음으로
용서함. *해용(海容).

해:서(海棲)(명) 바닷속에서 삶.

해서(楷書)(명) 한자 서체의 하나. 예서(隸書)
에서 발달한 것으로 글자 모양이 가장 반듯
한 것. 정서(正書).

해:서산맹(海誓山盟)(명) 영구히 존재하는 산
이나 바다같이 굳게 맹세한다는 뜻으로, 썩
굳은 맹세를 이르는 말. 맹산서해(盟山誓海).

해:석(海石)(명)〖광〗속돌.

해:석(解析)(명)(하타)**1** 사물을 자세하게 풀어서
이론적으로 연구함. **2**(준)'해석학'의 준말.
3〔수〕'해석 기하학'의 준말.

해:석(解釋)(명)(하타) 문장이나 사물의 뜻을 자
신의 논리에 따라 이해하거나 이해한 것을
설명함. 또는 그 내용.

해:석 기하학(解析幾何學)[-끼-]〔수〕기하
학적 도형을 좌표에 의하여 나타내고 그 관
계를 대수 방정식을 써서 연구하는 기하학.

해:석 법규(解釋法規)[-뻡뀨]〔법〕당사자의
의사 표시가 있는 경우에 그 분명하지 못한
부분을 해석하는 임의(任意) 법규.

해:석 법학(解釋法學)[-뻐팍]〔법〕실정법의
의미와 내용을 체계적으로 해석하는 법학.

해:석-학(解析學)[-서칵] (명)〔수〕**1** 대수학과

기하학에 대하여, 함수(函數)의 연속성에 관한 성질을 미분·적분의 개념을 기초로 하여 연구하는 수학의 여러 부문. **2** 기하학 이외의 수학의 총칭.

해ː석-학 (解釋學)[-서캉] 명 〖철〗 문학·예술·학문 등 인간 정신의 산물을 인간의 체험이 표현된 것으로 보고, 이해하기 위하여 해석의 방법과 규칙·이론을 연구하는 학문.

해ː선 (海扇) 명 〖조개〗 가리비.

해ː선 (海船) 명 바다에 뜬 배. 해상을 항행하는 배.

해ː설 (解雪) 명하자 눈이 녹음.

해ː설 (解說) 명하타 문제나 사건의 내용 따위를 알기 쉽게 풀어서 설명함. 또는 그런 글이나 책. ▢뉴스 ～ / ～ 기사.

해ː설-자 (解說者)[-짜] 명 해설하는 사람.

해ː성 (海星) 명 〖동〗 불가사리².

해성 (諧聲) 명 형성(形聲).

해ː성-층 (海成層) 명 〖지〗 바다 밑에 퇴적하여 이루어진 지층.

해ː성-토 (海成土) 명 〖지〗 암석의 풍화물이 바닷물에 의하여 운반·퇴적하여 이루어진 토양. 바다흙.

해소 (咳嗽) 명 〖의〗 '해수(咳嗽)'의 변한말.

해ː소 (海嘯) 명 〖지〗 **1** 만조(滿潮) 때에 얕은 해안이나 삼각형 모양으로 벌어진 강어귀에서 일어나는 높고 거센 파도. **2** 간조(干潮) 때에 빠지는 조류(潮流)가 바닷물과 충돌할 때 일어나는 파도 소리.

해ː소 (解消) 명하타 이제까지의 일이나 관계를 해결하여 없애 버림. ▢지역감정 ～ 대책을 마련하다 / ～스트레스 ～에 좋은 운동이다 / 도시의 주차난을 ～하다.

해ː소 (解訴) 명하타 원고가 소송을 취소함.

해-소수 (海-) 명 한 해가 좀 지나는 동안.

해-소일 (-消日) 명하자 쓸데없는 일로 날만 보냄. 날소일.

해속 (駭俗) 명하형 세상 사람이 놀랄 만큼 풍속에 어그러지고 괴이함. 또는 그 풍속.

해ː손 (海損) 명 〖경〗 항해 중에 사고로 인하여 선박이나 화물이 입은 손해.

해ː손 계ː약서 (海損契約書)[-써 /-계-써] 화물의 주인이 공동 해손이 일어난 경우에, 부담액을 지급하기로 승낙한 계약서.

해ː송 (海松) 명 〖식〗 **1** 바닷가에 나는 소나무의 총칭. **2** 소나뭇과의 상록 침엽 교목. 바닷바람을 받는 해변의 산지·제방 등에 나는데, 높이는 30 m 정도이며, 잎은 두 잎씩 붙어 나고 나무껍질은 암회색임. 건축·도구재 등으로 씀. 흑송(黑松). 정구나무.

해ː송 (解訟) 명하타 해소(解訴).

해ː송-자 (海松子) 명 **1** 잣¹. **2** 〖한의〗 한약재로서의 잣(성질이 따뜻하여 영양을 돕고 변비 치료에 씀).

해ː송자-유 (海松子油) 명 잣기름.

해ː송-판 (海松板) 명 잣나무를 켜서 만든 널.

해수 (咳嗽) 명 〖의〗 기침.

해ː수 (海水) 명 바닷물. ↔육수.

해ː수 (海獸) 명 바다에 사는 포유(哺乳) 동물의 총칭. 몸은 방추형, 네 다리는 지느러미 모양으로 변화하여 헤엄치기에 알맞음(고래·물개 따위).

해ː수-면 (海水面) 명 바닷물의 표면. 해면(海面). ▢～의 상승으로 논밭이 침수되다.

해수-병 (咳嗽病)[-뼝] 명 〖한의〗 기침을 몹시 심하게 하는 병.

해ː수-욕 (海水浴) 명하자 바닷물에서 헤엄을 치거나 노는 일.

해ː수욕-장 (海水浴場)[-짱] 명 해수욕하기에 알맞은 환경과 설비가 되어 있는 바닷가.

해ː시 (亥時) 명 **1** 십이시의 열두째 시《오후 9시에서 11시까지임》. **2** 이십사시의 스물셋째 시《오후 9시 30분부터 10시 30분까지임》. ㉮해(亥).

해ː시계 (-時計)[-/-계] 명 〖천〗 태양의 일주(日周) 운동을 이용하여 대략의 시간을 알도록 만든 장치.

해ː식 (海蝕) 명 〖지〗 파도·해류 등에 의해 해안이 침식되는 현상.

해ː식 (解式) 명 〖수〗 운산(運算)의 순서와 방법을 일정 기호로 표기한 식.

해ː식-굴 (海蝕窟)[-꿀] 명 〖지〗 해식에 의하여 해안 낭떠러지에 생긴 굴. 해식동.

해ː식 단구 (海蝕段丘)[-딴-] 명 〖지〗 해식에 의하여 해안이 깎이어 계단식으로 된 지형《해안 단구의 하나》.

해ː식-대 (海蝕臺)[-때] 명 〖지〗 밀려드는 파도의 침식 작용에 의하여 해안선이 뒤로 물러나고 그 앞 해안에 생긴 평탄한 지형.

해ː식-동 (海蝕洞)[-똥] 명 〖지〗 해식굴.

해ː식-붕 (海蝕棚)[-뼝] 명 〖지〗 해안선을 따라 해식의 작용으로 절벽 아래에 바다 쪽으로 넓고 평탄하게 생긴 땅.

해ː식-애 (海蝕崖) 명 〖지〗 파도의 침식 작용과 풍화 작용으로 인하여 해안에 이루어진 낭떠러지. 해식 절벽(絶壁).

해ː신 (海神) 명 〖민〗 바다를 다스리는 신.

해ː신 (解信) 명하타 〖불〗 불교의 이치를 연구하여 이해한 뒤에 믿음.

해심 (垓心) 명 경계의 한가운데.

해ː심 (害心) 명 해치려는 마음.

해ː심 (海心) 명 바다의 한가운데.

해ː심 (海深) 명 바다의 깊이.

해쓱-하다 [-쓰까-] 형여 얼굴이 핏기나 생기가 없어 파리하다. 창백하다. ▢해쓱한 얼굴 / 며칠 못 본 사이에 해쓱해졌다.

해-씨 (該氏) 명 바로 그분. 그 양반.

해아 (孩兒) 명 어린아이.

해ː아 (海牙) 명 '헤이그(Hague)'의 음역.

해ː악 (害惡) 명 해가 되는 나쁜 일.

해ː악 (海嶽) 명 바다와 산악.

해악 (駭愕) 명하자 몹시 놀람.

해ː안 (解顔) 명 해가 떠 있는 동안. 해전(前). ▢이 일은 오늘 ～에 끝내야 한다.

해ː안 (海岸) 명 바다와 육지가 맞닿은 곳. 바닷가. ▢～ 지방.

해ː안 (解顔) 명하자 얼굴을 부드럽게 하고 웃음을 띰.

해ː안-가 (海岸-)[-까] 명 바닷가의 가장자리.

해ː안 기후 (海岸氣候) 〖지〗 바닷가나 호숫가의 매우 온화하고 습윤(濕潤)한 기후.

해ː안 단구 (海岸段丘) 〖지〗 해안선을 따라 생긴, 좁고 긴 띠 모양의 대지(臺地).

해ː안-도 (海岸島) 〖지〗 육지의 일부분이 떨어져서 이루어진 섬.

해ː안 도서족 (海岸島嶼族) 〖지〗 태평양과 인도양 연안이나 대양의 섬들에 살고 있는 종족(種族)의 통칭.

해ː안 방풍림 (海岸防風林)[-님] 명 바닷바람을 막기 위해 바닷가에 만든 숲.

해ː안 사구 (海岸砂丘) 〖지〗 해안에 발달한 모래 둔덕.

해ː안-선 (海岸線) 명 〖지〗 **1** 바다와 육지가 맞닿아서 길게 뻗은 선. 정선(汀線). **2** 해안을

따라 놓은 철도 선로.

해:안 요새(海岸要塞)[-뇨-]〖군〗 적의 침입을 막기 위하여 해안의 요긴한 곳에 만든 군사 진지.

해:안 지형(海岸地形)〖지〗 직접·간접으로 바다의 영향을 받아서 이루어진 지형.

해:안-태(海岸太)〖명〗 주로 동해안 따위의 연안에서 잡히는 명태.

해:안 평야(海岸平野)〖지〗 보통, 삼각주·선상지(扇狀地)·간석지(干潟地) 등 해안에 펼쳐진 평야. 특히 해저 퇴적층이 융기하여 해안에 이룩된 지형.

해:애(海艾)〖명〗 섬에서 나는 쑥.

해:약(解約)〖명〗〖하타〗 1 계약 등으로 성립한 약속을 취소하는 일. 파약(破約). 2〖법〗'해지(解止)'의 구용어.

해:양(海洋)〖명〗 넓고 큰 바다.

해:양 개발(海洋開發) 해양 공간과 거기에 포함되는 자원, 에너지의 효율적인 이용 및 그에 필요한 기기·시설의 기술 개발과 생산 활동을 일컬음.

해:양 경:찰대(海洋警察隊)[-때] 해상에서 경찰 임무를 수행하는 기관. ⓒ해경(海警).

해:양 경:찰청(海洋警察廳) 국토 해양부에 딸린 중앙 행정 기관의 하나. 해상에서의 범죄 수사 등 경찰 업무를 맡음.

해:양-국(海洋國)〖명〗 국토의 대부분이 바다로 에워싸인 나라.

해:양 기단(海洋氣團) 해양에서 생긴 다습한 기단.

해:양 기상대(海洋氣象臺) 해양 기상·해류·조석(潮汐)과 해양의 물리적 현상 등을 관측하고 폭풍우 경계 등을 행하는 기상대.

해양 기후(海洋氣候)〖지〗 해양성 기후.

해:양 목장(海洋牧場)[-짱] 해양의 한 구역을 자연에 가까운 상태로 관리하여 수산 생물을 집약적으로 증식하거나 양식하는 일종의 재배(栽培) 어업.

해:양 문학(海洋文學)〖문〗 바다와 관련된 내용을 소재나 주제로 하는 문학. ＊항공 문학.

해:양-법(海洋法)[-뻡]〖명〗 영해·통항권·해중 자원·해양 환경 보전·해저 개발 등에 관한 국제법.

해:양 봉쇄(海洋封鎖)〖법〗 해양을 국가 주권 아래에 두고 필요에 따라 이를 봉쇄하는 일. ↔해양 자유.

해:양-성(海洋性)[-썽]〖명〗 바다가 가지는 특별한 성질. ↔대륙성(大陸性).

해:양성 기후(海洋性氣候)[-썽-]〖지〗 섬이나 해양에서 잘 나타나는 기후(기온차가 적고 습도가 높으며, 날씨가 흐리고 비가 많음). 해양 기후. ↔대륙성 기후.

해:양 소:설(海洋小說) 바다와 관련된 내용을 주제나 소재로 한 소설.

해:양 수산부(海洋水産部) 중앙 행정 기관의 하나. 수산·해운·항만·해양 환경 보전·해양 조사·해양 자원 개발·해양 과학 기술 연구 개발·해난 심판에 관한 사무를 맡아봄.

해:양 오:염 방지법(海洋汚染防止法)[-뻡] 기름이나 산업 폐기물(廢棄物) 따위의 유해(有害) 물질로 인한 해양의 오염을 방지하고, 해양 환경을 보전하기 위하여 제정한 법.

해:양 온도 차 발전(海洋溫度差發電)[-쩐] 해면 가까이와 심해의 온도 차이를 이용해서 하는 발전.

해:양 자유(海洋自由) 전시와 평상시를 불문하고 특정 국가의 해양 영유를 인정하지 않고 자유로이 이용될 수 있어야 한다는 주장.

↔해양 봉쇄.

해:양-학(海洋學)〖명〗 해양에서 일어나는 여러 가지 현상을 연구하는 학문(해양 물리학·해양 생물학 따위).

해:양 회유성(海洋回游性)[-썽] 어류가 바다 속을 이동하는 성질.

해:어(海魚)〖명〗 바닷물고기.

해어(解語)〖명〗〖하자〗 말의 뜻을 이해함.

해어-뜨리다〖타〗 닳아서 떨어지게 하다. ▯옷을 ~. ⓒ해뜨리다.

해어-지다〖자〗 닳아서 떨어지다. ▯신발이 ~. ⓒ해지다.

해어-트리다〖타〗 해어뜨리다.

해:어-화(解語花)〖명〗 말을 알아듣는 꽃이라는 뜻에서, 미인을 이르는 말.

해:엄(解嚴)〖명〗〖하자〗 경계나 단속을 풂.

해:역(咳逆)〖한의〗 횡격막(橫隔膜)이 갑자기 줄어들면서 목구멍이 막히어 숨을 들이쉴 때 소리가 나는 병.

해:역(海域)〖명〗 바다 위의 일정한 구역.

해:연(海淵)〖명〗〖지〗 해구(海溝) 가운데 특히 깊게 움푹 팬 곳.

해:연(海燕)〖명〗 1〖동〗 왜형류(歪形類)의 동물. 얕은 바다에 사는데 지름은 11 cm가량으로 껍데기는 길쭉하고 둔한 오각형으로 되었고, 입이 오목함. 2〖조〗 바다제비.

해:-연풍(海軟風)〖명〗〖지〗 해풍. ↔육연풍.

해연-하다(駭然-)〖형어〗 몹시 이상스러워 놀랍다. 해연-히〖부〗

해:열(解熱)〖명〗〖하자〗 몸의 열을 풀어 내림.

해:열-제(解熱劑)[-쩨]〖명〗〖약〗 해열하는 데 쓰는 약.

해:열 진:통제(解熱鎮痛劑)〖약〗 열을 내리게 하고 아픔을 느끼지 못하게 하는 약.

해:염(海塩)〖명〗 바닷물로 만든 소금. ↔산염(山塩).

해:오(解悟)〖명〗〖하타〗〖불〗 진리를 깨달아 앎.

해오라기〖명〗〖조〗 1 백로(白鷺). ⓒ해오리. 2 왜가릿과의 새. 날개 길이 28 cm가량. 백로와 비슷한데, 머리에서 등은 녹흑색, 날개와 꽁지는 회색, 배는 흰색임. 소나무·삼나무 따위의 숲 속에서 주로 밤에 활동하며 물고기·새우·개구리·뱀·곤충·쥐 따위를 잡아먹음. 푸른백로.

해오라기-난초(-蘭草)〖식〗 난초과의 여러해살이풀. 산과 들의 습지에 자생하며, 줄기 35 cm가량. 여름에 흰 꽃이 피며 해오라기가 날아가는 모양과 비슷함. 관상용으로 심음.

해오리〖명〗〖조〗'해오라기'의 준말.

해:옥(解玉)〖명〗〖하타〗〖경〗 증권 거래에서, 계약 당사자끼리 협의하여 매매 약정을 없던 일로 돌리는 일.

해왕(偕往)〖명〗〖하자〗 함께 감.

해:왕-성(海王星)〖명〗〖천〗 태양계의 행성(行星)의 하나. 태양계를 회전하는 여덟 번째의 행성으로 부피는 지구의 약 60 배, 질량은 지구의 17.26 배, 광도(光度)는 7.7 등(等), 공전 주기는 164.8 년.

해:외(海外)〖명〗 1 바다의 밖. 2 바다를 사이에 둔 딴 나라. 외국. ▯～ 동포／～에 진출하다／～로 뻗어 나가다. ↔해내(海內).

해:외 기지(海外基地)〖군〗 해외에 설치한 군사 기지.

해:외 무:역(海外貿易) 외국을 상대로 하는 무역. 외국 무역.

해:외 방:송 (海外放送) 국제 방송.
해:외 시:장 (海外市場) 자기 나라 밖에 있는 시장. 외국 시장. ▣ ~을 개척하다.
해:외 시:황 (海外市況) 〖經〗 주식·공채·환·상품 등의 해외 주요 시장에서의 거래 상황.
해:외-여행 (海外旅行) 몡 다른 나라로 여행하는 일. ▣ ~의 자유화.
해:외 저:금 (海外貯金) 〖經〗 해외에 사는 국민을 위하여 우편으로 금전 출납을 할 수 있도록 한 우편 저금.
해외 투자 (海外投資) 자기 나라의 자본을 외국에 투자하는 일. 대외 투자.
해:요-체 (-體) 몡 〖언〗 상대 높임법에 딸린 종결 어미의 한 체(體). 상대방을 높이되 부드러운 느낌을 주는 말씨(('가셔요·아름다워요' 따위). *하오체·합쇼체.
해:요-하다 재예 해요체의 말씨를 쓰다.
해:용 (海容) 몡하타 바다와 같은 넓은 마음으로 남의 허물을 용서함. *해서(海恕).
해:우 (海牛) 몡 〖動〗 바다소.
해:우 (海隅) 몡 바다의 한구석.　　　　「품.
해:우 (解憂) 몡하타 근심이 풀림. 또는 근심을
해:우-소 (解憂所) 몡 〖佛〗 절에 딸린 화장실을 이르는 말.
해우-차 몡 ☞ 해웃값.
해:운 (一運) 몡 그해의 운수. 연운(年運).
해:운 (海運) 몡 '해상 운송'의 준말. ▣ ~ 회사. *육운(陸運)·공운(空運).
해:운 동맹 (海運同盟) 해운업자가 상호 간의 경쟁을 피하기 위하여 운임·운송 조건 등의 영업상의 특정 사항을 협정하는 동맹.
해:운 시:장 (海運市場) 〖經〗 해운에 관한 일체의 거래가 행하여지는 곳.
해:운-업 (海運業) 〖經〗 배로 화물·여객 등을 나르는 영업. 해상 운송 사업.
해:운 협정 (海運協定) [-쩡] 〖經〗 해상 운송에 관한 국가 사이의 협정.
해웃-값 [-우깝/-울깝] 몡 기생·창기 등과 관계를 가지고 그 대가로 주는 돈. 화대(花代). 화채(花債). 해웃돈.
해웃-돈 [-우똔/-울똔] 몡 해웃값.
해:원 (海員) 몡 〖法〗 선박에서 일하는, 선장 이외의 승무원. 선원(船員).
해:원 (解冤) 몡하타 원통한 마음을 풂.
해:월 (亥月) 몡 월건(月建)이 해(亥)로 되는 달(곧, 음력 10월).
해:월 (海月) 몡 바다 위에 뜬 달.
해:위 (解圍) 몡하타 1 포위한 것을 풂. 2 〖역〗 위리(圍籬)의 형벌을 풀어 줌.
해:유 (解由) 몡 〖역〗 관아의 물품을 맡아 관리하던 벼슬아치가 바뀔 때에 후임자에게 그 사무를 인계하고 호조(戶曹)에 보고하여 책임을 면하던 일.
해:읍 (海邑) 몡 바닷가에 있는 고을.
해읍스레-하다 [-쓰-] 형예 해읍스름하다.
해읍스름-하다 [-쓰-] 형예 아주 깨끗하지는 않게 조금 희다. ◐희읍스름하다. 해읍스름-히 [-쓰-] 튀
해:의 (海衣) [-/-이] 몡 〖식〗 김[1].
해:의 (害意) [-/-이] 몡 해치려는 마음.
해:의 (解義) [-/-이] 몡하타 글이나 글자의 뜻을 풀어서 밝힘.
해:이 (解弛) 몡하자 마음의 긴장·규율 등이 풀리어 느즈러짐. ▣ 기강이 ~해지다 / 사회의 도덕적 ~를 부추기다.
해:이 (解頤) 몡하자 턱을 푼다는 뜻으로, 입을

크게 벌리고 웃음.
해:인 (海人) 몡 1 보자기. 2 남자 보자기. *해녀(海女).
해:인 (海印) 몡 〖불〗 바다가 만상을 비춤과 같이, 일체를 깨달아 아는 부처의 지혜.
해:인사 대:장경판 (海印寺大藏經板) 〖불〗 해인사에 있는, 고려 고종(高宗) 때에 새긴 대장경 목판(국보 제32호임). 해인 장경판.
해:인 삼매 (海印三昧) 〖불〗 석가가 화엄경을 설(說)할 때에 들었던 선정(禪定).
해인-이목 (駭人耳目) 몡하자 해괴한 짓으로 남을 놀라게 함.　　　　　「경판.
해:인 장경판 (海印藏經板) 〖불〗 해인사 대장
해:인-초 (海人草) 몡 〖식〗 홍조류(紅藻類)의 해조(海藻). 난류의 해저 암석이나 산호초에 붙어서 삶. 높이는 5~25cm. 엽상체는 불규칙하게 두 가닥으로 갈라짐. 태독(胎毒) 치료나 회충약으로 씀.
해:일 (亥日) 몡 일진의 지지(地支)가 해(亥)로 된 날.
해:일 (海日) 몡 바다 위에 뜬 해.
해:일 (海溢) 몡하자 〖지〗 지진이나 화산의 폭발, 해상의 폭풍 등으로 바다에 큰 물결이 갑자기 일어나 육지로 넘쳐 오르는 일.
해:일 경:보 (海溢警報) 기상 경보의 하나. 천문조(天文潮)나 폭풍, 저기압 등의 영향으로 해수면이 상승하거나, 해일이 발생하여 해안 지대의 침수가 예상될 때에 발표함(폭풍 해일 경보와 지진 해일 경보가 있음).
해:일 주:의보 (海溢注意報) [-/-이-] 기상 주의보의 하나. 천문조(天文潮)나 폭풍, 저기압 등의 영향으로 해수면이 상승하거나, 해저 지진에 의한 해일의 발생이 예상될 때에 발표함(폭풍 해일 주의보와 지진 해일 주의보가 있음).
해:임 (解任) 몡하타 차지하고 있는 지위나 맡고 있는 임무를 내놓게 해서 그만두게 함. 해직. 면직. ▣ 장관 ~ 건의안을 내다.
해:임-장 (解任狀) [-짱] 몡 1 해임의 내용을 적은 글. 2 외교 사절의 소환할 경우, 본국 정부가 그 주재국 원수나 외무 장관에게 제출하는 해임의 문서.
해자 몡 〈옛〉 비용.
해자 (垓字) 몡 1 능(陵)·원(園)·묘(墓) 등의 경계. 2 성 밖으로 둘러 판 못.
해:자 (解—) 몡하자 [←해좌(解座)] 1 공짜로 한턱 잘 먹는 일. 2 〖역〗 서울 각 관아에 이서(吏胥)·하례(下隸)가 새로 들어오면 전부터 있던 사람들에게 한턱내던 일.
해자 (楷字) 몡 해서로 쓴 글자.
해:자 (解字) 몡 〖민〗 파자(破字).
해:자-쟁이 (解字—) 몡 해자로 점치는 일을 업으로 삼는 사람. 파자쟁이.
해작-거리다 [-꺼-] 재타 자꾸 해작이다. ◐헤적거리다[2]. 해작-해작 [-카캐-] 튀하타
해작-대다 [-때-] 타 해작거리다.
해작-이다 타 1 탐탁하지 아니한 태도로 음식 같은 것을 먹지 않고 건드리기만 하다. 2 무엇을 찾으려고 조금씩 들추거나 파서 헤치다. ◐헤적이다.
해작-질 [-찔] 몡하자 자꾸 해작이는 짓. ◐헤적질.
해:장 몡하자 [←해정(解酲)] 전날의 술기운을 풀기 위하여 해장국 따위와 함께 술을 약간 마심.
해:장 (海葬) 몡하타 바다에 장사 지냄.
해:장 (海瘴) 몡 바다의 습기와 열기로 생기는 독기(毒氣).

해:장-거리 [-꺼-] 명 해장으로 먹는 술이나 국 따위의 음식.
해:장-국 [-꾹] 명 해장으로 먹는 국. 해장탕.
해:장-술 [-술] 명 해장으로 마시는 술.
해:장-죽 (海藏竹) 명 〖植〗 댓과의 대의 하나. 해변에 나는데, 높이 6m가량, 마디 사이가 길며 많은 잎은 피침형임. 바닷가의 제방에 방풍림(防風林)으로 심음. 죽순은 식용함.
해:장-탕 (-湯) 명 해장국.
해장-품 (醢醬品) 명 고기·조개 등의 살·알·내장 등을 소금에 절여 삭힌 식품.
해-저 (海底) 명 바다의 밑바닥. ▢ ~ 터널.
해:저-곡 (海底谷) 명 〖地〗 바다 밑에 생긴 골짜기.
해-저 광:물 (海底鑛物) 대륙붕(大陸棚)에 있는 천연자원. 특히, 석유와 천연가스를 일컬음. ▢ 앞으로는 ~이 큰 자원이 된다.
해:저 목장 (海底牧場) [-짱] 바다 밑에 사는 대하(大蝦)·성게·전복 따위를 인공으로 키우는 양식장.
해:저 산맥 (海底山脈) 〖地〗 해령.
해:저 유전 (海底油田) 대륙붕에 있는 유전.
해:저 전:선 (海底電線) 바다 밑에 깐 전선.
해:저 전:신 (海底電信) 해저 전선을 통하여 주고받는 전신.
해:저 전:화 (海底電話) 바다 밑에 깐 전화선을 통하여 하는 전화.
해:저 침:식 (海底浸蝕) 〖地〗 파도나 저류(底流)·해일 등으로 말미암아 바다 밑바닥이 깎이는 작용.
해:저 케이블 (海底cable) 해저 전선.
해:저 풍화 (海底風化) 〖地〗 해저에서 일어나는 풍화 작용.
해:저 화:산 (海底火山) 〖地〗 바다 밑에 생긴 화산(수증기를 몹시 뿜으며 부석(浮石)을 날리고, 해일(海溢)을 일으킴). 해중 화산.
해-적 (海賊) 명 해상에서 선박을 위협하여 재물을 빼앗는 도둑. *산적.
해:적 (害敵) 명하다 적을 해침.
해:적-선 (海賊船) [-썬] 명 해적이 타고 다니는 배. 해랑선.
해:적-판 (海賊版) 명 저작권자의 허락 없이 불법으로 복제(複製)하여 판매하는 서적이나 음반, 소프트웨어 따위를 이르는 말.
해:적-호 (海跡湖) [-저코] 〖地〗 해만(海灣)의 일부가 강물의 흐름·조수·파도 따위의 작용이나 지반의 융기로 말미암아 외해(外海)로부터 분리되어 생긴 호수.
해-전 (-前) 명 해가 지기 전. 해안.
해:전 (海戰) 명 〖軍〗 바다에서 벌이는 전투. *지상전(地上戰)·공중전(空中戰).
해절-하다 (該切-) 형 가장 적절하다.
해:정 (亥正) 명 해시(亥時)의 한가운데. 곧, 오후 10시.
해:정 (海程) 명 바다의 뱃길.
해:정 (解停) 명하타 신문·잡지 따위의 발행 정지 처분을 풂.
해:정 (解酲) 명하자 '해장'의 본딧말.
해정-하다 (楷正-) 형 글씨체가 바르고 똑똑하다.
해:제 (解制) 명하타 〖佛〗 1 안거(安居)를 마침. 2 재계(齋戒)를 풂.
해:제 (解除) 명하타 1 설치하였거나 장비한 것 따위를 풀어 없앰. ▢ 무장 ~를 지시하다. 2 특별 조치를 풀어 평상 상태로 되돌림. ▢ 호우 경보 ~ / 계엄령을 ~하다. 3 〖法〗 공사법(公私法)상의 기존 법률관계를 해소시킴. 4 해면(解免). ▢ 직위 ~.

해:제 (解題) 명하타 1 서적·작품의 저자·내용·체재 등에 관한 간단한 설명. ▢ 문집 영인본에 ~를 붙이다. 2 문제를 풂.
해:제-권 (解除權) [-꿘] 〖法〗 계약 당사자의 한쪽이 계약을 해제할 수 있는 권리.
해:제 조건 (解除條件) [-껀] 〖法〗 법률 행위의 효력을 소멸시키는 조건. ↔정지 조건.
해:조 (害鳥) 명 사람의 생활에 직접 또는 간접으로 해를 끼치는 새. ↔익조(益鳥).
해:조 (海鳥) 명 바다에서 물고기·조개 등을 잡아먹고 사는 새. 바닷새.
해:조 (海潮) 명 조수(潮水).
해:조 (海藻) 명 〖植〗 바다에서 나는 조류(藻類)의 총칭(빛에 따라 녹조·갈조·홍조로 구별함). 해초(海草).
해조 (諧調) 명 1 잘 조화됨. 2 즐거운 가락.
해:조-문 (蟹爪紋) 명 〖工〗 갯물을 입힌 도자기의 겉면에 게의 발이 갈라지듯 잘게 난 금.
해:조-분 (海鳥糞) 명 해조의 똥·털·유해 등이 쌓여서 된 덩어리(비료로 씀).
해:조-음 (海潮音) 명 조수가 흐르는 소리. 또는 파도 소리.
해-종일 (-終日) 명 하루 종일.
해:좌 (亥坐) 명 〖民〗 묏자리·집터 따위가 해방(亥方)을 등진 방향. 또는 그런 자리(북북서를 등지고 남남동을 바라보는 방향).
해죽 뿌 만족한 태도로 귀엽게 살짝 웃는 모양. 큰헤죽. 센해쭉.
해죽-거리다[1] [-꺼-] 자 마음에 흐뭇하여 귀엽게 자꾸 웃다. 큰히죽거리다. 해죽-해죽[1] [-주캐-]
해죽-거리다[2] [-꺼-] 자 가볍게 활갯짓을 하며 걷다. 큰헤죽거리다. 해죽-해죽[2] [-주캐-] 뿌 하자
해죽-대다[1] [-때-] 자 해죽거리다[1].
해죽-대다[2] [-때-] 자 해죽거리다[2].
해죽-이 뿌 마음이 흐뭇하여 귀엽게 지그시 웃는 모양. 큰히죽이. 센해쭉이.
해:중 (海中) 명 1 바닷속. ▢ ~ 식물을 채취하다. 2 바다 가운데.
해:중-고혼 (海中孤魂) 명 바다에 빠져 죽은 사람의 외로운 넋.
해:중-공원 (海中公園) 명 연안 해역 해양 생물 자원의 보호와 동식물의 학술적 관찰, 그리고 바다 경관(景觀)을 보존하기 위하여 바닷속에 지정한 자연공원.
해:중-금 (海中金) 명 〖民〗 육십갑자에서 갑자(甲子)와 을축(乙丑)에 붙이는 납음(納音).
해:중-대원 (海中臺原) 명 〖地〗 해안에서 바다 밑으로 비스듬히 내려가다가 갑자기 급경사를 이루며 계단 모양이 된 곳.
해:중-전 (海中戰) 명 잠수함끼리 바닷속에서 벌이는 전투.
해:-중합 (解重合) 명 〖化〗 중합의 반대 현상. 중합체를 가열하면 역반응을 일으켜 그 중합체가 단위체(單位體)로 분해하는 화학 반응.
해:중 화:산 (海中火山) 〖地〗 해저 화산.
해:지 (解止) 명하타 〖法〗 계약 당사자 한쪽의 의사 표시에 의해 계약에 바탕을 둔 법률관계를 소멸시키는 일. 구어로 : 해약(解約).
해지 (海地) 명 그 땅. 그곳.
해:-지다 (解-) 〖법〗 '해어지다'의 준말. ▢ 해진 양말을 기워 신다.
해:직 (解職) 명하타 직책에서 물러나게 함. ▢ ~ 교사 / 비리 공무원을 ~하다 / 많은 노동자들이 ~되어 거리로 내몰렸다.

해:진(海進)명 《지》육지의 침강이나 해면의 상승으로 육지를 바다가 덮는 일. 해침(海浸). ↔해퇴(海退).

해:진(海震)명 바다 밑에서 일어나는 지진.

해쭉 문 마음에 흐뭇하여 귀엽게 살짝 웃는 모양. 즪히죽. 딴해죽.

해쭉-거리다[-꺼-]재 마음에 흐뭇하여 귀엽게 계속하여 웃다. 즪히죽거리다. 딴해죽거리다. 해쭉-해쭉[-주캐-] 문 즪하짓

해쭉-대다[-때-]재 해쭉거리다.

해쭉-이 문 마음에 흐뭇하여 지그시 웃는 모양. 즪히죽이. 딴해죽이.

해:착(海錯)명 바다에서 나는 여러 가지 먹을 수 있는 해산물.

해:찰명하재 1 물건을 이것저것 집적이어 해침. 또는 그런 행동. 2 일에는 마음을 쓰지 않고 쓸데없이 다른 짓을 함.

해:찰-궂다[-굳따]형 해찰을 부리는 버릇이 있다.

해:찰-스럽다[-따][-스러워, -스러우니]형 팁 보기에 해찰궂은 데가 있다. 해:찰-스레 문

해:채(海菜)명 《식》미역².

해:척(海尺)명 바닷가에서 고기잡이를 업으로 하는 사람.

해:척(解尺)명하재 자풀이2.

해천(咳喘)명 기침과 천식(喘息).

해천-증(咳喘症)[-쯩]명 《한의》기침과 천식의 증상.

해청(駭聽)명 몹시 이상스러워 놀랍게 들림.

해:-체(-體)명 《언》상대 높임법에 딸린 종결 어미의 한 체(體). 반말로, 상대방을 예사로 낮추는 부드러운 말씨임. '사랑해·나와' 따위가 이에 속함. ＊해라체·하게체.

해체(楷體)명 수묵화(水墨畫)에서, 대상에 충실한 형체·색채·선을 표현하는 화법.

해:체(解體)명하자타 1 단체·조직 따위가 흩어짐. 또는 그것을 흩어지게 함. 口무단이야 구법의 ―를 발표했다. 2 여러 부분을 모아 만든 것을 작은 부분으로 나누는 것. 3 《생》해부(解剖)1.

해:초(亥初)명 《민》해시(亥時)의 처음. 곧, 오후 9시경.

해:초(海草)명 《식》1 충청남도 바닷가에서 나는 담배. 2 《식》해조(海藻).

해:-초월(海初月)명 음력 섣달의 별칭.

해:춘(解春)명하자 봄이 되어 얼음과 눈이 녹아 풀림. 또는 그 봄.

해:충(害蟲)명 사람이나 농작물, 과수 등에 해를 끼치는 벌레. 口～을 박멸하다. ↔익충(益蟲).

해:치(獬豸)명 '해태'의 본딧말.

해치(齘齒)명 교치(咬齒).

해치(hatch)명 배의 갑판에 있는 승강구. 또는 그 뚜껑.

해:-치다(害-)타 1 해를 끼치거나 손상시키다. 口담배는 건강을 해친다. 2 남을 다치게 하거나 죽이다. 口인명을 해쳐서는 안 된다.

해:-치우다타 1 어떤 일을 빠르고 시원스럽게 끝내다. 口이 정도의 일이면 오늘 중으로 해치우겠다. 2 일의 방해가 되는 대상을 없애 버리다. 口그놈을 해서 해치워라.

해:침(海浸)명 《지》해진(海進).

해캄명 《식》녹조류 담수조(淡水藻)의 총칭. 논·못·늪 따위 물속에 뿌리 없이 헝클어진 머리카락처럼 떠 있음. 세포학 따위의 실험 재료로 쓰거나 식용함. 수면(水綿). 해감.

해커(hacker)명 《컴》해킹 행위를 하는 사람.

해-코지(害-)명하자타 남을 해치고자 하는 짓. 口약한 사람을 ～하면 못써.

해-콩명 그해에 난 콩.

해킹(hacking)명 《컴》남의 컴퓨터 시스템에 무단 침입하여 정보를 빼내거나 프로그램을 파괴하는 일.

해:타(懈惰)명하형 게으름. 해태(懈怠).

해탄(骸炭)명 코크스.

해탄(駭歎·駭嘆)명 놀라고 탄식함.

해탄-로(骸炭爐)[-노]명 석탄을 넣고 가열하여 코크스를 만드는 가마.

해:탈(解脫)명하자 1 굴레나 얽매임에서 벗어남. 2 《불》번뇌·속박에서 벗어나서 근심이 없는 편안한 심경에 이름. 열반(涅槃). 口욕망에서 ～하다.

해:탈-덕(解脫德)[-떡]명 《불》삼덕(三德)의 하나. 막힘이나 거리낌이 없는 참다운 자유를 얻은 것.

해:탈-문(解脫門)명 《생》산문(產門).

해:탈-성불(解脫成佛)명 《불》모든 번뇌에서 벗어나 부처가 됨.

해:탈-영산(解脫靈散)[-령-]명 《민》아이를 낳은 빌미로 죽은 여자의 귀신이라는 뜻(무당이 쓰는 말).

해:태 〔←해치(獬豸)〕시비·선악을 판단하여 안다는 상상의 동물(사자와 비슷하나 머리 가운데 뿔이 하나 있다 함). 해타(海駝).

해:태(海苔)명 《식》김¹.

해:태(懈怠)명하형 1 게으름. 해타(懈惰). 2 《법》어떤 법률 행위를 하여야 할 기일을 이유 없이 넘기어 책임을 다하지 않는 일.

해:토(解土)명하자 얼었던 땅이 녹아서 풀림.

해:토-머리(解土-)명 얼었던 땅이 녹아 풀리기 시작할 때. 口～ 무렵에 돌아오다. ＊따지기.

해:퇴(海退)명 《지》지질 시대에, 육지가 융기하거나 해수면이 침강하여 육지 면적이 넓어지는 현상. ↔해진(海進).

해:-트리다타 '해어트리다'의 준말.

해트 트릭(hat trick)축구·하키 등에서, 한 선수가 한 경기에 3골 이상을 넣는 일.

해특(奚特)명〕 하특(何特).

해:파(海波)명 바다의 파도. 口추운 날씨에 거친 ～와 싸우다.

해:-파리(海-)명 《동》해파릿과의 강장(腔腸)동물. 몸은 갓 비슷하고 온몸이 흐늘흐늘하며, 물 위에 떠서 삶. 몸의 밑에는 많은 촉수(觸手)가 늘어져 있으며, 그 가운데에 입이 있음.

해:판(解版)명하타 《출》조판(組版)한 활판을 풀어 헤침.

해패-하다(駭悖-)형여 몹시 막되고 흉악(凶惡)하다.

해:팽(海膨)명 《지》대양의 밑바닥에 길고 넓게 도도록한 부분(그 측면은 느리게 경사짐). ＊해대(海臺).

해:-포명 한 해가 조금 넘는 동안. ＊달포.

해:-포석(海泡石)명 치밀한 흙이나 점토 모양의 회백색 광물(가볍고 불투명하며 마르면 물에 뜸. 담배 파이프 따위를 만드는 데 씀).

해:표(海表)명 먼 바다의 밖. 바다의 저쪽.

해:표(海豹)명 《동》물범.

해:-표초(海螵蛸)명 《한의》오징어의 뼈(눈에 핏발이 서고 눈물이 나는 데나 상처의 지혈(止血)에 씀).

해:-풍(海風)명 1 바닷바람. 2 낮에 바다에서 육지로 부는 바람. ↔육풍(陸風).

해프닝 (happening) 圏 1 예상하지 않았던, 갑작스러운 일. 2 전위적이고 실험적인 예술 활동이나 행사.

해피 엔드 (happy end) 소설·연극·영화 등에서 결말을 행복하게 끝맺는 일.

해필 (奚必) 團 하필(何必).

해:-하 (解夏) 〖불〗 여름의 안거(安居)를 마침. 하해(夏解).

해:-하다 (害-) 囘囝 남에게 해가 되게 하다.

해:학 (海壑) 圏 바다와 구렁텅이라는 뜻으로, 은혜가 넓고 깊음을 이르는 말.

해학 (痎瘧) 〖한의〗 이틀거리.

해학 (諧謔) 圏 익살스럽고 풍자적인 말이나 행동. 유머. 〇~이 넘치는 재담.

해학-가 (諧謔家)[-까] 圏 익살스럽고 풍자적인 말이나 행동을 잘하는 사람.

해학-곡 (諧謔曲)[-꼭] 圏 〖악〗 스케르초(scherzo).

해학-극 (諧謔劇)[-끅] 〖연〗 해학적인 내용의 연극. 벌레스크(burlesque).

해학 문학 (諧謔文學)[-항-] 〖문〗 해학적인 내용이 담긴 문학.

해학 소:설 (諧謔小說)[-쏘-] 〖문〗 해학적인 내용의 소설. 유머 소설.

해학-적 (諧謔的)[-쩍] 圀圏 익살스럽고 풍자적인 (것). 〇~(인) 그림.

해:-합 (解合) 圏圏囝 〖경〗 증권 거래에서, 불시의 사변 등으로 시세가 급변한 경우의 혼란을 막고자, 당사자 간에 타협하여 일정한 값을 정하고 매매 계약을 해제하는 일.

해:합-분 (海蛤粉)[-뿐] 〖한의〗 바닷조개의 껍데기로 만든 가루《담·대하증의 치료에 쓰임》. 해분.

해:항 (海港) 圏 1 해안에 있는 항구. 2 외국 무역을 위한 항구. 〇~ 검역(檢疫).

해-해 圂하자 해낙낙하여 까불거리며 웃는 소리. 圂헤헤·히히.

해해-거리다 困 해해하고 자꾸 웃다. 圂헤헤거리다·히히거리다.

해해-대다 困 해해거리다.

해행 (偕行) 圏하자 1 함께 감. 2 여럿이 잇따라 줄지어 감.

해:-행 (蟹行) 圏囝 게처럼 옆으로 걸어감.

해혈 (咳血) 圏 〖의〗 가래에 피가 섞여 나오는 병증(흔히, 폐결핵이 원인임).

해:협 (海峽) 圏 〖지〗 육지 사이에 끼어 있는 좁고 긴 바다. 〇~을 봉쇄하다.

해혹 (解惑) 圏囝 파혹(破惑).

해화 (諧和) 圏하囝 1 조화(調和). 2〖악〗 음악의 곡조가 서로 잘 어울림.

해:-화석 (海花石) 圏 〖동〗 석산호류(石珊瑚類)의 산호. 따뜻한 바다의 바위에 붙어삶. 군체(群體)는 덩이 모양으로 크기는 3m가량. 표면에 국화 무늬가 있고 녹갈색을 띰.

해:황 (海況) 圏 바다의 여러 가지 물리적 형편《수온·비중·염분·파도, 흐르는 속도 따위》.

해:-황 (蟹黃) 圏 게의 알로 젓을 담근 간장. 게의 장. 게장.

해:-후 (邂逅) 圏하자 오랫동안 헤어졌다가 우연히 다시 만남.

해:후-상봉 (邂逅相逢) 圏하자 오랫동안 헤어졌다가 우연히 서로 다시 만남. 〇옛 친구와

핵 (核) 圏 1 사물·현상의 중심이 되는 것. 2 〖생〗 세포의 중심에 있는 구형(球形)의 작은 물체. 핵막(核膜)에 싸여 있으며, 하나 내지 몇 개의 인(仁)을 가짐《세포 작용의 중추가

되는 것). 세포핵. 3 핵과의 씨를 싸고 있는 단단한 껍데기. 4 원자핵. 5 핵무기. 〇~ 개발. 6 〖지〗 지구의 중심핵. 지표(地表)로부터 깊이 2,900km 이상인 부분. 외핵(外核)과 내핵(內核)으로 나눔. 코어(core).

핵-가족 (核家族)[-까-] 圏 한 쌍의 부부와 미혼의 자녀만으로 구성된 가족. 소(小)가족.

핵강 (核腔)[-깡] 圏 〖식〗 핵막(核膜)으로 둘러싸여, 핵이 가득 차 있는 부분.

핵-겨울 (核-)[-껴-] 圏 핵전쟁이 일어날 경우, 핵무기의 사용으로 지구 전체에 기상 이변을 가져와 기온이 빙점 이하로 내려간다는 현상.

핵과 (核果)[-꽈] 圏 〖식〗 다육과(多肉果)의 하나. 씨가 단단한 핵으로 싸여 있는 열매《복숭아·살구 따위》.

핵 군축 (核軍縮)[-꾼-] 핵무기를 줄이는 일.

핵-단백질 (核蛋白質)[-딴-찔] 〖생〗 염색체 및 바이러스의 구성 물질로, 동식물의 세포 속에 있는 핵산(核酸)과 단백질의 결합물.

핵득 (覈得)[-뜩] 圏하囝 사건의 실상을 조사하여 사실을 알아냄.

핵력 (核力)[행녁] 圏 〖물〗 원자핵을 형성하는 입자로서의 양성자와 중성자 사이에서 작용하는 힘.

핵론 (劾論)[행논] 圏하囝 허물을 들어 논박함.

핵막 (核膜)[행-] 圏 〖생〗 세포의 핵을 싸고 있는 얇은 껍질.

핵-무기 (核武器)[행-] 〖군〗 핵에너지를 이용한 무기《원자 폭탄·수소 폭탄 따위》. 원자 병기. 핵병기.

핵 무:장 (核武裝)[행-] 〖군〗 핵무기를 장비하거나 배치하는 일.

핵물리-학 (核物理學)[행-] 〖물〗 원자핵의 구조나 운동 법칙을 연구하는 물리학의 한 분야.

핵-반응 (核反應)[-빠능] 圏囝 〖물〗 원자핵이 다른 원자핵이나 소립자와 충돌하여 다른 원자핵으로 바뀌는 현상. 원자핵 반응.

핵변 (覈辨)[-뼌] 圏하囝 사실을 조사하여 밝힘.

핵-변환 (核變換)[-뼌-] 圏 〖물〗 원자핵이 핵반응이나 붕괴로 인하여 다른 원자핵으로 변화하는 일. 핵반응.

핵-병기 (核兵器)[-뼝-] 圏 핵무기.

핵-보유국 (核保有國)[-뽀-] 圏 핵무기를 가지고 있는 나라. 〇~이 되다.

핵-분열 (核分裂)[-뿌녈] 圏囝 1〖생〗 세포 분열에서, 세포질의 분열에 앞서 핵이 분열하는 일. 2〖물〗 우라늄·토륨·플루토늄 등의 원자핵이 중성자 따위의 조사(照射)에 의해 거의 같은 크기의 두 개의 원자핵으로 분열하는 현상《이때에 막대한 에너지를 방출함》. 원자 핵분열.

핵-붕괴 (核崩壞)[-뿡-] 圏 〖물〗 원자핵이 자연적으로 입자나 전자파를 방출하여 다른 원자핵으로 변하는 일《알파 붕괴·베타 붕괴·감마 붕괴가 있음》. 원자핵 붕괴.

핵사 (核絲)[-싸] 圏 〖생〗 염색사.

핵산 (核酸)[-싼] 圏 〖화〗 세포의 핵이나 원형질 속에 함유된 고분자 화합물. 염기(塩基)·당(糖)·인산(燐酸)으로 이루어지며, 생물의 생명 활동이나 유전에 중요한 작용을 함.

핵-산란 (核散亂)[-쌀-] 圏 〖물〗 입자(粒子)가 핵과 충돌하여 방향을 바꾸는 일.

핵상 교대 (核相交代)[-쌍-] 〖생〗 유성 생식을 하는 생물의 생활 주기에서, 염색체가 두

쌍의 복상(複相)인 시기와 한 쌍의 단상(單相)인 시기가 규칙적으로 교대하여 나타나는 현상. 핵상 교번.

핵상 교번 (核相交番)[-쌍-] 〖생〗 핵상 교대.

핵실 (覈實)[-씰] 圈圄죄 사전의 실상을 조사함.

핵 실험 (核實驗)[-씰-] 핵분열이나 핵융합 따위에 관한 폭발 실험. ▢ ~ 금지 협정.

핵심 (核心)[-씸] 圈 사물의 가장 중심이 되는 부분이나 요점. ▢ 당(黨)의 ~ 인물 / ~에서 벗어난 의론(議論) / 문제의 ~을 찌르다.

핵심 교:육 과정 (核心敎育課程)[-씸-꽈-] 학과 과정 가운데 핵심이 되는 과목을 중심으로 다른 과목을 종합 편성한 교육 과정.

핵심-적 (核心的)[-씸-] 圈圉 사물의 가장 중심이 되는 (것). ▢ ~ 내용 / 이 역할을 하다.

핵심-체 (核心體) 圈 **1** 핵심이 되는 부분. **2** 〖물〗 원자핵 따위가 분열하여 에너지를 방출하는 원자로의 중심부.

핵-에너지 (核energy) 圈 〖물〗 분열·융합 따위의 핵반응에서 방출되는 에너지. 원자핵 에너지.

핵-연료 (核燃料)[행녈-] 圈 원자로에서, 핵반응을 일으켜서 에너지를 방출하는 물질(플루토늄·농축 우라늄·중수소 따위).

핵외 유전자 (核外遺傳子) 〖생〗 세포 내에서, 엽록체나 미토콘드리아에 존재하는 유전자(《핵내(核內) 염색체 유전자와 달리, 주로 자성(雌性) 배우자로부터 전해짐》).

핵외 전:자 (核外電子) 〖물〗 원자 속에서 원자핵의 주위에 배치된 전자(일정한 궤도 상에 배치되어 있어서 궤도 전자라고도 함).

핵-우산 (核雨傘) 圈 국가의 안전 보장을 확보하기 위하여 핵무기가 없는 나라가 의존하는, 다른 핵무기 보유국의 핵전력(核戰力)을 비유적으로 이르는 말.

핵-융합 (核融合)[행늉-] 圈 **1** 〖물〗 가벼운 몇 개의 원자핵이 하나로 융합하여 무거운 원자핵을 만드는 핵반응 현상의 하나(이때에 다량의 에너지를 방출함). 원자핵 융합. 열핵(熱核) 반응. **2** 〖생〗 세포 융합 후 핵이 합치는 현상. 특히, 후생(後生)동물의 수정(受精) 때 두 배우자(配偶子)의 세포핵이 하나로 융합하는 일.

핵-이성체 (核異性體) 〖물〗 질량수와 원자 번호는 같으나 스핀(spin) 등 그 이외의 성질이 다른 원자핵.

핵자 (核子)[-짜] 圈 **1** 알맹이. **2** 〖물〗 원자핵을 구성하는 양성자와 중성자의 총칭.

핵-자기 (核磁氣)[-짜-] 圈 〖물〗 원자핵이 나타내는 자기적 현상 및 그 근원인 자기 모멘트.

핵장 (劾狀)[-짱] 圈 탄핵하는 글.

핵-전략 (核戰略)[-쩔-] 圈 핵무기를 중심으로 짜여진 군사 전략.

핵-전력 (核戰力)[-쩔-] 圈 한 나라가 갖춘 핵무기로 전쟁을 수행할 수 있는 능력.

핵-전쟁 (核戰爭)[-쩐-] 圈 핵무기를 사용하는 전쟁.

핵정 (覈情)[-쩡] 圈圄죄 일의 정상(情狀)을 조사하여 따짐.

핵종 (核種)[-쫑] 圈 〖물〗 원자 속의 양성자수(陽性子數)는 같고 질량수가 다른 동위 원소(同位元素)의 하나하나를 독립하여 부를 경우의 말.

핵주 (劾奏)[-쭈] 圈圄죄 지난날, 관원의 죄를 탄핵하여 임금·상관 등에게 아뢰던 일.

핵질 (核質)[-찔] 圈 〖생〗 세포의 핵 속에 들어 있는 원형질(핵산을 포함한 핵단백질이 주성분임).

핵-탄두 (核彈頭) 圈 〖군〗 미사일 등의 탄두부(彈頭部)에 핵폭발 장치를 장착한 것.

핵-폐기물 (核廢棄物)[-/-폐-] 圈 원자력에 이용하고 난 후에 버리는 찌꺼기 물질. 방사능이 남아 있어 특별한 관리가 필요함.

핵-폭발 (核爆發)[-빨] 圈圄죄 핵반응으로 일어나는 폭발.

핵-폭탄 (核爆彈) 圈 핵반응에 의한 엄청난 에너지를 이용하여 만든 폭탄(원자 폭탄·수소 폭탄 따위).

핵학 (核學)[해칵] 圈 〖생〗 세포학의 한 분야로, 주로 핵의 분열과 염색체 따위를 연구하는 학문.

핵-화학 (核化學)[해콰-] 圈 〖화〗 핵반응·핵붕괴 등 원자핵의 변화에 관한 화학적 연구 따위를 하는 학문 분야. 원자핵 화학.

핵 확산 (核擴散)[해콱싼] 圈 핵무기의 보유가 세계로 퍼짐. ▢ ~ 금지 조약.

핸드 드릴 (hand drill) 손으로 핸들을 돌려 톱니바퀴 등의 작용으로 송곳이 구멍을 뚫게 만든 공구.

핸드백 (handbag) 圈 여성들이 손에 들거나 어깨에 메고 다니는 작은 가방.

핸드볼 (handball) 圈 구기의 하나. 7 인 또는 11인을 한 팀으로, 공을 손으로만 패스·드리블하여 상대편 골에 던져 넣어 그 득점으로 승부를 결정함. 송구(送球).

핸드북 (handbook) 圈 간단한 안내나 참고 사항 따위를 수록한 작은 책자. 편람(便覽).

핸드 브레이크 (hand brake) 손으로 조작하는 자동차의 제동 장치.

핸드 오르간 (hand organ) 〖악〗 아코디언.

핸드-폰 (hand+phone) 圈 휴대 전화.

핸드헬드 컴퓨터 (handheld computer) 〖컴〗 전지로 작동하는 휴대용 컴퓨터. 주머니에 넣을 수 있는 크기의 것부터 노트북 컴퓨터에 이르기까지 여러 가지가 있으며, 성능도 단순한 계산 기능만 갖춘 것부터 데스크톱 컴퓨터 수준의 것까지 있음.

핸들 (handle) 圈 기계나 기구를 움직이거나 자동차·선박 등의 방향을 조종하는 손잡이. ▢ ~을 잡다 / ~을 오른쪽으로 꺾다.

핸들링 (handling) 圈 **1** 축구에서, 공이 손에 닿는 일(골키퍼 외엔 반칙임). **2** 럭비·핸드볼 등에서, 공을 다루는 일.

핸디 (-handicap) 圈 '핸디캡1'의 준말.

핸디캡 (handicap) 圈 **1** 경기 따위에서 우열(優劣)을 고르게 하고자 우세한 사람에게 지우는 부담. ⑥핸디. **2** 남보다 불리한 조건. ▢ 신체적인 ~을 극복하다.

핸섬-하다 (handsome-) 圈圉 풍채가 좋거나 말끔하게 잘생기다. 멋있다. 말쑥하다.

핼금 圄圄죄 경망스럽게 살짝 곁눈질하여 쳐다보는 모양. 웹힐금. 웹핼끔.

핼금-거리다 圄 방정맞게 눈동자를 옆으로 돌려 자꾸 살짝살짝 쳐다보다. 웹힐금거리다.

핼금-핼금 圄圄죄

핼금-대다 圄 핼금거리다.

핼끔 圄圄죄 경망스럽게 눈동자를 옆으로 돌리며 살짝 쳐다보는 모양. 웹힐끔. 웹핼금.

핼끔-거리다 圄 경망스럽게 눈동자를 옆으로 돌리며 자꾸 살짝살짝 쳐다보다. 웹힐끔거리다. 웹핼금-핼금 圄圄죄

핼끔-대다 圄 핼끔거리다.

핼리 혜:성 (Halley彗星)[-/-혜-] 〖천〗 명왕

성 가까이에 있는, 길쭉한 궤도를 가진 혜성. 매우 긴 꼬리를 가지고 있고, 출현 주기는 76.2년임.

핼쑥-하다 [-쑤카-] 〖형〗어 얼굴에 핏기가 없고 파리하다. 창백하다. ▣ 얼굴이 중병을 앓은 사람처럼 ~.

햄¹ (ham) 〖명〗 돼지고기를 소금에 절여 훈제한 가공식품.

햄² (ham) 〖명〗 아마추어 무선사.

햄릿-형 (Hamlet型) 〖명〗 〖심〗 사색(思索)이나 회의(懷疑)의 경향이 세고 결단이나 실행력이 약한 성격 유형. *돈키호테형.

햄버거 (hamburger) 〖명〗 1 햄버그스테이크. 2 햄버그스테이크를 둥근 빵에 끼운 샌드위치.

햄버그-스테이크 (hamburg steak) 〖명〗 쇠고기·돼지고기 등을 잘게 다져 빵가루와 양파·달걀 등을 넣고 둥글넓적하게 뭉쳐 구운 서양 요리. 햄버거.

햄-샐러드 (ham+salad) 〖명〗 햄을 넣어 만든 샐러드 요리.

햄스터 (hamster) 〖명〗 〖동〗 비단털쥣과의 하나. 몸의 길이는 12~16cm이며, 꼬리와 다리가 짧고 몸의 위쪽은 주황색, 아래쪽은 회백색이고 앞가슴에 암갈색의 반점이 있음. 시리아 원산으로 의학 실험용으로 씀.

햄-에그 (←ham and egg) 〖명〗 얇게 썬 햄에 달걀을 씌워서 구운 음식.

햄프셔-종 (Hampshire種) 〖명〗 돼지의 한 품종. 얼굴은 길고, 몸빛은 검은데 어깨와 앞다리 부분에 흰 띠가 있음. 번식력이 강하고 육질(肉質)이 좋음.

햅-쌀 〖명〗 그해에 새로 난 쌀. ▣ ~밥 / ~로 송편을 빚다. ↔묵은쌀.

햇- [핻-] 〖투〗 '그해에 새로 나온'의 뜻. ▣ ~과일 / ~감자 / ~병아리.

햇-것 [핻껃] 〖명〗 해마다 나는 것으로서, 그해에 처음 난 것.

햇-곡 (-穀) [핻꼭] 〖명〗 '햇곡식'의 준말.

햇-곡식 (-穀食) [핻꼭씩] 〖명〗 그해에 새로 난 곡식. 신곡(新穀). ☞햇곡.

햇-과일 [핻꽈-] 〖명〗 그해에 새로 난 과일.

햇-귀 [핻뀌] 〖명〗 1 해가 처음 솟을 때의 빛. 2 햇발.

햇-김치 [핻낌-] 〖명〗 봄에 새로 난 배추나 무 따위의 김칫거리로 담근 김치.

햇-나물 [핻-] 〖명〗 그해에 새로 난 나물.

햇-누룩 [핻-] 〖명〗 그해에 새로 나온 밀로 만든 누룩. 신국(新麴).

햇-님 〖명〗 ☞해님.

햇-닭 [핻따] 〖명〗 그해에 나서 자란 닭.

햇-덧 [핻떧/핻떧] 〖명〗 1 해가 지는 동안. 2 해가 주는 이로움.

햇-무리 [핻-] 〖명〗 햇빛이 대기 속의 수증기에 비치어 해의 둘레에 둥그렇게 나타나는 빛깔 있는 테두리. 일훈(日暈). ㉮햇물.

햇-물 [핻-] 〖명〗 1 '햇무리'의 준말. 2 장마 뒤에 잠시 괴다가 말라 버리는 샘물.

햇-발 [해빨/핻빨] 〖명〗 사방으로 뻗친 햇살. 햇귀. ▣ ~이 옮겨 가다 / 아침 ~이 눈부시다.

햇-밥 [핻빱] 〖명〗 1 그해에 새로 난 쌀로 지은 밥. 2 새로 지은 밥.

햇-벼 [핻뼈] 〖명〗 그해에 새로 난 벼.

햇-병아리 [핻뼝-] 〖명〗 1 깐 지 얼마 안 되는 병아리. 2 풋내기. ▣ ~ 기자 / 대학을 갓 졸업한 ~ 교사.

햇-볕 [해뼏/핻뼏] 〖명〗 해에서 내리쬐는 뜨거운 기운. ▣ ~에 그을다 / 따사로운 ~을 쬐다 / ~이 쨍쨍 내리쬔다. ㉮볕.

햇-보리 [핻뽀-] 〖명〗 그해에 처음 난 보리.

햇-빛 [해삗/핻삗] 〖명〗 해의 빛. 태양 광선. 일광(日光). ▣ ~에 눈이 부시다 / ~이 비치다 / 이슬방울이 ~에 반사되어 반짝인다.

햇-살 [해쌀/핻쌀] 〖명〗 해가 내쏘는 광선. ▣ 눈부신 ~ / 늦가을 아침 ~이 유난히도 맑았다 / 산촌의 초가 지붕 위로 ~이 빗질하듯 내리고 있었다.

햇-수 (-數) [해쑤/핻쑤] 〖명〗 해의 수. 연수(年數). ▣ ~가 차다 / 이리 온 지도 벌써 ~로 3년이 되었구나.

햇-순 (-筍) [핻쑨] 〖명〗 그해에 돋아난 여린 줄기나 가지.

햇-실과 (-實果) [핻씰-] 〖명〗 그해에 처음 난 과일. 햇과일.

햇-일 [핻닐] 〖명〗 그해에 하는 일. 또는 그해에 하도록 정해진 일.

햇-잎 [핻닙] 〖명〗 새로 돋아난 잎.

행¹ (行) 〖명〗 1 글의 세로 또는 가로의 줄(의존명사로도 씀). ▣ ~을 바꾸다 / ~을 바로잡다 / 한 ~ 건너뛴다. 2 한시(漢詩)의 한 체. 악부(樂府)에서 나온 형식으로 감정의 거침없는 표현이 특징임.

행² (行) 〖명〗 1 〖불〗 모든 변화하는 존재. 2 〖불〗 12 인연의 하나. 과거세(世)에서 몸·입·뜻의 세 업(業)으로 지은 선악 일체의 행위. 3 〖불〗 승려·수행자가 정하여진 업을 닦는 일. 특히, 그 고행을 이름. 4 〖철〗 실천이나 행위. 인간의 의도적인 행동.

행: (幸) 〖명〗 '다행(多幸)'의 준말. ▣ ~인지 불행인지 모르겠다.

행³ (行) 〖관〗 조선 시대, 관계(官階)가 높고 관직이 낮을 경우에 벼슬 이름 앞에 붙여 일컫던 말.

-행 (行) 〖미〗 지명 뒤에 붙어 '그리로 감'의 뜻을 나타내는 말. ▣ 부산~ / 서울~.

행각 (行脚) 〖명〗하자 1 〖불〗 여기저기 돌아다니며 수행함. 2 어떤 목적으로 여기저기로 돌아다님(주로 부정적인 의미로 씀). ▣ 사기 ~을 일삼다 / 절도 ~을 벌이다.

행각 (行閣) 〖명〗 〖건〗 궁궐·사찰 등의 정당(正堂) 앞이나 좌우로 지은 줄행랑. 상방(箱房).

행각-승 (行脚僧) [-쌍] 〖명〗 각처로 돌아다니며 불도를 닦는 승려.

행간 (行姦) 〖명〗하자 간음을 함. 행음(行淫).

행간 (行間) 〖명〗 1 글의 줄과 줄 사이. 행과 행 사이. ▣ ~을 넓히다. 2 (비유적으로) 글을 통하여 나타내려고 하는 숨은 뜻을 이르는 말. ▣ ~을 읽다 / ~의 뜻을 파악하다.

행객 (行客) 〖명〗 지나가는 손님. 나그네.

행건 (行巾) 〖명〗 복중에 있는 사람이나 상제 등이 쓰는 건.

행고 (行苦) 〖명〗 〖불〗 삼고(三苦)의 하나. 생멸(生滅)의 변화로 받는 괴로움.

행고 (行賈) 〖명〗 도붓장사.

행고 (行鼓) 〖명〗 예전에, 행군할 때 치던 북.

행공 (行公) 〖명〗하자 공무를 집행함.

행구 (行具) 〖명〗 행장(行裝).

행군 (行軍) 〖명〗하자 군대·학생 등이 대열을 지어 먼 거리를 걸어감. ▣ 장시간에 걸쳐 ~하다.

행군-악 (行軍樂) 〖악〗 길군악2.

행궁 (行宮) 〖명〗 임금이 거동할 때 머물던 별궁. 이궁(離宮).

행근 (行殣) 〖명〗 길에서 굶어 죽은 송장.

행글라이더 (hang glider) 〖명〗 미국에서 시작된 공중 스포츠의 하나(금속제의 틀에 화학 섬유의 천을 입혀서 날개로 삼아 그 밑을 잡고

기류를 이용하여 활공함. 몸의 움직임으로 조종함).

행기 (行氣) 몡하자 **1** 몸을 움직임. **2** 호기를 부림. **3** 기분을 풂.

행:**기** (幸冀) 몡하자 행여나 하고 무엇을 바람.

행낭 (行囊) 몡 우편물이나 외교 문서 따위를 넣어 보내는 주머니. ▣우편 ~ / 외교 ~을 싣고 가다.

행-내기 ☞ 보통내기.

행년 (行年) 몡 그해까지 먹은 나이.

행년-신수 (行年身數) 몡 그해의 좋고 나쁜 신수. ▣매년 설날에는 토정비결로 ~를 본다.

행년-점 (行年占) [-쩜] 몡 그해의 신수가 어떨지를 알아보려고 치는 점.

행:**단** (杏壇) 몡 학문을 닦는 곳(공자가 행단 위에서 제자를 가르쳤다는 고사에서 유래함).

행담 (行擔) 몡 길 가는 데 가지고 다니는 작은 상자(버들·싸리 따위를 결어 만듦).

행덕 (行德) 몡 [불] 불법을 닦은 공덕.

행도 (行道) 몡 **1** 도를 행함. **2** 돌아다님. **3** [불] 승려가 경문을 외면서 걷는 일.

행동 (行動) 몡하자 **1** 몸을 움직임. 또는 그 동작. 행작. ▣ ~ 요령 / ~을 같이하다 / ~이 느리다. **2** 행위. ▣학생으로서 있을 수 없는 ~이다.

행동-거지 (行動擧止) 몡 몸을 움직여 하는 모든 짓. 거조(擧措). 거동. ▣ ~가 수상하다 / ~를 조심하다. ㉡거지·행지(行止).

행동 과학 (行動科學) 인간 행동의 일반 법칙을 넓은 측면에서 발견하려는, 자연 및 사회 과학의 두 분야에 걸치는 새로운 과학.

행동-대 (行動隊) 몡 직접 행동을 하는 무리.

행동-반경 (行動半徑) 몡 **1** [군] 군함·항공기 등이 기지를 떠나서 연료 보급 없이 다시 돌아올 수 있는 최대한도의 거리. **2** 사람이나 동물이 행동 또는 활동할 수 있는 범위. ▣ ~이 넓다.

행동-주의 (行動主義) [- / -이] 몡 [심] 심리학을 객관적인 과학으로 만들기 위해서는 객관적인 행동을 대상으로 하지 않으면 안 된다는 주의.

행동-파 (行動派) 몡 말이나 이론보다 행동을 중히 여기는 사람.

행동 환경 (行動環境) [심] 행동을 규정하고 있는 환경(독일의 심리학자 코프카가 제창한 개념). 심리 환경.

행락 (行樂) [-낙] 몡하자 잘 놀고 즐겁게 지냄.

행락-객 (行樂客) [-낙객] 몡 놀거나 즐기러 온 사람. ▣유원지가 ~으로 붐비다.

행랑 (行廊) [-낭] 몡 **1** 대문간에 붙어 있는 방. **2** 예전에, 대문 양쪽에 벌여 있어 하인들이 거처하던 방.
[행랑 빌리면 안방까지 든다] 처음에는 조심스럽게 하던 일도 점차 분수를 넘게 됨을 비유한 말.

행랑-것 (行廊-) [-낑껏] 몡 행랑살이하는 하인을 낮추어 이르던 말.

행랑-뒷골 (行廊-) [-낭뒤꼴 / -낭뒫꼴] 몡 서울의 종로 양쪽에 있던 전방(廛房)들 뒤의 좁은 골목.

행랑-방 (行廊房) [-낭빵] 몡 대문의 양쪽이나 문간에 있는 방.

행랑-살이 (行廊-) [-낭사리] 몡하자 남의 행랑에 살면서 대가로 그 집의 궂은일이나 심부름을 해 주며 사는 생활.

행랑-아범 (行廊-) [-낭-] 몡 행랑살이하는 나이 든 남자 하인.

행랑-어멈 (行廊-) [-낭-] 몡 행랑살이하는 나이 든 여자 하인.

행랑-채 (行廊-) [-낭-] 몡 행랑으로 된 집채. 문간채.

행려 (行旅) [-녀] 몡하자 나그네가 되어 다님. 또는 그 나그네.

행려-병사 (行旅病死) [-녀-] 몡하자 나그네로 떠돌아다니다가 타향에서 병들어 죽음.

행려-병자 (行旅病者) [-녀-] 몡 나그네로 떠돌아다니다가 병이 든 사람.

행려-시 (行旅屍) [-녀-] 몡 떠돌아다니다가 타향에서 죽은 사람의 시체.

행력 (行力) [-녁] 몡 [불] 불도를 닦는 힘.

행력 (行歷) [-녁] 몡하자 **1** 지내 온 경력. **2** 어떤 곳을 거쳐 지나감.

행렬 (行列) [-녈] 몡하자 **1** 여럿이 벌이어 줄지어 감. 또는 그런 줄. ▣ ~이 끝없이 이어지다 / 시위대가 ~을 지어 가다. **2** [수] 숫자나 문자를 사각형으로 배열한 것. 가로의 배열을 '행(行)', 세로의 배열을 '열(列)'이라 함.

행령 (行令) [-녕] 몡하자 명령을 시행함.

행례 (行禮) [-녜] 몡하자 예식을 행함. 또는 그 일. ▣ ~를 치르다.

행로 (行路) [-노] 몡하자 **1** 한길[1]. **2** 세로(世路). ▣삶의 ~. **3** 길을 감. 또는 그 길. ▣답사 ~를 정하다.

행로-난 (行路難) [-노-] 몡 세상살이가 험하고 어려움.

행로-병자 (行路病者) [-노-] 몡 길을 가다가 쓰러져 앓는 사람.

행로지인 (行路之人) [-노-] 몡 오다가다 길에서 만난 사람이라는 뜻으로, 아무 상관이 없는 사람을 일컫는 말.

행록 (行錄) [-녹] 몡 사람의 언행을 적은 글.

행뢰 (行賂) [-뇌] 몡하자 뇌물을 보냄.

행리 (行李) [-니] 몡 행장(行裝).

행:**림** (杏林) [-님] 몡 **1** 살구나무 수풀. **2** '의원(醫員)'의 미칭(美稱).

행마 (行馬) 몡하자 쌍륙(雙六)·바둑·장기 등에서 말을 씀. ▣가벼운 ~ / ~가 무겁다.

행:**망** (倖望) 몡하자 요행을 바람.

행:**망-쩍다** [-따] 휑 주의력이 없고 아둔하다.

행매 (行媒) 몡하자 중매를 함. 또는 그런 사람.

행매 (行賣) 몡하자 **1** 팔기 시작함. **2** 상품을 들고 다니면서 팖. 행판(行販).

행:**면** (倖免) 몡하자 '행이득면(倖而得免)'의 준말.

행모 (行暮) 몡하자 길을 가다가 날이 저묾.

행문 (行文) 몡하자 **1** 작문(作文)[1]. **2** 관청의 문서가 오고 감.

행문-이첩 (行文移牒) [-니-] 몡 관청에서 공문서를 발송하여 조회함. ㉡행이(行移).

행방 (行方) 몡 간 곳. 간 방향. 종적. ▣ ~을 감추다 / ~이 묘연하다.

행방 (行房) 몡하자 남녀가 교합함. 방사(房事).

행방-불명 (行方不明) 몡 간 곳이 분명하지 않음. 간 곳을 모름. ▣ ~이 되다. ㉡행불.

행배 (行杯) 몡하자 행주(行酒).

행법 (行法) [-뻡] 몡 [불] **1** 행자(行者)가 닦아야 할 교법(敎法). **2** 불도를 닦는 방법.

행보 (行步) 몡하자 **1** 걸음을 걸음. **2** 어떤 곳으로 장사하러 다님. **3** 어떤 일을 해 나감. ▣발빠른 ~를 보이다 / 작가로서 그의 ~는 순탄한 편이었다.

행보-석 (行步席) 몡 아주 귀한 손님이나 새색시·새색시를 맞을 때 마당에 까는 긴 돗자리. 장보석(長步席).

행:복 (幸福)[-하형] 圐 **1** 복된 좋은 운수. □~을 빌다. **2** 욕구가 충족되어 충분한 만족과 기쁨을 느끼는 상태. □~에 젖다 / ~을 누리다 /~하게 살다. ↔불행.

행:복-감 (幸福感)[-깜] 圐 행복한 느낌. □~에 젖다 / ~을 맛보다.

행:복-설 (幸福說)[-썰] 圐 〖윤〗 윤리의 궁극적 목적이나 행위의 기준을 행복에 두는 설. 행복주의.

행:복-스럽다 (幸福-)[-쓰-따][-스러워, -스러우니] 慟 보기에 행복하다. □행복스러운 가정. **행:복-스레** [-쓰-] 閉

행:복 추구권 (幸福追求權)[-꿘] 圐 〖법〗 국민이 인간으로서의 행복을 추구할 권리. 헌법으로 보장됨.

행불 (行不) 圐 '행방불명'의 준말.

행-불성 (行佛性)[-썽] 圐 〖불〗 수행(修行)으로 얻은 불성(佛性).

행:-불행 (幸不幸) 圐 행복과 불행.

행비 (行比) 圐 〖불〗 수행의 공력(功力)을 비교하는 일.

행비 (行費) 圐 노자(路資).

행사 (行使) 圐하타 **1** 부려서 씀. **2** 〖법〗 권리의 내용을 실현함. □권리 ~ / 실력 ~에 들어가다 / 묵비권을 ~하다.

행사 (行事) 圐하자 어떤 일을 행함. 또는 그 일. □광복절 경축 ~ / ~에 참여하다 / 다채로운 ~를 베풀다.

행사 (行祀) 圐하자 제사를 지냄.

행사 (行詐) 圐하자 거짓을 행함.

행상 (行狀) 圐 하는 짓, 태도.

행상 (行商) 圐하자 **1** 도붓장사. **2** 도붓장수.

행상 (行喪) 圐하자 **1** 상여(喪輿). **2** 상여가 산소를 향해 나감.

행상 (行賞) 圐하자 상을 줌.

행상-인 (行商人) 圐 도붓장수.

행색 (行色) 圐 **1** 겉으로 드러나는 차림이나 태도. □초라한 ~ / ~이 남루하다. **2** 길 떠나는 사람의 차림새. □산에 오르는 사람 같은 ~을 하고 있다.

행서 (行書) 圐 한자 서체(書體)의 하나《해서(楷書)와 초서(草書)의 중간체》.

행선 (行先) 圐 가는 곳. 행선지. □~을 밝히다 / ~을 정하다.

행선 (行船) 圐하자 배가 감. 또는 그 배.

행선 (行禪) 圐 〖불〗 각처로 돌아다니면서 선(禪)을 닦음.

행선-지 (行先地) 圐 가는 곳. 행선. □~를 바꾸다 / ~를 아무에게도 알리지 않았다.

행선 축원 (行禪祝願) 〖불〗 나라와 백성을 위하여 아침저녁으로 부처에게 비는 일.

행성 (行星) 圐 〖천〗 태양의 주위를 타원(楕圓) 궤도를 그리며 운행하는 천체의 총칭《수성·금성·지구·화성·목성·토성·천왕성·해왕성의 여덟 개가 있음》. 유성(遊星). 혹성(惑星). 떠돌이별. ↔항성(恒星).

행세 (行世) 圐하자 **1** 세상을 살아감. 또는 그 태도. **2** 해당되지 않는 사람이 어떤 당사자인 것처럼 행동함. □돌팔이가 의사 ~를 하다. **3** 세상에서 사람의 도리를 행함.

행세 (行勢) 圐 '행세도'의 준말. □~하는 집안 / 마을에서 ~깨나 하는 사람.

행세-꾼 (行世-) 圐 행세하기 좋아하거나 잘하는 사람.

행-세도 (行勢道) 圐하자 세도를 부림. 준행세.

행세-본 (行世本)[-뽄] 圐 행세하는 본새.

행셋-경 (行世-)[-세꼉 / -셍꼉] 圐 행세를 잘못하여 남에게 경을 치는 일.

행소 (行訴) 圐 〖법〗 '행정 소송(行政訴訟)'의 준말.

행수 (行首) 圐 **1** 한 무리의 우두머리. □~ 머슴. **2** 예전에, 한량을 거느리던 우두머리.

행수 (行數)[-쑤] 圐 글줄의 수. 또는 그 차례. □행간을 넓히고 ~를 줄이다.

행수 기:생 (行首妓生) 조선 때, 관아 기생의 우두머리. 도기(都妓). *코머리.

행수-목 (行需木) 圐 지난날, 사신의 행차에서 쓰던 무명.

행순 (行巡) 圐하자 살피며 돌아다님.

행술 (行術) 圐하자 의술·복술(卜術)·지술(地術) 등으로 세상을 살아감.

행습 (行習) 圐하타 **1** 버릇이 되도록 행동함. 또는 몸에 밴 버릇. **2** 기습(氣習).

행시 (行時) 圐하자 때를 맞추어 옴.

행시주육 (行尸走肉) 살아 있는 송장이요, 걸어다니는 고깃덩이라는 뜻으로, 배운 것이 없어서 아무 쓸모가 없는 사람을 일컫는 말.

행신 (行神) 圐 **1** 길을 지키는 신령. **2** 길에서 죽은 사람의 귀신.

행:신 (幸臣) 圐 총신(寵臣).

행실 (行實) 圐 일상 하는 행동. 품행. □~이 바르다 / ~이 얌전하다.
[행실을 배우라 하니까 포도청 문고리를 뺀다] 품행을 바르게 하라고 하였더니 도리어 못된 짓을 한다는 말.

행:-심하다 (幸甚-) 慟 매우 다행하다.

행악 (行惡) 圐하자 못된 짓을 함. 또는 그런 행동.

행악 (行樂) 圐 〖악〗 국악(國樂)에서, 행진할 때 연주하는 풍류(風流).

행업 (行業) 圐하자 〖불〗 불도를 닦음.

행:여 (幸-) 閉 바라건대. 다행히. 혹시. 어쩌다가. 운좋게. □추운 날씨에 ~ 감기라도 들까 걱정된다 / ~ 남이 볼까 두렵다.

행:여-나 (幸-) 閉 '행여'를 강조하는 말. □~ 하고 요행을 바라다.

행역 (行役) 圐 여행의 피로와 괴로움.

행용 (行用) 圐하타 널리 씀. 두루 씀.

행운 (行雲) 圐 떠가는 구름. 열구름.

행:운 (幸運) 圐 좋은 운수. 행복한 운수. □~을 빌다 / ~이 따르다. ↔불운.

행:운-아 (幸運兒) 圐 좋은 운수를 만난 사람.

행운-유수 (行雲流水)[-뉴-] 圐 (떠가는 구름과 흐르는 물이라는 뜻으로) **1** 일이 막힘이 없음. **2** 마음씨가 시원하고 씩씩함의 비유. **3** 일정한 형태가 없이 늘 변함.

행원 (行員) 圐 '은행원'의 준말.

행위 (行爲) 圐 사람이 의지를 가지고 하는 짓. □부도덕한 ~ / 자신의 ~에 책임을 진다.

행위 규범 (行爲規範) 사람이 사회생활을 하면서 꼭 지켜야 하는 규범.

행위 능력 (行爲能力)[-녁] 圐 〖법〗 민법상 법률 행위를 단독으로 할 수 있는 능력.

행유여력 (行有餘力) 圐 일을 다 하고도 오히려 힘이 남음.

행음 (行吟) 圐하타 **1** 거닐면서 글을 읊음. **2** 귀양살이에서 글을 읊음.

행음 (行淫) 圐하자 행간(行奸).

행:의 (行衣)[-이] 圐 〖역〗 조선 때, 유생(儒生)의 웃옷《소매가 넓은 두루마기에 검은 천으로 가를 꾸밈》.

행의 (行義)[-이] 圐하자 의로운 행동을 함.

행의 (行誼)[-이] 圐하자형 **1** 행실이 올바름.

또는 그 행실. **2** 바른길을 취하여 행함.

행의(行醫)[-/-이]圓彫짜 의술로써 세상을 살아감.

행이(行移)圓 '행문이첩(行文移牒)'의 준말.

행:이득면(倖而得免)[-등-]圓彫타 요행으로 벗어남. ㉤행면(倖免).

행인(行人)圓 **1** 길 가는 사람. ▢~에게 길을 묻다. **2**[옛]행자(行者)2.

행:인(杏仁)圓《한의》살구씨의 껍데기 속 알맹이(기침·변비에 약재로 씀).

행자(行者)圓 **1**《불》장례 때, 상제(喪制)를 따라가던 남자 하인. **2**《불》속인(俗人)으로서 절에 들어가 불도를 닦는 사람. 상좌(上佐). 행인(行人).

행자(行資)圓 노자(路資).

행:자(杏子)圓 '행자목'의 준말.

행:자-목(杏子木)圓 은행나무의 목재. ▢~으로 만든 바둑판. ㉤행자.

행:자-반(杏子盤)圓 **1** 은행나무로 만든 소반. **2** 윗면을 은행나무로 만든 바둑판.

행작(行作)圓彫짜 행동 1.

행장(行狀)圓 **1** 사람이 죽은 뒤 그 평생에 지낸 일을 기록한 글. **2** 교도소에서, 수감자의 언행에 대하여 매긴 성적.

행장[2](行狀)圓《역》조선 초기에, 왜인(倭人)이 조선에 내왕(來往)할 때 소지하게 한, 쓰시마 도주(對馬島主) 발행의 여행 증명서. * 호조(護照).

행장(行長)圓 '은행장'의 준말.

행장(行裝)圓 여행할 때 쓰는 물건과 차림. 행구(行具). 행리(行李). ▢~을 꾸리다 / ~을 챙기다 / ~이 초라하다.

행장(行障)圓《역》왕후(王后)의 장례 때에 여러 사람이 들고 가던 굵은 베의 긴 휘장.

행장-기(行狀記)圓 어떤 사람의 일생의 행적을 적은 글. [무는 곳.

행재-소(行在所)圓 임금이 거동할 때 일시 머

행적(行績·行蹟)圓 **1** 움직인 자취. ▢~을 감추다. **2** 평생에 한 일이나 업적. ▢과학 발전에 커다란 ~을 남겼다.

행전(行錢)圓彫짜 노름판에서 돈질을 함.

행전(行纏)圓 바지·고의를 입을 때 정강이에 감아 무릎 아래에 매는 물건. ▢~을 풀다 / ~을 바싹 동여매다.

행정(行政)圓 **1** 정치를 함. **2**《법》삼권의 하나. 법률에 좇아서 정무(政務)를 집행하는 행위. ▢~력을 발휘하다. **3**《군》전술·전략을 제외한 모든 군사 사항을 관리·운용하는 일.

행정(行程)圓 **1** 멀리 가는 길. 가는 길의 이수(里數). ▢하루의 ~. **2** 피스톤 따위의 왕복하는 거리.

행정 감사(行政監査)《법》행정 사무의 관리·집행이 적법·정당하게 행해지는가를 감사하는 일.

행정 개:혁(行政改革) 복잡한 행정 사무를 개선하는 일(행정 기관의 통폐합, 예산의 삭감, 공무원의 감소, 권한의 감축 등을 내용으로 함). ▢과감하게 ~을 단행하다.

행정-관(行政官)《법》행정 사무를 맡아보는 공무원의 총칭. * 사법관.

행정 관리(行政管理)[-끨-] 행정 목적을 효율적으로 달성하기 위하여 조직 체제를 유지 발전시키도록 기획·조정하는 일.

행정 관청(行政官廳)《법》행정에 관한 국가 의사를 결정하고 그 의사를 표시·집행하는 권한을 가지는 기관.

행정 구역(行政區域) 행정 기관의 권한이 미치는 범위를 정한 지역.

행정-권(行政權)[-꿘]圓 국가가 통치권을 바탕으로 하여 일반 행정을 펴는 권능(삼권(三權)의 하나임).

행정 규칙(行政規則)《법》행정 기관이 행정 목적을 달성하고자 그 권한 내에서 시행하는 규칙(고시(告示)·훈령·사무 규정 따위).

행정 기관(行政機關)《법》행정 사무를 맡은 국가 기관의 총칭.

행정 명:령(行政命令)[-녕]《법》행정 기관이 행정 목적을 달성하기 위해 직권으로 내리는 모든 명령.

행정-벌(行政罰)圓 행정법상의 의무를 위반한 사람에게 제재로서 과해지는 벌.

행정-범(行政犯)圓《법》행정법상 의무 위반에서 오는 범죄. 법정범. ↔형사범.

행정-법(行政法)[-뻡]圓《법》행정 기관의 조직 및 행정권의 작용에 관한 법의 총칭.

행정 법원(行政法院) 행정 소송법에서 정한 행정 사건을 제1심으로 심판하는 법원.

행정-부(行政府)圓 입법·사법 이외의 행정을 맡아보는 국가 기관.

행정-사(行政士)圓 행정 관청에 제출할 서류 작성을 업으로 하는 사람.

행정 소송(行政訴訟)《법》행정 관청의 위법 처분에 따라 권리를 침해당한 사람이 관할 고등 법원에 대하여 그 처분의 취소 또는 변경을 요구하는 소송. ㉤행소(行訴).

행정 안전 위원회(行政安全委員會) 국회 상임 위원회의 하나. 행정 자치부와 중앙 선거 관리 위원회 등의 소관 사항을 심의함.

행정 자치부(行政自治部) 중앙 행정 기관의 하나. 국무 회의의 서무, 법령 및 조약의 공포, 행정 기관의 조직 및 정원, 공무원의 인사·복무·상훈 관리, 지방 자치 제도, 선거·국민 투표의 지원 등에 관한 사무를 맡아봄. 2014년 안전 행정부에서 이름이 바뀜.

행정 조직(行政組織) 국가나 지방 자치 단체 등 행정 주체의 모든 조직.

행정 지도(行政指導) 행정 기관이 행정 목적 달성하기 위하여, 개인·법인·단체에 협력을 구하는 행위(강제력은 없음).

행정-직(行政職) 일반직 공무원의 직군에 의한 분류의 하나. 행정·세무·관세·운수·교육 행정·노동·문화 등의 직무로 나뉨.

행정 처:분(行政處分)《법》법규에 따라 특정 사건에 관한 권리를 설정하고 의무를 명하며, 또 그 밖의 법률상의 효과 발생을 목적으로 하는 행정 행위.

행정-학(行政學)圓 행정 작용의 실지를 연구하는 학문.

행정 협정(行政協定)[-쩡] 행정부에 의하여 체결된 국가 간의 협정(국회의 비준을 필요로 하지 않음).

행주圓 밥상이나 그릇 따위를 훔치거나 닦을 때 쓰는 헝겊. ▢~로 식탁을 훔치다.

행주(行酒)圓彫짜 잔에 술을 부어 돌림. 행배(行杯). ▢~하는 술잔.

행주(行廚)圓 **1** 음식을 다른 곳으로 옮김. **2** 행주의 거둥 때, 음식을 마련하던 임시 주방.

행주좌와(行住坐臥)圓《불》일상의 기거동작인 네 가지 위의(威儀). 곧, 다니고, 머물고, 앉고, 눕는 일.

행주-질圓彫타 행주로 그릇·식탁 등을 훔치는 일. ▢~을 하다.

행주-치마圓 부엌일을 할 때 덧입는 짧은 치마. 앞치마. ▢~를 두르다.

행줏-감[-주깜 / -준깜] 뗑 행주로 쓸 감.
행중 (行中) 똉 함께 길을 가는 모든 사람.
행지 (行止) 뗑 '행동거지'의 준말.
행직-하다 (行直-)[-지카-] 혱여 성질이 굳세고 꿋꿋하다.
행진 (行進) 뗑하자 1 여러 사람이 줄을 지어서 나아감. ☐축하 ~/ 구호를 외치며 ~하다. 2 어떤 일이 계속하여 일어남. ☐연속 안타 ~/ 무역 흑자 ~이 계속되다.
행진-곡 (行進曲) 뗑 『악』 행진할 때 연주하는 악곡. 마치(march).
행:-짜 뗑 심술을 부려 남을 해치는 행위. ☐~를 부리다.
행차 (行次) 뗑하자 웃어른이 길 가는 것을 높여 이르는 말. ☐어떤 분의 ~인가. [행차 뒤에 나팔] 일이 다 끝난 다음의 쓸데없는 언행(言行)을 이름.
행차-명정 (行次銘旌) 뗑 장례 때, 상여 앞에 들고 가는 명정(관직·성씨 등을 씀).
행차-소 (行次所) 뗑 웃어른이 여행할 때 머무르는 곳의 높임말.
행차-칼 (行次-) 뗑 『역』 죄인을 다른 곳으로 옮길 때 목에 씌우던 형구(刑具).
행찬 (行饌) 뗑 여행할 때 가지고 가는 반찬.
행창 (行娼) 뗑하자 공공연하게 창기(娼妓) 노릇을 함.
행체 (行體) 뗑 『미술』 수묵화(水墨畵)에서 해서체(楷書體)와 초서체(草書體)의 중간 서체.
행초¹ (行草) 뗑 여행할 때 가지고 가는 담배.
행초² (行草) 뗑 행서(行書)와 초서(草書).
행탁 (行橐) 뗑 여행할 때 노자를 넣는 주머니. 또는, 행장을 넣는 주머니.
행탕-이 (行-) 『광』 광산 구덩이 속에 괸 물 밑에 가라앉은 철분·흙·모래 등의 엉긴 물건.
행태 (行態) 뗑 행동하는 모양. 하는 짓이나 몸가짐《주로 부정적인 의미로 씀》. ☐그릇된 음주 ~/ 파렴치한 ~를 보이다.
행:-티 뗑 행짜를 부리는 버릇. ☐~를 부리다.
행패 (行悖) 뗑하자 체면에 어그러지도록 버릇없는 짓을 함. 또는 그런 언행. ☐~가 심하다 / ~를 부리다 / ~를 일삼다.
행포 (行暴) 뗑하자 함부로 난폭한 짓을 함. 또는 그런 짓.
행하 (行下) 뗑 1 경사가 있을 때 주인이 하인에게 주는 금품. 2 품삯 이외에 더 주는 돈. 3 놀이가 끝난 뒤 기생이나 광대에게 주는 수. ☐~를 후히 주다.
행하-건 (行下件) 뗑 품질이 낮은 물건.
행-하다 (行-) 타여 작정한 대로 나가다.
행하-조 (行下調) 뗑[-쪼] 말막음으로 하는 일.
행행 (行幸) 뗑하자 임금이 궁궐 밖으로 거둥하던 일.
행:-행연-하다 (悻悻然-) 혱여 발끈 성을 내며 원망스러워하는 태도가 차갑다. 행:행연-히 튀
행혈 (行血) 뗑하자 『한의』 약의 힘으로 피를 잘 돌게 함.
행형 (行刑) 뗑하자 『법』 형벌을 집행함.
행형-학 (行刑學) 뗑 『법』 행형에 관해 연구하는 학문.
행호-령 (行號令) 뗑하자 호령시령.
행호-시령 (行號施令) 뗑하자 호령을 내림.
행-화 (杏花) 뗑 살구꽃.
행흉 (行凶) 뗑하자 사람을 죽임.
행:-희 (幸姬)[-히] 뗑 남다른 사랑을 받는 여자. *총희(寵姬).
향: (向) 뗑 묏자리·집터 따위의 앞쪽 방향. ↔좌(坐).
향 (香) 뗑 1 향내를 풍기는 물건. 2 제전(祭奠)

에 피우는 향내 나는 물건. ☐~을 피우다.
향가 (鄕歌) 뗑 신라 중엽에서 고려 초기까지 민간에 널리 퍼졌던 우리나라 고유의 시가.
향갑 (香匣)[-깝] 뗑 향을 담는 상자.
향객 (鄕客) 뗑 시골에서 온 손님.
향:고 (饗告) 뗑하자 조상의 영전에 공양물을 바쳐 제사함.
향-고양 (香-養) 뗑 〔←향공양(香供養)〕 『불』 1 다섯 공양의 하나. 부처 앞에 향을 피우는 일. 2 절에서 담배를 피움을 금하는 말.
향곡 (鄕曲) 뗑 시골 구석. ☐도성과 ~.
향:-곡 (餉穀) 뗑 『역』 1 군량(軍糧)으로 쓰던 곡식. 2 조선 때에 둔 양향청의 곡식.
향:-관 (享官) 뗑 제관(祭官)1.
향관 (鄕貫) 뗑 관향(貫鄕).
향관 (鄕關) 뗑 고향의 관문. 곧, 고향.
향:-광-성 (向光性)[-썽] 뗑 『식』 식물체가 빛이 비치는 쪽으로 굽는 성질. ↔배광성. *향일성.
향교 (鄕校) 뗑 『역』 고려·조선 때, 시골에 있던 문묘(文廟)와 거기에 속한 관립(官立) 학교. *교궁(校宮).
향국 (鄕國) 뗑 고국(故國). 고향(故鄕).
향군 (鄕軍) 뗑 1 '재향 군인(在鄕軍人)'의 준말. 2 '향토 예비군'의 준말.
향궤 (香櫃)[-꿰] 뗑 향을 담는 궤.
향:-궤 (餉饋) 뗑 군사가 먹을 양식. 군량.
향금 (鄕禁) 뗑 그 지방에만 있는 금제.
향긋-하다[-그타-] 혱여 조금 향기로운 느낌이 있다. ☐향긋한 냄새. 향긋-이 튀
향기 (香氣) 뗑 꽃·향수 따위에서 나는 좋은 냄새. 향내. ☐은은한 ~ / ~가 짙다 / ~를 풍기다.
향기-롭다 (香氣-)[-따][-로워, -로우니] 혱ㅂ 향기가 있다. ☐향기로운 냄새 / 장미 향의 ~. 향기-로이 튀
향기-향 (香氣香) 뗑 한자 부수의 하나(('馥'·'馨'에서의 '香'의 이름)).
향-꽂이 (香-) 뗑 향을 피워 꽂아 놓는 기구.
향-나무 (香-) 뗑 『식』 측백나뭇과의 상록 침엽 교목. 산기슭이나 평지에 나며, 높이 15 m 가량, 껍질은 적갈색임. 정원수로 심으며, 조각재·가구재·향료·약으로 쓰임.
향:-남 (向南) 뗑하자 남쪽으로 향함.
향낭 (香囊) 뗑 향을 넣어 차는 주머니.
향-내 (香-) 뗑 1 향기로운 냄새. 향기. 향냄새. 향취. 향훈. ☐~를 풍기다 / ~가 방 안에 가득하다. 2 향의 냄새. ☐~를 피우다.
향-냄새 (香-) 뗑 향내1.
향:-년 (享年) 뗑 한평생을 살아 누린 나이. 곧, 죽은 이의 나이. ☐~ 90 세로 돌아가시다.
향:-념 (向念) 뗑 향의(向意).
향다 (香茶) 뗑 향기로운 차.
향:-당 (享堂) 뗑 『불』 조사(祖師)의 화상·위패 등을 모시고 제사 지내는 당집.
향당 (鄕黨) 뗑 자기가 태어났거나 사는 시골 마을. 또는 그 마을 사람들. 옛날에는 500 집이 당이 되고, 12,500 집이 향이 되었음.
향당에 막여치 (莫如齒) 꿈 향당에서는 나이가 제일이라는 말.
향도 (香徒) 뗑 1 『역』 '화랑도(花郞徒)'의 딴 이름. 2 상여꾼.
향:-도 (嚮導) 뗑하타 길을 인도함. 또는 그 사람. ☐~를 앞세우고 싸움.
향:-도-관 (嚮導官) 뗑 『역』 군사를 인솔하고 갈 때 길을 인도하던 벼슬. 또는 그 관원.

향:동 (響胴) 몝 기타·바이올린 등에서, 공기를 진동시켜 소리를 크게 하는 울림통. 공명통.

향:락 (享樂)[-낙] 몝하타 쾌락을 누림. ❏~ 산업 / ~에 빠지다.

향락-주의 (享樂主義)[-낙쭈- / -낙쭈이] 몝 〖윤〗 향락을 인생의 목적으로 삼는 주의《순간의 감각적 쾌락만이 유일한 선(善)이라고 함》. 쾌락설.

향랑-각시 (香娘-)[-낭-씨] 몝 〖동〗 노래기.

향랑각시 천리속거 (千里速去) ㉠ 음력 2월 1일에 백지에 먹으로 써서, 기둥·벽·서까래 같은 곳에 거꾸로 붙이는 부적의 말.

향랑-자 (香娘子)[-낭-] 몝 〖충〗 바퀴².

향:래 (向來)[-내] 몝튀 접때. 지난번.

향:례 (饗禮)[-녜] 몝 손님을 청하여 향응을 베푸는 의식 또는 예의.

향:로 (向路)[-노] 몝 향하여 나아가는 길. 갈 길. ❏인생의 ~를 정하다.

향로 (香爐)[-노] 몝 향을 피우는 자그마한 화로. ❏~에 향을 피우다.

향로-석 (香爐石)[-노-] 몝 향로를 올려놓는, 무덤 앞의 돌. 향안석(香案石).

향론 (鄕論)[-논] 몝 시골의 여론.

향료 (香料)[-뇨] 몝 **1** 향을 만드는 감. **2** 방향을 내는 물건. **3** 부의(賻儀).

향료 식물 (香料植物)[-뇨싱-] 몝 〖식〗 향수나 향유의 원료가 되는 식물《계수나무·라벤더·재스민 따위》.

향:류 (向流)[-뉴] 몝 〖물〗 유체가 서로 반대 방향으로 흐르는 상태. ↔병류(竝流).

향리 (鄕吏)[-니] 몝 〖역〗 한 고을에서 세습으로 내려오던 아전(衙前). ↔가리(假吏).

향리 (鄕里)[-니] 몝 나서 자라난 고향. 고향 마을. ❏~로 돌아가다.

향망 (鄕望) 몝 고향에서의 인망(人望). 또는 그 인망이 높은 사람.

향맹 (鄕氓) 몝 촌백성.

향:모 (向慕) 몝하타 자꾸 사모함. 줄곧 사모하여 생각함.

향목 (香木) 몝 〖식〗 향나무.

향몽 (香夢) 몝 봄철의 꽃 필 무렵 꾸는 꿈.

향몽 (鄕夢) 몝 고향을 그리워하여 꾸는 꿈.

향미 (香味) 몝 음식물의 향기로운 맛.

향미-료 (香味料) 몝 약품이나 음식물에 향기로운 맛과 냄새를 더하는 원료《차조기·파·깨 따위》.

향민 (鄕民) 몝 촌백성.

향반 (鄕班) 몝 〖역〗 시골로 낙향하여 여러 대동안 벼슬길에 오르지 못한 양반.

향:발 (向發) 몝하자 목적지를 향하여 출발함. ❏브라질로 ~하다.

향:방 (向方) 몝 향하는 곳. ❏민심의 ~.

향:방부지 (向方不知) 몝하자 어디가 어디인지 분간을 못함.

향:배 (向背) 몝 **1** 좋음과 등짐. ❏~를 달리하다. **2** 어떤 일이 되어 가는 추세나 동향. ❏여론의 ~를 지켜보다.

향:배 (向拜) 몝하자 향하여 절함.

향배 (香陪) 몝 제향(祭享)에서, 헌관(獻官)이 향축(香祝)을 받아 가지고 나갈 때 향궤를 받들고 앞서서 가는 사람.

향:벽 (向壁) 몝 벽을 향함.

향병 (鄕兵) 몝 지방 각처에서 향토인으로 조직하여 훈련시킨 민병.

향:복 (享福) 몝하자 복을 누림.

향부-악 (鄕部樂) 몝 〖악〗 아악(雅樂) 3부의 하나《제례악(祭禮樂)과 연례악(宴禮樂)의 둘이 있음》.

향-부자 (香附子) 몝 **1** 〖식〗 사초과의 여러해살이풀. 해변의 낮은 뿌리줄기는 옆으로 벋으며, 뿌리 끝에 덩이줄기가 나오며, 살은 희고 향기가 남. 높이 약 70cm. 잎은 가는 선형(線形), 여름에 다갈색 꽃이 핌. **2** 〖한의〗 향부자의 망속줄기《위장·월경 불순 따위에 씀》.

향:북 (向北) 몝하자 북쪽을 향함.

향-불 (香-) 몝 향을 태우는 불. 향화.

향불(을) 피우다 ㉠ 절에서 '담배 피우다'의 뜻으로 쓰는 변말.

향-비파 (鄕琵琶) 몝 〖악〗 신라 때 만들어진, 다섯 줄과 열 개의 기둥으로 된 비파.

향:사 (向斜) 몝 〖지〗 지각의 습곡(褶曲)으로 오목하게 된 부분. ↔배사(背斜).

향:사 (享祀) 몝 제사(祭祀). ❏~를 받들다.

향사 (鄕士) 몝 시골 선비. 향유(鄕儒).

향사 (鄕射) 몝하자 〖역〗 삼짇날과 단오절에 시골 한량들이 모여 편을 갈라 활쏘기를 겨루던 일《주향(酒饗)을 겸함》.

향:사 (向絲) 몝 우리나라에서 나는 명주실.

향:사-곡 (向斜谷) 몝 〖지〗 양편이 다 경사가 져서 오목하게 들어간 골짜기.

향:상 (向上) 몝하자 수준이나 실력·기술 따위가 나아짐. ❏기술 ~이 눈에 띄다 / 성적이 ~되다 / 생활수준을 ~시키다.

향상 (香床)[-쌍] 몝 향안(香案).

향:서 (向西) 몝하자 서쪽을 향함.

향:서 (向暑) 몝하자 더운 쪽으로 향한다는 뜻으로, 점점 더워짐을 이르는 말.

향서 (鄕書) 몝 고향에서 온 편지.

향-선생 (鄕先生) 몝 **1** 그 지방에서 명망이 높은 선비. **2** 시골 선비를 농으로 일컫는 말.

향설 (香雪) 몝 흰 꽃을 눈에 견주어 하는 말.

향:설 (饗設) 몝 잔치를 베풂.

향설-고 (香雪膏) 몝 문배·후추·꿀·생강 따위를 재료로 해서 만든, 별미로 먹는 음식물의 하나.

향:성 (向性)[-썽] 몝 **1** 〖생〗 굴성(屈性). 특히, 양(陽)의 굴성을 말함. **2** 〖심〗 내향성·외향성 따위의, 성격에 나타나는 성격의 경향.

향:성 검:사 (向性檢査)[-썽-] 몝 〖심〗 성격 검사의 한 가지. 주로 질문지법(質問紙法)에 의하여 내향성·외향성을 결정하는 검사.

향소 (香蔬) 몝 〖식〗 참취.

향소 (鄕所) 몝 〖역〗 유향소(留鄕所).

향속 (鄕俗) 몝 시골 풍속. 향풍(鄕風).

향:수 (享受) 몝하타 **1** 어떤 혜택을 받아 누림. ❏자유를 ~하다. **2** 예술상의 아름다움 따위를 음미하고 즐김.

향:수 (享壽) 몝하자 오래 사는 복을 누림.

향수 (香水) 몝 **1** 향료를 알코올 등에 용해시켜서 만든 화장품의 하나. ❏~를 뿌리다 / ~냄새가 은은히 풍기다. **2** 〖불〗 관불(灌佛)할 때, 인체·불기(佛器)·도량(道場) 등에 뿌려 정화를 꾀하는 향을 달인 물.

향수 (鄕愁) 몝 고향을 그리워하는 마음이나 시름. ❏~에 젖다 / 한잔 술로 ~를 달래다.

향수-병 (鄕愁病)[-뼝] 몝 고향 생각에 젖어 있는 것을 병에 빗대어 이르는 말.

향:수-성 (向水性)[-썽] 몝 〖식〗 식물의 뿌리가 습기가 많은 곳으로 벋어 나가며 자라려는 성질. 향습성. ＊굴수성(屈水性).

향수-지 (香水紙) 몝 향수를 뿌린 종이.

향숙 (鄕塾) 몝 시골에 있는 서당.

향:습-성 (向濕性)[-썽] 몝 〖식〗 향수성.

향:시 (向時) 몝튀 접때. 지난번.

향시 (鄕試)〖명〗〖역〗조선 때, 각 도에서 그 도 안의 유생(儒生)에게 보이던 초시(初試).

향신 (鄕信)〖명〗고향 소식.

향신-료 (香辛料)[-뇨]〖명〗음식물에 맵거나 향기로운 맛을 더하는 조미료(깨·고추·후추·생강·마늘 따위).

향-심-력 (向心力)[-녁]〖명〗〖물〗물체가 원운동을 할 때에 중심으로 쏠리는 힘. 구심력.

향악 (鄕樂)〖명〗〖악〗당악(唐樂)에 대하여 한국 고유의 음악을 일컫는 말.

향악-기 (鄕樂器)[-끼]〖명〗〖악〗향악을 연주하는 데 쓰는 악기(거문고·가야금·비파·장구·피리 따위).

향악-보 (鄕樂譜)[-뽀]〖명〗〖악〗옛 향악의 악보 《16 정간(井間)으로 나누어 음계 이름을 나타내었음》.

향안 (香案)〖명〗제사 때 향로나 향합을 올려놓는 상. 향상(香床).

향안-석 (香案石)〖명〗향로석.

향암 (鄕闇)〖명〗〖하동〗시골 구석에 있어 온갖 사리에 어둡고 어리석음. 또는 그런 사람.

향약 (香藥)〖명〗향기로운 약. 좋은 약.

향약 (鄕約)〖명〗〖역〗조선 때, 권선징악(勸善懲惡)을 취지로 한 향촌의 자치 규약.

향약 (鄕藥)〖명〗1 시골에서 나는 약재. 2 우리나라에서 나는 약재를 중국 약재에 상대하여 일컫는 말.

향약-본초 (鄕藥本草)[-뽄-]〖명〗우리나라에서 나는 약용의 식물·동물·광물의 총칭.

향-양 (向陽)〖명〗〖하동〗햇볕을 마주 받음.

향-양지지 (向陽之地)〖명〗남쪽을 향하고 있어 볕이 잘 드는 땅.

향-양-화목 (向陽花木)〖명〗볕을 잘 받은 꽃나무라는 뜻으로, 입신출세하기 좋은 여건을 갖춘 사람을 일컫는 말.

향어 (鄕語)〖명〗제 고장 말.

향연 (香煙)〖명〗1 향을 피우는 연기. 2 향기로운 냄새가 나는 담배.

향-연 (饗宴)〖명〗특별히 잘 베풀어 손님을 대접하는 잔치. ❏~을 베풀다.

향-왕 (嚮往·向往)〖명〗〖하자〗마음이 언제나 어느 사람이나 고장으로 향하여 감.

향우 (鄕友)〖명〗1 고향 벗. 2 고향 사람. ❏ 덕수궁에서 오랜만에 ~들을 만났다.

향-우지탄 (向隅之歎)〖명〗좋은 기회를 만나지 못한 것의 한탄.

향운 (香雲)〖명〗1 한창 만발한 흰 꽃을 구름에 비유한 말. 2 구름같이 피어오르는 향불의 연기.

향원 (鄕員)〖명〗〖역〗좌수(座首)·별감(別監) 따위의 향청의 직원.

향원 (鄕園)〖명〗고향의 전원(田園).

향-유 (享有)〖명〗〖하동〗누려서 가짐. ❏~ 계층 / 물질적 ~ / 문화생활을 ~하다.

향유 (香油)〖명〗1 향기로운 냄새가 나는 화장용 기름. 2 참기름.

향유 (香薷)〖명〗〖식〗꿀풀과의 한해살이풀. 산·들에 나는데, 줄기는 네모지며, 잔털이 있고 높이 약 60 cm, 잎은 달걀꼴임. 여름에 홍자색 꽃이 핌. 곽란·배앓이 등에 약용함.

향유 (鄕儒)〖명〗시골에 사는 유생(儒生). 시골 선비. 향사.

향유-고래 (香油-)〖명〗〖동〗향유고랫과의 고래. 몸의 길이는 17~19 m, 암컷은 13 m 정도이며, 머리 앞 부분이 칼로 자른 것처럼 둥툭함. 난류에서 살며 오징어를 주로 잡아먹음. 장내(腸內)의 '용연향(龍涎香)'은 좋은 향료임. 말향고래.

향-유사 (鄕有司)〖명〗〖역〗서울과 시골에서 서로 관계가 있는 어떤 단체의 시골에 있던 유사(有司).

향음 (鄕飮)〖명〗〖역〗향음주례.

향음주-례 (鄕飮酒禮)〖명〗온 고을의 유생이 모여 향약(鄕約)을 읽고 술을 마시며 잔치하던 예절. 향음.

향읍 (鄕邑)〖명〗시골에 있는 읍.

향-응 (響應)〖명〗〖하자〗1 메아리처럼 소리에 마주쳐 그 소리와 같이 울림. 2 남의 주창에 따라 같은 행동을 취함.

향-응 (饗應)〖명〗〖하동〗특별히 융숭하게 대접함. 또는 그 대접. ❏~을 받다 / ~을 제공하다.

향-의 (向意)[-/-이]〖명〗〖하자〗마음을 기울임. 생각을 둠. 향념.

향이 (香餌)〖명〗냄새가 좋은 미끼라는 뜻으로, 사람의 마음을 유혹하는 재물과 이익 따위의 비유.

향-익 (享益)〖명〗〖하자〗이익을 골고루 나누어 받음.

향-일 (向日)〖명〗〖하자〗1 지난번. 접때. 향자. 2 햇볕을 마주 향함.

향-일-성 (向日性)[-썽]〖명〗〖식〗식물의 줄기·가지·잎 등이 햇볕이 비치는 쪽으로 자라는 성질. ↔배일성(背日性).

향-자 (向者)〖명〗향일(向日)1.

향-전 (向前)〖명〗지난번.

향전 (香奠)〖명〗〖하자〗부의(賻儀).

향-점 (向點)[-쩜]〖명〗〖천〗어떤 천체 특히 태양의 운동 방향과 천구가 교차되는 점. ↔배점(背點).

향-정신성 의약품 (向精神性醫藥品)[-썽-]〖명〗중독성이 있어 인간의 정신 기능에 영향을 미치는 의약품《엘에스디(LSD)·바르비탈 따위》.

향제 (鄕第)〖명〗고향에 있는 집.

향족 (鄕族)〖명〗좌수나 별감 따위의 향원(鄕員)이 될 자격이 있는 집안.

향중 (鄕中)〖명〗향원의 동아리. 향원 일동.

향지 (香脂)〖명〗향기가 있는 굳은 지방《머릿기름 따위로 씀》.

향-지-성 (向地性)[-썽]〖명〗〖식〗중력에 자극되어, 식물의 뿌리가 중력의 방향으로 뻗는 성질. ↔배지성(背地性).

향-진 (向進)〖명〗〖하자〗향하여 나아감.

향찰 (鄕札)〖명〗신라 때, 한자의 음과 뜻을 빌려 우리말을 표음식으로 적던 표기법《특히 향가의 표기에 쓴 것을 이름》. *이두(吏讀).

향천 (鄕薦)〖명〗〖하동〗고을의 인재를 추천함.

향첩 (享帖)〖명〗제관(祭官)을 임명하던 글발.

향청 (鄕廳)〖명〗〖역〗유향소(留鄕所).

향초 (香草)〖명〗1 향기가 나는 풀. 2 향기로운 담배. 향초.

향촉 (香燭)〖명〗향과 초.

향-촉-성 (向觸性)[-썽]〖명〗〖식〗굴촉성(屈觸性).

향촌 (鄕村)〖명〗시골의 마을. 시골. 향리.

향축 (香祝)〖명〗제사에 쓰는 향과 축문.

향-춘-객 (享春客)〖명〗봄을 즐겁게 누리는 사람. 상춘객(賞春客).

향취 (香臭)〖명〗향내1.

향탁 (香卓)〖명〗향로(香爐)를 올려놓는 탁자.

향탄-산 (香炭山)〖명〗산릉(山陵) 제사용 향나무와 숯 굽는 참나무를 기르던 멧갓.

향탕 (香湯)〖명〗염습(殮襲)할 때, 송장을 씻기 위하여 향을 넣어서 달인 물.

향토 (鄕土)**명** 고향 땅. 시골. □~ 문학 / ~ 음식 / ~ 예술 육성에 힘쓰다.

향토-색 (鄕土色)**명** 그 지방 특유의 자연·풍속 따위. □~ 짙은 서정시.

향토-애 (鄕土愛)**명** 향토에 대한 사랑.

향토-예:비군 (鄕土豫備軍) 향토 방위를 위하여 예비역 장병으로 편성된 비정규군. ⓒ예비군·향군(鄕軍).

향토 요리 (鄕土料理) 그 지방 특유의 전통적인 요리. □~를 맛보다.

향토-정서 (鄕土情緖) 그 지방 특유의 전통적인 정서.

향토-지 (鄕土誌)**명** 그 지방의 지리·역사·사회·생활 및 민간 전승 등을 조사 연구하여 적은 기록.

향:판 (響板)**명** 피아노의 현선(絃線) 밑에 친 널빤지(소리를 울리어 크게 하는 장치임).

향폐 (鄕弊)[-/-폐]**명** 시골의 나쁜 풍속.

향포 (香蒲)**명** 〖식〗부들'.

향풍 (鄕風)**명** 향속(鄕俗).

향-피리 (鄕-)**명** 국악 관악기의 한 가지. 당피리와 같으나 그것보다 가늚.

향:-하다 (向-)**자타여** **1** 얼굴을 돌려 대하다. □위를 ~. **2** 마음을 기울이다. □님 향한 일편단심. **3** 마주 서거나 보다. □서로 ~. **4** 지향하여 가다. □전선으로 ~.

향:학 (向學)**명하자** 학문에 뜻을 둠. □국자감.

향학 (鄕學)**명** 고려 때, 지방에 두었던 교육 기관. □국자감.

향:학-열 (向學熱)[-하녈]**명** 학문을 하려는 열성. □~에 불타다 / ~이 높다.

향함 (香函)**명** 향을 담는 함.

향합 (香盒)**명** 향을 담는 합.

향혼 (香魂)**명** **1** 꽃의 정기. **2** 여자의 넋.

향:화 (向化)**명하자** 귀화(歸化).

향화 (香火)**명** **1** 향불. **2** 제사(祭祀). □조상의 ~를 받들다.

향화 (香花)**명** **1** 향과 꽃. **2** 향기로운 꽃.

향화 (香華)**명** 부처 앞에 바치는 향과 꽃.

향:화-성 (向化性)[-썽]**명** 〖식〗식물체가 화학적 자극이 오는 방향으로 굽는 성질. □굴화성(屈化性).

향회 (鄕會)**명** 고을의 일을 의논하기 위한 고을 속인사람들의 모임.

향:후 (向後)**명** 이 뒤. 이다음. □~ 대책을 논의하다 / ~ 3년간 무상 수리를 보장한다.

향훈 (香薰)**명** 향기1.

허 (虛)**명** **1** 허점. □~을 찌르다〔노리다〕. **2** 〖철〗실(實)에 반대되는 개념(유(有)의 반대인 무(無)와는 성격이 약간 다름).

허¹ **튀** 입김을 한 번에 많이 내불 때 나는 소리. 또는 그 모양. ⓒ하².

허² **갑** 기쁘거나 슬플 때, 안타깝거나 걱정스러울 때, 화가 나거나 한탄스러울 때 내는 소리. □~, 큰일 났구나 / ~, 야단났네. ⓒ하³.

-허 **回** 1그믐 되는 곳. □심 리~ 떨어진 곳. **2** 평교(平交) 이하의 사람에 대한 편지나 적발에서, 성명 뒤에 써서 '앞'의 뜻을 나타내는 말.

허가 (許可)**명하타** **1** 허락함. 들어줌. □외출을 ~하다 / 구경해도 좋다는 ~를 받았다. **2** 〖법〗법령으로 제한 또는 금지하는 일을 특정한 경우에 허락해 주는 행정 행위. □건축 ~ / 영업 ~.

허가-장 (許可狀)[-짱]**명** 허가증.

허가-제 (許可制)**명** 행정 관청의 허가를 얻은

뒤에 영업을 할 수 있도록 하는 제도.

허가-증 (許可證)[-쯩]**명** 허가하는 사실을 기재하거나 표시한 증서. 허가장.

허간 (虛閒)**옛** 헛간.

허갈 (虛喝)**명** 허세를 부려 공갈함.

허겁 (虛怯)**명하형** 마음이 실하지 못하여 겁이 많음. □을 떨다.

허겁-증 (虛怯症)[-쯩]**명** 〖한의〗몸이 허약하여 까닭 없이 공포를 느끼는 증세.

허거-지겁 [-찌-]**튀** 조급한 마음으로 몹시 허둥거리는 모양. □~ 도망치다〔달아나다〕/ ~ 옷을 챙겨 입다 / ~ 밥을 퍼먹다.

허경 (虛驚)**명하자** **1** 헛것을 보고 놀람. **2** 괜히 놀람.

허공 (虛空)[[]**명** **1** 텅 빈 공중. 거지중천(居之中天). □~에 새긴 이름이 되다 / ~만 바라보다 / ~에 뜬 신세가 되다. **2** 〖불〗모양과 빛이 없는 상태. [[수관] 소수 단위의 하나. 육덕(六德)의 1만분의 일, 청정(淸淨)의 십 배, 곧 10^{-20}.

허광 (虛曠)**명하형** 텅 비어 있음.

허교 (許交)**명하자** **1** 서로 벗하기를 허락하고 사귐. **2** 가까이 사귀어 '하게'나 '해라'의 말씨를 씀. □~하고 지내다.

허구 (虛構)**명하타** **1** 사실이 아닌 일을 사실처럼 얽어 조작함. □소문은 ~로 밝혀졌다. **2** 소설·희곡 등에서, 실제로는 없는 일을 꾸며 내는 일. 픽션.

허-구멍 (虛-)**명** 텅 빈 구멍.

허구리 **명** 허리의 좌우쪽 갈비 아래의 잘쑥한 부분. □~를 쿡 찌르다.

허구-성 (虛構性)[-씽]**명** 사실에서 벗어나서 만들어진 모양이나 요소를 가진 성질. □~이 드러나다.

허구-적 (虛構的)**관명** 실제로는 없는 사건을 상상적으로 만든 (것). □~인 상상력으로 꾸민 이야기.

허구-하다 (許久-)**형여** 날이나 세월 따위가 매우 오래다. □허구한 날 놀고먹기만 한다.

허국 (許國)**명하자** 몸을 돌보지 않고 나라를 위하여 힘을 다함.

허근 (虛根)**명** 〖수〗방정식의 근(根) 중에서 허수(虛數)인 것. ↔실근(實根).

허급 (許給)**명하타** 해 달라는 대로 허가하여 베풀어 줌. □~을 받다.

허기 (虛氣)**명** **1** 기운을 가라앉힘. 또는 그 기운. **2** 속이 비어 허전한 기운.

허기 (虛飢)**명** 굶어서 몹시 배고픈 증세. □~가 지다 / ~를 때우다 / ~를 면하다.

허기 (虛器)**명** 쓸모없는 그릇이라는 뜻으로, 유명무실한 것. 또는 실권 없는 벼슬자리.

허기-증 (虛飢症)[-쯩]**명** 몹시 주리어 기운이 빠지고 배가 고픈 느낌.

허기-지다 (虛飢-)**자** **1** 몹시 배가 고프고 기운이 빠지다. □허기진 배를 안고 귀가하다. **2** 간절히 바라거나 탐내는 마음이 생기다.

허기-평심 (虛氣平心)**명** 기를 가라앉히고 마음을 편안하게 가지는 일.

허깨비 **명** **1** 마음이 허하여 일어나는 착각(없는 것이 있는 것처럼, 또는 다른 것처럼 보이는 현상). **2** 생각보다는 아주 무게가 가벼운 물건.

허니문 (honeymoon)**명** **1** 결혼한 첫 한 달 동안. 밀월(蜜月). **2** 신혼여행.

허다-하다 (許多-)**형여** 수효가 매우 많다. 수두룩하다. □허다한 전례가 있다 / 불황으로 도산한 기업이 ~. **허다-히 튀**

허:-닦다 [-다카-]**타여** 모아 둔 물건·금전 등을 헐어 쓰기 시작하다.

허덕-거리다 [-꺼-] 짜 1 숨이 차도록 애쓰다. ▢허덕거리며 뛰어가다. 2 쩔쩔매다. ▢경영 난에 ~. 허덕-허덕 [-더커-] 뷔하짜

허덕-대다 [-때-] 짜 허덕거리다.

허덕-이다 자 1 힘에 겨워 괴로워하다. 애를 쓰다. ▢식량난에 ~ / 경제 불황에 ~. 2 어린아이가 손발을 움직이다.

허덕-지덕 [-찌-] 뷔하짜 몹시 지쳐서 정신을 못 차릴 정도로 허덕거리는 모양. ▢직장을 잃고 ~ 힘겹게 살아가다.

허도 (虛度) 몡하타 허송(虛送).

허두 (虛頭) 몡 글이나 말의 첫머리. ▢~를 떼다 / ~를 꺼내다 / ~에 밝혔듯이 ….

허둥-거리다 짜 방향을 정하지 못하고 갈팡질 팡하다. ▢조급한 마음에 ~. 짠하둥거리다. 허둥-허둥 뷔하짜

허둥-대다 짜 허둥거리다.

허둥-지둥 뷔하짜 다급하여 정신을 못 차리고 몹시 허둥거리는 모양. ▢~ 달아나다. 짠하 둥지둥.

허드래 ☞ 허드레.

허드레 몡 허름하고 중요하지 않아 함부로 쓸 수 있는 물건.

허드레-꾼 몡 아무 일이나 닥치는 대로 하는 사람. 잡역부.

허드렛-물 [-렌-] 몡 먹는 외에 아무 데나 두 루 쓰는 물.

허드렛-일 [-렌닐] 몡 중요하지 않은 일. ▢~ 도 마다하지 않는다.

허드재비 몡 허드레로 쓰는 물건이나 허드레 로 하는 일.

허든-거리다 짜 다리에 힘이 없어 중심을 잃고 이리저리 자꾸 헛디디다. 허든-허든 뷔하짜

허든-대다 짜 허든거리다.

허들 (hurdle) 몡 1 장애물 경주에서 쓰는 장애 물. 금속이나 나무로 만들며, 가장 높은 것이 106.7 cm임. 2 '허들 레이스'의 준말.

허들 레이스 (hurdle race) 장애물 달리기.

허락 (許諾) 몡하타 청하는 일을 들어줌. 승낙. ▢~을 받다 / ~이 내리다 / 외출을 ~하다.

허랑방탕-스럽다 (虛浪放蕩-)[-따] [-스러워, -스러우] 혱ㅂ 허랑방탕한 데가 있다. 허랑 방탕-스레 뷔

허랑방탕-하다 (虛浪放蕩-) 혱여 말과 행동이 허황하고 착실하지 못하며 주색에 빠져 행실 이 추잡하다. ▢허랑방탕한 생활을 보내다. 짠허탕(虛蕩)하다. 허랑방탕-히 뷔

허랑-하다 (虛浪-) 혱여 말과 행동이 허황하고 착실하지 못하다. 허랑-히 뷔

허랭 (虛冷) 몡하혱 《한의》 양기가 부족하고 몸 이 참. 또는 그런 증상.

허령불매 (虛靈不昧) 몡하혱 마음이 맑고 영묘 해 일체의 대상을 명찰함.

허령-하다 (虛靈-) 혱여 1 마음이 잡념 없이 영묘(靈妙)하다. 2 포착할 수는 없으나 그 영 험이 불가사의하다.

허례 (虛禮) 몡하타 정성이 없이 겉으로만 꾸밈. 또는 그런 예절.

허례-허식 (虛禮虛飾) 몡하타 예절·법식 등을 겉으로만 치레 번드레하게 함. 겉으로만 꾸 며 실속이 없음. ▢~을 배격하다.

허로 (虛老) 몡하혱 하여 놓은 일도 없이 헛되 이 몸만 늙음.

허로 (虛勞) 몡 1 몸과 마음이 허약하고 피로 함. 2《한의》노점(勞漸).

허로-증 (虛勞症) [-쯩] 몡 《한의》 노점(勞漸).

허록 (虛錄) 몡하타 거짓으로 꾸며 기록함. 또 는 그 기록.

허론 (虛論) 몡하짜 공론(空論).

허룩-하다 [-루카-] 혱여 줄어들거나 없어져서 적다.

허룽-거리다 짜 말이나 행동을 다부지게 하지 못하고 실없이 자꾸 가볍고 들뜨게 하다. 짠 하룽거리다. 허룽-허룽 뷔하짜

허룽-대다 짜 허룽거리다.

허름-하다 혱여 1 좀 모자라거나 낡은 데가 있 거나 값이 좀 싼 듯하다. ▢~가 빼근 하다 / ~를 펴다. 2 위아래가 있는 물건의 허 가운데 부분. ▢저 기둥 ~에 줄을 매라. 3 바 지·치마 등의 맨 위에 대는 형겊.

허름-하다 혱여 1 좀 모자라거나 낡은 데가 있 거나 값이 좀 싼 듯하다. ▢허름한 옷차림 / 허름한 양복. 2 사람이나 물건이 표준에 좀 미치지 못한 듯하다. ▢허름한 물건. 허름-히 뷔

허릅-숭이 [-쑹-] 몡 말과 행동이 착실하지 못 하여 미덥지 못한 사람.

허리 몡 1《생》사람이나 동물의 갈빗대 아래 에서 골반 위쪽의 잘록한 부분. ▢~가 빼근 하다 / ~를 펴다. 2 위아래가 있는 물건의 허 가운데 부분. ▢저 기둥 ~에 줄을 매라. 3 바 지·치마 등의 맨 위에 대는 형겊.

허리가 꼿꼿하다 ㉠나이에 비하여 젊다. ㉡몸이 피로하다.

허리가 부러지다 ㉠당당한 기세가 꺾이 고 재주를 펼 수 없게 되다. ㉡아주 우습다. ▢너무나 우스워 허리가 부러질 지경이다. ㉢어떤 일에 대한 부담이 감당하기 어려운 상태가 되다. ▢일이 많아서 허리가 부러질 지경이다.

허리를 굽히다 ㉠허리를 구부려 절하다. ㉡남에게 겸손한 태도를 취하다. ㉢남에게 굴복하다.

허리를 못 펴다 ㉠남에게 굽죄어 지내다.

허리를 잡다 [쥐고 웃다] 웃음을 참을 수 없어 고꾸라질 듯이 마구 웃다.

허리를 펴다 ㉠어려운 고비를 넘기고 편하 게 지낼 수 있게 되다. ▢돈을 벌어야 허리 를 펴지.

허리 (虛痢) 몡 《한의》 허설(虛泄)이 아주 심한 증세.

허리 꺾기 [-꺾끼] 씨름에서, 상대편의 허리 를 껴안고 일시에 힘을 모아 허리를 꺾는 기 술의 하나. 허리 감아 치기. ▢그는 ~의 명 수다.

허리-끈 몡 허리띠로 쓰는 끈. ▢~을 그르다.

허리-나무 몡 골풀무를 드릴 널의 아래쪽에 놓은 나무.

허리-동이 몡 허리의 좌우쪽에 너비 한 치 서 푼쯤 되는 검은 띠를 친 종이 연.

허리-돛 [-돋] 몡 세대박이 배에서 고물 쪽에 있는 돛.

허리-등뼈 몡 《생》 척추를 이루는 등골뼈의 하나. 가슴등뼈와 엉치등뼈 사이의 부분. 다 섯 개로 됨. 요추(腰椎).

허리-띠 몡 허리에 둘러매는 띠. 요대(腰帶). 허리띠를 늦추다 ㉠생활에 여유가 생기 다. ㉡긴장을 풀고 편안하게 마음을 놓다. 허리띠를 졸라매다 ㉠검소한 생활을 하 다. ▢허리띠를 졸라매고 목돈을 마련했다. ㉡새로운 결의와 단단한 각오로 일을 시작함 을 이르는 말. ㉢배고픔을 참다.

허리띠-쇠 몡 허리띠의 양 끝에 달려, 끼워 맞 출수 있게 된 쇠붙이 조각.

허리-맥 (虛里脈) 몡 《한방》 왼쪽 젖가슴 밑에 서 뛰는 맥.

허리-뼈 몡 《생》 요골(腰骨).

허리-샅바 [-산빠] 몡 씨름에서, 허리에 걸어 서 손잡이로 쓰는 샅바.

허리-세장圓 지게의 밑세장 위에 가로로 댄 나무.

허리-씨름圓[허자] 상대편의 허리에 맨 띠를 잡고 하는 씨름.

허리-앓이[-아리]圓《의》 허리가 아픈 병증. 요통(腰痛). ──하다[자여] 허리와 엉덩이 부위에 통증을 느끼다.

허리 죄기 씨름에서, 상대편의 허리를 껴안고 죄어서 넘어뜨리는 기술의 하나.

허리-질러圓 절반을 타서. 절반 되는 곳에.

허리-춤圓 바지나 고의 등의 허리 부분과 피부 사이. 또는 치마의 허리와 속옷의 사이. 요하(腰下). ❏손을 ~에 찔러 넣다 / 치맛자락의 한끝을 ~에 찌르다. ⤷춤.

허리케인 (hurricane)圓《기상》 서인도 제도·멕시코 만에서 발생하여 북아메리카 방면으로 휩쓰는 열대성 폭풍우.

허리-통圓 허리의 둘레. 요위(腰圍). ❏~이 굵은 사람 / 바지 ~이 너무 크다.

허릿-간[-間][-리깐 /-릿깐]圓 배의 고물 쪽의 칸. 고물간.

허릿간-마디[-리깐-/-릿깐-]圓 화살의 허리 부분에 있는 마디.

허릿-달[-리딸 /-릿딸]圓 연(鳶)의 허리에 붙이는 대.

허리-매[-리-]圓 여자의 잘록하고 날씬한 허리의 맵시.

허릿-심[-리씸 /-릿씸]圓 **1** 허리의 힘. **2** 화살 따위의 중간이 단단한 정도.

허망(虛妄)圓[하형] **1** 거짓이 많아서 미덥지 않음. 거짓되고 망령됨. 허탄. ❏~한 풍문을 퍼뜨리다. **2** 어이없고 허무함. ❏기대가 ~하게 무너지다 / ~하게 죽다.

허망-스럽다(虛妄-)[-따][-스러워, -스러우니]형[비] 허망한 데가 있다. ❏허망스러운 느낌이 든다. **허망-스레**및

허맥(虛脈)圓《한의》 혈액 부족 등의 원인으로 속이 허하여 약하고 느리게 뛰는 맥.

허명(虛名)圓 실속 없는 헛된 명성. 공명(空名). 부명(浮名). 허문. 허성(虛聲). ❏~을 탐하다.

허명-무실(虛名無實)圓 헛된 이름만 있고 실상이 없음. 유명무실.

허무(虛無)圓 **1** 아무것도 없이 텅 빔. **2** 무가치하고 무의미하게 느껴져 매우 허전하고 쓸쓸함. 덧없음. ❏인생의 ~/ 그는 ~하게 살다 갔다. **3** 한심하거나 어이없음. ❏장기에 ~하게 지다 / 공든 탑이 ~하게 무너졌다. **4**《철》 노자(老子)의 학설에서, 형상이 없어 볼 수도 들을 수도 없는 우주의 본체.

허무-감(虛無感)圓 허무한 느낌. ❏~마저 들다.

허무맹랑-하다(虛無孟浪-)[-낭-]형[여] 터무니없이 허황되고 실상(實相)이 없다. ❏허무맹랑한 소문이 퍼지다.

허무-주의(虛無主義)[-/-이]圓 세상의 모든 진리나 가치, 제도 등이 아무런 의미나 가치가 없다는 주장이나 생각. 니힐리즘.

허무주의-자(虛無主義者)[-/-이-]圓 허무주의를 신봉하거나 그 사상을 가진 사람. 니힐리스트.

허문(許文)圓 허락함을 증명하는 문서.

허문(虛文)圓 겉만 꾸미고 실속이 없는 글이나 법제(法制).

허문(虛聞)圓 **1** 헛소문. **2** 허명(虛名).

허물[1]圓 **1** 살갗에서 저절로 일어나는 꺼풀. ❏

~이 벗겨지다. **2** 뱀·매미 따위가 자라면서 벗는 껍질.

허물(을) 벗다[구] ㉠살갗의 꺼풀이 벗어지다. ㉡뱀·매미 따위가 껍질을 벗다. ❏매미가 허물을 벗었다.

허물[2]圓 **1** 잘못 저지른 실수. 건과(愆過). 과실. 소실(所失). ❏~을 들추어내다. **2** 흉2. ❏한두 가지 ~이 없는 사람은 없다. ──하다[타여] 허물을 들어 꾸짖다. ❏이미 끝난 일을 허물하는 무슨 소용 있으랴.

허물(을) 벗다[2][구] 죄명·누명 등을 씻다.

허물다[1][허물어, 허무니, 허무는]자 헌데가 생기다. ❏살갗이 ~.

허물다[2][허물어, 허무니, 허무는]타 짜이거나 쌓인 것을 헐어서 무너지게 하다. ❏벽을 ~.

허물어-뜨리다[타] 허물어지게 하다.

허물어-지다자 쌓이거나 짜인 것이 흩어져 무너지다. ❏토담이 ~.

허물어-트리다[타] =허물어뜨리다.

허물-없다[-무럽따]형 서로 아주 친하여 체면을 돌보지 않다. ❏둘은 허물없는 사이다. **허물-없이**[-무럽씨]및. ❏이웃과 ~ 가깝게 지내다.

허밍(humming)圓《악》 입을 다물고 소리를 코로 내면서 노래를 부르는 창법(唱法).

허발圓[하타] 몹시 굶주려 있거나 궁하여 체면 없이 함부로 덤비거나 먹는 일.

허발(虛發)圓[하자] **1** 총이나 활을 쏘아서 맞히지 못함. **2** 목적을 이루지 못하는 공연한 짓이나 걸음을 함. ❏~을 치다.

허방圓 움푹 팬 땅. ❏~을 딛다.

허방(을) 짚다[구] 잘못 예산하거나 그릇 알아서 실패하다. 잘못 짚다.

허방(을) 치다[구] 바라던 일이 실패로 돌아가다.

허방-다리圓 함정 1. ❏~를 짚다.

허배(虛拜)圓[하타] 신위(神位)에 절함. 또는 그 절. ❏사당에 ~를 드리다.

허벅-다리[-따-]圓 넓적다리의 위쪽 부분.

허벅-살[-쌀]圓 허벅다리의 살.

허벅지[-찌]圓 허벅다리 안쪽의 살이 깊은 곳. ❏~를 드러내다.

허벅-허벅[-버버-]및[하형] 과일 따위가 너무 익었거나 오래되어 물기나 끈기가 없이 푸석푸석한 모양. ❏~한 사과. ⤷하쑥하쑥.

허번(虛煩)圓[하형]《한의》 기력이 쇠약해져 양기가 줄고 신경이 날카로워져 가슴이 뛰는 병.

허법(虛法)[-뻡]圓 실속 없이 이름뿐인 법.

허병(虛屛)圓 넓게 트인, 골목 어귀의 길가.

허병(虛病)圓 꾀병.

허보(虛報)圓[하자] 거짓으로 보도하거나 보고함. 또는 그런 보도나 보고.

허복(許卜)圓[하타]《역》 추천된 후보자 가운데서 정승을 가려서 임명하던 일.

허복(虛卜)圓《역》 땅도 없는 사람이 공연히 물던 조세(租稅). 허결(虛結).

허부(許否)圓 허락함과 허락하지 아니함.

허분-허분[부하형] 물기가 조금 있으면서 연하고 무른 모양. ⤷하분하분.

허브(herb)圓 예로부터 약이나 향료로 써 온 식물[라벤더·박하·로즈마리 따위].

허비(虛費)圓[하자] 헛되이 써 버림. 또는 그 비용. ❏노력의 ~가 많다 / 시간[세월]을 ~한다 / 쓸데없는 일에 돈만 ~했다.

허비다[타] **1** 손톱이나 날카로운 물건 따위로 긁어서 파다. **2** 남의 결점이나 아픈 마음을 헐뜯거나 자극하다. ⤷하비다. *후비다.

허비적-거리다[-꺼-][타] 자꾸 허비어 헤치

다. [작]하비작거리다. **허비적-허비적** [-저커-] [부][하타]

허비적-대다 [-때-] [타] 허비적거리다.

허비-하다 (虛憊-) [형][여] 기운이 없어 고달프다.

허뿔싸 [감] 일이 잘못되었거나 깜빡 잊고 일을 그르친 때에 놀라서 내는 소리. ❑~ 깜박 잊었구나. [작]하뿔싸. [여]어뿔싸.

허사 (虛事) [명] 헛일. ❑모두 ~가 되다.

허사 (虛辭) [명][하자] **1**〖언〗조사나 어미처럼 홀로 뜻을 나타내지 못하는 말. ↔실사(實辭). **2** 허언(虛言).

허상 (許上) [명] 지위가 높고 귀한 자리에 있는 사람에게 무엇을 바치는 일.

허상 (虛想) [명] 헛된 생각. 부질없는 생각.

허상 (虛像) [명] **1** 실제 없는 것이 있는 것처럼 보이거나 실제와는 다르게 보이는 모습. ❑저널리즘이 만들어 낸 ~. **2**〖물〗광선이 광학계(系)에서 반사·굴절한 후 발산하는 경우, 그것을 거꾸로 연장시킬 때 이루어지는 상(像)《평면거울·오목 렌즈 등에 의하여 생기는 상임》. ↔실상(實像).

허설 (虛泄) [명]〖한방〗기력이 쇠약하여 음식을 먹으면 복통도 없이 바로 설사가 나는 병.

허설 (虛說) [명] 헛된 말. 거짓말.

허섭스레기 [-쓰-] [명] 좋은 것을 고르고 난 뒤에 남은 허름한 물건.

허성 (虛星) [명]〖천〗이십팔수의 열한째 별. 허수(虛宿). [준]허.

허성 (虛聲) [명] **1** 헛소리. **2** 허명(虛名). **3** 터무니없는 소문.

허세 (虛勢) [명] 실속이 없이 겉으로만 드러나 보이는 기세. ❑~를 부리다.

허소-하다 (虛疏-) [형][여] 비어서 허술하거나 허전하다. **허소-히** [부]

허손 (虛損) [명][하자] 탐욕이 많아서 기다리지 못하고 공연한 짓을 하여 손해를 입음.

허송 (虛送) [명][하타] 하는 일 없이 시간을 헛되이 보냄. 허도(虛度).

허송-세월 (虛送歲月) [명][하자] 하는 일 없이 세월만 헛되이 보냄.

허수 (虛數) [명]〖수〗실수가 아닌 수. 제곱하여 음수가 되는 수. ↔실수(實數).

허수-아비 [명] **1** 막대기와 짚 따위로 사람 모양을 만들어 논밭에 세운 물건《곡식 등을 해치는 새나 짐승을 막기 위한 것임》. ❑논두렁의 ~. **2** 쓸모가 없거나 실권 없는 사람의 비유. ❑~ 정권/~ 사장. **3** 주관 없이 남이 시키는 대로 행동하는 사람의 비유. 로봇. [준]허아비.

허수-하다 [형][여] **1** 마음이 서운하고 허전하다. ❑마음 한구석이 ~. **2** 짜임새가 단정함이 없이 느슨하다. ❑노인네의 헛소리라고 허수하게 들어 넘기다. **허수-히** [부]

허술-하다 [형][여] **1** 헐어서 보기에 어울리지 않다. 허름하다. ❑허술한 옷차림. **2** 느슨하다. ❑매듭을 허술하게 묶어서 쉽게 풀어진다. **3** 치밀하지 못하고 엉성하여 빈틈이 있다. ❑경비가 ~. **허술-히** [부]

허스키 (husky) [명][하형] 목소리가 쉬어 맑지 않음. 또는 그런 목소리(를 가진 사람). ❑~한 목소리의 가수.

허시 (許施) [명][하타] 요구하는 대로 베풀어 줌.

허식 (虛飾) [명][하자] 실속은 없이 겉만 꾸밈. 헛치레. ❑허례와 ~을 추방하다/~없이 소탈하게 대하다. *겉치레.

허신 (許身) [명][하자] 여자가 남자에게 자기 몸을 허락함.

허실 (虛實) [명] **1** 허함과 실함. ❑상대의 ~을 파악하다. **2** 거짓과 참. ❑~이 드러나다. **3**〖한의〗허증(虛症)과 실증(實症).

허실-상몽 (虛實相蒙) [명][하형] 허한지 실한지 분명하지 않음.

허심 (許心) [명][하자] 마음을 허락함.

허심 (虛心) [명][하자형] **1** 남의 말을 잘 받아들임. **2** 마음속에 아무 생각이나 거리낌이 없음. ❑~하게 행동하다.

허심-탄회 (虛心坦懷) [명][하형] 마음에 아무 거리낌이 없고 솔직함. ❑~한 대화/~하게 의견을 교환하다.

허아비 [명] '허수아비'의 준말.

허약 (許約) [명][하타] 허락하여 약속함.

허약 (虛弱) [명][하형] 힘이나 기운이 없고 약함. ❑~한 체질/그 아이는 몸이 ~하다.

허언 (虛言) [명][하자] 실속이 없는 빈말. 허사(虛辭). 허어(虛語).

허여 (許與) [명][하타] **1** 권한이나 자격 따위를 허락하여 줌. ❑30분간의 휴식이 ~되다. **2** 마음으로 허락함.

허여-멀겋다 [-거타] (-멀거니, -멀게서) [형][ㅎ] 살빛이 탐스럽게 희고 맑다. ❑허여멀건 속살을 드러내다. [작]하야말갛다.

허여-멀쑥하다 [-쑤카-] [형][여] 살빛이 허여멀겋고 깨끗하다. ❑허여멀쑥한 얼굴. [작]하야말쑥하다. **허여멀쑥-히** [-쑤키] [부]

허열 (虛熱) [명]〖한의〗열과 땀이 심하고 식욕을 잃어 몸이 쇠약하여지는 병. 허화(虛火).

허영 (虛榮) [명] **1** 분수에 넘치는 외관상의 영화(榮華). **2** 필요 이상의 겉치레. ❑~에 들뜬 여자.

허영-거리다 [자] 앓고 난 뒤의 걸음처럼 기운 없이 비슬거리다. **허영-허영** [부][하자]

허영-대다 [자] 허영거리다.

허영-심 (虛榮心) [명] 허영에 들뜬 마음. ❑~을 부추기다.

허영-주머니 (虛榮-) [-쭈-] [명] 허영심이 많은 사람을 조롱하는 말.

허영-청 (虛影廳) [명] 실제로 있는 곳이 분명하지 않음을 가리키는 말. [준]허청(虛廳).

허:옇다 [-여타] (허여니, 허예서) [형][ㅎ] 산뜻하지 않게 희다. ❑수염이 ~/눈이 내려 산과 들이 온통 ~. [작]하얗다.

허예 (虛譽) [명] 실속이 없는 명예.

허:예-지다 [자] 허옇게 되다. ❑나이 들어 머리가 ~. [작]하얘지다.

허욕 (虛慾) [명] 헛된 욕심. ❑~을 부리다/~에 들뜨다.

허용 (許容) [명][하타] **1** 허락하고 용납함. 용허(容許). ❑~ 범위를 좁히다/외제 자동차 수입을 ~하다. **2** 어떤 일을 막지 않고 그냥 받아들임. ❑동점 골을 ~하다.

허용-량 (許容量) [-냥] [명] 방사선·유해 물질 등에 대해, 그 이하이면 인체에 지장이 없다고 허용하는 분량. ❑~을 초과하다.

허용 법규 (許容法規) [-뀨]〖법〗명령이나 확정을 내용으로 하지 않고 허용을 내용으로 하는 법규《'…할 수(도) 있다' 따위》.

허용-치 (許容値) [명] 허용하는 분량을 나타내는 수치. ❑~를 초과하다.

허우대 [명] 보기 좋게 큰 몸집. ❑~가 좋다.

허우룩-하다 [-루카-] [형][여] 아주 가까운 사람과 이별하여 마음이 텅 빈 것같이 허전하고 서운하다.

허우적-거리다 [-꺼-] [자][타] **1** 위험한 지경에서 벗어나려고 자꾸 손발을 내두르며 몸부림

치다. 🔲 물에 빠져 손발을 ~. 2 힘겨운 걸음 걸이로 자꾸 부자유스럽게 걷다. **허우적-허우적** 🔟[부하자타]

허우적-대다[-때-]🔟[자타] 허우적거리다.

허울🔟 실속이 없는 겉모양. 🔲 ~만 번드르르 하다.

허울 좋다 🔟 실속은 없으면서, 겉으로는 번 지르르하다. 🔲 그들은 허울 좋은 명분만을 내세우고 있다.

[허울 좋은 하늘타리] 겉은 훌륭하나 속은 보잘것없음의 비유. 빛 좋은 개살구.

허위(虛位)🔟 1 실권이 없는 지위. 2 빈자리.

허위(虛威)🔟 실속은 없이 겉으로만 그럴듯하 게 꾸민 위세.

허위(虛偽)🔟 꾸며 낸 거짓. 🔲 ~ 증언을 하다 / 언론의 ~ 보도.

허위-넘다[-따]🔟 높은 곳을 허우적거리며 애를 써서 넘다.

허위-단심🔟[하자] (주로 '허위단심으로'의 꼴 로 쓰여) 허우적거리며 무척 애를 씀. 🔲 ~으 로 달려오다.

허위대🔟 ☞ 허우대.

허위-배설(虛位排設)🔟[하자] 제사 때 신위(神 位) 없이 제례를 베푸는 일.

허위적-허위적 🔟 ☞ 허우적허우적.

허위-허위 🔟[부하자] 1 손발을 이리저리 내두르 는 모양. 🔲 두 팔을 ~ 내젓다. 2 힘에 겨워 무거운 발걸음으로 걷는 모양. 🔲 ~ 산을 오 르다.

허유(許由)🔟[하타] 말미를 허락함. 또는 그 말.

허일(虛日)🔟 아무 일도 없는 날. [미.

허입(許入)🔟[하타] 들어옴을 허락함.

허자(虛字)🔟 한자에서, 사물의 상태나 동작 을 나타내는 글자《'행(行)·귀(歸)·고(高)·저 (低)·당(當)' 따위》. ↔실자(實字).

허장(虛葬)🔟[하타] 1(민) 미신에 의하여 병자 를 죽은 사람처럼 꾸며 거짓 장사함. *산영 장. 2 생사를 모르거나 시체를 찾지 못하는 사 람의 경우에 시신 없이 유품을 묻고 장례를 치 름. 또는 그 장례.

허장-성세(虛張聲勢)🔟[하타] 실속은 없으면서 허세만 떠벌림. 🔲 ~를 일삼다.

허적-거리다[-꺼-]🔟[타] 계속해서 허적이다. 🔲 금반지를 찾으려고 장롱 속 옷가지를 ~. 🔵 하작거리다. **허적-허적** [-저-]🔟[부하타]

허적-대다[-때-]🔟[타] 허적거리다.

허적-이다🔟[타] 쌓인 물건을 들추어 마구 헤치 다. 🔲 서류 더미를 ~. 🔵 하작이다.

허전(虛傳)🔟[하타] 거짓으로 전함. 또는 그 말.

허전-하다🔟[형어] 1 주위에 아무것도 없거나 무 엇을 잃은 듯하여 공허한 느낌이 있다. 🔲 허 전한 마음 / 들판을 혼자 걷자니 ~. 2 느즈러 져 안정감이 없다. 🔵 하전하다. **허전-히** 🔟[부]

허전-허전 🔟[부하형] 1 다리에 힘이 빠져서 자꾸 쓰러질 듯한 느낌. 2 계속해서 허전한 느낌. 🔵 하전하전.

허점(虛點)[-쩜]🔟 허술한 구석. 불충분한 점. 약점. 🔲 ~을 찌르다 / ~이 드러나다.

허접-쓰레기🔟 허섭스레기.

허접-하다[-저파-]🔟[형어] 허름하고 잡스럽다.

허정🔟[하형] 겉으로는 알차게 보이나 실상은 충실하지 못함. 🔲 ~한 물건.

허정-거리다🔟[자타] 병으로 쇠약해져서 잘 걷지 못하고 비틀거리다. 🔲 허정거리며 발걸음을 옮긴다. 🔵 허청거리다. **허정-허정** 🔟[부하자타]

허정-대다🔟[자타] 허정거리다.

허족(虛足)🔟〔생〕 위족(偽足).

허주(虛舟)🔟 짐이나 사람을 싣거나 태우지 않은 빈 배.

허줏-하다🔟[형어] 배가 조금 고프다. 조금 출출 하다. 🔵 허출하다.

허줏-굿 [-주꾿/-준꾿]🔟[하자] (민) 무당이 되 려고 할 때에 처음으로 신(神)을 맞아들이기 위하여 하는 굿.

허즉실(虛則實)[-씰]🔟[하형] 겉보기에 허하나 속은 충실함.

허증(虛症)[-쯩]🔟〔한의〕 기력이나 혈액 부 족으로 몸이 쇠약하여진 병의 총칭《폐결핵· 신경 쇠약 따위》.

허참-례(許參禮)[-녜]🔟〔역〕 새로 부임하는 관원이 전부터 있는 관원에게 음식을 대접하 던 일. *면신례(免新禮).

허채(許採)🔟[하타]〔광〕 광주(鑛主)가 덕대(德 大)에게 채광할 것을 승낙함.

허청(虛廳)🔟 1 헛청. 2 '허영청'의 준말.

허청-거리다🔟[자타] 병으로 기력이 쇠약해져서 잘 걷지 못하고 몹시 비틀거리다. 🔵 허정거 리다. **허청-허청** 🔟[부하자타]

허청-대고 🔟[부] 어떤 확실한 계획 없이 마구. 🔲 ~ 사업을 시작하다.

허청-대다 🔟[자타] 허청거리다.

허-초점(虛焦點)[-쩜]🔟〔물〕 평행 광선이 볼 록 거울에서 반사하거나 오목 렌즈에서 굴절 하여 발산한 뒤, 그 광선의 연장선이 렌즈나 거울의 뒷면에서 모이는 가상적인 초점.

허출-하다🔟[형어] 배가 제법 고프다. 허기가 지 고 출출하다. 🔵 허줏하다.

허탄-하다(虛誕-)🔟[형어] 거짓되고 미덥지 않 다. 허망(虛妄)하다.

허탈(虛脫)🔟[하형] 1 정신이 명하여 일이 손에 잡히지 않음. 또는 그런 상태. 🔲 ~과 실의에 빠지다 / ~한 기분이 든다 / ~하게 웃다. 2 (의) 심장 쇠약으로 온몸의 힘이 쭉 빠져 빈 사 지경에 이름. 또는 그런 상태.

허탈-감(虛脫感)🔟 몸에 힘이 빠지고 정신이 명해지는 느낌. 🔲 ~에 빠지다.

허탕🔟 아무 소득이 없이 일을 끝냄. 또 는 그렇게 끝낸 일.

허탕(을) 짚다 🔟 아무 소득 없는 일을 잘못 판단하여 하게 되다.

허탕(을) 치다 🔟 아무런 소득이 없게 되다. 🔲 기다리다가 ~.

허탕-하다(虛蕩-)🔟[형어] '허랑방탕하다'의 준 말.

허텅-지거리 🔟 일정한 상대자 없이 들떼놓고 하는 말《'네기'·'제기' 따위》.

허토(-土)🔟[하자] 장사 지낼 때 상제들이 흙 한 줌을 관 위에 뿌리는 일.

허투(虛套)🔟 남을 속이기 위하여 거짓으로 꾸미는 겉치레.

허투루 🔟 대수롭지 않게. 아무렇게나. 🔲 말을 ~ 하다 / 손님을 ~ 대접하다.

허튀🔟〈옛〉 다리. 종아리. 장딴지.

허튼🔟 쓸데없이 헤프거나 막된. 🔲 그의 ~ 말을 곧이듣지 마라.

허튼-계집 [-/-/-게-]🔟 몸가짐이 헤픈 여자.

허튼-고래 🔟 불길이 이리저리 서로 통하여 들어가도록 굄돌을 흩어서 놓은 방고래.

허튼-구들 🔟 골을 켜지 않고 잔돌로 괴어 놓 은 구들. ↔연과구들.

허튼-모 🔟 못줄을 대지 않고 손짐작대로 심는 모. 벌모. 산식(散植). ↔줄모.

허튼-소리 🔟 쓸데없이 함부로 지껄이는 말. 🔲 술에 취해서 ~를 뇌까리다.

허튼-수작 (-酬酢)【명】【하자】 쓸데없이 함부로 하는 말이나 행동. ▢~을 부리다가는 큰코다친다.

허튼-짓 [-진]【명】【하자】 쓸데없이 아무렇게나 되는대로 하는 짓. ▢~하지 마라.

허튼-톱【명】 톱니의 생김새가 동가리톱과 내릴톱의 중간쯤 되어 나무를 켜기도 하고 자르기도 하는 톱.

허파【명】〖생〗폐(肺).

허파에 바람 들다 ⊃ 실없이 행동하거나 지나치게 웃어 대는 사람의 비유.

허파 줄이 끊어졌나 ⊃ 시시덕거리기를 잘 하는 사람을 비꼬는 말.

허풍 (虛風)【명】 너무 과장하여 믿음성이 적은 말이나 행동. 준풍(風).

허풍(을) 떨다 ⊃ 허풍을 마구 치다. ▢저놈이 또 허풍을 떨고 있네.

허풍(을) 치다 ⊃ 실상과는 맞지 않게 너무 과장하여 말하다.

허풍이 세다 ⊃ 허풍이 심하다.

허풍-선 (虛風扇)【명】 1 숯불을 불어서 피우는 손풀무의 하나. 2 허풍선이.

허풍선-이 (虛風扇-)【명】 허풍을 잘 떠는 사람. 허풍선.

허핍-하다 (虛乏-)【피파--】【형어】 굶주려서 기운이 없다.

허-하다 (許-)【타어】 다른 사람이 하고자 하는 일을 하게 하다. 허가하다. 허락하다.

허-하다 (虛-)【형어】 1 옹골차지 못하다. 2 몸이 허하여 지구력이 부족하다. 3 속이 비다. ▢밥을 굶어 배 속이 ~. 3〖한의〗원기(元氣)가 부실하다. ▢기가 ~.

허한 (虛汗)【명】〖한의〗몸이 허하여 나는 땀.

허행 (虛行)【명】【하자】헛걸음.

허허¹【부】【하자】 입을 벌리고 거리낌 없이 크게 웃는 소리. 또는 그 모양. 솅하하¹.

허허²【감】 1 슬프거나 기막힌 일을 당할 때 탄식하여 내는 소리. ▢~, 세상 참 허망하군. 2 일이 틀어져 버릴 때 내는 소리. ▢~ 이거 야단났군. 솅하하².

허허-거리다【자】 자꾸 허허하며 크게 웃다. 솅하하거리다.

허허-대다【자】 허허거리다.

허허-바다【명】 끝없이 넓고 큰 바다.

허허-벌판【명】 끝없이 넓고 큰 벌판.

허허실실 (虛虛實實)【명】 허를 찌르고 실을 꾀하는 계책. ▢~의 싸움이다.

허허실실-로 (虛虛實實-)【부】 되면 좋고 안되어도 그만인 식으로. 되어 가는 대로.

허허-탄식 (歔歔歎息)【명】【하자】 몹시 탄식함.

혈혈 (血血)【명】〖의〗조직의 국부적인 빈혈 상태(혈관이 좁아지거나 막히는 것이 원인임).

허호 (虛戶)【명】 실제로 있지 않은 호수(戶數).

허혼 (許婚)【명】 혼인을 허락함.

허화 (虛火)【명】〖한의〗허열(虛熱).

허화-하다 (虛華-)【형어】 헛되고 실속 없이 겉으로만 화려하다.

허황-하다 (虛荒-)【형어】 헛되고 황당하며 미덥지 못하다. ▢허황한 꿈. 허황-히【부】

허훈 (虛暈)【명】 원기가 몹시 부실하여 일어나는 어지러운 증상.

허희-탄식 (歔欷歎息)【명】【-히-】【하자】 한숨을 지으며 탄식함.

혁【부】【자타】 1 몹시 놀라거나 겁에 질려 숨을 들이마셔 호흡을 그치는 소리. 또는 그 모양. 2 갑자기 마음에 들 때 욕심이 나서 덤비는 모양. 3 몹시 지쳐 물러서거나 자빠지는 모양.

혁-혁 [허걱]【부】【자타】 혁혁거리는 모양이나 소리. ▢~ 숨을 몰아쉬다.

혁혁-거리다 [허걱꺼-]【자타】 1 몹시 놀라거나 숨이 차서 자꾸 숨을 몰아쉬다. 또는 자꾸 그런 소리를 내다. ▢숨을 ~. 2 욕심이 나서 자꾸 덤비다. 3 몹시 지쳐서 자꾸 물러서거나 자빠지다.

혁혁-대다 [허걱때-]【자타】 혁혁거리다.

헌:【관】 '성하지 않은'·'낡은'의 뜻. ▢~ 옷 / ~ 집.

헌 체로 술 거르듯 ⊃ 말을 막힘없이 술술 하는 모양.

헌가 (軒架)【명】【하자】 1 종이나 경(磬) 따위의 악기를 거는 시렁. 2 시렁과 같은 높은 곳에 걺.

헌거-롭다 (軒擧-)【-따】【-로워, -로우니】【형ㅂ】 풍채가 좋고 의기(意氣)가 당당해 보이다. 헌거-로이【부】

헌거-하다 (軒擧-)【형어】 풍채가 좋고 의기가 당당하다. 헌앙(軒昂)하다.

헌걸-스럽다 [-따]【-스러워, -스러우니】【형ㅂ】 헌거롭게 보이다. 헌걸-스레【부】

헌걸-차다 (軒-)【형】 1 매우 헌거롭다. 2 기운이 매우 장하다. 3 키가 매우 크다. ▢헌걸찬 사내.

헌-것 [-걷]【명】 낡아서 성하지 않은 물건. 또는 오래되어 허술한 물건. ▢새것과 ~을 맞바꾸다. ↔새것.

헌-계집 [- / -계-]【명】 1 이미 시집갔다가 혼자가 된 여자를 낮잡아 이르는 말. 2 행실이 부정한 여자를 낮잡아 이르는 말.

헌:관 (獻官)【명】〖역〗나라에서 제사를 지낼 때 임시로 임명하던 제관(祭官).

헌:근 (獻芹)【명】 변변치 못한 미나리를 바친다는 뜻으로, 남에게 선물을 하거나 의견을 적어 보냄을 겸손하게 이르는 말.

헌:근지성 (獻芹之誠)【명】 정성을 다하여 올리는 마음〖옛날에, 미나리를 임금에게 바쳤다는 데서 유래함〗.

헌:금 (獻金)【명】【하자】 돈을 바침. 또는 그 돈. ▢~을 내다.

헌:납 (獻納)【명】【하자】 돈과 물품을 바침. ▢전 재산을 사회단체에 ~하다.

헌:납 (獻納)【명】〖역〗1 조선 때, 사간원의 정오품 벼슬. 2 고려 문하부의 정오품 벼슬.

헌:다 (獻茶)【명】【하자】〖불〗신불께 차를 올림.

헌:답 (獻畓)【명】【하자】〖불〗절에 제사를 맡긴 대신 부처님 앞에 논을 바침. 또는 그 논.

헌:당 (獻堂)【명】【하자】〖기〗교회당을 새로 지어 하나님께 바침. ▢~식(式)을 갖다.

헌-데【명】 피부가 헐어서 상한 자리. 부스럼. ▢~가 아물지 않았다.

헌:동-일세 (掀動一世)【명】【-쎄】 '흔동일세'의 본딧말.

헌등 (軒燈)【명】 처마에 다는 등.

헌:등 (獻燈)【명】 신불(神佛)에게 바치는 등.

헌:물 (獻物)【명】 바치는 물건.

헌:미 (獻米)【명】 1 신불에게 올리는 쌀. 2〖기〗신자들이 일용(日用)하는 쌀의 얼마를 주일날에 바치는 일. 또는 그 쌀. 성미(誠米).

헌:민수 (獻民數)【명】【-쑤】〖역〗조선 때, 3년마다 전국의 호구(戶口)를 조사하여 임금에게 아뢰던 일.

헌:배 (獻杯)【명】【하자】 술잔을 드림.

헌:법 (憲法)【명】【-뻡】〖법〗국가 통치의 기본 방침, 국민의 권리와 의무, 통치 기구의 조직 따위를 규정하는 한 국가의 최고의 법.

헌:법 기관 (憲法機關)【명】【-뻡끼-】〖법〗직접적

으로 헌법 규정에 의거하여 설치된 국가의 기관(대통령·국회·법원·국무 위원 등의 총칭).

헌:법 사:항(憲法事項)[−뻡싸−]『법』 헌법에 규정한 여러 사항(주권, 국민의 기본적 권리·의무, 통치 기관의 조직 및 권한 등에 관한 큰 원칙 등).

헌:법 소원(憲法訴願)[−뻡쏘−] 법을 어긴 공권력의 발동으로, 헌법에 보장된 기본권을 침해당한 국민이 그 권리를 구제받기 위하여 헌법 재판소에 내는 소원.

헌:법 재판소(憲法裁判所)[−뻡째−]『법』 법률의 위헌 여부·탄핵·정당의 해산 등에 대하여 심판하는 기관(9명의 재판관으로 구성됨).

헌:병(憲兵)『군』 군기 확립·군사 경찰 업무를 수행하는 군대 병과의 하나. 엠피(MP).

헌:부(憲府)몡『역』'사헌부(司憲府)'의 준말.

헌:사(獻詞·獻辭)몡 저자·발행자가 그 책을 남에게 바치는 뜻을 적은 글.

헌:상(獻上)몡하타 1 임금에게 바침. 2 물건을 삼가 올림.

헌:생(獻牲)몡하타 신에게 산 짐승을 제물로 바침.

헌:솜몡 옷이나 이불 등에서 빼낸 묵은 솜. 파면자(破綿子).

헌:−쇠몡 녹이 슬거나 깨어져 못 쓰게 된 쇠붙이. 고철(古鐵).

헌:수(獻壽)몡하자 환갑잔치 등에서, 장수를 비는 뜻으로 술잔을 올림. 상수(上壽). 칭상(稱觴).

헌:시(獻詩)몡하자 축하하거나 기리는 뜻으로 시를 바침. 또는 그 시.

헌:식(獻食)몡하자『불』시식(施食)돌에 음식을 차려 잡귀에게 베풀어 줌.

헌:식−돌(獻食−)[−똘] 시식(施食)돌.

헌:신(獻身)몡하자 몸과 마음을 바쳐 있는 힘을 다함. ▷적십자 활동에 ∼하다.

헌:−신짝몡 오래 신어서 낡아 빠진 신짝.
　헌신짝 버리듯 하다⚑ 긴하게 쓰고 난 뒤에는 아무 거리낌 없이 내버림을 이르는 말.

헌수하다재⟨옛⟩야단스럽게 떠들다. 시끄럽게 떠들다.

헌앙−하다(軒昂−)혱어 헌거(軒舉)하다.

헌연−하다(軒然−)혱어 의기(意氣)가 당당하다. **헌연−히**툐

헌:의(獻議)[허늬 / 허니]몡하자 윗사람에게 의견을 아룀.

헌:작(獻爵·獻酌)몡하자 제사 때 술잔을 올림. 진작(進爵).

헌:장(憲章)몡 1『법』헌법의 전장(典章). 2 어떤 사실에 대하여 약속을 이행하기 위하여 정한 규범. ▷국제 연합 ∼ / 어린이 ∼.

헌:정(憲政)몡 입헌(立憲) 정치.

헌:정(獻呈)몡하타 물품을 바침. ▷저서를 ∼하다.

헌:주(獻奏)몡하자 신에게 주악을 올림.

헌:−책(−冊)몡 이미 사용한 책.

헌:책(獻策)몡하자 일에 대한 방책(方策)을 드림.

헌:책−방(−冊房)[−빵]몡 헌책을 팔고 사는 가게.

헌:춘(獻春)몡 첫봄.

헌칠민틋−하다[−트 타−]혱어 몸집 따위가 보기 좋게 크고 반듯하다.

헌칠−하다혱어 키와 몸집이 보기 좋게 미끈하고 크다. ▷허우대가 ∼.

헌:−털뱅이몡 '헌것'을 속되게 일컫는 말.

헌팅캡(hunting cap)몡 챙이 없고 둥글넓적한 사냥 모자. 납작모자.

헌함(軒檻)[−껀] 건넌방·누각 등의 대청 기둥 밖으로 돌아가며 깐 좁은 마루.

헌헌−장부(軒軒丈夫)몡 외모가 준수하고 풍채가 당당한 남자.

헌:혈(獻血)몡하자 수혈이 필요한 환자를 위하여 피를 뽑아 줌. 공혈(供血).

헌호(軒號)몡『불』남의 당호(幢號)를 높여 일컫는 말.

헌:−화(獻花)몡하자 신전(神前)이나 영전(靈前) 등에 꽃을 바침. 또는 그 꽃.

헌활−하다(軒豁−)혱어 높고 넓어 훤히 터져 있다.

헐가(歇價)[−까] 헐값.

헐가−방매(歇價放賣)[−까−]몡하타 아주 싼값으로 마구 팔아 버림.

헐간(歇看)몡하타 물건이나 일 따위를 탐탁지 않게 보아 넘김.

헐−값(歇−)[−갑]몡 그 물건이 지니는 값어치보다 매우 싼 값. 헐가. ▷∼에 내놓다 / ∼에 팔아 치우다.

헐객(歇客)몡 허랑방탕한 사람.

헐겁−다[−따]〔헐거워, 헐거우니〕혱비 낄 물건보다 낄 자리가 너르다. ▷마개가 ∼ / 신발이 헐거워서 벗겨지다. ⚑헐겁다.

헐겁지⟨옛⟩깍지².

헐근−거리다자 숨이 차서 자꾸 헐떡이며 그르렁거리다. 헐근걸근하다. **헐근−헐근**툐하자

헐근−대다자 헐근거리다.

헐:다¹〔헐어, 허니, 허는〕자 1 부스럼이나 상처 따위가 나서 살이 짓무르다. ▷입 안이 ∼. 2 물건 따위가 오래되거나 많이 써서 낡아지다. ▷집이 몹시 헐었다.

헐:다²〔헐어, 허니, 허는〕타 1 집이나 쌓은 것을 무너뜨리다. ▷담을 ∼. 2 남의 단점을 쳐들어서 험담하다. 3 일정한 액수의 돈·일정한 양의 물건 따위를 꺼내거나 쓰기 시작하다. ▷백만 원짜리 수표를 ∼.

헐떡−거리다[−꺼−]자타 자꾸 헐떡이다. ▷헐떡거리며 뒤쫓아 가다. ⚑할딱거리다. **헐떡−헐떡**[−떠컥−]툐하자타. ▷∼하며 코스를 완주하다.

헐떡−대다[−때−]자타 헐떡거리다.

헐떡−이다[−끼−]자 1 숨을 가쁘고 거칠게 쉬다. ▷결승점에 들어와서도 연신 숨을 헐떡인다. 2 신 따위가 헐거워서 벗겨지다. ⚑할딱이다.

헐떡−하다[−떠카−]혱어 1 얼굴이 여위고 핏기가 없다. 2 몹시 지쳐 눈이 푹 들어가 있다. ⚑할딱하다.

헐:−뜯다[−따]타 남의 흠을 잡아내어 나쁘게 말하다. ▷남을 헐뜯는 말을 입 밖에 내지 않는다 / 공연히 그를 헐뜯지 마라.

헐렁−거리다자 1 헐거워 이리저리 자꾸 움직이다. 2 조심스럽지 못하고 미덥지 못한 행동을 자꾸 하다. ⚑할랑거리다. **헐렁−헐렁**툐하자

헐렁−대다자 헐렁거리다.

헐렁−이몡 들떠서 진중하지 못한 사람을 낮잡아 이르는 말.

헐렁−하다혱 1 헐거운 듯한 느낌이 있다. 2 행동이 조심스럽지 않고 미덥지 못하다. ⚑할랑하다. **헐렁−히**툐

헐렁헐렁−하다혱어 1 매우 헐거운 듯한 느낌이 있다. ▷헐렁헐렁한 옷을 걸치다. 2 하는 짓이 들뜨고 매우 미덥지 못하다. ⚑할랑할랑하다.

헐레−벌떡툐하타 숨을 가쁘고 거칠게 몰아쉬

는 모양. ▯ ~ 뛰어간다.

헐레벌떡-거리다[-꺼-]타 자꾸 헐레벌떡하다. ▯숨이 차서 계속 ~. 困할래발딱거리다. 例헐레벌떡대다.

헐레벌떡-헐레벌떡[-떠-]閉하타

헐레벌떡-대다[-때-]타 헐레벌떡거리다.

헐리다재('헐다'의 피동) 헒을 당하다. ▯집이 ~.

헐믓다재〈옛〉헐다'.

헐박(歇泊)명하자 쉬고 묵음. 지숙(止宿). 헐숙(歇宿).

헐:-벗다[-벋따]□재 떨어져 해진 누더기를 걸치다. ▯헐벗고 굶주리다. □형 나무가 없어서 산이 맨바닥을 드러내고 있다. ▯산과 들이 ~.

헐변(歇邊)명 싼 이자(利子).

헐복-하다(歇福-)[-보카-]형어 어지간히 복이 없다.

헐수할수-없다[-쑤-쑤업따]형 1 이러도 저리도 어떻게 할 수가 없다. 2 너무 가난하여 살아갈 길이 막연하다. 헐수할수-없이[-쑤-쑤업씨]甲. ▯포위망은 좁혀 오고 ~ 자수하기로 결심했다.

헐숙(歇宿)[-쑥]명하자 헐박(歇泊).

헐쑥-하다[-쑤카-]형어 얼굴이 파리하고 핏기가 없다. 困헐쑥하다.

헐장(歇杖)[-짱]명하타 〖역〗 장형(杖刑)에서 때리는 시늉만 하던 매질.

헐쭉-하다[-쭈카-]형어 살이 빠져서 몹시 여위다. 困헐쭉하다.

헐치(歇治)명하타 1 가볍게 벌함. 2 병을 가볍게 보고 치료를 소홀히 함.

헐치(歇齒)명 닳아서 잘 맞지 않는 톱니바퀴의 이.

헐-치다 1 가볍게 하다. 2 허름하게 하다.

헐-하다(歇-)형어 1 값이 시세보다 싸다. ▯헐한 맛에 무리하여 샀다/값이 너무 ~. 2 일이 생각한 것보다는 힘이 덜 들다. 3 엄하지 않고 만만하다. 준헗다.

헐헐甲하자 숨이 몹시 차서 고르지 못하게 쉬는 모양. 困헗헗.

헐후-하다(歇后-)형어 대수롭지 않다. 헐후-히 甲

헗다[헐타]형 '헐하다'의 준말.

험:명 '흠(欠)'의 변한말.

험:객(險客)명 1 성질이 험악한 사람. 2 험구가(險口家).

험:구(險口)명하타 남의 흠을 들추어 헐뜯거나 험상궂은 욕을 퍼부어 댐. 또는 그 욕. ▯~를 늘어놓다.

험:구-가(險口家)명 남을 잘 헐뜯는 사람. 험객(險客).

험:난-하다(險難-)형어 1 위험하고 다니기 어렵다. ▯험난한 산길. 2 험하여 고생스럽다. ▯세상살이가 ~.

험:담(險談)명하타 남을 헐뜯어서 말함. 또는 그런 말. 험언(險言). 흉구떡. ▯~을 늘어놓다/~을 퍼붓다.

험:랑(嶮浪)[-낭]명 사납고 험한 파도.

험:로(險路)[-노]명 험한 길. ▯곳곳에 ~가 가로놓여 있다.

험:산(險山)명 가파르고 험악한 산.

험:산(驗算)명하타 〖수〗 계산한 결과가 맞았나 틀렸나 확인하기 위하여 따로 하는 계산. 검산(檢算).

험:상(險狀)명하형 거칠고 험하게 생긴 모양이나 상태.

험:상(險相)명 험상스러운 인상(人相).

험:상-궂다(險狀-)[-굳따]형 모양이나 상태가 사납고 험하다. ▯험상궂은 얼굴/생김새가 아주 ~.

험:상-스럽다(險狀-)[-따][-스러워, -스러우니]형비 생김새가 험상궂은 데가 있다. ▯험상스러운 표정. 험:상-스레 甲.

험:악-스럽다(險惡-)[허막쓰-따][-스러워, -스러우니]형비 생김새나 분위기 따위가 험악한 데가 있다. 험:악-스레[허막쓰-]甲.

험:악-하다(險惡-)[허마카-]형어 1 길·지세·기후 등이 험하고 사납다. ▯날씨가 ~. 2 성질·인심 따위가 흉악하다. ▯인상이 ~/험악한 세상. 3 사물의 형세가 매우 나쁘다. ▯험악한 분위기.

험:애-하다(險隘-)형어 험조하다.

험:액-하다(險阨-)[허매카-]형어 지형이 험하고 좁다.

험:어(險語)명 알아듣기 어려운 말.

험:언(險言)명하타 험담(險談).

험:요(險要)명 지세가 험하여 방어하기에 좋은 곳. 또는 그런 곳. ▯~한 지형에 진지를 구축하다.

험:원-하다(險遠-)형어 길이나 일이 험하고도 멀다.

험:이(險夷·險易)명 험난함과 평탄함.

험:전-기(驗電器)명 검전기(檢電器).

험:조-하다(險阻-)형어 지세가 가파르고 험하여 막히어 있다. 애애하다.

험:준-하다(險峻-)형어 지세가 험하며 높고 가파르다. ▯험준한 암벽.

험:지(險地)명 험난한 땅.

험:집 ☞ 흠집.

험:탄(險灘)명 험난한 여울.

험:피-하다(險詖-)형어 사람됨이 음험(陰險)하고 바르지 못하다.

험:-하다(險-)형어 1 땅의 형세가 발붙이기 어려울 만큼 사납고 가파르다. ▯높고 험한 산. 2 생김새나 나타난 모양이 보기 싫을 만큼 상스럽다. ▯인상이 험한 사나이. 3 말이나 행동 따위가 막되다. ▯말투가 ~. 4 먹는 것이나 입는 것이 넉넉지 못하고 너절하다. ▯험한 음식. 5 일 따위가 거칠고 힘에 겹다. ▯험한 일을 마다 않다. 6 상태나 형세가 불길하고 위태롭다. ▯분위기가 ~. 험:-히 甲.

험수룩-하다[-쑤루카-]형어 1 머리털이나 수염이 텁수룩하다. 2 옷차림이 허름하다. 험수룩-히[-쑤루키-]甲.

험신-험신[-씬-씬]甲하자 물기가 조금 있으면서 물렁물렁하여 만지는 대로 쭈그러지는 모양.

험협-하다[허퍼파-]형어 1 융통성이 있고 대범하다. ▯성격이 ~. 2 규모는 없으나 인색하지 않다. ▯돈을 너무 험협하게 쓴다. 험협-히[허퍼피-]甲.

헛-[헏]甲 (일부 명사나 동사 앞에 붙어) 소용이 없거나 속이 비었거나 참되지 못함을 나타내는 말. ▯~구호/~나이/~그물질/~살다/~디디다.

헛-가게[헏까-]명 때에 따라 벌였다 걷었다 하는 가게.

헛-가지[헏까-]명 〖식〗 오랫동안 자던 눈이 갑자기 터서 쓸모없이 뻗는 가지.

헛-간(-間)[헏깐]명 문짝이 없는 광. 공청(空廳). ▯~에 볏짚을 쌓아 두다.

헛-갈리다[헏깔-]재 마구 뒤섞여 분간할 수가 없다. ▯앞뒤 순서가 ~. *헷갈리다.

헛-걱정[헏꺽쩡]명하자 쓸데없이 걱정함. 또

는 그런 걱정.

헛-걸음 [헌껄음] **명**[허자] 목적을 이루지 못하고 헛되이 돌아오거나 가는 일. 공행(空行). 허행(虛行).

헛걸음-치다 [헌껴름-] **자** 헛수고만 하고 가거나 오다.

헛-것 [헌껃] **명 1** 헛일. ▣말짱 ~이다. **2** 허깨비. ▣~을 보다.

헛-고생 (-苦生)[헌꼬-] **명**[허자] 아무런 보람도 없이 고생함. 또는 그런 고생. ▣길도 모르는데 나섰다가는 ~한다.

헛-공론 (-公論)[헌꽁논] **명**[허자] 쓸데없는 공론. 보람 없이 떠들어 대는 공론. ▣~으로 시간만 허비다.

헛-구역 (-嘔逆)[헌꾸-] **명** 게울 것도 나는 욕지기. 건구역.

헛구역-질 (-嘔逆-)[헌꾸-찔] **명**[허자] 게우는 것도 없이 욕지기를 하는 일.

헛-구호 (-口號)[헌꾸-] **명** 말로만 외치고 행동이 따르지 아니하는 다짐.

헛-글 [헌끌] **명** 배워서 값있게 쓰지도 못하는 지식.

헛-기르다 [헌끼-][헛길러, 헛기르니] **타여** 아무 보람도 없이 기르다.

헛-기운 [헌끼-] **명 1** 쓸데없이 내는 기운. ▣~을 내다 / ~을 쓰다. **2** 없는 것이 있는 것처럼 보이는 것. 환상(幻像). 환영(幻影).

헛-기침 [헌끼-] **명** 인기척을 내려고 일부러 하는 기침. 군기침. ▣~ 소리 / ~을 하고 기척을 살피다.

헛-길 [헌낄] **명** 목적하는 바를 이루지 못하고 걷는 길. ▣~을 걷다 / ~이 되다.

헛-김 [헌낌] **명** 딴 데로 새는 김.

헛김-나다 [헌낌-] **자 1** 기운이 딴 곳으로 새어 나오다. **2** 일에 실패하거나 하여 기운이 꺾이다.

헛-꿈 [헌-] **명** 이룰 수 없는 것을 이루어 보려고 하거나 희망을 거는 생각. ▣~을 꾸다.

헛-끌 [헌-] **명** 맞뚫는 구멍의 끌밥을 밀어내는 데 쓰는 연장.

헛-나가다 [헌-] **자** 아무렇게나 되는대로 나가다. ▣말이 ~.

헛-나이 [헌-] **명** 나잇값을 못하고 헛되이 나이만 든 것. 또는 해 놓은 일도 별로 없이 헛되게 든 나이.

　헛나이를 먹다 구 ㉠나이에 비하여 유치하다. ㉡해 놓은 일은 별로 없이 나이만 먹다.

헛-노릇 [헌-른] **명**[허자] 아무 보람이 없는 헛된 일. 헛일.

헛-다리 [헌따-] **명 1** 대상을 잘못 파악하고 일을 그르치는 일. ▣~를 짚다. **2** 아무 성과 없이 끝나는 일.

헛-돈 [헌똔] **명** 보람 없이 헛되게 쓰는 돈. ▣쓸데없는 일에 공연히 ~ 쓰지 마라.

헛-돌다 [헌똘-][헛돌아, 헛도니, 헛도는] **자** 바퀴 따위가 헛되이 돌다. ▣진창에서 바퀴가 헛돌기만 한다.

헛-동자 (-童子)[헌똥-] **명** 장롱이나 찬장 따위 가구에서, 서랍과 서랍 사이에 앞만 동자목처럼 세운 얇은 나무.

헛-되다 [헌뙤-] **형 1** 아무 보람이나 실속이 없다. ▣모든 노력이 헛되게 돌아갔다. **2** 허황하여 믿기가 어렵다. ▣헛된 꿈. **헛-되이** [헌뙤-] **부**. ▣시간을 ~ 보내다.

헛-듣다 [헌뜯따][헛들어, 헛들으니, 헛듣는] **타ㄷ 1** 잘못 듣다. ▣사람 발소리 같은데,

헛들었는지도 모른다. **2** 기억에 남지 않게 예사로 들어 넘기다. ▣고개는 끄덕여도 헛듣는 경우가 많다.

헛-들리다 [헌들-] **자**(〈'헛듣다'의 피동〉청각에 이상이 생겨 실제와 다르게 들리다.

헛-디디다 [헌디-] **타** 발을 잘못 디디다. ▣발을 디디다 개울에 빠지다.

헛-맹세 [헌-] **명**[허자] 지키지 못할 것을 거짓으로 맹세함. 또는 그런 맹세.

헛-먹다 [헌-따][**타**] 나이 따위를 보람 없이 먹다. ▣나이를 ~.

헛-물 [헌-] **명** 꼭 될 줄로 알고 애쓴 일이 보람 없이 끝나는 것.

헛-물관 (-管)[헌-] 〖식〗 겉씨식물이나 양치(羊齒)식물 및 몇몇 쌍떡잎식물의 관다발 속에서 뿌리로 빨아올린 즙액(汁液)을 잎이나 줄기로 보내는 관. 가도관(假導管).

헛물-켜다 [헌-] **자** 아무 보람 없이 한갓 애만 쓰다. ▣자칫 잘못 나가다가는 헛물켜고 말거야.

헛-바람 [헌빠-] **명 1** 쓸데없이 부는 바람. **2** 허황된 일에 공연히 들뜬 마음의 비유. ▣~이 들어 밖으로만 나돈다.

헛-바퀴 [헌빠-] **명** (주로 '돌다'와 함께 쓰여) 헛도는 바퀴. ▣트럭이 수렁에 빠져 ~만 돌고 있다.

헛-발 [헌빨] **명 1** 잘못 디디거나 내찬 발. **2** 위족(僞足).

헛발-질 [헌빨-] **명**[허자] 겨냥이 맞지 않아 빗나간 발길질. ▣~하고 넘어지다.

헛-방 (-房)[헌빵] **명** 허드레 세간을 넣어 두는 방.

헛-방 (-放)[헌빵] **명 1** 쏘아서 못 맞힌 총질. ▣~만 남발한다. **2** 실탄이 없이 쏘는 총질. **3** 보람 없는 말. 미덥지 않은 말.

헛-방귀 [헌빵-] **명** 배탈이 나서 소리도 냄새도 거의 없이 나오는 방귀.

헛방-놓다 [헌빵노타] **자 1** 맞히지 못하는 총을 쏘다. 헛방놓다. **2** 공포(空砲)를 쏘다. **3** 쓸데없거나 미덥지 아니한 언행을 하다.

헛-배 [헌빼] **명** 음식을 먹지 않고도 부른 배. ▣~가 부르다.

헛-배우다 [헌빼-] **타** 실속 있게 배우지 않아 잘 써먹지 못하다. ▣편지 하나 못 쓰다니 헛배운 모양이군.

헛-보다 [헌뽀-] **타** 무엇을 잘못 보다. 실상과 어긋나게 보다. ▣길 가는 사람을 친구로 ~.

헛-보이다 [헌뽀-] **자**(〈'헛보다'의 피동〉시각의 이상으로 실제와 어긋나게 보이다.

헛-부엌 [헌뿌억] **명** 설비는 갖추어져 있지만 평소에는 쓰지 않는 부엌.

헛-불 [헌뿔] **명** 사냥할 때 짐승을 맞히지 못한 총질.

헛불-놓다 [헌뿔노타] **자** 헛방놓다1.

헛-뿌리 [헌-] **명** 〖식〗 실뿌리같이 생겨 수분을 섭취하고 식물을 고착시키는 역할을 하는 기관. 선태류(蘚苔類)의 뿌리에서 볼 수 있음. 가근(假根).

헛-살다 [헌쌀-][헛살아, 헛사니, 헛사는] **자 1** 사람으로서 해야 할 도리를 다하지 못하고 지내다. **2** 누릴 수 있는 것을 누리지 못하거나 누리면서도 그것을 느끼지 못하고 살다.

헛-삶이 [헌쌀미] **명**[허자] 〖농〗 모내기를 위한 것이 아니고, 그저 논을 갈아서 써레질하여 두는 일.

헛-생각 [헌쌩-] **명**[허자] 헛되이 생각함. 또는 그런 생각. ▣~에 넋을 놓고 있다.

헛-소리 [헌쏘-] **명**[허자] **1** 앓는 사람이 정신을

잃고 중얼거리는 소리. 섬어(譫語). 허성(虛聲). ❏고열에 시달려 ~를 한다. **2** 미덥지 않은 말. ❏~를 늘어놓는다.

헛-소문 (-所聞)[헏쏘-][명] 근거 없이 떠도는 소문. 허문(虛聞). ❏~을 퍼뜨리다 /~이 돌다 / ~에 시달리다.

헛-손질 [헏쏜-][명][하자] **1** 정신없이 손을 휘젓는 짓. **2** 쓸데없이 손을 대어 매만지는 일. **3** 손의 겨냥이 빗나가 잘못 잡거나 때리는 짓. ❏양 선수 모두 힘이 빠져 ~이 잦다.

헛-솥 [헏쏟][명] 헛부엌에 걸고 쓰는 솥.

헛-수 (-手)[헏쑤][명] 바둑·장기에서, 헛되이 두는 수. ❏~를 두어 선수를 빼앗기다.

헛-수고 [헏쑤-][명][하자] 아무 보람이 없는 수고. ❏다리품만 들이고 ~하다.

헛-수술 [헏쑤-][명]《식》 수술이 꽃잎 모양으로 변하여 꽃밥이 발달하지 않고 흔적만 남은 수술. 가웅예(假雄蕊).

헛-심 [헏씸][명][←헛힘] 보람 없이 쓰는 힘. 공력(空力).

헛-애 [허대][명] 아무 보람 없이 쓰는 애. ❏~를 쓴다.

헛-열매 [헌녈-][명]《식》 꽃받침·꽃대의 부분이 씨방과 함께 비대해져서 이루어진 열매(배·사과·무화과 따위). 가과(假果). 부과(副果). 위과(僞果). ↔참열매.

헛-웃음 [허두슴][명] 마음에 없이 겉으로만 웃는 웃음. ❏실없이 ~을 짓다.

헛-일 [헌닐][명][하자] 쓸모없는 일. 쓸데없이 한 노력. 공사(空事). 헛것. 헛노릇. 허사. ❏모든 노력이 다 ~로 끝나다.

헛-잎 [헌닙][명]《식》 아카시아 잎처럼 잎꼭지가 변해 납작하게 된 잎. 가엽(假葉).

헛-잠 [헏짬][명] **1** 거짓으로 자는 체하는 잠. **2** 잔 둥 만 둥 한 잠.

헛-잡다 [헏짭따][타] 잘못 잡다. ❏손잡이를 헛잡아 쓰러질 뻔했다.

헛-잡히다 [헏짜피-][자]《'헛잡다'의 피동》 잘못 잡히다.

헛-장 [헏짱][명] 허풍을 치며 떠벌리는 큰소리. ❏~을 치다.

헛-장사 [헏짱-][명][하자] 장사에서 아무런 이익을 남기지 못함. 또는 그 장사.

헛-짓 [헏찓][명][하자] 헛되거나 쓸모없는 짓. ❏성과도 없이 애써 ~만 했다.

헛-짚다 [헏찝따][타] **1** 팔이나 다리가 바닥을 바로 짚지 못하다. ❏발을 헛짚어 넘어지다. **2** 일이나 대상을 잘못 짐작하다. ❏범인을 ~.

헛-청 (-廳)[헌-][명] 헛간으로 된 집채. 허청(虛廳).

헛-총 (-銃)[헌-][명] 탄알을 재지 아니하고 놓는 총.
  헛총을 놓다 団 탄알을 재지 아니하고 소리만 나게 총을 쏘다.

헛총-질 (-銃-)[헌-][명][하자] 헛총을 놓는 짓.

헛-치레 [헌-][명][하자] 허식. ❏~를 일삼다.

헛-코 [헌-][명] 자는 체하느라고 일부러 고는 코.

헛코-골다 [헌-][-골아, -고니, -고는][자] 자는 체하느라고 일부러 코를 골다. ❏헛코골며 남의 말을 엿듣다.

헛헛-증 (-症)[허턷쯩][명] 헛헛한 증세. 복공증(腹空症).

헛헛-하다 [허터타-][형여] 배고픈 느낌이 있다. 출출해서 자꾸 먹고 싶다.

헛-힘 [허팀][명] '헛심'의 본딧말.

헝겁 [부][하자] 헝겁지겁.

헝겁지겁 [-찌-][부][하자] 너무 좋아서 정신을

차리지 못하고 덤비는 모양.

헝:겊 [-겁][명] 피륙의 조각. ❏~ 조각.

헝:겊-신 [-겁씬][명] 헝겊으로 울을 돌려서 만든 신. 포화(布靴).

헝클다 [헝클어, 헝크니, 헝크는][타] **1** 실이나 줄 따위가 몹시 얽히어 풀리지 않게 하다. ❏실을 헝클어 놓다. **2** 일을 몹시 뒤섞여서 갈피를 잡을 수 없게 하다. ❏물건 따위를 뒤섞어 놓아 몹시 어지럽게 하다. ㉔엉클다.

헝클리다 [자]《'헝클다'의 피동》 헝클을 당하다. ㉔엉클리다.

헝클어-뜨리다 [타] 헝클어지게 하다. ㉔엉클어뜨리다.

헝클어-지다 [자] 일이나 물건, 또는 실이 서로 얽히어 풀기 어렵게 되다. ❏머리카락이 마구 ~. ㉔엉클어지다.

헝클어-트리다 [타] 헝클어뜨리다.

헝것 [명]〈옛〉 헝겊.

헤¹ [부] **1** 힘없이 멋쩍게 입을 벌리는 모양. **2** 입을 반쯤 벌리고 속없이 빙그레 웃는 모양. 또는 그 소리. ㉔해⁴.

헤² [감] 일이 순조롭게 되지 않거나 곤란할 때 내는 소리. ㉔해⁵.

헤-가르다 [헤갈라, 헤가르니][타여] 헤쳐 가르다. ❏세찬 물살을 헤가르고 바위 모서리가 드러났다.

헤게모니 (독 Hegemonie)[명] 어떤 일을 주도하거나 일정한 영역을 지배하는 권력. ❏~ 쟁탈전 /~를 쥐다.

헤근-거리다 [자] 꼭 끼이지 않은 물건이 사이가 벌어져 자꾸 흔들리다. **헤근-헤근** [부][하자]

헤근-대다 [자] 헤근거리다.

헤:-나다 [자타] '헤어나다'의 준말.

헤:다¹ [타] **1** 팔다리를 놀려 물을 헤치고 앞으로 나아가다. **2** 어려운 상태에서 벗어나려고 애쓰다.

헤:다² [자] 여럿 가운데서 가장 잘난 체하며 마음대로 행하다.

헤:다³ [타] '헹구다'의 준말.

헤-대다 [자] 공연히 바쁘게 왔다 갔다 하다.

헤-덤비다 [자] **1** 헤매며 덤비다. **2** 공연히 바쁘게 서두르다.

헤드 (head)[명] **1** 전류를 자기(磁氣)로, 자기를 전류로 바꾸어 녹음·기록·재생이 가능하게 하는 장치를 두루 이르는 말. **2**《컴》 자기 디스크의 자료를 읽거나, 쓰거나, 지우는 장치. ㉔헤다.

헤드기어 (headgear)[명] 권투·아이스하키 따위에서, 선수의 머리 부분을 보호하기 위하여 쓰는 보호대나 헬멧.

헤드라이트 (headlight)[명] **1** 전조등. ❏~를 켜다. **2** 장등(檣燈).

헤드라인 (headline)[명] 신문·잡지·책·광고 등의 표제.

헤드 슬라이딩 (head sliding) 야구에서, 주자가 베이스를 목표로 손부터 먼저 미끄러져 들어가는 슬라이딩.

헤드업 (head up)[명] 야구나 골프에서, 배트나 클럽을 스윙(swing)할 때 턱이 올라가고 공에서 눈이 멀어지는 일.

헤드폰 (headphone)[명] **1** 밴드(band)로 머리에 걸고 귀에 고정시키는 전화 수신기. **2** 라디오·스테레오 등을 들을 때나 방송·녹음할 때 모니터로 쓰는, 두 귀를 덮는 소형 스피커. ❏~을 끼다.

헤딩 (heading)[명] 축구에서, 공중으로 날아오는 공을 머리로 받는 일.

헤딩-숏 (heading shoot)㉑ 축구에서, 공을 머리로 받아 상대편의 골에 넣는 일.

헤뜨다〔헤떠, 헤뜨니〕㉑ 자다가 놀라다.

헤뜨러-지다㉑ 쌓이거나 모인 물건이 제자리에서 흩어지다.

헤-뜨리다㉑ **1** 흩어지게 하다. **2** 어수선하게 늘어놓다.

헤라 (Hera)㉑ 그리스 신화의 최고 여신. 제우스의 아내(여성의 보호신이며 결혼·출산을 관장함. 로마 신화의 주노(Juno)에 해당함).

헤라클레스 (Herakles)㉑〖물〗그리스 신화 중 최대의 영웅. 제우스의 아들(미쳐서 아내와 아들을 죽여, 그 죗값으로 신으로부터 열두 가지의 어려운 여행을 명령받았는데, 용기와 지략으로써 차례로 어려움을 해결했다 함).

헤로인 (heroin)㉑ 모르핀을 아세틸화하여 만든 진정제의 하나(사용이 금지된 마약임). ▢ ~ 중독.

헤르니아 (라 hernia)㉑ 탈장(脫腸).

헤르츠 (Hertz)㉙〖물〗진동수의 단위. 1초간 n 회의 진동을 n 헤르츠라 함(Hz로 표시하며 '사이클'과 같음).

헤매다㉠㉑ **1** 목적하는 것을 찾아 이리저리 돌아다니다. ▢ 길을 잃고 ~. **2** 마음이 안정되지 않아 갈피를 잡지 못하다. ㉢㉣ 어찌할 바를 몰라 이리저리 방황하다. ▢ 마음이 심란하여 거리를 ~.

헤-먹다 [-따]㉿ 구멍이 헐거워서 어울리지 않다.

헤모글로빈 (hemoglobin)㉑〖생〗적혈구 중에 있는, 철을 함유하는 색소와 단백질의 화합물. 주로 척추동물의 호흡에서 산소 운반에 중요한 역할을 함. 혈구소. 혈홍소(血紅素). 혈색소(血色素).

헤모시아닌 (hemocyanin)㉑〖생〗색소 단백질의 하나. 연체동물·갑각류 등의 혈장(血漿) 속에 있으며 산소를 결합하는 안반함.

헤-무르다〔헤물러, 헤무르니〕㉿㉣ 맺고 끊음이 분명하지 못하고 무르다. ▢ 사람이 너무 헤물러서 모진 소리도 못한다.

헤물장-치다㉑〈소아〉씨름이나 승부를 가리는 경기에서 계속 이기다.

헤-묽다 [-묵따]㉿ 맺고 끊음이 분명하지 못하여 싱겁고 무르다.

헤-벌리다㉣ 입을 넓게 벌리다. ▢ 입을 헤벌리고 웃다.

헤-벌어지다㉠㉑ 어울리지 아니하게 넓게 벌어지다. ▢ 입이 ~. ㉱해바라지다. ㉢㉿ 어울리지 아니하게 넓다. ㉱해바라지다.

헤벌쭉㉿㉿ 입이나 구멍 따위가 넓게 벌어진 모양. ㉱해발쭉.

헤벌쭉-거리다 [-꺼-]㉣ 자꾸 헤벌쭉헤벌쭉하다.

헤벌쭉-대다 [-때-]㉣ 헤벌쭉거리다.

헤벌쭉-이㉿ 헤벌쭉하게.

헤브라이즘 (Hebraism)㉑ 헬레니즘과 함께 서양 문화의 2 대 조류를 형성하는 헤브루 민족의 사상. 고대 유대 인의 사상에서 비롯하여 기독교가 계승·순화한 사조.

헤비-급 (heavy級)㉑ 권투나 레슬링 따위에서, 몸무게가 가장 무거운 체급. 권투에서는 아마추어는 81 kg 이상, 프로는 86.18 kg 이상이며, 레슬링에서는 아마추어 국제 경기의 경우 100 kg 급임.

헤비-메탈 (heavy metal)㉑〖악〗1960 년대 말에 일어난 록 음악의 한 가지. 전자 장치에

의한 금속음과 무거운 비트 등이 특징임.

헤:-살㉑㉿ 짓궂게 훼방함. 또는 그런 짓. ▢ ~을 부리다 / ~을 놓다.

헤:-살-꾼㉑ 헤살을 놓는 사람.

헤:-살-질㉑㉿ 헤살을 놓는 짓.

헤:-식다 [-따]㉿ **1** 단단하지 못하여 헤지기 쉽다. 또는 차진 기운이 없이 푸슬푸슬하다. ▢ 헤식은 보리밥이라 금방 배가 고프다. **2** 맺고 끊는 데가 없이 싱겁다. ▢ 헤식은 웃음.

헤실-바실㉿ **1** 모르는 사이에 그럭저럭 없어지는 모양. **2** 꾀를 피우고 시원찮게 일하는 모양.

헤싱-헤싱㉿㉿ 치밀하지 못하여 헐겁고 허전한 느낌이 있는 모양.

헤:-아리다㉣ **1** 수량을 세다. ▢ 돈을 ~. **2** 짐작으로 가늠하거나 미루어 생각하다. ▢ 남의 고충을 ~.

헤어-나다㉣㉑ 힘든 상태를 헤치고 벗어나다. ▢ 침체의 늪을 ~ / 끝없는 번민에서 헤어날 길이 없다. ㉱헤나다.

헤어네트 (hairnet)㉑ 여자들이 머리카락이 흐트러지지 않게 머리에 쓰는 그물.

헤어-드라이어 (hair dryer)㉑ 더운 바람이나 찬 바람이 나오는, 머리털을 말리거나 머리 모양을 낼 때 쓰는 전기 기구.

헤어스타일 (hairstyle)㉑ 머리를 매만져 꾸민 형(型). ▢ 유행하는 ~.

헤어-지다㉠㉑ **1** 흩어지다. ▢ 같이 가던 일행과 ~ / 대회가 끝나자 모두 뿔뿔이 헤어졌다. **2** 이별하다. ▢ 성격 차이로 부부가 헤어졌다. **3** 살갗이 터져서 갈라지다. ▢ 너무 피곤해서 입술이 ~. ㉱헤지다.

헤어 토닉 (hair tonic) 머리에 발라 머리카락이 나게 하는 약제.

헤어-핀 (hairpin)㉑ 머리핀.

헤엄㉑㉿㉑ 물속에서 앞으로 나아가려고 팔다리를 놀려 움직이는 일. ▢ ~을 잘 치다. 〔헤엄 잘 치는 놈 물에 빠져 죽고, 나무에 잘 오르는 놈 나무에서 떨어져 죽는다〕 아무리 능숙한 기술·재주가 있어도 한 번 실수는 있는 법이다.

헤엄-다리㉑〖동〗유영(游泳) 동물에서, 그 몸을 물에 떠 가게 하는 다리(고래의 앞지느러미 따위). 유영각(游泳脚).

헤엄-치다㉑ 사람이나 물고기 따위가 물속에서 팔다리나 지느러미를 움직여 물을 헤치며 나아가다. ▢ 헤엄쳐 강을 건너다.

헤욤㉑〈옛〉헤엄.

헤적-거리다[1] [-꺼-]㉑ 활개를 벌려 가볍게 저으며 걷다. **헤적-헤적[1]** [-저케-]㉿㉑

헤적-거리다[2] [-꺼-]㉣ 자꾸 헤적이다. ㉱해작거리다. **헤적-헤적[2]** [-저케-]㉿㉣

헤적-대다[1] [-때-]㉑ 헤적거리다[1].

헤적-대다[2] [-때-]㉣ 헤적거리다[2].

헤적-이다㉣ **1** 무엇을 찾으려고 들추거나 헤치다. ▢ 잿더미 속을 무언가 찾아보려고 ~. **2** 탐탁하지 않은 태도로 무엇을 깨지락거려 헤치다. ㉱해작이다.

헤적-질 [-찔]㉑㉿ 자꾸 헤적이는 짓. ㉱해작질.

헤-젓다 [-절따]〔헤저어, 헤저으니, 헤젓는〕㉣㉺ 헤치며 젓다. ▢ 물살을 헤저으며 배가 출항하다.

헤죽-거리다 [-꺼-]㉑ 팔을 이리저리 내저어 활개를 치며 걷다. ▢ 신이 난 듯 헤죽거리며 걷다. ㉱해죽거리다. **헤죽-헤죽** [-주케-]㉿㉿㉑

헤죽-대다 [-때-]㉑ 헤죽거리다.

헤:-지다回 '헤어지다'의 준말.

헤지 펀드 (hedge fund)〖경〗국제 증권 및 외환 시장에 투자하여 단기 이익을 올리는 민간 투자 기금. 위험성은 높으나 많은 이익을 기대할 수 있는 금융 상품으로 운영하는 것이 특징임.

헤집다 [-다]団 긁어 파서 뒤집어 흩다. ☐ 닭이 흙을 헤집고 다니다.

헤치다団 1 속에 든 물건을 드러나게 하려고 거죽을 파거나 깨뜨려 젖히다. ☐ 앞가슴을 풀어 ~. 2 흩어져 가게 하다. ☐ 사고 현장에 모여 있는 사람들을 ~. 3 앞에 걸리는 것을 좌우로 물리치다. ☐ 물살을 헤쳐 나가다 / 인파 속을 헤치고 앞으로 나아가다. 4 가난이나 고난 따위를 이겨 나아가다. ☐ 난국을 헤쳐 나가다.

헤-트리다団 헤뜨리다.

헤:프다 [헤퍼, 헤프니]형 1 물건이 쉽게 닳거나 없어지다. ↔마디다. 2 돈이나 물건을 아끼지 않고 함부로 쓰는 버릇이 있다. ☐ 씀씀이가 ~ / 돈을 헤프게 쓰다. 3 말을 조심하지 않고 함부로 지껄이다. ☐ 입이 헤픈 사람 / 말이 ~.

헤:피튀 헤프게. ☐ 돈을 ~ 쓰다.

헤-헤튀 입을 반쯤 벌리고 싱겁게 웃는 모양이나 소리. ☞해해.

헤헤-거리다困 자꾸 헤헤하다. ☞히히거리다. ☜해해거리다.

헤헤-대다困 헤헤하다.

헥타르 (hectare)의명 미터법의 토지 면적 단위. 100아르. 즉 10,000㎡《기호 : ha》.

헥토-그램 (hectogram)의명 100 그램《기호는 hg》.

헥토-리터 (hectoliter)의명 100 리터《기호는 hl》.

헥토-미터 (hectometer)의명 100 미터《기호는 hm》.

헥토-파스칼 (hectopascal)의명〖기상〗압력의 단위로 100 파스칼의 일컬음《종전의 '밀리바'와 같은 값. 기호는 hPa》.

헬-기 (←helicopter機)명 헬리콥터. ☐ ~를 조종하다 / ~로 후송하다.

헬드 볼 (held ball) 농구에서, 양편 두 선수가 공을 동시에 쥐고 놓지 않는 일《점프 볼을 하여 경기를 계속함》.

헬라스 (그 Hellas)명〖역〗고대 그리스 인이 자기 나라를 부르는 이름.

헬레네 (Helene)명 그리스 신화 중의 미녀. 제우스의 딸로, 스파르타 왕 메넬라오스의 왕비《트로이의 왕자 파리스에게 유괴되어 트로이 전쟁의 원인이 됨》.

헬레니즘 (Hellenism)명〖역〗알렉산더 대왕의 동방 원정 이후 그리스 고유의 문화가 오리엔트 문화와 융합하여 이룬 새롭고 세계적 성격을 띤 문화《헤브라이즘과 함께 서양 문화의 2 대 조류가 됨》.

헬렐레튀하재 술에 취하거나 지치거나 긴장이 풀어져 몸을 가누지 못하는 모양.

헬륨 (helium)명〖화〗공기 중에 아주 적은 분량으로 들어 있는 비활성(非活性) 기체《무색무취(無色無臭)로 다른 원소와 화합하지 않으며, 수소 다음으로 가벼움》. [2번 : He : 4.003]

헬리오스 (Helios)명 그리스 신화 중의 태양신. 매일 아침 사두(四頭) 마차로 동쪽 궁전에서 서쪽 궁전으로 달려갔다가, 황금의 배로 다시 동쪽으로 돌아간다고 함.

헬리오스탯 (heliostat)명〖물〗햇빛을 반사경

으로 반사시켜 일정한 방향으로 보내는 장치. 回광경(回光鏡).

헬리콘 (helicon)명〖악〗관악기의 하나. 군악대 따위에서 어깨에 메고 부는 대형의 저음 나팔.

헬리콥터 (helicopter)명 기체 위에 대형의 회전 날개를 단 항공기의 하나. 수직 상승·하강, 전진·후퇴, 공중 정지 등을 할 수 있음.

헬리콥터 모:함 (helicopter母艦) 헬리콥터 발착(發着) 갑판을 갖추고 여러 대의 헬리콥터를 싣고 다니는 군함.

헬리포트 (heliport)명 헬리콥터가 이착륙하도록 만든 비행장.

헬멧 (helmet)명 쇠나 플라스틱으로 만들어 머리를 보호하기 위해 쓰는 투구 모양의 모자. 군인들이 철모 밑에 받치어 쓰거나, 공사장의 노동자, 야구 선수 등이 씀. ☐ ~을 쓰다.

헬스-클럽 (health club)명 건강·미용 등을 증진하기 위한 운동·휴식 시설을 갖춘 체육관.

헴갑 점잔을 빼거나, 목소리를 고르기 위해 습관적으로 내는 작은 기침 소리.

헴스티치 (hemstitch)명 옷·책상보·이불 등의 가장자리에 천의 씨실을 몇 가닥씩 뽑고 날실을 몇 가닥씩 묶어서 만든 장식.

헷-갈리다 [헷깔-]困 1 정신을 차리지 못하다. ☐ 술기운에 정신이 ~. 2 여러 가지가 뒤섞여 갈피를 잡지 못하다. ☐ 길이 너무 복잡해서 헷갈린다 / 헷갈려 분간을 못하겠다. ＊헷갈리다.

헹튀 아주 야무지게 코를 푸는 소리.

헹-가래困〖민〗기쁘고 좋은 일이 있는 사람을 축하하거나, 잘못이 있는 사람을 벌주는 뜻으로, 여러 사람이 그의 네 활개를 번쩍 들어 자꾸 내밀었다 들이켰다 하거나 던져 올렸다 받았다 하는 일. ☐ ~를 치다.

헹구다団 빤 빨래나 씻은 채소 따위를 다시 깨끗한 물에 넣어 흔들어 빨거나 씻다. ☐ 흐르는 물에 여러 번 헹군 ~ / 빨래를 깨끗이 ~. ☜헤다.

헹글-헹글튀하형 옷 따위가 커서 몸에 맞지 않는 모양.

혀¹명 1 동물의 입 안 아래쪽에 붙어 있는 기관. 운동이 자유로운 근육의 집합체로 맛을 느끼고, 발음을 고르며, 음식물을 씹고 삼키는 일을 도움. ☐ ~로 핥다 / 'ㄹ' 소리는 ~를 말아 [굴려] 발음한다. 2〖악〗피리 같은 목관 악기의 부리에 끼워 소리를 내는 얇고 가름한 조각. 리드(reed).

[혀를 깨물다] ㉠일이 몹시 힘들다. ㉡기분이 언짢아 아무 말도 없이 가만히 있다.

[혀 아래 도끼 들었다] 말을 잘못하면 재앙을 받게 되니 말조심을 하라는 뜻.

혀(가) 꼬부라지다⨕ 병이 들거나 술이 취해서 혀가 굳어, 말하는 것이 분명하지 않다.

혀가 돌아가다⨕ ㉠겨집없이 지껄이다. ㉡발음 따위를 또박또박 정확하게 말하다.

혀가 짧다⨕ 혀가 잘 돌지 않아, 발음이 명확하지 않다.

혀를 굴리다⨕ ㉠혀를 놀리다. ㉡'ㄹ' 소리를 내다.

혀를 내두르다 [두르다]⨕ 놀라거나, 두렵거나 또는 감탄해서 말을 못하다.

혀를 내밀다⨕ ㉠남을 비웃거나 비방하다. ㉡자기의 실패를 부끄럽게 여김을 나타내는 동작을 이르는 말.

혀를 놀리다 관 무심코 말을 하다. 혀를 굴리다.

혀를 차다 관 마음에 언짢을 때 혀끝으로 입천장을 쳐서 소리를 내다.

혀² 圓 〈옛〉 서까래.

혀³ 圓 〈옛〉 혀래.

혀-꼬부랑이 圓 서양 사람이나 반벙어리처럼 말하는 사람을 놀림조로 일컫는 말.

혀-꽃부리 [-꼳뿌-] 圓 〔植〕 통꽃부리의 하나. 밑은 관(管) 모양이고 위는 혀 모양으로 생긴 꽃부리(국화·민들레 따위). 설상 화관(舌狀花冠).

혀-끝 [-끋] 圓 혀의 끝. 설단(舌端). 설두(舌頭). □~을 깨물다 / 아이스크림이 ~에서 살살 녹는다.

혀끝에 오르내리다 관 남들의 입에 화제로 오르다.

혀끝-소리 [-끋쏘-] 圓 〔言〕 혀끝과 윗잇몸 사이에서 나는 소리(《ㄴ·ㄷ·ㄸ·ㄹ·ㅅ·ㅆ·ㅌ》 따위). 설단음(舌端音). 치조음(齒槽音). 치경음(齒莖音).

혀다¹ 配 〈옛〉 켜다. 타다.

혀다² 配 〈옛〉 세다.

혀다³ 配 〈옛〉 끌다. 잡아당기다.

혀다기 圓 〈옛〉 비장(脾臟).

혀밑-샘 [-믿쌤] 圓 〔生〕 혀 아래 점막의 밑에 있는 침샘. 설하선(舌下腺).

혀-뿌리 圓 혀의 뿌리 부분. 설근(舌根).

혀-설 [-썰] 圓 한자 부수(部首)의 하나(‘舐’·‘舒’ 등에서 ‘舌’의 이름).

혀쏘리 圓 〈옛〉 혓소리. 설음(舌音).

혀옆-소리 [-엽쏘-] 圓 〔言〕 혀끝을 윗잇몸에 대고 양쪽 트인 데로 입김을 흘리어 내는 소리(《‘달’·‘물’ 따위의 ‘ㄹ’ 소리). 설측음(舌側音).

혀-짜래기 圓 혀짤배기.

혀짜래기-소리 圓匝 혀짤배기소리.

혀-짤배기 圓 혀가 짧아서 ‘ㄹ’ 받침 소리를 똑똑하게 내지 못하는 사람. 혀짜래기.

혀짤배기-소리 圓匝 혀가 짧아 ‘ㄹ’ 받침 소리를 똑똑하게 내지 못하는 말소리. 혀짜래기소리.

혁 (革) 圓 1 ‘말혁’의 준말. 2 〔民〕 ‘혁괘(革卦)’의 준말.

혁갑 (革甲) [-깝] 圓 갑옷.

혁개 (革改) [-깨] 圓匝 개혁(改革).

혁고 (革故) [-꼬] 圓匝 법령이나 제도 따위에서 묵은 것을 고침.

혁괘 (革卦) [-꽤] 圓 〔民〕 육십사괘의 하나. 태괘(兌卦)〔☱〕와 이괘(離卦)〔☲〕가 거듭된 것《못 가운데에 불이 붙어 있음을 상징함》. ⬿ 혁(革).

혁기 (奕棋) [-끼] 圓 바둑1.

혁낭 (革囊) [-낭] 圓 가죽으로 만든 주머니.

혁노 (赫怒) [-노] 圓匝 버럭 성을 냄.

혁다 圈 〈옛〉 작다.

혁대 (革代) [-때] 圓匝 혁세(革世).

혁대 (革帶) [-때] 圓 가죽으로 만든 띠.

혁대 (奕代) [-때] 圓 여러 대. 누대(累代).

혁명 (革命) [-] 圓匝匜 1 어떤 상태 따위에 급격한 변혁이 일어나는 일. □산업 ~. 2 이전의 왕통을 뒤집고 다른 왕통이 대신하여 통치자가 되는 일. 3 비합법적 수단으로 국체(國體)·정체(正體)를 변혁하는 일. □시민 ~. 4 종래의 권위나 방식을 단번에 뒤집어엎는 일.

혁명-가 (革命家) [-] 圓 혁명의 실현을 꾀하거나 혁명 운동에 종사하는 사람.

혁명-적 (革命的) [-] 圓匜 1 혁명을 일으키거나 지향하는 (것). □~ 투쟁. 2 급격한 변화가 일어나는 (것). □~ 사건.

혁세 (革世) [-쎄] 圓匝 나라의 왕조가 바뀜. 역성(易姓). 혁대(革代).

혁-세공 (革細工) [-쎄-] 圓 가죽으로 섬세한 물건을 만드는 세공.

혁세-공경 (赫世公卿) [-쎄-] 圓 대대로 내려오는 높은 벼슬아치. □~의 가문.

혁신 (革新) [-씬] 圓匝匜 묵은 조직·풍속·습관 따위를 바꾸거나 버리고 새롭게 함. □교육 제도의 / ~ 세력이 등장하다.

혁신-적 (革新的) [-씬-] 圓匜 혁신의 성격을 띠고 있는 (것). □~ 상황 / ~ 제도 개혁.

혁신-주의 (革新主義) [-씬-/-씬-이] 圓 지금까지의 조직·관습·방법 등을 완전히 바꾸고 새로운 방향을 향해서 나아가려는 입장이나 사고방식.

혁역 (革易) 圓匝匜 고치어 바꿈.

혁연 (赫然) 圓匝匜匜 1 벌컥 성내는 모양. 2 사람으로 하여금 놀라 움직이게 하는 모양.

혁엽 (奕葉) 圓匝匜 여러 대를 이어 영화(榮華)를 누림.

혁작-하다 (赫灼-) [-짜카-] 圈匜 빛나고 반짝이다.

혁장 (鬩牆) [-짱] 圓 한 담장 안의 다툼이라는 뜻으로, 형제 사이의 다툼질을 이르는 말.

혁정 (革正) [-쩡] 圓匝匜 바르게 고침.

혁정 (革鼎) [-쩡] 圓 가죽숫돌.

혁진 (革進) [-찐] 圓匝匜 묵은 것을 고치어 새로운 방향으로 나아감. □저마다 ~을 내세우고 있는 후보들.

혁질 (革質) [-찔] 圓 1 가죽의 본바탕. 2 가죽같이 질기고 단단한 성질.

혁파 (革罷) 圓匝匜 낡아서 못 쓰게 된 기구·법령·제도 따위를 없앰. □낡은 관습을 ~하다.

혁편 (革鞭) 圓 가죽으로 만든 채찍.

혁폐 (革弊) [-/-폐] 圓匝匜 폐단을 고쳐 없앰.

혁-하다 (革-) 圈 ☞ 극(革)하다.

혁혁-하다 (奕奕-) [혀켜카-] 圈匜 크고 아름답고 성하다. 혁혁-히 [혀켜키] 匜

혁혁-하다 (赫赫-) [혀켜카-] 圈匜 공로나 업적 등이 빛나다. □혁혁한 공적을 이루다 / 혁혁한 전과의 혁혁-히 [혀켜키] 匜

현 (弦) 圓 1 활시위. 2 음력 칠팔일께와 이십이삼일께의 반달. 3 〔數〕 원이나 곡선의 호(弧)의 두 끝을 잇는 선분. 4 〔數〕 직각 삼각형의 빗변(邊). 5 한 되들이 뒷박 위에 쇠로 돌린 테두리.

현 (絃) 圓 1 현악기에 매어 소리를 내는 줄. 2 ‘현악기’의 준말.

현: (現) 圓 ‘현세(現世)’의 준말.

현: (縣) 圓 뱃전. □우(右)~.

현: (縣) 圓 〔歷〕 옛 지방 행정 구획의 하나.

현: (現) 配 ‘현재의’·‘지금의’의 뜻. □~ 단계 / ~ 상태 / ~ 정권.

현가 (絃歌) 圓 거문고 따위의 현악기에 맞추어서 부르는 노래.

현: 가 (現價) [-까] 圓 1 현재의 값. 2 장래에 지급할 일정한 금액의 현재 가격.

현: 감 (縣監) 圓 〔歷〕 고려·조선 때, 작은 현(縣)의 으뜸 벼슬. *본떼1.

현: 거 (現居) 圓 현재 거주함. 또는 그곳.

현: 격 (懸隔) 圓匝匜匜 나타난 차이가 두드러지거나 확실함. □~한 차이점.

현: 경 (懸罄) 圓 그릇 속이 비어 있는 모양이라

는 뜻으로, 집안이 가난하여 아무것도 없음의 비유.

현:계 (顯界)[-/-게]명 현세. ↔유계(幽界).

현:고 (現高)명 현재의 재고나 수량.

현:고 (顯考)명 돌아가신 아버지의 신주(神主)나 축문 첫머리에 쓰는 말.

현:-고조고 (顯高祖考)명 돌아가신 고조부의 신주(神主)나 축문 첫머리에 쓰는 말.

현:곡 (懸谷)〖지〗 하천의 합류점에서, 지류가 그 본류에 대하여 폭포나 급류로 합치는 경우의 지류의 골짜기. 걸린곡(谷).

현:과 (現果)명〖불〗 과거의 업인(業因)에 따라 현세에서 받는 과보(果報).

현관 (玄關)명 건물의 주된 출입구가 있는 문간. ▷~에 들어서다 / ~에서 손님을 맞다.

현:관 (現官)명 현직에 있는 관리.

현:관 (顯官)명 1 높은 벼슬. 또는 그 자리. ▷~ 대작(大爵)들이 기라성처럼 늘어서다. 2〖역〗문무 양반만이 하던 벼슬.

현교 (祆敎)〖종〗 조로아스터교를 중국에서 이르던 말.

현:교 (懸橋)명 조교(弔橋).

현:교 (顯敎)명〖불〗알기 쉽게 설명한 설법을 따르는 종파(화엄종·천태종 따위).

현:-구고 (見舅姑)명하자 신부가 예물을 가지고 처음으로 시부모를 뵘.

현군 (賢君)명 어질고 현명한 임금.

현:군 (懸軍)명하자 본대를 떠나 적지에 깊이 들어감. 또는 그 군대.

현:군-고투 (懸軍孤鬪)명하자 후방과의 연락이 없는 군대가 적지에 깊이 들어가 외롭게 싸움.

현궁 (玄宮)명〖역〗임금의 관(棺)을 묻던 광중(壙中).

현:귀 (顯貴)명하형 지위(地位)가 드러나게 높고 귀함.

현금 (玄琴)명〖악〗☞ 거문고.

현:금 (現今)명 바로 지금. 이제. 오늘날. 목하(目下). ▷~의 정치 실상.

현:금 (現金)명 1 현재 가지고 있는 돈. ▷보유 ~. 2 통용하는 화폐. 3 맞돈. 현찰(現札). ▷~을 주고 사다.

현:금¹ (懸金)명 현상금.

현:금² (懸金)명〖역〗종이품 이상의 품계를 표시하기 위하여 망건에 금관자(金貫子)를 붙이던 일.

현:금-가 (現金價)[-까]명 현금으로 거래할 때의 값.

현:금 거:래 (現金去來) 상품 매매에서 맞돈으로 사고파는 거래. 맞돈 거래.

현:금 계:정 (現金計定)[-/-게-]〖경〗부기에서, 그날그날의 현금의 수지(收支)를 처리하는 계정 과목.

현:금 매매 (現金賣買) 맞돈으로 물건을 팔고 사고 함.

현:금-불 (現金拂)명 물건을 사고팔 때에 그자리에서 즉시 물건값을 지불함.

현:금 인출 카드 (現金引出card) 현금 인출기에 넣어 자기 계좌에서 원하는 금액을 찾는 플라스틱 카드(비밀번호 등이 자기 테이프에 기록되어 있음). 캐시 카드.

현:금-주의 (現金主義)[-/-이]명 1 현금으로만 장사하는 주의. 2 눈앞의 이익만을 탐하는 주의.

현:금 출납부 (現金出納簿)[-랍뿌]〖경〗금전 출납장.

현:금 통화 (現金通貨)〖경〗통화의 기본적인 한 형태(주화(鑄貨)·정부 지폐·은행권 등의

현금으로서의 통화). ↔예금 통화.

현기 (玄機)명 깊고 묘한 이치.

현:기 (眩氣)명 어지러운 기운. 어지럼.

현:기-증 (眩氣症)[-쯩]명 어지러운 기운이 나는 증세. 어지럼증. 어질증. ▷~을 느끼다.

현녀 (賢女)명 어질고 현명한 여자.

현:념 (懸念)명하다 마음에 두고 늘 생각함.

현:능 (衒能)명하자 자기 재능을 드러내어 자랑함.

현능 (賢能)명하형호부 어질고도 재간이 있음. 또는 그런 사람.

현달 (賢達)명하형 현명하고 사물의 이치에 통함. 또는 그런 사람.

현:달 (顯達)명하자 벼슬이나 명성·덕망이 높아서 이름이 세상에 드러남.

현담 (玄談)명 1 멀고 깊은 이치를 말하는 이야기. 2〖불〗경론(經論)을 강의하기 전에 그 유래와 대의(大意)를 설명하는 말.

현답 (賢答)명 현명한 대답. ▷우문~.

현:대 (現代)명 1 오늘날의 시대. 현시대. ▷~ 문명 / ~ 의학 / ~ 여성. 2〖역〗역사 편찬의 편의를 위한 시대의 구획(우리나라 역사에서는 고종·순종 시대 이후부터 현재까지를 말함). ▷한국의 ~사(史).

현:대-문 (現代文)명 현대에 쓰는 문체의 글. ↔고문.

현:대 문학 (現代文學)〖문〗근대 문학을 계승하여 현대에 형성된 문학.

현:대 시조 (現代時調)〖문〗고시조에 대하여 오늘날 쓰인 시조를 일컫는 말(1919년 전후부터 현재에 이르는 시조).

현:대-식 (現代式)명 현대에 알맞은 형식이나 방식. 현대의 유행이나 관습. ▷~ 건축 / ~으로 구조를 고치다.

현:대-어 (現代語)명〖언〗현대에 사용하고 있는 말. ↔고어.

현:대-인 (現代人)명 1 현대에 살고 있는 사람. 2 현대적인 교양을 쌓아 현대식 생활을 하는 사람.

현:대-적 (現代的)관명 현대에 적합한 (것). 현대의 유행이나 풍조 따위에 관계가 있는 (것). ▷~ 감각 / ~인 대중문화.

현:대-전 (現代戰)명 고도로 발달된 과학 무기로 벌이는 현대의 전쟁.

현:대-주의 (現代主義)[-/-이]명〖철〗현대의 사조나 문화·학술에 순응하려는 사상 및 운동.

현:대-판 (現代版)명 고전이나 옛날에 있었던 유명한 사건을 현대적 감각으로 재현한 것. ▷햄릿의 ~ / ~ 마당놀이.

현:대-화 (現代化)명하다 현대에 알맞게 되거나 되게 함. ▷장비(裝備)의 ~ / 국악의 ~를 시도하다.

현덕 (賢德)명 어진 덕행.

현두 (舷頭)명 뱃머리.

현등 (舷燈)명 야간에 항해하는 배의 양쪽 뱃전에 달아 그 진로를 알리는 등(오른쪽에는 녹색을, 왼쪽에는 붉은색을 닮).

현:등 (懸燈)명 1 등불을 높이 매닮. 2〖역〗밤에 행군할 때에 깃대에 달던 등.

현:-란 (懸欄)[혈-]명〖건〗소란 반자.

현:-란-하다 (眩亂-)[혈-]형어 정신을 차리기 어려울 정도로 어수선하다.

현:-란-하다 (絢爛-)[혈-]형어 1 눈이 부시도록 찬란하다. ▷현란한 무대 의상 / 옷차림이 ~. 2 시나 글의 수식이 매우 아름답다. ▷현

란한 문장. **현:-란-히**[혈-][분]

현량(賢良)[혈-][명][하형] 어질고 착함. 또는 그런 사람.

현량-과(賢良科)[혈-꽈][명] 《역》 조선 중종 때 경학에 밝고 덕행이 높은 사람을 뽑던 과거.

현려(賢慮)[혈-][명] **1** 현명한 생각. **2** 남의 '생각'을 높여 일컫는 말.

현:령(縣令)[혈-][명] 《역》 **1** 신라·고려 때 현(縣)의 으뜸 벼슬. **2** 조선 때 큰 현의 원(종오품임).

현:령(懸鈴)[혈-][명] **1** 방울을 닮. 또는 그 방울. **2** '설령'의 본딧말. **3** 《역》 지급 통신의 한 가지.

현:령(顯靈)[혈-][명][하형] 신령(神靈)이 모습을 나타냄.

현로(賢勞)[혈-][명][하자] 여러 사람 중에서 유독 홀로 힘써 수고함. 또는 그런 사람.

현:로(顯露)[혈-][명][하자] 노현(露顯).

현리(玄理)[혈-][명] **1** 깊고 오묘한 이치. **2** 노자·장자의 도(道).

현:리(現利)[혈-][명] 현재의 이익. 또는 눈앞의 이익.

현리(賢吏)[혈-][명] 어진 관리.

현마¹[분]〈옛〉 얼마.

현마²[분]〈옛〉 설마.

현맥(玄麥)[명] 쓿지 않은 보리.

현:명(賢命)[명] 남의 명령을 높여 이르는 말.

현명(賢明)[명][하형][히부] 어질고 사리에 밝음. ▷매우 ~한 조치 / ~하게 처신하다.

현:명(懸命)[명][하자] 목숨을 내检.

현:명(顯名)[명][하자] 이름이 세상에 드러남.

현:명(顯命)[명] 명백한 명령.

현모(賢母)[명] 어진 어머니.

현모-양처(賢母良妻)[명] 어진 어머니이면서 또한 착한 아내. 양처현모.

현목(玄木)[명] 바래지 않아 빛깔이 누렇고 거무스름한 무명.

현:목(眩目)[명] 눈이 빙빙 돎.

현:몽(現夢)[명][하자] 죽은 사람이나 신령이 꿈에 나타남. ▷꿈에 부처님이 ~하시다.

현묘(玄妙)[명][하형] 도리나 기예가 깊어서 매우 미묘함. ▷~한 이치.

현무(玄武)[명] **1** 북쪽에 있는 일곱 별인 두(斗)·우(牛)·여(女)·허(虛)·위(危)·실(室)·벽(壁)의 통칭. **2** 북쪽 방위의 수(水) 기운을 맡은 태음신(太陰神)을 상징한 짐승(거북과 뱀이 뭉친 모습으로 형상화함). ＊주작(朱雀).

현무-암(玄武岩)[명] 《광》 바탕이 단단하고 검은 색이나 짙은 회색을 띤 화산암(건축 재료로 씀).

현문(玄門)[명] **1** 《불》 현묘한 법문(法門), 곧 불법. **2** 도교(道敎).

현문(舷門)[명] 선박의 뱃전 옆에 만들어 놓은 출입구.

현문(賢問)[명] 현명한 질문. ▷~우답(愚答).

현:물(現物)[명] **1** 현재 있는 물건. **2** 금전에 대해 물품을 일컫는 말. ▷~ 지급. **3** 《경》 주식이나 채권 따위와 같이 현물 거래의 대상이 되는 물건. 실물. **4** 《경》 '현물 거래'의 준말.

현:물 가격(現物價格)[-까-][명] 《경》 실제의 물건과 즉시 교환할 수 있는 상품의 값.

현:물 거:래(現物去來)[명] 《경》 매매 계약의 성립과 동시에 또는 수일 후 현품과 대금의 결제를 행하는 거래. 현물 매매. ㉤현물.

현:물 급여(現物給與)[경] 통화 이외의 물건, 곧 제품이나 일용품 등으로 지급되는 임금.

현:물 매매(現物賣買)[경] 현물 거래.

현:물 시:장(現物市場)[경] 곡물·원유 따위의 거래가 현물 거래로 이루어지는 시장.

현:물 출자(現物出資)[-짜][경] 동산·부동산·특허권·영업권 등 금전 이외의 재산에 의한 투자.

현:물-환(現物換)[명] 《경》 외국 무역에서 상품의 매매 계약과 동시에 자기 나라 화폐와 외국 화폐를 교환하여 환결제(換決濟)를 하는 일.

현미(玄米)[명] 벼의 껍질만 벗기고 쓿지 않은 쌀. 매조미쌀. ▷~로 지은 밥. ＊백미(白米).

현:미-경(顯微鏡)[명] 《물》 눈으로는 볼 수 없을 만큼 아주 작은 물체를 확대하여 보는 장치. ▷~ 사진.

현:밀(顯密)[명] **1** 뚜렷함과 은밀함. **2** 《불》 현교(顯敎)와 밀교(密敎).

현:반(懸盤)[건] '선반'의 본딧말.

현보(賢輔)[명][하자] 현명한 보좌(輔佐).

현:보(顯保)[명][하타] 보증을 함.

현:봉(現俸)[명] 현재 받는 봉급.

현부(賢婦)[명] **1** 현명(賢明)한 부인. **2** 어진 며느리.

현-부인(賢夫人)[명] **1** 어진 부인. **2** 남의 부인을 높여 이르는 말.

현-부형(賢父兄)[명] 어진 아버지와 형.

현:비(顯妣)[명] 돌아가신 어머니의 신주(神主)나 축문 첫머리에 쓰는 말.

현사(賢士)[명] 어진 선비.

현:-사당(見祠堂)[명][하자] 신부(新婦)가 처음으로 시집의 사당에 절하는 일.

현삼(玄參)[명] 《식》 현삼과의 여러해살이풀. 줄기는 네모지고 높이는 1~1.5m이며, 잎은 긴 달걀 모양이며 톱니가 있음. 초가을에 노란색을 띤 녹색 꽃이 피고 삭과(蒴果)는 둘로 쪼개짐. 뿌리는 약용함.

현:상(現狀)[명] 현재의 상태. 또는 지금의 형편. ▷~ 유지 / ~을 파악하다.

현:상(現象)[명] **1** 관찰할 수 있는 사물의 모양과 상태. ▷열대야 ~. **2** 《철》 본질이나 객체의 외면에 나타나는 상. ↔본질.

현:상(現像)[명][하타] **1** 형상을 나타냄. 또는 그 형상. **2** 사진술에서, 노출된 필름이나 인화지를 약액에 넣어 상이 나타나게 함. ▷필름을 ~하다.

현:상(賢相)[명] '현재상(賢宰相)'의 준말.

현:상(懸賞)[명][하타] 무엇을 모집하거나 구하거나 사람을 찾는 일 따위에 상금이나 상품을 내걺. ▷~ 광고 / ~ 수배를 하다.

현:상-계(現象界)[-/-계][명] 《철》 감각으로 느끼거나 경험할 수 있는 세계.

현:상-금(懸賞金)[명] 현상으로 내건 돈. 현금. ▷~을 걸고 시내리오를 모집하다.

현:상 모집(懸賞募集)[명] 상을 걸고 어떤 일을 널리 뽑아 모음.

현:상-액(現像液)[명] 《물》 사진을 현상할 때 쓰는 액체.

현상-양좌(賢相良佐)[-냥-][명] 어질고 유능하여 임금의 보필을 잘하는 신하.

현:상-학(現象學)[명] 《철》 경험적 현상을 다루는 학문. 선험적 환원을 거쳐 얻어진 순수의식을 그 본질에서 연구·기술하는 학문.

현:생(現生)[명] 《불》 이승의 생애.

현:생 인류(現生人類)[-닐-][명] 현세 인류.

현선(絃線)[명] **1** 가야금 등 현악기의 현으로 친 줄. **2** 양(羊) 따위의 창자로 만든 줄(라켓의 줄이나 그물을 만드는 데 씀).

현성(玄聖)[명] **1** 가장 뛰어난 성인. **2** '공자'를

높여 이르는 말.

현:성 (現成) 圓하자 〖불〗 조작된 것이 아니고 자연 그대로 이루어짐. 견성(見成).

현성 (賢聖) 圓 1 현인과 성인. 2〖불〗현인과 성자.

현:성 (顯聖) 圓하자 높고 귀한 사람이 죽은 후에 신령이 되어 나타남.

현성지군 (賢聖之君) 圓 어질고 현명하며 거룩한 임금. ▢세종 대왕이야말로 ~이시다.

현:세 (現世) 圓 1 지금 이 세상. 현계(顯界). ㉮현(現). 2〖불〗삼세의 하나. 지금 살아 있는 이 세상. 현재. 3 지질 시대의 최후의 세상. 충적세라고도 불리나 일반적으로 그 말기를 가리킴(지금부터 약 1~1.5만 년 전).

현:세 (現勢) 圓 현재의 정세나 세력.

현:세 인류 (現世人類)[-111] 圓 현재 지구 상에 분포된 생존 인류 및 생물학상 동종의 인류. 현생 인류.

현:세-주의 (現世主義)[-/-이] 圓〖철〗1 현세만을 긍정하고 내세나 전세의 존재를 부정하거나 관심을 두지 않는 사고방식. 2 현세의 명리(名利)에 집착하는 주의.

현손 (玄孫) 圓 손자의 손자. 고손.

현손-녀 (玄孫女) 圓 손자의 손녀.

현손-부 (玄孫婦) 圓 손자의 손자며느리.

현손-서 (玄孫婿) 圓 현손녀의 남편.

현송 (絃誦) 圓하타 거문고를 타면서 시(詩)를 읊음.

현수 (絃首) 圓〖역〗코머리.

현:수 (懸垂) 圓 1 아래로 곧게 달려 드리워짐. 2 '현수 운동'의 준말.

현:수-교 (懸垂橋) 圓 조교(弔橋).

현:수-막 (懸垂幕) 圓 1 극장 따위에 드리운 막. 2 선전문 등을 적어 드리운 막. ▢수강생을 모집하는 ~이 내걸렸다.

현:수-선 (懸垂線) 圓〖수〗밀도가 같은 쇠사슬·전선(電線) 등의 양 끝을 고정시키고 중간을 자연스럽게 늘어뜨렸을 때 제 무게로 처져 생기는 곡선. 수곡선(垂曲線).

현:수 운:동 (懸垂運動) 철봉·평행봉 등에 매달려 팔의 힘으로 몸을 끌어 올렸다 내렸다 하는 기계 체조. ㉮현수.

현숙-하다 (賢淑-)[-쑤카-] 圈어 여자의 마음이 어질고 정숙하다.

현:순 (懸鶉) 圓 해어진 옷.

현:순-백결 (懸鶉百結)[-껼] 圓 옷이 해어져서 백 군데나 기웠다는 뜻으로, 누덕누덕 기워 짧아진 옷을 일컫는 말.

현:시 (現時) 圓 지금 이때. 현재의 때.

현:시 (顯示) 圓하타 나타내 보임.

현:-시점 (現時點)[-쩜] 圓 지금 이 시점. ▢~에서 과거와 미래를 생각한다.

현:신 (現身) 圓하자 1 지체가 낮은 사람이 높은 사람에게 처음으로 뵘. 2 현세에 처한 몸. 3〖불〗응신(應身).

현신 (賢臣) 圓 어진 신하.

현:신-불 (現身佛) 圓〖불〗육신을 이 세상에 나타낸 부처〖석가가 그 예임〗.

현실 (玄室) 圓 1〖역〗왕세자의 관(棺)을 묻던 광중(壙中). 2 널방2.

현:실 (現實) 圓 현재 사실로 존재하고 있는 일이나 상태. ▢~을 직시하다 / ~에 만족하다. ↔이상(理想). 2〖철〗사유(思惟)의 대상인 객관적이고도 구체적 존재. 또는 가능적 존재에 대한 현재적(顯在的) 존재.

현:실 도피 (現實逃避) 圓 1 현실과 맞서기를 피함. 2 소극적이며 퇴폐적인 처세 태도.

현:실-성 (現實性)[-썽] 圓 1 실제로 일어날 수

있는 가능성. ▢~ 없는 계획 / ~ 있는 대안을 내놓다. 2〖철〗현실이 될 수 있는 성질. 실재성(實在性). *가능성.

현:실-적 (現實的)[-쩍] 冠圓 1 현실과 관계가 있는 (것). ▢~(-인) 계획. 2 현실의 이해관계에 밝은 (것).

현:실-주의 (現實主義)[-/-이] 圓 현실을 바탕으로 일을 처리하려는 태도. 현실적인 것을 가장 중히 여기는 입장. 리얼리즘.

현:실-화 (現實化) 圓하자타 1 현실로 됨. 또는 현실로 되게 함. ▢꿈을 ~한 어린이 공원. 2 현실과 동떨어진 제도나 규칙을 현실에 맞게 조정함. ▢금리(金利)의 ~.

현악 (絃樂) 圓〖악〗현악기로 연주하는 음악.

현악-기 (絃樂器)[혀낙끼] 圓〖악〗가야금·거문고·바이올린 등과 같이 현을 타거나 켜서 소리를 내는 악기. 탄주 악기. ↔관악기.

현악 사:중주 (絃樂四重奏)[혀낙싸-] 〖악〗제1·제2 바이올린과 비올라·첼로 등 네 개의 현악기로 연주하는 실내악.

현악 삼중주 (絃樂三重奏)[혀낙쌈-] 〖악〗현악 트리오.

현악 오:중주 (絃樂五重奏) 〖악〗바이올린 둘, 비올라 둘, 첼로 하나 또는 바이올린 둘, 비올라 하나, 첼로 둘로 연주하는 실내악.

현악 트리오 (絃樂trio) 〖악〗바이올린·비올라·첼로의 세 개의 현악기로 연주하는 실내악. 현악 삼중주.

현:안 (懸案) 圓 해결되지 않은 채 남아 있는 문제나 의안. ▢한일 간의 ~ 문제 / 금융 문제가 정치적 ~으로 떠오르다.

현:애 (懸崖) 圓 낭떠러지.

현:액 (現額) 圓 현재의 액수.

현:양 (顯揚) 圓하타 이름이나 지위 따위를 세상에 드날림. ▢국위(國威) ~.

현어 (玄魚) 圓〖동〗올챙이.

현:업 (現業) 圓 현재의 사업이나 직업.

현:업-청 (現業廳) 圓 현업을 맡아보는 관청〖철도청·제신청 따위〗.

현:역 (現役) 圓〖군〗1 상비 병역의 하나. 소속 부대에 편입되어 군무에 종사하는 병역. 또는 그런 군인. ▢~으로 입대하다. ↔예비역. 2 현재 어떤 직무에 종사하는 일. 또는 그 사람. ▢~ 배우 / 고령으로 ~에서 은퇴하다.

현:연-하다 (泫然-) 圈어 눈앞이 캄캄하다. **현:연-히** 图

현:연-하다 (現然-) 圈어 눈앞에 똑똑히 드러나 있다. **현:연-히** 图

현:연-하다 (顯然-) 圈어 분명하게 나타나 뚜렷하다. **현:연-히** 图

현:영 (現影) 圓하자 현형(現形).

현:영-하다 (顯榮-) 圈어 높은 지위에 올라 영화롭다.

현:예 (顯裔) 圓 화주(華冑).

현오-하다 (玄奧-) 圈어 학문이나 기예 등이 헤아릴 수 없이 깊다.

현:옹 (懸壅) 圓〖생〗목젖.

현:옹 (懸壅) 圓〖한의〗항문과 음부 사이에 생기는 종기.

현:옹-수 (懸壅垂) 圓〖생〗목젖.

현:완-직필 (懸腕直筆) 圓 팔을 바닥에 대지 않고 붓을 곧게 쥐고 글씨를 쓰는 자세.

현왕 (賢王) 圓 어진 임금.

현:요 (顯要) 圓하자 1 현관(顯官)과 요직을 아울러 이르는 말. 또는 그 지위에 있는 사람. 2 지위가 귀하고 중요함.

현:요-하다 (眩耀-)囹어 눈부시게 찬란하다.
　현:요-히囝

현우 (賢友)囹 어진 벗.

현우 (賢愚)囹 1 어짊과 어리석음. 2 현명한 사람과 어리석은 사람.

현:운 (眩暈)囹 '현훈'의 본딧말.

현-원 (現員)囹 현재원(現在員)1.

현월 (弦月)囹 음력 9월을 달리 일컫는 말.

현월 (弦月)囹 초승달.

현-위 (顯位)囹 명망이 높은 지위.

현-유 (現有)囹동 현재 가지고 있음.

현이-하다 (賢異-)囹어 성품이 어질고 재주가 뛰어나다.

현인 (賢人)囹 어질고 총명하여 성인 다음가는 사람. 현자(賢者).

현인-군자 (賢人君子)囹 1 현인과 군자. 2 어진 사람.

현:인-안목 (眩人眼目)囹하자 남의 눈을 어지럽히고 정신을 아득하게 함.

현-임 (現任)囹 현재의 직임(職任). 시임(時任). 　□~ 장관.

현자 (賢者)囹 현인(賢人). ↔우자(愚者).

현:자 (顯者)囹 세상에 이름을 들날리는 사람.

현:장 (現場)囹 1 일이 생긴 그 자리. □사건이 일어난 ~ / 사고 ~을 검증하다. 2 사물이 현재 있는 곳. □유적지의 발굴 ~을 돌아보다. 3 공사장. □건설 ~.

현장 (舷牆·舷墻)囹 파도가 넘어 들어오는 것을 막기 위해 뱃전에 설치한 장벽.

현장 (賢將)囹 현명한 장수. 또는 어진 장수.

현:장 (懸章)囹 [군] 주번 사령·주번 사관 등이 근무할 때 오른쪽 어깨에서 왼쪽 겨드랑이에 걸쳐 두르던 띠.

현:장-감 (現場感)囹 현장에 있는 것 같은 느낌. □~이 넘치다.

현:장 감독 (現場監督) [건] 공사를 현장에서 감독하는 일. 또는 그런 사람.

현:장 검:증 (現場檢證) [법] 법원이나 수사 기관 등이 증거물이나 사건 현장을 직접 검사하는 일.

현:장-도 (現場渡)囹 [경] 매매 계약이 성립한 장소나 거래 상품의 소재지에서 상품을 인도하는 일.

현:장 매매 (現場賣買) [경] 상품이 있는 현장에서 하는 매매.

현:장 부재 증명 (現場不在證明) [법] 범죄 사건 등이 일어났을 때에 그 현장에 없었다는 증명. 또는 그 증명을 뒷받침하는 사실. 알리바이.

현:재 (現在)囗□囹 1 지금 이 시간. □~ 인원 / ~는 과거의 연장이다. 2 [불] 이 세상. 현세. 3 과거와 미래와의 경계. 4 어떤 행동이나 상태, 그 밖의 것이 이야기하는 순간에 실현되고 있음을 나타내는 시제. 囗囝 지금 이 시점에. □~ 병원에 입원 중.

현재 (賢才)囹 뛰어난 재능. 또는 그런 재능을 가진 사람.

현:재 (顯在)囹동자 겉으로 나타나 있음. ↔잠재(潛在).

현:재-법 (現在法) [-뻡]囹 [문] 과거나 미래의 사실 또는 눈앞에 없는 사실을 마치 눈앞에 있는 것처럼 표현하는 방법.

현:재-불 (現在佛)囹 [불] 현재에 나타나 있는 부처.

현-재상 (賢宰相)囹 어진 재상. ㉰현상(賢相).

현:재 완료 (現在完了) [-왈-] [언] 현재까지

동작이 끝났음을 나타내는 시제 (('-아 있다', '-았다' 등으로 표현됨)).

현:재-원 (現在員)囹 1 현재 그곳에 있는 인원. 현원(現員). 2 [군] 일일(日日) 병력.

현:재적 실업 (顯在的失業) [-씨럽] [경] 현실적으로 직업을 구하지 못하여 전혀 수입이 없고 생활로 곤궁한 상태의 실업.

현:재 진:행 (現在進行) [언] 동사의 진행상 (相)의 하나. 현재 동작이 진행 중에 있음을 나타내는 어법(('-고 있다', '-고 있는 중이다' 등으로 표현됨)).

현:저-하다 (顯著-)囹어 뚜렷이 드러나 분명하다. 표저(表著)하다. □변화가 ~. **현:저-히**囝. □수출이 ~ 줄다[늘다].

현:전 (現前)囹 1 눈앞. 2 아주 가까운 장래. 3 앞에 나타나 있음.

현:절-하다 (懸絶-)囹어 두드러지게 다르다.

현정-석 (玄精石) [광] 간수가 땅속에 스며 오래되어 이루어진 돌. 흰빛에 푸른 기가 돌며 반둥함(풍(風)이나 냉을 다스리는 한약재로 씀).

현:정-질 (顯晶質)囹 [지] 암석을 이루는 광물의 입자 크기가 육안이나 확대경으로 볼 수 있을 만큼 큰 결정질(심성암(深成岩) 등).

현제 (舷梯)囹 선박의 현문(舷門)에 놓은 승강용 사다리.

현제 (賢弟)囹 아우뻘 되는 사람이나 남의 아우를 높여 이르는 말. □우형(愚兄) ~.

현:제 (懸蹄)囹 밤눈'.

현:제 (懸題)囹하자 [역] 과거를 볼 때 글의 제목을 내걸던 일.

현조 (玄祖)囹 오대조(五代祖).

현:조 (玄鳥)囹 [조] 제비'.

현:조 (顯祖)囹 이름이 높이 드러난 조상.

현:-조고 (顯祖考)囹 돌아가신 할아버지의 신주(神主)나 축문 첫머리에 쓰는 말.

현:-조비 (顯祖妣)囹 돌아가신 할머니의 신주(神主)나 축문 첫머리에 쓰는 말.

현:존 (現存)囹하자 현재 존재함. □~ 작가 / ~하는 사람.

현주 (玄酒)囹 무술.

현:주 (現住)囹하자 1 지금 머물러 삶. 2 '현주소'의 준말.

현주 (賢主)囹 현명한 군주.

현:주 (縣主)囹 [역] 조선 때, 왕세자의 서녀 (庶女)인 외명부(外命婦)의 품계 이름. 정삼품임.

현:주 (懸肘)囹 운필법의 하나. 팔꿈치를 책상에 대지 않고 글씨를 쓰는 법.

현:주 (懸註)囹하타 글에 주석을 닮.

현:-주소 (現住所)囹 1 현재 살고 있는 곳의 주소. □지원서에 ~를 기입하다. ㉰현주. 2 현재의 상황이나 실태 따위의 비유. □한일 관계의 ~.

현준 (賢俊)囹하형 어질고 준절함. 또는 그런 사람. □~한 재상.

현:증 (顯證)囹 뚜렷한 증거.

현:-증조고 (顯曾祖考)囹 돌아가신 증조부의 신주(神主)나 축문 첫머리에 쓰는 말.

현:-증조비 (顯曾祖妣)囹 돌아가신 증조모의 신주(神主)나 축문 첫머리에 쓰는 말.

현:지 (現地)囹 어떤 일이 벌어진 바로 그곳. □사고 ~ / ~에 적응하다.

현:지 금융 (現地金融) [-늉 / -금늉] [경] 해외에 진출한 기업이 현지의 금융 기관에서 융자를 받아 자금을 조달하는 일. 외화 금융.

현:지-답사 (現地踏査) [-싸]囹하타 현지에 직접 가서 하는 조사. □토착인의 생활상을 ~

하다.

현:지 로케(現地-) ‘현지 로케이션’의 준말.
❏일본으로 ~를 떠나다.

현:지 로케이션(現地location) 현지에서 하는 야외 촬영. 현지 촬영. ㉣현지 로케.

현:지 법인(現地法人)〖법〗우리나라의 자본만으로 외국법에 의거하여 외국에 설립된 외국 국적의 회사 법인.

현:지 입대(現地入隊)[-때]〖군〗배속 부대에 직접 현역으로 편입하는 일.

현:지-처(現地妻)圀외지에 나가 있는 남자가 현지에서 얻어 그곳에 있을 동안 함께 사는 여자. ❏일본인 ~.

현지-하다(賢智-)혱어질고 지혜롭다.

현:직(現職)圀현재의 직업. 또는 그 직임. ❏~ 장관.

현:직(顯職)圀고귀하고 중요한 직임(職任).

현:질(顯秩)圀높은 벼슬.

현:찬(現札)圀현금. ❏~로 계산하다.

현찰(賢察)圀하타 남이 미루어 살핌을 높이어 일컫는 말.

현창(舷窓)圀뱃전에 낸 창. ❏~으로 멀리 섬이 보인다.

현:창(顯彰)圀하자타 밝게 나타남. 또는 나타냄. 현장(顯章). ❏공덕을 ~하여 기념비를 세우다.

현처(賢妻)圀어진 아내. *양처.

현:척(現尺)圀있는 그대로 나타낸 척수. ↔축척(縮尺).

현천(玄天)圀1 북쪽 하늘. 2 자연의 길. 무위(無爲)자연의 묘한 이치.

현:천(懸泉)圀현폭(懸瀑).

현철(賢哲)圀하혱하튀어질고 사리에 밝음. 또는 그런 사람.

현:출(現出)圀하자드러나 나옴. 나타남.

현:출(顯出)圀하자타두드러지게 드러남. 또는 드러냄.

현:충(顯忠)圀하자충렬을 높이 드러냄. 또는 그 충렬.

현:충-사(顯忠祠)圀충절을 추모·기념하기 위해 세운 사당.

현:충-일(顯忠日)圀나라를 위해 목숨을 바쳐 충성한 사람들을 기리는 날(6월 6일).

현:충-탑(顯忠塔)圀나라를 지키기 위하여 싸우다 숨진 사람들의 충성을 기리기 위하여 세운 탑.

현측(舷側)圀뱃전.

현:탁-액(懸濁液)圀〖화〗육안이나 현미경으로 보일 정도의 고체 미립자가 고루 퍼져 섞인 흐린 액체《먹물·흙탕물 등》. 서스펜션.

현:탈(現頉)圀하자일에 탈이 남.

현:탈(懸頉)圀하자타사고로 참석하지 못하는 경우 그 사유를 기록함.

현:태(現態)圀현재의 상태.

현:토(懸吐)圀1 구결(口訣). 2 한문 구절 끝에 토를 다는 일.

현:판(現版)圀연판을 뜨지 않고, 활자판으로 직접 박는 인쇄판.

현:판(懸板)圀글자나 그림을 새겨 문 위나 벽에 거는 널조각《절이나 누각·사당·정자 따위의 문 위, 처마 아래에 걸어 놓음》.

현:판-식(懸板式)圀관청·회사·단체 등의 간판을 처음으로 거는 것을 기념하는 의식.

현:폭(懸瀑)圀높은 데서 떨어지는 폭포. 현천(顯泉).

현:품(現品)圀현재 있는 물품. 실제의 물품. ❏~ 매매 / ~이 동났다.

현:하(現下)圀현재의 형편 아래. ❏~의 국

내 정세(情勢).

현:하(懸河)圀경사가 급하여 세차게 흐르는 하천.

현:하-구변(懸河口辯)圀물이 세차게 흐르듯 거침없이 잘하는 말. 현하웅변. 현하지변.

현학(玄學)圀1 이론이 깊고 어려워 깨닫기 힘든 학문. 2 노장(老莊)의 학문.

현:학(玄鶴)圀검은 빛깔의 학. 또는 늙은 학.

현:학(衒學)圀하다학식이 있음을 자랑하여 뽐냄.

현학-금(玄鶴琴)圀거문고.

현:학-자(衒學者)[-짜]圀학식이 있음을 자랑하여 뽐내는 사람.

현:학-적(衒學的)[-쩍]관圀학식의 두드러짐을 자랑하는 (것). ❏~ 태도 / 말투가 ~이다.

현합(賢閤)圀남의 아내의 높임말. 영실(令室). 영부인(令夫人).

현:행(現行)圀하자현재 행함. 또는 행하여짐. ❏~ 법규 / 기본 금리들을 ~대로 유지하다.

현:행-범(現行犯)圀〖법〗실행 중이거나 직후에 발각된 범죄. 또는 그 범인. 현행 범인. ❏~을 체포하다.

현:행-법(現行法)[-뻡]圀〖법〗현재 시행되고 있는 법. ❏~을 개정하다.

현:혁-하다(顯赫-)[-혀카-]혱어높이 드러나서 빛나다. **현:혁-히**[-혀키]튀

현현(玄玄)圀하혱헤아릴 수 없을 정도로 깊고 오묘함.

현:현(顯現)圀하자타명백하게 나타남. 또는 나타냄.

현:형(現形)圀하자형체를 드러냄. 또는 그 형체. 현영(現影).

현형(賢兄)圀친구를 높여 일컫는 말.

현:형(顯型)圀〖생〗유전된 형질 가운데 외부에 나타나는 형.

현호(弦壺)圀활등 모양의 손잡이가 있는 항아리.

현:혹(眩惑)圀하다정신이 어지러워져 홀림. 또는 정신을 어지럽게 하여 홀리게 함. ❏눈을 ~시키다 / 달콤한 말에 ~되다.

현:화(現化)圀1 현실에 나타남. 2 신불 등이 형체를 바꾸어 세상에 나타남.

현:화-식물(顯花植物)[-싱-]圀〖식〗종자(種子)식물. ↔은화식물.

현:황(現況)圀현재의 상황. ❏~ 보고 / 전투 ~을 파악하다.

현:황(眩慌·炫煌)圀하혱어지럽고 황홀함.

현:효(現效)圀효험이 나타남.

현:효(顯效)圀두드러진 보람. 또는 뚜렷하게 나타난 효험.

현훈(玄纁)圀장사 지낼 때 산신(山神)에게 드리는 폐백. 검은 헝겊과 붉은 헝겊으로, 나중에 무덤 속에 묻음.

현:훈(眩暈)圀하혱〔→현운(眩暈)〕〖한의〗정신이 어득어득하여 어지러움. *현기.

현:훈-증(眩暈症)[-쯩]圀어질증.

혈(穴)圀1〖민〗풍수지리에서, 용맥(龍脈)의 정기가 모인 자리. 2〖한의〗‘경혈(經穴)’의 준말.

혈가(血瘕)圀〖한의〗아랫배에 피가 몰려 덩어리가 생긴 병. 혈괴.

혈거(穴居)圀하자굴속에서 삶. 또는 그런 동굴. 혈처. ❏~ 생활.

혈거-야처(穴居野處)圀하자동굴 속이나 한데서 삶.

혈검(血檢)圀‘혈액 검사’의 준말.

혈고(血枯) 명 〖한의〗 월경할 나이의 여자가 월경이 그치는 병. 혈폐.
혈관(血管) 명 〖생〗 혈액이 흐르는 관(《동맥·정맥·모세 혈관이 있음》). 핏줄. 맥관(脈管). 혈맥. ❏～ 이식.
혈관-계(血管系)[-/-게] 명 〖생〗 피가 흐르는 핏줄의 계통.
혈관 주:사(血管注射) 〖의〗 혈관에 놓는 주사. *피하(皮下) 주사.
혈괴(血塊) 명 〖한의〗 **1** 혈가. **2** 혈관 밖으로 흘러나와 응고한 혈액의 덩어리.
혈구(血球) 명 〖생〗 피의 고체 성분으로 혈장(血漿) 속에 떠다니는 세포《적혈구·백혈구·혈소판이 있음》.
혈구-소(血球素) 명 〖생〗 헤모글로빈.
혈기(血氣) 명 **1** 목숨을 유지하는 피와 기운. **2** 격동하기 쉬운 의기. ❏젊은 ～/～가 왕성하다.
혈기-방장(血氣方壯) 명하형 혈기가 한창 성함. ❏～한 젊은이.
혈기지용(血氣之勇) 명 혈기에 찬 기운으로 불끈 일어나는 용맹.
혈농(穴農)[-롱] 명 구메농사1.
혈농(血膿)[-롱] 명 피가 섞인 고름.
혈뇨(血尿)[-료] 명 요혈(尿血).
혈담(血痰)[-땀] 명 피가 섞인 가래. 피가래.
혈당(血糖)[-땅] 명 〖생〗 혈액 속에 포함되어 있는 당류. 특히, 포도당. ❏～ 검사.
혈당(血黨)[-땅] 명 생사를 같이하는 무리.
혈로(血路) 명 포위망이나 위태로운 경우를 가까스로 벗어나는 어려운 고비의 길. ❏～를 열다.
혈루(血淚) 명 피눈물.
혈루(血漏) 명 〖한의〗 여자의 음부에서 때때로 피가 나오는 병.
혈류(血流) 명 피의 흐름.
혈류(血瘤) 명 〖한의〗 혈(血)혹.
혈륜(血輪) 명 눈의 두 끝의 시울. 양쪽 눈시울의 끝.
혈림(血痳·血淋) 명 〖의〗 오줌에 피가 섞여 나오는 임질.
혈마 부 〈옛〉 설마.
혈맥(血脈) 명 **1** 〖생〗 피가 도는 맥관. 혈관. ㊄맥(脈). **2** 혈통. ❏～을 잇다.
혈맹(血盟) 명하자 혈판(血判)을 찍어 굳게 맹세함. 또는 그런 관계. ❏～ 관계/～의 동지.
혈반(血斑) 명 〖의〗 피부 안쪽에 자흑색의 반점으로 나타나는 내출혈.
혈변(血便) 명 피똥.
혈병(血餠) 명 〖생〗 응고된 피.
혈분(血分) 명 〖생〗 피의 영양적 분량.
혈분(血粉) 명 가축의 피를 건조시켜서 굳힌 가루《비료나 사료로 씀》.
혈붕(血崩) 명 〖한의〗 월경 때가 아닌데도 많은 출혈이 있는 병.
혈사(血師)[-싸] 명 〖광〗 대자석(代赭石).
혈사(血嗣)[-싸] 명 혈손(血孫).
혈산(血疝)[-싼] 명 〖한의〗 변옹(便癰).
혈상(血相)[-쌍] 명 관상에서, 얼굴에 나타나는 혈색의 상격(相格).
혈색(血色)[-쌕] 명 **1** 살갗에 나타나는 핏기. ❏～이 좋다/그녀의 ～ 없는 얼굴에 근심이 가득했다. **2** 핏빛.
혈색-소(血色素)[-쌕쏘] 명 〖생〗 헤모글로빈.
혈서(血書)[-써] 명 자기의 결심·맹세 따위를 나타내기 위하여 손가락을 베어 그 피로 쓴 글. ❏～로 탄원하다/～를 쓰다.
혈성(血性)[-썽] 명 **1** 의협심과 혈기가 있는 성질. **2** 〖의〗 혈액과 관련된 성질.
혈성(血誠)[-썽] 명 진심에서 나오는 정성. 혈심(血心).
혈성-남자(血性男子)[-썽-] 명 용감하고 의기가 있어 죽음을 겁내지 않는 사나이.
혈세(血稅)[-쎄] 명 가혹한 조세. ❏국민의 ～.
혈소판(血小板)[-쏘-] 명 〖생〗 혈액의 고형(固形) 성분의 하나. 크기는 2-3μ 정도이며, 핵(核)이 없는 불규칙한 모양임《지혈 작용에 중요한 구실을 함》. 작은피티. 피티.
혈속(血速)[-쏙] 명 피가 순환하는 속도.
혈속(血屬)[-쏙] 명 혈통을 이어 가는 살붙이.
혈손(血孫)[-쏜] 명 혈통을 잇는 자손. 혈사.
혈수(血嗽)[-쑤] 명 〖한의〗 기침할 때 피가 나오는 증세.
혈수(血讐)[-쑤] 명 죽기를 각오하고 갚으려는 원수.
혈수(血髓)[-쑤] 명 〖의〗 피와 골수.
혈식(血食)[-씩] 명하자 **1** 국전(國典)으로 제사를 지냄. **2** 나라를 보존함.
혈심(穴深)[-씸] 명 무덤 구덩이의 깊이.
혈심(血心)[-씸] 명 혈성(血誠).
혈심-고독(血心苦篤)[-씸-] 명하자 정성을 다하여 일을 하여 감.
혈안(血眼) 명 기를 쓰고 덤벼 충혈된 눈.
혈안이 되다 구 어떤 일에 광분(狂奔)하다. ❏자기 이익만 챙기기에 ～.
혈암(頁岩) 명 〖광〗 셰일(shale).
혈압(血壓) 명 〖생〗 심장의 수축력, 혈관 벽의 탄력성 및 저항성에 따라 생기는 혈액의 압력. ❏～을 재다/～이 오르다/～이 높다.
혈압-계(血壓計)[혀랍꼐/혀랍께] 명 인체의 혈압을 재는 계기.
혈액(血液) 명 〖생〗 피[1]1.
혈액 검:사(血液檢查)[혀랙껌-] 피를 뽑아 하는 검사법의 총칭. 피검사. ㊄혈검.
혈액 도핑(血液doping) 운동선수 등의 혈액을 뽑아 두었다가 일정한 시일이 지난 뒤에 다시 체내로 주입하는 일. 일시적으로 체력과 운동 능력을 향상시킴《금지되고 있음》.
혈액 순환(血液循環)[혀랙쑨-] 〖생〗 혈액이 동물의 몸속에서 일정한 방향으로 흘러서 도는 일.
혈액-원(血液院) 명 수혈 또는 수혈용 혈액 제제(製劑)에 필요한 혈액을 모아 두었다가 공급하는 기관. 혈액은행.
혈액-은행(血液銀行) 명 혈액원.
혈액 제:제(血液製劑)[혀랙쩨-] 사람의 혈액 또는 혈액 성분을 원료로 하여 제조한 수혈용 제제.
혈액 투석(血液透析) 〖의〗 혈액을 삼투압의 차이를 이용해서 정화하는 일《신(腎)부전증에 씀》. 인공 투석. ❏～으로 생명을 연장하다.
혈액-형(血液型)[혀래켱] 명 〖생〗 적혈구와 혈청의 응집 반응을 기초로 한 혈액 분류형《O, A, B, AB 및 Rh(−), Rh(+) 등의 형이 있음》.
혈연(血緣) 명 같은 핏줄로 연결된 인연. ❏～ 공동체. *지연(地緣)·학연(學緣).
혈연-관계(血緣關係)[혀련-/혀련-게] 명 부모와 자식·형제를 기본으로 하는 관계 및 양자 따위를 포함한 관계. ❏～의 정/～를 중시하다.
혈연 단체(血緣團體) 〖사〗 혈연 집단.
혈연 사회(血緣社會) 〖사〗 혈연관계를 기초로 성립된 협동체.
혈연 집단(血緣集團)[혀련-딴] 〖사〗 혈연관

계에 의하여 결합한 사회 집단. 혈연 단체.
혈영(血癭)명《한의》혈혹.
혈온(血溫)명 피의 온도.
혈우(血雨)명 살상으로 인한 심한 유혈.
혈우-병(血友病)[혀루뼝]명《의》쉽게 피가 나고 잘 멎지 않는 유전병《여자에 의하여 유전되어 남자에게만 나타남.》.
혈원-골수(血怨骨髓)[혀뤈-쑤]명 뼈에 사무치는 깊은 원수.
혈유(孑遺)명 1 약간의 나머지. 2 단 하나 남은 것. 또는 그런 신세.
혈육(血肉)명 1 피와 살. 2 자기가 낳은 자녀.〔슬하에 ~이 없다. 3 부모·자식·형제·자매들. ▯~ 간의 정이 남다르다.
혈육을 나누다[관] 피와 살을 나누다.
혈육-애(血肉愛)명 혈육에 대한 사랑.
혈장(血漿)[-짱]명《생》피의 혈구를 제외한 액상(液狀) 성분〔혈청과 피브리노겐으로 이루어졌는데, 수분 외에 단백질·지질(脂質)·무기 염류 등을 함유하며, 세포의 삼투압과 수소 이온을 일정하게 유지하는 역할을 함〕.
혈적(血積)[-쩍]명《한의》피가 뭉쳐서 생기는 적병(積病)〔얼굴빛이 누렇고 똥은 검은빛을 띰〕.
혈전(血栓)[-쩐]명《의》혈관 안에서, 피가 엉겨 굳어서 된 덩어리.
혈전(血戰)[-쩐]명하자 생사를 가리지 않고 피투성이가 되어 싸움. 또는 그런 전투. ▯~을 벌이다 / ~을 치르다.
혈족(血族)[-쪽]명 혈통의 관계가 있는 겨레붙이. ▯6·25때 헤어졌던 ~을 다시 만나다.
혈족 결혼(血族結婚)[-쪽껼-]명 같은 혈족끼리의 혼인.
혈족-친(血族親)[-쪽-]명 육촌(六寸) 이내의 혈족.
혈종(血腫)[-쫑]명《의》내출혈로 피가 한곳에 모여 혹과 같이 된 것.
혈증(血症)[-쯩]명《한의》피에 관계되는 병의 총칭.
혈징(血癥)[-찡]명《한의》배 속의 피가 한곳에 모인 병.
혈처(穴處)명하자 혈거(穴居).
혈청(血淸)명《의》혈액이 응고할 때 혈병(血餠)에서 분리되는 황백색의 투명한 액체〔혈장에서 피브리노겐을 빼낸 것임〕.
혈청 검:사(血淸檢查)《의》사람의 혈청으로 건강 상태를 진찰하는 일.
혈청 요법(血淸療法)[-뇨뻡]《의》전염병 환자의 몸에 면역 혈청을 주사하여 병의 독소를 중화시켜 치료하는 방법.
혈청 진:단(血淸診斷)《의》환자의 혈청을 검사하여 그 병의 상태를 진단하는 일.
혈충(血忠)명 정성을 다하는 충성.
혈치(血痔)명《한의》우치(疣痔).
혈통(血統)명 같은 핏줄을 타고난 겨레붙이의 계통. 핏줄기. 혈맥. ▯왕가의 ~ / 순수 ~.
혈통-주의(血統主義)[-/-이]명《법》출생했을 때의 부모의 국적에 따라 국적을 결정하는 원칙. 속인(屬人)주의.
혈투(血鬪)명하자 죽음을 무릅쓰고 치열하게 싸움. 또는 그 싸움(비유적으로도 씀). ▯~를 벌이다.
혈-판(穴-)명 무덤 자리에 혈이 잡혀 구덩이를 파기에 마땅한 곳.
혈판(血判)명하자 손가락을 잘라 그 피로 손도장을 찍음. 또는 그 손도장.
혈판-장(血判狀)[-짱]명 혈판(血判)을 찍은 서류.

혈폐(血閉)[-/-페]명《한의》혈고.
혈풍-혈우(血風血雨)명 피의 바람과 피의 비라는 뜻으로, 격렬한 혈전의 비유.
혈한(血汗)명 피땀.
혈한-하(血汗下)명《한의》열병에서 열이 내리려고 코피가 나거나 땀을 흘리거나 똥을 싸는 증세.
혈행(血行)명《생》혈액의 순환. 피가 도는 일. ▯~ 장애로 피부가 창백하다.
혈허(血虛)명하형《한의》혈분(血分)이 쇠하여 부족함. 또는 그런 때 생기는 허한 증세.
혈혈-고종(孑孑孤蹤)명 객지에서 아주 외로운 나그네의 종적.
혈혈-단신(孑孑單身)명 의지할 데 없이 외로운 홀몸. ▯전쟁 때 ~으로 월남했다.
혈혈-무의(孑孑無依)[-/-이이]명하형 의지할 데가 없이 외로움.
혈혈-하다(孑孑-)형예 1 의지할 데 없이 외롭다. 2 아주 작다. **혈혈-히**[부]
혈-혹(血-)명《한의》피가 한곳에 뭉쳐 된 혹. 혈류(血瘤). 혈영(血癭).
혈홍-색(血紅色)명 핏빛과 같은 빨간색.
혈홍-소(血紅素)명《생》헤모글로빈.
혈훈(血暈)명《한의》해산 후나 기타 증세로 출혈이 심해 정신이 흐리고 어지러운 병.
혈흔(血痕)명 피가 묻은 흔적. ▯~을 지우다 / ~이 남다.
혐가(嫌家)명 서로 원망을 품은 집안.
혐극(嫌隙)명 서로 싫어서 생기는 틈.
혐기(嫌忌)명하타 싫어서 꺼림.
혐기(嫌棄)명하타 싫어서 버림.
혐기-성(嫌氣性)[-썽]명《생》세균 따위가 산소를 싫어하여 공기 속에서 잘 자라지 못하는 성질. ↔호기성(好氣性).
혐노(嫌怒)명하타 싫어서 성냄.
혐문(嫌文)명 꺼려서 피해야 할 글.
혐시(嫌猜)명하타 싫어하고 꺼림. 또는 시기하고 의심함.
혐연-권(嫌煙權)[혀면꿘]명 담배를 피우지 않는 사람이 공공장소에서 담배 연기를 거부할 수 있는 권리. ▯~을 주장하다.
혐염(嫌厭)명하타 미워서 싫어함. 혐질.
혐오(嫌惡)명하타 싫어하고 미워함. ▯전쟁을 ~하다.
혐오-감(嫌惡感)명 싫어하고 미워하는 감정. ▯~을 느끼다.
혐오-스럽다(嫌惡-)[혀모-따][-스러워, -스러우니]형비 혐오할 만한 데가 있다. **혐오-스레**[부]
혐원(嫌怨)명하타 싫어하고 원망함.
혐의(嫌疑)[혀믜/혀미]명하자타 1 꺼리고 싫어함. 2 범죄를 저지른 사실이 있으리라는 의심. ▯~를 뒤집어쓰다 / 살인 ~를 받다.
혐의-스럽다(嫌疑-)[혀믜-따/혀미-따][-스러워, -스러우니]형비 혐의쩍은 데가 있다. ▯동기로 보아 그가 ~. **혐의-스레**[혀믜-/혀미-]부
혐의-자(嫌疑者)[혀믜-/혀미-]명 혐의를 받는 사람. ▯범죄 ~ / 테러 ~를 체포하다.
혐의-쩍다(嫌疑-)[혀믜-따/혀미-따]형 혐의쩍은 점이 있다.
혐점(嫌點)[-쩜]명 혐의를 받을 만한 점.
혐질(嫌嫉)명하타 혐염(嫌厭).
혐피(嫌避)명하타 꺼리고 싫어서 서로 피함.
혐핍(嫌逼)명하형 매우 혐의쩍어함.
협각(夾角)[-깍]명《수》'끼인각'의 구용어.

협간(峽間)[-깐] 圏 골짜기.

협감(挾感)[-깜] 圏하자 감기에 걸림.

협객(俠客)[-깩] 圏 호방하고 의협심이 있는 사람. 협사(俠士).

협격(挾擊)[-격] 圏하타 1 협공. 2 야구에서, 주자(走者)를 베이스와 베이스 사이에서 몰아 아웃시키는 일.

협견-첨소(脅肩諂笑)[-견-] 圏하자 어깨를 간들거리고 아양을 부리며 웃음.

협곡(峽谷)[-꼭] 圏 산과 산 사이의 좁고 험한 골짜기.

협골(俠骨)[-꼴] 圏 장부(丈夫)다운 기골. 또는 호방하고 의협심이 강한 기골.

협골(頰骨)[-꼴] 圏생 광대뼈.

협공(挾攻)[-꽁] 圏하타 양쪽으로 끼고 들이침. 협격. □~ 작전 / 바다와 육지에서 ~하다.

협과(莢果)[-꽈] 圏식 꼬투리로 맺히는 열매(콩·팥·완두 따위).

협괴(俠魁)[-꾀] 圏 협객의 우두머리.

협궤(狹軌)[-꿰] 圏건 궤간(軌間)의 폭이 1.435 m의 표준 궤도보다 좁은 궤도. □~선(線). ↔광궤(廣軌).

협궤 철도(狹軌鐵道)[-꿰-또] 선로가 협궤로 된 철도. ↔광궤 철도.

협근(頰筋)[-끈] 圏생 위아래의 두 턱뼈에서 시작하여 위아래의 두 입술에 붙은 근육.

협기(俠氣)[-끼] 圏 호협(豪俠)한 기상. 용맹한 마음. 기협(氣俠).

협기(頰鰭)[-끼] 圏어 가슴지느러미.

협낭(頰囊)[-낭] 圏동 다람쥐·원숭이 따위의 볼 안에 있는, 먹이를 저장할 수 있는 주머니 모양의 부분.

협녀(俠女)[-녀] 圏 협기(俠氣) 있는 여자. 협부(俠婦).

협농(峽農)[-농] 圏 두메에서 짓는 농사.

협대(夾袋)[-때] 圏 귀중품을 넣어 보관하는 자그마한 전대.

협도(夾刀·挾刀)[-또] 圏역 1 무기의 하나. 장검처럼 눈썹 모양으로 생겼는데, 칼등에 상모가 달려 있고 둥근 코둥이가 있음. 2 보를 익히던 검술 중의 하나.

협도(俠盜)[-또] 圏 의협심이 있는 도둑.

협도(鍘刀)[-또] 圏 한약재를 써는, 작두 비슷한 연장. 2 가위'1.

협동(協同)[-똥] 圏하자 서로 마음과 힘을 합함. □~ 작업 / 이웃 사람들과 ~하여 마을 도로를 보수하였다.

협동 생활(協同生活)[-똥-] 마음과 힘을 같이하는 생활.

협동 작전(協同作戰)[-똥-쩐] 圏군 둘 이상의 군부대나 육·해·공군이 협동하여 펼치는 작전.

협동 정신(協同精神)[-똥-] 서로 마음과 힘을 합하는 정신. □~을 발휘하여 공사를 끝내다.

협동-조합(協同組合)[-똥-] 圏사 노동자·중소기업가 등이 각자의 경제적 목적을 달성하고자 만든 협력 체제의 총칭.

협량(狹量)[협냥] 圏 도량이 좁음.

협력(協力)[협녁] 圏하자 힘을 모아 서로 도움. □상호 ~ / 양국 간의 경제 교류 ~ 방안을 모색하다.

협로(夾路)[협노] 圏 큰길에서 갈라져 나간 좁은 길.

협로(峽路)[협노] 圏 산속의 길. 또는 두멧길.

협로(狹路)[협노] 圏 소로(小路).

협록(夾錄)[협녹] 圏 작은 쪽지에 적은 글.

협륵(脅勒)[협늑] 圏하타 협박하여 우겨 댐.

협만(峽灣)[협-] 圏 육지로 깊이 들어간 좁고 긴 만. 피오르(fjord).

협맹(峽氓)[협-] 圏 두메에서 농사만 짓는 어리석은 백성.

협무(挾舞)[협-] 圏하자 춤을 출 때, 주연자(主演者) 옆에서 함께 춤추는 일. 또는 그 사람.

협문(夾門)[협-] 圏건 1 삼문(三門)의 좌우에 있는 문. 2 대문이나 정문(正門) 옆에 있는 작은 문.

협박(脅迫)[-빡] 圏하타 1 으르면서 다잡음. □~ 편지를 보내다 / ~을 당하다 / ~을 받다. 2 사람을 공포에 빠지게 할 목적으로 해악(害惡)을 끼칠 뜻을 통고하는 일. □~ 혐의로 긴급 체포하다.

협박-장(脅迫狀)[-빡짱] 圏 협박의 내용을 적은 글.

협박-하다(狹薄-)[-빠카-] 圏여 땅이 좁고 메마르다.

협방(夾房)[-빵] 圏 원채에 붙은 작은 방. 곁방(房).

협보(挾輔)[-뽀] 圏하타 받들어 보좌함.

협부(挾扶)[-뿌] 圏하타 곁에서 부축함.

협사(俠士)[-싸] 圏 협객.

협사(脅士·夾士)[-싸] 圏 1 좌우에서 가까이 모시는 사람. 2불 부처를 좌우에서 모시는 두 보살. 협시(脅侍).

협사(挾私)[-싸] 圏하자 사사로운 정을 둠.

협사(挾詐)[-싸] 圏하자 속으로 간사한 생각을 품음.

협살(挾殺)[-쌀] 圏하타 야구에서, 야수들이 주자를 협격(挾擊)하여 아웃시킴.

협상(協商)[-쌍] 圏하자 1 어떤 목적에 부합되는 결정을 하기 위하여 함께 의논함. □임금 ~ / ~을 벌이다 / ~이 타결되다. 2정 둘 이상의 나라 사이에 서한·통첩 따위의 외교 문서를 교환하여 어떤 일을 약속하는 일.

협상 가격차(鋏狀價格差)[-쌍-] 圏경 독점 가격과 비독점 가격과의 차가 가위를 벌린 것처럼 증대해지는 현상(농산물과 공업 제품과의 가격의 차이에서 두드러지게 나타남). 농공(農工) 협상 가격차.

협서(夾書)[-써] 圏하타 글줄 옆에 끼어서 글을 적음. 또는 그 글.

협서(挾書)[-써] 圏역 조선 때, 과장(科場) 안에 몰래 책을 끼고 들어가던 일.

협성(協成)[-썽] 圏하타 힘을 모아 일을 이룸.

협세(挾勢)[-쎄] 圏하자 남의 위세를 믿고 의지함.

협소-하다(狹小-)[-쏘-] 圏여 공간이 좁고 작다. 착소하다. □협소한 장소 / 집이 ~.

협수(夾袖)[-쑤] 圏역 동달이1.

협순(浹旬·浹旬)[-쑨] 圏 열흘 동안.

협시(夾侍)[-씨] 圏역 임금을 가까이에서 모시던 내시(內侍).

협시(脅侍·夾侍)[-씨] 圏하자 1 좌우에서 가까이 모심. 또는 그런 사람. 2불 협사(脅士)2.

협식(挾食)[-씩] 圏하자 협체(挾滯).

협식(脅息)[-씩] 圏하자 몹시 두려워서 숨을 죽임.

협실(夾室)[-씰] 圏 안방에 딸리어 붙은 방. 곁방.

협심(協心)[-씸] 圏하자 여러 사람이 마음을 합함. □~해서 난국을 타개하다. *합심.

협심-증(狹心症)[-씸쯩] 圏의 심장부에 갑자기 일어나는 격렬한 동통(疼痛)이나 발작 증세(관상(冠狀) 동맥의 경련·경화·폐색 등

으로 일어나며, 심장 마비의 원인이 됨).
협애-하다(狹隘-)〖형어〗1 지세가 좁고 험하다.
2 마음씨가 너그럽지 못하고 좁다.
협약(協約)〖명〗〖하타〗협상하여 조약을 맺음. 또
는 그 조약. ▢~을 맺다.
협약(脅約)〖명〗위협에 의하여 이루어진 약속이
나 조약.
협약 헌:법(協約憲法)[혀뱌컨뻡]〖법〗군주와
국민이 서로 합의하여 이루어진 헌법. 협정
헌법(協定憲法).
협업(協業)〖명〗〖자〗〖경〗많은 노동자들이 협력
하여 계획적으로 하는 노동.
협연(協演)〖명〗〖하자〗한 독주자(獨奏者)가
다른 독주자나 악단 등과 함께 한 악곡을 연
주함. 또는 그런 연주. ▢관현악단과 ~하다.
협용-하다(俠勇-)〖형어〗협기(俠氣) 있고 용맹
하다.
협우(峽雨)〖명〗골짜기에 내리는 비.
협위(脅威)〖명〗〖하타〗위협(威脅).
협의(協議)[혀븨 / 혀비]〖명〗〖하타〗여러 사람이 모
여 의논함. ▢~ 기관 / 이산가족 상봉 문제
를 ~하다. *합의.
협의(狹義)[혀븨 / 혀비]〖명〗어떤 말의 개념을
좁게 보는 뜻. 좁은 뜻. ▢~로 해석하다. ↔
광의(廣義).
협의 이:혼(協議離婚)[혀븨- / 혀비-]〖법〗부
부의 협의에 의한 이혼. 합의 이혼.
협잡(挾雜)[-짭]〖명〗〖하자〗그릇된 짓으로 남을 속
임. 또는 그런 짓.
협잡-꾼(挾雜-)[-짭-]〖명〗협잡질을 하는 사
람.
협잡-물(挾雜物)[-짬-]〖명〗1 협잡질로 얻은 물
건. 2 부정한 것이 섞인 물건.
협잡-배(挾雜輩)[-짬뻬]〖명〗협잡질을 일삼는
무리.
협잡-질(挾雜-)[-짭찔]〖명〗〖하타〗협잡을 하는
짓. ▢~을 일삼다.
협장(脇杖)[-짱]〖명〗목다리.
협장-하다(狹長-)[-짱-]〖형어〗좁고 길다.
협접(蛺蝶)[-쩝]〖명〗〖충〗나비².
협정(協定)[-쩡]〖명〗1 협의하여 결정함. 또
는 그 결정. ▢가격 ~. 2〖법〗국제법상 광
의(廣義)의 조약 가운데의 하나(《정문(正文)
작성에 엄주한 형식을 취하지 않음). ▢휴전
~ / 어업 ~을 체결하다.
협정 가격(協定價格)[-쩡까-]〖경〗1 동업자
끼리 협정한 상품의 가격. 2 국제간에 협정
한 무역품의 가격.
협정 관세(協定關稅)[-쩡-]〖경〗통상 항해
조약이나 관세 조약에 따라 정해진 관세.
협정-문(協定文)[-쩡-]〖명〗협정의 내용을 적
은 문서.
협정 세:율(協定稅率)[-쩡-]〖경〗조약에 따
라 특별히 협정된 관세율(關稅率)《이러한 세
율이 적용되는 화물에는 국정(國定) 세율은
적용되지 않음》.
협정 헌:법(協定憲法)[-쩡-뻡]〖법〗협약(協
約) 헌법.
협제(脅制)[-쩨]〖명〗〖하타〗으르대고 견제함.
협조(協助)[-쪼]〖명〗〖하자타〗힘을 모아 서로 도
움. ▢관계 기관의 ~을 얻다 / 서로 ~하여
문제를 해결하다.
협조(協調)[-쪼]〖명〗〖하타〗힘을 합해 서로 조
화를 이룸. ▢노사(勞使)의 ~.
협조-적(協調的)[-쪼-]〖관명〗서로 어울려 힘
을 합하는 (것). ▢~ 자세 / 주민들은 국세
조사에 ~이었다.
협종(脅從)[-쫑]〖명〗〖하자〗남의 위협에 눌리어

복종함.
협주(協奏)[-쭈]〖명〗〖하자〗〖악〗독주 악기와 관
현악단이 함께 연주함. 또는 그런 연주. 합주
(合奏).
협주-곡(協奏曲)[-쭈-]〖명〗〖악〗독주 악기와
관현악단이 합주하는 소나타 형식의 악곡. 콘체
르토. ▢바이올린 ~.
협죽-도(夾竹桃)[-쭉또]〖명〗〖식〗협죽도과의
상록 관목. 높이 3~4 m, 잎은 혁질로 두껍고
흔히 3개씩 돌려남. 여름에 연분홍 또는 흰
꽃이 핌. 관상용임. 유도화(柳桃花).
협중(峽中)[-쭝]〖명〗두메.
협지(夾紙)[-찌]〖명〗편지 속에 따로 적어 끼워
넣는 쪽지.
협착-증(狹窄症)[-쭝]〖명〗〖의〗심장 또는 혈관
의 판(瓣)이나 관(管)이 좁아지는 증상.
협착-하다(狹窄-)[-차카-]〖형어〗공간이 매우
좁다.
협찬(協贊)〖명〗〖하타〗어떤 일에 찬동하여 재정적
으로 도움. ▢방송국의 ~을 받다.
협창(挾娼)〖명〗〖하자〗창녀를 끼고 놂.
협채(夾彩)〖명〗〖하자〗1 채지(彩地)에 채화(彩花)
를 그림. 2 경채(硬彩)와 연채(軟彩)를 한데
아울러서 씀.
협체(挾滯)〖명〗〖하자〗〖한의〗체증에 다른 병이 겹
침. 협식.
협촌(峽村)〖명〗두메 마을.
협탈(脅奪)〖명〗〖하타〗으르대어 빼앗음. 겁탈.
협통(脇痛)〖명〗〖한의〗갈빗대 있는 부위가 결
리고 아픈 병.
협포(狹布)〖명〗폭이 좁은 베.
협포(脅鉋)〖명〗변탕(邊鐋).
협-하다(狹-)[혀파-]〖형어〗1 지대가 좁다. 2
마음이 너그럽지 못하고 아주 좁다.
협호(夾戶)[혀포]〖명〗본채에서 따로 떨어져 있
어서 딴살림을 하게 되어 있는 집채.
협호-살림(夾戶-)[혀포-]〖명〗남의 집 협
호에서 하는 살림.
협화(協和)[혀콰]〖명〗〖하자〗1 협력하여 화합함. 2
〖악〗한꺼번에 나는 두 소리가 잘 조화됨. 또
는 그 현상.
협화-음(協和音)[혀콰-]〖명〗〖악〗'어울림음'
의 한자어. ↔불협화음.
협회(協會)[혀푀]〖명〗회원들이 협력하여 설립
하고 유지하는 모임. ▢문인 ~ / 소비자 보
호 ~ / 저작자 ~.
혓-밑[현밑]〖명〗'섯밑'의 본딧말.
혓-바늘[혀빠- / 혇빠-]〖명〗혓바닥에 좁쌀같이
돋아 오르는 붉은 것《흔히, 열이 심할 때 생
김》. ▢~이 돋다.
혓-바닥[혀빠- / 혇빠-]〖명〗1 혀의 입천장으로
향한 면. 2〈속〉혀.
혓-소리[혀쏘- / 혇쏘-]〖명〗〖언〗혀를 움직여
내는 자음('ㄴ, ㄷ, ㄸ, ㅌ' 등). 설음(舌音).
혓-줄기[혀쭐- / 혇쭐-]〖명〗혀의 밑동.
혓-줄때기[혀쭐- / 혇쭐-]〖명〗〈속〉혓줄기.
형(兄)〖명〗〖대〗동기(同氣)나 같은 항렬(行列)에서
나이가 많은 사람.
[형만 한 아우 없다] 무슨 일을 하든 아우가
형만 못하다는 말.
〖대〗〈인데〉친구 사이에서 상대방의 존칭. ▢김
형의 승진을 축하합니다.
형(刑)〖명〗'형벌(刑罰)'의 준말. ▢~을 선고하
다 / ~을 집행하다.
형(形)〖명〗1 '형상(形狀)'의 준말. 2〖언〗
'활용형'의 준말. 〖대〗〈미〉도형의 모양을 일컫

는 말. ☐타원~ / 오각~.

형(型)☐圓 **1** 부어서 만드는 물건의 모형. 거푸집. **2** 골. **3** 어떤 특징을 형성하는 형태. 타입(type). ☐回 본보기나 틀·본·골의 뜻을 나타냄. ☐최신~ / 신경질~.

형(桁)圓〖건〗토목 공작물에 쓰는, 건너지르는 굵은 나무. 도리.

형각(形殼)圓 드러난 형체와 그 겉모양.

형강(形鋼·型鋼)圓 끊은 면이 일정한 형상으로 된 압연 강철재(H형강·ㄷ형강 따위).

형개(荊芥)圓**1**〖식〗명아줏과의 한해살이풀. 줄기는 사각형에 높이 1 m가량, 여름에 연분홍색 꽃이 피고 씨가 익으면 줄기·뿌리는 말라 죽음. **2**〖한의〗정가의 잎과 줄기《산후(産後)에 약으로 씀》.

형개-수(荊芥穗)圓〖한의〗정가의 꽃이 달린 이삭(약으로 씀).

형관(荊冠)圓 가시 면류관.

형광(螢光)圓**1** 반딧불. **2**〖물〗어떤 물질에 광선을 투사했을 때, 투사 광선과 전혀 다른 고유한 빛깔의 광선을 방사하는 현상.

형광 도료(螢光塗料) 형광 물질이 들어 있는 도료. ☐~로 도로 표지판을 그리다.

형광-등(螢光燈)圓**1** 진공 유리관 속에 수은과 아르곤 가스를 넣고 안쪽 벽에 형광 물질을 칠하여 수은의 방전으로 생긴 자외선을 가시 광선으로 바꾸어 조명하는 등. 형광 방전등(放電燈). ☐~을 켜다 / ~이 번쩍 뻑이다가 불이 들어온다. **2**〈속〉둔하고 반응이 느린 사람.

형광 물질(螢光物質)[-찔]〖물〗형광을 발하는 물질의 총칭. 형광체.

형광-체(螢光體)圓 형광 물질.

형광-판(螢光板)圓 형광 물질을 바른 판. 자외선이나 방사선이 닿으면 눈에 보이는 빛을 냄〖엑스선 검사 때 씀〗.

형교(桁橋)圓 다리 몸체가 들보로 된 다리.

형구(刑具)圓 형벌·고문 따위에 쓰는 도구.

형국(形局)圓**1** 어떤 일이 벌어진 형편이나 국면. ☐~이 불리하다. **2**〖민〗관상이나 풍수지리(風水地理)에서 보는, 얼굴·집터·묏자리 등의 겉모양과 부분의 생김새.

형극(荊棘)圓**1** 나무의 온갖 가시. **2**(비유적으로) 고난. ☐~의 길.

형기(刑期)圓 형벌의 집행 기간. ☐~를 마치고 출소하다.

형기(形氣)圓 겉으로 보이는 형상과 기운.

형기(衡器)圓 물건의 무게를 다는 기구.

형노(刑奴)圓〖역〗국가(宮家)에서 하속(下屬)들에게 형벌 주는 일을 맡았던 하인.

형-님(兄-)圓**1**'형'의 높임말. **2** 손위 동서 또는 손위 시누이를 높여 일컫는 말.

형단-영척(形單影隻)圓 형체가 하나이므로 그림자도 하나라는 뜻으로, 의지할 곳 없어 몹시 외로운 처지를 일컫는 말.

형도(刑徒)圓 형을 받는 무리.

형랍(型蠟)[-납]圓 조각할 때, 형상을 본뜨는 데 쓰는 밀랍·송진 등의 재료.

형량(刑量)[-냥]圓 형벌의 정도. ☐~을 선고하다 / ~이 비교적 가볍다.

형례(刑例)[-녜]圓 형벌에 관한 규정.

형륙(刑戮)[-뉵]圓徊印 죄인을 형벌에 따라 죽이는 일.

형률(刑律)[-뉼]圓 형법.

형리(刑吏)[-니]圓〖역〗지방 관아의 형방(刑房)에 딸렸던 구실아치.

형망제급(兄亡弟及)圓 형이 아들 없이 죽은 경우, 아우가 형 대신 계통을 이음.

형명(刑名)圓 형벌의 이름《사형·징역·금고·구류 따위》.

형모(形貌)圓**1** 생긴 모양. **2** 용모.

형무(刑務)圓 행형(行刑)에 관한 사무나 업무.

형무-관(刑務官)'교도관(矯導官)'의 구칭.

형무-소(刑務所)'교도소(矯導所)'의 구칭.

형문(刑問)圓徊印**1** 형장(刑杖)으로 죄인을 때리던 일. **2** 죄인을 때리며 캐묻던 일. 형신(刑訊). 형추(刑推).

형방(刑房)圓〖역〗조선 때, 승정원·지방 관아에 딸린 육방(六房)의 하나《형전(刑典)에 관한 일을 맡아보았음》.

형배(刑配)圓徊印〖역〗죄인을 때려 귀양 보내던 일. 또는 그런 형벌.

형벌(刑罰)圓徊印〖법〗범죄에 대한 법률상의 효과로서 국가가 범죄자에게 제재를 가함. 또는 그 제재. ☐~에 처하다 / 무거운 ~을 내리다. ⓒ형(刑).

형법(刑法)[-뻡]圓〖법〗범죄와 형벌에 관한 법률 체계. 형률(刑律).

형부(兄夫)圓 언니의 남편. ＊제부(弟夫).

형사(刑死)圓徊印 형벌로 죽음.

형사(刑事)圓**1**〖법〗형법의 적용을 받는 사건. ☐~ 문제. ↔민사(民事). **2** 범죄 수사와 범인 체포를 직무로 하는 사복(私服) 경찰관. ☐~ 기동대.

형사(形似)圓 모양을 본떠서 베낌.

형사 미:성년자(刑事未成年者)〖법〗14세 미만이어서 형법상 책임 능력이 없는 것으로 간주하는 사람.

형사-범(刑事犯)圓〖법〗자연범. ↔행정범.

형사-법(刑事法)[-뻡]圓〖법〗국가의 형벌권의 내용과 그 실행 방법 등을 규정한 법률《형법·형사 소송법·행형법(行刑法) 등》. ↔민사법(民事法).

형사 보:상(刑事補償)〖법〗무고한 사람이 범죄의 수사나 그릇된 형사 재판으로 기본권을 침해당했거나 재산상의 손해를 입었을 때 이를 국가가 보상하는 일.

형사 사:건(刑事事件)[-껀]〖법〗형법의 적용을 받는 사건. ↔민사 사건.

형사 소송(刑事訴訟)〖법〗형법 법규를 위반한 사람에게 형벌을 과하기 위한 재판 절차. ↔민사 소송. ⓒ형소(刑訴).

형사 소추(刑事訴追)〖법〗검사가 피고인을 기소하여 그 형사 책임을 추궁하는 일.

형사 시효(刑事時效)〖법〗형사에 관한 시효. 일정 기간의 경과에 따라 공소권(公訴權)이 소멸되는 '공소(公訴) 시효'와 형의 집행권이 소멸되는 '형(刑) 시효'가 있음.

형사 재판(刑事裁判)〖법〗형사 사건에 관한 재판. ↔민사 재판.

형사지(兄事之)圓徊印 나이가 조금 많은 사람을 형처럼 섬김.

형사 책임(刑事責任)〖법〗불법 행위에 대하여 형벌을 받아야 할 법률상의 책임. ☐~을 묻다.

형사 처:분(刑事處分)〖법〗범죄를 이유로 형벌을 가하는 처분. ☐~을 받다.

형사 특별법(刑事特別法)[-뻡]〖법〗형법과 형사 소송법에 관한 특별법《국가 보안법·경제 범죄 처벌법 따위》.

형사 피:고인(刑事被告人)〖법〗형법상의 범인으로 검사로부터 공소가 제기되고 있으나 아직 재판이 확정되지 않은 사람.

형살(刑殺)圈〔하타〕 사형을 집행함.
형상(形狀)圈 물건의 생긴 모양이나 상태. 형상(形相). 형상(形象). ⓒ형(形).
형상(形相)圈 1 형상(形狀). 2〔철〕에이도스.
형상(形象·形像)圈〔하타〕 1 형상(形狀). 2 감각으로 포착한 것이나 마음속의 관념 등을 어떤 표현 수단에 의해 구상화(具象化)함. 또는 그 구상화한 모습.
형상 기억 합금(形狀記憶合金)〔―어캅끔〕〔공〕저온에서 변형하여도, 이를 고온으로 하면 변형 전의 모양으로 되돌아가는 성질을 가진 합금〔티타늄·니켈 합금 따위로, 온도 센서 등에 씀〕.
형상 예:술(形象藝術)〔―녜―〕시각적인 형태를 갖춘 예술〔조각·회화 따위〕.
형상-화(形象化)圈〔하타〕예술 활동에서, 추상적인 것을 구체적인 형상으로 나타냄. 특히, 어떤 소재를 예술적으로 재창조하는 것을 이름. 〔작가의 체험을 소설로 ∼하다 / 통일의 염원이 시로 ∼되다.
형색(形色)圈 1 형상과 빛깔. 〔초라한 ∼의 나그네 / ∼이 남루한 피난민. 2 얼굴빛이나 표정. 〔초췌한 ∼이 드러나다.
형석(螢石)圈〔광〕플루오르화칼슘으로 이루어진 광물. 등축 정계(等軸晶系)에 속하고, 유리 광택이 나는 무르고 약한 결정으로, 굳기는 4 임〔유리 공업·광학 기계 등에 씀〕.
형석-채(螢石彩)圈 도자기에 입히는, 홍채(紅彩)가 나는 잿물.
형설(螢雪)圈 반딧불과 눈빛으로 공부하여 성공하였다는 차윤과 손강의 고사에서, 갖은 고생을 하며 학문을 닦음을 이르는 말. 〔∼의 공(功)을 쌓다.
형설지공(螢雪之功)〔―찌―〕圈 고생을 하면서 꾸준히 공부하여 얻은 보람.
형성(形成)圈〔하타〕어떤 모양을 이룸. 〔인격∼ / 공감대를 ∼하다 / 파벌이 ∼되다 / 기압골이 ∼되다.
형성(形聲)圈 한자 육서(六書)의 하나. 두 글자를 합하여 새 글자를 만드는 방법으로, 한쪽의 음을 다른 쪽은 뜻을 나타냄〔나무를 뜻하는 '木'과 음을 나타내는 '主'가 합하여 '柱'가 되는 따위〕. 해성(諧聲).
형성 가격(形成價格)〔―까―〕〔경〕가격 구성의 각 요소의 합에 이윤을 더하여 인위적으로 국가가 정하는 가격.
형성-권(形成權)〔―꿘〕圈〔법〕권리자의 일방적 의사 표시에 따라 일정한 법률 효과를 발생시키는 권리〔취소권·추인권(追認權)·해제권·인지권 따위〕.
형성-기(形成期)圈 어떤 사물이 형성되는 시기 또는 기간. 〔어린이의 성격 ∼.
형성-층(形成層)〔―쏭〕〔식〕쌍떡잎식물이나 겉씨식물 등의 줄기나 뿌리의 체관부와 물관부 사이에 있는 분열 조직. 부름켜.
형세(形勢)圈 1 살림살이의 경제적인 형편. 〔∼가 곤궁하다. 2 정세(情勢). 〔∼가 불리하다. 3〔민〕풍수지리에서, 산의 모양과 지세.
형소(刑訴)圈〔법〕'형사 소송'의 준말.
형수(兄嫂)圈 형의 아내. *계수(季嫂).
형승(形勝)圈〔하타〕지세나 풍경이 뛰어남. 또는 뛰어난 지세나 풍경.
형승지국(形勝之國)圈 지세가 좋아 승리할 만한 자리에 있는 나라.
형승지지(形勝之地)圈 지세나 경치가 매우 뛰어난 땅.
형식(形式)圈 1 사물이 겉으로 나타나 보이는

모양. 겉모습. 〔∼을 갖추다. 2 일을 할 때의 일정한 절차나 양식·방법. 〔문답 ∼의 청문회. 3 내용·실질이 없는 겉모양만 그럴 듯한 것. 〔∼보다 실질을 중시하다. ↔내용.
형식(型式)圈 자동차·기구 등의 구조나 외형의 특징을 이루는 형태. 〔사륜구동 ∼.
형식 논리학(形式論理學)〔―싱놀―〕〔논〕논리학 가운데 특히 사유(思惟)의 형식적 법칙, 곧 개념이나 판단·추리 따위의 방식을 연구하는 학문.
형식-론(形式論)〔―싱논〕圈 형식에 관한 이론.
형식 명사(形式名詞)〔―싱―〕〔언〕'의존 명사'의 구용어.
형식-미(形式美)〔―싱―〕圈 예술 작품에서, 겉으로 드러나는 조화·균형·대조·율동 등의 미(美). ↔내용미.
형식-범(形式犯)〔―뼘〕圈〔법〕거동범(擧動犯). ↔실질범.
형식-법(形式法)〔―뻡〕圈〔법〕권리·의무를 운용하는 절차를 규정한 법률(소송법 따위).
형식-적(形式的)관圈 형식을 주로 하는 (것)〔내용이나 실질(實質)이 수반되어 있지 않음을 강조하고 비난하는 경우에 많이 씀〕. 〔∼(인) 절차 / 감사가 ∼으로 이루어지다. ↔실질적.
형식-주의(形式主義)〔―쭈―/―쭈이〕圈 1 사물의 내용·실질보다 형식을 중히 여기는 주의. 2 예술에서, 형식을 중요하게 여기며 형식과 내용이 구별되는 것으로 보는 생각. ↔관념주의.
형식 형태소(形式形態素)〔―싱녱―〕〔언〕실질 형태소에 붙어, 말과 말 사이의 문법적 관계를 표시하는 형태소〔조사·어미 따위〕. ↔실질(實質) 형태소.
형식-화(形式化)〔―싱콰〕圈〔하자타〕1 형식으로 나타냄. 2 형식에 맞춤. 〔∼된 공직 생활 / ∼한 교육 방법.
형신(刑訊)圈〔하타〕〔역〕형문(刑問)2.
형씨(兄氏)〔대〕잘 알지 못하는 사이에서, 상대편을 조금 높여 일컫는 말.
형안(炯眼)圈 1 반짝반짝 빛나는 눈. 또는 날카로운 눈매. 2 사물에 대한 뛰어난 식견.
형안(螢案)圈 1 반딧불로 밝힌 책상이란 뜻으로, 공부하는 책상의 일컬음. 2 어려운 형편에서 힘들게 공부한 공부의 비유.
형언(形言)圈〔하타〕(뒤에 오는 '어렵다'·'없다'·'못하다' 따위의 부정어와 함께 쓰여) 형용하여 말함. 〔∼할 수 없는 감동 / 말로 ∼하기 어렵다.
형역(形役)圈 정신이 물질의 지배를 받음. 또는 공명과 잇속에 얽매임.
형영(形影)圈 1 형체와 그림자. 2 늘 떨어질 수 없는 불가분의 관계에 있음의 비유.
형영-상동(形影相同)圈 형체의 움직임에 따라 그림자도 그대로 나타난다는 뜻으로, 마음먹은 바가 그대로 행동으로 나타난다는 말.
형영-상조(形影相弔)圈 자기의 몸과 그림자가 서로 불쌍히 여긴다는 뜻으로, 의지할 곳이 없어 몹시 외로워함을 이르는 말.
형옥(刑獄)圈 예전에, 형벌과 감옥을 아울러 이르던 말.
형용(形容)圈〔하타〕1 사물의 생긴 모양. 2 사물의 어떠함을 말이나 글 또는 몸짓 따위로 나타냄. 〔∼하기 어려운 기쁨. 3 사람의 생김새나 모습. 〔∼이 초췌하게 되다.
형용-구(形容句)圈〔언〕형용사와 같은 역할을 하는 구.

형용-사 (形容詞)〖명〗〖언〗품사의 하나. 사물의 상태나 성질이 어떠함을 설명하는 말. 그림씨. 어떻씨. 얼씨.

형우제공 (兄友弟恭)〖명〗〖하자〗형제가 서로 우애가 깊음.

형이상 (形而上)〖명〗〖철〗감각으로는 파악할 수 없으며 형체가 없는 것. 시간·공간을 초월한 추상적·철학적·초경험적인 것. ↔형이하.

형이상-학 (形而上學)〖명〗〖철〗사물의 본질이나 존재의 근본 원리를 사유(思惟)나 직관(直觀)으로 연구하는 학문. 관념적인 철학. ↔형이하학.

형이상학-적 (形而上學的)[-쩍]〖관·명〗형이상학에 관련되거나 바탕을 둔 (것). □동물은 ~인 문제를 다룰 지능이 없다. ↔형이하학적.

형이하 (形而下)〖명〗〖철〗형체를 가지고 있어 감각으로 알 수 있는 것. ↔형이상.

형이하-학 (形而下學)〖명〗〖철〗형체가 있는 사물을 연구 대상으로 하는 학문(물리학·동식물학 따위). ↔형이상학.

형이하학-적 (形而下學的)[-쩍]〖관·명〗형이하학에 관련되거나 바탕을 둔 (것). □~인 사물에는 무관심한 철학자. ↔형이상학적.

형장 (刑杖)〖명〗〖역〗예전에, 죄인을 신문(訊問)할 때 쓰던 몽둥이.

형장 (刑場)〖명〗사형을 집행하는 장소. 사형장. **형장의 이슬로 사라지다**〖관〗사형의 처벌을 받고 죽다.

형장 (兄丈)〖명〗나이가 엇비슷한 친구 사이에서, 상대방을 높여 일컫는 말.

형적 (形跡·形迹)〖명〗사물의 형상과 자취. 또는 남은 흔적. □도망친 그의 ~을 알 길이 없다.

형전 (刑典)〖명〗〖역〗육전(六典)의 하나. 형조(刑曹)의 소관 사항을 규정한 법전(法典). 추전(秋典).

형정 (刑政)〖명〗형사(刑事)에 관한 행정.

형제 (兄弟)〖명〗1 형과 아우. 곤제(昆弟). □~라도 성격은 판판이다. 2 동기(同氣). □부모 ~. 3〖기〗신도들이 스스로를 일컫는 말.

형제-간 (兄弟間)〖명〗형과 아우 사이. 형제지간. □우리 ~의 우애가 좋다. *동기간(同氣間).

형제-궁 (兄弟宮)〖명〗〖민〗십이궁의 하나. 형제에 관한 운수를 점치는 기본 자리.

형제-애 (兄弟愛)〖명〗형제 또는 동기간의 사랑.

형제-자매 (兄弟姉妹)〖명〗형제와 자매. 동기(同氣).

형제지국 (兄弟之國)〖명〗국교가 매우 두터운 나라. 또는 혼인 관계를 맺는 나라.

형제지의 (兄弟之誼)[-/-이]〖명〗형제 사이처럼 지내는 벗의 우의.

형조 (刑曹)〖명〗〖역〗고려와 조선 때 육조(六曹)의 하나. 법률·소송·형옥(刑獄)·노예 등에 관한 일을 맡았음.

형조 판서 (刑曹判書)〖역〗조선 때, 형조의 으뜸 벼슬. ⚬형판(刑判).

형죄 (刑罪)〖명〗형벌과 죄.

형지 (形止)〖명〗1 어떤 일의 처음부터 끝까지의 전말. 2 일이 되어 가는 형편.

형지 (型紙)〖명〗어떤 본을 떠서 만든 종이(양재(洋裁)·수예·염색 등에 씀). 본(本).

형질 (形質)〖명〗1 생긴 모양과 성질. 2〖생〗동식물의 모양·크기·성질 따위의 고유한 특징(유전하는 것과 유전하지 않는 것이 있음).

형질 세:포 (形質細胞)〖생〗플라스마 세포.

형징 (刑懲)〖명〗〖하타〗형벌을 주어 징계함.

형:찰 (詗察)〖명〗〖하타〗넌지시 엿보아 가며 살핌.

형창 (螢窓)〖명〗1 반딧불이 비치는 창가라는 뜻으로, 공부하는 방의 창을 이르는 말. 2 학문을 닦는 곳.

형처 (荊妻)〖명〗남에게 자기 아내를 낮추어 이르는 말. *우처(愚妻).

형철 (瑩澈)〖명〗〖하형〗환하게 내다보이도록 맑음.

형체 (形體)〖명〗물건의 생김새나 그 바탕이 되는 몸체. □물에는 일정한 ~가 없다.

형추 (刑推)〖명〗〖하타〗〖역〗형문(刑問)2.

형:탐 (詗探)〖명〗〖하타〗엿보아 샅샅이 찾음.

형태 (形態)〖명〗1 사물의 생김새나 모양. □얼음이나 눈·수증기 따위는 물의 다른 ~이다. 2 어떤 사물이나 사실 따위가 일정하게 갖추고 있는 모양. □가족 ~ / 조직적인 교육 ~. 3〖심〗일부분의 집합과는 달리, 전체를 하나로 통합하였을 때의 대상의 형상과 상태. 게슈탈트.

형태-론 (形態論)〖명〗〖언〗형태소의 특성과 그 배합 관계, 단어의 어형(語形) 변화 등을 다루는 문법학의 한 부분.

형태-소 (形態素)〖명〗〖언〗1 뜻을 가진 가장 작은 말의 단위. 2 문법적·관계적인 뜻만을 나타내는 단어나 단어 성분.

형태 심리학 (形態心理學)[-니-]〖심〗정신 현상은 감각 등과 같은 요소로 구성되는 것이 아니라, 그 자체가 전체로 파악되어야 할 형태라고 하는 심리학. 게슈탈트 심리학.

형태-학 (形態學)〖명〗〖생〗생물의 형태·구조·발생 따위를 연구하는 학문(대상이나 목적에 따라 조직학·세포학·해부학·발생학·분석학 등으로 나눔).

형통 (亨通)〖명〗〖하자〗온갖 일이 뜻대로 됨. □만사가 ~하기를 바란다.

형-틀 (刑-)〖명〗〖역〗죄인을 신문할 때 앉혔던 형구. □죄인을 ~에 묶다.

형-틀 (型-)〖명〗물건을 만들 때 그 형태의 바탕으로 삼는 것. 틀. 판(版).

형판 (刑判)〖명〗〖역〗'형조 판서'의 준말.

형판 (形板)〖명〗석공 등이 어떤 모양을 만들 때 쓰는, 일정한 모형을 새긴 널빤지.

형편 (形便)〖명〗1 일이 되어 가는 모양·경로·결과. □가게를 닫게 될 ~이다 / 되어 가는 ~을 살펴보다. 2 살림살이의 형세. □살림 ~이 딱하다. 3 많이 생긴 형상.

형편-없다 (形便-)[-펴넙따]〖형〗1 일의 경과·결과 따위가 매우 좋지 못하다. □음식 솜씨가 ~ / 회사의 자금 사정이 ~. 2 모양이나 내용에 취할 바가 전연 없다. □형편없는 물건. **형편-없이** [-펴넙씨]〖부〗. □~ 지다 / 주가(株價)가 ~ 폭락했다.

형평 (衡平)〖명〗균형이 맞음. 또는 그런 상태. □~의 원칙 / ~에 어긋나는 처사.

형평-사 (衡平社)〖명〗〖역〗천민 계급, 특히 백장의 사회적 지위 향상을 위하여 결성된 사회 운동 단체(1923년 경남 진주에서 결성됨).

형평-성 (衡平性)[-썽]〖명〗형평을 이루는 성질. □~을 잃은 조처 / ~을 고려하다.

형평 운:동 (衡平運動)〖역〗형평사(衡平社)를 중심으로 한 천민 계급, 특히 백장의 사회적 지위 향상을 위한 혁신적 사회 운동.

형해 (形骸)〖명〗1 사람의 몸과 뼈. 2 앙상하게 남은 잔해(殘骸). □폭격을 맞아 ~만 남은 건물. 3 구조물의 뼈대. □신축 중인 고층 빌딩의 ~.

형향 (馨香)〖명〗꽃다운 향기. 방향(芳香).

형형색색 (形形色色)[-쌕]〖명〗모양과 빛깔 따위가 서로 다른 여러 가지. □~의 옷차림.

형형-하다 (炯炯-)〖형여〗반짝반짝 빛나서 밝

다. ❏ 형형한 눈빛. **형형-히** [부]

형형-하다 (熒熒―) [형][여] 작은 빛이 자꾸 반짝거려 밝고 환하다. ❏ 밤하늘에 별빛이 ~. **형형-히** [부]

형화 (螢火) [명] 반딧불1.

혜: (慧)[–/혜] [명] 〖불〗 사리를 밝게 분별하는 지혜.

혜:감 (惠鑑)[–/혜–] [명] 자기의 저서나 작품을 남에게 보낼 때, '잘 보아 주십시오'라는 뜻으로 상대방 이름의 밑이나 옆에 쓰는 말. 혜존(惠存).

혜:검 (慧劍)[–/혜–] [명] 〖불〗 지혜가 번뇌를 끊어 버리는 것을, 날카로운 칼이 물건을 끊어 버리는 데 비유한 말.

혜:고 (惠顧)[–/혜–] [명][하자타] **1** 남의 방문에 대한 존칭. 왕림. 혜래(惠來). 혜림(惠臨). 혜왕(惠枉). **2** 은혜를 베풀어 잘 돌보아 줌.

혜:교 (慧巧)[–/혜–] [명] 밝은 슬기와 교묘한 기교.

혜:군 (惠君)[–/혜–] [명] 자비로운 임금.

혜:근 (慧根)[–/혜–] [명] 〖불〗 **1** 오근(五根)의 하나. 도를 낳는 바탕이 되는 지혜. **2** 진리를 깨닫게 하는 지혜의 힘.

혜:념 (惠念)[–/혜–] [명][하자] 상대방이 나를 돌보아 줌을 높여 이르는 말《흔히, 편지에서 청탁하는 말로 씀》.

혜:당 (惠堂)[–/혜–] [명] 〖역〗 '선혜당상(宣惠堂上)'의 준말.

혜:란 (蕙蘭)[–/혜–] [명] 〖식〗 난초의 일종. 잎이 난초보다 길고 빳빳하며 꽃의 빛깔은 부옇고 늦봄에 한 줄기에 열 개쯤 핌. 향기는 난초보다 못함.

혜:래 (惠來)[–/혜–] [명][하자] 혜고1.

혜:량 (惠諒)[–/혜–] [명][하타] 편지 등에서, '남이 헤아려 살펴서 이해함'이란 뜻으로 쓰는 말. ❏ 소생의 뜻을 ~하여 주시기 바랍니다.

혜:력 (慧力)[–/혜–] [명] 〖불〗 **1** 오력(五力)의 하나. 지혜는 능히 번뇌를 끊을 수 있는 힘이 있다는 것. **2** 욕계·색계·무색계의 견혹(見惑)과 사혹(思惑)을 파하고, 번뇌 없는 순수한 무루(無漏) 지혜를 발하는 힘. **3** 사제(四諦)의 도리를 여실히 판단해 아는 작용.

혜:림 (惠臨)[–/혜–] [명][하자] 혜고1.

혜:망 (彗芒)[–/혜–] [명] 〖천〗 혜성(彗星)의 뒤에 꼬리 같이 길게 끌리는 빛.

혜:명 (慧命)[–/혜–] [명] 〖불〗 **1** 불법의 명맥을 맡아 이어 가는 비구(比丘)를 높여 이르는 말. **2** 지혜를 생명에 비유하여 일컫는 말.

혜:무 (惠撫)[–/혜–] [명][하타] 은혜를 베풀어 어루만져 줌.

혜:민-국 (惠民局)[–/혜–] [명] 〖역〗 고려와 조선 초에, 백성의 질병 치료를 맡아보던 관아.

혜:민-서 (惠民署)[–/혜–] [명] 〖역〗 조선 때, 가난한 백성을 무료로 치료해 주던 관아《혜민국을 고친 이름》.

혜:민-원 (惠民院)[–미눤/혜미눤] [명] 〖역〗 대한 제국 때에, 가난한 백성을 구호하고 치료해 주는 일을 맡아보던 관아《1901년에 설치했음》.

혜:민-하다 (慧敏―)[–/혜–] [형][여] 슬기롭고 민첩하다. 혜오(慧悟)하다.

혜:분난비 (蕙焚蘭悲)[–/혜–] [명] 혜란(蕙蘭)이 불에 타면 난초가 슬퍼한다는 뜻으로, 벗의 불행을 슬퍼함의 비유.

혜:사 (惠賜)[–/혜–] [명][하타] 은혜를 베풀어 무엇을 줌. 혜여(惠與). 혜증(惠贈).

혜:서 (惠書)[–/혜–] [명] 남의 편지에 대한 높임말. 혜음(惠音). 혜찰(惠札). 혜한(惠翰). 혜함(惠函).

혜:성 (彗星)[–/혜–] [명] **1** 〖천〗 빛나는 긴 꼬리를 끌고 태양을 초점으로 하여 포물선이나 타원의 궤도를 도는 천체. 꼬리별. 살별. 미성(尾星). **2** 어떤 분야에 갑자기 나타나 두각을 나타냄을 비유하는 말. ❏ 연예계에 ~처럼 등장하다.

혜:성 (慧性)[–/혜–] [명] 민첩하고 총명한 성질.

혜:송 (惠送)[–/혜–] [명][하타] 남이 보냄의 높임말.

혜:시 (惠示)[–/혜–] [명][하타] 남이 알려 줌의 높임말《흔히, 편지에 씀》.

혜:시 (惠施)[–/혜–] [명][하타] 은혜로 베풂.

혜:심 (慧心)[–/혜–] [명] **1** 총명하고 슬기로운 마음. **2** 〖불〗 불도의 지혜로운 마음.

혜아리다 [타] 〈옛〉 헤아리다.

혜:안 (慧眼)[–/혜–] [명] **1** 사물의 본질을 꿰뚫어 보는 안목과 식견. ❏ 앞날을 내다보는 ~. **2** 〖불〗 차별·망집(妄執)의 생각을 버리고 진리를 통찰하는 눈.

혜:애 (惠愛)[–/혜–] [명][하타] 은혜롭게 사랑함.

혜:여 (惠與)[–/혜–] [명][하타] 혜사(惠賜).

혜:오-하다 (慧悟―)[–/혜–] [형][여] 혜민(慧敏)하다.

혜:왕 (惠枉)[–/혜–] [명][하자] 혜고(惠顧)1.

혜:육 (惠育)[–/혜–] [명][하타] 은혜를 베풀어서 기름.

혜:음 (惠音)[–/혜–] [명] 혜서(惠書).

혜:인 (惠人)[–/혜–] [명] 〖역〗 조선 때, 정·종사품 종친(宗親)의 아내에게 주던 품계 이름. 온인(溫人)의 위, 신인(愼人)의 아래임.

혜:전 (惠展)[–/혜–] [명] '어서 펴 보십시오'의 뜻《편지 겉봉의 가에 써서 경의를 표함》.

혜:존 (惠存)[–/혜–] [명] '받아 간직해 주십시오'의 뜻《자기의 저서나 작품을 증정할 때 상대방 이름 아래에 씀》.

혜:증 (惠贈)[–/혜–] [명][하타] 혜사(惠賜).

혜:지 (慧智)[–/혜–] [명] 총명한 슬기.

혜:찰 (惠札)[–/혜–] [명] 혜서(惠書).

혜:택 (惠澤)[–/혜–] [명] 은혜와 덕택. ❏ 편리한 문명의 ~/~을 받다.

혜:투 (惠投)[–/혜–] [명][하타] 상대방을 높이어, '그가 무엇을 보내 줌'을 가리키는 말. 혜척(惠擲).

혜:풍 (惠風)[–/혜–] [명] **1** 화창하게 부는 봄바람. **2** '음력 3월'의 딴 이름.

혜:한 (惠翰)[–/혜–] [명] 혜서(惠書).

혜:함 (惠函)[–/혜–] [명] 혜서(惠書).

혜:해 (慧解)[–/혜–] [명][하타] 〖불〗 지혜로 모든 사리를 해득함.

혜:화 (惠化)[–/혜–] [명][하타] 은혜를 베풀어 교화함.

혜:휼 (惠恤)[–/혜–] [명][하타] 자비심으로 어루만져 돌보아 줌.

호: (戶) [一][명] 호적상(戶籍上)의 집. [二][의명] 집의 수를 세는 단위. ❏ 50 ~가량 되는 마을.

호 (胡) [명] 예전에, 중국에서 이적(夷狄)을 일컫던 말.

호 (弧) [명] 〖수〗 원둘레 또는 기타 곡선 위의 두 점에 의해 한정된 부분.

호 (毫) [一][명] 붓의 털끝. [二][수][관] 소수(小數)의 단위의 하나. 이(釐)의 10분의 1, 사(絲)의 10배. 곧, 10^{-3}.

호 (湖) [명] (주로 호수 이름 뒤에 쓰여) '호수'를 일컫는 말《접미사적으로도 씀》. ❏ 영랑~/

석촌~.

호(號) ⊟몡 **1** 본명이나 자(字) 이외에 쓰는 이름. 당호. 별호. ▢~로 부르다 / ~를 짓다. **2** (주로 '호가 나다'의 구성으로 쓰여) 세상에 널리 드러난 이름. ▢욕심이 많기로 ~가 난 사람. ⊟의몡 **1** 차례나 순서를 나타내는 말. ▢107 동 702~실 / 201~ 병실. **2** 같은 번지의 집들이 여럿이 있을 경우에, 일정하게 순서를 매기어 쓰는 말. ▢35 번지 3~. **3** 신문이나 잡지 등 정기 간행물의 발행 순서·발행월·발행 계절·종별 등을 나타내는 말. ▢일월 ~ / 임시 증간 ~. **4**〖印〗활자의 크기를 나타내는 말(숫자가 커질수록 활자가 작아짐). **5**〖미술〗그림의 화포(畫布)의 크기를 나타내는 말(숫자가 커질수록 화포가 커짐).

호(壕)몡 '참호(塹壕)'의 준말.

호(濠)몡 성벽 바깥을 도랑처럼 파서 물이 괴게 한 곳.

호'튀타 입을 약간 오므리고 입김을 많이 불어 내는 소리. ▢언 손을 녹이려고 입김을 ~ 불다. ⊕후.

호²감 뜻밖의 일에 놀라거나 감탄하는 소리. ▢~, 힘이 대단하군요.

호:-(好)튀 일부 명사 앞에 붙어, '좋은'의 뜻을 나타냄. ▢~경기 / ~시절.

호-(胡)튀 일부 명사 앞에 붙어, '중국에서 들여온'의 뜻을 나타냄. ▢~떡 / ~주머니 / ~고추.

-호(號)回 배·비행기·기차 따위의 이름에 붙여 쓰는 말. ▢새마을~ / 무궁화~.

호:가(好價)[-까]몡 좋은 값.

호가(呼價)[-까]몡하자 **1** 팔거나 사려는 물건의 값을 부름. ▢수백만 원을 ~하는 보석. **2**〖經〗증권 시장에서, 매도(賣渡)·매수(買受)하려는 사람이 표시하는 가격.

호가(胡笳)몡 풀잎피리.

호가(胡歌)몡 오랑캐의 노래.

호:가(浩歌)몡하자 큰 소리로 노래 부름. 또는 그 노래.

호:가(扈駕)몡하자〖歷〗임금이 탄 수레를 호위하며 뒤따르던 일.

호가호위(狐假虎威)몡하자 여우가 호랑이의 위세를 빌려 호기를 부린다는 뜻으로, 남의 권세를 빌려 위세를 부림의 비유.

호:각(互角)몡 서로 역량이 같음. 또는 그런 상태. ▢~의 역량 / 두 팀의 기량이 ~을 이루다.

호:각(號角)몡 불어서 소리를 내는 신호용의 물건. ▢~을 불다. *호루라기.

호:각지세(互角之勢)[-찌-]몡 역량이 서로 비슷한 위세.

호:감(好感)몡 '호감정'의 준말. ▢~을 주는 태도 / ~을 갖다. ↔악감(惡感).

호:-감정(好感情)몡 좋게 여기는 감정. ↔악감정. ⊜호감.

호강몡하자 호화롭고 편안한 삶을 누림. ▢~하며 자란 사람 / 분에 넘치는 ~ / 부모님 ~ 시켜 드려야 할 텐데.

호강-스럽다[-따][-스러워, -스러우니]톙ⓗ 호화롭고 편안한 삶을 누리는 듯하다. ▢호강스러운 살림. **호강-스레**튀

호강-작첩(-作妾)몡하자 호강으로 첩을 얻음. 또는 그 첩.

호강-첩(-妾)몡 호강하는 첩. 또는 부유한 사람을 만나 호강스럽게 지내는 첩.

호강-하다(豪强-)톙여 세력이 뛰어나게 세다.

호객(呼客)몡하자 장사나 음식점 따위에서 말이나 짓 등으로 손님을 끎. ▢~ 행위.

호건(好件)[-껀]몡 물건이나 좋은 일.

호건-하다(豪健-)톙여 아주 세차고 굳세다.

호걸(豪傑)몡 지혜와 용기가 뛰어나고 기개와 풍모가 있는 사람. ▢당대의 ~ / 장안의 ~. *준걸(俊傑).

호걸-스럽다(豪傑-)[-따][-스러워, -스러우니]톙ⓗ 호걸다운 데가 있다. **호걸-스레**튀

호걸-풍(豪傑風)몡 호걸의 기풍(氣風)이나 풍모. ▢~의 사나이.

호격(呼格)[-껵]몡〖言〗명사나 대명사가 부르는 말로 쓰인 격.

호격 조:사(呼格助詞)[-껵쪼-]〖言〗사람이나 물건 따위를 부를 때 쓰는 격조사('영수야'의 '야', '개똥아'의 '아' 등). 부름자리토씨.

호:-결과(好結果)몡 좋은 결과. 호과(好果).

호:-경기(好景氣)몡 좋은 경치.

호:-경기(好景氣)몡〖經〗모든 경제 활동이 정상 이상으로 활발한 상태. 호황(好況). ▢~를 누리다 / ~를 타다. ↔불경기.

호:고(好古)몡하자 옛것을 좋아함.

호:-고(好古家)몡 옛것을 좋아하는 사람.

호-고추(胡-)몡 중국 북동 지방에서 생산되는 고추.

호:곡(號哭)몡하자 목 놓아 슬피 욺. 또는 그런 울음.

호:곡-성(號哭聲)[-썽]몡 목 놓아 슬피 우는 울음소리.

호:골(虎骨)몡〖한의〗호랑이의 뼈(근골을 튼튼하게 하는 데나 관절통에 약재로 씀).

호:과(好果)몡 호결과.

호과(胡瓜)몡〖植〗오이.

호과(瓠果)몡〖植〗박과에 딸린 식물의 열매. 거죽이 단단하고 속살에 씨가 있음. 수박·참외·오이 따위.

호광(弧光)몡 두 개의 전극(電極) 사이에서 발생하는 활동처럼 굽은 모양의 빛.

호광-등(弧光燈)몡 아크등(arc燈).

호광-로(弧光爐)[-노]몡 호광이 발생할 때의 열을 이용한 전기로.

호:구(戶口)몡 집의 수효와 식구 수. ▢~를 파악하다.

호:구(虎口)몡 **1** 범의 아가리라는 뜻으로, 매우 위험한 지경이나 경우를 이르는 말. ▢가까스로 ~를 벗어나다. **2** 바둑에서, 상대편 바둑 석 점이 이미 짜고 있는 그 속. ▢~를 치다. **3** 어수룩하여 이용하기 좋은 사람의 비유. ▢~를 잡다 / ~가 걸리다.

호구(糊口·餬口)몡하자 입에 풀칠을 한다는 뜻으로, 겨우 먹고 삶을 이르는 말.

호:구(護具)몡 검도·태권도 따위에서, 몸을 보호하기 위하여 머리에 쓰거나 몸의 일부를 가리는 기구. 방구(防具).

호:구-만명(戶口萬明)몡〖민〗천연두로 죽은 사람의 귀신.

호:구-별성(戶口別星)[-썽]몡〖민〗집집이 다니며 천연두를 앓게 한다는 여신. 두신(痘神). ⊜별성.

호:구 조사(戶口調査)〖社〗**1** 호수(戶數)와 인구를 조사하는 일. **2** 집집이 다니며 가족의 동태를 조사하는 일.

호구지계(糊口之計)[-/-계]몡 호구지책.

호구지책(糊口之策)몡 겨우 먹고 살아가는 방책. 호구지계. 호구책. ▢~을 마련하다.

호구-책(糊口策)몡 호구지책.

호드득대다

호구(胡狗)图 1 미개한 야만인의 나라. 2 북방의 오랑캐 나라.

호:국(護國)图[허자] 나라를 지키고 보호함. ▢ ~ 명령 / ~ 불교.

호군(犒軍)图[하타] 호궤(犒饋).

호:군(護軍)图〔역〕 1 조선 때, 오위(五衛)의 정사품 무관 벼슬. 2 고려 말기의 장군(將軍)의 고친 이름.

호:굴(虎窟)图 범의 굴이라는 뜻으로, 가장 위험한 곳의 비유. 범굴. 호혈(虎穴).

호궁(胡弓)图〔악〕 1 동양 현악기의 하나. 말총으로 맨 활로 탐. 2 호금(胡琴)2.

호궤(犒饋)图[하타] 음식을 베풀어 군사를 위로함. 호군(犒軍). ▢ 돼지를 잡아서 군사를 ~하다.

호금(胡琴)图〔악〕 1 비파(琵琶)의 딴 이름. 2 당악(唐樂)에 쓰는 현악기의 한 가지《대로 만들어 뱀 껍질을 입혔음》. 호궁(胡弓).

호:기(好奇)图[하자] 신기한 것을 좋아함.

호:기(好期)图 좋은 시기. 호시기.

호:기(好機)图 좋은 기회. 호기회. ▢ ~를 노리다 / ~가 다 지나가다.

호기(呼氣)图[하자] 1 기운을 내뿜음. 2 날숨. ↔흡기(吸氣).

호:기(浩氣)图 호연(浩然)한 기운. 호연지기.

호:기(號旗)图 신호하는 데 쓰는 기.

호기(豪氣)图 1 씩씩하고 호방(豪放)한 기상. ▢하늘을 찌를 듯한 ~. 2 꺼드럭거리는 기운. ▢~를 부리다 / ~를 떨다.

호기-롭다(豪氣-)[-따][-로워, -로우니]형ㅂ 1 씩씩하고 호방한 기운이 있다. ▢호기롭게 생긴 청년. 2 꺼드럭거리며 뽐내는 기운이 있다. ▢형이 호기롭게 한턱 크게 냈다. 호기-로이[]

호기-만발(豪氣滿發)图[하자] 꺼드럭거리며 뽐내는 기운이 온몸에 차서 겉으로 드러남.

호기-상(呼氣像)图 찬 유리나 운모(雲母) 등에 입김을 쐴 때 그 입김이 응결하여 나타나는 형상.

호:기-성(好氣性)[-썽]图 산소를 좋아하는 세균의 성질. 주기성(走氣性). ▢~ 미생물. 혐기성(嫌氣性).

호기-스럽다(豪氣-)[-따][-스러워, -스러우니]형ㅂ 호기로운 데가 있다. 호기-스레[]

호:기-심(好奇心)图 새롭고 신기한 것을 좋아하는 마음. ▢~을 유발하는 광고 / ~이 발동하다.

호기-음(呼氣音)图 호기로 인해 나는 소리《보통의 말소리》.

호:-기회(好機會)图 호기(好機).

호-나복(胡蘿蔔)图〔식〕당근.

호남(好男)图〔好男〕图 호남아.

호남(湖南)图〔지〕'전라남도'와 '전라북도'. ▢~의 곡창 지대.

호:-남아(好男兒)图 씩씩하고 쾌활하며 남자답게 잘생긴 남자. 호남. 호남자.

호:-남자(好男子)图 호남아.

호녀(胡女)图 1 만주족의 여자. 2 중국 여자를 얕잡아 부르는 말.

호-년(呼-)图[하자] '이년'·'저년' 하고 여자에게 '년' 자를 붙여 부름. ▢~하고 싸우다.

호:념(護念)图〔불〕 불보살이 선행(善行)을 닦는 중생을 늘 잊지 않고 보살펴 주는 일.

호노-자식(胡奴子息)图 호래아들.

호노한복(豪奴悍僕)图 예전에, 고분고분하지 않고 몹시 드센 종을 이르던 말.

호농(豪農)图 많은 땅을 가지고 짓는 농사. 또는 그런 집. 대농(大農).

호:다[타] 헝겊을 겹치어 바늘땀을 성기게 꿰매다. ▢구멍이 난 버선을 ~.

호단(毫端)图 붓끝.

호:담(虎膽)图〔한의〕 범의 쓸개《식욕 부진·어린아이의 경련 등에 씀》.

호담(豪談)图[하자] 호기(豪氣)롭게 말함. 또는 그런 말.

호:-담자(虎毯子)图 범의 가죽 무늬를 그린 담요《옛날 상류층에서 혼례식 따위의 의식 때 깔았음》.

호담-하다(豪膽-)형어 매우 담대하다.

호:-당(戶當)图 한 집 몫. 집마다 배당된 몫. ▢영농 자금으로 ~ 500만 원씩 융자해 주다.

호:당(湖堂)图〔역〕 독서당.

호:당(號當)图 그림의 한 호에 매기는 값. ▢~ 십만 원의 서양화.

호:대(戶大)图 술을 많이 마시는 사람. 술고래.

호:대-하다(浩大-)형어 썩 넓고 크다. ▢호대한 기세.

호도(胡桃)图 '호두'의 본딧말.

호도(糊塗)图[하타] 풀을 바른다는 뜻으로, 명확하게 결말을 내지 않고 일시적으로 감추거나 흐지부지 덮어 버림의 비유. ▢진상을 ~하다.

호도(弧度)[의명]〔수〕'라디안(radian)'의 구용어.

호도깝-스럽다[-쓰-따][-스러워, -스러우니]형ㅂ 말이나 행동이 경망하고 조급한 데가 있다. 호도깝-스레[-쓰-][]

호도-법(弧度法)[-뻡]图〔수〕라디안을 단위로 중심각을 재는 법.

호도-하다(糊塗-)图어 사리에 어두워서 흐리터분하다.

호되다[형] 매우 심하다. ▢호되게 꾸짖다 / 언론의 호된 비판을 받다.

호두图{←호도(胡桃)} 호두나무의 열매. 당추자(唐楸子).

호:두-각(虎頭閣)图〔역〕 조선 때, 의금부에서 죄인을 심문하던 곳.

호:두각-집(虎頭閣-)[-집]图〔건〕대문 지붕이 가로 되지 않고 용마루 밑의 머리빼기 밑에 문을 낸 집.

호두-나무图〔식〕가래나뭇과의 낙엽 활엽 교목. 높이 약 20m. 촌락 부근에 심음. 나무껍질은 회갈색, 굵은 가지가 많고 핵과(核果)는 가을에 익음. 열매는 식용하고 목재는 가구를 만드는 데 씀.

호두-엿[-엳]图 호두의 속살을 넣어서 만든 엿. 호두엿.

호두-잠(-簪)图 대가리를 호두 모양으로 새겨 만든 옥비녀.

호둣-속[-두쏙/-둗쏙]图 1 호두 열매의 안쪽 부분. 2 뒤숭숭하거나 복잡한 사물을 비유하는 말. ▢~ 같은 미로에서 헤어나다.

호드기图 봄철에 물오른 버들가지를 비틀어 뽑은 통껍질이나 짤막한 밀짚 토막 따위로 만든 피리.

호드득图[하자] 1 깨나 콩 따위를 볶을 때 튀는 작은 소리. 2 멀리서 총포나 딱총 따위가 부산하게 터지는 소리. 3 작은 나뭇가지나 검불 따위가 타들어 가는 소리. ㉣후드득.

호드득-거리다[-꺼-]图 1 호드득 소리가 계속 나다. 2 경망스럽게 자주 방정을 떨다. ㉣후드득거리다. 호드득-호드득[-드코-]图[하자]

호드득-대다[-때-][자] 호드득거리다.

호들갑㈆ 경망스럽게 야단을 피우는 말이나 행동. ▢~을 떨다 / ~을 피우다.

호들갑-스럽다[-쓰-따][-스러워-스러우니]㈇ 말이나 행동이 야단스럽고 방정맞다. ▢호들갑스럽게 반색하다. **호들갑-스레**[-쓰-]㈈

호등(弧燈)㈆ 아크등.

호-떡(胡-)㈆ 중국식 떡의 하나. 밀가루나 참쌀가루 반죽에 설탕으로 소를 넣어 둥글넓적하게 구워 냄.

호떡-집(胡-)[-찝]㈆ 호떡을 구워 파는 가게나 집.
　호떡집에 불난 것 같다⦗㉡⦘ 왁자지껄하게 떠드는 모양을 이르는 말.

호라지-좆[-좃]㈆⦗植⦘ 천문동(天門冬).

호:락(虎落)㈆ 1 '외번(外藩)'의 딴 이름. 2 범의 침입을 막는 울타리.

호락-질[-찔]㈆㉮ 남의 힘을 빌리지 않고 가족끼리 농사를 짓는 일.

호락-호락[-라코-]㈎㉮ 일이나 성격이 만만하여 다루기 쉬운 모양. ▢~ 넘어가지 않는다 / 세상은 그렇게 ~한 것이 아니야.

호란(胡亂)㈆ 1 호인(胡人)들이 일으킨 병란(兵亂). 2⦗歷⦘ '병자호란'의 준말. ──하다㈇㉠ 한데 뒤섞여서 어수선하다.

호:랑(虎狼)㈆ 범과 이리라는 뜻으로, 욕심이 많고 잔인한 사람의 비유.

호:랑-가시나무(虎狼-)㈆⦗植⦘ 감탕나뭇과의 상록 활엽 소교목. 잎은 어긋나고 두꺼우며 가시 모양의 톱니가 있음. 여름에 백색 꽃이 잎겨드랑이에 뭉쳐나며 핵과(核果)는 가을에 붉게 익음. 관상용으로 기르며 크리스마스트리로 많이 씀.

호:랑-나비(虎狼-)㈆⦗蟲⦘ 1 호랑나빗과의 나비의 총칭. 2 호랑나빗과의 곤충의 하나. 편 날개의 길이는 8~12cm이며, 누런 녹색이나 어두운 갈색에 검은 점이 있음. 애벌레는 '호랑나비벌레'라고 하는데 건드리면 악취가 남. 범나비. 봉접(鳳蝶).

호:랑나비-벌레(虎狼-)㈆⦗蟲⦘ 호랑나비의 애벌레. 감이나 귤 등 과수의 해충임. 범나비벌레.

호:랑-연(虎狼鳶)[-년]㈆ '虎' 자 모양으로 만든 종이 연.

호:랑-이(虎狼-)㈆ 1 고양잇과의 포유동물. 몸길이는 1.8~2.5m, 몸무게 200~300kg, 등에는 갈색 및 황갈색 바탕에 불규칙한 흑색·황색 반문이, 배 쪽에는 순백색에 검은 무늬가 있고, 꼬리에는 보통 여덟 개의 검은 무늬가 둘림. 성질이 사나워 다른 짐승을 잡아먹음. 범. 2 몹시 사납고 무서운 사람의 비유. ▢~ 영감 / ~ 선생님.
　[호랑이 개 어르듯] 속으로는 딴 생각을 하고 제 잇속만 찾으면서 당장은 가장 좋은 낯으로 상대방을 슬슬 달래어 환심을 사려고 한다는 말. [호랑이 굴에 가야 호랑이 새끼를 잡는다] 뜻하는 성과를 얻으려면 반드시 그에 마땅한 힘을 들고 기다려야 한다는 말. [호랑이 담배 먹을 적] 지금과는 아주 형편이 다른, 아주 까마득한 옛날. [호랑이도 제 말 하면 온다] ㉠그 자리에 없다고 하여 남의 흉을 함부로 보지 말라는 말. ㉡마침 이야기에 오르고 있는 사람이 바로 그때 나타났음을 이르는 말. [호랑이 보고 창구멍 막기] 어떤 위험한 일을 당하여 몹시 당황해 하며 미봉책으로 이것을 피하려는 행동을 이르는 말.

[호랑이에게 물려 가도 정신만 차리면 산다] 아무리 위급한 경우를 당하더라도 정신만 똑똑히 차리면 헤어날 수가 있다는 말.

호:-랑지심(虎狼之心)㈆ 범과 이리의 마음이라는 뜻으로, 사납고 모질어서 자비롭지 못한 마음의 비유.

호래-아들(胡-)[-우홀의아들] 배운 데 없이 막되게 자라 교양이나 버릇이 없는 놈. 호노(胡奴)자식. 호래자식. ㉥호레아들.

호래-자식(胡-子息)㈆ 호래아들.

호래-척거(呼來斥去)[-꺼]㈆㉠ 사람을 오라고 불러 놓고 다시 곧 쫓아 버림.

호:렴(戶斂)㈆⦗歷⦘ 집집마다 물리던 각종 조세(租稅).

호렴(胡-)㈆〔←호염(胡塩)〕 1 중국에서 나는 굵고 거친 소금. 청염(淸塩). 2 알이 굵고 거친 천일염.

호렵-도(胡獵圖)[-또]㈆ 오랑캐가 사냥하는 장면을 그린 그림.

호:령(號令)㈆㉠ 1 지휘하여 명령함. 또는 그 명령. ▢천하를 ~하다 / ~이 떨어지다. 2 큰 소리로 꾸짖음. ▢부하들에게 일을 빨리하라고 ~하다. 3 구령(口令).

호:령-바람(號令-)[-빠-]㈆ 큰 소리로 꾸짖는 서슬.

호:령-질(號令-)㈆㉮ 큰 소리로 꾸짖는 짓.

호:령-호령(號令號令)㈆㉮㉠ 정신을 차릴 틈도 없이 잇따라 큰소리로 꾸짖음.

호:례(好例)㈆ 좋은 예. 알맞은 예.

호로 분합문 아래에 박는 쇠 장식의 하나.

호로(胡虜)㈆ 1 중국 북방의 이민족인 '흉노'를 달리 이르는 말. 2 '외국인'을 얕잡아 이르는 말.

호로(葫蘆·壺蘆)㈆⦗植⦘ 호리병박.

호로(犒勞)㈆㉠ 음식을 주어서 수고를 위로함.

호로로㈎㉮ 1 호루라기나 호각 따위를 부는 소리. ㉥후루루. 2☞호르르.

호로록㈎㉮ 1 작은 새 따위가 날개를 가볍게 치며 갑자기 나는 소리. 또는 그 모양. ▢참새가 ~ 날아가다. 2 물이나 묽은 죽 따위를 빠르게 들이마시는 소리. 또는 그 모양. ▢숭늉을 ~ 마시다. ㉥후루룩. ㉧호록.

호로록-거리다[-꺼-]㈉㉠ 1 작은 새 등이 연달아 날다. 2 물이나 묽은 죽 따위를 빠르게 계속 들이마시다. ㉥후루룩거리다. ㉧호록거리다. **호로록-호로록**[-로코-]㈎㉮㉠

호로록-대다[-때-]㈉㉠ 호로록거리다.

호로-병(葫蘆瓶)㈆ '호리병'의 본딧말.

호록㈎㉮㉠ '호로록'의 준말. ㉥후록.

호록-거리다[-꺼-]㈉㉠ '호로록거리다'의 준말. ▢뜨거운 국물을 호록거리며 마시다. ㉥후록거리다. **호록-호록**[-로코-]㈎㉮㉠

호록-대다[-때-]㈉㉠ 호록거리다.

호롱㈆ 석유등의 석유를 담는 그릇.

호롱-불[-뿔]㈆ 호롱에 켠 불. ＊등잔불.

호료(糊料)㈆ 가공식품에 점성(粘性)과 안정성을 주기 위하여 사용하는 식품 첨가물의 하나(카세인·알긴산나트륨 따위).

호루라기㈆ 1 살구 씨의 양쪽 가운데에 구멍을 뚫고 속을 파내어 호각처럼 부는 것. 2 호각이나 우레 등의 통칭. 휘슬. ▢~를 불다.

호루루㈎㉮☞호로로1.

호루루기㈆☞호루라기.

호:류(互流)㈆㉠ 서로 바꾸거나 교류함.

호르르㈎㉮ 1 작은 새 따위가 날개를 치며 날아가는 소리. 또는 그 모양. 2 얇은 종이 따위가 타오르는 소리. 또는 그 모양. ㉥후르르.

호르몬 (hormone)圀《생》 내분비샘에서 분비되어 체액과 같이 체내를 순환하며 모든 기관에 여러 가지 중요한 작용을 행하는 물질의 총칭. 내분비물(內分泌物).

호르몬-선 (hormone腺)圀《생》 내분비샘.

호르몬 요법 (hormone療法)[-뇨뻡] 여러 가지 호르몬제(劑)를 사용하는 치료법.

호른 (독 Horn)圀《악》 금관 악기의 하나. 나팔꽃 모양이며, 음색은 부드럽고 애조(哀調)를 띰.

호리圀 한 마리의 소가 끄는 쟁기. *겨리.

호:리 (戶裏)圀 집 뒤. 뒤란.

호리 (狐狸)圀 1 여우와 살쾡이. □~ 요괴의 짓. 2 도량이 좁고 간사한 사람의 비유.

호리 (毫釐)圀 1 자나 저울 눈의 호(毫)와 이(釐). 2 몹시 적은 분량의 비유.

호리건곤 (壺裏乾坤)圀 호리병 속의 천지라는 뜻으로, 항상 술에 취하여 있음을 이르는 말.

호리다囘 1 매력으로 남을 유혹하여 정신을 흐리게 하다. □사내를 ~. ㉣후리다. 2 그럴 듯한 말로 속여 넘기다. □남을 호려서 이익을 얻다.

호리-병 (-瓶)圀 〔←호로병(葫蘆瓶)〕 호리병박 모양으로 생긴 병《술이나 약 따위를 휴대하는 데 씀》.

호리병-박 (-瓶-)圀《식》 박과의 한해살이 덩굴풀. 줄기는 덩굴손이 있으며, 여름에 흰 꽃이 피고, 장과(漿果)는 길쭉한데 가운데가 잘록함. 껍질이 단단하여 말려서 그릇으로 씀.

호리불차 (毫釐不差)圀 조금도 틀림이 없음.

호리지차 (毫釐之差)圀 아주 근소한 차이.

호리-질圀囘 호리로 논밭을 가는 일.

호리-천리 (毫釐千里)[-철-]圀 처음의 근소한 차이가 나중에는 큰 차이가 됨.

호리촌트 (독 Horizont)圀 근대 연극에서, 무대의 뒤에 설치해 놓은 'U' 자 모양의 굽은 벽이나 막.

호리-하다휑囘 몸이 날씬하고 가늘다. □호리한 몸매.

호리-호리휑휑 몸이 가늘고 키가 커서 날씬한 모양. □~한 몸집. ㉣후리후리.

호림圀 호리는 일이나 수단. ㉣후림.

호:마 (虎麻)圀《한의》 고삼(苦蔘)의 뿌리《하혈·황달에 씀》.

호마 (胡馬)圀 예전에, 중국 북방이나 동북방 등지에서 나던 말.

호마 (胡麻)圀《식》 참깨와 검은깨의 총칭. 지마(芝麻).

호마-유 (胡麻油)圀 참기름.

호마-인 (胡麻仁)圀《한의》 참깨나 검은깨를 한방에서 이르는 말《종창을 다스림》.

호마테 (독 Homate)圀 구상 화산.

호말 (毫末)圀 1 털끝1. 2 털끝만 한 작은 일. 또는 적은 양.

호:망 (虎網)圀 예전에, 범의 침입을 막기 위해 치던 그물.

호망 (狐網)圀 여우를 잡기 위해 치는 그물.

호매-하다 (豪邁-)휑囘 성질이 호탕하고 인품이 뛰어나다.

호맥 (胡麥)圀 호밀.

호면 (胡綿)圀 품질이 좋은 폼솜.

호면 (胡麵)圀 당면(唐麵).

호면 (湖面)圀 호수의 수면.

호:면 (護面)圀 검도에서, 얼굴과 머리를 보호하기 위해 쓰는 기구.

호:명 (好名)圀囘 이름이 나기를 좋아함.

호:명 (呼名)圀囘囘 이름을 부름. □~하는 사

람은 앞으로 나와 주세요.

호명 (糊名)圀囘 과거 때, 답안지에 쓴 응시자의 이름을 풀칠하여 봉하던 일.

호모 (呼母)圀囘 어머니라고 부름.

호모 (毫毛)圀 1 가는 털. 2 아주 근소함.

호모 (라 homo)圀 1 남자의 동성애. 또는 그것을 즐기는 사람. 2《생》 생물학상 순수하고 질(質)이 같은 것.

호모 사피엔스 (라 Homo sapiens) '지성인(知性人)'의 뜻으로, 동물학상 현재의 인류를 가리키는 학술어.

호모 에렉투스 (라 Homo erectus) 직립으로 현재 생존하는 인류의 조상으로 생각되는 화석 인류《자바 원인·베이징 원인 따위》.

호모 에코노미쿠스 (라 Homo economicus)《경》 경제인《타산적·공리적인 인간》.

호모 파베르 (라 Homo faber)《철》 '공작인(工作人)'의 뜻으로, 도구를 만들고 사용함을 인간의 특질로 보는 인간관.

호모포니 (homophony)圀《악》 어떠한 성부가 주선율을 전개하고, 다른 성부는 그것을 화성적으로 반주하는 음악. 또는 그런 형식.

호무-하다 (毫無-)휑 전혀 없다.

호:물 (好物)圀 1 훌륭한 물건. 2 즐기는 물건.

호물-거리다圀 이가 빠진 입으로 음식을 잇따라 가볍게 씹다 ㉣후물거리다. 호물-호물 圀囘囘

호물-대다囘 호물거리다.

호미圀 김맬 때 쓰는 농기구의 하나. 대개 삼각형의 날과 가는 목을 꼬부리고 자루를 낌. [호미로 막을 것을 가래로 막는다] 적은 힘으로 충분히 될 일을 기회를 놓쳐 큰 힘을 들이게 된다.

호미 (胡米)圀 중국에서 나는 쌀.

호미 (狐媚)圀 여우의 눈썹이라는 뜻으로, 알씬거리며 아양을 떠는 일의 비유.

호:미-난방(虎尾難放)圀 잡았던 호랑이의 꼬리를 놓기가 어렵다는 뜻으로, 위험한 일에 손을 대면 그만두기도 어렵고 계속하기도 어려움을 비유적으로 이르는 말.

호미-모圀 물이 적은 것 같은 데서 호미로 파서 심는 모.

호:미-씻이圀囘囘《민》 논매기의 만물을 끝낸 음력 7월쯤에 하루 쉬며 즐겨 노는 일.

호미-자락圀 1 호미의 끝 부분. 또는 그 길이. 2 호미 끝이 잘 들어갈 만큼 비가 옴《가뭄에 약간 비가 올 때 쓰는 말》.

호민 (豪民)圀 재물이 넉넉하고 세력이 있는 백성.

호:민-관 (護民官)圀《역》 고대 로마에서, 평민의 권익을 보호하기 위해 설립된 관직. 평민회만의 투표로 뽑았으며, 원로원이나 집정관의 결정에 대하여 거부권을 가졌음.

호-밀 (胡-)圀《식》 볏과의 한해살이 또는 두해살이풀. 밀과 비슷하나 키가 크고 잎은 작으며 짙은 녹색임. 열매의 가루는 식용·사료용 따위로 씀. 라이보리.

호밀-짚 (胡-)[-찝] 호밀의 대.

호:박圀 1《식》 박과의 한해살이 덩굴풀. 덩굴에는 거친 털이 있고 잎은 넓은 심장형임. 여름에 노란 큰 담황색 열매를 맺음. 잎과 열매는 식용함. 남과(南瓜). □~을 따다 / ~을 심다. 2《속》 못생긴 여자를 놀림조로 이르는 말.

[호박 덩굴이 뻗을 적 같아서야] 한창 흥할 때라고 함부로 세도 부릴 것이 아니라는 말.

[호박에 말뚝 박기] ㉠심술궂고 잔혹한 짓을 함을 이르는 말. ㉡'호박에 침 주기'의 뜻.
[호박에 침 주기] ㉠아무 반응이 없음을 이르는 말. ㉡아주 쉬운 일의 비유. [호박이 넝쿨째로 굴러 떨어졌다] 뜻밖에 좋은 물건을 얻거나 횡재를 했다.

호:박 (琥珀) [명] 〖광〗 지질 시대의 수지(樹脂) 따위가 땅속에서 수소·산소·탄소 등과 화합하여 돌처럼 된 광물《황색으로 거의 투명하고 광택이 있으며, 마찰하면 전기가 생겨 절연재나 장식용 따위로 씀》.

호:박-고지 [-꼬-] [명] 애호박을 얇게 썰어 말린 찬거리. 나물로 무쳐 먹음.

호:박-김치 [-낌-] [명] 애호박과 호박순을 썰어 온갖 고명을 쳐서 담근 김치.

호:박-꽃 [-꼳] [명] **1** 〖식〗 호박 덩굴에 피는 꽃《오렌지 빛의 대형 통꽃임》. **2** 예쁘지 않은 여자의 얼굴을 비유하여 이르는 말.
[호박꽃도 꽃이냐] 여자는 모름지기 예뻐야 한다는 말.

호:박-단 (琥珀緞) [-딴] [명] 평직으로 짠 견직 비단의 하나.

호:박-떡 [명] 오가리나 청둥호박을 얇게 썰어 넣고 만든 시루떡.

호:박-무름 [-방-] [명] 애호박을 길이로 세 골로 째고 그 틈에 갖은 양념을 하여 짓이긴 쇠고기를 넣어 찐 음식.

호:박-벌 [-뻘] [명] 〖충〗 꿀벌과의 곤충. 몸길이는 2 cm 정도, 암벌과 일벌은 몸이 검은 털로 덮여 있고 가슴과 배 부분은 누런 털로 덮여 있음. [준]박벌.

호:박-범벅 [-뻠-] [명] 청둥호박과 찹쌀가루를 버무려서 되게 쑨 음식.

호:박-산 (琥珀酸) [-싼] [명] 〖화〗 '숙신산'의 구칭.

호:박-색 (琥珀色) [-쌕] [명] 호박의 빛깔과 같이 투명한 누런색.

호:박-씨 [명] 호박의 씨.
[호박씨 까서 한입에 털어 넣는다] 애써 푼푼이 모은 것을 한꺼번에 털어 없애는 경우의 비유.
호박씨(를) 까다 [구] 안 그런 척하며 내숭을 떨다.

호:박-엿 [-방녇] [명] 청둥호박을 고아 만든 엿.

호:박-유 (琥珀油) [-방뉴] [명] 〖화〗 호박을 건류하여 만든 기름《랙(lac)을 만드는 데 씀》.

호:박-잎 [-방닙] [명] 호박의 잎사귀.
[호박잎에 청개구리 뛰어오르듯] 나이 적은 사람이 나이 많은 사람에게 버릇없이 구는 경우의 비유.

호:박-전 (-煎) [-쩐] [명] 애호박을 통으로 얇게 썰어 밀가루와 달걀을 씌워서 지진 음식.

호:박 주추 (-柱-) [-쭈-] 〖건〗 원기둥 모양으로 다듬어 만든 주추《두리기둥 밑에 받침으로 씀》.

호:박-죽 (-粥) [-쭉] [명] **1** 토장국에 쌀과 쇠고기를 이겨 넣고 끓이다가 애호박을 썰어 넣고 쑨 죽. **2** 호박을 삶아서 짓이겨 팥을 넣고 쌀가루를 풀어서 쑨 죽.

호:박-지짐이 [-찌지미] [명] 애호박을 얇게 저미고 파를 썰어 넣어 된장이나 고추장을 풀어서 만든 지짐이.

호:박-풍잠 (琥珀風簪) [명] 호박으로 만든 풍잠.

호:반 (虎班) [명] 〖역〗 무반(武班). 서반(西班). ↔학반(鶴班).

호반 (湖畔) [명] 호숫가. ❑~의 도시 / ~의 별장.

호:반 (皓礬) [명] 〖화〗 '황산아연'의 속칭.

호반-새 (湖畔-) [명] 〖조〗 호반샛과의 물새. 몸길이는 23 cm 정도로, 호숫가·활엽수림 따위에 사는 여름새임. 여러 가지 빛깔로 아름다우며, '비르르비르르' 하고 욺. 양어(養魚)에 해가 됨. 적비취.

호:반-석 (虎斑石) [명] 〖광〗 검은 바탕에 흰 점이 아롱진 돌《벼루를 만드는 데 씀》.

호:반-유 (虎斑釉) [명] 도자기에 호랑이 가죽 같은 무늬를 내는 데에 쓰는 잿물.

호발 (毫髮) [명] 자디잔 털《아주 작은 물건》.

호발부동 (毫髮不動) [명][하자] 조금도 움직이지 않음.

호:방 (戶房) [명] 〖역〗 조선 때, 호전(戶典)에 관한 일을 맡아보던, 승정원의 육방(六房)의 하나.

호방-하다 (豪放-) [형][여] 기개가 장하여 작은 일에 거리낌이 없다. 호종(豪縱)하다. ❑호방한 기상 / 호방하게 웃다. **호방-히** [부]

호-배추 (胡-) [명] **1** 중국 종(種)의 배추. **2** 재래종에 대하여, 개량한 '결구(結球)배추'를 일컫는 말.

호백구 (狐白裘) [-꾸] [명] 여우 겨드랑이의 흰 털이 있는 부분의 가죽으로 만든 갖옷.

호버크라프트 (Hovercraft) [명] 지면·수면·해면에 압축 공기를 뿜어내어 기체(機體)를 띄워서 나는 에어쿠션선(air cushion船)의 상표명.

호:번-하다 (浩繁-) [형][여] 넓고 크며 번거롭게 많다.

호:법 (護法) [명][하자] **1** 법을 수호함. **2** 〖불〗 불법을 지킴. **3** 〖불〗 염불·기도로 요괴나 질병을 물리치는 일. 또는 그런 법력.

호:변 (好辯) [명] 훌륭한 말솜씨.

호:변 (虎變) [명] 범의 가죽 무늬처럼 곱게 변하여 아름답다는 뜻.

호:별 (戶別) [명] 집집마다. ❑~ 방문.

호:별-세 (戶別稅) [-쎄] [명] 예전에, 살림살이를 하는 집을 표준으로 하여, 집집마다 징수하던 지방세의 한 가지.

호:병 (虎兵) [명] 매우 용맹스러운 병사.

호복 (胡服) [명] **1** 만주인의 옷. **2** 야만인의 복제.

호:봉 (號俸) [一][명] 직계(職階)·연공(年功) 등을 기초로 하여 정해진, 그 급여 체계 안에서의 등급. ❑~이 높다. [二][의명] 급여의 등급을 나타내는 단위. ❑4급 2~.

호:부 (好否) [명] 좋음과 좋지 않음. 좋음과 나쁨. 호불호(好不好).

호부 (呼父) [명][하자] 아버지라고 부름. 곧 아버지로 모심.

호부 (豪富) [명] 세력이 있는 부자.

호:부 (護符) [명] 〖민〗 몸에 지니고 다니거나 문이나 벽에 붙여 두면 신불(神佛)의 힘으로 재액(災厄)을 면할 수 있다고 믿는 부적.

호:부견자 (虎父犬子) [명] 아비는 범인데 새끼는 개라는 뜻으로, 훌륭한 아버지에 비해 아들은 그렇지 못하다는 말.

호부-호모 (呼父呼母) [명][하자] 아버지·어머니라고 부름. 곧 부모로 모심.

호분 (胡粉) [명] 화장용의 흰 가루. 백분(白粉).

호:불호 (好不好) [명] 호부(好否).

호비다 [타] **1** 구멍이나 틈 속을 긁어서 파내다. ❑귀지를 호비어 파다. **2** 일의 내막을 깊이 파다. [큰]후비다. [여]오비다.

호비작-거리다 [-꺼-] [타] 계속해서 호비어 파내다. [큰]후비적거리다. [여]오비작거리다. **호비작-호비작** [-자코-] [부][하타]

호비작-대다 [-때-] [타] 호비작거리다.

호비-칼[명] 나무 같은 것의 속을 호비어 파내는 칼. 나막신 코의 속을 파낼 때 씀(몸이 바짝 굽고 날이 양쪽으로 났음).
호:사(好事)[명][하자] 1 좋은 일. 2 일을 벌여서 하기를 좋아함.
호사(豪士)[명] 호방한 사람.
호사(豪奢)[명][하자] 호화롭게 사치함. 또는 그런 사람. □분수에 넘치는 ~를 부리다.
호:사-가(好事家)[명] 1 일을 벌여서 하기를 좋아하는 사람. 2 남의 일에 특히 흥미를 가지고 말하기를 좋아하는 사람.
호사-난상(胡思亂想)[명][하자] 몹시 엉키어 어수선하게 생각함. 또는 그런 생각.
호:사-다마(好事多魔)[명][하형] 좋은 일에는 흔히 방해되는 일이 많음. 또는 그런 일이 많이 생김.
호사-바치(豪奢-)[명] 몸치장을 호사스럽게 하는 사람.
호사-수구(狐死首丘)[명] 1 여우가 죽을 때 머리를 제가 살던 굴 쪽으로 돌린다는 뜻으로, 죽을 때라도 근본을 잊지 않는다는 말. 2 고향을 그리워함의 비유.
호사-스럽다(豪奢-)[-따][-스러워, -스러우니][형ㅂ] 호화롭게 사치하는 데가 있다. □호사스러운 생활. 호사-스레[부]
호:사유피(虎死留皮) 표사유피(豹死留皮).
호사토읍(狐死兎泣)[명] 여우의 죽음에 토끼가 운다는 뜻으로, 같은 무리의 불행을 슬퍼함의 비유.
호산(胡算)[명] 수효를 기록하는 중국 특유의 부호(로사 숫자와 비슷함).
호산(葫蒜)[명][식] 마늘.
호산나(hosanna)[명][기] '구하옵나니, 이제 구원하소서'의 뜻을 가진, 하나님을 찬양하는 말(신약 성서에 나오는 말).
호:상(好喪)[명] 복을 누리며 오래 산 사람의 상사(喪事).
호상(弧狀)[명] 활등처럼 굽은 모양.
호상(胡牀)[명] 중국식 의자의 한 가지.
호상(湖上)[명] 호수의 위.
호상(壺狀)[명] 항아리처럼 배가 불룩하고 아가리가 벌어진 모양.
호상(壺觴)[명] 술병과 술잔.
호상(豪商)[명] 큰 규모로 장사하는 상인. 또는 돈이 많은 상인.
호:상(護喪)[명] 1 초상 치르는 모든 일을 주장하여 보살핌. 2 '호상차지'의 준말.
호:상-감응(互相感應)[명][전] 상호유도.
호:상-소(護喪所)[명] 초상 치르는 데에 관한 일을 맡아보는 곳.
호상 열도(弧狀列島)[-널또][지] 활등처럼 굽은 모양으로 배열되어 있는 열도(알류산 열도·일본 열도 따위).
호:상-차지(護喪次知)[명] 초상 치르는 모든 일을 주장하여 맡아보는 사람. ☞호상.
호상-하다(豪爽-)[명][형] 호탕하고 시원시원하다.
호상 화관(弧狀花冠)[식] 병꽃 꽃부리.
호:색(好色)[명][하자] 여색을 매우 좋아함. 탐색(貪色). □~에 빠지다.
호:색-가(好色家)[-까][명] 여색을 몹시 좋아하는 사람.
호:색-꾼(好色-)[명] 색골(色骨).
호:색-한(好色漢)[-새칸][명] 색한(色漢)1.
호:생(互生)[명][하자][식] 어긋나기.
호:생-오사(好生惡死)[명][하자] 살기를 좋아하고 죽기를 싫어함.
호:생지덕(好生之德)[명] 사형에 처할 죄인을

특사하여 살려 주는 제왕의 덕.
호:생지물(好生之物)[명] 아무렇게나 굴려도 죽지 않고 잘 사는 식물.
호서(湖西)[명][지] '충청남도'와 '충청북도'. 호중(湖中).
호서(狐犀)[명] 1 박의 속과 씨. 2 박속같이 희고 고운 치아(齒牙)의 일컬음.
호서-배(狐鼠輩)[명] 여우와 쥐의 무리라는 뜻으로, 간사하고 못된 무리를 비유하는 말.
호:석(虎石)[명] 석호(石虎).
호:석(護石)[명] 둘레돌.
호:선(互先)[명] 맞바둑. ↔정선(定先).
호:선(互選)[명][하타] 어떤 조직의 구성원들이 서로 투표하여 어떤 사람을 뽑음. 또는 그런 선거. □위원장을 ~으로 뽑다.
호선(狐仙)[명] 중국에서, 여우가 수천 년 동안 도를 닦아 되었다고 하는 신선.
호선(弧線)[명] 활등 모양으로 굽은 선.
호설(胡說)[명] 함부로 지껄이는 말.
호성(豪姓)[명] 그 지방에서 문벌이 좋고 세력이 있는 사람들의 성(姓).
호:-성적(好成績)[명] 좋은 성적.
호성-토(湖成土)[명][지] 소멸한 호수의 퇴적물로 된 토양.
호:세(怙勢)[명][하자] 권세를 믿음.
호세(豪勢)[명] 크고 강대한 세력.
호소(呼訴)[명][하자타] 억울하거나 딱한 사정을 남에게 하소연함. □눈물로 ~하다 / 여론에 ~하다 / 의사에게 통증을 ~하다.
호:소(虎嘯)[명] 1 범의 으르렁거리는 소리. 2 영웅의 활약을 비유한 말.
호소(湖沼)[명] 호수와 늪. 소호(沼湖).
호소-력(呼訴力)[명] 강한 인상을 주어 마음을 사로잡을 수 있는 힘. □~ 있는 연설.
호소-무처(呼訴無處)[명] 원통한 사정을 호소할 곳이 없음.
호소-문(呼訴文)[명] 딱한 사정 따위를 하소연하는 글.
호소 식물(湖沼植物)[-싱-][식] 호수·늪 따위의 물속이나 부근의 습지에 나서 자라는 식물.
호소-어업(湖沼漁業)[명] 호수나 늪에서 행하여지는 어업.
호:송(互送)[명][하타] 서로 보냄.
호:송(護送)[명][하타] 1 보호하여 운반함. □경찰관의 경호 속에 금괴를 ~하다. 2 죄인 등을 감시하면서 데려감. □법정으로 ~되어 온 피의자들.
호:송-원(護送員)[명] 호송의 임무를 맡아보는 사람.
호:송-차(護送車)[명] 1 사람이나 물건을 보내거나 옮길 때 따라가며 보호하는 차. 2 죄인 등을 감시하며 데워서 가는 차.
호:수(戶首)[명][역] 땅 여덟 결(結)을 한 단위로 공부(貢賦)를 바치는 책임을 지던 사람.
호:수(戶數)[-쑤][명] 집의 수효.
호:수(好手)[명] 1 기술이 뛰어남. 또는 그런 사람. 2 바둑이나 장기 따위에서, 잘 둔 수. ↔악수(惡手).
호:수(好守)[명][하자] 야구·축구 등에서, 수비를 잘함. 또는 훌륭한 수비. □~ 호타(好打).
호:수(虎鬚)[명] 1 범의 수염. 2 거친 수염. 3 [역] 옛 무장(武裝)의 하나(붉은 갓의 네 귀에 장식으로 꽂던 흰 새털).
호수(湖水)[명][지] 사면이 육지로 싸이고 땅이 우묵하게 들어가 물이 괴어 있는 곳(못이

나 늪보다 훨씬 넓고 깊음).

호:수 (號數)[-쑤][명] **1** 차례로 매긴 번호의 수효. □~를 확인하다. **2** 〖미술〗 그림 작품의 크기를 나타낼 때 쓰는 번호.

호:-수비 (好守備)[명] 운동 경기에서, 상대의 공격을 잘 막아 내는 일.

호:수 활자 (號數活字)[-쑤-짜] 〖인〗 호수로 크기를 정한 활자(초호(初號) 및 1호에서 8호까지 9종류이며, 지금은 포인트 활자를 많이 씀).

호숫-가 (湖水-)[-수까/-숟까][명] 호수의 언저리. 호반(湖畔).

호스 (hose)[명] 고무·비닐 등으로 자유롭게 휘어지도록 만든 관. 사관(蛇管).

호스텔 (hostel)[명] 여행하는 청소년을 위한 숙박 시설. *유스 호스텔.

호스트 (host)[명] 호스트 컴퓨터.

호스트 컴퓨터 (host computer) 〖컴〗 복수의 컴퓨터로 된 시스템에서, 중심이 되는 상위 기종의 컴퓨터.

호스티스 (hostess)[명] 카페나 바 따위에서 술 시중을 드는 여자.

호스피스 (hospice) 〖의〗 죽을 때가 임박한 환자와 그 가족의 고통을 줄여 주기 위한 의료·간호를 베푸는 봉사 활동. 또는 그런 일을 맡은 사람.

호:승-벽 (好勝之癖)[명] 남과 겨루어 이기기를 좋아하는 성미나 버릇. ⊛승벽(勝癖).

호:승-하다 (好勝-)[형여] 남과 겨루어 이기기를 좋아하는 성미가 있다.

호:시 (互市)[명] 두 나라 사이의 교역.

호시 (弧矢)[명] 나무로 만든 활과 화살.

호:시 (怙恃)[명] 믿고 의지한다는 뜻으로, 부모를 이르는 말.

호:시 (虎視)[명하타] **1** 범처럼 날카로운 눈초리로 쏘아봄. **2** 큰 뜻을 품고 형세를 살핌.

호:-시기 (好時期)[명] 호기(好期).

호시-성 (弧矢星)[천] 남극노인성(老人星)의 북쪽에 있는, 화살을 시위에 먹인 모양과 비슷한 아홉 개의 별.

호:-시절 (好時節)[명] 좋은 시절.

호:시-탐탐 (虎視眈眈)[명하타] 범이 눈을 부릅뜨고 먹이를 노려본다는 뜻으로, 기회를 노리고 가만히 형세를 살핌. 또는 그런 모양. □~ 기회를 노리다.

호:식 (好食)[명하타] **1** 좋은 음식. 또는 좋은 음식을 먹음. ↔악식(惡食). **2** 음식을 좋아하여 잘 먹음.

호:신 (虎臣)[명] 용맹한 신하.

호:신 (護身)[명하타] 몸을 보호함. □~ 무기 / ~을 위해 유도를 배우다.

호:신-법 (護身法)[-뻡][명] **1** 위험에서 자기 몸을 보호하는 방법. **2** 〖불〗 밀교(密敎)에서, 모든 마장(魔障)을 없애고, 마음과 몸을 보호하고 견고하게 하는 수법(인(印)을 맺고 다라니(陀羅尼)를 욈).

호:신-부 (護身符)[명] 〖불〗 호신용으로 지니는 부적.

호:신-불 (護身佛)[명] 〖불〗 재해에서 몸을 보호하고자 모시는 부처.

호:신-술 (護身術)[명] 몸을 보호하기 위한 무술(태권도나 유도 따위). □~을 익히다.

호:신-용 (護身用)[-뇽][명] 몸을 보호하는 데 쓰는 것. □~ 권총.

호:신-책 (護身策)[명] 몸을 보호할 꾀나 방법.

호심 (湖心)[명] 호수의 한가운데.

호:심-경 (護心鏡)[명] 〖역〗 갑옷의 가슴 쪽에 붙이던 호신용 구리 조각.

호안 (護岸)[명] 호수의 기슭.

호:안 (護岸)[명] 강이나 바다의 기슭이나 둑 따위가 무너지지 않도록 보호하는 일.

호:안-석 (虎眼石)[명] 〖광〗 푸른 석면이 풍화 변질하여 된 황갈색 돌(호랑이의 눈처럼 빛이 남. 장식용임).

호:양 (互讓)[명하타] 서로 사양하거나 양보함. □~ 정신.

호어 (好語)[명] 〖언〗 호칭어(呼稱語).

호:언 (好言)[명] 친절하고 듣기 좋은 말.

호언 (豪言)[명] 의기양양하여 호기롭게 하는 말. □절대 지지 않는다고 ~하다.

호언-장담 (豪言壯談)[명하타] 분수에 맞지 않는 말을 희떱게 지껄임. 또는 그 말. 대언장담(大言壯談).

호:역 (戶役)[명] 집집이 부과되는 부역(賦役).

호:역 (戶疫)[명] 〖한의〗 천연두(天然痘).

호:역 (虎疫)[명] 〖의〗 콜레라(cholera).

호:연 (好演)[명] 아주 훌륭한 연기나 연주.

호연 (胡宴)[명] 생일잔치.

호:연지기 (浩然之氣)[명] **1** 하늘과 땅 사이에 가득 찬 넓고 큰 원기(元氣). **2** 도의에 뿌리를 박고 공명정대하여 조금도 부끄러울 바 없는 도덕적 용기. **3** 사물에서 해방되어 자유스럽고 유쾌한 마음. 호기(浩氣).

호:연-하다 (浩然-)[형여] 넓고 크다. □호연한 기상 / 호연한 기운. **호:연-히** [부]

호:연-하다 (皜然-)[형여] **1** 아주 희다. **2** 아주 명백하다. **호:연-히** [부]

호:열자 (虎列刺)[-짜][명] 〖의〗 콜레라(본디, 중국에서의 음역 '虎列刺'에서 온 말).

호:염 (虎髥)[명] **1** 범의 수염. **2** 무인(武人)들의 무섭게 생긴 수염.

호염 (胡塩)[명] '호렴'의 본딧말.

호:오 (好惡)[명] 좋아함과 싫어함. □~의 감정 / ~가 분명하다.

호:왈-백만 (號曰百萬)[-뱅-][명] 실상은 얼마 되지 않는 것을 많다고 과장함.

호:외 (戶外)[명] 문의 바깥. 또는 집의 바깥. □~ 운동.

호:외 (號外)[명] **1** 특별한 일이 있을 때 임시로 발간하는 신문이나 잡지. □~를 발행하다. **2** 일정한 호수나 번호 밖의 것.

호:용 (互用)[명하타] 서로 넘나들며 씀.

호:용-리 (互用犂)[-니][명] 서양식의 보습. 볏을 좌우 양쪽에 붙여 교대로 씀.

호:우 (好友)[명] 좋은 벗.

호:우 (好雨)[명] 때를 맞추어 알맞게 오는 비. 영우(靈雨).

호우 (豪雨)[명] 줄기차게 내리퍼붓는 비. □~ 피해 / ~가 쏟아지다.

호우 경:보 (豪雨警報) 기상 경보의 하나. 12시간의 강우량이 150mm 이상 예상될 때 미리 알려 경고하는 일. □~를 발령하다.

호우 주:의보 (豪雨注意報)[-의-/-이-] 기상 주의보의 하나. 12시간의 강우량이 80mm 이상으로 예상될 때에 미리 알리어 주의를 주는 일.

호:운 (好運)[명] 좋은 운수. ↔악운.

호웅 (豪雄)[명] 호걸과 영웅.

호원 (呼冤)[명] 원통함을 하소연함.

호:원 (護援)[명하타] 일이 잘 이루어지도록 보호하고 도와줌.

호월 (胡越)[명] 중국 북쪽의 호나라와 남쪽의 월나라라는 뜻으로, 서로 멀리 떨어져 있음

을 이르는 말.

호:월(皓月)〔명〕썩 맑고 밝게 비치는 달.

호월(湖月)〔명〕호수에 비친 달.

호월-일가(胡越一家)[-릴-]〔명〕중국 북쪽의 호나라와 남쪽의 월나라가 한집안이라는 뜻으로, 온 천하가 한집안과 같다는 뜻으로 일컫는 말.

호:위(虎威)〔명〕범의 위세라는 뜻으로, 권세의 위력을 가리키는 말.

호:위(扈衛)〔명〕궁궐을 지킴.

호:위(護衛)〔명〕〔하타〕따라다니며 보호하고 지킴. □ ~ 병사 / 경호원의 ~를 받다.

호:위-병(護衛兵)〔명〕곁에 따라다니며 보호하여 주는 임무를 맡은 병사.

호:위-청(扈衛廳)〔명〕〔역〕조선 때, 궁궐을 지키는 일을 맡아보던 군영.

호:유(互有)〔명〕〔하타〕공동으로 소유함. 또는 서로 가지고 있음.

호유(豪遊)〔명〕〔자〕주로 화류계 같은 데서, 호화롭게 놂. 또는 그런 놀이.

호을아비〔명〕〈옛〉홀아비.

호을어미〔명〕〈옛〉홀어미. 과부.

호:음(好音)〔명〕1 기쁜 소식. 2 듣기 좋은 소리나 음성.

호음(豪飮)〔명〕〔하자〕술을 썩 많이 마심.

호:읍(號泣)〔명〕〔하자〕목 놓아 큰 소리로 욺. 또는 그런 울음.

호응(呼應)〔명〕〔하자〕1 부름에 대답한다는 뜻으로, 부름이나 호소 따위에 대답하거나 응함. □ ~을 얻다 / ~에 힘입다. 2 서로 기맥이 통함. □ 내부의 ~하다. 3〔언〕앞에 어떤 말이 있을 때, 이에 응하는 말이 따르는 일(부정(否定)의 호응, 가정(假定)의 호응, 의문의 호응, 금지의 호응 따위).

호:의(好衣)[-/-이]〔명〕좋은 옷. ↔악의(惡衣)

호:의(好意)[-/-이]〔명〕친절한 마음씨. 또는 좋게 생각해 주는 마음. 선의(善意). □ ~를 베풀다 / ~를 보이다. ↔악의.

호:의(好誼)[-/-이]〔명〕가깝게 잘 지내는 좋은 정의(情誼). 가까운 정분(情分).

호:의(狐疑)[-/-이]〔명〕여우는 의심이 많다는 뜻에서, 매사에 지나치게 의심함을 이르는 말. □ ~ 준순(逡巡).

호:의(號衣)[-/-이]〔명〕〔역〕더그레1.

호:의-적(好意的)[-/-이-]〔관〕좋게 생각해 주는 (것). □ ~(인) 반응.

호의-현상(縞衣玄裳)[-/-이-]〔명〕1 흰 비단 저고리와 검은 치마 차림. 2 학(鶴)의 깨끗하고 아름다운 모습을 형용하는 말.

호:의-호:식(好衣好食)[-/-이-이]〔명〕〔하자〕좋은 옷을 입고 좋은 음식을 먹음. □ ~을 누리다 / ~하며 살다. ↔악의악식.

호:이(好餌)〔명〕1 좋은 미끼. 2 손쉽게 욕망의 희생이 되는 물건. 3 손쉽게 남을 꾀는 수단.

호이스트(hoist)〔명〕비교적 가벼운 물건을 들어 옮기는 기중기의 한 가지.

호:인(好人)〔명〕성품이 좋은 사람.

호인(胡人)〔명〕1 만주 사람. 2 야만인.

호:일(好日)〔명〕좋은 날.

호:자(好字)〔명〕인명이나 지명 따위를 지을 때의 좋은 글자.

호:자(虎子)〔명〕범의 새끼.

호:자-나무(虎刺-)〔명〕〔식〕꼭두서닛과의 늘 푸른 상록 활엽 관목. 산의 나무 그늘에 남. 높이 1m 정도. 잔 가지와 가시가 많고 잎은 혁질, 초여름에 흰 꽃이 피고, 핵과(核果)는 가을에 붉게 익음. 관상용임.

호:장(戶長)〔명〕〔역〕고을 구실아치의 우두머리. 또는 그 사람.

호:장(虎將)〔명〕범처럼 용맹스러운 장수.

호:장(護葬)〔명〕〔하타〕장의(葬儀) 행렬을 호위함. □ ~을 맡다.

호:장-근(虎杖根)〔명〕〔식〕마디풀과의 여러해살이풀. 산이나 들에 남. 높이 약 1.5m, 잎은 넓은 달걀 모양임. 여름에 흰색 또는 붉은색의 꽃이 핌(뿌리는 완화제(緩和劑)·이뇨제 등으로 씀). 감제풀.

호장-하다(豪壯-)〔형여〕1 호화롭고 장쾌하다. 2 세력이 강하고 왕성하다. 3 호탕(豪宕)하고 씩씩하다.

호:재(好材)〔명〕'호재료'의 준말.

호:-재료(好材料)〔명〕1 좋은 재료. 2〔경〕증권 거래에서, 시세를 상승시키는 원인이 되는 조건. ↔악재료. ⓟ호재.

호:저(好著)〔명〕좋은 저서(著書).

호저(豪猪)〔명〕〔동〕호저과의 포유동물. 몸길이 약 70cm. 남유럽·북아프리카의 산림·초원에 삶. 몸에는 부드러운 털과 뻣뻣한 털, 또는 가시털이 나 있고 위험이 닥치면 몸을 둥글게 움츠림.

호저 평야(湖底平野)〔지〕호수의 바닥이 드러나 이루어진 평야.

호:적(戶籍)〔명〕〔법〕호주(戶主)를 중심으로, 그 집에 속하는 사람의 본적지·성명·생년월일 따위의 신분에 관한 사항을 기록한 공문서. 2008년 호적법 폐지에 따라 '가족 관계 등록부'로 대체됨. 장적(帳籍). □ ~에 올리다.

호적(胡笛)〔명〕〔악〕태평소.

호:적(號笛)〔명〕1 신호로 부는 피리. 2 사이렌2.

호:적 등본(戶籍謄本)[-똥-]〔명〕〔법〕예전에, 호적 원본(原本)의 전부를 복사한 증명 문서.

호:적-부(戶籍簿)[-뿌]〔명〕예전에, 호적을 번지수에 따라 차례로 기록한 장부.

호:적-색(戶籍色)[-쌕]〔명〕각 고을의 군아에서 호적에 관한 일을 맡아보던 부서.

호:적-수(好敵手)[-쑤]〔명〕좋은 맞수. 또는 알맞은 상대. □ ~를 만나다.

호적-수(胡笛手)[-쑤]〔명〕예전에, 군중(軍中)에서 태평소를 불던 사람.

호:적 초본(戶籍抄本)〔명〕〔법〕예전에, 호적의 원본(原本) 가운데 청구자가 지정한 부분만 베낀 증명 문서.

호:적-하다(好適-)[-저카-]〔형여〕매우 적당하다. 아주 알맞다.

호:전(好戰)〔명〕〔하자〕싸움을 좋아함.

호:전(好轉)〔명〕〔하자〕1 어떤 일이 잘되어 가기 시작함. 2 경기가 ~되고 있다. 2 병의 증세가 나아지기 시작함. □ 병세가 ~되다.

호:전(護全)〔명〕〔하타〕온전하게 보호함.

호:전-성(好戰性)[-썽]〔명〕싸우기를 좋아하는 성질. □ 강한 ~.

호:전-적(好戰的)〔관〕〔명〕싸움하기를 좋아하는 (것). □ ~(인) 태도.

호접(胡蝶·蝴蝶)〔명〕나비2.

호접-장(蝴蝶裝)[-짱]〔명〕서적 장정의 한 가지. 인쇄된 면이 안쪽으로 오도록 가운데에서 반대로 접고, 그 접은 판심(版心)의 바깥쪽에 풀칠하는, 한 장의 표지를 가운데서 둘로 접은 책등 안쪽에 붙인 장정(한 장씩 펼치면 마치 나비가 나는 모양 같다 하여 붙인 이름임).

호젓-이〔부〕호젓하게. □시골에서 혼자 ~ 살고 있다.

호젓-하다[-저타-] 웹에 1 무서운 느낌이 들만큼 고요하고 쓸쓸하다. 2 호젓한 산길. 2 남과 떨어져 있어서 조용하다. 2 호젓한 시간. 3 외롭고 쓸쓸하다. 2 호젓하게 지내다.

호:정(戶庭) 명 집 안의 뜰.

호정(糊精) 명 『화』 덱스트린.

호:정-출입(戶庭出入) 명하자 병자나 노인이 겨우 마당 안까지만 드나듦.

호제(呼弟) 명하타 아우라고 부름.

호:조(互助) 명하자 서로 도움.

호:조(戶曹) 명 [고려·조선 때, 육조(六曹)의 하나. 호구(戶口)·공부(貢賦)·전곡(錢穀) 등에 관한 일을 맡던 관아. 탁지(度支).

호:조(好調) 명 상황이나 형편 따위가 좋은 상태. 2 경기가 ~를 보이다 / 수출이 급속도로 ~를 띠다.

호:조(護照) 명 『역』 조선 말기에 외국인에게 내주던 여행권. *행장(行狀).

호:-조건(好條件)[-껀] 명 좋은 조건. 또는 조건이 좋음. 2 ~을 제시하다 / ~으로 체결하다. ↔악조건.

호:조 판서(戶曹判書) 명 『역』 조선 때, 호조의 정이품 으뜸 벼슬. 춘호판.

호족(豪族) 명 재산이 많고 세력이 강한 집안.

호:족-반(虎足盤)[-빤] 명 개다리소반과 같되, 다리의 조각이 더 심한 소반(나주반(羅州盤)에 이 형식이 많음).

호졸근-하다 웹에 1 종이나 피륙 따위가 약간 젖어서 풀기가 없어져 보기 흉하게 늘어져 있다. 2 몸이 지치고 고단하여 축 늘어지듯 힘이 없다. 준후출근하다. **호졸근-히** 円

호종(胡種) 명 만주의 인종이나 물건.

호:종(扈從) 명하타 『역』 임금이 탄 수레를 호위하여 따르던 일. 또는 그 사람. 2 ~을 거느리다 / 어가(御駕)를 ~하다.

호종(號鐘) 명 신호로 치는 종.

호종-하다(豪縱-) 웹에 호방(豪放)하다.

호:주(戶主) 명 1 한 집안의 주장이 되는 사람. 2 『법』 호적법에서, 한 집안의 주인으로서 가족을 거느리며 부양할 의무가 있는 사람을 이르던 말. 2 ~ 상속.

호:주(好酒) 명하자 술을 좋아함.

호주(豪酒) 명하자 술을 잘 마심. 또는 그런 사람. 대주(大酒). 2 ~이름.

호주(濠洲) 명 『지』 '오스트레일리아'의 한자.

호:주-가(好酒家) 명 술을 몹시 좋아하는 사람. 2 말술도 마다 않는 ~.

호:주-권(戶主權)[-꿘] 명 『법』 예전에, 가족을 거느리는 호주가 가족을 통솔하기 위하여 갖던 권리.

호-주머니(胡-) 명 옷에 단 주머니. 2 각자 ~를 털어 성금(誠金)을 내다.

호죽(胡竹) 명 담배통이 투박하고 너부죽하게 생긴 담뱃대.

호중(湖中) 명 호서(湖西).

호중-천(壺中天) 명 별천지·별세계·선경(仙境) 등의 뜻으로 쓰는 말. 호중천지.

호중-천지(壺中天地) 명 호중천.

호지(胡地) 명 오랑캐 땅.

호:지(護持) 명하타 보호하여 지님.

호:차(戶車) 명 미닫이 밑에 홈을 파고 끼우는 작은 쇠바퀴.

호창(呼唱) 명하타 소리를 높여 부름.

호척(呼戚) 명하타 서로 촌수(寸數)를 대서 항렬을 찾아 부름.

호:천(互薦) 명하타 서로 추천함.

호:천(昊天) 명 1 넓고 큰 하늘. 2 구천(九天)의 하나. 서쪽 하늘. 3 사천(四天)의 하나. 여름 하늘.

호천-고지(呼天叩地) 명하자 매우 애통하여 하늘을 우러러 부르짖으며 땅을 침.

호:천-망극(昊天罔極) 명하형 어버이의 은혜가 하늘같이 넓고 커서 다함이 없음《주로 부모의 제사 때 축문(祝文)에 씀》.

호천-통곡(呼天痛哭) 명하자 하늘을 우러러 부르짖으며 목 놓아 욺.

호:-천후(好天候) 명 좋은 날씨. ↔악천후.

호:청(晧晴) ☞ 홑청. 「씨.

호청(晧晴) 명형 날씨가 맑게 갬. 또는 그런 날

호초(胡椒) 명 1 『식』 후추. 2 『한의』 후추의 껍질《설사·구토 따위에 씀》.

호:총(戶總) 명 민가의 총 수효.

호출(呼出) 명하타 1 전화 따위의 신호로 상대방을 부르는 일. 2 ~을 받다 / 담당자를 ~하다. 2 《속》 소환. 2 ~ 명령.

호출 부호(呼出符號) 콜 사인(call sign).

호출-장(呼出狀)[-짱] 명 소환장(召喚狀).

호:치(晧齒) 명 희고 깨끗한 이. 백치(白齒).

호:치(豪侈) 명하형 호화(豪華).

호:치-단순(晧齒丹脣) 명 단순호치.

호치키스(Hotchkiss) 명 종이를 철하는 기계《상표 이름》. 스테이플러.

호:침(虎枕) 명 호랑이 모양으로 만든 도자기 베개.

호:칭(互稱) 명하자 서로 부름.

호칭(呼稱) 명하타 이름 지어 부름. 또는 그 이름. 2 ~을 쓰다 / 선배라고 ~하다.

호칭-어(呼稱語) 명 『언』 사람이나 사물을 부르는 말《'어머니·여보·달아·무궁화여' 따위》. 부름말. 호어(呼語).

호-콩(胡-) 명 『식』 땅콩.

호쾌-하다(豪快-) 웹에 호탕하고 쾌활하다. **호쾌한** 円 성격.

호크(네 hock) 명 옷의 여미는 곳을 채울 때 단추처럼 쓰는 갈고리 모양의 물건.

호:탄(浩歎·浩嘆) 명하타 크게 탄식함. 또는 그런 탄식.

호:-탄자(虎-) 명 호피 무늬의 담요.

호탕불기(豪宕不羈) 명하자 기개가 호기로워 사소한 일에 얽매이지 않음.

호:탕-하다(浩蕩-) 웹에 1 물이 넓어서 끝이 없다. 2 세차게 뻗치는 듯한 힘이 있다. 2 호탕한 글씨체. 3 흐무러지게 아름답다. 2 호탕한 풍경.

호탕-하다(豪宕-) 웹에 기품이 호걸스럽고 방종(放縱)하다. 2 호탕한 성격.

호택(湖澤) 명 호수와 못.

호텐토트(Hottentot) 명 아프리카 인종의 하나. 칼라하리 사막 주변에 사는 황갈색 피부의 미개 종족임. 키가 작으며, 여자는 엉덩이가 많이 돌출한 것이 특징임.

호텔(hotel) 명 서양식의 규모가 큰 고급 여관. 2 ~에 묵다 / ~에 투숙하다.

호통 명하자타 몹시 화가 나서 크게 꾸짖음. 또는 그 소리.

　호통(을) 치다 用 크게 꾸짖고 주의를 주다.

호통-바람[-빠-] 명 《주로 '호통바람에'의 꼴로 쓰여》 호통을 치는 서슬.

호:투(好投) 명하자 야구에서, 투수가 공을 잘 던지는 일. 2 ~에 힘입어 승리하다.

호:판(戶判) 명 『역』 '호조 판서'의 준말.

호:-팔자(好八字)[-짜] 명 좋은 팔자.

호패(胡牌) 명 골패로 하는 노름의 하나. 톡.

호:패(號牌) 명 『역』 조선 때, 16세 이상의 남

자가 신분을 증명하기 위해 차던 직사각형의 패(성명·나이·태어난 해의 간지(干支)를 새기고 관아의 낙인을 찍음).

호:평(好評)[명][하다] 좋게 평함. 또는 그 평판. □～을 받다. ↔악평(惡評).

호:포(戶布)[역] 고려와 조선 때에, 봄과 가을에 집집마다 무명이나 모시 따위로 내던 세(稅).

호:포(號砲)[명] 군호(軍號)로 쏘던 대포.

호:표(虎豹)[명] 범과 표범.

호:품(好品)[명] 품질이 좋은 물품.

호풍(胡風)[명] 1 호인(胡人)의 풍속. 2 북풍.

호풍-환우(呼風喚雨)[명][하자] 요술로 바람과 비를 불러일으킴.

호프(독 Hof)[명] 한 잔씩 잔에 담아 파는 생맥주. 또는 그런 생맥주를 파는 맥줏집.

호:피(虎皮)[명] 범의 털가죽.

호:학(好學)[명][하다] 학문을 좋아함.

호:한(好漢)[명] 의협심이 많은 사람.

호한(沍寒)[명] 쩍쩍 얼어붙는 몹시 심한 추위. 혹한.

호:한-하다(浩瀚-)[형여] 1 넓고 커서 질펀하다. 2 책 따위가 아주 많다. 호:한-히[부]

호한-하다(豪悍-)[형여] 호방하고 사납다. 호한-히[부]

호:합(好合)[명][하자] 서로 좋게 잘 만남.

호항(湖港)[명] 큰 호숫가에 있는 항구.

호해(湖海)[명] 1 호수와 바다. 2 바다처럼 넓은 호수. 3 강호(江湖).

호:행(護行)[명] 보호하며 따라감.

호행-난주(胡行亂走)[명][하자] 함부로 날뛰며 돌아다님. 어지럽게 마구 행동함.

호:헌(護憲)[명] 헌법을 보호하여 지킴.

호:혈(虎穴)[명] 범굴. 호굴(虎窟).

호:협-하다(豪俠-)[-혀파-][형여] 호방하고 의협심이 있다. □호협한 기상.

호형(呼兄)[명][하타] 형이라고 부름.

호형(弧形)[명] 1 활의 모양. 2《수》활같이 굽은 모양.

호형-호제(呼兄呼弟)[명][하자] 서로 형이니 아우니 하고 부른다는 뜻으로, 매우 가까운 친구로 지냄을 일컫는 말. 왈형왈제. □～하는 사이.

호:혜(互惠)[-/-혜][명] 서로 도와 편익을 주고받는 일. □～ 평등.

호:혜 관세(互惠關稅)[-/-혜-][경] 통상 협정을 맺은 두 국가가 특정한 수입품에 대하여 서로 관세를 인하하여 무역 증진을 꾀하는 관세.

호:혜-무:역(互惠貿易)[-/-혜-][경] 두 나라가 대등한 입장에서 서로 이익이 되도록 거래하는 무역.

호:혜 조약(互惠條約)[-/-혜-][정] 제삼국보다 유리한 조건을 주고받기로 하고 두국가 사이에 맺는 통상 조약.

호:호(戶戶)[명] 집집. □부 집집마다.

호호(呼號)[명][하자] 1 큰 소리로 부르짖음. 2 크게 선전함.

호:호¹[부][하자] 입을 오므리고 간드러지게 웃는 모양. 또는 그 소리.

호:호²[부][하타] 입을 오므리고 입김을 자꾸 내뿜는 소리. 또는 그 모양. □손을 ～ 불다. @후후.

호호-거리다¹[자] 호호 소리를 자꾸 내다.

호호-거리다²[타] 호호 소리를 자꾸 내며 입김을 내뿜다. @후후거리다.

호호-대다¹[자] 호호거리다¹.

호호-대다²[타] 호호거리다².

호:호막막-하다(浩浩漠漠-)[-망마카-][형여] 끝없이 넓고 아득하다. □호호막막한 바다.

호:호-백발(皜皜白髮)[-빨][명] 온통 하얗게 센 머리. 또는 그런 머리를 한 노인.

호:호-야(好好爺)[명] 인품이 훌륭한 늙은이.

호:호-인(好好人)[명] 인품이 훌륭한 사람.

호:호탕탕-하다(浩浩蕩蕩-)[형여] 1 아주 넓어서 끝이 없다. 2 기세가 있고 힘차다. 호:호탕탕-히[부]

호:호-하다(浩浩-)[형여] 한없이 넓고 크다. 호:호-히[부]

호:호-하다(皓皓-)[형여] 1 깨끗하고 희다. 2 빛나고 밝다. 호호-히[부]

호홀지간(毫忽之間)[-찌-][명] 1 지극히 짧은 사이. 2 조금 어긋난 동안.

호화(豪華)[명][하다] 사치스럽고 화려함. 호치(豪侈). □～ 사치 풍조.

호화-롭다(豪華-)[-따][-로워, -로우니][형ㅂ] 사치스럽고 화려한 데가 있다. □호화로운 저택/실내를 호화롭게 꾸미다. 호화-로이[부]

호화-스럽다(豪華-)[-따][-스러워, -스러우니][형ㅂ] 호화로운 데가 있다. □호화스럽게 꾸민 집. 호화-스레[부]

호화-자제(豪華子弟)[명] 호화로운 집안에서 자란 젊은이.

호화찬란-하다(豪華燦爛-)[-찰-][형여] 눈부시도록 빛나고 호화롭다. □호화찬란하게 꾸며 놓은 호텔.

호화-판(豪華-)[명] 호화로운 판국. □～ 별장/～ 잔치를 벌이다.

호화-판(豪華版)[명] 호화롭게 꾸민 출판물.

호:환(互換)[명][하다] 서로 교환함. □～ 기능/부품의 ～이 가능한 컴퓨터.

호:환(虎患)[명] 사람이나 가축이 호랑이에게 당하는 화(禍). □～을 당하다/～을 입다.

호:환-성(互換性)[-썽][명] 1《공》기능 따위를 유지하면서 장치나 부품 등을 다른 기기의 그것과 서로 바꾸어 쓸 수 있는 성질. 2《컴》하드웨어·소프트웨어를 다른 종류의 컴퓨터나 장치에서 바꾸지 않고 그대로 쓸 수 있는 성질. □～이 있다.

호:황(好況)[명] 1 경기(景氣)가 좋음. 또는 그런 상황. □～을 누리다. 2《경》호경기. ↔불황.

호:-황련(胡黃蓮)[-년][명]《식》미나리아재빗과의 여러해살이풀. 산지의 나무 그늘에 남. 높이 10-30cm. 첫봄에 흰 꽃이 피고 뿌리는 약재로 씀.

호:-흉배(虎胸背)[명]《역》조선 때, 무관이 달던 흉배(네모진 비단에 당상관은 호랑이 두 마리, 당하관은 호랑이 한 마리를 수놓음). *학흉배.

호흡(呼吸)[명][하자타] 1 숨을 쉼. 또는 그 숨. □～을 가다듬다/엑스선 사진을 찍을 때는 ～을 멈추어야 한다. 2《생》생물체가 산소를 마시고 이산화탄소를 몸 밖으로 내보냄. 또는 그 작용. 3 함께 일을 하는 사람들과 조화를 이룸. 또는 그 조화. □～이 잘 맞는 사이.

호흡-근(呼吸根)[-끈][명]《식》공기뿌리의 한 가지. 산소가 부족한 진흙 속이나 물속에 뿌리를 내린 식물의 일부가 공기 속으로 뻗어 나와 호흡을 하는 것. 호흡뿌리.

호흡-근(呼吸筋)[-끈][명]《생》호흡할 때 흉곽을 확대하고 수축시키는 근육.

호흡-기(呼吸器)[-끼][명]《생》호흡 작용을 맡은 기관(고등 동물의 폐, 어류의 아가미, 곤

충류의 기관(氣管) 따위).

호흡-수 (呼吸數)[-쑤]**명** 일정한 시간 동안의 호흡의 횟수(성인의 경우 1분 동안에 평균 18회 호흡함).

호흡 운:동 (呼吸運動) **1**〖생〗폐가 호흡을 하기 위해 쉬지 않고 신축하는 일. **2**산소를 섭취하고 이산화탄소를 배출하기 위해 숨을 깊이 들이쉬고 내쉬는 운동.

혹¹**명 1**병적으로 불거져 나온 살덩이. 영류(瘻瘤). □~이 나다. **2**타박상으로 근육의 한 부분이 불룩하게 부어오른 것. □문짝에 이마를 부딪쳐 ~이 생겼다. **3**표면에 불룩하게 나온 부분. □등에 ~이 둘 있는 낙타. **4**방해물이나 짐스러운 물건, 일 따위를 비유하여 이르는 말. □재혼을 권하나 ~이 둘씩이나 달렸다. **5**식물의 줄기·뿌리 등에 툭 불거져 나온 것.

[혹 떼러 갔다 혹 붙여 온다] 이익을 얻으려다 오히려 손해를 본다.

혹²**뿐 1**적은 양의 액체를 단숨에 들이마시는 소리. 또는 그 모양. **2**입을 오므리고 입김을 세게 부는 소리. 또는 그 모양. 含혹.

혹 (或)**뿐 1**'혹시(或是)'의 준말. □~ 그가 범인일지도 모른다 / ~ 도와 드릴 일은 없는지요. **2**'간혹(間或)'의 준말. □~ 그런 경우도 있겠지요.

혹간 (或間)[-깐]**뿐** 간혹(間或). □~ 그가 나를 찾아올 때도 있다.

혹닉 (惑溺)[홍-]**명하자** 홀딱 반하여 빠짐.

혹-대패 [-때-]**명** 뒤대패.

혹독-하다 (酷毒-)[-또카-]**형여 1**몹시 심하다. □혹독한 비평. **2**마음씨나 하는 짓이 매우 모질고 악하다. □혹독하게 악하다. □혹독하게 야단을 치다.
혹독-히 [-또키] **뿐**

혹란 (惑亂)[홍난]**명하타** 미혹되어 어지러움.

혹렬-하다 (酷烈-)[홍녈-]**형여 1**몹시 혹독하고 심하다. **2**냄새가 지독하다. □혹렬한 악취. 혹렬-히 [-녈-]**뿐**

혹령 (酷令)[홍녕]**명** 가혹한 명령.

혹리 (酷吏)[홍니]**명** 무자비하고 혹독한 관리.

혹박-하다 (酷薄-)[-빠카-]**형여** 잔혹하고 박정(薄情)하다.

혹법 (酷法)[-뻡]**명하형** 법의 시행이 지나치게 엄격하다. 또는 그런 법.

혹-부리 [-뿌-]**명** 얼굴이나 목에 혹이 달린 사람. □~ 영감.

혹사-하다 (酷使)[-싸-]**명하타** 혹독하게 일을 시킴. □눈을 ~하는 직업 / 종업원을 ~하다 / 마소처럼 ~를 당하다.

혹사-하다 (酷似-)[-싸-]**형여** 꼭 같다고 할 만큼 닮다. 아주 비슷하다. 혹사-히 [-싸-]**뿐**

혹-살 [-쌀]**명** 소의 볼기 복판에 붙은 기름기가 많은 살(맛이 좋아 국거리로 씀).

혹서 (酷暑)[-써]**명** 몹시 심한 더위. 혹열(酷熱). 혹염(酷炎). ↔혹한(酷寒).

혹설 (或說)[-썰]**명** 어떤 사람의 말이나 학설.

혹설 (惑說)[-썰]**명** 사람을 흘리는 말이나 주장. □~을 흘리다.

혹성 (惑星)[-썽]**명** 행성(行星).

혹세 (惑世)[-쎄]**명하자** 어지러운 세상. **2**세상을 어지럽게 함.

혹세 (酷稅)[-쎄]**명** 가혹한 세금.

혹세-무민 (惑世誣民)[-쎄-]**명하자** 세상을 어지럽히고 세상 사람을 미혹하게 하여 속임.

혹속혹지 (或速或遲)[-쏘쿡찌]**명** 혹 빠르기도 하고 혹 느리기도 함.

혹술 (惑術)[-쑬]**명** 사람을 미혹(迷惑)시키는 술책(術策).

혹시 (或是)[-씨]**뿐 1**만일에. 혹야. 혹여. 혹자. □~ 실패하더라도 용기를 잃지 말게. **2**어쩌다가 우연히. □그를 만나면 알려 주세요. **3**확실한 것은 아니지만. 짐작하기로. □~ 사고는 아닌지 / 김 선생님이 아니신지요. 준혹(或).

혹시 (或時)[-씨]**뿐** 어쩌다가. 또는 어떤 때에.

혹시-나 (或是-)[-씨-]**뿐** '혹시'의 힘줌말. □~ 하고 기다렸지만 끝내 오지 않았다 / ~해서 남겨 두었다.

혹시혹비 (或是或非)[-씨-삐]**명** 옳기도 하고 그르기도 하여, 옳고 그른 것을 잘 분간할 수 없음.

혹신 (惑信)[-씬]**명하타** 아주 푹 빠져서 그대로 믿음.

혹심-하다 (酷甚-)[-씸-]**형여** 너무 지나치다. 매우 심하다. □혹심한 더위.

혹악-하다 (酷惡-)[호가카-]**형여** 잔인하고 포악하다.

혹애 (惑愛)**명하타** 몹시 사랑함.

혹야 (或也)**뿐** 혹시(或是).

혹여 (或如)**뿐** 혹시(或是). □~ 늦지나 않을까 걱정을 했답니다.

혹여-나 (或如-)**뿐** '혹여'를 강조하여 이르는 말. □~ 모르시는 분이 계실까 해서 말씀드립니다.

혹열 (酷熱)[홍녈]**명** 혹서(酷暑).

혹염 (酷炎)**명** 혹서(酷暑).

혹왈 (或曰)**뿐** 어떤 사람이 말하는 바.

혹우 (酷遇)**명** 혹독한 대우.

혹-은 (或-)**뿐** '그렇지 않으면'·'또는'의 뜻의 접속 부사. □내일 ~ 모레 / ~ 버스로, ~ 택시로 귀가하다.

혹자 (或者)[-짜]**대뿐** 어떤 사람. □~는 말하기를. 대뿐 '혹시'의 뜻의 접속 부사.

혹장 (酷杖)[-짱]**명** 혹독한 장형(杖刑).

혹정 (酷政)[-쩡]**명** 혹독한 정치.

혹초-하다 (酷肖-)**형여** 꼭 닮다.

혹취 (酷臭)**명** 매우 나쁜 냄새.

혹평 (酷評)**명하타** 가혹하게 비평함. 또는 그런 비평. 가평(苛評). □~을 가하다 / ~을 삼가다.

혹-하다 (惑-)[호카-]**자여** 아주 반하거나 빠져서 정신을 못 차리다. □책장수의 선전에 혹하여 책을 샀다.

혹한 (酷寒)[호칸]**명** 몹시 심한 추위. 호한(沍寒). □~으로 많은 등산객이 산막에 갇혔다. ↔혹서(酷暑).

혹해 (酷害)[호캐]**명** 몹시 심한 재해.

혹형 (酷刑)[호켱]**명하타** 가혹한 형벌. 또는 형벌을 가혹하게 함.

혹-혹 [호콕]**뿐하타 1**액체를 조금씩 계속해서 들이마시는 소리. 또는 그 모양. **2**입을 오므리고 계속해서 입김을 세게 내부는 소리. 또는 그 모양. 큰훅훅.

혹화 (酷禍)[호콰]**명** 혹심한 재화(災禍). □~를 입다.

혼명 '혼동'의 준말.

혼 (魂)**명** 넋. 얼. 정신. 영혼. □작가의 ~이 담긴 작품이다.

혼(을) 뽑다 **쿤** ㉠몹시 혼나게 하다. ㉡정신이 나가 얼떨떨하게 만들다.

혼(이) 나가다[빠지다] **쿤** 정신이 정상적인 상태에서 벗어나 무엇을 알아차리지 못하고 어리벙벙해 하다. □혼이 나간 사람처럼 멍청히 있다.

혼(이) 뜨다 ⬚ 정신을 잃을 정도로 몹시 놀라다.

혼가 (婚家)圏 혼인집.

혼-가 (渾家)圏 한집안의 온 식구. 혼권(渾眷).

혼간 (婚簡)圏 혼인 때 쓰는 사주단자와 택일단자. 또는 그 단자를 적은 종이.

혼-거 (混居)圏困困 잡거(雜居)¹. ↔독거(獨居).

혼겁 (魂怯)圏困困 혼이 빠지도록 겁을 냄. 또는 그 겁.

혼ː계영 (混繼泳)[-/-게-]圏 경영(競泳) 종목의 하나. 정해진 거리를 4명의 선수가 배영·평영·접영·자유형의 차례로 헤엄쳐 속도를 틀 겨룸. 200m와 400m가 있음. 혼합 경영.

혼계-하다 (昏計-)[-/-게-]匓웜 아주 젊고 세상 물정에 어둡다.

혼고 (昏鼓)圏『불』저녁 예불 때에 치는 북.

혼곤-하다 (昏困-)匓웜 정신이 흐릿하고 고달프다. 혼곤-히 위. ⬚~ 잠이 들다.

혼ː공 (渾恐)圏困困 모두 꺼림. 모두 두려워함.

혼교 (魂轎)圏 장사(葬事) 때, 고인이 생전에 입던 옷가지를 담아 가는 교자(轎子).

혼구 (婚具)圏 혼인에 쓰는 제구.

혼군 (昏君)圏 사리에 어둡고 어리석은 임금. 암군(暗君). 암주(暗主).

혼ː권 (渾眷)圏 혼가(婚家).

혼금 (閽禁)圏困困 『역』관아에서 잡인(雜人)의 출입을 금하던 데.

혼기 (婚期)圏 혼인하기에 적당한 나이. ⬚~를 놓친 처녀 / ~가 차다.

혼기 (魂氣)圏 영혼의 기운.

혼꾸멍-나다 (魂-)囝〔속〕호되게 혼나다.

혼꾸멍-내다 (魂-)囤〔속〕호되게 혼내다.

혼-나다 (魂-)囝 1 놀라거나 힘들거나 시련을 당해서 정신이 빠질 지경에 이르다. ⬚개가 무서워 혼났다 / 창피해서 혼났어요. 2 호되게 꾸지람을 듣거나 벌을 받다. ⬚공부는 않고 놀기만 하다가 아버지에게 혼났다.

혼-내다 (魂-)囤 호되게 꾸지람을 하거나 벌을 주다. ⬚장난이 심하니 혼내 주어라.

혼담 (婚談)圏 혼인을 정하기 위하여 오가는 말. 연담(緣談). ⬚~이 오가다 / ~이 깨지다 / ~이 들어오다.

혼담 (魂膽)圏 혼백과 간담. *넋.

혼도 (昏倒)圏困困 정신이 아득하여 쓰러짐.

혼ː돈 (混沌·渾沌)圏困困 1 하늘과 땅이 아직 나뉘지 않은 상태. 2 사물의 구별이 확실하지 않음. 또는 그런 상태. ⬚~에 빠지다 / 정치적인 ~ 상태.

혼-돈-피 (混沌皮)圏『생』포의(胞衣).

혼-동 윷놀이에서, 말이 하나만 감을 이르는 말. ⬚혼. *단동.

혼ː동 (混同)圏困困 1 뒤섞음. 2 뒤섞어 보거나 잘못 판단함. ⬚~하기 쉬운 상표 / 자유와 방종을 ~하다.

혼-뜨검 (魂-)圏困困 단단히 혼남. 또는 그런 일. ⬚~이 나다 / ~을 내다.

혼-띔 (魂-)[-띰]圏困困 단단히 혼냄. 또는 그런 일. ⬚~을 내다.

혼ː란 (混亂)[홀-]圏困困 뒤죽박죽이 되어 어지럽고 질서가 없음. 혼잡. 효란(淆亂). ⬚~에 빠지다 / ~을 내다.

혼ː란-기 (混亂期)[홀-]圏 뒤죽박죽이 되어 어지럽고 질서가 없는 시기. ⬚~에 자주 일어나는 폭력 사건.

혼ː란-상 (混亂相)[홀-]圏 뒤죽박죽이 되어 어지럽고 질서가 없는 모양. ⬚~을 드러내다.

혼ː란-스럽다 (混亂-)[홀-따][-스러워, -스러우니]匓 혼란한 데가 있다. ⬚혼란스러운 거

리의 간판들. 혼ː란-스레[홀-]뮈

혼ː란-하다 (混亂-)[홀-]匓웜 마음이나 정신 따위가 어둡고 어지럽다. ⬚정신이 ~.

혼령 (婚齡)[홀-]圏 혼인할 나이.

혼령 (魂靈)[홀-]圏 죽은 사람의 넋. 영혼. ⬚~을 위로하다.

혼례 (婚禮)[홀-]圏 1 '혼례식'의 준말. ⬚~를 올리다 / ~를 치르다. 2 혼인의 예절. 빙례(聘禮). ⬚~를 갖추다.

혼례-식 (婚禮式)[홀-]圏 결혼식. ⬚전통 ~. ⬚혼례.

혼마 (魂馬)圏 장례 때, 반혼(返魂) 의식 중의 한 차림(안장을 갖추고 상여 앞에 가는 말).

혼망 (昏忘)圏困困困 1 정신이 흐릿하여 잘 잊어버림. 2 정신이 흐릿함.

혼매-하다 (昏昧-)匓웜 어리석고 사리에 어둡다.

혼ː면 (混綿)圏 면사 방적 공정에서, 짝으로 묶인 솜을 풀어서 섞음.

혼명 (昏明)圏 어둠과 밝음.

혼모-하다 (昏耄-)匓웜 늙어서 정신이 흐리고 기력이 쇠약하다.

혼몽 (昏懜)圏困困 정신이 흐리고 가물가물함.

혼ː문 (混文)圏『언』혼합문(混合文).

혼미 (昏迷)圏困困 1 정신이 헛갈리고 흐리멍덩함. 또는 그런 상태. ⬚환자가 ~ 상태에 빠졌다. 2 정세 따위가 불안정함. 또는 그런 상태. ⬚정계가 ~를 거듭하다.

혼반 (婚班)圏 지난날, 서로 혼인을 맺을 만한 양반의 지체를 일컫던 말.

혼ː방 (混紡)圏困困 성질이 다른 섬유를 섞어서 짠 실. 또는 그 실로 짠 옷감.

혼ː방-사 (混紡絲)圏 성질이 다른 섬유를 섞어서 짠 실. ⬚면과 모(毛)의 ~.

혼배 (婚配)圏『가』'혼배 성사'의 준말.

혼배 성ː사 (婚配聖事)『가』'혼인 성사'의 구용어. ⬚혼배.

혼백 (魂帛)圏 신주(神主)를 만들기 전에 임시로 생명주(生明紬)나 모시를 접어서 만든 신위(상초에만 씀).

혼백 (魂魄)圏 넋. ⬚구천을 떠도는 ~ / ~을 불러내다 / ~을 위로하다.

혼백-상자 (魂帛箱子)[-쌍-]圏 혼백을 담는 상자.

혼비 (婚費)圏 혼인에 드는 비용. 혼수(婚需).

혼비백산 (魂飛魄散)[-싼]圏困困 혼백이 이리저리 날아 흩어진다는 뜻으로, 몹시 놀라 넋을 잃음을 이르는 말. ⬚~하여 달아나다.

혼사 (婚事)圏 혼인에 관한 일. ⬚~가 깨지다 / ~가 이루어지다.
[혼사 말하는 데 장사(葬事) 말한다] 화제(話題)와는 아무 관련이 없는 엉뚱한 말을 한다는 뜻.

혼상-길 (婚事-)[-사낄 / -살낄]圏 혼인길. ⬚누구 ~ 막으려고 그런 말을 하느냐.

혼상 (婚喪)圏 혼인에 관한 일과 초상에 관한 일.

혼-색 (混色)圏困困 색을 섞음. 또는 그 색.

혼서 (婚書)圏 혼인 때, 신랑 집에서 예단(禮緞)에 붙여 신부 집으로 보내는 편지. 예서(禮書). 예장(禮狀).

혼서-지 (婚書紙)圏 혼서를 쓰는 종이.

혼서지-보 (婚書紙褓)[-뽀]圏 혼서를 싸는 보자기.

혼ː선 (混線)圏困困 1 전선·전화 등의 줄이 서로 닿아 전류나 통신 따위가 엉클어짐. ⬚~

으로 말이 잘 들리지 않다. **2** 말이나 행동이 앞뒤가 맞지 않아 종잡을 수 없음. ❑ ~을 빚다 / ~이 일어나다.

혼:성 (混成) 명하자타 뒤섞여 이루어짐. 또는 섞어서 만듦. ❑ 남북한 ~ 단일팀을 구성하여 출전하다.

혼:성 (混聲) 명 **1** 뒤섞인 소리. **2** 남성(男聲)과 여성(女聲)을 서로 합함. ↔단성.

혼:성-림 (混成林)[-님] 명 혼합림(混合林).

혼:성-문 (混成文) 명 〘언〙 혼합문.

혼:성 복자음 (混成複子音)[-짜-] 〘언〙 앞뒤 차례가 바뀌어도 한 가지 소리만 나는 복자음(('ㅍ(=ㅂ+ㅎ=ㅎ+ㅂ)', 'ㅊ(=ㅈ+ㅎ=ㅎ+ㅈ)', 'ㅋ(=ㄱ+ㅎ=ㅎ+ㄱ)', 'ㅌ(=ㄷ+ㅎ=ㅎ+ㄷ)' 따위)). 섞임겹닿소리.

혼:성 부대 (混成部隊) 〘군〙 **1** 보병을 주력으로 하여 여러 병과의 병사를 섞어 편성한 부대. **2** 두 나라 이상의 병사로 이루어진 단일 부대.

혼:성-암 (混成岩) 명 〘광〙 조산대(造山帶)의 중심부에서 볼 수 있는, 퇴적암이나 변성암이 화성암과 뒤섞여 이루어진 암석.

혼:성 재:배 (混成栽培) 〘농〙 한 땅에 동시에 두 가지 이상의 곡식이나 과수를 섞어 재배하는 일.

혼:성-주 (混成酒) 명 **1** 한 주정(酒精)을 주성분으로 하고 여러 재료를 섞어서 만든 술. **2** 두 가지 이상의 술을 섞어 만든 술.

혼:성-팀 (混成team) 명 남자와 여자 또는 두 개 이상의 팀에서 뽑힌 선수로 이루어진 팀. ❑ 남녀 ~을 짜다.

혼:성 합창 (混聲合唱) 〘악〙 남성(男聲)과 여성(女聲)이 함께 하는 합창((보통, 여성을 소프라노와 알토, 남성을 테너와 베이스로 나누어 사부 합창으로 함)).

혼소 (魂銷) 명하자 **1** 넋이 스러짐((생기가 없어져 정신을 못 차림)). **2** 몹시 놀람.

혼:-솔 명 홈질한 옷의 솔기.

혼수 (昏睡) 명 **1** 정신없이 잠이 듦. **2** 〘의〙 의식이 없어지고 인사불성이 됨.

혼수 (婚需) 명 **1** 혼인에 드는 물품. ❑ ~를 장만하다. **2** 혼비(婚費).

혼수-상태 (昏睡狀態) 명 완전히 의식을 잃고 인사불성이 된 상태. ❑ ~에 빠지다.

혼:숙 (混宿) 명하자 남녀가 여럿이 한데 뒤섞여 잠.

혼:순환 소:수 (混循環小數) 〘수〙 소수 둘째 자리 이하에서부터 순환 마디가 시작되는 순환 소수((0.3252525…, 51.9070707 따위)).

혼숫-감 (婚需-)[-수깜 / -숟깜] 명 혼수로 쓸 물건. ❑ ~을 마련하다.

혼승백강 (魂昇魄降)[-깡] 명하자 죽은 이의 넋은 하늘로 올라가고 몸은 땅속으로 들어감.

혼:식 (混食) 명하타 **1** 음식을 이것저것 섞어서 먹음. **2** 쌀에 잡곡을 섞어 먹음. 또는 그런 식사. ❑ ~을 장려하다.

혼:신 (混信) 명 통신·방송 따위를 수신할 때, 일정한 송신국 이외의 방송이나 송신 신호가 섞여 들리는 일.

혼:신 (渾身) 명 온몸. 전신(全身). ❑ ~의 노력을 다하다 / ~의 힘을 쏟다.

혼:아 (混芽) 명 〘식〙 혼합눈.

혼암-하다 (昏闇-) 형여 어리석어 사리(事理)에 어둡다.

혼야 (昏夜) 명 어둡고 깊은 밤.

혼야 (婚夜) 명 혼인한 날의 밤. 첫날밤.

혼야-애걸 (昏夜哀乞) 명하자 한밤중에 사람 없는 틈을 타서 권세 있는 사람에게 하소연하며 빎.

혼약 (婚約) 명하자 혼인하기로 약속함. 또는 그 약속. 부부지약. 약혼.

혼:연 (渾然) 부하형히부 **1** 조금도 다른 것이 섞이지 않은 모양. **2** 구별이나 차별이 없는 모양. **3** 모나지도 않고 결점도 없는 원만한 모양.

혼:연-일체 (渾然一體) 명 생각·행동·의지 따위가 완전히 하나가 됨. ❑ 선수들이 ~가 되어 최선을 다한 끝에 패권을 잡았다.

혼:연-일치 (渾然一致) 명하자 의견이나 주장 따위가 완전히 하나로 일치함.

혼:영 (混泳) 명 경영(競泳) 종목의 하나. 일정한 거리를 몇 개 구간으로 나누어 한 사람이 여러 가지 수영 방법으로 헤엄침.

혼:욕 (混浴) 명하자 같은 목욕탕에서 남녀가 함께 목욕함.

혼:용 (混用) 명하타 **1** 한데 섞어서 씀. ❑ 한글과 한자를 ~하다. **2** 잘못 혼동하여 씀. ❑ 소리는 노래라는 말과 ~되기도 한다.

혼우-하다 (昏愚-) 형여 아무것도 모르고 어리석다.

혼:원 (混元) 명 천지나 우주를 일컫는 말.

혼유-석 (魂遊石) 명 **1** 넋이 나와 놀도록 한 돌이라는 뜻으로, 상돌 뒤 무덤 앞에 놓는 직사각형의 돌. **2** 능원(陵園)의 봉분 앞에 놓는 직사각형의 돌((넋이 논다 함)). 석상(石床).

혼:융 (混融) 명하자 섞이어 융화됨.

혼:융 (渾融) 명하자 완전히 융합함.

혼:음 (混淫) 명하자 여러 명의 남녀가 뒤섞여 간음함.

혼:음 (混飮) 명하타 종류가 다른 여러 가지 술을 섞어서 마심.

혼의 (婚衣)[호늬 / 호니] 명 〘조〙 번식기 바로 전에 빛이 변한 조류의 수컷의 깃.

혼:의 (渾儀)[호늬 / 호니] 명 혼천의(渾天儀).

혼의 (魂衣)[호늬 / 호니] 명 장례 때 혼교(魂轎)에 담는, 생전에 고인이 입던 옷.

혼인 (婚姻) 명하자 남녀가 부부가 되는 일. 결혼. 혼취(婚娶). ❑ ~하기로 약속하다.

혼인-계 (婚姻屆) 명 ☞혼인 신고.

혼인-길 (婚姻-)[호닌낄] 명 혼인할 기회나 자리. 혼삿길. ❑ ~이 막히다.

혼인-날 (婚姻-) 명 혼인하는 날. 혼일(婚日). ❑ ~을 받아 놓다 / ~을 잡다.

혼인 비행 (婚姻飛行) 〘충〙 교미를 위해서 곤충의 암컷·수컷이 한데 어울려서 공중을 나는 일. 결혼 비행.

혼인-색 (婚姻色) 명 〘동〙 양서류·조류·어류 등의 동물에서, 번식기에 나타나는 피부의 빛깔. *혼의(婚衣).

혼인 성:사 (婚姻聖事) 〘가〙 칠성사(七聖事)의 하나((교회법이 허용하는 일남 일녀가 혼인하는 성사)).

혼인-식 (婚姻式) 명 결혼식. ❑ ~을 올리다.

혼인 신고 (婚姻申告) 〘법〙 결혼한 사실을 관할 관청에 신고하는 일.

혼인-집 (婚姻-)[호닌찝] 명 혼례를 치르고 잔치를 베푸는 집. 혼가(婚家).

혼:일 (混一) 명하타 한데 섞어서 하나로 함.

혼일 (婚日) 명 혼인날.

혼:입 (混入) 명하타 한데 섞여 들어감. 또는 한데 섞음.

혼자 명부 남과 더불어 있지 않고 홀로 있는 상태. ❑ ~ 남겨 두다 / ~서 집을 지키다 / ~ 중얼거리다 / 아내를 여의고 ~ 살다.

혼자-되다 재 부부 중 한쪽이 죽어 홀로 남다. 홀로되다. ▢ 젊어서 혼자된 누이.

혼:작(混作) 명하타 한 땅에 동시에 두 가지 이상의 작물을 심음. 섞어짓기.

혼:잡(混雜) 명하형 한데 뒤섞여서 어수선함. ▢~을 빚다 /~한 거리 / 폭설로 교통 ~이 일어나다.

혼:잡-도(混雜度)[-또] 명 도로 교통의 혼잡한 정도를 나타내는 지표(도로 교통량의 교통 용량에 대한 비율을 나타냄).

혼:잡-스럽다(混雜-)[-쓰-따][-스러워, -스러우니] 형 혼잡한 데가 있다. ▢귀성객으로 버스 터미널이 ~. 혼:잡-스레[-쓰-] 부

혼:잡 통행료(混雜通行料)[-뇨] 혼잡도가 심한 도로 따위에서, 통행하는 차량에게 물리는 통행료. 혼잡도를 줄이기 위한 제도로 시행되고 있음.

혼잣-말[-잔-] 명하자 혼자 중얼거리는 말. 혼잣소리. 독어(獨語). 독언(獨言). ▢~로 투덜거리다.

혼잣-몸 명 ☞ 홑몸.

혼잣-소리[-자쏘-/-자쏘-] 명하자 혼잣말.

혼잣-손[-자쏜/-자쏜] 명 도움 없이 혼자서 일을 하거나 살림을 꾸려 나가는 처지. 단손. ▢~으로 삼 남매를 키우다.

혼재(婚材) 명 혼인을 하기에 알맞은 남자나 여자.

혼:재(混在) 명하자 서로 다른 것이 섞여 함께 존재함.

혼전(婚前) 명 결혼하기 전. ▢~ 관계.

혼:전(混戰) 명하자 1 두 편이 뒤섞이어 싸움. 2 리그전 등에서, 승패를 가늠할 수 없는 치열한 싸움. ▢~을 벌이다 /~이 예상되다.

혼절(昏絶) 명하자 정신이 아찔하여 까무러침. ▢아들의 사고 소식을 듣고 ~하다.

혼:점(混點)[-쩜] 명 동양화에서, 나뭇가지나 잎사귀가 우거진 모양을 타원형의 점을 찍어 그리는 화법.

혼정-신성(昏定晨省) 명하자 아침저녁으로 부모의 안부를 물어서 살핌. 준정성(定省).

혼:종(昏鐘) 명 저녁때 치는 종.

혼:종-어(混種語) 명 《언》 서로 다른 언어에서 유래한 요소의 결합으로 이루어진 언어.

혼:종-혼(混宗婚) 명 《가》 가톨릭 신자와 비(非)가톨릭 신자와의 혼인. 혼종혼인.

혼질(昏窒) 명하자 정신을 잃을 정도로 숨이 막힘.

혼쭐(魂-) 명 '혼(魂)'의 힘줌말.

혼쭐-나다(魂-)[-라-] 자 1 몹시 혼나다. 2 아주 훌륭하여 정신이 흐릴 지경이 되다.

혼쭐-내다(魂-)[-래-] 타 몹시 꾸짖거나 벌을 주다.

혼처(婚處) 명 혼인할 자리. 또는 혼인하기에 알맞은 자리. ▢마땅한 ~가 없다.

혼척(婚戚) 명 인척(姻戚).

혼:천-의(渾天儀)[-처늬/-처니] 명 《천》 지난날, 천체의 운행과 위치를 관측하던 장치.

혼취(昏醉) 명하자 정신이 없도록 술에 취함.

혼취(婚娶) 명하자 혼인(婚姻).

혼침-하다(昏沈-) 형여 정신이 아주 혼미(迷)하다.

혼:탁(混濁) 명하형 1 맑지 않고 흐림. ▢~한 강물 / 매연으로 공기의 ~이 심하다. 2 정치나 사회 현상 등이 어지럽고 흐림. ▢비방·중상 등으로 ~해진 선거전.

혼:탁-도(混濁度)[-또] 명 액체 따위의 탁하게 흐려져 있는 정도.

혼:탁-액(混濁液) 명 고체의 작은 알갱이가

분산되어 있는 액체.

혼:탕(混湯) 명 남녀 구별 없이 함께 쓰는 목욕실.

혼택(婚擇) 명하자 혼인하기 좋은 날을 가림.

혼:합(混合) 명하자 1 뒤섞어 한데 합함. ▢전통문화에 ~된 외래문화. 2 《화》 두 가지 이상의 물질이 화학적으로 결합하지 않고 섞이는 일. ▢~ 비타민.

혼:합 경:기(混合競技)[-경-] 혼성 경기.

혼:합 경:영(混合競泳)[-경-] 혼계영.

혼:합 기체(混合氣體)[-끼-] 1 두 가지 이상이 혼합된 기체. 2 《화》 내연 기관에서 내뿜어진 연료가 공기와 혼합된 것.

혼:합 농업(混合農業) 명 곡물 경작과 목축을 겸하는 집약적 농업.

혼:합-눈(混合-)[-합-] 명 《식》 꽃이 될 눈과 잎이 될 눈이 함께 있는 눈. 혼아(混芽). 혼합아(混合芽).

혼:합-림(混合林)[-합님] 명 《식》 여러 가지 종류의 나무로 이루어진 숲. 혼성림. 혼효림. ↔단순림.

혼:합-문(混合文)[-합-] 명 《언》 종속절과 대등절을 가진 복잡한 구성의 문장. 혼문(混文). 혼성문(混成文).

혼:합-물(混合物)[-합-] 명 1 여러 가지가 뒤섞여 이루어진 물건. 2 《화》 두 종류 이상의 물질이 각각 본디의 성질을 지니면서 화학적으로 결합하지 않고 뒤섞인 물질.

혼:합-비(混合比)[-삐] 명 1 두 종류 이상의 서로 다른 물질을 혼합하는 비율. 2 《화》 내연 기관에서, 연료와 공기가 혼합하여 혼합 기체를 이루는 비율.

혼:합 비:료(混合肥料)[-삐-] 명 《농》 배합(配合) 비료.

혼:합-아(混合芽) 명 《식》 혼합눈.

혼:합-액(混合液) 명 두 가지 이상의 용액이 섞인 액체.

혼:합 연료(混合燃料)[-함녈-] 연료와 산화제(酸化劑)로 된 고형(固形) 화학 연료의 일반적 이름[로켓 추진제로 씀].

혼:합 영양(混合營養)[-함녕-] 명 《식》 식물이 독립 영양과 종속 영양의 두 가지를 취하는 영양 방식.

혼:합-주(混合酒)[-쭈] 명 칵테일.

혼:합-체(混合體) 명 둘 이상이 모여 한덩이가 된 물질이나 단체.

혼행(婚行) 명하자 혼인 때, 신랑이 신부의 집으로 가거나 신부가 신랑의 집으로 가는 일. 신행(新行).

혼행-길(婚行-)[-낄] 명 혼행하는 길. ▢~을 가다 /~을 떠나다.

혼:혈(混血) 명하자 서로 다른 종족과 결혼하여 두 계통의 특징이 섞임. 또는 그 혈통. 2 '혼혈아'의 준말.

혼:혈-아(混血兒) 명 서로 다른 종족 사이에서 태어난 아이. 준혼혈.

혼혐(婚嫌) 명 파혼이 되거나 혼인이 잘 이루어지지 않을 만한 혐의.

혼혼(昏昏) 부하형부허 1 어두운 모양. 2 도리에 어둡고 마음이 흐린 모양. 3 정신이 가물가물하고 희미한 모양.

혼혼-하다(昏昏-) 형여 훈기를 느낄 만큼 따스하다. ▢술기운이 혼혼하게 온몸으로 퍼져 간다.

혼:화(混化) 명하자 뒤섞여 딴 물건이 됨.

혼:화(混和) 명하자타 한데 섞거나 섞이어 합쳐짐. ▢이민족이 ~하기란 쉽지 않다.

혼:화 (渾和) 명하자 혼연하게 화합함.

혼:화-제 (混和劑) 명 두 가지 이상의 재료를 섞어서 만든 약제.

혼:효 (混淆) 명하자타 여러 가지의 것이 뒤섞임. 또는 여러 가지의 것을 뒤섞음.

혼:효-림 (混淆林) 명 혼효림.

혼:후-하다 (渾厚-) 형어 온화하고 인정이 두텁다. 혼:후-히 부

혼흑-하다 (昏黑-) [-흐카-] 형어 어두워 매우 캄캄하다.

홀 (笏) 명 [역] 1 조선 때, 벼슬아치가 임금을 만날 때 조복(朝服)에 갖추어 손에 쥐던 패. 2 '홀기(笏記)'의 준말.

홀 (hall) 명 건물 안에서, 집회장·오락장 따위로 쓰는 넓은 공간.

홀 (hole) 명 〔골프〕 그린 위에 마련된 구멍(지름은 4.25인치(약 10.8 cm), 깊이는 4인치(10.16 cm) 이상임).

홀 (忽) 의수관 소수(小數)의 단위의 하나. 사(絲)의 10분의 1, 미(微)의 10배, 곧 10⁻⁵.

홀- 투 짝이 없이 하나뿐이라는 뜻. □~아비 / ~시어머니.

홀가분-하다 형어 1 거추장스럽지 않고 가뿐하다. □짐을 벗으니 홀가분해졌다 / 홀가분한 마음으로 일하다. 2 다루기가 만만하여 대수롭지 않다. □상대 선수를 홀가분하게 보지 마라. 홀가분-히 부

홀기 (笏記) 명 [역] 혼례나 제례(祭禮) 때, 의식의 순서를 적은 글. ❀홀(笏).

홀대 (忽待) [-때] 명하자타 소홀히 대접함. □~를 받다 / 고객을 ~하다.

홀드 (hold) 명 1 등산에서, 암벽을 올라갈 때 손으로 잡거나 발로 디딜 수 있는 곳. 2 권투·레슬링에서, 상대편을 안아서 움직이지 못하게 하는 일.

홀딩 (holding) 명 1 축구·농구 등에서 상대편을 손이나 몸으로 방해하는 반칙. 2 배구에서, 공을 잠깐 동안이라도 손이나 몸에 머물게 하는 반칙. 3 권투에서, 상대편의 몸을 껴안는 반칙.

홀딱 부 1 몹시 반하거나 여지없이 속는 모양. □~ 반할 만한 미인. 2 가진 것이 다 없어지는 모양. □재산을 ~ 날리다. 3 남김없이 벗거나 벗은 모양. □아이의 옷을 ~ 벗기다. ❀홀떡. 4 조금 빠르게 뒤집거나 뒤집히는 모양. ❀홀떡. 5 조금 힘차게 뛰거나 뛰어넘는 모양. □도랑을 ~ 뛰어넘다. ❀홀떡.

홀딱-거리다 [-꺼-] 재 1 신 따위가 헐거워서 자꾸 벗어지려 하다. 2 헐거워서 가만히 붙어 있지 않고 자꾸 움직이다. 홀딱거리다. 홀딱-홀딱¹ [-따콜-] 부하자

홀딱-대다 [-때-] 재 홀딱거리다.

홀딱-홀딱² [-따콜-] 부 1 여럿이 다 또는 자꾸 옷을 벗는 모양. 2 여럿이 다 또는 자꾸 뛰어 넘는 모양. ❀홀떡홀떡².

홀라-들이다 타 1 함부로 마구 쑤시거나 훑다. 2 자주 드나들게 하다. ❀홀라들이다.

홀랑 부 1 속의 것이 죄다 드러나게 옷을 ~ 벗다. 2 벗어지거나 벗은 모양. □머리가 ~ 벗어지다. 3 구멍이 넓어서 헐겁게 빠지거나 들어가는 모양. 4 미끄럽게 뒤집히는 모양. □배가 ~ 뒤집히다. 5 조금 가지고 있던 돈이나 재물이 다 없어지는 모양. □노름으로 돈을 ~ 날리다. ❀홀렁.

홀랑-거리다 재 구멍이 넓어서 헐겁게 자꾸 빠지거나 드나들다. ❀홀렁거리다. 홀랑-홀

랑¹ 부하자형

홀랑-대다 재 홀랑거리다.

홀랑이-질 명하자 계속해서 홀라들이는 짓. ❀홀렁이질.

홀랑이-치다 타 홀랑이질을 계속하다. ❀홀렁이치다.

홀랑-하다 형어 단번에 들어갈 정도로 구멍이나 자리가 헐겁다. ❀홀렁하다.

홀랑-홀랑² 부 1 여럿이 다 또는 자꾸 벗거나 뒤집히는 모양. □옷을 ~ 벗어 던지다. 2 여럿이 다 또는 자꾸 조금 가지고 있던 돈이나 재물이 다 없어지는 모양. ❀홀렁홀렁.

홀략-하다 (忽略-)[-략카-] 형어 소홀하고 간략하다. 홀략-히 [-략키] 부

홀로 부 자기 혼자서만. □~ 외롭게 살아가는 노인.

홀로그래피 (holography) 명 레이저 광선을 이용하여 입체상(立體像)을 공간에 재생하는 기술. 또는 그 방법.

홀로그램 (hologram) 명 홀로그래피에서, 입체상을 재현하는 간섭 줄무늬를 기록한 매체.

홀로-되다 재 홀로 되다. □이혼해서 홀로된 친구.

홀리다 재타 1 현혹되거나 유혹에 빠져 정신을 차리지 못하다. □무엇에 홀린 사람처럼 멍청히 서 있다. 재타 유혹하여 정신을 차리지 못하게 하다. □여자를 ~.

홀-맺다 [-맫따] 타 풀 수 없도록 옭아서 단단히 맺다.

홀-몸 명 형제나 배우자가 없는 사람. 척신(隻身). □평생을 ~으로 지내다.

홀뮴 (holmium) 명 〔화〕 희토류(稀土類) 원소의 하나. 미량으로 존재하기 때문에 순수한 상태로는 얻기 어려움. [67번:Ho:164.93]

홀보드르르-하다 형어 피륙 따위가 매우 가볍고 보들보들하다. ❀홀부드르르하다. ❀홀보들하다.

홀보들-하다 형어 '홀보드르르하다'의 준말.

홀-소리 [-쏘-] 명 〔언〕 모음. ↔닿소리.

홀소리-어울림 [-쏘-] 명 〔언〕 모음조화.

홀-수 (-數) [-쑤] 명 둘로 나누어서 나머지가 생기는 수(1·3·5·7·9 따위). 기수(奇數). ↔짝수.

홀스타인 (네 Holstein) 명 젖소의 한 품종. 네덜란드 원산. 몸에 검고 흰 얼룩무늬가 있고 젖의 양이 많음.

홀시 (忽視) 명하자타 1 눈여겨보지 않고 슬쩍 보아 넘김. 2 깔봄.

홀-씨 명 〔식〕 포자(胞子).

홀씨-주머니 명 〔식〕 포자낭.

홀-아버니 명 '홀아비'의 높임말.

홀-아비 명 아내를 잃고 홀로 사는 남자. 광부(曠夫). 환부(鰥夫). ↔핫아비.

[홀아비 굿 날 물려 가듯] 홀아비가 음식을 장만하기가 어려워 굿 날을 자꾸 미루듯이 무슨 일을 자꾸 뒤로 미루어 감을 이르는 말.

[홀아비는 이가 서 말이라] 여자는 혼자 살 수 있어도 남자는 혼자 살기 어렵다.

홀아비-김치 명 무나 배추 한 가지로만 담근 김치.

홀아비-꽃대 [-꼳때] 명 〔식〕 홀아비꽃대과의 여러해살이풀. 숲 속에 나며, 뿌리줄기는 마디가 많고, 줄기는 서너 마디, 끝에 네 잎이 접근하여 마주남. 초여름에 흰 꽃이 핌.

홀아비-살림 명 1 홀아비의 쓸쓸하고 군색한 살림. 2 주책없이 되는대로 사는 살림.

홀아비-좆 [호라-졷] 똉 쟁기의 한마루의 위 멍에줄이 닿는 곳에 가로로 꿰어 아래 덧방을 누르는 작은 나무.

홀-알 똉 『생』 무정란(無精卵).

홀-앗이 똉 살림살이를 혼자 맡아 꾸려 나가는 처지.

홀앗이-살림 똉 식구가 많지 아니한 단출한 살림.

홀-어머니 똉 '홀어미'의 높임말.

홀-어미 똉 남편이 죽고 홀로 된 여자. 과부. 과수(寡守). ↔핫어미.

홀-어버이 똉 아버지나 어머니 중 어느 한쪽이 없는 어버이. 편친(偏親).

홀연(忽然) 뭐하形副 뜻밖에 갑자기. ¶ 그 날 밤 ~ 종적을 감춰 버렸다.

홀왕홀래(忽往忽來) 똉하形 문득 가는가 하면 갑자기 옴.

홀의-아들 [호릐-/호레-] 똉 '호래아들'의 본딧말.

홀-인 (hole in) 똉 골프에서, 그린(green) 위의 공을 홀 안에 넣는 일.

홀인-원 (hole in one) 똉 골프에서, 티 샷으로 친 공이 그대로 홀에 들어가는 일.

홀지 (忽地)[-찌] 똉 갑자기 되거나 변하는 판.

홀지-에 (忽地-)[-찌-] 뭐 갑작스럽게.

홀지-풍파 (忽地風波)[-찌-] 똉 갑자기 일어나는 풍파.

홀-짝¹ 똉 1 『수』 홀수와 짝수. 2 주머니에 쥔 구슬이나 딱지 따위의 수가 홀수인가 짝수인가를 알아맞히는 아이들의 놀이.

홀짝² 뭐 1 적은 분량의 액체를 단번에 들이마시는 소리. 또는 그 모양. ¶ 술을 ~ 마시다. 2 단번에 가볍게 뛰거나 날아오르는 모양. ¶ 날 듯이 ~ 뛰어오르다. 3 콧물을 조금 들이마시는 소리. 또는 그 모양. 쎈홀짝¹.

홀짝-거리다 [-꺼-] 勁타 자꾸 홀짝이다. 쎈홀짝거리다. 큰훌쩍거리다.

홀짝-대다 [-때-] 勁타 홀짝거리다.

홀짝-이다 ☐勁 콧물을 들이마시며 조금씩 흐느껴 울다. ☐勁타 1 적은 분량의 액체를 넣어 마시다. 2 콧물을 조금씩 들이마시다. 쎈홀짝이다.

홀쭉-이 똉 몸이 가냘프거나 볼에 살이 빠져여윈 사람. ↔뚱뚱이.

홀쭉-하다 [-쭈카-] 勁 1 몸피가 가늘고 길다. ¶홀쭉한 몸매. 2 끝이 뾰족하고 길다. 3 앓거나 지쳐서 몸이 야위다. ¶앓고 나더니 얼굴이 홀쭉해졌다. 4 속이 비어 안으로 오므라져 있다. ¶끼니를 걸렀더니 배가 ~. 쎈홀쭉하다. 홀쭉-히 [-쭈키] 뭐

홀쭉-홀쭉 [-쭈쭉-] 뭐하勁 여럿이 다 홀쭉한 모양. 쎈홀쭉홀쭉.

홀쳐-매다 [-처-] 타 풀리지 않도록 단단히 잡아매다.

홀치기 똉 1 배낭이나 자루처럼 만들고 아가리에 끈을 꿰어 홀쳐매게 된 물건. 2 물고기떼를 몽땅 싸서 홀쳐 잡는 그물의 하나.

홀치기-염색 (-染色) 똉 천을 군데군데 홀쳐매어 그 부분은 물감이 배어들지 못하게 하여 전체적으로는 여러 가지 무늬로 나타나게 하는 염색법.

홀치다 ☐타 풀리지 않도록 단단히 동여매다. 쎈홀치다. ☐勁 =홀이다.

홀태 똉 1 배 속에 알이나 이리가 들지 않아 배가 홀쭉한 생선. 2 좁게 된 물건.

홀태-바지 똉 통이 썩 좁은 바지.

홀태-버선 똉 볼이 좁은 버선.

홀태-부리 똉 홀쭉하게 생긴 물건의 앞부리.

홀-하다 (忽-) 勁勁 조심성이 없이 거칠고 가볍다. ¶홀하게 대하다.

홀현홀몰 (忽顯忽沒) 똉하勁 문득 나타났다 홀연히 없어짐.

홀홀 뭐 1 작은 날짐승이 날개를 자꾸 치며 가볍게 나는 모양. 2 가볍게 날듯이 뛰거나 움직이는 모양. 3 작고 가벼운 물건을 자꾸 멀리 던지는 모양. ¶씨를 ~ 뿌리다. 4 물이나 묽은 죽 등을 조금씩 자꾸 들이마시는 모양. 5 불길이 조금씩 타오르는 모양. 6 옷 따위를 가볍게 벗어 버리는 모양.

홀홀-하다 勁勁 죽이나 미음 따위가 알맞게 퍼져서 묽다. 큰훌훌하다.

홀홀-하다 (忽忽-) 勁勁 1 조심성이 없고 행동이 가볍다. 2 대수롭지 않다. ¶홀홀하게 대하다. 홀홀-히 뭐. ¶손님을 ~ 대접해서는 안 된다.

훑다 [훌따] 타 1 붙어 있는 것을 떼기 위하여 다른 물건의 틈에 끼워 잡아당기다. 2 속에 붙은 것을 깨끗이 부시어 내다. 3 일정한 범위 안의 것을 죽 더듬거나 살피다. 쎈훑다.

훑-이다 [훌치-] 勁 1 부피가 조금 크고 많던 것이 다 빠져서 줄어들다. 2(《'훑다'의 피동》 훑음을 당하다. 쎈훑이다.

홈 똉 물체에 오목하고 길게 팬 자리. ¶~이 파이다.

홈 (home) 똉 '홈 베이스(home base)'의 준말.

홈 게임 (home game) 홈경기. ↔로드 게임.

홈-경기 (home競技) 똉 운동 경기에서, 팀의 본거지에서 하는 경기. 홈 게임.

홈-구장 (home球場) 똉 홈그라운드.

홈-그라운드 (home ground) 똉 운동 경기에서, 그 팀의 근거지에 있는 경기장. 홈구장.

홈-끌 똉 속에 홈이 팬 끌(《조각하는 데 씀).

홈-대패 똉 개탕대패.

홈-드라마 (home+drama) 똉 『연』 가정의 일상생활을 주제로 한 극이나 영화. 가정극.

홈-드레스 (home+dress) 똉 집에서 입는 실용적이고 간편한 부인용 원피스. 가정복.

홈런 (home run) 똉 야구에서, 타자가 본루(本壘)까지 살아서 돌아올 수 있도록 친 안타. ¶통쾌한 ~을 날리다.

홈런 더비 (home-run+derby) 야구에서, 홈런 수를 경쟁하는 것.

홈-룸 (homeroom) 똉 『교』 초·중등 학교에서 담임 교사의 지도 아래 이루어지는 학급 내 학생 자치 활동.

홈-뱅킹 (home banking) 똉 『경』 집에서 은행 일을 처리할 수 있는 컴퓨터 통신 서비스.

홈 베이스 (home base) 야구에서, 포수가 있는 자리. 본루(本壘). 홈 플레이트. 쥰홈.

홈-센서 (home sensor) 똉 주택의 방범·방재(防災)·에너지 절약 따위의 경보 장치(《가스 누출 경보기 따위).

홈 쇼핑 (home shopping) 『경』 구매자가 가정에서 텔레비전이나 슈퍼마켓 따위에서 보낸 상품 정보를 보고 상품을 사는 통신 판매 방식.

홈스트레치 (homestretch) 똉 육상 경기·경마에서, 결승점이 있는 쪽의 직선 코스.

홈 스틸 (home+steal) 야구에서, 홈 베이스의 도루(盜壘).

홈스펀 (homespun) 똉 양털로 된 굵은 수방 모사(手紡毛絲)로 짠 모직물(《양복감으로 씀).

홈인 (home+in) 똉하勁 야구에서, 주자가 본루에 살아 돌아오는 일.

홈:-질 똉하타 바늘땀을 아래위로 드문드문 호

는 바느질의 한 가지.
홈착-거리다 [-꺼-] [타] **1** 보이지 않는 곳에 있는 것을 찾으려고 이리저리 자꾸 더듬어 뒤지다. **2** 눈물을 이리저리 자꾸 훔쳐 씻다. [큰] 홈척거리다. **홈착-홈착** [-차콤-] [부][하타]
홈착-대다 [-때-] [타] 홈착거리다.
홈쳐-때리다 [-처-] [타] 덤벼들어서 야무지게 때리다. 홈치다. [큰]훔쳐때리다.
홈치다 [타] **1** 물기나 때 따위가 묻은 것을 깨끗이 닦다. **2** 남의 물건을 슬그머니 가져다가 자기 것으로 하다. **3** 보이지 않는 곳을 손으로 더듬어 만지다. **4** 홈쳐때리다. [큰]훔치다.
홈치작-거리다 [-꺼-] [타] 느릿느릿하게 자꾸 홈착거리다. [큰]훔치적거리다. **홈치작-홈치작** [-자콤-] [부][하타]
홈치작-대다 [-때-] [타] 홈치작거리다.
홈켜-잡다 [-따] [타] 단단히 움켜잡다. [큰]훔켜잡다. [여]옴켜잡다.
홈켜-쥐다 [타] 단단히 움켜쥐다. [큰]훔켜쥐다. [여]옴켜쥐다.
홈-타기 [명] 옴푹하게 팬 자리나 갈라진 곳.
홈 터미널 (home terminal) 〖컴〗 가정에 설치된 컴퓨터 단말기《이것을 조작하여 각종 정보 서비스를 받게 됨》.
홈-통 (-桶) [명] **1** 물이 흐르거나 타고 내리도록 만든 물건《긴 나무·대 따위로 홈을 파거나 오목하게 만들어 씀》. ❏배수 ~. **2** 창틀·장지 등의 아래위를 '凹' 자 모양으로 파낸 줄.
홈 팀 (home team) 운동 경기에서, 자기 팀의 근거지에서 다른 팀을 맞아들여 대전하는 팀.
홈-파다 [타] 속을 오목하게 호비어 파다. [큰]홈파다. [여]옴파다.
홈패다 [자] 《'홈파다'의 피동》 좁고 깊게 파지다. [큰]홈패다. [여]옴패다.
홈-패션 (home fashion) [명] **1** 집에서 입는 옷. **2** 집을 보기 좋게 꾸미는 일. 집치장.
홈페이지 (homepage) 〖컴〗 인터넷 사용자가 각각의 인터넷 사이트에 들어갈 때 처음 나타나는 화면. 주로 웹 서버를 구축한 기관이나 개인에 대한 소개가 실려 있음.
홈 프로젝트 (home project) 〖교〗 학생 스스로 가정에서 실습을 통하여 과제를 해결하게 하는 교육 방법.
홈홈-하다 [형여] 얼굴에 만족한 표정을 띠고 있다. [큰]훔훔하다.
홉 (hop) [명] 〖식〗 뽕나뭇과의 여러해살이 덩굴풀. 가지와 잎꼭지에 가시가 있고 여름에 누른빛을 띤 초록색 꽃이 피며 과실은 타원형임. 건위제 또는 맥주의 향미용으로 씀.
홉 [의명] **1** 부피의 단위. 곡식·가루·액체 따위의 부피를 잴 때 씀《한 홉은 한 되의 1/10》. ❏4~들이 소주 한 병/쌀 한 되 두 ~. **2** 땅 넓이의 단위《한 홉은 한 평의 1/10》. ❏전용면적 30평 2~의 아파트.
홉-되 [-뙤] [명] 홉의 용량을 되는 그릇.
홉-뜨다 〔홉떠, 홉뜨니〕 [타] 눈알을 굴려 눈시울을 위로 치뜨다.
홉-사 (-勺)[-싸] [명] **1** 곡식 따위를 되는 작은 단위인 홉과 사(勺). **2** 되나 평의 단위로 셀 때에 남는 분량.
홋홋-이 [호토시] [부] 홋홋하게.
홋홋-하다 [호토타-] [형여] 딸린 사람이 적어서 아주 홀가분하다.
홍 (紅) [명] '홍색'의 준말.
홍-가시나무 (紅-) [명] 장미과의 상록 소교목. 높이는 7-8m이고 잎은 길둥글며 잔 톱니가 있고 어긋맞게 남. 5-6월에 흰 꽃이 가지 끝에 피고 둥근 열매는 9월에 붉게 익음.
홍각 (紅殼) [명] 건축재의 도료(塗料)에 쓰는 붉은 채색(彩色)의 한 가지.
홍-갈색 (紅褐色)[-쌕] [명] 붉은빛을 띤 갈색.
홍건-적 (紅巾賊) [명] 〖역〗 중국 원나라 말기에 허베이(河北)에서 한산동(韓山童)을 두목으로 하여 일어났던 도둑의 무리.
홍견 (紅絹) [명] 붉은빛의 비단.
홍경 (弘經) [명][하자] 〖불〗 불경을 세상에 널리 퍼뜨리는 일.
홍경-대사 (弘經大師) [명] 〖불〗 불교 경전에 대한 많은 논서(論書)와 주석서를 지어 불법을 세상에 널리 퍼뜨린 고승. 흔히 용수(龍樹)와 세친(世親) 등의 큰 보살을 가리킴.
홍곡 (紅穀) [명] 중국에서 나는, 붉은빛으로 물들인 쌀. 백(白)소주에 담가 붉은빛을 우려내어 홍(紅)소주를 만드는 데 씀. 홍국(紅麴).
홍곡 (鴻鵠) [명] 〔←홍혹(鴻鵠)〕 큰 기러기와 고니. 곧, 큰 인물의 비유. ❏연작(燕雀)이 어찌 ~의 뜻을 알랴.
홍곡지지 (鴻鵠之志)[-찌-] [명] 원대한 포부.
홍공 (鴻功) [명] 크나큰 공로.
홍교 (紅教) [명] 〖종〗 라마교의 구파《8세기 중엽 인도에서 티베트에 전래됨》.
홍국 (紅麴) [명] **1** 누룩의 한 가지. 약술 담그는 데에 씀. **2** 홍곡(紅穀).
홍국-주 (紅麴酒)[-쭈] [명] 홍국으로 담근 술《산후(産後)에 씀》.
홍군 (紅軍) [명] 운동 경기에서, 두 편으로 갈라 백(白)과 홍(紅)으로 구별할 때의 붉은 표의 편. *백군(白軍).
홍군 (紅裙) [명] 붉은 치마라는 뜻으로, 예기(藝妓)나 미인을 일컫는 말.
홍규 (紅閨) [명] **1** 화려하게 꾸민 여인의 침실. **2** 기루(妓樓).
홍귤-나무 (紅橘-)[-라-] [명] 〖식〗 운향과의 상록 활엽의 작은 교목. 잎은 긴 타원형이고 가에 톱니가 있음. 6월에 흰 꽃이 피고, 장과(漿果)는 납작한 구형인데, 등황색으로 익으며 약용함. 감자(柑子)나무.
홍기 (弘基·鴻基) [명] 큰 사업을 이루는 기초.
홍-꼭지 (紅-)[-찌] [명] 붉은 종이로 둥근 꼭지를 만들어 머리에 붙인 연(鳶).
홍단 (紅短) [명] 화투에서, 붉은 띠가 그려진 솔·매화·벚꽃의 석 장이 짝이 되는 패. *청단·초단.
홍-당무 (紅唐-) [명] **1** 〖식〗 무의 하나. 뿌리의 껍질은 붉으나 속은 흼. **2** 〖식〗 당근. **3** 수줍거나 무안하여 붉어진 얼굴의 비유. ❏칭찬을 하자 그녀의 얼굴은 금방 ~가 되었다.
홍대 (洪大·鴻大) [명][하형] **1** 썩 큼. **2** 〖한의〗 맥이 보통 이상으로 크게 뜀.
홍대-하다 (弘大-) [형여] 범위나 규모가 넓고 크다.
홍덕 (鴻德) [명] 대덕(大德)1.
홍도 (紅桃) [명] **1** '홍도화(紅桃花)'의 준말. **2** 〖식〗 '홍도나무'의 준말.
홍도 (鴻圖) [명] **1** 넓고 큰 계획. **2** 임금의 계획. **3** 아주 넓은 판도.
홍도-나무 (紅桃-) [명] 〖식〗 복숭아나무의 하나. 짙은 붉은색의 겹꽃잎은 아름다우나 열매가 없음. [준]홍도.
홍도-화 (紅桃花) [명] 홍도나무의 꽃.
홍동 (哄動) [명][하자] 여럿이 지껄이며 떠듦.
홍동백서 (紅東白西)[-써] [명] 제사 때에 신위를 기준으로 붉은 과실은 동쪽, 흰 과실은 서쪽에 차리는 격식.

홍두깨 🎯 1 다듬잇감을 감아서 다듬는 도구. 2 소 볼기에 붙은 고기의 한 가지. 홍두깨살. 3 쟁기질이 서툴러 갈리지 않고 남은 고랑 사이의 흙.

[홍두깨에 꽃이 핀다] 뜻밖에 좋은 운을 만났음을 이르는 말.

홍두깨-다듬이 🎯 홍두깨에 감아서 하는 다듬이. *넓다듬이.

홍두깨-떡 🎯 홍두깨처럼 굵게 뺀 가래떡.

홍두깨-살 🎯 홍두깨2.

홍두깨-생갈이 🎯ᄒ타 『농』 쟁기질이 서투른 사람이 잘 갈리지 않는 밭고랑 사이를 억지로 가는 일.

홍두깨-질 🎯ᄒ타 다듬잇감을 홍두깨에 감아 하는 다듬이질.

홍두깨-틀 🎯 다듬이를 할 때 홍두깨를 걸쳐 놓는 틀.

홍두깨-흙 [-흑] 🎯 『건』 기와를 이을 때, 수키와가 붙어 있도록 그 밑에 괴는 반죽한 흙.

홍두깻-감 [-깨깜/-깬깜] 🎯 홍두깨질을 할 다듬잇감.

홍등 (紅燈) 🎯 붉은 등불.

홍등-가 (紅燈街) 🎯 붉은 등이 켜져 있는 거리라는 뜻으로, 유곽(遊廓)이나 기생집·술집 등이 늘어선 거리를 이르는 말. 주사청루(酒肆靑樓).

홍-등롱 (紅燈籠) [-농] 🎯 『역』 '홍사등롱(紅紗燈籠)'의 준말.

홍련 (紅蓮) [-년] 🎯 붉은 빛깔의 연꽃.

홍로상일점설 (紅爐上一點雪) [-노-점-] 🎯 1 빨갛게 달아오른 화로 위의 눈 한 송이라는 뜻으로, 큰일을 하는 데 작은 힘은 아무 도움이 되지 않음을 이르는 말. 2 사욕(私慾)이나 의혹이 일시에 꺼져 없어짐을 이르는 말.

홍로-점설 (紅爐點雪) [-노-] 🎯 홍로상일점설.

홍록 색맹 (紅綠色盲) [-녹쌩-] 『생』 적록(赤綠) 색맹.

홍료 (紅蓼) [-뇨] 🎯 단풍이 들어 빨갛게 변한 여뀌.

홍루 (紅淚) [-누] 🎯 1 피눈물. 2 미인의 눈물.

홍루 (紅樓) [-누] 🎯 1 붉은 칠을 한 누각이라는 뜻으로, 부잣집 여자가 거처하는 곳을 이르는 말. 2 기생집.

홍마 (紅馬) 🎯 장기·쌍륙(雙六) 등에서 붉은 칠을 한 말.

홍매 (紅梅) 🎯 붉은빛의 매화.

홍머리-동이 (紅-) 🎯 머리에 붉은 종이를 붙인 연.

홍모 (紅毛) 🎯 붉은 머리털.

홍모 (鴻毛) 🎯 기러기의 털이라는 뜻으로, 극히 가벼운 사물을 비유하는 말.

홍모-인 (紅毛人) 🎯 예전에, 붉은 머리털의 사람이라는 뜻으로, 서양 사람을 낮잡아 이르던 말.

홍목-당혜 (紅目唐鞋) [-땅-/-땅혜] 🎯 『역』 푸른 바탕에 붉은 눈을 수놓은 가죽신《젊은 여자나 아이들이 신었음》.

홍몽 (鴻濛) 🎯 1 하늘과 땅이 아직 갈리지 아니한 모양. 2 천지자연의 원기(元氣).

홍문 (紅門) 🎯 1 '홍살문'의 준말. 2 『역』 정문(旌門).

홍문-관 (弘文館) 🎯 『역』 조선 때, 삼사(三司)의 하나. 궁중의 경서(經書) 및 문서 따위를 관리하고 임금의 자문에 응하는 일을 맡아보던 관아.

홍반 (紅斑) 🎯 붉은 빛깔의 얼룩점.

홍-반달 (紅半-) 🎯 연 머리에 반달 모양의 붉은 종이를 붙인 연(鳶).

홍-반디 (紅-) 🎯 『충』 홍반딧과의 갑충의 하나. 몸은 부드럽고 납작하고 검은데, 몸길이는 9~14mm 이며, 딱지날개는 어두운 적색에 주홍색의 짧은 털이 빽빽이 남. 발광기(發光器)는 없고 꽃에 모임. 홍개똥벌레.

홍백 (紅白) 🎯 1 '홍백색'의 준말. 2 홍군(紅軍)과 백군(白軍).

홍-백색 (紅白色) [-쌕] 🎯 홍색과 백색. ⓒ홍백.

홍범 (弘範) 🎯 『종』 대종교 규범의 총칙.

홍범-구주 (洪範九疇) 🎯 서경(書經)의 홍범에 기록되어 있는, 우(禹)가 정한 정치 도덕의 아홉 원칙. ⓒ구주(九疇).

홍법 (弘法) 🎯ᄒ자 『불』 불도를 널리 폄.

홍-벽도 (紅碧桃) [-또] 🎯 『식』 홍도나무와 벽도나무를 접붙인 복숭아나무의 한 변종. 분홍의 꽃이 피며 열매는 없음.

홍보 (弘報) 🎯ᄒ타 일반에게 널리 알림. 또는 그 보도나 소식. ▢~ 활동 /~에 나서다 / 관광 명소를 해외로 ~하다.

홍보 (紅褓) 🎯 붉은 빛깔의 보자기.

홍-보석 (紅寶石) 🎯 『광』 루비(ruby)1.

홍복 (洪福) 🎯 큰 행복. 썩 큰 복락.

홍분 (汞粉) 🎯 『한의』 경분(輕粉).

홍사 (紅絲) 🎯 1 홍실. 2 『역』 오라. 3 붉은 발.

홍사-등롱 (紅紗燈籠) [-농] 🎯 『역』 1 붉은 운문사(雲紋紗)로 옷을 입힌 둥롱《궁중에서 썼음》. 2 조선 때, 붉은 사(紗)로 둘러씌운 등롱《일품(一品)의 벼슬아치가 썼음》. ⓒ홍둥롱·홍사롱.

홍-사롱 (紅紗籠) 🎯 『역』 '홍사등롱'의 준말.

홍살-문 (紅-門) 🎯 능(陵)·원(園)·묘(廟)·궁전 등에 세우는, 붉은 칠을 한 문.

홍삼 (紅衫) 🎯 『역』 바탕에 검은 선을 두른, 조복(朝服)에 딸린 옷슴.

홍삼 (紅蔘) 🎯 『한의』 수삼을 쪄서 말린, 붉은 빛깔의 인삼. *백삼(白蔘).

홍상 (紅裳) 🎯 1 여자용의 붉은 치마. 다홍치마. 2 『역』 조복(朝服)에 딸린 아랫옷의 하나《붉은 바탕에 검은 선을 두름》.

홍색 (紅色) 🎯 1 붉은 빛깔. 붉은색. 2 '홍색짜리'의 준말.

홍색 인종 (紅色人種) 얼굴빛이 붉은 인종. 아메리카 인디언을 이르는 말. ⓒ홍인종.

홍색-짜리 (紅色-) 🎯 『민』 큰 남자에 족두리를 쓰고 다홍치마를 입은, 갓 결혼한 신부. ↔남색짜리. ⓒ홍색.

홍서 (弘誓) 🎯 『불』 중생을 제도하여 불과(佛果)를 얻게 하려는 불·보살의 큰 서원.

홍석 (虹石) 🎯 『건』 홍예문의 중앙 마루에 있는 쐐기 모양의 돌.

홍-석영 (紅石英) 🎯 『광』 붉은차돌.

홍소 (哄笑) 🎯ᄒ자 입을 크게 벌리고 웃거나 떠들썩하게 웃어 댐. 또는 그 웃음. ▢~를 터뜨리다.

홍-소주 (紅燒酒) 🎯 홍곡(紅穀)을 우려 붉게 만든 소주. ↔백소주.

홍송 (紅松) 🎯 『식』 소나무의 하나. 재질이 무르고 결이 매우 고움.

홍수 (洪水) 🎯 1 큰물. ▢~가 나다 /~로 강이 범람하다. 2 사람이나 사물이 많이 쏟아져 나옴의 비유. ▢차량의 ~ / 연말에는 우편물의 ~로 우체국이 매우 바쁘다.

홍수를 이루다 🤝 한꺼번에 많이 쏟아져 나와 넘쳐흐를 정도가 되다.

홍수 (紅袖) 🎯 『역』 1 옛 군복의 붉은 소매. 2 궁녀의 별칭.

홍수(紅樹)【명】〖식〗홍수과의 상록 교목. 열대 지방의 해변 진흙에 나며, 높이 약 4m. 꽃은 희고 열매는 붉은데, 특히 열매는 나무에 달린 채 씨에서 싹과 뿌리가 나서 떨어지므로 태생(胎生) 식물로 유명함.

홍수 경:보(洪水警報)장마나 폭우 따위로 어느 지역에 홍수가 날 것을 경계시키는 기상 경보.

홍수-막이(洪水-)【명】홍수를 막기 위해 미리 사방 공사를 함.

홍수 예:보(洪水豫報)〖지〗강 상류의 강우량을 측정하여 하류에 홍수의 정도·시각 등을 미리 통고하는 일.

홍수 조절지(洪水調節池)[-찌] 홍수 때 하류로 흘러내리는 물의 양을 조절하기 위하여 만든 큰 저수지.

홍수-피(紅樹皮)【명】홍수의 껍질. 붉은 물감, 가죽 정제용의 재료 및 설사약 따위로 씀.

홍순(紅脣)【명】1 여자의 붉은 입술. 2 반쯤 핀 꽃송이의 비유.

홍시(紅柿)【명】흠뻑 익어 붉고 말랑말랑한 감. 연감. 연시.

홍-실(紅-)【명】붉은 빛깔의 실.

홍-싸리(紅-)【명】화투에서, 붉은 빛깔의 싸리를 그린 화투짝. 7월이나 일곱 끗을 나타냄.

홍아리(洪牙利)〖지〗'헝가리'의 취음.

홍안(紅顔)【명】붉은 얼굴이라는 뜻으로, 젊어서 혈색이 좋은 얼굴을 이르는 말. □~의 미소년.

홍안(鴻雁)【명】큰 기러기와 작은 기러기.

홍안-박명(紅顔薄命)[-빵-]【명】얼굴이 예쁜 여자는 팔자가 사나운 경우가 많음을 이르는 말. *미인박명.

홍안-백발(紅顔白髮)[-빨]【명】늙어서 머리는 세었으나 얼굴은 붉고 윤이 난다는 말.

홍어(洪魚·鯕魚)【어】가오릿과의 바닷물고기. 가오리 비슷하나 더 둥글고 가로퍼졌음. 등은 갈색이고 배는 흼. 식용함.

홍업(洪業·鴻業)【명】나라를 세우는 큰 사업.

홍-여새(紅-)【명】〖조〗여샛과의 새. 날개 길이는 약 11cm, 긴 도가머리가 있고 등은 포도갈색, 꼬리 끝은 붉음. 겨울 철새임.

홍역(紅疫)【명】〖의〗여과성 병원체에 의하여 발생하는 급성 발진성 전염병. 어린아이들에게 많이 전염되고 봄철에 많으며, 한 번 앓으면 평생 면역됨.

홍역(을) **치르다** 몹시 애를 먹거나 어려운 일을 겪다.

홍연(哄然)【명】큰 웃음을 터뜨리는 모양.

홍연(紅鉛)【명】첫 월경. 초조(初潮). 초경.

홍연(紅鳶)【명】붉은 방패연.

홍연-대소(哄然大笑)【명】【하자】크게 껄껄 웃음.

홍염(紅焰)【명】1 붉은 불꽃. 2〖천〗태양의 채층(彩層)에서 분출하는 붉은 불꽃 모양의 가스체. 주성분은 수소 가스로 추정되며, 개기 일식 때에 볼 수 있음. 프로미넌스.

홍염-하다(紅艷-)【형어】빛깔이 붉고 탐스럽다.

홍엽(紅葉)【명】1 붉은 잎. 또는 붉게 물든 단풍잎. 2〖식〗가을에 잎이 붉게 변하는 현상. 잎자루의 기부(基部)에 이층(離層)이 생기고 여기에 이동할 수 없는 당류(糖類)가 축적되어 붉은색의 안토시안 색소로 변하기 때문에 생김.

홍예(虹蜺)【명】1 무지개. 2〖건〗'홍예문(虹蜺門)'의 준말.

홍예(를) **틀다** 문 따위를 무지개 모양으로 만들다.

홍예-다리(虹蜺-)〖건〗양쪽 끝은 처지고 가운데는 무지개처럼 둥글고 높이 솟게 놓은 다리.

홍예-머리(虹蜺-)〖건〗홍예문의 안쪽 곡선의 정점.

홍예-문(虹蜺門)【명】〖건〗문의 윗부분을 무지개 모양으로 반쯤 둥글게 만든 문.

홍예-석(虹蜺石)〖건〗홍예문이나 홍예다리 따위를 트는 데 쓰는 쐐기 모양의 돌.

홍옥(紅玉)【명】1 루비1. ↔백옥. 2 사과 품종의 하나《겉껍질이 유난히 붉음》.

홍우(紅雨)【명】붉은 꽃잎이 비 오듯 많이 떨어짐의 비유.

홍원(弘願)【명】〖불〗정토종(淨土宗)에서, 아미타불의 본원(本願) 가운데서 근본이 되는 서원(誓願).

홍원-하다(弘遠-)【형어】넓고 멀다.

홍유(鴻儒)【명】거유(巨儒)1.

홍윤-하다(紅潤-)【형어】얼굴이 불그레하고 보드랍다.

홍은(鴻恩)【명】넓고 큰 은혜.

홍의(紅衣)[-/-이]【명】붉은 빛깔의 옷.

홍의 주교(紅衣主教)[-/-이-]〖가〗'추기경'을 일컫는 말.

홍의-하다(弘毅-)[-/-이-]【형어】뜻이 넓고 굳세다.

홍익(弘益)【명】【하타】1 큰 이익. 2 널리 이롭게 함. □~ 이념.

홍익(鴻益)【명】매우 큰 이익.

홍익-인간(弘益人間)【명】널리 인간 세계를 이롭게 함《단군의 건국이념임》.

홍인(紅燐)【명】〖화〗인의 동소체의 하나. 황인을 삼브롬화인(三Brom化燐)과 함께 끓이면 심홍색의 가루로 침전함. 독은 없음.

홍-인종(紅人種)【명】'홍색 인종'의 준말.

홍일(紅日)【명】새벽에 막 떠오르는, 붉은빛을 띤 해.

홍-일점(紅一點)[-쩜]【명】1 여럿 가운데 오직 하나 이채를 띠는 것의 비유. 2 많은 남자 사이에 끼어 있는 한 사람의 여자. ↔청일점.

홍장(紅帳)【명】1 붉은 빛깔의 휘장. 2〖역〗과거를 볼 때, 어제(御題)를 붙인 판을 매달던 뒤쪽의 장막.

홍장(紅粧)【명】1 연지 등으로 붉게 하는 화장. 2 미인의 화장의 비유. 3 붉게 피어 있는 꽃의 비유.

홍장(紅欌)【명】붉은 칠을 한 장롱.

홍쟁(訌爭)【명】내분(內紛).

홍적-기(洪積期)[-끼]【명】〖지〗홍적세.

홍적-세(洪積世)[-쎄]【명】〖지〗지질 시대의 신생대 제4기(紀)의 전반기로 약 180만 년 전에서 1만 년 전까지의 시대《지구 표면은 대부분 얼음으로 덮이고 매머드 같은 코끼리류와 코뿔소류가 살았음》. 플라이스토세. 홍적기(洪積期).

홍적-층(洪積層)【명】〖지〗홍적세에 퇴적하여 생긴 지층.

홍전(紅箭)【명】투호(投壺)에 쓰는 붉은 화살.

홍전(紅氈)【명】붉은 빛깔의 전(氈).

홍조(紅潮)【명】1 아침 햇살에 붉게 보이는 해조(海潮). 2 부끄럽거나 취하여 얼굴이 붉어짐. 또는 그 빛. □~를 띠다. 3〖생〗'월경'을 점잖게 일컫는 말.

홍조(紅藻)【명】〖식〗홍조식물.

홍조(鴻爪)【명】1 기러기가 눈이나 진흙 위에 남긴 발자국. 2 행적이 묘연하거나 자취를 찾기 어려움의 비유.

홍조-류 (紅藻類)〔명〕〔식〕홍조식물.

홍조-소 (紅藻素)〔명〕〔식〕홍조류의 색소체 안에 엽록소와 함께 들어 있는 붉은 색소.

홍조-식물 (紅藻植物)[-싱-]〔명〕〔식〕조류(藻類) 식물의 한 문(門). 엽록소와 함께 홍조소를 함유하고 있어 붉은빛 또는 자줏빛을 띰. 흔히 바다의 깊은 곳에 착생함(우뭇가사리·풀가사리 따위). 홍조류.

홍-주석 (紅柱石)〔명〕〔광〕규산알루미늄의 광물. 사방 정계에 속하는 기둥 모양의 결정으로 팽택이 있으며 장미색·자주색 따위를 띰《높은 온도에서 잘 견디므로 내화물(耐火物)로 씀》.

홍지 (鴻志)〔명〕대지(大志).

홍진 (紅塵)〔명〕1 햇빛에 비치어 벌겋게 이는 티끌. 2 번거롭고 속된 세상의 비유.

홍진-만장 (紅塵萬丈)〔명〕햇빛에 비치어 붉게 된 티끌이 높이 솟아오름.

홍진-세계 (紅塵世界)[-/-게]〔명〕어지럽고 속된 세상을 가리키는 말.

홍차 (紅茶)〔명〕차의 하나. 차나무의 어린잎을 발효시켜 녹색을 빼고 말린 것으로, 달인 물은 붉은 빛깔을 띰.

홍채 (虹彩)〔명〕〔생〕안구의 각막과 수정체의 사이에 있는 원반상의 얇은 막(빛의 양을 조절하고 영상을 선명하게 함).

홍-초[1] (紅-)〔명〕붉은 물감을 들인 밀초. 홍촉.

홍초[2] (紅-)〔명〕연머리 외에는 전체가 붉은 연.

홍초 (紅草)〔명〕불경이.

홍촉 (紅燭)〔명〕홍초[1].

홍-치마 (紅-)〔명〕'다홍치마'의 준말.

홍칠 (紅漆)〔명〕붉은 빛깔의 칠.

홍탕 (紅糖)〔명〕붉은 사탕. 적사탕.

홍토 (紅土)〔명〕〔지〕라테라이트.

홍패 (紅牌)〔명〕문과의 회시(會試)에 급제한 사람에게 그의 성적·등급 및 성명을 기록하여 주던 붉은 종이의 증서.

홍포 (紅袍)〔명〕〔역〕1 강사포(降沙袍). 2 조선 때, 삼품 이상의 벼슬아치가 입던 붉은색 예복이나 도포.

홍피 (紅皮)〔명〕〔한의〕귤홍(橘紅).

홍하 (紅霞)〔명〕해 주위에 보이는 붉은 노을.

홍학 (紅鶴)〔명〕〔조〕플라밍고.

홍함-지 (洪涵地)〔명〕〔지〕범람원(氾濫原).

홍합 (紅蛤)〔명〕〔조개〕홍합과의 바닷조개. 암초에 붙어 살며, 쐐기 모양으로 껍데기의 길이는 15 cm 정도이고, 겉은 검은 갈색, 안쪽은 진주 빛이고 살은 붉은빛을 띰.

홍합-죽 (紅蛤粥)[-쭉]〔명〕마른 홍합 가루를 멥쌀과 섞어 쑨 죽.

홍합-초 (紅蛤炒)〔명〕마른 홍합을 불려 푹 삶아 내어 양념해서 만든 반찬.

홍혈 (紅血)〔명〕붉은 피.

홍협 (紅頰)〔명〕1 붉은빛을 띤 뺨. 2 연지를 바른 뺨.

홍홍 〔부〕코찡찡이가 말할 때, 헛김이 섞여 나는 소리.

홍화 (洪化)〔명〕크나큰 덕화(德化).

홍화 (紅花)〔명〕1 붉은 꽃. 2〔식〕잇꽃. 3〔한의〕잇꽃의 말린 꽃과 씨(약재로 씀).

홑 〔혼〕〔명〕짝을 이루지 않거나 겹으로 되지 않은 것. □~으로 지은 저고리. ↔겹.

홑- [혼-]〔두〕'한 겹으로 된' 또는 '외톨인'의 뜻. □~옷 / ~적삼 / ~몸.

홑-겹 [혼껍]〔명〕여러 겹이 아닌 한 겹. □옷을 ~으로 짓다.

홑-그루 [혼끄-]〔명〕홑으로 한 가지 농작물만 짓는 일. 단작(單作).

홑-껍데기 [혼-떼-]〔명〕1 한 겹으로 된 껍데기. 2 겹으로 지을 옷감에서 안감을 끼지 아니한 겉감. 3 속에 솜을 두지 않고 천만으로 된 것.

홑-꽃 [혼꼳]〔명〕〔식〕하나의 꽃잎으로 이루어진 꽃. 단판화(單瓣花). ↔겹꽃1.

홑-꽃잎 [혼꼰닙]〔명〕〔식〕한 겹으로 된 꽃잎. 단판(單瓣). 홑잎. ↔겹꽃잎.

홑-낱표 (-票)[혼낟-]〔명〕낱표.

홑-눈 [혼-]〔명〕1〔동〕곤충류·거미류 따위에서 볼 수 있는 간단한 구조의 작은 시각기(視覺器). 단안(單眼). ↔겹눈. 2〔식〕홑꽃을 상대하여 꽃눈·잎눈이 따로 되어 있는 눈의 일컬음. 단아(單芽).

홑단-치마 [혼딴-]〔명〕한 겹의 옷단으로 된 치마.

홑-담 [혼땀]〔명〕한 겹으로 쌓은 담. ↔맞담.

홑-닿소리 [혼따쏘-]〔명〕〔언〕단자음.

홑-대패 [혼때-]〔명〕덧날이 없는 보통의 대패. 홑날대패.

홑-몸 [혼-]〔명〕1 딸린 사람이 없는 혼자의 몸. 단신. □~으로 살다. 2 아이를 배지 않은 몸. □그녀는 ~이 아니다.

홑-문장 (-文章)[혼-]〔명〕〔언〕주어와 서술어가 각각 하나씩으로 이루어진 문장. 단문. ↔겹문장.

홑-바지 [혼빠-]〔명〕홑으로 지은 바지. ↔겹바지.

홑-반 [혼빤]〔명〕한 겹으로 넓게 편 솜반.

홑반-뿌리 [혼빤-]〔명〕한 겹의 솜반을 두어 만든 반.

홑-벌 [혼뻘]〔명〕1 한 겹으로 된 물건. 2☞ 단벌.

홑벌-사람 [혼뻘-]〔명〕소견이 아주 얇은 사람. ⓔ홑사람.

홑-벽 (-壁)[혼뼉]〔명〕한쪽에만 흙을 바른 얇은 벽.

홑-사람 [혼싸-]〔명〕'홑벌사람'의 준말.

홑-셈 [혼쎔]〔명〕단수(單數).

홑-소리 [혼쏘-]〔명〕〔언〕단음(單音)2.

홑-수 (-數)[혼쑤]〔명〕단수(單數)1.

홑-실 [혼씰]〔명〕외올실. ↔겹실.

홑-씨방 (-房)[혼-]〔명〕〔식〕단 하나로 된 씨방《콩·완두 따위》. 단자방. 단실 자방(單室子房). ↔겹씨방.

홑-암술 [호담-]〔명〕〔식〕한 개의 심피(心皮)로 된 암술《복숭아·완두·콩 따위》. 단자예(單雌蕊). 홑암꽃술. ↔겹암술.

홑-열매 [혼녈-]〔명〕〔식〕홑암술이 성숙해서 생긴 열매《대개의 열매가 이에 속함》. 단과(單果). 단과화(單花果). ↔겹열매.

홑-옷 [혼녿]〔명〕한 겹으로 된 옷. 단의(單衣). □~ 바람. ↔겹옷.

홑원소 물질 (-元素物質)[호뭔-찔]〔화〕단일한 원소로 된 물질《산소·수소·질소·금·은·구리·금강석 따위》. 단체(單體). ↔화합물.

홑-으로 〔부〕세기 쉬운 적은 수효로.

홑으로 보다 보다 〔구〕《주로 부정하는 말과 함께 쓰여》대수롭지 않게 보다. □홑으로 볼 사람이 아니다.

홑-이불 [혼니-]〔명〕1 한 겹으로 된 이불. □~을 덮다. ↔겹이불. 2 홑청.

홑-잎 [혼닙]〔명〕〔식〕1 하나의 잎사귀로 된 잎. 단엽(單葉). 2☞겹잎.

홑잎새-겹잎 [혼닙쌔겸닙]〔명〕〔식〕겹잎의 하나. 잎사귀가 단 하나이어서 홑잎과 같으나, 잎꼭지에 마디처럼 작은 잎이 또 있음《귤잎 따위》. 단신복엽(單身複葉).

홑-자락 [혼짜-] 圀 양복 저고리의 섶을 조금 겹치게 하여 단추를 외줄로 단 것. ↔겹자락.

홑-지다 [혼찌-] 圀 복잡하지 않고 단순하다.

홑-집 [혼찝] 圀 〔건〕 채만으로 된, 구조가 간단한 집.

홑-창 (-窓)[혼-] 圀 〔건〕 안쪽에 덧끼우는, 미닫이가 없고 한 겹으로 된 창. *겹창.

홑-처마 [혼-] 圀 〔건〕 처마 끝의 서까래가 한 단(段)으로 된 처마. *겹처마.

홑-청 [혼-] 圀 요나 이불 따위의 겉에 씌우는, 홑겹으로 된 껍데기. 홀이불2. 回이불 ~.

홑-제 [혼-] 圀 한 올씩으로 짠 쳇볼로 메운 체. *겹체.

홑-치마 [혼-] 圀 1 한 겹으로 된 치마. 回~ 바람으로 뛰어나가다. 2 속에 아무것도 입지 않고 입은 치마. ↔겹치마.

홑-홀소리 [호톨쏘-] 圀 〔언〕 단모음.

홑화살괄호 (-括弧)[호톼-] 圀 〔언〕 문장 부호의 하나. '〈 〉'의 이름. 소제목, 그림이나 시·노래와 같은 예술 작품의 제목, 상호, 법률, 규정 등을 나타낼 때 씀.

화¹ (火) '화요일'의 준말.

화² (火) 圀 1 '화기(火氣)'의 준말. 2 〔민〕 오행의 하나. 3 못마땅하거나 언짢아서 나는 성. 回~를 내다 / ~가 치밀다.
  화가 머리끝까지 나다(치밀다) 〔관〕 극도로 화가 나다.   「작용.

화-: (化) 圀 천지자연이 만물을 생육(生育)하는

화-: (和) 圀 1 서로 뜻이 맞아 사이 좋은 상태. 2 〔수〕 '합(合)'의 구용어. 3 〔악〕 아악에 쓰는 관악기(管樂器)의 한 가지. 모양이 생황과 같이 생긴고, 13 개의 관(管)으로 되었음.

화-: (禍) 圀 모든 재앙과 액화. 回~를 부르다 / ~를 입다 / ~를 자초하다.
  〔화가 복(이) 된다〕 처음에 재앙으로 여겨졌던 것이 원인이 되어, 뒤에 오히려 다행스러운 결과를 가져오는 수도 있다는 말.

-화 (化) 미접자터 일부 명사 뒤에 붙어, 그렇게 만들거나 됨을 나타내는 말. 回국유~ / 자동~ / 전문~.

-화 (畵) 미 일부 명사 뒤에 붙어, '그림'의 뜻을 나타내는 말. 回동양~ / 풍경~.

-화 (靴) 미 일부 명사 뒤에 붙어, 그러한 데 신는 신발임을 나타냄. 回운동~ / 등산~.

화-가 (畵架) 圀 〔미술〕 그림을 그릴 때 화판을 받치는 삼각의 틀. 이젤(easel).   「사람.

화-가 (畵家) 圀 그림 그리기를 직업으로 하는

화-가여생 (禍家餘生) 圀 죄화(罪禍)를 입은 집안의 자손.

화-각 (火角) 圀 세공하기 위해 불에 구워 무르게 만든 짐승의 뿔.

화-각 (火脚) 圀 위에서 아래로 내려오는 불길.

화-각 (火角) 圀 1 목기(木器) 세공품을 곱게 하는 꾸밈새의 한 가지. 채화(彩畵)를 그리고, 그 위에 쇠뿔을 아주 얇게 오려 덧붙임. 2 〔연〕 사진 렌즈로 촬영할 수 있는 범위가 렌즈 중심에 이루는 각도. 앵글. 3 〔악〕 악기의 한 가지. 겉에 그림이 그려져 있는 쇠뿔 같은 것인데, 불어서 소리를 냄.

화-각 (畵閣) 圀 채색을 한 누각.

화간 (和姦) 圀하자 부부 아닌 남녀가 합의하여 육체적으로 관계함.

화간 (華翰) 圀 화한(華翰).

화간-접무 (花間蝶舞)[-줌-] 圀 나비가 꽃 사이를 춤추며 날아다님.

화-감청 (花紺靑) 圀 인공으로 만든 감청색의 물감. ↔석감청(石紺靑).

화갑 (華甲) 圀 환갑, 곧 61 세('華'를 분해하면 '十' 자 여섯과 'ㅡ'이 됨). 回~을 맞다.

화-갑자 (花甲子)[-짜] 圀 〔민〕 육십갑자를 납음(納音)으로 이르는 말.

화강-석 (花崗石) 圀 화강암의 조각돌.

화강-암 (花崗岩) 圀 석영·정장석·사장석·운모 등을 주성분으로 하는 흰색의 심성암(深成岩)〔단단하고 아름다워 건축이나 토목의 재료 또는 비석의 석재 등으로 많이 씀〕.

화개 (華蓋) 圀 〔불〕 꽃무늬.

화-객 (化客) 圀 〔불〕 시주(施主)를 구하러 다니는 객승(客僧).

화객 (花客) 圀 꽃을 구경하는 사람.

화객 (貨客) 圀 화물과 승객.

화객 (華客) 圀 단골손님. 고객(顧客).

화객-선 (貨客船)[-썬] 圀 화물과 여객을 함께 운반하는 선박.

화-거 (化去) 圀하자 다른 것으로 변해 간다는 뜻으로, 죽음을 이름.

화-격 (畵格) 圀 〔미술〕 1 화법(畵法). 2 화품(畵品).

화-경 (火耕) 圀 〔농〕 화전(火田)을 일구는 일.

화-경 (火鏡) 圀 햇빛을 비추면 불을 일으키는 거울. 곧, '볼록 렌즈'의 일컬음.

화경 (花莖) 圀 〔식〕 꽃줄기.

화경 (花梗) 圀 〔식〕 꽃자루.

화경 (華景) 圀 '음력 2월'의 별칭.   「은 곳.

화-경 (花徑) 圀 그림처럼 경치가 아름답고 맑

화계 (花階) 圀[-/-계] 圀 화단(花壇).

화-고 (畵稿) 圀 〔미술〕 대작의 그림을 그리려는 준비로 각 부분을 초벌로 그려 보는 그림.

화곡 (禾穀) 圀 〔식〕 벼 종류 곡식의 총칭.

화-곤 (火棍) 圀 부지깽이.

화-골 (化骨) 圀하자터 뼈 또는 그와 비슷한 물질로 변함. 또는 그리 되게 함.

화-공 (化工) 圀 1 천공(天工)1. 2 〔공〕 '화학 공업'의 준말. 回~ 약품. 3 〔공〕 '화학 공학'의 준말.

화-공 (火工) 圀 1 불을 때는 직공. 2 탄약에 화약을 재는 직공.   「격멸.

화-공 (火攻) 圀하자터 전쟁 때에, 불로 적을 공

화-공 (畵工) 圀 예전에, '화가'를 이르던 말.

화공 (靴工) 圀 구두를 만드는 기능공.

화관 (花冠) 圀 1 〔식〕 꽃부리. 2 칠보로 꾸민 여자의 관. 화관족두리. 3 예전에, 나라 잔치 때 기녀·무동(舞童)이 쓰던 관.

화관무직 (華官膴職) 圀 이름이 높고 녹봉이 많은 벼슬.

화관-족두리 (花冠-)[-뚜-] 圀 화관2.

화-광 (火光) 圀 불빛1.

화광-동진 (和光同塵) 圀 1 빛을 감추고 티끌 속에 섞여 있다는 뜻으로, 자기의 뛰어난 재주를 감추고 세속을 따름을 이르는 말. 2 〔불〕 부처나 보살이 중생을 제도하기 위해 본색을 감추고 인간계에 섞여 나타나 중생(衆生)을 제도함.

화-광-충천 (火光衝天) 圀하자 불길이 하늘을 찌를 듯이 맹렬함.

화교 (華僑) 圀 외국에서 사는 중국 사람.

화-구 (火口) 圀 1 불을 때는 아궁이의 아가리. 2 불을 내뿜는 아가리. 3 〔지〕 화산의 터진 구멍. 분화구.

화-구 (火具) 圀 1 불을 켜서 밝히는 도구(등불·촛불 따위). 2 폭발에 쓰는 기구(뇌관·신관·도화관 따위).

화-구 (火球) 圀 1 둥근 모양의 연소체(燃燒體). 2 매우 밝은 유성(流星)〔보통 금성 이상의 밝

기를 가진 것).

화:구 (畵具)圓 그림을 그리는 데 쓰는 여러 가지 도구.

화:구-곡 (火口谷)圓『지』화구벽의 일부가 허물어져서 생긴 골짜기.

화:구-구 (火口丘)圓『지』화산의 분화구 안에 새로 터져 나온 비교적 작은 화산.

화:구-벽 (火口壁)圓『지』화구를 둘러싼 칼때기 모양의 벽.

화:구-상 (畵具商)圓 화구(畵具)를 파는 장사. 또는 그런 장수.

화:구-원 (火口原)圓『지』중앙 화구구(火口丘)와 외륜산(外輪山) 사이에 있는 평평한 땅.

화:구-호 (火口湖)圓『지』화산의 분화구에 물이 괴어 생긴 호수(백두산의 천지, 한라산의 백록담 따위).

화극 (話劇)圓『연』중국에서, 대화를 중심으로 하는 신극(新劇).

화:-극금 (火克金)[-끔]圓『민』음양오행설에서, 화(火)가 금(金)을 이긴다는 뜻.

화:근 (禍根)圓 재앙의 근원. ▱~을 남기다 / ~을 뽑아버리다.

화:근-거리 (禍根-)[-꺼-]圓 화근이 될 만한 일이나 물건.

화:금 (火金)圓 수은을 이용하여 뽑아낸 수금(水金)을 불에 달구어 수은을 없앤 금.

화금 (靴金)圓『건』대문짝 아래 돌쩌귀에 덧씌우는 쇠.

화:금 분철 (火金分鐵)[광] 광산주와 금을 캐는 사람이 그 몫으로 화금을 나누기로 정하는 방식.

화:급 (火急)圓하형[하튼] 매우 급함. ▱~한 용무 / ~을 요하는 법안 / ~히 달려가다.

화:기 (火氣)圓 1 불의 뜨거운 기운. 불기운. ▱~ 엄금. 2 가슴이 번거롭고 답답해지는 기운. ▱~가 사라지다. 3 화증(火症). 4 불에 덴 자리에서 나는 독기.

화:기 (火器)圓 1『군』화약의 힘으로 탄알을 내쏘는 병기(총포 따위). 화병(火兵). 2 불을 담는 그릇의 총칭.

화기 (和氣)圓 1 따스하고 화창한 기운. 2 온화한 기색. 또는 화목한 분위기. ▱~가 감도는 회의장 / ~을 띠다. 3 생기 있는 기색. ▱얼굴에 ~가 돌다.

화기 (花期)圓 꽃이 피는 시기.

화기 (花器)圓 꽃을 꽂아 놓는 그릇(꽃병·수반·꽃바구니 따위).

화:기 (畵技)圓 그림 그리는 기술.

화:기 (禍機)圓 재앙이나 재난이 일어날 소지가 있는 기틀.

화기애애-하다 (和氣靄靄-)형 온화하고 화목한 분위기가 넘쳐흐르다. ▱화기애애한 대화 / 분위기가 ~.

화길-하다 (和吉-)형어 부드럽고 복성스럽다. ▱화길한 외모.

화끈 튼형 1 몸이나 쇠 등이 뜨거운 기운을 받아 갑자기 달아오르는 모양. ▱뛰었더니 몸이 ~하다. 2 긴장이나 흥분 따위가 고조되는 모양. ▱~한 경기.

화끈-거리다짜 몸이나 쇠 따위가 뜨거운 기운을 받아 잇따라 달아오르다. ▱술을 마셨더니 얼굴이 화끈거린다. ⓜ후끈거리다. **화끈-화끈** 튼하짜

화끈-대다짜 화끈거리다.

화:-나다 (火-)짜 성이 나서 화기(火氣)가 생기다. ▱화난 얼굴 / 그를 화나게 하지 마라.

화:난 (火難)圓 화재(火災).

화:난 (禍難)圓 재앙과 환난(患難). ▱~을 극

복하다.

화난-하다 (和暖-)형어 날씨가 화창하고 따뜻하다.

화:-내다 (火-)짜 몹시 성이 나서 화증(火症)을 내다. ▱걸핏하면 화내는 성격.

화낭 圓 서방질을 하는 여자.

화낭-기 (-氣)[-끼]圓 남자를 밝히는 여자의 바람기.

화낭-년圓 서방질을 하는 여자를 욕하여 이르는 말.

화낭년 시집 다니듯㋬ 상황과 조건에 따라 절개 없이 이리저리 붙음의 비유.

화낭-질圓하짜 서방질.

화년 (華年)圓 1 나이 예순한 살의 일컬음. 2 소년의 꽃다운 나이.

화:농 (化膿)圓하짜『의』종기가 곪아서 고름이 생김.

화:농-균 (化膿菌)圓『생』화농을 일으키는 세균의 총칭.

화닥닥 튼 1 갑자기 뛰거나 몸을 일으키는 모양. ▱방에서 ~ 뛰어나가다. 2 일을 서둘러 해치우는 모양. ▱숙제를 ~ 해치우다. ⓜ후닥닥. 3 문 따위를 갑자기 열어젖히는 소리. 또는 그 모양.

화닥닥-거리다[-따거-]짜 1 여럿이 다 또는 잇따라 갑자기 뛰거나 몸을 일으키다. 2 여럿이 다 또는 잇따라 일을 서둘러 해치우다. ⓜ후닥닥거리다. 3 문 따위를 갑자기 자꾸 열어젖히다. **화닥닥-화닥닥**[-따콰-따]튼하짜

화닥닥-대다[-따때-]짜 화닥닥거리다.

화단 (花壇)圓 꽃을 심기 위해 흙을 높게 쌓아 구민 꽃밭. ▱~에 물을 주다.

화:단 (畵壇)圓 화가들의 사회. ▱~의 원로 / ~에 등단하다.

화:단 (禍端)圓 화를 일으킬 실마리.

화담 (和談)圓 1 화해하는 말. 2 정답게 주고받는 말. ▱~을 나누다.

화답 (和答)圓하짜 1 시(詩)나 노래에 대해 맞받아 답함. 2 상대의 말이나 행동에 대해 알맞은 언행으로 답함. ▱환호에 ~하다.

화:대 (火大)圓『불』사대(四大)의 하나(지·풍·수와 함께 만물을 구성한다는 원소).

화대 (花代)圓 1 놀음차. 2 해웃값.

화대 (花臺)圓 화분을 올려놓는 받침.

화-대모 (華玳瑁)圓 누런 바탕에 검은 점이 약간 박히고 투명하게 생긴 대모의 껍데기.

화:덕 (火-)圓 1 숯불을 피워 놓고 쓰게 만든 큰 화로. 2 쇠나 흙으로 아궁이처럼 만들어 솥을 걸고 쓰게 만든 물건.

화:덕-진군 (火德眞君)[-찐-]圓『민』불을 맡아 다스린다는 신령.

화:도 (火刀)圓 부싯돌을 쳐서 불이 일어나게 하는 쇳조각. 부시.

화:도 (火度)圓 도자기 등을 굽는 온도.

화:도 (化導)圓하짜 덕으로 교화하여 이끎.

화:도 (畵道)圓 그림을 그리는 올바른 도리.

화:도 (畵圖)圓 여러 종류의 그림의 총칭.

화도-끝 (華-)[-끝]圓 피륙의 양쪽 끝에 상표를 넣어 짠 부분. 화두(華頭).

화:독 (火毒)圓 불의 독기. ▱~을 입다.

화:독-내 (火毒-)[-동-]圓 음식 따위가 타서 나는 냄새. 초취(焦臭).

화동 (和同)圓하짜 서로 사이가 벌어졌다가 다시 화합함.

화:두 (火斗)圓 다리미.

화:두 (火頭)圓『불』절에서 불을 때서 밥을

짓는 일. 또는 그 일을 맡은 사람.

화두 (華頭)[명] 화도끝.

화두 (話頭)[명] **1** 이야기의 말머리. ▢~를 돌리다 /～가 바뀌다. **2** 마음에 중요하게 여겨 생각하거나 말할 만한 것. **3**《불》 참선(參禪)하는 이에게 도를 깨치게 하기 위해 내는 과제《1,700 종류가 있음》. 공안(公案).

화드득 [명] **1** 붉은 통 따위가 급히 세게 나오는 소리. 또는 그 모양. **2** 경망하게 방정을 떠는 모양. **3** 숯불이나 나뭇가지 따위가 불똥을 튀기며 타들어 가는 소리. 또는 그 모양.

화드득-거리다 [-꺼-][자] 잇따라 화드득 소리가 나다. **화드득-화드득** [-드콰-][부하자]

화드득-대다 [-때-][자] 화드득거리다.

화들짝 [부하자] 별안간 호들갑스럽게 펄쩍 뛸 듯이 놀라는 모양.

화:-등잔 (火燈盞)[명] **1** 등잔. **2** 놀라거나 앓아서 휑해진 눈의 비유. ▢~가 나다.

화:-딱지 (火-)[명]《속》 화(火). ▢~가 나다.

화라지 [명] **1** 옆으로 길게 뻗은 나뭇가지를 땔나무로 이르는 말. **2** ☞활대.

화-락-천 (化樂天)[명]《불》육욕천(六欲天)의 하나. 이곳에서는 바라는 바가 뜻었이 이루어져 즐겁다고 함. 화천(化天). ▢~ 겁다.

화락-하다 (和樂-)[-라카-][형여] 화평하고 즐겁다.

화란 (和蘭)[명]《지》'네덜란드'의 한자 이름.

화:-란 (禍亂)[명] 재앙과 난리. ▢~을 당하다 /～이 발생하다.

화랑 (花郎)[명]《역》신라 때, 청소년의 민간 수양 단체. 또는 그 중심인물. 문별과 학식이 있고 외모가 단정한 사람으로 조직되었고, 심신의 단련과 사회의 선도를 이념으로 하였음. 국선(國仙).

화:-랑 (畵廊)[명] 그림 등 미술품을 전시하는 곳《대개 화상(畵商)의 가게를 겸함》. 갤러리.

화랑-도 (花郎徒)[명]《역》신라 때, 화랑의 무리. 낭도.

화랑-도 (花郎道)[명]《역》신라 때, 화랑이 지키던 도리《삼덕(三德)·삼교(三敎)·오계(五戒)를 신조로 삼았음》.

화랑-이 (花郎-)[명]《민》옷을 잘 꾸며 입고 가무(歌舞)와 행악(行樂)을 주로 하던, 광대와 비슷한 무리《대개 무당의 남편이었음》.

화려-체 (華麗體)[명]《문》감정적이고 화려한 어구와 음악적 가락을 띠고 있어 선명한 인상을 주는 문체. ↔건조체.

화려-하다 (華麗-)[형여] **1** 환하게 빛나며 곱고 아름답다. 화미(華美)하다. ▢화려한 옷차림 / 거실을 화려하게 꾸미다. **2** 다채롭고 호화롭다. ▢화려한 경력의 소유자 / 결혼식을 화려하게 치르다. **화려-히** [부]

화:-력 (火力)[명] **1** 불의 힘. ▢~이 세다. **2**《군》총포 등의 위력. ▢막강한 ~ / 최신의 ~을 갖춘 정예 부대.

화:-력 발전 (火力發電)[-빨쩐]《전》석탄·중유(重油) 따위를 때어서 얻은 열에너지로 발전기를 돌려 전기를 일으키는 일. ↔수력 발전.

화:-력 발전소 (火力發電所)[-빨쩐-]《전》화력 발전으로 전류(電流)를 발생시키고 배전(配電)하는 곳.

화:-력 전:기 (火力電氣)[-쩐-]《전》화력 발전으로 얻는 전기. ↔수력 전기(水力電氣).

화:렴 (火廉)[명]《민》매장한 시체가 까맣게 변하는 일.

화렴(이) 들다 〔주〕 매장한 시체가 까맣게 변해지다.

화:로 (火爐)[명] 숯불을 담아 놓는 그릇.

화로-수 (花露水)[명] 꽃의 액(液)을 짜내어 만든 향수.

화:론 (畵論)[명] 그림에 관한 논평(論評)이나 이론. ▢각각의 ~.

화:롯-가 (火爐-)[-로까 /-론까][명] 화로의 옆. ▢~에 둘러앉다.

화:롯-불 (火爐-)[-로뿔 /-론뿔][명] 화로에 담은 불. 노화(爐火).

화뢰 (花蕾)[명]《식》꽃봉오리1.

화:-룡 (畵龍)[명] 용을 그림. 또는 그 그림.

화:룡-점정 (畵龍點睛)[명] 용을 그릴 때 마지막에 눈을 그려 완성시킨다는 뜻으로, 가장 중요한 부분을 완성시킴을 이르는 말.

화:룡-초 (畵龍-)[명] 용틀임을 그린 밀초.

화:루 (畵樓)[명] 화려한 누각.

화류 (花柳)[명] **1** 꽃과 버들. **2** 유곽(遊廓).

화류 (樺榴)[명] 자단(紫檀)의 목재. 붉고 결이 고우며 단단하여 건축·가구 따위의 고급 재료로 많이 씀.

화류-계 (花柳界)[-/-계][명] 기생 따위의 노는 계집들의 사회. 화류장(花柳場). ▢~ 여성.

화류-병 (花柳病)[-뼝][명]《의》성병(性病).

화류-장 (花柳場)[명] 화류계.

화류-장 (樺榴欌)[명] 화류로 만든 장롱.

화류-항 (花柳巷)[명] 기생 따위의 노는계집이 모여서 사는 거리.

화륜 (花輪)[명] 화환(花環).

화:-륜선 (火輪船)[명] '기선'의 구칭. ⓤ윤선.

화:-륜차 (火輪車)[명] '기차'의 구칭.

화릉 (花綾)[명] 꽃무늬를 놓아서 짠 아름다운 능직물.

화리 (禾利·花利)[명] **1** 조선 말기에, 논의 경작권을 매매의 대상으로 일컫던 말. **2** 수확이 예상되는 벼를 매매의 대상으로 일컫는 말. **화리(를) 끼다** 〔주〕 토지, 특히 논의 매매에 화리를 매매 조건에 붙다.

화림 (花林)[명] 꽃나무로 이루어진 숲.

화:립 (畵笠)[명]《역》궁중에서, 구나(驅儺)를 맡아 일하던 지군(持軍)과 판관(判官)이 쓰던 갓.

화:-마 (火魔)[명] 화재를 마귀에 비유하여 이르는 말. ▢~가 덮치다.

화마 (花馬)[명]《동》얼룩말2.

화만 (華鬘)[명] **1** 옛날 인도 사람들이 몸을 꾸미던 도구. **2**《불》불전(佛前)을 장엄하게 꾸미는 장식구의 하나.

화:-망 (火網)[명]《군》그물처럼 펼쳐 놓은 화기(火器)의 배치 체계. 또는 그런 사격의 범위. ▢~을 구성하다.

화매 (和賣)[명하타] 파는 사람과 사는 사람이 군말 없이 팔고 삼.

화:-면 (火綿)[명]《화》솜화약.

화:-면 (畵面)[명] **1** 그림이나 도형 따위를 그린 면. ▢~의 색상이 어둡다. **2** 텔레비전이나 컴퓨터 따위에서, 그림이나 영상이 나타나는 면. ▢모니터의 선명한 ~ /～이 흐리다. **3** 필름·인화지 따위에 촬영된 영상이나 사상(寫像).

화명 (花名)[명] 꽃의 이름.

화:명 (畵名)[명] **1** 그림의 이름. 화제(畵題). **2** 영화의 이름. **3** 화가로서의 명성.

화:-목 (火木)[명] 땔나무.

화목 (花木)[명] 꽃나무1.

화목 (和睦)[명하여] 서로 뜻이 맞고 정다움. ▢~한 가정 /～을 되찾다.

화목-제 (和睦祭)[-쩨][명]《기》구약 시대에, 하나님에게 동물을 희생(犧牲)으로 바쳐 하나님과 사람과의 관계를 화목하게 하려고 행한

던 제사. 평화제.

화무십일홍(花無十日紅)[명] 열흘 붉은 꽃이 없다는 뜻으로, 한 번 성한 것은 얼마 가지 않아 반드시 쇠해짐을 이르는 말. ⬜~ 세무 십년과(勢無十年過). *권불십년(權不十年).

화:문(火門)[명] 총·대포 등 화기의 아가리.

화문(花紋)[명] 꽃무늬.

화:문-석(花紋席)[명] 꽃돗자리.

화:물(貨物)[명]〔경〕운반할 수 있는 유형(有形)의 재화나 물품. ⬜~을 싣다 / 창고에 ~을 보관하다.

화:물-기(貨物機)[명] 화물 운반 전용(專用)의 수송기.

화:물 상환증(貨物相換證)[-쯩]〔경〕운송인이 운송품을 수취한 것을 증명하고, 이것을 권리자에게 인도함을 약속한 유가 증권. 화물 환증.

화:물-선(貨物船)[-썬] 화물을 실어 나르는 배. 짐배.

화:물 열차(貨物列車)[-렬-] 화물을 실어 나르는 열차. ⓦ화차.

화:물 자동차(貨物自動車) 화물을 실어 나르는 자동차. 트럭.

화:물-차(貨物車) 짐을 실어 나르는 자동차·기차 등의 총칭. ⓦ화차.

화:물 환:증(貨物換證)[-쯩]〔경〕화물 상환증(貨物相換證).

화:미(畫眉)[명][하자] 눈썹을 그림. 또는 그 눈썹.

화미-하다(華美-)[형여] 화려하다1.

화:민(化民)[명][하자] 백성을 교화함. ⸤인대〕〔역〕선산이 있는 고장의 원에 대해 자신을 일컫던 말. 민(民).

화:민-성속(化民成俗)[명][하자] 백성을 교화해 아름다운 풍속을 만듦.

화:밀(火蜜)[명] 화청(火淸).

화밀(花蜜)[명]〔식〕꽃의 꿀샘에서 분비하는 꿀. 꽃꿀.

화밀-화(花蜜花)[명]〔식〕꽃 속의 꿀을 먹으려 오는 곤충을 통해 수분을 하는 충매화(蟲媒花)《개나리·호박꽃·배나무 따위》. 꽃꿀풀.

화반(花盤)[명] 1 꽃을 담게 만든 자기(瓷器). 2〔건〕초방 위에 장여를 받치기 위해 화분·연꽃·사자 등을 그려 놓은 널조각.

화반-석(花斑石)[명]〔광〕붉고 흰 무늬가 있는, 바탕이 매우 곱고 무른 돌《도장이나 그릇을 만드는 데 씀》.

화:반-창(火斑瘡)[명]〔한의〕피부를 불에 데어 생기는 불긋불긋한 염증.

화발허통-하다(-虛通-)[형여] 막힌 것이 사방이 탁 트여 있다.

화:방(火防)[명]〔건〕돌을 섞은 흙으로 중방 밑까지 쌓아 올린 벽.

화방(花房)[명] 꽃집.

화:방(畫房)[명] 1 화실(畫室). 2 그림 그리는 데 필요한 기구나 물감 따위를 파는 가게.

화:방(畫舫)[명] 용이나 봉황 따위 모양으로 꾸미고 그림을 그려 곱게 단청을 한 놀잇배. 그림배.

화방-수(-水)[명] 소용돌이치며 흐르는 물.

화:배-공(畫坏工)[명] 도자기의 몸에 그림을 그리는 것을 업으로 하는 사람.

화백(和白)[명]〔역〕신라 때, 나라의 중대사를 의논하던 회의 제도. 처음에는 육촌(六村) 부족이 모인 회의였으나, 뒤에는 진골 이상의 귀족들의 회의로 변하였음.

화:백(畫伯)[명] '화가(畫家)'의 경칭.

화벌(華閥)[명] 세상에 드러난 높은 문벌.

화법(話法)[-뻡][명]〔언〕문장이나 담화에서 남의 말을 인용하여 재현하는 방법《남의 말을 그대로 되풀이해서 말하는 직접 화법과 취지만 따서 자기의 말로 고쳐 표현하는 간접 화법이 있음》.

화:법(畫法)[-뻡][명] 그림을 그리는 방법.

화:법-식(花法式)[-씩][명]〔식〕화식(花式).

화:변(火變)[명] 화재(火災).

화변(花邊)[명]〔인〕인쇄물의 가장자리를 꾸며 놓은 뇌문(雷紋)·화문(花紋) 따위의 장식 괘선(罫線). 또는 그 활자.

화:변(禍變)[명] 매우 심한 재액(災厄). ⬜~을 당하다.

화:병(火兵)[명] 1〔역〕군대에서, 밥 짓는 일을 맡던 군사. 2〔군〕화기(火器)1. 3〔군〕화력을 이용하여 싸우는 군사.

화:병(火病)[-뼝][명]〔한의〕'울화병'의 준말. ⬜~이 나다.

화:병(火餅)[명] 밀가루나 메밀가루를 반죽해서 모닥불에 구워 낸 떡.

화병(花柄)[명]〔식〕꽃자루.

화병(花瓶)[명] 꽃병.

화:병(畫屛)[명] 그림을 그린 병풍.

화:병(畫瓶)[명] 겉에 그림을 그린 병.

화:병(畫餅)[명] '화중지병(畫中之餅)'의 준말.

화보(花譜)[명] 꽃의 이름, 특성, 피는 시기 등에 관해 적은 책.

화:보(畫報)[명] 그림이나 사진을 위주로 해서 편집한 지면이나 인쇄물. 또는 그 그림이나 사진.

화:보(畫譜)[명] 1 그림을 모아 만든 책. 2 화가의 계통·전통 따위를 적어 놓은 책.

화복(華服)[명] 물을 들인 천으로 만든 옷. ↔소복(素服). ──하다[-보카-][자여] 화복을 입다.

화:복(禍福)[명] 재화(災禍)와 복록(福祿).

화:복-무문(禍福無門)[-붕-][명] 화복은 운명적인 것이 아니고, 선한 일이나 악한 일을 함에 따라 각기 받는다는 말.

화본(話本)[명]〔문〕중국 송·원나라 때 성행하던, 당시의 생활상이나 역사적인 설화(說話)의 대본.

화:본(畫本)[명]〔미술〕그림을 그리는 데 쓰는 바탕이 되는 감이나 종이.

화봉(花峰)[명]〔식〕꽃봉오리1.

화봉-초(花峰草)[명] 꽃봉오리처럼 한쪽 끝을 뾰족하게 말아서 만든 잎담배.

화:부(火夫)[명] 1 기관(汽罐) 따위에 불을 때는 인부. 2〔불〕절에서 불을 때는 사람.

화분(花盆)[명] 꽃을 심어 가꾸는 분. ⬜~에 꽃을 심다.

화분(花粉)[명]〔식〕꽃가루.

화분-병(花粉病)[-뼝][명]〔의〕꽃가룻병(病).

화분-화(花粉花)[명]〔식〕많은 꽃가루가 꽃술에 있는 꽃.

화:불단행(禍不單行)[명] 재앙은 늘 겹쳐 온다는 말.

화사(花蛇)[명]〔한의〕산무애뱀.

화사(花詞)[명] 꽃말.

화사(花絲)[명]〔식〕수술대.

화:사(畫師)[명] 화공(畫工).

화:사-석(火舍石)[명] 석등(石燈)의 중대석(中臺石) 위에 있는, 등불을 밝히도록 된 부분.

화사-주(花蛇酒)[명] 산무애뱀을 넣어 삼칠일 만에 뜨는 술《풍병과 악창(惡瘡)에 씀》.

화:사첨족 (畫蛇添足)圈 뱀을 그리는데 없는 발까지 그려 넣었다는 뜻으로, 쓸데없는 군일을 하여 도리어 실패함을 이르는 말. 준사족(蛇足).

화사-하다 (華奢-)[혤呣] 화려하게 곱다. ▯화사한 웃음 / 화사한 옷차림.

화:산 (火山)圈 〖지〗 땅속 깊은 곳의 가스·마그마 따위가 지각(地殼)의 터진 틈을 통해 지표(地表)로 분출하여 쌓여서 이루어진 산(활화산·휴화산·사화산 따위로 나뉨).

화:산-대 (火山帶)圈 〖지〗 화산이 띠 모양으로 분포한 지대.

화:산-도 (火山島)圈 〖지〗 해저 화산의 분출물이 쌓여서 해면 위로 나타난 섬. 화산섬.

화:산-력 (火山礫)[-녁]圈 〖지〗 화산이 분출할 때 터져 나온 콩알만 한 용암의 조각.

화:산-모 (火山毛)圈 〖지〗 화산에서 분출하는 유리질 용암이 날려서 머리털 모양으로 된 분출물.

화:산-섬 (火山-)圈 〖지〗 화산도.

화:산성 지진 (火山性地震)[-썽-]〖지〗 화산 작용으로 일어나는 지진. 화산 지진.

화:산-암 (火山岩)圈 〖지〗 화성암의 하나. 지상에 분출된 마그마가 급격히 식어서 된 암석(현무암·안산암(安山岩)·유문암(流紋岩) 따위). 분출암.

화:산 작용 (火山作用)〖지〗 화성암을 형성하는 현상 및 이와 직접 관련된 모든 작용. 화산 현상. 화산 활동.

화:산-재 (火山-)圈 〖지〗 화산에서 분출한 용암의 부스러기가 4 mm보다 작은, 먼지같이 된 재. 화산회(火山灰).

화:산 지진 (火山地震)〖지〗 화산성 지진.

화:산-진 (火山塵)圈 〖지〗 화산재 가운데 아주 작은 부스러기.

화:산-탄 (火山彈)圈 〖지〗 화산에서 분출된 용암 가운데 지름이 32 mm 이상으로 굳어진 원형이나 타원형의 것. 화산암.

화:산 현:상 (火山現象)〖지〗 화산 작용.

화:산-호 (火山湖)圈 〖지〗 화산 작용으로 생긴 분화구 속에 물이 괴어 생긴 호수.

화:산 활동 (火山活動)[-똥]〖지〗 화산 작용.

화:산-회 (火山灰)圈 〖지〗 화산재.

화살圈 활시위에 오늬를 메겨서 당겼다가 놓으면 멀리 날아가게 된 물건. 시(矢). ▯세월이 ～ 같다. 준살.

화살을 돌리다 丑 힐책이나 공격 따위를 다른 쪽으로 돌리다.

화살-나무 [-라-]圈 〖식〗 노박덩굴과의 낙엽활엽 관목. 산기슭·산허리의 암석지에 남. 높이는 약 1 m, 줄기와 가지에 날개 같은 것이 있음. 누른빛을 띤 초록색 네잎꽃이 잎겨드랑이에서 남.

화살-대 [-때]圈 화살의 몸을 이루는 대.

화살-시 (-矢)圈 한자 부수의 하나(「矣」·「矩」 따위에서 「矢」의 이름).

화살-촉 (-鏃)圈 화살 끝에 박은 뾰족한 쇠. 살밑.

화살-표 (-標)圈 1 방향을 나타내는 화살꼴의 표지. ▯～ 방향. 2 문장에 쓰는 부호 '→'의 인쇄상의 이름.

화:삽 (火-)圈 부삽.

화:상 (火床)圈 보일러의 불을 때는 곳.

화:상 (火傷)圈 불이나 뜨거운 열에 데어서 상함. 또는 그 상처. ▯～을 입다.

화상 (花床)圈 〖식〗 꽃받침.

화상 (和尙)圈 〖불〗 1 수행을 많이 한 승려. 2 '승려'의 경칭.

화상 (華商)圈 화교 상인.

화:상 (畫商)圈 그림을 파는 장수나 장사.

화:상 (畫像)圈 1 사람의 얼굴을 그림으로 그린 형상. 2 〈속〉 얼굴. 3 〈속〉 상대방이 마땅치 못하여 꾸짖는 말. ▯이 ～아, 그것도 말이라고 하니. 4 텔레비전의 화면에 나타나는 상(像). ▯～이 선명하다.

화:상-찬 (畫像讚)圈 화상에 쓴 찬사(讚辭).

화:상 회:의 (畫像會議)[-/-의] 서로 떨어져 있는 사람들이 통신 회선으로 연결되어, 텔레비전·컴퓨터 따위를 이용하여 서로 화상으로 보면서 하는 회의. 텔레비전 회의. 영상(映像) 회의.

화색 (和色)圈 얼굴에 드러난 온화하고 환한 빛. ▯얼굴에 ～이 돌다.

화:색 (貨色)圈 재색(財色).

화:색 (禍色)圈 재앙이 벌어지는 징조.

화:생 (化生)圈 〖불〗 부동명왕(不動明王)이 불꽃을 내어 세계를 비추고, 그 불로 악마를 소멸함.

화:생 (化生)[하자] 1 〖생〗 생물의 몸이나 그 조직의 일부가 형태와 기능을 변화하는 일. 2 〖불〗 사생(四生)의 하나. 자취도 없고 의탁할 곳도 없이 홀연히 생겨남. 또는 그렇게 생겨난 귀신.

화:생방-전 (化生放戰)圈 〖군〗 화학전·생물학전·방사능전을 아울러 이르는 말. 시비아르전(CBR戰).

화:생토 (火生土)圈 〖민〗 음양오행설에서, 화(火)가 토(土)를 생성함.

화서 (禾黍)圈 벼와 기장.

화서 (花序)圈 〖식〗 꽃차례.

화서 (花署)圈 글씨 모양을 꾸미서 흘려 쓰는 서명.

화서지몽 (華胥之夢)圈 낮잠. 또는 좋은 꿈.

화:석 (火石)圈 부싯돌.

화:석 (化石)圈 1 〖지〗 지질 시대에 살던 동식물의 유해 및 유적이 퇴적물 중에 매몰돼 남아 있는 것의 총칭. 2 변화하거나 발전하지 않고 어떤 상태에서 돌처럼 굳어 버린 것의 비유. ▯～처럼 굳은 표정.

화:석 식물 (化石植物)[-씽-]〖식〗 과거에는 존재하였으나 현재는 화석으로만 볼 수 있는 식물.

화:석 어류 (化石魚類)〖어〗 과거에는 존재하였으나 현재는 화석으로만 볼 수 있는 어류.

화:석 연료 (化石燃料)[-열-]〖공〗 지질 시대에 살았던 동식물의 유해가 땅속에 묻혀 생긴, 오늘날 연료로 사용하는 물질(석유·석탄·천연 가스 따위).

화:석 인류 (化石人類)[-일-]〖지〗 지질 시대나 구석기 시대에 살아, 현재는 화석으로 발견되는 인류. 화석인. 고생 인류.

화:선 (火扇)圈 1 불부채. 2 촛대에 딸린 기구. 둥글고 얇은 쇳조각으로 초꽂이 옆에 꽂아 이리저리 돌려서 촛불의 밝기를 조절하거나 바람에 꺼지는 것을 막음.

화:선 (火船)圈 1 수전(水戰)에서, 적선(敵船)에 불을 붙이는 데 쓰는 배. 2 고기 잡을 때, 불을 밝히는 배(보통 지휘자가 탐).

화:선 (火線)圈 〖군〗 1 사격 임무를 띤 병사들의 사격 범위의 끝을 연결한 경계선. 2 전투의 최전선.

화선 (花仙)圈 '화중신선(花中神仙)'의 준말.

화:선 (畫仙)圈 신선의 경지에 이르렀다는 뜻으로, 뛰어난 화가를 높여 이르는 말.

화:선 (畵船) 圀 〖역〗 채선(彩船).
화:−선지 (畵宣紙) 圀 선지(宣紙)의 하나. 옥판
(玉版)선지보다 질이 약간 낮고 조금 큼.
화설 (話說) 圀 고대 소설에서, 이야기를 시작
할 때 쓰는 말.
화:섬 (化纖) 圀 〖공〗 '화학 섬유'의 준말.
화:섬−사 (化纖絲) 圀 화학 섬유로 만든 실.
화섬−하다 (華瞻−) 圀爾 문장이 화려하고 내용
이 풍부하다.
화:성 (化成) 圀爾隔印 1 길러서 자라게 함. 2
덕화(德化)되어 선(善)해짐. 3 〖화〗 다른 물
질이나 원소가 화합해 새 물질을 형성함.
화:성 (化姓) 圀 〖민〗 성(姓)을 궁(宮)·상(商)·각
(角)·치(徵)·우(羽)의 오음(五音)으로 나누어
오행(五行)에 붙인 것 가운데, 화(火)에 속하
는 성.
화:성 (火星) 圀 〖천〗 태양계의 넷째 행성(지구
바로 바깥쪽을 돌며 공전 주기 1.88년, 자전
주기는 24시간 37분여, 적도 반지름은 3,397
km, 두 개의 위성을 가지고 있음).
화성 (和聲) 圀 〖악〗 화음들이 일정한 규칙에
따라 조화를 이루는 현상.
화:성 (畵聖) 圀 극히 뛰어난 화가를 성인의 경
지에 이르렀다는 뜻으로 높여 이르는 말.
화:성 광:물 (火成鑛物) 〖광〗 마그마가 식으
면서 결정화하여 된 화성암을 이루는 광물.
화성−법 (和聲法)[−뻡] 圀 〖악〗 화음을 기초로
하여 선율을 조직하는 방법.
화:성 비:료 (化成肥料) 〖농〗 질소·인산·칼륨
가운데 두 가지 이상이 들어 있으며, 화학적
으로 처리하여 복합적 효과를 나타내게 한
화학 비료.
화:성−암 (火成岩) 圀 〖지〗 마그마가 지표나
지하에서 응고하여 이룬 암석의 총칭(심성암
(深成岩)·반(半)심성암·화산암 따위가 있음).
화:세 (火洗) 圀 〖가〗 하느님에 대한 믿음과 사
랑을 가지고, 자기가 지은 죄를 뉘우치고 세
례받기를 원할 때, 그 사람에게 세례받은 사
람과 같은 은총을 내려 주는 성신(聖神)의 세
례. 열세(熱洗).
화:세 (火勢) 圀 불이 타오르는 기세.
화세 (花洗) 圀 화초에 물을 주는 기구.
화:소 (火巢) 圀 능원·묘 등의 울타리 밖에 있
는 풀과 나무를 불살라 버린 곳.
화소 (話素) 圀 〖문〗 소설 등에서, 이야기를 구
성하는 최소 단위.
화:소 (畵素) 圀 〖전〗 텔레비전이나 사진 전송
에서, 화면을 전기적으로 나눈 최소의 단위
면적.
화:소−청 (畵燒靑) 圀 〖공〗 중국에서 나는 푸
른 물감의 한 가지(도자기에 씀). 무명자.
화:속 (化俗) 圀爾隔 〖불〗 속세의 사람들을 교
화(敎化)함.
화:속 (火贖) 圀 〖역〗 대장(臺帳)에 오르지 않
은 토지에 대해 부과하던 세.
화:속−하다 (火速−)[−쏘카−] 圀爾 걷잡을 수
없이 타는 불과 같이 매우 빠르다. 화:속−히
[−쏘키]罷
화−솥 [−솓] 圀 솥의 하나. 주위에 돌아가며 전
이 달려 있고 모양이 갈과 비슷함.
화:수 (火嗽) 圀 〖한의〗 기침이 나며 얼굴이 붉
어지고 목이 마르는 병.
화수 (禾穗) 圀 벼의 이삭.
화:수 (和酬) 圀爾隔印 남이 보낸 시나 노래에 화
답해 갚음.
화수 (花樹) 圀 꽃나무1.
화수 (花穗) 圀 〖식〗 이삭으로 된 꽃.
화수 (花鬚) 圀 〖식〗 꽃술.

화:수 (禍崇) 圀 재앙의 빌미.
화수분 圀 재물이 자꾸 생겨 아무리 써도 줄지
않음을 이르는 말.
화수−회 (花樹會) 圀 성(姓)이 같은 겨레붙이끼
리 친목을 위하여 모이는 모임이나 잔치.
화순 (花脣) 圀 1 〖식〗 꽃잎. 2 미인의 아름다
운 입술의 비유.
화순−하다 (和順−) 圀爾 온화하고 양순하다.
화−술 (畵−) 〖농〗 위등하게 생긴 쟁기의 술.
화술 (話術) 圀 말재주. ▢능란한 ∼ / 교묘한
∼에 넘어가다.
화:승 (火繩) 圀 불이 붙게 하는 데 쓰는 노끈.
화약심지.
화:승−작 (火繩作) 圀爾隔 지난날, 일정한 길이
의 화승에 불을 붙여 달아 놓고, 그것이 다
타기 전에 글을 짓던 일.
화:승−총 (火繩銃) 圀 화승의 불로 터지게 하
여 쏘는 구식 총.
화시 (花時) 圀 꽃이 피는 시절. 화기(花期).
화:식 (火食) 圀爾隔印 불에 익힌 음식을 먹음.
또는 그 음식. ↔생식(生食).
화:식 (花式) 圀 〖식〗 꽃을 구성하는 꽃받침·꽃
부리·암술·수술 따위의 수나 배열 상태를 일
정한 기호와 숫자로 나타낸 식.
화식 (和食) 圀 일본식 요리. 왜식.
화:식 (貨殖) 圀爾隔 재화를 늘림.
화식 (華飾) 圀爾隔印 화려하게 꾸밈.
화식−도 (花式圖) 圀[−또] 〖식〗 꽃의 횡단면을
기초로 하여, 화식을 나타낸 평면도.
화:신 (化身) 圀爾隔印 1 〖불〗 부처가 중생을 교
화하기 위하여 여러 모습으로 세상에 나타
남. 또는 그 모습. 2 어떤 추상적인 특질이
구체화 또는 유형화된 것. ▢미(美)의 ∼ / 정
의의 ∼ / 질투의 ∼.
화:신 (火神) 圀 불을 맡은 신.
화신 (花信) 圀 꽃이 피었음을 알리는 소식. 꽃
소식. ▢∼을 전하다.
화신 (花神) 圀 1 꽃을 맡은 신. 2 꽃의 정기.
화신 (花晨) 圀 꽃이 핀 아침.
화:신 (禍神) 圀爾隔 재앙을 주는 신. 사신(邪神).
화:신−풍 (花信風) 圀 1 꽃이 피려고 함을 알리
는 바람이라는 뜻으로, 꽃이 필 무렵에 부는
바람을 이르는 말. 2 이십사번화신풍.
화:실 (火室) 圀 〖공〗 기관(汽罐) 내에서 땔감
을 때어 증기를 발생시키는 곳.
화:실 (畵室) 圀 화가 또는 조각가가 작업하는
방. 화방(畵房). 아틀리에.
화심 (花心) 圀 1 〖식〗 꽃의 한가운데 꽃술이
있는 부분. 2 미인의 아름다운 마음의 비유.
화:심 (禍心) 圀 1 남을 해치려는 마음. 2 재앙
의 근원.
화씨 (華氏) 圀 〖물〗 화씨온도계의 눈금의 명칭
(기호는 F.). *섭씨·열씨.
화씨−온도계 (華氏溫度計)[−/−게] 圀 〖물〗 독
일인 파렌하이트(Fahrenheit)가 창안한 온도
계(어는점이 32°F, 끓는점을 212°F로 하고,
그 사이를 180등분하여 만든 것). *섭씨온
도계·열씨온도계.
화:아 (火蛾) 圀 〖충〗 불나방.
화아 (花芽) 圀 〖식〗 꽃눈.
화안 (花顔) 圀 꽃처럼 아름다운 여자의 얼굴.
화용(花容).
화안 (和顔) 圀 화기를 띤 얼굴.
화압 (花押) 圀 수결(手決)과 함자(銜字).
화:압 (畵押) 圀 수결(手決)을 씀.
화:액 (禍厄) 圀 재앙과 곤란. ▢∼을 입다.

화:약 (火藥)〔명〕 충격·마찰·열 따위로 급격한 화학 변화를 일으켜, 많은 열과 가스를 발생하여 폭발하는 것. 〔└〕 ~이 터지다.
[화약을 지고 불로 들어간다] 자기 스스로 위험한 곳으로 찾아 들어가거나 화를 자초한다는 말.

화약 (和約)〔명〕〔하타〕 화목하게 지내자는 약속. 화(和議)의 조약. 〔└〕 ~을 맺다.

화:약-고 (火藥庫)[-꼬]〔명〕 1 화약을 저장하는 창고. 2 분쟁이나 전쟁 등이 일어날 위험성이 많은 지역을 비유하는 말. 〔└〕 ⑦중동의 ~.

화:약-심지 (火藥心-)[-씸-]〔명〕 1 화승(火繩). 2 도화선(導火線)1.

화양-누르미 (華陽-)〔명〕 삶은 도라지와 쇠고기, 버섯 따위를 잘막하게 썰어 각각 양념하고 볶아 꼬챙이에 꿰고, 끝에 3색 사지(絲紙)를 감은 음식. 화양적. ⑦행누르미.

화:언 (禍言)〔명〕 불길한 말.

화엄 (華嚴)〔명〕〔불〕 만행(萬行)·만덕(萬德)을 닦아 덕과(德果)를 장엄하게 함.

화엄-경 (華嚴經)〔명〕〔불〕 석가모니가 성도한 깨달음의 내용을 그대로 설법했다는 대승 경전의 정화(精華)(부처의 만행과 만덕을 칭양하고 있음). 정식 이름은 대방광불(大方廣佛)화엄경.

화엄-신장 (華嚴神將)〔명〕〔불〕 화엄경을 보호하는 신장. 곧, 불법을 보호하는 신장을 이름.

화엄-종 (華嚴宗)〔명〕〔불〕 화엄경을 근본 경전으로 하여 세운 종파. 우리나라에서는 신라 때 의상(義湘)이 개종(開宗)하였으며, 뒤에 교종(教宗)이 되었음.

화엄-회 (華嚴會)〔명〕〔불〕 화엄경을 설(說)하는 법회.

화연 (花宴)〔명〕 환갑잔치.

화연-하다 (諠然-)〔형어〕 여러 사람이 지껄이는 소리가 떠들썩하다. 화연-히〔부〕

화열-하다 (和悅-)〔형어〕 마음이 화평하여 기쁘다.

화:염 (火焰)〔명〕 불꽃1. 〔└〕 ~에 휩싸이다.

화:염-검 (火焰劍)〔명〕〔기〕 하나님이 아담과 하와를 에덴에서 내쫓고, 생명나무를 지키도록 한 불 칼.

화:염 방:사기 (火焰放射器)〔군〕 석유·중유·휘발유 등의 혼합 액체를 압축가스로 분사시켜 점화해서 적의 시설물 따위를 태우는 무기.

화:염-병 (火焰瓶)[-뼝]〔명〕 휘발유나 시너 따위 화염제를 넣어 만든 유리병(심지에 불을 붙여 던지면 병이 깨지면서 불이 붙어 퍼짐).

화염-제 (火焰劑)〔명〕 터지면서 불길을 일으키는 물질.

화엽 (花葉)〔명〕〔식〕 1 꽃과 잎. 2 꽃잎.

화영 (花影)〔명〕 꽃의 그림자. 꽃의 그늘.

화예 (花翳)〔명〕〔한의〕 눈동자 위에 흰 점이 생기는 눈병.

화예 (花蕊)〔명〕〔식〕 꽃술.

화예-석 (花蕊石)〔명〕 1 〔광〕 화유석(花乳石). 2 〔한의〕 화유석을 달리 이르는 말(성질이 차며 지혈제(止血劑)로 씀).

화옥 (華屋)〔명〕 화려하게 지은 집.

화왕 (花王)〔명〕 '모란꽃'의 준말.

화:왕지절 (火旺之節)〔명〕〔민〕 오행(五行)에서, 화기(火氣)가 왕성한 절기라는 뜻으로, 여름을 이르는 말.

화:외 (化外)〔명〕〔불〕 부처의 교화가 미치지 못하는 곳.

화:외지맹 (化外之氓)〔명〕 교화가 미치지 못하는 지방의 백성.

화-요일 (火曜日)〔명〕 7요일의 하나. 일요일부터 셋째 날. ⑦화(火).

화용 (花容)〔명〕 꽃과 같이 아름다운 여자의 얼굴. 화안(花顔).

화용-월태 (花容月態)〔명〕 꽃다운 얼굴과 고운 자태라는 뜻으로, 아름다운 여인의 모습을 이르는 말.

화:운 (火雲)〔명〕 여름철의 구름.

화운 (和韻)〔명〕〔하타〕 남이 지은 시의 운자(韻字)를 써서 답시(答詩)를 지음.

화:원 (火源)〔명〕 불이 난 근원.

화원 (花園)〔명〕 1 꽃을 심은 동산. 꽃동산. 꽃밭. 2 꽃을 파는 가게. 꽃집.

화원 (禍源)〔명〕 화근(禍根).

화:원 (畵員)〔명〕〔역〕 조선 때, 도화서(圖畵署)에 소속되어 그림을 그리던 하급 관리.

화월 (花月)〔명〕 1 꽃과 달. 2 꽃 위에 비치는 달빛. 3 꽃이 피고 달이 밝은 그윽한 정취.

화유 (花遊)〔명〕〔하자〕 꽃놀이.

화유 (和誘)〔명〕〔하타〕 온화한 기색으로 꾀어냄.

화유-석 (花乳石)〔명〕〔광〕 누른 빛깔의 바탕에 흰색 점이 아롱져 박힌 돌. 화예석(花蕊石).

화:육 (化育)〔명〕〔하타〕 천지자연의 이치로 만물을 만들어 기름.

화:-육법 (畵六法)[-뻡]〔명〕〔미술〕 동양화를 그리는 여섯 가지 방법.

화:융 (火絨)〔명〕 부싯깃.

화음 (和音)〔명〕〔악〕 높이가 다른 둘 이상의 음이 함께 울릴 때 어울리는 소리.

화음 (花陰)〔명〕 꽃이 핀 나무의 그늘.

화음 (華音)〔명〕 한자의 중국 음.

화음 기호 (和音記號)〔악〕 화음의 종류를 나타내는 기호. 화음표.

화응 (和應)〔명〕〔하타〕 화답하여 응함. 또는 화답하여 함께 느낌.

화의 (和議)[-/-이]〔명〕 1 화해하는 의론. 〔└〕 ~를 받아들이다. 2〔법〕 파산 방지를 위하여 채권자와 채무자 간에 체결하는 강제 계약.

화:의 (畵意)[-/-이]〔명〕 1 그림을 그리려는 마음. 2 그림 속에 나타나 있는 뜻. 3 그림의 의장(意匠).

화이 (華夷)〔명〕 중국 민족과 그 주변의 오랑캐.

화이-사상 (華夷思想)〔명〕 중국 민족이 스스로를 '중화'라 하여 존중하며, 주변의 다른 민족을 '이적(夷狄)'이라 하여 천시하던 사상.

화이트 골드 (white gold)〔화〕 금 75%, 니켈 15%, 아연 10% 로 이루어진 흰빛의 합금(백금의 대용품).

화이트-보드 (white board)〔명〕 매직펜 따위로 글자나 그림을 그리게 되어 있는 널빤지(흑판에 상대하여 이르는 말).

화이트칼라 (white-collar)〔명〕 사무직에 종사하는 근로자. ↔블루칼라.

화:인 (火印)〔명〕 1 낙인1. 2 시승(市升).

화:인 (火因)〔명〕 불이 난 원인. 〔└〕 ~을 밝히다.

화:인 (禍因)〔명〕 재화(災禍)의 원인.

화:자 (火者)〔명〕 1 고자(鼓子). 2〔역〕 조선 때, 중국 명나라에 환관(宦官) 후보자로 보내던 12세에서 18세까지의 남자.

화자 (花瓷)〔명〕〔공〕 무늬가 있는 자기.

화자 (華字)〔명〕 중국의 문자. 곧, 한자(漢子).

화자 (話者)〔명〕 말하는 사람. 이야기하는 사람. ↔청자(聽者).

화자 (靴子)〔명〕 목화(木靴).

화잠 (花簪)〔명〕 새색시가 머리를 치장하는 데 쓰는 비녀.

화장 (-長) 圏 한복 저고리의 깃고대 중심에서 소매 끝까지의 길이. ▢ ~이 짧다.
화장 (化粧) 圏하자 화장품을 바르거나 문질러 얼굴을 곱게 꾸밈. ▢ 짙은 ~ / ~을 지우다.
화:장 (火匠) 圏 1 배에서 밥 짓는 일을 맡은 사람. 2 [공] 도자기 가마에 불을 때는 사람.
화:장 (火杖) 圏 부지깽이.
화:장 (火葬) 圏하자 시체를 불사르고, 남은 뼈를 모아 장사를 지냄.
화장-걸음 (-長-) 圏 팔을 벌리고 뚜벅뚜벅 걷는 걸음.
화장-기 (化粧氣) [-끼] 圏 화장한 흔적이나 기색(氣色). ▢ ~ 없는 얼굴.
화장-대 (化粧臺) 圏 화장할 때 쓰는 기구(거울이 달려 있고 화장 도구를 넣어 둠).
화장-독 (化粧-) [-똑] 圏 화장품이 피부에 맞지 않아서 얼굴에 생기는 부작용. ▢ ~이 오르다.
화장-법 (化粧法) [-뻡] 圏 목적에 맞게 화장하는 방법.
화장-비누 (化粧-) 圏 세숫비누.
화장-수 (化粧水) 圏 피부를 부드럽고 매끄럽게 해주는 액체.
화장-술 (化粧術) 圏 화장하는 기술.
화장-실 (化粧室) 圏 1 화장하는 방. 2 변소를 점잖게 이르는 말.
화:장-장 (火葬場) 圏 화장터.
화장-지 (化粧紙) 圏 1 화장할 때 쓰는 부드러운 종이. 2 변소에서 쓰는 얇은 종이(전에는 '휴지(休紙)'라 일컬었음).
화:장-터 (火葬-) 圏 일정한 시설을 갖춰 시체를 화장하는 곳. 화장장.
화장-품 (化粧品) 圏 크림·분·향수 따위 화장에 쓰는 물품.
화:재 (火災) 圏 불이 나는 재앙(災殃). 또는 불로 인한 재난. 회록(回祿). ▢ ~를 미연에 방지하다.
화:재 (畫才) 圏 그림을 그리는 재능.
화:재 (畫材) 圏 그림의 재료. 그림으로 그릴 만한 소재(素材).
화:재-경보기 (火災警報器) 圏 화재가 발생했을 때 자동적으로 경보를 울리는 장치(온도 변화를 감지하는 방식과 연기를 감지하는 방식 등이 있음).
화:재 보:험 (火災保險) [경] 화재로 인한 손해를 보상함을 목적으로 하는 손해 보험.
화:재 위험 경:보 (火災危險警報) 이상 건조·강풍 등으로 화재가 날 위험이 있을 때, 소방본부장이나 소방서장이 화재 예방을 위하여 발하는 경보.
화:저 (火箸) 圏 부젓가락.
화:적 (火賊) 圏 불한당(不汗黨).
화:적 (畫籍) 圏 화주역(畫周易).
화:적-질 (火賊-) [-찔] 圏하자 떼를 지어 다니며 하는 강도질.
화:전 (火田) 圏 [농] 산이나 들에서 초목을 태우고 그 자리를 파 일구어 농사를 짓는 밭. ▢ ~을 일구다.
화:전 (火箭) 圏 [군] 예전에, 불을 붙여 쏘던 화살. 또는 화약을 장치한 화살.
화전 (花田) 圏 화초밭.
화전 (花煎) 圏 1 꽃전1. 2 진달래 따위 꽃잎을 붙여 부친 부꾸미. 꽃전2. ▢ ~을 부치다. 3 차전병의 하나.
화전 (花戰) 圏 [민] 꽃싸움.
화전 (和戰) 圏하자 1 화합과 전쟁. ▢ ~ 양면 작전. 2 전쟁을 멈추고 화해함.
화전 (花甎) 圏 꽃무늬를 놓아서 만든 벽돌.

화전 (華箋) 圏 남의 편지를 높여 이르는 말.
화전-놀이 (花煎-) 圏 [민] 꽃잎을 따서 전을 부쳐 먹으며 춤추고 노는 부녀자의 봄놀이.
화:전-민 (火田民) 圏 [농] 화전을 일구어 농사를 짓는 사람.
화전-벽 (花甎壁) 圏 대궐의 전각(殿閣) 안에 까는 벽돌.
화전-별곡 (花田別曲) 圏 [문] 조선 중종 때, 김구(金緱)가 경상남도 남해의 화전으로 귀양 가서 지은 경기체가.
화전-지 (花箋紙) 圏 시전지(詩箋紙).
화전-충화 (花田衝火) 꽃밭에 불을 지른다는 뜻으로, 젊은이의 앞길을 그르치게 함을 이르는 말.
화:점 (火點) [-쩜] 圏하타 1 '발화점'의 준말. 2 [공] 쇠붙이를 불에 달구어 시험해 봄. 3 [광] 아말감을 화금(火金)으로 만들기 위해 가열함. 4 [군] 기관총 따위 자동 화기를 배치한 개개의 군사 진지.
화점 (花點) [-쩜] 圏 바둑판 위에 찍힌 아홉 개의 점. 꽃점. ▢ ~ 정석(定石).
화:접 (畫楪) 圏 [공] 도자기에 그림을 그릴 때 물감을 푸는 접시. 또는 그림을 그린 접시.
화:정 (火定) 圏하자 [불] 불도를 닦은 사람이 열반에 들어가기 위해 스스로 불 속으로 들어가 입정(入定)함.
화:제 (火帝) 圏 중국 고대의 불의 신. 염제(炎帝).
화제 (花製) 圏 [역] 삼일제(三日製).
화제 (和劑) 圏 '약화제(藥和劑)'의 준말.
화제-내 밀다 [-다] 약방문을 쓰다.
화:제 (畫題) 圏 [미술] 1 그림의 이름이나 제목. ▢ ~를 붙이다. 2 그림 위에 쓰는 시문.
화제 (話題) 圏 1 이야기의 제목. 2 이야깃거리. ▢ ~의 인물 / ~의 주인공 / ~가 풍부하다 / ~에 오르다.
화젯-거리 (話題-) [-제꺼-/-젠꺼-] 圏 이야깃거리가 될 만한 소재. ▢ 장안의 ~.
화조 (花鳥) 圏 1 꽃과 새. 2 꽃을 찾아다니는 새. 3 [미술] 꽃과 새를 그린 그림이나 조각.
화조 (花朝) 圏 1 꽃 피는 아침. 2 옛날 명절(음력 2월 보름).
화조 (話調) 圏 말씨의 특색.
화조-사 (花鳥使) 圏 남녀 사이의 사랑을 중매하는 사람.
화조-월석 (花朝月夕) [-썩] 圏 1 꽃 피는 아침과 달 밝은 저녁이란 뜻으로, 경치가 좋은 시절을 이르는 말. 2 음력 2월 보름과 8월 보름을 이르는 말.
화조-풍월 (花鳥風月) 圏 1 꽃과 새와 바람과 달이라는 뜻으로, 천지간의 아름다운 경치를 이르는 말. 2 풍류. ▢ ~을 즐기다.
화조-화 (花鳥畫) 圏 [미술] 꽃과 새를 그린 동양화.
화:종 (火鐘) 圏 불종.
화종 (花種) 圏 1 꽃의 종류. 2 꽃의 종자.
화좌 (華座) 圏 [불] 부처나 보살이 앉는 연꽃 모양의 좌대(座臺).
화:주 (火主) 圏 불을 낸 집.
화:주 (化主) 圏 [불] 1 중생을 교화하는 교주(敎主)인 부처. 2 화주승(化主僧). 3 시주(施主).
화:주 (火酒) 圏 소주·위스키처럼 알코올 도수가 높은 술. 또는 불을 붙이면 탈 수 있을 정도로 독한 증류주.
화주 (花柱) 圏 [식] 암술대.
화:주 (貨主) 圏 화물의 임자. 하주(荷主).

화주 (華胄)몡 왕족이나 귀족의 자손. 현예(顯胄).

화:주-걸립 (貨主乞粒)몡 『민』 무당이 모시는 걸립신(乞粒神)의 하나.

화주-계 (華胄界)[-/-계]몡 귀족의 사회.

화:주-승 (化主僧)몡 『불』 시주하는 물건을 얻어 절의 양식을 대는 승려. 화주.

화:-주역 (畫周易)몡 주역의 효사(爻辭)를 풀이하여 그림으로 나타낸 책. 화적(畫籍).

화:주역-쟁이 (畫周易-)[-쩽-]몡 화주역으로 사주를 풀어 주는 것을 업으로 하는 사람.

화준 (花罇)몡 꽃무늬가 있는 항아리.

화:중 (火中)몡 불속.

화중 (華中)몡 중국의 중부 지방.

화중 (話中)몡 말하고 있는 도중.

화중-군자 (花中君子)몡 꽃 가운데 군자라는 뜻으로, ‘연꽃’을 달리 이르는 말.

화중-신선 (花中神仙)몡 꽃 가운데 신선이라는 뜻으로, ‘해당화’를 달리 이르는 말. ⓒ화선(花仙).

화중-왕 (花中王)몡 꽃 가운데 왕이라는 뜻으로, ‘모란꽃’을 달리 이르는 말. ⓒ화왕(花王).

화:지병 (畫中之餅)몡 그림의 떡. ⓒ화병(畫餠). *그림.

화중-화 (花中花)몡 1 여러 가지 꽃 가운데 가장 아름다운 꽃. 2 뛰어나게 어여쁜 여자.

화:증 (火症)[-쯩]몡 걸핏하면 화를 벌컥 내는 증세. 화기(火氣). □~을 내다 / ~이 나다. ⓒ증(症).

화:지 (火紙)몡 얇은 종이를 길게 말아 담뱃불 등을 붙이는 데 쓰는 종이.

화지 (花枝)몡 『식』 꽃과 포엽(苞葉)만이 달린 가지.

화:지 (畫紙)몡 그림을 그리는 데 쓰는 빳빳한 종이.

화직 (華職)몡 높고 화려한 관직. 현직(顯職).

화:질 (畫質)몡 텔레비전 따위에서, 색조·밝기 등의 화상(畫像)의 질. □~이 뛰어나다.

화:차 (火車)몡 1 옛날 화공(火攻)에 쓰던 병거(兵車). 2 우리나라의 옛 전차(戰車). 3 기차.

화:차 (貨車)몡 1 ‘화물차’의 준말. 2 ‘화물 열차’의 준말. ↔객차.

화:찬 (畫讚)몡 그림의 여백에 써 넣은 찬사 또는 시가(詩歌). 도찬(圖讚).

화:창 (火窓)몡 『건』 석등(石燈)의 화사석(火舍石)에 뚫은 창. 불창.

화창 (話唱)몡 『악』 가극이나 창극 따위에서, 대화나 이야기를 하는 것처럼 노래를 부르는 부분.

화창-하다 (和暢-)웽엉 날씨나 바람이 온화하고 맑다. □화창한 봄날.

화채 (花菜)몡 꿀이나 설탕을 탄 물이나 오미잣국에 과실을 썰어 넣고 잣을 띄운 음료.

화채 (花債)몡 해웃값.

화척 (禾尺)몡 『역』 버드나무의 세공이나 소 잡는 일을 업으로 하던 천민(賤民).

화:천 (禍泉)몡 ‘술’을 달리 이르는 말.

화천월지 (花天月地)[-쳐녈찌]몡 꽃 피고 달 밝은 봄밤의 경치.

화:첩 (畫帖)몡 1 그림을 모아 엮은 책. 화집(畫集). □미켈란젤로의 ~. *화보(畫譜). 2 그림을 그릴 수 있도록 종이를 여러 장 모아 만든 책.

화:청 (火清)몡 생청(生清)을 떠내고 불에 끓여 짜낸 찌끼 꿀. 화밀(火蜜).

화청 (和清)몡웽자 음식에 꿀을 탐.

화-청소 (花青素)몡 『식』 안토시안.

화:청-장 (畫青匠)몡 『역』 도자기에 청화(青畫)를 그리는 것을 업으로 삼던 사람.

화초 (花草)몡 1 꽃이 피는 풀과 나무. 또는 관상용의 모든 식물. 화훼(花卉). □~를 가꾸다. 2 명사 앞에 쓰여서, 노리개나 장식품이라는 뜻. □~첩.

화초 (華-)몡 그림을 그리는 데 쓰는 밀초. 화촉(華燭).

화초-담 (花草-)몡 『건』 여러 채색으로 글자나 무늬를 넣고 쌓는 담.

화초-말 (花草-)몡 부잣집에서 호사로 기르는 살찐 말. 화초마.

화초-방 (花草房)몡 화초를 관상하는 방.

화초-밭 (花草-)[-받]몡 화초를 심어 잘 가꾼 밭. 화전(花田).

[화초밭에 괴석(怪石)] 변변치 못하게 보이는 것도 제자리에 놓이면 그 가치가 드러나게 됨을 이르는 말.

화초-분 (花草盆)몡 화초를 심는 화분.

화초-장 (花草欌)몡 문판에 꽃무늬가 있는 옷장.

화초-쟁이 (花草-)몡 화초 가꾸는 일을 업으로 삼는 사람을 낮추어 이르는 말.

화초-집 (花草-)몡 꽃집.

화초-첩 (花草妾)몡 노리개첩. 화처(花妻).

화촉 (華燭)몡 1 화촉(華燭). 2 빛깔을 들인 밀초. 호화로운 등화(燈火). 3 혼례 의식에서의 등화. 또는 그 혼례식을 일컫는 말.

화촉을 밝히다 匣 혼례식을 올리다.

화촉-동방 (華燭洞房)[-똥-]몡 첫날밤에 신랑 신부가 자는 방. ⓒ동방(洞房).

화촉지전 (華燭之典)[-찌-]몡 결혼식.

화축 (花軸)몡 『식』 꽃대.

화충-하다 (和衷-)웽엉 마음 깊이 화목하다.

화충-협의 (和沖協議)[-혀비/-혀비]몡웽타 화목한 마음으로 일을 협의함.

화치다 匣 배가 좌우로 흔들리다.

화치-하다 (華侈-)웽엉 화려하고 사치스럽다. □화치한 차림새.

화친 (和親)몡웽자 1 서로 의좋게 지냄. 또는 그런 관계. 2 나라와 나라 사이에 다툼 없이 가까이 지냄. □~을 맺다 / ~을 도모하다.

화친 조약 (和親條約)『정』 화친을 맺기 위해 체결하는 국제 조약.

화:침 (火針)몡 종기를 따기 위하여 뜨겁게 달군 침.

화:침-질 (火針-)몡웽자 화침으로 종기를 따는 짓.

화:-타 (化他)몡웽자 『불』 남을 교화함.

화탁 (花托)몡 『식』 꽃받침.

화:태 (禍胎)몡 재앙의 근원.

화:택 (火宅)몡 『불』 불타고 있는 집이라는 뜻으로, 괴로움이 가득한 이 세상을 이르는 말.

화:택-승 (火宅僧)[-쏭]몡 『불』 대처승.

화톳-불 [-토뿔/-톤뿔]몡 한데에 장작을 모아 질러 놓은 불. ⓒ불[피우다].

화통 몡 『건』 기둥머리를 ‘十’ 자 모양으로 파낸 구멍. 사개통.

화:통 (火-)몡 ⓒ화통. □~이 터지다.

화:통 (火筒)몡 1 기차나 기선 따위의 굴뚝. 2 〈속〉 기관차.

화:통-간 (火筒間)[-깐]몡 〈속〉 기관차.

화:통-하다 (化通-)웽엉 성격이 화끈하고 마

음 씀씀이가 넓다. ▣화통한 젊은이.

화:퇴 (火腿) 圀 소금에 절여 불에 그슬린 돼지다리.

화투 (花鬪) 圀 48장으로 된 놀이 딱지. 또는 그것으로 하는 놀이나 노름. ——**하다** 丏㘍 화투를 가지고 놀이나 노름을 하다.
　화투(를) 치다 丮 ㄱ화투하다. ㄴ화투짝이 고루 섞이도록 섞바꾸다.

화:파 (畫派) 圀 〖미술〗 회화에서, 그림을 그리는 작가들의 사상·기법 따위에 따라서 나누는 갈래.

화:판 (花瓣) 圀 〖식〗 꽃잎.　　　└유파.

화:판 (畫板) 圀 그림을 그릴 때 받치는 판.

화:패 (禍敗) 圀 재화(災禍)로 인한 실패. ▣～를 당하다.

화편 (花片) 圀 〖식〗 낱낱의 꽃잎. 화판(花瓣).

화평 (和平) 圀흥⃝⃜ ⃝丮 **1** 화목하고 평온함. ▣～을 누리다 / ～하게 지내다 / ～히 살다. **2** 나라 사이가 화목하고 평화스러움. ▣～을 청하다.

화:폐 (貨幣)[-/-페] 圀 〖경〗 상품 교환의 매개물로서, 가치의 척도, 지급의 방편, 축적의 목적물 등으로 유통되는 재물(주화·지폐·은행권 따위). 돈. 금전(金錢).

화:폐 가치 (貨幣價値)[-/-페-] 〖경〗 화폐가 지니는 구매력, 곧 단위의 화폐가 재화(財貨) 및 용역을 살 수 있는 능력.

화:폐 개:혁 (貨幣改革)[-/-페-] 〖경〗 화폐의 가치를 인위적·통제적으로 안정시켜서 물가 및 경기의 안정을 꾀하기 위하여 행하는 통화 개혁.

화:폐 경제 (貨幣經濟)[-/-페-] 〖경〗 화폐를 매개로 생산물이 교환되고 유통되는 경제.

화:폐 공:황 (貨幣恐慌)[-/-페-] 〖경〗 은행이 현금 부족으로 신용 화폐 일반에 대한 신임이 전면적으로 붕괴되는 사태.

화:폐 단위 (貨幣單位)[-다뉘/-페다뉘] 〖경〗 화폐적 계산의 기초가 되는 단위(금이나 은의 일정량을 가지고 규정함).

화:폐 본위 (貨幣本位)[-보뉘/-페보뉘] 〖경〗 화폐 제도의 기초. 곧, 그 나라의 화폐 단위를 규정하는 근거.

화:폐 소:득 (貨幣所得)[-/-페-] 〖경〗 명목(名目) 소득.

화:폐 수:량설 (貨幣數量說)[-/-페-] 〖경〗 물가의 등락은 화폐 수량의 증감에 비례한다는 견해.

화:폐 시:장 (貨幣市場)[-/-페-] 〖경〗 단기 자금의 거래가 이루어지는 곳.

화:폐 유통 속도 (貨幣流通速度)[-또/-페-또] 〖경〗 동일한 화폐가 일정한 기간 동안 유통되는 평균 횟수.

화:폐 임:금 (貨幣賃金)[-/-페-] 〖경〗 **1** 화폐로 지급되는 임금. **2** 명목 임금.

화:폐 자본 (貨幣資本)[-/-페-] 〖경〗 화폐의 형태를 가진 자본.

화:폐 제:도 (貨幣制度)[-/-페-] 〖경〗 국가가 화폐의 가치·발행·종류 등에 관해 시행하는 제도.

화:폐-퇴장 (貨幣退藏)[-/-페-] 圀 〖경〗 화폐가 유통계에서 물러나 잠시 쉬는 상태(화폐가 지나치게 공급되었을 때 화폐를 거두어 저장해 두는 일).

화:폐 환:산법 (貨幣換算法)[-뻽/-페-뻽] 〖경〗 각국의 서로 다른 화폐 가치의 비율을 산출하는 방법(법정 평가로 하는 경우와 환시세로 환산하는 경우가 있음).

화:포 (火砲) 圀 〖군〗 대포 따위와 같이 화약의 힘으로 탄환을 내쏘는 대형 무기.

화포 (花布) 圀 반물 빛깔의 바탕에 흰 빛깔의 꽃무늬를 박은 무명.

화포 (花苞) 圀 〖식〗 꽃턱잎.

화포 (畫砲) 圀 화약이 터지면서 여러 가지 꽃무늬를 하늘에 드러내는 중국식 딱총. ▣～를 쏘아 올리다.

화포 (花圃) 圀 꽃을 심은 밭.

화:포 (畫布) 圀 〖미술〗 캔버스(canvas).

화:폭 (畫幅) 圀 그림을 그려 놓은 천·종이 따위의 조각. ▣마을 풍경을 ～에 담다. *서폭(書幅).

화표-주 (華表柱) 圀 〖민〗 망주석(望柱石).

화:-풀이 (火-) 圀흥⃝丮 심화(心火)를 풂. 특히, 화를 엉뚱한 사람이나 딴 일에 냄. ▣～로 술을 마시다 / 애꿎은 동생에게 ～하다.

화품 (花品) 圀 꽃의 품격.

화:품 (畫品) 圀 〖미술〗 회화 작품의 품격. 화격(畫格).

화풍 (和風) 圀 **1** 솔솔 부는 화창한 바람. **2** 〖기상〗 건들바람2.

화:풍 (畫風) 圀 그림을 그리는 경향. ▣스승의 ～을 이어받다.

화풍-감우 (和風甘雨) 圀 솔솔 부는 화창한 바람과 알맞은 비. ▣～로 올해 농사는 풍년이 들겠다.

화풍-난양 (和風暖陽) 圀 솔솔 부는 화창한 바람과 따스한 햇볕이라는 뜻으로, 따뜻한 봄날씨를 이르는 말.

화풍-병 (花風病)[-뼝] 圀 상사병(相思病).

화피 (花被) 圀 〖식〗 꽃덮이.

화피 (樺皮) 圀 **1** 벚나무의 껍질(활을 만드는 데 씀). **2** 〖한〗 벚나무의 껍질(유종(乳腫)·두진(痘疹) 등에 씀).

화피-단장 (樺皮短杖) 圀 벚나무 껍질로 꾸민 활의 몸 부분.

화피-전 (樺皮廛) 圀 〖역〗 채색(彩色)과 물감을 팔던 가게.

화:필 (畫筆) 圀 그림을 그리는 데 쓰는 붓.

화:-하다 (㍍) 형⃝ 입 안이 얼얼하며 시원하다. ▣박하사탕을 입에 넣었더니 ～.

화:-하다 (化-) 丏㘍 **1** 어떤 현상이나 상태로 바뀌다. ▣큰비로 온 세상이 바다로 화했다. **2** 한 물질이 다른 물질로 바뀌다. ▣고체가 기체로 ～.

화-하다 (和-) 丮타⃝ 무엇에 무엇을 타거나 섞다. 丮형⃝ 날씨나 마음, 태도 따위가 따뜻하거나 부드럽다. ▣미소를 머금은 화한 얼굴.

화:학 (化學) 圀 〖화〗 모든 물질의 조성(組成)과 성질 및 이들 상호 간의 작용을 연구하는 자연 과학의 한 부문.

화:학 (畫學) 圀 〖미술〗 그림을 그리는 기술. 또는 회화 예술에 관하여 연구하는 학문.

화:학 결합 (化學結合)[-껼-] 〖화〗 분자를 구성하는 각 원자 사이의 결합(이온 결합·공유(共有) 결합·금속 결합 등으로 나눔).

화:학 공업 (化學工業)[-/-]〖공〗 화학 반응을 기초로 하고, 화학적 기술이 공정(工程)의 주요 부분을 이루는 제조 공업.

화:학 공학 (化學工學)[-/-]〖공〗 화학 공업의 공정·기계·기구의 설계 및 운용과 공장 관계 사항을 연구하는 공학.

화:학 기계 (化學機械)[-끼-/-끼께]〖공〗 화학 공업용의 기구·기계 장치의 총칭.

화:학 기호 (化學記號)[-끼-]〖화〗 원소 기호.

화:학 당량 (化學當量)[-땅냥]〖화〗 화학 변화를 일으킬 때 기본이 되는 양. 곧, 수소 1g

원자와 직접 또는 간접으로 화합할 수 있는 다른 원소의 그램 수《원소의 원자량을 그 원자가로 나눈 값》. 화합량.

화:학-력(化學力)[-녁]圏〖화〗친화력.

화:학 무:기(化學武器)[-항-]〖군〗화학전에 쓰는 무기의 총칭《독(毒)가스·발연제(發煙劑)·화염 방사기 따위》. 화학 병기.

화:학 물리학(化學物理學)[-항-]〖물〗종래 화학이 다루어 온 문제를 원자 물리학의 이론을 도입해 연구하는 물리학의 한 분야.

화:학 반:응(化學反應)[-빠능]〖화〗두 가지 이상의 물질 사이에 화학 변화가 일어나서 다른 물질로 변하는 과정. 화학적 반응.

화:학 반:응식(化學反應式)[-빠능-]〖화〗분자식(分子式)으로써 화학 반응을 나타내는 식《$2H_2+O_2=2H_2O$ 따위》. 화학 방정식.

화:학 발광(化學發光)[-빨-]〖화〗화학 반응에서 생기는 에너지가 열로 변하지 않고 직접 빛으로 변하는 발광 현상.

화:학 방정식(化學方程式)[-빵-]〖화〗화학 반응식.

화:학 변:질(化學變質)[-뺀-]〖광〗암석이 생성된 후에 열이나 압력 등의 영향을 받아 화학적 변화를 일으켜 다른 광물로 바뀌는 일.

화:학 변:화(化學變化)[-뺀-]〖화〗화학적 변화.

화:학 병기(化學兵器)[-뼁-]〖군〗화학 무기.

화:학 부:호(化學符號)[-뿌-]〖화〗원소 기호.

화:학 분석(化學分析)[-뿐-]〖화〗물질의 감식·검출 및 화학적 조성(組成)을 알아내는 조작《정성(定性) 분석과 정량(定量) 분석의 두 가지가 있음》.

화:학 비:료(化學肥料)[-삐-]〖농〗화학적 처리에 의해 공업적으로 생산되는 비료《질소 비료·인산 비료 따위》. 인조 비료.

화:학-선(化學線)[-썬]〖물〗자외선.

화:학 섬유(化學纖維)[-써뮤]〖공〗화학적 제조 공정을 거쳐 만들어지는 섬유《재생(再生) 섬유·합성 섬유 따위》. ⇨천연 섬유.

화:학-식(化學式)[-씩]圏〖화〗화합물을 표시하기 위해 원소 기호를 조합한 식《실험식·분자식·구조식 따위》.

화:학 에너지(化學energy)〖물〗물질의 화학 결합의 결과, 물질 안에 보유되고 있어 화학 반응에 따라 방출되는 에너지.

화:학 요법(化學療法)[-항뇨뻡]〖의〗술파제(sulfa劑) 따위 화학 약품을 써서 병을 고치는 방법.

화:학 요법제(化學療法劑)[-항뇨뻡쩨]〖약〗화학 요법에 쓰이는 약제《항생 물질을 포함시키기도 함》.

화:학-자(化學者)[-짜]圏 화학을 전문으로 연구하는 사람.

화:학 작용(化學作用)[-짜굥]〖화〗물질이 화합 또는 분해되는 화학적 변화를 일으키는 작용. 화학적 작용.

화:학 저울(化學-)[-쩌-]〖화〗200 그램 이내의 아주 적은 무게까지 측정할 수 있는 정밀한 저울. 화학 천칭(天秤).

화:학적 변:화(化學的變化)[-쩍 뺀-]〖화〗물질이 그 분자·원자 또는 이온의 구조를 바꾸어 다른 물질로 변화하는 일. 화학 변화.

화:학적 산소 요구량(化學的酸素要求量)[-쩍싼-]〖물〗물의 오염도를 나타내는 수치. 오염 물질을 산화제로 산화하는 데 소비되는 산소의 양《ppm으로 나타냄》. 시오디(COD).

화:학적 풍화(化學的風化)[-쩍-]〖지〗암석이나 광물이 가수 분해·산화·이온 교환·용해 등의 화학 반응에 따라 보다 안정된 새로운 화학 물질로 풍화되는 과정.

화:학-전(化學戰)[-쩐]圏〖군〗화학 무기로 적을 공격하거나 방어하는 전쟁.

화:학 전:지(化學電池)[-쩐-]〖화〗화학 변화에 따른 에너지의 감소분을 전기 에너지로 변화하게 하는 전지《양극과 음극 및 전해액(電解液)으로 구성됨》.

화:학-조미료(化學調味料)[-쪼-]圏 화학적으로 합성해서 만드는 조미료. ▢~를 쓰다.

화:학-주(化學酒)[-쭈]〖화〗합성주(合成酒).

화:학 진:화(化學進化)[-찐-]〖생〗원시 지구(原始地球)에서 유기 물질에서 차츰 아미노산·당(糖)·단백질·핵산(核酸) 등의 복잡한 유기물이 생성되고, 생명 발생의 준비가 이루어지던 과정.

화:학 천칭(化學天秤)〖화〗화학 저울.

화:학 평형(化學平衡)〖화〗가역 반응에서, 반응하는 각 물질의 양 사이에 있는 일정한 관계가 충족되어, 정반응과 역반응의 속도가 같게 되어 마치 반응이 정지되어 있는 것처럼 보이는 상태.

화:학 합성(化學合成)[-하캅썽]〖화〗1 화학 반응에 따른 합성. 2 세균이 무기물의 산화에 따라 생긴 에너지로, 이산화탄소에서 유기 화합물을 합성하는 일. ＊광(光)합성.

화한(華翰)圏 남의 서한에 대한 경칭.

화:합(化合)圏하재 둘 이상의 물질이 화학적으로 결합하여 본디의 성질을 잃고 새로운 성질을 가진 물질로 변하는 일. ↔분해2.

화:합(和合)圏하재 화목하게 어울림. ▢형제 간에 ~하다 / 전 사원이 ~하여 목표를 달성하다.

화:합-량(化合量)[-냥]圏〖화〗화학 당량.

화:합-력(化合力)[-녁]圏〖화〗화합하는 힘.

화:합-물(化合物)[-함-]圏〖화〗둘 이상의 물질이 화합하여 이룬 물질. ＊홑원소 물질.

화:합물 반:도체(化合物半導體)[-함-]〖화〗화합물로서 반도체의 성질을 나타내는 물질《갈륨비소·인듐인(indium燐) 따위》.

화:합-열(化合熱)[-념]圏〖화〗두 가지 이상의 원소가 화합할 때에 방출하거나 흡수하는 열.

화:해(火海)圏 불바다.

화해(和解)圏하재 1 다툼질을 그치고 좋지 않은 감정을 풂. ▢부부가 ~하다. 2〖법〗분쟁을 그치기로 약속한 계약. ▢을 청하다. 3〖한의〗위장을 편하게 하고 땀이 나게 하는 약을 써서 맺혔던 외기(外氣)를 풂.
　화해(를) 붙이다⟨관⟩ 중간에서 화해가 이루어지게 조정하다.

화:해(禍害)圏 재난.

화:해 전:술(火海戰術)〖군〗우세한 화력으로 적의 수적(數的)인 우세를 극복하는 전술. ＊인해(人海) 전술.

화햇-술(和解-)[-해쑬 /-햇쑬]圏 오해나 감정을 풀기 위하여 마시는 술. ▢~ 한잔으로 감정을 풀다.

화:행(化行)圏하재〖불〗승려가 집집마다 찾아다니며 화주승 노릇을 함.

화향(花香)圏 꽃향기. ▢~ 가득한 꽃집. 2〖불〗불전(佛前)에 올리는 꽃과 향.

화향-적(花香炙)圏 화양(華陽)누르미.

화혈(和血)圏하재〖한의〗혈분(血分)을 고르게 함.

화협(和協)[명][하자] 서로 마음을 툭 터놓고 협의함.

화:형(火刑) 명 불살라 죽이는 형벌. 분형(焚刑). □~에 처하다 / ~을 당하다.

화형(靴型) 명 구두의 골.

화형-관(花形冠) 명 꽃 모양으로 생긴 닭의 볏.

화:형-식(火刑式) 명 1 화형을 집행하는 의식. 2 성토대회·궐기 대회 따위에서, 타도해야 할 대상 인물의 모형을 성토하며 불태우는 의식.

화호(和好) 명[하형] 사이가 좋고 친함.

화:호불성(畵虎不成)[-썽] 명 화호유구(畵虎類狗).

화:호유구(畵虎類狗) 명 범을 그리려다가 개를 그린다는 뜻으로, 소양이 없는 사람이 호걸인 체하다가 도리어 망신을 당함의 비유. 화호불성.

화혼(華婚) 명 남의 혼인을 아름답게 이르는 말. □~축 ~.

화환(花環) 명 생화(生花)나 조화(造花)를 모아 둥글게 만든 물건. □~을 목에 걸다.

환:(禍患) 명 화난(禍難).

화:-환어음(貨換-) 명[경] 주권(株券)이나 상품을 먼 곳에 보낼 때 이것을 담보로 해서 발행하는 환어음.

화훼(花卉) 명 1 화초1. □~ 단지를 조성하다. 2[미술] 화초를 주제로 하여 그린 그림.

화훼 원예(花卉園藝)[농] 관상용 화초를 재배하는 원예.

화:희(火戱)[-히] 명[하자] 불놀이.

확:1 명 1 돌확·철확 등의 총칭. 2 절구의 아가리에서 밑바닥까지의 부분.

확2 부 1 바람·냄새 또는 기운 따위가 갑자기 세게 끼치는 모양. □소름이 ~ 끼치다 / 화난 표정이 얼굴에 ~ 나타나다. 2 불길 따위가 갑자기 세게 일어나는 모양. □불이 ~ 타오르다. 3 갑자기 달아오르는 모양. □부끄러워 얼굴이 ~ 달아오르다. 4 일이 빠르고 힘차게 진행되는 모양. □~ 달려들다 / 물을 ~ 뿌리다. 5 매어 있거나 막혔던 것이 갑자기 풀어지거나 열리는 모양. □코가 ~ 뚫리다 / 긴장이 ~ 풀리다 / 대문이 ~ 열리다.

확견(確見)[-껸] 명 명확한 의견.

확고-부동(確固不動)[-꼬-] 명[하형] 확고하여 흔들리거나 움직이지 않음. 확고불발. □~한 결심.

확고-불발(確固不拔)[-꼬-] 명[하형] 확고부동.

확고-하다(確固-)[-꼬-] 형[여] 태도나 여건 따위가 확실하고 굳다. □확고한 안보 체제 / 의지가 ~. 확고-히[-꼬-] 부

확단(確斷)[-딴] 명[하타] 확정하여 결단함. 또는 그런 결단. □~을 내리다.

확답(確答)[-땁] 명[하타] 확실하게 대답함. 또는 그런 대답. □~을 받다 / ~을 피하다.

확대(廓大)[-때] 명[하타] 넓혀서 크게 함. □농경지를 ~하다.

확대(擴大)[-때] 명[하타] 모양이나 규모 따위를 더 크게 함. □~ 사진 / 세력을 ~하다 / 사건이 ~되다. ↔축소(縮小).

확대 가족(擴大家族)[-때-] 《사》 부부의 공동 생활체에 양친과 형제자매가 같이 기거하는 대가족. ↔핵(核)가족.

확대-경(擴大鏡)[-때-] 명 물체가 몇 갑절 확대되어 보이는 돋보기 렌즈.

확대-기(擴大機)[-때-] 《연》 사진 따위를 확대하는 데 쓰는 기계.

확대-비(擴大比)[-때-] 《수》 닮은꼴에서 서로 상대되는 부분의 확대된 비율. 확대율.

확대-율(擴大率)[-때-] 명 1《물》확대한 비율. 2《수》확대비.

확대 재:생산(擴大再生産)[-때-]《경》연속되는 생산 과정에서 이전보다 확대된 규모로 행하는 재생산. 확장 재생산. *단순 재생산·축소 재생산.

확대 해:석(擴大解釋)[-때-]《법》확장 해석.

확락-하다(廓落-)[황나카-] 형[여] 1 마음이 너그럽고 넓다. 2 일이 뜻대로 되지 않아 풀이 죽다.

확론(確論)[항논] 명 명확한 의논.

확률(確率)[황뉼] 명《수》일정한 조건에서, 어떤 사건이나 사상(事象)이 일어날 가능성의 정도. 또는 그 수치. □~을 따지다 / 성공할 ~이 높다.

확률-론(確率論)[황뉼-] 명《수》확률의 이론 및 응용을 연구하는 수학의 한 부문.

확립(確立)[황닙] 명[하타] 견해나 체계, 조직 따위가 굳게 섬. 또는 그렇게 세움. □질서 ~ / 제도를 ~하다.

확문(確聞)[항-] 명[하타] 확실히 들음. □~한 바에 따르면,

확보(確保)[-뽀] 명[하타] 확실히 보증하거나 가지고 있음. □진지를 ~하다 / 증거를 ~하다 / 보충 인원이 ~되다.

확보(確報)[-뽀] 명[하타] 확실하게 알림. 또는 그 보도나 통지.

확삭(矍鑠)[-싹] 명[하형] 늙었어도 기력(氣力)이 정정함.

확산(擴散)[-싼] 명[하자] 1 흩어져서 널리 번짐. □전염병의 ~. 2《물》농도(濃度)가 서로 다른 물질이 혼합될 때 시간의 경과함에 따라 점차 같은 농도로 되는 현상.

확서(攫噬)[-써] 명[하타] 움켜서 마구 먹음.

확설(確說)[-썰] 명 확실한 근거가 있는 주장.

확성-기(擴聲器)[-썽] 명 소리를 크게 하여 멀리까지 들리게 하는 기구. 스피커. □~에서 안내 방송이 나오다.

확:-쇠[-쐬] 명[건] 문지도리의 장부가 들어가는 데에 끼는, 확처럼 생긴 쇠.

확수(確守)[-쑤] 명 굳게 지킴.

확신(確信)[-씬] 명[하타] 굳게 믿음. 또는 그런 마음. □~에 찬 대답 / 성공을 ~하다.

확신-범(確信犯)[-씬-] 명《법》도덕적·종교적·정치적 확신이 결정적 동기가 되어 일어나는 범죄《사상범·정치범 따위》.

확신-성(確信性)[-씬썽] 명 굳게 믿거나 믿게 할 만한 성질.

확실-성(確實性)[-씰썽] 명 1 확실한 성질. □~을 보장하다. 2《논》어떤 명제가 참인 것으로 여겨질 수 있는 정도.

확실-시(確實視)[-씰씨] 명[하타] 확실한 것으로 봄. □당선이 ~되는 지역.

확실-하다(確實-)[-씰-] 형[여] 틀림없이 그러하다. □확실한 정보. 확실-히[-씰-] 부. □실물과 ~ 다르다 / 답을 ~ 하다.

확약(確約) 명[하자타] 확실하게 약속함. 또는 그런 약속. □~을 받다 / 다시 만날 것을 ~하다.

확언(確言) 명[하자타] 확실하게 말함. 또는 그런 말. □~을 승리를 ~하다.

확연-하다(廓然-) 형[여] 넓게 텅 비어 있다. 확연-히 부

확연-하다(確然-) 형[여] 아주 확실하다. □확연한 증거 / 슬퍼하는 기색이 ~. 확연-히 부. □~ 구분되다.

확이충지(擴而充之)[명][하타] 넓혀 충실하게 함.
확인(確因)[명] 확실한 원인.
확인(確認)[명][하타] **1** 확실하게 알아보거나 인정함. ▫신원 ~ / 일정을 ~하다. **2** [법] 특정의 사실이나 법률관계의 존부(存否)를 판단하여 인정함.
확인 소송(確認訴訟)[법] 특정한 권리 또는 법률관계의 존부를 주장하고, 이에 대한 판결을 구하기 위한 소송. ▫친자(親子) ~.
확인 판결(確認判決)[법] **1** 민사 소송법에서, 확인 소송에 관해 행하는 판결. **2** 행정 소송법에서, 일정한 법률관계나 법률 사실의 존부(存否)를 확정하는 판결.
확장(擴張)[명][하타] 범위·규모·세력 등을 늘려서 넓힘. ▫도로 ~ 공사 / 군비 ~ 계획 / 세력을 ~하다.
확장-자(擴張字)[-짱-][명] [컴] 파일의 종류를 구분하기 위해 파일명의 마침표 뒤에 붙이는 문자('hdoc.hwp'에서 'hwp' 따위).
확장 재:생산(擴張再生産)[-짱-][경] 확대 재생산.
확장 해:석(擴張解釋)[-짱-][법] 논리 해석의 한 가지. 법규의 문자를 그 취지에 비추어 통상의 의미보다도 넓게 해석하는 일. 확대 해석. *축소 해석.
확적-하다(確的-)[-쩌카-][형예] 정확하여 틀림이 없다. 확적-히 [-쩌키] [부]
확정(廓正)[-쩡][명][하타] 잘못을 널리 바로잡아 고침. *광정(匡正).
확정(確定)[-쩡][명][하타] 틀림없이 정함. ▫~을 짓다 / 3월 1일에 개점하기로 ~하다.
확정 공채(確定公債)[-쩡-][경] 상환 기간이 확정된 장기 공채.
확정-비(確定費)[-쩡-][명] [법] 헌법·법률 또는 계약에 따라 국가가 지출해야 하는 경비.
확정-시(確定視)[-쩡-][명][하타] 확정된 것으로 봄. ▫당선이 ~되다.
확정 재판(確定裁判)[-쩡-][법] 확정 판결.
확정-적(確定的)[-쩡-][관명] 확정되거나 그에 가까운 것임. ▫합격이 거의 ~이다.
확정 판결(確定判決)[-쩡-][법] 확정된 효력을 가진 판결(보통의 방법으로는 불복을 신청할 수 없게 됨). 확정 재판.
확증(確證)[-쯩][명][하자타] 확실히 증명함. 또는 확실한 증거. ▫~을 잡다 / 피고의 무죄를 ~
확지(確知)[-찌][명][하타] 확실하고 정확히 앎. 또는 그런 지식.
확집(確執)[-찝][명][하타] 자기 주장을 굳게 고집하여 양보하지 않음.
확철-부어(涸轍鮒魚)[명][하타] 학철(涸轍)부어.
확청(廓淸)[명][하타] 더러운 것이나 어지럽던 폐단을 없애어 깨끗하게 함.
확충(擴充)[명][하타] 늘리고 넓혀 충실하게 함. ▫시설을 ~하다 / 인력을 ~하다.
확취(攫取)[명][하타] 홱 갈겨서 빼앗아 가짐. 확준(攫浚). 확탈.
확탈(攫奪)[명][하타] 확취(攫取).
확호불발(確乎不拔)[화코-][명][하형] 든든하고 굳세어 흔들리지 않음.
확호-하다(確乎-)[화코-][형예] 든든하고 굳세다. 확호-히 [화코-][부]
확-확[화콱][부] **1** 바람·냄새 또는 어떤 기운 따위가 갑자기 세게 잇따라 끼치는 모양. ▫더운 바람이 ~ 불다 / 술 냄새가 ~ 풍기다. **2** 불길 따위가 갑자기 세게 잇따라 일어나는

모양. ▫~ 타오르는 불길. **3** 갑자기 잇따라 달아오르는 모양. ▫당황해서 얼굴이 ~ 달아오르다. **4** 일이 잇따라 빠르고 힘차게 진행되는 모양. ▫마당에 물을 ~ 끼얹다. **5** 매어 있거나 막혔던 것이 갑자기 잇따라 풀어지거나 열리는 모양. ▫사업이 ~ 풀리다 / 창문을 ~ 열다.
환[명] 줄처럼 쓰는 연장의 한 가지. 금속이 아닌 물건을 쓸어서 깎는 데 씀. 안기러.
환[명] 아무렇게나 마구 그린 그림. ▫~을 그리다 / ~을 치다.
환(丸)[一][명] '환약'의 준말. [二][의명] 환약의 개수를 세는 말.
환:(換)[명] [경] **1** 멀리 떨어진 사람에게 돈을 보낼 때의 불편·비용·위험을 덜기 위해 어음이나 수표로 송금하는 방법. **2** '환전(換錢)'의 준말.
환(環)[명] [화] 고리 모양으로 결합되어 있는 원자의 집단.
환(圜)[의명] **1** 1953년부터 1962년까지의 우리나라 화폐 단위의 하나. **2** [역] 대한 제국 때의 화폐 단위.
환:가(患家)[명] 병가(病家).
환:가(換家)[명][하자] 집을 서로 바꿔 삶.
환:가(換價)[-까][명] **1** 집이나 토지 따위를 바꿀 때 치르는 값. ▫~를 매기다. **2** 값으로 환산함. 또는 그 값.
환가(還家)[명][하자] 집으로 돌아옴.
환:각(幻覺)[명][하자타] [심] 대상이나 자극이 외계에 없음에도 그것이 실제로 있는 것처럼 느끼거나 느껴지고 있다고 생각하는 감각. ▫~을 일으키다 / ~에 빠지다.
환각(還却)[명][하타] 물건을 도로 보냄.
환:각-범(幻覺犯)[-뻠][명] [법] 법률상 죄가 되지 않는 행위를 죄가 되는 것으로 생각하고 한 행위. 착각범.
환:각-제(幻覺劑)[-쩨][명] [약] 먹으면 환각을 일으키는 약제(엘에스디(LSD)·대마초 따위).
환:갑(還甲)[명] 61세를 일컫는 말. 회갑. ▫~을 맞이하다.
> **환갑 진갑 다 지내다** [구] 어지간히 오래 살다. 장수한 셈이다.

환:갑-날(還甲-)[-감-][명] 환갑이 되는 해의 생일. 갑일(甲日).
환:갑-노인(還甲老人)[-감-][명] 나이가 61세 되는 노인.
환:갑-잔치(還甲-)[-짠-][명] 환갑날에 베푸는 잔치. 화연(花宴). 환갑연. ▫~에 참례하다.
환:갑-주(還甲主)[-쭈][명] 환갑을 맞는 사람.
환강(丸鋼)[명] [공] 자른 면이 둥글게 된 강철 몽둥이.
환거(還去)[명][하자] 떠나온 곳으로 다시 돌아감.
환거(鰥居)[명][하자] 홀아비로 삶.
환: 거:래(換去來)[경] **1** 채권·채무 관계를 환으로 결제함. **2** 은행이 고객의 의뢰를 받아 환을 취결함. **3** 은행들 사이에서 환어음을 팔고 삼.
환경(環境)[명] **1** 생물에게 직접·간접으로 영향을 주는 자연적 조건이나 사회적 상황. ▫~ 파괴 / ~을 보호하다. **2** 생활하는 주위의 상태. ▫불우한 ~에서 자란 아이 / 쾌적한 ~으로 가꾸다 / ~을 정화하다.
환경 공학(環境工學)[사] 환경이 생물에 미치는 영향을 연구하고, 환경의 오염과 악화를 방지하는 방법을 연구하는 학문.
환경-권(環境權)[-꿘][명] [법] 인간이 건강하고 쾌적한 생활을 누리기 위하여 필요한 조건을 갖춘 환경을 가질 권리.

환경 기준(環境基準) 〖사〗 오염과 공해에서 사람의 건강을 지키기 위하여 설정된, 좋은 환경 유지를 위한 기준.

환경 노동 위원회(環境勞動委員會) 국회 상임 위원회의 하나. 환경부·노동부 소관 사항을 심의함.

환경-미화원(環境美化員)〖명〗 차도·인도 등의 거리나 공공건물·학교·병원·아파트 등을 청소하는 사람. ⓒ미화원.

환경 변:이(環境變異) 〖생〗 개체가 놓인 환경의 차이에 따라 일어나는 변이.

환경-부(環境部)〖명〗〖정〗 중앙 행정 기관의 하나. 자연환경 및 생활 환경의 보전과 환경 오염 방지에 관한 사무를 맡아 처리함.

환경 산:업(環境産業)〖정〗 환경 오염 방지업·폐기물 처리업·오염 물질 측정 대행업 등 환경 보호와 관련된 산업.

환경 심리학(環境心理學)[-늬-]〖심〗 인간의 행동과 환경의 상호 작용을 밝히는 것을 목적으로 하는 학문(환경에 포함된 여러 요인이 인간의 행동과 심리에 어떤 영향을 주는가를 연구한다).

환경 영:향 평:가(環境影響評價)[-까]〖건〗 개발이 환경에 미치는 영향의 정도나 범위를 사전에 예측해서 평가하고 그 대처 방안을 마련하여 환경 오염을 사전에 예방하는 제도.

환경 오:염(環境汚染)〖사〗 자연 개발로 인한 자연의 파괴와 각종 교통 기관이나 공장에서 배출하는 폐수와 가스, 그리고 농약 따위로 사람과 동식물의 환경을 더럽히는 일. □~을 방지하다.

환경 용량(環境容量)[-냥]〖사〗 자연의 정화 능력을 기준으로 하여 일정한 지역이 허용할 수 있는, 대기나 수중의 오염 물질 및 폐기물의 용량.

환경-적(環境的)〖관명〗 생물에게 직접·간접으로 영향을 주는 자연적인 조건이나 사회적 상황과 관련된 (것). □성격 형성에는 ~인 요소가 작용한다.

환경 호르몬(環境hormone)〖화〗 인체의 내분비 계통에 이상을 가져올 가능성이 있는 물질을 통틀어 이르는 말(약 70종이 있음).

환:고(患苦)〖명〗 근심 때문에 생기는 고통.

환고일세(環顧一世)[-세]〖명하자〗 세상에 유능한 인물이 없어 찾아 헤맴을 탄식하는 말.

환-고향(還故鄉)〖명하자〗 고향으로 돌아가거나 돌아옴.

환:-곡(換穀)〖명하자〗 곡식을 서로 바꿈.

환곡(還穀)〖명〗〖역〗 조선 때, 사창(社倉)에 저장한 곡식을 백성에게 봄에 꾸어 주었다가 가을에 이자를 붙여 거두던 일.

환:-골탈태(換骨奪胎)〖명하자〗 1 고인의 시문의 형식을 바꾸어 짜임새와 수법이 보다 잘되게 함을 이르는 말. 2 사람이 전보다 훨씬 나아져서 딴사람처럼 됨. ⓒ탈태(奪胎).

환공(環攻)〖명하자〗 포위하여 공격함.

환과고독(鰥寡孤獨)〖명〗 1 늙고 아내가 없는 사람, 젊고 남편이 없는 사람, 어리고 부모가 없는 사람, 늙고 자식이 없는 사람을 아울러 이르는 말. 2 외롭고 의지할 데 없는 처지를 이르는 말.

환:관(宦官)〖명〗〖역〗 내시(內侍)1.

환관(還官)〖명하자〗 지방관이 임소(任所)로 돌아가거나 돌아옴.

환: 관리(換管理)[-괄-]〖경〗 국제 수지 균형, 통화 가치의 안정을 꾀하여 국민 경제의 건전한 발전을 위해 정부가 외국환의 매매를 관리하는 일.

환:-괘(渙卦)〖명〗〖민〗 육십사괘의 하나. 손괘(巽卦)와 감괘(坎卦)가 거듭된 것(바람이 물 위로 지나감을 상징함). ⓒ환(渙).

환:-구(幻軀)〖명〗 1 덧없는 몸. 2 병으로 초췌해진 몸. 3 남의 초췌해진 몸을 조롱하여 일컫는 말.

환-국(換局)〖명하자〗 시국(時局)이 바뀜.

환-국(還國)〖명하자〗 귀국. □임정 요인의 ~.

환군(還軍)〖명하자〗 군사를 돌이켜 돌아가거나 돌아옴. 회군(回軍).

환궁(還宮)〖명하자〗 임금이 대궐로 돌아옴. 환어(還御). 환행.

환궁-악(還宮樂)〖명〗〖악〗 임금 등이 환궁할 때 연주하던 풍악.

환:-권(換券)〖명하자〗〖역〗 묵은 돈이나 문권(文券)을 관청에 바치고 새것으로 바꿈.

환귀-본종(還歸本宗)〖명하자〗 양자로 갔던 사람이 생가의 후사가 끊어졌을 때 도로 생가로 돌아오거나 그 자손을 입후(入後)시킴.

환귀-본주(還歸本主)〖명하자〗 물건이 본디의 임자에게 돌아감. 환귀본처.

환귀-본처(還歸本處)〖명하자〗 환귀본주.

환:-규(喚叫)〖명하자〗 소리 질러 부름.

환:-금(換金)〖명하자〗 1 물건을 팔아 현금으로 바꿈. ↔환물(換物). 2〖경〗 한 나라의 돈을 다른 나라의 돈으로 바꿈. 환전(換錢).

환금(換金)〖명〗〖역〗 도리금.

환:금-성(換金性)[-썽]〖명〗 물건을 팔아서 현금화할 수 있는 성질. □증권은 ~이 높다.

환:금 작물(換金作物)[-짱-]〖농〗 팔아서 돈을 얻기 위하여 재배하는 농작물.

환급(還給)〖명하자〗 도로 돌려줌. 환부(還付).

환급-금(還給金)[-끔]〖명〗 도로 돌려주는 돈. 환부금(還付金).

환:-기(喚起)〖명하자〗 관심이나 생각 따위를 불러일으킴. □여론의 ~ / 주의를 ~시키다.

환:-기(換氣)〖명하자〗 탁한 공기를 맑은 공기로 바꿈. □집 안을 ~시키다.

환:기 장치(換氣裝置)〖건〗 실내의 탁한 공기와 밖의 신선한 공기를 바꾸는 장치.

환:-기창(換氣窓)〖명〗 환기할 목적으로 지붕이나 벽에 만드는 창.

환:-기탑(換氣塔)〖명〗〖건〗 환기할 목적으로 지붕 위에 만들어 놓는 탑.

환낙(歡諾)〖명하자〗 기꺼이 승낙함.

환:-난(患難)〖명〗 근심과 재난. □~을 극복하다.

환:난-상구(患難相救)〖명하자〗 환난상휼.

환:난-상휼(患難相恤)〖명하자〗 향약의 네 가지 덕목 가운데 하나(어려운 일이 생겼을 때 서로 도와줌). 환난상구.

환납(還納)〖명하자〗 도로 바치거나 되돌려 줌.

환내(寰內)〖명〗 1 천자가 다스리는 땅 전체. 2 세계. 천하.

환내(還內)〖명하자〗〖역〗 임금이 궐내의 다른 전각에서 침전으로 돌아가던 일.

환:-녀(宦女)〖명〗〖역〗 1 궁중에서 일하던 여자. 2 관비(官婢).

환담(歡談)〖명하자〗 정답고 즐겁게 서로 주고받는 이야기. □~을 나누다.

환대(歡待)〖명하자〗 반겨서 정성껏 후하게 접대함. □~를 받다.

환:-덕(宦德)〖명〗 벼슬살이를 함으로써 생기는 소득.

환:-도(宦途)〖명〗 벼슬길.

환도(環刀)〖명〗 예전에, 군복에 갖추어 차던 군도(軍刀).

환도(還都)**명**하자 국난으로 옮겼던 정부가 평정하 다시 본디의 서울로 돌아옴.

환도-뼈(環刀-)**명**〖생〗허리의 뼈.

환도-상어(環刀-)**명**〖어〗환도상엇과의 바닷물고기. 열대성 어종으로 몸은 방추형, 길이는 6 m가량. 꼬리가 길고 눈은 작음. 등은 검푸른빛이고, 배는 흼.

환도-성(丸都城)**명**〖역〗고구려가 평양으로 이도(移都)하기 전의 도성(압록강 중류의 서안(西岸)에 있었음).

환:득-환:실(患得患失)[-드란-]**명**하자 얻기 전에는 얻으려 걱정하고 얻은 후에는 잃을까 걱정함.

환:등(幻燈)**명** '환등기'의 준말.

환:등-기(幻燈機)**명** 강한 불빛을 그림·사진 등에 비추어 그 반사광(反射光)을 렌즈로 확대해서 영사하는 장치. 圏환등.

환락(歡樂)[활-]**명**하자 기쁘고 즐거움. 기뻐하고 즐거워함. □~에 빠지다.

환락-가(歡樂街)[활-까]**명** 유흥장이 많이 늘어서 있는 거리.

환:란(患亂)[활-]**명** 근심과 재앙. 병란(兵亂). □~이 닥쳐오다.

환래(還來)[활-]**명**하자 회환(回還).

환:로(宦路)**명** 벼슬길. □~에 나가다.

환:롱(幻弄)[활-]**명**하타 교묘하고 못된 꾀로 남을 속여 이용하거나 농락함.

환-롱-질(幻弄-)[활-]**명** 못된 꾀로 남을 속여 물건을 바꿔치는 일.

환-롱-치다(幻弄-)[활-]**타** 못된 꾀로 속여 물건을 바꿔치다.

환류(還流)[활-]**명**〖지〗1 물이나 공기의 흐름이 방향을 바꾸어 되돌아 흐르는 일. 2 적도 해류가 대륙이나 섬에 이르러 두 갈래로 나뉘어 극지방을 향해 동쪽으로 흐르는 난류.

환:매(換買)**명**하타 돈을 주고받지 않고 물건과 물건을 직접 서로 바꿈.

환매(還買)**명**하타 1 판 물건을 도로 사들임. 되삼. □~를 일삼다. 2〖경〗증권 회사측에서 투자 신탁의 중도 해약을 이르는 말.

환매(還賣)**명**하타 샀던 물건을 도로 팖. 되팖. □토지를 원소유주에게 ~하다.

환매-채(還買債)**명**〖경〗환매 조건부 채권의 준말로, 증권 회사가 일정 기간 후에 다시 사들인다는 조건으로 팔고 당초의 조건에 따라 이자를 붙여 되사는 채권.

환면(逭免)**명**하자 전에 저지른 허물을 숨겨서 가림.

환:멸(幻滅)**명** 이상이나 환상이 깨어짐. 또는 그때 느끼는 허무함이나 쓰라린 마음. □~을 느끼다.

환멸(還滅)**명**〖불〗번뇌를 끊고 깨달음의 세계에 돌아감. ↔유전(流轉)2.

환:멸-감(幻滅感)**명** 환멸이 주는 허무한 느낌. □~을 느끼다 / ~에 젖다.

환:명(換名)**명**하자 남의 이름을 자기 이름인 체하여 거짓 행세함.

환모(還耗)**명**〖역〗축난 것을 채우는 뜻으로, 환곡(還穀)을 거두어들일 때 그 이자로 곡식을 더 거두어들이던 일.

환:몽(幻夢)**명** 허황된 꿈. □~에 빠지다.

환:문(宦門)**명** 관리의 가족.

환:문(喚問)**명**하타 소환해 신문(訊問)함. □~을 당하다.

환:물(換物)**명**하타 돈을 물건으로 바꿈. ↔환금(換金)·환은(換銀).

환미(還米)**명**〖역〗환곡(還穀)의 쌀.

환:발(渙發)**명**하타 〖역〗임금의 명령을 세상에 널리 알리던 일.

환:방(換房)**명**하타 1 물건을 바꿈질함. 2〖역〗파방(派房).

환:방-치다(換房-)**타** 물건을 바꿈질하다.

환보(還補)**명**하자 한번 사임한 직책에 다시 보임(補任)됨.

환:복(宦福)**명** 관복(官福).

환:본(還本)**명** 1 근본으로 돌아감. 2〖역〗떠돌이 백성들을 그 본고장으로 돌려보내던 일. 3〖역〗도망한 노비를 찾아내어 본디의 일터로 돌려보내던 일.

환봉(還奉)**명**하자 환안(還安).

환봉(還封)**명**하자 1 옮기려고 파헤쳤던 무덤을 도로 묻음. 2 봉환(封還).

환:부(患部)**명** 병 또는 상처가 난 곳. 환처(患處). □~를 도려내다.

환부(還付)**명**하타 환급(還給).

환부(鰥夫)**명** 홀아비.

환부-금(還付金)**명** '환급금'의 구용어. □~을 받다.

환:부역조(換父易祖)[-쪼]**명**하타 지체가 낮은 사람이 부정한 수단으로 자손이 없는 양반집을 이어서 자기의 조상을 바꾸던 일.

환:부작신(換腐作新)[-씬]**명**하타 썩은 것을 성싱한 것으로 바꾸어 만듦.

환:불(換拂)**명**하타 환산하여 지급함. □원화를 달러로 ~하다.

환불(還拂)**명**하타 이미 지급한 돈을 되돌려 줌. □물건값을 ~해 주다.

환: 브로커(換broker)〖경〗환 중매인(仲買人).

환:비(換費)**명**〖역〗예전에, 환전(換錢)을 부치는 데 드는 비용.

환:비봉(換祕封)**명**하자 〖역〗과거를 볼 때, 남의 답안을 훔쳐서 봉해 둔 성명을 도려내고 자기 성명을 써 넣던 부정 행위.

환삭(還削)**명**〖불〗되깎이.

환:산(渙散)**명**하자 1 군중이나 단체가 흩어짐. 2 높은 열이 서서히 내림.

환:산(換算)**명**하타 어떤 단위로 표시된 수량을 다른 단위로 고침. □돈으로 ~하다 / 파운드를 킬로그램으로 ~하다.

환:산-표(換算表)**명** 단위가 다른 수량을 대조하고 열거하여 환산하기에 편하게 만든 표.

환:상(幻相)**명**〖불〗실체(實體)가 없는 허망한 형상.

환:상(幻想)**명** 현실에 없는 것을 있는 것같이 느끼는 상념(想念). □~에 사로잡히다 / ~에서 깨어나다.

환:상(幻像)**명**〖심〗환영(幻影)2.

환:상(喚想)**명** 지나간 생각을 불러일으킴. 상기(想起). □소녀 시절의 ~에 잠기다.

환상(環上)**명**〖역〗환자(還子).

환상(環狀)**명** 고리처럼 둥글게 생긴 형상. 환형(環形). □~ 철도.

환상(環象)**명** 주위를 둘러싸고 있는 일체의 현상(개인을 둘러싼 현상 따위).

환:상-곡(幻想曲)**명**〖악〗1 자유로운 공상에 따라 작곡한 악곡. 2 가곡의 주요 부분만을 발췌해서 편곡한 악곡. 판타지아. 판타지아.

환상-문(環狀紋)**명** 고리 모양의 무늬. 환문(環紋). □~을 새긴 도자기.

환:상-미(幻想美)**명** 예술 작품에 나타난 환상적인 아름다움. □~를 추구하다.

환상-선(環狀線)**명** 환상으로 된 노선.

환상 연:골(環狀軟骨)[-년-]〖생〗후두 밑에 있는 발음 기관의 한 부분. 위에 있는 갑상

연골에 접해 있는 고리 모양의 연골로, 그 속에 성대가 있음.

환:상-적(幻像的)[관]명 환상인 또는 환상과 가까운 (것). ㅁ~인 분위기 / ~으로 나타내다.

환:상-주의(幻想主義)[-/-이]명 『철』현실의 재현(再現)이 아니고 내적 충동이나 영감에 따라 great(主觀)의 자기 생산을 주장하는 미학상의 한 입장.

환:색(換色)명하타 어떤 물건을 다른 물건과 바꿈. 환품(換品).

환:생(幻生)명하자 『불』형상을 바꾸어서 다시 태어남. 또는 그런 일. 환생(還生). 환퇴(幻退).

환생(還生)명하자 1 다시 살아남. ㅁ죽어 가던 사람이 기적같이 ~하다. 2 환생(幻生). 환퇴(幻退).

환석(丸石)명 오랜 세월 물살에 깎여 둥글고 매끄러워짐.

환석(環石)명 지름 10 cm 내외의 둥근 돌 주위에 날이 있고 중앙의 구멍에 자루를 박아 무기나 땅을 파는 도구로 사용하던 간석기. 석환(石環).

환선(紈扇)명 얇은 깁으로 만든 부채.

환:성(喚醒)명하타 1 잠자는 사람을 깨움. 2 어리석은 사람을 깨우쳐 줌.

환:성(喚聲)명 고함치는 소리. ㅁ~이 들리다 / ~을 지르다.

환성(歡聲)명 기쁘고 반가워서 지르는 소리. ㅁ~을 올리다.

환:세(幻世)명 덧없는 세상.

환:세(換歲)명 1 해가 바뀜. 2 설을 쇰. 개력(改曆).

환소(還巢)명하자 자기 집에 돌아옴을 낮추어 일컫는 말.

환속(還俗)명하타 『불』퇴속(退俗). ㅁ여승이 ~하다.

환속(還屬)명하타 이전 소속으로 다시 돌려냄. ㅁ~ 조치를 취하다.

환송(還送)명하타 도로 돌려보냄. 반송(返送). 회송(回送).

환송(歡送)명하타 떠나는 사람을 기쁜 마음으로 보냄. ㅁ~ 행사 / ~을 받다. ↔환영.

환송-연(歡送宴)명 환송하는 뜻으로 베푸는 연회(宴會). ㅁ~을 열다. ↔환영연.

환송-회(歡送會)명 환송의 뜻으로 베푸는 모임. ↔환영회.

환:수(宦數)명 벼슬길의 운수.

환:수(幻手)명하타 손바꿈.

환수(還收)명하타 도로 거두어들임. ㅁ원금을 ~하다.

환:술(幻術)명 남의 눈을 속이는 기술.

환:승(換乘)명하자 다른 노선이나 교통수단으로 바꿔 타는 일. ㅁ지하철 ~ 주차장.

환:승-역(換乘驛)[-녁]명 다른 노선으로 바꾸어 탈 수 있도록 시설한 역.

환:시(幻視)명 『심』실제로 존재하지 않는 것을 마치 보이는 것처럼 느끼는 환각 현상.

환시(環視)명하타 1 많은 사람이 둘러서서 봄. 2 사방을 둘러봄.

환:-시세(換時勢)명 『경』한 나라 화폐와 다른 나라 화폐와의 교환 비율. 외국환 시세. 환율(換率).

환:-시장(換市場)명 『경』외국환의 수급·거래가 행해지는 시장. 외국환 시장.

환식 화합물(環式化合物)[-시화합-]『화』분자를 이루는 원자가 고리 모양으로 결합한 화합물. 고리 모양 화합물.

환심(歡心)명 기쁘고 즐거운 마음. 환정. ㅁ

주위의 ~를 잃다.

환심(을) **사다** 남의 비위를 맞춰 자기에게 호감을 가지게 하다.

환:-심장(換心腸)명 환장(換腸).

환안(還安)명하타 다른 곳에 옮겼던 신주(神主)를 다시 제자리로 모심. 환봉(還奉).

환안(環眼)명 고리눈.

환:액(宦厄)명 벼슬길의 재액.

환약(丸藥)명 『한의』약재를 가루로 만들어 반죽하여 둥글게 빚은 약. 환제. 준환(丸). * 산약(散藥)·탕약(湯藥).

환어(還御)명하자 환궁(還宮).

환:-어음(換-)명 『경』발행인이 곧 지급인 앞으로 일정한 날짜에 일정한 금액을 수취인이나 지시인에게 지급할 것을 위탁하는 형식의 어음.

환:언(換言)명하타 앞서 한 말을 달리 바꿔 말함. ㅁ~하면 열심히 연구하자는 뜻이다.

환:-표(換言標)명『언』줄표.

환:업(宦業)명 벼슬에 관한 사무.

환:연-빙석(渙然氷釋)명하자 의혹이 얼음 녹듯이 풀려 없어짐.

환:연-하다(渙然-)형여 의혹 따위가 풀리어 가뭇없다. 환:연-히튀

환연-하다(歡然-)형여 마음에 즐겁고 기쁘다. 환연-히튀

환열(歡悅)명 환희(歡喜)1.

환:영(幻影)명 1 눈앞에 없는 것이 있는 것처럼 보이는 것. 곡두. ㅁ~에 시달리다 / ~이 보이다. 2 『심』사상(寫像)이나 감각의 착오로 허위의 현상(現象)이나 영상(影像)을 사실로 인정하는 현상. 환상(幻像). 3 이룰 수 없는 희망이나 이상.

환영(歡迎)명하타 오는 사람을 기쁜 마음으로 반갑게 맞음. ㅁ~ 대회 / ~을 받다. ↔환송.

환영-연(歡迎宴)명 환영하여 베푸는 연회. ↔환송연.

환영-회(歡迎會)명 환영하는 뜻으로 베푸는 모임. ㅁ신입생 ~. ↔환송회.

환옥(丸玉)명『역』구슬옥.

환옥(環玉)명『역』도리옥.

환요(環繞)명하타 에워쌈. 환위(環圍).

환:욕(宦慾)명 벼슬에 대한 욕심.

환:용(換用)명하타 바꿔 사용함.

환:우(換羽)명하자 털갈이.

환:-우기(換羽期)명『동』날짐승이 깃털을 가는 시기.

환웅(桓雄)명『역』단군 신화에 나오는 인물. 천제(天帝)인 환인의 아들로, 천부인(天符印) 세 개와 무리 3천 명을 거느리고 태백산으로 내려와 세상을 다스리기 시작했고, 웅녀와 혼인하여 단군을 낳았다고 함.

환원(還元)명하자타 1 본디의 상태로 되돌아감. 또는 그렇게 되게 함. ㅁ이윤을 사회에 ~하다. 2 『화』산화된 물질을 본디의 상태로 되돌리는 과정. 어떤 물질이 산소의 일부나 전부를 잃거나 외부에서 수소를 흡수하는 화학 변화. ↔산화(酸化). 3 『종』천도교에서, 사람의 죽음을 이르는 말.

환원-법(還元法)[화뤈뻡]명『논』정언적(定言的)삼단 논법에서, 환위법(換位法)이나 대조전제(大小前提)의 위치 교환에 따라 제2·제3·제4격(格)을 제1격 본위 형태로 하는 방법. 변차법.

환원-성(還元性)[화뤈썽]명『화』광석이 일정한 온도에서 일산화탄소나 수소에 의하여 환

원되는 능력이나 성질.

환원성 불꽃 (還元性-)[화뉜썽-꼳] 〔화〕 속불 꽃.

환원-염 (還元焰)[화뉜념] 명 〔화〕 속불꽃.

환원-제 (還元劑) 명 〔화〕 다른 물질에 환원을 일으키게 하고 자신은 산화되는 물질(수소·탄소·아연 따위).

환원-지 (還元地) 명 한 번 개간되었다가 황무지로 되돌아간 땅.

환원-철 (還元鐵) 명 〔화〕 산화제이철을 철관 (鐵管) 속에서 새빨갛게 달구고 여기에 수소 가스를 통하여 환원시켜 만든 회색 또는 회흑색(灰黑色)의 순수한 쇳가루.

환위 (環圍) 명하타 환요(環繞).

환위 (環衛) 명하타 대궐의 주위를 둘러싸서 호위함.

환:위-법 (換位法)[화뉘뻡] 〔논〕 어떤 판단의 주어와 술어의 자리를 바꾸어, 같은 뜻과 내용의 새로운 판단을 이끌어 내는 추리법 ('제주도는 한국 최대의 섬이다'에서 '한국 최대의 섬은 제주도이다'로 하는 따위).

환유 (歡遊) 명하자 즐겁게 놂.

환:유-법 (換喩法)[화뉴뻡] 명 〔문〕 대유법(代喩法).

환:율 (換率) 명 〔경〕 환시세.

환:은 (換銀) 명하타 〔경〕 1 외국환 은행. 2 물건을 돈으로 바꿈. ↔환물(換物).

환:은-은행 (換銀銀行) 명 〔경〕 외국환 은행.

환:의 (換衣)[화늬/화니] 명하자 다른 옷으로 갈아입음.

환:의 (換意)[화늬/화니] 명하자 뜻을 바꿈.

환인 (桓因) 명 〔역〕 단군 신화에 나오는 천제 (天帝). 환웅의 아버지이며, 단군의 할아버지. 세상으로 내려가기를 원하는 아들 환웅에게 천부인 세 개를 주어 세상을 다스리게 했다고 함.

환-인플레이션 (換inflation) 〔경〕 환시세의 하락으로 인한 물가의 상승. 통화의 증발이 원인이 되어 유발되는 인플레이션.

환임 (還任) 명하타 본디의 직책으로 다시 임명함.

환:입 (換入) 명하타 바꿔 넣음.

환입 (還入) 명하타 1 〔역〕 임금의 교지를 도로 거둬들임. 2 〔악〕 도드리.

환:자 (宦者) 명 〔역〕 내시(內侍).

환:자 (患者) 명 병을 앓거나 다친 사람. 병자(病者). ▣ ~를 돌보다.

환자 (還子) 명 〔역〕 각 고을의 사창(社倉)에서 백성에게 꾸어 주었던 곡식을 가을에 다시 받아들이던 일. 환상(還上).

환자-탕 (丸子湯) 명 완자탕.

환:장 (換腸) 명 마음이나 행동 따위가 비정상적인 상태로 달라짐. 환심장(換心腸).

환-쟁이 화가를 낮잡아 이르는 말.

환:적 (宦跡) 명 벼슬에 있을 때의 행적.

환:전 (換錢) 명하타 〔경〕 1 환표(換標)로 보내는 돈. ⓒ환(換). 2 서로 종류가 다른 화폐와 화폐, 또는 화폐와 지금(地金)을 교환함. ▣ ~ 업무를 맡다.

환전 (環田) 명 고리 모양으로 둥글게 생긴 밭.

환:절 (患節) 명 '병환'과 같은 뜻(편지에 씀).

환:절 (換節) 명하자 1 철이 바뀜. 2 절조를 바꿈. 변절.

환절 (環節) 명 〔동〕 환형동물이나 절지동물의 몸의 마디. 고리마디.

환:절-기 (換節期) 명 철이 바뀌는 시기. 변절

기. ▣ ~에는 감기를 조심해야 한다.

환절-기 (環節器) 명 〔동〕 거머리·지렁이 등 환형(環形)동물의 각 체절(體節)에 있는 배설기 (排泄器). 신관(腎管).

환:절-머리 (換節-) 명 철이 바뀌는 무렵.

환:정 (宦情) 명 벼슬을 하고 싶어 하는 마음.

환:정 (歡情) 명 환심(歡心).

환제 (丸劑) 명 〔한의〕 환약(丸藥).

환제 (還第) 명하자 귀가(歸家).

환조 (丸彫) 명 〔미술〕 한 덩어리의 재료에 물체의 모양 전부를 조각해 내는 일. 또는 그런 작품.

환:족 (宦族) 명 대대로 벼슬을 지내는 집안.

환좌 (環坐) 명하자 여러 사람이 둥글게 쭉 둘러앉음.

환주 (還住) 명하자 되돌아가거나 되돌아와 삶.

환: 중개인 (換仲買人) 〔경〕 은행 상호 간이나 은행과 상인 사이에서, 외국환 어음의 매매를 주선하거나 매개함을 업으로 하는 사람. 환 브로커(換broker).

환:-증서 (換證書) 명 우편환의 증서.

환:-지 (-紙) 명 '환'을 그리는 데 쓰는 종이.

환:지 (換地) 명하타 토지를 서로 바꿈. 또는 바꾼 땅. 환토(換土). ▣ ~.

환지 (還紙) 명 휴지로 재생된 종이.

환:지 처:분 (換地處分) 〔법〕 토지 구획 정리 사업의 결과, 종전의 토지에 대해 이에 상당하는 다른 토지나 금전으로 청산(淸算)하는 처분.

환질 (環経) 명 소렴(小殮) 때 상제가 사각건 (四角巾) 위에 덧씌워 쓰는 삼으로 꼰 둥근 테두리.

환:질 환:위법 (換質換位法)[-화뉘뻡] 〔논〕 모순 개념의 술어를 주어로 바꾸어 놓는 추리의 한 방법('모든 사람은 동물이다'를 바꾸어 '모든 사람은 비(非)동물이 아니다'로 하고 다시 '모든 비(非)동물은 사람이 아니다'로 하는 따위).

환-짓다 (丸-)[-짇따] 〔환지어, 환지으니, 환짓는〕 짜자 약재를 환약으로 만들다.

환차 (還次) 명하자 어른의 행차가 돌아옴.

환:-차손 (換差損) 명 〔경〕 환율의 변동으로 생기는 손해. ▣ 거액의 ~을 입다.

환:-차익 (換差益) 명 환율의 변동으로 생기는 이익. ▣ 거액의 ~을 내다.

환-차하 (還差下) 명 〔역〕 사직(辭職) 또는 면직되었던 사람에게 임금의 특별 명령으로 다시 벼슬을 주던 일.

환:처 (患處) 명 환부(患部).

환천희지 (歡天喜地)[-히-] 명하자 하늘도 즐거워하고 땅도 기뻐한다는 뜻으로, 대단히 즐거워하고 기뻐함을 이르는 말.

환:청 (幻聽) 명 〔심〕 청각성의 환각(幻覺). 실제로 나지 않는 소리가 마치 들리는 것처럼 느껴지는 환각 현상.

환초 (環礁) 명 〔지〕 고리 모양으로 발달하는 산호초(珊瑚礁).

환촌 (環村) 명 중앙에 광장 또는 목초지가 있고 그 주위에 가옥이 고리 모양으로 둘러싸고 있는 촌락.

환충 (還充) 명하타 본디대로 도로 채움.

환: 취:결 (換就結) 〔경〕 환(換)어음을 발행하여 은행의 할인을 받는 일.

환:치 (換置) 명하타 바꿔 놓음.

환:-치기 (換-) 명하자 〔경〕 외국에서 외화를 빌려 쓰고, 국내에서 한화(韓貨)로 갚는 일.

환:-치다 타 막치 그림을 그리다.

환:치-법 (換置法)[-뻡] 〔문〕 문세(文勢)를

강하게 하기 위해 앞에 한 말을 다시 적절한 다른 말로 바꿔 말하는 수사법(修辭法).

환택(還宅) **명하자** 남이 자기 집으로 돌아감의 높임말.

환:토(換土) **명하타** 환지(換地).

환:퇴(幻退) **명하자** 《불》 환생(幻生).

환퇴(還退) **명하타** 1 샀던 땅이나 집 등을 도로 무름. 2 《불》 퇴속(退俗).

환퇴 문기(還退文記) 《역》 부동산을 판 사람이 나중에 다시 그것을 사들일 권리가 있다는 조건으로 쓰던 매매 계약의 문기.

환:투기(換投機) 《경》 시세 변동에 따른 차익을 얻을 목적으로 환을 매매하는 일.

환:평가(換平價) [-까] 《경》 국제 통화 기금 협정의 가맹국이 금이나 미화 달러로 표시한, 각국 통화의 가치 기준.

환포(環抱) **명하타** 사방으로 둘러쌈.

환:표(換票) **명하자** 1 표를 바꿈. 또는 그 표. 2 《정》 선거에서, 특정 후보자를 부정으로 당선시키려고 표를 바꿔침.

환:표(換標) **명** 《역》 먼 거리의 사람끼리 편지 모양으로 보내는 지불 명령서.

환:품(換品) **명하타** 환색(換色).

환:풍-기(換風機) **명** 실내의 더러워진 공기를 바깥의 깨끗한 공기와 바꾸는, 프로펠러 모양의 팬이 달린 전기 기구.

환피(鑵皮) **명** 오소리 가죽(주로 방석·요의 거죽을 꾸미는 데에 널리 씀).

환:-하다(換-) **타여** 어떤 사물을 서로 바꾸다. 교환하다.

환:-하다 **형여** 1 광선이 비쳐 맑고 밝다. ▢방 이 ~. 2 앞이 탁 틔어 넓고 시원스럽다. ▢길이 환하게 뚫려 있다. 3 조리나 속내가 또렷하다. ▢내막이 ~. 4 얼굴이 잘생겨 보기에 시원스럽다. ▢달덩이같이 환한 얼굴 / 인물이 ~. 5 무엇에 대해 잘 알고 있다. ▢컴퓨터에 ~. 6 빛깔이 밝고 맑다. ▢벽지가 ~. 7 표정이나 성격이 밝다. ▢환한 미소 / 성격이 환하여 친구가 많다. 8 맛이 매운 듯하며 개운하고 상쾌한 느낌이 있다. ▢박하사탕을 입에 넣었더니 입안이 ~.

환:-히 **부**

환-하송(還下送) **명하타** 지방에서 서울로 온 것을 되돌려 보냄.

환:해(宦海) **명** 관리의 사회.

환:해(患害) **명** 재난으로 생기는 피해.

환해(環海) **명** 사방을 둘러싸고 있는 바다.

환:해-풍파(宦海風波) **명** 벼슬살이에서 겪는 온갖 험한 일.

환행(還幸) **명하자** 환궁(還宮).

환향(還鄕) **명하자** 고향으로 돌아가거나 돌아옴.

환:형(幻形) **명하자** 병이 들거나 늙어서 얼굴 모양이 달라짐. 또는 그런 모습.

환:형(換刑) **명하타** 《법》 벌금이나 과료를 물지 못하는 사람을 노역장에 유치시키는 일.

환:형(換形) **명하자** 모양이 전과 달라짐.

환형(環形) **명** 고리 모양. 환상(環狀).

환형(轘刑) **명** 《역》 극형의 하나. 두 발을 각각 다른 수레에 매고 수레를 끌어서 죄인을 찢어 죽이던 형벌.

환형-동물(環形動物) **명** 《동》 동물계를 분류한 한 문(門). 몸은 원통상으로 매우 길며 여러 마디의 체절(體節)이 고리 모양을 형성함(몸 표면은 큐티클로 덮여 있으며, 지렁이·거머리 등이 이에 속함). 환절(環節)동물.

환:호(喚呼) **명하타** 소리를 높여 부름.

환호(歡呼) **명하자** 기뻐서 큰 소리로 부르짖음.

▢~ 속에 맞이하다 / ~를 올리다.

환호-성(歡呼聲) **명** 기뻐서 크게 부르짖는 소리. ▢~을 지르다.

환호-작약(歡呼雀躍) **명하자** 기뻐서 크게 소리치며 날뜀.

환:혹(幻惑) **명하타** 환술(幻術)로 사람의 눈을 어리게 하고 마음을 어지럽게 함.

환:후(患候) **명** 웃어른의 병의 높임말. 병환.

환흡-하다(歡洽-) [-흐파] **형여** 즐겁고 흡족하다.

환희(歡喜) [-히] **명하자** 1 즐겁고 기쁨. 환열(歡悅). ▢~의 함성 / ~에 차다. 2 《불》 불법을 듣고 신심(信心)을 얻어 마음이 기쁨.

환희-천(歡喜天) [-히-] 《불》 불교의 수호신(형상은 코끼리 머리에 사람의 몸을 하고, 두 몸으로 된 모양도 있으며, 부부를 화합하게 하고 자식을 점지하는 능력을 가졌음).

활 **명** 1 화살을 메워서 쏘는 무기. 2 '무명활'의 준말. 3 《악》 찰현(擦絃)악기의 현(絃)을 켜는 데에 쓰는 물건.

[활이야 살이야 한다] 위험하다고 큰 소리로 야단을 침을 이름.

활(을) 메우다 구 활을 새로 만들다.

활(을) 부리다 구 활시위를 벗기다.

활강(滑降) **명하타** 비탈진 곳을 미끄러져 내려오거나 내려감.

활강 경:주(滑降競走) 스키에서, 비탈진 주로(走路)를 빠른 속도로 미끄러져 내달리는 경주. 활강 경기.

활개 **명** 1 사람의 어깨에서 양쪽 팔까지 또는 궁둥이에서 양쪽 다리까지의 부분. ▢네 ~를 펴고 잠든 아이. 2 새의 양쪽 죽지에서 날개까지의 부분. ▢~를 쭉 편 학.

활개(를) 젓다 구 두 팔을 서로 어긋나게 앞뒤로 흔들며 걷다.

활개(를) 치다 구 ㉠세차게 활개를 젓다. ㉡의기양양해 제 세상처럼 함부로 날뛰다.

활개(를) 펴다 구 ㉠양팔을 넓게 옆으로 펴다. ㉡남의 눈치를 살피지 않고 당당한 태도를 취함의 비유.

활개-똥 **명** 힘차게 내갈기는 똥물.

활개장-마루 **명** 《건》 추녀마루.

활갯-짓 [-개찓 /-갣찓] **명하자** 1 걸음을 걸을 때 두 활개를 흔들며 내젓는 짓. 2 새가 두 날개를 치는 짓. ▢새가 ~을 하다.

활계(活計) [-/-게] **명** 생계(生計).

활-고자 **명** 시위를 메는 활의 양 끝 머리. **㉠**고자.

활고자(活紐子) **명** 올가미1.

활고자 **명** 〈옛〉 활고자.

활공(滑空) **명하타** 1 비행기가 발동을 끄거나, 느린 비행으로 추진력을 없애고 지면을 향해 강하하는 비행. 공중활주(空中滑走). 2 글라이더로 공중을 미끄러져 낢. 3 새가 날개를 움직이지 않고 낢.

활공-기(滑空機) **명** 글라이더.

활구(活句) **명** 시문(詩文) 가운데 생동하는 글귀. ↔사구(死句).

활-궁(-弓) **명** 한자 부수(部首)의 하나('弧'나 '張' 등에서 '弓'의 이름).

활극(活劇) **명** 1 《연》 난투 장면을 주로 하여 꾸민 연극이나 영화. 2 영화의 난투처럼 심한 실제의 투쟁. ▢~이 벌어지다 / ~을 펼치다.

활기 **명** 〈옛〉 활개.

활기(活氣) **명** 1 활동하는 원기. 2 활발한 기운. ▢~가 넘치다 / ~를 띠다[잃다].

활기-차다 (活氣-) 〖휑〗 힘이 넘치고 생기가 가득하다. ◻씩씩하고 활기찬 걸음걸이.

활-꼬지 [-찌] 〖명〗 목화를 탈 때, 시위를 튀기는 짧고 모가 진 나무 가락.

활-꼴 〖수〗 원(圓)의 호(弧)와, 그 두 끝을 맺는 현(弦)으로 이루어지는 평면 도형. 궁형(弓形).

활-나물 [-라-] 〖식〗 콩과의 한해살이풀. 들에 남. 높이는 20~60 cm이고 잎은 어긋나고 넓은 선 모양임. 초가을에 자주색 꽃이 줄기 끝에 피고 열매는 협과를 맺음.

활달-대도 (豁達大度) [-딸-] 〖명〗 너그럽고 커서 작은 일에 구애하지 않는 도량.

활달-하다 (豁達-) [-딸-] 〖형〗 ❶도량이 넓고 크다. ◻활달한 기개. ❷활발하고 의젓하다. ◻활달한 성격.

활-대¹ [-때] 〖명〗 돛 위에 가로 댄 나무.

활-대² [-때] 〖명〗 활등을 이루는 대《활의 몸체를 이름》.

활도고리 〖옛〗 도지개《활을 바로잡는 제구》.

활동 (活動) [-똥] 〖명〗〖하자〗 ❶움직여 행동함. ◻~을 개시하다 / ~하기에 편하다. ❷어떤 일의 성과를 거두기 위해 힘씀. ◻정치 ~을 펼치다. ❸신체나 정신이 변화하고 있는 상태.

활동-가 (活動家)[-똥-] 〖명〗 어떤 일의 성과를 거두기 위해 적극적으로 힘쓰는 사람《흔히 정치 활동에 적극적인 사람》. 활동객. ◻노조 운동의 ~.

활동-객 (活動客)[-똥-] 〖명〗 활동가.

활동-력 (活動力)[-똥녁] 〖명〗 활동하는 힘이나 능력.

활동-물 (活動物)[-똥-] 〖명〗 살아서 움직이는 물체.

활동-복 (活動服)[-똥-] 〖명〗 일반 생활 활동을 하기에 편한 복장. ◻~으로 갈아입다.

활동-사진 (活動寫眞)[-똥-] 〖명〗〖연〗 '영화'의 구칭. ◻~을 보러 가다.

활동 자본 (活動資本)[-똥-] 〖경〗 현재 실지로 기업 활동에 공헌하고 있는 자본.

활동-적 (活動的)[-똥-] 〖명〗〖관명〗 적극적으로 작용하고 행동하는 (것). ◻~인 인물 / ~인 비평가.

활동 전:류 (活動電流)[-똥절-] 〖생〗 생물체가 흥분하거나 활동할 때 일어나는 전기적 변화. 동작 전류(動作電流).

활동-주의 (活動主義)[-똥-/ -똥-이] 〖명〗 ❶의지(意志) 활동의 중요성을 강조하는 윤리사상의 한 가지. ❷〖교〗아동들의 자발적인 작업이나 직관적·창조적인 사고력(思考力)을 높게 하려는 신체적·정신적 활동을 강조하는 교육 사상.

활-등 [-뜽] 〖명〗 활짱의 등.

활등-코 [-뜽-] 〖명〗 콧등이 활등처럼 휘우듬하게 생긴 코.

활딱 〖부〗 ❶남김없이 시원스럽게 벗거나 벗어진 모양. ◻~ 벗어진 머리 / 옷을 ~ 벗다. ❷물 따위가 갑자기 한꺼번에 끓어 넘치는 모양. ⓔ훨떡. ❸아주 뒤집거나 뒤집히는 모양. ◻속이 ~ 뒤집힐 것 같다.

활량 〖명〗 ❶〖역〗'한량(閑良)'의 변한말. ❷활을 쏘는 사람.

활량-나물 〖명〗〖식〗 콩과의 여러해살이풀. 산이나 들에 나는데, 줄기 높이는 약 90 cm이고 잎은 어긋나고 깃모양 겹잎임. 여름에 황색에서 갈색으로 변하는 꽃이 잎겨드랑이에 핌. 어린잎은 식용함.

활력 (活力) 〖명〗 살아 움직이는 힘. 활동 또는 생활하는 힘. ◻~을 불어넣다 / ~이 넘치다.

활력-설 (活力說)[-썰] 〖명〗〖철〗 생기설.

활력-소 (活力素)[-쏘] 〖명〗 활동의 힘이 되는 본바탕.

활로 (活路) 〖명〗 고난을 헤치고 살아 나갈 수 있는 길. ◻~를 모색하다 / ~가 열리다.

활리 (猾吏) 〖명〗 교활한 아전(衙前).

활-머리 〖명〗 예전에, 어여머리의 맨 위에 얹던 물건.

활-무대 (活舞臺) 〖명〗 힘껏 활동할 수 있는 분야나 장소.

활물 (活物) 〖명〗 ❶살아 있는 동식물. ❷살게 하는 물건. ↔사물(死物).

활물 기생 (活物寄生) 〖생〗 살아 있는 생물이 다른 동식물체에 기생하여 생활하는 일. ↔사물(死物) 기생.

활물 기생 식물 (活物寄生植物)[-싱-] 〖식〗 살아 있는 동식물체에 기생하는 식물《장티푸스균·버짐·겨우살이·실새삼 따위》.

활발-하다 (活潑-) 〖형〗 ❶생기가 있고 힘차며 시원스럽다. ◻활발한 걸음걸이 / 아이들이 활발하게 뛰어논다. ❷무엇이 많이 이루어지거나 벌어지다. ◻활발한 연주 활동 / 독서 운동을 활발하게 펼치다. 활발-히 〖부〗

활배-근 (闊背筋) 〖생〗 척추 양쪽에 있는 큰 힘줄.

활-벌이줄 〖명〗 연의 머릿달에 활시위 모양과 같이 잡은 벌이줄.

활법 (活法)[-뻡] 〖명〗 활용(活用)하거나 응용하는 방법.

활변 (滑便) 〖명〗〖한의〗 '물지똥'을 한의학에서 이르는 말.

활보 (闊步) 〖명〗〖하자〗 ❶큰 걸음으로 힘차고 당당하게 걸음. 또는 그런 걸음. ◻의기양양하게 거리를 ~하다. ❷남을 얕보고 제멋대로 함. 또는 그런 행동.

활불 (活佛) 〖명〗〖불〗 ❶생불(生佛). ❷라마교의 수장(首長).

활브리우다 〖재〗〖옛〗 활시위를 벗기다.

활비븨 〖옛〗 활비비.

활-비비 〖명〗〖공〗 활같이 굽은 나무에 시위를 메고, 그 시위에 송곳 자루를 굽걸어서 돌게 하여 구멍을 뚫는 송곳. 활송곳.

활빈-당 (活貧黨) 〖명〗 예전에, 부자의 재물을 빼앗아 가난한 사람을 도와주던 도적의 무리.

활빙 (滑氷) 〖명〗〖하자〗 얼음지치기.

활빙-장 (滑氷場) 〖명〗 얼음지치기를 하기 위해 시설해 놓은 곳.

활살 (活殺)[-쌀] 〖명〗〖하타〗 생살(生殺).

활살-자재 (活殺自在)[-쌀-] 〖명〗〖하타〗 살리고 죽임을 마음대로 할 수 있음.

활상 (滑翔)[-쌍] 〖명〗〖하자〗 ❶새가 날개를 놀리지 않고 미끄러지듯이 나는 모양. ❷글라이더가 상승 기류에 떠받쳐 미끄러지듯이 날거나 상승하는 모양.

활새-머리 〖명〗 밑만 돌려 깎는 더벅머리.

활색 (活塞)[-쌕] 〖명〗〖공〗 피스톤(piston).

활석 (滑石)[-썩] 〖명〗〖광〗 몸이 무르고 결이 반질반질한 초와 같은 함수 규산염 광물《전기 절연재·도료·도자기·제지·보온재 등에 씀》. 곱돌. 탤크(talc).

활석 편암 (滑石片岩)[-썩편남] 〖지〗 활석을 주성분으로 하는 결정 편암.

활-선어 (活鮮魚)[-써너] 〖명〗 활어.

활선 작업 (活線作業)[-썬자겁] 〖전〗 전류가 통하고 있는 채로 전선로(電線路)의 작업을 하는 일.

활설(滑泄)[-썰] 圏 『한의』 물찌똥을 누는 병.
활성(活性)[-썽] 圏 『화』 1 물질이 에너지나 빛 따위에 따라 활동이 활발하여지며 반응 속도가 빨라지는 성질. 2 화학 반응에서 촉매(觸媒)의 반응 촉진 능력을 이름.
활성-탄(活性炭)[-썽-] 圏 『화』 흡착성이 강한 가루로 된 탄소질 물질의 총칭((목탄 따위를 활성화하여 만든 것으로, 흡착제로서 방독면·가스 또는 액체의 정제(精製), 용액의 탈색·촉매 등에 씀)).
활성 탄:소(活性炭素)[-썽-] 『화』 강력한 흡수성·흡착성을 가지도록 제조된 탄소((독가스의 흡착, 유지(油脂)의 탈색 등에 씀)).
활성-화(活性化)[-썽-] 圏 하자타 1 사회나 조직 등의 기능을 활발하게 함. ▷ ~ 방안. 2 『화』 열·조사(照射) 등에 의해, 화학 변화·물리 변화가 보다 완전하거나 신속하게 되도록 함. 또는 그리 되는 일.
활-세포(闊細布) 圏 폭이 넓고 질(質)이 고운 무명.
활수(活水)[-쑤] 圏 흐르거나 솟아오르거나 움직이는 물. ↔사수(死水).
활수(滑水)[-쑤] 圏 하자 수상 비행기나 비행정이 물 위를 미끄러져 낢.
활수(滑手)[-쑤] 圏 무엇이든지 아끼지 않고 시원스럽게 잘 쓰는 씀씀이. 또는 그런 사람. ──하다 혐여 무엇이든지 아끼지 않고 쓰는 솜씨가 시원스럽다.
활수(闊袖)[-쑤] 圏 광수(廣袖).
활-시위[-씨-] 圏 활대에 걸어서 켕기는 줄. 현(弦). 활. ⓒ시위.
활시위(를) 얹다 귀 활의 몸에 활시위를 메우다.
활싹 튀 썩 넓게 벌어지거나 열린 모양. ⓒ훨씩.
활-쏘기 圏 활을 쏘는 일. 또는 그 기술.
활씬 튀 정도 이상으로 차이가 벌어지는 모양. ▷ ~ 작다. ⓒ훨씬.
활안(活眼) 圏 사리를 밝게 관찰하는 눈.
활액(滑液) 圏 『생』 관절의 활액막에서 분비되는 미끄럽고 끈끈한 액체.
활액-막(滑液膜)[화랭-] 圏 『생』 가동(可動) 관절의 뼈끝을 싸서 연결시키는 막((활액이 분비됨)).
활약(活躍) 圏 하자 1 기운차게 뛰어다님. 2 눈부시게 활동함. ▷눈부신 ~을 벌이다 / 독립군으로 ~하다.
활어(活魚) 圏 살아 있는 물고기. 활선어.
활어(活語) 圏 『언』 1 현재 쓰는 말. ↔사어(死語). 2 용언.
활어-조(活魚槽) 圏 1 어패류(魚貝類)를 넣어 기르는 물통. 2 어패류를 살리기 위해 배 안에 마련된 물통.
활어-차(活魚車) 圏 활어를 실어 나르는 차.
활여-하다(豁如-)[화려-] 혐여 생각이나 뜻 따위가 막힘이 없이 넓고 크다.
활연(豁然) 튀 하형 혐부 1 환하게 터져 시원한 모양. 2 의문을 밝게 깨달은 모양.
활연-관통(豁然貫通) 圏 하자 환하게 통하여 도를 깨달음.
활엽(闊葉)[화렵] 圏 『식』 넓고 큰 잎사귀. 넓은잎. *침엽(針葉).
활엽-수(闊葉樹)[화렵쑤] 圏 『식』 잎이 넓은 나무의 종류((떡갈나무·오동나무 따위)). *침엽수.
활예(滑瞖) 圏 『한의』 각막이 약간 누른빛으로 변하고 아프며 눈물이 흐르는 눈병.
활오 圏 〈옛〉오늬.

활-옷 [화론] 圏 1 『역』 공주·옹주가 입던 대례복(大禮服). 2 전통 혼례에서, 새색시가 입는 예복.
활용(活用) 圏 하자타 1 살려서 잘 응용함. ▷여가를 ~하다 / 틈틈이 배운 중국어를 ~하다. 2 『언』 용언의 어미나 서술격 조사가 경우에 따라 여러 가지로 문법적인 관계를 나타내는 일((규칙적인 것과 불규칙적인 것이 있음)). 끝바꿈. 어미변화. ▷동사 ~.
활용-어(活用語) 圏 『언』 용언의 어간이나 서술격 조사에 변하는 말이나 문장의 성격을 바꾸는 단어((동사·형용사 및 서술격 조사를 통틀어 이르는 말)).
활용 어:미(活用語尾) 圏 『언』 활용이 어미의 교체로 행하여질 때 그 교체되는 부분.
활용-형(活用形) 圏 『언』 어미 변화의 형식((용언이 활용되는 형식)). ⓒ형(形).
활유(蛞蝓) 圏 동 민달팽이.
활유-법(活喩法)[화류뻡] 圏 『문』 의인법(擬人法).
활유-어(蛞蝓魚) 圏 동 창고기.
활-음조(滑音調) 圏 『언』 유포니(euphony).
활인(活人) 圏 하자 사람의 목숨을 구하여 살림.
활인-검(活人劍) 圏 사람을 죽게 하거나 다치게 하는 칼도 잘 쓰면 오히려 사람을 살리는 도구가 될 수 있다는 뜻.
활인-서(活人署) 圏 『역』 조선 때, 서울에서 의료에 관한 일을 맡아보던 관아.
활인-적덕(活人積德)[화린-떡] 圏 하자 사람의 목숨을 살리어 음덕을 쌓음.
활인지방(活人之方) 圏 1 사람의 목숨을 구해 주는 방법. 2 사람의 목숨을 구해 주는 방위나 지방.
활인-화(活人畵) 圏 예전에, 배경을 적당하게 꾸미고 분장한 사람이 그림 속의 사람처럼 보이게 만든 구경거리.
활자(活字)[-짜] 圏 『인』 활판 인쇄에 쓰는 자형(字型). 보통 네모 기둥 모양의 금속 끝에 문자를 볼록하게 새긴 것.
활자-금(活字金)[-짜-] 圏 『인』 활자를 주조하는 데 쓰는 합금. 주자쇠.
활자-본(活字本)[-짜-] 圏 『인』 활자판으로 박은 책. 활판본.
활자-체(活字體)[-짜-] 圏 『인』 활자로 된 글자의 모양((명조(明朝)체·청조(淸朝)체·송조(宋朝)체 따위)).
활자-판(活字版)[-짜-] 圏 『인』 활판.
활자-화(活字化)[-짜-] 圏 하자타 원고가 인쇄되어 나옴. 또는 그렇게 되게 함.
활-잡이(-) 圏 1 활을 잡는 사람이라는 뜻으로, 궁술(弓術)에 능한 사람. 2 활 쏘는 일을 업으로 삼는 사람. 궁사(弓師).
활적(猾賊)[-쩍] 圏 교활하고 악한 도둑.
활전(活栓)[-쩐] 圏 『악』 밸브(valve) 3.
활주(-柱)[-쭈] 圏 『건』 무엇을 받치거나 버티는 데에 쓰는 굽은 기둥.
활주(滑走)[-쭈] 圏 하자타 1 땅이나 물 위를 미끄러져 내달음. 2 비행기가 이착륙하기 위해 미끄러져 내달음. ▷여객기가 ~하기 시작했다.
활주(滑奏)[-쭈] 圏 『악』 글리산도(glissando). ──하다 타 글리산도로 연주하다.
활주-대(滑走臺)[-쭈-] 圏 비행장 활주로의 한 끝을 경사지게 하여, 비행기의 이착륙을 쉽게 하는 설비((항공모함에도 설함)).
활주-로(滑走路)[-쭈-] 圏 비행장에 비행기가

앉거나 뜰 때 달리는 길.

활-죽[-쭉] 몡 돛을 버티는 살.

활-줄[-쭐] 몡 활시위.

활지(猾智)[-찌] 몡 교활한 지혜.

활-집[-찝] 몡 활을 넣어 두는 자루. 궁대(弓袋). 궁의(弓衣).

활짝 뮈 1 문 따위가 한껏 시원스럽게 열린 모양. ◻창을 ~ 열어 놓다. 2 넓고 멀리 시원스럽게 트인 모양. ◻~ 트인 벌판. 3 날개 따위를 시원스럽게 펼치는 모양. ◻독수리가 날개를 ~ 펼치다. 4 꽃잎 따위가 한껏 핀 모양. ◻모란꽃이 ~ 피다. 5 날이 맑게 개거나 환히 밝은 모양. ◻날씨가 ~ 개다. 6 얼굴이 밝거나 웃음을 가득히 띤 모양. ◻~ 웃는 소녀의 얼굴. ⑧휠쩍.

활-짬 몡 활의 몸체.

활짱-묶음 몡 〖인〗 중(中)괄호.

활찐 뮈 너른 들 등이 매우 시원스럽게 펼쳐진 모양. ⑧휠찐.

활차(滑車) 몡 〖물〗 도르래².

활착(活着) 몡하자 〖농〗 옮겨 심거나 접목한 식물이 서로 붙거나 뿌리를 내려 삶.

활착(滑着) 몡하자 활주하여 착륙함.

활-촉(-鏃) 몡 '화살촉'의 준말.

활추(滑錘) 몡 큰 말뚝을 박을 때에 사용하는 무거운 추.

활탈(滑脫) 몡하자 자유자재로 변화함.

활택(滑澤) 몡 반드럽고 광택이 있음.

활-터 몡 활쏘기를 하는 곳. 사장(射場).

활판(活版) 몡 〖인〗 활자로 된 인쇄판. 활자판. ⑧판.

활판(滑瓣) 몡 〖공〗 증기 기관의 실린더 속에 장치하여 앞뒤로 움직이게 한 상자 모양의 밸브.

활판-본(活版本) 몡 〖인〗 활자본.

활판-쇄(活版刷) 몡하타 〖인〗 '활판 인쇄'의 준말.

활판-술(活版術) 몡 〖인〗 활자판으로 인쇄하는 기술.

활판 인쇄(活版印刷) 〖인〗 활자판으로 짜서 인쇄함. 또는 그 인쇄물. ⑧활판쇄.

활피(滑皮) 몡 소·말·돼지 등의 가죽을 타닌으로 무두질한 것(가방·벨트·가죽 수예품 따위를 만드는 데 씀).

활-하다(滑-) 혱여 1 반들반들하고 미끄럽다. 2 빡빡하지 않고 헐겁다. 3 통이 묽다.

활현(活現) 몡하타 생생하게 나타냄.

활협(闊俠) 몡하형 1 남을 돕는 데 인색하지 않고 시원스러움. 2 일을 주선하는 능력이 좋고 활동력이 강함.

활화(活火) 몡 불꽃이 활활 일며 잘 타는 불.

활화(活畵) 몡 1 살아 있는 것 같은 그림. 2 그림같이 아름다운 경치.

활-화산(活火山) 몡 〖지〗 현재 화산 활동을 계속하고 있는 화산. ↔사화산·휴화산.

활활 뮈 1 불길이 세고 힘차게 타오르는 모양. ◻~ 타오르는 불길. 2 부채 따위로 느릿느릿 시원스럽게 부치는 모양. ◻부채를 ~ 부치다. 3 날짐승 따위가 높이 떠서 날개를 느릿느릿 치며 시원스럽게 나는 모양. ◻솔개가 ~ 날다. 4 옷을 시원스럽게 벗어 버리는 모양. ◻옷을 ~ 벗다. 5 열기가 세게 오르는 모양. ◻얼굴이 ~ 달아오르다. ⑧휠휠.

활황(活況) 몡 1 활기가 있는 상황. 2 상거래 등이 활발하여 경기가 좋은 상태. ◻주식 시

장이 ~을 보이다.

활훈(活訓) 몡 산 교훈.

홧:-김(火-)[화낌 / 화낌] 몡 (주로 '홧김에'의 꼴로 쓰여) 화가 울컥 난 서슬. ◻~에 집을 나가다.
[홧김에 서방질한다] 울분을 참지 못하여 차마 못할 짓을 저지르다.

홧홧[화탇] 뮈하형 달아오르듯 뜨거운 기운이 이는 모양. ◻얼굴이 ~ 달다.

황 몡 1 짝이 맞지 않는 골패 짝. 2 어떤 일을 이루는 데 부합되지 않는 사물이나 일. ◻말만 많고 실력은 ~인 녀석.

황¹(黃) 몡 1 '황색'의 준말. 2〖한의〗우황·구보(狗寶) 등이 들어 있는 한약을 이름. 3 보리나 밀의 줄기에 누렇게 내리는 병적인 가루. 4 인삼의 거죽에 누렇게 낀 병적인 흠.

황²(黃) 몡 〖화〗 비금속 원소의 하나. 황색·무취의 파삭파삭한 수지 광택이 있는 결정. 화약이나 성냥 등의 원료로 널리 씀. 유황. [16번: S : 32.064]

황-각(黃角) 몡 〖식〗 '황각채(菜)1'의 준말.

황각-나물(黃角-)[-강-] 몡 황각을 살짝 데친 다음 잘게 썰어 기름과 소금에 무친 나물. 황각채(菜).

황각-채(黃角菜) 몡 1 〖식〗 청각(青角)의 하나. 청각과 같으나 빛깔이 누름. ⑧황각. 2 황각나물.

황갈-색(黃褐色)[-쌕] 몡 검은빛을 띤 누른빛.

황-감(黃-) 몡 〖광〗 황화 물질이 산화되어 붉은빛을 띤 감돌.

황감(惶感) 몡하형하여 황송하고 감격스러움.

황감(黃柑) 몡 잘 익어서 황금빛이 나는 홍귤나무.

황-강홍(黃降汞) 몡 〖화〗 '황색 산화 제이수은'의 통칭.

황객(荒客) 몡 '황당객(荒唐客)'의 준말.

황거-하다(惶遽-) 혱여 너무 두려워 허둥지둥하는 데가 있다.

황건-적(黃巾賊) 몡 〖역〗 중국 후한(後漢) 말에 장각(張角)을 우두머리로 하여 허베이(河北)에서 일어났던 유적(流賊)(머리에 누런 수건을 쓴 데서 유래함).

황겁(惶怯) 몡하형 겁이 나고 두려움.

황견(黃繭) 몡 병적(病的)으로 빛깔이 누렇게 된 고치.

황경(皇京) 몡 황성(皇城).

황경(黃經) 몡 〖천〗 황도 좌표의 경도(經度). 춘분점을 기점으로 하여 황도(黃道)를 따라서 잰 각거리(角距離). *황위(黃緯).

황경-나무(黃-) 몡 〖식〗 황벽나무.

황계(皇系)[-/-게] 몡 황제의 계통.

황계(黃鷄)[-/-게] 몡 털빛이 누런 닭.

황고(皇考) 몡 '선고(先考)'의 높임말.

황-고랑(黃-) 몡 털빛이 누런 말.

황-고사리(黃-) 몡 〖식〗 잔고사릿과의 양치류. 뿌리줄기는 가로 뻗으며, 뿌리잎은 성기게 남. 잎은 얇고 길이 15~30cm의 긴 타원상 피침형임. 산기슭 응달에 남.

황-고집(黃固執) 몡 몹시 센 고집. 또는 그런 사람. ◻~을 부리다.

황곡(黃鵠) 몡 〖조〗 고니.

황곡(黃麴) 몡 종곡(種麴)의 하나(누르스름한 빛을 띠며 주로 간장·약주 따위를 만드는 데 씀).

황골(黃骨) 몡 〖민〗 무덤 속의 누렇게 된 해골.

황공-무지(惶恐無地) 몡하형 황공해서 몸 둘 데가 없음. ◻그토록 마음을 써 주시니 ~로소이다.

황공-재배(惶恐再拜)[명][하자] **1** 황공하여 다시 절함. **2** 예전에, 주로 편지 끝에 써서 경의를 표하던 말.

황공-하다(惶恐-)[형여] 위엄이나 지위에 눌려 두렵다. 황송하다. ¶황공하여 몸 둘 바를 모르겠습니다. **황공-히**[무]

황관(黃冠)[명] **1** 누른빛의 관. **2** 풀로 만든 평민의 관이라는 뜻으로, 벼슬하지 못한 사람, 곧 야인(野人)을 이르는 말. **3** 도사(道士)의 관. 또는 그 관을 쓴 도사.

황괴-하다(惶愧-)[형여] 황송하고 부끄럽다.

황교(黃敎)[명][종] 라마교의 신파(新派)(15세기 초에 총카파가 홍교(紅敎) 혁신을 위해 세웠음).

황구(黃口)[명] 부리가 누른 새 새끼. 곧, 어린 아이를 이르는 말.

황구(黃狗)[명] 털빛이 누런 개. 누렁개.

황구(黃耇)[명] 나이가 썩 많은 늙은이.

황-구렁이(黃-)[명] 빛이 누런 구렁이.

황-구사(黃-)[명][광] 광석 속에 포함된 황화물이 산화해 붉은빛을 띤 누런빛의 알갱이.

황구-신(黃狗腎)[명][한의] 누른 개의 자지 〔양기(陽氣)를 돕는 약재로 씀〕.

황구 유취(黃口乳臭)[명] 부리가 누른 새 새끼 같이 어려서 아직 젖비린내가 난다는 뜻으로, 어리고 하찮은것 없다고 욕하는 말. *구상(口尙)유취.

황구-피(黃狗皮)[명] 누른 개의 모피.

황국(皇國)[명] 황제가 다스리는 나라.

황국(黃菊)[명] 빛이 누른 국화. 황화.

황궁(皇宮)[명] 황제의 궁궐. 황궐(皇闕).

황권(黃卷)[명] 책.

황권-적축(黃卷赤軸)[명][불] 누른 종이와 붉은 책갑(불경(佛經)을 이르는 말).

황그리다[자] 욕될 만큼 매우 낭패를 당하다.

황극(皇極)[명] **1** 편파가 없는 곧고 바른 길. **2** 천자가 세운 만민(萬民)의 범칙(範則). **3** 제왕의 자리.

황금(黃金)[명] **1** 금(金). ¶~ 덩이. **2** 돈이나 재물을 비유적으로 이르는 말. ¶~ 방석에 앉다. **3** 귀중하고 가치 있는 것의 비유. ¶~ 어장 / ~ 같은 기회를 놓치다.

황금(黃芩)[명][식] 꿀풀과의 여러해살이풀. 줄기 높이 60 cm 가량이고 잎은 마주나며 피침형임. 7~8월에 자주색 꽃이 총상(總狀)꽃차례로 줄기 끝·가지 끝에 핌. 뿌리는 열로 인한 헌데·오줌 소태·배앓이·하혈(下血)·기침 등에 약으로 씀. 속서근풀.

황금-기(黃金期)[명] 절정에 이른 시기. 가장 좋은 시기. ¶인생의 ~를 보내다.

황금-률(黃金律)[늘][명] **1** 뜻이 심오하여 인생에 유익한 잠언(箴言). **2** 예수가 산상 수훈(垂訓) 중에 보인 기독교의 기본적인 윤리관《남에게 대접을 받고려면 그만큼 남을 대접하라는 가르침》.

황금-만능(黃金萬能)[명] 돈만 있으면 만사가 뜻대로 될 수 있다는 말. ¶~의 풍조.

황금만능-주의(黃金萬能主義)[-/-이][명] 황금만능의 사고방식. 또는 그런 태도. ⓗ황금객.

황금 보:관(黃金寶冠)[명][역] 삼국 시대, 왕공(王公) 계급에서 쓰던 관의 하나.

황금 분할(黃金分割)[명][수] 한 선분을 두 부분으로 나눌 때, 전체에 대한 큰 부분의 비와 큰 부분에 대한 작은 부분의 비가 같게 나누는 것《대(大)와 소(小)의 비는 약 1.618 대 1》. 중외비(中外比) 분할.

황금-불(黃金佛)[명][불] 금부처.

황금-비(黃金比)[명][수] '외중비(外中比)'를

'황금 분할(分割)'과 연관하여 일컫는 다른 이름.

황금-빛(黃金-)[-삗][명] 황금처럼 누렇고 반짝이는 빛깔.

황금-새(黃金-)[조] 딱샛과의 새. 산지의 늪·못에 살며, 날개 길이 8 cm 정도, 몸의 위쪽은 흑색, 등 아래쪽에서 허리까지는 황색임. 얼굴에는 누런색의 긴 눈썹이 있고, 날개의 가운데에 흰색의 무늬가 있음.

황금-색(黃金色)[명] 황금 같은 빛깔.

황금-술(黃金術)[명] 예전에, 중국에서 단사(丹砂)를 불에 달구고 단련하여 황금을 만들던 선가(仙家)의 술법.

황금-시대(黃金時代)[명] **1** 사회가 진보되어 행복과 평화가 가득 찬 시대. ¶~가 열리다 / ~를 이루다. **2** 일생을 통해 가장 번영한 시대. ¶그의 ~는 30 대였다.

황금-연휴(黃金連休)[-년-][명] 명절이나 공휴일이 이어져 있는 연휴를 비유하는 말.

황금-정략(黃金政略)[-냑][명] 반대자나 적을 금품으로 매수하는 정략.

황급-하다(遑汲-)[-그파-][형여] 몹시 급하여 마음의 여유가 없다. **황급-히**[-그피][무]

황급-하다(遑急-)[-그파-][형여] 몹시 어수선하고 급하다. ¶황급한 목소리로 도움을 청하다. **황급-히**[-그피][무]. ¶~ 달아나다.

황기(皇基)[명] 황제(皇帝) 왕업의 기초.

황기(荒饑)[명][하자] 흉년이 들어 배를 주림.

황기(黃芪·黃耆)[명] **1**[식] 콩과의 여러해살이풀. 줄기 높이 1 m가량, 뿌리는 비대하고 약용하며 초가을에 연한 노란색 꽃이 잎겨드랑이에 핌. 단너삼. **2**[한의] 황기의 뿌리《원기를 도움》.

황기(黃旗)[명] 누른 빛깔의 기.

황기(惶氣)[명] 겁을 내어 두려워하는 마음이나 기색.

황기-끼다(惶氣-)[자] 겁을 내어 두려워하는 마음이 생기다.

황-끼다(黃-)[자] 인삼에 황이 생기다.

황낭(黃囊)[명] 예전에, 혼인 때 신랑이 차던 누른빛의 두루주머니.

황-내리다(黃-)[자] **1** 보리나 밀의 줄기에 황이 생기다. **2** 소의 목덜미와 다리에 병으로 누런 물이 속으로 생기면서 부어오르다.

황녀(皇女)[명] 황제의 딸.

황년(荒年)[명] 흉년. ¶~이 들다.

황-늘다(荒增)[명] 거칠어진 들판.

황단(黃檀)[명][식] 단향목(檀香木)의 하나. 껍질이 단단하고 빛깔이 누름.

황단(黃疸)[명][한의] 주로 간 간의 이상으로 쓸개즙의 색소가 혈액에 옮아 가서 생기는 병《살갗과 오줌이 누른빛으로 변함》. 달병(疸病). 달증. ¶~이 들다.

황답(荒畓)[명] 거칠어서 못 쓰게 된 논.

황당-객(荒唐客)[명] 말이나 행동이 거칠고 허황한 사람. ⓗ황당객.

황당무계-하다(荒唐無稽-)[-/-게-][형여] 말이나 행동이 거칠고 터무니없다. **황탄(荒誕)무계하다.** ¶황당무계한 소문이 떠돈다.

황당-선(荒唐船)[명][역] 조선 중기 이후, 우리나라 연해에 출몰하던 국적 불명의 외국 배의 일컬음.

황당지설(荒唐之說)[명] 황설(荒說).

황당-하다(荒唐-)[형여] 말이나 행동이 허황하고 터무니없다. ¶황당한 소문.

황-대구(黃大口)圓 배를 갈라서 소금을 치지 않고 말린 대구.

황도(皇都)圓 황성(皇城).

황도(皇道)圓 황제가 정치를 하면서 지켜야 할 도리.

황도(黃桃)圓《식》복숭아의 한 품종. 과실의 살이 노랗고 치밀함〔통조림용으로 씀〕.

황도(黃道)圓《천》태양의 시궤도(視軌道). 곧, 지구에서 보아 태양이 지구를 중심으로 운행하는 것처럼 보이는 천구상(天球上)의 대원(大圓). 궤도.

황도-광(黃道光)圓《천》일몰 후의 서쪽 하늘이나 일출 전의 동쪽 하늘에 지평선에서 하늘의 황도면을 따라 원뿔 모양으로 퍼져 보이는 엷은 빛.

황도-대(黃道帶)圓《천》황도를 중심으로 하여, 남북으로 너비가 각각 8°, 곧 온 너비 16°되는 띠 모양의 천역(天域)〔태양·달·행성 따위는 이 영역 안에서 운행함〕. 수대(獸帶).

황도 십이궁(黃道十二宮)圓《천》춘분점을 기점으로, 황도의 둘레를 12등분하여 각 구간에 붙인 이름. 곧, 백양궁·금우궁(金牛宮)·쌍자궁(雙子宮)·거해궁(巨蟹宮)·사자궁·처녀궁·천칭궁(天秤宮)·천갈궁(天蠍宮)·인마궁·마갈궁(磨羯宮)·보병궁(寶瓶宮)·쌍어궁(雙魚宮). 십이궁.

황동(黃童)圓 웃은 물론 포대기까지 누른 것을 쓰는 아이〔두서너 살 먹은 어린아이〕.

황동(黃銅)圓《공》구리와 아연으로 이루어진 합금의 총칭.

황동-석(黃銅石)圓《광》구리와 철과 황을 주성분으로 하는 구리 광석.

황동-전(黃銅錢)圓 놋쇠로 만든 돈.

황두(黃豆)圓 누른빛이 나는 콩의 하나.

황-들다(黃-)〔황들어, 황드니, 황드는〕재 소나기 따위의 쓸개에 황이 생기다.

황-등롱(黃燈籠)〔-농〕圓《역》'황사등롱(黃紗燈籠)'의 준말.

황락-하다(荒落-)〔-나카-〕형어 거칠고 아주 쓸쓸하다. ☐황락한 벌판.

황랍(黃蠟)〔-납〕圓 밀².

황량(黃粱)〔-냥〕圓 메조.

황량-몽(黃粱夢)〔-냥-〕圓 한단지몽(邯鄲之夢).

황량-미(黃粱米)〔-냥-〕圓 메조.

황량-하다(荒凉-)〔-냥-〕형어 황폐하여 거칠고 쓸쓸하다. ☐황량한 벌판 / 페허처럼 적막하고 ~.

황련(黃蓮)〔-년〕圓《한의》깽깽이풀의 뿌리. 맛은 쓴데 성질은 약간 더움〔눈병·설사약 따위에 씀〕.

황례-포(皇禮砲)〔-네-〕圓《역》대한 제국 때, 황실에 대한 예포(禮砲)를 이르던 말.

황로(荒路)〔-노〕圓 몹시 거친 길.

황로(黃老)〔-노〕圓 도교에서, 황제(黃帝)와 노자(老子)를 아울러 일컫는 말.

황로-학(黃老學)〔-노-〕圓《종》도교(道敎).

황록-색(黃綠色)〔-녹쌕〕圓 누른빛을 띤 녹색. ☐나뭇잎이 ~으로 변하다.

황료-하다(荒寥-)〔-뇨-〕형어 거칠고 쓸쓸하다. 황료-히〔-뇨-〕무

황룡(黃龍)〔-농〕圓 누른 빛깔의 용.

황루(荒樓)〔-누〕圓 황폐한 누각(樓閣).

황률(黃栗)〔-뉼〕圓 황밤.

황릉(皇陵)〔-능〕圓 황제의 능.

황리(黃梨)〔-니〕圓 황술레.

황린(黃燐)〔-닌〕圓《화》인(燐)의 동소체(同素體)의 하나. 담황색이고 밀과 같은 고체로 마늘 냄새가 남. 화학 작용이 강렬하며 공기 중에서 발화함. 백린.

황린 소이탄(黃燐燒夷彈)〔-닌-〕《군》황린을 주된 재료로 하여 만든 소이탄.

황림(荒林)〔-님〕圓 거칠어진 수풀.

황마(黃麻)圓《식》삼의 하나. 황저포(黃紵布)를 만듦.

황막-하다(荒漠-)〔-마카-〕형어 거칠고 한없이 넓다. ☐사막이 ~.

황-말뚝(黃-)圓《충》말벌과(科)의 벌. 몸길이 2.5cm, 편 날개 길이 4cm 정도, 검은 갈색 바탕에 황갈색 털이 온몸에 빽빽이 남. 나뭇가지 등에 타원형 집을 짓는 것이 특징임. 노랑말벌.

황망(慌忙)圓하恩형무 몹시 급하고 당황하여 어리둥절함. ☐~하게 떠나다 / 방문을 ~히 열고 나가다.

황매(黃梅)圓 1《식》익어서 누렇게 된 매화나무의 열매. 2《충》말벌과(科)의 벌. 3《한의》생강나무의 열매(배앓이·산후 한열(寒熱)에 씀〕.

황-매화(黃梅花)圓《식》장미과의 낙엽 활엽 관목. 절·촌락 부근에 심는데, 높이 2m 정도, 잎은 어긋나고 긴 달걀 모양으로 가에 겹톱니가 있음. 봄에 노란 꽃이 가지 끝에 하나씩 핌. 관상용임. 황매.

황면(黃面)圓《불》석가모니의 얼굴.

황명(皇命)圓 황제의 명령. ☐~을 받들다.

황모(黃毛)圓 족제비의 꼬리털(세필(細筆)의 붓을 매는 데에 씀〕.

황모(黃麴)圓《농》맥황(麥黃)2.

황모(가) **들다**구 보리나 밀이 황증(黃蒸)에 걸려 썩게 되다.

황모-필(黃毛筆)圓 족제비의 꼬리털로 맨 붓.

황무-지(荒蕪地)圓 손을 대어 거두지 않고 내버려 둔 거친 땅. ☐~를 개간하다.

황무-하다(荒蕪-)형어 논밭 따위를 거두지 않아 매우 거칠다.

황문(荒文)圓 거칠고 너저분한 글.

황문(黃門)圓《역》내시(內侍)1.

황민(荒民)圓 흉년을 만난 백성.

황바리圓동 방게의 하나. 두 개의 긴 더듬이가 있음.

황반(黃斑)圓 누른 빛깔을 띠는 얼룩무늬 또는 얼룩점.

황-밤(黃-)圓 말려서 껍질과 보늬를 벗긴 밤. 황률.

황백(黃白)圓 황금과 백은(돈의 뜻으로 씀〕.

황백(黃柏)圓 1《식》황벽나무. 2《한의》'황백피'의 준말.

황백-피(黃柏皮)圓《한의》황벽나무의 껍질(황달·각기 등에 씀〕. 준황백.

황벽(荒僻)圓 거칠고 궁벽한 벽지. 또는 먼 두메.

황벽(黃蘗)圓《식》황벽나무.

황벽-나무(黃蘗-)〔-병-〕圓《식》운향과의 낙엽 활엽 교목. 깊은 산의 기름진 땅에 남. 높이 약 10m, 잎은 마주나고 긴 타원형이며 여름에 황색 꽃이 피고, 핵과는 가을에 익음. 황경나무. 황백. 황벽.

황벽-색(黃蘗色)〔-쌕〕圓 황벽나무 껍질로 물들인 누른 빛깔.

황벽-종(黃蘗宗)〔-쫑〕圓《불》선종(禪宗)의 한 파.

황변(黃變)圓 1 불을 때어 건조실 속의 담뱃잎이 노랗게 변하는 일. 또는 노랗게 변화시키는 일. 2 '황변증'의 준말.

황변(을) 보다구 아궁이의 불을 때며 건조

실의 담뱃잎이 황변이 되도록 지켜보다.

황변-미 (黃變米) 圖 황변증으로 말미암아 누렇게 변질한 쌀《간 장애·신장 장애·신경 장애·빈혈 따위의 중독을 일으킴).

황변-증 (黃變症)[-쯩] 圖 박테리아나 곰팡이로 인해 쌀 따위가 누렇게 되는 증상. 凰황변.

황-부루 (黃-) 圖 圖 누런 바탕에 흰빛이 섞인 말.

황비 (皇妃) 圖 황제의 아내.

황비 (皇妣) 圖 죽은 선대(先代)의 황후.

황비 (荒肥) 圖 소나 말 따위의 똥과 짚을 뒤섞은 비료.

황비철-석 (黃砒鐵石)[-썩] 圖 〖광〗 철과 비소를 함유한 황화물. 사방 정계(斜方晶系)의 마름모꼴 또는 기둥 모양의 결정으로 비소의 원료 광석이 됨. 독사(毒砂).

황사 (皇嗣) 圖 〖역〗 황제의 뒤를 이을 황태자.

황사 (黃沙·黃砂) 圖 **1** 누른 모래. **2** 〖지〗봄·초여름에, 중국 내륙의 사막이나 황토 지대의 가는 모래가 강한 바람을 타고 높이 올라갔다가 다시 내려오는 현상《편서풍을 따라 우리나라·일본·타이완 등에까지 날아옴). 황사 현상.

황사 (黃紗) 圖 누런 빛깔의 사(紗).

황사 (黃絲) 圖 빛깔이 누른 실.

황사 경:보 (黃沙警報) 기상 정보의 하나. 황사로 인하여 평균 미세 먼지 농도가 1 m^3 당 1,000 μg 이상이 2시간 이상 지속될 것으로 예상될 때에 발표한다.

황사-등롱 (黃紗燈籠)[-농] 圖 〖역〗 **1** 임금이 나들이할 때 쓰던 등롱《누른 운문사(雲紋紗) 바탕에 붉은 운문사로 위아래를 달았음). **2** 조선 때, 품등(品燈)의 하나《당하관이 밤에 들고 다녔음). 凰황등롱.

황사 주:의보 (黃沙注意報)[-/-이-] 圖 기상 주의보의 하나. 황사로 인하여 평균 미세 먼지 농도가 1 m^3 당 500 μg 이상이 2시간 이상 지속될 것으로 예상될 때에 발표한다.

황산 (黃酸) 圖 〖화〗 무기산(無機酸)의 하나. 무색 무취의 끈끈한 기름 모양의 액체로서, 산성이 강하여 금과 백금을 제외한 대부분의 금속을 녹임《공업에 널리 씀).

황산-구리 (黃酸-) 圖 〖화〗 구리의 황산염. 산화구리를 묽은 황산과 함께 가열해 얻는 청색의 결정. 황산동.

황산-나트륨 (黃酸Natrium) 圖 〖화〗 나트륨의 황산염. 무색 단사 정계(單斜晶系)의 결정《유리나 군청 따위의 제조에 씀). 황산소다.

황산-니코틴 (黃酸nicotine) 圖 〖화〗 농약의 한 가지. 짙은 갈색의 되직한 액체로 비눗물에 섞어서 쓰는데, 특히 진딧물 제거에 효과가 좋음.

황산-동 (黃酸銅) 圖 〖화〗 **1** 황산구리. **2** 산화구리와 황산메틸을 반응시켜 만드는 흰 가루《물을 가하면 황산구리가 됨).

황산-마그네슘 (黃酸magnesium) 圖 〖화〗 마그네슘의 황산염. 백색의 사방 정계 결정으로 물에 잘 녹으며, 쓴맛이 있음《설사약·매염제 및 공업용으로 씀).

황산 무수물 (黃酸無水物) 〖화〗 '삼산화황'의 통칭.

황산-바륨 (黃酸barium) 圖 〖화〗 바륨의 황산염. 흰색 결정성 가루로, 천연으로는 중정석(重晶石)으로 산출됨. 물에 녹지 않으며, 안료나 도료의 원료·의료 검사의 엑스선·조영제(造影劑) 따위에 씀.

황산-소다 (黃酸soda) 圖 〖화〗 황산나트륨.

황산-아연 (黃酸亞鉛) 圖 〖화〗 아연의 황산염.

무색의 결정체로 공기 중에서 잘 풍화하며 물에 녹으면 산성을 띰《살균·방부제 및 안약(眼藥) 등으로 씀).

황산-알루미늄 (黃酸aluminium) 圖 〖화〗 알루미늄의 황산염. 무색 결정으로, 물에 잘 녹고 수용액은 약산성을 띰. 제지(製紙)·매염제·정수제(淨水劑)·의약품 따위를 만드는 데 씀.

황산-암모늄 (黃酸ammonium) 圖 〖화〗 수소와 질소를 화합시켜 만든 암모니아를 황산에 흡수시켜서 만드는 흰 결정. 물에 잘 녹으며 유안(硫安)이라는 비료로 씀.

황산-염 (黃酸塩)[-념] 圖 〖화〗 황산 분자에 들어 있는 수소 원자의 일부 또는 전부를 금속 원자로 치환하여 얻는 화합물의 총칭.

황산 제:이철 (黃酸第二鐵) 〖화〗 철의 황산염. 황산 제일철에 진한 황산을 섞고 질산이나 과산화수소 따위로 산화하여 얻는 붉은 갈색 가루《매염제(媒染劑)·안료(顔料)·의약으로 씀).

황산 제:일철 (黃酸第一鐵) 〖화〗 철의 황산염. 철을 묽은 황산에 녹여서 만든 초록색 결정 물질《잉크·안료(顔料)·의약 등으로 씀).

황산-지 (黃酸紙) 圖 〖화〗 글리세린 용액과 진한 황산 용액 속에 담갔다가 물로 씻어 낸 후 건조시킨 종이. 얇고 반투명하며 물과 기름에 잘 젖지 않아 식료품 및 약품 따위의 포장지로 씀. 파치먼트 페이퍼(parchment paper).

황산-철 (黃酸鐵) 圖 〖화〗 황산의 수소 원자가 철 원자로 치환된 화합물《황산 제일철과 황산 제이철이 있음).

황산-칼륨 (黃酸Kalium) 圖 〖화〗 칼륨의 황산염. 무색 무취의 사방 정계(斜方晶系)로, 비료나 유리, 의약품 따위의 제조에 씀.

황산-칼슘 (黃酸calcium) 圖 〖화〗 칼슘의 황산염. 칼슘염 수용액에 황산염 수용액을 넣을 때 생기며, 천연적으로는 경석고(硬石膏)로 산출되는 흰 결정.

황상 (皇上) 圖 현재 나라를 다스리고 있는 황제를 이르는 말.

황:-새 (黃-) 圖 〖조〗황샛과의 새. 백로와 비슷함. 편 날개 길이는 66cm 정도, 몸빛은 순백색, 부리는 흑색, 다리는 암적색임. 물갈퀴가 있고 다리가 길어 물 위를 잘 걸음. 천연기념물 제199호. 관조.

황:새-걸음 圖 긴 다리로 성큼성큼 걷는 걸음. ▢ ~으로 걷다.

황:새-목 圖 등롱대의 꼭대기에 맞추어 등롱을 거는 쇠.

황색 (黃色) 圖 누른 빛깔. 凰황.

황색 산화 제:이수은 (黃色酸化第二水銀)[-싼-] 〖화〗 제이수은염에 알칼리를 넣어서 저온으로 침전시킨 산화 제이수은의 한 가지《의약품이나 안료 따위에 씀). 황강홍(黃降汞). 황색 산화수은.

황색 신문 (黃色新聞)[-씬-] 옐로 페이퍼.

황색 인종 (黃色人種) 圖 살갗이 누르고 머리털이 검은 인종. 凰황인종.

황색 조합 (黃色組合)[-쪼-] 〖사〗 노동자들의 입장에 서지 못하고 자본가에게 협조적인 노동조합을 속되게 일컫는 말.

황서 (黃書) 圖 〖정〗 외교 교섭의 경과를 발표하는 프랑스 외교부의 누른 종이로 된 문서.

황석 (黃石) 圖 〖광〗 누른 빛깔의 방해석.

황-석어 (黃石魚) 圖 〖어〗 참조기.

황석어-젓 (黃石魚-)[-서거젓] 圖 참조기로 담근 젓. 황석어해(醢).

황설 (荒說) 圆 허황한 말. 황당지설(荒唐之說).

황-설탕 (黃雪糖) 圆 흑설탕을 정제(精製)한 누르스름한 빛깔의 설탕. ＊백설탕·흑설탕.

황성 (皇城) 圆 황제가 있는 나라의 서울. 제도(帝都). 황경(皇京). 황도.

황성 (荒城) 圆 황폐한 성.

황세 (荒歲) 圆 흉년(凶年).

황-소 圆 1 큰 수소. 황우(黃牛). ❏～를 몰아 논을 갈다. 2 미련하거나 기운이 세거나 많이 먹는 사람의 비유. ❏～ 같은 힘.
 [황소 뒷걸음에 잡힌 개구리] 어쩌다 우연히 이루거나 알아맞힘의 비유. [황소 불알 떨어지면 구워 먹으려고 다리미에 불 담아 다닌다] 가당치도 않은 횡재를 기다림의 비유.
 [황소 제 이불 뜯어 먹기] 우선 둘러대서 일을 해냈으나 결국 자기 손해였다는 말.

황소-개구리 圆《동》개구릿과의 하나. 몸길이 약 20cm 정도. 수컷의 등은 짙은 초록색에 검정 얼룩점이 있고, 암컷의 등은 갈색에 검정 얼룩점이 있음. 물갈퀴가 발달하였고 고막이 큼. 닭고기 맛과 비슷하여 주로 넓적다리의 고기를 식용함.

황소-걸음 圆 1 황소처럼 느릿느릿 걷는 걸음. 2 비록 느리기는 하나 실수 없이 해 나가는 행동의 비유.

황소-고집 (-固執) 圆 매우 센 고집. 쇠고집. ❏～을 부리다/～을 피우다.

황소-바람 圆 좁은 틈으로 세게 불어 드는 바람. [황소는 문틈으로 ～이 들어온다.

황소-자리 (-天) 圆 오리온자리의 북서쪽에 있는 별자리. 황도 십이궁의 둘째 별자리로 1월 하순 초저녁에 천정(天頂) 가까이에서 자오선을 통과함.

황-소주 (黃燒酒) 圆 누른 빛깔의 소주.

황손 (皇孫) 圆 1 황제의 손자. 2 황제의 후손.

황손 (荒損) 圆函 토지 등이 거칠어 메마름.

황손-전 (荒損田) 圆 천재지변 따위 재해로 거칠어진 논.

황솔-하다 (荒率-) 헝어 성격이나 행동이 거칠고 경솔하다. 추솔(麤率)하다. **황솔-히** 閔

황송 (黃松) 圆 나무를 벤 뒤 5-6년이 지나 땅속에 있는 뿌리에 복령(茯苓)이 생기는 소나무의 한 가지.

황송-하다 (惶悚-) 헝어 분에 넘쳐 고맙고도 송구하다. 황공하다. [황송해서 어쩔 줄 모르다.

황수 (皇壽) 圆 황제가 누린 나이.

황수-증 (黃水症) [-쯩] 圆《한의》비장에 탈이 나서 허리에서 배에 걸쳐 퉁퉁 붓는 병.

황숙 (黃熟) 圆函 곡식이나 과실 따위가 누렇게 익음.

황숙-기 (黃熟期) [-끼] 圆 곡식이나 과실 따위가 누렇게 익는 시기.

황숙-향 (黃熟香) [-수캉] 圆 열대 지방에서 나는 향료.

황-술레 (黃-) 圆 배의 하나. 누르고 크며 맛이 좋음. 황리. ＊청술레.

황심-예 (黃心瞖) 圆《한의》각막의 가장자리는 희고 가운데는 누른 점이 생기는 눈병.

황아 (荒-) 圆 끈목·담배쌈지·바늘·실 등 여러 가지 자질구레한 일용 잡화.

황아-장수 (荒-) 圆 황아를 지고 집집이 찾아다니며 파는 사람.

황아-전 (荒-廛) 圆 지난날 황아를 팔던 가게.

황앵 (黃鶯) 圆《조》꾀꼬리1.

황야 (荒野) 圆 거친 들판. 황원(荒原). ❏인적 없는 삭막한 ～.

황양 (黃羊) 圆《동》솟과의 짐승. 중앙아시아·몽골·만주 일대에 분포함. 양보다 크고 수컷에만 뿔이 있음. 털은 길고 빽빽하게 났으며 꼬리는 토끼 꼬리와 비슷함.

황양-목 (黃楊木) 圆《식》회양목.

황어 (黃魚) 圆《어》잉엇과의 민물고기. 하천부근 연해에 많음. 몸길이는 10-45cm로 방추형이며, 등은 검푸른 색이고 옆구리와 배는 흼.

황-여새 (黃-) 圆《조》여새과의 새. 날개 길이 12cm 가량. 머리에는 분홍빛을 띤 밤색의 긴 우관(羽冠)이 있음. 늘어 철새로 아시아 북부에서 번식하고 한국 등지에서 월동함. 노랑연새. 와람(蝸藍).

황-연 (晃然) 閔혀부 1 환하게 밝은 모양. 2 환하게 깨닫는 모양.

황연 (荒宴) 圆函 주연(酒宴)에 빠짐.

황연 (黃鉛) 圆《화》중요한 황색 안료의 하나. 주성분은 크롬산(chrome酸)납임.

황연-광 (黃鉛鑛) 圆《광》'황연석'의 전 이름.

황-연-대각 (晃然大覺) 圆函 환하게 모두 깨달음.

황연-석 (黃鉛石) 圆《광》육방 정계(六方晶系)의 광석. 등황색·백색 또는 무색임. 취관(吹管)으로 불면 비소 냄새를 뿜으며 납으로 환원함.

황열 (黃熱) 圆《의》여과성 병원체에 의해 주로 아프리카 서부나 남아메리카에서 발생하는 열대성 전염병의 하나. 황달·토혈(吐血)을 일으키며 사망률이 높음.

황엽 (黃葉) 圆《식》엽록소가 분해되어 누렇게 된 잎.

황엽 (簧葉) 圆《악》혀'2.

황예-하다 (荒穢-) 헝어 몹시 거칠고 더럽다.

황-오리 (黃-) 圆《조》오릿과의 새. 편 날개 길이는 36cm 가량. 깃은 등갈색이고, 목에는 검은 테가 둘러 있으며, 날개깃은 흰색임. 황압(黃鴨).

황옥 (黃玉) 圆《광》플루오르와 알루미늄을 함유한 규산염 광물. 사방 정계에 속하는 기둥 모양의 결정을 이루며, 투명 또는 반투명하고 붉은빛·푸른빛·초록빛·누런빛 따위를 띰. 가루로 만들어 유리 연마재로 쓰며, 아름다운 것은 보석으로 씀. 토파즈.

황옥-석 (黃玉石) [-썩] 圆《광》누런 빛깔의 옥돌을 통틀어 이르는 말.

황우 (皇牛) 圆 황소1.

황운 (皇運) 圆 황제나 황실의 운명.

황운 (黃雲) 圆 1 황색의 구름. 2 넓은 들판에 누렇게 익은 벼를 비유적으로 이르는 말.

황원 (荒原) 圆 황야.

황원 (荒遠) 圆 변경(邊境)의 머나먼 곳.

황위 (皇位) 圆 황제의 지위. ❏～를 계승하다.

황위 (皇威) 圆 황제의 위엄.

황위 (黃緯) 圆《천》황도에서 남북의 양극을 향하여 측정한 천체의 어느 점까지의 각거리 《북으로 잰 것을 북위, 남으로 잰 것을 남위라 함》. ＊황경(黃經).

황유 (皇猷) 圆 나라를 다스리는 황제의 계책.

황유 (荒遊) 圆函 주색에 빠져 방탕하게 놂.

황육 (黃肉) 圆 쇠고기.

황은 (皇恩) 圆 황제의 혈통.

황은 (皇恩) 圆 황제의 은혜. ❏～을 입다.

황음 (荒淫) 圆函 함부로 음탕한 짓을 함.

황음-무도 (荒淫無道) 圆헝함 주색에 빠져 사람의 도리를 돌아보지 않음.

황의(黃衣)[-/-이]圈 **1** 누른 빛깔의 의복. **2** 보리를 띄워서 만든 누룩.
황-인종(黃人種)圈 '황색 인종'의 준말.
황자(皇子)圈 황제의 아들.
황작(黃雀)〔조〕**1** 꾀꼬리. **2** 참새.
황-잡다[-따]匝 **1** 골패 따위에서 황을 잡다. **2** 계획한 일이 엇나가거나 뜻밖의 낭패를 당하다.
황잡-하다(荒雜-)[-자파-]휑예 거칠고 잡되다. 황잡-히[-자피]児
황장(荒莊)圈 황폐한 농가.
황장(黃腸)圈 통나무의 심에 가까운 부분. 빛깔이 누르고 단단함. ↔백변(白邊)①.
황장-갓(黃腸-)[-갇]圈〔역〕황장목을 베지 못하게 하던 산림. 황장산.
황-장력(黃粧曆)[-녁]圈 누른 종이로 겉장을 붙인 책력.
황장-목(黃腸木)圈 임금의 관(棺)을 만드는 데 쓰던, 질이 좋은 소나무.
황-장손(皇長孫)圈 황제의 맏손자.
황장-판(黃腸板)圈 황장목을 켜서 만든 널빤지.
황재(蝗災)圈 농작물이 메뚜기나 누리 때문에 입는 재해.
황-저포(黃紵布)圈 계추리.
황적(皇籍)圈 황족의 신분이나 계통을 기록한 족보.
황적(黃炙)圈 누름적.
황-적색(黃赤色)[-쌕]圈 누런빛을 띤 붉은색. □~을 띠다.
황전(荒田)圈 황폐해진 논밭.
황정(荒政)圈 **1** 흉년에 백성을 구하는 정책. **2** 임금이 정사를 게을리 하는 일.
황정-창(黃疔瘡)圈〔한의〕코 아래에 나는 부스럼.
황제(皇帝)圈 제국의 군주. □~를 배알하다.
황제(黃帝)圈 중국의 전설상의 제왕(복희씨·신농씨와 더불어 삼황(三皇)이라고 일컬음).
황조(皇祚)圈〔역〕황제의 재위 연간.
황조(皇祖)圈 **1** 황제의 조상. **2** 황제를 지낸 선조(先祖). **3** 돌아가신 자기 할아버지의 높임말.
황조(皇朝)圈〔역〕황제의 조정.
황조(黃鳥)〔조〕꾀꼬리.
황조-가(黃鳥歌)圈〔문〕고구려 제2대 유리왕 때(B.C.17)에 왕이 지었다는 우리나라에서 가장 오래된 노래. 유리왕이 두 후실인 화희(禾姬)와 중국 태생의 치희(雉姬)가 서로 불화하여 싸우다가 치희가 중국으로 달아나니 왕이 몹시 슬퍼하여 꾀꼬리가 쌍쌍이 노니는 것을 보고 지었다 함. 한문으로 전함.
황-조롱이(黃-)圈〔조〕맷과의 새. 날개 길이 약 25cm, 몸의 배 쪽은 적갈색에 검은 얼룩점이 있고 머리·허리·꽁지는 청회색임. 둥지를 틀지 않고 하천의 흙벽 등에 삶.
황족(皇族)圈 황제의 가까운 친족.
황종(黃鐘)圈〔악〕동양 음악에서, 십이율(律)의 첫째 음.
황종-척(黃鐘尺)圈〔악〕조선 때, 악기의 길이를 재는 데 쓰던 자의 한 가지.
황증(黃蒸)圈〔농〕맥황(麥黃)①.
황지(荒地)圈 개간하지 않았거나 개간했다가 다시 묵혀서 생산력이 떨어진 땅.
황지(黃紙)圈 **1** 누런 빛깔의 종이. **2** 고정지(藁精紙).
황지(潢池)圈 물이 괴어 있는 못.
황진(黃塵)圈 **1** 누른 빛깔의 흙먼지. **2** 속진

(俗塵). □도회지의 ~을 입은 농촌.
황진-만장(黃塵萬丈)圈 **1** 하늘 높이 치솟는 누런 먼지. **2** 속세의 너절하고 귀찮은 현상의 비유.
황:차(況且)児 하물며. □짐승도 그럴 수가 없거늘 ~ 사람이….
황채(黃菜)圈 늙은 오이를 잘게 썰어서 양념하여 무친 나물.
황척-하다(荒瘠-)[-처카-]휑예 토지가 거칠고 메마르다.
황천(皇天)圈 **1** 크고 넓은 하늘. **2**〔종〕하느님.
황천(荒天)圈 비바람이 심한 날씨.
황천(黃泉)圈 저승. 명부(冥府) □~에 있는 넋을 위로하다.
황천(으로) 가다⑦〈속〉사람이 죽다.
황천으로 보내다⑦〈속〉사람을 죽이다.
황천-객(黃泉客)圈 죽은 사람.
황천객이 되다⑦ 사람이 죽다.
황천-길(黃泉-)[-낄]圈 죽어서 저승으로 가는 길. □~을 떠나다 / ~에 오르다.
황천-후토(皇天后土)圈 하늘의 신령과 땅의 신령.
황철-나무(-라-)圈〔식〕버드나뭇과의 낙엽 활엽 교목. 깊은 산이나 물가에 나는데, 높이는 15~20m이며, 잎이 나기 전에 적갈색 꽃이 늘어져 핌. 재목은 성냥개비·세공물·제지에 씀. 백양.
황철-석(黃鐵石)[-썩]圈〔광〕철과 황을 주성분(主成分)으로 하는 결정. 엷은 누런빛을 띠며 금속 광택이 있음.
황청(黃淸)圈 빛깔이 누르고 품질이 좋은 꿀의 하나.
황체(黃體)圈〔생〕여성 또는 동물의 암컷 난소에서 배란(排卵)이 된 뒤에 난소의 여포(濾胞)가 변화한 것(황체 호르몬을 분비함).
황체 호르몬(黃體hormone)〔생〕프로게스테론(progesterone).
황-초(黃-)圈 **1** 꼭지만 빼놓고 전체가 누른 연(鳶). **2** 밀초. □~가 타다.
황초(荒草)圈 **1** 거칠게 마구 자라서 무성한 풀. **2** 알아볼 수 없게 갈겨쓴 글씨.
황초(黃貂)〔동〕담비.
황초-절(黃草節)圈 목장에서 마른풀을 먹여 가축을 기르는 시기.
황촉(黃燭)圈 밀초.
황-촉규(黃蜀葵)[-뀨]圈〔식〕닥풀.
황촌(荒村)圈 황폐하고 적적한 마을.
황축(惶蹙)圈휑짜 황송하여 몸을 움츠림. 공축(恐縮).
황충(蝗蟲)圈〔충〕누리².
황취(荒醉)圈휑짜 술에 몹시 취함.
황-치마(黃-)圈 위의 반은 희고, 아래의 반은 누런 빛깔의 연.
황칙(皇勅)圈〔역〕황제의 명을 백성에게 알리기 위해 적은 문서.
황-칠(黃漆)圈 황칠나무의 진으로 만든 누른 빛깔의 칠.
황칠-나무(黃漆-)[-라-]圈〔식〕두릅나뭇과의 상록 활엽 교목. 6월에 흰 꽃이 산형꽃차례로 가지 끝에 피고 열매는 핵과(核果)로 10월에 검게 익음. 관상용이고 나무의 진은 황칠로 씀.
황탁(黃濁)圈휑혱 누렇게 흐림.
황탄무계-하다(荒誕無稽-)[-/-게-]휑예 황당무계하다.

황탄-하다(荒誕-)[혱여] 황당(荒唐)하다.
황탐(荒耽)[명][하자] 주색에 함빡 빠져 정신을 못 차림.
황태(黃太)[명] 더덕북어.
황태(黃苔)[명][한의] 위열(胃熱)로 인하여 혓바닥에 누런색의 이끼 따위가 끼는 병.
황-태손(皇太孫)[명][역] 황제의 자리를 이을 황손. ⓒ태손.
황-태자(皇太子)[명][역] 황제의 자리를 이을 황자. ⓒ태자.
황태자-비(皇太子妃)[명] 황태자의 비.
황-태제(皇太弟)[명][역] 황제의 자리를 계승할 황제의 동생.
황-태후(皇太后)[명][역] 1 황제의 살아 있는 어머니. 2 선제의 살아 있는 황후. ⓒ태후.
황택(皇澤)[명] 황제의 은택.
황토(荒土)[명] 거친 토지. 불모의 땅.
황토(黃土)[명] 누르고 거무스름한 흙.
황토-벽(黃土壁)[명] 황토를 바른 벽.
황토-색(黃土色)[명] 황토의 누르고 거무스름한 빛깔. ~의 토기 인형.
황토-수(黃土水)[명][한의] 지장(地漿).
황토-층(黃土層)[명][지] 황토가 퇴적하여 이루어진 지층.
황톳-길(黃土-)[-토낄/-톤낄][명] 누르고 거무스름한 흙으로 이루어진 길. ~을 걷다.
황통(皇統)[명] 황제의 계통이나 혈통. ~을 이을 아기가 태어나다.
황파(荒波)[명] 1 거친 물결. 2 험악한 세상의 풍파를 비유적으로 이르는 말.
황평-양서(黃平兩西)[-냥-][명][지] 황해도와 평안도를 합하여 일컫는 말. 양서(兩西).
황폐(荒弊)[-/-페][명][하자] 거칠고 피폐함.
황폐(荒廢)[-/-페][명][하자] 1 가꾸지 않고 버려 두어 거칠고 못 쓰게 됨. ~한 산림[논밭]. 2 정신이나 생활 따위가 거칠어지고 메마름. ⓛ언어의 ~ 현상.
황폐-화(荒廢化)[-/-페][명][하자타] 황폐하게 됨. 또는 그렇게 만듦. ⓛ국토의 ~ / 전쟁은 나라를 ~한다 / 정신적인 가치가 ~하다.
황포(黃布)[명] 누른 빛깔의 포목.
황포(黃袍)[명][역] 누른빛의 곤룡포.
황-하다(荒-)[혱여] 성질이 차근차근하지 못하고 거칠다.
황한(惶汗)[명] 두렵고 황송해서 흘리는 땀.
황한(黃汗)[명][한의] 황달의 하나. 열이 나고 몸이 부으며 누른 빛깔의 땀이 나는 병.
황허(荒墟)[명] 못 쓰게 된 성터.
황혼(黃昏)[명] 1 해가 지고 어둑어둑할 때. 또는 그때의 어스름한 빛. 2 한창때가 지나 쇠퇴하여 종말에 이른 때. ⓛ인생의 ~을 맞다.
황혼-기(黃昏期)[명] 1 해가 지고 어스름해질 무렵. 2 한창때가 지나 종말에 이른 때. ⓛ~에 접어든 인생.
황혼-월(黃昏月)[명] 저녁 달.
황홀(恍惚)[명][하여][하부] 1 눈이 부실 만큼 찬란하고 화려함. ⓛ~한 광경. 2 사물에 마음이 팔려 정신이 어지러움. ⓛ~ 속으로 빠져 들다. 3 미묘해 헤아려 알기 어려움.
황홀-감(恍惚感)[명] 어떤 것에 마음이 혹하여 달뜬 느낌. ⓛ~에 잠기다 / ~을 자아내다.
황홀-경(恍惚境)[명] 황홀한 경지나 지경. ⓛ~에 빠지다 / ~에 들어서다.
황홀-난측(恍惚難測)[-란-][명][하형] 매우 황홀하여 헤아리기 어려움.
황화(皇化)[명] 황제의 덕화.

황화(荒貨)[명] ☞ 황아.
황화(黃化)[명][하자] 1 [화] 황과 어떤 물질이 화합함. 2 [식] 빛을 받지 못해 식물 세포가 엽록소를 형성하지 못하는 현상.
황화(黃花)[명][식] 1 누른 빛깔의 꽃. 2 황국(黃菊).
황화(黃禍)[명] 황색 인종이 진출하기 때문에 백색 인종에게 미치는 침해나 압력. *백화.
황화-구리(黃化-)[명][화] 황과 구리의 화합물(황화 제일구리와 황화 제이구리의 두 가지가 있음).
황화-론(黃禍論)[명][정] 청일 전쟁 말기인 1895년경 독일 황제 빌헬름 2세가 주창한 황색 인종 억압론.
황화-물(黃化物)[명][화] 황과 그보다 양성(陽性)인 원소의 화합물.
황화-방(荒貨房)[명] ☞ 황아전.
황화-수소(黃化水素)[명][화] 황과 수소의 화합물. 무색으로 썩은 달걀 냄새와 같은 악취가 풍기는 가연성의 독성 기체. 물에 조금 녹아 정성(定性) 분석에 씀.
황화 식물(黃化植物)[-싱-][명][식] 황화의 현상으로 빨리 자라기는 하나 몸이 연하고 황백색을 띤 식물(콩나물·숙주나물 따위).
황화-아연(黃化亞鉛)[명][화] 황과 아연의 화합물. 아연염 수용액에 황화암모늄을 작용시키면 백색 무정형(無定形) 침전으로서 얻어짐. 백색 안료의 원료로 씀.
황화-은(黃化銀)[명][화] 황과 은의 화합물. 질산은 수용액에 황화수소를 통할 때 침전하는 흑갈색의 가루. 도자기의 안료에 씀.
황화 제:이구리(黃化第二-)[명][화] 육방 정계(六方晶系)에 속하는 흑갈색의 비결정성(非結晶性) 물질. 황산구리 수용액에 황화수소를 가하여 얻음. 콜로이드화하기 쉽고 전기의 양도체(良導體)임.
황화 제:이수은(黃化第二水銀)[명][화] 황과 수은의 화합물. 검은색 또는 붉은색 결정 물질로, 천연적으로는 진사(辰砂)로 산출됨(의약이나 안료(顔料) 따위에 씀).
황화 제:이철(黃化第二鐵)[명][화] 철염(鐵塩) 용액에 많은 양의 황화암모늄을 가하면 침전하는 흑색의 가루. 염산과 작용해 황화수소를 발생함.
황화 제:일구리(黃化第一-)[명][화] 사방 정계(斜方晶系)의 회색 결정. 인공적으로는 구리를 황 증기 속에서 태워 얻거나 침전된 황화 제이구리에 황을 조금 넣고 수소 기류 중에서 400~500°C로 가열하여 만듦. 분해되고 녹으면 전기의 양도체임.
황화 제:일철(黃化第一鐵)[명][화] 회흑색 또는 갈색의 결정. 공업적으로는 철분과 황을 녹여서 만듦. 물에 잘 녹지 않고 황화수소를 발생할 때 씀.
황화-주석(黃化朱錫)[명][화] 주석과 황을 직접 작용하거나 황산 주석 수용액에 황화수소를 통하여 얻는 황화물.
황화-철(黃化鐵)[명][화] 황과 철의 화합물. 황화 제일철·황화 제이철 등이 있음.
황화-카드뮴(黃化cadmium)[명][화] 카드뮴염 수용액에 황화수소를 통할 때 생기는 황색의 입방 정계(立方晶系) 결정(사진용 노출계·황색 안료로 씀).
황황-망조(遑遑罔措)[명][하자] 마음이 급하여 허둥지둥하며 어쩔 줄을 모름.
황황-하다(皇皇-·晃黃-)[혱여] 1 아름답고 성하다. 2 황황(遑遑)하다. 황황-히[부]
황황-하다(煌煌-·晃晃-)[혱여] 번쩍번쩍하고 환

하다. 황황-히 튀
황황-하다(遑遑-)혱에 마음이 급해 허둥거리
며 정신이 없다. 황황(皇皇)하다. **황황-히** 튀
황회-목(黃灰木)몡 누르스름한 회색으로 물
들인 무명.
황후(皇后)몡 황제의 정실(正室). ▢~가 승하
하다.
황흉(荒凶)몡 기근 또는 흉년을 일컫는 말.
홰¹ ▢몡 1 새장·닭장 속에 새나 닭이 올라앉도
록 가로지른 나무 막대. ▢닭이 ~에 올라앉
다. 2 '횃대'의 준말. ▢의몡 새벽에 닭이 홰
를 치면서 우는 번수를 세는 말. ▢닭이 두
~ 울었다.
홰²몡 싸리나 갈대 등을 묶어 불을 붙여서 밤
길을 밝히거나 제사 때 화톳불을 놓는 데 쓰
는 물건. ▢~에 불을 붙이다.
홰-꾼몡 1 횃불을 든 사람. 2〔역〕예전에, 관
리가 밤에 드나들 때 횃불을 들고 길을 밝혀
주던 사람.
홰:-나무몡〔식〕회화나무.
홰-뿔몡 두 뿔이 각 밖을 향하여 가로 뻗쳐 홰
모양으로 '一' 자를 이룬 짐승의 뿔.
홰-치다자 닭이나 새 등이 날개를 벌려 탁탁
치다. ▢닭의 홰치는 소리.
홰홰 튀 1 가볍게 자꾸 내두르는 모양. ▢고개
를 ~ 내젓다. 2 잇따라 감기나 감기는 모양.
▢밧줄을 계선주에 ~ 감다.
홱 튀 1 행동을 망설이지 않고 시원스레 해내는
모양. ▢몸을 ~ 돌리다. 2 갑자기 빠르게 열
거나 열리는 모양. ▢문을 ~ 열다. 3 힘차게
던지거나 뿌리는 모양. ▢공을 ~ 던지다. 4
힘을 주어 날쌔게 뿌리치는 모양. ▢팔을 ~
뿌리치다. 5 갑자기 힘 있게 빨리 돌리는 모
양. ▢운전대를 ~ 돌리다. 6 바람 따위가 갑
자기 세게 불어 닥치는 모양. ▢바람이 ~ 불
어 촛불이 꺼졌다.
홱홱[홰쾍] 튀 1 어떤 행동을 망설이지 않고
계속해서 시원스럽게 해내는 모양. ▢비로
문 앞을 ~ 쓸다. 2 일을 계속하거나 얼른 해치
우는 모양. 3 잇따라 힘차게 던지거나 뿌리는
모양. ▢물을 ~ 뿌리다. 4 힘을 주어 잇따라
날쌔게 뿌리치는 모양. 5 잇따라 힘 있게 빨
리 돌리는 모양. 6 바람 따위가 잇따라 갑자
기 세게 불어 닥치는 모양.
횃-대[홰때 / 왣때]몡 옷을 걸 수 있게 방 안에
달아매어 두는 막대. 壺홰대.
 [횃대 밑 사내] ㉠밖에서는 남에게 꼼짝 못
하면서도 집 안에서는 큰소리치는 남자의 비
유. ㉡밖에 나가지 않고 집 안에만 틀어박혀
있는 남자를 이르는 말.
횃댓-보(一褓)[홰때뽀 / 왣때뽀]몡 횃대에 건
옷을 덮는 보자기.
횃-불[홰뿔 / 왣뿔]몡 홰에 켠 불. 거화(炬火).
 ▢~을 밝히다 / ~이 타오르다.
횃불-잡이[홰뿔자비 / 왣뿔자비]몡 횃불을 손
에 든 사람.
횃-줄[홰쭐 / 왣쭐]몡 옷을 걸치기 위해 건너
질러 맨 줄.
행:-누르미몡 '화양누르미'의 준말.
행댕그렁-하다혱에 1 속이 비고 넓기만 하여
허전하다. ▢행댕그렁한 운동장에 혼자 남
다. 2 넓은 곳에 물건이 얼마 없어 어울리지
않고 빈 것 같다. 壺행댕그렁하다.
행-하다혱에 1 무슨 일에나 막힘이 없이 다
잘 알아 환하다. ▢연예계 소식을 행하게 꿰
뚫다. 2 속이 비어 시원스럽게 뚫려 있다. ▢
터널이 행하게 뚫리다. 3 '행댕그렁하다'의
준말. 壺행하다.

회:¹몡 '회두리'의 준말.
회²〔건〕단청에서, 머리초 끝에 한 모양으
로 두른 오색(五色) 무늬.
회(灰)몡〔화〕1 '석회(石灰)'의 준말. 2〈속〉
산화칼슘.
회(蛔)몡〔동〕회충.
회가 동(動)**하다** 됨 구미가 당기거나 욕심이
생기다.
회:(會)몡하자 단체적인 공동 목적을 위해 여
럿이 모이는 일. 또는 그 모임.
회(膾)몡 물고기·고기 등을 날로 잘게 썰어
서 먹는 음식(초고추장·간장 등에 찍어 먹
음). ▢~를 뜨다 / ~를 쳐 먹다. **――하다**
타에 물고기·고기 등을 날로 잘게 썰어 음식
을 만들다.
회(回)의몡 1 횟수를 세는 말. ▢마지막 ~. 2
차례를 나타내는 말. ▢제3~ 정기 총회.
회³ 튀 1 센 바람이 가늘고 긴 물건에 조금 거
칠게 스쳐 지나가는 소리. 2 숨을 한꺼번에
세게 내쉬는 소리. 壺휘.
-회(會)의 '단체'·'조직'임을 나타내는 말.
▢친목~ / 동창~.
회간(回看)몡타어 1 돌이켜 봄. 2 회람.
회:간(晦間)몡 그믐께.
회-갈색(灰褐色)[-쌕]몡 회색을 띤 갈색. ▢
~을 띠다.
회감(蛔疳)몡〔한의〕아이들이 단것을 많이
먹고 회충이 생겨 걸리는 배앓이.
회:감(會減)몡타어 서로 주고받을 것을 맞비
기고 남은 것을 셈함.
회갑(回甲)몡 환갑. ▢~을 맞은 아버지.
회갑-연(回甲宴)몡 환갑잔치. ▢~을 지내
다. 壺갑연.
회:**강**(會講)몡하자 한 달에 두 번씩 왕세
자가 스승과 여러 관원들 앞에서 경사(經史)
와 그 밖의 진강(進講)에 대하여 복습하던 일.
회:개(悔改)몡타어 잘못을 뉘우치고 바로잡
음. ▢~의 눈물.
회격(灰隔)몡타어 관을 구덩이 속에 내려놓
고, 그 사이를 석회로 메워서 다짐. 회다짐.
회:견(會見)몡타자어 서로 만나 의견이나 견
해 따위를 밝힘. ▢기자 ~ / 긴급 ~을 갖다.
회계(回啓)몡[-/-계]〔역〕임금의 물음
에 대해 신하들이 심의하여 대답함.
회:계(會計)몡[-/-계]몡하어 1 나가고 들어오
는 돈을 따져서 셈함. 또는 그런 일을 행하는
사람. ▢~를 보다 / ~가 맞지 않다. 2 물건
값이나 월급 등을 지급함. ▢~를 치러 주다.
3 금품 출납에 관한 사무. 4 재산 및 수입·지
출의 관리와 운용에 관한 제도.
회:계 감사(會計監査)[-/-계-]〔경〕회계 보
고의 정확 여부를 확인하거나 위해 작성한 회
계 기록을 제삼자가 검사·조사하는 일.
회:계-기(會計機)[-/-계-]〔공〕자동적
계산 기록 기능에 의해 회계 장부 및 통계표
를 기계적으로 기록하는 장치.
회:계 기준(會計基準)[-/-계-]〔경〕일반 기
업이 그 회계를 처리할 때 따라야 하는 기본
지침. 회계 원칙.
회:계 연도(會計年度)[-/-계-]〔경〕회계상
의 편의에 따라 설정한 일 년 간(우리나라는
1월 1일부터 12월 31일까지임).
회:계-원(會計員)[-/-계-]몡 회계 관계의
사무를 맡아보는 사람.
회:계 장부(會計帳簿)[-/-계-]〔경〕회계 사
무를 처리하기 위해 마련한 장부.

회:계지치 (會稽之恥)[-/-게-]圓 중국 춘추 시대에 월왕(越王) 구천(句踐)이 오왕(吳王) 부차(夫差)에게 후이지 산(會稽山)에서 생포되어 굴욕적인 강화를 맺은 일에서 유래한 말로, 전쟁에 패한 치욕을 이르는 말.

회:계-학 (會計學)[-/-게-]圓 『경』 기업의 재산 및 손익에 관한 계산을 연구 대상으로 하는 학문.

회고 (回顧)圓하타 1 뒤를 돌아다봄. 2 과거를 돌이켜 생각함. □어린 시절을 ~하다.

회고 (懷古)圓하자 옛 자취를 돌이켜 생각함. 회구(懷舊).

회고-담 (懷古談)圓 회고하며 하는 이야기. □~을 들려주다.

회고-록 (回顧錄)圓 지난 일을 회고하여 적은 기록. □~을 집필하다.

회곡-하다 (回曲-)[-고카-]혬어 휘어서 굽다.

회공圓하자 물건의 속이 두려빠져서 텅 빔.

회공 (恢公)圓하타 1 어떤 일의 결정을 여러 사람의 의논에 붙임. 2 『역』 과거와 도목(都目) 정사 때, 극히 공평하게 함.

회:과 (悔過)圓하자 잘못을 뉘우침.

회:과-자책 (悔過自責)圓하자 잘못을 뉘우쳐 스스로 꾸짖음.

회:관 (會館)圓 집회나 회의를 목적으로 지은 건물. 회당. □어린이 ~/마을 ~에 모이다.

회광-경 (回光鏡)圓 헬리오스탯(heliostat).

회광-통신 (回光通信)圓 불빛을 깜빡이거나 햇빛을 반사하거나, 그 시간의 장단과 횟수로 뜻을 전달하는 통신법.

회교 (回敎)圓 『종』 이슬람교.

회교-국 (回敎國)圓 『종』 이슬람교를 국교로 하거나 회교 신도가 절대 다수인 국가.

회교-권 (回敎圈)[-꿘]圓 『종』 이슬람교도가 거주하는 지역의 총칭.

회교-도 (回敎徒)圓 『종』 이슬람교를 믿는 사람.

회교-력 (回敎曆)圓 이슬람력.

회:구 (繪具)圓 『미술』 1 그림을 그리는 데 쓰는 붓·물감 따위. 2 그림물감.

회구 (懷舊)圓하자 회고(懷古).

회국 (回國)圓하자 1 여러 나라를 두루 돌아다님. 2 귀국.

회국-순례 (回國巡禮)[-쑐-]圓하자 여러 나라를 두루 돌아다니면서 성지를 순례함.

회군 (回軍)圓하자타 환군(還軍). □~ 명령/후방으로 ~하다.

회궐 (蚘厥)圓 『한의』 회충이 많아 속이 메스껍고, 급성 복통이 일어나며 팔다리가 싸늘해지는 병.

회귀 (回歸)圓하자 한 바퀴 돌아 제자리로 돌아오거나 돌아감. □과거로의 ~.

회귀-기 (回歸期)圓 『천』 행성이나 위성이 춘분점에 대해 그 궤도를 한 바퀴 도는 데 걸리는 기간.

회귀-년 (回歸年)圓 『천』 태양년.

회귀 무풍대 (回歸無風帶) 『지』 무역풍이 반대 무역풍을 만나 무풍이 되는 지역. 남북으로 위도 30도 근처로서, 사막이나 초원 따위의 건조 지대가 발달함.

회귀-선 (回歸線)圓 『지』 지구 상 적도의 남북으로 위도 23°27′을 지나는 위선. 북쪽을 북회귀선, 남쪽을 남회귀선이라 함.

회귀-성 (回歸性)[-썽]圓 『어』 동물 특히 어류 따위가 태어난 곳에서 다른 곳으로 이동하여 성장한 다음, 산란을 위해 태어난 곳으로 다시 돌아오는 습성.

회귀-열 (回歸熱)圓 『의』 재귀열(再歸熱).

회귀-월 (回歸月)圓 『천』 달이 그 천구 상에서의 궤도를 한 바퀴 도는 데 걸리는 시간.

회:규 (會規)圓 회칙(會則).

회기 (回忌)圓 사람이 죽은 뒤 해마다 돌아오는 제삿날.

회기 (回期)圓 돌아올 시기.

회:기 (會期)圓 1 개회에서 폐회까지의 기간. 2 집회나 회의가 열리는 기간.

회:기 불계속의 원칙 (會期不繼續-原則)[-소괴-/-게소게-]圓 『법』 국회의 어느 회기 가운데 의결되지 않은 의안(議案)은 그 회기가 끝남과 동시에 소멸되며, 다음 회기에 계속되지 않는다는 원칙.

회:-깟 (膾-)[-깐]圓 소의 간·처녑·양·콩팥 등을 잘게 썰고 양념을 하여 만든 회. □술안주로는 ~이 으뜸이지.

회-나무 (檜-)圓 『식』 노박덩굴과의 낙엽 활엽 소교목. 산 중턱 이상에서 자라는데, 6~7월에 흑자색 꽃이 핌. 정원수로 심으며 나무껍질은 새끼 대용으로 씀.

회납 (回納)圓하타 1 도로 돌려줌. 2 답장 편지 겉봉에, 수신인 이름 밑에 쓰는 말.

회-다짐 (灰-)圓하타 1 회격(灰隔). 2[건] 콘크리트나 회삼물(灰三物) 따위로 밑을 다짐.

회달 (回達)圓하타 『역』 정사(政事)를 대리하는 왕세자의 물음에 대해 신하들이 심의해서 대답함.

회:담 (會談)圓하자 어떤 문제에 대해 관련된 사람들이 모여 토의함. 또는 그런 일. □남북 정상 ~/~을 열다.

회답 (回答)圓하자 물음이나 편지에 대답하거나 답장함. □~이 오다/~을 기다리다.

회:-당 (會堂)圓 1 회관(會館). □~에 모이다. 2[기] 교회.

회:-당 (會黨)圓 같은 무리에 속하는 사람들이 한곳에 모임.

회도 (回棹)圓하자 배가 돛대를 돌리는 것처럼 방향이 차차 나음을 이르는 말.

회-도배 (灰塗褙)[-또-]圓하타 벽면을 석회로 바름.

회독 (回讀)圓하타 책 따위를 여러 사람이 차례로 돌려 가며 읽음.

회:독 (會讀)圓하타 여럿이 모여 책을 읽고 그 내용을 연구하고 토론하는 일.

회-돌이圓 바둑에서, 옥집이 되는 끊는 점에 사석(捨石)을 두어서 상대방의 돌을 포도송이처럼 돌돌 뭉치게 하는 수단. □통쾌한 ~맛/~ 치다.

회돌이-축 (-逐)圓 바둑에서, 축에서 벗어나지 못하면 연단수로 회오리바람처럼 돌돌 말려 가는 축. □~으로 몰다.

회:-동 (會同)圓하자 같은 목적으로 여럿이 한곳에 모임. □~을 갖다/대책을 위해 ~하다.

회동그라-지다재 갑자기 휘둘리어 넘어져 구르다. 준휘둥그러지다.

회-동그랗다 [-라타]〔회동그라니, 회동그래서〕혬여 1 놀라거나 두려워서 크게 뜬 눈이 동그랗다. 준휘둥그렇다. 2 옷맵시나 짐을 싼 모양 따위가 매우 가뜬하다. 3 일이 끝나고 남은 일이 없어 가뜬하다.

회동그래-지다재 놀라거나 두려워서 눈이 크게 떠지다. 준휘둥그레지다.

회동그스름-하다혬여 놀라거나 두려워서 크게 뜬 눈이 동그스름하다. 준휘둥그스름하다.

회동그스름-히뷔

회:동-좌기 (會同坐起)圓 『역』 조선 때, 매년

음력 12 월 25일부터 다음 해 1 월 15일까지의 사이에 형조와 한성부의 관원이 모여 금령(禁令)을 풀고 가벼운 죄를 지은 죄수를 놓아주던 일.

회두 (回頭) 명하자 1 뱃머리를 돌려 진로를 바꿈. 2 《가》 배교(背教)했다가 다시 돌아옴.

회두-기 (回頭期) 명 사물이 바뀔 시기.

회:두리 명 여럿 중에서 맨 끝이나 맨 나중에 돌아오는 차례. ㉠회.

회:두리-판 명 맨 나중 판이나 장면. 끝판. ㉠판.

회:득 (會得) 명하타 요해(了解).

회똑-거리다 [―꺼―] 자 1 넘어질 듯이 자꾸 이리저리 흔들리다. 1 회똑거리며 겨우 걷는 아기. 2 일이 위태위태하여 마음을 놓을 수 없게 되다. ㉠휘뚝거리다. **회똑-회똑** [―또꾀―] 부하자

회똑-대다 [―때―] 자 회똑거리다.

회똑-회똑 부하자 길이 이리저리 구부러진 모양. ㉠휘뚝휘뚝.

회람 (回覽) 명하타 글 따위를 여럿이 차례로 돌려 봄. 또는 그 글. 회읽.

회람-판 (回覽板) 명 여러 사람에게 알리는 문서를 붙여 차례차례 돌려 보기 위한 판. 돌림판.

회랑 (回廊·廻廊) 명 《건》 1 정당(正堂)의 좌우에 있는 긴 집채. 2 양옥의 어떤 방을 중심으로 둘러 댄 마루.

회랑-퇴 (回廊退) 명 《건》 건물의 주위를 빙 둘러 붙인 툇마루.

회래 (回來) 명하자 회환(回還).

회량 (回糧) 명 목적지에 갔다가 돌아올 때에 드는 비용.

회력 (回歷) 명하타 여기저기를 두루 돌아다니며 방문함.

회:렵 (會獵) 명하자 여러 사람이 모여 사냥함.

회례 (回禮) 명하자 사례의 뜻으로 하는 예.

회례 (廻禮) 명하자 차례로 돌아다니며 인사를 함. 또는 그런 인사.

회:례 (會禮) 명하자 1 모임이나 회의에서 지켜야 할 태도나 행동. 2 서로 만나서 인사함. 또는 그런 인사.

회:례-연 (會禮宴) 명 《역》 설날이나 동짓날에 문무백관이 모여 임금에게 배례한 후 베풀던 연회.

회로 (回路) 명 돌아오는 길. 1 ~에 들르다. 2 《물》'전기 회로'의 준말.

회로 (懷爐) 명 불을 담아서 품에 품고 다닐 수 있는 작은 화로(물리 요법·방한(防寒)에 씀).

회로리부롬 명 《옛》 회오리바람.

회로-망 (回路網) 명 《물》 서로 관련된 회로의 집합(전원(電源)·저항기(抵抗器)·코일 등의 회로 소자(素子)가 모여 이루어짐).

회로 소자 (回路素子) 《물》 회로를 구성하는 각 부분(코일·콘덴서·진공관·저항기 따위).

회로-회 (懷爐灰) 명 불을 붙여 회로에 담는, 특수하게 만든 숯.

회록 (回祿) 명 1 화재(火災). 2 《민》 화재를 맡아 다스린다는 신.

회:록 (會錄) 명 1 '회의록'의 준말. 2 《역》 정부 소유물 가운데 주로 곡물 등을 본(本)창고에 두지 못할 경우에 다른 창고에 보관하던 일.

회:뢰 (賄賂) 명하자 뇌물을 주거나 받는 행위. 또는 그 뇌물. ㉠~ 혐의.

회룡-고조 (回龍顧祖) 명 《민》 풍수지리에서, 산의 지맥(支脈)이 쭉 돌아서 본산(本山)과 서로 마주함.

회:루 (悔淚) 명 잘못을 뉘우쳐 흘리는 눈물.

회류 (回流) 명하자타 어떤 곳을 돌아서 흐름.

회:류 (會流) 명하자 물줄기가 한데 모여 흐름.

회리 (懷裏) 명하자 1 품 속. 2 마음속.

회:리-바람 (回―) 명 《지》'회오리바람'의 준말.

회:리-밤 명 '회오리밤'의 준말.

회:리-봉 (―峰) 명 '회오리봉'의 준말.

회마 (回馬) 명하자 1 돌아가는 편의 말. 2 말을 돌려 보냄.

회-마수 (回馬首) 명하자 《역》 1 말을 타고 가다가 벼슬이 낮은 사람이 높은 사람에게 길을 비켜 줌. 2 수령이 부임한 지 얼마 되지 않아 면직을 당하고 돌아감.

회마-편 (回馬便) 명 돌아가는 말의 편. 1 ~에 부쳐보내다.

회매-하다 형여 입은 옷의 매무시나 물건을 싸서 묶은 모양이 가볍고 간편하다. **회매-히** 부

회:맹 (會盟) 명하자 1 모여서 맹세함. 2 《역》 임금이 공신들과 산짐승을 잡아 하늘에 제사 지내고, 피를 나누어 마시며 단결을 맹세하던 일.

회멸 (灰滅) 명하자 불에 타서 없어짐.

회:명 (晦明) 명 어둠과 밝음.

회:명 (晦冥) 명하자 해나 달의 빛이 가리어져 어두컴컴함. 1 천지가 ~하다.

회모 (懷慕) 명하타 마음속 깊이 사모함.

회목 명 손목이나 발목의 잘록한 부분.

회:목 (檜木) 명 《식》 노송나무.

회:무 (會務) 명 회의에 관한 여러 가지 사무.

회무 (懷撫) 명하타 어루만져 달램.

회문 (回文) 명 회장(回章). 1 ~을 돌리다.

회문-례 (回門禮) [―녜―] 명 《역》 조선 때, 새로 과거에 급제한 사람이 선배를 찾아다니며 지도를 청하던 의식.

회문-시 (回文詩) 명 한시체(漢詩體)의 하나. 위에서 내리읽거나 밑에서 치읽거나 뜻이 통하고, 평측(平仄)과 운(韻)이 맞는 한시.

회반 (回斑) 명하자 《한의》 홍역 따위의 병으로 몸에 돋았던 반점이 사라져 없어짐.

회방 (回榜) 명 《역》 과거에 급제한 지 예순 돌이 되는 해.

회-백색 (灰白色) [―쌕] 명 잿빛을 띤 흰빛.

회백-질 (灰白質) [―찔] 명 《생》 뇌나 척수 속에서 신경 세포가 모인 부분.

회벽 (灰壁) 명 석회를 반죽하여 바름. 또는 그 벽. 1 하얀 ~의 기와집.

회보 (回步) 명하자 어디를 갔다가 돌아옴. 또는 그런 걸음.

회보 (回報) 명하타 1 어떤 물음이나 요구에 대답으로 보고함. 또는 그 보고. 2 돌아와서 여쭙는 일.

회:보 (會報) 명 회(會)의 일을 회원에게 알리는 보고. 또는 그 간행물. 1 ~를 발행하다.

회복 (回復·恢復) 명하타자 1 이전 상태로 돌이키거나 본디의 상태를 되찾음. 1 건강을 ~하다.

회복-기 (回復期) [―끼―] 명 1 병이 나아져 가는 시기. 2 경기(景氣)가 회복되는 시기.

회복 등기 (回復登記) [―뜽―] 명 《법》 소멸한 등기의 회복을 목적으로 하는 등기.

회복-세 (回復勢) [―쎄] 명 병이나 경기 따위가 차츰 나아지는 상태. 1 경제가 ~를 보이다.

회-복통 (蛔腹痛) 명 《한의》 거위배.

회부 (回附) 명하타 문제·사건·서류 등을 관계 부서에 돌려보내거나 넘김. 1 재판에 ~하다.

회분 (灰分) 명 석회질의 성분.

회:불-사 (繪佛師) [―싸] 명 불화(佛畫)를 그리는 일을 업으로 하는 사람.

회:비 (悔非) 圀하자 그릇됨을 뉘우침.

회:비 (會費) 圀 모임을 만들거나 유지하기 위하여 그 구성원에게 걷는 돈. ▷~를 내다 / ~를 걷다.

회빈작주 (回賓作主)[一쭈] 圀하타 손님이 주인 행세를 한다는 뜻으로, 어떤 일을 주장하는 사람의 의사를 무시하고 제멋대로 함을 이르는 말.

회사 (回謝) 圀하자 사례하는 뜻을 표함.

회:사 (悔謝) 圀하타 잘못을 뉘우치고 사과함.

회:사 (會社) 圀《경》상행위나 그 밖의 영리를 추구할 목적으로 설립된 사단 법인(주식회사·유한 회사·합자 회사·합명 회사의 네 가지가 있음). ▷~를 설립하다. 준사(社).

회사-벽 (灰沙壁) 圀하자 《건》석회·백토·가는 모래 등을 섞어 반죽해서 벽에 바르는 일. 또는 그 벽.

회:사-원 (會社員) 圀 회사에 근무하는 사람. 사원.

회:사-채 (會社債) 圀《법》사채(社債).

회:사-삭 (晦朔) 圀 그믐과 초하루.

회-삼물 (灰三物) 圀《건》석회·가는 모래·황토의 세 가지를 섞은 물질. 준삼물.

회:삽-하다 (晦澁ー)[一싸파ー] 園어 말이나 문장 등이 어려워 뜻을 잘 알 수 없다. ▷회삽한 표현.

회상 (回翔) 圀하자 빙빙 돌며 날아다님. 또는 날아서 돌아옴.

회상 (回想) 圀하타 지난 일을 돌이켜 생각함. 또는 그런 생각. ▷~에 잠기다 / 어린 시절을 ~하다.

회:상 (會上) 圀《불》대중이 모인 법회.

회:상 (會商) 圀하타 모여서 서로 의논함.

회상-록 (回想錄)[一녹] 圀 과거의 일을 돌이켜 생각해서 적은 기록. 회고록.

회색 (灰色) 圀 잿빛. ▷~을 띠다.

회:색 (悔色) 圀 잘못을 뉘우치는 기색.

회색 (懷色) 圀《불》흰색을 피하려고 가사(袈裟)에 물을 들임.

회색-분자 (灰色分子)[一뿐ー] 圀 소속·주의·노선 등이 뚜렷하지 않은 사람.

회생 (回生) 圀하자 소생(蘇生). ▷~ 불능 / 위기에서 ~하다.

회생-탕 (回生湯) 圀 소의 꼬리·콩팥·양지머리·사태 따위를 고아서 기름을 걷어 내고 남은 국물(몸을 회복하는 데에 먹음).

회:서 (回書) 圀하자 답장.

회:석 (會席) 圀하자 여러 사람이 한자리에 모임. 또는 그런 자리. ▷~의 분위기가 좋다 / 이런저런 자리에 ~하느라고 바쁘다.

회:석 (會釋) 圀하타 《불》법문의 어려운 뜻을 잘 통하도록 해석함.

회선 (回船) 圀하자 1 돌아가는 배. 2 배를 돌려 돌아옴.

회선 (回旋·廻旋) 圀하타 빙빙 돌거나 돌림.

회선 (回線) 圀《전》전화가 통할 수 있도록 배설되어 있는 선. ▷~을 늘리다 / 가입자가 많아 ~이 부족하다.

회선-곡 (回旋曲) 圀《악》론도(rondo).

회선-교 (回旋橋) 圀《건》'선개교(旋開橋)'의 딴 이름.

회선 식물 (回旋植物)[一싱ー] 圀《식》나팔꽃·강낭콩과 같이 자라면서 줄기가 다른 물체를 감고 올라가는 식물.

회선 운:동 (回旋運動) 圀《식》나팔꽃의 줄기나 오이의 덩굴손과 같이 다른 물건을 감고 올라가는 생장 운동의 한 가지. 회전 운동.

회선-탑 (回旋塔) 圀 놀이용 탑. 높은 기둥의 꼭대기에 여러 개의 쇠줄을 달아 회전하게 한 장치.

회소 (回蘇) 圀하자 다시 살아남. 소생.

회:소 (會所) 圀 여러 사람이 모이는 곳.

회:소-곡 (會蘇曲) 圀《악》신라 때 민간에 유행하던 노래 곡조. 유리왕 때부터 팔월 보름의 가배(嘉俳) 때 길쌈 내기에서 진 편이 탄식하는 조로 불렸다고 함.

회송 (回送) 圀하타 환송(還送).

회수 (回收) 圀하타 도로 거두어들임. ▷대금~ / 자금을 ~하다.

회수 (回數) 圀 ☞횟수(回數).

회수-권 (回數券)[一꿘] 圀 승차권 등의 여러 회분을 한 뭉치로 하여 파는 표. ▷버스 ~.

회:순 (會順) 圀 회의를 진행하는 순서. ▷~에 따른 애국가 봉창.

회-술레 (回一) 圀하타 1 예전에, 목을 벨 죄인을 처형하기 전에 얼굴에 회칠을 한 후 여러 사람에게 내돌리던 일. ▷~를 돌다. 2 남의 비밀을 들추어내어 널리 퍼뜨림.

회시 (回示) 圀하타 1 회답하여 보이거나 지시함. 또는 그 회답. ▷~를 기다리다. 2 예전에, 죄인을 끌고 다니며 여러 사람에게 보이던 일.

회:시 (會試) 圀《역》복시(覆試).

회:식 (會食) 圀하자 여럿이 모여 함께 음식을 먹음. 또는 그 모임. ▷송년 ~ / ~을 갖다 / ~할 자리를 마련하다.

회신 (回申) 圀하자 웃어른에게 대답의 말씀을 드림.

회신 (回信) 圀하자타 편지나 전신(電信), 전화 등으로 회답을 함. ▷~을 기다리다.

회신 (灰身) 圀하자 《불》몸을 살라 재처럼 소멸함. 또는 그 몸.

회신 (灰燼) 圀 1 불에 타고 남은 끄트러기나 재. 2 흔적 없이 타 없어짐. ▷큰불로 울창한 산림이 ~했다.

회신-료 (回信料)[一뇨] 圀 회답하는 통신에 드는 요금.

회심 (灰心) 圀 고요히 재처럼 사그라들어 외부의 유혹을 받지 않는 마음.

회심 (回心) 圀하자 1 마음을 돌려먹음. 2 《불》사악한 마음을 돌려서 착하고 바른길로 돌아간 마음. 돌이마음.

회:심 (悔心) 圀 잘못을 뉘우치는 마음.

회:심 (會心) 圀 마음먹은 대로 되어 만족함. ▷~의 역작 / ~의 미소를 짓다.

회:심 (會審) 圀하타 《역》법관이 모여 사건을 심리하던 일.

회:심-곡 (回心曲) 圀《불》임진왜란 때에 서산(西山) 대사가 선행을 권하려고 지은 노래.

회:심-작 (會心作) 圀 자기의 작품 가운데 자기 마음이 흐뭇할 정도로 잘된 작품. 쾌심작(快心作).

회:심-처 (會心處) 圀 마음에 꼭 맞는 곳.

회심-향도 (回心向道) 圀하자 《불》마음을 돌려 바른길로 들어섬.

회안 (回雁) 圀 답장의 편지.

회:안 (悔顔) 圀 잘못을 뉘우치는 기색(氣色)을 띤 얼굴.

회약 (蛔藥) 圀 '회충약'의 준말.

회양 (回陽) 圀하타 《한의》양기(陽氣)를 회복시킴.

회양-목 (一楊木) 圀《식》회양목과의 상록 활엽 관목 또는 작은 교목. 산기슭·골짜기에 나며 봄에 엷은 노란 꽃이 핌. 도장·지팡이 재

료로 쓰며, 가지와 잎은 약용함. 황양목.

회:언(悔言)**명** 잘못을 뉘우쳐 하는 말.

회:언(誨言)**명** 훈계해서 가르치는 말.

회:연(會宴)**명**[하자] 여럿이 모여 잔치를 베풂. 또는 그 잔치.

회:염 연:골(會厭軟骨)[-년-]『생』 후두개(喉頭蓋) 연골.

회:오(悔悟)**명**[하타] 잘못을 뉘우치고 깨달음. □~의 눈물을 흘리다. *회개.

회:오(會悟)**명**[하타] 무엇을 알아서 깨달음.

회오리명 바람이 한곳에서 뱅뱅 돌아 물이나 검불 따위가 엉켜 깔때기 모양으로 하늘 높이 오르는 현상.

회오리-바람명『지』 나선 모양으로 도는 공기의 선회 운동(지면 가까이의 대기가 불안정하여 일어남). 돌개바람. 선풍(旋風). 회풍. ⊜회리바람.

회오리-밤명 1 밤송이 속에 외톨로 들어 있는 동그랗게 생긴 밤. 2 장난감의 하나(동그란 외톨밤을 삶아 구멍을 뚫고 속을 파내어 실 끝에 매달고 휘두르면 회회 소리가 남). ⊜회리밤.

회오리-봉(-峰)**명** 작고 뾰족하며 둥글게 생긴 산봉우리. ⊜회리봉.

회오리-치다자 감정·기세 따위가 세차게 설레어 움직이다. □마음속에 걱정이나.

회:우(會友)**명** 1 같은 모임이나 단체를 구성하는 사람. 2『가』교우·수도회·은사회 따위에서 회원 서로를 이르는 말.

회:우(會遇)**명**[하자타] 1 한데 모여 만남. 2 오다가다 우연히 마주침. □동네 어귀에서 그녀와 자주 ~했다.

회:원(會員)**명** 어떤 회를 구성하는 사람들. □신입 ~ / ~을 모집하다.

회:원-국(會員國)**명** 국제적인 조직체의 구성원이 되어 있는 국가. □유엔 ~.

회위(懷危)**명**[하다] 위태롭게 여김.

회유(灰釉)**명**『공』나뭇재 또는 석회로 만든 잿물.

회유(回游)**명**[하자] 물고기가 알을 낳거나 먹이를 찾기 위해 계절을 따라 정기적으로 떼 지어 옮겨 다니는 일. □연어의 ~ 시기.

회유(回遊)**명**[하자] 두루 돌아다니면서 구경하고 놂.

회:유(誨諭)**명**[하타] 가르쳐서 깨우침.

회유(懷柔)**명**[하타] 어루만져 잘 달램. □~ 술 / 온갖 위협과 ~에도 굴복하지 않다.

회:음(會陰)**명**『생』사람의 음부와 항문과의 사이.

회:음(會飮)**명**[하자] 모여 술을 마심.

회음(誨淫)**명**[하자] 음탕한 짓을 가르침.

회의(回議)[-/-이]**명** 주관자가 기안한 의안을 관계자들에게 돌려서 의견을 묻거나 동의를 구하는 일.

회:의(會意)[-/-이]**명**[하자] 1 뜻을 알아챔. 2 마음에 맞음. 3『언』한자 육서(六書)의 하나. 둘 이상의 글자를 합해 새로 한 글자를 만드는 일(日·月이 '明'이 되는 따위).

회:의(會議)[-/-이]**명** 1 어떤 주제를 놓고 여럿이 모여 의논함. 또는 그 모임. □~를 소집하다 / 오늘 ~는 급료 인상 문제를 논의한다. 2 여럿이 모여 어떤 사항에 대해 의논하는 기관. □합동 참모 ~.

회의(懷疑)[-/-이]**명**[하자] 1 의심을 품음. 또는 그 의심. □~를 품다 / ~가 가시다. 2『철』인식의 확실성을 부인하고 진리의 절대성을 의심함.

회:의-록(會議錄)[-/-이-]**명** 회의의 진행

회의-론(懷疑論)[-/-이-]**명**『철』회의를 사고의 원리로 하고 확실한 진리의 규준을 의심하는 학설. 회의주의.

회:의-소(會議所)[-/-이-]**명** 1 회의하는 장소. 2 회의를 하는 단체나 기관.

회:의-적(懷疑的)[-/-이-]**관[명]** 어떤 일에 의심을 품는 (것). □~(인) 시각 / ~으로 생각하다.

회인(懷人)**명**[하자] 마음으로 그리워하는 사람을 생각함.

회:일(晦日)**명** 그믐날.

회임(懷妊)**명**[하자] 임신.

회잉(懷孕)**명**[하자] 임신.

회:자(膾炙)**명**[하자] 회와 구운 고기라는 뜻으로, 널리 사람의 입에 자주 오르내림. □인구(人口)에 ~.

회자-수(劊子手)**명**『역』군문(軍門)에서 사형을 집행하던 천역(賤役).

회:자정리(會者定離)[-니]**명**『불』사람은 누구나 만나면 헤어지기 마련이라는 뜻으로, 인생의 무상함을 이르는 말. □생자필멸(生者必滅)~이라.

회장(回章)**명** 여러 사람이 차례로 돌려 보도록 쓴 문장. 회문(回文). □~이 돌다.

회장(回裝)**명**[하자] 1 여자의 저고리 깃·끝동·겨드랑이·고름 등에 빛깔 있는 헝겊을 덧대 꾸밈. 또는 그 꾸밈새. 2 병풍·족자 등의 가장자리에 다른 색깔로 덧대어 꾸밈.

회장(回腸)**명**『생』공장(空腸) 아래와 대장 위쪽에 붙은 소장의 한 부분.

회:장(會長)**명** 1 회의 일을 총괄하고 회를 대표하는 사람. □동창회 ~ / 향우회 ~. 2 주식회사 등에서 이사회의 우두머리.

회:장(會場)**명** 회의 등을 하는 곳.

회:장(會葬)**명**[하자] 장례 지내는 데 참여함.

회장(懷藏)**명**[하타] 마음속에 남몰래 간직함.

회장-저고리(回裝-)**명** 회장으로 꾸민 여자 저고리(반회장저고리와 삼회장저고리가 있음). □자주색 끝동을 댄 ~를 입다.

회:적(晦跡·晦迹)**명**[하자] 피하거나 도망하여서 종적을 감춤. *잠적.

회적(蛔積)**명**『한의』회충이 한데 뭉쳐 때때로 읊으키는 병.

회전(回傳)**명**[하타] 빌려 온 물건을 돌려보냄.

회전(回電)**명**[하자] 답전(答電).

회전(回轉·廻轉)**명**[하자타] 1 빙빙 돌아와 구름. 또는 굴림. 2 방향을 바꾸어 움직임. □차가 오른쪽으로 ~하다. 3 한 물체가 어떤 점이나 다른 물체의 주위를 빙빙 돎. □달은 지구 주위를 ~한다.

회:전(悔悛)**명**[하자] 잘못을 뉘우침. 개전(改悛). □~의 기색이 역력하다.

회:전(會戰)**명**[하자] 1 양편이 어울려서 싸움. 2『군』일정한 지역에 대규모의 병력이 집결해서 전투를 벌임. 또는 그 전투.

회전(回轉)**의명** 운동 경기에서, 대전 횟수나 순서를 세는 단위. □1~ 경기가 시작되다 / 2~에서 탈락하다.

회전 날개(回轉-) 회전익(回轉翼).

회전-로(回轉爐)[-노]**명**『공』큰 원통을 수평 또는 조금 경사지게 걸고, 축(軸)에 의해 회전하도록 장치한 가마. 전로(轉爐).

회전-마찰(回轉摩擦)**명**『물』구름마찰. ⊜전마찰.

회전-면(回轉面)**명**『수』어떤 평면 곡선을 그

평면이 있는 직선을 축으로 하여 회전시킬 때에 생기는 곡면.

회전-목마 (回轉木馬)[-몽-] 圀 수직으로 놓여 있는 축의 둘레에 목마를 설치해 그 축을 회전시키는 놀이기구.

회전 무:대 (回轉舞臺) 〖연〗 수평으로 회전할 수 있도록 만든 무대의 하나.

회전-문 (回轉門) 圀 큰 건물의 출입구에 설치한 회전식의 문.

회전 속도 (回轉速度)[-또] 1 돌아가는 속도. 2 필름 또는 테이프를 돌리는 속도.

회전-식 (回轉式) 圀 회전할 수 있는 것. 또는 그런 방식. □ ~ 의자.

회전 운:동 (回轉運動) 1 〖물〗 물체가 회전축의 둘레를 일정한 거리를 두고 도는 운동. 2 〖식〗 회선(回旋) 운동. 3 체조에서, 맨몸으로 땅 위에서 회전하거나, 철봉 같은 것을 축으로 하여 전후로 회전하는 운동.

회전-의 (回轉儀)[-저늬/-저니] 圀 〖물〗 자이로스코프.

회전-의자 (回轉椅子)[-저늬-/-저니-] 圀 수평으로 자유롭게 회전할 수 있게 만든 의자.

회전-익 (回轉翼) 圀 〖물〗 회전에 따라 양력(揚力)이 생기도록 설계된 날개. 회전 날개.

회전 자금 (回轉資金) 〖경〗 사업 과정에서 투자되었다가 회수되는 자금. 운전 자금.

회전-창 (回轉窓) 〖건〗 창짝의 중심에 축을 설치해 가로 또는 세로로 회전시켜서 여닫게 만든 창.

회전-체 (回轉體) 圀 1 회전하는 물체. 2〖수〗 평면 도형이 같은 평면 위에 있는 직선을 축으로 한 바퀴 돌아서 생기는 입체.

회전-축 (回轉軸) 圀 1〖물〗 회전 운동의 중심이 되는 일정한 직선. 2 회전하는 기계의 축의 중심.

회절 (回折) 圀〖물〗 음파·전파나 빛 따위의 파동이 장애물 뒤쪽으로까지 돌아 그늘진 부분에까지 전달되는 현상.

회절-격자 (回折格子)[-짜] 圀〖물〗 빛의 회절 현상을 이용하여 빛을 회절시키는 장치. 회절발.

회정 (回程) 圀하자 돌아오는 길에 오름. 또는 그런 길이나 과정.

회정 (懷情) 圀 마음에 품은 정의(情誼)나 애정.

회조 (回漕) 圀하타 배로 물건을 실어 나름.

회조 (詼嘲) 圀하타 회롱하여 비웃음.

회:좌 (會座) 圀하자 1 여러 사람이 한자리에 모임. 또는 그런 자리. 2〖역〗 벼슬아치가 공적인 일을 의논하기 위해서 한자리에 모임. 또는 그런 자리. 3〖불〗 설법(說法)·법회 등의 집회에 마련된 좌석. 또는 그런 모임.

회:죄 (悔罪) 圀하자 지은 죄를 뉘우침.

회:주 (會主) 圀 1 회를 이끌어 가는 사람. 2〖불〗법회를 이끄는 법사.

회:중 (會中) 圀 1 모임을 갖는 동안. 2〖불〗설법을 하는 동안.

회:중 (會衆) 圀 많이 모인 사람들. □ ~ 의 박수를 받다.

회중 (懷中) 圀 1 품속. 2 마음속.

회중-물 (懷中物) 圀 회중품.

회중-시계 (懷中時計)[-/-게] 圀 몸시계.

회중-전등 (懷中電燈) 圀 손전등.

회중-품 (懷中品) 圀 몸에 지니고 다니는 물건. 회중물. □ ~ 검사를 받다.

회즙 (灰汁) 圀 재에서 우려낸 물. 잿물.

회증 (蛔症)[-쯩] 圀〖의〗'회충증'의 준말.

회:지 (會誌) 圀 회에서 발행하는 기관지. □ ~ 를 배포하다.

회-지석 (灰誌石) 圀 석회·가는 모래·백토 등을 반죽하여 반듯한 조각을 만들고 조각마다 글자 하나씩을 새긴 지석(誌石).

회진 (回診) 圀하타 의사가 환자의 병실을 돌아다니며 진찰함. □ ~ 시간 / 하루에 두 번 ~ 하다.

회진 (灰塵) 圀 1 재와 먼지. 2 하잘것없는 물건의 비유. 3 남김없이 소멸 또는 멸망함을 비유하는 말.

회질 (灰質) 圀'석회질'의 준말.

회:집 (會集) 圀하자타 여러 사람이 한곳에 모임. 또는 여러 사람을 한곳에 모음.

회창-거리다 재타 1 가늘고 긴 물건이 휘어지며 가볍게 자꾸 흔들리다. 2 아랫도리에 힘이 없어 몸을 똑바로 가누지 못하고 좌우로 비틀거리다. □ 힘이 없이 회창거리며 걷다. ⑱ 휘청거리다. **회창-회창** 昗재타

회창-대다 재타 회창거리다.

회천 (回天) 圀하자 1 천자의 뜻을 돌이키게 함. 2 형세를 바꿔 일으킴. □ ~ 의 대사업.

회:첨 (會檐) 圀〖건〗 처마가 'ㄱ' 자 모양으로 꺾여 굽은 곳.

회첩 (回帖·回貼) 圀 물음이나 편지 따위에 대한 회답의 글.

회청-색 (灰靑色) 圀 잿빛 바탕에 푸른빛이 섞인 빛깔.

회:초-간 (晦初間) 圀 그믐초승2.

회초리 圀 어린아이를 벌주거나 마소를 부릴 때 쓰는 가는 나뭇가지. □ ~ 를 들다 / ~ 로 종아리를 맞다.

회총 (懷寵) 圀하자 임금의 총애를 잃거나 지위가 떨어질까 두려워 애태움.

회춘 (回春) 圀하자 1 봄이 다시 돌아옴. 2 심하게 앓던 병이 낫고 건강이 회복됨. 3 도로 젊어짐.

회춘 (懷春) 圀하자 성숙기에 이른 여자가 춘정을 느낌.

회충 圀 ☞ 골목.

회충 (蛔蟲) 圀〖동〗 회충과의 기생충. 어린아이 몸속에 많이 기생함. 길이는 수컷이 15-25 cm, 암컷 20-40 cm이며, 성숙란이 생야채·생수 등을 통해 사람 몸에 들어가 작은창자에 기생함. 거위. 회(蛔). ⑱충(蟲).

회충-약 (蛔蟲藥)[-냑] 圀 회충을 없애는 약제〈산토닌·해인초 따위〉. ⑱회약.

회충-증 (蛔蟲症)[-쯩] 圀〖의〗 1 회충의 기생으로 생기는 병. 2 거위배. ⑱회증.

회:치 (悔恥) 圀하자타 뉘우쳐 부끄럽게 여김.

회:-치다 (膾-) 태 고기나 생선 따위의 살을 날로 썰어 회를 만들다.

회칙 (回勅) 圀〖가〗 로마 교황이 교회 전체에 관계 있는 문제에 관해 전 세계의 주교에게 보내는 회장(回章).

회:칙 (會則) 圀 모임을 이끌어 가는 데 필요한 규칙. 회규(會規). □ ~ 개정.

회:-칼 (膾-) 圀 회를 치는 데 쓰는 칼.

회태 (懷胎) 圀하자 잉태.

회토 (懷土) 圀하자 1 안락한 거처를 생각함. 2 고향을 그리워함.

회통 (回通) 圀하자 통문(通文)에 대해 회답을 함. 또는 그 회답. □ ~ 을 보내다.

회:-판 (會-) 圀 '회두리판'의 준말.

회편 (回便) 圀 돌아가거나 돌아오는 인편.

회포 (懷抱) 圀 마음속에 품은 생각이나 정(情). □ ~ 를 나누다 / ~ 를 풀다 / ~ 에 잠기다.

회풍(回風·廻風) 몡 〖지〗 회오리바람.

회피(回避) 몡하타 1 몸을 숨기고 만나지 않음. ❏면담을 ~하다. 2 꾀를 부려 책임을 지지 않음. ❏책임 / 답변을 ~하다. 3 일하기를 꺼려 선뜻 나서지 않음. 4〖법〗재판관이나 서기가 소송 사건에 대하여 기피할 만한 이유가 있다고 생각한 경우에 그 사건을 다루지 않음.

회피-성(回避性)[-썽] 몡 어떤 일을 당하지 아니하려고 피하는 성질. ❏책임 ~ 발언.

회:하(會下) 몡 〖불〗 사승(師僧) 밑에서 참선(參禪)·수도하는 학인(學人).

회:-하다(晦-) 혱예 밝지 않고 어둡다.

회한(回翰) 몡 답장 편지. 반한(返翰).

회:한(悔恨) 몡하타 뉘우치고 한탄함. 오한(懊恨). ❏~의 눈물 / ~이 서리다.

회:합(會合) 몡하자 1 여럿이 모이는 일. 또는 그 모임. ❏~ 장소 / 야외에서 ~하다. 2〖화〗동일 물질의 분자나 이온이 여러 개 결합하여 한 개의 개체처럼 행동하는 현상.

회항(回航) 몡하자타 1 여러 곳을 들르면서 항행함. 또는 그런 항행. 또는 그런 항로. ❏세계 각지를 ~하는 유람선 / 기상 악화로 다른 공항으로 ~하다. 2 다른 곳을 들른 후 처음 출발했던 곳으로 돌아가기 위해 항행함. 또는 그 항행. ❏본국으로 ~하다. 3 목적한 항구로 배를 항해시킴. ❏인천항으로 ~하도록 지시하다.

회향(回向·廻向) 몡 1 얼굴이나 몸을 돌려 다른 데로 향함. 2〖불〗자신이 닦은 공덕을 중생에게 돌림.

회향(茴香) 몡 1〖식〗회향풀. 2〖한의〗회향풀의 열매(약으로 쓰고 기름도 짬).

회향(懷郷) 몡하자 고향을 그리며 생각함.

회향-병(懷郷病)[-뼝] 몡 고향을 애타게 그리는 심정을 병에 비유하는 말.

회향-유(茴香油)[-뉴] 몡 회향풀의 열매에서 짠 무색의 기름(건위·거담·구풍(驅風)·교미 정약(矯味正藥)으로 씀).

회향-풀(茴香-) 몡 〖식〗미나릿과의 두해살이풀. 줄기 높이 약 1.5 m, 여름에 노란 꽃이 피고, 과실은 달걀 모양으로 향기가 있는데 약재로 쓰거나 기름을 짬. 회향.

회혼(回婚) 몡 해로하는 부부가 혼인한 지 예순 돌이 되는 날. 또는 그해.

회혼-례(回婚禮)[-녜] 몡 회혼을 축하하여 베푸는 잔치.

회홍-하다(恢弘-) 혱예 마음이 너그럽고 이해심이 많다.

회:화(會話) 몡하자 1 서로 만나서 이야기함. 또는 그런 이야기. 2 외국어로 이야기를 나눔. 또는 그런 이야기. ❏영어 ~ / ~를 배우다.

회:화(繪畵) 몡 〖미술〗여러 가지 선이나 색채로 평면 상에 형상을 그려 낸 것. 그림.

회화-나무(會-) 몡 〖식〗콩과의 낙엽 활엽 교목. 8월에 황백색 꽃이 접촌상꽃차례로 피며 10월에 협과(莢果)가 익음. 목재는 가구재(家具材)로 쓰며, 꽃과 과실은 약용함. 괴목(槐木). 홰나무.

회:화 문자(繪畵文字)[-짜] 〖언〗그림 문자 및 상형 문자의 총칭.

회:화-체(會話體) 몡 〖문〗서로 묻고 대답하는 형식으로 된 문체.

회확-대도(恢廓大度)[-때-] 몡하혱 마음이나 도량이 넓고 큼.

회확-하다(恢廓-)[-화카-] 一타예 하던 사업의 범위나 규모를 넓히다. 二혱예 도량이 크다. 마음이 넓다.

회환(回還) 몡하자 갔다가 다시 돌아옴. 환래

(還來). 회래(回來).

회회(回回) 1 여러 번 작게 휘감기거나 휘감기는 모양. ❏덩굴이 ~ 감겨 있다. 2 이리저리 작게 휘두르거나 휘젓는 모양. ❏고개를 ~ 젓다. 큰휘휘.

회회-교(回回敎) 몡 〖종〗이슬람교.

회회-찬찬 뭐 여러 번 단단히 돌려 감거나 감기는 모양. 큰휘휘친친.

회회-청(回回靑) 몡 도자기의 청색 안료.

회회-하다(恢恢-) 혱예 넓고 크다.

회훈(回訓) 몡하자 〖정〗재외 공관의 청훈(請訓)에 대해 본국 정부가 회답 훈령을 내림.

회흑-색(灰黑色)[-쌕] 몡 잿빛을 띤 검은색.

획(劃) 몡 1 글씨나 그림에서, 붓 따위로 그은 줄·점의 총칭. ❏~이 굵은 글자. 2 글씨나 그림에서, 붓으로 그은 줄·점의 수를 세는 단위. ❏한 ~ / 두 ~ 정성껏 쓰다. 3 역수(易數)의 괘를 나타내는 산가지에서 가로 그은 표시.

획을 긋다 뭐 어떤 범위나 시기를 분명하게 구분 짓다.

획 뭐 1 갑자기 빨리 돌거나 스치는 모양. ❏~ 돌아서다. 2 바람이 갑자기 세게 부는 모양. 또는 그 소리. ❏종이가 바람에 ~ 날리다 / ~ 바람이 일다. 3 갑자기 힘 있게 내던지는 모양. ❏~ 집어 던지다.

획급(劃給)[-끕] 몡하타 주어야 할 것을 한번에 주지 않고 나누어 줌. 획하(劃下).

획기-적(劃期的)[-끼-] 관몡 지금까지와는 전혀 다른 시대를 열 만큼 뚜렷이 구분되는 (것). ❏~ 사건 / 환경이 ~으로 개선되다.

획단(劃斷)[-딴] 몡하타 둘로 나눔.

획득(獲得)[-뜩] 몡하타 손에 넣음. 얻음. ❏외화 ~ / 신뢰를 ~하다.

획득 형질(獲得形質)[-뜨껑-] 〖생〗생물이 후천적인 환경의 영향 또는 훈련으로 변화된 형질.

획력(劃力)[횡녁] 몡 글씨나 그림의 획에 나타난 힘. 필력(筆力).

획리(獲利)[횡니] 몡하자 득리(得利).

획벌(劃伐)[-뻘] 몡하타 숲을 일정한 지역으로 구획하여 벌목함.

획법(劃法)[-뻡] 몡 글씨나 그림에서, 획을 긋는 법.

획수(劃數)[-쑤] 몡 글자 획의 수효.

획순(劃順)[-쑨] 몡 글자의 획을 긋는 순서.

획-시대적(劃時代的)[-씨-] 관몡 시대의 구획을 긋는 (것). 획기적. ❏~ 업적 / ~인 사건이 일어나다.

획연-하다(劃然-) 혱예 구별이 명확하다. 획연-히 뭐

획인(劃引) 몡 한자 색인의 하나(글자의 획수에 따라 찾게 됨).

획일 교:육(劃一敎育) 〖교〗개개인의 개성 따위는 생각지 않고 획일적으로 하는 교육. ↔개성 교육.

획일-적(劃一的)[회길쩍] 관몡 1 한결 같은 (것). ❏~ 사고방식 / 학교 교육이 ~이다. 2 쪽 고른 (것).

획일-주의(劃一主義)[회길쭈-/회길쭈이] 몡 개성을 무시하고 인위적으로 규격화하고 동질화하려는 경향.

획일-하다(劃一-) 혱예 1 한결 같아서 구분이 없다. 2 줄 친 듯 가지런하다.

획정(劃定)[-쩡] 몡하타 경계 따위를 명확히 구별해 정함. ❏국경 ~ 협상 / 선거구를 ~하다.

획지(劃地)[-찌] 圐 도시에서 건축용 땅을 갈라서 나눌 때 단위가 되는 땅.

획창(獲唱·畵唱) 圐 국궁(國弓)에서, 정순(正巡) 때 과녁을 맞혔을 경우에 '맞혔소' 하고 외치는 사람.

획책(劃策)圐하타 계책을 세움. 일을 꾸밈. 口 ~을 꾸미다 / 반란을 ~하다.

획출(劃出)圐하타 꾀를 생각해 냄.

획하(劃下)[회카] 圐하타 획급(劃給).

획화(劃花)[회콰] 圐 도자기의 겉면에 칼로 파서 새긴 그림.

획획[회획] 閉 1 잇따라 빨리 돌아가거나 스치는 모양. 口 바람개비가 ~ 돌다. 2 바람이 잇따라 세게 부는 모양. 口 찬바람이 ~ 불다. 3 잇따라 힘주어 던지는 모양. 口 돌멩이를 ~ 던지다. 큰휙휙.

횟-가루(灰-)[회까- / 휃까-] 圐 석회의 가루.

횟:-감(膾-)[회깜 / 휃깜] 圐 회를 만드는 데 쓰이는 고기나 생선. 口 싱싱한 ~ / ~을 고르다.

횟-돌(灰-)[회똘 / 휃똘] 圐〖지〗석회석.

횟돌다쟈〖옛〗휘돌다. 빙글빙글 돌다.

횟-물(灰-)[회- / 휃-] 圐 석회수(石灰水).

횟-반(灰-)[회빤 / 휃빤] 圐 뭉쳐서 굳어진 석회의 조각.

횟-방아(灰-)[회빵- / 휃빵-] 圐 석회에 모래를 섞어서 물을 치고 짓찧는 일.

횟-배(蛔-)[회뻬 / 휃뻬] 圐〖한의〗거위배. 口 ~를 앓다.

횟수(回數)[회쑤 / 휃쑤] 圐 되풀이되는 일이나 차례의 수효. 口 참가 ~ / ~를 거듭하다 / 발생하는 ~가 잦다.

횟:-집(膾-)[회찝 / 휃찝] 圐 생선회를 전문으로 파는 음식점. 口 포구의 ~.

횡 閉 1 바람이 갑자기 빠르게 부는 소리. 2 작은 것이 바람을 일으키며 빠르게 날아가거나 떠나가 버리는 소리. 또는 그 모양. 口 돌멩이가 ~ 날아가다. 3 기계나 바퀴 따위가 빠르게 돌아가는 소리. 또는 그 모양. 큰횡.

횡(橫) 圐 가로. 口 ~으로 늘어서다. ↔종(縱).

횡가(橫柯) 圐 가로 벋은 나뭇가지.

횡각(橫閣)圐〖불〗절의 큰방에 잇대어 만든 누각.

횡간(橫看)圐하타 1 글을 가로로 읽어 감. 2 가로로 그은 줄 안에 벌여 적은 표.

횡강-목(橫杠木) 圐 입관할 때 관 위에 가로 걸쳐 놓는 세 개의 가는 막대기.

횡갱(橫坑) 圐〖광〗땅속에 수평으로 파 들어간 갱도. 수평갱(水平坑). ↔수갱(竪坑).

횡격(橫擊)圐하타 1 옆으로 침. 2〖군〗측면에서 공격함.

횡격-막(橫隔膜·橫膈膜)[-껴-]圐 포유류의 복강과 흉강 사이에 있는 근육성의 막 《폐의 호흡 작용을 도움》. 가로막. 준격막.

횡견(橫見)圐하타 빗겨 보거나 곁눈질함.

횡경(橫經)圐하타 경서(經書)를 펴서 듦.

횡경-문난(橫經問難) 圐 경서(經書)를 옆에 끼고 다니며 어려운 대목을 물음.

횡곡(橫谷) 圐〖지〗산맥의 축(軸)에 직각인 골짜기.

횡관(橫貫)圐하타 가로나 동서로 꿰뚫거나 지나감. ↔종관(縱貫).

횡구(橫句) 圐 거짓된 문구(文句).

횡단(橫斷)圐하타 1 가로로 끊거나 자름. 2 가로로 또는 동서로 지나감. 口 대륙 ~ 여행. ↔종단(縱斷).

횡단-로(橫斷路)[-노] 圐 1 도로를 횡단하는 길. 2 바다나 대륙 등을 횡단하는 항로.

횡단-면(橫斷面)圐 물체를 그 길이에 직각이 되게 가로로 자른 면. ↔종단면(縱斷面).

횡단-보도(橫斷步道) 圐 안전표지에 따라 보행자가 그곳을 지나 차도를 횡단하도록 정해져 있는 도로의 부분. 口 ~로 건너다.

횡단 비행(橫斷飛行) 대륙이나 해양 등을 횡단하는 장거리 비행.

횡단-주의(橫斷主義)[-/-이]圐〖사〗자본가 계급과 노동 계급이 각기의 조합을 조직함으로써 서로 대립하는 태도. ↔종단(縱斷)주의.

횡단 철도(橫斷鐵道)[-또] 동서로 지나는 철도. 횡관(橫貫) 철도.

횡담(橫談)圐하쟈 사뭇 함부로 지껄임. 또는 그런 말.

횡대(橫帶) 圐 1 가로띠. ↔종대(縱帶). 2 관을 묻은 뒤에 광중(壙中)의 위를 덮는 널조각.

횡대(橫隊)圐 가로로 줄져 늘어선 대오. 口 ~로 정렬하다. ↔종대(縱隊).

횡도(橫道)圐 1 가로로 나간 길. 횡로. 2 정도에서 벗어난 옳지 못한 길. 口 ~에 빠지다.

횡득(橫得)圐하타 뜻밖에 이익을 얻음.

횡-듣다(橫-)[-따]〖횡들어, 횡들으니, 횡듣는〗타 어떤 말을 잘못 듣다. 口 말을 횡듣고 딴전을 부린다.

횡래지액(橫來之厄)[-내-] 圐 뜻밖에 닥쳐오는 재액. 준횡액.

횡렬(橫列)[-녈]圐하쟈 가로로 줄을 지음. 또는 그 줄. ↔종렬(縱列).

횡렬(橫裂)[-녈] 圐 1 가로 찢어지거나 벌어짐. 2〖식〗꽃밥이 익으면 가로 벌어져 꽃가루가 날림.

횡령(橫領)[-녕]圐하타 정당하지 않게 조세를 거둬들임.

횡령(橫領)[-녕]圐하타 공금이나 남의 재물을 불법으로 가로챔. 口 공금 ~ / ~ 혐의로 구속되다. *착복.

횡로(橫路)[-노] 圐 횡도(橫道)1.

횡류(橫流)[-뉴]圐하쟈 1 물이 제 곬으로 흐르지 않고 옆으로 꿰져 흐름. 2 정당한 경로를 밟지 않고 물품을 전매함. 口구호 물자를 ~하다.

횡리(橫罹)[-니]圐하쟈 뜻밖의 재앙을 당함.

횡면(橫面)圐 옆면. 측면.

횡목(橫木) 圐 가로질러 놓은 나무.

횡문(橫文) 圐 가로쓰기로 쓴 글.

횡문(橫紋) 圐 가로무늬.

횡문(橫聞)圐하타 똑바로 듣지 못하고 잘못 들음.

횡문-근(橫紋筋) 圐〖생〗가로무늬근(筋). ↔평활근(平滑筋).

횡보(橫步)圐하쟈 모로 걸음. 또는 그 걸음.

횡-보다(橫-)타 바로 보지 못하고 잘못 보다. 빗보다.

횡-분열(橫分裂) 圐〖생〗세포가 분열할 때 가로로 갈라져 두 개의 개체를 형성하는 일《세균·짚신벌레 따위》.

횡사(橫死)圐하쟈 뜻밖의 재앙으로 죽음. 변사. 口 비명에 ~를 당하다 / 객지에서 ~하다.

횡사(橫斜) 圐 가로 비낌.

횡사(橫絲) 圐 피륙의 가로 건너 짠 실. 씨실.

횡사-하다(橫肆-)圐 횡자(橫恣)하다.

횡산(橫産)圐하타 아이를 가로로 낳음. 곧, 태아의 팔이 먼저 나오는 잘못된 출산을 이름.

횡서(橫書)圐하타 1 가로쓰기. 2 가로글씨. ↔종서(縱書).

횡선(橫線) 圐 가로로 그은 줄. 가로줄. ↔종

선(縱線).

횡선 수표 (橫線手票)〖경〗표면에 두 줄의 평행선을 그은 수표(수표 소지인이 일단 자기의 거래 은행에 예입한 후에야 현금을 찾을 수 있음)).

횡설수설 (橫說竪說)명자 조리가 없는 말을 함부로 지껄임. 또는 그런 말. ▣술에 취해 혀 꼬부라진 소리로 ~하다.

횡섭 (橫涉)명하자 함부로 건넘.

횡수 (橫手)명 장기나 바둑에서, 빗보고 잘못 둔 수.

횡수 (橫竪)명 1 가로와 세로. 2 공간과 시간. 3〖불〗수행에 필요한 타력과 자력.

횡수 (橫數)명 뜻밖의 운수.

횡수-막이 (橫數-)명하자〖민〗그해의 액운을 막으려고 음력 정월에 무당을 불러 하는 굿.

횡-십자 (橫十字)[-짜]명 가위표.

횡-압력 (橫壓力)[-암녁]명〖지〗지각(地殼)에 수평 방향으로 움직이는 압축력(습곡・단층 등의 원동력이 됨).

횡액 (橫厄)명 '횡래지액(橫來之厄)'의 준말.

횡역-하다 (橫逆-)[-여카-]형여 당연한 이치에 맞지 않고 어긋려 됨.

횡영 (橫泳)명 모잽이헤엄.

횡와 (橫臥)명하자 가로로 또는 모로 누움.

횡의 (橫議)[-/-이]명 빗나간 의논.

횡일 (橫逸)명하자 제멋대로 놂.

횡일 (橫溢)명하자 물이 가로로 흘러 넘침.

횡일-성 (橫日性)[-썽]명〖식〗식물체의 일부가 햇빛이 쬐는 방향과 직각이 되도록 굴곡하는 성질.

횡자-하다 (橫恣-)형여 막되고 방자하다.

횡-잔교 (橫棧橋)명 배를 부두에 댈 수 있도록 해안에 평행되게 놓은 잔교.

횡-장자 (橫障子)명〖건〗방 안의 외풍을 막기 위해 사방의 벽에 나무오리를 덧대고 종이로 싸 바른 장지. 횡장지.

횡-장지 (橫障-)명 횡장자.

횡재 (橫災)명하자 뜻하지 않은 재난을 당함. 또는 그 재난.

횡재 (橫財)명하자 뜻밖에 재물을 얻음. 또는 그 재물. ▣~하는 꿈을 꾸었다.

횡-적 (橫的)[-쩍]관어명 어떤 일이나 사물에 가로로 관계하는 (것). ▣~ 관계. ↔종적(縱的).

횡적 (橫笛)명〖악〗저.

횡적 사회 (橫的社會)[-쩍싸-] 근대 자유 민주주의 사회와 같이 사회 구성원 간의 자유로운 의사에 따른 계약으로 맺어진 평등 관계의 사회.

횡절 (橫截)명하자 가로로 자르거나 끊음.

횡정 (橫政)명 아주 못된 정치. 횡포한 정치.

횡제 (橫堤)명 강물의 흐름에 대하여 직각 방향으로 쌓은 제방.

횡조 (橫組)명〖인〗가로짜기.

횡-좌표 (橫座標)명〖수〗'가로 좌표'의 구용어.

횡주 (橫走)명하자 1 가로질러 뛰어감. 2 바른 길을 버리고 바르지 못한 길로 달려감. 3 옆부로 날뛰고 다님. 횡치(橫馳).

횡죽 (橫竹)명하자 담뱃대를 뻗쳐 묾. 또는 그 담뱃대.

횡지-성 (橫地性)[-썽]명〖식〗식물이 중력(重力) 방향에 대하여 거의 직각으로 굴곡하는 성질. ＊향지성(向地性).

횡징 (橫徵)명하자 빛이나 세금 등을 함부로 거두어들임.

횡창 (橫窓)명〖건〗교창(交窓). 가로닫이창.

횡철 (橫綴)명하타 1 자모(字母)를 가로로 풀어

서 쓰는 철자. 2 가로로 꿰맴.

횡초지공 (橫草之功)명 풀을 가로로 쓰러뜨리며 세운 공로라는 뜻으로, 싸움터에서 세운 공로.

횡축 (橫軸)명 1 가로로 길게 꾸민 족자. 2〖수〗'가로축'의 구용어. ↔종축(縱軸).

횡출 (橫出)명하자 빗나간 행동이나 올바르지 못한 짓을 함.

횡치 (橫馳)명하자 횡주(橫走).

횡침 (橫侵)명하타 함부로 쳐들어감.

횡탈 (橫奪)명하타 남의 물건을 함부로 가로채어 뺏음.

횡파 (橫波)명 1〖물〗파동을 전파하는 매질(媒質)의 각 부분이, 파결이 진행하는 방향에 수직으로 진동하는 파동. ↔종파. 2 선박 등의 옆면에 부딪치는 물결.

횡판 (橫板)명 가로로 건너지른 널빤지.

횡포 (橫暴)명하자 제멋대로 굴며 성질이나 행동이 몹시 난폭함. ▣~가 심하다 / ~를 부리다 / 교만하고 ~하다.

횡폭 (橫幅)명 가로나비.

횡-해안 (橫海岸)명〖지〗산맥의 축과 직각을 이루는 해안. ＊종해안.

횡행 (橫行)명하자 1 모로 감. 2 제멋대로 행동함. ▣폭력이 ~하는 밤거리.

횡향 (橫向)명하타 얼굴을 모로 돌려 옆으로 향함.

횡화 (橫禍)명 뜻하지 않은 재난. ▣~를 입다 / ~를 당하다.

효 (爻)명 역(易)의 괘를 나타내는 가로로 그은 획((「—」을 양, 「--」을 음으로 함)).

효 (孝)명 부모를 잘 섬기는 일. ↔불효.

효 (效)명 '효험(效驗)'의 준말.

효:감 (孝感)명하자 효심이 깊은 행동에 하늘과 사람이 감동함.

효:건 (孝巾)명 두건(頭巾).

효:경 (孝敬)명 부모를 잘 섬기고 공경함.

효:계 (曉鷄)[-/-계]명 새벽을 알리는 닭.

효:과 (效果)명 1 보람이 있는 좋은 결과. ▣치료 ~ / ~를 거두다 / ~가 없다. 2〖연〗연극・영화・방송 따위에서, 시청각에 호소해 정취를 더하는 방법 및 기술. ▣연출 ~. 3 유도에서, 공격적 기술이 유효 득점에 약간 미치지 못할 때, 또는 누르기를 10~20초 동안 했을 때 내리는 판정. ＊유효・절반.

효:과-음 (效果音)명〖연〗연극・영화・방송 따위에서 실감 나게 표현하기 위해 넣는 소리.

효:과-적 (效果的)관명 효과가 있는 (것). ▣~(인) 방법 / ~으로 이용하다 / 그렇게 하는 것이 ~이다.

효:광 (曉光)명 새벽녘의 뿌연 빛.

효근 형〈옛〉작은.

효:기 (曉氣)명 새벽녘의 공기. 또는 그 공기에서 느껴지는 기분.

효:기 (曉起)명하자 새벽에 일찍 일어남.

효기 (驍騎・驍驥)명 용감하고 날랜 기병.

효:녀 (孝女)명 효도하는 딸.

효:능 (效能)명 효험을 나타내는 능력. ▣약의 ~ / ~이 있다.

효:단 (曉旦)명 새벽'.

효:달 (曉達)명하타 통효(通曉).

효:덕 (孝德)명 부모를 잘 섬기는 마음.

효:도 (孝道)명하자 부모를 정성껏 잘 섬기는 일. 또는 그런 도리.

　효도(를) 보다〔구〕자녀나 며느리들의 효도를 받다.

효:두(曉頭)圓 먼동이 틀 무렵의 이른 새벽.

효:두-발인(曉頭發靷)圓하자 이른 새벽에 행하는 발인.

효:득(曉得)圓하타 깨달아 앎. 효해(曉解).

효란(淆亂)圓하형 혼란.

효:려(孝廬)圓 상제(喪制)가 거처하는 곳.

효:력(效力)圓 1 효과나 효험 등을 나타내는 힘. ▣진통제의 ～이 있다. 2〖법〗법률이나 규칙 등의 작용. ▣～ 정지 / ～을 상실하다.

효:렴(孝廉)圓 효도하는 사람과 청렴한 사람.

효:로(效勞)圓 힘들인 보람. 공로.

효:로(曉露)圓 새벽 이슬.

효맹-하다(梟猛-)형어 건장하고 날래다.

효:모(酵母)圓〖식〗효모균.

효:모-균(酵母菌)圓〖식〗알코올 발효를 하는, 자낭균(子囊菌)에 속하는 균류. 엽록소가 없는 단세포로 이루어졌고 원형 또는 타원형이며 출아(出芽)로 번식함《술·빵을 만드는 데 씀》. 뜸팡이. 이스트.

효목(梟木)圓〖역〗죄인의 목을 베어 높이 매다는 나무.

효:무(曉霧)圓 새벽녘에 끼는 안개.

효박-하다(淆薄-)[-바카-]형어 인정이나 풍속이 어지럽고 각박하다.

효:복(孝服)圓 상복(喪服).

효:부(孝婦)圓 시부모를 잘 섬기는 며느리.

효:빈(效顰)圓 덩달아 남의 흉내를 내거나 남의 결점을 장점으로 알고 본뜸《중국의 고사에서 나온 말》.

효사(爻辭)圓 주역(周易)에서, 한 괘(卦)의 각 효(爻)에 대해 설명한 글.

효상(爻象)圓 1 좋지 않은 몰골. 경광(景光). 2〖민〗괘상(卦象).

효:상(曉霜)圓 새벽에 내리는 서리.

효:색(曉色)圓 1 동이 트는 빛. 2 새벽 경치.

효:성(孝誠)圓 마음을 다해 부모를 섬기는 정성. ▣～을 다하다 / ～이 지극하다.

효:성(曉星)圓 샛별.

효:성-스럽다(孝誠-)[-따][-스러워, -스러우니]형비 마음을 다하여 부모를 섬기는 태도가 있다. 효:성-스러운 아들. 효:성-스레閂

효:소(酵素)圓〖화〗생체 안에서 이루어지는 화학 반응의 촉매로서 작용하는 고분자(高分子) 물질. 생체 안에서는 물질대사(物質代謝)에 관여함. 술·장류(醬類) 등 식품 제조에, 또는 소화제(消化劑) 등으로도 씀. 뜸씨. 뜸팡이. *조효소.

효:손(孝孫)圓圓 효성스러운 손자. 대 손자가 제주가 된 제사에서, 손자가 할아버지의 혼백에게 자기를 이르는 일인칭 대명사.

효수(梟首)圓하자〖역〗죄인의 목을 베어 높은 곳에 매달던 일.

효:순-하다(孝順-)형어 효성스럽고 유순하다. ▣하나 있는 아들이 매우 ～.

효:습(曉習)圓하자 깨달아 익숙하게 됨.

효시(嚆矢)圓 1 우는살. 2 어떤 사물의 맨 처음의 비유. ▣근대극의 ～.

효:심(孝心)圓 효성스러운 마음. ▣～이 지극하다 / ～에 감동하다.

효:애(曉靄)圓 새벽에 끼는 이내.

효:양(孝養)圓하타 효도하고 봉양함.

효:연-하다(曉然-)형어 요연(瞭然)하다. 효:연-히閂

효:열(孝烈)圓 1 효행(孝行)과 열행(烈行). 2

효자와 열녀.

효:오(曉悟)圓하타 밝게 깨달음.

효:용(效用)圓 1 효험. ▣～ 가치 / 약의 ～. 2 어떤 물건의 사용 방법. 용도. ▣기계의 ～을 살피다. 3〖경〗재화가 인간의 욕망을 충족시키는 힘.

효용(驍勇·梟勇)圓하형 사납고 날쌤.

효:우(孝友)圓 부모에 대한 효도와 형제에 대한 우애. 효제(孝悌). ▣～가 깊다.

효웅(梟雄)圓 사납고 용맹스러운 영웅. ▣일세의 ～.

효:월(曉月)圓 새벽달.

효:유(曉諭)圓하타 알아듣게 타이름.

효:율(效率)圓 1〖물〗기계의 일한 양과 공급된 에너지의 비. ▣～이 좋은 기계. 2 들인 노력(勞力)과 얻은 결과의 비율.

효:율-적(效率的)[-쩍]圓관 들인 노력(勞力)에 비해 얻은 결과가 큰 (것). ▣～인 방안 / ～으로 배치하다.

효:은(孝恩)圓 부모의 은혜에 보답하기 위한 효도.

효:자(孝子)圓 부모를 잘 섬기는 아들. ▣～로 알려지다 / ～ 가문에서 ～ 나온다.

효:자(孝慈)圓 어버이에 대한 효도와 자식에 대한 사랑.

효:자-문(孝子門)圓 효자를 기리기 위해 세우는 정문(旌門). ▣～을 세우다.

효장(驍將·梟將)圓 사납고 날랜 장수.

효:정(效情)圓하타 참된 정을 다함.

효:제(孝悌)圓 효우(孝友).

효:제충신(孝悌忠信)圓 부모에 대한 효도, 형제 사이의 우애, 임금에 대한 충성, 벗 사이의 믿음을 통틀어 이르는 말.

효:조(孝鳥)圓 '까마귀'의 딴 이름.

효:종(曉鐘)圓 새벽에 치는 종.

효죄(梟罪)圓〖역〗효수(梟首)에 처하던 죄.

효:죽(孝竹)圓〖민〗솟대1.

효:중(孝中)圓 남의 상중(喪中)을 높여 일컫는 말.

효증(哮症)[-쯩]圓〖한의〗백일해.

효:지(孝志)圓 효행을 다하려는 마음. ▣갸륵한 ～.

효찬(肴饌)圓 안주와 반찬.

효:천(曉天)圓 새벽녘. 새벽 하늘.

효:충(效忠)圓하자 힘써 충성을 다함.

효:칙(效則)圓하타 본받아 법으로 삼음.

효:칙(曉飭)圓하타 타일러 경계함.

효:친(孝親)圓하자 어버이에게 효도함.

효한-하다(驍悍-·梟悍-)형어 날래고 사납다.

효:해(曉解)圓하타 효득(曉得).

효:행(孝行)圓 부모를 잘 섬기는 행실. ▣극진한 ～ / ～이 지극하다.

효:험(效驗)圓 일이나 작용의 보람. 효력. ▣인삼의 ～ / ～을 보다. 준효효(效).

효후(哮吼)圓하자 사나운 짐승 따위가 으르렁거림.

흑다형 〈옛〉작다.

흑덕다형 〈옛〉작다. 잘다. 조그마하다.

후(后)圓 '후비(后妃)'의 준말.

후:(後)圓 1 뒤. 나중. 또는 그 다음. ▣죽은 ～ 알려지다. ↔전(前). 2 '추후(追後)'의 준말. ▣～에 연락하면.

후(侯)圓 '후작(侯爵)'의 준말.

후¹圓하자 입을 오므려 내밀고 입김을 많이 내뿜는 소리. 또는 그 모양. 안호.

후²囝 '후유'의 준말.

후:-(後)閂 일부 명사 앞에 붙어, '뒤나 다음'의 뜻을 나타내는 말. ▣～서방 / ～더욱.

후:가 (後家) 圐 뒷집.

후:가 (後嫁) 圐하자 후살이.

후:가 (厚價)[—까] 圐 후한 값. ◘~를 치르다.

후:각 (後脚) 圐 뒷다리.

후:각 (後覺) 圐하자 남보다 뒤늦게 깨달음. ↔선각(先覺).

후각 (嗅覺) 圐『생』 냄새를 맡는 감각. ◘~을 자극하다 /~이 예민하다.

후각-기 (嗅覺器)[—끼] 圐『생』 냄새를 맡는 기관. 곧, 코, 후관(嗅官).

후:감 (後勘) 圐하자 1 후일의 감당. 2 뒷일을 미루어 헤아림.

후:감 (後鑑) 圐 후일의 귀감. 후세의 모범.

후감 (嗅感) 圐『생』 후각.

후-걸이 (後—) 圐 말 안장에 걸어 말 궁둥이를 꾸미는 기구.

후:견 (後見) 圐『법』 친권자가 없는 미성년자나 금치산자를 보호하고 그의 법률 행위를 대리하는 직무.

후:견-인 (後見人) 圐『법』 후견의 직무를 행하는 사람. ◘~을 지정하다 /~이 되다.

후:경 (後景) 圐 1 후일의 경황. 2 배후의 광경. 3 무대 장치의 배경.

후:경 (後頸) 圐 목의 뒤쪽.

후:계 (後繼)[—/—게] 圐하자 1 어떤 일이나 사람의 뒤를 이음. ◘~ 문제 /~ 구도 / ~ 체제. 2 후계자.

후:계-자 (後繼者)[—/—게—] 圐 뒤를 잇는 사람. 후계. ◘~로 떠오르다 /~를 양성하다.

후:고 (後考) 圐하타 1 나중에 고찰함. 2 후일의 증거.

후:고 (後顧) 圐하자 1 지난 일을 되돌아봄. 2 뒷날에 대한 걱정. ◘~의 염려.

후골 (喉骨) 圐『생』 성년 남자의 목구멍 속에 있는 갑상 연골의 돌기 부분.

후:공 (後攻) 圐 야구 따위에서, 수비를 먼저 하고, 나중에 공격함. ↔선공(先攻).

후관 (嗅官) 圐『생』 후각을 맡은 기관. 후각기.

후:광 (後光) 圐 1『불』 부처의 몸 뒤에서 내비치는 빛. 배광(背光). *광배(光背). 2 어떤 사물을 더욱 빛나게 하는 배경. ◘아버지의 ~ /~을 입다. 3 기독교 예술에서, 성화(聖畫) 가운데 인물을 감싸는 금빛(그 인물의 영광을 나타냄).

후:군 (後軍) 圐 1 부대의 편성에서, 뒤쪽의 군대. 2『역』임금의 거동 때, 뒤를 호위하던 군대. 후상(後廂).

후:굴 (後屈) 圐 뒤쪽으로 굽어 있음.

후:궁 (後宮) 圐 제왕의 첩.

후궁 (觡弓) 圐 삼사미에서 도고지에 이르기까지 뽕나무로 만든 활.

후금 (喉衿) 圐 목구멍과 옷깃이라는 뜻으로, 중요한 곳을 가리키는 말.

후:급 (後給) 圐하타 값이나 삯을 나중에 치러 줌. ↔선급(先給).

후:기 (後記) 圐하타 1 뒷날의 기록. 2 본문 뒤에 덧붙여 기록함. 또는 그 기록. ◘편집 ~.

후:기 (後起) 圐 버터 나가는 힘.

후:기 (後期) 圐 1 '후반기'의 준말. 2 뒤의 시기. 또는 그런 기간. ↔전기(前期). 3 뒷날의 기약.

후기 (候騎) 圐 척후(斥候)하는 기병.

후기 (嗅器) 圐『생』 후관(嗅官).

후:기 인상파 (後期印象派)『미술』19세기 말 프랑스에서 일어난 미술 운동의 한 파(객관적 묘사에 그치지 않고 주관적 표현을 시도하고 극히 간략한 기교를 썼음).

후끈 튀하형 1 몸이나 쇠 따위가 뜨거운 기운을 받아 갑자기 달아오르는 모양. ◘얼굴이 ~ 달아오르다. 2 흥분·긴장 따위가 갑자기 무르익는 모양. 짝화끈.

후끈-거리다 쟈 몸이나 쇠 따위가 뜨거운 기운을 받아 계속 달아오르다. ◘가슴이 뛰고 얼굴이 ~. 짝화끈거리다. **후끈-후끈** 튀하쟈형.

후끈-대다 쟈 후끈거리다.

후:난 (後難) 圐 1 뒷날의 재난이나 곤란. ◘~에 대비하다. 2 뒷날에 있을 비난. ◘~을 염려하다.

후:년 (後年) 圐 1 내년의 다음해. 내내년. 내명년(來明年). 2 몇 해가 지난 뒤.

후:념 (後念) 圐 1『악』후렴(後斂). 2 뒷날의 근심.

후:뇌 (後腦) 圐『생』뇌수(腦髓)의 한 부분. 척추동물의 발생 초기 신경 대뇌의 아래에 위치한 것으로, 전신의 운동을 맡음.

후늘다 타 〈옛〉 흔들다.

후다닥 튀하쟈 1 몸을 재빠르게 움직이는 모양. ◘떠나려는 전철에 ~ 올라타다. 2 일을 서둘러 빨리 해치우는 모양. ◘숙제를 ~ 해치우고 밖에 나가 놀다.

후닥닥 [—딱] 튀 1 몸을 갑자기 빠르게 움직이는 모양. ◘~ 도망치다. 2 일을 서둘러 해치우는 모양. ◘~ 일을 마치다. 짝화닥닥.

후닥닥-거리다 [—따까—] 쟈 1 갑자기 빠르게 계속해서 움직이다. 2 계속해서 서둘러 일을 해치우다. 짝화닥닥거리다. **후닥닥-후닥닥** [—따구—딱] 튀하쟈.

후닥닥-대다 [—따깍—] 쟈 후닥닥거리다.

후:단 (後段) 圐 뒤의 단.

후:단 (後端) 圐 뒤끝.

후:담 (後談) 圐 그 뒤의 이야기. ◘남북 정상 회담의 ~.

후:당 (後堂) 圐 정당(正堂) 뒤에 있는 별당.

후:대 (後代) 圐 뒤의 올 세대. ◘~에 전하다. ↔선대(先代).

후:대 (厚待) 圐하타 후하게 대접함. 또는 그런 대접. 후우. ◘~를 받다. ↔박대(薄待).

후:대 (後隊) 圐『군』1 뒤에 있는 대오. 2 후방에 있는 부대.

후더분-하다 형어 열기가 차서 조금 더운 느낌이 있다. ◘날씨가 ~. **후더분-히** 튀.

후:-더침 (後—) 圐 아이 낳은 뒤에 생기는 잡병. 후탈(後頉).

후:덕 (厚德) 圐하형 덕이 두터움. 또는 그런 덕. ◘~을 기리다 /성품이 ~하다. ↔박덕(薄德).

후:덕-군자 (厚德君子)[—꾼—] 圐 후덕하고 점잖은 사람. ◘~ 같은 사람.

후덥지근-하다 [—찌—] 형어 열기가 차서 답답할 정도로 더운 느낌이 있다. ◘실내가 ~.

후:도 (後圖) 圐 뒷날의 계획.

후:독 (後毒) 圐 여독(餘毒).

후:두 (後頭) 圐『생』뒤통수.

후두 (喉頭) 圐『생』인두(咽頭)에 연결되어 있는 기관(氣管)의 앞쪽 부분. 포유동물의 공기 통로이며 발성 기관임.

후두-개 (喉頭蓋) 圐『생』혀뿌리의 아래 뒤쪽에 있어, 후두 입구의 앞에 밀을 이루어 위쪽으로 돌출한 부위(음식물이 후두로 잘못 들어가는 것을 막음). 회염(會厭).

후두개 연-골 (喉頭蓋軟骨) 圐『생』후두개의 내부에 있는 탄력성이 풍부한 연골.

후두 결절 (喉頭結節)[—쩔]『생』전경부(前頸

部) 중앙의 피하(皮下)에 볼록하게 나온 후두의 부분.

후:-두골(後頭骨)명 《생》 머리 뒤쪽의 두개골을 이루는 큰 뼈. 뒷머리뼈.

후두두 부 빗방울이나 자잘한 돌이 갑자기 떨어지는 소리. 또는 그 모양. 囗큰 빗방울이 ~ 쏟아지다.

후두-암(喉頭癌)명 《의》 후두에 생기는 암종.

후두 연:골(喉頭軟骨)《생》 후두부를 이루고 있는 연골.

후두-염(喉頭炎)명 《의》 후두에 생기는 염증. 후두 카타르.

후두-음(喉頭音)명 《언》 후두에서 조절되는 마찰음. 목구멍소리.

후두 카타르(喉頭catarrh)《의》 후두염.

후:-둥이(後-)명 쌍둥이 가운데 나중에 나온 아이. ↔선(先)둥이.

후드(hood)명 1 머리에 쓰는 두건 모양의 쓰개(비옷이나 방한복 따위에 달려 있음). 2 환기를 위해 가스대 위나 화장실 등에 설치한 공기 배출 장치.

후드득 부하자 1 콩이나 깨를 볶을 때 크게 튀는 소리. 2 총포·딱총 등이 터지는 소리. 3 나뭇가지나 검불 따위가 타 들어가는 소리. 참호드득. 4 굵은 빗방울 따위가 성기게 떨어지는 소리.

후드득-거리다[-꺼-]자 1 콩이나 깨를 볶을 때 크게 튀는 소리가 잇따라 나다. 2 총포나 딱총 따위가 부산하게 터지는 소리가 잇따라 나다. 3 나뭇가지나 마른 땔나무 따위가 불붙을 튀기며 기세 좋게 타는 소리가 잇따라 나다. 참호드득거리다. 4 굵은 빗방울 따위가 성기게 떨어지는 소리가 잇따라 나다. **후드득-후드득**[-드쿠-]부

후드득-대다[-때-]자 후드득거리다.

후들-거리다자타 팔다리나 몸이 자꾸 떨리다. 또는 그리 하다. 囗다리가 후들거려 걸을 수가 없다. **후들-후들** 부하자타

후들-대다자타 후들거리다.

후딱 부 1 날쌔게 행동하는 모양. 囗~ 해치워라. 2 시간이 빠르게 지나가는 모양. 囗휴가가 ~ 지나다.

후딱-후딱[-따쿠-]부 1 닥치는 대로 잇따라 날쌔게 해치우는 모양. 2 시간이 잇따라 빠르게 지나가는 모양.

후락(朽落)명[하자] 1 낡고 썩어서 못 쓰게 됨. 2 오래되어 빛깔이 변하고 구지레하게 됨.

후:-래(後來)명 뒤에 오거나 늦게 옴.

후:-래-삼배(後來三杯)명 술자리에서, 뒤늦게 온 사람에게 권하는 석 잔의 술.

후:래-선배(後來先杯)명 술자리에서, 뒤늦게 온 사람에게 먼저 권하는 술.

후:-략(後略)명[하자] 말·글의 뒤를 생략함. 하략(下略).

후량(餱糧)명 먼 길을 가는 사람이 가지고 가는 양식.

후레-아들명 배운 데 없이 막되게 자라 버릇이 없는 사람. 후레자식.

후레-자식(-子息)명 〈속〉 후레아들. 囗이런 ~ 같으니라고.

후:-려(後慮)명 뒷날의 염려. 또는 뒷일에 대한 걱정.

후려-갈기다타 채찍이나 주먹 따위로 힘껏 때리다. 囗주먹으로 ~.

후려-내다타 매력이나 그럴듯한 수단으로 남의 정신을 흐리게 해서 꾀어내다. 囗얌전하

다는 유부녀를 ~.

후려-잡다[-따]타 1 후려서 자기 손아귀에 넣다. 囗멱살을 ~. 2 사람·사물에 대하여 강한 지배력을 가지다. 囗좌중을 ~.

후려-치다타 채찍이나 주먹 따위로 갈기다. 囗따귀를 ~.

후련-하다형여 1 더부룩하던 속이 풀리거나 내려서 시원하다. 囗토하고 나니 속이 ~. 2 갑갑하거나 답답하던 가슴속이 시원하다. 囗후련한 마음. **후련-히** 부

후:렴(後染)명[하자] 〔←후염(後染)〕 빛깔이 바랜 옷 따위에 물을 다시 들임.

후:렴(後斂)명 노래 곡조 끝에 붙여, 반복해 부르는 짧은 가사. 리프레인(refrain).

후:렴(厚斂)명 무거운 조세. 과중한 세금.

후로(朽老)명 나이가 많아 기력이 쇠함. 또는 그런 사람.

후-록(厚祿)명 후한 녹봉(祿俸).

후:-록(後錄)명 글이 끝난 뒤 덧붙인 기록.

후:-료(厚料)명 후한 급료.

후:-룡(後龍)명[민] 묏자리나 집터 또는 도읍터의 뒤쪽으로 바로 벋어 내려온 산줄기.

후루루 부하자 1 호각 따위를 부는 소리. 2 ☞후르르. 참호로로.

후루룩 부하자타 1 새 따위가 갑자기 날개를 가볍게 치며 나는 소리. 2 죽 따위를 야단스레 들이마시는 소리. 囗국물을 ~ 마시다. 참호로록. 큰후룩.

후루룩-거리다[-꺼-]자타 1 새 따위가 날개를 자꾸 가볍게 치며 날다. 2 죽 따위를 계속 야단스럽게 들이마시다. 참호로록거리다. 큰후룩거리다. **후루룩-후루룩**[-루쿠-]부하자타

후루룩-대다[-때-]자타 후루룩거리다.

후룩 부 '후루룩'의 준말. 참호록.

후룩-거리다[-꺼-]자타 '후루룩거리다'의 준말. 참호록거리다. **후룩-후룩**[-루쿠-]부하자타 囗차를 ~ 들이켜다.

후룩-대다[-때-]자타 후룩거리다.

후:-륜(後輪)명 자동차나 자전거의 뒷바퀴. 囗~ 구동차. ↔전륜.

후르르 부하자 1 새가 날개를 가볍게 치며 나는 소리. 囗비둘기 떼가 ~ 날다. 2 종이 따위가 타오르는 모양. 후루루. 囗종이가 ~ 타다. 참호르르.

후리 명 '후릿그물'의 준말.

후:리(厚利)명 1 큰 이익. 2 비싼 이자. 囗~로 쳐주다.

후리다타 1 휘몰아 채거나 쫓다. 囗매가 병아리를 ~. 2 모난 곳을 깎아 버리다. 囗대패로 모서리를 ~. 3 갑자기 잡아채어 빼앗다. 4 매력으로 남을 유혹해서 정신을 흐리게 하다. 囗여자를 ~. 참호리다.

후리-쁠다타 〈옛〉 휩쓸다.

후리-질명[하자] 1 후리로 물고기를 잡는 일. 囗~을 해서 물고기를 잡다. 2 모두 후려 들이는 짓.

후리-채명 곤충 따위를 후려 사로잡는 데 쓰는 물건(코가 성긴 그물에 자루가 달려 있음). 囗~로 잠자리를 잡다.

후리-후리 부하자 키가 크고 늘씬한 모양. 囗~한 미모의 아가씨. 참호리호리.

후림명 남을 꾀어 후리는 솜씨. 囗~에 넘어가다. 참호림.

후림대-수작(-酬酌)[-때-]명 남을 꾀어 후리느라고 늘어놓는 말이나 짓.

후림-불[-뿔]명 1 갑자기 휩쓸리는 서슬. 2 남의 일에 까닭 없이 걸려듦. *비화(飛火).

후림-비둘기[-삐-]명 다른 비둘기를 꾀어 후

려 들이는 비둘기.

후릿-가래질 [-리까-/-린까-]圓하진《농》논 둑이나 밭둑을 후려 깎는 가래질.

후릿-고삐 [-리꼬-/-린꼬-]圓 마소를 후려 몰기 위해 길게 단 고삐.

후릿-그물 [-리그-/-린그-]圓 강이나 바다에 둘러치고 여러 사람이 벼리를 끌어당겨 물고 기를 잡는 그물. ㉰후리.

후:망 (後望)圓 후보름. ↔선망(先望).

후망 (喉望)圓하진 높은 곳에 올라가 멀리 살 펴보며 경계함.

후매 (詬罵)圓하진 후욕(詬辱).

후:-머리 (後-)圓 1 순서대로 계속해 가는 일 의 끝. 2 행렬의 뒤쪽. ↔서머리.

후:면 (後面)圓 1 뒤쪽의 면. 뒷면. ↔전면. 2 《불》절의 큰 방의 뒤쪽《어린 사미(沙彌)들이 앉는 곳임》.

후:명 (後命)圓《역》귀양살이를 하는 죄인에 게 사약(賜藥)을 내리는 일. □~을 내리다 / ~을 받다.

후목-분장 (朽木糞牆)[-뿐-]圓 썩은 나무는 조각할 수 없고 썩은 벽은 다시 칠할 수 없다 는 뜻으로, 어떤 일을 하려는 의지와 기개가 없는 사람은 가르칠 수 없다는 말.

후무리다圓 남의 물건을 슬그머니 훔쳐 가지 다. □시계를 후무려 주머니에 넣다.

후:-문 (後門)圓 뒷문. ↔전문(前門).

후:문 (後聞)圓 뒷소문. □~이 나돌다.

후:문 (厚問)圓하진 애경(哀慶)에 부조(扶助)를 많이 함.

후문(喉門)圓《생》목구멍.

후물-거리다圓 이가 빠진 입으로 음식을 우 물거리며 계속 씹다. 후물-후물 圓하진.

후물-대다圓 후물거리다.

후:-물림 (後-)圓 남이 쓰던 물건을 물려받 음. 또는 그 물건.

후미圓 물가나 산길이 휘어서 굽어진 곳.

후:미 (後尾)圓 1 뒤쪽의 끝. 2 대열의 맨 끝. □행렬의 ~.

후:미 (後味)圓 뒷맛.

후:미 (厚味)圓 1 진한 맛. 2 훌륭한 음식.

후미-지다혭 1 산길이나 나뭇길이 깊이 휘 어 들어가 있다. □후미진 골짜기. 2 구석지 고 호젓하다. □후미진 골목.

후:박 (厚朴)圓《한의》후박나무의 껍질《구토 와 곽란에 약으로 씀》.

후:박 (厚薄)圓 1 두꺼움과 얇음. 2 후하게 구 는 일과 박하게 구는 일.

후:박-나무 (厚朴-)[-빵-]圓《식》녹나뭇과의 상록 교목. 해변이나 산기슭에 남. 높이 20 m, 지름 1 m 가량이며, 나무껍질은 회황색, 잎은 혁질임. 초여름에 황록색 꽃이 핌. 껍질은 약 용하며, 목재는 가구재 등으로 쓰임.

후:박-하다(厚朴-)[-빠카-]혭됨 인정이 두텁 고 거짓이 없다. □후박한 시골 인심.

후:반 (後半)圓 시간적으로 앞뒤로 나눈 것 가 운데 뒤의 절반. □승부가 ~에 뒤집히다. ↔ 전반.

후반 (候班)圓《역》조현(朝見)할 때의 차례.

후:반-기 (後半期)圓 한 기간을 둘로 나눈 것 의 뒤의 기간. □ ~ 수입과 수출 계획. ↔전 반기. ㉰후기.

후:반-부 (後半部)圓 후반이 되는 부분. □ ~ 에 접어들다. ↔전반부.

후:반생 (後半生)圓 사람의 한평생을 둘로 나 눌 때의 반생.

후:반-전 (後半戰)圓 경기 따위에서, 후반에 벌이는 경기. □ ~에서 뒤집다. ↔전반전.

후:발 (後發)圓하자진 남보다 뒤늦게 시작하거 나 길을 떠남. □ ~ 주자 / ~ 업체. ↔선발.

후:발-대 (後發隊)[-때]圓 다른 무리보다 뒤늦 게 출발할 무리. ↔선발대.

후:발적 불능 (後發的不能)[-쩍뿔릉]《법》채 권(債權)의 이행이 계약 후에 불가능하게 된 상태.

후:방 (後方)圓 1 뒤쪽. 2《군》일선에 대해 보 급(補給)·보충 및 수비 등의 일을 맡은 지역. □ ~ 근무 / ~을 교란하다.

후:방圓 뒷방1.

후:배 (後配)圓 죽은 후실. ↔전배(前配).

후:배 (後陪)圓 1 위요(圍繞). 2《역》관리가 다닐 때 뒤따르던 하인.

후:배 (後輩)圓 1 학문·덕행·경험·나이 등이 자기보다 낮거나 적은 사람. 2 같은 학교를 자신보다 늦게 입학하거나, 같은 근무처 등 에 나중에 들어온 사람. □직장 ~. ↔선배 (先輩).

후:배-주 (後配株)圓《경》보통주(普通株)에 비해 이익 배당·잔여 재산 분배 등을 뒤늦게 받는 주식.

후:-번 (後番)[-뻔]圓 뒤에 오는 때나 차례. □ ~에는 꼭 이기겠다.

후벼-내기圓 끌밥을 긁어내는 연장.

후:-벽 (後壁)圓 뒷벽.

후:보 (後報)圓 뒤에 전해진 소식.

후:보 (厚報)圓 후수(厚酬).

후보 (候補)圓 1 선거에서, 어떤 직위나 신분 을 얻으려고 나섬. 또는 그런 사람. □대통령 ~ / ~로 나서다. 2 시상식·경기 따위에서, 어떤 지위에 오를 자격이 있음. 또는 그런 사 람. □우승 ~ / ~에 오르다. 3 결원이 생길 때, 그 자리를 채울 자격이 있음. 또는 그런 사람. □명단 ~ / ~ 선수.

후:-보름 (後-)圓 한 달을 둘로 나눈 뒤쪽의 보름. 후:망(後望). ↔선보름.

후보-생 (候補生)圓 일정한 수업을 마쳐서 어 떤 직위나 신분을 얻을 자격을 갖춘 사람. □ 사관 ~.

후보-자 (候補者)圓 후보로 나선 사람. □차 기 위원장 ~.

후:부 (後夫)圓 후서방.

후:부 (後部)圓 뒤의 부분. □ ~ 갑판.

후:분 (後分)圓 사람의 일생을 셋으로 나눈 것 의 마지막 부분. 늘그막의 운수나 처지. ＊초 분·중분2.

후:불 (後佛)圓《불》1 미래에 나타날 부처. 곧. 미륵불. 2 불상 뒤에 모시는 그림 부처.

후:불 (後拂)圓하진 일이 끝나거나 물건을 받 은 다음에 대가나 요금을 지불함. 후지급. ↔ 선불.

후비 (后妃)圓 임금의 아내. ㉰후(后).

후비다圓 1 구멍이나 틈의 속을 돌려 파내다. □귀를 ~. 2 일의 속내를 깊이 파다. ㉮우비다.

후비적-거리다 [-꺼-]圓 속속들이 자꾸 파내 다. □콧구멍을 ~. ㉮우비적거리다. 후비 적거리다. 후비적-후비적 [-저쿠-]圓하진.

후비적-대다 [-때-]圓 후비적거리다.

후:사 (後事)圓 1 뒷일. 2 죽은 뒤의 일. □ ~ 를 부탁하다.

후:사 (後嗣)圓 대를 잇는 자식. 후숭(後承). □ ~을 보다.

후:사 (厚賜)圓圓하진 물품 따위를 아랫사람에게 후하게 내려 줌.

후:사 (厚謝) 몡핮잨 후하게 사례함.

후:산 (後山) 『민』 묏자리·집터·도읍터 따위의 뒤쪽에 있는 산.

후:산 (後産) 몡핮잨 해산한 뒤에 태반이나 난막 따위가 나오는 일.

후:-살이 (後-) 몡핮잨 여자가 개가해 사는 일. 후가(後嫁).

후:-삼국 (後三國) 몡 『역』 신라 말기의 신라·후백제·태봉의 3국.

후:상 (厚賞) 몡핮탄 두둑하게 상을 줌. 또는 그 상. □ ~을 주다.

후:생 (厚生) 몡 **1** 삶을 넉넉하고 윤택하게 함. □ ~ 복지 사업. **2** 건강을 유지하거나 증진함.

후:생 (後生) 몡 **1** 나중에 난 사람. □ ~이 가외(可畏)라. **2** 후예(後裔).

후:생 경제 (厚生經濟) 국민의 소득 증대, 빈부(貧富) 격차의 축소, 경제 생활의 안정 등을 도모해서 국민의 복지 증진을 꾀하는 경제.

후:생 광:상 (後生鑛床) 『광』 주위의 암석이 생긴 뒤에 이루어진 광상.

후:생-동물 (後生動物) 『동』 단세포의 원생동물을 제외한 다른 모든 동물의 총칭.

후:생-비 (厚生費) 몡 후생 사업에 쓰는 비용.

후:생 사:업 (厚生事業) 후생을 위한 사업.

후:생 시:설 (厚生施設) 후생을 위해 베푼 온갖 시설.

후:생 주:택 (厚生住宅) 주택난을 덜기 위해 일반 서민들이 큰 부담이 되지 않는 방법으로 구입할 수 있게 지은 주택.

후:서 (後序) 몡 책의 본문이 끝난 뒤에 적은 서문(序文).

후:-서방 (後書房) 몡 후살이 가서 살 때의 남편. 후부(後夫).

후설 (喉舌) 몡 **1** 목구멍과 혀. **2** 『역』 '후설지신'의 준말.

후:설 모:음 (後舌母音) 『언』 혀의 뒤쪽과 연구개(軟口蓋) 사이에서 발음되는 모음(『ㅜ·ㅗ』 따위).

후:설-음 (後舌音) 『언』 연구개음(軟口蓋音).

후설지신 (喉舌之臣) [-찌-] 몡 『역』 왕명 출납과 조정의 언론을 맡았던 '승지'를 이르던 말.

후:성 (後聖) 몡 후세에 나온 성인.

후성 (喉聲) 몡 목소리.

후:세 (後世) 몡 다음에 오는 세상. 또는 다음 세대의 사람들. □ 이름을 ~에 남기다 / ~에 전하다. →전세.

후:속 (後續) 몡핮잨 뒤를 이음. □ ~ 조치.

후:속 (後屬) 몡 후손(後孫).

후손 (朽損) 몡핮잨 나무 따위가 썩어서 헒.

후:손 (後孫) 몡 몇 대가 지난 뒤의 자손. 성손(姓孫). 세사(世嗣). 여족(餘族). 후족.

후:송 (後送) 몡핮탄 **1** 적군과 맞대고 있는 지역에서 후방으로 보냄. □ ~ 열차 / 병원으로 ~하다. **2** 나중에 보냄.

후:쇄-본 (後刷本) 몡 『인』 후인본.

후:수 (後手) 몡 바둑이나 장기 등에서, 뒤에 두는 일. →선수.

후:수 (後綬) 몡 『역』 예복·제복(祭服)의 뒤에 늘이는 띠.

후:수 (厚酬) 몡 후한 보수. 후보(厚報).

후:술 (後述) 몡핮탄 뒤에 기술함. →전술.

후:승 (後承) 몡 후사(後嗣).

후:식 (後食) 몡 **1** 나중에 먹음. **2** 식사를 마친 후에 먹는 과일·아이스크림 따위의 간단한 먹을거리. 디저트. □ ~으로 과일을 먹

다 / ~을 내오다.

후:신 (後身) 몡 **1** 『민』 죽어서 다시 태어난 몸. **2** 신분·단체·회사 따위의 이름이나 형태가 바뀌어 달라진 뒤의 것. →전신(前身).

후-신경 (嗅神經) 몡 『생』 비강(鼻腔)의 점막에 분포되어 있는 감각 신경.

후:실 (後室) 몡 '후취'의 존칭. 계실(繼室). 후실댁. □ ~ 자식 / ~을 들이다.

후:실-댁 (後室宅) [-땍] 몡 후실.

후:안 (厚顔) 몡 낯가죽이 두껍다는 뜻으로, 뻔뻔스러움을 일컫는 말. 안후. 철면피.

후:안 (候雁) 몡 철을 따라 보금자리를 달리하는 기러기.

후:안-무치 (厚顔無恥) 몡핮형 뻔뻔스럽고 부끄러움이 없음. □ ~도 유분수지 / ~하고 염치가 없다.

후:약 (後約) 몡 뒷날의 약속이나 기약. →선약(先約). 전약(前約).

후약 (嗅藥) 냄새를 맡게 해서 정신을 차리게 하거나 진정시키는 데 쓰는 약.

후:연 (後緣) 몡 **1** 뒤쪽의 가장자리. **2** 뒷날의 인연. →전연(前緣).

후:열 (後列) 몡 뒤로 늘어선 줄. 뒤의 줄.

후:예 (後裔) 몡 후손. □ 왕가의 ~.

후욕 (詬辱) 몡핮탄 꾸짖고 욕함. 후매(詬罵). 매욕(罵辱).

후:우 (後憂) 몡 뒷날의 근심.

후:원 (後苑) 몡 대궐 안에 있는 정원.

후:원 (後援) 몡핮탄 뒤에서 도와줌. □ 재정적 ~ / 독지가의 ~ / ~을 받다.

후:원 (後園) 몡 집 뒤에 있는 작은 동산이나 정원. □ ~을 꾸미다.

후:원-군 (後援軍) 몡 뒤에서 도와주는 임무를 띤 군대.

후:원-금 (後援金) 몡 개인·단체의 활동이나 사업 따위를 돕기 위한 기부금. □ 독지가의 ~ / ~을 모으다.

후:원-자 (後援者) 몡 뒤에서 도와주는 사람.

후:원-회 (後援會) 몡 후원하기 위해 조직한 모임. □ ~를 결성하다.

후:위 (後衛) 몡 **1** 뒤쪽의 호위나 방위. □ ~로 처지다. **2** 축구·배구 따위에서, 주로 수비를 맡는 경기자. →전위.

후:위-대 (後衛隊) 몡 『군』 본대(本隊)의 뒤쪽을 호위하는 부대. 후위.

후유 깝 **1** 일이 고되어 길게 내는 소리. **2** 어려운 일을 끝내고 한숨 돌릴 때 길게 내는 소리. ⑧후.

후:유-증 (後遺症) [-쯩] 몡 **1** 『의』 어떤 병을 앓고 난 뒤 남은 병적인 증세. **2** 뇌졸중의 ~. **2** 어떤 일을 치르고 난 뒤 생긴 부작용. □ 수술 ~ / 의약 분업의 ~.

후:은 (厚恩) 몡 두터운 은혜. □ ~을 입다.

후음 (喉音) 몡 『언』 목청소리.

후:의 (厚意) [- / -이] 몡 인정을 두텁게 베푸는 마음. 후정. □ ~에 감사하다 / ~를 저버리다.

후:의 (厚誼) [- / -이] 몡 두터운 정. □ ~를 다지다.

후:인 (後人) 몡 후세의 사람. 훗사람. →선인(先人).

후:인-본 (後印本) 몡 『인』 같은 판(版)에서 나중에 인쇄한 책. 후쇄본(後刷本).

후:일 (後日) 몡 뒷날. □ ~로 미루다 / ~을 기약하다 / ~을 도모하다.

후:일-담 (後日談·後日譚) [-땀] 몡 어떤 사실과 관련해서, 그 후의 경과에 대해 덧붙인 이야기. 뒷이야기.

후:임 (後任) 몡 전임자에 뒤이어 맡은 임무.

또는 그런 사람. ◻~ · 사장. ↔선임·전임.

후:임-자 (後任者) 몡 후임이 되는 사람. ◻~를 물색하다. ↔선임자1·전임자.

후:자 (後者) 몡 두 가지 사물이나 사람을 들어 말할 때, 뒤의 사물이나 사람. ◻~를 택하다. ↔전자(前者).

후:작 (後作) 몡 **1** 뒤에 만든 작품. **2** 뒷그루.

후-작 (侯爵) 몡 오등작(五等爵) 가운데 둘째 작위. 쭌후(侯).

후:장¹ (後場)[-짱] 몡 다음번에 서는 장(場). 또는 그 장날.
[후장 떡이 클지 작을지 누가 아냐] 앞일은 짐작하기가 어렵다는 말.

후:장² (後場)[-짱] 몡 〖경〗 거래소에서, 오후에 열리는 거래. ↔전장(前場).

후:장 (後裝) 몡〖군〗 총포 뒤에 있는 폐쇄기를 열고 탄약을 잼. 또는 그 장치.

후:장 (厚葬) 몡団 후하게 장사를 지냄. 또는 그 장례.

후:정 (後庭) 몡 뒤꼍.

후:정 (厚情) 몡 후의(厚意).

후:-제 (後-) 몡 뒷날의 어느 때.

후:조 (候鳥) 몡〖조〗철새. ↔유조(留鳥).

후:주 (後主) 몡 뒤를 이은 군주. ↔선주(先主).

후:주 (後酒) 몡 술을 떠내고 재강에 물을 다시 부어 떠낸 술.

후줄근-하다 혱여 **1** 종이나 옷이 젖어서 풀기가 없이 축 늘어져 추레하다. ◻옷이 땀에 절어 ~. **2** 지치고 고단하여 몸이 축 늘어지듯 힘이 없다. ◻더위로 후줄근하게 지치다. ㉤ 호졸근하다. **후줄근-히** 뤼

후:중 몡 품질이 좋은 소나무로 짠 널.

후:중 (後重) 몡閄혱 똥을 누고 나도 시원하지 않고 뒤가 무지근함. 이급후중.

후:중-기 (後重氣)[-끼] 몡 뒤가 무지근한 기운이나 느낌.

후:증 (後證) 몡 뒷날의 증거.

후증 (喉症)[-쯩] 몡〖한의〗인후병(咽喉病).

후:지 (厚志) 몡 두터운 마음과 뜻.

후:지 (後肢) 몡 뒷다리. ↔전지(前肢).

후:지 (厚紙) 몡 두꺼운 종이.

후직 (后稷) 몡 **1** 중국의 순(舜)임금 때에 농사일을 관장하던 벼슬 이름. **2** 중국 주(周)나라의 선조(농사일을 잘 다스렸음).

후:진 (後陣) 몡 맨 뒤쪽에 친 진. ↔전진.

후:진 (後進) 몡配 **1** 뒤쪽으로 나아감. ◻~기어 / 차를 ~시키다. ↔전진(前進). **2** 나이나 사회적 지위가 뒤짐. 또는 그런 사람. **3** 문물의 발달이 뒤진 상태. ↔선진. **4** 후배. ◻~을 양성하다 / ~에게 길을 터 주다.

후:진-국 (後進國) 몡 문물이 다른 나라보다 뒤진 나라. 저개발국. ↔선진국.

후:진-성 (後進性)[-썽] 몡 일정한 기준에 미치지 못하거나 뒤떨어지는 상태. ◻~을 벗어나다.

후:집 (後集) 몡 시집·문집 등을 낸 다음 다시 추려 만든 책. ↔전집(前集).

후:처 (後妻) 몡 '후취(後娶)'의 낮춤말. ◻~를 들이다 / ~를 얻다. ↔전처.

후:천 (後天) 몡 **1** 천운(天運)에 뒤짐. **2** 태어난 뒤에 경험이나 지식 등을 통해 성질·체질을 지니게 되는 일. ◻ 면역. ↔선천. **3** 천도교에서, 천도교가 창건된 이후의 세상. ◻~개벽.

후:천-론 (後天論)[-논] 몡 **1**〖철〗모든 사상·사실은 모두 경험으로 이뤄진 것이라는 이론. **2**〖윤〗모든 도덕적 의식은 경험에서 나온다는 학설.

후:천-병 (後天病)[-뼝] 몡〖의〗유전에 의하지 않고 후천적으로 생기는 병.

후:천-사 (後天事) 몡 현실과는 상관이 없는 면 뒷날의 일.

후천성 면:역 결핍증 (後天性免疫缺乏症)[-썽면녁껼-쯩] 몡〖의〗에이즈(AIDS).

후:천-적 (後天的) 콴몡 **1** 세상에 태어난 후에 얻어진 (것). ↔선천적(先天的). **2**〖철〗아 포스테리오리(a posteriori).

후추 몡 후추나무의 열매. 호초.

후추-나무 몡〖식〗후추과의 열대성 상록 관목. 줄기는 지름이 약 2cm, 높이가 5m 정도, 원기둥꼴의 덩굴성(性)이고, 장과(漿果)는 둥근데 밝게 익음. 과실은 맵고 향기로워 조미료에 씀. 인도 원산.

후추-엿 [-엳] 몡 후춧가루를 넣어서 만든 엿.

후출-하다 혱여 배 속이 비어서 출출하다.

후춧-가루 [-까루 / -춘까-] 몡 후추를 갈아 만든 가루(양념으로 씀).

후충 (候蟲) 몡 철 따라 나오는 벌레. 철벌레.

후:취 (後娶) 몡 두 번째 장가감. 또는 그 아내. 재취(再娶). ◻~를 보다.

후-치-사 (後置詞) 몡〖언〗영어 따위에서, 전치사가 그 지배하는 명사 뒤에 놓이는 경우의 일컬음.

후킹 (hooking) 몡 럭비에서, 스크럼 가운데 공을 발로 끄집어내는 일.

후:탈 (後頉) 몡 **1** 후더침. **2** 뒤탈. ◻~이 생기다 / ~을 조심하다.

후터분-하다 혱여 불쾌할 정도로 무더운 기운이 있다. ◻후터분한 날씨. **후터분-히** 뤼

후텁지근-하다 [-찌-] 혱여 몹시 후텁지근하다. ◻날씨가 무덥고 바람도. **후텁지근-히** [-찌-] 뤼

후토 (后土) 몡〖민〗토지의 신(神).

후:퇴 (後退) 몡配 **1** 뒤로 물러남. ◻작전상 ~하다 / ~에 ~를 거듭하다. ↔전진. **2** 발전하지 못하고 기운이 약해짐. ◻개혁 의지의 ~. **3**〖건〗집채의 뒤쪽으로 잇는 물림.

후투티 몡〖조〗후투팃과의 새. 개똥지빠귀와 비슷하며 나무 구멍에 알을 낳음. 날개 길이 15cm 정도, 꽁지 길이 10cm 정도. 머리의 관우(冠羽)는 황갈색, 그 끝은 검음. 곤충을 잡아먹는 익조임. 오디새.

후파문-하다 혱여 비꼬는 뜻으로, 많고 푸지다는 말.

후패 (朽敗) 몡配잡 썩어서 못 쓰게 됨.

후:편 (後便) 몡 **1** 뒤쪽. **2** 나중의 인편(人便)이나 차편.

후:편 (後篇) 몡 두 편으로 된 책·영화 따위의 뒤쪽 편. ↔전편.

후:폐 (後弊)[-/-폐] 몡 뒷날의 폐단.

후:폐 (厚幣)[-/-폐] 몡 후한 예물.

후:폭 (後幅) 몡 뒤폭.

후:풍 (厚風) 몡 순박하고 인정이 두터운 풍속.

후풍 (候風) 몡配잡 배가 떠날 때에 순풍을 기다리는 일.

후:필 (後筆) 몡 문필가의 후진(後進).

후:-하다 (厚-) 혱여 **1** 인심이 두텁다. ◻후한 인심. **2** 두껍다. **3** 인색하지 않다. ◻보수가 ~. ↔박하다. **후:-히** 뤼

후:학 (後學) 몡 **1** 후진의 학자. 말학(末學). ◻~을 양성하다. **2** 학자가 자기를 낮추어 일컫는 말. **3** 장차 도움이 될 학문.

후:항 (後項) 몡 **1** 뒤에 있는 조항. **2**〖수〗둘 이상의 항 가운데 뒤의 항. ↔전항.

후:행 (後行)〖명〗 1 위요²(圍繞). ◻~을 가다. 2 뒤에 처짐. 3 나중에 행함.

후:-형질 (後形質)〖명〗《생》 원형질의 생활 활동의 결과로 생긴 산물(産物) 및 저장 물질.

후:환 (後患)〖명〗 어떤 일의 결과로 생기는 뒷날의 걱정과 근심. ◻~을 두려워하다 / ~을 없애다.

후:황 (厚況)〖명〗 넉넉하게 받는 봉록(俸祿).

후:회 (後悔)〖명〗〖하타〗 이전의 잘못을 깨달아 뉘우침. ◻~ 없는 삶 / 지난 일이 ~되다.

후:회-막급 (後悔莫及)[-끕]〖명〗 잘못된 뒤에 아무리 뉘우쳐도 어찌할 수가 없음.

후:회-막심 (後悔莫甚)[-씸]〖명〗 더할 나위 없이 후회스러움.

후:회-스럽다 (後悔-)[-따]〔-스러워, -스러우니〕〖형타〗 잘못을 깨달아 뉘우치는 데가 있다.

후후-거리다 〖무〗〖하타〗 입을 오므려 내밀고 입김을 자꾸 세게 내뿜는 소리. ◻뜨거운 물을 ~ 불어 식히다. ⨂호호.

후후-거리다〖타〗 후후 소리를 자꾸 내다. ◻뜨거운 차를 후후거리며 마시고 있었다. ⨂호호거리다.

후:-후년 (後後年)〖명〗 내후년.

후후-대다〖타〗 후후거리다.

훅 (hook)〖명〗 1 호크(hock). 2 권투에서, 팔을 구부리고 옆으로 치기.

훅〖무〗〖하타〗 1 액체를 담숨에 들이마시는 소리. ◻국물을 ~ 들이켜다. 2 입을 오므리고 입김을 갑자기 세게 부는 소리. ◻촛불을 ~ 끄다. ⨂훅.

훅-훅 [후쿡]〖무〗 1 액체를 계속 마시는 소리. 2 입김을 계속 내뿜는 소리. ⨂호쿡호쿡. 3 더운 기운이 계속 세차게 끼치는 모양.

훈: (訓)〖명〗 한자(漢字)의 새김.

훈 (暈)〖명〗 1 물체의 중심을 향해 색다른 빛으로 고리처럼 둘린 테. 2 그림·글씨의 획에서 번지는 먹이나 물감의 흔적.

훈 (勳)〖명〗 1 '훈공'의 준말. 2 '훈위(勳位)'의 준말.

훈 (壎·塤)〖명〗《악》 질로 구워 만든 고대 중국의 악기.

훈 (薰)〖명〗〖하자〗《한의》 약물을 태우거나 높은 열을 가해 거기에서 발산되는 약 기운을 쐬어 병을 치료하는 일.

훈감-하다〖형어〗 1 맛이 진하고 냄새가 좋다. 2 푸짐하고 호화롭다.

훈:계 (訓戒)[-ᅵ-/-게]〖명〗〖하타〗 타일러서 잘못이 없도록 주의를 줌. 또는 그런 말. ◻~를 늘어놓다.

훈:계 방:면 (訓戒放免)[-ᅵ-/-게-]《법》 경범자를 훈계해서 놓아줌. ⨂훈방.

훈:고 (訓告)〖명〗〖하타〗 알아듣도록 타이름.

훈:고 (訓詁)〖명〗 1 자구(字句)의 해석. 2 경서의 고증·해명·주석 등의 통칭.

훈:고-학 (訓詁學)〖명〗 유교의 경전을 훈고의 방법으로 연구하는 학문.

훈공 (勳功)〖명〗 나라를 위해 세운 공로. 공훈. 훈로(勳勞). ◻~을 기리다.

훈관 (勳官)〖명〗 작호(爵號)만 있고 직분(職分)은 없던 벼슬.

훈기 (勳記)〖명〗 훈장과 함께 주는 증서.

훈기 (薰氣)〖명〗 1 훈훈한 기운. ◻~가 돌다. 2 훈김. ◻~로 숨이 막힐 지경이다.

훈-김 (薰-)〖명〗 1 연기나 김 등으로 생기는 훈훈한 기운. 2 권세가의 세력을 비유하는 말.

훈:도 (訓導)〖명〗 일제 강점기에, 초등학교의 교원을 일컫던 말.

훈도 (薰陶)〖명〗〖하타〗 덕으로 사람을 감화함. ◻~를 받다.

훈:독 (訓讀)〖명〗〖하타〗 한자의 뜻을 새겨 읽음.

훈등 (勳等)〖명〗 훈공의 등급.

훈:련 (訓鍊·訓練)[훌-]〖명〗〖하타〗 1 무술이나 기술 따위를 가르쳐고 연습시켜 익히게 함. ◻민방위 ~ / 엄격하게 ~하다. 2《교》 일정한 목표 또는 기준에 도달하게 하기 위한 실제적인 활동. ⨂직업 ~.

훈:련-대장 (訓鍊大將)[훌-]〖명〗《역》 조선 때, 훈련도감의 종이품 주장(主將).

훈:련-도감 (訓鍊都監)[훌-]〖명〗《역》 임진왜란 뒤에 오위(五衛)의 군제(軍制)가 무너지고 생긴 오군영(五軍營)의 하나《수도의 경비와 삼수(三手)의 무예를 담당했음》.

훈:련-병 (訓鍊兵)[훌-]〖명〗 훈련 기관에서 기초과정의 훈련을 받고 있는 병사. ⨂훈병.

훈:련-소 (訓鍊所)[훌-]〖명〗 훈련을 실시하기 위해 마련한 장소나 기관. ◻~에 입소하다.

훈:련-원 (訓鍊院)[훌려뉀]〖명〗《역》 조선 때, 군사의 시재(試才), 무예의 연습, 병서의 강습을 맡았던 관아.

훈:령 (訓令)[훌-]〖명〗〖하자타〗 상급 관청이 하급 관청에 명령을 내림. 또는 그런 명령.

훈로 (勳勞)[훌-]〖명〗 훈공.

훈륜 (暈輪)[훌-]〖명〗 달무리·햇무리 따위의 둥근 테.

훈명 (勳名)〖명〗《역》 훈호(勳號).

훈:몽 (訓蒙)〖명〗〖하자〗 어린아이나 초학자에게 글을 가르침.

훈문 (薰門)〖명〗 권세 있는 집안.

훈:민 (訓民)〖명〗〖하자〗 백성을 가르침.

훈:민-정음 (訓民正音)〖명〗 조선 때, 세종이 정인지·성삼문·신숙주 등의 도움으로 세종 25년(1443)에 창제해서 세종 28년에 반포한, 28자의 우리나라 글자의 명칭. 또는 이것을 반포하려고 만든 책.

훈:방 (訓放)〖명〗〖하타〗 '훈계 방면'의 준말. ◻경범자를 ~하다.

훈벌 (勳閥)〖명〗 훈공이 있는 문벌.

훈:병 (訓兵)〖명〗《군》 '훈련병'의 준말.

훈봉 (勳封)〖명〗《역》 봉작(封爵)과 증직(贈職).

훈:사 (訓辭)〖명〗 가르쳐 훈계하는 말.

훈상 (勳賞)〖명〗 훈공에 대한 상.

훈색 (暈色)〖명〗 광물의 내부나 표면에서 희미하게 보이는 무지개 같은 빛깔.

훈:수 (訓手)〖명〗〖하타〗 바둑·장기 등에서, 뽕기어 방법을 가르쳐 줌. 또는 그런 수.

훈습 (薰習)〖명〗〖하타〗《불》 불법을 들어서 마음을 닦아 감.

훈:시 (訓示)〖명〗〖하자타〗 1 가르쳐 보이거나 타이름. 2 윗사람이 아랫사람에게 직무상의 주의 사항을 일러 보임. ◻장관이 ~하다.

훈:신 (勳臣)〖명〗 훈공이 있는 신하.

훈약 (薰藥)〖명〗《한의》 불에 태워서 나오는 기운을 쐬어 병을 치료하는 약.

훈업 (勳業)〖명〗 공업(功業).

훈연 (燻煙)〖명〗〖하타〗 연기로 그을림. 또는 그 연기. ◻~ 저장.

훈연 (薰煙)〖명〗 냄새가 좋은 연기.

훈열-하다 (薰熱-)〖형어〗 훈증(薰蒸)하다.

훈영 (暈影)〖명〗 반사 광선에 의한 사진면(寫眞面)의 테두리.

훈위 (暈圍)〖명〗 훈륜(暈輪).

훈위 (勳位)〖명〗 훈등과 위계(位階).

훈:유 (訓諭·訓喩)〖명〗〖하타〗 가르쳐 타이름.

훈유 (薰蕕)〖명〗 향내 나는 풀과 나쁜 냄새가 나

는 풀이라는 뜻으로, 착한 사람과 못된 사람의 비유.

훈:육 (訓育) 명하타 품성이나 도덕 따위를 가르쳐 기름.

훈육 (燻肉) 명 훈제(燻製)한 고기.

훈육 (薰育) 명하타 덕으로 사람을 인도하여 가르치고 기름.

훈자 (薰炙) 명하자타 남에게서 감화를 받음.

훈작 (勳爵) 명 훈등과 작위.

훈:장 (訓長) 명 글방의 스승.
[훈장 똥은 개도 안 먹는다] 애가 탄 사람의 똥은 몹시 쓰다는 데서, 선생 노릇을 하기가 매우 힘이 든다는 말.

훈장 (勳章) 명 나라에 훈공이 있는 사람에게 주는 휘장. 훈패. ❏ ~을 수여하다.

훈:장-질 (訓長-) 명하자 **1** 〈비〉 글방의 훈장 노릇. **2** 〈속〉 선생질.

훈적 (勳籍) 명 〖역〗 훈신(勳臣)의 업적을 적은 문서.

훈:전 (訓電) 명 전보로 보내는 훈령.

훈제 (燻製) 명하타 소금에 절인 고기를 연기에 그을려 말림. 또는 그 식품. ❏ ~ 연어 / 돼지고기를 ~하다.

훈제-품 (燻製品) 명 훈제하여 만든 수육이나 어육《독특한 향취와 방부성이 생김》.

훈 족 (Hun族) 〖역〗 몽골·투르크계(系)의 기마 유목 민족. 유럽에 침입해서 민족 대이동을 하게 한 동양 민족. 인종적으로는 흉노족(匈奴族)과 같다고 함.

훈증 (燻蒸) 명하타 연기에 쐬어서 찜.

훈증-제 (燻蒸劑) 명 유독 가스를 발생시켜 병균 및 해충을 죽이는 약제.

훈증-하다 (薰蒸-) 형여 찌는 듯이 무덥다.

훈채 (葷菜) 명 파·마늘처럼 특이한 냄새가 나는 채소.

훈:칙 (訓飭) 명하타 훈령으로 단단히 타이르고 경계함.

훈패 (勳牌) 명 〖역〗 〈속〉 훈장(勳章).

훈풍 (薰風) 명 첫여름에 부는 훈훈한 바람. ❏ ~에 보리알이 여문다.

훈:학 (訓學) 명하타 글방에서 아이들에게 글을 가르침.

훈향 (薰香) 명 **1** 훈훈한 향기. **2** 태워서 향내를 내는 향료.

훈호 (勳號) 명 〖역〗 훈공이 있는 사람에게 주던 칭호. 훈명(勳名).

훈:화 (訓話) 명 교훈 또는 훈시를 하는 말. ❏ ~ 방송 / 교장 선생님의 ~.

훈화 (薰化) 명하타 훈도(薰陶)해서 좋은 길로 인도함.

훈:회 (訓誨) 명하타 교훈(敎訓).

훈훈-하다 (薰薰-) 형여 **1** 견디기 좋을 만큼 덥다. ❏ 실내가 ~. **2** 마음을 부드럽게 녹여 주는 따뜻함이 있다. ❏ 훈훈한 인정미 / 인간적인 훈훈한 매력. **훈훈-히** 부

훈훈-하다 (醺醺-) 형여 술기운이 얼근하다. **훈훈-히** 부

훈흑-하다 (曛黑-)[-흐카-] 형여 해가 져서 어둑어둑하다.

훌-닦다 [-닥따] 타 남의 허물을 들어 몹시 나무라다. 준닦다.

훌-닦이다 자 《'훌닦다'의 피동》 훌닦음을 당하다. 준닦이다.

훌떡 부 **1** 남김없이 벗거나 벗어지는 모양. **2** 남김없이 뒤집거나 뒤집히는 모양. **3** 힘차게 뛰어넘는 모양. 작홀딱.

훌떡-거리다 [-꺼-] 자 **1** 신이 헐거워 자꾸 벗어지다. ❏ 신이 자꾸 훌떡거린다. **2** 헐거워서

가만히 붙어 있지 않고 자꾸 움직이다. 작홀딱거리다. **훌떡-훌떡**[1] [-떠쿨-] 부하자

훌떡-대다 [-때-] 자 훌떡거리다.

훌떡-훌떡[2] [-떠쿨-] 부 **1** 이어서 옷을 벗는 모양. **2** 이어서 뛰어넘는 모양. 작홀딱홀딱.

훌:라 감 마작에서, 장원이 났다는 뜻으로 외치는 말.

훌라 댄스 (hula dance) 궁둥이를 내어 두르며 추는 하와이의 민속춤. 훌라훌라 댄스.

훌라-들이다 타 **1** 힘차게 마구 쑤시거나 훑다. **2** 자주 드나들게 하다. 작홀라들이다.

훌라후프 (Hula-Hoop) 명 플라스틱으로 만든 지름 1m 정도의 둥근 테《몸을 넣고 허리를 흔들어 테를 돌림; 상표명》.

훌라훌라 댄스 (hula-hula dance) 훌라 댄스.

훌러덩 부 '훌렁'의 본딧말.

훌렁 부 **1** 모두 벗어서 속이 드러난 모양. ❏ 옷을 ~ 벗다. **2** 미끄럽게 벗어진 모양. ❏ ~ 벗어진 이마. **3** 미끄럽게 뒤집힌 모양. ❏ 우산이 ~ 뒤집히다. **4** 구멍이 넓어서 헐겁게 들어가는 모양. ❏ 주먹이 ~ 들어갈 만한 구멍. 작홀랑.

훌렁-거리다 자 구멍이 넓어서 헐겁게 드나들다. 작홀랑거리다. **훌렁-훌렁**[1] 부하자형

훌렁-대다 자 훌렁거리다.

훌렁이-질 명하자 자꾸 훌라들이는 짓. 작홀랑이질.

훌렁이-치다 타 훌렁이질을 자꾸 하다. 작홀랑이치다.

훌렁-하다 형여 구멍은 넓고, 들어갈 물건은 작고 짧다. 작홀랑하다.

훌렁-훌렁[2] 부 계속해서 훌렁 벗거나 뒤집는 모양. ❏ ~ 벗다. 작홀랑홀랑.

훌륭-하다 형여 썩 좋아서 나무랄 곳이 없다. ❏ 훌륭한 인품 / 집안이 ~. **훌륭-히** 부. ❏ 자식을 ~ 기르다.

훌부드르르-하다 형여 피륙 따위가 가볍고 부드럽다. ❏ 훌부드르르한 견직물. 작홀보드르르하다. 준훌부들하다.

훌부들-하다 형여 '훌부드르르하다'의 준말. 작홀보들하다.

훌-부시다 타 **1** 그릇 따위를 한꺼번에 몰아서 씻다. **2** 그릇에 담긴 음식을 죄다 먹다. ❏ 떡 한 접시를 순식간에 ~.

훌-뿌리다 一자 눈·비 따위가 마구 날려 뿌리다. 二타 **1** 함부로 마구 뿌리다. **2** 업신여겨 냉정하게 뿌리치다.

훌연 (欻然) 부 갑자기. 문득.

훌쩍[1] 부 **1** 단숨에 가볍게 날아오르거나 뛰는 모양. ❏ 장애물을 ~ 뛰어넘다. **2** 액체를 단숨에 남김없이 들이마시는 모양. **3** 콧물을 들이마시는 모양. 작홀짝.

훌쩍[2] 부 망설이지 않고 가볍게 떠나는 모양.

훌쩍-거리다 [-꺼-] 타 연이어 훌쩍이다. 작홀짝거리다. **훌쩍-훌쩍** [-쩌쿨-] 부하타

훌쩍-대다 [-때-] 타 훌쩍거리다.

훌쩍-이다 一타 액체를 남김없이 들이마시다. 二자 콧물을 들이마시며 흐느껴 울다. ❏ 훌쩍이며 신세타령을 한다. 작홀짝이다.

훌쭉-하다 [-쭈카-] 형여 **1** 몸피는 가늘고 길이는 길다. ❏ 키가 훌쭉한 청년. **2** 끝이 뾰족하고 길다. **3** 몸이 여위다. ❏ 훌쭉하게 여위다. 작홀쭉하다. **훌쭉-히** [-쭈키] 부

훌쭉-훌쭉 [-쭈쿨-] 부하형 여럿이 다 훌쭉한 모양. 작홀쭉홀쭉.

훌치다 一자 촛불·등잔불의 불꽃이 바람에 쏠

리다. 三目 세차게 흘라들이다. 廖홀치다.
흘홀-하다[형어] [←숙홀(倏忽·儵忽)하다] 빨라서 잡을 수가 없다. 매우 갑작스럽다. 흘홀-히 甼
흘: 甼 1 날짐승이 날개를 잇따라 가볍게 치며 나는 모양. 2 가볍게 날듯이 뛰거나 움직이는 모양. ▢장애물을 ~ 뛰어넘다. 3 가벼운 물건을 연이어 던지는 모양. ▢씨앗을 ~ 뿌리다. 4 옷 따위를 계속 떠는 모양. ▢옷자락을 ~ 털다. 5 옷 따위를 벗어부치는 모양. ▢러닝셔츠를 ~ 벗어부치다. 6 물은 죽 마셔 를 시원스럽게 자꾸 들이마시는 모양. 7 불이 시원스럽게 타오르는 모양. 廖홀홀.
흘홀-하다[형어] 죽·미음 따위가 잘 퍼져서 매우 묽다. 廖홀홀하다.
흟다[흘따][타] 1 겉에 붙은 것을 훑라들여 떼다. ▢벼이삭을 ~. 2 속에 붙은 것을 씻어내다. ▢솥에서 누룽지를 ~. 3 한쪽에서부터 죽 더듬거나 살피다. 廖훑다.
훟어-가다[어] 1 차례로 살펴 가다. ▢맨 앞줄부터 ~. 2 닥치는 대로 뺏어가다. ▢세간을 죄다 ~.
훟어-보다[홑터-][타] 위아래로 또는 처음부터 끝까지 빈틈없이 자세히 눈여겨보다. ▢보고서를 죽 ~.
훟이[흘치][어] 새끼 따위를 훑라들여 겉의 험한 것을 훑어 내는 집게 따위의 기구.
훟이다[흘치-][자] 1 부푼 듯하고 많던 것이 다 빠져 줄어들다. 2 움힘을 당해서 형클어지다. 3《'훑다'의 피동》홑음을 당하다. 廖홑이다.
훔척-거리다[-꺼-][타] 1 보이지 않는 데에 있는 것을 찾으려고 자꾸 더듬어 뒤지다. 2 눈물을 이리저리 씻다. 廖홈착거리다. 훔척-훔척[-꺼쿰-][甼하타]
훔척-대다[-때-][타] 훔척거리다.
훔쳐-때리다[-쳐-][타] 들이덤벼 세게 때리다.
훔쳐-보다[-쳐-][타] 남모르게 보다. ▢짝사랑하는 여인의 얼굴을 ~.
훔치개-질[명하타] 1 물기 따위를 닦는 짓. 2 남몰래 물건을 후무려 가지는 짓.
훔치다[타] 1 걸레·수건·행주 따위로 깨끗이 씻어 내다. ▢손수건으로 눈물을 ~. 2 물건을 후무려 갖다. ▢남의 지갑을 ~. 3 보이지 않는 곳에 있는 것을 찾으려고 손으로 더듬다. 4 훔쳐때리다. 廖홈치다. 5 논밭을 맨 뒤, 얼마 후에 손으로 풀을 뜯어내다.
훔치적-거리다[-꺼-][타] 느릿느릿 훔척거리다. 廖홈치작거리다. 훔치적-훔치적[-쩌쿰-][甼하타]
훔치적-대다[-때-][타] 훔치적거리다.
훔켜-잡다[-따][타] 단단히 잡다. ▢손잡이를 ~. 廖홈켜잡다. 예움켜잡다.
훔켜-쥐다[타] 단단히 쥐다. ▢멱살을 ~. 廖홈켜쥐다. 예움켜쥐다.
홈-파다[타] 우묵하게 후벼 파다. 廖홈파다. 예움파다.
홈-패다[자]《'홈파다'의 피동》우묵하게 후벼 파지다. 廖홈패다. 예움패다.
홈쭉-하다[어] 얼굴에 만족한 빛을 띠고 있다. 廖홈쭉하다.
홋:-국(後-)[후꾹/훈꾹][명] 진국을 우려낸 건더기로 다시 낳우른 국.
홋:-날(後-)[훈-][명] 후일(後日). 뒷날. ▢~을 기약하다 / 먼 ~에 다시 만나자.
홋:-달(後-)[후딸/훈딸][명] 이 뒤에 돌아오는 달. ▢~ 초승에 떠날 예정이다.

홋:-배-앓이(後-)[후빼아리/훈빼아리][명]《한의》해산한 뒤에 생기는 배앓이. 후복통.
홋:-사람(後-)[후싸-/훈싸-][명] 후인(後人).
홋:-일(後-)[훈닐][명] 뒷일. ▢~을 걱정하다 / ~이야 알 바 아니다.
홋훗-이[후투시][甼] 홋훗하게.
홋훗-하다[후투타-][형어] 약간 갑갑할 정도로 훈훈하게 덥다. ▢훗훗한 바람.
훙거(薨去)[명하자] 홍서(薨逝).
훙서(薨逝)[명하자] 왕공·귀인의 죽음을 높여 이르는 말.
훙어(薨御)[명하자] 홍서.
훠이〈옛〉수혜자(水鞋子). 목화(木靴).
훠이[감] 쉬.
훤뇨(喧鬧)[명하자] 여러 사람이 왁자하게 마구 떠듦.
훤당(萱堂)[명] 편지 글에서, 남의 어머니의 경칭. 자당(慈堂).
훤소(喧騷)[명하형] 뒤떠들어서 소란함.
훤요(喧擾)[명하자] 시끄럽게 떠듦.
훤일(喧日)[명] 따뜻한 날씨.
훤자(喧藉)[명하자] 뭇사람의 입으로 퍼져서 왁자하게 됨.
훤쟁(喧爭)[명하자] 떠들면서 다툼.
훤천(喧天)[명] 따뜻한 천기(天氣).
훤칠-하다[형어] 1 길고 미끈하다. ▢훤칠한 미남. 2 막힘없이 깨끗하고 시원스럽다. 훤칠-히[甼]
훤풍(喧風)[명] 따뜻한 바람.
훤:-하다[형어] 1 조금 흐릿하게 밝다. ▢동이 훤하게 트다. 2 앞이 탁 트여 넓고 시원스럽다. ▢훤하게 트인 들판. 3 일의 조리나 속내가 뚜렷하다. ▢내부 사정에 ~. 4 얼굴이 맑게 잘생겨 시원스럽다. ▢훤하게 생긴 청년. 廖환하다. 훤:-히[甼]. ▢마음속을 ~ 꿰뚫다.
훤호(喧呼)[명하타] 떠들썩하게 부름.
훤화(喧譁)[명하자] 시끄럽게 지껄이며 떠듦.
훨떡[甼] 1 모두 벗거나 벗어진 모양. ▢옷을 ~ 벗다. 2 물이 갑자기 한꺼번에 끓어 넘치는 모양. 廖활딱.
훨썩[甼] 정도 이상으로 벌어지거나 열린 모양. ▢~ 넓은 운동장 / 이마가 ~ 넓다. 廖활싹.
훨씬[甼] 정도 이상으로 많거나 적게. ▢~ 못하다 / 너보다 ~ 위다. 廖활씬.
훨쩍[甼] 1 문 따위가 한껏 열린 모양. ▢방문을 ~ 열다. 2 넓고 멀리 시원스럽게 트인 모양. ▢훨쩍 평야가 ~ 열리다. 廖활싹.
훨찐[甼] 1 들판 따위가 시원스럽게 벌어진 모양. 廖활찐. 예훨쩍.
훨훨[甼] 1 날짐승이 높이 떠서 느릿느릿 날개를 치며 시원스럽게 나는 모양. ▢두루미 떼가 ~ 날다. 2 부챗살 느릿느릿 시원스럽게 부치는 모양. 3 옷을 시원스럽게 벗어부치는 모양. ▢웃통을 ~ 벗다. 4 불길이 세차고 시원스럽게 타오르는 모양. ▢캠프파이어가 ~ 타오르다. 廖활활.
훼:가-출송(毁家黜送)[-쏭][명]《역》동네의 풍속을 어지럽힌 사람의 집을 헐어 버리고 동네 밖으로 내쫓던 일.
훼:괴(毁壞)[명하타] 훼파(毁破).
훼:기(毁棄)[명하타] 헐거나 깨뜨려 버리는 일.
훼:단(毁短)[명하타] 남의 결점을 들어 헐뜯음.
훼:멸(毁滅)[명하타] 1 상중(喪中)에 너무 슬퍼해서 기운이 없어지고 몸이 야윔. 2 헐어서 망침. ▢자연을 ~하다.
훼:모(毁慕)[명하타] 몸이 상하도록, 죽은 어버이를 사모함.
훼:방(毁謗)[명하타] 1 남을 헐뜯어 비방함. 또

는 그런 비방. ▯~을 당하다 / 상대 후보를
~하다. **2** 남의 일을 방해함.

  훼방(을) 놓다 〔尹〕 남의 일을 헐뜯어 방해하
  다. 훼방을 치다.
훼:방-꾼(毁謗─)〔명〕 훼방을 놓는 사람.
훼:사(毁事)〔명〕 남의 일을 훼방함. ▯남의
  혼사에 ~를 놓다.
훼살 ☞ 훼사(毁事)
훼:상(毀傷)〔명〕하타〕 몸에 상처를 냄.
훼:손(毀損)〔명〕하타〕 **1** 체면이나 명예를 손상함.
  ▯~을 입다. **2** 헐거나 깨뜨려 쓰지 못하게
  함. ▯문화재를 ~하다 / 자연이 ~되다.
훼:쇄(毀碎)〔명〕하타〕 깨뜨려 부숨.
훼:언(毀言)〔명〕하자〕 남을 비방함. 또는 그 말.
훼:예(毀譽)〔명〕 훼언(毀言)함과 칭찬.
훼:와획만(毀瓦劃墁)〔─횡─〕〔명〕하자〕 기와를 헐
  고 흙손질한 벽에 금을 긋는다는 뜻으로, 남
  의 집에 해를 끼침을 이르는 말.
훼:욕(毀辱)〔명〕하타〕 헐뜯어 욕함.
훼:자(毀訾)〔명〕하타〕 꾸짖는 말로 남을 헐뜯음.
훼장삼척(喙長三尺)〔명〕 주둥이가 석 자라도
  변명할 수가 없다는 뜻으로, 허물이 드러나
  서 숨길 수가 없음을 이르는 말.
훼:절(毀折)〔명〕하타〕 헐어 꺾어 꺾임.
훼:절(毀節)〔명〕하자〕 절개나 지조를 깨뜨림.
훼:척(毀瘠)〔명〕하자〕 너무 슬퍼해서 몸이 마르
  고 쇠약해짐.
훼:척-골립(毀瘠骨立)〔─꼴─〕〔명〕하자〕 너무 슬
  퍼하여 바짝 말라서 뼈가 앙상하게 드러남.
  준훼골(毀骨).
훼:철(毀撤)〔명〕하타〕 헐어서 치워 버림.
훼:치(毀齒)〔명〕하자〕 어린애가 배냇니를 갊.
훼:파(毀破)〔명〕하타〕 헐어 깨뜨림. 훼괴(毀壞).
훼:획(毀劃)〔명〕하자〕 '훼와획만'의 준말.
휑뎅그렁-하다〔형여〕 **1** 넓은 곳이 텅 비어 허
  전하다. ▯열차가 떠나간 역이 ~. **2** 넓은 곳
  에 물건이 별로 없어 빈 것 같다. 준횅댕그렁
  하다. 준휑하다.
휑-하다〔형여〕 **1** 막힘이 없이 잘 알고 있다. ▯
  상대방의 마음을 휑하게 꿰뚫다. **2** 구멍 따위
  가 시원스럽게 잘 뚫려 있다. **3** '휑뎅그렁하
  다'의 준말. 준횅하다.
휘[1] 〔명〕 곡식을 되는 그릇(스무 말 들이와 열닷
  말 들이가 있음).
휘[2] 〔명〕 건물의 단청에서, 비늘 모양·그물 모양
  또는 물결무늬로 그리는 부분.
휘(麾)〔명〕 **1**〔악〕 옛날에 아악을 연주할 때, 그
  시작과 끝을 알리는 기. **2**〔역〕 장병을 지휘
  할 때 쓰던 군기의 총칭.
휘(諱)〔명〕 돌아간 높은 어른의 생전(生前)의 이
  름. *휘자(諱字).
휘(徽)〔명〕〔악〕 거문고의 현을 고르는 자리를
  표시하기 위해 거문고의 앞쪽에 원형으로 박
  은. 크고 작은 열세 개의 자개 조각.
휘[用] **1** 센 바람이 가늘고 긴 물건에 부딪치는
  소리. **2** 숨을 한꺼번에 세게 내쉬는 소리. **3**
  대강 살피거나 둘러보는 모양. ▯주위를 ~
  둘러보다. 준회.
휘-[用] **1** 일부 동사 앞에 붙어, '마구'·'매우
  심하게'의 뜻을 나타내는 말. ▯~갈기다 /
  ~감다 / ~날리다 / ~젓다. **2** 일부 형용사 앞
  에 붙어, '매우'의 뜻을 나타내는 말. ▯~넓
  다 / ~둥그렇다 / ~둥글다.
휘각(揮却)〔명〕하타〕 물리쳐 버리고 돌아보지 아
  니함.
휘갈(揮喝)〔명〕하타〕 큰 소리로 외쳐 지휘함.
휘-갈기다〔타〕 **1** 마구 때리다. ▯뺨을 ~. **2** 붓
  따위를 휘둘러 함부로 쓰다.

휘-감기다〔자〕 **1**('휘감다'의 피동) 휘둘러 친
  친 감기다. ▯덩굴풀이 친친 ~. **2** 정신이 휘
  둘리다.
휘-감다〔─따〕〔타〕 휘둘러 친친 감다. ▯다리에
  붕대를 ~.
휘갑〔명〕하타〕 너더분한 일을 잘 마무름.
휘갑-쇠〔─쐬〕〔명〕 물건의 가장자리나 끝 부분
  을 보강하기 위해 휘갑쳐 싼 쇠.
휘갑-치다〔타〕 **1** 피륙·멍석·돗자리 등의 가를
  얽어서 돌려 감아 꿰매다. **2** 휘갑하다. **3** 더
  말하지 못하게 말막음하다. **4** 어려운 일을 임
  시변통으로 꾸며 피하다.
휘건(揮巾)〔명〕 새색시가 식사 또는 세수할 때
  앞에 두르는 행주치마.
휘검(揮劍)〔명〕하자〕 칼을 휘두름.
휘금(徽琴)〔명〕 표면에 열세 개의 휘(徽)가 박
  혀 있다는 뜻으로 일컬는 금(琴)의 딴 이름.
휘기(諱忌)〔명〕하타〕 숨기고 드러내기를 꺼림.
휘-날리다〔자〕 **1** 바람에 거세게 펄펄 나부끼
  다. ▯휘날리는 태극기. 크타타〕 **1** 거세게 펄펄
  나부끼게 하다. **2** 거세게 펄펄 흩어져 날게
  하다. ▯바람이 먼지를 ~. **3** 명성·이름 등을
  널리 펼치다. ▯명성을 ~.
휘-늘어지다〔자〕 풀기가 없이 축 늘어지다. ▯
  휘늘어진 수양버들.
휘다〔자〕 꼿꼿하던 것이 구부러지다. ▯등이
  휘도록 짐을 지다. 크타타〕 **1** 휘어지게 하다. ▯
  댓살을 휘어 모형 비행기를 만들다. **2** 남의
  의지를 꺾어 뜻을 굽히게 하다.
휘-달리다〔자〕 **1** 급한 걸음으로 빨리 달아나다.
  2 몹시 시달리다.
휘담(諱談)〔명〕 꺼려서 드러내 놓고 하기 어려
  운 말. 휘언(諱言).
휘-덮다〔─덥따〕〔타〕 휘몰아 덮다. ▯눈이 온 마
  을을 휘덮었다.
휘도(輝度)〔명〕〔물〕 발광체의 표면의 밝기.
휘-돌다〔휘돌아, 휘도니, 휘도는〕〔자〕 **1** 어떤
  한 점·물건 등을 중심으로 돌다. **2** 굽이를 따
  라 휘어 돌다. ▯강물이 계곡을 ~. **3** 어떤
  기운이나 공기가 방 안에 감돌다. **4** 여러 곳
  을 순서대로 돌다.
휘-돌리다〔자〕('휘돌다'의 사동) 휘돌게 하다.
휘동(麾動)〔명〕하타〕 지휘해 움직이게 하거나 선
  동함.
휘-동석(輝銅石)〔명〕〔광〕 금속광택을 가진 흑
  회색의 광석(구리의 중요한 원광[原鑛]임).
휘-두들기다〔타〕 무엇을 휘둘러서 마구 두들기
  다. ▯방망이를 ~.
휘-두르다〔휘둘러, 휘두르니〕〔타타〕 **1** 무엇을
  잡고 둥글게 휘휘 돌리다. ▯채찍을 ~. **2** 정
  신을 차릴 수 없게 얼을 빼놓다. **3** 남의 의사
  를 무시하고 제 뜻대로 하다. ▯권력을 마구
  잡이로 ~.
휘-둘러보다〔타〕 휘휘 둘러보다.
휘-둘리다〔자〕('휘두르다'의 피동) 휘두름을
  당하다.
휘둥그러-지다〔자〕 갑자기 휘둘려 둥그러지다.
휘-둥그렇다〔─러타〕〔휘둥그러니, 휘둥그레
  서〕〔형ㅎ〕 매우 놀라거나 두려워서 눈이 둥그
  렇다. ▯놀라서 눈이 휘둥그렇게 되다. 준회
  둥그랗다.
휘둥그레-지다〔자〕 눈이 휘둥그렇게 되다.
휘둥그스름-하다〔형여〕 눈이 휘둥그스름하다.
  준회둥그스름하다. **휘둥그스름-히**[用]
휘뚜루[用] 무엇에나 닥치는 대로 쓰일 만하게.

휘뚜루-마뚜루 휜 이것저것 가리지 않고 닥치는 대로 아무렇게나 해치우는 모양. ▢~ 할 수도 없고 난감하다.

휘뚝-거리다 [-꺼-] 짜 1 넘어질 듯이 자꾸 흔들리다. 2 일이 위태스러워 마음을 놓을 수 없게 되다. 좱휘똑거리다. **휘뚝-휘뚝** [-뚜퀴-] 휜하짜

휘뚝-대다 [-때-] 짜 휘뚝거리다.

휘뚤-휘뚤 휜하휜 길 따위가 이리저리 구부러진 모양. 좱회뚤회뚤.

휘루 (揮淚) 몡하짜 눈물을 뿌림.

휘류 (彙類) 몡 같은 내용이나 갈래에 따라 모은 종류.

휘-말다 [휘말아, 휘마니, 휘마는] 타 1 마구 휘감아 말다. 2 옷 따위를 적셔 더럽히다.

휘말-리다 타 1 '휘말다'의 피동) 휘맒을 당하다. 2 물살 따위에 휩쓸리다. 3 어떤 일이나 상태에 휩쓸려 들다. ▢구조 조정의 소용돌이에 ~.

휘모리 몡 《악》 노래 곡조의 한 가지. 보통, 초(初)·중(中)·종(終)의 삼장(三章)을 갖추고 처음부터 급하게 휘몰아 부르는 특징을 가짐.

휘모리-장단 몡 《악》 판소리나 산조(散調) 장단의 하나(가장 빠른 장단임).

휘-몰다 [휘몰아, 휘모니, 휘모는] 타 1 절차·격식에 좇지 않고 결과만 서둘러 급히 하다. 2 마구 휘어잡아 몰다. ▢청중을 휘몰고 다닌다. 3 비바람 따위가 어느 지역을 마구 몰아치다.

휘-몰아치다 짜 비바람 따위가 한곳으로 휘몰아 불어치다. ▢눈보라가 ~.

휘-몰이 몡 휘모는 일. 또는 그런 짓.

휘몰이-판 몡 휘모는 판국.

휘묵 (徽纆) 몡 죄인을 묶는 데 쓰던, 세 가닥 또는 두 가닥으로 꼰 노. ▢~에 묶인 죄인.

휘-묻이 [-무지] 몡하타 《농》 나무의 가지를 휘어 그 한 끝을 땅속에 묻어서 뿌리가 내리게 하는 인공 번식법. 취목(取木). 압조(壓條). ▢가지를 ~하다.

휘발 (揮發) 몡하짜 보통 온도에서 액체가 기체로 되어 날아 흩어짐. 또는 그런 현상.

휘발-성 (揮發性) [-썽] 몡 휘발하는 성질. ▢~이 강한 물질.

휘발-유 (揮發油) [-류] 몡 가솔린.

휘병 (諱病) 몡하짜 병질(病疾).

휘보 (彙報) 몡 1 여러 가지를 종류에 따라 모은 기록이나 보고. 2 잡지.

휘비 (諱秘) 몡하타 '휘지비지(諱之秘之)'의 준말.

휘석 (輝石) 몡 《광》 조암(造岩) 광물의 하나. 철·칼슘·마그네슘 등의 규산 염류로 된 사방정계(斜方晶系) 또는 단사(單斜) 정계의 광물(흑색·암녹색 등이 있음).

휘석 안산암 (輝石安山岩) 《광》 휘석·사장석(斜長石)을 주성분으로 하는 안산암(담녹색과 암녹색의 중간 빛깔임).

휘선 (輝線) 몡 《광》 선 스펙트럼에서 밝게 빛나는 선(물질에 따라 일정한 파장을 가짐).

휘선 스펙트럼 (輝線spectrum) 선 스펙트럼.

휘쇄 (揮灑) 몡하타 1 물에 흔들어 깨끗이 빪. 2 휘호(揮毫).

휘수 (揮手) 몡하짜 1 손짓하여 거절하는 뜻을 보임. 2 손짓하여 어떤 낌새를 채게 함.

휘슬 (whistle) 몡 호루라기. ▢~을 불다.

휘안-석 (輝安石) 몡 《광》 황화(黃化)안티몬으로 이루어진 무른 광석(연회색임).

휘암 (輝岩) 몡 《광》 화성암의 하나(주성분은 휘석으로 담녹색 또는 암록색임).

휘양 (揮項) [-휘항(揮項)] 몡 머리에 쓰는 방한구의 하나(남바위와 비슷한데, 뒤가 훨씬 길고 제물로 볼끼가 있어 목덜미를 뺨을 감쌈).

휘어-가다 [-/-여-] 짜 굽이쳐 흘러가다.

휘어-넘어가다 [-너머-/-여너머-] 짜 남의 꾀에 속다.

휘어-대다 [-/-여-] 타 어떤 범위 안으로 억지로 우겨넣다.

휘어-들다 [-/-여-] [-들어, -드니, -드는] 짜 안으로 향해 휘어지다. ▢해안선이 활등처럼 ~.

휘어-박다 [-따/-여-따] 타 1 높은 곳에서 마구 내리꽂다. 2 남을 함부로 다루어 굴복하게 하다.

휘어-박히다 [-바키-/-여바키-] 짜 《'휘어박다'의 피동) 휘어박음을 당하다.

휘어-잡다 [-따/-여-따] 타 1 구부려 거머잡다. ▢멱살을 ~. 2 손아귀에 넣고 부리다. ▢청중을 휘어잡는 아름다운 선율.

휘어-지다 [-/-여-] 짜 꼿꼿하던 물체가 어떤 힘을 받아 구부러지다. ▢낚싯대가 ~.

휘언 (諱言) 몡하짜 휘담(諱談).

휘영청 휜 1 골고루 비쳐 밝은 모양. ▢~ 달 밝은 밤. 2 확 트여 시원스러운 모양.

휘우듬-하다 혱 약간 휘어져 뒤로 자빠질 듯 비스듬하다.

휘우뚱 몡하짜휜 중심을 잃고 기울거나 쓰러질 듯한 모양. ▢돌부리에 걸려 ~하다.

휘우뚱-거리다 짜타 자꾸 휘우뚱하다. **휘우뚱-휘우뚱** 휜하짜타

휘우뚱-대다 짜타 휘우뚱거리다.

휘움-하다 혱 약간 휘어져 있다.

휘-은석 (輝銀石) 몡 《광》 황화은으로 이루어진 광석의 하나(은의 원광(原鑛)임).

휘음 (諱音) 몡 부음(訃音).

휘일 (諱日) 몡 조상의 제삿날.

휘자 (諱字) [-짜] 돌아가신 높은 어른의 생전의 이름자.

휘장 (揮帳) 몡 여러 폭의 피륙을 이어 만든, 둘러치는 장막. ▢~을 치다[걷다].

휘장 (揮場) 몡 지난날, 과거(科擧)에 합격하였다고 금방(金榜)을 들고 과장(科場)을 돌아다니며 외치던 일.

휘장 (徽章) 몡 신분·직무·명예를 나타내기 위해 옷이나 모자에 붙이는 표장. 마크.

휘장-걸음 (揮帳-) 몡 1 팔을 둥그렇게 몰아 달리게 하는 걸음. 2 두 사람이 양쪽에서 한 사람의 허리와 팔죽지를 움켜잡고 휘몰아 걸리는 걸음.

휘적-거리다 [-꺼-] 타 걸음을 걸을 때 두 팔을 이따라 몹시 휘젓다. **휘적-휘적** [-저퀴-] 휜하타

휘적-대다 [-때-] 타 휘적거리다.

휘-적시다 [-씨-] 타 마구 적시다.

휘-젓다 [-전따] [휘저어, 휘저으니, 휘젓는] 타짜 1 골고루 섞이도록 휘둘러 젓다. ▢커피에 크림을 넣고 ~. 2 팔을 야단스럽게 휘둘러 젓다. ▢두 팔을 휘저으며 걷다. 3 뒤흔들어서 어지럽게 만들다.

휘젓-거리다 타 물 등을 함부로 자꾸 저어서 흐리게 하다. **휘젓-휘젓** 휜하타

휘젓-대다 타 휘젓거리다.

휘주근-하다 혱 1 몹시 지쳐서 기운이 없다. 2 축축하다. ▢땀에 휘주근하게 젖다. **휘주근-히** 휜

휘-주무르다 [휘주물러, 휘주무르니] 타⊜ 아

무 데나 마구 주무르다.

휘지 (徽旨) 명 〖역〗 **1** 왕세자가 내주던 궁 출입 허가증. **2** 왕세자가 섭정(攝政)할 때 내리던 명령.

휘지다 자 무엇에 시달려 기운이 빠지다. ❏아이를 보느라고 휘져 눕다.

휘-지르다 〔휘질러, 휘지르니〕 타르 옷을 몹시 구기거나 더럽히다.

휘지-비지 (諱之祕之) 명하타 남을 꺼려 얼버무려 넘김. (준)휘비. ∗흐지부지.

휘질 (諱疾) 명하자 질병을 숨기고 드러내지 않음. 휘병(諱病).

휘집 (彙集) 명하타 유취(類聚).

휘-철석 (輝鐵石)[-썩] 명 〖광〗 적철석의 하나. 능면(菱面) 결정을 이루며 금속광택이 강한 철흑색의 광물. 경철석(鏡鐵石).

휘청-거리다 자 **1** 가늘고 긴 것이 잇따라 휘어지며 느리게 흔들리다. **2** 다리에 힘이 없어 똑바로 가누지 못하고 자꾸 좌우로 빗나가다. ❏다리가 ~. (작)회창거리다. **휘청-휘청** 부하자. ❏술에 취해 ~ 걸어간다 / 바람에 대나무가 ~하다.

휘청-대다 자 휘청거리다.

휘추리 명 가늘고 긴 나뭇가지.

휘테 (독 Hütte) 명 스키어나 등산객을 위해 마련된, 산에 있는 오두막.

휘파람 명 입술을 오므리고 혀끝으로 입김을 불어 소리를 내는 일. 구적(口笛). ❏~ 소리 / ~을 불다.

휘파람-새 명 〖조〗 휘파람샛과의 새. 솔새와 비슷한데 몸길이는 참새만 하고, 부리는 가늘고 뾰족하며 소리가 고움. 집에서 기르기도 하며 익조임.

휘필 (揮筆) 명하타 휘호(揮毫).

휘하 (麾下) 명 주장(主將)의 지휘 아래. 또는 그 아래 딸린 사졸. 예하. ❏~에 들다.

휘-하다 (諱-) 타여 입 밖에 내어 말하기를 꺼리다.

휘-하다 형여 '휘휘하다'의 준말.

휘한 (揮汗) 명하자 땀을 뿌림.

휘호 (揮毫) 명하타 붓을 휘둘러 글씨를 쓰거나 그림을 그림. 휘필. 휘쇄(揮灑). ❏신춘(新春) ~ / 난을 ~하다.

휘호 (徽號) 명 〖역〗 왕비가 죽은 뒤 시호(諡號)와 함께 올리던 존호(尊號).

휘황찬란-하다 (輝煌燦爛-)[-찰-] 형여 **1** 광채가 빛나서 눈이 부시다. ❏휘황찬란한 샹들리에 / 밤 경치가 ~. **2** 행동이 보기에 야단스럽고 믿을 수 없다. (준)휘황하다.

휘황-하다 (輝煌-) 형여 '휘황찬란하다'의 준말. ❏동쪽 하늘에 햇빛이 ~. **휘황-히** 부

휘휘 부 **1** 여러 번 휘감거나 휘감기는 모양. ❏목도리를 ~ 목에 두르다. **2** 이리저리 휘두르거나 휘젓는 모양. ❏막대기를 ~ 내두르다. (작)회회.

휘휘-친친 부 여러 번 단단히 감거나 감기는 모양. (작)회회찬찬.

휘휘-하다 형여 무서울 정도로 쓸쓸하고 적막하다. ❏휘휘한 산사의 경내. (준)휘하다.

획 부 **1** 갑자기 빨리 돌리거나 돌아가는 모양. ❏고개를 ~ 돌리다. **2** 바람이 갑자기 세게 부는 모양. ❏찬바람이 ~ 불다. **3** 별안간 힘차게 내던지는 모양. **4** 갑자기 빠르게 움직이거나 스치는 모양. ❏~ 달아나다. (작)획.

획-획 [휘퀵] 부 **1** 계속 급히 돌아가는 모양. **2** 바람이 잇따라 세게 부는 모양. **3** 계속해서 세게 던지는 모양. **4** 연이어 빠르게 움직이거나 스치는 모양. (작)획획.

휠체어 (wheelchair) 명 다리가 자유롭지 않은 사람이 앉은 채로 이동할 수 있도록 바퀴를 단 의자.

휩싸다 타 **1** 휘둘러 감아서 싸다. ❏보자기를 휩싸 쥐다. **2** 뒤덮다. ❏불길이 건물을 ~. **3** 어떤 감정이 마음을 뒤덮다. ❏불안감이 마음을 ~. **4** 분위기·침묵 따위가 주위를 감돌다. ❏이상한 분위기가 주위를 ~.

휩-싸이다 자 《'휩싸다'의 피동》 휩쌈을 당하다. ❏죽음의 공포에 ~. (준)휩쌔다.

휩-쌔다 자 '휩싸이다'의 준말.

휩-쓸다 〔휩쓸어, 휩쓰니, 휩쓰는〕 타 **1** 모조리 휘둘러 쓸다. ❏바람이 마당을 휩쓸고 지나간다. **2** 행동을 함부로 하다. ❏불량배들이 거리를 휩쓸고 다닌다. **3** 경기 등에서, 상을 모두 차지하다. ❏영화상의 각 부문을 ~.

휩쓸-리다 자 《'휩쓸다'의 피동》 휩씀을 당하다. ❏파도에 ~.

휫-손 [휜쏜] 명 **1** 남을 휘어잡아 잘 부리는 솜씨. **2** 일을 휘어잡아 잘 처리할 만한 솜씨.

휭 부 **1** 바람이 갑자기 빠르고 세게 부는 소리. ❏바람이 ~ 불다. **2** 빠르게 날아가거나 떠나가는 소리. 또는 그 모양. ❏돌이 ~ 날아가다. (작)횡.

휭-하니 부 지체하지 않고 매우 빨리 가는 모양. ❏~ 가 버리다.

휴가 (休暇) 명 **1** 직장·학교·군대 따위에서, 일정한 기간 쉬는 일. 또는 그런 겨를《일요일·공휴일 이외의 것을 일컬음》. 방가(放暇). ❏출산 ~ / ~를 얻다 / ~를 보내다. **2** 말미.

휴가-철 (休暇-) 명 많은 사람이 휴가를 보내는 기간. ❏~에 들어서다 / ~이 시작되다.

휴간 (休刊) 명하타 신문·잡지 등 정기 간행물의 간행을 한때 쉬는 일.

휴강 (休講) 명하자 강의를 쉼.

휴거 (携擧) 명 〖기〗 그리스도가 세상을 심판하기 위해 재림할 때, 구원받을 사람을 공중으로 들어 올리는 일.

휴게 (休憩) 명하자 일을 하거나 길을 걷는 도중에 잠깐 쉼. 휴식. ❏~ 시설.

휴게-소 (休憩所) 명 길을 가는 사람들이 잠시 머물러 쉬어 갈 수 있게 만든 시설.

휴게-실 (休憩室) 명 잠깐 동안 머물러 쉬도록 설비한 공간.

휴경 (休耕) 명하자타 농사를 짓던 땅을 얼마 동안 묵힘.

휴경-지 (休耕地) 명 농사를 짓다가 내버려 둔 땅. 묵정밭. ❏~를 개간하다.

휴관 (休館) 명하자타 도서관·미술관·영화관 따위가 그 업무를 하루 또는 한동안 쉼.

휴교 (休校) 명하자타 학교의 수업과 업무를 한동안 쉼. ❏~ 처분 / 동맹 ~.

휴대 (携帶) 명하타 손에 들거나 몸에 지님. ❏~가 간편하다 / 우산을 ~하다.

휴대 식량 (携帶食糧)[-싱냥] **1** 휴대하고 있는 식량. **2** 〖군〗 전투할 때 지니고 다닐 수 있게 만든 간편한 식사.

휴대 전:류 (携帶電流)[-절-] 〖물〗 대류(對流) 전류.

휴대 전:화 (携帶電話) 몸에 지니고 다니면서 송수신할 수 있는 소형 무선 전화기《이동하면서 무선 기지국을 통해 일반 전화 가입자 또는 다른 이동 통신 전화기와 송수신이 가능함》. 휴대폰.

휴대 정보 단말기 (携帶情報端末機) 정보 처리 기능과 무선 통신 기능이 결합된, 휴대용 통신 정보 기기. 휴대 전화와 같이 한 손으로 들고 다닐 수 있는 크기임. 피디에이(PDA).

휴대-증 (携帶證)[-쯩] 圐 무기 등을 휴대하도록 허가한 증명서.

휴대-폰 (携帶phone) 圐 휴대 전화.

휴대-품 (携帶品) 圐 손에 들거나 몸에 지니고 다니는 물건. ▭ ~ 검사.

휴등 (休燈) 圐回困 설비는 그대로 두고 전등만 떼고 한동안 켜지 않는 일.

휴머니스트 (humanist) 圐 1 인도주의자. 2 인문주의자. 인본주의자.

휴머니즘 (humanism) 圐 1 인도주의. 2 인문주의. 인본주의.

휴면 (休眠) 圐回困 1 쉬기만 하고 거의 활동하지 않음. 2 《生》 동식물이 생활 기능을 한동안 활발히 하지 아니하거나 정지하는 상태. ▭ ~ 상태에 들어가다. ＊동면(冬眠).

휴면 계:좌 (休眠計座)[-/-게-] 圐 일정한 기간 입출금 따위의 거래가 없는 은행 계좌.

휴면 법인 (休眠法人) 《法》 설립만 해 놓고 사업 활동을 하지 않는 법인.

휴무 (休務) 圐回困 직무를 하루나 한동안 쉼. ▭ 토요일은 ~로 주 5일을 근무한다.

휴무-일 (休務日) 圐 업무를 보지 않고 쉬는 날. ▭ 정기 ~.

휴문 (休門) 圐 《民》 점술에서, 팔문(八門)의 하나. 구궁(九宮)의 일백(一白)이 본 자리가 되는 길(吉)한 방위임.

휴반 (畦畔) 圐 밭둑.

휴부 (休符) 圐 《악》 휴지부.

휴서 (休書) 圐 《역》 '수세'의 본딧말.

휴수 (携手) 圐回困 손을 맞잡음. 곧, 함께 감.

휴수-동귀 (携手同歸) 손을 잡고 같이 간다는 뜻으로, 행동을 같이함을 이르는 말.

휴식 (休息) 圐回困 잠깐 쉼. 휴게.

휴식-부 (休息符)[-뿌] 圐 쉼표.

휴식 자본 (休息資本)[-짜-] 《經》 현재는 생산 과정에 운용되지 않으나 장차 운용하려고 저축해 두는 자본.

휴양 (休養) 圐回困 편안히 쉬면서 심신을 보양함. ▭ ~ 시설 / 시골에서 ~하다.

휴양-지 (休養地) 圐 휴양하기에 알맞은 곳. ▭ ~로 꼽히는 지역.

휴양 지대 (休養地帶) 온천장·해수욕장·피한지·피서지로, 휴양에 좋은 지대.

휴양-처 (休養處) 圐 휴양지.

휴업 (休業) 圐回困 사업이나 영업·작업 등을 하루 또는 한동안 쉼. ▭ 임시 ~ / ~에 들어가다.

휴영 (虧盈) 圐 이지러짐과 꽉 참.

휴월 (虧月) 圐 이지러진 달. ↔만월(滿月).

휴이 (携貳) 圐 두 마음을 가짐. 서로 어긋러져 믿지 않음.

휴일 (休日) 圐 일을 하지 않고 쉬는 날.

휴재 (休載) 圐回困 연재하던 글을 한동안 싣지 않음.

휴전 (休電) 圐回困 송전(送電)을 일시 중단함. ▭ ~으로 엘리베이터가 움직이지 않는다.

휴전 (休戰) 圐回困 벌이던 전쟁을 얼마 동안 쉼. ▭ ~ 체제 / ~에 합의하다.

휴전-기 (休戰旗) 圐 《군》 휴전할 때, 쌍방의 진지에 세우는 흰 기.

휴전-선 (休戰線) 圐 《군》 휴전 협정에 따라 결정되는 쌍방의 군사 경계선.

휴정 (休廷) 圐回困 《法》 법원에서, 재판 도중에 잠깐 동안 쉼. ↔개정(開廷).

휴조 (休兆) 圐 좋은 징조. 길조. 휴징(休徵).

휴주 (携酒) 圐回困 술을 몸에 지님.

휴지 (休止) 圐回困 하던 것을 그침.

휴지 (休紙) 圐 1 못 쓰게 된 종이. ▭ ~ 조각 / ~를 마구 버리다. 2 허드레로 쓰는 종이. 화장지. ▭ ~로 코를 닦다.

휴지 (携持) 圐回困 휴대(携帶).

휴지-부 (休止符) 圐 《언·악》 '쉼표'의 한자 이름. ▭ ~를 찍어라.

휴지-시행 (休紙施行) 圐 이미 작성된 안건을 폐지함.

휴지-통 (休紙桶) 圐 못 쓰게 된 종이나 쓰레기 따위를 버리는 통. ▭ ~을 비우다.

휴지-화 (休紙化) 圐回困 휴지로 화함. 곧, 약속이나 조약·법령 등을 이행하지 않아 의의나 효력이 없어지거나 없게 하는 일.

휴직 (休職) 圐回困 봉급생활자가 그 신분과 자격을 유지하면서 일정한 기간 직무를 쉼.

휴직-급 (休職給)[-끕] 圐 휴직 중인 직원에게 주는 봉급.

휴진 (休診) 圐回困 병원에서 진료를 쉼.

휴징 (休徵) 圐 휴조(休兆).

휴처 (休妻) 圐回困 예전에, 아내와 이혼하던 일.

휴척 (休戚) 圐 평안함과 근심.

휴퇴 (休退) 圐回困 벼슬에서 물러나 쉼.

휴학 (休學) 圐回困 학업을 쉼. ▭ 한 학년 ~하다 / ~하고 입대하다.

휴한 (休閑) 圐回困 《농》 흙을 개량하기 위해 한때 작물을 심지 아니함.

휴한-지 (休閑地) 圐 1 경작을 하지 않고 묵히고 있는 토지. 2 공지(空地).

휴항 (休航) 圐回困 배나 비행기의 운항을 쉼. ▭ 태풍으로 ~하다.

휴행 (携行) 圐回困 무엇을 지니고 다님.

휴-화산 (休火山) 圐 《地》 예전에는 분화하였으나 현재는 활동하지 않는 화산. ↔활화산.

휴회 (休會) 圐回困 1 하던 회의를 멈추고 잠깐 쉼. ▭ ~를 선언하다. ＊정회(停會). 2 《法》 국회 또는 지방 의회가 일정한 기간 쉼.

휼계 (譎計)[-/-게] 圐 남을 속이는, 간사하고 교묘한 꾀.

휼궤 (譎詭) 圐 1 속이어 거짓말을 함. 2 기이한 물체.

휼금 (恤金) 圐 정부에서 이재민(罹災民)을 구제하기 위해 주는 돈.

휼미 (恤米) 圐 정부에서 이재민(罹災民)을 구제하기 위해 주는 쌀.

휼민 (恤民) 圐回困 이재민을 구제함.

휼병 (恤兵) 圐回困 물품·금품을 보내어 전장(戰場)의 병사를 위로함.

휼사 (譎詐)[-싸] 圐回困 남을 속이기 위해 간사한 꾀를 부림.

휼전 (恤典)[-쩐] 圐 정부에서 이재민을 구제하는 은전.

흄-관 (Hume管) 圐 철근을 속에 넣고 만든 콘크리트관《배수관이나 하수관 따위에 씀》.

흠 圐 1 상처·부스럼 따위가 아문 자리. 흉터. ▭ 얼굴에 ~이 있다. 2 비웃을 만한 거리. 비난을 받을 만한 점. 흠(欠). ▭ ~을 보다 / ~없는 사람도 없다.
［흉 각각 정(情) 각각］ ㉠결점이 있을 때는 흉보고, 좋은 점이 있을 때는 칭찬함. 곧, 상벌이 분명함. ㉡ 정 때문에 흉을 보지 않고, 흉 때문에 정을 잊을 수 없다는 말. 곧, 흉은 흉이고 정은 정이므로 혼돈하거나 에낄 수 없다는 말.

흉가 (凶家) 圐 사는 사람마다 흉한 일을 당하는 불길한 집. 흉갓집.

흉간 (胸間) 圐 가슴의 사이.

흉강 (胸腔) 圐 《生》 폐·심장 등이 들어 있는

가슴 안쪽의 빈 부분. ▣ ~ 내시경.

흉격 (胸膈) 명 『생』심장과 비장(脾臟) 사이의 가슴 부분.

흉계 (凶計) [-게] 명 음흉한 꾀. ▣ ~를 꾸미다 / ~에 빠지다.

흉곡 (胸曲) 명 흉중(胸中).

흉골 (胸骨) 명 가슴의 앞쪽 한복판에 있어서 좌우 늑골과 연결된 뼈. 복장뼈.

흉곽 (胸廓) 명 『생』흉추(胸椎)와 늑골 및 흉골로 이루어진 가슴 모양의 가슴 부분.

흉곽 성형술 (胸廓成形術) [-쌩-] 『의』늑골의 일부를 끊어 내어, 흉곽을 축소해서 폐를 압축하는 수술법(폐결핵 따위 질병의 치료 방법으로 썼음).

흉괘 (凶卦) 명 언짢은 점괘. ↔길괘(吉卦).

흉구 (凶具) 명 흉기.

흉근 (胸筋) 명 『생』가슴 부분에 붙어 있는 근육. 가슴 근육. 가슴힘살.

흉금 (胸襟) 명 마음속에 품은 생각. ▣ ~을 털어놓다 / ~을 올리다.

흉기 (凶器·兇器) 명 1 사람을 죽이거나 해치는 데 쓰는 도구. ▣ ~로 위협하다 / ~를 휘두르다. 2 상사(喪事)에 쓰는 도구. 흉구(凶具).

흉내 명 남의 말이나 행동을 그대로 옮기는 짓. ▣ ~를 내다 / 글씨체를 ~ 내다.

흉내-말 (-∥) 명 『언』어떤 사물이나 현상의 소리, 또는 모양·동작 등을 흉내 내는 말(의성어·의태어 따위). 시늉말.

흉내-쟁이 (-∥) 명 남의 흉내를 잘 내는 사람.

흉녀 (凶女·兇女) 명 흉악한 여자.

흉년 (凶年) 명 수해(水害)·풍해(風害)·냉해(冷害)·충해(蟲害) 따위로 농작물이 잘되지 않은 해. ▣ ~이 들다 / ~을 넘기다. ↔풍년.
[흉년에 밥 빌어먹겠냐] 일을 몹시 굼뜨게 하고, 또 수완이 없는 사람을 비난조로 이르는 말.

흉년-거지 (凶年-) 명 얻어먹기 어려울 때의 거지(주위 환경이 불리해서 애를 쓰지만 효과가 적음을 이르는 말).

흉녕-하다 (凶獰·兇獰-) 형예 성질이 흉악하고 사납다.

흉노 (匈奴) 명 『역』기원전 3-1세기 사이에 몽골 지방에서 활약한 유목 민족.

흉당 (凶黨·兇黨) 명 흉악한 역적의 무리.

흉당 (胸膛) 명 복장(腹膛)1.

흉덕 (凶德·兇德) 명 성질이나 행실이 흉악함. 또는 그런 성질이나 행실.

흉도 (凶徒·兇徒) 명 1 흉악하고 사나운 무리. ▣ ~의 손에 쓰러지다. 2 모반인(謀叛人)이나 폭도.

흉례 (凶禮) [-녜] 명 상례(喪禮).

흉리 (胸裏) [-니] 명 흉중(胸中).

흉막 (胸膜) 명 『의』늑막(肋膜).

흉막-염 (胸膜炎) [-망념] 명 『의』늑막염.

흉맹-하다 (凶猛·兇猛-) 형예 흉악하고 사납다.

흉모 (凶謀·兇謀) 명 음흉한 모략. 흉계. ▣ ~를 꾸미다.

흉모 (胸毛) 명 1 가슴에 난 털. 2 새의 가슴에 난 깃.

흉몽 (凶夢) 명 불길한 꿈. ↔길몽.

흉몽-대길 (凶夢大吉) 명 꿈은 사실과 반대로 나타나는 것이니 흉한 꿈이 오히려 길할 징조라고 위로하는 말.

흉문 (凶聞) 명 1 사람이 죽었다는 소식. 2 좋지 않은 소식.

흉물 (凶物·兇物) 명 1 성질이 음흉한 사람. 2 흉하게 생긴 사람이나 동물.

흉물(을) 떨다 관 음흉한 속셈으로 의뭉스러운 짓을 하다.

흉물-스럽다 (凶物-) [-따] [-스러워, -스러우니] 형예 1 성질이 음흉한 데가 있다. 2 모양이 흉하고 괴상한 데가 있다. **흉물-스레** 뭐

흉배 (胸背) 명 1 가슴과 등. 2 가슴의 뒷부분. ↔흉복(胸腹). 3 『역』조선 때, 관복의 가슴과 등에 붙이던, 학이나 범을 수놓은 네모난 표장(表章).

흉범 (凶犯·兇犯) 명 흉악한 범인(살인범 따위).

흉벽 (胸壁) 명 1 흉장(胸牆). 2 흉곽(胸廓)의 외벽.

흉변 (凶變) 명 사람이 죽는 것과 같은 좋지 않은 사건. ▣ ~을 당하다.

흉보 (凶報) 명 1 불길한 기별. 2 사람이 죽었다는 통보. 흉음(凶音). ▣ ~를 알리다.

흉-보다 타 남의 결점을 들어 말하다. ▣ 공연히 남을 ~.

흉복 (凶服) 명 상복(喪服).

흉복 (胸腹) 명 1 가슴과 배. 2 가슴의 복부. ↔흉배(胸背).

흉복-통 (胸腹痛) 명 『한의』가슴앓이.

흉부 (胸部) 명 『생』1 가슴 부분. 2 호흡기.

흉비 (胸痞) 명 『한의』가슴이 답답한 병.

흉사 (凶邪) 명[하다]형 흉악하고 간사함.

흉사 (凶事·兇事) 명 1 흉하고 언짢은 일. 2 사람이 죽은 일. ▣ ~가 나다.

흉산 (凶算) 명 속셈.

흉살 (凶煞) 명 『민』불길한 운수나 흉한 귀신.

흉상 (凶狀·兇狀) 명 1 음흉한 태도. 2 모양이 흉한 상태.

흉상 (凶相·兇相) 명 1 좋지 않은 얼굴 모양. 2 보기 흉한 몰골.

흉상 (胸像) 명 사람의 가슴 부분까지만 나타낸 그림이나 조각.

흉선 (胸腺) 명 『생』척추동물의 내분비선(內分泌腺)의 하나. 흉골(胸骨)의 뒤쪽에 있으며, 뼈의 성장을 촉진하고, 사춘기 이후에 퇴화함. 가슴샘.

흉설 (凶說·兇說) 명 음흉하고 험한 말. ▣ ~이 떠돌다 / ~이 퍼지다.

흉성 (凶星) 명 불길한 징조가 있는 별. ↔길성(吉星).

흉성 (胸聲) 명 『악』가슴 속에서 울려 나오는, 비교적 낮은 소리. 가슴소리.

흉세 (凶歲) 명 흉년.

흉쇄-관절 (胸鎖關節) 명 『생』흉골과 쇄골(鎖骨)을 연결하는 관절.

흉수 (凶手·兇手) 명 흉악한 짓을 하는 솜씨. 또는 그런 짓을 하는 사람. ▣ ~에 쓰러지다.

흉수 (胸水) 명 『의』흉강(胸腔) 속에 괴는 물.

흉식 호흡 (胸式呼吸) [-시코-] 『의』늑골의 운동에 따라 행해지는 호흡. 가슴숨쉬기. 가슴호흡.

흉신 (凶神·兇神) 명 좋지 못한 귀신.

흉악 (凶惡·兇惡) 명[하다]형[히] 1 성질이 사납고 모짊. ▣ ~한 탈판코라기 / ~을 부리다. 2 모습이 험상궂고 고약함. ▣ ~한 몰골 / ~하게 생기다.

흉악-망측 (凶惡罔測) [-앙-] 명[하다] 몹시 흉악함. 흉측함.

흉악망측-스럽다 (凶惡罔測-) [-앙-쓰-따] [-스러워, -스러우니] 형[따] 몹시 흉악한 데가 있다. ⓝ흉측스럽다. **흉악망측-스레** [-앙-쓰-] 뭐

흉악-무도(凶惡無道)[-앙-] 명하형 성질이 거칠고 사나우며 도리에 어그러짐.

흉악-범(凶惡犯)[-뺌]명 흉악한 범죄를 저지른 사람.

흉액(胸液)〖생〗흉막강(胸膜腔) 속에 생기는 장액(漿液).

흉어(凶漁)명 다른 때보다 물고기가 매우 적게 잡힘. ↔풍어(豐漁).

흉억(胸臆)명 가슴속. 또는 가슴속의 생각.

흉-업다(凶-)[-따][흉어워, 흉어우니]형비 언행이 불쾌할 정도로 흉하다.

흉역(凶逆·兇逆)명하형 임금에게 불충(不忠)하고 부모에게 불효하는 흉악한 짓. 또는 그런 사람.

흉오(胸奧)명 흉중(胸中).

흉용(洶湧)명자 물결이 세차게 일어나거나 힘차게 솟아남.

흉위(胸圍)명 가슴둘레.

흉음(凶音)명 1 좋지 않은 일의 기별. 2 죽음을 알리는 소식.

흉일(凶日)명 불길한 날. ↔길일(吉日).

흉작(凶作)명 농작물의 수확이 평년작을 훨씬 밑도는 일. 또는 그런 농사. 口~으로 농산물의 가격이 많이 올랐다. ↔풍작.

흉-잡다[-따]타 남의 흠을 꼬집어 들추어내다. 口공연히 며느리를 ~.

흉잡-하다(凶雜-·兇雜-)[-자파-]형여 흉악하고 난잡하다.

흉-잡히다[-자피-]자 《'흉잡다'의 피동》 남에게 흉잡음을 당하다. 口흉잡히지 않게 처신하여라.

흉장(胸章)명 가슴에 다는 표장(標章).

흉장(胸牆)명 성곽·포대 따위의 중요한 곳에 쌓은, 사람의 가슴 높이만한 담. 흉벽(胸壁).

흉적(凶賊·兇賊)명 흉악한 도적. 口~을 소탕하다.

흉조(凶兆)명 불길한 징조. ↔길조(吉兆).

흉조(凶鳥·兇鳥)명 물스러운 새.

흉종(凶終)명하자 수재(水災)·화재·흉한(凶漢)·형륙(刑戮) 따위로 끔찍스럽게 죽는 일.

흉중(胸中)명 가슴속. 마음. 생각. 口~이 착잡하다 / ~을 헤아리다.

흉즉대길(凶則大吉)[-때-]명〖민〗점괘·사주풀이·토정비결 따위에 나타난 신수가 나쁠 때, 오히려 정반대로 아주 좋다는 뜻. ↔길즉대흉(吉則大凶).

흉증(凶證·兇證)명 1 흉조(凶兆). 2 음흉하고 험상궂은 성질이나 버릇. 口~을 부리다 / ~을 꿰뚫다.

흉증-맞다(凶證-)[-맏따]형 음흉하고 험상궂은 성질이나 버릇이 있다.

흉증-스럽다(凶證-)[-따][-스러워, -스러우니]형비 성질이나 버릇이 음흉하고 험상궂은 데가 있다. 흉증-스레 튀

흉차(胸次)명 흉금(胸襟).

흉참-하다(凶慘-·兇慘-)형여 흉악하고 참혹하다. 흉참-히 튀

흉추(胸椎)명〖생〗경추(頸椎)와 요추(腰椎) 사이의 척추의 한 부분. 가슴등뼈.

흉측(凶測·兇測)명하형 '흉악망측'의 준말. 口~한 꿈 / ~한 심보.

흉측-스럽다(凶測-)[-쓰-따][-스러워, -스러우니]형비 '흉악망측스럽다'의 준말. 口흉측스러운 생각. 흉측-스레 [-쓰-] 튀

흉칙명 ☞흉측.

흉탄(凶彈·兇彈)명 흉한(凶漢)이 쏜 총탄. 口

~에 쓰러지다.

흉-터명 상처가 아물고 남은 자국. 흉. 口~가 남다 / ~가 생기다.

흉통(胸痛)명〖한의〗가슴이 아픈 증세.

흉특-하다(凶慝-·兇慝-)[-트카-]형여 흉악하고 간특하다.

흉패(胸牌)명〖성〗대제사장(大祭司長)의 가슴에 차는, 정교하게 수놓은 형겊 표장.

흉패-하다(凶悖-·兇悖-)형여 험상궂고 패악하다.

흉포-하다(凶暴-·兇暴-)형여 흉악하고 포악하다. 口흉포한 사나이. 흉포-히 튀

흉풍(凶風)명 1 매우 사나운 바람. 2 음흉스러운 기풍이나 풍조.

흉풍(凶豊)명 흉년과 풍년. 흉작과 풍작.

흉-하다(凶-)형여 1 운이 사납거나 불길하다. 口흉한 꿈. 2 생김새나 태도가 언짢거나 징그럽다. 口몰골이 ~. 3 일이 궂다. 口흉한 소문. 4 마음씨가 내숭스럽고 거칠다. 口흉한 심보. 흉-히 튀

흉-하적명하형 남의 결점을 들어 말하는 짓.

흉학-하다(凶虐-·兇虐-)[-하카-]형여 성질이 매우 모질고 사납다. 흉학-히 [-하키] 튀

흉한(凶漢·兇漢)명 흉악한 짓을 하는 사람. 악한. 口~에게 습격당하다.

흉해(凶害·兇害)명하타 끔찍한 짓으로 사람을 죽임.

흉행(凶行·兇行)명하자 1 흉포한 행동을 함. 또는 그런 행동. 2 사람을 해치는 흉악한 짓을 함. 또는 그런 짓. 口~을 저지르다.

흉-허물명 흉이나 허물이 될 만한 일. 口~을 가리다 / ~을 늘어놓다.

흉허물(이) 없다관 서로 흉이나 허물을 가리지 않을 만큼 가깝다. 口흉허물 없는 친구 사이 / 흉허물 없이 지내다.

흉험-하다(凶險-·兇險-)형여 마음이 흉악하고 음험하다.

흉-협다(凶-)형 ☞흉업다.

흉-호흡(胸呼吸)명 흉식 호흡(胸式呼吸).

흉화(凶禍·兇禍)명 흉악한 재화(災禍).

흉황(凶荒)명 흉작으로 농사가 결딴남.

흉흉-하다(洶洶-)형여 1 물결이 세차고 물소리가 시끄럽다. 2 분위기가 어수선하다. 口흉흉한 소문. 흉흉-히 튀

흐너-뜨리다타 흐너지게 하다. 口돌담을 ~.

흐너-지다자 포개어 있던 작은 물건들이 낱낱이 허물어지다.

흐너-트리다타 흐너뜨리다.

흐늘다[-흐놀아, 흐노니, 흐노는]타 그리워하고 동경하다.

흐-느끼다자 몹시 서럽거나 감격해서 흑흑 느껴 울다. 口비보(悲報)를 듣고 ~.

흐느낌명 몹시 서러워 흑흑 느껴 욺. 口~ 소리가 들리다.

흐느적-거리다[-꺼-]자 나뭇가지나 천 따위의 가늘고 긴 것이 자꾸 느리게 나부끼거나 흔들리다. 口버들이 바람에 ~. ㉮하느작거리다. ㉰흐느적-흐느적 [-저크-] 튀하자

흐느적-대다[-때-]자 흐느적거리다.

흐늑-거리다[-끄-]자 '흐느적거리다'의 준말. 흐늑-흐늑 [-느크-] 튀하자

흐늑-대다[-때-]자 흐늑거리다.

흐늘-거리다 1 매인 데 없이 멋대로 놀고 지내다. 2 힘없이 늘어져 느리게 잇따라 흔들리다. 口버들가지가 바람에 ~. 3 단단하지 못해서 자꾸 물크러지거나 흔들리다. ㉮하늘거리다. 흐늘-흐늘 튀하자

흐늘다 타 〈옛〉흔들다.
흐늘-대다 자 흐늘거리다.
흐늘쩍-거리다 [-꺼-] 자 매우 둔하고 느리게
계속 흔들리거나 움직이다. ❑그네가 바람에
~. 흐늘쩍-흐늘쩍 [-쩌-] 튀하자
흐늘쩍-대다 [-때-] 자 흐늘쩍거리다.
흐늘흐늘-하다 형 물체가 너무 무르거나 성
기어 자꾸 물크러질 듯하다. ❑흐늘흐늘하게
삶다. ㉲하늘하늘하다.
흐드러지다 형 1 썩 탐스럽다. ❑개나리가
흐드러지게 피어 있다. 2 매우 흐뭇하거나 푸
지다. 흐무러지다.
흐들갑-스럽다 [-쓰-따] [-스러워, -스러우
니] 톱 경망스럽게 떠벌리는 태도가 있다.
❑흐들갑스럽게 인사를 하다. *흐들갑스럽
다. 흐들갑-스레 [-스-] 튀
흐들흐다 형 〈옛〉흐뜨하다.
흐락 명 장난으로 하는 짓.
흐르다¹ [흘러, 흐르니] 재태 1 시간·세월이 지
나다. ❑세월이 흘러 백발이 되었다. 2 액체
가 낮은 곳으로 내려가거나 넘쳐 떨어지다.
❑탁류가 ~ / 땀이 ~. 3 공중이나 물에 떠
서 미끄러지듯 움직이다. ❑바람 따라 흐르
는 구름. 4 한 방향으로 쏠리다. ❑감정에 ~ /
주관으로 ~. 5 어떤 범위 안에 점차 번지다.
❑고요히 흐르는 멜로디 / 침묵이 ~. 6 전기·
가스 따위가 지나가다. ❑전류가 ~ / 도시가
스가 흐르는 관. 7 새어서 빠지거나 떨어지
다. ❑자루에서 밀가루가 ~. 8 걸치거나 두
른 것이 처지거나 미끄러지다. ❑양말이 흘
러 내리다. 9 어떤 상태·기운 따위가 드러나
다. ❑윤기가 흐르는 머리 / 촌티가 ~.
흐르다² [흘러, 흐르니] 재 짐승이 흘레를 하
다.
흐르르 튀하자 종이·피륙 등이 얇고 풀기가 없
이 매우 부드러운 모양. ❑~한 인조견. ㉲하
르르.
흐름 명 1 흐르는 것. ❑강물의 ~을 막다. 2
한 줄기로 잇따라 진행되는 현상의 비유. ❑
역사의 ~ / 사태의 ~을 주시하다.
흐름-소리 명 《언》유음(流音).
흐리다¹ 타 1 흔적을 지우다. ❑말끝을 ~ / 오
징어가 먹물로 자취를 ~. 2 잡것을 섞어 탁
하게 하다. ❑물을 ~. 3 명예 따위를 더럽히
다. ❑가문을 ~. 4 언짢거나 걱정스러운 낯
빛을 나타내다. ❑낯을 ~.
흐리다² 형 1 기억력·판단력 따위가 분명하지
않다. ❑기억이 ~. ㉲하리다. 2 다른 물질이
섞여 맑지 않다. ❑김이 서리어 유리가 ~. 3
등불·빛 따위가 희미하다. ❑불빛이 ~. 4 시
력·청력(聽力)이 쇠해 잘 보이거나 들리지 않
다. ❑눈이 ~. 5 얼굴에 걱정스러운 빛이 있
다. ❑안색이 ~. 6 하늘에 구름·안개가 끼어
날씨가 맑지 않다. 7 셈 따위가 분명하지 않
다. ❑셈이 흐린 사람. 8 분명하지 않고 어렴
풋하다. ❑글씨를 흐리게 쓰다.
흐리디-흐리다 형 매우 흐리다.
흐리-마리 튀하자 1 거취 따위가 분명하지 않
은 모양. ❑~한 대답. 2 생각·기억·일 따위
가 분명하지 않은 모양. ❑기억이 ~하다.
흐리멍덩-하다 형어 1 기억이 흐릿하다. 2 옳
고 그름의 구별이나 하는 일 따위가 분명하
지 않다. ❑셈이 ~. 3 정신이 몽롱하다. ❑
흐리멍덩한 눈 / 잠에 취해 머리가 ~. 4 귀에
들리는 것이 희미하다. ❑흐리멍덩하게
리멍덩-히 튀
흐리터분-하다 형어 1 사물이나 현상 따위가
똑똑하지 못하고 흐리다. ❑흐리터분한 날

씨. 2 성격이 흐리고 분명하지 못하다. ❑흐리
터분한 사람. ㉲흐리터분하다. 흐리터분-히 튀
흐린-소리 명 《언》울림소리.
흐릿-하다 [-리타-] 형어 조금 흐린 듯하다.
❑흐릿한 불빛 / 안개가 끼어 집이 흐릿하게
보인다.
흐무러-지다 재 1 잘 익어서 무르녹다. ❑흐
무러질 정도로 익은 감. 2 물에 불어서 썩 무
르다. ❑쌀이 물에 불어 ~. ㉲흐무지다. 3
엉길 힘이 없어 뭉그러지다. ❑두부가 ~.
흐무뭇-하다 [-무타-] 형어 매우 흐뭇하다. ㉲
하무뭇하다.
흐무-지다 재 '흐무러지다1·2'의 준말.
흐물-흐물 튀하자 1 푹 익어서 매우 무른 모
양. ❑~해지도록 고기를 삶다. ㉲하물하물.
2 힘이 없어 아주 뭉그러지거나 늘어지는 모
양. ❑모래성이 ~ 무너져 내렸다.
흐뭇-이 튀 흐뭇하게. ㉲하뭇이.
흐뭇-하다 [-무타-] 형어 마음에 흡족하다. ❑
흐뭇한 기분 / 흐뭇한 표정. ㉲하뭇하다.
흐벅-지다 [-찌-] 형 탐스럽게 두툼하고 부드럽
다. ❑흐벅진 젖가슴.
흐슬-부슬 튀 찰기가 없고 헤식어서 흩어
질 듯한 모양. ❑과자가 ~ 부스러진다.
흐숨츠러하다 형 〈옛〉희미하다.
흐웍흐웍하다 형 〈옛〉윤택하다. 무르녹다.
흐웍하다 형 〈옛〉흡족하다. 윤택하다. 무르녹
다.
흐지-부지 튀하자타 [←휘지비지(諱之祕之)]
끝을 분명하게 맺지 못하고 흐리멍덩하게 넘
기는 모양. ❑~ 끝나다 / -하게 처리되다.
흐트러-뜨리다 타 흐트러지게 하다. ❑닭이
모이를 ~ / 머리를 흐트러뜨리고 덤비다.
흐트러-지다 재 1 여러 가닥으로 흩어져 얽히
다. ❑대오가 ~ / 머리가 ~. 2 옷차림이나
자세 따위가 단정하지 못하다. ❑흐트러진
자세. 3 정신이 산만해서 집중하지 못하다.
❑마음이 ~.
흐트러-트리다 타 흐트러뜨리다.
흐흐 튀하자 1 털털하고 걸걸하게 웃는 소리.
또는 그 모양. 2 흐뭇함을 참지 못하여, 입을
약간 벌리고 은근히 웃는 소리. 또는 그 모양.
흑(黑) 명 1 '흑색'의 준말. 2 '흑지'의 준말.
❑~을 잡다 / ~을 쥐다. ↔백(白).
흑 튀하자 1 숨을 거칠게 쉬며 흐느끼는 소리.
2 큰 충격이나 찬 기운을 받아 숨을 거칠게
내쉬는 소리.
흑각(黑角)[-깍] 명 빛이 검은 물소의 뿔.
흑각-대(黑角帶)[-깍때] 명 《역》조선 때, 종
삼품 이하의 벼슬아치나 구실아치의 공복(公
服) 및 오품 이하의 조복(朝服)·제복(祭服)·
상복(喪服)에 띠던 띠(흑각(黑角)으로 만듦).
흑각띠.
흑각-띠(黑角-)[-깍-] 명 흑각대(帶).
흑-갈색(黑褐色)[-깔쌕] 명 검은빛을 띤 짙은
갈색.
흑건(黑鍵)[-껀] 명 《악》피아노·풍금 따위의
검은 건반. ↔백건(白鍵).
흑-고래(黑-)[-꼬-] 명 《동》긴수염고래과의
하나. 난해에 살며, 몸길이 12~17 m, 등은 회
흑색. 등지느러미에는 낙타 등처럼 혹이 있
고 앞발의 변형인 가슴지느러미는 몸길이의
1/3이나 됨. 성질은 활발하면서도 느림. 흑
등고래.
흑곡(黑麴)[-꼭] 명 종곡(種麴)의 하나. 주로
소주를 만드는 데 씀.

흑-귀자 (黑鬼子)[-뀌-] 명 1 '흑인(黑人)'을 낮추어 이르는 말. 2 살빛이 검은 사람을 조롱하는 말.

흑기 (黑氣)[-끼] 명 1 검은 기운. 2 불길하고 음산한 기운.

흑기 (黑旗)[-끼] 명 검은 빛깔의 기.

흑-기러기 (黑-)[-끼-] 명 《조》 오릿과에 속하는 겨울새. 검은빛의 작은 기러기로, 몸길이는 41cm 정도이고, 여름에는 밤색, 겨울에는 흰색임. 6월경에 한 배에 3~8개의 알을 낳음. 천연기념물 제325호.

흑-내장 (黑內障)[흥-] 명 《의》 겉보기에는 동공이 검고 아무 이상이 없으나 실제로는 전혀 보지 못하는 눈병.

흑노 (黑奴)[흥-] 명 흑인 노예. 또는 흑인을 얕잡아 이르는 말.

흑단 (黑檀)[-딴] 명 《식》 감나뭇과의 상록 활엽 교목. 높이 약 6m, 꽃은 담황색 단성화 (單性花)로 통꽃부리이며, 구형의 장과(漿果)는 작은 감과 비슷한데 적황색으로 익음. 재목은 가구·악기 등의 재료로 씀.

흑-단령 (黑團領)[-딸-] 명 《역》 벼슬아치가 입었던 검은 빛깔의 단령.

흑달 (黑疸)[-딸] 명 《한의》 여로달(女勞疸).

흑당 (黑糖)[-땅] 명 1 검은엿. 2 흑설탕.

흑-대두 (黑大豆)[-때-] 명 검은콩.

흑-대모 (黑玳瑁)[-때-] 명 검은 빛깔의 대모.

흑도 (黑道)[-또] 명 《천》 태음(太陰)의 궤도.

흑-두 (黑豆)[-뚜] 명 검은팥.

흑두 (黑頭)[-뚜] 명 1 빛이 검은 머리. 2 젊은 사람.

흑-두루미 (黑-)[-뚜-] 명 《조》 두루밋과에 속하는 겨울새. 논·습지에 살며, 몸길이는 76cm 정도이고, 꼬리는 18cm 정도. 몸빛은 회흑색, 머리와 목은 순백색, 부리는 황록색임. 천연기념물 제228호.

흑두-병 (黑痘病)[-뚜뼝] 명 《한의》 피부에 검은 반점이 생기고 목이 잠기는 전염병의 하나.

흑두-재상 (黑頭宰相)[-뚜-] 명 나이가 젊은 재상.

흑룡 (黑龍)[흥뇽] 명 몸빛이 검은 용. 여룡(驪龍). 이룡(驪龍).

흑린 (黑燐)[흥닌] 명 《화》 황린을 12,000기압에서 200℃로 가열하여 만드는 인의 동소체 《열·전기의 도체임》.

흑마 (黑馬)[흥-] 명 검은 빛깔의 말. 검정말.

흑-마포 (黑麻布)[흥-] 명 검은 빛깔의 마포.

흑막 (黑幕)[흥-] 명 1 검은 장막. 2 드러나지 않은 음흉한 내막. ▢~을 밝히다 / ~을 캐다 / ~을 폭로하다.

흑막 정치 (黑幕政治)[흥-찡-] 명 정치 무대의 뒤에서 소수의 사람이 조종하는 정치.

흑-맥주 (黑麥酒)[흥-쭈] 명 맥주의 일종《착색한 맥아(麥芽)를 사용하므로 암갈색을 띰》.

흑반 (黑斑)[-빤] 명 검은 빛깔의 얼룩점.

흑반 (黑礬)[-빤] 명 《화》 황산 제일철.

흑반-병 (黑斑病)[-빤뼝] 명 사과·감·오이·매실·고구마·배·목화 등에 발생하는 과수병의 하나. 검은별무늿병.

흑발 (黑髮)[-빨] 명 검은 머리털. ▢~의 미인.

흑백 (黑白)[-빽] 명 1 검은빛과 흰빛. 2 옳고 그름. 잘잘못. ▢~을 가리다. 3 바둑의 흑지와 백지. 또는 상수와 하수. 4 흑인과 백인. ▢~의 갈등.

흑백 논리 (黑白論理)[-뺑놀-] 어떤 사항을 흑과 백, 선과 악, 득과 실 등으로 양분하고 중립적인 것을 인정하지 않으려는 사고방식이나 논리.

흑백불분 (黑白不分)[-뺄-] 명 1 검은 것과 흰 것을 구별하지 못함. 2 잘잘못이 분명하지 않음.

흑백 사진 (黑白寫眞)[-뺀싸-] 명 실물의 형상이 검은빛의 짙고 엷음과 흰빛으로만 나타난 사진. ↔천연색 사진.

흑백 영화 (黑白映畫)[-뺑녕-] 명 흑백으로 영상이 나타나는 영화.

흑백-텔레비전 (黑白television)[-뺙-] 명 재생 (再生)된 상(像)이 흰색과 검정색의 농담(濃淡)으로만 나타나는 텔레비전.

흑-보기 (-뽀-) 명 눈동자가 한쪽으로 쏠려 늘 흘겨보는 사람.

흑-빵 (黑-)[-빵] 명 호밀 가루로 만든 빵.

흑사 (黑沙)[-싸] 명 《광》 자철석(磁鐵石)·주석석(朱錫石)·휘석(輝石)·각섬석(角閃石) 등의 검은빛 광물이 많이 들어 있는 모래.

흑사-병 (黑死病)[-싸뼝] 명 페스트(pest).

흑-사탕 (黑砂糖)[-싸-] 명 흑설탕.

흑삼 (黑衫) 명 《역》 나라 제사 때, 제관(祭官)이 입던, 소매가 검은 예복.

흑-삼릉 (黑三稜)[-쌈능] 명 《식》 흑삼릉과의 여러해살이풀. 연못에 나며, 높이는 약 1m, 잎은 가늘고 길며 뭉쳐남. 여름에 흰 단성화 (單性花)가 두상꽃차례로 핌.

흑색 (黑色)[-쌕] 명 1 검은빛. ▢~ 잉크. ▢~빛색. 2 무정부주의자를 상징하는 빛깔. ⓑ흑.

흑색 산화구리 (黑色酸化-)[-쌕싼-] 《화》 산화 제이구리(酸化第二)구리.

흑색-선전 (黑色宣傳)[-쌕썬-] 명 근거 없는 사실을 조작해서 상대방을 중상모략하고 교란하는 정치적 술책.

흑색 인종 (黑色人種)[-쌕낀-] 피부가 흑색 또는 갈색을 띤 인종의 통칭. ⓑ흑인종.

흑색 조합 (黑色組合)[-쌕쪼-] 《사》 무정부주의 계통의 노동조합.

흑색 화:약 (黑色火藥)[-쌕꽈-] 《화》 질산칼륨 75%, 황 10%, 숯가루 15%를 배합한 화약《폭발력이 약하고 연기가 나서, 불꽃놀이의 화약이나 엽총의 탄약으로 씀》.

흑석 (黑石)[-썩] 명 1 검은 빛깔의 돌. 2 흑요암(黑曜岩). 3 검은 바둑돌. 흑지.

흑-석영 (黑石英)[-써경] 명 《광》 검은 빛깔의 석영.

흑선 (黑線)[-썬] 명 1 검은 빛깔의 선. 2《물》빛의 흡수 스펙트럼에 나타나는 암흑선. 곧, 태양의 스펙트럼에 나타나는 암선(暗線).

흑-설탕 (黑雪糖)[-썰-] 명 정제(精製)하지 않은 검은 흑갈색의 원당(原糖). 흑사탕. 흑당. ＊흑설탕·황설탕.

흑손 (黑損)[-쏜] 명 신문 용어로, 인쇄가 지나치게 검게 되어 버리는 신문지. ↔백손.

흑송 (黑松)[-쏭] 명 해송(海松).

흑수 (黑手)[-쑤] 명 1 검은 손. 2 음흉한 수단.

흑수 (黑穗)[-쑤] 명 《식》 깜부기1.

흑수-병 (黑穗病)[-쑤뼝] 명 깜부깃병.

흑수-열 (黑水熱)[-쑤-] 명 《의》 아주 심한 말라리아에 걸렸을 때 일어나는 급성 적혈구 붕괴증.

흑-수정 (黑水晶)[-쑤-] 명 《광》 검은 수정.

흑수-증 (黑水症)[-쑤쯩] 명 《한의》 신장염 등으로 herself 아프고 외음부가 붓는 병.

흑승-지옥 (黑繩地獄)[-씅-] 명 《불》 팔열 지옥의 둘째《몸을 뜨거운 사슬로 묶고, 달군 쇠도끼나 칼·톱으로 베거나 자른다고 함》.

흑시 (黑柿)[-씨] 명 먹감나무.

흑심(黑心)[-씸][명] 음흉하고 부정한 욕심이 많은 마음. □~을 품다.

흑-싸리(黑-)[명] 1 화투에서, 검은 싸리를 그린 화투짝(4월이나 네 끗을 나타냄). 2 남의 일에 훼방을 잘 놓는 사람의 별명.

흑암(黑暗·黑闇)[허험][명] 몹시 어두움.

흑암(黑岩)[명] 빛이 검은 바위.

흑야(黑夜)[명] 칠야(漆夜).

흑양-피(黑羊皮)[명] 빛이 검은 양의 가죽.

흑연(黑煙)[명] 1 시꺼먼 연기. 2 숯 가루를 봉지에 넣어 줄에 칠하여 쓰는 먹줄.

흑연(黑鉛)[명]『광』순수한 탄소로 된 광물. 검은색을 띠며 금속광택이 있음. 금속 중 녹는점이 가장 높은 양도체로, 연필심·단열재(斷熱材)·전극(電極)·원자로의 감속재(減速材) 따위로 씀. 석묵(石墨).

흑연-광(黑鉛鑛)[명]『광』1 흑연을 파내는 광산. 2 흑연이 들어 있는 광석.

흑연-색(黑鳶色)[명] 검은 다갈색(茶褐色).

흑-염소(黑-)[명]『동』털 빛깔이 검은 염소.

흑영(黑影)[명] 검은 그림자.

흑예(黑瞖)[명]『한의』각막에 팥알만 한 용기물이 생기는 눈병.

흑요-석(黑曜石)[명] 흑요암.

흑요-암(黑曜岩)[명]『광』회색·흑색의 유리질의 화산암(화산 분화 때, 마그마가 급격히 식어서 굳어진 반투명체. 갈아서 구슬·단추로 씀). 오석(烏石). 흑요석.

흑우(黑牛)[명] 털빛이 검은 소.

흑운(黑雲)[명] 1 검은 구름. 먹구름. 2 암담한 상태나 정세를 비기는 말. ↔백운(白雲).

흑-운모(黑雲母)[명]『광』철·칼륨·반토(礬土)·물 등이 결합한 규산염으로 이루어진 운모. 흑색·청회색·갈색 등의 빛깔을 띠며 경도(硬度)가 낮음. 검은돌비늘.

흑월(黑月)[명]『불』한 달을 둘로 나누어 계명(戒命)을 설법하는 기간 가운데, 15일 이후의 보름을 가리키는 말. ↔백월(白月).

흑유(黑釉)[명]『공』검은빛의 도자기 잿물.

흑의(黑衣)[흐긔/흐기][명] 1 빛깔이 검은 옷. 2[역] 공용(公用) 인부들이 입던 검은 옷옷(두루마기와 비슷한데 무와 옷섶이 없음). 3[불] 승려의 법의(法衣). 출가(出家)의 뜻으로도 쓰임. ↔백의(白衣).

흑의-재상(黑衣宰相)[흐긔-/흐기-][명] 정치에 참여하여 큰 영향을 끼치는 승려.

흑인(黑人)[명] 1 털과 피부가 검은 사람. 2 흑색 인종에 속하는 사람. □~ 병사.

흑인 영가(黑人靈歌)[흐긴녕-][명]『악』미국의 흑인의 종교적인 민요. 흑인 특유의 리듬감에 찬송가의 영향을 받음.

흑-인종(黑人種)[명] '흑색 인종'의 준말.

흑-임자(黑荏子)[명]『한의』검은깨1.

흑임자-죽(黑荏子粥)[명] 검은깨를 쌀과 함께 물에 담갔다가 맷돌에 갈아 체로 걸러서 물만 붓고 쑨 죽.

흑자(黑子)[-짜][명] 1 검지. 2 사마귀1.

흑자(黑字)[-짜][명] 1 검은빛의 글자. 또는 먹으로 쓴 글자. 2[경] 수입이 지출보다 많아 잉여 이익이 생기는 일. □~로 돌아서다 / 흑자 내다. ↔적자(赤字).

흑자 도산(黑字倒産)[-짜--][명]『경』기업이 경영에서 이익을 내면서도 자금 회전이 잘 되지 않아 도산하는 일.

흑-자색(黑紫色)[-짜-][명] 검은빛에 보랏빛이 나는 색. 자흑색.

흑자-석(黑赭石)[-짜-][명] 중국 장시 성(江西省)에서 나는, 도자기에 쓰는 푸른 물감의 한

가지(광물로 만들며, 화소청(畵燒青)과 비슷함). 무명자(無名子)2.

흑자 예:산(黑字豫算)[-짜-]『경』수입이 지출보다 많은 예산.

흑자체 활자(黑字體活字)[-짜-짜]『인』고딕(Gothic).

흑자-폭(黑字幅)[-짜-][명] 이익이 남는 정도. □국제 수지의 ~이 확대되다.

흑적-색(黑赤色)[-쩍쌕][명] 검붉은 색.

흑점(黑點)[-쩜][명] 1 검은 점. 2『천』'태양 흑점'의 준말.

흑정(黑睛)[-쩡][명] 검은자위.

흑제(黑帝)[-쩨][명]『민』음양오행설에서, 겨울을 맡은 북쪽의 신.

흑조-어(黑條魚)[-쪼-][명]『어』피라미.

흑죽-학죽(-粥-粥)[-쭈각쭉][부하타] 일을 정성껏 하지 않고 되는대로 어름어름 넘기는 모양. □일을 ~ 마무리하지 마라.

흑-쥐(黑-)[-쮜][명]『동』쥣과의 동물. 몸의 길이는 약 13cm, 귀와 꼬리는 짧으며, 등은 검고 배는 회백색임. 논·밭·산·들에서 사는데 전염병을 옮김.

흑지(黑-)[-찌][명] 바둑돌의 검은 알. ↔백지. ☞흑.

흑채(黑彩)[명] 검은색의 유약(釉藥)을 바른 도자기.

흑-채문(黑彩紋)[명] 검은 줄로 그려진 채문. ↔백채문.

흑책-질[-찔][명하타] 교활한 수단으로 남의 일을 방해하는 짓.

흑청(黑淸)[명] 조청과 비슷한 검은 꿀.

흑체(黑體)[명]『물』모든 복사 광선을 완전히 흡수하는 물체.

흑축(黑丑)[명]『한의』푸르거나 붉은 나팔꽃의 씨(약으로 쓰는데, 약효는 백축(白丑)보다 빠름). 견우자(牽牛子).

흑칠(黑漆)[명하타] 1 검은 빛깔의 옻. 2 검은 빛깔로 칠함.

흑탄(黑炭)[명]『광』역청탄(瀝青炭).

흑태(黑太)[명] 검은콩.

흑태(黑苔)[명]『한의』열이 심한 환자의 혓바닥에 생기는 검은 버캐.

흑토(黑土)[명] 1 빛깔이 검은 흙. 2[지] 부식질(腐植質)이 많이 들어 있는 흑색 또는 흑갈색의 기름진 땅. 흑색토(黑色土).

흑토-대(黑土帶)[명]『지』흑토 지대.

흑토 지대(黑土地帶)[명]『지』흑토가 널리 분포된 지대(농업 지대로 알맞음. 흑해 연안의 남부 러시아 일대 따위가 대표적임).

흑판(黑板)[명] 칠판(漆板).

흑-포도(黑葡萄)[명] 알의 빛깔이 검은 포도.

흑풍[1](黑風)[명] 모래나 먼지를 일으켜서 햇빛을 가리며 맹렬히 부는 회오리바람.

흑풍[2](黑風)[명]『한의』안질의 하나. 간 기능의 장애로 시력이 흐리고 눈동자·콧마루가 아프며 나중에는 두통이 나고 때때로 검은 불빛이 보이는 병.

흑풍-백우(黑風白雨)[명] 흑풍이 몰아치는 가운데 내리는 소나기.

흑피(黑皮)[명] 검은 빛깔의 가죽. 또는 검게 물들인 가죽.

흑피-화(黑皮靴)[명]『역』전악(典樂)·악생·악공이 신던 신(검은 가죽으로 목화(木靴)처럼 만들었음).

흑핵(黑核)[흐객][명]『생』중뇌(中腦)에 있는 흑갈색의 좀 큰 회백질(灰白質)(골격근(骨格

筋)의 무의식적인 운동을 맡아봄》. 흑색질(黑色質).

흑-호마(黑胡麻)[흐코─] 명 검은깨1.

흑-화사(黑花蛇)[흐콰─] 명 『한의』 먹구렁이.

흑화-예(黑花瞖)[흐콰─] 명 『한의』 눈병의 하나. 수정체에 푸른 막이 생기고 몹시 아픔.

흑훈(黑暈)[흐쿤] 명 『천』 검은빛의 햇무리.

흑-흑 [흐극] 부하자 **1** 설움이 북받쳐 흐느껴 우는 소리. □∼ 느껴 울다. **2** 몹시 찬 기운을 받아 자꾸 거친 숨을 쉬는 소리.

흔감(欣感) 명하자 기쁘게 여겨 감동함.

흔구(欣求) 명하자 『불』 흔쾌히 원해서 구함.

흔구 정토(欣求淨土) 『불』 극락에 왕생(往生)하기를 흔쾌히 원하는 일.

흔낙(欣諾) 명하자 기쁜 마음으로 승낙함.

흔느므라다 타 〈옛〉 흩뜨려 나무라다.

흔단(釁端) 명 **1** 틈이 생기는 실마리. □∼을 열다. **2** 서로 다르게 되는 시초.

흔덕-거리다[─꺼─] 자타 자꾸 흔덕이다. 작한 닥거리다. **흔덕-흔덕** [─더큰─] 부하자타

흔덕-대다 [─때─] 자타 흔덕거리다.

흔덕-이다 자타 큰 물체 따위가 둔하게 흔들리다. 또는 그리 되게 하다. 작한닥이다.

흔뎅-거리다 자타 자꾸 흔뎅이다. 작한댕거리다. **흔뎅-흔뎅** [부하자타]

흔뎅-대다 자타 흔뎅거리다.

흔뎅-이다 자타 큰 물체 따위가 위태롭게 매달려 흔들리다. 또는 그리 되게 하다.

흔동-일세(掀動一世)[─쎄] 명 《─헌동일세(掀動一世)》 위세가 대단해서 한세상을 뒤흔듦.

흔드렁-거리다 자타 매달린 큰 물체가 큰 폭으로 자꾸 가볍게 흔들리다. 또는 그리 되게 하다. □나뭇가지가 바람에 ∼. 작한드랑거리다. **흔드렁-흔드렁** [부하자타]

흔드렁-대다 자타 흔드렁거리다.

흔드적-거리다[─꺼─] 자타 매달린 큰 물체가 천천히 자꾸 흔들리다. 또는 그리 되게 하다. 작한드작거리다. **흔드적-흔드적** [─저큰─] 부하자타

흔드적-대다[─때─] 자타 흔드적거리다.

흔들-거리다 자타 자꾸 흔들리다. 또는 그리 되게 하다. □물결에 흔들거리는 낙엽. 작한들거리다. **흔들-흔들** 부하자타 □배가 전후좌우로 ∼하다.

흔들다[흔들어, 흔드니, 흔드는] 타 **1** 좌우나 앞뒤로 자꾸 움직이게 하다. □손을 ∼/손수건을 ∼/동생을 흔들어 깨우다. **2** 큰 소리나 충격 따위가 물체를 울리게 하다. □관중의 함성이 경기장을 ∼. **3** 사람의 마음을 동요시키거나 약하게 하다. □노랫소리가 마음을 ∼. **4** 질서·권위 따위를 동요시키다. □부동산 경기 과열이 경제의 안정 기조를 흔들어 놓았다. **5** 권력 따위로 어떤 대상을 마음대로 움직이다. □정계를 마음대로 ∼.

흔들-대다 자타 흔들거리다.

흔들리다 자 《'흔들다'의 피동》 흔들어지다. 흔듦을 당하다. □바람에 흔들리는 나뭇가지들/결심이 ∼.

흔들-바람 명 『기상』 풍력 계급 5의 바람. 초속(秒速) 8∼10.7m로 부는 바람. 질풍(疾風).

흔들-바위 명 사람이 건드리면 흔들리는, 산에 자연적으로 서 있는 바위.

흔들-비쭉이 명 변덕스러워 성을 잘 내거나 심술을 잘 부리는 사람.

흔들-의자(─椅子)[─드릭─/─드리─] 명 앉아서

앞뒤로 흔들면서 쉴 수 있도록 만든 의자.

흔들-이 명 **1** 『물』 진자(振子). **2** 몸·손발을 늘 흔드는 사람의 별명.

흔모(欣慕) 명하자 흠모(欽慕).

흔연-대접(欣然待接) 명하자 기꺼운 마음으로 잘 대접함.

흔연-스럽다(欣然─)[흐년─따][─스러워, ─스러우니] 형타 흔연한 태도가 있다. **흔연-스레** 부

흔연-하다(欣然─) 형여 기쁘거나 반가워 기분이 좋다. □흔연하게 맞다. **흔연-히** 부. □∼ 승낙하다.

흔적(痕迹·痕跡) 명 뒤에 남은 자취나 자국. □∼을 남기다 / ∼이 보이다.

흔적 기관(痕跡器官)[─끼─] 『생』 생물의 기관 가운데 본디 유용한 기관이었으나 현재는 쓸모없이 흔적만 남은 부분《사람의 귀볼 같은 움직이는 근육이나 고래의 뒷다리 같은 것》.

흔전-거리다 자 생활이 넉넉하여 모자람이 없이 지내다. **흔전-흔전** 부하자

흔전-대다 자 흔전거리다.

흔전-만전 부하형 **1** 아주 흔하고 넉넉한 모양. **2** 돈이나 물건 등을 헤프게 쓰는 모양. □돈을 ∼ 쓰다.

흔전-하다 형여 생활이 아주 넉넉하다.

흔천-동지(掀天動地) 명하자 천지를 뒤흔들 만하게 큰 소리가 난다는 뜻으로, 세력을 떨침을 이르는 말.

흔충(掀衝) 명 『한의』 피부나 근육이 화끈거리며 아픈 증세.

흔쾌-하다(欣快─) 형여 기쁘고 통쾌하다. □흔쾌하게 받아들이다. **흔쾌-히** 부. □∼ 동의하다.

흔-타 형 ☞ 흔하다.

흔-하다 형여 **1** 아주 많이 또는 자주 있다. □젖먹이에게 흔한 병이다. **2** 주변에 많이 있어 구하기 쉽다. □흔한 책. ↔귀하다. 준흔다. **흔-히** 부. □∼ 볼 수 있는 일.

흔흔-하다(欣欣─) 형여 매우 기쁘고 만족스럽다. **흔흔-히** 부

흔희(欣喜)[─히] 명하자 환희(歡喜)1.

흔희-작약(欣喜雀躍)[─히자걍] 명하자 너무 좋아 뛰며 기뻐함. □우승 소식에 ∼하다.

흘다[흔타] 형 '흔하다'의 준말.

흘가휴의(迄可休矣)[/─이] 명 알맞은 정도에서 그만두라는 뜻으로, 정도를 넘어섬을 경계하는 말.

흘게 명 매듭·사개·고동·사북 등의 조인 정도나, 무엇에 맞추어 짠 자리. □흘게가 풀리다.

흘게(가) 늦다 [가] ㉠흘게가 약간 풀려 느슨하다. ㉡성격이나 행동이 야무지지 못하다.

흘게(가) 빠지다 [가] 정신이 똑똑하지 못하고 흐릿하거나 느릿느릿하다.

흘겨-보다 타 흘기는 눈으로 보다. □흘겨보는 눈씨를 짓다.

흘근-거리다 자 굼뜨게 느릿느릿 걷거나 행동하다. **흘근-흘근** 부하타

흘근-대다 자 흘근거리다.

흘근번쩍-거리다[─꺼─] 타 눈을 자꾸 흘기며 번쩍이다.

흘근번쩍-대다[─때─] 타 흘근번쩍거리다.

흘금 부하타 곁눈으로 슬그머니 한 번 보는 모양. 셈흘끔.

흘금-거리다 타 곁눈으로 슬그머니 자꾸 보다. □옆의 여자를 ∼.셈흘끔거리다. **흘금-흘금** 부하타

흘금-대다 타 흘금거리다.

흘긋 [─귿] 부하타 **1** 곁눈으로 슬쩍 한 번

다. ❏사람을 ~ 보다. **2** 눈에 얼씬 띄었다가 곧 사라지는 모양. ❸할긋. ❿흘끗.

흘긋-거리다[-근꺼-]**田** 자꾸 흘긋하다. ❸할긋거리다. **흘긋-흘긋**[-근끄-]**튀하태**

흘긋-대다[-근때-]**田** 흘긋거리다.

흘기다태 눈동자를 옆으로 굴려 못마땅하게 노려보다. ❏못마땅한 얼굴로 눈을 ~.

흘기-죽죽[-쭉]**튀하형** 흘겨보는 눈에 못마땅한 빛이 드러나는 모양. ❸할기죽족.

흘깃[-긴]**튀하태** 가볍게 한 번 흘겨보는 모양. ❸할깃. ❿흘낏.

흘깃-거리다[-긴꺼-]**태** 가볍게 자꾸 흘기다. ❸할깃거리다. ❿흘낏거리다. **흘깃-흘깃**[-기틀긷]**튀하태**. ❏~ 쳐다보다.

흘깃-대다[-긷때-]**태** 흘깃거리다.

흘끔튀하태 곁눈으로 슬그머니 한 번 흘겨보는 모양. ❸~. 돌아보다. ❿흘금.

흘끔-거리다태 곁눈으로 슬그머니 자꾸 흘겨보다. ❸할끔거리다. **흘끔-흘끔** 튀하태. ❏~ 눈치를 살피다.

흘끔-대다태 흘끔거리다.

흘끔-하다형어 몸이 몹시 고달프거나 불편해서 얼굴이 꺼칠하고 눈이 쑥 들어가 있다. ❸할끔하다.

흘끗[-끋]**튀하태 1** 곁눈으로 슬쩍 한 번 보는 모양. ❏~ 쳐다보다. **2** 눈에 얼씬 띄었다가 곧 사라지는 모양. ❏그가 ~ 눈에 띄었다. ❸할끗. ❿흘긋.

흘끗-거리다[-끋꺼-]**태** 자꾸 흘끗하다. ❸할끗거리다. **흘끗-흘끗**[-끄틀끋]**튀하태**

흘끗-대다[-끋때-]**태** 흘끗거리다.

흘낏-거리다[-긷꺼-]**태** 가볍게 자꾸 흘기다. ❸할낏거리다. ❿흘깃거리다. **흘낏-흘낏**[-끼틀낃]**튀하태**

흘낏-대다[-긷때-]**태** 흘낏거리다.

흘떼기명 힘줄이나 근육 사이에 있는, 얇은 껍질이 많이 섞인 질긴 고기.

흘떼기-장기(-將棋)명 뻔히 질 것인데도 떼를 써 가며 끈질기게 두는 장기.

흘러-가다자거라 **1** 흐르면서 나아가다. ❏바다로 흘러가는 강물. **2** 공중이나 물에 떠서 미끄러지듯 나아가다. ❏구름이 산 너머로 ~. **3** 시간이나 세월이 지나가다. ❏흘러간 옛 노래. **4** 정보·돈 따위가 다른 편으로 전해지다. ❏회사 공금이 개인 계좌로 ~.

흘러-나오다자 **1** 물·빛 따위가 새거나 빠져 나오다. ❏바위틈에서 샘물이 ~. **2** 말소리나 음악 소리가 밖으로 퍼져 나오다. ❏연주실에서 흘러나오는 멜로디. **3** 소문이나 예측 따위가 전해지다. ❏망측한 소문이 ~. ❏몰래 빼 오다. ❏미군 부대에서 흘러나온 양주.

흘러-내리다자 **1** 액체 따위가 높은 곳에서 흐르거나 떨어지다. ❏흘러내리는 눈물. **2** 맨 것이 풀리거나 느슨해져 미끄러지듯 내리다. ❏안경이 ~.

흘러-넘치다자태 넘쳐흐르다. ❏빗물이 바다에 흘러넘쳤다.

흘러-들다[-들어, -드니, -드는]**태 1** 액체 따위가 흘러서 들어가다. ❏강에 폐수가 ~. **2** 물건 따위가 어떻게 되어 새어 들다. ❏마약이 불량배들을 통해 밀반입되어 국내로 ~. **3** 부정적인 사상·생활 양식 따위가 스며들다. ❏우리에게는 사치 풍조가 흘러들 틈이 없다. **4** 정처 없이 떠돌다가 저도 모르게 들어오다. ❏시골로 마을에 ~.

흘러-보다태 남의 속을 슬그머니 떠보다. ❏속마음을 ~.

흘러-오다자 **1** 액체 따위가 흐르면서 내려오

다. ❏산에서 흘러온 물. **2** 말소리·음악 소리·냄새 따위가 퍼져 오다. **3** 정처 없이 떠돌다가 들어오다. ❏어디서 흘러온 녀석일까.

흘레명하자 교미(交尾).

흘레-붙다[-붇따]**자** 〈속〉흘레하다.

흘레-붙이다[-부치-]**타·치** 《'흘레붙다'의 사동》흘레하게 하다. ❏개를 ~.

흘려-듣다[-따][-들어, -들으니, -듣는]**태ㄷ 1** 주의 깊게 듣지 않다. ❏칭찬은 흘려들어도 충고는 귀담아들어야 한다. **2** 다른 사람들이 주고받는 소리가 우연히 귀에 들려 어떤 소식을 얻어듣다. ❏흘려들은 소문.

흘려-버리다태 주의 깊게 듣지 않고 넘겨 버리다. ❏이야기를 예사로이 ~.

흘려-보내다태 **1** 흘러가는 것을 내버려 두다. ❏세월을 ~. **2** 주의 깊게 듣지 않고 지나쳐 버리다.

흘려-쓰기명 글자를 흘려서 쓰는 기법.

흘려-주다태 여러 번에 조금씩 나누어 주다.

흘리다태 **1** 액체·알갱이 따위를 떨어뜨리거나 밖으로 새게 하다. ❏피를 ~ / 땀을 비 오듯 ~. **2** 빠뜨리거나 떨어뜨려 잃다. ❏지갑을 ~. **3** 글씨를 마구 잇대어 쓰다. ❏편지를 흘려 쓰다. **4** 말을 귀담아듣지 않다. ❏한 귀로 듣고 한 귀로 ~. **5** 여러 차례에 나누어 주다. ❏외상값을 흘려서 갚다. **6** 글씨에서, 붓질을 흐리게 하여 붓 자국이 잘 보이지 않게 하다. **7** 비밀·정보 따위를 넌지시 남이 알게 하다. ❏언론에 정보를 ~.

흘림[1]명 초서(草書). ❏글을 ~으로 쓰다.

흘림[2]명〈건〉 **1** 기둥의 굵기를 꼭대기에서 밑동까지 다르게 하는 일. **2** 수평면을 기준으로 한 서까래의 기울기.

흘림-걸그물명 어망의 한 가지. 배와 함께 떠다니면서 물고기가 그물코에 걸리거나 감싸이게 하는 그물. 유자망(流刺網).

흘림-기둥[-끼-]명〈건〉기둥의 몸이 기둥뿌리나 기둥머리보다 배가 부른 기둥.

흘림-낚시[-낙씨]명 강이나 계곡 따위에서, 견지나 릴낚싯대를 이용하여 낚싯줄이 흘러 내려가게 하여 하는 낚시.

흘림-체(-體)명 흘림으로 쓰는 글씨체.

흘림-흘림명 돈·물건을 조금씩 여러 번에 나누어 주거나 받는 모양. ❏돈을 ~ 갚다.

흘립-하다(屹立-)[-리파-]**형어** 산이 깎아지른 듯이 우뚝 솟아 있다.

흘미죽죽[-쭉]**튀하형** 일을 여무지게 끝맺지 못하고 흐리멍덩하게 질질 끄는 모양.

흘수(吃水)[-쑤]명 선체(船體)가 물에 잠기는 정도. ❏~가 깊은 배.

흘수-선(吃水線)[-쑤-]명 선체가 물에 잠기는 한계선.

흘연(屹然)**튀하형·튀** 높게 우뚝 솟은 모양.

흘연-독립(屹然獨立)[흐련독립]명하자 홀로 우뚝하게 섬.

흘쩍-거리다[-꺼-]**태** 일의 진행을 일부러 자꾸 질질 끌어 나가다. ❏그는 일을 자꾸 흘쩍거리려고 한다. **흘쩍-흘쩍**[-쩌클]**튀하태**

흘쩍-대다[-때-]**태** 흘쩍거리다.

흘쭉-거리다[-꺼-]**태** 매우 검질기게 흘쩍거리다. **흘쭉-흘쭉**[-쭈클]**튀하태**

흘쭉-대다[-때-]명 흘쭉거리다.

흘출(屹出)명하자 산이 높고도 날카롭게 우뚝 솟다.

흙[흑]명 지구의 표면을 덮고 있는 바위가 부스러져 생긴 무기질의 가루와 썩은 동식물에

서 생긴 유기질의 물질이 섞여 이루어진 것. 토양. ▣～으로 만든 벽돌 / ～ 속의 벌레 / 손에 ～을 묻히다 / 죽으면 누구나 다 ～으로 돌아간다.

흙-감태기 [흑깜-] 명 흙을 온몸에 뒤집어쓴 모양. 또는 그러한 사람이나 물건. ▣아이들이 ～가 되어 뒹굴며 논다.

흙-격지 [흑격찌] 명 《지》 지층과 지층 사이.

흙-구덩이 [흑꾸-] 명 흙을 우묵하게 파낸 자리. 토감(土坎).

흙-내 [흥-] 명 흙냄새.
[흙내가 고소하다] 죽고 싶은 생각이 들다.
흙내(를) 맡다 [관] 옮겨 심은 초목이 새 땅에 뿌리를 박아 생기가 나다.

흙-냄새 [흥-] 명 흙에서 나는 냄새. 땅내. 흙내.

흙-다리 [흑따-] 명 긴 나무를 걸쳐 놓고 그 위에 흙을 덮어 만든 다리. 토교(土橋).

흙-담 [흑땀] 명 토담.

흙-더미 [흑떠-] 명 흙을 한데 모아 쌓은 더미. ▣～ 속에 묻히다.

흙-더버기 [흑떠-] 명 진흙이 튀어 올라 붙은 작은 진흙 방울들.

흙-덩어리 [흑떵-] 명 흙이 엉기어 뭉쳐진 것.

흙-덩이 [흑떵-] 명 흙이 엉겨 이루어진 작은 덩이. 토괴(土塊).

흙-도배 (-塗褙)[흑또-] 명 벽 따위에 흙으로 하는 도배.

흙-뒤 [흑뛰] 명 발뒤축의 위쪽에 있는 근육.

흙-들이다 [흑뜨리-] 자 논밭의 땅을 걸게 하려고 다른 데의 좋은 흙을 섞어 넣다.

흙-먼지 [흥-] 명 가는 흙가루가 날려 먼지처럼 일어나는 것. ▣～를 뒤집어쓰다.

흙-메 [흥-] 명 토산(土山).

흙-메움 [흥-] 명하타 《건》 구덩이를 흙으로 메우는 일.

흙-무더기 [흥-] 명 모여서 쌓인 흙.

흙-무지 [흥-] 명 흙이 모여서 많이 쌓인 더미.

흙-물 [흥-] 명 흙으로 흐려진 물. 이수(泥水).

흙-뭉치 [흥-] 명 흙을 이겨 뭉친 덩이.

흙-뭉텅이 [흥-] 명 흙이 크게 뭉쳐진 덩이.

흙-바닥 [흑빠-] 명 흙으로 된 맨바닥.

흙-바람 [흑빠-] 명 흙먼지가 섞여 부는 바람.

흙-바탕 [흑빠-] 명 **1** 흙으로 된 밑바탕. 토대(土臺). **2** 흙의 질. 토질(土質).

흙-받기 [흑빧끼] 명 **1** 흙손질할 때에, 이긴 흙을 받쳐 드는 도구. **2** 자전거·자동차 등의 바퀴의 위나 뒤에 대어 튀어 오르는 흙을 막는 장치.

흙-밥 [흑빱] 명 가래·괭이·호미 따위로 한 번 떠서 올리는 흙. 또는 쟁기·극쟁이 등에 갈려서 넘어가는 흙.

흙-방 (-房)[흑빵] 명 방바닥과 벽에 장판·도배를 하지 않은 방.

흙-배 [흑빼] 명 토선(土船).

흙-벽 (-壁)[흑뼉] 명 **1** 종이를 바르지 않아 흙이 드러나 있는 벽. ▣～으로 만든 광. **2** 흙을 재료로 하여 만든 벽. 토벽.

흙-벽돌 (-甓-)[흑뼉똘] 명 흙을 재료로 하여 만든 벽돌. ▣～로 집을 짓다.

흙-부처 [흑뿌-] 명 흙으로 빚어 만든 불상. 토불(土佛).

흙-비 [흑삐] 명 바람에 날려 떨어지는 보드라운 모래흙. 토우(土雨).

흙-빛 [흑삗] 명 **1** 흙의 빛깔. 흙색. **2** 검은 바탕에 약간 푸른 기를 띤 빛깔. 토색(土色).

▣얼굴이 ～이 되다.

흙-빨래 [흑-] 명 흙탕물에 빨래한 것처럼 옷에 온통 흙물이 묻음을 일컫는 말.

흙-색 (-色)[흑쌕] 명 흙빛1.

흙-손 [흑쏜] 명 흙일을 할 때, 이긴 흙을 떠서 바르고 거죽을 반반하게 하는 연장. ▣～으로 벽을 바르다.

흙손-끌 [흑쏜-] 명 흙통의 바닥을 다듬는 데 쓰는, 흙손 모양의 끌.

흙손-질 [흑쏜-] 명하타 흙손으로 흙을 바르고 반반하게 하는 일.

흙-일 [흥닐] 명하자 흙을 이기거나 바르는 따위의 일. 토역(土役). 토역일.

흙-장난 [흑짱-] 명하자 흙을 가지고 노는 장난. ▣～을 치다.

흙-주접 [흑쭈-] 명 한 가지 농작물만 연이어 지어서 땅이 메마르는 현상. ▣～이 들다.

흙-질 [흑찔] 명하타 흙을 이기거나 바르는 일.

흙-집 [흑찝] 명 흙으로 지은 집.

흙-창 (-窓) 명 장살의 안팎으로 종이를 발라 컴컴하게 만든 창.

흙-체 [흑-] 명 흙을 곱게 고르는 데 쓰는 체.

흙-칠 (-漆)[흑-] 명 **1** 무엇에 진흙을 묻히는 일. ▣옷에 ～하다. **2** 명예를 더럽히는 일의 비유. ▣가문에 ～을 하다.

흙-탕 (-湯)[흑-] 명 '흙탕물'의 준말.

흙탕-길 (-湯-)[흑-낄] 명 흙탕물이 질펀하게 깔린 길.

흙탕-물 (-湯-)[흑-] 명 흙이 풀려 몹시 흐려진 물. 이수(泥水). ▣～을 튀기다. ⑤흙탕.

흙탕-치다 (-湯-)[흑-] 자 물장난을 치거나 물을 휘저어 흙탕물이 되게 하다.

흙-토 (-土)[흑-] 명 한자 부수(部首)의 하나 (《'地'나 '場' 따위에서 '土'의 이름).

흙-투성이 [흑-] 명 온몸에 진흙이 잔뜩 묻은 모양. ▣옷이 온통 ～이다.

흙-풍로 (-風爐)[흑-노] 명 흙으로 구워서 만든 풍로.

흙-화덕 (-火-)[흑콰-] 명 흙으로 만든 화덕.

흠 : (欠) 명 **1** 물건이 이지러지거나 깨어지거나 상한 자리. ▣가구에 ～이 나다. **2** 사람의 인격이나 행동 따위에 나타나는 잘못된 점이나 흉이 되는 점. ▣～이 없는 사람은 없다 / 명성에 ～이 가다. **3** 어떤 사물의 모자라거나 잘못된 부분. 하자(瑕疵). ▣공사의 ～이 드러나다 / 물건은 좋은데 비싼 게 ～이다.

흠 **1** 언짢거나 아니꼬울 때 입을 다물고 콧숨을 내쉬며 비웃는 소리. **2** 흐뭇하거나 흥겨울 때 입을 다물고 콧숨을 내쉬며 내는 소리.

흠 :-가다 (欠-) 자 흠지다.

흠감 (歆感) 명하자 신이 재물을 받고 감응함.

흠격 (歆格) 명하자 하늘과 땅의 신령이 감응(感應)함.

흠 :-결 (欠缺) 명하자 흠축(欠縮).

흠 :-구덕 (欠-) 명하타 남의 허물을 심술궂게 퍼뜨림. 또는 그 말. 험담(險談).

흠 :-나다 (欠-) 자 흠지다.

흠 :-내다 (欠-) 타 《'흠나다'의 사동》 흠지게 하다.

흠 :-되다 (欠-) 자 흠지다.

흠 :-뜯다 (欠-)[-따] 타 남의 흠을 꼬집어 말하다. ▣남을 흠뜯는 말을 하지 마라.

흠명 (欽命) 명 황제가 내리는 명령.

흠모 (欽慕) 명하타 기쁜 마음으로 사모함. 흠복(欽服). ▣～의 대상 / ～를 받다.

흠복 (欽服) 명하자 진심으로 존경하여 따름.

흠봉 (欽奉) 명하타 왕이나 황제의 명령을 받드는 일.

흠-빨다〔흠빨아, 흠빠니, 흠빠는〕团 깊이 물고 빨다.
　흠빨며 감빨다 ⏁ 입에 물고 탐스럽게 빨다.
흠뻑 ⏁ 1 분량이 꽉 차고도 남도록 흡족하게.
　❏비가 ~ 내리다 / 정이 ~ 들다. 2 물이 쭉 내배도록 몹시 젖은 모양. ❏옷이 비에 ~ 젖었다. ⏁함뿍.
흠:사(欠事)몡 흠이 되는 일. 흠전(欠典).
흠선(欽羨)몡하타 우러러 공경하고 부러워함.
흠:손(欠損)몡 결손(缺損).
흠숭(欽崇)몡하타 흠모하고 공경함.
흠숭지례(欽崇之禮)몡《가》천주에게만 드리는 흠모와 공경.
흠:신(欠伸)몡 하품과 기지개.
흠:신(欠身)몡하자 경의를 나타내기 위해 몸을 굽힘.
흠:신-답례(欠身答禮)[-녜]몡하자 몸을 굽혀 답례함. 또는 그런 답례.
흠실-흠실 ⏁ 너무 익거나 삶아져서 물크러질 정도로 된 모양. ⏁함실함실.
흠씬 ⏁ 1 정도가 다 차고도 남도록 충분하게. 2 물에 푹 젖은 모양. ❏비에 ~ 젖다. 3 매 따위를 심하게 맞는 모양. ❏~ 얻어맞다. ⏁함씬.
흠앙(欽仰)몡하타 공경하여 우러러 사모함.
흠:잡다(欠-)[-따]타 흠이 되는 점을 들추어 내다. ❏흠잡을 데 없는 신붓감.
흠:절(欠節)몡 부족하거나 잘못된 점. 결점(缺點). 흠점. 흠처(欠處).
흠:점(欠點)[-쩜]몡 흠절(欠節).
흠정(欽定)몡하타《역》황제가 친히 제도나 법률 따위를 제정하던 일. 또는 그런 제정.
흠정 헌:법(欽定憲法)[-뻡] 군주의 단독 의사로 제정한 헌법. ＊국약 헌법·민정 헌법.
흠준(欽遵)몡하타《역》황제의 명령을 받들어 좇던 일.
흠:-지다(欠-)자 흠이 생기다. 흠가다. 흠나다. 흠되다. ❏흠진 물건을 팔다.
흠지러기 몡 살코기에 흐늘흐늘하게 달린 잡살뱅이 고기.
흠:-집(欠-)[-찝]몡 흠이 생긴 자리나 흔적. ❏얼굴에 ~이 생기다.
흠차(欽差)몡《역》황제의 명령으로 보내던 파견인.
흠:처(欠處)몡 흠절(欠節).
흠:축(欠縮)몡하자 일정한 수효에서 부족함이 생김. 흠결(欠缺). ❏~이 나다 / ~을 내다. ⏁흠축(縮).
흠:축-나다(欠縮-)[-충-]자 흠축이 생기다.
흠치-교(吽哆敎)몡《종》조선 고종 때, 증산(甑山) 강일순(姜一淳)이 세운 교. 증산교.
흠치르르 ⏁하타 깨끗하고 번들번들 윤이 나는 모양. ❏~한 머릿결. ⏁함치르르.
흠칫 [-칟]몡하자타 놀라거나 겁이 나서 어깨나 목을 움츠리는 모양. ❏~ 놀라다.
흠쾌-하다(欣快-)혱 기쁘고 상쾌하다.
흠탄(欽歎·欽嘆)몡하타 아름다움을 탄상(歎賞)함.
흠:포(欠逋)몡하타 포흠(逋欠).
흠:-핍-하다(欠乏-)[-피파-]혱여 빠지거나 지려져서 모자라다.
흠향(歆饗)몡하타 신명(神明)이 제물을 받음.
흠휼지전(欽恤之典)[-찌-]몡《죄수에 대하여 신중히 심의하라》는 뜻의 은전(恩典).
흠-흠 ⏁하자 냄새를 맡으려고 잇따라 콧숨을 들이마시는 소리. 또는 그 모양.
흡기(吸氣)[-끼]몡하자 1 기운을 빨아들임. 또는 그 기운. 2 숨을 들이마심. 또는 그 숨. 들

숨. ↔호기(呼氣).
흡기(吸器)[-끼]몡《식》기생 식물의 뿌리에서 양분을 빨아들이는 기관. 흡근(吸根).
흡기-관(吸氣管)[-끼-]몡《공》내연 기관에서 실린더 속에 바깥 공기를 넣어 주는 관.
흡기 밸브(吸氣valve)[-끼-]《공》내연 기관에서 가스의 흡입을 조절하는 밸브.
흡람(洽覽)[흠남]몡하타 돌아다니며 여러 사물을 두루두루 봄. 박람(博覽).
흡력(吸力)[흠녁]몡 빨아들이는 힘.
흡묵-지(吸墨紙)[흠-찌]몡 압지(押紙).
흡반(吸盤)[-빤]몡《동》빨판.
흡사(恰似)[-싸]몡하타혱어 (주로 '처럼'·'같다'·'듯이' 따위와 함께 쓰여) 거의 같을 정도로 비슷한 모양. ❏~ 상관이나 된 것처럼 행동하다 / 용모가 아버지와 ~하다.
흡상(吸上)[-쌍]몡하타 빨아올림.
흡수(吸水)[-쑤]몡하자《식》물을 빨아들임. 특히 식물이 외계로부터 물을 섭취하는 일을 말함.
흡수(吸收)[-쑤]몡하타 1 빨아들임. ❏땀을 모으는 옷. 2 흩어진 사람이나 사물을 한데 모아들임. ❏중간파를 ~하다. 3 필요한 사물을 자기의 것으로 받아들임. ❏외래문화를 ~하다. 4《물》전자기파나 입자선이 물체나 공기 속을 지날 때, 그 에너지의 일부가 다른 물질에 빨려 들어 그 세기나 입자 수가 감소하는 일. 또는 그런 현상. 5《생》영양소 및 물이 소화관 벽을 통하여 혈관 또는 림프관 속으로 들어가는 현상.
흡수-관(吸水管)[-쑤-]몡 물을 빨아올리는 관(管).
흡수-구(吸收口)[-쑤-]몡 곤충 따위에서, 먹이를 빨아들이는 입.
흡수-력(吸收力)[-쑤-]몡 흡수하는 힘.
흡수-선(吸收線)[-쑤-]몡《물》연속 스펙트럼을 내는 광원(光源)에서 나온 빛이 어떤 부분을 통과할 때 흡수되었을 때, 스펙트럼 속에 나타나는 그 부분의 어두운 선(線). 암선(暗線).
흡수-성(吸收性)[-쑤썽]몡 흡수하는 성질. ❏~이 좋은 내복.
흡수 스펙트럼(吸收spectrum)[-쑤-]《물》연속 스펙트럼을 가지는 빛이나 엑스선(X線)이 물질을 통과하면 특정 파장이 그에 흡수되어 어두운 부분을 나타내는 스펙트럼.
흡수 작용(吸收作用)[-쑤자굥]《생》음식물의 영양분이 작은창자의 벽에서 흡수되는 작용.
흡수-제(吸收劑)[-쑤-]몡《화》어떤 물질 속의 기체나 액체를 흡수하는 데 쓰는 약제.
흡수 합병(吸收合倂)[-쑤-뼝]《경》합병하는 회사 가운데 한 회사가 다른 회사를 흡수하는 형식의 합병. 병탄 합병.
흡습(吸濕)[-씁]몡하타 습기를 빨아들임.
흡습-성(吸濕性)[-씁썽]몡 물질이 공기 중의 습기를 흡수하는 성질.
흡습 용해(吸濕溶解)[-씁-]《화》조해(潮解).
흡습-제(吸濕劑)[-씁쩨]몡 섬유가 너무 건조하여 굳어지는 것을 막기 위해 쓰는 약제(보통 글리세린·포도당 등을 씀).
흡연(吸煙)[-년]몡하자 담배를 피움. 끽연. ❏~은 건강에 좋지 않다.
흡연-실(吸煙室)[-년-]몡 담배를 피우도록 따로 마련한 방. 끽연실(喫煙室).
흡연-하다(洽然-)혱어 아주 흡족한 듯하다.
　흡연-히 ⏁

흡연-하다(翕然-)[히ⁿ어] 인심이 한곳으로 쏠리는 듯 대단하다. **흡연-히**[부]

흡열(吸熱)[명][하자] 열을 빨아들임. ↔방열(放熱).

흡열 반ː응(吸熱反應)〖화〗주위의 열을 흡수하여 일어나는 화학 반응. ↔발열 반응.

흡유-기(吸乳期)[명] 가축 따위가 새끼에게 젖을 빨리는 기간.

흡음(吸音)[명][하자]〖물〗음파가 매질(媒質)을 통과할 때나 그 표면에 닿을 때, 매질이 소리의 에너지를 흡수하여 반향을 방지하는 일.

흡음-력(吸音力)[흐믐녁][명]〖물〗어떤 물체가 소리를 흡수하는 힘.

흡음-재(吸音材)[명] 소리를 잘 흡수하는 성질을 가진 건축 재료《섬유판·유리 섬유·펠트 따위》. 흡음 재료.

흡의-하다(洽意-)[흐븨- / 흐비-][형어] 마음에 흡족하다.

흡인(吸引)[명][하타] 빨아들이거나 끌어당김.

흡인-력(吸引力)[흐빈녁][명] 빨아들이거나 끌어당기는 힘. ~이 센 청소기.

흡인 요법(吸引療法)[흐빈뇨뻡]〖의〗몸 안에 괴어 있는 이상 액체를 흡인 장치로 빼내는 치료법.

흡입(吸入)[명][하타] 기체나 액체를 빨아들임. ~산소 ~.

흡입-구(吸入口)[흐빕꾸][명] 기체나 액체를 빨아들이는 구멍.

흡입-기(吸入器)[흐빕끼][명]〖의〗호흡기병을 치료하는 의료기의 하나. 약물을 가스·증기·안개의 상태로 변화시켜 입으로 흡입시키는 데 씀.

흡입-액(吸入液)[명]〖의〗흡입 요법에 사용하는 액체.

흡입 요법(吸入療法)[흐빕뇨뻡]〖의〗약물을 증기 형태로 코나 입을 통하여 들이마시게 하는 요법《폐렴 따위의 치료에 씀》.

흡장(吸藏)[명][하자]〖물〗기체가 고체에 흡수되어 고체의 내부에 스며드는 현상.

흡족(洽足)[명][하자][히부] 모자람이 없이 아주 넉넉하여 만족함. ~하게 비가 오다 / 용돈을 ~히 주다.

흡착(吸着)[명][하자] 1 어떤 물질이 달라붙음. 2 〖화〗기체 또는 액체가 딴 액체나 고체의 표면에 달라붙는 현상《암모니아가 숯에 붙는 따위》.

흡착-수(吸着水)[-쑤]〖지〗지표(地表) 근처의 흙 알갱이의 표면을 싸고 도는 지하수. *모관수·중력수.

흡착-제(吸着劑)[-쩨][명] 1 다공질(多孔質)의 고체로서 흡착하는 성질이 강한 물질《가스 마스크용이나 설탕의 탈색용(脫色用)으로 쓰이는 활성탄(活性炭) 따위》. 2 소화관 안에서 독물(毒物)이나 독소를 흡착시켜 무해(無害)하게 하는 약.

흡착-질(吸着質)[-찔][명] 흡착하여 농도(濃度) 변화를 일으키는 물질.

흡출(吸出)[명][하타] 어떤 물질을 빨아냄.

흡혈(吸血)[흐펼][명][하자] 피를 빨아들임.

흡혈-귀(吸血鬼)[흐펼-][명] 1 밤중에 무덤에서 나와 사람의 피를 빨아 먹는다는 귀신. ~드라큘라는 전형적인 ~다. 2 악덕하게 남의 재물을 빼앗거나 몹시 괴롭히는 사람을 비유적으로 이르는 말. ~ 같은 악덕 사장. 흡혈박.

흡혈 동ː물(吸血動物)[흐펼-]〖동〗외부로부터 다른 동물의 피를 빨아 먹고 사는 동물의 총칭《벼룩·이·빈대 따위》.

흡혈-마(吸血魔)[흐펼-][명] 흡혈귀.

흣대[흗때][명] 질그릇의 모양을 만드는 데 쓰는 나무쪽.

흣더디다[타]〈옛〉되는대로 옮겨 놓다. 흩어던지다.

흣부치다[타]〈옛〉마구 부치다.

흥ː(興)[명] 마음이 즐겁고 좋아서 일어나는 정서. ~이 깨지다 / ~을 돋우다.
흥에 떠다〔관〕흥에 겨워서 마음이 들뜨다.

흥[부] 코를 세게 풀 때 나는 소리.

흥[2] 1 비웃거나 아니꼬울 때 내는 콧소리. 2 신이 나거나 감탄할 때 내는 콧소리.

흥감[명][하자] 실지보다 지나치게 떠벌리는 짓. ~을 부리다 / ~을 피우다.

흥감-스럽다[-따][-스러워, -스러우니][형비] 흥감 부리는 태도가 있다. □흥감스럽게 떠들어 대다. **흥감-스레**[부]

흥건-하다[형어] 물이 많이 괴어 있다. □바닥에 물이 ~ / 두 눈에 눈물이 흥건했다. 2 음식에 국물이 많다. 융건하다. **흥건-히**[부]. □등에 땀이 ~ 배다.

흥ː겨-이(興-)[부] 흥겹게.

흥ː-겹다(興-)[-따][-겨워, -겨우니][형비] 매우 흥이 나서 한껏 재미가 있다. □흥겹게 놀다 / 라디오에서 흥겨운 노랫가락이 흘러나 모깐다.

흥국(興國)[명][하자] 나라를 흥하게 함.

흥글방망이-놀다〔-놀아, -노니, -노는〕[타] 남의 잘되어 가는 일에 심술을 부리고 훼방을 놓다.

흥기(興起)[명][하자] 1 떨쳐 일어남. 2 의기가 분발하여 일어남. 3 세력이 왕성해짐.

흥ː-김(興-)[-낌][명] (주로 '흥김에'의 꼴로 쓰여) 흥에 겨운 바람. □~에 큰 소리로 노래하다.

흥덩-흥덩[부][형] 1 물 따위가 넘칠 만큼 매우 많은 모양. 2 국물은 많고 건더기는 적은 모양. □~ 국물뿐이구나.

흥ː도(興到)[명][하자] 흥이 일어남.

흥뚱-항뚱[부][형] 어떤 일에 정신을 온전히 쓰지 않고 꾀를 부리거나 마음이 들뜬 모양. □~하게 일을 한다.

흥ː란(興闌)[-난][명][하자] 흥취가 식어 줄어듦.

흥륭(興隆)[-늉][명][하자] 기운차게 일어나 매우 번성함.

흥망(興亡)[명] 잘되어 일어남과 못되어 없어짐. □나라의 ~에 관계되는 사건.

흥망성쇠(興亡盛衰)[명] 흥하고 망함과 성하고 쇠함. □로마 제국의 ~.

흥ː미(興味)[명] 1 흥을 느끼는 재미. □컴퓨터에 ~를 붙이다. 2 어떤 대상에 대한 특별한 관심.

흥ː미-롭다(興味-)[-따][-로워, -로우니][형비] 흥미를 느낄 만하다. 마음이 이끌리는 데가 있다.

흥ː미진진-하다(興味津津-)[형어] 흥미가 넘칠 만큼 많다. □흥미진진한 모험 소설을 엮어 내다.

흥ː미-거리(興味-)[-미꺼- / -믿꺼-][명] 재미가 있어 마음이 쏠리는 일.

흥복(興復)[명][하자][타] 부흥(復興).

흥분(興奮)[명][하자] 1 감정이 북받쳐 일어남. 또는 그 감정. □~을 가라앉히다 / 그는 사소한 일에 곧잘 ~한다. 2〖생〗자극에 의해 일어나는 생체의 상태 변화.

흥분-제(興奮劑)[명] 중추 신경을 자극하여 뇌·심장의 기능을 활발하게 하는 약《캠퍼·포도

주·에틸에테르·카페인 따위).

흥사(興師)**명하자** 기병(起兵).

흥산(興産)**명하자** 산업을 일으킴.

흥성(興盛)**명하자** 매우 왕성하게 일어남.

흥성-흥성(興盛興盛)**부하자동** 매우 번성한 모양. ▣ 사업이 ~하다.

흥신-록(興信錄)[-녹]**명** 개인 또는 법인의 거래상의 신용 정도를 분명하게 하기 위하여 재산과 영업 상황을 적은 문서.

흥신-소(興信所)**명** 기업이나 개인의 신용·재산·비행 등을 비밀히 조사하여 의뢰자에게 알려 주는 일을 하는 사설 기관. 신용 조사업법에 따라 '신용 조사업'으로 명칭을 고침.

흥야-항야(興-)**부하자동** '흥이야항이야'의 준말.

흥얼-거리다[자타] 1 흥에 겨워 입속으로 노래를 부르다. ▣노래를 흥얼거리며 일하다. 2 남이 알아듣지 못할 말을 입속으로 자꾸 지껄이다. **흥얼-흥얼**[부하자타] ▣혼자 ~ 노래하다.

흥얼-대다[자타] 흥얼거리다.

흥업(興業)**명하자** 새로이 사업을 일으킴.

흥업-권(興業權)[-꿘]**명** 흥행권(興行權).

흥와주산(興訛做訕)**명하자** 있는 말 없는 말을 지어내어 남을 비방함.

흥왕-하다(興旺-)**명자** 세력이 매우 왕성하다. 왕흥하다.

흥융(興戎)**명하자** 전쟁을 일으킴.

흥이야-항이야(興-)**부하자동** 관계도 없는 남의 일에 쓸데없이 이래라저래라 하는 모양. ▣남의 일에 ~하다. ☞흥야항야.

흥정[-쩡]**명하타** 1 물건을 사고파는 일. 매매(賣買). ▣~이 없다. 2 물건을 사고팔기 위해 품질·값 등을 의논함. ▣을 붙이다. 3 교섭 등에서, 상대방의 나오는 태도를 보아 늦추었다 당겼다 하여 형세를 자기에게 유리하게 이끄는 일. ▣정치상의 ~.
[흥정은 붙이고 싸움은 말리랬다] 좋은 일은 하도록 권하고 나쁜 일은 말려야 한다는 말.

흥정-거리[-꺼-]**명** 흥정하는 물건이나 대상. ▣중요한 정책이 정치적 ~가 되었다.

흥정-꾼 흥정을 붙이는 사람.

흥:진비래(興盡悲來)**명** 즐거운 일이 다하면 슬픈 일이 다쳐온다는 뜻으로, 세상일이 돌고 돌아 순환됨을 가리키는 말.

흥청-거리다[자] 1 흥에 겨워서 마음껏 거드럭거리다. ▣밤새도록 먹고 마시며 ~. 2 돈·물건 등이 흔하여 아끼지 않고 함부로 쓰다. ▣그는 흥청거리며 살아서 재산을 모두 날렸다. 3 긴 막대기나 줄 등이 탄력 있게 자꾸 흔들리다. **흥청-흥청**[부하자동] ▣돈을 ~ 마구 뿌리다.

흥청-대다[자] 흥청거리다.

흥청-망청[부하자] 1 마음껏 즐기는 모양. ▣~ 놀고 마시다. 2 돈·물건 등을 함부로 쓰는 모양. ▣돈을 ~ 쓰다.

흥체(興替)**명** 성쇠(盛衰).

흥:취(興趣)**명** 마음이 끌릴 만큼 좋은 멋이나 취미. ▣~가 있는 놀이 / ~를 돋우다.

흥:치(興致)**명** 흥과 운치(韻致).

흥-타령(興-)**명** 민요의 하나(사설의 구절 끝마다 '흥' 소리를 넣어 부름).

흥판(興販)**명하타** 한꺼번에 많은 물건을 흥정하여 판매함.

흥패(興敗)**명** 잘되어 흥함과 패하여 망함. ▣국가의 ~가 달려 있는 싸움.

흥폐(興廢)[-/-페]**명** 흥망(興亡).

흥-하다(興-)**자여** 번성하여 일어나다. 잘되어 가다. ▣집안이 ~ / 칼로 흥한 자는 칼로

망한다. ↔망하다.

흥행(興行)**명하타** 관람료를 받고 연극·영화 등을 보여 줌. ▣~에 실패하다 / 짤짤한 ~ 성적을 올리다.

흥행-권(興行權)[-꿘]**명** 각본·악보 등을 흥행 목적으로 상연·상영·연주할 수 있는 권리. 흥업권.

흥행-물(興行物)**명** 흥행의 목적으로 요금을 받고 구경시키는 연극·영화·서커스 따위.

흥행-사(興行師)**명** 연극·영화·서커스 등의 흥행을 직업으로 하는 사람.

흥황(興況)**명** 흥미 있는 상황.

흥회(興懷)**명** 흥을 돋우는 마음.

흥흥[부하자] 남을 따라서 시들하게 웃거나 코웃음을 치는 소리.

흥흥-거리다[자] 1 흥겨워서 계속 콧노래를 부르다. 2 어린애가 못마땅하거나 무엇을 달라고 자꾸 보채며 울다.

흥흥-대다[자타] 흥흥거리다.

흥정ㅎ다[타] 〈옛〉 흥정하다.

흩-날리다[흗-]**자타** 흩어져 날리다. 또는 그렇게 하다. ▣색종이가 눈보라처럼 ~ / 머리카락을 흩날리며 길을 걷다.

흩다[흗따]**타** 한데 모였던 것을 헤쳐 다 각각 떨어지게 하다. ▣곡식을 ~ / 경찰관이 군중을 흩어 버리다.

흩-뜨리다[흗-]**타** 1 흩어지게 하다. ▣머리카락을 ~. 2 태도·마음·옷차림 따위를 바르게 하지 못하다. ▣자세를 ~.

흩-뿌리다[흗-]**자타** 1 비나 눈 등이 흩어져 뿌려지다. 또는 그렇게 되게 하다. ▣밖에는 눈이 흩뿌리기 시작했다. 2 마구 흩어지게 뿌리다. ▣전단을 ~.

흩어-뿌리기 여기저기 흩어지게 씨를 뿌리는 일. 산파(散播). 노가리.

흩어-지다 1 모였던 것이 여기저기 따로 떨어져 헤어지다. ▣종잇조각이 바람에 ~. 2 사물이나 소문 등이 여러 곳으로 퍼지다. ▣지점이 전국에 흩어져 있다.

흩이다[흐치-]**자** 1 흩어지게 되다. 2('흩다'의 피동) 흩음을 당하다.

흩-치다[흗-]**타** 몹시 흩어지게 하다.

흩-트리다[흗-]**타** 흩뜨리다.

희-가극(喜歌劇)[히-]**명** 코믹 오페라.

희-가스(稀gas)[히-]〖화〗아르곤·헬륨·네온·크립톤·크세논·라돈의 여섯 가지 기체 원소를 통틀어 이르는 말(공기 중에 아주 적은 양이 있으며, 어떤 원소와도 화합하지 않음). 비활성 기체(非活性氣體).

희-갈색(稀褐色)[히-쌕]**명** 엷은 갈색.

희견-천(喜見天)[히-]〖불〗삼십삼천(三十三天) 위에 있는, 제석천(帝釋天)이 사는 궁전의 하늘.

희경(喜慶)[히-]**명** 매우 기쁜 경사.

희곡(戱曲)[히-]**명** 〖문〗공연을 목적으로 쓴 연극의 각본. 2 문학 형식의 하나. 회화·연기에 의해 표현되는 예술 작품. 드라마. ▣셰익스피어는 36편의 ~을 썼다.

희괴-하다(稀怪-)[히-]**명하여** 매우 드물어서 괴이하다.

희구(希求)[히-]**명하타** 바라고 구함. 기구(冀求). ▣생명 ~의 철학 / 자유를 ~하다.

희구(戱具)[히-]**명** 놀이에 쓰는 기구. 장난감. 완롱물.

희구-서(稀觀書)[히-]**명** 후세에 남아 전하는 것이 썩 드문 책.

희귀-하다 (稀貴-)[히-] 형여 드물어서 매우 진귀하다. ▣ 희귀한 동물.

희극 (喜劇)[히-] 명 1 사람을 웃길 만한 일이나 사건. ▣ 한바탕 ~이 벌어졌다. 2〖연〗웃음을 주조로 하는 경쾌하고 흥미 있는 연극이나 극 형식. 코미디. ↔비극.

희극 (戱劇)[히-] 명 1 진실하지 않은 행동. 2〖연〗익살을 부리는 연극.

희극 배우 (喜劇俳優)[히-빼-]〖연〗희극을 전문적으로 연기하는 배우. 코미디언.

희-금속 (稀金屬)[히-] 명 희유금속.

희기 (希冀)[히-] 명하타 희망하고 바람.

희끄무레-하다 [히-] 형여 1 반반하게 생기고 빛이 조금 흰 듯하다. ▣ 희끄무레한 얼굴. 2 어떤 사물의 모습이나 불빛 따위가 선명하지 않고 흐릿하다. ▣ 멀리 한라산의 모습이 희끄무레하게 보였다. ⓐ해끄무레하다.

희끈-거리다 [히-] 자 현기증이 나서 어뜩어뜩하여지다. 희끈-희끈 [히-히-] 부자

희끈-대다 [히-] 자 희끈거리다.

희끔-하다 [히-] 형여 빛깔이 조금 희고 깨끗하다. ⓐ해끔하다.

희끔-희끔 [히-] 부형 여기저기가 조금 희고 깨끗한 모양.

희끗-거리다 [히끈꺼-] 자 현기증이 몹시 나서 자꾸 어지럽고 까무러질 듯하다. 희끗-희끗[히끄티끋] 부자

희끗-대다 [히끋때-] 자 희끗거리다.

희끗-희끗² [히끄티끋] 부형 흰 빛깔이 여기저기 나타난 모양. ▣ 머리가 ~하다 / ~ 눈발이 날리다.

희나리 [히-] 명 1 덜 마른 장작. 2 ☞희아리.

희넓적-하다 [히넙쩌카-] 형여 얼굴이 허옇고 넓적하다. ⓐ해납작하다.

희년 (稀年)[히-] 명 드문 나이라는 뜻으로, 일흔 살을 이르는 말. 희수(稀壽). 고희(古稀).

희년 (禧年)[히-] 명〖가〗'성년(聖年)'을 달리 이르는 말.

희노애락 (喜怒哀樂)[히-] 명 ☞희로애락.

희누르스레-하다 [히-] 형여 희누르스름하다. ▣ 종이가 바래서 ~.

희누르스름-하다 [히-] 형여 흰빛을 띠면서 누르스름하다.

희다 [히-] 형 1 눈빛과 같다. ▣ 흰 눈 / 흰 구름. ↔검다. 2〖물〗스펙트럼의 모든 광선이 혼합하여 눈에 반사된 빛과 같다. 3 '희떱다'의 준말.
[희기가 까치 배 바닥 같다] 말이나 행동을 희떱게 하는 모양의 비유. [흰 것은 종이요 검은 것은 글씨라] 무식하여 글을 알아보지 못함의 비유.
희고 곰팡 슨 소리 ㉡ 희떱고 고리타분하게 하는 말.
희고 곰팡이 슬다 ㉡ 언행이 몹시 희떱다.
흰 눈으로 보다 ㉡ 업신여기거나 못마땅하게 여기어 눈을 흘기다.

희담 (戱談)[히-] 명 웃음거리로 하는 실없는 말. 희언(戱言).

희대 (稀代)[히-] 명 희세(稀世). ▣ ~의 사기꾼이 잡혔다.

희대 (戱臺)[히-] 명 연극을 하는 곳.

희대-미문 (稀代未聞)[히-] 명 지극히 드물어 좀처럼 듣지 못함. *전대미문.

희동-안색 (喜動顔色)[히-] 명 명하자 기쁜 빛이 얼굴에 나타남.

희디-희다 [히-히-] 형 매우 희다. ▣ 눈처럼

희디흰 속살.

희떱다 [히-따][희떠워, 희떠우니] 형ㅂ 1 행동이나 말이 실속이 없고 매우 거만하고 건방지다. ▣ 그는 희떠운 소리를 자주 해서 신용을 잃었다. 2 속은 텅텅 비어 있어도 겉으로는 호화롭다. 3 한 푼 없어도 손이 커서 마음이 넓다. ⓐ희다.

희뜩-거리다 [히-꺼-] 자 현기증이 나서 매우 어뜩어뜩해지다. 희뜩-희뜩¹[히뜨키-] 부자

희뜩-대다 [히-때-] 자 희뜩거리다.

희뜩머룩-이 [히뜽-루기] 명 실없이 희떠운 짓을 하여 돈·물건을 주책없이 써 버리는 사람.

희뜩머룩-하다 [히뚱-루카-] 형여 희떱고 싱거워 탐탁하지 못하다.

희뜩-희뜩² [히뜨키-] 부형 흰 빛깔이 여기저기 뒤섞여 얼비치는 모양. ▣ 머리가 ~한 사람. ⓐ해뜩해뜩.

희-라 (噫-)[히-] 감 '아아 슬프도다'의 뜻으로 쓰는 말.

희락 (喜樂)[히-] 명하자 기쁨과 즐거움. 희열(喜悅). ▣ ~을 즐기다.

희랍 (希臘)[히-] 명 '그리스'의 한자말.

희랍 교:회 (希臘敎會)[히-교-]〖종〗그리스정교회(正敎會).

희랍 문자 (希臘文字)[히랍-짜] 그리스 문자.

희랍-어 (希臘語)[히라버] 명 그리스 어.

희로 (喜怒)[히-] 명 기쁨과 노여움. ▣ ~의 감정을 드러내다.

희로애락 (喜怒哀樂)[히-] 명 기쁨과 노여움과 슬픔과 즐거움. ▣ 그는 ~의 감정을 겉으로 나타내지 않는다.

희롱 (戱弄)[히-] 명하타 말·행동으로 실없이 놀리는 짓. ▣ ~을 걸다 / ~을 당하다.

희롱-거리다 [히-] 자 버릇없이 자꾸 까불다. ⓐ해롱거리다. 희롱-희롱 [히-히-] 부자

희롱-대다 [히-] 자 희롱거리다.

희롱-해롱 [히-] 부형 실없이 경솔하게 자꾸 까부는 모양.

희-맑다 [히막따] 형 희고 맑다. ▣ 희맑은 얼굴. ⓐ해맑다.

희망 (希望)[히-] 명하자타 1 어떤 일을 이루거나 얻고자 기대하고 바람. 기망(冀望). 소망. 희원(希願). ▣ ~ 사항 / ~에 차다 / ~에 부풀다 / ~과 용기를 불어넣다 / 유학을 ~하다. 2 좋은 일을 기대하는 마음. 또는 밝은 전망. ▣ ~이 보이다. ↔절망(絶望).

희망 매매 (希望賣買)[히-]〖경〗장래에 이익을 얻을 수 있을 것으로 기대되는 물건을 매매하는 일(그물에 든 고기나 논에 있는 벼 등을 매매하는 것).

희망 이:익 (希望利益)[히-니-]〖경〗장래에 실현될 가능성이 확실한 이익.

희망-적 (希望的)[히-] 관명 기대가 충족될 상태인 (것). 전망이 밝은 (것). ▣ ~ 관측 / ~(인) 의견 / ~으로 말하다. ↔절망적.

희망-차다 (希望-)[히-] 형 희망이 가득하다. ▣ 희망찬 미래를 꿈꾸다.

희-멀겋다 [히-거타][희멀거니, 희멀게서] 형ㅎ 희고 맑다. ⓐ해말갛다.

희멀끔-하다 [히-] 형여 얼굴이 희고 멀끔하다. ⓐ해말끔하다.

희멀쑥-하다 [히-쑤카-] 형여 얼굴이 희고 멀쑥하다. ⓐ해말쑥하다.

희모 (稀毛)[히-] 명 성기게 드문드문 난 털.

희묵 (戱墨)[히-] 명 자기의 그림이나 글씨에 대한 겸칭. 희필.

희문 (戱文)[히-] 명 1 장난삼아 쓴 글. 2〖문〗중국 원나라 때, 남쪽에서 일어난 희곡의 한

체(體).

희묽다[히묵따][휑] **1** 얼굴이 희고 보기에 여무지지 못하다. **2** 허여멀겋다.

희미-하다(稀微-)[히-][휑어] 분명하지 못하고 어렴풋하다. 똑똑하지 못하고 아리송하다. ▯희미한 기억 / 글씨가 희미해서 잘 보이지 않는다.

희박-용액(稀薄溶液)[히방뇩-][명]〖화〗농도가 낮은 용액. 묽은 용액.

희박-하다(稀薄-)[히바카-][휑어] **1** 기체·액체가 짙지 않고 묽거나 엷다. **2** 일의 가망이 적다. ▯이길 확률이 ~ / 실현 가능성이 ~. **3** 정신 상태가 약하다. ▯군인 정신이 ~. **4** 농도·밀도가 엷거나 얕다. ▯농촌의 희박한 인구 밀도.

희번덕-거리다[히-꺼-][타] **1** 눈을 크게 뜨고 흰자위를 자꾸 굴려 번쩍거리다. ▯눈을 희번덕거리며 노려보다. **2** 물고기 따위가 몸을 젖히며 자꾸 번득이다. ㉑해반닥거리다. 희번덕이-희번덕[튀해반딱]

희번덕-대다[히-때-][타] 희번덕거리다.

희번드르르-하다[히-][휑어] **1** 희멀쑥하고 번드르르하다. ▯희번드르르하게 옷만 잘 입었지 보잘것없는 사람이다. **2** 이치에 맞게 꾸며대어 그럴싸하다. ▯희번드르르하게 말은 그럴듯하나 실속이 없다. ㉑해반드르르하다. ㉕희번들하다.

희번들-하다[히-][휑어] '희번드르르하다'의 준말. ㉑해반들하다.

희번주그레-하다[히-][휑어] 얼굴이 희멀쑥하고 번주그레하다. ㉑해반주그레하다.

희번지르르-하다[히-][휑어] 얼굴이 희멀겋고 번지르르하다. ㉑해반지르르하다.

희번-하다[히-][휑어] 동이 트며 허연 광선이 조금 비쳐서 번하다.

희보(喜報)[히-][명] 기쁜 소식. ↔비보(悲報).

희-부옇다[히-여타]〔희부여니, 희부에서〕[휑ㅎ] 희고 부옇다. ▯희부연 연기가 피어오르다. ㉑희뿌옇다.

희불그레-하다[히-][휑어] 빛깔이 희고 불그레하다.

희불자승(喜不自勝)[히-][휑하휑] 어찌할 바를 모를 만큼 기쁨.

희붐-하다[히-][휑어] 날이 샐 때, 빛이 비쳐 약간 밝은 듯하다. ▯새벽 하늘이 희붐해지다. ㉕붐하다. **희붐-히**[히-][튀]. ▯~ 날이 밝아 오다.

희비(喜悲)[히-][명] 기쁨과 슬픔. 비희(悲喜). ▯~가 엇갈리다.

희비-극(喜悲劇)[히-][명] **1** 희극과 비극. **2** 〖연〗희극적이면서 비극적인 연극.

희비-쌍곡선(喜悲雙曲線)[히비-썬][명] 기쁨과 슬픔이 동시에 생겨 각각 발전하는 모양.

희비애락(喜悲哀樂)[히-][명] 기쁨과 슬픔과 애처로움과 즐거움. ▯인생의 ~.

희-뿌옇다[히-여타]〔희뿌여니, 희뿌에서〕[휑ㅎ] 매우 희고 뿌옇다. ▯시야가 희뿌옇게 흐려지다. ㉒희부옇다.

희사(喜事)[히-][명] 기쁜 일.

희사(喜捨)[히-][명하타] **1** 기꺼이 재물을 내놓음. ▯학교 재단에 거금을 ~하다. **2** 신불(神佛)의 일로 재물을 기부함.

희사-금(喜捨金)[히-][명] 희사하는 돈.

희살(戲殺)[히-][명하타] 장난을 하다가 잘못하여 죽임.

희색(喜色)[히-][명] 기뻐하는 얼굴빛. ▯~이 돌다 / ~이 넘쳐흐르다.

희색-만면(喜色滿面)[히생-][휑하휑] 기쁜 빛

이 얼굴에 가득함. ▯합격 통지를 받고 ~해지다.

희생(犧牲)[히-][명하자타] **1** 천지신명이나 묘사(廟社)에 제사 지낼 때 제물로 바치는 산짐승. 생뢰(牲牢). **2** 어떤 사물·사람을 위해서 자기 몸을 돌보지 않음. ▯3 전쟁·사고 등에 휘말려 목숨을 잃거나 다침. ▯어떤 ~도 감수한다는 각오 / 큰 ~을 치르다. **4** 뜻하지 않은 사고나 따위로 목숨을 헛되이 잃음. ▯화재로 ~되다.

희생-물(犧牲物)[히-][명] 희생이 된 물건 또는 사람.

희생 번트(犧牲bunt)[히-] 야구에서, 타자가 주자를 진루시키기 위하여 자기는 아웃되면서 행하는 번트. 보내기 번트.

희생-양(犧牲羊)[히-냥][명] 다른 사람이나 어떤 일을 위하여 자신의 몸이나 재물·이익 등을 희생당하는 처지를 비유하여 이르는 말. ▯정치적 ~이 되다.

희생-자(犧牲者)[히-][명] **1** 어떤 일이나 상황으로 희생을 당한 사람. ▯이번 장마에는 한 사람의 ~도 없었다. **2** 어떤 일로 하여 죽은 사람. ▯~ 유가족.

희생-적(犧牲的)[히-][관명] 다른 사람이나 어떤 일을 위하여 자신의 몸이나 재물 따위의 귀중한 것을 바치는 (것). ▯~ 사랑 / ~으로 봉사하다.

희생-정신(犧牲精神)[히-][명] 다른 사람이나 어떤 일을 위하여 자신을 희생하는 정신.

희생-타(犧牲打)[히-][명] 야구에서, 타자는 아웃이 되지만 자기편의 주자가 진루 또는 득점할 수 있는 타격. ▯외야 깊숙이 ~를 날려 삼루 주자를 홈에 불러들이다.

희생 플라이(犧牲fly)[히-] 야구에서, 주자를 진루시키거나 득점할 수 있게 외야로 높이 쳐 올린 공.

희서(稀書)[히-][명] 희귀한 책.

희석(稀釋)[히-][명하타]〖화〗용액에 물·용매를 가해 묽게 함. ▯농약을 물로 ~하다.

희석-도(稀釋度)[히-또][명]〖화〗용액이 희석된 정도.

희석-열(稀釋熱)[히성녈][명] 어떤 농도의 용액에 새로이 용매를 가하여 희석할 때에 생기는 열량.

희석-제(稀釋劑)[히-쩨][명]〖화〗부피를 늘리거나 농도를 묽게 하기 위하여, 물질이나 용액에 첨가하는 비활성(非活性) 물질.

희설(戲媒)[히-][명하타] 여자를 데리고 희롱하며 놂.

희성(稀姓)[히-][명] 아주 드문 성(姓). *벽성(僻姓).

희세(稀世)[히-][명] (주로 '희세의'의 꼴로 쓰여) 세상에 드묾. 희대(稀代). ▯~의 영웅.

희세지재(稀世之才)[히-][명] 세상에 보기 드문 재지(才智).

희소(稀少)[히-][명하휑] 드물고 적음.

희소(喜笑)[히-][명하자] 기뻐서 웃음. 또는 기쁜 웃음.

희소(嬉笑)[히-][명하자] **1** 실없이 웃음. 또는 그런 웃음. **2** 예쁘게 웃음. 또는 그런 웃음.

희소-가격(稀少價格)[히-까-][명] 귀중한 미술품이나 골동품처럼 그 공급 수량이 자연적으로 제한되거나 고정되어 완전 경쟁이 이루어지지 못하게 형성되는 가격.

희소-가치(稀少價値)[히-][명] 희소하기 때문에 인정되는 가치. ▯~가 떨어지다.

희소 물자(稀少物資)[히-짜][명] **1** 다이아몬드와 같이 절대량이 부족한 물자. **2** 니켈·코발트·텅스텐처럼 세계적인 수요를 충당하지 못하는, 공급 부족의 물자.

희소-성(稀少性)[히-썽][명]〖경〗인간의 물질적 욕망에 비하여 그 충족 수단이 상대적으로 부족한 상태를 이르는 말.

희-소식(喜消息)[히-][명] 기쁜 소식. ⬜ ~을 전하다 / ~이 날아들다.

희소-하다(稀疏-)[히-][형어] 희활(稀闊)하다.

희수(稀壽)[히-][명] 나이 일흔 살을 일컫는 말. 희년(稀年). 고희(古稀).

희수(喜壽)[히-][명] 나이 일흔일곱 살을 일컫는 말. *미수(米壽).

희아리[히-][명] 약간 상한 채로 말라서 희끗희끗하게 얼룩진 고추.

희언(戲言)[히-][명][하자] 희담(戲談).

희연(稀宴)[히-][명] 고희연.

희열(喜悅)[히-][명][하자] 희락(喜樂). ⬜ ~을 느끼다 / ~을 만끽하다.

희-염산(稀鹽酸)[히-][명]〖화〗물을 넣어 농도를 묽게 한 염산.

희영-수(戲-)[히-][명][하자] 남과 더불어 실없는 말이나 짓을 함. ⬜ ~를 주고받다.

희오(喜娛)[히-][명][하자] 놀이로 하여 즐김.

희오(戲娛)[히-][명][하자] 실없는 짓을 놀이로 즐김.

희우(喜雨)[히-][명] 가뭄 끝에 내리는 반가운 비. 농사철에 알맞게 내리는 반가운 비.

희우(喜憂)[히-][명] 기쁨과 걱정.

희원(希願)[히-][명][하타] 희망.

희-원소(稀元素)[히-][명]〖화〗희유원소.

희월(喜月)[히-][명] '음력 삼월'의 미칭.

희유(嬉遊)[히-][명][하자] 즐겁게 놂.

희유(戲遊)[히-][명][하자] 실없는 짓을 하며 놂.

희유-곡(嬉遊曲)[히-][명]〖악〗오락에 알맞도록 짜인 무도곡(舞蹈曲)의 하나. 디베르티멘토(divertimento).

희유-금속(稀有金屬)[히-][명]〖화〗산출량(産出量)이 매우 적은 금속. 희금속.

희유-원소(稀有元素)[히-][명]〖화〗산출량이 비교적 적은 원소(비활성 기체(非活性氣體)·희토류 원소·우라늄 따위). 희원소.

희유-하다(稀有-)[히-][형어] 흔하지 않고 드물다. ⬜ 희유한 사건.

희읍(歔泣)[히-][명][하자] 흐느껴 욺.

희읍스레-하다[히-쓰-][형어] 희읍스름하다.

희읍스름-하다[히-쓰-][형어] 썩 깨끗하지 못하고 조금 희다. ⓐ해읍스름하다. **희읍스름-히**[히-쓰-][부]

희작(喜鵲)[히-][명]〖조〗까치.

희작(戲作)[히-][명][하자] 글 따위를 실없이 장난삼아 지음. 또는 그 글.

희종(稀種)[히-][명] 드문 종류. 희귀종.

희죽(稀粥)[히-][명] 묽게 쑨 죽.

희준(犧罇·犧樽·犧尊)[히-][명] 제례(祭禮) 때에 쓰는, 짐승 모양을 한 술항아리.

희-질산(稀窒酸)[히-싼][명]〖화〗물을 타서 묽게 만든 질산.

희-짓다[히진따][희지어, 희지으니, 희짓는][타자] 남의 일에 방해가 되게 하다.

희짜-뽑다[히-따][자] 짐짓 희떱게 굴다.

희출-망외(喜出望外)[히-][명][하자] 기쁜 일이 뜻밖에 생김.

희치-희치[히-히-][부어형] **1** 피륙·종이 등이 군데군데 치이거나 미어진 모양. ⬜ 베가 ~

하다. **2** 물건의 반드러운 면이 스쳐서 드문드문 벗어진 모양. ⬜ 벽면의 칠이 ~ 벗어졌다.

희칭(戲稱)[히-][명] 실없이 희롱으로 일컫는 이름.

희토류 원소(稀土類元素)[히-]〖화〗원자 번호 57부터 71까지의 15개의 원소에 스칸듐·이트륨을 더한 17개의 원소(양이 적고 성질이 비슷하여 주기율표(週期律表)에 15개 원소는 일괄하여 란탄족에 포함시키고 있으며 란탄족 원소로 됨). *란탄족 원소.

희토류 자:석(稀土類磁石)[히-]〖광〗희토류 원소로 만든 여러 가지 자석. 보통 자석보다 10배의 보자력(保磁力)을 가지며, 컴퓨터나 통신 장치에 씀.

희필(戲筆)[히-][명] 희묵(戲墨).

희학(戲謔)[히-][명][하자] 실없는 말로 농지거리를 함. 또는 그런 농지거리.

희학-질(戲謔-)[히-찔][명][하자] 실없는 말로 농지거리를 하는 짓.

희한-하다(稀罕-)[히-][형어] 매우 드물거나 신기하다. ⬜ 희한한 소문이 나돌다. **희한-히**[히-][부]

희행-하다(喜幸-)[히-][형어] 기쁘고 다행스럽다. **희행-히**[히-][부]

희호-세계(熙皞世界)[히-/히-게][명] 백성이 화락하고 나라가 태평한 세상.

희호-하다(熙皞-)[히-][형어] 백성의 생활이 즐겁고 화평하다.

희화(戲畵)[히-][명] 희학(戲謔)으로 그린 그림. 익살맞게 그린 그림.

희화-하다(晞和-)[히-][형어] 날씨나 마음씨가 온화하다.

희화-화(戲畵化)[히-][명][하타] 어떤 인물의 외모나 성격 따위를 우스꽝스럽게 묘사함. ⬜ 부정부패를 ~하다.

희활-하다(稀闊-)[히-][형어] **1** 소식이 잦지 않다. **2** 사이나 틈이 성기다. **3** 시간의 사이가 멀다. 희소하다. **희활-히**[히-][부]

희-황산(稀黃酸)[히-][명]〖화〗물을 넣어 농도를 묽게 한 황산.

희황-상인(羲皇上人)[히-][명] 세상일을 잊고 편안히 숨어 사는 사람을 가리키는 말.

희희(嘻嘻)[히-][부] 바보같이 웃는 소리. 또는 그 모양. ⬜ 그는 놀려도 ~ 웃기만 한다.

희희(嘻嘻)[히히][부] 즐겁게 웃는 소리. 또는 그 모양.

희희(嬉嬉)[히히][부] 기뻐서 웃는 모양.

희희-낙락(喜喜樂樂)[히히낙낙][명][하자] 매우 기뻐하고 즐거워함. ⬜ ~하며 놀다.

흰가룻-병(-病)[힌-루뼝 / 힌-룯뼝][명]〖식〗식물의 잎·어린 열매 따위에 생기는 병(병원균은 자낭균임). 백분병. 백사병.

흰-개미[힌-][명]〖충〗흰개밋과의 곤충. 땅속에 묻힌 나무 속에 살며, 몸길이 4.5~7.5mm, 몸은 흰색, 머리는 흑갈색, 날개는 암갈색임. 개미와 모양·습성이 비슷함.

흰-골무[힌-][명] 흰골무떡.

흰-골무떡[힌-][명] 고물을 묻히거나 물들이지 않은 골무떡. 흰골무.

흰골-박[힌-][명] 붉은 흙이나 다른 칠을 바르지 않은 함지박.

흰-곰[힌-][명]〖동〗곰과의 포유동물. 북극 지방에 분포하며, 몸길이 약 2.9m 정도, 무게 680kg 정도임. 온몸에 순백색의 털이 빽빽하며, 헤엄을 잘 침. 백곰. 북극곰.

흰-그루[힌-][명] 지난겨울에 곡식을 심었던 땅. ↔검은그루.

흰긴수염-고래(-鬚髥-)[힌-][명]〖동〗긴수염

고랫과의 포유동물. 가장 큰 종류로 몸길이 21-25 m, 몸빛은 회백색에 흰 반점이 있음. 태평양 연안에 분포함. 왕고래.

흰-깨 [힌-] 명 빛이 흰 참깨.

흰꼬리-수리 [힌-] 명 〖조〗 수릿과의 새. 수리와 비슷하며, 몸은 갈색, 꽁지는 자람에 따라 점점 흰 깃이 많아짐. 바닷가에 살며, 새·짐승 및 물고기를 잡아먹음.

흰-나비 [힌-] 명 〖충〗 **1** 흰나빗과의 곤충의 총칭. **2** 배추흰나비.

흰-누룩 [힌-] 명 밀가루와 찹쌀가루를 섞어서 만든 누룩.

흰-담비 [힌-] 명 〖동〗 족제빗과의 포유동물. 검은담비와 비슷하며, 몸길이 40-54 cm, 꼬리의 길이는 25-32 cm 임. 몸빛은 회갈색인데 가슴이 희고 꼬리가 매우 긺. 백초서.

흰-독말풀 (-毒-) [힌동-] 명 〖식〗 가짓과의 한해살이풀. 열대 아시아 원산으로, 높이는 1.5 m 정도, 담자색 또는 흰 나팔꽃 모양의 꽃이 피고, 가시 돋힌 타원형의 열매가 맺힘. 씨는 검고 수가 많음. 씨와 잎은 독이 있으며 약용함. 만다라화(曼陀羅華).

흰-돌비늘 [힌-] 명 〖광〗 백운모(白雲母).

흰-둥이 [힌-] 명 **1** 털빛이 흰 짐승을 이르는 말. **2** 살빛이 흰 사람. **3** 〈속〉 백인(白人). ＊검둥이.

흰-떡 [힌-] 명 멥쌀가루를 고수레하여 시루에 쪄서 안반에 놓고 떡메로 친 떡. 백병(白餠).
 흰떡 집에 산병(散餠) **맞추듯** 구 틀림없고 영락없는 모양.

흰-말 [힌-] 명 몸빛이 흰 말. 백마(白馬).

흰-매 [힌-] 명 〖조〗 두세 살이 되어서 털이 희어진 매. 또는 다 자란 매.

흰-머리 [힌-] 명 백발(白髮).

흰-무리 [힌-] 명 멥쌀가루를 켜가 없게 안쳐서 찐 시루떡.

흰-물떼새 [힌-] 명 〖조〗 물떼샛과의 새. 날개 길이 11 cm 정도, 등은 담갈색, 꽁지는 중앙에 있는 두 개의 흑갈색 깃을 제외하고는 모두 흼.

흰-민들레 [힌-] 명 〖식〗 국화과의 여러해살이풀. 들이나 길가에 저절로 남. 줄기 높이 30 cm 정도, 민들레와 비슷하나 잎이 연하고 담녹색을 띠며 꽃이 흼. 어린잎은 식용함.

흰-바곳 [힌-곧] 명 〖식〗 백부자(白附子).

흰-밥 [힌-] 명 잡곡을 섞지 않고 흰쌀로만 지은 밥. 백반(白飯). 이밥. 쌀밥.

흰배-지빠귀 [힌-] 명 〖조〗 지빠귓과의 새. 몸길이 17 cm 정도, 등은 갈색, 날개와 꽁지는 흑갈색, 배는 흼. 만주·시베리아에서 번식하고 가을에 한국·일본으로 날아오는데, 벌레와 나무 열매를 먹는 익조(益鳥)임.

흰-백 (-白) [힌-] 명 한자 부수(部首)의 하나 《'百'이나 '的' 따위에서 '白'의 이름》.

흰-불나방 [힌-라-] 명 〖충〗 **1** 불나방과의 곤충. 편 날개의 길이 24-26 mm이고, 몸과 날개가 모두 흰색임. 애벌레는 검은색인데 짧은 털이 있으며 등쪽은 등황색임. 선태류의 해충임. 꼬마불나방. **2** 미국흰불나방.

흰-빛 [힌빋] 명 하얀 빛깔. 백색. ❑ ~의 해군 제복. ↔검은빛.

흰뺨-검둥오리 [힌-] 명 〖조〗 오릿과의 물새. 몸길이 60 cm 정도, 대체로 갈색을 띠고, 날개에 자줏빛을 띤 초록색 부분이 있으며, 얼굴빛은 황백색임. 물가의 풀밭에 살며 주로 밤에 활동함. 동남아시아 특산임.

흰-사초 (-莎草) [힌-] 명 〖식〗 사초과의 여러해살이풀. 물가나 습지에 남. 줄기 높이 30-70 cm, 잎이 연하고 길며 폭이 약간 넓은데 담녹색을 띰. 초여름에 줄기 끝에 이삭으로 된 꽃이 핌.

흰-색 (-色) [힌-] 명 하얀색. 백색.

흰-소리 [힌-] 명하자 터무니없이 자랑으로 떠벌리는 말. ❑ ~를 늘어놓다 / ~를 치다.

흰-수라 (-水剌) [힌-] 명 〈궁〉 흰밥.

흰수염-바다오리 (-鬚髥-) [힌-] 명 〖조〗 바다오릿과의 물새. 몸길이 33 cm 정도로, 등은 흑갈색, 배는 흰색, 눈 위와 입아귀에 두 줄로 된 털이 나 있음. 경사진 땅에 깊이 40-200 cm 되는 구멍을 뚫고 들어가 알을 하나씩 낳음.

흰-수작 (-酬酌) [힌-] 명하자 되지 못한 희떠운 짓이나 말. ❑ ~을 부리다.

흰-쌀 [힌-] 명 백미(白米).

흰-여뀌 [힌녀-] 명 〖식〗 마디풀과의 한해살이풀. 줄기 높이 50 cm 정도, 잎자루가 있는 잎은 어긋맞게 나며 피침형임. 5-9 월에 홍백색 꽃이 가지 끝에 수상(穗狀)꽃차례로 피고 열매는 수과(瘦果)임.

흰-여우 [힌녀-] 명 〖동〗 갯과의 짐승. 북극 주변의 툰드라 지대에 사는데 여우와 비슷하며 몸길이 약 50 cm, 꼬리 25 cm 정도, 귀는 짧고 둥글며, 주둥이는 뭉뚝함. 모피는 귀하게 취급됨. 북극여우. 백호(白狐).

흰-엿 [힌녇] 명 검은엿을 켜서, 빛깔을 희게 만든 엿. ↔검은엿.

흰-옷 [히녿] 명 물감을 들이지 않은 흰 빛깔의 옷. 백의(白衣). 소복(素服).

흰-원미 (-元味) [히눤-] 명 쌀을 씻어 쌀알이 반쯤 부서지게 절구에 찧어서 물을 붓고 쑨 죽. 백원미(白元味).

흰-인가목 (-木) [힌닌-] 명 〖식〗 장미과의 낙엽 활엽 관목. 산허리 위쪽에 남. 나무 전체에 가시가 있고 잎은 타원형에 톱니가 있음. 초여름에 흰 꽃이 핌. 우리나라 특산으로 관상용임.

흰-자 [힌-] 명 '흰자위'의 준말. ＊노른자.

흰-자위 [힌-] 명 **1** 새알·달걀 따위의 속에 노른자위를 싸고 있는 단백질의 부분《수란관 속에서 만들어짐》. ＊노른자위. **2** 〖생〗 눈알의 흰 부분. ❑ ~가 드러나게 치뜨다. 준흰자. ＊검은자위.

흰자-질 (-質) [힌-] 명 단백질(蛋白質).

흰잣-가루 [힌자까- / 힌잗까-] 명 새알 또는 달걀의 흰자위로 만든 가루.

흰점박이-회색하늘소 (-點-灰色-) [힌-바기-새카-쏘] 명 〖충〗 하늘솟과의 곤충. 몸길이 5 cm 정도, 흑색 바탕에 회색 털로 덮였으며, 겉날개에 큼직한 흰 점이 박혔음. 애벌레는 참나무나 나도밤나무 따위의 해충임.

흰-죽 (-粥) [힌-] 명 쌀로만 쑨 죽. ❑ ~을 쑤어 먹이다.
 [흰죽 먹다 사발 깬다] 한 가지 일에만 재미를 붙이다가 다른 일에 손해를 보는 경우를 이르는 말. [흰죽에 고춧가루] 격에 맞지 아니함의 비유.

흰죽지-참수리 [힌-찌-] 명 〖조〗 맷과의 새. 대형의 수리로, 날개 길이 57 cm 정도, 부리는 7 cm 정도임. 죽지·꼬리가 희며, 그 외는 흑갈색임. 물가·해변가에 살며 물고기·오리·쥐·토끼 등의 새끼를 잡아먹음. 꽁지로 화살의 깃을 만듦.

흰-쥐 [힌-] 명 〖동〗 **1** 털빛이 흰, 시궁쥐의 변종. **2** 유럽산 시궁쥐의 한 변종. 몸길이 약

23 cm, 꼬리 18-20 cm, 귓바퀴는 작음. 온몸이 순백색이며 홍채(虹彩)는 붉은색임. 주로 실험용으로 씀. 백서.

흰-참꽃나무 [힌-꼰-] 圏 《식》 진달랫과의 낙엽 활엽 관목. 잎은 타원형 또는 도피침형이고 양면에 긴 털이 남. 초여름에 2-4개의 백색 꽃이 뭉쳐 피고, 삭과(蒴果)는 가을에 익음. 관상용으로 가꿈.

흰-콩 [힌-] 圏 빛깔이 희읍스름한 콩. 2 밤콩이나 검은콩에 대해 누런 콩을 이르는 말.

흰털발-제비 [힌-] 圏 《조》 제빗과의 새. 몸길이 15 cm 정도로 꽁지가 짧으며, 발은 발가락 끝까지 흰 털로 덮여 있음. 흔히, 벼랑에 항아리 모양의 집을 지음. 바위제비.

흰-팥 [힌팓] 圏 빛깔이 희읍스름한 팥.

흰-피톨 [힌-] 圏 《생》 백혈구(白血球). ＊붉은피톨.

휭-하다 [힝-] 휑어 놀라거나 피곤하거나 머리가 아파서 정신을 못 차리도록 띵하다. ▢ 머리가 횡하고 아프다.

횡-허케 [힝-] 厓 '횡하니'를 예스럽게 이르는 말.

히 ▢厓 흐뭇하여 멋없이 싱겁게 한 번 웃는 소리 또는 모양. ▢ 비웃는 뜻으로 내는 소리.

-히- ▢回 1 일부 동사 어간 뒤에 붙어, '사동'의 뜻을 더하는 접미사. ▢묵~다 / 굳~다 / 읽~다 / 앉~다 / 밟~다. 2 일부 동사 어간 뒤에 붙어, '피동'의 뜻을 더하는 접미사. ▢막~다 / 닫~다 / 맺~다 / 얹~다. 3 일부 형용사 어간 뒤에 붙어 '사동'의 뜻을 더하고 동사를 만드는 접미사. ▢붉~다 / 괴롭~다 / 넓~다. ＊-이-·-기-·-리-.

-히 回 형용사의 어근이나 '-하다'가 붙어 형용사가 되는 말 뒤에 붙어서 부사를 만드는 말. ▢간곡~ / 따뜻~. ＊-이.

히드라[1] (그 Hydra) 그리스 신화에 나오는, 머리가 아홉 또는 쉰 개가 달린 뱀. 머리 하나를 자르면 그 자리에 두 개의 머리가 새로 생긴다고 함.

히드라[2] (hydra) 圏 《동》 히드라과의 강장동물. 몸길이 약 1cm의 원통형으로, 신축성이 있으며 입 주위에 있는 6-10개의 실 모양으로 생긴 촉수(觸手)로 미생물을 잡아먹음. 민물의 나무나 돌 따위에 붙어 생활함. 동물학 연구 재료로 씀.

히드라지드 (hydrazide) 圏 《약》 결핵의 치료약(상품명). 이소니코틴산히드라지드.

히드로퀴논 (hydroquinone) 圏 《화》 퀴논을 이산화황으로 환원시켜서 만드는 무색의 바늘 모양 결정(물·알코올·에테르에 녹음. 환원성이 강하여 사진 현상액으로 씀).

히드록시-기 (hydroxy基) 圏 《화》 한 개씩의 수소 및 산소 원자로 이루어진 일가(一價)의 원자단 '-OH'의 이름. 수산기(水酸基).

히든-카드 (hidden card) 圏 숨겨 둔 카드라는 뜻으로, 상대가 예측하지 못하도록 감추어 놓은 비장의 수.

히뜩 厓 1 언뜻 휘돌아보는 모양. ▢～ 돌아보고는 도망친다. 2 맥없이 넘어지거나 동그라지는 모양. ▢눈이 빠지다.

히뜩-거리다 [-꺼-] 짜타 1 자꾸 언뜻 휘돌아보다. 2 자꾸 맥없이 넘어지거나 동그라지다. **히뜩-히뜩** [-뜨꺽] 厓짜타

히뜩-대다 [-때-] 짜타 히뜩거리다.

히로뽕 (일 ←Philopon) 圏 필로폰.

히말라야-삼나무 (Himalaya杉-) 圏 소나뭇과

의 상록 침엽 교목. 히말라야 산지가 원산지로 높이는 10 m 가량, 잎은 바늘 모양이며, 늦가을에 이삭 모양의 꽃이 핌. 관상용으로 심음.

히무릇-해파리 [-르태-] 圏 《동》 히무릇해파릿과의 강장동물. 해파리와 비슷하나 몸이 가늘고 긴 줄기와 기포로 되어 있음. 높이 1-1.7 cm 정도이고 폭은 0.5-0.9 cm인데 몸빛은 담홍색임.

히비스커스 (hibiscus) 圏 《식》 부용과 비슷한 서양 화초(하와이의 대표적인 꽃).

히스타민 (histamine) 圏 《화》 단백질이 분해되어서 생기는 유독 성분(이것이 체내에 괴면 알레르기 증상을 일으킴).

히스테리 (독 Hysterie) 圏 《의》 1 정신 신경증의 한 유형. 정신적인 원인으로 운동 마비·실성(失性)·경련 따위의 신체 증상이나 건망과 같은 정신 증상이 나타남. 2 정신적 원인에 의하여 일시적으로 일어나는 비정상적인 흥분 상태의 총칭.

히스테릭-하다 (hysteric-) 휑어 히스테리와 같은 성질이 있다. 히스테리적(的)이다. ▢ 히스테릭한 웃음.

히스토그램 (histogram) 圏 《수》 통계에서, 도수(度數) 분포를 나타내는 기둥 모양의 그래프. 주상 도표(柱狀圖表).

히스티딘 (histidine) 圏 《화》 헤모글로빈 속에 대량으로 존재하는 강염성 염기성 아미노산. 대부분의 단백질을 가수 분해 하면 생성됨.

히아신스 (hyacinth) 圏 《식》 백합과의 여러해살이풀. 비늘줄기에서 피침형의 잎이 뭉쳐나고, 초여름에 여러 가지 색의 꽃이 핌. 관상용임. 지중해 연안이 원산지임.

히읗 [-읃] 圏 한글의 자음 글자 'ㅎ'의 이름.

히죽 厓짜자 만족스러운 듯이 슬쩍 한 번 웃는 모양. 히죽이. 阁해죽. 阌히쭉.

히죽-거리다 [-꺼-] 짜타 만족스러운 듯이 슬쩍 자꾸 웃다. 阁해죽거리다. 阌히쭉거리다. 히죽-히죽 [-주키-] 厓짜자. 阌기분 나쁘게 사람을 보고 ～ 웃는다.

히죽-대다 [-때-] 짜타 히죽거리다.

히죽-이 厓 히죽. 阁해죽이. 阌히쭉이.

히즈리다 짜 〈옛〉 의지하다. 눕다.

히쭉 厓짜자 만족스러운 듯이 슬쩍 한 번 웃는 모양. 히쭉이. 阁해쭉. 阇히죽.

히쭉-거리다 [-꺼-] 짜타 만족스러운 듯이 슬쩍 자꾸 웃다. 阁해쭉거리다. 阇히죽거리다. 히쭉-히쭉 [-주키-] 厓짜자

히쭉-대다 [-때-] 짜타 히쭉거리다.

히쭉-이 厓 히쭉. 阁해쭉이. 阇히죽이.

히치하이크 (미 hitchhike) 圏짜자 지나가는 자동차를 얻어 타는 일. 또는 그런 방법으로 하는 무전여행.

히터 (heater) 圏 1 난방 장치. 2 난방기. 가열기. ▢～를 켜다.

히트 (hit) 圏짜자 1 안타(安打). 2 명중(命中). 대성공. ▢최고의 ～ 상품.

히트(를) **치다** 团 세상에 발표한 것이 크게 인기를 거두다.

히트 바이 피치 (hit by pitch) 야구에서, 투수의 투구가 타자의 몸이나 옷에 닿는 일. 타자는 일루에 나아갈 수 있음. 데드 볼.

히트-송 (hit song) 圏 대중에게 큰 인기를 얻은 노래. ▢유명한 가수들의 ～만을 모아 녹음했다.

히트 앤드 런 (hit-and-run) 야구에서, 타자와 주자가 미리 약속하고 투수가 투구 동작을 하자마자 주자는 다음 누(壘)로 달리고 타

자는 무조건 공을 치는 일.

히포콘드리아시스 (hypochondriasis) 똉 〖의〗 심기증(心氣症).

히프 (hip) 똉 엉덩이. 둔부(臀部).

히피 (hippie) 똉 기성 사회의 통념이나 사회적 관습·가치관·제도 등을 부정하고, '자연으로 돌아가라'는 슬로건 아래 자유로운 생활 양식을 추구하는 젊은이들(어깨까지 늘어뜨린 장발과 기발한 복장이 특징임). 히피족.

히피-족 (hippie族) 똉 히피.

히히 튀형자 남을 놀리듯이 해낙낙하여 꺼불거리며 웃는 소리. ④해해·헤헤.

히히-거리다 쟈 '히히' 소리를 잇따라 내며 웃다. ④해해거리다·헤헤거리다.

히히-대다 쟈 히히거리다.

힌두-교 (Hindu敎) 똉 〖종〗 인도 사람이 신봉하는 민족 종교. 바라문교를 전신(前身)으로 하여 각지의 토착 신앙을 흡수해서 4세기경에 힌두교로서 확립됨. 주물 숭배(呪物崇拜)·애니미즘·조상 숭배·우상 숭배·범신론(汎神論) 철학 등의 여러 요소가 들어 있고 여러 종파(宗派)로 갈라짐. 인도교.

힌두-족 (Hindu族) 똉 인도인의 한 종족.

힌디-어 (Hindi語) 똉 〖언〗 인도·유럽 어족(語族)의 인도·이란 어파(語派)에 속하는 언어. 인도의 공용어. 문자는 범자(梵字)를 사용함.

힌트 (hint) 똉 암시. 〇~를 얻다 / ~를 주다.

힐 (heel) 똉 '하이힐'의 준말.

힐거 (詰拒) 똉하자 서로 트집을 잡아 비난하며 맞서 겨룸. 힐항.

힐금 튀하자 경망스럽게 슬쩍 곁눈질하여 쳐다보는 모양. ④헬금. ⑩힐끔.

힐금-거리다 태 자꾸 곁눈질하며 슬쩍슬쩍 쳐다보다. 〇힐금거리며 눈치를 보다. ④헬금거리다. ⑩힐끔거리다. **힐금-힐금** 튀하자

힐금-대다 태 힐금거리다.

힐긋 [-귿] 튀하자 1 눈에 언뜻 띄는 모양. 〇대문 앞을 ~ 지나가다. 2 슬쩍 한 번 흘겨보는 모양. 〇옆 사람을 ~ 쳐다보다. ⑩힐끗.

힐긋-거리다 [-귿-] 태 자꾸 힐긋하다. ⑩힐끗거리다. **힐긋-힐긋** [-귿귿] 튀하자

힐긋-대다 [-귿때-] 태 힐긋거리다.

힐끔 튀하자 눈동자를 움직여 뜨고 한 번 바라보는 모양. ④헬끔. ⑩힐금.

힐끔-거리다 태 밉살맞게 곁눈질로 자꾸 쳐다보다. ④헬끔거리다. ⑩힐금거리다. **힐끔-힐끔** 튀하자

힐끔-대다 태 힐끔거리다.

힐끗 [-끋] 튀하자 1 눈에 언뜻 띄는 모양. 2 슬쩍 한 번 보는 모양. 〇~ 둘러보다. ⑩힐긋.

힐끗-거리다 [-끋꺼-] 태 자꾸 힐끗하다. ⑩힐긋거리다. **힐끗-힐끗** [-끋낃] 튀하자

힐끗-대다 [-끋때-] 태 힐끗거리다.

힐난 (詰難) [-란] 똉하태 트집을 잡아 거북할 만큼 따지고 듦. 〇나는 예상치 않았던 그의 ~에 몹시 불쾌했다.

힐론 (詰論) 똉하자 힐난하는 변론.

힐문 (詰問) 똉하태 트집을 잡아 따지고 물음.

힐빌리 (hillbilly) 똉 〖악〗 재즈 음악의 하나(미국 중서부의 시골에서 불리는, 향토색 짙은 민요).

힐조 (詰朝) [-조] 똉 1 이른 아침. 조조(早朝). 힐단(詰旦). 2 이튿날의 이른 아침. 명조(明朝). 명단(明旦).

힐주 (詰誅) [-쭈] 똉하태 죄를 따지고 들어 형벌에 처함.

힐책 (詰責) 똉하태 잘못을 따져 나무람.

힐척 (詰斥) 똉하태 잘못된 점을 밝히고 가려서

배척함.

힐항 (詰抗) 똉하자 힐거(詰拒).

힐후다 태 〈옛〉 힐난하다. 말썽부리다.

힐힐호다 형 〈옛〉 후리후리하다.

힘 똉 1 사람·동물이 몸에 갖추고 있으면서 스스로 움직이거나 다른 것을 움직이게 하는 근육의 작용. 〇~이 세다 / 늙어서 ~이 없다. 2 〖물〗 정지 상태의 물체에 운동을 일으키거나, 움직이고 있는 물체의 속도를 변화시키거나, 그 운동을 정지시키는 작용. 3 일을 할 수 있는 능력. 〇아직 그런 일쯤은 해낼 ~이 있다. 4 견디거나 해낼 수 있는 한도. 〇~ 자라는 한 견디어 보자. 5 알거나 깨달을 수 있는 능력. 재주. 〇이성적으로 생각할 수 있는 ~. 6 세력이나 권력. 〇~ 있는 사람 / 돈의 ~으로 해결하다. 7 은혜. 은덕. 〇어머니의 ~이 크다. 8 효력. 효능. 〇약의 ~이 크다. 9 폭력. 〇~을 쓰지 마라.

[힘과 마음을 합치면 하늘을 이긴다] 여러 사람이 힘을 모으면 못할 것이 없다는 말.

[힘 많은 소가 왕 노릇 하나] 힘뿐만 아니라 지략(智略)이 있어야 한다.

힘을 빌리다 쿤 다른 사람의 도움을 받다.

힘을 얻다 쿤 도움을 받아 자신감·용기·기운 따위를 얻다.

힘² 똉 〈옛〉 힘줄. 근육.

힘-겨룸 똉하자 힘의 세고 약함을 겨루는 일.

힘-겹다 [-따] 〔힘겨워, 힘겨우니〕 형태 힘에 부쳐 능히 당해 내기 어렵다.

힘-껏 [-껃] 튀 힘이 미치는 데까지. 있는 힘을 다하여. 〇~ 걷어차다 / ~ 던지다.

힘-꼴 똉 1 약간의 완력(腕力). 〇~이나 쓴다. 2 '힘'을 얕잡아 이르는 말.

힘-내다 태 꾸준히 힘을 써서 일을 하다. 〇힘내서 끝까지 견디어 내야 한다.

힘-닿다 [-다타] 쟈 힘이나 권세, 위력 따위가 미치다. 〇힘닿는 데까지 도와주다.

힘-들다 〔힘들어, 힘드니, 힘든〕 형 1 힘이 쓰이다. 〇힘든 일을 먼저 해라. 2 어렵거나 곤란하다. 〇알아보기 ~ / 견디어 내기 힘든 아픔을 참다.

힘-들이다 쟈 1 힘을 발휘하다. 〇힘들이지 않고 되는 일이 있나. 2 힘이나 마음을 기울이다. 〇힘들여 계획을 세우다.

힘-력 (-力) [-녁] 똉 한자 부수의 하나(('劾'이나 '勁' 따위에서 '力'의 이름).

힘-빼물다 〔힘빼물어, 힘빼무니, 힘빼무는〕 쟈 힘이 센 체하다.

힘쓰다 쟈 〈옛〉 힘쓰다.

힘-살 [-쌀] 똉 근육.

힘-세다 형 1 힘이 많아서 억세다. 〇힘센 장사. 2 힘이 많아 뻣뻣하고 굳다.

힘-쓰다 〔힘써, 힘쓰니〕 쟈 1 남을 도와주다. 〇내가 좀 힘써 주지. 2 고난을 무릅쓰고 꾸준히 행하다. 〇성공하도록 ~ / 힘써 일한 보람이 크다. 3 힘을 들여 일을 하다. 〇오로지 공부에만 ~.

[힘쓰기보다 꾀쓰기가 낫다] 힘으로 우겨 달려들기보다는 꾀를 써서 처리하는 것이 손쉽다는 말.

힘-없다 [히멉따] 형 1 의욕이나 기운이 없다. 〇그는 힘없는 목소리로 대답했다. 2 힘이나 권세, 위력 따위가 없다. 〇힘없고 가난한 사람. **힘-없이** [히멉씨] 튀. 〇상대 팀의 파상적인 공격에 ~ 무너졌다.

힘의 합성 (-合成)[히믜-썽 / 히메-썽]〖물〗한 점에서 서로 다른 방향으로 작용하는 두 힘의 합력(合力). 대개 힘의 평행 사변형에서 대각선으로 표시하여 얻음.

힘-입다[-닙따]짜 **1** 남의 신세를 지다. 남에게 부탁하여 도움을 받다. ▢동료들의 협조에 힘입은 바 크다. **2** 어떤 행동이나 말 따위에 용기를 얻다. ▢지지와 성원에 ~.

힘-자라다짜 힘이 미치다. ▢힘자라는 데까지 돕겠다.

힘-주다짜 (주로 '힘주어'의 꼴로 쓰여) **1** 어려운 고비 등에 힘을 몰아 쓰다. **2** 어떤 일이나 말을 강조하다. ▢특히 '사랑'에 대해 힘주어 말하다.

힘-줄[-쭐]몡〖생〗**1** 근육의 밑바탕이 되는 희고 질긴 살의 줄. 건(腱). **2** 혈관·혈맥 등의 총칭. **3** 모든 물질의, 섬유로 이루어진 가는 줄. 심줄. 힘줄기.

힘-줄기[-쭐-]몡 **1** 힘줄3. **2** 힘이 뻗친 줄기.

힘줌-말 힘을 준 말. 강조하는 말('뻗치다'에 대한 '뻗치다', '부딪다'에 대한 '부딪치다' 따위). 강세어.

힘-지다휑 **1** 힘이 있다. **2** 힘이 들 만하다. ▢그에게 힘진 일을 시켰다.

힘-차다휑 힘이 있고 씩씩하다. ▢힘찬 격려의 박수를 보내다.

힘힘이뭐〈옛〉한가히. 심심히.

힘힘히뭐〈옛〉한가히. 심심히.

힘힘ᄒ다휑〈옛〉한가하다. 심심하다.

힙합 (hiphop)몡 뉴욕의 흑인 소년이나 푸에르토리코의 젊은이들이 1980년대에 시작한 새로운 감각의 음악이나 춤. 같은 곡조를 반복하여 연주하는 것이 특징임.

힝⊟뭐 코를 세게 푸는 소리. ⊟갑 아니꼬워 코로 비웃는 소리.

힝그럭몡 유엽전(柳葉箭)의 촉(鏃).

힝-힝⊟뭐 잇따라 코를 세게 푸는 소리. ⊟갑 잇따라 코웃음을 치는 소리.

ᄒ녁몡〈옛〉한 녘. 한편. 한쪽.

ᄒ놀이다ᄐ〈옛〉놀리다. 희롱하다.

ᄒ니다짜〈옛〉일하다. 동작하다. 다니다.

-ᄒ느로몡〈옛〉-하므로.

ᄒ다짜ᄐ〈옛〉하다.

ᄒ다가뭐〈옛〉하다가. 만일. 만약. 어쩌다가.

ᄒ리다짜〈옛〉(병이) 낫다.

ᄒ르몡〈옛〉하루.

ᄒ르사리몡〈옛〉하루살이.

ᄒ마뭐〈옛〉**1** 이미. 벌써. **2** 장차.

ᄒ마면뭐〈옛〉거의. 하마터면.

ᄒ물며뭐〈옛〉하물며.

ᄒ붓사뭐〈옛〉홀로. 혼자.

-ᄒ시ᄂ로몡〈옛〉-하시므로.

ᄒ야디다짜〈옛〉해어지다.

ᄒ야ᄇ리다ᄐ〈옛〉헐어 버리다.

ᄒ올로뭐〈옛〉홀로.

ᄒ옷몸몡〈옛〉홑몸. 단신.

ᄒ옺몡〈옛〉홑.

ᄒ이다ᄐ〈옛〉**1** 하게 하다. 시키다. **2** 입다.

ᄒ¹굔〈옛〉하나의. 한.

ᄒ²됴〈옛〉은. 는.

ᄒᄀ티뭐〈옛〉한결같이.

ᄒᄀᆯᄋ티뭐〈옛〉한결같이.

ᄒ디위몡〈옛〉한 번. 한참.

-ᄒ돈몡〈옛〉-컨대. -건대. -건대.

ᄒ쁴뭐〈옛〉함께. 같은 때.

ᄒᄢ〈옛〉⊟몡 한 끼니. ⊟뭐 함께.

ᄒ됴〈옛〉을. 를.

ᄒ다ᄐ〈옛〉할 것인가. 할 것이다.

ᄒ몡〈옛〉흙.

ᄒ무디몡〈옛〉흙무더기.

ᄒ무적몡〈옛〉흙덩어리.

ᄒ비몡〈옛〉흙비.

ᄒ빛다ᄐ〈옛〉흙빛다.

ᄒ손몡〈옛〉흙손.

히¹몡〈옛〉해¹.

히²됴〈옛〉에.

히다ᄐ〈옛〉시키다.

히다²휑〈옛〉희다.

히야디다짜〈옛〉해어지다. 닳아서 떨어지다.

히여뭐〈옛〉하여금.

히여곰뭐〈옛〉하여금.

히오다ᄐ〈옛〉합하다. 계산하다.

히오라비몡〈옛〉해오라기.

히예뭐〈옛〉하여금. 시키어.

히에다ᄐ〈옛〉하게 하다. 시키다.

힛귀몡〈옛〉햇살. 햇귀. 햇그림자.

힝ᄌ쵸마몡〈옛〉행주치마.

ᅆ[쌍히읗[-읕]〈옛〉옛 자모의 하나. 혀뿌리로 목젖의 앞쪽을 거의 마주 대면서 내쉬는 숨으로 그 자리를 세게 갈아 내는 소리.

ᅘ다ᄐ〈옛〉**1** 끌다. 당기다. **2** 실을 뽑다. **3** 켜다.

모음

ㅏ [아] **1** 한글 자모의 열다섯째 글자. **2** 모음의 하나. 혀를 가장 낮추고 입을 크게 벌려 내는 단모음.

ㅐ [애] **1** 한글 자모 'ㅏ'와 'ㅣ'를 합한 글자. **2** 모음의 하나. 혀를 'ㅏ' 소리 내는 위치보다 조금 높은 자리에서 약간 내어 밀고 입을 반만 벌려 내는 단모음.

ㅑ [야] **1** 한글 자모의 열여섯째 글자. **2** 모음의 하나. 'ㅣ'와 'ㅏ'의 이중 모음. 혀를 'ㅣ' 소리를 낼 것같이 하여 가지고 잇따라 'ㅏ'로 옮기면서 내는 소리.

ㅒ [얘] **1** 한글 자모 'ㅑ'와 'ㅣ'를 합한 글자. **2** 모음의 하나. 'ㅣ'와 'ㅐ'의 이중 모음. 혀를 'ㅣ' 소리를 낼 것같이 하여 가지고 잇따라 'ㅐ'로 옮기면서 내는 소리.

ㅓ [어] **1** 한글 자모의 열일곱째 글자. **2** 모음의 하나. 혀를 조금 올리고 입술을 보통으로 하고 입을 약간 크게 벌려 입 안의 안쪽을 넓게 하면서 내는 단모음.

ㅔ [에] **1** 한글 자모 'ㅓ'와 'ㅣ'를 합한 글자. **2** 모음의 하나. 혀를 'ㅓ' 소리 내는 위치보다 조금 높은 자리에서 앞으로 약간 내어 밀고 보통으로 입을 열어 입아귀가 붙지 않을 정도로 하여 내는 단모음.

ㅕ [여] **1** 한글 자모의 열여덟째 글자. **2** 모음의 하나. 'ㅣ'와 'ㅓ'의 이중 모음. 혀를 'ㅣ' 소리를 낼 것같이 하여 가지고 잇따라 'ㅓ'로 옮기면서 내는 소리.

ㅖ [예] **1** 한글 자모 'ㅕ'와 'ㅣ'를 합한 글자. **2** 모음의 하나. 'ㅣ'와 'ㅖ'의 이중 모음. 혀를 'ㅣ' 소리를 낼 것같이 하여 가지고 잇따라 'ㅖ'로 옮기면서 내는 소리.

ㅗ [오] **1** 한글 자모의 열아홉째 글자. **2** 모음의 하나. 혀를 보통 위치에서 조금 뒤로 다가들이고 두 입술을 둥글게 하여 내는 단모음.

ㅘ [와] **1** 한글 자모 'ㅗ'와 'ㅏ'를 합한 글자. **2** 모음의 하나. 'ㅗ'와 'ㅏ'의 이중 모음. 입술을 'ㅗ' 소리를 낼 것같이 하여 가지고 잇따라 'ㅏ'로 옮기면서 내는 소리.

ㅙ [왜] **1** 한글 자모 'ㅗ'와 'ㅏ'와 'ㅣ'를 합

한 글자. **2** 모음의 하나. 'ㅗ'와 'ㅐ'의 이중 모음. 입술을 'ㅗ' 소리를 낼 것같이 하여 가지고 잇따라 'ㅐ'로 옮기면서 내는 소리.

ㅚ [외] **1** 한글 자모 'ㅗ'와 'ㅣ'를 합한 글자. **2** 모음의 하나. 혀를 보통 위치에서 앞으로 조금 밀어 내면서 두 입술을 좁혀 둥글리는 듯이 하면서 내는 단모음. 이중 모음인 'ㅞ'로도 발음할 수 있음.

ㅛ [요] **1** 한글 자모의 스무째 글자. **2** 모음의 하나. 'ㅣ'와 'ㅗ'의 이중 모음. 혀를 'ㅣ' 소리를 낼 것같이 하여 가지고 잇따라 'ㅗ'로 옮기면서 내는 소리.

ㅜ [우] **1** 한글 자모의 스물한째 글자. **2** 모음의 하나. 혀를 안으로 다가들이면서 혀뿌리를 가장 뒤로 높여 연구개(軟口蓋)에 가깝게 하고 두 입술을 둥글게 하여 내는 단모음.
ㅝ [워] **1** 한글 자모 'ㅜ'와 'ㅓ'를 합한 글자. **2** 모음의 하나. 'ㅜ'와 'ㅓ'의 이중 모음. 입술을 'ㅜ' 소리를 낼 것같이 하여 가지고 잇따라 'ㅓ'로 옮기면서 내는 소리.
ㅞ [웨] **1** 한글 자모 'ㅜ'와 'ㅓ'와 'ㅣ'의 합한 글자. **2** 모음의 하나. 'ㅜ'와 'ㅔ'의 이중 모음. 입술을 'ㅜ' 소리를 낼 것같이 하여 가지고 잇따라 'ㅔ'로 옮기면서 내는 소리.
ㅟ [위] **1** 한글 자모 'ㅜ'와 'ㅣ'를 합한 글자. **2** 모음의 하나. 혀를 'ㅣ' 소리를 내는 위치에서 약간 낮은 자리에 두고 입술을 좁혀 내는 단모음. 또, 입술에 'ㅜ' 소리를 낼 것같이 하여 가지고 잇따라 'ㅣ'로 옮기면서 내는 이중 모음으로도 발음할 수 있음.

ㅠ [유] **1** 한글 자모의 스물두째 글자. **2** 모음의 하나. 'ㅣ'와 'ㅜ'의 이중 모음. 혀를 'ㅣ' 소리를 낼 것같이 하여 가지고 잇따라 'ㅜ'로 옮기면서 내는 소리.

ㅡ [으] **1** 한글 자모의 스물셋째 글자. **2** 모음의 하나. 혀를 예사로 편 채 가장 높이는 동시에 약간 뒤로 다가들이는 듯하면서 입술은 평평한 대로 얕게 열어 내는 단모음.
ㅢ [의] **1** 한글 자모 'ㅡ'와 'ㅣ'를 합한 글자. **2** 모음의 하나. 'ㅡ'와 'ㅣ'의 이중 모음. 혀를 'ㅡ' 소리를 낼 것같이 하여 가지고 잇따라 'ㅣ'로 옮기면서 내는 소리.

ㅣ [이] **1** 한글 자모의 스물넷째 글자. **2** 모음의 하나. 혀의 앞 바닥과 중앙 부분의 양편 가장 자리를 아주 높여 경구개(硬口蓋)에 가장 가까이 접근시키고 입술을 평평한 대로 얕게 열어 입아귀를 양편으로 당기는 듯이 하면서 내는 단모음.

ㆍ (아래아) 〈옛〉 **1** 한글 옛 자모의 하나. **2** 혀를 보통 위치보다 낮추어 뒤쪽으로 약간 다가들이고 입술을 보통 정도로 벌려 내는 단모음. **3** 'ㅏ·ㆍ·ㅗ' 등에 따르는 종속적인 음절에 발음의 조절 작용으로 쓰이는 소리.
ㆎ (아래애) 〈옛〉 **1** 한글 옛 모음 글자의 하나. **2** 모음의 하나. 'ㆍ'와 'ㅣ'의 이중 모음. 혀를 'ㆍ' 소리를 낼 것같이 하여 가지고 잇따라 'ㅣ'로 옮기면서 내는 소리.

부 록

한글 맞춤법

문교부 고시 제88-1호
(1988. 1. 19.)

제 1 장 총　칙

제 1 항　한글 맞춤법은 표준어를 소리대로 적되, 어법에 맞도록 함을 원칙으로 한다.

제 2 항　문장의 각 단어는 띄어 씀을 원칙으로 한다.

제 3 항　외래어는 '외래어 표기법'에 따라 적는다.

제 2 장 자　모

제 4 항　한글 자모의 수는 스물넉 자로 하고, 그 순서와 이름은 다음과 같이 정한다.

　　　ㄱ(기역)　　　ㄴ(니은)　　　ㄷ(디귿)　　　ㄹ(리을)　　　ㅁ(미음)

　　　ㅂ(비읍)　　　ㅅ(시옷)　　　ㅇ(이응)　　　ㅈ(지읒)　　　ㅊ(치읓)

　　　ㅋ(키읔)　　　ㅌ(티읕)　　　ㅍ(피읖)　　　ㅎ(히읗)

　　　ㅏ(아)　　　　ㅑ(야)　　　　ㅓ(어)　　　　ㅕ(여)　　　　ㅗ(오)

　　　ㅛ(요)　　　　ㅜ(우)　　　　ㅠ(유)　　　　ㅡ(으)　　　　ㅣ(이)

〔붙임 1〕　위의 자모로써 적을 수 없는 소리는 두 개 이상의 자모를 어울러서 적되, 그 순서와 이름은 다음과 같이 정한다.

　　　ㄲ(쌍기역)　　ㄸ(쌍디귿)　　ㅃ(쌍비읍)　　ㅆ(쌍시옷)　　ㅉ(쌍지읒)

　　　ㅐ(애)　　　　ㅒ(얘)　　　　ㅔ(에)　　　　ㅖ(예)　　　　ㅘ(와)

　　　ㅙ(왜)　　　　ㅚ(외)　　　　ㅝ(워)　　　　ㅞ(웨)　　　　ㅟ(위)

　　　ㅢ(의)

〔붙임 2〕　사전에 올릴 적의 자모 순서는 다음과 같이 정한다.

　　　자음　ㄱ ㄲ ㄴ ㄷ ㄸ ㄹ ㅁ ㅂ ㅃ ㅅ ㅆ ㅇ ㅈ ㅉ ㅊ
　　　　　　ㅋ ㅌ ㅍ ㅎ

　　　모음　ㅏ ㅐ ㅑ ㅒ ㅓ ㅔ ㅕ ㅖ ㅗ ㅘ ㅙ ㅚ ㅛ ㅜ ㅝ
　　　　　　ㅞ ㅟ ㅠ ㅡ ㅢ ㅣ

제 3 장 소리에 관한 것

제 1 절 된소리

제 5 항　한 단어 안에서 뚜렷한 까닭 없이 나는 된소리는 다음 음절의 첫소리를 된소리로 적는다.

1. 두 모음 사이에서 나는 된소리

　　　소쩍새　어깨　오빠　으뜸　아끼다　기쁘다　깨끗하다　어떠하다　해쓱하다
　　　가끔　거꾸로　부썩　어찌　이따금

2. 'ㄴ, ㄹ, ㅁ, ㅇ' 받침 뒤에서 나는 된소리

　　　산뜻하다　잔뜩　살짝　훨씬　담뿍　움찔　몽땅　엉뚱하다

다만, 'ㄱ, ㅂ' 받침 뒤에서 나는 된소리는, 같은 음절이나 비슷한 음절이 겹쳐 나는 경우가 아니면 된소리로 적지 아니한다.

　　　국수　깍두기　딱지　색시　싹둑(~싹둑)　법석　갑자기　몹시

제 2 절 구개음화

제 6 항　'ㄷ, ㅌ' 받침 뒤에 종속적 관계를 가진 '-이(-)'나 '-히-'가 올 적에는 그 'ㄷ, ㅌ'이 'ㅈ, ㅊ'으로 소리 나더라도 'ㄷ, ㅌ'으로 적는다. (ㄱ을 취하고, ㄴ을 버림.)

ㄱ	ㄴ	ㄱ	ㄴ
맏이	마지	핥이다	할치다
해돋이	해도지	걷히다	거치다
굳이	구지	닫히다	다치다
같이	가치	묻히다	무치다
끝이	끄치		

제3절 'ㄷ' 소리 받침

제7항 'ㄷ' 소리로 나는 받침 중에서 'ㄷ'으로 적을 근거가 없는 것은 'ㅅ'으로 적는다.

덧저고리　돗자리　엇셈　웃어른　핫옷　무릇　사뭇　얼핏　자칫하면
뭇〔衆〕　옛　첫　헛

제4절 모 음

제8항 '계, 례, 몌, 폐, 혜'의 'ㅖ'는 'ㅔ'로 소리 나는 경우가 있더라도 'ㅖ'로 적는다. (ㄱ을 취하고, ㄴ을 버림.)

ㄱ	ㄴ	ㄱ	ㄴ
계수(桂樹)	게수	혜택(惠澤)	헤택
사례(謝禮)	사레	계집	게집
연몌(連袂)	연메	핑계	핑게
폐품(廢品)	페품	계시다	게시다

다만, 다음 말은 본음대로 적는다.

게송(偈頌)　　　게시판(揭示板)　　　휴게실(休憩室)

제9항 '의'나, 자음을 첫소리로 가지고 있는 음절의 'ㅢ'는 'ㅣ'로 소리 나는 경우가 있더라도 'ㅢ'로 적는다. (ㄱ을 취하고, ㄴ을 버림.)

ㄱ	ㄴ	ㄱ	ㄴ
의의(意義)	의이	닁큼	닝큼
본의(本義)	본이	띄어쓰기	띠어쓰기
무늬〔紋〕	무니	씌어	씨어
보늬	보니	틔어	티어
오늬	오니	희망(希望)	히망
하늬바람	하니바람	희다	히다
늴리리	닐리리	유희(遊戱)	유히

제5절 두음 법칙

제10항 한자음 '녀, 뇨, 뉴, 니'가 단어 첫머리에 올 적에는 두음 법칙에 따라 '여, 요, 유, 이'로 적는다. (ㄱ을 취하고, ㄴ을 버림.)

ㄱ	ㄴ	ㄱ	ㄴ
여자(女子)	녀자	유대(紐帶)	뉴대
연세(年歲)	년세	이토(泥土)	니토
요소(尿素)	뇨소	익명(匿名)	닉명

다만, 다음과 같은 의존 명사에서는 '냐, 녀' 음을 인정한다.

냥(兩)　　　　　냥쭝(兩-)　　　　　년(年)(몇 년)

〔붙임 1〕 단어의 첫머리 이외의 경우에는 본음대로 적는다.

  남녀(男女)   당뇨(糖尿)   결뉴(結紐)   은닉(隱匿)

〔붙임 2〕 접두사처럼 쓰이는 한자가 붙어서 된 말이나 합성어에서, 뒷말의 첫소리가 'ㄴ' 소리로 나더라도 두음 법칙에 따라 적는다.

  신여성(新女性)   공염불(空念佛)   남존여비(男尊女卑)

〔붙임 3〕 둘 이상의 단어로 이루어진 고유 명사를 붙여 쓰는 경우에도 붙임 2에 준하여 적는다.

  한국여자대학   대한요소비료회사

제 11 항 한자음 '랴, 려, 례, 료, 류, 리'가 단어의 첫머리에 올 적에는 두음 법칙에 따라 '야, 여, 예, 요, 유, 이'로 적는다. (ㄱ을 취하고, ㄴ을 버림.)

ㄱ	ㄴ	ㄱ	ㄴ
양심(良心)	량심	용궁(龍宮)	룡궁
역사(歷史)	력사	유행(流行)	류행
예의(禮儀)	례의	이발(理髮)	리발

다만, 다음과 같은 의존 명사는 본음대로 적는다.

  리(里) : 몇 리냐?   리(理) : 그럴 리가 없다.

〔붙임 1〕 단어의 첫머리 이외의 경우에는 본음대로 적는다.

  개량(改良)   선량(善良)   수력(水力)
  협력(協力)   사례(謝禮)   혼례(婚禮)
  와룡(臥龍)   쌍룡(雙龍)   하류(下流)
  급류(急流)   도리(道理)   진리(眞理)

다만, 모음이나 'ㄴ' 받침 뒤에 이어지는 '렬, 률'은 '열, 율'로 적는다. (ㄱ을 취하고, ㄴ을 버림.)

ㄱ	ㄴ	ㄱ	ㄴ
나열(羅列)	나렬	분열(分裂)	분렬
치열(齒列)	치렬	선열(先烈)	선렬
비열(卑劣)	비렬	진열(陳列)	진렬
규율(規律)	규률	선율(旋律)	선률
비율(比率)	비률	전율(戰慄)	전률
실패율(失敗率)	실패률	백분율(百分率)	백분률

〔붙임 2〕 외자로 된 이름을 성에 붙여 쓸 경우에도 본음대로 적을 수 있다.

  신립(申砬)   최린(崔麟)   채륜(蔡倫)   하륜(河崙)

〔붙임 3〕 준말에서 본음으로 소리 나는 것은 본음대로 적는다.

  국련(국제연합)   대한교련(대한교육연합회)

〔붙임 4〕 접두사처럼 쓰이는 한자가 붙어서 된 말이나 합성어에서, 뒷말의 첫소리가 'ㄴ' 또는 'ㄹ' 소리로 나더라도 두음 법칙에 따라 적는다.

  역이용(逆利用)   연이율(年利率)   열역학(熱力學)
  해외여행(海外旅行)

〔붙임 5〕 둘 이상의 단어로 이루어진 고유 명사를 붙여 쓰는 경우나 십진법에 따라 쓰는 수(數)도 붙임 4에 준하여 적는다.

  서울여관   신흥이발관   육천육백육십육(六千六百六十六)

제 12 항 한자음 '라, 래, 로, 뢰, 루, 르'가 단어의 첫머리에 올 적에는 두음 법칙에 따라 '나, 내, 노, 뇌, 누, 느'로 적는다. (ㄱ을 취하고, ㄴ을 버림.)

ㄱ	ㄴ	ㄱ	ㄴ
낙원(樂園)	락원	뇌성(雷聲)	뢰성

| 내일(來日) | 래일 | 누각(樓閣) | 루각 |
| 노인(老人) | 로인 | 능묘(陵墓) | 릉묘 |

〔붙임 1〕 단어의 첫머리 이외의 경우에는 본음대로 적는다.

극락(極樂)	쾌락(快樂)	거래(去來)	부로(父老)
왕래(往來)	연로(年老)	낙뢰(落雷)	지뢰(地雷)
고루(高樓)	광한루(廣寒樓)	동구릉(東九陵)	가정란(家庭欄)

〔붙임 2〕 접두사처럼 쓰이는 한자가 붙어서 된 단어는 뒷말을 두음 법칙에 따라 적는다.

| 내내월(來來月) | 상노인(上老人) | 중노동(重勞動) |
| 비논리적(非論理的) | | |

제 6 절 겹쳐 나는 소리

제 13 항 한 단어 안에서 같은 음절이나 비슷한 음절이 겹쳐 나는 부분은 같은 글자로 적는다. (ㄱ을 취하고, ㄴ을 버림.)

ㄱ	ㄴ	ㄱ	ㄴ
딱딱	딱닥	꼿꼿하다	꼿곳하다
쌕쌕	쌕색	놀놀하다	놀롤하다
씩씩	씩식	눅눅하다	눙눅하다
똑딱똑딱	똑닥똑닥	밋밋하다	민밋하다
쓱싹쓱싹	쓱삭쓱삭	싹싹하다	싹삭하다
연연불망(戀戀不忘)	련련불망	쌉쌀하다	쌉살하다
유유상종(類類相從)	유류상종	씁쓸하다	씁슬하다
누누이(屢屢−)	누루이	짭짤하다	짭잘하다

제 4 장 형태에 관한 것

제 1 절 체언과 조사

제 14 항 체언은 조사와 구별하여 적는다.

떡이	떡을	떡에	떡도	떡만
손이	손을	손에	손도	손만
팔이	팔을	팔에	팔도	팔만
밤이	밤을	밤에	밤도	밤만
집이	집을	집에	집도	집만
옷이	옷을	옷에	옷도	옷만
콩이	콩을	콩에	콩도	콩만
낮이	낮을	낮에	낮도	낮만
꽃이	꽃을	꽃에	꽃도	꽃만
밭이	밭을	밭에	밭도	밭만
앞이	앞을	앞에	앞도	앞만
밖이	밖을	밖에	밖도	밖만
넋이	넋을	넋에	넋도	넋만
흙이	흙을	흙에	흙도	흙만
삶이	삶을	삶에	삶도	삶만
여덟이	여덟을	여덟에	여덟도	여덟만

| 곬이 | 곬을 | 곬에 | 곬도 | 곬만 |
| 값이 | 값을 | 값에 | 값도 | 값만 |

제2절 어간과 어미

제15항 용언의 어간과 어미는 구별하여 적는다.

먹다	먹고	먹어	먹으니
신다	신고	신어	신으니
믿다	믿고	믿어	믿으니
울다	울고	울어	(우니)
넘다	넘고	넘어	넘으니
입다	입고	입어	입으니
웃다	웃고	웃어	웃으니
찾다	찾고	찾아	찾으니
좇다	좇고	좇아	좇으니
같다	같고	같아	같으니
높다	높고	높아	높으니
좋다	좋고	좋아	좋으니
깎다	깎고	깎아	깎으니
앉다	앉고	앉아	앉으니
많다	많고	많아	많으니
늙다	늙고	늙어	늙으니
젊다	젊고	젊어	젊으니
넓다	넓고	넓어	넓으니
훑다	훑고	훑어	훑으니
읊다	읊고	읊어	읊으니
옳다	옳고	옳아	옳으니
없다	없고	없어	없으니
있다	있고	있어	있으니

[붙임1] 두 개의 용언이 어울려 한 개의 용언이 될 적에, 앞말의 본뜻이 유지되고 있는 것은 그 원형을 밝히어 적고, 그 본뜻에서 멀어진 것은 밝히어 적지 아니한다.

(1) 앞말의 본뜻이 유지되고 있는 것

넘어지다	늘어나다	늘어지다	돌아가다
되짚어가다	들어가다	떨어지다	벌어지다
엎어지다	접어들다	틀어지다	흩어지다

(2) 본뜻에서 멀어진 것

드러나다   사라지다   쓰러지다

[붙임2] 종결형에서 사용되는 어미 '-오'는 '요'로 소리 나는 경우가 있더라도 그 원형을 밝혀 '오'로 적는다. (ㄱ을 취하고, ㄴ을 버림.)

ㄱ	ㄴ
이것은 책이오.	이것은 책이요.
이리로 오시오.	이리로 오시요.
이것은 책이 아니오.	이것은 책이 아니요.

[붙임3] 연결형에서 사용되는 '이요'는 '이요'로 적는다. (ㄱ을 취하고, ㄴ을 버림.)

| ㄱ | ㄴ |

이것은 책이요, 저것은 붓   이것은 책이오, 저것은 붓
이요, 또 저것은 먹이다.   이오, 또 저것은 먹이다.

제16항 어간의 끝 음절 모음이 'ㅏ, ㅗ'일 때에는 어미를 '-아'로 적고, 그 밖의 모음일
   때에는 '-어'로 적는다.

  1. '-아'로 적는 경우

        나아   나아도   나아서
        막아   막아도   막아서
        얇아   얇아도   얇아서
        돌아   돌아도   돌아서
        보아   보아도   보아서

  2. '-어'로 적는 경우

        개어   개어도   개어서
        겪어   겪어도   겪어서
        되어   되어도   되어서
        베어   베어도   베어서
        쉬어   쉬어도   쉬어서
        저어   저어도   저어서
        주어   주어도   주어서
        피어   피어도   피어서
        희어   희어도   희어서

제17항 어미 뒤에 덧붙는 조사 '-요'는 '-요'로 적는다.

        읽어   읽어요
        참으리   참으리요
        좋지   좋지요

제18항 다음과 같은 용언들은 어미가 바뀔 경우, 그 어간이나 어미가 원칙에 벗어나면 벗
   어나는 대로 적는다.

  1. 어간의 끝 'ㄹ'이 줄어질 적

        갈다 : 가니   간   갑니다   가시다   가오
        놀다 : 노니   논   놉니다   노시다   노오
        불다 : 부니   분   붑니다   부시다   부오
        둥글다: 둥그니   둥근   둥급니다   둥그시다   둥그오
        어질다: 어지니   어진   어집니다   어지시다   어지오

  〔붙임〕 다음과 같은 말에서도 'ㄹ'이 준 대로 적는다.

        마지못하다   마지않다   (하)다마다   (하)자마자
        (하)지 마라   (하)지 마(아)

  2. 어간의 끝 'ㅅ'이 줄어질 적

        굿다 :   그어   그으니   그었다
        낫다 :   나아   나으니   나았다
        잇다 :   이어   이으니   이었다
        짓다 :   지어   지으니   지었다

  3. 어간의 끝 'ㅎ'이 줄어질 적

        그렇다 :   그러니   그럴   그러면   그러오
        까맣다 :   까마니   까말   까마면   까마오
        둥그렇다: 둥그러니   둥그럴   둥그러면   둥그라오

퍼렇다 :	퍼러니	퍼럴	퍼러면	퍼러오
하얗다 :	하야니	하얄	하야면	하야오

4. 어간의 끝 'ㅜ, ㅡ'가 줄어질 적

푸다 :	퍼	펐다	뜨다 :	떠	떴다
끄다 :	꺼	껐다	크다 :	커	컸다
담그다 :	담가	담갔다	고프다 :	고파	고팠다
따르다 :	따라	따랐다	바쁘다 :	바빠	바빴다

5. 어간의 끝 'ㄷ'이 'ㄹ'로 바뀔 적

걷다〔步〕 :	걸어	걸으니	걸었다
듣다〔聽〕 :	들어	들으니	들었다
묻다〔問〕 :	물어	물으니	물었다
싣다〔載〕 :	실어	실으니	실었다

6. 어간의 끝 'ㅂ'이 'ㅜ'로 바뀔 적

깁다 :	기워	기우니	기웠다
굽다〔炙〕 :	구워	구우니	구웠다
가깝다 :	가까워	가까우니	가까웠다
괴롭다 :	괴로워	괴로우니	괴로웠다
맵다 :	매워	매우니	매웠다
무겁다 :	무거워	무거우니	무거웠다
밉다 :	미워	미우니	미웠다
쉽다 :	쉬워	쉬우니	쉬웠다

다만, '돕-, 곱-'과 같은 단음절 어간에 어미 '-아'가 결합되어 '와'로 소리 나는 것은 '-와'로 적는다.

돕다〔助〕 :	도와	도와서	도와도	도왔다
곱다〔麗〕 :	고와	고와서	고와도	고왔다

7. '하다'의 활용에서 어미 '-아'가 '-여'로 바뀔 적

하다 :	하여	하여서	하여도	하여라	하였다

8. 어간의 끝 음절 '르' 뒤에 오는 어미 '-어'가 '-러'로 바뀔 적

이르다〔至〕 :	이르러	이르렀다	누르다 :	누르러	누르렀다
노르다 :	노르러	노르렀다	푸르다 :	푸르러	푸르렀다

9. 어간의 끝 음절 '르'의 'ㅡ'가 줄고, 그 뒤에 오는 어미 '-아/-어'가 '-라/-러'로 바뀔 적

가르다 :	갈라	갈랐다	부르다 :	불러	불렀다
거르다 :	걸러	걸렀다	오르다 :	올라	올랐다
구르다 :	굴러	굴렀다	이르다 :	일러	일렀다
벼르다 :	별러	별렀다	지르다 :	질러	질렀다

제 3 절　접미사가 붙어서 된 말

제 19 항　어간에 '-이'나 '-음/-ㅁ'이 붙어서 명사로 된 것과 '-이'나 '-히'가 붙어서 부사로 된 것은 그 어간의 원형을 밝히어 적는다.

1. '-이'가 붙어서 명사로 된 것

길이	깊이	높이	다듬이	땀받이	달맞이
먹이	미닫이	벌이	벼훑이	살림살이	쇠붙이

2. '-음/-ㅁ'이 붙어서 명사로 된 것

걸음　묶음　믿음　얼음　엮음　울음　웃음
졸음　죽음　앎　만듦

3. '-이'가 붙어서 부사로 된 것

같이　굳이　길이　높이　많이　실없이　좋이　짓궂이

4. '-히'가 붙어서 부사로 된 것

밝히　익히　작히

다만, 어간에 '-이'나 '-음'이 붙어서 명사로 바뀐 것이라도 그 어간의 뜻과 멀어진 것은 원형을 밝히어 적지 아니한다.

굽도리　다리〔髢〕　목거리(목병)　무녀리
코끼리　거름(비료)　고름〔膿〕　노름(도박)

〔붙임〕 어간에 '-이'나 '-음' 이외의 모음으로 시작된 접미사가 붙어서 다른 품사로 바뀐 것은 그 어간의 원형을 밝히어 적지 아니한다.

(1) 명사로 바뀐 것

귀머거리　까마귀　너머　뜨더귀　마감　마개
마중　무덤　비렁뱅이　쓰레기　올가미　주검

(2) 부사로 바뀐 것

거뭇거뭇　너무　도로　뜨덤뜨덤　바투　불긋불긋
비로소　오긋오긋　자주　차마

(3) 조사로 바뀌어 뜻이 달라진 것

나마　부터　조차

제 20 항 명사 뒤에 '-이'가 붙어서 된 말은 그 명사의 원형을 밝히어 적는다.

1. 부사로 된 것

곳곳이　낱낱이　몫몫이　샅샅이　앞앞이　집집이

2. 명사로 된 것

곰배팔이　바둑이　삼발이　애꾸눈이　육손이
절뚝발이/절름발이

〔붙임〕 '-이' 이외의 모음으로 시작된 접미사가 붙어서 된 말은 그 명사의 원형을 밝히어 적지 아니한다.

꼬락서니　끄트머리　모가치　바가지　바깥　사타구니
싸라기　이파리　지붕　지푸라기　짜개

제 21 항 명사나 혹은 용언의 어간 뒤에 자음으로 시작된 접미사가 붙어서 된 말은 그 명사나 어간의 원형을 밝히어 적는다.

1. 명사 뒤에 자음으로 시작된 접미사가 붙어서 된 것

값지다　홑지다　넋두리　빛깔　옆댕이　잎사귀

2. 어간 뒤에 자음으로 시작된 접미사가 붙어서 된 것

낚시　늙정이　덮개　뜯게질
갉작갉작하다　갉작거리다　뜯적거리다　뜯적뜯적하다
굵다랗다　굵직하다　깊숙하다　넓적하다
높다랗다　늙수그레하다　얽죽얽죽하다

다만, 다음과 같은 말은 소리대로 적는다.

(1) 겹받침의 끝소리가 드러나지 아니하는 것

할짝거리다　널따랗다　널찍하다　말끔하다
말쑥하다　말짱하다　실쭉하다　실큼하다
얄따랗다　얄팍하다　짤따랗다　짤막하다
실컷

(2) 어원이 분명하지 아니하거나 본뜻에서 멀어진 것

넙치　　　　　울무　　　　　골막하다　　　　　납작하다

제 22 항 용언의 어간에 다음과 같은 접미사들이 붙어서 이루어진 말들은 그 어간을 밝히어 적는다.

1. '-기-, -리-, -이-, -히-, -구-, -우-, -추-, -으키-, -이키-, -애-'가 붙는 것

맡기다　　　　옮기다　　　　웃기다　　　　쫓기다　　　　뚫리다　　　　울리다
낚이다　　　　쌓이다　　　　핥이다　　　　굳히다　　　　굽히다　　　　넓히다
앉히다　　　　얽히다　　　　잡히다　　　　돋구다　　　　솟구다　　　　돋우다
갖추다　　　　곧추다　　　　맞추다　　　　일으키다　　　돌이키다　　　없애다

다만, '-이-, -히-, -우-'가 붙어서 된 말이라도 본뜻에서 멀어진 것은 소리대로 적는다.

도리다(칼로 ～)　　　　드리다(용돈을 ～)　　　　고치다
바치다(세금을 ～)　　　부치다(편지를 ～)　　　　거두다
미루다　　　　　　　　　이루다

2. '-치-, -뜨리-, -트리-'가 붙는 것

놓치다　　　　덮치다　　　　　떠받치다　　　　받치다　　　　밭치다
부딪치다　　　뻗치다　　　　　엎치다　　　　부딪뜨리다/부딪트리다
쏟뜨리다/쏟트리다　　　　　　젖뜨리다/젖트리다
찢뜨리다/찢트리다　　　　　　흩뜨리다/흩트리다

〔붙임〕 '-업-, -읍-, -브-'가 붙어서 된 말은 소리대로 적는다.

미덥다　　　　우습다　　　　미쁘다

제 23 항 '-하다'나 '-거리다'가 붙는 어근에 '-이'가 붙어서 명사가 된 것은 그 원형을 밝히어 적는다. (ㄱ을 취하고, ㄴ을 버림.)

ㄱ	ㄴ	ㄱ	ㄴ
깔쭉이	깔쭈기	살살이	살사리
꿀꿀이	꿀꾸리	쌕쌕이	쌕쌔기
눈깜짝이	눈깜짜기	오뚝이	오뚜기
더펄이	더퍼리	코납작이	코납자기
배불뚝이	배불뚜기	푸석이	푸서기
삐죽이	삐주기	홀쭉이	홀쭈기

〔붙임〕 '-하다'나 '-거리다'가 붙을 수 없는 어근에 '-이'나 또는 다른 모음으로 시작되는 접미사가 붙어서 명사가 된 것은 그 원형을 밝히어 적지 아니한다.

개구리　　　귀뚜라미　　　기러기　　　깍두기　　　꽹과리
날라리　　　누더기　　　　동그라미　　두드러기　　딱따구리
매미　　　　부스러기　　　뻐꾸기　　　얼루기　　　칼싹두기

제 24 항 '-거리다'가 붙을 수 있는 시늉말 어근에 '-이다'가 붙어서 된 용언은 그 어근을 밝히어 적는다. (ㄱ을 취하고, ㄴ을 버림.)

ㄱ	ㄴ	ㄱ	ㄴ
깜짝이다	깜짜기다	속삭이다	속사기다
꾸벅이다	꾸버기다	숙덕이다	숙더기다
끄덕이다	끄더기다	울먹이다	울머기다
뒤척이다	뒤처기다	움직이다	움지기다
들먹이다	들머기다	지껄이다	지꺼리다
망설이다	망서리다	퍼덕이다	퍼더기다
번득이다	번드기다	허덕이다	허더기다

번쩍이다　　　번쩌기다　｜　헐떡이다　　　헐떠기다

제 25 항 '-하다'가 붙는 어근에 '-히'나 '-이'가 붙어서 부사가 되거나, 부사에 '-이'가 붙어서 뜻을 더하는 경우에는 그 어근이나 부사의 원형을 밝히어 적는다.

1. '-하다'가 붙는 어근에 '-히'나 '-이'가 붙는 경우

급히　　　구준히　　　도저히　　　딱히　　　어렴풋이　깨끗이

〔붙임〕 '-하다'가 붙지 않는 경우에는 소리대로 적는다.

갑자기　　　　　반드시(꼭)　　　　　슬며시

2. 부사에 '-이'가 붙어서 역시 부사가 되는 경우

곰곰이　　　더욱이　　　생긋이　　　오뚝이　　　일찍이　　해죽이

제 26 항 '-하다'나 '-없다'가 붙어서 된 용언은 그 '-하다'나 '-없다'를 밝히어 적는다.

1. '-하다'가 붙어서 용언이 된 것

딱하다　　　숱하다　　　착하다　　　텁텁하다　　　폭하다

2. '-없다'가 붙어서 용언이 된 것

부질없다　　　상없다　　　시름없다　　　열없다　　　하염없다

제 4 절　합성어 및 접두사가 붙은 말

제 27 항 둘 이상의 단어가 어울리거나 접두사가 붙어서 이루어진 말은 각각 그 원형을 밝히어 적는다.

국말이　　　꺾꽂이　　　꽃잎　　　끝장　　　물난리
밑천　　　부엌일　　　싫증　　　옷안　　　웃옷
젖몸살　　　첫아들　　　칼날　　　팥알　　　헛웃음
홀아비　　　홑몸　　　흠내
값없다　　　겉늙다　　　굶주리다　　　낮잡다　　　맞먹다
받내다　　　벋놓다　　　빗나가다　　　빛나다　　　새파랗다
샛노랗다　　　시꺼멓다　　　싯누렇다　　　엇나가다　　　엎누르다
엿듣다　　　옻오르다　　　짓이기다　　　헛되다

〔붙임 1〕 어원은 분명하나 소리만 특이하게 변한 것은 변한 대로 적는다.

할아버지　　　　　할아범

〔붙임 2〕 어원이 분명하지 아니한 것은 원형을 밝히어 적지 아니한다.

골병　　　골탕　　　끌탕　　　며칠　　　아재비　　　오라비
업신여기다　　　부리나케

〔붙임 3〕 '이〔齒, 虱〕'가 합성어나 이에 준하는 말에서 '니' 또는 '리'로 소리 날 때에는 '니'로 적는다.

간니　　　덧니　　　사랑니　　　송곳니　　　앞니
어금니　　　윗니　　　젖니　　　톱니　　　틀니
가랑니　　　머릿니

제 28 항 끝소리가 'ㄹ'인 말과 딴 말이 어울릴 적에 'ㄹ' 소리가 나지 아니하는 것은 아니 나는 대로 적는다.

다달이(달-달-이)　　　따님(딸-님)　　　마되(말-되)
마소(말-소)　　　무자위(물-자위)　　　바느질(바늘-질)
부나비(불-나비)　　　부삽(불-삽)　　　부손(불-손)
소나무(솔-나무)　　　싸전(쌀-전)　　　여닫이(열-닫이)
우짖다(울-짖다)　　　화살(활-살)

제 29 항 끝소리가 'ㄹ'인 말과 딴 말이 어울릴 적에 'ㄹ' 소리가 'ㄷ' 소리로 나는 것은

'ㄷ'으로 적는다.

반짇고리(바느질~)	사흗날(사홀~)	삼짇날(삼질~)
섣달(설~)	숟가락(술~)	이튿날(이틀~)
잗주름(잘~)	폴소(폴~)	섣부르다(설~)
잗다듬다(잘~)	잗다랗다(잘~)	

제 30 항 사이시옷은 다음과 같은 경우에 받치어 적는다.

1. 순 우리말로 된 합성어로서 앞말이 모음으로 끝난 경우

   (1) 뒷말의 첫소리가 된소리로 나는 것

고랫재	귓밥	나룻배	나뭇가지	냇가
댓가지	뒷갈망	맷돌	머릿기름	모깃불
못자리	바닷가	뱃길	볏가리	부싯돌
선짓국	쇳조각	아랫집	우렁잇속	잇자국
잿더미	조갯살	찻집	쳇바퀴	킷값
핏대	햇볕	혓바늘		

   (2) 뒷말의 첫소리 'ㄴ, ㅁ' 앞에서 'ㄴ' 소리가 덧나는 것

멧나물	아랫니	텃마당	아랫마을	뒷머리
잇몸	깻묵	냇물	빗물	

   (3) 뒷말의 첫소리 모음 앞에서 'ㄴㄴ' 소리가 덧나는 것

도리깻열	뒷윷	두렛일	뒷일	뒷입맛
베갯잇	욧잇	깻잎	나뭇잎	댓잎

2. 순 우리말과 한자어로 된 합성어로서 앞말이 모음으로 끝난 경우

   (1) 뒷말의 첫소리가 된소리로 나는 것

귓병	머릿방	뱃병	봇둑	사잣밥
샛강	아랫방	자릿세	전셋집	찻잔
찻종	촛국	콧병	탯줄	텃세
핏기	햇수	횟가루	횟배	

   (2) 뒷말의 첫소리 'ㄴ, ㅁ' 앞에서 'ㄴ' 소리가 덧나는 것

곗날	제삿날	훗날	툇마루	양칫물

   (3) 뒷말의 첫소리 모음 앞에서 'ㄴㄴ' 소리가 덧나는 것

가욋일	사삿일	예삿일	훗일

3. 두 음절로 된 다음 한자어

곳간(庫間)	셋방(貰房)	숫자(數字)
찻간(車間)	툇간(退間)	횟수(回數)

제 31 항 두 말이 어울릴 적에 'ㅂ' 소리나 'ㅎ' 소리가 덧나는 것은 소리대로 적는다.

1. 'ㅂ' 소리가 덧나는 것

댑싸리(대ㅂ싸리)	멥쌀(메ㅂ쌀)	볍씨(벼ㅂ씨)
입때(이ㅂ때)	입쌀(이ㅂ쌀)	접때(저ㅂ때)
좁쌀(조ㅂ쌀)	햅쌀(해ㅂ쌀)	

2. 'ㅎ' 소리가 덧나는 것

머리카락(머리ㅎ가락)	살코기(살ㅎ고기)	수캐(수ㅎ개)
수컷(수ㅎ것)	수탉(수ㅎ닭)	안팎(안ㅎ밖)
암캐(암ㅎ개)	암컷(암ㅎ것)	암탉(암ㅎ닭)

제5절 준 말

제32항 단어 끝 모음이 줄어지고 자음만 남은 것은 그 앞의 음절에 받침으로 적는다.

(본말)	(준말)	(본말)	(준말)
기러기야	기럭아	가지고, 가지지	갖고, 갖지
어제그저께	엊그저께	디디고, 디디지	딛고, 딛지
어제저녁	엊저녁		

제33항 체언과 조사가 어울려 줄어지는 경우에는 준 대로 적는다.

(본말)	(준말)	(본말)	(준말)
그것은	그건	그것이	그게
그것으로	그걸로	너를	널
나는	난	무엇을	뭣을/무얼/뭘
나를	날	무엇이	뭣이/무에
너는	넌		

제34항 모음 'ㅏ, ㅓ'로 끝난 어간에 '-아/-어, -았-/-었-'이 어울릴 적에는 준 대로 적는다.

(본말)	(준말)	(본말)	(준말)
가아	가	가았다	갔다
나아	나	나았다	났다
타아	타	타았다	탔다
서어	서	서었다	섰다
켜어	켜	켜었다	켰다
펴어	펴	펴었다	폈다

〔붙임 1〕 'ㅐ, ㅔ' 뒤에 '-어, -었-'이 어울려 줄 적에는 준 대로 적는다.

(본말)	(준말)	(본말)	(준말)
개어	개	개었다	갰다
내어	내	내었다	냈다
베어	베	베었다	벴다
세어	세	세었다	셌다

〔붙임 2〕 '하여'가 한 음절로 줄어서 '해'로 될 적에는 준 대로 적는다.

(본말)	(준말)	(본말)	(준말)
하여	해	하였다	했다
더하여	더해	더하였다	더했다
흔하여	흔해	흔하였다	흔했다

제35항 모음 'ㅗ, ㅜ'로 끝난 어간에 '-아/-어, -았-/-었-'이 어울려 'ㅘ/ㅝ, ㅘㅆ/ㅝㅆ'으로 될 적에는 준 대로 적는다.

(본말)	(준말)	(본말)	(준말)
꼬아	꽈	꼬았다	꽜다
보아	봐	보았다	봤다
쏘아	쏴	쏘았다	쐈다
두어	둬	두었다	뒀다
쑤어	쒀	쑤었다	쒔다
주어	줘	주었다	줬다

〔붙임 1〕 '놓아'가 '놔'로 줄 적에는 준 대로 적는다.

〔붙임 2〕 'ㅚ' 뒤에 '-어, -었-'이 어울려 'ㅙ, ㅙㅆ'으로 될 적에도 준 대로 적는다.

(본말)	(준말)	(본말)	(준말)
괴어	괘	괴었다	괬다
되어	돼	되었다	됐다
뵈어	봬	뵈었다	뵀다
쇠어	쇄	쇠었다	쇘다
쐬어	쐐	쐬었다	쐤다

제 36 항 'ㅣ' 뒤에 '-어'가 와서 'ㅕ'로 줄 적에는 준 대로 적는다.

(본말)	(준말)	(본말)	(준말)
가지어	가져	가지었다	가졌다
견디어	견뎌	견디었다	견뎠다
다니어	다녀	다니었다	다녔다
막히어	막혀	막히었다	막혔다
버티어	버텨	버티었다	버텼다
치이어	치여	치이었다	치였다

제 37 항 'ㅏ, ㅕ, ㅗ, ㅜ, ㅡ'로 끝난 어간에 '-이-'가 와서 각각 'ㅐ, ㅖ, ㅚ, ㅟ, ㅢ'로 줄 적에는 준 대로 적는다.

(본말)	(준말)	(본말)	(준말)
싸이다	쌔다	누이다	뉘다
펴이다	폐다	뜨이다	띄다
보이다	뵈다	쓰이다	씌다

제 38 항 'ㅏ, ㅗ, ㅜ, ㅡ' 뒤에 '-이어'가 어울려 줄어질 적에는 준 대로 적는다.

(본말)	(준말)	(본말)	(준말)
싸이어	쌔어 싸여	뜨이어	띄어
보이어	뵈어 보여	쓰이어	씌어 쓰여
쏘이어	쐬어 쏘여	트이어	틔어 트여
누이어	뉘어 누여		

제 39 항 어미 '-지' 뒤에 '않-'이 어울려 '-잖-'이 될 적과 '-하지' 뒤에 '않-'이 어울려 '-찮-'이 될 적에는 준 대로 적는다.

(본말)	(준말)	(본말)	(준말)
그렇지 않은	그렇잖은	만만하지 않다	만만찮다
적지 않은	적잖은	변변하지 않다	변변찮다

제 40 항 어간의 끝 음절 '하'의 'ㅏ'가 줄고 'ㅎ'이 다음 음절의 첫소리와 어울려 거센소리로 될 적에는 거센소리로 적는다.

(본말)	(준말)	(본말)	(준말)
간편하게	간편케	다정하다	다정타
연구하도록	연구토록	정결하다	정결타
가하다	가타	흔하다	흔타

[붙임1] 'ㅎ'이 어간의 끝소리로 굳어진 것은 받침으로 적는다.

않다	않고	않지	않든지
그렇다	그렇고	그렇지	그렇든지
아무렇다	아무렇고	아무렇지	아무렇든지
어떻다	어떻고	어떻지	어떻든지
이렇다	이렇고	이렇지	이렇든지
저렇다	저렇고	저렇지	저렇든지

[붙임2] 어간의 끝 음절 '하'가 아주 줄 적에는 준 대로 적는다.

(본말)	(준말)	(본말)	(준말)
거북하지	거북지	넉넉하지 않다	넉넉지 않다
생각하건대	생각건대	못하지 않다	못지않다
생각하다 못해	생각다 못해	섭섭하지 않다	섭섭지 않다
깨끗하지 않다	깨끗지 않다	익숙하지 않다	익숙지 않다

〔붙임 3〕　다음과 같은 부사는 소리대로 적는다.

결단코	결코	기필코	무심코	아무튼	요컨대
정녕코	필연코	하마터면	하여튼	한사코	

제 5 장　띄어쓰기

제 1 절　조　사

제 41 항　조사는 그 앞말에 붙여 쓴다.

꽃이	꽃마저	꽃밖에	꽃에서부터	꽃으로만
꽃이나마	꽃이다	꽃입니다	꽃처럼	어디까지나
거기도	멀리는	웃고만		

제 2 절　의존 명사, 단위를 나타내는 명사 및 열거하는 말 등

제 42 항　의존 명사는 띄어 쓴다.

아는 것이 힘이다.　　　　　　　나도 할 수 있다.
먹을 만큼 먹어라.　　　　　　　아는 이를 만났다.
네가 뜻한 바를 알겠다.　　　　　그가 떠난 지가 오래다.

제 43 항　단위를 나타내는 명사는 띄어 쓴다.

한 개	차 한 대	금 서 돈	소 한 마리
옷 한 벌	열 살	조기 한 손	연필 한 자루
버선 한 죽	집 한 채	신 두 켤레	북어 한 쾌

다만, 순서를 나타내는 경우나 숫자와 어울리어 쓰이는 경우에는 붙여 쓸 수 있다.

두시 삼십분 오초	제일과	삼학년	육층
1446년 10월 9일	2대대	16동 502호	제 1 실습실
80원	10개	7미터	

제 44 항　수를 적을 적에는 '만(萬)' 단위로 띄어 쓴다.

십이억 삼천사백오십육만 칠천팔백구십팔
12억 3456만 7898

제 45 항　두 말을 이어 주거나 열거할 적에 쓰이는 다음의 말들은 띄어 쓴다.

국장 겸 과장　　　　　　　열 내지 스물
청군 대 백군　　　　　　　책상, 걸상 등이 있다.
이사장 및 이사들　　　　　사과, 배, 귤 등등
사과, 배 등속　　　　　　　부산, 광주 등지

제 46 항　단음절로 된 단어가 연이어 나타날 적에는 붙여 쓸 수 있다.

그때 그곳　　　　이말 저말　　　　좀더 큰것　　　　한잎 두잎

제3절 보조 용언

제 47 항 보조 용언은 띄어 씀을 원칙으로 하되, 경우에 따라 붙여 씀도 허용한다. (ㄱ을 원칙으로 하고, ㄴ을 허용함.)

ㄱ	ㄴ
불이 꺼져 간다.	불이 꺼져간다.
내 힘으로 막아 낸다.	내 힘으로 막아낸다.
어머니를 도와 드린다.	어머니를 도와드린다.
그릇을 깨뜨려 버렸다.	그릇을 깨뜨려버렸다.
비가 올 듯하다.	비가 올듯하다.
그 일은 할 만하다.	그 일은 할만하다.
일이 될 법하다.	일이 될법하다.
비가 올 성싶다.	비가 올성싶다.
잘 아는 척한다.	잘 아는척한다.

다만, 앞말에 조사가 붙거나 앞말이 합성 동사인 경우, 그리고 중간에 조사가 들어갈 적에는 그 뒤에 오는 보조 용언은 띄어 쓴다.

잘도 놀아만 나는구나!	책을 읽어도 보고…….
네가 덤벼들어 보아라.	강물에 떠내려가 버렸다.
그가 올 듯도 하다.	잘난 체를 한다.

제4절 고유 명사 및 전문 용어

제 48 항 성과 이름, 성과 호 등은 붙여 쓰고, 이에 덧붙는 호칭어, 관직명 등은 띄어 쓴다.

김양수(金良洙)	서화담(徐花潭)	채영신 씨
최치원 선생	박동식 박사	충무공 이순신 장군

다만, 성과 이름, 성과 호를 분명히 구분할 필요가 있을 경우에는 띄어 쓸 수 있다.

남궁억/남궁 억	독고준/독고 준	황보지봉(皇甫芝峰)/황보 지봉

제 49 항 성명 이외의 고유 명사는 단어별로 띄어 씀을 원칙으로 하되, 단위별로 띄어 쓸 수 있다. (ㄱ을 원칙으로 하고, ㄴ을 허용함.)

ㄱ	ㄴ
대한 중학교	대한중학교
한국 대학교 사범 대학	한국대학교 사범대학

제 50 항 전문 용어는 단어별로 띄어 씀을 원칙으로 하되, 붙여 쓸 수 있다. (ㄱ을 원칙으로 하고, ㄴ을 허용함.)

ㄱ	ㄴ
만성 골수성 백혈병	만성골수성백혈병
중거리 탄도 유도탄	중거리탄도유도탄

제6장 그 밖의 것

제 51 항 부사의 끝 음절이 분명히 '이'로만 나는 것은 '-이'로 적고, '히'로만 나거나 '이'나 '히'로 나는 것은 '-히'로 적는다.

1. '이'로 나는 것

가붓이	깨끗이	나붓이	느긋이	둥긋이
따뜻이	반듯이	버젓이	산뜻이	의젓이

가까이	고이	날카로이	대수로이	번거로이
많이	적이	헛되이	겹겹이	번번이
일일이	집집이	틈틈이		

2. '히'로만 나는 것

극히	급히	딱히	속히	작히
족히	특히	엄격히	정확히	

3. '이, 히'로 나는 것

솔직히	가만히	간편히	나른히	무단히
각별히	소홀히	쓸쓸히	정결히	과감히
꼼꼼히	심히	열심히	급급히	답답히
섭섭히	공평히	능히	당당히	분명히
상당히	조용히	간소히	고요히	도저히

제 52 항　한자어에서 본음으로도 나고 속음으로도 나는 것은 각각 그 소리에 따라 적는다.

(본음으로 나는 것)	(속음으로 나는 것)
승낙(承諾)	수락(受諾), 쾌락(快諾), 허락(許諾)
만난(萬難)	곤란(困難), 논란(論難)
안녕(安寧)	의령(宜寧), 회령(會寧)
분노(忿怒)	대로(大怒), 희로애락(喜怒哀樂)
토론(討論)	의논(議論)
오륙십(五六十)	오뉴월, 유월(六月)
목재(木材)	모과(木瓜)
십일(十日)	시방정토(十方淨土), 시왕(十王), 시월(十月)
팔일(八日)	초파일(初八日)

제 53 항　다음과 같은 어미는 예사소리로 적는다. (ㄱ을 취하고, ㄴ을 버림.)

ㄱ	ㄴ	ㄱ	ㄴ
-(으)ㄹ거나	-(으)ㄹ꺼나	-(으)ㄹ지니라	-(으)ㄹ찌니라
-(으)ㄹ걸	-(으)ㄹ껄	-(으)ㄹ지라도	-(으)ㄹ찌라도
-(으)ㄹ게	-(으)ㄹ께	-(으)ㄹ지어다	-(으)ㄹ찌어다
-(으)ㄹ세	-(으)ㄹ쎄	-(으)ㄹ지언정	-(으)ㄹ찌언정
-(으)ㄹ세라	-(으)ㄹ쎄라	-(으)ㄹ진대	-(으)ㄹ찐대
-(으)ㄹ수록	-(으)ㄹ쑤록	-(으)ㄹ진저	-(으)ㄹ찐저
-(으)ㄹ시	-(으)ㄹ씨	-올시다	-올씨다
-(으)ㄹ지	-(으)ㄹ찌		

다만, 의문을 나타내는 다음 어미들은 된소리로 적는다.

-(으)ㄹ까?	-(으)ㄹ꼬?	-(스)ㅂ니까?
-(으)리까?	-(으)ㄹ쏘냐?	

제 54 항　다음과 같은 접미사는 된소리로 적는다. (ㄱ을 취하고, ㄴ을 버림.)

ㄱ	ㄴ	ㄱ	ㄴ
심부름꾼	심부름군	귀때기	귓대기
익살꾼	익살군	볼때기	볼대기
일꾼	일군	판자때기	판잣대기
장꾼	장군	뒤꿈치	뒷굼치
장난꾼	장난군	팔꿈치	팔굼치
지게꾼	지겟군	이마빼기	이맛배기
때깔	땟갈	코빼기	콧배기

빛깔	빛갈	객쩍다	객적다
성깔	성갈	겸연쩍다	겸연적다

제 55 항 두 가지로 구별하여 적던 다음 말들은 한 가지로 적는다. (ㄱ을 취하고, ㄴ을 버림.)

ㄱ	ㄴ
맞추다(입을 맞춘다. 양복을 맞춘다.)	마추다
뻗치다(다리를 뻗친다. 멀리 뻗친다.)	뻐치다

제 56 항 '-더라, -던'과 '-든지'는 다음과 같이 적는다.

1. 지난 일을 나타내는 어미는 '-더라, -던'으로 적는다. (ㄱ을 취하고, ㄴ을 버림.)

ㄱ	ㄴ
지난 겨울은 몹시 춥더라.	지난 겨울은 몹시 춥드라.
깊던 물이 얕아졌다.	깊든 물이 얕아졌다.
그렇게 좋던가?	그렇게 좋든가?
그 사람 말 잘하던데!	그 사람 말 잘하든데!
얼마나 놀랐던지 몰라.	얼마나 놀랐든지 몰라.

2. 물건이나 일의 내용을 가리지 아니하는 뜻을 나타내는 조사와 어미는 '(-)든지'로 적는다. (ㄱ을 취하고, ㄴ을 버림.)

ㄱ	ㄴ
배든지 사과든지 마음대로 먹어라.	배던지 사과던지 마음대로 먹어라.
가든지 오든지 마음대로 해라.	가던지 오던지 마음대로 해라.

제 57 항 다음 말들은 각각 구별하여 적는다.

가름	둘로 가름
갈음	새 책상으로 갈음하였다.
거름	풀을 썩인 거름
걸음	빠른 걸음
거치다	영월을 거쳐 왔다.
걷히다	외상값이 잘 걷힌다.
걷잡다	걷잡을 수 없는 상태
겉잡다	겉잡아서 이틀 걸릴 일
그러므로(그러니까)	그는 부지런하다. 그러므로 잘 산다.
그럼으로(써)	그는 열심히 공부한다. 그럼으로(써)
(그렇게 하는 것으로)	은혜에 보답한다.
노름	노름판이 벌어졌다.
놀음(놀이)	즐거운 놀음
느리다	진도가 너무 느리다.
늘이다	고무줄을 늘인다.
늘리다	수출량을 더 늘린다.
다리다	옷을 다린다.

달이다	약을 달인다.
다치다	부주의로 손을 다쳤다.
닫히다	문이 저절로 닫혔다.
닫치다	문을 힘껏 닫쳤다.
마치다	벌써 일을 마쳤다.
맞히다	여러 문제를 더 맞혔다.
목거리	목거리가 덧났다.
목걸이	금 목걸이, 은 목걸이
바치다	나라를 위해 목숨을 바쳤다.
받치다	우산을 받치고 간다.
	책받침을 받친다.
받히다	쇠뿔에 받혔다.
밭치다	술을 체에 밭친다.
반드시	약속은 반드시 지켜라.
반듯이	고개를 반듯이 들어라.
부딪치다	차와 차가 마주 부딪쳤다.
부딪히다	마차가 화물차에 부딪혔다.
부치다	힘이 부치는 일이다.
	편지를 부친다.
	논밭을 부친다.
	빈대떡을 부친다.
	식목일에 부치는 글
	회의에 부치는 안건
	인쇄에 부치는 원고
	삼촌 집에 숙식을 부친다.
붙이다	우표를 붙인다.
	책상을 벽에 붙였다.
	흥정을 붙인다.
	불을 붙인다.
	감시원을 붙인다.
	조건을 붙인다.
	취미를 붙인다.
	별명을 붙인다.
시키다	일을 시킨다.
식히다	끓인 물을 식힌다.

아름	세 아름 되는 둘레
알음	전부터 알음이 있는 사이
앎	앎이 힘이다.
안치다	밥을 안친다.
앉히다	윗자리에 앉힌다.
어름	두 물건의 어름에서 일어난 현상
얼음	얼음이 얼었다.
이따가	이따가 오너라.
있다가	돈은 있다가도 없다.
저리다	다친 다리가 저린다.
절이다	김장 배추를 절인다.
조리다	생선을 조린다. 통조림, 병조림
졸이다	마음을 졸인다.
주리다	여러 날을 주렸다.
줄이다	비용을 줄인다.
하노라고	하노라고 한 것이 이 모양이다.
하느라고	공부하느라고 밤을 새웠다.
-느니보다(어미)	나를 찾아오느니보다 집에 있거라.
-는 이보다(의존 명사)	오는 이가 가는 이보다 많다.
-(으)리만큼(어미)	나를 미워하리만큼 그에게 잘못한 일이 없다.
-(으)ㄹ 이만큼(의존 명사)	찬성할 이도 반대할 이만큼이나 많을 것이다.
-(으)러(목적)	공부하러 간다.
-(으)려(의도)	서울 가려 한다.
-(으)로서(자격)	사람으로서 그럴 수는 없다.
-(으)로써(수단)	닭으로써 꿩을 대신했다.
-(으)므로(어미)	그가 나를 믿으므로 나도 그를 믿는다.
(-ㅁ, -음)으로(써)(조사)	그는 믿음으로(써) 산 보람을 느꼈다.

문장 부호

문장 부호는 글에서 문장의 구조를 드러내거나 글쓴이의 의도를 전달하기 위하여 사용하는 부호이다. 문장 부호의 이름과 사용법은 다음과 같이 정한다.

1. 마침표(.)

(1) 서술, 명령, 청유 등을 나타내는 문장의 끝에 쓴다.

> 예 젊은이는 나라의 기둥입니다.
> 예 제 손을 꼭 잡으세요.
> 예 집으로 돌아갑시다.
> 예 가는 말이 고와야 오는 말이 곱다.

[붙임 1] 직접 인용한 문장의 끝에는 쓰는 것을 원칙으로 하되, 쓰지 않는 것을 허용한다.(ㄱ을 원칙으로 하고, ㄴ을 허용함.)

> 예 ㄱ. 그는 "지금 바로 떠나자."라고 말하며 서둘러 짐을 챙겼다.
> ㄴ. 그는 "지금 바로 떠나자"라고 말하며 서둘러 짐을 챙겼다.

[붙임 2] 용언의 명사형이나 명사로 끝나는 문장에는 쓰는 것을 원칙으로 하되, 쓰지 않는 것을 허용한다.(ㄱ을 원칙으로 하고, ㄴ을 허용함.)

> 예 ㄱ. 목적을 이루기 위하여 몸과 마음을 다하여 애를 씀.
> ㄴ. 목적을 이루기 위하여 몸과 마음을 다하여 애를 씀
> 예 ㄱ. 결과에 연연하지 않고 끝까지 최선을 다하기.
> ㄴ. 결과에 연연하지 않고 끝까지 최선을 다하기
> 예 ㄱ. 신입 사원 모집을 위한 기업 설명회 개최.
> ㄴ. 신입 사원 모집을 위한 기업 설명회 개최
> 예 ㄱ. 내일 오전까지 보고서를 제출할 것.
> ㄴ. 내일 오전까지 보고서를 제출할 것

다만, 제목이나 표어에는 쓰지 않음을 원칙으로 한다.

> 예 압록강은 흐른다
> 예 꺼진 불도 다시 보자

> 예 건강한 몸 만들기

(2) 아라비아 숫자만으로 연월일을 표시할 때 쓴다.

> 예 1919. 3. 1.   예 10. 1.~10. 12.

(3) 특정한 의미가 있는 날을 표시할 때 월과 일을 나타내는 아라비아 숫자 사이에 쓴다.

> 예 3.1 운동   예 8.15 광복

[붙임] 이때는 마침표 대신 가운뎃점을 쓸 수 있다.

> 예 3 · 1 운동   예 8 · 15 광복

(4) 장, 절, 항 등을 표시하는 문자나 숫자 다음에 쓴다.

> 예 가. 인명   예 ㄱ. 머리말
> 예 Ⅰ. 서론   예 1. 연구 목적

[붙임] '마침표' 대신 '온점'이라는 용어를 쓸 수 있다.

2. 물음표(?)

(1) 의문문이나 의문을 나타내는 어구의 끝에 쓴다.

> 예 점심 먹었어?
> 예 이번에 가시면 언제 돌아오세요?
> 예 제가 부모님 말씀을 따르지 않을 리가 있겠습니까?
> 예 남북이 통일되면 얼마나 좋을까?
> 예 다섯 살짜리 꼬마가 이 멀고 험한 곳까지 혼자 왔다?
> 예 지금?   예 뭐라고?
> 예 네?

[붙임 1] 한 문장 안에 몇 개의 선택적인 물음이 이어질 때는 맨 끝의 물음에만 쓰고, 각 물음이 독립적일 때는 각 물음의 뒤에 쓴다.

> 예 너는 중학생이냐, 고등학생이냐?
> 예 너는 여기에 언제 왔니? 어디서 왔니? 무엇하러 왔니?

[붙임 2] 의문의 정도가 약할 때는 물음표 대신 마침표를 쓸 수 있다.

> 예 도대체 이 일을 어쩐단 말이냐.
> 예 이것이 과연 내가 찾던 행복일까.

다만, 제목이나 표어에는 쓰지 않음을 원칙으로 한다.

㉺ 역사란 무엇인가

㉺ 아직도 담배를 피우십니까

(2) 특정한 어구의 내용에 대하여 의심, 빈정거림 등을 표시할 때, 또는 적절한 말을 쓰기 어려울 때 소괄호 안에 쓴다.

㉺ 우리와 의견을 같이할 사람은 최 선생(?) 정도인 것 같다.

㉺ 30점이라, 거참 훌륭한(?) 성적이군.

㉺ 우리 집 강아지가 가출(?)을 했어요.

(3) 모르거나 불확실한 내용임을 나타낼 때 쓴다.

㉺ 최치원(857~?)은 통일 신라 말기에 이름을 떨쳤던 학자이자 문장가이다.

㉺ 조선 시대의 시인 강백(1690?~1777?)의 자는 자청이고, 호는 우곡이다.

3. 느낌표(!)

(1) 감탄문이나 감탄사의 끝에 쓴다.

㉺ 이거 정말 큰일이 났구나!

㉺ 어머!

[붙임] 감탄의 정도가 약할 때는 느낌표 대신 쉼표나 마침표를 쓸 수 있다.

㉺ 어, 벌써 끝났네.　　㉺ 날씨가 참 좋군.

(2) 특별히 강한 느낌을 나타내는 어구, 평서문, 명령문, 청유문에 쓴다.

㉺ 청춘! 이는 듣기만 하여도 가슴이 설레는 말이다.

㉺ 이야, 정말 재밌다!　㉺ 지금 즉시 대답해!

㉺ 앞만 보고 달리자!

(3) 물음의 말로 놀람이나 항의의 뜻을 나타내는 경우에 쓴다.

㉺ 이게 누구야!　　㉺ 내가 왜 나빠!

(4) 감정을 넣어 대답하거나 다른 사람을 부를 때 쓴다.

㉺ 네!　　　　　㉺ 네, 선생님!

㉺ 흥부야!　　　　㉺ 언니!

4. 쉼표(,)

(1) 같은 자격의 어구를 열거할 때 그 사이에 쓴다.

㉺ 근면, 검소, 협동은 우리 겨레의 미덕이다.

㉺ 충청도의 계룡산, 전라도의 내장산, 강원도의 설악산은 모두 국립 공원이다.

㉺ 집을 보러 가면 그 집이 내가 원하는 조건에 맞는지, 살기에 편한지, 망가진 곳은 없는지 확인해야 한다.

㉺ 5보다 작은 자연수는 1, 2, 3, 4이다.

다만, (가) 쉼표 없이도 열거되는 사항임이 쉽게 드러날 때는 쓰지 않을 수 있다.

㉺ 아버지 어머니께서 함께 오셨어요.

㉺ 네 돈 내 돈 다 합쳐 보아야 만 원도 안 되겠다.

(나) 열거할 어구들을 생략할 때 사용하는 줄임표 앞에는 쉼표를 쓰지 않는다.

㉺ 광역시: 광주, 대구, 대전⋯⋯

(2) 짝을 지어 구별할 때 쓴다.

㉺ 닭과 지네, 개와 고양이는 상극이다.

(3) 이웃하는 수를 개략적으로 나타낼 때 쓴다.

㉺ 5, 6세기　　　㉺ 6, 7, 8개

(4) 열거의 순서를 나타내는 어구 다음에 쓴다.

㉺ 첫째, 몸이 튼튼해야 한다.

㉺ 마지막으로, 무엇보다 마음이 편해야 한다.

(5) 문장의 연결 관계를 분명히 하고자 할 때 절과 절 사이에 쓴다.

㉺ 콩 심은 데 콩 나고, 팥 심은 데 팥 난다.

㉺ 저는 신뢰와 정직을 생명과 같이 여기고 살아온바, 이번 비리 사건과는 무관하다는 점을 분명히 밝힙니다.

㉺ 떡국은 설날의 대표적인 음식인데, 이걸 먹어야 비로소 나이도 한 살 더 먹는다고 한다.

(6) 같은 말이 되풀이되는 것을 피하기 위하여 일정한 부분을 줄여서 열거할 때 쓴다.

㉺ 여름에는 바다에서, 겨울에는 산에서 휴가를 즐겼다.

(7) 부르거나 대답하는 말 뒤에 쓴다.

㉺ 지은아, 이리 좀 와 봐.

㉺ 네, 지금 가겠습니다.

(8) 한 문장 안에서 앞말을 '곧', '다시 말해' 등과 같은 어구로 다시 설명할 때 앞말 다음에 쓴다.

㉺ 책의 서문, 곧 머리말에는 책을 지은 목적이 드러나 있다.

㉺ 원만한 인간관계는 말과 관련한 예의, 즉 언어 예절을 갖추는 것에서 시작된다.

㉺ 호준이 어머니, 다시 말해 나의 누님은 올해로 결혼한 지 20년이 된다.

㉺ 나에게도 작은 소망, 이를테면 나만의 정원을 가졌으면 하는 소망이 있어.

(9) 문장 앞부분에서 조사 없이 쓰인 제시어나 주제어의 뒤에 쓴다.

㉺ 돈, 돈이 인생의 전부이더냐?

예 열정, 이것이야말로 젊은이의 가장 소중한 자산이다.

예 지금 네가 여기 있다는 것, 그것만으로도 나는 충분히 행복해.

예 저 친구, 저러다가 큰일 한번 내겠어.

예 그 사실, 넌 알고 있었지?

(10) 한 문장에 같은 의미의 어구가 반복될 때 앞에 오는 어구 다음에 쓴다.

예 그의 애국심, 몸을 사리지 않고 국가를 위해 헌신한 정신을 우리는 본받아야 한다.

(11) 도치문에서 도치된 어구들 사이에 쓴다.

예 이리 오세요, 어머님.

예 다시 보자, 한강수야.

(12) 바로 다음 말과 직접적인 관계에 있지 않음을 나타낼 때 쓴다.

예 갑돌이는, 울면서 떠나는 갑순이를 배웅했다.

예 철원과, 대관령을 중심으로 한 강원도 산간 지대에 예년보다 일찍 첫눈이 내렸습니다.

(13) 문장 중간에 끼어든 어구의 앞뒤에 쓴다.

예 나는, 솔직히 말하면, 그 말이 별로 탐탁지 않아.

예 영호는 미소를 띠고, 속으로는 화가 치밀어 올라 잠시라도 견딜 수 없을 만큼 괴로웠지만, 그들을 맞았다.

[붙임 1] 이때는 쉼표 대신 줄표를 쓸 수 있다.

예 나는 — 솔직히 말하면 — 그 말이 별로 탐탁지 않아.

예 영호는 미소를 띠고 — 속으로는 화가 치밀어 올라 잠시라도 견딜 수 없을 만큼 괴로웠지만 — 그들을 맞았다.

[붙임 2] 끼어든 어구 안에 다른 쉼표가 들어 있을 때는 쉼표 대신 줄표를 쓴다.

예 이건 내 것이니까 — 아니, 내가 처음 발견한 것이니까 — 절대로 양보할 수가 없다.

(14) 특별한 효과를 위해 끊어 읽는 곳을 나타낼 때 쓴다.

예 내가, 정말 그 일을 오늘 안에 해낼 수 있을까?

예 이 전투는 바로 우리가, 우리만이, 승리로 이끌 수 있다.

(15) 짧게 더듬는 말을 표시할 때 쓴다.

예 선생님, 부, 부정행위라니요? 그런 건 생각조차 하지 않았습니다.

[붙임] '쉼표' 대신 '반점'이라는 용어를 쓸 수 있다.

5. 가운뎃점(·)

(1) 열거할 어구들을 일정한 기준으로 묶어서 나타낼 때 쓴다.

예 민수·영희, 선미·준호가 서로 짝이 되어 윷놀이를 하였다.

예 지금의 경상남도·경상북도, 전라남도·전라북도, 충청남도·충청북도 지역을 예부터 삼남이라 일러 왔다.

(2) 짝을 이루는 어구들 사이에 쓴다.

예 한(韓)·이(伊) 양국 간의 무역량이 늘고 있다.

예 우리는 그 일의 참·거짓을 따질 겨를도 없었다.

예 하천 수질의 조사·분석

예 빨강·초록·파랑이 빛의 삼원색이다.

다만, 이때는 가운뎃점을 쓰지 않거나 쉼표를 쓸 수도 있다.

예 한(韓) 이(伊) 양국 간의 무역량이 늘고 있다.

예 우리는 그 일의 참 거짓을 따질 겨를도 없었다.

예 하천 수질의 조사, 분석

예 빨강, 초록, 파랑이 빛의 삼원색이다.

(3) 공통 성분을 줄여서 하나의 어구로 묶을 때 쓴다.

예 상·중·하위권 **예** 금·은·동메달

예 통권 제54·55·56호

[붙임] 이때는 가운뎃점 대신 쉼표를 쓸 수 있다.

예 상, 중, 하위권 **예** 금, 은, 동메달

예 통권 제54, 55, 56호

6. 쌍점(:)

(1) 표제 다음에 해당 항목을 들거나 설명을 붙일 때 쓴다.

예 문방사우: 종이, 붓, 먹, 벼루

예 일시: 2014년 10월 9일 10시

예 흔하진 않지만 두 자로 된 성씨도 있다.(예: 남궁, 선우, 황보)

예 올림표(#): 음의 높이를 반음 올릴 것을 지시한다.

(2) 희곡 등에서 대화 내용을 제시할 때 말하는 이와 말한 내용 사이에 쓴다.

예 김 과장: 난 못 참겠어.

예 아들: 아버지, 제발 제 말씀 좀 들어 보세요.

(3) 시와 분, 장과 절 등을 구별할 때 쓴다.

<table>
<tr><td>예 오전 10:20(오전 10시 20분)</td></tr>
<tr><td>예 두시언해 6:15(두시언해 제6권 제15장)</td></tr>
</table>

(4) 의존명사 '대'가 쓰일 자리에 쓴다.

예 65:60(65 대 60)

예 청군:백군(청군 대 백군)

[붙임] 쌍점의 앞은 붙여 쓰고 뒤는 띄어 쓴다. 다만, (3)과 (4)에서는 쌍점의 앞뒤를 붙여 쓴다.

7. 빗금(/)

(1) 대비되는 두 개 이상의 어구를 묶어 나타낼 때 그 사이에 쓴다.

예 먹이다/먹히다　　예 남반구/북반구

예 금메달/은메달/동메달

예 (　　)이/가 우리나라의 보물 제1호이다.

(2) 기준 단위당 수량을 표시할 때 해당 수량과 기준 단위 사이에 쓴다.

예 100미터/초　　예 1,000원/개

(3) 시의 행이 바뀌는 부분임을 나타낼 때 쓴다.

예 산에 / 산에 / 피는 꽃은 / 저만치 혼자서 피어 있네

다만, 연이 바뀜을 나타낼 때는 두 번 겹쳐 쓴다.

예 산에는 꽃 피네 / 꽃이 피네 / 갈 봄 여름 없이 / 꽃이 피네 // 산에 / 산에 / 피는 꽃은 / 저만치 혼자서 피어 있네

[붙임] 빗금의 앞뒤는 (1)과 (2)에서는 붙여 쓰며, (3)에서는 띄어 쓰는 것을 원칙으로 하되 붙여 쓰는 것을 허용한다. 단, (1)에서 대비되는 어구가 두 어절 이상인 경우에는 빗금의 앞뒤를 띄어 쓸 수 있다.

8. 큰따옴표(" ")

(1) 글 가운데에서 직접 대화를 표시할 때 쓴다.

예 "어머니, 제가 가겠어요."

　　"아니다. 내가 다녀오마."

(2) 말이나 글을 직접 인용할 때 쓴다.

예 나는 "어, 광훈이 아니냐?" 하는 소리에 깜짝 놀랐다.

예 밤하늘에 반짝이는 별들을 보면서 "나는 아무 걱정도 없이 가을 속의 별들을 다 헬 듯합니다."라는 시구를 떠올렸다.

예 편지의 끝머리에는 이렇게 적혀 있었다.

"할머니, 편지에 사진을 동봉했다고 하셨지만 봉투 안에는 아무것도 없었어요."

9. 작은따옴표(' ')

(1) 인용한 말 안에 있는 인용한 말을 나타낼 때 쓴다.

예 그는 "여러분! '시작이 반이다.'라는 말 들어 보셨죠?"라고 말하며 강연을 시작했다.

(2) 마음속으로 한 말을 적을 때 쓴다.

예 나는 '일이 다 틀렸나 보군.' 하고 생각하였다.

예 '이번에는 꼭 이기고야 말겠어.' 호연이는 마음속으로 몇 번이나 그렇게 다짐하며 주먹을 불끈 쥐었다.

10. 소괄호(( ))

(1) 주석이나 보충적인 내용을 덧붙일 때 쓴다.

예 니체(독일의 철학자)의 말을 빌리면 다음과 같다.

예 2014. 12. 19.(금)

예 문인화의 대표적인 소재인 사군자(매화, 난초, 국화, 대나무)는 고결한 선비 정신을 상징한다.

(2) 우리말 표기와 원어 표기를 아울러 보일 때 쓴다.

예 기호(嗜好), 자세(姿勢)

예 커피(coffee), 에티켓(étiquette)

(3) 생략할 수 있는 요소임을 나타낼 때 쓴다.

예 학교에서 동료 교사를 부를 때는 이름 뒤에 '선생(님)'이라는 말을 덧붙인다.

예 광개토(대)왕은 고구려의 전성기를 이끌었던 임금이다.

(4) 희곡 등 대화를 적은 글에서 동작이나 분위기, 상태를 드러낼 때 쓴다.

예 현우: (가쁜 숨을 내쉬며) 왜 이렇게 빨리 뛰어?

예 "관찰한 것을 쓰는 것이 습관이 되었죠. 그러다 보니, 상상력이 생겼나 봐요." (웃음)

(5) 내용이 들어갈 자리임을 나타낼 때 쓴다.

예 우리나라의 수도는 (　　)이다.

예 다음 빈칸에 알맞은 조사를 쓰시오.

민수가 할아버지(　) 꽃을 드렸다.

(6) 항목의 순서나 종류를 나타내는 숫자나 문자 등에 쓴다.

예 사람의 인격은 (1) 용모, (2) 언어, (3) 행동, (4) 덕성 등으로 표현된다.

예 (가) 동해, (나) 서해, (다) 남해

11. 중괄호({ })

(1) 같은 범주에 속하는 여러 요소를 세로로 묶어서 보일 때 쓴다.

　예 주격 조사 $\{ \begin{smallmatrix} 이 \\ 가 \end{smallmatrix} \}$

　예 국가의 성립 요소 $\{ \begin{smallmatrix} 영토 \\ 국민 \\ 주권 \end{smallmatrix} \}$

(2) 열거된 항목 중 어느 하나가 자유롭게 선택될 수 있음을 보일 때 쓴다.

　예 아이들이 모두 학교{에, 로, 까지} 갔어요.

12. 대괄호([ ])

(1) 괄호 안에 또 괄호를 쓸 필요가 있을 때 바깥 쪽의 괄호로 쓴다.

　예 어린이날이 새로 제정되었을 당시에는 어린 이들에게 경어를 쓰라고 하였다.[윤석중 전 집(1988), 70쪽 참조]

　예 이번 회의에는 두 명[이혜정(실장), 박철용 (과장)]만 빼고 모두 참석했습니다.

(2) 고유어에 대응하는 한자어를 함께 보일 때 쓴다.

　예 나이[年歲]　　예 낱말[單語]
　예 손발[手足]

(3) 원문에 대한 이해를 돕기 위해 설명이나 논평 등을 덧붙일 때 쓴다.

　예 그것[한글]은 이처럼 정보화 시대에 알맞은 과학적인 문자이다.

　예 신경준의 《여암전서》에 "삼각산은 산이 모두 돌 봉우리인데, 그 으뜸 봉우리를 구름 위에 솟아 있다고 백운(白雲)이라 하며 [이 하 생략]"

　예 그런 일은 결코 있을 수 없다.[원문에는 '업 다' 임.]

13. 겹낫표(「　」)와 겹화살괄호(《　》)

책의 제목이나 신문 이름 등을 나타낼 때 쓴다.

　예 우리나라 최초의 민간 신문은 1896년에 창 간된 『독립신문』이다.

　예 『훈민정음』은 1997년에 유네스코 세계 기록 유산으로 지정되었다.

　예 《한성순보》는 우리나라 최초의 근대 신문 이다.

　예 윤동주의 유고 시집인 《하늘과 바람과 별 과 시》에는 31편의 시가 실려 있다.

　[붙임] 겹낫표나 겹화살괄호 대신 큰따옴표를 쓸 수 있다.

　예 우리나라 최초의 민간 신문은 1896년에 창간된 "독립신문"이다.

　예 윤동주의 유고 시집인 "하늘과 바람과 별 과 시"에는 31편의 시가 실려 있다.

14. 홑낫표(「　」)와 홑화살괄호(〈　〉)

소제목, 그림이나 노래와 같은 예술 작품의 제목, 상호, 법률, 규정 등을 나타낼 때 쓴다.

　예 「국어 기본법 시행령」은 「국어 기본법」에서 위임된 사항과 그 시행에 필요한 사항을 규 정함을 목적으로 한다.

　예 이 곡은 베르디가 작곡한 「축배의 노래」이 다.

　예 사무실 밖에 「해와 달」이라고 쓴 간판을 달 았다.

　예 〈한강〉은 사진집 《아름다운 땅》에 실린 작품이다.

　예 백남준은 2005년에 〈엄마〉라는 작품을 선 보였다.

　[붙임] 홑낫표나 홑화살괄호 대신 작은따옴표를 쓸 수 있다.

　예 사무실 밖에 '해와 달'이라고 쓴 간판을 달았다.

　예 '한강'은 사진집 "아름다운 땅"에 실린 작품이다.

15. 줄표(─)

제목 다음에 표시하는 부제의 앞뒤에 쓴다.

　예 이번 토론회의 제목은 '역사 바로잡기 ─ 근 대의 설정 ─'이다.

　예 '환경 보호 ─ 숲 가꾸기 ─'라는 제목으로 글짓기를 했다.

다만, 뒤에 오는 줄표는 생략할 수 있다.

　예 이번 토론회의 제목은 '역사 바로잡기 ─ 근대의 설정'이다.

　예 '환경 보호 ─ 숲 가꾸기'라는 제목으로 글짓기를 했다.

　[붙임] 줄표의 앞뒤는 띄어 쓰는 것을 원칙으로 하되, 붙여 쓰는 것을 허용한다.

16. 붙임표(-)

(1) 차례대로 이어지는 내용을 하나로 묶어 열거할 때 각 어구 사이에 쓴다.

　예 멀리뛰기는 도움닫기-도약-공중 자세-착 지의 순서로 이루어진다.

　예 김 과장은 기획-실무-홍보까지 직접 발로 뛰었다.

(2) 두 개 이상의 어구가 밀접한 관련이 있음을
나타내고자 할 때 쓴다.

> 예 드디어 서울-북경의 항로가 열렸다.
> 예 원-달러 환율
> 예 남한-북한-일본 삼자 관계

17. 물결표(~)

기간이나 거리 또는 범위를 나타낼 때 쓴다.

> 예 9월 15일~9월 25일
> 예 김정희(1786~1856)
> 예 서울~천안 정도는 출퇴근이 가능하다.
> 예 이번 시험의 범위는 3~78쪽입니다.

[붙임] 물결표 대신 붙임표를 쓸 수 있다.

> 예 9월 15일-9월 25일
> 예 김정희(1786-1856)
> 예 서울-천안 정도는 출퇴근이 가능하다.
> 예 이번 시험의 범위는 3-78쪽입니다.

18. 드러냄표(˙)와 밑줄(___)

문장 내용 중에서 주의가 미쳐야 할 곳이나 중요한
부분을 특별히 드러내 보일 때 쓴다.

> 예 한글의 본디 이름은 훈민정음이다.
> 예 중요한 것은 왜 사느냐가 아니라 어떻게 사
> 느냐이다.
> 예 지금 필요한 것은 지식이 아니라 실천입니
> 다.
> 예 다음 보기에서 명사가 아닌 것은?

[붙임] 드러냄표나 밑줄 대신 작은따옴표를 쓸 수 있다.

> 예 한글의 본디 이름은 '훈민정음'이다.
> 예 중요한 것은 '왜 사느냐'가 아니라 '어떻
> 게 사느냐'이다.
> 예 지금 필요한 것은 '지식'이 아니라 '실
> 천'입니다.
> 예 다음 보기에서 명사가 '아닌' 것은?

19. 숨김표(○, ×)

(1) 금기어나 공공연히 쓰기 어려운 비속어임을
나타낼 때, 그 글자의 수효만큼 쓴다.

> 예 배운 사람 입에서 어찌 ○○○란 말이 나올
> 수 있느냐?
> 예 그 말을 듣는 순간 ×××란 말이 목구멍까
> 지 치밀었다.

(2) 비밀을 유지해야 하거나 밝힐 수 없는 사항
임을 나타낼 때 쓴다.

> 예 1차 시험 합격자는 김○영, 이○준, 박○순
> 등 모두 3명이다.

> 예 육군 ○○ 부대 ○○○ 명이 작전에 참가하
> 였다.
> 예 그 모임의 참석자는 김×× 씨, 정×× 씨
> 등 5명이었다.

20. 빠짐표(□)

(1) 옛 비문이나 문헌 등에서 글자가 분명하지 않
을 때 그 글자의 수효만큼 쓴다.

> 예 大師爲法主□□賴之大□薦

(2) 글자가 들어가야 할 자리를 나타낼 때 쓴다.

> 예 훈민정음의 초성 중에서 아음(牙音)은 □□
> □의 석 자다.

21. 줄임표(⋯⋯)

(1) 할 말을 줄였을 때 쓴다.

> 예 "어디 나하고 한번⋯⋯." 하고 민수가 나섰다.

(2) 말이 없음을 나타낼 때 쓴다.

> 예 "빨리 말해!"
> "⋯⋯."

(3) 문장이나 글의 일부를 생략할 때 쓴다.

> 예 '고유'라는 말은 문자 그대로 본디부터 있
> 었다는 뜻은 아닙니다. ⋯⋯ 같은 역사적 환
> 경에서 공동의 집단생활을 영위해 오는 동
> 안 공동으로 발견된, 사물에 대한 공동의 사
> 고방식을 우리는 한국의 고유 사상이라 부
> 를 수 있다는 것입니다.

(4) 머뭇거림을 보일 때 쓴다.

> 예 "우리는 모두⋯⋯ 그러니까⋯⋯ 예외 없이
> 눈물만⋯⋯ 흘렸다."

[붙임 1] 점은 가운데에 찍는 대신 아래쪽에 찍을 수도
있다.

> 예 "어디 나하고 한번......" 하고 민수가 나
> 섰다.
> 예 "실은...... 저 사람...... 우리 아저씨일지
> 몰라."

[붙임 2] 점은 여섯 점을 찍는 대신 세 점을 찍을 수도
있다.

> 예 "어디 나하고 한번⋯." 하고 민수가 나
> 섰다.
> 예 "실은... 저 사람... 우리 아저씨일지 몰
> 라."

[붙임 3] 줄임표는 앞말에 붙여 쓴다. 다만, (3)에서는
줄임표의 앞뒤를 띄어 쓴다.

표준어 규정

문교부 고시 제88-2호
(1988. 1. 19.)

제1부 표준어 사정 원칙

제1장 총칙 …………………………………………………… 2743

제2장 발음 변화에 따른 표준어 규정 ……………………… 2743

　　제1절 자음
　　제2절 모음
　　제3절 준말
　　제4절 단수 표준어
　　제5절 복수 표준어

제3장 어휘 선택의 변화에 따른 표준어 규정 ……………… 2752

　　제1절 고어
　　제2절 한자어
　　제3절 방언
　　제4절 단수 표준어
　　제5절 복수 표준어

제2부 표준 발음법

제1장 총칙 …………………………………………………… 2762

제2장 자음과 모음 …………………………………………… 2762

제3장 음의 길이 ……………………………………………… 2762

제4장 받침의 발음 …………………………………………… 2763

제5장 음의 동화 ……………………………………………… 2765

제6장 경음화 ………………………………………………… 2766

제7장 음의 첨가 ……………………………………………… 2767

제 1 부 표준어 사정 원칙

제 1 장 총 칙

제 1 항   표준어는 교양 있는 사람들이 두루 쓰는 현대 서울말로 정함을 원칙으로 한다.

제 2 항   외래어는 따로 사정한다.

제 2 장 발음 변화에 따른 표준어 규정

제 1 절 자 음

제 3 항   다음 단어들은 거센소리를 가진 형태를 표준어로 삼는다. (ㄱ을 표준어로 삼고, ㄴ을 버림.)

ㄱ	ㄴ	비 고
끄나풀	끄나불	
나팔-꽃	나발-꽃	
녘	녁	동~, 들~, 새벽~, 동틀 ~
부엌	부억	
살-쾡이	삵-괭이	
칸	간	1. ~막이, 빈 ~, 방 한 ~
		2. '초가삼간, 윗간'의 경우에는 '간'임.
털어-먹다	떨어-먹다	재물을 다 없애다.

제 4 항   다음 단어들은 거센소리로 나지 않는 형태를 표준어로 삼는다. (ㄱ을 표준어로 삼고, ㄴ을 버림.)

ㄱ	ㄴ	비 고
가을-갈이	가을-카리	
거시기	거시키	
분침	푼침	

제 5 항   어원에서 멀어진 형태로 굳어져서 널리 쓰이는 것은, 그것을 표준어로 삼는다. (ㄱ을 표준어로 삼고, ㄴ을 버림.)

ㄱ	ㄴ	비 고
강낭-콩	강남-콩	
고삿	고샅	겉~, 속~
사글-세	삭월-세	'월세'는 표준어임.
울력-성당	위력-성당	떼를 지어서 으르고 협박하는 일

다만, 어원적으로 원형에 더 가까운 형태가 아직 쓰이고 있는 경우에는, 그것을 표준어로 삼는다. (ㄱ을 표준어로 삼고, ㄴ을 버림.)

ㄱ	ㄴ	비 고
갈비	가리	~구이, ~찜, 갈빗-대
갓모	갈모	1. 사기 만드는 물레 밑고리
		2. '갈모'는 갓 위에 쓰는, 유지로 만든 우비
굴-젓	구-젓	
말-곁	말-겻	
물-수란	물-수랄	
밀-뜨리다	미-뜨리다	
적-이	저으기	적이-나, 적이나-하면
휴지	수지	

제 6 항 다음 단어들은 의미를 구별함이 없이, 한 가지 형태만을 표준어로 삼는다. (ㄱ을 표준어로 삼고, ㄴ을 버림.)

ㄱ	ㄴ	비 고
돌	돐	생일, 주기
둘-째	두-째	'제2, 두 개째'의 뜻
셋-째	세-째	'제3, 세 개째'의 뜻
넷-째	네-째	'제4, 네 개째'의 뜻
빌리다	빌다	1. 빌려 주다, 빌려 오다.
		2. '용서를 빌다'는 '빌다'임.

다만, '둘째'는 십 단위 이상의 서수사에 쓰일 때에 '두째'로 한다.

ㄱ	ㄴ	비 고
열두-째		열두 개째의 뜻은 '열둘째'로
스물두-째		스물두 개째의 뜻은 '스물둘째'로

제 7 항 수컷을 이르는 접두사는 '수-'로 통일한다. (ㄱ을 표준어로 삼고, ㄴ을 버림.)

ㄱ	ㄴ	비 고
수-꿩	수-퀑, 숫-꿩	'장끼'도 표준어임.
수-나사	숫-나사	
수-놈	숫-놈	
수-사돈	숫-사돈	
수-소	숫-소	'황소'도 표준어임.
수-은행나무	숫-은행나무	

다만 1. 다음 단어에서는 접두사 다음에서 나는 거센소리를 인정한다. 접두사 '암-'이 결합되는 경우에도 이에 준한다. (ㄱ을 표준어로 삼고, ㄴ을 버림.)

ㄱ	ㄴ	비 고
수-캉아지	숫-강아지	
수-캐	숫-개	
수-컷	숫-것	
수-키와	숫-기와	
수-탉	숫-닭	
수-탕나귀	숫-당나귀	

ㄱ	ㄴ	비 고
수-톨쩌귀	숫-돌쩌귀	
수-돼지	숫-돼지	
수-평아리	숫-병아리	

다만2. 다음 단어의 접두사는 '숫-'으로 한다. (ㄱ을 표준어로 삼고, ㄴ을 버림.)

ㄱ	ㄴ	비 고
숫-양	수-양	
숫-염소	수-염소	
숫-쥐	수-쥐	

제 2 절 모 음

제 8 항   양성 모음이 음성 모음으로 바뀌어 굳어진 다음 단어는 음성 모음 형태를 표준어로
삼는다. (ㄱ을 표준어로 삼고, ㄴ을 버림.)

ㄱ	ㄴ	비 고
깡충-깡충	깡충-깡총	큰말은 '껑충껑충'임.
-둥이	-동이	←童-이. 귀-, 막-, 선-, 쌍-, 검-, 바람-, 흰-
발가-숭이	발가-송이	센말은 '빨가숭이', 큰말은 '벌거 숭이, 뻘거숭이'임.
보퉁이	보통이	
봉죽	봉족	←奉足. ~꾼, ~들다
뻗정-다리	뻗장-다리	
아서, 아서라	앗아, 앗아라	하지 말라고 금지하는 말
오뚝-이	오똑-이	부사도 '오뚝-이'임.
주추	주초	←柱礎. 주춧-돌

다만, 어원 의식이 강하게 작용하는 다음 단어에서는 양성 모음 형태를 그대로 표준어로 삼
는다. (ㄱ을 표준어로 삼고, ㄴ을 버림.)

ㄱ	ㄴ	비 고
부조(扶助)	부주	~금, 부좃-술
사돈(査頓)	사둔	밭~, 안~
삼촌(三寸)	삼춘	시~, 외~, 처~

제 9 항   'ㅣ' 역행 동화 현상에 의한 발음은 원칙적으로 표준 발음으로 인정하지 아니하되,
다만 다음 단어들은 그러한 동화가 적용된 형태를 표준어로 삼는다. (ㄱ을 표준어로 삼고,
ㄴ을 버림.)

ㄱ	ㄴ	비 고
-내기	-나기	서울-, 시골-, 신출-, 풋-
냄비	남비	
동댕이-치다	동당이-치다	

[붙임 1] 다음 단어는 'ㅣ' 역행 동화가 일어나지 아니한 형태를 표준어로 삼는다. (ㄱ을
표준어로 삼고, ㄴ을 버림.)

ㄱ	ㄴ	비　　고
아지랑이	아지랭이	

〔붙임2〕 기술자에게는 '-장이', 그 외에는 '-쟁이'가 붙는 형태를 표준어로 삼는다. (ㄱ을 표준어로 삼고, ㄴ을 버림.)

ㄱ	ㄴ	비　　고
미장이	미쟁이	
유기장이	유기쟁이	
멋쟁이	멋장이	
소금쟁이	소금장이	
담쟁이-덩굴	담장이-덩굴	
골목쟁이	골목장이	
발목쟁이	발목장이	

제 10 항　다음 단어는 모음이 단순화한 형태를 표준어로 삼는다. (ㄱ을 표준어로 삼고, ㄴ을 버림.)

ㄱ	ㄴ	비　　고
괴팍-하다	괴퍅-하다/괴팩-하다	
-구먼	-구면	
미루-나무	미류-나무	←美柳~.
미륵	미력	←彌勒. ~보살, ~불, 돌~
여느	여늬	
온-달	왼-달	만 한 달
으레	으례	
케케-묵다	켸켸-묵다	
허우대	허위대	
허우적-허우적	허위적-허위적	허우적-거리다

제 11 항　다음 단어에서는 모음의 발음 변화를 인정하여, 발음이 바뀌어 굳어진 형태를 표준어로 삼는다. (ㄱ을 표준어로 삼고, ㄴ을 버림.)

ㄱ	ㄴ	비　　고
-구려	-구료	
깍쟁이	깍정이	1. 서울~, 알~, 찰~ 2. 도토리, 상수리 등의 받침은 '깍정이'임.
나무라다	나무래다	
미수	미시	미숫-가루
바라다	바래다	'바램[所望]'은 비표준어임.
상추	상치	~쌈
시러베-아들	실업의-아들	
주책	주착	←主着. ~망나니, ~없다
지루-하다	지리-하다	←支離.
튀기	트기	
허드레	허드래	허드렛-물, 허드렛-일
호루라기	호루루기	

제 12 항 '웃-' 및 '윗-'은 명사 '위'에 맞추어 '윗-'으로 통일한다. (ㄱ을 표준어로 삼고,
ㄴ을 버림.)

ㄱ	ㄴ	비 고
윗-넓이	웃-넓이	
윗-눈썹	웃-눈썹	
윗-니	웃-니	
윗-당줄	웃-당줄	
윗-덧줄	웃-덧줄	
윗-도리	웃-도리	
윗-동아리	웃-동아리	준말은 '윗동'임.
윗-막이	웃-막이	
윗-머리	웃-머리	
윗-목	웃-목	
윗-몸	웃-몸	~ 운동
윗-바람	웃-바람	
윗-배	웃-배	
윗-벌	웃-벌	
윗-변	웃-변	수학 용어
윗-사랑	웃-사랑	
윗-세장	웃-세장	
윗-수염	웃-수염	
윗-입술	웃-입술	
윗-잇몸	웃-잇몸	
윗-자리	웃-자리	
윗-중방	웃-중방	

다만1. 된소리나 거센소리 앞에서는 '위-'로 한다. (ㄱ을 표준어로 삼고, ㄴ을 버림.)

ㄱ	ㄴ	비 고
위-짝	웃-짝	
위-쪽	웃-쪽	
위-채	웃-채	
위-층	웃-층	
위-치마	웃-치마	
위-턱	웃-턱	~구름〔上層雲〕
위-팔	웃-팔	

다만2. '아래, 위'의 대립이 없는 단어는 '웃-'으로 발음되는 형태를 표준어로 삼는다.
(ㄱ을 표준어로 삼고, ㄴ을 버림.)

ㄱ	ㄴ	비 고
웃-국	윗-국	
웃-기	윗-기	
웃-돈	윗-돈	
웃-비	윗-비	~걷다
웃-어른	윗-어른	
웃-옷	윗-옷	

제 13 항 한자 '구(句)'가 붙어서 이루어진 단어는 '귀'로 읽는 것을 인정하지 아니하고, '구'로 통일한다. (ㄱ을 표준어로 삼고, ㄴ을 버림.)

ㄱ	ㄴ	비 고
구법(句法)	귀법	
구절(句節)	귀절	
구점(句點)	귀점	
결구(結句)	결귀	
경구(警句)	경귀	
경인구(警人句)	경인귀	
난구(難句)	난귀	
단구(短句)	단귀	
단명구(短命句)	단명귀	
대구(對句)	대귀	~법(對句法)
문구(文句)	문귀	
성구(成句)	성귀	~어(成句語)
시구(詩句)	시귀	
어구(語句)	어귀	
연구(聯句)	연귀	
인용구(引用句)	인용귀	
절구(絕句)	절귀	

다만, 다음 단어는 '귀'로 발음되는 형태를 표준어로 삼는다. (ㄱ을 표준어로 삼고, ㄴ을 버림.)

ㄱ	ㄴ	비 고
귀-글	구-글	
글-귀	글-구	

제 3 절 준 말

제 14 항 준말이 널리 쓰이고 본말이 잘 쓰이지 않는 경우에는, 준말만을 표준어로 삼는다. (ㄱ을 표준어로 삼고, ㄴ을 버림.)

ㄱ	ㄴ	비 고
귀찮다	귀치 않다	
김	기음	~매다
똬리	또아리	
무	무우	~강즙, ~말랭이, ~생채, 가랑~, 갓~, 왜~, 총각~
미다	무이다	1. 털이 빠져 살이 드러나다. 2. 찢어지다
뱀	배암	
뱀-장어	배암-장어	
빔	비음	설~, 생일~
샘	새암	~바르다, ~바리
생-쥐	새앙-쥐	

솔개	소리개	
온-갖	온-가지	
장사-치	장사-아치	

제15항 준말이 쓰이고 있더라도, 본말이 널리 쓰이고 있으면 본말을 표준어로 삼는다. (ㄱ을 표준어로 삼고, ㄴ을 버림.)

ㄱ	ㄴ	비 고
경황-없다	경-없다	
궁상-떨다	궁-떨다	
귀이-개	귀-개	
낌새	낌	
낙인-찍다	낙-하다/낙-치다	
내왕-꾼	냉-꾼	
돗-자리	돗	
뒤웅-박	뒝-박	
뒷물-대야	뒷-대야	
마구-잡이	막-잡이	
맵자-하다	맵자다	모양이 제격에 어울리다.
모이	모	
벽-돌	벽	
부스럼	부럼	정월 보름에 쓰는 '부럼'은 표준어임.
살얼음-판	살-판	
수두룩-하다	수둑-하다	
암-죽	암	
어음	엄	
일구다	일다	
죽-살이	죽-살	
퇴박-맞다	퇴-맞다	
한통-치다	통-치다	

〔붙임〕 다음과 같이 명사에 조사가 붙은 경우에도 이 원칙을 적용한다. (ㄱ을 표준어로 삼고, ㄴ을 버림.)

ㄱ	ㄴ	비 고
아래-로	알-로	

제16항 준말과 본말이 다 같이 널리 쓰이면서 준말의 효용이 뚜렷이 인정되는 것은, 두 가지를 다 표준어로 삼는다. (ㄱ은 본말이며, ㄴ은 준말임.)

ㄱ	ㄴ	비 고
거짓-부리	거짓-불	작은말은 '가짓부리, 가짓불'임.
노을	놀	저녁~
막대기	막대	
망태기	망태	
머무르다	머물다	모음 어미가 연결될 때에는 준말의 활용형을 인정하지 않음.
서두르다	서둘다	
서투르다	서툴다	

석새-삼베	석새-베	
시-누이	시-뉘/시-누	
오-누이	오-뉘/오-누	
외우다	외다	외우며, 외워 : 외며, 외어
이기죽-거리다	이죽-거리다	
찌꺼기	찌끼	'찌꺽지'는 비표준어임.

제 4 절　단수 표준어

제 17 항　비슷한 발음의 몇 형태가 쓰일 경우, 그 의미에 아무런 차이가 없고 그 중 하나가 더 널리 쓰이면, 그 한 형태만을 표준어로 삼는다. (ㄱ을 표준어로 삼고, ㄴ을 버림.)

ㄱ	ㄴ	비　고
거든-그리다	거동-그리다	1. 거든하게 거두어 싸다.
		2. 작은말은 '가든-그리다'임.
구어-박다	구워-박다	사람이 한군데서만 지내다.
귀-고리	귀엣-고리	
귀-띔	귀-틤	
귀-지	귀에-지	
까딱-하면	까땍-하면	
꼭두-각시	꼭둑-각시	
내색	나색	감정이 나타나는 얼굴빛
내숭-스럽다	내흉-스럽다	
냠냠-거리다	얌냠-거리다	냠냠-하다
냠냠-이	얌냠-이	
너〔四〕	네	~ 돈, ~ 말, ~ 발, ~ 푼
넉〔四〕	너/네	~ 냥, ~ 되, ~ 섬, ~ 자
다다르다	다닫다	
댑-싸리	대-싸리	
더부룩-하다	더뿌룩-하다/	
	듬뿌룩-하다	
-던	-든	선택, 무관의 뜻을 나타내는 어미는 '-든'임.
		가-든(지) 말-든(지), 보-든(가) 말-든(가)
-던가	-든가	
-던걸	-든걸	
-던고	-든고	
-던데	-든데	
-던지	-든지	
-(으)려고	-(으)ㄹ려고/	
	-(으)ㄹ라고	
-(으)려야	-(으)ㄹ려야/	
	-(으)ㄹ래야	
망가-뜨리다	망그-뜨리다	

멸치	며루치/메리치	
반빗-아치	반비-아치	'반빗' 노릇을 하는 사람, 찬비 (饌婢). '반비'는 밥 짓는 일을 맡은 계집종
보습	보십/보섭	
본새	뽄새	
봉숭아	봉숭화	'봉선화'도 표준어임.
뺨-따귀	뺨-따귀/뺨-따구니	'뺨'의 비속어임.
뻐개다[斫]	뻐기다	두 조각으로 가르다.
뻐기다[誇]	뻐개다	뽐내다
사자-탈	사지-탈	
상-판대기	쌍-판대기	
서[三]	세/석	~ 돈, ~ 말, ~ 발, ~ 푼
석[三]	세	~ 냥, ~ 되, ~ 섬, ~ 자
설령(設令)	서령	
-습니다	-읍니다	먹습니다, 갔습니다, 없습니다, 있습니다, 좋습니다 모음 뒤에는 '-ㅂ니다'임.
시름-시름	시늠-시늠	
씀벅-씀벅	썸벅-썸벅	
아궁이	아궁지	
아내	안해	
어-중간	어지-중간	
오금-팽이	오금-탱이	
오래-오래	도래-도래	돼지 부르는 소리
-올시다	-올습니다	
옹골-차다	공골-차다	
우두커니	우두머니	작은말은 '오도카니'임.
잠-투정	잠-투세/잠-주정	
재봉-틀	자봉-틀	발~, 손~
짓-무르다	짓-물다	
짚-북데기	짚-북세기	'짚북더기'도 비표준어임.
쪽	짝	편(便). 이~, 그~, 저~ 다만, '아무-짝'은 '짝'임.
천장(天障)	천정	'천정부지(天井不知)'는 '천정'임.
코-맹맹이	코-맹녕이	
흉-업다	흉-헙다	

제5절 복수 표준어

제 18 항 다음 단어는 ㄱ을 원칙으로 하고, ㄴ도 허용한다.

ㄱ	ㄴ	비 고
네	예	
쇠-	소-	-가죽, -고기, -기름, -머리, -뼈

괴다	고이다	물이 ~. 밑을 ~.
꾀다	꼬이다	어린애를 ~. 벌레가 ~.
쐬다	쏘이다	바람을 ~.
죄다	조이다	나사를 ~.
쬐다	쪼이다	볕을 ~.

제 19 항 어감의 차이를 나타내는 단어 또는 발음이 비슷한 단어들이 다 같이 널리 쓰이는 경우에는, 그 모두를 표준어로 삼는다. (ㄱ, ㄴ을 모두 표준어로 삼음.)

ㄱ	ㄴ	비 고
거슴츠레-하다	게슴츠레-하다	
고까	꼬까	~신, ~옷
고린-내	코린-내	
교기(驕氣)	갸기	교만한 태도
구린-내	쿠린-내	
꺼림-하다	께름-하다	
나부랭이	너부렁이	

제 3 장   어휘 선택의 변화에 따른 표준어 규정

제 1 절   고 어

제 20 항 사어(死語)가 되어 쓰이지 않게 된 단어는 고어로 처리하고, 현재 널리 사용되는 단어를 표준어로 삼는다. (ㄱ을 표준어로 삼고, ㄴ을 버림.)

ㄱ	ㄴ	비 고
난봉	봉	
낭떠러지	낭	
설거지-하다	설겆다	
애달프다	애닯다	
오동-나무	머귀-나무	
자두	오얏	

제 2 절   한자어

제 21 항 고유어 계열의 단어가 널리 쓰이고 그에 대응되는 한자어 계열의 단어가 용도를 잃게 된 것은, 고유어 계열의 단어만을 표준어로 삼는다. (ㄱ을 표준어로 삼고, ㄴ을 버림.)

ㄱ	ㄴ	비 고
가루-약	말-약	
구들-장	방-돌	
길품-삯	보행-삯	
까막-눈	맹-눈	
꼭지-미역	총각-미역	
나뭇-갓	시장-갓	
늙-다리	노닥다리	
두껍-닫이	두껍-창	

ㄱ	ㄴ	비고
떡-암죽	병-암죽	
마른-갈이	건-갈이	
마른-빨래	건-빨래	
메-찰떡	반-찰떡	
박달-나무	배달-나무	
밥-소라	식-소라	큰 놋그릇
사래-논	사래-답	묘지기나 마름이 부쳐 먹는 땅
사래-밭	사래-전	
삯-말	삯-마	
성냥	화곽	
솟을-무늬	솟을-문(-紋)	
외-지다	벽-지다	
움-파	동-파	
잎-담배	잎-초	
잔-돈	잔-전	
조-당수	조-당죽	
죽데기	피-죽	'죽더기'도 비표준어임.
지겟-다리	목-발	지게 동발의 양쪽 다리
짐-꾼	부지-군(負持-)	
푼-돈	분-전/푼-전	
흰-말	백-말/부루-말	'백마'는 표준어임.
흰-죽	백-죽	

제 22 항 고유어 계열의 단어가 생명력을 잃고 그에 대응하는 한자어 계열의 단어가 널리 쓰이면, 한자어 계열의 단어를 표준어로 삼는다. (ㄱ을 표준어로 삼고, ㄴ을 버림.)

ㄱ	ㄴ	비고
개다리-소반	개다리-밥상	
겸-상	맞-상	
고봉-밥	높은-밥	
단-벌	홑-벌	
마방-집	마바리-집	馬房~
민망-스럽다/ 면구-스럽다	민주-스럽다	
방-고래	구들-고래	
부항-단지	뜸-단지	
산-누에	멧-누에	
산-줄기	멧-줄기/멧-발	
수-삼	무-삼	
심-돋우개	불-돋우개	
양-파	둥근-파	
어질-병	어질-머리	
윤-달	군-달	
장력-세다	장성-세다	
제-석	젯-돗	
총각-무	알-무/알타리-무	

칫-솔	잇-솔	
포수	총-댕이	

제 3 절 방 언

제 23 항 방언이던 단어가 표준어보다 더 널리 쓰이게 된 것은, 그것을 표준어로 삼는다. 이 경우, 원래의 표준어는 그대로 표준어로 남겨 두는 것을 원칙으로 한다. (ㄱ을 표준어로 삼고, ㄴ도 표준어로 남겨 둠.)

ㄱ	ㄴ	비 고
멍게	우렁쉥이	
물-방개	선두리	
애-순	어린-순	

제 24 항 방언이던 단어가 널리 쓰이게 됨에 따라 표준어이던 단어가 안 쓰이게 된 것은, 방 언이던 단어를 표준어로 삼는다. (ㄱ을 표준어로 삼고, ㄴ을 버림.)

ㄱ	ㄴ	비 고
귀밑-머리	귓-머리	
까-뭉개다	까-무느다	
막상	마기	
빈대-떡	빈자-떡	
생인-손	생안-손	준말은 '생-손'임.
역-겹다	역-스럽다	
코-주부	코-보	

제 4 절 단수 표준어

제 25 항 의미가 똑같은 형태가 몇 가지 있을 경우, 그 중 어느 하나가 압도적으로 널리 쓰 이면, 그 단어만을 표준어로 삼는다. (ㄱ을 표준어로 삼고, ㄴ을 버림.)

ㄱ	ㄴ	비 고
-게끔	-게시리	
겸사-겸사	겸지-겸지/겸두-겸두	
고구마	참-감자	
고치다	낫우다	병을 ~.
골목-쟁이	골목-자기	
광주리	광우리	
괴통	호구	자루를 박는 부분
국-물	멀-국/말-국	
군-표	군용-어음	
길-잡이	길-앞잡이	'길라잡이'도 표준어임.
까다롭다	까닭-스럽다/ 까탈-스럽다	
까치-발	까치-다리	선반 따위를 받치는 물건
꼬창-모	말뚝-모	꼬챙이로 구멍을 뚫으면서 심는 모
나룻-배	나루	'나루(津)'는 표준어임.

납-도리	민-도리	
농-지거리	기롱-지거리	다른 의미의 '기롱지거리'는 표준어임.
다사-스럽다	다사-하다	간섭을 잘하다.
다오	다구	이리 ~.
담배-꽁초	담배-꼬투리/담배-꽁치/담배-꽁추	
담배-설대	대-설대	
대장-일	성냥-일	
뒤져-내다	뒤어-내다	
뒤통수-치다	뒤꼭지-치다	
등-나무	등-칡	
등-때기	등-떠리	'등'의 낮은말
등잔-걸이	등경-걸이	
떡-보	떡-충이	
똑딱-단추	딸꼭-단추	
매-만지다	우미다	
먼-발치	먼-발치기	
며느리-발톱	뒷-발톱	
명주-붙이	주-사니	
목-메다	목-맺히다	
밀짚-모자	보릿짚-모자	
바가지	열-바가지/열-박	
바람-꼭지	바람-고다리	튜브의 바람을 넣는 구멍에 붙은, 쇠로 만든 꼭지
반-나절	나절-가웃	
반두	독대	그물의 한 가지
버젓-이	뉘연-히	
본-받다	법-받다	
부각	다시마-자반	
부끄러워-하다	부끄리다	
부스러기	부스럭지	
부지깽이	부지팽이	
부항-단지	부항-항아리	부스럼에서 피고름을 빨아내기 위하여 부항을 붙이는 데 쓰는 자그마한 단지
붉으락-푸르락	푸르락-붉으락	
비켜-덩이	옆-사리미	김맬 때에 흙덩이를 옆으로 빼내는 일, 또는 그 흙덩이
빙충-이	빙충-맞이	작은말은 '뱅충이'
빠-뜨리다	빠-치다	'빠트리다'도 표준어임.
뻣뻣-하다	왜긋다	
뽐-내다	느물다	
사로-잠그다	사로-채우다	자물쇠나 빗장 따위를 반 정도만 걸어 놓다.

살-풀이	살-막이	
상투-쟁이	상투-꼬부랑이	상투 튼 이를 놀리는 말
새앙-손이	생강-손이	
샛-별	새벽-별	
선-머슴	풋-머슴	
섭섭-하다	애운-하다	
속-말	속-소리	국악 용어 '속소리'는 표준어임.
손목-시계	팔목-시계/팔뚝-시계	
손-수레	손-구루마	'구루마'는 일본어임.
쇠-고랑	고랑-쇠	
수도-꼭지	수도-고동	
숙성-하다	숙-지다	
순대	골집	
술-고래	술-꾸러기/술-부대/ 술-보/술-푸대	
식은-땀	찬-땀	
신기-롭다	신기-스럽다	'신기-하다'도 표준어임.
쌍동-밤	쪽-밤	
쏜살-같이	쏜살-로	
아주	영판	
안-걸이	안-낚시	씨름 용어
안다미-씌우다	안다미-시키다	제가 담당할 책임을 남에게 넘기다.
안쓰럽다	안-슬프다	
안절부절-못하다	안절부절-하다	
앉은뱅이-저울	앉은-저울	
알-사탕	구슬-사탕	
암-내	곁땀-내	
앞-지르다	따라-먹다	
애-벌레	어린-벌레	
얕은-꾀	물탄-꾀	
언뜻	펀뜻	
언제나	노다지	
얼룩-말	워라-말	
-에는	-엘랑	
열심-히	열심-으로	
입-담	말-담	
자배기	너벅지	
전봇-대	전선-대	
주책-없다	주책-이다	'주착→주책'은 제11항 참조
쥐락-펴락	펴락-쥐락	
-지만	-지만서도	←--지마는
짓고-땡	지어-땡/짓고-땡이	
짧은-작	짜른-작	
찹-쌀	이-찹쌀	
청대-콩	푸른-콩	
칡-범	갈-범	

제 5 절 복수 표준어

제 26 항 한 가지 의미를 나타내는 형태 몇 가지가 널리 쓰이며 표준어 규정에 맞으면, 그 모두를 표준어로 삼는다.

복 수 표 준 어	비　　고
가는-허리/잔-허리	
가락-엿/가래-엿	
가뭄/가물	
가엾다/가엽다	가엾어/가여워, 가엾은/가여운
감감-무소식/감감-소식	
개수-통/설거지-통	'설겆다'는 '설거지-하다'로
개숫-물/설거지-물	
갱-엿/검은-엿	
-거리다/-대다	가물-, 출렁-
거위-배/횟-배	
것/해	내 ~, 네 ~, 뉘 ~
게을러-빠지다/게을러-터지다	
고깃-간/푸줏-간	'고깃-관, 푸줏-관, 다림-방'은 　비표준어임.
곰곰/곰곰-이	
관계-없다/상관-없다	
교정-보다/준-보다	
구들-재/구재	
귀퉁-머리/귀퉁-배기	'귀퉁이'의 비어임.
극성-떨다/극성-부리다	
기세-부리다/기세-피우다	
기승-떨다/기승-부리다	
깃-저고리/배내-옷/배냇-저고리	
꼬까/때때/고까	~신, ~옷
꼬리-별/살-별	
꽃-도미/붉-돔	
나귀/당-나귀	
날-걸/세-뿔	윷판의 쨀밭 다음의 셋째 밭
내리-글씨/세로-글씨	
넝쿨/덩굴	'덩쿨'은 비표준어임.
녘/쪽	동~, 서~
눈-대중/눈-어림/눈-짐작	
느리-광이/느림-보/늘-보	
늦-모/마냥-모	←만이앙-모
다기-지다/다기-차다	
다달-이/매-달	
-다마다/-고말고	
다박-나룻/다박-수염	
닭의-장/닭-장	
댓-돌/툇-돌	

덧-창/겹-창	
독장-치다/독판-치다	
동자-기둥/조구미	
돼지-감자/뚱딴지	
되우/된통/되게	
두동-무니/두동-사니	윷놀이에서, 두 동이 한데 어울려 가는 말
뒷-갈망/뒷-감당	
뒷-말/뒷-소리	
들락-거리다/들랑-거리다	
들락-날락/들랑-날랑	
딴-전/딴-청	
땅-콩/호-콩	
땔-감/땔-거리	
-뜨리다/-트리다	깨-, 떨어-, 쏟-
뜬-것/뜬-귀신	
마룻-줄/용총-줄	돛대에 매어 놓은 줄. '이어줄'은 비표준어임.
마-파람/앞-바람	
만장-판/만장-중(滿場中)	
만큼/만치	
말-동무/말-벗	
매-갈이/매-조미	
매-통/목-매	
먹-새/먹음-새	'먹음-먹이'는 비표준어임.
멀찌감치/멀찌가니/멀찍이	
멱통/산-멱/산-멱통	
면-치레/외면-치레	
모-내다/모-심다	모-내기/모-심기
모쪼록/아무쪼록	
목판-되/모-되	
목화-씨/면화-씨	
무심-결/무심-중	
물-봉숭아/물-봉선화	
물-부리/빨-부리	
물-심부름/물-시중	
물추리-나무/물추리-막대	
물-타작/진-타작	
민둥-산/벌거숭이-산	
밑-층/아래-층	
바깥-벽/밭-벽	
바른/오른[右]	~손, ~쪽, ~편
발-모가지/발-목쟁이	'발목'의 비속어임.
버들-강아지/버들-개지	
벌레/버러지	'벌거지, 벌러지'는 비표준어임.

변덕-스럽다/변덕-맞다
보-조개/볼-우물
보통-내기/여간-내기/예사-내기   '행-내기'는 비표준어임.
볼-따구니/볼-퉁이/볼-때기   '볼'의 비속어임.
부침개-질/부침-질/지짐-질   '부치개-질'은 비표준어임.
불퉁-앉다/등화-지다/등화-앉다
불-사르다/사르다
비발/비용(費用)
뾰두라지/뾰루지
살-쾡이/삵   삵-피
삽살-개/삽사리
상두-꾼/상여-꾼   '상도-꾼, 향도-꾼'은 비표준어임.
상-씨름/소-걸이
생/새앙/생강
생-뿔/새앙-뿔/생강-뿔   '쇠뿔'의 형용
생-철/양-철   1. '서양-철'은 비표준어임.
                                2. '生鐵'은 '무쇠'임.
서럽다/섧다   '설다'는 비표준어임.
서방-질/화냥-질
성글다/성기다
-(으)세요/-(으)셔요
송이/송이-버섯
수수-깡/수숫-대
술-안주/안주
-스레하다/-스름하다   거무-, 발그-
시늉-말/흉내-말
시새/세사(細沙)
신/신발
신주-보/독보(櫝褓)
심술-꾸러기/심술-쟁이
쏘쓰레-하다/쏘쓰름-하다
아귀-세다/아귀-차다
아래-위/위-아래
아무튼/어떻든/어쨌든/하여튼/여하튼
앉음-새/앉음-앉음
알은-척/알은-체
애-갈이/애벌-갈이
애꾸눈-이/외눈-박이   '외대-박이, 외눈-퉁이'는 비표준어임.
양념-감/양념-거리
어금버금-하다/어금지금-하다
어기여차/어여차
어림-잡다/어림-치다
어이-없다/어처구니-없다
어저께/어제
언덕-바지/언덕-배기

얼렁-뚱땅/엄벙-뗑	
여왕-벌/장수-벌	
여쭈다/여쭙다	
여태/입때	'여직'은 비표준어임.
여태-껏/이제-껏/입때-껏	'여직-껏'은 비표준어임.
역성-들다/역성-하다	'편역-들다'는 비표준어임.
연-달다/잇-달다	
엿-가락/엿-가래	
엿-기름/엿-길금	
엿-반대기/엿-자박	
오사리-잡놈/오색-잡놈	'오합-잡놈'은 비표준어임.
옥수수/강냉이	~떡, ~묵, ~밥, ~튀김
왕골-기직/왕골-자리	
외겹-실/외올-실/홑-실	'홑겹-실, 올-실'은 비표준어임.
외손-잡이/한손-잡이	
욕심-꾸러기/욕심-쟁이	
우레/천둥	우렛-소리/천둥-소리
우지/울-보	
을러-대다/을러-메다	
의심-스럽다/의심-쩍다	
-이에요/-이어요	
이틀-거리/당-고금	학질의 일종임.
일일-이/하나-하나	
일찌감치/일찌거니	
입찬-말/입찬-소리	
자리-옷/잠-옷	
자물-쇠/자물-통	
장가-가다/장가-들다	'서방-가다'는 비표준어임.
재롱-떨다/재롱-부리다	
제-가끔/제-각기	
좀-처럼/좀-체	'좀-체로, 좀-해선, 좀-해'는 비표준어임.
줄-꾼/줄-잡이	
중신/중매	
짚-단/짚-못	
쪽/편	오른~, 왼~
차차/차츰	
책-씻이/책-거리	
척/체	모르는 ~, 잘난 ~
천연덕-스럽다/천연-스럽다	
철-따구니/철-딱서니/철-딱지	'철-때기'는 비표준어임.
추어-올리다/추어-주다	'추켜-올리다'는 비표준어임.
축-가다/축-나다	
침-놓다/침-주다	
통-꼭지/통-젖	통에 붙은 손잡이

파자-쟁이/해자-쟁이
편지-투/편지-틀
한턱-내다/한턱-하다
해웃-값/해웃-돈
혼자-되다/홀로-되다
흠-가다/흠-나다/흠-지다

점치는 이

'해우-차'는 비표준어임.

제 2 부 표준 발음법

제 1 장 총　　칙

제 1 항　표준 발음법은 표준어의 실제 발음을 따르되, 국어의 전통성과 합리성을 고려하여
　　정함을 원칙으로 한다.

제 2 장 자음과 모음

제 2 항　표준어의 자음은 다음 19 개로 한다.
　　　　ㄱ ㄲ ㄴ ㄷ ㄸ ㄹ ㅁ ㅂ ㅃ ㅅ ㅆ ㅇ ㅈ ㅉ ㅊ ㅋ ㅌ ㅍ ㅎ

제 3 항　표준어의 모음은 다음 21 개로 한다.
　　　　ㅏ ㅐ ㅑ ㅒ ㅓ ㅔ ㅕ ㅖ ㅗ ㅘ ㅙ ㅚ ㅛ ㅜ ㅝ ㅞ ㅟ ㅠ ㅡ
　　　　ㅢ ㅣ

제 4 항　'ㅏ ㅐ ㅓ ㅔ ㅗ ㅚ ㅜ ㅟ ㅡ ㅣ'는 단모음(單母音)으로 발음한다.

〔붙임〕　'ㅚ, ㅟ'는 이중 모음으로 발음할 수 있다.

제 5 항　'ㅑ ㅒ ㅕ ㅖ ㅘ ㅙ ㅛ ㅝ ㅞ ㅠ ㅢ'는 이중 모음으로 발음한다.

다만 1.　용언의 활용형에 나타나는 '져, 쪄, 쳐'는 [저, 쪄, 처]로 발음한다.
　　　　가지어→가져[가저]　　　찌어어→쪄[쩌]　　　　다치어→다쳐[다처]

다만 2.　'예, 례' 이외의 'ㅖ'는 [ㅔ]로도 발음한다.
　　　　계집[계ː집/게ː집]　　　　　　계시다[계ː시다/게ː시다]
　　　　시계[시계/시게](時計)　　　　연계[연계/연게](連繫)
　　　　몌별[몌별/메별](袂別)　　　　개폐[개폐/개페](開閉)
　　　　혜택[혜ː택/헤ː택](惠澤)　　　지혜[지혜/지헤](智慧)

다만 3.　자음을 첫소리로 가지고 있는 음절의 'ㅢ'는 [ㅣ]로 발음한다.
　　　　늴리리　닁큼　무늬　띄어쓰기　씌어　틔어　희어　희떱다
　　　　희망　유희

다만 4.　단어의 첫 음절 이외의 '의'는 [ㅣ]로, 조사 '의'는 [ㅔ]로 발음함도 허용한다.
　　　　주의[주의/주이]　　　　　　협의[혀븨/혀비]
　　　　우리의[우리의/우리에]　　　강의의[강ː의의/강ː이에]

제 3 장 음의 길이

제 6 항　모음의 장단을 구별하여 발음하되, 단어의 첫 음절에서만 긴소리가 나타나는 것을
　　원칙으로 한다.
　　(1)　눈보라[눈ː보라]　　　말씨[말ː씨]　　　　밤나무[밤ː나무]
　　　　많다[만ː타]　　　　　멀리[멀ː리]　　　　벌리다[벌ː리다]
　　(2)　첫눈[천눈]　　　　　참말[참말]　　　　쌍동밤[쌍동밤]
　　　　수많이[수ː마니]　　　눈멀다[눈멀다]　　떠벌리다[떠벌리다]

다만, 합성어의 경우에는 둘째 음절 이하에서도 분명한 긴소리를 인정한다.
　　　　반신반의[반ː신 바ː늬/반ː신 바ː니]　　　재삼재사[재ː삼 재ː사]

〔붙임〕 용언의 단음절 어간에 어미 '-아/-어'가 결합되어 한 음절로 축약되는 경우에도 긴소리로 발음한다.

보아→봐[봐:]   기어→겨[겨:]   되어→돼[돼:]
두어→둬[둬:]   하여→해[해:]

다만, '오아→와, 지어→져, 찌어→쪄, 치어→쳐' 등은 긴소리로 발음하지 않는다.

제 7 항 긴소리를 가진 음절이라도, 다음과 같은 경우에는 짧게 발음한다.

1. 단음절인 용언 어간에 모음으로 시작된 어미가 결합되는 경우

감다[감:따]―감으니[가므니]   밟다[밥:따]―밟으면[발브면]
신다[신:따]―신어[시너]   알다[알:다]―알아[아라]

다만, 다음과 같은 경우에는 예외적이다.

끌다[끌:다]―끌어[끄:러]   떫다[떨:따]―떫은[떨:븐]
벌다[벌:다]―벌어[버:러]   썰다[썰:다]―썰어[써:러]
없다[업:따]―없으니[업:쓰니]

2. 용언 어간에 피동, 사동의 접미사가 결합되는 경우

감다[감:따]―감기다[감기다]   꼬다[꼬:다]―꼬이다[꼬이다]
밟다[밥:따]―밟히다[발피다]

다만, 다음과 같은 경우에는 예외적이다.

끌리다[끌:리다]   벌리다[벌:리다]   없애다[업:쌔다]

〔붙임〕 다음과 같은 복합어에서는 본디의 길이에 관계없이 짧게 발음한다.

밀-물   썰-물   쏜-살-같이   작은-아버지

제 4 장 받침의 발음

제 8 항 받침소리로는 'ㄱ, ㄴ, ㄷ, ㄹ, ㅁ, ㅂ, ㅇ'의 7개 자음만 발음한다.

제 9 항 받침 'ㄲ, ㅋ', 'ㅅ, ㅆ, ㅈ, ㅊ, ㅌ', 'ㅍ'은 어말 또는 자음 앞에서 각각 대표음 [ㄱ, ㄷ, ㅂ]으로 발음한다.

닦다[닥따]   키읔[키윽]   키읔과[키윽꽈]   옷[옫]
웃다[욷:따]   있다[읻따]   젖[젇]   빚다[빋따]   꽃[꼳]
쫓다[쫃따]   솥[솓]   뱉다[밷:따]   앞[압]   덮다[덥따]

제 10 항 겹받침 'ㄳ', 'ㄵ', 'ㄼ, ㄽ, ㄾ', 'ㅄ'은 어말 또는 자음 앞에서 각각 [ㄱ, ㄴ, ㄹ, ㅂ]으로 발음한다.

넋[넉]   넋과[넉꽈]   앉다[안따]   여덟[여덜]
넓다[널따]   외곬[외골]   핥다[할따]   값[갑]
없다[업:따]

다만, '밟-'은 자음 앞에서 [밥]으로 발음하고, '넓-'은 다음과 같은 경우에 [넙]으로 발음한다.

(1) 밟다[밥:따]   밟소[밥:쏘]   밟지[밥:찌]
밟는[밥:는→밤:는]   밟게[밥:께]   밟고[밥:꼬]

(2) 넓-죽하다[넙쭈카다]   넓-둥글다[넙뚱글다]

제 11 항 겹받침 'ㄺ, ㄻ, ㄿ'은 어말 또는 자음 앞에서 각각 [ㄱ, ㅁ, ㅂ]으로 발음한다.

닭[닥]   흙과[흑꽈]   맑다[막따]   늙지[늑찌]
삶[삼:]   젊다[점:따]   읊고[읍꼬]   읊다[읍따]

다만, 용언의 어간 말음 'ㄺ'은 'ㄱ' 앞에서 [ㄹ]로 발음한다.

맑게[말께]   묽고[물꼬]   얽거나[얼꺼나]

제 12 항 받침 'ㅎ'의 발음은 다음과 같다.

1. 'ㅎ(ㄶ, ㅀ)' 뒤에 'ㄱ, ㄷ, ㅈ'이 결합되는 경우에는, 뒤 음절 첫소리와 합쳐서 [ㅋ, ㅌ, ㅊ]으로 발음한다.

     놓고[노코]   좋던[조:턴]   쌓지[싸치]
     많고[만:코]   않던[안턴]   닳지[달치]

〔붙임 1〕 받침 'ㄱ(ㄺ), ㄷ, ㅂ(ㄼ), ㅈ(ㄵ)'이 뒤 음절 첫소리 'ㅎ'과 결합되는 경우에도, 역시 두 음을 합쳐서 [ㅋ, ㅌ, ㅍ, ㅊ]으로 발음한다.

     각하[가카]   먹히다[머키다]   밝히다[발키다]   맏형[마텽]
     좁히다[조피다]   넓히다[널피다]   꽂히다[꼬치다]   앉히다[안치다]

〔붙임 2〕 규정에 따라 'ㄷ'으로 발음되는 'ㅅ, ㅈ, ㅊ, ㅌ'의 경우에도 이에 준한다.

     옷 한 벌[오탄벌]   낮 한때[나탄때]
     꽃 한 송이[꼬탄송이]   숱하다[수타다]

2. 'ㅎ(ㄶ, ㅀ)' 뒤에 'ㅅ'이 결합되는 경우에는, 'ㅅ'을 [ㅆ]으로 발음한다.

     닿소[다쏘]   많소[만:쏘]   싫소[실쏘]

3. 'ㅎ' 뒤에 'ㄴ'이 결합되는 경우에는 [ㄴ]으로 발음한다.

     놓는[논는]   쌓네[싼네]

〔붙임〕 'ㄶ, ㅀ' 뒤에 'ㄴ'이 결합되는 경우에는, 'ㅎ'을 발음하지 않는다.

     않네[안네]   않는[안는]   뚫네[뚤네→뚤레]   뚫는[뚤는→뚤른]
     *'뚫네[뚤네→뚤레], 뚫는[뚤는→뚤른]'에 대해서는 제20항 참조

4. 'ㅎ(ㄶ, ㅀ)' 뒤에 모음으로 시작된 어미나 접미사가 결합되는 경우에는, 'ㅎ'을 발음하지 않는다.

     낳은[나은]   놓아[노아]   쌓이다[싸이다]   많아[마:나]
     않은[아는]   닳아[다라]   싫어도[시러도]

제 13 항 홑받침이나 쌍받침이 모음으로 시작된 조사나 어미, 접미사와 결합되는 경우에는, 제 음가대로 뒤 음절 첫소리로 옮겨 발음한다.

     깎아[까까]   옷이[오시]   있어[이써]   낮이[나지]
     꽂아[꼬자]   꽃을[꼬츨]   쫓아[쪼차]   밭에[바테]
     앞으로[아프로]   덮이다[더피다]

제 14 항 겹받침이 모음으로 시작된 조사나 어미, 접미사와 결합되는 경우에는, 뒤엣것만을 뒤 음절 첫소리로 옮겨 발음한다. (이 경우, 'ㅅ'은 된소리로 발음함.)

     넋이[넉씨]   앉아[안자]   닭을[달글]
     젊어[절머]   곬이[골씨]   핥아[할타]
     읊어[을퍼]   값을[갑쓸]   없어[업:써]

제 15 항 받침 뒤에 모음 'ㅏ, ㅓ, ㅗ, ㅜ, ㅟ'들로 시작되는 실질 형태소가 연결되는 경우에는, 대표음으로 바꾸어서 뒤 음절 첫소리로 옮겨 발음한다.

     밭 아래[바다래]   늪 앞[느밥]   젖어미[저더미]   맛없다[마덥따]
     겉옷[거돋]   헛웃음[허두슴]   꽃 위[꼬뒤]

다만, '맛있다, 멋있다'는 [마싣따], [머싣따]로도 발음할 수 있다.

〔붙임〕 겹받침의 경우에는, 그 중 하나만을 옮겨 발음한다.

     넋 없다[너겁따]   닭 앞에[다가페]
     값어치[가버치]   값있는[가빈는]

제 16 항　한글 자모의 이름은 그 받침소리를 연음하되, 'ㄷ, ㅈ, ㅊ, ㅋ, ㅌ, ㅍ, ㅎ'의 경우
에는 특별히 다음과 같이 발음한다.

디귿이[디그시]	디귿을[디그슬]	디귿에[디그세]
지읒이[지으시]	지읒을[지으슬]	지읒에[지으세]
치읓이[치으시]	치읓을[치으슬]	치읓에[치으세]
키읔이[키으기]	키읔을[키으글]	키읔에[키으게]
티읕이[티으시]	티읕을[티으슬]	티읕에[티으세]
피읖이[피으비]	피읖을[피으블]	피읖에[피으베]
히읗이[히으시]	히읗을[히으슬]	히읗에[히으세]

제 5 장　음의 동화

제 17 항　받침 'ㄷ, ㅌ(ㄾ)'이 조사나 접미사의 모음 'ㅣ'와 결합되는 경우에는, [ㅈ, ㅊ]으
로 바꾸어서 뒤 음절 첫소리로 옮겨 발음한다.

곧이듣다[고지듣따]	굳이[구지]	미닫이[미다지]
땀받이[땀바지]	밭이[바치]	벼훑이[벼훌치]

〔붙임〕　'ㄷ' 뒤에 접미사 '히'가 결합되어 '티'를 이루는 것은 [치]로 발음한다.

굳히다[구치다]	닫히다[다치다]	묻히다[무치다]

제 18 항　받침 'ㄱ(ㄲ, ㅋ, ㄳ, ㄺ), ㄷ(ㅅ, ㅆ, ㅈ, ㅊ, ㅌ, ㅎ), ㅂ(ㅍ, ㄼ, ㄿ, ㅄ)'은 'ㄴ,
ㅁ' 앞에서 [ㅇ, ㄴ, ㅁ]으로 발음한다.

먹는[멍는]	국물[궁물]	깎는[깡는]	키읔만[키응만]
몫몫이[몽목씨]	긁는[긍는]	흙만[흥만]	닫는[단는]
짓는[진:는]	옷맵시[온맵씨]	있는[인는]	맞는[만는]
젖멍울[전멍울]	쫓는[쫀는]	꽃망울[꼰망울]	붙는[분는]
놓는[논는]	잡는[잠는]	밥물[밤물]	앞마당[암마당]
밟는[밤:는]	읊는[음는]	없는[엄:는]	값매다[감매다]

〔붙임〕　두 단어를 이어서 한 마디로 발음하는 경우에도 이와 같다.

책 넣는다[챙넌는다]	흙 말리다[흥말리다]	옷 맞추다[온마추다]
밥 먹는다[밤멍는다]	값 매기다[감매기다]	

제 19 항　받침 'ㅁ, ㅇ' 뒤에 연결되는 'ㄹ'은 [ㄴ]으로 발음한다.

담력[담:녁]	침략[침:냑]	강릉[강능]
항로[항:노]	대통령[대:통녕]	

〔붙임〕　받침 'ㄱ, ㅂ' 뒤에 연결되는 'ㄹ'도 [ㄴ]으로 발음한다.

막론[막논→망논]	백리[백니→뱅니]	협력[협녁→혐녁]
십리[십니→심니]		

제 20 항　'ㄴ'은 'ㄹ'의 앞이나 뒤에서 [ㄹ]로 발음한다.

(1)
난로[날:로]	신라[실라]	천리[철리]
광한루[광:할루]	대관령[대:괄령]	

(2)
칼날[칼랄]	물난리[물랄리]	줄넘기[줄럼끼]
할는지[할른지]		

〔붙임〕　첫소리 'ㄴ'이 'ㄶ', 'ㄾ' 뒤에 연결되는 경우에도 이에 준한다.

닳는[달른]	뚫는[뚤른]	핥네[할레]

다만, 다음과 같은 단어들은 'ㄹ'을 [ㄴ]으로 발음한다.

　　　　의견란[의ː견난]　　　　임진란[임ː진난]　　　　생산량[생산냥]
　　　　결단력[결딴녁]　　　　공권력[공꿘녁]　　　　동원령[동ː원녕]
　　　　상견례[상견녜]　　　　횡단로[횡단노]　　　　이원론[이ː원논]
　　　　입원료[이붠뇨]　　　　구근류[구근뉴]

제 21 항　위에서 지적한 이외의 자음 동화는 인정하지 않는다.

　　　　감기[감ː기](×[강ː기])　　　　　　옷감[옫깜](×[옥깜])
　　　　있고[읻꼬](×[익꼬])　　　　　　　꽃길[꼳낄](×[꼭낄])
　　　　젖먹이[전머기](×[점머기])　　　　문법[문뻡](×[뭄뻡])
　　　　꽃밭[꼳빧](×[꼽빧])

제 22 항　다음과 같은 용언의 어미는 [어]로 발음함을 원칙으로 하되, [여]로 발음함도 허용
　　　　한다.

　　　　되어[되어/되여]　　　　　　　　　피어[피어/피여]

〔붙임〕　'이오, 아니오'도 이에 준하여 [이요, 아니요]로 발음함을 허용한다.

제 6 장　경음화

제 23 항　받침 'ㄱ(ㄲ, ㅋ, ㄳ, ㄺ), ㄷ(ㅅ, ㅆ, ㅈ, ㅊ, ㅌ), ㅂ(ㅍ, ㄼ, ㄿ, ㅄ)' 뒤에 연결되
　　　　는 'ㄱ, ㄷ, ㅂ, ㅅ, ㅈ'은 된소리로 발음한다.

　　　　국밥[국빱]　　　　　　깎다[깍따]　　　　　　넋받이[넉빠지]
　　　　삯돈[삭똔]　　　　　　닭장[닥짱]　　　　　　칡범[칙뻠]
　　　　뻗대다[뻗때다]　　　　옷고름[옫꼬름]　　　　있던[읻떤]
　　　　곱고[곱꼬]　　　　　　꽃다발[꼳따발]　　　　낯설다[낟썰다]
　　　　밭갈이[받까리]　　　　솥전[솓쩐]　　　　　　곱돌[곱똘]
　　　　덮개[덥깨]　　　　　　옆집[엽찝]　　　　　　넓죽하다[넙쭈카다]
　　　　읊조리다[읍쪼리다]　　값지다[갑찌다]

제 24 항　어간 받침 'ㄴ(ㄵ), ㅁ(ㄻ)' 뒤에 결합되는 어미의 첫소리 'ㄱ, ㄷ, ㅅ, ㅈ'은 된소
　　　　리로 발음한다.

　　　　신고[신ː꼬]　　　　　　껴안다[껴안따]　　　　앉고[안꼬]
　　　　얹다[언따]　　　　　　삼고[삼ː꼬]　　　　　　더듬지[더듬찌]
　　　　닮고[담ː꼬]　　　　　　젊지[점ː찌]

　　다만, 피동, 사동의 접미사 '-기-'는 된소리로 발음하지 않는다.

　　　　안기다　　　　　　　　감기다　　　　　　　　굶기다　　　　　　　옮기다

제 25 항　어간 받침 'ㄼ, ㄾ' 뒤에 결합되는 어미의 첫소리 'ㄱ, ㄷ, ㅅ, ㅈ'은 된소리로 발
　　　　음한다.

　　　　넓게[널께]　　　　　　핥다[할따]　　　　　홅소[홀쏘]　　　　　떫지[떨ː찌]

제 26 항　한자어에서, 'ㄹ' 받침 뒤에 연결되는 'ㄷ, ㅅ, ㅈ'은 된소리로 발음한다.

　　　　갈등[갈뜽]　　　　　　발동[발똥]　　　　　　절도[절또]
　　　　말살[말쌀]　　　　　　불소[불쏘](弗素)　　　일시[일씨]
　　　　갈증[갈쯩]　　　　　　물질[물찔]　　　　　　발전[발쩐]
　　　　몰상식[몰쌍식]　　　　불세출[불쎄출]

　　다만, 같은 한자가 겹쳐진 단어의 경우에는 된소리로 발음하지 않는다.

　　　　허허실실[허허실실](虛虛實實)　　　절절-하다[절절하다](切切-)

제 27 항 관형사형 '-(으)ㄹ' 뒤에 연결되는 'ㄱ, ㄷ, ㅂ, ㅅ, ㅈ'은 된소리로 발음한다.

<blockquote>

할 것을[할꺼슬]   갈 데가[갈떼가]

할 바를[할빠를]   할 수는[할쑤는]

할 적에[할쩌게]   갈 곳[갈꼳]

할 도리[할또리]   만날 사람[만날싸람]

</blockquote>

다만, 끊어서 말할 적에는 예사소리로 발음한다.

[붙임] '-(으)ㄹ'로 시작되는 어미의 경우에도 이에 준한다.

<blockquote>

할걸[할껄]   할밖에[할빠께]

할세라[할쎄라]   할수록[할쑤록]

할지라도[할찌라도]   할지언정[할찌언정]

할진대[할찐대]

</blockquote>

제 28 항 표기상으로는 사이시옷이 없더라도, 관형적 기능을 지니는 사이시옷이 있어야 할 (휴지가 성립되는) 합성어의 경우에는, 뒤 단어의 첫소리 'ㄱ, ㄷ, ㅂ, ㅅ, ㅈ'을 된소리로 발음한다.

<blockquote>

문-고리[문꼬리]   눈-동자[눈똥자]

신-바람[신빠람]   산-새[산쌔]

손-재주[손째주]   길-가[길까]

물-동이[물똥이]   발-바닥[발빠닥]

굴-속[굴쏙]   술-잔[술짠]

바람-결[바람껼]   그믐-달[그믐딸]

아침-밥[아침빱]   잠-자리[잠짜리]

강-가[강까]   초승-달[초승딸]

등-불[등뿔]   창-살[창쌀]

강-줄기[강쭐기]

</blockquote>

제 7 장 음의 첨가

제 29 항 합성어 및 파생어에서, 앞 단어나 접두사의 끝이 자음이고 뒤 단어나 접미사의 첫 음절이 '이, 야, 여, 요, 유'인 경우에는, 'ㄴ' 음을 첨가하여 [니, 냐, 녀, 뇨, 뉴]로 발음한다.

<blockquote>

솜-이불[솜니불]   홑-이불[혼니불]

막-일[망닐]   삯-일[상닐]

맨-입[맨닙]   꽃-잎[꼰닙]

내복-약[내ː봉냑]   한-여름[한녀름]

남존-여비[남존녀비]   신-여성[신녀성]

색-연필[생년필]   직행-열차[지캥녈차]

늑막-염[능망념]   콩-엿[콩녇]

담-요[담뇨]   눈-요기[눈뇨기]

영업-용[영엄뇽]   식용-유[시굥뉴]

국민-윤리[궁민뉼리]   밤-윷[밤뉻]

</blockquote>

다만, 다음과 같은 말들은 'ㄴ' 음을 첨가하여 발음하되, 표기대로 발음할 수 있다.

<blockquote>

이죽-이죽[이중니죽/이주기죽]

야금-야금[야금냐금/야그먀금]

검열[검ː녈/거ː멸]

</blockquote>

　　　　　율랑-율랑[율랑놀랑/율랑율랑]
　　　　　금융[금늉/그늉]
〔붙임 1〕　'ㄹ' 받침 뒤에 첨가되는 'ㄴ' 음은 [ㄹ]로 발음한다.
　　　　　들-일[들릴]　　　　　솔-잎[솔립]　　　　　설-익다[설릭따]
　　　　　물-약[물략]　　　　　불-여우[불려우]　　　서울-역[서울력]
　　　　　물-엿[물련]　　　　　휘발-유[휘발류]　　　유들-유들[유들류들]
〔붙임 2〕　두 단어를 이어서 한 마디로 발음하는 경우에도 이에 준한다.
　　　　　한 일[한닐]　　　　　옷 입다[온닙따]　　　서른 여섯[서른녀섣]
　　　　　3 연대[삼년대]　　　먹은 엿[머근녇]
　　　　　할 일[할릴]　　　　　잘 입다[잘립따]　　　스물 여섯[스물려섣]
　　　　　1 연대[일련대]　　　먹을 엿[머글렫]
　　다만, 다음과 같은 단어에서는 'ㄴ(ㄹ)' 음을 첨가하여 발음하지 않는다.
　　　　　6 · 25[유기오]　　　3 · 1절[사밀쩔]　　　송별-연[송:벼련]
　　　　　등-용문[등용문]

제 30 항　사이시옷이 붙은 단어는 다음과 같이 발음한다.
　1. 'ㄱ, ㄷ, ㅂ, ㅅ, ㅈ'으로 시작하는 단어 앞에 사이시옷이 올 때는 이들 자음만을 된소리
　　로 발음하는 것을 원칙으로 하되, 사이시옷을 [ㄷ]으로 발음하는 것도 허용한다.
　　　　　냇가[내:까/낻:까]　　　　　　샛길[새:낄/샏:낄]
　　　　　빨랫돌[빨래똘/빨랟똘]　　　콧등[코뜽/콛뜽]
　　　　　깃발[기빨/긷빨]　　　　　　　대팻밥[대:패빱/대:팯빱]
　　　　　햇살[해쌀/핻쌀]　　　　　　　뱃속[배쏙/밷쏙]
　　　　　뱃전[배쩐/밷쩐]　　　　　　　고갯짓[고개찓/고갣찓]
　2. 사이시옷 뒤에 'ㄴ, ㅁ'이 결합되는 경우에는 [ㄴ]으로 발음한다.
　　　　　콧날[콛날→콘날]　　　　　　아랫니[아랟니→아랜니]
　　　　　툇마루[퇻마루→퇸마루]　　　뱃머리[밷머리→밴머리]
　3. 사이시옷 뒤에 '이' 음이 결합되는 경우에는 [ㄴㄴ]으로 발음한다.
　　　　　베갯잇[베갣닏→베갠닏]　　　깻잎[깬닙→깬닙]
　　　　　나뭇잎[나묻닙→나문닙]　　　도리깻열[도리깯녈→도리깬녈]
　　　　　뒷윷[뒫뉻→뒨뉻]

1. 이 '표준어 모음'은 문화부 국어 심의회 한글 분과 위원회에서 최종 심의하여 1990년 9월 14
   일 문화부 공고 제36호로 공포한 《표준어 모음》의 '제1부 어휘 선택'을 수록한 것이다.
2. 《표준어 모음》은 우리나라에서 가장 널리 이용되는 국어 사전 가운데, 민중서림에서 간행
   한 '국어대사전'(1982)과 한글학회에서 간행한 '새한글사전'(1965/1986)에서 표준어로 제
   시한 단어가 서로 일치하지 않는 고유어와 그 관련 단어를 모두 수집하여 심의 검토한 결
   과이다.
3. 앞에 ×표가 붙은 단어는 심의 결과 비표준어로 인정된 단어이며, 관련 규정에 나오는 숫
   자는 심의 과정에서 해당 단어에 적용한 '표준어 규정 제1부 표준어 사정 원칙'의 항을 나
   타낸다. '표준어 규정'은 이 사전에 부록으로 실려 있다.

표 제 어	관련 단어	비 고	관련 규정
×가귀뜨기	가귀대기	열다섯 끗 뽑기로 내기하는 투전 노름	17 25
가동질		가동거리는 짓	08
가래질꾼			16
가려잡다	골라잡다		26
가력되다	개력하다		26
×가리마꼬챙이	×가리마꼬창이		09
	가르마꼬챙이		09
×가리워지다	가리어지다		25
×가스라기	가시랭이		25
×가스랑이	가시랭이		25
가시줄	가시철사(-鐵絲)		26
각시	새색시	'작게 만든 여자 인형'의 뜻으로도 인정함.	26
간단없다	끊임없다		26
간단없이	끊임없이		26
간밤	지난밤		26
간장쪽박	×간장족박		17
×간해	지난해		25
×갈비	솔가리	불쏘시개로 쓰는 솔잎	25
갈잎나무	떡갈나무	'떡갈나무'는 갈잎나무의 일종임.	26
×갑화(-火)	도깨비불		21
값나다	금나다	1. 물건값이 정해져서 팔고 사고 할 수 있게 되다. 2. '값나가다'의 준말로는 인정하지 않음.	26
×값높다	값비싸다	'값비싸다'의 뜻으로 '금높다'도	25

		인정함.	
×강밥	눌은밥	'강다짐으로 먹는 밥'의 뜻으로는 인정함.	25
개소리괴소리	×개소리괴소문		17
×개지	강아지	'버들치'(물고기 이름)로도 인정하지 않음.	25
갯버들	땅버들	전문 용어로는 '갯버들'을 인정함.	26
×갱조개	가막조개	재첩	25
갱충맞다	갱충쩍다		26
거렁맞다	거령스럽다		26
거름발	거름기(-氣)		26
×거상	큰톱		25
거푼거푼		놓인 물체의 한 부분이 바람에 불리어 떠들리었다가 가라앉았다가 하는 모양	25
×거풀	꺼풀		17
건건이	반찬(飯饌)		26
걷어쥐다	걷어잡다		26
×검은깨	주근깨	'빛깔이 검은 참깨'의 뜻으로는 인정함.	25
검정콩	검은콩		26
겉껍데기	×겉껍더기		09
겉잠	수잠		26
×게걸스럽다	게검스럽다	1. 욕심껏 마구 먹어 대는 태도가 있다. 2. '게걸들린 태도가 있다'의 뜻으로는 인정함.	25
게꽁지	×게꼬리	지식이나 재주 등이 극히 적거나 짧음.	25
×계오다	지다	못 이기다	20 25
×고두밥	지에밥	1. 찹쌀 혹은 멥쌀을 시루에 쪄서 만든 밥 2. '되게 지은 밥'의 뜻으로는 인정함.	25
고로(故-)	그러므로		26
×고물	고미	1. 반자의 한 종류 2. '우물마루를 놓는 데 귀틀을 두 개 사이의 구역'의 뜻으로는 인정함.	25
×고부탕이	고비	1. 중요한 기회 2. '피륙을 필을 지을 때 꺾여 겹쳐 넘어간 곳'의 뜻으로는 인정함.	25
고운대	곤대	토란 줄거리	16
골짝	골짜기		16
×곰살곱다	곰살갑다		17
×곰탕	곰팡이		25
×곱수머리	곱슬머리		25
공히(共-)	모두		26
과경에(過頃-)	아까		26
과목밭(果木-)	과수원(果樹園)		26
괘꽝스럽다	망령스럽다(妄		26

	靈-)		
×괴임	굄	(고시) 괴다/고이다	18
	고임		18
×괴임새	굄새	1. 괴어 놓은 모양	18
		2. (고시) 괴다/고이다	
	고임새		18
×괸돌	고인돌		17
구기자나무(枸	×괴좆나무		22 25
杞子-)			
×구럭	망태기	'새끼로 그물 뜨듯 눈을 드물게 떠서	25
		만든 물건'의 뜻으로는 인정함.	
구역나다	욕지기나다		26
군기침	헛기침		26
굿복(-服)	굿옷		26
귓속말	귀엣말		26
그물눈	그물코		26
×근두박질	곤두박질		05
글동무	글동접(-同接)		26
금몸(金-)	금색신(金色身)		26
금줄(禁-)	인줄(人-)		26
기겁하다	×기급하다		05 17
기곡지(旗-)	×기대강이(旗-)		25
기미채다(幾微-,	낌새채다		26
機微-)			
기수채다			26
기어코(期於-)	기어이(期於-)		26
기장	길이	'옷 따위의 긴 정도'의 뜻으로 인정함.	26
×기지랑물	지지랑물		17
까까중			25
×까스라기	가시랭이		25
×깐보다	깔보다	'어떤 형편이나 기회에 대하여 마음속	25
		으로 가늠을 보다'의 뜻으로는 인정함.	
×깔딱	딸꾹	1. 딸꾹질하는 소리	25
		2. '액체를 조금씩 삼키는 소리'	
		또는 '얇은 물체가 뒤집히는 소리'의	
		뜻으로는 인정함.	
×깔딱거리다	딸꾹거리다		25
×깔딱깔딱	딸꾹딸꾹		25
깡충하다	×깡총하다	다리가 길다. 큰말은 '껑충하다'임.	08
×깨보숭이	깨소금	'들깨의 꽃송이와 찹쌀가루를 버무려	25
		기름에 튀긴 반찬'의 뜻으로는 인정함.	
×깨보숭이	깨고물		25
×깨이다	깨다	1. '(알을) 까다'의 피동	25
		2. '(잠을) 깨다'의 피동의 뜻으로는	

		인정함.	
×깨이다	깨다	'(알을) 까다'의 사동	25
꺽꺽푸드덕	×꺽꺽푸드득	장끼가 울며 홰치는 소리	17
껌벅거리다	끔벅거리다		19 26
×꼬끼댁	꼬꼬댁		17
꼬챙이	×꼬창이		09
×꼬치	고추		17
×꼬치	고치		17
×꼭두머리	꼭대기	'시간적으로 일의 가장 처음'의 뜻으로	25
		는 인정함.	
꼼짝달싹	×옴쭉달싹		17 25
꼽추	곱사등이		26
꽃자루	꽃꼭지	전문 용어로는 '꽃자루'를 인정함.	26
×꽃턱	×꽃받기	꽃받침	25
×꾀장이	꾀보		26 09
	꾀쟁이		26 09
×꾸다	뀌다	1. 방귀를 -.	25
		2. '빌려 오다'의 뜻으로는 인정함.	
끝전(-錢)	끝돈	(고시) ×잔전 → 잔돈	26
×낄룩	끼룩	(내다보거나 삼키려 할 때) 목을 길게	14 25
		빼어 내미는 모양	
나방이	나방		16
×나부라기	나부랭이	(고시) 나부랭이/너부렁이	25
난목(-木)	외올베		26
×난봉장이	난봉꾼		09
	난봉쟁이		09
×날물	썰물	'나가는 물'의 뜻으로는 인정함.	25
×날빛	햇빛	'햇빛을 받아서 나는 온 세상의 빛'의	25
		뜻으로는 인정함.	
남자답다	사내답다		26
×내나	일껏	'결국은'의 뜻으로는 인정함.	25
내숭	×내흉(內凶)		05 17
내숭스레	×내흉스레(內凶-)	(고시) ×내흉스럽다 → 내숭스럽다	05 17
냉국(冷-)	찬국		26
너울지다	놀지다		16 26
널판때기	×널판대기		26 17
널판자(-板子)			26
×녜	네	(고시) 네/예	17 18
노랑묵	×노란묵	치자 물을 타서 쑨 녹말묵	17
녹슬다(綠-)	×녹쓸다(綠-)		17
×누룽지	눌은밥	1. 솥바닥에 눌어붙은 눌은밥에 물을	25
		부어 긁어 푼 것	
		2. '솥바닥에 눌어붙은 밥'의 뜻으로는	
		인정함.	

눈꼴시다	눈꼴틀리다		26
눈쌈	눈싸움	눈겨룸	16
×느루	늘	'대번에 몰아치지 않고 길게 늘여서'의 뜻으로 인정함.	25
늦장	늑장	'느직하게 보러 가는 장'의 뜻으로도 인정함.	26
×-(으)니까니	-(으)니까		25
다각도로(多角度-)	여러모로		26
다릿골독	×대릿골독		09 25
다슬기	대사리	전문 용어로는 '다슬기'를 인정함.	26
다홍(-紅)	진홍(眞紅)		26
단걸음에(單-)	단숨에(單-)		26
단김에	단결에		26
단연코(斷然-)	단연히(斷然-)		26
담쏙	×담쑥	손으로 탐스럽게 쥐거나 팔로 탐스럽게 안는 모양	08
당달봉사(-奉事)	청맹과니(靑盲-)		26
대감굿(大監-)	대감놀이(大監-)		26
대변보다	뒤보다		26
×대접문(-紋)	대접무늬		21
×댓가지	댓개비	1. 대를 쪼개 잘게 깎은 꽂이 2. '대의 가지'의 뜻으로는 인정함.	25
댓돌(臺-)	섬돌	'집채의 낙숫고랑 안쪽에 돌려 가며 놓은 돌'의 뜻으로도 인정함.	26
×더껑이	더께	1. 덖어서 몹시 찌든 물건에 앉은 때 2. '걸쭉한 액체의 거죽에 엉겨 굳은 꺼풀'의 뜻으로는 인정함.	25
더미씌우다	다미씌우다	(고시) 안다미씌우다	19
×덧구두	덧신		25
덮개	뚜껑	'이불, 처네 등의 총칭' 또는 '착한 마음을 덮어서 가리는 탐욕이나 성내는 마음'의 뜻으로도 인정함.	26
도리깻장부	도리깨채		26
도토리나무	떡갈나무	'도토리나무'는 '상수리나무'의 별칭으로 '떡갈나무'와는 별개임.	26
돈지갑(-紙匣)	지갑(紙匣)		16 26
돈표(-票)	환(換)		26
돋보기안경(-眼鏡)	돋보기		16 26
돌개바람	구풍(颶風)	'회오리바람'의 뜻으로도 인정함.	26
돌기와	너새		26
돌림자(-字)	항렬자(行列字)		26
동강이	동강		16

동동걸음	종종걸음		26
동자부처	눈부처		26
동자부처	동자보살	사람의 두 어깨에 있다는 신	26
두견새(杜鵑-)	소쩍새		26
두견이(杜鵑-)			26
×두팁단자(-團子)	두팁떡		21
둘러쓰다	뒤집어쓰다		26
둬둬	드레드레	수봉기(受蜂器)를 대고 벌비로 몰아 넣을 때 벌을 부르는 소리	26
×뒷개	설거지	윷놀이 용어로는 인정함.	25
뒷결박(-結縛)	뒷짐결박(-結縛)		26
뒷골	뒤통수		26
뒷마당	뒤뜰		26
뒷전보다	뒷전놀다		26
듣그럽다	시끄럽다		26
×들망(-網)	후릿그물		21
들쑥날쑥	들쭉날쭉		19 26
들오리	물오리	'들오리'는 '집오리'에 대하여 야생의 오리를, '물오리'는 '청둥오리'를 말함.	26
×들치다	들추다	'물건의 한쪽 머리를 쳐들다'의 뜻으로는 인정하고, '들치이다'의 준말로는 인정하지 않음.	25
등헤엄	송장헤엄		26
×딸각발이	딸깍발이		17
땅강아지	×하늘밥도둑		25
×땅꾼	딴꾼	1. 포도청에 매이어 포교의 심부름으로 도둑 잡는 데 거드는 사람 2. '뱀을 잡아 파는 사람'의 뜻으로는 인정하고, '몹시 인색하고 이기적인 사람'의 뜻으로는 인정하지 않음.	25
땅덩어리	땅덩이		26
×때까중	중대가리		25
×때깨중이	중대가리		25
떨기나무	×좀나무		25
×똑하다	꼭하다	정직하고 안상(安祥)하다.	25
똥똥이	뚱뚱보		26
뜨문뜨문	드문드문		19
×뜸질	찜질	1. 더운 날의 모래밭이나 온천, 또는 뜨거운 물속에 몸을 묻어서 땀을 흘리어 병을 고치는 법 2. '뜸을 뜨는 일'의 뜻으로는 인정함.	25
-(이)랑	-하고, -과, -와		26
×마련퉁이	매련퉁이	미련퉁이	08 17
마상	마상이		16

×마술장이	×요술장이		09
마술쟁이	요술쟁이		09 26
마짓밥(摩旨-)	마지(摩旨)		16 26
×마치	망치	'(망치보다 작은 것으로서) 못 박는 연장'의 뜻으로는 인정함.	25
막걸다	맞걸다	'막걸다'는 '노름판에서 가진 돈을 모두 걸고 단판하다'의 뜻으로, '맞걸다'는 '노름판에서 돈을 따려고 서로 돈을 걸다'의 뜻으로 인정함.	26
막걸리다	맞걸리다		26
×만양	늦모내기	1. 만이앙(晚移秧)	26
	마냥	2. (고시) ×만양모 → 마냥모	26
말개미	왕개미	'큰 개미'라는 뜻으로 모두 인정함. 전문 용어로는 '왕개미'임.	26
말거미	왕거미	'큰 거미'라는 뜻으로 모두 인정함. 전문 용어로는 '왕거미'임.	26
말그스름하다	맑스그레하다		26
×맛대강이	맛		25
망가지다	망그러지다		26
×매기	튀기	'수퇘지와 암소 사이에서 낳는다는 짐승'의 뜻으로는 인정함.	25
매양(每-)	번번이(番番-)		26
×매춧집(賣酒-)	술집		21
매해(每-)	매년(每年)		26
×맵쌀	멥쌀	'찐 메밀을 약간 말려 찧어 껍질을 벗긴 쌀'의 뜻으로는 인정함.	17
×먀련	매련		17
×먀옥하다	매욱하다	어리석고 둔하다	17
×머드레콩	그루콩	1. 그루갈이로 심은 콩 2. '밭가로 둘러 심은 콩'의 뜻으로는 인정함.	25
×멍구럭	구럭	1. 새끼로 눈을 드물게 떠서 그물같이 만든 물건 2. '썩 성기게 떠서 만든 구럭'의 뜻으로는 인정함.	14 25
멎다	멈추다		26
×메토끼	산토끼(山-)		22
멧돼지	산돼지(山-)		26
멸구	며루	'멸구'는 멸굿과에 속하는 곤충의 일종이고, '며루'는 모기의 유충임.	26
×명	목화(木花)	'무명'의 뜻으로는 인정함.	25
명자나무(榠樝-)	모과나무	'모과나무'는 명자나무의 별칭임.	26
모군꾼(募軍-)	모군(募軍)		16 26
모래사장	모래톱		26

×모어리수에	무에리수에	거리로 다니며 점을 치라고 외치는 소리	17
×모지다	모질다	'성질, 일, 물건이나 모양이 모가 난 데가 있다'의 뜻으로는 인정함.	25
×목실(木-)	무명실		25
몰매	뭇매		26
몸서리나다	몸서리치다		26
×몽깃돌	낚싯봉	'밀물과 썰물에 뱃머리를 곧게 하기 위하여 고물에 다는 돌'의 뜻으로는 인정함.	25
무접한량	×무접활량		05　17
무식꾼(無識-)	×무식장이		26　09
	무식쟁이		26　09
물앵두	×물앵도(-櫻桃)		05
뭉그대다	뭉개다	1. 일을 어떻게 할 줄 모르고 짓이기다. 2. '제자리에서 몸을 그냥 비비다'의 뜻으로도 인정함.	26
×뭘하다	뭣하다	거북하다, 난처하다	17
미친놈	미치광이		26
밀뻬세장	×밀뻬쇠장	지게의 윗세장 아래에 가로 박은 나무	17
×밉둥스럽다	밉살스럽다		17
바깥양반(-兩班)	사랑양반(舍廊兩班)		26
바늘방석	바늘겨레		26
×바람꾼	바람둥이		25
바심	타작(打作)		26
박새	×깨새		25
박첨지놀음(朴僉知-)	×꼭둑각시놀음	(고시) ×꼭둑각시 → 꼭두각시	26
	꼭두각시놀음		26
×반대기	반	1. 얇게 펴서 다듬어 만든 조각 2. '무슨 가루를 반죽한 것이나 삶은 푸성귀를 편편하고 둥글넓적하게 만든 조각'의 뜻으로는 인정함.	14　25
×반대기	소래기	굽 없는 접시와 같은 넓은 질그릇	25
×반미콩(飯米-)	밥밑콩		21
×발구	걸채	1. 소의 길마 위에 덧얹고 곡식 단을 싣는 제구 2. '산에서 쓰는 썰매'의 뜻으로 인정함.	25
발뒤꾸머리	발뒤꿈치		26
발새	발샅		26
발짓	발질	'발짓'은 '발을 움직이는 짓'의 뜻으로, '발질'은 '발길질'의 뜻으로 인정함.	26
배냇니	젖니		26
×배챗괘기	배추속대		25
백곰(白-)	흰곰	전문 용어로는 '흰곰'만 인정함.	26

×백하젓(白蝦−)	새우젓		25
밴덕	반덕		19
번연히	번히		16
벌모	허튼모	'모판 구역 밖에 볍씨가 떨어져 자라난 모'나 '일을 말막음으로 했을 때 쓰는 말'의 뜻으로도 인정함.	26
벙테기	×벙태기		17
별간장(別−醬)	손님장(−醬)	작은 그릇에 따로 담그는 간장	26
별맛(別−)	별미(別味)		26
별미쩍다	×별미적다		17
×보리풀꺾다	보리풀하다	보리 갈 땅에 거름하기 위하여 풀이나 나뭇잎을 베어 오다.	25
×보사리감투	보살감투(菩薩−)		17
×보쟁기	겨리	'보습을 낀 쟁기'의 뜻으로는 인정함.	25
복부르다	초혼하다		26
×복생선(−生鮮)	복		14
복어(−魚)	복		16 26
부레끓다	×부레끓다		25
×부시다	부수다	'그릇 같은 것을 깨끗이 씻다'의 뜻으로는 인정함.	25
×부얼부얼	북슬북슬	1. 짐승이 살이 찌고 털이 탐스럽게 많이 난 모양 2. '살찌고 탐스럽게 생긴 모양'의 뜻으로는 인정함.	25
부엌칼	식칼(食−)		26
부절따말	×부절다말		17
×북두	부뚜	1. 타작마당에서 쓰는 돗자리 2. '마소에 짐을 싣고 그 짐과 배를 얼러서 매는 줄'의 뜻으로는 인정함.	25
분결(憤−)	분김(忿−, 憤−)		26
분지르다	부러뜨리다		26
불공드리다	공양드리다		26
불공밥	퇴식밥		26
불룩이	×불룩히		17
불친소	악대소		26
불호령(−號令)	볼호령(−號令)		26
×붙여잡다	붙잡다		14 25
비단개구리(緋緞−)	무당개구리	전문 용어로는 '무당개구리'를 인정함.	26
비사치기	×비사차기		25
×빚거간(−居間)	빚지시	1. 빚을 주고 쓰는 데에 중간에서 소개하는 일 2. '빚을 내고 주는 데에 중간에서 소개하는 것을 업으로 삼는 일'의	25

		뜻으로는 인정함.	
빨갱이	×빨강이	1. 공산주의자	09 17
		2. '빨간빛의 물건'의 뜻으로는	
		'빨강이'를 인정함.	
×뻬주	배갈		25
×사갓집(査家-)	사돈집(査頓-)		5
사거리(四-)	네거리		26
사마귀	버마재비	전문 용어로는 '사마귀'를 인정함.	26
사향노루	궁노루		26
삯전(-錢)	삯돈	(고시) ×잔전→잔돈	26
산울림(山-)	메아리		26
×산코골다	헛코골다		25
살긋하다	샐긋하다	바르게 된 물건이 한쪽으로 일그러지다.	19
×상량대(上樑-)	마룻대		21 25
×상량도리	마룻대		21 25
×상재(上-)	상좌(上佐)		05
×상청(上-)	상창(上唱)	뛰어난 창(唱)	05
샅바채우다	샅바지르다		26
×새소리	놀소리		25
새치하다	×새치룸하다	시치미를 떼고 태연하거나 얌전한	17
		기색을 꾸미다.	
색깔(色-)	빛깔		26
×샛까맣다	새까맣다		17
×샛빨갛다	새빨갛다		17
×샛파랗다	새파랗다		17
×생갈이(生-)	애벌갈이	1. 논이나 밭을 첫 번 가는 일	21
		2. '홍두깨생갈이'의 준말로는	
		'생갈이'를 인정함.	
×생급스럽다	새삼스럽다	'하는 짓이나 말이 갑작스럽고 뜻밖이다'	25
		또는 '끄집어내는 말이 엉뚱하고 터무니	
		없다'의 뜻으로는 인정함.	
생김치(生-)	날김치		26
생목(-木)	당목(唐木)		26
생색나다	낯나다		26
×생재기	생무지	1. 어떤 일에 익숙지 못한 사람	25
		2. '종이나 피륙 따위의 성한 곳'의	
		뜻으로는 인정함.	
×서분하다	서운하다	'좀 서부렁하다'의 뜻으로는 인정함.	25
석이버섯(石耳-, 石栮-)	석이(石耳, 石栮)		16
×설라믄	설랑은		05
섬마섬마	따로따로따따로	어린아이가 따로 서도록 잡은 손을	26
		놓으며 하는 소리	
세로쓰기	내리쓰기	(고시) 세로글씨/내리글씨	26

세탁비누	**빨랫비누**		26
소갈딱지	소갈머리		26
소금쩍	×소금적		17
소낙비	소나기		26
소변보다	소마보다		26
소용없다	쓸데없다		26
소피보다	소피하다		26
속껍데기	×속껍더기		09
손때	손끝	1. 손을 대어 건드리거나 만짐으로써 생긴 독한 결과	26
		2. '오랜 세월 만져서 묻은 때'의 뜻으로도 인정함.	
손짐작	손어림	(고시) 눈짐작/눈어림/눈대중	26
×솔개미	솔개	(고시) ×소리개→솔개	25
×솔갱이	솔개	(고시) ×소리개→솔개	25
쇠꼬챙이	×쇠꼬창이		09
쇠버짐	×쇠버즘		17
쇠족(-足)	쇠다리		26
쇠죽솥	쇠죽가마		26
×수무(手-)	수모(手母)	신부(新婦)의 보조인	05
×수이	쉬이		20
×수이보다	쉬이보다		20
×수이여기다	쉬이여기다		20
×숭이	송이		08
시골말	사투리		26
×시초잡다	시작하다		25
신바람	어깻바람		26
신접살림(新接-)	신접살이(新接-)		26
신쩐나무	신대		26
실로(實-)	참으로		26
심보(心-)	마음보		26
심술통이	×심술퉁이		08
심심파적	심심풀이		26
×싱겅싱겅하다	싱둥싱둥하다	'방이 서늘하고 차다'의 뜻으로는 인정함.	25
×싱둥싱둥하다	싱겅싱겅하다	'기운이 줄어질 만한 일을 겪은 뒤에도 본래의 기운이 있다'의 뜻으로는 인정함.	25
싸느랗다	×싸느렇다		17
×싸리문	사립문	'싸리로 만든 문'의 뜻으로는 인정함.	25
쌀긋하다	샐긋하다		19
쌍망이	×쌍맹이		09
쌍소리	상소리		19
쌍심지서다	쌍심지나다		26
쌍심지오르다			26
×써내다	켜내다	'글씨를 써서 내놓다'의 뜻으로는 인정함.	25

×써다	켜다	'조숫물이 줄거나, 괸 물이 새어서 줄다'의 뜻으로는 인정함.	25
×썩정이	삭정이	1. 산 나무에 붙은 채 말라죽은 나뭇가지 2. '썩은 물건'의 뜻으로는 인정함.	25
썰다	써리다	1. 논밭을 고르게 하다. 2. '물건을 토막토막 동강치다'의 뜻으로도 인정함.	15
쓰레장판	쓰레받기	유지 장판으로 만든 쓰레받기	26
씨돼지	종돈(種豚)		26
아래알	×아랫알	수판의 가름대 아래의 알	17
아랫녘	앞대	1. 어떤 지방에서 그 남쪽의 지방을 일컫는 말 2. '전라도, 경상도를 일컫는 말'로도 인정함.	26
×아랫중강이	종아리		25
아랫중방(-中枋)	하인방(下引枋)		26
아련하다	오련하다		19
×아웃	가웃	'말아웃'은 인정함.	17 20
아유	아이고		19
아지직	오지직		19
	아지작		19
안개비	가랑비		26
안집	안채	안쪽의 집채	26
	주인집(主人-)		26
안해		바로 전 해	25
알금삼삼	알금솜솜		19 26
×알박이	알배기	알 밴 생선	09
알반대기	지단(鷄蛋 : chitan)		26
×알심	고갱이	1. 초목의 줄기 가운데의 연한 심 2. '은근한 동정심' 또는 '속에 있는 힘'의 뜻으로는 인정함.	25
알약(-藥)	환약(丸藥)		26
암만해도	아무리해도		26
앙구다	곁들이다	1. 한 그릇에 두 가지 이상의 음식을 어울리게 담다. 2. '음식 따위를 식지 않게 불에 놓거나 따뜻한 데에 묻어 두다' 또는 '사람을 안동하여 보내다'의 뜻으로는 인정하고 '앙구다'(교미를 붙이다)의 뜻으로는 인정하지 않음.	26
앞뒤갈이	두벌갈이		26
앞마당	앞뜰		26
×애기	아기		09

애끓다	애타다		26
×애비	아비		09
야	얘	1. 놀라거나 반가울 때 내는 소리	26
		2. '예'(존대할 자리에 대답하거나 재쳐 묻는 말)의 뜻으로는 인정하지 않음.	
야발단지	×야발장이		26 09
	야발쟁이		26 09
야밤중(夜-)	한밤중(-中)	'오밤중'도 인정함.	26
약수터(藥水-)	약물터(藥-)		26
약저울(藥-)	분칭(分秤)		26
×양골뼈(陽骨-)	양지머리뼈		21
양그루	이모작		26
양편쪽(兩便-)	양편짝(兩便-)	(고시) ×짝 → 쪽	26
어글어글하다	서글서글하다	1. 마음이 너그럽고 성질이 부드럽다.	26
		2. '얼굴의 각 구멍새가 널찍널찍하다' 의 뜻으로도 인정함.	
어깨동갑(-同甲)	자치동갑(-同甲)	한 살 정도 차이 나서 동갑이나 다름없음.	26
×어리장사	얼렁장사	1. 여러 사람이 밑천을 어울러서 하는 장사	25
		2. '어리장수의 영업'의 뜻으로 인정함.	
×어버리크다	대담하다		22
어스러기		옷 따위의 솔이 어스러진 곳	25
×어스러기	어스럭송아지	큰 송아지	25
어유	어이구		19
어화둥둥	어허둥둥		19
어흥이	범		26
×언나	어린아이		25
얼간이	얼간망둥이		26
×얼러방망이	을러방망이		17
얼룩말	얼럭말		26
엄매	음매	소의 울음소리	26
×엄파	움파	(고시) ×둥파 → 움파	05
엉키다	엉기다	'엉클어지다'의 뜻으로 인정함.	26
여린뼈	물렁뼈	전문 용어로는 '물렁뼈'를 인정함.	26
여종(女-)	계집종		26
염문꾼(廉問-)	염알이꾼(廉-)		26
×옘집	여염집(閭閻-)		05
오가피나무(五加皮-)	땅두릅나무	'오가피나무'와 '땅두릅나무'는 별개임.	26
오갈피나무			26
오감하다	과감하다(過感-)		26
×오그랑족박	오그랑쪽박		17
오들오들	×오돌오돌	1. 춥거나 무서워서 몸을 떠는 모양	08
		2. '삶긴 물건이 무르지 아니하여 이리	

		저리 따로 밀리는 모양'의 뜻으로는 '오돌오돌'을 인정함.	
오라범댁(-宅)	올케		26
오목면경(-面鏡)	오목거울		26
오삭오삭	오슬오슬	'와삭와삭'(뻣뻣하게 마른 엷고 가벼운 물건이 서로 스치거나 부서질 때 나는 소리)의 뜻으로는 인정하지 않음.	19
×음살	엄살	'한 몸같이 친밀한 터'의 뜻으로는 인정함.	17
음짝달싹	×음쭉달싹		17 25
왕매미	말매미	'큰 매미'의 뜻으로 모두 인정함. 전문 용어로는 '말매미'임.	26
왕벌	호박벌 말벌	'큰 벌'의 뜻으로 '왕벌, 말벌' 모두 인정함. 전문 용어로는 '호박벌'임.	26
왕새우	대하(大蝦)	전문 용어로는 '대하'를 인정함.	26
왕파리	쉬파리	'큰 파리'의 뜻으로 모두 인정함. 전문 용어로는 '쉬파리'를 인정함.	26
왜난목	내공목(內供木)	옷의 안감으로 쓰는 품질이 낮은 무명	26
왜먹(倭-)		(재래의 6모형에 대해) 네모난 먹	25
×외발제기	외알제기	1. 굽 하나를 질질 끌어서 디디어 걷는 걸음, 또는 그러한 말이나 소 2. '한 발만 가지고 차는 제기'의 뜻으로는 인정함.	17
외상관례(-冠禮)	외자관례(-冠禮)		26
×외통목	외길목	'장기 둘 때에 외통장군이 되는 길목'의 뜻으로는 인정함.	25
×윈	온	'원쪽'의 뜻으로는 인정함.	10
요뒤	요의(褥衣)		26
용숫바람	회오리바람		26
×우그렁족박	우그렁쪽박		17
×우둘우둘	우들우들	1. 춥거나 무서워서 몸을 떠는 모양 2. '삶긴 물건이 무르지 아니하여 이리 저리 따로 밀리는 모양'의 뜻으로는 인정함.	08
×우멍하다	의뭉하다	'물체의 면이 쑥 들어가다'의 뜻으로는 인정함.	17
×우집다	우접다	1. 뛰어나게 되다, 선배를 이기다. 2. '남을 업신여기다'의 뜻으로는 인정함.	17
우표딱지	우표		16
움막집(-幕-)	움막(-幕)		16 26
×움파리	움막	'우묵하게 들어가서 물이 괸 곳'의 뜻으로는 인정함.	25
×웃녘	윗녘		12
×웃알	×위알	수판 가름대 위의 알	12

	윗알	'낟알'	12
윗집	×웃집	위쪽으로 이웃해 있는 집 또는 높은 지대에 있는 집	12
으끄러지다	뭉그러지다	'굳은 물건이 눌려서 부스러지다'의 뜻으로도 인정함.	26
	으츠러지다		26
으밀아밀	×으밀으밀	남모르게 이야기하는 모양	17
×으시대다	으스대다		17
×-을런고	-을런가		17
-을진댄	-을진대		26
음지쪽(陰地-)	×음지짝(陰地-)	1. (고시) ×짝→쪽 2. '응달쪽'도 인정함.	25
이맛전	이마		16 26
이면치레	면치레		16 26
×이몽가몽(-夢-夢)	비몽사몽(非夢似夢)		25
이엉꼬챙이	×이엉꼬창이		09
×이죽걱부리다	×이기죽부리다	(고시) 이기죽거리다/이죽거리다	25
×잇살	잇몸	'잇몸의 틈'의 뜻으로는 인정함.	25
×잎전	엽전(葉錢)		22 25
×자	쟤	저 아이	17
×자깝스럽다	잡상스럽다	1. 난잡하여 상되다. 2. '젊은 사람이 지나치게 늙은이의 흉내를 내어 깜찍하다'의 뜻으로는 인정함.	25
자두나무	×오얏나무	(고시) ×오얏→자두	20
자욱하다	자옥하다		19
작은집	×적은집	1. 첩 또는 첩의 집 2. '따로 사는 아들 또는 아우의 집'의 뜻으로도 인정함.	25
×잔생이	지지리	1. 아주 몹시, 지긋지긋하리만큼 2. '지긋지긋하게 말을 듣지 않거나 애걸복걸하는 모양'의 뜻으로는 인정함.	25
×잔털머리	잔판머리	일의 끝판	25
×잘량하다	알량하다		17 25
×장족박	장쪽박		17
×재리	손잡손	1. 좀스럽고 얄망궂은 손장난 2. '나이 어린 땅꾼' 또는 '몹시 인색한 사람을 욕하는 말'의 뜻으로는 인정함.	25
재미중(齋米-)	동냥중	동냥 다니는 중	26
×저	쉬	1. 닭, 참새 따위를 쫓을 때 내는 소리 2. '미처 생각이 잘 나지 않을 때 내는 소리'의 뜻으로는 인정함.	25
×저지난달	지지난달	'이삼 개월 전의 달'의 뜻으로는 인정함.	17

×저지난밤	지지난밤	'이삼 일 전의 밤, 엊그제 밤'의 뜻으로는 인정함.	17
×저지난번(-番)	지지난번(-番)	'지난번의 전번'의 뜻으로는 인정함.	17
×저지난해	지지난해	'이삼 년 전의 해'의 뜻으로는 인정함.	17
저편(-便)	저쪽	(고시) 편/쪽	26
전나귀		다리를 저는 나귀	
×전마춤(廛-)	×전마침(廛-)		17
	전맞춤(廛-)		17
전전달(前前-)	지지난달		26
제비꽃	오랑캐꽃	전문 용어로는 '제비꽃'을 인정함.	26
×제비추리	제비초리	1. 뒤통수나 앞이마에 뾰족이 내민 머리털	17
		2. '소의 안심에 붙은 고기의 한 가지'의 뜻으로는 인정함.	
×조개볼	보조개	1. (고시) 볼우물/보조개	25
		2. '조가비 형상 비슷이 가운데가 도도록하게 생긴 두 볼'의 뜻으로는 인정함.	
조롱조롱	조랑조랑		19
조리개	×조르개	1. 사진기의 -	17
		2. '물건을 졸라매는 데 쓰는 가는 줄'의 뜻으로는 '조르개'를 인정함.	
종부돋움	발돋움	'물건을 차곡차곡 꼭 쌓아 올리는 일'의 뜻으로도 인정함.	26
종중논(宗中-)	종답(宗畓)		26
종중밭(宗中-)	종전(宗田)		26
주꾸미	꼴뚜기	'주꾸미'는 낙짓과에 속하는 연체동물의 일종으로 '꼴뚜기'와는 별개임.	26
×주두라지	주둥아리	'말씨'의 낮은말로는 인정함.	25
×주럽	주접	1. 여러 가지 탓으로 생물체가 쇠하여지는 상태	25
		2. '피로하여 고단한 증세'의 뜻으로는 인정함.	
주살나다	뻔찔나다		26
죽젓개(粥-)	죽젓광이(粥-)	죽 쑬 때 젓는 방망이	26
죽지뼈	어깨뼈		26
중바랑	바랑		16 26
쥐좆같다	쥐뿔같다	아주 보잘것없다.	26
×지딱총(紙-銃)	딱총(-銃)		14 25
지렛대	지레		16 26
×지어땡이	짓고땡	(고시) ×지어땡 → 짓고땡	25
지정다지다(地釘-)	터다지다	건축물 등의 지반을 단단하게 하려고 지정을 박아 다지다.	26
×지지콜콜이	시시콜콜히		17
×지천	지청구	1. 까닭 없이 남을 원망하는 것	25
		2. '꾸지람'의 뜻으로는 인정함.	

×진대	뱀	'남에게 기대어 떼를 쓰다시피하여 괴로움을 끼치는 짓'의 뜻으로는 인정함.	25
×진신발	진발	1. 진창에서 더러워진 발 2. '진창에 젖은 신'의 뜻으로는 인정함.	14 25
진탁(眞−)	친탁(親−)		26
질근질근	질겅질겅	1. 질긴 것을 씹는 모양 2. '새끼, 노 따위를 느릿느릿 꼬는 모양'의 뜻으로도 인정함.	19
×짐대	돛대	'당(幢)을 달아 세우는 대'의 뜻으로는 인정함.	25
짓옷	깃옷		26
짤끔거리다	짜뜰름거리다	1. 한목에 주지 않고 조금씩 주다 말다 하다. 2. '연하여 짤끔하다'의 뜻으로도 인정함.	26
쪽빛	남빛(藍−)		26
찌그럭거리다	지그럭거리다		19
찔레	찔레나무		16 26
차인꾼(差人−)	차인(差人)		16 26
×창칼	찬칼	1. 반찬 만드는 칼 2. '여러 작은 칼의 총칭'의 뜻으로는 인정함.	17
×채변	주변	1. 일을 주선하거나 변통하는 재간 2. '남이 무엇을 줄 때 사양하는 일'의 뜻으로는 인정함.	25
채삼꾼(採蔘−)	심마니		26
채소밭(菜蔬−)	남새밭		26
×채숭아	채송화(菜松花)		05
×책술(冊−)	책실	1. 책을 매는 데 쓰는 실 2. '책의 두꺼운 정도'의 뜻으로는 인정함.	17
천덕구니(賤−)	천더기(賤−)		26
천덕꾸러기			26
×첨대(籤−)	점대	1. 점을 치는 데 쓰는 대오리 2. '포개 놓은 틈에 끼워서 무엇을 표하는 데 쓰는 얇은 댓조각'의 뜻으로는 인정함.	17
×첩데기(妾−)	×첩데기(妾−)	첩(妾)	25
×첩어미(妾−)	서모(庶母)	'첩장모(妾丈母)'의 뜻으로는 인정함.	25
×첫물	맏물	1. 맨 처음 난 푸성귀 2. '옷을 새로 지어 입고 빨 때까지의 동안'의 뜻으로는 인정함.	25
초벌	애벌		26
촉촉이	×촉촉히		17
촌맹이(村氓−)	촌맹(村氓)	시골에 사는 백성	16 26

총걸다(銃-)	×총결다(銃-)		25
×추다	추리다	1. 가려내다	25
		2. '숨은 물건을 찾아내려고 뒤지다'의 뜻으로는 인정함.	
치리	은어(銀魚)	'치리'와 '은어'는 별개임.	26
	쏘가리	'치리'와 '쏘가리'는 별개임.	26
×콩기름	콩나물	'콩에서 짜낸 기름'의 뜻으로는 인정함.	25
쿵더쿵	×쿵덕쿵		17
크낙새	골락새	전문 용어로는 '크낙새'를 인정함.	26
×큰어미	큰계집	'윗사람이 아랫사람의 큰어머니를 부르는 말'로는 인정함.	25
×키장다리	키다리		25
탁방나다(坼榜-)	방나다(榜-)	시험에 급제한 사람의 성명이 발표되다.	16
턱받이	×턱받기	어린아이의 턱 아래에 대어 주는 헝겊	25
톱칼	거도(鋸刀)		26
판수	소경	'점치는 것을 업으로 삼는 소경'의 뜻으로도 인정함.	26
팔모(八-)	여덟모	팔각(八角)	26
×팩성(-性)	팍성(愎性)	(고시) ×괴팍하다, 괴퍅하다→괴팍하다	05 10
평화스럽다	평화롭다		26
폐꾼(弊-)	폐객(弊客)		26
×푸나무	풋나무	1. '새나무, 갈잎나무, 풋장'의 총칭	17 25
		2. '풀과 나무'의 뜻으로는 인정함.	
푸시시	부스스		26
푼내기	푼거리	1. 땔나무를 작게 묶어서 몇 푼의 돈으로 매매하는 일	26
		2. '몇 푼의 돈으로 하는 조그만 내기 (노름)'의 뜻으로도 인정함.	
풀소	×풀소		17 25
풀소가죽	×풀소가죽		17 25
풀소고기	×풀소고기		17 25
풍구(風-)	풀무	1. 불을 피우는 데 바람을 일으키는 제구	26
		2. '바람을 일으켜서 곡물로부터 쭉정이 따위를 제거하는 기구'의 뜻으로도 인정함.	
풍석질(風席-)	부뚜질	돗자리로 바람을 일으켜 곡식에 섞인 티끌 따위를 날리는 일	26
×핀둥이쏘이다	핀잔먹다		25
×핀둥이주다	핀잔주다		25
×하마하마	하마터면	'무슨 기회가 자꾸 닥쳐오는 모양'의 뜻으로는 인정함.	25
해망쩍다	×해망적다	총명하지 못하고 아둔하다.	17
해발쪽하다	×해발쭉하다		08
헌식돌(獻食-)	시식돌(施食-)	잡귀에게 밥을 주며 경문을 읽는 곳	26

×험집	흠집(欠-)	(고시) 흠가다/흠나다/흠지다	05 17
헛불놓다	헛방놓다		26
혐의스럽다	혐의쩍다		26
×형제주인어멈 (兄弟主人-)	쌍동중매(雙童中媒)		25
호랑나비	범나비	전문 용어로는 '호랑나비'를 인정함.	26
×호래비좆	홀아비좆	쟁기의 한 마루에 가로 꿰어 아래 덧방을 누르는 작은 나무	09
호래자식	호래아들		26
×호로로	호르르	1. 날짐승이 나는 소리, 종이가 타는 모양 2. '호루라기나 호각 따위를 부는 소리'의 뜻으로는 인정함.	08
×호루루	호로로	호루라기를 부는 소리	08
호색꾼(好色-)	색골(色骨)		26
혹대패	뒤대패		26
×홀치다	홅이다	'벗어나거나 풀리지 못하게 조처하거나 동이다'의 뜻으로는 '홀치다'를 인정함.	25
홑껍데기	×홑껍더기		09
×화라지	활대	1. 돛 위에 가로 댄 나무 2. '옆으로 길게 뻗어 나간 나뭇가지를 땔나무로 이르는 말'로는 인정함.	25
×화숙(火-)	화전(火田)		25
화약심지	화승(火繩)	'도화선(導火線)'도 인정함.	26
활줌통	줌통	활의 한가운데로, 손으로 잡는 부분.	26
활찐	활짝	1. 다만 '활짝'의 뜻 가운데 '밥 따위가 무르녹게 퍼진 모양'의 뜻으로는 인정하지 않음. 2. '너른 들 등이 매우 시원하게 벌어진 모양'의 뜻으로도 인정함.	26
황철나무	백양(白楊)	전문 용어로는 '황철나무'를 인정함.	26
×회춤	골목	'회첨'(처마가 ㄱ자형으로 꺾여 굽어진 곳)의 뜻으로도 인정하지 않음.	25
후레자식(-子息)	후레아들		26
훗날(後-)	뒷날		26
훗일(後-)	뒷일		26
휠찐	휠쩍	1. 다만 '휠쩍'의 뜻 가운데 '밥 따위가 무르녹도록 퍼진 모양'의 뜻으로는 인정하지 않음. 2. '들 따위가 아주 시원스럽게 벌어진 모양'의 뜻으로도 인정함.	26
흙메	토산(土山)		26
×희나리	희아리	1. 조금 상해 말라서 희끗희끗하게 얼룩이 진 고추 2. '덜 마른 장작'의 뜻으로는 인정함.	17

국어의 로마자 표기법

문화 관광부 고시 제2000−8호
(2000. 7. 7.)

제1장 표기의 기본 원칙

제1항   국어의 로마자 표기는 국어의 표준 발음법에 따라 적는 것을 원칙으로 한다.

제2항   로마자 이외의 부호는 되도록 사용하지 않는다.

제2장 표기 일람

제1항   모음은 다음 각 호와 같이 적는다.

1. 단모음

ㅏ	ㅓ	ㅗ	ㅜ	ㅡ	ㅣ	ㅐ	ㅔ	ㅚ	ㅟ
a	eo	o	u	eu	i	ae	e	oe	wi

2. 이중 모음

ㅑ	ㅕ	ㅛ	ㅠ	ㅒ	ㅖ	ㅘ	ㅙ	ㅝ	ㅞ	ㅢ
ya	yeo	yo	yu	yae	ye	wa	wae	wo	we	ui

〔붙임1〕 'ㅢ'는 'ㅣ'로 소리 나더라도 'ui'로 적는다.

　　　광희문 Gwanghuimun

〔붙임2〕 장모음의 표기는 따로 하지 않는다.

제2항   자음은 다음 각 호와 같이 적는다.

1. 파열음

ㄱ	ㄲ	ㅋ	ㄷ	ㄸ	ㅌ	ㅂ	ㅃ	ㅍ
g, k	kk	k	d, t	tt	t	b, p	pp	p

2. 파찰음

ㅈ	ㅉ	ㅊ
j	jj	ch

3. 마찰음

ㅅ	ㅆ	ㅎ
s	ss	h

4. 비음

ㄴ	ㅁ	ㅇ
n	m	ng

5. 유음

ㄹ
r, l

〔붙임1〕 'ㄱ, ㄷ, ㅂ'은 모음 앞에서는 'g, d, b'로, 자음 앞이나 어말에서는 'k, t, p'로 적는다.([ ] 안의 발음에 따라 표기함.)

구미 Gumi   영동 Yeongdong   백암 Baegam
옥천 Okcheon   합덕 Hapdeok   호법 Hobeop
월곶[월곧] Wolgot   벚꽃[벋꼳] beotkkot
한밭[한받] Hanbat

〔붙임2〕 'ㄹ'은 모음 앞에서는 'r'로, 자음 앞이나 어말에서는 'l'로 적는다. 단, 'ㄹㄹ'은 'll'로 적는다.

구리 Guri   설악 Seorak   칠곡 Chilgok
임실 Imsil   울릉 Ulleung
대관령[대괄령] Daegwallyeong

제 3 장 표기상의 유의점

제 1 항   음운 변화가 일어날 때에는 변화의 결과에 따라 다음 각 호와 같이 적는다.

1. 자음 사이에서 동화 작용이 일어나는 경우

백마[뱅마] Baengma   신문로[신문노] Sinmunno
종로[종노] Jongno   왕십리[왕심니] Wangsimni
별내[별래] Byeollae   신라[실라] Silla

2. 'ㄴ, ㄹ'이 덧나는 경우

학여울[항녀울] Hangnyeoul   알약[알략] allyak

3. 구개음화가 되는 경우

해돋이[해도지] haedoji   같이[가치] gachi
맞히다[마치다] machida

4. 'ㄱ, ㄷ, ㅂ, ㅈ'이 'ㅎ'과 합하여 거센소리로 소리 나는 경우

좋고[조코] joko   놓다[노타] nota

　　　　잡혀[자펴] japyeo　　　　　　　　　낳지[나치] nachi

다만, 체언에서 'ㄱ, ㄷ, ㅂ' 뒤에 'ㅎ'이 따를 때에는 'ㅎ'을 밝혀 적는다.

　　　　묵호 Mukho　　　　　　　　　　　집현전 Jiphyeonjeon

〔붙임〕 된소리되기는 표기에 반영하지 않는다.

　　　　압구정 Apgujeong　　　　　　　낙동강 Nakdonggang
　　　　죽변 Jukbyeon　　　　　　　　　낙성대 Nakseongdae
　　　　합정 Hapjeong　　　　　　　　　팔당 Paldang
　　　　샛별 saetbyeol　　　　　　　　　울산 Ulsan

제 2 항　발음상 혼동의 우려가 있을 때에는 음절 사이에 붙임표(-)를 쓸 수 있다.

　　　　중앙 Jung-ang　　　　　　　　　반구대 Ban-gudae
　　　　세운 Se-un　　　　　　　　　　　해운대 Hae-undae

제 3 항　고유 명사는 첫 글자를 대문자로 적는다.

　　　　부산 Busan　　　　　　　　　　　세종 Sejong

제 4 항　인명은 성과 이름의 순서로 띄어 쓴다. 이름은 붙여 쓰는 것을 원칙으로 하되 음절
　　　사이에 붙임표(-)를 쓰는 것을 허용한다.(( ) 안의 표기를 허용함.)

　　　　민용하 Min Yongha (Min Yong-ha)
　　　　송나리 Song Nari (Song Na-ri)

(1) 이름에서 일어나는 음운 변화는 표기에 반영하지 않는다.

　　　　한복남 Han Boknam (Han Bok-nam)
　　　　홍빛나 Hong Bitna (Hong Bit-na)

(2) 성의 표기는 따로 정한다.

제 5 항　'도, 시, 군, 구, 읍, 면, 리, 동'의 행정 구역 단위와 '가'는 각각 'do, si, gun,
　　　gu, eup, myeon, ri, dong, ga'로 적고, 그 앞에는 붙임표(-)를 넣는다. 붙임표(-) 앞뒤에
　　　서 일어나는 음운 변화는 표기에 반영하지 않는다.

　　　　충청북도 Chungcheongbuk-do　　　제주도 Jeju-do
　　　　의정부시 Uijeongbu-si　　　　　　　양주군 Yangju-gun
　　　　도봉구 Dobong-gu　　　　　　　　신창읍 Sinchang-eup
　　　　삼죽면 Samjuk-myeon　　　　　　　인왕리 Inwang-ri
　　　　당산동 Dangsan-dong　　　　　　　봉천1동 Bongcheon 1(il)-dong
　　　　종로 2가 Jongno 2(i)-ga
　　　　퇴계로 3가 Toegyero 3(sam)-ga

　〔붙임〕 '시, 군, 읍'의 행정 구역 단위는 생략할 수 있다.

　　　　청주시 Cheongju　　　　　　　　　함평군 Hampyeong
　　　　순창읍 Sunchang

제6항   자연 지물명, 문화재명, 인공 축조물명은 붙임표(-) 없이 붙여 쓴다.

남산 Namsan	속리산 Songnisan
금강 Geumgang	독도 Dokdo
경복궁 Gyeongbokgung	무량수전 Muryangsujeon
연화교 Yeonhwagyo	극락전 Geungnakjeon
안압지 Anapji	남한산성 Namhansanseong
화랑대 Hwarangdae	불국사 Bulguksa
현충사 Hyeonchungsa	독립문 Dongnimmun
오죽헌 Ojukheon	촉석루 Chokseongnu
종묘 Jongmyo	다보탑 Dabotap

제7항   인명, 회사명, 단체명 등은 그동안 써 온 표기를 쓸 수 있다.

제8항   학술 연구 논문 등 특수 분야에서 한글 복원을 전제로 표기할 경우에는 한글 표기
       를 대상으로 적는다. 이때 글자 대응은 제2장을 따르되 'ㄱ, ㄷ, ㅂ, ㄹ'은 'g, d, b, l'로
       만 적는다. 음가 없는 'ㅇ'은 붙임표(-)로 표기하되 어두에서는 생략하는 것을 원칙으로 한
       다. 기타 분절의 필요가 있을 때에도 붙임표(-)를 쓴다.

집 jib	짚 jip
밖 bakk	값 gabs
붓꽃 buskkoch	먹는 meogneun
독립 doglib	문리 munli
물엿 mul-yeos	굳이 gud-i
좋다 johda	가곡 gagog
조랑말 jolangmal	없었습니다 eobs-eoss-seubnida

부   칙

① (시행일) 이 규정은 고시한 날부터 시행한다.
② (표지판 등에 대한 경과 조치) 이 표기법 시행 당시 종전의 표기법에 의하여 설치된 표지
   판(도로, 광고물, 문화재 등의 안내판)은 2005. 12. 31.까지 이 표기법을 따라야 한다.
③ (출판물 등에 대한 경과 조치) 이 표기법 시행 당시 종전의 표기법에 의하여 발간된 교과
   서 등 출판물은 2002. 2. 28.까지 이 표기법을 따라야 한다.

외래어 표기법

(1986. 1. 7. 문교부 고시 '외래어 표기법'에서 따옴)

국제 음성 기호와 한글 대조표

자음			반모음		모음	
국제 음성 기호	한글		국제 음성 기호	한글	국제 음성 기호	한글
	모음 앞	자음 앞 또는 어말				
p	ㅍ	ㅂ, 프	j	이*	i	이
b	ㅂ	브	ч	위	y	위
t	ㅌ	ㅅ, 트	w	오, 우*	e	에
d	ㄷ	드			ø	외
k	ㅋ	ㄱ, 크			ɛ	에
g	ㄱ	그			ɛ̃	앵
f	ㅍ	프			œ	외
v	ㅂ	브			œ̃	욍
θ	ㅅ	스			æ	애
ð	ㄷ	드			a	아
s	ㅅ	스			ɑ	아
z	ㅈ	즈			ɑ̃	앙
ʃ	시	슈, 시			ʌ	어
ʒ	ㅈ	지			ɔ	오
ts	ㅊ	츠			ɔ̃	옹
dz	ㅈ	즈			o	오
tʃ	ㅊ	치			u	우
dʒ	ㅈ	지			ə**	어
m	ㅁ	ㅁ			ɚ	어
n	ㄴ	ㄴ				
ɲ	니*	뉴				
ŋ	ㅇ	ㅇ				
l	ㄹ, ㄹㄹ	ㄹ				
r	ㄹ	르				
h	ㅎ	흐				
ç	ㅎ	히				
x	ㅎ	흐				

* [j], [w]의 '이'와 '오, 우', 그리고 [ɲ]의 '니'는 모음과 결합할 때
제3장 표기 세칙에 따른다.

** 독일어의 경우에는 '에', 프랑스어의 경우에는 '으'로 적는다.

제 1 장   표기의 기본 원칙

제 1 항   외래어는 국어의 현용 24 자모만으로 적는다.
제 2 항   외래어의 1 음운은 원칙적으로 1 기호로 적는다.
제 3 항   받침에는 'ㄱ, ㄴ, ㄹ, ㅁ, ㅂ, ㅅ, ㅇ'만을 쓴다.
제 4 항   파열음 표기에는 된소리를 쓰지 않는 것을 원칙으로 한다.
제 5 항   이미 굳어진 외래어는 관용을 존중하되, 그 범위와 용례는 따로 정한다.

제 2 장   영어의 표기

제 1 항   무성 파열음([p], [t], [k])

　1. 짧은 모음 다음의 어말 무성 파열음([p], [t], [k])은 받침으로 적는다.
　　　　gap[gæp] 갭   cat[kæt] 캣
　　　　book[buk] 북
　2. 짧은 모음과 유음·비음([l], [r], [m], [n]) 이외의 자음 사이에 오는 무성 파열음
　　　([p], [t], [k])은 받침으로 적는다.
　　　　apt[æpt] 앱트   setback[setbæk] 셋백
　　　　act[ækt] 액트
　3. 위 경우 이외의 어말과 자음 앞의 [p], [t], [k]는 '으'를 붙여 적는다.
　　　　stamp[stæmp] 스탬프   cape[keip] 케이프
　　　　nest[nest] 네스트   part[pɑːt] 파트
　　　　desk[desk] 데스크   make[meik] 메이크
　　　　apple[æpl] 애플   mattress[mætris] 매트리스
　　　　chipmunk[tʃipmʌŋk] 치프멍크   sickness[siknis] 시크니스

제 2 항   유성 파열음([b], [d], [g])

　어말과 모든 자음 앞에 오는 유성 파열음은 '으'를 붙여 적는다.
　　　　bulb[bʌlb] 벌브   land[lænd] 랜드
　　　　zigzag[zigzæg] 지그재그   lobster[lɔbstə] 로브스터
　　　　kidnap[kidnæp] 키드냅   signal[signəl] 시그널

제 3 항   마찰음([s], [z], [f], [v], [θ], [ð], [ʃ], [ʒ])

　1. 어말 또는 자음 앞의 [s], [z], [f], [v], [θ], [ð]는 '으'를 붙여 적는다.
　　　　mask[mɑːsk] 마스크   jazz[dʒæz] 재즈
　　　　graph[gæf] 그래프   olive[ɔliv] 올리브
　　　　thrill[θril] 스릴   bathe[beið] 베이드
　2. 어말의 [ʃ]는 '시'로 적고, 자음 앞의 [ʃ]는 '슈'로, 모음 앞의 [ʃ]는 뒤따르는 모음에 따라
　　　'샤', '섀', '셔', '셰', '쇼', '슈', '시'로 적는다.
　　　　flash[flæʃ] 플래시   shrub[ʃrʌb] 슈러브
　　　　shark[ʃɑːk] 샤크   shank[ʃæŋk] 섕크
　　　　fashion[fæʃən] 패션   sheriff[ʃerif] 셰리프

shopping[ʃɔpiŋ] 쇼핑   shoe[ʃu:] 슈

shim[ʃim] 심

3. 어말 또는 자음 앞의 [ʒ]는 '지'로 적고, 모음 앞의 [ʒ]는 'ㅈ'으로 적는다.

mirage[mirɑ:ʒ] 미라지   vision[viʒən] 비전

제 4 항 파찰음([ts], [dz], [tʃ], [dʒ])

1. 어말 또는 자음 앞의 [ts], [dz]는 'ㅊ', 'ㅈ'로 적고, [tʃ], [dʒ]는 '치', '지'로 적는다.

Keats[ki:ts] 키츠   odds[ɔdz] 오즈

switch[switʃ] 스위치   bridge[bridʒ] 브리지

Pittsburgh[pitsbəːg] 피츠버그   hitchhike[hitʃhaik] 히치하이크

2. 모음 앞의 [tʃ], [dʒ]는 'ㅊ', 'ㅈ'으로 적는다.

chart[tʃɑ:t] 차트   virgin[vəːdʒin] 버진

제 5 항 비음([m], [n], [ŋ])

1. 어말 또는 자음 앞의 비음은 모두 받침으로 적는다.

steam[sti:m] 스팀   corn[kɔːn] 콘

ring[riŋ] 링   lamp[læmp] 램프

hint[hint] 힌트   ink[iŋk] 잉크

2. 모음과 모음 사이의 [ŋ]은 앞 음절의 받침 'ㅇ'으로 적는다.

hanging[hæŋiŋ] 행잉   longing[lɔŋiŋ] 롱잉

제 6 항 유음([l])

1. 어말 또는 자음 앞의 [l]은 받침으로 적는다.

hotel[houtel] 호텔   pulp[pʌlp] 펄프

2. 어중의 [l]이 모음 앞에 오거나, 모음이 따르지 않는 비음([m], [n]) 앞에 올 때에는 'ㄹ
ㄹ'로 적는다. 다만, 비음([m], [n]) 뒤의 [l]은 모음 앞에 오더라도 'ㄹ'로 적는다.

slide[slaid] 슬라이드   film[film] 필름

helm[helm] 헬름   swoln[swouln] 스월른

Hamlet[hæmlit] 햄릿   Henley[henli] 헨리

제 7 항 장모음

장모음의 장음은 따로 표기하지 않는다.

team[ti:m] 팀   route[ru:t] 루트

제 8 항 중모음([ai], [au], [ei], [ɔi], [ou], [auə])

중모음은 각 단모음의 음가를 살려서 적되, [ou]는 '오'로, [auə]는 '아워'로 적는다.

time[taim] 타임   house[haus] 하우스

skate[skeit] 스케이트   oil[ɔil] 오일

boat[bout] 보트   tower[tauə] 타워

제 9 항   반모음([w], [j])

1. [w]는 뒤따르는 모음에 따라 [wə], [wɔ], [wou]는 '워', [wɑ]는 '와', [wæ]는 '왜', [we]는 '웨', [wi]는 '위', [wu]는 '우'로 적는다.

        word[wəːd] 워드   want[wɔnt] 원트

        woe[wou] 워   wander[wɑndə] 완더

        wag[wæg] 왜그   west[west] 웨스트

        witch[witʃ] 위치   wool[wul] 울

2. 자음 뒤에 [w]가 올 때에는 두 음절로 갈라 적되, [gw], [hw], [kw]는 한 음절로 붙여 적는다.

        swing[swiŋ] 스윙   twist[twist] 트위스트

        penguin[peŋgwin] 펭귄   whistle[hwisl] 휘슬

        quarter[kwɔːtə] 쿼터

3. 반모음 [j]는 뒤따르는 모음과 합쳐 '야', '얘', '여', '예', '요', '유', '이'로 적는다. 다만, [d], [l], [n] 다음에 [jə]가 올 때에는 각각 '디어', '리어', '니어'로 적는다.

        yard[jɑːd] 야드   yank[jæŋk] 앵크

        yearn[jəːn] 연   yellow[jelou] 옐로

        yawn[jɔːn] 욘   you[juː] 유

        year[jiə] 이어

        Indian[indjən] 인디언

        union[juːnjən] 유니언   battalion[bətæljən] 버탤리언

제 10 항   복합어

1. 따로 설 수 있는 말의 합성으로 이루어진 복합어는 그것을 구성하고 있는 말이 단독으로 쓰일 때의 표기대로 적는다.

        cuplike[kʌplaik] 컵라이크

        bookend[bukend] 북엔드

        headlight[hedlait] 헤드라이트

        touchwood[tʌtʃwud] 터치우드

        sit-in[sitin] 싯인

        bookmaker[bukmeikə] 북메이커

        flashgun[flæʃgʌn] 플래시건

        topknot[tɔpnɔt] 톱놋

2. 원어에서 띄어 쓴 말은 띄어 쓴 대로 한글 표기를 하되, 붙여 쓸 수도 있다.

        Los Alamos[lɔs æləmous] 로스 앨러모스/로스앨러모스

        top class[tɔpklæs] 톱 클래스/톱클래스

제 3 장   인명, 지명 표기의 원칙

제 1 절   표기 원칙

제 1 항   외국의 인명, 지명의 표기는 제1장, 제2장, 제3장의 규정을 따르는 것을 원칙으로 한다.

제 2 항   제3장에 포함되어 있지 않은 언어권의 인명, 지명은 원지음을 따르는 것을 원칙으

로 한다.

> Ankara 앙카라   Gandhi 간디

제3항   원지음이 아닌 제3국의 발음으로 통용되고 있는 것은 관용을 따른다.

> Hague 헤이그   Caesar 시저

제4항   고유 명사의 번역명이 통용되는 경우 관용을 따른다.

> Pacific Ocean 태평양   Black Sea 흑해

제2절   동양의 인명, 지명 표기

제1항   중국 인명은 과거인과 현대인을 구분하여 과거인은 종전의 한자음대로 표기하고, 현대인은 원칙적으로 중국어 표기법에 따라 표기하되, 필요한 경우 한자를 병기한다.

제2항   중국의 역사 지명으로서 현재 쓰이지 않는 것은 우리 한자음대로 하고, 현재 지명 과 동일한 것은 중국어 표기법에 따라 표기하되, 필요한 경우 한자를 병기한다.

제3항   일본의 인명과 지명은 과거와 현대의 구분 없이 일본어 표기법에 따라 표기하는 것 을 원칙으로 하되, 필요한 경우 한자를 병기한다.

제4항   중국 및 일본의 지명 가운데 한국 한자음으로 읽는 관용이 있는 것은 이를 허용한다.

> 東京   도쿄, 동경   京都   교토, 경도
>
> 上海   상하이, 상해   臺灣   타이완, 대만
>
> 黃河   황허, 황하

제3절   바다, 섬, 강, 산 등의 표기 세칙

제1항   '해', '섬', '강', '산' 등이 외래어에 붙을 때에는 띄어 쓰고, 우리말에 붙을 때에 는 붙여 쓴다.

> 카리브 해   북해   발리 섬   목요섬

제2항   바다는 '해(海)'로 통일한다.

> 홍해   발트 해   아라비아 해

제3항   우리나라를 제외하고 섬은 모두 '섬'으로 통일한다.

> 타이완 섬   코르시카 섬   (우리나라 : 제주도, 울릉도)

제4항   한자 사용 지역(일본, 중국)의 지명이 하나의 한자로 되어 있을 경우, '강', '산', '호', '섬' 등은 겹쳐 적는다.

> 온타케 산(御岳)   주장 강(珠江)
>
> 도시마 섬(利島)   하야카와 강(早川)
>
> 위산 산(玉山)

제5항   지명이 산맥, 산, 강 등의 뜻이 들어 있는 것은 '산맥', '산', '강' 등을 겹쳐 적는다.

> Rio Grande 리오그란데 강   Monte Rosa 몬테로사 산
>
> Mont Blanc 몽블랑 산   Sierra Madre 시에라마드레 산맥

한자(漢字)의 필순(筆順)

하나의 한자를 다 쓸 때까지의 바른 순서를 필순 또는 획순이라고 한다. 한자의 필순은 옛 사람들이 무리 없이 쓸 수 있도록 오랫동안 연구하여 오늘날까지 전해 내려온 것이므로, 그에 따라 쓸 때 글자 모양이 바르고, 빨리 쓸 수 있으며 또 쓰기에도 편하고 능률적이다. 각 한자마다 대개는 일정한 필순이 정해져 있지만 어떤 것은 두 가지 이상인 것도 있다. 여기서는 일반적인 원칙을 중심으로 하여 필순의 큰 줄거리를 설명하기로 한다.

1. 위에서 아래로 써 내려간다.

三 … 一 二 三

言 … 二 三 言

喜 … 一 十 吉 吉 吉 喜 喜

2. 왼쪽에서 오른쪽으로 써 나간다.

川 … ノ 川 川

例 … イ 伢 例

3. 가로획을 먼저 쓴다.

가로획과 세로획이 교차할 때에는 일반적으로 가로획을 먼저 쓴다.

㈎ 가로획 → 세로획의 순서

十 … 一 十

土 … 一 十 土

㈏ 가로획 → 세로획 → 세로획의 순서

共 … 一 十 卅 共

算 … 竹 筲 筲 算

無 … 一 冖 無 無

> **주의** '無'에는 두 가지의 필순이 있다.
> ① 一 冖 無 無 無〈필기식〉
> ② 一 冖 无 無 無〈서예식〉

㈐ 가로획 → 가로획 → 세로획의 순서

用 … 刀 月 用

未 … 二 十 未

夫 … 二 丯 夫

春 … 一 二 三 未 春

㈑ 가로획 → 가로획 → 세로획 → 세로획의 순서

井 … 一 二 井 井

耕 … 三 丰 耒 耕

㈒ '田'과 그 응용

田 … 冂 冃 田 田 (苗 異 思 勇)

由 … 冂 冃 由 由 (油 笛 宙)

曲 … 冂 冃 曲 曲 (典 體 農)

角 … 勹 甪 角 角 (解)

　　　　　再 … 冂 丙 丙 再 (構)

(ᄇ) '王'과 그 응용

　　　　　王 … 一 二 干 王 (主 美)
　　　　　佳 … 亻 忄 佯 佳 (集 進 唯 催)
　　　　　馬 … 丨 厈 厈 馬 馬 (驗 驛)
　　　　　生 … 丿 二 生 牛 生 (表 星 産)

　[주의] '馬'는 두 가지의 필순이 있다.

　　　　　① 丨 厈 厈 馬 馬 〈필기식〉
　　　　　② 一 二 馬 馬 馬 〈서예식〉

4. 가운데를 먼저 쓴다.

　글자의 모양이 좌우 대칭으로 되어 있을 때는 한가운데를 먼저 쓴다.

　　　　　小 … 亅 小 小
　　　　　水 … 亅 가 水 (丞 蒸)
　　　　　樂 … 白 铀 崊 樂 (藥)
　　　　　承 … 了 手 承 承 (卒 衆)
　　　　　業 … " 业 業 業 (對)
　　　　　赤 … 亠 亣 赤 赤 (亦)

　[주의] 가운데를 나중에 쓰는 것

　　　　　火 … 丶 丷 火 (炎 灰)
　　　　　性 … 丷 忄 性 (惟)

5. 바깥쪽을 먼저 쓴다.

　에워싸는 꼴을 취하는 것은 바깥 둘레를 안보다 먼저 쓴다.

　　　　　同 … 丨 冂 冂 同 (司)
　　　　　內 … 冂 冈 內 (肉 月)
　　　　　風 … 丿 几 風 (鳳)
　　　　　國 … 丨 冂 國 國 (圍 固 圓)
　　　　　間 … 𦥑 門 門 間 (開 關 聞)

　[주의] 다음 글자는 위와 다른 경우이다.

　　　　　區 … 一 丆 品 區
　　　　　匹 … 一 兀 匹
　　　　　巨 … 一 丁 巨
　　　　　可 … 一 𠃍 可

6. 왼쪽 삐침을 먼저 쓴다.

(ᄀ) 왼쪽 삐침과 오른쪽 삐침이 만나는 경우

　　　　　文 … 亠 亣 文
　　　　　父 … 八 グ 父 (支 又)

(ᄂ) 만나지 않을 때도 왼쪽 삐침을 먼저 쓴다.

　　　　　人 … 丿 人
　　　　　入 … 丿 入
　　　　　欠 … 勹 欠 欠
　　　　　金 … 丿 𠆢 金 (合)

　[주의] '必'은 두 가지 필순이 있다.

　　　　　① 丶 丿 必 必 必
　　　　　② 丿 𧘇 必 必 必

　　본디 '必'은 '弋'과 '八'이 합쳐서 된 글자인데도 불구하고, 서체로는 마치 '心'에 '丿'을 더한 것처럼 보여 '心丿'의 필순으로 쓰지만, 역시 ①의 필순이 가장 좋은 필순이라고

하겠다.

7. 가로획과 왼쪽 삐침이 있는 경우.

(가) 가로획이 길고 왼쪽 삐침이 짧은 글자는 왼쪽 삐침을 먼저 쓴다.

右 … ノ ナ 右

有 … ノ ナ 有

希 … ノ プ ヂ ヂ 希

(나) 가로획이 짧고 왼쪽 삐침이 긴 글자는 가로획을 먼저 쓴다.

左 … 一 ナ 左

友 … 一 ナ 友

存 … 一 ナ 仔 存

在 … 一 ナ 在

参고 '右'와 '左'는 한자의 구성 원리에서 글자 모양이 다르기 때문에 좌우 삐침의 차례가 달라진 것이다.

① 右 … 右 ('有'·'布'도 마찬가지)

② 左 … 左

다만, '希'는 한자의 구성 원리에 관계없이 '右'의 필순을 따르며, '左'의 필순을 따르는 것에는 '友'·'存'·'在'가 있다.

주의 먼저 쓰는 왼쪽 삐침

九 … ノ 九

及 … ノ 及 及

주의 나중에 쓰는 왼쪽 삐침

力 … フ 力

方 … 亠 亍 方

8. 좌우로 꿰뚫은 획은 맨 나중에 쓴다.

글자 전체를 가로 꿰뚫은 경우

女 … 人 女 女

母 … 乚 口 母 母

子 … マ 了 子

舟 … 刀 舟 舟

주의 예외인 경우

世 … 一 卄 卋 世

9. 아래위로 꿰뚫린 획은 맨 나중에 쓴다.

(가) 글자 전체를 꿰뚫는 경우

中 … 口 中 (半 申)

車 … 一 戸 亘 車

事 … 一 戸 写 事

(나) 위가 막힌 경우

手 … 三 手

平 … 一 グ 平

(다) 아래가 막힌 경우

妻 … 弖 妻 妻

주의 원칙적으로는 아래가 막힌 세로획은 먼저 쓴다.

虫 … 口 中 虫

(라) 아래위가 모두 막힌 세로획은 윗부분·세로획·아랫부분의 차례로 쓴다. 따라서 맨 밑의 가로획을 맨 나중에 쓴다.

里…日甲里

重…一亘重重

10. 오른쪽 어깨의 ‘丶’은 맨 나중에 찍는다.

犬…一大犬

伐…代伐伐

博…十恒博博

11. ‘走·免·是’는 맨 먼저 쓴다.

起…土キキ走起

免…ク各免免勉

題…日丩早早是題

12. ‘辶·夂·乚’는 맨 나중에 쓴다.

近…ㄏㄏ斤近

建…ㄱㅋㅋ聿建

直…一十古直直

13. 특히 주의해야 할 필순

止…丨卜止止

正…一丁下正正

足…口尸尸足足

武…一二干弄武武

上…丨卜上

店…广广庐店

耳…一丁丅耳

發…フプズグ癶發

祭…クタダ妙祭

感…丿厂厄咸咸咸感

盛…丿厂厄成盛

興…丶白臼朗朗興

주의 ‘止·耳·感·興’등은 보통 두 가지의 필순이 있으나 ①이 좋은 필순이다.

止 {① 丨 卜 止 ② 卜 止

耳 {① 丁 耳 耳 ② 丌 耳 耳

感 {① 厄 咸 感 ② 厄 感 感

興 {① 白 朗 興 ② 臼 朗 興

14. 특수한 자형의 필순의 보기

凸…丨丨汀凸凸 (5획)

凹…丨丨丬凹凹 (5획)

亞…一丁币币币币亜亞 (8획)

교육·인명용 한자 사전

일 러 두 기

1. 표제자(表題字) 수록 내용

　　2000년 12월 30일 교육부(教育部)에서, 새로 조정하여 공표한 '한문 교육용 기초 한자' 1,800자(字)《중학교용 900자, 고등학교용 900자》와 대법원에서 선정한 인명용 한자를 포함한 총 3,079자의 한자를 수록하였다.

2. 표제자 차례

　가. 수록한 한자는 한자음에 따라 가나다순으로 배열하였고, 음이 같은 경우 중학교용 한자, 고등학교용 한자, 인명용 한자의 순으로 실었다.

　나. 중학교용 한자, 고등학교용 한자, 인명용 한자의 구별을 약호로 표시하였다.

　　【중학】 중학교용 한자　　【고교】 고등학교용 한자　　【인명】 인명용 한자

3. 표제자의 뜻과 자음(字音)

　가. 한자의 뜻은 가장 기본적이고도 널리 쓰이는 새김들을 실었다.

　　보기 : 【大】【중학】 **1** 크다. ❏ 大陸. **2** 많다. ❏ 大衆. **3** 중대하다. ❏ 大事. **4** 높다. ❏ 大官….

　나. 교육용 기초 한자의 음(音)은 문교부에서 공표한 음을 기본음으로 달았고, 다른 음이 있을 때에는 그 음(音)도 보여 주었다.

　　보기 : 【北】【중학】 ㉠북녘 북　㉡달아날 배

　다. 교육용 기초 한자가 인명용 한자로 쓰일 때, 또는 같은 인명용 한자가 다른 음으로 쓰이는 것들은 따로 실었다.

　　보기 : 【樂】【중학】 즐길 락　　【樂】【인명】 풍류 악　　【樂】【인명】 좋아할 요

　　　　　【畝】【인명】 밭이랑 묘　　【畝】【인명】 밭이랑 무

　라. 교육용 기초 한자와 같은 자(字)이면서 체(體)가 다르고, 인명용으로 허용한 한자는 보기와 같이 실었다.

　　보기 : 【實】【중학】【実】【인명】

　마. 인명용 한자 중 다른 체(體)가 허용된 자(字)는 보기와 같이 실었다.

　　보기 : 【壻】〈婿〉【인명】 사위 서

한자(漢字)의 부수(部首)

〈·는 부수의 변형임〉

1 획

一 한일
丨 뚫을곤
丶 점주
丿 삐침
乙 새을(乚)
亅 갈고리궐

2 획

二 두이
亠 돼지해머리
人 사람인(亻)
儿 어진사람인
入 들입
八 여덟팔
冂 멀경
冖 민갓머리
冫 이수변
几 안석궤
凵 위터진입구
刀 칼도(刂)
力 힘력
勹 쌀포
匕 비수비
匚 터진입구
匸 터진에운담
十 열십
卜 점복
卩 병부절(㔾)
厂 민엄호
厶 마늘모
又 또우
· 亻 사람인변
· 刂 선칼도방

3 획

口 입구
囗 큰입구
土 흙토

士 선비사
夂 뒤져올치
夊 천천히걸을쇠
夕 저녁석
大 큰대
女 계집녀
子 아들자
宀 갓머리
寸 마디촌
小 작을소
尢 절름발이왕(尢·尣)
尸 주검시
屮 왼손좌
山 메산
巛 개미허리(川)
工 장인공
己 몸기
巾 수건건
干 방패간
幺 작을요
广 엄호
廴 민책받침
廾 밑물물입
弋 주살익
弓 활궁
彐 터진가로왈(彑·彐)
彡 터럭삼
彳 두인변
· 忄 심방변
· 扌 재방변
· 氵 삼수변
· 犭 개사슴록변
· 阝 우부방(邑)
· 阝 좌부방(阜)

4 획

心 마음심(忄·㣺)
戈 창과
戶 지게호
手 손수(扌)

支 지탱할지
攴 등글월문(攵)
文 글월문
斗 말두
斤 날근
方 모방
无 없을무(旡)
日 날일
曰 가로왈
月 달월
木 나무목
欠 하품흠
止 그칠지
歹 죽을사(歺)
殳 갖은등글월문
毋 말무
比 견줄비
毛 터럭모
氏 각시씨
气 기운기
水 물수(氵·氺)
火 불화(灬)
爪 손톱조(爫)
父 아비부
爻 점괘효
爿 장수장변
片 조각편
牙 어금니아
牛 소우(牜)
犬 개견(犭)
· 灬 연화발

5 획

玄 검을현
玉 구슬옥(王)
瓜 오이과
瓦 기와와
甘 달감
生 날생
用 쓸용
田 밭전
疋 필필
疒 병질엄
癶 필발머리
白 흰백

皮	가죽피
皿	그릇명
目	눈목(罒)
矛	창모
矢	화살시
石	돌석
示	보일시(礻)
内	짐승발자국유
禾	벼화
穴	구멍혈
立	설립

6 획

竹	대죽
米	쌀미
糸	실사
缶	장군부
网	그물망(罒·罒·罔)
羊	양양(羊)
羽	깃우
老	늙을로(耂)
而	말이을이
耒	쟁기뢰
耳	귀이
聿	붓율
肉	고기육(月)
臣	신하신
自	스스로자
至	이를지
臼	절구구(臼)
舌	혀설
舛	어그러질천
舟	배주
艮	머무를간
色	빛색
艸	초두(艹)
虍	범호밑
虫	벌레충
血	피혈
行	다닐행
衣	옷의(衤)
襾	덮을아

7 획

見	볼견

角	뿔각
言	말씀언
谷	골곡
豆	콩두
豕	돼지시
豸	발없는벌레치
貝	조개패
赤	붉을적
走	달아날주
足	발족(𧾷)
身	몸신
車	수레거
辛	매울신
辰	별진
辵	책받침(辶)
邑	고을읍(阝)
酉	닭유
釆	분별할변
里	마을리

8 획

金	쇠금
長	긴장(镸)
門	문문
阜	언덕부(阝)
隶	미칠이
隹	새추
雨	비우
靑	푸를청
非	아닐비

9 획

面	낯면
革	가죽혁
韋	다룬가죽위
韭	부추구
音	소리음
頁	머리혈
風	바람풍
飛	날비
食	밥식(飠)
首	머리수
香	향기향

10 획

馬	말마
骨	뼈골
高	높을고
髟	터럭발밑
鬥	싸울투
鬯	술창
鬲	솥력
鬼	귀신귀

11 획

魚	물고기어
鳥	새조
鹵	소금밭로
鹿	사슴록
麥	보리맥
麻	삼마

12 획

黃	누를황
黍	기장서
黑	검을흑
黹	바느질할치

13 획

黽	맹꽁이맹
鼎	솥정
鼓	북고
鼠	쥐서

14 획

鼻	코비
齊	가지런할제

15 획

齒	이치

16 획

龍	용룡
龜	거북귀

17 획

龠	피리약

➔ 가 ⬅

【佳】[중학] 1 아름답다. ❑ 佳人 / 佳麗. 2 좋다. ❑ 佳作 / 佳境 / 絶佳 / 佳節.

【假】[중학] 1 거짓. 가짜. ❑ 假名 / 眞假. 2 빌리다. 빌려 주다. ❑ 假借 / 假貸. 3 임시. ❑ 假稱 / 假定. 4 가령. 이를테면. ❑ 假令.

【價】[중학] 값. 값어치. ❑ 價値 / 價格 / 代價 / 物價 / 評價.

【加】[중학] 1 더하다. ㉠보태다. ❑ 加算 / 加筆 / 追加. ㉡늘다. 늘리다. ❑ 加重 / 增加. ㉢가하다. 입히다. ❑ 加害 / 加擊. 2 들다. 가입하다. ❑ 加盟店 / 參加 / 加入.

【可】[중학] 1 옳다. ❑ 可否間 / 不可 / 可合. 2 들어 주다. ❑ 認可 / 許可證. 3 가히. ㉠…할 만하다. ❑ 可觀 / 不問可知. ㉡할 수 있다. ❑ 可能 / 可溶性.

【家】[중학] 1 집. ㉠건물. ❑ 家家戶戶 / 古家. ㉡살림. ❑ 家計. ㉢가족. 집안. ❑ 家口 / 率家. ㉣문벌. 지체. ❑ 家門 / 班家. 2 전문가. ❑ 畵家 / 作家 / 大家.

【歌】[중학] 1 노래. ❑ 歌曲 / 歌舞 / 古歌. 2 노래하다. ❑ 歌客 / 歌手 / 歌人.

【街】[중학] 1 네거리 또는 한길. ❑ 街道 / 街路 / 街頭. 2 큰 거리. 시가. ❑ 商街 / 市街 / 紅燈街.

【暇】[고교] 1 겨를. ❑ 暇隙. 2 한가하다. ❑ 閑暇. 3 쉼. 짬. 휴가. ❑ 休暇 / 餘暇 / 賜暇.

【架】[고교] 1 시렁. ❑ 書架 / 擔架. 2 건너지르다. ❑ 架空 / 架設 / 架橋 / 高架.

【嘉】[인명] 1 아름답다. ❑ 嘉言.
2 경사스럽다. ❑ 嘉慶.

【嫁】[인명] 1 시집가다. 시집보내다. ❑ 嫁娶 / 出嫁. 2 떠넘기다. ❑ 嫁禍.

【稼】[인명] 1 심다. ❑ 稼穡.
2 일하다. ❑ 稼動.

【賈】[인명] 1 '價'와 동자. 2 성의 하나.

【駕】[인명] 1 탈것. ❑ 御駕.
2 능가하다. ❑ 凌駕.

【伽】[인명] 절. 중. ❑ 伽藍 / 僧伽.

【迦】[인명] 부처의 이름. ❑ 釋迦 / 迦葉.

【柯】[인명] 가지. ❑ 柯葉.

➔ 각 ⬅

【各】[중학] 각각. 제각기. ❑ 各樣各色 / 各界 / 各自 / 各其 / 各學校.

【脚】[중학] 1 다리. ❑ 脚氣 / 健脚. 2 다리같이 생긴 것. ❑ 橋脚 / 三脚.

【角】[중학] 1 뿔. ❑ 牛角 / 鹿角. 2 모. 귀. ❑ 角柱 / 隅角 / 稜角. 3 구석. 모퉁이. ❑ 一角 / 四角. 4 각도. ❑ 直角 / 角度 / 銳角.

【刻】[고교] 1 새기다. ❑ 刻骨 / 彫刻. 2 깎다. ❑ 刻削. 3 각박하다. ❑ 刻薄. 4 시간. ❑ 時刻.

【却】[고교] 1 (뒤로) 물러나다. ❑ 却步 / 退却. 2 물리치다. ❑ 棄却. 3 없애다. ❑ 賣却.

【覺】[고교] 1 깨닫다. ❑ 覺悟 / 大覺 / 覺醒.
2 느끼다. ❑ 感覺 / 妙覺.

【閣】[고교] 1 다락집. 층집. ❑ 樓閣 / 高閣. 2 대궐. 궁전. ❑ 殿閣. 3 내각. ❑ 閣僚 / 閣議.

【珏】[인명] 한 쌍의 옥.

【恪】[인명] 삼가다. ❑ 恪勤.

【殼】[인명] 껍질. ❑ 舊殼 / 貝殼.

➔ 간 ⬅

【干】[중학] 1 방패. ❑ 干戈 / 干城. 2 간여하다. ❑ 干涉 / 干與 / 干連. 3 천간. 십간(十干). ❑ 干支.

【看】[중학] 1 보다. ❑ 看板 / 看客. 2 뵙다. ❑ 看父母. 3 지키다. 지켜보다. ❑ 看守 / 看監.

【間】[중학] 1 ㉠사이. ❑ 間隔 / 間接 / 間斷. ㉡동안. ❑ 時間 / 月間 / 近間. 2 틈. ❑ 間隙. 3 안. ❑ 民間 / 林間. 4 이간하다. ❑ 間言 / 離間.

【刊】[고교] 1 깎다. 2 베다. ❑ 刊削 / 刊落. 3 책을 펴내다. ❑ 刊行 / 發刊 / 出刊 / 季刊 / 月刊 / 近刊.

【姦】[고교] 1 간사하다. 사악하다. ❑ 姦巧 / 姦邪 / 姦計. 2 간음하다. ❑ 姦夫 / 姦淫 / 通姦.

【幹】[고교] 1 몸. ❑ 幹部. 2 줄기. 또는 사물의 주요 부분. ❑ 幹線 / 根幹. 3 재능. ❑ 才幹.

【懇】[고교] 1 정성. ❑ 懇誠 / 懇意. 2 간절하다. ❑ 懇切 / 懇曲. 3 간절히. ❑ 懇請 / 懇望.

【簡】[고교] 1 대쪽. ❑ 竹簡. 2 편지. ❑ 簡牘 / 書簡. 3 문서. ❑ 簡策. 4 가리다. ❑ 簡擇 / 簡拔. 5 단출하다. ❑ 簡略 / 簡易 / 簡素.

【肝】[고교] 1 간. ❑ 肝膽 / 肝腸 / 肝臟 / 肝油. 2 마음. 진심. ❑ 心肝. 3 요긴하다. ❑ 肝要 / 肝腎.

【艮】인명 괘 이름. ❏艮卦 / 艮方.

【侃】인명 굳세다. ❏侃侃 / 侃直.

【杆】인명 1 난간. ❏欄杆.
2 지레. 지렛대. ❏槓杆.

【玕】인명 옥돌. ❏琅玕.

【竿】인명 대나무의 장대. 낚싯대. ❏竿頭 /
釣竿.

【揀】인명 가리다. ❏揀擇 / 分揀.

【諫】인명 간하다. ❏諫言 / 忠諫 / 諫臣.

【墾】인명 개간하다. ❏墾耕 / 開墾.

【栞】인명 1 깎다.
2 표하다. 또는 서표(書標).

➤ 갈 ◄

【渴】중학 1 목이 마르다. ❏渴望 / 飢渴.
2 마르다. ❏渴水 / 枯渴.

【葛】중학 칡. ❏葛根 / 葛布.

➤ 감 ◄

【感】중학 1 감동하다. ❏感動 / 感泣 / 感激.
2 느끼다. 깨닫다. ❏感覺 / 感官 /
萬感. 3 감응하다. ❏感應 / 靈感.

【敢】중학 1 굳세다. ❏敢戰 / 勇敢. 2 결단성
있다. ❏敢然 / 敢死 / 果敢. 3 감히.
❏敢行.

【減】중학 1 덜리다. 줄다. ❏減少 / 減損 / 半
減. 2 덜다. 줄이다. ❏減縮 / 減軍
/ 減員 / 削減.

【甘】중학 1 달다. ❏甘味 / 甘露 / 甘言. 2 맛
나다. ❏甘食 / 甘酒. 3 만족하다.
❏甘心 / 甘受.

【監】고교 1 보다. 2 살피다. ❏監督 / 總監.
3 감옥. ❏監房 / 監禁.

【鑑】고교 【鑒】인명 1 ㉠거울. ❏鑑銘 / 明
鑑. ㉡본보기. ❏龜鑑.
2 보다. ❏鑑賞 / 品鑑. 참고 '鑒'은 동자.

【勘】인명 1 헤아리다. ❏勘案.
2 문초하다. ❏勘罪.

【堪】인명 1 견디다. ❏堪耐.
2 하늘. ❏堪輿.

【瞰】인명 보다. ❏瞰望 / 鳥瞰.

➤ 갑 ◄

【甲】중학 1 첫째 천간. ❏甲子 / 回甲. 2 갑
옷. ❏甲冑 / 兵甲. 3 껍데기. ❏龜
甲 / 甲殼.

【鉀】인명 갑옷.

➤ 강 ◄

【强】중학 【強】인명 1 강하다. ❏强健 / 强
力. 2 힘쓰다. ❏强學 /
勉强. 3 강요하다. ❏强制 / 强要. 참고
'强'은 속자.

【江】중학 물 이름. 큰 강. ❏江邊 / 江河 / 江
心 / 長江 / 渡江 / 江山.

【講】중학 1 풀이하다. 설명하다. ❏講讀 /
講義. 2 익히다. 배우다. ❏講武 /
講究. 3 화해하다. ❏講和.

【降】중학 ㊀내릴 강　　㊁내리다. 위에서
㊁항복할 항　　아래로 내려오다.
❏降臨 / 降雨 / 乘降. ㊂항복하다. ❏投降.

【剛】고교 1 굳세다. ❏剛直 / 剛健.
2 억세다. ❏外柔內剛.

【康】고교 편안하다. ❏康寧 / 健康 / 安康.

【綱】고교 1 벼리. 그물의 위쪽 코를 꿴 굵은
줄. 전하여, 사물을 총괄하고 규
제하는 것. ❏綱常 / 紀綱. 2 대강. ❏綱目 /
大綱.

【鋼】고교 강철. ❏鋼鐵 / 鋼玉 / 鍊鋼 / 製鋼.

【杠】인명 다리. ❏杠梁.

【堈】인명 언덕.

【岡】인명 산등성이. ❏岡陵.

【崗】인명 '岡'의 속자.

【姜】인명 성의 하나. ❏姜太公.

【橿】인명 감탕나무.

【彊】인명 1 굳세다. 강하다. ❏彊弩 / 武彊.
2 힘쓰다. ❏自彊 / 雄彊.

【慷】인명 강개하다. ❏慷慨.

➤ 개 ◄

【個】중학 【箇】인명 낱낱. 하나. ❏個別 /
個性 / 各個 / 個體.
참고 '箇'는 동자.

【改】중학 1 고치다. ㉠바로잡다. ❏改革 /
改作. ㉡바꾸다. ❏改宗 / 變改.
2 고쳐지다.

【皆】중학 1 다. 모두. ❏皆勤賞 / 皆旣日蝕.
2 두루 미치다.

【開】중학 1 열다. □開門 / 開館. 2 시작하다. □開會 / 開講. 3 문화가 개발되다. □開化 / 開明. 4 풀다. 놓아 주다. □開放.

【介】교교 1 끼다. □介在 / 介入 / 媒介. 2 소개하다. □紹介.

【慨】교교 1 분개하다. □慨歎 / 憤慨. 2 슬퍼하다. □慷慨 / 悲慨.

【概】교교 1 대개. 대강. □概要 / 概略 / 梗概. 2 절개. 절조. □節概 / 概尙 / 志槪. 3 풍치. 경치. □景概 / 勝槪.

【蓋】교교【盖】인명 1 덮다. □蓋棺 / 蓋草 / 蓋世. □蓋瓦 / 覆蓋. 뚜껑. □無蓋車 / 車蓋. 3 대개. □蓋然. 참고 '盖'는 속자.

【价】인명 착하다. 크다. □价人.

【凱】인명 개선하다. □凱歌 / 凱旋.

【愷】인명 편안하다. □愷悌.

【漑】인명 물을 대다. □灌漑.

➡ 객 ⬅

【客】중학 손. 손님. □旅行客 / 客室 / 賓客 / 過客.

➡ 갱 ⬅

【更】중학 다시. □更生 / 更新 / 更起.

【坑】인명 구덩이. □坑口.

➡ 거 ⬅

【去】중학 1 가다. ㉠떠나가다. □退去 / 去就. ㉡지나가다. □去年 / 過去. 2 버리다. 없애다. □去勢 / 除去 / 撤去.

【居】중학 1 살다. □居住 / 同居. 2 있다. □居喪 / 居家 / 居處.

【巨】중학 1 크다. □巨物 / 巨軀. 2 많다. □巨多 / 巨額.

【擧】중학 1 들다. □擧手. 2 모두. 다. □擧國 / 擧族.

【車】중학 수레. □車馬費 / 人力車 / 車駕.

【拒】교교 1 막다. 물리치다. □拒守 / 拒否 / 拒絕. 2 저항하다. □抗拒. 3 어기다. □拒逆.

【據】교교 1 의거하다. □根據 / 論據 / 據點. 2 웅거하다. □占據 / 雄據.

【距】교교 1 떨어지다. □距離 / 距今. 2 어기다.

【渠】인명 도랑. □渠水 / 溝渠.

【遽】인명 급히. □急遽 / 遽然.

【鉅】인명 크다. □鉅萬.

【炬】인명 햇불. □炬火.

➡ 건 ⬅

【乾】중학 1 하늘. □乾坤 / 乾空. 2 마르다. □乾燥.

【建】중학 1 세우다. ㉠일으키다. □建國 / 建設 / 創建. ㉡짓다. □建築 / 建立. 2 아뢰다. □建議 / 建策.

【件】교교 1 사건. □件名 / 事件. 2 건. □件數 / 一件. 3 것. 일·물건 등. □物件 / 條件 / 要件.

【健】교교 1 굳세다. □剛健 / 健鬪. 2 튼튼하다. 건강하다. □健康 / 健脚 / 健全.

【巾】인명 수건. □巾櫛 / 手巾.

【虔】인명 삼가다. □敬虔.

【楗】인명 문빗장. □關楗 / 樞楗 / 鉗楗.

【鍵】인명 열쇠. □鍵閉 / 關鍵.

➡ 걸 ⬅

【乞】교교 빌다. 구걸함. □求乞 / 乞食.

【傑】교교【杰】인명 1 준걸. □俊傑 / 豪傑 / 女傑. 2 뛰어나다. □傑作 / 傑出 / 傑句. 참고 '杰'은 속자.

➡ 검 ⬅

【儉】교교 검소하다. 검약하다. □儉素 / 勤儉 / 節儉.

【劍】교교【劒】인명 1 칼. □劍客 / 短劍 / 三尺之劍 / 刻舟求劍. 2 죽이다. 참고 '劍'은 본자.

【檢】교교 조사하다. □檢査 / 檢屍 / 點檢.

➡ 게 ⬅

【揭】인명 높이 들다. □揭示 / 揭揚.

【憩】인명 쉬다. □憩息 / 休憩.

➡ 격 ⬅

【擊】^{고교} 치다. □擊鼓 / 擊叩 / 擊滅 / 攻擊.

【格】^{고교} 1 이르다. □格物致知. 2 자품. □人格 / 品格. 3 법. 법식. □格式 / 破格.

【激】^{고교} 1 부딪히다. 격돌하다. □激突 / 衝激. 2 과격하다. □激論 / 慎激. 3 세차다. □激流 / 急激 / 激變.

【隔】^{고교} 막히다. 가로막히다. □隔年 / 懸隔 / 隔世之感.

【檄】^{인명} 격문. □檄文.

→ 견 ←

【堅】^{중학} 1 굳다. □堅固 / 牢堅. 2 굳게. 견고하게. □堅忍 / 堅守.

【犬】^{중학} 개. □犬馬之勞 / 犬猫 / 猛犬 / 犬猿之間.

【見】^{중학} 1 보다. □見聞 / 見學 / 目見. 2 만나보다. □會見 / 接見. 3 견해. □意見 / 見解 / 識見.

【牽】^{고교} 끌다. □牽引 / 牽强附會.

【絹】^{고교} 비단. 명주. □絹絲 / 生絹 / 人絹.

【肩】^{고교} 어깨. □肩骨 / 肩章 / 兩肩 / 比肩.

【遣】^{고교} 1 보내다. □遣使 / 遣外 / 派遣. 2 버리다. 이혼하다.

【鵑】^{인명} 두견이. □杜鵑.

→ 결 ←

【決】^{중학} 1 결정하다. 결단하다. □決心 / 處決. 2 터지다. 무너지다. □決潰 / 決裂.

【潔】^{중학} 깨끗하다. □潔白 / 淸潔 / 簡潔.

【結】^{중학} 1 맺다. ㉠얽어 매다. □結繩 / 結縛. ㉡열매를 맺다. □結果 / 結實. 2 결말을 짓다. □結末 / 終結 / 結論. 3 엉기다. □凝結 / 結氷.

【缺】^{고교} 1 이지러지다. □缺月 / 缺落. 2 모자라다. 빠지다. □缺損 / 缺格 / 缺如 / 缺點 / 缺禮. 3 비다. 나오지 않다. □缺席 / 缺勤.

【訣】^{인명} 헤어지다. □訣別 / 永訣.

→ 겸 ←

【兼】^{고교} 겸하다. 아우르다. □兼任 / 兼備 / 兼業.

【謙】^{고교} 겸손하다. □謙讓 / 謙辭 / 恭謙.

【鎌】^{인명} 낫. □鎌利.

→ 경 ←

【京】^{중학} 1 서울. 수도(首都). □京師 / 京畿 / 京鄕 / 歸京 / 入京. 2 크다. □京觀. 3 조(兆)의 만 배.

【庚】^{중학} 일곱째 천간. □庚午 / 庚辰生.

【慶】^{중학} 1 경사. □慶弔 / 吉慶 / 國慶日. 2 복. 행복. □餘慶. 3 하례하다. 축하하다. □慶賀 / 慶祝.

【敬】^{중학} 1 공경. □敬仰 / 恭敬心 / 敬愛 / 敬畏 / 敬遠 / 敬意 / 尊敬. 2 삼가다. □敬聽 / 謹敬.

【景】^{중학} ㉠빛 경·경치 경 　 ㉠1 빛. 햇빛. ㉡그림자 영 　 □景光 / 日景. 2 경치. □景致 / 風景. 3 우러러보다. □景慕 / 景仰. 4 크다. □景福. ㉡그림자. '影'과 동자(同字). □景象.

【競】^{중학} 다투다. □競爭心 / 競技 / 競賣 / 競馬.

【經】^{중학} 1 날. □經緯 / 經度 / 西經. 2 경서. □經書 / 經筵. 3 지나다. □經過 / 經路 / 經由. 4 지내다. □經歷 / 經驗. 5 일을 하다. □經營 / 經費.

【耕】^{중학} 갈다. □耕耘 / 耕作 / 農耕 / 耕地.

【輕】^{중학} 1 가볍다. □輕氣球 / 輕重 / 輕傷. 2 가벼이 여기다. □輕侮 / 輕蔑 / 輕視. 3 경망하다. □輕率 / 輕妄.

【驚】^{중학} 1 놀라다. □驚愕 / 驚異 / 驚歎. 2 놀래다. 놀라게 하다. □震驚 / 驚天動地.

【傾】^{고교} 1 기울다. □傾向 / 左傾 / 傾斜. 2 기울이다. ㉠한쪽으로 기울이다. □傾覆 / 傾盆 / 傾杯. ㉡마음 따위를 기울이다. □傾注 / 傾聽.

【卿】^{고교} 1 벼슬. □卿大夫 / 九卿 / 公卿. 2 경. 군주가 신하를 부르던 칭호. □卿等.

【境】^{고교} 1 지경. 경계. □境界線 / 國境. 2 경우. 처지. □境遇 / 逆境. 3 곳. □絶境 / 勝境.

【徑】^{고교} 1 지름길. □徑路 / 山徑 / 捷徑. 2 지름. 직경. □徑寸 / 半徑 / 口徑.

【硬】^{고교} 1 단단하다. □硬骨 / 硬度 / 强硬. 2 익숙하지 않다. □生硬.

【竟】^{고교} 1 끝나다. □竟宴. 2 마침내. 결국에 가서. □究竟 / 畢竟.

【警】^{고교} 1 ㉠경계하다. □警戒 / 警備. ㉡주의시키다. □警告 / 警報. 2 깨우

다. ☐警世 / 警醒.

【鏡】闿 **1** 거울. ☐反射鏡 / 鏡臺 / 古鏡 / 銅鏡. **2** 모범. 본보기. ☐鏡鑑. **3** 비추다. ☐照鏡.

【頃】闿 **1** 잠깐. ☐頃刻 / 食頃 / 少頃. **2** 이마적. 근자에. ☐頃者 / 頃日 / 頃聞. **3** 쯤. ☐年末頃 / 正午頃.

【倞】인명 굳세다.

【鯨】인명 고래. ☐鯨飮 / 白鯨.

【坰】인명 들. ☐坰野.

【耿】인명 빛. ☐耿介 / 耿耿.

【炅】인명 빛나다.

【更】인명 **1** 고치다. ☐更迭 / 變更. **2** 시각. ☐三更.

【梗】인명 대개. ☐梗槪.

【憬】인명 깨닫다. ☐憬悟.

【暻】인명 밝다.

【璟】인명 옥빛.

【瓊】인명 옥. ☐瓊筵 / 瓊玉.

【擎】인명 들다. ☐擎天.

【儆】인명 경계하다. ☐儆戒.

【檠】인명 **1** 도지개. **2** 등잔걸이. ☐燈檠.

【俓】인명 '徑'과 동자.

【涇】인명 통하다. ☐涇流.

【莖】인명 줄기. ☐根莖 / 鱗莖.

【勁】인명 굳세다. ☐勁直.

【逕】인명 좁은 길. ☐門逕.

【熲】인명 빛.

【冏】인명 빛나다.

【勍】인명 굳세다. ☐勍敵.

➔ 계 ⬅

【季】중학 **1** 어리다. ☐季女. **2** 끝. ☐季月 / 季父. **3** 철. 계절. ☐季節 / 四季 / 季刊 / 春季.

【溪】중학 시내. ☐溪流 / 碧溪 / 溪谷.

【界】중학 **1** 지경. 토지의 경계. ☐界域 / 疆界 / 境界. **2** 한계. 한정. ☐限界. **3** 세상. ☐色界 / 天界 / 仙界. **4** 범위. 사회. ☐學界 / 財界 / 業界 / 斯界 / 世界.

【癸】중학 **1** 열째 천간. ☐癸亥. **2** 경도. 월경. ☐癸水 / 天癸.

【計】중학 **1** 세다. ☐計算 / 計量 / 合計. **2** 꾀. 꾀하다. ☐計巧 / 計略 / 妙計 / 計劃.

【鷄】중학 닭. ☐鷄犬 / 養鷄 / 鷄卵.

【係】고교 **1** 매다. 잇다. ☐關係 / 係嗣 / 係數. **2** 계. 사무 분담의 단위. ☐係長 / 係員.

【啓】고교 **1** 열다. ☐啓示錄 / 啓蒙 / 啓發. **2** 여쭈다. 사뢰다. ☐啓白 / 陳啓.

【契】고교 ☐맺을 계 ☐새길 결 ☐ **1** 맺다. ☐契約 / 契機 / 默契. **2** 《韓》계. ☐契員 / 親睦契. **3** 정리. ☐金蘭之契. ☐새기다. ☐契斷 / 契絶. ☐부족 이름. ☐契丹.

【戒】고교 **1** 경계하다. ☐警戒心 / 訓戒. **2** 재계하다. ☐沐浴齋戒.

【桂】고교 계수나무. ☐月桂冠 / 月桂樹 / 桂林 / 桂皮 / 肉桂.

【械】고교 **1** 형틀. 차꼬·수갑·칼 따위. ☐械杻 / 梏械. **2** 기구. 용기(用器). ☐械器. **3** 틀. ☐機械.

【系】고교 **1** 잇다. ☐系列 / 大系. **2** 핏줄. 혈통. ☐東洋系 / 系譜 / 母系 / 世系. **3** 계통. ☐系統 / 人文系 / 自然系 / 銀河系.

【繫】고교 매다. 잡아 매다. ☐繫船 / 繫留 / 連繫.

【繼】고교 잇다. ☐繼續 / 繼承.

【階】고교 **1** 섬돌. 층계. 계단. ☐階段 / 階下 / 石階. **2** 차례. ☐階級 / 位階.

【炷】인명 **1** 화덕. **2** 밝다.

【誡】인명 경계하다. ☐誡命 / 訓誡.

➔ 고 ⬅

【古】중학 **1** 예. 예전. ☐古代 / 古今 / 太古 / 復古 / 尙古 / 考古. **2** 묵다. 오래 됨. ☐古物 / 古木 / 古書 / 古家 / 古宮.

【告】 중학 고하다. ㉠아뢰다. ▫上告 / 告由. ㉡알리다. ▫告示 / 告知 / 宣告 / 豫告.

【固】 중학 **1** 굳다. 단단하다. ▫固體 / 凝固 / 堅固. **2** 굳이. ▫固守. **3** 고집하다. 완고하다. ▫固執 / 頑固.

【故】 중학 **1** 예. ▫溫故而知新. **2** 죽다. ▫物故 / 故人. **3** 고(故)로. 그러므로. ▫然故. **4** 사건. 사변. ▫事故 / 變故. **5** 거짓. 일부러. ▫故意. **6** 전부터 정든 사물·사람. ▫故鄕 / 故友.

【考】 중학 **【攷】** 인명 **1** 상고하다. ▫考慮 / 考課 / 熟考 / 考察. **2** 시험. 고사. ▫考試. **3** 죽은 아버지. ▫先考 / 考妣 / 祖考. [참고] '攷'는 고자(古字).

【苦】 중학 **1** (맛이) 쓰다. ▫苦味 / 苦言 / 甘苦. **2** 괴롭다. ▫苦樂 / 苦惱 / 苦痛 / 病苦 / 勞苦.

【高】 중학 **1** 높다. ㉠얕지 아니하다. ▫高低 / 高地 / 山高. ㉡존귀하다. ▫高貴 / 高位 / 高官. ㉢정도가 높다. ▫高等 / 高級 / 高尙.

【姑】 고교 **1** 시어미. ▫舅姑 / 姑婦. **2** 고모. ▫姑壻 / 姑母 / 姑從.

【孤】 고교 **1** 홀로. ▫孤兒 / 孤子. **2** 외롭다. ▫孤獨 / 孤松 / 孤立.

【庫】 고교 곳집. 무기를 넣어 두는 창고. 일반적으로 창고. 곳간. ▫武器庫 / 金庫 / 車庫 / 倉庫 / 國庫 / 寶庫 / 在庫.

【枯】 고교 **1** 마르다. ▫枯木. **2** 쇠하다. ▫榮枯盛衰.

【稿】 고교 **1** 짚. 볏짚. ▫稿人. **2** 초. 초안. ▫稿本 / 原稿料 / 玉稿 / 草稿.

【顧】 고교 **1** 뒤돌아보다. ▫顧眄 / 回顧 / 左顧右眄. **2** 돌보다. ▫愛顧.

【鼓】 고교 **1** 북(악기의 한 가지). ▫鼓笛 / 鼓動 / 軍鼓. **2** (북을) 치다. ▫鼓舞 / 鼓吹.

【叩】 인명 **1** 두드리다. ▫叩門. **2** 조아리다. ▫叩頭謝罪.

【敲】 인명 두드리다. ▫敲門 / 推敲.

【皐】 인명 부르는 소리. ▫皐復.

【暠】 인명 **1** 깨끗하다. **2** 밝다. ▫暠暠 / 暠皓.

➔ 곡 ←

【曲】 중학 **1** 굽다. ▫雙曲線 / 屈曲. **2** 가락. 곡조. ▫歌曲 / 曲調 / 音曲. **3** 굽히다. ▫曲筆.

【穀】 중학 곡식. 곡류. ▫穀倉地帶 / 五穀 / 穀物 / 雜穀 / 稅穀.

【谷】 중학 골. 골짜기. ▫山谷 / 溪谷 / 谷風 / 峽谷.

【哭】 고교 울다. 슬퍼서 큰 소리를 내며 울다. ▫哭聲 / 痛哭 / 鬼哭.

➔ 곤 ←

【困】 중학 **1** 곤하다. 노곤하다. ▫疲困. **2** 곤란하다. 가난하다. ▫困難 / 困境 / 貧困 / 困窮.

【坤】 중학 **1** 땅. ▫乾坤. **2** 곤괘. **3** 왕후. ▫坤殿.

【昆】 인명 형. ▫昆季.

【崑】 인명 산 이름. ▫崑崙 / 崑玉.

【琨】 인명 옥돌. ▫琨玉秋霜.

【錕】 인명 산 이름. ▫錕刀 / 錕鋙.

➔ 골 ←

【骨】 중학 **1** 뼈. 골격. ▫骨肉 / 骨格. **2** 사물의 중추. ▫骨子 / 骨髓. **3** 몸. ▫老骨 / 病骨. **4** 인품. ▫氣骨 / 俠骨.

➔ 공 ←

【公】 중학 **1** 공변되다. 공정하다. ▫公明 / 公正. **2** 공공. ▫公共 / 公益 / 公職 / 公定. **3** 드러내다. ▫公開 / 公表. **4** 통치자·귀인에 대한 경칭. ▫公卿 / 相公 / 公子.

【共】 중학 **1** 함께. ▫共謀 / 共通. **2** 함께하다. ▫共同 / 共榮 / 共助 / 公共. **3** '공산주의·공산당'의 준말. ▫反共 / 容共.

【功】 중학 **1** 공. 공적. ▫功勞 / 功勳 / 武功. **2** 보람. ▫功效 / 勞而無功.

【工】 중학 **1** 만들다. ▫工作 / 細工 / 工藝. **2** 장인. ▫職工 / 冶工 / 工匠. **3** 공업. ▫商工.

【空】 중학 **1** 하늘. 대공. ▫空中戰 / 天空 / 蒼空 / 空路. **2** 비다. ㉠아무것도 없음. ▫空虛 / 空間. ㉡속에 든 것이 없음. ▫空砲 / 空拳. **3** 헛됨. ▫空想 / 空卽是色.

【供】 고교 **1** 이바지하다. 주다. 바치다. ▫供給 / 供託 / 提供 / 供米 / 供物. **2** 받들다. ▫供養.

【孔】 고교 **1** 구멍. ▫噴氣孔 / 孔穴 / 孔版 / 眼孔. **2** 성의 하나. ▫孔丘 / 孔敎 / 孔孟.

【恐】 고교 **1** 두려워하다. 무서워하다. ▫恐怖感 / 恐慄 / 惶恐. **2** 으르다. ▫恐喝 / 恐脅.

【恭】 고교 **1** 공손하다. 공손히 하다. 근신하다. ▫恭順 / 恭遜. **2** 받들다. ▫恭

行 / 恭敬.

【攻】団 1 치다. 공격하다. ☐攻守 / 攻伐 / 侵攻. 2 닦다. 연구하다. ☐專攻 / 攻究.

【貢】団 1 공물. ☐貢物 / 進貢. 2 바치다. ☐貢奉 / 來貢 / 朝貢. 3 이바지하다. ☐貢獻.

【珙】인명 옥. 큰 구슬. ☐珙璧.

【控】인명 당기다. ☐控弦.

➔ 과 ←

【果】중학 1 실과. 나무 열매. ☐果實 / 靑果. 2 과연. ☐果然 / 果是. 3 결말. 귀결. ☐因果 / 效果. 4 과감하다. ☐果敢 / 果斷性.

【科】중학 1 조목. ☐科目 / 罪科. 2 과거. ☐登科 / 科試. 3 연구 분야의 단위. ☐工科 / 文科 / 物理學科 / 美術科.

【課】중학 1 시험하다. ☐課試 / 考課. 2 과 사무 부서의 하나. ☐課長 / 庶務課. 3 할당하다. ☐課稅 / 賦課.

【過】중학 1 지나다. ㉠지나가다. ☐過客 / 通過. ㉡때가 지나다. ☐過去 / 過年. 2 잘못. ☐過怠料 / 罪過 / 過誤. 3 지나치다. 과도하다. ☐過度 / 過勞 / 過酸化物.

【寡】고교 1 적다. ☐寡少 / 寡默 / 多寡. 2 홀어미. ☐寡婦 / 寡守《韓》/ 螺寡.

【誇】고교 자랑하다. ☐誇大 / 誇張 / 誇示.

【戈】인명 1 창. 한두 개의 가지가 있는 무기. ☐戈矛. 2 전하여, 전쟁의 뜻으로 쓰임. ☐干戈.

【瓜】인명 오이. ☐冬瓜 / 瓜田不納履 / 西瓜.

【菓】인명 1 실과. ☐菓品. 2 과자. ☐菓子.

➔ 곽 ←

【郭】고교 1 외성(外城). 도읍을 둘러싼 성(城). ☐城郭 / 郭田. 2 둘레. ☐外郭 / 周郭.

【廓】인명 외성(外城). 둘레. '郭'과 통용. ☐城廓 / 輪廓.

➔ 관 ←

【官】중학 1 벼슬. ☐高官 / 堂上官 / 官憲 / 任官 / 名官. 2 마을. ☐官廳 / 官公署 / 官衙 / 官治. 3 감각 기능. ☐官能 / 五官.

【觀】중학 1 (잘) 보다. ☐觀察 / 諦觀 / 觀相 / 觀光 / 觀覽. 2 생각. ☐主觀 / 人生

觀 / 唯物觀 / 觀念. 3 모양. 상태. ☐外觀 / 奇觀.

【關】중학 1 문빗장. ☐門關 / 關鍵. 2 관문. ☐關門 / 關塞 / 難關. 3 관계하다. ☐關與 / 關係 / 連關. 4 기관. ☐機關.

【冠】고교 1 갓. ☐冠帶 / 金冠 / 衣冠 / 戴冠. 2 어른. ☐冠童 / 冠禮.

【寬】고교 너그럽다. 관대하다. ☐寬容 / 大長者 / 寬恕 / 寬仁.

【慣】고교 익숙하다. 버릇. ☐慣用 / 慣例 / 慣習 / 慣性 / 習慣.

【管】고교 1 관. ☐鐵管 / 血管. 2 맡다. ☐管轄 / 管理 / 主管 / 移管.

【貫】고교 1 돈꿰미. ☐錢貫. 2 꿰다. ☐貫通 / 貫流.

【館】【舘】인명 1 객사. ☐客館 / 旅館. 2 가게. ☐商館 / 書館. 3 관청. 또는 그 건물. ☐公館 / 大使館.

【款】인명 1 정성. ☐款待. 2 새기다. ☐落款.

【琯】인명 옥저. 옥피리.

【錧】인명 비녀장. ☐錧鐥.

【灌】인명 물을 대다. ☐灌漑.

【瓘】인명 옥의 한 가지.

【梡】인명 1 도마. 2 땔나무.

➔ 괄 ←

【括】인명 싸다. ☐括約 / 括弧 / 槪括 / 一括.

➔ 광 ←

【光】중학 1 빛. ☐光明 / 光線 / 日光. 2 영예. ☐榮光.

【廣】중학【広】인명 1 넓다. ☐廣義 / 廣漠 / 廣野 / 廣大 / 廣範圍. 2 널리. ☐廣告.

【狂】고교 1 미치다. ☐狂人 / 狂奔 / 狂犬病 / 發狂 / 狂氣. 2 사납다. ☐狂風 / 狂暴 / 狂亂.

【鑛】고교 쇳돌. ☐鑛山 / 鑛業 / 金鑛 / 鐵鑛.

【侊】인명 성찬(盛饌). ☐侊飯.

【洸】인명 굳세다. ☐洸洸.

【珖】인명 옥피리.

【桄】인명 1 가득 차다. 2 광랑나무. ☐桄榔.

【匡】^{인명} **1** 바로잡다. □匡正 / 匡救. **2** 두려워하다. □匡懼.

【曠】^{인명} 넓다. □曠野 / 曠濶.

【耿】^{인명} '光'과 동자.

→ 괘 ←

【掛】^{고교} 걸다. 걸쳐 놓다. □掛軸 / 掛鐘 / 掛圖.

→ 괴 ←

【塊】^{고교} **1** 흙덩이. □塊土. **2** 덩어리. □肉塊 / 金塊 / 塊炭.

【壞】^{고교} □무너뜨릴 괴 □ **1** 무너뜨리다. □破壞 / 壞決 / 壞損. **2** 무너지다. 파괴됨. □壞滅 / 壞死. □혹. □壞木.

【怪】^{고교} **1** 의심하다. 의심스럽다. □怪疑 / 怪疾 / 不怪. **2** 기이하다. □怪力 / 怪奇 / 怪物.

【愧】^{고교} 부끄러워하다. 수치를 느끼다. □羞愧 / 愧色.

→ 굉 ←

【宏】^{인명} 크다. □宏壯 / 宏闊.

→ 교 ←

【交】^{중학} **1** 사귀다. □交際 / 社交 / 外交 / 修交. **2** 엇갈리다. □交叉 / 交錯. **3** 왕래하다. □交流 / 交通 / 交易. **4** 주고받다. □交戰 / 交替 / 交感.

【教】^{중학}【教】^{인명} **1** 가르치다. 알게 하다. □教授 / 教育 / 教化 / 教師 / 說教. **2** 종교. □教徒 / 教主 / 佛教 / 教會 / 儒教.

【校】^{중학} **1** 학교. □校舍 / 校長 / 鄕校 / 母校. **2** 조사하다. 교정하다. □檢校 / 校閱.

【橋】^{중학} 다리. □橋梁 / 橋脚 / 鐵橋 / 架橋 / 浮橋.

【巧】^{고교} **1** 공교하다. ㉠솜씨가 있다. □巧拙 / 精巧. ㉡말솜씨가 있다. □巧辯 / 巧言. **2** 교묘하다. □巧妙 / 巧計.

【矯】^{고교} 바로잡다. □矯導官 / 矯正 / 矯俗 / 矯弊 / 矯角殺牛.

【較】^{고교} **1** 견주다. 비교하다. □日較差 / 比較. **2** 환하다. 분명하다. □較然 / 較明.

【郊】^{고교} **1** 성 밖. □郊外. **2** 들. 시골. 또는 야외. □郊陌 / 農郊.

【僑】^{인명} 객지에 살다. □僑胞 / 華僑.

【喬】^{인명} 높다. □喬木 / 喬松.

【嬌】^{인명} 아리땁다. 요염하다. □嬌態 / 嬌聲 / 愛嬌.

【膠】^{인명} 아교. □膠着 / 阿膠.

→ 구 ←

【久】^{중학} 오래다. □久遠 / 永久磁石 / 日久 / 恒久 / 長久 / 悠久 / 天長地久.

【九】^{중학} **1** 아홉. □九牛一毛 / 九日. **2** 아홉 번. 구 회. □九死一生.

【口】^{중학} **1** 입. □耳目口鼻 / 口腔 / 糊口. **2** 어귀. □河口 / 浦口. **3** 인구. □戶口 / 人口. **4** 말하다. □口論 / 口頭.

【句】^{중학} 구절. □句節 / 句點 / 字句.

【救】^{중학} **1** 구원하다. □救命 / 救護 / 救國. **2** 돕다. □救助 / 救恤.

【求】^{중학} **1** 구하다. □欲求 / 探求 / 請求. **2** 빌다. 구걸하다. □求乞.

【究】^{중학} **1** 궁구하다. 연구하다. □究明 / 研究. **2** 다하다. □究極 / 究竟.

【舊】^{중학} **1** 옛날. 과거. □新人舊出 / 舊惡 / 復舊 / 舊誼. **2** 오래다. □舊臣 / 舊譯. **3** 친구. □舊友 / 親舊.

【丘】^{고교} 언덕. □丘陵 / 丘山 / 砂丘.

【俱】^{고교} **1** 다. 함께. □父母俱存 / 俱發 / 俱沒. **2** 갖추다. 구비하다.

【具】^{고교} **1** 갖추다. □具足 / 具色 / 具備. **2** 그릇. 기구. □器具 / 道具 / 農具. **3** 차림. 준비. □裝具.

【區】^{고교} **1** 구역. 지경. □區域 / 區間 / 區內 / 地區. **2** 구구하다. **3** 행정 구획 단위. □區民 / 區廳 / 自治區.

【懼】^{고교} **1** 두려워하다. □恐懼 / 懼震. **2** 어려워하다. □悚懼.

【拘】^{고교} **1** 잡다. □拘束 / 拘禁. **2** 거리끼다. □拘泥 / 不拘.

【構】^{고교} 얽다. 얽어 만들다. □構造 / 構成 / 構想 / 虛構 / 構築 / 機構.

【狗】^{고교} 개. □喪家之狗 / 走狗.

【球】^{고교} **1** 옥. □小球大球. **2** 둥근 물체. 공 따위. □球根 / 蹴球 / 血球.

【苟】^{고교} **1** 구차하다. □苟且偸安 / 苟安 / 苟活. **2** 진실로. 참으로. □苟全.

【驅】^{고교} **1** 몰다. □驅動 / 驅逐. **2** 대열. □先驅.

【龜】^{고교} □나라이름 구 □ **1** 나라 이름. □龜茲. **2** 땅 이 □틀 균

름. ❏龜尾 / 龜蒙 / 龜山.
㈏트다. 갈라지다. ❏龜裂.

【坵】인명 '丘'의 속자.

【玖】인명 옥돌. ❏玖璇.

【矩】인명 1 법. ❏矩度. 2 곱자. ❏矩尺.

【邱】인명 언덕. ❏邱陵.

【銶】인명 끌. 연장의 하나.

【溝】인명 도랑. ❏溝池 / 汚溝 / 溝中瘠.

【購】인명 사다. ❏購買 / 購入.

【鳩】인명 비둘기. ❏鳩巢 / 傳書鳩.

【軀】인명 몸. ❏軀幹 / 軀體 / 病軀 / 老軀.

【耉】인명 늙다. 또는 늙은이. '耈'와 동자.

【枸】인명 구기자. ❏枸杞子.

【鷗】인명 갈매기. ❏鷗鷺 / 白鷗 / 海鷗.

➤ 국 ◄

【國】중학 【国】인명 나라. ❏國家 / 愛國 / 共和國 / 國民.

【局】고교 1 판국. 장기·바둑 등의 판. ❏對局. 2 마을. 관아. ❏當局 / 郵遞局. 3 사물의 끝. ❏結局 / 終局. 4 당면한 사태. ❏時局 / 局面. 5 사무 담당 부서의 하나. ❏編輯局 / 事務局 / 局長.

【菊】고교 국화. ❏菊花 / 黃菊 / 芳菊 / 賞菊.

【鞠】인명 기르다. ❏鞠育.

➤ 군 ◄

【君】중학 1 임금. ㉠❏君主 / 名君. ㉡제후. ❏孟嘗君 / 大君. 2 아버지·남편의 존칭. ❏先君 / 夫君 / 郎君.

【軍】중학 군사. ❏軍隊 / 軍卒 / 陸軍 / 軍備 / 我軍 / 行軍 / 軍需品.

【郡】중학 고을. ❏郡縣 / 南海郡 / 郡民.

【群】고교 1 무리. 떼. ❏群衆 / 群像 / 群雄 / 拔群 / 大群. 2 모이다. ❏群集 / 群居 / 群生.

➤ 굴 ◄

【屈】고교 1 굽다. ❏屈折 / 屈曲. 2 굽히다. ❏屈伸 / 屈指. 3 눌리다. ❏屈從 / 屈辱 / 屈伏.

【窟】인명 굴. ❏洞窟 / 石窟 / 巢窟.

➤ 궁 ◄

【弓】중학 활 또는 활 모양의 것. ❏弓矢 / 弓形 / 洋弓 / 弓狀 / 胡弓.

【宮】고교 1 집. 2 대궐. 궁전. ❏宮闕 / 離宮 / 東宮 / 中宮 / 阿房宮. 3 오음(五音)의 하나. ❏宮商角徵羽.

【窮】고교 1 궁구하다. 연구하다. ❏窮理 / 窮究. 2 궁하다. ❏窮境 / 窮策 / 窮乏 / 困窮. 3 다하다. 또는 끝나다. ❏窮極 / 無窮.

【躬】인명 몸. ❏躬行 / 聖躬.

➤ 권 ◄

【勸】중학 권하다. 권면하다. ❏勸業 / 勸誘 / 勸奬 / 勸善懲惡.

【卷】중학 1 두루마리. 주지(周紙). ❏卷經 / 卷子本 / 卷軸. 2 책. ❏卷頭 / 卷帙 / 萬卷.

【權】중학 1 권세. 권력. ❏權勢 / 權柄 / 權力 / 全權. 2 권리. ❏人權 / 民權 / 平等權.

【券】고교 1 어음 쪽. 2 증서. 증명서. ❏證券 / 債券 / 株券 / 旅券 / 回數券 / 銀行券.

【拳】고교 주먹. ❏拳鬪 / 空拳 / 强拳 / 鐵拳.

【圈】인명 1 우리. ❏圈牢. 2 구역. 범위. ❏文化圈 / 首都圈 / 成層圈 / 大氣圈 / 圈內.

【眷】인명 1 돌보다. ❏眷顧. 2 일가. ❏眷屬.

➤ 궐 ◄

【厥】고교 1 그. ❏厥女 / 厥者. 2 오랑캐 이름. ❏突厥.

【闕】인명 대궐. ❏大闕 / 闕內.

➤ 궤 ◄

【軌】고교 바큇자국. ❏軌道 / 軌跡.

➤ 귀 ◄

【歸】중학 1 돌아가다. 돌아오다. ❏歸去來 / 回歸 / 歸家 / 復歸 / 不歸.

2 따르다. 붙좇다. ▢歸依 / 歸順 / 歸命.

【貴】중학 1 귀하다. ▢貴公子 / 高貴 / 富貴 / 貴物 / 貴人 / 貴婦人. 2 존칭. 또 그 뜻의 접두어. ▢貴國 / 貴宅 / 貴下.

【鬼】고교 1 귀신. ▢鬼神 / 鬼才 / 惡鬼 / 妖鬼. 2 도깨비. ▢鬼火 / 鬼魅.

【龜】인명 거북. ▢龜鑑 / 龜甲 / 靈龜.

➤ 규 ◄

【叫】고교 1 부르짖다. 외치다. ▢阿鼻叫喚 / 叫呼 / 絶叫. 2 울다. ▢叫吟.

【糾】고교 1 살피다. ▢糾察 / 糾明. 2 모으다. ▢糾合.

【規】고교 1 법. 법칙. ▢規則 / 規行矩步 / 規約 / 法規 / 內規. 2 본뜨다. ▢規準 / 規格 / 規範.

【閨】인명 1 안방. 침실. ▢閨房 / 閨中 / 深閨 / 空閨. 2 부녀자. ▢閨秀 / 閨人 / 閨範.

【圭】인명 1 홀. ▢圭璧. 2 모나다. ▢圭角.

【奎】인명 별. 별 이름. ▢奎文 / 奎章.

【揆】인명 벼슬. 또는 벼슬아치. ▢揆地 / 端揆 / 首揆.

【珪】인명 '圭'의 고자(古字).

【逵】인명 큰길. ▢逵路.

【窺】인명 엿보다. 남몰래 보다. ▢窺視 / 窺知 / 詳窺.

【葵】인명 해바라기. ▢葵花.

➤ 균 ◄

【均】중학 1 평평하게 하다. 고르게 하다. ▢平均 / 均整 / 均衡. 2 고르다. 같다. ▢均等 / 均一 / 均分 / 均當.

【菌】고교 1 버섯. ▢松菌類 / 菌傘 / 菌類. 2 균. 세균. ▢病菌 / 黴菌 / 菌毒.

【畇】인명 밭을 일구다.

【鈞】인명 무게의 단위. 곧, 30근(斤). ▢鈞石 / 千鈞.

➤ 귤 ◄

【橘】인명 귤. ▢橘花 / 橘皮 / 甘橘.

➤ 극 ◄

【極】중학 1 지극하다. 또는 지극히. 매우. ▢極致 / 極貧 / 極惡 / 極樂 / 極上 / 極秘. 2 다하다. ▢極盡 / 極諫. 3 극. 끝.

▢極地方 / 南極 / 磁極 / 電極 / 極點.

【克】고교 이기다. 이겨 내다. ▢克己 / 克服 / 超克.

【劇】고교 1 심하다. ▢劇甚 / 劇寒. 2 연극. ▢喜劇 / 悲劇 / 劇作 / 劇團. 3 바쁘다. 번거롭다. ▢劇務 / 繁劇.

【剋】인명 이기다. ▢相剋.

【隙】인명 틈. ▢隙孔 / 間隙.

➤ 근 ◄

【勤】중학 1 부지런하다. 힘쓰다. ▢勤勉 / 勤勞. 2 근무하다. ▢勤務 / 夜勤 / 外勤.

【根】중학 1 초목의 뿌리. ▢草根木皮 / 木根 / 根莖. 2 근본. 근원. ▢根本 / 根源 / 根據 / 根治 / 禍根. 3 타고난 성질. ▢根性 / 根氣.

【近】중학 1 가깝다. ▢近世 / 近郊 / 附近 / 遠近 / 親近. 2 비슷하다. ▢近似.

【僅】고교 1 겨우. 근근이. ▢僅僅. 2 적다. 과소(寡少). ▢僅少. 3 거의. 거의 되다.

【斤】고교 1 무게의 단위. 열여섯 냥. ▢斤量 / 一斤. 2 도끼. 자귀. ▢斤斧.

【謹】고교 삼가다. 또는 삼가서 하다. ▢謹慎 / 謹厚 / 謹啓 / 謹嚴.

【漌】인명 맑다. 깨끗하다.

【墐】인명 매흙질하다. ▢墐戶.

【槿】인명 무궁화나무. ▢槿域 / 槿花.

【瑾】인명 붉은 옥.

【嫤】인명 1 여자 이름. 2 아름답다.

【筋】인명 힘줄. ▢筋肉 / 筋力 / 鐵筋.

【劤】인명 강하다.

➤ 금 ◄

【今】중학 1 이제. 지금. 현재. ▢今昔 / 古今 / 現今 / 昨今. 2 곧. 바로. ▢今時.

【禁】중학 1 금하다. ▢禁止 / 禁斷. 2 대궐. ▢禁中 / 禁軍. 3 가리어 피하다. ▢禁忌.

【金】중학 ㊀쇠 금 ㊁ 1 쇠. ▢金石 / 金屬. ㊁성 김 2 돈. ▢現金 / 換金 / 金額. 3 황금. ▢黃金 / 金塊. 4 오행(五行)의

하나. ❏金木水火土. **5** 금빛. ❏金髮 / 金波.
三(韓) 성의 하나. ❏金氏 / 金先生.

【琴】〈고교〉 거문고. 일반적으로는 현악기. ❏風琴 / 彈琴 / 大琴.

【禽】〈고교〉 **1** 날짐승의 총칭. ❏家禽 / 野禽 / 珍禽奇獸. **2** 사로잡다. ❏生禽.

【錦】〈고교〉 **1** 비단. 또는 비단옷. ❏錦衣 / 錦帳 / 文錦. **2** 비단처럼 아름다운 것. ❏錦繡江山.

【衾】〈인명〉 이불. ❏衾褥 / 衾枕.

【襟】〈인명〉 옷깃. ❏襟帶.

【昑】〈인명〉 밝다. 환하다.

➤ 급 ←

【及】〈중학〉 미치다. ❏及第 / 及其也 / 言及 / 不及 / 波及 / 普及.

【急】〈중학〉 **1** ㉠급하다. ❏急難 / 急迫 / 救急. ㉡빠르다. ❏急流 / 急速 / 急變. **2** 서두르다. ❏急設 / 早急. **3** 성급하다. ❏躁急 / 性急.

【給】〈중학〉 **1** 주다. ❏給與 / 給食 / 月給 / 支給 / 供給. **2** 넉넉하다. ❏給足.

【級】〈고교〉 **1** 등급. ❏官級 / 等級. **2** 층계. 계단. 정도. ❏進級 / 階級 / 低級. **3** 학급. ❏級友 / 學級 / 班級.

【汲】〈인명〉 물을 긷다. ❏汲水.

➤ 긍 ←

【肯】〈고교〉 긍정하다. ❏肯定 / 首肯.

【亘】〈인명〉 〈亙〉〈인명〉 뻗치다.

【兢】〈인명〉 조심하다. ❏兢恪 / 戰戰兢兢.

【矜】〈인명〉 **1** 자랑하다. ❏矜持.
2 가엾이 여기다. ❏矜恤.

➤ 기 ←

【其】〈중학〉 **1** 그 또는 그것. ❏其時 / 其前 / 其後 / 其他 / 其中 / 其亦 / 其間.
2 어조사.

【基】〈중학〉 **1** 터. 근본. 토대. 터전. ❏基礎 / 基盤 / 國基. **2** 화학 반응에서의 기. ❏水酸基.

【己】〈중학〉 **1** 몸. ❏自己 / 知彼知己 / 克己.
2 여섯째 천간. ❏己丑 / 己未.

【幾】〈중학〉 **1** 빌미. ❏幾微 / 幾事.
2 몇. ❏幾何 / 幾日 / 未幾.

【技】〈중학〉 재주. 재능. 솜씨. ❏技術 / 技藝 / 技能 / 妙技 / 特技.

【旣】〈고교〉 **1** 이미. ❏旣已 / 旣成.
2 다하다. ❏皆旣日蝕.

【期】〈중학〉 **1** 때. 시기. ❏農繁期 / 期間 / 節期 / 時期. **2** 기간. ❏無期 / 任期. **3** 바라다. ❏期待 / 所期. ❏豫期.

【氣】〈중학〉 **1** 기운. ❏精氣 / 浩然之氣 / 氣力 / 生氣 / 士氣. **2** 날씨. 기후. ❏氣候 / 天氣 / 氣流 / 日氣. **3** 김. 공기. 가스. ❏空氣 / 蒸氣 / 氣體 / 氣化. **4** 숨. 호흡. ❏氣絶 / 氣孔.

【記】〈중학〉 **1** 적다. ❏筆記 / 速記士 / 記錄 / 記載. **2** 적은 것. ❏傳記 / 旅行記. **3** 외다. ❏記憶 / 暗記. **4** 표지(標識). ❏記號 / 記章.

【起】〈중학〉 **1** 일어나다. ❏起因 / 起源 / 起立 / 早起. **2** 흥하다. 성하다. ❏起伏 / 興起 / 奮起.

【企】〈고교〉 **1** 발돋움하다. ❏企望. **2** 도모하다. ❏企及 / 企劃 / 企業 / 企圖.

【器】〈고교〉 **1** 그릇. 용기(容器). 기구. ❏什器 / 陶器 / 器械 / 器具. **2** 재능. 도량. ❏器質 / 器局 / 才器 / 器量.

【奇】〈고교〉 **1** 기이(奇異)하다. ❏奇怪 / 奇怪石. **2** 진귀하다. ❏奇聞 / 奇論. **3** 불가사의하다. ❏奇蹟 / 奇緣. **4** 기수. 홀수. ❏奇偶.

【寄】〈고교〉 **1** 부치다. ❏寄書 / 寄附金 / 寄稿. **2** 부쳐지내다. ❏寄寓 / 寄居 / 寄生. **3** 들르다. ❏寄港. **4** 맡기다. ❏寄托 / 寄贍.

【忌】〈고교〉 **1** 미워하다. 시기하다. ❏嫌忌 / 憎忌 / 猜忌 / 妬忌. **2** 꺼리다. ❏忌避 / 忌憚 / 忌諱. **3** 기일. ❏忌中.

【旗】〈고교〉 **1** 기. ❏旌旗 / 太極旗 / 旗艦. **2** 표. 표지(標識). ❏旗章 / 旗幟.

【棄】〈고교〉 버리다. 내버리다. 돌보지 아니하다. ❏放棄 / 廢棄 / 棄却 / 棄權 / 棄兒 / 自棄.

【機】〈고교〉 **1** 틀. 기계. ❏機關室 / 機械 / 飛行機. **2** 재치. 기교. ❏機智 / 機敏. **3** 중요로운 것. ❏機密 / 天機. **4** 기회. 때. ❏時機 / 好機 / 危機 / 失機.

【欺】〈고교〉 **1** 속이다. 기만하다. ❏欺罔 / 欺瞞 / 詐欺. **2** 거짓. 기만. 허위. ❏欺誣.

【畿】〈고교〉 경기. 왕도(王都) 주위 오백 리 이내의 땅. ❏畿內 / 京畿 / 近畿.

【祈】〈고교〉 빌다. 복을 빌다. 희구(希求)하다. ❏祈願 / 祈念 / 祈禱 / 祈求.

【紀】〈고교〉 **1** 법도. ❏紀綱 / 官紀. **2** 적다. ❏紀傳 / 紀行文 / 本紀 / 紀念. **3** 해. 세월. 연대. ❏紀元 / 檀紀 / 西紀.

【豈】고교 ㊀어찌 기 ㊁개가 개 ㊀어찌. 왜. ❏豈敢. ㊁개가(凱歌). '凱(개)'와 통용. ❏豈樂.

【飢】고교 1 주리다. 굶주리다. ❏飢餓 / 飢渴. 2 흉년 들다. ❏飢饉 / 飢穰.

【騎】고교 1 말을 타다. ❏騎馬. 2 말을 탄 군사. ❏騎兵 / 單騎 / 鐵騎.

【淇】인명 물 이름. ❏淇水.

【琪】인명 1 옥 이름.
2 아름답다. ❏琪花瑤草.

【璂】인명 관(冠)의 솔기를 장식하는 옥.

【棋】인명 바둑. ❏棋局 / 棋譜.

【祺】인명 좋다. ❏祺祥 / 祺然.

【錤】인명 호미.

【騏】인명 털총이. 검고 푸른 무늬가 줄지어 박힌 말.

【麒】인명 기린. ❏麒麟.

【玘】인명 패옥.

【杞】인명 구기자. ❏枸杞子.

【埼】인명 갑. 곶.

【崎】인명 산길이 험하다. ❏崎嶇.

【琦】인명 옥 이름.

【綺】인명 비단. ❏綺羅 / 綺窓.

【錡】인명 세발솥.

【箕】인명 1 키. 2 다리를 뻗다. ❏箕踞.

【岐】인명 갈림길. 가닥이 짐. ❏岐路 / 分岐 / 多岐.

【汽】인명 김. 증기. ❏汽笛 / 汽車 / 汽船.

【沂】인명 물 이름. ❏沂水.

【圻】인명 경기(京畿). ❏圻內.

【耆】인명 늙은이. ❏耆年 / 耆老.

【璣】인명 구슬.

【磯】인명 물가. ❏釣磯.

【譏】인명 1 나무라다. 비난하다. ❏譏謗 / 譏訕. 2 조사하다. ❏譏察.

【冀】인명 바라다. ❏冀望.

【驥】인명 천리마. ❏驥尾.

【嗜】인명 즐기다. ❏嗜酒 / 嗜好食品.

【暣】인명 날씨. 일기.

【伎】인명 재주. ❏伎倆 / 伎能.

➔ 긴 ➔

【緊】고교 1 굳다. ❏緊密. 2 팽팽하다. ❏緊張. 3 급하다. ❏緊急 / 緊迫. 4 긴하다. ❏緊要. 5 줄이다. ❏緊縮.

➔ 길 ➔

【吉】중학 1 길하다. ❏吉夢 / 吉凶禍福 / 立春大吉. 2 혼인. ❏吉年 / 吉禮. 3 제사.

【佶】인명 1 건강하다.
2 굽다. ❏佶屈聱牙.

【桔】인명 도라지. ❏桔梗.

【姞】인명 삼가다.

➔ 나 ➔

【那】고교 어찌. 또는 어찌하여《하(何)와 같은 뜻》.

【奈】인명 어찌. ❏奈邊.

【柰】인명 능금나무.

【娜】인명 날씬하다.

【拏】인명 잡다. ❏拏捕.

➔ 낙 ➔

【諾】고교 1 대답하다. 답변하다. ❏謹諾 / 敬諾. 2 승낙하다. 승인하다. ❏承諾 / 許諾 / 受諾 / 應諾.

➔ 난 ➔

【暖】중학 1 따뜻하다. ❏暖帶林 / 溫暖.
2 따뜻이 하다. ❏暖房 / 暖爐.

【難】중학 1 어렵다. 어려움. ❏難局 / 難題 / 國難 / 困難 / 艱難. 2 근심. 재앙. 난리. ❏災難 / 避難.

【煖】인명 따뜻하다. ❏煖氣 / 煖爐.

➔ 날 ⬅

【捺】인명 손으로 누르다. ❏捺印.

➔ 남 ⬅

【南】중학 **1** 남녘. 남쪽. 남방. ❏南道 / 江南. **2** 남쪽을 향하여 가다. ❏南面 / 日南.

【男】중학 **1** 사내. ❏男女 / 男性 / 美男 / 快男. **2** 아들. ❏長男 / 二男二女.

【楠】인명 녹나무.

【湳】인명 물 이름.

➔ 납 ⬅

【納】고교 **1** 들이다. ❏納言 / 受納. **2** 바치다. 바침. ❏納付 / 納稅 / 納品. **3** 거두다. ❏納骨.

➔ 낭 ⬅

【娘】고교 계집. ❏娘子 / 娘娘 / 娘子軍.

➔ 내 ⬅

【乃】중학 **1** 이에. **2** 어조사. 乃武乃文 / 乃聖乃神. **3** 접때. 이전에. ❏乃昔 / 乃往 / 乃者.

【內】중학 **1** 안. 속. ❏內面 / 內容 / 城內 / 內外. **2** 몰래. 비밀히. ❏內通 / 內應 / 內諾.

【奈】고교 어찌《여하(如何)와 뜻이 같음》. ❏奈何.

【耐】고교 **1** 견디다. 배겨 내다. 유지하다. ❏耐震 / 耐久 / 耐火. **2** 참다. ❏耐寒 / 忍耐.

【柰】인명 **1** 능금나무. **2** 어찌. ❏柰何.

➔ 녀 ⬅

【女】중학 **1** 계집. 여자. ❏女丈夫 / 烈女 / 淑女. **2** 딸. 또는 처녀. ❏女息 / 長女 / 一男二女.

➔ 년 ⬅

【年】중학【秊】인명 **1** 해. ❏年年歲歲 / 今年. **2** 나이. 연령. ❏年齒 / 中年 / 同年輩. 참고 '秊'은 본자.

➔ 념 ⬅

【念】중학 **1** 생각. ❏觀念 / 理念 / 信念 / 念頭 / 斷念. **2** 생각하다. ❏念願 / 念慮 / 紀念 / 執念. **3** 외다. ❏念佛 / 念誦.

➔ 녕 ⬅

【寧】고교 **1** 차라리. **2** 편안하다. ❏寧日 / 康寧 / 安寧.

➔ 노 ⬅

【怒】중학 **1** 성. 화. ❏怒氣 / 憤怒. **2** 기세. 위세(威勢). **3** 세차다. ❏怒濤.

【努】고교 힘쓰다. 부지런히 일하다. ❏努力 / 努肉.

【奴】고교 **1** 종·남자종. ❏奴隸 / 官奴 / 奴婢. **2** 놈. ❏奴輩 / 守錢奴.

➔ 농 ⬅

【農】중학 **1** 농사. ❏農耕 / 農事 / 勸農 / 農業 / 農作物. **2** 농부. ❏農民 / 農家 / 富農 / 農軍.

【濃】인명 **1** 짙다. ❏濃淡 / 濃粧. **2** 밀도가 높다. ❏濃縮 / 濃霧 / 濃厚.

➔ 뇌 ⬅

【惱】고교 **1** 괴로워하다. ❏苦惱 / 煩惱. **2** 괴롭히다. ❏惱亂 / 惱殺.

【腦】고교 **1** 머릿골. ❏腦漿 / 腦髓 / 大腦. **2** 머리. ❏頭腦. **3** 머리의 작용. ❏腦裏 / 洗腦.

➔ 뉴 ⬅

【紐】인명 매다. ❏紐帶 / 結紐.

【鈕】인명 인꼭지. 도장의 손잡이 부분. ❏印鈕.

➔ 능 ⬅

【能】중학 **1** 능하다. 또는 일하는 재주·힘. 재능. ❏能筆 / 能力 / 才能 / 無能. **2** 작용. 효과. ❏效能 / 性能 / 能率 / 可能 / 放射能.

➔ 니 ⬅

【泥】고교 **1** 진흙. ❏雲泥 / 泥田鬪狗 / 泥炭 / 泥土 / 金泥. **2** 진창. 흙탕물. ❏泥濘 / 泥水 / 泥溝.

➔ 다 ⬅

【多】중학 **1** 많다. ❏多數 / 多才多能 / 多大 / 多寡 / 過多. **2** 낫다.

【茶】고교 **1** 차나무. **2** 차. ❏茶菓 / 綠茶.

⇒ 단 ⇐

【丹】〔중학〕 1 주사(朱砂). □丹砂. 2 붉다. 붉은빛. □丹靑 / 丹朱 / 丹誠 / 丹脣.

【但】〔중학〕 1 다만. 단지. 그것만. □但書 / 非但. 2 특히 그것만 일부러. 3 한갓. 헛되이.

【單】〔중학〕 ㊀홑 단 　㊁홑. ㉠단지 하나. ㊂오랑캐임금 선　나. 單獨 / 單身 / 單色. ㉡한 덩어리. 하나로 셀 수 있는 것. □單位 / 單元 / 單語. ㊂오랑캐 임금. □單于.

【短】〔중학〕 1 짧다. □短見 / 短期 / 短歌. 2 허물. 결점. □一長一短 / 長短點.

【端】〔중학〕 1 바르다. 바로잡다. □端言 / 端正. 2 끝. □末端 / 先端. 3 일. □萬端 / 複雜多端. 4 실마리. □端緒.

【團】〔고교〕 1 둥글다. □團圓 / 團欒. 2 모이다. □團結權 / 團合. 3 모임. □團體 / 樂團.

【壇】〔고교〕 1 단. □祭壇 / 登壇 / 花壇. 2 특수 사회. □文壇 / 畫壇.

【斷】〔고교〕 1 끊다. ㉠절단하다. □斷絶 / 切斷. ㉡그만두다. □斷食 / 斷煙. 2 끊어지다. □斷線 / 斷續. 3 결단하다. □斷定 / 判斷.

【旦】〔고교〕 1 아침. □旦夕 / 旦暮 / 元旦 / 明旦. 2 밝다. 밤이 새다.

【檀】〔고교〕 1 박달나무. □檀木 / 檀國. 2 단향목. □旃檀.

【段】〔고교〕 1 조각. □片段 / 斷段. 2 층계. □階段. 3 문장의 한 구분. □段落. 4 수단. □手段. 5 유도·검도·바둑 따위의 등급. □初段 / 昇段.

【緞】〔인명〕 비단. □緞子 / 緋緞.

【鍛】〔인명〕 단련하다. □鍛工 / 鍛鍊.

⇒ 달 ⇐

【達】〔중학〕 1 통하다. □通達 / 四通八達 / 達見. 2 달하다. □窮達 / 榮達. 3 익숙하다. □達觀 / 熟達. 4 보내다. □配達 / 送達. 5 알리다. □下達 / 示達.

⇒ 담 ⇐

【談】〔중학〕 1 이야기. 또는 이야기하다. □美談 / 私談 / 談笑 / 談論 / 面談 / 會談. 2 농하다. □戲談 / 弄談.

【擔】〔고교〕 1 메다. 짐을 어깨에 메다. □擔銃 / 擔荷. 2 맡다. 부담하다. □擔任 / 分擔.

【淡】〔고교〕 1 싱겁다. □淡味 / 淡食 / 粗淡. 2 엷다. □淡色 / 淡綠色 / 濃淡. 3 담

박하다. 담담하다. □淡淡 / 淡泊.

【潭】〔인명〕 깊다. □潭根 / 潭深 / 潭潭 / 潭思 / 龍潭.

【譚】〔인명〕 이야기. □民譚.

【膽】〔인명〕 쓸개. □膽囊 / 膽力.

【澹】〔인명〕 담박하다. □澹澹.

【覃】〔인명〕 깊다. □覃思.

⇒ 답 ⇐

【答】〔중학〕 1 대답하다. □問答式 / 回答 / 應答 / 答辯. 2 갚다. □答禮 / 答拜.

【畓】〔고교〕 논. 수전(水田). □田畓 / 天水畓.

【踏】〔고교〕 1 밟다. 밟고 누르다. □踏舞 / 踏橋 / 踏襲. 2 걷다. □踏步 / 踏破 / 踏査 / 前人未踏.

⇒ 당 ⇐

【堂】〔중학〕 1 집. ㉠방. □堂房 / 金玉滿堂 / 草堂. ㉡큰 집. □殿堂 / 公會堂 / 堂宇. 2 당당하다. 의젓하다. □堂堂.

【當】〔중학〕 1 당하다. □堪當 / 一騎當千. 2 마땅하다. □當否 / 不當 / 至當. 3 바로 맞다. □當籤 / 當選. 4 맡다. □擔當 / 當局. 5 이. 그. □當時 / 當代.

【唐】〔고교〕 1 황당무계하다. □荒唐. 2 당나라. □唐人 / 唐詩.

【糖】〔고교〕 1 엿. 2 설탕. □製糖業 / 果糖 / 糖分 / 白糖.

【黨】〔고교〕 1 마을. □鄕黨. 2 무리. □黨派 / 政黨 / 野黨.

【塘】〔인명〕 못. □池塘.

【鐺】〔인명〕 쇠사슬.

【撞】〔인명〕 치다. □撞球 / 撞着.

⇒ 대 ⇐

【代】〔중학〕 1 대신하다. □代理店 / 代書 / 代身. 2 대. 시대. □古代 / 時代 / 唐代 / 宋代. 3 《韓》값. □代金. 4 지질 시대의 구분. □中生代 / 古生代. 5 연령의 대강 범위. □十代 / 五十代.

【大】〔중학〕 1 크다. □大陸 / 大江 / 大會. 2 많다. □大衆 / 大軍. 3 중대하다. □大事 / 重大. 4 높다. □大官 / 大人 / 大將. 5 매우. 심하다. □大愚 / 大患. 6 대강. 개략.

❏大略／大槪／大要. 7 대학의 준말. ❏法大／專門大.

【對】중학 1 마주 보다. 대하다. ❏正反對／對面／相對／對敵／對陣. 2 짝. ❏對偶.

【待】중학 1 기다리다. 대비하다. ❏待望／待機. 2 대접하다. 대우하다. ❏接待／歡待.

【帶】고교 1 띠. ❏革帶／衣帶／繃帶. 2 차다. ❏帶劍／携帶. 3 띠 모양으로 된 지역의 구분. ❏溫帶／寒帶／森林帶／火山帶／地帶. 4 데리고 있거나 다니다. ❏帶同／世帶.

【臺】고교 1 대. ❏高臺／築臺／樓臺／燭臺. 2 사물의 기초가 되는 것. ❏臺本／土臺.

【貸】고교 빌리다. ❏貸付金／貸借／賃貸.

【隊】고교 떼. 대(隊). ❏隊長／樂隊／隊列／聯隊.

【垈】인명 터. ❏垈田／垈地.

【玳】인명 대모. ❏玳瑁.

【袋】인명 자루. ❏麻袋／布袋.

【戴】인명 이다. ❏戴冠／推戴.

【擡】인명 들다. ❏擡頭.

【旲】인명 햇빛. 일광.

➡ 덕 ⬅

【德】중학 【悳】인명 1 덕. ❏德不孤／德行／德性／道德／德化. 2 복. 행복. ❏福德／恩德／德澤. 3 은혜. ❏恩德／德澤.

➡ 도 ⬅

【刀】중학 1 칼. 도검(刀劍). ❏刀痕／短刀／軍刀. 2 돈 이름. 칼 모양의 돈. ❏刀幣.

【到】중학 1 이르다. ㉠닿다. ❏到達／到着／到處. ㉡오다. ❏到來／殺到. 2 주밀하다. ❏周到／精到.

【圖】중학 1 그림. ❏繪圖／圖示. 2 지도. ❏地圖／略圖. 3 꾀하다. ❏圖謀／企圖／壯圖.

【島】중학 섬. 도서(島嶼). ❏韓半島／島國／島民／孤島.

【度】중학 1 법도. 법칙. ❏制度／度外／法度. 2 번. 횟수. ❏度數. 3 온도·

각도·밀도 따위의 단위. 또는 그것을 나타내는 말. ❏溫度／角度／緯度／密度／濃度.

【徒】중학 1 걸어다니다. ❏徒步. 2 다만. ❏徒勞／無爲徒食. 3 무리. ❏徒黨／徒輩. 4 제자. ❏信徒／生徒／徒弟.

【道】중학 1 길. ㉠도로. ❏道路／街道／人道／步道. ㉡사람이 지켜야 할 길. ❏王道／道義／道德／道理／正道. 2 도교(道敎)의 준말. ❏道學／道術. 3 행정상의 구획. ❏道議會／江原道. 4 말하다. ❏唱道／報道.

【都】중학 1 도읍. ❏都市人／遷都／王都／都城. 2 모두. ❏都是／都合. 3 거느리다. ❏都督.

【倒】고교 1 넘어지다. ❏倒死／卒倒／顚倒. 2 거꾸로 되다. ❏倒置／倒影.

【塗】고교 1 진흙. ❏塗泥. 2 바르다. ❏塗料／塗褙.

【導】고교 1 이끌다. ❏引導／指導. 2 가르치다. ❏敎導／訓導. 3 불·전기를 전하다. ❏導火線／導體.

【挑】고교 돋우다. ❏挑發／挑戰.

【桃】고교 복숭아. 복숭아나무. ❏桃花／桃李杏花／白桃／天桃.

【渡】고교 1 건너다. ❏渡來／渡河／渡江. 2 나루. ❏渡津／渡頭／三田渡.

【盜】고교 1 훔치다. 2 도둑. 도둑질. 도둑질하다. ❏盜用／盜取／竊盜／盜名／强盜／盜賊／盜聽／盜汗.

【稻】고교 벼. ❏早稻／晚稻／稻熱病／立稻先賣.

【跳】고교 1 뛰다. 도약하다. ❏高跳／跳梁／跳躍. 2 솟구치다. ❏跳身.

【逃】고교 1 달아나다. 도망하다. ❏逃走／逃亡. 2 피하다. ❏逃避／逃去.

【途】고교 길. 도로. ❏途上／途中下車／前途／中途.

【陶】고교 1 질그릇. ❏陶瓷器／陶瓦. 2 사람을 교화(敎化)하다. ❏陶冶／陶鍊. 3 기뻐하다. ❏陶醉／陶然.

【堵】인명 담. ❏堵列／堵牆.

【棹】인명 노. ❏棹歌.

【濤】인명 큰 물결. ❏濤聲／怒濤／波濤.

【燾】인명 1 비추다. 2 덮다. ❏燾育.

【禱】인명 빌다. ❏祈禱／默禱.

【鍍】인명 도금하다. ❏鍍金.

【蹈】인명 밟다. □舞蹈 / 蹈破.

➔ 독 ←

【獨】중학 1 홀로. □獨行 / 獨學 / 單獨 / 孤獨. 2 독일의 약칭. □獨語 / 獨韓辭典.

【讀】중학 ㉠읽을 독 ㉠읽다. □讀書 / 讀者 / 朗讀 / 誦讀. ㉡구두 두 ㉡구두. □句讀點.

【毒】고교 1 독. □毒劇物 / 毒藥 / 中毒 / 解毒. 2 독과 같이 사람을 해치는 것. □毒舌 / 毒婦 / 惡毒 / 毒筆.

【督】고교 감독하다. □督勵 / 監督.

【篤】고교 1 도탑다. □篤信 / 篤實 / 敦篤. 2 병이 위중하다. □危篤 / 篤疾.

➔ 돈 ←

【敦】고교 1 도탑다. 독후(篤厚)하다. □敦厚 / 敦篤. 2 힘쓰다. 노력하다. □敦學 / 敦勉.

【豚】고교 1 돼지. □豚皮 / 養豚. 2 자기 아들의 겸칭. □豚兒.

【墩】인명 돈대. □墩臺.

【惇】인명 도탑다. □惇篤 / 惇厚.

【暾】인명 아침 해.

【燉】인명 불빛.

【頓】인명 1 조아리다. □頓首. 2 갑자기. □頓悟. 3 가지런히 하다. □整頓.

➔ 돌 ←

【突】고교 1 부딪치다. □衝突 / 激突. 2 갑작스럽다. □唐突 / 突發 / 突然. 3 구멍을 파서 뚫다. □突破 / 突貫.

【乭】인명 이름. □甲乭.

➔ 동 ←

【冬】중학 겨울. □冬服 / 冬季 / 三冬 / 嚴冬.

【動】중학 1 움직이다. □移動 / 動産 / 動搖 / 微動. 2 마음·행동 따위의 움직임. □感動 / 言動 / 動作 / 舉動. 3 어지럽다. □動亂 / 激動 / 暴動.

【同】중학 1 한가지. □同一 / 同時 / 不同. 2 같이하다. 함께하다. □同樂 / 同伴 / 同夫人. 3 모이다. □會同 / 合同 / 附和雷同. 4 화합하다. □大同 / 和同.

【東】중학 동녘. □東西 / 東經 / 東流 / 正東.

【洞】중학 ㉠골 동 ㉡1 골. □洞穴 / 洞里 / 洞口. ㉡꿰뚫을 통 窟. 2《韓》동네. ㉡꿰뚫다. 통달하다. □洞察 / 洞貫 / 洞究 / 洞達.

【童】중학 1 아이. 15세 전후의 남녀. □兒童 / 童蒙 / 童貞 / 童心. 2 종. □奴童 / 童僕.

【凍】고교 얼다. □凍結 / 凍死 / 冷凍 / 解凍 / 不凍港.

【銅】고교 1 구리. □銅器時代 / 赤銅 / 靑銅 / 銅鑛. 2 동기. 구리로 만든 것. □銅像 / 銅版 / 銅貨 / 銅錢.

【棟】인명 마룻대. □棟軒 / 棟梁.

【董】인명 1 바로잡다. 동독하다. □董督 / 董正. 2 골동. □骨董.

【潼】인명 물 이름.

【垌】인명 항아리.

【瞳】인명 눈동자. □瞳孔 / 瞳子.

【蝀】인명 무지개.

【桐】인명 1 오동나무. □梧桐 / 桐油. 2 거문고. □絃桐.

➔ 두 ←

【斗】중학 1 말. 열 되들이. □大斗 / 斗糧 / 百斗 / 斗升. 2 성수(星宿)의 이름. □泰斗 / 北斗七星.

【豆】중학 콩. 대두(大豆). □豆芽菜 / 豆腐 / 豌豆.

【頭】중학 1 머리. □頭骨 / 頭腦. 2 우두머리. □頭目 / 頭領. 3 첫째. 첫머리. □先頭 / 年頭 / 頭角 / 冒頭. 4 가. 옆. 근처. □店頭 / 街頭.

【杜】인명 막다. □杜絕 / 杜門不出.

【枓】인명 두공. □枓栱 / 柱枓.

➔ 둔 ←

【屯】고교 진을 치다. □駐屯 / 屯田 / 屯兵.

【鈍】고교 1 무디다. □鈍器. 2 굼뜨다. □鈍馬 / 遲鈍. 3 우둔하다. 미련하다. □鈍物 / 愚鈍.

【遁】인명 달아나다. □遁走 / 遁辭.

⇒ 득 ⇐

【得】중학 **1** 얻다. 손에 넣다. ❏得點 / 得男 / 拾得. **2** 이를 얻다. ❏利得 / 得失. **3** 만족하다. ❏得意 / 納得.

⇒ 등 ⇐

【燈】중학 **1** 등잔. 등불. ❏燈火 / 燈臺 / 街路燈. **2** 불법. ❏法燈 / 傳燈.

【登】중학 **1** 오르다. ❏登山 / 登攀隊 / 登壇 / 登極. **2** 탈것에 타다. ❏登船. **3** 장부에 올리다. ❏登記 / 登錄 / 登載. **4** 다니다. ❏登校 / 登院 / 登廳.

【等】중학 **1** 등급. ❏上等 / 一等級 / 等外. **2** 같다. ❏同等 / 等式. **3** 따위. ❏吾等 / 等等.

【騰】고교 오르다. ❏騰貴 / 沸騰點 / 騰落 / 暴騰.

【藤】인명 등나무. ❏藤架 / 藤牌 / 葛藤.

【謄】인명 베끼다. ❏謄本 / 謄寫機.

【鄧】인명 나라 이름.

⇒ 라 ⇐

【羅】고교 **1** 그물. ❏鳥羅. **2** 비단. ❏羅緞 / 綾羅. **3** 휘몰아들이다. ❏網羅.

【螺】인명 소라. ❏螺絲 / 螺旋.

⇒ 락 ⇐

【樂】중학 **1** 즐기다. 기뻐하다. ❏樂生 / 樂天 / 樂園. **2** 즐거움. 쾌락. ❏享樂 / 快樂 / 娛樂 / 苦樂.

【落】중학 **1** 떨어지다. ❏落下傘 / 墜落 / 暴落. **2** 기운을 잃다. ❏落心 / 落膽. **3** 함락하다. ❏落城 / 陷落. **4** 빠지다. ❏脫落. **5** 마을. ❏村落 / 部落.

【絡】고교 **1** 두르다. **2** 잇다. ❏連絡 / 絡繹.

【珞】인명 목걸이. ❏瓔珞.

【酪】인명 타락. ❏酪農 / 駝酪.

【洛】인명 **1** 물 이름. 황하(黃河)의 지류. ❏洛水 / 洛書 / 伊洛. **2** 서울 이름. ❏洛陽 / 洛師 / 洛京.

⇒ 란 ⇐

【卵】중학 알((조류(鳥類)·벌레·물고기의 알)). ❏卵生 / 卵育 / 排卵 / 產卵 / 鷄卵 / 卵用種.

【亂】고교 **1** 어지럽다. 흐트러지다. ❏散亂 / 亂視 / 亂立 / 騷亂. **2** 난리. ❏內亂 / 兵亂 / 亂離 / 避亂民.

【欄】고교 **1** 난간. ❏欄干. **2** 안. ❏欄外 / 讀者欄.

【蘭】고교 **1** 난초. ❏蘭薰 / 春蘭. **2** 목련(木蓮). ❏木蘭.

【瀾】인명 큰 물결. ❏瀾濤 / 波瀾 / 狂瀾.

【爛】인명 **1** 문드러지다. ❏爛死 / 腐爛. **2** 빛나다. ❏爛漫 / 燦爛 / 絢爛.

【瓓】인명 옥 무늬. ❏瓓玕.

⇒ 람 ⇐

【濫】고교 **1** (물이) 넘치다. ❏氾濫. **2** 함부로 하다. ❏濫伐 / 濫用.

【覽】고교 **1** (두루) 보다. ❏博覽 / 遊覽 / 觀覽. **2** 생각하여 보다. 살펴보다. ❏閱覽 / 一覽.

【藍】인명 쪽. ❏甘藍 / 靑出於藍.

⇒ 랑 ⇐

【浪】중학 **1** 물결. ❏波浪 / 激浪. **2** 함부로. 마구. ❏浪費 / 孟浪. **3** 유랑하다. ❏流浪 / 放浪 / 浪人.

【郎】중학 **1** 사내. ❏壻郎 / 新郎. **2** 벼슬 이름. ❏員外郎 / 侍郎.

【廊】인명 **1** 곁채. 몸채 옆의 딴채. ❏舍廊 / 東廊. **2** 행랑. 복도(複道). ❏廊下 / 回廊.

【琅】인명 옥 이름. ❏琅琅.

【瑯】인명 **1** '琅'의 속자. **2** 법랑. 유약. ❏琺瑯.

【朗】인명 밝다. 환하고 맑음. ❏朗朗 / 朗報 / 朗讀 / 明朗 / 晴朗.

⇒ 래 ⇐

【來】중학 【来】인명 **1** 오다. ❏歸去來 / 去來 / 來往 / 來賓. **2** 돌아오다. ❏來春 / 來日. **3** 미래. ❏來世 / 將來. **4** 그 이후. 이래(以來). ❏來歷 / 本來.

【崍】인명 산 이름.

【萊】인명 명아주. ❏萊蒸 / 蓬萊.

⇒ 랭 ⇐

【冷】중학 **1** 차다. ❏冷風 / 冷凍 / 寒冷 / 冷藏庫. **2** 냉정하다. ❏冷酷 / 冷情.

➔ 략 ◆

【掠】고교 **1** 노략질하다. 탈취하다. ▯掠奪 / 侵掠. **2** 볼기를 치다. 매질하다. ▯掠笞.

【略】고교 **1** 간략하다. ▯略字 / 簡略 / 省略. **2** 꾀. 智略 / 計略. **3** 대강. ▯大略 / 略述.

➔ 량 ◆

【兩】중학 둘. ▯兩者間 / 兩人 / 兩分 / 兩眼 / 兩親.

【凉】중학 【涼】인명 서늘하다. ▯凉秋 / 凉雨 / 寒凉. 참고 '凉'은 본자.

【良】중학 **1** 어질다. 착하다. ▯良妻 / 良民 / 善良 / 良心. **2** 좋다. ▯優良 / 良計 / 改良.

【量】중학 **1** 양. 분량. ▯度量衡 / 量器 / 容量. **2** 헤아리다. ▯量知 / 料量. **3** 재다. 되다. 달다. ▯測量 / 計量.

【梁】고교 **1** 들보. 옥량(屋梁). ▯棟梁 / 柱梁. **2** (나무)다리. ▯梁棧 / 橋梁.

【糧】고교 양식. ▯糧穀 / 食糧 / 乾糧 / 糧車 / 兵糧.

【諒】고교 (사정을) 살펴 알다. ▯諒察 / 諒解 / 惠諒.

【亮】인명 밝다. ▯亮察 / 明亮.

【倆】인명 재주. ▯技倆.

【樑】인명 들보. ▯棟樑.

➔ 려 ◆

【旅】중학 **1** 나그네. ▯旅館 / 旅客. **2** 여행하다. ▯旅費 / 旅程.

【勵】고교 **1** 힘쓰다. ▯勵行 / 奮勵. **2** 권면하다. ▯獎勵 / 督勵.

【慮】고교 **1** 생각하다. 사려하다. ▯考慮 / 深慮 / 熟慮 / 思慮. **2** 걱정하다. ▯念慮 / 心慮 / 配慮.

【麗】고교 **1** 곱다. ▯麗人 / 華麗 / 山高水麗. **2** 나라 이름. ▯高麗 / 麗末.

【呂】인명 음률. ▯六呂 / 律呂.

【侶】인명 짝. ▯伴侶.

【閭】인명 마을. ▯閭門 / 閭巷.

【黎】인명 검다. ▯黎明 / 黎民.

➔ 력 ◆

【力】중학 힘. 힘쓰다. ▯力道 / 國力 / 努力 / 力說.

【歷】중학 **1** 지내다. ▯歷程 / 歷史 / 經歷. **2** 다니다. ▯歷訪 / 歷任 / 遍歷.

【曆】고교 책력. ▯曆官 / 曆日 / 舊曆.

➔ 련 ◆

【練】중학 **1** 누이다. ▯練絲 / 練帛. **2** 익히다. 연습하다. ▯練習 / 訓練.

【連】중학 **1** 잇다. ▯連山 / 連名. **2** 계속하여. ▯連戰 / 連勝 / 連日連夜. **3** 관련되다. ▯連坐 / 連累 / 關連.

【憐】고교 **1** 어여삐 여기다. ▯憐情 / 可憐 / 愛憐. **2** 불쌍히 여기다. ▯憐憫 / 同病相憐.

【戀】고교 **1** 그리워하다. 사모하다. ▯戀戀 / 戀愛 / 戀慕. **2** 그리움. 사랑. ▯哀戀 / 悲戀 / 失戀.

【聯】고교 **1** 연하다. ▯聯盟 / 聯立 / 關聯. **2** 연. ▯柱聯 / 對聯.

【蓮】고교 **1** 연. 연꽃과에 속하는 여러해살 이 물풀. ▯白蓮 / 水蓮. **2** 연밥. 연꽃의 열매. ▯蓮實.

【鍊】고교 **1** 불리다. ▯鍊金 / 鍊鐵 / 鍛鍊. **2** 이기다. ▯鍊丹 / 鍊藥. **3** 익히다. ▯鍊磨 / 修鍊.

【煉】인명 달구다. ▯煉乳.

【璉】인명 호련. ▯瑚璉.

➔ 렬 ◆

【列】중학 **1** 반열(班列). ▯列次 / 序列. **2** 줄 을 짓다. ▯列國 / 列傳 / 列車 / 行列 / 隊列 / 陳列 / 整列.

【烈】중학 **1** 세차다. 사납다. ▯烈火 / 烈日 / 烈風 / 熱烈 / 猛烈. **2** 빛나다. ▯烈光 / 烈輝. **3** 곧고 강하다. ▯烈女 / 壯烈.

【劣】고교 **1** 용렬하다. ▯劣惡 / 拙劣 / 庸劣. **2** 못하다. ▯優劣 / 劣勢.

【裂】고교 찢다. 찢어지다. ▯裂傷 / 破裂 / 決裂.

【洌】인명 맑다. ▯洌水.

➔ 렴 ◆

【廉】고교 **1** 청렴하다. 결백하다. ▯廉恥 / 廉士 / 廉直 / 淸廉. **2** 싸다. ▯廉價 / 低廉.

【濂】인명 **1** 엷다. **2** 시내 이름. ▯濂溪.

【簾】인명 발. ▢簾幕 / 珠簾.

【斂】인명 거두다. ▢收斂 / 出斂.

➤ 렵 ◄

【獵】고교 **1** 사냥하다. ▢獵銃 / 狩獵. **2** 찾아다니다. ▢涉獵 / 獵色.

➤ 령 ◄

【令】중학 **1** 하여금. 시킴. ▢令狀 / 辭令. **2** 영(令). 명령. ▢律令 / 法令 / 口令 / 軍令. **3** 관아의 장. ▢縣令 / 守令. **4** 남의 친족에 대한 경칭. ▢令息 / 令夫人.

【領】중학 **1** 거느리다. 다스리다. ▢領導力 / 領率 / 統領 / 領相 / 頭領. **2** 차지하다. 소유하다. ▢領土 / 領有 / 占領 / 領內. **3** 요긴한 점. ▢要領 / 綱領 / 本領. **4** 받다. ▢領收.

【嶺】고교 **1** 재. 산정의 고개. ▢嶺南 / 山嶺. **2** 산봉우리. ▢嶺峰 / 雪嶺.

【零】고교 **1** 떨어지다. 낙하하다. ▢零落 / 凋零. **2** 영. 0. ▢零點 / 零度 / 零下 / 零時.

【靈】고교 **1** 신령. ▢靈域 / 神靈. **2** 영혼. ▢靈魂 / 生靈. **3** 신령스럽다. ▢靈驗 / 靈妙.

【伶】인명 영리하다. ▢伶俐.

【玲】인명 옥 소리. ▢玲玲.

【姈】인명 여자의 자(字).

【昤】인명 햇빛.

【鈴】인명 방울. ▢鈴鐸 / 電鈴.

【齡】인명 나이. ▢年齡.

【怜】인명 영리하다. ▢怜悧.

➤ 례 ◄

【例】중학 **1** 법칙. 규정. ▢例規 / 法例. **2** 본보기. 본보기로 보이는 것. ▢凡例 / 用例 / 例文 / 例示.

【禮】중학 【礼】인명 **1** 예. ㉠예절. ▢禮儀 / 禮節 / 無禮. ㉡예식. ▢禮式 / 婚禮. **2** 예물. ▢答禮品 / 禮狀 / 謝禮 / 禮物. **3** 절. ▢拜禮 / 敬禮.

【隷】고교 **1** 종. 하인. ▢奴隷 / 隷屬. **2** 붙다. 종속하다. ▢隷屬 / 隷從 / 隷下. **3** 한자

서체의 하나. ▢隷書.

➤ 로 ◄

【勞】중학 **1** 수고하다. ▢勞作 / 勞苦 / 徒勞. **2** 고달프다. ▢疲勞 / 勞困. **3** 일하다. 또는 노동. ▢勞動 / 勤勞 / 勞務 / 就業.

【老】중학 **1** 늙다. ▢老妄 / 老朽. **2** 늙은이. 어른. ▢老人丈 / 父老 / 長老 / 古老 / 男女老少.

【路】중학 **1** 길. ▢路傍 / 路線 / 道路標識 / 鐵路. **2** 요처. 길목. ▢要路 / 血路.

【露】중학 **1** 이슬. ▢露花 / 雨露. **2** 드러나다. ▢露顯 / 露出 / 露骨. **3** 덧없음의 비유. ▢露命 / 朝露. **3** 한데. ▢露天 / 露店 / 露宿.

【爐】고교 화로. ▢爐邊 / 爐火 / 香爐 / 風爐.

【魯】인명 **1** 둔하다. ▢魯鈍. **2** 나라 이름. **3** 성(姓)의 하나.

【盧】인명 검다. ▢盧弓盧矢.

【鷺】인명 백로. ▢白鷺.

➤ 록 ◄

【綠】중학 초록빛. ▢綠陰 / 綠地 / 草綠 / 新綠 / 綠化.

【祿】고교 **1** 복(福). ▢祿命 / 福祿. **2** 녹. ▢祿俸 / 食祿.

【錄】고교 적다. 기재하다. 또는 적은 것. ▢記錄 / 錄書 / 登錄 / 目錄 / 實錄 / 備忘錄.

【鹿】고교 사슴. ▢鹿茸 / 鹿皮 / 馴鹿 / 逐鹿.

【彔】인명 새기다.

➤ 론 ◄

【論】중학 **1** 말하다. 서술하다. ▢論議 / 論爭 / 本論 / 立論 / 討論 / 論功行賞. **2** 견해. 의견. 학설. ▢持論 / 異論 / 觀念論 / 文章論.

➤ 롱 ◄

【弄】고교 **1** 희롱하다. ▢弄假成眞 / 弄談 / 戲弄. **2** 놀다. ▢弄具 / 弄蕩. **3** 우롱하다. ▢弄奸 / 愚弄 / 嘲弄.

【瀧】인명 비가 오다. ▢瀧瀧.

【瓏】인명 환하다. ▢瓏瓏 / 玲瓏.

【籠】인명 대그릇. ▢籠球 / 燈籠 / 籠鳥戀雲.

⇒ 뢰 ⇐

【賴】고교 의뢰하다. 힘입다. 믿고 의지하다. ▯依賴 / 信賴 / 無賴.

【雷】고교 **1** 천둥. ▯雷雨 / 雷鳴 / 落雷 / 避雷針. **2** 폭발하는 무기. ▯地雷 / 魚雷 / 爆雷.

【瀨】인명 여울. ▯急瀨.

⇒ 료 ⇐

【料】중학 **1** 되질하다. 용량을 되다. ▯料量 / 料民. **2** 헤아리다. ▯思料. **3** 급여. 요금. ▯有料 / 給料 / 送料. **4** 거리. 감. ▯燃料 / 原料 / 材料 / 食料品.

【了】고교 **1** 깨닫다. ▯了解 / 了察 / 了得. **2** 끝나다. ▯未了 / 終了 / 完了.

【僚】인명 **1** 동료. ▯僚友 / 同僚. **2** 벼슬아치. ▯官僚 / 下僚 / 臣僚 / 幕僚.

【遼】인명 멀다. ▯遼遠.

⇒ 룡 ⇐

【龍】고교【竜】인명 **1** 용. ▯龍虎相搏 / 登龍門 / 龍馬 / 飛龍 / 靑龍 / 龍顔 / 龍床 / 袞龍 / 龍駕. **2** 천자의 비유. ▯龍顔 / 龍床 / 袞龍 / 龍駕. **3** 뛰어난 사람. ▯伏龍 / 鳳龍 / 臥龍.

⇒ 루 ⇐

【屢】고교 **1** 여러. 자주. ▯屢次 / 屢屢 / 屢代 / 屢年. **2** 번거롭다. 번잡하다.

【樓】고교 **1** 다락. 다락집. 층집. ▯樓閣 / 蜃氣樓 / 摩天樓 / 樓船. **2** 망루. ▯樓車 / 望樓.

【淚】고교 눈물. ▯感淚 / 落淚 / 血淚 / 紅淚.

【漏】고교 **1** 새다. ▯漏水 / 漏氣 / 漏電. **2** 빠뜨리다. ▯漏落 / 遺漏 / 脫漏.

【累】고교 **1** 포개다. ▯累積 / 累計 / 累卵 / 累累. **2** 여러. ▯累代 / 累進. **3** 관련되다. 관련된 것. ▯連累 / 係累 / 繫累.

⇒ 류 ⇐

【柳】중학 버드나무. 버들. ▯柳腰 / 柳眉 / 花柳 / 細柳.

【流】중학 **1** 흐르다. ▯流水 / 流域 / 流泄. **2** 떠내려가다. ▯流木 / 流失. **3** 날아 지나가다. ▯流彈 / 流星. **4** 갈래. ▯流儀 / 流派 / 亞流. **5** 방랑하다. 떠돌다. ▯流浪 / 流竄 / 漂流. **6** 널리 퍼지거나 전하다. ▯流布 / 流行 / 流通. **7** 사회의 계층. ▯上流社會 / 中流家庭.

【留】중학 **1** 머물다. ▯留任 / 寄留 / 停留. **2** 뒤지다. ▯遲留.

【類】고교 **1** 무리. ▯同類 / 種類 / 人類 / 鳥類. **2** 같다. 비슷하다. ▯類似 / 類義 / 類語.

【琉】인명 유리. ▯琉璃.

【劉】인명 성의 하나.

【瑠】인명 '琉'와 동자.

【硫】인명 유황. ▯硫黃.

⇒ 륙 ⇐

【六】중학 여섯. ▯六法 / 六禮 / 六韜三略 / 五臟六腑.

【陸】중학 **1** 뭍. ▯陸地 / 陸軍 / 陸路 / 陸橋 / 水陸 / 大陸 / 上陸 / 離陸 / 着陸. **2** 여섯. '六'의 갖은자.

⇒ 륜 ⇐

【倫】중학 인륜. ▯倫理 / 人倫 / 五倫 / 不倫.

【輪】고교 **1** 바퀴. 수레바퀴. ▯輪禍 / 前輪 / 車輪. **2** 둥그런 것. ▯日輪 / 五輪. **3** 돌다. ㉠회전하다. ▯輪轉機 / 輪廻. ㉡돌아가며 하다. ▯輪番制 / 輪作.

【侖】인명 둥글다.

【崙】인명 산 이름. ▯崑崙.

【綸】인명 인끈. ▯綸綬.

⇒ 률 ⇐

【律】중학 **1** 법. ▯律令 / 律法 / 規律 / 法律 / 戒律. **2** 가락. ▯律動 / 旋律 / 音律. **3** 음률. 한시(漢詩)의 한 체. ▯律詩. **4** 학문상의 법칙. ▯因果律 / 自然律.

【栗】고교 **1** 밤나무. ▯栗園. **2** 밤. ▯栗房 / 黃栗. **3** 단단하다. ▯栗. 견실하다.

【率】고교 ㈎율률 ㈏율. 비율. ▯比率. ㈐거느릴 솔 能率 / 效率 / 確率. ㈑거느리다. ▯引率 / 率先.

⇒ 륭 ⇐

【隆】고교 **1** 성하다. ▯隆盛 / 隆運 / 隆隆 / 興隆. **2** 높다. 또는 높이다. ▯隆波 / 隆鼻 / 隆起.

⇒ 름 ⇐

【凜】인명 차다. ▢凜洌 / 凜凜.

→ **릉** ←

【陵】고교 **1** (큰) 언덕. ▢丘陵. **2** 무덤. 특히 임금의 무덤. ▢陵所 / 陵幸 / 王陵. **3** 가벼이 여기다. ▢陵蔑 / 陵辱.

【綾】인명 비단. ▢綾羅 / 綾紗.

【菱】인명 마름. ▢菱形.

【稜】인명 **1** 모. ▢稜角. **2** 서슬. ▢稜威.

→ **리** ←

【利】중학 **1** 날카롭다. ▢利鈍 / 利劍 / 銳利. **2** 이롭다. ▢利害 / 便利 / 有利. **3** 이. 이익. ▢利得 / 利潤 / 私利. **4** 이자. 변리. ▢利子 / 複利 / 邊利 / 利息.

【李】중학 자두나무. ▢李花 / 李下不整冠 / 桃李.

【理】중학 **1** (일을) 다스리다. ▢整理 / 理事 / 理財 / 處理. **2** 도리. ▢天理 / 道理 / 倫理. **3** 이치. 사리. ▢理論 / 理致 / 事理 / 物理. **4** 결. 나무·살 등의 잔금. ▢木理 / 石理.

【里】중학 **1** 마을. 촌락. 시골. ▢里長 / 村里 / 鄕里. **2** 이. 노정(路程)의 단위. ▢里程標.

【吏】고교 **1** 관리. 벼슬아치. ▢官吏 / 汚吏. **2**《韓》아전. ▢吏屬 / 胥吏.

【履】고교 **1** 신. ▢履跡 / 草履 / 弊履. **2** 밟다. 실행하다. ▢履行 / 履歷.

【梨】인명 배. ▢梨花 / 梨園.

【裏】고교【裡】인명 속. 안. 내부. ▢綠衣黃裏 / 胸裏 / 腦裏 / 裏面 / 表裏. [참고]'裡'는 동자.

【離】고교 **1** 떠나다. ▢離陸 / 離島 / 離水. **2** 흩어지다. ▢離散 / 支離滅裂. **3** 갈라지다. 헤어지다. ▢離婚 / 分離.

【俚】인명 속되다. ▢俚歌 / 俚言.

【莉】인명 말리. ▢茉莉.

【离】인명 밝다.

【璃】인명 유리. ▢琉璃.

【悧】인명 '俐'와 동자.

【俐】인명 똑똑하다. ▢伶俐.

→ **린** ←

【隣】고교 **1** 이웃. ▢隣國 / 隣邦 / 四隣 / 善隣. **2** 이웃하다. ▢隣接.

【潾】인명 맑다. ▢潾潾.

【璘】인명 옥 무늬. 옥빛.

【麟】인명 기린. ▢麟角 / 麒麟.

→ **림** ←

【林】중학 **1** 수풀. 숲. ▢林間 / 林業 / 山林 / 原始林. **2** 많다. 많은 모양. ▢書林 / 藝林 / 翰林 / 酒池肉林.

【臨】고교 **1** (어떤 곳에) 임하다. ▢臨幸 / 君臨 / 光臨. **2** 그때에 당하다. ▢臨機 / 臨時 / 臨終 / 臨戰.

【琳】인명 옥 이름. ▢琳琅.

【霖】인명 장마. ▢霖濕 / 霖雨.

【淋】인명 물방울이 떨어지다. ▢淋漓 / 淋瀝 / 淋巴腺.

→ **립** ←

【立】중학 **1** 서다. 서 있다. ▢立像 / 起立 / 直立. **2** 세우다. ▢設立 / 建立 / 私立 / 樹立. **3** 성립되거나 확정되다. ▢立法 / 對立 / 成立 / 存立 / 立春 / 立案.

【笠】인명 삿갓. ▢笠帽 / 簑笠 / 草笠.

【粒】인명 낟알. ▢粒狀 / 粒子 / 米粒 / 微粒子 / 素粒子.

→ **마** ←

【馬】중학 말. ▢馬車 / 馬術 / 馬賊 / 乘馬.

【磨】고교 **1** 갈다. ▢磨光. **2** 학문이나 덕행을 갈고 닦다. ▢研磨材 / 琢磨. **3** 닳다. ▢磨滅 / 磨耗.

【麻】고교 **1** 삼. ▢大麻 / 麻布. **2** 참깨. ▢胡麻. **3** 마비되다. ▢麻醉.

【瑪】인명 마노. ▢瑪瑙.

→ **막** ←

【莫】중학 **1** 없다. ▢莫大 / 莫論 / 莫强 / 莫重 / 莫上莫下 / 莫逆之間. **2** 아득하다. ▢廣莫.

【幕】고교 **1** 장막. ▢幕天席地 / 帷幕 / 帳幕 / 彈幕 / 開幕 / 幕間.

2 군막(軍幕). 막부. ◻幕僚 / 幕府.

【漠】[고][교] **1** 사막. ◻沙漠. **2** 넓다. ◻廣漠 /
茫漠. **3** 아득하다. ◻漠然 / 漠漠.

➤ 만 ◄

【晩】[중학] **1** 저물다. ◻晩暮 / 晩照. **2** (때가)
늦다. ◻晩年 / 晩春. **3** 저녁. ◻晩
潮 / 晩餐.

【滿】[중학] **1** (가득) 차다. ◻滿期 / 滿足 / 充
滿 / 滿載. **2** '만주(滿洲)'의 약칭.

【萬】[중학]【万】[인명] **1** 일만. 다수. ◻萬感 /
萬事 / 萬病 / 千態萬
象 / 數萬. **2** 완전하다. ◻萬全 / 萬般. [참고]
'万'은 속자.

【慢】[고][교] **1** 게으르다. ◻怠慢. **2** 거만하다.
오만하다. ◻驕慢 / 傲慢. **3** 느리
다. 급하지 않다. ◻緩慢.

【漫】[고][교] **1** 질펀하다. ◻漫汗. **2** 흩어지다.
난잡하다. ◻散漫 / 混漫. **3** 함부
로. 멋대로. ◻漫筆 / 漫畵.

【曼】[인명] 길다. ◻曼曼.

【蔓】[인명] 덩굴. ◻蔓生 / 蔓草.

【鏋】[인명] 금. 황금.

【蠻】[인명] 오랑캐. ◻蠻人 / 野蠻 / 蠻風.

➤ 말 ◄

【末】[중학] **1** 끝. ◻末端 / 末日 / 月末 / 期末.
2 말세. 난세. ◻末世 / 末期 / 末
法. **3** 하위(下位). 하찮다. ◻末位 / 末寺 /
末席 / 末端. **4** 가루. ◻粉末 / 末藥.

【茉】[인명] 말리. ◻茉莉.

➤ 망 ◄

【亡】[중학] **1** 잃다. ◻亡失 / 亡逸. **2** 죽다. ◻
亡父 / 死亡 / 亡靈. **3** 멸망하다. ◻
亡國 / 興亡 / 滅亡. **4** 달아나다. ◻逃亡 / 亡
命 / 亡羊之嘆.

【忙】[중학] **1** 바쁘다. ◻忙中閑 / 怱忙 / 多忙 /
奔忙. **2** 빠르다. ◻霉忙 / 忙忙.

【忘】[중학] **1** 잊다. ◻忘却 / 忘失 / 備忘錄 / 忘
恩. **2** 건망증(健忘症).

【望】[중학] **1** 바라보다. ◻望遠鏡 / 眺望 / 觀
望 / 望臺. **2** 보름. ◻望月 / 旣望 /
朔望. **3** 바라다. ◻希望 / 望外 / 所望. **4** 원
망하다. 책(責)하다. ◻怨望 / 責望. **5** 이름.
명성(名聲). ◻名望 / 德望 / 人望.

【妄】[고][교] **1** 허망하다. 거짓되고 망령되다.
◻妄言 / 妄人 / 妄發.
2 거짓. ◻妄謬 / 詐妄.

【罔】[고][교] **1** 그물. ◻罔罟 / 則罔. **2** 속이다.
◻誣罔 / 欺罔 / 罔民.

【茫】[고][교] **1** 아득하다. ◻茫漠 / 茫茫. **2** 멍하
다. ◻茫然自失.

【網】[인명] **1** 그물. ◻網羅 / 網紗 / 網膜 / 一網
打盡 / 網狀 / 漁網. **2** 그물처럼 치
밀하게 조직한 사물. ◻通信網 / 搜査網 / 鐵
道網.

➤ 매 ◄

【妹】[중학] **1** 누이. 손아래 누이. ◻姉妹間 /
令妹 / 妹弟 / 妹氏 / 妹兄 / 從妹.
2 나이가 아래인 여자의 애칭.

【每】[중학] **1** 매양. 늘. 항상. ◻每每 / 每常 /
每樣. **2** 마다. ◻每日 / 每年 / 每
番 / 每時間.

【買】[중학] 사다. ◻購買 / 賣買 / 買占 / 買笑 /
買名 / 買官.

【賣】[중학] 팔다. ◻賣藥 / 賣筆 / 賣店 / 發賣 /
賣國 / 賣名.

【埋】[고][교] **1** 묻다. 파묻다. ◻埋葬 / 埋築 / 埋
沒 / 暗埋 / 埋設. **2** 감추다. 숨다.
숨기다. ◻埋伏 / 埋藏 / 埋祕.

【媒】[고][교] **1** 중매. ◻媒婦 / 仲媒人 / 媒妁 / 媒
婆. **2** 매개(媒介). ◻媒質 / 媒辭 /
媒染料 / 觸媒 / 蟲媒花 / 媒介體.

【梅】[고][교] **1** 매화나무. 매실나무. ◻梅實 /
靑梅 / 梅花 / 觀梅 / 松竹梅.
2 매우(梅雨). ◻梅霖 / 梅天 / 入梅.

➤ 맥 ◄

【麥】[중학] 보리. 맥류(麥類)의 총칭. ◻大麥 /
麥秋 / 精麥 / 小麥粉.

【脈】[고][교] **1** 맥. ㉠줄기. ◻水脈 / 山脈 / 脈
絡 / 文脈. ㉡혈관. 혈류(血流)의
고동. ◻血脈 / 動脈 / 診脈 / 脈動 / 脈搏.
2 연달다. ◻脈脈.

➤ 맹 ◄

【孟】[고][교] **1** 우두머리. ◻孟侯. **2** 첫. 맏. ◻
孟月 / 孟秋 / 孟仲季. **3** 맹자(孟子)
의 약칭. ◻孔孟 / 孟母三遷 / 孟母斷機.

【猛】[고][교] **1** 날래다. 용감하다. ◻猛將 / 猛
卒 / 勇猛. **2** 사납다. ◻猛犬 / 猛
獸. **3** 맹렬하다. ◻猛烈 / 猛威 / 猛爆.

【盟】[고][교] 맹세. ◻盟約 / 同盟 / 血盟.

【盲】[고][교] **1** 먼눈. ◻盲人 / 盲啞. **2** 어둡다.
◻夜盲 / 色盲. **3** 무식하다. ◻文
盲. **4** 덮어놓고. ◻盲從 / 盲目的.

【萌】[인명] 싹. ◻萌動 / 萌芽.

➤ 면 ◆

【免】［중학］ 1 벗어나다. 면하다. ❑免辱 / 謀免. 2 면제하다. ❑免稅 / 減免. 3 내치다. 면직하다. ❑免官 / 免職 / 罷免.

【勉】［중학］ 1 힘쓰다. ❑勉學 / 勉行. 2 권면(勸勉)하다. ❑勉勵.

【眠】［중학］ 1 자다. ❑不眠 / 安眠 / 熟眠. 2 잠. 수면(睡眠). ❑冬眠 / 永眠.

【面】［중학］ 1 낯. 얼굴. ❑顏面 / 面上. 2 면. ㉠겉. ❑外面 / 水面 / 表面 / 海面. ㉡평면. ❑曲面 / 平面. 3 탈. ❑假面 / 防毒面. 4 만나다. ❑相面 / 面接 / 面會. 5 방향. ❑正面 / 北面. 6 글이나 그림 따위를 쓰거나 그리는 평평한 넓이. ❑圖面 / 書面 / 紙面 / 誌面.

【綿】［고교］ 1 솜. ❑綿絮 / 綿紡績 / 綿花 / 木綿. 2 연잇다. ❑綿綿 / 連綿.

【冕】［인명］ 면류관. ❑冕旒冠.

【棉】［인명］ 목화. ❑棉作 / 木棉.

➤ 멸 ◆

【滅】［고교］ 1 멸망하다. ❑滅門之禍 / 滅亡 / 絶滅. 2 멸하다. ❑擊滅 / 殲滅. 3 죽다. ❑滅後 / 人滅 / 寂滅.

➤ 명 ◆

【名】［중학］ 1 이름. ❑姓名 / 人名 / 氏名 / 名稱 / 會社名 / 書名 / 地名 / 同名. 2 이름이 나다. ❑名人 / 名唱 / 有名 / 名歌手 / 名優 / 名望 / 名畵 / 名物 / 名曲.

【命】［중학］ 1 목숨. ❑命脈 / 命在頃刻 / 壽命 / 生命. 2 분부. ❑天命 / 君命 / 拜命 / 命令.

【明】［중학］ 1 밝다. ㉠환히 비치다. ❑明月 / 光明. ㉡현명하다. ❑明哲 / 聰明 / 明君. 2 새벽. ❑黎明. 3 다음 날. 또는 다음 해. ❑明日 / 明秋. 4 밝히다. ❑證明 / 明示 / 明細書.

【鳴】［중학］ 1 울다. ❑鳴禽 / 鷄鳴. 2 울리다. ❑鳴動 / 雷鳴 / 共鳴.

【冥】［고교］ 1 어둡다. ❑冥冥 / 冥昧. 2 저승. ❑冥界 / 冥途 / 冥福.

【銘】［고교］ 1 새기다. ❑銘刻 / 銘金石. 2 명. ❑刀銘 / 碑銘. 3 기억해 두다. ❑銘心 / 左右銘.

【溟】［인명］ 바다. ❑溟州 / 東溟.

➤ 모 ◆

【暮】［중학］ 1 저물다. ❑日暮 / 薄暮. 2 늦다. ❑暮春 / 暮冬 / 暮夜.

【母】［중학］ 1 어미. 모친. 어머니뻘의 여자. ❑父母 / 姑母 / 母情 / 母性愛. 2 소생의 근본·근원·근거의 뜻. ❑母會社 / 母國.

【毛】［중학］ 1 털. ❑羽毛 / 毛筆 / 九牛一毛 / 毛髮 / 生毛. 2 털짐승. ❑毛蟲類. 3 약간. 작은 것. ❑毛細管.

【侮】［고교］ 업신여기다. ❑侮辱 / 侮蔑 / 侮言 / 輕侮.

【冒】［고교］ 무릅쓰다. ❑冒險.

【募】［고교］ 1 뽑다. 모집하다. ❑募兵 / 公募. 2 부르다. 불러 모으다. ❑招募 / 應募.

【慕】［고교］ 1 사모하다. 그리워하다. ❑戀慕 / 追慕. 2 우러러 본받다. ❑慕倣 / 仰慕 / 敬慕.

【某】［고교］ 1 아무. 성명을 알 수 없는 사람. ❑某氏 / 某人 / 誰某. 2 어떠한 일·물건·장소 따위. ❑某種 / 某處 / 某日.

【模】［고교］ 1 법. 법식. 규범. ❑軌模 / 規模. 2 본. 본보기. ❑模樣 / 模造 / 模形 / 模範 / 模倣 / 模寫.

【謀】［고교］ 1 꾀하다. ❑謀議 / 陰謀. 2 꾀. 계략. 술책. ❑謀計 / 嘉謀.

【貌】［고교］ 모양. ㉠자태. 모습. ❑姿貌 / 貌形. ㉡외모(外貌). ❑容貌 / 外貌 / 貌愛. ㉢형상. ❑貌樣.

【摸】［인명］ 더듬어 찾다. ❑摸索.

【牟】［인명］ 보리. ❑牟麥.

【謨】［인명］ 꾀. ❑聖謨.

【矛】［인명］ 창. ❑矛戟 / 矛盾 / 利矛 / 戈矛.

➤ 목 ◆

【木】［중학］ 1 나무. ❑灌木 / 植木日 / 草木 / 喬木 / 木石. 2 나무를 재료로 하여 만든 것. ❑木器 / 木版 / 木劍 / 木馬 / 木造. 3《韓》무명. 면포(綿布). ❑木綿.

【目】［중학］ 1 눈. ❑耳目 / 美目. 2 눈동자. ❑目睛 / 刮目. 3 눈여겨보다. ❑目測 / 目擊. 4 세목. ❑科目 / 項目 / 細目 / 條目. 5 이름. ❑品目 / 題目 / 目錄.

【牧】［고교］ 1 목장. ❑牧田 / 牧區. 2 기르다. ❑牧畜 / 放牧 / 牧者 / 牧童. 3 다스리다. ❑牧民官 / 牧使.

【睦】［고교］ 1 화목하다. 친목하다. ❑和睦 / 親睦. 2 성(姓)의 하나.

【穆】인명 **1** 화목하다. □和穆. **2** 삼가다. □穆然.

【沐】인명 **1** 머리를 감다. 씻다. □沐髮 / 沐浴. **2** 전하여, 윤택하게 하다. **3** 다스리다.

➤ 몰 ◀

【沒】고교 **1** 빠지다. □沈沒 / 沒溺 / 湎沒 / 沒人. **2** 죽다. □沒年 / 沒後 / 病沒 / 陣沒. **3** 숨다. 사라지다. □出沒 / 神出鬼沒. **4** 없다. □沒人情 / 沒趣味 / 沒常識 / 沒廉恥. **5** 빼앗다. □沒收 / 沒官.

➤ 몽 ◀

【夢】고교 꿈. □夢想家 / 吉夢 / 凶夢 / 夢中 / 春夢.

【蒙】고교 **1** 어리다. □童蒙. **2** 우매하다. □蒙昧 / 啓蒙 / 愚蒙.

➤ 묘 ◀

【卯】중학 넷째 지지(地支). □己卯 / 卯方 / 卯時.

【妙】중학 **1** 묘하다. □靈妙 / 微妙 / 神妙 / 妙技. **2** 젊다. □妙齡 / 妙年.

【墓】고교 무덤. 뫼. □墳墓 / 省墓 / 墓所 / 墓碑 / 墓誌銘.

【廟】고교 **1** 사당. 조상의 신주를 모신 곳. □宗廟 / 家廟. **2** 묘당. □堂廟.

【苗】고교 **1** 모. □禾苗 / 新苗 / 苗板. **2** 백성. 중서(衆庶). □黎苗 / 苗民.

【描】인명 그리다. □描寫 / 素描 / 寸描.

【錨】인명 닻. □投錨.

【畝】인명 밭이랑. □田畝.

➤ 무 ◀

【務】중학 **1** 힘쓰다. □務勤 / 務望. **2** 일. □事務 / 國務 / 本務 / 職務. **3** 직책. □任務 / 主務 / 兼務 / 庶務.

【戊】중학 천간의 다섯째. □戊夜 / 戊時 / 戊午士禍.

【武】중학 **1** 굳세다. □武猛 / 武威 / 勇武. **2** 무사(武事). □文武 / 尙武 / 武德. **3** 병법. 전술. □武略 / 武器. **4** 병장기. 무기. **5** 무인(武人). □武士 / 武官 / 武名.

【無】중학 【无】인명 **1** 없다. 있지 아니하다. □無一物 / 無敵 / 無根. **2** 공허하다. □虛無 / 空無. 참고 '无'는 동자.

【舞】중학 **1** 춤. 무용. □舞樂 / 歌舞 / 舞踊. **2** 춤추다. □劍舞 / 群舞.

【茂】중학 **1** 우거지다. 무성하다. □繁茂 / 茂林. **2** 성하다. □富茂. **3** 뛰어나다. □茂才.

【貿】고교 **1** 장사하다. 교역하다. □貿易 / 販貿. **2** 바꾸다. 교환하다. □貿市. **3** 갈마들다.

【霧】고교 안개. □雲霧 / 霧氣.

【拇】인명 엄지손가락. □拇印 / 拇指.

【珷】인명 옥돌. □珷玞.

【畝】인명 밭이랑. □農畝 / 田畝.

【撫】인명 어루만지다. □撫摩 / 愛撫.

【懋】인명 힘쓰다. □懋戒.

➤ 묵 ◀

【墨】중학 **1** 먹. □墨畫 / 墨汁 / 筆墨. **2** 먹줄. □繩墨. **3** 입묵하는 형벌. □入墨 / 墨刑.

【默】고교 **1** 잠잠하다. 말이 없다. 조용하다. □默認 / 沈默. **2** 입을 다물다. □默默不答.

➤ 문 ◀

【問】중학 **1** 묻다. □問答 / 疑問. **2** 찾다. □問病 / 問安. **3** 신문하다. □問招 / 拷問.

【文】중학 **1** 글월. 문장. □文筆 / 名文 / 詩文 / 散文 / 國文 / 文法. **2** 학문. □文武. **3** 문채. □文繡. **4** 서책. 기록. □文獻 / 文庫. **5** 글자. □文字 / 古文.

【聞】중학 **1** 듣다. □聞知 / 百聞不如一見 / 見聞. **2** 명망. □聞達 / 聞望. **3** 소문. □風聞 / 醜聞.

【門】중학 **1** 문. □門牌 / 門戶 / 門前 / 大門 / 城門 / 入門 / 關門. **2** 지체. □門閥 / 家門 / 名門. **3** 학술상의 한 종류·계통. □專門 / 門外漢 / 脊椎動物門.

【汶】인명 **1** 더럽히다. □汶汶. **2** 물 이름. □汶水.

【炆】인명 따뜻하다.

【紋】인명 무늬. □紋織 / 紋彩 / 波紋.

➤ 물 ◀

【勿】중학 **1** 없다. □勿論. **2** 말다. □勿失好機.

【物】중학 **1** 만물. 천지 사이에 존재하는 온갖 물건. ❏物品 / 生物 / 物件 / 禁物. **2** 일. 사물. ❏文物 / 事物.

→ 미 ←

【味】중학 **1** 맛. ㉠음식의 맛. ❏味覺 / 珍味 / 別味 / 調味. ㉡사물이 안에 간직한 맛. ❏興味 / 妙味 / 趣味 / 意味 / 耽味. **2** 맛보다. 음미하다. ❏味讀 / 吟味.

【尾】중학 **1** 꼬리. ❏尾蔘 / 龍頭蛇尾 / 尾骨. **2** 끝. ❏末尾 / 掉尾 / 徹頭徹尾. **3** 뒤. ❏尾行. **4** 흘레. ❏交尾.

【未】중학 **1** 지지의 여덟째. ❏己未 / 癸未. **2** 아직 … 아니다. ❏未知 / 未明 / 未來 / 未完 / 未熟 / 未定.

【米】중학 **1** 쌀. ❏米穀 / 米價 / 白米 / 玄米. **2** 미터.

【美】중학 **1** 아름답다. ❏美人 / 優美 / 審美. **2** 기리다. ❏賞美 / 褒美 / 讚美. **3** 맛있다. ❏美味 / 美酒 / 美食. **4** 좋다. ❏美風 / 美德 / 美談.

【微】고교 **1** 작다. ❏微物 / 顯微鏡 / 輕微. **2** 천하다. ❏微賤 / 微官末職. **3** 희미하다. ❏微笑 / 微光 / 稀微.

【眉】고교 눈썹. ❏眉目 / 眉間 / 白眉 / 蛾眉 / 焦眉之急 / 眉來眼去.

【迷】고교 **1** 헤매다. ❏迷生 / 迷宮 / 迷走神經. **2** 헤매게 하다. ❏迷惑. **3** 정신이 혼란하다. ❏昏迷 / 迷夢 / 迷妄.

【渼】인명 물결.

【薇】인명 고비. ❏採薇.

【彌】〈弥〉인명 두루. ❏彌漫 / 彌縫策.

【嵋】인명 깊은 산.

【媚】인명 아첨하다. ❏媚笑 / 媚態.

【媄】인명 빛이 곱다. 아름답다.

→ 민 ←

【民】중학 백성. ㉠국가의 통치를 받는 사람. 국민. ❏民族 / 民主 / 民權 / 國民 / 民意. ㉡벼슬하지 않은 사람. 평민. ❏民間 / 民謠 / 民亂 / 民營 / 常民.

【憫】고교 **1** 불쌍히 여기다. ❏憫然 / 憐憫. **2** 근심하다. ❏憫惘 / 憂憫.

【敏】고교 **1** 민첩하다. 재빠르다. ❏敏速 / 敏捷性 / 銳敏 / 敏感 / 過敏. **2** 힘쓰다. 힘써 하다. ❏敏行.

【玟】인명 옥돌. ❏玟瑰.

【旻】인명 하늘. ❏旻天.

【旼】인명 온화하다.

【閔】인명 **1** 성의 하나. **2** 민망하다. ❏閔然.

【珉】인명 옥돌. ❏貞珉.

【岷】인명 산 이름.

【忞】인명 마음을 다잡다.

【慜】인명 총명하다. 민첩하다.

【敃】인명 강하다.

【愍】인명 가엾이 여기다. ❏愍然 / 憐愍.

【泯】인명 멸하다. ❏不泯 / 泯然.

【潣】인명 물이 졸졸 흘러내리다.

【暋】인명 강하다.

【頣】인명 강하다.

【砇】인명 옥돌.

→ 밀 ←

【密】중학 **1** 빽빽하다. 밀집하다. ❏密林 / 密集. **2** 은밀하다. ❏密告 / 密談 / 秘密. **3** 꼼꼼하다. ❏綿密 / 細密.

【蜜】고교 **1** 꿀. ❏蜜蜂. **2** 달다. ❏蜜語 / 蜜月.

→ 박 ←

【朴】중학 **1** 성의 하나. **2** 순박하다. 질박하다. ❏朴直 / 醇朴 / 素朴.

【博】고교 **1** 너르다. ❏博愛 / 博遠 / 博大. **2** 넓다. 학식·견문 등이 많음. ❏博識 / 博士 / 該博.

【拍】고교 **1** (손뼉을) 치다. ❏拍手 / 拍掌. **2** 박자. ❏拍子.

【泊】고교 **1** 배를 대다. ❏泊船 / 泊地 / 停泊. **2** 머무르다. ❏外泊 / 宿泊 / 一泊二日.

【薄】고교 **1** 얇다. ❏薄板 / 薄氷. **2** 적다. ❏薄俸 / 薄利 / 薄德. **3** 가볍다. ❏浮薄 / 輕薄. **4** 박하다. 인정이 없다. ❏薄情 / 刻薄.

【迫】고교 **1** 닥치다. ▢迫頭 / 切迫 / 急迫. **2** 핍박하다. ▢迫害 / 壓迫 / 脅迫.

【珀】인명 호박. ▢琥珀.

【撲】인명 두드리다. ▢撲滅 / 撲殺 / 打撲.

【璞】인명 옥돌. ▢璞玉渾金.

【鉑】인명 금박.

【舶】인명 큰 배. ▢船舶 / 舶載.

➤ 반 ◄

【半】중학 **1** 반. 2분의 1. ▢半年 / 過半 / 半個 / 半分. **2** 가운데. 중간. 중앙. ▢夜半 / 半途.

【反】중학 ㊀돌이킬 반 ㊁뒤집을 번 ㊀ **1** 돌이키다. ▢反省 / 反射 / 反問. **2** 되풀이하다. ▢反芻 / 反復. **3** 거스르다. ▢反對 / 反抗 / 反社會的. ㊁뒤집다. ▢反耕 / 反庫 / 反水不收.

【飯】중학 **1** 밥. 식사. ▢飯店 / 朝飯 / 一宿一飯. **2** 먹다. 밥을 먹다. ▢飯酒.

【伴】고교 **1** 짝. ▢伴侶 / 同伴者. **2** 모시다. 배종(陪從)하다. ▢伴食 / 隨伴.

【叛】고교 배반하다. 모반. ▢叛徒 / 叛旗 / 背叛 / 叛亂罪.

【班】고교 **1** 나누다. ▢班田 / 班給. **2** 반. 조직적으로 나눈 것. ▢班長 / 作業班. **3** 줄. 행렬. ▢班列 / 班白 / 班紋.

【盤】고교 **1** 소반. 대(臺). ▢小盤 / 圓盤 / 羅針盤 / 杯盤 / 錚盤 / 玉盤. **2** 큰 돌. ▢盤石 / 岩盤.

【般】고교 **1** 돌다. ▢般旋 / 般還. **2** 일반. ▢一般人 / 諸般 / 全般.

【返】고교 **1** 돌아오다. 복귀하다. ▢往返. **2** 갚다. ▢返還 / 返杯 / 返禮.

【畔】인명 물가. ▢湖畔.

【頒】인명 **1** 반포하다. ▢頒布. **2** 나누다. ▢頒給.

【潘】인명 뜨물. ▢潘沐.

【磐】인명 너럭바위. ▢磐石 / 落磐.

➤ 발 ◄

【發】중학 **1** 쏘다. ▢發射 / 連發. **2** 일어나다. 생기다. ▢發生 / 發光. **3** 떠나다. ▢出發 / 發着 / 先發隊. **4** 나타나다. ▢發露 / 發現. **5** 공표하다. ▢發表 / 發說. **6** 들추다. ▢發掘.

【拔】고교 **1** 빼다. 뽑다. ▢拔劍 / 拔本塞源. **2** 가려 뽑다. ▢拔擢 / 拔萃 / 選拔. **3** 빼어나다. ▢拔群.

【髮】고교 머리털. ▢頭髮 / 白髮 / 理髮.

【潑】인명 물을 뿌리다. ▢潑水.

【鉢】인명 바리때. ▢周鉢 / 托鉢 / 衣鉢.

【渤】인명 바다 이름. ▢渤海.

➤ 방 ◄

【房】중학 **1** 곁방. ▢房室 / 獨房 / 暖房. **2** 집. ▢房屋 / 山房 / 僧房. **3** 침실. ▢房事 / 閨房. **4** 작은 방 모양을 한 것. ▢子房 / 心房.

【放】중학 **1** 내치다. ▢放逐 / 追放. **2** 놓아주다. ▢放牧 / 釋放 / 解放. **3** 내버려 두다. ▢放置 / 放棄. **4** 방자하다. ▢放縱 / 放恣.

【方】중학 **1** 모. ▢方圓 / 方形 / 立方. **2** 방위. 방향. ▢方位 / 方向 / 四方 / 東方. **3** 방법. ▢方道 / 方法 / 方案 / 處方. **4** 어떤 지역. 특히, 도읍지 이외의 땅. ▢方言 / 地方. **5** 이제. 지금. ▢方今.

【訪】중학 **1** 묻다. ▢詢訪 / 咨訪. **2** 찾다. ▢訪問客 / 往訪 / 探訪.

【防】중학 **1** 둑. ▢堤防. **2** 막다. 대비하다. ▢防禦 / 防風林 / 善防.

【倣】고교 본뜨다. 모방하다. ▢模倣 / 寫倣.

【傍】고교 곁. 옆. ▢傍觀 / 傍聽 / 傍點 / 傍若無人.

【妨】고교 헤살 놓다. 방해하다. ▢妨害 / 妨止.

【芳】고교 **1** 향내가 나다. ▢芳香 / 芳艶 / 芳郁 / 芳草. **2** 꽃답다. 타인의 사물에 대한 경칭으로 쓰는 말. ▢芳年 / 芳名 / 芳志 / 芳情 / 芳書.

【邦】고교 **1** 나라. ㉠국가. ▢邦家 / 萬邦. ㉡자기 나라. 우리 나라. ▢邦語 / 異邦人. **2** 봉하다.

【坊】인명 동네. ▢坊長 / 坊坊曲曲.

【彷】인명 **1** 거닐다. ▢彷徨. **2** 비슷하다. ▢彷彿.

【昉】인명 밝다.

【龐】인명 크다. ▢龐眉皓髮.

【榜】[인명] **1** 패. □榜文 / 標榜 / 榜示. **2** 방목. □榜目 / 放榜.

➡ 배 ⬅

【拜】[중학] **1** 절. □拜禮 / 拜謁 / 肅拜 / 百拜. **2** 받다. 사여(賜與)를 받다. □拜命 / 拜賜.

【杯】[중학] 【盃】[인명] **1** 잔. 술잔. □杯酒 / 玉杯 / 乾杯 / 杯盤. **2** 대접. [참고] '盃'는 속자.

【倍】[고교] **1** 곱. 갑절. 곱하다. 갑절하다. □倍加 / 倍數 / 事半功倍. **2** 더하다. 증가시키다.

【培】[고교] **1** 북돋우다. □培養 / 栽培. **2** 양성하다. □培材.

【排】[고교] **1** 물리치다. 배척하다. □排擊 / 排他. **2** 밀치다. □排門. **3** 늘어서다. 차례로 서다. □排列 / 按排.

【背】[고교] **1** 등. 腹背. **2** 뒤. □背後 / 光背 / 背景 / 背水陣. **3** 등지다. 배반하다. □背叛 / 背信 / 背恩.

【輩】[고교] 무리. 동등한 사람. 동아리. 패. □同輩 / 年輩 / 無賴輩.

【配】[고교] **1** 짝을 짓다. □配合 / 交配. **2** 나누다. □配當 / 手配. **3** 부부. 부부가 되다. □配偶者. **4** 귀양을 보내다. □配所 / 流配 / 定配.

【陪】[인명] 돕다. □陪侍 / 陪食.

【裵】〈裴〉[인명] **1** 옷이 치렁거리다. **2** 성의 하나.

【湃】[인명] 물결치다. □澎湃.

➡ 백 ⬅

【白】[중학] **1** 흰빛. □黑白 / 白髮 / 白衣 / 純白. **2** 희게 하다. □精白 / 漂白. **3** 깨끗하다. □潔白 / 淸白吏. **4** 환하다. 밝다. □白晝 / 白夜 / 白日. **5** 아무것도 없다. □白紙 / 空白 / 餘白. **6** 말하다. 아뢰다. □告白 / 自白 / 建白.

【百】[중학] **1** 일백. □百年 / 百個 / 數百. **2** 모든 것. 또는 다수. □百姓 / 凡百 / 百科事典.

【伯】[고교] 맏. 우두머리. □伯父 / 伯兄 / 伯氏 / 伯爵 / 伯仲叔季 / 畫伯.

【佰】[인명] 일백. '百'의 갖은자. □仟佰.

【帛】[인명] 비단. □帛書 / 幣帛.

【栢】〈柏〉[인명] **1** 측백나무. □栢葉酒. **2** 잣나무. □松栢.

➡ 번 ⬅

【番】[중학] 번. 순번. 순서. □順番 / 地番 / 番號 / 當番 / 番外 / 非番 / 輪番制.

【煩】[고교] **1** 번열증이 나다. □煩懣 / 煩熱. **2** 번거롭다. □煩務 / 煩文. **3** 번민하다. 번뇌하다. □煩悶 / 煩惱.

【繁】[고교] **1** 많다. □繁多. **2** 성하다. □繁昌. **3** 번거롭다. □繁辭 / 繁雜 / 繁忙. **4** 잦다. □頻繁 / 繁用.

【飜】[고교] 【翻】[인명] **1** 날다. □飛飜 / 飜翔. **2** 번역하다. □飜譯. **3** 뒤집다. □飜意 / 飜覆. [참고] '翻'은 동자.

【蕃】[인명] 무성하다. □蕃茂 / 蕃盛.

➡ 벌 ⬅

【伐】[중학] **1** 치다. □征伐 / 討伐. **2** 베다. □伐木 / 濫伐.

【罰】[고교] **1** 벌. 형벌. □懲罰 / 天罰. **2** 벌을 주다. 형벌을 과하다. □信賞必罰 / 罰金.

【閥】[인명] **1** 문벌. □閥族 / 門閥. **2** 출신·이해(利害)를 같이하는 한 파. □財閥 / 學閥 / 派閥.

➡ 범 ⬅

【凡】[중학] **1** 범상하다. 보통이다. □凡常 / 凡夫. **2** 무릇. 대저. □大凡. **3** 전체. □凡節 / 凡百.

【犯】[고교] **1** 범하다. □犯罪 / 犯行 / 犯法 / 犯則. **2** 범죄. □犯科 / 犯令. **3** 범인. □主犯 / 共犯.

【範】[고교] **1** 법. 법식. □範例 / 模範生. **2** 한계. □範圍 / 範疇.

【帆】[인명] 돛. □帆船 / 出帆.

【枫】[인명] 나무 이름.

【氾】[인명] 넘치다. □氾濫.

【汎】[인명] **1** 뜨다. □浮汎. **2** 넓다. □汎論.

【范】[인명] **1** 거푸집. □范鎔. **2** 성의 하나.

【梵】[인명] **1** 범어. 중의 글. □梵語 / 梵文 / 梵字. **2** 불교·중에 관한 것. □梵鐘 / 梵唄 / 梵天.

➡ 법 ⬅

【法】[중학] **1** 법. 법식. ㉠형벌. □法律 / 法規 / 法治 / 刑法 / 司法. ㉡제도. □法度. ㉢모범. 본보기. □法帖 / 法書. ㉣방법. □兵法 / 戰法 / 方法 / 療法. **2** 가르침. 종교.

□律法 / 法門 / 佛法 / 法悅.

➡ 벽 ⬅

【壁】[고교] **1** 벽. □土壁 / 壁報 / 城壁.
2 낭떠러지. □壁岸 / 絶壁.

【碧】[고교] **1** 옥돌. □碧玉. **2** 푸르다. 짙은 푸른빛. □碧海 / 碧眼.

【璧】[인명] 둥근 옥. □雙璧 / 璧玉 / 藍璧 / 圭璧 / 完璧.

【闢】[인명] 열다. □開闢.

➡ 변 ⬅

【變】[중학] **1** 변하다. □變遷 / 不變 / 變動. **2** 재앙. □變死 / 天變之異 / 災變. **3** 고치다. □變法 / 變更. **4** 변고. □變事 / 變亂. **5** 꾀. 임시변통의 수단. □變通 / 應變.

【辨】[고교] **1** 나누다. 구별하다. □男女以辨. **2** 분별하다. □辨別 / 辨證 / 辨明 / 辨理.

【辯】[고교] 말을 잘하다. □辯護士 / 辯舌 / 能辯 / 雄辯.

【邊】[고교] **1** 가. □江邊 / 海邊. **2** 변방. □邊境 / 邊方. **3** 곁. 옆. 근처. □身邊 / 周邊.

【卞】[인명] **1** 조급하다. □卞急. **2** 성(姓)의 하나.

【弁】[인명] 고깔. □弁服 / 武弁.

➡ 별 ⬅

【別】[중학] **1** 다르다. □別途 / 別個. **2** 나누다. 가르다. □性別 / 類別. **3** 따로. □別居 / 別記. **4** 특별하다. □別天地. **5** 이별. □告別 / 離別.

➡ 병 ⬅

【丙】[중학] **1** 천간(天干)의 셋째. □丙子 / 丙午 / 丙辰. **2** 셋째. 세 번째. □丙夜 / 丙科.

【兵】[중학] **1** 군사. □兵卒 / 步兵. **2** 무기. □兵器 / 兵馬. **3** 전투. 전쟁. □兵火 / 兵法.

【病】[중학] **1** 병. □疾病 / 病患 / 重病 / 胃腸病. **2** 앓다. □病者 / 無病息災.

【屛】[고교] **1** 울. 담. □垣屛. **2** 병풍. □曲屛 / 畵屛.

【竝】[고교]【並】[인명] **1** 나란히 서다. □竝列 / 竝立. **2** 나란히. 함께. □竝用 / 竝唱. **3** 아우르다. □竝吞 / 竝合. [참고] '並'은 속자(俗字).

【幷】〈并〉[인명] 아우르다. □幷有 / 幷吞 / 幷合. [참고] '并'은 속자.

【倂】[인명] 아우르다. □倂用 / 合倂.

【瓶】[인명] 병. □花瓶 / 土瓶.

【輧】[인명] 수레. 양쪽에 덮개를 씌운 수레.

【鉼】[인명] 금 또는 은으로 만든 떡 모양의 화폐.

【炳】[인명] 밝다. □炳然.

【柄】[인명] **1** 자루. □花柄 / 斗柄. **2** 권세. 권력. □柄用 / 權柄.

【昞】〈昺〉[인명] 밝다. [참고] '昺'은 동자.

【秉】[인명] 잡다. □秉權 / 秉燭.

【棅】[인명] 자루. '柄'과 동자.

➡ 보 ⬅

【保】[중학] **1** 보를 서다. □保人 / 保證 / 擔保. **2** 보전하다. □保安 / 保全 / 安全保障. **3** 기르다. □保育 / 保姆. **4** 지키다. □保守 / 保護. **5** 맡아 두다. □保管 / 留保.

【報】[중학] **1** 갚다. □結草報恩 / 報國 / 報償 / 報答. **2** 알리다. □報告 / 報道 / 通報 / 警報 / 電報 / 豫報.

【步】[중학] **1** 걸음. 발걸음. □行步 / 百步 / 初步. **2** 걷다. □步行 / 漫步.

【寶】[고교]【宝】[인명] **1** 보배. 보물. □寶庫 / 寶石 / 寶物 / 家寶 / 國寶. **2** 옥새. □御寶 / 寶璽.

【普】[고교] 넓다. □普及 / 普遍 / 普天之下.

【補】[고교] **1** 고치다. □補修 / 補繕. **2** 돕다. □補佐 / 補益 / 補助. **3** 보태다. □補充 / 補給. **4** 맡기다. □補任 / 補職. **5** 정식 직책 전의 자격. □候補 / 試補 / 主事補.

【譜】[고교] **1** 적다. 열기하다. □家譜 / 年譜 / 譜牒. **2** 악보. □音譜 / 樂譜.

【堡】[인명] 작은 성. □堡壘 / 橋頭堡.

【甫】[인명] 크다. □甫田.

【輔】[인명] 돕다. □輔佐 / 輔弼.

【菩】[인명] 보살. □菩提 / 菩薩.

【潽】[인명] 물.

➡ 복 ⬅

【伏】중학 **1** 엎드리다. ❏伏拜 / 伏望. **2** 숨다. ❏伏兵 / 潛伏. **3** 굴복하다. ❏伏罪 / 降伏 / 屈伏. **4** 시령(時令)의 이름. ❏伏中 / 三伏.

【復】중학 **1** 회복하다. ❏恢復期 / 復位. **2** 원상태로 돌아가다. ❏復職 / 收復 / 復古 / 復舊. **3** 되풀이하다. ❏反復 / 復習.

【服】중학 **1** 옷. 의복. ❏被服 / 冬服 / 服裝. **2** 약 같은 것을 먹다. ❏服藥 / 服用. **3** 좇다. 따르다. ❏服從 / 不服 / 屈服.

【福】중학 복. 행복. ❏福祿 / 轉禍爲福 / 多福 / 福祉 / 五福 / 幸福.

【卜】고교 **1** 점. ❏卜占 / 卜筮. **2** 점쟁이. ❏卜師 / 卜者.

【腹】고교 **1** 배. ❏腹部 / 腹痛 / 腹膜. **2** 태어난 곳. ❏同腹 / 異腹. **3** 두껍다. ❏腹堅.

【複】고교 **1** 겹옷. ❏複衣. **2** 겹치다. ❏複雜 / 重複 / 複寫. **3** 겹. ❏複數 / 複線 / 複式.

【覆】고교 **1** 뒤집다. 엎다. ❏覆盆 / 顚覆 / 飜覆. **2** 덮다. 가리다. ❏覆蓋 / 覆面. **3** 되풀이하다. ❏覆試 / 覆審.

【馥】인명 향기. ❏馥郁.

【鍑】인명 솥.

➔ 본 ◄

【本】중학 **1** 근본. ㉠근원. ❏本源 / 本末. ㉡근본. 바탕. ❏本質 / 本意 / 基本. **2** 책. ❏古本 / 配本 / 寫本. **3** 정식. ❏本妻 / 本名. **4** 본디. 원래. ❏本來 / 本是 / 本然.

➔ 봉 ◄

【奉】중학 **1** 받들다. ❏奉盤 / 奉命 / 奉行. **2** 바치다. ❏奉獻 / 奉呈. **3** 공경의 뜻. ❏奉讀 / 奉見.

【逢】중학 **1** 만나다. ❏逢着 / 相逢. **2** 맞다. ❏逢迎 / 逢君. **3** 당하다. ❏逢變.

【封】고교 **1** 봉하다. ❏封建 / 封爵 / 封疆 / 封地. **2** 단단히 붙이다. ❏封緘 / 密封 / 封印 / 封書.

【峯】고교【峰】인명 산봉우리. ❏峯頭 / 峯頂 / 孤峯 / 最高峯.
참고 '峰'은 동자.

【蜂】고교 벌. ❏蜜蜂 / 女王蜂 / 蜂蝶 / 蜂起.

【鳳】고교 봉새. 봉황의 수컷. 암컷은 '凰'이라 함. ❏鳳翔 / 瑞鳳 / 鳳輦.

【俸】인명 녹. ❏俸給 / 薄俸 / 祿俸 / 本俸 / 加俸.

【捧】인명 받들다. ❏捧納 / 捧讀.

【琫】인명 칼 장식용 옥.

【烽】인명 봉화. ❏烽火 / 烽燧.

【棒】인명 몽둥이. ❏棍棒.

【蓬】인명 쑥. ❏蓬頭亂髮.

【鋒】인명 칼날. ❏鋒刃 / 銳鋒.

➔ 부 ◄

【否】중학 **1** 아니다. ㉠부동의(不同意)를 나타내는 말. ❏可否 / 否決. ㉡의문사. ❏存否 / 安否. **2** 부인하다. ❏否認.

【夫】중학 **1** 지아비. 남편. ❏夫婦 / 亡夫. 丈夫 / 武夫. **2** 사내. 성인(成人)이 된 남자. 丈夫 / 武夫.

【婦】중학 **1** 지어미. ❏婦人 / 産婦. **2** 아내. 처. ❏主婦 / 賢婦. **3** 며느리. ❏姑婦 / 子婦.

【富】중학 **1** 넉넉하다. ❏富强 / 富裕 / 豊富. **2** 부자. 부 또는 재산. ❏富豪 / 富貴 / 巨富 / 國富.

【扶】중학 **1** 돕다. ❏相扶相助 / 扶養 / 扶助. **2** 붙들다. 부축하다. ❏扶老 / 扶侍 / 扶腋.

【浮】중학 **1** 뜨다. ❏浮游 / 浮沈. **2** 띄우다. ❏浮舟 / 浮標. **3** 근거가 없다. ❏浮說 / 浮浪.

【父】중학 **1** 아비. 아버지. ❏嚴父 / 父母 / 師父. **2** 남성인 연장자의 일컬음. ❏父老 / 漁父.

【部】중학 **1** 거느리다. 통솔하다. ❏部下 / 部屬. **2** 관청. ❏吏部 / 法務部. **3** 떼. ❏部隊. **4** 분류. 구분. ❏部類 / 部門. **5** 책·신문 따위의 단위. ❏百部.

【付】고교 **1** 주다. ❏交付 / 付與. **2** 부탁하다. ❏付託 / 付囑. **3** 붙이다. ❏貼付 / 添付.

【副】고교 **1** 버금. ❏正副 / 副社長 / 副官 / 副本. **2** 덧붙이다. ❏副作用.

【府】고교 **1** 곳집. ❏府庫 / 私府. **2** 관청. ❏府中 / 政府. **3** 고을. ❏府尹 / 城府 / 都府.

【符】고교 **1** 부신(符信). 부절(符節). ❏符合 / 割符. **2** 부적. ❏護符 / 符籍.

【簿】고교 장부. ❏名簿 / 帳簿 / 簿記.

【腐】고교 **1** 썩다. 부패하다. ❏腐爛 / 腐朽 / 腐草. **2** 썩히다. 썩이다. ❏腐心.

【負】⬜교교 **1** 지다. ㉠등에 지다. ㉡負荷 / 負商. ㉢이기지 못하다. ㉢勝負. **2** 입다. ㉢負傷.

【賦】⬜교교 **1** 구실. 조세(租稅). ㉢稅賦 / 賦租. **2** 읊다. ㉢賦詩 / 賦詠. **3** 주다. 또는 받다. ㉢賦與 / 天賦.

【赴】⬜교교 **1** 다다르다. 가다. ㉢赴任 / 往赴. **2** 알리다. ㉢赴告.

【附】⬜교교 **1** 붙다. ㉢附着 / 附屬. **2** (덧)붙이다. ㉢附言 / 附錄 / 添附. **3** 주다. ㉢寄附 / 附與.

【孚】⬜인명 미쁘다. ㉢孚佑.

【芙】⬜인명 부용. ㉢芙蓉.

【傅】⬜인명 스승. ㉢傅佐 / 師傅.

【溥】⬜인명 **1** 넓다. **2** 펴다.

【敷】⬜인명 펴다. ㉢敷設 / 敷衍.

【復】⬜인명 다시. ㉢復活 / 復興.

【膚】⬜인명 **1** 살갗. ㉢皮膚 / 身體髮膚. **2** 겉껍질.

⇒ 북 ⇐

【北】⬜중학 ㉠북녘 북 ㉡북녘. 북쪽. ㉢北方 / 北風 / 北極. ㉢달아날 배 ㉢달아나다. ㉢敗北.

⇒ 분 ⇐

【分】⬜중학 **1** 나누다. ㉢分割 / 細分 / 四分五裂. **2** 나누어 주다. ㉢分給 / 分讓. **3** 분명하다. ㉢分明. **4** 분별하다. 변별하다. ㉢分別 / 分揀. **5** 분수. ㉢名分 / 分數 / 分限.

【墳】⬜교교 **1** 무덤. 높게 봉분한 무덤. ㉢墳墓 / 古墳. **2** 언덕. 구릉. **3** 흙이 부풀어 오르다.

【奔】⬜교교 **1** 달리다. ㉢奔流 / 狂奔. **2** 달아나다. ㉢奔亡 / 逃奔.

【奮】⬜교교 **1** 떨치다. 분발하다. ㉢奮鬪 / 興奮. **2** 휘두르다. ㉢手奮長刀.

【憤】⬜교교 **1** 결내다. 분노하다. 발분하다. ㉢憤怒 / 鬱憤. **2** 격분. ㉢發憤忘食.

【粉】⬜교교 **1** 가루. ㉢粉食 / 花粉. **2** 분. 또는 분을 바르다. ㉢白粉 / 粉飾.

【紛】⬜교교 **1** 어지럽다. ㉢落花紛紛 / 紛糾. **2** 엉클어지다. ㉢解紛.

【汾】⬜인명 **1** 물 이름. ㉢汾水. **2** 크다.

【芬】⬜인명 향기. ㉢芬芳 / 芬芬.

【盆】⬜인명 동이. ㉢盆地 / 花盆.

⇒ 불 ⇐

【不】⬜중학 ㉠아니 불 ㉡**1** 아니다. ㉢不可 / 不利. **2** 아니하다. ㉢不爲 / 不屈. ㉢주의 'ㄷ·ㅈ' 따위 한자어 앞에서는 '부'로 읽음. ㉢不當 / 不德 / 不正. ㉢아닌가.

【佛】⬜중학 **1** 부처. 석가모니. ㉢佛陀 / 成佛 / 佛像 / 念佛. **2** 불교. ㉢佛經 / 抑佛 / 崇佛. **3** 불란서의 약자. ㉢佛文學.

【拂】⬜교교 **1** 떨다. 먼지를 떨다. ㉢拂拭. **2** 닦다. 씻다. **3** 먼지떨이. ㉢拂塵 / 拂子.

【弗】⬜인명 **1** 아니다. '不'보다 뜻이 강함. **2** 달러. 미국 화폐 단위 달러의 취음(取音). ㉢弗貨.

⇒ 붕 ⇐

【朋】⬜중학 **1** 벗. ㉢朋友. **2** 떼. 무리. ㉢朋徒 / 朋輩 / 朋黨.

【崩】⬜교교 **1** 무너지다. 붕괴되다. ㉢崩壞 / 雪崩. **2** 천자(天子)가 죽다. ㉢崩御 / 崩殂.

【鵬】⬜인명 붕새. ㉢鵬程 / 大鵬.

⇒ 비 ⇐

【備】⬜중학 **1** 갖추다. ㉢備忘錄 / 常備 / 具備. **2** 예비. ㉢有備無患 / 豫備. **3** 방비. ㉢守備 / 軍備.

【比】⬜중학 **1** 견주다. 겨루다. ㉢比較 / 對比. **2** 나란히 하다. ㉢比肩 / 櫛比. **3** 비율. ㉢比重 / 比例 / 比率.

【悲】⬜중학 **1** 슬퍼하다. 상심하다. ㉢悲哀 / 喜悲. **2** 슬프다. 서럽다. ㉢悲劇 / 悲觀.

【非】⬜중학 **1** 아니다. ㉢非但 / 非公式 / 非主流 / 非科學的. **2** 나무라다. 헐뜯다. ㉢非難 / 非笑. **3** …하지 않다. ㉢非常 / 非凡.

【飛】⬜중학 **1** 날다. ㉢飛行機 / 飛翔 / 飛鳥. **2** 높다. ㉢飛棟 / 飛軒.

【鼻】⬜중학 **1** 코. ㉢鼻孔 / 鼻腔 / 鼻炎 / 鼻骨 / 耳鼻. **2** 코 꿰다. **3** 시초. 최초. 처음. ㉢鼻祖.

【卑】⬜교교 **1** 낮다. ㉢卑辭 / 卑牘. **2** 천하다. ㉢卑賤 / 尊卑 / 卑語 / 卑俗 / 野卑. **3** 낮추다. ㉢卑下.

【妃】⬜교교 **1** 황제의 으뜸가는 첩. ㉢妃嬪 / 貴妃. **2** 왕·황태자·황족의 정실.

□后妃 / 王妃.

【婢】교교 1 계집종. □婢僕 / 婢女. 2 소첩. 여자가 자기를 낮추어 일컫는 말. □婢子.

【批】교교 1 치다. □批亢. 2 평하다. □批判 / 批評 / 批點 / 高批.

【碑】교교 비석. 주로 모양이 네모진 것을 이름(둥근 것은 갈(碣)이라 함). □碑文 / 碑銘.

【祕】교교【秘】인명 1 숨기다. □秘密 / 極秘. 2 신기하다. □神秘 / 秘境.

【肥】교교 1 살지다. □肥大 / 肥滿. 2 (땅이) 걸다. □肥沃. 3 거름. 비료. □肥料 / 金肥.

【費】교교 1 쓰다. □消費 / 浪費. 2 비용. □學費 / 旅費.

【庇】인명 덮다. □庇佑 / 庇護.

【枇】인명 비파나무. □枇杷.

【琵】인명 비파. □琵琶.

【扉】인명 문짝. □柴扉.

【譬】인명 비유하다. □譬喩.

➤ 빈 ◂

【貧】중학 1 가난하다. □貧困層 / 貧寒 / 家貧 / 貧者一燈. 2 모자라다. □才富學貧 / 貧血.

【賓】교교 1 손. 귀빈. □來賓 / 貴賓 / 賓客. 2 주된 것에 대립되는 것. □賓概念 / 賓辭.

【頻】교교 1 자주. □頻煩 / 頻發 / 頻度. 2 찡그리다. □頻顣.

【彬】인명 빛나다. □彬彬.

【斌】인명 빛나다. □斌斌.

【濱】인명 물가. □濱涯 / 海濱.

【嬪】인명 궁녀. □嬪宮 / 妃嬪.

【玭】인명 좋은 소리가 나는 진주.

【馪】인명 향기.

【儐】인명 인도하다.

【璸】인명 진주의 이름.

➤ 빙 ◂

【氷】중학【冰】인명 1 얼음. □氷山 / 氷水 / 氷庫 / 製氷. 2 얼다. □氷結 / 氷海. 참고 '冰'은 본자(本字).

【聘】교교 1 찾다. □聘問. 2 장가들다. □聘禮 / 聘母 / 聘丈. 3 예의를 갖추고 부르다. □聘召 / 招聘.

【憑】인명 1 의지하다. □憑藉 / 憑依 / 信憑. 2 증거. □文憑 / 證憑.

➤ 사 ◂

【事】중학 1 일. ㉠일거리. □事物 / 萬事 / 多事. ㉡생업(生業). □事業 / 農事. ㉢임무. □事務 / 國事. 2 사고. 변고. □事變 / 無事. 3 직책 이름. □檢事 / 主事 / 知事. 4 섬기다. □事親以孝 / 事大 / 師事.

【仕】중학 1 벼슬. 벼슬살이. □仕宦 / 仕進 / 致仕. 2 섬기다. □奉仕 / 給仕.

【使】중학 1 부리다. □使役 / 使用 / 酷使. 2 사신(使臣). □使節 / 大使 / 特使 / 密使. 3 벼슬 이름. □節度使 / 觀察使. 4 하여금. □欲使人人易習.

【史】중학 1 사관. □史臣 / 史家. 2 사기. □史記 / 歷史觀 / 史實. 3 속관(屬官). □御史 / 刺史.

【四】중학 1 넷. □四角 / 四季. 2 네 번. □四回 / 再三再四. 3 사방. □四海 / 四面 / 四通五達.

【士】중학 1 선비. □士大夫 / 士行. 2 무사. □士官 / 士兵 / 勇士 / 下士官. 3 뛰어난 훌륭한 남자. □壯士 / 義士 / 烈士 / 紳士. 4 어떤 자격을 가진 사람. □技士 / 博士 / 辯護士.

【寺】중학 ㉠절 사 ㉡내시 시 ㉠1 절. □寺院 / 寺刹 / 山寺. 2 관청. □寺署 / 官寺. ㉡내시. □寺人 / 婦寺.

【巳】중학 지지(地支)의 여섯째. □巳時 / 辰巳 / 巳進申退.

【射】중학 ㉠쏠 사 ㉡벼슬이름 야 ㉠1 쏘다. □射擊 / 射手 / 射殺. 2 광선·액체·기계 따위를 내보내다. □放射 / 注射 / 射出. ㉡벼슬 이름. □僕射.

【師】중학 1 스승. □師表 / 師範學校 / 敎師. 2 전문가. □醫師 / 藥師 / 理髮師. 3 종교 지도자. □法師 / 律師 / 牧師.

【思】중학 1 생각하다. 사유하다. □思考 / 思想 / 思潮 / 意思. 2 사모하다. □思慕 / 相思.

【死】중학 1 죽다. □死亡 / 死地 / 死去 / 急死. 2 활동하지 않다. □死語 / 死法 / 死火山.

【私】[중학] **1** 사(私). ▢公私 / 公平無私 / 滅私. **2** 자기. ▢私心 / 私益 / 私情 / 私利私慾. **3** 몰래. ▢私通 / 私生兒.

【絲】[중학] **【糸】**[인명] **1** 실. ▢絲繭 / 綿絲 / 絹絲. **2** 실같이 가는 물건. ▢絲絮 / 游絲 / 柳絲. **3** 악기 이름. ▢絲竹 / 絲管. [참고] '糸'는 속자.

【舍】[중학] **1** 집. ▢舍宅 / 屋舍 / 校舍. **2** 여인숙. ▢旅舍 / 客舍 / 舍館. **3** 자기의 겸칭. ▢舍兄.

【謝】[중학] **1** 끊다. 거절하다. ▢謝絶 / 謝客. **2** 사양하다. ▢固謝. **3** 사과하다. ▢謝罪.

【似】[고교] **1** 같다. 비슷하다. 그럴듯하다. ▢似而非 / 類似 / 恰似. **2** 흉내를 내다. ▢似摹.

【司】[고교] **1** 맡다. ▢司令官 / 司法 / 司會. **2** 벼슬. ▢司諫 / 司牧 / 大司憲.

【寫】[고교] **1** 베끼다. ▢寫錄 / 寫本 / 筆寫. **2** 본뜨다. ▢模寫 / 轉寫. **3** 찍다. ▢映寫 / 投寫 / 寫眞. **4** 그리다. ▢寫生 / 描寫.

【捨】[고교] **1** 버리다. ▢捨身 / 取捨選擇. **2** 베풀다. ▢捨撤淨財 / 喜捨.

【斜】[고교] **1** 비끼다. ▢斜面 / 斜線 / 傾斜. **2** (해나 달이) 기울다. ▢斜月 / 斜陽 / 日斜.

【斯】[고교] **1** 이. ▢斯道 / 斯界 / 斯世 / 斯學. **2** 어조사. 무의미한 조자(助字).

【査】[고교] **1** 사실(査實)하다. ▢査察 / 檢査 / 審査 / 踏査 / 調査. **2** 사돈. ▢査丈 / 査兄.

【沙】[고교] **1** 모래. ▢沙石 / 白沙場 / 沙丘 / 土沙. **2** 물가. ▢沙渚 / 沙戶 / 沙工.

【祀】[고교] **1** 제사 지내다. ▢祀天 / 奉祀. **2** 제사. 제전(祭典). ▢祀典 / 享祀.

【社】[고교] **1** 땅귀신. 토지의 신. 나라의 신. ▢社稷 / 社壇 / 國社. **2** 단체. ▢社團 / 結社 / 會社. **3** 회사 따위의 준말. ▢本社 / 社說 / 公社. **4** 세상. ▢社交 / 社會.

【蛇】[고교] **1** 뱀. ▢蛇蝎 / 蛇足 / 大蛇 / 毒蛇. **2** 별 이름. 북방의 성수(星宿)의 이름. ▢蛇乘龍.

【詐】[고교] 속이다. 교묘한 꾀를 써서 기만하다. 또는 거짓. 사기. ▢詐取 / 詐欺 / 詐術 / 詐稱.

【詞】[고교] **1** 말. ▢言詞 / 一言半辭 / 美辭 / 修辭. **2** 문체 이름. ▢唐詩宋詞. **3** 문법상의 어류(語類). ▢名詞 / 動詞.

【賜】[고교] 주다. 귀인(貴人)이 무엇을 주다. 또는 그 물건. ▢賜藥 / 賜田 / 恩賜 / 下賜.

【辭】[고교] **1** 말. ▢言辭 / 一言半辭 / 美辭 / 修辭. **2** 사양하다. ▢辭讓 / 不辭. **3** 사퇴하다. ▢辭表 / 辭職 / 辭任.

【邪】[고교] ㉠간사할 사 ㉡간사하다. ▢邪道 / 邪見 / 邪念 / 妖邪. ㉢그런가 야 ㉢그런가. ▢是邪非邪.

【泗】[인명] 물 이름. ▢泗水.

【砂】[인명] 모래. ▢砂金 / 砂漠.

【紗】[인명] 깁. ▢紗羅 / 紗窓.

【娑】[인명] 춤추다. ▢婆娑.

【徙】[인명] 옮기다. ▢徙居 / 移徙.

【奢】[인명] 사치. ▢奢侈 / 豪奢.

【嗣】[인명] 잇다. ▢嗣子 / 後嗣.

【赦】[인명] 용서하다. ▢赦免 / 大赦.

➔ 삭 ←

【削】[고교] **1** 깎다. 깎아 내다. ▢削除 / 削髮 / 添削. **2** 빼앗다. ▢削奪 / 削官. **3** 깎이다. ▢削減.

【朔】[고교] **1** 초하루. ▢朔望 / 月朔. **2** 처음. 시초. **3** 북녘. 북방. ▢朔風 / 朔北 / 朔方.

➔ 산 ←

【山】[중학] **1** 메. 산. ▢山脈 / 登山. **2** 능. 능침(陵寢). ▢山園. **3** 사찰(寺刹). ▢山門 / 開山.

【散】[중학] **1** 헤어지다. 흩어지다. ▢散會 / 散漫 / 離散. **2** 한산하다. ▢閑散 / 散步. **3** 가루약. ▢散藥 / 胃散.

【産】[중학] **1** 낳다. ▢産婦人科 / 出産 / 生産. **2** 산물. ▢産物 / 國産. **3** 재산. ▢家産.

【算】[중학] **1** 수. 수효. **2** 세다. ▢計算 / 算數 / 算術 / 暗算王 / 運算. **3** 꾀. ▢神算 / 成算.

【珊】[인명] 산호. ▢珊瑚.

【傘】[인명] 우산. ▢傘下 / 雨傘 / 日傘.

【酸】[인명] **1** 초. ▢芳酸. **2** 시다. ▢酸味 / 酸敗 / 甘酸 / 辛酸. **3** 산. 산성 반응을 나타내는 화합물. ▢强酸 / 窒酸 / 黃酸 / 炭酸.

➔ 살 ←

【殺】중학 ㉠죽일 살 ㉡죽이다. ▢殺人 / 銃殺 / 殺傷. ㉢덜 쇄. ㉣덜다. 감하다. ▢相殺.

【薩】인명 보살. ▢菩薩.

➔ 삼 ←

【三】중학 1 셋. ▢三冬 / 三公. 2 세 번. ▢三拜 / 三顧草廬 / 再三再四.

【參】인명 석. 셋. '三'의 갖은자. ▢參拾.

【蔘】인명 삼. ▢蔘圃 / 山蔘.

【杉】인명 삼나무. ▢杉木.

【衫】인명 적삼. ▢單衫 / 汗衫.

【森】인명 1 나무가 빽빽하다. ▢森林 / 森羅. 2 늘어서다. ▢森列 / 森布.

➔ 삽 ←

【揷】〈插〉 꽂다. ▢揷入 / 揷話 / 揷木. 참고 '插'은 본자(本字).

➔ 상 ←

【上】중학 1 위. ㉠높은 곳. ▢上層 / 天上. ㉡높은 계급. ▢上位 / 上官 / 上座. ㉢꼭대기. ▢頂上. ㉣천자. 군주. ▢上意 / 主上. 2 시간적으로 앞. ▢上古 / 上旬 / 上代. 3 오르다. ▢上昇 / 上船 / 上馬. 4 올리다. ▢上申 / 上訴 / 上告. ㉤말씀 드리다. ㉥무대 따위에 올리다. ▢上映 / 上演.

【傷】중학 1 다치다. ▢傷弓之鳥 / 死傷 / 負傷 / 傷處 / 傷害 / 傷痕. 2 근심하다. ▢傷心 / 傷嘆 / 悲傷.

【商】중학 1 헤아리다. 생각하다. ▢商量 / 商議. 2 장사. ▢商標 / 商魂 / 通商 / 商品. 3 상인. ▢巨商 / 貿易商.

【喪】중학 1 복을 입다. ▢喪禮 / 喪家 / 喪主 / 國喪 / 喪中 / 脫喪. 2 잃다. ▢喪心 / 喪失.

【尚】중학 1 오히려. 2 숭상하다. ▢尙武 / 尙古 / 崇尙 / 好尙.

【常】중학 1 항상. 평상시. 늘. ▢常時 / 恒常 / 常設 / 常食 / 非常 / 常備. 2 범상. ▢常人 / 沒常識 / 尋常.

【想】중학 1 생각하다. ▢想像力 / 豫想. 2 생각. ▢思想 / 感想 / 着想.

【相】중학 1 서로. ▢相當 / 相互間 / 相剋. 2 보다. ▢觀相. 3 정승. 승상. ▢相公 / 首相.

【賞】중학 1 칭찬하다. ▢優等賞 / 賞美 / 嘉賞 / 稱賞. 2 상을 주다. ▢賞金 / 賞品 / 懸賞. 3 완상하다. 즐기다. ▢賞玩 / 鑑賞.

【霜】중학 1 서리. ▢霜雪 / 霜露之疾 / 霜害 / 風霜 / 秋霜. 2 엄하다. ▢霜氣 / 嚴霜 / 秋霜烈日.

【像】고교 1 꼴. 형상. ▢骨像畵 / 形像. 2 상. ▢佛像 / 木像 / 偶像.

【償】고교 1 갚다. ▢償金 / 償還 / 2 배상. 대가(代價). ▢賠償 / 代償.

【嘗】고교 1 맛보다. ▢嘗膽 / 嘗味 / 嘗膳. 2 시험하다. ▢嘗試.

【床】고교 【牀】인명 1 평상. ▢床几 / 交子床 / 病床 / 溫床. 2 마루. ▢床上安床. 참고 '牀'은 본자(本字).

【桑】고교 뽕나무. ▢桑田 / 桑園 / 耕桑.

【狀】고교 ㉠모양 상 ㉡1 모양. 꼴. ▢形狀 / 狀況 / 實狀 / 環狀. 2 상태. 상황. ▢狀態 / 狀況 / 情狀 / 症狀 / 原狀. ㉢문서. ▢訴狀 / 信任狀 / 連判狀.

【祥】고교 1 복. ▢嘉祥 / 福祥. 2 조짐. ▢祥瑞 / 祥兆 / 吉祥 / 兇祥. 3 제사. ▢小祥 / 大祥.

【裳】고교 아랫도리에 입는 치마나 바지 따위. ▢衣裳 / 紅裳.

【詳】고교 자세하다. ▢詳細 / 詳報 / 未詳 / 不詳.

【象】고교 1 코끼리. ▢象眼 / 巨象 / 象牙. 2 모양. ▢形象 / 對象 / 現象 / 印象. 3 본뜨다. 본떠 모양을 그리다. ▢象形文字 / 象徵.

【庠】인명 학교. ▢庠序.

【湘】인명 물 이름. ▢湘水.

【箱】인명 상자. ▢箱子.

【翔】인명 날다. ▢翔空 / 飛翔.

【爽】인명 시원하다. ▢爽達 / 爽快.

【塽】인명 높고 밝은 땅.

➔ 새 ←

【塞】고교 ㉠변방 새 ㉡1 변방. 변경. ▢邊塞 / 塞翁之馬. 2 요해처. ▢要塞 / 險塞. ㉢1 막다. ▢蔽塞. 2 막히다. ▢語塞 / 梗塞.

➔ 색 ←

【色】[중학] **1** 빛. ⊙색채. ▫색맹 / 五色 / 保護色 / 原色. ⓒ안색. ▫變色 / 氣色. ⓒ경치. ▫秋色 / 異色. **2** 색. 여색. ▫女色 / 色情.

【索】[고교] ▢찾을 색 ▫찾다. ▫索引 / 思索 / ▢노 삭 搜索. ▫노. 바·노끈· 새끼 따위. ▫索道 / 大索.

【嗇】[인명] 인색하다. ▫吝嗇.

【穡】[인명] 거두다. ▫農穡.

⇒ 생 ⇐

【生】[중학] **1** 나다. 출생하다. ▫生日 / 誕生. **2** 낳다. ▫生母 / 生殖. **3** 살다. ▫生存 / 一生 / 生死 / 生物 / 生理. **4** 일어나다. ▫發生 / 生起. **5** 설다. ▫生硬 / 生疏. **6** 자라다. ▫野生 / 自生 / 生育. **7** 날것. ▫生肉 / 生食. **8** 백성. ▫蒼生 / 民生. **9** 서생(書生). 공부하는 사람. ▫學生 / 生徒 / 儒生 / 筆生. **10** 자기의 겸칭. ▫小生.

⇒ 서 ⇐

【序】[중학] **1** 담. ▫東序 / 序內. **2** 차례. 순서. ▫序列 / 序次 / 順序. **3** 머리말. ▫序文.

【暑】[중학] **1** 덥다. ▫暑氣 / 避暑. **2** 더위. ▫暑退 / 一寒一暑. **3** 여름. ▫暑中 / 暑雨.

【書】[중학] **1** 글. ▫書記 / 書風 / 書頭. **2** 글씨. ▫書道 / 草書. **3** 책. ▫書冊 / 書籍 / 辭書 / 書店. **4** 편지. ▫書翰 / 書簡.

【西】[중학] **1** 서녘. ▫西方 / 西域. **2** 서양의 약칭. ▫西洋式 / 西紀 / 西歐.

【庶】[고교] **1** 여러. ▫庶政 / 庶務. **2** 서자. ▫庶子 / 庶出. **3** 많은 백성. ▫庶人 / 庶民.

【徐】[고교] 천천하다. 천천히. ▫徐行 / 徐徐 / 淸風徐來.

【恕】[고교] **1** 어질다. ▫忠恕 / 仁恕. **2** 용서하다. ▫容恕 / 宥恕.

【敍】[고교] 【叙】[인명] **1** 차례. ▫敍次. **2** 베풀다. 진술하다. ▫敍述 / 自敍. [참고] '叙'는 속자(俗字).

【緒】[고교] **1** 실마리. ⊙실의 첫머리. 사단(絲端). ⓒ사물의 발단. ▫緒言 / 端緒 / 頭緒 / 由緒. **2** 마음. ▫情緒.

【署】[고교] **1** (관리에) 임명하다. **2** 맡다. 관할하다. ▫署長 / 本署 / 署理. **3** 관청. ▫官署 / 公署.

【誓】[고교] 맹세하다. ▫誓約 / 宣誓.

【逝】[고교] 가다. ⊙떠나가다. ▫逝者. ⓒ사람이 죽다. ▫逝去 / 急逝 / 永逝.

【抒】[인명] 말하다. 속마음을 토로하다. ▫抒情詩.

【舒】[인명] 펴다. ▫舒眉 / 舒卷.

【瑞】[인명] 상서롭다. 길하다. ▫瑞氣 / 瑞光 / 瑞雪 / 祥瑞 / 瑞夢.

【棲】〈栖〉[인명] **1** 깃들이다. **2** 살다. ▫棲息 / 水棲 / 同棲. [참고] '栖'는 동자.

【曙】[인명] 새벽. ▫曙光 / 曙天.

【壻】〈婿〉[인명] 사위. ▫壻郞.

【惛】[인명] 지혜.

【諝】[인명] 슬기.

⇒ 석 ⇐

【夕】[중학] 저녁. 해질 녘. 또는 해의 마지막, 달의 마지막의 이름. ▫夕陽 / 朝夕 / 一朝一夕 / 朝變夕改 / 花朝月夕.

【席】[중학] **1** 자리. ▫席順 / 指定席 / 席次 / 坐席. **2** 베풀다. 벌이다. ▫會席 / 席上 / 宴席.

【惜】[중학] **1** 아끼다. ▫惜陰 / 惜春 / 愛惜. **2** ⊙아까워하다. ⓒ애석하게 여기다. ▫惜敗 / 惜別.

【昔】[중학] **1** 옛. 옛날. ▫昔日 / 今昔 / 昔年. **2** 접때. 어제 또는 이삼일 이전, 또는 기왕의 뜻.

【石】[중학] **1** 돌. 암석. ▫石器 / 金剛石 / 鑛石. **2** 섬. 용량의 단위. ▫千石. **3** 돌처럼 단단함. ▫石心 / 石交.

【析】[고교] **1** 가르다. 분석하다. ▫析出 / 分析 / 解析. **2** 쪼개다. ▫析薪.

【釋】[고교] **1** 풀다. 설명하다. ▫釋義 / 注釋. **2** 풀리다. ▫釋然. **3** 변명하다. ▫釋明 / 釋言. **4** 내놓다. 석방하다. ▫釋放 / 保釋.

【碩】[인명] 크다. 뛰어나다. ▫碩士 / 碩學.

【奭】[인명] 크다.

【汐】[인명] 저녁의 조수. ▫汐水 / 潮汐.

【淅】[인명] 일다. ▫淅米.

【晳】[인명] 밝다. ▫明晳.

【祏】[인명] 돌.

【鉐】인명 놋쇠.

【錫】인명 주석. □錫杖 / 朱錫.

→ 선 ←

【仙】중학 **1** 신선. 또는 속세를 초월한 사람. □仙女 / 神仙 / 酒仙 / 仙境. **2** 시가(詩歌) 따위에 뛰어난 사람. □詩仙.

【先】중학 **1** 먼저. ㉠공간적으로 앞쪽. □先頭 / 先陣. ㉡시간적으로 앞섬. □先任 / 先客 / 先手. **2** 이전. 과거. 또는 하나 앞의 것. □先祖 / 先王 / 先代. **3** 앞서다. □先覺 / 先見 / 先生.

【善】중학 **1** 착하다. □善惡 / 善男善女 / 積善. **2** 잘하다. 훌륭하다. □善用 / 善戰. **3** 친하다. □善隣 / 親善.

【線】중학 **1** 실. 실오라기. **2** 줄. 가늘고 길어 실 같은 모양을 한 것. □線路 / 電線 / 直線. **3** 상접하는 두 면의 경계선. □水平線 / 戰線. **4** 한 방향으로 나가는 것. □光線 / 放射線 / 視線.

【船】중학 배. 선박. □船窓 / 連絡船 / 船長 / 難破船 / 汽船 / 漁船.

【選】중학 **1** 가리다. □選擧 / 豫選 / 決選. **2** 선택하여 뽑음. □人選 / 古文選 / 詩選.

【鮮】중학 **1** 곱다. 선명하다. □鮮色 / 鮮明 / 鮮紅. **2** 새것. 새롭다. □鮮度 / 新鮮 / 鮮血 / 生鮮 / 鮮魚.

【宣】고교 **1** 베풀다. □日宣三德. **2** 펴다. 널리 알림. □宣布 / 宣教 / 宣傳. **3** 조칙(詔勅). 조서(詔書). □宣旨 / 託宣.

【旋】고교 **1** 돌리다. 돌다. □旋盤 / 旋回 / 螺旋 / 旋風. **2** 돌아오다. □凱旋.

【禪】고교 **1** 봉선(封禪). **2** 선위하다. □禪讓 / 受禪. **3** (불교의) 선. □禪宗 / 坐禪.

【扇】인명 부채. □扇子 / 扇風機 / 夏爐冬扇 / 太極扇.

【渲】인명 바림. □渲染.

【瑄】인명 도리옥.

【愃】인명 상쾌하다.

【墡】인명 흰 흙. 백토(白土).

【膳】인명 **1** 반찬. □配膳. **2** 선물. □膳物 / 膳賜.

【繕】인명 깁다. □修繕.

【琁】인명 아름다운 옥. 참고 '璇'과 동자.

【璿】인명 아름다운 옥. 참고 '璇'과 동자.

【璇】인명 아름다운 옥. □璇瑰 / 璇宮. 참고 '琁·璿'과 동자.

【羨】인명 부럽다. □羨望 / 欽羨.

【嬋】인명 곱다. □嬋然.

【銑】인명 무쇠. □銑鐵.

【珗】인명 옥돌.

【嫙】인명 곱다. 예쁘다.

→ 설 ←

【舌】중학 **1** 혀. □舌端 / 卷舌. **2** 입. 말. □舌禍 / 辯舌.

【設】중학 **1** 베풀다. ㉠늘어놓다. □陳設. ㉡세우다. □建設 / 設立 / 增設. ㉢설치하다. □設備 / 設置 / 附設. **2** 설령(設令). 가령. □設或 / 假設.

【說】중학 ㊀말씀 설 ㉠**1** 말씀. □異說 / 說話. **2** 말하다. □說明 / 力說 / 解說 / 演說. ㊁달랠 세 ㉠달래다. □說客 / 誘說 / 遊說.

【雪】중학 **1** 눈. 눈이 내리다. □雪景 / 大雪 / 白雪. **2** 빛이 희다. □雪羽 / 雪眉 / 雪毛. **3** 씻다. □雪冤 / 雪辱.

【卨】인명 사람 이름.

【薛】인명 나라 이름.

【楔】인명 쐐기. □楔形文字.

→ 섬 ←

【纖】인명 가늘다. 또는 가는 줄. □纖細 / 纖維 / 化纖.

【暹】인명 해가 돋다.

【蟾】인명 **1** 두꺼비. **2** 달[月]의 이칭. □蟾宮.

→ 섭 ←

【攝】고교 **1** (끌어)당기다. 끌어들이다. □攝取 / 包攝. **2** 대신하다. □攝政. **3** 다스리다. 또는 양생(養生)하다. □攝生 / 攝理.

【涉】고교 **1** 건너다. 도보로 물을 건너다. □徒涉 / 涉水 / 涉禽. **2** 겪다. □歷涉. **3** 관계하다. □交涉 / 干涉. **4** 돌아다니

다. ❏涉獵.

【燮】〔인명〕 화하다. ❏爕和.

【葉】〔인명〕 성의 하나.

➔ 성 ⬅

【城】〔중학〕 재. 성. 내성(內城). 외성(外城)은 '곽(郭)'. ❏城郭 / 城壁 / 城砦 / 山城 / 王城 / 宮城 / 城主.

【姓】〔중학〕 **1** 성. 성씨. ❏姓名 / 同姓 / 姓氏. **2** 겨레. 씨족. ❏姓族 / 宗姓.

【性】〔중학〕 **1** (타고난) 성품. ❏天性 / 性急 / 性格. **2** 성질. 만물이 가지고 있는 본바탕. ❏野性 / 惡性 / 酸性 / 性能 / 適性. **3** 남녀의 구별. ❏男性 / 中性 / 女性.

【成】〔중학〕 **1** 이루어지다. ❏達成 / 成事. **2** 이루다. ❏成功 / 速成 / 結成.

【星】〔중학〕 **1** 별. ❏日月星辰 / 木星 / 北斗七星. **2** 세월. ❏星霜. **3** 중요한 인물. ❏巨星 / 將星.

【盛】〔중학〕 **1** 그릇. **2** 성하다. 번성하다. ❏盛世 / 隆盛.

【省】〔중학〕 ㉠살필 성 ㉠ ㉠살펴 보다. **1** 살피다. ❏省察 / 省視. ㉡자기 몸을 살피다. ❏自省 / 反省. **2** 관아의 이름. ❏中書省 / 外務省. ㉢덜다. 감하다. 간략히 하다. ❏省減 / 省略.

【聖】〔중학〕 **1** 성스럽다. 거룩하다. ❏聖像 / 聖經 / 神聖. **2** 성인. ❏聖賢 / 聖哲. **3** 뛰어난 사람. ❏詩聖 / 樂聖.

【聲】〔중학〕 **1** 소리. 음향. ❏聲量 / 高聲 / 音聲. **2** 말하다. ❏聲明. **3** 명예. ❏聲望 / 名聲.

【誠】〔중학〕 정성. 진심. 또는 정성스럽다. 성실하다. ❏誠意 / 誠實 / 精誠 / 忠誠 / 丹誠 / 至誠.

【晟】〈晠〉〔인명〕 밝다.

【珹】〔인명〕 옥 이름.

【娍】〔인명〕 아름답다.

【瑆】〔인명〕 옥빛.

【惺】〔인명〕 깨닫다.

【醒】〔인명〕 깨다. ❏醒目 / 覺醒.

➔ 세 ⬅

【世】〔중학〕 **1** 인간. 세상. ❏世上事 / 世界 / 世間 / 世人 / 世態 / 世俗. **2** 세대. ❏世代 / 世系 / 隔世. **3** 때. 시대. ❏今世 / 近世 / 中世. **4** 대대로 계속하다. ❏世襲 / 世業 / 世居 / 世交. **5** 부자(父子) · 왕의 상속 또는 그 관계. ❏世子 / 移民三世 / 나폴레옹三世. **6** 평생. 일생. ❏後世 / 前世.

【勢】〔중학〕 **1** 세력. ❏權勢 / 權門勢家. **2** 형세. 형편. ❏大勢 / 情勢 / 地勢. **3** 물리적인 힘. ❏攻勢 / 水勢 / 守勢.

【歲】〔중학〕 **1** 해. ❏歲入 / 歲費 / 歲末 / 過歲. **2** 나이. 연령. ❏同歲 / 年歲. **3** 세월. ❏歲月 / 萬歲.

【洗】〔중학〕 씻다. 닦다. 깨끗하게 하다. ❏洗濯 / 洗心.

【稅】〔중학〕 구실. 세금. ❏稅金 / 納稅 / 徵稅.

【細】〔중학〕 **1** 가늘다. ❏細小 / 細長. **2** 작다. ❏細心 / 微細. **3** 자세하다. ❏詳細 / 細註.

【貰】〔인명〕 빌리다. ❏貰家 / 專貰.

➔ 소 ⬅

【小】〔중학〕 **1** 작다. ❏大小 / 短小 / 小路 / 縮小 / 小數. **2** 자기의 겸칭. ❏小生 / 小官. **3** 젊다. ❏小兒 / 小婦. **4** 짧다. ❏小話 / 小說.

【少】〔중학〕 **1** 적다. 많지 않다. ❏少量 / 僅少. **2** 젊다. 어리다. ❏年少 / 少時 / 少女. **3** 줄다. 줄이다. ❏減少.

【所】〔중학〕 **1** 바. ❏所謂 / 所見. **2** 곳. ❏住所 / 錄 / 急所 / 高所 / 事務所. **3** 자리. 지위. ❏適材適所.

【消】〔중학〕 **1** 사라지다. 없어지다. ❏消滅 / 消盡 / 消亡 / 消長 / 消失. **2** 써서 없어지다. ❏消耗 / 消費. **3** 불을 끄다. ❏消火 / 消防.

【笑】〔중학〕 웃다. ❏含笑 / 微笑 / 笑話 / 笑顔.

【素】〔중학〕 **1** 희다. ❏素衣 / 素車白馬 / 素服 / 素白. **2** 바탕. ❏素質 / 素地. **3** 그 이상 나눌 수 없는 것. 또는 원소 이름. ❏元素 / 素因 / 水素. **4** 채식(菜食). ❏素食 / 素饌.

【召】〔고교〕 **1** 부르다. ❏召致 / 應召 / 召集 / 召還 / 徵召. **2** 초래하다. ❏召禍.

【掃】〔고교〕 **1** 쓸다. 청소하다. ❏掃除 / 淸掃. **2** 제거하다. ❏掃滅 / 掃蕩 / 掃海.

【昭】〔고교〕 **1** 밝다. 환히 빛남. ❏昭光 / 昭明 / 昭昭. **2** 밝히다. ❏昭示 / 明昭 / 顯昭.

【燒】〔고교〕 **1** 불사르다. 태우다. ❏燒却 / 燒身 / 燒夷彈. **2** 타다. ❏燒失 / 燒火 / 全燒.

【疏】[고][교] 【疎】[인명] **1** 트이다. ❏疏通 / 疏水. **2** 멀리하다. ❏疏外 / 疏遠. **3** 드문드문하다. ❏疏開 / 過疏. [참고] '疎'는 속자.

【蔬】[고][교] **1** 푸성귀. ❏園蔬 / 菜蔬. **2** 낟알. 곡식의 알. **3** 거칠다. ❏蔬食.

【蘇】[고][교] **1** 차조기. ❏紫蘇. **2** 깨어나다. 회생하다. ❏蘇復 / 蘇生.

【訴】[고][교] **1** 아뢰다. **2** 송사하다. ❏告訴 / 訴訟 / 訴狀. **3** 하소연하다. ❏哀訴 / 泣訴 / 愁訴.

【騷】[고][교] **1** 떠들다. ❏騷音 / 騷擾 / 騷亂 / 騷然. **2** 소동. ❏騷動. **3** 시부(詩賦). 은둔한 시인. ❏騷客.

【沼】[인명] 늪. ❏沼澤 / 湖沼.

【炤】[인명] 밝다. ❏炤炤.

【紹】[인명] **1** 잇다. **2** 소개하다. ❏紹介.

【邵】[인명] 땅 이름.

【韶】[인명] 아름답다. ❏韶光.

【巢】[인명] 새 집. ❏巢居 / 歸巢.

【遡】[인명] 거스르다. ❏遡及 / 遡江.

【招】[인명] 나무가 흔들리다.

【瑢】[인명] 고운 옥.

➔ 속 ◆

【俗】[중][학] **1** 풍습. ❏民俗 / 美風良俗. **2** 범속하다. 속되다. ❏俗人 / 俗臭 / 超俗 / 俗惡.

【續】[중][학] 잇다. ㉠연하다. 계속하다. ❏續出 / 繼續. ㉡계승하다. ❏續襲.

【速】[중][학] **1** 빠르다. 신속하다. ❏速斷 / 速成 / 迅速 / 敏速. **2** 빠르기. ❏時速 / 風速 / 音速 / 速度.

【屬】[중][학] ㊀무리 속 ㉠ **1** 무리. 붙이. ❏眷屬. ㉡이을 촉 屬 ❏眷屬 / 家屬 / 貴金屬. **2** 좇다. 따르다. ❏屬性 / 屬國 / 附屬. ㊁ **1** 잇다. **2** 맡기다. ❏屬託. **3** 기대다. ❏屬望.

【束】[고][교] **1** 묶다. ❏束髮 / 結束 / 束縛. **2** 단속하다. 잡도리를 단단히 하다. ❏團束. **3** 약속하다. ❏約束.

【粟】[고][교] **1** 조. 좁쌀. ❏粟豆. **2** 곡식. 곡류. ❏米粟.

➔ 손 ◆

【孫】[중][학] **1** 손자. ❏曾孫子 / 嫡孫 / 宗孫. **2** 자손. ❏七世孫 / 子子孫孫.

【損】[고][교] **1** 덜다. 감소하다. ❏減損. **2** 잃다. 손해를 보다. ❏損失 / 損益 / 缺損. **3** 상하다. ❏損傷 / 損壞 / 汚損.

【遜】[인명] 겸손하다. ❏謙遜.

【巽】[인명] 괘 이름. ❏巽卦.

➔ 솔 ◆

【率】[인명] **1** 거느리다. ❏統率 / 率先. **2** 꾸밈없다. ❏率直 / 眞率. **3** 가볍다. ❏輕率.

【帥】[인명] 거느리다. ❏帥先. [참고] '率'과 같은 뜻.

➔ 송 ◆

【松】[중][학] 소나무. 솔. ❏松竹梅 / 松林 / 老松 / 靑松 / 松花.

【送】[중][학] 보내다. ❏送達 / 輸送機 / 送別 / 葬送.

【訟】[고][교] 송사하다. 송사. ❏訟事 / 爭訟.

【誦】[고][교] **1** 읽다. ❏誦經 / 朗誦. **2** 외다. ❏暗誦.

【頌】[고][교] **1** 기리다. 또는 칭송하다. ❏頌德 / 頌歌 / 頌辭 / 稱頌. **2** 문체(文體)의 하나. 칭찬하는 글. ❏酒德頌.

【宋】[인명] 송나라. ❏宋襄之仁.

【淞】[인명] 물 이름.

➔ 쇄 ◆

【刷】[고][교] **1** 닦다. 쓸다. ❏刷掃. **2** 씻다. ❏刷洗 / 刷新. **3** 인쇄하다. ❏印刷 / 縮刷.

【鎖】[고][교] **1** 자물쇠. **2** 쇠사슬. ❏連鎖 / 金鎖 / 鎖狀. **3** 봉하다. ❏封鎖 / 鎖國政策.

➔ 쇠 ◆

【衰】[고][교] ㊀쇠할 쇠 │ ㊁쇠하다. 약해지다. ㊂상옷 최 ❏衰弱 / 盛衰. ㊂ 상옷의 하나. ❏齊衰.

【釗】[인명] 《韓》쇠. ❏乭釗.

➔ 수 ◆

【修】[중][학] 【脩】[인명] **1** 닦다. ❏修道士 / 修學 / 修身. [참고] '修'와

'脩'는 통용자. **2** 다스리다. ▢修理 / 改修.

【受】（중학） **2** 받다. ▢受賞 / 授受 / 領受證. **2** 어조사《수동의 뜻을 나타내는 조사》.

【壽】（중학）【寿】（인명） **1** 수. ㉠나이. 목숨. ▢壽命 / 天壽. ㉡장수. ▢壽福 / 老壽. **2** 수하다. 장수하다. ▢壽宴 / 賀壽.

【守】（중학） **1** 지키다. ▢守護 / 守衛 / 守備 / 死守. **2** 절개. 지조. ▢守節. **3** 벼슬 이름. ▢太守 / 郡守.

【愁】（중학） 근심하다. 또는 근심. ▢愁心 / 旅愁 / 憂愁 / 哀愁.

【手】（중학） **1** 손. ▢手腕 / 握手. **2** 쥐다. ▢手劍 / 手弓. **3** 손수. ▢手記 / 手書. **4** 어떤 일을 맡은 사람. ▢選手 / 旗手.

【授】（중학） 윗사람이 주다. 수여하다. 가르치다. ▢授與 / 授業 / 教授.

【收】（중학） **1** 거두다. ▢收穫 / 沒收 / 收金 / 收集 / 接收. **2** 잡다. ▢收監.

【數】（중학） ㈠셀 수 ㈡ **1** 셈. ▢數學 / 指數. ㈡자주 삭 數 / 計數. **2** 수. 숫자. ▢整數 / 數字 / 複數 / 自然數. **3** 운수. ▢命數 / 運數. **4** 여러. ▢數年 / 數回. ㈢자주. ▢頻數 / 數數.

【樹】（중학） **1** 나무. ▢樹木 / 植樹 / 樹脂 / 果樹. **2** 세우다. ▢樹立 / 樹勳.

【水】（중학） **1** 물. ▢水分 / 冷水 / 水中. **2** 물과 같은 형상·성질의 것. ▢水銀 / 水晶. **3** 물이 흐르거나 괸 곳. ▢湖水 / 水邊 / 山水 / 流水. **4** 큰물. ▢洪水 / 水害. **5** 수소의 약칭. ▢水爆 / 炭水化物.

【秀】（중학） **1** (벼 따위가) 패다. **2** 빼어나다. ▢秀麗 / 優秀 / 秀才.

【誰】（중학） **1** 누구. 어떤 사람. ▢誰何 / 誰某. **2** 접때. 이전(以前).

【雖】（중학） 비록. 아무리 …하여도. ▢雖然.

【須】（중학） **1** (턱밑) 수염. ▢須眉. **2** 모름지기. **3** 사용하다. ▢須要 / 必須. **4** 잠깐. ▢須臾.

【首】（중학） **1** 머리. ▢首級 / 首肯 / 頓首 / 斬首. **2** 첫머리. ▢首席 / 歲首 / 首尾. **3** 우두머리. ▢首領 / 元首.

【囚】（중학） **1** 가두다. ▢囚縛. **2** 죄수. ▢囚人 / 罪囚.

【垂】（중학） **1** 드리우다. ▢垂直 / 垂線 / 下垂 / 懸垂. **2** 가르치다. ▢垂範 / 垂示.

【帥】（고교） 장수. ▢元帥 / 統帥.

【搜】（고교） 찾다. ▢搜查 / 搜索.

【殊】（고교） **1** 뛰어나다. 특이하다. ▢殊功 / 殊勳. **2** 다르다. ▢特殊.

【獸】（고교） **1** 짐승. ▢獸肉 / 禽獸. **2** 포(脯). 말린 고기.

【睡】（고교） **1** 졸다. ▢睡魔. **2** 자다. ▢午睡 / 昏睡. **3** 잠. ▢睡眠 / 假睡.

【輸】（고교） **1** 보내다. ▢輸送 / 運輸 / 輸血. **2** 짐.

【遂】（고교） **1** 이루다. ▢遂行 / 完遂. **2** 드디어. 마침내.

【隨】（고교） **1** 따르다. ▢隨行. **2** 따라서. 그대로 좇아서. ▢隨時 / 隨筆.

【需】（고교） **1** 구하다. 바라다. ▢需給 / 民需. **2** 요구. 수요품. ▢必需品 / 軍需品.

【洙】（인명） 물 이름. ▢洙泗.

【琇】（인명） 옥돌. ▢琇瑩.

【銖】（인명） 중량 이름. ▢分銖.

【粹】（인명） 순수하다. ▢純粹.

【穗】〈穂〉（인명） 이삭. ▢穗狀 / 落穗.

【繡】（인명） 수놓다. ▢繡囊 / 繡衣 / 刺繡.

【隋】（인명） 수나라.

【髓】（인명） 골수. ▢腦髓 / 骨髓.

【袖】（인명） 소매. ▢袖手 / 袖珍.

❖ 숙 ❖

【叔】（중학） **1** 아저씨. 숙부. ▢叔父 / 叔姪. **2** 형제 중의 셋째. ▢伯仲叔季.

【宿】（중학） ㉠묵을 숙 **1** 묵다. ▢宿泊 / 宿望 / 宿怨. ㉡성수 수 投宿. **2** 오래되다. ▢星宿(星宿). 성차(星次). ▢二十八宿.

【淑】（중학） **1** 착하다. 얌전하다. 정숙하다. ▢窈窕淑女 / 淑德 / 貞淑 / 賢淑. **2** 맑다. ▢淑清. **3** 사모하다. ▢私淑.

【孰】（고교） **1** 누구. 어느 사람. ▢孰誰. **2** 어느. 어느 것. **3** 익다. ▢五穀時孰.

【熟】（고교） **1** 익다. ▢半熟 / 半生半熟 / 熟果 / 成熟 / 早熟. **2** 익히다. ▢熟食. **3** 익숙하다. ▢熟達 / 圓熟 / 熟練 / 未熟 / 熟手. **4** 익히. 곰곰이. ▢熟考 / 熟知.

【肅】（고교） **1** 엄숙하다. 엄하다. ▢嚴肅 / 肅然 / 靜肅. **2** 삼가다. ▢自肅 / 肅敬. **3** 경계하다. 잡도리하다. ▢肅正 / 肅清 / 肅黨.

【塾】인명 글방. ▫義塾.

【琡】인명 옥 이름.

【璹】인명 옥 그릇.

【橚】인명 무성하다.

➤ 순 ◄

【純】중학 순수하다. ▫純潔 / 純情 / 淸純 / 不純 / 純眞 / 純粹 / 純正.

【順】중학 1 순하다. ▫順從 / 柔順. 2 좇다. ▫順逆 / 耳順 / 歸順. 3 차례. ▫順番 / 順次 / 打順 / 番號順.

【巡】고교 돌다. ▫巡行 / 巡察 / 巡禮 / 一巡.

【循】고교 1 좇다. ▫循俗 / 因循. 2 돌다. 돌아다니다. ▫循行 / 循環.

【旬】고교 1 열흘. 십 일. ▫旬朔 / 旬餘 / 初旬 / 下旬. 2 차다. 제 돌이 꼭 참. ▫旬月 / 旬歲.

【殉】고교 1 (죽은 사람을) 따라 죽다. ▫殉死. 2 (목숨을) 바치다. ▫殉國先烈 / 殉敎.

【瞬】고교 눈을 깜짝거리다. 전하여, 짧은 시간. ▫瞬間 / 瞬息間 / 一瞬.

【脣】고교 입술. ▫脣齒 / 口脣 / 紅脣 / 脣亡齒寒. 참고 ‘唇’과는 별자(別字)이나 흔히 혼용함.

【洵】인명 진실로.

【珣】인명 옥 이름.

【荀】인명 1풀 이름. 2성의 하나.

【筍】인명 죽순. ▫筍芽 / 竹筍.

【舜】인명 순임금. ▫堯舜.

【淳】인명 순박하다. ▫淳朴 / 淳化.

【焞】인명 밝다.

【諄】인명 타이르다. ▫諄諄.

【錞】인명 악기 이름. ▫錞于.

【醇】인명 순후하다. ▫醇化 / 醇厚.

【盾】인명 방패. ▫甲盾 / 矛盾 / 圓盾.

➤ 술 ◄

【戌】중학 지지(地支)의 열한째. ▫戌時 / 甲戌 / 戌方.

【術】고교 1 길. 방법. 2 술수. 계략. ▫術策 / 權謀術數. 3 학문. 기예. 또는 기술. ▫學術 / 藝術 / 祕術 / 美術 / 話術 / 術語. 4 음양가·점술가 등의 술법. ▫術家 / 卜術 / 呪術.

【述】고교 1 말하다. ▫述懷 / 陳述 / 口述. 2 짓다. ▫敍述 / 著述 / 論述.

➤ 숭 ◄

【崇】중학 1 높다. ▫崇山. 2 높이다. 숭배하다. ▫崇尙 / 崇拜 / 尊崇. 3 고귀하다. ▫崇嚴 / 崇高.

【嵩】인명 산 이름. ▫嵩山.

➤ 슬 ◄

【瑟】인명 큰 거문고. ▫琴瑟.

【膝】인명 무릎. ▫膝甲 / 膝下.

【璱】인명 옥이 깨끗하다.

➤ 습 ◄

【拾】중학 줍다. 습득(拾得)하다. ▫拾得 / 拾遺 / 收拾.

【習】중학 1 익히다. ▫習得 / 習字 / 學習 / 練習. 2 버릇. 습관. ▫習慣 / 習性 / 常習 / 風習.

【濕】고교 축축하다. 습기가 있다. ▫濕氣 / 濕度 / 濕地 / 多濕.

【襲】고교 1 엄습하다. 또는 덮치다. ▫襲擊 / 襲來 / 强襲 / 空襲. 2 입다. ▫襲朝服 / 襲衣.

➤ 승 ◄

【乘】중학 1 (탈것에) 타다. ▫乘馬 / 搭乘 / 乘車. 2 곱하다. ▫乘法 / 加減乘除. 3 사기(史記). ▫野乘 / 史乘.

【勝】중학 1 이기다. ▫勝機 / 勝利 / 連勝 / 不戰勝. 2 낫다. ▫勝景 / 名勝地.

【承】중학 1 받들다. ▫承敎 / 承服 / 承諾 / 奉承 / 拜承. 2 잇다. ▫承統 / 繼承 / 起承轉結.

【僧】고교 승려(僧侶). ▫僧房 / 僧尼 / 僧徒 / 僧兵 / 老僧.

【昇】고교 오르다. 올리다. ▫東昇西沒 / 昇給 / 昇級 / 昇進 / 上昇 / 昇降機.

【丞】인명 정승. ▫丞相.

【陞】인명 오르다. ▢陞級 / 陞進.

【繩】인명 1 노. ▢繩文 / 捕繩. 2 먹줄. ▢準繩 / 繩矩.

【升】인명 1 되. ▢斗升. 2 오르다. ▢升堂入室 / 升龍.

➔ 시 ←

【始】중학 1 처음. 시초. ▢始祖 / 原始 / 終始. 2 비롯하다. 시작하다. ▢始業 / 創始.

【市】중학 1 저자. 장. ▢市井 / 市街 / 市場 / 市價. 2 도시. ▢市長 / 市民 / 市內 / 市外 / 都市.

【施】중학 베풀다. ㉠차리다. ▢施設. ㉡시행하다. ▢施政 / 施行 / 實施. ㉢은혜를 베풀다. ▢布施.

【是】중학 1 이. ▢是日 / 如是我聞. 2 옳다. ▢是非善惡 / 是是非非 / 今是昨非. 3 바로잡다. ▢是正. 4 옳게 여기다. 또는 그런 것. ▢是認 / 國是 / 社是.

【時】중학 1 때. ▢時日 / 時間 / 同時 / 時計. 2 시. ▢午時. 3 철. 사철. ▢時節. 4 때때로. 가끔. ▢時時 / 時習.

【示】중학 1 보이다. 보게 하다. 나타내다. ▢示威 / 明示. 2 알리다. ▢指示 / 默示.

【視】중학 1 보다. ▢視野 / 視神經 / 視覺 / 注視 / 正視. 2 견주다. ▢視長短. 3 간주하다. ▢敵對視 / 重視.

【詩】중학 1 시. 운문(韻文)의 한 체(體). ▢詩歌 / 唐詩 / 近體詩. 2 시경. 오경(五經)의 하나.

【試】중학 시험하다. 증험하여 보다. ▢試驗 / 試射 / 考試 / 入試.

【侍】고교 모시다. 높은 사람의 옆에서 시중들다. 또는 그 사람. ▢侍從 / 近侍 / 內侍.

【矢】고교 화살. ▢矢石之間 / 弓矢 / 嚆矢.

【柴】인명 섶나무. ▢柴糧 / 柴炭.

【恃】인명 믿다. ▢自恃.

➔ 식 ←

【式】중학 1 법. ▢法式 / 律式 / 令式 / 格式. 2 꼴. 일정한 형상이나 모양. ▢形式 / 舊式. 3 의식. ▢式典. 4 형식. ▢韓國式 / 洋式.

【植】중학 심다. ㉠초목을 심다. ▢植樹 / 植物 / 移植. ㉡활자를 박아 짜다. ▢植字 / 誤植.

【識】ㄱ 알 식 ㄴ 적을 지 ㄷ 깃발 치

2843 한자 사전

患 / 認識 / 識別 / 意識. 2 지식. ▢識見 / 有識 / 學識 / 常識 / 識者. ㄴ 적다. 표시하다. ▢標識. ㄷ 깃발.

【食】중학 ㄱ 먹을 식 ㄴ 밥 사 1 먹다. ▢食用 / 食料品 / 肉食 / 斷食. 2 먹을거리. ▢食糧 / 美食. 3 먹는 일. ▢少食 / 大食. 4 녹. 녹봉. ▢食祿 / 食封. ㄴ 밥. ▢簞食瓢飲.

【息】고교 1 숨. 숨을 쉬다. ▢鼻息 / 窒息. 2 쉬다. 휴식하다. ▢休息 / 安息. 3 그치다. ▢息止 / 終息. 4 자식. ▢令息 / 女息 / 子息.

【飾】고교 꾸미다. 꾸밈. ▢修飾 / 粉飾 / 裝飾 / 服飾 / 虛飾.

【栻】인명 점판.

【埴】인명 찰흙. ▢埴土.

【殖】인명 번식하다. ▢殖産 / 繁殖 / 生殖.

【湜】인명 물이 맑다.

【軾】인명 수레 앞턱에 있는 가로나무.

【寔】인명 1 진실로. 2 이. 시(是)와 뜻이 같음.

➔ 신 ←

【信】중학 1 믿다. ▢信念 / 信任 / 確信. 2 믿음. 신의. 진실. ▢忠信 / 信義 / 背信 / 信賞必罰. 3 신앙하다. ▢信徒 / 信心 / 信者. 4 소식. 음신(音信). ▢信號 / 電信 / 受信.

【新】중학 새. ▢新舊 / 更新 / 溫故知新 / 新作 / 新世界 / 新婦 / 革新.

【申】중학 1 십이지의 아홉째. ▢申生 / 庚申. 2 아뢰다. 사뢰다. ▢申請 / 上申 / 內申 / 申告 / 答申.

【神】중학 1 귀신. ▢神佛 / 敬神 / 水神 / 天神. 2 영묘하다. ▢神妙 / 神秘. 3 혼. 영혼. 마음. ▢神氣 / 精神.

【臣】중학 1 신하. ▢臣下 / 忠臣 / 君臣. 2 신. 신하가 임금에게 쓰는 대명사. ▢小臣.

【身】중학 1 몸. ▢身心 / 八等身 / 身長 / 身命. 2 자신. 나. 스스로. ▢身上 / 一身 / 身邊 / 修身 / 獨身 / 保身.

【辛】중학 1 맵다. ▢辛味 / 辛苦鹹 / 香辛料. 2 괴롭다. ▢辛苦 / 辛酸 / 辛辣. 3 천간(天干)의 여덟째. ▢辛未 / 辛亥革命.

【伸】고교 1 펴다. 길게 하다. ▢伸張 / 伸縮 / 屈伸 / 延伸. 2 말하다. ▢追伸.

3 기지개를 켜다. ❑欠伸.

【愼】교교 삼가다. 신중히 하다. ❑愼重 / 愼獨 / 謹愼.

【晨】교교 새벽. ❑晨光 / 早晨.

【紳】인명 **1** 큰 띠. ❑紳帶. **2** 벼슬아치. 고귀한 사람. ❑紳士 / 縉紳.

【莘】인명 족두리풀.

【薪】인명 섶나무. ❑薪木 / 薪炭 / 薪水.

【迅】인명 빠르다. 신속하다. ❑迅速 / 迅風.

【訊】인명 묻다. ❑訊鞫 / 訊問.

➤ 실 ◄

【失】중학 **1** 잃다. 빠뜨리다. 놓치다. ❑失禮 / 失言 / 消失. **2** 허물. 과실. 실수. ❑失政 / 過失.

【室】중학 **1** 집. 또는 방. ❑人室 / 寢室 / 敎室. **2** 아내. 처. ❑室人 / 後室. **3** 가족. ❑王室 / 皇室. **4** 굴. ❑石室 / 氷室.

【實】중학 【实】인명 **1** 열매. ❑果實 / 結實. **2** 실제. 진실. ❑實行 / 確實 / 眞實. **3** 성실. ❑實直 / 誠實.

【悉】인명 (모두) 다. ❑知悉.

➤ 심 ◄

【心】중학 **1** 마음. ❑心身 / 心血 / 人心 / 本心 / 眞心. **2** 마음씨. ❑心術 / 野心. **3** 가운데. ❑中心 / 求心 / 遠心力.

【深】중학 **1** 깊다. ❑深淺 / 深海 / 深淵 / 水深. **2** 깊숙하다. ❑深奧 / 深窘. **3** 깊게. ❑深思熟考. **4** 깊이. ❑深度.

【甚】중학 **1** 심하다. ❑藉甚. **2** 심히. ❑甚大 / 劇甚.

【審】교교 **1** 살피다. ❑審査 / 審議 / 審美眼. **2** 심리 재판. ❑第一審 / 再審. **3** 심판원. ❑主審 / 線審.

【尋】교교 **1** 찾다. ❑尋訪. **2** 묻다. ❑尋問. **3** 보통. ❑尋常.

【沁】인명 스며들다. ❑沁人心脾.

【沈】인명 성의 하나.

➤ 십 ◄

【十】중학 【拾】인명 **1** 열. ❑十中八九 / 數十 / 十惡. **2** 열 번. ❑十戰九勝. 참고 '拾'은 갖은자.

【什】인명 열. 열 사람.

➤ 쌍 ◄

【雙】교교 쌍. 둘. 짝. ❑雙肩 / 無雙 / 雙曲線 / 雙璧.

➤ 씨 ◄

【氏】중학 씨. ❑氏族社會 / 姓氏 / 伯氏 / 宗氏 / 金氏 / 某氏.

➤ 아 ◄

【兒】중학 【児】인명 **1** 아이. ❑兒童 / 幼兒 / 女兒 / 男兒. **2** 사랑스러운 젊은이. ❑健兒 / 寵兒 / 風雲兒.

【我】중학 **1** 나. 자신. ❑自我 / 彼我. **2** 나의. ❑我國 / 我心.

【亞】교교 【亜】인명 **1** 버금. ❑亞卿 / 亞聖 / 亞熱帶. **2** 무리. 동아리. ❑亞流. **3** '아세아'의 준말. ❑東亞 / 亞洲. 참고 '亜'는 속자.

【牙】교교 **1** 어금니. ❑牙齒 / 象牙. **2** 대장기(旗). ❑大牙 / 牙旗.

【芽】교교 **1** 싹. ❑發芽 / 新芽 / 萌芽. **2** 싹트다.

【雅】교교 **1** 바르다. ❑雅正 / 雅道 / 文雅. **2** 우아하다. 고상하다. ❑高雅 / 典雅 / 雅致. **3** 정통적이다. ❑雅樂. **4** 시경(詩經)의 육의(六義)의 하나. ❑大雅 / 小雅.

【餓】교교 주리다. 굶주리다. ❑餓死 / 餓鬼 / 飢餓.

【娥】인명 예쁘다. ❑娥姣.

【峨】인명 산이 높다. ❑峨峨 / 嵯峨.

【衙】인명 마을. ❑衙門 / 官衙.

【妸】인명 아리땁다.

【阿】인명 **1** 언덕. 구릉. **2** 아첨하다. ❑阿諂 / 阿諛 / 阿世.

➤ 악 ◄

【惡】중학 ㉠모질 악　　㉡모질다. 악하다. 성. ❑惡人 / 惡辣 / 惡性 / 罪惡 / 善惡. ㉢미워할 오 ❑憎惡 / 惡心 / 惡寒 / 好惡.

【岳】교교 【嶽】인명 **1** 큰 산. 크고 높은 산. ❑五岳 / 山岳 / 巨岳 / 北岳. **2** 크고 위엄이 있다. ❑岳岳. **3** 장인. ❑岳父 / 岳丈.

【樂】인명 풍류. ❑樂曲 / 音樂.

【堊】⟨인명⟩ 흰 흙. ❏白堊館.

➡ 안 ⬅

【安】⟨중학⟩ 편안하다. 또는 편안히 하다. ❏安否 / 安全 / 治安 / 安民 / 安心 / 慰安. 2 쉽다. ❏安易.

【案】⟨중학⟩ 1 안석. 앉을 때 몸을 기대는 물건. ❏案席. 2 책상. ❏書案 / 案頭 / 案下. 3 생각. 사고. 계획. ❏提案 / 妙案. 4 생각해 내다. ❏案出 / 考案. 5 초안. 초고. ❏議案 / 起案.

【眼】⟨중학⟩ 1 눈. ㉠눈알. ❏眼科 / 眼球 / 眼疾 / 眼鏡 / 肉眼 / 近視眼. ㉡사물을 분별하는 능력. ❏千里眼 / 眼識 / 眼目 / 慧眼. ㉢보는 바. ❏眼界 / 眼前. 2 요점. 고동. ❏主眼.

【顏】⟨중학⟩ 1 얼굴. ❏顏色 / 童顏 / 顏面不知 / 顏貌 / 厚顏 / 破顏 / 龍顏. 2 채색(彩色). ❏顏料.

【岸】⟨고교⟩ 1 언덕. 기슭. ❏海岸 / 接岸 / 沿岸 / 彼岸. 2 낭떠러지. ❏崖岸.

【雁】⟨고교⟩ 【鴈】⟨인명⟩ 기러기. ❏飛雁 / 雁陣 / 雁行 / 雁書. 〔참고〕 '鴈'은 속자.

【晏】⟨인명⟩ 늦다. ❏晏眠.

【按】⟨인명⟩ 살피다. ❏按撫.

➡ 알 ⬅

【謁】⟨고교⟩ 1 명함. 2 뵙다. ❏謁見 / 拜謁.

➡ 암 ⬅

【巖】⟨중학⟩ 【岩】⟨인명⟩ 1 바위. 큰 돌. ❏巖窟 / 巖石. 2 가파르다. ❏巖阻 / 巖巖. 〔참고〕 '岩'은 속자(俗字).

【暗】⟨중학⟩ 1 어둡다. ❏明暗 / 暗中 / 暗紫色. 2 어리석다. ❏暗君 / 暗愚. 3 외다. ❏暗算 / 暗記. 4 보이지 않다. ❏暗礁 / 暗渠. 5 몰래. ❏暗殺 / 暗行.

【庵】⟨인명⟩ 초막. ❏庵子.

【菴】⟨인명⟩ 암자. ❏菴子 / 菴舍.

➡ 압 ⬅

【壓】⟨고교⟩ 1 누르다. ❏抑壓 / 壓死 / 壓迫. 2 진정시키다. ❏鎭壓. 3 압력. ❏電壓 / 高壓.

【押】⟨고교⟩ 1 누르다. ❏押印. 2 압류〔압수〕하다. ❏押留 / 押收. 3 운(韻)을 밟다. ❏押韻. 4 수결. ❏花押.

【鴨】⟨인명⟩ 오리. ❏野鴨.

➡ 앙 ⬅

【仰】⟨중학⟩ 1 우러러보다. ❏仰視 / 仰天. 2 의뢰하다. 부탁하다. ❏仰望 / 仰願.

【央】⟨고교⟩ 1 가운데. 중앙. 중간. 반분. ❏中央 / 未央. 2 넓다. ❏央央.

【殃】⟨고교⟩ 1 재앙. ❏殃禍 / 災殃 / 殃及池魚. 2 해치다. ❏殃民.

【昂】⟨인명⟩ 오르다. 또는 높다. ❏昂騰 / 昂貴 / 激昂.

【鴦】⟨인명⟩ 원앙새. ❏鴛鴦.

➡ 애 ⬅

【哀】⟨중학⟩ 1 서럽다. 슬프다. 또는 슬픔. ❏哀話 / 悲哀. 2 슬퍼하다. ❏哀痛 / 哀悼. 3 민망히 여기다. ❏哀情 / 哀憫.

【愛】⟨중학⟩ 1 사랑하다. 사랑. ❏愛他 / 愛人 / 戀愛 / 愛社 / 親愛. 2 소중히 여기다. 좋아하다. ❏愛之重之 / 愛好 / 愛讀 / 愛誦 / 愛煙家.

【涯】⟨고교⟩ 1 물가. 수변(水邊). ❏水涯 / 津涯 / 涯岸. 2 끝. ❏無涯 / 天涯.

【厓】⟨인명⟩ 언덕.

【崖】⟨인명⟩ 낭떠러지. ❏斷崖.

【艾】⟨인명⟩ 쑥. ❏艾餠 / 艾葉.

➡ 액 ⬅

【厄】⟨고교⟩ 재앙. 재액. ❏厄運 / 厄難 / 厄年 / 災厄.

【額】⟨고교⟩ 1 이마. ❏中額 / 前額. 2 머릿수. 일정한 분량. ❏額數 / 價額 / 額面 / 金額. 3 편액(扁額). ❏額字 / 額子.

【液】⟨인명⟩ 진. 즙(汁). ❏溶液 / 液化 / 血液 / 液體.

➡ 앵 ⬅

【鶯】⟨인명⟩ 꾀꼬리. ❏鶯聲 / 鶯語.

【櫻】⟨인명⟩ 1 앵두나무. ❏櫻桃. 2 벚나무. ❏櫻花.

➡ 야 ⬅

【也】⟨중학⟩ 어조사. ㉠구말(句末)에 써서 결정의 뜻을 나타내는 조사. ㉡어간(語間)에 넣어 병설(竝說)하는 조사.

【夜】[중학] 밤. ❏晝夜 / 昨夜 / 深夜 / 夜盲症.

【野】[중학] 1 들. ㉠벌판. ❏平野 / 荒野. ㉡밭. ❏田野 / 沃野. 2 정부 기구의 밖. ❏野黨 / 在野. 3 길들지 않다. ❏野性 / 野獸. 4 범위. ❏分野. 5 분수에 맞지 않다. ❏野心 / 野望.

【耶】[고교] ㊀그런가 야 ㊁간사 사 ㊀그런가. 의문사(疑問辭). ❏非耶是耶. ㊁간사(姦邪). ❏耶枉.

【冶】[인명] 불리다. ❏冶金.

➔ 약 ➔

【弱】[중학] 1 약하다. ❏弱少 / 强弱 / 弱者 / 弱質. 2 어리다. 젊다. ❏弱冠 / 弱輩 / 弱年.

【約】[중학] 1 대략. ❏約計. 2 맺다. 약속하다. ❏約定書 / 約婚 / 條約 / 密約. 3 검소하다. ❏節約 / 儉約. 4 줄이다. ❏要約 / 約論.

【若】[중학] ㊀만일 약 ㊁반야 야 ㊀1 만일. ❏萬若. 2 몇. ❏若干. 3 어리다. ❏老若 / 若冠. ㊁반야. 분별·망상을 떠난 지혜. ❏般若經.

【藥】[중학] 1 약. ❏醫藥 / 藥效 / 藥水. 2 화약. ❏火藥 / 爆藥.

【躍】[고교] 1 뛰다. ❏跳躍 / 躍進 / 飛躍. 2 활동하다. ❏躍動 / 活躍 / 暗躍.

➔ 양 ➔

【揚】[중학] 1 오르다. 올리다. ❏揚陸 / 抑揚 / 揚水機 / 浮揚 / 揭揚. 2 날리다. 들날리다. ❏揚名. 3 나타내다. 드러내다. ❏宣揚.

【洋】[중학] 1 큰 바다. 대해. ❏洋上 / 海洋 / 大洋. 2 넓다. ❏洋洋. 3 서양. ❏洋式 / 洋風.

【羊】[중학] 양. ❏羊頭狗肉 / 羊毛 / 羊腸 / 緬羊 / 白羊 / 山羊.

【讓】[중학] 1 겸손하다. ❏謙讓. 2 사양하다. ❏讓步心 / 互讓. 3 넘겨 주다. ❏讓位 / 讓渡.

【陽】[중학] 1 양기. ❏陽性反應 / 陽氣 / 陽電氣 / 陰陽. 2 해. 태양. ❏陽光 / 夕陽 / 落陽 / 太陽.

【養】[중학] 1 기르다. ㉠양육하다. ❏養育 / 養子. ㉡육성하다. ❏養成 / 養兵 / 培養 / 營養. ㉢가축· 벌 따위를 치다. ❏養鷄 / 養蜂. 2 다스리다. 병을 고치다. ❏養病 / 療養. 3 마음을 윤택하게 하다. ❏修養 / 敎養.

【壤】[고교] 땅. ㉠대지. ❏天壤 / 擊壤 / 壤地. ㉡경작지. ❏肥壤 / 土壤. ㉢나라. 국토.

【楊】[고교] 버들. 또는 냇버들. ❏楊枝 / 白楊 / 垂楊.

【樣】[고교] 1 본. 양식. ❏樣式. 2 모양. 형상. ❏樣相 / 樣態 / 模樣 / 多樣 / 各樣. 3 무늬. ❏文樣.

【襄】[인명] 오르다.

【孃】[인명] 계집애. ❏貴孃 / 令孃.

【漾】[인명] 물결이 출렁거리다.

➔ 어 ➔

【於】[중학] ㊀어조사 어 ㊁오호라 오 ㊀어조사. ❏於是乎 / 於焉間 / 甚至於. ㊁오호라. ❏於乎.

【漁】[중학] 고기를 잡다. 또는 고기잡이. ❏漁網 / 漁父之利 / 漁船 / 禁漁.

【語】[중학] 1 말하다. ❏語調 / 語氣 / 言語 / 大言壯語. 2 말. ❏國語 / 語句 / 語幹 / 語錄.

【魚】[중학] 고기. 물고기. ❏魚頭肉尾 / 魚類 / 魚族 / 魚肝油 / 靑魚 / 鮮魚 / 大魚 / 人魚.

【御】[고교] 1 어거하다. 말 같은 것을 부리다. 거느리다. 통치하다. ❏統御 / 制御. 2 임금에 관한 일의 경칭. ❏御製 / 御命 / 御前 / 臨御.

➔ 억 ➔

【億】[중학] 1 억. ❏億兆蒼生 / 億萬 / 巨億. 2 헤아리다. 촌탁(忖度)하다. ❏億測 / 億斷.

【憶】[중학] 1 기억하다. ❏追憶談 / 記憶. 2 생각하다. ❏憶念 / 憶想.

【抑】[고교] 1 누르다. 눌러서 막다. ❏抑壓 / 抑揚 / 抑制 / 抑留. 2 굽히다. 숙이다. ❏抑首.

【檍】[인명] 참죽나무.

➔ 언 ➔

【言】[중학] 1 말. 언어. 문구. 단어. ❏言語 / 食言 / 失言 / 片言雙句. 2 말하다. ❏言明 / 言論.

【焉】[고교] 1 어찌. 의문·반어(反語)의 말. 2 어조사. ❏終焉 / 忽焉.

【諺】[인명] 속담. ❏俚諺 / 俗諺.

【彦】[인명] 선비. ❏彦士.

⇒ 엄 ⇐

【嚴】교학 **1** 엄하다. ❏嚴格 / 嚴重 / 嚴命 / 戒嚴 / 嚴妻侍下. **2** 굳세다. ❏嚴然 / 威嚴 / 尊嚴. **3** 자기 아버지. ❏嚴親.

【奄】인명 문득. ❏奄忽.

【俺】인명 나. 자신. 자기.

【掩】인명 **1** 가리다. ❏掩蔽. **2** 비호하다. ❏掩護.

⇒ 업 ⇐

【業】교학 **1** 업. 직업. ❏生業 / 職業. **2** 공. ❏功業. **3** 일. 영업. ❏業務 / 作業 / 商業 / 業種. **4** 행위. 행동. ❏惡業 / 業報 / 罪業.

【嶪】인명 산이 높다. ❏嶪嶪.

⇒ 여 ⇐

【余】교학 **1** 나. ❏余等. **2** 나머지. 참고 '餘'와 동자.

【如】교학 **1** 같다. ❏如前 / 如是我聞. **2** 어찌. ❏如何. **3** 모든 사물의 본성. ❏如來 / 眞如.

【汝】교학 너. 자네. ❏汝等 / 汝輩.

【與】교학 **1** 더불어. ❏與國 / 關與. **2** 주다. ❏生殺與奪 / 賦與 / 賞與 / 授與.

【餘】교학 **1** 나머지. ❏餘分 / 殘餘 / 剩餘. **2** 남다. 그 이상. ❏餘暇 / 月餘 / 四百餘州.

【予】교교 ㉠줄 여. ㉡주다. ❏予奪. ㉢미리 예. ㉣미리. 참고 '豫'의 속자.

【輿】교교 **1** 가마. ❏籃輿. **2** 많다. ❏輿論 / 輿望. **3** 수레. 차량. ❏輿駕 / 車輿 / 乘輿.

⇒ 역 ⇐

【亦】교학 **1** 또한. 역시. ❏亦是. **2** 모두.

【易】교학 **1** 바꾸다. 교환하다. ❏交易 / 貿易. **2** 점을 치다. ❏易者. **3** 주역(周易). ❏易經.

【逆】교학 **1** 거스르다. ❏逆說 / 逆行 / 逆賊. **2** 거꾸로. ❏逆數.

【域】교교 **1** 지경. ㉠토지의 경계. ❏區域. ㉡사물의 경계. 범위. ❏境域 / 流域. **2** 나라. ❏異域.

【役】교교 **1** 수자리. ❏戍役 / 兵役. **2** 역사. 부역. ❏役事 / 服役. **3** 부리다. ❏苛役 / 雜役. **4** 일. 직무. ❏相談役 / 役務.

⇒ 역 (疫) ⇐

【疫】교교 **1** 돌림병. ❏疫病 / 防疫. **2** 역귀. ❏疫神 / 疫鬼.

【譯】교교 **1** 통변하다. 번역하다. ❏譯文 / 飜譯. **2** 풀이하다. ❏內譯.

【驛】교교 **1** 역말. 역참(驛站). ❏驛馬 / 宿驛. **2** 역. 철도의 정거장. ❏驛長 / 簡易驛.

【暘】인명 해가 언뜻 보이다.

⇒ 연 ⇐

【然】교학 **1** 그러하다. ❏當然之事. **2** 그대로. ❏天然 / 自然. **3** 그러나. ❏然而. **4** 상태를 나타내는 말. ❏突然 / 宛然 / 依然 / 儼然.

【煙】교학【烟】인명 **1** 연기. ❏煙火 / 硝煙. **2** 담배. ❏愛煙家. **3** 그을음. ❏煤煙. 참고 '烟'은 동자.

【硏】교학 **1** 갈다. ❏硏刀 / 硏磨. **2** 궁구하다. ❏硏學 / 硏究 / 硏修.

【宴】교교 잔치. 술잔치. 잔치를 베풀다. ❏宴會 / 送別宴 / 酒宴 / 祝宴.

【延】교교 **1** 끌다. ❏延期 / 遲延. **2** 늘이다. ❏延引 / 蔓延 / 延燒.

【沿】교교 물의 흐름을 따라 내려가다. ❏沿岸 / 沿道.

【演】교교 **1** 흐르다. **2** 부연하다. ❏演義. **3** 행하다. ❏演習 / 出演陣 / 講演.

【燃】교교 불에 타다. 불사르다. ❏燃料 / 燃燒 / 可燃.

【燕】교교 **1** 제비. ❏燕巢 / 燕尾服. **2** 연(燕)나라.

【緣】교교 **1** 인연. ❏緣分 / 因緣. **2** 연줄. ❏世緣 / 緣故地 / 良緣. **3** 말미암다. ❏緣由. **4** 가. 가장자리. ❏外緣.

【軟】교교 **1** 부드럽다. ❏軟風 / 柔軟. **2** 약하다. ❏軟弱 / 軟化 / 硬軟.

【鉛】교교 **1** 납. ❏鉛版 / 亞鉛. **2** 분. ❏鉛華 / 鉛粉.

【衍】인명 퍼지다. ❏衍義 / 蔓衍.

【淵】인명 못. ❏深淵.

【姸】인명 곱다. ❏姸醜.

【娟】인명 예쁘다. ❏娟秀 / 娟娟.

【涓】인명 가리다. 선택하다. ❏涓吉.

【沇】인명 강 이름.

【筵】인명 대자리. ❏筵席.

【瑛】인명 옥돌.

【娗】 1 빛나다.
2 예쁜 모양.

【硯】인명 벼루. ❏硯滴 / 硯水 / 硯蓋 / 筆硯.

⇒ 열 ⇐

【悅】중학 1 기뻐하다. 좋아하다. ❏悅服 / 滿悅. 2 기쁨. ❏喜悅.

【熱】중학 1 덥다. ❏熱火 / 熱帶. 2 높은 체온. ❏熱病 / 身熱. 3 몸 달다. 열중하다. ❏熱中 / 熱誠. 4 열기(熱氣). ❏熱線 / 電熱.

【閱】고교 살펴보다. ❏閱覽 / 檢閱 / 閱兵.

【說】고교 기쁘다. ❏說樂.

⇒ 염 ⇐

【炎】중학 1 타다. ❏炎上 / 炎燒. 2 덥다. ❏炎暑 / 盛夏炎熱 / 炎天 / 暴炎. 3 불길. ❏火炎. 4 염증. ❏胃腸炎.

【染】고교 1 물들이다. ❏染色體 / 染織 / 捺染 / 汚染. 2 옮다. ❏傳染 / 感染.

【鹽】고교 1 소금. ❏鹽田 / 鹽分. 2 절이다. 소금에 담그다. ❏鹽藏. 3 염소(鹽素)의 약칭. ❏鹽化 / 錯鹽 / 鹽酸. 참고 '塩'은 속자.

【琰】인명 옥을 갈다. ❏琰圭.

【艶】〈艷〉인명 곱다. ❏妖艶.

⇒ 엽 ⇐

【葉】중학 1 잎. ❏葉綠素 / 落葉 / 葉狀 / 葉書 / 針葉樹 / 枝葉 / 枯葉. 2 시대. ❏高麗末葉 / 中葉.

【燁】인명 빛나다. ❏燁然 / 燁燁.

【曄】인명 빛나다. ❏曄曄.

⇒ 영 ⇐

【榮】중학 【栄】인명 1 영화. ❏榮光 / 榮辱 / 虛榮. 2 번영하다. ❏榮枯盛衰 / 繁榮. 참고 '栄'은 속자(俗字).

【永】 1 (시간이) 길다. 오래다. ❏永訣 / 永劫 / 永年 / 永世 / 永眠. 2 길이. 오래도록. ❏永住 / 永久 / 永永.

【英】중학 1 (초목의) 꽃. ❏華英 / 石英 / 紫雲英. 2 빼어나다. 뛰어나다. ❏英雄 / 英傑 / 英才 / 俊英. 3 '영국'의 약칭. ❏韓英.

【迎】중학 1 맞이하다. 기다리다. ❏迎接 / 迎賓 / 歡迎. 2 (남의 뜻을) 잘 맞추다. ❏迎合.

【影】고교 1 그림자. ❏暗影 / 陰影. 2 모습. 자태. ❏影本 / 影像 / 撮影 / 眞影.

【映】고교 1 비추다. ❏映畫 / 映像 / 上映. 2 비치다. ❏夕映 / 反映.

【泳】고교 1 무자맥질하다. 물속을 잠행(潛行)하다. 2 헤엄. ❏泳法 / 競泳 / 背泳.

【營】고교 1 경영하다. 사업하다. ❏營業 / 民營 / 經營. 2 집 같은 것을 짓다. ❏營造 / 營繕. 3 꾀하다. ❏營利. 4 진영. ❏軍營 / 營所.

【詠】고교 1 읊다. ❏詠嘆 / 詠雪之才 / 詠歌 / 詠唱 / 吟詠. 2 시가(詩歌). ❏歌詠 / 誦詠.

【漢】인명 강 이름.

【煐】인명 사람 이름.

【瑛】인명 옥의 광채.

【暎】인명 '映'과 동자.

【瑩】인명 옥.

【濙】인명 흐르다. ❏濙濙.

【盈】인명 차다. ❏盈月 / 盈虛.

【楹】인명 기둥. ❏楹柱 / 楹棟.

【鍈】인명 방울 소리.

【嬰】인명 어리다. ❏嬰兒.

【穎】인명 빼어나다. ❏穎悟.

【瓔】인명 옥돌. ❏瓔琅.

【咏】인명 읊다. '詠'과 동자.

⇒ 예 ⇐

【藝】중학 1 재주. ❏才藝 / 多藝 / 技藝 / 手藝 / 武藝. 2 재주가 있다. ❏藝能 / 遊藝 / 演藝. 3 학문 또는 기술. ❏藝術 / 學藝 / 文藝.

【譽】[고] 1 명예. 명성. 좋은 평판. ☐譽望 / 名譽 / 聲譽 / 榮譽. 2 기리다. 칭찬하다. ☐毁譽褒貶.

【銳】[고] 1 날카롭다. ☐銳利 / 銳鋒 / 尖銳. 2 날래다. ☐銳騎 / 精銳.

【豫】[고] 1 미리. 사전에. ☐豫告 / 豫定 / 豫約. 2 꾸물거리다. ☐猶豫.

【乂】[인] 베다.

【叡】〈睿〉[인] 1 밝다. 2 슬기롭다. ☐叡智 / 叡覽. [참고] '睿'는 고자(古字).

【預】[인] 1 미리. ☐預言. 2《韓》맡기다. ☐預金.

【芮】[인] 1 물가. 2 풀이 뾰족뾰족 나다. ☐芮芮.

⇒ 오 ⇐

【五】[중학] 1 다섯. ☐五音 / 五穀 / 五官 / 世俗五戒. 2 다섯 번. 5 회. ☐五勝 / 五戰全勝.

【午】[중학] 1 지지(地支)의 일곱째. ☐午時 / 甲午. 2 낮. ☐午睡 / 下午.

【吾】[중학] 1 나. ☐吾人 / 吾兄. 2 우리. ☐吾黨 / 吾儕.

【悟】[중학] 1 깨닫다. ☐悟道 / 覺悟 / 悔悟. 2 깨달음. ☐悟性 / 頓悟 / 大悟.

【烏】[중학] 1 까마귀. ☐烏鷺 / 烏合之卒. 2 검다. 흑색. ☐烏髮 / 烏竹 / 烏水鏡.

【誤】[중학] 1 그릇하다. 잘못하다. ☐誤字 / 過誤 / 誤解 / 誤記 / 誤譯 / 誤用. 2 잘못. 과오. ☐誤謬 / 錯誤 / 正誤.

【傲】[고] 1 거만하다. 교만하다. ☐傲慢 / 倨傲. 2 업신여기다. 남을 멸시하다. ☐傲視.

【嗚】[고] 1 오호라. 탄식하는 소리. ☐嗚呼. 2 탄식하다. 애달파하다. ☐嗚嗚.

【娛】[고] 즐거워하다. 즐거움. ☐娛樂 / 娛遊 / 娛嬉.

【汚】[고] 1 괸 물. ☐汚泥. 2 더럽다. ☐汚濁 / 汚物 / 汚染 / 汚吏 / 汚辱 / 汚水. 3 더럽히다. ☐汚名 / 汚損.

【伍】[인] 1 대오. ☐落伍 / 隊伍. 2 다섯. [참고] '五'의 갖은자.

【吳】[인] 나라 이름. ☐吳越同舟.

【旿】[인] 대낮.

【珸】[인] 옥돌.

【晤】[인] 1 밝다. ☐英晤. 2 만나다. ☐晤談.

【奧】[인] 1 속. 안. ☐奧地. 2 깊다. 그윽하다. ☐奧妙 / 深奧.

【梧】[인] 1 벽오동나무. ☐梧桐 / 梧秋. 2 책상. 서안(書案). ☐梧右 / 梧下.

⇒ 옥 ⇐

【屋】[중학] 1 집. ☐家屋 / 屋外. 2 지붕. ☐屋梁 / 屋上. 3 수레 뚜껑. ☐屋車.

【玉】[중학] 1 옥. 구슬. ☐寶玉 / 玉石 / 珠玉. 2 사물의 미칭. ☐玉案 / 玉樓 / 玉水. 3 천자에 관한 사물의 미칭. ☐玉顏 / 玉座 / 玉體. 4 사랑하다. ☐玉女 / 玉手.

【獄】[고] 1 옥. 감옥. ☐獄舍 / 獄苦 / 投獄 / 脫獄. 2 송사. 소송. ☐訟獄 / 疑獄 / 獄事.

【沃】[인] 기름지다. ☐沃畓 / 沃土 / 肥沃.

【鈺】[인] 보배.

⇒ 온 ⇐

【溫】[중학] 1 따뜻하다. ☐溫氣 / 溫泉 / 溫度. 2 부드럽다. ☐溫色 / 溫厚 / 溫順.

【瑥】[인] 이름. 사람 이름.

【媼】[인] 할미. ☐媼嫗.

【穩】[인] 편안하다. ☐穩健 / 平穩.

⇒ 옹 ⇐

【擁】[고] 안다. ☐抱擁 / 擁護.

【翁】[고] 늙은이. ☐村翁 / 塞翁之馬 / 翁嫗.

【雍】[인] 화하다. 온화하다. ☐雍容.

【壅】[인] 막히다. ☐壅塞.

⇒ 와 ⇐

【瓦】[중학] 1 기와. ☐瓦家 / 古瓦. 2 질그릇. ☐瓦器. 3 실패. 실을 감는 나무쪽. ☐弄瓦之慶.

【臥】[중학] 1 눕다. ☐橫臥 / 臥病 / 臥薪嘗膽 / 臥龍. 2 쉬다. 휴식하다. 3 침실. ☐臥房 / 臥床.

⇒ 완 ⇐

【完】[중학] 1 완전하다. ☐完全無缺 / 完璧. 2 끝나다. ☐完決 / 完了 / 未完.

【緩】[고] 1 느리다. ☐緩急 / 緩步 / 緩慢 / 遲緩. 2 느슨하다. ☐弛緩 / 緩和.

【玩】인명 놀다. ❑玩具 / 玩弄.

【垸】인명 바르다.

【浣】인명 씻다. ❑浣衣.

【莞】인명 1 골풀.
2 (빙그레) 웃다. ❑莞爾.

【琓】인명 옥돌.

【琬】인명 홀. ❑琬圭.

【婠】인명 품성이 좋다.

【婉】인명 1 순하다. ❑婉順.
2 아름답다. ❑婉色 / 婉美 / 婉麗.

【宛】인명 완연하다. ❑宛然.

⇒ 왈 ⇐

【曰】중학 1 가로되. ❑子曰. 2 이르다. 일컫다. …라 말하다. ❑曰可曰否.

⇒ 왕 ⇐

【往】중학 1 가다. ❑往來 / 往診 / 右往左往 / 往復. 2 죽다. ❑往生. 3 옛. 과거. ❑往古 / 往年. 4 이따금. ❑往往.

【王】중학 1 임금. 군주. 천자. 큰 제후의 칭호. ❑王侯 / 帝王 / 王家 / 天王. 2 아주 크거나 으뜸인 것. ❑王蜂 / 打擊王. 3 혈통상 윗대의 일컬음. ❑王大人 / 王姑母.

【旺】인명 왕성하다. ❑旺盛 / 興旺.

【汪】인명 깊고 넓다. ❑汪茫 / 汪汪.

【枉】인명 굽히다. ❑枉法 / 枉臨.

⇒ 외 ⇐

【外】중학 1 밖. 거죽. 겉. ❑內柔外剛 / 內外 / 外面. 2 멀리하다. 제외하다. ❑除外 / 疏外. 3 외가. ❑外家 / 外三寸. 4 남. 또는 다른 나라. ❑外人 / 外國 / 外交. 5 딴 곳. ❑外泊 / 外地.

【畏】고교 두려워하다. 경외(敬畏)하다. 삼가고 조심하다. 꺼려하다. ❑畏敬 / 畏友 / 畏怖 / 後生可畏.

⇒ 요 ⇐

【要】중학 1 구하다. 요구하다. ❑要請 / 要求 / 強要. 2 요긴하다. ❑必要 / 緊要. 3 목. 중요하다. ❑要路 / 主要.

【搖】고교 1 흔들리다. ❑搖頭顧目 / 搖落 / 動搖. 2 흔들다. ❑搖籃 / 亂搖.

【腰】고교 1 허리. ❑腰帶 / 腰痛 / 細腰 / 柳腰. 2 (허리에) 차다. ❑腰劍.

【謠】고교 1 노래하다. 반주 없이 노래하다. ❑謠詠 / 吟謠. 2 노래. 유행가. ❑俗謠 / 民謠 / 歌謠.

【遙】고교 1 멀다. 아득하다. ❑遙然 / 前途遙遠 / 遼遙. 2 멀리. 먼 데에서. ❑遙拜. 3 거닐다. ❑逍遙.

【夭】인명 1 일찍 죽다. ❑夭折. 2 (젊고) 예쁘다. ❑夭夭 / 夭娜.

【堯】인명 요임금. ❑堯舜.

【饒】인명 넉넉하다. ❑饒富 / 豊饒.

【曜】인명 1 비치다. ❑曜曜.
2 요일. ❑金曜日.

【耀】인명 빛나다. ❑耀德 / 耀耀.

【瑤】인명 옥돌. ❑瑤臺.

【樂】인명 좋아하다. ❑樂山樂水.

【姚】인명 예쁘다. ❑姚冶.

【僥】인명 요행. ❑僥倖.

⇒ 욕 ⇐

【欲】중학 1 하고자 하다. ❑欲死無地. 2 바라다. ❑欲求 / 欲望. 3 욕심. ❑情欲 / 貪欲 / 私欲 / 欲心.

【浴】중학 1 미역 감다. ❑浴客 / 人浴 / 海水浴. 2 입다. ❑浴化 / 浴德.

【慾】고교 탐내다. 탐하다. 또는 그런 마음. 욕심. ❑慾心 / 慾情 / 貪慾 / 食慾.

【辱】고교 1 욕보이다. ❑凌辱 / 屈辱 / 侮辱. 2 욕되게 하다. ❑辱知 / 辱交. 3 욕. 수치. ❑恥辱 / 榮辱.

⇒ 용 ⇐

【勇】중학 1 날래다. ❑勇猛 / 勇武. 2 용감하다. ❑勇將 / 勇氣 / 勇敢.

【容】중학 1 모습. 모양. 형. ❑容姿 / 形容. 2 꾸미다. ❑容飾 / 美容. 3 담다. ❑容積 / 容量. 4 받아들이다. ❑容納 / 容認 / 許容. 5 용서하다. ❑容恕.

【用】중학 1 쓰다. ㉠사용하다. ❑用紙 / 使用 / 利用. ㉡인물을 끌어 쓰다. ❑登用 / 任用. 2 그릇. 도구. ❑用具. 3 볼일. ❑用務 / 公用. 4 작용. 영향을 미치는 일. ❑信用 / 運用.

【庸】교고 **1** 쓰다. 임용하다. ▫登庸. **2** 범상하다. ▫庸人 / 中庸.

【溶】인명 녹다. ▫溶解 / 溶液.

【鎔】인명 녹이다. ▫鎔鑛爐.

【瑢】인명 패옥 소리.

【榕】인명 용나무(아열대 지방에 나는 뽕나뭇과의 상록수).

【蓉】인명 부용. ▫芙蓉.

【湧】인명 물이 솟아나다. ▫湧泉 / 湧出.

【涌】인명 '湧'의 본자.

【踊】인명 뛰다. ▫舞踊.

【埇】인명 길을 돋우다.

【墉】인명 담.

【鏞】인명 큰 쇠북.

【茸】인명 **1** 무성하다. ▫茸茸. **2** 녹용. ▫鹿茸.

【甬】인명 길. 양쪽에 담을 쌓은 길. ▫甬道 / 甬路.

➤ 우 ◄

【于】중학 **1** 어조사. ▫于今 / 志于學. **2** 크다.

【又】중학 또. 거듭하여. 재차. 그 위에. ▫天命不又 / 十又五年.

【友】중학 **1** 벗. 친구. ▫友人 / 友誼 / 友軍 / 友情 / 朋友. **2** 벗하다. ▫友樂 / 交友 / 友愛 / 友好.

【右】중학 **1** 오른쪽. ▫右側 / 右邊 / 右列 / 左右. **2** 숭상하다. ▫右文 / 右武.

【宇】중학 **1** 집. 주거. ▫堂宇 / 殿宇. **2** 천하. 세계. ▫宇宙 / 宇內.

【尤】중학 **1** 더욱. 가장. ▫尤甚. **2** 허물. 과실.

【憂】중학 **1** 근심. ▫憂國之士 / 憂愁 / 憂慮 / 杞憂. **2** 병. ▫憂患.

【牛】중학 **1** 소. ▫牛馬 / 牛車 / 韓牛 / 種牛 / 牛乳. **2** 별 이름. 이십팔수(宿)의 하나. 견우성. ▫牛星 / 斗牛.

【遇】중학 **1** 만나다. 또는 당하다. ▫逢遇 / 遭遇 / 境遇 / 奇遇 / 不遇. **2** 대접하다. 접대하다. ▫待遇 / 禮遇 / 優遇.

【雨】중학 비. ▫雨量 / 雨季 / 降雨 / 暴雨 / 雨天.

【偶】교고 **1** 짝수. 우수(偶數). ▫奇偶 / 偶日. **2** 우연히. ▫偶然 / 偶發 / 偶合. **3** 허수아비. ▫偶像 / 木偶 / 偶人.

【優】교고 **1** 도탑다. 후(厚)하다. ▫優待. **2** 뛰어나다. ▫優劣 / 優勢 / 優秀.

【愚】교고 **1** 어리석다. ▫愚直 / 愚鈍. **2** 어리석은 사람. ▫愚民 / 愚物. **3** 나. 자기의 겸칭. ▫愚妻 / 愚息 / 愚見.

【羽】인명 **1** 깃. ㉠새의 깃. ▫羽毛. ㉡깃의 모양을 한 것. 또는 깃으로 만든 것. ▫羽扇 / 羽衣. **2** 날개. ▫羽翼 / 羽化 / 蟬羽.

【郵】교고 우편. ▫郵驛 / 郵舍 / 郵送 / 郵便 / 郵遞.

【佑】인명 돕다. ▫保佑 / 佑助 / 神佑 / 天佑 / 神助. 참고 '祐'와 같은 뜻.

【祐】인명 돕다. ▫祐助 / 天祐.

【禹】인명 중국 하(夏)나라의 우임금.

【瑀】인명 패옥.

【寓】인명 부쳐 살다. ▫寓居.

【堣】인명 땅 이름.

【隅】인명 **1** 구석. ▫四隅. **2** 모퉁이. ▫隅曲.

【玗】인명 옥돌.

【釪】인명 요령.

【迂】인명 (길이 돌아) 멀다. ▫迂路 / 迂廻.

【霸】인명 물소리.

【旴】인명 **1** 크다. **2** 해가 돋다.

➤ 욱 ◄

【旭】인명 아침 해. ▫旭光.

【昱】인명 밝다. ▫昱昱.

【煜】인명 빛나다. ▫煜煜.

【郁】인명 성하다. ▫郁郁.

【頊】인명 **1** 삼가다. **2** 멍하다. ▫頊頊.

【彧】인명 문채. ▫彧彧.

➔ 운 ➔

【云】중학 이르다. ❏云云 / 云爲.

【運】중학 1 돌다. ❏運行 / 運動 / 運營 / 運轉. 2 움직이다. ❏運筆. 3 운. 운수. ❏運命 / 幸運. 4 나르다. ❏運輸 / 海運.

【雲】중학 1 구름. ❏白雲 / 雲海 / 浮雲 / 瑞雲. 2 많이 모임의 형용. ❏雲集 / 星雲.

【韻】고교 1 울림. ❏餘韻 / 音韻. 2 운. ❏韻脚 / 古韻 / 韻律 / 押韻. 3 운치. 멋. ❏氣韻 / 韻致.

【沄】인명 소용돌이치다. ❏沄沄.

【澐】인명 큰 물결이 일다. ❏澐澐.

【耘】인명 김매다. ❏耕耘.

【賱】인명 넉넉하다.

【岴】인명 높다.

➔ 울 ➔

【蔚】인명 우거지다. ❏蔚然.

➔ 웅 ➔

【雄】중학 1 수컷. ❏雌雄 / 雄性. 2 굳세다. 무용이 있다. ❏雄飛 / 雄壯. 3 뛰어나다. ❏英雄.

【熊】인명 곰. ❏熊膽 / 熊掌.

➔ 원 ➔

【元】중학 1 으뜸. 첫째. 시초. ❏元居人 / 元初 / 元旦 / 元祖. 2 근원. 근본. ❏根元 / 元素 / 本元. 3 우두머리. ❏元帥 / 元兇 / 元首. 4 연호. ❏紀元 / 建元.

【原】중학 1 근원. 원천. 근본. ❏原泉 / 本原 / 原因. 2 들. ❏田原 / 原野. 3 본래. ❏原本 / 原形.

【圓】중학 1 둥글다. ❏圓丘壇 / 圓鏡 / 圓柱. 2 동그라미. ❏大圓 / 楕圓 / 圓周.

【園】중학 1 동산. ❏庭園 / 園藝. 2 구역. 구획한 지역. 또는 장소. ❏動物園 / 學園 / 幼稚園. 3 왕릉. ❏園廟 / 陵園.

【怨】중학 원망하다. 적대시하다. ❏怨讐 / 怨望 / 怨心 / 宿怨 / 私怨.

【遠】중학 1 멀다. ❏遼遠 / 遠山. 2 먼 데. 먼 곳. ❏遠處 / 行遠. 3 멀리하다.

❏敬遠.

【願】중학 바라다. 하고자 하다. 원하다. 빌다. ❏願望 / 願書 / 請願 / 祈願.

【員】고교 1 인원. 사람 수. ❏人員 / 定員. 2 단체를 구성하는 사람. ❏社員 / 委員.

【援】고교 1 당기다. ❏援手 / 援引. 2 구원하다. 구조하다. ❏援軍 / 後援 / 援助 / 救援.

【源】고교 1 수원(水源). ❏源泉 / 發源. 2 근원. 사물이 발생하는 근본. ❏起源 / 財源.

【院】고교 1 집. 주위에 담을 두른 건물. ❏病院 / 養老院. 2 학교. ❏學院 / 書院. 3 절. ❏寺院 / 禪院. 4 마을. ❏法院 / 議院.

【袁】인명 옷이 길다.

【垣】인명 담. ❏垣牆 / 垣屛.

【洹】인명 강 이름. ❏洹水.

【沅】인명 강 이름.

【瑗】인명 도리옥.

【媛】인명 미녀. ❏才媛.

【嫄】인명 여자 이름.

【愿】인명 삼가다.

【苑】인명 동산. ❏苑花 / 祕苑.

【轅】인명 끌채. ❏轅下.

【婉】인명 1 아름답다. ❏婉美. 2 순하다. ❏婉順.

➔ 월 ➔

【月】중학 1 달. ㉠지구의 위성. ❏月光 / 明月. ㉡1년의 12분의 일. ❏月末 / 月給 / 年月日 / 每月. 2 세월. 광음. ❏歲月.

【越】고교 1 넘다. ㉠높은 곳을 통과하다. ❏越牆 / 越境. ㉡정도·한계를 넘다. ❏越權 / 僭越. 2 지나다. ❏越年 / 越冬.

➔ 위 ➔

【位】중학 1 자리. ❏位置 / 方位. 2 분. ❏諸位 / 各位. 3 지위. ❏王位 / 卽位. 4 차례. 등급. ❏順位 / 第一位. 5 계산상의 자리. ❏單位.

【偉】중학 1 크다. 장대(壯大)하다. ❏偉體. 2 뛰어나다. 위대하다. ❏偉業 /

偉力 / 偉人.

【危】[중학] 위태하다. ❏危機 / 安危 / 危險.

【威】[중학] **1** 위엄. 권위. 존엄. ❏威光 / 猛威. **2** 거동. 예모 있는 거동. ❏威嚴. **3** 힘. 세력. ❏威力. **4** 으르다. 위협하다. ❏威脅 / 威壓.

【爲】[중학] **1** 하다. 행하다. ❏爲政 / 無爲 / 行爲. **2** 만들다. ❏人爲 / 作爲.

【僞】[고교] 거짓. 진짜처럼 보이게 하다. ❏僞造 / 眞僞 / 僞裝.

【圍】[고교] **1** 에우다. 두르다. 둘러싸다. ❏圍繞 / 包圍. **2** 둘레. 주위. ❏四圍.

【委】[고교] 맡기다. ㉠위임하다. ❏委任. ㉡ '위원회(委員會)'의 약칭. ❏小委 / 敎委.

【慰】[고교] 위로하다. 남의 근심을 풀다. 위안하다. ❏慰問 / 弔慰 / 慰勞.

【緯】[고교] 씨. 피륙의 가로 짠 실. 전하여, 횡선. ❏緯線 / 經緯 / 緯度.

【胃】[고교] 밥통. 오장(五臟)의 하나. 위부(胃腑). ❏胃液 / 健胃 / 胃腸.

【衛】[고교]**【衞】**[인명] **1** 막다. ❏衛兵 / 衛生 / 衛戍 / 禁衛 / 護衛. **2** 지키는 사람. ❏守衛 / 侍衛. [참고] '衞'는 본자.

【謂】[고교] **1** 이르다. ❏來謂 / 云謂. **2** 이름. 이르는 바. ❏所謂.

【違】[고교] **1** 어기다. ❏違憲 / 違反 / 違法. **2** 다르다. 틀리다. ❏相違. **3** 어그러지다. ❏非違.

【尉】[인명] 벼슬 이름. ❏尉官級 / 大尉.

【韋】[인명] 다룬 가죽. ❏韋革.

【瑋】[인명] 진귀하다. ❏瑋寶.

【暐】[인명] 햇빛.

【渭】[인명] 강 이름. ❏渭水.

【魏】[인명] **1** 위나라. **2** 높다. ❏魏魏.

➤ 유 ⬅

【唯】[중학] 오직. 다만. ❏唯一 / 唯我獨尊.

【幼】[중학] 어리다. 어린 사람. ❏幼年 / 幼兒 / 幼稚.

【有】[중학] **1** 있다. 존재하다. ❏有無 / 未曾有. **2** 가지다. 보유하다. ❏所有 / 占有 / 有識.

【柔】[중학] **1** 부드럽다. ㉠유연하다. ❏外柔內剛. ㉡온순하다. 유순하다. ❏

柔和 / 柔順. **2** 약하다. ❏柔弱 / 優柔不斷. **3** 부드럽게 하다. ❏懷柔.

【油】[중학] **1** 기름. ❏油田 / 香油 / 食用油 / 揮發油. **2** 구름이 일다. 구름이 뭉게뭉게 일어나는 모양. ❏油然.

【猶】[중학] **1** 원숭이의 일종. **2** 오히려. ❏猶不足. **3** 같다. 유사하다. ❏猶子 / 猶父. **4** 망설이다. 주저하다. ❏猶豫.

【由】[중학] **1** 말미암다. 유래. ❏由來 / 經由 / 由緒. **2** 까닭. 이유. ❏事由 / 理由 / 緣由.

【遊】[중학] **1** 놀다. ❏遊戲 / 豪遊. **2** 여행하다. ❏遊學 / 外遊 / 周遊. **3** 떠나서 있다. ❏遊牧 / 遊離 / 遊擊隊 / 浮遊. **4** 쓰이지 않다. ❏遊休施設.

【遺】[중학] 남다. 남기다. ❏遺産 / 遺言狀 / 遺物 / 遺跡.

【酉】[중학] 지지(地支)의 열째. ❏酉時 / 辛酉.

【乳】[고교] **1** 젖. ❏乳房 / 鍾乳石 / 乳臭 / 母乳. **2** 젖먹이. ❏乳兒. **3** 젖과 같은 액체. ❏乳酸 / 豆乳.

【儒】[고교] 선비. 유학을 배우거나 신봉하는 사람. ❏儒林 / 名儒 / 儒學.

【幽】[고교] **1** 그윽하다. 심원하다. 깊고 조용하다. ❏幽境 / 幽玄. **2** 가두다. ❏幽閉. **3** 어둡다. ❏幽明. **4** 혼령. ❏幽靈.

【悠】[고교] 멀다. 아득하도록 멀다. ❏悠久 / 悠長.

【惟】[고교] **1** 오직. 단지. 유독. ❏惟一. **2** 생각하다. ❏思惟.

【愈】[고교] **1** 낫다. 남보다 우수하다. **2** 낫다. 병이 낫다. ❏小愈 / 快愈. **3** 더욱. ❏愈愈.

【維】[고교] **1** 바. 끈. **2** 오직. ❏維新. **3** 가늘고 긴 것. ❏纖維 / 維管束. **4** 잡아 묶다. ❏維持 / 維舟. **5** 도덕의 기초가 되는 것. ❏四維.

【裕】[고교] **1** 넉넉하다. ❏裕福 / 餘裕. **2** 너그럽다. 관대하다. ❏寬裕.

【誘】[고교] **1** 꾀다. 유혹하다. 유인하다. ❏誘惑 / 誘蛾燈 / 誘拐. **2** 달래다. 말로 이끌다. ❏誘致 / 勸誘 / 誘導.

【侑】[인명] 권하다. ❏侑觴 / 侑食.

【洧】[인명] 강 이름.

【宥】[인명] **1** 용서하다. ❏宥罪. **2** 달래다. ❏宥和.

【庾】[인명] 노적가리. ❏庾積.

【俞】인명 **1** 성의 하나. **2** 그러하다.

【喩】인명 **1** 깨우치다. ❑訓喩. **2** 비유하다. ❑譬喩.

【楡】인명 느릅나무. ❑楡柳.

【瑜】인명 옥.

【猷】인명 꾀. ❑大猷.

【濡】인명 적시다. ❑濡筆.

【愉】인명 즐겁다. ❑愉樂 / 愉快.

【柚】인명 무성하다.

【攸】인명 바(어조사의 하나). ❑攸好德.

【柚】인명 유자. ❑柚子.

【瑈】인명 옥 같은 돌.

【釉】인명 **1** 물건이 빛나다. **2** 잿물. ❑釉藥.

⇒ 육 ⇐

【肉】중학 **1** 살. ❑肉片 / 肉質 / 筋肉 / 骨肉. **2** 고기. 식용(食用)의 살. ❑肉類 / 肉食 / 肉牛. **3** 몸. 신체. ❑肉體 / 肉慾 / 肉身. **4** 혈연. ❑肉親 / 血肉. **5** 직접 하다. ❑肉聲 / 肉眼.

【育】중학 **1** 기르다. 키우다. ❑育英 / 育兒 / 保育 / 養育 / 教育 / 體育. **2** 자라다. 생장하다. ❑發育 / 生育.

【堉】인명 기름진 땅.

⇒ 윤 ⇐

【潤】고교 **1** 윤택하다. ❑潤氣 / 潤澤. **2** 젖다. 적시다. ❑濕潤 / 潤筆. **3** 이득. ❑利潤.

【閏】고교 윤달. ❑閏年 / 閏月.

【尹】인명 **1** 다스리다. **2** 벼슬 이름. ❑府尹 / 京兆尹 / 令尹.

【允】인명 **1** 진실로. ❑允當. **2** 승낙하다. ❑允許.

【玧】인명 귀를 막는 옥.

【鈗】인명 창. 시신(侍臣)이 잡는 창.

【胤】인명 자손. 혈통. ❑令胤 / 後胤.

【阮】인명 높다.

【瀜】인명 물이 깊고 넓다.

⇒ 융 ⇐

【融】인명 녹다. ❑融合 / 融解.

⇒ 은 ⇐

【恩】중학 **1** 은혜. 혜택. ❑結草報恩 / 恩典 / 恩寵 / 恩怨. **2** 정. 인정. ❑恩情.

【銀】중학 **1** 은. ❑銀塊 / 金銀. **2** 은빛. ❑銀髮 / 銀世界. **3** 돈. ❑銀行 / 銀貨. **4** 은행의 약칭. ❑韓銀 / 市銀.

【隱】고교 **1** 숨다. ❑隱身 / 隱謀 / 隱花植物. **2** 속세를 멀리하다. ❑隱居 / 隱士. **3** 숨기다. ❑隱蔽 / 隱匿. **4** 가엾어하다. ❑惻隱.

【垠】인명 끝. 또는 경계.

【殷】인명 **1** 은나라. ❑殷墟. **2** 우렛소리.

【誾】인명 온화하다. ❑誾誾.

【溵】인명 물 이름.

【珢】인명 옥돌.

⇒ 을 ⇐

【乙】중학 **1** 천간(天干)의 둘째. ❑乙丑 / 乙夜. **2** 둘째. 제2위. ❑乙種 / 乙科 / 甲乙.

⇒ 음 ⇐

【吟】중학 읊다. ㉠읊조리다. ❑吟味 / 吟誦 / 朗吟. ㉡시가(詩歌)를 짓다. ❑吟詠 / 名吟.

【陰】중학 **1** 음기. ❑陰性反應 / 陰晝 / 陰陽 / 陰數. **2** 그늘. ❑陰晴 / 綠陰. **3** 시간. ❑光陰 / 寸陰. **4** 남이 모르게. ❑陰德 / 陰功. **5** 생식기. ❑陰莖 / 陰部.

【音】중학 **1** 소리. ❑音響 / 騷音. **2** 음악. ❑音曲 / 音樂家. **3** 자음(字音). ❑音訓 / 慣用音. **4** 소식. ❑音信 / 音訊.

【飮】중학 마시다. ❑飮食 / 飮料水 / 牛飮 / 暴飮.

【淫】고교 **1** 물에 담그다. ❑沈淫. **2** 음란(淫亂)하다. ❑淫行 / 姦淫 / 邪淫.

⇒ 읍 ⇐

【泣】[중학] **1** 울다. ▯感泣. **2** 울음. ▯泣哭 / 啼泣.

【邑】[중학] 고을. ▯邑里 / 都邑.

➡ 응 ⬅

【應】[중학] **1** 응하다. ▯應答 / 應召 / 呼應 / 不應 / 反應. **2** 당하다. 감당하다. ▯應對 / 應戰 / 臨機應變.

【凝】[고교] **1** 엉기다. ▯凝結 / 凝固. **2** 모으다. 집중하다. ▯凝視 / 凝集力.

【膺】[인명] **1** 가슴. **2** 받다. ▯膺受.

【鷹】[인명] 매. ▯鷹犬.

➡ 의 ⬅

【依】[중학] **1** 의지하다. ▯依賴 / 歸依. **2** 의거하다. ▯依願 / 依據.

【意】[중학] **1** 뜻. 마음. 생각. ▯意向 / 誠意. **2** 글이나 말의 뜻. 내용. ▯意義 / 文意 / 眞意.

【矣】[중학] 어조사. ㉠구(句)의 끝에 쓰이어 과거·미래·단정을 나타내는 조사. ㉡구(句)의 중간에 쓰이어 어세를 강조하는 조사.

【義】[중학] **1** 의. ▯道義 / 義理 / 義務. **2** 옳다. 의롭다. ▯義擧 / 正義 / 義士 / 不義. **3** 글이나 글자의 뜻. ▯字義 / 講義.

【衣】[중학] **1** 옷. ㉠의복. ▯衣冠整齊 / 更衣 / 着衣 / 脫衣 / 錦衣還鄕. ㉡중의 법복(法服). ▯衣鉢 / 僧衣. **2** (옷을) 입다.

【議】[중학] **1** 의논하다. 상의하다. ▯議案 / 協議. **2** 논하다. ▯評議 / 論議.

【醫】[중학] **1** 의원. ▯名醫 / 主治醫. **2** 고치다. ▯醫院 / 醫藥 / 醫術.

【儀】[고교] **1** 거동. 기거동작. **2** 예. 언행의 범절. ▯禮儀. **3** 법도. 법칙. ▯儀法 / 律儀 / 儀式.

【宜】[고교] **1** 옳다. 이치에 맞다. ▯適宜. **2** 마땅하다. ▯宜當 / 時宜.

【疑】[고교] **1** 의심하다. ▯疑問文 / 疑念 / 半信半疑. **2** 싫어하다. 미워하다. ▯嫌疑.

【倚】[인명] 의지하다. ▯倚支.

【誼】[인명] **1** 옳다. ▯誼理. **2** 의. 정의(情誼).

【毅】[인명] 굳세다. ▯毅然 / 剛毅.

【擬】[인명] **1** 비기다. **2** 흉내 내다. ▯擬聲 / 擬態 / 擬似 / 模擬.

【懿】[인명] 아름답다. ▯懿德.

➡ 이 ⬅

【二】[중학]【貳】[인명] **1** 둘. ▯二人 / 二元 / 二審. **3** 두 번. ▯二毛作. [참고] '貳'는 '二'의 갖은자.

【以】[중학] **1** 써. '…을'·'…으로써'의 뜻. ▯以心傳心 / 以夷制夷. **2** 그보다. ▯以前 / 以上 / 以北.

【已】[중학] **1** 말다. 그치다. 그만두다. 또는 끝나다. ▯死而後已. **2** 이미. 벌써. ▯已成.

【異】[중학] **1** 다르다. ▯異常 / 大同小異. **2** 괴이하다. 괴상하다. ▯異彩 / 奇異 / 變異. **3** 정당하지 않다. ▯異心 / 異端.

【移】[중학] 옮기다. 옮다. 변하다. ▯移植 / 移住 / 移轉.

【而】[중학] **1** 말을 잇다. ▯學而時習之. **2** 뿐. '而已'로 연용하여 '…일 따름이다'의 뜻으로 쓰임. ▯九人而已. **3** 어조사.

【耳】[중학] **1** 귀. ▯耳目 / 外耳 / 耳順. **2** 뿐. 따름. '而已' 두 자의 합음(合音). **3** 어조사.

【夷】[고교] **1** 오랑캐. ▯東夷 / 夷蠻戎狄 / 夷狄. **2** 멸하다. ▯夷滅.

【珥】[인명] 귀고리. ▯珥璫.

【伊】[인명] **1** 저. **2** 어조사.

【易】[인명] 쉽다. ▯安易 / 容易.

【弛】[인명] 느슨하다. ▯弛緩.

【怡】[인명] 기쁘다. ▯怡悅.

【爾】[인명] 너. ▯爾汝.

【彝】〈彛〉[인명] 떳떳하다. ▯彝倫.

【頤】[인명] **1** 턱. ▯頤使 / 解頤. **2** 기르다. ▯頤養.

➡ 익 ⬅

【益】[중학] **1** 더하다. ▯增益 / 日益. **2** 이롭다. 도움이 되다. ▯益蟲 / 有益 / 無益 / 弘益. **3** 이익. 이득. ▯收益 / 利益.

【翼】[고교] **1** 날개. 새·곤충이나 비행기의 날개. ▯羽翼 / 尾翼 / 主翼 / 鶴翼. **2** 돕다. 보좌하다. ▯翼贊 / 補翼. **3** 좌우의 부대. ▯左翼 / 右翼.

【翊】[인명] 돕다. ▯翊贊.

【漢】[인][명] 물 이름. ❑漢水.

【謚】[인][명] 웃다.

【翌】[인][명] 다음날. ❑翌日 / 翌朝.

➔ 인 ⬅

【人】[중][학] **1** 사람. ㉠인간. ❑人生 / 人間事 / 人道 / 凡人 / 聖人. ㉡사람을 직업·국적·인종 등으로 분류할 때 쓰는 말. ❑商人 / 政治人 / 現代人 / 中國人 / 東洋人 / 白人. **2** 백성. ❑人民 / 國人.

【仁】[중][학] **1** 어질다. ❑仁愛 / 仁義禮智 / 仁慈 / 仁孝. **2** 씨. ❑桃仁 / 杏仁.

【印】[중][학] **1** 인. 도장. ❑印璽 / 印章 / 印鑑 / 捺印 / 封印 / 調印. **2** 찍다. ❑印刷 / 印本 / 印書 / 印行.

【因】[중][학] **1** 인하다. ❑因循姑息 / 因襲 / 因習. **2** 말미암다. ❑因果 / 因緣 / 原因 / 敗因.

【寅】[중][학] **1** 지지(地支)의 셋째. ❑寅時 / 寅方 / 寅正 / 甲寅生. **2** 동관. 동료. ❑同寅.

【引】[중][학] **1** 당기다. ❑引力 / 牽引. **2** 끌다. 이끌다. ❑引導 / 引率 / 誘引. **3** 끌어 대다. ❑引證 / 引用 / 索引.

【忍】[중][학] **1** 참다. ❑忍耐 / 忍辱 / 不忍 / 隱忍 / 忍從. **2** 잔인하다. ❑忍心 / 忍人 / 殘忍.

【認】[중][학] **1** 알다. 인식하다. ❑認定 / 認識 / 誤認. **2** 인가하다. 허가하다. ❑認可 / 承認.

【姻】[고][교] **1** 시집가다. ❑婚姻. **2** 인척. ❑姻族 / 姻家 / 姻戚. **3** 인연. ❑結姻.

【刃】[인][명] **1** 칼날. **2** 칼. 도검 및 기타 날이 있는 무기. ❑兵刃 / 白刃 / 鋒刃.

➔ 일 ⬅

【一】[중][학] 【壹】[인][명] **1** 하나. ❑一人稱 / 一班 / 單一 / 統一. **2** 첫째. 제일. ❑一等 / 一世 / 第一. **3** 같다. ❑同一 / 一色 / 劃一. **4** 전일(專一). ❑一心 / 一意. [참고] '壹'은 '一'의 갖은자.

【日】[중][학] **1** 해. 태양. ❑日月 / 日出. **2** 날. 하루. ❑一日 / 終日 / 休日 / 祝日. **3** 낮. ❑日夜. **4** 나날이. ❑連日 / 日日.

【逸】[고][교] **1** 잃다. ❑逸失 / 散逸. **2** 달리다. ❑逸逃 / 奔逸. **3** 즐기다. ❑安逸 / 逸樂.

【溢】[인][명] 넘치다. ❑海溢.

【鎰】[인][명] (금화의) 무게 단위. 20냥.

【馹】[인][명] 역말.

【佾】[인][명] (가로세로 같은 인원수로 줄을 이루어 추는) 춤. ❑佾舞.

➔ 임 ⬅

【壬】[중][학] 천간(天干)의 아홉째. ❑壬方 / 壬午 / 壬時.

【任】[고][교] **1** (일을) 맡기다. 관직을 수여하다. ❑委任 / 任命 / 任免 / 補任. **2** 마음대로 하다. ❑任意.

【賃】[고][교] **1** 품을 사다. 품 팔다. ❑賃作. **2** 품삯. ❑賃金 / 運賃 / 勞賃. **3** 세내다. ❑賃貸 / 賃借.

【妊】[인][명] 아이를 배다. ❑妊婦 / 妊娠.

【姙】[인][명] '妊'과 동자.

【稔】[인][명] 곡식이 여물다. ❑稔性.

➔ 입 ⬅

【入】[중][학] **1** 들다. 들어가다. ❑入國 / 入閣 / 入城 / 入會 / 出入 / 突入 / 沒入. **2** 들이다. ❑收入 / 歲入 / 輸入 / 導入. **3** 납부하다. ❑納入 / 入金.

➔ 잉 ⬅

【剩】[인][명] 남다. ❑剩餘.

➔ 자 ⬅

【姉】[중][학] 【姊】[중][학] 누이. 손위 누이. ❑姉妹 / 姉兄 / 令姉. [참고] '姊'는 '姉'의 본자.

【子】[중][학] **1** 아들. 자식. ❑子女 / 子息 / 子孫 / 父子. **2** 지지(地支). ❑子時 / 甲子. **3** 임. ㉠남자의 미칭. ❑君子 / 夫子. ㉡일가언(一家言)을 이룬 사람. ❑孔子 / 老子 / 諸子百家. **4** 씨. ❑種子 / 子房. **5** 작은 것. ❑粒子 / 原子.

【字】[중][학] **1** 글자. 문자. ❑識字憂患 / 字義 / 漢字. **2** 자. 본이름 외에 부르는 이름. ❑孔子名丘字仲尼.

【慈】[중][학] **1** 사랑. ❑慈悲 / 慈愛 / 慈善 / 慈雨 / 仁慈. **2** 어머니. ❑慈母 / 慈堂.

【者】[중][학] **1** 놈. 사람. ❑使者 / 仁者 / 王者 / 學者 / 有力者 / 第三者 / 當事者. **2** 것. ❑前者 / 後者.

【自】[중][학] **1** 스스로. ❑自活 / 自習 / 自然 / 自動. **2** (자기) 몸. ❑自身 / 獨自 / 自己 / 自他 / 各自. **3** 부터. ❑自初至終.

【刺】〔고〕〔교〕㉠찌를 자 ㉡ 1 찌르다. ㉠刺戟. ㉡찌를 척 / 刺繡 / 刺客. 2 헐뜯다. ㉠諷刺. ㉢찌르다. ㉠刺殺. 〔참고〕 '刺 (랄)'은 다른 글자.

【姿】〔고〕〔교〕 1 맵시. 자태. 사람의 외견. ㉠姿態 / 姿勢 / 容姿 / 英姿 / 雄姿. 2 풍치. 풍경의 아취.

【恣】〔고〕〔교〕 방자하다. 방종하다. ㉠恣行 / 恣意 / 放恣.

【紫】〔고〕〔교〕 자줏빛. 보라색. ㉠紫煙 / 紫雲 / 紫外線 / 紅紫 / 深紫.

【玆】〔고〕〔교〕 1 검다. 2 이. 가까운 사물을 가리키는 말. 3 이곳. 여기. 4 이때. 지금. 5 해. 일 년. ㉠今玆 / 來玆.

【資】〔고〕〔교〕 1 재물. ㉠資本金 / 資力 / 學資. 2 바탕. ㉠資性 / 資質 / 英資.

【仔】〔인명〕 자세하다. ㉠仔詳 / 仔細.

【滋】〔인명〕 1 붇다. 2 적시다. ㉠滋雨. 3 맛있다. 영양이 있다. ㉠滋味 / 滋養.

【雌】〔인명〕 암컷. 암놈. ㉠雌雄 / 雌性 / 雌蕊 / 雌花.

【磁】〔인명〕 자석. ㉠磁石.

【藉】〔인명〕 빙자하다. ㉠憑藉.

【瓷】〔인명〕 오지그릇. ㉠瓷器.

⇒ 작 ⇐

【作】〔중학〕 1 짓다. ㉠만들다. ㉠作成 / 作詩 / 合作 / 傑作 / 力作. ㉡농사를 짓다. ㉠作況 / 農作物 / 耕作 / 豊作. 2 일하다. ㉠作用 / 作業 / 工作.

【昨】〔중학〕 1 어제. 지난날. ㉠昨日 / 昨年 / 昨秋. 2 예. 옛날. ㉠昨今.

【爵】〔고〕〔교〕 1 잔. 술잔. 2 벼슬. ㉠爵位 / 公爵 / 襲爵.

【酌】〔고〕〔교〕 1 따르다. ㉠酌婦 / 獨酌 / 對酌 / 添酌 / 酬酌. 2 참작하다. ㉠酌量 / 酌定 / 參酌 / 斟酌.

【灼】〔인명〕 사르다. ㉠灼熱.

【芍】〔인명〕 작약. ㉠芍藥.

【雀】〔인명〕 참새. ㉠雀躍 / 小雀.

【鵲】〔인명〕 까치. ㉠鵲語 / 烏鵲.

⇒ 잔 ⇐

【殘】〔고〕〔교〕 1 해치다. 망치다. 죽이다. ㉠殘書. 2 남다. ㉠殘餘 / 殘留 / 殘金. 3 잔인하다. ㉠殘忍.

⇒ 잠 ⇐

【暫】〔고〕〔교〕 잠깐. 잠시. ㉠暫時 / 暫定 / 暫間.

【潛】〔고〕〔교〕 **【潜】**〔인명〕 1 무자맥질하다. ㉠潛水 / 潛沒 / 潛女. 2 가라앉다. ㉠潛心 / 沈潛. 3 몰래. ㉠潛人 / 潛伏. 〔참고〕 '潜'은 속자.

【箴】〔인명〕 1 경계하다. ㉠箴言 / 箴誡. 2 침. 바늘. ㉠箴石.

【蠶】〔인명〕 1 누에. ㉠蠶卵 / 蠶室 / 蠶食 / 春蠶 / 農蠶. 2 누에를 치다. ㉠蠶婦 / 養蠶.

⇒ 잡 ⇐

【雜】〔고〕〔교〕 1 섞이다. 뒤섞이다. ㉠雜種 / 雜穀商 / 雜居. 2 어수선하다. ㉠雜多 / 複雜 / 混雜 / 亂雜. 3 잘다랗다. ㉠雜用 / 雜木 / 雜務. 4 다른 분류에 들어가지 않다. ㉠雜種 / 雜費 / 雜收入.

⇒ 장 ⇐

【場】〔중학〕 1 마당. 장소. 곳. ㉠場所 / 檢査場 / 市場 / 運動場 / 工場 / 禮式場. 2 때. 시기. ㉠一場春夢.

【壯】〔중학〕 1 씩씩하다. 사내답다. ㉠壯快 / 勇壯. 2 장하다. ㉠壯大 / 宏壯. 3 젊은이. ㉠壯丁 / 壯年 / 壯士.

【將】〔중학〕 1 장수(將帥). 장군. ㉠大將軍 / 主將 / 武將 / 將官. 2 장차. ㉠將來.

【章】〔중학〕 1 문채. 2 글. 문장. ㉠文章 / 詞章. 3 법. 규정. ㉠章程 / 憲章. 4 표지. 기장. ㉠印章 / 勳章 / 記章.

【長】〔중학〕 1 길다. ㉠長歌 / 長身 / 長劍 / 長征 / 長距離. 2 어른. ㉠長老 / 長者 / 家長. 3 기간이 오래다. ㉠長久 / 長壽. 4 낫다. ㉠長所 / 長點 / 長技. 5 우두머리. ㉠長官 / 社長 / 局長. 6 맏. ㉠長子 / 長女. 7 뻗게 하다. ㉠延長 / 伸長 / 生長.

【丈】〔고〕〔교〕 1 장. 길이의 단위. 열 자. ㉠丈餘 / 一丈. 2 어른. ㉠丈人 / 椿府丈.

【墻】〔고〕〔교〕 **【牆】**〔인명〕 1 담. ㉠墻角 / 墻宇 / 墻垣. 2 경계. 〔참고〕 '牆'은 본자.

【獎】〔고〕〔교〕 1 돕다. 2 권면하다. 권장하다. ㉠奬勵 / 奬學 / 勸奬.

【帳】〔고〕〔교〕 1 휘장(揮帳). 장막. ㉠帳幕 / 几帳. 2 장부. 치부책. ㉠帳簿 / 記帳 / 通帳.

【張】〔고〕〔교〕 1 당기다. ㉠緊張 / 張力. 2 베풀다. ㉠擴張. 3 자랑하다. ㉠誇張. 4 성의 하나.

【掌】[고][교] **1** 손바닥. ❏掌握 / 合掌. **2** 맡다. 주관하다. ❏掌典 / 車掌 / 管掌.

【粧】[고][교] 단장하다. 화장하다. 단장. ❏化粧品 / 新粧 / 盛粧 / 紅粧.

【腸】[고][교] **1** 창자. ❏胃腸炎 / 大腸 / 小腸 / 盲腸 / 腸管. **2** 마음. 감정이 깃들인 곳. ❏熱腸 / 斷腸.

【臟】[고][교] 오장. 내장. 가슴과 배 안에 있는 여러 기관(器官)의 총칭. ❏五臟 六腑 / 心臟 / 肺臟.

【莊】[고][교]【庄】[인][명] **1** 엄하다. ❏莊莊 / 莊嚴 / 莊重. **2** 별장·산장·여관 따위의 이름. ❏別莊 / 山莊. [참고] '庄'은 속자.

【葬】[고][교] 장사 지내다. 장사. 시체를 땅에 묻다. ❏葬儀 / 葬送 / 埋葬 / 合葬.

【藏】[고][교] **1** 감추다. ㉠비장하여 두다. ❏藏書 / 貯藏. ㉡숨기다. ❏藏匿 / 埋藏. **2** 숨다. ❏藏竄.

【裝】[고][교] **1** 차리다. ❏裝束 / 服裝 / 旅裝. **2** 꾸미다. ❏裝飾 / 裝身具 / 新裝.

【障】[고][교] **1** 가로막다. 방해하다. 격하다. ❏障壁 / 故障. **2** 보루. 변방의 요새. ❏邊障.

【匠】[인][명] 장인. ❏匠人 / 工匠.

【杖】[인][명] 지팡이. ❏短杖.

【奘】[인][명] 크다.

【漳】[인][명] 강 이름.

【樟】[인][명] 녹나무. ❏樟腦.

【璋】[인][명] 홀. ❏弄璋之慶.

【暲】[인][명] 밝다.

【薔】[인][명] 장미. ❏薔薇.

【蔣】[인][명] **1** 줄《볏과의 수초(水草)》. **2** 성의 하나.

➔ 재 ◂

【再】[중][학] **1** 두 번. 거듭. 또 한 번. ❏再生 / 再三再四. **2** 두 번 하다. 거듭하다. 다시 하다. ❏再演 / 再唱 / 再湯.

【哉】[중][학] **1** 비롯하다. **2** 어조사. 영탄(詠嘆)·찬탄을 나타내는 조사. ❏善哉 / 快哉.

【在】[중][학] **1** 있다. 존재하다. ❏在庫 / 存在 / 現在. **2** 곳. 장소. 또는 지경. ❏在所 / 行在.

【才】[중][학] **1** 재주. 또는 재능이 있는 사람. ❏才幹 / 才媛 / 秀才. **2** 바탕. 성질. ❏才質.

【材】[중][학] **1** 재목. 또는 재료. ❏材料 / 棟梁之材 / 人材 / 石材 / 教材. **2** 재주. ❏材能 / 材幹.

【栽】[중][학] **1** 심다. ❏栽培 / 栽植. **2** 묘목.

【財】[중][학] 재물. 재산. 물품·금전 등 인간에게 효용 가치가 있는 것. 보물. ❏財界 / 財力 / 財政 / 財貨 / 財物 / 文化財 / 蓄財 / 私財.

【宰】[고][교] 재상. ❏宰相 / 宰臣.

【災】[고][교] 재앙. 화재·홍수·가뭄 따위. ❏災害 / 災厄 / 災難 / 災殃 / 天災 / 人災 / 火災 / 災禍.

【裁】[고][교] **1** 마르다. ❏裁縫 / 裁斷師 / 洋裁. **2** 헤아리다. ❏裁可 / 裁量 / 裁判 / 裁決 / 獨裁 / 總裁.

【載】[고][교] 싣다. ㉠얹다. ❏積載量 / 滿載. ㉡책·장부·신문 등에 적다. ❏記載 / 連載.

【梓】[인][명] **1** 가래나무. **2** 판목(版木). ❏上梓.

【縡】[인][명] 일.

【齋】[인][명] 재계하다. ❏齋戒.

【溨】[인][명] **1** 맑다. **2** 강 이름.

➔ 쟁 ◂

【爭】[중][학] **1** 다투다. ❏爭奪 / 爭議 / 競爭 / 鬪爭. **2** 간하다. 직언하다. ❏爭臣.

【錚】[인][명] 쇳소리. ❏錚錚.

➔ 저 ◂

【低】[중][학] **1** 낮다. 높지 않다. ❏低地 / 低空飛行 / 高低 / 低溫 / 低下. **2** 숙이다. 수그리다. ❏低頭 / 低首 / 低姿勢.

【著】[중][학] ㊀나타날 저 **1** 나타나다. ❏著名 / 著大 / 著聞 / 顯著. **2** 글을 짓다. ❏著者 / 著作 / 著書 / 共著 / 拙著. ㊂입을 착 ㊂'着'의 본자.

【貯】[중][학] 쌓다. 쌓아 두다. ❏貯蓄 / 貯藏 / 貯金 / 貯炭場 / 貯水池 / 貯米.

【底】[고][교] 밑. ㉠밑바닥. ❏底流 / 海底 / 河底 / 基底. ㉡《수》저변. 밑변. 저면. ❏底邊.

【抵】[고][교] **1** 닥뜨리다. 저촉하다. ❏抵觸. **2** 거역하다. ❏抵抗. **3** 상당하다.

□抵當. **4** 대적. 무릇. □大抵.

【苧】인명 모시. □苧布 / 細苧.

【邸】인명 집. □邸宅 / 官邸.

【楮】인명 닥나무. □楮實.

【沮】인명 **1** 막다. □沮止 / 沮害 / 沮散. **2** 그치다.

➤ 적 ◀

【敵】중학 **1** 원수. 구수(仇讎). □敵意 / 敵視 / 宿敵. **2** 짝. 상대. 적수. □敵對 / 敵手 / 匹敵 / 强敵. **3** 싸움의 상대방. □敵將 / 敵陣.

【的】중학 **1** 과녁. 활을 쏘는 목표. □射的 / 標的 / 的中. **2** 목표. 표준. □目的. **3** 명사에 붙어 '…적인'의 뜻을 나타냄. □私的 / 公式的 / 宗敎的.

【赤】중학 **1** 붉은빛. □赤血 / 赤十字 / 赤銅. **2** 비다. □赤貧 / 赤手 / 赤裸裸. **3** 진심. □赤誠 / 赤心.

【適】중학 **1** 가다. □適從. **2** 맞다. □適否 / 適切 / 適應 / 適當 / 適材適所. **3** 마음에 들다. □快適 / 悠悠自適.

【寂】고교 **1** 고요하다. 적적하다. □寂然 / 寂寞 / 寂寂 / 閑寂 / 靜寂. **2** 중의 죽음. □入寂.

【摘】고교 **1** 따다. □摘出 / 摘錄 / 摘記 / 摘要 / 摘抄 / 摘草. **2** 들추어내다. □摘發 / 摘奸 / 指摘.

【滴】고교 물방울. □滴下 / 餘滴 / 水滴 / 雨滴 / 硯滴 / 點滴.

【積】고교 **1** 쌓다. 쌓이다. □積載 / 積雪 / 蓄積 / 積善 / 山積 / 累積. **2** 평수. 넓이. 부피. □地積 / 面積 / 容積.

【籍】고교 **1** 書籍 / 典籍. **2** 관청에서 호구·지적 등을 적은 장부. □戶籍 / 地籍 / 除籍.

【績】고교 **1** 잣다. 실을 뽑다. □紡績. **2** 공적. 이룬 업적. □成績 / 事績 / 治績 / 業績 / 功績.

【賊】고교 **1** 도둑. □賊徒 / 賊反荷杖 / 賊窟 / 盜賊 / 山賊. **2** 역적. □賊臣 / 逆賊 / 國賊.

【跡】고교 **1** 자취. ㉠발자국. □足跡 / 人跡 / 鳥跡. ㉡흔적. □古跡 / 筆跡. **2** 뒤를 밟아 좇음. □追跡.

【迪】인명 나아가다.

【笛】인명 피리. □笛聲 / 玉笛 / 汽笛 / 警笛.

【蹟】인명 자취. □古蹟 / 史蹟 / 筆蹟 / 奇蹟. 참고 '跡'과 동자.

➤ 전 ◀

【傳】중학 **1** 전하다. □傳令 / 遺傳. **2** 전기. □傳記 / 自敍傳. **3** 세상에 펴다. □傳道 / 宣傳.

【全】중학 **1** 온통. ㉠온. 전부. □全體 / 全集 / 全文. ㉡모든. □全國民 / 全職員. **2** 온전하다. □全人 / 完全 / 全知全能.

【典】중학 **1** 법. □典例 / 典範. **2** 책. □典籍 / 辭典 / 古典 / 經典 / 佛典. **3** 의식. □典禮 / 式典 / 祭典.

【前】중학 **1** 앞. □前後左右 / 前文 / 面前 / 風前燈火. **2** 앞서다. 앞선. □前日 / 生前 / 前期 / 前代 / 前妻 / 前生.

【展】중학 **1** 펴다. 展開. □展性 / 展覽. **2** 늘이다. 늘어나다. 또는 늘어놓다. □展示 / 展覽 / 伸展.

【戰】중학 **1** 싸움. 전쟁. □戰傷兵 / 戰爭 / 戰鬪 / 戰場 / 決戰 / 開戰. **2** (무서워서) 떨다. □戰慄 / 戰戰兢兢. **3** 겨루다. 경쟁하다. □靑白戰.

【田】중학 밭. 논. □田園 / 水田 / 田畓 / 炭田 / 鹽田.

【錢】중학 **1** 돈. 화폐. 특히, 금속 화폐. □金錢 / 口錢. **2** 화폐 단위로 원·환(圓)의 백분의 일.

【電】고교 **1** 번개. □電光 / 雷電. **2** 전기. □電波 / 發電. **3** '전보'의 약칭. □打電 / 來電.

【專】고교 **1** 오로지. □專攻 / 專屬 / 專用. **2** 제멋대로 하다. □專權 / 專橫.

【殿】고교 **1** 큰 집. 대궐·불각(佛閣) 따위 건물. □殿閣 / 宮殿 / 殿堂 / 佛殿. **2** 임금의 존칭. □殿下.

【轉】고교 **1** 구르다. □轉轉 / 回轉 / 自轉 / 公轉. **2** 옮기다. □轉向 / 移轉. **3** 뒤집히다. □轉倒 / 逆轉. **4** 바꾸다. 바뀌다. □轉禍爲福.

【佺】인명 신선 이름.

【栓】인명 **1** 나무못. **2** 마개. □水道栓.

【詮】인명 설명하다. □詮釋.

【銓】인명 가리다. 저울질하여 뽑다. □銓考 / 銓選 / 銓衡.

【琠】인명 귀막이 옥.

【甸】인명 경기(京畿). □畿甸.

【塡】인명 메우다. □塡塞 / 補塡.

【奠】인명 정하다. ❏奠居 / 奠都.

【荃】인명 향기로운 풀.

【雋】인명 살찐 고기.

【顚】인명 1 꼭대기. 사물의 끝. ❏山顚 / 顚末. 2 뒤집히다. ❏顚倒 / 顚覆.

⇒ 절 ⇐

【節】중학 1 마디. ❏關節 / 節次. 2 절개. ❏節操 / 貞節 / 變節. 3 때. 시기. ❏節氣 / 季節. 4 국경일. 축일. ❏光復節 / 開天節 / 聖誕節. 5 조절하다. ❏調節 / 節制 / 節約. 6 문장·음곡 따위의 단락. ❏第一節.

【絶】중학 1 끊다. 斷絶. 2 거절하다. ❏謝絶 / 拒絶. 3 뛰어나다. ❏絶色 / 絶品. 4 그만두다. ❏絶交 / 義絶.

【切】고교 ㉠벨 절 ㉡(칼로) 베다. ❏切 開 / 切斷 / 切除. 2 간 ㉡온통 체 절히. 절실히. ❏切望 / 切實 / 懇切. ㉢온통. 전부. ❏一切.

【折】고교 1 꺾다. 부러지다. ❏折枝 / 骨折 / 屈折 / 挫折 / 夭折. 2 나누다. ❏折 半 / 折衷.

【竊】고교 1 훔치다. ❏竊盜. 2 몰래. ❏剽竊.

【晢】인명 밝다.

⇒ 점 ⇐

【店】중학 상점. 가게. ❏店鋪 / 店頭 / 構内 賣店 / 料理店 / 百貨店.

【占】고교 1 점치다. ❏占卜 / 占術 / 占卦 / 占 星. 2 차지하다. ❏占有 / 占據 / 領 / 獨占.

【漸】고교 1 차차. 점점. ❏漸次 / 漸進 / 漸減 / 漸修 / 漸入佳境. 2 나아가다. ❏西勢東漸.

【點】고교 【点】인명 1 점. ❏斑點 / 血點 / 句讀點 / 訓點 / 點線. 2 흠. 결함. ❏汚點 / 缺點. 3 한정된 작은 위치. ❏地點 / 交叉點. 4 전체 중의 한 부분. ❏要點 / 論點. 5 불을 켜다. ❏點火 / 點 燈. 6 성적 등의 점수. ❏得點 / 點數. 7 평가·선악 등을 지적하는 말. ❏長點 / 評點. 참고 '点'은 약자.

⇒ 접 ⇐

【接】중학 1 잇다. ❏接續 / 接骨 / 接木 / 接 觸. 2 접하다. ❏接合 / 接境 / 內 接. 3 대접하다. ❏接待 / 接客. 4 만나다.

❏接見 / 面接.

【蝶】고교 나비. ❏蝴蝶 / 蝶泳.

⇒ 정 ⇐

【丁】중학 1 천간(天干)의 넷째. ❏丁方 / 丁 酉. 2 장정(壯丁). ❏丁年 / 兵丁. 참고 '고무래 정'으로 훈(訓)함은 잘못.

【井】중학 1 우물. ❏井泉 / 井底蛙. 2 우물 난간처럼 구획이 반듯하고 정연한 모양. ❏井井 / 井然.

【停】중학 1 머무르다. 정지하다. ❏停戰 / 停滯. 2 멈추다. ❏停車 / 停留.

【定】중학 정하다. ㉠결정하다. ❏定價 / 決 定. ㉡바로잡다. ❏改定 / 更定.

【庭】중학 1 뜰. ❏庭園 / 宮庭 / 後庭. 2 가정. 한 집안. ❏庭訓 / 家庭.

【情】중학 1 뜻. ❏感情 / 無情. 2 정성. ❏情 實 / 情趣. 3 인정. 마음씨. ❏人 情 / 愛情. 4 남녀 간의 정. ❏情慾 / 戀情. 5 실상. 상황. ❏情勢 / 民情 / 事情 / 情況.

【政】중학 정사. 정치. ❏政權 / 國政 / 財政 / 刑政 / 政治 / 政府 / 政策.

【正】중학 1 바르다. 올바르다. ❏正義 / 正道 / 公正 / 眞正 / 正直. 2 바로잡다. ❏ 矯正 / 是正. 3 바르게. 바로. ❏正當 / 正刻 / 正反對. 4 본래의. 정통의. ❏正本 / 正室 / 正史 / 正字.

【淨】중학 1 깨끗하다. ❏淨水 / 淸淨. 2 깨끗이 하다. ❏浴淨 / 淨化.

【精】중학 1 찧다. ❏精米 / 精麥. 2 자세하다. ❏精密 / 精讀. 3 성의가 있다. ❏精製. 4 날카롭다. ❏精銳 / 精兵. 5 마음. 영혼. ❏精神 / 精氣 / 精靈.

【貞】중학 곧다. 마음이 바르다. 여자가 절개를 지켜 동하지 아니하다. ❏貞 烈 / 貞操.

【靜】고교 【静】인명 1 조용하다. ❏靜水 / 靜肅 / 靜寂. 2 움직이지 않다. ❏靜止 / 安靜. 참고 '静'은 약자.

【頂】중학 1 쥐독. 머리의 최상부. ❏頂門 / 圓頂. 2 꼭대기. ❏頂點 / 山頂.

【亭】고교 1 주막집. 여인숙. ❏亭主 / 旅亭. 2 역말. 역참(驛站). ❏驛亭 / 十里 一亭. 3 정자(亭子). ❏亭閣 / 山亭.

【廷】고교 1 조정. ❏廷議 / 朝廷. 2 관청. 관아. ❏法廷.

【征】고교 1 (먼 곳에) 가다. ❏征夫. 2 치다. ❏征伐 / 遠征 / 長征 / 親征 / 出征.

【整】고교 1 가지런하다. ❏整齊 / 不整. 2 가지런히 하다. ❏整列 / 調整.

【程】고교 1 한도. 정도. ❏程度 / 音程. 2 길. ❏道程 / 日程. 3 법. 규정. ❏規程 / 敎程.

【訂】〔고교〕 **1** 바로잡다. ❏訂正 / 改訂. **2** 맺다. ❏訂交.

【汀】〔인명〕 물가. ❏汀渚.

【玎】〔인명〕 옥 소리. ❏玎玲.

【町】〔인명〕 **1** 밭두둑. ❏町畦. **2** 넓이의 단위. 3,000평. ❏町步. **3** 길이의 단위. 60간(間).

【呈】〔인명〕 **1** 나타남. ❏露呈. **2** 나타냄. ❏呈示. **3** 드림. 윗사람에게 바침. ❏奉呈 / 呈納.

【桯】〔인명〕 **1** 기둥. **2** 탁자.

【珽】〔인명〕 옥 이름.

【姃】〔인명〕 **1** 단정하다. **2** 여자의 자(字).

【偵】〔인명〕 정탐하다. ❏偵察 / 探偵 / 密偵.

【湞】〔인명〕 강 이름.

【幀】〔인명〕 그림 족자. ❏影幀 / 裝幀.

【楨】〔인명〕 쥐똥나무.

【禎】〔인명〕 상서. 복. ❏禎祥.

【珵】〔인명〕 큰 홀.

【挺】〔인명〕 빼어나다. ❏挺立.

【綎】〔인명〕 띳술. 패옥 따위를 띠에 차는 끈.

【鼎】〔인명〕 (발이 셋인) 솥. ❏鼎談 / 鼎立 / 鼎足 / 鼎坐 / 九鼎.

【晶】〔인명〕 **1** 수정. ❏水晶. **2** 맑다. ❏結晶.

【晸】〔인명〕 해가 뜨다.

【柾】〔인명〕 나뭇결이 바르다.

【鉦】〔인명〕 징. ❏鉦鼓.

【淀】〔인명〕 물이 흐르다가 괸 얕은 곳.

【錠】〔인명〕 제기(祭器) 이름.

【鋌】〔인명〕 쇳덩이.

【鄭】〔인명〕 정나라. 중국 춘추 전국 시대의 한 나라.

【靖】〔인명〕 편안하다. ❏靖安.

【靚】〔인명〕 단장하다. ❏靚飾 / 靚衣.

【鋥】〔인명〕 날이 번뜩이다.

【炡】〔인명〕 빛나다.

【淳】〔인명〕 물이 괴다. ❏渟水.

【釘】〔인명〕 못. ❏釘頭.

【湜】〔인명〕 **1** 물이 차다. **2** 샘물.

【頨】〔인명〕 아름답다.

【婷】〔인명〕 아리땁다. ❏婷婷.

➔ 제 ◆

【帝】〔중학〕 **1** 하느님. 하늘의 신(神). ❏天帝 / 上帝. **2** 임금. 천자. ❏帝王 / 帝國 / 皇帝.

【弟】〔중학〕 **1** 아우. ❏兄弟 / 從弟 / 弟氏. **2** 못한 사람. 배우는 사람. ❏弟子 / 師弟. **3** 자기의 겸칭. ❏愚弟 / 小弟.

【祭】〔중학〕 **1** 제사 지내다. ❏祭百神 / 祭告. **2** 제사. 제전. ❏祭禮 / 時祭. **3** 축제. 잔치. ❏祝祭日 / 藝術祭 / 前夜祭.

【第】〔중학〕 **1** 집. 주택. 저택. ❏第宅 / 館第. **2** 차례. ❏次第 / 第一人者 / 第三者. **3** 관리 등용 시험. 또는 모든 시험. ❏及第 / 登第 / 落第.

【製】〔중학〕 **1** 짓다. ❏縫製. **2** 만들다. ❏製作 / 特製 / 製本 / 私製 / 製造 / 製品.

【諸】〔중학〕 모든. 여러. ❏諸君 / 諸事 / 諸侯.

【除】〔중학〕 **1** 섬돌. **2** 뜰. ❏庭除. **3** 없애 버리다. ❏除去 / 解除 / 除草 / 掃除. **4** 나누다. ❏除數 / 除法.

【題】〔중학〕 **1** 이마. **2** 표제. 책의 이름. ❏題目 / 命題. **3** 글·시가(詩歌)의 제목. ❏文題 / 題材. **4** 묻다. ❏問題 / 課題 / 命題. **5** 적다. ❏題詩.

【制】〔고교〕 **1** (옷감·재목 따위를) 마르다. ❏裁制. **2** 만들다. ❏制造 / 制作. **3** 제정하다. 또는 그 법. ❏制度 / 規制 / 制憲. **4** 누르다. ❏抑制 / 制壓 / 制御.

【堤】〔고교〕 둑. 제방. ❏堤防 / 防波堤 / 堰堤.

【提】〔고교〕 **1** 끌다. ❏提携. **2** 들다. 들고 나오다. ❏提唱 / 提起 / 提示 / 提供 / 提出 / 提燈 / 提言.

【濟】 고교 **1** 건너다. ▢濟河 / 濟度. **2** 이루다. ▢濟美. **3** 건지다. 구제하다. ▢濟世 / 濟度 / 救濟 / 濟衆 / 濟民. **4** 마치다. ▢未濟 / 旣濟.

【際】 고교 **1** 가. ▢天際 / 際限. **2** 때. ▢此際 / 實際. **3** 만나다. 교제하다. ▢交際 / 國際 / 際會.

【齊】 고교 ⊖가지런할 제 ⊜재계할 재 ⊜옷자락 자 **1** 가지런하다. ▢齊一 / 齊唱. **2** 정리하다. 다스리다. ▢整齊 / 齊家. ⊜재계하다. ▢齊戒. ⊜ **1** 옷자락. **2** 상복의 하나. ▢齊衰.

【悌】 인명 화락하다. ▢悌友 / 孝悌.

【梯】 인명 사다리. ▢階梯.

【瑅】 인명 제당옥. 옥의 이름.

➔ 조 ⬅

【兆】 중학 **1** 조. 또는 많은 수. ▢億兆 / 兆民. **2** 점. ▢兆占 / 兆卦. **3** 조짐. ▢吉兆 / 兆朕.

【助】 중학 **1** 돕다. ▢助力 / 援助. **2** 도움. ▢內助 / 助詞.

【早】 중학 **1** 새벽. ▢早曉 / 早朝. **2** 이르다. ▢早期 / 尙早 / 早春. **3** 일찍. 먼저. ▢早起 / 早熟. **4** 빠르다. ▢早急 / 早速.

【朝】 중학 **1** 아침. ▢朝夕供養 / 朝飯 / 早朝. **2** 조정. ▢朝廷 / 朝野. **3** 왕조. ▢朝鮮朝 / 淸朝.

【祖】 중학 **1** 할아버지. ▢曾祖父 / 祖考. **2** 선조. 조상. ▢始祖 / 祖上 / 祖國. **3** 시작한 사람. ▢祖師 / 元祖.

【調】 중학 **1** 고르다. ▢調和 / 調律 / 順調 / 調停. **2** 살피다. ▢調査 / 調書. **3** 가락. ㉠음악의 장단. ▢長調 / 變調. ㉡음성·문장 등의 특징적 경향. ▢音調 / 聲調 / 曲調. **4** 운치. 품격. ▢色調 / 格調. **5** 조절하다. ▢調合 / 調劑.

【造】 중학 **1** 짓다. 만들다. ▢造林 / 製造 / 建造 / 人造 / 創造 / 改造 / 構造. **2** 도달하다. ▢造詣.

【鳥】 중학 새. 꽁지가 짧은 새를 '隹'라 하는 데 대하여 꽁지가 긴 새를 이름. ▢鳥獸 / 鳥籠.

【弔】 고교 ⊖조상할 조 ⊜조상하다. ▢弔慰. ⊜이를 적 敬弔. ⊜이르다. 다다르다. 참고 '吊'는 속자.

【操】 고교 **1** 잡다. 쥐다. ▢操舵. **2** 부리다. ▢操縱 / 操作. **3** 지조. 절개. ▢志操 / 貞操.

【條】 고교 **1** 가지. ▢枝條. **2** 조리(條理). 맥락. ▢條貫 / 條綱. **3** 조목. 대문. ▢條項 / 箇條 / 條件 / 信條 / 條目.

【潮】 고교 **1** 조수(潮水). 바닷물. ▢潮流 / 潮汐 / 海潮. **2** 밀물. **3** 빛이나 징후가 나타나다. ▢思潮 / 紅潮.

【照】 고교 **1** 비치다. 비추다. 전(轉)하여 해의 뜻. ▢照射 / 照明 / 落照. **2** 맞대어 보다. ▢對照 / 參照 / 照會.

【燥】 고교 **1** 마르다. ▢燥澗 / 燥葉. **2** 말리다. ▢乾燥.

【租】 고교 **1** 구실. 조세. ▢地租 / 租稅 / 田租. **2** 쌓다. ▢蓄租. **3** 빌리다. ▢租借 / 租界.

【組】 고교 **1** 끈. ▢組繫 / 組制. **2** 짜다. 구성하다. ▢組織 / 組閣 / 組合 / 組成.

【彫】 인명 새기다. ▢彫刻.

【措】 인명 **1** 놓다. **2** 처리하다. ▢措置.

【朝】 인명 '朝'의 고자.

【窕】 인명 안존하다. ▢窈窕.

【祚】 인명 **1** 복. ▢福祚. **2** (천자의) 자리. ▢皇祚 / 重祚.

【趙】 인명 조나라.

【肇】 인명 시작하다. ▢肇國.

【詔】 인명 고하다. ▢詔書.

【釣】 인명 낚시. ▢釣竿.

【曹】 인명 **1** 무리. **2** 조나라.

【遭】 인명 만나다. ▢遭遇.

【眺】 인명 바라보다. ▢眺望.

➔ 족 ⬅

【族】 고교 **1** 겨레. 일가. 집안. ▢族譜 / 民族 / 九族. **2** 가문. 신분. ▢貴族 / 士族. **3** 무리. 동류(同類). 동아리. ▢魚族 / 暴走族.

【足】 중학 **1** 발. ▢足球 / 足跡 / 手足 / 鼎足 / 蛇足. **2** 족하다. ▢滿足 / 豊足 / 充足 / 自足 / 洽足.

➔ 존 ⬅

【存】 중학 **1** 있다. ▢存在 / 存亡 / 存立. **2** 보존하다. ▢存廢 / 存續 / 存命.

【尊】㊥ ㊀높을 존 ㊁1 높다. 존귀하다.
㊁술그릇 준 □尊位 / 天尊地卑 /
尊客 / 尊貴. 2 높이다. □尊敬 / 尊待 / 自尊.
3 높임말. □尊顔 / 尊體 / 尊名. 4 존귀한 사
람. □世尊 / 至尊.
㊁술그릇. 주기(酒器). □尊俎.

➡ 졸 ⬅

【卒】㊥ 1 하인. 심부름꾼. □下卒 / 從卒 /
驛卒. 2 군사. 병졸. □卒兵 / 將
卒. 3 죽다. □卒年. 4 갑자기. □卒中 / 卒
倒. 5 (끝)마치다. □卒業 / 大卒 / 高卒.

【拙】㊍ 1 졸하다. 서투르다. □巧拙 / 拙
劣 / 拙速 / 壅拙. 2 자기의 겸칭.
□拙稿 / 拙文 / 拙筆 / 拙著.

➡ 종 ⬅

【宗】㊥ 1 가묘(家廟). 종묘(宗廟). □宗
社. 2 마루. 밑동. 근본. □宗家 /
宗婦 / 宗孫 / 宗主.

【從】㊥ 1 좇다. 따르다. 복종하다. □服從
/ 順從. 2 일삼아 하다. □從業 /
從事. 3 따르다. 수행하다. □從者 / 侍從.

【種】㊥ 1 씨. □種子 / 雜種 / 種鷄 / 種豚.
2 부류. 또는 생물학에서 분류상
의 단위. □品種 / 種別 / 種目 / 人種.

【終】㊥ 1 끝. □始終 / 最終 / 終末 / 終尾 /
有終 / 臨終. 2 끝나다. 끝내다. □
終了 / 終結 / 終止 / 終局 / 終業. 3 끝까지.
□終日 / 終身 / 終乃.

【鐘】㊥ 종. □鐘鼓 / 鐘閣 / 鐘樓 / 掛鐘時
計 / 梵鐘 / 警鐘.

【縱】㊍ 1 늘어지다. 2 내버려 두다. □縱
覽. 3 세로. □縱橫 / 縱隊 / 縱列.

【倧】㊗ 신인(神人).

【琮】㊗ 옥으로 만든 홀.

【淙】㊗ 물 소리. □淙淙.

【棕】㊗ 종려나무. □棕櫚.

【悰】㊗ 즐기다.

【綜】㊗ 모으다. □綜合.

【璁】㊗ 패옥 소리.

【鍾】㊗ 1 술잔. □鍾鉢.
2 모으다. □鍾愛.

➡ 좌 ⬅

【坐】㊥ 앉다. □坐臥 / 坐視 / 坐席 / 坐定 /
坐禪 / 對坐 / 連坐.

【左】㊥ 1 왼편. 왼쪽. □左右 / 左記 / 左衝
右突. 2 낮다. 지위를 낮추다. □
左遷 / 右文左武. 3 급진파·공산주의의 입
장. □左派 / 左傾.

【佐】㊍ 1 돕다. 또는 도움. □佐命 / 輔佐 /
佐吏. 2 속료(屬僚). □佐僚.

【座】㊍ 자리. ㊀앉는 자리. □座席 / 座右 /
上座. ㊁별자리. □星座 / 琴座.

➡ 죄 ⬅

【罪】㊥ 허물. 법에 따라 형벌을 받을 만
한 불법 행위. □罪囚 / 有罪 / 待
罪 / 犯罪 / 罪過 / 罪惡.

➡ 주 ⬅

【主】㊥ 1 임금. □君主制 / 主上 / 主恩. 2
주인. ㊀가장. □戶主 / 世帶主 /
主客 / 主催. ㊁임자. □主人 / 地主. 3 신.
하나님. □天主. 4 주장. 중심 인물. □盟
主 / 主將 / 主役 / 祭主. 5 주된. 중요한. □
主演 / 主軸 / 主要 / 主峰.

【住】㊥ 머무르다. 머무르며 살다. □住民
/ 移住 / 住宅 / 安住 / 住居 / 定住.

【宙】㊥ 1 집. 주거.
2 하늘. □宇宙.

【晝】㊥ 낮. □晝食 / 晝日 / 晝間 / 白晝 /
晝耕夜讀.

【朱】㊥ 붉다. □印朱 / 朱砂.

【注】㊥ 1 흐르다. 2 물을 대다. 3 (물을)
붓다. □傾注 / 注入 / 注射. 4 집중
하다. □注目 / 注視 / 注意.

【走】㊥ 1 달리다. □疾走 / 競走 / 走馬 /
奔走. 2 달아나다. □逃走 / 敗走.

【酒】㊥ 1 술. □濁酒 / 酒興 / 高粱酒 / 酒
豪. 2 잔치. 주연(酒宴).

【周】㊍ 1 두루. □周遊 / 周知. 2 주나라.
□周代. 3 둘레. □圓周 / 四周. 4
한 바퀴 돌다. □周年 / 周忌.

【奏】㊍ 1 아뢰다. □奏請 / 上奏.
2 음악을 함. □奏樂 / 伴奏.

【州】㊍ 1 고을. □九州 / 州政府 / 州都.
2 마을. 읍리(邑里).

【柱】㊍ 1 기둥. □柱頭 / 柱聯 / 柱石 / 支
柱 / 電柱. 2 기러기발. 안족(雁
足). □雁柱 / 琴柱.

【株】㊍ 1 나무 뿌리. 2 그루. 3 주식. □株
券 / 株主 / 新株 / 公募株.

【洲】㊍ 1 섬. 모래톱. 작은 섬. □沙洲 /
三角洲. 2 뭍. 대륙. □亞細亞洲 /
五大洲 / 大洋洲.

【珠】교교 **1** 구슬. □珠玉 / 寶珠 / 眞珠. **2** 진주처럼 둥근 것. □念珠 / 珠算 / 胚珠.

【舟】교교 배. 선박. □舟艇 / 一葉片舟 / 吳越同舟.

【鑄】교교 부어 만들다. □鑄造 / 鑄物.

【胄】인명 자손. □胄孫.

【湊】인명 **1** 항구. **2** 모이다. □輻湊.

【炷】인명 **1** 심지. **2** 사르다. □炷香.

【註】인명 주내다. □註解 / 註釋 / 脚註.

【疇】인명 무리. 부류(部類). □洪範九疇.

【週】인명 **1** 일 주. 칠 일. □週刊 / 每週 / 來週 / 週番. **2** 돌다. □週期 / 週遊.

【遒】〈逎〉인명 굳세다. □遒勁.

【駐】인명 머무르다. □駐在 / 駐車場 / 駐屯 / 進駐 / 駐美大使.

【姝】인명 예쁘다.

【澍】인명 적시다. □澍濡.

【姝】인명 예쁘다.

⇒ 죽 ⇐

【竹】중학 **1** 대. □松竹 / 竹槍. **2** 피리. 팔음(八音)의 하나. □絲竹. **3** 대쪽. □竹簡.

⇒ 준 ⇐

【俊】교교 **1** 뛰어나다. 뛰어난 인물. 준걸. □俊傑 / 俊秀 / 俊才 / 俊逸 / 英俊. 참고 '儁'과 통용. **2** 높다. □俊德.

【準】교교 **1** 수준기. 수평을 재는 기계. □準繩. **2** 법도. 표준. 모범. □準則 / 標準. **3** 평평하다. 고르다. □平準 / 水準. **4** 갖추다. □準備.

【遵】교교 **1** …을 따라서 가다. **2** 좇다. 따라가다. □遵守 / 遵用 / 遵奉 / 遵據 / 遵行 / 遵法.

【峻】인명 높다. □峻嶺 / 峻險.

【浚】인명 **1** 물이 깊다. **2** 치다. □浚渫.

【晙】인명 밝다.

【埈】인명 가파르다.

【焌】인명 태우다.

【竣】인명 마치다. □竣工.

【畯】인명 농부.

【駿】인명 준마. □駿馬.

【准】인명 승인하다. □批准.

【濬】인명 깊다. □濬池.

【儁】인명 뛰어나다. 뛰어난 인물. 준걸. □儁哲.

【儁】인명 '俊'·'雋'과 통용.

【埻】인명 과녁.

【隼】인명 새매. □隼鷹.

⇒ 줄 ⇐

【茁】인명 싹. 초목의 싹.

⇒ 중 ⇐

【中】중학 **1** 한가운데. 중앙. □中心 / 正中. **2** 사이. □中間 / 中立. **3** 속. □心中 / 胸中. **4** 중국의 약칭. □韓中.

【衆】중학 **1** 무리. 많은 사람. □衆意 / 大衆. **2** (수가) 많다. □衆寡 / 群衆.

【重】중학 **1** 무겁다. □重荷 / 輕重 / 重量. **2** 겹치다. □重複 / 二重 / 重疊. **3** 진중하다. □愼重 / 重厚. **4** 중하다. 중대하다. 규모가 크다. □重要 / 重大 / 重工業. **5** 심하다. □重病 / 嚴重. **6** 권력·지위·명망 등이 높다. □重臣 / 重鎭 / 重祿.

【仲】교교 **1** 버금. 형제 중 둘째. □伯仲 / 仲兄. **2** 가운데. □仲介 / 仲媒.

⇒ 즉 ⇐

【卽】중학 **1** 곧. □卽刻 / 卽答. **2** (자리에) 나아가다. □卽席 / 卽位.

⇒ 즐 ⇐

【櫛】인명 **1** 빗. □巾櫛. **2** 늘어서다. □櫛比.

⇒ 즙 ⇐

【汁】인명 진액. □果汁 / 汁液.

【增】[중학] 1 붇다. 늘다. ▢增減 / 急增.
2 늘리다. ▢增兵 / 增産 / 增量.

【曾】[중학] 1 일찍이. ▢未曾有 / 曾前.
2 거듭. 거듭하다. ▢曾孫.

【證】[중학] 1 증명하다. ▢證明書 / 證言 / 立證. 2 증거. ▢證據 / 傍證.

【憎】[고고] 미워하다. 증오하다. ▢憎惡 / 愛憎 / 憎嫌.

【症】[고고] 증세. 병의 성질. ▢症勢 / 症狀 / 炎症 / 痛症 / 旣往症 / 健忘症.

【蒸】[고고] 1 많다. ▢蒸民.
2 찌다. ▢蒸發 / 蒸氣.

【贈】[고고] 1 주다. ㉠금품을 주다. ▢贈呈 / 寄贈 / 贈賄. ㉡시문 따위를 주다. ▢贈詩 / 贈別. 2 선물. ▢受贈 / 贈答.

【烝】[인명] 무리.

【甑】[인명] 시루. ▢甑餠.

→ 지 ←

【之】[중학] 1 가다. ▢之東之西. 2 어조사. …의. ▢大學之道 / 人之常情.

【只】[중학] 다만. ▢只今 / 但只.

【地】[중학] 1 땅. ▢土地 / 地面 / 耕作地 / 天地. 2 한정된 곳. ▢死地 / 地區 / 現地. 3 옷감. ▢洋服地. 4 본바탕. ▢素地 / 地金. 5 지위. 신분. ▢地位.

【志】[중학] 1 뜻. 의향(意向). 의사. ▢志操 / 大志 / 初志一貫 / 立志. 2 뜻하다. ▢志向 / 志望 / 志願.

【持】[중학] 1 가지다. 휴대하다. ▢所持 2 지니다. 보존하다. 고집하다. ▢保持 / 持論 / 維持.

【指】[중학] 1 손가락. ▢指爪 / 五指.
2 가리키다. ▢指南 / 指揮.

【支】[중학] 1 가지. 또는 갈라지다. ▢本支 / 支派 / 支離滅裂 / 支局. 2 버티다. 괴다. ▢支柱 / 支持 / 支援. 3 지출. 지급. ▢收支 / 支出. 4 지지(地支). ▢干支.

【枝】[중학] 1 가지. ▢枝葉 / 剪枝. 2 갈린 것. ▢分枝 / 枝族 / 枝流 / 本枝.

【止】[중학] 1 그치다. ㉠정지하다. ▢止水 / 行止. ㉡멈추다. ▢止痛 / 止血 / 中止 / 停止 / 靜止. 2 막다. ▢防止 / 禁止 / 阻止.

【知】[중학] 1 알다. 터득하다. ▢知覺 / 不知 / 知識 / 知者 / 認知. 2 알리다. ▢告知 / 報知 / 通知. 3 다스리다. ▢知事.

【紙】[중학] 종이. ▢紙面 / 紙筆 / 白紙 / 表紙.

【至】[중학] 1 이르다. ▢必至 / 至今. 2 지극하다. ▢至近 / 至誠 / 至大 / 至極 / 至孝 / 至尊. 3 태양이 남북의 극에 달함. ▢夏至 / 冬至.

【智】[고] 슬기. ▢智見 / 智慧 / 智謀 / 智慮.

【池】[고고] 1 못. ▢沼池 / 蓮池. 2 해자(垓字). 성 밖을 둘러싼 못. ▢城池.

【誌】[고고] 1 기록하다. 또는 기록. ▢日誌 / 地誌 / 鄕土誌. 2 잡지의 약칭. ▢誌面 / 週刊誌.

【遲】[고고] 더디다. ▢遲遲不進 / 遲刻 / 遲參 / 遲延 / 遲久 / 遲滯.

【旨】[인명] 뜻. ▢趣旨 / 論旨 / 聖旨.

【沚】[인명] 물가.

【址】[인명] 터. ▢寺址 / 城址.

【祉】[인명] 복. ▢福祉.

【趾】[인명] 발가락. ▢趾骨.

【祗】[인명] 공경하다. ▢祗敬.

【芝】[인명] 영지. ▢靈芝.

【摯】[인명] 지극하다. ▢眞摯.

【誌】[인명] 새기다.

【脂】[인명] 1 기름. ▢脂肪 / 油脂.
2 (나무)진. ▢樹脂 / 松脂.

→ 직 ←

【直】[중학] ㉠곧을 직 ㉡ 1 곧다. 바르다. ▢垂直 / 直徑 / 直心 / 正直 / 曲直 / 率直 / 直線. 2 번. 당직. ▢宿直 / 日直 / 當直. 3 바로. 직접. ▢直答 / 直送 / 直營 / 直接 / 直通. ㉢값. 가격. ▢安直.

【織】[고고] ㉠짤 직 ㉡ 1 짜다. 베를 짜다. ▢紡織 / 組織 / 織造. 2 직물. ▢手織 / 綿織 / 絹織. ㉢기치 치 ㉣조립하다. ▢旗幟(旗幟). ▢旗織.

【職】[고고] 1 구실. 직분. 임무. ▢職責 / 職任 / 職能. 2 벼슬. ▢職務 / 職名 / 官職 / 免職. 3 일. ▢職業 / 職場 / 復職.

【稙】[인명] 올벼. ▢稙禾.

【稷】[인명] 기장. ▢黍稷.

→ 진 ←

【盡】〈중학〉 **1** 다하다. □力盡 / 無盡 / 盡忠報國. **2** 다. 모두. □一網打盡.

【眞】〈중학〉**【真】**〈인명〉 **1** 참. 진짜. □眞實 / 眞理 / 眞僞 / 眞相 / 眞情. **2** 순수. 순전. □天眞 / 純眞. **3** 화상. 초상. □寫眞. **4** 서체(書體)의 하나. □眞書 / 眞行草.

【辰】〈중학〉 ㊀다섯째지지 진 ㊁**1** 지지(地支) ㊁일월성 신 의 다섯째. □壬辰 / 辰方. **2** 별 이름. □北辰. *본음은 '신'. ㊂해·달·별의 총칭. □日月星辰 / 三辰.

【進】〈중학〉 **1** 나아가다. □前進後退 / 進仕. **2** 오르다. □進級 / 昇進 / 特進. **3** 나아지다. □進化 / 精進.

【振】〈교〉 **1** (위세를) 떨치다. □振起 / 振作. **2** 흔들다. 흔들리다. □振幅 / 振動. **3** 휘두르다. □三振. **4** 분발하다. □振興 / 不振.

【珍】〈교〉 **1** 보배. □珍寶. **2** 희귀하다. □珍貴 / 珍異 / 珍愛 / 珍奇. **3** 맛있다. □珍味 / 珍羞盛饌.

【鎭】〈교〉 **1** 누르다. 진정(鎭定)하다. □鎭慰 / 鎭撫 / 鎭壓. **2** 진정(鎭靜)하다. □鎭痛 / 鎭火.

【陣】〈교〉 **1** 진. □前陣 / 本陣 / 方陣. **2** 진을 치다. □陣法 / 背水陣. **3** 싸움. □戰陣 / 陣中 / 對陣.

【陳】〈교〉 **1** 늘어놓다. 벌여 놓다. □陳列 / 陳設. **2** 말하다. □陳述 / 陳情. **3** 묵다. 오래되다. □陳腐 / 新陳代謝.

【震】〈교〉 흔들리다. □震動 / 地震 / 强震 / 震源 / 餘震 / 震怒.

【晋】〈晉〉〈인명〉 진나라. □晉書.

【瑨】〈瑨〉〈인명〉 아름답다.

【瑱】〈인명〉 귀막이 옥.

【津】〈인명〉 **1** 나루. □江津 / 津頭. **2** 진액. □松津 / 津液.

【璡】〈인명〉 옥돌.

【秦】〈인명〉 진나라. □秦始皇.

【軫】〈인명〉 수레의 뒤턱 나무.

【塵】〈인명〉 티끌. □風塵.

【禛】〈인명〉 복을 받다.

【診】〈인명〉 진찰하다. □診察 / 往診 / 診脈.

【縝】〈인명〉 맺다.

【塡】〈인명〉 누르다.

【賑】〈인명〉 **1** 넉넉하다. **2** 구휼하다. □賑恤.

【抮】〈인명〉 휘어잡다.

【溱】〈인명〉 **1** 성하다. □溱溱. **2** 물 이름.

→ 질 ←

【質】〈중학〉 **1** 바탕. □素質 / 資質 / 本質 / 氣質. **2** 모양. 물건의 형체. □形質. **3** 사물을 이룬 근본. □物質 / 質量 / 品質. **4** 의문되는 점을 묻다. □質問 / 質疑. **5** 저당물. 볼모. □人質 / 質權.

【姪】〈교〉 **1** 조카. □叔姪 / 堂姪 / 甥姪 / 姪孫. **2** 조카딸. □姪女 / 姪壻. **3** 이질(姨姪).

【疾】〈교〉 **1** 병. 질병. □疾患 / 宿疾 / 眼疾 / 疫疾. **2** 빠르다. □疾風 / 疾走. **3** 괴로워하다. 미워하다. □疾視 / 疾妬. **4** 괴로움. 고통. □疾苦.

【秩】〈교〉 **1** 차례. 순서. □秩序. **2** 녹. 녹봉. □秩祿 / 秩俸 / 秩高.

【瓆】〈교〉 사람 이름.

→ 집 ←

【執】〈중학〉 **1** 잡다. □執筆 / 執刀 / 執權. **2** 쥐고 놓지 않다. □固執 / 執着. **3** 맡다. 주장하다. □執政 / 執行.

【集】〈중학〉 **1** 모이다. 모으다. □群集 / 集會. **2** 모은 것. □全集 / 詩集 / 判例集. **3** 이루다. □集成.

【什】〈인명〉 세간. □什物.

【潗】〈潗〉〈인명〉 샘이 솟다.

【楫】〈인명〉 노.

【輯】〈인명〉 모으다. □編輯.

【鏶】〈인명〉 쇳조각.

→ 징 ←

【徵】〈교〉 ㊀부를 징·거둘 징 ㊁**1** 부르다. ㊁음률이름 치 □徵召 / 徵募. **2** 거두다. □徵稅 / 徵收 / 追徵. **3** 조짐. 전조. □徵兆 / 徵候. **4** 두드러진 점. □特

徵. ㊁음률 이름. 오음(五音)의 하나. ❏宮
商角徵羽.

【懲】⚪⚪ 징계하다. 제재를 가하다. 또는
징계. ❏膺懲 / 懲戒 / 懲罰 / 懲治 /
勸善懲惡.

【澄】⚪⚪ 맑다. ❏明澄.

⇒ 차 ⇐

【且】⚪⚪ 1 또. 또한. ❏重且大. 2 구차스럽
다. ❏苟且.

【借】⚪⚪ 1 빌리다. ❏借用 / 貸借 / 租借.
2 가령. ❏借如.

【次】⚪⚪ 1 버금. 다음. ❏次位 / 次女 /
次回. 2 차례. ❏次序 / 次第 / 月
次 / 年次. 3 횟수. 자릿수. ❏第一次.

【此】⚪⚪ 1 이. ❏此等 / 此時 / 彼此 / 如此 /
此後 / 此日彼日. 2 이에. ❏有德此
有人, 有人此有土.

【差】⚪⚪ ㊀틀릴 차　　㊁ 1 틀리다. ❏
㊁㊂들쭉날쭉할 치　　差異 / 千差萬別 /
差別 / 大差. 2 차. 수치의 차이. ❏差額 / 誤
差 / 時差. 3 들쭉날쭉하다. ❏參差不齊.

【車】⚪⚪ 수레. ❏車輪 / 駐車 / 列車 / 車輛 /
自動車 / 車線.

【叉】⚪⚪ 1 깍지를 끼다. ❏叉手.
2 가닥이 지다. ❏交叉 / 三叉路.

【瑳】⚪⚪ 곱다.

⇒ 착 ⇐

【着】⚪⚪ 1 (옷을) 입다. ❏着用 / 着衣. 2
붙다. ❏附着 / 密着 / 接着劑. 3 다
다르다. ❏着岸 / 到着 / 發着. 4 침착하다.
❏着實 / 沈着. 5 관계하다. ❏着手 / 着眼.
6 도착한 순서. ❏第一着. 참고 본디 '著'
의 속자이나, 습관상 '착'의 뜻으로는 이
자(字)를 씀.

【捉】⚪⚪ 잡다. ㊀쥐다. ❏捉鼻. ㊁붙잡다.
❏捕捉.

【錯】⚪⚪ ㊀㊁섞일 착　　㊁1 (뒤)섞이다. ❏錯
㊁㊂둘 조　　雜 / 交錯 / 錯綜. 2 잘
못하다. ❏錯誤 / 錯覺 / 錯亂.
㊂두다. ❏錯辭 / 擧錯.

⇒ 찬 ⇐

【讚】⚪⚪【讃】⚪⚪ 기리다. 칭찬하다. ❏
讚嘆 / 讚辭 / 絶讚.
참고 '讃'은 속자.

【贊】⚪⚪【賛】⚪⚪ 1 돕다. ❏贊助 / 贊成 /
翼贊 / 協贊. 2 기리
다. 칭찬하다. 참고 '讃'과 동자. '賛'은
속자(俗字).

【撰】⚪⚪ (글 따위를) 짓다. ❏撰述 / 新撰 /
撰集.

【纂】⚪⚪ 모으다. ❏纂修 / 編纂.

【粲】⚪⚪ 1 흰 쌀.
2 밝다. ❏粲然 / 粲麗.

【澯】⚪⚪ 맑다.

【燦】⚪⚪ 빛나다. ❏燦爛 / 燦然 / 煥燦.

【璨】⚪⚪ 빛나다. ❏璨璨.

【瓚】⚪⚪ 술그릇. ❏玉瓚.

【纘】⚪⚪ 잇다. ❏纘續.

【鑽】⚪⚪ 뚫다. ❏鑽燧 / 研鑽.

⇒ 찰 ⇐

【察】⚪⚪ 1 살피다. 헤아리다. ❏察知 / 推
察 / 賢察. 2 조사하여 알다. ❏警
察 / 診察 / 觀察 / 明察. 3 자세하다. ❏察察.

【札】⚪⚪ 1 편지. ❏書札.
2 패. ❏名札 / 標札 / 鑑札.

⇒ 참 ⇐

【參】⚪⚪ ㊀참여할 참　　㊀ 1 참여하다. ❏參
㊁석 삼　　加 / 參與 / 參謀 / 參
禪. 2 헤아리다. 참고하다. ❏參考 / 參照.
㊁'三'의 갖은자.

【慘】⚪⚪ 1 혹독하다. 끔찍하다. ❏慘酷 /
慘劇 / 慘死. 2 비통하다. 마음 아
프다. ❏悲慘 / 慘憺 / 慘然.

【慙】⚪⚪【慚】⚪⚪ 부끄러워하다. ❏無慙
/ 慙愧. 참고 '慚'은
동자(同字).

⇒ 창 ⇐

【唱】⚪⚪ 1 (노래를) 부르다. ❏唱歌 / 唱和 /
合唱 / 獨唱. 2 외치다. ❏唱導 / 先
唱 / 主唱.

【昌】⚪⚪ 1 창성하다. 번성하다. ❏昌盛 /
昌平 / 隆昌 / 繁昌. 2 아름답다. 용
모가 곱다.

【窓】⚪⚪ 1 창. 창문. ❏窓戶 / 車窓.
2 창문이 있는 방. 또는 공부방.
❏學窓 / 同窓 / 深窓.

【倉】⚪⚪ 1 곳집. ❏倉庫 / 穀倉 / 倉廩 / 常平
倉. 2 옥사. 죄인을 가두는 옥.
❏營倉. 3 갑자기. ❏倉卒 / 倉惶.

牒). □策書 / 策命.

➡ 처 ◀

【妻】[중학] 아내. □妻子 / 妻妾 / 正妻 / 妻家.

【處】[고고] **1** 곳. ㉠장소. □處處 / 居處. ㉡처리하는 곳. □接受處 / 法制處. **2** 머물러 있다. ㉠살다. □處世. ㉡벼슬하지 않다. □處士. ㉢결혼하지 않고 있다. □處女 / 處子. **3** 처리하다. 다스리다. □處置 / 處罰 / 處刑.

【悽】[인명] 슬퍼하다. 비통해하다. □悽然 / 悽慘 / 悽絶.

➡ 척 ◀

【尺】[중학] **1** 자. □鯨尺 / 曲尺. **2** 길이. □尺度. **3** 약간. 근소. □尺寸 / 尺地.

【戚】[고고] **1** 슬퍼하다. 걱정하다. □哀戚 / 休戚. **2** 겨레. 친척. □戚臣 / 親戚 / 外戚.

【拓】[고고] ㈠넓힐 척 ㈡넓히다. □拓殖 / 開 ㈢박을 탁 　拓. ㈣박다. □拓本.

【斥】[고교] **1** 물리치다. 배척하다. □排斥. **2** 엿보다. □斥候. **3** 가리키다. □指斥.

【陟】[인명] **1** 오르다. □陟降. **2** 나아감. □進陟.

【坧】[인명] 터. 토대.

➡ 천 ◀

【千】[중학]【仟】[인명] 일천. 백의 열 곱. 전하여, 수가 많음. □千金 / 千兩 / 千古 / 千秋 / 千軍萬馬. [참고] '仟'은 '千'의 갖은자.

【天】[중학] **1** 하늘. □天地間 / 天空 / 仰天. **2** 임금. □天子 / 天顔 / 天恩. **3** 세상 만물을 지배하는 것. □天罰 / 天然. **4** 조화의 신. 하느님. □天帝 / 天使 / 天神. **5** 타고난. □天性 / 先天的 / 天賦 / 天才. **6** 날씨. 일기. □天候 / 雨天. **7** 불교에서, 천상계(天上界). □吉祥天 / 四天王 / 帝釋天.

【川】[중학] **1** 내. 하천. 시내. □山川 / 淸川 / 川邊 / 川獵 / 河川 / 大川. **2** 물귀신. 하백(河伯).

【泉】[중학] **1** 샘. □泉水 / 泉石 / 冷泉 / 溫泉. **2** 돈. □貨泉. **3** 저승. □黃泉.

【淺】[중학] **1** 얕다. □淺海 / 淺學菲才 / 淺水 / 深淺. **2** 엷다. □淺紅.

【薦】[고교] 천거하다. □推薦 / 自薦 / 他薦.

【賤】[고교] 천하다. ㉠신분·등급 등이 낮다. □賤民 / 賤奴 / 貴賤 / 賤待. ㉡저급하다. □賤業 / 賤妾 / 賤職.

【創】[고교] **1** 다치다. □創痍 / 創傷. **2** 비롯하다. □創始 / 創造 / 草創 / 獨創.

【暢】[고교] **1** 통하다. □流暢. **2** 화창하다. □和暢. **3** 자라다. □暢達.

【蒼】[고교] **1** 푸르다. 푸른빛. □蒼天 / 蒼穹 / 蒼白 / 蒼白. **2** 우거지다. □蒼波.

【滄】[인명] **1** 푸르다. □滄浪 / 滄波. **2** 큰 바다. 대해. □滄溟 / 滄茫 / 滄海一粟.

【菖】[인명] 창포. □菖蒲.

【昶】[인명] 해가 길다.

【彰】[인명] **1** 밝다. □彰明. **2** 드러내다. □顯彰 / 表彰.

【敞】[인명] 높고 평평하다. □高敞.

【廠】[인명] **1** 헛간. □廠舍. **2** 공장. □工廠 / 被服廠.

➡ 채 ◀

【採】[중학] **1** 캐다. 채굴하다. 따다. □採鑛 / 採取 / 採掘 / 採集 / 伐採. **2** 가리다. 골라 쓰다. □採擇 / 採用 / 採納.

【菜】[중학] **1** 나물. 채소. 푸성귀. □菜園 / 菜蔬 / 菜麻田 / 野菜 / 菜食. **2** 찬. 반찬. □前菜.

【債】[고교] 빚. □債券 / 債務.

【彩】[고교] **1** 무늬. 문채. 또는 광택. □光彩 / 文彩. **2** 채색. 또는 채색하다. □彩畫 / 色彩.

【采】[인명] **1** 캐다. **2** 풍채. □風采.

【埰】[인명] 식읍(食邑).

【寀】[인명] 녹봉. 식읍(食邑).

【蔡】[인명] 나라 이름. 주대(周代)의 나라.

【綵】[인명] 비단. □綵緞.

➡ 책 ◀

【冊】[중학]【册】[인명] **1** 책. 서적. □冊子 / 書冊. **2** 칙서(勅書). □冊封 / 竹冊. [참고] '册'은 동자.

【責】[중학] **1** 꾸짖다. 책망하다. □叱責 / 問責 / 譴責. **2** 책임. □責任 / 職責.

【策】[고교] **1** 대쪽. 종이가 없었던 옛날에 글씨를 쓰던 댓조각. □簡策. **2** 꾀. 계략. □策略 / 政策 / 計策 / 方策. **3** 직첩(職

【踐】[고][교] 밟다. ㉠이행하다. ▢實踐. ㉡오르다. 자리에 나아가다. ▢踐祚.

【遷】[고][교] 옮기다. ㉠장소를 바꾸다. ▢遷移 / 孟母三遷. ㉡관직이 바뀌다. ▢左遷. ㉢바뀌고 변하다. ▢變遷 / 遷延 / 改過遷善.

【阡】[인][명] 밭둑길.

➡ 철 ⬅

【鐵】[중][학] 1 쇠. ▢鐵鑛 / 鐵窓 / 鐵筋 / 製鐵 / 鋼鐵. 2 철물. 쇠로 만든 날붙이. ▢寸鐵 / 鐵槌. 3 쇠처럼 강하고 단단함. ▢鐵拳 / 鐵則 / 鐵面皮. 4 철도의 약칭. ▢電鐵 / 地下鐵.

【哲】[고][교] 1 밝다. 슬기롭다. ▢哲人 / 明哲. 2 철학의 약칭. ▢哲理.

【徹】[고][교] 1 통하다. 뚫다. ▢徹頭徹尾 / 徹底 / 透徹. 2 끝까지 하다. ▢徹夜.

【喆】[인][명] '哲'과 동자.

【澈】[인][명] 물이 맑다. ▢澄澈.

【撤】[인][명] 걷다. ▢撤收 / 撤回.

【轍】[인][명] 바퀴의 자국. ▢前轍.

【綴】[인][명] 철하다. ▢書類綴.

➡ 첨 ⬅

【尖】[고][명] 1 뾰족하다. 날카롭다. ▢尖端 / 尖銳 / 尖頭. 2 (날카롭게 된) 끝. ▢尖兵.

【添】[인][명] 더하다. 보태다. ▢添加 / 添附 / 添削 / 別添.

【僉】[인][명] 다. 여러. ▢僉議 / 僉位.

【瞻】[인][명] 보다. ▢瞻星臺.

➡ 첩 ⬅

【妾】[고][명] 첩. ㉠소실. ▢愛妾 / 蓄妾. ㉡여자 자신의 겸칭. ▢小妾.

【帖】[인][명] 1 두루마리. ▢畵帖 / 墨帖 / 書帖. 2 문서. ▢手帖.

【捷】[인][명] 빠르다. ▢敏捷.

➡ 청 ⬅

【晴】[중][학] 【晴】[인][명] 개다. 비가 그치고 하늘이 맑다. ▢晴天 / 快晴. [참고] '晴'은 속자.

【淸】[중][학] 【清】[인][명] 1 (물이) 맑다. ▢淸濁 / 淸流 / 淸水 / 淸泉. 2 깨끗하다. ▢淸潔 / 淸談 / 淸貧. 3 말끔히 치우다. ▢淸算 / 淸掃 / 肅淸. 4 시원하다. ▢淸凉 / 淸爽. [참고] '淸'은 속자.

【聽】[중][학] 1 듣다. ▢聽診 / 拜聽 / 傾聽. 2 청을 들어주다. ▢聽許.

【請】[중][학] 【請】[인][명] 1 청하다. 바라다. 부르다. ▢請求 / 申請 / 招請 / 要請 / 强請 / 奏請 / 請婚 / 請牒狀. 2 청탁하다. ▢請託 / 請願 / 懇請 / 請負. [참고] '請'은 속자.

【靑】[중][학] 【青】[인][명] 1 푸르다. ▢靑天 / 靑松. 2 봄·젊음 등의 뜻. ▢靑春 / 靑年. [참고] '靑'은 속자.

【廳】[고][교] 1 관청. 관아. ▢官廳 / 市廳 / 廳舍 / 道廳 / 國稅廳. 2 대청. 빈객을 영접하는 곳. ▢大廳.

➡ 체 ⬅

【體】[중][학] 1 몸. 육체. ▢體質 / 體力 / 身體 / 人體. 2 바탕. ▢體言 / 本體 / 主體. 3 모습. 용모. ▢風體 / 體裁. 4 형체. 형태. ▢氣體 / 液體 / 字體 / 國體 / 體積.

【替】[인][명] 바뀌다. 바꾸다. ▢交替 / 代替.

【滯】[고][교] 1 머무르다. ▢滯留 / 滯空 / 沈滯. 2 막히다. ▢停滯 / 遲滯.

【逮】[고][교] 쫓다. 쫓아가 잡다. ▢逮捕.

【遞】[고][교] 1 갈마들다. ▢遞減. 2 전하여 보내다. ▢遞信 / 遞送 / 郵遞局.

【締】[인][명] 맺다. ▢締結.

【諦】[인][명] 1 살피다. ▢審諦. 2 이치. ▢要諦 / 眞諦 / 俗諦.

➡ 초 ⬅

【初】[고][명] 1 처음. 시초. ▢初心者 / 初冬 / 初期 / 太初 / 始初 / 最初 / 年初. 2 처음으로. ▢初學 / 初段 / 初生.

【招】[고][교] 1 부르다. ▢招致 / 招待 / 招聘 / 招請 / 招集 / 招魂 / 招人鐘. 2 초래하다. ▢招災 / 招來.

【草】[중][학] 【艸】[인][명] 1 풀. ▢草本植物 / 草根 / 水草 / 雜草. 2 초잡다. 초하다. ▢草稿 / 草案 / 起草. 3 조잡하다. ▢草屋 / 草庵. 4 촌스럽다. ▢草野. 5 서체(書體)의 하나. ▢草書 / 眞行草.

【抄】[고][교] 1 노략질하다. ▢抄略 / 抄掠. 2 베끼다. ▢拔抄 / 抄本 / 抄錄.

【礎】[고][고] 주춧돌. 전하여, 사물의 기본·기초. ▢礎石 / 礎材 / 基礎 / 國礎 / 定礎 / 柱礎.

【秒】[고][고] 초. 시간·각도 따위의 단위. 1분의 60분의 일. ▢秒針 / 秒速.

【肖】[고][고] 1 닮다. 비슷하다. ▢肖似 / 不肖. 2 닮게 하다. 비슷하게 하다. ▢肖像 / 肖形.

【超】[고][고] 1 뛰어넘다. 뛰어오르다. ▢超越 / 超過 / 出超 / 入超. 2 뛰어나다. ㉠탁월하다. ▢超人 / 超俗. ㉡월등하다. 최상. ▢超滿員 / 超高速.

【樵】[인][명] 나무하다. ▢樵童.

【焦】[인][명] 1 그을리다. 태우다. ▢焦土 / 焦眉. 2 초조하다. ▢焦燥.

【蕉】[인][명] 파초. ▢芭蕉.

【楚】[인][명] 초나라. ▢楚漢.

➔ 촉 ←

【促】[고][고] 재촉하다. ▢促成 / 促進 / 督促.

【燭】[고][고] 1 초. ▢燭臺 / 燭籠 / 燭淚 / 燭火. 2 촛불. 등불. ▢燭下 / 燈燭 / 華燭 / 燭光.

【觸】[고][고] 1 닿다. 서로 접하다. ▢觸角 / 觸覺 / 觸手 / 接觸 / 感觸. 2 범하다. ▢抵觸.

➔ 촌 ←

【寸】[중][학] 1 치. 길이의 단위. ▢尺寸 / 一寸 / 方寸. 2《韓》촌수. ▢三寸 / 四寸. 3 약간. ▢寸志 / 寸土.

【村】[중][학] 마을. 시골. ▢村落 / 村民 / 山村 / 農村 / 漁村 / 村老.

➔ 총 ←

【總】[고][고] 1 거느리다. 다스리다. ▢總理 / 總裁. 2 모두. 전체. ▢總務 / 總意 / 總會 / 總員. 3 묶다. 한데 합치다. ▢總括 / 總合 / 總計.

【聰】[고][고]【聡】[인][명] 밝다. ㉠귀가 밝다. ㉡총명하다. ▢聰明 / 聰敏 / 聰氣. [참고] '聡'은 속자(俗字).

【銃】[고][고] 총. 개인이 휴대할 수 있는 무기의 하나. ▢銃砲 / 銃傷 / 銃器 / 小銃 / 拳銃.

【寵】[인][명] 사랑하다. ▢寵臣 / 寵兒.

【叢】[인][명] 1 모으다. ▢叢書. 2 모이다. ▢叢集. 3 숲. ▢叢林.

➔ 최 ←

【最】[고][고] 가장. 제일. ▢最大 / 最新 / 最高 / 最近 / 最古 / 最後.

【催】[고][고] 1 재촉하다. 죄어치다. ▢催促 / 催告. 2 베풀다. ▢開催 / 主催. 3 일어나다. 일어나게 하다. ▢催淚 / 催眠術.

【崔】[인][명] 1 높다. 2 성의 하나.

➔ 추 ←

【推】[중][학] ㊀옮을 추 ㊁1 옮다. ▢推移. 2 밀 퇴 ㊁밀다. ▢推進 / 推薦. 3 미루어 헤아리다. ▢推量 / 推測 / 類推. ㊂밀다. ▢推敲.

【秋】[중][학] 1 가을. ▢春夏秋冬 / 秋分 / 秋風 / 立秋. 2 때. ㉠세월. ▢千秋. ㉡중요한 때. ▢危急存亡之秋.

【追】[중][학] 1 쫓다. 뒤쫓다. ▢追跡 / 追及 / 追擊. 2 쫓다. 따르다. ▢追從. 3 뒤따라서. 뒤를 이어. ▢追加 / 訴追 / 追認 / 追記.

【抽】[고][고] 1 빼다. 뽑다. 꺼내다. ▢抽身. 2 여럿 중에서 뽑아내다. ▢抽出 / 抽籤 / 抽象.

【醜】[고][고] 추하다. 보기 흉하다. ▢醜惡 / 醜態 / 美醜 / 醜聞 / 醜雜.

【楸】[인][명] 가래나무. ▢楸木.

【樞】[인][명] 지도리. ▢中樞.

【鄒】[인][명] 나라 이름.

【錐】[인][명] 송곳. ▢立錐.

【錘】[인][명] 저울추.

➔ 축 ←

【丑】[중][학] 둘째 지지(地支). ▢丑時 / 丑方.

【祝】[중][학] 1 빌다. 신에게 기원하다. ▢祝福 / 祝禱 / 祝文. 2 하례하다. 축하하다. ▢祝賀 / 祝宴 / 奉祝 / 慶祝.

【畜】[고][고] 기르다. ▢畜牛 / 牧畜 / 家畜.

【築】[고][고] 1 다지다. 2 쌓다. ▢築城 / 構築 / 築臺. 3 짓다. ▢建築 / 築港.

【縮】[고][고] 1 줄다. 줄이다. ▢縮小 / 縮圖 / 萎縮 / 減縮 / 短縮. 2 오그라들다. ▢縮手 / 縮項.

【蓄】[고교] 1 쌓다. 모으다. 또는 모은 것. ☐ 蓄積 / 蓄財 / 貯蓄. 2 첩 등을 집에 두다. ☐ 蓄妾.

【逐】[고교] 1 쫓다. 뒤쫓다. ☐ 追逐 / 逐出 / 逐條 / 驅逐 / 放逐. 2 다투다. ☐ 逐鹿 / 角逐.

【軸】[인명] 1 굴대. ☐ 車軸. 2 두루마리. ☐ 卷軸. 3 회전이나 활동 등의 중심이 되는 것. ☐ 地軸 / 樞軸 / 中軸.

➔ 춘 ◆

【春】[중학] 1 봄. ☐ 春分 / 春秋 / 立春大吉 / 陽春. 2 젊은 시절. ☐ 回春 / 靑春. 3 남녀 간의 연정. ☐ 春情 / 春畵 / 思春期. 4 새해. ☐ 新春 / 迎春.

【椿】[인명] 1 참죽나무. 2 (남의) 아버지. ☐ 椿堂 / 椿府丈.

【瑃】[인명] 옥 이름.

【賰】[인명] 부유하다.

➔ 출 ◆

【出】[중학] 1 낳다. 또는 나다. ☐ 出産 / 産出. 2 나가다. ㉠밖으로 나가다. ☐ 出入 / 出門 / 外出. ㉡일정한 곳에 나가서 활동하다. ☐ 出勤 / 出場 / 出動. 3 ㉠내다. 또는 나오게 하다. ☐ 出金 / 出力 / 出庫. ㉡밖으로 내다. ☐ 輸出 / 搬出 / 出刊 / 出版. 4 나타나다. 나타내다. ☐ 出沒 / 出現 / 露出. 5 떠나다. ☐ 出發 / 出家 / 出行.

➔ 충 ◆

【充】[중학] 1 차다. 가득하다. ☐ 充實 / 充溢 / 充滿 / 充血 / 擴充. 2 채우다. 메우다. ☐ 補充 / 充當 / 充塡.

【忠】[중학] 1 충성하다. 충성. ☐ 忠義 / 忠誠 / 忠臣 / 不忠. 2 정성스럽다. ☐ 忠僕 / 忠實 / 忠言.

【蟲】[중학] 〈虫〉[인명] 벌레. ☐ 蟲類 / 蟲害防止 / 昆蟲 / 蟲齒. [참고] '虫'은 약자.

【衝】[고교] 1 찌르다. ☐ 衝天. 2 부딪다. ☐ 衝突 / 衝擊 / 衝動. 3 목. 요긴한 곳이나 일. ☐ 要衝 / 緩衝.

【琡】[인명] 귀고리용 옥.

【沖】〈冲〉[인명] 1 비다. 공허하다. ☐ 沖虛. 2 온화하다. ☐ 沖氣 / 沖和. 3 어리다. ☐ 幼沖. [참고] '冲'은 동자(同字).

【衷】[인명] 정성. ☐ 衷心 / 苦衷.

➔ 췌 ◆

【萃】[인명] 모으다. ☐ 拔萃.

➔ 취 ◆

【取】[중학] 취하다. 잡다. 자기 것으로 하다. ☐ 取捨 / 取得 / 取材 / 奪取 / 詐取.

【吹】[중학] 불다. ☐ 吹奏 / 吹管 / 吹鳴 / 鼓吹.

【就】[중학] 1 이루다. ☐ 成就. 2 일·벼슬자리에 나가다. ☐ 就業 / 就任 / 去就.

【臭】[고교] 냄새 취 ㉠냄새. ☐ 臭氣 / 惡臭. ㉡맡을 후 ☐ 體臭 / 乳臭. ㉢맡다. 냄새를 맡다. [참고] '嗅'와 동자.

【趣】[고교] 1 풍치. 멋. ☐ 趣味 / 趣致 / 詩趣 / 情趣. 2 뜻. ☐ 趣旨 / 趣向.

【醉】[고교] 1 취하다. ☐ 醉漢 / 醉生夢死 / 醉客. 2 사물에 열중하여 마음을 빼앗기다. ☐ 心醉 / 陶醉.

【翠】[인명] 1 물총새. ☐ 翡翠 / 翠鳥. 2 비취색. ☐ 翠色 / 翠微.

【聚】[인명] 1 모이다. ☐ 聚散. 2 마을. ☐ 聚落.

➔ 측 ◆

【側】[고교] 1 곁. ☐ 側近 / 君側 / 側室. 2 쪽. ☐ 左側通行 / 兩側. 3 옆. ☐ 側面 / 側背 / 側壁.

【測】[고교] 1 재다. ☐ 測量 / 測地 / 測定 / 測候 / 計測 / 觀測. 2 헤아리다. ☐ 推測 / 豫測 / 憶測.

➔ 층 ◆

【層】[고교] 1 층집. ☐ 層樓 / 高層. 2 층. 계階 ☐ 層 / 層層 / 電離層. 3 지층. ☐ 炭層 / 斷層. 4 사회나 사람들의 계급. ☐ 上流層 / 中堅層 / 學生層.

➔ 치 ◆

【治】[중학] 다스리다. ㉠정치를 하다. ☐ 治世 / 治安 / 統治 / 政治. ㉡병·죄 따위를 다스리다. ☐ 治療 / 根治 / 治罪.

【致】[중학] 1 이르다. ☐ 致知 / 致誠 / 極致 / 致死. 2 보내다. ☐ 送致. 3 부르다. ☐ 誘致 / 招致. 4 풍취. ☐ 風致 / 雅致 / 筆致.

【齒】[중학] 1 이. ☐ 齒牙 / 齒痛 / 齒科. 2 나이. 연령. ☐ 年齒. 3 이처럼 생긴 것. ☐ 鋸齒.

【値】[고교] 1 만나다. ☐ 値遇. 2 값. ☐ 價値 / 數値 / 絶對値 / 近似値.

【恥】[고교] 1 부끄럼. 수치. 또는 부끄러워하다. ☐ 恥辱 / 羞恥 / 無恥 / 破廉恥.

2 가리는 곳. 음부(陰部). ▢恥部 / 恥骨.

【置】^고_교 1 두다. 놓다. 있을 자리를 주다. ▢位置 / 安置 / 留置 / 配置 / 放置. 2 베풀다. ▢設置 / 裝置.

【熾】^인_명 성하다. ▢熾烈.

【峙】^인_명 산이 우뚝 서다. ▢對峙.

【雉】^인_명 꿩. ▢野雉.

【馳】^인_명 달리다. ▢馳突.

【稚】^인_명 1 어리다. ▢稚氣 / 稚魚 / 幼稚. 2 어린애. 어린이. ▢稚兒.

⇒ 칙 ⇐

【則】^중_학 ⊝법칙 칙 ⊜법칙. 規則 / 鐵則 / ⊝곧 즉 法則 / 原則. ⊜곧. ▢然則 / 壽則多辱.

【勅】^인_명 칙서. ▢勅令 / 勅命 / 勅使 / 勅旨.

⇒ 친 ⇐

【親】^중_학 1 친하다. ⊙가깝다. ▢親疏 / 親睦 / 和親 / 懇親. ⊝가까이하다. ▢燈火可親. 2 어버이. 부모. ▢親權 / 兩親 / 母親. 3 겨레. 일가. ▢親族 / 親戚 / 近親 / 肉親. 4 몸소. ▢親政 / 親展.

⇒ 칠 ⇐

【七】^중_학 일곱. 일곱 번. ▢七夕 / 七寶 / 七去之惡 / 七旬老人 / 七擒七縱.

【漆】^고_교 1 옻나무. 옻칠. ▢漆器 / 漆毒 / 漆黑. 2 칠하다. ▢漆布 / 漆工.

⇒ 침 ⇐

【針】^중_학 1 바늘. ⊙의료용 침. ▢針灸. ⊝바느질용 침. ▢運針 / 針小棒大. 2 바늘 모양의 것. ▢分針 / 磁針 / 短針. 3 바느질하다. ▢針母.

【侵】^고_교 침노하다. 침범하다. 또는 침략하다. ▢侵入 / 侵犯 / 侵略 / 侵攻 / 侵害 / 不可侵.

【寢】^고_교 1 자다. 잠자리에 들다. 눕다. ▢寢室 / 寢食 / 就寢. 2 방. 거실. 침실. ▢寢殿 / 正寢.

【枕】^고_교 베개. 잘 때 베고 자는 것. ▢枕頭 / 枕席 / 枕囊 / 枕木.

【沈】^고_교 1 가라앉다. ⊙잠기다. 빠지다. ▢沈沒 / 浮沈. ⊝마음이 가라앉다. ▢沈着 / 沈默. 2 침울하다. ▢沈痛 / 消沈 / 沈鬱.

【浸】^고_교 1 잠그다. 적시다. 또는 잠기다. 젖다. ▢浸漬 / 浸種 / 浸水 / 浸濕. 2 스미어 들다. ▢浸透 / 浸潤. 3 차츰. 점차. ▢浸蝕.

【琛】^인_명 보배.

⇒ 칩 ⇐

【蟄】^인_명 숨다. ▢蟄居 / 驚蟄.

⇒ 칭 ⇐

【稱】^고_교 1 일컫다. ▢稱號 / 稱名 / 名稱 / 俗稱 / 通稱. 2 칭찬하다. ▢稱揚 / 稱讚 / 稱嘆.

【秤】^인_명 저울. ▢秤量 / 天秤.

⇒ 쾌 ⇐

【快】^중_학 1 쾌하다. 상쾌하다. ▢快樂 / 快男兒. 2 빠르다. 신속하다. ▢快走 / 快速.

【夬】^인_명 결단하다. ▢夬夬.

⇒ 타 ⇐

【他】^중_학 1 남. ▢他人 / 他國 / 自他 / 愛他. 2 다르다. 같지 않다. ▢他說 / 他方 / 他日 / 他鄕. 3 다른 일. 딴 곳. ▢其他 / 餘他 / 他處.

【打】^중_학 1 치다. 두드리다. 또는 때리다. ▢打擊 / 打倒 / 打字 / 打診 / 强打 / 毆打. 2 동작을 나타내는 관형어. ▢打算 / 一網打盡.

【墮】^고_교 1 떨어지다. 빠지다. ▢墮落. 2 떨어뜨리다. ▢墮淚 / 墮胎.

【妥】^고_교 1 편안하다. 무사하다. 2 온당하다. 타협하다. ▢妥當性 / 妥結 / 妥協案.

⇒ 탁 ⇐

【卓】^고_교 1 높다. 뛰어나다. ▢卓越 / 卓見. 2 탁자. ▢卓上 / 教卓 / 食卓.

【托】^고_교 1 맡기다. 위탁하다. 부탁하다. ▢囑托 / 依托 / 托生. 참고 '託'과 동자. 2 받침. 쟁반. ▢茶托 / 托鉢.

【濁】^고_교 흐리다. ⊙맑지 않다. ▢濁流 / 濁酒 / 淸濁. ⊝혼란하다. ▢濁世 / 混濁. ⊜선명하지 않다. ▢濁音 / 濁聲.

【濯】^고_교 빨다. 씻다. 세척(洗滌)하다. ▢洗濯 / 濯足.

【度】^인_명 헤아리다. ▢忖度.

【倬】[인명] 크다.

【琸】[인명] 사람 이름.

【晫】[인명] 밝다.

【託】[인명] **1** 부탁하다. ▢託送 / 付託 / 委託 / 信託 / 託兒所. **2** 핑계하다. ▢託言 / 託病 / 假託.

【擢】[인명] 뽑다. ▢拔擢.

【鐸】[인명] 방울. ▢木鐸.

【拓】[인명] 박다. ▢拓本 / 魚拓.

【琢】[인명] **1** 쪼다. ▢琢玉 / 彫琢. **2** 닦다. 학문 따위를 닦다. ▢琢句 / 切磋琢磨.

➤ 탄 ◄

【彈】[고교] **1** 탄알. ▢彈丸 / 砲彈 / 流彈 / 爆彈. **2** 타다. ▢彈琴 / 彈絃. **3** 튀다. ▢彈性. **4** 때리다. 두들기다. ▢彈壓 / 彈劾 / 指彈.

【歎】[고교] **1** 한숨 쉬다. 탄식하다. ▢歎聲 / 歎息 / 慨歎 / 恨歎. **2** 칭찬하다. ▢歎賞 / 歎辭 / 感歎 / 歎美 / 歎服.

【炭】[고교] **1** 숯. 목탄. ▢炭火 / 氷炭 / 薪炭. **2** 석탄. 탄소의 약칭. ▢炭坑 / 炭化 / 炭田 / 炭酸 / 炭水化物.

【誕】[고교] **1** 태어나다. ▢誕辰 / 聖誕 / 誕生. **2** 허풍 치다. ▢誕言.

【呑】[인명] 삼키다. ▢甘呑苦吐.

【坦】[인명] 평탄하다. ▢平坦.

【灘】[인명] 여울. ▢急灘.

➤ 탈 ◄

【脫】[중학] **1** 벗다. ▢脫衣 / 脫帽 / 脫皮. **2** 벗기다. ▢脫穀. **3** 벗어나다. ▢脫走 / 脫線 / 脫稅. **4** 빠지다. 빠뜨리다. ▢脫字 / 脫毛 / 脫色 / 脫黨.

【奪】[고교] 빼앗다. ▢奪去 / 奪取 / 掠奪 / 強奪 / 爭奪.

➤ 탐 ◄

【探】[중학] **1** 더듬다. ▢探索 / 搜探 / 探求 / 探究. **2** 찾다. ▢探訪 / 探險 / 探賞 / 探勝 / 探花.

【貪】[고교] 탐하다. 과도히 욕심을 내다. 탐내다. ▢貪食 / 貪慾 / 貪官 / 貪色.

【耽】[인명] 즐기다. ▢耽溺 / 耽讀.

➤ 탑 ◄

【塔】[고교] 탑. ㉠불탑. ▢塔碑 / 寶塔 / 石塔 / 五重塔. ㉡높이 솟은 건조물. ▢無線塔 / 中繼塔.

➤ 탕 ◄

【湯】[고교] **1** 끓인 물. ▢湯罐 / 湯液 / 溫湯 / 熱湯 / 藥湯. **2** 목욕간. ▢沐浴湯.

➤ 태 ◄

【太】[중학] **1** 크다. ▢太陰 / 太平洋 / 太陽. **2** 심하다. ▢太不足. **3** 처음. 최초. ▢太祖 / 太初 / 太極. **4** 가장 존귀한 것. ▢太子 / 太后. **5**《韓》콩. 대두(大豆).

【泰】[중학] **1** 크다. ▢泰西 / 泰東 / 泰山峻嶺. **2** 편안하다. ▢泰平 / 泰安 / 泰然.

【怠】[고교] 게으르다. 게을리하다. ▢怠業 / 懶怠 / 倦怠 / 勤怠.

【態】[고교] **1** 모양. 용모. 맵시. ▢姿態 / 容態 / 嬌態 / 態度. **2** 꼴. 형상. ▢形態 / 舊態 / 世態.

【殆】[인명] **1** 위태하다. 위태롭게 여기다. ▢危殆. **2** 거의. ▢殆半.

【汰】[인명] 씻다. ▢淘汰 / 沙汰.

【兌】[인명] 바꾸다. ▢兌換.

【台】[인명] 별 이름. ▢三台星.

【胎】[인명] 아이를 배다. ▢胎夢 / 受胎.

【邰】[인명] 나라 이름.

➤ 택 ◄

【宅】[중학] **1** 집. 주거. ▢家宅 / 社宅 / 邸宅. **2** 묏자리. ▢幽宅.

【擇】[고교] 가리다. 고르다. 선택하다. 또는 구별하다. ▢擇善 / 擇日 / 選擇 / 採擇.

【澤】[고교] **1** 윤. 광윤(光潤). ▢光澤 / 色澤. **2** 못. 얕은 소택(沼澤). ▢山澤 / 沼澤. **3** 은덕. ▢德澤 / 惠澤 / 恩澤.

【垞】[인명] 언덕.

➤ 토 ◄

【土】[중학] **1** 흙. ▢土砂 / 土壁 / 沙土 / 黃土 / 土壤. **2** 땅. 육지. ▢土窟 / 土地. **3**

영토. 나라. ▢國土 / 封土 / 本土 / 疆土. 4
장소. ▢樂土 / 淨土. 5 고향. ▢鄕土 / 土俗 /
土着民.

【吐】^{고교} 1 토하다. ▢吐瀉 / 吐氣 / 吐逆 / 吐
血 / 嘔吐. 2 말하다. ▢吐露 / 吐
說 / 實吐.

【討】^{고교} 1 치다. ▢討伐 / 討滅 / 征討.
2 다스리다. ▢聲討 / 討罪.
3 따져 묻다. ▢討論 / 討議 / 檢討.

【兎】〈兔〉^{인명} 1 토끼. ▢兎糞 / 兎死狗烹 /
兎脣 / 脫兎. 2 달. ▢兎月 /
烏兎. [참고] ‘兔’는 속자.

> ⇒ 통 ⇐

【統】^{중학} 1 거느리다. 통솔하다. ▢統治 /
統監 / 統帥 / 統制. 2 합치다. 한
데 모으다. ▢統一 / 統計 / 統合. 3 줄. 줄기.
계통. ▢國統 / 王統 / 傳統 / 系統.

【通】^{중학} 1 통하다. ㉠꿰뚫어 통하게 하다. ▢
貫通 / 開通. ㉡두루 미치다. ▢
通論 / 流通. 2 지나다. ▢通過. 3 다니다.
▢通行 / 交通. 4 알리다. ▢通信. 5 온통.
전체. ▢通國 / 通常.

【痛】^{고교} 1 아파하다. 또는 아프다. ▢苦痛 /
鎭痛 / 疼痛 / 頭痛. 2 슬퍼하다.
▢哀痛 / 悲痛. 3 몹시. 대단히. ▢痛惜 / 痛
切 / 痛感 / 痛快.

【桶】^{인명} 통. ▢鐵桶.

> ⇒ 퇴 ⇐

【退】^{중학} 1 물러나다. ▢臨戰無退 / 退却 / 出
退勤 / 退去 / 退出 / 隱退 / 早退 / 辭
退. 2 물리치다. ▢退治 / 擊退. 3 줄다. 또는
소극적이다. ▢減退 / 衰退.

【堆】^{인명} 쌓다. ▢堆積.

> ⇒ 투 ⇐

【投】^{중학} 1 던지다. ▢投擲 / 投石 / 投身 / 投
手. 2 보내다. ▢投稿. 3 머무르
다. ▢投宿. 4 맞다. ▢投合 / 相投.

【透】^{고교} 1 환하다. ▢透明 / 透光 / 透視 /
透映. 2 꿰뚫다. ▢透過 / 透徹.

【鬪】^{고교} 1 싸움. 전쟁. ▢惡戰苦鬪 / 決鬪 /
格鬪 / 戰鬪. 2 싸우다. ▢鬪牛 / 鬪
志.

> ⇒ 특 ⇐

【特】^{중학} 유다르다. 특별하다. ▢特別 / 特
權 / 特報 / 特使 / 獨特 / 特殊.

> ⇒ 파 ⇐

【波】^{중학} 1 물결. 파도. ▢波紋 / 波浪. 2 어
수선함. 사단(事端). ▢世波 / 風
波. 3 파동. ▢電波 / 音波 / 波長.

【破】^{중학} 1 깨지다. ▢破船 / 破片 / 大破 /
破笠. 2 깨뜨리다. ▢破却 / 破壞 /
破碎. 3 일이 틀어지게 하다. ▢破婚 / 破
約. 4 규범을 어기다. ▢破戒 / 破格. 5 끝까
지 하다. ▢踏破 / 讀破. 6 쳐부수다. ▢擊
破 / 論破.

【把】^{고교} 잡다. ▢把握 / 把持.

【播】^{고교} 1 (씨를) 뿌리다. ▢播種 / 直播.
2 펴다. 널리 퍼뜨리다. ▢傳播 /
宣播.

【派】^{고교} 1 갈라지다. 나뉘다. ▢派別 / 派
生. 2 갈래. ▢流派 / 支派 / 黨派.
3 갈라서 보내다. ▢派遣 / 增派 / 特派.

【罷】^{고교} ㈎파할 파 ▢ 1 파하다. 중지하
고달플 피 다. ▢罷業 / 罷議. 2
내치다. 물리치다. ▢罷職 / 罷免.
㈏고달프다. ▢罷勞.

【頗】^{고교} 1 치우치다. 공평하지 아니하다.
▢偏頗. 2 자못. 약간. ▢頗多.

【巴】^{인명} 땅 이름. ▢巴蜀.

【芭】^{인명} 파초. ▢芭蕉.

【琶】^{인명} 비파. ▢琵琶.

【坡】^{인명} 1 고개. 비탈.
2 둑. ▢坡岸.

【杷】^{인명} 비파나무. ▢枇杷.

> ⇒ 판 ⇐

【判】^{중학} 1 판단하다. ▢判決 / 判斷 / 審判 /
判讀 / 判別 / 誤判 / 裁判 / 身言書
判. 2 분명하다. ▢判明 / 判然 / 判異.

【板】^{고교} 1 널조각. ▢看板 / 鐵板. 2 판목.
▢板刻 / 板文. 3 야구에서, 투수
판의 약칭. ▢登板 / 降板.

【版】^{고교} 1 널. 널빤지. ▢版壁. 2 판목. ▢
版畫 / 寫眞版 / 銅版. 3 책. 서적.
▢出版 / 再版.

【販】^{고교} 1 팔다. 사다. ▢販賣員 / 販路 / 市
販. 2 장사. ▢販賣.

【阪】^{인명} 비탈. ▢阪路.

【坂】^{인명} 고개. ▢坂路.

> ⇒ 팔 ⇐

【八】中學 1 여덟. ☐八音 / 八道 / 八角亭. 2 여덟 번. 팔 회. ☐七顚八起 / 八戰八克.

➡ 패 ⬅

【敗】中學 1 패하다. ☐勝敗 / 惜敗 / 敗北 / 敗亡 / 慘敗. 2 썩다. ☐敗肉 / 腐敗. 3 실패하다. ☐成敗 / 失敗.

【貝】中學 1 조개. ☐貝類. 2 조가비. 조개껍데기. ☐貝石 / 貝殼 / 貝塚.

【霸】人名 으뜸. ☐霸權 / 霸王 / 霸者 / 霸業.

【浿】人名 물 이름. ☐浿水.

【佩】人名 차다. ☐佩物 / 佩用.

【牌】人名 패. ☐位牌 / 門牌.

➡ 팽 ⬅

【彭】人名 1 땅 이름. 2 장수(長壽). ☐彭祖.

【澎】人名 물결이 부딪치다. ☐澎湃.

➡ 편 ⬅

【便】中學 ㉠편할 편 ㉡ 1 편하다. ☐便利 ㉡오줌 변 / 便宜 / 不便 / 簡便. 2 편. ㉠소식. 음신. ☐便紙 / 郵便. ㉡우편물을 운반하다. ☐人便 / 航空便 / 車便. ㉢쪽. ☐兩便 / 東便 / 相對便. ㉣오줌. ☐小便 / 便器 / 大便 / 便秘.

【片】中學 1 조각. 쪽. ☐片舟 / 片雲 / 紙片 / 破片 / 斷片. 2 꽃잎. 화판(花瓣). ☐花片. 3 극히 소량의 것. ☐片言 / 片時.

【篇】中學 1 책. ☐篇籍 / 篇翰 / 玉篇. 2 편. 서책의 부류(部類). ☐前篇 / 篇次 / 短篇.

【偏】高校 치우치다. ☐偏見 / 偏狹 / 偏言 / 偏ира
偏僻 / 偏食.

【編】高校 ㉠맬 편 ㉡ 1 매다. 실로 철하 ㉡땋을 변 다. ☐編綴 / 編冊 / 合編. 2 엮다. ☐編成 / 編曲 / 編物 / 編修 / 編輯. 3 책의 갈래. ☐前編 / 後編. ㉡땋다. ☐編髮.

【遍】高校 1 두루. 두루 미치다. ☐普遍 / 遍在 / 遍歷. 2 번. 횟수. ☐一遍.

【扁】人名 1 작다. ☐扁舟. 2 현판. ☐扁額.

➡ 평 ⬅

【平】中學 1 평평하다. ☐平面 / 平原 / 平地. 2 고르다. 균등하다. ☐平等 / 平均 / 平準. 3 편안하다. ☐泰平 / 平安 / 平和.

4 쉽다. ☐平凡 / 平易. 5 평상(平常). ☐平時 / 平素 / 平年.

【評】中學 품평하다. ☐評價 / 批評 / 論評 / 品評 / 好評 / 映畫評.

【坪】人名 1 들. 평탄한 땅. 2《韓》평. 면적 단위.

【枰】人名 1 바둑판. 2 은행나무.

【泙】人名 물 소리.

➡ 폐 ⬅

【閉】中學 1 닫다. ☐閉門 / 開閉器 / 閉會 / 閉店 / 閉幕. 2 막다. 가두다. ☐閉塞 / 幽閉 / 密閉.

【幣】高校 1 비단. 견직물. ☐幣物 / 納幣. 2 돈. ☐錢幣 / 造幣 / 紙幣.

【廢】高校 1 폐(廢)하다. ☐廢止 / 廢棄 / 廢業 / 全廢. 2 못쓰게 되다. ☐廢人 / 廢物 / 廢墟.

【弊】高校 1 해지다. ☐弊衣 / 弊履. 2 곤하다. ☐疲弊 / 弊困. 3 폐. 해악. ☐弊端 / 弊害.

【肺】高校 1 허파. 부아. ☐肺活量 / 肺臟 / 肺病 / 肺結核. 2 마음. ☐肺腑.

【蔽】高校 가리다. 보이지 않도록 사이에 가로막다. ☐遮蔽 / 蔽塞.

【陛】人名 섬돌. ☐陛下.

➡ 포 ⬅

【布】中學 1 베. 무명. 면직물. ☐布帛 / 布木 / 布袋 / 布衣 / 綿布. 2 베풀다. ☐布告 / 布政 / 布石.

【抱】中學 1 안다. ☐抱擁 / 抱卵 / 抱腹. 2 가슴. 또는 가슴에 품다. ☐抱志 / 抱懷 / 抱負.

【包】高校 1 싸다. ㉠물건을 싸다. ☐包裝 / 包紙 / 小包. ㉡둘러싸다. ☐包圍. 2 용납하다. ☐包容 / 包攝. 3 아우르다. ☐包含 / 包括.

【捕】高校 잡다. 체포하다. ☐捕縛 / 捕獲 / 生捕.

【浦】高校 개. 개펄. 갯가. ☐浦口 / 曲浦 / 內浦 / 合浦.

【胞】高校 1 태의(胎衣). 태(胎)의 껍질. ☐胞衣. 2 배. 어머니의 태(胎). 모체(母體). ☐同胞. 3 세포. ☐單細胞 / 胞子.

【飽】高校 배부르다. 또는 배불리. ☐飽食 / 飽腹 / 飽和.

【葡】人名 포도. ☐葡萄.

【襃】인명 기리다. ❑褒賞.

【砲】인명 대포. ❑砲火 / 砲兵 / 大砲 / 砲擊.

【鋪】인명 1 펴다. ❑鋪裝.
2 가게. ❑店鋪.

➤ 폭 ◄

【暴】중학 ㊀1 쬐다. ❑暴陽. 2
찔 폭 ㊁1 쬐다. ❑暴陽. 2
사나울 포 드러내다. ❑暴露.
3 사납다. 난폭하다. ❑暴言 / 暴行 / 暴風 /
暴漢 / 暴動 / 暴政. 4 급작스럽다. ❑暴落 /
暴騰. 5 부당한 짓을 하다. ❑暴利 / 暴飮.
㊂사납다. ❑暴惡 / 橫暴 / 凶暴.

【幅】교 1 폭. 나비. 너비. ❑振幅 / 全幅 /
廣幅. 2 족자. ❑畫幅.

【爆】교 터지다. 화력으로 갈라지다. 또는
폭발하다. ❑爆發 / 爆彈 / 爆擊 /
猛爆 / 原爆.

➤ 표 ◄

【表】중학 1 겉. 거죽. ❑表面 / 表裏 / 地表
/ 發表. 2 나타내다. ❑表出 / 表明 / 表現
/ 儀表 / 師表. 3 법. 본보기. 4 중
요한 내용을 알아보기 쉽게 만든 것. ❑統
計表 / 時間表.

【標】교 1 표. 표지. 목표. ❑標識 / 標的 /
標準 / 里程標. 2 나타내어 보이
다. ❑標示 / 標札 / 標題 / 標本 / 商標.

【漂】교 1 떠다니다. 유랑하다. ❑漂流 /
浮漂 / 漂着 / 漂浪. 2 바래다. ❑
漂白 / 漂女.

【票】교 1 훌쩍 날리다. ❑票然. 2 쪽지.
㉠어음·수표 따위. ❑傳票 / 手票.
㉡선거·의결·입장 등에 쓰이는 쪽지. ❑票
決 / 投票 / 計票 / 散票 / 汽車票.

【杓】인명 자루. ❑斗杓.

【豹】인명 표범. ❑豹皮.

【彪】인명 범. 작은 범.

【驃】인명 표절따말. ❑驃騎.

➤ 품 ◄

【品】중학 1 가지. 종류. ❑品種 / 品目 / 品
詞. 2 물건. ❑品名 / 商品 / 物品.
3 등급. ❑品格 / 品位 / 品性 / 人品.

【稟】인명 여쭈다. ❑稟達 / 稟議.

➤ 풍 ◄

【豐】중학 【豊】인명 1 풍년이 들다. ❑豐年
/ 豐作 / 凶豐. 2 넉넉
하다. ❑豐饒 / 豐滿 / 豐富. 3 살지다. ❑豐
頰. 참고 '豊'은 약자.

【風】중학 1 바람. ❑風雨 / 季節風 / 風雲兒
/ 暴風. 2 습속. 관습. ❑風俗 / 風
紀 / 美風 / 家風. 3 모양. 모습. ❑風采 /
貌 / 威風. 4 경치. ❑風景 / 風致. 5 풍병.
❑中風 / 風病. 6 뜬소문. ❑風聞 / 風說.

【楓】인명 단풍나무. 단풍. ❑楓林 / 丹楓.

➤ 피 ◄

【彼】중학 1 저. 저쪽. ❑彼此間 / 彼岸.
2 그. ❑彼我 / 知彼知己.

【皮】중학 1 가죽. 모피. ❑皮革 / 眞皮 / 表
皮 / 虎皮. 2 껍질. 또는 겉·거죽.
❑皮相 / 果皮 / 外皮 / 皮膚.

【疲】교 고달프다. 피곤하다. ❑疲勞 / 疲
困 / 疲弊.

【被】교 1 입다. ㉠옷을 입다. 또는 옷. ❑
被服. ㉡해를 입음. ❑被害 / 被爆 /
被殺. ㉢은혜 등을 입다. ❑被恩. 2 당하다.
피동을 나타내는 말. ❑被侵 / 被擊 / 被拉 /
被襲.

【避】교 1 피하다. ❑避身 / 逃避 / 避難 / 待
避 / 避亂 / 避暑. 2 싫어하여 멀리
하다. ❑回避 / 避姙 / 忌避.

➤ 필 ◄

【匹】중학 1 필. 옷감 길이의 단위. 2 짝. 벗.
배우자. ❑配匹 / 匹偶 / 匹敵. 3 한
사람. 홀. 홀. ❑匹夫 / 匹婦.

【必】중학 반드시. ❑必要 / 必竟 / 必死 / 必
須 / 必勝 / 期必 / 何必.

【筆】중학 1 붓. ❑筆墨 / 健筆 / 筆力 / 筆致
/ 筆舌 / 眞筆 / 毛筆. 2 쓰다. ❑筆
陣 / 筆者 / 絶筆 / 達筆.

【畢】교 마치다. 끝나다. 끝내다. ❑畢生
/ 畢業 / 畢竟 / 畢命.

【弼】인명 돕다. ❑輔弼.

【泌】인명 ㊀샘물졸졸흐를 필 ㊁샘물이 졸졸
㊀샘물졸졸흐를 비 흐르다. ㊁▬
과 같은 뜻. ❑分泌物 / 泌尿器.

【珌】인명 칼 장식 옥.

【苾】인명 향기롭다. ❑苾芬.

【馝】인명 향기롭다.

【鈶】인명 창자루.

【佀】인명 점잖다.

➡ 하 ⬅

【下】중학 **1** 아래. □下方 / 下剋上 / 下流 / 山山 / 下降 / 落下. **3** 밀. ㉠속. □地下 / 皮下. ㉡지위·신분 등이 낮음. □下位 / 下層 / 下等 / 傘下 / 下賤. **4** 다른 것의 영향을 받는 일이나 사람. □時下 / 手下 / 門下 / 部下 / 臣下 / 目下.

【何】중학 어찌. 무엇. 무슨. 어느. 왜냐하면. □何如間 / 何故 / 何必 / 如何 / 奈何 / 何暇.

【夏】중학 **1** 여름. □夏至 / 立夏 / 盛夏 / 炎夏 / 春夏秋冬. **2** 중국 고대 왕조의 이름. □夏禹.

【河】중학 **1** 물 이름. 황허(黃河) 강을 일컬음. □河北 / 河南. **2** 강. □河川 / 山河 / 氷河 / 河流 / 河口 / 河岸.

【賀】중학 하례하다. 경축하다. □賀正 / 賀宴 / 賀禮 / 賀客 / 謹賀新年 / 祝賀 / 慶賀 / 年賀.

【荷】고교 메다. 짊어지다. □荷重 / 負荷. **2** 짐. 하물(荷物). □出荷 / 入荷. **3** 연(蓮). □荷葉.

【廈】〈厦〉인명 큰 집. □大廈.

【昰】인명 '夏'의 본자.

【霞】인명 노을. □霞彩.

➡ 학 ⬅

【學】중학 【学】인명 **1** 배우다. □學問 / 學習 / 勉學 / 學生 / 晩學. **2** 학문. 學德 / 學識 / 學風. **3** 학교. □學園 / 學閥 / 大學 / 中學校. **4** 학문의 한 부문. □天文學 / 醫學 / 化學 / 言語學.

【鶴】고교 두루미. □白鶴 / 舞鶴 / 鶴首苦待.

➡ 한 ⬅

【寒】중학 **1** 차다. 춥다. □寒冷 / 寒暑 / 寒氣 / 惡寒 / 嚴寒 / 春寒. **2** 궁하다. 곤궁하다. □寒村 / 貧寒. **3** 서늘하다. 전율하다. □寒心. **4** 소한(小寒)과 대한(大寒). 또는 그 기간. □寒中.

【恨】중학 한하다. 원한을 품다. □遺恨 / 多情多恨 / 怨恨 / 痛恨 / 悔恨.

【漢】 **1** 한수(漢水). 양쯔 강의 지류. **2** 한(漢)나라. 중국 본토. 중국에 관

한 사물. □漢人 / 漢字 / 漢詩 / 蜀漢 / 漢方. **3** 은하수. □銀漢 / 天漢. **4** 사내. 남자. □好漢 / 怪漢 / 門外漢.

【閑】중학 **1** 마구간. **2** 한가하다. □閑暇 / 閑談 / 閑散 / 閑暇 / 有閑 / 農閑期. **3** 조용하다. □閑寂 / 淸閑. **4** 등한히 하다. □等閑 / 閑却.

【限】중학 지경. 한정. 한. □限界 / 無限大 / 制限 / 期限 / 限度 / 年限.

【韓】중학 **1** 나라 이름. □韓國人 / 大韓民國 / 三韓 / 馬韓. **2** 한국의 약칭. □韓日 / 韓美 / 來韓 / 離韓.

【旱】고교 가물다. □旱災 / 旱魃 / 旱天.

【汗】고교 땀. 땀이 나다. 땀을 내다. □汗腺 / 汗馬 / 汗牛充棟 / 發汗 / 冷汗.

【澣】인명 **1** 빨다. **2** 열흘. □上澣 / 下澣.

【瀚】인명 넓고 크다. □瀚瀚.

【翰】인명 **1** 붓. □翰墨. **2** 글. □書翰 / 翰林.

【閒】인명 '閑'과 동자.

➡ 할 ⬅

【割】고교 **1** 가르다. 베다. 나누다. □割讓 / 割當量 / 割愛 / 分割. **2** 빼앗다. □割耕 / 割據.

【轄】인명 다스리다. 통괄하다. □管轄 / 統轄 / 直轄 / 分轄.

➡ 함 ⬅

【含】고교 머금다. 품다. □含有 / 含水 / 含蓄 / 含量 / 包含 / 含羞.

【咸】고교 다. 모두. □咸告 / 咸宜 / 咸有一德 / 咸悅 / 咸集.

【陷】고교 **1** 빠지다. 함락하다. □陷落 / 陷入 / 陷沒. **2** 함정. □陷穽. **3** 잘못. □缺陷.

【函】인명 상자. □私書函 / 投票函.

【涵】인명 담그다. 적시다. □涵養.

【艦】인명 싸움배. 군함. □艦隊 / 戰艦.

➡ 합 ⬅

【合】중학 ㉠합할 합 ㉠ **1** 합하다. 합치다. ㉡홉 홉 □合同 / 結合 / 合流 / 合金 / 合成. **2** 적합하다. □合法 / 合理 / 適合. ㉢홉. 부피의 단위.

⟶ 항 ⟸

【恒】[중학]【恆】[인명] 항구. 영구. ▢恒常 / 恒星 / 恒事 / 恒久.
[참고] '恆'은 본자.

【巷】[고교] 1 거리. 마을 또는 시가 안의 길. ▢巷街 / 抗議 / 抗拒 / 陋巷. 2 마을. 일반 세간. ▢巷說 / 巷談.

【抗】[고교] 1 들다. 2 겨루다. 대항하다. ▢抗爭 / 抗議 / 抗拒 / 對抗戰 / 抗告 / 抵抗 / 抗生物質.

【港】[고교] 1 분류(分流). 2 항구. ▢港灣施設 / 外港 / 良港 / 空港.

【航】[고교] 1 건너다. ▢航行 / 航海 / 渡航 / 回航. 2 날다. ▢航空.

【項】[고교] 1 목덜미. 목의 뒤쪽. 또는 관(冠)의 뒤쪽. ▢項背. 2 항. ㉠조항. 항목. ▢項目 / 條項 / 事項 / 別項. ㉡수학에서, 수식(數式)을 구성하는 요소의 수. ▢多項式 / 單項式.

【亢】[인명] 1 높아지다. ▢亢進. 2 목. 목덜미.

【沆】[인명] 넓다. ▢沆茫.

【姮】[인명] 항아. 선녀. ▢姮娥.

⟶ 해 ⟸

【亥】[중학] 열두째 지지. ▢亥方 / 乙亥 / 丁亥.

【害】[중학] 1 해치다. ▢害惡 / 害毒 / 被害. 2 해. 재앙. 재난. ▢災害 / 損害 / 水害 / 旱害 / 冷害. 3 요해처. ▢要害.

【海】[중학] 1 바다. 해양. ▢海陸 / 海流 / 海洋 / 大海 / 陸海空軍. 2 바다처럼 넓은 모양. ▢樹海 / 雲海. 3 많이 모인 모양. ▢學海 / 人海戰術.

【解】[중학] 1 풀다. ㉠얽힌 것 등을 풀다. ▢解決. ㉡속박 등을 풀다. ▢解禁 / 解放. ㉢원한·독 등을 풀다. ▢解毒 / 和解. ㉣모르는 것·의심나는 것 등을 풀다. ▢解明 / 理解 / 解答 / 解釋. 2 분해하다. ▢瓦解 / 解離 / 分解. 3 해부하다. ▢解剖 / 解體. 4 흩어지다. ▢解散.

【奚】[고교] ㊀종 해. ▢ ㊀1 종. 노복. ▢奚. ㊁어느곳 혜　奴 / 奚童. 2 어찌. ㊀어느 곳. 하처(何處).

【該】[고교] 1 갖추다. ▢該博. 2 그. ▢該當 / 該案.

【偕】[인명] 함께. ▢偕老.

【楷】[인명] 해서. ▢楷書.

【諧】[인명] 화합하다. ▢諧和 / 諧謔.

⟶ 핵 ⟸

【核】[고교] 1 씨. ▢核果. 2 핵심. ▢核心 / 中核. 3 원자핵. ▢核分裂 / 核爆發 / 核實驗.

⟶ 행 ⟸

【幸】[중학] 1 다행. 행복. ▢幸福感 / 幸運 / 不幸. 2 거둥. ▢行幸 / 巡幸 / 臨幸.

【行】[중학] ㊀다닐 행·행할 행　㊁항렬 항 ㊀1 다니다. 걷다. ▢行路 / 行進 / 步行. 2 행하다. ▢行動 / 實行 / 行政 / 孝行. 3 줄. 열(列). 글자의 줄. ▢行列 / 行間 / 別行. 4 가게. ▢銀行 / 洋行. 5 서체의 하나. ▢行書.
㊁항렬. 서열. ▢行列 / 行伍 / 配行.

【杏】[인명] 살구. ▢杏林.

⟶ 향 ⟸

【向】[중학] 향하다. 면하다. 향해 가다. ▢向上 / 向學 / 方向 / 南向 / 意向 / 傾向 / 趣向.

【鄉】[중학] 1 마을. ▢鄉邑 / 理想鄉 / 鄉俗 / 異鄉 / 他鄉. 2 고향. ▢鄉土 / 鄉愁.

【香】[중학] 1 향기. 향내. ▢香木 / 香氣 / 香料 / 芳香 / 香水. 2 향. ▢燒香 / 薰香 / 焚香.

【享】[고교] 1 드리다. 진헌(進獻)하다. 2 누리다. ▢享有 / 享受. 3 제사를 지내다. ▢享祀.

【響】[고교] 울리다. 진동하다. ▢音響 / 影響.

【珦】[인명] 향옥. 옥의 이름.

⟶ 허 ⟸

【虛】[중학] 1 비다. ▢虛飢 / 虛無 / 空虛 / 虛實. 2 허하다. 약하다. ▢虛弱. 3 헛되다. ▢虛名 / 虛榮 / 虛費. 4 겸손하다. ▢謙虛.

【許】[중학] 1 허락하다. 들어 주다. ▢許可 / 許諾 / 許容 / 免許 / 聽許. 2 쯤. ▢十里許 / 少許.

【墟】[인명] 터. ▢廢墟.

⟶ 헌 ⟸

【憲】[고교] 법. 법도. 특히, 나라의 근본 법률. ▢憲法 / 國憲 / 改憲 / 憲章.

【獻】[고교] **1** 드리다. ❑獻上 / 獻金 / 貢獻. **2** 권하다. ❑獻酬.

【軒】[고교] **1** 초헌. 대부(大夫) 이상이 타는 수레. **2** 처마. ❑軒燈 / 高軒. **3** 높이 오르다. 높다. ❑軒軒 / 軒昂.

【櫶】[인명] 나무 이름.

⇒ 험 ⇐

【險】[고교] **1** 험하다. ㉠험준하다. ❑險路 / 險難 / 險峻 / 險阻. ㉡위태롭다. ❑危險 / 冒險 / 保險. ㉢험악하다. ❑險相 / 險口 / 險狀 / 險惡. **2** 음흉하다. ❑陰險.

【驗】[고교] **1** 증좌. ❑效驗 / 證驗 / 靈驗. **2** 시험·경험해 보다. ❑體驗 / 經驗 / 試驗 / 實驗.

⇒ 혁 ⇐

【革】[중학] **1** 가죽. ❑革帶 / 皮革 / 革質. **2** 고치다. ❑革命 / 革新 / 改革.

【赫】[인명] 빛나다. ❑赫赫.

【爀】[인명] 불빛.

【奕】[인명] 크다. ❑奕奕.

⇒ 현 ⇐

【現】[중학] **1** 나타나다. 나타내다. ❑現象 / 現夢 / 出現 / 表現. **2** 지금. 현재. ❑現代 / 現存 / 現職 / 現狀 / 現世.

【賢】[중학] **1** 어질다. 어진 이. ❑賢愚 / 賢明 / 先賢 / 英賢 / 竹林七賢. **2** 타인에 대한 경칭. ❑賢察 / 賢兄.

【懸】[고교] **1** 달다. 매달다. 걸다. ❑懸垂 / 懸賞. **2** 현격하다. ❑懸絶 / 懸隔.

【玄】[고교] **1** 검다. ❑玄黃 / 玄米. **2** 오묘하다. ❑玄玄 / 玄妙 / 幽玄 / 深玄.

【絃】[고교] (현악기의) 줄. 또는 현악기. ❑絃琴 / 絃樂器 / 三絃 / 管絃樂.

【縣】[고교] **1** 매달다. ❑縣隔 / 縣鼓. **2** 고을. ❑縣監 / 州縣 / 郡縣制度.

【顯】[고교]【顯】[인명] **1** 나타나다. 알려지다. 영달하다. ❑顯著 / 顯官 / 貴顯. **2** 드러나다. ❑露顯 / 顯在. **3** 나타내다. ❑顯揚 / 顯彰.

【見】[인명] **1** 나타나다. ❑露見. **2** 뵈다. ❑謁見.

【峴】[인명] 재. 고개.

【晛】[인명] 햇살.

【泫】[인명] **1** 이슬이 빛나다. **2** 눈물을 흘리다. ❑泫然.

【炫】[인명] 밝다. ❑炫耀.

【玹】[인명] 옥빛.

【鉉】[인명] 솥귀의 고리. ❑鼎鉉.

【眩】[인명] **1** 아찔하다. ❑眩氣. **2** 현혹하다. ❑眩惑.

【呟】[인명] 소리. 음성.

【絢】[인명] **1** 채색 무늬. **2** 곱다. ❑絢爛.

【晛】[인명] 햇빛.

【弦】[인명] **1** 시위. 활의 줄. ❑弓弦 / 鳴弦. **2** 초승달. ❑弦月 / 上弦. **3** 직각 삼각형의 빗변. ❑正弦 / 餘弦.

⇒ 혈 ⇐

【血】[중학] **1** 피. ㉠혈액. ❑血液 / 血色 / 流血 / 腦溢血. ㉡골육의 관계. 핏줄. ❑血統 / 血族 / 血緣 / 血孫. **2** 생기가 넘치는 모양. ❑血氣 / 熱血 / 心血. **3** 심함. 또는 심한 싸움. ❑血稅 / 血戰 / 血鬪.

【穴】[고교] **1** 움. ❑穴居野處. **2** 구멍. ❑孔穴. **3** 구덩이. 묘혈(墓穴). ❑偕老同穴. **4** 굴. 동굴. ❑虎穴 / 洞穴.

⇒ 혐 ⇐

【嫌】[고교] **1** 싫어하다. 미워하다. ❑嫌惡 / 嫌忌. **2** 혐의. ❑嫌疑 / 猜嫌.

⇒ 협 ⇐

【協】[중학] **1** 맞다. 화합하다. ❑協力 / 協同 / 協調 / 協商 / 協約 / 妥協 / 協定. **2** 좇다. ❑協從.

【脅】[고교] **1** 으르다. 위협하다. ❑脅迫 / 威脅 / 脅喝. **2** 곁. 옆. **3** 겨드랑이. 가슴의 측면.

【俠】[인명] 호협하다. ❑俠客 / 俠氣 / 豪俠.

【挾】[인명] 끼다. ❑挾攻.

【峽】[인명] 골짜기. ❑峽谷 / 海峽.

【浹】[인명] 두루. 모두. ❑浹和.

⇒ 형 ⇐

【兄】[중학] **1** 형. ❑兄弟 / 妻兄 / 長兄 / 家兄 / 難兄難弟. **2** 친구의 경칭. ❑仁兄 / 大兄 / 學兄.

【刑】중학 1 형벌. 벌주다. □刑法 / 刑期 / 刑罰 / 減刑 / 天刑 / 體刑. 2 본받다. □典刑 / 儀刑.

【形】중학 1 형상. 꼴. 모양. □形態 / 形式 / 有形 / 外形 / 形體 / 球形 / 畸形 / 方形 / 形形色色 / 形而上學 / 三角形. 2 꼴을 이루다. □形成 / 形容 / 形象.

【亨】고교 형통하다. 뜻과 같이 잘되다. □萬事亨通 / 元亨利貞.

【螢】고교 개똥벌레. 반딧불이. □螢火 / 螢雪之功 / 螢光燈.

【衡】고교 1 저울. □權衡 / 度量衡. 2 치우치지 않다. 평형을 이루다. □均衡 / 平衡 / 衡平 / 銓衡.

【型】인명 1 거푸집. □模型 / 原型 / 紙型. 2 규범이 되는 것. 본. □典型.

【邢】인명 나라 이름.

【珩】인명 패옥(佩玉).

【泂】인명 1 멀다. 2 깊다. □泂泂.

【炯】인명 1 빛나다. 2 밝다. □炯炯.

【瑩】인명 옥돌.

【瀅】인명 맑다. □汀瀅.

【熒】인명 등불. □熒燭.

【馨】인명 향기롭다. □馨香.

→ 혜 ←

【惠】중학【恵】인명 1 은혜. □惠澤 / 惠施 / 惠書 / 慈惠 / 恩惠 / 天惠. 2 슬기롭다. □知惠. 참고 '恵'는 약자(略字).

【兮】고교 어조사. □風蕭蕭兮易水寒.

【慧】고교 1 슬기롭다. 총명하다. □慧眼 / 慧悟. 2 슬기. □智慧.

【蕙】인명 향초(香草). □蕙草.

【彗】인명 살별. □彗星.

【譓】인명 슬기롭다.

【憲】인명 밝히다.

【憓】인명 순하다. 유순하다.

→ 호 ←

【乎】중학 1 그런가. 영탄(詠嘆)·의문의 반어(反語). □不亦君子乎. 2 어조사. □洋洋乎 / 斷乎 / 確乎.

【呼】중학 1 숨을 내쉬다. □呼吸 / 呼氣. 2 부르다. □呼名 / 呼價 / 呼訴 / 呼應 / 招呼 / 點呼. 3 일컫다. 이름하다. □呼稱 / 稱呼. 4 큰 소리를 내다. □歡呼. 5 슬퍼하는 소리. □嗚呼.

【好】중학 1 좋다. □好感 / 好機 / 好時節 / 好敵手. 2 아름답다. 미려하다. □好男 / 好女. 3 좋아하다. □好意 / 好色 / 愛好 / 同好 / 好奇心.

【戶】중학 1 지게. 지게문. 문짝. □戶外 / 門戶. 2 집. □戶戶 / 戶別 / 戶口 / 戶籍 / 戶主 / 戶數.

【湖】중학 호수. □湖水 / 湖畔 / 江湖 / 湖沼 / 火口湖.

【虎】중학 범. 호랑이. □虎狼 / 虎穴 / 猛虎 / 龍虎.

【號】중학 1 (큰 소리로) 부르짖다. 울다. □號泣 / 怒號. 2 영(令). 호령하다. 신호하다. □號令 / 號砲 / 信號 / 暗號. 3 호. 아호(雅號). 이름. □國號 / 年號 / 號一號. 4 배·열차 등의 이름. □號一號.

【互】고교 1 어긋매끼다. 교차하다. □互生. 2 서로. □互先 / 互惠 / 互角 / 互助 / 相互 / 交互.

【毫】고교 1 잔털. 극히 가는 털. 근소한 일. □毫末 / 白毫 / 秋毫. 2 붓. □毫端 / 揮毫.

【浩】고교 1 넓다. 큰물이 넓게 흐르는 모양. □浩然之氣. 2 광대한 모양. □浩浩其天.

【胡】고교 오랑캐. □胡服 / 胡弓 / 胡人 / 五胡十六國.

【護】고교 1 돕다. 도와주다. □救護 / 看護. 2 지키다. 수호하다. □護衛 / 護憲 / 辯護 / 守護.

【豪】고교 1 뛰어나다. □豪傑 / 豪雄 / 文豪. 2 재력(財力)이 있다. □豪農 / 富豪. 3 호화스럽다. □豪奢 / 豪華. 4 세력이 크다. 정상을 넘다. □豪雨 / 豪酒.

【晧】인명 밝다.

【皓】인명 희다. □皓齒.

【澔】인명 '浩'와 동자.

【昊】인명 하늘. □昊天.

【淏】인명 맑다.

【濠】인명 해자. ❏外濠.

【灝】인명 넓다. ❏灝灝.

【祜】인명 복. ❏多祜.

【琥】인명 호박. ❏琥珀.

【瑚】인명 산호. ❏珊瑚.

【頀】인명 풍류 이름.

【顥】인명 1 크다. 2 빛나다. ❏顥顥.

【扈】인명 뒤따르다. ❏扈從.

【鎬】인명 빛나다. ❏鎬鎬.

【壕】인명 해자. ❏塹壕 / 防空壕.

【壺】인명 병. ❏壺狀.

【濩】인명 퍼지다.

【滸】인명 물가.

➔ 혹 ◆

【或】중학 1 혹. 혹은. 혹시. ❏或者 / 或是. 2 혹이. 어떤 사람이. ❏或者 / 或云 / 或說 / 或曰.

【惑】고교 1 미혹하다. ❏不惑 / 誘惑 / 困惑 / 疑惑 / 當惑. 2 미혹하게 하다. ❏魅惑 / 惑世誣民.

➔ 혼 ◆

【婚】중학 1 혼인하다. ❏新婚旅行 / 婚姻 / 約婚者 / 早婚 / 結婚. 2 사돈. 혼인에 의하여 척분이 있는 사람. ❏婚戚.

【混】중학 1 섞이다. ❏混合 / 混雜 / 混食 / 混血兒. 2 흐리다. ❏混沌 / 混濁. 3 합하다. 합치다. ❏混一.

【昏】고교 1 날이 저물다. ❏黃昏. 2 어둡다. ㉠잘 보이지 않다. ❏昏黑 / 昏暗. ㉡어리석다. ❏昏愚. 3 어지럽다. 정신이 흐리다. ❏昏昏 / 昏迷 / 昏睡.

【魂】고교 1 넋. ❏魂魄 / 靈魂 / 招魂 / 亡魂 / 鎭魂. 2 마음. 심정. ❏魂膽 / 心魂 / 詩魂 / 商魂.

【渾】인명 1 흐리다. 혼탁하다. ❏渾沌 / 渾濁. 2 모두. 전부. 아주. ❏渾身 / 渾融 / 渾圓.

➔ 홀 ◆

【忽】고교 1 홀연. 돌연. ❏忽焉 / 忽然. 2 소홀히 하다. ❏忽略 / 疏忽.

【惚】인명 황홀하다. ❏恍惚.

➔ 홍 ◆

【紅】중학 1 붉다. ㉠선명한 붉은빛. ❏紅色 / 百日紅. ㉡불그스름한 빛. ❏紅茶 / 紅葉 / 紅毛人. 2 여성에 관한 일. ❏紅淚 / 紅一點.

【弘】고교 1 넓다. 넓히다. ❏弘法 / 弘通 / 弘益人間 / 弘誓 / 弘文. 2 활소리. 궁성(弓聲).

【洪】중학 1 큰물. 대수(大水). ❏洪水 / 洪流. 2 크다. ❏洪恩 / 洪業 / 洪大.

【鴻】고교 1 큰 기러기. ❏鴻毛 / 鴻鵠之志. 2 크다. ❏鴻大 / 鴻恩.

【泓】인명 물이 깊다. ❏泓澄.

【烘】인명 밝다. 환하다.

【虹】인명 무지개. ❏虹蜺.

【鈜】인명 쇠뇌의 고동.

➔ 화 ◆

【化】중학 1 화하다. ❏化合 / 化石 / 液化 / 酸化. 2 변화하다. 바꾸다. ❏化學 / 變化. 3 교화하다. ❏敎化 / 文化 / 德化. 4 화학의 약칭. ❏化纖 / 化成. 5 어떤 상태로 만들거나 되다. ❏近代化 / 合理化 / 自動化 / 現實化.

【和】중학 1 온화하다. ❏和氣靄靄 / 溫和 / 和色. 2 화목하다. ❏和合 / 協和 / 和樂 / 和睦 / 平和 / 家和萬事成. 3 고르다. 순조롭다. ❏陰陽相和.

【火】중학 1 불. ❏火氣 / 發火 / 燈火 / 螢火 / 火山. 2 타다. 태우다. ❏火災 / 火田 / 大火 / 兵火. 3 기세가 세차다. ❏火急 / 情火. 4 폭발 등으로 파괴할 목적으로 만든 것. ❏火砲 / 火藥 / 火器.

【畫】중학 인명 ㉠그림 화 ㉡그림. 또 ㉢가를 획 는 그림을 그리다. ❏畫家 / 圖畫 / 畫風 / 漫畫 / 畫商. ㉢ 1 가르다. 쪼개다. 구분하다. 2 꾀하다. 또는 그 꾀. 3 획. 자획(字畫). ❏畫數 / 畫順 / 畫法. 참고 '畵'는 속자.

【花】중학 1 꽃. 꽃이 피다. ❏花瓶 / 百花 / 開花. 2 꽃다운 것. 꽃 같은 모양을 한 것. ❏花顏 / 雪花.

【華】중학 1 꽃. 꽃이 피다. '花'의 고자(古字). 2 빛. 화려하다. □華美 / 浮華. 3 중국의 자칭(自稱). □中華 / 華北.

【話】중학 1 이야기. □話題作 / 夜話 / 童話 / 神話. 2 이야기를 하다. □話術 / 電話 / 話法.

【貨】중학 재화. ㉠재물. 물품. □財貨 / 雜貨 / 貨物. ㉡금전. 화폐. □貨幣 / 金貨 / 惡貨 / 通貨.

【禍】고교 재화. 재앙. 재난. □禍福 / 奇禍 / 禍根 / 筆禍 / 舌禍 / 士禍 / 戰禍.

【禾】고교 1 벼. 또는 그 열매. □禾黍 / 禾穗. 2 곡물의 총칭. □禾穀.

【嬅】인명 여자 이름.

【樺】인명 자작나무. □樺榴檵.

⇒ 확 ⇐

【擴】고교 넓히다. 확대하다. □擴大 / 擴充 / 擴張 / 擴散 / 擴聲器.

【確】고교【碻】인명 1 단단하다. □確固 / 確立 / 確定. 2 확실하다. □確言 / 的確 / 確證 / 正確. 참고 '碻'은 동자.

【穫】고교 곡식을 베다. 거두어 들이다. □收穫 / 多穫.

⇒ 환 ⇐

【患】중학 1 근심. 괴로움. 고통. 고난. □患苦 / 患難 / 後患 / 憂患 / 外患. 2 병. 또는 병을 앓다. □患者 / 患部 / 病患 / 重患 / 疾患.

【歡】중학 기뻐하다. 기쁨. 기쁘게 하다. □歡心 / 歡迎 / 歡待 / 歡呼 / 歡喜 / 交歡 / 哀歡 / 合歡.

【丸】고교 1 알. 탄알. □彈丸. 2 환약. 또는 환약 이름에 붙이는 말. □丸藥 / 淸心丸. 3 둥글다. 둥근 것. □砲丸 / 睾丸.

【換】고교 바꾸다. 갈다. 바뀌다. □換言 / 換算 / 換氣 / 換金 / 交換 / 變換 / 兌換 / 轉換.

【環】고교 1 (고리 모양의) 옥. □佩環. 2 고리. □環狀 / 耳環 / 花環. 3 돌다. □循環.

【還】고교 1 돌아오다. 돌아가다. □生還 / 歸還 / 還國 / 還甲 / 還元劑 / 錦衣還鄕. 2 돌려보내다. □還付 / 還送 / 返還. 3 돌려주다. □還給 / 償還.

【喚】인명 1 부르다. □召喚 / 喚問 / 喚起. 2 소리를 지르다. □叫喚 / 喚聲.

【奐】인명 빛나다.

【渙】인명 흩어지다. □渙然.

【煥】인명 빛나다. □煥煥.

【晥】인명 밝다. 환하다.

【幻】인명 1 허깨비. □幻想 / 夢幻 / 幻影 / 幻滅 / 幻覺. 2 현혹시키다. □幻術 / 幻惑 / 變幻.

【桓】인명 굳세다. □桓桓.

【鐶】인명 고리.

【驩】인명 기뻐하다. □交驩.

⇒ 활 ⇐

【活】중학 1 살다. 활발하다. □活力 / 活物 / 活潑 / 活氣 / 快活 / 活動 / 死活. 2 살리다. □活人 / 活用. 3 살림. □活計 / 生活.

【闊】〈濶〉인명 넓다. □闊達 / 廣闊 / 闊然 / 闊步. 참고 '濶'은 속자.

⇒ 황 ⇐

【皇】중학 1 임금. 황제. □三皇五帝 / 皇帝 / 皇城 / 皇上 / 皇室. 2 크다. □皇天 / 皇穹.

【黃】중학 누르다. 누른빛. □黃色 / 黃牛 / 黃金 / 黃沙 / 天地玄黃. 2 노래지다. □黃落 / 黃葉 / 黃昏. 3 황. 유황(硫黃). □黃化 / 黃鐵鑛 / 黃酸.

【況】고교 1 하물며. 황차. □況且. 2 모양. 형편. □狀況 / 近況 / 情況.

【荒】고교 1 거칠다. □荒地 / 荒蕪地 / 荒野 / 荒唐 / 荒廢. 2 흉년이 들다. □凶荒 / 荒歲 / 荒年. 3 탐닉하다. □荒淫. 4 비다. 공허하다. □荒城.

【凰】인명 봉황새. □鳳凰.

【堭】인명 당집.

【媓】인명 어머니.

【晃】인명 밝다. □晃晃.

【滉】인명 깊다.

【榥】인명 책상.

【煌】인명 환하다. □輝煌燦爛.

【熀】⬚ 환하다.

➔ 회 ⬅

【回】⬚ 1 돌다. 또는 돌리다. ❑回轉 / 旋回 / 徘徊 / 回覽. 2 돌아오다. 또는 돌아오게 하다. ❑回春 / 回歸 / 回收 / 回還 / 回答. 3 돌아보다. 뒤를 보다. ❑回想 / 回顧. 4 횟수. ❑回數 / 回忌.

【會】⬚ 1 모이다. 만나다. ❑會同 / 會談 / 集會 / 面會 / 會合. 2 모임. ❑詩會 / 總會 / 會議 / 閉會. 3 기회. 적당한 시기. ❑機會. 4 셈. 계산. ❑會計. 5 깨닫다. 이해하다. ❑會得 / 會心.

【悔】⬚ 뉘우치다. 후회하다. 또는 뉘우침. ❑悔改 / 悔過 / 悔悟 / 悔恨 / 後悔 / 懺悔.

【懷】⬚ 1 품다. ㉠생각을 갖다. ❑感懷 / 懷抱 / 所懷 / 述懷 / 心懷 / 懷疑. ㉡배나 가슴에 품다. ❑懷中 / 懷姙 / 懷胎. 2 그리워하다. ❑懷鄕 / 懷古 / 懷德. 3 따르다. ❑懷慕 / 懷柔.

【廻】⬚ 돌다. ❑廻轉 / 巡廻. [참고] 예로부터 '回'와 똑같이 쓰임.

【恢】⬚ 넓다. ❑天網恢恢.

【晦】⬚ 그믐. ❑晦朔.

【檜】⬚ 노송나무. ❑檜皮.

【澮】⬚ 봇도랑.

【繪】〈繪〉⬚ 그림. ❑繪畵. [참고] '絵' 는 속자.

【誨】⬚ 가르치다. ❑誨諭.

【灰】⬚ 1 재. ❑灰塵 / 灰燼 / 灰滅. 2 잿빛. ❑灰色 / 灰白色. 3 활기를 아주 잃은 사물. ❑灰心 / 心如死灰.

➔ 획 ⬅

【劃】⬚ 1 쪼개다. 가르다. ❑劃地 / 劃給 / 劃斷. 2 긋다. 구분하다. ❑區劃 / 劃伐 / 劃定 / 劃一 / 劃期的. 3 환히. 분명히. ❑劃然. 4 꾀하다. 또는 그 꾀. ❑計劃 / 劃策 / 劃出.

【獲】⬚ ㉠얻을 획 ㉡얻다. ❑獲得 / 捕獲. ㉢실심할 확 獲 / 鹵獲 / 漁獲. ㉢실심(失心)하다. 낙심하다.

➔ 횡 ⬅

【橫】⬚ 1 가로. ❑橫書 / 橫線 / 縱橫無盡. 2 가로지르다. ❑橫斷. 3 방자하다. ❑橫暴 / 橫行 / 專橫.

【鐄】⬚ 큰 쇠북.

➔ 효 ⬅

【孝】⬚ 1 효도. ❑孝敬 / 反哺之孝 / 孝誠 / 忠孝 / 孝心 / 不孝 / 孝行. 2 효자. ❑孝女 / 孝婦 / 孝孫 / 孝子門.

【效】〈効〉⬚ 1 본받다. ❑倣效 / 效則. 2 보람. 효험. ❑效果 / 效力 / 失效 / 效驗 / 無效. [참고] '効'는 속자.

【曉】⬚ 1 새벽. ❑曉旦 / 曉天 / 曉星. 2 깨닫다. ❑曉達 / 曉得 / 通曉 / 洞曉. 3 타이르다. ❑曉諭 / 曉示.

【淆】⬚ 강 이름.

【爻】⬚ 사귀다. 만나다.

【驍】⬚ 날래다. ❑驍勇.

【斅】⬚ 가르치다.

➔ 후 ⬅

【厚】⬚ 1 두껍다. ㉠두껍다. ❑厚薄 / 厚顔. ㉡정이 두텁다. ❑厚誼 / 厚德 / 厚待. 2 많다. ❑厚祿 / 厚福 / 厚利.

【後】⬚ 1 뒤. ❑後宮 / 後園 / 後列. 2 끝. 말미(末尾). ❑後尾 / 後篇. 3 장래. ❑後日 / 後代 / 後遺症. 4 후계. ❑後嗣 / 後孫 / 後繼者. 5 뒤지다. ❑落後 / 後從.

【侯】⬚ 1 후작(侯爵). ❑公侯伯子男. 2 제후. ❑王侯 / 封侯 / 列侯.

【候】⬚ 1 묻다. 방문하여 안부를 묻다. ❑問候 / 伺候. 2 기다리다. 3 철. ❑節候 / 氣候. 4 염탐하다. ❑斥候.

【后】⬚ 왕후. ❑王后.

【垕】⬚ '厚'의 고자.

【逅】⬚ 만나다. ❑邂逅.

【喉】⬚ 1 목구멍. ❑喉頭 / 喉舌 / 喉門 / 咽喉 / 喉音. 2 목. 급소. 요해처. ❑喉衿.

➔ 훈 ⬅

【訓】⬚ 1 가르치다. 가르침. ❑訓諭 / 訓戒 / 訓練 / 教訓 / 訓示. 2 새기다. ❑訓詁 / 音訓.

【勳】〈勲·勛〉⬚ 공. 공적. ❑勳功 / 勳章 / 武勳 / 勳舊 /

殊勳 / 敍勳. [참고] '勳'은 속자(俗字). '勛'은 고자(古字).

【焄】인명 불길이 오르다.

【熏】인명 1 연기가 끼다. 2 태우다. ❑熏灼.

【薰】인명 향기. ❑香薰.

【壎】인명 질나팔. 흙으로 만든 악기.

【燻】인명 1 불길이 치밀다. 2 연기가 끼게 하다. ❑燻製 / 燻蒸.

【塤】인명 '壎'과 동자.

【鑂】인명 금빛이 바래다.

> 훤 <

【喧】인명 시끄럽다. ❑喧騒.

【暄】인명 따뜻하다. ❑暄暖.

【萱】인명 원추리.

> 훼 <

【毀】고교 헐다. ㉠무너뜨리다. ❑毀棄 / 毀節 / 毀損. ㉡남을 헐뜯다. ❑毀謗 / 毀言 / 毀譽.

> 휘 <

【揮】고교 1 ㉠휘두르다. ❑揮毫 / 發揮. ㉡지휘하다. ❑指揮. 2 (액체를) 뿌리다. 발산(發散)하다. ❑揮淚 / 揮發.

【輝】고교 1 (찬란한) 빛. ❑光輝 / 輝度. 2 빛나다. 광휘를 발하다. ❑輝煌 / 發輝.

【彙】인명 무리. ❑語彙.

【徽】인명 1 아름답다. ❑徽言 / 徽音. 2 기치(旗幟). 표. ❑徽章.

【暉】인명 빛. ❑暉映.

【煇】인명 빛나다. ❑煇光.

> 휴 <

【休】중학 쉬다. ㉠휴식하다. ❑休憩 / 無休 / 休暇. ㉡일을 잠시 중단하다. ❑休職 / 休學 / 休戰.

【携】고교 1 끌다. 이끌다. 손을 맞잡다. ❑携手 / 連携 / 提携. 2 들다. ❑携帶 / 携持 / 必携.

【烋】인명 아름답다.

> 흉 <

【凶】중학 1 흉하다. 불길(不吉)하다. 사람이 죽다. ❑凶兆 / 凶夢 / 凶報. 2 흉년이 들다. ❑凶豐 / 凶作. 3 흉악하다. ❑凶漢 / 凶計.

【胸】중학 가슴. 마음. 몸의 가슴에 비할 만한 요처(要處). ❑胸廓 / 胸中 / 胸襟 / 胸腹.

> 흑 <

【黑】중학 1 검은빛. ❑漆黑 / 黑髮 / 黑白. 2 검다. ❑黑人 / 黑心. 3 어둡다. ❑暗黑 / 黑幕.

> 흔 <

【欣】인명 기뻐하다. ❑欣快.

【炘】인명 화끈거리다. ❑炘炘.

【昕】인명 새벽.

> 흘 <

【屹】인명 산이 우뚝 솟다. ❑屹立 / 屹然.

> 흠 <

【欽】인명 공경하다. ❑欽敬.

> 흡 <

【吸】고교 1 숨을 들이쉬다. ❑呼吸. 2 마시다. 빨아들이다. ❑吸收 / 吸入 / 吸引 / 吸煙.

【洽】인명 두루 미치다. ❑洽化.

【恰】인명 흡사하다. ❑恰似.

【翕】인명 모으다. ❑翕合.

> 흥 <

【興】중학 1 일다. 성해지다. 또는 일으키다. ❑興亡 / 興起 / 興業 / 勃興 / 中興 / 復興. 2 감동하다. ❑感興. 3 흥겹다. ❑興味 / 興趣 / 遊興.

> 희 <

【喜】중학 기쁘다. ❑喜悅 / 喜怒哀樂 / 喜色 / 喜劇 / 喜悲 / 歡喜.

【希】중학 1 바라다. ❏希望 / 希求. 2 드물다. 희소하다. ❏希有 / 希代 / 希世 / 稀少 / 希薄. 참고 '드물다'의 뜻일 때는 '稀'와 동자.

【戲】고교 1 놀다. ❏遊戲 / 兒戲. 2 연극. ❏戲曲 / 演戲. 3 희롱하다. ❏戲弄 / 戲謔 / 戲談.

【稀】고교 1 드물다. ❏稀代 / 稀貴 / 稀少 / 稀有 / 古稀. 2 묽다. ❏稀薄 / 稀塩酸.

【姬】인명 여자. ❏舞姬 / 美姬.

【晞】인명 밝다. ❏晞和.

【僖】인명 기뻐하다.

【禧】인명 《韓》사람 이름.

【熺】인명 '熹'와 동자.

【禧】인명 복. 행복. ❏新禧.

【嬉】인명 즐기다. 즐겁게 놀다. ❏嬉遊.

【憙】인명 기뻐하다.

【熹】인명 성하다. 왕성하다.

【熙】인명 화(和)하다.

【羲】인명 사람 이름. ❏羲皇.

【爔】인명 불.

【曦】인명 햇빛. ❏曦光.

【俙】인명 1 비슷하다. ❏優俙 2 느끼다. ❏俙然.

【噫】인명 ㉠한숨쉴 희 ㉡한숨을 쉬다. ❏ ㉢트림할 애 噫嗚 / 噫乎. ㉢ 1 트림하다. 2 하품. ❏噫氣 / 噫欠.

【熙】인명 1 빛나다. ❏光熙 / 熙朝. 2 넓다. 넓어지다. ❏熙隆. 3 넓히다.

⇒ 힐 ⇐

【詰】인명 힐난하다. ❏詰難.

❖ 민중서림의 사전 ❖